DICTIONNAIRE

GÉNÉRAL ET GRAMMATICAL

DES DICTIONNAIRES FRANÇAIS

I

A—G

Imprimerie Ducessois, 55, quai des Augustins.

DICTIONNAIRE

GÉNÉRAL ET GRAMMATICAL

DES DICTIONNAIRES FRANÇAIS

EXTRAIT ET COMPLÉMENT

DE TOUS LES DICTIONNAIRES ANCIENS ET MODERNES LES PLUS CÉLÈBRES

PAR

NAPOLÉON LANDAIS

Revu par d'anciens Inspecteurs de l'Université, des Professeurs des collèges royaux, et par des hommes spéciaux dans les sciences, arts et métiers.

Ce Dictionnaire contient tous les termes

D'ARCHÉOLOGIE, D'ANTIQUITÉS, DE NUMISMATIQUE, DE PALÉOGRAPHIE, D'ANCIENNES COUTUMES, DE LÉGISLATION ET DE JURISPRUDENCE ANCIENNE ET MODERNE, DE DROIT, DE PRATIQUE, DE DROIT CANON, DE LITURGIE, DE THÉOLOGIE, DE SCOLASTIQUE, DE SECTES RELIGIEUSES, DE PHILOSOPHIE, DE LITTÉRATURE, DE RHÉTORIQUE, DE GRAMMAIRE, DE PHILOLOGIE, DE LINGUISTIQUE, D'ART DRAMATIQUE, D'HISTOIRE, DE CHRONOLOGIE, D'ASTRONOMIE, DE MINÉRALOGIE, D'OPTIQUE, DE MATHÉMATIQUES, DE MÉCANIQUE, D'HISTOIRE NATURELLE ET DE GÉOLOGIE, DE PHYSIQUE, DE CHIMIE, DE MÉDECINE, DE CHIRURGIE, D'ANATOMIE, DE PHARMACIE, DE BOTANIQUE, D'ADMINISTRATION, DE DIPLOMATIE, DE CHARGES ET DIGNITÉS, DE TITRES, DE PEINTURE, DE SCULPTURE, DE GRAVURE, DE MUSIQUE, D'ARTS ET MÉTIERS, D'ART MILITAIRE, DE FORTIFICATIONS, DE MARINE, DE MINES, DE PONTS ET CHAUSSÉES, D'EAUX ET FORETS, DE MONNAIES, DE POIDS ET MESURES, DE DOMAINES ET D'ENREGISTREMENT, DE DOUANES, D'ÉCONOMIE POLITIQUE, DE COMMERCE, DE BANQUE, DE BOURSE, DE FÉODALITÉ, DE BLASON, DE CHASSE, DE FAUCONNERIE, DE DANSE, D'ÉQUITATION, D'ESCRIME, DE PÊCHE, DE JEUX ET DIVERTISSEMENTS, ETC. ;

Et renferme en outre:

La nomenclature exacte de tous les mots, sans exception, généralement usités (y compris la décomposition de tous les temps des verbes irréguliers);
les mots du vieux langage et du néologisme; — l'orthographe moderne vieillie ou ancienne;
les nombres singulier et pluriel des substantifs et des adjectifs, écrits en toutes lettres et rangés alphabétiquement si l'un et l'autre ne suivent pas les mêmes règles orthographiques
la prononciation figurée par une orthographe de pure convention, ou le son, s'il ne s'agit que des lettres de l'alphabet;
l'étymologie grecque, latine, arabe, celtique, etc., dans sa plus simple décomposition, avec sa traduction littéralement française ; — le sens propre et figuré;
les différentes acceptions, les phrases dites gallicismes, toutes les locutions nobles, proverbiales et familières; – les règles et les solutions,
grammaticales concernant chaque mot et l'application d'exemples choisis;—la manière qui peut seule être raisonnablement admise d'écrire toutes les espèces d'abréviations;
un vocabulaire complet de mythologie ;—la dénomination géographique de toutes les localités qui ont une importance
quelconque sur la carte du monde, et spécialement la nomenclature de tous les chefs-lieux de départements, d'arrondissements et de cantons de France,
ainsi que des villes et des villages de France et de l'étranger qui ont une célébrité historique;
l'Extrait et la critique du Dictionnaire de l'Académie
et des Vocabulaires nouveaux.

NEUVIÈME ÉDITION

revue et corrigée

TOME PREMIER

PARIS

DIDIER, LIBRAIRE-ÉDITEUR, QUAI DES AUGUSTINS, 35,

ET CHEZ TOUS LES LIBRAIRES DE LA FRANCE ET DE L'ÉTRANGER

1846

AVERTISSEMENT DE L'ÉDITEUR

La première édition du DICTIONNAIRE GÉNÉRAL ET GRAMMATICAL DES DICTIONNAIRES FRANÇAIS, par *Napoléon Landais,* exécutée un peu à la hâte par des éditeurs désireux de profiter des bénéfices de cette belle opération, contenait des erreurs matérielles, des lacunes et des imperfections dues à la précipitation d'un travail aussi considérable. Obligés bientôt de publier une deuxième édition, les mêmes éditeurs n'y introduisirent que des additions peu importantes, des améliorations purement typographiques. Cependant, malgré l'accueil fait à deux éditions successives, ils ne tardèrent pas à comprendre qu'il devenait indispensable de refaire entièrement ce Dictionnaire. Aidé par des collaborateurs choisis parmi les spécialités les plus distinguées, M. Landais entreprit cette tâche difficile; et, après trois années d'efforts constants, une troisième édition parut, augmentée de plus de dix mille mots(1). Toutes les définitions avaient été revues, refondues; un grand nombre d'articles inédits avaient été ajoutés; la nomenclature, déjà si complète des premières éditions, se trouvait enrichie de tous les termes nouveaux de sciences, d'arts, d'histoire naturelle; enfin, un dictionnaire de géographie et un vocabulaire mythologique complétaient l'ensemble de cet immense travail.

En même temps que l'auteur consacrait à la partie littéraire de son œuvre de longues veilles et des soins inouïs, les éditeurs n'épargnaient aucune dépense pour arriver à une exécution matérielle parfaite.

Tant d'efforts ont été dignement récompensés. Jamais, nous osons le dire, la librairie n'eut à enregistrer un succès aussi grand, aussi soutenu que celui qui accueillit et con-

(1) C'est après la publication de cette troisième édition que nous nous sommes rendu acquéreur du DICTIONNAIRE GÉNÉRAL ET GRAMMATICAL DES DICTIONNAIRES FRANÇAIS. Depuis cette époque nous avons fait paraître six éditions, que nous avons toutes fait revoir et corriger avec le plus grand soin.

tinue d'accueillir le *Dictionnaire de Napoléon Landais.* Cet important ouvrage, dont la vogue toujours croissante atteste l'incontestable supériorité, est considéré par les hommes instruits comme le plus complet, le plus réellement universel qui ait été publié, et peut à bon droit revendiquer le titre de *Trésor de la langue française.* En effet, dans quel autre Dictionnaire trouvera-t-on la définition exacte des mots, leur étymologie savante et leur prononciation figurée, la différence délicate des termes synonymiques, la conjugaison des verbes irréguliers (si embarrassante même pour la plupart des gens instruits), la solution des questions grammaticales les plus ardues; des notes historiques et des dates certaines sur de grandes institutions, des événements importants, des découvertes mémorables, etc.? Le *Dictionnaire de Napoléon Landais* contient non-seulement tous les mots du Dictionnaire de l'Académie, mais encore une foule de termes technologiques devenus nécessaires ou tombés dans le domaine du langage usuel, et qu'on ne saurait rejeter sans nier le mouvement et le progrès des sciences, de l'industrie et des arts. Aussi, bien loin de craindre la comparaison avec les deux seuls dictionnaires qui pourraient lui être opposés, nous la provoquons, nous la sollicitons.

Un ingénieux écrivain, lexicologue lui-même plein d'érudition et de science, a dit que le Dictionnaire de l'Académie était notre *Charte littéraire.* Il n'était pas possible d'en démontrer avec plus d'esprit l'insuffisance. En effet, la Charte n'est pas plus la législation, que le Dictionnaire de l'Académie n'est le vocabulaire universel de la langue française. Qui ne sait que l'Académie a borné sa nomenclature aux termes de la langue poétique et littéraire et à quelques dénominations scientifiques? Le Dictionnaire de Boiste donne bien, il est vrai, une nomenclature plus étendue que celui de l'Academie; mais cette nomenclature est sèche; elle manque presque toujours de développements indispensables; enfin l'abus des classifications est poussé si loin, que l'un des auteurs avoue lui-même que c'est une véritable *Babel.*

M. Napoléon Landais s'est appliqué à se garder de ces écueils. Venu le dernier, il n'a eu que la peine de profiter du bénéfice de l'expérience et du temps. C'est là son mérite, et personne ne peut le lui contester. Évitant avec soin les défauts de ses devanciers, il n'a pas sacrifié la clarté à la concision; il a voulu surtout être compris de tous, être utile, indispensable à tous : pour cela, il fallait tout dire, tout expliquer : c'est ce qu'il a fait (1).

Voilà ce qui explique le brillant accueil que cette belle et utile publication reçoit par toute la France et à l'étranger. Aussi, pour répondre à cet empressement, avons-nous dû apporter le plus grand soin à la révision et à la correction de cette neuvième édition; nous en avons fait disparaître toutes les fautes signalées dans les éditions précédentes; nous avons tenu compte des observations critiques toutes les fois qu'elles nous ont semblé dictées par un sentiment d'impartialité.

---

(1) Nous sommes fondés à dire que le Dictionnaire de l'Académie et celui de Boiste sont beaucoup moins complets que le *Dictionnaire Landais*, puisque ce dernier contient dans la seule lettre A 6,166 mots de plus que le premier et 3,240 de plus que le second; et comme la lettre A forme, en général, la 11e partie d'un Dictionnaire français, il en résulte que le *Dictionnaire Landais* renferme environ 68,000 mots de plus que le *Dictionnaire de l'Académie*, et 36,000 de plus que le Dictionnaire de *Boiste.*

La Grammaire générale du même auteur est en tous points digne du grand Dictionnaire. Les règles de notre langue y sont mieux définies qu'on ne l'avait encore fait, avec plus d'ordre et d'une manière plus complète. M. Landais a puisé les exemples aux sources les plus pures; il s'est montré avec succès plus hardi que Girault-Duvivier lui-même, qui présente bien, dans sa *Grammaire des Grammaires,* les opinions diverses des grands maîtres, mais sans émettre d'opinion personnelle. Notre auteur, au contraire, motive et dit franchement son avis, et cet avis est presque toujours fondé sur une sage et froide raison.

En résumé, ces deux beaux ouvrages se complètent l'un par l'autre ; ils sont indispensables à toutes les personnes qui s'adonnent à l'étude de la langue française par goût, par devoir, ou par nécessité. L'un et l'autre sont depuis longtemps classés parmi les monuments les plus précieux élevés en l'honneur de la langue française.

AVERTISSEMENT

DE L'AUTEUR.

La sixième et dernière édition du *Dictionnaire de l'Académie* ne donne ni l'étymologie, ni la prononciation des mots de la langue française ; elle ne contient pas une définition exacte et parfaite des termes de sciences, d'arts et de métiers ; elle n'offre que la généralité des mots usuels, des mots consacrés uniquement par leur ancienneté ; nous ne craindrons pas d'ajouter que, sous ce dernier rapport même, la sixième édition du *Dictionnaire de l'Académie* ne diffère pas beaucoup de celles qui l'ont précédée : cependant l'apparition de cette sixième édition devait être le signal d'une nouvelle édition de notre *Dictionnaire*, augmentée de ce que *l'Académie* peut offrir de rectifications importantes, puisque l'œuvre *académique* n'a doté la langue d'aucune richesse nouvelle. Toutefois nous devons prévenir que notre plan est tout différent de celui de *l'Académie*. Et d'abord nous ne nous sommes point contenté comme elle de donner seulement quelques termes de sciences et d'arts ; nous avons voulu qu'ils se trouvassent tous rassemblés, sans aucune exception, dans notre ouvrage, même ceux de manufactures et d'ateliers : ce sont d'ailleurs ces mots techniques que l'on a le plus souvent occasion de chercher dans les *Dictionnaires*, parce qu'ils sont généralement moins connus.

Nous avons cru devoir faire plus encore, nous avons enregistré religieusement tous les termes propres à exprimer des idées nouvelles, lorsque ces termes nous ont paru bien composés et surtout autorisés par le bon usage ; nous avons salué avec joie l'avénement de tout néologisme justifié par la raison et par le bon goût, ou par l'autorité de nos grands écrivains.

Non-seulement nous sommes demeurés convaincus qu'un bon *Dictionnaire* doit renfermer tous les mots d'une langue, mais encore qu'il doit offrir l'histoire ancienne et moderne de cette langue, autant par l'universalité de la nomenclature que par les développements étymologiques et par les règles et les principes sagement exposés de la prononciation, matière si bizarre, si difficultueuse! Point de *Dictionnaire*, selon nous, sans l'étymologie, qui seule peut accréditer l'orthographe des mots ; point de *Dictionnaire* non plus sans la prononciation ; et cependant l'une et l'autre sont presque négligées complétement, non pas seulement dans le *Dictionnaire de l'Académie*, mais dans tous les *Dictionnaires*[1].

Il n'est pas douteux que nous devons le succès de nos deux premières éditions à l'étymologie et à la prononciation, qui en faisaient la base principale ; aussi nous sommes-nous appliqué à rendre plus parfait encore notre travail sur l'étymologie et sur la prononciation. Nous ne nous sommes pas borné à indiquer l'étymologie grecque et latine ; nous avons fouillé dans le glossaire de toutes les langues anciennes et modernes, entreprenant une tâche que personne, nous pouvons le dire, n'avait encore osé aborder.

Lors de la publication de nos deux premières éditions, nous avions pensé que les termes de Géographie ne pouvaient pas plus entrer dans le *Dictionnaire* d'une langue que les mots classiques ne devaient trouver place dans un vocabulaire de Géographie. Le public a prononcé contre nous sur cette question ; nous avons dû nous incliner humblement, et notre nouveau *Dictionnaire* contient une nomenclature géographique plus vaste et plus complète que celle de tous les *Dictionnaires français* qui ont paru jusqu'ici.

Par la même raison, nous avions omis les termes et les définitions mythologiques, et nous en avons été blâmé : aujourd'hui, nos lecteurs trouveront dans notre livre un vocabulaire de Mythologie.

Pour ce qui tient à la partie classique de notre *Dictionnaire*, nous avons suivi pas à pas la nouvelle édition du *Dictionnaire de l'Académie*, le plus souvent en maintenant son autorité, parfois aussi en démontrant et en réparant ses erreurs et ses omissions.

Dans l'*Introduction* à notre *Grammaire*, nous disions, et nous le répétons aujourd'hui : « Aucune rivalité n'existe, « ni même ne peut exister entre le *Dictionnaire de l'Académie* et le nôtre ; le *Dictionnaire de l'Académie* est l'œuvre « mûrie d'un aréopage qui ne sanctionne que les lois bien consacrées par le temps ; notre *Dictionnaire*, au contraire, « sentinelle avancée de la langue française, a pour mission principale de protéger toutes les innovations heureuses, de « leur ouvrir un asile, de leur offrir le droit de cité. Notre tâche sous ce rapport a donc été, et devait être, de « préparer la septième édition de *l'Académie*. »

Qu'il nous soit permis, en terminant, de faire appel à tous les hommes éclairés et consciencieux ; qu'ils ouvrent notre livre ; qu'ils comparent quelques-unes de nos pages aux pages des autres *Dictionnaires* le plus en crédit, et qu'ils prononcent avec impartialité.

NAPOLÉON LANDAIS.

1. En effet, le système de prononciation conventionnelle qu'a adopté M. Landais est aussi utile aux étrangers qu'aux Français qui ne connaissent pas bien leur langue, et surtout aux habitants des départements, dont l'accent est vicieux. Il n'y a peut-être pas d'autre moyen efficace de corriger les défauts de prononciation. La méthode prosodique n'est point suffisante pour cela, parce qu'elle ne saurait indiquer les différences bizarres qui existent entre l'orthographe d'un mot et la manière de le prononcer. (NOTE DE L'ÉDITEUR.)

ALPHABET LATIN ET FRANÇAIS.

Nous n'avons point, à proprement parler, d'alphabet ; celui dont nous nous servons nous vient des Latins.

MAJUSCULES OU CAPITALES.	ORDINAIRES.	ITALIQUES.
A B C D E F G H I	a b c d e f g h i	*a b c d e f g h i*
J K L M N O P Q R	j k l m n o p q	*j k l m n o p q*
S T U V W X Y Z	r s t u v w x y z	*r s t u v w x y z*

DIFFÉRENTES SORTES DE VOYELLES.

a, à, â.
e, é, è, ê, ë.
i, î, ï.
o, ô.
u, ù, û, ü.

Æ, qui se prononce *é*, est latin; on se sert rarement aujourd'hui en français de ce double caractère.
OE, qui se prononce également *é*, s'emploie également en latin et en français.
W, double V, qui se prononce *ou*, n'est point un caractère de notre langue. On ne fait point de faute en le prononçant *ve*, à la française.
&, caractère vieilli, tient lieu de la conjonction *et*, *etc.* (et cætera).

SIGNES ORTHOGRAPHIQUES.

ACCENTS.	SIGNES proprement dits.	PONCTUATION.
´ aigu.	’ (*en haut d'une lettre*) apostrophe.	, virgule.
` grave.	¨ (*sur* e, i, u) tréma ou diérèse.	. point.
^ circonflexe.	- trait-d'union.	; point-virgule.
	¸ (*sous un* c), cédille.	: deux-points.
	( ) parenthèses.	? point interragatif.
		! point exclamatif ou admiratif.
		... points suspensifs.
		— tiret ou trait de séparation.
		» guillemet.

ALPHABET GREC.

FIGURES des LETTRES.	NOMS en LETTRES GRECQUES.	NOMS en FRANÇAIS.	VALEUR	
			LITTÉRALE.	NUMÉRIQUE.
Α, α.	Αλφα.	Alpha.	a.	1
Β, β, ϐ	Βητα.	Bêta.	b, v.	2
Γ, γ, ϒ.	Γαμμα.	Gamma.	g.	3
Δ, δ.	Δελτα.	Delta.	d.	4
Ε, ε.	Εψιλον.	Epsilon.	e *bref.*	5 ϛ 6
Ζ, ζ.	Ζητα.	Dzêta.	z.	7
Η, η.	Ητα.	Èta.	ê, i.	8
Θ, ϑ, θ.	Θητα.	Thêta.	th.	9
Ι, ι.	Ιωτα.	Iota.	i.	10
Κ, κ.	Καππα.	Kappa.	k, c.	20
Λ, λ.	Λαμβδα.	Lambda.	l.	30
Μ, μ.	Μυ.	Mu.	m.	40
Ν, ν.	Νυ.	Nu	n.	50
Ξ, ξ.	Ξι.	Xi.	x.	60
Ο, ο.	Ομικρον.	Omicron.	o *bref.*	70
Π, ϖ π.	Πι.	Pi.	p.	80 ϟ 90
Ρ, ρ, ϱ	Ρω.	Rho.	r.	100
Σ, σ, ς.	Σιγμα.	Sigma.	s.	200
Τ, τ, ⁊.	Ταυ.	Tau.	t.	300
Υ, υ.	Υψιλον.	Upsilon.	ü.	400
Φ, φ.	Φι.	Phi.	ph.	500
Χ, χ.	Χι.	Chi.	ch.	600
Ψ, ψ.	Ψι.	Psi.	ps, bs.	700
Ω, ω.	Ωμὲγα.	Oméga.	ô *long.*	800
				ϡ 900
				͵α 1000

SYSTÈME

DÉTAILLÉ ET RAISONNÉ

DE PRONONCIATION FIGURÉE.

(EXTRAIT DE NOTRE GRAMMAIRE FRANÇAISE.)

Règle générale expressément recommandée. *Toutes les lettres écrites en italique et entre parenthèses indiquent la prononciation pure du mot*; c'est-à-dire que *toutes les lettres doivent être rigoureusement et strictement prononcées*, puisque nous n'employons que les caractères rigoureusement et strictement nécessaires pour rendre le son le plus exact possible du mot que nous voulons traduire. Nous devons faire part aussi d'une amélioration importante que nous apportons dans cette *troisième édition du Dictionnaire:* c'est la suppression des *traits-de-séparation* qui servaient à diviser les syllabes. Cette suppression nous a paru utile, parce que le retranchement des *traits-de-séparation* avertit que la *prononciation figurée* d'un mot doit s'énoncer brièvement, *tout d'une haleine*, à moins qu'un *trait-de-séparation* n'indique qu'il faut en agir autrement. Lorsqu'une lettre, voyelle ou consonne, ne doit pas se faire entendre, nous la supprimons tout naturellement.

Nous commencerons par les *voyelles* et par les *diphthongues;* les *consonnes* suivront.

A.

Nous indiquons *â* lorsqu'il faut prononcer cette lettre gravement et fortement, et *a* quand elle doit sonner brièvement : ainsi le mot *donation* est figuré *dondcion*, quoiqu'il n'y ait pas d'*accent circonflexe* dans son orthographe régulière. *Amas* se figure *amd*, parce que le premier *a* y est bref quant au son, et parce que la finale *as* sonne *â*.

A, suivi de consonnes redoublées, en détruit ordinairement une, à moins, comme dit Boiste, qu'on ne veuille, en s'appesantissant sur les deux, donner plus de force au mot *Accablé* se prononce *akâblé; accès* se traduit par *akcè*.

A peut se trouver appliqué à un *m* ou à un *n*; il a le son nasal *an* dans ces deux cas. Il n'y a pas d'exceptions.

E.

Les *e* muets ne se font point sentir; c'est leur prérogative naturelle.

Les *e accentués*, *aigus* ou *graves*, se prononcent d'après la marque de ces accents, sans aucune difficulté. Le mot *légèreté* donne toutes les espèces d'*accents*, en tant que son; à la rigueur, ce mot n'aurait pas besoin d'être figuré à la prononciation, puisqu'il se profère comme il est écrit; mais nous avons pris pour règle de dire toujours plus que moins. Nous nous servons de l'*accent grave* pour rendre le son des *e* moyens, et de l'*accent circonflexe* pour exprimer celui des *e* très-longs et très-graves.

E, comme l'*a*, peut se rencontrer ajouté à un *m* ou à un *n* : alors il a généralement le son de *an*; mais il y a quelques exceptions, comme dans le mot *Emmanuel*, où le son de *em* se rend par *ème*.

I.

Cette voyelle n'a proprement que le son qui lui est naturel : impossible donc de le rendre autrement que par lui-même. On doit supposer que la nature l'inspire.

O.

O a deux sons, l'un bref, et l'autre grave ou long. Bref, on le figure sans accent; long ou grave, on le couronne d'un *accent circonflexe*.

U.

U, surmonté ou non d'un accent, ne se prononce jamais que naturellement; nous ne le figurons donc que par lui-même.

Y.

Cette lettre se traduit par *i* simple, lorsqu'elle ne remplit que la fonction d'un seul *i*. Dans les cas où elle tient la place de deux *i*, le premier se fond avec la voyelle qui le précède immédiatement : *pai-i;* mais *ai*, dans cette circonstance, ayant le son d'*è* ouvert, nous écrivons *pè-i* la prononciation du mot *pays*.

Æ et Œ.

Ces deux voyelles composées se prononçant comme notre *é* fermé, nous devions leur en donner le son.

AI.

Ai sonne tantôt *é* et tantôt *è*; nous le figurons donc par le moyen de ces deux sortes d'*e* : *j'aimai*, (*jèmé*), selon les conjonctures.

AIE.

C'est par un *e* ouvert que nous traduisons ces trois lettres, parce que ce son leur appartient uniquement : *haie* (*hè*); *futaie* (*futè*).

AY et AYE.

Ay et *aye* ont le son de l'*è* ouvert : à côté de *paye*, nous écrivons *pè*. Ce qui nous règle sur la prononciation de ce mot que l'*Académie* permet d'écrire *paye* et *paie*, c'est le mot *payement*, que l'*Académie* écrit encore *paiement* ou *païment*. Il est évident que si l'on devait prononcer, dans le mot *paie*, *ie* avec le son *mouillé*, l'*Académie* n'autoriserait sans doute pas l'orthographe du mot *païment*, qui ne peut pas sonner autrement que *péman*.

NOTA. Nous ne mentionnons pas les voix *ea*, *ei*, *eai*, *ée* et *ey*, qui sonnent *a*, *é* ou *è*, parce qu'il y a ici des lettres supprimées, et que nous avons averti que nous supprimons les lettres qui ne doivent point se prononcer.

Les sons *ao*, *au*, *eau* et *eo*, sont tout simplement représentés par *ô*, lorsqu'ils doivent sonner comme cette lettre.

Eu, *eû* et *œu*, n'ayant qu'un son unique, ne sont annoncés que par *eu*.

Ie final est figuré par *i* seulement, l'*e* final de cette syllabe étant muet. Mais, et ceci est une observation de la dernière importance, quand nous écrivons *ie* à la *prononciation figurée*, ce n'est point le son de l'*i* simple qu'il faut énoncer, mais celui de l'*i* et de l'*e* muet réunis, fondus ensemble en les *mouillant*, diraient *Messieurs de l'Académie*, en appuyant sur l'*e* muet en même temps que sur l'*i*, comme dans le mot *bille*, que nous figurons *biie*.

Ou, *où* et *oue* ne se prononçant que *ou*, nous les annonçons de cette dernière manière.

Ue et *uë* sonnent *u*; nous leur avons donné cette lettre caractéristique.

Il se rencontre quelques difficultés que nous avons besoin de rendre sensibles par rapport aux *diphthongues*. Peu de mots suffiront à ces éclaircissements.

Le *trait-de-séparation* est nécessaire ici pour établir les différences. Prenons le mot *Biscaye*, qui nous offre la diphthongue *aye*.

Si *aye* était une voyelle composée, nous écririons figurativement à la prononciation *Bicekè*, lui donnant ainsi le son de la voyelle composée, qui est celui de l'*è* ouvert; mais *aye* est, dans ce mot, une diphthongue, et nous indiquons sa prononciation *Bicekaie*, *ye* ne sonnant pas *i*, mais *ie*, ces deux lettres *mouillées* ensemble.

Ia, sans *trait-de-séparation*, est diphthongue; et *i-a* indique que ces deux lettres forment deux syllabes. Toutes les difficultés sur les syllabes équivoques sont ainsi aplanies par le *trait-de-séparation* existant ou n'existant pas.

Passons aux *consonnes*. Nous devons supposer que tous nos lecteurs connaissent le son naturel que nous donnons à chacune des *consonnes* dans notre *Grammaire*, page 18.

B.

B, devant les voyelles, n'a besoin d'être figuré à la prononciation que par son signe naturel. Il n'en est pas de même lorsqu'il se trouve dans le corps d'un mot, suivi d'une autre consonne, ou lorsqu'il est la lettre finale d'un mot; parce que, dans ce cas, il peut arriver qu'on doive ou qu'on ne doive pas le faire sentir. Doit-il sonner, nous exprimons ce son par *be*; ainsi nous mettons à côté de *subvenir*, de *radoub* (*çubevenir*, *radoube*). Ne doit-il point sonner, nous le supprimons : *plomb*, *sabbat*, se traduisent par *plon*, *çaba*.

C, K, Q, S, T, Z.

Ce n'est pas sans motif que nous réunissons ces six lettres : elles ont, en effet, une grande analogie, du moins dans la prononciation.

C, devant *a*, *o*, *u*, n'a-t-il pas le son de *k* et de *q*? Devant *e*, *i*, cette même consonne *c* ne siffle-t-elle pas comme *s*? N'arrive-t-il pas que *t* a aussi lui-même quelquefois ce son sifflant? *S* adouci n'équivaut-il pas à un *z*? Dans notre *prononciation figurée*, à quelle détermination devions-nous donc nous arrêter? A celle que nous avons prise, de ne représenter les sons que par les lettres qui ne peuvent en aucune manière donner lieu à l'équivoque; et c'est, en quelques mots, sur quoi repose notre alphabet des sons *figurés*.

C, devant *a*, *o*, *u*, a donc le même son que *k* et *q*. Ce dernier sonnant toujours comme *k* ou comme *c* devant *u*, ne pouvait nous servir de type. Pour représenter le son de *c* devant *a*, *o*, *u*, nous employons la consonne *k*, puisque le son du *k* ne varie jamais; par conséquent il pourrait remplacer le *c* dur. On sait que nous sommes revenus sur la condamnation que nous avions d'abord portée contre cette consonne, que nous ne considérions pas comme lettre française; parce que nous avons reconnu, en citant plusieurs exemples des *Leçons et Modèles de littérature du savant académicien M. Tissot*, que cette lettre est d'une plus haute antiquité française peut-être que notre *c* dur.

Il est vrai que les Latins se sont peu servis de la lettre *k*, et que nous avons presque imité en tout les Latins; mais ne devons-nous pas beaucoup plus aux Grecs anciens? Les Latins, il faut l'avouer, n'ont rien à eux; leur alphabet même ne leur appartient pas; ils le tenaient des Grecs, qui remplissaient le monde de leur célébrité aussi glorieuse que méritée. Les Latins n'avaient pas non plus d'*accents*; et les *accents*, chez les Grecs, étaient d'un grand secours; ils servaient à manifester l'*aspiration*. Les Latins ne connaissaient pas l'aspiration; c'est encore une des pauvretés de leur langue. Le θ, le φ et le χ leur manquaient et nous manquent; nous employons de doubles lettres. Remarquons, en passant, que les Grecs avaient un alphabet bien préférable au nôtre. Ils avaient un *k* et un χ : ces lettres rendaient le même son, si nous nous en rapportons aux Latins; cependant il est très-permis d'en douter : quant à nous, nous n'en croyons rien; c'était peut-être notre *ch* prononcé à la française, car ce son existe naturellement. Toutes les autres lettres grecques ont leur son particulier; les Latins seuls ont corrompu l'alphabet; et nous, nous avons été leurs religieux ou plutôt leurs serviles imitateurs.

Nous devions donc figurer les lettres *c* dur et *q* par le *k*, consonne invariable quant à la prononciation. *S*, ayant un double son, celui du *c* devant *i*, *e*, et celui du *z*, il nous était impossible de l'admettre; nous l'avons figuré par *ce* lorsqu'il est dur, et par *ze* lorsqu'il est doux. *T* n'a-t-il pas encore deux sons, celui de *te*, et celui de *ce*? Et voyez où mène cette bizarrerie; un même mot, le mot *pétition*, par exemple, donne deux syllabes absolument semblables, dont la prononciation est toute différente. Comment figurer les sons d'un pareil mot sans se voir contraint de changer les lettres de l'alphabet? Voyez encore le mot *prononciation*; nous y entendons deux sons pareils : *ci* et *ti*, et pourtant ils sont différemment écrits. Quel gâchis! qu'on nous passe la trivialité de notre exclamation; mais nous voulons arriver, et nous arriverons à prouver que l'étude des langues, toute sérieuse et sévère qu'elle paraît, n'est réellement épineuse que parce qu'on refuse obstinément d'en aplanir les difficultés inutiles. Sans doute un peuple nouveau et vierge n'oserait, ne pourrait pas se forger une langue avec des principes nouveaux et vierges; mais nous, Français! ne devrions-nous pas nous arroger le droit d'une aussi sublime initiative? C'est un fait avéré et patent : la langue française est européenne. Pourquoi ne pas chercher à en faire la langue universelle? L'Église chrétienne se sert du latin dans toutes les cérémonies et les prières de son culte, parce que la langue latine, à l'époque où les décrets canoniques ont été rendus, était le plus répandu de tous les idiomes. Qui viendrait poser en doute devant nous, que si l'Église chrétienne venait à avoir des motifs, qui peuvent se présenter un jour, de changer, non pas le texte, mais le langage de son Évangile sacré; qui viendrait, disons-nous, poser en doute que la traduction de ses livres saints ne fût faite en français, à cause de l'universalité de l'idiome français? Il est bien certain que si nous travaillions à une réforme sagement raisonnée de notre langue, nous en ferions bientôt une langue-modèle, et avant un siècle, peut-être, le monde entier ne parlerait plus que le français. Pourquoi, et comment cela arriverait-il? Parce que notre langue serait la seule facile, étant devenue la seule basée sur des principes de raison et d'expérience.

Nous le savons, la digue qu'on nous oppose est l'impossibilité de soumettre une langue aux lois de la raison. L'a-t-on jamais essayé? A-t-on tenté la moindre chose en faveur même du simple bon sens? Que penser d'un *Dictionnaire de l'Académie française*, qui continue, en 1835, d'admettre des absurdités du genre de celles que nous allons signaler? Pouvons-nous ne pas nous récrier contre ses décisions, lorsque nous lisons encore aujourd'hui au mot *second*, que, *dans ce mot et dans ses dérivés, le* c *se prononce comme un* g, SURTOUT DANS LA CONVERSATION? Dans les autres circonstances du langage, on fait donc sentir le *c dur?* Cela devrait toujours être; mais il n'en est rien dans aucune occasion; et ceci est la faute de tous, parce que tous font réellement sonner un *g* à la place du *c*. Mais pour tolérer, pour continuer à autoriser une pareille inconvenance, il fallait tout simplement dénaturer le mot *second*, et l'écrire *segond*. L'innovation ne devait rien vous coûter à vous, Messieurs, qui ne reconnaissez pas l'étymologie! vous nous auriez du moins composé un mot tout à fait à la française.

Pense-t-on que ce serait un crime de *lèse-langage*, de trancher les difficultés de l'espèce de celles du mot *action*, par exemple, pour ne citer que celui-là, qui peut s'écrire à la fois *accion*, *axion* ou *acsion*, sans en détourner le moins du monde la prononciation? Rien ne serait cependant plus aisé à simplifier. Mais arrêtons-nous, et rentrons dans nos explications sur la *prononciation figurée*: notre zèle de nationalité nous entraînerait peut-être trop loin.

Nous n'avons admis, pour le son sifflant, que la lettre *c* devant *e* et *i*, ou *ç* devant *a*, *o*, *u*, parce que ces deux caractères sont invariables dans leur prononciation. Nous ne pouvions employer le *s*, cette lettre ayant tantôt le son de *ce*, et tantôt celui de *ze*. Il nous était également impossible de nous servir du *t*, puisque le son de cette consonne est *te*. Nous avons aussi figuré par *k*, *c* devant *a*, *o*, *u*, et *q*, parce que la lettre *k* ne souffre aucune variabilité. Quant au *z*, nous l'employons dans tous les cas où *s* sonne d'une manière adoucie et sans sifflement. Si nous avons répudié cette dernière lettre de notre système de prononciation, c'est que nous avons reconnu qu'elle est absolument inutile; nous pouvons en dire autant de la lettre *q*.

D.

D n'offre que deux cas: celui du son *de*, qui lui est propre, et celui du *te* naturel, qui n'est qu'accidentel.

F.

F se figure par lui-même; il n'y a aucune difficulté.

G et J.

Le son propre de la lettre *g* est *gue*, ou *gu* devant *a*, *o*, *u*. Ainsi nous n'hésitons pas à figurer *guelorieu*, *guôzié*, la prononciation de *glorieux*, *gosier*. Comment annoncer autrement le son dur *gue*? Car *g*, devant *e* et *i*, sonne comme un *j*, qui se dit toujours *je*. Dans les mots qui commencent par *gui*, nous ne trouvons pas de manière d'en figurer autrement le son, lorsqu'il doit être proféré par une seule émission de la voix; mais si les deux lettres *u* et *i* sont divisées par un *trait-de-séparation*, ce *trait* avertit qu'il faut dire *gu-i*, et non pas *gui*.

H.

Muette, c'est-à-dire ne devant point se faire sentir, nous omettons cette lettre. *Aspirée*, nous l'écrivons comme elle existe naturellement au mot qui exige l'aspiration.

J. (*voyez* G).

K (*voyez* C)

L et LL *mouillés*.

Jusqu'ici les lexicographes n'ont point osé se prononcer franchement sur le double *l*, précédé d'un *i*, ou sur *l* final, dont l'articulation doit, se contentent-ils de dire, être *mouillée*. Les uns ont bien écrit à côté du mot: *ll mouillés*; à vous de prononcer, si vous savez, si vous comprenez ce que c'est que *ll mouillés*; le savant Gattel même, celui qui a le plus approfondi la question de prononciation, donne l'avis de prononcer ces *ll* à la manière des Italiens, comme ils prononcent le *gli*; mais, s'il vous plaît, comment prononcent-ils le *gli*? Nous devons supposer qu'on n'en sait rien. C'est donc à nous de l'orthographier de notre mieux, cette infernale prononciation; infernale est le mot, car personne ne la fait sonner d'après les lettres qui servent à l'écrire. Nos puristes français veulent qu'en même temps que l'on fait entendre le *ie* dont nous avons parlé, on fasse un peu sentir l'un des deux *l* qui composent le mot. Cette méthode peut être fondée sur la raison, car les lettres sont faites pour être prononcées; mais nous, nous ne craindrons pas de proclamer hautement que la généralité des Français qui parlent leur langue simplement et sans aucune espèce de prétention, font sonner *ie* les *l* vulgairement dits *l mouillés*; son peu harmonieux, il est vrai, mais simple, mais facile. C'est aussi l'opinion de Beauzée, qui dit que « dans les » mots *paille*, *abeille*, *vanille*, *feuille*, *rouille*, et autres, terminés par *lle*, quoique la lettre *l* ne soit suivie d'aucune diphthongue écrite, on y entend aisément une diphthongue qui » est prononcée *ie*. » Voilà la règle que nous avons suivie, et que nous proposons; cette règle nous a semblé établie sur la base généralement adoptée; cependant nous nous servirons du mot *mouillé*, parce que ce terme est compris de tout le monde, quoiqu'il n'explique pas absolument ce qu'on veut exprimer. — On dit que l'articulation est *mouillée* par *ill* dans les mots tels que *fille*, *pillage*, *cotillon*, *pointilleux*, etc. (Voir la prononciation de chaque mot au *Dictionnaire*.) Nous faisons prononcer *fiie*, *piiaje*, *kotiion*, *poeintiieu*. Certes, nous ne croyons pas, et nous en appelons ici à tous ceux qui n'ont pas d'intérêt à accepter telle prononciation de préférence à telle autre; nous ne croyons pas, disons-nous, que le plus grand nombre des Français prononce *fileie*, *pileiaje*, *kotileion*, *poeintileieu*. Après tout, ceci est peut-être un système de notre part; nous le soumettons sans amour-propre, sans orgueil, à la sagesse expérimentée des plus éclairés, des plus habiles. Nous ne l'avons franchement dénoncé que parce qu'il est de notre part l'expression de l'opinion que nous avons émise plus haut. Nous n'avons entendu aucun officier-général, en parlant de ses *bataillons*, prononcer des *bataielions*, mais des *bataions*. — Continuons: quand la lettre *l* est double, et qu'elle est précédée de *ai*, *ei*, *oui*, elle se prononce *mouillée*, comme dans ces mots: *travailler*, *maille*, *bâiller*, *veiller*, *recueillir*, *fouiller*, *grenouille*; nous faisons dire, d'après notre principe: *travaié*, *maie*, *bâié*, *vèié*, *rekeuieir*, *fouié*, *guerenouie*; la même prononciation est suivie dans les mots qui finissent en *ail*, *eil*, *ueil* et *ouil*, par *l* simple, comme *travail*, *réveil*, *cercueil*, *œil*, *fenouil*, etc.; nous écrivons cette manière de dire: *travaie*, *rèvèie*, *cèrkueuie*, *euie*, *fenouie*. — L'*Académie* et plusieurs lexicographes prétendent que *l* final doit avoir le son *mouillé* dans *péril*: nous ne sommes point de cet avis: si *mil*, sorte de graine, se prononce *miie*, c'est parce que ce mot a servi sans doute à former celui de *millet*, qui est son diminutif, et dans lequel les *ll* sont *mouillés*: c'est aussi surtout pour distinguer ce mot du nom de nombre *mil*: mais il n'en est pas de même de *péril*, qui n'offre aucune raison plausible de le prononcer autrement que *périle*.

Quelques-uns veulent que *il* de *péril* soit *mouillé*, à cause de l'adjectif *périlleux*; nous affirmons, nous, que nous entendons toujours prononcer *périle*. Nous dirons aussi que nous ne savons pourquoi le nom propre *Sully* est indiqué devoir se prononcer *çuiei*; nous avons, depuis que nous entendons lire et parler, entendu prononcer *çule-li* dans le langage et dans la lecture.

M et N.

Lorsque ces consonnes sont accolées à un *a* ou un *e*, et qu'elles forment un son nasal, nous traduisons ce son par *an*, la lettre *n*, unie à un *a* ou à un *e*, ne variant jamais dans sa prononciation, tandis que *m* est sujet à conserver le son qui lui est naturel. (*Voyez* A et B.)

P.

P ne se faisant pas toujours sentir, nous le supprimons, d'après notre règle générale, toutes les fois qu'il se trouve dans ce cas; et nous rendons par *pe* le son qui lui convient ailleurs.

Q (*voyez* C).

R.

R n'a guère que le son de *re*, qui lui est naturel, et c'est ainsi que nous l'indiquons. Lorsqu'il est redoublé, et qu'il ne faut en prononcer qu'un, ce qui arrive assez ordinairement, nous n'écrivons que celui qui se fait sentir. Dans le cas où les deux *r* doivent s'entendre, nous traduisons le premier par la syllabe muette *re*: *aberration* (*abèrerdcion*); *terreur* (*tèrereur*). Dans les terminaisons en *er*, nous indiquons la prononciation par un simple *é* fermé, quand *r* ne doit pas sonner; et par *ère*, lorsqu'il se fait sentir. Le mot *berger*, que nous figurons (*bèregé*), offre le double modèle de cette prononciation.

S et T (*voyez* ce que nous en avons dit à la lettre C.)

V.

Cette lettre ne saurait autrement se traduire que par le son qui lui est naturel; nous ne le représentons donc que par lui-même.

W.

W, lettre étrangère, se prononce généralement *ou*; mais on peut aussi lui donner le son du *v* simple. Dans deux ou trois cas il est mis pour *u*; *aw* sonne *o* dans *paw*; *ew* sonne *eu* dans *pellew*.

X.

Encore une lettre inutile, parce qu'elle n'a pas de son qui lui soit propre. Chose bizarre! cette consonne peut se rencontrer pour *cs*, pour *gs*, pour *k*, pour *ss* ou *ce*, enfin pour *z*. Nous n'avons pu figurer les divers sons dont ce caractère est susceptible, qu'en les représentant par des lettres fictives, souvent peu agréables à l'œil, mais toujours rigoureusement nécessaires. Comment écrire en effet le son *cs*, ou plutôt *ks*, puisque dans notre système nous n'admettons que la lettre *k* pour représenter le *c* dur? comment écrire ce son autrement que par *kce* dans *axiome* (*akciome*)? et celui de *gz*, que *x* se trouve avoir dans le mot *exemple*, autrement que par *gueze* (*èguezanple*)?

Z (*voyez* la lettre C).

Il nous reste à parler des consonnes composées. A l'exception du *gn*, ces consonnes n'offrent pas de bien grandes difficultés. Le *ch* se traduit par *che* ou *ke*; par *che* dans les mots qui sont prononcés à la française; par *ke* dans ceux qui sont tirés de l'hébreu, du grec, ou enfin d'une langue étrangère quelconque. *Ph* sonne *fe*: *rh* et *th* n'ont pas d'autre son que le *r* et le *t* naturels, sans qu'on ait besoin de faire en aucune manière attention à la lettre *h* qui les accompagne.

Le *gn* est difficile pour les étrangers. Ce n'est cependant pas lorsque le *g* doit être dur qu'il embarrasse; nous ne voyons d'autre manière de le rendre dans ce cas que par les caractères figurés *guene*: ainsi *gnome* est annoncé à la prononciation *guenome*.

Mais lorsque le *gn* est dit *mouillé*, le son qu'il doit prendre est une difficulté. Nous savons bien que le mot *compagne*, écrit *konpagnie* à la prononciation, n'a pas trouvé autant d'approbateurs que nous l'aurions désiré; mais, examinons: ce son est-il traduisible d'une autre façon? Qu'on n'oublie pas que nous avons posé pour principe que, dans une *prononciation figurée*, toutes les lettres doivent être rigoureusement prononcées: ainsi *ie* ne sonne plus ici, comme dans la langue, *i*; mais *ie*, double son que nous avons déjà appelé *mouillé*. Remarquons bien aussi que l'addition seule de l'*i* peut indiquer que le *gn* n'a pas le son dur *guene*. Enfin, quoi qu'on pense de cette méthode que nous avons adoptée, nous ne pouvons nous empêcher de répondre à nos adversaires, qu'il ne nous a paru ni possible ni raisonnable de nous contenter de dire simplement à chaque mot: *prononcez le gn mouillé*; parce que cette locution ne dit et n'explique absolument rien. Une prononciation se fait comprendre par les yeux et par les oreilles, et nullement par des paroles inutiles.

(*Extrait de la* Grammaire de Napoléon Landais.)

TABLEAU

DES ABRÉVIATIONS

LE PLUS GÉNÉRALEMENT USITÉES.

Abl.	Ablatif.
Abrév.	Abréviation.
Absol.	Absolu *ou* absolument.
Acad.	Académie.
Acc.	Accusatif.
Accid.	Accidentel.
Act.	Actif.
Adj.	Adjectif *ou* adjectivement.
Administr.	Administration.
Admir.	Admiration.
Adv.	Adverbe *ou* adverbialement.
Affirm.	Affirmatif.
Agric.	Agriculture.
Agron.	Agronomie.
Alch.	Alchimie.
Algèb.	Algèbre.
Amphib.	Amphibologie.
Anal.	Analogie.
Anat.	Anatomie.
Anc.	Ancien.
Antér.	Antérieur.
Anthol.	Anthologie.
Antiq.	Antiquité.
Aor.	Aoriste.
Apérit.	Apéritive.
Archéol.	Archéologie.
Archit.	Architecture.
Arithm.	Arithmétique.
Arrond.	Arrondissement.
Art.	Article.
Artil.	Artillerie.
Aspir.	Aspirée.
Astrol.	Astrologie.
Astron.	Astronomie.
Att.	Attique.
Augm.	Augmentatif.
Aut.	Auteur.
Auxil.	Auxiliaire.
Banq.	Banque.
Barbar.	Barbarisme.
Béot.	Béotien.
Blas.	Blason.
Bn.	Baron.
Bot.	Botanique.
Burl.	Burlesque.
C'.	Ce.
C.-à-d.	C'est-à-dire.
Can.	Canonique.
Cant.	Canton.
Cap.	Capitale.
Cathol.	Catholique.
Celt.	Celtique.
Cent.	Centime.
Charp.	Charpenterie.
Chas.	Chasse.
Chim.	Chimie.
Chir.	Chirurgie.
Chron.	Chronologie.
Cie.	Compagnie.
Collect.	Collectif.
Comm.	Commerce.
Comp.	Composé.
Compar.	Comparatif.
Compl.	Complexe.
Cond.	Conditionnel.
Conj.	Conjonction.
Conjug.	Conjugaison.
Cons.	Consonne.
Construct.	Construction.
Contract.	Contraction.
Corrup. (par).	Corruption (par).
Cout.	Coutume.
Crim.	Criminel.
Crit.	Critique.
D.	Demande.
D'.	De.
Dat.	Dat.
Déf.	Défini.
Défect.	Défectueux *ou* défectif.
Démonst.	Démonstratif.
Dépt.	Département.
Dépon.	Déponent.
Dess.	Dessin.
Déterm.	Déterminé.
Dévot.	Dévotion.
Dial.	Dialecte.
Dict.	Dictionnaire.
Didact.	Didactique.
Dimin.	Diminutif.
Diopt.	Dioptrique.
Diplom.	Diplomatie.
Dir.	Direct.
D°.	Dito.
Docim.	Docimasie.
Dogm.	Dogmatique.
Dor.	Dorien.
Dout.	Douteux.
Dr.	Docteur.
Dram.	Drame *et* dramatique.
Eccl.	Ecclésiastique.
Écon.	Économie
Edit.	Éditeur *ou* édition.
Ellips.	Ellipse.
Ellipt.	Elliptique.
Élis.	Élision.
Encycl.	Encyclopédie.
Entom.	Entomologie.
Éol.	Éolien.
Épist.	Épistolaire.
Épith.	Épithète.
Escr.	Escrime.
Esp.	Espagnol.
Etc.	Et cætera
Étym.	Étymologie.
Ex.	Exemple.
Exag.	Exagération.
Exclam.	Exclamation.
Explét.	Explétif.
Explic.	Explicatif.
Express.	Expression.
Extens.	Extension.
Fabr.	Fabrique.
Fam.	Familier *ou* familièrement.
Faucon.	Fauconnerie.
Fém.	Féminin.
Féod.	Féodalité.
Fig.	Figuré *ou* figurément.
Fin.	Finances.
Fortif.	Fortification.
Fr.	France.
Franç.	Français.
Fréq.	Fréquentatif.
Fut.	Futur.
Gall.	Gallicisme.
Gén.	Génitif.
Généal.	Généalogie.
Genr.	Genre.
Géog.	Géographie.
Géol.	Géologie.
Géom.	Géométrie.
Gérond.	Gérondif.
Gloss.	Glossaire.
Gnom.	Gnomonique.
Gram.	Grammaire.
Grav.	Gravure.
Hébr.	Hébreu.
Hist.	Histoire.
Hist. nat.	Histoire naturelle.
Homon.	Homonyme.
Horl.	Horlogerie.
Hydraul.	Hydraulique.
Hydrost.	Hydrostatique.
Hyg.	Hygiène.
Hyperb.	Hyperboliquement.
Ichthyol.	Ichthyologie.
Icon.	Iconologie.
Id.	Idem.
Imparf.	Imparfait.
Impér.	Impératif.
Impers.	Impersonnel.
Implic.	Implicite.
Imprim.	Imprimerie.
Incid.	Incident.
Incompl.	Incomplexe.
Indécl.	Indéclinable.
Indéf.	Indéfini.
Indéterm.	Indéterminé.
Indic.	Indicatif.
Indir.	Indirect.
Infin.	Infinitif.
Interj.	Interjection.
Interrog.	Interrogatif.
Inus.	Inusité.
Invar.	Invariable.
Invers.	Inversion.
Ion.	Ionien.
Iron.	Ironique.

Irrég.	Irrégulier.
Ital.	Italique.
J'.	Je.
Jard.	Jardinage.
Judic.	Judiciairement.
Jurispr.	Jurisprudence.
L'.	Le *ou* la.
Lapid.	Lapidaire.
Lat.	Latin.
Lett.	Lettres.
Lex.	Lexique *ou* lexicographe.
Littér.	Littérature.
Liturg.	Liturgie.
Loc.	Locution.
Log.	Logique.
M. à m.	Mot à mot.
Maçonn.	Maçonnerie.
Me.	Maître.
Man.	Manège.
Manuf.	Manufacture.
Mar.	Marine.
Marit.	Maritime.
Marot.	Marotique.
Mas.	Masculin.
Math.	Mathématiques.
Mécan.	Mécanique.
Médec.	Médecine.
Médec. vétér.	Médecine vétérinaire.
Men.	Menuiserie.
Mérid.	Méridional.
Métaphys.	Métaphysique.
Mét.	Métiers.
Milit.	Militaire.
Minér.	Minéralogie.
Mod.	Moderne.
Monn.	Monnaie.
Moy.	Moyen.
Mus.	Musique.
Myth.	Mythologie.
Nat.	Naturel *ou* naturaliste.
Négat.	Négative.
Néol.	Néologie.
Neut.	Neutre.
Neutral.	Neutralement.
Nom.	Nominatif.
Nomb.	Nombre.
Nouv.	Nouveau.
Num.	Numéral.
Numism.	Numismatique.
Omn. gen.	Omnis generis (latin).
Oppos.	Opposition.
Opt.	Optique.
Optat.	Optatif.
Ordin.	Ordinal.
Ornith.	Ornithologie.
Pal.	Palais.
Parf.	Parfait.
Part.	Participe.
Partic.	Particule.
Pass.	Passé *ou* passif.
Path.	Pathologie.
Patron.	Patronymique.
Pd.	Pied.
Pe.	Pouce.
Peint.	Peinture.
Pers.	Personne.
Perspect.	Perspective.
Pharm.	Pharmacie.
Pharmac.	Pharmacopée.
Phén.	Phénicien.
Phil.	Philosophie.
Phrén.	Phrénologie.
Phryg.	Phrygien.
Phys.	Physique.
Physiol.	Physiologie.
Pléon.	Pléonasme.
Plur.	Pluriel.
Plus-que-parf.	Plus-que-parfait.
Poés.	Poésie.
Poét.	Poétique *ou* poétiquement.
Polit.	Politique.
Pop.	Populaire.
Posit.	Positif.
Poss.	Possessif.
Pr.	Pour.
Prat.	Pratique.
Préc.	Précédent.
Prép.	Préposition.
Prés.	Présent.
Prét.	Prétérit.
Primit.	Primitif *ou* primitivement.
Princip.	Principal.
Priv.	Privatif.
Procéd.	Procédure.
Pron.	Pronom.
Propos.	Proposition.
Pros.	Prosodie.
Prov.	Proverbe *ou* proverbialement.
Psychol.	Psychologie.
R.	Réponse.
Rac.	Racine.
Rar.	Rarement.
Récipr.	Réciproque.
Réfl.	Réfléchi.
Rég.	Régime.
Régul.	Régulier.
Rei.	Reipublicæ (latin).
Relat.	Relatif *ou* relation.
Relig.	Religion.
Remp.	Rempublicam (latin).
Rep.	Republicâ (latin).
Rhét.	Rhétorique.
Riv.	Rivière.
Rom.	Romain *ou* romaine.
Roy.	Royaume.
Rur.	Rural.
Rust.	Rustique.
S'.	Se *ou* si.
Sat.	Satire *ou* satirique.
Sav.	Savant.
Sc.	Science.
Schol.	Scholastique.
Sculpt.	Sculpture.
Septent.	Septentrional.
Signif.	Signifie.
Sing.	Singulier.
Soléc.	Solécisme.
Sous-ent.	Sous-entendu.
St.	Saint.
Subj.	Subjonctif.
Subst.	Substantif.
Substantiv.	Substantivement.
Suj.	Sujet.
Superl.	Superlatif.
Syn.	Synonyme.
Sync.	Syncope.
Synon.	Synonymie.
Synop.	Synoptique.
Synt.	Syntaxe.
Syr.	Syriaque.
T.	Terme.
Tabl.	Tableau.
Théol.	Théologie.
Thérap.	Thérapeutique.
Toxic.	Toxicologie.
Trad.	Traducteur *ou* traduction.
Triv.	Trivial.
Unipers.	Unipersonnel.
Us.	Usité.
V.	Verbe.
Var.	Variable.
Vén.	Vénerie.
Vétér.	Vétérinaire.
Vic.	Vicieux.
Vil.	Ville.
Voc.	Vocatif.
Vocab.	Vocabulaire.
Voy.	Voyez.
Vulgair.	Vulgairement.
Zool.	Zoologie.
1re pers.	Première personne.
2e pers.	Deuxième personne.
3e pers.	Troisième personne.

A subst. mas., est la première lettre de l'alphabet français et des cinq voyelles : *grand A*, *petit a*. Elle est la première dans l'alphabet de toutes les langues.—Le son de l'*a*, est une simple émission de voix qui est produite par le gosier et que laisse échapper l'ouverture naturelle des lèvres ; aussi est-ce la première articulation que les enfants font entendre : *papa*, *maman*. Le son de cette lettre est tantôt bref, tantôt long : il est long dans *pâle*, *phrase* ; bref dans *glace*, *trace*. — La lettre *a*, comme toutes les autres lettres de l'alphabet, ne prend point la marque du pluriel : *Deux a*. — *Ne savoir ni a ni b*, ne savoir pas lire, et fig., être fort ignorant. — *Panse d'a*, première partie de l'*a*, appelée *panse* à cause de sa forme : *il n'a pas fait une panse d'a*, il n'a rien écrit ; fig., il n'a rien fait ; et pour indiquer que quelqu'un n'a eu aucune part dans un ouvrage d'esprit qu'on lui attribue : *il n'y a pas fait une panse d'a*. — On dit encore fig., *depuis a jusqu'à z*, depuis le commencement d'une chose jusqu'à la fin. — A privatif, première lettre de l'alphabet grec, nommée *Alpha*, entre dans la composition de plusieurs mots français dérivés du grec, et dans lesquels il marque privation. Il répond, en général, à la préposition *sans*, ou à une négation, et se place toujours au commencement du mot, comme dans *acéphale*, *qui est sans tête*. — Il marque aussi quelquefois augmentation, et alors il se nomme *augmentatif*. — A, en musique, ou *a mi la*, ou *a la mi re*, indique le sixième ton de la gamme diatonique et naturelle, lequel est appelé autrement *la*. — La lettre majuscule A, écrite sur une partie de musique, désigne la haute-contre (*alto*). Lorsqu'on trouve la lettre *a* dans le courant de la basse continue d'un chant à plusieurs parties, elle indique que la haute-contre chante seule. — Aujourd'hui *a* est employé dans la musique pour l'épellation chantée des notes de la gamme. — A, dans le calendrier Julien, est la première des lettres dominicales. C'était, avant l'ère chrétienne, la première des nundinales ; et ce fut d'après cet usage qu'on introduisit les lettres dominicales. — Chez les Romains, cette lettre était un signe d'absolution : chez les Grecs, elle était de sinistre présage lorsqu'un sacrificateur la prononçait ; et chez les Égyptiens A était une figure symbolique consacrée à leur religion. — C'était aussi une lettre numérale : 1 en Grèce ; 500, à Rome, et avec une barre au-dessus ($\bar{A}$) 5,000. — En France, mis au bas d'une page, A désigne la 1re feuille d'un livre. — A, dans le commerce. Les marchands, négociants, banquiers et teneurs de livres se servent de cette lettre, ou seule, ou suivie de quelques autres, pour abréger certaines façons de parler usitées dans leurs comptes, factures, journaux, etc. Ainsi A, mis seul, après avoir parlé d'une lettre de change, signifie *accepté* ; *A. S. P.*, accepté sous protêt ; A. S. P. C., accepté sous protêt pour mettre à compte ; *A. P.*, à protester. — *A*, en médecine. *A* ou *aa* se met par abréviation dans les ordonnances de médecin pour *ana*, mot grec qui signifie parties égales. Ainsi A, ou *aa*, ou *ana*, signifient, dans ces ordonnances, parties égales de chaque ingrédient. — Dans l'algèbre, *a*, comme les autres lettres, présente plusieurs significations. — A signifie *assuré*, dans M. A. C. L., et dans P. A. C. L. (maison, ou propriété assurée contre l'incendie) ; *assurances*, dans A. G. et dans A. P. L. V. (*assurances générales*, et *assurances pour la vie*. — *A*, sur les médailles grecques, signifie *Argos* : sur les médailles des empereurs romains, *Auguste*. — A est la marque des monnaies de Paris. — Cette lettre, comme toutes celles de l'alphabet, sert à renvoyer les figures des planches gravées aux explications du texte d'un ouvrage : en architecture, à placer les pierres dans l'ordre de leur grandeur. — *Â*, surmonté d'un accent circonflexe, se prononce la bouche très-ouverte. — *À*, avec l'accent grave, est préposition. Il se prononce comme *a* simple. Il est la marque du datif en latin. Il se met à la place des prépositions : *après*, *avec*, *vers*, *pour*, *dans*, *sur*, *par*, *selon*, *environ*, etc., et a le même sens qu'elles. La préposition *à* se joint à l'article, et se trouve comprise par contraction dans le mot *au*, que l'on met devant les noms qui commencent par une consonne ou par un *h* aspiré ; elle se trouve encore comprise dans le pluriel du mot, *aux*. Le principal but de cette préposition est de marquer un rapport à un terme, à une fin : *aller à Londres* ; *revenir à Paris*, *monter à cheval*. Il est bon de faire remarquer ici que le terme indiqué par cette préposition ne doit être considéré que comme un point fixe. Ainsi, quoiqu'on dise bien *être à Londres*, parce qu'on se figure la ville de Londres comme un point où l'on est fixé, on ne peut pas dire *être à l'Angleterre*, parce que l'Angleterre n'est pas un point indivisible, mais un pays étendu. — On dit cependant, à l'égard des contrées lointaines, *aller aux Indes, au Pérou, à la Chine*, parce que, quand on a découvert ces pays, l'éloignement ne les a fait considérer que comme des points. Par la même raison on dit : *monter à cheval*, parce que l'endroit par où l'on touche au cheval peut n'être considéré que comme un point; mais on ne dit pas *monter à voiture*, parce qu'une voiture présente une idée d'espace dans lequel on est contenu. — *A* s'emploie devant les mots qui indiquent le but d'une action ; devant les noms : *écrire à sa mère* ; devant les infinitifs : *demander à parler*. Il s'emploie devant le régime des verbes : *adresser une lettre à quelqu'un*. Dans ce cas, il est la marque d'un régime indirect. Il a le même sens dans ces phrases elliptiques : *Aux grands hommes la patrie reconnaissante; à monsieur; à madame*. — *A* remplace quelquefois la préposition *de*, devant les verbes *continuer, commencer, contraindre, obliger, prier*, etc. ; mais dans un sens différent. (Voir, dans notre *Grammaire*, comment l'une ou l'autre de ces prépositions détermine le sens de ces verbes.) — *A* s'emploie quand on veut marquer la distance d'un endroit à un autre, l'intervalle d'une chose à une autre : *il y a tant de milles de Rome à Milan; un effet à trois mois de date* ; quand on veut marquer une relation entre les personnes ou les choses : *de nation à nation ; deux est à quatre comme quatre est à huit*. — *A* sert à déterminer le lieu où se trouve quelque chose, où se passe une action : *son domicile électif est à Marseille ; on se réjouit à Paris*. Il a le même sens dans ces phrases elliptiques : *un tel, notaire à Versailles ; à la vue de l'ennemi*. — *A* s'emploie dans quelques locutions elliptiques pour indiquer l'enseigne d'un magasin, d'une hôtellerie, etc. : *à la petite Jeannette; au Pauvre Diable*. — *A* s'emploie aussi quand on veut marquer l'époque, le temps : *au commencement de l'automne; à la fin de l'année ; au moment où j'arrivais*. On dit aussi elliptiquement dans un même sens : *à demain, à jeudi*. — *A* marque souvent possession : *cette maison appartient à mon père*. — *A* sert en outre à marquer l'espèce, la qualité : *chocolat à la vanille; homme à projets*. Il indique surtout la forme, l'accessoire d'une chose : *une robe à plis; une voiture à quatre roues* ; la destination d'une chose à un usage, à un emploi particulier, à la production d'un effet : *une salle à manger ; un moulin à poudre ; terre à blé*. — Le rapport d'une action à un terme se marque aussi par la préposition *à*, lorsque, parmi les moyens qu'on emploie pour faire cette action, on en choisit un de préférence à tous les autres : *se battre à l'épée ; travailler à l'aiguille ; dessiner au crayon; peindre à l'huile*. — Le rapport d'une chose avec le prix auquel elle a été fixée se marque encore par la préposition *à*. On dit *du vin à six francs la bouteille*, pour indiquer le prix auquel il est fixé par le marchand. — *A*, placé entre deux nombres, signifie *environ* : *six à huit mille hommes*. — L'usage peut seul indiquer les nombreuses acceptions de cette préposition.

A, 3e pers. sing. prés. indic. du v. *avoir*. (En lat. *habet*.) On écrivait autrefois *ha*, conformément à cette étymologie : *il a peur, il a honte*. — Il est aussi v. unipers. : *il y a des gens qui prétendent*.

AA, ou AAA, signes dont les chimistes se servent pour signifier *amalgame, amalgamer*. — Ces signes, dans les nivellements de terrein, indiquent une coupe, une démolition et un nivellement projetés quand ils sont barrés à leur pointe droite ou gauche. Ils représentent aussi le mot grec ἀνα, qui a le sens de *chaque partie égale*, dans les formules ou ordonnances de médecins.

AABAM, subst. mas. (*aabame*), nom que les alchimistes donnent au plomb.

AAIBA, subst. mas. (*aa-iba*), t. de bot., petit arbuste des Indes.

AALCLIM, subst. mas. (*aalklime*), t. de bot., plante du genre des bauhines.

AARBRER, v. neut. (*aarbré*), terme ancien qui n'est plus en usage. Il voulait dire *se cabrer*.

AAVORA, subst. mas. (*aavóra*), t. de bot., palmier des Indes.

AB, subst. mas. (*abe*), onzième mois des Hébreux ; dernier mois d'été des chrétiens d'Orient. Il ne faut pas confondre ce mois avec un autre nommé *Abid*, qui répond à notre mois de mars. Celui-ci était un mois des anciens Hébreux, et se trouve dans l'Écriture; au lieu que *Ab* ne se trouve que dans le Thalmud et dans les Rabbins.

ABA, subst. mas. (*aba*), étoffe de laine en Turquie et en Égypte. C'était aussi une ville de la Phocide.

ABAB, subst. mas. (*ababe*), matelot qu'on lève en Turquie, à défaut d'esclaves propres à la marine. Vingt familles fournissent un *Abab*, qui est soudoyé par les dix-neuf familles auxquelles il n'appartient pas.

ABABIL, subst. mas. (*ababile*), oiseau dont parle l'Alcoran, et dont la nature cause de grandes controverses parmi les mahométans.

AB ABRUPTO. Voyez ABRUPTO.

ABACA, subst. mas. (*abaka*), sorte de chanvre, de lin des îles Philippines. — Bananier des Indes.

ABACO, subst. mas., mot quelquefois employé pour *abaque*, table à calculer, et t. de mines.

ABACOT, subst. mas., t. d'hist., nom donné à une double couronne entourant un bonnet que portaient les anciens rois d'Angleterre.

ABACUS, subst. mas. (*abakuce*), bâton de commandement des templiers, à pomme plate, sur laquelle est gravée la croix de l'ordre. — Ce mot ne serait-il pas le même que *abaque* dans le sens d'ornement de tête des rois d'Angleterre ?

ABAD, subst. mas. (*abade*), t. d'hist. nat., sorte d'animal des Indes.

ABADA, subst. mas. (*abada*), rhinocéros des Indes.

ABADDON, subst. mas. (*abadedon*), prince des enfers, selon la Bible.

ABADI, ABADDIR ou ABDIR, subst. mas. (*abadir, abadedire, abdire*), dans l'anc. myth., pierre que Cybèle présenta enveloppée de langes à Saturne, lors de la naissance de Jupiter, et que Saturne avala, croyant dévorer son fils. On l'appelle aussi *Bétyle*.

ABAISER ou ABAISIR, v. a., mots forgés par *Raymond*, comme signifiant *abaisser, baisser, diminuer, humilier*.

ABAISSE, subst. fém. (*abèce*), pâte qui fait le fond d'une pièce de pâtisserie.

ABAISSÉ, E, adj. et part. pass. de *abaisser*. — En t. de blason : 1° *vol abaissé*, se dit d'un oiseau dont les ailes ont leurs extrémités tournées vers la pointe de l'écu. On le dit aussi du chevron, du pal, de la bande, de la fasce, etc.; — 2° *chef abaissé*, celui qui se trouve sous un autre chef qu'on a par concession ou par état.

ABAISSEMENT, subst. mas. (*abèceman*) (du lat. barbare *bassus*, dont les Italiens ont fait *basso*, les Espagnols *baxo*, et les Français *bas*), diminution de hauteur; action, résultat de *baisser*, de *s'abaisser*; manière d'être d'une chose qui est plus *basse* qu'elle n'était : *l'abaissement d'un mur, du mercure dans le baromètre*, etc. On dit aussi *abaissement de la voix*. — Au fig., diminution de crédit, d'honneur, etc. : *vivre dans l'abaissement*. — Humiliation volontaire : *se plaire dans l'abaissement*. — Humiliation contre la volonté : *être réduit à l'abaissement*. — *Abaissement d'une équation*, en t. d'algèbre, réduction d'une équation à la forme la plus simple dont elle soit susceptible. — En astron., il se dit du pôle, de l'horizon visible et d'une étoile sous l'horizon. — En t. de blas., où il reçoit aussi le nom d'*abattement*, c'est une addition de quelque pièce faite à l'écu pour rappeler une action déshonorante et pour en diminuer la valeur et la dignité. — ABAISSEMENT, BASSESSE (*Syn.*). *L'abaissement* est l'effet d'un événement qui a fait descendre d'un premier état; la *bassesse* est le degré le plus éloigné de toute considération.

ABAISSER, v. act. (*abècé*) (rac. *à* prép. et *baisser*), faire aller en *bas* ; mettre plus *bas* : *abaisser un store, une lanterne*. Voy. BAISSER. — Diminuer de hauteur : *abaisser une muraille de deux pieds*. — T. d'algèb. : *abaisser une équation*. Voy. ABAISSEMENT. — T. de géom., *abaisser une perpendiculaire*, la mener à une ligne d'un point pris hors de cette ligne. — T. de chir., *abaisser la cataracte* ; faire descendre le crystallin qui était devenu opaque dans l'orbite de l'œil. — *L'Académie* dit : *abaisser la voix*, parler plus *bas*. — T. de faucon., ôter quelque chose de la portion du manger de l'oiseau pour le rendre plus léger. — T. de jard., couper une branche près du tronc. — T. de pâtissier, *abaisser la pâte*, l'étendre avec un rouleau. — Au fig., déprimer, humilier, ravaler : avec cette différence qu'*abaisser* exprime une action plus modérée, un *abaissement* médiocre ; *ravaler*, un *abaissement* beaucoup plus profond ; *humilier*, un état de confusion qui *abaisse* jusqu'à terre (*humus*) ; *avilir* a une signification encore plus forte. — S'ABAISSER, v. pron., devenir plus *bas* : *la rivière s'abaisse*. — Fig., s'humilier, s'incliner par respect, se soumettre : *s'abaisser devant Dieu*. — Au fig., se ravaler, s'avilir : *s'abaisser à des choses indignes d'un honnête homme*.

ABAISSEUR, subst. et adj. mas. (*abèceur*), t. d'anat., nom de divers muscles dont l'action consiste à *abaisser*, à faire mouvoir en *bas* les parties auxquelles ils sont attachés : *muscle abaisseur*. — Subst. *L'abaisseur de l'œil ; l'abaisseur de la paupière inférieure; l'abaisseur de l'aile du nez, l'abaisseur des lèvres ; l'abaisseur de la langue*, etc.

ABAIT, subst. mas. (*abè*), t. de pêcheur, *appât*. Vieux et inusité.

ABAJOUE, subst. fém. (*abajou*), t. d'hist. nat., sorte de sac ou de poche, que quelques singes ou autres animaux ont dans la bouche. — Plus spécialement, la partie latérale du groin du cochon et de la tête de veau, lorsqu'ils sont cuits.

ABA-JOUR figure dans *Raymond*, pour *abat-jour*. Le premier est un barbarisme.

ABALIÉNATION, subst. fém. (*abaliénâcion*) (du lat. *ab* et *alienare*, aliéner), t. de droit romain, *aliénation* de meubles, de bestiaux. — T. d'hist. anc., *aliénation* en faveur d'un citoyen romain qui pouvait faire une acquisition.

ABALIÉNÉ, E, part. pass. de *abaliéner*.

ABALIÉNER, v. act. (*abaliéné*) (du lat. *ab* et *alienare*), t. de droit, action d'*aliéner* des meubles, des bestiaux; passer l'acte par lequel un Romain stipulait une *abaliénation*. — S'ABALIÉNER, v. pron.

ABALOURDI, E, part. pass. de *abalourdir*.

ABALOURDIR, v. act. (*abalourdir*), rendre *lourd* et stupide. Il est fam. — S'ABALOURDIR, v. pron. Voy. ABASOURDIR.

ABANDON, subst. mas. (*abandon*) (de l'allemand *a* priv. et *band*, lien), état d'une personne, d'une chose délaissée. Il s'emploie sans régime : *être dans l'abandon*. — En t. de jurispr., on dit : *faire abandon de son bien à ses créanciers*. On dit aussi *cession*, en parlant des biens. — Sorte de négligence, presque toujours agréable, qu'on sent dans le discours, lorsque l'orateur ou l'écrivain se laisse aller au mouvement naturel de son sentiment et de sa pensée : *un heureux abandon*, etc. — Il marque l'action d'*abandonner* : *il y a un lâche abandon à souffrir qu'on me déshonore*. — Il signifie aussi l'action de *s'abandonner*, de se laisser aller à ses passions, aux sentiments que l'on éprouve : *cette femme a un abandon séduisant; un acteur qui met de l'abandon dans son jeu*. — Il exprime encore l'action de se livrer avec confiance aux conseils, à la volonté de quelqu'un : *je me livre à vous, n'abusez pas de cet abandon; un entier abandon à la volonté de la Providence*. — A L'ABANDON, loc. adv. : *aller à l'abandon; tout est à l'abandon dans le ménage*, en désordre, sans soin.

ABANDONNÉ, E, adj. et part. pass. d'*abandonner*, désert, inhabité, détruit. — Perdu, délaissé. — Il se dit, en t. de chasse, d'un chien courant qui prend les devants d'une meute, et qui *s'abandonne* sur la bête. — Au fig., livré à quelque passion avec excès; perdu de débauche, etc. Il est peu usité même en parlant des femmes. Comme subst. on ne dit plus : *c'est une abandonnée*, mais *un abandonné*.

ABANDONNEMENT, subst. mas. (*abandoneman*), délaissement complet. Il se dit de l'acte d'*abandonner* : *faire un abandonnement de tous ses biens* ; et de l'état de la chose *abandonnée* : *il est dans l'abandonnement de tous ses amis*, etc. — Désordre, dérèglement excessif; prostitution. Il s'emploie sans régime : *vivre dans l'abandonnement*. — T. de jurispr. : expression employée dans les partages et liquidations pour désigner ce qui est *abandonné* aux diverses parties pour leurs lots. Le contrat d'*abandonnement* est l'acte par lequel un débiteur *abandonne* volontairement son bien à ses créanciers; c'est ce qu'on appelle aussi cession de biens. — ABANDONNEMENT, ABDICATION, RENONCIATION, DÉSISTEMENT, DÉMISSION (*Syn.*) : on fait une *abdication* de son pouvoir, de ses dignités; un *abandonnement* de ses biens, une *renonciation* à ses droits et prétentions; on donne un *désistement* de poursuites, et sa *démission* de charges ou d'emplois.

ABANDONNER, v. act. (*abandoné*), quitter, délaisser entièrement. — Laisser en proie, exposer livrer à... — Laisser entièrement à la disposition, à la merci de... — *Abandonner un fils*, n'en prendre plus soin. — *Abandonner un malade*, cesser de le voir ou de lui ordonner des remèdes, parce qu'on désespère de sa guérison. — *Abandonner ses prétentions, une succession*, y renoncer entièrement. — *Abandonner un cheval*, le faire courir de toute sa vitesse sans lui tenir la bride. — *Abandonner la chasse*, en t. de mar., cesser de poursuivre un bâtiment. — *Abandonner les étriers*, en ôter ses pieds.—En t. de faucon., *abandonner un oiseau*, le laisser libre dans la campagne.—Fig., livrer: *j'avais abandonné mes sens à la douceur du sommeil.* — On *abandonne* les choses que l'on néglige, que l'on cesse de soigner, de protéger, de défendre: *abandonner sa maison, son jardin.—Abandonner une province, une forteresse*, ne plus l'occuper, ne plus pourvoir à sa défense. — *Abandonner*, dans le sens de laisser en proie, exposer, livrer, est toujours suivi de la préposition *à*: *abandonner une ville au pillage; abandonner quelqu'un à ses passions.* — *Abandonner une chose, une personne à quelqu'un*, lui permettre d'en faire, d'en dire ce qu'il lui plaira; lui en laisser l'entière disposition: *abandonner tous ses biens à ses créanciers.* — *Soit! je vous cède; je vous abandonne ce point*, je ne vous tiendrai pas tête davantage. — *Faites ce que vous voudrez de cet homme, je vous l'abandonne*, je ne prendrai point sa défense.— On dit aussi, qu'*un père a abandonné son fils, le soin de son fils à la conduite de quelqu'un*, pour dire qu'il en a chargé quelqu'un sur qui il s'en repose. — *Abandonner un ecclésiastique au bras séculier*, le renvoyer au juge laïque, afin qu'il le punisse selon les lois. On ne dit plus dans un sens absolu et familier, *abandonner au bras séculier*, pour signifier *dédaigner une chose.* — **S'ABANDONNER**, v. pron., se laisser aller, se livrer à quelque chose sans aucune retenue: *s'abandonner à la débauche*, etc. — *S'abandonner à la joie, à la douleur.* — *Le cœur s'abandonne à l'espérance.—S'abandonner à Dieu*, se soumettre avec confiance à sa volonté, à ses décrets.—*S'abandonner à la fortune*, laisser aller les choses au hasard. — Se laisser aller aux mouvements naturels: *cette actrice s'abandonne trop.* — N'avoir plus de confiance en soi: *si l'on vous abandonne, ne vous abandonnez pas.* — Se négliger dans la manière de se mettre: *s'abandonner trop.* — On dit d'une femme qui se prostitue, qu'*elle s'abandonne à tout le monde.*—**ABANDONNER, DÉLAISSER.** (*Syn.*) *Délaisser* dit plus qu'*abandonner*, c'est *abandonner* entièrement. Il ne se dit que des personnes. — **ABANDONNER, QUITTER.** (*Syn.*) On *quitte* un ouvrage pour se reposer et dans le dessein de le reprendre; on l'*abandonne* pour n'y plus revenir.

ABANNATION, subst. fém. (*abanenâcion*) (du lat. *ab* et *annus*), t. d'anc. jurispr., exil d'une année entière qu'on faisait subir à celui qui avait commis un homicide volontaire.

ABANTES et non **ABANTÉENS**, subst. mas. plur. (*abante*), peuples de l'Eubée, qui portaient les cheveux très-longs par derrière. Voy. **ACROCOME.**

ABANTIADES, subst. mas. plur. (*abanciade*). On nommait ainsi les descendants des rois d'Argos.

ABAPTISTE, subst. mas. (*abaticete*) (du grec α priv. et βαπτίζω, je plonge), nom que l'on donnait anciennement à l'instrument de chirurgie connu aujourd'hui sous celui de *trépan.*

ABAQUE, subst. mas. (*abake*) (en grec ἄβαξ, table), table couverte de sable sur laquelle les anciens Romains traçaient des figures. — Chez les Grecs, carré long, évidé, sur lequel étaient tendus des fils passés dans des boules qui servaient à compter. — Table ou échiquier sur lequel on jouait à différents jeux. — Plaques de bronze carrées qui, arrangées par compartiments, servaient à incruster les toits des palais, etc. — En archit., partie supérieure ou couronnement du chapiteau de la colonne. *Abaque* est aussi un ornement gothique avec un filet ou un chapelet de la moitié de la largeur de l'ornement, que l'on nomme *filet* ou *chapelet de l'abaque.* Dans l'ordre corinthien, l'*abaque* est la septième partie du chapiteau. En ce sens, l'*abaque* se nomme aussi *tailloir.* Voy. ce mot. — *Abaque* ou *table de Pythagore*, table pour la multiplication des nombres, inventée par *Pythagore.* — Alphabet ou table sur laquelle on traçait les lettres pour apprendre à lire aux enfants. — *Abaque* signifiait aussi, chez les anciens, une espèce d'armoire ou de buffet, servant à différents usages. Dans un magasin de négociant, c'était le comptoir ou un pupitre; dans une salle à manger, crédence sur laquelle on plaçait les amphores et les cratères. — Ancien ornement de tête des rois d'Angleterre. — T. des mines, auge à laver l'or et l'argent.

ABARES, subst. mas. plur. (*abare*), anciens peuples de Tartarie.

ABARRÉ, **E**, part. pass. de *abarrer.*

ABARRER, v. act., suivant *Boiste*, qui donne ce mot comme signifiant *s'opposer à*... Entièrement inusité.

ABARTICULATION, subst. fém. (*abartikulâcion*) (en lat. *abarticulatio*, conjonction des os), t. d'anat., espèce d'*articulation* des os qui est évidemment mobile. Les anatomistes l'appellent *diarthrose.*

ABAS, subst. mas. (*abâce*), nom d'un poids de Perse, pour peser les perles; il est moins fort d'un huitième que le carat d'Europe.

ABASCANTES, subst. mas. plur. (*abacekante*), anciens caractères magiques. — Adj., *des caractères abascantes.* (*Boiste.*)

ABASIS, subst. fém. (*abazice*), contrée de la Russie d'Asie.

ABASOURDI, **E**, part. pass. de *abasourdir.*

ABASOURDIR, v. act. (*abazourdir*) (rac. *sourd*), étourdir par un grand bruit, consterner, jeter dans l'abattement. Vieux mot qui se dit encore. — Il ne faut pas confondre ce verbe avec *abalourdir.* On est habituellement *abalourdi*; on est *abasourdi* par une nouvelle affligeante et inattendue, et l'on revient de l'abattement qu'elle a causé. *Abalourdir* suppose une répétition de causes et un effet permanent; *abasourdir* suppose une cause subite, un effet passager.— V. pron., **S'ABASOURDIR.**

ABASSI, subst. mas. (*abaci*), monnaie d'argent de Perse.

ABASTER, subst. mas. (*abacetère*), t. d'astron., constellation.

Abat, 3e pers. sing. prés. indic. de **ABATTRE.**

ABAT, subst. mas. (*aba*), action d'*abattre*, de tuer: *abat d'un bœuf, d'un cerf.* Voy. **ABATTAGE**, qui est seul employé par l'*Académie.* On ne dit plus *les abats*, mais *les abattis d'une volaille.*

ABATAGE, écrit par un seul *t* dans l'*Académie*, nous paraît une faute, ce mot venant d'*abattre.*

ABATANT. Voy. **ABATTANT.**

ABÂTARDI, **E**, part. pass. de *abâtardir.*

ABÂTARDIR, v. act. (*abâtardir*) (rac. *bâtard*), faire dégénérer, corrompre, altérer. On ne l'emploie qu'au figuré: *abâtardir le courage.* — *Le vice abâtardit le meilleur naturel.* — **S'ABÂTARDIR**, v. pron., dégénérer, déchoir de son état naturel, au physique et au moral: *la nature ne s'abâtardit jamais.*

ABÂTARDISSEMENT, subst. mas. (*abâtardiceman*), altération d'une chose qui déchoit de son état naturel: *abâtardissement d'un plant de vigne*; et au figuré, *abâtardissement du courage*, etc.

ABAT-CHAUVÉE, subst. fém. (*abachôvé*), laine d'une qualité inférieure. Plur., *des abat-chauvée.*

ABATÉE. Ce mot vient évidemment d'*abattre*; l'*Académie* a donc tort de l'écrire par un seul *t.*

ABATELLEMENT ne se trouve pas dans l'*Académie*; nous ne savons donc pas comment elle orthographierait ce mot. Nous pensons, d'après le sens que tous les lexicographes anciens et modernes lui donnent, qu'il vient d'*abattre.* Voy. **ABATTELLEMENT.**

ABAT-FAIM, subst. mas. (*abafein*) (*abattre la faim*), grosse pièce de viande qu'on sert pour *abattre* la première *faim* des convives. Il est fam. — Plur., *des abat-faim* sans *s*; une viande qui *abat la faim.*

ABAT-FOIN, subst. mas. (*abafoein*), ouverture au-dessus du râtelier par laquelle on y met le *foin.* — Plur., *des abat-foin* sans *s*; ouverture par laquelle on *abat* le *foin.*

ABATIA, subst. mas. (*abacia*), t. de bot., plante dicotylédone.

ABATIS, suivant l'*Académie.* Voir notre observation sur le mot *abatage.*

ABAT-JOUR, subst. mas. (*abajour*), fenêtre en soupirail, en forme de hotte, par où le jour vient d'en haut. — Sorte de volet à claire-voie.—Auvent quelquefois vitré ou gazé, pour les étalages de marchandises. — Plur., des *abat-jour* sans *s*; un auvent qui *abat le jour.*

ABATON, subst. mas. (*abaton*) (formé du grec α priv, et de βατός, accessible), nom donné à un temple de Rhodes, dont l'entrée était interdite, parce qu'il renfermait un trophée de la reine Artémise.

ABATOS, subst. mas. (*abatôce*), constellation. — En myth., un des chevaux de Pluton.

DU VERBE IRRÉGULIER ABATTRE:

Abats, 2e pers. sing. impér.

Abats, précédé de *j'*, 1re pers. sing. prés. indic.

Abats, précédé de *tu*, 2e pers. sing. prés. indic.

ABATTAGE, subst. mas. (*abataje*), l'action d'*abattre* des bois qui sont sur pied. — Le travail nécessaire pour les *abattre.* — Le prix que coûte ce travail. — D'après l'*Académie*, il s'emploie pour *abat*, dans le sens d'*abattre* et de tuer des animaux malades. — En t. de mar., l'action d'*abattre* un vaisseau en carène, de tirer un bâtiment sur le côté. — T. de mécan., manœuvre pour retourner, soulever ou baisser une pierre, une poutre. — Manœuvre du faiseur de bas au métier: *l'abattage est la sixième manœuvre.*

ABATTANT, part. prés. du v. *abattre.*

ABATTANT, subst. mas. (*abatan*), espèce de dessus de table, de châssis, qui, chez les marchands, s'élève et s'*abat.* — Partie d'un comptoir qui se lève et se baisse pour que l'on entre ou que l'on sorte. — Nom que l'on donne aux deux parties semblables d'un métier à bas. — *Abattant* ne se trouve pas dans l'*Académie.*

ABATTÉE, subst. fém. (*abaté*), mouvement de rotation du vaisseau en panne qui arrive de lui-même. Nous ne trouvons aucun exemple d'*abattue*, que *Raymond* indique comme synonyme de ce mot.

ABATTELLEMENT, subst. mas. (*abatèleman*), t. de jurispr., interdiction de toute espèce de commerce dans le Levant, contre les débiteurs de mauvaise foi, dont le crédit est par conséquent *abattu.*

ABATTEMENT, subst. mas. (*abateman*), accablement, langueur, diminution de force ou de courage. Il ne se dit qu'au fig. — En médec., il exprime cet état dans lequel les forces vitales ont perdu de leur intégrité et de leur énergie. Voy. **ABAISSEMENT.** — Canal pour décharger les eaux des mines. —**ABATTEMENT, ACCABLEMENT, ÉPUISEMENT, AFFAISSEMENT, ANÉANTISSEMENT.** (*Syn.*) L'*abattement* et l'*accablement* se disent au moral et au physique; les autres au physique seulement. On dit que le courage *s'abat*, que l'envie de dormir *accable*, que les évacuations trop abondantes *épuisent*, que la maladie *affaisse* le malade, que la vie *s'anéantit.*

ABATTEUR, subst. mas. (*abateur*), celui qui *abat.*—*Grand abatteur de bois*, bûcheron expéditif. — Habile joueur de quilles. — Fig. et fam., homme qui fait de grandes choses en quelque genre que ce soit, ou qui s'en vante.—Pourquoi ne dirait-on pas *abatteuse*, dans ce dernier sens, en parlant d'une femme?

ABATTIS, subst. mas. (*abati*), l'action d'*abattre* une quantité considérable de choses de la même espèce. — Quantité de choses *abattues*, telles que bois, arbres, pierres, maisons: *abattis d'arbres, de maisons.* — En t. de guerre, on appelle *abattis*, une sorte de retranchement que l'on forme avec des arbres *abattus.* — En t. de chasse, 1° action d'un chasseur qui tue beaucoup de gibier; 2° petit chemin que font les jeunes loups lorsqu'ils *abattent* l'herbe en allant souvent aux mêmes lieux; 3° les bêtes tuées par les vieux loups. — T. de boucher, le cuir, la graisse, les tripes, etc., des bêtes tuées. — T. de rôtisseur, les ailes, le cou, les pieds, le gésier et le foie de quelques volailles; la tête, les pieds, le foie et le mou d'un agneau. — T. de carriers, les pierres qu'on a détachées et fait tomber.

ABATTOIR, subst. mas. (*abatoar*), lieu, bâtiment où l'on tue les bestiaux; échaudoir.—*Abattoir* avec un seul *t*, est une faute, sa racine étant *abattre.*

ABATTRE, v. act. (*abatre*), jeter par terre jeter *bas*, faire tomber. On *abat* ce qui est haut, élevé, dressé, soutenu: *abattre une maison, une muraille, des arbres, du gibier, des fruits.*—Fig., *abattre un ennemi, une puissance.* — *Abattre le courage, la fierté, les forces.* — Faire cesser: *petite pluie abat grand vent.* — *Abattre du bois*, c'est, au jeu de trictrac, *abattre* des dames pour caser; au jeu de quilles, renverser beaucoup de quilles. — Au fig. et fam., *abattre bien du bois*, expédier beaucoup d'affaires en peu de temps. — *Abattre de la besogne, abattre de l'ouvrage*, faire beaucoup d'ouvrage, expédier beaucoup d'affaires. — Aux cartes, *abattre son jeu*, montrer ses cartes en les mettant sur table. — *Abattre l'oiseau*, en vieux style de faucon., le tenir et le serrer entre les deux mains, pour lui donner quelques médicaments. — En terme de chasse et de boucher, *abattre des animaux*, c'est les tuer. — *Abattre l'eau*, en terme de manège, essuyer le corps d'un cheval qui vient de sortir de l'eau ou qui est en sueur. — On dit, en terme d'art vétérinaire, *abattre un cheval, un bœuf, une vache*, pour dire les renverser par terre, afin de les assujétir lorsqu'on veut leur faire subir quelque opération grave. — *Abattre les cuirs*, en terme de corroyeur, dépouiller les animaux tués, leur enlever le cuir. — *Abattre un chapeau*, en terme de chapelier, aplatir sur un bassin chaud les bords et le dessus de la forme d'un chapeau. — *Abattre un vaisseau d'un quart de rumb*, lui faire changer la ligne de sa course.— *Abattre un vaisseau en carène*, l'incliner jusqu'à éventer sa quille afin de le caréner. — **ABATTRE, DÉMOLIR, RENVERSER, RUINER, DÉTRUIRE.** (*Syn.*) On *abat* en jetant à *bas*; on *démolit* en désunissant les matériaux; on *ruine* en dégradant; on *détruit* en anéantissant l'ordre des choses. — V. neut., de mar. S'écarter de l'aire du vent qui doit régler le cours du vaisseau, ou obéir au vent pour arriver plus aisément. — *Le vaisseau abat*, quand il arrive au vent, lorsque l'ancre a quitté le fond. — *Abattre à la côte*. Voy. S'AFFALER. — S'ABATTRE, v. pron., s'abaisser, se laisser tomber. — Il se dit d'un quadrupède auquel les quatre pieds manquent, et qui tombe tout d'un coup : *un cheval s'abat*. — On dit aussi qu'*une volée de pigeons s'abat sur un champ*. — S'apaiser; cesser, en parlant du vent. — Au fig., perdre courage : *se laisser abattre*. — Se désoler.

ABATTU, E, part. pass. de *abattre*; et adj. : *un visage abattu*, sur lequel se peint l'*abattement*.

ABATTUE, subst. fém. (*abatu*), t. de salines, travail d'une poêle depuis qu'elle est au feu jusqu'à ce qu'on la fasse reposer. Voy. ABATTÉE.

ABATTURE, subst. fém. (*abature*), dans les forêts, se dit particulièrement de l'action d'*abattre* les glands. — Au plur., t. de chasse. Traces, foulures que laisse la bête fauve en passant sur l'herbe, dans les broussailles ou dans les taillis : *on connaît le cerf par ses abattures*.

ABAT-VENT, subst. mas. (*abavan*), petit auvent qui garantit du vent et de la pluie les ouvertures d'une maison, d'un clocher. — Sorte de toit aux baies des tours pour *rabattre* le son. — Grand paillasson pour préserver les plantes du vent. — Appentis qui, dans les raffineries, couvre chaque fourneau des ateliers. — Au plur., *des abat-vent* sans *s*, parce que le mot composé *abat-vent* équivaut à cette phrase : *une charpente qui abat le vent, qui en garantit*.

ABAT-VOIX, subst. mas. (*abavoé*), ciel, dessus d'une chaire à prêcher. — Au plur., *des abat-voix*, sans *s*, ce mot équivalant à cette phrase : *pièce de bois qui abat la voix*.

ABAUGA, subst. mas. (*abôgua*), fruit d'une espèce de palmier.

ABAVI ou ABAVUM, subst. mas. (*abavi*, *vome*), t. de bot., grand arbre de l'Éthiopie, dont le fruit ressemble à une citrouille.

ABAYANCE, subst. fém. (*abèiance*), t. de vieille coutume de Normandie, par lequel on désignait l'état d'une terre sans propriétaire particulier, et qui rentrait de droit dans le domaine du prince.

ABAYER, v. neut. (*abèié*), vieux verbe qui voulait dire : écouter la bouche *béante*. On dit mieux *bayer*.

ABBAJER, subst. mas. (*abajé*), espèce de monnaie. Voy. ABASSI, qui semble être le même mot.

ABBASSIDES, subst. mas. plur. (*abacide*), califes, descendants d'*Abbas*, oncle de Mahomet.

ABBATH, subst. mas. (*abate*), lieu inaccessible. Vieux mot, aujourd'hui inusité.

ABBATIAL, E, adj. (*abacial*, *ciale*), qui appartient à une *abbaye*, à l'*abbé* ou à l'*abbesse*: *palais abbatial*; *maison abbatiale*; *fonctions abbatiales*; *dignité*, *mense abbatiale*. — Plur., *abbatiaux*: *les droits abbatiaux*.

ABBATIAUX, adj. plur. mas. de *abbatial*.

ABBAYE, subst. fém. (*abéi*), monastère d'hommes, s'il est gouverné par un *abbé*; ou de femmes, s'il est dirigé par une *abbesse*. — Le bâtiment du monastère : *voilà une abbaye bien belle et bien bâtie*. — *Abbaye en règle* ou *régulière*, celle dont l'*abbé* est religieux, ainsi que ceux qu'il gouverne. — *Abbaye en commende*, celle dont l'*abbé* est ecclésiastique séculier, et n'est point tenu à l'observance de la règle. — *Abbaye royale*, de fondation *royale*. — On dit prov. que *pour un moine*, *l'abbaye ne manque pas*, ce qui signifie qu'une personne de moins n'empêche pas de faire ce qui avait été résolu.

ABBÉ, subst. mas. (*abé*) (en latin *abbas*), celui qui possède une *abbaye*, soit en règle, soit en commende. On dit : *bénir* ou *faire bénir un abbé*. — Tout homme qui porte l'habit ecclésiastique, quoiqu'il n'ait point d'*abbaye*. — *Abbé commendataire*, c'était autrefois un ecclésiastique séculier qui était chargé de percevoir une partie du revenu de l'*abbaye*; il n'avait aucune espèce de juridiction, même spirituelle, dans le monastère. — Prov., *le moine répond comme chante l'abbé*, les inférieurs tiennent le même langage, sont du même avis que le supérieur. — *Jouer à l'abbé*, c'est s'amuser à une sorte de jeu dans lequel on est forcé de faire ce que veut celui qui commande au jeu.

ABBESSE, subst. fém. (*abèce*), supérieure d'un monastère de filles, qui avait droit autrefois de porter la crosse. — Celle qui possédait une *abbaye*. — Femme qui tient une maison de débauche.

ABBEVILLE, subst. fém. (*abevile*), ville de France, chef-lieu d'arrond. du département de la Somme. Cette ville fort ancienne, dont le nom signifie *maison de campagne de l'abbé*, n'était dans le principe qu'une maison de campagne qui appartenait à l'abbé de Saint-Riquier.

A B C, subst. mas. (*abécé*), petit livre contenant l'alphabet. — Au fig., les premiers éléments d'un art, d'une science; le commencement d'une affaire, etc. — *Remettre à l'a b c*, obliger à recommencer tout. — *Renvoyer à l'a b c*, traiter d'ignorant.

ABCÉDÉ, E, part. pass. et adj. : pourri, tourné en *abcès*.

ABCÉDER, v. neut. (*abcédé*), t. de chir., se résoudre en *abcès*: *cette tumeur abcèdera*.

ABCÈS, subst. mas. (*abcè*) (du lat. *abcedere*, se séparer, d'où l'on a formé *abcès*; parce que, dans l'*abcès*, des parties qui étaient auparavant contiguës s'éloignent l'une de l'autre). — Apostème, tumeur formée par un amas d'humeurs corrompues, et qui se termine ordinairement par la suppuration : *percer un abcès*. *L'abcès a percé*, *a crevé*.

ABCISSE. Voy. ABSCISSE, *qui seul doit se dire*.

ABDALA, subst. mas. (*abdala*), nom générique des religieux chez les Perses. (De l'arabe *abdallah*, composé de *abd*, serviteur, et de *Allah*, Dieu; *serviteur de Dieu*). C'est à cause de cette étymologie qu'on l'écrit aussi par deux *ll*. Les Turcs les appellent *derviches*; les chrétiens, *moines*.

ABDAR, subst. mas. (*abdar*), nom de l'officier chargé de verser à boire au grand sophi de Perse. Oléarius rapporte que l'*abdar* garde l'eau destinée au prince dans une cruche cachetée, de crainte qu'on ne l'empoisonne.

ABDÉLAVI, subst. mas. (*abdélavi*), t. de bot., sorte de melon d'Égypte.

ABDÈRE, subst. fém. (*abdère*), ancienne ville de Thrace.

ABDÉRITAINS, subst. mas. plur. (*abdéritein*), peuple de l'ancienne Thrace.

ABDEST, subst. mas. (*abdècete*), purification légale que les Turcs et les Persans pratiquent avant de commencer toutes leurs cérémonies. Les Turcs font cette purification en versant de l'eau sur leur tête et se lavant les pieds trois fois; mais les Persans se contentent de passer leur main mouillée deux fois par-dessus leur tête, et ensuite sur leurs pieds. (*Abdest* est un mot persan composé d'*ab*, qui signifie *de l'eau*, et d'*est*, *main*. Voy. Oléarius et Ricault : l'un parle de l'*abdest* des Persans, et l'autre de celui des Turcs.) Les Turcs ont trois sortes d'ablutions. Celle qu'ils appellent *abdest* consiste à se laver les mains, les bras, le front, le visage, le dessus du nez et les pieds, et leur sert à se préparer à prier Dieu, pour entrer dans la mosquée et pour lire le Coran. Les Turcs font l'*abdest* tous les matins. Ils se tournent pour cet effet vers la Mecque, et ils se lavent trois fois la bouche, les mains, le nez, les bras, la tête, les oreilles, les pieds, lavant le pied droit le premier. Ils se jettent aussi trois fois de l'eau au visage. (Voy. ABLUTION.)

ABDICATION, subst. fém. (*abdikâcion*) (en latin *abdicatio*), action de renoncer volontairement à une dignité suprême. — Exhérédation qu'un père fait de son vivant. — En t. de jurispr., on entend par *abdication de propriété*, l'abandon que l'on fait d'une chose qui nous appartient, avec l'intention, soit expresse, soit tacite, de ne plus l'avoir en sa possession. (*Dictionnaire de législation usuelle*. Voy. ABDIQUER.

ABDIQUÉ, E, part. pass. de *abdiquer*.

ABDIQUER, v. act. (*abdiké*) (en lat. *abdicare*, *renoncer*; mot formé lui-même de *ab* qui signifie extraction, et de *dicere*, déclarer), se dépouiller d'une grande dignité, d'une place; la quitter; y renoncer volontairement : *abdiquer la royauté*, *la couronne*, *la dictature*, *l'empire*, *le pouvoir*, *le consulat*. — Il se dit aussi absolument : *le prince a abdiqué*. — *L'Académie* prétend qu'on peut dire *abdiquer*, par extension, en parlant des principaux emplois et des places éminentes : nous ne le croyons point; on dit, dans ce cas, *se démettre*. Le premier ne se dit que des postes éminents, et suppose un abandon volontaire; le second se dit des grandes et des petites places, et n'exclut pas la contrainte. — En t. de jurispr., abandonner volontairement ce qui nous appartient de droit. Voy. ABDICATION. — V. pron., S'ABDIQUER.

ABDITOLARVES, subst. mas. plur. (*abditolarve*), t. d'hist. nat., insectes de l'ordre des hyménoptères.

ABDOMEN, subst. mas. (*abdômène*) (du latin *abdo*, je cache, et *omentum*, coiffe qui enveloppe les intestins), t. d'anat. purement latin, partie du bas-ventre qui renferme les intestins; le ventre : *les muscles de l'abdomen*.

ABDOMINAL, E, adj. (*abdominal*) (en latin *abdominalis*), qui appartient à l'*abdomen*, au bas-ventre. Au plur. mas. ABDOMINAUX.

ABDOMINAUX, adj. plur. mas. : *les muscles abdominaux*; et subst. mas. plur. en t. d'hist. nat., poissons qui ont des arêtes, et dont les nageoires ventrales sont placées plus près de l'anus que les pectorales.

ABDUCTEUR, subst. mas. (*abdukteur*) (du latin *abduco*, je conduis hors), t. d'anat., muscle qui fait mouvoir en dehors les parties auxquelles il est attaché. — Il se dit aussi adj. : *un muscle abducteur*. On le nomme encore *dédaigneux*. Il y a des *abducteurs* pour l'oreille, pour le petit et le gros orteil; il y a celui du pouce, etc.

ABDUCTION, subst. fém. (*abdukcion*) (en latin, *abductio*), t. d'anat., action de mouvoir des muscles en dehors. — Fracture transversale d'un os. — T. de logique, sorte d'argumentation; par exemple : on a accordé la majeure d'un syllogisme, on exige les preuves de la mineure, pour déterminer la conséquence.

ABE, subst. mas. (*abe*), sorte de vêtement des Orientaux. C'est une espèce de chape ou de manteau.

ABÉADAIRE, subst. fém. (*abéadère*), t. de bot., plante des Indes.

ABÉAUSIR, v. neut. ou S'ABÉAUSIR, v. pron. (*abéôzir*), t. de mar. Il se dit du temps qui devient beau. On dit mieux *s'affiner*. — L'*Académie* ne donne point le premier; elle n'emploie pas le second dans ce sens.

ABEC, subst. mas. (*abèk*), appât, amorce. Vieux et inusité.

ABÉCÉDAIRE, subst. mas., et adj. des deux genres, (*abécédère*), livre élémentaire pour apprendre aux enfants les lettres de l'alphabet. — On dit adj. : *un livre*, *un ouvrage abécédaire*. — *Ordre abécédaire*, l'ordre des lettres suivant l'alphabet français; plus communément et mieux : *ordre alphabétique*; *abécédaire* a rapport à la chose, *alphabétique* à l'ordre. *Un dictionnaire est disposé par ordre alphabétique*; ce n'est nullement pour cela un ouvrage *abécédaire*.

ABÉCÉDAIRES, *les* **ABÉCÉDAIRES**, subst. mas. plur., anabaptistes qui se vouent à l'ignorance.

ABECQUÉ, E, part. pass. de *abecquer*.

ABECQUEMENT, subst. mas. (*abèkeman*), action de donner la *becquée*. On ne dit plus *abèchement*.

ABECQUER, v. act. (*abèké*), donner la *becquée* à un oiseau : lui mettre la nourriture dans le *bec*. — En vieux t. de faucon., *abecquer l'oiseau*, c'est lui donner une portion du pât ordinaire, afin de le tenir en appétit. On ne dit plus *abècher* ni *abéchir*. — On ne doit pas écrire avec l'*Académie*, *abéquer* sans *c*; ce serait aller contre la racine du mot.

ABÉE, subst. fém. (*abé*) (du latin *abeo*, je m'en vais), ouverture par où coule l'eau d'un ruisseau ou d'une rivière, pour faire aller un moulin.

ABEILLAGE, subst. mas. (*abèiaje*), ruche, essaim d'*abeilles*. — *Abeillage* était aussi un droit seigneurial sur les *abeilles*. C'est un vieux mot inusité aujourd'hui.

ABEILLE, subst. fém. (*abèié*), genre d'insectes hyménoptères, de la famille des mellites, qui produisent la cire et le miel. — On sait que le Code civil considère les *abeilles* comme des animaux farouches qui n'appartiennent à personne, pas même au propriétaire sur le terrein duquel elles se trouvent. Elles deviennent la propriété du premier occupant, quand elles sont en liberté. — On appelle aussi l'*abeille*, *mouche à miel*. — Il y a des *abeilles sauvages et des abeilles domestiques*. — On dit : *une mère*, *une reine abeille*; *une abeille ouvrière*. Quelques lexicographes prétendent qu'on doit dire *le roi* et non pas *la reine des abeilles*. Quand bien même tout le monde le dirait avec tous les lexicographes, nous condamnerions l'usage d'un subst. mas. appliqué à un subst. du genre fém. — C'est encore une petite constellation méridionale dite *mouche indienne* : on ne la voit point en Europe. — L'*abeille* bourdonne. — On a souvent fait entrer les *abeilles* dans les armoiries. Une *abeille*, avec ce mot d'Horace : *studiosa florum*, est la devise d'un homme appliqué à des ouvrages d'esprit : elle conviendrait encore mieux à une femme savante. Une ruche, et *labor omnibus unus*, convient à une société de gens qui travaillent de concert. Avec ce mot pris de Virgile : *ore legunt sobolem*, on l'a appliquée aux prédicateurs; et avec ceux-ci, à des savants : *utile dulci*, ou *è pluribus unum*. Ephèse porte une grosse *abeille* au revers de ses médailles. Les *abeilles*, si l'on en croit Réger, étaient le symbole des colonies, et aussi celui de la sagesse. Une *abeille* qui voltige sur les fleurs, avec ces mots : *ut prosim*, s'applique à un homme qui consacre toutes ses veilles et tous ses travaux à l'utilité du public. — Louis XII, entrant dans Gênes, parut avec un habit blanc, semé d'un essaim d'*abeilles* d'or, au milieu duquel était le portrait du roi, avec ces mots : *Rex non utitur aculeo* : *le Roi n'a pas* *besoin d'aiguillon*, pour faire connaître aux Génois qu'il leur pardonnait leur rébellion.

ABEILLON, subst. mas. (*abèion*), vieux mot qui n'est plus usité ; il signifiait *essaim d'abeilles*.

ABÉLANIE, subst. fém. (*abélani*), t. de bot., sorte de coudrier.

ABÈLE, subst. mas. (*abèle*), sorte de peuplier qui croît dans les marécages.

ABÉLI, E, part. pass. de *abélir*.

ABÉLICÉA, subst. mas. (*abéliceá*), grand arbre qui croît dans la Crète.

ABÉLIR, v. act. (*abélir*), orner, parer. *Abélir quelqu'un*, le flatter ; s'efforcer de lui plaire. Vieux et inusité.

ABÉLISÉ, E, part. pass. de *abéliser*.

ABÉLISER, v. act. (*abélizé*), charmer, ravir. Vieux et inusité.

ABEL-MOSC, subst. mas. (*abèlmoceke*), graine de musc ; ambrette.

ABÉLONITES, subst. mas. plur. (*abélonite*), sectaires d'Afrique, dont la pratique était de se marier, mais de s'abstenir de leurs femmes et de n'avoir aucun commerce charnel avec elles. Ils permettaient le mariage et en prohibaient les droits.

ABÉNÉVIS, subst. mas. (*abénévi*), terme de vieille féodalité. On appelait ainsi la permission qu'un seigneur ou haut-justicier accordait de détourner les eaux d'un ruisseau, d'un lac, d'une rivière.

ABÉQUITÉ, E, part. pass. de *abéquiter*.

ABÉQUITER, v. neut. (*abékuité*), s'enfuir à cheval. Inusité.

ABER, subst. mas. (*abé*), terme de mar., embouchure de rivière où la mer entre. On nommait encore ainsi l'endroit par où une rivière se jette dans la mer. Vieux.

ABERDEEN, subst. mas. (*abèredéne*), comté maritime de l'Écosse ; chef-lieu de ce comté. C'est une des principales villes de l'Écosse.

ABERRATION, subst. fém. (*abèrerácion*) (en latin *aberratio*, formé de *ab*, hors, et de *erro*, je m'écarte), t. d'astron., changement qui apparaît dans les astres. — T. d'opt., *aberration de la lumière*, dispersion des rayons. — Au fig., erreur, écart de l'esprit, des idées, du jugement. — En t. de médec., déviation des fluides. — En t. de bot., anomalie.

ABESCH, subst. m. (*abèceke*), contrée d'Afrique.

ABESTA, subst. mas. (*abèceta*), livre que les mages persans attribuent à Abraham, qu'ils croient être le même que Zerdust ou Zoroastre.

ABESUM, subst. mas. (*abèzome*), t. de chimie, chaux vive.

ABÊTI, E, part. pass. de *abêtir*.

ABÊTIR, v. act. (*abêtir*) (rac. *bête*, mot formé du latin *bestia*), rendre stupide, *bête* ; ôter l'esprit. — Empêcher le développement des facultés intellectuelles. — Ce verbe est neutre aussi ; on dit d'un enfant *qu'il abêtit tous les jours*, qu'il devient *bête*. — **S'ABÊTIR**, v. pron. : *les sots s'abêtissent*.

ABEUVRAGE, subst. mas. (*abeuvraje*), ancien droit seigneurial sur les boissons. Mot entièrement inusité aujourd'hui, mais qui se trouve dans les anciennes chartes sous des formes diverses : *abeivrage*, *aboivrage*, etc.

AB HÂC. Voy. **AB HOC**.

AB HOC ET AB HÂC, loc. adv. (*abokétabak*), expression empruntée du latin, qui signifie, sans raison, sans ordre, confusément, à tort et à travers : *parler d'une chose ab hoc et ab hâc*. Style fam.

ABHORRÉ, E, part. pass. de *abhorrer* ; il s'emploie adj. sans régime : *un tyran abhorré* ; ou suivi de la prép. *de* : *une reine abhorrée de ses sujets*.

ABHORRER, v. act. (*abôré*) (du latin *horrere*, se hérisser, comme les cheveux se hérissent dans une grande frayeur, et *ab*, qui marque l'éloignement), avoir en *horreur*, en aversion ; détester. Il diffère de ce dernier mot, en ce que *abhorrer* est plus l'effet du sentiment, et *détester* plus celui du jugement et de la raison. — *Abhorrer* marque une telle antipathie, une telle aversion pour une personne ou pour une chose, qu'on ne saurait la voir, y penser, sans éprouver une sorte de frissonnement : *on abhorre une rivale, les méchants, l'ingratitude*. — **S'ABHORRER**, v. pron., se détester l'un l'autre.

ABHORRIR, v. act., ancienne forme du verbe *abhorrer*, qui se trouve dans quelq. vieux auteurs.

ABIANNEUR, subst. mas. (*abianeneur*), vieux mot entièrement inusité, et par lequel *Boiste* désigne *un commissaire pour le séquestre d'un immeuble*.

ABID, subst. mas. (*abide*), nom que les Hébreux donnaient au premier mois de l'année sacrée, et qui répond à la fin de notre mois de mars et au commencement de celui d'avril. Saint Jérôme a traduit le mot *abid* par *fruits nouveaux* ; et c'est en ce sens qu'il est employé dans la Vulgate. Le P. Calmet dit qu'il signifie des épis verts. On donna dans la suite le nom de *nisan* à ce même mois.

ABIENS, subst. mas. plur. (*abiein*), ancien peuple de la Scythie.

ABIGEAT, subst. mas. (*abijéate*) (du lat. *abigere*, formé de *ab*, hors, et *agere*, conduire), t. de jurispr., larcin d'un troupeau de bétail.

ABILDGAAR, subst. mas. (*abildeguaar*), sorte de poisson ; espèce de spare.

ABÎME. Voy. **ABYME**.

AB INTESTAT, loc. adv. (*abeintècetate*) (du lat. *ab intestato*, sans testament), sans avoir *testé*, sans testament : *il est mort ab intestat*. *il est héritier ab intestat*. On dit même qu'*une personne est décédée ab intestat*, lorsqu'elle est morte sans avoir fait un testament valable. — *Une succession ab intestat* est celle qui se règle par la loi seule, à défaut de testament ; et l'*héritier ab intestat* est celui qui est appelé à la recueillir. (*Dictionnaire de législation usuelle*.)

AB IRATO (*abirátô*), loc. lat. et adv. qui se dit d'une chose faite par un homme en colère : *testament ab irato*, est un testament fait dans cette disposition.

ABIRRITATION, subst. fém. (*abirerilácion*), t. de médec., affaiblissement des phénomènes vitaux. — Absence d'irritation. (*Boiste*.)

ABJECT, E, adj. (*abjèkte*) (en latin *abjectus*, formé de *ab*, hors, et de *jacio*, je jette), méprisable, bas, vil : *un homme abject* ; *une femme abjecte*.

ABJECTION, subst. fém. (*abjèkcion*) (en latin *abjectio*), humiliation, abaissement, rebut : *Jésus-Christ fut l'abjection du peuple*. — On dit *état d'abjection*, et *bassesse d'état*. La première expression a plus de rapport à une obscurité ou humiliation volontaire ; la seconde, au peu de naissance, de fortune, de mérite, etc.

ABJURATION, subst. fém. (*abjurácion*) (en latin *abjuratio*, formé de *ab*, de ou contre, et de *jurare*, jurer), acte par lequel on renie une chose, ou l'on y renonce d'une manière solennelle et même avec serment. — Renoncement à une religion que l'on regarde comme mauvaise. — Il se dit de la personne qui *abjure* : *faire abjuration* ; et de l'erreur *abjurée* : l'*abjuration de l'hérésie*. — Acte qui certifie l'*abjuration*.

ABJURÉ, E, part. pass. de *abjurer*.

ABJURER, v. act. (*abjuré*) (même étym. que *abjuration*), renoncer à quelque erreur religieuse, à une doctrine que l'on croit mauvaise. On l'emploie quelquefois absolument : *il a abjuré*. (Voy. **RENONCER**.) — Fig., quitter, laisser, renoncer à : *abjurer la poésie, tout sentiment de pudeur*, etc. En ce sens, l'emploi du verbe est plus étendu que celui du subst. *abjuration*, qui ne se dit guère qu'en matière de religion. — **S'ABJURER**, v. pron. : *les erreurs portant profit ne s'abjurent pas*.

ABL., abréviation de **ABLATIF**.

ABLACTATION, subst. fém. (*ablaktácion*) (en lat. *ablactatio*, sevrage, formé de *ablactare*, dont la rac. est *ab*, hors, et *lacte*, lait, ôter le sein), t. de médec., action ou manière de sevrer les enfants. On dit aussi *sevrage* ; seulement *ablactation* se dit plutôt de la mère, et *sevrage* de l'enfant.

ABLAIS, subst. mas. (*ablé*), se disait du blé. Ce mot est vieux et inusité.

ABLANIER, subst. mas. (*ablanié*), arbre de la Guiane.

ABLAQUE, subst. fém. (*ablake*), soie de Perse.

ABLAQUÉATION, subst. fém. (*ablakuéácion*) (en latin *ablaqueatio*, formé de *ab*, hors, et de *laqueus*, lacet), t. de jard. et d'agric., déchaussement des vignes, et en général, ouverture qu'on fait à la terre autour des racines des arbres, pour leur donner de l'air, etc.

ABLATEUR, subst. mas. (*ablateur*), t. de médec. vétér., cisaille pour couper la queue des animaux.

ABLATIF, subst. mas. (*ablatif*) (en lat. *ablativus*, formé de *ab*, hors, et *latus*, porté), sixième cas des déclinaisons de la langue latine. On le nomme ainsi, parce qu'on donne sa terminaison de ce cas aux substantifs latins qui sont le complément d'une ou de plusieurs prépositions marquant extraction, ou le transport d'une chose à une autre : *ablatif singulier* ; *ablatif pluriel*. On dit qu'*un verbe régit l'ablatif*.

ABLATION, subst. fém. (*ablácion*) (en lat. *ablatio*, formé de *ab*, hors, et de *latus*, part. pass. de *ferre*, porter). Ce mot n'est plus guère usité qu'en terme de médec. : 1° action d'emporter une partie malade ; 2° retranchement d'une partie de la nourriture journalière ; 3° intervalle de repos qui a lieu entre deux accès de fièvre. — En chim., soustraction d'une chose faite, ou qui n'est plus nécessaire.

ABLATIVO, adv. fort peu usité (*ablativô*). Il ne s'emploie que dans cette phrase familière, et actuellement inusitée : *ablativo tout en un tas*, pour dire tout ensemble, avec confusion et désordre.

ABLE, subst. mas., ou **ABLETTE**, subst. fém., selon l'*Académie* (*able*, *ablète*) (en lat. *albula*, qui signifie la même chose), genre de poissons osseux, de la famille des dermoptères, qui ont quelque analogie avec les salmones.

ABLECTES, subst. mas. plur. (*ablèkte*), t. d'hist. anc., soldats d'élite dans l'ancienne Rome.

ABLÉGAT, subst. mas. (*abléguа*) (en lat. *ablegatus*, formé de *ab*, hors, et de *lego*, j'envoie), nom que le pape donne au vicaire du *légat*.

ABLÉGATION, subst. fém. (*abléguácion*) (en lat. *ablegatio*), t. de jurispr., sorte de bannissement que, suivant les lois romaines, un père de famille pouvait prononcer contre ceux de ses enfants dont il était mécontent.

ABLEPSIE, subst. fém. (*ablèpci*), (en grec ἀβλεψία, cécité), t. de médec., perte des facultés de l'esprit : *il est dans une ablepsie complète*.

ABLERET, subst. mas. (*ablerè*), filet en forme de carrelet pour pêcher des *ables*, etc.

ABLETTE, subst. fém. Voy. **ABLE**.

ABLOQS, subst. mas. plur. (*ablokce*), t. de maçonnerie, parpaings pour appuyer les pans d'une maison en bois.

ABLUANT, E, adj. (*abluan*, *ante*), qui nettoie, qui lave. — T. de médec., *remèdes abluants*, propres à dissoudre et à emporter les parties âcres qui affectent quelques viscères. — Subst. mas. : *un abluant*, un remède *abluant*.

ABLUÉ, E, part. pass. de *abluer*, et adj. : *lettres abluées*.

ABLUER, v. act. (*ablué*) (du lat. *abluo*, je lave ; formé de *ab*, hors, et de *luo*, je purifie), laver ; mais il se dit particulièrement de l'action de passer légèrement sur le papier une liqueur de noix de galle préparée, qui fait revivre l'écriture. — **S'ABLUER**, v. pron.

ABLUTION, subst. fém. (*ablucion*) (en lat. *ablutio*), action d'ôter les taches, les souillures. — Chez les anciens Romains, action de se laver le corps avant d'aller au temple. L'*ablution* était aussi en usage chez les Juifs, et elle est encore scrupuleusement pratiquée par les mahométans. — Dans la religion catholique, 1° le vin et l'eau qui ont servi à laver les doigts du prêtre après la communion : *la messe est aux dernières ablutions* ; 2° action de se laver ainsi les doigts. — Action de blanchir et de nettoyer les habits chez les moines. — En t. de pharmacien, préparation qu'on fait d'un médicament pour le nettoyer.

ABNÉGATION, subst. fém. (*abnéguácion*) (en lat. *abnegatio*, formé de *ab*, hors, et de *negare*, refuser), t. de dévotion usité seulement dans cette phrase : *l'abnégation de soi-même*, le renoncement à soi-même. Un écrivain distingué l'a employé heureusement dans le sens de renonciation, de sacrifice : *dans cette abnégation honteuse du plus beau de ses priviléges*, etc.

ABNET, subst. mas. (*abnè*), écharpe d'un grand-prêtre.

ABNORMAL, E, adj. (*abnormal*) (formé de *a*, ou *ab*, priv., et de *norma*, équerre, règle, *sans règle*), t. de médec. et de bot., irrégulier. — Subst. mas. un *abnormal*. — Plur. mas., *abnormaux*.

ABNORMAUX, adj. et subst. plur. mas. Voy. **ABNORMAL**. Voy. aussi **ANORMAL**.

ABO, subst. mas. (*abo*), district du gouvernement de Finlande, dans la Russie d'Europe. C'est aussi le nom de la capitale de ce district.

ABOI, subst. mas. (*aboé*), cri du chien. On se sert plus souvent du mot *aboiement*. L'*Académie* donne à tort *abois*, signifiant l'extrémité où le cerf est réduit lorsqu'il est sur ses fins, comme pluriel d'*aboi*, cri du chien.

ABOIEMENT, subst. mas. (*aboèman*), synonyme de *aboi*. Cependant *aboi* a plus de rapport à l'acte, *aboiement*, à la faculté. L'*Académie* écrit aussi *aboîment*. Nous pensons qu'elle a tort de donner deux orthographes à un même mot.

ABOIS, subst. mas. plur. (*aboé*). Ce pluriel n'est nullement celui de *aboi*, cri du chien ; il vient d'un vieux mot *boise*, qui ne se dit plus, et qui signifiait *adresse, ruse* ; il se dit de l'extrémité où le cerf est réduit, lorsqu'il est sur ses fins : *Le cerf est aux abois*. — Lorsqu'il tombe mort, on dit qu'*il tient les abois*. — Au fig., état d'une personne qui se meurt, d'une place qui ne peut se défendre, etc. — Un homme est aux *abois*, quand il n'a plus de ressources. — Une place de guerre est *aux abois*, lorsqu'ayant épuisé tous les moyens de défense, elle est dans la nécessité de se rendre.

ABOLI, E, adj., et part. pass. de *abolir*. Il signifie, pris adjectivement : *cassé, annulé, effacé*.

ABOLIR, v. act. (*abolir*) (en lat. *abolere*, formé de *ab*, de, hors, et *olere*, exhaler une odeur; *anéantir, ôter jusqu'à l'odeur*), casser; annuler; mettre hors d'usage; ôter entièrement : *abolir une coutume*. On ne dirait pas *abolir*, mais *abroger une loi*. On dit *abolir* de tout ce qui est suranné, ou tombé en désuétude : *on a aboli en France les joûtes et les tournois*. — Autrefois en t. de jurispr., *abolir un crime*, c'était en arrêter les poursuites. — **S'ABOLIR**, v. pron., cesser d'être en usage : *les anciennes pratiques s'abolissent par les nouvelles*.—On dit que *tout crime s'abolit au bout d'un certain nombre d'années*, pour dire qu'alors cesse le droit de le poursuivre.

ABOLISSABLE, adj. (*aboliçable*), qui doit être *aboli* : *fête abolissable; mémoire abolissable*.

ABOLISSEMENT, subst. mas. (*aboliceman*), action d'*abolir*.

ABOLITION, subst. fém. (*abolicion*) (en lat. *abolitio*), anéantissement, extinction d'une coutume, d'une loi. Le non-usage suffit pour l'*abolition*; pour l'*abrogation*, au contraire, il faut un acte positif.—Rémission faite par l'autorité souveraine, d'une peine portée par la loi contre un crime commis. Celui qui avait obtenu cette rémission était appelé *porteur d'abolition*. — Anéantissement d'un impôt. — En t. de jurispr., on appelait ainsi la grace que le roi accordait à une province, à une ville, pour des crimes ou des délits.

ABOLLE, subst. mas. (*abole*), t. d'antiquité, casaque militaire d'hiver.

ABOMASUM, et non pas **ABOMASUS**, subst. mas. (*abomazome*) (des mots latins *ab*, de, hors, et *omasum*, panse), quatrième estomac des animaux ruminants. On l'appelle vulgairement *caillette*.

ABOMINABLE, adj. (*abominable*) (en lat. *abominabilis*, formé de *abominari*, exécrer), détestable, exécrable; qu'on doit avoir en horreur. — Par exagération, chose qui est très-mauvaise : *une musique abominable*.—**ABOMINABLE, DÉTESTABLE, EXÉCRABLE**. (*Syn.*) Ce qui est *abominable* excite l'aversion, la terreur; ce qui est *détestable* pousse à la haine, au soulèvement; ce qui est *exécrable* provoque l'indignation, l'horreur.

ABOMINABLEMENT, adv. (*abominableman*), d'une manière *abominable*, très-mal : *il se conduit, il lit abominablement*.

ABOMINATION, subst. fém. (*abominácion*) (en lat. *abominatio*), détestation, horreur : *il est l'abomination des honnêtes gens; être en abomination à tout le monde; avoir quelqu'un en abomination*: ce mot, employé avec *avoir* ou *être*, remplace dans le sens actif ou passif le vieux verbe *abominer* qui est fort peu usité maintenant.—Chose, action *abominable*. En ce sens, il est plus usité au plur. : *commettre des abominations*. — Pour exprimer les excès de l'impiété, la plus grande profanation, on se sert de cette phrase tirée de l'Ecriture-Sainte : *c'est l'abomination de la désolation*. On dit encore que *l'abomination est dans le lieu saint*, pour parler des profanations d'un temple, ou d'une église.

ABOMINÉ, E, part. pass. de *abominer*.

ABOMINER, v. act. (*abominé*) (en latin *abominari*, repousser comme un mauvais augure, mot formé de *ab*, de, hors, et *omen*, augure, présage), détester, avoir en horreur. Vieux, mais employé encore comme burlesq. ou poétiq. — **S'ABOMINER**, v. pron. Voy. **ABOMINATION**.

ABONDAMMENT, adv. (*abondaman*) (formé d'*abonder*), avec *abondance*; largement.

ABONDANCE, subst. fém. (*abondance*) (en latin *abundantia*), grande quantité de... : *abondance de biens*. — On le dit absolument de tout ce que la terre produit : *pays d'abondance*. — Réunion, dans une langue, de toutes les locutions qui peuvent la rendre propre à énoncer toutes les idées, à en distinguer toutes les nuances, etc. : *il y a dans la langue française une abondance qui en fait la richesse et la beauté*. — Richesse de style; affluence de mots, de tours heureux, etc. — *Parler d'abondance*, parler sans préparation. — Parler avec *abondance*, prononcer un discours riche de pensées, d'expressions et de tournures. — On dit proverbialement : *de l'abondance du cœur, la bouche parle*, pour signifier que la bouche répète tout ce que le cœur contient; que la bouche répand le trop plein du cœur. — *Abondance* est aussi un vin fort trempé qu'on fait boire aux écoliers dans les pensions : *les écoliers ne boivent que de l'abondance*. — *Corne d'abondance*, corne remplie de fruits et de fleurs, qui est le symbole ordinaire de *l'abondance*. —Myth., divinité allégorique, qu'on représente sous la figure d'une jeune fille au milieu de toutes sortes de biens, avec beaucoup d'embonpoint, des couleurs vives, et tenant en sa main une corne remplie de fleurs et de fruits.

ABONDANT, E, adj. (*abondan, dante*) (en latin *abundans*, qui *abonde*), qui offre plus qu'il ne faut pour l'usage et les besoins : *récolte abondante; pays abondant en grains; un repas abondant*.— *Nombre abondant*, en arithm., celui dont les parties aliquotes, prises ensemble, forment un tout plus grand que le nombre lui-même : il est opposé au nombre *défectif* ou *déficient*, qui est plus grand que la somme de ses parties aliquotes; et au nombre *parfait*, qui est égal à cette somme. — On dit aussi qu'*un style est abondant*, qu'*une langue est abondante*. — **D'ABONDANT**, loc. adv. qui n'est plus en usage; elle signifiait outre cela, de plus : *j'ajoute d'abondant*.

ABONDER, v. neut. (*abondé*) (du latin *ab*, de, et *undo*, je coule, d'où *abundare*, refluer, *abonder*), avoir ou être en *abondance*, en grande quantité.—Venir en grand nombre, en foule.— *Abonder dans son sens*, être fort attaché à son opinion. — *Abonder dans le sens d'une autre personne*, soutenir son raisonnement. — En jurispr., *ce qui abonde ne vicie pas*, ou *ne nuit pas*, une raison ou un droit de plus ne peut nuire dans une affaire.

ABONNATAIRE, subst. des deux genres (*abonatère*), qui obtient, par la voie d'*abonnement*, une concession temporaire : *abonnataire d'un canal d'irrigation*. — En t. de droit, celui qui obtient une concession d'eau.

ABONNÉ, E, part. pass. de *abonner*. Il est aussi adj. et subst. : *je suis un des abonnés de son journal, de son théâtre*. — Évalué; *cheval de service abonné à tant*.

ABONNEMENT, subst. mas. (*aboneman*) (d'un vieux mot français *bonne*, qui signifiait *borne*), sorte de marché qu'on fait en composant avec quelqu'un à un certain prix, pour toujours ou pour un temps limité : *faire un abonnement avec...*—Convention pour l'acquittement d'une taxe, d'une redevance, d'un impôt. — *Prendre un abonnement à un journal*; c'est, moyennant un prix fixe, s'entendre avec l'entrepreneur d'un journal pour recevoir sa feuille pendant un certain temps.—En t. de théâtre, lorsque les *abonnés* sont obligés de payer extraordinairement leurs places, on dit que *les abonnements sont suspendus*.—*Par abonnement, on obtient ordinairement à meilleur marché*.

ABONNER, v. act. (*aboné*) : *abonner quelqu'un à un journal*, prendre pour lui un *abonnement* à ce journal. — **S'ABONNER**, v. pron., contracter un *abonnement* pour soi-même; souscrire : *s'abonner à un écrit périodique, à un théâtre*. — Composer à un prix certain d'un impôt, d'une redevance : *des marchands peuvent s'abonner avec la régie*.

ABONNI, E, part. pass. du verbe *abonnir*.

ABONNIR, v. act. (*abonir*) (rac. *bon*), rendre meilleur, style fam. : *une cave bien fraîche abonnit le vin*.—T. de potier : *abonnir le carreau*, faire sécher à demi pour rebattre.— Ce verbe est neutre aussi, et alors il signifie devenir meilleur : *un enfant méchant abonnit en grandissant*. — **S'ABONNIR**, v. pron. : *ce vin s'abonnira à la cave*, deviendra meilleur.

ABONNISSEMENT, subst. mas. (*aboniceman*), amélioration. *Abonnissement* est très-familier; il vaut mieux se servir du mot *amélioration*.

ABORD, subst. mas. (*abor*; le *d* ne se prononce jamais, même devant un mot commençant par une voyelle), approche, accès, entrée : *l'entrée de ce port est de difficile abord*. — Attaque par mer ou par terre. Il se dit proprement du commencement d'une action. — Arrivée, affluence de personnes ou de marchandises. — Au fig., il s'applique aux personnes, relativement à la manière dont elles accueillent ceux qui les *abordent* : *son abord est gracieux*. — **A L'ABORD**, pour *à le abord*, expression adverbiale qui est peu française; il faut donc éviter de dire : *elle me parut froide à l'abord*.—*De prime abord, dès l'abord, au premier abord, tout d'abord*, sont aussi des expressions adverbiales qui signifient *du premier moment*.—**D'ABORD**, loc. adv. pour *du* ou *de le abord*, sur-le-champ, au commencement.

ABORDABLE, adj. (*abordable*) (formé de *aborder*), accessible : *une côte abordable*. On dit, au fig., *qu'un homme n'est pas abordable*, c'est-à-dire qu'il accueille mal les gens qui veulent lui parler.

ABORDAGE, subst. mas. (*abordaje*) (formé de *aborder*), action d'*aborder*, de toucher; c'est à proprement parler le *heurt*, le *choc* qu'éprouve une chose qui en touche une autre : *un vaisseau a tout à craindre de l'abordage d'un autre vaisseau; se défendre de l'abordage d'un rocher*. — On dit *aller à l'abordage*, pour exprimer l'action d'un vaisseau qui veut atteindre un vaisseau ennemi, pour l'accrocher et s'en saisir. — *Faire un abordage de maître*, c'est s'approcher d'un vaisseau de la manière la plus avantageuse. — Lorsque l'équipage saute sur le bâtiment ennemi qu'il veut prendre, *il saute à l'abordage*.

ABORDÉ, E, part. pass. de *aborder*, et adj., qui est joint, qui est approché, qui est arrivé. Voyez **ABORDEUR**, où on le trouve employé comme subst.

ABORDÉE, **D'ABORDÉE**, pour *abord, d'abord*, qu'on trouve dans le *Dictionnaire* de Cotgrave. De *première abordée*, pour *de premier abord*, sont des mots surannés dont nous ne laisserons pas de rapporter deux exemples tirés de la satire Ménippée : *un grand vieil homme fort maigre et pasle me demanda d'*abordée, *si c'estoit pas moi qui avois imprimé le Catholicon....* (page 220). — *On ajousta* de première abordée *quatorze (ligueurs) au conseil des quarante....* (page 376).

ABORDER, v. act. (*abordé*) (rac. *bord*, *côté de vaisseau*, ou *rivage*), joindre un vaisseau. — Au fig., accoster une personne. — Tomber sur l'ennemi, sur un retranchement.—*Aborder une question*, la traiter, la discuter.—*Aborder la remise*, se dit, en vieux t. de faucon., lorsque la perdrix est cachée dans quelque buisson. — V. neut., aller à *bord*, prendre terre. Il s'emploie ou sans régime : *nous ne pûmes aborder*; ou avec les prép. *à, dans*: *aborder au rivage, dans une île*, etc. — En t. de mar., *aborder à un bâtiment*, diriger la manœuvre de façon que l'embarcation touche un bâtiment sans le heurter. — Approcher; il régit la prép. *de* : *on ne peut aborder de cette église*. L'*Académie* est de cet avis. Nous pensons que cette prép. *de* rend la phrase surannée. — **S'ABORDER**, v. pron. : *deux vaisseaux s'abordent* lorsqu'ils se touchent. — *S'aborder de franc étable*, en parlant de deux vaisseaux, signifie que, s'approchant en droite ligne, ils s'enferrent par leurs éperons.

ABORDEUR, subst. mas., (*abordeur*), t. de mar., celui qui *aborde*, qui fait un *abordage*. On appelle *abordé*, celui qui reçoit *l'abordage*.

ABORIGÈNES, subst. mas. plur. (*aborijène*) (du latin *ab*, de, et *origo*, origine), originaires du pays. — Les premiers habitants ou les habitants naturels d'un pays, par opposition aux colons qui viennent s'y établir.

ABORNÉ, E, part. pass. de *aborner*.

ABORNEMENT, subst. mas. (*aborneman*), action d'*aborner*, ou l'effet qui résulte de cette action. L'*Académie* n'autorise que *bornage*.

ABORNER, v. act. (*aborné*) (rac. *borne*), donner des *bornes* à un terrein, pour en fixer l'étendue et le distinguer des propriétés contiguës : *aborner un champ, un pré*. On dit plutôt aujourd'hui *borner*.

ABORTIF, adj. mas., au fém. **ABORTIVE**, (*abortife, tive*) (du lat. *aborior*, je nais avant le temps), qui est venu avant terme, avant la maturité. — En médec., 1° *enfant abortif*, né avant terme, avorton; 2° *remède abortif*, propre à produire, à procurer l'avortement. Dans ces deux sens on l'emploie comme subst. mas. : *un abortif*. — En bot., *fruits abortifs*, venus avant le temps, et qui n'ont point acquis la maturité convenable; *graine abortive*, qui ne parvient point à son développement naturel.

ABORTIVE, adj. fém. Voy. **ABORTIF**.

ABOT, subst. mas. (*abô*), espèce d'entrave dont on se sert en quelques endroits pour retenir les chevaux dans les pâturages.

ABOUCHÉ, E, part. pass. de *aboucher*.

ABOUCHEMENT, subst. mas. (*aboucheman*) (rac. *bouche*), entrevue et conférence de deux ou de plusieurs personnes. Vieux. — Entretien particulier que l'on a avec quelqu'un. — En anat., il se dit de la rencontre de deux vaisseaux. — On dit aussi dans les arts : *l'abouchement de deux tuyaux*.

ABOUCHER ou **BENDER-BOUCHER** (*aboukère, beindère-boukère*), ville de la Perse. Son commerce est florissant.

ABOUCHER, v. act. (*abouché*) (rac. *bouche*), faire trouver des personnes dans un lieu pour qu'elles confèrent ensemble : *il faut les aboucher*. — **S'ABOUCHER**, v. pron., se trouver dans un lieu pour conférer avec quelqu'un.—T. d'anat., se rencontrer, s'unir : il se dit de la jonction des veines.

ABOUCHOUCHOU, subst. mas. (*abouchouchou*), drap de Marseille, qu'on y embarque pour le Levant.

ABOUEMENT, subst. mas. (*aboûman*), assemblage de menuiserie, dont la plus grande partie est carrée et le reste à onglet.

ABOUFFÉ, E, part. pass. de *abouffer*.

ABOUFFER, v. act. (*aboufé*), ôter la respiration. Ne se dit plus.

ABOUGRI, E, adj., ne se dit pas, mais *rabougri*. Voy. ce mot.

ABOU-HANNÈS, subst. mas. (*abouanenèce*), oiseau d'Égypte; c'est l'ancien ibis blanc ou sacré des Égyptiens.

ABOULAZA, subst. mas. (*aboulaza*), arbre de Madagascar.

ABOULOMRI, subst. mas. (*aboulomeri*), t. d'hist. nat., espèce de vautour chez les Orientaux.

ABOUNA, subst. mas. (*abouna*), nom que l'on donnait à l'évêque d'Éthiopie.

ABOUQIR, subst. mas. (*aboukir*), bourg de la Basse-Egypte, baigné par les eaux de la mer. En 1799, les Français et les Turcs se livrèrent dans cette rade un combat mémorable.

ABOUQUÉ, E, part. pass. de *abouquer*.

ABOUQUEMENT, subst. mas. (*aboukeman*), t. de salines, addition de nouveau sel sur le vieux.

ABOUQUER, v. act. (*abouké*), t. de salines, ajouter du sel nouveau sur du vieux.

ABOUT, subst. mas. (*abou*), extrémité des pièces de bois taillées en équerre et employées par un charpentier. — Bout de planche joint au *bout* d'un bordage ou à l'extrémité d'une autre planche qui se trouve trop courte.—*Manier à bout :* 1° en t. de couvreur, relever l'ardoise ou la tuile d'un toît pour réparer les lattes, remettre les tuiles cassées, etc.; 2° en t. de paveur, relever le pavé d'une rue, etc., pour en renouveler la forme et remplacer les pavés usés ou cassés. Voy. BOUT.

ABOUTÉ, E, part. pass. de *abouter*, et adj., se dit, en t. de blas., des pièces d'armoiries qui se répondent par le *bout* ou par les pointes.

ABOUTEMENT, subst. mas. (*abouteman*), le même que ABOUEMENT. Voy. ce mot.

ABOUTER, v. act. (*abouté*), t. de charp., joindre, mettre *bout à bout* deux pièces de bois qui doivent se toucher. — *s'*ABOUTER, v. pron.; en t. de mar., se joindre par les deux *bouts*.

ABOUTI, E, part. pass. de *aboutir*.

ABOUTIR, v. neut. (*aboutir*), toucher d'un *bout* à une chose; se terminer, tendre à... : *aboutir à un champ; cette démarche n'aboutira qu'à vous faire blâmer*. — Venir à suppuration, en parlant des tumeurs, des abcès.—S'il est question d'arbres, boutonner ou pousser des *boutons*. — *Aboutir* est aussi employé activement : en t. d'hydraul., *aboutir un tuyau*, c'est raccorder un gros tuyau avec un petit, au moyen d'un collet ou tambour de plomb. *Aboutir un métal.* Voy. EMBOUTIR. — *s'*ABOUTIR, v. pron.

ABOUTISSANT, E, adj. (*aboutiçan, çante*), qui *aboutit*.

ABOUTISSANTS, subst. mas. plur. (*aboutiçan*). Ce mot ne s'emploie point seul, mais se joint au mot *tenants* : on dit *les tenants et les aboutissants d'une maison*, pour signifier les côtés et les *bouts* par où la maison *tient* et *aboutit* à d'autres maisons. — Au fig., *les tenants et les aboutissants d'une affaire*, ses circonstances et tous ses détails. — *Les tenants et les aboutissants d'une personne*, ceux qui sont en rapport avec elle.

ABOUTISSEMENT, subst. mas. (*abouticeman*), se dit des progrès d'un abcès qui vient à suppuration, qui *aboutit*. — On appelle aussi *aboutissement* une pièce d'étoffe que le tailleur ajoute à une autre trop courte.

AB OVO, loc. adv. et lat. (*abòvô*), dès l'origine, dès le commencement; (mot à mot, depuis l'œuf.)

ABOYANT, E, adj. (*aboèian, iante*), qui *aboie : des chiens aboyants*.

ABOYÉ, E, part. pass. de *aboyer*. Peu en usage; cependant on dit *qu'un débiteur est aboyé de tous ses créanciers*.

ABOYER, v. neut. (*aboèié*) (rac. *aboi*), japper, crier, en parlant des chiens : *aboyer aux voleurs, contre* ou *après les passants*, etc. Quelques écrivains l'ont employé dans un sens actif : *aboyer les passants*. — Au fig., médire, crier après quelqu'un, reprendre avec aigreur, etc. En ce sens, il régit toujours la prép. *après*. — Poursuivre d'une manière importune : *des créanciers aboient après lui*. — On dit aussi fig. et fam., *aboyer après*, pour aspirer avidement à... : *aboyer après une succession*. —On dit fig. et prov., *aboyer à la lune*, pour signifier s'emporter contre des gens puissants à qui l'on ne peut faire de mal. — *Tous les chiens qui aboient ne mordent pas*, les gens qui crient bien fort ne sont pas tous à redouter. — V. pron. *s'*ABOYER, mais seulement en parlant des chiens.

ABOYEUR, subst. mas., au fém. ABOYEUSE (*aboèieur, ieuze*), chien qui *aboie* à la vue du sanglier, sans en approcher. — Au fig. et fam., médisant, satirique; ou bien, celui qui aspire avidement à... En ce dernier sens, il régit la prép. *de : aboyeur de bénéfices*. — Celui qui importune par ses criailleries, par ses injures : *un dangereux aboyeur*. — Crieur volontaire, qui, à la porte des théâtres, appelle les voitures, et avertit les maîtres de leur arrivée. — On dit aussi de celui qui court après les places, que c'est un *aboyeur de places*.

ABOYEUSE, subst. fém. Voy. ABOYEUR.

ABRA, subst. mas. (*abra*), monnaie d'argent de Pologne, qui vaut treize sous six deniers de France.

ABRACADABRA, subst. mas. (*abrakadabra*), parole magique à laquelle on attribuait la vertu d'un charme pour guérir la fièvre, etc. — C'était une espèce d'amulette qu'on portait suspendue au cou. Ce mot contenait le nombre 365.

ABRACALAN, subst. mas. (*abrakalan*), autre mot magique des Juifs.

ABRAHAM (Ère d'), subst fém. (*èredabraame*), ère qui date de la vocation de ce patriarche, précède l'Incarnation de 2015 ans, et commence au 1er octobre.

ABRAHAMIENS, subst. mas. plur. (*abrahamiein*), moines, martyrs du culte des images, au IXe siècle. Ils niaient la divinité de Jésus-Christ. — On appelle encore ainsi les *descendants d'Abraham*.

ABRAHAMITES, subst. mas. plur. (*abraamite*), les mêmes que les ABRAHAMIENS.

ABRAMIDE, subst. fém. (*abramide*), sorte de vêtement de couleur jaune, que portaient les femmes grecques.

ABRAQUÉ, E, part. pass. de *abraquer*.

ABRAQUER, v. act. (*abraké*), t. de mar., haler à la main un cordage mou. On dit plutôt *embraquer*. Voy. ce mot.

ABRASION, subst. fém. (*abrâzion*) (du lat. *abradere*, râcler, ratisser), t. de chir. et de médec., ulcération superficielle des parties membraneuses, avec déperdition de substance par petits fragments.

ABRATAN, subst. mas. (*abratan*), t. de bot., nom que les Juifs donnent à une plante du genre des hyssopes.

ABRAXAS, ou, par abréviation, **ABRAC**, subst. mas. (*abrakcâce*), réunion de lettres inventée par *Basilide*, sophiste d'Alexandrie et fameux hérésiarque du second siècle, pour exprimer le nombre des 365 intelligences ou esprits dont il faisait son dieu. En effet, les lettres dont le mot *Abraxas* est composé rendent précisément en grec ce nombre de 365. — Mot symbolique, amulette.

ABRE, subst. mas. (*abre*), t. de bot., genre de plantes de la famille des légumineuses.

ABRÉGÉ, E, part. pass. d'*abréger*, et adj., accourci, fait plus court, resserré : *un plan très-abrégé*. Voy. ABRÉGER.

ABRÉGÉ, subst. mas. (*abréjé*), discours raccourci, précis d'un ouvrage, d'une histoire, etc. : *faire un abrégé de ; mettre en abrégé, par abrégé*. Il diffère de *sommaire*, en ce que l'*abrégé* est un ouvrage, mais la réduction d'un plus grand à un moindre volume; et que le *sommaire* se borne à indiquer, en peu de mots, les principales choses contenues dans l'ouvrage auquel il a rapport, sans être un ouvrage lui-même. — Dans un orgue, on appelle abrégé l'assemblage des rouleaux par le moyen desquels le mouvement des touches du clavier se transmet jusqu'aux sommiers respectifs. — *En* ABRÉGÉ, loc. adv., en peu de mots, de lignes, de pages. — Par abréviation : *écrire en abrégé*.

ABRÉGEMENT, subst. mas. (*abrèjeman*), raccourcissement, action d'*abréger*. Vieux.

ABRÉGER, v. act. (*abréjé*) (du lat. *abbreviare*, formé de *brevis*, bref, court), accourcir; rendre, faire plus court, plus succinct; resserrer ce qui est trop étendu ou trop diffus. — En t. de jurispr. féodale, *on disait abréger un fief*, pour dire, le démembrer. — Il s'emploie quelquefois dans un sens absolu et sans régime : *pour abréger, je me bornerai à... — Prenez ce chemin, il abrége*, il est moins long. — *s'*ABRÉGER, v. pron.

ABRENUNTIO (*abrénoncio*), mot latin, qui signifie *je renonce*. Très-peu usité aujourd'hui.

ABREUVÉ, E, part. pass. d'*abreuver*.

ABREUVER, v. act. (*abreuvé*) (du lat. *ad*, à, et *bibere*, boire), mener à l'*abreuvoir*; faire boire les chevaux, etc. — Humecter profondément, pénétrer la terre, en parlant de la pluie.—*Abreuver les prés*, former de petits fossés tout autour, ou même des saignées qui les traversent, dans lesquels on laisse couler l'eau d'un ruisseau, etc.— Fig. et fam., on dit d'une nouvelle déjà répandue partout, que *tout le monde en est abreuvé*. — On dit encore fig. : *abreuver quelqu'un de chagrins*. — En t. de peint., mettre sur une toile ou sur un panneau qu'on veut imprimer, une couche de colle ou une première couche de couleur détrempée dans de l'eau mêlée de colle. — *Abreuver un tonneau*, le remplir d'eau pour voir s'il ne fuit pas. — *Abreuver un vaisseau*, en t. de mar., jeter de l'eau, lorsqu'il est achevé, entre le franc-bord et le serrage, pour éprouver s'il est bien étanché. — *s'*ABREUVER, v. pron., boire. — Fig., *s'abreuver de ses larmes*, pleurer beaucoup; *s'abreuver de sang*, en faire couler beaucoup, etc.

ABREUVOIR, subst. mas. (*abreuvoar*), lieu où l'on mène boire les animaux. — En t. de chasse, endroit où les oiseaux vont se désaltérer ou se baigner. On dit : *prendre des oiseaux à l'abreuvoir, chasser à l'abreuvoir, tendre à l'abreuvoir*, pour dire : tendre des piéges vers les endroits où les oiseaux viennent *s'abreuver*. — En t. d'archit., le petit auget en forme de bassin, que font les poseurs avec du plâtre ou du mortier sur le joint montant de deux pierres, et qu'ils remplissent de coulis pour ficher ce joint; les petites tranchées faites dans les lits des pierres que l'on taille, afin que le mortier ou le plâtre s'y attache mieux. — On nomme *abreuvoir* la fente d'un arbre, occasionée par une forte gelée. — *Abreuvoir à mouches*, plaie large et sanglante.

ABRÉV. signifie *abréviation*.

ABRÉVETÉ, E, part. pass. de *abréveter*.

ABRÉVETER, v. act. (*abrèveté*), flatter, tromper, amuser; guetter, épier pour surprendre. Vieux mot tout-à-fait inusité.

ABRÉVIATEUR, subst. mas. (*abréviateur*), celui qui *abrége* quelque ouvrage : *abréviateur de Baronius*. — Officier de la chancellerie romaine chargé de dresser les minutes des bulles expédiées en chancellerie. — Pourquoi ne dirait-on pas *abréviatrice* en parlant d'une femme?

ABRÉVIATIF, adj. mas.; au fém., **ABRÉVIATIVE**, (*abréviatife, tive*), signe, lettre, etc., qui *abrége*, qui indique l'*abréviation*.

ABRÉVIATION, subst. fém. (*abréviâcion*), retranchement de quelques lettres dans un mot afin d'écrire plus vite et en moins d'espace. — On le dit des caractères mêmes qui servent à *abréger*. Nous renvoyons à la table que nous en avons donnée en tête de cette édition. Cependant nous croyons devoir ajouter ici les signes en usage dans l'art de formuler pour indiquer des poids, des quantités, ou un certain mode de préparation. Nous les extrayons du *Dictionnaire de médecine usuelle*, récemment publié sous la direction du docteur Beaude. Voici quelques-uns des signes qui sont le plus ordinairement employés par les médecins :

℞. . .	*Prenez.*
āā. . .	*De chaque.*
F. S. A. .	*Faites selon l'art.*
M. . .	*Mêlez.*
Q. S. .	*Quantité suffisante.*
P. . .	*Pincée.*
P. E. .	*Parties égales.*
M. . .	*Manipule* ou *Poignée.*
N°. . .	*Numero* ou *Nombre.*
℔. . .	*Livre.*
℥. . .	*Once.*
ʒ. . .	*Gros.*
℈. . .	*Scrupule* (24 *grains*).
Gutt.. .	*Gouttes.*
Gr. . .	*Grains.*
ß. . .	*Moitié.*

Bien que ces indications ne soient pas de nature à être employées par des personnes étrangères à la médecine, nous avons cru devoir les donner, afin de prévenir les accidents qui souvent ont lieu à la suite d'erreurs faites dans l'emploi de ces indications ; aussi les médecins qui prescrivent des substances actives ont-ils soin le plus ordinairement d'indiquer les quantités en toutes lettres.

ABRÉVIATIVE, adj. fém. Voy. ABRÉVIATIF.

ABRÉVIATIVEMENT, adv. (*abréviativeman*), par *abréviation* : *écrire abréviativement*.

ABRÉVIATRICE. Voy. ABRÉVIATEUR.

ABRÉVIÉ, E, part. pass. de *abrévier*.

ABRÉVIER, v. act. (*abrévié*), *abréger*; n'est point usité.

ABREYÉ, E, part. pass. de *abreyer*.

ABREYER, v. act. (*abréié*), t. de mar., abriter, mettre à l'abri, cacher un bâtiment qui a le vent en poupe. — *s'*ABREYER, v. pron.

ABRI, subst. mas. (*abri*) (du lat. *apricus*, exposé au soleil et à l'abri des vents), lieu où l'on se met à l'abri du mauvais temps, et fig., de quelque poursuite, de quelque insulte. — Tout ce qui sert à garantir. — En t. de guerre, tout ce qui met les soldats à couvert des projectiles. — *A l'*ABRI, loc. adv., à couvert, en sûreté : *à l'abri de la pluie, à l'abri de la persécution*. — *A l'abri* signifie avec plus de propriété, quelque chose qui défend, et *à cou-*

vert, quelque chose qui cache : *à l'abri de la pluie, à couvert du soleil.* — On dit aussi dans un sens actif : *se mettre à l'abri d'un bois, être à l'abri de la faveur.* La particule *de* signifie alors *par le moyen de.* — En t. de mar., on dit *mouiller à l'abri d'une terre ; se mettre à l'abri d'une île.*

ABRIC, subst. mas. (*abrike*). Quelques chimistes nomment ainsi le soufre.

ABRICOT, subst. mas. (*abrikô*), fruit à noyau. — *Abricot-pêche*, abricot dont le fruit a le goût et la grosseur de la pêche.

ABRICOTÉ, subst. mas. (*abrikoté*), dragée faite d'un morceau d'*abricot* enveloppé de sucre.

ABRICOTIER, subst. mas. (*abrikotié*), arbre originaire d'Arménie, qui porte les *abricots*. Il y en a un grand nombre de variétés : *abricotier en espalier, abricotier en plein vent.*

ABRIÉ, E, part. pass. de *abrier*, et adj. (*abrié*) (rac. *abri*), qui est à *l'abri*. Ce mot est fort peu usité, on dit plutôt *abrité*. — Voy. ABRIER.

ABRIER, v. act. (*abrié*), protéger ; inusité. *Trévoux* se demande pourquoi nous avons perdu ce mot, qui vient tout naturellement d'*abri*, et qui est plus doux et plus agréable que *abriter*. Nous regrettons comme lui cette perte. Voy. ABRITER.

ABRITÉ, E, part. pass. de *abriter*.

ABRITER, v. act. (*abrité*), t. de jardinage, mettre à l'*abri* du mauvais temps. — S'ABRITER, v. pron., se mettre à l'*abri*. Voy. ABRIER.

ABRI-VENT, subst. mas. (*abrivan*), paillasson dont on se sert dans les jardins pour mettre quelque chose à l'*abri* du *vent*. — En t. d'archit., tout ce qui sert à garantir du vent. — Au plur. des *abri-vent* sans *s* ; c'est comme s'il y avait : *un paillasson qui met à l'abri du vent.*

ABRIVER, v. act. (*abrivé*) (rac. *ab* ou *à* et *rive*), peu usité : il signifie *aborder*. *Abriver au rivage*, disent les gens de rivière.

ABROCOME, adj. (*abrokome*), qui a une longue chevelure.

ABRODIÈTE, adj. (*abrodiète*) (du grec ἁβρος, délicat, et διαιτα, régime), délicat sur le choix des aliments ; efféminé. Il ne se trouve que dans *Raymond*, et n'est pas usité.

ABROGATION, subst. fém. (*abrogudcion*) (en lat. *abrogatio*), acte par lequel on casse et annulle. — ABROGATION, DÉROGATION (*syn.*). La *dérogation* laisse subsister la loi antérieure ; l'*abrogation* l'annulle absolument.

ABROGÉ, E, part. pass. de *abroger*, et adj., qui n'a plus de force, qui ne fait plus loi.

ABROGER, v. act. (*abrojé*) (du lat. *ab*, de, hors, contre, et de *rogare*, demander ; *demander le contraire*), détruire, annuler, casser : *abroger un édit, une loi, un privilége.* — S'ABROGER, v. pron.

ABROHANI, subst. mas. (*abroani*), sorte de mousseline très-fine du Bengale.

ABROLHOS, subst. mas. plur. (*abrolos*), t. de mar., écueils. Ce mot, en portugais, signifie la même chose que *abréojos* en espagnol : *ouvre les yeux.* Ces écueils s'étendent dans un espace de plus de cinquante lieues entre l'île de Fernando-Noronha et celle de Rio-Grande. Il y a encore d'autres rochers du même nom sur la côte de Porto-Péguro.

ABROLLES, subst. mas. plur. (*abrole*), le même que *abrolhos*.

ABROMES, subst. fém. plur. (*abrome*) (du grec α, priv. et βρωμος, mauvaise odeur), t. de bot., plantes de la famille des malvacées.

ABRONIE, subst. fém. (*abroni*), t. de bot., genre de plantes de la famille des nyctaginées.

ABROTONE, subst. fém. (*abrotone*) (α priv. et βροτος, mortel), plante toujours verte, odoriférante et fibreuse, du genre des armoises. On la nomme aussi *aurone*.

ABROTONOÏDE, subst. fém. (*abrotono-ide*) (α priv., βροτός, mortel, et ειδος, forme), sorte de madrépore, ressemblant à l'*aurone* ; corail perforé, gris jaunâtre. On dit aussi *abrotanoïde*.

ABROUTI, E, adj. (*abrouti*) (rac. *brouter*, mot qui vient du grec βρυττειν, manger). *Bois abrouti*, celui qui a été ébourgeonné, *brouté* par les bêtes.

ABROUTISSEMENT, subst. mas. (*abrouticeman*) (formé d'*abrouti*), dommage occasioné par les animaux qui ont mangé les bourgeons d'un arbre. — Il se dit aussi de l'action de *brouter*.

ABRUPT, E, adj. (*abrupte*) (du lat. *ab*, hors, et *rumpere*, séparer), escarpé et rapide : *rocher abrupt.* — Peu poli, saccadé : *style abrupt*, manière brusque de parler et sans aucune préparation. — T. de bot., *feuille abrupte*, sans foliole impaire.

ABRUPTION, subst. fém. (*abrupcion*) (en lat. *abruptio*), t. de chir., fracture transversale aux articulations, avec écart.

ABRUPTO (précédé de *ab* ou de *ex*) (*abruptô*), loc. adv. et lat., qui signifie *tout d'un coup, brusquement, sans préparation* : *parler ex abrupto ; commencer un discours par un exorde ex abrupto.* On dit plus fréquemment *ex* que *ab abrupto*, à cause des consonnes *ab ab*, qui formeraient un hiatus désagréable.

ABRUS ou **ABRUSE**, subst. mas. (*abru, bruze*), t. de bot., arbre à chapelet du Malabar.

ABRUTE, adj. fém. (*abrute*), t. de bot., se dit d'une feuille pinnée, qui n'a point de foliole impaire.

• **ABRUTI, E**, part. pass. de *abrutir*, et adj. — En t. de bot., *une plante abrutie* est une plante dégénérée.

ABRUTIR, v. act. (*abrutir*) (rac. *brutus*, brute), rendre stupide comme une bête *brute*. — Étouffer la raison. — S'ABRUTIR, v. pron.

ABRUTISSANT, E, adj. (*abruticsan, çante*), qui *abrutit*.

ABRUTISSEMENT, subst. mas. (*abruticeman*) (formé d'*abrutir*), état d'une personne *abrutie*. — Stupidité grossière : *il est plongé dans le dernier degré d'abrutissement.*

ABRUTISSEUR, adj. mas. (*abruticeur*). *Un peuple abrutisseur*, qui *abrutit* des nations conquises. On emploie aussi ce mot substantivement : *les abrutisseurs du peuple.* Pourquoi ne dirait-on pas *abrutisseuse* si l'on avait besoin d'employer ce mot au féminin ?

ABRUTISSEUSE, subst. et adj. fém. Voy. ABRUTISSEUR.

ABRUZZE-CITÉRIEURE, subst. fém. (*abruze-citérieure*), **ABRUZZE-ULTÉRIEURE**, subst. fém. (*abruze-ultérieure*), deux provinces du royaume de Naples sont désignées par ces noms.

ABS. abréviation de ABSOLU. Voy. ce mot.

ABSCISSE, subst. fém. (*abcice*) (en lat. *abscissio*, formé de *ab* et *scindere*, couper), t. de géom., partie de l'axe ou du diamètre d'une courbe qui se trouve entre son sommet et l'ordonnée : *l'abscisse d'un axe, d'un diamètre.* Voy. AXE.

ABSCISSION, subst. fém. (*abcicion*) (en lat. *abscissio*, du verbe *abscindere* ou *abscidere*, ôter, retrancher), action de retrancher du corps une partie molle, de la couper. On dit plutôt aujourd'hui *excision*.

ABSCONS, E, adj. Vieux mot inus. et qui était formé du lat. *absconditus*, caché.

ABSENCE, subst. fém. (*abçance*) (en lat. *absentia*), éloignement d'un lieu ou d'une personne : *faire de longues absences.* — On emploie aussi ce mot dans le sens de *manque, privation de..* : *l'absence des lois*, etc. — Au fig., égarement d'esprit, distraction sensible : *avoir des absences.*

ABSENT, E, adj. (*abçan, çante* (en lat. *absens*), qui est éloigné, qui n'est pas présent. — En t. de jurispr., l'*absent* est vulgairement celui qui ne se trouve pas où sa présence est nécessaire ; mais aux termes de la loi, c'est celui dont on n'a pas de nouvelles, et dont l'existence peut paraître douteuse. — Il régit la prép. *de*, et se dit relativement aux lieux, mais non aux personnes : *absent de Paris*, et non pas *absent de vous.* — J.-J. Rousseau a dit, *absent d'elle* ; c'est une faute. — Ce mot s'emploie comme subst. : *les biens de l'absent ; les absents ont tort.*

S'ABSENTER, v. pron. (*çabçanté*) (du lat. *abesse*, formé de *ab*, hors, et *esse*, être), s'éloigner d'un lieu. On ne dit pas *s'absenter d'une personne.* Voy. ABSENT.

ABSIDE, subst. fém. (*abcide*), t. d'archit., voûte, niche ; le sanctuaire dans le chœur d'une église. — C'est aussi un t. d'astron. : on a appelé ainsi les deux points de l'orbite d'une planète, dont le plus haut est nommé *apogée*, et le plus bas *périgée*. L'*Académie* écrit aussi *apside*.

ABSINTHE, subst. fém. (*abceinte*) (en lat. *absinthium*, formé du grec α priv. et ψινθος, douceur), herbe odoriférante, amère et toujours verte. — Au fig., douleur, amertume : *la vie est mêlée d'absinthe.* — Liqueur d'*absinthe*, qui se boit ordinairement avec de l'eau.

ABSINTHÉ, E, adj. (*abceinté*), t. de pharm., mélangé d'*absinthe* : *eau absinthée.*

ABSOL., abréviation des mots *absolu* ou *absolument*.

ABSOLU, E, adj. (*abçolu*) (du lat. *absolutus*, part. pass. d'*absolvere*, parfaire, accomplir), souverain, indépendant, libre de tout lien. — Impérieux, avec cette différence que l'homme *impérieux* commande avec empire, et que l'homme *absolu* veut être obéi avec exactitude et sans résistance. — *Roi, gouvernement absolu* ; roi, gouvernement dont les lois ou décisions sont souveraines, indépendantes. — *Futur absolu*. Voy. FUTUR. On appelle, en t. de grammaire latine : 1° *ablatif absolu*, celui qui n'est régi par aucune prép. exprimée ; 2° *phrase absolue*, celle qui paraît ne dépendre de rien, parce que le verbe y est sous-entendu : *toutes les dépenses payées, si les bénéfices s'élèvent à...* Ces sortes de phrases seraient mieux nommées en français *elliptiques*. — *Absolu*, en t. de logique, se dit par opposition à relatif. *Père* est un terme *relatif* ; *homme* est un terme *absolu*. — On appelait autrefois *Jeudi absolu*, le Jeudi-Saint, jour où l'on fait l'*absoute*. — *Nombre absolu*, en algèbre, la quantité ou le nombre connu qui fait un des termes d'une équation. — En métaphys., on emploie ce mot comme subst. mas. : l'*absolu* est ce qui existe indépendamment de tout.

ABSOLUMENT, adv. (*absoluman*) (en lat. *absolutè*, qui signifie la même chose), souverainement, indépendamment : *cette femme gouverne absolument son mari.* — Impérieusement : *il veut absolument le voir.* — Entièrement, tout-à-fait, sans aucune restriction : *il est absolument décidé.* — En grammaire, on dit qu'un nom, qu'un verbe est pris *absolument*, lorsqu'on les emploie sans régime. Dans cette phrase : *il faut toujours prier*, le verbe *prier* est mis *absolument*. — *Absolument parlant* ; à en juger en gros : *ce livre n'est pas mauvais, absolument parlant.*

ABSOLUTEUR, adj. mas. (*abçoluteur*), qui *absout*. Vieux et inusité. (*Boiste*).

ABSOLUTION, subst. fém. (*abçolucion*) (en lat. *absolutio*), sentence ou jugement par lequel un accusé est *absous*. On confond souvent l'*absolution* et l'*acquittement*, qui sont deux choses tout-à-fait distinctes. Un accusé est *acquitté* quand il est déclaré non coupable ; il est *absous* au contraire, quand il est déclaré coupable d'un fait que la loi ne punit pas. L'*acquittement* est un brevet d'innocence, l'*absolution* laisse peser sur celui qui en profite la responsabilité morale du crime. *Boiste*, *Raymond*, *Gattel* et *Laveaux* ignorent cette distinction si essentielle à connaître et à signaler. — Sentence du prêtre qui remet les péchés dans le tribunal de la pénitence. — Il se prend aussi pour sentence ecclésiastique qui relève une personne de l'excommunication qu'elle avait encourue. — *Absolution*, en terme de Bréviaire, est une courte prière que dit celui qui officie, à chaque nocturne des Matines, avant les bénédictions et les leçons. — On appelle encore *absolutions*, les encensements et les aspersions d'eau bénite qu'on fait sur le corps des princes et des prélats qu'on enterre avec cérémonie. Mieux en ce sens, *absoute*.

ABSOLUTISME, subst. mas. (*abçoluticeme*) (du lat. *absolvere*), système d'un gouvernement *absolu*.

ABSOLUTISTE, subst. des deux genr. (*abçoluticete*), partisan d'un gouvernement, d'un roi *absolu*.

ABSOLUTOIRE, adj. (*abçolutoare*), qui porte absolution : *bref absolutoire.*

DU VERBE IRRÉGULIER ABSOUDRE :

Absolvaient, 3e pers. plur. imparf. indic.
Absolvais, précédé de *j'*, 1re pers. sing. imparf. indic.
Absolvais, précédé de *tu*, 2e pers. sing. imparf. indic.
Absolvait, 3e pers. sing. imparf. indic.
Absolvant, part. prés.
Absolve, précédé de *que j'*, 1re pers. sing. prés. subj.
Absolve, précédé de *qu'il* ou *qu'elle*, 3e pers. sing. prés. subj.
Absolvent, précédé de *ils* ou *elles*, 3e pers. plur. prés. indic.
Absolvent, précédé de *qu'ils* ou *qu'elles*, 3e pers. plur. prés. subj.
Absolves, précédé de *que tu*, 2e pers. sing. prés. subj.
Absolvez, 2e pers. plur. impér.
Absolvez, précédé de *vous*, 2e pers. plur. prés. indic.
Absolviez, précédé de *vous*, 2e pers. plur. imparf. indic.
Absolviez, précédé de *que vous*, 2e pers. plur. prés. subj.
Absolvions, précédé de *nous*, 1re pers. plur. imp. indic.
Absolvions, précédé de *que nous*, 1re pers. plur. prés. subj.
Absolvons, 1re pers. plur. impér.
Absolvons, précédé de *nous*, 1re pers. plur. prés. indic.

ABSORBABLE, adj. (*abçorbable*), t. de chim., propre à être *absorbé*.

ABSORBANT, E, adj. (*abçorban, bante*) (en lat. *absorbens*), qui *absorbe*, qui pompe : *des terres absorbantes.* — En t. de médec., on appelle *vaisseaux absorbants* les organes de l'*absorption*, qui comprennent les vaisseaux lymphatiques, chylifères, et les veines. (*Dict. de médecine usuelle.*)

ABSORBANT, subst. mas. (*abçorban*), substance qui s'unit aux acides.—T. de médec. et de pharm. : *des absorbants*, des remèdes qui ont la propriété d'*absorber*. — En bot., ce sont les vaisseaux des feuilles des plantes qui pompent l'humidité.

ABSORBÉ, E, part. pass. de *absorber*. Il est aussi adj. *Les pluies sont absorbées par les sables ; les acides sont absorbés par les alcalis.* — Au fig., profondément appliqué à... ; enseveli dans la méditation de... : *absorbé dans l'étude du droit ; absorbé en Dieu.*

ABSORBER, v. act. (*abçorbé*) (en lat. *absorbere*, formé de *ab*, et *sorbere*, avaler, engloutir), engloutir, consumer entièrement. — Au propre et au fig., *absorber* exprime une action plus successive qu'*engloutir* : *le feu absorbe*, et *l'eau engloutit.* — Fig., attirer tout entier à soi : *son travail l'absorbe entièrement.* — Faire disparaître : il se dit des couleurs, des sons, des odeurs, des saveurs : *le noir absorbe toutes les autres couleurs*, etc. — Il se dit de ce qui a la faculté de pomper les fluides : *la terre absorbe l'eau.* — T. de chim., émousser la pointe, arrêter l'activité d'un alcali, en parlant d'un acide, etc.—**s'ABSORBER**, v. pron., se perdre, s'enfoncer trop : *les eaux s'absorbent dans les sables.* —Fig., *s'absorber dans l'étude.*

ABSORPTIF, adj. mas. ; au fém., **ABSORPTIVE**, (*abçortif, tive*), t. de médec. et de chim., qui *absorbe.*

ABSORPTION, subst. fém. (*abçorpcion*), l'action d'*absorber*. C'est, en médecine, l'action de s'imbiber; c'est l'introduction spontanée, l'*intus*-susception d'une substance dans une autre. (*Dictionnaire de médecine usuelle*).

ABSORPTIVE, adj. fém. Voy. **ABSORPTIF.**

ABSORPTIVITÉ, subst. fém. (*abçorptivité*), t. de médec. et de chim., faculté d'*absorber.*

DU VERBE IRRÉGULIER ABSOUDRE :

Absoudra, 3e pers. sing. fut. indic.
Absoudrai, 1re pers. sing. fut. indic.
Absoudraient, 3e pers. plur. cond. prés.
Absoudrais, précédé de *j'*, 1re pers. sing. cond. prés.
Absoudrais, préc. de *tu*, 2e pers. sing. cond. prés.
Absoudrait, 3e pers. sing. cond. prés.
Absoudras, 2e pers. sing. fut. indic.

ABSOUDRE, v. act. (*abçoudre*) (en lat. *absolvere*, formé de *ab*, et de *solvere*, délier), décharger un accusé d'une faute, d'un péché ou d'un crime. — Renvoyer de l'accusation un prévenu. — Remettre les péchés dans le sacrement de pénitence. — Ce verbe n'a ni prétérit simple, ni imparfait du subjonctif.—**s'ABSOUDRE**, v. pron.

DU VERBE IRRÉGULIER ABSOUDRE :

Absoudrez, 2e pers. plur. fut. indic.
Absoudriez, 2e pers. plur. cond. prés.
Absoudrions, 1re pers. plur. cond. prés.
Absoudrons, 1re pers. plur. fut. indic.
Absoudront, 3e pers. plur. fut. indic.
Absous, 2e pers. sing. impér.
Absous, précédé de *j'*, 1re pers. sing. prés. indic.
Absous, précédé de *tu*, 2e pers. sing. prés. indic.

ABSOUS, part. pass. mas. *d'absoudre* (*absous*), au fém. **ABSOUTE** (*abçoûte*), qui est déchargé d'un crime; qui a reçu l'*absolution*. Pourquoi ne dirait-on pas *absout*, au mas., pour éviter la bizarrerie d'une irrégularité inutile?

Absout, précédé de *il* ou *elle*, 3e pers. sing. prés. indic. du v. irrég. *absoudre.*

ABSOUTE, subst. fém. (*abçoûte*), *absolution* publique et solennelle qui se donne en général au peuple le Jeudi-Saint et le jour de Pâques, dans l'Église romaine.

ABSOUTE, adj. fém. Voy. **ABSOUS.**

ABSTÈME, adj. (*abcetème*) (en lat. *abstemius*, formé de *abs*, hors, et de *temetum*, vieux mot qui signifiait *vin*), qui ne boit pas de vin. — Il est aussi substantif. On s'en sert, en théologie, pour parler de ceux qui dans la communion ne pouvaient prendre les espèces du vin, à cause de l'aversion naturelle qu'ils avaient pour cette liqueur. — Les dames romaines, dans les premiers temps, étaient *abstèmes*; et afin qu'on pût s'apercevoir si elles buvaient du vin, les lois de la civilité romaine étaient, qu'elles donnassent le baiser à leurs parents quand elles les abordaient. (*Plin.*, liv. 22, chap. 24 ; *Aulu-Gelle*, liv. 10, chap. 22).

DU VERBE IRRÉGULIER S'ABSTENIR :

Abstenais, précédé de *je m'*, 1re pers. sing. imparf. indic.
Abstenais, précédé de *tu t'*, 2e pers. sing. imparf. indic.
Abstenaient, précédé de *ils* ou *elles s'*, 3e pers. plur. imparf. indic.
Abstenait, précédé de *il* ou *elle s'*, 3e pers. sing. imparf. indic.
Abstenant, précédé de *s'*, part. prés.
Abstenez, précédé de *vous vous*, 2e pers. plur. prés. indic.
Abstenez, suivi de *vous*, 2e pers. plur. impér.
Absteniez, précédé de *vous vous*, 2e pers. plur. imparf. indic.
Absteniez, précédé de *que vous vous*, 2e pers. plur. prés. subj.
Abstenions, précédé de *nous nous*, 1re pers. plur. imparf. indic.
Abstenions, précédé de *que nous nous*, 1re pers. plur. prés. subj.

s'ABSTENIR, v. pron. (*çabcetenir*) (du lat. *abs*, de, hors, et *tenere*, tenir; *se tenir hors*, *se retenir, s'abstenir*), s'empêcher de faire quelque chose, se priver de l'usage de... : *s'abstenir de jouer*. (Voy. **SE PRIVER**). Il s'emploie absolument : *il est plus aisé de s'abstenir que de se contenir.* — *S'abstenir de juger*, ou simplement *s'abstenir*, ne pas juger. Il *s'abstient*, en parlant d'un juge, signifie *qu'il se récuse.*

DU VERBE IRRÉGULIER S'ABSTENIR :

Abstenons, précédé de *nous nous*, 1re pers. plur. prés. indic.
Abstenons, suivi de *nous*, 1re pers. plur. impér.

ABSTENTION, subst. fém. (*abcetancion*) (en lat. *abstentio*, refus), action d'un juge qui se récuse lui-même. Voy. **RÉCUSATION.** — On appelle *abstention de lieu*, la défense judiciaire de s'approcher d'un lieu au-delà d'un certain rayon. — T. de droit, bénéfice que chez les anciens Romains les enfants obtenaient du préteur, en vertu duquel ils abandonnaient les biens de leur père, et n'étaient plus censés héritiers. — Chez nous, l'abandon que fait un héritier appelé par le testateur. Dans cette dernière acception, l'*abstention* diffère de la *renonciation*, en ce que celle-ci se fait par l'héritier naturel ou légal, et l'*abstention*, par celui qui est appelé par la seule volonté du testateur.

ABSTENU, E, part. pass. de s'*abstenir.*

ABSTERGÉ, E, part. pass. d'*absterger.*

ABSTERGENT, E, adj. (*abcetèrejan, jante*) (formé d'*abstergere*), qui amollit, qui dissout. T. de médec.—On emploie aussi ce mot comme subst. mas.: *un abstergent, des abstergents*, pour signifier des remèdes propres à dissoudre les duretés et les épaississements. — On nomme ainsi les remèdes extérieurs et même intérieurs qui servent à nettoyer les plaies et les ulcères.

ABSTERGER, v. act. (*abcetèrejé*) (en lat. *abstergere*, formé de *abs*, de, hors, et *tergere*, nettoyer), t. de médec. et de chir., nettoyer, en parlant d'une plaie, d'un ulcère. — **s'ABSTERGER**, v. pron.

ABSTERSIF, adj. mas. ; au fém., **ABSTERSIVE**, (*abcetèrecife, cive*), propre à *absterger.*

ABSTERSION, subst. fém. (*abcetèrecion*), action d'*absterger.*

ABSTERSIVE, adj. fém. Voy. **ABSTERSIF.**

DU VERBE IRRÉGULIER S'ABSTENIR :

Abstiendra, précédé de *il s'*, 3e pers. sing. fut. indic.
Abstiendrai, précédé de *je m'*, 1re pers. sing. fut. indic.
Abstiendraient, précédé de *ils* ou *elles s'*, 3e pers. plur. cond. prés.
Abstiendrais, précédé de *je m'*, 1re pers. sing. cond. prés.
Abstiendrais, précédé de *tu t'*, 2e pers. sing. cond. prés.
Abstiendrait, précédé de *il* ou *elle s'*, 3e pers. sing. cond. prés.
Abstiendras, précédé de *tu t'*, 2e pers. sing. fut. indic.
Abstiendrez, précédé de *vous vous*, 2e pers. plur. fut. indic.
Abstiendriez, précédé de *vous vous*, 2e pers. plur. cond. prés.
Abstiendrions, précédé de *nous nous*, 1re pers. plur. cond. prés.
Abstiendrons, précédé de *nous nous*, 1re pers. plur. fut. indic.
Abstiendront, précédé de *ils* ou *elles s'*, 3e pers. plur. fut. indic.
Abstienne, précédé de *que je m'*, 1re pers. sing. prés. subj.
Abstienne, précédé de *qu'il* ou *qu'elle s'*, 3e pers. sing. prés. subj.
Abstiennent, précédé de *ils* ou *elles s'*, 3e pers. plur. prés. indic.
Abstiennent, précédé de *qu'ils* ou *qu'elles s'*, 3e pers. plur. prés. subj.
Abstiennes, précédé de *que tu t'*, 2e pers. sing. prés. subj.
Abstiens, précédé de *je m'*, 1re pers. sing. prés. indic.
Abstiens, précédé de *tu t'*, 2e pers. sing. prés. indic.
Abstiens, suivi de *toi*, 2e pers. sing. impér.
Abstient, précédé de *il* ou *elle s'*, 3e pers. sing. prés. indic.

ABSTINENCE, subst. fém. (*abcetinance*) (en lat. *abstinentia*), action de s'*abstenir* de quelque chose, ou effet de cette action. — Privation volontaire de... — Vertu qui nous porte à nous modérer sur quelque chose, à nous en *abstenir*. — *Jours d'abstinence*, jours maigres.— Quand on dit *abstinence* absolument, on entend la privation du boire et du manger.

ABSTINENT, E, adj. (*abcetinan, nante*), sobre, modéré, tempérant. Vieux et inusité.

ABSTINENTS, subst. mas. plur. (*abcetinan*), sectaires qui prohibaient le mariage et l'usage de la viande.

DU VERBE IRRÉGULIER S'ABSTENIR :

Abstînmes, précédé de *nous nous*, 1re pers. plur. prét. déf.
Abstinrent, précédé de *ils* ou *elles s'*, 3e pers. plur. prét. déf.
Abstins, précédé de *je m'*, 1re pers. sing. prét. déf.
Abstins, précédé de *tu t'*, 2e pers. sing. prét. déf.
Abstinsse, précédé de *que je m'*, 1re pers. sing. imparf. subj.
Abstinssent, précédé de *qu'ils* ou *qu'elles s'*, 3e pers. plur. imparf. subj.
Abstinsses, précédé de *que tu t'*, 2e pers. sing. imparf. subj.
Abstinssiez, précédé de *que vous vous*, 2e pers. plur. imparf. subj.
Abstinssions, précédé de *que nous nous*, 1re pers. plur. imparf. subj.
Abstint, précédé de *il* ou *elle s'*, 3e pers. sing. prét. déf.
Abstînt, précédé de *qu'il* ou *qu'elle s'*, 3e pers. sing. imparf. subj.
Abstîntes, précédé de *vous vous*, 2e pers. plur. prét. déf.

ABSTRACT pour **ABSTRAIT** n'est plus usité. Voy. ce dernier mot.

ABSTRACTEUR, subst. mas. (*abcetrakteur*), vieux mot, aujourd'hui inusité. Il signifiait : qui déduit, qui *abstrait* une chose d'une autre.

ABSTRACTIF, adj. mas.; au fém., **ABSTRACTIVE**, (*abcetraktife, tive*), qui sert à exprimer les *abstractions*, les idées *abstraites* : *terme abstractif.*

ABSTRACTION, subst. fém. (*abcetrakcion*), (du lat. *abstrahere*, abstraire), séparation qui se fait par le moyen de l'esprit : *en faisant abstraction de la qualité des personnes.* — Il se dit des idées générales, et des qualités qui sont séparées par l'esprit des objets auxquels elles sont unies, comme *blancheur, vertu, raison*, etc. — On emploie aussi ce mot dans le sens d'éloignement, de séparation de tout commerce : *dans cette abstraction universelle.* — Il se prend aussi pour *distraction*, et ne se dit qu'au plur. : *avoir des abstractions.* — On nomme aussi *abstractions* des rêveries métaphysiques.

ABSTRACTIVE, adj. fém. Voy. **ABSTRACTIF.**

ABSTRACTIVEMENT, adv. (*abcetraktiveman*), d'une manière *abstraite.*

DU VERBE IRRÉGULIER ABSTRAIRE :

Abstraie, précédé de *que j'*, 1re pers. sing. prés. subj.
Abstraie, précédé de *qu'il* ou *qu'elle*, 3e pers. sing. prés. subj.
Abstraient, précédé de *ils* ou *elles*, 3e pers. plur. prés. indic.
Abstraient, précédé de *qu'ils* ou *qu'elles*, 3e pers. plur. prés. subj.
Abstraies, précédé de *que tu*, 2e pers. sing. prés. subj.
Abstraira, 3e pers. sing. fut. indic.
Abstrairai, 1re pers. sing. fut. indic.
Abstrairaient, 3e pers. plur. cond. prés.
Abstrairais, précédé de *j'*, 1re pers. sing. cond. prés.
Abstrairais, précédé de *tu*, 2e pers. sing. cond. prés.
Abstrairait, 3e pers. sing. cond. prés.
Abstrairas, 2e pers. sing. fut. indic.

ABSTRAIRE, v. act. (*abcetrère*) (du latin *abstrahere*, fait de *abs*, de, hors, et *trahere*, tirer; *tirer hors*), séparer quelque chose par le moyen de l'esprit. On dit plus communément et mieux : *faire abstraction de.* Ce verbe n'a ni prétérit défini, ni imparfait du subjonctif. Il se conjugue comme *traire.*

DU VERBE IRRÉGULIER ABSTRAIRE :

Abstrairez, 2e pers. plur. fut. indic.

Abstrairiez, 2e pers. plur. cond. prés.
Abstrairions, 1re pers. plur. cond. prés.
Abstrairons, 1re pers. plur. fut. indic.
Abstrairont, 3e pers. plur. fut. indic.
Abstrais, 2e pers. sing. impér.
Abstrais, précédé de *j'*, 1re pers. sing. prés. indic.
Abstrais, précédé de *tu*, 2e pers. sing. prés. indic.

ABSTRAIT, E, part. pass. d'*abstraire*, et adj. (*abcetrè, trète*) (en latin *abstractus*), séparé par le moyen de l'esprit. En ce sens, c'est un latinisme peu usité. — Il se dit d'une idée qui représente seulement un ou quelques attributs isolés d'un individu : *idée abstraite*. — *Terme abstrait*, qui désigne une qualité toute seule et détachée de son sujet : *vérité, blancheur*, sont des termes *abstraits*. — Détaché des choses sensibles ; vague ; difficile à pénétrer : *discours abstrait, preuve abstraite*. — Qui est contemplatif : *avoir l'esprit abstrait*. — Il s'emploie aussi substantivement : *l'abstrait et le concret*. — **ABSTRAIT, DISTRAIT** (*Syn.*). On est *abstrait* quand on ne pense à aucun objet présent. On est *distrait* quand on regarde d'autres choses que celles qu'on nous présente. — *Nombre abstrait*. Voy. NOMBRE.

Abstrait, précédé de *il*, 3e pers. sing. prés. indic. du v. irrég. *abstraire*.

ABSTRAITEMENT, adv. (*abcetrèteman*), d'une manière *abstraite*. Ce mot est fort peu usité. *Necker* l'a employé, mais il ne se trouve pas dans l'*Académie* (édition de 1835).

DU VEGBE IRRÉGULIER ABSTRAIRE :

Abstrayant, part. prés.
Abstrayaient, 3e pers. plur. imparf. indic.
Abstrayais, précédé de *j'*, 1re pers. sing. imparf. indic.
Abstrayais, précédé de *tu*, 2e pers. sing. imparf. indic.
Abstrayait, 3e pers. sing. imparf. indic.
Abstrayez, 2e pers. plur. impér.
Abstrayez, précédé de *vous*, 2e pers. plur. prés. indic.
Abstrayiez, précédé de *vous*, 2e pers. plur. imparf. indic.
Abstrayiez, précédé de *que vous*, 2e pers. plur. prés. subj.
Abstrayions, précédé de *nous*, 1re pers. plur. imparf. indic.
Abstrayions, précédé de *que nous*, 1re pers. plur. prés. subj.
Abstrayons, 1re pers. plur. impér.
Abstrayons, précédé de *nous*, 1re pers. plur. prés. indic.

ABSTRUS, E, adj. (*abcetru, truze*) (en latin *abstrusus*, formé de *abs*, hors, et *trudere*, pousser, chasser), se dit d'une science, d'un sens, d'un auteur difficile à entendre, à pénétrer, à concevoir.

ABSURDE, adj. (*abçurde*) (en latin *absurdus*, formé de *ab*, de, et *surdus*, sourd ; *sourd à la raison*), qui choque l'esprit, la raison, le sens commun : *raisonnement absurde ; rien n'est absurde comme l'esprit de parti*. — Il se dit aussi substantivement : *tomber dans l'absurde*, dans l'*absurdité*.

ABSURDEMENT, adv. (*abçurdeman*), d'une manière *absurde*.

ABSURDITÉ, subst. fém. (*abçurdité*), vice, défaut de ce qui est *absurde* : *l'absurdité d'un discours*. — Chose *absurde* : *dire une absurdité*. Dans le second sens, il s'emploie assez souvent au plur.

ABSURDO, (précédé de *ab*) (*abçurdô*) (du mot latin *absurdus*, absurde.) C'est une loc. adv. en français : *raisonner, démontrer, conclure ab absurdo*, d'après l'*absurde*.

ABUB, subst. mas. (*abube*), ancien instrument de musique qu'on croit avoir été une flûte, et dont les lévites, chez les Juifs, jouaient dans les sacrifices.

ABUISSONNÉ, E, part. pass. de *abuissonner*.

ABUISSONNER, v. act. (*abuiçoné*) Inusité. Il signifiait abuser, séduire, tromper. (*Boiste*).

ABULLETÉ, E, part. pass. de *abulleter*.

ABULLETER, v. act. (*abullté*) Inusité. Il signifiait faire, donner un *bulletin*. *Raymond* dit *abuller* : c'est sans aucun doute une faute d'impression, car il donne pour part. pass. à ce verbe, *abulleté*. Cet auteur l'a du reste pris dans *Boiste*.

ABUNA, subst. mas. (*abuna*). On nommait ainsi un patriarche chez les Abyssins.

ABUS, subst. mas. (*abu*) (du latin *abusus*), mauvais usage qu'on fait d'une chose. — Désordre. — Erreur, tromperie. — En jurispr., entreprise injuste d'une puissance ou d'une juridiction sur les droits d'une autre. Dans le sens le plus général, ce mot *abus* exprime tout ce qui est fait contre la loi, les usages ou les conventions. — *Appel comme d'abus*, droit que la loi accorde de poursuivre devant le conseil d'état les supérieurs et les autres personnes ecclésiastiques, dans certaines circonstances. — *Abus d'autorité*, mauvais usage ou usage excessif de l'autorité qu'on peut avoir entre les mains. — On appelle *abus de confiance* l'action de celui qui méconnaît la confiance qu'on avait mise en lui. — *Abus de soi-même*. Voy. MASTURBATION.

ABUSÉ, E, part. pass. de *abuser*.

ABUSER, v. act. (*abuzé*) (en latin *abuti*), tromper : *abuser les esprits faibles*. Voy. TROMPER. — V. neut. (du latin *abuti*, formé de *ab*, dehors, et *uti*, user ; *user hors de la raison*). — User mal, *abuser de son crédit*. Quelques écrivains l'ont employé sans régime, absolument. — Consommer, détruire : *il faut user et ne pas abuser*. — *Abuser d'une fille*, la séduire sans l'épouser. — S'ABUSER, v. pron., se tromper.

ABUSEUR, subst. mas., (*abuzeur*), qui *abuse* qui trompe : *c'est un grand abuseur*. Il est fam. — Pourquoi ne dirait-on pas aussi bien *abuseuse* ?

ABUSEUSE, subst. fém. Voyez ABUSEUR.

ABUSIF, adj. mas. ; au fém., **ABUSIVE** (*abuzif, zive*), qui est contraire aux règles : *usage abusif*. — Qui est pris improprement : *terme abusif*. — T. de pal., qui est sans pouvoir et va au-delà des limites de la juridiction ordinaire, etc. : *procédure abusive*. Il se place après le substantif. — *Sens abusif*, sens donné à un mot contre l'usage.

ABUSIVE, adj. fém. Voy. ABUSIF.

ABUSIVEMENT, adv. (*abuziveman*), d'une manière *abusive*. — En t. de pal., à tort et sans cause.

ABUTÉ, E, part. pass. de *abuter*.

ABUTER, v. act. (*abuté*) (ce mot est formé de la prép. *à*, qui se met souvent dans la composition pour la prép. latine *ad, pour, vers* ; et du mot français *but* ; *tirer, viser au but*), jeter des quilles vers une boule servant de *but*, pour voir laquelle en sera plus près et celui qui jouera le premier. — V. neut. se dit, en t. de mar., d'une pièce qui touche du *bout* à quelque chose que ce soit. — L'*Académie* ne donne pas ce mot.

ABUTILON, subst. mas. (*abutilon*), t. de bot., fausse guimauve.

ABYDIENS ou **ABYDÉNIENS**, subst. mas. plur. (*abidiein, abidéniein*), peuples qui habitaient autrefois les Dardanelles.

ABYDOS, subst. mas. (*abidôce*), ville d'Asie sur l'Hellespont, patrie de Héro et de Léandre. — Ses habitants passaient pour débauchés, s'il faut en croire le proverbe grec : *Ne touchez pas à Abydos*, pour dire : *Fuyez les mauvaises compagnies*.

ABYLA ou **ABILA**, subst. mas. Cette montagne d'Afrique, et celle de Galpé, en Espagne, sur le détroit de Gibraltar, sont appelées les colonnes d'Hercule. On feint que ce prince vagabond, trouvant ces deux montagnes unies, les sépara, et fit par ce moyen communiquer les eaux de l'Océan avec la Méditerranée.

ABYME, et non pas **ABÎME**, ainsi que l'écrivent quelques néologues. Ajoutons que l'*Académie* semble préférer la seconde orthographe à la première, car elle renvoie d'*abyme* à *abîme*. Subst. mas. (*abîme*) (en lat. *abyssus*, formé du grec α priv., et βυσσος, fond ; *qui n'a point de fond*. En latin et en français, l'υ grec se change en *y* : nous croyons donc que non-seulement l'Académie devrait donner la préférence au mot *abyme* écrit par un *y*, mais qu'elle devrait même n'admettre que cette orthographe), profondeur qui n'a point de fond. — Au fig., l'Enfer : *les anges rebelles ont été précipités dans l'abyme ; le puits de l'abyme ; les noirs abymes*. — On dit aussi fig. *abyme de malheur, abyme de misère*, pour extrême malheur, extrême misère, etc. — Fig., fond immense et infini : *les abymes de la sagesse, de la miséricorde divine*. — Tout ce qui est impénétrable à l'esprit ordinaire, où il risque de s'égarer : *l'étude de la science des origines est un abyme*. — T. de blas., pièce ou meuble de l'écu, qui est au centre ou au milieu, sans toucher ni charger aucune autre pièce. — Chez les chandeliers, le vaisseau dans lequel ils mettent le suif fondu et trempent leurs mèches.

ABYMÉ, E, part. pass. d'*abymer*, et adj., précipité dans un *abyme*. — Au fig., plongé : *abymé dans la douleur*. — Fig., ruiné, perdu sans ressource : *abymé de dettes*.

ABYMER, v. act. (*abîmé*) (même rac. qu'*abyme*), précipiter dans un *abyme*. Il est peu usité au propre. — Fig., faire périr, ruiner, gâter, perdre entièrement : *la pluie abyme les habits, les routes*. Cette dernière locution, que beaucoup de gens emploient, est blâmée par les grammairiens. — V. neut., *tomber dans un abyme*. — Au fig., périr. Inusité. — S'ABYMER, v. pron., se précipiter. — Au fig., s'appliquer profondément à quelque chose ; *s'abymer dans l'étude*. — Se plonger dans.... ; se livrer entièrement à... : *s'abymer dans sa douleur, dans ses pensées, dans la débauche*, etc.

ABYSSIN, E, adj. (*abicecein*). *Trévoux* dit que l'on a donné quelquefois cette épithète à l'Eglise romaine et à l'Église grecque. Voy. ABYSSINS.

ABYSSINIE, subst. fém. (*abicecini*), grande contrée placée sur la limite orientale de l'Afrique.

ABYSSINS, les mêmes que les ÉTHIOPIENS, subst. mas. plur. (*abicecein*), sectaires jacobites, monophysites.

AC, *mot primitif* (*ak*). Il indique toute idée de pointe, de piquant.

ACA, subst. mas. (*aka*), boisson des Indes.

ACABIT, subst. mas. (*akabi*) (d'un vieux mot latin *acapitum*, achat, dérivé de *acaptare*, acheter), bonne ou mauvaise qualité d'une chose, surtout des fruits. Il est fam. — Souvent il se dit même des personnes : *il est d'un bon acabit*.

ACACALIS, subst. mas. (*akakalice*), arbrisseau à fleurs papilionacées, de la famille des légumineuses, et qui se trouve en Égypte. — Subst. fém., c'est le nom d'une nymphe qu'Apollon épousa. Ce fut aussi celui d'une fille de Minos.

ACACALOT, subst. mas. Voy. ACALOT.

ACACÉSIUS, subst. mas. (*acacéciuce*), surnom de Mercure, tiré du nom de son père nourricier *Acacus*, fils de Lycaon.

ACACIA, subst. mas. (*akacia*) (en grec ακακια, de ακη, pointe), arbre de haute tige qui porte des fleurs légumineuses. — Quelques écrivains ne lui donnent point *s* au plur. L'*Académie* dit : *plusieurs acacias* ; il faut se conformer à la dernière orthographe. — Il existe une multitude d'espèces d'*acacias* dont les produits sont importants pour la médecine. — En pharmacie, suc gommeux qui nous vient du Levant par la voie de Marseille. — C'est encore un petit sac, ou rouleau long et étroit, que l'on voit, sur les médailles du Bas-Empire, dans la main des empereurs, depuis Anastase.

ACACIE, subst. fém. (*akaci*), sorte de plantes légumineuses dont une espèce est la *sensitive*, et dont une autre fournit le *cachou*.

ACACIEN, subst. mas. (*akaciein*), secte d'*ariens*, ainsi nommés d'Acace de Césarée, leur chef.

ACAD., abréviation du mot *académie*.

ACADÉMICIEN, subst. mas. (*akadémiciein*) (en latin *academicus*), nom donné aux philosophes sectateurs de Platon et de Socrate. — Membre d'une *académie*. Voy. ce mot. — **ACADÉMICIEN, ACADÉMISTE** (*syn.*). Les sciences et le bel-esprit sont le partage de l'*académicien* ; les exercices du corps occupent l'*académiste*. — On a dit assez souvent *académicienne* en parlant d'une femme.

ACADÉMICIENNE, subst. fém. V. ACADÉMICIEN.

ACADÉMIE, subst. fém. (*akadémi*) (en latin *academia*, du grec ακαδημια, fait du nom d'un citoyen d'Athènes, Ακαδημος, dont la maison fut convertie en une école où Platon enseignait sa doctrine. Ceux qui ont fait venir ce mot de *Cadmus*, parce qu'il fut instaurateur des lettres, se sont évidemment trompés). Lieu près d'Athènes où s'assemblaient Platon et ses sectateurs. — Le mot *académie* s'est pris aussi pour la secte des philosophes — On comptait trois *académies*. Quelques-uns ont même étendu ce nombre à cinq. Nous en donnerons succinctement l'historique. Platon a toujours été réputé pour le chef de l'ancienne *académie*. La seconde *académie* fut fondée par Arcésilas, qui succédait à Platon, et qui apporta quelques changements à sa philosophie. On attribue vulgairement à Lacydes ou à Carnéade l'établissement de la troisième, dite dans l'antiquité *nouvelle académie*. Les auteurs qui ajoutent à celles-ci deux autres *académies*, disent que Philon et Carmides fondèrent la quatrième, et que la cinquième enfin fut due à Antiochus, qui l'appela de son nom, *Antiochienne* ; elle alliait l'ancienne *académie* avec le stoïcisme. Il faut lire, pour se rendre raison de toutes ces sectes, les *Questsons académiques* de Cicéron. Personne n'a encore su mieux que lui débrouiller les diverses opinions, ou plutôt les différentes méthodes de traiter la philosophie dont se servaient ceux qu'on appelait de son temps les partisans de la nouvelle et ceux de l'ancienne *académie*. Cette dernière, qui doutait absolument de tout, et qui allait même jusqu'à douter s'il fallait douter, se faisait une espèce de principe de ne jamais rien assurer comme certain, de ne jamais rien nier, et de ne tenir rien ni pour vrai ni pour faux. La troisième, ou nouvelle *académie*, était un peu plus raisonnable, disons mieux, un peu moins déraisonnable : elle reconnaissait plusieurs grandes vérités, mais sans s'y attacher avec assurance et conviction. Les philosophes de cette dernière secte s'apercevaient bien que le commerce de la vie et de la société est incompatible avec ce doute absolu et sans restriction de l'ancienne *académie*; mais cependant ils regardaient les choses comme probables plutôt que comme vraies et certaines; et, par ce tempérament, ils croyaient se tirer des absurdités dans lesquelles tombait la célèbre *académie* de Platon. — En France, l'*Académie* est une compagnie de savants, de gens de lettres ou d'artistes. — Il y a beaucoup d'*académies* particulières établies par lettres-patentes, et dont le siège principal est à Paris. On nomme *Académie royale des Sciences* celle qui cultive la physique, la chimie, les mathématiques et les sciences naturelles; *Académie française*, proprement dite, celle qui s'occupe de la langue et de la littérature. Il y a aussi une *Académie des médailles et des inscriptions*, et une *Académie d'architecture*.—L'école des peintres et des sculpteurs porte le nom commun d'*Académie de peinture*. Plusieurs de ces sortes d'*académies* ont été établies dans d'autres villes, comme à Arles, à Soissons, à Nismes, etc., etc. Il y avait à Toulouse une *Académie des Lanternistes*. (Voy. l'explication que nous en donnons au mot LANTERNISTE.) — L'*Académie française* proprement dite est une compagnie de gens de lettres dont l'objet est de travailler à la perfection de la langue française. L'*Académie française* n'a été établie par édit du roi qu'en 1635; mais son origine paraît être de quatre ou cinq ans plus ancienne; elle date de 1629; et voici ce qu'on en rapporte. Quelques particuliers, tous gens de lettres, logés dans différents quartiers de Paris, résolurent de se voir un jour de la semaine chez l'un d'eux. Ils s'assemblèrent chez un M. Conrart. Là ils s'entretenaient familièrement d'affaires, de nouvelles et de belles-lettres. Quelqu'un de la compagnie avait-il fait un ouvrage : il le communiquait volontiers à tous les autres, qui devaient lui en dire librement et franchement leur avis. Ils avaient même arrêté entre eux qu'ils ne parleraient de leurs assemblées à personne du dehors, ce qui fut observé assez rigoureusement pendant quelques années; mais enfin le cardinal de Richelieu en eut connaissance au commencement de janvier 1634, et leur fit proposer de former un corps qui s'assemblerait régulièrement, et sous son autorité publique. Ils acceptèrent cette proposition, et, pour organiser plus officiellement leurs assemblées, ils résolurent de créer un directeur et un chancelier, qui seraient changés de temps en temps, et un secrétaire qui serait perpétuel. On adjoignit encore à ces trois honorables membres un libraire de l'*Académie*, qui devait avoir charge d'huissier; et la compagnie prit alors le nom d'*Académie française*, qui avait été approuvé par le cardinal. Plusieurs disent qu'elle s'appelait l'*Académie des beaux-esprits*; d'autres, l'*Académie de l'éloquence*. Plusieurs même croient qu'on l'a nommée l'*Académie éminente*, par allusion à la qualité du cardinal, son protecteur; mais il paraît certain qu'elle ne s'est jamais appelée elle-même que l'*Académie française*. Les statuts qu'on avait faits furent approuvés par le cardinal, et les lettres-patentes furent enregistrées au parlement, ce qui souffrit bien des difficultés, car elles ne le furent que le 10 juillet 1637, et avec cette restriction : *à la charge que ceux de ladite assemblée et Académie ne connaîtront que de l'ornement, embellissement et augmentation de la langue française, et des livres qui seront faits par eux, et par autres personnes qui le désireront et voudront.* — L'*Académie* prit alors un contre-sceau, sur lequel était représentée une couronne de laurier avec ces mots : A L'IMMORTALITÉ! C'est de là sans doute qu'on a donné et qu'on donne encore aux *académiciens* le nom d'*immortels*. Leur nombre est fixé à quarante, d'où vient qu'on les appelle souvent aussi les *quarante*. — Ils projettèrent, dès leur berceau, de faire un dictionnaire de notre langue, une grammaire et un traité de la poésie française. Leur *Dictionnaire* seulement parut pour la première fois en 1684 : il se composait de deux volumes in-folio. On connaît les éditions qui suivirent celle-ci. —Pellisson a écrit une *Histoire de l'Académie française*, depuis son origine jusqu'à son temps; cette histoire fut continuée par l'abbé d'Olivet.— L'*Académie des sciences* fut établie, en 1666 par les ordres du roi, mais sans aucun acte émané de l'autorité royale. En 1699, le roi lui créa une nouvelle existence, en lui donnant une nouvelle forme. Le but de cette *académie* est de perfectionner la physique, les mathématiques, la géométrie, la médecine, la chimie, l'anatomie et la chirurgie. — L'*Académie royale des inscriptions et belles-lettres* fut instituée en 1663, sous le ministère de Colbert; mais ce n est proprement qu'en 1701 qu'elle fut réellement constituée par les soins de l'abbé Bignon.—L'*Académie de peinture et de sculpture* fut établie par Louis XIV. Le cardinal Mazarin en fut le premier protecteur. Elle est composée des meilleurs peintres et sculpteurs de France. On est reçu dans cette *académie*, ou comme peintre, ou comme sculpteur. Autrefois il y avait deux modèles, c'est-à-dire, deux hommes bien faits de corps, que l'on exposait tous les jours à six heures du soir, et que l'on faisait mettre en diverses postures ou attitudes devant les élèves, pour qu'ils apprissent de la nature même l'art de dessiner correctement. De là vient sans doute le nom d'*académie* que l'on donne à l'imitation d'un modèle vivant en peinture ou en sculpture. — Il y a encore dans la plupart des villes d'Italie des *académies* dont les noms sont curieux à connaître à cause de leur inconcevable bizarrerie. A Sienne, on appelle les académiciens *Intronati*; à Florence, *della Crusca*; à Rome, *Humoristi, Lyncei, Fantastici*; à Bologne, *Otiosi*; à Gènes, *Addormentati*; à Padoue, *Ricovrati* et *Ordili*; à Vicence, *Olimpici*; à Parme, *Innominati*; à Milan, *Nascosti*; à Naples, *Ardenti*; à Mantoue, *Invaghiti*; à Pavie, *Affidati*; à Césène, *Offuscati*; à Fayence, *Filoponi*; à Ancône, *Caliginosi*; à Rimini, *Adagiati*; à Città del Castello, *Assorditi*; à Pérouse, *Insensati*; à Macerata, *Catenati*; à Viterbe, *Ostinati*; à Alexandrie, *Immobili*; à Bresse, *Occulti*; à Trévise, *Perseveranti*; à Vérone, *Filarmonici*; à Cortone, *Humorosi*; à Lucques, *Oscuri*. Pellisson a donné ce curieux catalogue dans son *Histoire de l'Académie*. Mascurat ajoute à ce nombre les *Sileni*, à Ferrare; les *Agitati*, à Città del Castello, transportant les *Assorditi* à Urbin. Il y a encore à Florence une *académie de physique* nommée *del Cimento*. — L'*académie della Crusca*, à Florence, est, au reste, différente de l'*académie de Florence* proprement dite, qui est plus ancienne. On les a souvent confondues, et le Tasse lui-même s'y est d'abord mépris, en attribuant à l'*académie* de Florence la critique que plusieurs académiciens *della Crusca* firent de ses ouvrages, dans les premiers temps de l'établissement de cette *académie*. — On aurait pu encore mentionner l'*académie des Arcadiens* dans la liste que nous venons de donner. Il est vrai cependant qu'ils ne se donnent point le titre d'*académiciens*, et qu'ils affectent de ne se servir que de termes conformes à la qualité qu'ils prennent de *bergers d'Arcadie*; mais on peut fort bien appeler *académie* ce qu'ils ne veulent désigner que sous le nom de *ragunanza*, assemblée, parce qu'on se propose effectivement le même but dans leur compagnie que dans les autres *académies*, qui ne sont établies que pour entretenir une noble émulation parmi tous les savants, et surtout parmi ceux qui cultivent les belles-lettres.— On a encore dit *académie* des écoles des Juifs, et des endroits où ils ont des rabbins et des docteurs pour enseigner aux jeunes gens de leur nation la langue hébraïque, leur expliquer le Talmud, leur apprendre la cabale, etc. Les Juifs n'ont eu de ces sortes d'*académies* que depuis le retour de la captivité de Babylone. Les *académies* de Tibériade et de Babylone ont été fameuses dans le temps. — Le mot *académie* se dit absolument pour *Académie française*. — *Dictionnaire de l'Académie*. Voy. DICTIONNAIRE. — Lieu où l'on s'assemble pour discourir de sciences, de belles-lettres, d'arts libéraux. — Ce mot se prend en plusieurs endroits pour université. — Aujourd'hui, en France, chacune des principales sections de l'Université royale : l'*Académie de Lyon*, l'*Académie de Grenoble*. — Lieu où l'on apprend à monter à cheval, à faire des armes, et divers autres exercices. Ce mot s'est pris aussi pour les élèves mêmes : *ce jour-là un tel écuyer fit monter toute son académie*.—Maison de jeu. — *Académie des jeux*, livre qui traite de tous les jeux.— En peinture, imitation d'un modèle vivant dessiné, peint ou modelé nu.—On appelle à Paris *Académie royale de Musique* l'Opéra français.

ACADÉMIQUE, adj. (*akadémike*), qui concerne une *académie* : *discours académique*. Le *Dictionnaire de l'Académie* veut que ce mot se dise quelquefois des personnes : nous ne croyons pas que tout le monde puisse comprendre à la première vue qu'on entend par *sujet académique* (exemple cité par le *Dictionnaire de l'Académie*) un homme qui, par ses talents et par ses ouvrages, mérite d'être élu membre de l'*Académie*.

ACADÉMIQUEMENT, adv. (*akadémikeman*), d'une manière *académique*.

ACADÉMISÉ, E, part. pass. de *académiser*.

ACADÉMISER, v. neut. (*akadémizé*), t. d'art du dessin, travailler d'après le modèle. Presque inusité.

ACADÉMISIÉ, E, part. pass. de *académisier*.

ACADÉMISIER, v. act. (*akadémizié*), faire quelqu'un *académicien*, lui donner un diplôme d'*académicien*. On attribue mal à propos ce mot barbare à Linguet, qui a dit *académifier*.

ACADÉMISTE, subst. des deux genres (*akadémicete*), celui, celle qui, dans une *académie*, apprend ses exercices et surtout à monter à cheval. Le sens de ce mot est, comme on voit, très-différent de celui d'*académicien*.

ACADIE, subst. fém. (*akadi*), province de l'Amérique septentrionale.

ACADIENS, subst. mas. plur. (*akadiein*), peuplade d'Amérique.

ACADINE, subst. fém. (*akadine*), myth., fontaine de Sicile qui avait, dit-on, la propriété de faire connaître la sincérité des serments. — On les écrivait sur des tablettes qu'on jetait dans l'eau; et si elles ne surnageaient pas, on était persuadé que ces tablettes ne contenaient que des parjures.

ACÆNE, subst. fém. (*acène*), t. de bot., plante de la famille des rosacées.

ACÆRIE, subst. fém. (*acéri*), t. de médec., état d'une chose qui est hors de saison. Ce mot, dont la définition est vague, ne se trouve que dans *Raymond*.

ACAGNARDÉ, E, part. pass. de *acagnarder*.

ACAGNARDER, v. act. (*akagniardé*) (formé d'un vieux mot français *cagnard*, lieu exposé au soleil, du lat. *canis*, chien.), accoutumer à une vie fainéante et obscure : *Les méchantes sociétés l'ont acagnardé*. — S'ACAGNARDER, v. pron. : *s'acagnarder dans sa terre, auprès d'une femme*, etc. Fam.

ACAIA, subst. mas. (*akaia*), prune du Brésil.

ACAJOU, subst. mas. (*akajou*), arbre d'Amérique, du Brésil et des Indes, dont le bois, sans aubier, est susceptible d'un beau poli et sert à faire des meubles.—*Acajou à pommes* ou *pommier d'acajou*, arbre de moyenne grandeur, d'Afrique et d'Amérique, qui fournit la pomme et la noix de ce nom, dont la coque renferme une huile très-caustique.

ACALANTHIS, subst. mas. (*akalantice*), t. d'hist. nat., espèce d'oiseau.

ACALE OU PERDRIX, subst. mas. (*akale*), myth. neveu de Dédale, qui inventa la scie et le compas. Dédale en fut si jaloux, qu'il le précipita du haut d'une tour; mais Minerve, par compassion, le métamorphosa en perdrix.

ACALÈPHE, subst. mas. (*akalèfe*), nom vulgaire de l'ortie chez les anciens. — T. d'hist. nat., genre de zoophytes.

ACALIFOURCHONNÉ, E, adj. (*akalifourchoné*), à cheval. Fam.

ACALOT, subst. mas. (*akalô*), espèce d'ibis du Mexique, que l'on appelle aussi *corbeau aquatique*.

ACALYPHE, subst. fém. (*akalife*), t. de bot., sorte de plante.

ACAMALOS, subst. mas. (*akamaloce*) (du grec ακαμας, infatigable), t. de phys., que nous ne trouvons que dans *Raymond*, et qui signifie, selon lui, la position dans laquelle un membre est autant éloigné de la flexion que de la tension. C'est une faute pour *acamatos*.

ACAMANTIDE, subst. fém. (*akamantide*), l'une des dix tribus d'Athènes, ainsi nommée d'*Acamas*, fils de Thésée.

ACAMARCHIS, subst. mas. plur. (*akamarchice*), t. d'hist. nat., genre de polypes. — Subst. fém., sing., myth. nom d'une nymphe, fille de l'Océan.

ACAMAS, subst. mas. (*akamâce*), myth. fils de Thésée et de Phèdre. Il était au siége de Troie, et fut député avec Diomède pour aller redemander Hélène. Pendant cette ambassade, qui fut inutile, Laodicé, fille de Priam, eut de lui un fils qui fut élevé par Ethra, aïeule paternelle d'Acamas, que Pâris avait emmenée avec Hélène. Quand les Grecs se rendirent maîtres de Troie, Acamas, que Virgile nomme Athamas, fut un de ceux qui s'étaient enfermés dans le cheval de bois. Au milieu du carnage, ce prince eut la double joie de reconnaître Ethra avec son fils, et de les retirer d'entre les mains des Grecs.

ACAMECH, subst. mas. (*akamek*), selon *Raymond*, nom que les alchimistes donnaient aux parties d'argent qu'ils regardaient comme superflues.

ACAMELT, subst. mas. (*akamelte*), t. de bot., plante du Mexique qui produit une liqueur vineuse.

ACAMPTE, adj. (*akanpete*) (du grec α priv. et

καμπτω, je réfléchis), t. d'opt. employé par *Leibnitz*, pour désigner une surface qui, étant opaque et polie, ne réfléchit cependant pas la lumière.

ACAMUSÉ, E, adj. (*akamusé*), trompé par les flatteries. Vieux mot inusité qui ne se trouve que dans *Boiste*.

ACANACÉ, E, adj. (*akanacé*), le même que *Acanthacé*. Ce dernier nous paraît préférable, à cause de son étymologie. Voy. ce mot.

ACANE, subst. mas. (*akane*), plante de la famille des béjars.

ACANGE ou **ACANGI,** subst. mas. (*akanje, ji*), aventurier. Nom que les Turcs donnent à des soldats volontaires qui vivent de pillage.

ACANOR, subst. mas. (*akanor*), sorte de fourneau pour les opérations chimiques.

ACANSAS, subst. mas. plur. (*akanças*), peuple de la Louisiane.

ACANTHABOLE, subst. mas. (*akantabole*) (en grec ακανθα, épine, et βαλλω, je jette), t. de chir., pincettes pour enlever les esquilles des os.

ACANTHACÉ, E, adj. (*akantacé*) (formé du mot *acanthe*), se dit des plantes épineuses.

ACANTHACÉES, subst. fém. plur. (*akantacé.*) Voy. ACANTHOÏDES.

ACANTHALÉ, E, adj., (*akantalé*) t. de bot. Ce mot, forgé par Raymond, qui lui donne le même sens qu'au mot *acanthacé*, nous paraît sans utilité.

ACANTHE, subst. fém. (*akante*) (formé du grec ακανθα, épine), plante épineuse qu'on nomme aussi *branche ursine*. — Ornement d'archit. qui a la figure de cette plante. — T. d'anat., partie des vertèbres appelée épine dorsale. — Myth., nom d'une nymphe aimée d'Apollon, qui la changea en cette plante.

ACANTHICONE, subst. mas. (*akantikone*), épidote, schorl vert, minéral dit aussi *pierre de serin*. Ce mot, qui ne se trouve que dans *Boiste*, a pour synonyme, selon lui, *acanthiconite*.

ACANTHIES, subst. fém. plur. (*akanti*), t. d'hist. nat., genre d'insectes de l'ordre des hémiptères. Les punaises font partie de ce genre.

ACANTHINION, subst. mas. (*akantinion*), poisson; espèce de chétodon.

ACANTHO, subst. fém. (*akanto*). La théologie païenne admettait cinq différents soleils, et donnait Acantho pour mère au quatrième.

ACANTHOÏDES, subst. fém. plur. (*akanto-ide*) du grec ακανθα, ronce, et ειδος, ressemblance), famille de plantes semblables à l'*acanthe*.—On dit aussi ACANTHACÉES.

ACANTHONOTE, subst. mas. (*akantonote*), t. d'hist. nat., genre de poissons.

ACANTHOPHAGE, adj. (*akantofaje*) (du grec ακανθα, épine, et φαγω, je mange), qui vit de chardons.

ACANTHOPHIS, subst. mas. (*akantofice*) (du grec ακανθα, épine, et οφις, serpent), genre de serpents.

ACANTHOPHORE, subst. fém. (*akantofore*) (du grec ακανθα, épine, et φορνω, mêler), t. de bot., genre de plantes qui a pour caractères les tubercules arrondis et épineux.

ACANTHOPODE, subst. mas. (*akantopode*) (du grec ακανθα, épine, et πους, gén. ποδος, pied), t. d'ichthyol., genre de poissons dont les nageoires sont armées de piquants.

ACANTHOPOMES, subst. mas. plur. (*akantopome*) (du grec ακανθα, épine, et πωμα, couvercle), t. d'ichthyol., famille de poissons osseux, dont le principal caractère est d'avoir les opercules dentelés ou épineux.

ACANTHOPS, subst. mas. (*akantopce*) (du grec ακανθα, épine, et οψ, voix), espèce d'holocentre, poisson.

ACANTHOPTÉRYGIENS, subs. mas. plur. (*akantoptérigiein*) (du grec ακανθα, épine, et πτερον, aile), poissons à nageoires osseuses.

ACANTHURE, subst. mas. (*akanture*), genre de ver intestinal. — Poisson, espèce de chétodon.

ACAPATHI, subst. mas. (*akopati*), espèce de poivre, qui devient rouge lorsqu'il approche de sa maturité. — Sorte de quinquina du Mexique. — Cette orthographe, selon *Trévoux*, est préférable à celle de *acapalti*.

ACAPTE, subst. mas. (*akapte*), vieux mot inusité. Ancien droit revenant au feudataire à chaque décès.

ACARA, subst. mas. (*akara*), poisson de rivière du Brésil, dont le genre est inconnu.

ACARAIA, subst. mas. (*akaraia*), t. d'hist. nat., le même que *Acara*, selon *Boiste*.

ACARDE, subst. fém. (*akarde*), t. d'hist. nat., mollusque acéphale, bivalve, sans charnière.

ACARDIE, subst. fém. (*akardi*) (du grec α priv., et καρδια, cœur), t. de chir., absence du cœur dans un fœtus.

ACARE, subst. mas. (*akare*) (du grec α priv., et κειρω, couper), ciron, petit ver de fromage, presque imperceptible. On dit plutôt *acarus*. — On a découvert dernièrement qu'il engendre la gale.

ACARÉ, E, part. pass. de *acarer*.

ACARER ou **ACCARER,** v. act. (*akaré*) (vieux mot formé de la prép. lat. *ad*, à ou vers, et du grec καρη, tête, visage). Il signifiait confronter, mettre en face. Il n'est plus usité; on dit aujourd'hui *confronter*.

ACARIATION ou **ACCARIATION,** subst. fém. (*akariâcion*), vieux mot formé d'*acarer*. Il est inusité; aujourd'hui on dit *confrontation*.

ACARIÂTRE, adj. (*akariâtre*) (du grec αχαριστερος, opiniâtre), qui est d'une humeur farouche, aigre et criarde: *esprit acariâtre, personne acariâtre*.

ACARIÂTRETÉ, subst. fém. (*akariâtreté*), caractère d'une personne dont l'humeur est *acariâtre*. Inusité.

ACARICABA, subst. mas. (*akarikaba*), plante du Brésil, à racines apéritives et à feuilles vomitives.

ACARIDIES ou **ACARIDES,** subst. fém. plur. (*akaridi*) (du grec ακαρης, très-petit, formé de α priv., et de κειρω, couper), t. d'hist. nat., insectes chélodontes, vulgairement connus sous le nom de *mites* ou *tiques*.

ACARIE, subst. fém. (*akari*), t. de bot., plante des Indes.

ACARNANIE, subst. fém. (*akarnanî*), province d'Épire.—Il y avait aussi une région de ce nom en Égypte, et une ville auprès de Syracuse, où l'on voyait un vieux temple dédié à Jupiter Olympien.

ACARNANIEN, NE, subst. (*akarnaniein, ène*), qui est de l'*Acarnanie*.

ACARNAR, subst. mas. (*akarnar*), t. d'astron., étoile de la première grandeur.

ACARNAS et **AMPHOTÉRUS,** frères, enfants d'Alcméon et de Calirhoé. Leur mère obtint de Jupiter qu'ils devinssent grands tout d'un coup pour venger la mort de leur père, que les frères d'Alphésibée avaient tué. Voy. ALCMÉON.

ACARNE ou **ACARNAN,** subst. mas. (*akarne, nan*) (du grec ακαρνα, chardon bénit), poisson de mer qui ressemble au rouget. — Chardon à fleur large et jaune.

ACARON, subst. mas. (*akaron*), t. de bot., sorte de myrte sauvage.

ACARUS, subst. mas. (*akaruce*), le même que ACARE. Voy. ce mot.

ACASÉ, E, part. pass. de *acaser*.

ACASEMENT, subst. mas. (*akazeman*), t. de féod., action d'*acaser*. Vieux.

ACASER, v. act. (*acazé*), vieux mot inusité, qui signifiait donner en fief: *acaser une terre*.

ACASTE, subst. mas. (*akacete*), t. d'hist. nat., mollusque. (Nous n'avons trouvé ce mot que dans *Rivarol*.) — Subst. fém., myth., nom d'une nymphe, fille de l'Océan et de Téthys. — Subst. mas., fameux chasseur, fils de Pélias, roi de Thessalie. Créthéis sa femme, que quelques-uns nomment Hippolyte, ayant aimé Pélée qui ne voulut pas l'écouter, en fut si irritée, qu'elle l'accusa auprès de son mari d'avoir attenté à son honneur. Acaste, dissimulant sa colère, conduisit Pélée dans une partie de chasse sur le mont Pélion, et l'abandonna aux Centaures et aux bêtes sauvages. Mais Chiron le défendit contre ces monstres et délivra ce malheureux prince, qui, avec le secours des Argonautes, alla se venger de la cruauté d'Acaste et des calomnies de Créthéis.

ACAT, subst. mas. (*aka*), mot employé autrefois pour *achat*, comme *acater* pour *acheter*, et *acateur* pour *acheteur*.

ACATALECTE, adj. (*akatalèkte*). Voy. ACATALECTIQUE.

ACATALECTIQUE, adj. (*akatalektike*) (du grec α priv., et καταληκτικος, incomplet), nom donné dans la poésie ancienne aux vers complets, auxquels il ne manquait rien à la fin, par opposition aux vers *catalectiques*, à la fin desquels il manquait quelque syllabe. — Nous préférons, pour raison étymologique, ce mot à celui de *acatalecte*, que nous trouvons avec le même sens dans *Trévoux* et *Boiste*.

ACATALEPSIE, subst. fém. (*akatalepci*) (du grec α priv., et καταλαμβανω, je saisis). Chez les anciens, doctrine de quelques philosophes (les pyrrhoniens) qui faisaient profession de douter de tout. — En médec., maladie qui attaque le cerveau, et ôte la faculté de concevoir une chose.

ACATALEPTIQUE, adj. et subst. (*akataleptike*). Philosophes *acataleptiques* ou *sceptiques*, qui doutaient de tout: *un acataleptique est un homme qui doute de tout*. — En médec., celui, celle qui est affecté d'*acatalepsie*.

ACATALIS, subst. mas. (*akatalice*), t. de bot., baie du genévrier.

ACATAPOSE, subst. fém. (*akatapoze*) (du grec ακαταποτος, qui ne peut être avalé), t. de médec., déglutition nulle. — Impossibilité d'avaler.

ACATASTATIQUE, adj. (*akatacetatique*) (du grec ακαταστατος, qui est en désordre), t. de médec., irrégulier: *fièvre acatastatique*.

ACATÉRA, subst. mas. (*akatéra*), t. de bot., espèce de genévrier.

ACATIUM, subst. mas. (*akaciome*), mot lat., t. d'antiq., chaloupe ou canot des anciens; nom qu'ils donnaient au grand mât ou au mât du milieu.

ACATSJA-VALLI, subst. mas. (*akaja-vali*), t. de bot., espèce de plante du Malabar.

ACAULE, adj. (*akôle*) (formé du grec α priv. et καυλος, tige), t. de bot., sans tige, ou à tige courte: *plantes acaules*.

ACAVVERIA, subst. mas. (*akavéria*), t. de bot., espèce de plante de l'île de Ceylan.

ACAZDIR, subst. mas. (*akazedir*), nom donné à l'étain par les alchimistes.

ACC. abréviation du mot *accusatif*.

ACCA, subst. fém. (*akka*), sœur et compagne de Camille, reine des Volsques.

ACCA-LAURENTIA, subst. fém., sœur de Camille, reine des Volsques. — Il y eut une autre Acca-Laurentia, femme de Faustulus, qui éleva Rémus et Romulus, et à qui pour cela les Romains décernèrent des honneurs divins.

ACCABLANT, E, adj. (*akablan, blante*), qui *accable*. — Au fig., importun, incommode; qu'on ne peut supporter: *témoignage accablant; un homme accablant*.

ACCABLÉ, E, part. pass. de *accabler*.

ACCABLEMENT, subst. mas. (*akâbleman*), état de celui qui est *accablé*. — Au fig., ou tout seul, il ne se dit que du chagrin, de la douleur, de la maladie: *il est dans l'accablement*; ou avec la prép. *de*: *accablement d'affaires, accablement d'esprit*.

ACCABLER, v. act. (*akâblé*), abattre par trop de charge; ou fig., à force de coups, de maux, d'affaires, d'embarras. — Il se prend aussi en bonne part: *accabler quelqu'un de faveurs, de grâces, de caresses*, l'en combler; à la différence d'*opprimer*, qui se prend toujours en mauvaise part, et signifie *accabler* par force, par violence.—S'ACCABLER, v. pron.: *s'accabler de travail*.

ACCALIES, subst. fém. plur. (*akali*), fêtes à Rome en l'honneur de la courtisanne Acca.

ACCALMIE ou **CALMIE,** subst. fém. (*akkalmi*) (rac. *calme*), t. de mar., les instants, pendant une bourrasque, où les vents et la mer tombent un peu.

ACCAPARÉ, E, part. pass. de *accaparer*.

ACCAPAREMENT, subst. mas. (*akapareman*) (formé de *accaparer*), monopole sur des denrées qu'on amasse, pour les revendre ensuite à plus haut prix, lors de la disette. En 1793, l'*accaparement* fut mis au nombre des crimes capitaux qui entraînaient la peine de mort.

ACCAPARER, v. act. (*akaparé*) (du lat. *ad-parare*, acheter beaucoup, acheter sans vendre), faire amas de denrées pour les vendre plus cher. —S'emparer de quelqu'un, fam. — S'ACCAPARER, v. pron.

ACCAPAREUR, subst. mas., au fém. **ACCAPAREUSE** (*akapareur, reuse*), celui ou celle qui *accapare*. Ont été réputés *accapareurs*, en 1793, ceux qui dérobaient à la circulation des marchandises, des denrées de première nécessité, qu'ils achetaient et tenaient renfermées sans les mettre en vente journellement et publiquement; ceux qui faisaient ou laissaient périr volontairement les denrées, les marchandises de première nécessité.

ACCAPAREUSE, subst. fém. Voy. ACCAPAREUR.

ACCARER, t. de jurispr. Voy. ACARER.

ACCARIATION, t. de jurispr. Voy. ACARIATION.

ACCASTILLAGE, subst. mas. (*akacetiiaje*) (formé de *accastiller*), le château de l'avant et celui de l'arrière du vaisseau.

ACCASTILLÉ, E, part. pass. et adj., muni de ses deux châteaux. Voy. ACCASTILLAGE.

ACCASTILLER, v. act. (*akacetiié*) (dérivé du lat. *castellum*, dimin. de *castrum*, château), t. de mar., orner, embellir un bâtiment d'un *accastillage*.

ACCÉDÉ, E, part. pass. de *accéder*.

ACCÉDER, v. neut. (*akcédé*) (du lat. *accedere*, formé de *ad*, à, et *cedere*, consentir), entrer dans des engagements déjà contractés par d'autres puissances: *accéder à un traité*.—On ne dit point *accéder à un parti*. — Il prend pour auxiliaire *avoir*, et jamais *être*.

ACCÉLÉRATEUR, adj. mas., au fém. **ACCÉLÉRATRICE** (*akcélérateur, trice*) (formé de *accélérer*), qui *accélère*.—Il est aussi subst. mas., et se dit en anat. du principal muscle des parties de la génération dans l'homme; et en mécanique, de la force ou cause qui *accélère* le mouvement d'un corps : *mouvement accélérateur; force accélératrice.*

ACCÉLÉRATION, subst. fém. (*akcélérâcion*) (formé de *accélérer*), augmentation de vitesse : *accélération de mouvement.* — Prompte expédition : *accélération de l'ouvrage, des affaires.* — *Accélération diurne des étoiles*, en t. d'astron., la quantité dont leurs levers et leurs couchers avancent chaque jour, ainsi que leurs passages au méridien. Elle est de 3' 56". — *Accélération des planètes*, mouvement propre des planètes d'occident en orient, lequel, respectivement à la terre, paraît plus grand qu'il ne l'est en effet.

ACCÉLÉRATRICE, adj. fém. Voy. ACCÉLÉRATEUR.

ACCÉLÉRÉ, E, part. pass. de *accélérer*, et adj. : *voiture accélérée.*

ACCÉLÉRÉE, subst. fém. (*akcéléré*), voiture publique de la banlieue de Paris : *les accélérées.*

ACCÉLÉRER, v. act. (*akcéléré*) (du lat. *accelerare*, formé de *ad* augmentatif, et *celer*, vite), augmenter la vitesse, hâter, presser. Voy. HÂTER. — En phys., il se dit de la vitesse du mouvement d'un corps.—*s'*ACCÉLÉRER, v. pron.

ACCÉLÉRIFÈRE, subst. mas. (*akcélérifère*) (formé de *accélérer*), diligence, berline fort rapide. On dit plutôt *célérifère*. Voy. ce mot.

ACCENSE, subst. fém. (*akçance*) (du lat. *ad*, auprès, et *census*, bien, revenu, etc.), t. d'anc. jurispr. féod., dépendance d'un bien : *ce pré est une accense de ma ferme.*—On appelle aussi *accense*, un héritage ou une ferme qu'on tient à certains cens et rente, ou à prix d'argent : *tenir une maison en accense.* L'*Académie* écrit *acens* et le fait mas.

ACCENSÉ, E, part. pass. de *accenser*.

ACCENSEMENT, subst. mas. (*akçanceman*), t. de jurispr., l'action d'*accenser*. — Anciennement c'était la convention par laquelle on prenait un héritage à cens ou à rente foncière. C'est le même mot que *accense*. L'*Académie* écrit *acensement*.

ACCENSER, v. act. (*akçancé*) (du lat. *ad*, auprès, et *census*, bien), joindre un bien à une autre dépendance. — Réunir deux pays sous une même division. L'*Académie* écrit *acenser*. — *s'*ACCENSER, v. pron. *Accenser*, anc. cout., donner, prendre à bail.

ACCENSES, subst. mas. plur. (*akçance*) (du lat. *accire*, appeler), officiers publics à Rome; huissiers qui convoquaient le peuple. — On ne dit point *un accense*.

ACCENSEUR, subst. mas., au fém. **ACCENSEUSE** (*akçanceur, ceuze*), dans la cout. du Berry, celui, celle qui donne à louage.

ACCENT, subst. mas. (*akçan*) (du lat. *ad*, auprès, et *cantus*, chant), modification de la voix parlante, dans la durée ou dans le ton des syllabes ou des mots. — Prononciation vicieuse. — La manière d'articuler, de prononcer, particulière à un peuple, à une nation : *avoir l'accent national; accent anglais, allemand, russe, italien.* On appelle *accent provincial*, la manière de prononcer propre à une province, lorsque dans cette province on ne prononce pas comme la bonne société de la capitale : *accent normand, picard, gascon.* — En t. de gramm., on appelle *accents* de petits signes qui se placent sur les voyelles et qui servent à faire connaître la prononciation d'un mot, etc.—Il y a trois sortes d'*accents : l'accent aigu* ('), l'*accent grave* (`), et l'*accent circonflexe* (^). On met l'*accent aigu* sur la lettre *é* terminant une syllabe, pour marquer que cet *é* doit se prononcer la bouche presque fermée, comme dans *bonté*. — On emploie l'*accent grave* sur un *è* terminant une syllabe, ou précédant la consonne finale *s*, pour indiquer que cet *è* doit se prononcer la bouche ouverte, comme dans la première syllabe *pè* du mot *père*, comme dans la dernière *cès* du mot *abcès*.— L'*accent grave* sert à distinguer *à*, prép., de *a* 3ᵉ pers. sing. prés. indic. du verbe *avoir*; à distinguer *dès* signifiant *à partir de, du moment où, puisque*, de l'article composé *des*; *là*, adverbe : *allez là*, de *la*, article ou pronom : *la vertu*; *où*, adverbe de lieu : *où va-t-il?* de *ou* conjonction : *c'est vous ou moi.* On met aussi l'*accent grave* sur *çà, deçà, en-deçà, déjà, holà, voilà.* — L'*accent circonflexe* s'emploie sur les voyelles des syllabes longues comme dans *âge, apôtre, tête.* On écrivait autrefois *aage, apostre, teste* : l'*accent* ici remplace la lettre retranchée. On met encore l'*accent* circonflexe sur *â* long devant *ch*, ou devant *t* lorsque ce *t* n'a pas le son de *s*, mais conserve celui qui lui est propre : *lâche, bâtiment*; sur l'avant-dernier *e* des mots en *ême* : *extrême, suprême* (cependant les adjectifs de nombres ordinaux, *deuxième, troisième*, et tous les substantifs en *ème*, d'après la dernière édition de l'*Académie*, prennent un *accent grave*); sur *i* des verbes en *aître*, dans tous les cas où cette voyelle est suivie d'un *t* : *il croîtra, il naît*; sur *o* précédant les finales *le, me, ne* : *pôle, dôme, trône*; sur l'*o* des pronoms possessifs *le nôtre, le vôtre.* On met encore cet *accent* sur les première et deuxième personnes plurielles du prét. déf. : *nous allâmes, vous fîtes*, et sur la 3ᵉ pers. sing. de l'imparf. du subj., *qu'il aimât, qu'il reçût.* — *Sur*, prép., et *mur*, subst. mas. sing. signifiant *muraille*, ne prennent point d'*accent*; mais *sûr*, adj. (*certain*), et *mûr*, aussi adj. (*en maturité*), prennent l'*accent* circonflexe. Enfin on l'emploie sur le mot *tû*, participe du verbe *taire*, pour le distinguer du pronom *tu*; sur *crû*, participe de *croître*, pour le distinguer de *cru*, participe de *croire*; et sur *dû*, participe du verbe *devoir*, pour le distinguer de *du*, article. Nous remarquerons que ce dernier participe ne prend l'*accent* ni au plur. mas., ni au fém. sing. ou plur. Exemples : *sa foi m'est bien due; ces dignités lui sont dues.* — On appelle *accent logique* ou *rationnel*, celui qui indique la connexion que les propositions et les idées ont entre elles : la ponctuation en fait l'office.—On nomme *accent oratoire* ou *pathétique*, les diverses inflexions de la voix par lesquelles on exprime les sentiments et on les communique, en élevant plus ou moins la voix. (Voy. notre *Grammaire*).—En t. de musique, *l'accent* est une petite note d'agrément, que les maîtres de chant emploient dans leurs compositions. — En poésie, au plur., sons, chants.

ACCENTOR, subst. mas. (*akçantor*), t. d'hist. nat., genre d'oiseaux de la famille des fauvettes.

ACCENTUATION, subst. fém. (*akçantuâcion*), t. de mus., art de débiter une composition à haute voix. — Art, manière d'*accentuer*; système qui l'indique.

ACCENTUÉ, E, part. pass. de *accentuer*, et adj.

ACCENTUER, v. act. (*akçantué*) exprimer, par les inflexions et les tons de la voix, les sentiments dont on est affecté : *cette langue des enfants n'est pas articulée, mais elle est accentuée, sonore et intelligible.* J.-J. Rousseau. — Marquer une syllabe d'un *accent*.—Il s'emploie aussi comme verbe neutre et sans régime : *il ne sait pas accentuer.* — *s'*ACCENTUER, v. pron.

ACCEPTABLE, adj. (*akcèptable*) (en lat. *acceptabilis*, qu'on peut *accepter*). Il se dit plus ordinairement avec la négative : *ces conditions ne sont pas acceptables.*

ACCEPTANT, E, adj. (*akcèptan, tante*), t. de palais, qui *accepte*, qui reçoit, qui agrée.

ACCEPTATION, subst. fém. (*akcèptâcion*) (en lat. *acceptatio*), action d'*accepter*, de recevoir : *acceptation d'une donation.* — Action d'agréer, de témoigner qu'une chose nous est agréable. C'est en général le consentement de celui auquel on fait une offre et qui l'agrée ou qui la reçoit. On distingue en jurispr. plusieurs sortes d'*acceptations*; par exemple, en matière de *communauté, acceptation de donation*, de *lettre de change*, de *mandat*, de *succession*, de *transport*, de *dons* et de *legs aux communes.* (Voyez chacun de ces articles.)

ACCEPTÉ, E, part. pass. de *accepter*.

ACCEPTER, v. act. (*akcèpté*) (du lat. *accipere*, fait de *ad*, à, vers, et de *capere*, prendre; *agréer ce qui nous est présenté*), recevoir, agréer ce qui nous est offert. — *Accepter une lettre de change*, promettre par écrit de la payer, en mettant au bas le mot *accepté.* — *Accepter un défi*, s'engager à faire une chose dont on nous a défiés. — *J'en accepte l'augure*, je souhaite que la chose arrive comme on me le fait espérer. — *Accepter* s'emploie aussi absolument. — *s'*ACCEPTER, v. pron.

ACCEPTEUR, subst. des deux genres (*akcèpteur*) (en lat. *acceptor*), t. de banq., celui ou celle qui *accepte* une lettre de change. — Pourquoi ne diraiton pas *accepteuse?*

ACCEPTILATION, subst. fém. (*akcèptilâcion*) (en lat. *acceptilatio*), t. de droit romain, quittance feinte, remise faite d'une dette sans paiement.

ACCEPTION, subst. fém. (*akcèpcion*) (en lat. *acceptio*), sens d'un mot, sens dans lequel un mot se prend ou peut être pris. On dit l'*acception propre* ou *figurée d'un mot.*— Égard que l'on a pour une ou plusieurs personnes préférablement à d'autres : *la justice et Dieu ne font acception de personne.* —En t. de médec., *acception* se dit de tout ce que le corps reçoit.

ACCERSITEUR ou mieux **ACCERSITOR**, subst. mas. (*akcèrciteur, tor*) (mot lat. formé d'*accercire*, mander, appeler), esclave romain qui précédait et annonçait son maître, ou qui portait les invitations de sa part.

ACCÈS, subst. mas. (*akcè*) (en lat. *accessus*, formé de *ad*, à, vers, et de *cedere*, venir, accourir, approcher, survenir), abord, entrée, approche. On l'emploie quand on veut indiquer la facilité ou la difficulté d'aborder, d'entrer, d'approcher : *place de facile ou de difficile accès.* — *Avoir accès auprès de quelqu'un*, c'est avoir la facilité de lui parler, de l'entretenir. — En t. de médec., série de phénomènes maladifs qui apparaissent et se dissipent pour se reproduire. — *Accès de fièvre*, temps qu'elle dure sans intermission. — Retour périodique d'une maladie.—Au fig., mouvement intérieur et passager qui produit quelque action : *accès de libéralité, accès de dévotion, accès de colère, de fureur.* — *Accès* se dit dans les conclaves, à l'élection des papes, lorsque les voix se trouvant toujours trop partagées pour que l'élection puisse se faire, des cardinaux se désistent de leur premier suffrage et joignent leurs voix à celles qui ont été données à un autre cardinal, pour en augmenter le nombre : *le cardinal Corradini eut trente voix au scrutin, mais à l'accès il n'en eut que vingt-huit.*

ACCESSIBILITÉ, subst. fém. (*akcècecibilité*) (en lat. *accessibilitas*, libre accès), facilité d'approcher ou d'être approché.

ACCESSIBLE, adj. (*akcèceçible*) (en lat. *accessibilis*), qui peut être abordé, dont on peut approcher. Il se dit des lieux et des personnes.

ACCESSION, subst. fém. (*akcèceçion*) (en lat. *accessio*), action par laquelle on adhère à une chose, à un acte, à un contrat quelconque : *il y a eu accession du père au contrat de mariage du fils.* — En t. de droit public, consentement par lequel une puissance entre dans un engagement déjà contracté par d'autres puissances : *cette puissance a promis son accession à ce traité; acte d'accession.* — Il signifie aussi : ce qui survient de plus, ce qui augmente quelque chose : *accession de droit; accession de richesses, d'héritage.* — Le Code civil définit le droit d'*accession* : une manière d'acquérir, par laquelle on devient propriétaire de tout ce qui s'unit ou s'incorpore à sa chose, et même de ce qui en provient. — T. de palais, action d'aller dans un lieu : *le juge a ordonné une accession de lieu.* — Avènement : *accession au trône.*

ACCESSIT, subst. mas. (*akcècecite*) (*accessit*, en lat., est la 3ᵉ pers. sing. prét. du verbe neut. *accedo, is, cedere*, qui veut dire approcher, venir), t. de collége, récompense donnée à l'écolier qui a le plus approché du prix. C'est aussi l'acte, le certificat qui le constate. *Accessit* ne prend point *s* au plur. : *cet élève a obtenu trois accessit.* Ce n'est pas l'opinion de l'*Académie*, qui permet d'ajouter *s* au plur. (Voy. notre *Grammaire.*)—*Accessit* se dit, comme *accès*, dans le conclave, d'un scrutin où les cardinaux, quittant leur premier parti, joignent leurs voix à celles d'un second parti pour le fortifier.

ACCESSOIRE, adj. (*akcèçoare*), qui accompagne la chose principale; qui n'en est que la suite : *idée accessoire.* — Subst. mas., la dépendance, l'accompagnement du principal : *prendre l'accessoire pour le principal.* — En jurispr., ce qui se joint à une partie principale et fait en quelque sorte corps avec elle. — Subst. mas. plur., t. d'anat., nerfs qui naissent de la moelle épinière et qui vont se distribuer aux muscles du cou. — En t. de pharm., changements qui arrivent à un médicament par des circonstances extérieures, et qui augmentent ou diminuent sa vertu.— En peint., objets qui, dans un tableau, ne font qu'accompagner l'objet principal; qui, à la rigueur, pourraient ne pas entrer dans la composition, ou dont la place n'y est pas indispensablement assignée.

ACCESSOIREMENT, adv. (*akcèçoareman*), d'une manière *accessoire*, par suite.

ACCESSUS, subst. mas. (*akcèceçuce*), second scrutin qui se fait dans le conclave convoqué à Rome pour l'élection d'un pape. Nous n'avons trouvé ce mot que dans *Raymond*. *Accessit*, dans *Trévoux*, a le même sens. Voy. ACCESSIT.

ACCIA, subst. fém. (*akcia*), ville de France, dans l'île de Corse.

ACCID., abréviation grammaticale signifiant *accidentel*, ou *accidentellement*.

ACCIDENCE, subst. fém. (*akcidance*) (en lat. *accidentia*, du verbe *accidere*, formé de *ad*, à, vers, auprès, et *cadere*, tomber), état de l'*accident*. Voy. ce mot.

ACCIDENT, subst. mas. (*akcidan*) (en lat. *accidens*), malheur, chose fâcheuse qui arrive. — Cas fortuit, évènement imprévu. Dans ce sens sa signification est déterminée par une épithète : *heureux accident, accident funeste.* — En médec., symptôme; ce qui accompagne une maladie, ou qui survient et qui cesse avec la cause. — En mus., les dièses, bémols ou bécarres qui n'appartiennent pas au mode principal d'un morceau, par opposition a ceux qui, lui étant essentiels, s'écrivent toujours à la clef. — En philosophie, ce qui est en telle sorte dans un sujet, qu'il pourrait n'y être pas sans que le sujet soit détruit, comme la couleur ou la forme d'un corps quelconque. En ce sens, on dit: *la substance soutient les accidents.* — *Accidents* au plur. signifie la figure, la couleur, la saveur, etc., qui, suivant les catholiques, restent, après la consécration, dans le sacrement de l'eucharistie. — En peint., *accidents de lumière :* lorsque les nuages interposés entre le soleil et la terre produisent sur la terre des ombres qui l'obscurcissent par espaces : l'effet que produit le soleil sur les espaces qui en restent éclairés s'appelle *accident de lumière.* On appelle encore *accident de lumière*, les rayons qui viennent par une porte, par une lucarne, ou d'un flambeau, lorsqu'ils ne sont pas la lumière principale du tableau. — Petites élévations que le patenôtrier ou fabricant de chapelets forme sur les perles qui les garnissent. — *Par* ACCIDENT, loc. adv., par malheur, ou par hasard.

ACCIDENTÉ, E, adj. (*akcidanté*), qui est inégal, raboteux; qui a des aspects divers, en parlant d'un terrein.

ACCIDENTEL, adj. mas.; au fém. **ACCIDENTELLE** (*akcidantel, tèle*), t. de philosophie, ce qui n'est que par *accident* dans un sujet, et qui pourrait n'y pas être sans que le sujet fût détruit : *la blancheur est accidentelle à la cire.* — En mus. : 1° *dièses, bémols accidentels ;* 2° *lignes accidentelles*, celles qu'on ajoute à la portée, pour placer les notes qui passent son étendue. — Dans la perspective, *point accidentel*, point dans la ligne horizontale, où se rencontrent les projections des lignes parallèles entre elles, mais non perpendiculaires à la peinture. — En phys., se dit d'un effet ou d'une cause qui arrive, sans être, ou, du moins, sans paraître sujette à des lois, à des retours réglés. En ce sens, il est opposé à *constant* et *principal.*

ACCIDENTELLEMENT, adv. (*akcidantèleman*), t. de philosophie, par *accident*, par hasard. Il se dit plus proprement d'un événement fâcheux, et diffère par là de *fortuitement.*

ACCINITE, subst. fém. Voy. AXINITE.

ACCINS, subst. mas. plur. (*akcein*), clôtures d'une possession seigneuriale échue au premier né. Vieux.

ACCIOCA, subst. fém. (*akcioka*), herbe du Pérou, qu'on substitue au thé du Paraguai.

ACCIPÉ, E, part. pass. de *acciper.*

ACCIPENSER, subst. mas. (*akcipancère*), poisson, reptile du Paraguai.

ACCIPER, v. act. (*akcipé*) (du lat. *accipere*, recevoir), prendre. Ce verbe n'est usité que familièrement et en plaisantant.

ACCIPITRES, subst. mas. plur. (*akcipitre*) (du lat. *accipiter*, épervier, formé d'*accipere*, prendre), t. d'hist. nat., famille ou ordre des oiseaux de proie dont le bec supérieur est crochu et qui ont des serres.

ACCIPITRINE, subst. fém. (*akcipitrine*), t. de bot., sorte de plante dont les éperviers, dit-on, prenoient le suc pour s'éclaircir la vue. Ce mot ne se trouve que dans *Raymond.*

ACCISE, subs. f. (*akcize*) (v. fr., du l. *ad* et *cædere* couper ; les Anglais disent *excise.* V. ce mot), taxe sur les boissons; droit qui se paie en plus, états sur diverses marchandises ou denrées, particulièrement en Angleterre, en Hollande et en Belgique.

ACCISME, subst. mas. (*akciceme*), refus simulé de ce qu'on désire : *les filles répondent ordinairement par un accisme, lorsqu'on leur parle de mariage.* Ce mot vient d'une femme nommée *Acco*, qui avait l'habitude de refuser les choses dont elle avait le plus d'envie. Cette expression, que l'on trouve dans *Trévoux*, et que *Laveaux* désapprouve, est tirée de *Moréri.* Du reste elle n'est plus usitée.

ACCLAMATEUR, subst. mas. (*aklamateur*) (du lat. *ad*, vers, et *clamo*, je crie), celui qui fait des *acclamations.* Mot peu usité; si on l'admettait, il faudrait aussi dire *acclamatrice.*

ACCLAMATION, subst. fém. (*aklamâcion*) (en lat. *acclamatio*), cri de joie, d'applaudissement. Il s'emploie ordinairement au plur. : *faire des acclamations à...* — Dans le code Théodosien, liv. VII, il est fait mention des *acclamations* du peuple romain aux entrées des empereurs Auguste et Constantin. Voici quelques formules de ces *acclamations*, que l'antiquité nous a conservées : *Que les dieux vous conservent pour nous, votre salut, notre salut : Dii te nobis servent, vestra salus, nostra salus.* — *En vous, ô Antonin, et par vous, nous avons tout : In te omnia, per te omnia habentur, Antonine.* — Lorsque Agrippine entra dans Rome, les peuples criaient *qu'elle était l'honneur de la patrie, le seul sang d'Auguste, le seul modèle de l'antiquité, et ils faisaient des vœux pour ses enfants.* — Lampridius dit qu'à l'entrée d'Alexandre Sévère, les peuples criaient : *Salve, Roma, quia salvus Alexander! O Rome, soyez sauve, puisque Alexandre est sauf.* — Les Hébreux criaient *Hosanna*, les Grecs : Ἀγαθῃ τυχῃ, c'est-à-dire *bonne fortune.* — Sorte d'élection qui a lieu lorsque les voix des électeurs se réunissent tout d'un coup sur une même personne : *il a été élu par acclamation.* On dit, dans le même sens, qu'une loi a été *reçue par acclamation*, lorsqu'elle a été reçue aussitôt que proposée. — *Proposition votée par acclamation*, admise sans discussions. — L'*Académie* fait de ces deux mots *par acclamation* une loc. adv.

ACCLAMER, v. neut. (*aklamé*), nommer par acclamation ; approuver. Ce mot du vieux français a été renouvelé par les Saint-Simoniens.

ACCLAMPÉ, E, part. pass. de *acclamper.*

ACCLAMPER, v. act. (*aklampé*), t. de mar., fortifier un mât, une vergue, en y attachant des pièces de bois par les côtés. C'est la même chose que *jumeler.* Voy. ce mot.

ACCLIMATATION, subst. fém. (*aklimatâcion*) (rac. climat), mot nouveau que nous ne trouvons que dans *Boiste*, t. d'agric. et d'hist. nat., action d'*acclimater* des animaux ou des plantes. Voyez ACCLIMATEMENT.

ACCLIMATÉ, E, part. pass. de *acclimater.* Il est aussi adj. Accoutumé au *climat.*

ACCLIMATEMENT, subst. mas. (*aklimateman*). Ce mot, que nous lisons dans le *Dictionnaire de médecine usuelle*, et que nous ne lisons que là, semble être le même que le mot *acclimatation* de *Boiste.* La définition de ces deux mots le prouve assez ; cependant nous croyons que *acclimatation* devrait se dire des animaux brutes et des objets inanimés, et *acclimatement* de l'homme. On entend en effet par *acclimatement* l'action de s'habituer à un *climat.* Du reste, l'Académie ne donne ni l'un ni l'autre de ces deux mots ; il y en a bien certainement au moins un d'une utilité indispensable.

ACCLIMATER, v. act. (*aklimaté*) (rac. climat, formé du grec κλιμα, région), accoutumer à la température d'un climat : *acclimater une plante.* — *S'ACCLIMATER*, v. pron. Il se dit des choses animées et inanimées : se faire à un nouveau *climat.*

ACCOINÇONS, subst. mas. plur. (*akoeinçon*), parties de charpente ajoutées à un toit, pour qu'il soit égal des deux bouts.

ACCOINTABLE, adj. (*akoeintable*) (du lat. *ad*, près, et *comitari*, accompagner), sociable, avec qui on peut *s'accointer.* Il est fam. — *Trévoux* lui donne aussi le sens de gracieux :

> A lui se tint ung jouvencel
> *Accointable*, très-gent et bel.
> (*Roman de la Rose*).

ACCOINTANCE, subst. fém. (*akoeintance*), habitude, liaison familière. C'est un vieux mot encore usité dans le style badin, et qui signifie : liaison d'amour, commerce de galanterie. — On l'emploie au palais pour marquer une liaison illicite entre un homme et une femme. Il signifie aussi connivence.

ACCOINTÉ, E, part. pass. de *s'accointer.*

S'ACCOINTER, v. pron. (*çakoeinté*). Il signifie : se lier intimement, se familiariser; il est inus. dans le sens de *hanter, fréquenter*, etc. — *Raymond* lui donne le sens de mander, d'envoyer à la découverte, sens que nous ne trouvons dans aucun *Dictionnaire.*

ACCOISÉ, E, part. pass. de *accoiser.*

ACCOISEMENT, subst. mas. (*akkoèzeman*) (rac. *coi.* Voy. ce mot), t. de médec., calme. Usité seulement dans cette phrase : *l'accoisement des humeurs.*

ACCOISER, v. act. (*akkoèzé*), apaiser, calmer : *accoiser la tempête.* Vieux. — T. de médec., calmer les humeurs : *les humeurs sont accoisées.* — *S'ACCOISER*, v. pron. Presque inusité.

ACCOLADE, subst. fém. (*akolade*) (du lat. *ad*, à, vers, et *collum*, col ou cou; embrassement), embrassement : *ils se firent de grandes accolades.* Il est fam. — Une des principales cérémonies de la réception des anciens chevaliers : *donner l'accolade.* Grégoire de Tours rapporte que les rois de la première race donnaient le baudrier et la ceinture dorée aux chevaliers, et les baisaient à la joue gauche. Après l'*accolade*, le prince donnait un petit coup du plat d'une épée sur l'épaule du chevalier, qui entrait par là dans la profession de la guerre. — Trait de plume qui, dans un compte, etc., joint plusieurs articles. — En mus., trait perpendiculaire aux lignes, tiré à la marge d'une partition, et par lequel on joint ensemble les portées de toutes les parties. — T. de rôtisseur : *accolade de lapereaux*, deux lapereaux joints ensemble, prêts à être rôtis.

ACCOLAGE, subst. mas. (*akolaje*), action d'*accoler* les sarments d'une vigne aux échalas, ou contre un mur.

ACCOLÉ, E, part. pass. de *accoler*, et adj., se dit, en t. de blas., de deux choses attenantes ensemble.

ACCOLÉE, subst. fém. (*akolé*), vieux mot inusité aujourd'hui qui avait le sens d'*accolade.*

ACCOLER, v. act. (*akolé*), embrasser, se jeter au *cou* de quelqu'un. Il est fam. et presque inusité, ainsi que l'Académie elle-même le fait remarquer très à propos. Nous ne croyons pas non plus qu'*accoler la cuisse, accoler la botte à quelqu'un*, soit franç. aujourd'., car on *n'embrasse la cuisse ni la botte de personne* : l'*Académie* dit que c était une marque de grande soumission et d'infériorité. — *Accoler deux personnes ensemble*, les mettre en présence. — T. de comm., faire en marge d'un compte un trait de plume pour indiquer que plusieurs articles sont compris dans une même supputation. — En t. d'archit., tortiller ou entrelacer quelques branches de feuillage ou d'ornement autour du fût d'une colonne, du tronc d'un arbre. — Il s'emploie aussi dans le blas. Voy. ACCOLÉ. — T. de charp., joindre ensemble plusieurs pièces de bois pour les mettre dans un meilleur état de résistance, en les fortifiant les unes par les autres. — En t. de jard., attacher aux treillages les branches des espaliers, pour donner de la grace à l'arbre et procurer de l'air aux fruits. *Accoler* la vigne, la relever et la lier à l'échalas. — *S'ACCOLER*, v. pron. : *il y a des plantes qui s'accolent d'elles-mêmes, telles que la vigne et le houblon.*

ACCOLLEMENT, subst. mas. (*akoleman*), espace entre le pavé et les fossés d'un grand chemin. Voy. ACCOTTEMENT.

ACCOLURE, subst. fém. (*akolure*), lien de paille, d'osier, de jonc, dont se servent les jardiniers pour accoler. — On appelle encore ainsi l'assemblage des premières bûches d'un train. — Ligature dans la reliure d'un livre.

ACCOMMETTRE, v. act. (*akomètre*) (formé des mots lat. *ad*, vers, *cum*, avec, *mittere*, envoyer), exciter des chiens les uns contre les autres. Peu usité.

ACCOMMIS, E, part. pass. de *accommettre.*

ACCOMMODABLE, adj. (*akomodable*), qui se peut accorder, ajuster, en parlant d'un différend.

ACCOMMODAGE, subst. mas. (*akomodaje*), apprêt des viandes. — Arrangement des cheveux, d'une perruque. L'*Académie* ajoute qu'il se prend aussi pour ce travail même. Nous ne sommes pas de cet avis : on ne dirait plus : *ce perruquier prend tant pour l'accommodage d'un mois.*

ACCOMMODANT, E, adj. (*akomodan, dante*, complaisant, qui est facile, qui se fait aisément à tout. — Qui fait plaisir.

ACCOMMODATION, subst. fém. (*akomodâcion*, (en lat. *accommodatio*), t. de prat., accord, conciliation des lois opposées. Ce mot a vieilli ; on dit plutôt *accommodement.* — *Connaître par accommodation*, c'est, en t. de philosophie, connaître une chose par l'idée d'une autre.

ACCOMMODÉ, E, part. pass. d'*accommoder* et adj. (en lat. *accommodatus*), ajusté, propre, en ordre. — Viande bien *accommodée*, c'est-à-dire bien apprêtée. — Riche, qui a tout ce qu'il lui faut, aisé. L'*Académie* n'emploie ce mot en ce sens que dans le style fam. : *il est mal accommodé, peu accommodé des biens de la fortune.* — *Comme le voilà accommodé !* comme il a été maltraité.

ACCOMMODEMENT, subst. mas. (*akomodeman*), ajustement, agencement qu'on fait en quelque lieu pour sa *commodité.* — Accord, traité pour terminer un différend, réconciliation. — Il ne se prend plus dans le sens d'embellissement ni d'ajustement. Nous soutiendrons contre l'*Académie* qu'on ne dirait plus aujourd'hui : *il faudra bien des accommodements dans cette maison.*

ACCOMMODER, v. act. (*akomodé*) (en lat. *accommodare*, accommoder ; rac. lat., *commodum*, avantage, et *ad*, prép.), procurer de la *commodité.* — Être propre à quelqu'un, être à sa bienséance. — Conformer, faire convenir, faire cadrer : *accommoder la religion à ses intérêts.* — Arranger, agencer, ajuster. — Il s'emploie quelquefois par ironie dans un sens tout contraire, et signifie *maltraiter de coups ou de paroles ; en user mal avec...* — Rétablir, mettre en meilleur état, en meilleur ordre. Voy. ACCOMMODEMENT. —

Accommoder ses affaires, mettre ses affaires en état. — Apprêter les viandes. Il se dit, ou neut. : *accommoder à manger*; ou act. : *il accommode le poisson*. — Bien traiter ses chalands; ne pas leur vendre trop cher, en parlant d'un marchand; bien traiter ses hôtes, en parlant d'un aubergiste, etc. : *ce restaurateur accommode bien son monde*. — *Accommoder une perruque*, c'est la peigner, la poudrer. — **s'ACCOMMODER**, v. pron., se conformer à... se servir de... — Se trouver bien d'une chose, d'une personne; en être content : *je m'accommoderais bien de votre maison*. — User d'une chose, en se l'appropriant; en user comme du sien.—Se terminer paisiblement : *cette affaire s'est accommodée*. — S'accorder, après avoir été brouillés. — Prendre ses *commodités*. Dans ces trois derniers sens, il s'emploie sans régime.

ACCOMPAGNAGE, subst. mas. (*akonpagniaje*), t. de manuf., trame des étoffes brochées en or.

ACCOMPAGNATEUR, subst. mas., au fém. **ACCOMPAGNATRICE**, (*akonpagniateur, trice*), celui, celle qui *accompagne* la voix avec quelque instrument.

ACCOMPAGNATRICE, subst. fém. Voy. **ACCOMPAGNATEUR.**

ACCOMPAGNÉ, E, part. pass. de *accompagner*, et adj., se dit, en t. de blas., 1° des pièces honorables auxquelles sont jointes d'autres pièces réputées de moindre valeur : *d'argent à la fasce de gueules, accompagnée de trois merlettes de sable*; 2° du lion, de l'aigle, etc., lorsque quelques meubles ou pièces se trouvent en séantes positions au-dessus, au-dessous ou aux côtés.

ACCOMPAGNEMENT, subst. mas. (*akonpagnieman*) (formé de *accompagner*), ce qui est joint à quelque chose, ce qui *accompagne* quelque chose, quelque personne. — En mus., l'action d'*accompagner*; on le dit aussi de la modulation et des accords des instruments dont on accompagne la voix.— *Accompagnement figuré*, celui dans lequel l'orchestre procède par des marches qui lui sont particulières, et distinctes de celles du chant. — *Accompagnement à grand orchestre*, pour lequel tous les instruments concourent. — En peint., les objets ajoutés aux figures principales pour l'ornement ou la vraisemblance. — En t. de blas., ce qui est autour de l'écu, et lui sert d'ornement. — On nomme, en chir., *accompagnement de la cataracte*, l'humeur mucilagineuse de la capsule du crystallin, qui s'y forme à la suite de l'extraction de celui-ci.

ACCOMPAGNER, v. act. (*akonpagnié*) (formé du lat. *ad*, à, et *compages*, union), *faire compagnie* à... aller de *compagnie* avec... — Suivre par honneur, reconduire par civilité. — Être joint à... — Joindre, ajouter une chose à une autre : *accompagner un bienfait de manières obligeantes*.—S'assortir à, convenir à; il prend alors l'adverbe *bien* : *cette coiffure accompagne bien son visage*. — Il se dit aussi, en mus., des instruments qui *accompagnent* la voix. — En t. de manuf., c'est l'action de passer l'*accompagnage*. — **ACCOMPAGNER, ESCORTER.** (*Syn.*) On *accompagne* par égard; on *escorte* par précaution. — **s'ACCOMPAGNER**, v. pron. *S'accompagner de quelqu'un*, mener quelqu'un avec soi.—On dit absolument *s'accompagner*, lorsqu'en chantant on fait soi-même des accords sur un instrument.

ACCOMPARAGÉ, E, part. pass. de *accomparager*.

ACCOMPARAGER, v. act. (*akonparajé*), vieux mot tout-à-fait inus., qui signifiait *comparer*.

ACCOMPLI, E, part. pass. de *accomplir*, et adj., (*akonpli, ie*) achevé, fini. — Parfait, réunissant au suprême degré toutes les bonnes et belles qualités. — **ACCOMPLI, PARFAIT.** (*Syn.*) Ce qui est *parfait* a toutes les qualités nécessaires à sa destination; ce qui est *accompli* a de plus toutes les qualités que l'on peut désirer.

ACCOMPLIR, v. act. (*akonplir*) (du lat. *ad* augmentatif, et *complere*, remplir, compléter), achever tout-à-fait : *accomplir le temps de son bail*.— Effectuer : *accomplir sa promesse*. — Observer, exécuter : *accomplir la loi*.—**s'ACCOMPLIR**, v. pron. Il ne s'emploie que dans le sens de s'effectuer : *les prophéties se sont accomplies*; *le traité n'a pu s'accomplir*.

ACCOMPLISSEMENT, subst. mas. (*akonpliceman*), achèvement parfait. — Exécution, réalisation entière : *l'accomplissement de la loi, de vos desseins*, etc. Il ne se met jamais au plur.

ACCON, subst. mas. (*akon*), petit bateau plat pour aller sur la vase. On l'appelle aussi *chalan*.

ACCONDUIRE, qui s'est dit pour *amener*, n'est plus en usage.

ACCOQUINANT, ACCOQUINER, ne s'écrivent pas par deux *c*, du moins selon l'*Académie*. Voy. **ACOQUINANT, ACOQUINER.**

ACCORAGE, subst. mas. (*akoraje*), action d'*accorer*. — Réunion des moyens nécessaires pour étayer avec des *accores*. L'*Académie*, qui donne *accore* et *accorer*, répudie *accorage*.

ACCORD, subst. mas. (*akor*. Le *d* ne se prononce jamais, même devant les voyelles) (formé du lat. *ad*, à, et *corda*, pris du grec χορδὴ, corde d'instrument), consentement mutuel donné à une chose; conformité de volontés, de sentiments : *je suis*, ou *je tombe*, ou *je demeure d'accord de cela*. — Union d'avis : *être d'accord*, sans régime; ou *être d'accord avec...* — En t. de comm., conformité avec les écritures, les livres : *j'ai trouvé votre compte d'accord*. — Bonne intelligence, union : *ils vivent dans un accord parfait*. — Convention, accommodement : *faire un accord*. — *Être de tous bons accords*, dit l'*Académie*, c'est être d'une humeur aisée, et consentir à tout ce que les autres veulent. Si cette manière de parler a été autrefois en usage il faut convenir qu'elle était de bien mauvais goût, et qu'on ne la comprendrait plus aujourd'hui. — Voy. **ACCORDS.** — En peint., effet général et satisfaisant qui, dans un tableau, résulte principalement de la disposition des couleurs, du choix qu'en a fait l'artiste, et de l'harmonie du clair-obscur combinée avec celle du coloris. — En t. de gramm., *accord* est la concordance des mots d'une proposition : *l'accord du substantif et de l'adjectif*. — Convenance, proportion juste entre toutes les parties d'une chose.— En mus., union de plusieurs sons entendus à la fois, et formant un tout harmonieux.— *Accord parfait*, composé de tierce et de quinte : les Italiens l'appellent *triade harmonique*. — *Accord faux*, dont les intonations ne sont pas justes. — *Faux accord*, celui qui est mal composé, dont les sons ne forment pas un tout harmonique. — *Instrument d'accord*, monté au ton où il doit être.— En poésie, *les accords de la lyre*, la composition des vers, les vers composés : *d'agréables accords*, des vers agréables : *de tristes accords*, une élégie, etc.—*Mettre d'accord*, accorder. — **d'ACCORD**, loc. adv., soit.— Quelques-uns la mettent au rang des interjections, pour *j'y consens, je l'avoue*, etc.

ACCORDABLE, adj. (*akordable*), qui peut s'*accorder* ou qui doit s'*accorder*. Il a tous les sens de ce verbe.

ACCORDAILLES, subst. fém. plur. (*akordâie*), articles du contrat de mariage *accordés* et signés par les parties. — La cérémonie qui a lieu à l'occasion de cette signature. Il est pop. On dit plus souvent et mieux *accords*.

ACCORDANT, E, adj. (*akordan, dante*), t. de mus., qui s'*accorde* bien.— Conforme, convenable.

ACCORDE, subst. fém. (*akorde*), commandement aux rameurs d'une chaloupe, pour leur ordonner d'aller, de ramer d'accord : *commander l'accorde*.

ACCORDÉ, E, subst. (*akordé*), celui, celle qui est engagé pour le mariage. l'*Accordée de village*. Au plur. : *les accordés*, en parlant d'un homme et d'une femme qui se sont promis le mariage. —Part. pass. d'*accorder*, et adj., *accommodé, pacifié*, etc.

ACCORDEMENT, subst. mas. (*akordeman*), t. d'anc. coutume, inus. aujourd'hui. L'action d'*accorder*.

ACCORDÉON, subst. mas. (*akordéon*), petit instrument de musique à touches.

ACCORDER, v. act. (*akordé*) (formé d'*accord*), mettre d'*accord*, concilier; concéder : *accordez-moi cette grace*; *accorder une fille en mariage*. — Promettre en mariage. — *Accorder du temps à un débiteur*, remettre à une époque plus éloignée l'effet qu'il devait acquitter. — Reconnaître pour vrai : *j'accorde le principe*. — En peint., mettre de l'harmonie : *accorder les tons ou les teintes d'un tableau*. — En mus., mettre des voix ou des instruments dans une juste et agréable conformité de sons. — T. de gramm., faire convenir selon les règles : *accorder l'adjectif avec le substantif*. — Prov. : *accorder ses flûtes*, c'est convenir de ce qu'on veut faire.— **ACCORDER, CONCILIER.** (*Syn.*) On *accorde* les différends; on *concilie* les esprits. — **s'ACCORDER**, v. pron., convenir, se mettre d'*accord* : *s'accorder avec quelqu'un sur une chose*. On dit aussi absolument *s'accorder*. — Vivre en bonne intelligence. — Prov. : ils *s'accordent comme chien et chat*, ils ne peuvent vivre ensemble; ils ne s'entendent sur rien. — Avoir de la convenance, du rapport.—Les mots *accord* et *accorder*, selon quelques-uns, et entre autres Nicot, viennent du latin *ad cor*, comme si l'on disait, que deux personnes sont amenées à un *même cœur*, à une même volonté; mais il y a plus d'apparence qu'ils viennent de *corde*, et que le premier sens d'*accorder* vient de ce que *deux cordes* qui se touchent en même temps forment des sons qui *s'unissent* agréablement : d'où vient qu'il y a des consonnances en musique qui s'appellent *tétracorde* et *hexacorde*, qui font la quarte et la sixte; ce qui a été étendu aux conventions, qui font agir les parties de concert.

ACCORDEUR, subst. mas., au fém. **ACCORDEUSE** (*akordeur, deuze*), celui, celle qui fait métier d'*accorder* les orgues, les pianos. L'*Académie* ne donne pas le féminin.

ACCORDEUSE, subst. fém. Voy. **ACCORDEUR.**

ACCORDO, subst. mas. (*akordô*), amphicordum, lyre barberine, espèce de basse italienne ayant douze à quinze cordes.

ACCORDOIR, subst. mas. (*akordoar*), outil de luthier ou de facteur pour *accorder* les instruments de musique.

ACCORDS, subst. mas. plur. (*akor*), assemblée de parents et d'amis pour la lecture et la signature d'un contrat de mariage. Cérémonie qui a lieu dans cette occasion. Il se dit pour *accordailles*. Voy. ce mot.

ACCORE, subst. mas. (*akore*), t. de mar., espèce d'étai pour soutenir les vaisseaux en construction ou dans les bassins : *les accores de l'étrave*, *les accores de l'étambot*, etc. Il est encore adj., et il signifie très-escarpé : *côte accore*.

ACCORÉ, E, adj. et part. pass. de *accorer*.

ACCORER, v. act. (*akoré*), t. de mar., poser des *accores*. — Ce terme est souvent employé fig. pour, *appuyer, soutenir* : *accorez bien les cuisines, les fours, les coffres*, etc.— **s'ACCORER**, v. pron.

ACCORNÉ, E, adj. (*akorné*) (du latin *cornu*, corne), t. de blas. Il se dit des animaux dont les *cornes* sont d'un autre émail que le corps de l'animal. — En t. de fortifications, demi-lune qui a des *cornes* ou *tenailles* pour la protéger et la défendre. Dans ce sens on se sert plus ordinairement de *tenaillé*. Voy. ce mot.

ACCORT, E, adj. (*akor, korte*) (de l'italien *accorto*), complaisant, doux, qui s'accommode à l'humeur des autres. Ce mot s'emploie très-bien encore aujourd'hui fam. : *un homme accort*, *une jeune fille accorte*. —*Trévoux* dit qu'il signifiait aussi : adroit, habile à trouver des expédients.

ACCORTESSE, subst. fém. (*akortèce*). C'est le mot *accortezza* des Italiens, qui signifie douceur, complaisance; il n'est pas français. On a cependant essayé de l'employer dans le sens de *circonspection*. L'*Académie* ne donne que le mot *accortise*, qui suit.—D'après *Trévoux*, on a même dit *accortement*.

ACCORTISE, subst. fém. (*akortize*), humeur gracieuse, complaisante; douceur, souplesse. Fam.

ACCOSTABLE, adj. (*akocetable*) (formé d'*accoster*), facile à aborder. Il est fam. et ne s'emploie guère qu'avec la négative : *cet homme n'est pas accostable*.

ACCOSTE, subst. mas. (*akocete*), t. de mar., commandement, ordre d'aborder la terre.

ACCOSTÉ, E, part. pass. de *accoster*, et adj., se dit, en t. de blas., du pal, de la bande et de la barre qui ont à leurs *côtés* d'autres pièces moindres.

ACCOSTEMENT, s. m. Il s'est dit autrefois de l'action d'accoster. En ital. *accostamento*.

ACCOSTER, v. act. (*akoceté*) (du lat. *ad*, à, vers, et *costa*, côte), aborder quelqu'un pour lui parler. Fam. — T. de mar., se mettre à *côté*, aller du *côté* : *accoster la terre*, aller trop du *côté* de la terre; *accoster un vaisseau, un quai*, se ranger à *côté* du vaisseau ou le long du quai. *Accoster* a encore, en t. de mar., le sens de *faire toucher à la poulie* : *accoster les perroquets, les huniers*, c'est faire toucher les coins des perroquets et des huniers à la poulie placée au bout des vergues. *Accostez à bord* est aussi un commandement de marine qui donne l'ordre à un vaisseau plus petit d'approcher. — **s'ACCOSTER**, v. pron. *S'accoster de quelqu'un*, le hanter, le fréquenter. Fam. Il se prend ordinairement en mauvaise part.

ACCOTAR, subst. mas. (*akotar*), t. de mar., pièce de bordage endentée entre les membres d'un vaisseau pour les préserver de la chute de l'eau. — *Laveaux* est le seul qui écrive *accotard*.

ACCOTÉ, E, part. pass. d'*accoter*.

ACCOTER et non pas **ACCOTTER**, v. act. (*akoté*) (du lat. *ad*, à, et *costa*, côte), affermir, maintenir, assurer un corps en l'appuyant de côté contre un autre corps : *accoter une colonne*. — V. neut., t. de mar., se coucher sur le côté par la force du vent. — **s'ACCOTER**, v. pron., s'appuyer sur le côté. — T. d'horl., se frotter.

ACCOTOIR, subst. mas. (*akotoar*), appui. *L'accotoir sert à s'appuyer de côté.* — En t. de mar., étai pour les vaisseaux en construction.

ACCOTTEMENT, subst. mas. (*akoteman*) (formé d'*accoter*). En t. d'horl., frottement. — En t. de ponts-et-chaussées, espace de terrein entre les bordures du pavé ou l'aire de gravier, et les fossés d'un chemin : on l'appelle aussi *berme*.

ACCOUCHÉ, E, part. pass. de *accoucher*.

ACCOUCHÉE, subst. fém. (*akouché*), femme qui vient de mettre un enfant au monde. On dit d'une femme bien habillée dans son lit, qu'*elle est parée comme une accouchée.* On appelle *le caquet de l'accouchée*, une conversation roulant sur des bagatelles, telle que celle qui se fait habituellement dans les visites aux femmes en couche.

ACCOUCHEMENT, subst. mas. (*akoucheman*), l'action de mettre un enfant au monde; enfantement. — Action d'aider une femme qui *accouche* : *présider à un accouchement : faire un accouchement.*— Il se dit au fig. et fam., des productions pénibles de l'esprit.

ACCOUCHER, v. neut. (*akouché*) (du lat. *accubare*, formé de *ad* augmentatif, et *cubare*, être couché), mettre un enfant au monde. Il prend l'auxiliaire *être* : *sa femme est accouchée.* —Fig. et fam., produire quelque ouvrage d'esprit : *il est accouché d'un gros livre.* Il se prend encore, absolument et familièrement, dans le sens de dire une chose que d'abord on ne voulait ou n'osait pas dire : *accouche donc enfin.*—V. act., aider à mettre un enfant au monde. Il prend l'auxiliaire *avoir* : *cette sage-femme a accouché ma sœur.* — Selon *Boiste*, il se prend au fig. dans ce sens : *Socrate accouchait les esprits.*

ACCOUCHEUR, subst. mas. (*akoucheur*), celui dont la profession est d'*accoucher* les femmes. — Adj. *Vers accoucheurs*, s'est dit de petits vers fougeâtres dont les huîtres sont remplies dans une saison où elles sont laiteuses et malsaines, et où elles font des œufs. Ces vers facilitent, selon quelques-uns, la naissance des petites huîtres; et les œufs, au microscope, ne sont autre chose que de petites huîtres dans leurs coquilles (D. de Trévoux).

ACCOUCHEUSE, subst. fém. (*akoucheuze*), celle dont la profession est d'*accoucher* les femmes. On dit plus communément *sage-femme*.

ACCOUDÉ, E, part. pass. de *s'accouder*.

S'ACCOUDER, v. pron. (*çakoudé*), s'appuyer du *coude* : *il s'accoude sur la table.*

ACCOUDOIR, subst. mas. (*akoudoar*), appui pour le *coude*. — En t. d'archit., la même chose qu'*appui*. C'est le petit mur qui est élevé entre les deux pieds droits d'une croisée. On appelle *accoudoir*, l'endroit inférieur de l'ouverture d'une fenêtre, sur lequel on s'appuie, on s'*accoude*. L'*accoudoir* d'une fenêtre doit aller seulement à la hauteur de la ceinture.

ACCOUÉ, E, part. pass. de *accouer*.

ACCOUER, v. act. (*akoué*), t. de chasse, frapper le cerf au défaut de l'épaule, ou lui couper le jarret.

ACCOULINS, subst. mas. plur. (*akoulein*), attérissements de rivières.

ACCOUPLE, subst. fém. (*akouple*) (en lat. *copula*, attache), t. de chasse, lien avec lequel on attache les chiens de chasse, ou *deux à deux*, ou quelquefois *trois à trois*.

ACCOUPLÉ, E, part. pass. de *accoupler*.

ACCOUPLEMENT, subst. mas. (*akoupleman*) (en lat. *copulatio*), assemblage de deux animaux, tels que des bœufs attachés sous le même joug. — Conjonction de deux animaux, mâle et femelle, pour la génération. — En t. d'archit., disposition de colonnes deux à deux, et le plus près possible les unes des autres. Le *Dict.* de *Trévoux* donne aussi *accouplage*, mais il avertit qu'il n'y a que le peuple qui s'en serve.

ACCOUPLER, v. act. (*akouplé*) (en lat. *copulare*), joindre deux choses ensemble. — Fig. et fam., *ces deux personnes sont mal accouplées*, est-à-dire : ne devraient pas être unies, parce qu'elles ne se conviennent pas. — Mettre deux bœufs ensemble sous le joug. — Apparier le mâle et la femelle pour la génération. — *Accoupler du linge*, en faire un ou plusieurs paquets pour le faire laver. — Au trictrac : *accoupler ses dames*, les disposer deux à deux sur une flèche. — En t. d'archit., *accoupler des colonnes*, c'est les disposer deux à deux, le plus près possible les unes des autres. — *s'*ACCOUPLER, v. pron., se joindre pour la génération.

DU VERBE IRRÉGULIER ACCOURIR :

Accouraient, 3e pers. plur. imparf. indic.
Accourais, précédé de *j'*, 1re pers. sing. imparf. indic.
Accourais, précédé de *tu*, 2e pers. sing. imparf. indic.
Accourait, 3e pers. sing. imparf. indic.
Accourant, part. prés.

ACCOURCI, E, part. pass. de *accourcir*.

ACCOURCIE, subst. fém. (*akourci*), passage plus court qu'un autre. — T. de mar., passage, à fond de cale, de la poupe à la proue d'un navire. (*Boiste*.)

ACCOURCIR, v. act. (*akourcir*) (formé de l'augmentatif *ad*, et de *curtare*, écourter), rendre plus *court*; diminuer de la longueur : *accourcir son chemin*, prendre un chemin *plus court*. — Contre l'avis de l'*Académie*, nous croyons qu'on n'emploie guère ce verbe dans un sens absolu : ainsi l'on ne dirait pas bien, selon nous : *prenez ce bois, vous accourcirez.* — En t. de man., *accourcir la bride dans la main*, tirer les rênes par le bouton avec la main droite, en les faisant couler dans la main gauche, et les ressaisir ensuite avec celle-ci au moment où l'on s'élance pour monter à cheval. — *s'*ACCOURCIR, v. pron., devenir plus *court*.

ACCOURCISSEMENT, subst. mas. (*akourciceman*), diminution de durée et de longueur. Il n'est guère usité qu'en parlant d'un chemin et des jours. Il a le sens passif, et se dit de ce qui est *accourci*.

DU VERBE IRRÉGULIER ACCOURIR :

Accoure, précédé de *que j'*, 1re pers. sing. prés. subj.
Accoure, précédé de *qu'il* ou *qu'elle*, 3e pers. sing. prés. subj.
Accourent, précédé de *ils* ou *elles*, 3e pers. plur. prés. indic.
Accourent, précédé de *qu'ils* ou *qu'elles*, 3e pers. plur. prés. subj.

ACCOURES, subst. fém. plur. (*akoure*), plaines qui se trouvent entre deux bois, où l'on place les chiens pour prendre le gibier. Gattel écrit *accourres*.

DU VERBE IRRÉGULIER ACCOURIR :

Accoures, 2e pers. sing. prés. subj.
Accourez, 2e pers. plur. impér.
Accourez, précédé de *vous*, 2e pers. plur. prés. indic.
Accouriez, précédé de *vous*, 2e pers. plur. imparf. indic.
Accouriez, précédé de *que vous*, 2e pers. plur. prés. subj.
Accourions, précédé de *nous*, 1re pers. plur. imparf. indic.
Accourions, précédé de *que nous*, 1re pers. plur. prés. subj.

ACCOURIR, v. neut. irrég., qui se conjugue sur *courir* (*akourir*) (du lat. *ad*, à, vers, et *currere*, courir). — Se rendre vite vers quelqu'un, ou dans quelque lieu. On dit aux temps composés : *j'ai accouru* ou *je suis accouru*. On emploie *être* ou *avoir*, suivant que ce verbe exprime un *état* ou une *action*.

DU VERBE IRRÉGULIER ACCOURIR :

Accourons, 1re pers. plur. impér.
Accourons, précédé de *nous*, 1re pers. plur. prés. indic.
Accourra, 3e pers. sing. fut. indic.
Accourrai, 1re pers. sing. fut. indic.
Accourraient, 3e pers. plur. cond. prés.
Accourrais, précédé de *j'*, 1re pers. sing. cond. prés.
Accourrais, précédé de *tu*, 2e pers. sing. cond. prés.
Accourrait, 3e pers. sing. cond. prés.
Accourras, 2e pers. sing. fut. indic.
Accourrez, 2e pers. plur. fut. indic.
Accourriez, 2e pers. plur. cond. prés.
Accourrions, 1re pers. plur. cond. prés.
Accourrons, 1re pers. plur. fut. indic.
Accourront, 3e pers. plur. fut. indic.
Accours, 2e pers. sing. impér.
Accours, précédé de *j'*, 1re pers. sing. prés. indic.
Accours, précédé de *tu*, 2e pers. sing. prés. indic.

ACCOURSE, subst. fém. (*akource*) (du lat. *ad*, à, vers, et *currere*, courir), t. d'archit., galerie extérieure qui sert à établir des communications entre différents appartements, etc. — T. de mar., passage de la poupe à la proue. Voy. COURSIVE.

ACCOURSIE, subst. fém., t. de mar., ne doit pas se dire pour *accourcie*. Voy. ce mot.

ACCOURU, E, part. pass. de *accourir*. *Racine* a employé ce mot adj. : *Athalie accourue au bruit*. Plusieurs autres écrivains l'ont également décliné.

ACCOUS, subst. mas. (*akou*), bourg de France, chef-lieu de canton de l'arrondissement d'Oloron, département des Basses-Pyrénées.

ACCOUSINÉ, E, part. pass. de *accousiner*.

ACCOUSINER, v. act. (*akouziné*), appeler cousin (*Trévoux* et *Boiste*). Selon *Trévoux*, il est aussi v. pron. : *s'accousiner*. Vieux, mais il pourrait être utile dans le sens de se familiariser comme si l'on était *cousin*, parent : *il y a beaucoup de gens qui s'accousinent.*

DU VERBE IRRÉGULIER ACCOURIR :

Accourûmes, 1re pers. plur. prét. déf.
Accoururent, 3e pers. plur. prét. déf.
Accourus, précédé de *j'*, 1re pers. sing. prét. déf.
Accourus, précédé de *tu*, 2e pers. sing. prét. déf.
Accourusse, 1re pers. sing. imparf. subj.
Accourussent, 3e pers. plur. imparf. subj.
Accourusses, 2e pers. sing. imparf. subj.
Accourussiez, 2e pers. plur. imparf. subj.
Accourussions, 1re pers. plur. imparf. subj.
Accourut, précédé de *il* ou *elle*, 3e pers. sing. prét. déf.
Accourût, précédé de *qu'il* ou *qu'elle*, 3e pers. sing. imparf. subj.
Accourûtes, 2e pers. plur. prét. déf.

ACCOUTRÉ, E, part. pass. de *accoutrer*, et adj. Se dit de quelqu'un qui est mal habillé ou qui a été maltraité. — T. de tireur d'or, se dit du trou de la filière lorsqu'il est au point où il doit être.

ACCOUTREMENT, subst. mas. (*akoutreman*), habillement, ajustement ridicule. Il ne s'emploie qu'en plaisantant.

ACCOUTRER, v. act. (*akoutré*) (du lat. *ad*, augmentatif, et *cultura*, culture), habiller, ajuster, parer d'une façon ridicule. Il ne s'emploie qu'en plaisantant. — *s'*ACCOUTRER, v. pron.

ACCOUTREUR, subst. mas. (*akoutreur*), t. de marchand d'or, ouvrier qui arrondit les trous des filières. Si l'on avait besoin de se servir du fém., il ne faudrait pas hésiter à dire *accoutreuse*.

ACCOUTREUSE, subst. fém. Voy. ACCOUTREUR.

ACCOUTUMANCE, subst. fém. (*akoutumance*) (rac. *coutume*), habitude de faire, de souffrir quelque chose. Vieux.

ACCOUTUMÉ, E, adj. et part. pass. de *accoutumer*.

ACCOUTUMÉE, subst. fém. (*akoutumé*), qui ne s'emploie qu'adverbialement : *à l'accoutumée*, à l'ordinaire. Vieux et fam.

ACCOUTUMER, v. act. (*akoutumé*), faire prendre, donner une habitude; habituer quelqu'un à... — En t. de man., *accoutumer un cheval*, c'est l'habituer à quelque exercice ou à quelque bruit que ce soit. — V. neut. Il signifie *avoir coutume*. Il s'emploie avec *être* et la prép. *à*; ou avec *avoir* et la prép. *de* : *il a accoutumé de lire, de manger à telle heure; il est accoutumé à se lever de grand matin.* — *s'*ACCOUTUMER, v. pron., contracter une habitude.

ACCOUVÉ, E, adj. et part. pass. de *accouver* (du lat. *ad*, auprès, et *cubare*, être couché), qui garde habituellement le coin du feu. Fam. (*Boiste*.)

ACCOUVER, v. act. (*akouvé*), on l'a dit d'un oiseau commençant à *couver ses œufs*, parce qu'il *s'accouve*. Ce mot n'est pas usité. (*Boiste*.)— *s'*ACCOUVER, v. pron.

ACCRAVANTÉ, E, adj. et part. pass. d'*accravanter*. *Marot* a employé ce mot comme adj.

ACCRAVANTER, v. act. (*akkravanté*) (du lat. *aggravare*, rendre lourd). Vieux mot qui signifiait accabler, écraser, briser. Il est tout-à-fait inusité. Le *Dict.* de *Trévoux* dit que *aggravante*, n'est venu qu'après *accravanter*.

ACCRÉDITÉ, E, part. pass. de *accréditer*, et adj., qui a du *crédit*. — On dit d'un homme public qui a une mission d'une puissance auprès d'une autre, qu'*il est accrédité auprès de cette autre par sa cour.*

ACCRÉDITER, v. act. (*akrédité*) (formé du latin *ad*, auprès, et *credere*, croire), mettre en réputation, en *crédit*. — Donner cours ou faveur à quelque chose : *accréditer une opinion, une nouvelle.* — *Accréditer un ambassadeur*, c'est, de la part d'une puissance, autoriser sa mission auprès d'une autre puissance par des lettres de *crédit*. — *s'*ACCRÉDITER, v. pron., s'acquérir du *crédit*.

ACCRÉTION, subst. fém. (*akrécion*) (en latin *accretio*, formé d'*accrescere*, accroître), t. de médec., *accroissement*. Voy. ce mot. — *Accrétion* est aussi un t. de cout., où il signifie également *accroissement*.

ACCROC, subst. mas. (*akrô*), déchirure d'une étoffe qui s'est *accrochée* : *il y a un accroc à votre robe.* — Ce qui *accroche*, ce qui déchire. — On le dit aussi fig. et fam. d'une difficulté ou d'un embarras imprévu : *il est survenu un accroc dans l'affaire.* — T. de miroitier, se dit des parties dépolies d'une glace.

ACCROCHANT, E, adj. (*akrochan, chante*), qui *accroche*, qui arrête.

ACCROCHE, subst. fém. (*akroche*), difficultés, embarras, obstacle dans une affaire. Fam. et peu usité. — Il faut éviter de l'employer pour *accroc*.

ACCROCHÉ, E, part. pass. de *accrocher*.

ACCROCHEMENT, subst. mas. (*akrocheman*), action d'*accrocher*, effet de cette action. — En t. d'horl., on nomme *accrochement*, la vis de l'échappement qui fait arrêter une horloge. — En phys., *accrochement des atomes*. Voy. ATOME.

ACCROCHER, v. act. (*akroché*), attacher à un *croc*, à un clou à *crochet*, etc. — *Accrocher une voiture*, la heurter en l'arrêtant. On dit même absolument qu'un *cocher accroche*. — Joindre un vaisseau ennemi pour le combattre; jeter le grappin. — Fig., retarder, mettre obstacle. — Fig. et fam., attraper par adresse; gagner par finesse. — T. d'horl., se dit pour exprimer l'effet de tout ce qui peut arrêter le mouvement d'une horloge. — S'ACCROCHER, v. pron., s'attacher, s'arrêter à quelque chose; se déchirer. — Au fig., *s'accrocher à une personne*, s'attacher à sa fortune, etc. Fam. — *S'accrocher à tout*, employer tout pour se tirer d'embarras.

ACCROIRE, v. act. (*akroar*) (en latin *accredere*, croire, ajouter foi). Ce verbe n'est usité qu'à l'infinitif, et ne s'emploie que précédé du v. *faire*: *faire accroire : il lui a fait accroire cette fable*. — *Faire accroire que*, faire croire ce qui n'est pas. — Avec *en*, *faire accroire* est neutre, et signifie également tromper, en imposer : *en faire accroire à quelqu'un*. — S'EN FAIRE ACCROIRE, v. pron., s'enorgueillir, avoir de soi meilleure opinion qu'on ne doit.

DU VERBE IRRÉGULIER ACCROÎTRE :

Accrois, 2e pers. sing. impér.
Accrois, précédé de *j'*, 1re pers. sing. prés. indic.
Accrois, précédé de *tu*, 2e pers. sing. prés. indic.
Accroissaient, 3e pers. plur. imparf. indic.
Accroissais, précédé de *j'*, 1re pers. sing. imparf. indic.
Accroissais, précédé de *tu*, 2e pers. sing. imparf. indic.
Accroissait, 3e pers. sing. imparf. indic.
Accroissant, part. prés.
Accroisse, précédé de *que j'*, 1re pers. sing. prés. subj.
Accroisse, précédé de *qu'il* ou *qu'elle*, 3e pers. sing. prés. subj.

ACCROISSEMENT, subst. mas. (*akroèceman*) (formé d'*accroître*), augmentation sensible d'un corps en sa propre substance. — En t. de poésie, augmentation de syllabes. — Fig., augmentation de fortune, de prospérité, etc. — En médec., augmentation d'une maladie. — En jurispr., droit par lequel une portion vacante par la mort ou l'absence d'un associé, d'un colégataire, etc., est réunie à la portion possédée par un autre. — En algèb. : *calcul des accroissements*, celui dans lequel on considère les rapports des quantités après qu'elles sont formées, c'est-à-dire où l'on emploie des quantités finies, au lieu de quantités infiniment petites.

DU VERBE IRRÉGULIER ACCROÎTRE :

Accroissent, précédé de *ils* ou *elles*, 3e pers. plur. prés. indic.
Accroissent, précédé de *qu'ils* ou *qu'elles*, 3e pers. plur. prés. subj.
Accroisses, 2e pers. sing. prés. subj.
Accroissez, 2e pers. plur. impér.
Accroissez, précédé de *vous*, 2e pers. plur. prés. indic.
Accroissiez, précédé de *vous*, 2e pers. plur. imparf. indic.
Accroissiez, précédé de *que vous*, 2e pers. plur. prés. subj.
Accroissions, précédé de *nous*, 1re pers. plur. imparf. indic.
Accroissions, précédé de *que nous*, 1re pers. plur. prés. subj.
Accroissons, 1re pers. plur. impér.
Accroissons, précédé de *nous*, 1re pers. plur. prés. indic.

ACCROÎT, subst. mas. (*akroè*), augmentation d'un troupeau.

DU VERBE IRRÉGULIER ACCROÎTRE :

Accroît, 3e pers. sing. prés. indic.
Accroîtra, 3e pers. sing. fut. indic.
Accroîtrai, 1re pers. sing. fut. indic.
Accroîtraient, 3e pers. plur. cond. prés.
Accroîtrais, précédé de *j'*, 1re pers. sing. cond. prés.
Accroîtrais, précédé de *tu*, 2e pers. sing. cond. prés.
Accroîtrait, 3e pers. sing. cond. prés.
Accroîtras, 2e pers. sing. fut. indic.

ACCROÎTRE, v. act. sur *croître* (*akroètre*) (du latin *ad*, augmentatif, et *crescere*, croître), augmenter, rendre plus grand : *accroître son bien*. — V. neut., augmenter, devenir plus grand : *son revenu accroît tous les jours*. Il prend indifféremment *être* ou *avoir* pour auxiliaire. — En t. de droit, *une chose accroît à quelqu'un*, lorsqu'elle revient au profit de quelqu'un. — S'ACCROÎTRE, v. pron., s'augmenter.

DU VERBE IRRÉGULIER ACCROÎTRE :

Accroîtrez, 2e pers. plur. fut. indic.
Accroîtriez, 2e pers. plur. cond. prés.
Accroîtrions, 1re pers. plur. cond. prés.
Accroîtrons, 1re pers. plur. fut. indic.
Accroîtront, 3e pers. plur. fut. indic.

ACCROUPI, E, part. pass. de *s'accroupir*, et adj., se dit, en t. de blas., 1° du lion et de divers autres animaux, quand ils sont assis; 2° des lapins et des lièvres qui sont ramassés, posture qui leur est ordinaire lorsqu'ils ne courent pas.

ACCROUPIE, subst. fém. (*akroupi*), t. de bot., plante.

S'ACCROUPIR, v. pron. (*çakroupir*) (rac. *croupe*), s'asseoir sur sa *croupe* ou sur ses talons. Il se dit des hommes et des animaux.

ACCROUPISSEMENT, subst. mas. (*akroupiceman*), état d'une personne *accroupie*, d'un animal accroupi.

ACCRU, E, part. pass. de *accroître*, et adj. (*akru*), augmenté.

ACCRUE, subst. fém. (*akru*), terre sur laquelle un bois limitrophe s'est étendu; terre augmentée par attérissement. — Augmentation d'un bois sans qu'on l'ait planté. — Au plur., t. de pêche, fausses mailles ou mailles surnuméraires qu'on fait à un filet dont on veut augmenter la largeur. — T. de chasse, *jeter des accrues aux filets*, faire des boucles au lieu de mailles pour accrocher les filets.

ACCRUS, subst. mas. plur. (*akru*), rejetons produits par les racines.

DU VERBE IRRÉGULIER ACCROÎTRE :

Accrus, précédé de *j'*, 1re pers. sing., prét. déf.
Accrus, précédé de *tu*, 2e pers. sing. prét. déf.
Accrusse, 1re pers. sing. imparf. subj.
Accrussent, 3e pers. plur. imparf. subj.
Accrusses, 2e pers. sing. imparf. subj.
Accrussiez, 2e pers. plur. imparf. subj.
Accrussions, 1re pers. plur. imparf. subj.
Accrut, précédé de *il*, 3e pers. sing. prét. déf.
Accrût, précédé de *qu'il* ou *qu'elle*, 3e pers. sing. imparf. subj.
Accrûtes, 2e pers. plur. prét. déf.

ACCUBE, subst. mas. (*akubé*), repaire. Vieux et inusité.

ACCUBITEUR, subst. mas. (*akubiteur*) (du mot latin *cubare*, être couché), celui qui couchait auprès du prince chez les anciens.

ACCUBITOIRE, subst. mas. (*akubitoare*) (du latin *accubitorius*, qui concerne le lit de table ou de repos), salle à manger des anciens. (*Boiste*.)

ACCUEIL, subst. mas. (*akeuie*), réception bonne ou mauvaise qu'on fait à quelqu'un. — *Faire accueil*, se prend toujours en bonne part, et signifie faire une réception civile et honnête.

ACCUEILLANT, E, part. prés. de *accueillir*, et adj., qui fait *bon accueil*.

DU VERBE IRRÉGULIER ACCUEILLIR :

Accueillaient, 3e pers. plur. imparf. indic.
Accueillais, précédé de *j'*, 1re pers. sing. imparf. indic.
Accueillais, précédé de *tu*, 2e pers. sing. imparf. indic.
Accueillait, 3e pers. sing. imparf. indic.
Accueille, 2e pers. sing. impér.
Accueille, précédé de *j'*, 1re pers. sing. prés. indic.
Accueille, précédé de *que j'*, 1re pers. sing. prés. subj.
Accueille, précédé de *il* ou *elle*, 3e pers. sing. prés. indic.
Accueille, précédé de *qu'il* ou *qu'elle*, 3e pers. sing. prés. subj.
Accueillent, précédé de *ils* ou *elles*, 3e pers. plur. prés. indic.
Accueillent, précédé de *qu'ils* ou *qu'elles*, 3e pers. plur. prés. subj.
Accueillera, 3e pers. sing. fut. indic.
Accueillerai, 1re pers. sing. fut. indic.
Accueilleraient, 3e pers. plur. cond. prés.
Accueillerais, précédé de *j'*, 1re pers. sing. cond. prés.
Accueillerais, précédé de *tu*, 2e pers. sing. cond. prés.
Accueillerait, 3e pers. sing. cond. prés.
Accueilleras, 2e pers. sing. fut. indic.
Accueillerez, 2e pers. plur. fut. indic.
Accueilleriez, 2e pers. plur. cond. prés.
Accueillerions, 1re pers. plur. cond. prés.
Accueillerons, 1re pers. plur. fut. abs.
Accueilleront, 3e pers. plur. fut. abs.
Accueilles, précédé de *tu*, 2e pers. sing. prés. indic.
Accueilles, précédé de *que tu*, 2e pers. sing. prés subj.
Accueillez, 2e pers. plur. impér.
Accueillez, précédé de *vous*, 2e pers. plur. prés. indic.
Accueilli, *e*, part. pass.
Accueilliez, précédé de *vous*, 2e pers. plur. imparf. indic.
Accueilliez, précédé de *que vous*, 2e pers. plur. prés. subj.
Accueillîmes, 1re pers. plur. prét. déf.
Accueillions, précédé de *nous*, 1re pers. plur. imparf. indic.
Accueillions, précédé de *que nous*, 1re pers. plur. prés. subj.

ACCUEILLIR, v. act. (*akeuleir*) (du latin *ad* augmentatif, et *colligere*, cueillir; il se conjugue comme *cueillir*), recevoir bien ou mal quelqu'un qui vient à nous. — Employé sans modificatif, il a la même signification que *faire accueil*. — Il se dit aussi relativement aux choses : *accueillir une demande, une proposition*. — Il se dit, mais rarement, au fig., des accidents fâcheux qui surviennent : *être accueilli de la tempête; la misère, la pauvreté l'ont accueilli*. Du moins c'est l'*Académie* qui autorise ces expressions; notre avis est que le haut style n'accepterait *accueillir* qu'en bonne part dans le sens absolu; et cela est si vrai que l'*Académie* ne manque pas d'ajouter aussitôt qu'on dit plus ordinairement *assailli* dans ces phrases. — T. de mar., il se dit de l'action d'un pilote qui reçoit quelqu'un dans son navire. — S'ACCUEILLIR, v. pron.

DU VERBE IRRÉGULIER ACCUEILLIR :

Accueillis, précédé de *j'*, 1re pers. sing. prét. déf.
Accueillis, précédé de *tu*, 2e pers. sing. prét. déf.
Accueillit, précédé de *il* ou *elle*, 3e pers. sing. prét. déf.
Accueillît, précédé de *qu'il* ou *qu'elle*, 3e pers. sing. imparf. subj.
Accueillîtes, 2e pers. plur. prét. déf.
Accueillirent, 3e pers. plur. prét. déf.
Accueillisse, 1re pers. sing. imparf. subj.
Accueillissent, 3e pers. plur. imparf. subj.
Accueillisses, 2e pers. sing. imparf. subj.
Accueillissiez, 2e pers. plur. imparf. subj.
Accueillissions, 1re pers. plur. imparf. subj.
Accueillons, 1re pers. plur. impér.
Accueillons, précédé de *nous*, 1re pers. plur. prés. indic.

ACCUL, subst. mas. (On prononce *l*, dit l'*Académie*. Pourquoi prononcer *akule* le mot *accul*, et *ku* le mot *cul*, dont il est formé? Pourquoi? Par la raison absurde du bon plaisir.) Lieu étroit et bouché d'où l'on ne peut sortir que difficilement. On le dit surtout de l'enfoncement d'une baie. — Au plur., piquets enfoncés en terre, pour retenir le canon lorsqu'il *recule* en se déchargeant. — Il se dit encore du fond des terriers des renards.

ACCULÉ, E, part. pass. de *acculer*, et adj., se dit, en t. de blas., 1° d'un cheval, etc., renversé en arrière, de manière qu'il semble porter sur le derrière; 2° de deux canons sur leurs affûts dont les *culasses* sont opposées l'une à l'autre. — *Varangues acculées*, en t. de mar., celles qui forment un angle aigu peu différent du droit. Lorsque cet angle est obtus, en se rapprochant également du droit, on dit : *varangues demi-acculées*.

ACCULEMENT, subst. mas. (*akuleman*), t. de mar., quantité de courbure dont les extrémités des varangues sont élevées au-dessus de la quille. — Courbure des varangues d'un navire. — État d'une voiture, d'une charrette qui baisse à l'arrière.

ACCULER, v. act. (*akulé*) (formé du latin *ad*, augmentatif, et *culus*, derrière, *cul*), pousser et serrer dans un coin; pousser en un endroit d'où l'on ne peut aller plus loin. — Faire pencher une voiture à l'arrière. — On ne dit pas : *acculer*, mais *éculer un soulier*. — V. neut., t. de mar., qui se dit d'un vaisseau lorsque, dans les mouvements de tangage, il est frappé par la mer au-dessous de son arcasse. — S'ACCULER, v. pron., se ranger, se serrer dans un coin. — Se mettre le derrière contre quelque chose pour se défendre, en parlant surtout des animaux. — Il se dit, en t. de manège, 1° d'un cheval qui, lorsqu'il manie sur les voltes, ne va pas assez en avant à chacun de ses mouvements, de manière que sa croupe s'approche de trop près du centre de la volte; 2° d'un cheval qui se jette et s'abandonne sur la croupe lorsqu'on l'arrête. — Il se dit aussi de deux canons sur leurs affûts, dont les *culasses* sont opposées l'une à l'autre.

ACCUMULATEUR, subst. mas., au fém. **ACCUMULATRICE** (*akumulateur, trice*) (en latin *accumulator*), qui *accumule*.

ACCUMULATION, subst. fém. (*akumulâcion*) (en latin *accumulatio*), action d'*accumuler*, ou résultat de cette action : *accumulation de marchandises*. — Amas de choses ajoutées successivement les unes aux autres : *accumulation d'intérêts, de marchandises*.—Fig., *accumulation d'honneurs, de richesses*. — Figure de rhétorique consistant à rassembler beaucoup de détails qui servent au développement de l'idée principale. —*Accumulation de droit*, augmentation de droit sur quelque chose.

ACCUMULATRICE, subst. fém. Voy. **ACCUMULATEUR.**

ACCUMULÉ, E, part. pass. de *accumuler*.

ACCUMULER, v. act. (*akumulé*) (du latin *ad*, augmentatif, et *cumulare*, entasser, formé lui-même de *cumulus*, comble), mettre en monceau, mettre en tas. Voy. **AMASSER**. — On dit fig., *accumuler crime sur crime*, ajouter crime à crime.— Il se dit absolument : *il accumule*. — **S'ACCUMULER**, v. pron., s'augmenter : *les arrérages s'accumulent*.

ACCURBITAIRE, subst. et adj. mas. (*akurbitère*), espèce de ver qui s'étend beaucoup en longueur. Voy. **TÉNIA**.

ACCUSABLE, adj. (*akusable*) (en latin *accusabilis*), qui peut être *accusé*.

ACCUSATAIRE, adj. (*akuzatère*), qui *accuse*, qui occasionne, qui contient l'*accusation*.

ACCUSATEUR, subst. mas., au fém. **ACCUSATRICE** (*akuzateur, trice*) (en latin *accusator*), celui ou celle qui *accuse* quelqu'un.— **ACCUSATEUR PUBLIC**, officier judiciaire chargé de poursuivre devant les tribunaux les personnes prévenues de crimes ou de délits. D'après la constitution de 1795, il devait être nommé par l'assemblée électorale. Aujourd'hui on l'appelle **PROCUREUR-GÉNÉRAL**. — **ACCUSATEURS NATIONAUX**, membres de la cour de cassation, nommés au nombre de deux par ce même tribunal, pour suivre auprès de la haute cour de justice les *accusations* sur lesquelles elle doit prononcer. — Adj. : *indice accusateur, fer accusateur*.

ACCUSATIF, subst. mas. (*akuzatife*) (en latin *accusativus*, sous-entendu *casus*, cas qui sert à accuser), t. de grammaire, quatrième cas dans les langues où les noms se déclinent. C'est le régime direct des verbes actifs.

ACCUSATION, subst. fém. (*akuzâcion*) (en latin *accusatio*), action, plainte en justice contre quelqu'un qu'on accuse; reproche, imputation d'un délit, d'une faute. — *Accusation* se prend aussi pour *confession* au tribunal de la pénitence.

ACCUSATRICE, subst. fém. Voy. **ACCUSATEUR**.

ACCUSATOIRE, adj. (*akuzatoare*), se dit d'un acte qui motive l'*accusation*.

ACCUSÉ, subst. mas. (*akuzé*), celui qui est déféré en justice pour quelque crime ou délit : *on doit confronter demain l'accusateur et l'accusé*. — On nomme proprement *accusé* celui qui est renvoyé devant les tribunaux pour être jugé : jusque-là il n'est que prévenu. — En matière d'affaires, *accusé de réception*, avis qu'on a reçu.

ACCUSÉ, E, part. pass. de *accuser*, et adj. : *accusé de meurtre*; *le meurtre dont il est accusé*. Comme adj., il se place toujours devant le subst.

ACCUSÉE, subst. fém. (*akusé*), celle qui est déférée en justice pour quelque crime ou délit.

ACCUSEMENT, subst. mas. (*akuzeman*), action d'*accuser*. Vieux.

ACCUSER, v. act. (*akuzé*) (en latin *accusare*, formé de *ad*, pour, et *causa*, cause; *mettre en cause*. On donne encore une autre étymologie à ce verbe : quelques-uns le font venir de *ad*, à, et *cudo*, je frappe : toutes deux sont bonnes). Découvrir le crime ou la faute de quelqu'un à celui qui a droit d'en connaître; déférer en justice.—On dit *accuser de vol*, et non pas *de voleur*; *accuser auprès des*, ou *devant les tribunaux*, et non pas *aux tribunaux*. — Charger quelqu'un de quelque faute. — *Accuser un acte de faux*, c'est soutenir qu'il est faux. — Il signifie aussi servir de preuve ou d'indice contre... : *les apparences l'accusent*. — Déclarer : *accuser le chiffre de ses dettes, de sa fortune*; *accuser son âge*; *accuser les circonstances de*; *accuser son point au jeu*. — Rapporter, raconter, rendre compte : *vous accusez juste*; *il accuse faux*.—Accuser signifie encore : avouer, confesser : *accuser le chiffre de ses dettes*.—En t. de comm., joint au mot réception, donner avis qu'on a reçu : *accuser réception*. — En t. de peint., faire connaître ce qui est couvert, par les surfaces de ce qui couvre : *accuser les os, les muscles sous la peau*; *accuser le nu par les plis des draperies*. — **S'ACCUSER**, v. pron., déclarer les fautes qu'on a commises; déclarer ses péchés en confession : *je m'accuse de* ...

ACCUTS, subst. mas. plur. (*aku*), qu'on ne trouve que dans *Laveaux*, n'est pas français. Voy. **ACCUL**.

ACÉDIE, subst. fém. (*acédi*), t. de théol., paresse, négligence, découragement.

ACÉLUS, subst. mas. (*acéluce*), myth., un des fils d'Hercule, qui donna son nom à une ville de Lycie.

ACÉMÈTES, subst. mas. plur. (*acémète*) (du grec α priv., et κοιμαω, j'endors), anciens moines de Syrie chez qui les exercices pieux duraient jour et nuit sans interruption.

ACÉNA, subst. mas. (*acéna*), t. de bot., genre de plantes rosacées.

ACENS, subst. mas., d'après l'*Académie*; voy. **ACENSER**.

ACENSÉ, E, part. pass. de *acenser*.

ACENSEMENT, subst. mas., d'après l'*Académie*; voy. **ACENSER**.

ACENSER, v. act., donner à *cens*, à rente. — **S'ACENSER**, v. pron. L'*Académie* écrit ainsi ce mot que nous orthographions, nous, par deux *c*, à cause de l'étymologie. Voyez donc **ACCENSE**, **ACCENSÉ**, **ACCENSEMENT** et **ACCENSER**.

ACÉPHALE, adj. (*acéfale*) (du grec α priv., et κεφαλη, tête), qui est sans tête ou sans chef : *monstre, statue acéphale*; *concile, secte acéphale*. — **ACÉPHALES**, subst. mas. plur., hérétiques du VIe siècle, qui ne reconnaissaient point de chef, et qu'on nommait aussi *Hésitants*, parce qu'ils n'étaient décidés pour aucun parti. — En hist. nat., M. Cuvier a donné ce nom à la division des mollusques qui n'ont point de tête apparente.— En anat., on donne ce nom aux fœtus qui sont privés de la tête entière ou d'une partie considérable de la tête.

ACÉPHALIE, subst. fém. (*acéfali*) (du grec α priv., et κεφαλη, tête), absence totale de la tête.

ACÉPHALOBRANCHE, adj. (*acéfalobranche*) (du grec α priv., κεφαλη, tête, et βραγχια, branchies), fœtus privé de tête et de bras.

ACÉPHALOCHIRE, adj. (*acéfalochire*) (du grec α priv., κεφαλη, tête, et χειρ, main), fœtus sans tête et sans mains.

ACÉPHALOCYSTE, subst. mas. (*acéfalocicete*) (du grec α priv. κεφαλη, tête, et κυστις, vessie), ver intestinal qui n'a point de tête, ou qui paraît n'en point avoir.

ACÉPHALOPHORES, subst. mas. plur. (*acéfalofore*) (du grec α priv., κεφαλη, tête, et φερω, je porte), t. d'hist. nat., genre de mollusques.

ACÉPHALOGASTRE, adj. (*acéfaloguacetre*) (du grec α priv., κεφαλη, tête, et γαστηρ, ventre), dépourvu de tête et de ventre.

ACÉPHALOSTOME, adj. (*acéfalostome*) (du grec α priv., κεφαλη, tête, et στομα, bouche), fœtus acéphales qui présentent à leur partie supérieure une ouverture semblable à une bouche.

ACÉPHALOTHORE, adj. (*acéfalotore*) (du grec α priv., κεφαλη, tête, et θωραξ, poitrine), qui manque de tête et de poitrine.

ACÉPIA, subst. mas. (*acépia*), t. d'arts; sorte de dessin-peinture.

ACÉRAIN, adj. (*acérein*), qui tient de l'acier. On donne cette épithète au fer.

ACÉRAS, subst. mas. plur. (*acérace*), t. de bot., plante de la famille des orchidées.

ACÉRATES, subst. mas. plur. (*acérate*), t. de bot., famille de plantes de la division des asclépiadées.

ACERBE, adj. (*acèrebe*) (en lat. *acerbus*, formé de *acer*, aigre, âpre), sur, âpre, tel qu'un fruit qui n'a pas mûri. — Au fig., *formes acerbes*, manières grossières d'agir, de parler. — Il se dit, en médecine, d'un goût qui tient le milieu entre l'aigre, l'acide et l'amer. En ce sens il est aussi subst.

ACERBITÉ, subst. fém. (*acerbité*) (en lat. *acerbitas*), qualité de ce qui est *acerbe*. — Âpreté, amertume.

ACÈRE, adj. (*acère*) (du grec α priv., et κερας, corne), qui est sans cornes, sans antennes.

ACÉRÉ, E, part. pass. d'*acérer*, et adj., rendu tranchant par le moyen de l'acier : *une flèche acérée*. — Fig., qui déchire, qui blesse : *plume acérée*; *les traits acérés de la calomnie*, etc. — En médec., on appelle *saveur acérée*, une saveur astringente.

ACÉRER, v. act. (*acéré*) (du vieux mot latin *aciarium*, formé d'*acies*, pointe, tranchant, dont on a fait le mot français *acier*), souder de l'acier à un instrument de fer pour le rendre propre à couper. — Au fig., aiguiser : *acérer une épigramme*.

ACÈRES, subst. mas. plur. et adj. (*acère*) (du grec α priv., et κερας, corne), t. d'hist. nat., famille d'insectes aptères, dont un des principaux caractères est de n'avoir point d'antennes. C'est à cette famille qu'appartiennent les araignées, les scorpions, etc.

ACÉREUSE, adj. fém. Voy. **ACÉREUX**.

ACÉREUX, adj. mas., au fém. **ACÉREUSE**, (*acéreu, reuze*), se dit d'une feuille linéaire, comme celle du pin.

ACÉRIDE, subst. mas. (*acéride*) (du grec α priv., et κηρος, cire), t. de pharm., emplâtre sans cire.

ACÉRINE, subst. fém. (*acérine*), poisson de l'espèce de la perche.

ACÉRINÉES, subst. fém. plur. (*acériné*), t. de bot., famille de plantes.

ACERNO, subst. mas. (*acèrenô*), ville épiscopale de la principauté citérieure, dans le royaume de Naples.

ACERRA, subst. fém. (*acèrera*), ville épiscopale du royaume de Naples, dans la terre de Labour.

ACERRE, subst. fém. (*acère*) (du lat. *acerra*, encensoir), cassolette antique pour les parfums. — Autel près d'un lit funèbre.

ACERSÉCOME, adj. (*acèrecékome*) (du grec α priv., κειρω, je tonds, qui fait κερσαι à l'aor., et κομη, chevelure), à longue chevelure. Vieux. — T. de myth., surnom que les Grecs donnaient à Apollon, à cause de sa longue chevelure.

ACERTAINÉ, E, part. pass. de *acertainer*.

ACERTAINER, et non pas **ACERTENER**, qui n'est nullement en rapport avec le mot radical *certain*, v. act. (*acèreténé*) (du lat. *certus*), affirmer, certifier. Inusité.

ACÉRURE, subst. fém. (*acérure*) (du lat. *acies*, pointe), morceau d'acier servant à acérer les outils de fer.

ACESCENCE, subst. fém. (*acèceçance*) (formé d'*acescent*), t. de médec., disposition à l'acidité.

ACESCENT, E, adj. (*acèceçan, çante*), en lat. *acescens*, de *acescere*, s'aigrir), t. de médec., qui tend à l'acidité, qui tient de l'acide.

ACÈSE, subst. mas. (*acèze*), minéral dont on se sert pour souder. — Espèce d'herbe.

ACESIUS, subst. mas. (*acéziuce*). Myth. On appelait ainsi Apollon comme dieu de la médecine, ce mot signifiant *qui délivre des maladies*. — On donnait aussi à Télesphore le surnom d'*Acesius*.

ACESMÉ, E, part. pass. de *acesmer*, embelli. Inusité.

ACESMEMENT, subst. mas. Il n'est pas plus usité que *acesmer*. Voy. ce mot.

ACESMER, v. act. (*acècemé*), habiller, embellir. Inusité.

ACESMERESSE, subst. fém. (*acècemerece*), coiffeuse. Inusité.

ACESMES, subst. mas. plur. (*acèceme*), atours de femme. Inusité.

ACESTE, subst. mas., (*acècete*), myth., roi de Sicile, et fils du fleuve Crinise. Il reçut honorablement Énée, et fit ensevelir Anchise sur le mont Éryx.

ACESTIDE, subst. fém. (*acècetide*), chez les anciens, cheminée des fourneaux à fondre le cuivre.

ACÉTABULAIRE, subst. fém. (*acétabulère*), t. de bot., genre de polypier.

ACÉTABULE, subst. mas. (*acétabule*) (en latin *acetabulum*, formé de *acetum*, vinaigre), petit vase de table, chez les anciens, semblable à nos salières et huiliers. — Gobelet pour faire des tours de passe-passe. — Mesure romaine contenant le huitième de notre pinte. — Sinus d'une coquille. — En t. d'anat., cavité des os qui reçoit un autre os. Il se dit encore de choses dont les anatomistes ne conviennent point entre eux : il y en a qui appellent *acétabules* les orifices des vaisseaux répandus sur la surface interne de la matrice; Harvey croit que ce sont de petites cellules du placenta, ou de ce qui tient lieu de placenta dans les femelles de plusieurs animaux. Le sentiment le plus probable est celui de ceux qui disent que les *acétabules* sont ces glandes qui s'élèvent dans la matrice des brebis et des chèvres, lorsqu'elles sont pleines, et qui sont ainsi appelées parce qu'elles sont faites en forme de coupe ou de godet, ce qu'on ne remarque pas dans les femelles des autres animaux, non plus que dans la femme. — *Acétabule* se dit encore des vases ou mamelons creux qui sont le long des pieds des polypes et des nautiles, par lesquels ils sucent l'air et l'eau, et les rejettent ensuite. — En bot., cotylédons de certaines plantes.

ACÉTATE, subst. mas. (*acétate*) (formé d'*acetum*), t. de chim., nom générique des sels formés par la combinaison de l'acide acétique avec différentes bases.

ACÈTE, subst. mas. (*acète*) (en lat. *acetum*.

vinaigre), t. de chim. Voy. ACÉTATE, qu'on nommait *acète* autrefois. *Acète* a plus de valeur étymologique. — Myth., nom d'un capitaine de vaisseau tyrien. Il s'opposa à ses compagnons, qui voulaient emmener Bacchus qu'ils trouvèrent, sans le connaître, sur le bord de la mer, dans l'espérance d'en tirer une grosse rançon. Bacchus sur-le-champ se découvrit, et les métamorphosa en dauphins, excepté Acète, dont il fit son grand sacrificateur. — Il y eut un autre Acète, fils du Soleil et de Persa. Il donna sa fille en mariage à Phryxus. — C'était aussi le nom de l'écuyer d'Évandre, roi d'Italie.

ACÉTÉ, E, adj. (*acété*), acide, aigrelet.

ACÉTEUSE, adj. fém. Voy. ACÉTEUX.

ACÉTEUX, adj. mas., au fém. ACÉTEUSE, (*acéteu, teuze*) (du lat. *acetosus*), qui tient du goût du vinaigre : *acide acéteux*, qui est moins oxygéné que l'acide *acétique* ; *plante acéteuse*, qui est aigrelette. — Subst. fém. On a nommé *acéteuse* l'oseille, à cause de son goût aigrelet ; mais on n'emploie plus ce mot.

ACÉTIFIÉ, E, part. pass. de *s'acétifier*.

S'ACÉTIFIER, v. pron. (*çacétifié*), se transformer en acide *acétique*. Nous ne trouvons ce mot que dans *Raymond* ; il peut être utile.

ACÉTIMÈTRE, subst. mas. (*acétimètre*) (formé du latin *acetum*, vinaigre, et *metrum*, mesure), instrument pour l'essai des vinaigres.

ACÉTIQUE, adj. (*acétike*), acide comme du vinaigre d'une saveur très-forte.

ACÉTITE, subst. mas. (*acétite*), le même que *acétate* qui est le seul en usage aujourd'hui. Voyez ce mot.

ACÉTUM, subst. mas. (*acétome*), mot latin qui signifie *vinaigre*.

ACEYTE-DE-SAL, subst. mas. (*acétedeçal*), t. de chim., liqueur provenant d'un sel qui est une combinaison de chlore et d'iode.

ACHÆA, subst. fém. (*akéa*), myth., surnom de Cérès, formé d'un mot grec qui signifie *affliction*, en mémoire de la douleur qu'elle éprouva lors de l'enlèvement de sa fille Proserpine par Pluton. — C'était aussi un surnom de Pallas, sous lequel elle avait, dans l'Apulie, un temple dans lequel on conservait, disait-on, les armes de Diomède et de ses soldats. C'est apparemment parce qu'ils étaient Grecs que Pallas était surnommée *Achæa* en cet endroit, comme qui dirait *Pallas la Grecque*.

ACHÆUS. Voy. ACHAÏE.

ACHAÏE, subst. fém. (*aka-i*), contrée de la Grèce au midi de la Macédoine, mais plus particulièrement province du Péloponèse, comprise aussi quelquefois tout entière sous la dénomination générale d'Achaïe. De là, dans les poëtes, les mots *Achaïus*, *Achivus*, *Achæus*, *Achæas*, *Achæis*, pour désigner les Grecs et ce qui les concerne.

ACHAÏENS, subst. mas. plur. (*aka-iein*), peuples de l'*Achaïe*.

ACHAÏQUE, adj. (*aka-ike*), qui appartient, qui a rapport à l'*Achaïe*.

ACHAISONNÉ, E, part. pass. d'*achaisonner*.

ACHAISONNER, v. act. (*achèzoné*). Ce mot n'est plus français ; il signifiait *vexer*, *inquiéter*.

ACHALANDAGE, et non point **ACHALANDISE**, subst. mas. (*achalandaje*) (rac. *chaland*), l'art, l'action d'*achalander*. Il se prend aussi dans le sens de clientèle : un boutiquier qui vend son fonds précise *tant pour le matériel*, *tant pour l'achalandage*, etc. Ce mot manque dans l'*Académie*.

ACHALANDÉ, E, part. pass. de *achalander*, qui a beaucoup de chalands : *boutique bien* ou *mal achalandée*.

ACHALANDER, v. act. (*achalandé*) (rac. *chaland*), faire avoir des *chalands* ; donner des pratiques. Il se dit du marchand et de sa boutique. — S'ACHALANDER, v. pron.

ACHALÉ, E, part. pass. de *achaler*.

ACHALER, v. act. (*achalé*), vieux t. encore usité dans l'ouest, et qui signifie *ennuyer* : *vous m'achalez*, vous m'ennuyez.

ACHAMANTHES, subst. fém. (*achamante*), t. de bot., plante de l'Amérique septentrionale.

ACHANACA, subst. mas. (*achanaka*), t. de bot., plante sudorifique employée contre la siphilis.

ACHANAMAZI, subst. mas. (*achanamazi*), prière du soir chez les Turcs.

ACHANIE, subst. fém. (*achani*), t. de bot., plante de la famille des malvacées.

ACHANTI, subst. mas. (*achanti*), royaume de la Guinée.

ACHAOVAN, subst. mas. (*achaovan*), t. de bot., espèce de camomille.

ACHAR, subst. mas. (*achar*), nom que les Indiens donnent à l'Être suprême. Il signifie, selon quelques-uns, *immobile*, *immuable*. — Ils appellent également *achars* les fruits confits au vinaigre : *achars de bambou*, *de bilimbi*, *de cornichons*, *de papaye*, etc.

ACHARIE, subst. fém. (*achari*), t. de bot., plante de la famille des urticées.

ACHARNÉ, E, part. pass. de *acharner*, et adj. : *combat acharné*, furieux.

ACHARNEMENT, subst. mas. (*acharneman*) (formé de *acharner*), action d'un animal qui s'attache opiniâtrément à sa proie. — Fureur opiniâtre avec laquelle les animaux, et même les hommes, se battent. — Fig., animosité opiniâtre.

ACHARNER, v. act. (*acharné*) (du lat. *ad*, à, et *caro*, *carnis*, chair), donner aux bêtes le goût et l'appétit de la chair : *acharner les chiens*, *acharner l'oiseau*. — Exciter, animer, irriter. Il est plus usité au passif et au pronominal. — S'ACHARNER, v. pron., s'attacher cruellement à quelqu'un. — Au fig., s'attacher avec ardeur à nuire ; persécuter opiniâtrément. — Fig., s'attacher avec excès : *il s'acharne au jeu*.

ACHAT, subst. mas. (*acha*) (formé du lat. *ad*, à, et *captare*, tâcher d'avoir), acquisition faite à prix d'argent, emplette. — *Livre d'achats*, journal où l'on écrit les marchandises que l'on achette. — ACHAT, ACQUISITION. (*Syn.*) On dit *faire achat d'une tabatière*, et faire l'acquisition d'une maison ; le premier se dit d'un objet mobilier, le second d'un immeuble.

ACHATE, subst. mas. (*akate*), t. d'hist. nat., nom d'un papillon. — Myth., ami et fidèle compagnon d'*Énée*.

ACHE, subst. fém. (*ache*), nom du céleri non cultivé, qui, multiplié et perfectionné par la culture, a pris chez nous le nom italien de la plante : *ache d'eau*. Voy. BERLE. — *Ache de montagne*. Voy. LIVÈCHE. — Chez les anciens, cette plante était regardée comme funèbre ou fatale. De là est venu le proverbe : *il ne faut plus que de l'ache*, *apio eget*, lorsqu'on parlait d'un malade désespéré. *Trévoux*.

ACHÉE, subst. fém. (*aché*) (d'*aiche*, qui, en t. de pêche, signifie appât), nom donné par les pêcheurs aux vers de terre qu'ils emploient pour amorcer les poissons. On les nomme aussi *laiches*.

ACHÉENNE, subst. et adj. fém. (*achéène*) (du lat. *achæa*), c'est un surnom qu'on a donné : 1° à Cérès, à cause de la douleur que lui causa l'enlèvement de Proserpine sa fille. Plutarque, dans son livre sur Isis et Osiris, dit que les Béotiens avaient un temple de Cérès *Achéenne* ; 2° Aristote dit que les Dauniens, ancien peuple d'Italie, avaient un temple dédié à Pallas *Achéenne*. — Ce surnom a deux origines différentes : quand il se donne à Cérès, il vient du mot grec ἄχος, qui signifie *douleur*. Mais donné à Pallas par les Dauniens, il signifie *qui est venu d'Achaïe*, et ce n'est que le féminin d'*achéen*. En effet, ce temple des Dauniens était vraisemblablement bâti par Diomède et les *Achéens* ; c'est-à-dire les Grecs qui vinrent avec lui en Italie, puisque Aristote dit qu'on y conservait les armes de ce capitaine et de ses compagnons. Ils y déposèrent apparemment une statue de Pallas qu'ils avaient apportée, et qui, ou parce qu'ils l'apportaient d'*Achaïe*, ou parce qu'elle fut mise là par des *Achéens*, fut surnommée *Achéenne*.

ACHÉLOÏA, subst. fém. (*akélo-i-a*), surnom de Callirhoé, fille d'*Achéloüs*.

ACHÉLOÏDES, subst. fém. plur. (*akélo-ide*). Myth. Les Sirènes étaient ainsi surnommées du nom d'Achéloüs, leur père.

ACHÉLOÜS, subst. mas. (*akélo-uce*) myth., fils de l'Océan et de Téthys ; selon d'autres, du Soleil et de la Terre. Aimant Déjanire, et sachant qu'elle devait épouser un grand conquérant, il se battit contre Hercule, mais il fut vaincu. Aussitôt il prit la forme d'un serpent, sous laquelle il fut encore défait ; ensuite celle d'un taureau, qui ne lui fut pas plus favorable, car Hercule le prit par les cornes, le terrassa, lui en arracha une, et le contraignit d'aller se cacher dans le fleuve Thoas, appelé depuis Achéloüs. Il donna à son vainqueur la corne d'Amalthée, ou la *corne d'abondance*, pour ravoir la sienne.

ACHEM, subst. mas. (*achème*), grand état qui est formé de toute l'extrémité septentrionale de l'île Sumatra. — Ville et capitale de cette île. — Myth., dieu des Druses.

ACHÉMÈNE, subst. mas. (*achémène*), fils d'Égée, qui donna son nom à une partie de la Perse.

ACHÉMÉNIDE, subst. mas. (*achéménide*), myth., l'un des compagnons d'Ulysse. Il échappa des mains du géant Polyphème, et s'attacha depuis à Énée, qui le reçut avec bonté sur ses vaisseaux.

ACHÉMÉNIS, subst. fém. (*achéménice*), t. de bot., plante à laquelle on attribuait la vertu magique d'épouvanter les armées.

ACHEMENT, subst. mas. (*acheman*), t. de blas., lambrequin, ou chaperon d'étoffe découpé, qui environne le casque ou l'écu. On dirait mieux *hachement*. Voy. ce mot.

ACHEMINÉ, E, part. pass. et adj., t. de man., dégourdi, presque dressé, en parlant d'un cheval.

ACHEMINEMENT, subst. mas. (*achemineman*) (formé d'*acheminer*), disposition, préparation, moyen pour arriver à... : *acheminement à la fortune*. Il ne se dit qu'au fig.

ACHEMINER, v. act. (*acheminé*) (rac. *chemin*), mettre une affaire en train, préparer l'exécution d'un dessein, etc. : *acheminer la paix*, y disposer. Presque toujours fig. — En t. de man., accoutumer un cheval à marcher droit devant lui. — S'ACHEMINER, v. pron., se mettre en *chemin* : *je m'acheminai vers* ou *du côté de Paris*. — Fig., s'avancer, tendre à son terme : *cette affaire s'achemine*.

ACHÈNE, subst. mas. (*achène*), espèce de fruit pseudosperme.

ACHÉROÏS, adj. (*achéro-ice*), myth., épithète qu'Homère donne au peuplier blanc, comme étant consacré aux dieux infernaux, et parce qu'on croyait que cet arbre croissait sur les bords du fleuve Achéron.

ACHÉRON, subst. mas. (*achéron* ; le *ch* à la française) (mot grec formé de ἄχος, douleur, et ῥοῦς, fleuve), nom d'une rivière d'Épire dont l'eau est imprégnée de vitriol, et qui exhale des vapeurs fort malsaines. — Il se prend poétiquement pour l'Enfer ou pour la Mort. — Voici ce qu'en dit la Fable : *Achéron* était fils du Soleil et de la Terre. Il fut changé en fleuve et précipité dans les enfers, pour avoir fourni de l'eau aux Titans lorsqu'ils déclarèrent la guerre à Jupiter. Ses eaux devinrent bourbeuses et amères ; et c'est un des fleuves que les ombres passaient sans retour. — Il y a plusieurs fleuves de ce nom : un dans l'Épire, un autre dans l'Élide, un troisième en Italie, un quatrième dans la Bithynie, etc.

ACHÉRONTIQUES (Livres), adj. mas. plur. (*achérontike*), volumes, au nombre de quinze, qu'on supposait avoir été tirés des Enfers, et qu'on gardait chez les Étrusques avec autant de soin que les Romains conservaient les livres sibyllins.

ACHÉRUSE, subst. fém. (*achéruze*), myth., nom donné à une caverne située sur le bord du Pont-Euxin. On croyait qu'elle communiquait aux enfers, et les habitants du pays prétendaient que c'était par cette voie qu'Hercule en avait tiré Cerbère.

ACHÉRUSIE, subst. fém. (*achéruzi*), marais auprès de Memphis en Egypte. Ce marais était entre Memphis et le lieu destiné à l'inhumation des morts de cette ville ; de sorte qu'il fallait le traverser dans une barque pour arriver à ce lieu. Comme on n'accordait les honneurs funèbres qu'à ceux qui avaient bien vécu, il n'était pas permis au batelier, qu'en langue égyptienne on appelait *Caron*, de recevoir dans sa barque les corps des méchants. De là la fable de Caron et de sa barque. Voy. CARON. — On avait encore donné le nom d'*Achérusie* à un marais près de Capoue, et à une presqu'île dans le Pont.

ACHETÉ, E, part. pass. de *acheter*.

ACHETER, v. act. (*acheté*, et non pas *ajeté*) (du latin *ad*, à, et *captare*, tâcher d'avoir), acquérir à prix d'argent : *acheter un cheval à quelqu'un*, ou *de quelqu'un*. — *Acheter des voix*, se les procurer à prix d'argent ou à tout autre prix. — *Acheter en gros*, *acheter* une grande quantité de marchandises. — *Acheter en détail*, n'*acheter* que de petites portions de marchandises. — *Acheter au comptant*, sous la condition de payer sur-le-champ. — *Acheter à crédit*, *à terme*, sous la condition de ne payer qu'à une époque convenue. — *Acheter pour son compte*, pour soi-même. — *Acheter par commission*, pour le compte d'autrui. — *Acheter des bans*, obtenir la dispense de faire publier des bans de mariage, en faisant une aumône à l'Église. — Fig., obtenir, se procurer avec peine : *il l'a bien acheté*. — *Acheter de son sang*, *acheter par un crime*, etc. — On double la lettre *t*, quand, après cette lettre, on entend un *e* muet, c'est-à-dire lorsque la lettre *t* est suivie de *e*, *es*, *ent* ; ainsi écrivez : *j'achette*, et non pas *j'achète*. — Prov., en parlant de vin ou d'autre liqueur : *qui bon l'achette*, *bon le boit*. — *Acheter un homme*, un remplaçant pour le service militaire. — S'ACHETER, v. pron. Voy. ACHETER.

ACHETERESSE, forgé par *Boiste* comme subst. fém. d'ACHETEUR, ne se dit pas.

ACHÈTES, subst. mas. plur. (*achète*), t. d'hist. nat., genre d'insectes orthoptères.

ACHETEUR, subst. mas., au fém., **ACHETEUSE** (*acheteur, euze*), celui, celle qui achette. Souvent ce féminin est trivial, et exprime le défaut d'une femme qui *achette* souvent et sans nécessité.

ACHETEUSE, subst. fém. Voy. ACHETEUR.

ACHÉUS, subst. mas. (*aché-uce*), surnommé Gallicon, Grec qui se distingua par des traits d'une stupidité singulière. Entre autres, il avait pris un pot de terre pour lui servir d'oreiller ; mais, le trouvant trop dur, il l'emplit de paille, croyant le rendre ainsi plus commode. — Il y eut un autre Achéus, fils de Xuthus.

ACHEVÉ, E, part. pass. de *achever*, et adj., fini, accompli ; parfait, excellent.—Il se prend aussi en mauvaise part : *c'est un fou achevé, un sot achevé.* — T. de man., dressé.

ACHÈVEMENT, subst. mas. (*achèveman*), action d'achever ; fin, exécution entière. — Au fig., perfection obtenue à force de travail. Dans les arts du dessin, il se dit du soin que l'artiste a mis à perfectionner toutes les parties de son ouvrage. —Les teinturiers nomment *achèvement* l'action de finir une étoffe en noir.

ACHEVER, v. act. (*achevé*) (du latin *ad*, à, et *caput*, tête, chef, comme si l'on disait : *mettre* ou *conduire à chef, à fin*), finir, terminer une chose commencée.—Il s'emploie aussi neutralement, et régit la prép. *de* : *achevons de dîner.* — On dit fig. et en plaisantant, d'un malheur arrivé à quelqu'un qui en a déjà essuyé d'autres : *c'est pour l'achever de peindre.* S'il était question d'un dernier coup de pinceau donné à son portrait, il faudrait dire : *c'est pour achever de le peindre.* — Fig., faire mourir. — Fig., ruiner sans ressource. — Fig., enivrer complètement. — Chez les batteurs d'or, finir d'étendre l'or sous le marteau. Ce verbe prend un accent grave sur le pénultième *e* à toutes les personnes terminées par une syllabe muette. — **S'ACHEVER**, v. pron., se finir, se terminer, s'accomplir. — *Il s'est achevé*, pour dire : il a fini de se ruiner, de se perdre. — S'enivrer complètement.

ACHEVEUR, subst. mas. (*acheveur*), le plus grand des moules chez les batteurs d'or.

ACHEVOIR, subst. mas. (*achevoar*), lieu où l'on *achève* ; outil servant à finir un ouvrage. Presque inusité.

ACHILLE (Tendon d'), subst. mas. (*achile*), t. d'anat., gros tendon qui s'étend des muscles du mollet au talon. Il est ainsi nommé à cause de la blessure qu'Achille reçut en cette dernière partie.—*Achille*, subst. mas., signifiant *argument sans réplique*, ne se comprendrait plus. On donnait ce nom, dans les écoles, à l'argument principal de chaque secte : *voilà son Achille*, c'est-à-dire une raison invincible, un argument péremptoire. En particulier on appelait *Achille* le fameux argument de Zénon d'Élée sur le mouvement. Ce philosophe mettait en comparaison la lenteur d'une tortue avec la vitesse d'*Achille*, pour montrer qu'un mobile lent, qui précède tant soit peu un mobile vite, n'en peut jamais être devancé.

ACHILLE, subst. mas. (*achile*), myth., fils de Pélée, roi de la Thessalie, et de Thétis. On dit que sa mère le plongea dans le Styx pour le rendre invulnérable. Il y entra de tout le corps, excepté du talon, par lequel elle le tenait en le plongeant. On le mit sous la discipline du centaure Chiron, qui le nourrit de moelle de lions, d'ours, de tigres, et de plusieurs autres bêtes sauvages. Sa mère, ayant su de Calchas qu'il périrait devant Troie, et qu'on ne prendrait jamais cette ville sans lui, l'envoya à la cour de Lycomède, dans l'île de Scyros, en habits de fille, sous le nom de Pyrrha, pour l'y tenir caché. Étant ainsi déguisé, il se fit connaître à Déidamie, fille de Lycomède. Il l'épousa en secret, et eut d'elle un fils nommé Pyrrhus. Lorsque les Grecs s'assemblèrent pour aller assiéger Troie, Calchas leur indiqua le lieu de sa retraite. Ils y députèrent Ulysse, qui se déguisa en marchand, et, en présentant aux dames de la cour de Lycomède des bijoux et des armes, il reconnut ce jeune prince à la préférence qu'il donna aux armes sur les bijoux, et l'emmena avec lui au siège de Troie. Achille fit bientôt voir qu'il était le premier héros de la Grèce, et devint la terreur de tous ses ennemis. Pendant le siège, Agamemnon lui enleva une captive appelée Hippodamie, et surnommée *Briséis*, du nom de son père Brisès ; ce qui fut cause qu'il se retira dans sa tente et ne voulut plus combattre. Tant que dura sa retraite, les Troyens eurent toujours l'avantage ; mais Patrocle, son ami, ayant été tué par Hector, Achille retourna au combat, et le vengea en tuant Hector, qu'il traîna trois fois autour des murailles, attaché à son char par les pieds ; puis il le rendit aux larmes de Priam. Ayant ensuite conçu de la passion pour Polyxène, fille de Priam, il la demanda en mariage ; et lorsqu'il allait l'épouser, Pâris lui décocha une flèche au talon. Il mourut de cette blessure. On dit que ce fut Apollon qui conduisit cette flèche. Les Grecs lui élevèrent un tombeau sur le promontoire de Sigée, sur lequel Pyrrhus, son fils, lui immola Polyxène. On conte encore de lui que Thétis lui avait proposé, dans son enfance, de vivre long-temps sans rien faire pour la gloire, ou de mourir jeune et chargé d'honneurs, et qu'il prit ce dernier parti. — Il paraît nécessaire de faire observer ici que la fable qui suppose Achille invulnérable n'était pas reçue du temps d'Homère. Ce poëte dit précisément le contraire. Il n'avait garde de donner dans une fiction qui aurait déshonoré son héros. (*Hom. Nat. Com.*) Voy. PIRITHOÜS.

ACHILLÉE, subst. fém. (*achilelé*), plante radiée, espèce de jacobée.—Dans l'antiquité, les *Achillées* étaient des jours de fêtes en l'honneur d'Achille, qui se célébraient à Brasies, ou Prasies. — Île du Pont-Euxin ainsi appelée du nom d'*Achille*, à qui on y rendait les honneurs divins. Il y avait encore une fontaine de ce nom auprès de Milet : on l'avait nommée ainsi parce qu'on supposait qu'*Achille* s'y était baigné.

ACHILLÉENNES, subst. et adj. plur. fém. (*achileléène*), fêtes qu'on célébrait dans la Laconie en l'honneur d'*Achille*.

ACHILLÉIDE, subst. fém. (*achilelé-ide*), poème de Stace en l'honneur d'Achille, que cet auteur n'a point achevé.

ACHIMÈNE, subst. mas. (*achimène*), arbuste d'Amérique.

ACHIRE, subst. mas. (*achire*) (du grec α priv., et χείρ, main), poisson sans nageoires pectorales, de la famille des poissons osseux nommés hétérosomes. — Adj., t. de médec., manchot. Inusité dans ce dernier sens aujourd'hui.

ACHIT, subst. mas. (*achite*), vigne sauvage de Madagascar.

ACHLIS, subst. mas. (*aklice*), nom anciennement donné à l'élan.

ACHLYS, subst. fém. (*aklice*), myth., déesse de l'obscurité et des ténèbres.—Nom donné par les médecins aux taches de la cornée qui altèrent plus ou moins la vue.

ACHMÉ, subst. mas. (*akmé*), livre de la religion et des lois chez les anciens Druses.

ACHMÉE, subst. fém. (*akmé*), t. de bot., plante du Pérou, ressemblant à nos asperges.

ACHMON, subst. mas. (*akmon*), frère de Basalas ou Passalus, tous deux Cercopes. Ils étaient si querelleurs, qu'ils attaquaient tous ceux qu'ils rencontraient. Sennon, leur mère, leur recommanda de ne point s'exposer à la colère de Mélampyge, c'est-à-dire de l'homme aux fesses noires. Un jour ils trouvèrent Hercule endormi sous un arbre, et l'insultèrent. Hercule les lia par les pieds, et les ayant accrochés à sa massue, la tête en bas, et le visage tourné de son côté, il les porta sur son épaule comme les chasseurs portent le gibier. Ce fut en cette plaisante posture qu'ils dirent : Voilà le Mélampyge que nous devions craindre. Hercule se prit à rire, et les laissa aller.

ACHNATHÉRON, subst. mas. (*aknatéron*), t. de bot., genre de graminées.

ACHNE, subst. mas. (*akne*), t. de chir., stries muqueuses étendues sur l'œil. — T. de chim., écume légère dont se couvre la surface d'un liquide.

ACHNÉRIE, subst. fém. (*aknéri*), t. de bot., genre de graminées.

ACHNIDE, subst. fém. (*aknide*), t. de bot., plante de l'espèce des chénopodées, ressemblant aux amarantes.

ACHNODONTON, subst. mas. (*aknodonton*), t. de bot., genre de graminées.

ACHOCON, subst. mas. (*achokon*). Voy. LÉONIER.

ACHOISÉ, E, part. pass. de *achoiser*.

ACHOISER, v. act. (*achoézé*), vieux mot qui signifiait apaiser, tranquilliser. — **S'ACHOISER**, v. pron. Inusité.

ACHOISON, subst. fém. (*achoèzon*), vieux mot qui signifiait *tranquillité*.

ACHOPPEMENT, subst. mas. (*achopeman*) (du grec κοπτειν, *aor.* 2 de κοπτειν, heurter, dont on a fait le mot français *chopper*, faire un faux pas). Il ne se dit qu'au fig., et dans cette phrase : *pierre d'achoppement*, difficulté, obstacle ; cause de malheur, de désordre, etc.

S'ACHOPPER, v. pron., se heurter. Presque inusité. Voy. ACHOPPEMENT.

ACHOR ou **ACHORUS**, myth. Voy. MYAGRE.

ACHORES, subst. mas. plur. (*akore*) (du grec ἄχωρ, ulcère de la tête), t. de médec., espèce de teigne humide qui se porte à la tête des enfants ; petits ulcères à la tête, aux joues.

ACHORISTOS, subst. mas. (*akoricetôce*), t. de médec., signes qui accompagnent un état quelconque de l'économie animale.

ACHOU, subst. mas. (*achou*), bois d'Inde.

ACHOUROU, subst. mas. (*achourou*), le même que *achou*.

ACHOVAN, subst. mas. (*achovan*), t. de bot., espèce de camomille.

ACHRAS, subst. mas. (*akrâce*), poirier sauvage.

ACHROMATIQUE, adj. (*akromatike*) (du grec α priv., et χρῶμα, couleur), t. d'opt. *Lunettes achromatiques*, lunettes de nouvelle invention corrigeant la différente réfrangibilité des rayons, qui ne font point voir les *couleurs* de l'iris, et rendent les images plus nettes.

ACHROMATISME, subst. mas. (*akromaticeme*), art de l'optique dont le but est de faire voir les objets sans couleurs étrangères.

ACHRONICHES, subst. mas. plur. Cette orthographe est vicieuse. Voy. ACRONYCHES, dont l'étymologie est plus en rapport avec la définition.

ACHRONIQUE, adj. Cette orthographe est vicieuse. Voy. ACRONYQUE.

ACHTHOGRAPHE, subst. mas. (*aktoguerafe*) (du grec ἄχθος, poids, et γράφειν, décrire), qui décrit les poids.

ACHTHOGRAPHIE, subst. fém. (*aktoguerafi*), description des poids. Nous pensons que le petit nombre des lexicographes qui donnent ce mot ont eu tort de l'écrire *achthéographie*, car l'on pourrait penser que cette forme *théo* vient de θεος, et il n'en est rien. Voy. ACHTHOGRAPHE pour l'étymologie.

ACHTHOGRAPHIQUE, adj. (*aktoguerafike*), qui a rapport à l'*achthographie*.

ACHTHOMÈTRE, subst. mas. (*aktomètre*) (du grec ἄχθος, poids, et μέτρον, mesure), nouvel instrument inventé pour reconnaître la surcharge des voitures sur les routes.

ACHY, subst. mas. (*achi*), t. de bot., casse d'Arabie.

ACHYOULOU, subst. mas. (*achioulou*), cerisier d'Amérique.

ACHYRANTE, subst. fém. (*achirante*), t. de bot., plante de la famille des amarantacées.

ACHYRONIE, subst. fém. (*achironi*), t. de bot., plante de la famille des légumineuses.

ACIANTHE, subst. mas. (*aciante*), t. de bot., plante de la famille des orchidées.

ACICARPE, subst. mas. (*acikarpe*), t. de bot., plante de la famille des cinarocéphales.

ACICULAIRE, adj. (*acikulère*) (du grec ἀκίς, pointe), semblable à des aiguilles.

ACIDALIE, subst. fém. (*acidali*), myth., surnom de Vénus *acidalienne*.

ACIDALIENNE, adj. fém. (*acidaliène*) (en lat. *acidalia*, d'*Acidalie*), surnom de Vénus, que les Grecs lui donnèrent, ou parce qu'elle cause des chagrins et des soins (en grec ἀκίδες), ou d'une fontaine de Béotie qui lui était dédiée, et qui se nommait *Acidale* et était dans la ville d'Orchomène.

ACIDE, subst. mas. (*acide*) (du grec ἀκίς, *gén.* ἀκίδος, pointe), substance caractérisée par une saveur aigre et piquante, qui est susceptible de faire effervescence avec les alcalis et les matières calcaires, et qui a la propriété de changer en rouge les couleurs des végétaux.—Tous les *acides* sont formés d'une substance, soit simple, soit composée, qui leur sert de base, et qu'on appelle leur *radical* ; cette substance est combinée avec l'oxygène qui la rend *acide*. *Acide* est le nom générique de tous ces composés, et chaque *acide* est différencié des autres par sa base ou son radical : on appelle *acide acéteux* l'*acide* du vinaigre ; *acide acétique*, le même *acide* dans lequel il entre une plus grande quantité d'oxygène ; *acide boracique*, celui qu'on tire du borax ; *acide camphorique*, celui qu'on tire du camphre, etc. — Il est aussi adj. des deux genres, et il signifie : qui a une saveur tirant sur l'aigre : *liqueur acide, goût acide.*

ACIDIE, subst. mas. (*acidi*), en t. d'hist. nat., ver mollusque acéphale.

ACIDIFÈRE, adj. (*acidifère*) (formé des deux mots latins *acidus*, acide, et *fero*, je porte), t. de minér., qui renferme un *acide*.

ACIDIFIABLE, adj. (*acidifiable*) (des mots latins *acidus*, acide, et *fio*, je suis fait), en t. de chim., qui peut être converti en *acide* : *base acidifiable.*

ACIDIFIANT, E, adj. (*acidifian*) (des mots latins *acidus* et *fio*), en t. de chim., qui convertit en *acide* les bases *acidifiables* : *principe acidifiant.*

ACIDIFICATION, subst. fém. (*acidificácion*) (formé du latin *acidus*, et *fio*, je deviens), t. de chim., action de se convertir, ou de convertir en *acide.*

ACIDIFIÉ, E, part. pass. de *acidifier.*

ACIDIFIER, v. act. (*acidifié*) (des mots latins *acidus*, acide, et *fieri*, devenir), t. de chim., rendre acide. — **S'ACIDIFIER**, v. pron.

ACIDITÉ, subst. fém. (*acidité*) (en latin *aciditas*), qualité de ce qui est *acide.*

ACIDOTON, subst. mas. (*acidoton*), t. de bot., plante de la famille des euphorbiacées.

ACIDULE, adj. (*acidule*) (en latin *acidulus*), t. de chim., tenant de l'*acide*, qui est légèrement *acide* de sa nature : *une limonade est acidule.*— *Sel acidule*, surchargé d'*acide.*—Quelques-uns emploient ce mot en parlant des eaux minérales froides, lors même qu'elles ne contiennent pas de sel *acide*, afin de les distinguer des eaux minérales chaudes.

ACIDULÉ, E, part. pass. de *aciduler*, et adj., t. de médec. *Boissons acidulées*, eaux minérales qui ne sont point chaudes. On les appelle ainsi, dit Hoffmann, parce que leurs eaux sont un peu *acides.* Le même auteur les nomme aussi *fontaines vineuses.*

ACIDULER, v. act. (*acidulé*) (rac. lat., *acidus*, acide), rendre légèrement *acide.* Il est surtout usité en médec.— **S'ACIDULER**, v. pron.

ACIER, subst. mas. (*acié*) (du latin barbare *aciarium*, dérivé d'*acies*, et du grec ακις, pointe), fer combiné avec une portion de carbone, c'est-à-dire fer raffiné, très-pur et beaucoup plus flexible que le fer ordinaire. — Outil de mineur. — *Tremper de l'acier*, c'est le faire rougir au feu et le plonger immédiatement dans l'eau froide, ce qui le rend plus dur.— Il y a un *acier* naturel, et qui en a toutes les qualités en sortant de la mine.—On peut voir, dans *le Mercure* de septembre 1756, la description d'une mine d'*acier* trouvée près de Strasbourg en Alsace.—Le petit *acier* commun a peu de prix ; on le vend par carreaux ou billes.—Le meilleur est celui qui est sans pailles ni surchauffures, et qui paraît net et d'un grain blanc et délié quand on le casse ; mais si l'acier est plein de veines noires, ou de pailles, que l'on aperçoit aisément en le rompant ; ou s'il est surchauffé, c'est-à-dire s'il a été trop chauffé, en sorte qu'il paraisse comme grillé et en petits grumeaux, il ne vaut rien. — L'*acier* de Piémont est aussi en carreaux. Il faut le choisir sans pailles et sans surchauffures. S'il a des taches jaunâtres, c'est une marque qu'il sera difficile à souder et à allier avec le fer. Il vient de Piémont deux sortes d'*acier* : l'un artificiel, et l'autre naturel. L'artificiel est le moins bon. Cependant pourvu qu'il soit bien trempé et affiné deux fois, il sert à acérer des marteaux et autres outils propres à un travail de force.— L'*acier* qu'on tire d'Allemagne est en petites bandes ; on l'emploie à faire des épées, des ressorts, etc. — L'*acier de carme*, ou *à la rose*, vient aussi d'Allemagne et de Hongrie ; il est bon à faire des ciseaux, à couper le fer à froid, etc. Ces deux sortes d'*acier* d'Allemagne sont les meilleures dont on se serve en France.—L'*acier de grain*, ou l'*acier de motte*, ou *de Mondragon*, est apporté d'Espagne par grosses masses. Quand il est bien choisi et bien affiné, il est propre à acérer les outils qui doivent être durs et avec lesquels on travaille à des ouvrages pénibles, comme à couper le marbre. — L'*acier de Damas* vient de Damas, en Syrie ; il a un grain si fin qu'il coupe le fer sans être trempé. On dit que sa trempe se fait par l'impression de l'air, lorsqu'un cavalier courant à toute bride le tient à sa main en faisant la roue. On le trempe aussi sur un chamois mouillé, en posant le tranchant dessus comme si l'on voulait couper le chamois.—L'*acier tiré* est une verge d'*acier* passée par une filière cannelée qui la rend propre à faire des pignons de différents membres, suivant la filière par où elle a passé. (*Traité de l'Horlogerie*, par Thiout.) — Une *bille d'acier* est une pièce d'*acier* qui a quatre ou cinq pouces de long et deux ou trois lignes d'épaisseur. On expédie aussi de l'*acier* en barre, et en pains larges et plats, de différentes grandeurs et épaisseurs.— Il n'y a point d'*acier* en Barbarie ; celui qu'on emploie dans ce pays est fait de fer que l'on étend en longues verges, et qu'on met dans des tinettes de terre, où on lui donne la trempe avec de l'eau, du sable et des herbes ; ensuite on le fait recuire afin de le durcir ; mais il n'est pas si bon que celui qu'on y porte de l'Europe. — *Acier* se dit d'une épée : *un fin acier lui fit voler la tête de dessus les épaules.*

ACIÉRATION, subst. fém. (*aciérácion*), t. de chim., action de convertir du fer en *acier* ; résultat de cette action.

ACIÉRÉ, E, part. pass. de *aciérer.*

ACIÉRER, v. act. (*aciéré*) (rac. *acier*), t. de chim., convertir le fer en *acier.* —**S'ACIÉRER**, v. pron.

ACIÉRIE, subst. fém. (*aciéri*), atelier, usine où l'on fabrique l'*acier.*

ACIÉSIE, subst. fém. (*aciézi*), t. de médec., stérilité des femmes.

ACILIUS ou **ACITHIUS**, subst. mas. (*aciliuce*, *acitiuce*), fleuve coulant de l'Etna dans la mer de Sicile. Il tirait son nom d'Acis.

ACINACÈS, subst. mas. (*acinacèce*) (mot latin formé du grec ακις, pointe), t. d'antiq., épée longue et recourbée en usage chez les Perses et chez les Parthes.

ACINACIFORME, adj. (*acinaciforme*) (du latin *acinaces*, sabre, et *forma*, forme), se dit, en bot., des feuilles allongées et charnues, dont l'un des bords est obtus, tandis que l'autre est tranchant, ce qui leur donne la forme d'un sabre.

ACINAX, subst. mas. (*acinaxe*) (du grec ακις, pointe), épée que les Scythes plantaient sur une quille pour représenter Mars.

ACINE, subst. fém. (*acine*) (en latin *acinus*, du grec ακινος, grain de raisin), nom donné en bot. à toutes les petites baies, telles que raisin, groseilles, etc.

ACINÉSIE, subst. fém. (*acinézí*) (du grec α priv., et κινειν, mouvoir), t. de médec., repos du pouls, ou le petit intervalle qu'il y a entre la contraction et la dilatation de l'artère.

ACINIFORME, adj. (*aciniforme*) (du grec ακινος, grain de raisin, et *forma*, forme), qualification qu'on donne en anat. à l'une des membranes de l'œil, appelée aussi *uvée*, et qui a quelque ressemblance avec une grappe.

ACINOPHORE, subst. mas. (*acinofore*), t. de bot., plante de la famille des champignons.

ACINOS, subst. mas. (*acinoce*), espèce de thym qui croît sur les collines calcaires.

ACINTLI, subst. mas. (*aceintli*), t. d'hist. nat., oiseau du Mexique.

ACIPE, subst. mas. (*acipe*), poisson cartilagineux.

ACIPENSÈRE, subst. mas. (*acipancère*) (en latin *acipenser*, esturgeon), genre de poissons abdominaux ; esturgeon.

ACIS, subst. mas. (*acice*), myth., fils de Faune et de la nymphe Simœthis. Il s'attira par sa beauté la tendresse de Galatée que le géant Polyphème aimait. Ce cyclope, l'ayant un jour surpris avec elle, l'écrasa sous un rocher qu'il lui jeta ; mais la nymphe, pénétrée de douleur, changea son sang en un fleuve appelé depuis Acis. (*Ovide.*) Voy. **ACILIUS.**

ACITHIUS. Voy. **ACILIUS.**

ACISANTHÈRE, subst. mas. (*acizantère*), t. de bot., espèce de salicaire.

ACLADIE, subst. fém. (*akladi*), t. de bot., sorte de champignon qui croît sur les tiges des choux.

ACLADODE, subst. mas. (*akladode*), t. de bot., arbrisseau qui croît au Pérou.

ACLAMPÉ, E, part. pass. de *aclamper.*

ACLAMPER, v. act. (*aklanpé*), t. de mar., joindre une pièce de bois à une autre avec des clous, des chevilles ou des cordes.

ACLASTE, adj. (*aklacete*) (du grec α priv., et κλαω ou κλασταω, je brise), t. d'opt., qualification donnée aux substances qui, avec les propriétés requises pour rompre les rayons de lumière, les laissent passer sans réfraction.

ACLÉIDIENS, subst. mas. plur. (*aklé-idiein*) (du grec α priv., et κλεις, clef, clavicule), mammifères qui n'ont point de clavicule.—*Aclidiens*, que l'on trouve dans *Raymond*, est un barbarisme.

ACLINIQUE, adj. (*aklinike*) (en grec, ακλινης, qui ne penche, qui n'incline d'aucun côté), se dit d'une lunette nouvellement inventée, dont on se sert pour les spectacles ; elle tient la vue en respect, et ne permet pas aux rayons visuels de trop s'écarter.

ACME, subst. mas. (*akme*), t. de médec., le plus haut degré d'une maladie, par opposition à *paracme.*

ACMELLE, subst. fém. (*akmèle*), plante amère dont on se sert en médecine.

ACMÈNES, subst. fém. plur. (*akmène*), myth., nymphes de Vénus.

ACMO, subst. mas. (*akmo*), t. de minér., ancien nom du corail rouge.

ACMON, subst. mas. (*akmon*), myth., fils de la Terre et père de Cœlus. Son culte était célèbre dans l'île de Crète.

ACMONIDES, subst. mas. plur. (*akmonide*), myth., descendants d'Acmon.

ACNIDE, subst. fém. (*aknide*), plante qui croît dans l'eau.

ACOCATS, subst. mas. plur. (*akoká*), t. de manuf., liteaux qui servent à mouvoir le battant du métier à tisser la soie.

ACŒMÈTE, subst. et adj. mas. (*acémète*), le même que *acémètes.* Voy. ce mot.

ACŒTÈS, subst. mas. (*acétèce*), nom d'un pêcheur, qui n'est connu que par l'élégante description de sa pauvreté dans *les Métamorphoses d'Ovide*, livre 3.

ACOHO, subst. mas. (*akôô*), t. d'hist. nat., très-petit coq de Madagascar.

ACOINT, subst. mas. (*akoein*), vieux mot inusité qui signifiait *ami familier.* Selon *Boiste*, il faudrait écrire *accoint.*

ACOLALEN ou **ACOLALON**, subst. mas. (*akolalein*, *lon*), insecte semblable à une punaise, et qu'on ne trouve guère que dans les îles de l'Afrique.

ACOLASTE, subst. mas. (*akolacete*), débauché, prodigue ; ne se trouve que dans *Raymond*, qui aurait au moins pu nous dire que ce mot est grec (ακολαστος), et que c'est un adj. et non un subst. dans la langue ancienne. Et puis, en supposant que ce mot soit admis, pourquoi serait-il subst. mas. et non pas adj. des deux genres ?

ACOLI, subst. mas. (*akoli*), t. d'hist. nat., sorte de soubuse.

ACOLIN, subst. mas. (*akolein*), t. d'hist. nat., râle de lac du Mexique.—On l'appelle aussi *caille d'eau.*

ACOLOGIE, subst. fém. (*akoloji*) (du grec ακος, remède, et λογος, discours), t. de médec., théorie des moyens thérapeutiques.

ACOLOGIQUE, adj. (*akolojike*), qui concerne l'*acologie.*

ACOGRAPHIE, subst. fém. (*akoguerafi*), t. de médec., description des moyens thérapeutiques.

ACOGRAPHIQUE, adj. (*akoguerafike*), qui a rapport à l'*acographie.*

ACOLYTAT, subst. mas. (*akolita*) (formé du mot *acolyte*), le plus élevé des quatre ordres mineurs.

ACOLYTE, subst. mas. (*akolite*) (en grec ακολυτος, libre, sans engagement), clerc promu à l'un des quatre ordres mineurs, qui n'a pas encore fait de vœux, et dont l'office est de porter les cierges, de préparer le feu, l'encensoir, le vin et l'eau, et de servir à l'autel le prêtre, le diacre et le sous-diacre : *faire les fonctions d'acolyte à une grand'messe.* —Fam. Il se dit de celui qui fréquente habituellement une même personne : *c'est son acolyte.* On s'en sert encore, mais en mauvaise part, pour désigner une personne qui en aide, qui en assiste une autre.

ACOMAT, subst. mas. (*akoma*), arbre des Antilles, et dont le bois est propre à faire des navires. — L'*Académie* écrit aussi *acomas.* Pourquoi deux orthographes à un même mot ?

ACON, subst. mas. (*akon*), petit bateau plat de pêcheur. Voy. **ACCON**, dont l'orthographe est préférable.

ACONCE, subst. mas. (*akonce*), myth., jeune homme de l'île de Cée, d'une rare beauté, mais peu favorisé de la fortune. Pendant un séjour qu'il fit à Délos, où il était venu pour faire un sacrifice, il aima éperdument Cydippe, qui ne voulut point l'écouter ; et ayant perdu toute espérance de l'épouser, il grava sur une boule ces mots : *Je jure par Diane, Aconce, de n'être jamais qu'à vous.* Cydippe, aux pieds de qui il avait laissé tomber cette boule, la ramassa, lut cet écrit sans y penser, et s'engagea de même. Toutes les fois qu'elle voulait se marier, elle était attaquée d'une fièvre violente ; et persuadée que c'était une punition des dieux, elle épousa ce jeune homme. (*Ovid. Hér.* 19 et 20.)

ACONION, subst. mas. (*akonion*), t. de médec., remède contre les maladies des yeux chez les anciens.

ACONIT, subst. mas. (*akonite*) (en grec ακονιτον, d'ακονη, pierre à aiguiser), plante vénéneuse.

ACONITIE, subst. fém. (*akoniti*), t. de bot., plante de la famille des champignons.— Au plur., t. d'astron., nom donné à des étoiles chevelues, comètes.

ACONITINE, subst. fém. (*akonitine*), sorte d'alcali.

ACONTE, subst. mas. (*akonte*), myth., l'un des fils de Lycaon.

ACOPE, adj. (*akope*) (du grec α priv., et κοπος fatigue), se dit des remèdes propres à diminuer la lassitude.

ACOPEUSE, adj. fém. Voy. **ACOPEUX.**

ACOPEUX, adj. mas., au fém. **ACOPEUSE** (*akopeu*, *peuze*), se disait, chez les anciens, de certains remèdes qu'ils employaient contre la lassitude. Ce mot, que nous ne trouvons que dans *Raymond*, est le même que *acope*.

ACOPIS, subst. fém. (*akopice*) (du grec α augment., et κωπα, collier), pierre précieuse qui, suivant *Pline*, était transparente comme le verre, avec des taches d'or.

ACOPUM, subst. mas. (*akopome*) (en lat. *acopus*), fomentation de drogues émollientes.

ACOQUINANT, E, adj. (*akokinan, nante*) (formé d'*acoquiner*), qui *acoquine*. Fam. Voy. ACOQUINER.

ACOQUINÉ, E, part. pass. de *acoquiner*.

ACOQUINER, v. act. (*akokiné*) (rac. *coquin*, formé du lat. *coquina*, cuisine), attirer, attacher par l'habitude. — Accoutumer à la paresse. — La bonne chère *acoquine*. — S'ACOQUINER, v. pron., s'attacher, s'adonner trop à.—Prendre des habitudes : *il s'acoquine dans cette maison.* Nous écrivons *acoquiner* et les mots qui en dérivent avec un seul *c*, parce que c'est l'orthographe de l'*Académie* ; mais nous ne comprenons pas pourquoi l'on ne double pas le *c*.

ACORE, subst. mas. (*akore*) (en lat. *acorus*, formé du grec α augment., et κορη, prunelle), plante aquatique, bonne pour les yeux. — Jonc odorant. — On dit aussi *acorus*.

AÇORES, subst. fém. plur. (*açore*), îles de l'Océan atlantique, qu'on nomme aussi Tercère, Flamandes et Cassitérides. Elles sont situées entre les côtes d'Espagne et celles du Canada, et appartiennent aux Portugais. Elles ne sont habitées, selon Roterus, que depuis l'an 1439. Il n'y en avait que sept d'abord comprises sous ce nom ; aujourd'hui on en compte neuf, qui sont : *Tercère, Saint-Michel, Sainte-Marie, Saint-Georges, Pico, Fayals, Gratiosa*, avec *Floreo* et *Corvo*, qui ont été découvertes les dernières. On les appelle *Açores*, du nom espagnol et portugais *açor*, qui signifie un faucon, ou un épervier, ou un autour, parce qu'on y trouve beaucoup de ces oiseaux ; *Tercère*, du nom de la plus considérable ; *Flamandes*, parce que ce fut un *Flamand* qui les découvrit le premier ; *Cassitérides*, ou *Cattitérides*, parce qu'on suppose que ce sont celles auxquelles Ptolomée et Pline ont donné ce nom. — C'est dans *Tercère*, la principale des *Açores*, qu'Alphonse-Henri, roi de Portugal, fut envoyé en 1669, lorsqu'il fut déclaré incapable de gouverner.

ACORÉ, E, part. pass. de *acorer*.

ACORER, v. act. (*akoré*), vieux mot inusité qui signifiait *appuyer*, et, suivant *Laveaux*, arracher le cœur ; faire mourir.

ACORIE, subst. fém. (*akori*), t. de médec. et de chir., grand appétit, faim canine. Peu usité.

ACORUS, subst. mas. (*akoruce*), jonc odorant.

ACOSMIE, subst. fém. (*akocemi*) (du grec α priv., et κοσμος, parure), négligence dans la parure. Peu usité. — T. de médec., dérangement de la santé.

ACOSTE, subst. mas. (*akocete*), t. de bot., arbrisseau de la Cochinchine.

ACOTYLÉDONE, adj. (*akotilédone*) (du grec α priv., et κοτυλη, creux), t. de bot., plante dont le germe, sans lobes, n'a que la plumule et la radicule. —Subst. fém. plur., plantes sans fleurs séminales.

ACOTYLÉDONIE, subst. fém. (*akotilédoni*), caractère distinctif des plantes *acotylédones*.

ACOUCHI, subst. mas. (*akouchi*), quadrupède de la Guiane.

AÇOUDI, subst. mas. (*açoudi*), grande ville d'Afrique, dans le Sahara et le roy. d'Absen.

A-COUP, subst. mas. invariable, dit l'*Académie*. Nous ne comprenons pas trop ce que signifie ce mot *invariable* appliqué à un subst. Toutefois nous donnerons la définition de ce mot, que nous croyons fort peu usité. L'*Académie* entend par *à-coup* un mouvement saccadé, un temps d'arrêt brusque. Il se dit, continue-t-elle, des mouvements de ce genre et des temps d'arrêt qui nuisent à la précision, à la régularité dans les exercices d'équitation et dans les manœuvres d'une troupe : *agir, marcher par à-coup. Si le guide d'un peloton ne marche pas également, il occasionne des à-coup.*

ACOUSMATE, subst. mas. (*akoucemate*) (du grec ακουω, j'entends), bruit imaginaire de voix et d'instruments dans les airs.

ACOUSMATIQUE, adj. et subst. (*akoucematike*), qui entend sans voir ; qui est entendu sans être vu. — On appelait *acousmatiques* ceux des disciples de Pythagore qui, durant cinq années, écoutaient les leçons derrière un voile, en observant le plus rigoureux silence.

ACOUSTICO-MALLÉEN, subst. mas. et adj. (*akoucetikomaléène*), t. d'anat., muscle externe du marteau dans l'oreille.

ACOUSTIQUE, subst. fém. (*akoucetike*) (formé du grec ακουω, je prête l'oreille), théorie de l'ouïe, des sons et de leurs propriétés.—L'*acoustique* est une science qui a pour objet le son en général, tandis que la *musique* a pour objet spécial le son, en tant qu'il est agréable à l'ouïe. — Adj. des deux genres, il se dit des instruments qui sont propres à étendre le volume de la voix, à la faire mieux vibrer dans un vaisseau quelconque, et généralement de tout ce qui peut servir à augmenter ou à propager le son.—T. d'anat., il se dit aussi d'un nerf qui aboutit au conduit externe de l'oreille, et des remèdes qu'on peut employer pour la guérison de la surdité. Il se prend aussi subst. dans ces deux sens.

ACOUSTISE, subst. fém. (*akoucetize*), t. de bot., plante des Indes.

ACOUTI, subst. mas. (*akouti*), petit animal des îles de l'Amérique. Quelques-uns croient que c'est le même que l'*agouti*.

ACOUTREUR, subst. mas., doit s'écrire par deux *c* ; voyez ACCOUTREUR.

ACQ, subst. mas. (*ak*), t. employé par les pêcheurs picards pour désigner un haim ou hameçon.

ACQUÉE, subst. fém. (*aké*), le même que ACQ.

ACQUÉ, E, part. pass. de *acquer*.

ACQUER, v. act. (*aké*), t. de pêche : amorcer les haims ou hameçons.

DU VERBE IRRÉGULIER ACQUÉRIR :

Acquéraient, 3e pers. plur. imparf. indic.
Acquérais, précédé de *j'*, 1re pers. sing. imparf. indic.
Acquérais, précédé de *tu*, 2e pers. sing. imparf. indic.
Acquérait, 3e pers. sing. imparf. indic.
Acquérant, part. prés.

ACQUÉRAUX, subst. mas. plur. (*akérô*), machine de guerre dont on se servait anciennement pour lancer des pierres.

ACQUÉREUR, subst. mas. (*akéreur*) (formé de *acquérir*), celui ou celle qui *acquiert*. — *Boiste* et *Richelet* disent au fém. *acquéreuse* ; l'*Académie*, *Trévoux*, le *Dictionnaire critique*, etc., ne font point mention du fém. Nous ne voyons pas pourquoi ce fém., d'une nécessité si fréquente, ne serait pas usité.

ACQUÉREUSE, subst. fém. (*akéreuze*), celle qui *acquiert*. Voy. ACQUÉREUR.

DU VERBE IRRÉGULIER ACQUÉRIR :

Acquérez, 2e pers. plur. impér.
Acquérez, précédé de *vous*, 2e pers. plur. prés. indic.
Acquériez, précédé de *vous*, 2e pers. plur. imparf. indic.
Acquériez, précédé de *que vous*, 2e pers. plur. prés. subj.
Acquérions, précédé de *nous*, 1re pers. plur. imparf. indic.
Acquérions, précédé de *que nous*, 1re pers. plur. prés. subj.

ACQUÉRIR, v. act. (*akérir*) (du lat. *acquirere*, formé de *ad*, à, et *quærere*, chercher), se procurer une chose par achat, en faire l'*acquisition*. —Fig., *acquérir des talents, de la science, de la gloire*, etc. On l'emploie seulement avec les noms de choses avantageuses. Dans les autres cas, on se sert de gagner : *gagner une maladie.*—*Acquérir* se dit aussi des choses qui parviennent par degrés à certaines qualités : *ces fruits n'ont pas encore acquis leur maturité.* On s'en sert encore dans un sens absolu. On dit : *depuis tant d'années, ce jeune homme a beaucoup acquis.* — S'ACQUÉRIR, v. pron., se procurer quelque bien ou quelque chose de remarquable. — *S'acquérir l'estime de quelqu'un.* — *S'acquérir quelqu'un*, c'est *se l'attacher*.

DU VERBE IRRÉGULIER ACQUÉRIR :

Acquérons, 1re pers. plur. impér.
Acquérons, précédé de *nous*, 1re pers. plur. prés. indic.
Acquerra, 3e pers. sing. fut. indic.
Acquerrai, 1re pers. sing. fut. indic.
Acquerraient, 3e pers. plur. cond. prés.
Acquerrais, précédé de *j'*, 1re pers. sing. cond. prés.
Acquerrais, précédé de *tu*, 2e pers. sing. cond. prés.
Acquerrait, 3e pers. sing. cond. prés.
Acquerras, 2e pers. sing. fut. indic.
Acquerrez, 2e pers. plur. fut. indic.
Acquierriez, 2e pers. plur. cond. prés.
Acquerrions, 1re pers. plur. cond. prés.
Acquerrons, 1re pers. plur. fut. indic.
Acquerront, 3e pers. plur. fut. indic.

ACQUÊT, subst. mas. (*aké*), t. de prat., chose *acquise* ; bien qu'on *acquiert*. — Droit qui se levait sur les gens de main-morte qui possédaient des fonds nobles. — Fam., gain, profit : *il n'y a pas grand acquêt à vendre cette marchandise.* — *Acquêts*, au plur., se dit des biens, tant meubles qu'immeubles, acquis en commun par deux époux.

ACQUÊTÉ, E, part. pass. de *acquêter*.

ACQUÊTER, v. act. (*akété*), t. de prat., acquérir un immeuble par un acte.—S'ACQUÊTER, v. pron., *un immeuble s'acquête.*

ACQUI, subst. mas. (*aki*), ville des états sardes, capitale de la province du même nom.

DU VERBE IRRÉGULIER ACQUÉRIR :

Acquière, précédé de *que j'*, 1re pers. sing. prés. subj.
Acquière, précédé de *qu'il* ou *qu'elle*, 3e pers. sing. prés. subj.
Acquièrent, précédé de *ils* ou *elles*, 3e pers. plur. prés. indic.
Acquièrent, précédé de *qu'ils* ou *qu'elles*, 3e pers. plur. prés. subj.
Acquières, 2e pers. sing. prés. subj.
Acquiers, 2e pers. sing. impér.
Acquiers, précédé de *j'*, 1re pers. sing. prés. indic.
Acquiers, précédé de *tu*, 2e pers. sing. prés. indic.
Acquiert, 3e pers. sing. prés. indic.

ACQUIESCÉ, part. pass. de *acquiescer*.

ACQUIESCEMENT, subst. mas. (*akièceman*), action d'*acquiescer*, adhésion à la volonté d'autrui, consentement à une proposition. — T. de droit, adhésion à un acte, à un jugement.

ACQUIESCER, v. neut. (*akiécé*), adhérer à la volonté des autres ; consentir, donner son *acquiescement à...* ; consentir par amour de la paix.—ACQUIESCER, CÉDER, SE RENDRE. (*Syn.*) On *acquiesce* par amour de la paix ; on *cède* par déférence ou par nécessité ; on *se rend* par faiblesse ou par conviction. Celui qui *acquiesce* ne veut pas contester ; celui qui *cède* ne veut pas résister ; celui qui *se rend* ne peut plus se défendre.

DU VERBE IRRÉGULIER ACQUÉRIR :

Acquîmes, 1re pers. plur. prét. déf.
Acquirent, 3e pers. plur. prét. déf.
Acquis, précédé de *j'*, 1re pers. sing. prét. déf.
Acquis, précédé de *tu*, 2e pers. sing. prét. déf.

ACQUIS, E, part. pass. de *acquérir*, et adj. (*aki, kize*). *Bien mal acquis.* — *Qualités acquises*, par opposition aux qualités naturelles. — On dit subst. au mas. d'une personne, en général, qu'*elle a de l'acquis*, c'est-à-dire du savoir, des connaissances, etc.

ACQUISITION, subst. fém. (*akizicion*), action d'*acquérir* : *il a fait acquisition d'une belle terre.* Il se dit aussi de la chose *acquise* : *bonne acquisition.*

DU VERBE IRRÉGULIER ACQUÉRIR :

Acquisse, 1re pers. sing. imparf. subj.
Acquissent, 3e pers. plur. imparf. subj.
Acquisses, 2e pers. sing. imparf. subj.
Acquissiez, 2e pers. plur. imparf. subj.
Acquissions, 1re pers. plur. imparf. subj.
Acquit, précédé de *il* ou *elle*, 3e pers. sing. prét. déf.
Acquît, précédé de *qu'il* ou *qu'elle*, 3e pers. sing. imparf. subj.

ACQUIT, subst. mas. (*aki*) (rac. *quitte*), quittance, décharge, certificat de paiement.—*Pour acquit*, manière d'acquitter un billet, une lettre de change, en mettant simplement ces mots au bas ou au dos. — *Payer une chose à l'acquit d'un autre*, c'est-à-dire à la décharge d'un autre : *payer à l'acquit des mineurs.* — *Faire quelque chose à l'acquit*, ou mieux *pour l'acquit de sa conscience.*— *Par manière d'acquit*, négligemment. — *Acquit de paiement*, billet qui porte quittance des droits d'entrée, etc. — *Acquit à caution*, qui accompagne les marchandises plombées, pour éviter en route toute visite, sous le cautionnement de l'expéditeur. Notre avis est que l'*Académie* a tort de faire un subst. mas. de *acquit-à-caution*, qui n'est qu'une véritable locution. — *Acquit de franchise*, qui accompagne les marchandises achetées pendant la franchise des foires. — *Acquit patent*. Voy. PATENT. — *Acquit*, au jeu de billard, le coup que le joueur qui commence donne à jouer sur sa bille à celui qui est le dernier, ou qui vient immédiatement après lui.—*Jouer à l'acquit*, se dit, dans une partie, lorsque les perdants jouent entre eux à qui paiera le tout. — Influence que l'on a dans le monde par suite de sa place, de son pouvoir, de son crédit, etc. On doit écrire en ce sens, *acquis*. V. ce mot.

Acquîtes, 2e pers. plur. prét. déf. du verbe irrég. *acquérir*.

ACQUITTABLE, adj. (*akitable*), qui peut être *acquitté*. Ce mot n'est pas dans l'*Académie*.

ACQUITTÉ, E, part. pass. de *acquitter*.

ACQUITTEMENT, subst. mas. (*akiteman*), action d'*acquitter*.

ACQUITTER, v. act. (*akité*) (rac. *quitte*, du lat. *quietus*, tranquille), rendre *quitte* de quelque chose; payer, satisfaire pour quelqu'un ou pour quelque marchandise. — Remplir une obligation de manière à être libéré envers celui avec lequel on est obligé. — En t. de palais, *acquitter quelqu'un*, c'est le déclarer innocent. — *Acquitter sa conscience*, faire ce qu'elle prescrit. — **S'ACQUITTER**, v. pron., se rendre *quitte*; se libérer. Il se dit en général de ceux qui remplissent des obligations : *je me suis acquitté de mon devoir*. — Ce verbe s'emploie encore absolument : *il s'est acquitté; il s'est acquitté envers moi*.

ACRÆA, myth. (*akréa*) (du mot grec ακρος, mont, sommet), surnom donné à plusieurs déesses, comme celui d'*Acræus* à Jupiter et à d'autres, parce qu'il y avait des temples qui leur étaient dédiés sur des montagnes.

ACRÆPHIUS, subst. masc., surnom d'Apollon.

ACRÆUS. Voy. **ACRÆA**.

ACRAÏPALES, subst. mas. plur. (*akra-ipale*), remèdes qui empêchent ou font cesser l'ivresse. Peu usité, selon *Raymond*. — Ce mot, qui ne se trouve que dans cet auteur, ne se fonde ni sur une étymologie ni sur l'usage.

ACRAS, subst. mas. (*akrace*), t. de bot., poire sauvage. Nous renvoyons *Raymond*, pour ce mot, à l'observation que nous avons faite sur l'article précédent.

ACRASIE, subst. fém. (*akrazi*) (du grec α priv., et κρασις, mélange; sans mélange), toute espèce d'incontinence; et plus particulièrement intempérance dans le boire et le manger.

ACRATÉE. Voy. **ACRATIE**.

ACRATIE, subst. fém. (*akraci*) (du grec α priv., et κρατος, force; sans force), t. de médec., faiblesse; impossibilité d'agir et de se mouvoir. On a prétendu, dit *Laveaux*, qu'on employait *acratie* et *acratée* dans le même sens : c'est une erreur. La raison étymologique nous fait préférer **ACRATIE** (en lat. *acratia*), et rejeter *acratée* comme inutile.

ACRATISME, subst. mas. (*akraticeme*) (du grec ακρατιζομαι, je trempe du pain dans du vin; ou je déjeune), nom que les Grecs anciens donnaient au repas que nous appelons déjeuner.

ACRATOMÉLI, subst. mas. (*akratoméli*), t. de pharm., vin miellé.

ACRATOPHORE, adj. (*akratofore*) (du grec ακρατος, vin pur, et φερω, je porte), qui porte le vin. Épithète donnée à Bacchus.

ACRATOPOSIE et non pas **ACRÉTOPOSIE**, comme le forge *Raymond*, subst. mas. (*akratopozi*) (du grec ακρατος, vin pur, et ποσις, boisson), t. de médec., action ou désir de boire du vin pur.

ACRATOPOTE, adj. (*akratopote*) (du grec ακρατος, vin pur, et ποτος, boisson), qui boit du vin pur. Épithète de Bacchus.

ACRATOS, mot grec qui signifie *vin pur*. Les Athéniens en avaient fait une divinité.

ACRE (sans accent circonflexe) subst. fém. (*akre*) (en lat. *acra*), mesure de terre d'un arpent et demi, à peu près soixante perches carrées. Nous devons néanmoins prévenir que l'*acre* diffère selon les pays. L'*Académie* ne règle pas cette mesure; elle a grand tort, selon nous, car c'est là une de ses attributions. — Monnaie de compte de quelques endroits des Indes-Orientales. — *Acre*, que l'on appelle plus communément *rotte*, est aussi un poids dont on se sert dans plusieurs Échelles du Levant.

ACRE, ou *Saint-Jean-d'Acre* (*Acca, Ace, Accon, Ptolémaïs*), subst. fém., ville de Syrie sur les confins de la Phénicie et de la Palestine, dans un petit golfe de la Méditerranée, où elle a un assez bon port. L'empereur Claude y envoya une colonie : c'est pour cela qu'elle fut nommée Colonie de Claude (*Colonia Claudia*). Sa situation avantageuse la rendit célèbre sous le règne des princes croisés. Baudouin l'avait enlevée aux Sarrasins en 1101; Saladin s'en empara sur les chrétiens. Philippe-Auguste, et Richard Ier, roi d'Angleterre, la reprirent en 1191. Tant de princes curent part à cette conquête, qu'elle fut divisée entre eux en dix-neuf quartiers, ce qui causa bien des dissensions. Enfin elle retomba au pouvoir des Sarrasins, qui la ruinèrent entièrement; elle ne s'est jamais relevée de ce désastre.

ÂCRE, adj. (*âkre*), (en lat. *acer*, vif, prompt; formé du grec ακις, pointe), piquant, mordicant; *une bile âcre*. — En parlant des fruits, etc., ceux qui font sur le palais une impression piquante, provenant de la quantité excessive des sels; à la différence de ceux qui sont *âpres* ou rudes par défaut de maturité, etc. — Au fig., *humeur âcre; baiser âcre*. C'est à J. J. Rousseau que l'on doit cette dernière locution.

ACRÉE, subst. fém. (*akré*), myth., surnom de Junon.

ACREMENT, subst. mas. (*akreman*), sorte de peau de Turquie.

ÂCREMENT, adv. (*âkreman*), d'une manière *âcre*, piquante; avec humeur. Peu usité.

ÂCRETÉ, subst. fém. (*âkreté*) (rac. *âcre*; en lat. *acritudo*), qualité mordicante et piquante : *l'âcreté du sel*. — On dit fig., *l'âcreté de son humeur*, etc.

ACRIDIE, subst. fém. (*akridi*) (du grec ακρις, sauterelle), t. d'hist. nat., genre d'insectes de la famille des grilloïdes.

ACRIDIENS, subst. mas. plur. (*akridiein*), t. d'hist. nat., genre d'insectes de la famille des orthoptères. (Voir l'étym. d'**ACRIDIE**). *Acrydiens* avec un *y* est vicieux.

ACRIDOPHAGE, subst. et adj. (*akridofaje*) (du grec ακρις, sauterelle, et φαγω, je mange), qui se nourrit de sauterelles, comme certains peuples anciens, et, plus récemment, les Arabes. — C'est le nom d'un peuple d'Éthiopie voisin des déserts. Au printemps, les *acridophages* font provision d'une espèce de grosses sauterelles qu'ils salent pour toute l'année, n'ayant point d'autre nourriture, parce qu'*ils sont éloignés de la mer et qu'ils n'élèvent point de bétail*. Les *acridophages*, dit-on, ne passent guère quarante ans, et meurent consumés d'une vermine ailée qui s'engendre de leur corps. (Voyez saint Jérôme contre Jovinien, livre 2.) Pline met aussi des *acridophages* dans la Parthie, et saint Jérôme dans la Libye. — Quand même ce qu'on dit de ces peuples serait fabuleux, l'*acridophagie* pourrait être vraie; et encore aujourd'hui on mange des sauterelles dans plusieurs parties de l'Orient. Tout cela rend probable, et presque certain, le sentiment de ceux qui croient que c'est de sauterelles que saint Jean vivait dans le désert, et que c'est là ce qu'il faut entendre par ακριδες, en saint Matthieu, chap. 3, v. 4.

ACRIDOPHAGIE, subst. fém. (*akridofaji*), usage, habitude de vivre de sauterelles. Voy. le mot précédent.

ACRIMONIE, subst. fém. (*akrimoni*) (en lat. *acrimonia*), âcreté : *l'acrimonie du sel; l'acrimonie des humeurs*. — On dit bien aussi au figur. : *l'acrimonie du cœur, de l'esprit*.

ACRIMONIEUSE, adj. fém. Voy. **ACRIMONIEUX**.

ACRIMONIEUX, adj. mas., au fém. **ACRIMONIEUSE** (*akrimonieu, nieuze*), qui a de l'*acrimonie*.

ACRISE, subst. mas. (*akrize*), roi d'Argos. Ayant consulté l'oracle, il apprit qu'un de ses petits-fils le tuerait un jour. Pour prévenir ce malheur, il enferma dans une tour d'airain Danaé, sa fille unique; mais Jupiter, qui voulut la mettre au nombre de ses conquêtes, descendit en pluie d'or dans la tour. Plus tard, Acrise, averti que Danaé était enceinte, la fit exposer dans une petite barque sur la mer. Polydecte, roi de Sériphe, l'une des Cyclades, où aborda cette barque, accueillit Danaé avec bienveillance, et fit élever son fils Persée, qui, devenu grand, se mit à courir le monde pour y chercher des occasions de signaler son courage. En passant par Larisse, il y trouva son aïeul Acrise, qu'il reconnut. Il se préparait à partir de cette ville avec lui pour retourner à Argos, lorsque, dans des jeux gymniques, voulant faire preuve de son adresse à lancer le disque, qu'il avait inventé, le disque retomba malheureusement sur Acrise, qui en fut frappé si rudement qu'il mourut du coup. Voy. **PERSÉE**.

ACRISIE, subst. fém. (*akrizi*) (du grec α priv., et κρισις, crise; dérivé de κρινω, je sépare), t. usité seulement en médec., défaut de *crise*, ou état de crudité des humeurs, qui empêche la séparation de la matière morbifique, etc.

ACRISIONADÈS, subst. mas. (*akrizionadèce*), surnom de Persée, petit-fils d'Acrise.

ACRISIONÉIS, subst. fém. (*akrizioné-ice*), surnom de Danaé, fille d'Acrise.

ACRITIQUE, adj., signifiant *qui n'est pas critique*, n'est point français.

ACRO. Ce mot, qui est grec, vient d'ακρος, haut, qui est au haut, au sommet d'une montagne. Joint au nom d'une ville, il signifie souvent la citadelle de cette ville, parce que les citadelles se construisent sur les lieux élevés qui commandent les villes. Ainsi *Acrocorinthe* est la citadelle de Corinthe; *Acropolis*, la citadelle d'Athènes, qu'on nommait en Grèce du nom général Πολις, ville par excellence, comme Rome était appelée *Urbs*. *Acrocorinthe* est représentée sur quelques médailles qui peuvent donner du jour à ce que nous venons de dire. Une médaille d'Auguste porte, d'un côté, la tête de cet empereur couronné de laurier, avec cette inscription : IMP. CÆSAR AUGUSTUS, et de l'autre ACROCORINTHE.

ACROATIQUE, adj. (*akroatike*) (du grec ακροαομαι, entendre, écouter les leçons d'un maître), qualification donnée aux ouvrages des anciens philosophes, qu'on ne pouvait comprendre s'ils n'en donnaient eux-mêmes l'explication. Cet adjectif signifie secret, particulier, réservé. Aulu-Gelle dit qu'Aristote donna deux sortes de livres à ses disciples, les uns *exotériques*, et les autres *acroatiques* : il expliquait les premiers indifféremment à tout le monde, et cette explication se faisait le soir; mais pour les livres *acroatiques*, qui traitaient de la contemplation de la nature et des recherches de la dialectique, il les expliquait le matin dans le Lycée, et n'y admettait pas toutes sortes de personnes. Lorsque Alexandre lui reprocha d'avoir publié ses *livres acroatiques*, et que tout le monde pourrait par là devenir aussi habile que lui, qui était son disciple, il lui répondit que ces livres ne pouvaient être entendus que de ceux qui avaient pris ses leçons et assisté à ses explications.

ACROBATE, subst. (*akrobate*) (du grec ακρον, extrémité, et βαινω, je marche), qui marche sur l'extrémité du pied. Danseur, danseuse de corde chez les anciens. C'est aussi par ce nom que nous désignons nos danseurs de corde.

ACROBATICON, subst. mas. (*akrobatikon*) (pour l'étym., voy. **ACROBATE**), machine de guerre des anciens, consistant en une espèce d'échelle pliante sur laquelle on montait pour reconnaître les travaux de l'ennemi.

ACROBATIQUE, adj. (*akrobatike*), qui sert à monter les fardeaux. — *Machine acrobatique*. (Pour l'étym., voy. **ACROBATE**).

ACROCÉRAUNIENS, adj. mas. plur. (**MONTS**) (*akrocérônicin*) (du grec ακρον, extrémité, sommet, et κεραυνος, foudre; dont le sommet est souvent frappé de la *foudre*), dans la géographie ancienne, hautes montagnes de l'Épire souvent frappées de la foudre. Nous ne comprenons pas par quelle délicatesse *Dacier* n'a pas voulu se servir de ce mot dans sa *Traduction* d'Horace. Il l'a cependant mis à la marge, et dans ses notes il retranche la première partie du nom, et les appelle *monts Cérauniens*, évitant de dire *Acrocérauniens*.

ACROCHIRISME, subst. mas. (*akrokiriceme*) (du grec ακροχειριζομαι, je lutte, je touche avec le haut des mains; dérivé de ακρος, haut, et de χειρ, main), espèce de danse ou plutôt de lutte dans laquelle on n'employait que les mains.

ACROCHIRISTE, subst. m. (*akrokiricete*) (pour l'étym., voy. **ACROCHIRISME**), t. d'hist. anc., celui qui s'exerçait à la danse ou à la lutte dans laquelle on n'employait que les mains.

ACROCHORDE, subst. mas. (*akrokorde*) (du grec ακρον, extrémité, et χορδη, corde), t. d'hist. nat., serpent sans crochets à venin, dont la queue est en fouet.

ACROCHORDON, subst. mas. (*akrokordon*) (du grec ακρον, extrémité, et χορδη, corde), t. de chir., espèce de verrue, attachée par un filet délié à la peau, d'où elle semble pendre comme à une *corde*.

ACROCOME, subst. et adj. (*akrokome*) (du grec ακρος, haut, long, et κομη, chevelure), chevelu, qui a de longs cheveux. — Qualification donnée anciennement aux peuples de Thrace, parce qu'ils portaient les cheveux longs par devant, tandis que les Abantes ne les avaient longs que par derrière.

ACROCORINTHE. Voy. **ACRO** et **CORINTHE**.

ACROLITHE, adj. (*akrolite*) (du grec ακρον, extrémité, et λιθος, pierre), se dit d'une statue dont les extrémités seulement sont en pierre. — Chez les anciens, c'était aussi le nom d'une statue placée sur le temple de Mars dans la ville d'Halicarnasse.

ACROMIAL, E, adj. (*akromial*) (du grec ακρος, extrême, et ωμος, épaule), t. d'anat., qui appartient à l'*acromion*.

ACROMIO-CORACOÏDIEN, subst. et adj. (*akromiôkorakoïdiein*) (du grec ακρος, extrême, ωμος, épaule, et κορακοειδης, semblable à un corbeau, formé lui-même de κοραξ, corbeau, et ειδος, ressemblance), t. d'anat., nom que l'on donne à une des apophyses de l'omoplate, parce qu'elle ressemble à un bec de corbeau.

ACROMION, subst. mas. (*akromion*) (du grec ακρος, extrême, et ωμος, épaule), t. d'anat. éminence supérieure de l'omoplate, qui reçoit la clavicule.

ACROMPHALION, subst. mas. (*akronfalion*) (du grec ακρος, extrême, et ομφαλος, nombril), t. d'anat., extrémité du cordon ombilical.

ACRONYCHES, subst. mas. plur. (*akroniche*) (du grec ακρος, extrême, et νυξ, nuit), t. d'astron. Les temps *acronyches* sont ceux de la réunion des quatre planètes supérieures dans le méridien, *à minuit*.—L'étymologie d'α priv. et χρονος, temps, qui n'est nullement en rapport avec la définition de ce mot, est tout-à-fait insignifiante.

ACRONYQUE, adj. (*akronike*) (du grec ακρος, extrême, et νυξ, nuit), t. d'astron. qui se dit du lever ou du coucher d'une étoile, au moment où le soleil se couche. — *Acronyque* est opposé à *cosmique*. Voy. ce mot, et ACRONYCHES, pour l'observation étymologique.

ACROPATHIE, subst. fém. (*akropati*) (du grec ακρον, extrémité, et παθος, affection), t. de médec., maladie d'une extrémité du corps.

ACROPATHIQUE, adj. (*akropatike*), qui tient de l'*acropathie*.

ACROPOLE, subst. fém. (*akropole*) (du grec ακρος, haut, et πολις, ville), t. d'antiq., citadelle au haut d'une ville : *l'acropole d'Athènes*.

ACROPOSTHIE, subst. fém. (*akropoceti*) (du grec ακρος, extrême, et ποσθη, prépuce), peau qui recouvre le prépuce.

ACROSPERME, subst. mas. (*akrocepèreme*) (du grec ακρος, extrême, et σπερμα, semence), t. de bot., sorte de champignon.

ACROSTÈRES, subst. mas. plur. Voy. ACROTÈRES.

ACROSTICHE, subst. mas. et adj. des deux genres (*akroceliche*) (en grec ακροστιχις, formé de ακρος, extrême, placé à une des extrémités, et de στιχος, ordre, rang; marqué par ordre aux extrémités), mot formé de la première lettre ou de quelque autre lettre de chaque vers ou de chaque ligne d'une petite pièce de vers ou de prose. —Adj., *vers acrostiches*, *sonnet acrostiche*, etc. — Voici un exemple d'*acrostiche* fait à la louange d'un homme qu'on nommait Aristote. Ici, ce nom est ce qu'on appelle le mot de l'*acrostiche* :

> Assez de poètes frivoles,
> Réclament sans l'aveu d'Apollon,
> Iront te fatiguer de leurs vaines paroles,
> Sans que j'aille grossir l'ennuyeux escadron.
> Tu verras mon respect l'honorer du silence
> Où l'on se tient devant les rois;
> Ton mérite en dit plus que toute l'éloquence,
> Et ton nom seul plus que ma voix.

ACROSTIQUE, subst. fém. (*akrocetike*) (du grec ακρον, extrémité), t. de bot., plante cryptogame de la famille des fougères, dont la fructification couvre entièrement le dos des feuilles.

ACROSTOME, subst. mas. (*akrocetôme*), ver vésiculaire.

ACROTÈRE, et non pas *acrostère*, subst. mas. (*akrotère*) (du grec ακρωτηριον, faîte, sommet), en archit., petit piédestal au-dessous d'un frontispice, etc., pour porter des vases, des statues. — En t. de mar., cap ou promontoire.

ACROTÉRIA, subst. mas. (*akrotéria*), t. purement dérivé du grec ακρωτηριον, dont on ne se sert qu'en parlant de médailles : c'est un ornement de vaisseau recourbé, et qui marque une victoire navale, ou une ville maritime.

ACROTÉRIASME, subst. mas. (*akrotériaceme*) (en grec ακρωτηριασμος, mutilation; formé de ακρωτηριαζω, je coupe les extrémités, dérivé lui-même de ακρον, extrémité et de τειρω, je perce), t. de chir., amputation d'un membre.

ACROTHOÏDES, subst. mas. plur. (*akroto-ide*), myth., secte d'athées qui furent engloutis dans les entrailles de la terre.

ACROTHYMION, subst. mas. (*akrotimion*) (du grec ακρον, extrémité, et θυμιον, verrue), t. de chir., espèce de verrue.

ACROUPETONS, adv. (*akroupeton*). *Borel* ne fait qu'un mot de ces quatre syllabes; ce mot signifie *en un monceau* (*acervatim*), et vient d'*acroupir*, qui est formé de *croupion*. Dans quelques départements, le peuple dit encore *acroupetons*, pour exprimer la posture de ceux qui sont assis sur leurs talons, ou qui, appuyés sur les pieds, ont le corps plié de telle sorte qu'ils sont presque assis à terre, et sont ainsi ramassés comme en un monceau.

ACRYDIENS est un mot vicieux. Voy. ACRIDIENS.

ACT., abréviation de *actif* ou de *activement*.

ACTÆA, subst. fém. (*aktéa*), ancien nom de l'Attique. — C'était aussi une des Néréides.

ACTÆUS. Voy. *Actiacus*.

ACTE, subst. mas. (*akte*) (en latin *actus*, d'*agere*, faire, agir), tout ce qui se fait ou s'est fait. — Action. — Action d'un agent; opération. — Tout ce qui se fait en justice. — Écrit fait au greffe ou devant un notaire. — Écrit fait sous seing privé. — Action que quelqu'un fait à l'égard de quelque affaire. — Mouvement vertueux de l'âme, surtout en matière de religion : *acte de désir*, *acte d'amour*, etc. On le dit aussi des formules par lesquelles ces mouvements sont exprimés. — Dans l'art dramatique, on appelle *acte* chacune des parties principales dont une pièce de théâtre est composée. — Dans les écoles, c'est une action publique où un candidat répond, sur certaines matières, à ceux qui l'interrogent, ou une discussion publique où l'on soutient des thèses.— On appelle *acte constitutionnel*, des conventions écrites qui établissent et règlent la constitution d'un état politique. — *Acte constitutionnel*, est le titre donné à la Constitution française. — *Acte additionnel*, supplément fait, pendant les Cent-jours, aux constitutions de l'empire. — En matière judiciaire, *acte* se dit d'une attestation donnée par les juges pour constater quelque circonstance de la procédure ou des débats : *demander*, *prendre acte*. — *Il a fait acte de comparution*; c'est-à-dire, *il est venu*, *il a comparu*. — *Un acte de mariage*, *un acte de baptême*, certificat qui constate les célébrations du mariage ou du baptême. — *Acte de cadence* (musique), mouvement dans une des parties, et surtout dans la basse, qui force toutes les autres parties de concourir à former une cadence, ou à l'éviter. — Au plur., décisions prises par un corps ayant autorité publique : *les actes du sénat*, *des conciles*, etc.—*Les Actes des apôtres*, livre canonique qui contient les faits des apôtres. — *Acte de foi*, cérémonie de l'inquisition. Voy. AUTO-DA-FÉ.

ACTÉ, E, part. pass. de *acter*.

ACTÉE, subst. fém. (*akté*), t. de bot., espèce de pavot. — Myth., subst. mas., ancien roi de l'Attique.

ACTÉON, subst. mas. (*aktéon*), espèce d'insectes. — Personnage de la fable, fils d'Aristée et petit-fils de Cadmus, fut élevé par Chiron, et devint un grand chasseur. Ayant un jour surpris Diane dans un bain, cette déesse en fut si piquée, qu'elle le métamorphosa en cerf, et ses propres chiens le dévorèrent.— Un des chevaux du Soleil. — Constellation. — Espèce de coquille.

ACTER, v. neut. (*akté*), t. de prat., faire des *actes*. Vieux et inusité.

ACTEUR, subst. mas., au fém. **ACTRICE** (*akteur*, *trice*) (en latin *actor*, formé de *agere*, agir), qui joue un rôle dans quelque pièce dramatique. — On dit aussi absolument d'un comédien : *il est acteur*, pour signifier qu'il possède son art. — Fig., *acteur* se dit de celui qui prend une part *active* dans une affaire : *il a été le principal acteur de cette négociation*. — On dit fam., au jeu : *il nous manque un acteur*, c'est-à-dire une personne pour compléter le nombre des joueurs. — ACTEUR, COMÉDIEN. (*Syn.*) *Acteur* est relatif au personnage que l'on joue; *comédien* à la profession que l'on exerce. Un homme qui joue la comédie pour son amusement est *acteur*, et n'est pas *comédien*. Fig., *acteur* se dit de celui qui a une part active dans une affaire; *comédien*, de celui qui feint habilement des passions, des sentiments : le premier se prend en bonne ou en mauvaise part, le second toujours en mauvaise part.

ACTIACUS, **ACTIUS** et **ACTÆUS**, surnoms donnés à Apollon, du promontoire d'Actium qui lui était consacré. On en donne encore d'autres raisons. Voy. l'*Histoire des Dieux*, de *Giraldi*.

ACTIAQUE, adj. des deux genres (*akciake*) (formé du lat. *Actium*, ville et port de l'Épire, où se donna la célèbre bataille qui fut gagnée par Auguste sur Marc-Antoine et Cléopâtre), t. d'hist. anc., relatif à *Actium* : *jeux actiaques*, jeux qu'Auguste institua en mémoire de la bataille d'Actium.— On appelle encore *actiaque* la suite d'années que l'on commença à compter depuis la bataille d'Actium, et qu'on nomme aussi *ère d'Auguste* : *ère actiaque*.

ACTIAS, subst. fém. (*akciâce*), myth., c'est-à-dire, *athénienne*, surnom d'Orithie.

ACTIATIQUE, adj., le même que *actiaque*.

ACTIEN, subst. mas.; au fém. **ACTIENNE** (*akciein*, *ène*), qui est de la ville d'*Actium*.

ACTIENNE, subst. fém. Voy. ACTIEN.

ACTIF, subst. mas. (*aktife*), les sommes dont on est créancier; tout ce que possède en valeurs un particulier. Voy. ACTIF, adj.

ACTIF, adj. mas.; au fém. **ACTIVE** (*aktife*, *tive*) (en lat. *activum*, formé de *agere*, agir), qui agit, qui a la vertu d'agir, de produire de l'effet en agissant. — Qui agit avec force, avec célérité : *le feu est le plus actif des éléments*. — En t. de gramm., on appelle *actif* le terme qui exprime une action faite par le sujet; par opposition au mot *passif* qui indique une action reçue par le sujet : *j'aime* est un terme *actif* parce que c'est moi qui fais l'*action* d'*aimer*. — Il se dit aussi de certains adjectifs verbaux : ainsi l'adjectif verbal *secourable*, signifiant *qui aime à secourir*, est un *adjectif verbal actif*, parce qu'il a une signification active; *aimable*, *qui mérite d'être aimé*, est un *adjectif verbal passif*, parce qu'il a une signification passive. — Cet adj. peut être employé subst. dans le sens d'*avoir* : on dit *mon actif surpasse de beaucoup mon passif*, pour signifier que l'on possède beaucoup plus qu'on ne doit. — *Les dettes actives* sont les sommes dont on est créancier; les *dettes passives* sont celles dont on est débiteur. Voy. ACTIF, subst. — En parlant d'élections, *avoir voix active et passive*, c'est pouvoir élire et être élu. — *Prendre une part active dans une affaire*, s'en occuper sérieusement et pour sa part. — *Un homme actif* est celui qui est sans cesse en action. — En t. milit., *service actif*, le temps qu'on passe sous les drapeaux. — *Citoyen actif* se disait, d'après les termes de la Constitution française, de celui qui réunissait toutes les conditions requises pour avoir droit de suffrage dans les assemblées primaires. — En t. de dévotion, *la vie active* est celle qui consiste dans les actes extérieurs de la piété, par opposition à la *vie contemplative*, qui consiste dans les affections de l'âme.

ACTIGÉE, subst. fém. (*aktijé*), t. de bot., sorte de champignon.

ACTINE, subst. fém. (*aktine*), sorte d'insecte.

ACTINÉE, subst. fém. (*aktiné*), t. de bot., plante de la famille des corymbifères.

ACTINELLE, subst. fém. (*aktinèle*), t. de bot., petit arbre d'Amérique.

ACTINIE, subst. fém. (*aktini*), t. d'hist. nat., *anémone de mer*, ou *ortie de mer*.

ACTINOCHLOÉ, subst. mas. (*aktinokloé*), plante de la famille des graminées.

ACTINOPHYLLES, subst. mas. plur. (*aktinofile*), plantes qui croissent au Pérou.

ACTINOTE, subst. mas. (*aktinote*) (du grec ακτιν, rayon du soleil), t. d'hist. nat., substance minérale qui offre dans son tissu des espèces de *rayons*, et qu'on nomme aussi, mal à propos, *schorl vert*. — En t. de bot., plante herbacée de la Nouvelle-Hollande.

ACTINUS, subst. mas. (*aktinuce*), myth., fils du Soleil. Il passe pour avoir été fort habile dans l'astrologie.

ACTION, subst. fém. (*akcion*) (en lat. *actio*, formé de *agere*, agir), opération d'une puissance active, mouvement d'un agent quelconque destiné à produire quelque effet.—Les artistes disent d'une figure dessinée, peinte ou sculptée, qu'*elle a de l'action*, lorsqu'elle paraît agir. — Chose que fait ou qu'a faite une personne. — En mécan., 1° l'effort que fait contre un corps un autre corps ou une puissance, etc.; 2° l'effet qui résulte de cette *action*. — Entreprise faite avec dessein, etc. — Combat, rencontre entre des troupes. —On dit d'une armée qu'*elle commence à entrer en action*, lorsqu'elle commence à agir : en ce sens, *entrer en campagne* est plus usité. —Véhémence, chaleur à dire et à faire quelque chose : *parler avec action*. — Contenance, mouvements du corps, gestes d'un orateur. — Demande, poursuite en justice : *intenter une action*. —Droit de faire cette demande : *avoir action contre quelqu'un*. —On appelle *action réelle*, celle qui est dirigée contre une chose; *action personnelle*, celle dirigée contre une personne; *action mixte*, celle intentée contre le détenteur d'un objet; *action publique*, celle confiée à un magistrat spécial, et qui a pour but la répression d'un délit ou d'un crime; l'objet de l'*action civile* n'est que la réparation d'un dommage souffert. (C'est à M. Chabrol-Chaméane que nous devons la définition de ces deux dernières acceptions). — T. de littérature, principaux faits composant le sujet d'une pièce de théâtre, d'un poème, etc.— Somme mise dans une compagnie de commerce, etc.; effets mobiliers, obligations, etc., que les directeurs de ces compagnies délivrent à ceux qui ont donné leurs deniers à la caisse, et qui y sont intéressés. On dit en ce sens *nourrir une action*, payer à la compagnie qui l'a fournie les sommes pour lesquelles on s'est engagé. *Fondre des actions*, vendre des actions d'une compagnie, ou s'en défaire. — En économie animale, on nomme *actions vitales* celles qui sont absolument nécessaires pour la conservation de la vie, telles que le battement du cœur, la respiration, etc.; *actions naturelles*, celles qui laissent le corps dans le mêmes dispositions, telles que la nutrition, la digestion, etc.; *actions animales*, celles qui agissent sur l'âme, ou sur lesquelles l'âme peut agir, telles que les sensations, etc. — On appelle *actions morales* les actions volontaires de l'homme, considérées toutefois par rapport à leurs effets dans la vie commune. — *Action musculaire*, mouvement d'un *muscle* tendant à produire l'effet auquel la nature l'a destiné. — *Quantité d'action*, nom donné par *Maupertuis* au produit de la masse d'un corps par l'espace qu'il parcourt et par sa vitesse. — *Action de graces*, remerciement, témoignage de reconnaissance : *on chantera un* Te Deum *en action de graces*. — *Action rédhibitoire*, en t. de comm., l'action au moyen de laquelle l'acheteur veut forcer le vendeur à reprendre des marchandises défectueuses.

ACTIONNAIRE, subst. mas. et fém. (*akcionère*), celui ou celle qui a des *actions* dans une compagnie de commerce, pour jouir de la rente ou du produit de ces *actions*. — Celui ou celle qui prenait des billets à la loterie.

ACTIONNÉ, E, part. pass. de *actionner*, et adj. On dit de quelqu'un qui est fort occupé, fort attentif, qu'*il est très-actionné*. Fam.

ACTIONNER, v. act. (*akcioné*), intenter une *action* contre quelqu'un; lui faire un procès. — *s'*ACTIONNER, v. pron., se donner de l'activité; mettre beaucoup d'attention. Fam.

ACTIONNISTE, subst. mas. (*akcionicete*). Ce mot s'emploie en Hollande pour *actionnaire* d'une compagnie de commerce. Nous n'approuvons pas ce mot, qui est de *Boiste* : de deux mots signifiant absolument la même chose, l'un est inutile.

ACTIUM, subst. mas. (*akciome*), mot tout latin. Nom d'un promontoire de l'Épire, devenu fameux par la victoire qu'Auguste remporta sur Antoine et Cléopâtre à la hauteur de ce promontoire, et qui décida de l'empire entre eux. La bataille d'*Actium* se donna, selon Dion Cassius, le 6 d'août, et selon d'autres, le 2 du même mois, l'année du quatrième consulat d'Auguste, la trentième avant l'ère chrétienne, l'an de Rome 723 ou 724. — Il y avait aussi une ville au même endroit, nommée *Actium*, qu'Auguste fit agrandir et embellir, et qu'il nomma Nicopolis, c'est-à-dire, *Ville de la Victoire*, pour être un monument de celle qui lui assura l'empire. Servius néanmoins dit que ce fut *Ambracia*, et il appelle Leucate, et non pas *Actium*, le promontoire de l'Épire vis-à-vis duquel elle était située. Une médaille de Tyr, frappée pour Marc-Aurèle, porte au revers SEPT. TYRUS METRO COLONIA ACTIA; et dans l'exergue ERACL. M. Vaillant en a inféré que l'on avait célébré les jeux *actiaques* à Tyr, en l'honneur d'Apollon.

ACTIUS, myth. Voy. ACTIACUS.

ACTIVE, adj. fém., de *actif*. Voy. ce mot.

ACTIVÉ, E, part. pass. de *activer*.

ACTIVEMENT, adv. (*aktiveman*), d'une manière *active*; dans un sens *actif*. — En t. de gramm., on dit qu'*un verbe s'emploie activement*, c'est-à-dire qu'il a la signification *active*.

ACTIVER, v. act. (*aktivé*), mettre en *activité*; hâter, presser. — *s'*ACTIVER, v. pron. : *un travail quelconque s'active*. Ce verbe ne se trouve point dans l'*Académie*.

ACTIVITÉ, subst. fém. (*aktivité*) (du lat. *activus*, actif, formé d'*agere*, agir), force, vigueur qui est dans quelque sujet; faculté active, vertu d'*agir*. — Au fig., feu et vigueur de l'esprit; diligence, promptitude. — On dit d'un militaire, d'un fonctionnaire, qu'*il est en activité de service*, lorsqu'il sert, lorsqu'il exerce ses fonctions. — *Sphère d'activité*, espace dans lequel est renfermée la faculté d'agir d'un agent naturel, et hors duquel il n'a point d'action. — *Sphère d'activité* s'emploie aussi au figuré, et se dit du cercle et de l'étendue des choses qu'on entreprend.

ACTOR, subst. mas. (*aktor*), myth., père de Menœtius et aïeul de Patrocle, qui pour cela est appelé *Actorides*. — Il y eut en outre un *Actor*, père de deux fils qu'on surnomma aussi *Actorides*. Ils avaient chacun deux têtes, quatre mains, et autant de pieds. Hercule ne put les vaincre qu'en leur tendant des piéges. — On compte plusieurs autres *Actor* : un compagnon d'Hercule, un fils de Neptune, un frère de Céphale.

ACTORIDES. Voy. ACTOR.

ACTRICE, subst. fém. (*aktrice*), celle qui joue un rôle dans un ouvrage dramatique. Voy. ACTEUR.

ACTRICISME, subst. mas., mot forgé par *Raymond*, pour signifier l'*art de jouer sur la scène*, n'a jamais été français.

ACTUAIRE, subst. mas. (*aktuère*), ancien bâtiment de mer.

ACTUALISATION, subst. fém. (*aktualizâcion*) (rac. *acte*), action de rendre *actuel*.

ACTUALISÉ, E, part. pass. d'*actualiser*.

ACTUALISER, v. act. (*aktualizé*), rendre *actuel*. — *s'*ACTUALISER, v. pron.

ACTUALITÉ, subst. fém. (*aktualité*) (rac. *acte*), état présent d'une chose; qualité de ce qui convient aux circonstances actuelles.

ACTUARIOLE, subst. mas. (*aktuariol*), espèce de petit bâtiment de mer, dimin. d'*actuaire*.

ACTUEL, LE, adj. (*aktuèle*) (en lat. *actualis*), effectif, réel : *paiement actuel*. — Présent : *l'état actuel*. — Dans le style didactique on dit *intention, grace actuelle, péché actuel*, par opposition à *intention virtuelle, grace habituelle, péché originel*. — Cet adjectif paraîtrait ne pouvoir se dire que des choses; cependant on dit : *tribunal, président actuel*, pour dire : *tribunal, président en activité*. — En chir., on appelle *cautère actuel* un fer rougi au feu, et que l'on emploie pour détruire les tumeurs, arrêter les hémorrhagies, ou activer la résorption. (*Dict. de médecine usuelle*.)

ACTUELLEMENT, adv. (*aktuèleman*), présentement. — Effectivement. Vieux.

ACTUS, subst. mas. (*aktuce*), mesure d'arpentage chez les anciens Romains.

ACUBITOIRE, subst. mas. Voy. ACCUBITOIRE, dont l'orthographe est préférable à cause de l'étymologie.

ACUDIE, subst. fém. (*akudi*), t. d'hist. nat., insecte lumineux des Indes occidentales, appelé aussi *cucujus* ou *cocojus*.

ACUITÉ, subst. fém. (*aku-ité*) (du latin *acutus*, aigu), état de ce qui est aigu. — T. de mus., la hauteur d'un son, etc., qui le rend *aigu*.

ACUL, subst. mas. (*aku*), t. de pêche, le fond des parcs du côté de la mer. Mieux ACUT. (*Boiste*.)

ACUMINÉ, E, adj. (du lat. *acumen*, pointe), t. de bot., qui se rétrécit en pointe.

ACUPUNCTEUR (l'*Académie* écrirait ACUPONCTEUR; mais nous ne lisons point ce mot dans son dictionnaire), subst. mas. (*akuponkteur*) (du lat. *acus*, aiguille, et *punctura*, piqûre, formé de *pungo*, je pique), opérateur de l'*acupuncture*. — C'est aussi le nom de l'instrument qui sert à cette opération.

ACUPUNCTURE (l'*Académie* francise ce mot en écrivant ACUPONCTURE), subst. fém. (*akuponkture*) (voy. pour l'étymologie le mot ACUPUNCTEUR), opération chirurgicale qui consiste à tirer du sang au moyen d'un instrument disposé de manière à mettre instantanément en mouvement un grand nombre d'aiguilles d'or ou d'argent.

ACUPUNCTURÉ, E, part. pass. de *acupuncturer*, qui a subi l'opération de l'*acupuncture*.

ACUPUNCTURER (l'*Académie* écrirait ACUPONCTURER; mais elle ne donne pas ce mot), v. act. (*akuponkturé*) (voy. pour l'étymologie le mot ACUPUNCTEUR), pratiquer l'*acupuncture*, introduire des aiguilles d'or ou d'argent dans le corps pour en soutirer du sang.

ACURNIER, subst. mas. (*akurnié*). Voy. CORNOUILLER.

ACUROA, subst. mas. (*akuroa*), t. de bot., plante de la famille des légumineuses.

ACUT, E, adj. (*aku, kute*) (du latin *acutus*), aigu : *vue acute*. — Subst. mas., t. d'imprim., caractère marqué d'un accent aigu. — Pointe d'un foret. Ce mot manque dans l'*Académie*.

ACUTANGLE, adj. (*akutanguele*) (du lat. *acutus*, aigu, et *angulus*, angle), se dit, en géomét., d'un triangle qui a ses trois angles aigus. On l'appelle aussi *triangle oxygone*.

ACUTANGULAIRE, adj. (*akutangulère*) (formé de *acutangle*), t. de géom., à angles aigus. — *Section acutangulaire d'un cône*, section d'un cône par un plan qui fait un angle avec l'axe du cône.

ACUTANGULÉ, E, adj. (*akutangulé*) (formé de *acutangle*), t. de bot., à angles aigus.

ACUTÉ, E, part. pass. de *acuter*.

ACUTER, v. act. (*akuté*) (du lat. *acutus*, aigu), aiguiser; rendre pointu. Vieux.

ACUTS, subst. mas. plur. (*aku*) (du lat. *acutus*, aigu), bouts des forêts et des grands pays de bois.

ACYPHYLLE, subst. mas. (*acifile*), t. de bot., plante de la famille des ombellifères.

ACYROLOGIE, subst. fém. (*aciroloji*) (du grec ακυρος, impropre, et λογος, discours), manière de parler impropre quoique usitée.

ACYROLOGIQUE, adj. (*acirolojike*), qui a rapport à l'*acyrologie*.

ACYTÈRE, subst. mas. (*acitère*) (du grec α priv. et κυεω, je conçois), médicament qui empêche de concevoir.

ADACA, subst. mas. (*adaka*), t. de bot., plante du Malabar.

ADAD, ADARGATIS ou **ATERGATIS**, subst. mas., divinités des Assyriens. On croit qu'*Adad* est le Soleil, et *Adargatis* la Terre.

ADAGE, subst. mas. (*adaje*) (en lat. *adagium*, formé de *ad*, pour, et *actum*, acte; *pour la conduite de la vie*), proverbe, maxime. *Trévoux* a tort de déprécier ce mot en l'annonçant comme vieux. Il s'emploie tous les jours, et dans tous les genres de style. Précisément parce qu'il a quelque chose de plus noble que *maxime*, on affecte quelquefois de s'en servir *ironiquement* dans le style *plaisant*, mais il a cela de commun avec beaucoup d'autres mots du style *soutenu*, où, du reste, il occupe toujours un rang honorable.

ADAGIO, adv. (*adajio*), t. de mus., emprunté de l'italien, et qui signifie, *à l'aise, posément*. Il marque un mouvement lent, moins cependant que celui qu'on indique par *largo*. On dit aussi subst. : *jouer un adagio. Des adagio* sans *s*.

ADAIMONIE, subst. fém. (*adémoni*) (en grec αδημονια, trouble d'esprit), anxiété, inquiétude, angoisse. Inusité.

ADAKODIEN, subst. mas. (*adakodiein*), t. de bot., plante de l'espèce qu'on emploie dans l'Inde contre les maladies d'yeux.

ADALI, subst. mas. (*adali*), t. de bot., plante du Malabar.

ADALIDE, subst. mas. (*adalide*), officier de justice militaire en Espagne.

ADALINGUES, subst. mas. plur. (*adaleingue*), ancienne race de nobles Germains.

ADAM, subst. mas. (*Adan*) (mot hébreu qui veut dire : né de la terre : d'après la Genèse, le père du genre humain fut formé de terre), nom du premier homme. — On dit fam. : *je ne le connais ni d'Ève ni d'Adam*, je ne le connais pas du tout. — *N'avoir pas péché en Adam*, être extrêmement vertueux. — En t. de morale chrétienne, *le premier Adam, le vieil Adam*, pour dire : l'homme considéré, après sa chute, comme l'exemple et la cause de la fragilité humaine. — Et encore, dans un sens fig., *le nouvel Adam, le second Adam*, pour signifier Jésus-Christ, par opposition à l'homme pécheur.

ADAMAGIÉ, E, part. pass. de *adamagier*.

ADAMAGIER, v. act. (*adamajié*), vieux mot qui signifiait nuire, endommager. Inus.

ADAMAH, subst. mas. (*adama*), t. de myth., selon le Talmud, avant-dernier des mondes.

ADAMANE, adj. mas. (*adamane*), t. de myth., qui signifie invincible. Surnom de Mars et d'Hercule.

ADAMANTE, subst. fém. (*adamante*), t. de bot., herbe dure qu'on ne peut pulvériser.

ADAMANTÉE, subst. fém. (*adamanté*), myth., nourrice de Jupiter. Peut-être est-ce la même qu'Amalthée. Voy. *Amalthée*.

ADAMANTIN, E, adj. (*adamantein, tine*) (en lat. *adamantinus*, formé de *adamas*, diamant; et en grec, d'où les deux mots latins sont dérivés, αδαμαντινος, fait avec le fer le plus dur, dur comme le diamant; formé de αδαμας, le fer le plus dur, dont la racine est α priv., et δαμαν, dompter), t. de minér., qui est de la nature du diamant : *spath adamantin*, pierre nouvellement découverte, et ainsi nommée, 1° de sa dureté qui approche de celle du diamant; 2° de son usage en Chine et dans l'Inde, où on la pulvérise pour polir et tailler les pierres précieuses.

ADAMARA, subst. fém. (*adamara*), contrée de l'Abyssinie.

ADAMIENS. Voy. ADAMITES.

ADAMIQUE, adj. (*adamike*), t. d'hist. nat., qui est déposé par le flux : *terre adamique*. C'est un limon salé dont le fond de la mer est couvert. On l'aperçoit aisément après le reflux.

ADAMITES ou **ADAMIENS**, subst. mas. plur. (*adamite* ou *adamiein*) du nom propre *Adam*), secte d'hérétiques se disant aussi purs qu'Adam au moment de sa création, et imitant sa nudité.

ADAMSIE, subst. fém. (*adgncie*), t. de bot., plante à corolle campanulée.

ADANE, subst. mas. (*adane*), t. d'hist. nat., nom qu'on donne à l'esturgeon.

ADAPTATION, subst. fém. (*adaptâcion*) (formé d'*adapter*), action d'*adapter*. Il est peu usité, dit l'*Académie*.

ADAPTÉ, E, part. pass. de *adapter*; et adj. : *citation bien adaptée*.

ADAPTER, v. act. (*adapté*) (en lat. *adaptare*,

formé de *ad*, à, et *aptus*, propre à), appliquer, ajuster une chose à une autre; faire cadrer. — En t. d'archit., approprier une saillie, un ornement.— Il se dit aussi de l'application d'un mot, d'un passage à une personne, à un sujet, etc.: *ce vers de Virgile lui est bien adapté*. — **s'ADAPTER**, v. pron., pour *se adapter*.

ADARANA, subst. fém. (*adarana*), t. d'hist. nat., espèce d'oiseau de la famille des courlis.

ADAR, subst. mas. (*adar*), chez les Hébreux, dernier mois de l'année sacrée, et sixième de l'année civile, qui correspond au mois de mars.

ADARCA, subst. fém. (*adarka*), t. d'hist. nat., écume salée, ou coton des roseaux.

ADARCÈS, subst. mas. (*adarcèce*), t. de minér., carbonate de chaux qui se précipite de certaines eaux, telles que celle d'Arcueil.

ADARGATIS, subst. fém. (*adarguâtice*), nom d'une divinité des Syriens, dont ils faisaient la femme du dieu *Adad*.

ADATAIS, écrit par l'*Académie* **ADATIS**, subst. mas. (*adatè*), mousseline des Indes orientales.

ADAUBAGES, subst. mas. plur. (*adôbaje*), t. de mar., viande conservée pour les traversées.

ADDA, subst. fém. (*adedâ*), nom d'une rivière d'Italie qui prend sa source sur les confins du Tyrol, et se jette dans le Pô au-dessus de Crémone.

ADDAD, subst. mas. (*adad*), t. de bot., sorte de plante d'Afrique.

ADDITIF, adj. mas., au fém., **ADDITIVE** (*adeditife, tive*), mot nouvellement employé par quelques grammairiens, et auquel on fait signifier *qui s'ajoute* : *un signe additif* est celui qui s'ajoute à un mot primitif pour en former un composé; ainsi *ac* est *signe additif* dans *accourir*; *dé* en est un autre dans *dé*faire, etc.

ADDITION, subst. fém. (*adedicion*) (en lat. *additio*, de *addo*, j'ajoute, formé de *ad* augmentatif, et *do*, je donne; *je donne de surplus*), ce qui est ajouté à quelque chose. — Note qu'on place en marge d'un livre. — Mot, ou phrase, ajoutés à un acte. — En arith., opération par laquelle on trouve un nombre égal à plusieurs autres pris ensemble. — L'*addition*, en t. d'arith. et d'algèbre, est la première des quatre règles fondamentales de ces sciences; elle fait trouver la somme totale que composent plusieurs nombres ou quantités ajoutées ensemble. En arith. il faut écrire, les uns sous les autres, les nombres à ajouter, en plaçant leurs unités de même ordre dans une même colonne; souligner le dernier nombre pour le séparer du résultat; ajouter successivement, en commençant par la droite, les nombres contenus dans chaque colonne; si la somme ne surpasse pas 9, l'écrire telle qu'on l'a trouvée, et si elle renferme des dizaines, les retenir pour les joindre à la colonne suivante; enfin à la dernière colonne, écrire la somme trouvée.

EXEMPLES D'*additions* ARITHMÉTIQUES.

16	34	756	5789	93256
72	68	382	5432	13700
—	—	568	7898	78250
88	102	—	3257	97062
		1706	—	15628
			20396	—
				298496

Si les nombres sont de différentes dénominations, par exemple, de francs, de sous et de deniers, il faut ajouter ensemble tous ceux d'une même dénomination, en commençant par la plus basse; et si, après l'*addition*, il y en a assez pour faire un nombre d'une dénomination plus haute, par exemple, assez de deniers pour faire un ou plusieurs sous, il faut les ajouter aux chiffres de cette dénomination, c'est-à-dire, aux sous, et retenir le surplus pour les deniers, et ainsi des sous par rapport aux francs. Exemple :

135 francs	17 sous	8 deniers.
95	11	2
3	5	9
234	14	7

9, 2 et 8 font 19 deniers : dans 19 il y a une fois 12, qui fait 1 sou, plus 7 deniers. Il faut marquer 7 deniers et retenir 1 sou pour le joindre à la colonne suivante, composée de sous. Ainsi 1 et 5 et 1 et 7 font 14. Je mets 4 et retiens 1 pour la colonne des dizaines : 1 et 1 et 1 font trois dizaines de sous, ou 30 sous. Dans 30 sous il y a une fois 20 sous, qui font un franc plus 10 sous. J'écris 1 dans la colonne des dizaines de sous, et je retiens 1 pour la colonne des francs; et je continue l'*addition* des francs selon les règles précédentes.—En algèbre, l'*addition* se fait en joignant ensemble les quantités proposées, et conservant leurs propres marques. La marque de l'*addition* en algèbre est +, que l'on suppose toujours appartenir à la quantité qui suit. — Ne dites pas en additionnant : deux et deux *sont* quatre; mais dites : *font* quatre. — En style de jurispr., on appelle *additions* les nouvelles écritures données après avoir fourni ses défenses et les répliques. Ce sont aussi les nouvelles informations. — En t. d'imprim., on appelle *additions* toutes les petites lignes placées en marge, qui renferment des dates, des citations et le sommaire de l'article.

ADDITIONNÉ, E, part. pass. de *additionner*.

ADDITIONNEL, E, adj. (*adedicionel, nèle*) (rac. *addition*), qui est *ajouté*; qui doit être *ajouté* : *article additionnel*; *centimes additionnels*, centimes ajoutés au principal d'une contribution. Voy. ACTE.

ADDITIONNER, v. act. (*adedicioné*) (rac. *addition*), t. d'arithm., réunir plusieurs nombres en un seul qui en forme le total. — **s'ADDITIONNER**, v. pron.

ADDITIVE, adj. fém. Voy. ADDITIF.

ADDUCTEUR, subst. mas. (*adedukteur*) (du lat. *adducere*, formé de *ad*, vers, et *ducere*, conduire), t. d'anat., nom de plusieurs muscles qui meuvent, en dedans, des parties auxquelles ils sont attachés : l'*adducteur* de l'œil.—Ce mot s'emploie aussi adj. : *les muscles adducteurs*.

ADDUCTION, subst. fém. (*adedukcion*) (pour l'étymologie, voy. ADDUCTEUR), action des muscles *adducteurs* qui opèrent leurs fonctions. — T. de mécan., mouvement intérieur d'une mécanique.

ADECTE, adj. (*adèkte*), t. de médec., se dit des médicaments qui calment les douleurs causées par des remèdes trop violents. —Il est aussi subst.

ADÉILADE, subst. fém. (*adé-ilade*), t. d'hist. nat., espèce d'insecte.

ADEL, subst. mas. (*adèle*), contrée de l'Afrique.

ADELANTADE, subst. mas. (*adelantade*), gouverneur militaire en Espagne.

ADÈLE, subst. fém. (*adèle*), t. d'hist. nat., insecte de l'ordre des lépidoptères et de la famille des teignes.

ADÉLIE, subst. fém. (*adéli*) (du grec αδηλος, non apparent, formé de α priv., et δηλος, visible, manifeste), genre d'arbrisseaux de la famille des tithymaloïdes, dont les fleurs sont très-petites et peu apparentes.

ADÉLIENS, subst. mas. plur. (*adéliein*), peuples d'Afrique.

ADÉLOBRANCHE, subst. mas. (*adélobranche*) (du grec αδηλος, non apparent, et βραγχια, branchie, ouïe de poisson), mollusque qui n'a point de branchies apparentes, et qui respire par un simple trou, ou par une fente qu'on remarque sur les côtés du corps.

ADÉLOPODE, adj. (*adélopode*) (du grec α priv., δηλος, visible, et πους, gén. ποδος, pied), se dit, en hist. nat., des animaux dont les pieds ne sont pas apparents.

ADELPHINE, subst. fém. (*adèlfine*), espèce de palmier.

ADELPHIXIE, subst. fém. (*adèlfikci*) (du grec αδελφιξις, qui a le même sens), t. de médec., confraternité, liaison des parties organiques.

ADEMPTION, subst. fém. (*adanpecion*) (en lat. *ademptio*, formé de *adimere*, ravir, retrancher), t. de jurispr., révocation d'un legs, d'une donation. — Retranchement. — L'*Académie* dit que ce mot est peu usité; nous ne sommes pas de cet avis : nous l'entendons employer journellement au palais. — L'*ademption d'un legs* peut être ou expresse ou tacite : elle est expresse, si le testateur déclare formellement qu'il révoque, et tacite, lorsque le testateur ne révoque qu'indirectement.

ADEN, subst. mas. (*adène*), ville de l'Arabie.

ADÉNALGIE, subst. fém. (*adénalji*) (du grec αδην, gén. αδενος, glande, et αλγος, douleur), t. de médec., douleur qui a son siége dans une glande.

ADÉNALGIQUE, adj. (*adénaljike*), qui a rapport à l'*adénalgie*.

ADENANDRE, subst. mas. (*adenandre*), t. de bot., plante dont les anthères sont surmontées d'une glande.

ADÉNANTHES, subst. mas. plur. (*adénante*), t. de bot., plantes de la famille des protéoïdes.

ADÈNE, subst. mas. (*adène*) (du grec αδην, glande), arbrisseau grimpant et vénéneux qui croît en Arabie. — Le câprier épineux est son antidote.

ADÉNEMPHRAXIE, subst. fém. (*adenanfrakci*) (du grec αδην, glande, et εμφραξις, engorgement), t. de médec., engorgement des glandes.

ADÉNITE, subst. fém. (*adénite*), t. de médec., inflammation des glandes.

ADÉNOCARPES, subst. mas. plur. (*adénokarpe*) (du grec αδην, glande, et καρπος, semence), t. de bot., plantes de l'espèce de celles qui comprennent les cytises.

ADÉNODE, subst. mas. (*adénode*) (du grec αδην, glande), t. de bot., arbre qui croît dans la Cochinchine, et qui ressemble beaucoup aux ganitres.

ADÉNOGRAPHE, subst. mas. (*adénoguerafe*), qui écrit sur les glandes. Voy. ADÉNOGRAPHIE.

ADÉNOGRAPHIE, subst. fém. (*adénoguerafi*) (du grec αδην, glande, et γραφω, je décris), t. d'anat., description des glandes.

ADÉNOGRAPHIQUE, adj. (*adénoguerafike*), qui concerne l'*adénographie*.

ADÉNOÏDE, adj. (*adéno-ide*) (du grec αδην, glande, et ειδος, forme), t. d'anat., glanduleux, qui a la forme d'une glande. Il se dit surtout des prostates.

ADÉNOLOGIE, subst. fém. (*adénoloji*) (du grec αδην, glande, et λογος, discours), partie de la médecine qui traite des glandes.

ADÉNOLOGIQUE, adj. (*adénolojike*), qui concerne l'*adénologie*.

ADÉNO-MÉNINGÉE, subst. et adj. fém. (*adéno-méneinjé*) (du grec αδην, glande, et μηνιγξ, membrane), t. de médec., qui irrite les glandes et les membranes. Nom donné nouvellement, en médecine, à une espèce de fièvre appelée auparavant *pituiteuse*, dans laquelle il y a irritation des membranes muqueuses qui revêtent certaines cavités.

ADÉNO-NERVEUSE (FIÈVRE), subst. et adj. fém. (*adénonerveuse*) (du grec αδην, glande, et du lat. *nervus*, nerf, formé du grec νευρον, nerf, corde), t. de médec., qui affecte les glandes et les nerfs. Fièvre dans laquelle les nerfs et les glandes sont attaqués. On le dit de la fièvre pestilentielle, à cause des symptômes nerveux et de l'engorgement des glandes qui l'accompagnent.

ADÉNONCOSE, subst. mas. (*adénonkoze*) (du grec αδην, glande, et ογκος, tumeur), t. de médec., tumeur formée par une glande.

ADÉNO-PHARYNGIEN, subst. et adj. mas. (*adénofareinjiein*) (du grec αδην, glande, et φαρυγξ, pharynx, gosier), t. d'anat., qui appartient au pharynx et à la glande thyroïde.

ADÉNO-PHARYNGITE, subst. fém. (*adénofareinjite*) (du grec αδην, glande, et φαρυγξ, gosier), t. de médec., inflammation des amygdales et du pharynx.

ADÉNOS, subst. mas. (*adénoce*), coton d'Arabie.

ADÉNOSMA, subst. mas. (*adénocema*), t. de bot., plante de la famille des acanthacées.

ADÉNOSTÈME, subst. mas. (*adénocetème*), t. de bot., plante de la famille des corymbifères.

ADÉNOSTYLÉES, subst. fém. plur. (*adénocetilé*), t. de bot., plantes de la famille des synanthérées.

ADÉNOSTYLES, subst. mas. plur. (*adénocetile*), t. de bot., plantes de la famille des adénostylées.

ADÉNOTOMIE, subst. fém. (*adénotomi*) (du grec αδην, glande, et τομη, incision), t. de chir. et d'anat., dissection des glandes.

ADÉNOTOMIQUE, adj. (*adénotomike*), qui a rapport à l'*adénotomie*.

ADENT, subst. mas. (*adan*) (du mot lat. *dens*, dent), t. de menuis., entaille ou embouchure en forme de *dent*. — En t. de mar., *adent* est un accroc ou porte d'entailles placées sur des pièces de bois et qui les empêchent de se séparer.

ADEONA et **ABEONA**, subst. f. Deux divinités rom., présidant l'une à l'arrivée, l'autre au départ.

ADÉPHAGE, subst., vorace. Inusité.

ADÉPHAGIE, subst. fém. (*adéfaji*) (du grec αδην, beaucoup, et φαγω, je mange), en médec., appétit vorace, insatiable. — Myth., déesse de la gourmandise, honorée surtout chez les Siciliens.

ADÉPHAGIQUE, adj. (*adéfajike*), qui concerne l'*adéphagie*.

ADÉPHAGUS, subst. mas. (*adéfaguce*) (*insatiable* ou *très-gourmand*), myth., surnom d'Hercule. Il fit un jour un défi de gourmandise à un certain Lépréus, petit-fils de Neptune : il s'agissait de manger un bœuf entier. On servit à chacun le sien, et chacun vint à bout de sa tâche; mais Hercule eut plus tôt fini que Lépréus, ce qui lui fit adjuger la victoire. Comme ils avaient bu à proportion de ce qu'ils avaient mangé, ils se dirent des injures, qu'Hercule termina en assommant son antagoniste. Son triomphe glouton lui valut le beau surnom d'*insatiable*, dont les héros fabuleux semblent s'être fait honneur : Ulysse, tout sage qu'il était, paraît l'avoir envié; et Homère lui donne un caractère de gourmandise dont Athénée est lui-même choqué.

ADEPTE, subst. mas. et fém. (*adèpte*) (du lat. *adeptus*, part. d'*adipiscor*, j'obtiens), celui ou celle qui est initiée dans les mystères d'une secte ou d'une science. Il se dit particulièrement de ceux qui s'appliquent à l'alchimie et cherchent la pierre philosophale.

ADÉQUAT, E, adj. (*adékoua, kouate*) (du lat. *adæquatus*, formé de *ad*, à, et *æquare*, égaler), t. de phil. scholastique, entier, plein, parfait : *l'idée adéquate d'une chose.*

ADERBAIJAN, subst. mas. (*adèrebèjan*), province de la Perse.

ADÈS, adv. (*adè*), vieux mot inusité qui signifiait *aussitôt, à présent.* (*Trévoux.*)

ADESSÉNAIRES, subst. m. plur. (*adècénère*) (du latin *adesse*, être présent), hérétiques qui erraient sur la transsubstantiation. On les appelait aussi *impanateurs*, parce que les uns soutenaient que le corps de Jésus-Christ est *au pain*, d'autres qu'il est *autour du pain*, d'autres qu'il est *avec le pain*, et d'autres enfin qu'il est *sous le pain.* —Il est aussi adj. : *secte adessénaire, dogme adessénaire.*

ADESTRE, adj. (*adècetre*), vieux mot qui signifiait adroit, habile ; agréable. *Adroit* est seul usité. Voy. ce mot.

ADEUILLÉ, E, adj. (*adeuié*), en *deuil.* Inusité.

ADEXTRÉ, E, adj. (*adèkcetré*) (du lat. *ad*, à, et *dextram*, droite), t. de blas., pièce qui en a une autre à sa droite.

ADHALÉ, E, part. pass. de *adhaler.*

ADHALER, v. act. (*adalé*) (en lat. *adhalare*), pousser son haleine sur quelque chose. Inusité.

ADHÉRÉ, part. pass. de *adhérer.*

ADHÉRENCE, subst. fém. (*adérance*) (formé de *adhérer*), union intime d'une chose à une autre. — La propriété qu'ont certains corps de s'attacher à d'autres. — En t. de médec., on désigne par le mot *adhérence* la réunion de deux parties qui ne doivent être que contiguës : on dit *qu'il y a adhérence* lorsque, par exemple, à la suite d'une brûlure ou d'une plaie, plusieurs doigts se réunissent entre eux. Il peut encore y avoir *adhérence* des intestins, des poumons, aux parois de la poitrine, des organes du ventre avec d'autres organes qui les avoisinent. (J. BEAUDE, *Dict. de Médecine usuelle.*) — Au fig., attachement à un mauvais parti ou à une opinion exaltée. — En t. de peint., manque de relief.

ADHÉRENT, E, adj. (*adéran*) (en lat. *adhærens*), attaché fortement à... lié, pour ainsi dire : *une statue est adhérente à son piédestal.* — En t. de peint., qui est comme collé à la toile, sans relief. — En t. de bot., qui n'a qu'un seul point de contact avec la tige, ou une autre partie de la plante : pétiole adhérent à... — *Adhérent* est aussi subst. ; il a la même signification que le mot *partisan* en mauvaise part : *ses fauteurs et ses adhérents.* — *Boiste* dit que plusieurs écrivent *adhérant.* Ils ont tort : un subst. ne se forme pas d'un part., mais de l'adj., lorsque l'adj. existe. — ADHÉRENT, ATTACHÉ, ANNEXÉ. (*Syn.*) Une chose est *adhérente* par l'union que produit la nature, ou par celle qui vient du tissu ou de la continuité de la matière. Elle est *attachée* par des liens arbitraires, mais réels. Elle est *annexée* par une simple jonction morale, effet de la volonté et de l'institution humaine.

ADHÉRER, v. neut. (*adéré*) (en lat. *adhærere*, formé de *ad*, à, et *hærere*, être attaché), être attaché à. — Tenir fortement à : *la pierre adhère à la vessie.* — Au fig. : *adhérer à une demande*, y acquiescer ; *adhérer à un parti, à une opinion*, être de ce parti, de cette opinion. — T. de pal. : *adhérer aux conclusions prises par un avocat*, les confirmer par un acte.

ADHÉSIF, adj. mas., au fém. **ADHÉSIVE** (*adézif, zive*), t. de médec., se dit des emplâtres qui ont la propriété d'*adhérer* à la peau.—Au fig. *signe adhésif*, signe d'*adhésion.*

ADHÉSION, subst. fém. (*adézion*) (en lat. *adhæsio*, liaison ; formé de *ad*, à, et *hærere*, être attaché), union de deux corps attachés l'un à l'autre. — En t. de médec., *une plaie commence à se cicatriser quand il y a adhésion de ses bords.* (*Dict. de Médecine usuelle.*) — *Donner son adhésion*, consentir. — En t. de jurispr., la même chose que *acquiescement.*

ADHÉSIVE, adj. fém. Voy. ADHÉSIF.

AD HOC, loc. adv. et lat. (*adok*), directement, exactement, précisément, spécialement. — *Répondre ad hoc*, répondre d'une manière positive.

AD HOMINEM, loc. adv. et lat. (*adominème*). Cette expression n'est guère employée qu'avec le mot *argument* : on appelle *argument ad hominem*, un argument dont la conséquence attaque la personne même à qui on l'adresse.

AD HONORES, loc. adv. et lat. (*adonorèce*). Titre *ad honores*, sans fonctions et surtout sans émolument, purement honorifique.

ADIANTE, subst. fém. (*adiante*) (du grec α priv., et διαινω, humecter), t. de bot., plante capillaire de la famille des fougères, et dont la feuille ne retient pas l'eau.

ADIAPHORE, subst. mas. (*adiafore*) (en grec αδιαφορος, indifférent, formé de α priv., et διαφερω, je diffère), t. de chim., principe volatil tiré du tartre par la distillation.

ADIAPHORISTE, subst. et adj. (*adiaforicete*) (du grec αδιαφορος, indifférent), nom donné, dans le 16e siècle, aux luthériens qui approuvaient la doctrine de *Luther* sans cesser de reconnaître l'autorité de l'Église.

ADIAPHROSE, subst. fém. (*adiafrôze*). Voyez ADIAPNEUSTIE.

ADIAPNEUSTIE, subst. fém. (*adiapneuceti*) (du grec α priv., et διαπνεω, je transpire), t. de médec., défaut ou suppression de transpiration. On dit aussi dans le même sens ADIAPHROSE.

ADIARRHÉE, subst. fém. (*adiaré*) (du grec α priv., δια, à travers, et ρεω, je coule), t. de médec., suppression générale des évacuations du corps.

ADIEU (*adieu*), loc. ellipt. ; sorte d'interj. dont on se sert pour se saluer quand on se quitte. C'est une ellipse grammaticale contenant le souhait que la séparation, le départ, etc., se fassent *au nom de Dieu.* — Ce mot s'emploie dans le sens de *c'est fait de...* ou *c'en est fait* : *si l'on exige cela, adieu la réunion ; si la fièvre survient, adieu.* —On le dit aussi relativement à une chose dont on n'a plus besoin, à une espérance déçue, etc. : *adieu ma bouteille ! adieu mon projet*, etc. — On dit prov. *adieu paniers, vendanges sont faites*, pour : on n'a plus que faire des paniers, puisque les vendanges sont finies. — *Adieu* se dit fig. relativement à toutes les choses dont on n'a plus que faire, ou dont on ne se soucie plus, auxquelles on renonce : *dire adieu au monde*, se retirer du monde : *il a dit adieu au palais ; dire adieu aux plaisirs, aux muses.* — ADIEU est aussi subst. mas. ; au plur., *adieux* : *un éternel adieu ; les adieux furent longs et tendres.* — *Faire ses adieux*, prendre congé. — Fam., *sans adieu*, je ne vous dis pas *adieu*, j'espère vous revoir bientôt. — *Adieu vous dis*, que l'*Académie* donne en exemple, n'est plus usité.

ADIEU-TOUT, subst. mas. (*adieutou*), t. de tireur d'or, avertissement à celui qui tourne le moulinet que la main est placée sûrement, et qu'il n'a plus qu'à marcher. Point de plur.

ADIEU-VA, subst. mas. (*adieuva*), t. de mar., commandement à l'équipage et au timonier de virer de bord, vent devant ; manœuvre regardée autrefois comme dangereuse, et pour laquelle on croyait nécessaire de se recommander *à Dieu.* Point de plur.

ADIGE, subst. fém. (*adije*), rivière d'Italie qui prend sa source dans le Tyrol et se jette dans la mer Adriatique, au midi de Venise.

ADIMAIN, subst. mas. (*adimein*), t. d'hist. nat., grande et forte brebis d'Afrique, qui a du poil au lieu de laine, et dont les oreilles sont longues et pendantes.

ADIME, subst. fém. (*adime*), t. de bot., plante que les nègres de Guyane mêlent avec leurs aliments.

ADIMONIE, subst. fém. (*adimoni*), t. d'hist. nat., nom générique donné aux insectes coléoptères appelés galéruques.

ADINÉRÉ, E, part. pass. de *adinérer.*

ADINÉRER, v. act. (*adinéré*), vieux mot qui signifiait mettre à prix.

ADIPEUSE, adj. fém. Voy. ADIPEUX.

ADIPEUX, adj. mas., au fém. **ADIPEUSE** (*adipeu, peuze*) (en lat. *adiposus*, gras ; dérivé de *adeps*, gén., *adipis*, graisse), t. d'anat., gras, qui tient de la nature de la graisse. Il se dit des vaisseaux, des veines et des membranes qui traversent la graisse.

ADIPOCIRE, subst. fém. (*adipocire*) (du lat. *adeps*, gén. *adipis*, graisse, et *cera*, cire), t. d'hist. nat., substance analogue à la graisse et à la cire, qu'on trouve dans une cavité située sur le museau du cachalot. On en fait de très-bonnes bougies ; on l'emploie aussi en médec. : c'est ce qu'on nomme aussi *blanc de baleine.*

ADIPSÉE, subst. fém. Voy. ADIPSIE.

ADIPSIE, subst. fém. (*adipci*) (du grec α priv., et διψα, soif), t. de médec., défaut de soif, dégoût pour les liquides. *Boiste* donne le même sens au mot ADIPSÉE.

ADIPSON, subst. mas. (*adipçon*) (du grec α priv., et διψα, soif), t. de médec., remède propre à prévenir ou à étancher la soif.

ADIRE, subst. mas. (*adire*), espèce de chien de Barbarie.

ADIRÉ, E, part. pass. et adj. (formé de *adirer*), t. de palais, perdu, égaré : *pièces adirées.*

ADIRER, v. act. (*adiré*), t. de jurispr., perdre, égarer. — S'ADIRER, v. pron.

ADITION, subst. fém. (*adicion*) (du lat. *adeo*, formé de *ad*, à, vers, et *eo*, je vais ; *je vais à, je me porte vers*), t. de droit, usité dans cette seule phrase : *adition d'hérédité*, acceptation d'un héritage.

ADIVE, subst. mas. (*adive*), animal d'Afrique, de la grosseur du renard et fin comme lui. — Sorte de petit chien de Barbarie, fin, rusé, mais vorace.

ADJ., abréviation de *adjectif* ou de *adjectivement.*

ADJACENT, E, adj. (*adjaçan, çante*) (du lat. *adjacens*, formé de *ad*, auprès, et *jacere*, être couché, être situé), qui est tout proche. — En t. de géom., on appelle *angles adjacents* des angles immédiatement contigus l'un à l'autre, de sorte qu'ils ont un côté commun. — Il se dit particulièrement de deux angles qui ont un côté commun et dont les deux autres côtés forment une seule ligne droite.—*Adjacent*, dans le sens de *posé sur*, se dit de chacun des angles qui sont posés sur la base.

ADJECTIF, adj. mas., au fém., **ADJECTIVE** (*adjèktif, tive*) (en lat. *adjectivus*, formé de *ad*, auprès, et *jacere*, jeter, d'où l'on a fait *adjicere*, ajouter), t. de gramm., se dit du mot qui se joint à un substantif pour en marquer la qualité ou la modification : *un nom adjectif.*—Il est aussi subst. mas. : *un adjectif masculin, un adjectif féminin*, etc. (Voir notre *Grammaire* pour les règles générales.)

RÈGLES PARTICULIÈRES. — On met *l'adjectif* au pluriel quand il se rapporte à *deux* substantifs ; s'il se rapporte à deux substantifs *de différents genres*, on le met au pluriel *masculin* : *le frère et la sœur sont charmants.* Cependant si les deux substantifs sont synonymes, on fait accorder *l'adjectif* avec le dernier seulement : *un travail, une occupation continuelle. L'adjectif* ne s'accorde encore qu'avec le dernier substantif, si les deux substantifs sont liés par la conjonction *ou* : *un courage ou une vaillance étonnante.*—*L'adjectif* s'appelle aussi *qualificatif.* —En poésie on le nomme *épithète.* — Le régime ou complément des adjectifs peut être un substantif ou un verbe précédés de l'une des prépositions *à, de, dans, en, sur*, etc. ; l'usage seul apprend laquelle de ces prépositions l'on doit employer. Il y a des adjectifs qui ne régissent rien : ce sont ceux qui ont une qualification déterminée, tels que *intrépide, inviolable, vertueux*, etc. D'autres ont un régime ou complément : ce sont ceux qui, ayant un sens vague, ont besoin d'être restreints pour avoir une signification déterminée, comme *capable, prêt, comparable*, etc. Enfin certains adjectifs n'ont point de régime quand on les emploie dans une signification générale, et en ont un lorsqu'on veut les appliquer à quelque chose de particulier. Donner un complément ou un régime à un adjectif qui n'en saurait avoir ; donner à un adjectif un autre régime que celui qui lui est assigné par l'usage, ce serait pécher grossièrement contre la langue.—Il faut encore savoir qu'il y a des adjectifs qui ne conviennent qu'aux personnes, et d'autres qui ne s'appliquent qu'aux choses. Il y a plusieurs sortes d'adjectifs : voir pour ce qui les concerne notre *Grammaire.* — On entend par *adjectif verbal* un mot formé d'un verbe, et qui, comme l'adjectif, exprime une qualité, une aptitude, une disposition à agir plutôt qu'une action ; et si le sens qu'il présente offre l'idée d'une action, c'est une action qui par sa durée se transforme en manière d'être ; il diffère du participe présent qui exprime simplement, de même que tous les verbes, ou une action faite par le sujet, ou une opération de l'esprit. Quand on dit : *j'ai vu cette mère caressant son fils*, caressant est participe présent ; mais si l'on dit : *cette mère est caressante, caressante* est un adjectif verbal. — On appelle *verbes adjectifs* tous les verbes, excepté le verbe *être*, nommé *verbe substantif.* Voici la cause de cette division générale. A part le verbe *être*, chaque verbe est une expression du *verbe être suivi d'un attribut.* C'est ainsi que *je marche* revient à *je suis marchant ; je dors*, à *je suis dormant.* Or, dans *je suis marchant, je suis*, ou plutôt *suis* est comme le support, le soutien, la *substance* de la proposition ; *marchant*, qui en est l'attribut, en est, par conséquent, pour ainsi dire, *l'adjectif.* Cet *attribut* ou *adjectif* a rapport, soit à une action, soit à un état : dans *je suis marchant*, c'est à une action qu'il est relatif ; il l'est à un état dans *je suis dormant*.

ADJECTION, subst. fém. (*adjèkcion*), jonction d'une chose avec une autre. L'*Académie* ne donne que *adjonction*.

ADJECTIVE, adj. fém. Voy. ADJECTIF.

ADJECTIVÉ, E, part. pass. de *adjectiver*.

ADJECTIVEMENT, adv. (*adjèktiveman*), en manière d'*adjectif*, dans un sens *adjectif* : *un substantif pris adjectivement*.

ADJECTIVER, v. act. (*adjèktivé*), composer ou ajouter un mot par lequel peut se modifier un substantif. — *s'*ADJECTIVER, v. pron.

ADJOINDRE, v. act., se conjuguant sur *joindre*, (*adjoeindre*) (en lat. *adjungere*, formé de *ad*, à, et *jungere*, joindre), joindre avec... — Donner un collègue, un associé à... Il ne se dit que des personnes. — *s'*ADJOINDRE, v. pron.

ADJOINT, E, part. pass. de *adjoindre*, et adj. : *un professeur adjoint*.

ADJOINT, subst. mas. (*adjoein*), en administration, celui qui est *joint* à un autre pour l'aider ou le suppléer.—Officier municipal qui aide et remplace au besoin le maire d'une commune : *c'est mon adjoint ; le maire et ses adjoints*.—Dans les communes où il n'y a point de commissaire de police, l'adjoint en remplit les fonctions. — Pourquoi ne dirait-on pas au fém. *adjointe*, en parlant d'une femme qui pourrait être employée à aider, à suppléer quelqu'un ? — T. de palais, personne choisie pour assister aux rapports et aider les juges. — Dans le jury, il y a trois *jurés adjoints*. — T. de rhét., les circonstances d'une chose. — T. de gramm., mots ajoutés à une proposition et qui n'en font point partie : *ah ! hélas !* sont des *adjoints* dans ces phrases : *Ah ! que je suis malheureux ! Hélas ! que vous êtes à plaindre !*

ADJONCTIF, subst. mas. (*adjonktif*), en gramm., se dit de chacun des mots mis dans une phrase par forme d'addition, pour appuyer sur une chose ou pour énoncer un mouvement de l'âme. Voy. ADJOINT.

ADJONCTION, subst. fém. (*adjonkcion*) (en lat. *adjunctio*), t. de palais, jonction de juges, de commissaires, etc.—Addition de nouveaux moyens. En ce sens, il est peu usité.

ADJOUMBA, subst. fém. (*adjoumeba*), ville d'Afrique, dans le royaume du même nom.

ADJUDANT, subst. mas. (*adjudan*) (du lat. *adjuvare*, formé de *ad*, auprès, et *juvare*, aider), t. milit., qui en aide un autre ; officier qui aide un officier supérieur. — On nomme *adjudant-major*, *adjudant sous-officier*, un *officier*, un *sous-officier* chargés, dans un bataillon ou dans un escadron, de la police, de l'instruction, des détails du service, etc., etc. — On ne dirait pas sérieusement d'une femme : *c'est mon adjudant*, ni *mon adjudante* ; il faudrait simplement dire : *c'est mon aide*. Cependant nous avons entendu mille fois dire d'une femme, mais en plaisantant : *c'est mon adjudant-major*.

ADJUDICATAIRE, subst. mas. et fém. (*adjudikatère*), personne à qui l'on a *adjugé* une chose à l'enchère selon les formes de justice, par exemple, un bien, la location d'une terre, d'une maison ; ou une entreprise proposée au rabais. Il régit la préposition *de*.

ADJUDICATEUR, subst. mas., au fém. **ADJUDICATRICE** (*adjudikateur, trice*), celui ou celle qui *adjuge*.

ADJUDICATIF, adj. mas., au fém. **ADJUDICATIVE** (*adjudikatif, tive*), qui *adjuge*, qui porte *adjudication* : *arrêt adjudicatif*.

ADJUDICATION, subst. fém. (*adjudikâcion*) (en lat. *adjudicatio*), acte de justice ou d'administration, par lequel on *adjuge* de vive voix ou par écrit. Cette définition, quoique exacte, ne nous semble pas encore assez complète ; nous préférons celle que donne M. *Chabrol-Chamćane*, dans son *Dict. de législation usuelle* : *C'est*, dit-il, *un marché fait aux enchères publiques et avec concurrence*. Le même jurisconsulte distingue des *adjudications volontaires*, *judiciaires* et *administratives* : il définit les *adjudications volontaires*, celles que les parties majeures, capables de contracter, font ou font faire devant un notaire ; les *adjudications judiciaires*, celles qui ont lieu par suite d'une décision de la justice, soit devant le tribunal qui les a ordonnées, soit devant un notaire nommé à cet effet ; et les *adjudications administratives*, celles qui sont faites par l'autorité *administrative* compétente.

ADJUDICATIVE, adj. fém. Voy. ADJUDICATIF.

ADJUDICATRICE, subst. fém. Voy. ADJUDICATEUR.

ADJUGÉ, E, part. pass. de *adjuger*.

ADJUGÉ ! (*adjujé*), t. invariable, sorte d'adverbe, locution elliptique dont on se sert dans les ventes aux enchères publiques : *adjugé !* signifie que la chose mise à l'encan est *adjugée* au dernier enchérisseur, et au prix qu'il a offert.

ADJUGER, v. act. (*adjujé*) (du lat. *adjudicare*, formé de *ad*, à, pour, et *judicare*, juger ; *rendre un jugement pour.., en faveur de...*), déclarer en jugement qu'une chose, contestée entre deux parties, appartient de droit à l'une des deux. — *adjuger un legs, les dépens*. — *Adjuger des conclusions*, rendre un jugement conforme à ce qu'on demandait. — Dans une vente publique, donner la préférence au plus offrant et dernier enchérisseur, et dans une proclamation d'ouvrages et d'entreprises, à celui qui demande moins que les autres. — *s'*ADJUGER, v. pron. : *s'adjuger une chose*, se l'approprier.

ADJURATEUR, subst. mas. (*adjurateur*), celui qui *adjure*. Peu usité. Ce mot ne figure que dans *Raymond*.

ADJURATION, subst. fém. (*adjurâcion*) (en lat. *adjuratio*), formule dont l'Église catholique se servait dans les exorcismes.

ADJURÉ, E, part. pass. de *adjurer*.

ADJURER, v. act. (*adjuré*) (en lat. *adjurare*, conjurer, protester), sommer solennellement au nom de Dieu : *je t'adjure par le Dieu vivant*. Son usage propre était dans les exorcismes. — *Adjurer au nom de l'honneur, au nom de la patrie*. —On ne se sert guère de *s'*ADJURER, v. pron.

ADJUTATOIRE, adj. (*adjutatoare*) (en lat. *adjutatorius*, formé de *adjutare*, aider), qui *aide*, qui porte secours, en parlant des choses seulement.

ADJUTEUR. Voy. COADJUTEUR.

ADJUTOIRE, subst. mas. (*adjutoar*) (en lat. *adjutorium*, aide, formé de *adjutare*, aider), vieux mot qui signifiait secours.

ADJUVANT, subst. mas. et adj. (*adjuvan*) (en lat. *adjuvans*, qui aide), t. de médec., médicament *auxiliaire*, qu'on fait entrer dans une formule pour seconder l'action de celui que l'on regarde comme le plus énergique.

AD LIBITUM, loc. lat. et adv. (*adlibitome*), à volonté, et par extension, *de telle façon ou de telle autre*.

Admet, 3e pers. sing. prés. indic. du v. irrégulier ADMETTRE.

ADMÈTE, subst. mas. (*admète*), fils de Phérès, roi d'une contrée de la Thessalie dont Phère était la capitale, fut l'un des princes grecs qui s'assemblèrent pour la chasse du sanglier de Calydon. Il eut encore part à l'expédition des Argonautes. Ce fut chez ce roi qu'Apollon fut réduit à garder des troupeaux lorsqu'il fût chassé du ciel par Jupiter. Admète, ayant voulu épouser Alceste, fille de Pélias, ne put obtenir cette princesse qu'à condition qu'il donnerait à Pélias un char traîné par un lion et par un sanglier. Apollon, reconnaissant des bons offices d'Admète, lui enseigna l'art de réduire sous un même joug deux animaux si féroces. Ce dieu obtint encore des Parques que, lorsque ce prince toucherait à son heure dernière, il pût éviter la mort s'il trouvait quelqu'un assez généreux pour s'y livrer à sa place. Admète ayant été attaqué d'une maladie mortelle et personne ne s'offrant pour lui, Alceste se sacrifia généreusement ; mais Admète en fut si chagrin que Proserpine, touchée de ses larmes, voulut lui rendre sa femme. Pluton s'y étant opposé, Hercule descendit aux enfers et en tira Alceste. Apollon rendit une infinité d'autres services à Admète. Jamais prince n'essuya plus de traverses que celui-ci ; mais les dieux le protégèrent toujours particulièrement à cause de sa vertu. — Il y eut une prêtresse de Junon qui se nommait Admète. — Ce fut aussi le nom d'une nymphe.

DU VERBE IRRÉGULIER ADMETTRE :

Admets, 2e pers. sing. impér.
Admets, précédé de *j'*, 1re pers. sing. prés. indic.
Admets, précédé de *tu*, 2e pers. sing. prés. indic.
Admettaient, 3e pers. plur. imparf. indic.
Admettais, précédé de *j'*, 1re pers. sing. imparf. indic.
Admettais, précédé de *tu*, 2e pers. sing. imparf. indic.
Admettait, 3e pers. sing. imparf. indic.
Admettant, part. prés.
Admette, précédé de *que j'*, 1re pers. sing. prés. subj.
Admette, précédé de *qu'il* ou *qu'elle*, 3e pers. sing. prés. subj.
Admettent, précédé de *ils* ou *elles*, 3e pers. plur. prés. indic.
Admettent, précédé de *qu'ils* ou *qu'elles*, 3e pers. plur. prés. subj.
Admettes, 2e pers. sing. prés. subj.
Admettez, 2e pers. plur. impér.
Admettez, précédé de *vous*, 2e pers. plur. prés. indic.
Admettiez, précédé de *vous*, 2e pers. plur. imparf. indic.
Admettiez, précédé de *que vous*, 2e pers. plur. prés. subj.
Admettions, précédé de *nous*, 1re pers. plur. imparf. indic.
Admettions, précédé de *que nous*, 1re pers. plur. prés. subj.
Admettons, 1re pers. plur. impér.
Admettons, précédé de *nous*, 1re pers. plur. prés. indic.
Admettra, 3e pers. sing. fut. indic.
Admettrai, 1re pers. sing. fut. indic.
Admettraient, 3e pers. plur. prés. cond.
Admettrais, précédé de *j'*, 1re pers. sing. prés. cond.
Admettrais, précédé de *tu*, 2e pers. sing. prés. cond.
Admettrait, 3e pers. sing. prés. cond.
Admettras, 2e pers. sing. fut. indic.

ADMETTRE, v. act., se conjuguant comme *mettre*, (*admètre*) (en lat. *admittere*, formé de *ad*, à, vers, et *mittere*, envoyer, mettre), recevoir à la participation de quelque avantage. — Agréer une personne ou une chose, comme propre à concourir avec plusieurs autres à quelque effet, à l'exécution de quelque dessein, de quelque projet, de quelque entreprise. — *Admettre quelqu'un à une société, à une compagnie, à sa table ; admettre quelqu'un au nombre de ses amis ; admettre aux ordres sacrés ; admettre à la sainte table ; admettre à la participation des sacrements*. Il signifie *recevoir*, mais avec ces différences, 1° que *admettre* est une faveur accordée, et que *recevoir* est une opération par laquelle on achève de vous donner l'entière possession d'un emploi, etc : *on admet quelqu'un dans un cercle, on le reçoit dans une charge* ; 2° que le premier de ces deux mots semble supposer un objet plus intime et plus de choix, et que le second paraît exprimer quelque chose de plus extérieur, etc. : *les ministres étrangers sont* admis *à l'audience du prince, et reçus dans sa cour*.—On dit : *admettre quelqu'un à se justifier, l'admettre à ses preuves justificatives*, pour : le recevoir à justification, consentir qu'il se justifie dans les formes.—*Admettre à faire preuve*, consentir qu'on fasse preuve.—*Admettre un compte*, le trouver juste, raisonnable. — *Admettre les raisons, les excuses de quelqu'un*, les recevoir pour valables. — *Admettre une requête*, l'agréer, et même par extension, y faire droit. — *Admettre* signifie aussi : reconnaître pour véritable : *les philosophes admettent pour principe que... ; les philosophes n'admettent plus les qualités occultes ; vous admettez que...* — *s'*ADMETTRE, v. pron., dans une acception peut-être forcée, pouvoir être admis : mais proprement : *être admis*.

DU VERBE IRRÉGULIER ADMETTRE.

Admettrez, 2e pers. plur. fut. indic.
Admettriez, 2e pers. plur. prés. cond.
Admettrions, 1re pers. plur. prés. cond.
Admettrons, 1re pers. plur. fut. indic.
Admettront, 3e pers. plur. fut. indic.
Admîmes, 1re pers. plur. prét. déf.

ADMINICULE, subst. mas. (*adminikule*) (en lat. *adminiculum*, soutien, échalas, etc.), t. de prat., tout ce qui aide à faire preuve. — En t. de médec., ce qui peut faciliter le bon effet d'un remède. — T. de myth., subst. mas. plur., *attributs* qui entourent Junon sur les médailles où elle est représentée.

ADMINISTRATEUR, subst. mas., au fém. **ADMINISTRATRICE** (*adminicetrateur, trice*) (en lat. *administrator*), celui ou celle qui *administre*, qui régit des biens, qui dirige un établissement public, une maison du gouvernement. — On dit d'un homme *qu'il est administrateur*, et l'on peut dire d'une femme qu'elle est *administratrice*, pour signifier qu'ils entendent bien *l'administration*. — *Administrateur*, relativement aux états possédés par divers princes d'Allemagne, se dit de celui qui gouverne pendant la minorité du prince : *le prince administrateur ; l'administrateur de Wirtemberg*. Il se prend adj. dans ces deux dernières acceptions. — Il se dit aussi de quelques princes d'Allemagne qui tiennent des évêchés luthériens réunis à leur souveraineté : *l'administrateur de Magdebourg*.

ADMINISTRATIF, adj. mas., au fém. **ADMINISTRATIVE** (*adminicetratife, tive*), qui tient à l'*administration* publique : *puissance administrative; fonctions administratives.—Corps administratif*, qui administre.—Qui a rapport aux fonctions *administratives : arrêté administratif ; mesures administratives.*—Qui est propre à l'*administration : un esprit, un homme administratif ; avoir des talents administratifs.* — Qui est conforme aux règles, aux principes d'*administration.*

ADMINISTRATION, subst. fém. (*adminicetrâcion*) (en lat. *administratio*), action de donner ses soins à quelque chose, de veiller à la conservation, au maintien, à la prospérité de quelque chose. — Il se dit de toutes les choses qui font partie du gouvernement des états.—*Administration de la justice*, son exercice avec autorité publique. — *Administration des sacrements*, l'action de les conférer. — *Administration* se prend pour ceux qui administrent, et encore pour le lieu même où ils s'assemblent. — *Administration* se dit aussi de l'application des principes et des lois, pour l'ordre de quelque partie de l'administration : *conseil d'administration.*—*Administration centrale*, corps *administratif* établi dans chaque département pour la répartition des contributions, etc. — En 1795, chaque *administration centrale* était composée de cinq membres, et renouvelée par cinquième tous les ans. — *Administration municipale*, corps *administratif* chargé, dans chaque municipalité, de diverses fonctions d'*administration* et de police.—Les membres de toute *administration municipale* étaient nommés pour deux ans, et renouvelés chaque année par moitié ou par une fraction un peu moindre, et alternativement par la fraction la plus forte et la plus faible. — *Administration intermédiaire* : on donnait ce nom aux *administrations* de districts, qui tenaient le milieu entre les *administrations municipales* et les *administrations centrales.* — ADMINISTRATION, GOUVERNEMENT, RÉGIME. (*Syn.*) Le *gouvernement* dirige la chose publique, il ordonne ; le *régime* est la règle établie par le gouvernement, le mode politique sous lequel on vit ; l'*administration* est la manière d'exécuter ce qui est ordonné par le gouvernement et réglé par le régime. Le *gouvernement* doit être sage, le *régime* doux, l'*administration* juste.

ADMINISTRATIVE, adj. fém. Voy. ADMINISTRATIF.

ADMINISTRATIVEMENT, adv. (*adminicetrativeman*), par des moyens *administratifs*; d'après les règles de l'administration ; par autorité administrative : *juger, régler, agir administrativement.*—Ce mot, très en usage aujourd'hui, ne se trouve pas dans l'*Académie.*

ADMINISTRATRICE, subst. fém. et adj. Voy. ADMINISTRATEUR.

ADMINISTRÉ, E, part. pass. de *administrer*, et subst. (*adminicetré*), habitant d'une ville, d'un canton, etc., considéré relativement à la juridiction de l'administrateur de cette ville, etc. : *toute administration doit tourner au bien des administrés.*

ADMINISTRER, v. act. (*adminicetré*) (du lat. *administrare* qui a le même sens), gouverner, régir. — Donner ses soins à une chose, veiller à la conservation, au maintien, à la prospérité de quelque chose. —*Administrer la justice*, la rendre.—*Administrer les sacrements*, les conférer. — T. de droit, *administrer des preuves, des titres, des témoins*, en produire. — S'ADMINISTRER, v. pron., être *administré.* — Fam. : *s'administrer de bon vin, un bon repas.*

ADMINISTRESSE, subst. fém. (*adminicetrèce*), mot qui n'est pas français, mais qui est en usage dans quelques départements pour signifier une *administratrice*, une tutrice. (*Gattel.*)

ADMIR., abrév. de *admiratif* ou de *admiration.*

ADMIRABLE, adj. (*admirable*) (formé de *admirer* ; en latin *admirabilis*), qui excite, qui mérite l'*admiration.* — Il se dit de ce qui surpasse l'intelligence humaine : *Dieu est admirable dans ses œuvres* ; de ce qui paraît l'effet d'un talent extraordinaire : *le coloris de ce tableau est admirable* ; de celui qui s'acquitte de ses devoirs de manière à s'attirer l'estime et l'*admiration* : *cet homme est admirable par sa vertu.* — Dans le style fam., beau, bon, excellent. — On le dit aussi ironiquement et fam. d'un homme dont la conduite ou le langage étonne ou scandalise. — On l'emploie quelquefois subst. : *ceci surpasse l'admirable*, surpasse le merveilleux. — On appelle aussi, subst. et au fém., *admirable*, une espèce de pêche, parce qu'elle est délicieuse sous tous les rapports.

ADMIRABLEMENT, adv. (*admirableman*) (en latin *admirabiliter*), d'une manière admirable; avec une perfection extraordinaire.

ADMIRAL ne s'écrit plus pour *amiral.*

ADMIRANT, E, adj. (*admiran, rante*) (en latin *admirans*), qui mérite l'admiration. *Mad. de Sévigné* a employé ce mot; cependant il n'est point usité. — C'est aussi le part. prés. de *admirer.*

ADMIRATEUR, subst. mas., au fém. **ADMIRATRICE** (*admirateur, trice*) (en latin *admirator*), celui ou celle qui *admire.* Il s'emploie absolument ou avec la préposition *de.* On dit aussi adj. : *un peuple admirateur.*

ADMIRATIF, adj. mas., au fém. **ADMIRATIVE** (*admiratif, tive*) (formé de *admirer*), t. de gramm., qui marque admiration : *point admiratif, particule admirative.* — On appelle *point admiratif*, ou *d'admiration*, ou tout simplement *admiratif*, et, dans ce dernier cas, il est subst. mas., un signe de ponctuation qui se marque ainsi (!), et qui sert à faire connaître qu'il y a exclamation ou admiration dans le discours. — On nomme *particule admirative* une particule qu'on emploie aussi pour marquer l'admiration. *Ah!* est quelquefois *particule admirative.* — En parlant des différents caractères de talent des poëtes tragiques, on a distingué le genre admiratif, pour désigner celui qui a plus particulièrement pour objet d'exciter l'admiration : *Corneille est supérieur dans le genre admiratif.*

ADMIRATION, subst. fém. (*admirâcion*) (en latin *admiratio*), action d'admirer ; sentiment de la personne qui admire. — *Bossuet* et *J.-J. Rousseau* ont dit : *être en admiration de.* Nous ne conseillerions pas de les imiter pour cette locution. — On dit cependant : *rester en admiration devant un tableau, une statue.* — On dit passivement d'un homme illustre, qu'*il est l'admiration de son siècle*, etc.

ADMIRATIVE, adj. fém. Voy. ADMIRATIF.

ADMIRATRICE, subst. fém. Voy. ADMIRATEUR.

Admirent, 3e pers. plur. prét. déf. du v. ADMETTRE.—*Admirent* est encore 3e pers. plur. prés. indic. du verbe *admirer.* Le sens de la phrase peut seul indiquer auquel des deux sens, *admettre* ou *admirer*, la 3e pers. plur. *admirent* appartient.

ADMIRÉ, E, part. pass. de *admirer.*

ADMIRER, v. act. (*admiré*) (en latin *admirari*, formé dans le même sens de *ad* augment., et *mirare* ou *mirari*, regarder, considérer), considérer avec étonnement ce qui paraît merveilleux ; trouver admirable. — Être surpris, étonné : *j'admire que vous osiez.* — Il se dit aussi, satiriquement ou par ironie, de ce qui paraît extrême, étrange, excessif dans son genre : *j'admire la folie des hommes ; je vous admire de vouloir qu'on suive aveuglément vos avis.* — S'ADMIRER, v. pron., avoir de l'admiration pour soi-même.

ADMIROMANE, subst. et adj. (*admiromane*) (formé des mots latins *ad*, à, *mirari*, s'étonner, et du grec μανια, manie, folie), qui a la manie de l'admiration. Ce mot, employé par *Rétif de la Bretonne*, est inus.

ADMIROMANIE, subst. fém. (*admiromani*), manie de tout admirer. Voy., pour l'étymologie, ADMIROMANE.

DU VERBE IRRÉGULIER ADMETTRE :

Admis, part. pass.
Admis, précédé de *j'*, 1re pers. sing. prét. déf.
Admis, précédé de *tu*, 2e pers. sing. prét. déf.
Admisse, précédé de *que j'*, 1re pers. sing. imparf. subj.
Admissent, 3e pers. plur. imparf. subj.
Admisses, 2e pers. sing. imparf. subj.

ADMISSIBILITÉ, subst. fém. (*admicecibilité*) (rac. *admis*), qualité de ce qui est *admissible.* — Mot nouveau, peu usité encore.

Admissiez, 2e pers. plur. imparf. subj. du v. *admettre.*

ADMISSIBLE, adj. (*admicecible*) (rac. *admis*), valable, recevable, qu'on peut *admettre.* — En t. de jurispr., il se dit de tout ce qui peut être admis dans une cause judiciaire.

ADMISSION, subst. fém. (*admicion*) (en latin *admissio*), action par laquelle on *admet*, ou par laquelle on est *admis.* — En jurispr., *admission* se dit en parlant des moyens et des preuves que l'on produit.

DU VERBE IRRÉGULIER ADMETTRE :

Admissions, 1re pers. plur. imparf. subj.
Admit, précédé de *il* ou *elle*, 3e pers. sing. prét. déf.
Admît, précédé de *qu'il* ou *qu'elle*, 3e pers. sing. imparf. subj.
Admîtes, 2e pers. plur. prét. déf.

ADMITTATUR, subst. mas. (*admitetatur*), mot latin à la 3e pers. sing. prés. subj. du v. pass. *admittor, je suis admis.* Il est en usage parmi les ecclésiastiques, et signifie *qu'il soit admis.* — Billet donné à ceux qui aspirent aux ordres, pour attester qu'ils sont capables d'être reçus. — L'emploi de ce mot a maintenant plus d'étendue.

ADMODATIF, subst. mas. (*admodatife*), nom donné à l'*adverbe* par des grammairiens modernes.

ADMODIATEUR, subst. mas., au fém. **ADMODIATRICE** (*admodiateur, trice*), t. de droit, celui ou celle qui prend un bail à ferme moyennant partage de la récolte.

ADMODIATION, subst. fém. (*admodiâcion*) (dérivé de *modius*, boisseau), t. de droit, bail à ferme moyennant partage de la récolte.

ADMODIATRICE, subst. fém. Voy. ADMODIATEUR.

ADMODIÉ, E, part. pass. de *admodier*, et adj. : *des terres admodiées.*

ADMODIER, v. act. (*admodié*), affermer un bien moyennant partage des produits qui doivent en être retirés — S'ADMODIER, v. pron.

ADMONESTEMENT, subst. mas. (*admonèceteman*), (formé du v. *admonester*, qui ne se dit plus), avis, avertissement. Vieux. Voy. ADMONÈTER.

ADMONESTER n'est pas français ; on dit *admonéter.* L'*Académie* cependant autorise les deux ; toutefois nous croyons que *admonester* est un barbarisme, si nous consultons l'étymologie, qui est le supin *monitum*, du v. lat. *monere.*

ADMONÉTÉ, subst. mas. (*admonété*) (en latin *admonitus*, averti), celui qui a été *admonété.* L'*Académie* se trompe en donnant pour définition à ce mot l'*action d'admonéter.* A quoi servirait le mot *admonition?* Vieux.

ADMONÉTÉ, E, part. pass. de *admonéter.*

ADMONÉTER, v. act. (*admonété*) (du latin *admonere*, formé de *ad* augment., et *monere*, avertir; *avertir fortement*), t. de prat., faire dans la chambre de l'audience une réprimande à huis clos, avec défense de récidiver. On écrivait et on prononçait autrefois *admonester.*

ADMONITEUR, subst. mas., au fém. **ADMONITRICE** (*admoniteur, trice*) (en latin *admonitor*), celui ou celle qui avertit, qui donne un avis. — C'est aussi un surveillant ; on dit plutôt *moniteur.*

ADMONITION, subst. fém. (*admonicion*) (en latin *admonitio*), avertissement, action d'*admonéter.*

ADMONITRICE, subst. fém. Voy. ADMONITEUR.

ADNÉ, E, adj., (*adné*) (formé du latin *ad*, auprès, et *natus*, né), t. de bot., qui est attaché, qui semble faire corps.

ADNOTATION. Voy. ANNOTATION, qui seul se dit aujourd'hui.

ADOLÉ, E, part. pass. de *adoler.*

ADOLER, v. act. (*adolé*) (formé du latin *ad* augmentatif, et *dolor*, douleur), mot qui n'est plus en usage et qui signifiait chagriner, affliger quelqu'un. — S'ADOLER, v. pron.

ADOLESCENCE, subst. fém. (*adolèceçance*) (en lat. *adolescentia*, formé de *adolescere*, croître, dérivé lui-même de *ad* augment., et *olere*, avoir une odeur), âge qui suit la puberté et précède la virilité. Cet âge commence pour les femmes à onze ou douze ans, et se termine à vingt ou vingt-un ans ; pour les hommes, il commence à quatorze ou quinze ans, et se termine à vingt-quatre ou vingt-cinq ans. Il ne se dit guère que relativement aux garçons. (*Dictionnaire de Médecine usuelle.*) — Nous trouvons dans la mythologie deux figures allégoriques pour représenter cet âge de la vie : l'*adolescence masculine*, sous les traits d'un jeune homme richement vêtu et couronné de fleurs, posé sur un pied sur une horloge de sable, symbole du peu de cas que l'*adolescence* fait du temps ; l'*adolescence féminine*, sous les traits d'une jeune fille couronnée de fleurs, tient une guirlande, emblème de sa félicité éphémère. Son vêtement, de couleur changeante, semble être la marque de l'instabilité des affections de cet âge.

ADOLESCENT, subst. mas. (*adolèceçan*) (en latin *adolescens*), jeune garçon qui est dans l'âge de l'adolescence. Il ne se dit guère que dans le style badin ; dans le style sérieux, on dit plus souvent *jeune homme.* — Il est aussi adj., et signifie : qui est dans l'*adolescence.*

ADOLESCENTE, subst. fém. (*adolèceçante*), jeune fille qui est dans l'âge de l'adolescence. — Adj., *une vigne adolescente, philosophie adolescente.* Voy. ADOLESCENT.

ADOLIE, subst. fém. (*adoli*), t. de bot., plante du Malabar.

ADOLORÉ, E, part. pass. de *adolorer*.

ADOLORER, v. act. (*adoloré*), a la même étymologie et le même sens que *adoler*. Voy. ce mot. —*s'***ADOLORER**, v. pron.

ADOLPHE, subst. mas. (*adolfe*), monnaie d'or de Stralsund, où elle a cours pour cinq thalers (13 fr. 50 c.)

ADOMESTIQUÉ, E, part. pass. de *adomestiquer*.

ADOMESTIQUER, v. act. (*adomèccetiké*) (du latin *ad*, augment., et *domesticus*, fam., dérivé luimême de *domus*, maison, famille), vieux mot inus. qui signifiait rendre familier, domestique dans une maison.

ADONAÏ, subst. mas. (*adonaï*), nom de Dieu, qui signifie *seigneur* chez les Hébreux. — Dans la mythologie, c'était un surnom commun à plusieurs divinités : *Jupiter*, *Bacchus*, *Pluton* et d'autres, étaient appelés *Adonée* ou *Adonéus*.

ADONC, vieil adv. qui signifiait *alors donc* et ne se dit plus.

ADONHIRAMITE, adj. et subst. (*adoniramite*), t. de franc-maçonnerie, signifiant *peuple*.

ADONÉE, subst. fém. (*adoné*), myth., grecque, srnom de Vénus.

ADONIDE, subst. fém. (*adonide*), t. de bot., plante de la famille des renoncules. — Subst. mas., t. de bot., jardin de plantes étrangères, avec des bâtiments destinés à les préserver du froid. — Au plur. mas. on appelle *adonides* une classe d'auteurs qui ne se sont occupés dans leurs ouvrages que de la description des jardins de plantes étrangères.

ADONIDIE, subst. fém. (*adonidi*), myth., chez les anciens, chanson consacrée à la mémoire d'Adonis.

ADONIE, subst. fém. (*adoni*), t. de mus. anc., air que les Lacédémoniens jouaient sur des flûtes appelées *embatériennes*, lorsqu'ils allaient au combat. — Subst. fém. plur., myth., fêtes en l'honneur d'Adonis. On les passait dans le deuil et dans la tristesse. Les femmes se faisaient un devoir d'y pleurer beaucoup.

ADONIEN ou **ADONIQUE**, adj. mas. (*adoniein*, *nike*), myth., d'*Adonis*, favori de Vénus, dans les fêtes duquel on chantait cette espèce de vers. — Se dit, dans la poésie grecque et latine, d'un vers composé d'un dactyle et d'un spondée, et qui se place à la fin de chaque strophe des vers saphiques. Ce vers est le quatrième de chaque strophe dans les odes saphiques. On lui a donné le nom de son inventeur. On en peut voir des exemples en grec dans le fragment qui nous reste de la belle *Ode de Sapho*. Horace en fournit plusieurs en latin, par exemple :

> *Integer vitæ, scelerisque purus,*
> *Non eget Mauris jaculis, neque arcu,*
> *Nec venenatis gravida sagittis,*
> *Fusce, pharetra.*
>
> *Nec mori per vim metuam, tenente*
> *Cæsare terras.*
>
> (HOR.)

Il est à remarquer qu'on trouve quelquefois des vers saphiques qui ne sont point suivis de vers *adoniens*.

ADONIENNES ou **ADONIES**, subst. fém. plur. (*adoniène*, *adoni*), fêtes de deuil dans la Grèce, en l'honneur d'Adonis.

ADONIQUE. Voy. **ADONIEN**.

ADONIS, subst. mas. (*adonice*), myth., jeune homme extrêmement beau, fils de Cinyre roi de Chypre, et de Myrrha sa fille. Il était grand chasseur. Vénus l'aima si passionnément qu'elle quitta le ciel pour le suivre partout, jusque dans les forêts et sur les montagnes, où il fut tué par un sanglier. Vénus, inconsolable de l'avoir perdu, fit naître l'anémone de son sang, et s'abandonna long-temps à la plus vive douleur. De là le deuil, les larmes et les gémissements qui faisaient le caractère distinctif des fêtes lugubres qu'on institua en son honneur sous le nom d'*Adonies* ; car on en fit un dieu, on lui bâtit des temples, etc. Adonis, suivant la Fable, était, après sa mort, alternativement six mois à la cour de Proserpine et six mois à celle de Vénus. — Il y a eu un autre Adonis né à Biblos, ville de Phénicie. On l'a assez généralement confondu avec le précédent. Orphée et d'autres anciens ont considéré Adonis comme étant le Soleil, dont ils lui ont donné tous les attributs. — Nous disons en plaisantant *un Adonis*, pour dire un jeune homme qui fait le beau, qui prend un grand soin de sa parure. — Subst. mas., t. de bot., plante à fleur rosacée dont on distingue plusieurs espèces. — On a appelé dans l'hist. anc. *salon d'Adonis* une grotte de verdure et de fleurs, fort à la mode dans la Syrie.

ADONISÉ, E, part. pass. de *adoniser*.

ADONISER, v. act. (*adonizé*), parer, ajuster avec affectation, pour faire paraître plus beau, beau comme un *Adonis*. Il est du style fam. — *s'***ADONISER**, v. pron. : *l'envie que j'avais de lui paraître agréable, me fit employer trois bonnes heures pour le moins à m'ajuster, à m'adoniser*. (GIL BLAS.)

ADONISEUR, subst. mas. (*adonizeur*), qui ajuste, qui pare. Ce mot est tout-à-fait inus.

ADONISTE, subst. des deux genres, (*adoniccete*), t. de bot., celui ou celle qui fait un catalogue de plantes exotiques cultivées dans un jardin. Inus.

ADONNÉ, E, part. pass. de *s'adonner*, et adj. : *adonné aux femmes, au vin, au luxe*.

ADONNER, v. neut. (*adoné*) (du lat. *ad*, à, et *dare*, donner). En t. de mar., on dit : *le vent adonne*, c'est-à-dire : il devient favorable. —*s'***ADONNER**, v. pron., s'attacher avec soin à quelque chose, s'y appliquer avec passion, s'y livrer. — *S'adonner à un lieu*, *à une personne*, se mettre à fréquenter souvent ce lieu, familièrement cette personne. — On disait dans le style familier : *si votre chemin s'y adonne, vous viendrez chez moi*, c'est-à-dire : si c'est votre chemin. Cette expression ne paraîtrait pas française aujourd'hui. — On dit aussi qu'un chien s'est *adonné* à une personne, lorsqu'il s'est attaché à suivre quelqu'un qu'il a rencontré par hasard ; et l'on dit qu'il *s'adonne* à la cuisine, lorsqu'il y est continuellement.

ADONQUES, vieil adv., ne se dit plus que *adonc*.

ADOPTABLE, adj. (*adopetable*), qu'on peut adopter.

ADOPTANT, E, subst. (*adopetan*, *tante*), t. de droit, celui, celle qui *adopte* quelqu'un : l'*adoptant* et l'*adopté*. — L'*Académie* ne parle pas du fém. de ce mot.

ADOPTÉ, E, part. pass. de *adopter*. Il est aussi subst. : l'*adopté*, l'*adoptée*, celui, celle qui a été *adoptée*.

ADOPTER, v. act. (*adopeté*) (du latin *adoptare*, formé de *ad*, pour, en faveur, et *optare*, choisir), prendre, dans les formes prescrites par les lois, quelque personne pour fils ou pour fille. — Il se dit, par extension, de toute personne qui, sans formes légales, prend soin d'un enfant comme s'il était son fils ou sa fille : *il m'adopta et me tint lieu de père*. — Fig., *adopter une chose*, la considérer comme sienne. — En mauvaise part, s'approprier sans consentement de l'auteur ou du possesseur. — *Adopter un style, un genre, une manière*, c'est s'y attacher de préférence. — Accepter, sanctionner législativement : *la chambre adopte*, pris absolument pour *adopte telle loi*. — On ne dit guère *s'adopter*.

ADOPTIF, adj. mas., au fém. **ADOPTIVE** (*adopetif*, *tive*) (en latin *adoptivus*, *adoptiva*), qui est *adopté* : *enfant adoptif*, *fille adoptive*. — Qui a *adopté* : *mère adoptive*. Voy. **ADOPTION**.

ADOPTION, subst. fém. (*adopecion*) (en latin *adoptio*), l'action d'*adopter*. Acte légal par lequel on *adopte* un fils ou une fille d'une famille étrangère : *enfant par adoption*. — L'*adoption* se faisait anciennement par acte public, et avec une certaine formule. Les eunuques ne pouvaient *adopter*, parce qu'ils étaient dans l'impuissance actuelle d'avoir des enfants. Il n'était pas non plus permis au plus jeune d'*adopter* le plus vieux, parce que cela eût été contre l'ordre naturel ; et il fallait que celui qui *adoptait* eût dix-huit ans de plus que l'*enfant adoptif*, afin qu'il pût être son père : l'*adoption* eût été une monstruosité, si le fils eût été plus âgé que le père. — Chez les Romains, on distinguait deux sortes d'*adoption* : l'une qui se faisait devant le préteur, et l'autre devant l'assemblée du peuple dans le temps de la république, et, depuis, par un rescrit des empereurs. Si elle devait avoir lieu pour un fils de famille, on s'adressait au préteur, devant lequel le père naturel déclarait qu'il émancipait son fils, et qu'il consentait qu'il passât dans la famille de celui qui l'*adoptait*. Si c'était une personne libre, cette espèce d'*adoption* s'appelait *adrogation*. Celui qui était *adopté* changeait tous ses noms, et prenait le prénom, le nom et le surnom de celui qui l'*adoptait*. — Du temps du pape Benoît II, l'empereur Constantin Pogonate envoya à Rome les cheveux de ses deux fils, Justinien et Héraclius, qui furent reçus par le pape, le clergé et l'armée. C'était une espèce d'*adoption* usitée en ce temps-là ; et celui qui recevait les cheveux d'un jeune homme était regardé comme son père. — Chez nous, l'*adoption* n'étant qu'une paternité fictive, le législateur a dû ne la permettre qu'aux personnes qui n'ont ni enfants ni descendants légitimes, ou qui paraissent n'avoir plus d'espérance d'en avoir. C'est pourquoi l'article 343 du Code civil exige, dans toute personne qui veut adopter, l'âge de cinquante ans accomplis. La fiction créée par la loi ayant pour but de se rapprocher autant que possible de la réalité et de la nature, il en résulte que nul ne peut être *adopté* par plusieurs, si ce n'est par deux époux. Mais dans le cas où l'*adoption* aurait lieu de la part d'un seul d'entre eux, le consentement de l'autre est toujours nécessaire. (Code civil, art. 344.) La loi, qui veut s'assurer que l'*adoption* n'est pas seulement l'effet d'un sentiment passager, et qui veut que l'*adopté* trouve dans sa nouvelle famille une affection véritable, exige encore, comme condition substantielle, que l'individu qui doit être *adopté* ait reçu de l'*adoptant*, dans sa minorité et pendant six ans au moins, des secours et des soins non interrompus. L'*adoptant* doit être en outre plus âgé de quinze ans que l'*adopté*. Néanmoins, les conditions d'âge et de soins préalables ne sont plus exigées, si l'*adopté* a sauvé la vie à l'*adoptant*, soit dans un combat, soit en le retirant des flammes ou des flots. Il suffit alors que l'*adoptant* soit majeur et plus âgé que l'*adopté*. (Code civil, art. 345.) Des raisons de haute convenance et de morale ont dicté cette exception. L'*adoption* étant en outre fondée sur un consentement mutuel, ne peut avoir lieu qu'à l'époque où l'*adopté* est maître de ses droits, c'est-à-dire à sa majorité ; et s'il est sous la puissance de ses père et mère, il doit, jusqu'à sa vingt-cinquième année, rapporter leur consentement, et, après cette époque, leur adresser un acte respectueux pour demander leur conseil. On ne peut *adopter* un étranger (arrêts de cassation du 5 août 1823 et du 13 juin 1826), ni un enfant adultérin ou incestueux. La plus grande partie des auteurs pensent que l'enfant naturel reconnu ne pourrait pas être *adopté* ; quelques arrêts même ont consacré cette doctrine ; cependant il existe un plus grand nombre d'arrêts en faveur de l'*adoption*. Plusieurs de ces auteurs refusent aux ministres du culte catholique le droit d'*adopter*, par la raison que la fiction doit être interdite à ceux auxquels la réalité l'est également. Cette opinion nous paraît peu conforme aux principes rigoureux du droit civil, qui ne reconnaît pas les engagements religieux. Les rites de l'Église peuvent proscrire le mariage des prêtres, mais ce n'est là qu'une contravention aux canons : le mariage civil et ses effets n'en subsistent pas moins ; et là où il y a mariage, il y a légitimité des enfants issus de ce mariage, et, par conséquent, faculté d'*adopter*. (**M. DE CHABROL-CHAMÉANE**, *Dict. de Législation usuelle*.) — Il signifie encore : choix, préférence : *un travail d'adoption*. — *Adoption* et *adoptif* ne s'emploient guère qu'au propre : on ne dit point : *des sentiments adoptifs*, *l'adoption des pensées*, comme on dit *adopter des pensées, des sentiments*. — Il se disait anciennement de l'action d'un chef qui armait un chevalier pour la première fois. — T. de myth., allégorie de deux figures qui indiquait, sur les médailles romaines, l'alliance de deux familles.

ADOPTIVE, adj. fém. Voy. **ADOPTIF**.

ADORABLE, adj. (*adorable*) (en latin *adorabilis*), qui mérite, qui est digne d'être *adoré*. — Abusivement et par exagération, ce que l'on aime ou ce qu'on estime extrêmement : un amant passionné dit que sa maîtresse est *adorable* ; on dit aussi fam. d'un honnête homme d'un commerce doux, etc., que c'est un *homme adorable* ; enfin on dit : *bonté adorable*, *caractère adorable*.

ADORATEUR, subst. mas., au fém. **ADORATRICE** (*adorateur*, *trice*) (en latin *adorator*), celui ou celle qui adore : *les adorateurs de Dieu*. — On appelle, par exagération, *adorateur d'une femme*, celui qui lui fait la cour, qui l'aime beaucoup : c'est dans ce sens qu'on dit qu'*une femme a beaucoup d'adorateurs*. — On emploie également *adorateur* comme adj. ; Racine a dit : *un peuple adorateur*. — L'*Académie* ne parle pas du fém. *adoratrice*.

ADORATIF, adj. mas., au fém. **ADORATIVE** (*adoratif*, *tive*), qui exprime l'*adoration*. Mot peu usité.

ADORATION, subst. fém. (*adorâcion*) (en latin *adoratio*), action par laquelle on adore. — Culte que l'on rend à Dieu et aux idoles. — On dit : l'*adoration de la croix*, *aller à l'adoration de la croix*, mais cela ne se dit que par relation à Jésus-Christ. — On se sert aussi du mot *adoration*, en parlant de la cérémonie qui se pratique après l'élection d'un pape, lorsqu'il est mis sur l'autel, et que les cardinaux vont lui rendre hommage ; c'est en ce sens qu'on dit : *aller à l'adoration du pape*. — On dit aussi dans cette même acception, qu'*un pape est fait par voie d'adoration,* lorsque tous les cardinaux le vont reconnaître, sans avoir fait de scrutin auparavant. — Il y a en France des filles dites de l'*adoration perpétuelle :* ce sont des religieuses *bénédictines*, qui font profession d'*adorer* continuellement le saint-sacrement de l'autel. — Abusivement et par exagération, estime ou amour extrême.—Quelques écrivains ont dit *être en adoration devant*, pour dire regarder avec un air d'*adoration.* — C'était, chez les anciens, l'action de porter la main à la bouche, de baiser la main. — T. de myth., figure allégorique, sous les traits d'une femme prosternée qui a la main droite sur la poitrine et tient un encensoir de la main gauche.

ADORATIVE, adj. fém. Voy. ADORATIF.

ADORATRICE, subst. fém. Voy. ADORATEUR.

ADORÉ, E, part. pass. de *adorer*, et adj. Avec les personnes il régit *de*, ou bien il s'emploie sans régime ; avec les choses, il s'emploie sans régime et suit toujours le subst.

ADORÉA, subst. fém. (*adoréa*), myth., divinité qu'on croit être la même que la Victoire. On appelait aussi *Adorea* des fêtes où l'on offrait aux dieux des gâteaux salés, du mot *ador*, pur froment.

ADORER, v. act. (*adoré*) (en lat. *adorare,* formé de *ad,* à, et de *os,* bouche, parce que dans leurs prières et leurs cérémonies religieuses les Romains portaient la main à la bouche), rendre à Dieu le culte qui lui est dû. — Il s'emploie quelquefois sans régime direct : *les Juifs adoraient à Jérusalem et les Samaritains à Samarie.* — On dit : *adorer la croix,* mais c'est dans un autre sens qu'*adorer Dieu*, et seulement par relation à Jésus-Christ; on dit dans le même sens : *adorer les reliques : on adore les reliques de saint Janvier dans une très-belle chapelle, à Naples.*—Rendre de très-profonds respects en se prosternant : *Esther adora Assuérus.* Il ne se dit que des peuples orientaux. — Hyperboliquement et abusivement, aimer avec une passion excessive, avoir une soumission aveugle et servile.— Témoigner à quelqu'un un respect, une vénération sans bornes : *cette mère est digne d'être adorée.* — Rendre au pape nouvellement élu le respect dû à sa dignité. — Prov. et fig., *adorer le veau d'or,* pour dire faire la cour à un homme de peu de mérite, à cause de ses richesses ou à cause de son crédit. — *s'*ADORER, v. pron., s'aimer soi-même : *presque toutes les jolies femmes s'adorent.* — ADORER, HONORER, RÉVÉRER. (*Syn.*) En parlant de religion, on *adore* Dieu ; on *honore* les saints ; on *révère* les reliques et les images. — Dans le langage profane, on *adore* une maîtresse; on *honore* les honnêtes gens ; on *révère* les personnes illustres.

ADORIES, subst. fém. plur. (*adori*), t. d'hist. nat., insectes de l'ordre des coléoptères.

ADORNÉ, E, part. pass. de *adorner.*

ADORNER, v. act. (*adorné*) (du lat. *ad,* augmentatif, et *ornare*, orner), vieux mot qui signifiait orner.

ADOS, subst. mas. (*adô*) (rac. *dos*), terre élevée en talus contre une muraille bien exposée, pour y semer des graines qu'on veut faire venir plus tôt qu'on ne le pourrait en pleine terre.

ADOSSÉ, E, part. pass. de *adosser,* et adj. (rac. *dos*), appuyé contre quelque chose. — T. de blas., *mis dos à dos.* — Les peintres, les sculpteurs et les antiquaires le disent de deux têtes mises sur une même ligne, mais dans un sens opposé.

ADOSSER, v. act. (*adôcé*), mettre le dos contre : *adosser un enfant.* — Fig., placer, appuyer contre : *adosser un bâtiment contre un rocher.* — En t. d'antiq., de peint. et de sculpt., mettre deux têtes sur la même ligne en sens opposé. — *s'*ADOSSER, v. pron. : *s'adosser contre une muraille.*

ADOUBÉ, E, part. pass. de *adouber.*

ADOUBER, v. neut. (*adoubé*) (suivant *Ducange,* du lat. barbare *adobare,* qui signifiait autrefois *armer*), au trictrac ou aux échecs, toucher une pièce seulement pour l'arranger, et non pour la jouer. Il n'est guère usité qu'au présent : *j'adoube.* — Accommoder, boucher : en ce sens, c'est un provençalisme. — On l'a dit autrefois dans le sens de *radouber*, et alors il était v. act. Voy. ce mot.

ADOUCÉ, E, part. pass. de *adoucer.*

ADOUCER, v. act. (*adoucé*), vieux mot inusité qui signifiait pacifier, tranquilliser.

ADOUCI, subst. mas. (*adouci*), poliment d'une glace, des métaux, par le frottement.— C'est aussi une substance minérale qui sert à polir.

ADOUCI, E, part. pass. de *adoucir*, et adj.

ADOUCIR, v. act. (*adoucir*) (du latin *dulcare* ou *dulcorare,* fait de *dulcis,* doux), rendre doux, poli; corriger la rudesse, les inégalités, les aspérités d'une chose. — Dans plusieurs arts, *adoucir* c'est effacer avec une lime fine les traits de la grosse lime. — En t. de peinture, mêler les couleurs avec la brosse ou le pinceau : *adoucir les traits, les contours d'une figure*, les rendre plus délicats, plus fins. — T. de manufactures de glaces, donner la première façon aux glaces brutes, en les frottant les unes contre les autres avec du grès, du sable ou de l'émeri, pour les polir et les rendre transparentes. On dit quelquefois *dégrossir*, mais le vrai terme de l'art est *adoucir.* — — On dit, par extension, *adoucir* la rudesse de la voix, du style. — *Adoucir une expression*, la rendre moins dure.— On *adoucit* ce qui est aigre, amer, âcre, ardent.—Au fig., on *adoucit* tout ce qui fait éprouver à l'ame quelque sentiment douloureux. —*s'*ADOUCIR, v. pron., devenir plus doux : *le temps s'adoucit.*—Au fig., s'apaiser, se modérer, être plus humain, être moins violent, moins rude : *cet homme s'adoucit.* — ADOUCIR, MITIGER, MODÉRER, TEMPÉRER. (*Syn.*). On *adoucit*, en introduisant quelque chose de doux. On *mitige,* en rendant moins sévère. On *modère,* en retenant dans les limites. On *tempère,* en diminuant l'excès de la chaleur, de l'ardeur, de l'éclat, de la force, de l'action.

ADOUCISSAGE, subst. mas. (*adouciçaje*), t. de teint., action et manière de rendre moins vive une couleur, par le mélange de ce qui peut en diminuer l'éclat, etc. — L'*Académie* ne donne pas ce mot.

ADOUCISSANT, E, adj. (*adouciçan, çante*) (formé de *adoucir*), qui adoucit : *remède adoucissant.* —Il est aussi subst. mas. : *c'est un excellent adoucissant*, un remède qui *adoucit.*

ADOUCISSEMENT, subst. mas. (*adouciceman*), l'action par laquelle on adoucit, et l'état de la chose adoucie. — Tout ce qui *adoucit,* ce qui rend plus doux. — Fig., ce qui tempère les difficultés, ce qui rend plus supportables les choses rudes et pénibles. — Correctif, tout ce qui sert à corriger et à *adoucir* quelque chose. — Il se dit encore du temps : *il y a quelque adoucissement dans le temps,* c'est-à-dire, le temps n'est plus si rude; il ne fait plus si froid. — Fig., en parlant des choses morales, des affaires, il signifie accommodement, tempérament, expédient propre à concilier : *ne saurait-on trouver d'adoucissement à cela? on trouve des adoucissements à toute chose ; les affaires sont fort aigries entre eux, on y cherche quelque adoucissement.* — En t. d'archit., liaison de deux corps par une portion de cercle ; la moulure employée à cet effet.

ADOUCISSEUR, subst. mas., au fém. ADOUCISSEUSE (*adouciceur, ceuze*) (formé de *adoucir*), celui ou celle qui *adoucit,* qui polit les glaces.

ADOUCISSEUSE, subst. fém. Voy. ADOUCISSEUR.

ADOUÉ, E, adj. (*adoué*), t. de chasse, accouplé, apparié. Il ne se dit que de la perdrix : *les perdrix sont adouées.*

*s'*ADOULOIR, v. pron. (*çadouloar*) (formé du lat. *ad,* jusqu'à, et *dolor,* douleur), vieux mot entièrement inus. qui signifiait *se chagriner.*

ADOUR, subst. mas. (*adour*), neuvième mois des Persans. — Il ne faut pas confondre ce mot avec *Adour,* rivière de France. Il y a trois rivières qui portent ce nom : la première est le grand *Adour,* qui prend sa source dans les Pyrénées, à la montagne de Tourmalet, passe à Tarbes, à Aire, à Saint-Sever, à Dax et à Bayonne, au-dessous de laquelle il se plonge dans la mer de Gascogne ; la seconde est l'*Adour* de Suébe, qui prend sa source dans la vallée de Campa, et après un cours d'environ douze lieues se joint au grand *Adour;* la troisième est l'*Adour* de Baudéan, ainsi nommé parce qu'il a sa source dans la vallée de Baudéan. Il se décharge, comme le précédent, dans le grand *Adour,* et n'a que la même étendue dans son cours.

ADOUX, subst. mas. (*adou*), en t. de teint., pastel qui s'étend en fleurs bleues dans la cuve.

AD PATRES, loc. adv. (*adpâtrèce*), expression latine, mot à mot : *vers les pères.* — *Aller ad patres,* mourir. — *Envoyer ad patres*, faire mourir. — *Être ad patres,* être mort. Style fam.

ADRACHNE, subst. fém. (*adrakne*), plante dont on fait du papier appelé *papier de Chine ;* c'est une espèce d'*arbousier.*

ADRAGANT, subst. mas. (*adraguan*) (du grec τραγος, bouc, et ακανθα, épine), sorte de gomme qui se trouve dans la Turquie d'Asie et dans la Perse, et qui découle d'un sous-arbrisseau épineux à fleurs légumineuses du genre des astragales.—On l'appelle aussi *barbe de renard* et *épine de bouc.*— Elle calme la colique et la toux ; elle rafraîchit les urines.—On s'en sert pour lustrer.—Nous croyons devoir mettre sous les yeux de nos lecteurs le même article traité par l'*Académie*, *édition de* 1835; le voici :

« ADRAGANT ou ADRAGANTE, adj. Nom d'une
« sorte de gomme qu'on tire de plusieurs arbris-
« seaux du genre des astragales. *Gomme adra-*
« *gant* ou *adragante.* On a dit aussi, *Gomme d'a-*
« *dragant.* Voyez, TRAGACANTHE. »

Nous ajouterons forcément notre commentaire. Que signifie *adragant* ou *adragante*, adj.? *Adragant* ou *adragante* sont-ils mas. et fém. tout à la fois? ou *adragant* est-il pour le masculin et *adragante* pour le féminin? Nous nous adressons ces questions, parce que nous lisons dans l'exemple cité par l'*Académie : gomme adragant* ou *adragante. Gomme adragant* nous semble être un vrai solécisme; notre avis est qu'on doit dire, ou *gomme d'adragant,* et dans ce cas *adragant* est un subst. mas.; ou *gomme adragante,* et alors *adragante* est un véritable adj. fém. qui prend le genre du mot *gomme.* ADRAGANT, E, est donc aussi un adj.

ADRAGANTHINE, subst. fém. (*adraguantine*), t. de chim., principe immédiat des végétaux.

ADRAMÉLECH, subst. mas. (*adraméléke*), idole des Assyriens. On croyait l'honorer en exposant aux flammes et en faisant brûler des enfants sur ses autels.

ADRAMUS ou **ADRANUS**, subst. mas. (*adramuce, nuce*), dieu dont le culte était célèbre dans toute la Sicile.

ADRARIZA, subst. fém. (*adrariza*), t. de médec., racine de l'aristoloche.

ADRASTA, subst. fém. (*adraceta*), myth., nymphe, fille de l'Océan, et nourrice de Jupiter.

ADRASTE, subst. mas. (*adracete*), roi d'Argos, fut obligé de se sauver chez Polybe son aïeul paternel, pour fuir les persécutions de l'usurpateur qui s'était emparé de ses états. Il leva une puissante armée contre les Thébains, commandée par Polynice, Tydée, Amphiaraüs, Capanée, Parthénopée, Hippomédon, et lui-même qui en fut le chef suprême. C'est ce qu'on appelle l'entreprise des sept *héros* qui assiégèrent Thèbes, et où ils périrent presque tous. Peu après, Adraste excita les enfants de ses compagnons d'armes à venger la mort de leurs pères, et leva une armée semblable à la première ; celle-ci fut appelée l'armée des Épigones. — Il y eut un autre Adraste, roi des Doriens, que Télémaque tua à cause de sa perfidie. — Il y en eut encore un autre, fils de Midas, qui tua par inadvertance Atys, fils de Crésus. Il en conçut tant de douleur, quoique Crésus lui eût pardonné, qu'il se tua sur le tombeau d'Atys.

ADRASTÉE, subst. fém. (*adracété*), myth., nom de la déesse Némésis. Elle était fille de Jupiter et de la Nécessité, autrement aussi appelée Némésis. — Il y a encore de ce nom une nymphe, et une esclave d'Hélène.

ADRASTIES, subst. fém. plur. (*adraceti*), t. de myth., jeux pythiens célébrés à Delphes en l'honneur d'Apollon.

AD REM, loc. adv. (*adrème*), expression latine qui signifie littéralement *à la chose : répondre ad rem,* c'est répondre catégoriquement.

ADRENAM, subst. mas. (*adréname*), livre sacré des Hindous, l'un des quatre *Vedams,* que les brames disent perdu.

ADRESSANT, E, adj. (*adrèçan, çante*), t. de pal. et de chancellerie, usité seulement au fém. : *lettres-patentes adressantes à.* Hors de là, on se sert du part. pass. *adressé.*

ADRESSE, subst. fém. (*adrèce*), indication pour aller en quelque lieu, etc.; suscription d'une lettre ou d'un paquet. — Lieu où l'on *adresse* les lettres ou autres objets, et les personnes. — On appelle *bureau d'adresses* un lieu où l'on s'*adresse* pour diverses choses, et principalement pour les avis et demandes relatifs aux journaux. — On dit d'un homme qui donne indiscrètement des commissions importunes : *il m'a pris pour son bureau d'adresses.*— On donne fig. le même nom à une maison où il se débite beaucoup de nouvelles, et, dans le style plaisant, à une personne qui s'informe de tout ce qui se passe dans la ville, et qui va le débiter de côté et d'autre. — On dit fig. et fam. d'un trait malin par lequel quelqu'un est désigné : *cela va à l'adresse de monsieur un tel;* et pour dire qu'il sera senti: *le trait arrivera à son adresse.* — *Adresse* est aussi une lettre de respect, d'adhésion, de demande, etc., *envoyée* au souverain, etc. — En France et en Angleterre, on nomme *adresse* un discours des chambres ou des parlements en réponse au discours de la couronne. — C'est encore un terme en usage à la grande chancellerie, qui se dit en parlant des édits et déclarations du roi *adressés* aux cours souveraines, et par elles aux juridictions ou justices inférieures. Ces *adresses* sont exprimées de cette manière : *A tous présents et à venir, salut ; à tous ceux qui ces présentes verront, salut ;* et le corps des lettres est ainsi conçu : *si donnons en mandement à nos amés et féaux conseillers, les gens tenant notre chambre de... à...* etc. Quelquefois ces lettres sont *adressées* à plusieurs cours souveraines, comme la déclaration de la capitation du mois de mars 1721 : *si donnons en mandement à nos amés et féaux conseillers, les gens tenant notre cour de parlement, chambre des comptes, cour des aides, qu'ils aient,* etc. —*Adresse,* dextérité, disposition heureuse soit pour les choses de l'esprit, soit pour les choses du corps : *il fait tout avec adresse ; manier une affaire avec adresse.*—Il signifie aussi *finesse, ruse : jouer à quelqu'un un tour d'adresse.* (Voir *à l'acception suivante.*) — On appelle aussi *tour d'adresse* un tour de subtilité de main : *c'est un homme qui sait, qui fait des tours d'adresse.* — En littér., certaines tournures ajoutant à l'expression de la pensée, ou à la peinture des sentiments, se nomment *adresses de style.* — En t. de peint., on appelle *adresses de pinceau* des coups de pinceau qui aident à l'effet. — **Adresse, dextérité, habileté.** (*Syn.*) La *dextérité* donne un air aisé, et répand des grâces dans l'action. L'*adresse* opère avec art et d'un air fin. L'*habileté* travaille d'une manière entendue et savante. —**Adresse, souplesse, finesse, ruse, artifice.** (*Syn.*) L'*adresse* emploie les moyens ; elle demande de l'intelligence. La *souplesse* évite les obstacles ; elle vient de la docilité. La *finesse* insinue d'une façon insensible ; elle suppose de la pénétration. La *ruse* trompe ; elle a besoin d'une imagination ingénieuse. L'*artifice* surprend ; il se sert d'une dissimulation préparée.

Adressé, e, part. pass. de *adresser.*

Adresser, v. act. (*adrécé*) (du lat. barbare *addirectiare,* dont les Espagnols ont fait *aderezar,* et les Italiens *indirizzare*), envoyer directement quelqu'un ou quelque chose à une personne, dans un lieu. — Envoyer par la poste une lettre, un paquet à la destination de quelqu'un. — *Adresser le discours, la parole à quelqu'un,* lui parler directement et spécialement. — *Adresser ses pas vers,* aller vers... — V. neut., toucher droit où l'on vise : *adresser au but ; vous avez bien adressé,* etc. On dit mieux *viser au but, ajuster,* etc. — **s'Adresser,** v. pron. — S'*adresser à quelqu'un,* aller voir, aller trouver quelqu'un, etc. — Attaquer une personne de gaieté de cœur : *cette lettre s'adresse à vous ; elle est à votre adresse.* — *Cela s'adresse à moi,* cela me regarde.— Fig. :

. . . . Hélas ! j'ai vu percer
Le seul (*cœur*) où nos regards prétendaient *s'adresser.*

Adréus, subst. mas. (*adréuce*), myth., dieu qui présidait à la maturité des grains.

Adrianiste, subst. (*adrianicete*), nom de sectaires. Il y en a de deux sortes qui ont porté ce nom. Les premiers *adrianistes* étaient une branche de sectateurs de Simon le Magicien. Théodoret seul nous a conservé leur nom et leur mémoire, sans nous apprendre leur origine. Il est vraisemblable que cette secte, et les six autres qui sortirent des simoniens, prirent leur nom des disciples de Simon qui se mirent à leur tête. Les autres *adrianistes* sont les sectateurs d'Adrien Hamstedius, anabaptiste du XVIe siècle, qui enseigna aussi des erreurs particulières sur Jésus-Christ.

Adriatique, adj. (*adriatike*). *Mer Adriatique,* le golfe de Venise.

Adris, subst. mas. (*adrice*), myth., dieu de divers peuples de l'antiquité, selon les rabbins.

Adrobolon, subst. mas. (*adrobolon*), t. de médec., sorte de bdellium de l'Inde.

Adrogation, subst. fém. (*adroguácion*), t. d'antiq., espèce d'adoption qui se pratiquait à Rome à l'égard d'une personne libre. Inus.

Adrogé, e, part. pass. de *adroger.*

Adroger, v. act. (*adrojé*), prendre en *adrogation.* Voy. ce mot.

Adroit, e, adj. (*adroè, droète*) (du lat. *ad,* augment., et *dexter,* habile), qui a de l'*adresse,* de l'habileté d'esprit ou de corps pour faire quelque chose.—Fin, rusé, habile, entendu ; avec cette différence qu'*habile* se dit de la conduite ; *entendu,* des lumières de l'esprit ; et *adroit,* des grâces de l'action. — En mauvaise part : *adroit fripon.* — Cet adj. régit la prép. *à* : *adroit à manier les esprits.* —T. de man., il se dit d'un cheval qui, dans un chemin difficile, choisit bien l'endroit où il doit mettre le pied.

Adroitement, adv. (*adroèteman*), avec *adresse ;* d'une manière *adroite.*

Adrumète, subst. fém. (*adrumète*), ancienne ville d'Afrique. Salluste a dit que c'était une colonie phénicienne.

Adstriction. Voy. **Astriction.**

Aduire, v. act. (*aduire*) (du lat. *adducere,* amener), vieux mot qui signifiait attirer dans un endroit certains animaux, comme les pigeons, et les y accoutumer, les y fixer.

Aduit, e, part. pass. de *aduire.*

Adulaire, subst. fém. (*adulère*), t. de minér., feld-spath nacré très-pur. Les lapidaires en font des bagues et des épingles. On raconte qu'on a appelé cette pierre *adulaire,* du lat. *Adula,* ancien nom du mont Saint-Gothard, où elle a été trouvée.

Adulasso, subst. mas. (*adulaceço*), t. d'hist. nat., carmantine bivalve, qu'on emploie dans l'Inde contre la goutte.

Adulateur, subst. mas., au fém. **Adulatrice** (*adulateur, trice*) (en lat. *adulator*), celui ou celle qui flatte par bassesse et par intérêt une personne qui ne le mérite pas. Ce mot dit plus que *flatteur ;* il annonce quelque chose de plus bas et de plus rampant. — Il s'emploie aussi comme adj. : *discours adulateur, épithète adulatrice.* — **Adulateur, flatteur, flagorneur, louangeur.** (*Syn.*) Le *louangeur* loue dans l'unique but de *louer,* et le *flatteur* pour plaire ; l'*adulateur* met dans la flatterie de la fausseté ; le *flagorneur* loue à chaque instant et avec maladresse.

Adulatif, adj. mas., au fém. **Adulative** (*adulatif, tive*), qui flatte, *en parlant des choses,* circonstance qui le distingue de *adulateur,* adj., qu'on n'applique aux choses que figurément.

Adulation, subst. fém. (*aduldcion*) (en lat. *adulatio*), flatterie basse, lâche et intéressée ; louanges excessives adressées à quelqu'un qui ne les mérite point. — T. de myth., divinité allégorique, sous les traits d'une femme qui joue de la flûte.

Adulative, adj. fém. Voy. **Adulatif.**

Adulatrice, subst. fém. Voy. **Adulateur.**

Adulé, e, part. pass. de *aduler.*

Aduler, v. act. (*adulé*) (en lat. *adulari,* caresser à la manière des chiens), flatter bassement, louer excessivement et avec fausseté. *Diderot* est le premier qui ait introduit ce mot dans la langue : *Quoi ! vous adulez bassement le souverain pendant sa vie, et vous l'insultez cruellement après sa mort !* — Il est un cas, le seul peut-être, où l'on emploie le verbe *aduler* sans y attacher aucune idée de *bassesse,* de *fausseté,* de *lâcheté ;* c'est quand on dit, par exemple : *il est fou de cette femme, et passe son temps à l'aduler.* — **s'Aduler,** v. pron., se flatter sottement : *un fat s'adule.*

Adulte, subst. et adj. (*adulte*) (du lat. *adultus,* part. d'*adolescere,* croître, parvenir à l'adolescence), qui est parvenu à l'adolescence ; qui est dans l'âge de raison : *une personne adulte.* — *Le baptême des adultes.* — T. de bot., *plante adulte,* celle qui est parvenue à son accroissement. — T. de myth., surnom de Jupiter et de Junon.

Adultération, subst. fém. (*adultérâcion*) (en lat. *adulteratio,* altération, dérivé de *adulterari,* formé de *ad,* et de *alter,* autre ; *faire une chose autre qu'elle n'est*), action de gâter, d'altérer ce qui est pur ; falsification.—En t. de pharm., altération, falsification de médicaments. — En t. de monnaie, action de mettre dans les monnaies une quantité d'alliage plus grande que celle qui est autorisée par la loi.

Adultère, subst. mas. (*adultère*) (en lat. *adulterium*), commerce illégitime avec une personne ou d'une personne mariée. — Adj. des deux genres, qui viole la foi conjugale. — Quand on dit *adultère,* en parlant d'un homme ou d'une femme, ce mot est mas. ou fém. — Fig., il ne se dit que des choses : *mélange, assemblage adultère.* *Racine* a dit très-élégamment (*Esther*) :

Pour rendre à d'autres dieux un honneur *adultère.*

— Les astronomes appellent *adultères du soleil et de la lune* leurs éclipses, quand elles se font en quelque manière contre les règles de l'astronomie, comme il arrive dans les éclipses horizontales ; car lors de ces éclipses, quoique le soleil et la lune soient diamétralement opposés, ils ne laissent pas de paraître en même temps sur l'horizon. On en a vu une à Paris, le 16 juin 1666. On dit que de semblables éclipses doivent arriver tous les 19 ans.

Adultéré, e, part. pass. de *adultérer.*

Adultérer, v. act. (*adultéré*) (en lat. *adulterare*), en t. de pharm. et de jurispr., altérer, falsifier : *adultérer des médicaments, des monnaies.* — *Adultérer* ne signifie pas commettre le crime d'*adultère.* — **s'Adultérer,** v. pron.

Adultéresse, subst. fém. (*adultérèce*), vieux mot inusité qui signifiait *femme adultère.* *Bayle* s'est servi de ce mot dans la deuxième édition de son *Dictionnaire,* Rotterdam, 1702. Il est fâcheux que ce mot ne soit plus français, et que nous n'ayons qu'*adultère* pour signifier tout à la fois et le crime d'infidélité conjugale, et l'homme et la femme qui le commettent. Les Latins sont bien mieux partagés que nous de ce côté-là : ils ont un mot pour chacune de ces acceptions.

Adultérin, e, adj. (*adultérein, rine*) (en lat. *adulterinus*), né d'un *adultère.* — Il est aussi subst. : *un adultérin, une adultérine.*

Adultus, subst. mas., myth. Dans les mariages on invoquait Jupiter sous ce nom, et Junon sous celui d'*Adulta,* pour obtenir leur protection contre les dangers auxquels la vie des enfants est exposée jusqu'à l'âge *adulte.*

Adupla, subst. mas. (*adupla*), t. de bot., plante de la famille des cypéroïdes.

Aduré, e, part. pass. de *adurer.*

Adurent, e, adj. (*aduran, rante*) (en lat. *adurens,* qui brûle), brûlant ; caustique. Ce mot n'est plus usité, quoique J.-B. Rousseau l'ait employé.

Adurer, v. act. (*aduré*) (en lat. *adurere*), brûler. Vieux, et tout latin.

Aduste, adj. (*aducete*) (en lat. *adustus,* part. pass. de *adurere,* brûler), brûlé, en t. de médec. : *sang aduste ; humeur aduste.*

Adustion, subst. fém. (*aducetion*) (en lat. *adustio,* formé de *adurere,* brûler), t. de médec., état de ce qui est *brûlé* ou *cautérisé* : *adustion d'humeurs.*

Adv., abréviation de *adverbe.*

Advenir, v. neut. Voy. **Avenir.**

Adventice, adj. (*advantice ;* c'est une faute de prononcer *adveintice*), (du lat. *advenire,* formé de *ad,* à, et *venire,* survenir), en phys., *matière adventice,* qui n'appartient pas proprement à un corps, mais qui y est accidentellement jointe. — En bot., 1° *plantes adventices,* qui croissent sans avoir été semées ; 2° *racines adventices,* qui reviennent à la place de celles qui ont été coupées.— Certains philosophes ont divisé les idées en *idées innées,* qui naissent avec nous, et *idées adventices,* qui sont produites ou occasionées en nous par les objets extérieurs. — En droit rom. *pécule adventice,* pécule que les fils de famille, à Rome, acquéraient indépendamment de leur père, et de leur industrie.

Adventif, adj. mas., au fém. **Adventive** (*advantif, tive*) (formé de *ad,* à, et *venire,* survenir), se dit en t. de droit, des biens qui arrivent à quelqu'un ou par succession collatérale, ou par la libéralité d'un étranger.

Adventive, adj. fém. Voy. **Adventif.**

Adventureur, subst. mas., au fém. **Adventureuse** (*advantureur, reuze*), personne sujette aux *aventures.* Inusité ; on dirait plutôt *aventurer* et *aventureuse.*

Adventureuse, subst. fém. Voy. **Adventureur.**

Adverbe, subst. mas. (*advèrebe*) (en lat. *adverbium,* formé de *ad,* auprès, et de *verbum,* verbe ; *mot auprès d'un verbe*), t. de gramm., partie indéclinable du discours, qui exprime une circonstance de l'adjectif, du verbe, ou même d'un autre adverbe : *il est fort sage ; il pense noblement : il parle très-poliment.* — *L'adverbe,* en général, servant lui-même comme régime ou complément, la plupart des *adverbes* n'ont point de régime. Il en est cependant qui en prennent un : *différemment, indépendamment,* régissent la prép. *de ; antérieurement, conformément, conséquemment,* etc., régissent la prép. *à.* Au reste, ces *adverbes* ont le même régime que celui des adjectifs dont ils sont formés. Nous observerons encore que quelques-uns de ces mêmes *adverbes* peuvent s'employer avec ou sans régime : *parler d'une chose différemment, agir convenablement.* — Les *adverbes* de quantité, employés subst., ont *de* pour régime : *beaucoup d'eau, considérablement d'esprit.* — On nomme *locution adverbiale* plusieurs mots exprimant le modificatif d'un *adjectif,* d'un *participe* ou d'un *verbe : à coup sûr, tout d'un coup,* etc. — On entend par *adverbe simple* un *adverbe* formé d'un seul mot : *jamais, comment,* etc. ; et par *adverbe composé,* un *adverbe* fait de plusieurs mots : à *présent, en haut, en bas*, etc.—Il y a des *adverbes de temps, de lieu* ou *de situation, d'ordre* ou *de rang, de quantité* ou *de nombre, de qualité* et *de manière, d'affirmation, de négation, de doute, de comparaison* et *d'interrogation*. Les *adverbes de temps* expriment les circonstances et les rapports de temps : *aujourd'hui, demain, hier, bientôt*. Les *adverbes de lieu* marquent la différence des lieux, des distances et des situations, par rapport aux personnes ou aux choses : *ici, là, partout, près, loin*. Les *adverbes d'ordre et de rang* désignent la manière dont les choses sont disposées les unes à l'égard des autres : *premièrement, secondement, d'abord, ensuite*. Les *adverbes de quantité* expriment une idée de quantité : *assez, trop, peu, plus, moins, aussi, tant, si, encore*, etc. Les *adverbes de qualité* et *de manière* expriment de quelle manière les choses se font. Presque tous les mots adjectifs de notre langue ont formé des *adverbes* de ce genre : *vertueux, vertueusement, sage, sagement*. Quant aux *adverbes d'affirmation, de doute* et *de négation*, on en a fait des *conjonctions* ou des *particules*, sans autre dénomination ; l'usage seul peut apprendre la manière de les employer. Les *adverbes de comparaison* contribuent à indiquer plusieurs des rapports qui peuvent se trouver, soit entre les différentes personnes, soit entre les différentes choses, soit entre les personnes et les choses ; tels sont : *comme, ainsi, plus, moins, aussi, de plus, de moins, tout au plus, de mieux en mieux*, etc. Les *adverbes d'interrogation* sont ceux dont on se sert pour interroger, comme, par exemple : *pourquoi, comment, où, d'où, par où*, etc. Cependant, de ce qu'on dit : *où allez-vous? d'où venez-vous? par où passerez-vous?* il n'en résulte point que *où, d'où, par où*, soient exclusivement des *adverbes d'interrogation*. Employés de la sorte, *ils servent à interroger*, mais sans perdre leur nature d'*adverbes de lieu*. (Voir notre *Grammaire* pour les règles particulières.

ADVERBIAL, E, adj. (*advèrebial*) (rac. *adverbe*), qui tient de l'adverbe, qui en a la signification : *phrase adverbiale*. —*Adverbial* n'a point de pluriel masculin, disent la plupart des grammairiens : pourquoi ne dirait-on pas : *des mots adverbiaux?*

ADVERBIALEMENT, adv. (*advèrebialeman*), à la manière d'un *adverbe* : dans *chanter haut*, le mot *haut*, qui est adjectif, est employé *adverbialement*.

ADVERBIALITÉ, subst. fém. (*advèrebialité*), t. de gramm., qualité d'un mot considéré comme *adverbe*. — Forme *adverbiale*.

ADVERBIAUX, adj. plur. mas. Voy. ADVERBIAL.

ADVERBIFIÉ, E, part. pass. de *adverbifier*.

ADVERBIFIER, v. act. (*advèrebifié*), faire des *adverbes*. Mots nouveaux et utiles.—*s'*ADVERBIFIER, v. pron.

ADVERSAIRE, subst. (*advèrecère*) (en lat. *adversarius*, ennemi, formé de *adversari*, être contraire, dérivé lui-même de *ad*, contre, et de *versus*, part. pass. de *vertere*, tourner), celui ou celle qui est opposé à un autre. — Qui est d'un parti, d'un avis contraire. — Il se dit en parlant de combat, de procès, de dispute, de contestation, de discussion. — L'*Académie* veut qu'il se dise quelquefois d'une femme *sans prendre le genre féminin* : nous nous permettrons de combattre l'*Académie*, et l'exemple qu'elle cite nous semble une arme contre elle ; le voici : *cette femme est un dangereux adversaire*. Ici il y a comparaison ; c'est comme si l'on disait : *cette femme est aussi dangereuse qu'un dangereux adversaire* ; mais dans cette phrase : *madame une telle est mon adversaire*, dans cette phrase, disons-nous, où *est mon adversaire* représente *est adversaire à moi*, l'*Académie* ne décidera probablement point que *adversaire*, qui se rapporte bien à *madame*, est du mas. Il est évidemment fém. en parlant d'une femme, comme *enfant* se trouve l'être en pareil cas.

ADVERSATIF, adj. mas., au fém. **ADVERSATIVE** (*advèreçatif, tive*) (voir pour l'étymologie *adversaire*), t. de gramm. : *conjonction* ou *particule adversative*, qui marque quelque opposition entre ce qui la précède et ce qui la suit.

ADVERSATIVE, adj. fém. Voy. ADVERSATIF.

ADVERSE, adj. (*advèrece*) (en lat. *adversus*, formé de *ad*, contre, et *versus*, tourné), contraire, opposé. Il n'est d'usage que dans ces deux phrases : *fortune adverse* ; *partie adverse*, la personne contre qui l'on plaide. On ne dirait pas : l'*avocat adverse*, mais l'*avocat de la partie adverse*.

ADVERSITÉ, subst. fém. (*advèrecité*) (en lat. *adversitas*, formé de *ad*, contre, et *versus*, tourné), l'état d'une position malheureuse : *il est dans l'adversité*. Malheur. — Dans ce sens, il se dit plus ordinairement au pluriel : *supporter de grandes adversités*. — T. de myth., figure allégorique, sous les traits d'une femme vêtue de noir, s'appuyant sur une canne et tenant des épis de blé brisés.

ADVERTANCE, subst. fém. (*advèretance*) (formé du lat. *ad*, vers, et *vertere*, tourner ; *prendre garde*), avertissement, avis, instruction, notification ; attention. Ce mot est vieux, et cependant il serait très-utile ; *attention* ne le supplée pas.

ADVOUÉ, subst. mas. (*advoué*), vieux mot. On appelait ainsi, en Allemagne, le *défenseur* d'une ville. Ce mot a été remplacé par celui d'*avoué*.

ADY, subst. mas. (*adi*), t. de bot., espèce de palmier dont le suc produit un vin très-enivrant.

ADYNAMICO-ATAXIQUE, adj., t. de médec., qui réunit les caractères de l'*adynamie* et de l'ataxie : *fièvre adynamico-ataxique*.

ADYNAMIE, subst. fém. (*adinami*) (du grec α priv., et δυναμις, force), t. de médec., défaut de force, faiblesse occasionée par une maladie.

ADYNAMIQUE, adj. (*adinamike*) (du grec α priv., et δυναμις, force), t. de médec., qui a rapport à l'*adynamie*, qui vient de l'*adynamie* : *fièvre adynamique*, qui consiste dans un état d'atonie, ou de relâchement de toutes les fibres musculaires. — Mot substitué quelquefois à celui de *fièvre putride*.

ADYNAMON, subst. mas. (*adinamon*), t. d'antiq. chez les anciens Grecs, vin faible destiné aux malades.

ADYSETON, subst. mas. (*adizeton*), t. de bot., plante de la famille des crucifères.

ADYTUM, subst. mas. (*aditome*), t. d'antiq., sanctuaire chez les anciens.

ÆACIDÈS, subst. mas. (*éacidèce*), myth., arrière-petit-fils d'Æacus ; surnom d'Achille ou de Pyrrhus. — C'est aussi celui de Phocus ou Pélée, fils d'Æacus.

ÆCHMÉE, subst. fém. (*èkmé*), t. de bot., plante du Pérou, de la famille des amylacées.

ÆCIDIE, subst. fém. (*écidi*), t. de bot., espèce de champignons très-petits qui croissent sur les feuilles.

ÆDÉLITHE, subst. fém. (*édélite*), t. d'hist. nat., substance qui ressemble beaucoup aux *zéolithes*.

ÆDICULE, subst. mas. (*édikule*) (du lat. *ædicula*, dimin. de *ædes*, temple), petit temple ; statue et sa niche.

ÆDITIME, subst. mas. (*éditime*) (en lat. *æditima*, formé de *ædes*, temple, et *timere*, craindre ; *craindre pour un temple*, d'où l'on a fait *æditimari*, garder un temple), t. d'antiq., trésorier des temples ; gardien des choses sacrées à Rome.

ÆDŒAGRAPHE, subst. mas. (*édéaguerafe*), celui qui écrit sur l'*ædœagraphie*. Voy. ce mot.

ÆDŒAGRAPHIE, subst. fém. (*édéaguerafi*) (du grec αιδοιον, et γραφω, je décris les parties de la génération), t. de médec., description des parties de la génération. Inus.

ÆDŒAGRAPHIQUE, adj. (*édéaguerafike*), qui concerne la description des parties génitales.

ÆDŒALOGIE, subst. fém. (*édéaloji*) (du grec αιδοιον, et λογος, discours), t. de médec., traité sur les parties de la génération.

ÆDŒALOGIQUE, adj. (*édéalogike*), qui est relatif à l'*ædœalogie*.

ÆDŒATOMIE, subst. fém. (*adéatomi*) (du grec αιδοιον, et τομη, incision), t. d'anat., dissection des parties de la génération. Inus.

ÆDŒATOMIQUE, adj. (*édéatomike*) qui est relatif à l'*ædœatomie*.

ÆDOÏTE, subst. fém. (*édo-ite*), t. de chir., inflammation des grandes lèvres chez les femmes.

ÆDON, subst. mas. (*édon*) (du grec αηδων, rossignol qui chante), t. d'hist. nat., nom donné par les ornithologistes à plusieurs oiseaux, d'après leur chant. — Myth., subst. fém. *Aëdon* ou *Aïdone*, femme du roi Zéthus, frère d'Amphion. Elle portait envie à la fécondité de la femme d'Amphion, qui était mère de six jeunes princes ; et pendant une nuit obscure, prenant pour un de ses neveux, nommé Amanée, son propre fils Itylus, elle le tua. Quand elle eut reconnu son erreur, elle pleura tant son crime, que les dieux, touchés de compassion, la changèrent en chardonneret.—Il y eut une autre Aëdon, fille de Pandarée, Éphésien, qui épousa un artisan de la ville de Colophon, nommé Polythénus. Les deux époux vécurent heureux et contents jusqu'à ce que, s'applaudissant des douceurs de leur union, ils osèrent se vanter de s'aimer plus parfaitement que ne s'aimaient Jupiter et Junon. Les dieux irrités leur envoyèrent, pour les punir, un esprit de division qui fut pour eux une source de maux affreux.

ÆDOPSOPHIE, subst. fém. (*édopeçofi*) (du grec αιδοιον, et ψοφεω, je fais du bruit), t. de médec. émission de vents. Inus. Il existe un ouvrage portant ce titre.

ÆDOPSOPHIQUE, adj. (*édopeçofike*), t. de médec., qui a rapport à l'*ædopsophie*.

ÆG, subst. mas. (*ègue*), t. d'hist. nat., nom donné à la vipère céraste.

ÆGAGRE, subst. fém. (*éguaguere*) (du grec αιξ, chèvre, et αγριος, sauvage), t. d'hist. nat., chèvre sauvage.

ÆGAGROPILE, subst. fém. (*éguaguero pile*) (du grec αιξ, chèvre, αγριος, sauvage, et πιλος, balle de laine), t. d'hist. nat., boule de poils qu'on trouve dans l'estomac de divers animaux ruminants.

ÆGÉE, adj. fém. (*éjé*) (*Ægæum mare*). C'est le nom que l'on donne à la partie de la Méditerranée qui avait l'Anatolie à l'orient, la Macédoine, la Thessalie, l'Achaïe, le Péloponèse à l'occident, la Romanie au nord, et l'île de Candie au midi. On la nomme communément Archipel.

ÆGÉRIE, subst. fém. (*éjéri*), t. d'hist. nat., genre d'insectes lépidoptères.

ÆGÉRITE, subst. fém. (*éjérite*), t. d'hist. nat., espèce de champignons parasites, et vivant sur des plantes mortes.

ÆGIALE, subst. fém. (*éjiale*), myth., une des trois Grâces.

ÆGIALIE, subst. fém. (*éjiali*), t. d'hist. nat., insectes de la famille des coléoptères. On les trouve en Europe, dans le sable, près de la mer.

ÆGICÈRE, subst. fém. (*éjicère*), t. de bot., espèce de mangle.

ÆGILOPS, subst. mas. (*éjilopece*), (du grec αιξ, chèvre, et οψ, œil ; soit parce que les chèvres sont sujettes à cette maladie, soit parce qu'elle fait tourner les yeux comme il arrive aux chèvres), t. de médec., ulcère au grand angle de l'œil, qui n'attaque point le sac lacrymal, en quoi il diffère de la fistule lacrymale.

ÆGINÉTIE, subst. fém. (*éjinéci*), t. de bot., plante de l'Inde, faisant partie des orobanches. Le même nom a été donné à un genre semblable aux carphales.

ÆGIPANS, subst. mas. plur. (*éjipan*) (du grec αιξ, chèvre, et *Pan*, le premier des dieux champêtres), myth., divinités champêtres qu'on représentait avec des cornes à la tête, des pieds de chèvre et une queue.

ÆGIPHYLLE, subst. mas. (*éjifile*) (du grec αιξ, chèvre, et φυλλον, feuille), t. de bot., arbrisseau qui croît à la Martinique ; *bois de fer, bois cabril*, bois dont les chèvres mangent la feuille.

ÆGITHALES, subst. mas. plur. (*éjitale*), t. d'hist. nat., espèce de l'ordre des oiseaux silvains.

ÆGITHE, subst. mas. (*éjite*), t. d'hist. nat., insecte coléoptère.

ÆGITHINE, subst. fém. (*éjitine*), t. d'hist. nat., oiseau de l'ordre des silvains chanteurs.

ÆGLÉ, subst. fém. (*éguelé*), t. de bot., espèce de plantes de la famille des hespéridées.

ÆGLEFIN, subst. mas. (*éguelefin*), t. d'hist. nat., poisson, espèce de gade.

ÆGOCÈRE, subst. fém. (*éguocère*), t. d'hist. nat., insecte de l'ordre des lépidoptères.

ÆGOLÉTHRON, subst. mas. (*éguolétron*) (du grec αιξ, chèvre, et ολεθρος, mort), arbuste qui croît dans la Mingrélie, et qui fait périr les animaux, principalement les chèvres.

ÆGOLIENS, subst. mas. plur. (*éguoliein*), t. d'hist. nat., oiseaux de l'ordre des accipitres.

ÆGOLITHRON, subst. mas. (*éguolitron*), t. de bot. Ce mot a la même signification que le rosage pontique. Nous trouvons ce mot dans *Laveaux* et *Raymond*. Son étymologie nous paraît la même que celle de ÆGOLÉTHRON. Voy. ce mot.

ÆGOPHAGE, adj. fém. (*éguofage*) (du grec αιξ, chèvre, et φαγω, je mange), myth., surnom donné à Junon, à cause des chèvres qu'on lui immolait.

ÆGOPITHÉCOS, subst. mas. (*éguopitékoce*) (du grec αιξ, chèvre, et πιθηκος, singe). On a appelé ainsi un animal fabuleux auquel on attribue les mains du singe, les cornes, le poil, la barbe et les extrémités postérieures de la chèvre.

ÆGOPODE, subst. fém. (*éguopode*), t. de bot., plante qu'on a réunie au genre des boucages.

ÆGOPOGON, subst. mas. (*eguopoguon*), t. de bot., espèce de graminées qui se trouve en Amérique et aux Indes.

ÆGUILLAC, subst. mas. (*éguiiak*), t. d'hist. nat., poisson de l'espèce des squales.

ÆGYPTIAC, adj. mas. Voy. ÉGYPTIAC, qui a plus d'analogie avec le mot Égypte, d'où nous vient l'onguent *égyptiac*.

ÆLIA, adj. fém. lat. (*élia*), (du Romain *Ælius*), se dit d'une loi romaine qui prescrivait aux magistrats de consulter les augures dans toutes les affaires.

ÆLICLÈS, subst. mas. (*éliklèce*), dard ancien à deux pointes.

ÆLIE, subst. fém. (*éli*), t. d'hist. nat., insecte de l'ordre des hémiptères.

ÆLISPHACOS, subst. mas. (*éliccfakoce*), t. de bot., sauge officinale.

ÆLURUS, subst. mas. (*éluruce*) (du grec αιλουρος, chat), myth., le dieu chat des anciens Égyptiens. —Animal appelé *civette*.

ÆMBARELLA, subst. fém. (*einbarèlela*), t. de bot., noyer de Ceylan.

ÆMBILLA, subst. fém. (*einbilela*), t. de bot., céanothe asiatique.

ÆMBULLA-ACBILYA, subst. fém. (*einbulela-akbilia*), t. de bot., espèce d'oxalide.

AÉMÈRE, et non **ÆMÈRE**, adj. (*a-émère*) (du grec α priv., et ημερα, jour; *sans jour certain*), nom donné, dans l'Église catholique, aux saints dont le jour de naissance et le nom propre ne sont pas connus.

ÆMILIA, adj. fém. lat. (*émilia*) (du Romain *Æmilius*), se dit d'une loi qui prescrivait au préteur le plus ancien de ficher tous les ans, aux ides de septembre, un clou au Capitole. Les Romains croyaient, par cette cérémonie, éloigner les calamités.

ÆMONIA, subst. fém. (*émonia*), la Thessalie, ainsi appelée par les poëtes du nom d'*Æmon*, un de ses rois. Elle était célèbre par ses magiciens; Ovide appelle la magie *Æmoniæ artes*.

ÆMONIUS, adj. mas. (*émoniuce*), myth., surnom donné à Jason, fils d'Éson, roi de Thessalie.

ÆNEADÆ, subst. mas. plur. latin (*énéadé*), les Troyens, ainsi nommés du nom d'Énée leur roi; et quelquefois les Romains, parce qu'ils prétendaient descendre des Troyens.

ÆNEADÈS, subst. mas. (*énéadèce*), Jules ou Ascagne, fils d'Énée.

ÆNÉAS, subst. mas. (*énéâce*), t. d'hist. nat., nom donné à un animal déjà connu sous celui de cayopollin.

ÆNÉATEUR, subst. mas. (*énéateur*) (en lat. *æneator*), t. d'antiq., trompette romain.

ÆOLIDÈS, subst. mas. (*éolidèce*), myth., Ulysse, ou Céphale, ou Athamas, ou Sisyphe; les deux derniers, fils, et les deux autres, petits-fils d'Éole.

ÆOLIS, subst. fém. (*éolice*), myth., surnom de la fille d'Éole.

ÆOLIUS, subst. mas. (*éoliuce*), myth., surnom d'Athamas, fils d'Éole.

ÆON, subst. fém. (*éon*), myth., nom de la première femme du monde, dans le système des anciens Phéniciens. Elle eut pour compagnon *Protogonos* (premier engendré).

AÉRAGE, subst. mas. (*a-éraje*), t. de médec., action d'*aérer* un lieu.

AÉRATION, subst. fém. (*a-érâcion*), action de donner de l'*air* aux plantes dans les serres, etc. — Effet de l'*air* sur les végétaux.

AÉRÉ, E, part. pass. de *aérer*, et adj., qui est en bon *air*, en grand *air*; où l'*air* s'introduit et se renouvelle aisément : *maison bien aérée*. — En chim., imprégné d'*air* : *eau aérée*.

AÉRER, v. act. (*a-éré*) (formé du grec αηρ, air), donner de l'*air* à...; mettre en bel *air*; chasser le mauvais *air* de... — En t. de mar., introduire l'*air* dans l'intérieur d'un bâtiment.— **S'AÉRER**, v. pron.

ÆRIDE, subst. fém. (*éride*), t. de bot., plante orchidée.

AÉRIEN, adj. mas., au fém. **AÉRIENNE**, (*a-érien, riène*) (en lat. *aerius*, formé du grec αηρ, air), qui est de l'*air*, qui tient de l'*air*, qui appartient à l'*air* : *un corps aérien*; *les esprits aériens*. On dit fig. *c'est une femme aérienne*, d'une femme qui a beaucoup de grace et de délicatesse tant dans les traits que dans les formes; on appelle *musique aérienne* une mélodie vaguement suave. — *Oiseau aérien*, qui habite l'*air*. — *Acide aérien*, nom donné dans l'ancienne chimie à ce que, dans la nouvelle, on appelle *acide carbonique*. —*Perspective aérienne* illusion d'optique qui change l'apparence des couleurs, des jours et des ombres dans les objets, suivant les différents degrés de leur éloignement. — En anat., on disait : *conduit aérien*; cette expression, qui a paru impropre, est aujourd'hui remplacée par le mot *aérifère*. *Les conduits aérifères* sont destinés à porter l'*air* dans les poumons.–Subst. mas. plur., sectaires tirant leur nom d'un certain *Aérius*, qui vivait dans le même temps que saint Épiphane, et qui professait sur le mystère de la sainte Trinité les mêmes sentiments que les ariens.

AÉRIENNE, adj. fém. Voy. AÉRIEN.

AÉRIENNES, subst. et adj. fém. plur. (*a-ériène*), t. d'hist. nat., sorte de guêpes. Les guêpes *aériennes* sont les plus petites de toutes celles qui vivent en société. Elles attachent communément leurs rayons soit à une branche d'arbre, soit à des pailles de chaume, soit à une plante, quelquefois contre des murs et dans des buissons. La pâture qu'elles apportent à leurs petits paraît, à la vue, composée d'entrailles d'insectes.

AÉRIER, vieux mot qui se disait autrefois pour *aérer*.

AÉRIFÈRE, adj. (*a-érifère*) (du lat. *aer*, air, et *fero*, je porte; ou du grec αηρ, et φερω, qui ont la même signification), qui porte, qui conduit l'air. Les ventilateurs sont des *aérifères*.—En t. d'anat., on nomme *conduits aérifères* le larynx, la trachée-artère et les bronches.

AÉRIFICATION, subst. fém. (*a-érifikâcion*) (du grec αηρ, en *lat. aer*, air; et du lat. *facere*, faire), t. de médec., action de tirer l'air des autres corps, ou plutôt de les convertir en *air*. On forme de cette manière l'air artificiel.

AÉRIFORME, adj. des deux genres, (*a-ériforme*) (du grec αηρ, air, et du lat. *forma*, forme), t. de phys. et de chim., qui a la *forme*, l'apparence de l'*air* : *gaz*, *fluide aériforme*.

AÉRISÉ, E, part. pass. de *aériser*.

AÉRISER, v. act. (*a-érizé*) (formé du grec αηρ, air), rendre subtil comme l'air. Ce mot n'est usité qu'en chimie ; partout ailleurs ce serait un barbarisme. — **S'AÉRISER**, v. pron.

AÉRIVORE, adj. (*a-érivore*), qui se nourrit d'*air*.

AÉRIZUSE, subst. fém. (*a-érizuze*), espèce de jaspe.

AÉRNES, subst. mas. plur. (*a-èrene*), t. de bot., espèce d'amarantes.

AÉRO-CLAVICORDE, subst. mas. (*a-éroklavikorde*), espèce de clavecin à vent que l'air seul fait résonner par le moyen de la vibration des cordes.

AÉRODYNAMIQUE, subst. fém. (*a-érodinamike*) (du grec αηρ, air, et δυναμις, science), partie de la phys. qui enseigne les phénomènes de la pression atmosphérique.

AÉROGRAPHE, subst. mas. (*a-éroguerafe*), qui écrit sur l'air. Voy. AÉROGRAPHIE.

AÉROGRAPHIE, subst. fém. (*a-érogueraf*i) (du grec αηρ, air, et γραφω, je décris), description, théorie de l'*air*.

AÉROGRAPHIQUE, adj. (*a-éroguerafike*), qui concerne l'*aérographie*.

AÉROÏDE, subst. fém. (*a-éro-ide*), pierre précieuse appelée *béril* par les anciens.

AÉROLE, subst. fém. (*a-érole*) (du grec αηρ, air), très-petite pustule gonflée d'air; fiole transparente. — On appelle encore *aéroles* les cellules de l'éponge.

AÉROLITHE, subst. fém. (*a-érolite*) (du grec αηρ, air, et λιθος, pierre), pierre tombée du ciel. — Tous les lexicographes que nous avons consultés et que nous suivons font *aérolithe* du genre fém.; et en effet ce mot, qui signifie *une pierre de l'air*, doit être du fém. L'*Académie* seule, dans son édition de 1835, l'indique mas.: nous pensons que c'est une faute d'impression. Cependant l'exemple qu'elle cite est positif; le voici : *on a trouvé dans ce champ* UN *aérolithe qui pèse au moins vingt livres*. Nous nous rangeons du côté de la pluralité, et nous tenons pour le genre féminin.

AÉROLOGIE, subst. fém. (*a-éroloji*) (du grec αηρ, air, et λογος, discours), partie de la physique et de la médecine qui traite de l'*air*.

AÉROLOGIQUE, adj. (*a-érolojike*), qui a rapport à l'*aérologie*.

AÉROLOGUE, subst. des deux genres (*a-érologue*,) celui ou celle qui indique les moyens de purifier l'*air*.

AÉROMANCIE, subst. fém. (*a-éromanci*) du grec αηρ, air, et μαντεια, divination), art prétendu de connaître l'avenir par le moyen de l'*air*, en agitant dans l'*air* un petit bâton magique.

AÉROMANCIEN, subst. et adj. mas., au fém. **AÉROMANCIENNE** (*a-éromanciein*, *cieine*), qui se dit initié dans l'*aéromancie*, ou qui appartient à l'*aéromancie*. Voy. ce mot.

AÉROMANCIENNE, subst. et adj. fém. Voy. AÉROMANCIEN.

AÉROMÈTRE, subst. mas. (*a-éromètre*) (du grec αηρ, air, et μετρον, mesure), instrument pour mesurer la condensation ou la raréfaction de l'*air*.

AÉROMÉTRIE, subst. fém. (*a-érométri*), l'art de mesurer et de calculer les propriétés et les effets de l'*air*. Voy. AÉROMÈTRE.

AÉROMÉTRIQUE, adj. (*a-érométrike*), qui a rapport à l'*aérométrie*.

AÉRONAUTE, subst. des deux genres (*a-éronôte*) (du grec αηρ, air, et ναυτης, navigateur), celui ou celle qui parcourt les airs dans un ballon.

AÉROPHANE, adj. (*a-érofane*) (du grec αηρ, air, et φανος, clair, dérivé de φαινω, je montre), qui est transparent à l'*air* : *pierre aérophane*.

AÉROPHOBE, adj. et subst. des deux genres, (*a-érofobe*) (du grec αηρ, air, et φοβος, crainte), t. de médec., qui a peur de l'*air*; espèce de malade frénétique.

AÉROPHOBIE, subst. fém. (*a-érofobi*), t. de médec., crainte de l'*air*; espèce de maladie frénétique. Voy. AÉROPHOBE.

AÉROPHONE, subst. mas. (*a-érofone*) (du grec αηρ, air, et φωνη, voix), nouvel instrument de musique à vent et à clavier. — Au plur., t. d'hist. nat., oiseaux de l'espèce des échassiers, des grues.

AÉROPHORE, adj. des deux genres (*a-érofore*) (du grec αηρ, air, et φερω, je porte), se dit en bot. de certains petits vaisseaux appelés *trachées*, qui portent l'*air* dans l'intérieur des plantes.

AÉROSPHÈRE, subst. fém. (*a-érocefère*) (du grec αηρ, air, et σφαιρα, sphère), sphère ou enveloppe d'éther condensé, d'*air* pur et de toute espèce de vapeurs, qui, selon quelques physiciens, sert d'atmosphère aux planètes.

AÉROSTAT, subst. mas. (*a-éroceta*) (du grec αηρ, air, et ιστaμαι, je me tiens; ou des mots lat. *aer* et *stat*, il se tient dans l'air), espèce de ballon rempli d'un fluide plus léger que l'air, au moyen duquel on peut s'élever dans l'atmosphère, et dont l'invention est due au célèbre Montgolfier. L'*Académie des sciences* avait d'abord adopté le mot *aérostate*, mais l'*Académie française* a préféré *aérostat*.

AÉROSTATEUR, subst. mas. (*a-érocetateur*), le même que *aéronaute*, mais moins usité. Voy. AÉRONAUTE.

AÉROSTATION, subst. fém. (*a-érocetâcion*) (du lat. *aer*, air, et *stare*, se tenir), l'art de faire des *aérostats*, ou de les diriger dans l'air.

AÉROSTATIQUE, adj. (*a-érocetatike*), qui a rapport aux *aérostats*, — s. f., statique des gaz.

AÉROSTATHMION, subst. masc. (*a-érocetatemion*) (du grec αηρ, air, et σταθμιον, balance. Le θ de ce mot se transcrit par un th). Terme de phys., espèce de baromètre, inventé en 1765 par *Magalhaens*, qui montre d'une manière sensible les variations du poids de l'atmosphère et celles de ses températures. Son inventeur l'avait nommé plus convenablement *baro-thermomètre*, du grec βαρος, poids, θερμος, chaud, et μετρον, mesure; *qui pèse l'air chaud*.—*Aérostathonion*, *aérostathomion*, que *Boiste* donne dans le même sens, nous paraissent vicieux.

AÉROSTIER, subst. mas. (*a-érocetié*), celui qui, à l'aide d'une corde, fait manœuvrer un *aérostat* déjà élevé; celui qui, dans les armées françaises, en 1793, faisait partie d'une compagnie chargée du service des *aérostats* destinés à observer les mouvements de l'ennemi.

AERTÉ, E, part. pass. de *aerter*.

AERTER, v. act. (*a-èreté*), t. de man., arrêter un cheval par le frein. *Boiste*, qui nous renvoie à *erte* pour ce mot, pourrait bien l'avoir forgé.

ÆRUA, subst. fém. (*érua*), t. de bot., sorte de plantes à duvet cotonneux sur la tige.

ÆRUGINEUSE, adj. fém. Voy. ÆRUGINEUX.

ÆRUGINEUX, adj. mas., au fém. **ÆRUGINEUSE** (*érujineu, neuze*) (en lat. *æruginosus*, formé d'*ærugo*, rouille), qui tient de la rouille. La première syllabe du mot *æruginenx* a été francisée ; on écrit aussi *érugineux*.

ÆSALE, subst. mas. (*ézale*), t. d'hist. nat., genre d'insectes coléoptères.

ÆSCHINOMÈNES, subst. mas. plur. (*ècechinomène*), t. de bot., genre de légumineuses.

ÆSCULANUS, subst. mas. (*èceku lânuce*), myth., dieu de la monnaie de cuivre.

ÆSHNE, subst. fém. (*ècene*), t. d'hist. nat., espèce d'insectes de l'ordre des névroptères.

ÆSTHÈME, subst. mas. (*ecetème*) (du grec αισθημα, sensation), t. de médec., sensation, sentiment.

ÆSTHÉSIE, subst. fém. (*ècetézi*) (du grec αισθησις, sens), t. de médec., sensibilité.

ÆSTHÉTÈRE, subst. mas. (*ècetétère*) (du grec αισθητηριον, sentiment), t. de médec., centre des sensations ; faculté de sentir.

ÆSTHÉTIQUE, subst. fém. (*ècetétike*) (du grec αισθητικος, sensible, formé de αισθανομαι, sentir), t. didactique, art de sentir et de juger. Ce mot, usité depuis long-temps en Allemagne, a été pour la première fois introduit dans la langue française par *Diderot*.

ÆTHEREA, adj. fém., latin (*étéréa*), myth., surnom de Pallas et d'autres divinités aériennes, pris de l'origine fabuleuse du palladium. Voy. PALLADIUM.

ÆTHÉTIQUE, pour *æsthétique*, est un barbarisme.

ÆTHER. Voy. ÉTHER.

ÆTHNA ou **ÆTNA**, subst. mas. (*étena*), la plus haute montagne de Sicile. L'*Ætna* est fameux par les feux, les cendres et les cailloux calcinés qu'il vomit de temps en temps, et que lancent, disent les poètes (myth.), les Géants qu'après sa victoire Jupiter précipita sous cette montagne. — Justin explique le phénomène d'une manière plus naturelle : selon lui, le sol de la Sicile est entièrement creux, et par conséquent plein d'air et de vents souterreins, dont le choc produit *fréquemment* du feu, qu'alimentent le soufre et le bitume qui abondent dans ces cavités. — On a francisé ce mot, et beaucoup de personnes écrivent ETNA.

ÆTHUSE, subst. fém. (*étuze*), t. de bot., plante de la famille des ombellifères.

ÆTIOLOGIE, subst. fém. La première syllabe de ce mot a été francisée. Voy. ÉTIOLOGIE.

AÉTITE ou **PIERRE D'AIGLE**, subst. fém. (*a-étite*) (du grec αετος, aigle), t. de minér., fer oxydé, rubigiaceux, sphérique en géodes, qu'on a aussi nommé *pierre d'aigle*, d'après la fausse croyance que les aigles en portaient dans leurs nids pour faciliter leur ponte. Appuyés sur cette croyance, les anciens lui ont attribué les vertus imaginaires de faciliter les accouchements, de prévenir les fausses couches, et d'aider à découvrir les voleurs.

AÉTON, subst. mas. (*a-éton*), myth., l'un des quatre chevaux de Pluton.

ÆXTOXICON, subst. mas. (*ékcetokcikone*) (du grec αιξ, chèvre, et τοξικον, venin), t. de bot., arbre qui croît au Pérou, dont le fruit est vénéneux et mortel pour les chèvres.

NOTA. *Cherchez par* E *les mots francisés qui s'écrivaient autrefois par* Æ.

AFATONIER, subst. mas. (*afatonié*), t. de bot., espèce de prunier de Briançon, dans les Hautes-Alpes.

AFATRACHE, subst. mas. (*afatrache*), t. de bot., arbrisseau odorant qui croît à Madagascar.

AFÉ, subst. mas. (*afé*), t. de bot., polypode de l'Inde dont on mange la racine.

AFFABILITÉ, subst. fém. (*afabilité*) (en lat. *affabilitas*, dérivé de *affari*, qui est formé de *ad*, à, et *fari*, parler), qualité d'une personne *affable*; manière douce et honnête de parler aux gens. Il se dit quelquefois d'égal à égal, mais jamais d'inférieur à supérieur. — Myth., figure allégorique, sous les traits d'une femme brillante de jeunesse et d'une physionomie pleine de franchise, couverte d'un voile très-clair.

AFFABLE, adj. (*afable*) (en lat. *affabilis*), qui reçoit et écoute avec bonté ceux qui ont affaire à lui. Il s'emploie ou sans régime, ou avec les prépos. *à*, *envers* : *il est affable à tout le monde*, ou *envers tout le monde*. — *Affable* se dit rarement d'égal à égal, et jamais d'inférieur à supérieur.

AFFABLEMENT, adv. (*afableman*) (en lat. *affabiliter*), avec *affabilité*. Peu usité.

AFFABULATION, subst. fém. (*afabulâcion*) (en lat. *affabulatio*, moralité; formé de *ad*, pour, et *fabula*, fable), t. didactique, sens moral d'une fable, d'un apologue.

AFFADI, **E**, part. pass. de *affadir*.

AFFADIR, v. act. (*afadir*) (rac. *fade*), rendre *fade*, au propre et au fig. — Causer une sensation désagréable par quelque chose de *fade*; donner du dégoût. — On dit fig. que *des louanges outrées affadissent le cœur*. — S'AFFADIR, v. pron., devenir *fade* : *les plaisirs s'affadissent*.

AFFADISSEMENT, subst. mas. (*afadiceman*), effet que produit la *fadeur*. Il se dit au propre et au fig. Voy. AFFADIR.

AFFAIBLI, **E**, part. pass. de *affaiblir*.

AFFAIBLIR, v. act. (*afèblir*) (rac. *faible*), rendre plus *faible*, moins vigoureux, abattre la force. — Fig., rendre moins vif, ôter la vivacité; ôter la force de l'esprit, de la mémoire; diminuer, amoindrir. — En t. de monnaie, rendre de moindre valeur; diminuer le poids et le titre. — En peint., *affaiblir le coloris des tons trop frais*, leur donner de la grace, de l'harmonie, en sorte qu'ils ne blessent pas les yeux tendres et délicats. — S'AFFAIBLIR, v. pron., devenir plus *faible*; diminuer de force, de vivacité.

AFFAIBLISSANT, **E**, adj. (*afèbliçan, çante*), qui *affaiblit* : *remède affaiblissant*.

AFFAIBLISSEMENT, subst. mas. (*afèbliceman*), diminution de force, de vigueur, de vivacité, etc. Il s'emploie au propre et au fig. — Voy. AFFAIBLIR.

AFFAIRE, subst. fém. (*afère*) (du lat. *facere*, faire; *affaire*, chose qui est *à faire*. *Du Cange* dérive ce mot de *affarium*, ou *affare*, qui signifiait *métairie*; et il dit qu'en Languedoc et en Provence on entendait par ce mot toutes sortes de biens. On a dit aussi *afferi* et *affri* pour signifier des chevaux de labour, ce qui a été étendu à toutes sortes de possessions, et ensuite au négoce et aux *affaires* qu'on est obligé d'avoir pour les acquérir ou pour les défendre. Au reste, ce mot *affaire* était autrefois masculin, et l'on a mis longtemps sur les paquets du roi : *pour les exprès affaires de sa majesté*), chose qu'il faut terminer, achever, faire; chose dont il est question; tout ce qui est le sujet d'une occupation quelconque. — *Affaire* se dit, en général, de tout ce qui tient au commerce de la vie : *faire ses affaires*, *aller à ses affaires*. — On entend par *affaires particulières* ou *privées*, ce qui concerne l'intérêt d'un particulier; par *affaires publiques*, ce qui regarde, ce qui intéresse le public; par *affaires temporelles*, ce qui a pour objet les biens de ce monde; par *affaires spirituelles*, ce qui a rapport à l'autre vie. — Empêchement; querelle, différend; embarras. — Ce qui est le fait d'une personne; ce qu'il appartient à quelqu'un de faire : *cela est mon affaire*, cela ne regarde que moi, ne peut exposer que moi seul. — *En faire son affaire*; *faire son affaire d'une chose*; se charger d'une chose, répondre de son succès. — Il se dit particulièrement des procès et de tout ce qui se traite en quelque juridiction que ce soit, en matière civile et criminelle. — Besoin : *avoir affaire de quelqu'un*, avoir besoin de lui pour quelque service. — Iron. : *j'ai bien affaire de ce paquet!* Boileau a dit (Héros de roman), *j'ai d'autres affaires présentement qu'à l'entendre*; il fallait *que de l'entendre*. — Chose qui demande du soin pour être terminée : *c'est une affaire*, c'est une chose difficile; *ce n'est pas une affaire*, c'est une chose aisée. Ces phrases ne sont usitées que dans la conversation. — Marché, traité, convention : *j'ai fait affaire avec un tel de sa maison*, *de sa charge*. — Action de guerre : *c'est un homme qui a vu bien des affaires*. — On dit d'un marchand qui s'enrichit, *qu'il fait bien ses affaires*. — *Faire affaire*, c'est conclure, terminer une *affaire*. — On dit ironiquement d'un homme qui a fait quelque chose mal à propos, qu'*il a fait une belle affaire*. — *Une affaire bonne* peut s'entendre, selon que le sens est sérieux ou ironique, d'une chose heureusement terminée, ou d'un succès manqué; ainsi, *votre affaire est bonne*, signifie que *vous avez fait une chose avantageuse*, si l'on parle sérieusement; et cette même locution, prise dans le sens ironique, se dit à quelqu'un qui ne peut éviter la punition qu'il mérite. — L'*Académie* donne au mot *affaire* des acceptions qui se comprendraient difficilement aujourd'hui. — Fam., *faire ses affaires*, *aller à ses affaires*, signifie quelquefois : satisfaire ses besoins naturels. On appelait chez le roi *chaise d'affaires* la chaise percée, et *brevet d'affaires*, le brevet d'entrer dans le lieu où le roi était sur sa chaise d'*affaires*. Cela ne se dit plus. — *Cette femme a ses affaires*, elle a ses règles. C'est la seule locution qui soit restée en usage. — *Affaire* se dit aussi des choses qui nous conviennent : *il cherche un bon cheval*, *j'ai son affaire*; *ce valet est son affaire*. Style fam. — *Affaire* est aussi un terme général qui s'emploie pour exprimer toutes sortes de choses, et que l'on substitue souvent aux termes propres et particuliers à chaque chose. Ainsi en parlant d'une victoire remportée sur les ennemis, on dit que *c'est une grande affaire*, *une affaire glorieuse*; en parlant d'un mauvais succès, que *c'est une affaire fâcheuse*; en parlant d'une entreprise, que *c'est une affaire aisée* ou *malaisée*. *Vous me contez là une étrange affaire*; *le bon de l'affaire est...*; *ce que vous dites là est une autre affaire*. — *Une bonne affaire* est celle qui est avantageuse. — On nomme *homme d'affaires* un homme dont la profession est de se charger des *affaires* des autres. C'est dans ce dernier sens que *affaire* se dit des procès et de tout ce qui a rapport à la chicane : *être chargé d'une belle affaire*. — *Une affaire d'honneur* est un duel. — *Être dans les affaires* se dit de ceux qui gagnent de l'argent en faisant toutes sortes d'opérations. — *Avoir affaire à*, ou *avec quelqu'un*, avoir à lui parler, à traiter avec lui de quelque chose; ou avoir quelque contestation avec quelqu'un. — On dit qu'un homme a eu *affaire* avec une femme, ou une femme avec un homme, pour faire entendre qu'ils ont eu ensemble un commerce de galanterie, locution qui équivaut à celle-ci : *affaire de cœur*. — *Oiseau de bonne affaire*, en vieux t. de faucon., oiseau bien dressé pour le vol. — La locution adverbiale POINT D'AFFAIRE, que donne l'*Académie*, n'est plus en usage.

AFFAIRÉ, **E**, adj. (*aféré*), qui a beaucoup d'*affaires*; qui est accablé d'*affaires*.

AFFAIREUSE, adj. fém. Voy. AFFAIREUX.

AFFAIREUX, adj. mas., au fém. AFFAIREUSE (*afèreu, reuze*), qui occupe sérieusement, qui donne de l'embarras. (*Montaigne*.)

AFFAISSÉ, **E**, part. pass. de *affaisser*, et adj., se dit ordinairement avec la prép. *sous*, soit au propre, soit au fig.

AFFAISSEMENT, subst. mas. (*afèceman*), abaissement de quelque chose, causé par sa propre pesanteur. — Fig., accablement, affaiblissement.

AFFAISSER, v. act. (*afécé*) (rac. *faix*) faire que des choses qui sont l'une sur l'autre s'abaissent, se foulent. — Faire plier, faire courber sous le *faix*. — Fig., accabler, affaiblir. — En vieux t. de faucon., la même chose qu'*affaiter*. — S'AFFAISSER, v. pron., s'abaisser par sa propre pesanteur. — On dit fig. d'un vieillard qui se courbe, qu'*il s'affaisse sous le poids des années*.

AFFAITAGE, subst. mas. (*afétaje*), vieux t. de faucon., action de dresser un oiseau de proie.

AFFAITÉ, **E**, part. pass. de *affaiter*.

AFFAITEMENT, subst. mas. (*afèteman*), action, manière d'*affaiter*.

AFFAITER, v. act. (*afété*), vieux t. de faucon., apprivoiser un oiseau de proie. — En t. de tanneur, *façonner des peaux*. — Raccommoder le *faîte* d'une maison; y mettre des *faîtières*. *Raymond* et *Laveaux* lui donnent seuls ce troisième sens, avec la simple différence de surmonter d'un accent circonflexe l'*i* de *affaîter*. Dans la dernière acception l'*Académie*, *Boiste* et *Gattel* veulent que l'on dise *enfaîter* : nous préférons avec eux cette dernière formation.

AFFAITEUR, subst. mas. (*aféteur*), vieux t. de faucon., celui qui dressait un oiseau de proie.

AFFAITIÉ, **E**, part. pass. de *affaitier*.

AFFAITIER, vieux verbe actif, aujourd'hui inusité, et qui signifiait *raccommoder*.

AFFALE, subst. mas. (*afale*), t. de mar., commandement d'*affaler* une manœuvre quelconque, de lui donner du mou, de la soulager en la faisant sortir d'une poulie ou de tout autre passage où elle aurait du frottement.

AFFALÉ, **E**, part. pass. de *affaler*, et adj.

AFFALER, v. act. (*afalé*) (du lat. barbare *avallare*, pour *advallare*, avaler, mettre ou conduire *à val*; conduire en bas, abaisser), t. de mar., peser, faire effort sur un cordage, etc., pour vaincre le frottement qui le retient, pour l'abaisser. — V. neut., se dit d'un vaisseau arrêté sur la côte par le défaut de vent ou par les courants. — S'AFFALER, v. pron., s'approcher trop d'une côte dont on court risque ensuite de ne pouvoir se relever. C'est la même chose que *abattre à la côte*. — *Affale-toi*, commandement que l'on donne à un matelot de descendre du haut des mâts le plus promptement possible.

AFFAMÉ, **E**, part. pass. de *affamer*, et adj., qui est pressé de la *faim*. Il s'emploie sans régime. — Au fig., qui désire ardemment une chose. Il régit la prép. *de* : *affamé de gloire*. — *Affamé de louanges*, qui désire être loué lors même qu'il ne le mérite pas. — *Écriture affamée*, écriture trop maigre, trop déliée. — *Habit*, *ameublement affamé*, celui où l'on a trop épargné l'étoffe. — Prov., *ventre affamé n'a point d'oreilles*, qui a *faim* n'écoute guère ce qu'on lui dit.

AFFAMÉLITE, subst. mas. (*afamélite*), ce qui occasionne la *faim*. Vieux et inusité.

AFFAMER, v. act. (*afamé*) (du lat. *famem afferre*, apporter la *faim*), causer la *faim* en ôtant, en retranchant les vivres : *affamer une place*. — On dit au fig., d'un grand mangeur, qu'*il affame toute une table*. — *Affamer son écriture*, la rendre trop maigre, trop déliée. — *Affamer un* *habit, un ameublement*, y épargner l'étoffe. — s'AFFANER, v. pron.

AFFANÉ, E, part. pass. de *affaner*.

AFFANER ou **AFFAMER**, v. act. (*afané*), t. de pêche, exciter les sardines à s'élever du fond de la mer et à donner dans les filets, en leur présentant une amorce. Ces deux mots ne se lisent point dans l'*Académie*; et nous ne pouvons trancher la question en faveur de l'un ou de l'autre, car, quoique nous les rencontrions dans tous les autres *Dictionnaires*, ceux-ci n'en donnent pas l'étymologie. Nous pensons que *affaner* vient naturellement de *ad fœnum, au foin*; attirer *vers le foin*; *affamer*, de *ad* et *famem*, pourrait aussi signifier attirer *vers la faim*, pousser à *avoir faim*; et ces deux mots nous semblent être également bons.

AFFANURES, subst. fém. plur. (*afanure*), salaire en blé de ceux qui font la récolte. L'étymologie de ce mot, *fœnum*, foin, nous porte à croire que *Boiste* a fait une faute en lui donnant pour synonyme le mot *affaneures* qui n'est pas français.

AFFÉAGÉ, E, part. pass. de *afféager*.

AFFÉAGEMENT, subst. mas. (*aféajeman*), action d'*afféager*.

AFFÉAGER, v. act. (*aféajé*), t. de coutume, donner à *féage*, en fief; amodier de confiance, sans écrit.

AFFECTATION, subst. fém. (*afèktâcion*) (en lat. *affectatio*), propension vicieuse à dire ou à faire certaines choses d'une manière singulière. — Manière de parler ou d'agir qui n'a rien de naturel. — Il s'emploie quelquefois au plur. : *on ne peut le corriger de ses affectations*. — Ce mot diffère d'*afféterie*, en ce que l'*affectation* a pour objet les pensées, les sentiments ou le goût dont on veut faire parade; et que l'*afféterie* ne regarde que les petites manières par lesquelles on croit plaire : aussi *affectation* se dit-il plus proprement des hommes, et *afféterie* des femmes. — Prétention à... : *l'affectation de la tyrannie*. — Dessein marqué : *l'affectation de parler toujours de soi*; *son affectation de paraître populaire*. — En t. de droit, hypothèque, obligation dont un héritage est chargé. — Désignation d'une somme pour un paiement.

AFFECTÉ, E, part. pass. de *affecter*, et adj., qui a de l'*affectation* dans ses manières, son langage. — Joint, attaché; destiné, engagé, obligé, hypothéqué : *terre affectée à une dette*. — Touché, ému, et par extension *affligé* : *être affecté d'un mauvais procédé*. — En médec. : *il est affecté de la poitrine*, il a mal à la poitrine. — *Équation affectée*, en t. d'algèbre, équation dont la quantité inconnue monte à plusieurs degrés différents.

AFFECTER, v. act. (*afèkté*) (en lat. *affectare*, formé de *affectum*, supin de *afficere*, exciter, émouvoir). — Faire ostentation de quelque chose. — *Affecter* régit la préposition *de* devant le prés. de l'infinitif : *il affecte de montrer son ambition*. — Prétendre à.... rechercher avec ambition : *affecter le premier rang*. — Attacher; joindre : *affecter un droit à une charge*. — Destiner quelque chose à tel usage. — Faire un usage fréquent et même vicieux de certaines choses : *affecter certains mots, certaines façons de parler, certains gestes*; *affecter un langage extraordinaire*. — Faire quelque chose avec une intention marquée, avec un dessein prémédité : *il affecte de parler beaucoup*; *c'est une chose dont il affecte de ne point parler*. — Au palais, hypothéquer, obliger, engager. — En médec., faire une impression fâcheuse. — En phys., être naturellement disposé à prendre certaine forme : *le sel marin, dans sa crystallisation, affecte la figure cubique*. — Au fig., toucher, faire impression, et par extension, *affliger* : *cela l'affecte beaucoup*; *la mort de son père l'a beaucoup affecté*. — AFFECTER, SE PIQUER. (*Syn.*) *Affecter une chose, se piquer d'une chose*. On *se pique* en soi, on *affecte* au dehors : *l'hypocrite affecte les vertus de l'homme de bien, et ne se pique pas de les avoir*. — s'AFFECTER, v. pron., être, devoir, pouvoir être *affecté*, dans le sens de ressentir de l'impression : *un homme sensible s'affecte aisément*.

AFFECTIF, adj. mas., au fém. **AFFECTIVE** (*afèktife, tive*), qui excite, touche, émeut, *affecte*, en langage de dévotion. — T. de médec., il se dit des dispositions de l'organisation primitive du cerveau dont l'action produit les *affections* : *facultés affectives*.

AFFECTION, subst. fém. (*afèkcion*) (en lat. *affectio*, émotion de l'âme ou de l'esprit; formé de *affectum*, supin de *afficere*, exciter, émouvoir), bienveillance, amitié qu'on a pour quelqu'un; amour, tendresse, attachement. — Ardeur avec laquelle on dit ou fait quelque chose : *se porter à quelque chose avec affection, par affection*; *en parler d'affection*. — Les divers sentiments de l'ame : *affections du cœur, de l'esprit, de l'âme*. — En t. de médec., impression fâcheuse : *affection mélancolique, catarrheuse, scorbutique*, etc. — En philos., on nomme *affections* les différentes qualités et les différents changements qui surviennent à quelque corps, et dont on dit qu'il est *affecté*. — En géom., propriété d'une courbe : *cette courbe a telle affection*, telle propriété. Vieux en ce sens. — Myth., figure allégorique, sous les traits d'une femme d'un âge mûr, tenant un lézard à la main.

AFFECTIONNANT, E, adj. (*afèkçionan, nante*), qui *affectionne*, qui marque de l'attachement.

AFFECTIONNÉ, E, part. pass. de *affectionner*, et adj., qui a de l'*affection pour...* : *affectionné à son pays*; *bien affectionné pour... mal affectionné envers...* Ce mot n'a point d'usage dans le sens passif, et l'on ne dit pas *affectionné de...* pour aimé, chéri. — C'est aussi un terme de civilité dont on se sert quelquefois dans la souscription des lettres, et dans les formules suivantes : *votre très-humble et très-affectionné serviteur*; *votre affectionné serviteur*. Ces sortes de formules varient suivant la condition de la personne qui écrit et de celle à qui on écrit.

AFFECTIONNÉMENT, adv. (*afèkcionéman*), avec *affection*. Ce mot ne se trouve point dans l'*Académie*.

AFFECTIONNER, v. act. (*afèkcioné*), aimer; avoir de l'inclination, se sentir du penchant pour quelqu'un; avoir de l'*affection* pour quelque personne ou pour quelque chose. — Attacher par quelque chose qui engage et qui donne du plaisir. — Avoir une attache particulière pour une personne, pour une chose, y prendre un vif intérêt. Voy. AFFECTION. — s'AFFECTIONNER *à*, v. pron., s'attacher avec chaleur, s'appliquer avec une ardente passion. — *S'affectionner quelqu'un*, se l'attacher. — *S'affectionner à une personne*, s'attacher à elle; *s'affectionner à une chose*, y mettre son affection.

AFFECTIVE, adj. fém. Voy. AFFECTIF.

AFFECTUEUSE, adj. fém. Voy. AFFECTUEUX.

AFFECTUEUSEMENT, adv. (*afèktueuzeman*) (en lat. *affectuosè*), d'une manière *affectueuse*.

AFFECTUEUX, adj. mas., au fém. **AFFECTUEUSE** (*afèktueu, euze*) (en lat. *affectuosus*), plein d'*affection* : *mouvement affectueux*; *paroles affectueuses*. — *Un orateur pathétique et affectueux*, celui qui a de l'onction. — On dit de quelqu'un qui manifeste de l'*affection*, qu'il est *affectueux*.

AFFÉRAGE, subst. mas. (*aféraje*), prix d'une chose à vendre, établi par l'autorité du juge. Vieux.

AFFÉRÉ, E, part. pass. de *afférer*.

AFFÉRENCE, subst. fém. (*aférance*), vieux mot signifiant *rapport, produit*. Voy. AFFÉRENT.

AFFÉRENT, E, adj. (*aféran, rante*) (en lat. *afferens* ou *adferens*, qui apporte; formé de *ad*, vers, à, et *ferre*, porter), t. de prat. : *portion* ou *part afférente*, celle qui revient à chacun dans un objet indivis.

AFFÉRER, v. act. (*aféré*), rendre; établir le paiement d'un débiteur, d'après l'autorité du juge.

AFFÉREUR, subst. mas. (*aféreur*), t. de jurispr., celui qui fait un partage de succession. Vieux.

AFFÉRIR, v. neut. (*afèrir*) (du latin *afferre*, appartenir, convenir à...., vieux mot inusité. *Il s'affiert bien*. (CLOTILDE.)

AFFERMAGE, subst. mas. (*afèremaje*), action par laquelle le propriétaire d'un bien rural en cède à un autre l'usufruit pour un nombre d'années déterminé, au moyen d'un prix arrêté par an.

AFFERMÉ, E, part. pass. de *affermer*.

AFFERMER, v. act. (*afèremé*), céder à un autre la jouissance et l'usufruit d'une propriété rurale pour un nombre d'années fixé, au moyen d'une somme par an. — Donner à *ferme*; prendre à *ferme*. — On dit aussi *affermer les revenus publics, affermer un octroi*. — s'AFFERMER, v. pron.

AFFERMI, E, part. pass. de *affermir*.

AFFERMIR, v. act. (*afèremir*), rendre *ferme* et stable. — Rendre *ferme* et consistant ce qui était mou : *la gelée affermit le poisson*. Dans ce sens, on dit plus souvent *raffermir*. — Fig., rendre assuré, *ferme*, plus assuré, plus *ferme*. — *Racine* a dit (Phèdre) *un bruit mal affermi*, pour : un bruit douteux, peu fondé. — *Affermir l'ame, le courage, l'autorité*. — *Affermir la couronne*; *affermir un peuple dans le devoir*. — En t. de man., *affermir la bouche d'un cheval*; *l'affermir dans la main et sur les hanches* : l'accoutumer à l'effet de la bride; l'accoutumer à porter les hanches bas. — s'AFFERMIR, v. pron., devenir *ferme*, consistant, plus *ferme*, plus consistant : *les chemins s'affermissent*. — Au fig., se rendre assuré, *ferme*, plus assuré, plus *ferme* : *il s'est affermi contre le danger*. — AFFERMIR, ASSURER. (*Syn.*) — On *affermit* par de solides fondements; on *assure* par la position ou par les liens qui assujétissent.

AFFERMISSEMENT, subst. mas. (*afèremiceman*), action d'*affermir*. — État d'une chose *affermie*. — Appui, sûreté, etc. Il ne se dit guère qu'au fig. Voy. AFFERMIR.

AFFÉRON, subst. mas. (*aféron*) (rac. *fer*), t. de passementier, morceau de fer-blanc ou de laiton mis au bout des lacets ou aiguillettes pour les *ferrer*.

AFFÉTÉ, E, adj. (*afété*), qui a de l'*afféterie*; qui a quelque chose de trop recherché. Il se dit des personnes et des choses. Voy. AFFÈTERIE.

AFFÈTERIE, subst. fém. (*afèteri*) (du lat. *affectatio*, affectation), soin trop marqué de plaire par de petites manières recherchées : *les afféteries d'une coquette*. — Manière *affectée* de parler ou d'agir : l'*afféterie du style*.

AFFETTO ou **AFFETTUOSO**, espèce d'adv. (*afefèteto, afefèletuozô*), t. emprunté à la langue italienne, pour indiquer un air tendre et gracieux.

AFFEURAGE, subst. mas. (*afeuraje*), droit qu'un seigneur mettait sur les boissons et autres denrées; fixation du prix des denrées. Vieux. — On dit aussi *afforage*. Voy. AFFEURER.

AFFEURÉ, E, part. pass. de *affeurer*.

AFFEURER, v. act. (*afeuré*), taxer, estimer. — On s'en est servi aussi dans le sens d'*affubler*. Ce mot n'est plus français. Suivant *Trévoux*, *affeurage* ou *afforage*, *affeurer* ou *afforer*, semblent venir du latin *afforare*, qu'il explique par *juxta foros et leges judicare*.

AFFICHE, subst. fém. (*afiche*), placard écrit ou imprimé, que l'on colle sur les murs pour avertir le public de quelque chose. — Tous les peuples qui ont acquis le plus de réputation par la sagesse de leur gouvernement ont suivi cette méthode des *affiches* pour rendre leurs lois publiques. Les Grecs écrivaient les leurs sur des rouleaux de bois plus longs que larges, qu'ils exposaient dans les places publiques; ils nommaient ces rouleaux, selon Aristote, *cyrbes*. D'autres disent que ce nom n'était donné qu'aux tables qui contenaient les lois des sacrifices, et que les autres tables se nommaient *axones*. Les Romains affichaient aussi leurs lois, qui étaient gravées sur des tables d'airain. Cet usage passa dans les Gaules avec la domination romaine, et fut conservé par nos premiers rois après leurs conquêtes. François Ier le confirma par son édit du mois de novembre 1539. (*De la Marre.*) — *Affiches, Petites-Affiches*, feuilles périodiques qui contiennent ou annoncent toutes les *affiches*, ou du moins les plus intéressantes, et d'autres avis encore que l'on veut publier. — En t. de pal., placard que l'on appose dans les lieux publics pour donner connaissance d'une ordonnance, d'un règlement, d'un arrêt, d'une vente, d'une entreprise, etc. L'*affiche* est le mode de publication légale de tous les actes de l'autorité. — Dans quelques départements, on nomme *affiche* la publication appelée *bans*, qu'on attache aux portes de l'église et de la mairie. — En t. de pêche, 1° petit engin pour tendre le verveux; 2° pointe de fer emmanchée d'une longue perche qui, enfoncée, *fichée* dans la vase, sert à arrêter les bateaux. — T. de cordonnier, rognure de cuir. — Depuis quelque temps on rencontre dans certaines grandes villes un individu qui se promène dans les endroits les plus fréquentés, ayant sur la poitrine et sur le dos une large planche sur laquelle sont collés un ou plusieurs placards : on nomme cet individu *homme-affiche*, homme qui porte une *affiche*. Voy. AFFICHER.

AFFICHÉ, E, part. pass. de *afficher*.

AFFICHER, v. act. (*afiché*) (du lat. *affigere*, formé de *ad*, à, et *figere*, ficher, attacher, etc.), mettre des *affiches*; attacher un placard sur un mur pour informer le public de quelque chose : *afficher une loi, une ordonnance*. — En t. de cordonnier, couper les extrémités du cuir lorsqu'il est sur la forme. — On dit par exagération, en parlant d'une chose qu'on voudrait faire savoir à tout le monde : *non-seulement je le dirai, mais je l'afficherai partout*. — Fig., *afficher une femme*, la compromettre, la déshonorer. — *Afficher le bel-esprit*, se donner, vouloir passer pour bel-esprit. — *Afficher sa honte*, rendre publique une action qui déshonore.—*Afficher l'irréligion*, se montrer scandaleusement irréligieux.—S'AFFICHER, v. pron.: *s'afficher pour bel-esprit*, *pour savant*. — Absolument, *une femme s'affiche*, lorsqu'elle se conduit de manière à faire connaître au public le secret de ses galanteries; *un homme s'affiche*, lorsqu'il laisse voir publiquement quelque faiblesse qu'il devrait cacher.

AFFICHEUR, subst. mas., au fém. AFFICHEUSE (*aficheur, cheuze*), celui ou celle qui pose des *affiches*. Il est rare cependant qu'on accorde à une femme le brevet d'*afficheuse*; ces fonctions ne sont ordinairement remplies que par des hommes.

AFFICHEUSE, subst. fém. Voy. AFFICHEUR.

AFFIDÉ, E, adj. et subst. (*afidé*) (en lat. *fidus*, fidèle), à qui l'on *se fie*.—Subst., il se dit des agents secrets, des complices d'un intrigant, d'un conspirateur. Il ne s'emploie le plus souvent qu'en mauvaise part; on dit: *c'est son affidé* comme on dirait: *c'est son homme de confiance*; *c'est un homme qui lui est dévoué*, etc.

AFFIDÉS ou **AFFIDATI**, subst. mas. plur. (*afidé*), on nomme ainsi les académiciens de Pavie.

AFFIÉ, E, part. pass. de *affier*.

AFFIER, v. act. (*afié*), vieux mot qui signifiait *confier*, *assurer*.

Vous reprendrez, je t'affie
Sur la vie,
Ce taint que vous a ôté
La déesse de beauté
Par envie. (MAROT.)

Je *l'affie* signifie ici je *l'assure*.

AFFILE, subst. mas. (*afile*), morceau de lard ou de graisse mis dans un nouet pour graisser le fil de fer.

AFFILÉ, E, part. pass. de *affiler*, et adj. On dit fam. et fig., d'une personne qui parle facilement et beaucoup, qu'*elle a la langue bien affilée*. Voy. AFFILER.

AFFILÉE, subst. fém. (*afilé*), maladie des agneaux après le premier lait. Inus.

AFFILER, v. act. (*afilé*), donner le *fil* à un instrument qui coupe.—Au fig., *affiler le poignard de la calomnie*. — En t. d'agric.: *les gelées ont affilé les blés*, ont rendu les fanes si petites qu'elles ne sont plus que comme des filets. — En t. de jard., *affiler*, aligner, mettre à la file. — En t. de tireur d'or, disposer le bout d'un fil d'or à passer dans une petite filière. — S'AFFILER, v. pron.

AFFILEUR, subst. mas., au fém. AFFILEUSE (*afileur, leuze*), t. de métiers, celui ou celle qui *affile*.

AFFILEUSE, subst. fém. Voy. AFFILEUR.

AFFILIATION, subst. fém. (*afiliâcion*) (racine *fils*), chez les anciens Gaulois, sorte d'adoption militaire qui avait lieu parmi les grands. Elle se faisait avec des cérémonies militaires. Le père présentait une hache à celui qu'il adoptait pour son fils; et cela signifiait qu'il prétendait qu'en succédant à ses biens, il les conservât par la gloire.—Association à une société, à une communauté, à une corporation, etc.—*Affiliation* exprime aussi les rapports qu'il y a ou qu'il peut y avoir entre deux sociétés *affiliées*. — Action, manière de *s'affilier*. — Résultat de cette action.

AFFILIÉ, E, part. pass. de *affilier*, et adj., adopté, admis, reconnu dans une société, etc. Il est aussi subst.: *c'est un affilié*.

AFFILIER, v. act. (*afilié*) (rac. *fils*) (du latin barbare *adfiliare*, pour *in filium adoptare*, adopter pour fils), adopter; s'associer. — En parlant d'une société, reconnaître et admettre les principes d'une autre; s'il est question d'un individu, l'initier aux secrets d'une société clandestine. On dit qu'*une académie s'en est affilié d'autres*. — S'AFFILIER, v. pron., s'associer.

AFFILOIR, subst. mas. (*afiloar*), pierre pour donner le fil à un instrument tranchant. — En t. de parcheminerie, pince avec laquelle le parcheminier tient son fer pour l'aiguiser.

AFFILOIRES, subst. fém. plur. (*afiloare*) (rac. *fil*), t. de menuiserie, assortiment de pierres à aiguiser assujéties dans un morceau de bois, qui servent au menuisier à *affiler* et à affûter les outils de fer ou d'acier.

AFFINAGE, subst. mas. (*afinaje*) (rac. *fin*), action d'*affiner*, de purifier les métaux, le sucre, etc.; dernière façon qui donne le *fini*, la perfection. — Il y a beaucoup de déchet dans l'*affinage* du sucre pour le rendre blanc. — L'*affinage* des métaux se fait par le feu, le mercure, le plomb, l'eau-forte, etc. — Il y a pour l'argent l'*affinage au plomb*: c'est lorsqu'on l'affine dans une grande coupelle que l'on met sur un fourneau couvert d'un chapiteau de carreaux de briques, pour déterminer la flamme à réverbérer sur les matières, ce qu'on appelle feu de réverbère. On chauffe ce fourneau par un grand feu de bois, et on met du plomb dans la coupelle, à proportion de la quantité et de la qualité des matières à affiner. Quand le plomb a bouilli quelque temps, on jette les matières dans la coupelle, ce qu'on appelle *charger la coupelle*; et quand elles ont bouilli, on se sert d'un gros soufflet pour souffler la surface des matières, afin de les faire tourner et circuler, et qu'en circulant elles chassent l'impureté des métaux, qui vient en écume au bord de la coupelle, échancrée en un endroit. On continue le vent du soufflet jusqu'à ce que l'argent ait paru couleur d'opale, ce qui fait connaître que toute l'impureté a été chassée, et que l'argent est pur.—L'*affinage au salpêtre* a lieu quand on se sert d'un fourneau à vent: on y met un creuset; on le charge d'environ quarante marcs de matière d'argent, puis on le recouvre, et on charge le fourneau de charbon. Quand la matière est en bain, on jette deux ou trois onces de plomb dans le creuset, on brasse bien la matière, puis on retire le creuset du feu; on verse ensuite cette matière par inclinaison dans un baquet plein d'eau commune, pour la réduire en petits grains, qu'on appelle *grenaille*, etc. Après lui avoir donné trois feux, on laisse refroidir le creuset sans y toucher; on le retire; ensuite on le casse, et l'on y trouve un culot dont le fond est d'argent fin, et le dessus de crasse de salpêtre avec l'alliage de l'argent, etc. (Voy. le *Traité des monnaies* de *Boizard*.)—Lorsque, dans l'*affinage* au plomb, on ne retire point avec la canne l'argent en coquillons, mais qu'on le laisse se fixer dans la coupelle en forme de pain plat, on appelle cela *pain* ou *plaque d'affinage*. (*Boizard*.)—Les *affinages* de matières d'or se font avec l'antimoine, ou avec le sublimé, ou avec l'eau-forte. Cette dernière manière d'*affiner* est appelée *départ d'or*.—Il y a encore, en t. de monnaie, l'*affinage* de casses ou de coupelles, et de glettes ou litharges, qu'on est obligé d'*affiner*, parce qu'il reste toujours quelque partie d'argent dans les casses qui ont servi aux *affinages*, et qu'il s'en attache aussi parmi les glettes ou impuretés qui ont coulé des casses, et qu'on ne peut retirer ces parties d'argent qu'en *affinant* de nouveau les casses et les glettes.— On nomme *chanvre d'affinage* le chanvre qui est le plus fin et le plus beau.— En t. d'aiguillier, on entend par *affinage* la dernière façon que l'on donne aux aiguilles, en les adoucissant par la pointe sur une pierre d'émeri que l'on fait tourner par le moyen d'un rouet.— En t. de manuf. de draps, il se dit de la meilleure et dernière tonture que l'ouvrier peut leur donner.— Chez les relieurs, action de renforcer un carton.

AFFINÉ, E, part. pass. de *affiner*.

AFFINEMENT, subst. mas. (*afineman*), action d'*affiner*. Ce mot n'est plus français. Voy. AFFINAGE.

AFFINER, v. act. (*afiné*) (du latin *affingere*, formé de *ad*, à, et de *fingere*, façonner), rendre le métal plus *fin*, plus pur; rendre le ciment plus *fin*, plus délié, le mettre presque en poudre; purifier le sucre, etc. — En t. de relieur, renforcer: *affiner un carton*. — En t. de cordier, rendre le chanvre plus délié et plus *fin*. — En t. de fruitier, rendre le fromage jaune et gras. — *Affiner le verre*, c'est faire disparaître par l'action du feu les bulles ou les points que l'on remarque pendant la fusion. — On dit en t. d'agric., que *les labours multipliés affinent la terre*. — Fig., surprendre par quelque tour de *finesse*. En ce sens il ne s'emploie plus que dans le style marotique. — V. neut., vieux t. de mar., peu usité aujourd'hui: devenir plus serein; s'éclaircir: *le temps affine*. — S'AFFINER, v. pron., devenir plus subtil, plus fin, plus délié: *l'or s'affine au feu*. — Fig., *l'esprit s'affine par la conversation dans la bonne société*.

AFFINERIE, subst. fém. (*afineri*), lieu où l'on *affine* les métaux, etc. — Espèce de petite forge où l'on tire le fer en fil d'archal. — Fer *affiné* et mis en rouleau pour être employé à divers ouvrages.

AFFINEUR, subst. mas., au fém. AFFINEUSE (*afineur, neuze*), celui ou celle qui *affine* le fer, l'or, l'argent, etc.; qui passe le chanvre dans un peigne de fer.

AFFINEUSE, subst. fém. Voy. AFFINEUR.

AFFINITÉ, subst. fém. (*afinité*) (en lat. *affinitas*, formé de *ad*, auprès, et de *fines*, limites; *proximité*, *voisinage*, *rapprochement*), sorte d'alliance et de parenté que l'on contracte par le mariage. L'*affinité* se contracte entre le mari et les parents de sa femme, et réciproquement entre la femme et les parents de son mari. Ainsi l'*affinité* n'est pas une véritable parenté, mais c'est, à cause de l'étroite liaison qui existe entre le mari et la femme, une espèce d'adoption, de la part de chacun d'eux, des parents de l'autre, et réciproquement. Le *Lévitique* a marqué certains degrés où l'*affinité* est un obstacle au mariage; c'est au chap. XVIII. Il y en a trois: 1° un frère ne pouvait pas épouser sa belle-sœur, c'est-à-dire la veuve de son frère (*Lévitique*, XVIII, 16), à moins que le frère mort n'eût pas laissé d'enfants; car, dans ce cas, non-seulement il était permis, mais il était ordonné, sous peine d'infamie, à un frère d'épouser la veuve de son frère, comme on peut le voir au *Deutéronome*, XXV, 5. 2° Le beau-père ne pouvait épouser la fille de son beau-fils ou de sa belle-fille, c'est-à-dire du fils ou de la fille de sa femme (*Lévitique*, XVIII, 17). 3° Il n'était pas permis d'épouser sa belle-sœur, c'est-à-dire la sœur de sa femme, pendant que celle-ci vivait encore; c'est-à-dire qu'il n'était pas permis d'avoir en même temps pour femmes les deux sœurs (*Lévitique*, XVIII, 18). Avant la loi, le dernier point n'était pas défendu, comme on le voit par l'exemple de Jacob. Sotus, Vasquez et d'autres encore prétendent que le droit naturel ne défend le mariage *cum affini* qu'au premier degré. Quoi qu'il en soit, il est clair, d'après le premier article, que tous les degrés d'*affinité* prohibés par la loi de Moïse n'étaient pas défendus par la loi naturelle. — On ne trouve rien dans l'ancien droit romain qui regarde la défense des mariages à cause de l'*affinité*. Papinien est le premier qui en ait parlé à l'occasion du mariage de Caracalla. Les jurisconsultes qui vinrent après lui étendirent si loin les liaisons d'*affinité*, qu'ils mirent l'adoption au même point que la nature. Les chrétiens, qui ne voulurent pas être surpassés par les païens dans le respect pour la bienséance et l'honnêteté des mariages, introduisirent *un second* et *un troisième* genre d'*affinité* qui n'étaient point encore connus. Les canonistes ont donc distingué trois espèces d'*affinité*: la première se contracte entre le mari et les parents de sa femme, et entre la femme et les parents de son mari; la seconde, entre le mari et les alliés de *sa* femme, et entre la femme et les alliés de son mari; la troisième, entre le mari et les alliés des alliés de sa femme, et entre la femme et les alliés des alliés de son mari. Enfin, dans le quatrième concile de Latran, tenu en 1215, on traita à fond la matière de l'*affinité*. On trouva qu'il n'y avait que l'*affinité* du premier genre qui produisît une véritable alliance, et que les deux autres espèces d'*affinité* n'étaient que des raffinements qu'il fallait abroger. C'est ce qui fut fait dans le fameux chapitre *Non debet*, au titre *De Consanguinitate et Affinitate*. Quelques-uns prétendent que cette abrogation du deuxième et du troisième genre d'*affinité* ne se doit entendre que de la ligne collatérale, et non pas de la ligne directe. Quoi qu'il en soit, il est certain que les récusations des juges ont lieu jusqu'au quatrième degré d'*affinité*, suivant l'ordonnance; de même l'*affinité* est un empêchement au mariage jusqu'au quatrième degré inclusivement. Mais il faut remarquer qu'il s'agit d'une *affinité* directe et du premier genre; et qu'elle ne s'étend pas jusqu'à ceux qui ont de l'*affinité* avec les personnes avec qui j'ai de l'*affinité*: *affinis mei affinis non est affinis meus*.—Liaison que des personnes ont ensemble.—Conformité, convenance, rapports qui existent entre diverses choses: *affinités de caractères*, *de mots*, *de sciences*, *d'arts*.— En chim., disposition des substances à s'unir ensemble. — *Affinité quiescente*, celle de deux corps déjà unis l'un à l'autre; *affinité divellente*, celle d'un corps qui tend à en arracher un autre d'une combinaison dans laquelle celui-ci était entré; *affinité élective*, celle en vertu de laquelle un corps quitte une combinaison pour s'unir à un autre corps. — On appelle *affinité spirituelle*, celle qui se contracte, dans la cérémonie du baptême, entre les parrains et les marraines et les personnes dont ils ont tenu les enfants, et encore entre les parrains et les marraines et leurs filleuls ou filleules.

AFFINOIR, subst. mas. (*afinoar*), instrument pour *affiner* en général, mais particulièrement celui au travers duquel on fait passer le lin ou le chanvre pour l'*affiner*.

AFFIQUET, subst. mas. (*afikè*), *porte-aiguille*, ou petit bâton creux que les femmes portent à la ceinture pour soutenir leurs aiguilles lorsqu'elles tricotent, (du latin *affigere*, parce que cet instrument se *fiche*, s'attache à la ceinture, comme les ajustements nommés *affiquets*, sur la tête, etc.). — Au plur., parures, petits ajustements de femme. Fam. et iron.

AFFIRM., abréviation de *affirmation*, de *affirmatif* ou *affirmative*, et de *affirmativement*.

AFFIRMANT, E, adj. verbal (*afirman, mante*), t. de log. Il y a des propositions universelles dites *affirmantes*; elles sont d'ordinaire les premières dans les syllogismes.

AFFIRMATIF, adj. mas., au fém. **AFFIRMATIVE** (*afirmatife, tive*) (en lat. *affirmativus*), qui *affirme*, qui soutient une chose comme vraie : *il est affirmatif, il parle d'un ton affirmatif.* — En t. d'algèbre, on appelle *quantité affirmative* une quantité positive affectée du signe (+) plus. — En logique, *une proposition affirmative* est celle par laquelle on *affirme*. Voy. **AFFIRMATIVE**. — *Affirmatif*, employé comme subst. mas., est un terme de l'inquisition romaine. Le saint-office donne ce nom aux hérétiques qui avouent être dans les erreurs dont on les accuse, et qui, dans les interrogatoires, soutiennent ces erreurs avec opiniâtreté.

AFFIRMATION, subst. fém. (*afirmâcion*) (en latin *affirmatio*), expression qui *affirme*, par laquelle on *affirme* qu'une chose est vraie. En ce dernier sens, *affirmation* est surtout en usage au palais, où il se prend pour assurance avec serment et dans les formes voulues par la loi : *prendre un acte d'affirmation; le greffe des affirmations.* — *Affirmation de créance*. Le créancier d'une faillite doit, dans les huit jours après la vérification de sa créance, *affirmer*, devant le juge-commissaire de la faillite, qu'elle est sincère et véritable, soit par lui-même, soit par un fondé de pouvoir. (Code de commerce, art. 507.) — *Affirmation de compte*. Le rendant compte en justice doit affirmer de la même manière la sincérité de son compte. (Code de procédure, art. 532. — *Affirmation de procès-verbaux*. Elle doit avoir lieu dans les trois jours de la part des gardes-champêtres, devant le juge-de-paix du canton ou le maire de la commune. (Code d'instruction criminelle, art. 15.) (*Dictionnaire de Législation usuelle*.) — En logique, *affirmation* signifie l'expression par laquelle une proposition *affirme* : *l'affirmation est opposée à la négation*.

AFFIRMATIVE, subst. fém. (*afirmative*), proposition par laquelle on affirme : *ils sont toujours d'avis différents : jamais l'un ne nie une chose, que l'autre ne prenne l'affirmative.* — *Prendre l'affirmative pour quelqu'un*, c'est se déclarer hautement en sa faveur. — Adj. fém. Voy. **AFFIRMATIF**.

AFFIRMATIVEMENT, adv. (*afirmativeman*), d'une manière *affirmative*; avec assurance : *il parle aussi affirmativement que s'il l'avait vu.*

AFFIRMÉ, E, part. pass. de *affirmé*.

AFFIRMER, v. act. (*afirmer*) (en latin *affirmare*), assurer, soutenir qu'une chose est vraie. — En t. de palais, assurer avec serment. — Il régit la conjonction *que* avec le subjonctif, quand le sens est négatif ou interrogatif : *je n'affirme pas que cela soit ainsi; pouvez-vous affirmer que vous ayez bien vu?* — En logique on dit qu'*une proposition affirme*, pour dire qu'elle exprime une *affirmation*. — **S'AFFIRMER**, v. pron.

AFFISTOLÉ, E, part. pass. de *affistoler*.

AFFISTOLER, v. act. (*aficetolé*), t. de dérision populaire qui signifie *ajuster* : *le voilà bien affistolé*. — **S'AFFISTOLER**, v. pron.

AFFIXE, adj. (*afikce*) (en latin *affixus*, part. pass. de *affigere*, attacher); attaché à la fin. On le dit, dans les grammaires hébraïques, de certaines particules qui se mettent à la fin d'un mot.

AFFLAQUI, E, part. pass. de *afflaquir*.

AFFLAQUIR, v. neut. (*aflakir*), devenir *flasque*. Inusité.

AFFLE, subst. mas. (*afle*) (en latin *afflatus*), souffle. Vieux mot inusité.

AFFLÉ, E, adj. (*aflé*), qui a été altéré par le contact de l'air : *vin afflé*. (*Boiste*.)

AFFLEURAGE, subst. mas. (*afleuraje*), en t. de boulanger, bonne mouture. — En t. de papetier, action de délayer la pâte du papier.

AFFLEURANT, E, adj. (*afleuran, rante*), t. de papetier, se dit d'une pile qui se délaie : *pile affleurante*. — T. de boulangerie, se dit du mélange que l'on fait du froment, du seigle et de l'orge.

AFFLEURÉ, E, part. pass. de *affleurer*.

AFFLEURÉE, subst. fém. (*afleuré*), pâte fournie par la pile *affleurante*.

AFFLEUREMENT, subst. mas. (*afleureman*), extrémité d'une veine de houille ou de charbon.

AFFLEURER, v. act. (*afleuré*), réduire deux corps contigus à un même niveau. — Neut., toucher, joindre de fort près : *ces planches affleurent bien*. C'est dans ce dernier sens qu'il est employé comme t. de mar. — **S'AFFLEURER**, v. pron.

AFFLEURIE, subst. fém. (*afleuri*), t. de papetier, pâte fournie par une pile *affleurante*. — Si l'on fait attention à l'analogie du verbe, on doit préférer le mot *affleurée*. Voy. ce mot.

AFFLICTIF, adj. mas., au fém. **AFFLICTIVE** (*aflikttif, tive*), t. de pal., ne se dit guère qu'au fém. : *peine afflictive*, peine corporelle et physique qu'on souffre par condamnation de justice : *les travaux forcés sont une peine afflictive*. Voy. **INFAMANT, E**.

AFFLICTION, subst. fém. (*aflikcion*) (en latin *afflictio*), abattement profond d'esprit; sentiment douloureux de l'âme causé par quelque malheur ou par quelque chose de fâcheux. — Malheur, disgrâce. En ce sens, il s'emploie même au plur. : *recevoir les afflictions de la main de Dieu*.

AFFLICTIVE, adj. fém. Voy. **AFFLICTIF**.

AFFLIGÉ, E, part. pass. de *affliger*, et adj., qui a de l'*affliction*, du chagrin. — Malade, en parlant d'une partie du corps. — Il s'emploie comme subst. : *cette pauvre affligée; consoler les affligés*. — Par antiphrase, on dit d'une très-jeune fille qu'elle est *affligée de quinze ans*; d'un homme très-riche, qu'il est *affligé de cent mille livres de rente*. Voy. **AFFLIGER**.

AFFLIGEANT, E, adj. (*aflijan, jante*), qui *afflige*, qui cause de l'*affliction* : *nouvelle affligeante*.

AFFLIGER, v. act. (*aflijé*) (en latin *affligere*, formé de *ad*, et du primitif *fligo*, qui a été fait du grec φλιγομαι, *être blessé, ressentir de l'affliction*), donner de l'*affliction*, causer de la douleur, de la peine, du déplaisir. — Mortifier, désoler, tourmenter. — Par politesse et dans un sens exagéré on dit : *je suis vraiment affligé de votre contre-temps*, pour témoigner à quelqu'un la part que l'on prend à son déplaisir. — **S'AFFLIGER**, v. pron., s'attrister, avoir du chagrin, de la douleur, du déplaisir : *vous vous affligez sans sujet*. — *S'affliger* et *être affligé* régissent la prép. *de* : *je suis affligé de vous voir malade*.

AFFLUÉ, E, part. passé de *affluer*.

AFFLUENCE, subst. fém. (*afluance*) (en latin *affluentia*), concours et chute d'eaux, d'humeurs vers un endroit. — Au fig., abondance de choses; concours de personnes vers un lieu; multitude : *affluence de biens, de peuple*. — *Affluences électriques*, en phys., rayons de matière électrique qui arrivent à un corps actuellement électrisé : *les affluences sont opposées aux effluences*.

AFFLUENT, subst. mas. (*afluan*) (en latin *affluens*), lieu où une rivière se jette dans une autre. Il ne faut pas le confondre avec *confluent*, qui signifie l'endroit où deux rivières commencent à couler ensemble.

AFFLUENT, E, adj. (*afluan, ante*), qui *afflue*. Ce mot se dit des rivières, des fleuves qui se jettent dans d'autres : *la Seine et les rivières affluentes*. — En médec., *humeurs affluentes*, qui coulent dans une même partie. — En t. de phys., *matière affluente* est la même chose qu'*affluences électriques*. Voy. **AFFLUENCE**.

AFFLUER, v. neut. (*aflué*) (du latin *affluere*, formé de *ad*, à, et de *fluere*, couler), se rendre en un même canal : *plusieurs rivières affluent dans la Seine*, etc. — Au fig., abonder, arriver en abondance, survenir en grand nombre : *les voyageurs affluent dans cette auberge*. — En médec., on dit que *les humeurs affluent*.

AFFLUX, subst. mas. (*aflu*) (du latin *affluere*), t. de médec., subite abondance du sang ou des humeurs dans une partie irritée. — En pathologie, on entend par *afflux* un concours de liquides vers une partie; il se dit de l'accumulation du sang et des autres humeurs vers un point irrité : *l'afflux des liquides est un des symptômes de l'inflammation*. (*Dict. de Médecine usuelle*.)

AFFOLÉ, E, part. pass. de *affoler*, et adj., extrêmement passionné pour..., presque *fou de...* : *il est affolé de sa femme, de son chien*, etc. Il est fam. — En t. de mar., on appelle *aiguille affolée* l'aiguille d'une boussole qui n'indique pas exactement le nord.

AFFOLER, v. act. (*afolé*) (rac. *fol*), rendre passionné jusqu'à la *folie*, n'est guère usité qu'au part. — **S'AFFOLER**, v. pron., devenir fou, être épris, engoué d'une personne ou d'une chose.

AFFOLIR, v. neut., ou plutôt **S'AFFOLIR**, v. pron. (*afolir*), vieux mot qui signifiait devenir fou. On ne dit pas d'une aiguille aimantée qu'elle est *affolie*; on dit *affolée*.

AFFONDÉ, E, part. pass. de *affonder*.

AFFONDER, v. act. (*afondé*), vieux mot dont on se sert encore dans quelques provinces de l'Ouest, et qui signifie *enfoncer dans l'eau*. Mauvais français.

AFFORAGE, subst. mas. (*aforaje*), vieux t. de féod., droit qui se payait à un seigneur pour la vente du vin. — On disait aussi *affeurage*.

AFFORÉ, ou **AFFEURÉ, E**, part. pass. de *afforer* ou de *affeurer*.

AFFORER ou **AFFEURER**, v. act. (*aforé, afeuré*), mettre le prix à une chose. Vieux mot inus.

AFFOUAGE, subst. mas. (*afouaje*) (du latin *ad*, vers, et *focum*, le foyer), droit de coupe de bois entretien de combustibles dans une usine.

AFFOUAGEMENT, subst. mas. (*afouajeman*), vieux mot qui signifiait dénombrement des feux d'un village.

AFFOURCHE, subst. fém. (*afourche*), t. de mar., qui *s'affourche*, ou qui sert à *affourcher* : *ancre, câble d'affourche*. Voy. **AFFOURCHER**.

AFFOURCHÉ, E, part. pass. de *affourcher*. — Il est aussi adj., et signifie : monté sur un animal, jambe deçà, jambe delà, comme on est à cheval :

> Un jour un villageois, sur son âne *affourché*,
> Trouva par un ruisseau son passage bouché.
>
> (ROUSSEAU.)

AFFOURCHER, v. act. (*afourché*) (du lat. *ad* à, et *furca*, fourche), t. de mar., disposer deux ancres en croix, en fourche, en ligne droite avec le vaisseau : *un vaisseau affourché sur ses ancres*. — En t. de charpentier et de menuisier, *affourcher deux pièces de bois*, c'est les joindre par un double assemblage avec rainure. — **S'AFFOURCHER**, v. pron.

AFFOURCHIE, subst. fém. (*afourchi*), en t. de mar., augmentation du vent; vent plus frais, plus fort. — *Vent d'affourchie*, vent qui oblige d'*affourcher* le vaisseau.

AFFOURRAGÉ, E, part. pass. de *affourrager*.

AFFOURRAGEMENT, subst. mas. (*afourajeman*), action de donner du *fourrage* au bétail. — Provision de *fourrage*.

AFFOURRAGER, v. act. (*afouraje*), donner du *fourrage* au bétail. — Faire provision de fourrage. — **S'AFFOURRAGER**, v. pron. — L'*Académie* ne donne ni *affourrager* ni *affourrer*; elle n'indique que *fourrager*, qui ne nous semble pas dire autant que les deux premiers, à cause de la préposition qui marque *redondance*. Ce mot vient de *foarre*, *feurre*, ou *fourrage*, et du lat. *far*. Quelques-uns ont dit aussi *affeurer*; mais ce mot signifiait autrefois : mettre le prix aux denrées; d'où est venue peut-être la locution : *au fur et à mesure*.

AFFOURRER. Voy. **AFFOURRAGER**.

AFFRAÎCHI, E, ou **AFFRAÎCHÉ, E**, part. pass. de **AFFRAÎCHIR** ou **AFFRAÎCHER**.

AFFRAÎCHIE, subst. fém. (*afrêchi*), t. de mar., augmentation de vent; vent plus *frais*, plus fort.

AFFRAÎCHIR ou **AFFRAÎCHER**, v. neut. (*afrêchir* ou *ché*), t. de mar., devenir plus *frais*, en parlant du vent. Inus.

AFFRANCHI, E, subst. (*afranchi*), t. d'hist. anc., esclave à qui on avait rendu la liberté. — *L'affranchi de Cicéron; les jeunes Romains préféraient les affranchies, qui étalaient leurs innocents appas sans fard et sans artifice. Corneille* a dit du roi Attale :

> Qui du peuple romain se nommait l'*affranchi*.

Les *affranchis* prenaient le nom et le surnom de leurs maîtres, et s'unissaient par là en quelque sorte à leur famille. A Athènes, les *affranchis* et les fils naturels étaient sur le même pied. Les *affranchis* révéraient comme des dieux les personnes qui les avaient délivrés de la servitude.

AFFRANCHI, E, part. pass. de *affranchir*. — Il est aussi adj., et signifie : mis en liberté, délivré, déchargé de....

AFFRANCHIR, v. act. (*afranchir*) (du lat. barbare *francus*, franc), mettre en liberté : *affranchir un esclave*. — Rendre franc, décharger, exempter de quelque charge, de quelque servitude, de quelque redevance. — Fig., délivrer : *la mort nous affranchit des misères de ce monde*. — T. de mar., *affranchir la pompe*, jeter plus d'eau par la pompe qu'il n'en entre dans le vaisseau. — *Affranchir une lettre*, en payer le port au bureau d'où elle part. — *Affranchir un héritage*, le libérer de quelque charge, etc. — **AFFRANCHIR, RACHETER, DÉLIVRER**. (*Syn*.) On *affranchit* un esclave à soi; on rachette, on délivre ceux des autres. — **S'AFFRANCHIR**, v. pron., se délivrer de... Il ne s'emploie qu'au fig. *s'affranchir de l'étiquette, d'une gêne*.

AFFRANCHISSEMENT, subst. mas. (*afranchiceman*), action d'*affranchir* un esclave, et l'effet de cette action. — *L'affranchissement*, nous dit M. de *Chabrol-Chaméane*, ne s'applique plus qu'aux nègres de nos colonies, et leur confère la jouissance des droits civils. — Grace du souverain, en vertu de laquelle on jouit de la liberté, on est délivré de quelque servitude. — Exemption, décharge. — *Affranchissement de lettres.* Voy. POSTE.

AFFRE, subst. fém. (*âfre*) (du grec φρίξ, frayeur, épouvante), grande peur, frayeur extrême. Il n'est usité qu'au plur. et dans cette phrase : *les affres de la mort.*—AFFRES, TRANSES, ANGOISSES. (*Syn.*) Les *affres* sont produites par la vue d'un objet affreux. Les *transes* sont causées par l'extrême appréhension d'un mal prochain, sans espoir de secours. Les *angoisses* sont le résultat d'une inquiétude excessive.

AFFRÉTÉ, E, part. pass. de *affréter.*

AFFRÈTEMENT, subst. mas. (*afrèteman*), condition de louage d'un vaisseau. — On dit *affrètement* et *frètement* dans les ports de l'Océan; *nolis* et *nolissement* dans ceux de la Méditerranée. — Acte par lequel on *affrète* un vaisseau. — L'*affrètement* n'est point la même chose que le *frêt*; on pourrait s'y tromper : le *frêt* est le prix de la location; le *fréteur* est celui qui donne à louage le vaisseau. Si le *fréteur* loue son navire sans agrès, sans équipement, l'*affréteur* prend le nom d'*armateur*; ceux auxquels est *affrété* le navire tout équipé se nomment *chargeurs* ou *passagers*. Voy. AFFRÉTER.

AFFRÉTER, v. act. (*afrété*) (du lat. *fretum*, détroit de mer), prendre un vaisseau à louage. On dit *fréter*, pour, donner un vaisseau à louage. Voy. *noliser*, terme dont on se sert dans la Méditerranée. — *s'*AFFRÉTER, v. pron.

AFFRÉTEUR, subst. mas., au fém. AFFRÉTEUSE (*afréteur, teuze*), celui ou celle qui *affrète*, qui prend un vaisseau à louage.

AFFRÉTEUSE, subst. fém. Voy. AFFRÉTEUR.

AFFREUSE, adj. fém. Voy. AFFREUX.

AFFREUSEMENT, adv. (*afreuzeman*), d'une manière *affreuse*, horrible.— Fam., il signifie aussi, en mauvaise part : beaucoup, fort, extrêmement; mais c'est un abus.

AFFREUX, adj. mas., au fém. AFFREUSE (*afreu, freuze*) (voy. AFFRE, son primitif), qui effraie, dont on ne peut soutenir la vue ou l'idée sans un sentiment très-vif d'éloignement ou de répugnance. — Qui est laid, en parlant de l'extérieur : *Un homme affreux* est un homme très-laid.— *Un homme affreux*, en parlant de son caractère, est un homme atroce. — AFFREUX, HORRIBLE, ÉPOUVANTABLE, EFFROYABLE. (*Syn.*) Ce qui est *affreux* inspire le dégoût et l'éloignement. Une chose *horrible* excite l'aversion. L'*épouvantable* cause l'étonnement et la terreur. L'*effroyable* inspire la peur.

AFFRIANDÉ, E, part. pass. de *affriander.*

AFFRIANDER, v. act. (*afriandé*) (rac. *friand*), rendre *friand*, plus délicat sur les choses qui se mangent. — Attirer par quelque chose d'agréable ou d'utile. Il est fam.—*Affriander l'oiseau*, vieux mot de faucon., le faire revenir sur le leurre avec du pât de pigeonneau. — *s'*AFFRIANDER, v. pron., s'accoutumer à la *friandise*. — Devenir *friand.*

AFFRIANDIE, subst. fém. (*afriandi*), signifiant l'action d'*affriander*, n'est pas français.

AFFRICHÉ, E, part. pass. de *affricher.*

AFFRICHER, v. act. (*afriché*) (rac. *friche*), laisser en *friche*. —*s'*AFFRICHER, v. pron., devenir en friche. Peu usités l'un et l'autre.

AFFRIOLÉ, E, part. pass. de *affrioler.*

AFFRIOLEMENT, subst. mas. (*afrioleman*), action d'*affrioler.*

AFFRIOLER, v. act. (*afriolé*), attirer par quelque appât, au propre et au fig. Fam. et vieux. — Il signifie aussi accoutumer à la friandise, rendre délicat. — *s'*AFFRIOLER, v. pron.

AFFRIQUE (SAINTE-), subst. fém. (*ceintafrike*), ville de France, chef-lieu d'arrond. du dép. de l'Aveyron. Ce mot est une corruption du nom latin *Africanus.*

AFFRITÉ, E, part. pass. de *affriter.*

AFFRITER, v. act. (*afrité*) (rac. *frit, frite*), fondre du beurre dans une poêle. Peu usité. — *s'*AFFRITER, v. pron.

AFFRONT, subst. mas. (*afron*) (de l'italien *affronto*, qui a la même signification, et du lat. *ad*, et *frontem*, front), injure, outrage, soit de parole, soit de fait : *faire un affront; recevoir* ou *essuyer un affront.* — Déshonneur, honte : *il fait affront à ses parents.* — On dit de quelqu'un à qui la mémoire manque, qu'*elle lui fait affront.* — *Boire, dévorer, avaler un affront*, le souffrir patiemment. —*Ne pouvoir digérer un affront*, c'est l'avoir toujours sur le cœur, en conserver le ressentiment. — AFFRONT, INSULTE, OUTRAGE, AVANIE. (*Syn.*) L'*affront* est un trait de reproche ou de mépris lancé en présence de témoins. L'*insulte* est une attaque faite avec impertinence. L'*outrage* ajoute à l'insulte un excès de violence. L'*avanie* est un traitement humiliant et scandaleux.

AFFRONTAILLES, subst. fém. plur. (*afrontâie*) (du latin *ad*, au, et *frontem*, front; *sur le front, en tête*), mot inus. qui signifiait *limites.*

AFFRONTATION, subst. fém. (*afrontâcion*), ne s'emploie plus. Il se disait pour *confrontation.* Voy. ce mot.

AFFRONTÉ, E, part. pass. de *affronter*, et adj., se dit, en t. de blas., de deux animaux opposés de *front*, qui se regardent.

AFFRONTER, v. act. (*affronté*) (voy. AFFRONT), attaquer de *front*, tête baissée et avec hardiesse : *affronter l'ennemi.* — Au fig., s'exposer hardiment à, braver avec intrépidité : *affronter les dangers, la mort.*— Tromper sous un air de bonne foi. Pop. et vieux. — On le disait autrefois au palais pour *confronter*; ce serait, en ce sens, un barbarisme aujourd'hui. — *s'*AFFRONTER, v. pron.

AFFRONTERIE, subst. fém. (*afronteri*), tromperie, action d'*affronter*. Vieux.

AFFRONTEUR, subst. mas., au fém. AFFRONTEUSE (*afronteur, teuze*), celui ou celle qui *affronte*, qui trompe.

AFFRONTEUSE, subst. fém. Voy. AFFRONTEUR.

AFFUBLÉ, E, part. pass. de *affubler*. On dit fam.: *comme le voilà affublé! est-il affublé!* c.-à-d., comme il est vêtu d'une manière bizarre, ridicule!

AFFUBLEMENT, subst. mas. (*afubleman*), voile, habillement, ce qui couvre la tête et le corps, mais ce qui les couvre ou les revêt d'une façon extraordinaire, ridicule et sans goût. Voy. AFFUBLER.

AFFUBLER, v. act. (*afublé*) (du lat. barbare *affibulare*, couvrir; formé de *fibula*, agrafe avec laquelle les anciens fermaient leurs manteaux par devant), vêtir, couvrir; habiller d'une manière étrange, peu convenable et sans goût.— Quelques écrivains ont dit fig. : *affubler d'un ridicule*, etc. — *s'*AFFUBLER, v. pron., se vêtir, se couvrir ridiculement : *s'affubler d'un déguisement.* — Fig., *s'affubler de quelqu'un*, s'en coiffer.

AFFUSION, subst. fém. (*afuzion*) (en latin *affusio*, dérivé de *affundere*, verser, répandre sur), t. de pharm., action de verser une liqueur sur certains médicaments. — T. de thérapeutique, mode d'application de l'eau froide, qui consiste à verser ce liquide par nappe sur toute la surface du corps, ou seulement sur une de ses parties, ordinairement la tête, au moyen d'un vase à large ouverture et de la capacité de plusieurs litres. (*Dictionnaire de Médecine usuelle.*)

AFFÛT, subst. mas. (*afû*), assemblage de charpente sur laquelle est monté un canon, et qu'on appelle *affût; affût à rouage*, quand il se meut au moyen de roues. — Lieu où l'on se cache pour attendre le lièvre ou quelque autre animal, et le tirer quand il paraît. — On dit fig. *être à l'affût de*, pour : être au guet, épier les occasions de.

AFFÛTAGE, subst. mas. (*afutaje*) (rac. *affût*), art, soin, peine d'*affûter* un canon : *un artilleur entend bien l'affûtage* s'il sait bien pointer, mettre en mire un canon. — C'est encore l'action de placer un canon sur son *affût.*— T. de menuis., tous les outils nécessaires à un menuisier pour travailler. On dit de celui qui en est pourvu, qu'*il est affûté.*— Soin que l'on se donne à *affûter* des outils, à les aiguiser. — En t. de papetier, on appelle *affûtage* le châssis des formes.— T. de chapelier : *donner l'affûtage à un chapeau*, c'est le façonner de manière à lui rendre son lustre.

AFFÛTÉ, E, part. pass. de *affûter*, et adj., se dit, en t. de blason, d'un canon qui n'est pas du même émail que son *affût* : *un canon d'argent affûté de sable.*

AFFÛTER, v. act. (*afuté*). *Affûter le canon*, le mettre en état de tirer, le mettre en mire. — T. d'ateliers, aiguiser des outils, un crayon. —*s'*AFFÛTER, v. pron.

AFFÛTIAU, subst. mas. (*afutiô*), bagatelle, brimborion, affiquet.—Au plur., des *affûtiaux*, tout ce dont on a besoin pour faire quelque chose : *donnez-moi mes affûtiaux*. Pop. et vieux.

AFILAGER, subst. mas. (*afilajé*), officier qui préside aux ventes publiques à Amsterdam.

AFIN, conj. qui dénote le but, la fin. (*afein*). On l'emploie ou avec *de* et l'infinitif : *afin de vous convaincre*; ou avec *que* et le subjonctif : *afin que vous n'en doutiez pas*. Voy. POUR.

AFIOURME, subst. mas. (*afiourme*), lin extrêmement fin du Levant. (*Trévoux.*) *Laveaux* écrit *afioume.*

AFISTOLER. Voy. AFFISTOLER.

AFOUGUER, v. neut. (*afouguié*), pour exprimer les effets de la *fougue*, est un barbarisme.

AFOURRAGEMENT, AFOURRAGER. Voy. AFFOURRAGEMENT, AFFOURRAGER.

AFOUTH ou **AFOUCHE**, subst. mas. (*afoute* ou *afouche*), t. de bot., espèce de figuier de l'île de France, dont l'écorce sert à faire des cordes, et le bois pourri, de l'amadou.

AFRÆ *sorores*, mots latins qui, dans la myth., signifient les Sœurs africaines, les Hespérides.

AFRAGAR, subst. mas. (*afraguar*), t. de chim., vert-de-gris.

AFRANCESADOS, subst. mas. plur. (*afrançézadôce*), partisans des Français en Espagne.

AFRICAIN, E, subst. et adj. (*afrikein, kène*) (en lat. *africanus*), qui est d'*Afrique.* —*Africain* a été le surnom de P. Cornelius Scipion, qui prit Carthage, la détruisit, et défit pour jamais Rome d'une si terrible ennemie. C'est en récompense d'un service si considérable, qu'on lui donna le surnom d'*Africain*, comme à son frère celui d'Asiatique. Nous avons des médailles où l'on voit d'un côté la tête de Scipion nue, avec ces mots : P. SCIPIO AFRIC., et de l'autre, Scipion dans un char à quatre chevaux, et CART. SUBACT. —*Africain* a encore été le surnom d'un historien et chronologiste fameux du IIIe siècle, natif de Palestine, dont nous n'avons plus rien que les fragments que nous en ont conservés Eusèbe et Syncelle. Il se nommait *Julius Africanus*, qu'il ne faut point confondre avec *Sextus* ou *Cestus Africanus*, comme a fait Eusèbe, et après lui Photius et Syncelle. — Quand on parle de Scipion, on ajoute toujours l'article : *Scipion l'Africain.* — T. d'hist. nat., poisson de l'espèce des perches de Linnée.

AFRICAINE, subst. fém. (*afrikène*), t. d'hist. nat., genre d'insectes de l'ordre des orthoptères. —T. de bot., fleur d'*Afrique*; sorte d'œillet d'Inde.

AFRICANISME, subst. mas. (*afrikaniceme*), t. dont on se sert pour signifier les expressions barbares et les mots forgés dont quelques auteurs *africains* se sont servis. On trouve quantité d'*africanismes* dans les ouvrages de saint Augustin; il dit lui-même qu'il les faisait exprès pour se mieux faire entendre du peuple. Bingham croit que l'on doit attribuer à cette condescendance le grand nombre d'*africanismes* qui se trouvent dans les ouvrages de ce saint. (*De la Roche.*)

AFRICUS, subst. mas. (*afrikuce*), myth., l'un des principaux vents.

AFRIQUE, subst. fém. (*afrike*), troisième partie du monde, au midi de l'Europe. Elle est bornée au septentrion par la mer Méditerranée, à l'occident et au midi par l'Océan, et à l'orient par le détroit Arabique. Les anciens géographes la bornent tous à l'orient par le Nil; et ce qui est entre le Nil et la mer Rouge, ils le donnent à l'Asie : *Africa ab orientis parte Nilo terminatur, pelago à cæteris.* — On n'est point d'accord sur l'origine et la signification de ce mot. Quelques auteurs prétendent qu'il vient du mot arabe *Iphrik*, formé du verbe *faraka, divisit*, il a *divisé* ou *séparé*; et l'on donne deux raisons de cette étymologie : la première est que cette partie de la terre est séparée de toutes les autres, soit par la mer, soit par le Nil, qui en formait autrefois les bornes du côté de l'orient; la seconde est qu'un certain *Iphric*, qui a régné dans ces contrées, lui a laissé son nom. D'autres disent que ce nom vient du mot hébreu *aphar*, qui signifie *poussière*, parce que le pays est extrêmement aride et sablonneux. Josèphe, au livre Ier de ses *Antiquités judaïques*, chap. 16, prétend que son nom lui vient d'*Ophre*, fils de Mandane et petit-fils d'Abraham, qui s'empara, dit-il, de la Libye, que ses descendants possédèrent, et nommèrent de son nom, *Afrique.* Servius et Isidorius disent que *Africa*, ou *Aphrica*, est la même chose que *Aprica*, comme qui dirait *exposée au soleil.* Quelques grammairiens dérivent ce nom de l'α privatif, et de φρικη, *horreur*, l'expliquant : *une terre qui ne fait point frissonner, qui n'a jamais de froid ni d'hiver.* Alexandre Polyhistor rapporte le sentiment d'un certain Cléodémus, qui prétendait que parmi les enfants qu'Abraham avait eus de Cetthura, il y en avait un nommé *Apher*, et un nommé *Aphran*; que l'un avait donné son nom à la ville d'*Afra*, et l'autre à l'*Afrique.* Solin et Cédrénus veulent que ce nom vienne d'*Afer*, fils d'Hercule. Il en est qui s'obstinent à penser qu'il dérive d'*Ophir*, fils de Jectan, ou de l'*Ophir* dont parle l'Écriture, et que l'*Afrique* est la terre d'*Ophir* si fameuse par le commerce qu'y faisait Salomon. Bochart rejette toutes ces étymologies, et soutient que ce nom vient de *pharach*, qui, en syriaque et en arabe, signifie *frotter*, et d'où s'est formé *pheruch* ou *pherich*, qui signifie *un épi de blé*; que de là est venu le nom *Africa*, comme si l'on avait voulu dire : *une terre d'épis*, parce que ce pays est fertile en blé. Quoiqu'il n'y ait rien de certain sur l'origine de ce nom, nous aimerions beaucoup mieux le faire venir d'*Ophir*, non pas de celui qui donna son nom à la terre où Salomon envoyait ses flottes, mais d'un autre que l'Écriture place à l'entrée de l'*Afrique*, et qui probablement s'avança dans ce pays. Dans ces premiers temps, les terres n'ont point pris leur nom des qualités qu'elles avaient, mais de leurs habitants; et la coutume était de former du nom de ceux qu'on rencontrait d'abord à l'entrée le nom de tout le pays qu'ils avaient derrière eux. — L'*Afrique* s'étend depuis le 35e degré de latitude septentrionale jusqu'au 35e de latitude méridionale, et depuis le 3e degré de longitude jusqu'au 83e. — Sur les médailles, l'*Afrique* est coiffée d'une tête d'éléphant dont la trompe s'avance au-dessus du front, de la même manière que Bérénice et Cléopâtre, reines d'Égypte, le sont aussi quelquefois. — On appelle en particulier *Afrique* une province de l'*Afrique* sur les côtes de la Méditerranée, entre la Mauritanie à l'occident, et la Cyrénaïque à l'orient : c'est la partie orientale de ce que nous appelons aujourd'hui Barbarie. Les Arabes n'appellent *Afrique*, *Afrikiaf*, que cette province; car l'*Afrique* en général, qui passe pour la troisième partie du monde, ils l'appellent *Magreb*, ou plutôt *Macreb*, qui veut dire *occident*. — AFRIQUE est encore une ville de cette contrée, sur la côte de la Méditerranée, que quelques-uns considèrent comme l'ancienne Leptis, et que d'autres prennent pour Adrumète; mais les derniers se trompent. Elle est à vingt lieues d'Adrumète, et c'est plutôt l'*Aphrodisium* des anciens. Le calife Méhédi la fortifia et la nomma *Méhédie*. Des corsaires de Sicile s'en étant saisis, l'appelèrent ensuite *Afrique*, et ce nom lui est resté. Charles V la prit en 1550, et la ruina. — T. de myth., figure allégorique, sous la représentation d'une femme et d'un scorpion.

AFRITE, subst. mas. (*afrite*), mauvais génie, esprit rebelle des contes orientaux.

AFROUSA, subst. fém. (*afrouza*), t. de bot., fraisier des Alpes, dont le fruit a le goût de la framboise.

AFSLAGER, subst. mas. (*afcelajé*), officier qui préside aux ventes publiques à Amsterdam. On l'appelle aussi *afilager*.

AFZÉLIE, subst. fém. (*afzéli*), t. de bot., plante qui croît à la Caroline. On la nomme aussi *girardie afzélie*.

AGA (on écrit aussi AGHA), subst. mas. (*aga*), chez les Turcs, chef, commandant. — *Capi-aga*, capitaine de la porte du sérail. — *Aga*, dans la langue des Mogols, signifie seigneur, commandant. — T. de bot., espèce de chardon.

AGAÇANT, E, adj. (*aguaçan, çante*) (formé de *agacer*), qui *agace*, qui excite : *regards agaçants; femme agaçante*. — Part. prés. du v. *agacer*.

AGACE, subst. fém. (*aguace*), oiseau nommé autrement *pie*, sans doute parce que ces oiseaux sont faciles à *agacer*, à irriter. Quelques-uns écrivent *agasse* : nous pensons que c'est à tort, à cause de l'étymologie.

AGACÉ, E, part. pass. de *agacer* : *avoir les dents, les nerfs agacés*.

AGACEMENT, subst. mas. (*aguaceman*) (formé d'*agacer*), effet produit sur les dents par les choses trop acides. — En t. de médec., irritation : *agacement des nerfs*.

AGACER, v. act. (*aguacé*) (du grec ακαζειν, piquer, irriter; dérivé de ακη, *pointe*), causer aux dents une sensation désagréable qui les empêche de mordre, et qui provient des fruits verts et acides. — Fig., picoter; attaquer, provoquer par de petites attaques à quelque action, etc. — Exciter à quereller : *si vous l'agacez, il se fâchera*. — Pincer, jouer, tirailler. — Fig., impatienter : *les contrariétés agacent*. — Exciter par des regards, par des manières attrayantes, en parlant d'une femme. — S'AGACER, v. pron.

AGACERIE, subst. fém. (*aguaceri*) (formé d'*agacer*), gestes, discours, petites manières d'une femme pour attirer l'attention de ceux qui lui plaisent ou de ceux auxquels elle a intérêt à plaire. Il s'emploie surtout au plur.

AGACIN, subst. mas. (*aguacin*), cor aux pieds, n'est plus français.

AGADES, subst. fém. (*aguade*), ville d'Afrique, capitale du royaume de Asben.

AGAGÈERS, subst. mas. plur. (*aguaj-éé*) (en grec αγωγευς, conducteur; formé de αγω, je conduis), sauvages qui passent pour être très-habiles à la chasse des éléphants.

AGAILLARDI, E, part. pass. de *s'agaillardir*.

S'AGAILLARDIR, v. pron. (*çagua-iardir*) (rac. *gaillard*), pour *se agaillardir* qui ne se dit plus, devenir plus *gaillard*, plus gai.

AGALACTE, subst. des deux genres (*agualakte*), signifiant *frère* ou *sœur de lait*, n'est nullement usité. — Adj., t. de méd., qui n'a pas encore tété, que l'on a sevré nouvellement, en parlant d'un enfant; qui n'a point de lait, s'il est question d'une femme ou d'une femelle.

AGALACTIE, subst. fém. (*agualakci*) (du grec α priv., et γαλα, gén. γαλακτος, lait), t. de médec., défaut de lait chez une femme en couche.

AGALANCÉE, subst. fém. (*agualancé*), t. de bot., nom donné à l'églantier.

AGALARI, subst. mas. (*agualari*), page du premier ordre à la cour du sultan. Ce mot, en langue turque, signifie *favori*.

AGALLOCHE, subst. mas. (*agualoche*), t. de bot., petit arbre noueux, plein de suc caustique, et connu sous les noms de *bois d'aloès*, *bois d'aigle*, ou de *calambac*. — On appelle aussi *agalloche* la résine qui découle de cet arbre.

AGALMATOLITHE, subst. mas. (*agualmatolite*) (formé du grec αγαλμα, gén. αγαλματος, ornement, et λιθος, pierre), pierre-de-lard de la Chine.

AGALOUSSÈS, subst. mas. (*agualoucecèce*), t. de bot., espèce de houx.

AGALYSIEN, adj. mas., au fém. **AGALYSIENNE** (*agualiziein, ène*), se dit, en géologie, d'un terrein de la période saturnienne.

AGAME, subst. mas. (*aguame*) (du grec α priv., et γαμος, noces), espèce de lézard en Amérique. — On appelle *agame* tout être privé de sexe. Dans ce cas, il est aussi adj. et des deux genres.

AGAMÈDE et TROPHONIUS, subst. mas. (*aguamède, trofoniuce*), fils d'Erginus, d'autres disent d'Apollon et d'Épicaste. Ils étaient grands architectes et encore plus grands fripons. Ils donnèrent à Delphes des preuves de leur double talent, et par la construction du fameux temple de cette ville, et par le moyen qu'ils avaient trouvé de piller journellement le trésor du prince. Comme on ne pouvait découvrir les voleurs, on leur tendit un piége où *Agamède* se trouva pris, et dont il ne put se débarrasser; de sorte que son frère n'imagina point d'autre expédient, pour se tirer lui-même d'affaire, que de lui couper la tête. Quelque temps après, la terre s'entr'ouvrit sous les pas de Trophonius, et l'engloutit tout vivant. Tout cela méritait bien qu'on en fît un dieu, et un dieu à oracles. Voy. TROPHONIUS.

AGAMEMNON, subst. mas. (*aguamèmenon*), roi de Mycènes, fils de Plisthène et neveu d'Atrée, fut le chef de l'armée des Grecs contre les Troyens. Il eut au siége de Troie une grande querelle avec Achille, pour une captive appelée Briséis, qu'il lui avait ravie. La ville étant prise, Cassandre, fille de Priam, lui prédit qu'il serait assassiné en arrivant chez lui; mais il ne la crut pas; et il le fut effectivement par Égisthe, amant de Clytemnestre. Voy. CLYTEMNESTRE, ORESTE, ÉLECTRE.

AGAMEMNONIDÈS, subst. mas. (*aguamèmenonidèce*), surnom d'Oreste, fils d'Agamemnon.

AGAMI, subst. mas. (*aguami*), t. d'hist. nat., oiseau d'Amérique et d'Afrique, du genre des échassiers, le même que Buffon appelle *caracara*.

AGAMIE, subst. fém. (*aguami*) (du grec α priv., et γαμος, noces), t. de bot., qui a la même signification que *cryptogamie*. Voy. ce mot.

AGAMIS, subst. mas. plur. (*aguamice*), t. d'hist. nat., famille d'oiseaux aquatiques à bec recourbé.

AGANICE ou **AGLAONICE**, subst. fém. (*aguanice, aguelaonice*), femme qui, connaissant la cause et le temps des éclipses de la lune, en voulut prendre occasion de faire la magicienne, ce qui lui attira de grands malheurs.

AGANIDE, subst. fém. (*aguanide*), t. d'hist. nat., espèce de coquille qui ne diffère des nautiles que par de petites cloisons façonnées en zig-zag.

AGANIPPE, subst. fém. (*aguanipe*), t. de myth., fontaine de Béotie que, d'après la fable, le cheval Pégase fit sortir de terre d'un coup de pied.

AGANIPPIDES, subst. fém. plur. (*aguanipide*), myth., surnom donné aux Muses, parce que la fontaine *Aganippe* leur était consacrée.

AGANTE, impératif du vieux verbe *aganter* (*aguante*), t. de mar., prends (commandement de *prendre*).

AGANTÉ, E, part. pass. de *aganter*.

AGANTER, v. act. (*aguanté*), prendre, saisir. Vieux t. de mar.

AGAPANTHE, subst. fém. (*aguapante*) (formé du grec αγαπαν, aimer, et ανθος, fleur), t. de bot., plante fort belle d'Afrique, de la famille des liliacées.

AGAPÉNOR, subst. mas. (*aguapénor*), fils d'Ancée, était un des princes qui avaient voulu épouser Hélène. Il alla au siége de Troie, et se joignit à la flotte des Grecs avec soixante vaisseaux. Après la prise de la ville, il fut jeté par une tempête dans l'île de Chypre, où il bâtit Paphos.

AGAPE, subst. fém. (*aguape*) (du grec αγαπη, amour), nom donné aux repas que les premiers chrétiens faisaient en commun dans les églises, en témoignage d'union et d'amour. Ce mot signifie *charité*. — Saint Paul, dans son *Épître Ire aux Corinthiens*, chap. 2, parle de ces *agapes* ou festins que les habitants de *Corinthe* faisaient dans l'église en l'honneur de la cène de Jésus-Christ, lorsqu'il institua l'Eucharistie. Mais les riches se mirent bientôt à faire leurs repas à part, au lieu de les faire en commun, et c'est ce que l'apôtre reprend en leur disant : *De la manière dont vous faites ces assemblées, ce n'est point manger la cène du Seigneur; car chacun prend et mange par avance le souper qu'il apporte; en sorte que les uns n'ont rien à manger, pendant que les autres font grand'chère.* La *cène du Seigneur* ne se prend pas ici pour l'Eucharistie, mais pour le festin qui l'accompagnait, et que les premiers chrétiens faisaient en commémoration du souper de Jésus-Christ avec ses apôtres. Les juifs nouvellement convertis assistaient à ce festin avec le plus grand apparat, pour mieux célébrer le banquet de la pâque légale. — Quelques auteurs ont cru que cette cérémonie avait été empruntée des païens : c'est même un reproche que Fauste, manichéen, fait aux chrétiens, d'avoir changé les sacrifices des païens en *agapes* : il paraît plus vraisemblable que ces festins se faisaient en mémoire du repas que fit Notre-Seigneur, la veille de sa mort, avec ses disciples, avant l'institution de l'Eucharistie. Saint Paul, qui en savait bien l'origine, semble le marquer par le mot *cœna*, souper, et *dominica cœna*, souper du Seigneur, dont il s'est servi. — Il est encore parlé des *agapes*, ou festins de charité, dans l'*Épître II* de saint Pierre, ch. 2, v. 13, où cet apôtre, faisant le portrait de quelques faux docteurs, dit *qu'ils n'aiment que leurs plaisirs, et que les festins qu'ils font sont de pures débauches*. On lit dans les plus anciens manuscrits grecs le mot αγαπαι, et dans notre Vulgate : *In conviviis suis luxuriantes*. Selon cette ancienne leçon, ces impies faisaient leurs délices de ces festins qui n'avaient été établis par les premiers chrétiens que pour exercer leur charité envers leurs frères. — Ces festins religieux donnèrent lieu aux païens d'accuser les chrétiens de commettre des impuretés, et de se mêler au hasard dans leurs assemblées. Ce mot d'*agape*, qui en grec signifie *amour*, fortifiait le soupçon, et faisait prendre ces repas de charité pour des banquets de dissolution. *Le baiser de paix* par lequel finissait la cérémonie paraissait encore confirmer la médisance; on conjecturait que cette marque d'affection fraternelle n'était pas précisément innocente. Pour faire cesser tous ces bruits, l'on ordonna d'abord que le baiser de paix se donnerait séparément entre les hommes, et de même entre les femmes. Il fut ensuite défendu de dresser des lits pour la commodité de ceux qui voulaient manger plus voluptueusement. Enfin on fut obligé d'abolir entièrement *les agapes*, à cause des abus qui s'y commettaient. Ce fut le concile de Carthage qui les condamna en 397, de sorte que la mémoire en est presque perdue avec l'usage.

AGAPÈTES, subst. fém. plur., (*aguapète*) (bien-aimées, *agapetæ*). On donnait ce nom, dans l'ancienne Église, à des vierges qui vivaient en communauté, ou qui s'associaient avec des ecclésiastiques, par un motif de piété et de charité. On les appelait *sœurs adoptives*. Dès le premier siècle il y avait des femmes qui étaient instituées diaconesses; et comme elles se consacraient au service de l'église, elles choisissaient leur demeure chez les ecclésiastiques, à qui elles rendaient tous les offices de charité conformes à la sainteté de leur ministère. Au commencement du christianisme il n'y avait rien de scandaleux dans ces pieuses sociétés; mais par la suite elles dégénérèrent en libertinage; de sorte que saint Jérôme demande avec indignation : *Unde agapetarum pestis in ecclesias introiit?* Les conciles, soit pour ôter aux païens un sujet plausible de calomnie, soit pour éloigner les occasions du mal, contraignirent les prêtres à se séparer de ces femmes. Saint Athanase raconte d'un prêtre nommé Léontius, *qu'il offrit de se mutiler* pour conserver sa compagne.

AGARDÉ, E, part. pass. de *agarder*.

AGARDER, v. act. (*agardé*), regarder. Vieux et inus. (*Boiste*.)

AGARÉNIENS, subst. mas. plur. (*aguaréniein*) (rac. *agar*). On a nommé ainsi dans un temps les chrétiens apostats.

AGARIC, subst. mas. (*aguarike*), plante parasite de la famille des champignons, qui s'attache au tronc des arbres : *agaric du chêne*.—Amadouvier, dont on fait l'amadou. — *Agaric minéral* ou *fossile*, espèce de craie. On l'appelle aussi *lait de lune, de montagne; moelle de pierre; quartz calcaire*, et tout récemment on l'a désigné sous le nom de *chaux carbonisée et spongieuse*.

AGARICE, subst. fém. (*aguarice*), t. d'hist. nat., espèce de polypier calcaire.

AGARICÉES, subst. fém. plur. (*aguaricé*), tribu de champignons de l'ordre des hyménomycées.

AGAS, subst. mas. (*aguace*), t. de bot., nom donné à l'érable commun.

AGASSE, subst. fém. (*aguace*). Voy. AGACE.

AGASTACHYS, subst. mas. (*aguacetakice*), t. de bot., arbrisseau de l'espèce des protées, qui croît dans l'île de Van-Diemen.

AGASTÈNE, subst. mas. (*aguacetène*), roi des Éléens, et père de Polyxénus, qui alla avec les autres Grecs au siége de Troie.

AGASTROPHE, subst. mas. (*aguacetrofe*), Troyen qui fut tué par Diomède.

AGASYLLIS, subst. mas. (*aguazilelice*) (du grec αγασυλλις), t. de bot., arbrisseau qui produit la gomme ammoniaque.

AGATÆHÉE, subst. fém. (*aguatéé*), t. de bot., genre de la même classe que la cinéraire amelloïde, et appartenant à la famille des astères.

AGATE, si l'on fait venir ce mot du grec αχατης, et **AGATHE**, si l'on préfère l'étymologie αγαθος, *bon, riche, précieux*. Nous sommes d'avis que la seconde orthographe est plus vraisemblable que la première; cependant nous écrirons *agate*, parce que l'*Académie* le veut ainsi. Subst. fém. (*aguate*) (du nom d'un fleuve de Sicile, sur les bords duquel les premières de ces pierres furent trouvées), sorte de pierre précieuse de la nature du caillou, fort dure et prenant parfaitement le poli. Elle donne des étincelles lorsqu'on la frappe avec de l'acier. Elle varie pour les couleurs et les veines. Les *agates* les plus estimées sont celles qui viennent d'Orient. Les *agates* arborisées ou herborisées sont celles dans lesquelles on remarque des accidents représentant imparfaitement des arbrisseaux, des buissons, des rameaux, etc. : *agate d'Orient*. — *Agate onyx*, à plusieurs couleurs; *agate jaspée*, à laquelle se mêle le jaspe; *agate œillée*, à couches circulaires; *agate mousseuse*, à petites taches qui ressemblent à des mousses.— *Une agate d'Auguste, une agate d'Alexandre*, etc., représentation de la tête d'Alexandre, de la tête d'Auguste sur une *agate*. Généralement on appelle *agates* toutes les représentations de quelque chose que ce soit en agate : *les agates du roi; un beau cabinet d'agates; les plus belles agates sont à Rome*. — On nomme aussi *agate* un instrument dans lequel est sertie une *agate*, et dont se servent les tireurs d'or pour brunir. — Ne confondez pas ce mot avec celui d'*Agathe* (du grec αγαθος, bon), nom de femme.

AGATÉE, subst. fém. (*aguaté*), t. de bot., plante de la famille des corymbifères.

AGATHIDIE, subst. fém. (*aguatidi*), t. d'hist. nat., espèce d'insectes coléoptères.

AGATHINE, subst. fém. (*aguatine*), genre de coquillages voisin des hélices; mollusque céphalé, gastéropode.

AGATHIS, subst. mas. (*aguatice*), t. de bot., espèce de pin. On donne aussi ce nom à des insectes ichneumonides.

AGATHOMÉRIDE, subst. fém. (*aguatoméride*) (du grec αγαθος, bon, et μερις, part), t. de bot., plante de l'espèce des corymbifères, à belles fleurs rouges.

AGATHON, subst. mas. (*aguaton*), un des fils de Priam.

AGATHYRNUS, subst. mas. (*aguatirnuce*), myth., fils d'Éole, qui donna son nom à une ville qu'il bâtit en Sicile.

AGATHYRSE, subst. mas. (*aguatirce*), myth., fils d'Hercule, père d'un peuple cruel qui fut appelé de son nom.

AGATHYRSES, subst. mas. plur. (*aguatirce*), ancien peuple de la Sarmatie d'Europe. Hérodote parle des *Agathyrses* comme d'un peuple très-mou. Le même auteur les appelle χρυσοφοροι, gens qui portent de l'or; et saint Jérôme assure qu'avec beaucoup d'or, les *Agathyrses* n'avaient ni avarice ni envie. Virgile dit qu'ils étaient peints : *pictique Agathyrsi*, ce que quelques commentateurs entendent des habits de différentes couleurs dont ils se revêtaient, et d'autres, de ce qu'ils se peignaient le corps et les cheveux.

AGATI, subst. mas. (*aguati*), t. de bot., le même que le sesban.

AGATIFIÉ, E, part. pass. de *s'agatifier*, (*aguatifié*), converti en *agate*.

S'AGATIFIER, v. pron. (*çaguatifié*), se convertir en *agate*.

AGATINE, cette orthographe est vicieuse. —Voy. AGATHINE.

AGATIRSE, subst. fém. (*aguatirce*), t. d'hist. nat., espèce de coquille.

AGATIS, subst. mas. (*aguatice*), t. de coutume, dommage causé par les bêtes.

AGATISÉ, E, part. pass. de *s'agatiser*, et adj., qui a les propriétés de l'*agate* : *bois agatisé*.

S'AGATISER, v. pron. (*çaguatizé*), prendre la forme, les propriétés de l'*agate*; *se changer en agate*.

AGATY, subst. mas. (*aguati*), grand arbre du Malabar, à fleurs papilionacées et sans odeur.

AGAVE, subst. fém. (*aguave*) (du grec αγαυος, beau, admirable, à cause de la beauté de cette plante), t. de bot., espèce d'aloès d'Amérique. — C'est aussi un genre de coquilles comprenant les hélices qui ne sont point ombiliquées.

AGAVÉ, subst. fém. (*aguavé*), myth., fille de Cadmus et d'Hermione, qu'Hygin nomme Harmonie. Bacchus, pour se venger de Penthée, fils d'Agavé, qui n'avait pas voulu le reconnaître pour dieu ni recevoir ses mystères, inspira une si grande fureur à sa mère et à ses deux tantes, Ino et Autonoé, qu'elles le mirent en pièces de leurs propres mains. —*Agavé* fut aussi le nom d'une des Néréides, celui d'une des filles de Danaüs, et celui d'une Amazone.

AGAVUS, subst. mas. (*aguavuce*), l'un des fils de Priam.

AGDE, subst. fém. (*aguede*), ville de France, chef-lieu de canton du dépt. de l'Hérault. Cette ville, selon Strabon, aurait été bâtie par les Marseillais en mémoire de quelque victoire.

AGDESTIS et **AGDISTIS**, (*aguedècetice, aguedicetice*), myth., monstre, homme et femme tout ensemble, issu de Jupiter et de la pierre nommée *Agdus*. Il fut la terreur des hommes et même des dieux. Les Grecs l'adoraient comme un puissant génie.

AGDUS, subst. m. (*agueduce*), myth., pierre d'une grandeur extraordinaire, de laquelle on dit que Deucalion et Pyrrha tirèrent celles qu'ils jetèrent par-dessus leur tête pour repeupler le monde. Jupiter, épris des charmes de cette pierre, la métamorphosa en femme et eut d'elle *Agdestis*.

ÂGE, subst. mas. (*âje*) (en latin *ætas* ou *ævum*, la durée commune de la vie, dont on a fait d'abord *aige*, ensuite *aage*, et enfin *âge*), la durée ordinaire de la vie. Il se dit des animaux et des plantes comme des hommes. — Les différents degrés de la vie de l'homme : *bas âge, jeune âge, âge viril, âge avancé*, etc. — Ne dites pas : *à nos âges*, mais *à notre âge on doit être heureux*. — Temps depuis lequel on est en vie : *quel âge a-t-il ? il est de mon âge*. Voltaire a dit en ce sens (*Alzire*) :

J'ai consumé mon âge au sein de l'Amérique.

On ne peut guère employer ainsi le mot *âge*, à moins qu'on ne le caractérise par une épithète : *j'ai consumé mon jeune âge*. — *Il ne paraît pas son âge*, il ne paraît pas avoir l'âge qu'il a en effet. —*Âge* se dit aussi du nombre d'années exigé par les lois pour certaines fonctions de la société civile. Ainsi on dit d'une fille qui n'est pas encore nubile, qu'*on ne peut pas la marier parce qu'elle n'est pas en âge*; d'un jeune homme qui n'a pas le droit de disposer de son bien parce qu'il n'est pas majeur, qu'*il n'a pas encore l'âge, qu'il n'a pas atteint l'âge*. — On entend par *lettres de bénéfice d'âge, de dispense d'âge*, des lettres par lesquelles le prince accorde à quelqu'un le privilége de posséder et d'exercer quelque charge, quoiqu'il n'ait pas encore l'*âge* prescrit par les lois. — *Âge* peut se prendre dans le sens de vieillesse : *c'est un homme d'âge, il est déjà sur l'âge*. — On dit qu'*un homme est d'un certain âge*, pour dire qu'il n'est plus jeune; et qu'*il est entre deux âges*, pour dire qu'il n'est ni jeune ni vieux. — On dit qu'*un cheval est hors d'âge*, lorsqu'il n'a plus les marques auxquelles on connaît l'*âge* des chevaux. — Il se dit encore du lait des nourrices.— T. d'eaux et forêts : *âge d'un bois*, temps qui s'est écoulé depuis la dernière coupe. — Siècle, temps : *merveille, ornement de notre âge*. — En t. de chronologie, un certain nombre de siècles : *les quatre âges du monde*. Les poètes ont appelé ainsi quatre différents espaces de temps dont le premier est l'*âge d'or*, le second l'*âge d'argent*, le troisième l'*âge d'airain*, et le quatrième l'*âge de fer* : l'*âge d'or*, pendant lequel ils supposent que les hommes étaient innocents et heureux; l'*âge d'argent*, où la corruption commença; l'*âge d'airain*, pendant lequel elle augmenta; l'*âge de fer*, où elle fut portée au comble. — Suivant la mythologie, l'*âge d'or* fut le temps du règne de Saturne : les hommes vivant dans l'innocence, la terre produisait d'elle-même toutes les commodités de la vie. Voy. ASTRÉE. L'emblème de l'*âge d'or* est une vierge d'une beauté parfaite, couronnée de fleurs, avec une corne d'abondance dans ses mains, et assise auprès d'un olivier. L'*âge d'argent* fut le temps que Saturne passa dans l'Italie, où il enseigna l'art de cultiver la terre, qui refusait de produire parce que les hommes commençaient à devenir injustes. On représente cet *âge* par une jeune femme avec quelques ornements, s'appuyant sur un soc de charrue et tenant une gerbe de blé. L'*âge d'airain*, qui date de la fin du règne de Saturne, est représenté par un homme avec une peau de lion sur la tête et un javelot à la main. L'*âge de fer* fut marqué par une horrible succession de tous les genres de crimes. La terre alors ne produisait plus rien. On le représente par un homme d'un regard féroce et menaçant, avec un casque surmonté d'une tête de loup, tenant une épée nue d'une main et un bouclier de l'autre. — On nomme *moyen âge* le temps qui s'est écoulé depuis Constantin jusqu'à la renaissance des lettres au XVe siècle.— En chronologie, on appelle l'*âge du monde* le total des années qui se sont suivies depuis que le monde est créé : *le déluge arriva en telle année de l'âge du monde; l'incarnation est arrivée en l'an 3947 de l'âge du monde*. On peut réduire les différents *âges* du monde à trois principales époques : l'*âge* de la loi de nature, depuis Adam jusqu'à Moïse; l'*âge* de la loi, depuis Moïse jusqu'à Jésus-Christ; l'*âge* de la loi de grâce, depuis Jésus-Christ. Le premier *âge* est, selon David Ganz et la chronologie des Juifs, de 2,447 ans; selon Scaliger, de 2,452; selon le P. Petau, de 2,453; selon Jacques Cappel, de 2,501; selon Louis Cappel, de 2,508; selon Usérius, de 2,513; selon Salien, de 2,543 ans. Le second *âge* est, selon Génébrard, de 1,420 ans; selon Ussérius, de 1,491; selon Jacques Cappel, de 1,498; selon Scaliger, de 1,508; selon le P. Petau, de 1,531; selon Louis Cappel, de 1,557; selon Salien, de 1,959; selon Ganz et les Juifs, de 1,312, ou environ, car ils savent peu l'année de la naissance de Jésus-Christ; ils varient à ce sujet, comme on le peut voir dans les observations de Vorstius sur l'ouvrage de David Ganz, et ils ne marquent point cette époque dans leurs chronologies. Le troisième *âge* compte 1,835 ans; nous entrons dans la 1,836e année de l'ère de Jésus-Christ. Les chronologistes cependant, par suite de ce que nous avons dit plus haut, ne s'accordent pas sur ce point : le P. Petau croit que Jésus-Christ est né quatre ans avant l'ère commune, et par conséquent il augmente le troisième *âge* de quatre ans; Marcus Antonius Capellus l'augmente de cinq, Baronius et Scaliger de deux. Le P. Pagi prétend qu'on ne peut rien déterminer de certain à cet égard : nous pensons qu'il se trompe, et qu'il est sûr que l'ère commune est la véritable ère de Jésus-Christ. Les Romains distinguaient en trois *âges* tout le temps qui les avait précédés : l'*âge* obscur ou incertain, qu'ils étendaient jusqu'au temps d'Ogygès, roi de l'Attique, sous lequel arriva le déluge en Grèce; l'*âge* des fables ou des héros, jusqu'à la première olympiade; et l'*âge* de l'histoire, qu'ils faisaient commencer à la fondation de Rome. Les Indiens comptent quatre *âges* depuis le commencement du monde : le premier, qu'ils nous représentent comme un siècle d'or, a duré, disent-ils, 1,728,000 ans. C'est alors que fut formé le dieu Brame; les hommes étaient d'une taille gigantesque; leurs mœurs étaient innocentes; ils étaient exempts de maladies, et vivaient jusqu'à 400 ans. Dans le second *âge*, qui a duré 1,296,000 ans, sont nés les rajas : le vice commença à se glisser dans le monde. Les hommes vivaient jusqu'à 300 ans; leur taille n'était pas si grande que dans le premier *âge*. Le troisième a duré 8,064,000 ans : le vice augmenta beaucoup; aussi ne vécut-on que 200 ans. Le dernier *âge* est celui où nous vivons, et où la vie de l'homme est diminuée des trois quarts. Le vice a pris la place de la vertu, etc. Ils prétendent que de cet *âge* il s'est déjà écoulé 4,027,195 ans. — En t. d'astron., le nombre des jours que l'on compte depuis la conjonction de la lune avec le soleil : *l'âge de la lune*.—*D'âge en âge*, loc. adv., de siècle en siècle; successivement.

AGÉ, E, adj. (*ajé*), qui a tel *âge*, régit *de* : *âgé de quarante ans*. — Employé sans régime, il signifie vieux, avancé en *âge* : *c'est un homme âgé*. Voy. ÂGE.

AGÉDOÏTE, subst. fém. (*ajédo-ite*), matière crystallisable que l'on trouve dans le suc de la racine de réglisse.

AGÉES, subst. fém. plur. (*âjé*), t. d'ant., chez les anciens, victimes que l'on sacrifiait pour l'obtention d'un succès.

AGÉLASTE, subst. fém. (*ajélacete*) (en grec αγελαστος, triste), myth., pierre célèbre dans l'Attique, sur laquelle se reposa Cérès fatiguée de chercher sa fille Proserpine. Elle était placée auprès d'un puits nommé *Callichore*, et c'est là, suivant Pausanias, qu'ont commencé les fêtes éleusiennes. — *Agélaste* ne se prend pas adj., quoiqu'on l'ait employé dans le sens de *apathique*, *qui ne rit jamais*.

AGÉLÉE ou **AGÉLIE**, subst. fém. (*ajélé, li*), myth., surnom de Minerve.

AGÉLÉIS, subst. fém. (*agélé-ice*), myth., surnom de Minerve.

AGÉMOGLAN, JAMOGLAN, AZAMOGLAN, subst. mas. (*ajémoguelan*, *jamoguelan*, *azamoguelan*) (ces mots, dans la langue originale, signifient *enfant de barbare*, ou plutôt *enfant de tribut*.) T. d'hist. moderne, jeunes enfants que le grand-seigneur achette des Tartares, ou qu'il prend à la guerre, ou même qu'il enlève à leurs parents chrétiens. — Ce sont aussi de jeunes novices reçus chez les janissaires pour leur instruction. — Ce mot est composé de deux noms arabes, savoir : 1° de *agem*, qui signifie en général, selon la remarque de d'Herbelot, ce que *barbare* signifiait chez les Grecs; car chez les Arabes il comprend tout ce qui n'est point Arabe, et chez les Turcs tout ce qui n'est point Turc; et de même que les Hébreux divisaient le monde en Hébreux et en Nations, les Arabes et les Turcs le divisent en Arabes ou Turcs, et en *Agémoglans*; 2° d'un nom arabe qui veut dire *enfant*. Ainsi *Agémoglan* signifie *un enfant barbare*, qui n'est pas Turc; ou, comme l'on pourrait dire en notre langue, *un enfant gentil*, parce que ces *Agémoglans* sont les enfants de tribut que le grand-seigneur lève de trois ans en trois ans sur les chrétiens qu'il souffre dans ses états. Quelques-uns disent *Azamoglans*. Les janissaires sont composés de ces enfants de tribut appelés par les Turcs *Azamoglans*. Des commissaires les vont prendre de gré ou de force jusque dans les maisons des chrétiens, où, de trois qu'ils trouvent, ils en enlèvent un, s'adressant toujours à ceux qui leur semblent les plus beaux et les plus adroits. On les amène à Constantinople ou à Gallipoli. Là ils sont premièrement circoncis; puis on les instruit dans la religion mahométane, et on leur donne des maîtres qui prennent soin de leur enseigner la langue turque et de les dresser aux exercices de la guerre, jusqu'à ce qu'ils soient en âge de porter les armes. S'il arrive qu'ils n'y soient point jugés propres, on les occupe dans le sérail aux emplois les plus vils; ce sont des recrues pour les cuisines, les écuries, les jardins, etc. Mais là, s'ils s'acquittent bien de leurs fonctions, ils peuvent être élevés aux plus hautes dignités de la Porte et du sérail. — M. d'Herbelot dit qu'*Azamoglan* est la prononciation vulgaire : quoi qu'il en soit, ce n'est pas la plus vraie, la plus conforme à l'origine de ce nom. Nicolaï, qui en parle assez en détail dans ses *Navigations et Pérégrinations orientales*, écrit aussi *Azamoglan*; il dit même quelque part *Azamoglan*, ou *Jamoglan*. Selon lui, du reste, l'on ne lève ce tribut humain que de quatre ans en quatre ans; il y a deux cents commissaires pour le lever; les *Azamoglans rustiques* n'ont de gages que de deux à trois aspres par jour; ils sont vêtus deux fois l'an de gros drap bleu, et leur coiffure est un haut bonnet jaune en forme de pain de sucre; ils ont un chef appelé *agiander-agassi*, qui a trente aspres de gages par jour.

AGEN, subst. mas. (*ajein*), ville de France, chef-lieu du département de Lot-et-Garonne. *Agen* est une ville ancienne; nous ne voudrions pas cependant lui donner pour fondateur, comme ont fait quelques auteurs, ni Agénor, fils d'Anténor, qui, selon Virgile, bâtit Padoue; ni Agénor, petit-fils d'Ajax le Télamonien, ni même Agénides, éphore de Lacédémone : ces diverses opinions ne sont fondées que sur des ressemblances de noms. — Les restes d'antiquités qui se trouvent autour d'*Agen* prouvent que c'était autrefois une ville considérable.

AGENCE, subst. fém. (*ajance*), charge et fonctions d'*agent*. — Temps pendant lequel on remplit ces fonctions. — On nomme *agences générales* une nouvelle compagnie d'assurances pour la garantie en argent de tous biens périssables.

AGENCÉ, E, part. pass. de *agencer*.

AGENCEMENT, subst. mas. (*ajanceman*), manière d'arranger, de mettre en ordre; union combinée des parties; action d'*agencer*; résultat de cette action. — En peint., *l'agencement des parties d'une figure, d'un tableau, des plis d'une draperie*. — T. d'archit., *l'agencement de plusieurs membres d'architecture*.

AGENCER, v. act. (*ajancé*), parer; approprier; mettre en bon ordre, ranger. — Fam., il ne se dit guère que relativement aux petites choses arrangées avec soin : *vous agencez vraiment bien tout cela*. — **S'AGENCER**, v. pron., s'accommoder, s'ajuster.

AGENDA, subst. mas. (*ajeinda*) (du lat. *agendus, a, um*, part. fut. pass. de *agere*, agir, faire; *agenda*, sous-entendez *negotia*, choses à faire), mémoire des choses qu'on a à faire. — Ce mot, qui est pur latin, signifiait autrefois dans l'église : l'office du jour, ou de la fête, et le nombre des messes mortuaires qu'on avait à dire. — On appelait aussi *agenda* les livres de baptêmes, et ceux qui se lisaient dans le chapitre. — On l'a dit ensuite des affaires du royaume, et enfin de celles des particuliers. (*Ducange*.) — Petit livret où l'on écrit ces dernières. —Au plur., *des agenda*, sans *s*.

AGÉNÉIOSE, subst. mas. (*ajénéioze*), espèce de poisson des lacs de Surinam.

AGÉNÉSIE, subst. fém. (*ajénézi*) (du grec α priv., et γενεσις, naissance, dérivé de γενναω, j'engendre), t. de médec., impuissance, stérilité; absence de désirs vénériens; la maladie qui en résulte.

AGÉNOIS, E, subst. et adj. (*ajénoâ, âze*), qui est d'*Agen*; qui a rapport à cette ville.—Subst. mas., l'*Agénois* était un pays de la Guyenne.

AGÉNOR, subst. mas. (*ajénor*), t. d'hist. nat., espèce de papillon. — Myth. Agénor était fils de Neptune et de Libye. Il épousa Téléphassa, la même qu'Agriope, de qui il eut Europe, Cadmus, Phénix et Cilix. Europe ayant été enlevée par Jupiter, Agénor, qui ne savait ce qu'elle était devenue, ordonna à ses fils de la chercher, avec défense de revenir sans elle. Voy. CADMUS. — C'était aussi le nom d'un roi d'Argos et d'un fils d'Anténor.

AGÉNORIDÈS, subst. mas. (*ajénoridèce*), myth., surnom de Cadmus, fils d'Agénor.

AGÉNORIE, subst. fém. (*ajénori*), myth., déesse de l'industrie. On l'appelait aussi *Strenua*, Agissante. On lui opposait la déesse Murcie ou Murcée, c'est-à-dire, la déesse de la lâcheté.

AGENOUILLÉ, E, part. pass. de *agenouiller*.

AGENOUILLER, v. act. (*ajenouié*) (rac. *genou*, qui vient du lat. *genu*), mettre à *genoux*. Ce mot n'est guère usité qu'avec le v. *faire* : *on l'a fait agenouiller*. — **S'AGENOUILLER**, v. pron.

* **AGENOUILLOIR**, subst. mas. (*ajenouioar*), petit escabeau sur lequel on s'*agenouille*. On dit plus communément et mieux *prie-Dieu*.

AGENT, E, subst. (*ajan, jante*) (du lat. *agens*, part. prés. de *agere*, agir), ce qui *agit*, ce qui opère : *le feu est un terrible agent*. — En mécan., puissance ou force qui produit ou tend à produire du mouvement; dans ces deux premiers sens, il n'est en usage que comme subst. mas. — Celui, celle qui fait, qui conduit les affaires d'une communauté, d'un particulier, qui *agit* en leur nom. — *Agent de change* ou *de banque*, officier public préposé par la loi, qui sert d'entremetteur entre les négociants et les banquiers, entre les rentiers et le trésor, pour la négociation des effets publics cotés à la Bourse et pour le commerce de l'argent. — *Agent comptable*, agent assujéti à rendre des comptes. — *Agent* se dit par opposition à *patient* : ainsi on dit, *l'agent et le patient*, pour signifier la cause, ou la chose, ou la personne qui opère, et le sujet sur lequel opère cette cause, cette chose ou cette personne. — *Agent* se dit encore de celui qui fait les affaires d'un prince à la cour d'un autre prince, sans caractère public : *les princes entretiennent des agents dans une cour étrangère*. — *Agents du gouvernement*, préposés que le gouvernement ou des autorités subalternes chargent de quelque mission. — *Agent de police*, employé de la police dont les fonctions sont ordinairement secrètes. — *Agent provocateur*, homme que la police, pour prévenir l'explosion d'un complot, charge de provoquer à des hostilités publiques contre le gouvernement ceux qu'elle soupçonne d'hostilités cachées. — *Agent d'affaires*, celui qui se charge, moyennant une rétribution, de suivre les affaires d'intérêt des particuliers. — *Les agents d'une faillite* sont les gérants provisoires d'une faillite, qui l'administrent pendant quinze jours, et même quelquefois jusqu'à la nomination des syndics. — *Agent judiciaire du Trésor*. C'est un fonctionnaire chargé de tout le contentieux qui se rapporte à la perception des deniers publics. — *Agent du clergé* se dit dans le même sens, par rapport aux affaires du clergé. — *Agent municipal*, officier qui, sous le régime de la constitution de 1795, avait été élu par une commune d'une population au-dessous de cinq mille habitants, pour exercer les fonctions municipales. La réunion des agents municipaux de chaque commune formait la municipalité du canton, à la tête de laquelle était un président élu par tout le canton dans l'assemblée primaire.

AGÉOMÉTRIE, subst. fém. (*ajéométri*) (du grec α priv., et γεωμετρια, géométrie; dérivé de γη, terre, et μετρον, mesure), t. didactique, défaut de géométrie, ignorance de la théorie géométrique. — **AGÉOMÉTRÉSIE, AGÉOMÉTROSIE**, donnés par *Boiste* pour synonymes de *agéométrie*, nous paraissent vicieux.

AGÉRASIE, subst. fém. (*ajérazi*) (du grec α priv., et γηρας, vieillesse; *sans vieillesse*), t. de médec., état d'un vieillard qui a presque la vigueur de la jeunesse.

AGÉRATE, subst. fém. (*ajérate*), t. de bot., plante de la famille des corymbifères, qui croît en Amérique et dans l'Inde.

AGÉRATON, subst. mas. (*ajératon*) (du lat. *ageratum*), t. de bot., sorte de plantes.

AGÉRITE, subst. fém. (*ajérite*), t. de bot., plante de la famille des champignons.

AGÉRONTE, subst. mas. (*ajéronte*) (du grec α priv., et γερας, vieillesse), vieillard encore vert. — On dit plaisamment *un géronte*, mais on ne dirait pas : *un agéronte*. Inus.

AGERU, subst. mas. (*ajéru*), t. de bot., héliotrope des Indes.

AGÉSILAS, subst. mas. (*ajézilâce*), du mot αγειν, pousser, et λαος, peuple, myth., surnom de Pluton, parce qu'il attirait les morts et les faisait conduire aux enfers par Mercure.

AGÉTÈS ou **AGÉTIS**, subst. mas. (*ajétèce, tice*), myth., fils d'Apollon et de Cyrène, et frère d'Aristée.

AGÉTORIES, subst. fém. plur., (*ajétori*), myth., fête dont il est fait mention dans Hésychius, qui ne dit rien de la divinité en l'honneur de laquelle on l'avait instituée. Il est vraisemblable qu'elle était consacrée à Apollon, et que c'était la même que célébraient les Lacédémoniens sous le nom de Καρεια, puisque Hésychius assure que cette dernière portait aussi le nom d'Agétories. — Athénée et Eustache nous apprennent que cette fête fut ainsi nommée, parce qu'on imitait en ce jour la manière de vivre des soldats, στρατιωτικην αγωγην. — On pourrait encore dire que c'était Vénus que l'on honorait dans cette fête; car les auteurs nous apprennent que son prêtre se nommait αγητορ, dans l'île de Chypre.

AGÉUS ou **ARGÉUS**, subst. mas. (*ajéuce, arjéuce*), le même que AGÉTÈS.

AGEUSTIE, subst. fém. (*ajeuceti*) (du grec α priv., et γευσις, goût; sans goût), t. de médec., défaut de goût; la maladie qui en résulte.

AGGÉDULE, subst. fém. (*aguejédule*), t. de bot., espèce de mousses.

AGGLESTON, subst. mas. (*aguelèceton*), t. d'antiq., pierre énorme, en forme de cône renversé, dans la presqu'île de Purbeck en Angleterre, qui est un monument singulier de la superstition des anciens Bretons.

* **AGGLOMÉRAT**, subst. mas., **AGGLOMÉRATS** au plur. (*aguelomêra*), substances *agglomérées* par les eaux, telles que les grès. Voy. AGGLOMÉRER.

AGGLOMÉRATION, subst. fém. (*aguelomérâcion*), t. de phys., réunion en masse de parties de sables, de neiges, etc. — État de ce qui est *aggloméré*. C'est aussi l'action d'*agglomérer*. Voy. AGGLOMÉRER.

AGGLOMÉRÉ, E, part. pass. de *agglomérer*, et adj., au plur., amoncelés, réunis : *des nuages agglomérés*.

AGGLOMÉRER, v. act. (*agueloméré*) (du latin *agglomerare*, fait de *ad*, augmentatif, et de *glomerare*, assembler en corps, mettre en peloton), assembler; amonceler; grossir par peloton. Peu employé à l'actif. — **S'AGGLOMÉRER**, v. pron., s'assembler, se réunir en masse, par peloton : *les sables se sont agglomérés*; *les nuages s'agglomèrent sur nos têtes*.

AGGLUTINANT, E, adj. (*aguelutinan, nante*) (du lat. *ad*, à, et *gluten*, glu), t. de médec., qui *agglutine* : *remède agglutinant*. — C'est le nom que l'on donne à certains emplâtres, qui ont pour but d'adhérer à la peau : on s'en sert pour réunir des plaies, pour maintenir des pièces de pansement; ces emplâtres se taillent ordinairement en bandelettes pour être appliqués avec plus de facilité. (*Dictionn. de Médecine usuelle.*) —Il se dit des médicaments qui sont chargés d'une partie gommeuse.— Il s'emploie aussi substantivement au mas. : *ce topique est un agglutinant ; des agglutinants.*

AGGLUTINATIF, adj. mas., au fém. **AGGLUTINATIVE** (*aguelutinatif, tive*) (formé de *agglutiner*). Voy. AGGLUTINANT, ces deux mots s'employant l'un pour l'autre en médecine.

AGGLUTINATION, subst. fém. (*aguelutinâcion*) (en lat. *agglutinatio*, colle, soudure), t. de médec., action d'*agglutiner*, de réunir les chairs séparées par une plaie, par une coupure. — Résultat de cette action. Voy. AGGLUTINER.

AGGLUTINATIVE, adj. fém. Voy. AGGLUTINATIF.

AGGLUTINÉ, E, part. pass. de *agglutiner*.

AGGLUTINEMENT, subst. mas. (*aguelutineman*). Ce mot, qui a le même sens que *agglutination*, se trouve dans le *Dict. de Cotgrave*. (*Trévoux*).

AGGLUTINER, v. act. (*aguelutiné*) (du lat. *agglutinare*, formé de l'augmentatif *ad*, et de *glutinare*, coller, dérivé de *gluten*, colle), t. de médec., réunir, rejoindre les parties du corps qui ont été séparées; consolider les chairs, les peaux avec des substances agglutinantes.—*s'*AGGLUTINER, v. pron.: *les chairs, les peaux commencent à s'agglutiner*, à se réunir et devenir fermes.

AGGRAVANT, E, adj. (*agueravan, vante*) (formé du lat. *ad*, augment., et *gravis*, grave). Il se dit en physique des forces ou des poids ajoutés à d'autres qui exercent déjà leur mouvement. — Il se dit en morale d'une chose qui *aggrave*, qui rend plus grief, plus *grave*. On ne l'emploie guère qu'au fém. et avec le mot *circonstance*. C'est l'opposé d'*atténuante*, qui diminue. — En morale religieuse, on appelle *circonstance aggravante* celle qui change la nature de la faute.

AGGRAVANTÉ, E, part. pass. de *aggravanter*.

AGGRAVANTER, v. act. (*agueravanté*), vieux mot inus., qui signifiait *aggraver*; opprimer.

AGGRAVATION, subst. fém. (*agueravâcion*). Voy. AGGRAVE.

AGGRAVE ou **AGGRAVATION**, subst. fém. (*aguerave*), en t. de droit criminel, augmentation : *aggravation de peine*, ce qu'on ajoute à la condamnation pour rendre le châtiment plus rigoureux. On ne dirait pas *aggrave* dans ce sens. — T. de droit canonique. Censure ecclésiastique, menace de l'excommunication après trois monitions ou avertissements de se soumettre à l'Église et d'exécuter ce qu'elle a ordonné : *comminatio gravioris pœnæ per censuram infligendæ*. Quand il est nécessaire de passer jusqu'à l'*aggravation* et à la *réaggravation*, c'est-à-dire à la dernière excommunication, ce qui ne se fait, comme nous venons de le dire, qu'après trois publications des monitoires, il faut une permission du juge laïc, sans laquelle l'official, ou juge ecclésiastique, ne peut ordonner ni l'*aggravation* ni la *réaggravation*. Le curé non plus ne peut publier l'*aggravation* sans un ordre de l'official. Les auteurs qui ont traité de l'excommunication ne sont pas d'accord sur la différence qu'il y a entre la sentence d'excommunication et l'*aggrave* et la *réaggrave*. Il y en a qui prétendent que l'excommunication et les *aggrave* et *réaggrave* ne sont au fond qu'une même censure, et que toute la différence qu'on y peut remarquer, c'est que les *aggrave* et *réaggrave* se prononcent avec certaines cérémonies propres à jeter la terreur dans l'âme du pécheur. Les autres disent que, suivant l'ancienne discipline de l'Église, l'excommunication ne privait que de la communion intérieure de l'église, c'est-à-dire de la participation aux sacrements, au saint sacrifice, aux suffrages de l'Église, et aux mérites des justes; et que l'*aggrave* interdisait à l'excommunié le commerce de la vie civile avec les fidèles; tandis que la *réaggrave* défendait aux fidèles de communiquer même dans les choses profanes avec celui qui était excommunié et *aggravé*; ainsi l'*aggrave* et la *réaggrave* étaient comme de nouveaux degrés d'excommunication, augmentant les peines extérieures à l'égard de l'excommunié qui persistait opiniâtrément dans la désobéissance; après en avoir été frappé, il paraissait plus éloigné de l'Église, et il devenait un objet d'horreur et d'abomination pour les fidèles; c'était, en un mot, un anathème. — Dans le dessein de donner plus de terreur aux pécheurs, et de leur faire sentir l'importance de cette nouvelle censure, on publiait l'*aggrave* au son des cloches, avec des chandelles allumées qu'on éteignait, qu'on jetait par terre et qu'on foulait aux pieds : on exposait des cercueils dans l'église, et l'on faisait encore d'autres cérémonies lugubres et terribles, qui différaient selon les différentes coutumes des provinces. On publiait la *réaggrave* avec les mêmes cérémonies, et l'on y ajoutait encore. — Dans le diocèse de Paris et dans quelques autres, on joignait à la sentence d'excommunication portée en conséquence d'un monitoire, une *aggrave* et une *réaggrave*. Mais Éveillon, dans son *Traité des excommunications et monitoires*, remarque fort bien que cette pratique est inutile et contraire à l'ordre de l'Église.

AGGRAVÉ, E, part. pass. de *aggraver*, et adj., (*agueravé*), se dit d'un chien fatigué, qui boite, qui a des crevasses. — On appelait autrefois *aggravé* celui contre lequel on avait prononcé une *aggrave*, et dans ce sens il était subst.

AGGRAVEMENT, subst. mas. (*agueraveman*) (formé de *aggraver*), ce qui *aggrave*. — En t. de médec., augmentation d'un mal. Voy. AGGRAVER.

AGGRAVER, v. act. (*agueravé*) (en lat. *aggravare*, formé de *ad* augmentatif, et de *gravare*, charger, appesantir, dérivé de *gravis*, lourd, pesant), rendre plus *grave*, plus grief, plus douloureux, plus piquant, plus difficile à supporter : *les circonstances aggravent le crime, la faute, le péché.* —*s'*AGGRAVER, v. pron., devenir plus grief, plus *grave* : *sa faute s'est aggravée.*

AGGRÉDI, E, part. pass. de *aggrédir*.

AGGRÉDIR, v. act. (*aguerédir*) (en lat. *aggredi*), mot latin employé par Voltaire dans le sens de attaquer, attaquer de fait ou de paroles. Inusité.

AGGRÉGAT, AGGRÉGATION, AGGRÉGER. Voyez AGRÉGAT, AGRÉGATION, AGRÉGER. Tel est du moins le renvoi de l'*Académie*; nous ne comprenons pas pourquoi elle ne double pas le *g* dans ces mots tout aussi bien que dans *agglomérer*, *agglutiner* et *aggraver*. Il est juste d'ajouter que l'*Académie* permet aussi d'écrire *aglomérer* et *aglutiner* : pourquoi alors ne pas tolérer qu'on écrive aussi *agraver*? ou plutôt, pour trancher la question, pourquoi ne pas, dans tous ces mots composés, doubler la consonne comme dans *appeler*, *accabler*? Pourquoi? nous le demandons.

AGI, part. pass. de *agir*.

AGIAMOGLAN, subst. mas. Voy. ACÉMOGLAN.

AGIAN, subst. mas. (*ajian*), t. de tireur d'or, pupitre sur lequel le doreur place le livret qui contient les feuilles d'or.

AGIASME, subst. mas. (*ajiaceme*) (du grec ἁγιασμός), cérémonie que les chrétiens grecs observent le premier dimanche de chaque mois pour la bénédiction de l'eau, dont leurs prêtres font alors des aspersions sur le peuple. Ils ne bénissent pourtant pas l'eau dans le mois de janvier, et remettent la bénédiction du premier dimanche de septembre au quatorzième jour du même mois.

AGIHALID, subst. mas. (*ajialide*), t. de bot., arbrisseau de la Haute-Égypte, à branches épineuses.

AGILE, adj. des deux genres (*ajile*) (en lat. *agilis*, formé de *agere*, agir), qui a de l'*agilité*, qui est dispos et prompt; qui se remue d'une manière souple et légère. — Subst. mas., t. d'hist. nat., espèce de serpent.

AGILEMENT, adv. (*ajileman*) (en lat. *agiliter*, formé de *agilis*), d'une manière *agile* ou prompte, avec *agilité*.

AGILES, subst. mas. plur. (*ajile*), t. d'hist. nat. On a donné ce nom à une famille de mammifères du genre des loirs.

AGILITÉ, subst. fém. (*ajilité*) (en lat. *agilitas*, formé de *agere*, agir), légèreté, souplesse; disposition du corps à se mouvoir, à *agir* aisément ou promptement. — Au fig., *agilité d'esprit.*

AGILOFINGES, subst. mas. plur. (*ajilofeinje*), descendants des anciens ducs de Bavière.

AGINEI, subst. fém. (*ajiné*), t. de bot., plante de la famille des tithymaloïdes, que l'on trouve en Chine.

AGIO, et non pas **AGIOT**, ainsi que quelques-uns l'écrivent, subst. mas. (*ajiô*) (de l'italien *aggio*, dérivé d'*aggiugnere*, ajouter, augmenter), t. de banque et de change : 1° différence entre l'argent courant et l'argent de banque ou de change sur une même place : *l'agio est à quatre pour cent*, lorsque pour 100 écus, argent de banque, on en paie 104, argent courant. — 2° Il se dit plus généralement aujourd'hui des spéculations faites sur les effets de commerce en papier, dont la valeur peut être sujette à varier, soit en hausse, soit en baisse. — Dans une acception moins propre, quoique très-commune, intérêt de l'argent prêté. — Escompte, remise sur un paiement anticipé.

AGIOGRAPHE, mieux **HAGIOGRAPHE**. V. ce mot.

AGIOGRAPHIE, mieux **HAGIOGRAPHIE**. Voy. ce mot.

AGIOSIMANDRE, mieux **HAGIOSIMANDRE**. Voy. ce mot.

AGIOTAGE, subst. mas. (*ajiotaje*) (formé d'*agio*), action d'*agioter*. — Commerce, trafic sur les effets publics à la hausse ou à la baisse. — Profit usuraire que l'on prend pour convertir un billet en comptant. — Jeu de Bourse.

AGIOTÉ, part. pass. de *agioter*.

AGIOTER, v. neut. (*ajioté*), vendre ou acheter des billets, surtout sur les fonds publics, pour en tirer un certain profit. —*s'*AGIOTER, v. pron. Voy. AGIO.

AGIOTEUR, subst. mas., au fém. **AGIOTEUSE** (*ajioteur, teuze*) (formé d'*agio*), celui ou celle qui fait l'*agiotage*. L'*Académie* ne fait point mention du fém.

AGIOTEUSE, subst. fém. Voy. AGIOTEUR.

AGIR, v. neut. (*ajir*) (en lat. *agere*), faire quelque chose, produire de l'effet; opérer : *il n'est jamais sans agir ; le feu agit sur les métaux ; un remède qui agit puissamment.*—*Agir contre*, plaider contre; poursuivre en justice : *agir civilement, criminellement, contre quelqu'un.* — *Une personne agit contre son opinion, contre ses opinions, contre ses principes*, lorsqu'elle fait quelque chose qui n'est pas conforme à son opinion, etc. — *Agir en homme d'honneur, en femme prudente*, se conduire en homme d'honneur, etc. — *En agir* est un barbarisme : ainsi on ne dit pas *il en agit bien* ou *mal avec quelqu'un*, mais *il en use bien* ou *mal*. — *Agir d'autorité*, employer son autorité pour faire quelque chose. — *Agir d'office*, sans être requis, par le seul devoir de sa charge. — Ce verbe s'emploie fréquemment dans le sens absolu : *l'autorité a dû agir.* —Avec le pronom *se*, il devient v. unipersonnel, et régit la prép. *de*; mais on ne dit point à l'infinitif *s'agir* : *il s'agit de telle chose*, il en est question. On ne peut pas retrancher *il*, et dire l'*affaire dont s'agit*, etc. — AGIR, FAIRE. (*Syn.*) On fait une chose; on *agit* pour la faire.

AGISSANT, E, adj. (*ajiçan, çante*) (formé de *agir*), qui se donne beaucoup de mouvement, en parlant d'une personne. — Qui opère avec force, en parlant d'un remède, etc. — *La médecine agissante* est celle qui a pour système d'employer beaucoup de remèdes : c'est l'opposé de la *médecine expectante.*

AGISTEMENT, subst. mas. (*ajiceteman*), t. de jurispr. ancienne, droit de faire paître des bestiaux dans un bois.

AGITATEUR, subst. mas., au fém. **AGITATRICE** (*ajitateur, trice*) (en lat. *agitator*), celui ou celle qui, dans les assemblées, dans un lieu public, cherche à *agiter* les esprits, à causer de la fermentation et du désordre. — Anciennement, celui qui conduisait un cheval ou un chariot.

AGITATION, subst. fém. (*ajitâcion*) (en lat. *agitatio*), mouvement répété; secouement, ébranlement : *l'agitation des arbres, des flots, d'un vaisseau*, etc. —T. de médec., mouvement continuel et fatigant du corps, accompagné de malaise, qui s'observe ordinairement au début des maladies ou à la suite d'une légère indisposition. (*Dict. de Médecine usuelle.*) — Il se dit aussi du trouble, de l'inquiétude, de l'impatience qui se manifestent dans une grande assemblée, dans une ville : *il y a de l'agitation parmi le peuple ; il y avait de l'agitation dans l'assemblée.* — Fig., trouble que les passions causent dans l'âme : *être dans une grande agitation.* — Quelques écrivains ont dit qu'une *matière est en agitation*, pour dire qu'elle est *agitée*, discutée : c'est un anglicisme.

AGITATRICE, subst. fém. Voy. AGITATEUR.

AGITÉ, E, part. pass. de *agiter*, et adj. : *mer agitée ; avoir des nuits agitées*, passer des nuits dans l'*agitation* d'esprit.

AGITER, v. act. (*ajité*) (en lat. *agitare*, fréquentatif de *agere*, agir), mouvoir, ébranler, secouer : *le vent agite un arbre.* — Fig., troubler : *la colère l'agite ; cela lui agite l'esprit.* — Discuter : *agiter une question, une affaire.* — *Agiter le peuple*, exciter ses passions, tenter de le porter à quelque mouvement de violence. — On dit aussi : *les troubles qui agitent un empire* ;

cette révolution agita long-temps l'Europe. — **s'AGITER**, v. pron., être remué, ébranlé, secoué: *les feuilles s'agitent; la mer s'agite*, etc. — Se remuer: *ce malade s'agite dans son lit; ce cheval s'agite à l'écurie.*— Fig., se tourmenter, s'inquiéter, se troubler, etc. — S'*agiter* signifie encore: se discuter: *il s'agita dans l'assemblée une question des plus importantes.*

AGLACTATION, subst. fém. (*aguelaktâcion*) (formé du grec α priv. et du lat. *lactatio*, allaitement), t. de médec. Quoique l'étymologie de ce mot soit la même que celle de *ablactation*, il a une signification différente: par *ablactation*, on entend l'action ou la manière de sevrer les enfants; par *aglactation*: la suppression du lait chez les nourrices.

AGLAÉ, subst. fém. (*aguelaé*), t. de bot., espèce de glaïeul. — Myth., c'est aussi le nom d'une des trois Graces.

AGLAÏA, subst. fém. (*aguela-ia*), myth., la même que **AGLAYA**.

AGLAJA, subst. mas. (*aguelaja*), t. de bot., arbuste de la Cochinchine, dont la fleur est d'une odeur agréable.

AGLAOPÉ, subst. fém. (*aguelaopé*), myth., l'une des Sirènes.

AGLAOPE, subst. fém. (*aguelaope*), t. d'hist. nat., espèce d'insectes de l'ordre des lépidoptères.

AGLAOPÈS, subst. mas. (*aguelaopèce*), myth. Les Lacédémoniens appelaient ainsi Esculape.

AGLAOPHÉNIE, subst. fém. (*aguelaofeni*), t. d'hist. nat., polypier.

AGLATIA, subst. fém. (*aguelacia*), nom d'un mois d'hiver chez les Égyptiens, à cause d'un fruit ainsi appelé qu'ils récoltaient dans cette saison.

AGLAURE ou **AGRAULE**, subst. fém. (*aguelore, agueróle*), myth., fille de Cécrops. Elle promit à Mercure de favoriser sa passion pour sa sœur Hersé moyennant une récompense; mais Pallas, indignée de cette convention, souffla contre Hersé une telle jalousie dans le sein d'Aglaure, que celle-ci mit tout en œuvre pour brouiller les deux amants. Selon Ovide, Mercure changea Aglaure en une statue de pierre; mais selon d'autres, Pallas fit présent à Aglaure et à ses deux sœurs, Hersé et Pandrose, d'un panier où était renfermé Éricthonius, avec défense de l'ouvrir. Aglaure et Hersé ne purent commander à leur curiosité, et à peine eurent-elles ouvert le panier qu'elles furent agitées des Furies, et se précipitèrent du haut de la partie la plus escarpée de la citadelle d'Athènes.—Minerve est aussi surnommée *Agraule*. Il y avait en son honneur des fêtes dites *Agraulies*. — L'une des Graces se nommait Aglaure.

AGLAÜS, subst. mas. (*aguela-uce*), myth., le plus pauvre des Arcadiens, qu'Apollon jugea plus heureux que Gygès, parce qu'il n'avait jamais passé les bornes de son petit héritage, et qu'il vivait content des fruits qu'il en retirait.

AGLAYA, subst. fém. (*aguela-ia*), myth., l'une des trois Graces. Voy. **GRACES**.

AGLIBOLUS, subst. mas. (*agueliboluce*), myth., un des dieux des Palmyréniens. Dans les anciens monuments on le trouve toujours accompagné d'une autre divinité nommée *Malachbêlus*. On croit que sous le nom du premier c'était le soleil qu'ils adoraient, et que sous celui de l'autre c'était la lune. Voy. *Lunus*.

AGLOAPHANE, subst. fém., (*agueloafane*) myth., une des Sirènes.

AGLOMÉRATION, orthographe tolérée par l'*Académie*, et qui doit être répudiée, parce qu'un mot ne saurait s'écrire de deux façons. Voy. **AGGLOMÉRATION**.

AGLOMÉRER, orthographe de l'*Académie*. Voy. **AGGLOMÉRER**, et notre observation sur le mot **AGLOMÉRATION**.

AGLOSSE, subst. mas. (*aguelocece*) (du grec α priv., et γλωσσα, langue; *sans langue*), t. d'hist. nat., genre d'insectes lépidoptères qui n'ont point de trompes.

AGLOSSIE, subst. fém. (*aguelocecí*) (du grec α priv., et γλωσσα, langue), t. de médec., privation de la langue.

AGLOSSOSTOMOGRAPHIE, subst. fém. (*agueloceçocetomoguerafi*) (du grec α priv., γλωσσα, langue, στομα, bouche, et γραφω, je décris), description d'une bouche sans langue.

AGLOSSOSTOMOGRAPHIQUE, adj. (*agueloceçocetomoguerafike*), qui concerne l'*aglossostomographie*.

AGLUTINANT, **AGLUTINATIF**, **AGLUTINATION**, **AGLUTINER**, orthographe de l'*Académie*. Voy. **AGGLUTINANT**, **AGGLUTINATIF**, **AGGLUTINATION**, **AGGLUTINER**, et notre observation sur le mot **AGLOMÉRATION**.

AGLUTITION, subst. fém. (*agueluticion*) (du grec α priv., et γλυζω, j'avale), t. de médec., impossibilité d *avaler*.

AGNACAT, subst. mas. (*aguenaka*), t. de bot., arbre d'Amérique ressemblant au poirier.

AGNALIES, subst. fém. plur. (*aguenali*), fêtes, réjouissances usitées dans certaines provinces lors de la première tonte des agneaux.

AGNAN, subst. mas. (*agnian*), fer en triangle servant à river les clous des bateaux foncets.

AGNANTHE ou **AGNANTHUS**, subst. mas. (*aguenante, nantuce*) (du grec αγνος, chaste, et ανθος, fleur), t. de bot., arbrisseau d'Amérique, à fleurs en grappes, dont le bois sert à teindre en jaune. Il ressemble à l'*agnus-castus*.

AGNAT, subst. mas. (*aguena*) (en lat. *agnatus*, formé de *ad*, auprès, et *natus*, né), t. de droit. Les *agnats* sont des collatéraux qui descendent par mâles d'une même souche masculine. — En t. de droit romain, c'est en général *un membre de la famille.*

AGNATHES, subst. fém. plur. (*aguenate*), t. d'hist. nat., névroptères; genre de coquilles.

AGNATION, subst. fém. (*aguenâcion*) (en lat. *agnatio*), t. de jurispr. C'est, selon le droit romain, le lien de consanguinité entre les mâles descendant de même père; comme *cognation* est le lien de parenté entre les mâles et les femelles descendant aussi de même père. On doit observer qu'il y avait une autre différence entre la *cognation* et l'*agnation*: c'est que la *cognation* était le nom universel sous lequel toute la famille, et les *agnats* eux-mêmes, étaient renfermés; et que l'*agnation* était une espèce particulière de *cognation*, qui ne comprenait que les descendants par le sexe masculin. Par la loi des douze tables, les femmes étaient appelées à succéder avec les mâles, sans distinction de sexe, et selon leur degré de proximité. La jurisprudence changea dans la suite, et par la loi *Voconia*, les femmes furent exclues des priviléges de l'*agnation*, à moins qu'elles ne fussent dans le degré de consanguinité, c'est-à-dire excepté la sœur de celui qui était mort *ab intestat*. De là vient que les descendants en ligne masculine étaient seuls appelés *agnati*; et en vertu de l'*agnation* ils succédaient, à l'exclusion des descendants en ligne féminine. Justinien abolit cette distinction, et rétablit les femmes dans les droits de l'*agnation*, en sorte qu'abrogeant cette différence, il ordonna qu'indistinctement, soit mâles, soit femelles, tous les descendants du côté paternel viendraient à la succession suivant l'ordre de leur proximité. D'où il s'ensuit que l'*agnation* est restreinte aux parents paternels, et que la *cognation* s'étend aussi aux parents maternels. — Les enfants adoptifs jouissaient des prérogatives de l'*agnation*, que l'on appelait civile à leur égard, par opposition à l'*agnation* naturelle.— *Grotius* a observé que dans la famille royale de France on suit la loi de l'*agnation*, en n'admettant que les mâles descendus des mâles, de branche en branche.

AGNATIQUE, adj. des deux genres (*aguenatike*), qui appartient aux *agnats*. On se sert à peine de ce mot.

AGNEAU, subst. mas. (*agniô*) (en lat. *agnus*; dérivé du grec αγνος, chaste, pur, parce que, dans les sacrifices, l'agneau était une victime pure et agréable à Dieu), le petit d'une brebis, lorsqu'il ne passe pas un an. — Fig., une personne d'humeur fort douce. — On le dit également des animaux: *ce cheval est un agneau*, c'est-à-dire: est doux comme un *agneau*.—*L'agneau pascal*, celui que les Juifs mangeaient à Pâques, en mémoire de leur sortie d'Égypte. — Les chrétiens appellent Jésus-Christ l'*Agneau de Dieu*, l'*Agneau sans tache*.—*Agneau de Tartarie ou de Scythie*, t. de bot., espèce de fougère que les charlatans tartares disposent de manière à lui faire représenter grossièrement un petit agneau, et qu'ils vendent comme un animal végétal et parasite. — *Agneau*, en t. de blason, est l'hiéroglyphe de l'homme paisible, simple et débonnaire, qui a le cœur ouvert et franc. Les Séguier portent d'azur au chevron d'or accompagné en chef de deux étoiles de même, et en pointe d'un *agneau* d'argent. On donne le nom d'*agneau pascal* à celui qui tient une banderole. — *Agneau de Dieu*, c'est le nom d'un ordre de chevalerie, qui s'appelle autrement *Agnus Dei*. Cet ordre fut institué en Suède par Jean III, en 1569, quelque temps après qu'il fut parvenu à la couronne.

AGNEL, subst. mas. (*agniél*), monnaie d'or du temps de Louis IX, en 1226, au titre de 24 carats à 59 1/6 au marc. Elle valait alors 12 sous 6 deniers. Elle portait un petit *agneau* pour empreinte, d'où lui vient ce nom *agnel*.

AGNELAGE, subst. mas. (*agnielaje*), action de mettre bas d'une brebis. — *Anélage* est un barbarisme de *Raymond*.

AGNELÉ, part. pass. du v. neutre *agneler*.

AGNELER, v. neut. (*agnielé*) (rac. *agneau*), mettre bas, en parlant d'une brebis.

AGNELET, subst. mas. (*agnielé*) (en lat. *agnellus*), dimin. de *agneau*, petit *agneau*.

AGNELIN, subst. mas. (*agnielein*) (rac. *agneau*), ancienne monnaie d'or, la même que *agnel*.

AGNELINE, adj. fém. (*agnieline*) (rac. *agneau*), qui provient des *agneaux*: *laines agnelines*.

AGNÈS, subst. fém. (*agnièce*) (du grec αγνος, chaste, pur, innocent), jeune fille très-innocente, très-ingénue, souvent même un peu simple: *c'est une agnès; on dirait une agnès*. Fam.

AGNITA ou **AGNITÈS**, subs. mas., (*aguenita, tèce*) myth., surnom d'Esculape.

AGNO, subst. fém., (*agueno*) myth., une des nymphes qui nourrirent Jupiter. Elle donna son nom à une fontaine célèbre par bien des merveilles fabuleuses.

AGNOÈTES ou **AGNOÏTES**, subst. mas. plur. (*aguenoète, no-ite*) du grec αγνοω, je ne connais pas, j'ignore; composé de α priv., et de γνοω, je connais), hérétiques du quatrième siècle qui prétendaient que J.-C., même en tant que Dieu, ne connaissait pas tout.

AGNOÏE, subst. fém. (*agueno-i*) (du grec α priv., et γνοω, primitif de γνωσκω, je connais), t. de médec., état d'un malade qui ne reconnait pas les objets qui l'entourent. Peu usité.

AGNUS ou **AGNUS-DEI**, subst. mas. (*aguenucedé-i*. Ce mot étant latin, doit se prononcer en conséquence), cire bénite sur laquelle est imprimée la figure d'un *agneau*. — Petite image de piété ornée de broderie, pour les enfants.—Le pape bénit, de sept ans en sept ans avec le saint chrême, les *agnus-Dei*, dont la distribution appartient à la charge du maître de sa garde-robe. Les cardinaux les reçoivent avec grande révérence dans leurs mitres. Cette cérémonie vient d'une coutume ancienne de l'Église. On prenait une certaine partie du cierge *pascal* qu'on avait béni le samedi-saint, et après la communion on la distribuait au peuple, qui faisait brûler ces fragments dans les maisons, dans les champs et les vignes, afin d'en chasser les démons, et d'en écarter les orages. A Rome l'archidiacre bénissait de la cire arrosée d'huile, et il mettait dessus l'empreinte de la figure d'un *agneau* pour la distribuer au peuple. De là viennent les consécrations plus solennelles que les papes en ont faites depuis. — Anciennement, quand le nouveau baptisé quittait la robe blanche, on lui remettait un *agnus-Dei*, pour qu'il le portât au cou comme un symbole de la douceur, de l'humilité et de l'innocence de l'*Agneau de Dieu*, dont l'imitation lui était imposée. Cet *agnus-Dei* était blanc et pétri de la cire du cierge pascal béni par le pape. — Nous appelons aussi vulgairement *Agnus Dei* cette partie de la messe où le prêtre, se frappant la poitrine, dit trois fois à haute voix une prière qui commence par les mots *Agnus Dei*: *la messe est-elle avancée? elle en est à l'Agnus Dei*. C'est le pape Sergius qui, à la fin du VIIe siècle, ordonna que l'on chantât à la messe *Agnus Dei* pendant que l'on rompait les hosties. (*Fleury*.) Au plur., des *agnus-Dei*.

AGNUS-CASTUS, subst. mas. (*aguenuce-kacetuce*), t. de bot., arbrisseau d'une moyenne grandeur, à fleur monopétale, qui croît dans les lieux humides du midi de la France. Sa semence est rafraichissante; la médecine lui attribue des propriétés calmantes. On l'appelle aussi **VITEX**.

AGOGE, subst. fém. (*aguoje*), rigole pour l'eau dans les mines.

AGOGÉ, subst. mas. (*aguojé*) (du grec αγω, je conduis), conduite, subdivision de l'ancienne mélopée, qui donne les règles de la marche du chant par degrés conjoints ou disjoints.

AGON, subst. mas. (*aguone*) (en grec αγων), t. d'hist. anc., qui n'est plus français dans le sens de *combat* ou de *jeu public*, significations qu'il avait chez les anciens. C'était un combat, un jeu public et solennel, un jeu sacré qui se faisait, certains jours de fêtes, en l'honneur de quelque dieu ou à la mémoire de quelque héros. — Ainsi il y avait l'*agon* d'Androgée, institué par Minos en Crète; l'*agon* gymnique, *agon gymnicus*, à Athènes; l'*agon* néméen, institué par les Argiens dans l'olympiade 83 ; l'*agon* olympien, *olympius*, institué par Hercule, 430 ans avant la première olympiade, selon Eusèbe. Les Romains en instituèrent aussi à l'exemple des Grecs. L'empereur Aurélien établit l'*agon* du Soleil ; et Dioclétien l'*agon* capitolin, qui se célébrait de quatre ans en quatre ans comme les jeux olympiques, et par lequel cet empereur ordonna que l'on comptât les années comme on comptait par les olympiades ; mais cela ne dura pas. C'est dans ce dernier sens seulement qu'on pourrait user de ce mot en français, si l'on voulait, dans l'histoire de ce temps-là, compter les *agons*. Dans toute autre circonstance, il faudrait dire *jeux : les jeux olympiques, les jeux néméens*, etc. — Il y a une médaille grecque de Commode, au revers de laquelle on voit une figure d'homme tout nu, ayant la main droite sur sa tête, et tenant de la gauche un bâton, avec ces mots pour inscription : ΙΕΡΟΣ ΑΓΩΝ ΝΙΚΑΙΕΩΝ, l'*agon sacré des habitants de Nicée*. *Béger* ne croit point que ce soit la figure du dieu *Agon* dont parle Pausanias, mais un athlète qui avait remporté le prix à Nicée. — On appelait aussi *agon* ou *agone* le sacrificateur qui frappait la victime. Avant de porter le coup, il demandait au peuple : αγων? pour αγωνε, *le ferai-je ?* c'est-à-dire : *frapperai-je ?*— En t. de bot., c'est la même chose que la bugrane.— En t. d'hist. nat., espèce de *sardine* qui se pêche en abondance dans les lacs de Guarda et de Côme, en Italie.

AGONALES, subst. mas. plur. (*aguonale*) (du grec αγων, combat), t. d'hist. anc., fêtes romaines instituées par *Numa* en l'honneur de *Janus*, célébrées au mois de janvier, et qu'on nommait aussi *agonies* à cause des combats qui les accompagnaient.

AGONATES, subst. mas. plur. (*aguonate*), t. d'hist. nat., animaux de la classe des crustacés.

AGONAUX, subst. et adj. mas. plur. (*aguonô*), t. d'hist. anc., jours pendant lesquels on célébrait les fêtes *agonales*. V. AGONALES. — C'est aussi le surnom que l'on donnait aux prêtres saliens, que Numa Pompilius avait institués pour le service du dieu Mars.

AGONE, subst. mas. (*aguone*) (ce mot nous semble être le même que *agon*, qui se prononce *aguone*. Voy. ce mot. — T. d'hist. nat., espèce de poisson et d'insecte.

AGONI, E, part. pass. de *agonir*.

AGONICÉLITES, subst. mas. plur. (*aguonicélite*) (du grec α priv., γονυ, genou, et κλινω, je plie), n'est point français. Voy. AGONYCLITES.

AGONIE, subst. fém. (*aguoni*) (en grec αγωνια, formé de αγων), dernier *combat* de la nature contre la mort; état d'un malade à l'extrémité. Il ne se dit que de l'homme. — Fig., extrême angoisse ; grande peine d'esprit.

AGONIENS, subst. mas. plur. (*aguonicin*) (du grec αγω, faire), t. d'hist. anc., nom que l'on donnait, chez les Romains, aux dieux qu'on invoquait avant d'entreprendre une affaire de haute importance.

AGONIOS, subst. mas. (*aguonióce*), myth., surnom de Mercure.

AGONIR, v. act. (*aguonir*), t. pop. : *agonir quelqu'un d'injures*, l'en accabler. — *s'*AGONIR, v. pron., s'invectiver. On devrait dire *agoniser* et *s'agoniser*.

AGONISANT, E, subst. et adj. (*aguonizan, zante*) (formé de *agonie*), qui est à l'*agonie* : *malade agonisant*.—Subst., *réciter auprès d'un mourant les prières des agonisants*. — Il y a à Rome la confrérie des *agonisants* : une des principales obligations de ces frères est de prier et de faire prier Dieu pour ceux que la justice humaine a condamnés à mort.

AGONISÉ, part. pass. du v. neut. *agoniser*.

AGONISER, v. neut. (*aguonizé*) (du grec αγων, combat), être à l'*agonie*. Voy. AGONIR.

AGONISTARQUE, subst. mas. (*aguonicetarke*) (du grec αγωνιστης, combattant, et αρχος, chef), t. d'hist. anc., officier qui présidait au combat des athlètes.

AGONISTIQUE, subst. fém. (*aguonicetike*) (en grec αγωνιστικη, formé de αγων, combat), t. d'antiq., l'art des athlètes. Aujourd'hui on l'appelle gymnastique. — Adj., qui concerne les combats des athlètes.

AGONISTIQUES, subst. et adj. plur. (*aguonicetike*) (formé du grec αγων, combat), nom donné à certains missionnaires hérétiques, qui se disaient envoyés pour *combattre* les erreurs.

AGONOSTIQUE, n'est point français. Voy. AGONISTIQUE.

AGONOTHÈTE, subst. mas. (*aguonotète*) (du grec αγων, combat, et τιθημι, disposer), t. d'hist. anc., magistrat qui présidait chez les Grecs aux jeux sacrés.

AGONYCLITES, subst. mas. plur. (*aguoniklite*) (du grec α priv., γονυ, genou, et κλινω, je plie; *qui ne plie pas les genoux*), sectaires chrétiens du huitième siècle qui ne priaient que debout.

AGORANOME, subst. mas. (*aguoranome*) (formé du grec αγορα, marché, et νεμω, je gouverne), t. d'hist. anc., magistrat d'Athènes chargé de maintenir la police dans les marchés.

AGORANOMIE, subst. fém. (*aguoranomi*) (même étymologie que *agoranome*), t. d'hist. anc., magistrature instituée à Athènes pour la police des marchés.

AGORÉEN, adj. (*aguoréein*) (du grec αγορα, place publique), t. de myth., surnom commun à Jupiter et à Mercure honorés sur les places publiques.

AGOUARA, subst. mas. (*aguouara*), t. d'hist. nat., espèce de renard du Paraguay. —On désigne encore ainsi les ratons.

AGOUARA-CHAY, subst. mas. (*aguouarachê*), t. d'hist. nat., espèce de mammifères du Paraguay fort rapprochée du renard.

AGOUARA-GOUAZOU, subst. mas. (*aguouaraguouazou*), t. d'hist. nat., quadrupède du Paraguay, de l'espèce du raton crabier.

AGOUARA-POPE, subst. mas. (*aguouarapope*), t. d'hist. nat., raton du Paraguay.

AGOUCHI, subst. mas. (*aguouchi*), t. d'hist. nat., le même que *agouti*. Voy. ce mot.

AGOURRE-DE-LIN, subst. fém. (*aguouredelein*), t. de bot., cuscute. Voy. ce mot.

AGOUTI, subst. mas. (*aguouti*), t. d'hist. natur., espèce de mammifère rongeur du genre des *cabiais*, distingué du cabiais proprement dit par une queue très-courte; il est originaire d'Amérique.

AGRA, subst. mas. (*aguera*), t. de bot., sorte de bois de senteur qui croît en Chine.

AGRÆUS, adj. mas. latin, (*agueréuce*) (c'est-à-dire *champêtre*), myth. On donnait ce surnom à Apollon et à Jupiter; et celui d'*Agræa* à Diane.

AGRÆUS, subst. mas., (*agueréuce*) myth., fils d'Apollon et de Cyrène, qui fut père d'Aristée.

AGRAFE, subst. fém. (*aguerafe*) (du grec αγρα, prise, capture, et αφη, attouchement, parce que au moyen de l'agrafe deux choses se touchent, se saisissent; suivant d'autres, de l'allemand *krappen* ou *krapfen*, saisir, prendre avec un crochet), sorte de crochet qui passe dans un anneau ou ouverture appelée *porte*, et qui sert à attacher ensemble diverses choses. — Crampon ou crochet de fer dont on se sert pour retenir les pierres. — Sorte d'ornement de sculpture sur les clefs des croisées, etc. — En t. de vannier, c'est l'osier tortillé aux bords d'une hotte, d'un panier, etc. — En t. de jardinier, l'ornement qui sert à lier deux figures dans un parterre. — En t. de serrurerie, on appelle *agrafe* un morceau de fer qui sert à en accrocher un autre. — En t. de bot., on appelle *agrafes* des poils plus ou moins rudes, ordinairement courbés en hameçon, qu'on rencontre sur certaines plantes.

AGRAFÉ, E, part. pass de *agrafer*.

AGRAFER, v. act. (*aguerafé*), attacher avec une *agrafe*.—*s'*AGRAFER, v. pron. : *s'agrafer à quelqu'un, à quelque chose*, s'attacher à, etc. Vieux et pop.

AGRAH, subst. mas. (*aguera*), grande province de l'Indoustan, qui porte le nom de sa capitale.

AGRAIRE, adj. des deux genres (*aguerère*) (en lat. *agrarius*, dérivé de *ager*, gén. *agri*, champ), t. de jurispr. et d'hist. rom., qui a rapport aux terres. Épithète donnée plus particulièrement aux lois ayant pour objet la distribution des terres conquises entre les citoyens romains. La première fut publiée par Spurius Cassius, vers l'an de Rome 268. On trouve dans le Digeste deux autres lois *agraires* : l'une de César, et l'autre de Nerva ; mais elles ne concernent que les limites des champs, et n'ont aucun rapport avec celle de Spurius Cassius. Cicéron, pendant son consulat, s'opposa à la loi *agraire*, que Rullus, tribun du peuple, voulait faire passer. (Voy. ses harangues, *De lege agraria contra Rullum*.) Il y a quinze ou vingt lois *agraires*, dont les principales sont : la loi *Apuleia*; la loi *Bæbia*; la loi *Cassia*; la loi *Cornelia*; la loi *Flaminia*; la loi *Flavia*; la loi *Julia*; la loi *Licinia*; la loi *Ælia Licinia*; la loi *Livia*; la loi *Marcia*; la loi *Rubria*; deux lois *Semproniæ*; la loi *Servilia* ; la loi *Thoria*; la loi *Titia*.

AGRANDI, E, part. pass. de *agrandir*.

AGRANDIR, v. act. (*aguerandir*), faire plus *grand*, rendre plus *grand*, par rapport à l'étendue : *agrandir une maison*. — Fig. : *sa position nouvelle l'agrandit aux yeux de ses semblables; les revers ont agrandi son âme*, etc. — Il se prend aussi dans le sens d'exagérer : *agrandir un récit*. Fam. — *s'*AGRANDIR, v. pron., étendre son logement, ses possessions aux environs. — Fig., s'élever à une fortune plus considérable, à une dignité plus grande ; peu usité.

AGRANDISSEMENT, subst. mas. (*aguerandiceman*) (rac. *grand*), accroissement, augmentation d'étendue ; action d'*agrandir*. — Au fig., augmentation, accroissement en biens, en dignités, en honneurs, etc. : *travailler pour l'agrandissement de sa famille*.

AGRASSOL, subst. mas. (*agueraçol*), t. de bot., groseillier épineux.

AGRAULE, subst. mas. (*aguerôle*), t. de bot., plante de la famille des graminées.—Voy. AGLAURE.

AGRAULIES, subst. fém. plur. (*aguerôli*). Fêtes en l'honneur de Minerve, dans l'Attique.

AGRAVANT, AGRAVATION, AGRAVER. Voyez AGGRAVANT, AGGRAVATION, AGGRAVER ; tel est du moins le renvoi que nous trouvons encore dans l'*Académie*. Pourquoi toujours deux orthographes à un même mot ?

AGRAVÉ, E, ne se dit point même en t. d'art vétérinaire ; c'est *aggravé, e*, qu'il faut dire.

AGRAVIADOS, subst. mas. plur. (*agueraviadôce*). On nomme ainsi les mécontents en Espagne.

AGRE, subst. mas. (*aguere*), t. d'hist. nat., genre d'insectes bombardiers ; on l'appelle aussi colliure. — T. d'astron., constellation. — Myth., chien de chasse d'Actéon.

AGRÉABLE, adj. (*agueréable*) (rac. *agréer*), qui plaît, qui *agrée*. Voy. GRACIEUX. — Il est aussi subst. ; on dit : *préférer l'agréable à l'utile*. — *Il fait l'agréable*, il veut passer pour *agréable*.— *Faire l'agréable auprès d'une femme*, chercher à lui plaire. — *Ayez pour agréable*, agréez. Ces expressions ne sont que du style familier. — AGRÉABLE, GRACIEUX. (*Syn.*) L'air et les manières rendent gracieux ; l'esprit et l'humeur rendent *agréable*. — AGRÉABLE, DÉLECTABLE, DÉLICIEUX. (*Syn.*) *Agréable* convient pour toutes les sensations de l'âme et de l'esprit. *Délectable* dit davantage, il tient le milieu entre l'*agréable* et le *délicieux*. *Délicieux* est ce qui produit une jouissance entière, paisible et voluptueuse.

AGRÉABLEMENT, adv. (*agueréableman*), d'une manière *agréable*.

AGRÉAGE, subst. mas. (*agueréaje*), t. de comm., nom qu'on donne, à Bordeaux, à ce qu'on appelle ailleurs *courtage*.

AGRÉATION, subst. fém. (*agueréâcion*), mot inus. qui signifiait l'action d'*agréer*, d'approuver.

AGRÉÉ, subst. mas. (*aguereé*), avocat *agréé*, reçu par les tribunaux de commerce pour y plaider.

AGRÉÉ, E, part. pass. de *agréer*.

AGRÉER, v. act. (*aguereé*) (dérivé du lat. *gratus*, agréable), accueillir, recevoir favorablement ; avoir pour *agréable* : *agréer une proposition* ; *Dieu agrée nos prières*. — Trouver bon : *agréez que je vous dise*. — On disait, ajoute l'*Académie*, en parlant d'un officier qui avait traité d'une charge dans la maison du roi, dans les troupes ou dans la robe : *le roi l'a agréé, ne l'a pas agréé*. Nous ne contestons pas que cela se soit dit ; mais cela ne se dit plus. Pourquoi faire mention de ce sens ?—En t. de mar., équiper un vaisseau de voiles, de cordages, de tout ce qui est nécessaire pour le mettre en état de naviguer : *on a envoyé l'ordre d'agréer tel vaisseau*.—*Agréer* est aussi neutre, et signifie plaire, être au gré : *cela ne m'agrée pas ; son service, sa personne n'agrée pas au maître*.—*s'*AGRÉER, v. pron.—Voy. notre *Grammaire* pour l'orthographe de ce verbe.

AGRÉEUR, subst. mas. (*aguereéur*), t. de mar., qui *agrée* un vaisseau. — T. de comm., courtier d'eau-de-vie. — En t. d'arts et métiers, ouvrier qui fait passer le fil de fer par la filière. Dans cette dernière acception, on dit aussi *agréyeur*.

AGRÉGAT, subst. mas. (*aguerégua*) (en lat. *aggregatus*, formé de *grex*, troupeau), t. didactique, assemblage ou résultat de plusieurs choses jointes et unies ensemble. — En t. d'hist. nat., agglutination de substances dès l'époque de leur formation.

AGRÉGATIF, adj. mas., au fém. **AGRÉGATIVE** (*agueréguatif, tive*), t. de méd., qui réunit plusieurs propriétés ; qui ramasse et entraîne les humeurs : *pilules agrégatives*.

AGRÉGATION, subst. fém. (*aguerégudcion*) (formé du lat. *grex*, troupeau), réception dans une compagnie, dans un corps : *on s'est vivement opposé à son agrégation.* — Dans l'université, on dit *agrégation* pour le grade, le titre d'*agrégé*: *concourir pour l'agrégation.*—En t. de philos., on appelle *corps par agrégation* un corps formé par l'amas de plusieurs choses qui n'ont point entre elles de liaison naturelle. — En t. de chim. et de médec., *agrégation* est l'union de plusieurs parties hétérogènes ou homogènes qui forment un corps sensible. — En t. de bot., assemblage de plusieurs parties qui ne sont pas liées entre elles.

AGRÉGATIVE, adj. fém. Voy. AGRÉGATIF.

AGRÉGÉ, subst. mas. (*agueréjé*) (en lat. *aggregatus*, admis), dans les académies et dans l'université, *gradué*, chargé de suppléer les professeurs.—On appelle *agrégé*, dans les écoles de droit, un docteur examinateur. — Médecin reçu au collége de médecine de quelque ville. — Suivant *Raymond*, ce mot se dit en chim. pour: amas de choses qui n'ont pas entre elles de liaison naturelle; corps composé de parties homogènes. Cet auteur a évidemment confondu *agrégé* avec *agrégation*.

AGRÉGÉ, E, part. pass. et adj. Voy. AGRÉGÉ, subst. — T. de bot., *fleurs agrégées*, formées par la réunion d'un nombre indéterminé de petites fleurs hermaphrodites disposées sur un réceptacle commun, mais dont les étamines ne sont point réunies entre elles.

AGRÉGER, v. act. (*agueréjé*) (du lat. *aggregare*, formé de *ad*, auprès, et de *grex*, *gregis*, troupeau; littéralement, *réunir en troupeau*), en t. de phys., amasser, unir plusieurs choses qui n'ont point entre elles de liaison naturelle. — Recevoir, admettre quelqu'un dans un corps. — *s'*AGRÉGER, v. pron. — AGRÉGER, ASSOCIER. (*Syn.*) On *associe* quelqu'un à un corps comme membre, collègue, compagnon; on l'*agrège* pour qu'il jouisse des mêmes prérogatives que ceux qu'on y a *associés*.

AGRÉMENT, subst. mas. (*agueréman*), approbation, consentement : *donner son agrément pour; obtenir l'agrément pour une charge*, etc. —Bonne grace, air qui plaît; manières qui *agréent*. Il se dit des qualités du corps et de celles de l'esprit : *on est frappé des agréments de sa figure, des agréments de sa conversation.* — Avantage; plaisir; sujet de satisfaction : *avoir, trouver de grands agréments à la cour, dans sa famille; les agréments d'une maison, d'un pays; les agréments de la campagne.* — Il se dit encore du plaisir que l'on goûte dans quelque occupation : *les agréments de l'étude; les agréments de la pêche.*—On dit, en parlant d'une œuvre littéraire : *il n'y a nul agrément dans cet ouvrage.* — *Agrément* a été pendant quelque temps un mot plaisant et badin usité parmi les femmes pour dire *un lavement*. On répondait aux visiteurs familiers : *madame n'est pas visible, on vient de lui donner un agrément.* Selon Ménage, le mot d'*agrément* dans cette signification n'était pas ancien de son temps. Il soupçonne qu'on n'a donné un nom si honnête aux lavements que parce que les dames en usent pour se conserver le teint frais, et ajouter ainsi à leurs *agréments*. — On appelait autrefois *agréments* les divertissements de musique ou de danse joints à des pièces de théâtre. La sixième édition de l'*Académie* se contente de dire que ce sens *vieillit*; elle aurait dû dire *a vieilli*. — Ornement dans le chant, tour de gosier, etc. — Cadence, etc., qui se fait sur un instrument, etc. Dans ces trois derniers sens, *agrément* s'emploie ordinairement au plur. — *Agrément* se dit aussi pour *amusement* : *cette mère ne donne aucun agrément à sa fille.* —Certains ornements sur les habits des deux sexes.—En t. de passementier, ouvrages destinés à servir d'ornement aux robes de femmes, ou aux meubles.

AGRÉMINISTE, subst. des deux genres (*agueréminicete*), t. de passementerie, celui ou celle qui fait les *agréments* pour robes, meubles, etc. — Il se dit aussi adj. : *ouvrier agréministe.* — L'analogie de ce mot avec *agrément* doit faire voir que *agriministe* est un barbarisme.

AGRÉNÉ, E, part. pass. de *agréner*.

AGRÉNER, v. act. (*agueréné*), t. de mar., jeter l'eau hors d'un bâtiment avec des pompes.

AGRÈS, subst. mas. plur. (*agueré*), t. de mar., voiles, cordages, poulies, et tout ce qui est nécessaire pour mettre un vaisseau en état de naviguer : *le vaisseau a tous ses agrès et apparaux.*

AGRESSEUR, subst. mas., au fém. **AGRESSEUSE** (*aguerèceceur, çeuze*) (en lat. *aggressor*, formé de *aggredior*, j'attaque; lequel est composé de *ad*, à, vers, et *gradior*, je marche), celui ou celle qui attaque le premier ou la première.—L'*Académie* ne donne pas le fém. — Ne devrait-on pas écrire *aggresseur*, puisque ce mot vient de *aggressor*, formé de *aggredi*, marcher sur?

AGRESSEUSE, subst. fém. Voy. AGRESSEUR.

AGRESSION, subst. fém. (*aguerèceçion*) (en lat. *aggressio*), action de celui qui attaque le premier.

AGRESTE, adj. (*aguerècete*) (en lat. *agrestis*, formé de *ager*, dérivé du grec αγρος, champ), champêtre, rustique, sauvage. — Fig., rude, grossier : *avoir des manières agrestes.*—*Plantes agrestes*, qui viennent dans les champs sans culture. — T. d'hist. nat., subst. mas., petit papillon de nuit brun. — AGRESTE, CHAMPÊTRE. (*Syn.*) Le premier exclut toute idée de culture; le second, au contraire, réveille cette idée.

AGRESTEN, subst. mas. (*aguerecetène*), t. de médec., tartre.

AGRESTIE, subst. fém. (*aguerèceti*), mot inus. qui signifiait rusticité, grossièreté, rudesse. (*Borel.*)

AGRÈVE (SAINTE-), subst. fém. (*ceintaguerève*), petite ville de France, chef-lieu de canton, arrond. de Tournon, dép. de l'Ardèche.

AGRÉVÉ, E, part. pass. de *agréver*.

AGRÉVER, v. act. (*aguerévé*), mot inus. qui signifiait vexer, abattre.

AGRÉYEUR, subst. mas. (*aguerèieur*), t. d'arts et métiers, ouvrier qui fait le fil de fer. — On dit aussi *agréeur*.

AGRIA, subst. mas. (*agueria*), t. de bot., chêne vert du genre des houx. — T. de médec., pustule maligne dont il est fait mention dans Celse.

AGRIC., abréviation de *agriculteur* ou de *agriculture*.

AGRICOLE, adj. des deux genres, (*aguerikole*) (en lat. *agricola*, laboureur; formé de *ager*, champ, et de *colere*, cultiver), qui s'adonne à l'*agriculture*, qui a rapport à l'*agriculture*. Ce mot s'applique plus spécialement à un peuple ou à une nation qui s'occupe particulièrement de la culture de la terre : *c'est un peuple agricole.* — Il est aussi subst. : *c'est un agricole.* Nous croyons cependant qu'*agriculteur* est préférable.

AGRICULTEUR, subst. mas. (*aguerikulteur*) (en lat. *agricultor*. Ce mot est formé d'*agriculture* contre l'analogie, puisque de *culture* nous avons fait *cultivateur*, et non pas *culteur*), celui qui cultive la terre, ou qui professe l'art de l'*agriculture*. — AGRICULTEUR, CULTIVATEUR, COLON. (*Syn.*) L'*agriculteur* professe l'art de l'*agriculture*, c'est son goût, c'est son talent; le *cultivateur* l'exerce en entrepreneur, c'est son travail, c'est son état; le *colon* le pratique en homme de la glèbe, c'est sa vie.

AGRICULTURE, subst. fém. (*aguerikulture*) (en lat. *agricultura*, dérivé de *ager*, *agri*, champ, et *cultum*, supin de *colere*, cultiver), art de cultiver la terre. — T. de myth., divinité allégorique à laquelle on élevait des temples chez les anciens.

AGRIE, subst. fém. (*agueri*) (en grec αγρια), t. de médec., espèce de dartre qui corrode la peau et fait tomber le poil. — Pustule maligne.

AGRIENS, subst. mas. plur. (*aguerieïn*), myth. On adorait les Titans sous ce nom.

AGRIER, subst. mas., au fém. **AGRIÈRE** (*aguerié, guerière*), t. de coutume, redevance qu'on payait en espèces sur le fonds qui la devait. Ces deux mots ne se disent plus. — Espèce de raisin noir de la Corrèze.

AGRIFFÉ, E, part. pass. de *s'agriffer*.

***s'*AGRIFFER**, v. pron. (*çaguerifé*), s'attacher avec les *griffes* : *le chat s'agriffe aux rideaux.* Fam.

AGRIMENSATION, subst. fém. (*aguerimançâçion*) (formé des mots lat. *mensura*, mesure, et *agri*, gén. de *ager*, champ), t. d'agric., arpentage de terres. Inus.

AGRIMENSEUR, subst. mas. (*aguerimanceur*) (formé des mots lat. *mensor*, mesureur, et *agri*, gén. de *ager*, champ), arpenteur de terres. Inus.

AGRIMINISTE, voyez AGRÉMINISTE, qui seul se dit.

AGRIODOS, subst. mas. (*agueriodoce*), myth., l'un des chiens d'Actéon. — Constellation.

AGRION, subst. mas. (*aguerion*), t. d'hist. nat., espèce d'insectes vulgairement connus sous le nom de *demoiselles*.

AGRIONIES, subst. fém. plur. (*aguerioni*) (du grec αγριος, sauvage, féroce, parce que le char de Bacchus était tiré par des tigres), t. d'antiq., fêtes en l'honneur de Bacchus, qui se célébraient en Béotie. Plutarque est le seul que nous sachions qui en ait parlé. Les femmes, dit-il, s'assemblaient pendant la nuit : après avoir fait un sacrifice à frais communs, elles se mettaient à chercher Bacchus avec empressement, comme s'il leur eût échappé, et au retour elles disaient pour se consoler qu'il était allé se cacher chez les Muses; ce qui signifiait que l'étude des sciences adoucit l'humeur la plus féroce. Ensuite ces femmes se donnaient un grand festin entre elles, et, à la fin du repas, elles se proposaient les unes aux autres des logogriphes et des énigmes. Ce qu'il y avait de propre à la ville d'Orchomène, c'est que les femmes d'une famille devenue odieuse par une action barbare étaient exclues de la fête, et devaient s'éloigner des lieux où les autres femmes avaient résolu d'aller. Celles-ci marchaient sous la conduite du prêtre de Bacchus, qui portait une épée à la main, et qui, s'il rencontrait quelqu'une des éolées, αιολειαι, (ainsi l'on appelait les femmes exclues) pouvait la tuer. C'est ce qui arriva du temps de Plutarque, et les Orchoméniens n'y trouvèrent point à redire; mais les Romains condamnèrent la ville d'Orchomène à une grosse amende. Dans cette fête l'intempérance triomphait. Un jour, pendant la célébration, les filles de Minyas, transportées de la fureur du dieu, massacrèrent Hippasus, fils de Leucippe, et le servirent sur leur table. Leur famille fut exclue pour toujours de la fête.

AGRIOPE, subst. fém. (*agueriope*), femme d'Agénor. — Eurydice, femme d'Orphée, était aussi nommée *Agriope*.

AGRIOPHAGES, subst. mas. plur. (*agueriofaje*) (du grec αγριος, sauvage, et φαγω, je mange), nom de certains peuples qu'on a supposés se nourrir de chair de lion, de panthère, etc. Pline dit qu'il y avait des *agriophages* dans l'Éthiopie, et Ptolémée en place dans l'Inde, en-deçà du Gange.

AGRIOSTAU, subst. mas. (*aguerioceto*), t. de bot., espèce d'ivraie.

AGRIOTTE, subst. fém. (*agueriote*), cerise sauvage. — On dit aussi *griotte*.

AGRIOTTIER, subst. mas. Voy. GRIOTTIER.

AGRIOTHYMIE, subst. fém. (*agueriotimi*) (du grec αγριος, inhumain, et θυμος, colère), tendance à des actes de cruauté. Inus.

AGRIPAUME, subst. fém. (*agueripome*), t. de bot., plante qu'on emploie dans les palpitations et autres maladies du cœur. On la nomme aussi *cardiaque* et *léonurus*.

AGRIPENNE, subst. mas. (*agueripènene*) (du lat. *acer*, aigu, et *penna*, plume), t. d'hist. nat., oiseau d'Amérique qui a les pennes de la queue terminées en pointes aiguës. — L'étymologie de ce mot voudrait peut-être qu'on écrivît *acripenne*.

AGRIPHYLLE, subst. mas. (*aguerifile*), t. de bot., plante de la famille des corymbifères, qui croît au cap de Bonne-Espérance.

AGRIPPA, subst. mas. (*agueripepa*) (du grec αγρα, prise, et πους, pied), t. d'hist. anc., enfant sorti du sein de sa mère par les pieds. En parlant d'une fille, les Romains disaient *agrippina*, diminutif de *agrippa*.

AGRIPPÉ, E, part. pass. de *agripper*.

AGRIPPER, v. act. (*agueripé*) (rac. *gripper*), prendre, saisir avidement. Pop. Voy. GRIPPER. — *s'*AGRIPPER, v. pron., s'attacher, se cramponner. Pop.

AGRIPPEUR, subst. mas., au fém. **AGRIPPEUSE** (*agueripeur, peuze*), t. pop., qui aime à prendre; qui en a l'habitude.

AGRIPPEUSE, subst. fém. Voy. AGRIPPEUR.

AGRIPPINIENNES, subst. fém. plur. Voyez AGRIPPINIENS.

AGRIPPINIENS, subst. mas. plur., au fém. **AGRIPPINIENNES** (*agueripinieïn, ène*), sectaires du commencement du IIIe siècle. *Agrippin*, évêque de Carthage, qui voulait qu'on rebaptisât les hérétiques, fut le chef de cette secte et lui donna son nom.

AGRIUS, subst. mas. (*agueriuce*), fils de Parthaon et père de Thersite. — Il y eut un autre *Agrius* fils d'Ulysse et de Circé, et un autre, frère d'Énée.

AGROGRAPHE, subst. mas. (*agueroguerafe*) (du grec αγρος, champ, et γραφω, j'écris), qui écrit sur l'agriculture. Peu usité.

AGROGRAPHIE, subst. fém. (*agueroguerafi*), (voir AGROGRAPHE pour l'étymologie), description des choses qui concernent l'agriculture.

AGROGRAPHIQUE, adj. (*agueroguerafike*), qui a rapport à l'*agrographie*.

AGROLOGIE, subst. fém. (*agueroloji*) (du grec αγρος, champ, et λογος, discours), traité d'agriculture.

AGROLOGIQUE, adj. (*aguerolojike*), qui concerne l'*agrologie*.

AGROMÈNE, subst. mas. (*agueromène*) (du grec

ἀγρος, champ, et μενω, j'habite), qui habite les champs. Peu usité.

AGRON., abrév. de *agronome* ou de *agronomie*.

AGRONOME, subst. des deux genres (*aguero-nome*) (du grec ἀγρος, champ, et νομος, loi, règle), qui connaît l'agriculture, qui en possède la théorie. — Auteur qui écrit sur l'agriculture : *habile agronome*.

AGRONOMÉTRIE, subst. fém. (*agueronométri*), on entend par ce mot la science qui consiste pour l'*agriculteur* à connaître la juste mesure de la richesse de son champ. Mot nouveau.

AGRONOMIE, subst. fém. (*agueronomi*) (voir AGRONOME pour l'étymologie), théorie de l'agriculture.

AGRONOMIQUE, adj. (*agueronomike*), qui a rapport à l'*agronomie*.

AGRONOMIQUEMENT, adv. (*agueronomike-man*), selon l'*agronomie*.

AGROPILE, subst. mas. (*agueropile*) (du grec ἀγρος, champ, et πιλος, balle), espèce de bézoard des chamois et des chèvres.

AGROPIRON, subst. mas. (*agueropiron*), t. de bot., genre de plante de la famille des graminées.

AGROSTEMME, subst. fém. (*aguerostème*) (du grec ἀγρος, champ, et στεμμα, couronne), t. de bot., genre de plantes caryophyllées qui croissent dans les champs, et dont le nom signifie *couronne des champs*, à cause de la beauté de leurs fleurs.

AGROSTIE, ou **AGROSTIDE**, ou **AGROSTIS**, subst. fém. (*agueroceti*, *tide*, *tice*) (du grec ἀγρος, champ), t. de bot., genre de graminées.

AGROSTOGRAPHIE, subst. fém. (*aguerocetoguerafi*) (du grec ἀγρος, champ, et γραφω, je décris), t. de bot., description des graminées.

AGROSTOGRAPHIQUE, adj. des deux genres, *aguerocetoguerafike*), t. de bot., qui a rapport à l'*agrostographie*.

AGROSTOLOGIE, subst. fém. (*aguerocetoloji*) (du grec ἀγρος champ, et λογος, discours), t. de bot., traité des graminées.

AGROSTOLOGIQUE, adj. des deux genres (*aguerocetolojike*), t. de bot., qui a rapport à l'*agrostologie*.

AGROTERA, subst. fém. (*aguerotéra*), myth., surnom de Diane, à cause d'un temple qu'elle avait dans un lieu de l'Attique nommé *Agra*.

AGROTÈS, subst. mas. (*aguerotèce*), myth., divinité des Phéniciens.

AGROUELLE, subst. fém. (*aguerouèle*), crevette des ruisseaux, qui passe parmi les gens de la campagne pour communiquer aux eaux la qualité malfaisante de causer des ulcères dans la bouche, à la gorge, etc. — On la désigne aussi sous le nom vulgaire d'*écrouelle*. (*Laveaux*.)

AGROUELLES, subst. fém. plur., ne se dit pas pour ÉCROUELLES. Voy. ce mot.

AGROUPÉ, E, part. pass. de *agrouper*.

AGROUPER, v. act. (*agueroupé*) (rac. *groupe*), t. de peint., disposer en *groupe*. On dit plutôt *grouper*. Voy. ce mot.

AGRUMA, subst. mas. (*agueruma*), t. de bot., prunier sauvage.

AGRYPNIE, subst. fém. (*aguéripeni*) (du grec ἀγρεω, je chasse, et ὑπνος, le sommeil), t. de médec., insomnie.

AGRYPNOCOME, subst. mas. (*aguéripenokome*) (du grec ἀγρεω, je chasse, ὑπνος, le sommeil, et κωμα, assoupissement), t. de médec., insomnie avec assoupissement.

AGUA, subst. mas. (*agua*), t. d'hist. nat., crapaud du Brésil.

AGUACATE, subst. mas. (*aguakate*), t. de bot.; c'est le *laurier avocat*.

AGUAPE, subst. mas. (*aguape*), t. de bot., sorte de nénufar.

AGUASEM, subst. mas. (*aguazème*), t. d'hist. nat., sorte de serpent.

AGUASSIÈRE, subst. fém. (*aguacière*), t. d'hist. nat., espèce d'oiseaux silvains et chanteurs. — Merle d'eau.

AGUATÉRO, subst. mas. (*aguatéro*), t. d'hist. nat., bécassine.

AGUERRI, E, part. pass. de *aguerrir*.

AGUERRIR, v. act. (*aguérir*), accoutumer à la *guerre*, à ses fatigues, etc. — Au fig., accoutumer à quelque chose de pénible : *aguerrir à la raillerie*. — **S'AGUERRIR**, v. pron.

AGUET, subst. mas. (*agué*), vieux mot signifiant poste, lieu pour *guetter*, et qui ne se dit plus qu'au plur., tant au propre qu'au figuré, dans ces sortes de phrases : *être aux aguets*, *se mettre aux aguets*, etc., pour, *guetter*, épier, observer sans être vu.

AGUI, subst. mas. (*agui*), t. de mar., cordage dont le bout est disposé de manière à pouvoir s'y asseoir en s'y suspendant.

AGUIGNÉ, E, part. pass. de *aguigner*.

AGUIGNER, v. act. (*aguignié*). *Aguigner quelqu'un*, c'est lui faire signe des yeux, et, par extension, l'avertir. Vieux.

AGUILLANNEUF, subst. mas. (*aguilanneufe*), vieux mot qu'on criait autrefois, le premier jour de janvier, en signe de réjouissance. Ce mot doit son origine à une ancienne superstition des druides. Ces prêtres allaient au mois de décembre, qu'on appelait mois sacré, cueillir le gui du chêne. Cela se faisait avec beaucoup de solennité : les devins marchaient les premiers, entonnant des cantiques et des hymnes en l'honneur de leurs divinités; après eux venait un héraut, le caducée en main, que suivaient trois druides de front portant les choses nécessaires pour le sacrifice. Enfin paraissait le chef ou prince des druides, accompagné de tout le peuple. Ce chef montait sur le chêne, et coupait le gui avec une faucille d'or. Au premier jour de l'an, après l'avoir béni et consacré, ils le distribuaient au peuple comme une chose sainte, en criant : *au gui, l'an neuf*; d'où est venu le mot *aguillanneuf*. — En Bourgogne, à Dreux et dans l'ouest, les enfants crient encore *aguillanneuf* pour demander leurs étrennes. — On donna depuis le nom de *aguillanneuf* à une quête qui se faisait le premier jour de l'an. Des jeunes gens de l'un et de l'autre sexe en étaient chargés. Les synodes ont aboli cette quête, à cause de la licence et du scandale dont elle était accompagnée.

AGUILLES, subst. fém. plur. (*aguiie*), toiles de coton d'Alep.

AGUILLOT, subst. mas. (*aguiio*), t. de mar., cheville de fer en usage sur la Méditerranée pour épisser ou réunir deux cordes en une.

AGUIMPÉ, E, part. pass. de *aguimper*.

AGUIMPER, v. act. (*agueinpé*), revêtir d'une *guimpe*. Vieux.

AGUL ou **ALHAGI**, subst. mas. (*agule*, *alaji*), t. de bot., arbrisseau épineux à fleurs légumineuses qui croît en Perse, et sur lequel on recueille une espèce de manne purgative appelée aussi *alhagi*.

AGUSTINE et **AGUSTITE**, subst. fém. (*agucetine*, *tite*) (formé de α priv. grec, et du lat. *gustus*, goût), t. d'hist. nat. C'est une variété de chaux phosphatée, que l'on croyait d'abord être une nouvelle terre, et qu'on avait nommée *agustine*, parce qu'on lui attribuait la propriété de former des sels sans saveur. L'*agustite* ne fait pas plus partie des espèces minérales que l'*agustine* des terres.

AGYEUS, subst. mas. (*aji-é-uce*), myth., surnom d'Apollon, pris d'un mot grec qui signifie *rue*, parce que les rues étaient sous sa protection. — Il y avait à Athènes des dieux qu'on nommait *Agyei*, et auxquels on sacrifiait pour détourner les malheurs dont on se croyait menacé par certains prodiges.

AGYNIENS, subst. mas. plur. (*ajiniein*) (du grec α priv., et γυνη, femme; *sans femme*), hérétiques du VIIe siècle qui vivaient dans le célibat, prétendant que Dieu n'était pas l'auteur du mariage.

AGYRIAS, subst. mas. (*ajiriace*), t. de médec., opacité du crystallin.

AGYRTE, subst. mas. (*ajirte*), t. d'hist. nat., genre de coléoptères.

AGYRTES, subst. mas. plur. (*ajirte*) (du grec ἀγυρτης, mendiant, dérivé de ἀγειρω, ramasser), t. d'antiq., prêtres de Cybèle qui mendiaient pour le service de leur divinité. — En t. de médec., charlatans, marchands d'orviétan, jongleurs.

AH ! interjection (*â*), ce mot exprime la joie : *ah ! quel plaisir !* la douleur : *ah ! que cela me fait de mal !* l'admiration : *ah ! que cela est beau!* etc., ou quelque autre mouvement de l'âme. — Souvent *ah!* n'est qu'une particule explétive servant à rendre une locution plus expressive : *ah! madame, croyez-le*.

AH-AH, subst. mas. (*ââ*), t. de jard., ouverture plus ou moins large pratiquée dans toute la hauteur d'un mur de jardin ou de parc, avec un fossé profond pour suppléer cette partie de la clôture. Au moment où le promeneur passe devant cette ouverture, il est frappé de la vue qui tout-à-coup s'étend de là sur la campagne environnante. Si cette solution de continuité de la muraille existe dans une grande proportion, son effet, à une certaine distance, est de faire paraître le parc, le jardin, plus vastes qu'ils ne sont, et ce n'est qu'en approchant du fossé qu'on s'aperçoit de sa méprise. Dans le second cas comme dans le premier il y a étonnement; donc il peut y avoir exclamation : telle est sans doute l'idée qui a fait transformer une interjection en substantif.

AHALÉ, part. pass. du v. neutre *ahaler*.

AHALER, v. neut. (*aalé*), pousser l'haleine au dehors dans la marche, dans la fatigue.

AHAN, subst. mas. (*aan*), cri de fatigue, de peine; respiration précipitée que laisse échapper celui qui soulève un fardeau; et par extension : violence, tourment, chagrin. Vieux mot. — On ne cite guère que Voltaire, parmi les modernes, qui ait employé ce mot *suer d'ahan*, pour : se donner beaucoup de peine, une peine de malheureux. Voy. AHANER.

AHANÉ, part. pass. du v. *ahaner*.

AHANER, v. neut. (*aané*) (formé du cri *ahan*), vieux mot qui signifie avoir beaucoup de peine, autant que le fendeur de bois, par exemple, qui laisse échapper le cri de *ahan* à chaque coup qu'il porte.

AHÉGAST, subst. mas. (*aéguacete*), t. de bot., arbre des Indes dont les racines servent à teindre en rouge.

AHEURTÉ, E, part. pass. de *s'aheurter*, et adj. L'*Académie* donne pour exemple : *c'est un homme aheurté* à son opinion. Nous ne pensons pas que cette expression fût reçue aujourd'hui.

AHEURTEMENT, subst. mas. (*aeurteman*) (rac. *heurt*), obstination, attachement opiniâtre à une opinion. Vieux mot qui ne s'emploie plus.

AHEURTER, v. act. (*aeurté*), n'est point français. — **S'AHEURTER**, v. pron., s'obstiner, s'opiniâtrer : *s'aheurter à un sentiment, à une opinion*.

AHI ! (*a-i*), interjection qui exprime la douleur. On dit aussi, et plus souvent, *aïe*. Voy. ce mot.

AHIR, subst. mas. (*a-ir*), contrée d'Afrique.

AHONQUE, subst. fém. (*a-onke*), t. d'hist. nat., oie sauvage.

AHONTAGE, subst. mas. (*a-ontage*), vieux mot inus. qui signifiait *honte*, selon *Borel*.

AHONTÉ, part. pass. du v. neut. *ahonter*.

AHONTER, v. neut. (*a-onté*). Ce mot, entièrement hors d'usage, se trouve dans le *Roman de la Rose*, et veut dire *recevoir un affront*.

AHORES, subst. mas. plur. (*a-ore*) (du grec ἀωρια, qui signifie *défaut de maturité* et *nuit profonde*), t. d'hist. anc., nom que les anciens donnaient aux enfants morts, qui n'étaient pas reçus dans les Enfers, parce qu'ils n'avaient pas fourni la carrière de la vie.

AHOUA, subst. mas. (*a-oua*), graine d'Orient qui sert pour les couleurs. Ce mot semble être le même que *Ahouai*.

AHOUAI ou **AHOUNI**, subst. mas. (*a-oué*, *aouni*), t. de bot., arbre laiteux de l'île de Ceylan, à fleurs jaunes, dont la graine, employée en stil de grain, est en peinture de la plus grande beauté.

AHU, subst. mas. (*a-u*), t. d'hist. nat., espèce de gazelle.

AHUN, subst. mas. (*a-un*), ville de France, chef-lieu de canton, arrondissement de Guéret, département de la Creuse. C'est dans cette ville fort ancienne que fut fondée l'abbaye de Cluny.

AHURI, E, part. pass. de *ahurir*, et adj. (*a-uri*), troublé, abasourdi, interdit.— Subst., brouillon. Fam.

AHURIR, v. act. (*a-urir*), troubler, étourdir, abasourdir, interdire. Fam. — **S'AHURIR**, v. pron.

Ai, 1re pers. sing. prés. indic. du v. auxiliaire AVOIR.

AÏ, subst. mas. (*a-i*), t. d'hist. nat., quadrupède d'Amérique, connu sous le nom de *paresseux*.

AÏ, subst. mas. (*a-i*), ville de France (Marne), fameuse par ses bons vins.

AÏANTIES, subst. fém. plur. (*a-ianti*) (formé du nom propre *Ajax*; on a confondu long-temps le *j* avec l'*i*), t. d'hist. anc., fête qu'on célébrait en l'honneur d'Ajax à Salamine.

AÏANTIDE, adj. fém. (*a-iantide*) (formé du nom propre *Ajax*), t. d'hist. anc., d'Ajax; nom donné à une tribu d'Athènes.

AICHE ou **ÈCHE**, subst. fém. (*èche*), t. de pêche, amorce, appât. — T. d'hist. nat., lombric terrestre.

AICHÉ, E, part. pass. de *aicher*.

AICHER, v. act. (*èché*), t. de pêche, amorcer.

AICREBA, subst. fém. (*ékreba*), t. d'hist. nat., espèce de raie.

AIDANCE, subst. fém. (*èdance*), vieux mot qui signifiait *aide*, secours. (*Trévoux*.)

AIDANT, E, adj. et part. prés. de *aider* (*èdan*, *dante*), qui *aide*, qui assiste : *Dieu aidant*, fam. — On dit abusivement : *cette personne est aidante* pour dire : aime à aider.

AIDANTS, subst. mas. plur. (*èdan*), mot fort peu usité : *malgré lui et ses aidants* ; d'où l'on a fait peut-être *malgré lui et ses dents*; ce qui du reste peut se dire aussi bien dans un sens différent.

AIDE, subst. fém. (*ède*), secours, assistance : *demander, recevoir l'aide d'une personne*. — On dit prov. : *un peu d'aide fait grand bien*, pour : un petit secours ne laisse pas d'être quelquefois très-utile ; et, *bon droit a besoin d'aide*, pour : quelque solidement fondés que soient nos droits, il ne faut pas négliger de les faire valoir. — *Aide* se dit aussi des secours et des graces de Dieu : *il faut tout attendre de l'aide de Dieu; mon Dieu, venez à mon aide*. — *Dieu vous soit en aide*, locution plus particulièrement usitée quand quelqu'un éternue, ou en refusant l'aumône à un pauvre. — *Aide*, en matière ecclésiastique, se dit d'une église, d'une chapelle qui sert de succursale à une église paroissiale trop éloignée : *Sainte-Marguerite, dans le faubourg Saint-Antoine, était une aide de la paroisse de Saint-Paul*. — Subst. fém. plur., subsides jadis établis sur les boissons, pour *aider* à soutenir les dépenses de l'état. — On appelait *Cour des aides* une compagnie supérieure par laquelle les affaires concernant ces sortes de subsides étaient jugées en dernier ressort : *premier président de la cour des aides; conseiller de la cour des aides*. — En t. de man., toutes les choses dont un cavalier se sert pour bien manier un cheval : *les aides de la voix, les aides des talons, de la gaule, de l'éperon ; le cheval connaît les aides, répond aux aides, a les aides fines*. — *Aides*, en t. d'archit., est une pièce de décharge. — Subst. des deux genres, personne dont la charge consiste à en assister une autre dans l'exercice de telles fonctions : *aide des cérémonies; aides de cuisine, aides d'office ; aide maçon*. — *Aide-boute-avant*, ouvrier de saline qui aide celui dont l'emploi est de remplir le vaxel avec les pelles destinées à cet usage, et de frapper ou de faire frapper un nombre de coups uniformes, afin de conserver le poids et l'égalité dans les mesurages. — *Aide de plongeur*, t. de mar. en usage dans la pêche des perles, où chaque plongeur a deux *aides*, qu'on appelle autrement *assistants*, ou *pêcheurs assistants*. Ces *aides* ne plongent point, mais ils restent dans la barque, attentifs au signal que leur donnera le *plongeur* par le moyen d'une corde qui d'un bout est attachée à son corps, et amarrée de l'autre sur le bord de la barque pour le tirer du fond de l'eau. Dès que le plongeur se sent pressé il donne le signal en tirant la corde, à laquelle il s'attache fortement avec les mains, et alors les deux *aides* le font remonter dans la barque. Voy. ASSISTANT et PERLE, où nous parlerons de la manière dont se fait la pêche des perles. — *Aide-maître-de-pont*, ou *chableur*, celui qui *aide* les bateaux à passer dans les endroits difficiles d'une rivière, comme sous les arches des ponts, etc. — *Aide de camp*, officier militaire qui sert auprès d'un général ou d'un officier-général, pour porter ses ordres partout où il est nécessaire : *aide de camp du roi, du général, d'un lieutenant-général, d'un maréchal de camp*. — Dans les troupes, *aide-major*, officier qui sert avec le major, sous son autorité, et remplit toutes ses fonctions en son absence : *aide-major des gardes, d'une place de guerre ; aide-major de la place*. — *Aide-majorité*, la place d'*aide-major*. — *Aide-chirurgien-major*, ou *aide-major*, chirurgien adjoint au chirurgien-major d'un régiment. On nomme *sous-aide* celui qui est subordonné à l'*aide* dans les mêmes fonctions. — *Aide* se dit aussi de celui qui contribue aux frais de l'ustensile des gens de guerre, avec l'hôte chez lequel ils sont logés : *donner des aides à un hôte, afin qu'il ne soit pas trop surchargé*. — *A l'aide*, loc. adv., au secours : *crier à l'aide*. — *A l'aide de telle chose*, au moyen ou à la faveur de telle chose. — Il désigne encore la personne ou la chose dont on reçoit de l'*aide*, du secours : *vous serez mon aide ; je n'avais d'autre aide dans mon travail que le dictionnaire de...* — AIDE, ASSISTANCE, SECOURS. (*Syn.*) — *L'aide* est pour ceux qui sont dans l'embarras ; l'*assistance* pour ceux qui sont dans le besoin ; le *secours* pour ceux qui sont dans le danger.

AIDÉ, E, part. pass. de *aider*.

AIDEAU, subst. mas. (*èdô*), t. d'arts et métiers, outil de charpentier. — On appelle aussi *aideaux* les pièces de bois placées en travers des ridelles d'une charrette, pour élever la charge au-dessus du limonier.

AIDER, v. act. et neut. (*èdé*), donner secours, assister. — On dit *aider une personne*, quand le secours qu'on donne ne consiste pas à prendre sur soi une partie de la peine ; et *aider à une personne*, quand on partage cette peine avec la personne aidée : *il l'a aidé à bâtir sa maison en lui prêtant de l'argent ; il lui a aidé à porter son fardeau*, etc. — *Aider à...* se prend aussi dans le sens de servir, contribuer à : *il a beaucoup aidé à la conclusion de ce marché; cette circonstance a bien aidé à le tirer d'affaire*, etc. — *Aider à la lettre*, suppléer à ce qui n'est point exprimé ; ajouter quelque circonstance à un récit, à un rapport, etc. — En t. de mar., *aider un vaisseau dans son mouvement*, joindre la manœuvre de la voilure à celle du gouvernail ; *aider l'ancre*, mettre des planches à ses pattes, quand le fond de la mer ou d'une rivière n'est pas de bonne tenue. — *Dieu aidant*, avec l'*aide* de Dieu. On ne se sert plus aujourd'hui de la locution : *ainsi Dieu m'aide*, pour signifier *j'implore l'aide de Dieu*. — S'AIDER, v. pron., se donner de la peine ; s'exciter au courage. On dit prov. : *aide-toi, le ciel t'aidera*. — *S'aider de quelque chose*, employer quelque chose, s'en servir, en faire usage : *je me suis aidé de tout ce que j'ai trouvé sous ma main ; il ne s'aide pas du bras droit*.

AIDES. Voy. AIDE.

AIDIE, subst. fém. (*èdi*), t. de bot., chèvrefeuille de la Cochinchine.

AIDOIAGRAPHE, mieux ÆDOEAGRAPHE. Voy. ce mot.

AIDOIAGRAPHIE, mieux ÆDOEAGRAPHIE. Voy. ce mot.

AIDOIAGRAPHIQUE, mieux ÆDOEAGRAPHIQUE. Voy. ce mot.

AIDOIALOGIE, mieux ÆDOEALOGIE. Voy. ce mot.

AIDOIALOGIQUE, mieux ÆDOEALOGIQUE. Voy. ce mot.

AIDOIATOMIE, mieux ÆDOEATOMIE. Voy. ce mot.

AÏDONE, subst. fém. (*a-idone*), femme de Zéthus.

AÏDONÉE ou **ADÈS**, subst. mas. (*a-idoné, adèce*), hist. anc., roi des Molosses, qui mit Thésée en prison parce que celui-ci avait tenté, avec Pyrithoüs, d'enlever sa fille Proserpine. Comme Pluton était aussi surnommé Adès ou Aïdonée, de cette histoire est née la fable que Thésée était descendu aux enfers pour enlever la femme de ce dieu, etc. Voy. PYRITHOÜS.

AÏE (*aie*), interjection qui marque la douleur : *aïe ! vous me blessez*. Il s'emploie seul aussi : *aïe!* — *Aïe* est un mot que les charretiers disent à leurs chevaux pour les faire marcher, et qui paraît provenir de *aille*, impér. du v. *aller*.

DU VERBE AUXILIAIRE AVOIR :

Aie, 2ᵉ pers. sing. impér.
Aie, précédé de *que j'*, 1ʳᵉ pers. sing. prés. subj.
Aient, 3ᵉ pers. plur. prés. subj.
Aies, 2ᵉ pers. sing. prés. subj.

AÏEUL, subst. mas. (*a-ieul*), le père du père ou de la mère : *aïeul paternel, aïeul maternel*. Au plur. on dit *aïeuls*, à moins qu'on ne veuille dire *ancêtres*, auquel cas le pluriel d'*aïeul* est *aïeux*. Le mot *aïeul* n'a point de composé au-delà de ceux de *bisaïeul* et *trisaïeul* ; quand on parle des degrés plus élevés, on dit *quatrième aïeul, cinquième aïeul*, etc.

AÏEULE, subst. fém. (*a-ieule*), la mère du père ou de la mère : *aïeule paternelle, aïeule maternelle*.

AÏEUX, subst. mas. plur. (*a-ieu*), tous les parents qui nous ont précédés : *ce prince s'est montré digne de ses aïeux* ; et par extension, les générations qui ont précédé la nôtre : *c'était la mode chez nos aïeux*. — Ce mot s'emploie plus particulièrement dans le style noble. — *Aïeux* et *aïeuls* ne sont point synonymes. Voy. AÏEUL.

* **AIGAIL** et **AIGUAIL**, subst. mas. (*èguaie*) (du lat. *aqua*, eau), vieux terme qui signifiait *rosée*.

AIGAYÉ ou **AIGUAYÉ, E**, part. pass. de *aigayer* ou *aiguayer*.

AIGAYER et **AIGUAYER**, v. act. (*èguèié*) (du lat. *aquari*, faire de l'eau, dérivé de *aqua*, eau), baigner, laver dans l'eau : *aigayer du linge*, le remuer dans l'eau avant de le tordre. — *Aigayer un cheval*, c'est le faire entrer dans l'eau jusqu'au ventre pour le laver et le rafraîchir.

AIGE, subst. fém. (*èje*), t. de médec., tache blanche au-devant de la pupille.

AIGLAT, subst. mas. (*èguela*). Nous trouvons ce mot dans *Trévoux* pour *aiglon* ; nous croyons avec lui qu'il n'est pas usité.

AIGLE, subst. mas. (*èguele*) (du lat. *aquila*), t. d'hist. nat., le plus grand et le plus fort des oiseaux de proie après le condor. Il ne se trouve guère que dans les pays froids. — Pour dire que l'*aigle* crie on dit qu'*il trompette*, à cause du son aigu et perçant de sa voix. — Prov. : *crier comme un aigle*, crier d'une voix aiguë et perçante. — On dit fig. d'un homme qui est d'un génie, d'un esprit, d'un talent supérieur, que *c'est un aigle*, et dans un sens relatif : *cet homme-là est un aigle au prix de ceux dont vous parlez*.

L'aigle d'une maison n'est qu'un sot dans une autre.
(GRESSET.)

— On dit encore qu'*un homme a des yeux d'aigle*, pour dire qu'il a les yeux vifs et perçants ; et fig. *qu'il a un œil d'aigle, le regard de l'aigle*, pour exprimer qu'il a une très-grande pénétration d'esprit. — Des écrivains du siècle de Louis XIV, *Bossuet* entre autres, ont fait *aigle* du genre fém. *Voltaire* lui a donné le même genre dans son poème sur le désastre de Lisbonne :

L'homme d'un plomb mortel atteint cette aigle altière.

Cette licence ou plutôt cette faute n'est plus permise. — *Aigle* se dit aussi de la représentation d'un *aigle* ayant les ailes étendues pour servir de pupitre au milieu du chœur d'une église : *chanter à l'aigle*. En cette acception, *aigle* est toujours masculin. — En t. de papetier, on appelle *grand aigle* le plus grand format des cartons et des papiers : *papier grand aigle*, ou simplement du *grand aigle; petit aigle*, format un peu inférieur. — *Aigle*, en t. d'armoiries, de blason, de devises, est féminin. Ainsi on dit l'*aigle impériale*, pour: les armes de l'empire d'Autriche, qui sont un *aigle*. — On dit au fém. l'*aigle romaine*, les *aigles romaines*, pour : les enseignes des légions romaines, parce qu'en haut de ces enseignes était la figure d'un aigle. Les premiers qui se trouvent avoir porté l'*aigle* dans leurs enseignes sont les Persans, selon le témoignage de Xénophon. Les Romains, après avoir pris diverses autres enseignes, s'arrêtèrent enfin à l'*aigle*, la seconde année du consulat de Marius. Avant lui ils portaient indifféremment des loups, des léopards et des *aigles*, selon qu'il plaisait au général. Ces *aigles* romaines n'étaient point des *aigles* peints sur des drapeaux, mais des *aigles* d'argent ou d'or supportés par une hampe de pique. Elles avaient les ailes étendues, et tenaient quelquefois un foudre dans leurs serres. (Voy. l'Histoire de Dion, au liv. XI). On attachait à cette hampe des boucliers et parfois des couronnes. Tout cela se voit encore très-distinctement sur plusieurs médailles. Au reste, les Romains ne sont point la seule nation qui ait eu des *aigles* pour enseignes. Selon le sentiment de quelques savants, ils ont pris cette coutume de Jupiter de Crète ; selon d'autres, des Toscans ou des Épirotes. On conjecture aussi que Ganymède fut enlevé par un navire nommé l'*Aigle* parce qu'il portait la figure de cet oiseau, ou par des troupes phrygiennes dont les étendards étaient des *aigles* ; et que c'est là ce qui a donné lieu à la fable du rapt de Ganymède par un *aigle*. — On dit que ce fut Constantin qui inventa l'*aigle* à deux têtes, pour indiquer qu'encore que l'empire semblât divisé, il ne formait néanmoins qu'un corps. D'autres prétendent que ce fut Charles Martel qui, en replaçant l'*aigle* romaine sur les étendards de l'empire, y ajouta une seconde tête. Cependant cette opinion est détruite par une *aigle* à deux têtes que Lipse a observée sur la colonne Antonine ; d'ailleurs on ne voit postérieurement qu'une seule tête dans le sceau de la bulle d'Or faite du temps de Charles IV, empereur. Nous devons plutôt nous en rapporter au P. Menestrier, qui dit que les empereurs d'Orient, quand il y en avait deux sur le trône, au lieu de doubler l'écusson impérial, y firent représenter une *aigle* à deux têtes. Les empereurs d'Occident ont suivi cet exemple quelque temps après. Un poète italien a dit à ce sujet qu'on avait fait de l'*aigle* de l'empire un oiseau bien carnassier, en lui donnant deux têtes et deux becs. — *Aigle* signifie donc quelquefois : l'enseigne des légions des anciens Romains : *ils virent briller les aigles des légions*. Quelquefois même ce mot désigne les armées romaines : *c'est votre sagesse seule qui a donné de la terreur à l'aigle romaine* (*Patru*); il peut se prendre aussi pour les enseignes de l'empereur et les troupes de l'empire. *Aigle* signifie aussi : l'empire d'Allemagne, et l'Allemagne même : *l'aigle commence à triompher du croissant ; déjà prenait l'essor pour se sauver dans les montagnes cet aigle dont le vol hardi avait d'abord effrayé nos provinces*. (Fléchier). En ce sens *aigle* est masculin. — *Aigle-Blanc*, ordre militaire de Pologne. Ménénius, sur l'autorité de Jérôme

Roman, historien d'Espagne, dit que sous les empereurs Sigismond et Albert II il y a eu en Allemagne trois ordres militaires fort célèbres, et qu'un certain Moïse Didace de Valéra, Espagnol, reçut de l'empereur Albert ces trois ordres : celui du Dragon, que ce prince lui donna comme roi de Hongrie; celui de Tusin, comme roi de Bohême; et celui des Disciplines ou de l'*Aigle-Blanc*, comme archiduc d'Autriche. Mais comme l'Autriche n'a été érigée en archiduché que par l'empereur Maximilien Ier, l'an 1495, Albert, qui mourut l'an 1440, n'aurait pu donner l'ordre de l'*Aigle-Blanc* à ce Valéra en qualité d'archiduc d'Autriche. Du reste les historiens sont partagés au sujet de l'institution de cet ordre. Quelques-uns l'attribuent à Uladislas, vice-roi de Pologne, qui, selon eux, l'institua au mariage de son fils Casimir-le-Grand avec la fille du grand-duc de Lithuanie, en 1325. Ils ajoutent qu'un nid d'*aiglons*, trouvé par Léchus, premier prince de Pologne, lorsqu'il faisait creuser les fondements de la ville de Gnesne, inspira à Uladislas l'idée d'adopter pour insigne de l'ordre qu'il voulait créer à l'occasion du mariage de son fils, un *aigle blanc* couronné, suspendu à un collier de chaînes d'or. — Il se peut faire qu'il y ait eu aussi en Autriche un ordre sous ce nom et sous celui des Disciplines, dont le collier, selon quelques écrivains, était en forme de baudrier, et supportait des *aigles blancs*. Quoi qu'il en soit, en 1705, Frédéric-Auguste, roi de Pologne et duc de Saxe, restaura l'ordre de l'*Aigle-Blanc*, et y admit plusieurs seigneurs qui avaient suivi son parti. La décoration portait cette devise : *Pro Fide, Lege et Rege*. (*P. Hélyot*, tome VIII, chap. 1er.) — *Aigle-Noir*, ordre militaire en Allemagne. Frédéric III, marquis et électeur de Brandebourg, ayant pris le titre de roi de Prusse, institua, le 4 janvier 1701, un ordre militaire sous le titre de *la Fidélité*, et donna aux chevaliers, pour insigne de cet ordre, une croix d'or émaillée de bleu, ayant au milieu les chiffres du fondateur, FR; aux angles, l'*Aigle* de Prusse émaillé de noir; et soutenue par un ruban couleur orange, en mémoire de la princesse d'Orange sa mère. Ce ruban se porte en écharpe pardessus l'habit; il descend de l'épaule gauche jusqu'à la hanche droite. Les chevaliers portent en outre sur le côté gauche de la poitrine une croix en forme d'étoile et bordée d'argent, au milieu de laquelle, sur un fond orange, est un *aigle* d'or tenant dans une de ses serres une couronne de laurier et dans l'autre un foudre, avec cette inscription en argent au-dessus de sa tête : SUUM CUIQUE. (*P. Hélyot*, tome VIII, chap. 51.) — De quelque gloire qu'aient brillé ces divers *aigles*, l'éclat en a pâli depuis l'apparition de l'*Aigle de la Légion-d'Honneur*, immortelle institution du grand Napoléon. Cet homme phénoménal, né le 15 août 1769, lieutenant d'artillerie le 1er septembre 1785, capitaine le 6 février 1792, chef de bataillon le 19 octobre 1793, général de brigade le 6 février 1794, général de division le 16 octobre 1795, général en chef de l'armée de l'intérieur le 26 octobre 1795, général en chef de l'armée d'Italie le 23 février 1796, premier consul le 13 décembre 1799, consul à vie le 2 août 1802, empereur des Français le 18 mai 1804, couronné le 2 décembre 1804, fut contraint d'abdiquer le 11 avril 1814. Il reçut une seconde fois, le 20 mars 1815, les rênes de l'état, qui lui furent arrachées de nouveau le 21 juin 1815, et mourut le 5 mai 1821. Ce souverain avait créé, le 19 mai 1802, l'ordre de l'*Aigle de la Légion-d'honneur*; ce fut le 14 juillet 1804, dans l'église de l'Hôtel des Invalides à Paris, qu'eut lieu l'inauguration, et le 15 août suivant, la première distribution des croix se fit au camp de Boulogne avec une grande solennité. — L'*aigle*, sur les médailles, est la marque de la Divinité, de la Providence, selon M. Sphanheim, et de l'empire, selon tous les antiquaires. Les princes qui ont le plus ordinairement des *aigles* sur leurs médailles sont les Ptolémées d'Égypte : on en trouve souvent aussi sur celles des Séleucides, rois de Syrie. Un *aigle* avec ce mot CONSECRATIO, est le signe de l'apothéose pour les empereurs. — Monnaie d'or des États-Unis, valant 10 dollars, ou environ 55 francs de France. C'est aussi le type des monnaies frappées sous certains empereurs. — On a fait entrer l'*aigle* en plusieurs devises. Un *aigle* regardant le soleil, avec ce vers de Pétrarque :

E quanto il mira più, tanto più luce,

dont voici la traduction : *Plus elle le considère, plus elle est éclairée*, est, selon Picinelli, l'emblème d'une âme que ses communications avec Dieu éclairent. Un *aigle* qui s'élève au-dessus des nues, avec ces mots : *Sudum per nubila quærit*, est la devise de ceux qui acquièrent de la gloire dans une vie retirée et cachée. Celle d'un grand courage est un *aigle* au milieu d'un ciel orageux, avec ces mots : *Nil fulmina terrent*; ou ceux-ci en espagnol : *Ni matar me, ni spentar me*. Guillaume II, roi d'Angleterre, avait pris pour la sienne un *aigle* qui regarde fixément le soleil, avec ce mot : *Profero*. — Constellation boréale, entre le serpentaire et le dauphin, au-dessus de la flèche et au-dessous d'Antinoüs, dans l'hémisphère septentrional. En ce sens, *aigle* est encore féminin. — T. de myth., oiseau consacré à Jupiter.

AIGLE (L'), subst. fém. (*lèguele*) (du lat. *aquila*, *aigle*, parce que, selon *Trévoux*, les Romains ont campé en ce lieu), ville de France, chef-lieu de canton, arrond. de Mortagne, dép. de l'Orne. Cette ville est renommée pour ses fabriques d'épingles et d'aiguilles.

AIGLEDON. Voy. ÉDREDON.

AIGLETTES, subst. fém. plur. (*ègueléte*), t. de blas. Il se dit de plusieurs *aigles* qui sont dans l'écu.

AIGLEVILLE, subst. fém. (*èguelevile*), ville des États-Unis et chef-lieu de la colonie française.

AIGLON, subst. mas. (*èguelon*), le petit de l'*aigle*.

> Ainsi l'*aigle*, poussé d'un instinct sans pareil,
> Éprouve ses *aiglons* aux flammes du soleil.
> Ils sont désavoués s'ils ferment la paupière,
> Et sont dignes de lui s'ils souffrent la lumière.
> (BRÉBEUF.)

— T. de blas., jeune *aigle* représenté sans bec et sans serres. On l'appelle aussi *alérion* dans cette acception. Un *aiglon* qui suit son père volant vers le soleil, avec cette devise : *Non inferiora secutus*; ou celle-ci : *Auspiciis animisque patris*, marque un enfant qui imite son père, qui apprend à servir son prince sous la conduite et par l'exemple de son père.

AIGLURES, subst. fém. plur. (*ègueluré*), en vieux t. de fauconn., taches rousses semées sur le corps de l'oiseau. On les appelle aussi *bigarrures*.

AIGNAN, subst. mas. (*ègnian*), ville de France, chef-lieu de canton, arrond. de Mirande, dép. du Gers.

AIGNAN (SAINT-), subst. mas. (*ceintègnian*), ville de France, chef-lieu de canton, arrond. de Blois, dép. de Loir-et-Cher. — Bourg de France, chef-lieu de canton, arrond. de Marennes, dép. de la Charente-Inférieure.

AIGNAY, subst. mas. (*ègnié*), bourg de France, chef-lieu de canton, arrond. de Châtillon-sur-Seine, dép. de la Côte-d'Or.

AIGNEL, subst. mas. (*ègniél*), se disait autrefois pour *agnel*. Voy. AGNEL.

AIGOCEROS, subst. mas. (*èguocéroce*) (du grec αἴξ, gén. αἰγὸς, chèvre, et κέρας, corne; *corne de chèvre*), t. de bot., fenu-grec, dont les gousses ont la forme des cornes de la chèvre.

AIGRE, subst. mas. (*èguere*) (du lat. *acer*, gén. *acris*, acide; dérivé du grec ἀκή, pointe), saveur piquante, désagréablement acide : *ce vin sent l'aigre*. — On dit aussi : *cela tire sur l'aigre*, pour indiquer une saveur qui approche de *l'aigre*. — On appelle *aigre de citron*, *aigre de limon*, *aigre de bigarade*, des liqueurs faites avec du jus de citron, de limon, de bigarade. — Adj. des deux genres, qui est piquant au goût, comme le vinaigre : *du vin, du lait aigre*. — On le dit aussi d'une odeur désagréable qui sort des choses corrompues : *une senteur aigre qui soulève le cœur*; d'un bruit, d'un son aigu et rude en même temps : *la scie produit un bruit aigre*; *un flambeau traîné sur un marbre rend un son aigre*; *telle personne a la voix aigre*. — On appelle, en peinture, *couleurs aigres*, celles qui ne sont pas liées par des passages qui les accordent. — *Aigre* se dit aussi des métaux dont les parties ne sont pas bien liées et se séparent facilement les unes des autres : *un fer aigre, du cuivre aigre*. — Il se dit encore fig. de l'esprit, de l'humeur : *il a l'esprit, l'humeur aigre*; du ton avec lequel on dit les choses : *il m'a répondu du ton le plus aigre*; et des choses que l'on dit : *il ne sort de sa bouche que des paroles aigres*; *il a reçu une aigre réprimande*. Il s'applique même aux personnes : *cet homme est aigre*; *c'est une femme fort aigre*.

AIGRE, subst. fém. (*èguere*), petite ville de France, chef-lieu de canton, arrond. de Ruffec, dép. de la Charente.

AIGRE-DOUCE, adj. fém. Voy. AIGRE-DOUX.

AIGRE-DOUX, adj. mas., au fém. AIGRE-DOUCE (*èguéredou*, *douce*), il ne se dit guère au propre que des fruits qui ont un goût mêlé d'aigre et de doux : *une orange aigre-douce*. Dans ce mot composé *aigre* est invariable; ainsi on dirait : *des oranges aigre-douces*. — Au fig., il peut s'employer dans tous les cas où peut s'employer le figuré de *aigre* : *un caractère, un esprit aigre-doux*; *un ton aigre-doux*; *une repartie aigre-douce*; *une personne aigre-douce*.

AIGREFEUILLE, subst. fém. (*èguerefeuie*), village de France, chef-lieu de canton, arrond. de Rochefort, dép. de la Charente-Inférieure. — Village de France, chef-lieu de canton, arrond. de Nantes, dép. de la Loire-Inférieure.

AIGREFIN, subst. mas. (*èguerefein*), espèce d'escroc, adroit et rusé; espèce de *chevalier d'industrie*. Ce mot est d'un usage rare aujourd'hui.

AIGRELET, TE, adj. (*èguerelè, lète*) (diminutif d'*aigre*), un peu *aigre* : *fruit aigrelet*. — Fig., *voix, manière aigrelette*; *ton aigrelet*.

AIGREMENT, adv. (*èguereman*), avec *aigreur*, d'une manière *aigre*. Il n'est d'usage qu'au fig. : *parler, écrire aigrement à quelqu'un*.

AIGREMOINE, subst. fém. (*ègueremoène*), t. de bot., plante vivace à fleurs rosacées, qui croît dans les champs le long des haies, et qu'on emploie en médecine.

AIGREMORE, subst. mas. (*ègueremore*), charbon de bois tendre pulvérisé, propre aux feux d'artifice. — Celui dont l'emploi est de préparer toutes sortes de charbons de bois propres aux feux d'artifice.

AIGRET, TE, adj. (*ègueré, réte*) (diminutif d'*aigre*), un peu *aigre*. On préfère *aigrelet*.

AIGRETTE, subst. fém. (*ègueréte*), t. d'hist. nat., oiseau du genre des hérons, ainsi nommé de sa voix *aigre* et rauque, qui a sur la tête une plume blanche et droite. — Par analogie avec cette plume, sorte d'ornement de tête composé d'un bouquet de plumes. — Panache qui surmonte une coiffure militaire. — Ornement de tête des chevaux de parade. — Ornement au-dessus d'un lit, d'un dais, etc. — En t. de joaillerie, *aigrette* est un bouquet de pierres précieuses disposées en forme de plume d'*aigrette* : *aigrette de diamants*. — *Aigrette de verre*, sorte d'ornement composé de fils de verre aussi fins que les cheveux. — Les artificiers appellent *aigrettes* une espèce d'artifice dont le flux d'étincelles imite un peu les *aigrettes* de verre. — En hydraul., on appelle *aigrette d'eau* un jet d'eau divergent qui a la forme d'une *aigrette*. — Dans quelques pays, on nomme *aigrette* le héron blanc, parce que sa tête est couronnée d'une petite *aigrette*. — En t. de bot., assemblage de soies, de poils ou de filets sur les graines de certaines plantes : l'*aigrette pédiculée* est celle qui est portée par un pédicule; l'*aigrette sessile* est celle qui n'a point de pédicule; l'*aigrette simple* est composée d'un seul faisceau de poils; et l'*aigrette plumeuse* est celle dont chaque poil en porte plusieurs autres disposés en barbe de *plume*. — En phys., on nomme *aigrettes électriques* ou *lumineuses* des faisceaux de rayons lumineux divergents entre eux, qu'on aperçoit sous la forme d'*aigrettes* aux extrémités et aux angles des corps électrisés.

AIGRETTÉ, E, adj. (*ègueréte*), terminé par une *aigrette*. Il n'est guère usité qu'en bot. : *graines aigrettées*.

AIGREUR, subst. fém. (*èguereur*) (rac. *aigre*), qualité de ce qui est *aigre* : le vin, les fruits, etc., peuvent avoir de l'*aigreur*. — Sensation provoquée par cette qualité : *après avoir mangé de tel mets, j'éprouve une aigreur insupportable*. — Au fig., *aigreur* exprime une certaine disposition d'esprit et d'humeur qui porte à offenser les autres, soit par des mots piquants, soit par des actes choquants : *il y a de l'aigreur dans vos paroles, dans votre conduite*. — On dit qu'*il y a de l'aigreur entre deux personnes*, pour signifier qu'il y a commencement de brouillerie entre elles, ou seulement qu'elles sont mal ensemble. — Subst. fém. plur., t. de médec., rapports acides causés par des aliments mal digérés : en ce sens, il ne faudrait pas se servir du singulier; on ne dit pas bien : *cela m'a donné une aigreur*, mais *des aigreurs* : *mon dîner me cause des aigreurs*. — Les graveurs appellent *aigreurs* des touches noires et trop enfoncées, causées par l'inégalité des tailles ou l'eau-forte a trop mordu.

AIGRI, E, part. pass. de *aigrir*.

AIGRIETTE, subst. fém. (*èguerièté*), sorte de cerise un peu *aigre*.

AIGRIR, v. act. (*èguerir*), rendre *aigre*; faire devenir *aigre* : *le levain aigrit la pâte*. — Fig., rendre plus vif un sentiment douloureux ou un mauvais sentiment; irriter : *aigrir les peines, le ressentiment de quelqu'un*; *aigrir les esprits*. —

Aigrir les affaires, les rendre pires.—*Voltaire* a dit:

Alzire a des vertus, et, loin de les *aigrir*, etc.

L'expression est au moins impropre : on *aigrit* les passions, mais non les vertus.—S'AIGRIR, v. pron., perdre son goût naturel, se gâter : *les viandes s'aigrissent sur l'estomac.*—Fig., s'irriter : *le caractère s'aigrit.*

AIGRISE, subst. fém. (*èguerize*), sorte de pierre précieuse.

AIGU, Ë, adj. (*ègu*) (du lat. *acutus*, terminé en pointe ou tranchant, dérivé du grec ἀκίς, pointe), qui se termine en pointe ou en tranchant : *bâton aigu, fer aigu.* — Fig., il se dit des sons aigres et perçants, d'une douleur vive et piquante, soit au physique, soit au moral : *un son aigu ; un chagrin profond et aigu; un mal aigu.* — En t. de médec., on appelle *maladies aiguës*, les maladies souvent mortelles qui prennent subitement et se terminent en un espace de temps très-court, par opposition aux *maladies chroniques*, qui font des progrès moins rapides, et arrivent plus lentement au terme : *fièvre aiguë ; il est attaqué d'une maladie aiguë.* — En t. de gramm., on appelle *accent aigu* un signe mis sur les *e* dits *fermés*, comme dans *vénéré*. Voy. ACCENT. — En géom., *angle aigu*, angle moins ouvert que l'angle droit. — En musique, *son aigu*, 1° son élevé, par opposition à *son grave ;* 2° son qui produit sur l'organe de l'ouïe une impression plus vive et plus pénétrante. On dit fréquemment au plur. *cordes aiguës*. — Dans la poésie espagnole, *vers aigus*, vers terminés par des mots dont la dernière syllabe porte un accent aigu. — En bot., *feuilles aiguës*, celles dont l'extrémité opposée au pétiole se termine en pointe.

AIGUADE, subst. fém. (*èguade*) (formé du lat. *aqua*, eau, que, dans le midi de la France, on appelle *aigue*), eau douce et fraîche dont on fait provision en mer sur les vaisseaux : *faire aiguade; une bonne aiguade.* — Lieu où l'on envoie faire provision d'eau douce. — On dit aussi *aigade*.

AIGUAIL. Voy. AIGAIL.

AIGUAYÉ, E, part. pass. de *aiguayer*.

AIGUAYER, v. act., le même que *aigayer*. Voy. ce mot.

AIGUÉ, E, adj. (*èguié*), vieux mot dont s'est servi Rabelais pour signifier *mêlé d'eau : vin aigué, liqueur aiguée.*

AIGUE-BELLE, subst. fém., (*èguebèle*) (*aqua*, eau, et *bella*, belle, en basse latinité), nom d'un bourg de l'ancien Dauphiné.

AIGUE-MARINE, subst. fém. (*èguemarine*) (du lat. *aqua marina*, eau de mer), pierre précieuse de la couleur du vert de mer. — Au plur., des *aigues-marines*, à cause de l'étymologie de ce mot : c'est comme si l'on disait des *eaux marines*.

AIGUE-PERSE, subst. fém. (*èguepérece*) (du lat. *aqua sparsa*, eau éparse), petite ville de France, chef-lieu de canton de l'arrond. de Riom, dép. du Puy-de-Dôme.

AIGUES-MORTES, (*èguemorte*) subst. fém., (du lat. *aquæ mortuæ*, eaux mortes; autrement : eaux croupissantes), petite ville de France, chef-lieu de canton, arrond. de Nîmes, dép. du Gard. C'est là qu'en 1248 et 1269 saint Louis s'embarqua pour la Palestine.

AIGUES-VIVES, subst. fém. plur. (*èguevive*), bourg de Touraine.

AIGUIÈRE, subst. fém. (*èguière*), vase ouvert qui a une anse, un bec, et où l'on met de l'*eau*.

AIGUIÉRÉE, subst. fém. (*èguiéré*), tout le liquide que peut contenir une *aiguière*.

AIGUILLADE, subst. fém. (*ègu-iiade*), gaule pour piquer les bœufs.

AIGUILLAT, subst. mas. (*ègu-iia*), chien de mer.

AIGUILLE, subst. fém. (*ègu-iie*) (rac. *aigu*), petite broche d'acier fort déliée, pointue par un bout, percée par l'autre, et qui sert à coudre. — Se dit aussi de différentes espèces de petites verges de fer ou de toute autre matière, consacrées à divers usages, telles que les *aiguilles à tricoter ;* les *aiguilles de tête*, dont les femmes se servent pour retenir, pour orner leurs cheveux ; les *aiguilles de montre, de pendule*, qui indiquent les heures, etc. — En t. de chir., instrument en argent, en or ou en acier, long, grêle et plus ou moins pointu, dont on se sert pour faire différentes opérations. — Les graveurs à l'eau-forte et les peintres en émail ont des instruments qu'ils appellent *aiguilles*. — En t. d'archit., clocher haut et pointu. On le dit aussi d'une pyramide, d'un obélisque. — En t. d'artillerie, instrument avec lequel un mineur pratique dans le roc de petits logements à poudre, pour faire sauter des roches, faire des excavations, etc. — En vieux t. de faucon., maladie des faucons, causée par de petits vers courts qui s'engendrent dans leur chair. — Prov. et fig. : *faire un procès sur la pointe d'une aiguille, disputer sur la pointe d'une aiguille ;* contester sur un objet qui n'en mérite pas la peine. — Et aussi : *de fil en aiguille*, de propos en propos, d'une chose à une autre : *il nous a tout raconté de fil en aiguille.* — On dit encore d'une chose qu'on cherche, mais qui est très-difficile à trouver à cause de sa petitesse, que *c'est chercher une aiguille dans une botte de foin.* — On appelle *aiguilles*, en t. de manuf., des filets de plomb attachés aux mailles de corps, afin de tenir tendues les cordes de semples et de rames, et la soie de la chaîne baissée. — En t. de charpentier, *aiguille* se dit d'une pièce de bois debout, entretenue par deux arbalétiers, et destinée à porter les dosses d'un pont. — En t. de mar., c'est la partie de l'éperon d'un vaisseau qui est comprise entre la gorgère et les porte-vergues. — *Aiguille de carène*, longue pièce de bois qui soutient la mâture d'un vaisseau lorsqu'on veut l'abattre en carène. — *Aiguille de fanal*, barre de fer coudée sur laquelle s'établit chaque fanal de poupe. — *Aiguille à ralingues*, celle qui sert à coudre des cordes autour des voiles et des ralingues. — *Aiguille de pertuis*, espèce de vanne qui sert à fermer les pertuis. — T. de chir., se dit de différentes *aiguilles* employées pour la suture des tendons, pour l'anévrisme, pour le bec-de-lièvre, pour la cataracte et pour diverses ligatures. — Fil de fer à crochet à l'usage des fabricants de chandelle. — Petite broche de fer dont se servent les ciriers. — Petit morceau d'acier à l'usage des gainiers. — Outil de relieur, recourbé vers la pointe, et servant à porter d'une nervure à l'autre les fils qui traversent chaque cahier. — En t. de tabletterie, *aiguille* se dit d'un petit poinçon dont on se sert pour forer les tabatières ou autres pièces. — C'est aussi une espèce de poisson de mer long et menu, qui a la tête extrêmement pointue. — *Aiguilles d'essai* ou *touchaux*, t. de chim., alliage d'or ou d'argent dans des proportions différentes. — On nomme *aiguille aimantée* une lame longue et mince, mobile sur un pivot, qui, frottée contre un bon aimant, dirige ses extrémités vers les pôles. — *Aiguille de déclinaison*, l'aiguille aimantée, en tant qu'elle décline du vrai nord, pour se porter vers l'est ou l'ouest. — *Aiguille d'inclinaison*, celle qui peut se mouvoir de haut en bas, et sert à mesurer le degré d'inclinaison de l'aimant. — *Aiguille électrique*, lame de métal en forme d'S, qui, placée sur un pivot fixé au conducteur électrique, tourne avec rapidité. — On appelle *aiguille raffolée* l'aiguille d'une boussole qui ne marque pas exactement le nord. — *Aiguille de berger*, t. de bot. Voy. PEIGNE DE VÉNUS au mot PEIGNE. — Subst. mas., petit bateau de pêche en usage sur la Garonne. — En t. de maçonnerie, outil acéré par le bout, qui sert à percer la pierre.

AIGUILLÉ, E, part. pass. de *aiguiller* et adj. (*ègu-iié*), t. de bot. et de minér., en *aiguilles ;* semblable à des *aiguilles*.

AIGUILLÉE, subst. fém. (*ègu-iié*), étendue de fil, etc., coupée de la longueur nécessaire pour travailler à l'*aiguille*.

AIGUILLER, v. act. (*ègu-iié*), t. de chir., ôter la cataracte de l'œil avec une *aiguille* propre à cette opération. — En t. de manuf., *aiguiller la soie*, nettoyer la soie avec des aiguilles ou quelque autre instrument semblable, quand elle est sur le dévidoir ou qu'on l'en a retirée. — S'AIGUILLER, v. pron.

AIGUILLES, subst. fém. (*ègu-iie*), village de France, chef-lieu de canton, arrond. de Briançon, dépt. des Hautes-Alpes.

AIGUILLETAGE, subst. mas. (*ègu-iietaje*), action, effet d'*aiguilleter*. — Amarrage de canons.

AIGUILLETÉ, E, part. pass. de *aiguilleter*, et adj., attaché avec des *aiguillettes*.

AIGUILLETER, v. act. (*ègu-iieté*), vieux mot qui signifiait attacher avec des *aiguillettes*. — Ferrer des lacets. — En t. de mar., lier avec le bout du cordage appelé *aiguillette*. — Amarrer des canons dans un gros temps. — On ne se sert guère du v. pron. S'AIGUILLETER.

AIGUILLETIER, subst. mas., au fém. AIGUILLETIÈRE (*ègu-iietié, tière*), ouvrier, ouvrière qui fait des *aiguillettes*, des lacets.

AIGUILLETIÈRE, subst. fém. Voy. AIGUILLETIER.

AIGUILLETTE, subst. fém. (*ègu-iiète*) (du lat. *acicula*, dérivé de *acus*, pointe), morceau de tresse, de tissu ou de cordon plat ou rond, ferré par les deux bouts, destiné à attacher quelque chose ou à servir d'ornement. — En t. de mar., cordage fait à dessein de lier deux choses qui ne se croisent pas. — Au plur., t. de mar., menues cordes qui servent à divers usages. — Au fig., morceau de peau ou de chair arraché ou coupé en long : *on lui enleva la peau par aiguillettes ; une aiguillette de canard.* — Prov. : *nouer l'aiguillette*, empêcher par un prétendu maléfice la consommation du mariage. — *Lâcher l'aiguillette*, satisfaire un besoin naturel; et en t. de man., faire tout-à-coup cinq ou six sauts et ruades consécutives et violentes.—Marque distinctive de certains militaires.

AIGUILLIER, subst. mas. (*ègu-iié*) (rac. *aiguille*), petit étui pour mettre les *aiguilles*. — Ouvrier qui fait des *aiguilles*.

AIGUILLIÈRE, subst. fém. (*ègu-iière*), t. de pêche, espèce de filet tendu entre deux eaux.

AIGUILLON, subst. mas. (*ègu-iion*) (de l'italien *agugliono*, fait du latin *aculeus*, diminutif d'*acus*, pointe), arme propre aux insectes hyménoptères. — Petit dard des abeilles, des guêpes, etc. — Bâton délié et pointu qui sert à piquer les bœufs. — Au plur., t. de chasse, pointes qui terminent les fumées des bêtes fauves; et, par extension, fientes et fumées des bêtes fauves. — En bot., pointe fragile qui tient seulement à l'écorce, et paraît en être une prolongation. — Chez divers poissons, osselet aigu et d'une seule pièce, qui soutient les nageoires. — Au fig., tout ce qui sert à encourager, à exciter : *l'émulation est l'aiguillon qui l'anime.* — On dit dans le langage de l'Écriture : *l'aiguillon de la chair*, pour : les tentations de la chair.

AIGUILLON, subst. mas. (*ègu-iion*), petite ville de France, canton de Port-Sainte-Marie, arrond. d'Agen, dép. de Lot-et-Garonne.

AIGUILLONNÉ, E, part. pass. de *aiguillonner*, et adj., t. de bot. : *plante aiguillonnée*, munie d'*aiguillons*. — T. de chasse : *fumées aiguillonnées*, celles qui portent un *aiguillon* quand elles sont en nœuds.

AIGUILLONNER, v. act. (*ègu-iioné*) (formé de *aiguillon*), piquer les bœufs avec l'*aiguillon*. En ce sens, peu usité. — Au fig., exciter, animer, etc. : *la gloire et l'intérêt aiguillonnent.* — S'AIGUILLONNER, v. pron.

AIGUILLOTS, subst. mas. plur. (*ègu-iio*), t. de mar., ferrures, gonds dont est garni le gouvernail d'un bâtiment.

AIGUISÉ, E, part. pass. de *aiguiser*, et adj., se dit, en t. de blas., d'une croix, d'une fasce, d'un pal dont les bouts sont taillés en pointe.

AIGUISEMENT, subst. mas. (*ègu-izeman*) (formé de *aiguiser*), action d'*aiguiser*.

AIGUISER, v. act. (*ègu-izé*) (rac. *aigu*, formé du lat. *acutus*), rendre *aigu*, ou plus pointu, plus tranchant : *aiguiser un canif, un couteau.* — Fig., rendre plus pénétrant, plus subtil : *la controverse aiguise l'esprit ;* plus mordant, plus piquant : *le ton dont il raille aiguise beaucoup ses railleries.* — *Aiguiser l'appétit*, rendre l'appétit plus vif. — Prov. et fig. : *aiguiser ses couteaux*, se préparer au combat. — *Aiguiser ses dents*, se disposer à faire un bon repas. — On dit, dans les usines où l'on travaille la pierre calaminaire et le cuivre, *aiguiser la pierre*, pour désigner l'action de détacher l'enduit des parois intérieures des moules quand il ne peut plus supporter la fonte. — S'AIGUISER, v. pron.

AIGUISERIE, subst. fém. (*ègu-izeri*), atelier où l'on *aiguise* les armes blanches.

AIGUISEUR, subst. mas., au fém. AIGUISEUSE (*ègu-izeur, zeuze*), qui *aiguise*.

AIGUISEUSE, subst. fém. Voy. AIGUISEUR.

AIGUMENT, adv. (*èguman*), d'une manière *aiguë*. — Signifiant *rudement*, ce mot n'est point usité.

AIGURANDE, subst. fém. (*ègurande*), ville de France, chef-lieu de canton, arrondissement de la Châtre, dép. de l'Indre.

AIL, subst. mas. (*a-ie*), au plur. AULX (*ô*) (en lat. *allium*), t. de bot., plante ayant pour racine un ognon d'une odeur pénétrante, qui se divise en plusieurs sections nommées *gousses*. L'assemblage de ces gousses s'appelle *tête d'ail*. — *L'ail* est un spécifique contre le mauvais air, les tranchées, les vents, etc.; et l'art culinaire en fait une grande consommation. — On évite ce mot au plur., qui, du reste, dans la langue des naturalistes, est *ails*. Notre avis est qu'on devrait dire *ails* au plur. dans toutes les circonstances.

AILE, subst. fém. (*èle*) (en lat. *ala*), partie du corps de l'oiseau, de quelques insectes et de certains autres animaux, qui leur sert à s'élever, se soutenir, et se transporter çà et là dans les airs. — Partie charnue d'un oiseau cuit, depuis le haut de l'estomac jusque sous les cuisses : *une aile de perdrix ; le haut de l'aile ; le bout de l'aile.* — En parlant de plumes à écrire, on appelle *bouts d'aile* les plumes du bout de l'aile des oies. — Fig., promptitude ; vitesse ; course rapide : *les ailes des vents, du temps, des heures.* On ne le dit qu'en poésie. — Fig., soin assidu ; protection : *une fille élevée sous l'aile de sa mère.* — En t. de religion, *l'aile du Seigneur* signifie la protection de Dieu : *Seigneur, que craindrais-je à l'ombre de vos ailes ?* — On dit prov. et fig. : *ne battre que d'une aile*, être fort déchu de vigueur, de crédit, de considération : *depuis sa maladie il ne bat plus que d'une aile ;* d'un homme à qui il est survenu quelque altération considérable dans la santé, quelque disgrace, ou d'un homme qui est devenu amoureux, qu'*il en a dans l'aile.* — *Battre de l'aile*, être mal à son aise, dans l'embarras, comme un oiseau faible ou blessé, qui agite inutilement ses ailes pour s'envoler. — *La peur donne des ailes ; le mal a des ailes* ; la peur fait courir les plus tranquilles ; le mal arrive promptement. — *Tirer une plume de l'aile à quelqu'un*, le priver, le dépouiller de quelque chose qui lui appartient, tirer de l'argent de lui ; et, *rogner les ailes à quelqu'un*, lui retrancher de son autorité, de son crédit, de ses profits, etc. — *Vouloir voler sans avoir d'ailes*, entreprendre une chose au-dessus de ses forces. — *Voler de ses propres ailes*, faire quelque chose sans le secours d'autrui. — *Tirer pied ou aile de quelqu'un, d'une chose*, trouver moyen de tirer parti de ce qu'on prétendait avoir de quelqu'un, de quelque chose. — *Aile* se dit de diverses choses par analogie. Ainsi on dit : *les ailes d'un moulin à vent*, en parlant de ces grands châssis garnis de toile que l'on met à un moulin, et qui sont mus par le vent. — En t. d'archit., *ailes d'un bâtiment*, les deux parties construites, l'une à droite, l'autre à gauche du principal corps de logis. — *Ailes d'une église*, les bas-côtés. — *Ailes de pont*, murs qui soutiennent les berges de la rivière, vers les têtes des culées d'un pont. — On appelle encore *ailes de mouche*, en archit., les ancres dont on se sert pour les coffres des cheminées en briques. — En t. de fortification, *aile* se dit d'un bastion, et plus souvent des longs côtés qui terminent à droite et à gauche un ouvrage à cornes ou à couronne. — En t. d'horlogerie, *ailes* se dit des dents d'un pignon. — En t. de vitrier, les parties les plus déliées des petites bandes de plomb entre lesquelles sont engagées les pièces de verre qui composent un panneau de vitres. — En t. de cordier, on nomme *ailes d'un touret*, les petites planches en croix qui retiennent le fil sur le touret. — En t. de tourneur, les deux pièces de bois plates et triangulaires qui s'attachent transversalement à une des poupées du tour, pour servir de support quand on veut tourner des cadres ronds. On appelle *poupées à ailes* celles qui ont de ces sortes de supports. — En t. de serrurier, on appelle *aile de fiche* la partie de la fiche que l'on place et que l'on attache dans l'entaille du bois des portes et des fenêtres, pour les ferrer. — *Ailes*, en t. de cuisinier et de rôtisseur, se dit des parties de la lardoire où se met le lardon. — Les couvreurs appellent *aile de mouche* une sorte de clou qu'ils emploient pour attacher la latte. — *Aile de pavé*, côté en pente de la chaussée d'un pavé, depuis le tas droit jusqu'à la bordure. — *Aile*, en t. d'anat., se dit de plusieurs parties du corps : les lobes du foie s'appellent souvent *ailes* ou *ailerons ;* on nomme aussi *ailes* ou *ailerons* les chairs molles et spongieuses qui sortent de la partie naturelle des femmes, que les anatomistes appellent *nymphes* ou *dames des eaux*, parce qu'elles servent à conduire l'urine dehors ; *ailes* ou *ailerons* désignent encore les deux cartilages qui sont aux côtés du nez, et qui forment les narines ; enfin, l'on appelle *aile* ou *aileron* le haut des oreilles. — *Ailes*, au plur., en t. de bot., 1° les deux pétales latéraux de toute corolle papilionacée ; 2° les membranes saillantes qui bordent la tige, les rameaux ou les semences de quelques plantes. — Planches rectangulaires, sur la surface d'une roue hydraulique, pour recevoir le choc de l'eau. — Planches qu'on met au bout des semelles d'un bateau foncet, en avant et en arrière. — *Ailes d'une armée*, les deux côtés, par opposition au centre : *aile droite, aile gauche.* En ce sens ce mot vient, selon *Bochart*, de *alauda*, qui signifiait une légion gauloise, ainsi nommée à cause de la figure des casques crêtés que portaient les soldats. Il y a beaucoup plus d'apparence, ou plutôt il est certain que *aile*, dans ce cas, vient du mot latin *ala, aile*, nom qui se donnait à un corps de cavalerie, parce que dans les armées romaines la cavalerie se divisait en deux parties qu'on jetait sur les deux côtés de l'armée, l'un à droite et l'autre à gauche, et qui formaient à peu près, par rapport à cette armée, la figure que font les *ailes* d'un oiseau quand elles sont étendues. On dit que Pan, l'un des capitaines de Bacchus, a été le premier inventeur de cette manière de ranger une armée en bataille, d'où vient que les anciens, qui nommaient cornes ce que nous appelons *ailes*, l'ont peint avec des cornes à la tête. — *Aile* se dit aussi des deux côtés ou des files qui terminent chaque bataillon ou chaque escadron, à droite et à gauche : *on a commencé à défiler par l'aile droite.* — En t. de pêche, *ailes de filet*, nappes ajoutées aux filets, en forme de manche ou de poche. — *Aile de Saint-Michel*, ordre militaire de Portugal qui fut institué, selon le P. André Mendo, jésuite, l'an 1165, ou l'an 1171 selon Joseph di Michieli. Alphonse-Henri Ier, roi de Portugal, le créa en mémoire d'une victoire qu'il remporta sur le roi de Séville et les Sarrasins, et dont il crut être redevable à saint Michel, qu'il avait pris pour patron dans cette guerre contre les infidèles. Les chevaliers de l'*Aile de Saint-Michel* portaient sur leur enseigne une *aile* qui, comme celles qu'on donne à cet archange, était couleur de pourpre et environnée de rayons d'or. Ces chevaliers suivaient la règle de saint Benoît. Ils faisaient vœu de défendre la religion chrétienne et les confins du royaume, et de protéger les veuves et les orphelins. Sur leur étendard on voyait d'un côté un saint Michel terrassant le démon, et de l'autre la croix de l'ordre en forme d'épée, avec ces mots : *Quis ut Deus ? Qui est semblable à Dieu ?* Cet ordre ne subsiste plus. — En t. de blas., *aile*, quand elle est seule, s'appelle un *demi-vol ;* et lorsqu'il y en a deux, elles s'appellent un *vol* : ce qui se dit de quelque oiseau que ce soit. Une *aile* étendue, avec ces mots : *Serpere nescit*, marque, dans Aresi, l'élévation du génie. Une *aile* avec ces mots : *Non sufficit una, une seule ne suffit pas*, signifie qu'une vertu, une bonne qualité ne suffit pas seule. — L'académie des Philoponi, c'est-à-dire des amateurs du travail, de Faenza, a pour devise une *aile* arrangée en éventail, avec laquelle une main chasse les mouches, et ces mots : *Fugantur desides, on chasse les fainéants.* Deux *ailes*, avec ces mots : *Portantem portant, elles portent qui les porte*, marquent un secours réciproque.

AILE, subst. fém. (*èle*, à l'anglaise), espèce de bière faite sans houblon, que les Anglais écrivent *ale.*

AILÉ, E, adj. (*èlé*) (en latin *alatus*), qui a des *ailes : des dragons ailés.* — Se dit, en t. de blas., des animaux, etc., auxquels on donne des *ailes* contre leur nature. — *Un foudre ailé* est, en iconologie, le symbole de la force et de la célérité. — En bot., 1° *pétiole ailé*, qui porte sur ses côtés une partie de la substance membraneuse de la feuille ; 2° *semence ailée*, qui porte sur les côtés une membrane saillante ; 3° *tige ailée*, garnie longitudinalement de membranes qui s'élèvent au-dessus de sa superficie ; 4° *feuilles ailées*, la même chose que *feuilles pinnées.* — En mécan., on appelle *vis ailée* une vis qui offre de la prise aux doigts.

AILERON, subst. mas. (*èleron*), extrémité de l'*aile* d'un oiseau. — Au plur., nageoires de quelques poissons. — En archit., petite console en amortissement, ou avec enroulement, dont on décore les lucarnes. — Les vitriers appellent *ailerons* ou *ailes* les extrémités les plus minces du plomb qui maintient les pièces de verre dont un panneau de vitres est composé. — En t. d'artificier, on appelle *ailerons* de petits morceaux de carton que l'on attache en forme d'ailes à une fusée volante. — *Ailerons*, en mécanique, petites planches sur lesquelles tombe l'eau, dont le poids et l'action font tourner une roue de moulin. — Dans les carrières d'ardoise, c'est une petite pièce qui sert de support à la partie du seau qu'on appelle le *chapeau.* — En t. de mar., on appelle *ailerons* deux planches clouées momentanément vers la flottaison, et que l'on fait sauter lorsque le bâtiment est en dehors. — Se dit, chez les serruriers, de la partie des fiches de fer qui entre dans le bois.

AILETTE ou **ALETTE**, subst. fém. (*èlète*), t. de cordonn., cuirs cousus à l'empeigne d'un soulier. — En t. de mar., la prolongation des bordages de l'arrière, tribord et bas-bord.

AILLADE, subst. fém. (*a-iade*), t. de cuisine, sauce faite avec de l'*ail.*

AILLANT-SUR-THOLON, subst. mas. (*a-iançurtolon*), petite ville de France, chef-lieu de canton, arrond. de Joigny, dép. de l'Yonne.

DU VERBE IRRÉGULIER ALLER :

Aille, précédé de *que j'*, 1re pers. sing. prés. subj.
Aille, précédé de *qu'il* ou *qu'elle*, 3e pers. sing prés. subj.
Aillent, 3e pers. plur. prés. subj.
Ailles, 2e pers. sing. prés. subj.

AILLEURS, adv. (*a-ieur*) (du lat. *aliorsum* qui a la même signification), en un autre lieu, d'un autre côté : *allez ailleurs.* — En parlant d'un livre, il signifie : dans un autre passage du même livre : *nous avons dit ailleurs que...* — On a dit autrefois *aillors.* (*Borel.*) — **D'AILLEURS**, loc. adv., d'un autre lieu, d'un autre côté. — D'un autre principe, d'une autre cause, pour un autre sujet. — De plus, outre cela.

AILLY-LE-HAUT-CLOCHER, subst. mas. (*a-ieileôkloché*), village de France, chef-lieu de canton, arrond. d'*Abbeville*, dép. de la Somme.

AILLY-SUR-NOYE, subst. mas. (*a-ieiçurnoa*), bourg de France, chef-lieu de canton, arrond. de Montdidier, dép. de la Somme.

AILURES ou **HILOIRES**, subst. fém. plur. (*élure, iloare*), t. de mar. On appelle ainsi les deux soliveaux placés sur un pont de vaisseau, et qui forment l'*écoutille.*

AIMABLE, adj. (*èmable*) (en lat. *amabilis*), digne d'être *aimé*, qui a les qualités nécessaires pour plaire, pour se faire *aimer.* — On l'a autrefois employé subst. : *les aimables de la cour ;* mais il n'est plus d'usage en ce sens qu'ironiquement : *il fait l'aimable.*

AIMABLEMENT, adv. (*èmableman*) (en lat. *amabiliter*), vieux mot qui signifiait : d'une manière *aimable.* On ne s'en sert plus aujourd'hui.

AIMANT, subst. mas. (*éman*) (du grec ἀδάμας, gén. ἀδάμαντος, indomptable, par la comparaison de la dureté de l'aimant avec celle du diamant, auquel les Grecs et les Latins ont donné le même nom d'*adamas*), pierre, minéral ferrugineux qui a subi l'action électrique ou celle du feu, qui attire le fer, et dans lequel il y a deux points déterminés, dont l'un se tourne toujours vers le nord et l'autre vers le sud : *aiguille frottée d'aimant.* — Les deux points déterminés de l'*aimant* se nomment *les deux pôles de l'aimant.* — *Armer un aimant*, le garnir de plaques de fer doux qui en augmentent la force. — *Aimant artificiel*, lames d'acier réunies en faisceau, qui ont acquis par le frottement les mêmes propriétés que celles des *aimants* naturels. — On nomme *attraction de l'aimant* la faculté qu'a l'*aimant* de s'attacher au fer, et même de l'attirer d'une certaine distance. — *Répulsion de l'aimant*, répulsion qui a lieu entre deux *aimants* lorsqu'on les présente l'un à l'autre par les pôles semblables. — *Déclinaison de l'aimant*, la déviation de l'*aimant* du vrai nord. — *Communication de l'aimant*, la faculté qu'a l'*aimant* de transmettre au fer toutes les propriétés qu'il possède luimême. — Fig., *la vertu est un aimant qui attire les cœurs*, la vertu est ce qui attire, etc.

AIMANT, E, adj. (*éman, mante*), qui par sa nature est porté à *aimer : une âme aimante, un cœur aimant.*

AIMANTAIRE, adj. (*émantère*), se dit seulement dans cette phrase : *la force aimantaire du globe.* Nous ne trouvons ce mot que dans *Raymond*, qui pourrait bien avoir forgé à plaisir l'exemple qu'il cite, lequel n'est pas signé.

AIMANTÉ, E, part. pass. de *aimanter*, et adj. : *aiguille aimantée*, qui a les vertus et les propriétés de l'*aimant.*

AIMANTER, v. act. (*émanté*), frotter d'*aimant : aimanter l'aiguille d'une boussole.* — **S'AIMANTER**, v. pron.

AIMANTIN, E, adj. (*émantein, tine*), qui appartient à l'*aimant*, qui lui est propre. Peu usité ; on dit plutôt *magnétique.*

AIMARGUE, subst. fém. (*émargue*) (du lat. *Armaniæ*), petite ville de France, canton de Vauvert, arrond. de Nîmes, dép. du Gard.

AIMÉ, E, part. pass. de *aimer*, et adj., qu'on *aime*, pour qui l'on a de l'amour, de l'amitié.

AIMENÉ ou **ÉMENÉ**, subst. fém. (*émené*), myth., Troyenne à qui l'on rendit des honneurs divins dans la Grèce.

AIMER, v. act. (*èmé*) (du latin *amare*), avoir de l'attachement, de l'affection pour. Il se dit des personnes et des choses, tandis que *chérir* ne se dit que des personnes, ou de ce qui fait en quelque sorte partie de la nôtre, comme nos idées, nos préjugés, etc. — *Aimer*, employé absolument et sans régime, ne se dit que relativement à la passion de l'amour : *il est doux, mais dangereux d'aimer*; si ce n'est pourtant dans un sens général tel que celui de cette phrase : *l'homme faible ne sait ni aimer ni haïr; l'homme énergique n'aime ni ne hait à demi.* — *Aimer quelqu'un comme ses petits boyaux*, bas; *comme la prunelle de ses yeux*, fam.—*Aimer à*, prendre plaisir à : *il aime à jouer*, et non pas *il aime de jouer*.—Il se joint aussi avec la conjonction *que* suivie d'un verbe au subjonctif, pour signifier : trouver bon : *aimez qu'on vous conseille*; trouver juste : *j'aime que chacun soit traité selon ses mérites*; désirer, vouloir, etc. : *j'aime qu'on soit exact aux rendez-vous qu'on me donne.* — *Aimer mieux*, préférer. Si c'est préférence de goût, on dit sans préposition : *j'aime mieux dîner que souper*; mais si c'est préférence de volonté, il faut dire avec la prép. *de* : *j'aime mieux mourir que de me déshonorer.* — On dit *faire aimer de*, en parlant des personnes, *et faire aimer à*, en parlant des choses : *la modestie, la politesse font aimer un jeune homme de tout le monde; la religion fait aimer les souffrances au vrai chrétien.* — Prov. : *qui aime bien châtie bien*, pour dire que c'est aimer véritablement quelqu'un que de le reprendre de ses fautes. — *Qui m'aime me suive*, pour dire que ceux qui nous aiment doivent nous imiter en ce que nous faisons. — *Qui m'aime aime mon chien*, pour dire : quand on aime une personne, on aime tout ce qui lui appartient. — *Aimer* signifie aussi avoir du goût pour; se plaire à : *il aime le vin, il aime la campagne.* — On dit fig.: *la violette aime l'ombre, l'artichaut aime l'eau*, etc. — AIMER MIEUX, AIMER PLUS. (*Syn.*). *Aimer mieux* diffère d'*aimer plus*, en ce qu'*aimer mieux* ne marque qu'une préférence d'option, et ne suppose aucun attachement; *aimer plus*, au contraire, marque une préférence de choix et de goût, et désigne un attachement plus grand.—L'*Académie* veut que l'on se serve encore de ces locutions : *si mieux n'aimez; si mieux n'aime ledit sieur* : nous les réputons plus que familières et surannées.—S'AIMER, v. pron., se dit de l'attachement de deux ou plusieurs personnes les unes pour les autres : *ces époux s'aiment passionnément.* — *Aimer* sa propre personne, être infatué de soi-même : *cette jeune fille s'aime beaucoup.* — Fig., se plaire. Il régit *à* ou *dans*; on ne l'emploie guère qu'en parlant des animaux ou des plantes : *les lapins s'aiment dans ce pays; l'abricotier s'aime au soleil.*

AIMOSCOPIE, subst. fém. Voy. HÉMOSCOPIE, seule orthographe qui puisse être admise.

AIMOSCOPIQUE, adj. Voy. HÉMOSCOPIQUE.

AIN, subst. mas. (*ein*), dép. de la France, tirant son nom de la rivière qui le traverse.

AIN. Nous lisons dans *Trévoux* qu'on a écrit autrefois ainsi l'interj. *hein.* C'est cette dernière orthographe que l'on préfère aujourd'hui. Voy. ce mot.

AIN, subst. mas. (*ein*), est encore, d'après *Trévoux*, un vieux mot qui se disait pour *hameçon.* — C'était aussi le nom d'une lettre nasale dans la grammaire hébraïque.

AINARD, subst. mas. (*ènar*), t. de pêche, ganse pour attacher le filet à la corde.

AINAY-LE-CHÂTEAU, subst. mas. (*ènèlechâtô*), petite ville de France, canton de Cérilly, arrond. de Montluçon, dép. de l'Allier.

AINC, adv. inus. (*einke*) (formé de *unquàm*), et qui signifiait *jamais.*

AINÇOINS, AINÇOIS, adv. (*einçoein, çoè*), au contraire. Très-vieux. Ces mots, qui ont le même sens que *ains*, et qui *en sont* les dérivés, auraient dû s'écrire *ainsoin, ainsois.*

AINE, subst. fém. (*ène*) (du lat. *inguen*, aine), partie du corps où se fait la jonction de la cuisse et du bas-ventre. — C'est aussi le nom que l'on donne à une brochette qui sert à enfiler les harengs pour les mettre saurer à la fumée.—Les facteurs d'orgues appellent *aines* et *demi-aines* des pièces de peau de mouton qui servent à joindre les éclisses et les têtières des soufflets d'orgues.

AÎNÉ, E, adj. et subst. (*èné*) (du lat. *antè natus*, né auparavant), le premier né des enfants : *fils aîné, sœur aînée; c'est mon aîné*, etc. — *Aîné*, subst., se dit d'un second enfant à l'égard d'un troisième, et ainsi des autres : *il est mon aîné, et je suis le vôtre.* — Il se dit par extension de toute personne plus âgée qu'une autre : *il est votre aîné de dix ans.* — En parlant des différentes branches d'une grande maison, on entend par *la branche aînée* celle qui descend en ligne directe de l'*aîné* de la famille. — On appelait le roi de France *fils aîné de l'Église catholique*, et l'Université de Paris *fille aînée des rois de France.* — *Aîné* s'emploie encore au fig. : *l'ambition est la sœur aînée des passions.* — Suivant *Trévoux*, ce mot vient de *ainsné*, qu'on écrivait aussi *ainzné*, composé des deux mots *ains*, ou *ainz*, et *né*, *auparavant né*, venant eux-mêmes du latin *antè natus*, comme qui dirait : *auparavant né*, par opposition à *puîné.*

AÎNESSE, subst. fém. (*ènèce*) (rac. *aîné*), priorité d'âge entre frères et sœurs. Il ne se dit que dans cette phrase : *droit d'aînesse.* On entend par *droit d'aînesse*, ou primogéniture, en jurisprudence politique et féodale, les priviléges du premier né. Le *droit d'aînesse* est aboli en France; cependant certaines prérogatives ont encore été conservées à l'*aîné* : dans le nombre se trouvent les majorats.

AINETTE, subst. fém. (*ènète*), t. de pêche, petite ganse avec laquelle on attache les harengs. — Lieu dans lequel on les fait saurer.

AINS, conj. (*eince*). (*Ménage* fait venir ce mot de l'italien *anzi*, qui a été formé de *antè*). On a employé ce mot en plaisantant, et dans ce seul cas : *ains au contraire.* Inus.

AINSI, adv. et conj. (*einci*) (suivant *Ménage*, du lat. *insic*, formé de la prép. *in*, et de l'adv. *sic*, de la sorte, de cette sorte. En français, on a d'abord dit *enseine, insing, einsin, ensin, ensic*, ensuite *ensi, einsi*, et enfin *ainsi*), de la sorte, de cette sorte; c'est pourquoi; tout de même. — *Ainsi que*, de même que.

AINSI SOIT-IL, loc. adv. (*eincicoètile*), façon de parler dont on se sert pour exprimer le souhait de l'accomplissement d'une chose auparavant énoncée. Il se met ordinairement à la fin des prières qu'on fait à Dieu.

AÏOLÉ, subst. mas. (*a-iolé*), poisson de l'espèce de l'able.

AIPY, subst. mas. (*èpi*), t. de bot., plante dont se nourrissent les Brésiliens.

AIPYSURE, subst. fém. (*èpizure*), t. d'hist. nat., sorte de serpent.

AIQUE, subst. fém. (*èke*), vieux mot inus., fait d'*aqua*, et qui signifiait *eau, rivière.*

AIR, subst. mas. (*ère*) (du grec αηρ, en lat. *aer*), substance fluide, pesante, élastique, invisible, qui, sous le nom d'*atmosphère* proprement dite, enveloppe la masse terrestre : *air subtil, air grossier; respirer un air pur*, etc. Selon les principes de la chimie moderne, l'*air*, regardé autrefois comme un élément, est un composé d'*azote* et d'*oxygène*, dans la proportion d'environ 4 à 1. — Vent : *il ne fait point d'air.*—Les anciens avaient fait de l'*air* une divinité, qu'ils adoraient sous les noms de Jupiter, de Junon, de Minerve, etc. — C'est la Vénus céleste des Assyriens et des Arabes. — Manière, façon : *l'air dont il fait toute chose.*— Physionomie : *il a l'air spirituel.* — Ensemble des traits du visage, des habitudes du corps, etc. : *il a beaucoup de votre air.* — En t. de man., allure du cheval : *ce cheval va à tout air*, on le manie comme on veut.— En t. de mus., suite de tons qui composent un chant : *air nouveau, air triste*, etc. Il se dit à la fois du chant et des paroles dans cette locution : *air à boire.*—On dit de quelqu'un qui ne chante pas exactement un *air*, qui détone, qu'*il n'est pas dans l'air.* — En t. de mar., *ce vaisseau a de l'air*, va vite. —Poét. : *les plaines de l'air.* — *Avoir l'air*, avoir le maintien, les manières, l'apparence : *vous avez l'air triste; il a l'air d'un pédant; elle avait un air d'empire; ceci m'a tout l'air d'un conte.* — On dit, en parlant d'une femme : *elle a l'air bon, elle a l'air mauvais*, parce que *bon* et *mauvais* modifient *air*; et, en parlant d'une poire : *elle a l'air bonne, elle a l'air mauvaise*, parce que ces adjectifs modifient poire; on sous-entend d'être, etc. Quelques écrivains ont dit dans le premier cas : *elle a l'air bien affligée; elles avaient l'air bien étourdies*, etc. L'*Académie* ne cite aucun exemple qui autorise cette concordance; il faut dire incontestablement : *elle a l'air bien affligé; elles avaient l'air bien étourdi.*—Devant un verbe, *avoir l'air* régit toujours la prép. *de* : *il a l'air d'avoir trop bu.* — *Vous m'avez bien l'air d'attendre*, il y a grande apparence que vous attendrez.—On dit d'un homme dont la physionomie exprime la méchanceté, qu'*il a l'air mauvais*, et d'un homme de mauvaise tournure, qu'*il a mauvais air.* — On dit aussi d'un homme qui vit en grand seigneur, que c'est *un homme du grand air*; et d'un homme dont la physionomie est noble, qu'*il a l'air grand.* —*Marcher de bon air, de mauvais air*, que nous lisons encore dans la dernière édition de l'*Académie*, nous semble n'être plus une expression française; bien certainement elle est surannée. — On dit ironiquement : *les gens du bel air, les gens du grand air*, en parlant de ceux qui veulent se distinguer des autres par des manières plus recherchées, plus polies, ou même plus libres; par une toilette plus soignée, etc.. *messieurs du bel air, messieurs du grand air.* — On dit à peu près dans le même sens, et toujours en mauvaise part, *se donner de grands airs*, pour : prendre un ton, des manières, un extérieur de faste au-dessus de son état ou de sa naissance.—*Prendre des airs, se donner des airs de maître, de savant, de bel-esprit*, vouloir s'attribuer sans raison une autorité de maître, affecter de passer pour savant, pour bel-esprit, quoiqu'on ne le soit pas. — *Avoir des airs penchés, prendre des airs penchés*, affecter certains mouvements de la tête et du corps que l'on croit gracieux. Fam. — Fig., *battre l'air*, agir inutilement, faire de vains efforts. On dit aussi à peu près dans le même sens : *tirer en l'air.* — *Changer d'air*, quitter un pays pour un autre plus sain. — *Par air*, par vanité, par ostentation. — *Prendre l'air*, et non pas *prendre de l'air*, respirer le grand *air.* — *Prendre un air* ou *un coup d'air*, pour dire que l'air nous a saisi, nous a causé une fluxion, etc., est un provençalisme. — *Prendre l'air* se dit, en t. de chasse, d'un oiseau qui s'élève beaucoup.— *Air fixe*, nom que donnait l'anc. chim. à ce que, dans la nouvelle, on appelle *gaz acide carbonique.* — On dit d'une cloche qu'*elle fend l'air*; on le dit aussi d'un oiseau qui vole rapidement, d'un cheval lancé à la course, d'un homme qui court très-vite. — *Un homme a porté le mauvais air en quelque endroit*, il y a porté la contagion. — *Prendre le mauvais air*, gagner le mal contagieux. — On dit fig. dans le sens moral : *l'air du monde est contagieux*, la fréquentation du monde peut nuire à l'innocence. — *Avoir toujours le pied en l'air, un pied en l'air*, être toujours prêt à partir, à courir, à sauter, à danser.— *Il est toujours en l'air*, il n'arrête point, il est sans cesse par voies et par chemins, etc.— On dit d'un homme dont la fortune ne repose sur rien de solide, *que toute sa fortune est en l'air.*—*Des contes en l'air*, des discours qui n'ont ni vérité ni fondement : *ce récit est un conte en l'air.* — *Raisonner en l'air*, raisonner vaguement, avec légèreté. — *Faire une chose en l'air*, sans s'en occuper sérieusement. — *Avoir sa fortune en l'air*, être exposé à la perdre. — *Tout le monde est en l'air*, en mouvement.—*Craintes en l'air, espérances en l'air, paroles, menaces, projets en l'air*, craintes, espérances sans fondement, paroles, menaces, projets sans importance. — En parlant d'une affaire qui est sur le bureau, devant les juges, on dit que *l'air du bureau est favorable à quelqu'un*, pour marquer que ce qui paraît du sentiment des juges fait croire qu'il gagnera son procès; et que *l'air du bureau n'est pas pour lui*, pour marquer qu'on croit qu'il le perdra. — *Avoir l'air à la danse*, avoir de la disposition pour danser de bonne grace; et par extension, avoir l'air vif, éveillé. — En t. de peint., de sculpt., *un air de tête, des airs de tête*, l'attitude d'une tête, la manière dont une tête est disposée : *de beaux airs de tête, de grands airs de tête, de vilains airs de tête.* — T. de liturgie; on appelle *air*, dans l'Église grecque, le voile qui couvre le calice, et le disque ou la patène. On appelle ce voile *air*, dit saint Germain de Constantinople, parce qu'il couvre ce qui est offert sur l'autel, comme l'air entoure la terre de tous côtés. — *Air inflammable.* Voy. GAZ. La figure allégorique de l'*air* est représentée par une femme assise sur un nuage. — Enfin le mot *air* a tant d'acceptions diverses, au propre comme au figuré, qu'on ne saurait les donner toutes ici.

AIRAIN, subst. mas. (*èrein*) (du lat. *æramen* qui a la même signification), cuivre jaune allié avec l'étain, et devenu par ce mélange plus dur et moins ductile. Dans l'*airain*, l'étain est en plus grande proportion que dans le *bronze*, qui, à son tour, en contient plus que le *métal des cloches.* C'est la seule différence qui existe entre ces trois alliages. — *Airain de Corinthe* était un mélange de métaux fort estimé chez les anciens, qui l'avaient obtenu dans l'incendie qui réduisit en cendre toute la ville de Corinthe, et en fondit toutes les statues d'or, d'argent et de bronze. — Suivant la fable, il y a eu *un siècle, un âge d'airain*, que l'on place entre le siècle d'argent et celui de fer. — Au fig., *cet homme est d'airain, a des entrailles d'airain*, il est dur, impitoyable. — *Il a un front d'airain*, il ne rougit de rien.—*Les injures se gravent sur l'airain*, on ne les oublie pas aisément.

AIRAS, subst. mas. (*èrace*), t. de bot., sorte de poirier sauvage.

AIRE, subst. fém. (*ère*) (en lat. *area*), surface plane, et proprement le lieu où l'on bat les grains. — T. de géom., surface d'une figure rectiligne, curviligne ou mixtiligne. — En t. d'archit., l'espace compris entre les murs d'un bâtiment. — Nid d'un oiseau de proie. — *Aire*, en t. d'astrol., signifiait le cercle ou la couronne de lumière qui paraît autour du soleil et des autres astres. — *Aire de plancher*, 1° la charge qu'on met sur la charpente d'un plancher, et qu'on nomme proprement la *fausse aire*; 2° l'enduit que l'on forme sur cette charge. — *Aire de gravier*, couche de gravier étendue sur la surface des chemins. — *Aire de pont*, la partie d'un pont sur laquelle on marche, pavée ou non pavée. — *Aire de bassin*, fond de bassin. — T. de mar., *aire de vent*, l'espace marqué dans la boussole pour chacun des trente-deux vents. — On dit aussi l'*aire*, pour la vitesse d'un navire.—En astron., *aires proportionnelles au temps*, une des lois du mouvement des planètes, découverte par *Képler* et démontrée par *Newton*, en vertu de laquelle le rayon mené du centre du soleil au centre de la planète parcourt des secteurs égaux en temps égaux, doubles dans des temps doubles, etc.

AIRE, subst. fém. (*ère*), ville forte de France, chef-lieu de canton, arrondissement de Saint-Omer, dép. du Pas-de-Calais. — Ville de France, chef-lieu de canton, arrondissement de Saint-Sever, département des Landes.

AIRÉ, part. pass. de *airer*.

AIRÉE, subst. fém. (*èré*), la quantité de gerbes contenues dans une *aire*: *une airée de froment.*

AIRÉENNES, ou plutôt **ARÉENNES**, subst. fém. plur., t. d'antiq., (*èréene, aréène*) (du mot lat. *area*), fêtes que les laboureurs célébraient en l'honneur de Bacchus et de Cérès. Les Grecs les nommaient *Aloennes*.

AIRELLE ou **MYRTILLE**, subst. fém. (*èrèle, mirtile*), t. de bot., arbrisseau du genre des bruyères, à petite baie molle et noirâtre.

AIRER, v. neut. (*èré*), vieux t. de faucon., faire son nid, en parlant de certains oiseaux de proie.

AIRIER, v. act., pour *aérer*, n'est point français.

AIROMÉTRIE, subst. fém., est un barbarisme. Voy. **AÉROMÉTRIE**.

AIROPSIS, subst. mas. (*èropecice*), t. de bot., plante de la famille des graminées.

AIRURE, subst. fém. (*èrure*), fin de la veine métallique.

AIRVAULT, subst. mas. (*èrevô*), ville de France, chef-lieu de canton, arrond. de Parthenay, dép. des Deux-Sèvres.

AIS, subst. mas. (*è*) (du lat. *axis*, *assis* ou *asser*, soliveau), planche de bois amenuisée : *ais feuillé, ais de bois de chêne.*—Chez les bouchers, établi ou forte table pour couper ou dépecer la viande.—On appelle *ais de bateau* des *ais* qui ont servi à la construction des bateaux. — T. d'imprimeur, *ais à tremper, ais à desserrer*. — T. de relieur, *ais à rogner, à presser, à fouetter, à endosser*. — T. de vitrier, *ais feuillés*, où sont pratiquées plusieurs rainures étroites dans lesquelles on coule l'étain pour souder. — Dans les manufactures de soie, on appelle *ais du corps* la partie du bois d'un métier qui tient les mailles de corps. — T. de serrurier, on nomme *ais* un morceau de bois qui sert à emboutir. — Dans les jeux de paume, planche maçonnée dans le mur, à l'extrémité du tripot, dans l'angle qui touche à la galerie, et dans la partie où se tient le serveur. Quand la balle frappe de volée dans l'*ais*, le joueur qui l'a poussée gagne *quinze*.—**AIS, PLANCHE**. (*Syn.*) *Ais* est vieux; il ne se dit que du bois. *Planche* a une signification plus générale.

AISADE ou **AISSADE**, subst. fém. (*èzade* ou *èceçade*), t. de mar., ancienne expression qui désignait le point de la carène où une galère commence à se rétrécir, et qui correspond à la *façon de l'arrière*.

AISANCE, subst. fém. (*èzance*) (rac. *aise*), certaine facilité dans les actions, les mouvements, les discours, les manières : *agir, travailler, parler, se présenter avec aisance.* — Fig., position heureuse sous le rapport pécuniaire; fortune suffisante : *il vit dans l'aisance ; il a de l'aisance.*—En t. de jurispr., on entend quelquefois par *aisance* les services qu'un voisin retire d'un autre en vertu d'une convention ; il est alors synonyme de *servitude*. (*Dict. de Législation usuelle.*) — Au plur., *lieux d'aisances*, endroit d'une maison destiné à certaines nécessités naturelles.

AISE, subst. fém. (*èze*) (du grec αισιος, heureux), contentement, joie, émotion douce, agréable : *être ravi* ou *transporté d'aise; ne pas se sentir d'aise.* — Commodité; état commode et agréable : *se mettre, travailler à l'aise.* — *Être à son aise*, se trouver dans l'abondance, jouir de toutes les aisances de la vie. — En parlant d'un homme riche qui a toujours de légères incommodités, on dit prov. qu'*il n'est malade que de trop d'aise.*—*N'en prendre qu'à son aise*, ne faire que ce qui plaît sans se fatiguer.—*Vous en parlez bien à votre aise*, vous en parlez avec l'indifférence, l'insouciance, la légèreté qu'on met à une chose qui ne vous touche en rien. —*A votre aise*, à votre fantaisie, sans vous gêner.—*Mettre quelqu'un à son aise*, lui donner la liberté que sa timidité pourrait empêcher qu'il n'eût. — *Aises*, au plur., se dit aussi des commodités de la vie : *avoir ses aises ; chercher ses aises.*—*A l'aise*, loc. adv., aisément, commodément, sans peine. — *Paix et aise*, vie tranquille et aisée. — **AISES, COMMODITÉS.** (*Syn.*) — Les *aises* disent quelque chose de plus voluptueux, et qui facilite la mollesse. Les *commodités* expriment quelque chose qui facilite les opérations ou la satisfaction des besoins, et qui tient plus de l'opulence. — *Aise*, adj., content. Devant les verbes, il régit *de* et l'infinitif, quand le verbe se rapporte au sujet de la phrase; et *que* avec le subjonctif, lorsqu'il ne s'y rapporte pas : *je suis bien aise de vous voir; je suis fort aise que vous soyez venu.* — **AISE, CONTENT, RAVI.** (*Syn.*) Nous sommes bien *aises* du bonheur des autres; l'accomplissement des désirs qui nous concernent nous rend *contents*; une forte impression de plaisir fait que nous sommes *ravis*.

AISÉ, E, adj. (*èzé*), facile. On dit : *homme aisé à apprivoiser; il est aisé de faire cela.* — Fig., *une poésie aisée*, dont l'ordre des idées, l'arrangement des mots, est naturel; *un esprit aisé*, qui se montre, se déploie sans gêne, sans contrainte. — *Un homme n'est pas aisé*, lorsqu'il est difficile de vivre, d'avoir commerce avec lui. —Libre, dégagé : *manières aisées.* — *Air aisé, taille aisée.* — Commode : *une voiture aisée.* — *Une dévotion aisée*, relâchée. — Riche, à son aise : *c'est un homme aisé.* — **AISÉ, FACILE.** (Syn.) *Facile* exclut proprement la peine qui naît des obstacles apportés, des oppositions mises; *aisé* exclut la peine qui naît de l'état même de la chose : *une entrée est facile*, lorsque rien n'arrête au passage; *elle est aisée*, quand elle est large, etc.— Il est aussi subst., mais seulement au plur. et dans ces deux phrases : *rôle des aisés, taxe des aisés*; encore ces deux expressions ont-elles vieilli.

AISELLE, subst. fém. (*èzèle*), espèce de betterave rouge en dehors et blanche en dedans.

AISEMENT, subst. mas. (*èzeman*) (rac. *aise*), commodités, latrines : *voilà un aisement bien pratiqué.* — On le disait autrefois pour commodité, et il est resté long-temps dans ces phrases : *à son bon point et aisement; à ses bons points et aisements*, à son aise, à son loisir, à sa commodité. Ce mot est aujourd'hui un barbarisme.

AISÉMENT, adv. (*èzéman*), avec *aisance*; facilement, commodément : *travailler aisément; j'en viendrai aisément à bout.*

AISIER et **AAISER** se trouvent dans *Trévoux* comme verbes actifs signifiant *mettre à son aise*; mais cet auteur a soin d'avertir que déjà de son temps ces mots n'étaient plus en usage. Il ajoute qu'on a dit aussi *aiser*.

AISNE, subst. fém. (*ène*), dép. de la France, tirant son nom de la principale rivière qui le traverse.

AISSADE, subst. fém. Voy. **AISADE**.

AISSANTES, subst. fém. plur. (*èçante*). Voy. **BARDEAU**.

AISSAUGUE ou **ESSAUGUE**, subst. fém. (*èçògue*), t. de pêche, filet en usage sur la Méditerranée. C'est une seine ayant au milieu de sa largeur une espèce de sac ou poche. — On dit aussi **ASSAUGUE**.

AISSEAU, subst. mas. (*èçó*), outil recourbé de tonnelier pour polir le bois. Voy. **AISSELLE**.

AISSEAUX ou **AISSIS**, subst. mas. plur. Voy. **BARDEAU**.

AISSELIER, subst. mas. (*èceliè*), t. de charpentier, pièce de bois qu'on assemble dans un chevron et dans la rainure pour cintrer des quartiers. — On appelle aussi *aisseliers* les bras d'une roue, lorsqu'ils excèdent la circonférence.

AISSELIÈRE, subst. fém. (*èceliėre*), t. de tonnelier, pièce de fond d'une futaille.

AISSELLE, subst. fém. (*ècèle*) (du latin *axilla* qui a la même signification), en anat., partie creuse sous l'épaule, à la jonction du bras, que le peuple appelle *gousset*. — En bot., angle formé par la base d'une feuille, d'une branche, d'un rameau, avec la partie montante de la tige. — En archit., partie d'un four qui forme ses reins, c'est-à-dire qui prend depuis sa naissance jusqu'à la moitié de sa hauteur : le reste se nomme la *chapelle du four*. — En t. de mar., *aisselles d'une ancre*, les angles rentrants formés par la verge et les bras de l'ancre.

AISSETTE, subst. fém., ou **AISSEAU**, subst. mas. (*ècète, ecó*), t. de tonnelier, petite hache pour couper les fossets des tonneaux. Boiste donne encore *aiscette* et *aisseau*, quatre mots pour signifier la même chose; c'est trois de trop.

AISSEUL, subst. mas. (*èceul*), se trouve pour *aissieu* dans *Marot*. Il est inusité.

AISSIEU, subst. mas. Voy. **ESSIEU**. On écrivait autrefois *aissieu*, peut-être à cause de l'étymologie grecque αξων, essieu : cette orthographe aurait dû prévaloir ; cependant on n'écrit que *essieu*.

AISSON, subst. mas. (*èçon*), t. de mar., petite ancre à quatre branches.

AISTHETÈRE, subst. mas. (*ècetetère*) (du grec αισθητηριον, dérivé de αισθανομαι, sentir), point auquel se rapportent toutes les sensations. Inus.

AISTRE, est un vieux mot qui signifiait *vie, existence, être*. Hors d'usage.

AISY, subst. mas. (*èzi*), petit-lait aigre, ou sérum du petit-lait.

Ait, 3e pers. sing. prés. subj. du v. auxiliaire **AVOIR**.

AITIOLOGIE, subst. fém. (*étioloji*) (du grec αιτια, cause, et λογος, discours), partie de la médecine qui traite des causes des maladies. Voy. **ÉTIOLOGIE**, dont l'orthographe a prévalu, quoiqu'elle ne soit pas en rapport avec l'étymologie.

AITONE, subst. fém. (*ètone*), t. de bot., arbuste du cap de Bonne-Espérance. — Espèce de puberbes.

AITRES, subst. mas. plur., mot employé pour *êtres*, signifiant les dépendances d'un bâtiment, est un barbarisme. Voy. **ÊTRE**., subst. masc.

AÏUS LOCUTIUS ou **AÏUS LOQUENS**, subst. mas., (*a-iuce lokuciuce, lokueince*), myth. De toutes les divinités fabuleuses, il n'y en a point dont l'origine soit si claire, si nette que celle de ce dieu. Céditius, homme du peuple, vint dire aux tribuns de Rome que, la nuit précédente, comme il traversait seul la rue Neuve, une voix surhumaine lui avait ordonné d'aller avertir les magistrats que les Gaulois approchaient. Céditius étant un citoyen obscur et sans crédit, et les Gaulois d'ailleurs, peuple fort éloigné, étant encore inconnus aux Romains, on ne fit aucun cas de cet avis. Cependant l'année suivante Rome fut prise par les Gaulois. Après leur retraite, Camille obtint une loi qui, en expiation de l'incrédulité dont on s'était rendu coupable, prescrivait l'érection d'un temple au dieu *Aïus Locutius*, dans la rue Neuve, à l'endroit même où Céditius avait entendu la voix nocturne : « Ce dieu, » dit plaisamment Cicéron, parlait lorsqu'il n'était » connu de personne, et c'est ce qui lui a valu le » nom de *Aïus Locutius*; mais depuis qu'il est de- » venu célèbre et qu'on lui a érigé un autel et un » temple, il a pris le parti de se taire, et est de- » venu muet. »

AIX ou **ÆX**, subst. fém. (*èkce*), île de la mer Égée, qui, étant couverte de rochers escarpés, présente de loin la figure d'une chèvre, animal que les Grecs appelaient *Aix*. Pline dit que c'est du nom de cette île (*Aigos* au génitif) que la mer Égée a pris son nom. — *Aix* était aussi le nom d'une nymphe, nourrice de Jupiter. Voy. **AMALTHÉE**.

AIX, subst. fém. (*èce*) (son nom est formé du mot lat. *aquæ*, eaux), ville de France, chef-lieu d'arrond., dép. des Bouches-du-Rhône. — C'est aussi une ville des états sardes, dans la Savoie, dont les eaux minérales sont très-estimées.

AIX-D'ANGILLON (les), subst. fém. plur. (*lèzèkcedanji-ion*), bourg de France, chef-lieu de canton, arrond. de Soveger, dép. du Cher.

AIX-EN-OTTE, subst. fém. (*èkcezan-note*) (du lat. *aquæ*, eaux, et *otta*, nom d'une forêt qui entourait ce lieu), bourg de France, chef-lieu de canton, arrond. de Troyes, dép. de l'Aube.

AIX-EN-PROVENCE. Voy. AIX. Ville de France, dép. des Bouches-du-Rhône.

AIX-LA-CHAPELLE, subst. fém. (*ècelachapèle*) (du lat. *aquæ*, eaux, et *capella*, chapelle), ville des états prussiens, capitale de la province du Bas-Rhin. Cette ville était le séjour ordinaire de Charlemagne, qui y mourut. — Un célèbre traité de paix fut conclu dans cette ville en 1748; et l'on y tint, en 1818, un congrès qui porte son nom.

AIXE, subst. fém. (*èkce*), petite ville de France, chef-lieu de canton, arrond. de Limoges, dép. de la Haute-Vienne.

AIZOON, subst. mas. (*èzoon*), t. de bot., plante de la famille des ficoïdes.

AÏZOUM, subst. mas. (*a-izoome*), t. de bot., herbe de la famille des joubarbes.

AJACCIO, subst. mas. (*ajacio*), ville et port de mer de France, chef-lieu du dép. de la Corse. Napoléon Bonaparte y naquit en 1769.

AJAR, subst. mas. (*ajar*), t. d'hist. nat., sorte de coquille du genre cardite.

AJAX, subst. mas. (*ajakce*), fils d'Oïlée, fut un des princes grecs qui allèrent au siége de Troie. Il était si adroit dans tous les exercices du corps que personne ne l'y égalait. Pendant l'embrasement de la ville il outragea Cassandre dans le temple de Minerve, où elle s'était réfugiée. Minerve, pour l'en punir, obtint de Neptune qu'il excitât contre lui une tempête furieuse. Ajax, à travers mille dangers, étant parvenu à gagner un rocher, s'écria avec cette impiété qui lui était propre : *J'en échapperai malgré les dieux !* Neptune indigné fendit le rocher d'un coup de trident, et l'engloutit sous les eaux. Virgile attribue sa mort à Pallas, sans y faire intervenir Neptune. Ajax s'était fait une grande réputation par son courage, et il rendit d'importants services aux Grecs pendant le siége de Troie. — Il y eut un autre Ajax, fils de Télamon, qui ne fut pas moins célèbre que le premier. Celui-ci était invulnérable, excepté dans un endroit de la poitrine que lui seul connaissait. Son impiété, du reste, ne le cédait en rien à celle du fils d'Oïlée. Il alla au siége de Troie, où il se distingua beaucoup. Il se battit pendant un jour entier contre Hector : les deux héros enfin, charmés l'un de l'autre, cessèrent le combat et se firent des présents. Ces dons mutuels leur furent également funestes, et voici comment : le baudrier qu'Hector reçut servit à l'attacher au char d'Achille, lorsque celui-ci le traîna autour des murs de Troie. Quant à ce qui concerne Ajax, Ulysse et lui, après la mort d'Achille, se disputèrent ses armes devant l'armée, et Ulysse l'ayant emporté, Ajax en devint si furieux que pendant la nuit il se jeta sur tous les troupeaux du camp, dont il fit un grand carnage, croyant tuer Ulysse. Lorsqu'il eut recouvré la raison, il tourna contre lui-même l'épée que lui avait donnée Hector, et se tua. Son sang fut changé en hyacinthe, fleur en laquelle avait déjà été métamorphosé le jeune homme de ce nom tué par Apollon au jeu du disque. Quelques-uns disent que par la fleur d'hyacinthe il faut entendre le pied d'alouette, où l'on croit voir les deux lettres AI, lesquelles forment le commencement du nom d'AJAX, et la totalité d'un mot qui est *un cri de douleur*, tel que celui qu'a pu pousser le jeune Hyacinthe frappé par le disque d'Apollon. Cette remarque, qui pourrait paraître inutile, est néanmoins nécessaire pour l'intelligence de deux vers du beau passage où Ovide décrit les fureurs et la mort d'Ajax. — T. d'hist. nat., espèce de papillon de l'ordre des lépidoptères.

AJAXTIES pour **AÏANTIES**, subst. fém. plur. (*ajakceti*, *a-ianci*), fêtes en l'honneur d'Ajax.

AJICUBA, subst. mas. (*ajikuba*), t. de bot., arbre qui croît au Japon, et dont le fruit est bon à manger.

AJO, subst. mas. (*ajo*), t. de bot., narcisse jaune.

AJOLE, subst. mas. (*ajole*), t. d'hist. nat., poisson de la Méditerranée, à nageoires épineuses.

AJONC, subst. mas. (*ajon*), t. de bot., arbuste à fleurs légumineuses jaunes, et garni de piquants. On l'appelle aussi *jonc marin*. Voy. ce mot.

AJOUPA, subst. mas. (*ajoupa*), t. de mar., petit couvert de branches d'arbres, d'écorce ou de feuilles, que les marins détachés d'un vaisseau construisent dans leurs courses sur terre, pour se garantir momentanément de la pluie ou du soleil.

AJOURÉ, E, adj. (*ajouré*), t. de blas., percé à jour : *chef ajouré*, dont le haut, ouvert et échancré, laisse voir le fond de l'écu.

AJOURNÉ, E, part. pass. de *ajourner*, et adj., qui a été assigné ou remis à jour fixe. — Il se dit d'un jugement, d'une cause, d'une délibération qu'on renvoie à un autre jour.

AJOURNEMENT, subst. mas. (*ajourneman*), t. de prat., assignation à jour fixe que l'on donne pour appeler une personne devant un tribunal. — Remise à un autre jour. — *Ajournement personnel*, à comparaître en personne. — Renvoi d'une délibération à un jour indiqué. Lorsqu'on ne fixe pas le terme de ce renvoi, c'est un *ajournement illimité* ou *indéfini*.

AJOURNER, v. act. (*ajourné*), t. de prat., assigner quelqu'un à certain *jour* en justice. — *Ajourner une délibération*, la remettre à certain *jour*, ou à un temps indéterminé. — Différer. — *Ajourner quelqu'un devant Dieu*, lui prédire sa mort pour tel *jour*. — **S'AJOURNER**, v. pron., se renvoyer, se différer : *de telles affaires s'ajournent*.

AJOUROUB, subst. mas. (*ajouroube*), t. d'hist. nat., espèce de perroquet.

AJOUTAGE, subst. mas. (*ajoutaje*) (formé de *ajouter*), t. de fondeur, adjonction ; chose *ajoutée* à une autre.

AJOUTÉ, E, part. pass. de *ajouter*, et adj., se dit, en musique, d'un son ajouté à un autre dont il ne fait pas partie essentielle : *sixte ajoutée*.

AJOUTÉE, subst. fém. (*ajouté*), t. de géom., ligne prolongée, et à laquelle on *ajoute*.

AJOUTER, v. act. (*ajouté*) (du lat. *ad*, à, et *juxta*, auprès; ou de *ad*, à, et *jungere*, joindre. Nous écrivions et prononcions autrefois *adjouter*), joindre une chose à une autre ; mettre quelque chose de plus. — Il s'emploie neutr. : *la décence ajoute à la beauté*. — *Voltaire* a dit dans *la Mort de César* :

Il est temps d'*ajouter* par les droits de la guerre
Ce qui manque aux Romains des trois quarts de la terre.

Ajouter, quand ce n'est point neutr. qu'il est employé, demande un régime secondaire ou indirect qui manque ici : *ajouter* à quoi ? L'esprit supplée *à l'empire* ; mais grammaticalement cette ellipse est forcée. Cependant on ne doit pas se permettre, ce qui serait encore une faute plus grave, de prendre pour ce régime indirect la personne à qui l'on parle, et de dire, comme on le fait trop souvent : *il m'ajouta*, *je vous ajouterai que... je le dis à madame de Lesdiguières, et je lui ajoutai que j'allais de ce pas au Palais-Royal* (Mémoires du cardinal de Retz). Cette locution très-usitée est très-vicieuse, car on n'ajoute rien à une personne, lorsqu'on ajoute quelque chose à ce qu'on lui a dit. — *Ajouter au conte*, *à la lettre*, *au texte*, etc., amplifier un récit, etc. — *Ajouter foi à quelqu'un*, croire ce qu'il dit. — **S'AJOUTER**, v. pron.

AJOUTOIR, subst. mas. (*ajoutoar*), tuyau *ajouté* à l'extrémité de celui d'une fontaine ou d'un jet d'eau.

AJOUVE ou **AJOVE**, subst. fém. (*ajouve*, *ajove*), t. de bot., espèce de laurier.

AJOUX, subst. mas. plur. (*ajou*), t. de tireur d'or, les lames de fer entre lesquelles se retiennent les filières.

AJOVE, subst. fém. Voy. AJOUVE.

AJUBATIPITA, subst. mas. (*ajubatipita*), t. de bot., arbrisseau du Brésil.

AJURACATINGA, subst. mas. (*ajurakateingua*), t. d'hist. nat., perroquet du Brésil.

AJURATIBIRA, subst. mas. (*ajuratibira*), t. de bot., arbrisseau à fruits rouges du Brésil.

AJURUCURAU, subst. mas. (*ajurukurô*), t. d'hist. nat., perroquet du Brésil.

AJURUCURUCA, subst. mas. (*ajurukuruka*), t. d'hist. nat., perroquet du Brésil.

AJURUPURA, subst. mas. (*ajurupura*), t. d'hist. nat., perroquet du Brésil.

AJUS, subst. mas. (*ajuce*), t. de mar., nœud d'assemblage de cordage.

AJUST, subst. mas. (*ajucete*), t. de mar., action d'*ajuster*. — Faire *ajust*, c'est ajouter un ou plusieurs cordages à d'autres pour les allonger. — On écrit aussi AJUSTE.

AJUSTAGE, subst. mas. (*ajucetaje*), t. de monnayeur, action d'*ajuster* l'affinage, de donner à une pièce de monnaie le poids qu'elle doit avoir.

AJUSTE. Voy. AJUST.

AJUSTÉ, E, part. pass. de *ajuster* et adj., se dit d'une flèche, d'un trait prêt à être lancé, et d'un fusil couché en joue. — On dit *des cartes ajustées*, pour dire : des cartes qu'on a arrangées ou marquées de manière qu'elles puissent être reconnues, afin de tromper au jeu. — *Voilà votre habit bien ajusté*, *vous voilà bien ajusté*, se dit, suivant l'*Académie*, à un homme (ce sont ses propres termes) qui a été éclaboussé, et dont l'habit est couvert de boue : on nous permettra de condamner impitoyablement et l'exemple et son explication.

AJUSTEMENT, subst. mas. (*ajuceteman*) (formé d'*ajuster*), action par laquelle on *ajuste* quelque chose ; résultat de cette action. — Accommodement : *chercher des ajustements dans une affaire*. — AJUSTEMENT, PARURE. (*Syn.*) Ce qui appartient à l'habillement complet, quel qu'il soit, simple ou orné, est *ajustement* ; ce qu'on ajoute d'apparent et de superflu est *parure* proprement dite.

AJUSTER, v. act. (*ajuceté*) (du lat. barbare *adjustare*, formé de *ad*, à, et *juxtà*, près, *auprès*, *joignant*. Les Italiens disent dans le même sens *aggiustare*, et les Espagnols *ajustar*), rendre *juste* : *ajuster un poids*, *une mesure*, etc. — T. de monnayeur, rendre *juste* une pièce de monnaie, la mettre au poids déterminé par la loi ; passer les monnaies dans l'*ajustoir*. — En t. de mar., faire un *ajust*. — Approprier, rendre propre à..., *ajuster un couvercle à une boîte*. — Concilier, accorder. — On dit prov. : *ajustez vos flûtes*, faites vos dispositions. Fam. — Embellir par des ajustements ; parer. — En parlant d'un homme qui a été condamné aux frais et dépens d'un procès, on dit qu'il *a été ajusté de toutes pièces*. Fam. — En parlant à un inférieur que l'on menace d'un mauvais traitement : *je vais t'ajuster si tu n'obéis*. — *Ajuster son coup*, son arme, viser. — *Ajuster un cheval sur les voltes*, *à toute sorte d'airs de manége*, le dresser, lui apprendre son exercice, en lui donnant la grace nécessaire. — **S'AJUSTER**, v. pron., se préparer à..., se mettre en état, en posture de... : *s'ajuster pour tirer au blanc*. — Se parer. — Convenir, cadrer. — *S'ajuster au temps*, s'y accommoder.

AJUSTEUR, subst. mas., au fém. **AJUSTEUSE**, (*ajuceteur*, *teuze*) (formé d'*ajuster*), qui *ajuste* le flan des monnaies.

AJUSTEUSE, subst. fém. Voy. AJUSTEUR.

AJUSTOIR, subst mas. (*ajucetoar*) (rac. *juste*), t. de monnayeur, petite balance dans laquelle on pèse et *ajuste* les monnaies avant de les marquer.

AJUSTURE, subst. fém. (*ajuceture*), concavité que les maréchaux donnent au fer pour l'approprier au pied du cheval.

AJUTAGE, subst. mas. Peu usité. Voy. AJUSTOIR.

AJUTOIR et **AJUTOIRE**. Voy. AJOUTOIR.

AKANTICONE ou **AKANTICONITE**, subst. mas. (*akantikône*, *konite*), minéral, dit aussi *pierre de serin*.

AKÉÉSIE, subst. fém. (*akéézi*), t. de bot., arbre d'Afrique.

AKÈNE, subst. fém. (*akène*), t. de bot., nom que certains botanistes donnent à une espèce de fruit uniloculaire.

AKHEND, subst. mas. (*akande*), prêtre persan.

AKIS ou **AKIDE**, subst. mas. (*akice*, *akide*) (du grec ακις, pointe), t. d'hist. nat., coléoptère lucifuge à corps anguleux.

AKOLOGIE, subst. fém. (*akoloji*) (du grec ακος, remède, et λογος, discours), traité pharmaceutique.

AKOND, subst. mas. (*akonde*), troisième pontife de Perse, qui est aussi officier de justice.

AKOUCHI, subst. mas. (*akouchi*), t. d'hist. nat., mammifère rongeur de l'espèce de l'agouti.

AL, mot primitif (*al*). Il présente toute idée d'élévation.

ALABAMA, subst. mas. (*alabama*), l'un des États-Unis d'Amérique. Une ville de cet état porte le même nom.

ALABANDINE ou **ALBANDINE**, subst. fém. (*alabandine*, *albandine*), t. d'hist. nat., pierre précieuse que l'on place entre le grenat et le rubis. Voy. ALBANDINE.

ALABANDUS, subst. mas. (*alabanduce*), myth., fils de Callirhoé, qui fut mis au nombre des dieux. Son culte était célèbre à Alabanda, ville de Carie.

ALABARCHE, subst. mas. (*alabarche*), chef des Juifs à Alexandrie. — Anciennement, receveur des droits imposés pour le passage des bestiaux.

ALABARCHIE, subst. fém. (*alabarchi*), dignité d'un *alabarche*. — Recette des péages ou des droits imposés pour le passage des bestiaux.

ALABARCHIQUE, adj. des deux genres (*alabarchike*), qui concerne l'*alabarchie* et l'*alabarche*.

ALABASTRIQUE, adj. pris subst. (*alabacetrike*), l'art de faire de l'albâtre artificiel.

ALABASTRITE, subst. fém. (*alabacetrite*), t. de minér., faux albâtre. C'est une pierre aussi blanche que la cire, dont on se servait comme de vitre.

ALABE, subst. mas. (*alabe*), t. d'hist. nat., le silure anguillard.

ALABÈS, subst. mas. (*alabèce*), t. d'hist. nat., la murène, poisson.

ALACARON, subst. mas. (*alakaron*), t. d'hist. nat., sorte d'insecte venimeux de la Nigritie.

ALÂCHI, E, part. pass. de *alâchir*.

ALÂCHIR, v. neut. et act. (*alâchir*), vieux mot qui signifiait : tomber en faiblesse et rendre *lâche*.

ALACOALY, subst. mas. (*alakcali*), t. de bot., espèce d'agave fétide.

ALACRITÉ, subst. fém. (*alakrité*) (en lat. *alacritas*), gaieté, joie ouverte. Peu usité.

ALACTAGA, subst. mas. (*alaktagua*), t. d'hist. nat., gerboise de Tartarie.

ALAFIA, subst. mas. (*alafia*), t. de bot., arbrisseau de Madagascar.

ALAGAO, subst. mas. (*alaguao*), t. de bot., arbrisseau des Philippines.

ALAÏ-BÉGLER, subst. mas. (*ala-ibéguelère*), colonel de cavalerie turque.

ALAIGNE, subst. fém. (*alègnie*), ville de France, chef-lieu de canton, arrondissement de Limoux, dép. de l'Aude.

ALAIN, subst. mas. (*alein*), nom d'un peuple de la Sarmatie d'Europe.

ALAIRE, adj. (*alère*), mot inusité qui se disait des *ailes des oiseaux*.

ALAIS, subst. mas., **ALÈTHE**, subst. fém. (*alè, lète*), t. de vieille faucon., noms donnés à un oiseau de proie du Pérou très-propre au vol de la perdrix.

ALAIS, subst. mas. (*alè*) (du lat. *Alesia*), ville de France, chef-lieu d'arrond. du dép. du Gard.

ALAISE, subst. fém. (*alèze*), allonge d'osier pour fixer une branche. — Planche ajoutée. Voy. **ALÈZE**.

ALAISÉ, E, part. pass. de *alaiser*.

ALAISER ou **ALÉSER**, v. act. (*alézé*), t. de tourneur, polir.

ALALA, subst. fém. (*alala*), que Plutarque appelle *la fille de la guerre*, est la même qu'Enyo.

ALALCOMÈNE, subst. mas. (*alalekomène*), myth., sculpteur célèbre, qui fit une statue de Minerve, dont il établit le culte dans une ville qu'il bâtit en Béotie, et à laquelle il donna son nom. Voilà pourquoi Minerve fut appelée *Alalcoménéis*.

ALALIE, subst. fém. (*alali*) (du grec α priv., et λαλέω, je parle), t. de médec., impossibilité de parler.

ALALITE, subst. mas. (*alalite*), t. d'hist. nat., minéral crystallisé, ainsi nommé de la vallée d'Ala, en Piémont, où il se trouve.

ALALONGA, subst. mas. (*alalongua*), t. d'hist. nat., poisson de l'espèce des scombres.

ALAMATOU, subst. mas. (*alamatou*), t. de bot., fruit bon à manger, provenant de l'*alamatouyer*, arbre de Madagascar.

ALAMATOUYER, subst. mas. (*alamatouïé*), t. de bot., arbre qui produit l'*alamatou*.

ALAMBIC, subst. mas. (*alanbike*) (du grec ἄμβιξ, vase; ou encore de l'article arabe *al*, le, et du mot grec ἄμβιξ, vase, pot; *le vase par excellence*, à cause du grand usage qu'on en fait en chimie. Les Arabes disent dans le même sens *alambiq* ou *alambik*.) Vaisseau pour distiller. — Fig. : *cette affaire a passé par l'alambic*, a été examinée avec beaucoup de soin.

ALAMBIQUÉ, E, part. pass. de *alambiquer*, et adj., trop subtil, trop raffiné : *discours, pensée alambiquée*.

ALAMBIQUER, v. act. (*alanbiké*), il n'a d'usage qu'au fig. : *alambiquer* l'esprit, le fatiguer; encore n'est-il pas très usité. — On l'emploie quelquefois d'une manière absolue : *dans ces sortes de matières, il ne s'agit pas d'alambiquer; allez au fait sans alambiquer plus long-temps*; on sous-entend le sujet, la pensée, etc. Voy. **ALAMBIC**. — **S'ALAMBIQUER**, v. pron. : *s'alambiquer l'esprit sur des questions trop difficiles*.

ALAN, subst. mas. (*alan*), chien propre à chasser le sanglier.

ALANA, subst. fém. (*alana*), sorte de craie ou pierre tendre, nommée aussi *tripoli*.

ALANABOLUS, subst. mas. (*alanaboluce*), terre à laquelle on attribue les mêmes vertus qu'au bol d'Arménie, et qui paraît n'être que le tripoli.

ALANGOURI, E, part. pass. de *alangourir*, et adj. (*alanguouri*) (rac. *langueur*), vieux mot qui signifie affaibli, défaillant.

ALANGOURIR, v. act. (*alanguourir*), affaiblir, rendre languissant, défaillant. — **S'ALANGOURIR**, v. pron., devenir languissant, triste; et par extension, amoureux. Vieux.

ALANGUI, E, part. pass. de *alanguir*.

ALANGUILAN, subst. mas. (*alanguilan*), t. de bot., arbre odoriférant, autrement dit *canang aromatique*.

ALANGUIR, v. act. et neut. (*alanguir*), rendre *languissant*, *être languissant*. — **S'ALANGUIR**, v. pron., devenir *languissant*. — Au fig. comme au propre : perdre son énergie.

ALANGUISSEMENT, subst. mas. (*alanguiceman*), action d'*alanguir*; ses effets.

ALAOUATTE, subst. mas. (*ala-ouate*), t. d'hist. nat., singe d'Amérique.

ALAPA, subst. fém. (*alapa*), t. de bot., nom donné à la bardane.

ALAQUE, subst. fém. (*alake*), membre d'architecture qui sert d'assise à la base des colonnes. On l'appelle encore *plinthe* ou *orlet*.

ALAQUÉCA, subst. fém. (*alakéka*), t. d'hist. nat., pierre des Indes dont les fragments, appliqués à l'extérieur, ont la vertu d'arrêter une hémorrhagie.

ALARGUÉ, E, part. pass. de *alarguer*.

ALARGUER, v. neut. (*alargué*) (formé du latin *largus*, large), t. de mar., prendre, gagner le *large*, s'éloigner de la côte ou de quelque vaisseau. — **S'ALARGUER**, v. pron.

ALARMANT, E, adj. (*alarman, mante*), qui *alarme*, qui est propre à répandre l'*alarme*. — Part. prés. du verbe **ALARMER**.

ALARME, subst. fém. (*alarme*) (de l'italien *all' arme!* aux armes!), cri, signal pour faire courir *aux armes* : *sonner l'alarme, donner l'alarme*. — Émotion causée par l'approche de l'ennemi : *chaude alarme, fausse alarme*. — On appelle *poste d'alarme* un lieu assigné à une troupe pour s'y rendre en cas d'alarme. — *Le poste d'alarme*, dans une garnison, est un lieu où chaque régiment se rend à son tour dans les occasions extraordinaires. — On appelle *pièces d'alarme* quelques pièces de canon placées à la tête d'un camp, et toujours prêtes à tirer au premier commandement. — Au fig., toute sorte de terreur, d'épouvante subite. — *Fausse alarme*, vaine crainte, peur sans sujet. — Inquiétude, souci, chagrin, crainte. En ce sens, il ne s'emploie qu'au plur. : *vivre dans de continuelles alarmes*. — Prov. et fig. : *l'alarme est au camp*, se dit en parlant d'une chose qui met plusieurs personnes dans une grande inquiétude. — On dit poét. : *au milieu des alarmes; nourri dans les alarmes* : pour, au milieu des combats, élevé dans les dangers de la guerre. — **ALARME, EFFROI, TERREUR, FRAYEUR, CRAINTE, PEUR, APPRÉHENSION**. (*Syn.*) L'*alarme* naît de ce qu'on apprend; l'*effroi* de ce qu'on voit; la *terreur* de ce qu'on imagine; la *frayeur* de ce qui surprend; la *crainte* de ce qu'on sait; la *peur* de l'opinion qu'on a; l'*appréhension* de ce qu'on attend.

ALARMÉ, E, part. pass. de *alarmer*, et adj. Ce mot dit moins qu'*effrayé*, qui dit moins qu'*épouvanté*.

ALARMER, v. act. (*alarmé*), donner l'*alarme*. — Fig., causer de l'inquiétude, du souci, de l'émotion, de l'épouvante. — **S'ALARMER**, v. pron., s'épouvanter, prendre l'*alarme*, s'inquiéter.

ALARMISTE, subst. des deux genres (*alarmicete*) (formé d'*alarme*), qui répand dans le public de fausses *alarmes*, ou même des nouvelles vraies, mais fâcheuses. — Qui *s'alarme* facilement; qui semble se plaire à *alarmer* les autres.

ALARTAR, subst. mas. (*alartar*), t. de chimie, oxyde de cuivre.

ALAS, subst. mas. (*alace*), partie des ailes du bouilleur. — Espèce de filet dont on se sert sur la Méditerranée.

ALASALET, subst. mas. (*alazalé*), t. de chim., nom qu'on donnait autrefois au sel ammoniac.

ALASSUC, subst. mas. (*alaçuke*), ville de France, canton de Donzenac, arrond. de Brives, dép. de la Corrèze.

ALASTOR, subst. mas. (*alacetor*), myth., l'un des chevaux de Pluton. — Ce fut aussi le nom du frère de Nélée, fils de Nestor, et celui d'un des compagnons de Sarpédon, qui fut tué par Ulysse au siége de Troie. — On donnait encore le nom de *Alastors* à des génies malfaisants.

ALASTROB, subst. mas. (*alacetrobe*), nom qu'on donnait anciennement au plomb.

ALATERNE, subst. mas. (*alatèrene*) (du lat. *alternus*), t. de bot., arbrisseau toujours vert du midi de la France, dont les feuilles sont rangées alternativement le long des branches.

ALATIER, subst. mas. (*alatié*), t. de bot., espèce de viorne.

ALATITE, subst. fém. (*alatite*), t. d'hist. nat., coquillage univalve du genre des pourpres, dont la lèvre est en forme d'aile.

ALATLI, subst. mas. (*alateli*), t. d'hist. nat., nom d'un martin-pêcheur.

ALAUSI, subst. mas. (*alôzi*), province de la Nouvelle-Grenade, et capitale de cette province.

ALAVA, subst. mas. (*alava*), petit pays d'Espagne, dans la Vieille-Castille, dont *Vittoria* est la capitale.

ALAYA, subst. fém. (*ala-ia*), chef-lieu d'une province du même nom dans la Turquie d'Asie.

ALBA, subst. fém. (*alba*), capitale de la province du même nom dans les états sardes.

ALBAGORE, subst. mas. (*albaguore*), t. d'hist. nat., espèce de scombre.

ALBAIN, subst. mas. (*albein*), habitant d'*Albe*.

ALBAN ou **ALBAING**, subst. mas. (*alban, bein*), ville de France, chef-lieu de canton, arrond. d'Alby, dép. du Tarn.

ALBANAIS, E, subst. et adj. (*albanè, nèze*), qui est de l'*Albanie*. — Au plur. mas., t. d'hist. eccl., sectaires chrétiens du VIIe siècle qui niaient le péché originel et le libre arbitre, et repoussaient les sacrements, la confession et l'excommunication.

ALBANDINE ou **ALABANDINE**, subst. fém. (*al* ou *alabandine*), espèce de rubis spinelle venant d'*Alabanda*, en Carie, et qui, par corruption, a été aussi appelé *almandine*.

ALBANIE, subst. fém. (*albani*), contrée de l'Asie, sur les côtes de la mer Caspienne, ainsi appelée parce que ses habitants étaient originaires du territoire d'Albe en Italie, qu'ils avaient abandonné sous la conduite d'Hercule, après la défaite de Géryon.

ALBARA, subst. mas. (*albara*), t. de bot., sorte de balisier.

ALBARAS. Voy. **ALBORA**.

ALBARELLE, subst. fém. (*albarèle*), t. de bot., espèce de champignon qui croît sur les châtaigniers.

ALBATION, subst. fém. (*albâcion*). Voy. **DÉALBATION**.

ALBÂTRE, subst. mas. (*albâtre*) (en grec ἀλάβαστρον), pierre de la nature du marbre, mais tendre et transparente. Le plus estimé vient d'Orient. — On dit poét. : un *sein d'albâtre*, pour peindre la blancheur extrême d'un sein. — En t. d'antiq., on nommait *albâtre*, une boîte à parfum. — On entend par *albâtre gypseux* ou *alabastrite*, le dépôt *gypseux* qui se forme dans les cavités des carrières de sulfate de chaux.

ALBATROS, subst. mas. (*albatroce*), t. d'hist. nat., oiseau de mer extrêmement vorace.

ALBAY, subst. mas. (*albé*), ville de l'île de Luçon, et capitale de la province du même nom.

ALBE, subst. fém. (*albe*), ville du Latium, bâtie par Ascagne, fils d'Énée. — C'est le nom d'une grande quantité de villes de plusieurs contrées.

ALBE ou **ALBÈTE**, subst. mas. (*albe, bète*), petit poisson de rivière.

ALBELEN, subst. mas. (*albelein*), t. d'hist. nat., sorte de poisson.

ALBENGA, subst. fém. (*albeingua*), ville maritime des états sardes, et capitale de la province d'**ALBENGA**.

ALBENQUE (L'), subst. fém. (*lalbeinke*), bourg

de France, chef-lieu de canton, arrond. de Cahors, dép. du Lot.

ALBÉOGE, subst. mas. (*albéoje*), t. d'hist. nat., sorte de sèche.

ALBÉRÈSE, subst. mas. (*albérèze*), pierre figurée de Florence, ou chaux carbonatée ruiniforme.

ALBERGAME DE MER, subst. fém. (*albèreguame*), t. d'hist. nat., espèce d'holothurie de la Méditerranée.

ALBERGE, subst. fém. (*albèreje*), petite pêche précoce dont la chair est jaune et ferme.

ALBERGÉ, E, part. pass. de *alberger*.

ALBERGEAGE ou **ALBERGEMENT**, subst. mas. (*albèrejaje*, *albèrejeman*), t. de jurispr., bail *emphytéotique*. Vieux.

ALBERGER, v. act. (*albèrejé*), t. de jurispr., donner en *emphytéose*, faire un bail emphytéotique. Vieux.

ALBERGIE, subst. fém. (*albèreji*), logement. Vieux et inusité.

ALBERGIER, subst. mas. (*albèrejié*), t. de bot., arbre qui porte des *alberges*.

ALBERGUME DE MER, subst. mas. (*albèregume*), t. d'hist. nat., zoophyte de mer, en œuf, avec des espèces de feuilles ou plumes.

ALBERNUS, subst. mas. (*albèrenuce*), camelot du Levant.

ALBERT, subst. mas. (*albère*), monnaie d'or flamande, appelée aussi *albertus*. Elle fut frappée sous le gouvernement d'*Albert*, archiduc d'Autriche. Sa valeur est d'environ huit francs de notre monnaie. — Petite ville de France, chef-lieu de canton, arrond. de Péronne, dép. de la Somme.

ALBERZARIN, subst. mas. (*albèrezarein*), laine d'Espagne.

ALBÉSIE, subst. fém. (*albézi*), t. d'antiq., immense bouclier des citoyens d'Albe.

ALBESTROFF, subst. mas. (*albècetrofe*), bourg de France, chef-lieu de canton, arrond. de Château-Salins, dép. de la Meurthe.

ALBI, subst. mas., ville de France. Voy. **ALBY**.

ALBICANTE ou **CARNIE**, subst. fém. (*albikante*, *karni*), t. de jardin., espèce d'anémone.

ALBICORE, subst. mas. (*albikore*), t. d'hist. nat., poisson de l'Océan, espèce de maquereau.

ALBIFICATION, subst. fém. Voy. **DÉALBATION**.

ALBIGEOIS, subst. mas. et adj., au fém. **ALBIGEOISE** (*albijoa*, *joaze*), sectaires du XIIe siècle, nommés ainsi de la ville d'*Albi*, où ils commencèrent à se faire connaître en France. Ils tenaient leurs erreurs des manichéens. — Habitant d'*Alby*.

ALBINOS, subst. mas. (*albinôce*) (de l'espagnol *albino*, blanc), homme d'un blanc blafard, qui porte aussi le nom de *nègre-blanc*. Ces individus, nés de parents de couleur cuivrée ou noire, au lieu d'avoir la peau fortement colorée, ne présentent sur toute la surface de leur corps qu'un teint pâle, d'un blanc mat et fade comparable au papier, au linge, ou à la cire blanchie. Leurs cheveux, leurs sourcils, leurs cils et les poils peu abondants qui composent leur barbe, offrent aussi une teinte blanchâtre, soit qu'ils les aient soyeux et fins, soit que, suivant leur race, ils les aient plats ou crépus. Leurs yeux, larmoyants et très-sensibles à la lumière, ont l'iris ordinairement rose ou rouge; leur prunelle est d'un rouge de feu, ce qui fait ressembler les yeux de ces individus à ceux des perdrix ou des lapins blancs. Les *albinos* ne peuvent supporter une lumière constante; l'iris a une transparence trop grande; le pigmentum noirâtre, matière qui enduit une des membranes de l'œil, lui manque; cette membrane laisse passer les rayons lumineux les plus excentriques; ceux-ci, après avoir frappé la rétine, se réfléchissent sur les parois internes du globe oculaire, dont la choroïde est rosée; et, réfléchis à leur tour sous mille angles variés, ils jettent une confusion inextricable dans la peinture des images au fond de l'œil. Aussi voit-on les albinos préférer l'obscurité au grand jour, et ne s'écarter que rarement des cavernes où ils demeurent; circonstance qui leur a valu le nom d'hommes nocturnes. La stature des *albinos* est peu élevée; leur constitution est ordinairement grêle; ils vivent dans un état de misère et de malpropreté déplorables, et sont l'objet d'une répugnance et même d'une animosité générales. Leur caractère moral et leurs facultés intellectuelles sont extrêmement faibles. Ceux qui habitent parmi les nègres sont en butte à leurs mauvais traitements; et attrapés par eux, ils sont vendus comme objets de curiosité. (M. A. COMTE, *Dictionnaire de Médecine usuelle.*) — Les animaux, quadrupèdes ou oiseaux, sujets à blanchir, se nomment aussi *albinos*.

ALBION, subst. fém. (*albion*), nom de la vieille Angleterre.— La *Nouvelle-Albion*, contrée de l'Amérique septentrionale découverte en 1578.

ALBION et **BERGION**, subst. mas. (*albion*, *bèrejion*), myth., fameux géants, enfants de Neptune. Ils osèrent attaquer Hercule un jour qu'il n'avait pas ses flèches, et voulurent l'empêcher de passer le Rhin; mais Jupiter les accabla d'une grêle de pierres.

ALBIQUE, subst. fém. (*albike*) (du lat. *album*, blanc), espèce de craie ou terre blanche qui a quelque ressemblance avec la terre sigillée.

ALBORA ou **ALBARAS**, subst. fém. (*albora*, *albara*), espèce de lèpre.

ALBORNOZ, subst. mas. (*albornoze*) (mot emprunté de l'espagnol), espèce de manteau à capuche fait de poil de chèvre.

ALBOUKER, subst. mas. (*alboukre*), liqueur que les Arabes retirent par incision de l'arbre qui produit l'encens.

ALBRAN, mieux **HALBRAN**, subst. mas. (*albran*), jeune canard sauvage. La raison étymologique veut que l'on écrive *halbran*. Voy. ce mot.

ALBRENÉ, E, adj. (*albrené*), vieux t. de faucon., qui signifie déplumé. Voy. **HALBRENÉ**.

ALBRENER, v. neut. (*albrené*), vieux t. de faucon., chasser aux *albrans*. Voy. **HALBRENER**.

ALBUCA, subst. mas. (*albuka*) (du lat. *albus*, blanc), t. de bot., plante liliacée à fleurs en épis.

ALBUGINÉ, E, adj. (*albujiné*) (du lat. *albus*, blanc), t. d'anat. Il se dit de certaines membranes blanches.— *Humeur albuginée*, humeur aqueuse de l'œil.—*Tunique albuginée*, ou substantivement au fém. *albuginée*, membrane qui enveloppe immédiatement le testicule.— *Fibre albuginée*, celle qui est blanche, linéaire, cylindrique, tenace, élastique, peu extensible.

ALBUGINEUSE, adj. fém. Voy. **ALBUGINEUX**.

ALBUGINEUX, adj. mas., au fém. **ALBUGINEUSE** (*albujineu*, *neuze*) (du lat. *albus*, blanc), t. d'anat., qui est de couleur *blanche*.

ALBUGO, subst. fém. (*albugué*) (du mot lat. *albugo*, formé de *albus*, blanc), t. de médec., tache *blanche* qui se forme à l'œil sur la cornée transparente, et qui est produite par un épanchement d'un liquide opaque entre les lames de la cornée, ou par la cicatrice résultant de cet épanchement. Lorsque la tache existe à la partie superficielle de la cornée, on lui donne le nom de *leucoma*; ainsi, l'*albugo* diffère du *leucoma* en ce qu'il est plus grave. (J.-P. BEAUDE, *Dictionnaire de Médecine usuelle*.)

ALBUGUE, subst. fém. Voy. **ZIL**.

ALBULE, subst. fém. (*albule*), t. d'hist. nat. On nomme ainsi les poissons des genres saumon, cyprin et mugile.

ALBUM, subst. mas. (*albome*) (emprunté du latin), chez les anciens Romains, tableau enduit de *blanc* (en lat. *albus*, *a*, *um*), sur lequel s'écrivaient les délibérations du préteur.— Aujourd'hui, cahier de papier blanc à l'usage des voyageurs, sur lequel ils engagent les personnes célèbres à écrire leur nom et une sentence. — C'est aussi un livret renfermant un recueil de différents morceaux choisis de peinture, de dessin, ou de prose et de vers, ou de musique.—Au plur., des *album* sans *s*. — On appelle *album græcum* la partie blanche des excréments du chien, qu'on a fait sécher.

ALBUMEN, subst. mas. (*albumène*), t. de bot., a la même signification que *périsperme*. Voy. ce mot.

ALBUMINE, subst. fém. (*albumine*) (du lat. *albus*, blanc), t. de chim., substance qui tient de la nature du blanc d'œuf, et qui se trouve dans diverses matières végétales et animales.

ALBUMINÉ, E, adj. (*albuminé*), t. de bot., qui est pourvu d'*albumine*.

ALBUMINEUSE, adj. fém. Voy. *albumineux*.

ALBUMINEUX, adj. mas., au fém. **ALBUMINEUSE**, (*albumineu*, *neuze*), qui contient de l'*albumine*.

ALBUMINIFORME, adj. (*albuminiforme*), t. de bot., qui a la forme de l'*albumine*.

ALBUNÉE, subst. fém. (*albuné*), t. d'hist. nat., espèce de cancre, crustacé.

ALBUNÉE, subst. fém. (*albuné*), myth., fameuse sibylle qui rendait ses oracles dans une forêt voisine de Tibur, appelée de son nom *Albunea*. Cette sibylle, qui était la dixième, se nommait aussi Albuna, qu'on croit être la même que Leucothée ou Matuta. Elle était révérée comme une déesse.

ALBURNE, subst. fém. (*alburne*), t. d'hist. nat., nom d'un centropome; poisson.

ALBURNUS, subst. mas. (*alburnuce*), myth., dieu révéré sur une montagne du même nom, dans la Lucanie.

ALBUS, subst. mas. (*albuce*), petite monnaie de Cologne qui vaut douze deniers.

ALBY, subst. mas. (*albi*), ville de France, chef-lieu du dép. du Tarn. Cette ville fut l'un des principaux théâtres de la guerre des albigeois pendant le XIIe siècle. — Nous ne savons pourquoi tous les géographes écrivent *Alby*: ce mot, qui vient tout naturellement du lat. *Albia* ou *Albiga*, devrait s'écrire *Albie* ou *Albig*.

ALCA, subst. fém. (*alka*), t. d'hist. nat., oiseau de la famille des pingouins.

ALCADE, subst. mas. (*alkade*) (c'est un nom emprunté de l'arabe *alqadhy*, et formé de *al*, le, et *kada*, gouverneur; *le gouverneur*, *le chef*, *le juge*), nom des juges, des prévôts, en Espagne.

ALCAHEST, subst. mas. (*alkaècete*), t. d'alch., dissolvant universel. (*James*.)

ALCAÏDE ou **ALCAYDE**, subst. mas. (*alka-ide*), gouverneur d'une ville maure.

ALCAÏQUE, adj. (*alka-ike*) (en lat. *alcaicus*), qualification d'un vers grec ou latin composé de quatre pieds et une césure, inventé par *Alcée*. — Il est quelquefois subst. mas., *un alcaïque*.—Dans les vers *alcaïques* le premier pied est un spondée, rarement un ïambe; le second un ïambe; ensuite vient la césure, puis deux dactyles. Le dernier peut être un amphimacre. Tels sont ceux-ci dans *Horace*, livre II, ode 3 :

Omnes eodem cogimur : omnium
Versatur urna ; serius ocyus
Sors exitura.

On appelle encore *alcaïques* des vers d'une autre mesure, composés de deux dactyles et de deux trochées, comme celui-ci de la même ode :

Exilium impositura cymbæ.

Il se dit aussi d'une ode grecque ou latine dont chacune des strophes est composée de quatre vers : les deux premiers sont deux vers *alcaïques* de la première espèce; le troisième est un ïambe de quatre pieds et une syllabe :

Sors exitura, et nos in æternum.

Le quatrième est un *alcaïque* de la seconde espèce. Voici la strophe *alcaïque entière* :

Omnes eodem cogimur : omnium
Versatur urna; serius ocyus
Sors exitura, et nos in æternum
Exilium impositura cymbæ.

Ces espèces de vers s'appellent *alcaïques dactyliques*. Il y en a une autre espèce qu'on nomme simplement *alcaïques* : ceux-ci sont composés de quatre pieds :

Cur timet fla | vum Tiberim | tangere? cur | olivum.

ALCALESCENCE, subst. fém. (*alkalèceçance*), t. de médec., putréfaction produite par les *alcalis* : *la chair des animaux tend à l'alcalescence*. — Fermentation des *alcalis*.

ALCALESCENT, E, adj. des deux genres et subst. mas. (*alkalèceçan*, *çante*), t. de médec., qui contient de l'*alcali*, de l'ammoniaque, qui tend à se tourner en fermentation *alcaline* et putride : *substance alcalescente*.

ALCALI, subst. mas. (*alkali*) (de l'arabe *al*, art., et *kali*, soude), t. de chim., sel fossile et minéral reconnu aisément à son goût caustique, à son odeur fétide, à l'effervescence qu'il fait avec tous les acides, et à la couleur verte qu'il donne à toutes les teintures bleues des végétaux. On distingue deux espèces d'*alcalis* : 1° l'*alcali fixe*, qui fond au feu sans se dissiper : il se trouve dans la terre, dans les fontaines et sur les murs; 2° l'*alcali volatil*, que la chaleur dissipe ou volatilise : il se trouve dans les trois règnes. — Il eût été plus exact d'écrire *alkali*, conformément à l'étymologie.

ALCALICITÉ, subst. fém. (*alkalicité*), t. de chim., naissance de la propriété *alcaline*. Ce mot n'est point usité. Voy. **ALCALINITÉ**.

ALCALIFIABLE, adj. (*alkalifiable*) t. de chim., qui peut être réduit en *alcali* : *base alcalifiable*.

ALCALIFIANT, E, adj. (*alkalifian*, *fiante*), t. de chim., qui change en *alcali*; qui forme l'*alcali*; *principe alcalifiant*.— Il est aussi subst. mas.

ALCALIGÈNE, subst. mas. et adj. des deux genres (*alkalijène*), formé de l'arabe *alkali*, et du grec γεννάω, j'engendre), t. de chim., principe des *alcalis*. — Qui engendre les *alcalis*. Voy. AZOTE.

ALCALIMÈTRE, subst. mas. (*alkalimètre*) (de l'arabe *alkali*, et du grec μέτρον, mesure), t. de chim., instrument pour mesurer la quantité d'alcali contenue dans une potasse ou soude de commerce.

ALCALIMÉTRIQUE, adj. (*alkalimétrike*) (même rac. que *alcalimètre*), t. de chim., propre à mesurer l'*alcali*.

ALCALIN, E, adj. (*alkalein, line*), t. de chim., qui a quelques propriétés des *alcalis* : *la bile est une humeur alcaline*.

ALCALINITÉ, subst. fém. (*alkalinité*), t. de chim., état, qualité, nature de l'*alcali*.

ALCALISATION, subst. fém. (*alkalizâcion*), t. de chim., opération par laquelle on communique à un corps des qualités *alcalines*. — Opération par laquelle on extrait d'un corps l'*alcali* qu'il contient.

ALCALISÉ, E, part. pass. de *alcaliser*.

ALCALISER, v. act. (*alkalizé*), t. de chim., dégager par la force du feu la partie acide d'un sel neutre, de manière qu'il ne reste plus que la partie *alcaline*. — *s'*ALCALISER, v. pron.

ALCALOÏDE, subst. mas. (*alkalo-ide*), principe actif des *alcalis*.

ALCANA, subst. fém. (*alkana*), racine de buglosse, qui sert à la teinture en jaune.

ALCANCALI, subst. mas. (*alkankali*), remède contre les fièvres, chez les Italiens.

ALCANNA, subst. mas. (*alkanena*), t. de bot., nom donné à diverses plantes qui produisent une liqueur rouge, et dont les peuples du Levant se servaient pour se teindre les dents et les ongles.

ALCANTARA, subst. fém., (*alkantara*), nom d'une ville d'Espagne, dans l'Estramadure, sur le Tage.

ALCANTARA, subst. mas. (*alkantara*) (de l'espagnol *al*, au, et *cantara*, poirier), ordre militaire d'Espagne institué en 1170. Il était appelé aussi : ordre de Saint-Julien-du-Poirier.

ALCARAZAS, subst. mas. (*alkarazâce*), vase espagnol de terre très-poreuse, pour rafraîchir l'eau.

ALCATHÉES, subst. fém. plur. (*alkaté*), myth., fêtes célébrées à Mycènes en l'honneur d'Alcathoüs.

ALCATHOÜS, subst. mas. (*alkato-uce*), fils de Pélops. Ayant été fortement soupçonné d'avoir eu part à la mort de Chrysippe son frère, il se retira à Mégare, où il tua un lion qui avait dévoré Euripe, fils du roi, dont il épousa la fille et à qui il succéda. — Il y eut un Troyen de ce nom, qui avait épousé Hippodamie, fille d'Anchise, et qui fut tué au siège de Troie par Idoménée.

ALCATRAZ, subst. mas. (*alkatrâze*), t. d'hist. nat., pélican du Chili et du Mexique ; petit cormoran.

ALCAVALA, subst. mas. (*alkavala*), droit d'entrée de cinq pour cent en Espagne.

ALCÉ, subst. mas. (*alcé*), t. d'hist. nat., animal sauvage, espèce d'élan.—Myth., un des chiens d'Actéon. — Constellation.

ALCÉE, subst. fém. (*alcé*), t. de bot., sorte de mauve sauvage. — Rose-trémière. — L'*alcée* d'Égypte est l'*ombrette*.

ALCÉE, subst. mas. (*alcé*), myth., fils de Persée et mari d'Hippomène, appelée aussi Hipponome. Il fut père d'Alcmène, et aïeul d'Hercule, appelé pour cela Alcide. — Il y eut un autre Alcée, fils d'Hercule, et qui fut le premier des Héraclides, nommés ainsi du nom d'Hercule.

ALCESTE, subst. fém. (*alcécete*), myth., fille de Pélias, et femme d'Admète, roi de Thessalie. Ce prince ayant reçu de la reconnaissance d'Apollon le privilège d'échapper à la mort chaque fois qu'au moment de mourir il trouverait une autre personne disposée à prendre sa place, Alceste, pendant une maladie de son époux, que l'oracle avait déclarée mortelle, se dévoua pour lui. Hercule arriva dans la Thessalie le jour du sacrifice d'Alceste. Admète, malgré sa douleur, lui fit un accueil dont Hercule fut tellement touché qu'il entreprit de lui rendre Alceste, et qu'en effet il la tira des enfers. Voy. ADMÈTE.

ALCH., abréviation d'*alchimie* ou d'*alchimiste*.

ALCHÉRON, mieux **ALCHIRON**, selon *Boiste*, subst. mas. (*alchéron, alchiron*), t. d'hist. nat., pierre que l'on trouve dans la vésicule du fiel du bœuf.

ALCHIMIE, subst. fém. (*alchimi*) (formé de l'art. arabe *al*, et du grec χημεία, chimie. Ceux qui écrivent *alchymie* font venir ce mot du grec χυμός, qui signifie *suc*), science, philosophie hermétique, art chimérique de la transmutation des métaux. — Quoique le mot d'*alchimie* et celui de *chimie* signifient la même chose, selon le jargon des *adeptes* ou souffleurs *al* n'est pas là un art. arabe, mais il signifie une vertu merveilleuse. — *Harris*, qui distingue l'*alchimie* de la *chimie*, dit que la vraie définition de l'*alchimie* est celle-ci : *Ars sine arte, cujus principium est mentiri, medium laborare, et finis mendicare* ; c'est-à-dire : *un art sans art, dont le commencement est de mentir, le milieu de travailler, et la fin de mendier*. Un alchimiste réduit à l'hôpital (c'est Pénote) avait coutume de dire qu'il ne souhaitait rien à ses plus mortels ennemis qu'un peu de goût pour l'*alchimie*. L'*alchimie* est une agréable folie, qui a ruiné insensiblement les plus riches maisons de l'Europe, qu'abusait l'espoir d'obtenir de l'art ce qui ne peut être opéré que par la nature. Aussi Rome bannit-elle autrefois ceux qui se mêlaient de cette profession, et les sacrés canons les ont foudroyés de leurs censures.—Fam. : *faire l'alchimie avec ses dents*, ménager sa bourse aux dépens de sa bouche. — *Alchimie* ne s'emploie plus qu'en mauvaise part, pour désigner le charlatanisme ou la niaiserie de ceux qui prétendent qu'on peut trouver le secret de faire de l'or.

ALCHIMILLE, subst. fém. (*alchimile*), t. de bot., plante de la famille des rosacées.

ALCHIMIQUE, adj. (*alchimike*), qui a rapport à l'*alchimie*.

ALCHIMISTE, subst. des deux genres (*alchimicete*), celui ou celle qui exerce l'*alchimie*.

ALCHIRON. Voy. ALCHÉRON.

ALCHORNÉE, subst. fém. (*alkorné*), t. de bot., espèce d'euphorbe.

ALCIBIADIUM, subst. mas. (*alcibi-adiome*), t. de bot., autre nom de la vipérine.

ALCIDE, subst. mas. (*alcide*), myth., surnom d'*Hercule*, du nom d'Alcée son aïeul. — Minerve était aussi surnommée Alcide, du mot grec ἀλκή, *force*. — Il y avait aussi les dieux Alcides.

ALCIMÈDE, subst. fém (*alcimède*), myth., femme d'Éson et mère de Jason.

ALCIMÉDON, subst. mas. (*alcimédon*), myth., fameux sculpteur. — Il y eut un autre Alcimédon, héros grec.

ALCINE, subst. fém. (*alciné*), t. de bot., plante de la famille des corymbifères.

ALCINOÉ, subst. fém. (*alcino-é*), myth., femme d'Amphiloque. Ayant retenu le salaire d'une pauvre ouvrière, elle en fut punie par Diane, qui lui inspira tant de passion pour un nommé Xanthus, qu'elle quitta son mari et ses enfants pour le suivre. Malgré les bons procédés de Xanthus, elle devint si jalouse, qu'en un accès de désespoir elle se précipita dans la mer.

ALCINOÜS, subst. mas. (*alcino-uce*), myth., fils de Nausithoüs, et roi des Phéaques ou Phéaciens, dans l'île de Corcyre. Son nom est devenu célèbre par la beauté des jardins qu'il cultivait, ou plutôt par les merveilles qu'en a dites Homère, à l'occasion du naufrage que fit Ulysse sur les côtes de cette île, où Alcinoüs l'accueillit bien et le traita magnifiquement.

ALCIOPE, subst. fém. (*alciope*), myth., fille d'Aglaure et de Mars, fut une des femmes de Neptune.

ALCIPPE, subst. fém. (*alcipe*), myth., fille de Mars qu'Allyrothius enleva. Mars ayant tué le ravisseur, fut cité devant un conseil composé de douze dieux. Voy. ARÉOPAGE. — Il y eut encore plusieurs autres Alcippe : une, fille d'Œnomaüs ; une autre, fille du géant Alcion ; une troisième, bergère dans Théocrite, Virgile, etc.

ALCIS, subst. mas. (*alcice*), myth., une des divinités des Germains. On croit que c'est Castor ou Pollux.

ALCITHOÉ, subst. fém. (*alcitoé*), myth., l'une des filles de Minée, qui, s'étant moquée des fêtes de Bacchus, et ayant travaillé et fait travailler ses sœurs et ses servantes à la laine pendant qu'on célébrait les orgies, fut métamorphosée en chauve-souris avec ses complices, et leurs toiles en feuilles de vigne ou de lierre.

ALCMANCIEN, adj. (*alkemancien*), qualification d'un vers de trois dactyles et une césure, employé souvent par *Alcman*, poète grec, et adopté par les Latins :

Munera lætitiamque Dei.

ALCMÈNE, subst. fém. (*alkemène*), myth., fille d'Électrion, roi de Mycènes, et de Lysidice. Elle épousa Amphitryon, à condition qu'il vengerait la mort de son frère, que les Téléboens avaient fait mourir. Tandis qu'Amphitryon leur faisait la guerre, Jupiter, sous la forme de ce prince, obtint les faveurs d'Alcmène. Junon, sachant Alcmène en travail d'enfant, sachant de plus que Jupiter avait promis de grandes destinées à Hercule, qui devait naître d'elle, fit en sorte qu'Eurysthée, son frère jumeau, vint au monde le premier, afin que, comme aîné, il eût quelque empire sur lui. Galanthis, servante d'Alcmène, trompa adroitement Junon à la naissance d'Hercule. *Métam., liv.* 9. Voy. *Galanthis, Renard*.

ALCMÉON, subst. mas. (*alkeméon*), myth., fils d'Amphiaraüs, fut tourmenté par les Furies pour avoir tué sa mère Ériphile par l'ordre de son père, qui ne pardonnait point à celle-ci d'avoir découvert le lieu où il s'était caché pour ne point aller à la guerre de Thèbes. Polynice avait acheté ce secret à Ériphile au prix d'un collier qui venait d'Hermione, fille de Mars et de Vénus, et femme de Cadmus. Alcméon, déchiré par ses remords, se retira à Psophis dans l'Arcadie, pour s'y livrer à des expiations propres à combattre l'obsession des Furies ; ce qu'il fit entre les mains de Phégée, dont il épousa la fille Arsinoé, que quelques-uns nomment Alphésibée, à laquelle il donna le fatal collier, qu'il avait emporté avec lui. Ces premières expiations étant restées sans succès, il en alla faire d'autres chez Achéloüs, père de Callirhoé, qu'il épousa au mépris de ses engagements avec Arsinoé, à qui même il alla reprendre le collier pour en faire présent à sa nouvelle femme. Phégée et Arsinoé furent fort irrités de cet affront ; mais Téménus et Axion, frères d'Arsinoé, en furent si furieux qu'ils poursuivirent Alcméon et le tuèrent. Callirhoé, à la nouvelle de ce meurtre, supplia Jupiter de permettre que ses deux fils Acarnas et Amphotérus, encore enfants, devinssent en un moment hommes faits pour venger la mort de leur père. Le dieu l'exauça, et ils tuèrent non-seulement Téménus et Axion, mais encore Phégée et Arsinoé ; puis ils consacrèrent le fatal collier à Apollon. Properce, un de ceux qui donnent le nom d'Alphésibée à la fille de Phégée, dit que ce fut elle-même qui tua ses frères, indignée qu'elle était de l'assassinat de son mari, quelque infidèle qu'il fût.

ALCOHOL, subst. mas. (*alkoole*) (mot arabe qui veut dire *subtil*), t. de chimie : dans l'ancienne chimie, poudre extrêmement divisée ; dans la nouvelle, 1° l'esprit-de-vin ; 2° le produit de la fermentation spiritueuse de la bière, du cidre ou de toute autre liqueur. — L'orthographe adoptée par l'*Académie* pour ce mot, qu'elle écrit *alcool*, n'est point celle du mot arabe : par conséquent elle est vicieuse. *Trévoux* préfère *alkool* à ces deux orthographes, après avoir dit cependant que le fameux *Harris* écrit *alcohol* et *alcoholiser*. Il prétend du reste que l'étymologie arabe ne demande point de *h*, et qu'on n'a mis un *h* que pour séparer les deux *o*, qui se prononceraient en anglais comme notre *son ou*, et en faire deux syllabes. Nous doutons que *Trévoux* ait raison ; et nous dirons, en définitive, que *Gattel*, *Boiste* et *Laveaux* écrivent comme nous *alcohol*.

ALCOHOLATS, subst. mas. plur. (*alkoola*), t. de méd., médicaments divers tirés de l'*alcohol* — On appelle ainsi les teintures, les élixirs d'*alcohol*.

ALCOHOLÉ, subst. mas. (*alkoolé*), t. de méd. médicament qui est le résultat de l'action dissolvante de l'*alcohol*.

ALCOHOLIQUE, adj. des deux genres (*alkoolike*), qui tient de l'*alcohol* ; qui a été dissous dans l'*alcohol*.

ALCOHOLISATION, subst. fém. (*alkoolizâcion*), t. de chimie, action de pulvériser. Action d'épurer un liquide ; résultat de cette action.

ALCOHOLISÉ, E, part. pass. de *alcoholiser*.

ALCOHOLISER, v. act. (*alkoolizé*), t. de chim., réduire en poudre impalpable. — Purifier les esprits et les essences des impuretés et du flegme qu'ils peuvent contenir. — *s'*ALCOHOLISER, v. pron.

ALCOHOLOMÈTRE, subst. mas. (*alkoolomètre*), t. de chim., instrument propre à mesurer la force de l'*alcohol*.

ALCOHOLOMÉTRIQUE, adj. (*alkoolométrike*), t. de chim., qui a rapport à l'*alcoholomètre*.

ALCONORQUE OU ALCORNOQUE, subst. mas. (*alkonorke*), t. de bot., nom castillan du chêne-liége.

ALCONORQUÉE OU ALCORNOQUÉE, subst. fém. (*alconorqué*), écorce de l'*alcornoque*.

ALCOOL. Voy. ALCOHOL.

ALCORAN ou **CORAN**, subst. mas. (*alkoran, koran*) (mot arabe formé de l'art. *al*, exprimant *excellence*, et de *coran*, lecture), livre de la loi de Mahomet. Il y a de l'*Alcoran* sept éditions principales, qui varient pour le nombre des versets, mais non pour celui des lettres et des mots, qui est le même dans toutes. Les mahométans y comptent 323,015 lettres, et 77,639 mots. — Chez les Perses, espèce de tour ou de clocher fort élevé, portant deux ou trois galeries extérieures verticalement disposées entre elles, d'où leurs prêtres font trois fois le jour les prières à haute voix. — En parlant d'une chose à laquelle on ne comprend rien : *je n'y entends pas plus qu'à l'Alcoran*. Fam. — Ce mot est quelquefois employé adjectivement, comme l'indique la citation suivante : *on voyait vingt-sept colonnes posées sur leurs bases, et si hautes, que les Perses et les Arabes les appellent alcoranes*. (Wicquefort.) — L'*Académie* explique comment on dit mieux *Coran* : en effet, qui dit *le Coran* dit *Alcoran*, *Alcoran* n'étant que la réunion de l'art. *al* au subst. arabe *Coran*.

ALCORANISTE, adj. et subst. des deux genres (*alkoranicete*), qui suit l'*alcoran*.

ALCORNÉE, subst. fém. (*alkorné*), t. de bot., plante de la famille des euphorbiacées.

ALCÔVE, subst. fém. (*alkôve*) (de l'espagnol *alcoba*, chambre à coucher, tiré de l'arabe *alquobbah*, tente, pavillon, chambre), enfoncement pratiqué dans une chambre, où le lit est placé.

ALCÔVISTE, subst. mas. (*alkôvicete*) (rac. *alcôve*), sigisbée d'une précieuse. Inus.

ALCYON, subst. mas. (*alcion*) (du grec αλκυων, formé de αλς, mer, et κυω, je produis), t. d'hist. nat., oiseau semblable à l'hirondelle, qui fréquente la mer et les marécages. — T. d'hist. nat. Sorte d'éponge friable et roide. — Il y a plusieurs devises prises de l'*alcyon* pondant dans son nid au milieu des flots : *Silentibus austris*, pour un savant qui travaille dans le silence ; *Agnoscit tempus*, pour un homme prudent. Un *alcyon* au milieu d'une tempête, avec ces mots : *nec quidquam terreor æstu*, s'applique au guerrier intrépide au milieu des hasards.

ALCYONE, subst. fém. (*alcione*), myth., fille d'Éole. Ayant rencontré sur le rivage le corps de Céix, son mari, qui venait de périr dans un naufrage en allant consulter l'oracle de Claros, elle se jeta éperdue sur cette triste dépouille, et tandis qu'elle pleurait amèrement, ils furent l'un et l'autre changés en alcyons. Éole depuis voulut que la mer fût tranquille dans le temps de la ponte de ces oiseaux, qui, dit-on, font ordinairement leurs nids sur l'eau.

ALCYONÉE, subst. mas. (*alcioné*), myth., fameux géant qui secourut les dieux contre Jupiter. Minerve le jeta hors du globe de la lune où il s'était posté. Il avait eu plusieurs fois le privilège de ressusciter, mais Hercule un jour l'écrasa.

ALCYONIEN, adj. mas., au fém. **ALCYONIENNE**, (*alcionicin, niène*), appartenant à l'*alcyon*. Il n'est guère d'usage que dans cette phrase : *les jours alcyoniens*, les sept jours qui précèdent le solstice d'hiver et les sept qui le suivent, pendant lesquels on dit que l'*alcyon* fait son nid, et que la mer est calme.

ALCYONIENNE, adj. fém. Voy. ALCYONIEN.

ALCYONITE, subst. mas. (*alcionite*), t. d'hist. nat., *alcyon* fossile.

ALCYORELLE, subst. mas. (*alciorèle*), t. d'hist. nat., polypier des eaux stagnantes des environs de Paris.

ALDÉBARAN, subst. mas. (*aldébaran*) (tiré de l'arabe), t. d'astr., étoile fixe de la première grandeur, qui est dans l'œil du taureau. — Nom sous lequel le soleil était adoré en Arabie.

ALDEBRANDE. Voy. ALEBRANDE.

ALDÉE, subst. fém. (*aldé*), nom de divers bourgs et villages à la côte de Coromandel, et de plusieurs contrées de l'Inde. — T. de bot., plante du Chili qui sert à teindre en noir.

ALDERMAN, subst. mas. (*aldèremane*) (de l'anglais *elder*, ancien, et *man*, homme), en Angleterre, officier municipal, officier de police.

ALDIN, DINE, adj. (*aldein, dine*) (de *Alde Manuce*, imprimeur célèbre), qualification donnée autrefois aux caractères *italiques*. — On a dit aussi *édition aldine*.

ALDINE, subst. fém. (*alaine*), t. de bot., arbre de la Jamaïque.

ALDROVANDE, subst. fém. (*aldrovande*), t. de bot., plante de l'Europe méridionale.

ALE ou **AILE**, subst. fém., (*èle*, à l'anglaise), bière faible en usage chez les Anglais. Voy. AILE.

ALEA, subst. fém. (*aléa*), myth. Minerve était ainsi appelée, d'une ville de ce nom en Arcadie, où elle avait un temple.

ALÉATOIRE, adj. (*aléatoare*) (du lat. *aleatorius*, fait de *alea*, jeu de hasard), se dit, en t. de prat., de certaines conventions dont les avantages ou les pertes consistent dans un événement incertain : *contrat aléatoire*.

ALÉATOIREMENT, adv. (*aléatoareman*) (voy. pour l'étymologie *aléatoire*), d'une manière *aléatoire* : *agir aléatoirement*, sans possibilité de prévoir le résultat. Peu usité.

ALEBRAN, subst. mas. Voy. ALBRAN.

ALEBRANDE ou **ALDEBRANDE**, subst. fém. (*alebrande, aledebrande*), sarcelle. Voy. HALBRAN.

ALECHTRE, subst. mas. (*alèktre*), t. de bot., plante du cap de Bonne-Espérance.

ALECTOIRE, subst. fém. (*alèktoare*), pierre *alectorienne*. Voy. ALECTORIENNE.

ALECTON, subst. fém. (*alèkton*) (formé du grec α priv., et ληγω, je cesse, *qui ne cesse point de persécuter, de nuire*), myth., l'une des trois Furies. On la représente armée de vipères, de torches et de fouets, et la tête ceinte de serpents.

ALECTOR, subst. mas. (*alèktor*), un des chefs des Argiens au siége de Thèbes.

ALECTORIENNE, subst. fém. (*alèktoriène*) (du grec αλεκτωρ, coq), pierre qu'on trouve dans l'estomac ou le foie de quelques vieux coqs.

ALECTOROLOPHOS ou **ALECTOROLOPHE**, subst. mas. (*alèktorolofoce, lofe*) (du grec αλεκτωρ, coq, et λοφος, crête), t. de bot., plantes à feuilles crénelées, ressemblant à la crête d'un coq.

ALECTOROMANCIE ou **ALECTRYOMANCIE**, subst. fém. (*alèktoro, alèktriomanci*) (du grec αλεκτωρ ou αλεκτρυων, coq, et μαντεια, divination), divination par le moyen d'un *coq*. L'*alectoromancie* ou *alectryomancie* était en usage parmi les Grecs. Voici comment elle se pratiquait. On traçait un cercle sur la terre; on le partageait ensuite en vingt-quatre petites cases ou espaces; dans chacune de ces cases on écrivait une lettre de l'alphabet; sur chacune de ces lettres on mettait un grain de blé; cela fait, on plaçait un coq dans ce cercle. On remarquait quelles étaient les lettres des cases où les grains qu'il mangeait avaient été mis; on faisait un mot de ces lettres, et l'on croyait que ce mot apprenait la chose que l'on voulait savoir. C'est par cet art de l'*alectoromancie* ou *alectryomancie* que le sophiste Libanius chercha, conjointement avec Jamblique, quel serait le successeur de l'empereur Valens. Le coq ayant mangé les grains qui étaient sur les lettres Θ, E, O, Δ, ils ne doutèrent point que le successeur de Valens ne dût être Théodore. Ils se trompèrent : ce fut Théodose. (*Socrate, Sozomène, Cedrenus* et *Zonaras* nous ont conservé ces particularités.)

ALECTOROMANCIEN ou **ALECTRYOMANCIEN**, subst. et adj. mas., au fém., **ALECTOROMANCIENNE** ou **ALECTRYOMANCIENNE** (*alèktoro, alèktriomancicin, ciène*), celui ou celle qui exerçait l'*alectoromancie*. — Adj. : *cérémonie alectoromancienne*.

ALECTOROPHONÈME, subst. mas. (*alèktorofonème*) (du grec αλεκτωρ, coq, et φωνημα, chant), chant du coq.

ALECTRYDES, subst. mas. plur. (*alèktride*) (du grec αλεκτρυων, coq), t. d'hist. nat., nom générique des oiseaux de basse-cour, tels que le coq, la poule, etc.

ALECTRYOMANCIE. Voy. ALECTOROMANCIE.

ALECTRYOMANCIEN. Voy. ALECTOROMANCIEN.

ALECTRYON, subst. mas. (*alèktrion*), t. d'hist. nat., espèce de coquille. — T. de bot., plante de l'espèce des saponacées. — Myth., jeune soldat, confident et favori de Mars. Faisant un jour sentinelle tandis que ce dieu était avec Vénus, il s'endormit et laissa surprendre les deux amants par Vulcain. Mars en fut tellement irrité qu'il le métamorphosa en coq.

ALÉGATE, subst. fém. (*aléguate*), pince d'émailleur.

ALÈGE, subst. mas. (*alèje*), petit mur d'appui sous une fenêtre.

ALÈGRE, ALÈGREMENT, ALÉGRESSE, ALEGRETTO, ALEGRO. Voy. **ALLÈGRE, ALLÈGREMENT, ALLÉGRESSE, ALLEGRETTO, ALLEGRO**. Nous ne savons pourquoi l'*Académie* indique deux orthographes pour ces mots.

ALÈGRE, subst. fém. (*alèguere*), petite ville, chef-lieu de canton, arrond. du Puy, dép. de la Haute-Loire.

ALEIMMA, subst. mas. (*alèmema*), espèce d'onguent.

ALEIRON ou **ALÉRON**, subst. mas. (*aléron*, *aléron*), t. de manuf. de soie, pièce du métier, liteau par le moyen duquel, avec les cordes passées dans des trous qui y sont pratiqués, on baisse et on relève les lices à volonté.

ALÉMANUS, subst. mas. (*alémânuce*), myth., héros des anciens Germains, qui en firent un dieu.

ALEMBDAR, subst. mas. (*alanbedar*), porte-étendard du prophète.

ALEMBROTH, subst. mas. (*alanbrote*), t. de chim., sel triple.

ALÉMONA, subst. fém. (*alèmona*), myth., déesse tutélaire des enfants avant leur naissance.

ALÉMONIDÈS, subst. mas. (*alémonidèce*), myth., Myscelus, fils d'Alémon.

ALENÇON, subst. mas. (*alançon*) (du lat. *alenconium*), ville de France, chef-lieu du dép. de l'Orne. — *Point-d'Alençon*, subst. mas., dentelle que l'on fabrique dans cette ville, et dont le cordon de fleurs est fort gros.

ALENÇONNAIS, subst. et adj. (*alançoné*), qui est de la ville d'*Alençon*.

ALENCONTRE, adv. (*alankontre*), écrit ainsi, est un barbarisme : on doit écrire *à l'encontre*. Voy. ENCONTRE.

ALÈNE, subst. fém. (*alène*) (Ce mot vient de l'espagnol *alesna*, que Covarruvias et Ménage disent avoir été fait du latin *à lædendo*, ou de l'arabe *alesenna*, fait de la racine *sanna*, qui signifie *rendre pointu*. D'autres le dérivent de *a linea*, parce qu'il sert à faire passer le fil que les ouvriers appellent *ligneul* ; et prétendent qu'on a dit autrefois *aleigne* et *aligne*), t. d'arts et mét., instrument dont le cordonnier, le savetier et le bourrelier se servent pour percer le cuir qu'ils emploient. — On dit prov. d'un poltron, d'un homme qui souffre qu'on lui fasse des insultes, qu'il *se laisserait donner cent coups d'alène dans les fesses plutôt que de se battre*. — T. de bot., *style, filet en alène*, qui se termine en pointe aiguë.

ALÉNÉ, E, adj. (*aléné*), t. de bot., terminé en pointe fine comme une *alène*.

ALÉNIER, subst. mas. (*alénié*), celui qui fait des *alènes*. — C'est aussi une sorte de crible.

ALÉNOIS, subst. mas. et adj. (*alénoa*), t. de bot., cresson à feuilles découpées.

ALENTEJO, subst. mas. (*alantéjo*), province du Portugal.

ALENTI, E, part. pass. de *alentir*.

ALENTIR, v. act. (*alantir*), vieux mot inusité qui signifiait retarder, rendre lent. On dit aujourd'hui *ralentir*. Voy. ce mot.

ALENTOUR, adv. (*alantour*), sauf l'autorité de l'Académie, on devrait écrire *à l'entour*. Ainsi ne mettez point : *les échos d'alentour*, mais *d'à l'entour*. Ce mot signifie *aux environs*. *A l'entour* ne prend point de régime : ne dites donc pas *à l'entour*, mais *autour de la table*. Voy. ENTOUR. L'*Académie* affirme qu'il n'y a que quelques personnes qui écrivent *à l'entour* au lieu de *alentour* : ces quelques personnes ont raison selon nous; mais le choix reste libre.

ALENTOURS, subst. mas. plur. (*alantour*), lieux circonvoisins; qui sont *à l'entour* : *les alentours du château sont magnifiques*. — Il se dit aussi de ceux qui vivent familièrement, qui sont en liaison avec une personne : *si vous voulez réussir auprès de ce ministre, assurez-vous de ses alentours ; ce fut par ses alentours que l'on pénétra son secret*.

ALÉOCHARE, subst. mas. (*aléokare*), t. d'hist. nat., petit insecte de la famille des brachélytres.

ALÉON, subst. mas. (*aléon*) myth., un des dieux Dioscures. Voy. DIOSCURES.

ALEP, subst. mas. (*alèpe*), ville de Syrie très-marchande.

ALEPASSE ou **LAPAS**, subst. fém. (*alepace, lapace*), t. de mar., pièce de chêne qui unit celles de l'antenne d'une galère.

ALÉPHANGINE, subst. fém. (*aléfanjine*), t. de pharm., pilule stomacale et purgative.

ALÉPIDE, subst. fém. (*alépide*), t. de bot., plante d'Afrique.

ALÉPIDÉE, subst. fém. (*alépidé*), t. de bot., plante de la famille des ombellifères.

ALÉPIDOTE, subst. fém. (*alépidote*), t. d'hist. nat., poisson sans écailles.

ALÉPINE, subst. fém. (*alépine*), noix de galle d'Alep. — Étoffe de soie et de laine qui se fabrique à Alep.

ALÉRION, subst. mas. (*alérion*) (du lat. *valeria*, nom donné à l'aigle par *Pline*), nom vulgaire du martinet noir. — T. de blas., petit aiglon qui n'a ni bec ni pieds.

ALERTE, subst. fém. (*alèrete*), mouvement excité dans une troupe par quelque indice ou quelque ordre qui fait connaître la nécessité de se tenir sur ses gardes : *on donna une vive alerte au camp.* — Il se dit aussi en parlant de toute autre circonstance où, craignant d'être surpris, quelque indice, quelque événement imprévu excite à se tenir sur ses gardes : *donner une vive alerte; les voleurs ont eu une vive alerte.* — Adj. des deux genres, vigilant, attentif; vif, gai. Il s'emploie ou tout seul, ou avec *sur* devant les noms, et *à* devant les verbes. — Il est encore interj. (de l'italien *all' erta*. *Erta* signifie un lieu qui va en montant : *star all' erta*, être sur un lieu éminent d'où l'on peut tout découvrir; être au guet), debout! soyez sur vos gardes : *alerte! alerte! prenez garde à vous!* Dans ce dernier sens, l'*Académie* dit que c'est un *adverbe*.

ALÉSAGE, subst. mas. (*alézaje*), action de *aléser*.

ALÈSE, subst. fém. (*alèze*), a les mêmes sens que *alèze*. Voy. ce mot.

ALÉSÉ, E, part. pass. de *aléser*, et adj., t. de blas., isolé; suspendu.

ALÉSER, v. act. (*alézé*), t. de monnaie : *aléser les carreaux*, les battre légèrement sur l'enclume pour redresser leurs bords. — Se dit de l'action d'agrandir, de polir, de limer des trous ou des parois de tuyaux : *aléser des canons; aléser des tuyaux de fontaine; aléser un trou.*

ALÉSOIR, subst. mas. (*alézoar*), machine à forcer ou à polir intérieurement les parois d'un canon. — En t. d'horloger, espèce de broche d'acier trempé. — En t. de doreur, foret pour équarrir les trous.

ALESTER ou **ALESTIR**, v. act. (*alèceté, tir*) (rac. *leste*), t. de mar., débarrasser, alléger un vaisseau, le bien disposer : *alester le gréement*, le rendre plus léger, plus nu à l'œil. — **S'ALESTER** ou **S'ALESTIR**, v. pron. — Notre avis est qu'on ne doit dire qu'*alester*, puisqu'on ne dit pas *lestir*. L'*Académie* ne dit rien de ces deux mots.

ALÉSURE, subst. fém. (*alézure*), partie du métal que détache l'*alésoir*.

ALÉTÈS, subst. mas. (*alétèce*), fils d'Eghiste, qui, ayant usurpé le royaume de Mycène, fut tué par Oreste.

ALETH, subst. mas. (*alète*), petite ville de France, arrondissement de Limoux, dép. de l'Aude.

ALÈTHE, subst. mas. (*alète*), vieux t. de faucon., oiseau de proie des Indes propre à voler la perdrix. — On dit aussi *alais*.

ALÉTIDES, subst. fém. plur. (*alétide*), t. d'hist. anc., fêtes, sacrifices en l'honneur d'Érigone, surnommée *Alétis*, mot grec qui signifie *vagabonde*, parce qu'elle courut de tous côtés pour chercher son père, dont elle ne retrouva enfin que le cadavre. Voy. **ÉRIGONE**.

ALÉTHOLOGIE, subst. fém. (*alétoloji*) (du grec αληθεια, vérité, et λογος, discours), discours sur la vérité.

ALÉTHOLOGIQUE, adj. (*alétolojike*), qui a rapport à l'*aléthologie*.

ALÉTIDES. Voy. **ALÈTHIDES**.

ALÈTRES, subst. mas. plur. (*alètre*), t. de bot., plante de la famille des liliacées.

ALÉTRIS, subst. fém. (*alétrice*), t. de bot., plantes exotiques unilobées, qui ont du rapport avec les aloès et les jacinthes.

ALETTE, subst. fém. (*alète*) (de l'italien *aletta*, petite *aile*), t. d'archit., petite aile, côté, jambage, avant-corps sur le pied-droit.

ALEUROMANCIE, subst. fém. (*aleuromanci*) (du grec αλευρον, farine, et μαντεια, divination), sorte de divination qui se faisait chez les anciens avec de la farine.

ALEUROMANCIEN, NE, adj. (*aleuromancîein, ciène*), qui prédisait l'avenir à l'aide de la farine.

ALÉUS, subst. mas. (*alé-uce*), roi d'Arcadie, célèbre par plusieurs temples qu'il fit bâtir.

ALEVIN, subst. mas. (*alevein*), menu poisson dont on peuple les étangs et les rivières.

ALEVINAGE, subst. mas. (*alevinaje*), petits poissons que les pêcheurs rejettent dans l'eau.

ALEVINÉ, E, part. pass. de *aleviner*.

ALEVINER, v. act. (*aleviné*) (du grec αλιευς, pêcheur, dérivé de αλς, mer), jeter l'*alevin* dans un étang. — **S'ALEVINER**, v. pron. : *un étang s'alevine.*

ALEVINIER, et non **ALVINIER**, subst. mas. (*alevinié*), petit étang où l'on élève de l'*alevin*.

ALEVRITE, subst. mas. (*alevrite*), t. de bot., arbre des îles du Sud.

ALEXANDRA, subst. fém. (*alèkçandra*), la même que Cassandre, fille de Priam. Voy. **CASSANDRE**.

ALEXANDRE, subst. mas. (*alèkcandre*), fils de Priam. Il fut appelé Pâris par les bergers qui l'élevèrent. Voy. **PÂRIS**. — Il y eut un autre Alexandre, fils d'Eurysthée.

ALEXANDRIE, subst. fém. (*alèkçandri*), grande ville de la Basse-Égypte sur les bords de la Méditerranée. Elle tire son nom d'Alexandre-le-Grand, son fondateur. Bonaparte la prit en 1798; elle fut restituée aux Turcs en 1801, après un long et mémorable combat. — Une province et une capitale des états sardes portent aussi le nom d'*Alexandrie*.

ALEXANDRIN, E, adj. (*alèkçandrein, drine*) (suivant les uns, d'*Alexandre de Bernay*, dit *de Paris*, poète du XIIe siècle, inventeur du vers de douze syllabes dans son *roman d'Alexandre*; suivant les autres, du héros même de ce poème), qualification du vers français de douze syllabes : *les tragédies, les poèmes épiques se font ordinairement en vers alexandrins; la césure, le repos du vers alexandrin doit être immédiatement après la sixième syllabe; les vers alexandrins sont aussi appelés* vers héroïques :

> Aussi, ne lui donnant | que le ciel pour patrie,
> Des peuples généreux | virent dans la beauté
> Un emblème vivant | de la Divinité.
> Dans les sons de sa voix | ou propice ou funeste,
> Les Celtes entendaient | la volonté céleste;
> Et prêtant à la femme | un pouvoir plus qu'humain,
> Consacraient les objets | qu'avait touchés sa main.
> Un fanatisme aimable | à leur âme enivrée
> Disait : « La femme est Dieu, | puisqu'elle est adorée. »
> (LEGOUVÉ.)

L'*Académie* veut que le mot *alexandrin* ne soit usité qu'au mas.; mais puisque dans un *vers alexandrin* il est question d'une *césure*, ne pourrait-on pas dire *césure alexandrine*, en parlant de celle qui coupe le *vers alexandrin*, ou l'*alexandrin*? car l'on dit aussi subst., mais seulement au mas., *un alexandrin*. — Christophe Colomb ayant découvert le Nouveau-Monde ou Indes occidentales en 1492, et en ayant pris possession au nom du roi et de la reine catholiques Philippe et Isabelle, le pape Alexandre VI, par une bulle du 4 mai 1493, leur accorda la souveraineté de toutes les îles et terres trouvées et à trouver du côté de l'occident et du midi, tirant une ligne du pôle arctique au pôle antarctique, qui passait à cent lieues à l'occident des Açores et du cap Vert : c'est ce qu'on appelle *la ligne alexandrine*, du nom de ce pape. Il ordonna néanmoins par la même bulle, que les princes qui auraient découvert quelques pays au-delà de cette ligne jusqu'au jour de Noël précédent, premier jour de l'année 1493, en demeureraient possesseurs. Les différends des Espagnols et des Portugais déplacèrent dans la suite la ligne *alexandrine*. — En t. de pharm., un *emplâtre alexandrin*, ou de *gousses d'ail*, est un emplâtre irritant inventé par un médecin nommé *Alexndre*.

ALEXANDRINE, subst. fém. (*alèkçandrine*), qualification d'une espèce de musique et d'une espèce de danse. Voy. **MONTFERRINE**. — Au plur., qualification d'étoffes qui imitent celles d'Alexandrie.

ALEXIA, subst. fém. (*alèkcia*), ville de la Celtique, bâtie par Hercule.

ALEXIACUS. Voy. **ACÉSIUS**.

ALEXIEN, subst. mas. (*alèkcîein*), cellite; religieux de saint Augustin.

ALEXIPHARMAQUE, adj. des deux genres (*alèkcifarmake*) (du grec αλεξω, je repousse, et φαρμακον, venin), t. de médec., se dit des remèdes contre le venin. — Il s'emploie aussi comme subst. mas. : *un bon alexipharmaque*.

ALEXIPYRÉTIQUE, adj. des deux genres (*alèkçipyrétike*) (du grec αλεξω, je repousse, et πυρετος, fièvre), t. de médec., propre à guérir la fièvre. — Subst. mas. : *un alexipyrétique*.

ALEXIRHOÉ ou **ALYXOTHOÉ**, subst. fém. (*alèkciroé; alikçotoé*), nymphe qui fut une des femmes de Priam.

ALEXITÈRE, adj. (*alèkecitère*) (du grec αλεξω, je repousse, et θηριον, bête féroce), t. de médec., propre à guérir de la morsure des bêtes venimeuses. — Subst. mas. : *un bon alexitère*.

ALEYRODE, subst. mas. (*alèrode*), t. d'hist. nat., insecte de l'ordre des hémiptères.

ALEZAN, E, adj. (*alezan*) (de l'espagnol *alazan*, même signification, et qui a été tiré de l'arabe *alhhassan*, cheval courageux et de bonne race), se dit d'un cheval *bai* tirant sur le roux. — Subst. : *un alezan*, une *alezane*, un cheval, une jument de cette couleur.

ALÈZE, subst. fém. (*alèze*), sorte de petit drap d'un seul lé de toile, qu'on met sous les malades. — En t. de menuisier, planche étroite. On écrit aussi *alaise* dans cette dernière acception.

ALÉZÉ, E, adj. (*alézé*), t. de blason, raccourci à l'extrémité. Voy. **ALÉSÉ**.

ALFA, subst. mas. (*alfa*), qu'il ne faut pas confondre avec *alpha*, première lettre de l'alphabet grec, prêtre des nègres mahométans du Sénégal.

ALFANE, subst. fém. (*alfane*) (de l'espagnol *alfana*, gros cheval fort et vigoureux), cavale, jument. Ce mot est tout-à-fait inusité.

ALFANET. Voy. **ALPHANET**.

ALFANGE, subst. fém. (*alfanje*), sorte de laitue. — Vieux mot inusité. Il est tiré de l'arabe, où il signifie *épée*, et il s'est conservé avec la même acception dans la langue espagnole. *Voltaire*, par une méprise singulière que *La Harpe* a relevée dans son *Cours de Littérature*, a employé (*Orphelin de la Chine*, acte 1er, scène 3) le mot *alfange* dans le sens de *phalange, bataillon* :

> De nos honteux soldats les *alfanges* errantes,
> A genoux, ont jeté leurs armes impuissantes.

Du reste, cela pourrait bien être une faute typographique.

ALFAQUIN, subst. mas. (*alfakein*), prêtre maure.

ALFAQUIS, subst. mas. (*alfakice*), docteur de la loi en Turquie.

ALFÉNIC ou **ALPHÉNIC**, subst. mas. (*alfénike*) (de l'espagnol *alfènique*, pâte faite avec du sucre, des amandes, etc.), sucre tors. — On dit aussi *alphœnix*. Voy. ce mot.

ALFIER ou **ALFIÈRE**, subst. mas. (*alfière*) (de l'espagnol *alferez*, ou *alfierez*, qui a la même signification), porte-enseigne. C'est un t. familier ou de raillerie, qui n'est pas usité.

ALFONSIN. Voy. **ALPHONSIN**.

ALFONSINES. Voy. **ALPHONSINES**.

ALFORT, subst. mas. (*alfore*), village près Paris, entre *Charenton* et *Maisons*. Il est particulièrement connu par son école vétérinaire.

ALFRÉDIE, subst. fém. (*alfrédi*), t. de bot., sorte de plante.

ALGAJOLA, subst. fém. (*alguajola*), petite ville fortifiée de France, chef-lieu de canton, arron. de *Calvi*, dép. de la Corse.

ALGALIE, subst. fém. (*alguali*), t. de chir., sorte de sonde employée pour évacuer la vessie.

ALGANON, subst. mas. (*alguanon*), petite chaîne que portent, pour la forme, les galériens auxquels on permet de parcourir seuls la ville.

ALGARADE, subst. fém. (*alguarade*) (de l'espagnol *algarada*, qui a à peu près la même signification, et qui a été emprunté de l'arabe *algaradah*), insulte faite avec bravade, avec bruit, pour un sujet léger; sortie brusque : *faire une algarade*. Fam.

ALGAROT, et mieux **ALGAROTH**, subst. mas. (*alguarote*) (de l'inventeur *Victor Algarothi*); t. de pharm., poudre émétique; oxyde blanc d'antimoine; espèce de mercure de vie.

ALGARROBALE, subst. mas. (*alguârobale*), t. de bot., haricot résineux du Pérou. Voy. **ALGOROVA**.

ALGARVE, subst. fém. (*alguarve*), province méridionale du Portugal.

ALGATRANE, subst. fém. (*alguatrane*), poix qui sert à calfater les vaisseaux.

ALGAZEL, subst. fém. (*alguazèle*), t. d'hist. nat., gazelle d'Arabie.

ALGE, subst. fém. (*alje*), plante marine. — On ne dit que **ALGUE**. Voy. ce mot.

ALGÈB., abréviation du mot **ALGÈBRE**.

ALGÈBRE, subst. fém. (*aljèbre*) (ce mot semble purement arabe), science du calcul des grandeurs en général, représentées par des lettres. — Le *Dictionnaire* de *Trévoux* définit l'*algèbre* une *science par le moyen de laquelle on peut résoudre tout problème dans les mathématiques*. Harris la définit l'*art analytique*, ou l'*art de l'équation*. Les Arabes l'appellent l'*art de la restitution* et de la *comparaison*, ou l'*art de la résolution* et de *l'équation*. Luc de Burgos, le plus ancien Européen qui ait écrit de l'*algèbre*, l'appelle la *règle de la restauration* ou *du rétablissement* et *de l'opposition* (*restaurationis et oppositionis regula*). Les Italiens la nomment *regula rei et census*, c'est-à-dire, la *règle de la racine et du carré*, car ils appellent la racine *res*, et le carré *census*. Il y a deux sortes d'*algèbre*, la vulgaire et la spécieuse : *la vulgaire*, ou *nombreuse*, qui est celle des anciens, se sert des nombres pour la solution des problèmes d'arithmétique, sans démonstrations : l'*algèbre spécieuse* ou *nouvelle*, au lieu de nombres, emploie les lettres de l'alphabet pour désigner les espèces ou les formes des choses sur lesquelles elle exerce ses raisonnements, ce qui soulage extrêmement l'imagination de ceux qui s'appliquent à cette science; car autrement il faudrait avoir toujours présentes à l'esprit les choses dont on aurait besoin pour découvrir la vérité que l'on cherche, ce qui serait impossible sans un prodigieux effort de mémoire. C'est pourquoi on pourrait l'appeler : *géométrie métaphysique*. *L'algèbre spécieuse* n'est pas, comme l'*algèbre nombreuse*, limitée à un certain genre de problèmes; et elle n'est pas moins propre à inventer toutes sortes de théorèmes qu'à trouver les solutions et les démonstrations des problèmes. Les lettres dont on se sert dans l'analyse représentent, chacune en particulier, des lignes ou des nombres, selon que le problème est géométrique ou arithmétique; et ensemble elles représentent des plans, des solides, et des puissances plus ou moins élevées, selon le nombre de ces lettres. Par exemple, s'il y a deux lettres, *a b*, elles représentent un rectangle, dont les deux lignes sont désignées, l'une par la lettre *a*, et l'autre par la lettre *b*, afin que par leur mutuelle multiplication elles produisent le plan *a b*. Mais s'il y a deux lettres pareilles, comme *a a*, alors elles désignent un carré. S'il y a trois lettres, *a b c*, elles représentent ensemble un solide et un parallélipipède rectangle, dont les trois dimensions seront exprimées par ces lettres *a b c* : la longueur par *a*, la largeur par *b*, la profondeur par *c*; en sorte que par leur multiplication mutuelle elles produisent le solide *a b c*. Comme la multiplication des lettres exprime la multiplication des dimensions, et que le nombre en pourrait être si grand qu'il serait incommode de les compter, on écrit seulement la racine, et l'on ajoute à droite l'exposant de la puissance, c'est-à-dire, le nombre des lettres dont la puissance qu'on veut exprimer est composée : a^1 a^2 a^3 a^4. Le dernier veut dire un *a* multiplié quatre fois en soi-même; et ainsi des autres à proportion. Les principales notes de l'*algèbre* sont celles-ci : + signifie *plus* : ainsi 9 + 3 veut dire 9 plus 3 : — signifie *moins* : ainsi 14 — 2 veut dire 14 moins 2; = est la note de l'*égalité* : ainsi 9 + 3 = 14—2 veut dire : neuf plus trois est égal à quatorze moins deux ; ces quatre points : : entre deux termes devant et deux termes après marquent que les quatre termes sont en proportion géométrique : ainsi 6·2 : : 12·4 veut dire : comme six est à deux, ainsi douze est à quatre ; ∺ est la note d'une proportion continue : ainsi ∺ 3·9·27· veut dire que trois est autant de fois dans neuf que neuf dans vingt-sept; ces deux points : au milieu marquent la proportion arithmétique entre ces nombres : ainsi 7·3 : 13·9 veut dire sept surpasse trois comme treize surpasse neuf. D'autres, au lieu de ces deux points, en mettent trois disposés de cette manière ∴; cette note ÷ marque la proportion arithmétique continue : ainsi ÷ 3·7·11· veut dire : trois est surpassé par sept autant que sept par onze; deux lettres ensemble marquent une multiplication de deux nombres : ainsi *bd* est le produit de deux nombres, comme 2 et 4, dont le premier s'appelle *b*, et l'autre *d*; √ signifie *racine* : ainsi √ 4, c'est-à-dire : la racine de quatre, qui est deux, lequel, multiplié par lui-même, fait quatre. — (*Traité sur l'algèbre*.) (*Algèbre de Legendre*.) — On dit fig. et fam., d'une chose difficile à comprendre, que *c'est de l'algèbre*; et dans le même sens, d'un homme qui n'entend rien du tout à une chose, que *c'est de l'algèbre pour lui*.

ALGÉBRIQUE, adj. (*aljébrike*), qui appartient à l'*algèbre*.

ALGÉBRIQUEMENT, adv. (*algébrikeman*), comme il se pratique en *algèbre*.

ALGÉBRISÉ, part. pass. du v. neut. *algébriser*.

ALGÉBRISER, v. neut. (*aljébrizé*), s'appliquer à l'*algèbre*, en parler, en remplir ses écrits. Mot peu usité.

ALGÉBRISTE, subst. des deux genres (*aljébricete*), celui ou celle qui sait l'*algèbre*, qui fait des opérations d'*algèbre* : *c'est un excellent algébriste*.

ALGÉDO, subst. mas. (*aljédo*) (du grec αλγεω, je souffre), t. de médec., accident particulier à la gonorrhée virulente.

ALGÉNEB, le même que **ALGÉNIB**.

ALGÉNIB, subst. mas. (*aljénibe*), t. d'astron., étoile de deuxième grandeur dans la constellation de *Pégase*.

ALGER, subst. mas. (*aljère*), ville d'Afrique, capitale de l'état qui porte ce nom, et qui appartient à la France depuis 1830. On prononce *aljé* à Paris seulement, partout ailleurs *aljère*. *R* devant se faire sentir à la fin de tous les noms de ville, de fleuve, de montagne, de pays, sans exception, nous ne voyons pas pourquoi *Alger* ne subirait point cette loi générale, comme le *Niger*, *Saint-Omer*, *Quimper*, *Saint-Sever*, etc. Il est bien quelques personnes qui, pour dire *Aljé*, s'appuient de la prononciation des mots *verger*, *danger*, *berger*, mais elles ne réfléchissent pas à la différence qui existe entre un substantif commun et un substantif propre. Notre opinion, du reste, est celle de *Demandre* et de *Lévizac*, qui veulent que dans ce mot *Alger* la lettre *r* soit rude et bien sentie. Nous citerons encore pour justifier cette prononciation, qui choquera plus d'une habitude, les *Dictionnaires des rimes* de *Richelet*, de *Philippon de la Madeleine*, de *Boiste*, de *Laveaux*, de *Rolland*, ainsi que le *Dictionnaire de Wailly* et la *Grammaire* de *Lemare*.

ALGÉRIEN, subst. et adj. mas., au fém. **ALGÉRIENNE** (*aljériein*, *riène*), qui est d'Alger. — Subst. fém., sorte de voitures *omnibus* nouvellement établies à Paris.

ALGÉROTH, subst. et adj. (*aljérote*), t. de médec., se dit d'une préparation d'antimoine et de mercure sublimé. Voy. **ALGAROT**.

ALGÈTE, subst. fém. (*aljète*), t. de bot., plante qui ressemble à l'ail.

ALGIDE, adj. des deux genres (*aljide*) (en latin *algidus*, froid, formé de *algere*, avoir froid), t. de médec., qui est froid, qui glace : *fièvre algide*, celle dans laquelle le malade éprouve un froid glacial.

ALGIE, subst. fém. (*alji*) (en grec αλγος), douleur. Inusité.

ALGIRE, subst. mas. (*aljire*), t. d'hist. nat., espèce de lézard à quatre lignes jaunes.

ALGONQUIN, subst. mas., au fém. **ALGONQUINE** (*alguonkein*, *kine*), sauvage du Canada.

ALGORITHME, subst. mas. (*alguoriteme*) (mot arabe), art, science du calcul, théorie des nombres : l'*algorithme des entiers*, *des fractions*.

ALGOROVA, subst. mas. (*alguorova*), t. de bot., espèce d'arbre du Pérou, de la famille des légumineuses.

ALGUAZIL, subst. mas. (*alguouazile*) (mot passé de l'arabe dans l'espagnol, et formé de l'art. *al*, et du mot *guazil*, ministre de justice), en Espagne, archer, sergent, exempt, gendarme, huissier, enfin bas officier de justice dont la fonction est de faire exécuter les ordonnances du magistrat. — Se dit, par plaisanterie ou par mépris, d'un agent de police, de tout homme chargé de faire des arrestations.

ALGUE, subst. fém. (*algue*) (en latin *alga*), t. de bot., sorte d'herbe qui croît dans la mer, et qu'elle jette quelquefois sur ses bords. — C'est plus proprement le nom d'une plante cryptogame.

ALGUETTE, subst. fém. (*alguète*), t. de bot., plante aquatique annuelle, à fleur apétale, qui croît dans les ruisseaux. On la nomme aussi *zannichelle*.

ALHAGI ou **AGUL**, subst. mas. (*alaji*, *agule*), t. de bot., plante légumineuse de l'Arabie. On prétend que la manne de l'alhagi est celle que les Israélites recueillirent dans les déserts de l'Arabie. On attribue à cette manne une vertu purgative.

ALHAMBRA, subst. fém. (*alanbra*), village de la Nouvelle-Castille, en Espagne.

ALHASSER, subst. mas. (*alacé*), sucre qui provient de l'apocyn.

ALIAIRE, subst. fém. (*alière*) (en lat. *alliaria*), t. de bot., espèce de julienne. On en fait des cataplasmes dans la gangrène.

ALIBANIES, subst. fém. plur. (*alibani*), toile de coton des Indes orientales.

ALIBI, subst. mas. (*alibi*), adverbe latin, signifiant *ailleurs*, usité substantivement en procédure criminelle; absence d'une personne d'un lieu où a été commis un crime ou délit : un *alibi* est en général la preuve apportée qu'on était dans un autre lieu que celui où l'on était soupçonné d'être. — Ce mot, étant latin, ne prend pas d'*s* au plur.

ALIBIFORAIN, subst. mas. (*alibiforein*), échappatoire, vaine allégation, vaine défaite, propos qui n'a point de rapport à la chose dont il est question. Il s'employait communément au pluriel : *chercher des alibiforains*. Fam. et vieux.

ALIBILE, adj. (*alibile*) (du latin *alere*, nourrir), t. de médec., qui est propre à la nutrition; qui nourrit, s'incorpore : *substance alibile*.

ALIBORON, subst. mas. (*aliboron*) (suivant *Huet*, un avocat ignorant, qui plaidait en latin et prétendait que sa partie adverse n'était pas recevable dans ses *alibi*, avait dit : *Nulla ratio habenda est istorum aliborum*, d'où lui était resté le surnom de *Maître Aliborum*), terme burlesque; autrefois, homme fécond en *alibiforains*, habile à en trouver; homme qui faisait le grand seigneur ou l'habile personnage. — Aujourd'hui, sot ignorant, sot important. — Nom donné plaisamment à l'âne, particulièrement dans nos fabulistes.

ALIBOUFIER, subst. mas. (*aliboufié*), t. de bot., arbre des forêts de la Provence, dont le fruit est une baie peu charnue contenant deux noyaux.

ALIBOUSIER, Voy. **STORAX**.

ALICA, subst. fém. (*alika*), espèce de froment. — T. d'ant., boisson des anciens Romains composée de grains fermentés, et que les pauvres mêlaient avec du cidre.

ALICANTE, subst. fém. (*alikante*), ville d'Espagne et chef-lieu de la province de ce nom, d'où vient le vin qu'on nomme d'*Alicante*. — Subst. mas., t. de meunier, planche de la roue du moulin qui reçoit l'eau.

ALICATE, subst. fém. (*alikate*), t. d'arts et métiers, pince d'émailleur à la lampe, nommée *bruxelles* par les orfèvres, etc.

ALICES, subst. fém. plur. (*alice*), t. de médec., rougeurs qui précèdent le développement des pustules de la variole.

ALICHON, subst. mas. (*alichon*), planche sur laquelle l'eau tombe pour faire tourner les roues des usines à eau. C'est la même chose qu'*aileron*.

ALICONDE, subst. mas. (*alikonde*), t. de bot., arbre de la Nigritie dont on file l'écorce.

ALIDADE, subst. fém. (*alidade*) (de l'arabe *al*, *hadd*, règle, bande), règle mobile qui tourne sur le centre d'un instrument servant à prendre la mesure des angles. — C'est aussi l'aiguille du cadran à canneler.

ALIDES, subst. mas. plur. (*alide*), descendants d'Ali.

ALIDOR, subst. mas. (*alidor*), t. de jard., espèce d'œillet.

ALIDORE, subst. fém. (*alidore*), t. de jard., tulipe de couleur de feu.

ALIDRE, subst. mas. (*alidre*), t. d'hist. nat., couleuvre ou serpent blanc.

ALIÉNABLE, adj. (*aliénable*), qui peut être *aliéné*. Il ne se dit guère qu'avec la négative : *cette terre n'est pas aliénable*. Voy. **ALIÉNER**.

ALIÉNATAIRE, subst. des deux genres (*aliénatère*) (formé de *aliéner*), celui ou celle à qui l'on fait une vente, à qui on *aliène*.

ALIÉNATEUR, subst. et adj. mas.; au fém. **ALIÉNATRICE** (*aliénateur*, *trice*), qui *aliène*.

ALIÉNATION, subst. fém. (*aliénâcion*) (en latin *alienatio*), t. de jurispr., transport, vente de la propriété d'un fonds ou de ce qui tient lieu de fonds : *aliénation d'un domaine*, etc. — On dit fig. : *l'aliénation des volontés*, *des esprits*, *des cœurs*, pour dire l'éloignement, l'aversion que des personnes ont les unes pour les autres. — Et aussi fig., *aliénation d'esprit*, pour égarement d'esprit, folie. — *Aliénation mentale*, expression adoptée par le docteur Pinel, pour désigner tous les genres d'aberrations des facultés intellectuelles. (*Dict. de Médecine usuelle*.) Voy. **ALIÉNER**.

ALIÉNATRICE, subs. et adj. fém. Voy. **ALIÉNATEUR**.

ALIÉNÉ, E, part. pass. de *aliéner*, et adj. : *domaine aliéné*; *cœurs aliénés*; *avoir l'esprit aliéné*; *être aliéné d'esprit*. — Subst., fou, folle : *un aliéné*, *une aliénée*.

ALIÉNER, v. act. (*aliéné*) (du latin *alienare*, *alienum facere*, faire qu'une chose soit à autrui; transporter, céder, etc.), vendre; transférer la propriété de... Il ne se dit que des fonds et de ce qui tient lieu de fonds. — Fig., rendre malveillant, ennemi, etc. : *aliéner les esprits*, *les cœurs*; *il nous a aliéné monsieur un tel*. — *Aliéner l'esprit*, faire devenir fou. — **S'ALIÉNER**, v. pron., au fig., se séparer; quitter le parti, les intérêts de ceux avec qui l'on était associé. Peu usité.

ALIES, subst. fém. plur. (*ali*) (du grec ηλιος, soleil), t. d'ant., fêtes en l'honneur du soleil.

ALIGER ARCAS, subst. mas., myth. (*alijère arkâce*) (c'est-à-dire l'*Arcadien ailé*), Mercure. Voy. **ARCAS**.

ALIGNÉ, E, part. pass. de *aligner*, et adj. : *des soldats bien alignés*.

ALIGNEMENT, subst. mas. (*alignieman*), action d'*aligner*; résultat de cette action : *donner*, *prendre les alignements d'une rue*, *d'une place*. — En t. de législation usuelle, c'est proprement le tracé, donné par l'autorité compétente, des limites de constructions et de reconstructions faites ou à faire sur la voie publique : *cet ouvrage n'est pas d'alignement*, ne va pas en droite *ligne*. — Dans l'art militaire, disposition de plusieurs hommes sur une même ligne. — Commandement fait aux soldats de *s'aligner : à droite, à gauche, alignement !*

ALIGNER, v. act. (*alignié*) (rac. *ligne*; du latin *ad*, augment., et *linea*, ligne), ranger ou dresser sur une même *ligne*. — Fig., ajuster, polir, rendre régulier. — En t. de vèn., couvrir une femelle : *le loup aligna la louve*. — En t. de mar., *aligner en tonture les sabords d'un bâtiment*, les diriger sur une ligne donnée. — **s'ALIGNER**, v. pron. : *s'aligner*, se battre. Pop.

ALIGNETTE, subst. fém. (*alignièté*), baguette qui sert à embrocher les harengs qu'on veut saurer et les sardines qu'on doit presser.

ALIGNOIR ou **ALIGNONET**, subst. mas. (*alignioar, alignioné*), t. d'arts et mét., petit coin de fer des ardoisiers, pour tailler les ardoises.

ALIGNOLLE, subst. fém. (*aligniole*), t. de pêche, filet de Provence, en forme de simple nappe, de vingt brasses de long sur trois de large.

ALIGNONET. Voy. **ALIGNOIR**.

ALILAT, subst. mas. (*alilâ*), divinité des Arabes, qui sous ce nom adoraient la matière de toutes choses, ou la nature, qu'ils désignaient par les croissants de la lune.

ALIMELLE, subst. mas. (*alimèle*), testicule d'agneau.

ALIMENT, subst. mas. (*aliman*) (du lat. *alimentum*, formé de *alere*, nourrir), tout ce qui nourrit, entretient et conserve le corps. — En médecine, on appelle *aliment* toute substance qui, introduite dans le corps vivant, s'assimile à la substance propre des organes, et renouvelle leur composition. (*Dict. de Médecine usuelle*. M. HIPPOLYTE ROYER-COLLARD.) *L'excès des aliments est nuisible*. — Fig., le suc qui fait croître et conserve les arbres et les plantes. — Fig. : *le bois est l'aliment du feu ; les sciences sont l'aliment de l'esprit*, etc. — En t. de jurispr., au plur. et absolument, tout ce qu'il faut pour nourrir et entretenir une personne, ce qui comprend la nourriture, le vêtement et le logement : *un père doit les aliments à ses enfants*. — **ALIMENT, NOURRITURE, SUBSISTANCE.** (*Syn.*) *L'aliment* a la propriété de nourrir; la *nourriture* est son effet ; la *subsistance* est le moyen de subsister.

ALIMENTAIRE, adj. (*alimantère*) (rac. *aliment*), qui est destiné aux *aliments*; tout ce qui dépend des *aliments : provision alimentaire, pension alimentaire*. — *Plantes alimentaires*, servant à la nourriture de l'homme. — En anat., on appelle *canaux, intestins alimentaires*, ceux par où passent les *aliments*. — Subst., on a appelé *alimentaires* de jeunes garçons et de jeunes filles que la libéralité de quelques empereurs romains entretenait dans des lieux publics à peu près semblables à nos hôpitaux. Trajan est le premier qui ait fait élever ainsi de jeunes garçons (*alimentarii*). Adrien l'imita; Antonin Pie fit de même pour de jeunes filles, à la sollicitation de Faustine. Nous trouvons sur des médailles de cette impératrice : *Puellæ Faustinianæ*. Marc-Antonin et Luce Vère suivirent cet exemple; Alexandre Sévère s'y conforma aussi pour l'amour de Mammée; et les filles qui furent élevées à ses dépens s'appelèrent *mammeanæ*, mamméennes. (Voy. *Capitolain* dans Marc-Antonin, livre VII, *Sévère*, et les notes de *Saumaise*.)

ALIMENTATION, subst. fém. (*alimantâcion*), action de nourrir. — Résultat de cette action : *l'alimentation est mauvaise dans cet hospice*.

ALIMENTÉ, E, part. pass. de *alimenter*.

ALIMENTER, v. act. (*alimanté*) (du lat. *alere*, nourrir), nourrir, fournir les *aliments* nécessaires; entretenir : *je l'ai alimenté; il a le moyen d'alimenter sa famille*. Il est surtout usité en t. de pratique. — Au fig., *alimenter les haines*, les entretenir. — *Alimenter un journal*, en faire les frais, ou fournir la plus forte, la plus importante partie de la rédaction. — *Alimenter les plantes*, leur donner tous les soins qu'elles exigent.

ALIMENTEUSE, adj. fém. Voy. **ALIMENTEUX**.

ALIMENTEUX, adj. mas., au fém. **ALIMENTEUSE** (*alimanteu, teuze*), t. de médec., qui sert d'*aliment*, qui nourrit.

ALIMOCHE, subst. mas. (*alimoche*), t. d'hist. nat., espèce de petit vautour; pigargue.

ALIMUS, subst. mas. (*alimuce*), t. de bot., arbrisseau d'un beau vert, dont la fleur ressemble à celle du muguet.

ALINÉA, subst. mas., et loc. adv. Dans ce dernier cas, il faut écrire **À LINEÂ**, et non pas, comme l'*Académie*, *alinea* (*alinéâ*) (du lat. a lineâ, hors de la ligne), disposition particulière à la première ligne d'un écrit ou imprimé quelconque, ou d'une section quelconque d'imprimé ou d'écrit, et qui consiste à rentrer ou ressortir un peu cette première ligne. — Résultat de cette disposition, ou, en d'autres termes, première ligne, etc. — Il ne prend point *s* au plur. : *lisez jusqu'au premier alinea ; observez toujours les alinea*.

ALINÉAIRE, adj. (*alinéère*) (formé d'*alinea*), qui a rapport à l'*alinea*; qui le forme. Mot fort peu usité.

ALINETTE, subst. fém. (*alinète*), a le même sens que **ALIGNETTE**. Voy. ce mot, dont l'orthographe est plus rationnelle.

ALINGÉ, E, part. pass. de *alinger*.

ALINGER, v. act. (*aleinjé*), donner du *linge*. — *s'alinger*, v. pron., se fournir de *linge*. — Ce mot, que nous ne trouvons que dans *Boiste* et *Trévoux*, n'est plus français.

ALIOS, subst. mas. (*alioce*), t. de min., pierre ferrugineuse.

ALIPATA, subst. mas. (*alipata*), t. de bot., arbre des Philippines.

ALIPÈDE, subst. mas. (*alipède*) (du lat. *ala*, aile, et *pes*, gén. *pedis*, pied), t. d'hist. nat., chauve-souris. — Adj., qui a des ailes aux pieds. — Fig., qui est léger à la course.

ALIPES DEUS, subst. mas. (*alipèce dé-uce*), myth., *le dieu qui a des ailes aux pieds*, Mercure.

ALIPTE, subst. mas. (*alipete*) (du grec αλειφειν, oindre), t. d'hist. anc., celui qui frottait d'huile les athlètes, ou qui pansait les chevaux.

ALIPTÉRION, subst. mas. (*alipetérion*) (du grec αλειφειν, oindre), t. d'hist. anc., salle où les athlètes se frottaient d'huile.

ALIPTIQUE, subst. fém. (*alipetike*) (formé de *alipte*), t. d'hist. anc., partie de la médec. qui enseigne l'art d'oindre le corps pour le rendre plus souple.

ALIQUANTE, adj. fém. (*alikante*) (du latin *aliquantum*, formé de *aliquis*, et de *quantus*; quelque petite quantité), t. de math., se dit des parties qui ne sont pas exactement contenues un certain nombre de fois dans un tout : *deux est partie aliquante de neuf*. Voy. **ALIQUOTE**.

ALIQUIER, subst. mas. (*alikié*), sorte de mesure. Vieux mot inus.

ALIQUOTE, adj. fém., et subst. mas. (*alikote*) (du lat. *aliquotus*, formé de *aliquis*, quelque, et *quotus*, quel, combien), t. de math., usité seulement dans cette phrase : *partie aliquote*, celle qui est contenue plusieurs fois exactement dans un tout. Deux est l'*aliquote* de huit; trois est une partie *aliquote* de douze. Seize est un nombre composé de quatre parties *aliquotes*, dont chacune est quatre; ou de deux parties *aliquotes*, dont chacune est huit. Les nombres de sept, de onze, de dix-neuf, et autres semblables, n'ont point de parties *aliquotes*, car ils ne se peuvent diviser en parties égales. Une partie *aliquante* est celle qui, étant prise plusieurs fois avec une de ses parties *aliquotes*, compose le tout : huit est une partie *aliquote* de vingt, et *aliquote* de vingt-quatre : car huit étant pris deux fois avec quatre, qui est une de ses parties *aliquotes*, il fait vingt; et étant pris trois fois, il fait vingt-quatre. D'autres la définissent plus simplement, *une partie qui ne mesure point son tout exactement*. — En t. de mus., on nomme *parties aliquotes* les sons secondaires qu'un instrument fait entendre en même temps que le son principal.

ALISIER. Voy. **ALIZIER**.

ALISMA, subst. mas. (*alicema*) (en grec αλισμα), t. de bot., plante qui croît dans les lieux humides, et dont les feuilles ressemblent à celles du plantain. Son nom, purement grec, a été francisé par les mots **ALISMIE** et **ALISME**.

ALISME. Voy. **ALISMA**.

ALISMIE. Voy. **ALISMA**.

ALISMOÏDES, subst. mas. plur. (*alicemo-ide*) (du grec αλισμα, et ειδος, forme, apparence), t. de bot., famille de plantes du genre de l'*alisma*.

ALITÉ, E, part. pass. de *aliter*.

ALITER, v. act. (*alité*), réduire à garder le *lit* : *la fièvre l'a alité*. — En t. de pêche, mettre les anchois, le dos en haut, dans des barils, entre deux couches de sel. — **s'ALITER**, v. pron., se mettre au *lit* par suite de maladie ou d'indisposition; et par extension, tomber malade.

ALITÉRIUS, subst. mas., myth. (*alitériuce*), surnom donné à Jupiter, ainsi que celui d'**ALITERIA** à Cérès, parce que, dans un temps de famine, ils avaient empêché les meuniers de voler la farine.

ALITES, subst. mas. plur. (*alite*), oiseaux qui indiquaient l'avenir par leur manière de boire ou de manger. — Nom des poulets sacrés chez les Romains.

ALITURGIQUE, adj. (*aliturjike*) (du grec α priv., et λειτουργια, ministère sacré), t. d'église : *jours aliturgiques*, où l'on ne fait aucun office.

ALIVRÉ, E, part. pass. de *alivrer*. Inus.

ALIVRER, v. act. (*alivré*), diviser par poids d'une livre. Inus.

ALIZARI, subst. mas. (*alizari*), racine sèche de garance.

ALIZARINE, subst. fém. (*alizarine*), t. de chim., principe colorant de la racine de garance.

ALIZE, subst. fém. (*alize*), petit fruit aigrelet de couleur rouge, produit par l'alizier.

ALIZÉ, E, adj. (*alizé*) (du vieux mot français *alis*, poli, doux, courtois; uni, plat, net : ou par corruption, d'*éliziens*, qui chez les anciens se disait des vents d'est qui soufflaient constamment pendant un certain temps de l'année), *vents alizés*, vents réglés qui soufflent en certains temps, et le long de certaines côtes.

ALIZIER, subst. mas. (*alizié*), t. de bot., arbre à fleurs roses, qui produit un petit fruit rouge appelé *alize*.

ALKALI, et ses dérivés. Voy. **ALCALI**.

ALKÉKENGÈRE, subst. mas. (*alkékanjère*), t. de bot., nom d'une espèce de *coqueret*.

ALKEKENGE, subst. fém. (*alkekanje*), t. de bot., plante du Pérou, dont le fruit est vénéneux.

ALKER, subst. mas. (*alkre*), t. d'hist. nat., oiseau assez gros, dont les habitants du Groënland font leur principale nourriture pendant l'hiver.

ALKERMÈS, subst. mas. (*alkèremèce*) (de l'arabe *alkermès*, écarlate), composition de kermès, d'aloès, de pomme, de santal, de musc, d'ambre gris, de cannelle : c'est une liqueur digestive. L'*Académie* en fait improprement un adj. des deux genres. Nous n'avons jamais vu ce mot accolé à un subst., et nous doutons que même en pharmacie l'on dise : *confection alkermès*. Pour en faire un adj., il fallait franciser ce mot tout-à-fait, et écrire *alkermès* au mas., et *alkermèse* au fém. Cet adj. nous paraît d'ailleurs inutile.

ALKINGIS, subst. mas. plur. (*alkeinji*), éclaireurs turcs sans paie.

ALKITRAN, subst. mas. (*alkitran*), résine qui découle du cèdre du mont Liban.

Alla, 3e pers. sing. prét. déf. du verbe irrégulier **ALLER**.

ALLÂCHÉ, part. pass. du v. neut. *aleldcher*.

ALLÂCHER, v. neut. (*aleldché*), devenir *lâche*. Vieux mot tout-à-fait inus. — **s'ALLÂCHER**, v. pron.

ALLAH, subst. mas., et quelquefois interj. (*aleld*) (de *alilah*, qui, ainsi que l'*élaah* des Hébreux, signifie, par excellence, l'être digne de culte, l'être adorable), nom de Dieu chez les Arabes et chez tous ceux qui professent la loi de Mahomet. — C'est aussi leur cri de guerre; dans ce cas, il est interj.

DU VERBE IRRÉGULIER ALLER :

Allai, 1re pers. sing. prét. déf.

Allaient, 3e pers. plur. imparf. indic.

ALLAIRE, subst. fém. (*alère*), village de France, chef-lieu de canton, arrond. de Vannes, dép. du Morbihan.

DU VERBE IRRÉGULIER ALLER :

Allais, précédé de *j'*, 1re pers. sing. imparf. indic.

Allais, précédé de *tu*, 2e pers. sing. imparf. indic.

ALLAISES, subst. fém. plur. (*alèze*), barres placées en travers des rivières.

Allait, 3e pers. sing. imparf. indic. du verbe irrégulier **ALLER**.

ALLAITÉ, E, part. pass. de *allaiter*.

ALLAITEMENT, subst. mas. (*alèleteman*), action de *allaiter*; résultat de cette action; mode d'*alimentation* propre à l'enfant pendant les premiers mois qui suivent sa naissance. Cette fonction est le complément de la maternité : les mères valides qui refusent de la remplir exposent leur santé en même temps que celle de leurs enfants. (Définition du *Dict. de Méd. usuelle*.)

ALLAITER, v. act. (*alelété*) (formé de *ad*, augment., et de *lactare* qui a la même signification), nourrir de son lait, en parlant des femmes et des femelles : *allaiter un enfant*. — **s'ALLAITER**, v. pron.

ALLAITES, subst. fém. plur. (*aleléte*), en t. de vén., les tettes ou branes de la louve.

ALLAMANDE, subst. fém. (*alamande*), t. de bot., plante de la famille des apocinées.

Allâmes, 1re pers. plur. prét. déf. du verbe irrégulier ALLER.

ALLANCHE, subst. fém. (*alanche*), petite ville de France, chef-lieu de canton, arrond. de Murat, dép. du Cantal.

s'ALLANGOURIR, v. pron. (*çalanguourir*), vieux mot inusité qui signifiait : devenir languissant, triste, et par extension, amoureux.

ALLANGUI, E, part. pass. de *allanguir*.

ALLANGUIR, v. act. (*alanguir*), rendre languissant : *allanguir l'action, une scène*, etc. Ce mot, quoique employé par Beaumarchais, est peu usité.

ALLANGUISSEMENT, subst. mas. (*alanguiceman*), état de langueur. Voy. ALLANGUIR.

ALLANITE, subst. fém. (*alanite*), pierre qui contient un minéral nouveau.

Allant, part. prés. du verbe irrégulier ALLER.

ALLANT, E, subst. et adj. verbal, (*alan, lante*), qui va : *les allants et venants*. — Qui aime à *aller*, à courir; qui est alerte : *homme allant, femme allante*. Fam.

ALLANTE, subst. fém. (*alelante*), t. d'hist. nat., insecte de l'ordre des hyménoptères.

ALLANTODIE, subst. fém. (*alelantodi*), t. de bot., plante de la famille des fougères.

ALLANTOÏDE, subst. fém. (*alelanto-ide*) (du grec αλλας, gén. αλλαντος, saucisse, et ειδος, figure, ressemblance), t. d'anat., troisième membrane qui enveloppe le fœtus, et qui ressemble à un long boyau.

ALLANTOÏQUE, adj. (*alelanto-ike*), t. d'anat., se dit d'un acide contenu dans l'eau de l'*allantoïde* de la roche.

Allas, 2e pers. sing. prét. déf. du verbe irrégulier ALLER.

ALLASIC, subst. fém. (*alelazik*), t. de bot., plante d'Afrique.

DU VERBE IRRÉGULIER ALLER :

Allasse, 1re pers. sing. imparf. subj.
Allassent, 3e pers. plur. imparf. subj.
Allasses, 2e pers. sing. imparf. subj.
Allassiez, 2e pers. plur. imparf. subj.
Allassions, 1re pers. plur. imparf. subj.
Allât, 3e pers. sing. imparf. subj.
Allâtes, 2e pers. plur. prét. déf.

ALLAYÉ, E, part. pass. de *allayer*.

ALLAYER, v. act. (*alelèié*), donner à l'or, à l'argent l'*aloi* légal. Voy. ALOYER, qui est plus en rapport avec le mot ALOI : *allayer* nous paraît vicieux.

Allé, e, part. pass. du v. irrégulier ALLER.

ALLEBATE, subst. fém. (*alebate*), t. d'hist. nat., sorte de fauvette.

ALLÉCHÉ, E, part. pass. de *allécher*, et adj.

ALLÈCHEMENT, subst. mas. (*alècheman*), moyen par lequel on *allèche*; attrait; amorce : *les allèchements de la volupté*. Vieux.

ALLÉCHER, v. act. (*aléché*) (du lat. *allicere*, qui a la même signification), amorcer. — Fig., attirer doucement; gagner par le plaisir, par la douceur, par la séduction, etc. — On ne se sert guère du v. pron, *s'*ALLÉCHER.

ALLÉE, subst. fém. (*alé*), passage étroit entre deux murs, aboutissant à un corps de logis. — Chemin non pavé, bordé d'arbres, d'arbrisseaux, de fleurs, de gazon, de buis, etc., plus particulièrement dans un parc ou un jardin : *allée de tilleuls*, etc. — On appelle *contre-allées* deux petites allées à côté d'une grande. — *Allées et venues*, courses ou démarches faites coup sur coup.

ALLÉGANCES, subst. fém. plur. (*aleléguance*), vieux mot inusité qui signifiait *allégation* pour prouver.

ALLÉGATEUR, subst. mas., au fém. ALLÉGATRICE, (*aleléguateur, trice*), celui ou celle qui *allègue*, qui cite. Fort peu usité. Voy. ALLÉGUER.

ALLÉGATION, subst. fém. (*aleléguacion*), citation : *l'allégation d'un passage, d'une loi*. — Proposition qu'on met en avant, assertion : *répondre aux allégations de sa partie*.

ALLÉGATRICE, subst fém. Voy. ALLÉGATEUR.

ALLÉGE et non pas **ALLÈGE**, subst. fém. (*aléje*), petit bateau à la suite d'un grand, où l'on décharge celui-ci de ce qu'il a de trop. — En t. de mar., bâtiment destiné à recevoir, au besoin, une partie de la charge d'un vaisseau plus grand qui tire beaucoup d'eau. — On appelle *alléges à voiles* certains bâtiments grossièrement faits, qui ont du relèvement à l'avant et à l'arrière, et qui portent mâts et voiles. — *Allége* se dit encore d'une sorte de machine que l'on appelle aussi *chameau* : c'est un gros et grand bâtiment au moyen duquel on enlève un vaisseau jusqu'à cinq ou six pieds, pour lui faire passer les bas-fonds. — En archit., petit mur qui sert d'appui dans les croisées, et qui est moins épais que les pieds-droits.

ALLÉGÉ, E, part. pass. de *alléger*.

ALLÉGEANCE, subst. fém. (*aleléjance*), adoucissement, soulagement. Il est vieux et familier. — *Serment d'allégeance*, ou plutôt d'*allégiance*, en Angleterre, serment de fidélité qui se prêtait au roi comme seigneur temporel, à la différence du *serment de suprématie*, qui se prête à ce monarque comme chef de l'Église anglicane. En ce sens, *allégeance* vient du latin barbare *adligantia*, fait d'*alligare* pour *adligare*, lier, engager à quelqu'un.

ALLÉGEAS et **ALLÉGIAS**, subst. mas. (*aleléjâce, alelejiâce*), étoffe des Indes.

ALLÉGEMENT, et non pas **ALLÈGEMENT**, subst. mas. (*aleléjeman*), soulagement, au propre et au figuré. Il vieillit.

ALLÉGER, v. act. (*aleléjé*) (du lat. *alleviare*, fait de *levis*, léger; *levior*, plus léger), décharger d'une partie d'un fardeau une personne ou une chose : *alléger quelqu'un, un bateau, un plancher*, etc. — Il signifie aussi diminuer un poids, un fardeau, le rendre plus *léger*. — Fig., soit au physique, soit au moral, et en parlant soit des personnes, soit des choses, soulager : *alléger les souffrances, les peines*, etc.; *cette nouvelle l'a fort allégé*. — En t. de mar., on dit *alléger le vaisseau*, pour dire : ôter une partie de la charge du vaisseau pour le mettre à flot, pour le soutenir, ou pour le rendre plus léger à la voile; *alléger le câble*, pour soulager le câble. — En t. de manége, il signifie rendre un cheval plus léger du devant que du derrière. — *s'*ALLÉGER, v. pron. : *un fardeau, une peine s'allége*.

ALLÉGÉRI, E, part. pass. de *allégérir*.

ALLÉGÉRIR, v. act. (*aleléjérir*), t. de manége, rendre un cheval plus *léger* du devant que du derrière. — *s'*ALLÉGÉRIR, v. pron.

ALLÉGI, E, part. pass. de *allégir*.

ALLÈGIE, subst. fém. (*alleléji*), bourg de France, chef-lieu de canton, arrond. du Puy, départ. de la Haute-Loire.

ALLÉGIR, v. act. (*aleléjir*), diminuer dans tous les sens le volume d'un corps : *allégir un arbre, une planche*, ôter partout de son épaisseur. — En t. de man., rendre un cheval plus libre, plus *léger* du devant que du derrière. — *s'*ALLÉGIR, v. pron. — ALLÉGIR, AMÉNUISER, AIGUISER. (*Syn.*). On *allégit* en diminuant sur toutes les faces un corps considérable; on *aménuise* un petit corps en le diminuant davantage par une seule face; on l'*aiguise* par les extrémités.

ALLÉGORIE, subst. fém. (*aleléguori*) (du grec αλλος, autre, et αγορα, discours), fiction dont l'artifice est de présenter à l'esprit un objet de manière à lui en désigner un autre. — Figure de rhétorique, allusion, métaphore prolongée, par laquelle, en exprimant une chose, on en fait entendre une autre. — En t. d'arts, on le dit aussi des tableaux qui offrent à l'intelligence des objets différents de ceux qu'ils exposent aux yeux. On appelle en outre *allégories*, des compositions où l'artiste a employé des figures symboliques pour exprimer des idées abstraites : c'est ainsi qu'on représente *la justice par une femme qui tient un glaive d'une main et une balance de l'autre*. — T. de myth., divinité poétique dont l'attribut est un voile de gaze, et que Lemière a fort bien définie par ce vers :

L'Allégorie habite un palais diaphane.

ALLÉGORIQUE, adj. (*aleléguorike*), qui renferme une *allégorie*; qui a rapport à l'*allégorie*.

ALLÉGORIQUEMENT, adv. (*aleléguorikeman*), d'une manière *allégorique*.

ALLÉGORISÉ, E, part. pass. de *allégoriser*.

ALLÉGORISER, v. act. (*aleléguorizé*), expliquer selon le sens *allégorique*. — Donner un sens *allégorique*. — Se servir d'*allégories*. — *s'*ALLÉGORISER, v. pron.

ALLÉGORISEUR, subst. mas., au fém. ALLÉGORISEUSE (*aleléguorizeur, zeuze*), celui ou celle qui *allégorise*. Il ne se dit guère qu'en mauvaise part, en parlant d'une personne qui s'attache à chercher un sens *allégorique* à toutes choses : *c'est un allégoriseur perpétuel*. L'*Académie* ne donne pas de fém. à ce mot.

ALLÉGORISEUSE, subst. fém. Voy. ALLÉGORISEUR.

ALLÉGORISME, subst. mas. (*aleléguoriceme*), métaphore trop prolongée. — Science des *allégories*.

ALLÉGORISTE, subst. des deux genres. Il n'est que mas. suivant l'*Académie* (*aleléguoricete*), celui ou celle qui explique un auteur dans un sens *allégorique*. — Savant versé dans l'intelligence des *allégories* de l'Écriture sainte, ou autres ouvrages de cette nature : *c'est un habile allégoriste*.

ALLÉGRADOR, subst. mas. (*aleléguerador*), morceau de papier roulé qui sert à transporter la lumière d'un flambeau à l'autre, en guise d'allumette. Ce mot, que nous trouvons ainsi orthographié dans *Boiste*, et dont on n'indique pas l'étymologie, vient sans doute de l'espagnol. Dans cette langue, *alegrar las luzes* signifie : faire luire une chandelle; *alegrar el fuego* : attiser le feu; il y a même le mot *alegrador* qui, signifiant *celui qui réjouit*, aura été emprunté par nous pour être ainsi employé dans un sens métaphorique. On devrait donc écrire *alegrador*.

ALLÈGRE, adj. (*alèguere*) (de l'italien *allegro*, qui a la même signification), dispos, agile, vif, gai. Fam.

ALLÈGRE, subst. fém. (*alelèguere*), village de France, chef-lieu de canton, arrond. du Puy, dép. de la Haute-Loire.

ALLÉGREMENT, et non pas **ALLÈGREMENT**, comme écrit l'*Académie*, qui cependant écrit avec nous *allègre*; adv. (*alèguereman*), d'une manière *allègre*. Vieux et fam.

ALLÉGRESSE, subst. fém. (*aleléguerèce*) (de l'italien *allegrezza*), joie qui éclate au dehors. Il se dit surtout d'une joie publique. — On s'en sert aussi en matière de religion, pour signifier une joie mystique : *louons le Seigneur avec allégresse*. — *Les sept allégresses*, chez les catholiques romains, sont des prières à la Vierge, relatives aux sept différents sujets de joie qu'elle a eus durant sa vie.

ALLEGRETTO, adv. (*aleléguerèteló*) (en italien diminutif d'*allegro*, vif, joyeux), t. de mus., indication d'un mouvement intermédiaire entre l'*allegro* et l'*andante*. Il est aussi subst. mas.

ALLEGRO, adv. (*aleléguerô*) (mot italien signifiant *vif, joyeux*), t. de mus., indication d'un mouvement vif et gai. On dit aussi subst. au mas., en parlant de l'air même : *jouer un allegro*. Au plur., des *allegro*.

ALLÉGUÉ, E, part. pass. de *alléguer*.

ALLÉGUER, v. act. (*alelégué*) (en lat. *allegare*, qui a la même signification), rapporter, avancer, mettre en avant; citer. — ALLÉGUER, CITER. (*Syn.*) On *cite* les auteurs, on *allègue* les faits et les raisons. — *s'*ALLÉGUER, v. pron.

ALLELUIA, subst. mas. (*alelélu-ia*) (mot hébreu qui signifie *louez le Seigneur*), t. d'Église. Il ne prend point d'*s* au plur. : *chanter des alleluia*. — Sorte de plante qui fleurit vers Pâques. — L'*Académie*, *Wailly* et *Catineau* disent qu'on doit prononcer *alléluya*; mais *Restaut* et *Gattel* prononcent *alléluia* : malheureusement ces graves autorités ne s'appuient sur rien. Nous pensons, nous, que l'usage de l'Église, à laquelle le mot appartient, doit être de quelque poids dans cette question : or, on chante partout *alléluia*; dans quelques campagnes seulement on dit *alléluiia* : admettons donc l'opinion de *Gattel* et *Restaut*.

ALLEMAGNE, subst. fém. (*alemagnie*), empire de l'Europe centrale. — L'*Allemagne* a reçu le titre de Saint-Empire. Un savant croit que ce titre lui a été donné à l'imitation de l'empire grec, où tout s'appelait saint et sacré, même les dignités fort inférieures à celle d'empereur : témoin le trésorier de la couronne, qu'on nommait *comes sacrarum largitionum*; l'encre même du monarque portait l'épithète de sacrée. Les empereurs de Constantinople avaient la qualification de saints; de sorte qu'un patriarche s'attira de graves réprimandes, comme on le voit dans l'histoire de *Pachimère*, pour avoir manqué à donner ce titre, dans un acte, à l'empereur Michel Paléologue. Il est très-vraisemblable que les empereurs d'Occident se seront peu à peu approprié les mêmes prérogatives, du consentement des papes intéressés à leur être agréables. C'est ainsi que nos rois ont été appelés *très-chrétiens*. Cette conjecture paraît d'autant mieux fondée, qu'elle est confirmée par quelques exemples, ce que l'on peut vérifier dans le *Glossaire* latin de *Ducange*, aux mots *sacer* et *sanctus*. — *Allemagne française*. Quelques auteurs donnent ce nom aux terres d'*Allemagne* qui ont été cédées à la France par le traité de paix de Munster, ou depuis, comme la *Haute* et *Basse-Alsace*, et le *Sundgaw*.

ALLEMAND, E, subst. et adj. (*aleman, mande*), (en lat. *alemannus*), qui est né en Allemagne : *querelle d'Allemand*, querelle faite sans sujet et de gaîté de cœur.—On dit, en parlant de quelqu'un qui ne comprend pas ce qu'on lui dit : *c'est de l'allemand pour lui.*—Qui appartient à l'Allemagne : *langue allemande.* — On dit substantivement au mas. : *savoir l'allemand.*—L'*Académie* nous informe que nous ne lisons ce mot chez elle que parce qu'il se trouve dans quelques phrases proverbiales. Cet avis nous semble inutile : il est clair qu'un mot ne doit figurer dans un *Dictionnaire* que quand il est en usage.

ALLEMANDE, subst. fém. (*alemande*), sorte de danse vive et gaie, empruntée à l'Allemagne : *danser une allemande.*— Air sur lequel s'exécute cette danse : *jouer une allemande.*

ALLEMANDERIE, subst. fém. (*alemanderi*), t. d'arts et métiers, petite forge où l'on réduit le fer en petites barres dites *carillons*.

ALLEMAZARRON, subst. mas. (*alemazaron*) (de l'espagnol *almazarron*, qui signifie *ocre rouge*), terre rouge que les Espagnols mêlent au tabac.

ALLER, v. neut. (*alé*). Un usage appuyé d'autorités respectables fait, à certains temps, substituer le verbe *être* au verbe *aller*, et dire : *je fus, j'ai été, j'avais été, j'aurais été*, pour *j'allai, je suis allé, j'étais allé, je serais allé* : cette substitution est entièrement contraire à la signification propre de chacun des deux verbes. — Par euphonie, l'impératif *va* prend un *s* devant le pronom *y* : *vas-y*. Il prend tantôt un *s*, tantôt un *t*, devant *en* : *vas-en savoir des nouvelles ; va-t'en*. Remarquez que dans ce second cas nous n'écrivons point *va-t-en* : en effet, le plur. *allez-vous-en* indique assez que le *t* est mis là non pas comme lettre simplement euphonique, mais comme tenant la place du pronom *te*. — On voit dans la *Vie des Saints de Bretagne*, imprimée en 1637, ce mot *va* avec un *t* final, devant les consonnes comme devant les voyelles. Ainsi on y lit que *saint Hervé vat à l'escole, vat trouver son oncle, vat voir sa mere* ; ce qui pourrait indiquer que cette habitude du peuple de prononcer le *t* devant ce mot, qu'il existe ou qu'il n'existe pas, est plutôt une tradition qu'une manie. Peut-être aussi ne le fait-il que par suite de la prédilection toute particulière qu'il a pour les liaisons. — Autrefois on disait *je vais* ou *je vas* : on ne dit plus que *je vais* ; même observation pour *je m'en vais*. — *Il est allé* et *il a été* sont également usités, avec cette différence que *il a été* suppose le retour, et que *il est allé* ne le suppose pas : ainsi *il a été à l'église* signifie qu'il en est de retour, et ce retour n'est point indiqué par *il est allé à l'église*. — *Aller* signifie se mouvoir d'un point vers un autre : *aller vite ; aller doucement ; aller à Paris ; aller à Rome*. Il diffère de *venir*, en ce qu'il se dit par rapport à un lieu où l'on n'est pas, et *venir* par rapport au lieu même où l'on est.—Il s'emploie quelquefois activement : *aller son chemin ; aller son train ; aller son même pas*. — Être poussé, entraîné vers.. : *les rivières vont à la mer ; les nuées allaient du côté du couchant*. — *Aller au feu*, marcher au combat. — *Aller aux opinions, aux avis*, recueillir les opinions, les avis. — S'étendre : *je ne croyais pas que le luxe pût aller jusque-là*. — Fig., *il est capable d'aller loin dans les sciences*. — S'adresser à.. : *aller aux tribunaux, au souverain*, etc. — Être dans la direction de... : *ce chemin va à la ville*.— Fig., *aller à la gloire par le chemin de la vertu ; aller à sa perte*. — Il se dit en parlant de certains mouvements, soit naturels, soit artificiels : *votre pouls va vite ; cette montre va trente heures ; ce ressort ne va plus ; faire aller un moulin*. — Il marque l'état bon ou mauvais de certaines choses : *comment va votre santé? comment vous en va? Tout va bien ; les affaires vont bien ; le commerce va mal*. — Convenir à.. : *vous le prenez sur un ton qui ne vous va pas*. — En t. d'imprim., on dit *aller en paquet* pour dire : faire provisoirement de la composition sans folio et sans signature ; *aller en page*, placer, à mesure que l'on compose, les folio et les lignes de pied avec les signatures, et tous les blancs nécessaires aux différentes parties d'un ouvrage. — *Aller à la rencontre, au devant de quelqu'un*, s'avancer pour être plus tôt près de lui. Outre le sens commun à ces deux expressions, la seconde suppose l'intention d'honorer par cette marque d'empressement la personne qui en est l'objet. — Fig. et fam., *aller à tout vent*, n'avoir pas de résolution fixe. — *Aller contre*, s'opposer, résister : *il ne faut point aller contre la volonté de Dieu*. — *Aller chantant, dansant*, etc. Marcher, s'avancer en chantant, dansant : *il allait criant par la ville*. On dit aussi : *un ruisseau qui va serpentant ; l'intérêt va croissant de scène en scène*. Le participe actif de la plupart des autres verbes ne se joint à *aller* que dans le style érotique. —Quelques écrivains ont dit : *aller ambassadeur, gouverneur*, etc., pour : *aller* en qualité d'ambassadeur, de gouverneur : cette ellipse est plus que vicieuse, elle n'est point française. — Être sur le point de... : *je vais partir ; ils allaient en venir aux mains ; le spectacle va commencer*. — On dit aussi, seulement par élégance ou pour donner plus de force à l'expression : *voyez où j'en serais s'il allait faire telle chose*, au lieu de *s'il faisait ; n'allez pas vous imaginer*, pour : *ne vous imaginez pas*. — *Le feu va*, lorsqu'il s'alimente et s'entretient ; *une fontaine va*, lorsque l'eau en sort par l'ouverture destinée à son écoulement ; *un ouvrage va*, lorsqu'il avance ; *des ouvriers vont, ne vont pas*, lorsqu'ils avancent, lorsqu'ils retardent leur ouvrage. — *Un arbre va bien*, lorsqu'il croît convenablement. — *Un vase va au feu*, lorsqu'il est cuit de manière à pouvoir être mis sur le feu ou devant le feu sans se casser. — *Une étoffe va à la lessive*, lorsqu'elle peut être passée à la lessive sans se gâter.—*Deux choses vont ensemble*, lorsqu'elles concourent au même but, à la même destination. — *Deux bas, deux souliers vont ensemble*, lorsqu'ils sont égaux et propres à chausser la même personne. — *Deux tableaux vont ensemble*, lorsque par suite de leurs sujets, de leur forme, de leur grandeur, de leur mérite ou de quelque autre rapport, il doit résulter un bon effet de leur rapprochement, ou de leur exposition dans des endroits correspondants. — On dit aussi que *des choses vont ensemble*, lorsqu'elles sont réunies pour être vendues ensemble ; et qu'*une chose va par dessus le marché*, lorsqu'elle est donnée gratuitement, en considération d'un marché conclu. — On dit : *cet habit va bien, ce collet va mal*, pour dire : cet habit est bien fait, ce collet est mal fait ; *cet habit me va bien, me va mal*, pour : me sied, ne me sied point ; *cet habit me va, ne me va pas*, pour : est fait à ma taille, n'est pas fait à ma taille ; ne me gêne point, me gêne, etc. — On dit qu'*une chose va bien à une autre*, pour dire qu'elle convient à cette dernière, qu'elle sert à l'orner, à l'embellir : *cette garniture va bien à cette robe ; ce ruban va bien à ce chapeau*. — *Aller* se dit en quelques jeux de cartes, comme le brelan, en parlant de ce que l'on hasarde : *de combien allez-vous? J'y vais de vingt francs ; il y va de son reste ; va mon reste ; va tout*. — Par colère ou impatience : *allez au diable, à tous les diables!* — On dit aussi d'une affaire qui tourne mal, qu'*elle s'en va au diable, à tous les diables*. — *Aller*, mis à l'impératif, sert à faire des souhaits, des exhortations, des imprécations, des menaces, à marquer de l'indignation etc. : *allez en paix ; allons, enfants, courage! va, malheureux! va, imprudent! allez! vous devriez rougir*, etc. — *Aller* signifie quelquefois faire ses nécessités naturelles : *aller par haut et par bas*. On dit qu'*un malade laisse tout aller sous lui*, pour dire qu'il ne peut plus retenir ses excréments. — *Aller à l'épée*, en t. d'escrime, s'ébranler sur une attaque, et faire de trop grands mouvements avec son épée pour trouver celle de l'ennemi. — Prov. et fam., *aller vite en besogne*, faire vite. — En t. de vén., on dit de la bête 1° *qu'elle va de bon temps*, lorsqu'elle vient de passer dans un taillis, etc. ; 2° *qu'elle va de hautes erres*, lorsqu'elle est passée depuis sept ou huit heures (quand il y a un jour ou deux qu'elle est passée, on dit : *qu'elle ne va plus de temps*) ; 3° *qu'elle va d'assurance*, lorsqu'elle va au pas, le pied serré et sans rien craindre : 4° *qu'elle va au gagnage*, lorsqu'elle va dans les grains pour y viander ; 5° *qu'elle va sur soi, qu'elle se sur-va, qu'elle se sur-marche*, lorsqu'elle revient sur ses pas. On dit du veneur qui va au bois avec son limier, pour y détourner une bête, qu'*il va en quête*. — *Se laisser aller à..*., s'abandonner à.. : *se laisser aller au torrent, aux mauvais exemples*. En ce sens on dit absolument qu'*un homme se laisse aller*, pour dire que c'est un homme facile, et qu'on fait tout ce qu'on veut de lui ; ou bien qu'il se néglige, soit au moral, soit au physique. — On dit familièrement : *c'est un homme qu'on peut faire aller*, c'est-à-dire qu'on peut tourmenter, dont on peut se moquer impunément. — On dit prov. et fam., d'un homme qui frappe de toute sa force, qu'*il n'y va pas de main morte*. — On dit aussi d'une chose incontestable : *cela va sans dire* ; de ce qui se fait sans peine : *cela va tout seul* ; de ce qui a trompé les espérances qu'on en avait conçues : *cela s'en est allé en eau de boudin*, ou *à vau-l'eau* ; des affaires qu'on néglige, etc. : *cela va comme il plaît à Dieu*, etc. —*Tout va à la débandade*, tout va en désordre. — *Tous chemins vont à Rome*, par différents moyens on arrive à même fin. — *Les premiers vont devant*, les plus diligents ont toujours de l'avantage. — *Il va comme on le mène*, il n'est pas capable de prendre une résolution de lui-même. — *Aller de pair*, locution dont on ne se sert qu'en parlant des personnes, pour dire : être égal, être pareil : *ces deux maisons vont de pair pour la noblesse ; il va de pair avec les plus grands seigneurs pour la dépense ; Cicéron va de pair avec Démosthène*. — En t. de mar., *le vaisseau va de l'avant*, avance ; *il va à culer* ou *de l'arrière*, il recule ; *aller vent arrière*, naviguer avec un vent qui vient de l'arrière du vaisseau ; *aller vent largue*, recevoir le vent dans une direction perpendiculaire à la quille ; *aller au plus près* ou *à la bouline*, recevoir le vent de manière qu'il fasse le plus petit angle possible avec la partie de la quille qui est de l'avant ; *aller de bout au vent*, naviguer avec un vent directement contraire, et qui vient par l'avant du vaisseau ; *aller terre à terre*, naviguer le long de la côte ; *aller en dérive*, dériver beaucoup en s'écartant de la route ; *aller à petites voiles*, faire route sous peu de voiles ; *aller en course*, croiser sur les ennemis ; *aller à la sonde*, descendre dans la mer une corde chargée d'un gros plomb, afin d'en connaître la profondeur ; *aller proche du vent*, approcher du vent, c'est-à-dire faire usage d'un vent qui semble contraire à la route ; *aller entre deux écoutes*, aller vent en poupe. — **S'EN ALLER**, v. pron., quitter un lieu ; partir, surtout si c'est pour retourner chez soi : *je m'en vais ; il s'en est allé*, et non pas *il s'est en allé*, ni moins encore *il s'en est en allé*. — Il signifie aussi simplement aller : *je m'en vais en Italie, il s'en va chasser*. — Disparaître : *une tache s'en va*. — S'user : *cet habit s'en va*. — Mourir : *cet homme s'en va*. — Racine a dit (*Iphigénie*) :

> . . . . Qui *s'en va* devenir
> L'éternel entretien des siècles à venir.
>
> Par la main de Calchas *s'en va* vous immoler.

Qui va devenir et *va vous immoler*, auraient été beaucoup mieux.—On dit, en t. de jeu, *s'en aller d'une carte*, la jouer. — On dit aussi act. *faire en aller*, pour chasser : *donnez-moi un secret pour faire en aller les écornifleurs*.—*Tout s'en est allé en fumée*, on n'a pas réussi.—On dit aussi fam. et même pop. *il s'en va onze heures, il s'en va midi*, il est près de onze heures, de midi. — *En aller* ne peut point se passer du pronom *se* ; ainsi ne dites pas *cette eau fait en aller les rougeurs ; laissez-le en aller* ; mais dites : *cette eau fait passer les rougeurs ; laissez-le aller*, ou *laissez-le s'en aller*. — En parlant des liquides, s'écouler, se dissiper, s'évaporer, se répandre par-dessus : *le café s'en va ; tout le vin s'en ira par là si l'on n'y prend garde ; la fumée s'en va par la cheminée ; si l'on ne bouche bien cette fiole, tout l'esprit-de-vin s'en ira*. — On dit aussi, par métonymie du contenant pour le contenu : *ce tonneau s'en va*, etc. — *S'en aller comme on est venu*, s'en aller sans avoir rien fait ou dit de ce qu'on devait faire ou dire.—Prov., *biens mal acquis s'en vont de même ; ce qui vient de la flûte s'en va par le tambour*.— **IL Y VA**, v. unipers., il s'agit de... : *il y va de ma vie ; il y allait de son honneur*.—Devant le futur et le conditionnel du verbe *aller* on supprime toujours le pronom *y* : ainsi on ne dira pas plus *il y ira de votre fortune, il y irait de ma vie*, que *j'y irai, tu y irais*. Il faut dire : *il ira de votre fortune, il irait de ma vie* ; et *j'irais, tu irais*. — **IL EN VA DE**, v. unipers., il en est de... : *il en va de cette affaire-là comme de l'autre. Il en est* est plus usité. — **ALLER**, subst. mas., usité seulement dans ces phrases : *le pis aller*, le plus grand mal ou le moindre avantage qui puisse revenir d'une chose ; *l'aller et le venir ; au long aller petit fardeau pèse*.

Allèrent, 3e pers. plur. prét. déf. du v. irrég. **ALLER**.

ALLÉSÉ, E, part. pass. de *alléser*.

ALLÉSER, v. act. (*alézé*), t. d'artillerie, agrandir le calibre d'un canon ; le nettoyer. — On écrit aussi *aléser*.

ALLÉSOIR, subst. mas. (*alézoar*), t. d'artillerie, châssis de charpente ; outil pour *alléser*.

ALLÉSURE, subst. fém. (*alézure*) partie de métal enlevé en *allésant*.

DU VERBE IRRÉGULIER ALLER :

Allez, 2e pers. plur. impér.

Allez, précédé de *vous*, 2e pers. plur. prés. indic.

ALLEU, au plur. **ALLEUX**, subst. mas. (*aleu*) (du mot lat. *alodium*, sur l'origine duquel les étymologistes ne s'accordent pas), n'a d'usage qu'avec le mot *franc*, et signifie, en t. de féod., un fonds de terre exempt de droits seigneuriaux : *tenir en franc alleu*. Il est vieux.

ALLEVARD, subst. mas. (*alevar*), ville de France, chef-lieu de canton, arrond. de Grenoble, dép. de l'Isère.

ALLEVURE, subst. fém. (*alevure*), monnaie de Suède.

ALLIACÉ, E, adj. (*aleliacé*), qui tient de l'*ail*. Peu usité.

ALLIAGE, subst. mas. (*aliaje*) (formé du lat. *ad*, augment., et *ligare*, lier), mélange de deux métaux, dont l'un est plus précieux que l'autre. — Mélange de certaines marchandises ou denrées de divers prix ou de valeur différente. — Au fig. : *il y a peu de vertus humaines sans quelque alliage*. — On dit ironiquement : *alliage de la noblesse avec la roture*. — En t. de physique, mélange, union. — *Règle d'alliage*, opération arithmétique qui sert à trouver, ou la partie moyenne d'un mélange, quand on connaît la valeur et le nombre des choses dont il est composé ; ou le nombre des choses qui doivent être *alliées*, quand on connaît la valeur de chacune de ces choses et celle du mélange.

ALLIAIRE, subst. fém. (*alelière*), t. de bot., herbe aux *aulx*; plante vivace et agreste à fleur cruciforme, à odeur d'*ail*.

ALLIANCE, subst. fém. (*aliance*) (formé du lat. *ad*, augment., et *ligare*, lier, unir avec), affinité, sorte de parenté entre plusieurs personnes, résultant d'un mariage. — Confédération des peuples pour leurs intérêts particuliers : ligue. — On désigne sous le nom de *Sainte-Alliance*, une ligue de plusieurs monarques de l'Europe qui s'est formée en 1815 contre le système démagogique. — Au fig., union et mélange de diverses choses. — En t. d'orfèvre, bague ou anneau d'or ou d'argent, proprement l'anneau des fiançailles. — On appelle *ancienne alliance*, celle que Dieu contracta avec Abraham et ses descendants : *nouvelle alliance*, celle que Dieu a contractée par la rédemption avec tous ceux qui croiraient en Jésus-Christ. — On appelle *alliance spirituelle*, le rapport spirituel qui existe entre deux personnes qui ont tenu ensemble un enfant sur les fonts de baptême, ou entre chacune de ces personnes et l'enfant baptisé. — En littérature, *alliance des mots*, espèce de métaphore plus hardie que les autres : elle consiste dans le rapprochement de deux mots qui semblent s'exclure, comme dans ce vers de Corneille :

Et monté sur le faîte, il aspire à descendre.

Il désire de descendre serait très-simple, mais *aspire* suppose un objet élevé, et pourtant s'applique ici à *descendre*. De là l'énergie de la pensée et de l'expression : le vœu de l'ambition, qui est ordinairement de monter, est ici de descendre. Lorsque l'alliance des mots n'ajoute point à l'énergie de l'expression, c'est un vice d'élocution. — **ALLIANCE. LIGUE, CONFÉDÉRATION, COALITION.** (*Syn.*) — *L'alliance* est une union d'amitié et de convenance ; la *ligue* est une union de desseins et de forces ; la *confédération* est une union d'intérêt et d'appui ; la *coalition* est une *confédération* momentanée.

ALLIÉ, E, subst. (*alié*), qui est joint à un autre par affinité : *il est mon allié; nos parents et nos alliés*. — Qui est confédéré : *ce prince est allié de la France; cette république est notre alliée*. — *Les alliés*.

ALLIÉ, E, part. pass. de *allier*, et adj. Voy. **ALLIER** et **S'ALLIER**.

ALLIEMENT, subst. mas. (*aliman*) (formé d'*allier*), nœud de la corde d'une machine appelée grue, dont on se sert pour enlever un fardeau.

ALLIER, subst. mas. (*alié*) (L'*Académie* avertit que ce mot n'est que de deux syllabes : il faudrait donc prononcer *dié*, à la manière des paysans? Ce n'est pas notre avis), t. de chasse, filet tendu sur deux bâtons pour prendre les cailles et les perdrix. — Dép. de la France tirant son nom de la rivière qui le traverse.

ALLIER, v. act. (*alié*) (du lat. *alligare* pour *adligare*, *ligare ad*, lier à ou avec), mêler, incorporer ensemble les métaux : *allier l'or avec l'argent*. — Fig., joindre, mêler : *allier le plaisir avec le devoir, la gloire avec la vertu ; c'est l'intérêt de leurs états qui allie ces deux princes*. — Il y a une nuance entre *allier avec* et *allier à*. Le premier suppose que les choses qu'on *allie* n'ont aucun rapport entre elles : *vous voudriez allier le vice avec la vertu*. *Allier à* donne à entendre que les choses qu'on *allie* ont quelque rapport qui les dispose à être *alliées* ; *la femme vraiment séduisante est celle qui allie la grace à la beauté*. — **S'ALLIER**, v. pron., se mêler, s'incorporer. — S'unir par mariage : *s'allier à une bonne famille*. — Se liguer, se confédérer, en parlant des souverains et des états : *ces deux empires s'allièrent ensemble*.

DU VERBE IRRÉGULIER ALLER :

Alliez, précédé de *vous*, 2e pers. plur. imparf. indic.

Alliez, précédé de *que vous*, 2e pers. plur. prés. subj.

ALLIGATOR, subst. mas. (*aleliguator*), t. d'hist. nat., nom donné par les Anglais au crocodile.

ALLINGUE, subst. mas. (*aleingue*), pieu pour l'assemblage des trains de bois sur les rivières.

ALLIONE, subst. fém. (*alione*), t. de bot., plante d'Amérique de la famille des nyctaginées.

DU VERBE IRRÉGULIER ALLER :

Allions, précédé de *nous*, 1re pers. plur. imparf. indic.

Allions, précédé de *que nous*, 1re pers. plur. prés. subj.

ALLIOTH, subst. mas. (*aleliote*), t. d'astron., étoile de la grande Ourse.

ALLITÉRATION, subst. fém. (*aleliterâcion*) (en lat. *alliteratio*, composé d'*allido*, je froisse, je heurte, et de *littera*, lettre ; *froissement de lettres, jeu de mots*), t. de rhétor., figure de mots, qui consiste dans la répétition affectée des mêmes lettres ou des mêmes syllabes : *je m'instruis mieux par fuite que par suite*. (Essais de Montaigne) ; *qui refuse muse*. Cette figure est peu usitée, peut-être parce qu'elle est de mauvais goût.

ALLIVREMENT, subst. mas. (*alivreman*), inscription à un cadastre, ses articles, les parties du territoire qu'il contient. On entend proprement par ce mot la quote-part des contributions que chaque commune doit supporter.

ALLOBROGE, subst. et adj. des deux genres, (*alelobroje*), ancien nom des habitants de la Savoie. — Fig. et fam., personnage grossier, rustre, qui a le sens de travers, etc. : *c'est un franc Allobroge*. Cette expression est fort peu en usage aujourd'hui.

ALLOBROGIQUE, adj. (*alelobrojike*), qui a rapport aux *Allobroges*.

ALLOCATION, subst. fém. (*alelokâcion*) (formé du lat. *ad*, augment., et *locare*, louer), action d'*allouer* un article qu'on approuve, qu'on passe en compte ; résultat de cette action.

ALLOCUTION, subst. fém. (*alelokucion*) (du lat. *alloqui*, pour *adloqui*, formé de *ad*, à, et de *loqui*, parler), harangue d'un général à ses soldats. Exemple d'*allocution* : *Du haut de ces pyramides quarante siècles vous contemplent !* (NAPOLÉON.) — Médaille sur le revers de laquelle sont représentés des généraux parlant à leurs soldats. — Discours du pape aux cardinaux assemblés en consistoire. — On se sert aussi de ce mot par extension, dans le sens d'*apostrophe* : *il lui fit une vive allocution ; à cette énergique allocution, il se déconcerta*.

ALLODIAL, E, adj., au plur. mas. **ALLODIAUX** (*alelodial, diô*), t. de jurispr., qui est en franc *alleu* ; qui est libre ; exempt de servilité et de rentes : *terre allodiale, biens allodiaux*.

ALLODIALITÉ, subst. fém. (*alelodialité*), qualité de ce qui est *allodial*.

ALLODIAUX, adj. plur. mas. Voy. **ALLODIAL**.

ALLOGNE, subst. mas. (*alelognie*), cordage pour la construction des navires.

ALLONGE, et non pas **ALONGE**, subst. fém. (*alonje*) (formé de *allonger*), t. d'arts et métiers. On appelle ainsi toute pièce rapportée à une autre, de quelque manière que ce soit : *mettre une allonge à une porte, à des rideaux, à une table*. — En t. de boucher, nerf de bœuf tortillé avec un crochet de fer pour attacher la viande. — En t. de chim., vaisseau ou tuyau qu'on place entre le récipient et le chapiteau. — En t. de marine, partie de couples de vaisseaux. — Espèce d'entonnoir de grès dont se servent les distillateurs. — L'*Académie* préfère *rallonge*.

ALLONGÉ, E, et non pas **ALONGÉ, E**, part. pass. de *allonger*, et adj. (*alonjé*), rendu plus long, augmenté en longueur ; plus étendu. — On dit fam. qu'*une personne a le visage allongé*, pour marquer le déplaisir qu'elle éprouve d'un évènement auquel elle ne s'attendait point. — *Chien allongé*, qui a les doigts du pied étendus par une blessure. — *Oiseau allongé*, qui a toutes ses pennes entières. — En t. de mar., vaisseau *allongé*, ou mieux *élongé*, qui paraît *long* et ras dans l'eau. — En math., *figure allongée*, plus *longue* que large : *hexagone allongé ; ovale fort allongé*.

ALLONGEMENT, et non pas **ALONGEMENT**, subst. mas. (*alonjeman*) (formé de *allonger*), augmentation de longueur. — Lenteurs : *cet homme cherche des allongements dans les affaires*. — En t. de mar., *allongement* se dit des effets du premier service des cordages neufs.

ALLONGER, et non pas **ALONGER**, v. act. (*alonjé*) (rac. *long*), rendre plus *long* : *allonger une table, une galerie, un habit*, etc. — Faire durer davantage : *allonger un procès, une affaire*. — *Allonger un coup d'épée, une estocade*, porter un coup d'épée, etc., en *allongeant* le bras. Fam. — Au fig., *allonger le parchemin*, tirer une affaire en longueur ; faire de longues écritures pour en tirer plus de profit. — *Allonger la courroie*, porter les profits d'un emploi plus loin qu'ils ne devraient aller ; ou ménager l'argent. — En t. de mar., *allonger une manœuvre*, la prolonger sur les ponts et gaillards ; *allonger une ancre ou un grelin*, porter une ancre à jet avec son grelin au large du vaisseau ; *allonger la terre*, aller *le long* de la côte, et la ranger à petite distance. On dit mieux : *longer la terre*, *allonger l'ennemi*, se placer parallèlement à lui ; *allonger un vaisseau*, le prendre de *long en long* pour l'aborder, ou se mettre par son travers. En ce sens, on dit mieux *élonger*. — Dans les manufactures de soie, on dit que l'*ouvrier allonge*, lorsque l'étoffe est mal frappée, que les figures du dessin n'ont pas les contours qu'elles doivent avoir, et qu'elles sont plus longues que le dessin ne l'exige. — **S'ALLONGER**, v. pron., s'étendre, devenir plus *long*. — Se mettre en garde. Pop.

ALLONGERESSE, subst. fém. (*alonjerece*), t. d'hist. nat., chenille de sureau.

DU VERBE IRRÉGULIER ALLER :

Allons, 1re pers. plur. impér.

Allons, précédé de *nous*, 1re pers. plur. prés. indic.

ALLONYME, adj. et subst. des deux genres (*alelonime*) (du grec αλλος, autre, et ονομα, nom ; *nom substitué à un autre*), se dit des ouvrages de littérature publiés sous un nom supposé, et des auteurs qui les font ainsi paraître. C'est la même chose que *pseudonyme*.

ALLOPATHIE, subst. fém. (*alelopatie*) (du grec αλλος, autre, et παθος, maladie), système de médecine qui consiste à traiter toutes les maladies en excitant des maladies d'un genre opposé.

ALLOPHYLLE, subst. mas. (*alelofile*) (du grec αλλος, autre, et φυλλον, feuille), t. de bot., arbre de Ceylan dont les feuilles sont alternes.

ALLOPROSALLOS, adj. mas. (*aleloprôçaleloce*), (mot qui signifie *inconstant*), myth. On surnommait ainsi Mars, comme le dieu commun des deux armées ennemies.

ALLOS, subst. mas. (*aloce*), village de France, chef-lieu de canton, arrond. de Barcelonnette, dép. des Basses-Alpes.

ALLOTRIOPHAGE, subst. mas. (*alelotriofaje*) (du grec αλλοτριος, étranger, et φαγειν, manger), t. de médec., qui est atteint de l'*allotriophagie*.

ALLOTRIOPHAGIE, subst. fém. (*alelotriofajî*), t. de méd., maladie du *pica*, faim désordonnée qui porte à manger des substances non alimentaires.

ALLOTRIOPHAGIQUE, adj. (*alelotriofajike*), t. de médec. qui a rapport à l'*allotriophagie*.

ALLOUABLE, adj. (*alelouable*), qui peut *s'allouer*, s'accorder ; qui peut être passé en compte.

ALLOUÉ, subst. mas. (*aleloué*) (formé de *allouer*), nom d'un juge dans certaines juridictions d'autrefois. L'*alloué* était le lieutenant-général du sénéchal. — Compagnon qui, après le temps de son apprentissage, s'engage encore pour quelque temps à servir le même maître.

ALLOUÉ, E, part. pass. de *allouer*, et adj., accordé, cédé ; approuvé.

ALLOUER, v. act. (*aleloué*) (du lat. *allocare*,

composé de *ad*, préposition, et *locare*, placer, de *locus*, lieu), accorder : *allouer une indemnité*; approuver, passer une dépense en compte : *allouer un paiement*. — Tenir compte d'une somme sur une plus grande. — **S'ALLOUER**, v. pron.

ALLOUVI, E, et non pas **ALOUVI, E**, adj. (*alelouvi*) (formé du lat. *lupus*, loup), mot peu usité et signifiant : qui a une grande faim, une faim de *loup*. — Il s'emploie aussi subst., mais rarement : c'est *un allouvi, une allouvie*.

ALLUCHON, subst. mas. (*aleluchon*), t. de mécan., fuseau de bois dont on arme une roue pour la faire engrener.

ALLUDÉ, E, part. pass. de *alluder*.

ALLUDER, v. act. (*aleludé*) (du lat. *alludere*), faire *allusion*. Expression de *Diderot*, peu usitée.

ALLUME ou **FLAMBART**, subst. mas. (*alume*), morceau de bois *allumé*.

ALLUMÉ, E, part. pass. de *allumer*, et adj. (*alumé*). — *Avoir un teint allumé*, rouge, échauffé. — On le dit, en terme de blason, des yeux qui sont d'un autre émail que le corps de l'animal; ou d'un flambeau, etc., dont la flamme est d'un émail particulier.

ALLUMELLE, subst. fém. (*alumèle*), fourneau de charbonnier.

ALLUMER, v. act. (*alumé*) du lat. *ad*, à, et *lumen*, lumière; *mettre la lumière* ou *le feu à*...), mettre le feu à quelque chose de combustible : *allumer un fagot, une chandelle, des bougies*. — On dit *allumer le feu* ou *du feu*, quoique ce soit le combustible qu'on *allume*. — *Allumer du feu*, pour : faire du feu; *allumer le feu*, pour : mettre le feu à des matières combustibles préparées pour faire du feu; ou faire en sorte que des matières combustibles, auxquelles on a déjà mis le feu, prennent flamme et brûlent avec plus d'activité. — *Allumer* se dit par rapport à toutes les choses dans lesquelles on place les matières combustibles destinées à donner de la lumière : *allumer un bougeoir, des flambeaux, un réverbère, un fanal*, etc.; mais évitez ce pléonasme que l'on entend trop souvent : *allumer la lumière*. — Fig., exciter, enflammer, embraser : *allumer la guerre, la colère, les humeurs*, etc. — On dit figurément qu'*une personne a le visage allumé, le teint allumé*, pour dire qu'elle a le visage, le teint d'un rouge très-vif : *son teint n'était plus allumé*. — **S'ALLUMER**, v. pron.

ALLUMETTE, subst. fém. (*alumète*) (rac. *allumer*), petit brin de bois, de roseau ou de chenevotte, soufré par les deux bouts, et servant d'ordinaire à allumer des chandelles, des bougies, etc. — C'est aussi un brin de grosse toile pour soufrer les vins. — *Ce bois brûle comme des allumettes*, brûle facilement, vite.

ALLUMETTIER, subst. mas.; au fém. **ALLUMETTIÈRE**, (*allumetié, tière*) fabricant, marchand d'*allumettes*. On dit plutôt ces deux derniers mots.

ALLUMEUR, subst. mas., au fém. **ALLUMEUSE** (*alumeur, meuze*), celui ou celle qui *allume* régulièrement des chandelles, des lampes, des réverbères, etc : *l'allumeur d'un spectacle, allumeur de réverbères*. — *L'Académie* ne donne pas de féminin.

ALLUMEUSE, subst. fém. Voy. **ALLUMEUR**.

ALLUMIÈRE, subst. fém. (*alumière*), boîte aux *allumettes*. — Lieu où l'on fabrique des allumettes.

ALLURE, subst. fém. (*alure*) (rac. *aller*), la manière de marcher de certaines bêtes : *ce cheval a l'allure fort douce; il a de belles allures; il a l'allure froide*, il ne lève pas assez le genou ni la jambe. — La manière de marcher d'une personne, la manière dont elle porte son corps dans cette action. Il ne s'emploie qu'au sing. — Fig., la manière de se conduire : *j'ai reconnu ses allures*. — Les démarches secrètes que l'on fait habituellement pour se livrer à quelque plaisir, à quelque passion qu'on veut cacher aux autres : *tous les jours, vers telle heure, il disparaît, sans qu'on ait pu encore découvrir où il va : il a des allures*. Dans ces deux derniers sens, il ne s'emploie qu'au pluriel. — En t. de mar., *allure* se dit de la disposition de la voilure, par rapport au vent que reçoit le bâtiment. On compte trois allures : celle du plus près, celle du vent largue et celle du vent arrière. — Tablier de mégissier. — En parlant de la marche habituelle des affaires d'un état, d'une administration : *la monarchie absolue a une tout autre allure que la monarchie constitutionnelle; ce ministère a une singulière allure*. — **ALLURE, DÉMARCHE**. (*Syn.*) Les *allures* tendent à quelque chose d'habituel; les *démarches* à quelque chose d'accidentel.

ALLUSION, subst. fém. (*aleluzion*) (du latin *alludere*, fait de *ad*, et *ludere*, jouer; *jouer avec*), fig. de rhétorique qui, comme l'allégorie, présente un sens pour en faire entendre un autre : par exemple, *subir le joug* est une *allusion* à l'usage des anciens, de faire passer les ennemis vaincus sous une traverse de bois qu'ils appelaient *joug* (*jugum*). — Application personnelle d'un trait de blâme ou de louange : *allusion flatteuse; allusion sanglante*. — Par extension, on dit aussi *faire allusion à une chose*, pour dire : rappeler une chose : *je suis désespéré d'avoir renouvelé votre douleur en faisant allusion à ce triste événement*.

ALLUVIEN, adj. mas.; au fém. **ALLUVIENNE**, (*aleluviein, viène*), t. de géol., se dit d'un terrain formé par transport et sédiment.

ALLUVIENNE, adj. fém. Voy. **ALLUVIEN**.

ALLUVION, subst. fém. (*alelucion*) (du latin *alluvio*, fait de *ad*, à, vers, et *luere*, baigner, arroser), accroissement de terrein qui se fait le long des rivages de la mer ou des grandes rivières, par la tempête ou les inondations : *droit d'alluvion; cette terre s'est accrue par alluvion*. — On appelle également *alluvion*, des relais ou terreins que l'eau courante abandonne en se portant sur l'une de ses rives. — *L'alluvion* profite au propriétaire riverain. (Code civil).

ALMADIE, subst. fém. (*almadi*) (emprunté du portugais *almadia*), petite barque des nègres de la côte d'Afrique. — Vaisseau des Indes, ayant la forme d'une navette de tisserand.

ALMAGESTE, subst. mas. (*almajècete*) (formé de l'art. arabe *al*, le, et du grec μεγιστος, très-grand, superlatif de μεγας, grand; *le très-grand ouvrage, l'ouvrage par excellence*), nom du plus ancien livre d'astronomie qui nous soit resté, et qui fut composé par *Ptolémée*, vers l'an 140. — Le père Riccioli a fait un traité d'astronomie qu'il a intitulé : *Nouvel Almageste*. — Collection d'observations astronomiques.

ALMANACH, subst. mas. (*almana*) (de l'arabe *manah*, supputer, compter, précédé de l'article *al*), calendrier qui contient tous les jours de l'année, qui indique les fêtes, les lunaisons, les éclipses, les signes dans lesquels entre le soleil, et des pronostics vrais ou faux sur le temps. Calendrier populaire. Voy. **CALENDRIER**. — Il se dit particulièrement des livres publiés annuellement et qui renferment, outre le calendrier, un tableau des diverses administrations, avec la liste des chefs qui en font partie; les adresses des principaux habitants de la capitale, et d'autres renseignements utiles : *l'Almanach Royal, l'Almanach du Commerce*, etc. — On dit fig. : *composer des almanachs*, pour : s'amuser à faire des pronostics, des conjectures en l'air. — *Ne prendre point des almanachs de quelqu'un*, ne point ajouter foi à ce qu'il dit; n'avoir point confiance en lui. — On dit fig. d'une personne qui, à tous les changements de temps, se ressent de quelque infirmité, que *son corps est un almanach*.

ALMANDINE, subst. fém. (*almandine*), espèce de rubis. Voy. **ALBANDINE**.

ALMARGEN, subst. mas. (*almarjène*), espèce de corail.

ALMAZAN, subst. mas. (*almazan*), ville de la Vieille-Castille, en Espagne.

ALME, subst. fém. (*alme*), petite rivière d'Allemagne.

ALMÉE, subst. fém. (*almé*), danseuse publique qui en Égypte exerce la même profession que les bayadères dans l'Inde. *Almée*, dans la langue du pays, signifie *savante*. Ces *almées* ont, comme les *improvisatrices* italiennes, le talent de composer et de chanter sur-le-champ des couplets adaptés aux circonstances.

ALMÉLANCHIER, subst. mas. (*almélanchié*). Voy. **AMÉLANCHIER**.

ALMÉRIA, subst. fém. (*alméria*), ville d'Espagne, capitale de la province de ce nom.

ALMÉSIGA, subst. mas. (*almézigua*), t. de bot., espèce d'arbre du Congo.

ALMICANTARAT ou **ALMUCANTARAT**, subst. mas. (*almikantara, almukantara*), t. d'astron., cercle parallèle à l'horizon, qui passe par tous les degrés de l'équateur. Il sert à montrer la hauteur des astres.

ALMON, subst. mas. (*almon*), myth., dieu d'un petit fleuve de ce nom sur le territoire de Rome, et père de la nymphe Lara.

ALMOPS, subst. mas. (*almopece*), myth., l'un des géants qui déclarèrent la guerre à Jupiter.

ALMOUDE ou **ALMUDE**, subst. fém (*almoude, almude*), mesure d'huile en Portugal.

ALMUCANTARAT. Voy. **ALMICANTARAT**.

ALMUDE. Voy. **ALMOUDE**.

ALMUGÉE ou **ALMUGIE**, subst. fém. (*almujé, almuji*), t. d'astron., état de deux planètes qui se regardent du même aspect que leurs maisons : *Jupiter et le Soleil sont en almugie* lorsqu'ils se regardent de trine, parce que le Lion et le Sagittaire, qui sont leurs maisons, se regardent aussi de trine.

ALOÈS, subst. mas. (*alo-èce*) (en grec αλοη, aloès), t. de bot., arbre des Indes à bois odoriférant et lourd, presque semblable à l'olivier. — Plante vivace exotique, originaire de l'Arabie, à fleurs liliacées, et dont les espèces sont très-nombreuses. On en extrait un suc fort amer; on tire de la soie de ses feuilles. — *Aloès pitte, chanvre des Indiens*, espèce d'*aloès* dont la seconde écorce fournit des fils propres à être tissus. A Saint-Domingue, on l'appelle *cabouille*.

ALOÉTIQUE, adj. (*alo-étike*), t. de pharm., se dit d'un remède où il entre de l'*aloès* : *préparation aloétique*.

ALOÉUS ou **ALOÜS**, subst. mas. (*alo-é-uce, alo-uce*), myth., fameux géant, fils de Titan et de la Terre. Il épousa Iphimédie, qui, ayant été surprise par Neptune, mit au monde Othus et Ephialte. Aloéus les éleva comme ses propres enfants. Ils croissaient de neuf pouces chaque mois. Lors de la guerre des géants, Aloéus ne pouvant y prendre part à cause de son extrême vieillesse, les y envoya à sa place : là ils périrent sous les flèches d'Apollon et de Diane.

ALOGES ou **ALOGIENS**, subst. mas. plur. (*aloje, alojiein*) (du grec α priv. et λογος, parole, ou *verbe*), hérétiques du second siècle qui niaient que Jésus-Christ fût Dieu, fût *le verbe éternel*.

ALOGIE, subst. fém. (*aloji*) (même étymologie que *aloges*), discours sans raison, impertinence. Inusité.

ALOGNE, subst. fém. (*alognie*), t. de mar., cordage. Voy. **BOUÉE**.

ALOGOTROPHE, subst. mas. (*aloguotrofe*), t. de médec., affecté de l'*alogotrophie*. Peu usité.

ALOGOTROPHIE, subst. fém. (*aloguotrofi*) (du grec α priv., λογος, proportion, et τροφη, nourriture), t. de médec., nourriture inégale et disproportionnée. — On s'est servi aussi de ce mot pour exprimer la manière dont les os se courbent dans le rachitisme.

ALOGOTROPHIQUE, adj. (*aloguotrofike*), qui a rapport à l'*alogotrophie*.

ALOI, subst. mas. (*aloé*) (du latin *adligare* ou *alligare*, lier, unir), t. d'orfèvrerie, mélange d'un métal précieux avec un autre : *or de bon aloi*, qui a le titre que l'or doit avoir; *argent de bas aloi*, qui n'a pas le titre légal. — Par extension, ce mot autrefois signifiait purement : *titre légal de l'or et de l'argent*; on disait dans ce sens, plus anciennement encore, *loi* : aujourd'hui, *loi* et *aloi* sont remplacés par *titre*. — Fig., qualité d'une chose : *cette drogue est de mauvais aloi*, elle est falsifiée. — On appelle *marchandises d'un mauvais aloi*, des marchandises qui ne sont pas de la qualité requise par les réglements, par les ordonnances. — *Homme de bas aloi*, d'une extraction, d'une condition, d'une profession vile, méprisable. — *Vers de mauvais aloi*, mal faits. — *Livre de mauvais aloi*, d'un mauvais goût, et quelquefois : livre immoral.

ALOÏDE, subst. fém. (*alo-ide*) (du grec αλοη, aloès, et ειδος, forme, apparence), t. de bot., plante vulnéraire dont la feuille ressemble à celle de l'*aloès*. — Subst. mas. plur., myth., géants, enfants d'Iphimédie et de Neptune. Ils blessèrent Mars dans la guerre des géants. Voy. **ALOEUS**.

ALOMANCIE, subst. fém. (*alomanci*) (du grec αλς, sel, et μαντεια, divination), divination par le sel.

ALOMANCIEN, NE, adj. et subst. (*alomanciein, ciène*), qui prédit par le sel.

ALONGE. Voy. **ALLONGE**. (Nous nous trouvons forcés de faire mention de cette double orthographe, puisque l'*Académie* a le tort de la donner.)

ALONGÉ. Voy. **ALLONGÉ**.

ALONGEMENT. Voy. **ALLONGEMENT**.

ALONGER. Voy. **ALLONGER**.

ALONGERESSE. Voy. **ALLONGERESSE**.

ALOPE, subst. fém. (*alope*), myth., fille de Cercyon. S'étant laissée séduire par Neptune, de qui elle eut Hippothoüs, elle fut tuée par son père, et changée en fontaine. — C'était aussi le nom d'une des *harpies*.

ALOPÉCIAS, subst. mas. (*alopécidce*) (du grec αλωπηξ, renard), t. d'hist. nat., poisson de mer, renard marin.

ALOPÉCIDE, subst. fém. (*alopécide*) (du grec ἀλωπεκίς, petit renard), t. de bot., sorte de vigne semblable à une queue de renard.

ALOPÉCIE, subst. fém. (*alopécî*) (du grec ἀλώπηξ, renard, parce que cet animal est, dit-on, sujet à cette maladie), pelade, maladie qui fait tomber le poil.

ALOPÉCURE, subst. fém. (*alopékure*) (du grec ἀλώπηξ, renard, et οὐρά, queue), queue de renard. Inusité.

ALORS, adv. (*alore*, et, devant une voyelle, *alorze*) (du lat. *ad illam horam*, à cette heure, dont les Italiens ont fait aussi *allora*), en ce temps-là. — En ce cas-là. — *Alors comme alors*, quand on en sera là, on avisera à ce qu'il faudra faire. Fam. — *Les manières d'alors*, *la mode d'alors*, les manières, la mode de ce temps-là.— *Les hommes d'alors*, ceux du temps dont on parle. — *Jusqu'alors*, jusqu'à cette époque, jusqu'au moment en question. — *Alors que*, pour *lorsque*, n'est plus en usage dans la prose ordinaire; mais on le dit encore quelquefois dans le style élevé et dans la poésie; c'est là du moins l'opinion de l'*Académie*. Nous ne craignons pas d'avancer contre elle, que ce serait une faute de s'en servir en prose dans le style le plus élevé : s'il est tolérable en poésie, ce n'est qu'à cause des licences trop souvent abusives qu'elle autorise. Exemple de l'*Académie* : *alors que la trompette guerrière se fait entendre, tout s'ébranle*, etc.

ALOSE, subst. fém. (*alôze*), poisson de mer, qui remonte au printemps dans les rivières. Il est osseux, abdominal, et holobranche.

ALOSÉ, **E**, part. pass. de *aloser*.

ALOSER, v. act. (*alôzé*), louer, vanter. Inus.

ALOSERIE, subst. fém. (*alôzeri*), louanges. Vieux.

ALOSIER, subst. mas. (*alôzié*), t. de pêche, filet pour prendre les *aloses*.

ALOTECHNIE, subst. fém. Voy. HALOTECHNIE, seule orthographe conforme à l'étymologie.

ALOUATTE, subst. mas. (*alouate*), t. d'hist. nat., sorte de singe dont le museau est allongé, et la tête élevée en pyramide. On dit aussi ALAOUATTE.

ALOUCHE ou **ALOUCHIER**, subst. mas. (*alouche*, *alouchié*), t. de bot., nom vulgaire de l'alizier blanc.

ALOUCHI, subst. mas. (*alouchi*), t. d'hist. nat., gomme résineuse du cannelier blanc.

ALOUETTE, subst. fém. (*alouète*) (de *alaudetta*, diminutif de *alauda*, nom latin de cet oiseau), petit oiseau fort connu, de l'ordre des passereaux, et de la famille des subulirostres. — Il y a aussi des *alouettes* de mer. — On appelle *alouette hupée* une sorte d'*alouette* qu'on nomme autrement *cochevis*. — *Les terres dites à alouettes* sont les terres sablonneuses. — On dit prov. : *si le ciel tombait, il y aurait bien des alouettes de prises*, pour se moquer d'une supposition absurde en y répondant par une autre plus absurde encore; et aussi d'un paresseux, qu'*il attend que les alouettes lui tombent toutes rôties*.—*Se lever au chant de l'alouette*, de grand matin, à l'heure où les *alouettes* commencent à chanter.

ALOUETTE, subst. fém. (*alouète*), myth., Scylla, fille de Nisus, roi de Mégare. Éprise de Minos, roi de Crète et ennemi déclaré des Mégariens, elle coupa à son père un cheveu dont dépendaient les destinées de la ville, qui fut ainsi livrée à Minos. Nisus se disposait à la poursuivre et à la punir, quand il fut changé en épervier et Scylla en *alouette*.

ALOURDÉ, **E**, part. pass. de *alourder*.

ALOURDER, v. act. (*alourdé*), pour signifier *importuner*, *assommer*, n'est pas français, quoiqu'il figure dans plusieurs *Dictionnaires*.

ALOURDI, **E**, part. pass. de *alourdir*.

ALOURDIR, v. act. (*alourdir*), rendre *lourd*; appesantir. Il ne s'emploie guère qu'au participe et aux temps composés : *cela m'a tout alourdi*; *j'ai la tête tout alourdie*. Fam.—Il ne se dit que des personnes. — S'ALOURDIR, v. pron., devenir *lourd*. Fam.

ALOUVI, **E**. Voy. ALLOUVI, E, qui est la seule bonne orthographe.

ALOYAGE, subst. mas. (*aloéiaje*) (rac. *aloi*), alliage et mélange des métaux.

ALOYAU, subst. mas. (*aloéiô*), pièce de bœuf coupée le long du dos.

ALOYÉ, **E**, part. pass. de *aloyer*.

ALOYER, v. act. (*aloéié*), donner à l'or et à l'argent l'*aloi* légal. — S'ALOYER, v. pron.

ALPAGA, subst. mas. (*alpagua*), t. d'hist. nat., animal du Pérou. — Étoffe faite de la laine de l'*alpaga*.

ALPAGATTES, subst. mas plur. (*alpaguate*), souliers de cordes faites avec la laine de l'*alpaga*.

ALPAGE. Voy. ALPEN.

ALPAGNE, subst. mas. (*alpagnie*), t. d'hist. nat., mammifère ruminant d'Amérique, semblable aux lamas et aux vigognes. De ses poils on fait des étoffes très-recherchées pour leur brillant et leur moelleux.

ALPAM, subst. mas. (*alpame*), t. de bot., arbrisseau des Indes à feuilles odorantes et à fleurs inodores.

ALPEN ou **ALPAGE**, subst. mas. (*alpène*, *alpaje*), terre non labourée. Vieux.

ALPES, subst. fém. plur. (*alpe*), montagnes qui séparent la France de l'Italie; nom générique des montagnes qui coupent les continents.

ALPES (BASSES-), subst. fém. plur., dép. de France.

ALPES (HAUTES-), subst. fém. plur., dép. de France.

ALPESTRE, adj. (*alpècetre*), qui a rapport aux *Alpes* : *mœurs alpestres*. — T. d'hist. nat., qui habite les *Alpes*, qui croît dans les *Alpes* : *animaux, plantes alpestres*.

ALPHA, subst. mas. (*alfa*), la première lettre de l'alphabet grec. On dit figur. *l'alpha et l'oméga*, pour dire le commencement et la fin, l'*omega* étant la dernière lettre de l'alphabet grec.

ALPHABET, subst. mas. (*alfabè*) (de *alpha* et *bêta*, les deux premières lettres de l'alphabet grec), recueil des signes ou lettres dont les diverses combinaisons représentent tous les sons divers des mots composant une langue. Nous n'avons pas, nous, d'*alphabet* proprement dit; nous nous servons de celui des Romains. Or, cet alphabet n'est composé que de vingt lettres : *a, b, c, d, e, f, g, h, i, j, l, m, n, o, p, r, s, t, u, z*. En effet le *x* n'est qu'une abréviation; le *x* est pour *gz* : *exemple* se prononce *eguezanple*; *x* est aussi pour *cs* : *axiome* se prononce *akciôme*. On fait encore servir le *x* pour deux *ss* dans *Auxerre, Bruxelles*. — Le *k* ne se trouve en latin qu'en certains mots dérivés du grec; c'est notre *c* dur : *ca, co, cu*. — Le *q* n'est aussi que le *c* dur : *c, k, q*, ne doivent donc être comptés que pour une seule lettre, puisque ce sont trois caractères différents servant à représenter le même son. C'est ainsi que les lettres *c i* et *s i* font également *si*, et que *t i* encore font *si* quelquefois. — Le *v* sert à représenter l'articulation semi-labiale faible, dont la forte est *f*, et de là vient qu'elles se prennent aisément l'une pour l'autre : *neuf*, devant un nom qui commence par une voyelle, se prononce *neuv* : *neu vhommes*. (Beauzée.)—L'*y*, qui n'est point une lettre grecque (voir notre *Grammaire*), s'emploie pour un *i* ou pour deux *i* : pour un *i* dans les mots tirés du grec; pour deux *i* dans les mots français. — *W* est purement allemand et anglais; il se prononce *vé* et *ou*, mais on peut le prononcer en français *vé*. — Quoi qu'il en soit, on peut dire que l'alphabet français renferme présentement vingt-six lettres, savoir : six voyelles, qui sont : *a, e, i, o, u, y*—; et vingt consonnes, qui sont : *b, c, d, f, g, h, j, k, l, m, n, p, q, r, s, t, v, x, z, w*. — Quant à *æ* et *œ*, on ne les distingue point de l'*e* simple, attendu qu'ils ne rendent que le son de l'*é* fermé. —On appelle aussi *alphabet* le petit livret qui contient la liste de toutes ces lettres et des éléments de lecture. — Il signifie encore : commencement, premiers principes : *il n'en est encore qu'à l'alphabet*; *il faut le renvoyer à l'alphabet*. — En t. de relieur, on nomme *alphabet* de petits fers qui servent à imprimer le titre d'un ouvrage sur le dos du livre. —Les imprimeurs et les libraires disaient autrefois qu'*un livre avait un alphabet*, *deux alphabets*, lorsqu'il avait un nombre de feuilles égal au nombre des lettres de l'alphabet, ou double de ce nombre, etc. Cette locution venait de ce que chaque feuille était ordinairement marquée, au bas de la première page, par une lettre de l'alphabet. Aujourd'hui, on ne se sert plus des caractères de l'alphabet pour signatures de feuilles, que dans les préfaces, dans les introductions et dans les notes; on emploie partout ailleurs les chiffres arabes.

ALPHABÉTIQUE, adj. (*alfabétike*) (formé de *alphabet*), qui est selon l'*alphabet* : *ordre alphabétique*, *table alphabétique*. — Qui se fait par le moyen de l'*alphabet* : *écriture alphabétique*, par opposition à *l'écriture hiéroglyphique*. — Subst. mas., nomenclature des articles d'un registre.

ALPHABÉTIQUEMENT, adv. (*alfabétikeman*), d'une manière *alphabétique*.

ALPHANET, subst. mas., ALPHANETTE ou ALPHANESSE, subst. fém. (*alfanè*, *nète*, *alfanèce*), t. d'hist. nat., faucon de Tunis qui sert au vol de la perdrix et du lièvre. On le nomme aussi *tunisien*.

ALPHÉA, subst. fém. (*alféa*), myth. Diane fut ainsi surnommée d'un temple qu'elle avait sur les bords de l'*Alphée*.

ALPHÉE, subst. mas. (*alfé*), myth., était un chasseur de l'Élide, qui, ayant poursuivi longtemps Aréthuse, fut métamorphosé en fontaine; mais, ne pouvant oublier sa tendresse pour elle, il mêla ses eaux avec celles de cette nymphe. On fit de l'un et de l'autre des divinités.

ALPHÉES, subst. mas. plur. (*alfé*), t. d'hist. nat., espèce de crustacés.

ALPHEÏAS, subst. fém. (*alféiâce*), myth. Aréthuse, ainsi surnommée du nom d'Alphée. Voy. ALPHÉE.

ALPHÉNIX. Voy. ALFÉNIC.

ALPHÉSIBÉE, subst. fém. (*alfézibé*), myth., fille de Phésée qu'Alcméon épousa, et à qui il donna et reprit le fatal collier, source des malheurs de sa maison. Voy. ALCMÉON.

ALPHESTES, subst. mas. plur. (*alfèccete*), t. d'hist. nat., espèce de poissons.

ALPHINÉE, subst. fém. (*alfiné*), t. de bot., plante aromatique d'Amérique.

ALPHITIDON, subst. mas. (*alfitidon*) (du grec ἄλφιτον, farine), t. de chir., fracture des os du crâne, dans laquelle ils sont tellement écrasés qu'ils sont comme réduits en farine.

ALPHITOMANCIE, subst. fém. (*alfitomancî*) (du grec ἄλφιτον, farine, et μαντεία, divination), divination qui se faisait au moyen de la farine.

ALPHITOMANCIEN, **NE**, adj. et subst. (*alfitomanciein*, *ciène*), qui devine par la farine.

ALPHŒNIX, subst. mas. (*alfénikce*) (dérivé du grec ἀλφός, blanc), t. de confiseur, sucre d'orge blanc ou tors. Voy. ALFÉNIC qui a le même sens, et dont l'étymologie est également rationnelle.

ALPHONSIN, subst. mas. (*alfoncein*), instrument de chir. pour tirer les balles du corps, inventé par *Alphonse Ferrier*, médecin à Naples.—On l'appelle plutôt *tire-balle*.

ALPHONSINES, subst. fém. plur. (*alfoncine*) (rac. *alphonse*), tables astronomiques rédigées par les ordres d'*Alphonse X*, roi de Castille, surnommé le Sage. Elles parurent en 1252.

ALPHOS ou **ALPHUS**, subst. mas. (*alefoce, fuce*) (du grec ἀλφός, blanc), t. de chir., maladie caractérisée par des taches blanches sur la peau.

ALPICIENS, subst. mas. plur. (*alpiciein*), se dit de ceux qui habitent les montagnes des Alpes.

ALPIN, **E**, adj. (*alpein*, *pine*), qui est proche des Alpes.— T. de bot., on nomme *alpines* les plantes qui croissent sur les hautes montagnes.

ALPINES, subst. fém. plur. (*alpine*) (rac. *Alpes*), t. de bot., genre de plantes de l'Amérique septentrionale.

ALPINIES, subst. fém. plur. (*alpinî*), t. de bot. espèce de balisiers.

ALPIOU, subst. mas., et **ALPION**, suivant Trévoux (*alpiou*, *on*), t. de jeu : *faire un alpiou*, doubler sa mise après en avoir gagné la valeur. Inusité.

ALPISTE, subst. mas. (*alpicete*), t. de bot., genre de plantes de la famille des graminées, espèce de chiendent de Canarie, propre à nourrir les serins. Voy. PHALARIS.

ALQUE, subst. mas. (*alke*), t. d'hist. nat., oiseau palmipède de la famille des uropodes. Il s'appelle plus communément *pingoin* ou *pingouin*.

ALQUIER, subst. mas. (*alkié*), mesure portugaise pour les grains. Deux cent dix-huit *alquiers* font dix-sept setiers. — C'est aussi une mesure pour les liquides, qui répond à neuf pintes de Paris. Peu en usage.

ALQUIFOUX, subst. mas. (*alkifou*), t. de comm., galène ou sulfure de plomb natif. Il sert pour les vernis de poteries de terre.

ALQUITTE, subst. fém. (*alkite*), t. de bot., sorte de tulipe jaune et rouge.

ALRAMECH, subst. mas. (*alramék*), t. d'astron., étoile de la première grandeur, nommée aussi *arcturus*.

ALRUNES, subst. mas. plur. (*alrune*), t. de myth., petites figures de bois, dieux pénates des Germains.

ALSACE, subst. fém. (*alçace*), et non pas *alzace*, comme prononcent la plupart des Français), ancienne province de France, qui se trouve comprise aujourd'hui dans les départements du Bas-Rhin et du Haut Rhin.

ALSACIEN, adj. et subst. mas., au fém. **ALSACIENNE** (*alçaciein, ciène*), qui est d'*Alsace*.

ALSATICO, subst. mas. (*alçatiko*), nom d'une espèce de raisin très-commun en Alsace.

ALSEBRAN, subst. mas. (*alcebran*), t. de pharm., électuaire purgatif d'ésule. — En t. de bot., l'euphorbe et la joubarbe des toits.

ALSEFATIOUN, subst. mas. (*alcefatioune*), secte qui sépare les attributs de l'essence divine.

ALSINE, subst. fém. (*alcine*) (en grec αλσινη, morgeline, rac. αλσος, parce qu'elle vient dans les bois), t. de bot., plante médicinale qui vient dans les bois et les lieux ombragés. Elle se nomme encore **MORGELINE**.

ALSIRACOSTUM, subst. mas. (*alçirakocetome*), t. de médec., médicament employé autrefois contre les fièvres chaudes.

ALSODÉE, subst. fém. (*alçodé*) (du grec αλσωδης, de bois), t. de bot., plante de la famille des violettes.

ALSOPHYLLE, subst. mas. (*alçofile*) (du grec αλσος, de bois, et φυλλον, feuille), t. de bot., plante de la famille des fougères.

ALSTONE, subst. mas. (*alcetone*), t. de bot., arbrisseau d'Amérique dont les feuilles ressemblent à celles du café pour la forme, et à celles du thé pour la saveur.

ALSTROÉMERIE, subst. fém. (*alcetroémerî*), t. de bot., plante du Pérou. — On cultive dans les jardins, à Paris, une espèce d'*alstroémerie*.

ALTAMBOR, subst. mas. (*altanbor*), grande timbale espagnole.

ALTARIC, subst. mas. (*altarik*), t. d'hist. nat., sorte de petit poisson.

ALTE, subst. fém. (*alte*), n'est pas français, quoique l'*Académie* l'ait inséré dans son *Dictionnaire*. Voy. **HALTE**.

ALTÉA, ALTÉE (orthographe vicieuse). Voyez **ALTHÆA** et **ALTHÉE**.

ALTEINSTÉNIE, subst. fém. (*alteincetént*), t. de bot., plante de la famille des orchidées.

ALTELLUS, adj. mas. (*altéleluce*), myth., épithète donnée à Romulus. Ce mot signifie *nourri sur la terre*.

ALTÉRABLE, adj. (*altérable*), qui peut être *altéré*; qui est sujet à l'*altération*.

ALTÉRANT, E, adj. (*altéran, rante*), t. de médec., qui *altère*, qui cause la soif: *mets altérants*. — Subst. mas., tout remède qui change les humeurs, les esprits, par une action insensible. — Il est aussi part. prés. du verbe **ALTÉRER**.

ALTÉRATEUR, adj. mas., au fém. **ALTÉRATRICE** (*altérateur, trice*), qui *altère*, change ou diminue: *force altératrice*, *doctrine altératrice*.

ALTÉRATIF, adj. mas., au fém. **ALTÉRATIVE** (*altératif, tive*), t. de chim., qui *altère*, qui cause quelque changement: *liqueur altérative*. — On dit aussi substantivement: *c'est un altératif*.

ALTÉRATION, subst. fém. (*altérâcion*) (en lat. *alteratio*), changement, et, le plus ordinairement, de bien en mal: *altération dans la santé*; et fig.: *altération dans les esprits, dans l'amitié*, etc. — *L'altération des usages, des mœurs, des coutumes*. — En physique, changement accidentel et partiel d'un corps, qui ne va pas jusqu'à le rendre méconnaissable et à lui faire prendre une nouvelle dénomination. — Émotion d'esprit: *il dit cela avec altération*. — Grande soif. — *Altération des monnaies*, falsification des monnaies par excès d'alliage, ou diminution dans leur poids par le moyen de la lime, des caustiques, etc. — En t. de jard., *altération de la sève*, décroissement considérable dans l'activité de la sève.

ALTÉRATIVE, adj. fém. Voy. **ALTÉRATIF**.

ALTÉRATRICE, adj. fém. Voy. **ALTÉRATEUR**.

ALTERCAS, subst. mas. (*altèrekâ*), signifie la même chose que *altercation*, mais n'est plus d'usage que dans le style marotique et burlesque.

ALTERCATION, subst. fém. (*altèrekâcion*) (suivant *Du Cange*, du lat. barbare *altercari*, qui signifiait simplement s'entretenir ensemble, etc., et qui pouvait avoir été dit pour *alter fari*, formé de *alter*, autre, et de *fari*, parler; *parler l'un après l'autre, converser*), débat, légère dispute, contestation entre deux ou plusieurs personnes. — Il se dit plus particulièrement d'un petit démêlé entre gens qui ont l'habitude de se fréquenter. — On employait autrefois dans le même sens le mot *altercas*. Voy. ce mot.

ALTÈRE, subst. fém. (*altère*), (mot roman dérivé de *altera*), inquiétudes, contention d'esprit; changement; émotion, agitation. Il s'employait plus ordinairement au pluriel. Inusité.

ALTÉRÉ, E, part. pass. de *altérer*, et adj. Changé; corrompu, falsifié, détérioré. — Qui a soif, qui a envie de boire. — On dit au fig., d'un homme cruel et sanguinaire, *altéré de sang et de carnage*; mais on ne dit pas au propre, de celui qui a soif, qu'il *est altéré d'eau, de vin*, etc. — Troublé, ému: *il paraissait fort altéré*.

ALTÉRER, v. act. (*altéré*) (du lat. *alterare*, formé de *alterum reddere*, rendre autre), changer une chose, et, le plus ordinairement, de bien en mal: *altérer une liqueur, un métal, une couleur, une odeur, la santé, les usages, les mœurs, les coutumes*, etc. — Au fig., *les idées fausses que ce pédant lui a inculquées ont altéré son jugement; vos malheurs ont sensiblement altéré votre caractère; ses emportements continuels altèrent le calme de mon esprit*. — Causer une grande soif. — *Altérer les monnaies*, les falsifier, ou diminuer leur poids. — *Altérer un discours*, le rapporter autrement qu'il n'a été prononcé ou écrit. — *Altérer un texte*, le changer, le modifier, y ajouter ou y retrancher quelque chose; *le sens d'un texte*, lui donner une interprétation fausse. — En t. de musique, *altérer un intervalle*, changer son état par l'*altération* ou par l'abaissement d'une de ses notes: les intervalles *diminués* et *superflus* sont *altérés*. — **S'ALTÉRER**, v. pron., changer en mal, se corrompre: *le vin s'altère, les bonnes coutumes s'altèrent*, etc.

ALTERNANTE, subst. fém. (*altèrenante*), t. de bot., plante de la famille des amarantes.

ALTERNAT, subst. mas. (*altèrena*), action d'*alterner*; liberté d'*alterner*. — On nomme aussi *alternat* le droit, la faculté qu'ont deux villes, etc., d'être tour à tour le siège d'une administration; et l'effet de cette faculté, de ce droit.

ALTERNATIF, adj. mas., au fém. **ALTERNATIVE** (*altèrenatif, tive*), se dit des choses qui se font ou qui agissent continuellement l'une après l'autre: *ces deux machines ont un mouvement alternatif*. — On appelle *charge alternative*, celle que deux ou un plus grand nombre de personnes exercent tour à tour. — *Proposition alternative*, proposition qui contient deux parties opposées, dont l'une ne peut être repoussée.

ALTERNATION, subst. fém. (*altèrenâcion*) (en lat. *alternatio*), changement d'ordre donné à plusieurs choses ou à plusieurs personnes, les unes à l'égard des autres: *les trois lettres a, b, c, peuvent subir six alternations différentes*. — Action, faculté d'*alterner*. — Ce mot ne se lit point dans l'*Académie*.

ALTERNATIVE, subst. fém. (*altèrenative*), succession plus ou moins prolongée d'une chose à une autre, de cette autre à celle-là, et ainsi de suite: *la vie est une alternative de peines et de jouissances*. — Option entre plusieurs choses qui nous sont offertes: *irons-nous à Versailles, à Saint-Germain ou à Rambouillet? Je vous laisse l'alternative*. — Adj. fém. Voy. **ALTERNATIF**.

ALTERNATIVEMENT, adv. (*altèrenativeman*) (en lat. *alternatim*), tour à tour, l'un après l'autre.

ALTERNE, adj. (*altèrene*) (en lat. *alternus*), se dit des choses qui se succèdent mutuellement, ou qui sont disposées par ordre, les unes après les autres, avec certains intervalles. Il ne se dit guère qu'en matière de sciences et d'arts. On appelle en géométrie *angles alternes* ceux qu'une ligne droite forme de différents côtés, avec deux parallèles qu'elle coupe obliquement. — En bot., *feuilles, fleurs, fruits, pédicules alternes*, disposés autour de la tige, tantôt d'un côté, tantôt de l'autre.

ALTERNÉ, E, part. pass. de *alterner*, et adj. (*altèrené*), t. de blas., se dit des pièces qui se correspondent.

ALTERNER, v. neut. (*altèrené*) (du lat. *alternare*, faire tantôt une chose, tantôt une autre), faire *alternativement* quelque chose avec une autre personne: *ces deux commis alternent par semaine*. — Faire *alternativement* plusieurs choses: *invité dans ces deux maisons pour tous les dimanches, j'alterne*. — Il se dit de deux villes qui exercent l'*alternat*. Voy. ce mot. — En t. d'agric., absolument, *alterner*, faire produire successivement à une terre du fourrage et des blés: *on alterne chaque année, ou après plusieurs années*. En ce sens, il se prend aussi activement: *alterner un champ*. — **S'ALTERNER**, v. pron.

ALTERQUÉ, E, part. pass. de *alterquer*.

ALTERQUER, v. act. (*altèreké*) (en lat. *altercari*), débattre, disputer, contester. Mot créé par J.-J. Rousseau. Peu usité.

ALTESSE, subst. fém. (*altèce*) (de l'italien *altezza*, dérivé de *alto*, haut, élevé), titre d'honneur qu'on donne à différents princes: *altesse royale, sérénissime; traiter d'altesse, donner de l'altesse à*... — S. A. est l'abréviation de *son altesse*.

ALTHÆA, subst. fém. (*altéa*), t. de bot., mot latin qui signifie mauve. *L'Académie* a tort de faire ce mot mas. Voy. **ALTHÉE**, qui semble être le même mot.

ALTHÉE, subst. fém. (*alté*) (du grec αλθαια, guimauve), t. de bot., mauve en arbrisseau. — Myth., fille de Thestius, et femme d'Œnée, roi de Calydon. Ce prince ayant un jour oublié Diane dans ses sacrifices, la déesse, pour se venger de cet affront, lui suscita un sanglier qui vint ravager les terres de Calydon. Les princes de la contrée se réunirent dans l'intention d'exterminer ce monstre, et Atalante, fille du roi d'Arcadie, était de la partie de chasse qui eut lieu à cette occasion. Ce fut elle qui blessa la première le sanglier, dont elle reçut les dépouilles de la main de Méléagre, fils d'Œnée; mais les frères d'Althée, piqués qu'on eût fait les honneurs de la chasse à une fille, lui enlevèrent ces dépouilles. Méléagre, amoureux d'Atalante, en fut si transporté de colère qu'il tua ses deux oncles. Althée, furieuse à son tour du meurtre de ses frères, jeta au feu un tison fatal auquel les Parques avaient attaché la destinée de ce prince. A mesure que le tison brûlait, Méléagre se consumait; et il périt enfin: Althée se tua de désespoir. Selon quelques auteurs, ce fut Méléagre qui négligea le culte de Diane.

ALTHÉINE, subst. fém. (*alté-ine*), t. de chim., principe particulier extrait de la racine de guimauve.

ALTHÉRIE, subst. fém. (*altéri*), t. de bot., plante de la famille des tiliacées.

ALTIER, adj. mas., au fém. **ALTIÈRE**, (*altié, tière.*) Les lexicographes ont discuté long-temps sur la prononciation de cet adjectif au mas. Les uns voulaient que *r* ne se prononçât pas; d'autres, qu'il se fît sentir. Les écrivains ne se sont pas mieux accordés à ce sujet, soit entre eux, soit avec eux-mêmes. Boileau, dans son *Art Poétique*, chant III, fait rimer *altier* avec *fier*:

> La colère est superbe, et veut des mots *altiers*;
> L'abattement s'explique en des termes moins *fiers*.

Dans *le Lutrin*, il le fait rimer avec *quartier*:

> Ce perruquier superbe est l'effroi du *quartier*,
> Et son courage est peint sur son visage *altier*.

Voltaire, dans *les Deux Siècles*, le fait rimer avec *métier*:

> Taisez-vous, lui répond un philosophe *altier*,
> Et ne vous vantez plus de votre obscur *métier*;

et *La Harpe*, dans son *Coriolan*, avec *guerrier*:

> Vous suivez d'Appius les principes *altiers*,
> Et vous dédaignez trop un peuple de *guerriers*.

Malgré cette dissidence d'opinions, nous pensons qu'il ne faut pas faire sonner *r* au masculin, si du moins on veut se conformer à la prononciation la plus répandue aujourd'hui, pour ne pas dire à la prononciation unanime. — Ce mot signifie: qui a une fierté impérieuse tendant à humilier les autres: *un homme altier, une femme altière*. — Qui dénote, qui exprime une fierté impérieuse: *mine altière, esprit altier*. — Dans le style soutenu et en poésie on le dit fig. des choses, et on le prend en bonne ou en mauvaise part: *que de noblesse dans la démarche altière de ce héros allant au supplice! Que de sottise dans les regards altiers de ce vaniteux gentillâtre!*

ALTIÈRE, adj. fém. Voy. **ALTIER**.

ALTIÈREMENT, adv. (*altièreman*), pour signifier *avec fierté, avec hauteur*, n'est pas usité.

ALTIMÈTRE, subst. mas. (*altimètre*), t. de géom., instrument pour mesurer la hauteur.

ALTIMÉTRIE, subst. fém. (*altimétrî*) (du lat. *altus*, élevé, et du grec μετρον, mesure), t. de géom., art de mesurer les hauteurs.

ALTIMÉTRIQUE, adj. des deux genres (*altimétrike*), qui concerne l'*altimétrie*.

ALTINA, subst. mas. (*altina*), monnaie de cuivre de Russie qui vaut trois kopecks, quinze centimes à peu près.

ALTINGAT, subst. mas. (*alteingua*), t. d'alchimie, vert de gris.

ALTISE ou **SAUTEUR**, subst. mas. (*altize, sôteur*), t. d'hist. nat., coléoptère herbivore.

ALTISPEX, subst. mas. (*alticepèkce*) (mot latin formé de *altus*, haut, et *spicio*, je regarde), t. d'antiq., augure qui, chez les anciens, observait le vol des oiseaux.

ALTKIRCH, subst. mas. (*altkirk*), petite ville de France, chef-lieu d'arrond., dép. du Haut-Rhin.

ALTO, subst. mas. (*altó*), plur., des *alto* sans *s*, ce mot ayant conservé sa forme étrangère. Voy. ALTO-VIOLA, qui signifie la même chose.

ALTO-BASSO, subst. mas. (*altó-bâçó*), t. de musique, instrument à cordes, carré, que l'on frappe avec des baguettes. Plur., des *alto-basso*, sans *s*. Voy. ALTO.

ALTO-VIOLA, subst. mas. (*altó-vióla*), terme de musique, instrument monté à la quinte au-dessous du violon, et à l'octave de la basse. Il a la même forme que ces deux instruments. On l'appelle aussi simplement *alto* ou *violon*, et quinte de basse, quinte de viole. Plur., des *alto-viola*, sans *s*. Voy. ALTO.

ALU, subst. mas. (*alu*), espèce de cardamome de Ceylan.

ALUCITE, subst. mas. (*alucite*), t. d'hist. nat., insecte lépidoptère de la famille des crambites. Le chèvre-feuille en nourrit de trois sortes.

ALUCO, subst. mas. (*aluko*) t. d'hist. nat., espèce de hibou.

ALUDE, subst. fém. (*alude*), basane colorée qui sert à couvrir les livres.

ALUDEL, subst. mas. (*aludèle*), t. de chim., assemblage de pots sans fond ou de tuyaux de terre placés les uns sur les autres, et qu'on adapte sur un pot percé au milieu de sa hauteur. L'*aludel* sert pour *sublimer*.

ALUINE, subst. fém. Voy. ALUYNE.

ALUME, subst. fém. (*alume*), petit bois pour allumer les forges. On dit mieux *allume*.

ALUMELLE, subst. fém. (*alumèle*) (du latin *lamella*, diminutif de *lamina*, lame), lame de couteau; inusité maintenant dans ce sens. Il ne s'emploie plus que pour signifier *outil de tabletier*. — — Soutane sans manches.— En t. de charbonnier, fourneau commencé. Dans cette dernière acception on dit mieux *allumelle*.— Au plur., t. de mar., garnitures de petites plaques de fer clouées dans la mortaise de la tête du gouvernail, pour que les barres privées de jeu ne puissent user le bois intérieur de ces mortaises.

ALUMINE, subst. fém. (*alumine*) (du latin *alumen*, alun), t. de chim., terre argileuse; l'une des terres primitives; argile pure, base d'*alun*; oxyde d'*aluminium*.

ALUMINEUSE, adj. fém. Voy. ALUMINEUX.

ALUMINEUSES, subst. fém. plur. (*alumineuze*) (rac. *alun*), ardoises.

ALUMINEUX, adj. mas., au fém. ALUMINEUSE (*alumineu, neuze*), qui est d'*alun*, qui est de la nature de l'*alun*: *eau alumineuse, teintures alumineuses*.

ALUMINIFÈRE, adj. (*aluminifère*), t. de chim., qui contient de l'*alumine*.

ALUMINITE, subst. fém. (*aluminite*), espèce de pierre appelée autrement *alumine* pure.

ALUMINIUM, subst. mas. (*aluminiome*), métal qui donne l'oxyde dit *alumine*.

ALUN, subst. mas. (*aleun*), t. de chim., sel neutre astringent, formé par la combinaison de l'acide sulfurique avec l'*alumine*, et d'une petite quantité de potasse. On le nomme aujourd'hui *sulfate d'alumine*.— *Alun de plume*, alun impur. — T. de corroyeur, confit d'excréments de chien et de poule.

ALUNAGE, subst. mas. (*alunaje*), t. de teinturier, opération par laquelle on plonge dans une forte dissolution d'*alun* une étoffe imprégnée de teinture, pour en fixer la couleur.

ALUNATION, subst. fém. (*alunâcion*), t. d'hist. nat. et de chim., formation naturelle ou artificielle de l'*alun*.

ALUNÉ, E, part. pass. de *aluner*.

ALUNER, v. act. (*aluné*), tremper dans l'eau d'*alun*, dans le confit: *aluner les étoffes pour les teindre*. — S'ALUNER, v. pron.

ALUNIÈRE, subst. fém. (*alunière*), lieu où l'on travaille l'*alun*. *Trévoux* a fait un barbarisme en se servant du mot *alumière* dans le sens de *alunière*.

ALURNES, subst. mas. plur. (*alurne*), t. d'hist. nat., insectes exotiques herbivores.

ALUTÈRE, subst. mas. (*alutère*), t. d'hist. nat., genre de poissons de la famille des chismopnés.

ALUYNE, subst. fém. (*aluine*) (dérivé du grec ἅλυκος, salé), t. de bot., armoise de mer, plante de la famille des absinthes.

ALVAIRE (SAINT-), subst. (fém. *alvère*), ville de France, chef-lieu de canton, arrond. de Bergerac, dép. de la Dordogne.

ALVARAS, subst. fém. plur. (*alvarace*), lettres patentes du roi de Portugal.

ALVARDE, subst. fém. (*alvarde*), t. de bot., plante d'Espagne, du genre des graminées. Les Espagnols se font des souliers avec ses feuilles nattées.

ALVÉ, E, part. pass. de *alver*.

ALVÉOLAIRE, adj. (*alvéolère*), qui appartient aux alvéoles: *nerf alvéolaire; l'apophyse alvéolaire*.

ALVÉOLE, subst. mas. (*alvéole*) (du latin *alveolus*, diminutif d'*alveus*, niche, loge), petite cavité où est placée la dent dans la mâchoire. — Petite cellule dans un rayon de miel. — L'intérieur de l'oreille. — En t. de bot., le creux des petites coupes où le gland, la noisette, sont enchâssés.

ALVÉOLÉ, E, adj. (*alvéolé*), t. de bot.: *réceptacle alvéolé*, celui dont la surface est creusée de trous anguleux, à bords élevés, amincis, mitoyens.

ALVÉOLITHE, subst. mas. (*alvéolite*) (du latin *alveus, loge*, et du grec λίθος, pierre), t. de bot., polypier pierreux, à cellules prismatiques.

ALVÉOLO-LABIAL, adj. et subst. (*alvéolo-labial*), se dit du muscle appelé le *buccinateur*.

ALVER, v. act. (*alvé*), commencer, établir; imputer une faute. Vieux mot tout-à-fait inusité.

ALVIE, subst. fém. (*alvi*), t. de bot., nom du pin. *Boiste* seul le désigne sous le nom d'*alviez*.

ALVIER. Voy. ALEVINIER.

ALVIN ne se dit pas pour ALEVIN.

ALVIN, E, adj., (*alvein, vine*) (du lat. *alvus*, ventre), t. de médec., qui a rapport au bas-ventre. On l'emploie particulièrement au féminin: *déjection alvine*, flux du ventre.

ALVINIER. Voy. ALEVINIER.

ALYDE, subst. fém. (*alide*), insecte de l'ordre des hémiptères.

ALYPE, subst. fém. (*alipe*), turbith blanc.

ALYPUM, subst. mas. (*alipome*), t. de bot., plante qui purge violemment.

ALYSELMINTHES, subst. mas. plur. (*alizèlmeinte*), t. d'hist. nat., vers intestinaux qui vivent ordinairement dans les quadrupèdes, les oiseaux, les reptiles et les poissons.

ALYSIE, subst. fém. (*alizi*), t. d'hist. nat., insecte de l'ordre des hyménoptères, de la famille des ichneumonides, qui se trouve à terre, parmi les feuilles et les excréments humains.

ALYSIUS, adj. mas. (*aliziuce*), myth., surnom de Jupiter, d'une montagne de l'île de Crète où il avait un temple célèbre.

ALYSMON, subst. mas. (*alicemon*) (du grec ἀλυσμός, perplexité), t. de médec., anxiété. Inusité.

ALYSON, subst. mas. (*alizon*), t. d'hist. nat., insecte de la famille des crabonites, qui se trouve sur les feuilles et sur les fleurs des plantes.

ALYSSE ou **ALYSSON**, subst. mas. (*alice, aliçon*) (du grec ἄλυσσον, alysse, dérivé de α priv. et de λύσσα, rage), t. de bot., plante vivace que les anciens croyaient bonne contre la rage. —On distingue l'*alysse* des montagnes par le nom d'*alysson*.

ALYTARCHIE, subst. fém. (*alitarchi*), t. d'hist. nat., dignité de l'*alytarque*.

ALYTARQUE, subst. mas. (*alitarke*) (du grec ἀλύτης, licteur, et ἀρχός, commandant), t. d'hist. anc., magistrat des jeux chez les anciens, qui commandait aux mastigophores ou porte-verges.

ALYXIE, subst. fém. (*alikci*), t. de bot., genre de plantes de la famille des apocinées.

ALZACHÉE, subst. fém. (*alzaché*), t. de bot., espèce de plante.

ALZAN. Voy. ALEZAN.

ALZON, subst. mas. (*alzon*), village de France, chef-lieu de canton, arrond. du Vigan, dép. du Gard.

ALZONNE, subst. fém. (*alzone*), bourg de France, chef-lieu de canton, arrond. de Carcassonne, dép. de l'Aude.

AMABILISÉ, E, part. pass. de *amabiliser*.

AMABILISER, v. act. (*amabilizé*) (rac. *aimable*), rendre aimable: *la société des femmes amabilise les jeunes gens*. Boinvilliers a employé ce mot dont on ne fait pas usage.

AMABILITÉ, subst. fém. (*amabilité*) (en latin *amabilitas*), qualité de ce qui est *aimable*; douceur de caractère; aménité: *cette jeune personne ne manque pas d'amabilité*.

AMACOZQUE, subst. mas. (*amakozeke*), t. d'hist. nat., oiseau du Mexique.

AMADÉISTE, subst. mas. (*amadé-icete*), religieux franciscain ou augustin.

AMADES, subst. fém. plur. (*amade*), t. de blas., trois listes plates parallèles.

AMADIS, subst. mas. (*amadice*), bouts de manches de veste qui se boutonnent sur le poignet, ainsi nommés de ce que, dans l'opéra d'*Amadis*, les acteurs portaient de ces sortes de manches. — T. d'hist. nat., cornet, coquille univalve des Indes. — Héros de plusieurs romans de chevalerie. — Homme romanesque.

AMADOTE, subst. fém. (*amadote*), sorte de poire ou de poirier.

AMADOU, subst. mas. (*amadou*), espèce de mèche faite avec l'agaric de chêne, et préparée pour prendre feu au moyen d'une étincelle qu'on fait tomber dessus en battant un briquet.

AMADOUÉ, E, part. pass. de *amadouer*.

AMADOUEMENT, subst. mas. (*amadouman*), action ou effet de l'action d'*amadouer*. Peu usité.

AMADOUER, v. act. (*amadoué*) (formé du latin *dulcis*, doux, *ad*, à, et *manum*, main), littéralement: adoucir, rendre doux en flattant, en caressant avec la main). Il signifie caresser pour attirer à soi; flatter; dire des douceurs à quelqu'un pour gagner son affection, ou pour le disposer à faire quelque chose qu'on désire de lui. — S'AMADOUER, v. pron.

AMADOUEUR, subst. mas., au fém. AMADOUEUSE (*amadoueur, doueuze*), celui ou celle qui fabrique de l'*amadou*. — Il signifie aussi: flatteur ou flatteuse, mais il est à peu près inusité dans ce sens.

AMADOUEUSE, subst. fém. Voy. AMADOUEUR.

AMADOURI ou **AMANDOURI**, subst. mas. (*amadouri, amandouri*), coton d'Alexandrie.

AMADOURIE, subst. fém. (*amadouri*) fabrique d'*amadou*.

AMADOUTIER ou **AMADOUVIER**, subst. mas. (*amadoutié, amadouvié*), t. de bot., agaric de chêne, de bouleau. *Amadouvier* est plus usité.

AMAIGRI, E, part. pass. de *amaigrir*.

AMAIGRIR, v. act. (*améguerir*), rendre *maigre*. — Rendre une pièce de charpente moins épaisse. — V. neut. devenir *maigre*. Plusieurs pensent qu'en ce sens *amaigrir* est inusité, et qu'il faut dire *maigrir*. Quant à l'*Académie*, elle donne les deux verbes sans distinction de sens, et ajoute au mot *amaigrir*: *Il s'emploie aussi avec le pronom personnel*: *s'amaigrir par le travail*.— S'AMAIGRIR, v. pron., se dit en sculpture d'un modèle de plâtre ou d'argile dont les parties en séchant se resserrent, s'affaissent et diminuent de longueur ou de grosseur: *cette figure s'est amaigrie*.

AMAIGRISSEMENT, subst. mas. (*améguerice-man*), diminution d'embonpoint. — *Maigreur acquise*.

AMAILLADE, subst. fém. (*amaiade*), t. de pêche, filet qui a beaucoup de rapport avec les *demi-folles*. *Amaillade* nous paraît préférable à *amairade*, qui n'est pas en rapport avec la contexture d'un filet comme le mot *amaillade*.

AMAINE, subst. fém. (*amène*), t. de mar., cheville de chêne vert que l'on passe dans un trou à l'un des montants de la rambade, pour tourner sur l'hisson du trinquet, à bord de certains bâtiments du Levant.

AMAIOUVIER, subst. mas. (*amaiouvié*), t. de bot., genre de plantes de la famille des rubiacées.

AMAIRADE. Voy. AMAILLADE.

S'AMALADIR, v. pron., (*çamaladir*), garder le lit pour peu de chose. Vieux.

AMALGAMATION, subst. fém. (*amalguamâcion*), t. de chim., union d'un métal ou d'un demi-métal avec le mercure. — Action d'*amalgamer*.

AMALGAME, subst. mas. (*amalguame*) (du grec ἅμα, ensemble, et γαμεῖν, marier), mélange, alliage du mercure avec des matières métalliques. — *Amalgame électrique*, mélange de mercure et d'étain, qu'on met sur les coussins d'une machine électrique. — Fig., union de plusieurs choses; de personnes différentes.

AMALGAMÉ, E, part. pass. de *amalgamer*.

AMALGAMER, v. act. (*amalguamé*), mêler du mercure avec de l'or, de l'argent, de l'étain, etc. — Fig., unir des choses différentes: *amalgamer les idées nouvelles avec les anciennes*; *une bonne éducation est celle qui sait amalgamer les lettres et les sciences*. — S'AMALGAMER, v. pron., s'unir par le moyen du vif-argent ou du mercure. — Au fig.: *ces deux caractères auront de la peine à s'amalgamer*.

AMALTHÉE, subst. fém. (*amalté*), myth., nom de la chèvre qui allaita Jupiter. En reconnaissance de ce bon office, il la plaça avec ses deux chevreaux dans le ciel, et donna aux nymphes qui avaient pris soin de son enfance une de ses cornes, qu'il doua de la vertu de produire tout ce que désireraient ces nymphes. C'est ce qu'on appelait la corne d'abondance.— Quelques-uns disent que Amalthée, fille de Mélissus, roi de Crète, soigna l'enfance de Jupiter, qu'elle nourrit de lait de chèvre. — On donnait aussi ce nom à la Sibylle de Cumes.

AMANBLUCÉE, subst. fém. Voy. AMAN.

AMAN, subst. mas., ou **AMANBLUCÉE**, subst. fém. (*aman*, *amanblucé*), l'une des ablutions en usage chez les Turcs. — Toile de coton d'Alep. — T. de mar., cordage des antennes.

AMANCE, subst. fém. (*amance*), bourg de France, chef-lieu de canton, arrond. de Vesoul, dép. de la Haute-Saône.

AMANCEY, subst. mas. (*amancé*), village de France, chef-lieu de canton, arrond. de Besançon, dép. du Doubs.

AMAND (SAINT-), subst. mas. (*aman*), ville de France, chef-lieu d'arrond., dép. du Cher. — Village de France, chef-lieu de canton, arrond. de Vendôme, dép. de Loir-et-Cher.

AMAND-BASSI, subst. mas. (*aman-baci*), officier du sultan. C'est un des agalaris du Grand-Seigneur, qui se tiennent dans la quatrième chambre du sérail pour le service de sa personne. Leur office est de le laver et de le frotter lorsqu'il sort du bain.

AMAND-DE-BOUEXE (SAINT-), subst. mas. (*aman-de-bouèkce*), village de France, chef-lieu de canton, arrond. d'Angoulême, dép. de la Charente.

AMANDE, subst. fém. (*amande*) (du grec αμυγδαλη, amandier, dont on a fait en lat. *amandala*, corruption d'*amygdala*, et en français *amande*). Le fruit de l'*amandier*. — La chair du noyau de l'*amande*. — La chair du noyau de tous les fruits à noyau. — En t. de fabricant de lustres, petit morceau de crystal fait en forme d'*amande*. — Les fourbisseurs appellent *amande* le milieu de la branche d'une garde d'épée. — On dit de certains articles d'art *qu'ils sont taillés en amande*.—*Praline*, ou *amande à la praline*, *amande* cuite dans du sucre brûlant.—*Amandes lissées*, sorte de dragées faites d'*amandes* couvertes de sucre. — *Une amande douce*, *amère*, etc.; *la coque d'une amande*. — Doit-on écrire *pâte d'amande* ou *pâte d'amandes*; *huile d'amandes douces* ou *d'amande douce*; *gâteau*, *lait d'amande* ou *d'amandes*? Avant de répondre à cette question, nous ferons remarquer d'abord que le *Dictionnaire de l'Académie* ne saurait être ici d'aucune autorité, puisqu'il emploie indistinctement le singulier et le pluriel. Cependant, avouons que l'*édition de* 1835 écrit *amande* au pluriel dans *pâte d'amandes* et dans *huile d'amandes douces* au mot *huile*, mais *amande douce* sans *s* au mot *amande*. *Trévoux* n'a pas une marche plus sûre : il écrit : *le chagrin se fait de peaux d'âne et de mulet*; et puis : *les parchemins, de peaux de mouton et de chèvres*. L'incertitude règne donc sur ce point; mais nous trouvons la solution de cette question dans la *Grammaire des Grammaires* de Girault-Duvivier. On doit écrire *pâte d'amandes*; *lait d'amandes*; *gâteau d'amandes*; *huile d'amandes douces*; *biscuit d'amandes*, parce que la *pâte*, le *lait*, le *gâteau*, l'*huile*, le *biscuit*, sont composés d'un nombre plus ou moins considérable d'individus de l'espèce de fruit nommé *amande*. On ne fait pas une *pâte d'amandes* avec une seule *amande*, etc.

AMANDÉ, subst. mas. (*amandé*), boisson faite avec du lait et des *amandes* broyées.

AMANDÉ, E, adj. (*amandé*), qui tient de l'*amande*; qui en a le parfum : *émulsion amandée*, liqueur obtenue du broyage de l'*amande*.

AMAND-EN-PUYSAIS (SAINT-), subst. mas. (*ceinta-man-an-puizé*), ville de France, chef-lieu de canton, arrond. de Cosne, dép. de la Nièvre.

AMANDIER, subst. mas. (*amandié*), t. de bot., arbre qui porte des *amandes*. Il est originaire de Mauritanie.

AMAND-LES-EAUX (SAINT-), subst. mas. (*aman-lè-zô*), ville de France, chef-lieu de canton, arrond. de Douai, dép. du Nord.

AMAND-ROCHE-SAVINS (SAINT-), subst. mas. (*aman-roche-çavein*), village de France, chef-lieu de canton, arrond. d'Ambert, dép. du Puy-de-Dôme.

AMAND-TALLENDE (SAINT-), subst. mas. (*aman-talande*), ville de France, chef-lieu de canton, arrond. de Clermont-Ferrand, dép. du Puy-de-Dôme.

AMANITE, subst. fém. (*amanite*), t. de bot., espèce de champignon.

AMANITINE, subst. fém. (*amanitine*), principe vénéneux extrait des champignons.

AMANOYER, subst. mas. (*amanoèié*), t. de bot., arbre de la Guiane.

AMANS (SAINT-), subst. mas. (*aman*), village de France, chef-lieu de canton, arrond. de Mende, dép. de la Lozère.

AMANS-DES-COTS (SAINT-), subst. mas. (*aman-dékô*), village de France, chef-lieu de canton, arrond. d'Espalion, dép. de l'Aveyron.

AMANSIE, subst. fém. (*amanci*), t. de bot., genre de plante de la famille des algues.

AMANS-LA-BASTIDE (SAINT-), subst. mas. (*aman-la-bacetide*), bourg de France, chef-lieu de canton, arrond. de Castres, dép. du Tarn.

AMANT, E, subst. (*aman*, *mante*) (en latin *amans*), celui ou celle qui aime une personne d'un autre sexe.—Amant dit plus qu'amoureux par rapport aux relations, et moins par rapport aux sentiments : *il est encore l'amant de cette femme*, *mais il n'est plus amoureux d'elle*; *il est amoureux de cette femme*, *mais il n'est pas son amant*. *Amante*, au contraire, suppose passion, *amoureuse* ne suppose que goût; et du reste, c'est le mot *maîtresse* qui répond au mot *amant* : *une femme peut fort bien être la maîtresse d'un homme sans être amoureuse de lui*; *et*, *le fût-elle*, *ce n'est point assez pour qu'elle soit capable à son égard de ce dévouement qu'on ne saurait attendre que d'une amante*. — On appelle un homme *amant*, et plus communément *amoureux transi*, quelque forte que soit sa passion, quand sa timidité l'est encore davantage. — *Amants* se dit, au plur., de deux personnes de sexe différent qui s'aiment : *les deux amants sont sur le point de se marier*. — *Amant* s'emploie même au fig. : *amant de la liberté*, pour amateur de la liberté. — AMANT, GALANT, AMI. (*Syn.*) — *Galant*, dans le sens d'*amant*, n'est plus en usage depuis long-temps. *Amant* a pris sa place, parce que sans doute les idées accessoires qui le caractérisent représentent un amant comme quelque chose de plus permis; car celui-ci s'adresse au cœur, et celui-là au corps. Souvent même, par un sentiment de pudeur, on substitue le mot *ami* au mot *amant*.

AMANTER et **AMANTEVOIR**, v. act. (*amanté*, *amantevoar*), vieux mots inusités qui signifiaient *raconter*.

AMANUS ou **OMANUS**, subst. mas. (*amanuce*), myth., divinité des Perses. On croit que c'est le Soleil.

AMAPÉ, E, part. pass. de *amaper*.

AMAPER, v. act. (*amapé*), t. de mar. Ce mot, qui n'est pas universellement usité, s'emploie en commandant aux hommes occupés à serrer une voile carguée : *amaper une voile*, c'est l'empoigner avec vigueur.

AMARACIN, subst. mas. (*amaracein*), t. de médec., nom d'un emplâtre dans lequel entrent beaucoup d'aromates.

AMARACUS, subst. mas. (*amarakuce*), myth., officier de la maison de Cynire ou Cynare, roi de Chypre, chargé du soin des parfums. Il eut tant de chagrin d'avoir cassé des vases qui en contenaient d'excellents, qu'il en sécha de douleur. Les dieux, touchés de compassion, le métamorphosèrent en marjolaine. (*Pline*.)

AMARA-DULCIS, subst. fém. (*amara-dulecice*), t. de bot., plante rampante.

AMARANTACÉES. Voy. AMARANTOÏDES.

AMARANTE, et non pas **AMARANTHE**, subst. fém. (*amarante*) (en grec αμαραντος, formé de α priv., et μαραινω, je flétris; *qui ne se flétrit point*), t. de bot., sorte de fleur d'automne qui ne se flétrit point. Elle est d'un rouge pourpre et velouté; il y en a qui fleurissent en forme de panache, et d'autres en forme de grappes. —Bois violet.— Il y a eu un *ordre de l'Amarante*, institué en 1653 par Christine, reine de Suède, et qui n'exista pas même aussi long-temps que cette princesse. — Myth., l'emblème de l'immortalité. — Adj., de couleur d'*amarante* : *soie amarante*.

AMARANTINE, subst. fém. (*amarantine*), t. de bot., espèce d'anémone.

AMARANTOÏDES ou **AMARANTACÉES**, subst. fém. plur. (*amaranto-ide*, *tacé*), t. de bot., plantes de la famille des *amarantes*.

AMARESCENT, E, adj. (*amarèceçan*, *çante*), qui a un goût *amer*.

AMARASYNHA, subst. fém. (*amaracina*), livre des brames: vocabulaire du sanscrit.

AMARIN (SAINT-), subst. mas. (*amarein*), ville de France, chef-lieu de canton, arrond. de Belfort, dép. du Haut-Rhin.

AMARINAGE, subst. mas. (*amarinaje*), t. de mar., action d'*amariner* un bâtiment.

AMARINÉ, E, part. pass. de *amariner*. *Un matelot amariné* est celui qui n'éprouve plus le mal de mer, et qui a, comme on dit, le *pied marin*.

AMARINER, v. act. (*amariné*), t. de mar., habituer un homme, un équipage *à la mer*. — *Amariner un vaisseau*, envoyer des gens pour remplacer l'équipage d'un vaisseau pris. — *Amariner quelqu'un*, en langage de marins, signifie aussi l'attraper. — S'AMARINER, v. pron., s'accoutumer à la mer, aux manœuvres.

AMARINITE, subst. fém. (*amarinite*), t. de médec., classe des principes immédiats des végétaux qui contiennent de l'amertume.

AMARQUE, subst. fém. (*amarke*), t. de mar., tonneau flottant, ou tout autre objet, placé pour indiquer un écueil. — On dit aussi *balise* et *bouée*.

AMARRAGE, subst. mas. (*amaraje*) (formé de *amarre*), t. de mar., ancrage d'un vaisseau. — L'attache de ses agrès avec des cordages. — Endroit où une corde mise en double est liée par une petite.

AMARRE, subst. fém. (*amare*) (du bas-breton *amarr*, lier), cordage servant à attacher un vaisseau, ou diverses choses dans un vaisseau.

AMARRÉ, E, part. pass. de *amarrer*.

AMARRER, v. act. (*amaré*) (formé de *amarre*), t. de mar., lier, attacher avec une *amarre* : *amarrer un vaisseau aux anneaux du port*. — *Amarrer un vaisseau*, c'est le mettre en état de n'être pas entraîné par les vents et la marée, soit en mouillant ses ancres, soit en portant ses *amarres* sur un autre vaisseau, etc. — S'AMARRER, v. pron. : *un bâtiment s'amarre*.

AMARRILLÉE, subst. fém. (*amarilelé*), t. de bot., plante de la famille des liliacées.

AMARUSIA, **AMARYNTHIA** ou **AMARYNTHIS** et **AMARYSSIA**, subst. fém. (*amaruzia*, *amareintia*, *amareintice*, *amaricecia*), myth., surnoms de Diane, qu'elle tenait d'un bourg où elle était particulièrement adorée dans l'île d'Eubée, d'autres disent dans la Thessalie.

AMARYLLIS, subst. fém. (*amarilelice*) (du grec αμαρυσσω, je brille), nom de femme souvent employé par les poètes. — T. de bot., plante de la famille des narcisses; sa fleur. — T. d'hist. nat., joli papillon de jour.

AMAS, subst. mas. (*amâ*) (du lat. *massa*, masse, ou plutôt du grec αμαω, j'amasse), assemblage de plusieurs choses, ou réunion de plusieurs personnes. Il est moins usité dans ce dernier sens. — On le dit aussi au fig. : *amas de citations*, *d'idées*, *de réflexions*.

AMASÉE, subst. fém. (*amazé*), nom d'une ancienne ville du Pont.

AMASEMENTS, subst. mas. plur. (*amazeman*), vieux mot qui signifiait *manoirs*.

AMASIE, subst. fém. (*amazi*), ancienne ville de l'Asie-Mineure.

AMASONIE, subst. fém. (*amazoni*), t. de bot., plante herbacée des Indes.

AMASPERME, subst. mas. (*amacepèreme*), t. de bot., genre de plantes de la famille des algues.

AMASSÉ, E, part. pass. de *amasser*.

AMASSER, v. act. (*amâcé*) (rac. *amas*), faire *amas*. Il s'emploie aussi sans régime : *c'est un avare qui ne pense qu'à amasser*; on sous-entend : du bien, de l'argent.— Assembler : *amasser des troupes*, *des amis pour se défendre*. — Fig., *amasser des preuves*, *des dignités*, *des connaissances*, *des talents*, etc.— *Amasser*, pris dans le sens de *ramasser*, est un monstrueux barbarisme, que l'*Académie* semble presque autoriser dans son *Dictionnaire*. — S'AMASSER, v. pron., s'accumuler, s'assembler : *la foule s'amasse*; *les maladies viennent par les mauvaises humeurs qui s'amassent*.

AMASSETTE, subst. fém. (*amâcète*) (rac. *amas*), t. d'arts et métiers, morceau de bois, de corne ou de cuir, pour *amasser* les couleurs broyées.

AMASSEUR, subst. mas., au fém. AMASSEUSE (*amâceur*, *ceuze*), celui ou celle qui *amasse* de l'argent.

AMASSEUSE, subst. fém. Voy. AMASSEUR.

AMASSI, subst. mas. (*amâci*), t. de bot., arbre d'Amboine.

AMATE, subst. fém. (*amate*), t. d'hist. nat., genre d'insectes de l'ordre des lépidoptères.—Myth., nom de la femme du roi Latinus, mère de Lavinie.

Elle se pendit de désespoir lorsqu'elle vit qu'elle ne pouvait empêcher le mariage d'Énée avec sa fille.

AMATELOTAGE, subst. mas. (*amatelotaje*), t. de mar., action d'*amateloter*.

AMATELOTÉ, E, part. pass. de *amateloter*.

AMATELOTER, v. act. (*amateloté*) (rac. *matelot*), t. de mar. Dans le temps que les matelots n'avaient qu'un hamac pour deux, c'était mettre les *matelots* deux à deux pour qu'ils s'entr'aidassent, de manière que l'un se reposât pendant que l'autre faisait le quart. — S'AMATELOTER, v. pron., dans les îles françaises de l'Amérique, s'associer pour le défrichement d'un terrein.

AMATELOTTEMENT, subst. mas. (*amatelotteman*), action de mettre les matelots deux à deux; résultat de cette action. — Dans les îles françaises de l'Amérique, association de plusieurs personnes pour défricher un terrein.

AMATEUR, subst. des deux genres (*amateur*) (du latin *amator*, qui aime), celui ou celle qui a un goût particulier pour une chose : *amateur de fruits, de fleurs; amateur d'huîtres, de poisson, de gibier*, etc. — Il ne régit jamais les personnes : c'est donc à tort que Fénelon a dit : *c'est ainsi que les justes dieux, amateurs des hommes*, etc. Bourdaloue a fait la même faute dans cette phrase : *vous rendre plus sensuels et plus amateurs de vous-mêmes*. — Quand il s'applique aux arts, il suppose un goût éclairé; souvent même il suppose la pratique, mais sans prétention : *en peinture, en musique, il est d'une bonne force d'amateur*. — On dit en mauvaise part *talent d'amateur*, lorsqu'on parle d'un artiste. — *Amateur* s'emploie aussi adj. : *un prince amateur des beaux-arts*. — *J.-J. Rousseau* et d'autres écrivains ont, par un néologisme conséquent, dit au fém. *amatrice* : cependant on dit à tort une *femme amateur*, comme on dit une *femme auteur*.

AMATHIE, subst. fém. (*amati*), t. d'hist. nat., genre de polypier.

AMATHONTE, subst. fém. (*amatonte*), myth., ville de l'île de Chypre consacrée à Vénus. Les habitants avaient bâti un superbe temple à cette déesse ainsi qu'à Adonis.

AMATHONTIE, AMATHUSE ou **AMATHUSIE**, subst. fém. (*amatonti, amatuze, tuzie*), myth. Vénus est souvent ainsi appelée du nom d'Amathonte, ville où son culte fut célèbre.

AMATHOTE, subst. mas. (*amatote*) (du grec ἄμαθος, sable), genre de vermiculaires ou tubulaires.

AMATHUS, subst. mas. (*amatuce*), myth., fils d'Hercule, donna son nom à la ville d'Amathonte, dans l'île de Chypre.

AMATHUSE. Voy. AMATHONTIE.

AMATHUSIE. Voy. AMATHONTIE.

AMATI, E, part. pass. de *amatir*.

AMÂTINÉ, E, part. pass. de *amâtiner*.

AMÂTINER, v. act. (*amâtiné*) (rac. *mâtin*), faire couvrir une chienne par un chien ou par un loup. — S'AMÂTINER, v. pron., fig. se prostituer à tout venant. Peu usité.

AMATIR, v. act. (*amatir*), t. d'orfèvre, rendre *mat*; ôter le poli de l'or ou de l'argent. Cependant il se dit plus particulièrement par rapport à l'or; on dit plus souvent *blanchir* quand il est question de l'argent. — Il se dit aussi, relativement aux monnaies, de l'action de blanchir les flans, de manière que le métal soit *mat* et sans poli. — S'AMATIR, v. pron.

AMATRICE, subst. fém. (*amatrice*), créé par J.-J. Rousseau, et que certains puristes refusent encore d'admettre, mériterait peut-être des lettres de naturalisation. Voy. AMATEUR.

AMAUROSE, subst. fém. (*amôrôse*) (du grec ἀμαυρός, obscur), t. d'ocul., maladie de l'œil qui, sans aucun symptôme apparent, prive entièrement de la vue. — On l'appelle autrement *goutte sereine*.

AMAUROSITE, adj. (*amôrôzite*), qui a les yeux toujours chassieux. Voy. AMAUROSE pour l'étymologie.

AMAZONE, subst. fém. (*amazône*) (du grec α priv., et μαζός, mamelle), suivant la fable et suivant quelques historiens, les *amazones* étaient des femmes guerrières qui habitaient la Cappadoce, sur les bords du fleuve Thermodoon. Elles vivaient dans le célibat, et ne souffraient l'approche des hommes qu'une fois l'année, afin d'avoir des enfants. Encore fallait-il, pour qu'il fût permis à une *amazone* de recevoir un homme dans ses bras, qu'elle eût tué trois ennemis. Elles faisaient mourir ou elles estropiaient leurs enfants mâles, et élevaient avec soin leurs filles, auxquelles elles brûlaient la mamelle droite pour les rendre plus propres à tirer de l'arc. Elles eurent de grandes guerres à soutenir contre leurs voisins. Elles furent complètement défaites par Hercule, qui fit leur reine prisonnière. — Femme guerrière, femme courageuse. — Espèce de perroquets de la rivière des *Amazones*, dans la partie méridionale de l'Amérique, dont le plumage est en grande partie de couleur jaune. — Longue robe en drap que les femmes portent pour monter à cheval. On dit aussi être habillée en *amazone*.

AMBACT, subst. mas. (*anbakte*) (du latin *ambactus*, qui, dans les auteurs du moyen âge, signifie *juridiction d'une ville*), t. de vieille féodalité, sorte d'étendue de juridiction. — Territoire dont le possesseur a haute et basse justice.

AMBAGES, subst. fém. plur. (*anbaje*) (du latin *ambages*, détours, sinuosités, etc.), amas confus de paroles obscures et entortillées, longues circonlocutions : *il ne parle jamais que par ambages*.

AMBAÏBA, BOIS A CANON, BOIS TROMPETTE, subst. mas. (*anba-iba*), t. de bot., arbre du Brésil à fleurs apétales, dont le bois sert aux Américains pour allumer du feu à l'aide du frottement.

AMBAÏTINGA, subst. mas. (*anba-iteingua*), t. de bot., espèce d'arbre du Brésil.

AMBALAM, subst. mas. (*anbalame*), t. de bot., grand arbre des Indes dont le fruit fournit un suc qui, mêlé avec le riz, forme une espèce de pain.

AMBALARD, subst. mas. (*anbalar*), t. d'arts et métiers, brouette de papetier pour la pâte.

AMBARE, subst. mas. (*anbare*), t. de bot., arbre des Indes. — T. d'hist. nat., c'est aussi le nom d'un poisson.

AMBARVALES, subst. fém. plur. (*anbarvale*) (du latin *ambire arva*, aller à l'entour des champs), t. d'antiq., fêtes que célébraient les anciens Romains pour obtenir des dieux une récolte abondante, et dans lesquelles la victime était promenée autour des champs.

AMBARVATE, subst. mas. (*anbarvate*), t. de bot., arbre de Madagascar.

AMBASSADE, subst. fém. (*anbaçade*), commission dont un prince ou un état souverain charge quelqu'un auprès d'un autre prince ou état souverain, en lui donnant des lettres de créance qui lui confèrent la qualité de représentant. — Emploi, fonction d'ambassadeur. — Il se dit collectivement de l'*ambassadeur* et de ceux qui l'entourent, comme secrétaires, employés, domestiques, etc. : *nous avons vu passer l'ambassade*; et du lieu de sa résidence : *il faut faire viser votre passeport à l'ambassade*. — *Envoyer en ambassade*, envoyer en qualité d'*ambassadeur*. — *Envoyer des ambassades, recevoir des ambassades*, envoyer des *ambassadeurs*, recevoir des *ambassadeurs*. — Fam., message, négociation pour une affaire particulière : *je ne me charge point d'une pareille ambassade*.

AMBASSADEUR, subst. mas., au fém. **AMBASSADRICE** (*anbaçadeur, drice*) (de l'ancien gaulois *ambactus*, ou de l'ancien allemand *ambacht*, qui signifiaient serviteur, ministre, agent), celui ou celle qui est envoyée en *ambassade*. — On appelle *ambassadeur ordinaire* celui dont les fonctions consistent, tant à entretenir des relations amicales entre sa cour et celle où il réside, qu'à négocier les affaires courantes entre ces deux cours; et *ambassadeur extraordinaire* celui qu'amène auprès d'un prince une circonstance particulière, telle qu'un traité de paix, un mariage à conclure, des compliments à faire, etc. — Fig. et fam., personne chargée de quelque message : *vous m'avez envoyé là un bel ambassadeur!* — AMBASSADEUR, ENVOYÉ, DÉPUTÉ. (*Syn.*) Les *ambassadeurs* et les *envoyés* parlent et agissent au nom des souverains, des gouvernements qu'ils représentent. Les *députés* ne parlent qu'au nom de quelque société, d'un corps particulier, ou d'un département dont les intérêts leur sont confiés.

AMBASSADORIAL, E, adj. (*anbaçadorial*), d'*ambassadeur*, relatif à un *ambassadeur* ou à une *ambassade* : *pompe ambassadoriale*. Mot employé par M. de Choiseul dans ses lettres familières, mais qui n'est point encore usité; il mérite de l'être: au plur. mas., *ambassadoriaux*.

AMBASSADORIAUX, adj. mas. plur. V. AMBASSADORIAL.

AMBASSADRICE, subst. fém. (*anbaçadrice*), la femme de l'*ambassadeur*. On l'a dit autrefois d'une dame chargée d'une *ambassade*. — Fig. et fam., femme chargée de traiter quelque affaire entre particuliers.

AMBASSE-DU-GOL, subst. mas. (*anbace-du-guol*), t. d'hist. nat., espèce de poisson.

AMBAZAC ou **AMBAZAT**, subst. mas. (*anbazake* ou *za*), village de France, chef-lieu de canton, arrond. de Limoges, dép. de la Haute-Vienne.

AMBE, subst. mas. (*anbe*) (du latin *ambo*, deux), combinaison de deux numéros pris ensemble au jeu de la loterie, et qui doivent sortir ensemble : *avoir, gagner un ambe*. — Il se dit aussi au loto de deux numero qui gagnent ensemble sur la même ligne horizontale.

AMBEL, subst. mas (*anbèle*), t. de bot., plante du genre nénuphar.

AMBÉLANIER, subst. mas. (*anbélanié*), t. de bot., arbre laiteux de la Guiane.

AMBERG, subst. mas. (*anbèregue*), ville d'Allemagne, capitale de l'ancien palatinat de Bavière.

AMBERIEUX, subst. mas. (*anberieu*), ville de France, chef-lieu de canton, arrond. de Bellay, dép. de l'Ain.

AMBERT, subst. mas. (*anbère*), ville de France, chef-lieu d'arron., dép. du Puy-de-Dôme.

AMBESAS, subst. mas. (*anbezâce*) (du latin *ambo*, et *as*), t. de trictrac, coup de dés qui amène deux *as*. On dit aussi, et peut-être plus souvent, *beset*.

AMBETUWAI, subst. mas. (*anbetuvé*), t. de bot., plante de la Guinée.

AMBI, subst. mas. (*anbi*) (du grec ἄμβη, éminence en forme de sourcil), instrument de chirurgie propre à réduire la luxation du bras dans laquelle la tête de l'humerus est tombée sous l'aisselle. On nomme ainsi cet instrument parce que son levier est taillé en rond, comme un sourcil, pour être adapté à la cavité de l'aisselle.

AMBIA, subst. mas. (*anbia*), t. de minér., bitume odoriférant des Indes.

AMBIANT, E, adj. (*anbian, biante*) (en latin *ambiens*, formé de *ambi*, dit anciennement pour *circum*, autour, et *eo*, je vais; *qui va autour, qui environne*), t. de phys., qui entoure, qui enveloppe : *air ambiant*, la partie de l'atmosphère qui nous environne. — *Un fluide ambiant*.

AMBIDENTÉ, E, adj. (*anbidanté*), qui a des dents aux deux mâchoires.

AMBIDEXTÉRITÉ, subst. fém. (*anbidekcetérité*), faculté de l'*ambidextre*. Inus.

AMBIDEXTRE, adj. et subst. des deux genres (*anbidèkcetre*) (en latin *ambidexter*, formé de *ambo*, tous deux, et *dextera*, la droite : *qui a*, pour ainsi dire, *deux mains droites*), qui se sert des deux mains avec la même facilité.

AMBIÈGNE, adj. (*anbiègnie*) (du latin *ambo*, deux, et *agni*, agneaux), t. d'antiquité : *hosties ambiègnes*, brebis qui avaient eu *deux agneaux* d'une portée, et qu'on immolait à Junon avec leurs petits.

AMBIGÈNE, adj. (*anbijène*) (du latin *ambi*, autour, et du grec γεννάω, j'engendre; *qui s'engendre autour*), se dit, en géometrie, d'une espèce d'hyperbole qui a une de ses branches infinies inscrite, et l'autre circonscrite à son asymptote.

AMBIGU, subst. mas. (*anbigu*), repas où l'on sert à la fois la viande et le fruit. — Fig., mélange, réunion de choses opposées : *cette femme est un ambigu de la prude et de la coquette*. — *Ambigu-Comique*, nom d'un théâtre de Paris.

AMBIGU, Ë, adj. (*anbigu*) (en latin *ambiguus*) qui a deux sens; qu'on peut prendre à double sens.

AMBIGUÏTÉ, subst. fém. (*anbigu-ité*) (en latin *ambiguitas*), sens équivoque : *parler sans ambiguïté*, parler clairement. Voy. AMPHIBOLOGIE.

AMBIGUËMENT, adv. (*anbigûman*), d'une façon *ambiguë*, à double sens.

AMBIOPIE, subst. fém. (*anbiopi*) (du lat. *ambo*, deux, et du grec ὤψ, œil), vue double.

AMBIR, subst. mas. (*anbir*), t. d'hist. nat., poisson de la mer Rouge, de l'espèce des mules.

AMBITÉ, E, adj. (*anbité*), t. de verrerie : *verre ambité*, qui est mou par défaut de sable, et qui a perdu sa transparence.

AMBITIEUSE, adj. fém. Voy. AMBITIEUX.

AMBITIEUSEMENT, adv. (*anbicieûzeman*), avec *ambition*. — Fig., pompeusement; avec des ornements recherchés, en parlant du style.

AMBITIEUX, adj. mas., au fém. **AMBITIEUSE** (*anbicieû, cieuze*) (en latin *ambitiosus*), qui a de l'*ambition* : *un homme ambitieux, une femme ambitieuse*. — Qui a rapport à l'ambition : *conduite ambitieuse; manières ambitieuses; démonstrations ambitieuses; style ambitieux*, etc. — *Boileau* a dit *ambitieux de gloire*; et *Racine*, en parlant des saints :

Ils sont ambitieux de plus nobles richesses.

— On a donné pour devise à l'*ambitieux* un caméléon, avec ces mots : *vescitur aurâ*, il se nourrit d'air; une chandelle: *luce perit suâ;* une flamme: *semper sursum;* du feu: *splendet et absumit.* — On dit aussi substantivement: *c'est un ambitieux, une ambitieuse.*

AMBITION, subst. fém. (*anbicion*), désir immodéré d'honneurs, de gloire, d'élévation, de distinctions: *ambition démesurée, insatiable; avoir de l'ambition.* — Ce mot, employé seul, est toujours pris en mauvaise part; mais, modifié, soit par les mots précédents ou suivants, soit par un adjectif, il est pris en bonne ou mauvaise part, selon la nature de cette modification. Ainsi l'on dira: l'*ambition est toujours nuisible: quand elle ne l'est pas à l'ambitieux, elle l'est aux autres;* mais on dira aussi très-bien: *il a une noble, une généreuse ambition,* ou: *il a l'ambition de mériter votre estime; il a l'ambition de se faire aimer; obtenir les suffrages des hommes de goût, telle est mon ambition.* Dans ces derniers exemples, *ambition* revient à *désir.* Il ne régit pourtant pas les noms comme *désir*: l'*ambition d'acquérir de la gloire* est bon; l'*ambition de la gloire* serait mauvais. — T. de myth., divinité allégorique représentée avec des ailes au dos et les pieds nus.

AMBITIONNÉ, E, part. pass. de *ambitionner* et adj.

AMBITIONNER, v. act. (*anbicioné*) (du lat. *ambire*, qui signifie proprement *aller à l'entour;* et fig., briguer, *ambitionner*, parce que, chez les Romains, ceux qui voulaient être élevés à une magistrature *allaient autour des* comices pour demander les suffrages: *ambibant, ibant circum comitia*), désirer avec *ambition;* rechercher avec ardeur, avec empressement: *ambitionner les honneurs; il ambitionne de se faire une haute réputation.* — Il se dit par exagération dans certaines formules de civilité: *ce que j'ambitionne le plus, c'est de pouvoir vous servir.* — **S'AMBITIONNER**, v. pron.

AMBLANT, E, adj. (*anblan, blante*), t. de man., cheval qui va l'*amble.* Inus. On dit mieux: qui va l'*amble.*

AMBLE, subst. mas. (*anble*) (du lat. *ambulare*, qui se promène), t. de man., sorte d'allure du cheval entre le pas et le trot, et dans laquelle l'animal lève en même temps les deux pieds du même côté: *cheval qui va l'amble.* — Il se dit encore d'une allure semblable du mulet et de l'âne. — Prov.: *mettre quelqu'un à l'amble,* le ranger à son devoir.

AMBLÉ, part. pass. de *ambler.*

AMBLER, v. neut. (*anblé*), t. de man., aller l'*amble*: *ce cheval amble bien.* Mot fort usité maintenant.

AMBLETEUSE, subst. fém. (*anbleteuze*), ville et port de France, canton de Marquise, arrond. de Boulogne, dép. du Pas-de-Calais. C'est dans ce lieu que Jacques II débarqua, en 1688, après son abdication.

AMBLEUR, subst. mas. et adj. (*anbleur*), autrefois officier de la petite écurie du roi. — En t. de vènerie, cerf dont la trace du pied de derrière dépasse celle du pied de devant.

AMBLOSIE, subst. fém. (*anblozi*) (en grec ἀμβλωσις), avortement. Vieux mot qui ne s'emploie plus.

AMBLOTIQUE, adj. (*anblotike*), qualification d'un remède qui fait *avorter.* Il ne se dit plus.

AMBLYGONE, subst. mas. et adj. (*anbliguóne*) (du grec ἀμβλυς, obtus, et γωνια, angle), t. de géom., obtus; angle obtus.

AMBLYODE, subst. fém. (*anbliode*), t. de bot., espèce de mousse.

AMBLYOPIE, subst. fém. (*anbliopî*) (du grec ἀμβλυς, obtus, émoussé, et ὤψ, œil; *vue émoussée*), t. de médec., obscurcissement et affaiblissement de la vue.

AMBOISE, subst. fém. (*anboaze*), ville de France, chef-lieu de canton, arrond. de Tours, dép. d'Indre-et-Loire. — *La conjuration d'Amboise* est fameuse dans l'histoire des troubles de religion en France. — C'est dans cette ville que Louis XI institua, en 1469, l'ordre de Saint-Michel. — Charles VIII y naquit en 1470, et y mourut en 1498. — *George d'Amboise,* nom d'une grosse cloche de la cathédrale de Rouen, dont un célèbre cardinal de ce nom fut le parrain.

AMBON, subst. mas. (*anbon*) (du grec ἀμβων, hauteur, éminence), tribune, jubé d'une église. Vieux mot. — Il y avait des degrés pour monter à l'*ambon.* Après la lecture de l'épître, le chantre allait à l'*ambon* avec son livre, appelé *graduel* ou *antiphonier,* et chantait le répons, que nous nommons *graduel* des degrés de l'*ambon,* et que nous nommons aussi *répons,* parce que le chœur répond au chantre. — En t. d'anat., bord cartilagineux qui environne la cavité des os. — En t. de mar., bordage de chêne posé sur la couverture d'un vaisseau. — T. de bot., on nomme encore ainsi un arbre des Indes.

AMBOUCHOIR. La préposition latine *in* est toujours représentée en français par la particule *in, en,* ou *em* devant un *b* ou un *p.* Comme il est naturel que cette préposition figure dans un mot qui signifie: objets que l'on met *dans* une ouverture de bottes, *ambouchoir* est incontestablement un barbarisme. Voy. donc **EMBOUCHOIR.** Nous déduirons à ce mot les motifs qui nous le font préférer à *embauchoir.*

AMBORA, subst. mas. (*anbora*), t. de bot., genre de plantes de la famille des urticées.

AMBOUTIR, vicieux. Voy. **EMBOUTIR.**

AMBOUTISSOIR, vicieux. Voy. **EMBOUTISSOIR.**

AMBOUTON, subst. mas. (*anbouton*), t. de bot., herbe de Madagascar, qui sert à noircir les dents.

AMBRACAN, subst. mas. (*anbrakan*), t. d'hist. nat., poisson de mer.

AMBRACIE, subst. fém. (*anbraci*), nom d'une ancienne ville d'Épire.

AMBRANLOIRE, subst. fém. (*anbranloare*), poignée de bois, ou grosse cheville arrondie, pour serrer la haie d'une charrue.

AMBRE, subst. mas. (*anbre*) (de l'arabe *ambar,* ou plutôt *anbar,* conservé chez les Espagnols), substance résineuse et inflammable. Il y a l'*ambre jaune,* nommé aussi *succin* ou *carabé,* qui est congelé et transparent; et l'*ambre gris,* qui est spongieux et odoriférant. C'est ce dernier qu'on entend, lorsque le mot est employé sans épithète: *essence d'ambre; sentir l'ambre et le musc.* — On dit d'un homme adroit et pénétrant qu'*il est fin comme l'ambre.*

AMBRÉ, E, part. pass. de *ambrer* et adj. (*anbré*), qui a une odeur d'*ambre,* qui est de couleur d'*ambre.*

AMBRÉADE, subst. fém. (*anbréade*), ambre jaune, faux ou factice.

AMBRÉATE, subst. mas. (*anbréate*), t. de chim., sel formé par la combinaison de l'acide ambréique.

AMBRÉE, subst. fém. (*anbré*), t. d'hist. nat., limaçon amphibie.

AMBRÉINE, subst. fém. (*anbréine*), substance qui forme l'ambre gris.

AMBRÉIQUE, adj. (*anbréike*), t. de chim., se dit d'un acide jaunâtre obtenu de l'*ambre* gris, et qui se rapproche beaucoup de l'acide cholestérique.

AMBRÉITÉ, subst. fém. (*anbréité*), t. de physiq., électricité, qualité électrique de l'*ambre.*

AMBRER, v. act. (*anbré*), parfumer avec de l'*ambre,* donner une odeur d'*ambre.* — **S'AMBRER**, v. pron.

AMBRESIAQUE, adj. (*anbreziake*), qui porte une odeur d'*ambre.*

AMBRESIN, E, adj. (*anbrezein, zine*), d'*ambre.* — On s'en sert aussi quelquefois subst. pour *ambre.*

AMBRETTE, subst. fém. (*anbréte*), t. de bot., plante du genre des ketmies, petite fleur qui sent l'*ambre*: *ambrettes sauvages.* — *Poire d'ambrette,* petite poire qui a une certaine odeur d'*ambre.*

AMBREVADE, subst. mas. (*anbrevade*), t. de bot., cytise des Indes.

AMBRIÈRES, subst. fém. (*anbrière*), bourg de France, chef-lieu de canton, arrond. de Mayenne, dép. de la Mayenne.

AMBRIVADE, subst. fém. (*anbrivade*), pois d'Angola.

AMBROISE, subst. fém. (*anbroèze*). La Fontaine a employé ce mot pour signifier *ambroisie,* ou quelque chose de délicieux, d'exquis:

> Jeanne, dit le premier,
> A le corps net comme un petit denier;
> Ma foi, c'est bâme! — Et Tiennette est *ambroise,*
> Dit son époux...

Mais ce sont des paysans qui parlent, et qui estropient les mots: *bâme* est là pour *baume, ambroise* pour *ambroisie.*

AMBROISIE, et mieux **AMBROSIE**, à cause de l'étymologie, et malgré l'*Académie* qui semble préférer le premier, mais sans nous en donner la raison, subst. fém. (*anbroèzi, brozi*) (du grec ἀμβροσια, dérivé de α priv., et de βροτος, mortel, parce que l'*ambrosie* rendait immortels ceux qui en mangeaient, ou parce qu'elle était la nourriture des immortels), nourriture des dieux, selon la fable; et voici ce qu'elle en dit: Rien n'est si obscur ni si confus chez les poètes que la véritable destination de l'ambrosie et du nectar. On en est encore à savoir certainement si l'on mangeait l'*ambrosie,* et si l'on buvait le *nectar.* Ce n'est donc qu'en suivant l'opinion la plus commune qu'on regarde l'*ambrosie* comme l'aliment qu'on servait sur la table des dieux, et le *nectar* comme leur boisson. Pour entendre bien des passages d'Homère, de Virgile et d'autres poètes, il faut supposer, comme on le croit, qu'on faisait bien des choses avec l'*ambrosie,* et qu'outre l'*ambrosie* solide, il y avait de l'eau d'*ambrosie,* de la quintessence d'*ambrosie,* de la pommade, de la pâte d'*ambrosie.* Quoi qu'il en soit, la fable ne pouvait rien inventer de plus charmant que l'*ambrosie* et le *nectar.* Cette nourriture délicieuse et cette liqueur embaumée flattaient, dit-elle, tous les sens à la fois; elles donnaient la jeunesse ou la conservaient; rendaient la vie parfaitement heureuse, et procuraient l'immortalité. Comme les anciens ne connaissaient rien de plus doux que le miel, on ne sera pas étonné que le poète Ibicus, cité par Athénée, en ait fait la matière d'une comparaison par laquelle il veut donner une idée de la nature et du goût de l'*ambrosie.* Il dit donc: *L'ambrosie est neuf fois plus douce que le miel: en mangeant du miel, on n'éprouve que la neuvième partie du plaisir qu'on aurait en mangeant de l'ambrosie.* — Au fig., un mets délicieux. — En t. de bot., plante apétale, annuelle, aromatique, originaire du Mexique, et que par cette raison on appelle aussi *thé du Mexique.* — *Ambrosie maritime,* plante annuelle, d'une odeur aromatique, à fleurs flosculeuses, cultivée dans les jardins.

AMBROIX (**SAINT-**), subst. mas. (*ceintanbroé*), ville de France, chef-lieu de canton, arrond. d'Alais, dép. du Gard.

AMBRÔME. Voy. **ABROMES.**

AMBRONAY, subst. mas. (*anbroné*), ville de France, canton d'Ambérieux, arrond. de Belley, dép. de l'Ain.

AMBROSIAQUE, adj. (*anbroziake*), qui tient de l'*ambrosie.*

AMBROSIE, subst. fém. Voy. **AMBROISIE.**

AMBROSIEN, adj. mas., au fém. **AMBROSIENNE**, (*anbrozien, ziène*) (dérivé du latin *ambrosius*): *chant ambrosien,* chant d'église à Milan, attribué généralement à saint *Ambroise.* On dit, par suite de la même conjecture: *office, rite ambrosien, messe ambrosienne.* — On appelle la bibliothèque de Milan la *bibliothèque ambrosienne.* — Subst. fém., religieuse de l'ordre de saint *Ambroise.*

AMBROSIENNE, adj. fém. Voy. **AMBROSIEN.**

AMBROSINIE, subst. fém. (*anbrozini*), t. de bot., petite plante des environs de Palerme, de la famille des aroïdes.

AMBRUN, subst. mas. (*anbrun*), ville de France, chef-lieu d'arrond., dép. des Hautes-Alpes, dans l'ancien Dauphiné. On écrit aussi *Embrun.*

AMBRUNOIS, subst. mas. (*anbrunoa*), ancien bailliage d'*Ambrun.*

AMBRUNOIS, E, subst. et adj. (*anbrunoa, noaze*), qui est d'*Ambrun* ou de l'*Ambrunois.*

AMBUBAGE, subst. mas. (*anbubaje*) (du latin *ambubaja,* joueuse de flûte, dérivé du mot syriaque *ambu*), flûte des Syriens; le joueur de flûte même.

AMBULACRE, subst. mas. (*anbulakre*) (du latin *ambulare,* marcher), t. d'hist. nat., nom que donnent les naturalistes à des rangées de trous par lesquels, dans les zoophytes échinodermes ou radiaires, sortent des tentacules rétractiles qui servent à ces animaux de moyen de *transport* et de préhension.

AMBULANCE, subst. fém. (*anbulance*) (du lat. *ambulare,* marcher), hôpital militaire qui suit un corps d'armée. — Emploi d'un *commis ambulant* dans les contributions indirectes. On a même dit: *avoir une ambulance dans les domaines.* Voy. **AMBULANT.**

AMBULANT, E, adj. (*anbulan, lante*) (du lat. *ambulare,* marcher), qui n'est pas fixe en un lieu: *commis ambulant,* ou même substantivement *un ambulant,* commis qui, pour exercer son emploi, est obligé d'aller de côté et d'autre. — *Hôpital ambulant,* hôpital qui suit l'armée. — On dit fam., d'un homme qui est toujours par voie et par chemin, qu'*il est fort ambulant,* qu'*il mène une vie fort ambulante;* d'une personne très-maigre, *squelette ambulant;* d'une personne très-grasse, *tonneau ambulant,* etc. — *Marchand ambulant, musicien ambulant, comédiens ambulants,* etc. — T. de médec., se dit d'une dartre, d'un érysipèle, qui abandonne une partie du corps pour se porter sur une autre.

AMBULATOIRE, adj. (*anbulatoare*), a le même sens que *ambulant*, mais il ne se dit, ou plutôt ne se disait au propre que d'une juridiction qui n'avait point de siège fixe : *le grand-conseil était ambulatoire.*—Prov. et fam. : *la volonté de l'homme est ambulatoire*, elle est sujette à changer.

AMBULÉ, E, part. pass. de *ambuler*.

AMBULER, v. neut. (*anbulé*) (du lat. *ambulare*, marcher), vieux mot qui signifiait : marcher, aller; embarrasser, empêcher. Il n'est plus français.

AMBULIE, subst. fém. (*anbuli*), t. de bot., plante du Malabar, de la famille des personnées de *Jussieu*, d'une odeur aromatique et d'une saveur poivrée.

AMBULON, subst. mas. (*anbulon*), t. de bot., arbre que l'on croit être le même que le cirier.

AMBURBALES ou **AMBURBIALES**, et **AMBURBIES**, subst. fém. plur. (*anburbale, biale, bi*) (du latin *ambire urbem*, aller autour de la ville), t. d'hist. anc., fêtes qu'on célébrait dans l'ancienne Rome, en faisant des processions autour de la ville.

AMBUYA-EMBO, subst. mas. (*anbuia-anbo*), t. de bot., aristoloche grimpante du Brésil.

ÂME, subst. fém. (*âme*) (du lat. *anima*, dérivé du grec ἄνεμος, souffle, vent, ou plutôt du grec ἄσθμα, *asthme*, formé de ἄω, souffler. Ceux qui écrivent *âme* avec un accent circonflexe doivent nécessairement le dériver de ce dernier mot grec. L'*Académie* écrit *âme* avec l'accent.) Ce qui est le principe de la vie dans tous les êtres ; ce qui anime : *âme végétative*, qui fait croître les plantes ; *âme sensitive*, qui fait croître, mouvoir et sentir les animaux ; *âme raisonnable*, qui fait exister physiquement et moralement l'homme : *les facultés de l'âme*; *l'âme est immortelle*. — Par rapport aux croyances religieuses : *les âmes errant dans les Champs-Élysées* ; *une âme régénérée par le baptême* ; *perdre son âme* ; *travailler au salut de son âme*, etc. — Conscience, pensée intime : *il sait bien en son âme que...* ; *vous étiez résolu dans l'âme à ne rien conclure* ; *il jure en son âme de...* — *Avoir l'âme sur le bord des lèvres*, être près d'expirer.— *Rendre l'âme*, mourir.— On dit d'un homme entièrement dévoué à un autre, et qui fait tout ce que cet autre veut, quelque injustes, quelque odieuses que soient ses volontés, que *c'est son âme damnée*. Il est fam. — *C'est une bonne âme*, c'est une personne sans malice. — Proverbialement et fig., une compagnie, une armée sans chef, ou dont le chef n'est pas capable de l'être, est *un corps sans âme*. —*Il est l'âme de cette entreprise*, il en est le principal moteur. — Cœur, sentiment : *âme noble* ; *cet homme n'a point d'âme* ; *il faut avoir l'âme bien noire pour...* ; *parler, chanter avec âme* ; *il y a de l'âme dans sa déclamation*.—On dit d'un orateur, etc., qui sent ce qu'il dit et qui le fait sentir, qu'*il a de l'âme*.—T. de littérature et d'arts, *donner de l'âme à un ouvrage*, exprimer vivement les choses qu'on y représente, y mettre beaucoup de feu. — *Donner de l'âme au marbre*, une apparence de vie. — Une personne, un individu : *il n'y avait pas une âme* ; *il y a dans cette ville plus de cent mille âmes*, etc. Il ne faut parler, dans cette acception, que des personnes vivantes : ainsi on ne peut pas dire : *la peste emporta vingt mille âmes*, etc.—T. de tendresse : *mon âme*, toi qui es ma vie, mon *âme*. — Fig., tout ce qui anime, tout ce qui est le principe ou le mobile de... : *la vérité est l'âme de l'histoire* ; *la bonne foi est l'âme du commerce*. — Dans une devise, ce sont les mots inscrits, par opposition aux objets représentés qu'on appelle corps. — Dans un canon, c'est le creux où l'on met la poudre et le boulet. — Dans un fagot, ce sont les menues branches qui sont au milieu. Pop. — Bâton autour duquel se monte le tabac cordé. — Petit morceau de bois qu'on met perpendiculairement dans le corps d'un instrument de musique, pour soutenir la table. — Figures de plâtre ou de terre qui servent de modèles à celles qu'on jette en bronze, etc. — Dans les figures de stuc, ébauche. — On nomme *âme d'un cordage* certains fils que l'on met au milieu de différents torons dont le cordage est composé.—*Ame d'un soufflet*, morceau de cuir qui forme dans le soufflet une espèce de soupape. — *Ame de la fusée*, le vide que l'artificier ménage dans l'intérieur de la fusée. — *Ame du métier à bas*, l'assemblage des pièces qui contribuent à la formation des mailles. — T. de myth., emblème représenté par un papillon.

AMÉ, E, adj. (*amé*) pour *aimé, e*, vieux mot qui n'est plus d'usage qu'en style de chancellerie, dans les lettres et ordonnances du roi : *nos amés et féaux les gens tenant notre cour de parlement* ; *notre très-cher et très-amé frère* ; *notre amé et féal*, etc.

AMÉBÉE, adj. fém. (*amébé*) (du grec ἀμείβειν, alterner), se disait autrefois d'une espèce de poëme à deux interlocuteurs.

AMÉIVA, subst. mas. (*ame-iva*), t. d'hist. nat., espèce de lézard.

AMÉLANCHE, subst. fém. (*amélanche*), fruit de l'*amélanchier*.

AMÉLANCHIER, subst. mas. (*amélanchié*), t. de bot., espèce d'alizier.

AMÉLÉON, subs. mas. (*améléon*), cidre de Normandie. Mot peu connu.

AMELETTE, subst. fém. (*amelète*), ne se dit plus pour *omelette*.

AMÉLI, subst. mas. (*améli*), t. de bot., arbrisseau de la côte du Malabar.

AMÉLIE, subst. fém. (*améli*), t. d'hist. nat., insecte du genre agrion.

AMÉLIORANT, E, adj. (*amélioran, rante*), t. de médec., qui *améliore*.—En chim., qui rend plus parfait : substances *améliorantes*.— Il se prend aussi subst. : *c'est un améliorant*.

AMÉLIORATION, subst. fém. (*améliorâcion*), progrès vers le bien : *il y a de l'amélioration dans votre état*. — Action d'*améliorer* : *ce champ est susceptible d'amélioration*.—Résultat de cette action : *les améliorations qu'il a faites dans sa maison* ; *j'ai fait une amélioration considérable à mon bien*. — On nomme, en t. de jurispr., *améliorations voluptuaires*, celles qui ne sont que d'agrément. — En t. de chim., opération par laquelle un métal est porté à une plus grande perfection.

AMÉLIORÉ, E, part. pass. de *améliorer*.

AMÉLIORER, v. act. (*amélioré*) rendre *meilleur* : *ce régime a fini par améliorer sa santé* ; *vos sages conseils ont amélioré sa conduite* ; *il a beaucoup amélioré ses terres*, etc. — **s'AMÉLIORER**, v. pron., devenir *meilleur*.

AMÉLIORISSEMENT, subst. mas. (*améliorice-man*), dans l'ordre de Malte, même sens que *amélioration*.

AMELLE, subst. mas. (*amèle*), t. de bot., plante de la famille des corymbifères.

AMELLIÉ, subst. mas. (*amélié*), nom donné par plusieurs auteurs à l'amandier.

AMELOTTE, subst. fém. (*amelote*), t. de mar., trou carré, ou mortaise en pyramide tronquée, dont l'entrée est plus grande que le fond.—On dit aussi *amolette*.

AMELPO, subst. mas. (*amèlpo*), t. de bot., arbre du Malabar.

AMEN, adv. (*âmène*) (mot hébreu signifiant *ainsi soit-il*), dernier mot de la plupart des prières de l'Église. — En général on s'en sert pour témoigner qu'on souhaite une chose ou que l'on y consent : *dire amen à tout*, consentir à tout. —*Jusqu'à amen*, jusqu'à la fin. Dans ces trois dernières acceptions, il est fam.

AMENAGE, subst. mas. (*amenaje*), t. de voiturier, transport d'un lieu dans un autre. — Quantité d'effets transportés.

AMÉNAGÉ, E, part. pass. de *aménager*.

AMÉNAGEMENT, subst. mas. (*aménajeman*), l'action de *aménager* ; résultat de cette action. — On appelle ainsi, en t. forestier, l'ordre adopté par un propriétaire de forêts pour la coupe de ses bois taillis, baliveaux et futaies.

AMÉNAGER, v. act. (*aménajé*), t. d'eaux et forêts, régler les coupes d'un bois. — Débiter le bois de charpente, de chauffage, etc.

AMENDABLE, adj. (*amandable*), qui est sujet à l'*amende* ; qui mérite d'y être condamné. — Qui est susceptible d'être *amendé* : *terre amendable*. — Qui peut s'*amender*, se corriger, se réparer. Il est moins usité en ce dernier sens.

AMENDE, subst. fém. (*amande*) (du latin *emenda*, pour *emendatio*, dérivé d'*emendare*, corriger), peine pécuniaire imposée par suite d'un crime, ou d'un délit, ou d'une contravention.—On dit prov. : *les battus paient l'amende*, de l'ancien usage de régler par le duel la plupart des contestations. Dans quelques endroits on se battait à coups de poings seulement, et le battu, le vaincu, outre le prix de la chose contestée, payait une amende plus ou moins forte. — *Amende honorable*, peine infamante ordonnée autrefois par la justice, consistant à reconnaître publiquement son crime et à en demander pardon. — Fig. et fam., *faire amende honorable d'une chose*, en demander pardon.

AMENDÉ, E, part. pass. de *amender*, et adj. En t. de man., *cheval amendé*, qui a pris du corps, qui s'est engraissé.

AMENDEMENT, subst. mas. (*amandeman*), changement en mieux. Il se dit au physique et au moral : *il n'y a point d'amendement dans sa santé, dans sa conduite*. — Amélioration des terres. — Façons, engrais donnés aux terres. — Modification à un projet de loi. On nomme *sous-amendement* la modification à un amendement, *on avait proposé un amendement, et c'est un sous-amendement qui a été adopté*.

AMENDER, v. act. (*amandé*) (du latin *emendare*, changer en mieux, corriger), rendre meilleur; corriger : *amender quelqu'un*, *l'état physique*, *l'état moral de quelqu'un* ; *amender une terre*, *amender un projet de loi*, *amender un ouvrage*, etc. Dans ce dernier sens, il a vieilli. — On disait autrefois *amender* pour : condamner à l'*amende*. — *Amender* est aussi v. neut., et signifie : *faire des progrès en mieux* : *ce malade n'amende point*. — Baisser de prix : *le blé est bien amendé*. Peu usité. — **s'AMENDER**, v. pron., se corriger.

AMENÉ, subst. mas. (*amené*), vieux t. de juridiction ecclésiastique : *un amené sans scandale*, ordre d'amener devant le juge un homme, sans bruit, etc.

AMENÉ, E, part. pass. de *amener*.

AMENER, v. act. (*amené*), mener, conduire vers quelqu'un ou vers quelque lieu. — Quand celui qui parle ou le lieu dans lequel il se trouve est le terme du mouvement, ce verbe s'emploie à tous les temps : *amenez-moi votre ami* ; *on amenait autrefois dans notre ville beaucoup plus de vins qu'à présent* ; mais on ne s'en sert qu'au passé, quand c'est une personne dont on parle ou un lieu dans lequel on ne se trouve point qui est le terme du mouvement : *on lui amena*, *on lui avait amené une nombreuse société* ; *pendant que j'étais à Versailles*, *on amena une grande quantité de blé sur la halle de Chartres*. Ce n'est que si l'on se trouvait soi-même à Chartres que l'on pourrait dire : *on amène*, *on amènera*, etc., *une grande quantité de blé sur la halle de Chartres*. — Fam. : *quel bon vent vous amène*, quel sujet vous fait venir ici ? — On dit, en parlant d'une personne qui déplaît : *qui m'a amené cet importun ?* — Tirer : *les forçats amènent les rames à eux* — Fig. : faire condescendre à... : *je l'ai amené où je voulais*. — Persuader graduellement une chose : *il m'amena à son opinion* ; *ils l'ont amené à leur croyance*, etc. — Déterminer insensiblement à... : *nous l'avons amené à telle démarche*, *à faire*, *à dire telle chose*. — Forcer moralement et graduellement à... : *je l'amènerai à l'aveu de ses torts*. — Introduire, mettre en usage : *les femmes amènent les modes*. — Être la cause de... : *amener une contestation*. — Il se dit aussi des choses qui se succèdent ordinairement : *ce vent nous amènera la pluie* ; *un malheur en amène un autre*. — T. de mar., *amener les vaisseaux à bord*, les faire venir à bord; *amener les voiles*, *le pavillon*, les abaisser : *le vaisseau fut obligé d'amener*, c'est-à-dire, de baisser son pavillon et de se rendre. En ce sens, *amener* est neutre. — En t. de jeu, *amener râfle*, *gros jeu*, *chance*, etc., se dit lorsqu'en jetant les dés, il vient râfle, gros jeu, chance, etc. — En littérature, *amener un épisode*, *un incident*, le ménager, le préparer avec art. —*Mandat d'amener*, ordre d'amener quelqu'un devant le juge. — Les faiseurs de bas au métier disent : *amener l'ouvrage sous bec*, pour dire : tirer en avant les anciennes boucles.

AMÉNIE, subst. fém. (*améni*) (du grec α priv. et μήν), t. de médec., état d'une femme non réglée.

AMÉNITÉ, subst. fém. (*aménité*) (en latin *amœnitas*, dérivé d'*amœnus*, lequel l'est lui-même de *amandus*, aimable, agréable, etc.), agréments; ce qui fait qu'une chose est agréable, gracieuse. Peu usité au propre.— Fig., douceur accompagnée de politesse et de grace, dans le caractère, dans les mœurs, dans le langage. On dit, dans le même sens, *aménité de style*. — Subst. fém. plur., études agréables dans une science sévère : *les aménités du droit*, *les aménités de Linnée*.— Acception favorable d'élucubration.

AMÉNORRHÉE, subst. fém. (*aménoreré*) (du grec α priv., μήν, mois, et ῥέω, je coule), t. de médec., suppression ou interruption du flux menstruel chez les femmes.

AMENTACÉES, subst. fém plur. (*ameintacé*) (du lat. *amentum*, lien, courroie), t. de bot., plantes dont les fleurs mâles sont disposées autour d'un axe ou filet particulier, appelé *chaton*.

AMENTHES, subst. mas. plur. (*amante*), t. de myth., lieu souterrein dans lequel les anciens Egyptiens croyaient que les âmes, en quittant les corps qu'elles animaient, se rendaient avant d'aller en animer d'autres.

AMENTUM, subst. mas. (*ameintome*) (mot latin), courroie qui retenait la pique des anciens Romains.

AMENUISÉ, E, part. pass. de *amenuiser*.

AMENUISER, v. act. (*amenuizé*) rendre plus *menu*, moins épais: *amenuiser un bâton, une planche*. — S'AMENUISER, v. pron.

AMER, subst. mas. (*amère*), qualité d'une chose *amère*. — Fiel de certains animaux et surtout des poissons: *crever l'amer d'une carpe*. — Espèce d'oranger appelé *bigaradier*. — T. de mar., subst. mas. plur., *amers*, indices pour guider les navigateurs.

AMER, adj. mas., au fém. AMÈRE (*amère*) (du lat. *amarus*, dérivé, suivant *Trévoux*, de l'hébreu *marar*, être amer), qui a de l'*amertume*, une saveur rude, désagréable.—*Avoir la bouche amère*, sentir un goût *amer*.—Fig., triste, pénible, douloureux: *regrets amers*. — Piquant, mordant, offensant: *propos amers*.

AMÈREMENT, adv. (*amèreman*), avec *amertume*. Il ne se dit qu'au figuré.

AMÉRICAIN, E, subst. et adj. (*amérikein, kène*), qui est d'*Amérique*; qui a rapport à l'*Amérique*: *c'est un Américain; coutume américaine*.

AMÉRIMNONS, subst. mas. plur. (*amérimenon*), t. de bot., genre de légumineuses.

AMÉRIQUE, dite *Nouveau-Monde*, subst. fém. (*amérike*), l'une des cinq parties du monde, découverte en 1492 par Christophe Colomb, Génois, dont *Améric* Vespuce continua l'œuvre en 1497. On l'appelle aussi *Indes Occidentales* (*Indiæ Occidentales*), par opposition aux vraies Indes, qui sont à l'orient de l'Europe. — Quelques auteurs ôtent à Colomb, ou Colonne, la gloire de la première découverte de ce nouveau monde: un pilote espagnol, selon eux, nommé Alfonse Sanchez de Huelva, ou Aldrete, ou Gracias Vega, en trafiquant vers les côtes d'Afrique, fut jeté par la tempête sur ces terres inconnues. Ayant retrouvé sa route, il toucha à Madère, où il logea chez Colomb. Il mourut quelque temps après, et lui laissa, au lit de mort, des mémoires concernant cette découverte, d'après lesquels Colomb, habile d'ailleurs en géographie et en astronomie, entreprit d'aller à la recherche de ce pays jusqu'alors inconnu.— Jean III, roi de Portugal, et Ferdinand *le Catholique*, eurent un grand différend à l'occasion de la découverte de l'*Amérique*: le pape Alexandre VI le termina par une bulle que Bzovius reporte dans ses *Annales* à l'an de Jésus-Christ 1493, et par laquelle le pontife, supposant une ligne tirée du septentrion au midi, et partageant le nouveau monde en deux, assigne la partie orientale à Jean, et la partie occidentale à Ferdinand. — L'*Amérique* consiste en deux grandes presqu'îles qui se joignent à Panama par un isthme de dix-sept lieues de large, s'étendant du cercle arctique jusqu'au cercle antarctique. Il n'est pas certain néanmoins que l'*Amérique*, du côté du nord, ne soit pas jointe aux terres boréales: on n'en a jamais fait le tour. On ne sait pas non plus si l'*Amérique* n'a point été connue des anciens. Bien des gens prétendent que c'est l'Atlantique dont Platon parle dans son *Timée*. Crantor, premier interprète de Platon, Origène, Porphyre, Proclus, sont de ce sentiment, et Marcile Ficin le soutient. — L'*Amérique méridionale* (*America meridionalis*), celle des deux péninsules qui est au midi, comprend depuis Panama jusqu'au détroit de Magellan; l'autre s'appelle l'*Amérique septentrionale* (*America septentrionalis*). On nomme aussi la première l'*Amérique Péruviane* (*Peruviana*), du Pérou, qui en est une des plus considérables parties; et la seconde l'*Amérique mexicane*, à cause du *Mexique* qu'elle renferme (*America mexicana*).

AMERS, subst. mas. plur. Voy. AMER, subst. mas.

AMERTUME, subst. fém. (*amèretume*) (rac. *amer*), saveur *amère*. — Au fig., affliction, peine d'esprit: *vivre dans l'amertume; les amertumes de la vie*. Il n'a de plur. qu'au figuré. — Fig., aigreur, fiel: *critiquer avec amertume*.

ÂMES-DAMNÉES, subst. fém. plur. (*âmedané*), t. d'hist. nat., nom qu'on a donné à des oiseaux que leur vol continuel de la mer Noire à la Méditerranée, et de celle-ci à celle-là, a fait comparer à des êtres possédés d'esprits infernaux.

AMESSEMENT, subst. mas. (*amèceman*), acte d'entendre la messe. Vieux mot tout-à-fait inusité.

AMESTRÉ, E, part. pass. de *amestrer*.

AMESTREMENT, subst. mas. (*amècetreman*), t. d'arts et métiers, action de préparer la teinture; résultat de cette action.

AMESTRER, v. act. (*amècetré*), t. d'arts et métiers, faire une préparation de teinture.

AMESURÉ, E, part. pass. de *amesurer*.

AMESUREMENT, subst. mas. (*amezureman*), t. de vieille coutume, action de réduire à sa valeur. Inus.

AMESURER, v. act. (*amezuré*), t. de vieille coutume, réduire à sa juste valeur. Inus.

AMÈTE, subst. fém. (*amète*), âme petite, âme faible. Vieux mot employé par Montaigne.

AMÉTÉ, E, adj. (*amété*), aborné. (*Boiste*.) Vieux et inusité.

AMÉTHODIQUE, adj. (*amétodike*), sans ordre.

AMÉTAMORPHOSE, adj. (*amétamorfoze*), t. d'hist. nat., qui ne subit point de *métamorphose*.

AMÉTHYSTE, subst. fém. (*améticete*) (du grec ἀμέθυστος, améthyste, formé de α priv., et μεθύω, je suis ivre), pierre précieuse de couleur violette tirant sur le pourpre, qui, portée en anneau, ou taillée pour servir de coupe, avait, suivant les anciens, la vertu de garantir de l'ivresse. — C'était une des douze pierres qui composaient le pectoral du grand-prêtre des Juifs; chez les chrétiens, elle forme l'anneau pastoral des évêques.

AMÉTHYSTÉE, subst. fém. (*améticeté*), t. de bot., plante de Sibérie du genre des labiées, à fleurs bleues.

AMEUBLÉ, E, part. pass. de *ameubler*.

AMEUBLEMENT, subst. mas. (*ameubleman*), assortiment de meubles pour une chambre, pour un appartement.

AMEUBLER, v. act. (*ameublé*), fournir de *meubles*, n'est pas français.

AMEUBLI, E, part. pass. de *ameublir*.

AMEUBLIR, v. act. (*ameublir*) (du lat. *mobilitare*, rendre mobile), rendre une terre *meuble*, plus *meuble*, c'est-à-dire: légère, plus légère. — En t. de pratique, rendre de nature *mobiliaire*.— S'AMEUBLIR, v. pron.

AMEUBLISSEMENT, subst. mas. (*ameubliceman*), action d'*ameublir* la terre; résultat de cette action. — T. de pratique, action d'*ameublir*, résultat de cette action.—*Ameublissement* (*clause d'*): on appelle ainsi l'acte par lequel deux époux conviennent de mettre en communauté la totalité ou une partie seulement de leurs *immeubles*.

AMEULONNÉ, E, part. pass. de *ameulonner*.

AMEULONNER, v. act. (*ameuloné*), t. d'agric., mettre en *meule* du blé, du foin. — S'AMEULONNER, v. pron.

AMEUTÉ, E, part. pass. de *ameuter*.

AMEUTEMENT, subst. mas. (*ameuteman*), action d'*ameuter*.

AMEUTER, v. act. (*ameuté*), rassembler les chiens en *meute*; les accoutumer à chasser ensemble. — En t. de mar., mettre du concert, de l'accord dans ses équipages. — Au fig., assembler, attrouper des gens dans quelque mauvais dessein; pour les exciter à la sédition. — S'AMEUTER, v. pron., se réunir séditieusement.

AMFIGOURI, subst. mas. (*anfiguouri*). Voy. AMPHIGOURI, seule orthographe généralement reçue.

AMFREVILLE-LA-CAMPAGNE, subst. fém. (*anfrevilelakanpagnie*), village de France, chef-lieu de canton, arrond. de Louviers, dép. de l'Eure.

AMHARA, subst. fém. (*amara*), contrée de l'Abyssinie, qui comprend douze provinces.

AMHARIQUE, subst. mas. (*amarike*), nouvel alphabet éthiopien.— Adj.: *alphabet amharique*.

AMI, E, subst. (*ami*) (en lat. *amicus*, dérivé de *amare*, aimer), celui ou celle avec qui on est lié d'une affection réciproque: *les vrais amis sont rares; ces deux femmes sont fort bonnes amies*. — On agite encore la question de savoir si *être ami* de quelqu'un c'est *l'aimer*, ou *en être aimé*, ou l'un et l'autre ensemble. — *Ami* se prend quelquefois pour *amant*, et *amie* se disait anciennement pour *maîtresse*: *jamais honteux n'eut belle amie*. — *Ami de collège*, celui avec lequel on s'est lié d'une affection mutuelle pendant le cours de ses études. — En t. de commerce, correspondant, personnes avec qui on est lié d'affaires. — On le dit des animaux et des choses inanimées: *le chien est l'ami de l'homme*, *l'ormeau de la vigne*, *le vin de l'estomac*, etc. En ce dernier sens, il signifie utile, convenable. — *Ami de cour*, celui qui n'a que de fausses apparences d'*amitié*. — *Ami de table, de bouteille*, celui avec qui on n'a qu'une liaison fondée sur le plaisir de la table, etc. — *Ami de la faveur*, *de la fortune*, celui qui ne s'attache qu'aux gens en faveur, etc. — *Ami de la vérité, de la raison, de la justice*, celui qui aime la vérité, etc. — *Ami jusqu'aux autels*. Voy. AUTEL. — *Ami jusqu'à la bourse*, celui dont l'*amitié* se soutient tant que nous n'avons point recours à sa bourse. — *Mon ami, mon bon ami*, expressions de tendresse, d'affection.—*Mon ami*, *l'ami*, *mes amis*, termes de familiarité dont on use envers des personnes fort inférieures. — *Les amis*, pour: mes *amis*. Pop. — Dans *m'amie* ou *ma mie*, abréviations de *mon amie*, il y a presque toujours une nuance de mépris. — On appelle *ami de la maison* celui qui fréquente beaucoup une famille, qui vit dans l'intimité de ceux qui la composent, et fam., par extension, l'amant de la maîtresse de la maison. — Proverbialement: *ami à pendre et à dépendre*, absolument dévoué. Il est du style le plus familier. — C'est aussi un terme de hauteur et de mépris: *mon petit ami, je veux que vous sachiez que*... — On dit prov.: *les bons comptes font les bons amis*, pour marquer que l'on reste en bonne intelligence quand on tient ses relations pécuniaires bien réglées. Un second proverbe vient corroborer le sens de celui-ci: *ami au prêter, ennemi au rendre*. — Une fontaine avec ces mots: *nec negat, nec prodigit*, est la devise d'un *ami discret*. Celle d'un *ami* véritable et constant peut être un lézard tenant quelque chose dans ses dents: *aut morte, aut nunquàm*; un lierre attaché à un arbre: *nunquàm divellar*. Celle d'un faux *ami* peut être une sangsue et ces mots: *et dum satiatur, adhæret*; ou un roseau avec cet hémistiche: *quà flamina vergunt*.

AMI, E, adj. (*ami*), propice, favorable: *les destins amis, la fortune amie; un visage ami*, etc. — On le dit aussi des couleurs et de certaines choses qui sympathisent entre elles. — *Amis* et *ennemis*, t. d'astrologie, par lequel on désignait la correspondance des astres qui indiquaient du bonheur ou du malheur. Les signes qui emploient le même temps à s'élever dans le mouvement diurne de la sphère étaient *amis*; etc.

À MI, loc. adv. (*a mi*), au milieu, à la moitié: *à mi-chemin, à mi-corps, à mi-jambe*.

AMIABLE, adj. (*amiable*) (rac. *ami*), doux, gracieux: *accueil amiable; paroles amiables*. Il vieillit. — *Amiable compositeur*, celui qui accommode un différend par les voies de la douceur. — En arith., *nombres amiables*, nombres réciproquement égaux à la somme totale des parties aliquotes l'un de l'autre, tels que 284 et 220. — À L'AMIABLE; loc. adv., en *ami*, d'une manière paisible et honnête, sans procès. — *Vente à l'amiable*, vente dans laquelle le vendeur et l'acquéreur conviennent d'un prix, par opposition à une vente faite à l'enchère. C'est encore une vente où le prix est marqué sur chaque effet.

AMIABLEMENT, adv. (*amiableman*), d'une manière *amiable*.

AMIANTACÉ, E, adj. (*amiantacé*), t. d'hist. nat., qui a quelque ressemblance, quelque rapport avec l'*amiante*. — Il y a une espèce de teigne que l'on appelle *teigne amiantacée*.

AMIANTE ou **ASBESTE**, subst. mas. (*amiante, acebècete*) (du grec ἀμίαντος, composé de l'α priv. et de μιαίνω, *polluo; qui ne se gâte point, qui ne se corrompt point*), t. d'hist. nat., matière minérale, filamenteuse et incombustible; pierre qui se sépare en filaments assez fins, cassants, néanmoins un peu souples, soyeux, et d'une couleur gris argenté, à peu près comme le *talc de Venise*. Elle est insipide et ne se dissout point dans l'eau. Dans le feu, elle ne se consume point, elle ne s'y calcine pas non plus, si ce n'est au miroir ardent, où ses filaments, à mesure qu'ils se séparent, se réduisent en petites boulettes de verre; mais le feu ordinaire ne fait que la blanchir. Ces filaments sont de différentes longueurs: les plus longs n'ont guère plus de huit à dix pouces, et quelquefois ils sont si courts qu'ils se réduisent en bourre. — Cette sorte de pierre se trouve entre d'autres pierres très-dures, tantôt brunes ou noirâtres, et semblables à la craie noire de Briançon, tantôt blanchâtres et crystallines. On en tire des îles de l'Archipel, de plusieurs points des Pyrénées; il y en a auprès de Montauban, etc. — Plusieurs personnes se sont vantées de savoir filer l'*amiante*; Porta assure que de son temps on en filait à Venise, et que le procédé était connu de tout le monde dans cette ville: cependant il ne paraît pas possible d'en venir à bout sans le mélange de quelques laines souples, ou de chanvre de lin bien battu, tant les filaments de l'*amiante* sont cassants; et l'on ne saurait en faire des ouvrages fins: ce que nous en voyons aujourd'hui est très-grossier.—On estimait autrefois presque autant que l'or les ouvrages d'*amiante*; il n'y avait que quelques empereurs, ou des rois, qui en eussent des serviettes. Cette grande rareté n'a pas empêché plusieurs antiquaires de croire, après Pline, que l'*amiante* servait à faire des chemises et des draps, dans lesquels on brûlait les corps des rois et des empereurs, pour conserver leurs cendres et empêcher qu'elles ne se mêlassent avec celles des bois et autres matières combustibles dont on formait leurs bûchers. Mais les historiens des empereurs n'ont jamais fait mention de ces toiles, quoiqu'ils décrivent exactement la cérémonie qu'on observait en brûlant ces corps et les moyens employés pour recueillir leurs cendres. D'ailleurs on trouve dans plusieurs urnes sépulcrales des charbons mêlés parmi les cendres, ce qui démontre assez que les anciens n'étaient pas toujours si attentifs à ne ramasser que les cendres du mort. De cette erreur on est tombé dans une autre, en s'imaginant qu'on faisait avec l'*amiante* des mèches perpétuelles pour les lampes sépulcrales. — On dit qu'autrefois on a vendu des morceaux d'*amiante* pour du bois de la vraie croix de Jésus-Christ, et que le public s'y laissait aisément tromper, parce qu'il était admis que la meilleure épreuve pour reconnaître ce bois précieux était de le mettre au feu, d'où il devait être retiré intact. — Landy prouve, par un grand nombre de passages d'auteurs ecclésiastiques et profanes, anciens et modernes, que l'*amiante* résiste au feu. Quelques-uns prétendent que le lumignon des lampes sépulcrales était d'*amiante*, et Damase rapporte dans la vie de saint Sylvestre, pape, que l'empereur Constantin avait résolu de faire faire des lumignons d'*amiante* aux lampes de son baptistère à Rome, afin qu'elles ne s'éteignissent jamais; bien entendu que l'on y fournissait de l'huile quand il en était besoin. Louis Vivès assure dans ses *Scholies sur saint Augustin*, que lui et Pierre Garcias, son compagnon d'études, ont vu à Paris plusieurs lampes, dont les lumignons ne se consumaient jamais; et Aldrovandus prétend que si l'on réduisait la pierre d'*amiante* en huile, qu'on la dépurât bien de toute humidité étrangère, et que par le moyen de la distillation on l'épaissît, on en ferait une huile qui brûlerait toujours sans défaillir. — Quant à l'autre propriété, Pline dit qu'il a vu dans des salles à manger des nappes d'*amiante*, que l'on nettoyait de leurs taches, quand elles étaient sales, en les jetant au feu, d'où elles sortaient incomparablement plus propres et plus blanches que si on les avait lavées; il dit encore que l'on mettait les corps des rois que l'on brûlait après leur mort dans des tuniques d'*amiante*, pour séparer leurs cendres de celles du bûcher. Landy prétend que l'art de travailler l'*amiante* et d'en ourdir de la toile était connu du temps d'Homère, et que les *grands métiers* que l'on voyait, selon madame Dacier, *taillés dans la pierre, sur lesquels les nymphes travaillaient à des étoffes de pourpre qui étaient la merveille des yeux*, étaient de longues trames de pierre, c'est-à-dire d'*amiante*, dont les Naïades faisaient des étoffes de pourpre d'une beauté merveilleuse; et il est certain que le mot ἱστος, dont se sert Homère, signifie également et *la toile*, et *le métier* sur lequel on la travaille, et que par conséquent ἱστος λιθεος peut aussi bien désigner des *toiles de pierre*, que des *métiers de pierre*. — Ce qu'on nomme *lin incombustible* n'est autre chose que l'*amiante*, quoique Pline les ait distingués, et qu'il traite de tous les deux séparément. — L'*amiante* excite la démangeaison: il était cependant recommandé anciennement pour les maladies de la peau, et surtout pour la gale: peut-être était-ce simplement de l'alun de plume; car on a confondu ces deux matières, qui sont néanmoins bien différentes.

AMIANTOÏDE, subst. fém. (*amianto-ide*), t. d'hist. nat., substance minérale qui se trouve à la surface de certaines pierres, où elle forme comme une sorte d'herbe fine ou de velours très-serré. On la nomme aussi *moisissure de pierre*.

AMICAL, E, adj. (*amikale*) (en lat. *amicus*), qui part de l'amitié, qui est inspiré par l'amitié: *accueil amical; exhortations amicales*. — On appelle fam., *homme amical*, celui qui fait beaucoup de démonstrations d'amitié. — Le plur. mas. de cet adjectif *amicaux*, n'est indiqué que dans *Boiste*; encore est-il marqué *inusité*. Qu'on nous permette d'exposer une question à cet égard: puisque l'on dit *un conseil amical*, pourquoi ne dirait-on pas *des conseils amicals?* Notre opinion est qu'il serait bon de réduire autant que possible le nombre des exceptions qui ne sont pas universellement admises.

AMICALEMENT, adv. (*amikaleman*), d'une manière *amicale*.

AMICT, subst. mas. (*ami*, le *c* ni le *t* ne se prononçant jamais) (du lat. *amictus*, fait d'*amicio*, je couvre, je voile), linge bénit qui *couvre* les épaules, et dans l'hiver la tête du prêtre, pendant qu'il dit la messe. Il se porte aussi par les diacres, sous-diacres et acolytes, quand ils servent à l'autel. C'est le premier des ornements communs à l'évêque et au simple prêtre. Il désigne la chasteté, parce qu'il couvre le cœur; et il serre le cou afin que le mensonge ne vienne point à la bouche: telle est du moins la destination mystique que lui attribue Bruns, qui a écrit sur les ornements ecclésiastiques.

AMIDAS, subst. mas. (*amidâce*), idole japonaise.

AMIDON. Voy. **AMYDON**, et ses dérivés écrits également par un *y*, à cause de l'étymologie.

AMIE, subst. fém. (*ami*), t. d'hist. nat., poisson des mers de la Caroline.

AMIENS, subst. mas. (*amiein*) (du lat. *ambianum*, dérivé de *ab ambientibus aquis*, à cause des eaux qui l'environnent), ville de France, chef-lieu du dép. de la Somme. — Sa cathédrale est un beau monument gothique; l'hôtel-de-ville a été construit sous Henri IV. — Cette ville, autrefois place de guerre, fut prise par les Espagnols en 1597, et reprise par Henri IV la même année. — Un célèbre traité de paix y fut conclu en 1801. — C'est la patrie de Pierre l'Ermite.

AMIERTES, subst. fém. plur. (*amièrete*), toiles de coton de Ceylan.

AMIESTIE, subst. fém. (*amièceti*), toile de coton des Indes.

AMIGDALE, voy. **AMYGDALE**. Encore un mot auquel l'*Académie* donne abusivement une double orthographe.

AMIGDALITE et **AMIGDALITHE**. Voy. **AMYGDALITE** et **AMYGDALITHE**, dont l'orthographe a été confondue jusqu'à ce jour, parce qu'on s'est mépris sur leur étymologie. Il est à remarquer que leur sens est différent.

AMIGNARDÉ, E, part. pass. de *amignarder*.

AMIGNARDER, v. act. (*amigniardé*) (rac. *mignard*), caresser avec une complaisance mêlée de faiblesse: *on amignarde un enfant*. Peu usité.

AMIGNOTER, v. act. (*amigniotė*), même sens que *amignarder*, n'est pas français.

A-MI-LA, subst. mas. (*a-mi-la*), t. de mus., par lequel on désigne la note *la*, ou le ton de cette note: *cet air est en a-mi-la*. On n'emploie plus ce terme.

AMILACÉ, E, adj. Voy. **AMYLACÉ**.

AMIMÉTOBIE, subst. fém. (*amimétobi*) (du grec ἀμιμητος, inimitable, et βιος, vie), vie voluptueuse et déréglée. Inusité.

AMINCI, E, part. pass. de *amincir*, et adj.: *esprit aminci*.

AMINCIR, v. act. (*ameincir*), rendre plus *mince*. — Fig., diminuer, affaiblir. — **S'AMINCIR**, v. pron.

AMINCISSEMENT, subst. mas. (*ameinciceman*), action d'*amincir*; diminution d'épaisseur.

AMINÉE, subst. fém. et **AMINÉEN**, adj. mas. (*aminé, aminéein*). Vin d'*aminée*, vin *aminéen* (*vinum amineum*): ce vin, selon Pline, mérite la préférence sur tous les autres par la force de ses esprits et la vigueur qu'il acquiert en vieillissant. (Nat. Hist., liv. XIV, chap. 2.) Columelle prétend que les vins *aminéens* sont les plus anciens que l'on connaisse. Suivant Macrobe, le vin de Falerne était autrefois appelé *vin aminéen*: il semblerait cependant que le vin de Falerne devrait être du crû d'un canton particulier, et celui d'*aminée* le produit du raisin qu'on avait transplanté en Italie. Ce qui prouve que le vin *aminéen* n'était point du crû d'un canton particulier, mais le produit d'une espèce particulière de raisin, c'est que Galien fait mention du *vin d'aminée* qui croissait dans le royaume de Naples, dans la Sicile et dans la Toscane. Virgile distingue le *vin d'aminée* de celui de Falerne dans le second livre des *Géorgiques*, où il dit: *amineæ vites* (*Dict. de Trévoux*.)

AMINEUR, subst. mas. (*amineur*), t. de gabelle; mesureur de sel.

AMINTAS (FOSSÉ D'), subst. mas. (*ameintâce*), t. de chir., bandage pour le nez, ainsi appelé par *Galien* du nom de son auteur.

AMIRAL, subst. mas., au plur. **AMIRAUX** (*amiral*) (de l'arabe *amir* ou *emir*, prince, seigneur, gouverneur, suivant le *Dict. de Trévoux*. Ce mot vient du grec ἁλμυρις, qui signifie *salure* ou *saline*; comme qui dirait: *maître des salines*, ou de *la mer*, qu'on appelle aussi en latin *salum*), titre du premier grade dans la marine française. — Autrefois, chef suprême d'une armée navale: *amiral de France*, etc. — *Grand-amiral*, titre d'un des grands-officiers de la couronne dans quelques états. — Officier qui commande une armée navale, une flotte, etc., quoiqu'il n'ait point la charge d'*amiral*. — Autrefois, général qui commandait même une armée de terre. — Quatrième dignité de l'ordre de Malte, après le grand-maître. — Principal vaisseau d'une flotte, ou vaisseau monté par l'*amiral*, *vaisseau amiral*. — *Vice-amiral*, le second officier d'une armée navale. — *Contre-amiral*, le troisième officier d'une armée navale. — T. d'hist. nat.: on appelle aussi *amiral* un cornet, coquille univalve. — C'est encore le nom d'un beau papillon de jour. — T. de bot., nom de plusieurs tulipes: *amiral d'Angleterre*, tulipe à rouge brun, colombin vif et blanc; *amiral chrétien*, colombin pâle, mêlé d'un colombin obscur et blanc d'entrée: elle est printanière; *amiral de France*, pourpre obscur, colombin clair et blanc non d'entrée; *amiral d'Hollande*, rouge et blanc; *amiral de mars*, rouge de sang et blanc.

AMIRAL, E, adj. (*amirale*), qui appartient à l'*amiral*: *vaisseau amiral, galère amirale*.

AMIRALE, subst. fém. (*amirale*), t. de mar., autrefois galère que montait l'*amiral des galères*. — Femme de l'*amiral*.

AMIRANTE, subst. mas. (*amirante*) (en espagnol *almirante*), *amiral* en Espagne.

AMIRAUTÉ, subst. fém. (formé de *amiral*), (*amirôté*), état et office d'*amiral*. — Siège de la juridiction de l'*amiral*. — On nommait autrefois *amirauté* une cour également distincte et de l'administration de la marine et des tribunaux, laquelle connaissait des affaires contentieuses concernant la marine et la navigation. — Louis XVIII a créé un *conseil d'amirauté* près du ministre de la marine, qui le préside. — En Angleterre, en Hollande, en Russie, en Amérique, etc., l'administration de la marine.

AMIRAUX, subst. mas. plur. (*amirô*). Voyez **AMIRAL**.

AMIRÉ JOANNET, subst. mas. (*amiréjoâné*), t. de jard., espèce de poirier; fruit qu'il porte.

AMIRE-ROUX, subst. mas. (*ami-rerou*), t. de jard., poire de juillet, colorée, ronde et grosse.

AMISODAR, subst. mas. (*amizodare*), myth., roi des bords du Xanthe, dont la principale force consistait dans la *Chimère*, qui fut tuée par Bellérophon.

AMISSIBILITÉ, subst. fém. (*amicicebilité*) (formé du lat. *amittere*, perdre), qualité de ce qui est *amissible*. Inus.

AMISSIBLE, adj. (*amicicεble*) (formé du latin *amittere*, perdre), qu'on peut perdre.

AMISSION, subst. fém. (*amicecion*), t. de droit, perte.

AMITHAON, subst. mas. (*amitaon*), myth., célèbre médecin, père de Mélampe, qui pour cela est surnommé *Amithaonius*.

AMITIÉ, subst. fém. (*amitié*) (formé du lat. *amicitia*,), affection que l'on a pour quelqu'un, et qui est ordinairement mutuelle. — Grace, faveur, plaisir: *faites-moi l'amitié de*... — Il s'emploie aussi dans le sens d'amis: *faire de nouvelles amitiés*. — On dit prov.: *les petits présents entretiennent l'amitié*. — On dit aussi, d'un homme qui a l'air bon: *qu'il a le visage de bonne amitié*. — En t. de peinture, convenance, accord entre les couleurs. — En t. de commerce, *amitié* se dit d'une espèce de moiteur légère et un peu onctueuse, accompagnée de pesanteur, que les marchands de blé reconnaissent au tact dans les grains, mais surtout dans le froment, quand il est bien conditionné: *ce blé a de l'amitié*. On dit aussi, *a de la main*. — On dit qu'*un drap* ou *une étoffe n'a point d'amitié*, pour dire que ce drap, cette étoffe, n'est point assez maniable. — Au plur. il signifie ordinairement caresses, paroles obligeantes, qui marquent de l'affection, démonstration d'*amitié*: *il m'a fait beaucoup d'amitiés*; *faites-lui mes amitiés*, témoignez-lui toute mon affection. — *Faire amitié à quelqu'un*, l'environner de soins affectueux et bienveillants. — **AMITIÉ**, **ATTACHEMENT**. (*Syn.*) L'*amitié* n'appartient qu'à l'homme; l'*attachement* peut appartenir aux animaux. — T. de myth., divinité allégorique, représentée nue, ayant dans la main deux cœurs enchaînés; un chien est couché à ses pieds. Les Romains la figuraient sous des emblèmes dont on nous a conservé la description. C'était une jeune personne vêtue d'une tunique sur la frange de laquelle on lisait: *la mort et la vie*. Sur son front étaient gravés ces mots: *l'été et l'hiver*. Elle avait le côté ouvert jusqu'au cœur, qu'elle montrait du doigt avec ces mots: *de près et de loin*.

AMITONNÉ, E, adj. (*amitoné*), enveloppé mollement. Inus.

AMMAN, subst. mas. (*ameman*), titre de dignité des chefs de quelques cantons suisses.

AMMANE, subst. fém. (*amemane*), t. de bot., sorte de salicaire.

AMMANIE, subst. fém. (*amemani*), t. de bot., sorte de plante.

AMMAS, subst. fém. (*amemâce*), myth., nom de la nourrice de Diane.

AMMEISTRE, subst. mas. (*amècetre*), autrefois échevin de Strasbourg.

AMMI, subst. mas. (*amemi*), t. de bot., plante annuelle du midi de la France, à fleurs en ombelle, dont la graine très-aromatique est au nombre des quatre semences chaudes.

AMMIGNONÉ, E, part. pass. de *s'ammignoner*.

S'AMMIGNONER, v. pron. (*çamignioné*), devenir gentil, mignon. Ce verbe n'est pas usité.

AMMITE ou **AMMONITE**, subst. mas. (*amemite, amemonite*) (du grec ἄμμος, sable), t. d'hist. nat., concrétions calcaires globuleuses. — *Ammite* est plus en rapport avec l'étymologie.

AMMOBATE, subst. mas. (*amemobate*), t. d'hist. nat., serpent de Guinée.

AMMOBATES, subst. mas. plur. (*amemobate*), t. d'hist. nat., insectes de l'ordre des hyménoptères.

AMMOCHOÈTE, subst. mas. (*amemokoète*), t. d'hist. nat., poisson de la famille des cyclostomes.

AMMOCHOSIE, subst. fém. (*amemokozi*) (du grec ἄμμος, sable), t. d'antiq., procédé employé pour dessécher un cadavre. Il consistait à l'enterrer dans du sable.

AMMOCHRYSE, subst. fém. (*amemokrize*) (du grec ἄμμος, sable, et χρυσος, or), pierre précieuse qui est le mica de couleur d'or.

AMMODYTE, subst. mas. (*amemodite*) (du grec ἄμμος, sable, et δύτης, plongeur), t. d'hist. nat., petit poisson osseux, holobranche, apode, de la famille des pantoptères, qu'on trouve caché sous le sable des rivages de la mer, roulé en spirale.

AMMON, subst. mas. (*amemon*) (ἄμμος, sable), t. d'hist. nat., bélier des Grecs. — Myth., surnom de Jupiter adoré en Libye, où il avait un temple fameux. C'est là qu'était le plus célèbre des oracles, connu sous le nom d'*oracle de Jupiter-Ammon*. — *Corne d'Ammon*, subst. fém., t. d'hist. nat., coquille en spirale, qui ne se trouve que pétrifiée dans le sein de la terre.

AMMONÉEN, adj. mas., au fém. **AMMONÉENNE** (*amemonéein, ène*), myth., qui a rapport à *Jupiter-Ammon*: *lettres ammonéennes*. Philon de Biblos, dans Eusèbe, nous dit, en parlant de l'histoire de Sanchoniathon, que l'auteur l'avait composée à l'aide de certains mémoires qu'il avait trouvés dans les temples, et qui étaient écrits en *lettres ammonéennes*, lettres non entendues du vulgaire. Ces *lettres ammonéennes*, suivant l'explication de Bochart, étaient celles dont les prêtres se servaient dans l'explication des choses sacrées (*Essai sur les Hiéroglyphes*.)

AMMONIA, subst. fém. (*amemonia*), myth., surnom de Junon, comme *Ammon* est celui de Jupiter. Voy. AMMON.

AMMONIAC, AQUE, adj. Du moins voilà ce qu'indique l'*Académie*. Mais puisque les dictionnaristes ne s'entendent point sur ce mot; que *Boiste* lui-même fait d'*ammoniac* et d'*ammoniaque* un subst. mas. tout aussi bien qu'un adj., l'*Académie* n'aurait-elle pas dû lever la difficulté? Pourquoi, par exemple, n'avoir pas décrété qu'*ammoniac* serait le subst. mas., et *ammoniaque* l'adj. des deux genres? Non, elle a préféré conserver une bizarrerie ridicule, et nous donner plus bas *ammoniaque*, subst. fém. Nous, nous ne pouvons que faire des vœux et formuler notre avis. Et pour terminer sur cet article, nous dirons encore que l'*Académie* induit en erreur quand elle avance au mot *ammoniaque*, qu'elle fait du fém., que quelques-uns le font masculin: tous devraient le faire mas.: ne vient-il pas du grec ἀμμωνιακον?

AMMONIAC, subst. et adj. mas., et mieux **AMMONIAQUE**, adj. des deux genres (*amemoniake*) (en grec ἀμμωνιακον, formé de ἄμμος, sable), t. de chim.: *sel ammoniaque*, sel neutre formé par la combinaison de l'acide marin avec l'alcali volatil, jusqu'au point de saturation. Les chimistes modernes le nomment *muriate d'ammoniac*. — *Sel ammoniaque natif*, 1° celui que produit la sublimation naturelle de l'urine des chameaux; 2° celui qui se sublime dans quelques déserts des pays chauds, dans certains volcans, etc. — *Sel ammoniaque du commerce* ou *de fabrique*, celui qui se fait avec la suie des cheminées où l'on brûle des matières animales, du sel marin, de l'urine d'homme, etc.

AMMONIACAL, E, adj. (*amemoniakal*), qui tient de l'*ammoniac*; plur. mas. *ammoniacaux*.

AMMONIACAUX, adj. plur. mas. Voy. AMMONIACAL.

AMMONIACÉ, E, adj. (*amemoniacé*), qui contient de l'*ammoniaque*.

AMMONIAQUE, mieux **AMMONIAC**, subst. fém. suivant l'*Académie*, et mas. d'après l'étymologie (*amemoniake*) (en grec ἀμμωνιακον, formé de ἄμμος, sable, parce que l'*ammoniac* se trouvait, dit-on, près du temple de Jupiter, en Libye), t. de la chimie moderne, combinaison d'hydrogène et d'azote, que l'on extrait communément du sel ammoniac. C'est ce que les anciens chimistes appelaient *alcali volatil*. — *Gomme ammoniaque*, gomme-résine dont on se sert en pharmacie. Voy. AMMONIAC.

AMMONIATE. Voy. AMMONIURE.

AMMONITE, subst. fém. (*amemonite*) (du grec ἄμμος, sable), t. d'hist. nat., pierre composée de petits grains semblables au sable. — Genre de coquilles de la classe des univalves.

AMMONIUM, subst. masc. (*amoniome*), nom de la base métallique supposée de l'ammoniaque.

AMMONIURE, subst. masc. (*amoniure*), combinaison de l'*ammoniac* avec des sels métalliques.

AMMOPHILE, subst. mas. (*amemofile*) (du grec ἄμμος, sable, et φιλος, ami), t. d'hist. nat., insecte du genre des hyménoptères.

AMMOROSITE, adj., mot vicieux. Voy. AMAUROSITE.

AMMOTHÉE, subst. fém. (*amemoté*), t. d'hist. nat., arachnide trachéenne. — Myth., nom d'une nymphe fille de Nérée et de Doris.

AMMY, subst. mas. (*amemi*), cumin d'Éthiopie, plante ombellifère, stomachique, carminative.

AMMYRSINE, subst. fém. (*amemircine*), t. de bot., plante de l'Amérique-Septentrionale.

AMNASTOMATIQUE, adj. (*amenacetomatike*) (du grec ἀμνηστος, plein, et στομα, bouche), t. de médec., se dit des médicaments que l'on emploie pour dilater les vaisseaux du sang. — Subst. mas., médicament que l'on emploie pour dilater les vaisseaux du sang: *un amnastomatique*.

AMNÉSIE, subst. fém. (*amenézi*) (du grec μνάομαι, se ressouvenir, et α privatif), suspension, diminution ou perte totale de mémoire.

AMNIATE, subst. mas. (*ameniate*), t. de chim., sel formé de la combinaison de l'acide amnique avec différentes bases.

AMNIOMANCIE, subst. fém. (*amenlomanci*) (du grec ἀμνιον, amnios, et μαντεια, divination), divination par l'amnios. Les anciens regardaient comme un signe de bonheur qu'un enfant vînt au monde la tête enveloppée de l'amnios. C'est ce qu'on appelle encore aujourd'hui être né coiffé.

AMNIOS, subst. mas. (*ameniôce*) (en grec ἀμνιον, de ἀμα, et εἰναι, être ensemble), t. d'anat., enveloppe du fœtus.

AMNIOTATE, subst. mas. (*ameniotate*), t. de chim., nom générique des sels qui proviennent de l'union de l'acide *amniotique* avec une base salifiable.

AMNIOTIQUE, adj. (*ameniotike*), t. de chim., se dit d'un acide blanc qui est tiré de l'*amnios*.

AMNIQUE, adj. (*amenike*), t. de médec., qui appartient, qui a rapport à l'*amnios*.

AMNISIADES ou **AMNISIDES**, subst. fém. plur. (*ameniziade, amenizide*), myth., nymphes ainsi appelées d'*Amnisius*, fleuve de l'île de Crète.

AMNISTIE, subst. fém. (*ameniceti*) (en grec ἀμνηστια, oubli du passé, de α priv., et μνάομαι, se ressouvenir), pardon qu'un souverain accorde aux rebelles, aux déserteurs, etc. — C'est l'acte par lequel il proclame l'oubli des crimes et délits qui ont été commis. — AMNISTIE, GRACE. (*Syn.*) L'*amnistie* diffère de la *grace* en ce qu'elle a un caractère plus étendu et plus général; la *grace* est spéciale et individuelle; elle ne s'accorde qu'après la condamnation prononcée: c'est, en d'autres termes, la remise d'une peine; l'*amnistie*, au contraire, s'applique à toute une classe de délinquants; elle embrasse dans sa généralité les individus condamnés et ceux qui ne sont encore qu'en état de prévention. La charte française, qui accorde au roi le droit de faire *grace*, garde le silence sur le droit d'*amnistie*. Cependant, dans la pratique, l'*amnistie* est considérée comme étant de la même nature que le droit de *grace*, et il n'est pas d'année qui ne voie proclamer quelque *amnistie*, soit à raison des délits forestiers, soit pour une autre classe de délits correctionnels. Il est cependant de bons esprits qui, tout en accordant au roi le droit d'*amnistie*, le restreignent aux *délits* seuls, et pensent que l'*amnistie* pour *crimes* ne peut être prononcée que par une loi. Cette opinion a été exprimée par M. Dupin, procureur-général près la cour de cassation, dans le discours qu'il a prononcé le 3 novembre 1834, à la rentrée de cette cour. L'*amnistie*, étant une sorte de *pardon général*, laisse toujours subsister sur ceux qui en sont l'objet une certaine tache; aussi nous pensons qu'il est telle circonstance où l'*amnistié* aura le droit de ne pas accepter cette faveur. Celui qui est fort de sa conscience ne peut-il pas avoir un intérêt réel à paraître devant ses juges pour faire proclamer son innocence? Un acquittement complet vaudra mieux pour lui que l'*amnistie*. La cour de cassation a décidé en ce sens, par arrêt du 23 novembre 1836. (*Sirey*, t. XXVIII, Ire part., p. 349.) (*Dict. de Législation usuelle.*) — Il ne faut pas confondre ce mot avec *armistice*, qui n'a ni le même sens ni le même genre. Voy. ARMISTICE. — Il y a entre Nîmes et Usez un château qu'on nomme le *château d'Amnistie*.

AMNISTIÉ, E, part. pass., adj. et subst. (*amenicetié*) (formé de *amnistier*), qui est compris dans une *amnistie*.

AMNISTIER, v. act. (*amenicetié*) (rac. *amnistie*), accorder un pardon partiel ou général à des rebelles, des déserteurs, etc. — S'AMNISTIER, v. pron.

AMOBILE, est un vieux mot latin qu'on a essayé inutilement de franciser, et qu'on a dit dans le temps pour *amovible*, qui seul est resté.

AMODÉRER, v. act., vieux mot qui se trouve dans le *Glossaire* sur *Marot*, et qui n'a point pris racine: on ne dit que *modérer*.

AMOBOUDU, subst. mas. (*amoboudu*), prêtre africain.

AMODIATEUR, subst. mas., au fém. **AMODIATRICE** (*amodiateur, trice*), celui ou celle qui prend quelque terre à ferme. L'*Académie* ne fait pas mention du fém. Voy. AMODIER.

AMODIATION, subst. fém. (*amodiâcion*), convention par laquelle on donne une terre à ferme. Voy. AMODIER.

AMODIATRICE, subst. fém. Voy. AMODIATEUR.

AMODIÉ, E, part. pass. de *amodier*.

AMODIER, v. act. (*amodié*) (du latin barbare *admodiare*, fait de *ad*, à, et *modium*, boisseau; *affermer à tant le boisseau* ou *pour tant de boisseaux*), affermer une terre en grains ou en argent. — S'AMODIER, v. pron. — Si nous écrivons ici *amodier*, ce n'est que parce que c'est l'orthographe de l'*Académie*: on devrait écrire *admodier*.

AMOGABARE, subst. fém. (*amoguabare*), ancienne milice espagnole très-brave.

AMOINDRI, E, part. pass. de *amoindrir*.

AMOINDRIR, v. act. (*amoeindrir*), diminuer, rendre *moindre*: *cette torche amoindrit pour nous les ténèbres de la nuit*. — On emploie aussi ce verbe dans un sens neutre: *son revenu amoindrit tous les ans*. — S'AMOINDRIR, v. pron., devenir *moindre*.

AMOINDRISSEMENT, subst. mas. (*amoeindricemán*), diminution.

A MOINS *de*, **A MOINS** *que*, **A MOINS** *que de*, sorte de conjonctions fort usitées dans le discours. *A moins*, devant un nom, régit la prépos. *de*: *à moins d'une volonté ferme*. — Devant un verbe elle régit *que*, et le subj. avec *ne*: *à moins que vous ne soyez assez bon pour me remplacer dans cette affaire*. — *A moins que* peut se mettre aussi avec un infinitif et la prép. *de*. L'*Académie* pense qu'on peut dans ce cas dire également *à moins de* : selon notre opinion, qui, du reste, est celle de *Girault-Duvivier*, *à moins que de* a plus de force que *à moins de*. Voy. MOINS.

AMOISES, subst. fém. plur. (*amoèze*), t. de charpentier, pièces de bois qui embrassent les sous-faites, liens et poinçons à l'endroit des assemblages, pour les affermir. Voy. MOISE.

AMOITÉ, E, part. pass. de *amoiter*.

AMOITER, v. act. (*amoèté*), humecter, rendre *moite*. — *s'*AMOITER, v. pron. — On a dit aussi *amoistir*, et *s'amoistir*: ces verbes, quelque vieux qu'ils soient, pourraient être utiles ; on a eu tort de les repousser, car nous n'en avons pas pour exprimer ce qu'ils signifient.

AMOLAGO, subst. mas. (*amolaguo*), espèce de poivre.

AMOLETTE, subst. fém. (*amolète*), t. de mar., trou pour passer la barre du cabestan.

AMOLIER, v. act. (*amolié*), que nous lisons dans *Borel* pour signifier *adoucir*, est inutile, puisque nous avons *amollir* qui a la même signification.

AMOLLI, E, part. pass. de *amollir*.

AMOLLIR, v. act. (*amolir*) (du latin *mollire*, fait de *mollis*, dérivé lui-même du grec αμαλος, mou, tendre), rendre *mou*, maniable : *le feu amollit le métal*. — Fig., adoucir, rendre plus doux, plus humain ; affaiblir, rendre moins vigoureux. *Amollir* se prend ordinairement en mauvaise part, et *adoucir* en bonne part. — En t. de fabrique, on dit : *amollir le cuivre*, pour dire : recharger le creuset, le remplir de nouvelle composition. — *s'*AMOLLIR, v. pron., devenir *mou*. — Fig., s'affaiblir, devenir plus lâche ; devenir *mou*, efféminé, moins vigoureux.

AMOLLISSEMENT, subst. mas. (*amoliceman*), action d'*amollir*. — Effet qui résulte de cette action, au propre et au figuré : *l'amollissement de la cire ; l'amollissement du courage*.

AMOLOGO, subst. mas. (*amologuo*), prêtre du Congo qui détruit les sortilèges.

AMOME, subst. mas. (*amome*), t. de pharm., espèce de drogue médicinale qui entre dans la thériaque. — T. de bot., fruit d'une plante odorante, à fleurs blanches, qui croît aux Indes.

AMOMI, subst. mas. (*amomi*), poivre de la Jamaïque.

AMOMIE, subst. fém. (*amomî*), t. de bot., mûrier blanc.

AMOMIS, subst. fém. (*amomice*), t. de bot., sorte de plante odoriférante.

AMOMUM, subst. mas. (*amomome*), t. de bot., plante de la famille des drymyrrhisées.

AMONCELÉ, E, part. pass. de *amonceler*.

AMONCELER, v. act. (*amoncelé*), mettre en monceaux ; entasser : *amonceler des gerbes, des trésors*. — Indic. prés. j'*amoncelle*, et non point j'*amoncèle* ; imparf. j'*amoncelais*. — Fig., *amonceler les iniquités*. Voy. AMASSER. — V. neut., se dit, en t. de man., d'un cheval qui est bien ensemble, qui est bien sous lui, qui marche sur les hanches sans se traverser. Il est vieux. — *s'*AMONCELER, v. pron.

AMONCELLEMENT, et non pas AMONCÈLEMENT, subst. mas. (*amoncèleman*) (formé de *amonceler*), action de *amonceler* ; état de ce qui est *amoncelé*.

AMONÉTÉ n'est pas français. Voy. ADMONÉTÉ.

AMONÉTER n'est pas français. Voy. ADMONETER.

AMONIE, subst. fém. (*amonî*), t. de bot., plante de la famille des rosacées.

AMONITION n'est pas français. Voy. ADMONITION.

AMONT, subst. mas., ou mieux adv. (*amon*) (du latin *ad montem*, vers la montagne), t. de batelier : en remontant. — *Vent d'amont*, vent qui souffle ordinairement dans le même sens que le cours d'une rivière. — *En amont*, ou simplement *amont*, en t. de ponts-et-chaussées, exprime le côté d'en haut, appelé aussi *contre-haut*. — En t. de vieille faucon. : *mettre l'oiseau amont*, le jeter ; *le faucon tient amont*, se soutient en l'air.

AMONTÉ, E, part. pass. de *amonter*.

AMONTER, v. act. (*amonté*), toucher, intéresser, exalter. Vieux verbe absolument inusité.

AMOQUE, subst. mas. (*amoke*), t. d'hist. moderne, naïre qui, chez les Indiens, se dévoue à la mort.

AMORCE, subst. fém. (*amorce*) (suivant *Ménage*, du lat. *admorsare*, dérivé de *morsus*, morsure, action de mordre, d'où l'on a fait également *morceau*), appât pour prendre des poissons, des oiseaux, etc. — Poudre fine qu'on met dans le bassinet d'une arme à feu, ou autour de la lumière d'une pièce d'artillerie. — Fig., tout ce qui attire agréablement en flattant les sens ou l'esprit. — On appelle aussi *amorce* une corde préparée pour faire tirer tout de suite des boîtes, des pétards, des fusées. — Les mèches soufrées qu'on attache aux grenades et à des saucisses, et avec lesquelles on met le feu aux mines, se nomment aussi *amorces*. — Fig. : *prendre une ville sans brûler une amorce*, sans tirer un seul coup de fusil.

AMORCÉ, E, part. pass. de *amorcer*.

AMORCER, v. act. (*amorcé*) (dérivé de *amorce*), garnir d'amorce : *amorcer un hameçon*, y mettre un ver ou autre appât, pour attirer le poisson. — Il signifie aussi : attirer avec de l'*amorce* : *amorcer des poissons, des oiseaux*, etc. — Mettre de la poudre fine dans le bassinet d'une arme à feu, autour de la lumière d'un canon, à des fusées, à des pétards, etc. — Fig., attirer par des choses qui flattent l'esprit ou les sens : *se laisser amorcer par une apparence de gloire*. — En t. de serrurier, ôter quelque chose du fer avant de le percer entièrement. — Les ouvriers en fer s'en servent aussi pour dire : préparer deux morceaux de fer pour les souder ensemble. — En archit., finir le comble d'un bâtiment. — En t. de charpentier, commencer avec *l'amorçoir*, dans une pièce de bois, un trou qu'on achève avec la tarière, etc. — *Amorcer un peigne*, commencer à en ouvrir les dents avec le carrelet. — *s'*AMORCER, v. pron.

AMORÇOIR, subst. mas. (*amorçoar*), t. d'arts et métiers, outil dont l'artisan qui travaille en bois se sert pour commencer les trous.

AMOROSO, adv. (*amorôzo*), t. de mus. emprunté de l'italien, et qui indique un mouvement, une expression tendre. — On dit très-bien subst. au mas. : *chanter un amoroso*. — *Des amoroso*, sans *s* au plur.

AMORPHA ou **AMORPHE**, subst. mas. (*amorfa*), t. de bot., genre de plantes originaires des parties méridionales de l'Amérique septentrionale. Elles sont de la famille des plantes légumineuses. — Il y a l'amorphe fruticuleux, que l'on cultive dans les jardins d'ornement, à cause de ses feuilles d'un vert noir et de ses épis violets ponctués de jaune, qui produisent un assez bel effet. On l'appelle vulgairement indigo bâtard.

AMORPHE, adj. des deux genres (*amorfe*), (du grec α privatif, et μορφη, forme), t. d'hist. nat., qui n'a point de forme bien déterminée, bien distincte : *polype amorphe, substance amorphe*.

AMORRHÉEN, adj. mas., au fém. AMORRHÉENNE (*amoréein, ène*), descendants d'*Amorrhée*, fille de Chanaan.

AMORTI, E, part. pass. de *amortir*, et adj., éteint, affaibli, dépourvu de force : *pension amortie ; boulet amorti*.

AMORTIR, v. act. (*amortir*) (du latin *mors*, mort, fin, dernier terme ; *mettre à fin, faire cesser, détruire*, etc.), rendre moins ardent, moins violent : *amortir le feu en y jetant de l'eau ; amortir la fièvre* ; et fig., *amortir les passions, la douleur*, etc. — Faire perdre de la force à un coup : *son buffle amortit le coup*. — Affaiblir la vivacité des couleurs, l'éclat des sons. — Éteindre des pensions, des rentes, des redevances, etc. — Passer des herbes sur le feu ou dans l'eau chaude. — Autrefois, dans l'imprimerie, *amortir les cuirs*, c'était les rendre plus souples au moyen de l'eau, afin de les monter plus facilement sur le bois de la balle. — *Amortir*, chez les boyaudiers, faire tremper les boyaux dans un chaudron, à mesure qu'ils sont lavés, pour les amollir un peu, et les disposer à recevoir le dégraissage. — En t. de pratique, payer le droit d'amortissement : *amortir un fief, une terre*. — Autrefois, permettre aux gens de *main-morte* de posséder perpétuellement un héritage, sans qu'on pût les contraindre de l'aliéner, ni le mettre hors de leurs mains. — T. de mar., *amortir l'air d'un bâtiment*, l'arrêter. — V. neut., rester échoué dans un port, dans un bassin, pendant la *morte* mer. — *s'*AMORTIR, v. pron.

AMORTISSABLE, adj. (*amorticable*) t. de pratique, qui peut être *amorti* : *pension amortissable*.

AMORTISSEMENT, subst. mas. (*amorticeman*) (formé de *amortir*), t. de prat., rachat, extinction d'une rente, etc. — Autrefois faculté accordée aux gens de *main-morte* de devenir propriétaires : *droit d'amortissement ; ces religieux ont payé tant pour l'amortissement de...* — Modification, amoindrissement dans l'effet d'un choc : *sans l'amortissement du coup, il aurait été grièvement blessé*. — En t. d'archit., ce qui termine le comble d'un bâtiment, et, par extension, tout ornement qui termine un morceau d'architecture. *mettre un vase, une figure en amortissement*. — En t. de mar., effet de l'action d'*amortir* l'air, ou d'*amortir*, d'échouer. — *Caisse d'amortissement*, caisse chargée, en France, de toutes les opérations relatives à l'*amortissement* de la dette publique. Elle a en même temps d'autres attributions : elle est aussi *caisse des dépôts et consignations*, et c'est à ce dernier titre qu'elle reçoit en dépôt les retenues faites sur le traitement des employés des administrations publiques, à l'effet de leur assurer des pensions de retraite.

AMOUILLANTE, adj. fém. (*amouiante*), épithète qu'on a donnée à une vache qui vient de vêler, qui va vêler, ou qui vêle. Inus.

AMOUILLE, subst. fém. (*amouie*), premier lait de la vache qui a vêlé.

AMOU, subst. mas. (*amou*), bourg de France, chef-lieu de canton, arrond. de Saint-Sever, dép. des Landes.

AMOUR, subst. mas., et quelquefois fém. au plur. (*amour*) (en latin *amor*), sentiment passionné par l'effet duquel le cœur se porte vers ce qui lui paraît aimable, et en désire la possession ; penchant naturel des deux sexes l'un pour l'autre : *amour violent, amour tendre ; amour charnel, amour platonique ; amour filial, amour paternel, amour conjugal*, etc. — *Il s'est marié par amour*, c'est-à-dire : désavantageusement, et par l'emportement d'une aveugle passion. — On dit *l'amour de la gloire* et non *l'amour pour la gloire*. — Ce mot est mas. au sing. Il était autrefois fém., et plusieurs bons auteurs lui ont donné ce genre. Les poètes surtout n'ont suivi sur ce point aucune règle fixe : à l'exception de l'*amour de Dieu*, qui s'est conservé masculin, toutes les autres espèces d'*amour* ont pris au singulier tantôt un genre, tantôt un autre. Les grammairiens veulent qu'au pluriel *amours* ne s'emploie qu'au féminin ; mais les poètes violent souvent cette règle. Aujourd'hui les bons auteurs font toujours *amour* masculin au singulier, et féminin au pluriel : *de nouvelles amours ; folles amours*. L'auteur du poème de *l'Imagination* a dit au masculin (chant 6e) :

Rêve de longs succès, rêve de longs amours.

— La personne qu'on aime avec passion : *être avec ses amours*. Il ne s'emploie pas dans le style noble, quoique *Racine* ait dit (*Britannicus*) :

Impatient surtout de revoir ses amours.

— Tout ce qu'on aime passionnément : *les tableaux, les médailles, les livres sont ses amours*. — On n'emploie le plur. mas. que lorsqu'il est question de l'amour personnifié : ainsi l'on dit au pluriel : *les jeux, les ris et les amours*. — *Amour* signifie l'objet même de l'affection : *vous êtes l'amour de la terre*. — *Amour de charité, de bienveillance, d'intérêt*, celui qui procède d'un sentiment de charité, etc. — *de Dieu, du prochain, de la patrie*, celui qu'on a pour Dieu, etc. — *Amour de soi*, sentiment naturel qui porte tout individu à veiller à sa conservation, etc. — *Amour-propre*, sentiment factice qui nous porte à faire plus de cas de nous que de tout autre ; orgueil, vaine gloire. — *Pour l'amour de Dieu*, dans la vue de plaire à Dieu ; et fam. : sans aucun intérêt. On dit ironiquement : *comme pour l'amour de Dieu*, en parlant d'une chose faite à contre-cœur, d'une chose donnée de mauvaise grace ou avec lésinerie. — *Pour l'amour de quelqu'un*, par considération, par estime, par affection pour quelqu'un : *c'est une chose que je vous prie de faire pour l'amour de moi*. — *M'amour*, expression familière autrefois employée pour *mon amour*, ne se dit plus. — Proverbialement : *tout par amour, et rien par force*, pour exprimer qu'on réussit mieux par la voie de la douceur que par celle de la violence. — On dit d'une femme excessivement laide et dégoûtante, que c'est *un vrai remède d'amour*. — *Filer le parfait amour*, avoir un amour timide, respectueux. — On dit qu'*une femme a fait long-temps filer le parfait amour à un homme*, quand elle l'a laissé soupirer long-temps sans répondre à son amour. — *Amour* s'applique aux choses que l'on cultive avec ardeur : *l'amour des sciences, des arts* ; auxquelles on s'adonne avec passion : *l'amour du travail, l'amour des plaisirs, l'amour du jeu* ; que l'on s'efforce d'acquérir : *l'amour des richesses, l'amour de la gloire, de la réputation* ; auxquelles on prend un grand plaisir : *l'amour des nouveautés, l'amour du changement, l'amour de la parure, l'amour des spectacles ; l'amour du monde*, de ses vanités, de ses joies. — On dit, en t. de peinture, 1° *peindre, dessiner avec amour*, avoir, en peignant, l'âme échauffée d'un sentiment mêlé de désir et de satisfaction; travailler avec intérêt, grace, facilité, etc.; 2° *toile, fond qui a de l'amour*, toile, fond qu'on a rendu égal, lisse et coulant, de manière qu'il reçoive mieux la peinture en détrempe. — *Voler d'amour*, se dit, en vieux t. de fauconn., des oiseaux qu'on laisse voler en liberté, pour soutenir les chiens. — T. d'agricult. et de jard., *la terre entre en amour* ou *est en amour*, se dit en parlant de l'espèce de fermentation qui, au printemps, fait monter la sève dans les végétaux. — *Ce terrein n'a point d'amour*, est trop maigre et peu susceptible de culture. — On dit que les femelles des animaux *sont en amour*, pour dire qu'elles sont en chaleur. — On dit prov. qu'*il n'y a point de belles prisons ni de laides amours*; et encore : *froides mains, chaudes amours*, pour : la fraicheur des mains marque d'ordinaire un tempérament chaud.—T. de myth., divinité fabuleuse à qui les anciens attribuaient le pouvoir de faire aimer, et qu'ils nommaient aussi *Cupidon*. Elle est représentée sous la figure d'un enfant ailé, tout nu, portant un arc et un carquois rempli de flèches. Il a aussi quelquefois un bandeau sur les yeux et un flambeau à la main.—AMOUR, AMOURETTE (*Syn.*) Celle-ci amuse, celui-là occupe. L'*amour* fait ou tout l'esprit ou toute la sottise de la plupart des femmes. Les hommes d'un grand génie s'y livrent rarement, mais ils donnent souvent leurs loisirs aux *amourettes*. — AMOUR, GALANTERIE (*Syn.*) L'*amour* a pour objet la personne; la *galanterie* a pour objet le sexe. L'*amour* est dans le cœur; la *galanterie* est dans les sens. — En t. de jard., on nomme *pomme d'amour* le fruit de la morelle.

AMOUR (SAINT-), subst. mas. (*ceintamour*), ville de France, chef-lieu de canton, arrond. de Lons-le-Saulnier, dép. du Jura.

AMOURACHÉ, E, part. pass. de *amouracher*.

AMOURACHER, v. act. (*amouraché*), engager dans de folles amours. Fort peu usité. — *s'*AMOURACHER, v. pron., s'engager dans de folles amours.

AMOURETTE, subst. fém. (*amourète*) (diminutif d'*amour*, amour passager et sans grande passion : *il a toujours quelque amourette*.—*Se marier par amourette*, faire un mariage disproportionné, par suite d'un fol amour. — En t. d'hist. nat., genre de jolis petits insectes coléoptères, de la famille des stéréocères ou solidocornes, couverts d'une poussière écailleuse colorée, et que l'on trouve fréquemment sur les fleurs. On les nomme aussi *anthrènes*. — T. de bot., *amourette des prés* est la même que la *fleur de coucou*. — En t. de bot., plante de l'île Saint-Domingue. On distingue l'*amourette blanche* ou *tabac marron*, et l'*amourette bâtarde*. — On appelle *amourettes* certaines parties délicates, friandes, qu'on détache de quelques os de la viande : c'est la moelle qui se trouve dans les reins de l'animal.

AMOUREUSE, subst. et adj. fém. Voy. AMOUREUX.

AMOUREUSEMENT, adv. (*amoureuzeman*), avec amour : *soupirer, regarder amoureusement*. — Il s'applique, dans les arts, à ce qui est exécuté avec grace, avec goût.

AMOUREUX, subst. et adj. mas., au fém. AMOUREUSE (*amoureu, reuze*), qui aime d'*amour* : *il est amoureux de cette femme*; et fam. : *il en est amoureux fou*; voy. AMANT. — On lit dans Racine (*Britannicus*) :

Narcisse, c'en est fait, Néron est amoureux.

Ce mot n'est pas assez noble pour la tragédie. — Substantivement : *un amoureux transi*; *l'amoureux des onze mille vierges*; fam.—Le bas peuple dit : *mon amoureux, mon amoureuse*, pour : mon amant, ma maîtresse, mon prétendu, ma prétendue. —Qui a une grande passion pour..... : *amoureux de la gloire, de la musique, de ses propres ouvrages*. — Qui marque de l'amour : *transports amoureux*. — En t. d'agric., *terres amoureuses*, celles qui, bien ameublies par des labours et des engrais, sont plus susceptibles de fermentation que les autres. — En t. de manuf., *drap amoureux*, qui a beaucoup de maniement. — En t. d'imprimerie, quand on se servait encore de balles, sorte de tampons remplacés aujourd'hui par les rouleaux, on appelait *balles amoureuses* celles dont les cuirs étaient bien préparés, saisissaient et distribuaient l'encre avec facilité et d'une manière égale. — Au théâtre, on entend par *rôles d'amoureux* les rôles d'amants : *remplir les rôles d'amoureux*, *d'amoureuses*, c'est en avoir l'emploi. — En t. de peint., on dit : *pinceau amoureux* pour : pinceau dont la touche est moelleuse, légère et délicate; et, dans le même sens : *tableau amoureux*. — On appelle en anat., *muscles amoureux*, les muscles de l'œil, qui le font mouvoir obliquement, qui lui font faire ce qu'on appelle des *œillades*.

AMOUR-PROPRE, subst. mas. Voy. AMOUR.

AMOVIBILITÉ, subst. fém. (*amovibilité*) (formé de *amovible*), qualité de ce qui est *amovible*.

AMOVIBLE, adj. (*amovible*) (formé du lat. *amovere*, mouvoir), qui peut être ôté d'une place, d'un poste; qui peut être destitué : *magistrat amovible; employé amovible*; et par extension : *place, emploi amovible*.—On dit aussi substantivement : *c'est un amovible*.

AMPA, subst. mas. (*anpa*), t. de bot., espèce de figuier de Madagascar.

AMPAC, subst. mas. (*anpak*), t. de bot., arbre des Indes-Orientales, qui fournit de la gomme.

AMPAN. Voy. EMPAN.

AMPASTELÉ, E, part. pass. de *ampasteler*.

AMPASTELER, v. act. (*anpacetelé*), t. de teinturier, donner le bleu de pastel aux laines et aux draps.

AMPECHONÉ, subst. mas. (*anpechoné*), t. d'antiq., manteau léger. Ce mot semble être le même que *ampichoné*.

AMPÉLITE, subst. fém. (*anpélite*) (du grec αμπελος, vigne), sorte d'argile mêlée de terre silicense, de pétrole et de pyrite, qui est un excellent engrais pour les vignes.—Les anciens s'en servaient pour teindre en noir les cheveux et les sourcils. — On le nomme encore *terre à vigne*, et *crayon des charpentiers*.

AMPELOLEUCE, subst. fém. (*anpeloleuce*), espèce de couleuvre.

AMPELOS, subst. mas. (*anpeloce*) (mot grec), myth., fils d'un satyre et d'une nymphe, fut un des amis de Bacchus, qui avait aussi un prêtre de ce nom.—Ce mot, qui signifie *vigne* en grec, est encore le nom d'un promontoire de l'île de Samos; d'une ville dans la Crète; d'une autre dans la Macédoine, etc.

AMPÉLUSIE, subst. fém. (*anpéluzi*) (formé probablement de αμπελος, vigne), promontoire d'Afrique dans la Mauritanie. — Caverne consacrée à Hercule.

AMPHARISTÈRE, adj. des deux genres (*anfaricelère*) (du grec αμφαριστερος, ambidextre), qui a les deux mains gauches.

AMPHIARAÏDÈS, subst. mas. (*anfiara-idèce*), myth., nom d'Alcméon, fils d'Amphiaraüs.

AMPHIARAÜS, subst. mas. (*anfiara-uce*), myth., fils d'Apollon et d'Hypermnestre. Ériphile, sa femme, enseigna à Polynice, pour un collier d'or, le lieu où il s'était caché de peur d'aller à la guerre de Thèbes, parce qu'il avait connaissance d'une certaine prédiction annonçant qu'il y périrait. Comme il était à table avec les chefs de l'armée, un aigle fondit sur sa lance, l'enleva, puis la laissa tomber dans un endroit où elle se convertit en laurier. Le lendemain la terre s'ouvrit sous lui, et il y fut abymé avec ses chevaux. — Les poètes le confondent quelquefois avec Alcméon.

AMPHIARÈES, subst. fém. plur. (*anfiaré*), fêtes en l'honneur d'*Amphiaraüs*.

AMPHIARTHRODIAL, E, adj. (*anfiartrodial*), t. d'anat., qui appartient à l'*amphiarthrose*.

AMPHIARTHROSE, subst. fém. (*anfiartrôze*) (du grec αμφι, des deux côtés, et αρθρον, article, jointure), t. d'anat., articulation mixte, tenant de la diarthrose et de la synarthrose.

AMPHIB., abréviation du mot *amphibologie*.

AMPHIBIE, adj. des deux genres (*anfibi*) (du grec αμφι, des deux côtés, doublement, et βιος, vie), se dit des animaux et des plantes qui vivent également sur la terre et dans l'eau. — On dit aussi substantivement, en parlant des animaux, et au mas. : *un amphibie*. — Fig., *un amphibie* est un homme qui se mêle de différentes professions opposées, ou qui tour à tour adopte indifféremment des opinions contraires, pourvu qu'elles s'accordent avec ses intérêts.

AMPHIBIOGRAPHE, subst. des deux genres (*anfibioguerafe*), celui ou celle qui décrit les animaux *amphibies*.

AMPHIBIOGRAPHIE, subst. fém. (*anfibioguerafi*) (du grec αμφι, des deux côtés, βιος, vie, et γραφω, je décris), description des *amphibies*.

AMPHIBIOGRAPHIQUE, adj. (*anfibioguerafike*), qui a rapport à l'*amphibiographie*.

AMPHIBIOLITHE, subst. mas. (*anfibiolite*) (du grec αμφιβιος, amphibie, et λιθος, pierre), t. d'hist. nat., pétrification d'animaux amphibies.

AMPHIBIOLOGIE, subst. fém. (*anfibioloji*) (du grec αμφιβιος, amphibie, et λογος, discours), partie de l'hist. nat. qui traite des animaux *amphibies*.

AMPHIBIOLOGIQUE, adj. des deux genres (*anfibiolojike*), qui a rapport à l'*amphibiologie*.

AMPHIBLESTROÏDE, subst. fém. (*anfiblécetroïde*) (du grec αμφιβληστρον, filet de pêcheur, et ειδος, forme, ressemblance), t. d'anat., tunique de l'œil, molle, blanche et glaireuse.

AMPHIBOLE, subst. fém. (*anfibole*) (du grec αμφιβολος, ambigu, équivoque), t. d'hist. nat., nom donné à la substance minérale appelée auparavant *schorl opaque rhomboïdal*.—On a aussi appelé du même nom le *horn-blende* des anciens minéralogistes.

AMPHIBOLOGIE, subst. fém. (*anfiboloji*) (du grec αμφι, des deux côtés, βαλλω, je jette, et λογος, discours), vice du discours, qui le rend ambigu et obscur. L'*amphibologie* est à la phrase ce que l'*ambiguïté* est aux mots.

AMPHIBOLOGIQUE, adj. (*anfibolojike*), ambigu, qui est à double sens ou qui a un sens obscur : *discours, réponse amphibologique*.

AMPHIBOLOGIQUEMENT, adv. (*anfibolojikeman*), d'une manière *amphibologique*.

AMPHIBRANCHIES, subst. fém. plur. (*anfibranchi*) (du grec αμφιβραγχια, formé de αμφι, autour, et de βραγχια, gorge), t. d'anat., espaces autour des glandes des gencives qui humectent la trachée-artère et l'estomac.

AMPHIBRAQUE, subst. mas. (*anfibrake*) (du grec αμφι, autour, et βραχυς, bref), pied de vers grec et latin, composé d'une longue entre deux brèves, comme *amare*.

AMPHICÉPHALE, subst. mas. (*anficéfale*) (de grec αμφικεφαλος, formé de αμφι, autour, et de κεφαλη, tête), lit qui, chez les anciens, avait deux chevets opposés l'un à l'autre.

AMPHICLÉE, subst. fém. (*anfiklé*), ancienne ville de la Phocide.

AMPHICOME, subst. mas. (*anfikome*), t. d'hist. nat., sorte d'insectes intermédiaires entre les hannetons et les trichies.

AMPHICORDUM, subst. mas. (*anfikordon*). Voy. ACCORDO.

AMPHICTYON, subst. mas. (*anfiktion*), membre de l'assemblée des *amphictyons*.

AMPHICTYONIDE, adj. (*anfiktionide*), t. d'hist. anc., se dit d'une ville qui avait le droit d'*amphictionye*.

AMPHICTYONIE, subst. fém. (*anfiktioni*), t. d'hist. anc., droit que les villes grecques avaient d'envoyer un député aux *amphictyons*. — C'était aussi le tribunal des *amphictyons*.

AMPHICTYONIQUE, adj. (*anfiktionike*), t. d'hist. anc., qui était du ressort du conseil des *amphictyons*.

AMPHICTYON, subst. mas. (*anfiktion*), myth., fils de Deucalion et de Pyrrha.—Il y eut un autre *Amphictyon*, fils d'Hélénus, qui institua à Athènes le fameux tribunal auquel il donna son nom, et dont les décrets étaient aussi respectés que les oracles des dieux.

AMPHICTYONS, subst. mas. plur. (*anfiktion*) (d'*Amphictyon*, fils de *Deucalion*, roi d'Athènes, qui le premier avait établi ces assemblées), députés des villes et des peuples de la Grèce, qui représentaient la nation avec de pleins pouvoirs. Leur conseil ou tribunal était appelé *amphictyonie*, et les villes qui avaient droit d'y députer *amphictyonides*.

AMPHIDAMAS, subst. mas. (*anfidamâce*), myth., fils de Busiris. Il fut tué par Hercule.

AMPHIDÉON, subst. mas. (*anfidéon*), t. d'anat., l'orifice de l'utérus.

AMPHIDIARTHRODIAL, E, adj. (*anfidiartrodial*), qui a rapport à l'*amphidiarthrose*.

AMPHIDIARTHROSE, subst. fém. (*anfidiartrôze*) (du grec αμφι, de chaque côté, et διαρθρωσις, articulation), t. d'anat. On a donné ce nom à l'articulation de la mâchoire inférieure avec les temporaux.

AMPHIDROMIES, subst. fém. plur. (*anfidromi*) (du grec αμφι, autour, et δρομος, course), t. d'hist. anc., fêtes qu'on célébrait à Athènes le cinquième jour de la naissance d'un enfant. On promenait l'enfant autour du foyer.

AMPHIGÈNE, subst. mas. (*anfijène*) (du grec αμφι, doublement, et γινομαι, naître; *qui a une double origine*), t. de minér., espèce de pierre nommée aussi *grenat blanc*. Elle a reçu le premier de ces noms parce qu'on peut diviser ses crystaux de deux manières différentes.

AMPHIGOURI, subst. mas. (*anfiguouri*) (du

grec αμφι, autour, et γυρος, cercle), phrase, discours dont les mots présentent des idées sans ordre et vides de sens.—L'*Académie* définit ce mot : un discours, un écrit burlesque et inintelligible, *fait à dessein*. Notre avis est que *fait à dessein* est de trop; car l'*amphigouri* n'est point une composition quelconque, c'est au contraire un défaut dans la composition : ce qui est bien différent.

AMPHIGOURIQUE, adj. (*anfiguourike*), qui tient de l'*amphigouri*; obscur, sans ordre, sans liaison : *style, discours, vers amphigouriques*.

AMPHIGOURIQUEMENT, adv. (*anfiguourikeman*), d'une manière *amphigourique*. — L'*Académie* ne donne pas cet adverbe.

AMPHIHEXAÈDRE, adj. des deux genres (*anfièkzaèdre*) (du grec αμφι, doublement, εξ, six, et εδρα, base), t. d'hist. nat., hexaèdre dans deux sens différents, en parlant de certains crystaux.

AMPHILOQUE, subst. mas. (*anfiloke*), myth., fils d'Amphiaraüs. Il se trouva au siége de Troie. A son retour il bâtit une ville à laquelle il donna son nom. Il fut depuis honoré comme un dieu.

AMPHIMACRE, subst. mas. (*anfimakre*) (du grec αμφι, autour, et μακρος, long; *pied long à ses deux extrémités*), pied de vers grec et latin composé d'une brève entre deux longues; exemples : *prœcidens; omnium*.

AMPHIMAQUE, subst. mas. (*anfimake*), myth., deux des capitaines grecs qui allèrent au siége de Troie.

AMPHIMARUS, myth. Voy. LINUS.

AMPHIMÉDON, subst. mas. (*anfimédon*), myth., fils de Mélantho, l'un de ceux qui voulaient épouser Pénélope. Télémaque le tua d'un coup d'épée. —Il y a eu un autre *Amphimédon* qui fut tué par Persée.

AMPHIMALLE, subst. mas. (*anfimale*) (du grec αμφι, autour, et μαλλος, poil), habit d'hiver des Romains, velu des deux côtés.

AMPHIMÉRINE, subst. adj. et fém. (*anfimérine*) (du grec αμφι, autour, et ημερα, jour), fièvre continue et quotidienne. — Qui a rapport à cette fièvre.

AMPHINOME, subst. mas. (*anfinome*) (du grec αμφι, autour, et νεμω, j'habite), t. d'hist. nat., genre de vers marins, à corps allongé garni de deux rangées de branchies dorsales, et qui vivent de chaque côté de l'équateur, entre les tropiques.

AMPHION, subst. mas. (*anfion*), myth., fils de Jupiter, et d'Antiope reine de Thèbes. Il bâtit les murs de cette ville aux accords de sa lyre. Les pierres, sensibles à cette harmonie, se rangeaient d'elles-mêmes à leur place. Ce fut lui qui inventa la musique avec Zéthus, son frère. — Un des Argonautes se nommait aussi *Amphion*. — C'était encore le nom d'un roi d'Orchomène, fils de Jasius et père de Chloris. —Virtuose. Il ne s'emploie qu'ironiquement : *c'est un amphion*.

AMPHIPOGONE, subst. fém. (*anfipoguone*), t. de bot., plante de la famille des graminées.

AMPHIPOLE, subst. mas. (*anfipole*) (du grec αμφιπολος, qui sert, qui administre), t. d'hist. anc., archonte ou magistrat de Syracuse.

AMPHIPOLIS, subst. fém. (*anfipolice*), ancienne ville de Macédoine.

AMPHIPRION, subst. mas. (*anfiprion*), t. d'hist. nat., sorte de poisson qui ressemble aux pomacentres.

AMPHIPROSTYLE, subst. mas. (*anfiprocetile*) (du grec αμφι, autour, προ, devant, et στυλος, colonne), t. d'ant., espèce de temple qui avait quatre colonnes à la face de devant et autant à celle de derrière.

AMPHIPTÈRE, subst. mas. (*anfipetère*) (du grec αμφι, de chaque côté, et πτερον, plume, aile), t. de blas., dragon à deux ailes.

AMPHIROA, subst. mas. (*anfiroa*), t. d'hist. nat. espèce de polypier.

AMPHIRREUSE, subst. mas. (*anfirereuze*), arbre sur lequel se roule la corde d'une machine à lever les fardeaux.

AMPHISARQUE, subst. mas. (*anfizarke*), genre de fruit.

AMPHISBÈNE, subst. mas. (*anficebène*) (du grec αμφι, des deux côtés, et βαινω, je marche), t. d'hist. nat., serpent qui peut marcher en avant et en arrière.

AMPHISCIENS, subst. et adj. mas. plur. (*anficecicin*) (du grec αμφι, autour, et σκια, ombre), t. de géographie, les habitants de la zône torride, qui dans une saison ont l'ombre au nord, et dans une autre au midi.

AMPHISILE, subst. mas. (*anfizile*), t. d'hist. nat., sous-genre de poissons centrisques.

AMPHISMÈLE, subst. mas. (*anficemèle*) (du grec αμφι, autour, et σμιλη, lancette, bistouri), t. de chir., sorte de scalpel ou de bistouri tranchant des deux côtés.

AMPHISTOME, subst. mas. (*anficetome*), t. d'hist. nat., genre de vers intestinaux.

AMPHITANE, subst. mas. (*anfitane*), t. de min., pierre précieuse qui attire l'or et le fer.

AMPHITHÉÂTRE, subst. mas. (*anfitéâtre*) (du grec αμφι, autour, et θεατρον, théâtre, dérivé de θεαομαι, voir, considérer), bâtiment spacieux où les Romains assistaient aux combats des gladiateurs et des bêtes féroces. — Parmi nous, c'est un lieu élevé en degrés vis-à-vis de la scène, d'où les spectateurs voient commodément : 1er, 2e, 3e et 4e *amphithéâtre*. Il y a des *amphithéâtres* de parterre et des *amphithéâtres* de galeries. — Lieu garni de gradins où un professeur d'anatomie fait ses démonstrations. — Dans les jardins, décoration formée de gradins, etc., où l'on met des vases de fleurs. — On appelle *amphithéâtre de gazon*, ou *vertugadin*, une décoration de gazon destinée à régulariser un coteau ou une montagne, qu'on n'a pas dessein de couper ou de soutenir par des terrasses.—On dit qu'*un terrein va en amphithéâtre, s'élève en amphithéâtre*, pour dire qu'il s'élève par degrés, comme les gradins d'un *amphithéâtre*.

AMPHITHÉÂTRIQUE, adj. des deux genres (*anfitéâtrike*), formé en *amphithéâtre*.

AMPHITHÈTE, subst. mas. (*anfitète*), grand vase à boire.

AMPHITHOÉ, subst. mas. (*anfitoé*), t. d'hist. nat., espèce de crustacés, de la famille des isopodes.

AMPHITOÏTE, subst. fém. (*anfito-ite*), t. d'hist. nat., fossile récemment découvert à Montmartre, et qui forme un nouveau genre dans les zoophytes.

AMPHITRÉTIE, subst. fém. (*anfitréci*), t. de bot., plante de la famille des champignons.

AMPHITRITE, subst. fém. (*anfitrite*) (du grec ανφιτριτη, mer), t. d'hist. nat., genre de vers marins, de la famille des branchiodèles, qui viennent dans des tuyaux composés d'une matière coriace, flexible, recouverte en dehors de grains de sable. — La mer, en style poétique. — Myth., fille de l'Océan et de Doris; déesse de la mer et femme de Neptune. Neptune envoya vers elle deux dauphins, qui la trouvèrent au pied du mont Atlas, et la lui amenèrent sur un char en forme de coquille; et ce dieu l'épousa.

AMPHITROPE, adj. (*anfitrope*) (du grec αμφι, doublement, et τρεπειν, rétrograder, retourner), t. de bot. On appelle *embryon amphitrope* celui qui se rapproche par les deux bouts.

AMPHITRYON, subst. mas. (*anfitrion*), myth., fils d'Alcée et petit-fils de Persée. Il s'empara de Thèbes, et épousa Alcmène. Il fit la guerre aux Télébéens, qu'il vainquit par le moyen de Cométho, fille de Ptérélas, leur roi, à qui elle coupa un cheveu d'or dont les destinées de ce prince dépendaient. Amphitryon envahit les états de Ptérélas, devint formidable à tous ses voisins, et punit Cométho de sa trahison. Ce fut pendant cette guerre que Jupiter, sous la forme d'*Amphitryon*, trompa Alcmène. Plaute, dans son *Amphitryon*, le fait seulement général des armées de Créon, roi de Thèbes. — Ce nom propre, depuis le mot de *Sosie* dans la comédie de *Molière* :

> Le véritable *Amphitryon*
> Est l'*Amphitryon* où l'on dîne,

est devenu le nom appellatif ou commun des gens qui donnent à manger, qui paient seuls pour plusieurs certaines dépenses.

AMPHITRYONIDÈS, subst. mas. (*anfitrionidèce*), myth., surnom d'Hercule, dont *Amphitryon* était le père putatif.

AMPHORE, subst. fém. (*anfore*) (du grec αμφορευς, formé de αμφι, des deux côtés, et φερω, je porte; en latin *amphora*), t. d'antiq., vase à deux anses; mesure de liquide chez les Romains, qui contenait deux urnes, et pesait à peu près quatre-vingts livres (40 pintes).

AMPHOTIDE, subst. fém. (*anfotide*) (du grec αμφι, des deux côtés, et ους, gén. ωτος, oreille), t. d'antiq., sorte de calotte à oreilles, faite d'airain et doublée d'étoffe, dont les athlètes se couvraient la tête.

AMPHRISE, subst. mas. (*anfrize*), myth., fleuve de Thessalie sur les bords duquel Apollon gardait les troupeaux d'Admète. Ce fut là qu'il écorcha vif le satyre Marsyas, et qu'en jouant au palet, il tua par mégarde le jeune Hyacinthe.—C'est du nom de ce fleuve que la sibylle de Cumes est appelée *amphrisia vates*, parce qu'elle prétendait être inspirée par Apollon.

AMPICHONE, subst. mas. (*anpichoné*), t. d'hist. anc., manteau léger que les femmes portaient sur leur tunique. Mot inusité.

AMPICIDÈS ou **AMPYCIDÈS**, subst. mas. (*anpicidèce*), myth., surnom de Mopsus, fils d'*Ampix*.

AMPICUS, **AMPIX** ou **AMPYX**, subst. mas. (*anpikuce, anpikce*), myth., fils de Chloris et père de Mopsus. — C'est aussi le nom d'un fils de Pélias.

AMPLE, adj. (*anple*) (en latin *amplus*), long, large, étendu au-delà de la mesure ordinaire : *robe fort ample*. — *Ample* se dit aussi, dans le même sens, relativement à la quantité des choses nécessaires pour quelque usage : *faire une ample provision de quelque chose*, une provision qui suffit pour les besoins et va même au-delà. — Il se dit au fig. de plusieurs choses, par rapport à l'étendue ou à la durée : *ample récit, ample matière; un plus ample informé*, etc. — *Des pouvoirs très-amples* sont des pouvoirs qui s'étendent à presque tous les cas qui peuvent survenir, ou qui mettent à même de traiter ou de décider comme on le juge à propos.

AMPLEMENT, adv. (*anpleman*), d'une manière *ample* : *il m'a amplement satisfait; nous avons dîné amplement; il a amplement discouru sur ce point; un plus amplement informé*, etc.

AMPLEUR, subst. fém. (*anpleur*), étendue de ce qui est *ample*, particulièrement en parlant d'habits et de meubles : *ce manteau a de l'ampleur*.

AMPLEXICAULE, adj. (*anplekçikôle*) (du latin *amplexus*, formé de *amplector*, j'embrasse, et *caulis*, tige), t. de bot. : *feuille amplexicaule*, feuille dont la base embrasse la tige.

AMPLIATEUR, subst. mas., au fém. **AMPLIATRICE** (*anpliateur, trice*), qui fait une *ampliation*.—Ce mot manque dans l'*Académie*.

AMPLIATIF, adj. mas., au fém. **AMPLIATIVE** (*anpliatif, tive*), qui étend, qui augmente : *bref, bulle ampliative*, bulle, bref qui ajoute quelque chose aux précédents. Il ne s'applique guère qu'aux brefs, aux bulles, et autres lettres apostoliques.

AMPLIATION, subst. fém. (*anpliâcion*), en t. d'administration, de finances et de comm., double copie qu'on retire ou qu'on donne d'une quittance, d'un acte, etc. — *Ampliation des contrats*, copies ou expéditions des contrats, d'après les minutes déposées chez un notaire. — En t. d'ancienne prat., *lettres d'ampliation*, lettres en chancellerie, qui donnent des moyens omis dans une requête civile.— Les mots *pour ampliation*, mis au bas d'une copie quelconque, signifient la même chose que *pour copie conforme*.

AMPLIATIVE, adj. fém. Voy. AMPLIATIF.

AMPLIATRICE, subst. fém. Voy. AMPLIATEUR.

AMPLIÉ, E, part. pass. de *amplier*.

AMPLIER, v. act. (*anplié*), t. de palais, différer : *amplier le terme d'un paiement*. — *Amplier un criminel*, c'est différer son jugement.—*Amplier un prisonnier*, c'est le tenir moins resserré. — Il est inusité dans le sens d'augmenter. — *Amplier* ne se dit pas pour *amplifier*.

AMPLIFICATEUR, subst. mas., au fém. **AMPLIFICATRICE** (*anplifikateur, trice*), qui *amplifie*, qui exagère. Il ne se dit guère qu'en mauvaise part.

AMPLIFICATION, subst. fém. (*anplifikâcion*), t. de rhét., discours par lequel on étend le sujet qu'on traite. — Dans les colléges, c'est un discours fait par les écoliers sur un sujet qui leur est donné, afin qu'ils l'étendent et l'ornent comme ils le jugent à propos : *cet écolier réussit fort bien dans les amplifications*. — Exagération : *il y a beaucoup d'amplification dans tout ce qu'il dit*. — En t. d'optique, augmentation du diamètre d'un objet vu dans un télescope, dans une lunette.—On appelle aussi *amplification* l'augmentation de volume qui paraît dans les corps lumineux, quand ils sont comparés à des corps obscurs.

AMPLIFICATRICE, subst. fém. Voy. AMPLIFICATEUR.

AMPLIFIÉ, E, part. pass. de *amplifier*.

AMPLIFIER, v. act. (*anplifié*) (en latin *amplificare*, formé de *amplum facere*, rendre ample, grand), étendre, augmenter par le discours : *il amplifie toujours les choses, les nouvelles*.—On le dit aussi absolument sans régime : *il amplifie toujours*. — S'AMPLIFIER, v. pron. : *vous vous amplifiez tout*, vous vous exagérez tout.

AMPLISSIME, adj. des deux genres (*anplicecime*) (superlatif forgé du latin), très-*ample*, titre d'honneur qu'on donnait à certaines personnes, et en particulier au recteur de l'Université de Paris.

AMPLITUDE, subst. fém. (*anplitude*) (en lat.

amplitudo), t. d'astron., l'arc de l'horizon compris entre le vrai levant ou le vrai couchant, et le point où un astre paraît se lever ou se coucher : *amplitude orientale* ou *ortive du soleil ; amplitude occidentale* ou *occase*. — T. de géom., *amplitude d'un arc de parabole*, la ligne horizontale comprise entre le point d'où part la bombe et celui où elle va tomber.

AMPONDRE, subst. fém. (*anpondre*), spathe de palmier, qui peut tenir lieu de vaisselle.

AMPOULAOU, subst. mas. (*anpoulaou*), t. de bot., nom donné à l'olivier.

AMPOULE, subst. fém. (*anpoule*) (en lat. *ampulla*, bouteille à cou long et étroit), en t. de médecine, petite pustule sur la peau. — En phys., sorte de petite bouteille ou d'enflure pleine d'air, qui se forme sur la surface de l'eau lorsqu'il pleut, etc. — En chim., vaisseau à gros ventre, comme les cucurbites, les ballons, etc. — Fiole, petite bouteille. En ce sens, il ne se dit que de la *sainte ampoule* de Reims, où se conservait l'huile pour le sacre des rois de France, et qui, suivant quelques auteurs mystiques, avait été apportée du ciel par une colombe pour le baptême de Clovis.

AMPOULÉ, E, adj. (*anpoulé*) (en lat. *ampullæ*, paroles enflées, etc.), enflé. Il ne se dit guère qu'au fig., en parlant du style : *discours ampoulé ; vers ampoulés*, emphatiques, boursouflés ; avec cette différence, que le style *emphatique* tient plus à la nature des pensées, le style *boursouflé* à la tournure des phrases, et le style *ampoulé* au choix des expressions.

AMPOULETTE, subst. fém. (*anpoulète*), t. de mar., horloge de sable à demi-heure, qu'on tient dans la chambre du vaisseau où est la boussole.— En t. d'artill., 1° dans une bombe, cheville de bois qui ferme la lumière. — 2° Bois de la fusée qui doit recevoir l'artifice. — 3° Fusée chargée pour brûler lentement.

AMPOULI, subst. mas. (*anpouli*), t. de bot., plante de Madagascar.

AMPULEX, subst. mas. (*anpulèkce*), t. d'hist. nat., genre d'insectes de l'ordre des hyménoptères, section des porte-aiguillons.

AMPULLAIRE, subst. fém. (*ampulelère*), t. d'hist. nat., coquille vulgairement appelée l'*idole*, parce que les sauvages de l'Amérique l'ont en grande vénération.—On a réuni à cette coquille, qui est fluviatile, plusieurs espèces de fossiles des environs de Paris.

AMPUSSER. Vicieux : la raison étymologique veut que l'on écrive EMPUSSER. Voy. ce mot.

AMPUTATION, subst. fém. (*anputâcion*) (en lat. *amputatio*), t. de chir., opération par laquelle on enlève, au moyen d'instruments tranchants, un membre ou autre partie saillante du corps : *faire l'amputation d'un bras, d'un sein*. — T. de jardinage : *amputation d'une branche*.

AMPUTÉ, E, part. pass. de *amputer*. — Subst. : *un amputé* est une personne qui a subi l'opération d'une *amputation*.

AMPUTER, v. act. (*anputé*) (en lat. *amputare*), t. de chir., faire une *amputation*. — S'AMPUTER, v. pron.

AMPYX, subst. mas. (*anpikce*) (du grec ἄμπυξ, bandeau), t. d'antiq., chaîne d'or qui servait à lier les crins des chevaux sur leur front. — Par extension, réseau ou filet dont se servaient les anciens pour couvrir et assujétir leur chevelure. — Myth. Voy. AMPICUS.

AMSANCTUS, subst. mas. (*ameçanketuce*), myth., lac profond environné de précipices et de forêts, dans le territoire d'Hippinum en Italie. Il s'en exhalait une puanteur si horrible, qu'on regardait ce lieu comme le soupirail des enfers.

AMSONIE, subst. fém. (*ançoni*), t. de bot., plante apocynée, à fleurs bleues, inodores et jasminoïdes.

AMSTERDAM, subst. mas. (*amecetèredame*), ville principale du royaume de Hollande, et l'une des plus commerçantes de l'Europe. — T. de comm., papier de Hollande.

AMULETTE, subst. mas. (*amulète*) (en lat. *amuletum* ou plutôt *amoletum*, dérivé de *amoliri*, écarter, éloigner), remède, figure, caractère que, par une confiance superstitieuse, on porte sur soi comme un préservatif : *les Arabes et les Turcs ont beaucoup de foi aux amulettes*.— D'après l'étymologie, on dirait mieux *amolette*.

AMUNITIONNÉ, E, part. pass. de *amunitionner*.

AMUNITIONNEMENT, subst. mas. (*amunicioneman*), action d'*amunitionner*.

AMUNITIONNER, v. act. (*amunicioné*) (formé du lat. *ad*, augment., et *munire*, munir), pourvoir une place des *munitions* nécessaires. — On dit surtout au participe *place bien amunitionnée*.

AMURCA, subst. fém. (*amurka*), t. de pharm., médicament composé de lie d'olives.

AMURÉ, E, part. pass. de *amurer*.

AMURER, v. act. (*amuré*), t. de mar., bander des cordages afin de soutenir une voile contre le vent. — *Amurer tout bas*, c'est mettre le point des voiles qu'on *amure* le plus bas qu'il est possible, pour que le vaisseau aille au plus près du vent. — S'AMURER, v. pron.

AMURES, subst. fém. plur. (*amure*), t. de mar., cordages qui, étant frappés sur les points des différentes voiles, servent à les tendre et à les fixer du côté du vent : ainsi l'on dit qu'*un vaisseau a les amures à tribord, à bas-bord*. — On appelle *dogue d'amures* un trou pratiqué dans le côté du vaisseau, à l'embelle.— Ce mot ne s'employant pas au sing., nous n'en avons fait qu'un plur., quoique l'*Académie* le dise au sing.

AMURGUE, subst. fém. (*amurgue*) (en lat. *amurca*), marc d'olive, dépôt d'huile d'olive.

AMUSABLE, adj. (*amuzable*), qui peut être *amusé*. Il ne s'emploie guère qu'avec la négation : *ce monsieur n'est pas amusable*. Style fam.

AMUSANT, E, adj. (*amuzan, zante*), qui *amuse*, qui divertit : *homme amusant ; spectacle amusant*, etc.

AMUSÉ, E, part. pass. de *amuser*.

AMUSEMENT, subst. mas. (*amuzeman*), ce qui *amuse* ou sert à *amuser*, à divertir : *la pêche est un des amusements innocents de la campagne, et le jeu un des dangereux amusements de la ville ; pour lui la musique et la peinture ne sont point des arts, ce ne sont que des amusements*. — N'en déplaise à l'*Académie*, ce mot ne se prend plus dans le sens de *perte de temps* ni dans celui de *tromperie*. On ne dirait plus : *pas tant d'amusement*, pour : *pas tant de retard* ; ni : *je suis las de tant d'amusements*, pour : *je suis las de tant de tromperies*. Tels sont pourtant les exemples donnés par l'*Académie*. Elle ajoute, il est vrai : *ce sens vieillit* : notre opinion est que ce sens *est mort*. Nous avouons que *amuser quelqu'un* revient parfois à *retarder quelqu'un, faire perdre du temps à quelqu'un* ; et parfois aussi à *leurrer, tromper quelqu'un* ; que par *s'amuser* on entend dans certains cas *lambiner, perdre son temps* ; mais le substantif a-t-il donc toujours les mêmes significations que son verbe ?— AMUSEMENT, DIVERTISSEMENT, RÉCRÉATION, RÉJOUISSANCE. (*Syn.*) *Récréation* désigne un terme court de délassement ; *amusement* est une occupation légère et agréable ; *divertissement* est accompagné de plaisirs plus vifs et plus étendus ; *réjouissance* se marque par des actions extérieures.

AMUSER, v. act. (*amuzé*) (de l'allemand *musse*, oisiveté), divertir agréablement : *amuser une société par ses joyeux propos*.—Arrêter inutilement, faire perdre le temps : *il ne faut qu'une mouche pour l'amuser ; amuser quelqu'un*, l'empêcher de travailler, détourner son attention d'une chose. — Au fig., distraire : *amuser sa douleur*, etc. — Tromper, leurrer *il l'amuse de belles paroles*.— *Amuser le tapis*, en t. de jeu, causer ou faire toute autre chose au lieu de jouer ; et au fig. : faire ou dire des choses vaines et vagues pour faire passer le temps ou pour gagner du temps ; parler, disserter beaucoup sur un sujet sans arriver au fait. — En t. de jardin., amuser la sève, c'est amener un arbre à une végétation modérée et égale sur tous les points, en laissant à certaines branches plus de bois et de bourgeons qu'aux autres. — S'AMUSER, v. pron., se divertir agréablement : *il s'amuse à chasser ; nous nous sommes beaucoup amusés dans cette partie*, etc. — S'appliquer à des choses qui occupent sans fatiguer : *il s'amuse à lire ; je m'amuserai à dessiner*, etc. — Perdre son temps, perdre du temps : *il s'est amusé une heure avant de rentrer ; eh quoi ! tu t'amuses à faire, à dire de pareilles niaiseries !* — *S'amuser à la moutarde*, s'arrêter à des choses inutiles. Trivial. —*S'amuser de quelqu'un*, se jouer, se moquer de lui.

AMUSETTE, subst. fém. (*amuzète*), petit *amusement*, bagatelle.— Au plur., petites choses qui *amusent*. — Arme à feu de l'invention du maréchal de Saxe. Elle n'est plus en usage.

AMUSEUR, subst. mas., au fém. **AMUSEUSE** (*amuzeur, zeuze*), celui ou celle qui *amuse*, qui trompe. —Conteur, bavard qui détourne du travail. Fam.

AMUSEUSE, subst. fém. Voy. AMUSEUR.

AMUSOIRE, subst. fém. (*amuzoare*), chose qui *amuse*, qui distrait, qui arrête inutilement. Pop.

AMYCHÉ, subst. mas. (*amiché*), t. de médec., excoriation de la peau.

AMYCLÆUS, subst. mas. (*amiklé-uce*), myth. Apollon était ainsi surnommé d'un temple magnifique qu'il avait à *Amyclée*.— C'était aussi un surnom de Pollux.

AMYCLÉE, subst. fém. (*amiklé*), ancienne ville de Laconie.

AMYCUS, subst. mas. (*amikuce*), myth., fils de Neptune, et roi des Bébriciens.— Un des principaux centaures et un compagnon d'Énée portaient ce nom. — Il y a eu encore un autre *Amycus*, frère d'Hippolyte, reine des Amazones, qui fut tué par Hercule.

AMYCTIQUE, subst. mas. et adj. des deux genres (*amiktike*), t. de médec., se dit des médicaments qui cautérisent.

AMYDES, subst. mas. plur. (*amide*), t. d'hist. nat., famille de petites tortues de l'ordre des chéloniens.

AMYDINE, subst. fém. (*amidine*), substance extraite de l'*amydon*.

AMYDIQUE, adj. (*amidike*), de l'*amydon* ; qualification de l'acide extrait de l'*amydon*.

AMYDLA, subst. fém. (*amidela*), myth., l'une des filles de Niobé, que Latone épargna ainsi que sa sœur Mélibée, lorsqu'elle tua leurs frères et leurs sœurs. Voy. NIOBÉ.

AMYDON, subst. mas. (*amidon*) (du grec ἄμυλον, formé de α priv., et de μύλη, meule ; *farine faite sans le secours de la meule*), substance amylacée qu'on trouve dans les végétaux, et qu'en chimie on nomme aussi *fécule*. — Dans une acception plus étroite et plus usitée, farine blanche et friable que donne en séchant la fécule du blé, et qu'on délaie pour en faire l'empois.

AMYDONITE, subst. fém. (*amidonite*), synonyme d'*amydon*. Mot nouveau.

AMYDONNÉ, E, part. pass. de *amydonner*.

AMYDONNER, v. act. (*amidoné*), faire de l'*amydon* ; poudrer, enduire d'*amydon*. — S'AMYDONNER, v. pron.

AMYDONNERIE, subst. fém. (*amidoneri*), fabrique d'*amydon*.

AMYDONNIER, subst. mas., au fém. **AMYDONNIÈRE** (*amidonié, niére*), celui ou celle qui fait de l'*amydon*, celui ou celle qui en vend.

AMYGDALE, subst. fém. (*amiguedale*) (en grec ἀμυγδάλη, amande), t. d'anat., glandes en forme d'amande, placées aux deux côtés de la gorge, sous la luette. — Adj. : *la glande amygdale*.

AMYGDALIN, E, adj. (*amiguedalein, line*) (du grec ἀμυγδάλη, amande), t. de pharm., se dit surtout du savon qui se prépare avec l'huile d'amandes douces : *savon amygdalin*.

AMYGDALITE, subst. fém. (*amiguedalite*) (du grec ἀμυγδαλίτης, semblable à une *amande*), t. de méd., inflammation des *amygdales*. — L'ignorance de l'étymologie de ce mot l'a fait souvent confondre avec le mot suivant.

AMYGDALITHE, subst. fém. (*amiguedalite*) (du grec ἀμυγδάλη, amande, et λίθος, pierre), pierre en forme d'*amande*.

AMYGDALOÏDE, subst. fém. (*amiguedalo-ide*) (du grec ἀμυγδάλη, amande, et εἶδος, forme, ressemblance), pierre figurée, qui ressemble à une amande. On dit aussi *amygdalithe*.

AMYLACÉ, E, adj. (*amilacé*) (du lat. *amylum*, amydon). Quelques chimistes appellent *fécule amylacée* toute poudre végétale blanche qui a la même propriété que l'*amydon*. C'est ce qu'on nomme en général *amydon*.

AMYMONE, subst. fém. (*amimone*) (en lat. *amymona*), t. d'hist. nat., crustacé monocle. — Myth., nom d'une des cinquante Danaïdes. Après avoir, selon l'ordre de son père, tué Encelade son époux, la première nuit de ses noces, déchirée de remords, elle se retira dans les bois, où, voulant tirer sur une biche, elle blessa un *satyre*, qui la poursuivit et dont elle devint la proie, malgré Neptune qu'elle implorait. Ce dieu, quelque temps après, la métamorphosa en fontaine. — Il y eut une autre Amymone, fille de Bélus et mère de Nauplius.

AMYNTAS, subst. mas. (*ameintâce*), nom de berger dans les poëtes.

AMYNTIQUE, adj. (*ameintike*) (du grec ἀμυντικός, qui secourt, qui protége, dérivé d'ἀμύνω, je secours, je fortifie), t. de pharm., se dit d'un emplâtre fortifiant.

AMYNTOR, subst. mas. (*ameintor*), myth., roi

des Dolopes, peuple d'Épire, fut tué par Hercule, pour lui avoir refusé le passage par ses états. — Il y eut un autre Amyntor, fils d'Égyptus, qui fut tué par sa femme la première nuit de ses noces. — *Amyntor* était aussi le nom du père de Phénix.

AMYNTORIDÈS, subst. mas. (*ameintoridèce*), myth., surnom de Phénix, fils d'Amyntor.

AMYRIS, subst. mas. (*amirice*), t. de bot., sorte de térébinthacées.

AN, subst. mas. (*an*) (du lat. *annus*, qui a la même signification), le temps que le soleil paraît employer à parcourir le zodiaque, et qui est composé de douze mois. C'est aussi la durée de la révolution de la terre autour du soleil : *un an, deux ans*, etc. — *An*, au pluriel, signifie souvent âge : *dans mes jeunes ans ; dans, sur ses vieux ans*. On dit aussi substantivement *les ans* pour : l'âge en général : *la fleur des ans, le fardeau des ans, l'injure des ans*, etc.— Par exagération on dit : *il y a mille ans*, pour : il y a très-long-temps. — On appelle *service du bout de l'an*, ou simplement *bout de l'an*, le service qu'on fait dans une église pour une personne, un an après sa mort. — *An bissextil*, celui dans lequel le mois de février a vingt-neuf jours, au lieu de vingt-huit qu'il a d'ordinaire. On dit mieux *année bissextile*. — *L'an du monde, l'an de grâce, l'an du salut, l'an de Notre-Seigneur, l'an de l'incarnation*, sont des formules dont on se sert, suivant qu'on suppute les temps par rapport à la création du monde ou à la naissance de Jésus-Christ. — Le mot *an* est sous-entendu dans cette locution : *de notre règne le deuxième, le troisième*, etc. — Les *années* de la république française, qui commençaient au 22 septembre 1792, se supputaient ainsi : *an premier, an deux, an trois*, etc : *le 17 messidor an*...—On dit *le jour de l'an* pour, le premier jour de *l'an*.— *Bon jour et bon an* sont une façon de parler proverbiale et familière, dont on se sert pour saluer les personnes la première fois qu'on les voit dans les premiers jours de chaque année.— *Bon an, mal an*, formule qui signifie compensation faite des mauvaises années avec les bonnes : *bon an, mal an, ce pré lui rapporte tant de foin ; bon an, mal an, sa terre lui vaut tant*. — *Par an*, c'est-à-dire, chaque année : *sa terre lui rapporte tant par an*. — En style de jurispr., on dit *an et jour*, pour signifier l'année révolue. Voy. ANNÉE.—*An* et *année* ne sont point indifféremment usités l'un pour l'autre : le mot *an*, bien qu'exprimant la même durée que le mot *année*, ne s'emploie point, ainsi qu'*année*, par rapport à l'étendue de cette durée. C'est le même tout qu'*année*, mais c'est un tout considéré sans égard à ses parties. Ajoutons qu'on ne se sert jamais de *an* dans un sens relatif aux effets de la durée, à moins que ce ne soit dans le sens de *âge*, et alors il est toujours au pluriel : on dira *vingt ans de guerre*, pour indiquer seulement la durée de la guerre, et *vingt années de guerre*, si l'on veut faire sentir les effets de la durée de la guerre. Si ce n'est dans les locutions *bon jour et bon an, bon an, mal an*, et dans le cas où, au pluriel, il signifie âge, *an* ne reçoit point de qualificatifs comme *année* : *l'an 1812 fut une année bien désastreuse pour la France*. On pourrait mettre *l'année 1812* au lieu de *l'an 1812* ; mais, au lieu de : *fut une année bien désastreuse*, on ne pourrait pas mettre : *fut un an bien désastreux*.— *An* est d'un fréquent usage dans l'indication des époques, et trouve naturellement sa place dans les dates, avec les nombres.

ANA, prép. grecque (*ana*), employée dans les ordonnances de médecine, où elle signifie *parties égales*. — Subst. mas., terminaison qui, ajoutée au nom d'une personne célèbre, sert de titre à un recueil de ses pensées, bons mots, etc. : le *Voltairiana*, le *Sévigniana*, etc.— Subst., on l'emploie seul pour désigner en général ces sortes de livres : *c'est un faiseur d'ana ; ce méchant quolibet traîne dans tous les ana*. — Comme on le voit, point de *s* au pluriel.

ANABAPTISME, subst. mas. (*anabaticeme*) (du grec ανα, derechef, et βαπτω, je plonge dans l'eau), système religieux par suite duquel les enfants ne doivent être *baptisés* qu'à l'âge de raison, ou doivent être *rebaptisés* à cet âge.

ANABAPTISTE, subst. et adj. des deux genres (*anabaticete*), hérétique professant la doctrine de l'*anabaptisme*. Voy. ce mot.

ANABAS, subst. mas. (*anaba*), t. d'hist nat., genre de poissons qui est fort rapproché des kurtes et des amphiprions.

ANABASE, subst. fém. (*anabaze*) (du grec αναβαινω, je monte), t. de bot., plante de la famille des arroches.

ANABASIENS, subst. mas. plur. (*anabaziein*) (du grec αναβαινω, je monte), t. d'hist. anc., sorte de courriers chez les anciens, ainsi nommés parce qu'ils voyageaient à cheval ou sur des chariots.

ANABASSE, subst. fém. (*anabace*), t. de comm., couvertures de Rouen à raies bleues et blanches.

ANABATE, subst. mas. (*anabate*) (du grec αναβαινω, je monte), t. d'hist. anc., écuyer qui disputait le prix à Olympie avec deux chevaux.

ANABLEPS, subst. mas. (*anablèpce*) (du grec αναβλεπω, je lève les yeux, je regarde en haut), t. d'hist. nat., poisson de mer dont les yeux, très-élevés, sont doubles de chaque côté. Il appartient à l'ordre des poissons osseux, olobranches, abdominaux, et à la famille des siphonostomes.

ANABOLE, subst. fém. (*anabole*) (du grec ανα, par en haut, et βαλλω, je chasse), t. de médec., évacuation qui se fait par en haut.

ANABROCHISME, subst. mas. (*anabrochiceme*) (du grec ανα, avec, ou au travers, et βροχος, lacet, nœud coulant), t. de chir., opération qui consiste à arracher les cils, en les engageant dans un nœud coulant.

ANABRÔSIE, subst. fém. (*anabrôsi*) (en grec αναβρωσις, formé d'αναβιβρωσκω, je ronge), t. de chir., corrosion des parties solides par une humeur âcre. Inus. On dit aussi *anabrôse*.

ANACA, subst. fém. (*anaka*), t. d'hist. nat., perruche du Brésil.

ANACALIFE, subst. mas. (*anakalife*), t. d'hist. nat., espèce de polypède venimeux qu'on trouve à Madagascar.

ANACALYPTÉRIE, subst. fém. (*anakaliptéri*) (du grec ανακαλυπτω, je découvre), t. d'hist. anc., fête païenne qui se célébrait, en Grèce, le jour que la nouvelle mariée ôtait son voile et se montrait en public.

ANACALYPTÉRIENS, subst. mas. plur. (*anakaliptériein*), ceux qui faisaient les cérémonies des *anacalyptéries*. Voy. ce mot.

ANACAMPTIQUE, adj. des deux genres (*anakanptike*) (du grec ανα, derechef, et καμπτω, je fléchis), t. d'acoustique qui signifie : réfléchissant, ou réfléchi, et se dit particulièrement des sons réfléchis et des échos : *l'écho est produit par des sons anacamptiques*. — Subst. fém., t. d'optique, science des rayons réfléchis, appelée plus communément *catoptrique*.

ANACANDAÏA, subst. mas. (*anakanda-ïa*), t. d'hist. nat., serpent de Surinam d'environ trente-trois pieds de long.

ANACANDEF, subst. mas. (*anakandèfe*), t. d'hist. nat., petit serpent de l'île de Madagascar.

ANACARA, subst. mas. (*anakara*), tambour, timbale du Bas-Empire.

ANACARDE, subst. mas. (*anakarde*) (du grec ανακαρδιον, formé de ανα, qui signifie ici : ressemblance, et καρδια, cœur), fruit qui a la figure d'un cœur et dont on fait usage en médec. Il vient des Indes-Orientales. — L'Amérique en produit un appelé aussi *anacarde*, mais improprement.

ANACARDIER, subst. mas. (*anakardié*), t. de bot., grand arbre des Indes-Orientales qui produit l'*anacarde*. Il fournit en abondance un vernis généralement employé en Chine.

ANACATHARSIE, subst. fém. (*anakatarci*) (du grec ανα, par en haut, et καθαιρω, purger), t. de médec., purgation par en haut. — On dirait moins bien *anacatharse*.

ANACATHARTIQUE, adj. des deux genres et subst. mas. (*anakatartike*), t. de médec., se dit d'un remède qui facilite l'expectoration.

ANACÉES ou **ANACTÉES**, subst. fém. plur. (*anacé, anakté*) (du grec αναξ, ακτος, roi, prince), t. d'hist. anc., fêtes en l'honneur de Castor et de Pollux, appelés aussi *Anaces* ou *Anactes*.

ANACÉPHALÉOSE, subst. fém. (*anacéfaléôze*) (en grec ανακεφαλαιωσις, formé de ανα, derechef, et κεφαλη, tête, et par analogie : sommaire, chapitre), récapitulation des principaux chefs d'un discours.

ANACES, subst. et adj. plur. (*anace*), t. d'hist. anc., nom que donnaient les Grecs aux anciennes divinités venues de Phénicie : *Anaces*, les dieux *Anaces*.

ANACHARIS, subst. mas. (*anakarice*), t. de bot., plante aquatique du Brésil.

ANACHIS, subst. mas. (*anachice*), myth., un des quatre dieux Lares révérés par les Égyptiens. Les trois autres étaient *Dymon*, *Tychis*, et *Héros*.

ANACHORÈTE, subst. mas. (*anakorète*) (en grec αναχωρητης, formé d'αναχωρεω, je me retire), moine qui vit dans un désert : *les anachorètes de la Thébaïde*. Il se dit par opposition aux moines qui vivent en commun, et qu'on nomme autrement *cénobites*. — Au fig., fam., homme pieux qui vit retiré du monde. L'*Académie* n'indique pas cette dernière acception.

ANACHOSTE, subst. fém. (*anakocete*). Voyez ANACOSTE.

ANACHREMPSIE, subst. fém. (*anakranpci*) (du grec χρεμψις, crachement), expectoration.

ANACHRONISME, subst. mas. (*anakroniceme*) (du grec ανα, au-dessus, et χρονος, temps), faute contre la chronologie. Elle consiste à faire vivre quelqu'un avant le temps où il a vécu, à placer un fait avant l'époque où il est arrivé : *Virgile a fait un anachronisme, en supposant Énée et Didon contemporains*.—L'erreur opposée se nomme *parachronisme*. Voy. ce mot. — On a beaucoup étendu l'acception du mot *anachronisme* : on le dit de toute erreur qui attribue des idées, des coutumes, des costumes même, aux hommes d'un temps où ces idées, ces coutumes, ces costumes, etc., n'existaient pas encore.

ANACHRYSE. Voy. ANACRISE.

ANACHYTE, subst. mas. (*anachite*), sorte de pierre, talisman.

ANACINÈME, subst. mas. (*anacinème*), impulsion donnée au corps dans certains exercices gymnastiques.

ANACLASTIQUE, subst. fém. (*anaklacetike*) (du grec ανα, derechef, et κλαω, je brise), t. d'opt., science des rayons réfractés, nommée plus communément *dioptrique*. — Adj. : *point anaclastique*, point où un rayon de lumière se rompt, où il rencontre la surface rompante. — *Courbes anaclastiques*, courbes apparentes que forme le fond d'un vase plein d'eau, ou le plafond d'une chambre pour celui qui le voit dans un bassin plein d'eau ; ou la voûte du ciel, vue par réfraction à travers l'atmosphère. — *Tables anaclastiques* ou *de réfraction*, tables qui contiennent l'effet de la réfraction des astres.

ANACLÉTÉRIES, subst. fém. plur. (*anaklétéri*) (du grec ανακλησις, déclaration, proclamation), t. d'hist. anc., fêtes solennelles que célébraient les anciens lorsque leurs rois, devenus majeurs, déclaraient qu'ils prenaient en main les rênes du gouvernement.

ANACLÉTIQUE, adj. (*anaklétike*), t. d'hist. anc. : *chant anaclétique*, chant des Grecs en poursuivant l'ennemi.

ANACLÉTHRA, subst. fém. (*anaklétra*), myth., pierre sur laquelle les Grecs croyaient que Cérès s'était reposée après les longues courses qu'elle avait faites pour chercher sa fille. Les femmes de Mégare avaient une grande vénération pour cette pierre, qu'on gardait à Athènes auprès du Prytanée.

ANACLINOPALE, subst. fém. (*anaklinopale*) (du grec ανακλινω, je penche, je me couche, et παλη, lutte), t. d'antiq., espèce de lutte, dans laquelle les athlètes combattaient couchés sur le sable.

ANACLISIE, subst. fém. (*anaklizi*) (du grec ανακλινω, je couche sur), t. de médec., situation d'un malade dans son lit.

ANACO, subst. mas. (*anako*), t. d'hist. nat. C'est le filao de Madagascar.

ANACOÏK, subst. mas. (*anako-ike*), t. de bot., sorte de haricot d'Amérique, fruit du dolic d'Égypte.

ANACOLLÉMATE, le même que ANACOLLÈME. Voy. ce mot, qui est plus en rapport avec l'étymologie.

ANACOLLÈME, subst. mas. (*anakolelème*) (du grec ανακολλημα, formé de ανα, avec, et κολλαω, je colle), t. de médec., topique qu'on applique sur le front pour arrêter une hémorrhagie.

ANACOLLUPE ou **ANACOLLUPA**, subst. fém. (*anakolupe, anakolupa*), t. de bot., plante de l'Inde.

ANACOLUTHE, subst. fém. (*anakolute*) (du grec α priv., et ακολουθος, compagnon), t. de gramm., figure de mots qui est une espèce d'ellipse, et consiste à sous-entendre le corrélatif ordinaire d'un mot exprimé.

ANACOMIDE, subst. mas. (*anakomide*) (du grec ανακομιδη, recouvrement de la santé), t. de médec., rétablissement de la santé.

ANACOMPTIS, subst. mas. (*anakonptice*), t. de bot., arbre inconnu de Madagascar, dont le fruit sert à faire cailler le lait.

ANACONCHYLISME, subst. mas. (*anakonchiliceme*), t. de médec., action de se gargariser.

ANACONDO, subst. mas. (*anakondo*), t. d'hist. nat., serpent du Ceylan.

ANACOSTE ou **ANACHOSTE**, subst. fém. (*anakocete*), t. de comm., sorte de laine croisée, très-rase.

ANACRÉONTIQUE, adj. (*anakréontike*). Il se dit des vers composés dans le goût des *odes d'Anacréon*, poète grec qui vivait plus de quatre cents ans avant J.-C. Il nous reste de lui des odes pour la plupart en vers de sept syllabes, ou de trois pieds et demi, spondées ou ïambes, ou quelquefois même anapestes.—Une *ode anacréontique* est aussi une ode faite sur ce rhythme.— Par extension, on appelle en général *anacréontiques* les poésies consacrées à l'amour, au vin, au plaisir.

ANACRÉONTISME, subst. mas. (*anakréonticeme*), manière de vivre, d'écrire, d'*Anacréon*.

ANACRISE, et non pas **ANACHRYSE**, subst. mas. (*anakrize*) (du grec ανακρισις, interrogatoire), t. de jurispr., examen des témoins. — Confrontation.

ANACTÉSIE, subst. fém. (*anaktézi*) (dérivé du mot grec ανακτισω, je rétablis), t. de médec., rétablissement des forces.

ANACYCLE, subst. fém. (*anacikle*), t. de bot., plante du genre des corymbifères.

ANACYCLIQUE, adj. (*anaciklike*) (du grec ανα, derechef, et κυκλοω, je tourne), t. de poésie latine : *distique anacyclique*, distique qui roule, pour ainsi dire, sur lui-même, et qu'on peut prendre indifféremment par la tête ou par la queue. — Celui que nous donnons ici est de *Florent Chrétien*, d'après un distique de *Constantin Céphalas*, dans l'Anthologie grecque :

Hippocrates hominum est columen, decus, aura salutis:
Aula patet raris jam nigra funeribus.
Funeribus nigra jam raris patet aula : salutis
Aura, decus, columen est hominum Hippocrates.

ANADÈME, subst. mas. (*anadème*), ornement de tête semblable aux fanons d'une mitre. Inus.

ANADÉNIE, subst. fém. (*anadéni*), t. de bot., sorte de plante de la famille des protées.

ANADIPLÔSE, subst. fém. (*anadiplôze*) (en grec αναδιπλωσις, formé de ανα, derechef, et de διπλοω, je double), t. de gramm., figure qui a lieu quand une proposition commence par le mot même qui termine la proposition précédente.

ANADÔSE, subst. fém. (*anadôse*) (du grec ανα, et διδωμι, donner), t. de médec., distribution des aliments dans toutes les parties du corps.

ANADRÔME, subst. mas. (*anadrôme*) (du grec ανα, en arrière, et δρομος, course), t. de médec., transport d'une humeur des parties inférieures du corps aux supérieures.

ANADROMOS, subst. mas. (*anadromôce*) (même étymologie que *anadrôme*), t. d'hist. nat., poisson de mer qui remonte les rivières.

ANADYOMÈNE, subst. fém. (*anadiomène*) (en grec αναδυομενη, formé de ανα, et δυομαι, plonger), myth., surnom de Vénus, représentée sortant du sein des eaux. — T. d'hist. nat., genre de polypier.

ANAGALLIS, subst. mas. (*anagualelice*), t. de bot., nom donné au mouron.

ANAGIPHALÉOSE. Voy. **ANACÉPHALÉOSE**.

ANAGIRIS. Voy. **ANAGYRIS**.

ANAGLYPHE, subst. mas. (*anaguelife*) (du grec αναγλυφω, formé de ανα, en arrière, en haut, et γλυφω, je taille, je sculpte), ouvrage ciselé ou sculpté en relief. — En anat., la portion du ventricule que les anatomistes modernes nomment *calamus scriptorius*.

ANAGNOSTE, subst. mas. (*anaguenocete*) (en grec αναγνωστης, lecteur, formé de αναγινωσκω, je lis), t. d'hist. anc., chez les anciens Romains, esclave qui faisait la lecture pendant le repas.

ANAGOGIE, subst. fém. (*anaguoji*) (en grec αναγωγη, formé de ανα, en haut, et αγω, je conduis), t. de théol., ravissement ou élévation vers les choses divines. — Subst. fém. plur., t. d'hist. anc., fêtes en l'honneur du retour de Vénus.

ANAGOGIQUE, adj. (*anaguojike*), t. de théologie, qui élève l'âme aux choses divines : mystique : *sens anagogique*.

ANAGRAMMATISÉ, E, part. pass. de *anagrammatiser*.

ANAGRAMMATISER, v. act. (*anagueramematizé*), faire des *anagrammes*. Peu usité. — L'*Académie* fait de ce mot un v. neut. : nous pensons qu'il est plus usité comme actif : on ne dit guère *anagrammatiser* absolument. — **S'ANAGRAMMATISER**, v. pron.

ANAGRAMMATISME, subst. mas. (*anagueramematiceme*), art de trouver une *anagrame*.—Divination par les lettres du nom de celui dont on cherche la destinée.

ANAGRAMMATISTE, subst. des deux genres (*anagueramematicete*), celui ou celle qui fait des *anagrammes*.

ANAGRAMME, subst. fém. (*anaguerame*) (du grec ανα, en arrière, et γραμμα, lettre ; *lettre transposée* ou *prise au rebours*), transposition des lettres d'un mot, pour en former un ou plusieurs autres qui aient un sens différent ; exemple : *maro*, *roma*, *mora*, *amor*. Les seules bonnes *anagrammes* sont celles dans lesquelles il ne faut ni changer ni suppléer de lettres. Ainsi, des quatre mots *écran*, *nacre*, *rance et crâne*, que l'*Académie* nous donne pour modèles d'*anagramme*, *nacre* et *rance* sont seuls bons, parce que dans les deux autres mots il y a altération des syllabes à cause des accents. — Daurat, sous le règne de Charles IV, s'avisa le premier de faire des *anagrammes*. Il prétendait en avoir trouvé le plan dans le poète Lycophron. Il mit les *anagrammes* tellement en vogue, que tout le monde s'en mêlait. — On appelle *anagramme numérique* des vers dont les lettres numérales, c'est-à-dire celles qui en chiffres romains servent à marquer les nombres, prises ensemble selon leur valeur comme chiffres, désignent une époque. Tel est le distique de Claude Godard sur la naissance du roi, qui arriva en 1638, le 5 septembre, jour auquel se fait la conjonction de l'aigle et du cœur de lion :

eXorIens DeLphIn aqVILæ CorDIsqVe LeonIs
CongressV, gaLLos spe LætItIaqVe refeCIt.

— On dit que Rabelais, pour se venger de Calvin qui avait *anagrammatisé* son nom, fit *Jan Cul de Calvin*. — Une des plus heureuses *anagrammes* est celle qui fut faite sur le nom du meurtrier de Henri III, roi de France. Il s'appelait *frère Jacques Clément* : l'*anagramme*, sans rien changer, est : *c'est l'enfer qui m'a créé*. — En voici encore d'autres fort heureuses pour le sens et pour le rapport des lettres. L'*anagramme* de *Louis de Boucherat* est : *est la bouche du roi* : or de Boucherat était chancelier de France lorsque l'*anagramme* fut faite. Ces paroles *Est vir qui adest* sont l'*anagramme* de la question de Pilate à Jésus-Christ *Quid est veritas?* S'il n'y avait pas incompatibilité entre le mot *belle* et le mot *anagramme*, on pourrait dire que celle-ci est *belle*, car, avec les mêmes lettres, elle exprime la réponse la plus juste et la plus vraie qui pût être faite dans la circonstance.

ANAGRAMMER, v. act. (*anagueramé*), faire l'*anagramme*, n'est pas français. Voy. **ANAGRAMMATISER**. Cependant *Saint-Amand* a employé ce verbe dans son *Poète crotté* ; voici ses vers :

J'ai vu qu'un sonnet acrostiche,
Anagramme par l'hémistiche
Aussi bien que par les deux bouts,
Passait pour miracle chez vous.

ANAGRAPHE, subst. mas. (*anaguerafe*) (du grec ανα, sur, et γραφη, écrit), t. de médec., formule, recette.

ANAGYRIS ou **BOIS PUANT**, subst. mas. (*anajirice*) (du grec ανα, avec, et γυρος, courbure), t. de bot., arbrisseau d'Amérique dont les feuilles froissées ont une odeur désagréable. On s'en sert en médecine contre les vapeurs.

ANAISTHÉSIE, subst. fém. (*anècetézi*) (du grec αναισθησια, insensibilité), t. de médec., perte du sentiment, sans altération du mouvement musculaire.

ANAL., abréviation du mot *analogue*.

ANALABE, subst. mas. (*analabe*) (du grec ανα, par-dessus, et λαμβανω, je prends), écharpe ou étole que portaient sur leur robe les anciens moines grecs.

ANALCIME, subst. mas. (*analcime*) (du grec α priv., et αλκιμος, fort, vigoureux ; *corps sans vigueur*), t. d'hist. nat., sorte de pierre appelée aussi *zéolithe dure*, qui ne s'électrise que très-faiblement par le frottement. — Adj., se dit d'un corps sans vigueur.

ANALECTES, subst. mas. plur. (*analèkte*) (du grec αναλεκτος, dérivé de αναλεγω, je cueille, je rassemble), fragments choisis d'un auteur. — Collection de plusieurs morceaux différents. — Chez les anciens, esclaves qui ramassaient le reste des repas.

ANALECTEUR, subst. mas., au fém. **ANALECTRICE** (*analèkteur, trice*), celui ou celle qui fait ou qui a déjà fait un recueil d'*analectes*.

ANALECTRICE, subst. fém. Voy. **ANALECTEUR**.

ANALEMMATIQUE, adj. (*analèmatike*), t. d'astron., se dit d'un instrument propre à trouver la hauteur du soleil, et de ce qui concerne l'*analemme*.

ANALEMME, subst. mas. (*analème*) (en grec αναλημμα, hauteur, formé de αναλαμβανω, prendre d'en haut), t. d'astron., planisphère, ou projection orthographique de tous les cercles de la sphère sur une surface plane. Il sert, entre autres usages, à prendre la hauteur du soleil.— On a encore appelé ainsi l'instrument nommé *trigone des signes*. L'*Académie* écrit *analème*.

ANALEPSIE, subst. fém. (*analèpcé*) (en grec αναληψις, formé de ανα, derechef, et λαμβανω, *je reprends, je recouvre les forces*), t. de médec., rétablissement des forces après une maladie.—Emploi des fortifiants.

ANALEPTIQUE, adj. des deux genres (*analèptike*), t. de médec., se dit d'un médicament propre à rétablir les forces. — Subst. fém., partie de l'hygiène. — Il est encore subst. mas. : *un sain analeptique*.

ANALGÉSIE, subst. fém. (*analj-ézi*) (du grec αναλγησια, exemption de douleurs), t. de médec., absence de douleurs.

ANALOGIE, subst. fém. (*analoji*) (en grec αναλογια, formé d'ανα, entre, et λογὸς, raison), rapport ou ressemblance que plusieurs choses ont les unes avec les autres, quoiqu'elles soient d'ailleurs différentes par des qualités qui leur sont propres.— *Raisonner par analogie*, former un raisonnement fondé sur les ressemblances ou sur les rapports d'une chose avec une autre ; *il y a de l'analogie entre le cheval et l'âne, entre le lapin et le lièvre*, etc. — En grammaire, rapports entre les différents mots d'une langue : *la raison repousse tout mot nouveau qui n'a pas été d'abord introduit par l'analogie*. Il se dit aussi du rapport existant entre les consonnes à la prononciation desquelles sert la même partie de l'organe vocal : *il y a de l'analogie entre le f et le v, consonnes dentales et labiales à la fois*. — En t. de math., rapport, proportion : *analogies différentielles*, rapports entre les différentielles des angles et des côtés d'un triangle sphérique. On en fait usage dans l'astronomie.

ANALOGIQUE, adj. des deux genres (*analojike*) qui a de l'*analogie* : *termes analogiques*.

ANALOGIQUEMENT, adv. (*analojikeman*), d'une manière *analogique*.

ANALOGISME, subst. mas. (*analojiceme*) (en grec αναλογισμος, dérivé de αναλογιζομαι, je compare), argument de la cause à l'effet. — Comparaison des rapports qu'il y a entre diverses choses.

ANALOGUE, adj. (*analogue*) (rac. *analogie*), qui a de l'*analogie*, du rapport : *le fait que je vous cite est analogue à celui que vous m'avez raconté ; sa conduite est analogue à la mienne, et pourtant nos positions ne sont point analogues*, etc.— On a distingué les langues en *langues analogues et langues transpositives* : on a appelé *langues analogues* celles dont la syntaxe est soumise à l'ordre analytique, et *transpositives* celles qui ne suivent pas cet ordre. — On distingue les termes en univoques, équivoques et *analogues* : les termes *analogues* sont ceux qui varient leur signification selon les sujets auxquels on les applique, c'est-à-dire, qui n'expriment pas dans tous les sujets précisément la même idée, mais qui pourtant expriment toujours quelque idée ayant un rapport de cause ou d'effet, ou de ressemblance avec la première. — Cet adjectif s'emploie quelquefois substantivement : *on ne connaît point d'analogues à ces fossiles ; cette locution et ses analogues sont peu usités*.

ANALOSE, subst. fém. (*analôze*) (du grec αναλωσις, consomption), t. de médec., dépérissement.

ANALYSE, subst. fém. (*analize*) (en grec αναλυσις, dissolution, résolution, dérivé de αναλυω, je dissous), décomposition d'un tout en ses parties, soit littéralement, soit par extension, en remontant des effets aux causes, les causes pouvant être considérées par l'esprit comme parties constitutives des effets ; opération tantôt physique, tantôt morale, d'où résultent les seules connaissances véritablement complètes.—En logique, c'est l'opposé de la *synthèse* : *analyse d'une proposition, d'un raisonnement*, etc. — En philosophie, *l'analyse des facultés intellectuelles ; l'analyse du cœur humain, des passions*, etc. — En grammaire, *l'analyse d'une phrase, d'une période, d'un discours*, etc.— En littérature, extrait, précis raisonné, compte rendu : *l'analyse d'un roman, d'une pièce de théâtre*, etc. — En mathématiques, particulièrement le système algébrique. —En chimie, *analyse mécanique*, celle qui se fait par le broiement, le lavage, la pression ; *ana-*

lyse spontanée, celle qui s'opère par les seuls efforts de la nature; *analyse par le feu,* celle qui s'exécute par la puissance du calorique; *analyse par les réactifs*, celle que l'on obtient en mettant le composé en contact avec une suite d'autres corps qui réagissent sur lui, de manière à faciliter la séparation de ses principes; *analyse immédiate*, la première séparation d'un composé; *analyse médiate,* celle qui examine la nature des premiers composés obtenus par l'*analyse immédiate,* pour en connaître la composition intime; *analyse simple,* celle qui donne des produits non altérés; *analyse fausse,* celle qui forme des produits altérés; *analyse minérale,* celle qui a pour objet la connaissance des fossiles; *analyse végétale,* celle qui s'opère sur les végétaux; *analyse animale,* celle qui s'opère sur les matières animales.— En t. de pratique, l'*analyse d'un dossier.* — *En dernière analyse*, loc. adv., en résumé, en définitive: *en dernière analyse, c'est un mauvais procédé.*

ANALYSÉ, E, part. pass. de *analyser.*

ANALYSER, v. act. (*analizé*), faire une *analyse;* employer l'*analyse*, procéder *analytiquement* : *analyser un argument; analyser les sentiments; analyser une locution; analyser un poëme, analyser une plante; analyser l'eau, le sang, le lait*, etc. — Neutr. et absolument : *analyser.* — **S'ANALYSER**, v. pron.

ANALYSTE, subst. des deux genres (*analicete*), t. de math., qui est versé dans l'*analyse.*

ANALYTIQUE, adj. des deux genres (*analitike*), qui appartient à l'*analyse : équation analytique.* —Qui est de la nature de l'*analyse : méthode analytique.* — Qui se fait par la voie de l'*analyse : calcul analytique.*—Qui contient *analyse: table analytique.—Esprit analytique*, esprit apte à l'analyse.

ANALYTIQUEMENT, adv. (*analitikeman*), par *analyse*, par voie *analytique.*

ANAMALLA, subst. mas. (*anamalela*), t. de bot., arbrisseau du Brésil.

ANAMÉNIE, subst. fém. (*anaméni*), t. de bot., genre de plantes de la famille des renonculacées.

ANAMNÉSIE, subst. fém. (*anamenézi*) (du grec αναμνησις), retour de la mémoire.

ANAMNESTIQUE, adj. des deux genres (*anamenècetike*) (en grec αναμνηστικος, dérivé de αναμιμνησκω, je rappelle le souvenir, lequel est formé de ανα, et de μναομαι, je me souviens), se dit de tout ce qui est propre à rendre la mémoire. — T. de médec. : *signes anamnestiques*, par lesquels on découvre l'état précédent du corps. — *Remèdes anamnestiques*, propres à rétablir la mémoire.

ANAMOÉ, subst. fém. (*anamo-é*), t. d'hist. nat., espèce de perdrix de Surinam.

ANAMORPHIQUE, adj. (*anamorfike*) (du grec ανα, et μορφη, forme, figure renversée), se dit des crystaux à noyau.

ANAMORPHOSE, subst. fém. (*anamorfoze*) (du grec ανα, derechef, et μορφη, forme), t. de peint. et de perspect., représentation de quelque image, vague et confuse de près, mais qui, vue d'une certaine distance, paraît régulière. — Tableau changeant suivant les points de vue. — Art de les faire. — Réunion bizarre de couleurs, de traits, offrant un tableau régulier dans un miroir conique. — Projection d'un dessin.

ANANAPLA, subst. mas. (*ananapla*), t. de bot., arbre des Philippines.

ANANAS, subst. mas. (*anana*), t. de bot., plante des Indes dont le fruit exquis a la forme d'une pomme de pin. Ce fruit porte le même nom. — Espèce de grosse fraise très-parfumée.

ANANCHITE, subst. mas. (*ananchite*), t. d'hist. nat., espèce d'oursin.

ANANDRIE, subst. fém. (*anandri*), dissertation des Aménités académiques de Linné.—T. de bot., histoire d'une plante de la Sibérie. — Nom de la plante elle-même. — Classe de plantes dépourvues d'étamine.

ANANISAPTE, subst. mas. (*ananiçapte*), ancien talisman contre la contagion.

ANANTIÉ, subst. fém. (*anantié*), grosse araignée à laquelle les nègres attribuent la création de l'homme.

ANAPESTE, subst. mas. (*anapècete*) (en grec αναπαιστος, dérivé de αναπαιω, je frappe à contresens), pied de vers grec et latin composé de deux brèves et d'une longue : *legerent* est un *anapeste;* c'est un dactyle renversé.

ANAPESTIQUE, adj. (*anapècetike*), se dit des vers où domine l'*anapeste.*

ANAPÉTIE, subst. fém. (*anapeci*) (du grec αναπεταω, formé de ανα, derechef, et πεταω, j'ouvre), t. de médec., dilatation des vaisseaux qui donnent passage au sang ou aux humeurs.

ANAPHLASME, subst. mas. (*anaflasme*), t. de médec., masturbation.

ANAPHONÈSE, subst. fém. (*anafonèze*) (en grec αναφωνησις, formé de ανα, par, et φωνη, voix), manière d'exercer la voix, vantée par les anciens médecins. — Exercice de la voix.

ANAPHORE, subst. fém. (*anafore*) (du grec αναφερω, rapporter, reproduire, composé de ανα, derechef, et φερω, je porte), fig. de rhét. qui consiste à répéter le même mot plusieurs fois à la tête de plusieurs phrases de suite, ou de divers membres d'une période.

ANAPHORIQUE, adj. des deux genres (*anaforike*), t. de phys. *horloge anaphorique*, qui se meut par l'eau. — Se dit d'une période dont les membres commencent par le même mot.

ANAPHRODISIE, subst. fém. (*anafrodizi*) (du grec α priv., et αφροδιτη, Vénus), t. de médec., absence ou suppression du désir vénérien.

ANAPHRODITE, adj. des deux genres (*anafrodite*) (même étymologie que *anaphrodisie*), t. de médec., qui n'est pas propre à la génération.

ANAPLASE, subst. fém. (*anaplaze*) (du grec αναπλασις, qui a le même sens), t. de médec., consolidation des fragments d'un os.

ANAPLÉRÉTIQUE, vicieux. Voy. **ANAPLÉROTIQUE.**

ANAPLÉROSE, subst. fém. (*anapléroze*) (du grec αναπληροω, je remplis), t. de chir., art de rendre au corps quelque partie enlevée par accident ou refusée par la nature.

ANAPLÉROTIQUE, adj. des deux genres (*anaplérotike*), t. de médec., se dit des remèdes externes qui font revenir les chairs dans les plaies ou ulcères.

ANAPNEUSE, subst. fém. (*anapneuze*) (du grec αναπνεω, je respire), t. de médec., transpiration ou respiration.

ANAPTYSIE, subst. fém. (*anaptizi*) (du grec αναπτυω, je crache), t. de médec., expectoration.

ANARABAQUE, subst. mas. (*anarabake*), t. d'hist. anc., sacrificateur hébreu.

ANARCHICAS, subst. mas. (*anarchikace*), t. d'hist. nat., espèce de poissons à dents incisives.

ANARCHIE, subst. fém. (*anarchi*) (du grec α priv., et αρχη, principauté, commandement), état d'une réunion d'hommes qui se trouve sans chef, sans direction. — Absence de gouvernement dans un état. — Grand désordre; confusion de pouvoirs.

ANARCHIQUE, adj. (*anarchike*), qui tient de l'*anarchie: état anarchique.* — Qui est favorable à l'*anarchie : principes anarchiques.*

ANARCHIQUEMENT, adv. (*anarchikeman*), d'une manière *anarchique.*

ANARCHISÉ, E, part. pass. de *anarchiser.*

ANARCHISER, v. act. (*anarchizé*), livrer à l'*anarchie.* (*Boiste.*)

ANARCHISME, subst. mas. (*anarchiceme*), système, opinions *anarchistes.* (*Boiste.*)

ANARCHISTE, subst. des deux genres (*anarchicete*), partisan de l'*anarchie,* fauteur de troubles.— Il est aussi adj. : *principes, systèmes anarchistes.*

ANARGASI, subst. mas. (*anarguazi*), t. de bot., arbre des Philippines.

ANARGYRE, subst. mas. (*anarjire*), sans argent. Inus.

ANARHINE, subst. fém. (*anarine*), t. de bot., plante de la famille des scrofulaires.

ANARNAKS, subst. mas. plur. (*anarnak*), t. d'hist. nat., genre de testacés.

ANARRHÉE, subst. fém. (*anarere*) (du grec ανα, par en haut, et ρεω, je coule), t. de médec., afflux des humeurs par le haut.

ANARRHEGNYME, adj. (*anareréguenime*) (du grec αναρρηγνυμι, rompre), t. de médec., se dit des ulcères qui se renouvellent par la rupture de leur cicatrice.

ANARRHÉIQUE, adj. des deux genres (*anareréike*), t. de médec., qui tient de l'*anarrhée.*

ANARRHICHAS, subst. mas. (*anarerikace*) (du grec αναρριχασθαι, se traîner), t. d'hist. nat., genre de poissons de la famille des pantoptères.

ANARRHIQUE, subst. mas. (*anarerike*), t. d'hist. nat., poisson rond et osseux de la division des apodes.

ANARRHOPIE, subst. fém. (*anareropi*) (du grec ανα, par en haut, et ρεπω, je penche, je suis tourné), t. de médec., tendance du sang vers les parties supérieures du corps.

ANARRHOPIQUE, adj. des deux genres (*anareropike*), t. de méd., qui est relatif à l'*anarrhopie.*

ANARTHRIE, subst. fém. (*anartri*) t. de bot., genre de plantes de la famille des restiacées.

ANAS, subst. mas. (*anace*), t. d'hist. nat., sorte de poisson fuyard.

ANASARQUE, subst. fém. (*anaçarke*) (du grec ανα, entre, et σαρξ, chair; *entre les chairs*), t. de médec., sorte d'hydropisie répandue sur tout le corps.

ANASCOT ou FLAMBÉ, subst. mas. (*anacekô*), sorte d'étoffe d'Amiens.

ANASPASE, subst. fém. (*anacepâze*) (du grec ανασπαω, je retire, je resserre, dérivé de ανα, contre, et σπαω, je tire, je serre), t. de médec., contraction de l'estomac.

ANASPE, subst. mas. (*anacepe*), t. d'hist. nat., insectes de l'ordre des coléoptères.

ANASSER, subst. mas. (*anacé*), t. de bot., plante de la famille des apocynées.

ANASTALTIQUE, adj. des deux genres (*anacetaletike*), (en grec αναсταλτικος, formé de αναστελλω, je resserre), t. de médec., se dit des remèdes styptiques ou astringents.

ANASTASE, subst. fém. (*anacetaze*) (en grec αναστασις, dérivé de ανα, et ιστημι, élever) t. de médec., transport des humeurs dans une partie supérieure.

ANASTOMATIQUE, vicieux. Voy. **ANASTOMOTIQUE.**

ANASTOME ou BEC-OUVERT, subst. mas. (*anacetôme*), t. d'hist. nat., oiseau de la famille des hérodions.

ANASTOMOSÉ, E, part. pass. de *s'anastomoser.*

ANASTOMOSE, subst. fém. (*anacetomôze*) (en grec αναστομωσις, formé de ανα, par, à travers, et de στομα, bouche; littéralement *union des deux bouches*), t. d'anat., l'endroit où une veine se joint à une autre veine, ou à une artère. — T. de bot., embranchement.

S'ANASTOMOSER, v. pron., (*çanacetomozé*) (même étymologie que *anastomose*), t. d'anat., se joindre par les extrémités, s'emboucher l'un dans l'autre.

ANASTOMOTIQUE, adj. des deux genres (*anacetômotike*) (du grec αναστομοω, j'ouvre), t. de médec., se dit d'un médicament contre la rupture, l'engorgement des veines.

ANASTROPHE, subst. fém. (*anacetrofe*) (en grec αναστροφη, formé de ανα, dans, parmi, et de στρεφω, je tourne), t. de gramm., vice de construction, dans lequel on tombe par des inversions contre l'usage.

ANAT., abréviation du mot **ANATOMIE.**

ANATASE, subst. mas. (*anataze*) (en grec ανατασις, extension, élévation, formé de ανατείνω, j'étends en hauteur), t. d'hist. nat., substance minérale appelée autrement *schorl bleu.*

ANATE, subst. fém. (*anate*), t. de bot., arbrisseau des Indes. — Teinture rouge de l'*anate*, nommée aussi **ATTOLE.**

ANATHÉMATIQUE, adj. (*anatématike*), de la nature de l'*anathème;* qui *anathématise : bulle anathématique.*

ANATHÉMATISÉ, E, part. pass. de *anathématiser.*

ANATHÉMATISER, v. act. (*anatématizé*), frapper d'*anathème;* excommunier. — Fig. blâmer avec force, maudire. — **S'ANATHÉMATISER**, v. pron.

ANATHÉMATISME, subst. mas. (*anatématiceme*), condamnation qui porte *anathème.*

ANATHÈME, subst. mas. (*anatéme*) (du grec αναθημα, exécrable, dévoué aux furies de l'enfer, formé de ανα, loin de, et de τιθημι, placer), excommunication, retranchement de la communion de l'Église.—Il se dit au fig., surtout dans le style élevé, pour : réprobation, blâme solennel. — Il est aussi adj., et signifie : qui est excommunié, retranché de la communion des fidèles. — Fig. et fam., personne qui est en horreur à tout le monde.

ANATHÈRE, subst. fém. (*anatère*), t. de bot., nouveau genre de graminées qui ressemble beaucoup au barbon.

ANATIFE, subst. mas. (*anatife*) (du latin *anas*, gén. *anatis*, canard, et *fero*, je porte, je produis), t. d'hist. nat., mollusques de l'ordre des brachiopodes, dont la bouche est portée sur un long pédicule charnu appelé aussi *poussepied.* On a cru long-temps que certains canards provenaient de la métamorphose de ces animaux : c'est pour cela qu'on leur a donné le nom d'*anatifes.*

ANATIFÈRE, adj. (*anatifère*) (du lat. *anas*, gén. *anatis*, canard, et *fero*, je porte), t. d'hist. nat., coquille que l'on croyait faussement porter un canard ou ses œufs.

ANATINE, subst. fém. (*anatine*), t. d'hist. nat., coquilles bivalves qui ressemblent aux *solens*. — adj. fém. *marche anatine*, dandinement, manière de marcher comme les canards. Inusité.

ANATOCISME, subst. mas. (*anatociceme*) (du grec ανα qui marque répétition, réitération, et τοκος, usure), usure qui consiste à prendre l'intérêt des intérêts.

ANATOLE, subst. fém. (*anatolé*), myth., nom de l'une des Heures.

ANATOLIE, subst. fém. (*anatoli*) (du grec Ανατολη, qui signifie *levant*, *orient*), contrée de l'Asie-Mineure.

ANATOME, subst. mas. (*anatome*), t. d'hist. nat., sorte de petite coquille.

ANATOMIE, subst. fém. (*anatomí*) (du grec ανα, à travers, et τεμνω, je coupe), dissection du corps ou de quelque partie du corps animal : *faire l'anatomie d'un corps*.—Art de *disséquer*.—Ensemble des connaissances dues à la dissection, et spécialement science de la structure du corps humain : *traité d'anatomie ; il possède parfaitement l'anatomie.* — On appelle aussi *anatomie* un sujet qu'on dissèque ou qu'on a disséqué, et même la représentation de ce sujet en plâtre, en cire, etc. — *Anatomie chirurgicale*, science qui a pour but de connaître les voies les plus faciles pour diriger les instruments de chirurgie. — *Anatomie pathologique*, science qui découvre les altérations causées par les maladies. — *Anatomie comparée*, science qui établit les rapports et les différences existant entre la structure de l'homme et celle de l'animal. — *Anatomie végétale* ou *anatomie des plantes*, recherche de la structure intérieure des plantes. — Dans les arts du dessin, il se dit de la connaissance de l'intérieur ou des apparences visibles du corps humain. — Fig., analyse, précis méthodique sur quelque objet que ce soit : *faire l'anatomie d'un discours, d'un livre.* — *Amphithéâtre d'anatomie*, lieu destiné aux dissections et aux démonstrations *anatomiques*. — *Cabinet d'anatomie*, lieu contenant des pièces d'*anatomie*.

ANATOMIQUE, adj. des deux genres (*anatomike*), qui appartient à l'*anatomie*.

ANATOMIQUEMENT, adv. (*anatomikeman*), d'une manière *anatomique*.

ANATOMISÉ, E, part. pass. de *anatomiser*.

ANATOMISER, v. act. (*anatomizé*), faire l'*anatomie*. Il se dit, tant au propre qu'au figuré, par rapport à un corps, à une affaire, à un livre. — **S'ANATOMISER**, v. pron.

ANATOMISTE, subst. des deux genres (*anatomicete*), qui fait de l'*anatomie* ; qui possède la science *anatomique*.

ANATRÉSIE, subst. fém. (*anatrézi*) (du grec ανατριβω, je brise), t. de médec., trépanation.

ANATRIPSIE, subst. fém. (*anatripci*) (du grec ανατριψις, frottement), t. de médec., friction.

ANATRIPSOLOGIE, subst. fém. (*anatripçoloji*) (du grec ανατριψις, frottement, et λογος, discours), t. de médec., traité des frictions.

ANATRIPSOLOGIQUE, adj. des deux genres (*anatripçolojike*), qui concerne l'*anatripsologie*.

ANATRON, subst. mas. (*anatron*), t. de chimie, sel âcre au goût, tiré de l'eau du Nil par crystallisation ou évaporation. — *Anatron artificiel*, composé avec dix parties de salpêtre, quatre de chaux vive, trois de sel commun, deux d'alun de roche et deux de vitriol, le tout dissous dans du vin, évaporé au moyen de l'ébullition, jusqu'à consistance de sel.

ANATROPE, subst. fém. (*anatrope*) (du grec ανα, par en haut, et τρεπειν, tourner), t. de médec., vomissement ; nausée.

ANAUDIE, subst. fém. (*anôdi*) (du grec α priv., et αυδη, voix), t. de médec., défaut de voix.

ANAULACE, subst. mas. (*anôlace*), t. d'hist. nat., coquille qui ressemble aux ancillaires.

ANAURUS, subst. mas. (*anôruce*), myth., fleuve de la Troade, sur les bords duquel Pâris gardait les brebis de Priam.

ANAVINGUE, subst. fém. (*anaveingue*), t. de bot., plante de la décandrie.

ANAX, subst. mas. (*anakce*), myth., fils du Ciel et de la Terre. Son nom, qui signifie *maître*, *seigneur*, était révéré comme quelque chose de grand et de sacré ; de sorte qu'on ne le donnait par honneur qu'aux demi-dieux, aux rois et aux héros : si on leur parlait ou si l'on parlait d'eux au pluriel, on les nommait *Anacies* ou *Anaces*.

ANAXABIE, subst. fém. (*anakçabi*), myth., nymphe qui disparut dans le temple de Diane, où elle s'était réfugiée pour éviter les poursuites d'Apollon.

ANAXANDRA, subst. fém. (*anakçandra*), myth., héroïne révérée comme une déesse dans la Laconie.

ANAXARÈTE, subst. fém. (*anakçarète*), myth., nymphe de l'île de Chypre. Elle fut métamorphosée en rocher, pour avoir refusé d'écouter Iphis.

ANAXÉTON, subst. mas. (*anakcéton*), t. de bot., plante nommée aussi *perlière*.

ANAXIS, subst. mas. (*anakcice*), myth., fils de Castor et d'Ilaïre.

ANAXITHÉE, subst. fém. (*anakcité*), myth., une des Danaïdes, que Jupiter mit au nombre de ses femmes.

ANAXO, subst. fém. (*anakçô*), myth., fille d'Alcée, et, selon quelques-uns, mère d'Alcmène.

ANAXYRIDE, subst. fém. (*anakciride*) (du grec ανα, en haut, et συρω, je tire), t. d'antiq., pantalon des barbares, ainsi nommé parce que, pour le mettre, il fallait le tirer de bas en haut.

ANAZE, subst. mas. (*anaze*), t. de bot., arbre de Madagascar, qui a la forme d'une pyramide.

ANBERTKEN, subst. mas. (*anbèrekène*), livre philosophique et sacré des Indiens.

ANC., abréviation des mots *ancien* et *ancienne*.

ANCÉE, subst. mas. (*ancé*), myth., roi d'Arcadie, qui fut du nombre des Argonautes. Un de ses esclaves lui prédit un jour qu'il ne boirait plus du vin de sa vigne. *Ancée* se moqua de cette prédiction, et se fit apporter sur-le-champ une coupe pleine : avant qu'il en bût, l'esclave lui dit qu'il y avait encore loin de la coupe à sa bouche. On vint au même instant avertir le roi que le sanglier de Calydon était dans sa vigne : aussitôt il jeta la coupe et courut à l'animal, qui le tua.

ANCELLE, subst. fém. (*ancèle*) (en lat. *ancilla*), mot roman qui signifiait : esclave, servante, femme, épouse :

> Glorieuse vierge et pucelle,
> Qui es de Dieu mère et *ancelle*,
> Pardonne-moi tous mes pechiez,
> Desquels je suis si entechiez.
>
> (FABRI, *Art de rhétorique*.)

— On disait aussi *ancele*, *anchele*, *anciele*, *ancille*, *anseille*, *anselle*.

ANCENIS, subst. mas. (*anceni*), ville de France, chef-lieu d'arrond., dép. de la Loire-Inférieure.

ANCEPS, adj. (*ancèpce*) (en latin *anceps*, à deux tranchants), t. de bot. Voy. ANCIPITÉ.

ANCERVILLE, subst. fém. (*ancèrevile*), bourg de France, chef-lieu de canton, arrond. de Bar-le-Duc, dép. de la Meuse.

ANCÊTRES, subst. mas. plur. (*ancêtre*) (du latin *antecessores*, ceux qui ont précédé, de qui on descend, dont on a fait d'abord *antécesseurs*, qu'on disait anciennement, et ensuite, par contraction, *ancêtres*), ceux de qui on descend, aïeux. — Il ne se dit guère qu'au-dessus du degré de grand-père, et plus particulièrement et mieux par rapport aux maisons illustres. — Nous appelons encore ainsi, parents ou non, tous ceux qui ont vécu avant nous, mais seulement en parlant de ceux de notre nation : *nos ancêtres valaient mieux que nous.* — Il diffère : 1° de *prédécesseurs*, en ce qu'*ancêtres* est relatif à l'ordre naturel, et *prédécesseurs* à l'ordre politique et social : un roi descend de ses *ancêtres* ; il occupe le même trône que ses *prédécesseurs* ; 2° de *pères* et *aïeux*, en ce que le siècle de *nos pères* a touché au nôtre, nos *aïeux* les ont devancés, et *nos ancêtres* sont les plus reculés de nous ; en d'autres termes, nous sommes les enfants de *nos pères*, les neveux de *nos aïeux*, la postérité de *nos ancêtres*. — *Ancêtres* n'a point de singulier. Cependant *Ronsard* et *Malherbe*, qui ne sont pas, il est vrai, des autorités pour nous, ont dit *mon ancêtre*, *leur ancêtre*. *Ménage*, *Trévoux* et *Féraud* condamnent l'emploi de ce mot au singulier. Quoi qu'il en soit, nous ne pensons pas que ce fût une faute de dire, en parlant de quelqu'un qui aurait un air très-vieux : il ressemble *à un ancêtre*.

ANCETTE, subst. fém. (*ancète*), bout de corde terminé par un œil. — En t. de mar., les pattes ou cobes de boulines. Inus.

ANCHARÉ, E, part. pass. de *ancharer*.

ANCHARER, v. act. (*ancharé*), mettre les fers aux pieds. Vieux.

ANCHAU, subst. mas. (*anchô*), vase qui sert à détremper la chaux.

ANCHE, subst. fém. (*anche*) (en grec αγχω, qui se prononce *anchô*, et qui signifie serrer la gorge), conduit de bois par où la farine tombe dans la huche. — Petit tuyau plat, avec une ou deux languettes mobiles, par lequel on souffle dans le haut-bois, le basson, la clarinette, etc. — Demi-tuyau de cuivre qui se met dans les tuyaux d'orgue. — Chacun des deux montants de la *chèvre*, lesquels, dans leur partie supérieure, sont coupés en bec de flûte.

ANCHÉ, E, adj. (*anché*), t. de blas., se dit d'un cimeterre, ou d'une épée recourbée. — Part. pass. de *ancher*.

ANCHÉMOLE, subst. mas. (*anchémole*), myth., fils de Rhétus, roi d'une contrée de l'Italie. Son père voulant le punir de la passion criminelle qu'il avait conçue pour sa belle-mère, il prit la fuite, et se retira auprès de Turnus.

ANCHER, v. act. (*anché*), t. de luthier, garnir un instrument de ses *anches*.

ANCHIALUS ou **ANCHARIUS**, subst. mas. (*ankialuce*, *ankariuce*), myth. Les païens croyaient que c'était le dieu des Juifs. — C'était le nom d'un Grec, fils de Mentès.

ANCHIFLURE, subst. fém. (*anchiflure*), t. de tonnelier, le trou que fait un ver dans une douve de tonneau.

ANCHILOPIE, mieux **ANCHYLOPIE**, voy. ce mot.

ANCHILOPS, mieux **ANCHYLOPS**, voy. ce mot.

ANCHISE, subst. mas. (*anchize*), myth., prince troyen de la famille de Priam. Il était fils de Capys et d'une nymphe. Il fut aimé de Vénus, et eut d'elle Énée. Anchise ayant osé s'en vanter, Jupiter, pour le punir de son indiscrétion, le frappa de sa foudre ; mais elle ne fit que l'effleurer. Après la prise de Troie, il sortit de la ville avec peine, à cause de son extrême vieillesse. Énée le porta sur son dos jusqu'aux vaisseaux, tenant son fils Ascagne par la main. Anchise emporta ses dieux Pénates, avec ce qu'il avait de plus précieux, et alla mourir dans la Sicile, où Énée lui éleva un tombeau magnifique.

ANCHISIADÈS, subst. mas. (*anchiziadèce*), myth., surnom d'Énée, fils d'Anchise.

ANCHOIS, subst. mas. (*anchoà*), sorte de petit poisson de mer sans écailles, de la famille des *gymnopomes*, que l'on sale et que l'on mange cru.

ANCHUE, subst. fém. (*anchû*), trame de l'étoffe.

ANCHYLOPIE, subst. fém. (*ankilopi*), voy. le mot suivant.

ANCHYLOPS, subst. mas. (*ankilopce*), t. d'oculiste, maladie de l'œil ; tumeur ou abcès de l'œil. — Je ne sais qui a mis ce mot dans notre langue, dit le *Dictionnaire de Trévoux* : il ne me paraît pas fort entendu. Certainement *anchylops* est le nom du malade plutôt que de la maladie, de même que *myops*. Et comme on dit μυωπια pour la maladie, on doit aussi dire αγχυλωπια, *anchylopie*, pour signifier cette maladie. De plus, ce mot ne semble pas exprimer la maladie qu'il signifie, car on a prétendu apparemment le composer d'αγκυλος, *courbe*, *recourbé*, et de οπτομαι, *je vois* ; mais qu'est-ce que *voir courbe* ? et quel rapport cela a-t-il à la maladie que l'on vient de décrire, et à une tumeur ou un abcès au grand angle de l'œil ? Enfin il faudrait écrire *ancylops* ou *ankylops*, et non pas *anchylops*. Quand l'abcès s'ouvre, il prend le nom d'*ægilops*, et se change souvent en fistule lacrymale. Quelques-uns écrivent en grec αγχιλωψ, et prétendent qu'il est composé de αγχι, *prope*, et de ωψ, *oculus*, parce que cette tumeur naît proche le globe de l'œil.

ANCHYLOSE, subst. fém. (*ankilôze*). Mieux **ANKYLOSE**. Voy. ce mot.

ANCIEN, adj. mas. ; au fém. **ANCIENNE**, (*anciein*, *ène*) (suivant *Ménage*, du latin *antè*, avant, auparavant), qui existe depuis long-temps : *cette maison est ancienne.* — Qui n'existe plus : *l'ancien gouvernement.* — Qui s'est fait il y a long-temps : *une ancienne faute.* — Qui fait depuis long-temps quelque chose : *c'est un fort ancien notaire.* — Qui a cessé de faire quelque chose : *c'est un ancien notaire.* — Se dit subst. par rapport à l'âge : *les anciens d'une commune ; vous êtes mon ancien* ; et familièrement : *salut, mon ancien.* — Se dit, tantôt subst., tantôt adj., de celui qui a été admis avant un autre dans une charge, dans un corps, dans une compagnie : *tous les anciens du régiment ont déclaré que.... ; le plus ancien en charge a le droit de....* — Substantivement, chez quelques anciens peuples et dans quelques communautés, *ancien* était un titre de dignité donné à des personnes âgées ou distinguées par leur mérite, que l'on choisissait, soit pour former un conseil, soit pour administrer certaines affaires. Chez les protestants, les *anciens* sont des officiers qui, conjointement avec les pasteurs ou ministres, composent les consistoires. — Sous la constitution de l'an III de la république française, l'une des deux sections du corps-législatif se nommait *le conseil des anciens.* — Les *anciens* se dit encore substantivement, en parlant des nations qui ont existé avant l'établissement de nos nations modernes, et par ce mot on entend ordinairement, surtout quand on parle des lettres et des arts, les peuples anciens chez lesquels les lettres, les arts ont été florissants, c'est-à-dire, les Grecs et les Romains : *Le goût des anciens ; la littérature des anciens ; lire les anciens. Il y a eu en France, dans le dix-septième siècle, une dispute très-vive sur la prééminence entre les anciens et les modernes.* — Dans l'Écriture sainte, on appelle Dieu *l'ancien des jours.* — En t. d'eaux et forêts, *arbres anciens*, arbres réservés qui ont cent ans au moins.

ANCIENNEMENT, adv. (*anciéneman*), autrefois, dans les siècles passés : *anciennement on vivait d'une autre manière.* — ANCIENNEMENT, JADIS, AUTREFOIS. (*Syn.*) Le temps passé est désigné par *anciennement* comme reculé ; *jadis* le désigne comme simplement détaché du présent ; et *autrefois*, non-seulement comme ne tenant plus au présent, mais encore comme en étant tout-à-fait différent par les circonstances.

ANCIENNETÉ, subst. fém. (*anciéneté*), qualité de ce qui est ancien : *l'ancienneté d'une famille ; l'ancienneté d'un meuble ; droit d'ancienneté ; rang d'ancienneté*, etc. — *De toute ancienneté*, depuis un temps immémorial, dans tous les temps, de tout temps, en tout temps : *on a suivi cet usage de toute ancienneté.*

ANCIERRE, subst. fém. (*ancière*), t. de corderie ; corde pour le halage des bateaux.

ANCILE, subst. mas. (*ancile*) (en lat. *ancilia*, dont l'origine est incertaine), t. d'antiq., bouclier sacré de l'ancienne Rome. On donne le nom d'*ancile* à un bouclier que Numa feignit être tombé du ciel, et à la conservation duquel il prétendit qu'était attachée la destinée de la nation. De peur qu'on ne l'enlevât, il en fit faire onze autres si parfaitement semblables, qu'il était impossible de les distinguer de celui-là. Il en confia la garde à douze prêtres qu'il nomma *saliens.*

ANCILLAIRE, adj. des deux genres (*ancilelère*) (du lat. *ancillari*) : *opérations ancillaires* se dit, en chimie et en pharmacie, des procédés préparatoires qui disposent les substances à l'analyse, ou à des combinaisons nouvelles. —*Ancillaire* est aussi un subst. fém. qui, en t. d'hist. nat., est une espèce de coquille.

ANCILLE, subst. fém. (*ancile*), t. d'hist. nat., mollusque céphalé. Voy. ANCILLAIRE.

ANCIPITÉ, E, adj. (*ancipité*) (du lat. *anceps*, à deux faces), t. de bot. : *tige ancipitée* ou *gladiée*, dont les deux côtés opposés sont anguleux et plus ou moins tranchants. — On dit aussi *anceps*, mot tout latin.

ANCISTRE, subst. fém. (*ancicetre*), t. de bot., plante de la famille des rosacées.

ANCISTROÏDE, adj. (*ancicetro-ide*), t. d'anat., qui ressemble à un crochet, en parlant de l'apophyse coracoïde.

ANCLABRE, subst. fém. (*anklabre*), t. d'ant., tablette près de l'autel, pour poser ce qui servait au sacrifice.

ANCLABRIES, subst. fém. pl. (*anklabri*), t. d'ant., objets employés dans les sacrifices.

ANCLON, subst. mas. (*anklon*), jeu des Japonnais, dans lequel deux personnes se portent des coups de baguette en cadence, jusqu'à ce que l'une des deux s'avoue vaincue. On ne peut frapper qu'un coup à la fois.

ANCOLIE, subst. fém. (*ankoli*) (en lat. *aquilegia*, dérivé de *aquila*, aigle, parce que sa fleur imite les griffes de l'aigle), t. de bot., plante vivace, à fleur anomale, de la famille des renonculacées. — On la nomme aussi *gant de Notre-Dame.*

ANCON, subst. mas. (*ankon*) (du grec αγκων, coude), t. d'anat., courbure extérieure du coude. — Partie d'architecture qui soutient une corniche.

ANÇON, subst. mas. (*ançon*), armure ancienne peu connue.

ANCONE, subst. fém. (*ankone*), ville d'Italie, dans l'ancienne *Picenum*, que nous appelons aujourd'hui *marche d'Ancone*, c'est-à-dire *marquisat d'Ancone.*

ANCÔNE, subst. mas. (*ankône*) (du grec αγκων, coude), t. d'anat., muscle du coude.

ANCONÉ, adj. et subst. mas. (*ankoné*), t. d'anat., se dit des quatre muscles qui vont s'attacher à l'olécrâne, ou éminence du *cubitus* qui forme le coude. — *Le grand anconé*, *l'anconé externe*, *l'anconé interne*, *le petit anconé* : les trois premiers ne forment qu'un muscle, connu aujourd'hui sous le nom de *triceps brachial* ; le dernier seul a conservé le nom d'*anconé.*

ANCRAGE, subst. mas. (*ankraje*), t. de mar., endroit de la mer propre à jeter l'*ancre.* — Action de *ancrer.* — On appelle *droit d'ancrage* le droit que l'on paie à la nation de qui dépend le lieu où l'on mouille. — Autrefois on disait *ancrage* pour *mouillage.*

ANCRE, subst. fém. (*ankre*) (du lat. *anchora*, fait du grec αγκυρα, dérivé de αγκυλος, courbé, crochu), t. de mar., instrument de fer à deux crochets, tenu par un câble, qu'on jette au fond de l'eau pour arrêter les vaisseaux : *jeter l'ancre, être à l'ancre, lever l'ancre.* — *Maîtresse ancre*, celle qu'on emploie dans les gros temps. — *Seconde ancre*, qui sert à tenir les bâtiments en rade. — *Ancre d'affourche*, que l'on jette après en avoir mouillé une autre dans la partie opposée, et qui empêche le vaisseau de tourner sur son câble. — *Ancre de toue* ou *à touer*, petite ancre pour touer le bâtiment. — Fig., *jeter l'ancre quelque part*, s'y arrêter ; *lever l'ancre*, partir. — *Ce fut notre ancre de salut*, ce fut ce qui nous sauva. — L'*ancre* est le symbole de l'espérance. — En t. de serrurier, barre de fer qui maintient les murs, les voûtes, les hauts tuyaux de cheminées, etc. — Mesure pour les liquides, d'environ 64 pintes ; l'*ancre* de Russie équivaut à 40 pintes de Paris.

ANCRÉ, E, adj. et part. pass. de *ancrer*, qui a une *ancre* : *muraille ancrée*, etc. — Au fig., bien établi, bien affermi. — En t. de blas., *croix, sautoirs ancrés*, dont les extrémités sont terminées en doubles pointes recourbées comme des pattes d'*ancre.*

ANCRER, v. neut. et act. (*ankré*), t. de mar., jeter l'*ancre.* Il est peu d'usage : on dit plutôt *jeter l'ancre et mouiller.* — S'ANCRER, v. pron., s'établir : *il s'est ancré dans cette maison.* Fam.

ANCROISINAL, adj. (*ankroèzinal*) : *bandage ancroisinal*, espèce de brayette.

ANCRURE, subst. fém. (*ankrure*), t. de manuf., petit pli qui se fait à une étoffe que l'on tond.

ANCULES, subst. et adj. plur. des deux genres (*ankule*), myth., se dit des dieux et déesses des esclaves. Ils étaient ainsi appelés du vieux mot *anculari*, servir.

ANCYLE, subst. mas. (*ancile*), t. d'hist. nat., coquille fluviatile du genre patelle.

ANCY-LE-FRANC, subst. mas. (*anci-le-fran*), village de France, chef-lieu de canton, arrond. de Tonnerre, dép. de l'Yonne.

ANCYLOBLÉPHARON, subst. mas. (*ancilobléfarone*), mieux ANKYLOBLÉPHARON. Voy. ce mot.

ANCYLODON, subst. mas. (*ancilodon*), t. d'hist. nat., genre de poissons de la famille des acanthropomes.

ANCYLOMÈLE, subst. fém. (*ancilomèle*) (du grec αγκυλος, courbé, crochu, et μηλη, sonde), t. de chir., sonde recourbée.

ANCYLOTOME, subst. mas. (*ancilotome*) (du grec αγκυλος, courbé, crochu, et τεμνω, je coupe), t. de chir., bistouri recourbé qui sert à couper le ligament de la langue.

ANCYRE, subst. fém. (*ancire*), ville de l'ancienne Galatie, dans l'Asie-Mineure.

ANDROGÉE, subst. mas. (*androjé*), myth., fils de *Minos.* Voy. ce mot.

ANCYROÏDE, adj. fém. (*anciro-ide*) (du grec αγκυρα, ancre, croche, et ειδος, forme, ressemblance), t. d'anat., se dit de l'apophyse coracoïde de l'omoplate, laquelle ressemble à un crochet.

ANDA, subst. mas. (*anda*), t. de bot., arbre du Brésil. L'eau dans laquelle a trempé son écorce endort les animaux.

ANDABATE, subst. mas. (*andabate*), (du lat. *andabata*, dérivé, suivant *Érasme*, du grec βαινω, je marche devant ; parce que le gladiateur allait en aveugle au-devant de son adversaire), t. d'antiq., gladiateur qui combattait les yeux fermés.

ANDAILLOTS, subst. mas. plur. (*andaio*), t. de mar., anneaux qui servent à amarrer la voile mise sur le grand étai.

ANDAIN, subst. mas. (*andein*) (suivant *Ménage*, d'*andamen* ou d'*andena*, formé de l'italien *andare*, aller), t. d'agric., l'étendue qu'un faucheur peut couper à chaque pas qu'il avance ; rangée de foin fauché.

ANDALOU, subst. mas. (*andalou*), cheval d'*Andalousie.*

ANDALOU, SE, subst. et adj. (*andalou, louze*), qui est d'*Andalousie*, province d'Espagne.

ANDALOUSIE, subst. fém. (*andalouzi*), province d'Espagne.

ANDALOUSITE, subst. mas. (*andalouzite*), t. de min., pierre que l'on trouve dans la Castille.

ANDANA, subst. fém. (*andana*) (pris de l'espagnol), sorte de pêche que les Espagnols font avec des nasses.

ANDANTE, adv. (*andanté*) (formé de l'italien *andare*, aller), t. de musique, indique un mouvement modéré, ni trop vif ni trop lent. — Subst. mas., morceau de musique, air qui doit être joué dans ce mouvement : *jouer un andante ; des andante*, sans *s* au plur.

ANDANTINO, adv. (*andantino*) (diminutif de *andante*), t. de mus., indique un mouvement moins lent que l'*andante.*

ANDARÈSE, subst. fém. (*andarèze*), t. de bot., genre de plantes de la famille des personnées.

ANDARINI, subst. mas. (*andarini*), pâte de vermicelle en grains.

ANDATÉ ou **ANDRASTÉ**, subst. fém. (*andaté, andraceté*), myth. Les anciens Bretons adoraient la victoire sous ce nom.

ANDAYE, subst. fém. (*anda-ie*), bourg de France célèbre par son eau-de-vie.

ANDE, subst. mas. (*ande*), montagne de moyenne hauteur. Inus.

ANDELLE, subst. fém. (*andèle*), bois de hêtre. Voy. BOIS. — Nom d'une rivière du pays de Caux, en Normandie.

ANDELOT, subst. mas. (*andelô*), bourg de France, chef-lieu de canton, arrond. de Chaumont, dép. de la Haute-Marne.

ANDELYS (LES), subst. mas. plur. (*lèzandèli*), ville de France, chef-lieu d'arr., dép. de l'Eure.

ANDERS, subst. mas. (*andèrece*), dartre laiteuse des veaux.

ANDERSONIE, subst. fém. (*andèreçoni*), t. de bot., genre de plantes de la famille des liserons.

ANDIER, subst. mas. (*andié*) (de l'anglais *handiron*), gros chenet de fer.

ANDIRA, Voy. ANDBIA, et ANGELIN A GRAPPES.

ANDIRINE, subst. fém. (*andirine*), myth., surnom de la mère des dieux, pris de la ville d'*Andira*, auprès de laquelle elle avait un temple.

ANDOLSHEIM, subst. mas. (*andolcème*), village de France, chef-lieu de canton, arrond. de Colmar, dép. du Haut-Rhin.

ANDOUILLE, subst. fém. (*andou-ie*) (suivant *Ménage*, du lat. *indusiola*, dimin. d'*indusia*, ou *indusium*, vêtement sur la peau, à cause de la *robe de l'andouille* ; suivant *Huet*, d'*edulium*, mets, chose bonne à manger), boyau de cochon farci d'autres boyaux ou de la chair de cet animal. — Le boyau même se nomme *la robe de l'andouille.* — *Andouille de tabac*, feuilles de tabac préparées et roulées les unes sur les autres. — Pâton adhérent au papier.

ANDOUILLER, subst. mas. (*andouié*), t. de vén., cheville ou premier cor qui sort des perches du cerf, du daim, du chevreuil. — Les *surandouillers* sont les seconds cors.

ANDOUILLETTE, subst. fém. (*andou-iète*) (dimin. de *andouille*), chair de veau hachée, et roulée ordinairement en ovale.

ANDRACHNE, subst. mas. (*andrakné*), t. de bot., plante de la famille des euphorbes.

ANDRANATOMIE ou **ANDRATOMIE**, subst. fém. (*andranatomi*). Voy. ANDROTOMIE, qui est plus en rapport avec l'étymologie.

ANDRAPODOCAPÈLE, subst. mas. (*andrapodokapèle*) (du grec ανδραποδον, esclave, et καπηλος, revendeur, marchand), t. d'antiq., marchand qui logeait des jeunes garçons, des filles, des eunuques, dont il se chargeait de soigner et d'embellir le corps.

ANDRASTÉ, Voy. ANDATÉ.

ANDRATOMIE, subst. fém. (*andratomi*). Suivant le *Dict. de Trévoux*, *l'andratomie* est la dissection du corps humain, comme la *zootomie* est la dissection des bêtes.

ANDRÉ (SAINT-), subst. mas. (*ceintandré*), village de France, chef-lieu de canton, dép. des Basses-Alpes. — *Croix de Saint-André*, croix figurée comme celle à laquelle *saint André* l'apôtre est supposé avoir été attaché. — *Saint-André-du-*

Chardon, ordre militaire d'Écosse, institué, à ce qu'on croit, par *Hungus I*, roi des Pictes. Le collier en est d'or, et représente des feuilles de chardon. A ce collier pend une médaille à l'effigie de *saint André* tenant sa croix de la main droite, avec ces mots : *nemo me impunè lacesset*, ou ne m'attaquera point impunément. — Il y a eu un autre ordre de *Saint-André* établi en 1608 par Vincent de Gonzague, duc de Mantoue. Les chevaliers de Saint-André s'appelaient autrement *chevaliers du Rédempteur*. — C'est enfin un ordre de chevalerie moscovite, créé par le czar Pierre-le-Grand.

ANDRÉASIE, subst. fém. (*andréazî*), t. de bot., arbuste de la famille des plaqueminiers.

ANDRÉCÉSIE, subst. fém. (*andrécézî*), Voy. ANDRÉE.

ANDRÉ-DE-CUBZAC (SAINT-), subst. mas. (*ceintandre-de-kuzak*), ville et port de France, chef-lieu de canton, arrond. de Bordeaux, départ. de la Gironde.

ANDRÉ-DE-VALBORGNE (SAINT-), subst. mas. (*ceintandré-de-valborgnie*), bourg de France, chef-lieu de canton, arrond. du Vigan, départ. du Gard.

ANDRÉE, subst. fém. (*andré*), t. de bot., plante de la famille des mousses, qu'on appelle aussi *andrécésie*.

ANDRÉ-LAMARCHE (SAINT-), subst. mas. (*ceintandré-lamarche*), bourg de France, chef-lieu de canton, arrond. d'Évreux, départ. de l'Eure.

ANDRÉMON, subst. mas. (*andrémon*), myth., père de Thoas, l'un des chefs grecs au siège de Troie. — Il y en eut un autre qui fut gendre d'Œnée, roi de Calydon.

ANDRÈNE, subst. fém. (*andrène*), t. d'hist. nat., insecte de l'ordre des hyménoptères.

ANDRENETTES, subst. mas. plur. (*andrenète*), t. d'hist. nat., sorte d'abeilles de l'ordre des hyménoptères, qui ne vivent pas en société.

ANDRÉOLITHE, subst. fém. (*andréolite*), t. de bot., hyacinthe blanche cruciforme. Ce nom a été formé par abréviation de celui de *andréasbergolithe*, que l'on avait d'abord donné à cette plante.

ANDREUSIE, subst. fém. (*andreuzî*), t. de bot., plante nommée autrement *myopore* ou *pogonia*.

ANDRIA ou **ANGELIN A GRAPPES**, subst. mas. (*andria*), t. de bot., grand arbre du Brésil et des Antilles, employé dans la charpente des bâtiments.

ANDRIAGUE ou **ANDRIAGE**, subst. mas. (*andriague*, *andriaje*), animal fabuleux.

ANDRIALE, subst. fém. (*andriale*), t. de bot., plante de l'ordre des chicoracées.

ANDRIENNE, subst. fém. (*andriène*), robe de femme garnie de parements, ainsi nommée de celle que portait mademoiselle *Dancourt* dans l'*Andrienne* de Baron, où elle jouait le premier rôle.

ANDRIES, subst. fém. plur. (*andrî*), t. d'hist. ancienne, repas publics en Crète et à Lacédémone.

ANDRINOPLE, subst. fém. (*andrinople*), nom de ville. Il y en a eu plusieurs de ce nom. La plus célèbre est une ville de Thrace, sur les bords de l'Hèbre.

ANDROCÉPHALOÏDE, subst. fém. (*androcéfalo-ide*) (du grec ανηρ, gén. ανδρος, homme, κεφαλη, tête, et ειδος, forme, ressemblance), t. d'hist. nat., espèce de pierre qui a la forme d'une tête humaine.

ANDROCINIENS, voy. ANDRONICIENS, qui est plus en rapport avec l'étymologie.

ANDROCLÉE, subst. fém. (*androklé*), myth., l'une des filles d'Antipœnus, qui se sacrifièrent pour le salut des Thébains. L'oracle avait déclaré que la ville ne serait jamais délivrée de ses ennemis, s'il ne se trouvait quelqu'un d'une des plus illustres familles qui voulût se sacrifier : toutes les filles d'Antipœnus se tuèrent.

ANDROCTONE, adj. (*androktone*) (du grec ανδρος, gén. de ανηρ, homme, et de κτεινω, je tue), qui tue les hommes.

ANDROCYMBION, subst. mas. (*androceinbion*), t. de bot., plante qui contient quelques espèces de mélanthes.

ANDROGÉNÉSIE, subst. fém. (*androjénézî*), (de ανδρος, gén. de ανηρ, homme, et de γενεσις, génération), succession de mâle en mâle.

ANDROGÉNÉSIQUE, adj. des deux genres (*androjénézike*), qui a rapport à l'*androgénésie*.

ANDROGÉNIES, subst. fém. plur. (*androjénî*), t. d'antiq., fêtes instituées par les Athéniens en l'honneur d'Androgée.

ANDROGYNAIRE, adj. des deux genres (*androjinère*), t. de bot., se dit des fleurs doubles où la transformation s'est effectuée dans les deux sortes d'organes sexuels sans altération des téguments.

ANDROGYNE, subst. et adj. des deux genres (*androjine*) (du grec ανδρος, gén. de ανηρ, homme, et de γυνη, femme), qui est des deux sexes. — Ce mot est le même que *hermaphrodite*. — T. de bot., qui a les deux sexes dans des fleurs séparées sur la même tige.

ANDROGYNETTES, subst. fém. plur. (*androjinète*), t. de bot., plantes de l'espèce des lycopodes de Linnée.

ANDROÏDE, subst. mas. (*andro-ide*) (du grec ανδρος, gén. de ανηρ, homme, et de ειδος, forme, ressemblance), figure d'homme qui parle et qui marche par le moyen de ressorts ; automate.

ANDROLEPSIE, subst. fém. (*androlèpcî*) (du grec ανδρος, gén. de ανηρ, homme, et λαμβανω, je prends), t. d'hist. anc., espèce de représailles. Lorsqu'un Athénien avait été tué par un citoyen d'une autre ville, si cette ville refusait de livrer le coupable, il était permis de saisir trois de ses citoyens, et de venger sur eux la victime.

ANDROMACHIE, subst. fém. (*andromachî*), t. de bot., genre de plantes de la famille des corymbifères.

ANDROMANIE, subst. fém. (*andromanî*) (du grec ανδρος, gén. de ανηρ, homme, et μανια, fureur, passion), t. de médec., passion utérine dont quelquefois les femmes sont atteintes.

ANDROMAQUE, subst. fém. (*andromake*), fille d'Éétion, roi de Thèbes, femme d'Hector, et mère d'Astyanax. Après la mort de son époux et la prise de Troie, elle échut en partage à Pyrrhus, qui l'emmena en Épire et l'épousa. Pyrrhus étant mort à son tour, elle s'unit à Hélénus, fils de Priam. Elle chérissait si tendrement son premier mari qu'elle ne cessait de parler de lui. Elle lui fit élever un magnifique tombeau en Épire ; ce qui causait beaucoup de jalousie et de chagrin à ceux qui l'aimèrent successivement.

ANDROMÈDE, subst. fém. (*andromède*), myth., fille de Céphée, roi d'Éthiopie, et de Cassiope, qui eut la témérité de disputer de beauté avec Junon et les Néréides. Junon, pour la punir, condamna Andromède à être attachée par les Néréides sur un rocher, et exposée ainsi à un monstre marin ; mais Persée, monté sur le cheval Pégase, pétrifia le monstre en lui montrant la tête de Méduse, et délivra Andromède qu'il rendit à son père, lequel, en reconnaissance, lui accorda sa main. Voy. ANTIGONE, fille de Laomédon. — T. d'hist. nat., coquille qui ressemble aux nautiles. — T. de bot., plante de l'ordre des bicornes. — T. d'astron., constellation de l'hémisphère septentrional.

ANDRON, subst. mas. (*andron*) (du grec ανδρος, gén. de ανηρ, homme), t. d'hist. anc., chez les anciens Grecs, la partie des maisons que les hommes habitaient, par opposition à *gynécée*, appartement de leurs femmes et de leurs filles.

ANDRONICIENS, subst. mas. plur. (*andronicieîn*), sectaires qui croyaient que la partie supérieure des femmes était l'ouvrage des dieux, et l'inférieure celui du diable. — Ils tiraient leur nom d'Andronic leur chef.

ANDRONIE, subst. fém. (*andronî*), principe hypothétique admis sur l'atmosphère.

ANDRONITIDES, subst. fém. plur. (*andronitide*), t. d'hist. anc., appartements des hommes chez les Grecs.

ANDROPÉTALAIRE, adj. des deux genres (*andropétalère*), t. de bot., se dit des fleurs doubles, où la corolle est multipliée, et où les étamines sont changées en pétales simples et multiples.

ANDROPHORE, subst. mas. (*androfore*), se dit en bot. du support des anthères, lorsque les étamines sont réunies.

ANDROPOGONS, subst. mas. plur. (*andropoguon*), t. de bot., genre de graminées.

ANDROS ou **ANDRUS**, subst. mas. (*androce*, *andruce*), myth., fils d'Eurymaque, qui donna son nom à l'île d'Andros, dans l'Archipel. — Un fils d'Anius se nommait aussi Andrus.

ANDROSACE, subst. mas. (*androzace*) (du grec ανδρος, gén. de ανηρ, homme, et σακος, bouclier), t. de bot., plante à fleurs infundibuliformes et à feuilles en boucliers, qui, comme remède, agit puissamment contre l'hydropisie et la rétention d'urine.

ANDROSACÉ, subst. mas. (*androzacé*) (du grec ανδρος, gén. de ανηρ, homme, et ακος, remède), t. de bot., genre de lysimachie, puissant apéritif, remède excellent contre la goutte et l'hydropisie.

ANDROSELLE, subst. fém. (*androcèle*), t. de bot., espèce de primevère ou liseron.

ANDROSÈME, subst. fém. (*androcème*), t. de bot., espèce de millepertuis.

ANDRO-SPHINX, subst. mas. (*androcefeinkce*) (du grec ανδρος, gén. de ανηρ, homme, et σφιγξ, sphinx), t. d'antiq., sphinx égyptien qui représentait un homme.

ANDROTOME, adj. des deux genres (*androtome*) (du grec ανδρος, gén. de ανηρ, homme, et τομη, dissection, dérivé de τεμνω, je coupe), t. de bot., se dit des plantes synanthérées, parce que leurs étamines semblent coupées par une articulation.

ANDROTOMIE, subst. fém. (*androtomî*) (du grec ανδρος, gén. de ανηρ, homme, et τομη, dissection, dérivé de τεμνω, je coupe), anatomie, dissection du corps humain.

ANDRUM, subst. mas. (*androme*), t. de médec., gonflement du scrotum.

ANDRYALE, subst. fém. (*andriale*). Voy. ANDRIALE.

ANDUZE, subst. fém. (*anduze*), ville de France, chef-lieu de canton, arrond. d'Alais, dép. du Gard.

ÂNE, subst. mas., au fém. **ÂNESSE** (*âne*, *ânèce*) (du lat. *asinus*. On écrivait autrefois *asne*), quadrupède qui ressemble au cheval, sans avoir ni la taille aussi élevée, ni autant de légèreté, ni la même élégance de formes ; bête de somme fort utile qui, dans les préjugés populaires, non moins injustes envers les animaux qu'envers les hommes, est le type de l'ineptie parce qu'il est réellement celui de la patience. C'est un mammifère solipède. — *Âne rayé*. Voy. ZÈBRE. — *Âne sauvage*. Voy. ONAGRE. — *L'âne*, proprement dit, *brait* ; *l'âne sauvage brame*. — Fig., esprit lourd et grossier ; stupide, ignorant. En ce sens, on dit proverbialement : *est bien âne de nature, qui ne sait pas lire son écriture*. On est *âne* par disposition d'esprit, et *ignorant* par défaut d'instruction. — *Brider l'âne par la queue*, faire une chose à rebours. — *Contes de Peau-d'âne*, contes puérils. — *Méchant comme un âne rouge*, extrêmement méchant. — On dit de quelqu'un qui affecte la gravité : *il est sérieux comme un âne qu'on étrille*. — *Oreilles d'âne*, cornets de papier faits à l'imitation d'une oreille d'*âne*, qu'on attache à la tête d'un enfant pour le punir d'une faute d'ignorance. — *Pont aux ânes*, chose que personne n'ignore, ou : chose que tout le monde peut faire. — On dit d'un homme entêté, opiniâtre : *têtu comme un âne*. — Proverbialement, pour faire entendre que les affaires qui regardent l'intérêt de plusieurs personnes sont d'ordinaire les plus négligées : *l'âne du commun est toujours le plus mal bâté* ; et encore : *à laver la tête d'un âne, on y perd sa lessive*, pour dire que c'est perdre ses soins et ses peines, que de vouloir instruire, corriger une personne stupide et incorrigible ; *on ne saurait faire boire un âne s'il n'a soif*, pour dire que, quand un homme s'est mis en tête de ne pas faire quelque chose, il est difficile de l'y obliger. — En parlant de quelqu'un qui cherche ce qu'il a entre les mains, on dit proverbialement : *il cherche son âne, et il est dessus* ; et pour faire voir à quelqu'un qu'il se trompe, on dit proverbialement et populairement : *pour vous montrer que votre âne n'est qu'une bête*. — *Faute d'un point, Martin perdit son âne*, se dit lorsqu'il a manqué fort peu de chose à quelqu'un pour gagner une partie de jeu, pour réussir dans une affaire, etc. — On dit d'une chose plus longue que large, et dont les côtés forment une espèce de pointe en se joignant par en haut, qu'*elle va en dos d'âne*. — En t. de relieur, espèce de coffre où tombent les rognures des livres. — En t. de menuisier, banc dont on se sert pour tenir avec les pieds les pièces de bois qu'on façonne au moyen de la plane. — En t. de tabletier-cornetier, c'est un outil sur lequel on évide les dents d'un peigne. — Sorte d'étau dont on se sert pour assurer les bois et les pierres que l'on veut fendre. — T. d'astron., nom de deux étoiles de la constellation du Cancer. — L'*Âne d'or* est une fiction d'Apulée, philosophe platonicien qui a fait un ingénieux roman sur une métamorphose d'*âne*. Apulée avait pris le sujet de cette fable dans Lucien, qui l'avait lui-même abrégée de Lucius de Patras. — *L'âne de Buridan* se dit de la supposition suivante : *si l'on mettait un âne entre deux picotins d'avoine parfaitement égaux et également éloignés de lui, il mourrait de faim, puisque, faute d'avoir le libre arbitre, il lui serait impossible de se décider à entamer l'un plutôt que l'autre*. Et c'est ce qui a fait dire à Naudé, dans le *Mascurat* : *Cela me fait* *appréhender qu'il ne t'arrive comme à l'âne de Buridan, qui mourut de faim entre deux picotins d'avoine, faute de se résoudre auquel il devait plutôt allonger le col, parce qu'ils étaient également distants de lui.* Cela s'applique aux gens irrésolus. Voy. BURIDAN, où l'origine de cette supposition est apportée. — *Coq-à-l'âne.* Voy. ce mot. — Myth. Voy. MIDAS.

ANÉANTI, E, part. pass. de *anéantir.*

ANÉANTIR, v. act. (*anéantir*), réduire *au néant;* détruire entièrement. — ANÉANTIR, DÉTRUIRE. (*Syn.*) Ce qu'on *détruit* cesse de subsister, mais il peut en rester des vestiges; ce qu'on *anéantit* disparaît entièrement. — S'ANÉANTIR, v. pron., se dissiper, se détruire : *cette fortune immense s'est anéantie en peu de temps.* — Fig. et en t. de dévotion, s'humilier profondément; rentrer en esprit dans son néant.

ANÉANTISSEMENT, subst. mas. (*anéanticeman*) (formé d'*anéantir*), réduction *au néant.* — Destruction totale : *anéantissement d'un empire, d'une fortune élevée,* etc. — Fig., abaissement devant Dieu; humilité; mépris de soi-même. — Fig. et par exagération, il se dit d'un état d'abattement et de faiblesse extrême où toutes les facultés physiques et intellectuelles paraissent suspendues.

ANECDOTE, subst. fém. (*anèkdote*) (du grec ανεκδοτος, formé de α priv., et εκδοτος, livré, mis au jour; *non encore publié*), particularité secrète d'histoire omise ou supprimée par les historiens précédents. — Il se dit aussi du récit succinct d'un trait, d'un fait non historique : *il nous raconta mille anecdotes fort amusantes.* — Ce mot est proprement adj., et l'étymologie voudrait qu'il fût toujours, comme autrefois, employé adjectivement : l'*histoire anecdote de Procope;* mais l'usage a prévalu, et *anecdote* vieillit dans ce sens; on dirait aujourd'hui : *histoire anecdotique.*

ANECDOTIER, subst. mas., au fém. ANECDOTIÈRE (*anèkdotié, tière*), qui raconte, qui recueille des *anecdotes.* Mot de la création de *La Harpe* qui, dans son *Cours de littérature,* s'en sert pour caractériser *Suétone.* Fam. et peu usité.

ANECDOTIÈRE, subst. fém. Voy. ANECDOTIER.

ANECDOTIQUE, adj. des deux genres (*anèkdotike*), qui tient de l'*anecdote*, qui est relatif aux *anecdotes,* qui renferme des *anecdotes : fait anecdotique; récits anecdotiques; livre anecdotique; comédie anecdotique,* etc. Voy. l'observation qui se trouve au mot ANECDOTE.

ANECDOTOMANE, subst. des deux genres (*anèkdotomane*), celui ou celle qui a la *manie* de raconter des *anecdotes.*

ANECDOTOMANIE, subst. fém. (*anèkdotomani*), *manie* de raconter des *anecdotes.*

ÂNÉE, subst. fém. (*âné*) (rac. *âne*), la charge d'un *âne;* mesure dans certains départements. — On s'est même servi dans quelques provinces de ce mot pour signifier un arpent de terre.

ANÉGYRAPHE, adj., mieux **ANÉPIGRAPHE.** Voy. ce mot.

ANEL, subst. mas. (*anèl*) (du lat. *anellus*, petit anneau, diminutif de *annulus*, anneau), mot roman qui signifiait : bague, anneau; sceau; cercle; anneau à cacheter. — On disait aussi : *agne, agneaulx, agnel, aigne, aigniau, aneau, anial, aniau, aniax, aniel :*

> Il a la dame saluée;
> Ele li rent salu moult bel;
> Il trait esraument un *anel*
> De son doigt : bien valoit un marc, etc.
> (*Fabliau de* CONSTANT DU HAMEL.)

ANÉLECTRIQUE, adj. des deux genres (*anélèktrique*) (du grec α priv., et ηλεκτρον, électricité), qui ne peut être électrisé par frottement, qui ne peut l'être que par contact.

ANEILÈME, subst. mas. (*anélème*), (du grec ανειλεισθαι, être roulé en haut), t. de médec., transport des gaz intestinaux vers la partie supérieure du canal digestif.

ANÉLAGE pour **AGNELAGE** n'est qu'un barbarisme forgé par *Raymond.*

ANÉLOPTÈRES, adj. plur. des deux genres (*anéloptère*) (du grec ανειλειν, rouler), t. d'hist. nat., se dit des insectes qui ont des ailes sans élytres.

ANÉMASE, subst. fém., mieux **ANHÉMASE.** Voy. ce mot.

ANÉMIE, subst. fém., mieux **ANHÉMIE.** Voy. ce mot.

ANÉMOBATE, subst. mas. (*anémobate*) (du grec ανεμος, vent, et βαινω, je marche), t. d'antiq., voltigeur, danseur de corde.

ANÉMOCHORDE, subst. mas. (*anémokorde*) (du grec ανεμος, vent, et χορδη, corde), clavecin à vent, qui imite tous les sons.

ANÉMOGRAPHE, subst. des deux genres (*anémoguerafe*) (du grec ανεμος, vent, et γραφω, je décris), qui est chargé d'observer les vents; qui écrit sur l'*anémographie.*

ANÉMOGRAPHIE, subst. fém. (*anémoguerafi*) (du grec ανεμος, vent, et γραφω, je décris), science ou description des vents.

ANÉMOGRAPHIQUE, adj. des deux genres (*anémoguerafike*), qui est relatif à l'*anémographie.*

ANÉMOLOGIE, subst. fém. (*anémoloji*), discours, ouvrage sur les vents.

ANÉMOLOGIQUE, adj. des deux genres (*anémolojike*), qui concerne l'*anémologie.*

ANÉMOMÈTRE, subst. mas. (*anémomètre*) (du grec ανεμος, vent, et μετρον, mesure), instrument pour mesurer les vents. — *Anémomètre musical*, instrument composé de tuyaux calibrés de manière que le vent, entrant dans chacun d'eux, puisse donner successivement trois octaves. On juge de la force du vent et même de sa direction par la note qu'il fait entendre.

ANÉMOMÉTRIE, subst. fém. (*anémométri*) (du grec ανεμος, vent, et μετρον, mesure), art de mesurer les vents. Inus.

ANÉMOMÉTRIQUE, adj. des deux genres (*anémométrike*), qui tient à l'*anémométrie.*

ANÉMOMÉTROGRAPHE, subst. mas. (*anémométroguerafe*) (du grec ανεμος, vent, μετρον, mesure, et γραφω, je décris), instrument de physique qui sert à mesurer, en l'absence de l'observateur, les différentes directions des vents qui se succèdent, leur durée et leur vitesse. — Instrument adapté à un pendule, qui trace sur un papier les variations du vent, sa durée, sa vitesse.

ANÉMOMÉTROGRAPHIE, subst. fém. (*anémométroguerafi*), connaissance de l'*anémométrographe;* description, traité des vents.

ANÉMOMÉTROGRAPHIQUE, adj. des deux genres (*anémométroguerafike*), qui est relatif à l'*anémométrographie.*

ANÉMONE, subst. fém. (*anémone*) (du grec ανεμωνη, dérivé d'ανεμος, vent, et α priv., *fleur qui ne s'épanouit pas sans le souffle du vent*), t. de bot., sorte de renoncule, fleur printanière qui est remarquable par la beauté et la variété de ses couleurs. — Myth. Voy. ADONIS. — T. d'hist. nat., *anémone de mer*, animal marin ressemblant à l'*anémone.*

ANÉMONINE, subst. fém. (*anémonine*), t. de chim., principe actif que l'on a reconnu dans les *anémones.*

ANÉMOSCOPE, subst. mas. (*anémocekope*) (du grec ανεμος, vent, et σκοπεω, j'observe), t. de phys., machine qui indique le poids de l'air. — Baromètre. Voyez ANÉMOMÈTRE.

ANENCÉPHALE, adj. (*anancéfale*) (du grec ανα, sans, et κεφαλη, tête), se dit des fœtus qui viennent au monde privés du cerveau.

ANÉPIGRAPHE, adj. des deux genres (*anépiguerafe*) (du grec α priv., et επιγραφη, inscription, formé de επι, sur, et γραφω, j'écris), qui est sans titre : *une médaille anépigraphe; une statue anépigraphe.*

ANÉPITHYMIE, subst. fém. (*anépitimi*) (du grec α priv., et επιθυμια, appétit sensitif), perte de l'appétit sensitif.

ANÉRÈTE, subst. fém. (*anérète*), t. d'astrol., planète qui annonçait la mort.

ÂNERIE, subst. fém. (*âneri*), ignorance grossière : *quelle ânerie dans ce médecin, dans cet avocat!* — Faute produite par cette ignorance : *ce livre est plein d'âneries.* — État d'ignorance causé ou par la stupidité ou par le défaut d'intelligence.

ANÉSIE, subst. fém. (*anézi*) (du grec ανεσις, relâchement), t. de médec., amélioration dans les symptômes.

ÂNESSE, subst. fém. (*ânèce*), femelle de l'*âne.* Il ne s'emploie qu'au propre, à la différence de *bourrique* qui s'applique quelquefois aux personnes ignares, non instruites, soit hommes, soit femmes.

ANESTHÉSIE, subst. fém. (*anècetézi*) (du grec αναισθησια, formé de α priv., et d'αισθανομαι, sentir, avoir du sentiment), t. de médec., privation du tact; sorte de paralysie.

ANET, subst. mas. (*anète*), bourg de France, chef-lieu de canton, arrond. de Dreux, dép. d'Eure-et-Loir.

ANETH, subst. mas. (*anète*) (du grec ανηθον, anis), t. de bot., plante ombellifère.

ANÉTIQUES, subst. mas. plur. et adj. (*anétike*), t. de médec., se dit des remèdes calmants, parégoriques.

ANÉVRISMAL, E, ou mieux **ANÉVRYSMAL**, adj. Plur. mas., ANÉVRISMAUX (*anévricemal*), t. de médec., qui appartient à l'*anévrisme*, qui tient de l'*anévrisme.* Voy. ANÉVRISME.

ANÉVRISMAUX, adj. mas. plur. Voy. ANÉVRISMAL.

ANÉVRISME, ou mieux **ANÉVRYSME**, subst. mas. (*anévriceme*) (du grec ανευρυσμα, dilatation, dérivé d'ανα, à travers, et ευρυνω, je dilate), t. de médec., tumeur causée par la dilatation ou par la rupture d'une artère. — Selon l'étymologie, il faudrait écrire *anévrysme, anévrysmal.*

ANÉVROSE, subst. mas. (*anévróze*). Voy. ANÉVRISME.

ANFARDÉLÉ, E, part. pass. de *anfardéler.*

ANFARDÉLER, v. act. (*anfardélé*), mot roman signifiant : surcharger, lier, garrotter, vexer, tourmenter; et qui s'écrivait sans accent. — Son sens propre était *surcharger : lier, garrotter, vexer* et *tourmenter* n'étaient que des sens figurés qui revenaient à *surcharger de liens; surcharger de contrariétés, de peines, de chagrins.* — Son substantif était *fardage* ou *fardaige*, fardeau; bagage, équipage; hardes.

ANFRACTUEUSE, adj. fém. Voy. ANFRACTUEUX.

ANFRACTUEUX, adj. mas., au fém. ANFRACTUEUSE (*anfraktueu, tueuze*) (en lat. *anfractuosus*), plein de détours et d'inégalités : *chemin anfractueux.* Peu usité. — Il se dit en médec. des conduits qui font plusieurs détours irréguliers. Voy. ANFRACTUOSITÉ.

ANFRACTUOSITÉ, subst. fém. (*anfraktuózité*) (en lat. *anfractus*, circuit, etc., dérivé de *fractus*, part. pass. de *frangere*, rompre), détour et inégalité. Il s'emploie surtout au pluriel; mais il est, du reste, peu usité. — On nomme *anfractuosités*, en t. d'anat., les éminences ou concavités inégales sur la surface des os.

ANFRACTURE, subst. fém. (*anfrakture*), le même que *anfractuosité*, et moins usité encore.

ANGAR et non **HANGAR**, subst. mas. (*anguar*) (du vieux mot latin *angarium*, lieu où l'on gardait les chevaux de louage, appelés *equi angariales*), appentis, sorte de remise ouverte par devant, souvent même de trois côtés, et qui est destinée à recevoir des charrettes, des bois de construction, des marchandises, etc. — D'après l'étymologie de ce mot, il est assez étonnant que la nouvelle *Académie* l'écrive avec un *h* aspiré; on en cherche vainement la raison. Hérodote nous apprend que *angarium*, dont nous faisons dériver *angar*, vient originairement du persan. En Flandre, on appelle encore *angar* un lieu couvert qui n'est point fermé et où l'on entre de tous côtés. Tous ces motifs doivent faire repousser le *h* aspiré.

ANGARIARIA, subst. fém. (*anguariaria*), t. de bot., arbre du Congo.

ANGARIE, subst. fém. (*anguari*), t. de mar., obligation d'un navire, même neutre, de charger pour le gouvernement. — Il avait autrefois à peu près le sens de *angar*, puisqu'il signifiait : lieu couvert où l'on ferre les chevaux. — Au plur., ce fut le premier nom donné aux *postes aux chevaux.*

ANGARIÉ, E, part. pass. de *angarier.*

ANGARIER, v. act. (*anguarié*) (du lat. *angariare*, obliger à quelque corvée; contraindre à...), importuner, persécuter, oppresser. Inus. — T. de mar., forcer un navire à charger pour le gouvernement.

ANGE, subst. mas. (*anje*) (du grec αγγελος, messager, formé de αγγελλω, j'annonce nouvelle), créature purement spirituelle et intellectuelle; esprit céleste qui annonce les ordres de Dieu. — *Le bon ange*, l'ange gardien; *le mauvais ange*, le démon, nommé aussi *ange de ténèbres.* — Au fig., dans le langage de la dévotion, personne d'une piété extraordinaire; dans le langage du monde, personne d'une grande vertu, d'une extrême douceur. — On dit de saint Thomas d'Aquin qu'*il est l'ange de l'école*, pour dire qu'il excelle entre les scholastiques. — T. de tendresse : *mon ange.* — On dit d'une femme, d'un enfant, qu'*elle est belle*, qu'*il est beau comme un ange.* — En parlant des personnes qui sont tellement transportées de joie qu'elles en paraissent extasiées, on dit qu'*elles sont aux anges*, qu'*elles rient aux anges.* Cette dernière locution s'applique aussi à ceux qui rient seuls, niaisement et sans mot dire. — *Faire quelque chose comme un ange*, faire quelque chose fort bien, parfaitement. — *Voir des anges violets*, avoir des visions creuses. Vieux. Ces trois expressions sont du style familier. — Monnaie du règne de Philippe de Valois, sur laquelle vait figuré un *ange*. On l'appelait aussi *angelot*. — *Lit d'ange*, sorte de lit sans colonne, et dont les rideaux sont suspendus en l'air. — T. d'hist. nat., subst. fém.; poisson qui est une espèce de chien de mer. — Petit moucheron qui naît du vin et du vinaigre. — Au plur., t. de mar., fragments de boulets tenant l'un à l'autre par une chaîne, et servant à rompre les mâts et les cordages.

ANGÉIECTASIE, subst. fém. (*anjéièktazi*) (du grec αγγειον, vaisseau, et κτεινω, je tue), t. de médec., dilatation morbide des vaisseaux du corps humain.

ANGÉINE, subst. fém. (*angéine*). Catherine de Laval, jadis comtesse de Léon, dans une quittance qu'elle donna au duc de Bretagne, *l'an 1281, le mercredi emprès la fête de Saint-Martin d'été*, marqua que le paiement était dû de *cette Angéine prochaine à venir*. A ce sujet, le P. Lobineau dit que l'*Angevine* (car il écrit toujours ainsi, au lieu d'*Angéine*, qui est dans l'acte dont nous parlons), que l'*Angevine*, disons-nous, est la fête de la sainte Vierge du 8 septembre, celle de la Nativité. Cela indique assez que ce mot vient de *Anna* et *genuit*, ou *Annæ genitalis dies*, ou *genitura*, le jour de l'accouchement de sainte Anne. Sainte Anne est depuis long-temps particulièrement honorée en Bretagne : il n'est pas douteux que les Bretons aient donné son nom à cette fête.

ANGÉIOGRAPHE, subst. mas. (*anjéioguerafe*) qui écrit sur l'*angéiographie*.

ANGÉIOGRAPHIE, subst. fém. (*anjéioguerafi*) (du grec αγγειον, vase, vaisseau, et γραφω, je décris), description des poids, des vases et des instruments propres à l'agriculture. — T. d'anat., description des vaisseaux du corps humain.

ANGÉIOGRAPHIQUE, adj. des deux genres (*anjéioguerafike*), qui a rapport à l'*angéiographie*.

ANGÉIOHYDROGRAPHE, subst. mas. (*anjéio-idroguerafe*)(du grec αγγειον, vaisseau, υδωρ, eau, et γραφω, je décris), qui décrit les vaisseaux lymphatiques.

ANGÉIOHYDROGRAPHIE, subst. fém. (*anjéio-idroguerafi*) (Voy. ANGÉIOHYDROGRAPHE pour l'étymologie), t. d'anat., description des vaisseaux lymphatiques.

ANGÉIOHYDROGRAPHIQUE, adj. des deux genres (*anjéio-idroguerafike*), qui a rapport à l'*angéiohydrographie*.

ANGÉIOHYDROLOGIE, subst. fém. (*angéio-idroloji*) (du grec αγγειον, vaisseau, υδωρ, eau, et λογος, discours), t. de médec., traité des vaisseaux lymphatiques.

ANGÉIOHYDROTOMIE, subst. fém. (*anjéio-idrotomi*) (du grec αγγειον, vaisseau, υδωρ, eau, et τεμνω, je coupe), t. d'anat., anatomie des vaisseaux lymphatiques.

ANGÉIOHYDROTOMIQUE, adj. des deux genres (*anjéio-idrotomike*), qui a rapport à l'*angéiohydrotomie*.

ANGÉIOLOGIE, subst. fém. (*anjéioloji*) (du grec αγγειον, vaisseau, et λογος, discours), t. de médec., traité des veines.

ANGÉIOLOGIQUE, adj. des deux genres (*anjéiolojike*), qui est relatif à l'*angéiologie*.

ANGÉIORRHAGIE, subst. fém. (*anjéioraji*) (du grec αγγειον, vaisseau, et ρεω, je coule), t. de médec., hémorrhagie; flux sanguin par excès de force.

ANGÉIORRHAGIQUE, adj. des deux genres (*anjéiorajike*), qui a rapport à l'*angéiorrhagie*.

ANGÉIORRHÉE, subst. fém. (*anjéioré*) (du grec αγγειον, vaisseau, et ρεω, je coule), t. de médec., hémorrhagie; flux sanguin par défaut de force.

ANGÉIORRHÉIQUE, adj. des deux genres (*anjéioréike*), qui a rapport à l'*angéiorrhée*.

ANGÉIOSCOPE, subst. mas. (*anjéiocekope*) (du grec αγγειον, vaisseau, et σκοπεω, je considère, j'examine), t. d'opticien, microscope pour examiner les vaisseaux capillaires.

ANGÉIOSCOPIE, subst. fém. (*anjéiocekopi*) (pour l'étymologie voir ANGÉIOSCOPE), art d'examiner les vaisseaux capillaires par le moyen de l'*angéioscope*.

ANGÉIOSCOPIQUE, adj. des deux genres (*anjéiocekopike*), qui a rapport à l'*angéioscopie*.

ANGÉIOSE, subst. fém. (*anjéioze*) (du grec αγγειον, vaisseau), t. de médec., sixième famille des maladies qui proviennent du système sanguin.

ANGÉIOSPERME, adj. des deux genres (*anjéiocepéreme*) (du grec αγγειον, vase, et σπερμα, semence ou graine), t. de bot., se dit d'une plante dont les graines sont revêtues d'un péricarpe distinct. — Subst. mas., famille de plantes.

ANGÉIOSPERMIE, subst. fém. (*anjiocepèremi*), t. de bot., l'un des deux ordres dans lesquels se subdivise la *didynamie* dans la méthode de Linnée.

ANGÉIOTÉNIQUE, adj. (*anjéioténike*) (du grec αγγειον, vaisseau, et τεινω, je tends), t. de médec., se dit d'une fièvre marquée par l'irritation des tuniques des vaisseaux sanguins. — Subst. fém., fièvre inflammatoire.

ANGÉIOTOMIE, subst. fém. (*anjéiotomi*) (du grec αγγειον, vaisseau, et τεμνω, je coupe), t. d'anat., dissection des vaisseaux du corps des êtres organisés.

ANGÉIOTOMIQUE, adj. des deux genres (*anjéiotomike*), qui a rapport à l'*angéiotomie*.

ANGEL, subst. mas. (*anjèle*) (en lat. *angelus*), mot roman qui signifiait :ange, envoyé, messager. — On disait aussi : *aingle*, *angeil*, *angele*, *angle*, *anglere*, *angere*. — *Angelet*, *anglet*, étaient les diminutifs. — En bas-breton : *ael*.

ANGELIN A GRAPPES, subst.masc. (*anjelein*), t. de bot., arbre du Brésil.

ANGÉLIE, subst. fém. (*anjéli*), myth., fille de Mercure, qui lui-même était surnommé *Angelus*, messager.

ANGÉLINA, subst. fém. (*anjélina*), écorce provenant d'un arbre de la Grenade.

ANGÉLIQUE, adj. des deux genres (*anjélike*) (rac. *ange*), qui appartient à l'*ange*, qui regarde l'*ange*, qui tient de l'*ange*. — Dans la religion catholique, on appelle *salutation angélique* une prière qui commence par ces mots latins : *Ave, Maria*. — Fig., se dit, soit au physique, soit au moral, des choses excellentes, rares, parfaites, mais ordinairement de celles dont la principale qualité est la *douceur* : *beauté*, *esprit*, *voix*, *pureté angélique*. — *Chère angélique*, très-délicate.— La couronne de Hongrie est surnommée *couronne angélique*. —Subst. fém., t. de bot., sorte de plante vivace, ombellifère. L'*angélique* vulgaire des jardins, ou *archangélique*, est très-connue par l'usage qu'on fait de ses tiges confites. — Instrument de musique à seize cordes : c'est une espèce de guitare. — T. d'antiq., danse des anciens Grecs dans les festins, ainsi nommée parce que ceux qui la dansaient étaient vêtus en *messagers* (en grec αγγελος).

ANGÉLIQUEMENT, adv. (*anjélikeman*), d'une manière *angélique*. Peu usité.

ANGÉLISÉ, E, part. pass. de *angéliser*.

ANGÉLISER, v. act. (*anjélizé*), assimiler aux *anges*. — V. neut., imiter les *anges*, devenir *ange*. — **S'ANGÉLISER**, v. pron., devenir *ange*, imiter les *anges*. Peu usité.

ANGÉLITES, subst. mas. plur. (*anjélite*), t. d'hist. ecclés., sectaires adorateurs des *anges*.

ANGÉLOLÂTRE, subst. mas. (*anjélolâtre*). Voy. ANGÉLITES.

ANGÉLOLÂTRIE, subst. fém. (*anjélolâtri*), adoration des *anges*.

ANGÉLOLÂTRIQUE, adj. des deux genres (*anjélolâtrike*), qui concerne l'adoration des *anges*.

ANGÉLONIE, subst. fém. (*anjéloni*), t. de bot., plante herbacée, vivace, originaire de Caracas. Elle est de la famille des scrofulaires.

ANGELOT, subst. mas. (*anjelô*), fromage de Normandie. — Monnaie d'or d'Angleterre du poids de quatre deniers, au titre de vingt-trois carats trois quarts. — Il y a eu aussi des *angelots* en France, sous Philippe de Valois.

ANGELUS, subst. mas. (*anjéluce*) (mot emprunté du latin où il signifie *ange*), prière qu'on fait le matin, à midi et le soir, en mémoire de l'annonciation, du message de l'*ange* à la vierge Marie, et qui commence par le mot *angelus : dire l'angelus*. — On dit aussi *sonner l'angelus*, *l'angelus sonne*, pour signifier : l'avertissement de réciter cette prière. En ce sens, on dit aussi *le pardon sonne*, à cause des indulgences attachées à cette même prière. — Myth., nom d'un des fils de Neptune.

ANGÉMME ou **ANGÈNE**, subst. mas. (*anjème*, *jène*), t. de blas., fleur imaginaire à six feuilles semblables à celles de la quinte-feuille, mais plus arrondies.

ANGÉRONALES, subst. fém. plur. (*anjéronale*), myth., fêtes en l'honneur de la déesse *Angéronie*.

ANGÉRONE, subst. fém. (*anjérone*), myth., divinité qu'on invoquait pour être délivré des inquiétudes et des chagrins.—On la confondait avec *Angéronie*.

ANGÉRONIE, subst. fém. (*anjéroni*), myth., déesse du silence.— On croit que c'est la même que Volupia, déesse de la Volupté. Voy. HARPOCRATE.

ANGERS, subst. mas. (*anjé*), ville de France, chef-lieu du département de Maine-et-Loire.

ANGEVIN, E, subst. et adj. (*anjevein*, *vine*), celui ou celle qui est de l'*Anjou* : *les Angevins*. —Qui appartient, qui a rapport à l'Anjou : *les coutumes angevines*.

ANGEVINE, subst. fém. (*anjevine*). Dans l'*Anjou*, on donne ce nom à la fête de la Nativité de la sainte Vierge. Le vrai mot est *Angéine*, mais les *Angevins* disent toujours *Angevine*, prétendant que cette fête doit être ainsi appelée parce qu'elle fut d'abord célébrée en *Anjou*. Il faudrait de bonnes preuves de ce fait. Voy. ANGÉINE.

ANGHIVE, subst. mas. (*anguive*), t. de bot., arbre de Madagascar qui guérit de la gravelle.

ANGIANTE, subst. fém. (*anjiante*), t. de bot., plante du cap de Bonne-Espérance.

ANGIARA, subst. fém. (*anjiara*), t. de bot. On nomme ainsi l'ortie dioïque.

ANGINE, subst. fém. (*anjine*) (du verbe lat. *angere*, dérivé du grec αγχειν, serrer, suffoquer), t. de médec., maladie inflammatoire de la gorge, nommée aussi *esquinancie*.

ANGINEUSE, adj. fém. Voy. ANGINEUX.

ANGINEUX, adj. mas., au fém. ANGINEUSE (*anjineû*, *neûze*), qui a rapport à l'*angine*.

ANGIOGRAPHIE. Voy. ANGÉIOGRAPHIE.

ANGIOLOGIE et ses dérivés. Voy. ANGÉIOLOGIE et ses dérivés.

ANGIOPTÈRE, subst. fém. (*anjiopetère*), t. de bot., fougère des îles Mariannes; autrement *clémentée*.

ANGIORRHAGIE. Voy. ANGÉIORRHAGIE.

ANGIORRHÉE. Voy. ANGÉIORRHÉE.

ANGIOSCOPE. Voy. ANGÉIOSCOPE.

ANGIOSCOPIE. Voy. ANGÉIOSCOPIE.

ANGIOSE. Voy. ANGÉIOSE.

ANGIOSPERME. Voy. ANGÉIOSPERME.

ANGIOSPERMIE. Voy. ANGÉIOSPERMIE.

ANGIOTÉNIQUE. Voy. ANGÉIOTÉNIQUE.

ANGIOTOMIE. Voy. ANGÉIOTOMIE.

ANGIROLLE, subst. fém. (*anjirole*), t. de mar., palan de galère.

ANGISCOPE, subst. mas. (*anjicekope*), microscope. Voy. ANGÉIOSCOPE et ses dérivés.

ANGIVOLLE, subst. fém. (*anjivole*). Voy. ANGIROLLE.

ANGLAIS, E, adj. (*anguelè*, *lèze*), d'Angleterre: *étoffe anglaise*, *coutumes anglaises*. — Subst. mas. et fém., né ou née en Angleterre : *un Anglais*, *une Anglaise*. — On appelle trivialement un créancier fâcheux *un Anglais*. La puissance redoutable des *Anglais* en France, et les ravages qu'ils y firent pendant les longues guerres entre Philippe de Valois et Édouard III, pour la succession à la couronne, après la mort de Charles-le-Bel, donnèrent lieu à cette expression : le peuple appela *Anglais* tout créancier trop dur, trop pressant. Marot s'en est servi dans ce sens : témoin ce passage d'un rondeau adressé à un homme auquel il devait de l'argent :

> Un bien petit de près vous me pressez;
> Je ne vey onc *Anglois* de vostre taille.

Pasquier atteste que ce mot avait cette acception de son temps, et il cite ces vers de Guillaume Cretin au roi François Ier :

> Et aujourd'hui je fais solliciter
> *Tous mes Anglois*, pour le reste parfaire,
> Et le paiement entier leur satisfaire.

Anglais, du reste, a conservé ce sens jusqu'à nous. — Subst. mas., la langue *anglaise*.

ANGLAISE, subst. fém. (*anguelèze*), t. de mus. et de danse : on donne ce nom aux airs de contre-danses *anglaises*, et aux contredanses mêmes : *jouer une anglaise*, *danser une anglaise*.— T. de tapissier, gros galon de fil pour border des étoffes de meubles.

ANGLAISÉ, E, part. pass. de *anglaiser*.

ANGLAISER, v. act. (*anguelèzé*), couper la queue d'un cheval à la manière anglaise.

ANGLE, subst. mas. (*anguele*) (du lat. *angulus*, dérivé du grec αγκυλος, crochu, courbé), en géométrie, ouverture formée par deux lignes qui se rencontrent en un point. —*Angle rectiligne*, dont les côtés sont des lignes droites ; *angle curviligne*, dont les côtés sont des lignes courbes ; *angle mixtiligne*, dont l'un des côtés est une ligne droite, et l'autre une ligne courbe; *angle droit*, celui qui est formé par deux lignes perpendiculaires entre elles; *angle aigu*, celui qui est moindre que l'*angle* droit; *angle obtus*, celui qui est plus grand que l'*angle droit*. — *Angle facial*, formé par deux lignes, dont l'une verticale passe par les dents incisives, et l'autre horizontale est tirée du conduit du l'oreille à ces mêmes dents.—En t. de fortification, il y a des *angles flanqués, saillants, rentrants, visibles*, etc.— *Angle mort, angle rentrant*, qui n'est vu, c'est-à-dire flanqué ou défendu d'aucune partie de la fortification.—On dit les *angles d'un bataillon*, pour : les cornes d'un bataillon : *garnir, dégarnir, émousser les angles d'un bataillon*.—En bot., 1° partie saillante de la marge d'une feuille considérée comme entière. Les *angles* rentrants se nomment *sinus*. Voy. ce mot; 2° saillie formée sur la longueur des tiges : *tiges à deux angles*.—T. d'opt., *angle visuel* ou *optique*, angle sous lequel on voit les objets. — *Angle de réflexion*, celui que forme avec une surface la direction d'un corps qui se réfléchit, ou rebondit après l'avoir touchée. — *Angle d'incidence*; 1° celui que forme avec un plan la ligne de direction d'un mobile qui tombe sur ce plan; 2° dans le mouvement réfrangé, l'angle formé par la ligne de direction et la perpendiculaire sur la surface du milieu réfringent. — *Angle de réfraction*, angle formé par la nouvelle direction d'un mobile qui passe d'un milieu dans un autre avec la perpendiculaire menée sur le plan qui sépare les deux milieux. — T. d'astron., *angle d'élongation*, différence vue de la terre entre la longitude d'une planète et celle du soleil. — *Angle horaire*, angle sphérique formé au pôle du monde; ou l'arc de l'équateur compris entre le méridien et le cercle horaire; ou le cercle de déclinaison qui passe par un astre. On appelle aussi, en gnomonique, *angle horaire* l'angle formé au centre du cadran par une ligne horaire avec la méridienne. — *Angle d'azimut*, dans le calcul des éclipses, l'angle formé, au centre du soleil, par le vertical et par la ligne qui joint les centres du soleil et de la lune. — *Angle de commutation*, différence, sur l'écliptique, entre la longitude d'une planète vue du soleil et la longitude de la terre vue du même point. — *Angle de conjonction*, l'angle formé par le cercle de latitude et l'arc qui joint les centres du soleil et de la lune. — *Angle parallactique*, l'angle formé par le vertical et par un cercle ou de déclinaison ou de latitude. — *Angle au soleil* se disait autrefois de l'anomalie vraie. — *Angle de position*, dans l'astronomie moderne, celui que forme, au centre du soleil ou d'une étoile, le cercle de déclinaison avec le cercle de latitude. — T. d'astrolog., *angle oriental*, l'horoscope; *angle d'occident*, la 7e maison; *angle de la terre*, la 4e maison, dans le plus bas du ciel. Les astrologues nomment *angles du ciel*, ou *maisons angulaires*, les maisons 1, 4, 7, 10.—T. de mar., *angle loxodromique*, angle formé par la ligne méridienne et par celle que décrit le vaisseau. — Monnaie; division de la livre sterling : deux angles font la livre; un angle fait un noble et demi, ou dix schellings.

ANGLÉ, E, adj. (*anguelé*), t. de blas., croix en sautoir, avec figures mouvantes qui sortent des *angles*.

ANGLES, subst. fém. (*anguele*), village de France, chef-lieu de canton, arrond. de Castres, dép. du Tarn.

ANGLESEY, subst. mas. (*anguelezé*), nom d'une île de la mer d'Irlande.

ANGLET, subst. mas. (*anguelè*), t. d'archit., cavité à *angles* droits entre les bossages. Elle a la figure d'un v couché (>).

ANGLETERRE, subst. fém. (*angueletère*), appelée aussi *Grande-Bretagne*, grande île de l'océan Atlantique, composée de l'*Angleterre* proprement dite, du pays de Galles, de l'Écosse et de l'Irlande. — *Nouvelle-Angleterre*, contrée de l'Amérique méridionale dont la capitale est *Boston*. — *Point d'Angleterre*, espèce de dentelle.

ANGLEUSE, adj. fém. Voy. ANGLEUX.

ANGLEUX, adj. mas., au fém. **ANGLEUSE** (*angueleû, leuze*), qui forme des *angles*, qui a des *angles*; *noix angleuse*, qu'on ne peut détacher de sa coque qu'avec peine.

ANGLICAN, E, subst. et adj. (*anguelikan, kane*), celui ou celle qui professe la religion établie en Angleterre par les lois. Les *Anglicans* se sont moins éloignés des catholiques que la plupart des autres protestants. Tout ce qui n'est pas *anglican* s'appelle *non-conformiste* en Angleterre. — Qui a rapport à la religion *anglicane*; *principes anglicans*.

ANGLICANISME, subst. mas. (*anguelikaniceme*), profession de la religion *anglicane*. — Façon de parler particulière à la langue anglaise.

ANGLICISME, subst. mas. (*anguelicìceme*) idiotisme anglais : *faire des anglicismes en parlant ou en écrivant le français*, c'est pécher contre les règles de la langue française.

ANGLOIR, subst. mas. (*angueloar*), outil de facteur de clavecin, servant à prendre et à rapporter toute sorte d'*angles*; fausse équerre.

ANGLOMANE, subst. et adj. des deux genres (*anguelomane*) (formé de *anglomanie*), admirateur outré, imitateur servile, extravagant des Anglais.

ANGLOMANIE, subst. fém. (*anguelomanî*) (formé du mot propre *anglais*, et du grec μανια, manie), affectation ridicule d'admirer, d'imiter les Anglais.

ANGLOMANISÉ, E, part. pass. de *anglomaniser*.

ANGLOMANISER, v. act. (*anguelomanizé*), imiter les Anglais. — **S'ANGLOMANISER**, v. pron., se faire aux manières *anglaises*. Mot nouveau et peu usité.

ANGLOPHILE, subst. des deux genres (*anguelofile*) formé du mot propre *anglais*, et du grec φιλος, ami), ami des *Anglais*. Mot forgé à plaisir.

ANGLOPHOBE, adj. des deux genres (*anguelofobe*) (formé du mot propre *Anglais*, et du grec φοβεω, je crains), qui a les *Anglais* en horreur. Voy. ANGLOPHOBIE.

ANGLOPHOBIE, subst. fém. (*anguelofobi*) (pour l'étymologie, voir ANGLOPHOBE), horreur qu'on a pour les *Anglais*, pour ce qui est *anglais*. — Nous n'avons considéré l'insertion de ces deux pitoyables mots, *anglophobe* et *anglophobie*, que comme une occasion de manifester la vive surprise dont nous avions été saisis en les voyant dans le *Dictionnaire* de *Boiste*. Nous nous étonnons moins de les trouver dans celui de *Raymond* : personne n'ignore que *Raymond* est parfois le plus audacieux et le plus aveugle des copistes.

ANGLO-SAXON, subst. et adj. mas., au fém. **ANGLO-SAXONNE** (mot composé d'*anglus*, anglais, et *saxo*, saxon). On a ainsi nommé les peuples d'Allemagne qui s'établirent dans l'île Britannique, pour les distinguer des naturels du pays.

ANGLURE, subst. fém. (*anguelure*), bourg de France, chef-lieu de canton, arrond. d'Épernay, dép. de la Marne.

ANGOISSE, subst. fém. (*anguoèce*, et non pas *anguoéze*) (de l'italien *angoscia*, fait du lat. *angustia* qui a la même signification), grande affliction d'esprit qui se joint à une vive inquiétude, ou à laquelle une vive inquiétude se joint; anxiété violente. — *Poire d'angoisse*, poire âpre et revêche au goût.—On dit fig. *avaler des poires d'angoisse* pour : éprouver de grands déplaisirs. — On appelle aussi *poire d'angoisse* certain instrument de fer, en forme de poire et à ressort, que les voleurs enfoncent dans la bouche des personnes qu'ils veulent empêcher de crier. — En t. de médec., *angoisse* est un sentiment de suffocation, de palpitation et de tristesse.

ANGOISSÉ, E, adj. et part. pass. de *angoisser*.

ANGOISSER, v. act. (*anguoècé*), affliger; pénétrer vivement. (*Montaigne* et *Tissot*.)

ANGOISSEUSE, adj. fém. Voy. ANGOISSEUX.

ANGOISSEUX, adj. mas., au fém. **ANGOISSEUSE** (*anguoèceu, ceuze*), qui jette dans l'*angoisse*.

ANGOLA. Voy. ANGORA.

ANGOLAN, subst. mas. (*anguolan*), t. de bot., grand arbre du Malabar toujours vert.

ANGON, subst. mas. (*anguon*), javelot des anciens Francs. — Crochet pour pêcher les crustacés.

ANGONE, subst. fém. (*anguone*), t. de médec., sentiment de strangulation avec suffocation.

ANGOPHORE, subst. mas. (*anguofore*), t. de bot., arbrisseau de huit à dix pieds de haut, dont le genre est fort voisin de celui des métrosidéros.

ANGORA, subst. mas. et adj. des deux genres (*anguora*). Ce mot s'applique à trois races d'animaux : le chat, le lapin, la chèvre, originaires d'*Angora*, dans l'Asie-Mineure, où ils sont remarquables par la blancheur et l'extrême finesse de leur poil. Ainsi il faut dire : *chat, chèvre d'Angora*, ou simplement *un angora*, et non pas *chat d'Angola*, *un angola*. *Angola* est bien un pays de la basse Éthiopie, sur la côte occidentale d'Afrique, mais on n'y voit ni chats, ni chèvres, ni lapins à poils soyeux. Peut-être ne préfère-t-on quelquefois *angola* que parce que ce mot est plus doux à prononcer que *angora* : quoi qu'il en soit, c'est *angora* qu'on doit dire.

ANGOSTURA ou **SAN-THOMÉ DE LA GUYANA**, subst. fém. (*anguocetura, çan-tomé de la guiana*), ville de la Guyane espagnole, et capitale de cette province.

ANGOULÊME, subst. fém. (*anguoulème*), ville de France, chef-lieu du dép. de la Charente.

ANGOULIN, subst. mas. (*angoulein*), t. d'hist. nat., espèce de crustacé fossile.

ANGOUMOIS, subst. mas. (*anguoumoa*), ancienne province de France, comprise aujourd'hui dans le dép. de la Charente.

ANGOUMOISIN, E, subst. et adj. (*anguoumoézein, zine*), qui est de l'ancienne province d'*Angoumois*; qui y a rapport.

ANGOURE ou **ANGOURIE**, subst. fém. (*anguoure, anguourî*), t. de bot., melon d'eau, plante de la famille des cucurbitacées, qui ne diffère guère des concombres qu'en ce que son fruit surpasse rarement la grosseur d'une noix. Elle croît aux îles Antilles.

ANGREC, subst. mas. (*angueréke*), t. de bot., plante de la famille des orchidées. — Vanille.

ANGRIE, subst. fém. (*angueri*), t. de bot., sorte de plante des Indes.

ANGROIS, subst. mas. (*angueroa*), petit coin pour fixer le manche d'un marteau.

ANGUICHURE, subst. fém. (*anguichure*), t. de chasse, baudrier pour porter le cor de chasse.

ANGUIFÈRE, adj. des deux genres (*anguifère*) (du latin *anguis*, anguille, et *fero*, je porte), qui tient un serpent.—Myth., surnom d'Hercule.

ANGUIGÈNE, subst. et adj. des deux genres (*angui-jène*) (du lat. *anguis*, anguille, et du grec γεννάω, je nais), né de serpents.—Myth. On a appelé les Thébains *anguigènes*, parce que la fable les fait naître des dents d'un dragon. Voy. CADMUS.

ANGUILLADE, subst. fém. (*anguilade*) (rac. *anguille*), coup de peau d'*anguille*, et, par extension, de fouet, de lanière, etc. Familier et peu usité. — *Anguillade* a signifié autrefois *tromperie* : ce sens était venu de la farce de *Patelin*, qui promet au marchand de lui faire manger d'une belle anguille, pour avoir son drap.

ANGUILLARD, subst. mas. (*anguiar*), t. d'hist. nat., poisson, espèce de gobie.

ANGUILLE, subst. fém. (*anguie*) (en latin *anguis*), poisson d'eau douce sans écailles, et ressemblant au serpent : *une matelote d'anguille*; *un pâté d'anguille*. Il est de la famille des pantoptères. — *Anguille électrique*, anguille du genre des gymnotes, qui, lorsqu'on la touche, donne des commotions beaucoup plus fortes que la torpille. On la nomme aussi *anguille tremblante*, *anguille de Surinam* ou *de Caïenne*. — *Anguilles microscopiques*, petits animaux qu'on n'aperçoit qu'à l'aide du microscope dans certaines liqueurs, et surtout dans des infusions de plantes. — *Anguille de haie*, couleuvre. — *Anguille de sable*, petit poisson long, bleu, à ventre argenté. — Prov. : *il fait comme les anguilles de Melun : il crie avant qu'on ne l'écorche*. Ce proverbe vient, selon l'auteur des *Matinées sénonaises*, de l'anecdote suivante : un jeune écolier qui, dans une pièce jouée à *Melun*, représentait le personnage de saint Barthélemy, au moment où l'acteur chargé du rôle de l'exécuteur approchait, le couteau à la main, pour feindre de l'écorcher, s'épouvanta et se mit à crier à tue-tête. Or, ce jeune homme s'appelait *Languille*. — *Anguille sous roche*, en mauvaise part, quelque chose de caché. — *Écorcher l'anguille par la queue*, pour dire : commencer par où il faudrait finir. — *Échapper comme une anguille* se dit d'une personne qui s'échappe quand on croit la tenir. — Petite figure de feuille d'or semblable à celle d'un cerf-volant, et qui, par un effet des attractions et des répulsions électriques, présente divers mouvements, soit progressifs, soit ondulatoires. — En t. de manuf., bourlets ou faux plis qui se forment sur les draps lorsqu'on les foule. — On nomme *anguilles*, en t. de mar., des pièces de bois servant de base à un vaisseau qu'on lance. — — *Anguilles de coursier*, pièces de bois de chêne servant de coulisse au canon qu'on appelle *coursier*.

ANGUILLÈBE, subst. fém. (*anguièbe*), t. de bot., plante qui croît sur le bord des rivières et des étangs.

ANGUILLÈRE, subst. fém. (*anguiière*), lieu où l'on nourrit, où l'on conserve des *anguilles*. — T. de mar., entailles aux varangues. — *Anguillière*, avec un i après les deux *l*, est vicieux.

ANGUILLERS, subst. mas. plur., ou **ANGUILLÉES**, subst. fém. plur. (*anguiié*), t. de mar., entailles formant, à fond de cale, des espèces de petits canaux destinés à conduire les eaux à la pompe.—On dit aussi ANGUILLÈRES.

ANGUILLEUSE, subst. fém. (*anguieuze*) (rac. *anguille*), larronnesse. Inusité.

ANGUILLIFORME, adj. des deux genres (*anguiliforme*) (rac. *anguille* et *forme*), semblable à l'*anguille*. Tout-à-fait inusité.

ANGUILLOMEUSE, adj. fém. Voy. ANGUILLOMEUX.

ANGUILLOMEUX, adj. mas., au fém. **ANGUILLOMEUSE** (*anguiiomeu, meuze*), vieux mot qui n'est plus en usage, et qui signifiait : fourbe, trompeur ; fin, rusé.

ANGUINAIRE, subst. mas. (*anguinère*), t. d'hist. nat., espèce de polypier.

ANGUINE, subst. fém. (*anguine*), t. de bot., plante cucurbitacée; courge.

ANGUINÉE, subst. et adj. fém. (*anguiné*) (du latin *anguis*, serpent), t. de géom. : *hyperbole anguinée*, hyperbole du troisième ordre qui, ayant des points d'inflexion, coupe son asymptote et s'étend vers des côtés opposés.

ANGUIPÈDE, subst. et adj. des deux genres (*angu-ipède*), myth. On a donné ce nom aux monstres dont la démarche tortueuse ressemblait à celle des serpents. Ovide appelle ainsi les géants qui voulurent détrôner Jupiter.

ANGUIS, subst. mas. plur. (*augu-ice*), (mot emprunté du latin, et qui signifie *serpent*), t. de mar., palan qui sert à souquer les racages.

ANGULAIRE, adj. des deux genres (*angulère*), qui a un ou plusieurs *angles* : *corps angulaire*. — T. d'archit., *pierre angulaire*, la pierre fondamentale qui fait l'*angle* d'un bâtiment. — *Jésus-Christ* est appelé fig., dans l'Écriture, *la pierre angulaire*. —On appelle *mouvement angulaire* le mouvement d'un corps qui décrit un *angle*. — T. d'anat., *artère angulaire*, artère qui passe au grand *angle* de l'œil; *veine angulaire*, veine qui, de l'*angle* interne de l'œil, vient aboutir à la jugulaire externe. Dans ces deux derniers sens, il est aussi subst. fém. — *Dents angulaires*, dents canines, ainsi nommées parce qu'elles sont placées vers l'*angle* des lèvres.

ANGULAIREMENT, adv. (*angulèreman*), en forme d'*angle*.

ANGULÉ, E, adj. (*angulé*), t. de bot., qui a des *angles*. On dit *triangulé* de ce qui a trois *angles*, et *quadrangulé* de ce qui en a quatre.

ANGULEUSE, adj. fém. Voy. ANGULEUX.

ANGULEUX, adj. mas., au fém. **ANGULEUSE** (*anguleu, leuze*), dont la surface a plusieurs *angles* : *un corps fort anguleux*. — T. de bot., *pétiole anguleux, capsule, feuille anguleuse*, qui portent des *angles* saillants. — Tige *anguleuse*, qui a sur toute sa longueur plus de deux *angles* saillants.

ANGULOA, subst. mas. (*anguloa*), t. de bot., genre de plantes de la famille des orchidées.

ANGULOSE, subst. fém. (*anguloze*), t. de bot., plante du Pérou.

ANGURIE, subst. fém. (*anguri*), t. de bot., genre de plantes de la famille des melons.

ANGUSTACION, subst. fém. (*angucetâcion*) (du latin *angustare*, resserrer, rétrécir), t. de médec., constriction.

ANGUSTICLAVE, subst. mas. (*anguceliklave*) (formé de *angustus*, étroit); t. d'antiq., tunique des chevaliers romains, bordée de bandes de pourpre étroites, par opposition à celle des consuls et des magistrats, dont les bandes étaient larges et qui s'appelait *laticlave*.

ANGUSTIE, subst. fém. (*anguceti*) (du latin *angustiæ*), t. de médec., anxiété, inquiétude dans les malades.—T. d'anat., petitesse des vaisseaux et des émonctoires du corps.

ANGUSTIÉ, E, adj. (*angucetié*) (formé du latin *angustus*), étroit, serré. Inus.

ANGUSTIPENNE, subst. et adj. des deux genres (*angucetipène*) (du latin *angustus*, étroit, et *penna*, aile), t. d'hist. nat., se dit des coléoptères à élytres rétrécis en arrière.

ANGUSTURE, subst. fém. (*anguceture*), écorce d'un arbre de l'Amérique qui remplace le quinquina.

ANHALT, subst. mas. (*analte*), principauté d'Allemagne dans la Haute-Saxe.

ANHAPHIE, subst. fém. (*anafi*) (du grec ανα, sans, et αφη, tact), t. de médec., diminution ou privation du tact.

ANHÉLATION, subst. fém. (*anélâcion*) (en latin *anhelatio*), t. de méd., courte *haleine*.

ANHÉLÉ, E, part. pass. de *anhéler*.

ANHÉLER, v. neut. (*anélé*) (en latin *anhelare*, être hors d'*haleine*), avoir la respiration gênée. Peu usité en ce sens. — T. de verrerie, v. act., entretenir le feu dans une chaleur convenable.

ANHÉLEUSE, adj. fém. Voy. ANHÉLEUX.

ANHÉLEUX, adj. mas., au fém. **ANHÉLEUSE** (*anéleu, leuze*), t. de médec., se dit de la respiration, lorsqu'elle est embarrassée et fréquente : *souffle anhéleux; respiration anhéleuse*.

ANHÉMASE, subst. fém. (*anémâze*) (du grec αναιμασις, appauvrissement du sang, formé de α priv., et αιμα, sang), t. de médec., maladie dangereuse causée par un défaut de sang.

ANHÉMIE, subst. fém. (*anémi*) (du grec αιμα, sang, et α priv.), t. de médec., privation de sang après l'hémorrhagie. — En t. de bot., genre de fougères.

ANHIMA, subst. mas. (*anima*), t. d'hist. nat., oiseau; espèce de kanischi.

ANHINGA, subst. mas. (*aneingua*), t. d'hist. nat., oiseau palmipède de la famille des podoptères, qui ressemble un peu au héron, mais dont les pattes sont entièrement palmées.

ANHISTE, adj. (*anicete*), t. d'anat., nom que quelques auteurs donnent à la membrane caduque, qu'ils ne regardent pas comme vasculaire.

ANI, subst. mas. (*ani*), t. d'hist. nat., espèce de pie de l'Amérique.

ANIANE, subst. fém. (*aniane*), bourg de France, chef-lieu de canton, arrond. de Montpellier, dép. de l'Hérault.

ANIBE, subst. mas. (*anibe*), t. de bot., espèce de laurier.

ANICÉTON, subst. mas. (*anicéton*) (du grec ανικητον, invincible), t. de médec., sorte d'emplâtre.

ANICHLLO, subst. mas. (*anicilclo*), t. d'hist. nat., espèce de poisson d'Amérique.

ANICROCHE, subst. fém. (*anikroche*) (suivant *Barbazan*, il dérive du latin *hamus*, croc, hameçon, et *crena*, entaille, cran, fente, coche, incision), difficulté, obstacle, contre-temps. — *Hanicroche*, en vieux langage, signifiait une arme, une sorte de croc qui servait à détruire les murs; et on l'employait fig. pour marquer un empêchement, une difficulté, un obstacle qui *accroche* une affaire. C'est de là qu'est venu notre mot *anicroche*, que nous prenons dans ce dernier sens.

ANICTANGIE, subst. fém. (*aniktanji*), t. de bot., sorte de plante.

ANIDROSE, subst. fém. (*anidroze*) (du grec ανα, sans, et ιδρωσις, émission de sueur), t. de médec., diminution de la sueur.

ANIENTÉ, E, part. pass. de *anienter*.

ANIENTER, v. act. (*aniauté*), anéantir, détruire, réduire à rien. (*Boiste*.)

ANIENUCE, subst. mas. (*aniénuce*), myth., nom d'un dieu du fleuve Anio.

ÂNIER, subst. mas., au fém. **ÂNIÈRE** (*anié, nière*), celui ou celle qui conduit un *âne* ou des *ânes*.

ÂNIÈRE, subst. fém. Voy. ÂNIER.— Ce mot *anière* a aussi signifié : un lieu où l'on élevait et nourrissait des *ânes*; de là tant de villages de France portant ce nom.

ANIES, subst. fém. plur. (*ani*), religieuses du Thibet.

ANIGOZANTHE, subst. fém. (*aniguozante*), t. de bot., plante de la famille des liliacées.

ANIGRIDES, subst. fém. plur. (*aniguerides*), myth., nymphes qui habitaient auprès du fleuve *Anigrus*.

ANIGRUS, subst. mas. (*aniguerucе*), fleuve du Péloponèse.

ANIL, subst. mas. (*anile*), t. de bot., plante ou arbrisseau dont les tiges et les feuilles servent à faire l'indigo, que l'on désigne aussi sous ce nom.

ANILLE, subst. fém. (*anile*), béquille, et, par extension, vieille femme qui porte des béquilles. Vieux et inusité. — T. de bot., filets, vrilles de la vigne, des pois, etc. — T. de blas., figure en forme de deux crochets adossés et liés ensemble.

ANILLÉ, E, adj. (*anilé*), t. de bot., qui a des *anilles*. — T. de blas., se dit des croix et sautoirs dont le milieu est percé et laisse un vide carré.

ANILO ou **ANILAO**, subst. mas. (*anilô, laô*), t. de bot., arbre qui croît aux Philippines.

ANIMADVERSION, subst. fém. (*animadevèrecion*) (en latin, *animadversio*, formé du verbe *animadvertere*, lequel est composé de *ad*, à, vers, *animus*, esprit, et *vertere*, tourner; *vertere animum ad*, tourner son esprit vers), improbation, blâme, censure, correction en paroles seulement : *sa conduite mérite l'animadversion de tous les honnêtes gens*. — Par extension, on emploie assez souvent ce mot *animadversion* dans le sens de *haine* : *pourquoi lui témoignez-vous tant d'animadversion?* et dans le sens de répugnance, mais seulement pour les personnes : *cet homme m'inspire une animadversion invincible*, etc. —Fig., notes, observations critiques sur les anciens auteurs : *animadversions sur Horace*, etc. En ce sens il n'est plus usité; et, en général, le pluriel de ce mot n'est point admis.

ANIMAL, subst. mas., au plur. **ANIMAUX**, (*animal*) (en lat. *animal*, dérivé de *animus*, souffle, respiration), être composé d'un corps organisé et d'une *âme* sensitive.—Si l'on considère l'*animal* comme pensant, raisonnant, réfléchissant, on restreint la signification de ce mot à l'espèce humaine; si l'on considère l'*animal* comme dépourvu de raison, on restreint la signification de ce mot à la bête. Dans ce dernier sens, les *animaux* se divisent en *animaux* terrestres, *animalia terrestria*; aquatiques, *aquatica*; oiseaux, *volucres*; amphibies, *ancipites bestiæ*; insectes, *insecta*, etc. Les *animaux terrestres* sont ou *animaux* à quatre pieds, *quadrupedia*; ou *animaux* reptiles, *reptilia*. Ceux qui sont à quatre pieds ont le pied fourchu, comme les bœufs; ou solide, comme les chevaux; ou divisé en plusieurs doigts, comme les chiens, les loups, les lions. Les autres divisions des *animaux* se trouveront aux mots *oiseau, poisson, reptile*, etc. — Au fig., personne stupide, grossière. — *Animal*, en t. de blas., reçoit plusieurs épithètes différentes : quand l'animal est représenté dans son assiette naturelle, on l'appelle *passant* : *animal gradiens*; on appelle la brebis *paissante*, *pascens*; on exprime l'animal *debout*, *stans*; *couché*, *stratus*; *courant*, *currens*; *en pied*, *erectus in pedes*, etc. Le cheval se cabrant est appelé *poulain gai*, *arrectus*; ou *effrayé, forcené, efferatus*; le loup, *ravissant, rapiens*; le taureau, *furieux, furens*; la licorne, *saillante, saliens*; le chat, *effarouché* ou *hérissonné, pilis horrentibus*; le bélier, *sautant, exsiliens*. Quand l'écu contient au-delà de seize animaux, on dit qu'*ils sont semés*, ou *sans nombre*. — ANIMAL, BÊTE. (*Syn.*) En langage dogmatique, *animal* indique le genre, et *bête* indique l'espèce; en langage ordinaire, *animal* ne s'applique qu'à une partie de ce qui est compris sous le nom de *bête*, c'est-à-dire à celles d'une certaine grandeur, et non aux plus petites. On dirait donc : *le lion est un animal dangereux; la puce est une petite bête fort incommode*.

ANIMAL, E, adj., au plur. mas. **ANIMAUX**, (*animal*) (en latin *animalis*), qui appartient à l'*animal* : *vie animale; fonctions animales; esprits animaux*. — On dit du physique, par opposition au moral : *la partie animale influe beaucoup sur la partie raisonnable*. — Dans le langage de l'Écriture : sensuel, charnel, par opposition à spirituel : *l'homme animal ne comprend pas ce qui est de Dieu*. — En t. d'hist. nat., on appelle *règne animal* la classe des animaux.—*Chimie animale*, celle qui analyse les substances *animales*; et en chim., *huiles animales*, celles qui ont été tirées des animaux. Voy. ANIMAL, subst.

ANIMALCULE, subst. mas. (*animalkule*) (diminutif d'*animal*), petit *animal* qu'on ne voit qu'à l'aide du microscope.

ANIMALCULISME, subst. mas. (*animalkuliceme*), t. d'hist. nat., système du phénomène de la génération par les *animalcules spermatiques*.

ANIMALCULISTE, subst. des deux genres (*animalkulicete*), qui étudie les *animalcules*. Voy. ANIMALISTE.

ANIMALISATION, subst. fém. (*animalizâcion*) (du latin *animal*, animal, et *agere*, faire; *rendre animal*), t. d'hist. nat., assimilation de la matière végétale à la substance *animale*.

ANIMALISÉ, E, part. pass. de *animaliser*.

ANIMALISER, v. act. (*animalizé*), assimiler une matière à une substance *animale*.— Rabaisser au rang des *animaux*. Mot nouveau. — S'ANIMALISER, v. pron., t. de médec., acquérir les propriétés caractéristiques de la matière *animale*.

ANIMALISME, subst. mas. (*animaliceme*) (race, *animal*), qualité, nature, état de l'*animal*.

ANIMALISTE, subst. mas. (*animalicete*) (rac. *animal*), physicien qui, d'après *Hartsoëcker* et *Leuwenhoeck*, soutient que les embryons sont tout formés et même vivants dans la semence du mâle.

ANIMALITÉ, subst. fém. (*animalité*) (rac. *animal*), t. didactique, nature, caractère propre et constitutif de l'animal : *les qualités que nous avons en vertu de notre animalité*. (Buffon, *Hist. générale des animaux*, chap. 1er.)

ANIMATEUR, adj. mas. (*animateur*) (du latin *anima*, âme; *qui donne l'âme, la vie*) : *souffle animateur*. Inus.

ANIMATION, subst. fém. (*animâcion*) (en latin *animatio*), t. didactique, union de l'*âme* au corps de l'homme dans le sein de la mère : *l'animation du fœtus*.

ANIMAUX, subst. et adj. mas. plur. Voy. ANIMAL subst. et ANIMAL adj.

ANIMÉ, E, part. pass. de *animer*, et adj.

Les alchimistes se servent de ce terme, dans la transmutation des métaux, lorsque la terre blanche foliée fermente avec l'eau philosophique ou céleste de soufre. On dit que le *mercure est animé*, lorsqu'en le mêlant avec un métal parfait, on le réduit à une espèce certaine. (*Dict. de James.*) — En t. de blason, *cheval animé*, cheval en action et qui montre le désir de combattre.

ANIMÉ, subst. mas. (*animé*), t. de bot., arbre résineux.—La résine elle-même.

ANIMELLES, subst. fém. plur. (*animèle*), abattis des animaux. — Sorte de mets composé de testicules de béliers.

ANIMER, v. act. (*animé*) (en latin *animare*), donner l'*âme*, la vie à un corps organisé. — Fig., donner de la vivacité, de l'action : *rien ne peut l'animer.* — On dit à peu près dans le même sens : *animer la conversation*, la rendre plus vive. — *Animer quelqu'un de son esprit*, c'est faire passer dans l'âme d'une personne ses idées, ses sentiments, etc. — Donner de la sensibilité : *cela pourrait animer une statue.* — Il se dit aussi de la vigueur, de l'air de vie que les peintres et les sculpteurs donnent à leurs figures. — Donner de la force à un discours, au style, à l'action de l'orateur. — Exciter, encourager. — *Animer un cheval*, le réveiller, quand il ralentit ses mouvements, au moyen de la voix, du sifflement, etc.— Irriter : *animer un homme contre un autre.*—**S'ANIMER**, v. pron., s'exciter, s'encourager à... — Devenir vif, plus vif : *vers la fin de son discours il s'anima*, etc. ; *l'entretien ne tarda pas à s'animer.* — S'inspirer : *ils s'animèrent du même enthousiasme.* — S'irriter : *ils s'animèrent sans sujet l'un contre l'autre*, etc. — Prendre de l'éclat, de la vivacité : *son teint, ses yeux s'animent lorsque...*

ANIMISME, subst. mas. (*animiceme*), doctrine qui enseigne que l'âme préside à tous les actes de l'organisme.

ANIMISTE, subst. des deux genres (*animicete*), celui, celle qui rapporte à l'âme tous les phénomènes de l'économie animale. — Matérialiste.

ANIMOCORDE, subst. mas. (*animokorde*), instrument à vent et à cordes.

ANIMOSITÉ, subst. fém. (*animôzité*) (en latin *animositas*, dérivé de *animus*), haine, aversion, ressentiment contre. — Emportement dans une discussion.

ANIMOVISTES, subst. mas. plur. (*animovicete*), partisans de Leuwenhoeck sur la reproduction des germes du même sexe.

ANINGAÏBA, subst. mas. (*aneingua-iba*), t. de bot., arbre du Brésil.

ANIO, subst. mas. (*anió*), fleuve d'Italie.

ANIS, subst. mas. (*ani*), t. de bot., plante annuelle aromatique, à fleur en ombelle, originaire d'Égypte, et dont la graine, nommée aussi *anis*, est mise la première au rang des quatre semences chaudes. — Sorte de dragée faite avec de l'*anis.* — T. d'hist. nat., genre d'oiseaux grimpants d'Amérique, de la famille des cunéirostres, qui ont le bec arqué et comprimé en carène. — Bois grisâtre qu'on emploie aux ouvrages de marqueterie et de tour. On dit aussi *anil.*

ANISATUM, subst. mas. (*anizatome*), sorte de vin que l'on préparait autrefois avec du miel, du vin d'ascalonite et de l'anis.

ANISCALPTOR, subst. mas. (*anicekalptor*), t. d'anat., nom qu'on donnait autrefois au muscle grand-dorsal.

ANISÉ, E, part. pass. de *aniser.*

ANISER, v. act. (*anizé*), mettre de la graine d'*anis* dans ou sur quelque chose, ou mêler à quelque chose de l'extrait d'*anis.* Il ne s'emploie guère qu'au part. pass. : *dragées anisées.* — **S'ANISER**, v. pron.

ANISETTE, subst. fém. (*anizète*), (diminutif d'*anis*), liqueur faite avec de l'*anis.*

ANISOCYCLE, subst. mas. (*anizocikle*) (du grec ανισος, inégal, et κυκλος, cercle), machine en spirale pour lancer des flèches.

ANISODACTYLES, subst. mas. plur. (*anizodaktile*) (du grec ανισος, inégal, et δακτυλος, doigt), t. d'hist. nat., tribu d'oiseaux de l'ordre des silvains, à doigts inégaux.

ANISODON, subst. mas. (*anizodon*), t. d'hist. nat., espèce de squale.

ANISOMÈLE, subst. fém. (*anizomèle*), t. de bot., plante de la famille des labiées.

ANISONYX, subst. mas. (*anizonikce*), t. d'hist. nat., insecte du cap de Bonne-Espérance et de quelques autres parties méridionales.

ANISOPE, subst. mas. (*anizope*), t. d'hist. nat., genre d'insectes connus aussi sous le nom de *rhyphes.*

ANISOPOGON, subst. mas. (*anizopoguon*), t. de bot., genre de plantes de la famille des graminées.

ANISOTAQUE, adj. des deux genres (*anizotake*) (du grec ανισος, inégal, et ταχυς, vite), t. de médec., inégal et vite : *pouls anisotaque.*

ANISOTOME, adj. (*anizotome*) (du grec ανισος, inégal, et τεμνω, je coupe; *coupé irrégulièrement*), en t. de bot., se dit du calice des fleurs dont les divisions alternes sont inégales. — Subst. mas., t. d'hist. nat., genre d'insectes de l'ordre des coléoptères.

ANISSILO, subst. mas. (*aniciló*), t. de bot., plante du Chili qui se rapproche de l'astrane.

ANIUS, subst. mas. (*aniuce*), myth., roi de l'île de Délos, et grand-prêtre d'Apollon. Il eut de sa femme Doripe trois filles, savoir : Œno, Spermo et Elaïs. Elles avaient reçu de Bacchus le don de changer tout ce qu'elles touchaient, l'une en vin, l'autre en blé, et la troisième en huile. Agamemnon, partant pour le siège de Troie, voulut les contraindre de l'y suivre, sûr de ne jamais manquer de vivres avec elles; mais Bacchus, qu'elles implorèrent, les changea en colombes. (*Ovide.*)

ANIZI-LE-CHÂTEAU, subst. mas. (*anizi-le-châtô*), bourg de France, chef-lieu de canton, arrond. de Laon, dép. de l'Aisne.

ANJOU, subst. mas. (*anjou*), ancienne province de France qui se trouve comprise aujourd'hui dans le dép. de Maine-et-Loire.

ANKYLOBLÉPHARON, subst. mas. (*ankilobléfarone*) (du grec αγκυλη, resserrement, constriction, et βλεφαρον, paupière), t. de médec., adhérence des paupières, soit entre elles, soit au globe de l'œil.

ANKYLOGLOSSE, subst. mas. (*ankiloguelooce*) (du grec αγκυλη, empêchement, ou αγκυλος, courbé, et γλωσσα, langue), t. de médec., vice dans le ligament de la langue, qui, étant trop court, empêche de parler.

ANKYLOMÈDE, subst. fém. (*ankilomède*) (du grec αγκυλος, recourbé, et μηδομαι, sonder), t. de chir., sonde recourbée.

ANKYLOMÉRISME, subst. mas. (*ankiloméricème*) (du grec αγκυλος, resserré, et μερος, partie), t. d'anat., union des parties qui devraient être séparées.

ANKYLOSE, subst. fém. (*ankilôze*) (du grec αγκυλος, courbé, crochu), t. de chir., union de deux os articulés et soudés ensemble par le suc osseux, au point de ne faire qu'une seule et même pièce. — Privation de mouvement dans les articulations.

ANKYLOTOME, subst. mas. (*ankilotome*) (du grec αγκυλος, courbé, et τεμνω, je coupe), t. de chir., bistouri courbe.

ANNA, subst. fém. (*anena*), myth., nom d'une déesse qui présidait aux *armées.*

ANNABASSE, subst. fém. (*anenabace*), couverture de laine que l'on fabrique en Hollande.

ANNAIRE, adj. (*anenère*), t. d'hist. anc. : *loi annaire*, loi qui, chez les anciens Romains, fixait l'âge où l'on pouvait exercer chaque magistrature.

ANNAL, E, adj. (*anenal*) (formé du latin *annus*, année), t. de jurispr., qui ne dure qu'un *an* : *possession annale.*—Qui n'est valable que pendant un *an* : *procuration annale.* — *Féraud* et *Trévoux* disent des *arrêts annaux.*

ANNALES, subst. fém. plur. (*anenale*) (en latin *annales*), histoire qui rapporte les événements *année* par *année.* — Par extension, il prend souvent le sens même de histoire : *les annales de tous les peuples prouvent que...*, etc.

ANNALISTE, subst. des deux genres (*anenalicete*), celui ou celle qui écrit des *annales.*

AN-NAM, subst. mas. (*anename*), empire de l'Asie-Orientale, situé au sud de la Chine.

ANNA-PERENNA, subst. fém. (*anenapérènena*), myth., déesse qui présidait *aux années*, et à laquelle on faisait de grands sacrifices à Rome au mois de mars. Les uns ont cru que cette déesse était la même que la Lune ; d'autres ont pensé que c'était Thémis, ou Io, ou celle des Atlantides qui avait nourri Jupiter, ou enfin une nymphe du fleuve Numicius, la même qu'Anne, sœur de Didon. (*Ovide.*)

ANNAPOLIS, subst. fém. (*anenapolice*), ville des États-Unis, capitale de l'état de Maryland.

ANNAS, subst. mas. (*anenace*), monnaie du Bengale, du Mogol, dont seize font la roupie d'argent, quinze centimes de France.

ANNATE, subst. fém. (*anenate*), droit que le pape prenait sur tous les grands bénéfices consistoriaux pour le prix de la bulle qui en confirmait la possession : c'était le revenu d'une *année.*

ANNAUX, adj. plur. Voy. **ANNAL.**

ANNE, subst. fém. (*ane*), myth., sœur de Pygmalion et de Didon, suivit celle-ci en Afrique. Après la mort de Didon, elle se retira à Malte. Pygmalion ayant tenté de l'y faire enlever, elle se sauva en Italie, où elle reçut un accueil très-bienveillant d'Énée, qu'elle y trouva établi. Mais bientôt Lavinie conçut contre elle une jalousie si violente qu'elle résolut sa mort. Anne, avertie en songe par Didon, prit la fuite pendant la nuit, et alla se jeter dans le fleuve Numicius, où elle fut changée en nymphe. (*Virg.*)

ANNEAU, subst. mas. (*anô*) (du latin *anellus*, qui se trouve dans *Cicéron*, *Horace*, etc., pour *annulus*, bague, anneau), cercle fait d'une matière dure, et qui sert à attacher quelque chose. — Bague qu'on porte au doigt. Il se dit surtout d'une bague unie : *anneau nuptial*, *anneau épiscopal.* — Fig., boucles formées par la frisure des cheveux. —T. d'astron., *anneau de Saturne*, bande circulaire large et mince, qui est à une certaine distance du globe de *Saturne*, dans le plan de son équateur. Il fut découvert par *Galilée* en 1610. — *Anneau solaire*, ou *horaire*, petit cadran portatif formé d'un anneau ou cercle de cuivre percé d'un trou dans son contour. Le soleil, en passant par ce trou, va marquer l'heure sur la circonférence concave du demi-cercle opposé. — *Anneau astronomique* ou *universel*, espèce de cadran équinoxial portatif, composé de deux ou trois cercles, et qui sert à trouver l'heure du jour en quelque endroit que ce soit de la terre. C'est une imitation des fameuses *armilles* d'*Eratosthène.* —T. de mar., *anneau astronomique*, instrument pour prendre en mer la hauteur du soleil. C'est un cercle de métal, avec un trou éloigné de quarante-cinq degrés du point de suspension. — En t. de mar. encore, sorte de bague, boucle ou organeau, petit cercle en fer, en bois, ou en cordages. On en ceint certaines vergues et les maillets des calfats.—En anat., on appelle *anneau* l'écartement des fibres pour le passage des vaisseaux spermatiques dans les hommes, et du ligament rond dans les femmes.— En t. d'hist. nat., il se dit des pièces qui forment par leur réunion la partie extérieure de l'abdomen ou ventre des insectes. — Espèce de coquille qui a la forme d'un *anneau.* — En agric., *anneau* se dit d'une espèce de ride ou de pli formée sur l'écorce des branches qui doivent donner du fruit, et sur tous les boutons à fruits. Il se dit aussi d'un sarment contourné en anneau, que l'on passe sous un cep lorsqu'on le provigne. — En t. de blason, cercle dont on meuble l'écu. — L'*anneau du pêcheur*, le sceau qui est apposé sur certaines expéditions de la cour de Rome.

ANNECY, subst. mas. (*aneci*), ville des états sardes, et capitale de la province du Genevois.

ANNÉDOTS, subst. mas. plur. (*anédô*), myth., divinités chaldéennes.

ANNÉE, subst. fém. (*ané*) (en latin *annus*, dérivé du grec ανος qui signifie la même chose, et qui veut dire aussi *vieux* et *ancien*; parce que l'année vieillit en s'avançant), temps que le soleil nous semble mettre à parcourir les signes du zodiaque, et qui est de douze mois ou trois cent soixante-cinq jours. On l'appelle aussi *année solaire*, *année astronomique.* Voy. **SOLAIRE.**—*Année civile*, celle que les peuples ont établie pour faire leurs supputations.—*Année bissextile.* Voy. **BISSEXTE.**— *Année lunaire*, espace de douze ou treize révolutions de la lune autour de la terre. — *Année de probation*, celle du noviciat pour les religieux et religieuses. — *Année républicaine*, celle qui avait été adoptée par la république française. Elle commençait à l'équinoxe d'automne, dans la nuit du 21 au 22 septembre. — *Année platonique* ou *grande année*, celle qui ramène les astres précisément dans les mêmes circonstances, et qui a lieu, suivant *Cicéron*, lorsque le soleil, la lune et les cinq planètes connues de son temps reviennent à la même situation. — *Année d'Hipparque*, autre grande année ou période de trois cent quatre années solaires, à la fin desquelles les nouvelles et pleines lunes reviennent exactement aux mêmes jours de l'année solaire. — *Année luni-solaire.* Voy. **PÉRIODE LUNI-SOLAIRE.** — *Année anomalistique*, le temps qui s'écoule depuis le moment où le soleil est dans son apogée, jusqu'à celui où il arrive de nouveau, après une révolution entière. Cette année est plus longue que l'année *tropique* de vingt-six minutes trente-cinq secondes. — *Année sidérale*, *tropique.* Voy. **SIDÉRAL, TROPIQUE.** — On appelle *années grégoriennes* les années qui se sont écoulées depuis la réforme du calendrier faite par Grégoire XII, en 1582.—*Année d'exercice*, celle où l'on exerce actuellement une charge que plusieurs officiers ont droit d'exercer l'un après l'autre : *c'est son année d'exercice*, ou absolument : *c'est son année*. — *Année scholastique* ou *scholaire*, le temps qui s'écoule depuis la rentrée des classes jusqu'aux vacances.—*Année théâtrale*, durée ordinaire de l'engagement des acteurs avec leurs directeurs. — *Année de deuil*, une année pendant laquelle on est obligé de porter un deuil : *une veuve qui se remarie dans l'année de son deuil perd son douaire en certains lieux*. — On dit *pleine année, année médiocre, demi-année*, pour exprimer les différents degrés de sa fécondité. — *Une bonne année*, une année abondante en blé, en vin, etc.; *une mauvaise année*, celle où la récolte a été mauvaise. — On emploie souvent le mot *année* par rapport à la température : *année pluvieuse, année sèche*, etc. — Le revenu d'une année : *ce fermier doit trois années à son propriétaire*. — *Les belles années*, les années de la jeunesse. — *Année* s'emploie aussi pour signifier l'âge, les différents âges de la vie : *dès ses premières années*. — *Cette terre lui rapporte mille francs, année commune*, c'est-à-dire en faisant compensation des mauvaises années avec les bonnes. — *Souhaiter la bonne année à quelqu'un*, c'est lui témoigner, au commencement de l'année, qu'on souhaite qu'il la passe d'une manière heureuse, ou de la manière qu'il désire. Voy. AN. — T. de myth., figure allégorique, sous les traits d'une femme dont le front est ceint d'un bandeau où sont tracés les douze signes du zodiaque. Elle est portée sur un char tiré par les quatre saisons, dont les attributs sont à ses pieds. Elle est nue jusqu'à la ceinture et a le reste du corps couvert, pour indiquer sans doute les saisons chaudes et les saisons froides.

ANNELÉ, subst. mas. (*anelé*), t. d'hist. nat., serpent à *anneaux* noirs.

ANNELÉ, E, adj. et part. pass. de *anneler* (*anelé*), frisé en boucles.— T. de bot., qui est pourvu d'un anneau au collet : *pédicule annelé*. — On nomme en poésie *rime annelée* celle dans laquelle la dernière syllabe d'un vers se répète au commencement du vers suivant. — T. de blas., se dit des pièces bouclées de l'écu.

ANNELER, v. act. (*anelé*), friser les cheveux; les boucler en *anneaux*. Inusité.

ANNELET, subst. mas. (*anelè*) (diminutif d'*anneau*), petit *anneau*.—En t. d'archit., on appelle *annelets* de petits filets du chapiteau dorique, placés à la partie supérieure de la gorge. — Les passementiers donnent aussi ce nom à un petit *anneau* de verre qui sert à garnir les différents trous des navettes, pour empêcher les fils de s'écorcher lors de leur passage. — Les mouleurs en plâtre nomment *annelets* des espèces de petites agrafes de fil d'archal, dont ils se servent pour soutenir leur ouvrage.

ANNELIDES, subst. mas. plur. (*anelide*), t. d'hist. nat., classe d'animaux sans vertèbres.

ANNELURE, subst. fém. (*anelure*), frisure par boucles ou *anneaux*. Inusité.

ANNESLÉE, subst. fém. (*anelé*), t. de bot., plante vivace de la Chine, qui croît dans les eaux dormantes.

ANNEXE, subst. fém. (*anenèkce*) (formé de *annexer*), t. de jurispr. féodale, terres, domaines attachés à une seigneurie dont ils ne sont pas mouvants ou dépendants : *les annexes d'une seigneurie*. — Église qui relève d'une cure et où l'on exerce les fonctions paroissiales. On l'appelle aussi *église succursale*. — Dans le système des poids et mesures, on appelle *annexes* ou *prénoms* les nombres particuliers, *déca, hecto, kilo, myria*, parce que, ajoutés aux mots *litre, gramme, mètre*, etc., ils en déterminent la valeur. — En anat., on appelle *les annexes de l'œil* les paupières, les sourcils; *annexes de l'utérus*, les trompes, les ligaments.

ANNEXÉ, E, part. pass. de *annexer*.

ANNEXER, v. act. (*anenèkcé*) (du lat. *annectere* ou *adnectere*, composé de *ad*, à, et *nectere*, nouer, attacher, attacher à), t. de jurispr. féodale, unir, joindre : *annexer un fief à une terre*, un prieuré à une abbaye, etc. — T. de prat. et d'adm., *annexer une pièce*, la joindre à un dossier, à d'autres pièces. — *s'ANNEXER*, v. pron.

ANNEXION, subst. fém. (*anenèkcion*), union. Il se disait par rapport aux bénéfices auxquels la prêtrise était *annexée*.

ANNIHILABILITÉ, subst. fém. (*aneni-ilabilité*), caractère de ce qui est *annihilable*.

ANNIHILABLE, adj. (*aneni-ilable*), qui peut être *annihilé*.

ANNIHILATION, subst. fém. (*aneni-ilâcion*), anéantissement.

ANNIHILÉ, E, adj. et part. pass. (*aneni-ilé*), qui est anéanti.

ANNIHILER, v. act. (*aneni-ilé*) (du latin *ad*, à, et *nihilum*, néant), anéantir. — *s'ANNIHILER*, v. pron.

ANNILLE, subst. fém. (*aniie*), t. de blas. Voy. ANILLE.

ANNION, subst. mas. (*anion*), t. d'anc. jurispr. française, délai d'un an accordé par la chancellerie à un débiteur pour la vente de ses meubles.

ANNIVERSAIRE, subst. mas. (*anivèrecère*) (du latin *anniversarius*, formé de *annus*, année, et *vertere*, tourner ; *qui retourne ou revient chaque année*), jour d'une année quelconque numériquement le même que celui où a eu lieu, dans le cours d'une autre année, un évènement important soit pour un particulier, soit pour un peuple : *c'est aujourd'hui l'anniversaire de la naissance de votre fils ; on célébra long-temps dans ce pays l'anniversaire de cette éclatante victoire*. — Service qu'on fait pour un mort, ou un an après son décès, ou d'année en année à partir de ce décès : *fonder un anniversaire*, stipuler un revenu pour cette commémoration.— Il est aussi adj. des deux genres, et se dit, dans le même sens que le substantif, d'une époque ou d'une cérémonie, d'une fête, etc. : *c'était le jour, l'époque anniversaire de cette grande bataille ; nous touchons à la fête anniversaire de la révolution de juillet ; c'est le jour anniversaire de votre naissance ; il y a, dans certaines familles, de petites cérémonies anniversaires fort touchantes*.

ANNOISE, subst. fém. (*anenodze*), t. de bot., herbe de la Saint-Jean. *Laveaux*, tout en donnant ce mot, fait observer avec raison que c'est probablement *armoise* qu'il faudrait dire.

ANNOMINATION, subst. fém. (*anenominâcion*), jeu de mots sur les noms. Inus.

ANNONA, subst. fém. (*anenôna*), myth., déesse de l'abondance et des provisions de bouche.

ANNON, subst. mas. (*anenon*), t. d'hist. nat., oiseau d'Amérique.

ANNONAIRE, adj. des deux genres (*anenonère*), t. d'antiq., se disait des villes ou des pays qui étaient obligés de fournir des vivres à Rome. — *Loi annonaire*, celle qui pourvoyait à ce que les vivres ne renchérissent pas.

ANNONAY, subst. mas. (*anenoné*), ville de France, chef-lieu de canton, arrond. de Tournon, dép. de l'Ardèche.

ANNONCE, subst. fém. (*anonce*), avis par lequel on fait savoir quelque chose au public, verbalement ou par écrit : *l'unique différence qu'on puisse remarquer entre certains auteurs et les marchands d'orviétan, c'est que ceux-ci font de vive voix l'annonce de leurs drogues, et que ceux-là font l'annonce de leurs livres dans les journaux*. — Publication de mariage dans la religion *réformée*; les catholiques l'appellent *ban*.— Avertissement à haute voix par lequel, au moment où le spectacle venait de finir, un des comédiens, autrefois, informait le public de la pièce qui devait être jouée le lendemain, etc. Cet usage n'existe plus. — Avis qu'un valet donne à son maître de l'arrivée ou de l'entrée de quelqu'un : *voilà une belle annonce !* disait une dame à son laquais, en le grondant sur la manière peu décente avec laquelle il avait *annoncé* une personne.

ANNONCÉ, E, part. pass. de *annoncer*.

ANNONCER, v. act. (*anoncé*) (en latin *annuntiare*, formé de *ad*, à, et *nuntiare*, lequel est dérivé lui-même de *nuntius*, messager), faire savoir : *annoncer une bonne, une mauvaise nouvelle*.—Prédire : *les prophètes ont annoncé que...* — *Annoncer la parole de Dieu*, prêcher, instruire les fidèles. — *Annoncer*, être le signe de, la marque de : *ce trait annonce une âme méchante*. — *Annoncer*, faire pressentir : *le commencement de cette pièce annonce le dénouement*. — *Annoncer quelqu'un*, prévenir de sa venue : *je vous annonce pour ce soir monsieur un tel*. Il s'applique particulièrement à un domestique qui prévient son maître de l'arrivée d'une personne. — *s'ANNONCER*, v. pron., se faire connaître d'une manière particulière : *ce jeune homme s'annonce bien ou mal*, etc.

ANNONCEUR, subst. mas. (*anonceur*), se disait autrefois du comédien qui venait annoncer sur le théâtre les pièces que l'on devait jouer le lendemain. Cet usage n'existe plus, du moins à Paris.

s'ANNONCHALIR, v. pron. (*çanonchalire*), vieux mot qu'on trouve encore dans quelques *Dictionnaires*, avec une citation de *Montaigne*, et qui signifie : devenir *nonchalant*.

ANNONCIADE, subst. fém. (*anonciade*), ordre religieux de femmes, institué en mémoire de *l'annonciation*. — Ordre militaire créé en 1355 par Amédée VI, comte de Savoie.

ANNONCIATEUR, subst. mas. (*anonciateur*), celui qui *annonce* les fêtes. Dans ce sens, ce mot n'est plus usité; mais c'est aujourd'hui le titre de plusieurs journaux français.—Si l'on voulait l'employer au fém., on pourrait dire *annonciatrice*.

ANNONCIATION, subst. fém. (*anonciâcion*), fête en l'honneur de la Vierge. C'est proprement la nouvelle, l'*annonce* que l'ange Gabriel apporta à la sainte Vierge du mystère de l'Incarnation de J.-C. On célèbre cette fête, dans l'Église latine, le 25 mars. — Les juifs appellent aussi *annonciation* une partie de la cérémonie de leur fête de Pâque, celle dans laquelle ils expliquent l'origine, l'institution et la cause de cette fête. — On appelle du même nom une estampe qui représente le mystère de l'Incarnation.

ANNONCIATRICE, subst. fém. Voy. ANNONCIATEUR.

ANNONE, subst. fém. (*anone*), t. d'hist. anc., provision de vivres pour un *an*. — On le dit encore, en agriculture, d'une variété rougeâtre de froment des environs de Draguignan.

ANNOT, subst. mas. (*anenô*), ville de France, chef-lieu de canton, dép. des Basses-Alpes.

ANNOTATEUR, subst. mas., au fém. **ANNOTATRICE** (*anenotateur, trice*), celui ou celle qui *annote*, qui fait des remarques, qui prend des *notes* sur un ouvrage.

ANNOTATION, subst. fém. (*anenotâcion*), remarque, note un peu longue sur un ouvrage : *faire des annotations sur Virgile*. — En t. de prat. anc., état, inventaire des biens saisis par autorité de justice sur un criminel ou un accusé. — En t. de comm. et d'administration, action de prendre note, de prendre date ; résultat de cette action.

ANNOTATRICE, subst. fém. Voy. ANNOTATEUR.

ANNOTÉ, E, part. pass. de *annoter*.

ANNOTER, v. act. (*anenoté*) (du lat. *adnotare*), faire des notes, des remarques sur un ouvrage. — En t. de prat. anc., marquer l'état des biens saisis par autorité de justice sur un criminel : *on a saisi et annoté ses biens*. — En t. de comm., écrire sur un livre les effets qu'on reçoit, et la date de leur échéance. — *s'ANNOTER*, v. pron.

ANNOTINE, adj. fém. (*anenotine*), usité seulement en t. de liturgie : *Pâque annotine*, ou Pâque anniversaire. *La Pâque annotine*, selon Durandus, était l'anniversaire du baptême, ou jour dans lequel chacun célébrait, tous les ans, la mémoire de son baptême ; selon d'autres, c'était seulement le jour du bout de l'an du baptême : tous ceux qui avaient reçu le baptême une année s'assemblaient l'année suivante, le même jour, disent ces écrivains, et célébraient solennellement le bout de l'an, ou l'anniversaire de leur régénération spirituelle ; et ce jour s'appelait *Pâque annotine*. Ils ajoutent qu'on le célébrait dans l'octave du dimanche *in Albis*, que nous appelons *Quasimodo*, et par conséquent quinze jours après Pâques; et dans quelques sacramentaires manuscrits, on trouve après ce dimanche une messe particulière pour la *Pâque annotine*. On ne s'accorde pas sur ce sentiment; car en premier lieu, on ne baptisait pas seulement à Pâques; on baptisait aussi à la Pentecôte. A Pâques, le baptême se donnait le samedi saint : le bout de l'an ou l'anniversaire était donc le samedi saint aussi, et non pas quinze jours après *Pâques*. Dans la vie de saint Pierre martyr, composée par Ambrosius Taegius, et imprimée par les jésuites d'Anvers sur le manuscrit de Taegius, il est dit, ch. 5, que ce saint sortait de son couvent pour aller à Milan, le samedi qui est la fin de la Septuagésime, et que l'on appelle samedi *in Albis*, et *Pâque annotine*. (*Sabbato, qui est Septuagesimæ finis, quodque Sabbatum* in Albis, *annotinum Pascha, vocatur*), c'est-à-dire le samedi avant la *Quasimodo*, ou le samedi de la semaine de Pâques : sur quoi les PP. Henschenius et Papebroch disent qu'il leur semble qu'*annotin* signifie *consommé, achevé*; que d'autres appellent ce jour *Pascha conclusum*, au lieu d'*annotinum* ; et que Bède le prend en ce sens, quand il appelle le cours de la lune complet et achevé le *cours annotin*. Et en effet, c'est ce samedi-là que finit l'office de Pâques.

ANNUAIRE, subst. mas. (*anenuère*) (du lat. *annus*, année), almanach, calendrier. Ce nom, donné dans le temps au nouveau calendrier de la république française, s'est conservé pour quelques ouvrages sur la statistique, la météorologie, etc.: *annuaire historique*, *annuaire du commerce maritime*; et notamment pour celui qui est publié chaque année à Paris par le Bureau des longitudes. — Adj., qui se fait *annuellement*. Peu usité: on dit *annuel*.

ANNUALITÉ, subst. fém. (*anenualité*), mot employé par *Mirabeau* pour exprimer la qualité de ce qui est *annuel*. Peu usité.

ANNUEL, subst. mas. (*anenuèl*), messe qu'on dit tous les jours durant un an pour un défunt. — C'est aussi une sorte d'impôt: *payer l'annuel*.

ANNUEL, adj. mas., au fém. **ANNUELLE**, (*anenuèle*) (formé du lat. *annus*), qui dure une année: *magistrature annuelle*. — Qui revient chaque *année*: *rente annuelle*. — En t. d'astron., la révolution apparente du soleil, d'un point du zodiaque au même point, s'appelle *le mouvement annuel du soleil*. — *L'équation annuelle du moyen mouvement du soleil et de la lune*, *des nœuds et de l'apogée de la lune*, s'entend de l'angle qu'il faut ajouter au moyen mouvement du soleil, de la lune, des nœuds et de l'apogée de la lune, pour avoir le lieu du soleil, des nœuds et de l'apogée. — Dans l'Église catholique on appelle *fête annuelle* chacune des fêtes les plus solennelles de l'année; on appelle subst. *annuel majeur* une fête du premier ordre; *annuel mineur*, une fête du second ordre. *Les Pâques*, *la Pentecôte*, *Noël et l'Assomption* sont *quatre grandes fêtes annuelles*. — En bot., *plante annuelle*, qui ne vit qu'une année. — On nommait autrefois *droit annuel* un droit que certains officiers payaient au roi, tous les ans, pour conserver leurs charges à leurs héritiers.

ANNUELLEMENT, adv. (*anenuèleman*), par chaque *année*; toutes les *années*.

ANNUIR, v. act. (*anenuir*), consentir, accéder. Inusité.

ANNUITÉ, subst. fém. (*anenuité*), emprunt par lequel le débiteur s'engage à faire *annuellement*, pendant un certain nombre d'*années*, un paiement qui comprend la rente du capital et le remboursement d'une partie de ce capital, de sorte qu'au bout du terme indiqué le débiteur est entièrement libéré. — *Rente annuelle*.

ANNULABILITÉ, subst. fém. (*anenulabilité*) (rac. *nul*), t. de jurispr., caractère de ce qui est *annulable*.

ANNULABLE, adj. (*anenulable*), qui peut, qui doit être *annulé*.

ANNULAIRE, subst. fém. (*anenulère*), t. d'hist. nat., chenille qu'on appelle aussi la *livrée*. Elle vient sur les poiriers et sur les pruniers. — Adj. des deux genres, qui a rapport à un *anneau*, qui ressemble à un *anneau*, qui est propre à recevoir un *anneau*: *doigt annulaire*, quatrième doigt de la main, où se met l'*anneau* dans la cérémonie du mariage et dans d'autres cérémonies. — *Éclipse annulaire*, celle dans laquelle il reste autour du disque du soleil un cercle ou *anneau* lumineux. Il faut pour cela que l'*éclipse* soit *centrale* et que la lune soit dans son apogée, c'est-à-dire dans son plus grand éloignement de la terre. — T. d'archit., *voûtes annulaires*, celles qui imitent des *anneaux*: telles sont les voûtes sur noyau, et dont le plan est circulaire ou elliptique. — T. d'agric. et de jard., *incision annulaire*, opération qui consiste à enlever de l'écorce, au collet d'un arbre ou d'une branche seulement, une lanière circulaire large de quelques lignes. — *Inciseur annulaire*, instrument propre à l'incision annulaire. — *Annulaire* se dit, en anatomie, de plusieurs parties qui ont de la ressemblance avec un anneau: *cartilage annulaire*; *ligament annulaire*; *protubérance annulaire*. — On donne l'épithète d'*annulaires* aux *apophyses*, parce que, placées à côté de la moelle allongée, elles l'embrassent comme un *anneau*.

ANNULATIF, adj. mas., au fém. **ANNULATIVE** (*anenulatif*, *tive*) (rac. *nul*), t. de jurispr., qui *annulle*: *acte annulatif*.

ANNULATION, subst. fém. (*anenulácion*), action d'*annuler*; résultat de cette action: *l'annulation d'un jugement*.

ANNULATIVE, adj. fém. Voy. **ANNULATIF**.

ANNULÉ, E, part. pass. de *annuler*, et adj., t. de bot., qui a un *anneau*: *pédicule annulé*. — Se dit d'une tige de champignon, etc., qui porte un *anneau* au collet.

ANNULER, v. act. (*anenulé*), t. de palais, casser, abolir, rendre *nul*: *annuler une procédure*, *un testament*, etc. — En t. de teneur de livres, contrepasser un article sur le grand-livre, en le portant au crédit si c'est au débit qu'on veut l'*annuler*; ou au débit, si on veut l'*annuler* au crédit. — En t. de mar., on dit *annuler un signal*, pour dire: le rendre *nul*. — **S'ANNULER**, v. pron., *un acte mal fait s'annulle*. — **ANNULER, INFIRMER, CASSER, RÉVOQUER**. (*Syn.*) *Annuler* se dit de toutes sortes d'actes, soit législatifs, soit conventionnels; *infirmer*, ne se dit que des actes législatifs ou des jugements prononcés par des juges subalternes; *casser* renferme l'idée d'autorité souveraine lorsqu'il regarde les actes, et une idée accessoire d'ignominie lorsqu'il concerne les personnes en place; *révoquer*, c'est, quant aux personnes, leur ôter, pour des raisons de mécontentement, la place qu'elles occupaient.

ANNULLEMENT, subst. mas. (*anenuleman*), t. de mar., signal qui *annulle* celui qui a été fait précédemment, qui le rend *nul*.

ANNUS, subst. mas. (*anenuce*), t. de pharm., racine du Pérou.

ANOBLI, E, adj. et part. pass. de *anoblir*, qui a été fait *noble*, qu'on a mis au rang des *nobles*. — Subst.: *les nouveaux anoblis*.

ANOBLIR, v. act. (*anoblir*), faire, rendre noble; conférer la *noblesse*; donner à quelqu'un le titre, la qualité de noble: *il a été anobli sous Napoléon*; *il n'y a que le roi qui puisse anoblir*. — *En ce pays le ventre anoblit*, se dit d'un pays où la noblesse peut se transmettre par les femmes. — Fig., *anoblir son style*, le rendre nombreux, élevé, *noble*; plus nombreux, plus élevé, plus *noble*. Voy. **ENNOBLIR**. — **S'ANOBLIR**, v. pron.: *son style s'anoblit tous les jours*.

ANOBLISSEMENT, subst. mas. (*anobliceman*) (rac. *noble*), action d'*anoblir*; résultat de cette action: *lettres d'anoblissement*, lettres par lesquelles le roi *anoblissait* un roturier. On dit plus souvent *lettres de noblesse*.

ANOCHE, subst. fém. (*anoche*), t. de bot., sorte de plante nommée vulgairement *bonne-dame* ou *belle-dame*.

ANODE, subst. fém. (*anode*), t. de bot., plante de l'Amérique, de la famille des malvacées.

ANODIN, ou, plus conformément à l'étymologie, **ANODYN**, subst. mas. (*anodein*) (du grec α priv., et οδυνη, douleur), remède propre à calmer, apaiser les douleurs. — On dit aussi adj.: *des remèdes anodins*, *purgations anodines*; et fig.: *de petits couplets anodins*, fades et insignifiants. Cette dernière expression n'est que du style badin et moqueur.

ANODIN, E, ou mieux **ANODYN, E**, adj. (*anodein*, *dine*). Voy. **ANODIN**, subst.

ANODONT, subst. mas. (*anodon*) (du grec α priv., et οδους, gén. οδοντος, dent), t. d'hist. nat., serpent qu'on dit n'avoir point de dents.

ANODONTE, subst. fém. (*anodonte*) (du grec α priv., et οδους, οδοντος, dent), t. d'hist. nat., coquillage de la classe des bivalves.

ANODONTITES, subst. mas. plur. (*anodontite*), t. d'hist. nat., mollusques acéphales.

ANODYN. Voy. **ANODIN**.

ANODYNIE, subst. fém. (*anodinî*) (du grec α priv., et οδυνη, douleur), t. de médec., insensibilité, ou absence de la douleur.

ANODYTÉSIE, subst. fém. (*anoditézî*), t. de médec., défaut de sensibilité.

ANŒSTHÉSIE, subst. fém. (*anècetézî*) (du grec ανεσθησια, insensibilité), t. de méd., défaut de sensibilité.

ANŒME, subst. mas. (*anème*), t. d'hist. nat., genre de mammifères de la famille des rongeurs.

ANOIE, subst. fém. (*anoé*), (du grec α priv., et νοος, esprit) t. de médec., démence, idiotisme.

ANOLING, subst. mas. (*anolein*), t. de bot., arbre des Philippines, dont l'écorce est employée en guise de savon.

ANOLIS, subst. mas. (*anolice*), t. d'hist. nat., lézard d'Amérique.

ANOMAL, E, adj., au plur. **ANOMAUX** (*anomal*) (pour l'étymologie voy. **ANOMALIE**). Irrégulier. — En gramm., il se dit des verbes qui ne se conjuguent pas conformément au modèle de leur conjugaison. Par exemple, *aller* est un verbe *anomal*, parce que, bien qu'étant de la première conjugaison, il ne se conjugue pas comme le verbe *aimer*, qui est le modèle de cette conjugaison: on dit *j'aime*, et l'on dit *je vais*, etc. — Il ne faut pas confondre les verbes *anomaux* avec les verbes *défectifs*: ces derniers sont ceux qui manquent de quelque temps, de quelque mode ou de quelque personne. Il se dit aussi des noms dont la déclinaison est irrégulière. — T. de bot.: *fleurs anomales*, polypétales, irrégulières. Les plantes *anomales* forment la XIe classe de la méthode de *Tournefort*. — T. de médec., *maladies anomales*, qui ne suivent point un cours régulier dans leurs périodes.

ANOMALIE, subst. fém. (*anomalî*) (en grec ανωμαλια, irrégularité, dérivé de α priv., et de ομαλος, égal), en gramm., irrégularité dans la conjugaison ou dans la déclinaison. — En t. d'astron., distance d'une planète à son abside, ou au sommet du grand axe de son orbite. Pour le soleil et la lune, l'*anomalie* est la distance par rapport à l'apogée; dans les planètes principales, c'est la distance à l'aphélie. — En chim., il se dit des effets variés et en apparence contradictoires que présentent les mêmes matières dans leur union et leur désunion.

ANOMALISTIQUE, adj. des deux genres (*anomalicetike*), t. d'astron., se dit de la révolution d'une planète par rapport à son apside, soit apogée, soit aphélie; ou du retour au même point de son ellipse. — *Année anomalistique*, révolution de la terre pendant une année.

ANOMALON, subst. mas. (*anomalon*), t. d'hist. nat., espèce d'insectes hyménoptères.

ANOMALOPÈDE, adj. des deux genres (*anomalopède*), t. d'hist. nat., se dit d'une classe d'oiseaux dont les doigts sont réunis par une membrane.

ANOMATHÈQUE, subst. mas. (*anomatèke*), t. de bot., genre de plantes établi sur le glaïeul, et qui rentre dans celui appelé *lapeyrousie*.

ANOMAUX, adj. mas. plur. Voy. **ANOMAL**.

ANOMÉENS, subst. mas. plur. (*anoméein*) (du grec α priv., et ομοιος, semblable), ariens purs, sectaires du quatrième siècle, qui enseignaient que Dieu le fils était différent de son père en essence.

ANOMIDES, subst. mas. plur. (*anomide*), t. d'hist. nat., insectes de l'ordre des orthoptères, qui correspond à celui des mantides. On les appelle aussi *difformes*.

ANOMIE, subst. fém. (*anomî*) (du grec νομος, loi, et α priv.), littéralement: sans loi. Il n'est point usité.

ANOMIE, subst. fém. (*anomî*) (du grec α priv. et ομος, pareil, égal), t. d'hist. nat. coquille fossile, pétrification sans analogues vivants. Coquille bivalve à écailles inégales.

ANOMIENS, subst. mas. plur. (*anomiein*) (du grec α priv., et νομος, loi), hérétiques qui rejetaient toute espèce de loi.

ANOMITE, subst. fém. (*anomite*), ce mot semble être le même que *anomie*.

ANOMOCÉPHALE, subst. mas. (*anomocéfale*) (du grec α priv., νομος, règle, et κεφαλη, tête), t. de médec., tête qui présente des difformités.

ANOMPHALE, subst. mas., et adj. des deux genres (*anonfale*) (du grec α priv., et ομφαλος, nombril), qui n'a point d'ombilic.

ÂNON, subst. mas. (*ânon*), le petit de l'*âne*.

ÂNONNÉ, E, part. pass. de *ânonner*.

ÂNONNEMENT, subst. mas. (*ânoneman*), action d'*ânonner*, de lire en tâtonnant. — En parlant de l'*ânesse*, action de mettre bas.

ÂNONNER, v. neut. (*ânoné*) (par onomatopée, de *an*, *on*, que répètent souvent ceux qui *ânonnent*), ne lire ou ne parler, qu'avec peine, en hésitant, etc. Fam. — Il s'emploie quelquefois activement: *cet écolier ne fait qu'ânonner sa leçon*. — Mettre bas, en parlant de l'*ânesse*.

ANONYME, adj. des deux genres (*anonime*) (du grec α priv., et ονομα, ou en éolien ονυμα, nom), qui est sans nom. Il se dit particulièrement des auteurs, livres ou écrits. — On dit aussi substantivement *un anonyme*; et c'est subst. qu'on désigne le secret que fait de son nom un auteur: *il a gardé l'anonyme*. — *Société anonyme*, société sans nom social, dans laquelle les associés travaillent chacun de leur côté, se rendant mutuellement compte ensuite des profits ou des pertes. — *Lettre anonyme*, lettre sans signature. — On appelle aussi *anonymes* ceux qui n'ont point reçu de prénom à leur naissance, et l'on ajoute le mot *anonyme* immédiatement après leur nom de famille: *anonyme de Montmorency*. — T. d'hist nat., petit quadrupède de Libye à longues et larges oreilles.

ANONYMEMENT, adv. (*anonimeman*), en gardant l'*anonyme*.

ANONYMIQUE, adj. des deux genres (*anonimike*), qui tient de l'*anonyme*.

ANOPÉE, subst. fém. (*anopé*). Homère désigne sous ce nom l'hirondelle des cheminées, ou hirondelle domestique.

ANOPLOTHÉRIUM, subst. mas. (*anoplotériome*) (du grec α priv., οπλον, arme, et θηρ, animal), t. d'hist. nat., mammifère fossile décrit et nommé par Cuvier.

ANOPTÈRE, subst. mas. (*anopetère*), t. de bot., arbre de la Nouvelle-Hollande.

ANORDIE, subst. fém. (*anordi*), sorte de tempête causée dans certains pays par le vent du nord. — Le vent du nord lui-même.

ANORDIR, v. neut. (*anordir*), t. de mar., se dit des vents, lorsqu'ils approchent du nord.

ANOREXIE, subst. fém. (*anorèkci*) (du grec α priv., et ορεξις, appétit; *défaut d'appétit*), t. de médec., dégoût des aliments, par dérangement d'estomac.

ANORGANOGÉNIE, subst. fém. (*anorguanojéni*) (du grec ανοργανος, inorganique, et γενεσις, origine), étude de l'origiue des corps *inorganiques*.

ANORGANOGRAPHIE, subst. fém. (*anorguanoguerafi*) (du grec ανοργανος, inorganique, et γραφειν, décrire), description des corps *inorganiques*.

ANORGANOGRAPHIQUE, adj. des deux genres (*anorguanoguerafike*), qui a rapport à l'*anorganographie*.

ANORGANOLOGIE, subst. fém. (*anorguanoloji*) (du grec ανοργανος, inorganique, et λογος, discours), discours sur les corps *inorganiques*.

ANORGANOLOGIQUE, adj. des deux genres (*anorguanolojike*), qui a rapport à l'*anorganologie*.

ANORMAL, E, adj., au plur. mas. **ANORMAUX** *anormal*) (formé de *a* ou *ab*, sans, et *norma*, règle), irrégulier, contraire aux règles.

ANORMAUX, adj. plur. mas. Voy. ANORMAL.

ANOSMIE, subst. fém. (*anocemi*) (du grec α priv., et οσμη, odeur, dérivé d'οζω, je sens), t. de médec., diminution ou perte de l'odorat.

ANOSTOME, subst. mas. (*anocetóme*) (du grec ανω, en haut, et στομα, bouche ou gueule), t. d'hist. nat., poisson dont la gueule est située sur le sommet du museau, et tournée en haut.

ANOURES, subst. mas. plur. (*anoure*) (du grec α priv., et ουρα, queue; *sans queue*), t. d'hist. nat., famille de reptiles batraciens qui n'ont point de queue, tels que les crapauds, les grenouilles.

ANPAN, subst. mas. (*anpan*), t. d'hist. nat., coquillage bivalve très-long.

ANQUILLEUSE, adj. fém. (*ankiieuze*), t. vieux et barbare que l'on trouve dans quelques *dictionnaires*. D'après *Trévoux*, femme qui *filoute*, qui vole dans les poches.

ANQUITRANADE, subst. fém. (*ankitranade*), t. de mar., prélart, couverture en toile goudronnée d'une galère.

ANRAMATIQUE, subst. fém. (*anramatike*), t. de bot., plante de Madagascar dont la feuille, imitant un vase avec son couvercle, est pleine d'eau.

ANREDÈRE, subst. fém. (*anredère*), t. de bot., genre de plantes de la famille des arroches, établi sur une plante de la Jamaïque fort voisine des baselles.

ANSE, subst. fém. (*ance*) (en lat. *ansa*), sorte de demi-cercle attaché à un pot, à un panier, à un seau, etc., et qui sert à les enlever, à les porter, etc. — *Faire le pot à deux anses*, mettre les mains sur les hanches. Pop. — On dit familièrement qu'*une cuisinière fait danser l'anse du panier*, pour dire qu'elle fait payer à sa maîtresse les denrées qu'elle achète au marché plus cher qu'elle ne les a payées. — En t. de fondeur, partie par où l'on pend la cloche. — En t. de serrurier, ornement composé de deux enroulements opposés; partie d'un cadenas qu'on passe dans un crampon ou piton, et qui rentre ensuite dans la châsse du cadenas. — En t. de mar., bras de mer qui se jette entre deux pointes de terre et y forme un enfoncement peu profond. — On appelle *anse de sable* un petit enfoncement semi-circulaire sur un rivage propre à recevoir momentanément des embarcations qui échouent pour s'espalmer. — Géom. *Anse de panier*, courbe composée de plusieurs arcs de cercle, tous concaves d'un même côté et valant ensemble cent quatre-vingts degrés. Elle ressemble à une demi-ellipse qui s'appuie sur son grand ou sur son petit axe, selon qu'elle est surbaissée ou surmontée : on en fait un grand usage en architecture. — T. d'ant., arme avec laquelle on lançait des dards. — Bourg de France, chef-lieu de canton, arrond. de Villefranche, dép. du Rhône.

ANSE, ligue. Voy. HANSE.

ANSÉ, E, part. pass. de *anser*.

ANSÉATIQUE, adj. Voy. HANSÉATIQUE.

ANSER, v. act. (*ancé*), t. de boisselier, garnir une pièce quelconque d'une *anse*. Inusité.

ANSÈRES, subst. mas. plur. (*ancère*), t. d'hist. nat., famille des oies et des canards.

ANSÉRINE, subst. fém. (*ancérine*), t. de bot., genre de plante de la famille des chénopodées. — Adj. fém., t. d'hist. nat., qui a rapport à l'oie.

ANSERINETTE, subst. fém. (*ancerinète*), t. d'hist. nat., que quelques auteurs ont employé pour signifier une petite oie.

• **ANSETTE**, subst. fém. (*ancète*), en t. de mar., petite anse; ourlet ou corde des voiles. — En orfèvrerie, *anse* d'une tasse.

ANSIÈRE, subst. fém. (*ancière*), t. de pêche, filet que l'on tend dans les anses.

ANSPACH, subst. mas. (*ancepak*), marquisat d'Allemagne.

ANSPECT, subst. mas. (*ancepèk*), t. de mar., levier qui sert dans la manœuvre du canon.

ANSPESSADE et mieux **LANCEPESSADE**, subst. mas. (*ancepèçade*), soldat d'infanterie qui autrefois aidait le caporal, et qui remplissait ses fonctions en cas d'absence de celui-ci. — On disait d'abord *ancespessade*, formé par corruption de *lancespessade*, dérivé de l'italien *lancia spezzata*, lance rompue; parce que celui à qui on donnait ce grade était ordinairement un gendarme ou cavalier démonté, qui n'avait plus le moyen de servir comme tel.

ANTA, subst. mas. (*anta*), t. d'hist. nat., animal du Paraguay, qui a une trompe. Voy. TAPIR.

ANTACÉES, subst. mas. plur. (*antacé*), t. d'hist. nat., espèce d'esturgeons.

ANTACIDE, adj. des deux genres (*antacide*), t. de médec., antiacide.

ANTAGONISME, subst. mas. (*antaguoniceme*) (du grec αντι, contre, et αγωνιζομαι, je fais effort, je combats), t. d'anat., action d'un muscle contraire à celle d'un autre. — Fig., rivalité, opposition politique, philosophique, etc.

ANTAGONISTE, subst. mas., et adj. des deux genres (*antaguonicete*) (même étymologie que *antagonisme*), se dit de celui qui est opposé à un autre, qui est son adversaire, qui lui dispute quelque chose. —On dit en parlant d'une femme : *vous avez là un charmant antagoniste*. Voy. ENNEMI. — En t. d'anat., les *muscles antagonistes* sont ceux qui ont des fonctions contraires.

ANTAL, subst. mas. (*antal*), mesure allemande de soixante-douze pintes.

ANTALE, subst. mas. (*antale*), t. d'hist. nat., coquille à tuyaux courbés et coniques.

ANTALGIE, subst. fém. (*antalji*) (du grec αντι, contre, et αλγος, douleur), absence de douleur.

ANTALGIQUE, adj. des deux genres et subst. mas. (*antaljike*), (du grec αντι, contre, et αλγος, douleur), t. de médec., se dit d'un médicament qui calme une douleur.

ANTAMBA, subst. mas. (*antanba*), t. d'hist. nat., animal de Madagascar, ressemblant au léopard.

ANTAN, subst. mas. (*antan*) (du lat. *ante annum*, avant cette année), vieux mot qui veut dire l'année précédente : *je m'en soucie comme des neiges d'antan*. Fam. Ce mot ne serait pas compris aujourd'hui.

ANTANACLASE, subst. fém. (*antanaklâze*) (du grec αντι, contre, et ανακλασις, répercussion, dérivé du verbe ανακλαζω, je frappe une seconde fois; parce que la même expression frappe deux fois l'oreille, mais d'une manière désagréable). — Figure de rhét., répétition d'un même mot pris en différents sens : *ton ton me déplaît*.

ANTANAGOGE, subst. fém. (*antanaguoje*) (du grec αντι, contre, et αναγωγη, rejaillissement, dérivé d'αναγω, je renvoie, je repousse), figure de rhét., qui consiste à rétorquer une raison contre celui qui s'en sert.

ANTANDROS, subst. mas. (*antandroce*), ville et port de Phrygie où Énée s'embarqua.

ANTANNAIRE, adj. des deux genres (*antanenère*) (du lat. *ante*, avant, et *annus*, année), il se dit, en faucon., de l'oiseau qui a le pennage *de l'année précédente*, qui n'a pas mué.

ANTANNIER, adj. mas., au fém. **ANTANNIÈRE** (*antanié, nière*), t. de faucon., oiseau qui est de l'année précédente, qui est âgé d'un an.

ANTANOIS, Voy. ANTENOIS.

ANTAPHRODISIAQUE. Voy. ANTIAPHRODISIAQUE

ANTAPHRODITIQUE. Voy. ANTIAPHRODITIQUE.

ANTAPODOSE, subst. fém. (*antapodôze*), première partie d'une période.

ANTARARES, subst. mas. plur. (*antarare*), Indiens qui fondent des principes manichéens dans le mahométisme.

ANTARCTIQUE, adj. (*antarktike*) (du grec αντι, contre, et αρκτος, ourse, constellation voisine du pôle arctique ou septentrional), méridional, qui est opposé au septentrion : *pôle antarctique*.

ANTARÈS, subst. mas. (*antarèce*), t. d'astron., étoile fixe de la première grandeur, dans le cœur du scorpion.

ANTE, subst. fém. (*ante*), pièce de bois attachée aux volants des moulins à vent. — T. d'archit., pilier saillant sur la surface d'un mur. —T. de peinture, ce qui sert à tenir la brosse ou le pinceau, et qu'on pourrait appeler le *manche*.

ANTEBASE, subst. fém. (*antebâze*), t. d'archit., pièce qui est placée au-devant de la *base*.

ANTÉCÉDEMMENT, adv. (*antécédaman*), antérieurement; avant, dans l'ordre du temps. — Selon les théologiens, *Dieu prédestine à la gloire antécédemment aux mérites*, avant la prévision des mérites.

ANTÉCÉDENCE, subst. fém. (*antécédance*) (formé de *antécédent*), action de devancer, de précéder. On dit, en astron., qu'une *planète se meut en antécédence* ou *en précédence*, lorsqu'elle paraît aller contre l'ordre des signes. Si elle suit cet ordre, elle se meut en *conséquence*.

ANTÉCÉDENT, E, adj. et subst. mas. (*antécédan, dante*) (du lat. *antecedens*, part. prés. de *antecedere*, précéder, formé de *ante*, avant, et *cedere*, marcher, venir), qui précède en temps, qui est auparavant : *un acte antécédent*. — Subst. mas., fait accompli, considéré par rapport au présent. — En t. de logique, première partie d'un argument qu'on appelle *enthymème : j'accorde l'antécédent, mais je nie la conséquence*. — En gramm., le nom ou pronom qui précède et régit le relatif *qui*. — En math., le premier des deux termes d'un rapport arithmétique ou géométrique, par opposition à conséquent, qui est le second.

ANTÉCESSEUR, subst. mas. (*antécèceceur*) (du lat. *antecessor*). On donnait autrefois ce nom à un professeur de droit dans une université.

ANTECHRIST, subst. mas. (*antekri*) (du grec αντι, contre, et χριστος, oint ou *christ*), celui qui est contraire à *Jésus-Christ*. — Séducteur qui, selon la doctrine chrétienne, viendra, vers la fin du monde, pour corrompre les fidèles et tenter de détruire la vraie religion. — On a nommé *antechrists* les persécuteurs de l'Église chrétienne.

ANTÉCIENS et mieux **ANTŒCIENS**, adj. mas. plur. (*antécieín*) (du grec αντι, contre, et οικεω, j'habite), se dit des peuples placés sous le même méridien, et sous une latitude opposée mais égale.

ANTÉDEXTRE, adj. (*antédèkcetre*), t. d'antiq., se disait des signes qui se manifestaient à la droite de l'aruspice.

ANTÉDILUVIEN, adj. mas., au fém. **ANTÉDILUVIENNE** (*antédiluvieín, viène*) (du lat. *ante*, avant, et *diluvium*, déluge), qui a précédé le déluge : *l'astronomie antédiluvienne*. — *Antidiluvien* est un barbarisme.

ANTÉE, subst. mas. (*anté*), myth., fameux géant, fils de Neptune et de la Terre. Il s'établit dans les déserts de la Libye pour massacrer tous les passants, parce qu'il avait fait vœu de bâtir un temple à Neptune avec des crânes d'hommes. Hercule le combattit et le terrassa trois fois, mais en vain, la Terre, sa mère, lui rendant des forces nouvelles lorsqu'il la touchait. Hercule enfin l'éleva en l'air et l'étouffa. — Subst. fém., femme appelée autrement Sténobée. Voy. BELLÉROPHON.

ANTÉGÉNITAL, E, adj. (*antéjénital*), engendré ou né auparavant. Plur. mas. ANTÉGÉNITAUX.

ANTELÉE, subst. fém. (*antelé*), t. de bot., plante qui croît dans les Indes orientales.

ANTÉLIUS, subst. mas. (*antéliuce*), myth., un des dieux d'Athènes. — Il y avait des génies qu'on révérait sous le nom d'*Antelii Dæmones*.

ANTÉMÉTIQUE, mieux **ANTIÉMÉTIQUE**. Voy. ce mot.

ANTENAIRE, subst. fém. (*antenère*), t. de bot., plante de la famille des corymbifères. — T. d'hist. nat., espèce de poissons.

ANTENALE, subst. mas. (*antenale*), t. d'hist. nat., oiseau de mer, du cap de Bonne-Espérance.

ANTENNE, subst. fém. (*antènne*) (en lat. *antenna*), t. de mar., le long bois qui est attaché en travers au haut d'un mât, et qui sert à soutenir les voiles de certains bâtiments. — Au plur., t. d'hist. nat., filets très-variés dans leur forme, qui surmontent la tête des insectes.

ANTENNISTE, adj. des deux genres (*antènenicete*), t. d'hist. nat., qui a des *antennes*. Inusité.

ANTENNOLLE, subst. fém. (*antènenole*), t. de mar., petite *antenne* pour une voile de mauvais temps.

ANTENNULAIRE, subst. mas. (*antènenulère*), t. d'hist. nat., polypier qui porte de petites *antennes*.

ANTENNULE, subst. fém. (*antènenule*), petite *antenne*.

ANTENOIS, subst. et adj. (*antenoa*), se dit des agneaux et autres animaux domestiques qui ont un an. On dit aussi *antanois*.

ANTÉNOR, subst. mas. (*anténore*), myth., prince troyen, lequel, à ce qu'on dit, trahit sa patrie en cachant Ulysse dans sa maison. On prétend qu'après le siége de Troie il alla fonder la ville de Padoue. Il eut plusieurs enfants, savoir : Archiloque, Atamanthe, Laodocus, Achélaüs, Anthée, etc.

ANTENORE, subst. fém. (*antenore*), t. d'hist. nat., coquille qui diffère peu des nautiles.

ANTÉNORIDES, subst. mas. plur. (*anténoride*), myth., les fils d'*Anténor*.

ANTÉOCCUPATION, subst. fém. (*antéokupâcion*) (en lat. *anteoccupatio*, dérivé de *anteoccupare*, anticiper, prévenir), figure de rhétorique par laquelle on prévoit et on réfute d'avance une objection.

ANTÉON, subst. mas. (*antéon*), t. d'hist. nat., insecte de l'ordre des hyménoptères.

ANTÉPÉNULTIÈME, adj. des deux genres et subst. fém. (*antépénuletième*) (du lat. *antepenultimus*, formé de *ante*, avant, *pene*, presque, et *ultimus*, dernier; *avant le presque dernier*, ou le *pénultième*), qui précède immédiatement l'avant-dernier. — Il s'applique plus particulièrement aux syllabes : l'*antépénultième syllabe*, ou seulement l'*antépénultième est longue*, etc.

ANTÉPHIALTIQUE, adj. des deux genres (*antéfialtike*) (du grec αντι, contre, et εφιαλτης, incube ou cauchemar), t. de médec. : *remède antéphialtique*, bon contre le cauchemar.

ANTÉPILANES, subst. mas. plur. (*antépilane*), t. d'antiq., réserve d'une légion romaine.

ANTÉPILEPTIQUE. Voy. ANTI-ÉPILEPTIQUE.

ANTÉPRÉDICAMENTS, subst. mas. plur. (*antéprédikaman*), t. de log., questions préliminaires qui facilitent la doctrine des *prédicaments* et des catégories.

ANTÉR., abréviation du mot **ANTÉRIEUR**.

ANTÉRIDES, subst. mas. plur. (*antéride*) (du grec αντι, contre, et ερειδω, j'appuie), t. d'ant., éperons ou contre-forts d'architecture.

ANTÉRIEUR, E, adj. (*antérieur*) (en lat. *anterior*, formé de *ante*, avant, et *ire*, aller), qui est devant : *la partie antérieure* d'un vaisseau. — Qui a eu lieu, qui a existé auparavant : *ce fait est antérieur à...* — T. de gramm., *prétérit antérieur*. Voy. PRÉTÉRIT. — *Futur antérieur*. Voy. FUTUR. — T. d'anat., se dit d'une partie qui est située devant une autre, ou de la portion d'un organe qui est située en avant. Ainsi on dit : les muscles antérieurs de la cuisse, pour désigner ceux qui sont en avant; la face antérieure, le bord antérieur d'un organe, pour désigner la partie de cet organe qui est en rapport avec le devant du corps. Ce mot est d'un usage très-fréquent, et il existe un grand nombre de parties auxquelles il s'applique comme épithète. (*Dict. de Médecine usuelle.*)

ANTÉRIEUREMENT, adv. (*antérieureman*), auparavant, précédemment : *antérieurement à cette révolution*.

ANTÉRIORITÉ, subst. fém. (*antériorité*) (rac. lat. *ante*), priorité de temps : *antériorité de date, d'hypothèque ; antériorité d'une découverte*.

ANTERNONS, subst. mas. plur. (*antèrenon*), levées qui traversent les marais salants.

ANTÉROS, subst. mas. (*antéroce*) (du grec αντι, contre, et ερως, amour), myth., dieu opposé à Cupidon. On le croit fils de Mars et de Vénus. Celle-ci voyant que Cupidon ne croissait point, en demanda la cause à Thémis, qui lui répondit que c'était parce qu'il n'avait point de compagnon. Elle lui donna *Antéros*. On les représentait sous les traits de deux petits enfants ayant des ailes aux épaules, et s'arrachant une palme.

ANTES, subst. mas. plur. (*ante*), t. d'archit., piliers que les anciens plaçaient à l'extrémité de leurs temples.

ANTESCIENS. Voy. ANTÉCIENS.

ANTÉSINISTRE, adj. (*antécinicetre*), (du lat. *ante*, devant, et *sinistra*, la gauche), t. d'ant., présage qui se manifestait à la gauche de l'aruspice.

ANTESPHORIES, subst. fém. plur. Voy. ANTHESPHORIES.

ANTESTATURE, subst. fém. (*antècetâture*) (du lat. *antè*, avant, devant, et *stare*, être placé), t. de guerre, sorte de retranchement formé avec des palissades et des sacs de terre.

ANTÉVERSION, subst. fém. (*antévèrecion*), t. de méd., déplacement de la matrice, dans lequel le fond de cet organe regarde le devant du bassin ou le pubis, et l'orifice regarde la partie postérieure ou le sacrum. (*Dict. de Médec. usuelle.*)

ANTHE, subst. mas. (*ante*) (du grec ανθος, fleur), t. d'hist. nat., oiseau qui vit de fleurs.

ANTHÉE, myth. Voy. ANTÉE.

ANTHÉLIENS (DIEUX), subst. mas. plur. (*antélien*) (du grec ανθηλιος, formé de αντι, contre, et ηλιος, soleil), myth., dieux dont les statues, placées de chaque côté des portes d'Athènes, étaient continuellement exposées aux injures de l'air.

ANTHÉLI-TRAGIEN, subst. mas. (*antélitrajiein*), t. d'anat., muscle tragien de l'oreille externe.

ANTHÉLIX, subst. mas. (*antélikce*) (du grec αντι, contre, et ελιξ, hélice, ou circuit intérieur de l'oreille externe), t. d'anat., partie de l'oreille opposée à l'hélice.

ANTHELMINTHIQUE, adj. des deux genres et subst. mas. (*antèlmeintike*) (du grec αντι, contre, et ελμινθιον, sorte de ver), se dit d'un remède contre les vers.

ANTHÈME (SAINT-), subst. mas. (*ceintantème*), bourg de France, chef-lieu de canton, arrond. d'Ambert, dép. du Puy-de-Dôme.

ANTHÉMIDE, subst. fém. (*antémide*), t. de bot., nom donné aux camomilles.

ANTHÉPHORA, subst. fém. (*antéfora*), t. de bot., sorte de graminées.

ANTHÉRA, subst. fém. (*antéra*), t. de pharm., le jaune du milieu de la rose.

ANTHÉRAL, E, adj. (*antérale*), t. de bot., qui appartient aux *anthères*.

ANTHÈRE, subst. fém. (*antère*) (du grec ανθηρος, fleuri), t. de bot., sommet ou partie supérieure de l'étamine ; capsules en forme d'outre, qui contiennent les organes mâles des fleurs.

ANTHÉRIC, subst. mas. (*antèrik*), t. de bot., plante de la famille des liliacées.

ANTHÉRIFÈRE, adj. des deux genres (*antérifère*) (du grec ανθηρος, fleuri, et φερω, je porte), t. de bot., qui porte une *anthère*.

ANTHÉRIFORME, adj. des deux genres (*antériforme*), t. de bot., qui a la forme d'une *anthère*.

ANTHÉRINE, adj. (*antérine*), t. de bot., se dit des fleurs doubles dont les *anthères* se sont transformées en pétales corniculés.

ANTHÉRURE, subst. fém. (*antérure*), t. de bot., espèce de plante, arbrisseau de la Cochinchine.

ANTHÉRYLIE, subst. fém. (*antérili*), t. de bot., espèce de plante de l'ordre des salicaires.

ANTHÈSE, subst. fém. (*antèze*) (du grec ανθος, fleur, dont on a fait ανθησις, floraison), t. de bot., temps où les organes des fleurs ont pris leur accroissement.

ANTHESPHORIES, subst. fém. plur. (*antèceforî*) (du grec ανθος, fleur, et φερω, je porte), t. d'hist. anc., fêtes qu'on célébrait dans la Sicile en l'honneur de Proserpine et de Junon.

ANTHESTÉRIES, subst. fém. plur. (*antèceléri*), t. d'hist. anc., fêtes en l'honneur de Bacchus.

ANTHESTÉRION, subst. mas. (*antècetérion*), t. d'hist. anc., huitième mois des Athéniens, correspondant au mois de février.

ANTHIA ou **ANTIA**, subst. fém. (*antia*), myth., sœur de Priam, que les Grecs firent prisonnière. — Il y a eu une autre Anthia, femme de Prœtus.

ANTHIAS, subst. mas. (*antiâce*), t. d'hist. nat., sorte de poisson et d'insecte.

ANTHIASISTES, subst. mas. plur. (*antiazicete*) (du grec αντι, contre, et ιασις, réparation), t. d'hist. eccl., sectaires accusés de condamner le travail.

ANTHICE, subst. mas. (*antice*), t. d'hist. nat., genre d'insectes de l'ordre des coléoptères.

ANTHIDIE, subst. fém. (*antidi*), t. d'hist. nat., insecte de la famille des hyménoptères.

ANTHIE, subst. mas. (*anti*), t. d'hist. nat., coléoptère carnassier d'Afrique.

ANTHILION, subst. mas. (*antilion*), t. de bot., nom que l'on a donné à l'hélianthe annuel.

ANTHION, subst. mas. (*antion*), myth., puits auprès duquel on dit que Cérès, fatiguée des courses qu'elle avait faites en cherchant sa fille, se reposa sous la figure d'une vieille femme. Les filles de Céléus, l'ayant trouvée en cet endroit, la menèrent à leur mère.

ANTHIOPE, ou mieux **ANTIOPE**, subst. fém. (*antiope*), myth., reine des Amazones, fut vaincue et prise par Hercule, qui en fit présent à Thésée. — Il y eut une autre Anthiope, fille de Nictée : elle eut deux enfants de Jupiter. Son père voulut la faire mourir, mais elle se sauva. Après la mort de son père, Lycus, son oncle, la poursuivit, la ramena et la mit sous la garde de Dircé, sa femme, qui la traita fort durement. Ses enfants vinrent la délivrer.

ANTHIRRÉTIQUE, adj. des deux genres. Barbarisme de Raymond. Voy. ANTIRRHÉTIQUE.

ANTHIS, subst. fém. plur. (*antice*), touffes de cheveux que les femmes portaient autour du front.

ANTHISTÉRIE ou **ANTHISTIRIE**, subst. fém. (*anticetéri, tiri*), t. de bot., genre de plante de l'ordre des graminées.

ANTHIUS, adj. mas. (*antiuce*) (du grec ανθος, fleur), myth., épithète donnée à Bacchus, et qui signifie *le fleuri*.

ANTHOBOLE, subst. mas. (*antobole*), t. de bot., plante de la Nouvelle-Hollande.

ANTHOCERCIS, subst. mas. (*antocèrecice*), t. de bot., arbuste de la Nouvelle-Hollande, de la famille des personnées.

ANTHOCÈRE, subst. fém. (*antocère*) (du grec ανθος, fleur, et κερας, corne), t. de bot., plante de la famille des algues.

ANTHOCONE, subst. fém. (*antokone*), t. de bot., genre de plante qui est une marchantie conique.

ANTHODON, subst. mas. (*antodon*), t. de bot., arbrisseau grimpant des Cordilières, qui se rapproche beaucoup des béjucos et des tontelles.

ANTHOGRAPHE, subst. des deux genres (*antoguerafe*) (du grec ανθος, fleur, et γραφω, j'écris), celui ou celle qui explique ses pensées par les fleurs.

ANTHOGRAPHIE, subst. fém. (*antoguerafi*) (du grec ανθος, fleur, et γραφη, description), l'art d'expliquer ses pensées par les fleurs.

ANTHOGRAPHIQUE, adj. des deux genres (*antoguerafike*), qui est relatif à l'*anthographie*.

ANTHOL., abréviation du mot *anthologie*.

ANTHOLIE, subst. fém. (*antôli*), t. de bot., plante de la Nouvelle-Hollande, de la famille des campanulacées.

ANTHOLISE, subst. fém. (*antolize*) (du grec ανθος, fleur, et λειριον, lis), t. de bot., plante de la famille des iridées.

ANTHOLITHE, subst. fém. (*antolite*) (du grec ανθος, fleur, et λιθος, pierre), t. de bot., blé des Canaries. — T. d'hist. nat., phalaris pétrifié dans le schiste.

ANTHOLOGE, subst. mas. (*antoloje*) (du grec ανθος, fleur, et λεγω, je cueille), t. de théol., recueil des principaux offices en usage dans l'Église grecque. — On dit aussi *florilége*, du lat. *florilegium*.

ANTHOLOGIE, subst. fém. (*antoloji*) (du grec ανθος, fleur, et λεγω, je cueille), choix de fleurs. — Fig., recueil de poésies, d'épigrammes, etc.

ANTHOLOGIQUE, adj. des deux genres (*antolojike*), qui concerne l'*anthologie*.

ANTHOLOGUE, subst. mas. (*antologue*), auteur d'une *anthologie*.

ANTHOLOME, subst. fém. (*antolome*), t. de bot., plante de la famille des ébénacées. On la trouve à la nouvelle Calédonie.

ANTHOLYSE, subst. fém. Voy. ANTHOLISE.

ANTHOMYIE, subst. fém. (*antomi-i*), t. d'hist. nat., insecte de la famille des muscides.

ANTHOMYSES, subst. mas. plur. (*antomize*), t. d'hist. nat., famille de l'ordre des oiseaux silvains.

ANTHONOTHE, subst. mas. (*antonote*), t. de bot., arbrisseau de la côte occidentale d'Afrique, de la famille des légumineuses.

ANTHOPHAGES, subst. mas. plur. (*antofaje*) (du grec ανθος, fleur, et φαγω, je mange), t. d'hist. nat., insectes qui mangent les fleurs.

ANTOPHILES, subst. mas. plur. (*antofile*) (du grec ανθος, fleur, et φιλος, ami), t. d'hist. nat., insectes vivant sur les fleurs.

ANTHOPHORES, subst. mas. plur. (*antofore*) (du grec ανθος, fleur, et φερω, je porte), t. d'hist. nat., insectes dits *apiaires*.

ANTHOPHYLLITE, subst. fém. (*antofilelite*), t. d'hist. nat., minéral de Norwège.

ANTHORA, subst. fém. (*antora*), t. de bot., sorte de contre-poison.

ANTHOSPERME, subst. mas. (*antocepéreme*) (du grec ανθος, fleur, et σπερμα, semence, graine), t. de bot., plante rubiacée.

ANTHOTIE, subst. fém. (*antoci*), t. de bot., genre de plantes de la famille des lobélies.

ANTHRACIENS, subst. mas. plur. (*antracicin*), t. d'hist. nat., famille d'insectes.

ANTHRACITE, subst. mas. (*antracite*), t. d'hist. nat., sorte de charbon de terre qui brûle difficilement. — On le connaît aussi sous les noms de *houille sèche* et *charbon de terre incombustible*.

ANTHRACOCE, subst. mas. (*antrakoce*), t. de médec., ulcère dans les os.

ANTHRACODE, adj. (*antrakode*), t. de médec., noir comme du charbon, et accompagné d'*anthrax*.

ANTHRACOMÈTRE, subst. mas. (*antrakomètre*) (du grec ανθραξ, charbon, et μετρον, mesure), t. de chim., instrument propre à évaluer la quantité d'acide carbonique contenue dans l'air atmosphérique.

ANTHRACOMÉTRIQUE, adj. des deux genres (*antrakometrike*), qui est relatif à *l'anthracomètre*.

ANTHRACONISTRE ou **ANTHRACONISTE**, subst. mas. (*antakonicetre*, *nicete*). Ces deux mots, selon *Boiste*, seraient venus par corruption de *anthrakomètre*. Voy. ce mot.

ANTHRACÔSE, subst. fém. (*antrakôze*) (du grec ανθραξ, charbon), en t. de médec., espèce d'*anthrax* qui attaque les paupières ou le globe de l'œil.

ANTHRACOTHÈRE, subst. mas. (*antrakotère*), t. d'hist. nat., fossile marin.

ANTHRAX, subst. mas. (*antrakce*) (du grec ανθραξ, charbon), t. de médec., maladie, charbon, bubon très-enflammé, très-douloureux. —T. d'hist. nat., papillon diptère. — Espèce de calcaire charbonneux.

ANTHRAXIFÈRE, adj. des deux genres (*antrakcifère*) (du grec ανθραξ, charbon, et φερω, je porte), t. d'hist. nat., se dit d'un calcaire mêlé de charbon. — T. de médec., se dit des humeurs qui forment le charbon.

ANTHRÈNE, subst. mas. (*antrène*) (du grec ανθος, fleur, et ἕρδω, je suis assis), t. d'hist. nat., genre d'insectes coléoptères appelés aussi *amourettes*, et qu'on trouve souvent sur les fleurs.

ANTHRIBES, subst. mas. plur. (*antribe*), t. d'hist. nat., insectes de la famille des coléoptères.

ANTHROPIATRIQUE, subst. fém. (*antropiatrike*) (du grec ανθρωπος, homme, et ιατρικη τεχνη, la médecine), médecine des hommes. Peu usité.

ANTHROPOCHIMIE, subst. fém. (*antropochimi*) (du grec ανθρωπος, homme, et χεω, fondre), t. de phys., se dit, par rapport à l'homme, de la science qui analyse les tissus de ses organes et met en rapport ses actions vitales avec les phénomènes chimiques.

ANTHROPOCHIMIQUE, adj. des deux genres (*antropochimike*), qui concerne l'*anthropochimie*.

ANTHROPOFORME, adj. des deux genres (*antropoforme*) (du grec ανθρωπος, homme, et du lat. *forma*, forme), t. d'hist. nat., se dit de certains animaux dont la figure approche beaucoup de celle de l'homme. Ce mot, formé du grec et du latin, est vieux. D'après les principes étymologiques, *anthropomorphe* est préférable.

ANTHROPOGÉNIE, subst. fém. (*antropojéni*) (du grec ανθρωπος, homme, et γεννaω, j'engendre, je produis), t. d'anat., connaissance de la génération de l'homme. On dirait mieux *anthropogénésie*.

ANTHROPOGLYPHITE, subst. fém. (*antropoguelifite*) (du grec ανθρωπος, homme, et γλυφω, je taille, je sculpte), t. d'hist. nat., pierre représentant naturellement quelque partie du corps humain.

ANTHROPOGRAPHE, subst. des deux genres (*antropoguerafe*) (du grec ανθρωπος, homme, et γραφω, je décris), qui écrit sur l'homme physique.

ANTHROPOGRAPHIE, subst. fém. (*antropoguerafi*), t. d'anat., description de l'homme.

ANTHROPOGRAPHIQUE, adj. des deux genres (*antropoguerafike*), qui concerne l'*anthropographie*.

ANTHROPOKAIE, subst. mas. (*antropokaïe*) (du grec ανθρωπος, homme, et καιω, je brûle), brûleur d'hommes; inquisiteur; idolâtre.

ANTHROPOLÂTRE, subst. des deux genres (*antropolâtre*), celui ou celle qui adore, qui divinise un homme.

ANTHROPOLÂTRIE, subst. fém. (*antropolâtri*) (du grec ανθρωπος, homme, et λατρεια, culte), culte des hommes pour eux-mêmes, ou pour leurs semblables.

ANTHROPOLÂTRIQUE, adj. des deux genres (*antropolâtrike*), qui a rapport à l'*anthropolâtrie*.

ANTHROPOLITHE, subst. fém. (*antropolite*) (du grec ανθρωπος, et λιθος, pierre), t. d'hist. nat., pétrification de diverses parties du corps humain.

ANTHROPOLOGIE, subst. fém. (*antropoloji*) (du grec ανθρωπος, homme, et λογος, discours), discours, expression figurée qui attribue à Dieu des formes, des actions et des sentiments humains. — En t. d'anat., discours sur l'homme ou sur le corps humain. En ce sens, on dit aussi *anthroposomatologie*. — En t. de philos., traité de l'économie morale de l'homme. Dans cette dernière acception, ce mot est nouveau.

ANTHROPOLOGIQUE, adj. des deux genres (*antropolojike*), qui a rapport à l'*anthropologie*.

ANTHROPOMANCIE, subst. fém. (*antropomanci*) (du grec ανθρωπος, homme, et μαντεια, divination), t. d'antiq., divination qui se faisait par l'inspection des entrailles d'un homme mort.

ANTHROPOMANCIEN, adj. mas., au fém. **ANTHROPOMANCIENNE**, (*antropomancicin*, *ciène*), qui prédit par l'*anthropomancie*. — Il se prend aussi substantivement.

ANTHROPOMÈTRE, subst. mas. (*antropomètre*) (du grec ανθρωπος, homme, et μετρον, mesure), instrument qui sert à prendre les proportions des parties du corps humain.

ANTHROPOMÉTRIE, subst. fém. (*antropométri*) (du grec ανθρωπος, homme, et μετρον, mesure), science qui a pour objet les proportions du corps humain.

ANTHROPOMÉTRIQUE, adj. des deux genres (*antropométrike*), qui a rapport à l'*anthropomètre* ou à l'*anthropométrie*.

ANTHROPOMORPHE, adj. des deux genres (*antropomorfe*) (du grec ανθρωπος, et μορφη, forme), t. d'hist. nat., qui a la forme ou la figure humaine. — Il est aussi subst.

ANTHROPOMORPHISME, subst. mas. (*antropomorficeme*), erreur des *anthropomorphites*.

ANTHROPOMORPHITE, subst. mas. (*antropomorfite*), t. d'hist. nat., reptile, testacé pétrifié qui représente d'un côté la face de l'homme.

ANTHROPOMORPHITES, subst. des deux genres (*antropomorfite*), hérétiques qui attribuaient à Dieu un corps semblable à celui de l'homme.

ANTHROPOMORPHOLOGIE, subst. fém. (*antropomorfoloji*) (du grec ανθρωπος, homme, μορφη, forme, et λογος, discours), science de la forme des parties du corps humain.

ANTHROPOMORPHOLOGIQUE, adj. des deux genres (*antropomorfolojike*), qui a rapport à l'*anthropomorphologie*.

ANTHROPOMORPHON, subst. mas. (*antropomorfon*) (du grec ανθρωπος, homme, et μορφη, forme), t. de bot., racine de la mandragore.

ANTHROPONOMIE, subst. fém. (*antroponomi*) (du grec ανθρωπος, homme, et νομος, loi), connaissance des lois relatives à la formation de l'homme.

ANTHROPONOMIQUE, adj. des deux genres (*antroponomike*), qui a rapport à l'*anthroponomie*.

ANTHROPOPATHIE, subst. fém. (*antropopati*) (du grec ανθρωπος, homme, et παθος, passion), figure par laquelle on attribue à Dieu quelque passion, quelque affection humaine.

ANTHROPOPHAGE, subst. et adj. des deux genres (*antropofaje*) (du grec ανθρωπος, homme, et φαγειν, manger), se dit de celui ou celle qui mange de la chair humaine : *un anthropophage ; une nation anthropophage*.

ANTHROPOPHAGIE, subst. fém. (*antropofaji*) (du grec ανθρωπος, homme, et φαγειν, manger), usage ou action de manger de la chair humaine.

ANTHROPOPHAGIQUE, adj. des deux genres (*antropofajike*), qui est relatif à l'*anthropophagie*.

ANTHROPOSOMATOLOGIE, subst. fém. (*antropoçomatoloji*) (du grec ανθρωπος, homme, σωμα, gén. σωματος, corps, et λογος, discours), t. d'anat., description du corps humain et de sa structure.

ANTHROPOSOMATOLOGIQUE, adj. des deux genres (*antropoçomatolojike*), qui a rapport à l'*anthroposomatologie*.

ANTHROPOSOPHIE, subst. fém. (*antropoçofi*) (du grec ανθρωπος, homme, et σοφια, science), connaissance de la nature humaine.

ANTHROPOSOPHIQUE, adj. des deux genres (*antropoçofike*), qui a rapport à l'*anthroposophie*.

ANTHROPOTOMIE, subst. fém. (*antropotomi*) (du grec ανθρωπος, homme, et τεμνω, je coupe), anatomie du corps humain.

ANTHROPOTOMIQUE, adj. des deux genres (*antropotomike*), qui concerne l'*anthropotomie*.

ANTHURE, subst. mas. (*anture*), t. d'hist. nat., crustacé de l'ordre des isopodes.

ANTHYLLIDE, subst. mas. (*antilelide*) (du grec ανθυλλις, dérivé de ανθος, fleur, et ιουλος, duvet), t. de bot., genre de plantes légumineuses.

ANTHYPNOTIQUE. Voy. **ANTIHYPNOTIQUE**.

ANTHYPOCHONDRIAQUE. Voy. **ANTIHYPOCHONDRIAQUE**.

ANTHYPOPHORE. Voy. **ANTIHYPOPHORE**.

ANTHYSTÉRIQUE. Voy. **ANTIHYSTÉRIQUE**.

ANTI, prép. (*anti*) (tantôt du lat. *ante*, avant, tantôt du grec αντι, contre), signifie tantôt *avant*, comme dans *antichambre*, *antidate*, etc.; tantôt *contre*, comme dans *antichrétien*, etc. — Ou elle fait partie même du mot qu'elle modifie, ou elle y est jointe par un trait-d'union. Quand ce mot commence par une voyelle, on élide quelquefois l'*i* de *anti* : c'est ainsi que l'on écrit le pôle *antarctique*, au lieu de *anti-arctique*.

ANTIA, subst. mas. (*antia*), t. d'hist. nat., poisson.

ANTIACIDE, adj. des deux genres (*antiacide*), t. de chim., opposé à l'acide.

ANTIADIAPHORISTES, subst. mas. plur. (*antiadiaforicete*) (du grec αντι, contre, et αδιαφορος, indifférent), sectaires luthériens opposés aux *adiaphoristes*. Voy. ce mot.

ANTIADITE, subst. fém. (*antiadite*) (du grec αντιαδες, amygdales), t. de médec., inflammation des amygdales. Peu usité.

ANTIAPHRODISIAQUE ou **ANTIAPHRODITIQUE**, adj. des deux genres (*antiafrodiziake*, *froditike*) (du grec αντι, contre, et Αφροδιτη, Vénus), t. de médec., se dit des remèdes contre l'incontinence. — Il est aussi subst. mas. : *c'est un antiaphrodisiaque*.

ANTIAPHRODITIQUE, adj. des deux genres et subst. mas. (*antiafroditike*), a le même sens que *antiaphrodisiaque*. Voy. ce mot.

ANTIAPOPLECTIQUE, adj. des deux genres (*antiapopelèktike*) (du grec αντι, contre, et αποπληξια, apoplexie), t. de médec., se dit d'un remède contre l'apoplexie. — Il est aussi subst. mas. : *un antiapoplectique*.

ANTIARE, subst. mas. (*antiare*), t. de bot., grand arbre de Java, de la famille des urticées, à feuilles alternes, entières, caduques, et à fleurs axillaires. Il découle de son écorce, lorsqu'on l'entame, un suc blanc ou jaunâtre très-visqueux, qui est un poison violent.

ANTIARTHRITIQUE, adj. des deux genres et subst. mas. (*antiartritike*) (du grec αντι, contre, et αρθριτικος, goutteux), t. de méd., se dit d'un remède contre la goutte.

ANTIASTHMATIQUE, adj. des deux genres et subst. mas. (*antiacematike*) (du grec αντι, contre, et ασθμα, asthme), t. de médec., se dit des remèdes contre l'*asthme*.

ANTIBACCHIQUE, adj. des deux genres et subst. mas. (*antibachike*) (du grec αντι, contre, et βακχειος, bacchique), t. de litt. anc., se dit d'un pied de vers grec et de vers latin, composé de deux longues et une brève; ainsi nommé parce qu'il est le contraire du pied dit *bacchique*.

ANTIBARILLET, subst. mas. (*antibariié*), t. d'hist. nat., coquille terrestre.

ANTIBES, subst. fém. (*antibe*), ville et port de France, chef-lieu de canton, arrond. de Grasse, dép. du Var.

ANTIBORIE, subst. fém. (*antibori*), t. d'antiq., cadran équinoxial des anciens.

ANTIBRACHIAL, **E**, adj. (*antibrakial*), t. d'anat., qui appartient à l'avant-bras.

ANTICABINET, subst. mas. (*antikabiné*), pièce qui précède un cabinet. Inus.

ANTICACHECTIQUE, adj. des deux genres et subst. mas. (*antikakèketike*) (du grec αντι, contre, et καχεξια, cachexie), t. de médec., se dit des remèdes contre la *cachexie*.

ANTICACOCHYMIQUE, adj. des deux genres et subst. mas. (*antikakochimike*) (du grec αντι, contre, et κακοχυμος, malsain), t. de médec., se dit des remèdes contre la *cacochymie*.

ANTICARDE, subst. mas. (*antikarde*) (du grec αντι, avant, et καρδια, cœur), t. de médec., scrobicule du cœur.

ANTICATARRHAL, **E**, adj. et subst. mas (*antikataral*) (du grec αντι, contre, κατα, en bas, ρεω, je coule) t. de médec., se dit des remèdes qu'on emploie contre les catarrhes.

ANTICAUSOTIQUE, adj. des deux genres et subst. mas. (*antikôzotike*) (du grec αντι, contre, et καυσος, fièvre), t. de médec., se dit d'un remède contre la fièvre ardente appelée *causus*. — *Anticausodique*, s'éloignant de son étymologie, nous paraît vicieux.

ANTICHAMBRE, subst. fém. (*antichanbre*), pièce d'un appartement qui est immédiatement avant la *chambre*. — On dit des bavardages de valets ou de gens qui leur ressemblent, que *ce sont des propos d'antichambre*. — *Faire antichambre*, attendre dans l'*antichambre*.

ANTICHOLÉRIQUE, adj. des deux genres et subst. mas. (*antikolérike*), t. de médec., se dit des remèdes employés contre le choléra-morbus.

ANTICHORE, subst. mas. (*antikore*), t. de bot., plante de la famille des liliacées.

ANTICHRÈSE, subst. fém. (*antikrèze*) (du grec αντι, contre, et χρησις, jouissance ou χρεος, dette, emprunt; *hypothèque ou gage qui répond à la dette*), t. de prat., convention par laquelle celui qui emprunte de l'argent engage un héritage au créancier, afin qu'il en jouisse, et que les fruits lui appartiennent pour l'intérêt de son argent.

ANTICHRÉSISTE, subst. des deux genres (*antikrézicete*), l'un des contractants d'une *antichrèse*.

ANTICHRÉTIEN, adj. et subst. mas., au fém., **ANTICHRÉTIENNE** (*antikrétiein*, *tiène*) (du grec αντι, contre, et χριστιανος, chrétien), opposé au *christianisme*.

ANTICHRISTIANISME, subst. mas. (*antikricetianiceme*), système opposé au *christianisme*. Voy. ANTICHRÉTIEN pour l'étymologie.

ANTICHTHONES, adj. et subst. plur. (*antiktone*) (du grec αντι, contre, et χθων, terre), se dit, en géographie, des peuples qui habitent des contrées de la terre diamétralement opposées. Ce mot est le même que *antipodes*.

ANTICIPANT, E, adj. (*anticipan*, *pante*), t. de médec., se dit du paroxysme d'une maladie qui vient avant le temps auquel a commencé le précédent.

ANTICIPATION, subst. fém. (*anticipâcion*), action d'*anticiper*; résultat de cette action. — En t. de finances, expédient pour se procurer d'avance des fonds sur des rentrées. — En t. de comm., avance de fonds sur une consignation de marchandises. — *Lettres d'anticipation*, lettres qu'on prenait en chancellerie pour *anticiper* un appel. — En mus., il se dit lorsque l'*exécutant* fait entendre une note ou un accord avant le temps. — Usurpation: *c'est une anticipation sur mes droits*. — Figure de rhét. par laquelle l'orateur réfute d'avance ce qui peut lui être objecté. — *Par anticipation*, loc. adv., par avance.

ANTICIPÉ, E, part. pass. de *anticiper*, et adj.: *joie anticipée*, prématurée.

ANTICIPER, v. act. (*anticipé*) (du lat. *anticipare*, formé de *ante*, avant, et *capere*, prendre), faire avant le temps: *anticiper le paiement*, *le jour*, etc. *Delille* dit élégamment:

Anticipant la mort et creusant son cercueil.

— En t. d'anc. prat., *anticiper un appel*, faire assigner l'appelant qui diffère de relever son appel. — V. neut.: *anticiper sur*...; usurper, empiéter, *anticiper sur les droits de son cohéritier*, *anticiper sur ses revenus*, les dépenser d'avance; *anticiper sur les temps*, raconter l'histoire d'un événement avant son époque. — En t. de mus., *anticiper*, faire entendre une note, un accord avant le temps.

ANTICIVIQUE, adj. des deux genres (*anticivike*), contraire au civisme.

ANTICLÉE, subst. fém. (*antiklé*), myth., fille de Dioclès, d'autres disent d'Autolycus, et mère d'Ulysse. On dit que, Laërte étant près de l'épouser, Sisyphe, fils d'Éole, la surprit, et qu'il fut ainsi le véritable père d'Ulysse.

ANTICOEUR, subst. mas. (*antikeur*), espèce de maladie du cheval.

ANTICOLIQUE, adj. des deux genres et subst. mas. (*antikolike*) (du grec αντι, contre, et κωλον, intestin), t. de médec., se dit des remèdes employés contre la *colique*.

ANTICONSTITUTIONNAIRE, adj. et subst. des deux genres (*antikoncetitucionère*), t. de théol., opposé à la constitution *Unigenitus*.

ANTICONSTITUTIONNALITÉ, subst. fém. (*antikoncetitucionalité*), infraction à la *constitution*. Mot nouveau.

ANTICONSTITUTIONNEL, LE, adj. (*antikoncetitucionèl*), contraire à la *constitution*. Mot nouveau.

ANTICONSTITUTIONNELLEMENT, adv. (*antikoncetitucionèleman*), d'une manière *anticonstitutionnelle*. Mot nouveau.

ANTICONVULSIONNAIRE, adj. des deux genres (*antikonvulecionère*), contraire aux convulsions que certains fanatiques, sous le règne de Louis XV, donnaient pour des miracles; qui n'y croit pas. — Il se prend aussi subst.

ANTICOUR, subst. fém. (*antikour*), première cour qui est suivie d'une autre. — On dit plus souvent et mieux *avant-cour*.

ANTICRÉPUSCULE, subst. mas. (*antikrépucekule*) (du grec αντι, contre, et du lat. *crepusculum*, crépuscule), lumière qui, au premier moment du crépuscule, paraît à l'opposite.

ANTICYRE, subst. fém. (*anticire*), île dans le golfe de Corinthe, célèbre par l'abondance de l'ellébore qui y croissait, suivant les poëtes.

ANTIDACTYLE, subst. mas. (*antidaktile*), t. de litt. anc., le contraire du *dactyle*, c'est-à-dire l'anapeste.

ANTIDARTREUSE, adj. fém. Voy. ANTIDARTREUX.

ANTIDARTREUX, adj. mas., au fém. **ANTIDARTREUSE** (*antidartreu*, *treuze*), t. de médec., il se dit des remèdes contre les *dartres*. — Subst. mas.: *un antidartreux*.

ANTIDATE, subst. fém. (*antidate*) (du lat. *ante data*, donnée avant), date qui indique une époque antérieure à la véritable.

ANTIDATÉ, E, part. pass. de *antidater*, et adj.: *lettre antidatée*.

ANTIDATER, v. act. (*antidaté*), mettre à un écrit quelconque une *date* antérieure à la véritable. — *s'ANTIDATER*, v. pron.

ANTIDÉMONIAQUE, subst. et adj. des deux genres (*antidémoniake*), hérétique qui niait l'existence des démons.

ANTIDESME, subst. mas. (*antidèceme*) t. de bot., arbre et arbrisseau exotiques à fleurs incomplètes. — On distingue surtout l'*antidesme alexitère* du Malabar, dont l'écorce sert à faire des cordes.

ANTIDESPOTE, subst. des deux genres (*antidécepote*), celui ou celle qui a horreur du *despotisme*. (*J.-J. Rousseau*.)

ANTIDIAPHORISTES. Voy. ANTIADIAPHORISTES.

ANTIDIARRHÉIQUE, adj. des deux genres (*antidiaréike*) du grec αντι, contre, δια, continuellement, et ρεω, je coule), t. de méd., se dit des remèdes contre la *diarrhée*. — Il est aussi subst. mas.

ANTIDICOMARIANITES, subst. mas. plur. (*antidikomarianite*) (du grec αντιδικος, adversaire, accusateur, et de *Maria*, nom hébreu de la sainte Vierge), hérétiques qui niaient la virginité de la mère de *Jésus-Christ*.

ANTIDIEUX, subst. mas. plur. (*antidieu*). Voy. ANTITHÉES.

ANTIDILUVIEN. Voy. ANTÉDILUVIEN.

ANTIDINIQUE, adj. des deux genres et subst. mas. (*antidinike*) (du grec αντι, contre, et δινος, vertige), t. de médec., se dit des remèdes bons contre les vertiges.

ANTIDORE, subst. mas. (*antidore*) (du grec αντι, avant, et δωρον, présent), pain bénit qu'on distribuait, du temps des premiers chrétiens, à la place de l'eucharistie, à ceux qui n'avaient pu communier.

ANTIDOTAIRE, subst. mas. (*antidotère*), t. de médec., recueil des remèdes inventés par de célèbres médecins. — Livre où l'on décrit les antidotes.

ANTIDOTE, subst. mas. (*antidote*) (du grec αντι, contre, et διδωμι, donner; *remède donné contre le poison*; ou *remède contre ce qui a été donné*), contre-poison, remède pour se garantir de l'effet du poison, du venin, de la peste. — Fig.: *le travail est l'antidote de l'ennui*.

ANTIDOTÉ, E, part. pass. de *antidoter*.

ANTIDOTER, v. act. (*antidoté*) donner de l'*antidote*, est tout-à-fait inusité.

ANTIDRAMATIQUE, adj. des deux genres (*antidramatike*), contraire aux règles de l'art *dramatique*.

ANTIDYSSENTÉRIQUE, adj. des deux genres et subst. mas. (*antidiceçantérike*) (du grec αντι, contre, et δυσεντερια, dyssenterie), t. de méd., se dit d'un remède contre la dyssenterie.

ANTIÉMÉTIQUE, adj. des deux genres et subst. mas. (*antiémétike*) (du grec αντι, contre, et εμετικος, émétique), t. de médec., opposé à l'émétique, qui calme les vomissements. — *Antémétique* est vicieux.

ANTIENNE, subst. fém. (*antiène*) (en lat. *antiphona*, fait du grec αντιφωνεω, je réponds de l'autre côté, lequel est composé de αντι, qui marque l'alternative, et de φωνη, voix), t. de litur. cathol., verset dit en tout ou en partie avant un psaume ou un cantique, et répété ensuite tout entier. — Les antiennes étaient, dans l'origine, chantées alternativement par deux chœurs. — On dit fig. et fam.: *chanter la même antienne*, pour: se répéter. — *Annoncer une fâcheuse antienne*, annoncer une fâcheuse nouvelle.

ANTIENNÉAÈDRE, adj. mas. (*antiènenéaèdre*) (du grec αντι, contre, εννεα, neuf, et εδρα, siège, base), t. d'hist. nat., crystal qui a une face de deux côtés opposés.

ANTIÉPHIALTIQUE, adj. des deux genres et subst. mas. (*antiéfialtike*), t. de médec., se dit des remèdes contre le cauchemar.

ANTIÉPILEPTIQUE, adj. des deux genres et subst. mas. (*antiépilèpetike*), t. de médec., se dit d'un remède contre l'*épilepsie*. — *Antépileptique* est vicieux.

ANTIÉTIQUE. Voy. ANTIHECTIQUE.

ANTIÉVANGÉLIQUE, adj. des deux genres (*antiévanjélike*), contraire à l'Évangile: *sacrifier des milliers d'hommes à quelques-uns, est antiévangélique*.

ANTIFARCINEUSE, adj. fém. Voy. ANTIFARCINEUX.

ANTIFARCINEUX, adj. mas., au fém. **ANTIFARCINEUSE** (*antifarcineu*, *neuze*), t. de vétér., se dit d'un remède contre le farcin des chevaux.

ANTIFÉBRILE, adj. des deux genres et subst. mas. (*antifébrile*), t. de médec., se dit d'un remède contre la fièvre.

ANTIGALACTIQUE, adj. des deux genres (*antigualaktike*) (du grec αντι, contre, et γαλακτος, gén. de γαλα, lait), qualification d'une substance contraire au lait. Ce mot est vieux. — On dit aussi *antilaiteux*.

ANTIGÉOMÈTRE, subst. des deux genres (*antijéomètre*), qui est contraire aux mathématiciens, détracteur des mathématiques.

ANTIGLAUCOME, subst. mas. (*antiguelocôme*), t. d'ocul., maladie de l'œil dans laquelle le crystallin forme une élévation.

ANTIGONE, subst. fém. (*antiguone*), t. d'hist. nat., grue des Indes. — Myth., fille d'Œdipe et de Jocaste. Pendant la vie errante de son père aveugle, exilé de Thèbes, elle fut par ses tendres soins son unique consolation, et son nom est devenu comme l'emblème de la piété filiale. Ayant voulu rendre les derniers devoirs à Polynice, son frère, malgré la défense de Créon, elle fut condamnée par ce prince cruel à mourir de faim dans une prison; mais elle s'y étrangla. Hémon, qui devait l'épouser, se tua de désespoir sur son corps. — Il y eut une autre *Antigone*, fille de Laomédon. Celle-ci, s'étant vantée d'être plus belle que Junon, fut changée en cigogne.

ANTIGONIES, subst. fém. plur. (*antiguoni*), t. d'antiq., fêtes en l'honneur d'*Antigone*.

ANTIGORIUM, subst. mas. (*antiguoriome*), gros émail propre à couvrir la terre des faïences. — T. de chim., oxyde d'antimoine et d'étain.

ANTIGOUTTEUSE, adj. fém. Voy. ANTIGOUTTEUX.

ANTIGOUTTEUX, adj. et subst. mas., au fém. **ANTIGOUTTEUSE** (*antiguouteu*, *teuze*), t. de médec., se dit d'un remède contre la goutte.

ANTIGRAPHE, subst. mas. (*antiguerafe*) (du grec αντι, contre, et γραφω, j'écris), t. d'antiq., correcteur de comptes à Athènes.

ANTIGRAPHIE, subst. fém. (*antiguerafi*), t. d'antiq., fonctions de l'*antigraphe*.

ANTIHECTIQUE, adj. des deux genres, et subst. mas. (*antiéktike*) (du grec αντι, contre, et εκτικος, étique), t. de méd. se dit d'un remède contre l'étisie. — *Antiétique* est vicieux.

ANTIHÉMORRHOÏDAL, E, adj. des deux genres et subst. mas. (*antiémoro-idal*) (du grec αντι, contre, αιμα, sang, et ρεω, je coule), t. de médec., se dit d'un remède employé contre les *hémorrhoïdes*.

ANTIHERPÉTIQUE, adj. des deux genres et subst. mas. (*antièrepétike*) (du grec αντι, contre, et ερπης, herpe), t. de médec., se dit d'un remède contre les dartres.

ANTIHYDROPHOBIQUE, adj. des deux genres et subst. mas. (*antiidrofobike*) (du grec αντι, contre, et υδροφοβια, la rage), t. de médec., se dit d'un remède contre la rage. Voy. ANTILYSSE.

ANTIHYDROPIQUE, adj. des deux genres et subst. mas. (*antiidropike*) (du grec αντι, contre, ei ὑδρωψ, hydropisie), t. de médec., se dit d'un remède contre l'*hydropisie*.

ANTIHYPNOTIQUE, adj. des deux genres et subst. mas. (*antiipenotike*) (du grec αντι, contre, et υπνος, assoupissement), t. de médec., se dit des remèdes contre un sommeil excessif.

ANTIHYPOCHONDRIAQUE, adj. des deux genres et subst. mas. (*antiipokondriake*) (du grec αντι, contre, et υποχονδρια, hypochondrie), t. de médec., se dit d'un remède contre l'*hypochondrie*.

ANTIHYPOPHORE, subst. fém. (*antiipofore*) (du grec αντι, υπο, de la part, et φερω, je porte), figure par laquelle on réfute sa propre objection.

ANTIHYSTÉRIQUE, adj. des deux genres et subst. mas. (*antiicetérike*) (du grec αντι, et υστερα, matrice), t. de méd., se dit d'un remède contre la passion hystérique; contre les vapeurs.

ANTICTÉRIQUE, adj. des deux genres et subst. mas. (*antiiktérike*) (du grec αντι, contre, et ικτερος, jaunisse), t. de médec., se dit d'un remède contre la jaunisse.

ANTILAITEUSE, adj. fém. Voy. ANTILAITEUX.

ANTILAITEUX ou **LACTIFUGE**, adj. et subst. mas., au fém. **ANTILAITEUSE** (*antilèteû*, *teûze*) (du grec αντι, contre, et du lat. *lac*, lait), t. de médec., se dit d'un remède qui fait évacuer le lait.

ANTILAMBDA, subst. mas. (*antilanbeda*), signe dont on s'est servi dans les anciens manuscrits pour indiquer un texte étranger, une citation, etc., et qui a été remplacé par les doubles virgules ou *guillemets*, ainsi nommés du nom de leur inventeur.

ANTILEPSE. Voy. PROLEPSE, qui est le même mot.

ANTILIBAN, subst. mas. (*antiliban*), nom d'une montagne de Syrie, ainsi appelée du grec αντι, contre, et du nom du *Liban*, montagne fameuse. L'*Antiliban* est au midi, et le *Liban* au septentrion.

ANTILIS, subst. mas. (*antilice*), t. de bot., plante.

ANTILLES, subst. fém. plur. (*antiie*), petites îles de l'archipel de l'Amérique.

ANTILOBE, subst. mas. (*antilobe*) (du grec αντι, contre, opposé, et λοβος, lobe), t. d'anat., partie de l'oreille opposée au lobe. — On dit aujourd'hui *lobule*.

ANTILOGARITHME, subst. mas. (*antiloguaritme*), t. de math., complément du logarithme d'un sinus.

ANTILOGIE, subst. fém. (*antilojî*) (du grec αντι, contre, et λογος, discours), contradiction dans un discours ou dans un ouvrage.

ANTILOÏMIQUE, adj. des deux genres et subst. mas. (*antilo-imike*) (du grec αντι, contre, et λοιμος, peste), t. de médec., se dit d'un remède employé autrefois contre la peste.

ANTILOPE, subst. fém. (*antilope*), t. d'hist. nat., quadrupède mammifère, ruminant, à cornes creuses : la gazelle, le chamois, le bubale, etc.

ANTILOQUE, subst. mas. (*antiloke*), myth., fils de Nestor et d'Eurydice. Ayant suivi son père au siège de Troie, il y fut tué par Memnon, fils de l'Aurore. —Il y eut un autre *Antiloque*, fils d'Amphiaraüs.

ANTILUTHÉRIEN, subst. et adj. mas., au fém. **ANTILUTHÉRIENNE** (*antilutériein*, *riène*), se dit des protestants qui, après s'être séparés de l'Église avec *Luther* ou à son exemple, ont abandonné ses opinions, et ont formé des sectes différentes : les *calvinistes*, les *anabaptistes*, les *anglicans* sont *antiluthériens*.

ANTILYSSE, adj. des deux genres et subst. mas. (*antilice*) (du grec αντι, contre, et λυσσα, la rage), t. de médec., se dit des remèdes contre la rage. — Il est plus usité qu'*antihydrophobique*.

ANTILYSSIQUE, adj. des deux genres, et subst. mas. (*antilicike*), qui est contre la rage.

ANTIMACHIES, subst. fém. plur. (*antimachî*), t. d'antiq., fêtes célébrées dans l'île de Cos, et où le prêtre portait un habit de femme.

ANTIMÉLANCOLIQUE, adj. des deux genres et subst. mas. (*antimélankolike*) (du grec αντι, contre, et μελαγχολια, mélancolie), t. de médec., se dit d'un remède contre la *mélancolie*.

ANTIMENSE, subst. fém. (*antimance*), t. d'hist. eccl., nappe d'autel; nappe consacrée, qui en Grèce donne la qualité d'autel à l'objet sur lequel elle est posée. — Le P. Goar, dans ses notes, dit que l'Église grecque ayant peu de temples consacrés, et les autels consacrés ne pouvant pas facilement être transportés dans ces pays-là, avait ordonné qu'on se servirait dans l'occasion de certaines étoffes ou linges consacrés qu'on étendrait comme des nappes d'autel. — Le mot d'*antimense* vient, selon quelques-uns, de μινσος, panier, corbeille; selon d'autres, ce mot est dérivé de αντι, *pro*, *vice*, au lieu de, etc., et *mensa*, table : ainsi *antimense* est la même chose que *nappe qui tient lieu de table*. — Balsamon, sur le septième canon du septième concile, prétend qu'il n'est point permis à un évêque comme à un prêtre de célébrer la messe dans une chapelle non consacrée, en se servant d'*antimense* : ce serait, dit-il, avilir sa dignité. — *Antimense* est aussi un autel sur lequel on ne dit point la messe, mais qui doit être recouvert d'une nappe, parce qu'il est destiné à recevoir des choses sacrées, sous lesquelles on mettait dans l'Église d'Occident un corporal.

ANTIMÉPHYTIQUE, adj. des deux genres et subst. mas. (*antiméfitike*) (du grec αντι, contre, et du lat. *mephyticus*, air, vapeur méphytique), t. de médec., se dit des moyens à employer contre le méphytisme.

ANTIMÉTABOLE, subst. fém. (*antimétabole*) (du grec αντι, contre, et μεταβολη, changement), figure de rhétorique, sorte de répétition.

ANTIMÉTALEPSE, subst. fém. (*antimétalèpce*) (du grec αντι, contre, et μεταληψις, transposition). Voy. ANTIMÉTABOLE pour la définition.

ANTIMÉTATHÈSE, subst. fém. (*antimétatèze*) (du grec αντι, contre, et μεταθεσις, changement, transposition). Voy. ANTIMÉTABOLE pour la définition.

ANTIMOINE, subst. mas. (*antimoène*) (du grec αντι, contre, et μονος, seul; *qui ne se trouve pas seul*; ou, selon les faiseurs d'anecdotes, du même mot grec αντι, contre, et μονος, moine, parce que certains moines moururent après s'être purgés avec cette substance), métal blanc, brillant, très-fragile et à grandes lames, qui se trouve ordinairement mêlé avec diverses matières étrangères. — Dans la nouvelle nomenclature chimique, l'*antimoine*, tel qu'il est retiré de la mine, est appelé *sulfure d'antimoine natif*; l'*antimoine* cru, ou simplement débarrassé de sa gangue, *sulfure d'antimoine*; et l'*antimoine* diaphoritique, préparé comme purgatif, *oxyde d'antimoine blanc*.

ANTIMONANE, subst. mas. (*antimonane*), t. de chim., combinaison de l'*antimoine* avec le chlore, ou beurre d'*antimoine*.

ANTIMONARCHIQUE, adj. des deux genres (*antimonarchike*) (du grec αντι, contre, et μοναρχια, monarchie), opposé à la monarchie.

ANTIMONIAL, E, adj., au plur. **ANTIMONIAUX** (*antimonial*), t. de chim., qui appartient à l'*antimoine*.

ANTIMONIATE, subst. mas. (*antimoniate*), t. de chim., sel composé d'une base salifiable et d'acide *antimonique*.

ANTIMONIAUX, adj. plur. Voy. ANTIMONIAL.

ANTIMONIÉ, E, adj. (*antimonié*), t. de chim., mêlé, chargé d'*antimoine*.

ANTIMONIES, subst. fém. plur. (*antimonî*), arguments opposés dans la controverse : *les antimonies enfantent le scepticisme*.

ANTIMONIEUSE, adj. fém. Voy. ANTIMONIEUX.

ANTIMONIEUX, adj. mas., au fém. **ANTIMONIEUSE** (*antimonieu*, *nieuze*), t. de chim., se dit du deutoxyde d'*antimoine*, rangé parmi les acides.

ANTIMONIQUE, adj. mas. (*antimonike*), t. de chim., se dit du péroxyde d'*antimoine*, rangé parmi les acides.

ANTIMONITE, subst. mas. (*antimonite*), t. de chim., sel formé par la réunion de l'acide antimonieux avec une base salifiable.

ANTIMORVEUSE, subst. fém. Voy. ANTIMORVEUX.

ANTIMORVEUX, subst. mas., au fém. **ANTIMORVEUSE** (*antimorveû*, *veûze*), t. de vét., remède qui guérit la morve des chevaux.

ANTINALE, subst. mas. (*antinale*), t. d'hist. nat., oiseau de mer.

ANTINATIONAL, E, adj., au plur. mas. **ANTINATIONAUX** (*antinâcional*, *nale*) (du grec αντι, contre, et du mot français *national*, dérivé du latin *natio*, nation), opposé à la nation, au caractère, au goût *national*, à l'esprit, aux intérêts *nationaux*.

ANTINATIONAUX, adj. mas. plur. Voy. ANTINATIONAL.

ANTINÉPHRÉTIQUE, adj. des deux genres et subst. mas. (*antinéfrétike*) (du grec αντι, contre, et νεφριτις, douleur des reins), t. de méd., se dit d'un remède contre les maladies des reins, contre la colique *néphrétique*.

ANTINOMIE, subst. fém. (*antinomî*) (du grec αντι, contre, et νομος, loi), contradiction vraie ou apparente entre deux lois, ou entre deux articles de la même loi.

ANTINOMIENS, subst. mas. plur. (*antinomiein*) (du grec αντι, contre, et νομος, loi), sectaires qui ne reconnaissaient aucune loi.

ANTINOÜS, subst. mas. (*antino-uce*), t. d'astr., constellation boréale, qu'on réunit ordinairement avec l'*Aigle*.—Myth., un de ceux qui voulaient épouser Pénélope. Ulysse le tua dans un festin. — Il y eut un autre Antinoüs que l'empereur Adrien fit mettre au nombre des dieux.

ANTIOCCUPATION, subst. fém. (*antiokupâcion*). Voy. PROLEPSE.

ANTIOCHE, subst. fém. (*antioche*), nom de plusieurs villes anciennes.

ANTIOCHIEN, subst. et adj. mas., au fém. **ANTIOCHIENNE** (*antiochiein*, *ène*), qui est d'*Antioche*; qui a rapport à *Antioche*.

ANTIODONTALGIQUE, adj. des deux genres et subst. mas. (*antiodontaljike*) (du grec αντι, contre, οδους, dent, et αλγος, douleur), t. de méd., se dit d'un remède contre le mal de dents.

ANTIOPE, subst. fém. (*antiope*), t. d'hist. nat., insecte. — Myth. Voy. ANTHIOPE.

ANTIORGASMATIQUE, adj. des deux genres et subst. mas. (*antiorguacematike*) (du grec αντι, contre, et οργασμος, orgasme), t. de méd., qui calme l'orgasme, l'effervescence des humeurs.

ANTIOZAÏNIQUE, adj. des deux genres et subst. mas. (*antioza-inike*) (du grec αντι, contre, et οζαινα, ulcère), t. de pharm., se dit d'une préparation propre à nettoyer les dents ou à faire disparaître les aphthes de l'intérieur de la bouche.

ANTIPAPE, subst. mas. (*antipape*), celui qui se porte pour pape sans être légitimement et canoniquement élu.—On compte dans l'histoire ecclésiastique vingt-huit *antipapes*.

ANTIPARALLÈLE, adj. des deux genres (*antiparalèle*), t. de géom. : *lignes antiparallèles*, qui font, avec deux autres lignes, des sections sous-contraires. — Il est aussi subst. fém. : une *antiparallèle*.

ANTIPARALYTIQUE, adj. des deux genres et subst. mas. (*antiparalitike*) (du grec αντι, contre, et παραλυσις, relâchement), t. de méd., se dit d'un remède contre la *paralysie*.

ANTIPARASTASE, subst. fém. (*antiparacetâze*) (du grec αντιπαραστασις, formé de αντι et παριστα-μαι, se tenir), figure de rhétorique par laquelle un accusé cherche à prouver que s'il avait fait ce qu'on lui impute, il serait plutôt digne d'éloge que de blâme.

ANTIPAROS, subst. fém. (*antiparòce*), île ancienne de l'Archipel.

ANTIPASTE, subst. mas. (*antipacete*), t. de litt. ancienne, pied d'un vers latin composé d'un iambe et d'un chorée, ce qui produit deux longues entre deux brèves : *secundare*.

ANTIPATHE, subst. mas. (*antipate*), t. d'hist. nat., sorte de vers de la famille des polypiers coralligènes.

ANTIPATHIE, subst. fém. (*antipati*) (du grec αντι, contre, et παθος, passion), aversion, répugnance naturelle et non raisonnée qu'on a pour quelqu'un, pour quelque chose. — T. de physiq., se dit des propriétés de certains corps qui les empêchent de s'unir. — T. de peint., opposition de certaines couleurs qui, mêlées ensemble ou placées l'une près de l'autre, produisent un effet désagréable à la vue.

ANTIPATHIQUE, adj. des deux genres (*antipatike*), qui appartient, qui a rapport à l'*antipathie*, qui est causé par l'*antipathie* : *humeurs antipathiques*; *sentiments antipathiques*; et par extension, opposé, contraire; mais il ne s'applique qu'aux choses. Ne dites donc pas avec *Boiste* et l'*Académie* : *cet homme m'est antipathique*, pour : il m'inspire de l'*antipathie*, de l'aversion.

ANTIPÉRISTALTIQUE, adj. des deux genres (*antipéricetaltike*) (du grec αντι, contre, et περισταλτικος, péristaltique), t. de médec., se dit d'un mouvement dépravé des intestins, qui se fait de bas en haut.

ANTIPÉRISTASE, subst. fém. (*antipéricetâze*) (en grec αντιπεριστασις, formé de αντι, contre, et περιισταμαι, être autour, résister), t. de didactique, action de deux qualités contraires, dont l'une, par son opposition, augmente la force de l'autre : *suivant les péripatéticiens, c'est par antipéristase que le feu est plus ardent en hiver qu'en été*.

ANTIPESTILENTIEL, adj. mas.; au fém. **ANTIPESTILENTIELLE** (*antipècetilanciêle*) (du grec αντι, contre, et du mot français *pestilentiel*, formé du latin *pestis*, peste), t. de méd., efficace contre la peste.

ANTIPHARMAQUE, adj. des deux genres et subst. mas., (*antifarmake*) (du grec αντι, contre, et φαρμακος, poison), t. de médec., se dit d'un contre-poison.

ANTIPHATE, subst. mas. (*antifate*), t. d'hist. nat., sorte de corail noir.

ANTIPHATÈS, subst. mas. (*antifatèce*), myth., roi des Lestrigons.

ANTIPHERNAUX, adj. mas. plur. (*antifèrenô*), t. de jurispr. : *biens antiphernaux*, biens que le mari donne à sa femme par contrat de mariage.

ANTIPHERNES, subst. mas. plur. (*antifèrene*), t. de jurispr., avantages faits à la femme par contrat de mariage.

ANTIPHILOSOPHE, subst. des deux genres (*antifilozofe*) (du grec αντι, contre, φιλος, ami, et σοφια, sagesse), ennemi de la philosophie.

ANTIPHILOSOPHIQUE, adj. des deux genres (*antifilozofike*), contraire, opposé à la philosophie.

ANTIPHILOSOPHISME, subst. mas. (*antifilozoficeme*), qui est contraire au *philosophisme*.

ANTIPHILOSOPHISTE, adj. des deux genres (*antifilozoficete*), contraire au *philosophisme*.

ANTIPHLOGISTIQUE, adj. des deux genres (*antiflojicetike*) (du grec αντι, contre, et φλεγω, j'enflamme), t. de médec., qui diminue la trop grande effervescence du sang. — Il est aussi subst. mas.

ANTIPHONAIRE, subst. mas. (*antifonère*) (du grec αντι, contre, et φωνη, voix), livre qui contient les antiennes notées qu'on chante dans l'église. — On dit moins bien *antiphonier*. Voy. ANTIENNE.

ANTIPHONIE, subst. fém. (*antifoni*) (du grec αντι, contre, et φωνη, voix; *opposition de sons ou de voix*), t. d'antiq., chez les Grecs, symphonie qui s'exécutait par des voix ou des instruments à l'octave ou à la double octave, par opposition à celle qui s'exécutait à l'unisson, et qu'on appelait *homophonie*.

ANTIPHONIER, subst. mas. (*antifonié*), livre d'antiennes notées. — On dit mieux *antiphonaire*.

ANTIPHRASE, subst. fém. (*antifrdze*) (du grec αντι, contre, et φρασις, locution, façon de parler), figure par laquelle on emploie une locution, une façon de parler, une phrase, dans un sens contraire à celui qui lui est propre; contre-vérité; ironie : en parlant d'un fripon, on dit par *antiphrase* : *cet honnête homme*. — C'est une erreur assez commune, et que partage l'*Académie*, de faire consister l'*antiphrase* dans un seul mot, comme quand on dit que le mot de *Parques* est une *antiphrase*, parce que les Parques n'épargnent personne (*Parcæ, quia nemini parcunt*). Saint Jérôme, dans son épître à Riparius contre *Vigilantius*, dit qu'on le doit plutôt appeler *Dormitantius* par *antiphrase*, puisqu'il s'opposait aux veilles que les chrétiens faisaient sur les tombeaux des martyrs. Sanctius, dans sa Minerve, condamne cette *antiphrase*, qui ne tombe que sur un mot, attendu que *phrasis* ne signifie pas un seul mot, mais une partie d'un discours, *orationem aut loquendi modum*. Ce savant grammairien ne nie cependant pas absolument qu'il y ait de véritables *antiphrases*; mais il prétend que l'*antiphrase* est une espèce d'ironie, lorsque par exemple on exprime par une négative ce qui a dû être exprimé affirmativement (*antiphrasis est ironiæ quædam forma, quum dicimus negando id quod debuit affirmari*); comme dans ces phrases : *il ne me déplaît pas; il ne dispute pas mal*, au lieu de : *il me plaît, il dispute bien*. On ne doit donc pas placer l'*antiphrase* parmi les figures qui regardent les mots, mais parmi celles qui regardent les pensées, les idées, (*non inter figuras verborum, sed sententiarum*); et Érasme ne se montre pas bon grammairien quand il donne pour exemple d'*antiphrase*, dans ses remarques sur la lettre de saint Jérôme, le mot *bellum*, guerre, parce que, dit-il, la guerre n'a rien de beau (*bellum, quod nihil habeat belli.*) — ANTIPHRASE, CONTRE-VÉRITÉ. (*Syn.*) L'*antiphrase* est un tour grammatical; la *contre-vérité* est un tour d'esprit.

ANTIPHRASER, v. neut. (*antifrdzé*), faire une *antiphrase*, des phrases contraires à la grammaire. Peu usité.

ANTIPHTHISIQUE, adj. des deux genres, et subst. mas. (*antifetizike*) (du grec αντι, contre, et φθισις, phthisie), t. de médec., se dit d'un remède contre la phthisie.

ANTIPHUS, subst. mas. (*antifuce*), myth., fils de Priam.

ANTIPHYSIQUE, adj. des deux genres (*antifizike*) (du grec αντι, contre, et φυσαν, souffler), opposé à la nature. Il se dit surtout des amours infames qui outragent la nature : *goût, amour antiphysique*; et, en médec., des remèdes qu'on emploie contre les vents et flatuosités : *remèdes antiphysiques*. Dans ce dernier sens, on dit aussi *carminatif*. Voy. ce mot.

ANTIPLEURÉTIQUE, adj. des deux genres et subst. mas. (*antipleurétike*) (du grec αντι, contre, et πλευριτις, pleurésie), t. de médec., se dit des remèdes contre la pleurésie.

ANTIPODAGRIQUE, adj. des deux genres et subst. mas. (*antipodaguerike*) (du grec αντι, contre, et ποδαγρα, la goutte aux pieds), t. de médec., se dit des remèdes contre la goutte.

ANTIPODAL, E, adj., au plur. mas. ANTIPODAUX (*antipodal*), qui est *antipode*.

ANTIPODAUX, adj. plur. mas. Voy. ANTIPODAL.

ANTIPODE, subst. mas. (*antipode*) (du grec αντι, contre, et ποδος, pied), se dit de lieux ou d'habitants de lieux diamétralement opposés : *ces peuples sont nos antipodes*. Il s'emploie ordinairement au pluriel. — On dit fig. et fam., en parlant de deux choses, de deux hommes, de deux caractères diamétralement opposés : *ce sont les antipodes*; d'une personne qui déraisonne en tout : *c'est l'antipode du bon sens*; et par exagération, d'un homme qu'on n'aime pas, qu'*on voudrait qu'il fût aux antipodes*.

ANTIPRAXIE, subst. fém. (*antiprakci*) (du grec αντι, contre, et πραξις, action, préparation), t. de médec., contrariétés qui se trouvent dans le tempérament, dans les fonctions du corps.

ANTIPROSTATE, subst. mas. (*antiprocetate*) (du grec αντι, et προστατης, qui est préparé à), t. d'anat., *prostate* inférieure, petit corps glanduleux placé de chaque côté de l'urètre et devant des glandes nommées *prostates*. Voy. ce mot.

ANTIPSORIQUE, adj. des deux genres et subst. mas. (*antipeçorike*) (du grec αντι contre, et ψωρα, gale), t. de médec., se dit d'un remède contre la gale.

ANTIPTOSE, subst. fém. (*antipetôze*) (du grec αντι, contre, et πτωσις, chute, cas, terminaison), t. de gramm., position d'un cas pour un autre.

ANTIPURITAIN, E, subst. et adj. (*antipuritein, tène*), qui se montre opposé aux *puritains*.

ANTIPUTRIDE, adj. des deux genres (*antiputride*) (du grec αντι, contre, et du latin *putridus*, putride), t. de médec., bon contre la *putridité*.

ANTIPYIQUE, adj. des deux genres, et subst. mas. (*antipiike*) (du grec αντι, contre, et πυον, pus), t. de médec., se dit d'un remède propre à supprimer ou à diminuer la suppuration.

ANTIPYRÉTIQUE, adj. des deux genres et subst. mas. (*antipirétike*) (du grec αντι, contre, et πυρετος, fièvre), t. de méd., se dit d'un remède contre la fièvre. — On dit *fébrifuge*.

ANTIPYROTIQUE, adj. des deux genres et subst. mas. (*antipirotike*) (du grec αντι, contre, et πυρωτικος, caustique, brûlant, dérivé de πυροω, je brûle), t. de médec., se dit d'un remède contre la brûlure.

ANTIQ., abréviation des mots ANTIQUE ou ANTIQUITÉ.

ANTIQUAILLE, subst. fém. (*antikdie*), chose antique de peu de valeur. C'est un terme de mépris. — Il se dit aussi de certaines choses usées et de peu de valeur, comme de vieux meubles etc. : *tous ces meubles sont des antiquailles*.

ANTIQUAIRE, subst. mas. (*antikère*) (rac. *antique*), aujourd'hui celui qui est versé dans la connaissance des *antiquités*, comme les médailles, les statues, etc. — Chez les anciens, 1° celui qui avait l'inspection sur les copistes, sur les livres, et qui était préposé à la garde de l'*antiquarium* où on les renfermait. On donna par la suite ce nom aux copistes eux-mêmes; — 2° Personne de distinction chargée, dans les principales villes de la Grèce, de faire voir aux étrangers ce qu'elles renfermaient de curieux, de leur expliquer les inscriptions anciennes, etc.; — 3° Puriste qui s'attachait à la recherche des vieux mots et affectait de s'en servir. — 4° Scholiaste qui faisait des notes sur les anciens auteurs.

ANTIQUARIAT, subst. mas. (*antikaria*), connaissance de l'*antiquité*; charge d'*antiquaire*; lieu où l'on conserve lés objets *antiques*. Inus.

ANTIQUARTANAIRE, adj. des deux genres et subst. mas. (*antikartanère*), t. de médec., se dit des remèdes contre la fièvre quarte.

ANTIQUE, adj. des deux genres (*antike*) (en lat. *antiquus*), fort ancien. Il se dit, par opposition à *moderne*, des choses d'un temps fort reculé. — Il se dit aussi des choses anciennes dont l'usage, le goût ou la mode sont passés depuis long-temps : *un meuble antique*. — Quand on dit qu'un homme, qu'une femme *a l'air antique*, on ne veut pas dire qu'ils ont l'air vieux, mais qu'ils ont des manières, des habillements dont la mode n'existe plus. Une femme peut n'être pas très-vieille et avoir l'air *antique*. Toutefois, en parlant des personnes avancées en âge, on dit, dans un sens de raillerie : *il est un peu antique; c'est une beauté antique*. — On l'emploie dans un sens d'éloge quand le physique d'une personne rappelle le caractère de beauté des statues de l'*antiquité* : *c'est une beauté antique*. — Il se dit aussi des productions des beaux-arts, tant dans un sens analogue à ce dernier, que pour désigner proprement les ouvrages faits chez les nations anciennes qui les ont cultivés d'une manière remarquable, et les choses qui ont rapport à ces ouvrages : *cette composition est d'une simplicité antique; édifice antique; goût antique*. — Il est aussi subst. m. : *dessiner d'après l'antique*. — *Antique* est encore subst. fém. quand on parle des monuments curieux qui nous sont restés de l'*antiquité*, comme médailles, statues, agates, ouvrages moulés ou sculptés, etc. : *une belle antique; le cabinet des antiques*. — *A l'antique*, loc. adv., à la manière *antique*.

ANTIQUÉ, E, part. pass. de *antiquer*.

ANTIQUER, v. act. (*antiké*) (rac. *antique*), t. de relieur, enjoliver la tranche d'un livre de petites figures de diverses couleurs relevées en or, comme cela se pratiquait *anciennement*.

ANTIQUITÉ, subst. fém. (*antikité*) (rac. *antique*), grande ancienneté : *l'antiquité des temps*. — Il se dit des temps mêmes, quand ils sont fort reculés : *les héros, les dieux de l'antiquité*. — Il se prend collectivement pour tous ceux qui, en Egypte, dans la Grèce, à Rome, etc., ont vécu dans des siècles fort éloignés du nôtre : *l'antiquité a cru que...* — Ce qui nous reste des monuments antiques, ou seulement anciens : *les antiquités de Rome, les antiquités du huitième siècle*, etc. En ce sens, *antiquité* se dit d'un monument plus considérable qu'une *antique* : une statue est une *antique*, un amphithéâtre est une *antiquité*; de plus, *antique* ne peut jamais s'appliquer qu'aux choses de l'*antiquité* même, et l'on n'appellera pas *une antique* une pierre gravée, une pièce de monnaie du moyen-âge. — Il signifie aussi l'histoire des mœurs, des institutions, des monuments, etc., de nos ancêtres : *les antiquités de la France, les antiquités de telle ville*, etc. — Ancienneté : l'*antiquité d'une religion, d'une loi, d'un livre*, etc. — *De toute antiquité*, de tout temps, ou dès les temps les plus reculés.

ANTIRACHITIQUE, adj. des deux genres et subst. mas. (*antirachitike*), t. de méd., se dit d'un remède contre le *rachitisme*.

ANTIRÉVOLUTIONNAIRE, adj. des deux genres (*antirévolucionère*), opposé aux *révolutions*.

ANTIRRHÉTIQUE, adj. des deux genres, et subst. mas. (*antirerétike*) (du grec αντιρρητικος, formé de αντι, contre, et ρεω, je dis), ouvrage fait pour en contredire ou en réfuter un autre.

• **ANTISALLE**, subst. fém. (*antiçale*), pièce qui est avant une salle. Peu usité.

ANTISATIRE, subst. fém. (*antiçatire*), mot employé par Fléchier pour exprimer une réponse à une satire.

ANTISCES, subst. mas. plur. (*anticece*) (voy. *antisciens* pour l'étymologie), t. d'astron., les deux points du ciel également éloignés des tropiques.

ANTISCIENS, subst. mas. plur. (*anticecien*) (du grec αντι, contre, et σκια, ombre; *dont les ombres sont opposées*), peuples qui habitent sous le même méridien, en-deçà et en-delà de l'équateur, et dont les ombres, à midi, sont dans des directions contraires.

ANTISCOLIQUE, adj. des deux genres et subst. mas. (*anticekolike*) (du grec αντι, contre, et σκωληξ, ver), t. de médec., se dit des remèdes employés contre les vers.

ANTISCORBUTIQUE, adj. des deux genres et subst mas. (*anticekorbutike*), t. de méd., se dit d'un remède qui guérit le *scorbut*.

ANTISCROFULEUSE, adj. fém. Voy. ANTISCROFULEUX.

ANTISCROFULEUX, adj. mas., au fém. ANTISCROFULEUSE, et subst. mas. (*anticekrofuleu, leuze*) (du grec αντι, contre, et du latin *scrofulæ*, scrofules), t. de méd., se dit d'un remède contre les maladies *scrofuleuses*.

ANTISEPTIQUE, adj. des deux genres, et subst. mas. (*anticèpetike*) (du grec αντι, contre, et σηπω, je pourris), t. de médec., se dit d'un remède qui a la vertu de conserver.

ANTISIGMA, subst. mas. (*anticiguema*) (du grec αντι, contre, et σιγμα, dix-huitième lettre des Grecs), deux sigma adossés (ↄc). Ce caractère se mettait, avec un point au milieu, à la marge de quelques poèmes, lorsqu'il y avait deux vers du même sens,

ANTISIPHILITIQUE, et non pas **ANTISYPHILITIQUE**, adj. des deux genres, et subst. mas. (*anticifilitike*) (du grec αντι, contre, et du latin *siphilis*, maladie vénérienne), t. de médec., se dit d'un remède contre la maladie vénérienne.

ANTISOCIAL, E, adj., au plur. **ANTISOCIAUX** (*anticocial*), contraire à la société, à son ordre; qui tend à la détruire, à la dissoudre: *le luxe antisocial des palais insulte à la pénurie des chaumières.*

ANTISOCIAUX, adj. plur. Voy. ANTISOCIAL.

ANTISOPHISTE, subst. des deux genres (*anticoficete*) (du grec αντι, contre, et σοφιστης, sophiste), ennemi, ennemie des sophistes.

ANTISPASE, subst. fém. (*anticepâze*) (du grec αντι, contre, et σπαω, je tire, j'attire), t. de médec., révulsion, cours des humeurs détournées.

ANTISPASMODIQUE, adj. des deux genres, et subst. mas. (*anticepacemodike*) (du grec αντι, contre, et σπασμα, les convulsions,) t. de méd., se dit d'un remède contre les spasmes et les convulsions.

ANTISPASTE, subst. mas. (*anticepacete*) (du grec αντι, et σπαω, je tire en sens contraire), t. de litt. anc., pied de vers grec et latin composé d'un iambe et d'un chorée.

ANTISPASTIQUE, adj. des deux genres (*anticepacetike*) (du grec αντι, contre, et σπαω, j'attire les humeurs vers une partie du corps), t. de médec., se dit d'un remède qui opère par révulsion.

ANTISPODE, subst. fém. (*anticepode*) (du grec αντι, au lieu de, et σποδος, cendre, spode), t. de chim., fausse spode qu'on emploie à la place de la vraie.

ANTISTÉRIGME, subst. fém. (*anticetérigueme*) (du grec αντιστηριγμα, soutien), t. de médec., béquille. Inus.

ANTISTERNUM, subst. mas. (*anticeternome*) (du grec αντιστερνον, épine du dos), t. d'anat., le dos.

ANTISTREPTE, subst. mas. (*anticetrèpete*) (du grec αντιστρεφω, je tourne), roulette sous les pieds d'un lit, d'un fauteuil. Inusité.

ANTISTROPHE, subst. fém. (*anticetrofe*) (du grec αντι, qui marque opposition ou alternative, et στρεφω, je tourne, parce que la strophe se chantait en tournant à droite autour de l'autel ou sur le théâtre, et l'*antistrophe* en tournant à gauche), chez les Grecs, la seconde stance de leur poésie lyrique. Elle était semblable pour la mesure et le nombre des vers à la première, qu'on nommait *strophe*. — En t. de gramm., conversion ou renversement réciproque de deux termes, ou de choses conjointes ou dépendantes l'une de l'autre, comme: *le serviteur du maître, le maître du serviteur.*

ANTISYPHILITIQUE. Voy. ANTISIPHILITIQUE.

ANTITACTES, subst. mas. plur. (*antitakte*) (du grec αντιτασσομαι, s'opposer, résister), hérétiques qui se faisaient un devoir de pratiquer ce que la loi défend.

ANTITÉTANIQUE, adj. des deux genres, et subst. mas. (*antitétanike*) (voy. TÉTANOS pour l'étymologie), t. de médec., se dit d'un remède contre le *tétanos*.

ANTITHÉATRAL, E, adj. (*antitéâtral*), qui n'est pas *théâtral*, qui ne convient pas à la scène.

ANTITHÉES, subst. mas. plur. (*antité*), mauvais génies.

ANTITHÉNAR, adj. et subst. mas. (*antiténar*), t. d'anat., se dit d'un muscle qui est l'antagoniste du *thénar*. Voy. ce mot. Il y en a un à chaque pied, et un autre à chaque main.

ANTITHERMOPSYCHRE, subst. mas. (*antitèremopecikre*) (du grec αντι, contre, opposé, θερμος, chaud, et ψυχρος, froid), t. de phys., double thermomètre, ou baromètre à deux boules adaptées à deux tubes, lesquels sont unis à un troisième, pour connaître l'effet du froid et du chaud sur le mercure.

ANTITHÈSE, subst. fém. (*antitèze*) (en grec αντιθησις, dérivé de αντι et de τιθημι, poser, placer), fig. de rhétorique, opposition des pensées ou des mots dans le discours: *il est petit dans le grand, et grand dans le petit.* — On ne dit point *l'antithèse de deux opinions, de deux doctrines contraires.* — En algèb., transposition d'un terme, d'une équation, d'un nombre dans un autre. Ce mot est peu usité en ce sens.

ANTITHÉTAIRE, subst. mas. (*antitétère*) (du grec αντι, contre, et τιθημι, poser), t. d'anc. jurispr., accusé qui se décharge d'un délit par récrimination.

ANTITHÉTIQUE, adj. des deux genres (*antitétike*), qui tient de l'*antithèse*; abondant en *antithèses*.

ANTITRAGIEN, adj. mas., au fém. **ANTITRAGIENNE** (*antitrajiein, jiène*), t. d'anat., qui appartient à l'*antitrague*.

ANTITRAGUE, subst. mas. (*antitrague*), t. d'anat., éminence du cartilage de l'oreille, qui est opposée au *tragus*. Voy. ce mot.

ANTITRINITAIRE, subst. mas. (*antitrinitère*), sectaire qui combattait le mystère de la *Trinité*.

ANTITROPE, adj. des deux genres (*antitrope*) (du grec αντι, contre, et τρεπειν, retourner), t. de bot., qui prend une direction contraire à celle de la graine.

ANTITYPE, subst. mas. (*antitipe*) (en grec αντιτυπον, formé de αντι, pour, et τυπος, type, figure; *figure qui répond à une autre ou qui en représente une autre*). Ce mot se rencontre fréquemment dans les ouvrages des pères grecs, pour exprimer l'eucharistie, même avant la consécration; d'où les protestants ont conclu que ce sacrement n'était que la figure du corps de Jésus-Christ.

ANTIVÉNÉRIEN, adj. et subst. mas., au fém. **ANTIVÉNÉRIENNE** (*antivénériein, riène*), t. de méd., se dit d'un remède contre les maladies *vénériennes*.

ANTIVERMICULAIRE. Voy. ANTIVERMINEUX.

ANTIVERMINEUSE, adj. fém. Voy. ANTIVERMINEUX.

ANTIVERMINEUX, adj. mas., au fém. **ANTIVERMINEUSE** (*antivereminei, neuze*), t. de médec., se dit d'un remède contre les vers. — Subst. mas.: *un antivermineux.* — On dit mieux *vermifuge*.

ANTIVÉROLIQUE, adj. des deux genres (*antivérolike*), t. de méd., qui guérit la petite *vérole*.

ANTIVERSIFICATEUR, subst. mas., au fém. **ANTIVERSIFICATRICE** (*antivèrecifikateur, trice*), qui est ennemi des vers. Inusité.

ANTIVERSIFICATRICE, subst. fém. Voy. ANTIVERSIFICATEUR.

ANTIZYMIQUE, adj. des deux genres (*antizimike*) (du grec αντι, contre, et ζυμη, levain ou ferment), qui arrête la fermentation.

ANTLIATES, subst. mas. plur. (*anteliate*), t. d'hist. nat., famille d'insectes.

ANTOCÉPHALE, subst. mas. est un barbarisme. Voy. AUTOCÉPHALE.

ANTODONTALGIQUE, adj. des deux genres (*antodontaljike*) (du grec αντι, contre, et οδους, gén. οδοντος, dent), t. de médec., se dit d'un remède contre l'*odontalgie* ou douleurs de dents.

ANTŒCIENS, subst. mas. plur. (*antécieïn*). Voy. ANTÉCIENS.

ANTOFLES, subst. mas. plur. (*antofle*), t. de comm., girofles qui sont restés sur les arbres après la récolte.

ANTOINE (ORDRE DE SAINT-), subst. mas. (*antoène*), ordre militaire. Il consistait en un collier d'or, en forme de ceinture d'ermite, auquel pendait une béquille avec une clochette. Il fut institué par Albert de Bavière, comte de Hainaut, en 1382.

ANTOISÉ, E, part. pass. de *antoiser*.

ANTOISER, v. act. (*antoézé*), empiler, mettre en pile, en parlant du fumier.

ANTOIT, subst. mas. (*antoé*), t. de mar., sorte d'instrument de fer, qui sert dans la construction des vaisseaux pour faire approcher des bordages les membres et les ranger les uns contre les autres.

ANTONIES, subst. fém. plur. (*antoni*), t. d'antiq., jeux établis à Rome par Antoine.

ANTONIN (SAINT-), subst. mas. (*ceintantonein*), ville de France, chef-lieu de canton, arrond. de Montauban, dép. de Tarn-et-Garonne.

ANTONINS, subst. mas. plur. (*antonein*), religieux de l'ordre de saint Antoine.

ANTONOMASE, subst. fém. (*antonomâze*) (du grec αντι, pour, au lieu de, et ονομα, nom), figure de rhétorique, qui emploie une dénomination commune ou appellative au lieu du nom propre: *le père des dieux* à la place de *Jupiter;* ou, au contraire, un nom propre à la place d'une dénomination commune ou appellative: *c'est un Néron*, en parlant d'un homme cruel; *c'est un Cicéron*, en parlant d'un grand orateur.

ANTONYMIE, subst. fém. (*antonimi*) (du grec αντι, contre, et ονυμα, nom), t. de rhét., opposition de mots: *le bon Caligula.*

ANTORE OU ANTITORE, subst. fém. (*antore, antitore*), t. de bot., plante utile contre le venin. Voy. ANTHORA.

ANTOXA, subst. fém. (*antokça*), t. de bot., plante utile contre les morsures venimeuses. — Contre-poison.

ANTRACITE, subst. fém. (*antracite*), t. d'hist. nat., charbon minéral incombustible; espèce de houille. Voy. ANTHRACITE.

ANTRACONISTRE, subst. mas. (*antrakonicetre*). Voy. ANTHRACONISTRE.

ANTRAIGUES, subst. fém. (*antregue*), village de France, arrond. de Privas, dép. de l'Ardèche.

ANTRAIN, subst. mas (*antrein*), ville de France, chef-lieu de canton, arrond. de Fougères, dép. d'Ille-et-Vilaine.

ANTRE, subst. mas. (*antre*) (en latin *antrum*), caverne; lieu sombre, effrayant. — Grotte naturelle, profonde, obscure. — Retraite des animaux féroces. — Fig.: *c'est l'antre du lion*, se dit d'un lieu d'où l'on n'est pas sûr de sortir. — En anat., on appelle *antre maxillaire* la cavité de l'os de la mâchoire supérieure. — ANTRE, CAVERNE, GROTTE. (*Syn*). L'*antre* est un enfoncement noir et profond qui inspire l'horreur et l'effroi; la *caverne* est une grande cavité couverte d'une sorte de voûte, et cachée; la *grotte* est une petite caverne naturellement percée.

ANTRIADES, subst. mas. plur. (*antriade*), t. d'hist. nat., famille des oiseaux silvains.

ANTRIBES, subst. mas. plur. (*antribe*), t. d'hist. nat., coléoptères. Voy. ANTHRIBES.

ANTRISQUE, subst. fém. (*antriceke*), t. de bot., plante apéritive.

ANTRUSTIONS, subst. mas. plur. (*antrucetion*) (de l'allemand *an*, à, et *treu*, fidélité), volontaires qui, chez les Germains, suivaient les princes dans leurs entreprises, et qui formèrent les souches des grandes familles.

ANTSJAC, subst. mas. (*antjak*), t. de bot., figuier de Java.

ANTYLION, subst. mas. (*antilion*), t. de médec., sorte de cataplasme astringent.

ANUBIS, subst. mas. (*anubice*), t. d'antiq., idole égyptienne qui avait une tête de chien sur un corps d'homme.

ANUÉ, E, adj. et part. pass. (*anué*). Voy. ANUER.

ANUER, v. act. (*anué*), t. de chasse: *anuer des perdrix*, choisir, quand les perdrix partent, le moment favorable pour les tirer au vol.

ANUIT, adv. (*anui*), vieux mot qui se dit encore dans certains départements de l'ouest de la France, et qui signifie: aujourd'hui.

ANUITÉ, E, part. pas. de *s'anuiter*.

S'ANUITER, v. pron. (*canuité*) se mettre *à la nuit;* s'exposer à être surpris par la nuit en chemin. Fam.

ANUS, subst. mas. (*ânuce*), t. d'anat., orifice du fondement, ouverture par laquelle passent les excréments du corps, et où se termine l'intestin nommé rectum. — En t. de bot., orifice postérieur d'une fleur monopétale.

ANVERS, subst. mas. (*anvèrece*), ville forte du royaume de Belgique, chef-lieu de province.—Cette ville a un port très-vaste, une académie, des édifices et des établissements remarquables. La citadelle d'Anvers, qui est une des plus fortes de la Belgique, soutint plusieurs sièges mémorables à diverses époques. Le dernier eut lieu en 1832.

ANVOIE, subst. fém. (*anvoa*), t. d'hist. nat., espèce de serpent du genre des orvets et de la famille des homodermes, qu'on appelle aussi *anguille de haie*. On le mange sans danger dans quelques pays; mais il est très-huileux.

ANXIÉTÉ, subst. fém. (*ankciété*) (en latin *anxietas*, formé de *anxi*, prétérit de *angere*, tourmenter, inquiéter), travail, tourment, grande inquiétude, peine d'esprit. — T. de médec., grand malaise consistant surtout dans le resserrement de l'épigastre.

ANXIEUSEMENT, adv. (*ankcieuzeman*), avec *anxiété*. Inus.

ANXUR, ANXURUS ou ANXYRUS, subst. mas. (*ankçur, çuruce, ankciruce*), myth., nom sous lequel Jupiter était adoré comme enfant dans la Campanie, et surtout à *Anxur*, ville du pays des Volsques.

ANYCHIES, subst. fém. plur. (*anichi*), t. de bot., genre d'amarantes.

ANYGER, subst. mas. (*anijére*), myth., fleuve de Thessalie, dans lequel les Centaures qu'Hercule avait blessés allèrent laver leurs plaies.

ANZY, subst. mas. (*anzi*), bourg de l'ancien duché de Bourgogne.

AOCHLÉSIE, subst. fém. (*aoklézi*) (du grec αοχλησια, tranquillité), t. de médec., calme, rémission.

AODONS, subst. mas. plur. (*aodon*) (du grec α priv., et οδους, gén. οδοντος, dent), t. d'hist. nat., poissons sans dents apparentes.

AON, subst. mas. (*a-on*), myth., fils de Neptune. Ayant été obligé de fuir de l'Apulie, il vint dans la Béotie, où il s'établit sur des montagnes qui furent appelées *aoniennes* de son nom. Ces montagnes furent consacrées aux Muses, et c'est de là que les Muses ont aussi été appelées *Aonides*. Ausone les nomme *bœotia numina*, de la Béotie, où sont ces montagnes qui ont donné le nom d'Aonie à la contrée.

AONIDES, subst. fém. plur. (*a-onide*), myth., surnom des Muses, tiré des montagnes de Béotie appelées les *monts aoniens*.

AONIE, subst. fém. (*a-oni*). Voy. **AON**.

AONIEN, adj. mas., au fém. **AONIENNE** (*a-oniein, niène*), qui est de l'*Aonie*; qui y a rapport.

AONIUS, adj. mas. lat. (*a-oniuce*), myth., épithète donnée à Bacchus, qui était de la Béotie.

AOR., abréviation de **AORISTE**.

AORANT, adj. (*a-oran*), suppliant. Vieux et inus.

AORASIE, subst. fém. (*a-orazî*) (du grec αορασια, formé de α, priv., et οραω, je vois), t. de myth., chez les anciens, invisibilité des dieux, qui, même lorsqu'ils venaient parmi les hommes et conversaient avec eux, ne manifestaient jamais leur divinité en face. Ils ne se faisaient reconnaître que par derrière, au moment où ils se retiraient.

AORATE, subst. fém. (*aorate*), t. de bot., espèce de plantes.

AORISTE, subst. mas. (*oricete*, par une de ces bizarreries absurdes qui devraient toutes disparaître de la langue. L'Encyclopédie voudrait qu'on prononçât *aoriste*, en conservant l'α priv., dont la suppression fait un contre-sens) (du grec αοριστος, indéfini, formé de α priv., et οριζω, je définis, je détermine), t. de gram. grecque qui marque un prétérit indéfini. Il se dit dans la langue française du prétérit qui n'est point formé avec le verbe auxiliaire *avoir* ou *être*, c'est-à-dire du *prétérit défini*. L'*Académie* elle-même autorise cette anomalie.

AORTE, subst. fém. (*a-orte*), (du grec αορτη, vaisseau, vase), t. d'anat., grosse artère qui sort du ventricule gauche du cœur pour porter le sang dans tout le corps.

AORTEVRISME, subst. mas. (*aortevriceme*) (du grec αορτη, vaisseau, et ευρυνω, je dilate), t. de méd., anévrisme de l'*aorte*.

AORTIQUE, adj. des deux genres (*aortike*), qui appartient à l'*aorte*.

AOSTE, ou **AOUSTE**, subst. mas. (*a-ocete*, *a-oucete*) (du lat. *augusta*), nom de plusieurs lieux géographiques.

AOÛT, subst. mas. (*où*. Telle est du moins la prononciation presque générale, et celle de l'*Académie*. Mais nous demanderons à celle-ci pourquoi elle fait prononcer *aoûter a-ou-té*, et *aoûterôn*, *outeron*. Il faut nécessairement opter entre *aou* et *ou*. Nous préférerions qu'on adoptât *aou*, pour le motif de la régularité) (par corruption du lat. *Augustus*, nom de l'empereur *Auguste*, à qui il fut consacré), nom du huitième mois de l'année. — Moisson qui se fait durant le mois d'août : on dit *faire l'août*; *l'août n'est pas commencé*. — On appelle *mi-août* le quinzième jour du mois d'août. — Dans le calendrier de *Numa*, ce mois s'appelait *sextilis*.

AOÛTÉ, E, part. pass. de *aoûter*, et adj., se dit des fruits mûris par les chaleurs du mois d'*août* : *un fruit bien aoûté*.

AOÛTER, v. act. (pour la prononciation, voy. **AOÛT**), faire mûrir au soleil d'*août*. Il n'est d'usage qu'au participe, *aoûte*.

AOÛTERON, subst. mas. (pour la prononciation, voy. **AOÛT**), moissonneur qui travaille à la récolte qui se fait ordinairement au mois d'*août*. Peu usité.

APACARO, subst. mas. (*apakaro*), t. de bot., petit arbre du Malabar.

APACTE, subst. fém. (*apakte*), t. de bot., arbre du Japon, qui a été aussi appelé *stixis*.

APAGME, subst. mas. (*apagueme*) (du grec απο, hors de, et αγω, j'attire), t. de chir., déplacement d'un os.

APAGOGIE, subst. fém. (*apaguojî*) (du grec απαγωγη, déduction, formé de απο, de, et de αγω, je mène, d'où on a fait απαγω, je déduis), démonstration d'une proposition par l'absurdité de la proposition contraire.

APAGON, subst. mas. (*apaguon*), t. d'hist. nat., roi des rougets, poissons.

APAISANTEUR, subst. mas. (*apézanteur*) (rac. *paix*); vieux mot qui signifiait : qui *apaise*.

APAISÉ, E, part. pass. de *apaiser*.

APAISEMENT, subst. mas. (*apèzeman*), vieux mot aujourd'hui inusité, et qui signifiait : *paix*, traité, pacification.

APAISER, v. act. (*apézé*) (du latin *ad*, à, et *pax*, paix; *ad pacem conducere*, amener à la paix), adoucir, calmer. Il régit les personnes et les choses : *apaiser Dieu*, *le prince*; *apaiser une querelle*, *une sédition*, *la douleur*, *les flots*, etc. — *S'APAISER*, v. pron., s'adoucir, se modérer, se calmer, devenir plus tranquille. — **APAISER. CALMER.** (*Syn.*) Une soumission nous *apaise*; une lueur d'espérance nous *calme*; le vent *s'apaise*, la mer se *calme*.

APALACHE, subst. et adj. (*apalache*), monts qui séparent la Nouvelle-France de la Floride.

APALACHINE, subst. fém. (*apalachine*), t. de bot., arbrisseau de l'Amérique septentrionale, ainsi nommé parce qu'il croît sur les monts Apalaches. On le rapporte au genre des houx.

APALANCHE, subst. fém. (*apalanche*), t. de bot., genre de plantes de la famille des rhamnoïdes. — Subst. mas., espèce de sapotille.

APALATH, subst. mas. (*apalate*), t. de bot., plante qui s'emploie en médecine et pour les parfums. Voy. **ASPILATHE**.

APALATON, subst. mas. (*apalaton*), t. de bot., arbre de la Guiane.

APALE, subst. mas. (*apale*), t. d'hist. nat., cantharide du Nord.

APALESTRE, adj. (*apalècetre*) (du grec α priv., et παλαιστριτης, athlète; *qui n'est pas athlète*), maladroit à la lutte.

APALIKE, subst. fém. (*apalike*), t. d'hist. nat., poisson du genre des clupes.

APALLAGE, subst. mas. (*apalaje*) (du grec απαλλαγη, délivrance), t. de médec., passage de la maladie à la santé. Peu usité.

APALYTRES, subst. et adj. mas. plur. (*apalitre*) (du grec απαλος, mou, et ελυτρον, élytre), t. d'hist. nat., se dit des individus d'une famille d'insectes coléoptères dont le caractère est d'avoir cinq articles aux tarses, les *élytres* mous, le corselet plat, et les antennes filiformes. On les nomme aussi *mollipennes*.

APAMÉE, subst. fém. (*apamé*), nom de plusieurs villes anciennes.

APANAGE, subst. mas. (*apanaje*) (du latin *panis*, pain, d'où l'on a formé, dans les siècles de barbarie, *panagium*, pour signifier une provision, une substance quelconque, comme de *potus* on a fait *potagium*, et de *homo*, *homagium*), ce que les rois donnent à leurs puînés pour leur tenir lieu de partage. Le *Dictionnaire de Législation usuelle* donne une définition plus détaillée : C'est, dit-il, ce que l'on donne aux frères, aux enfants et petits-enfants du roi, pour soutenir convenablement leur rang. On appelle *apanagistes* ceux qui reçoivent des biens *apanagés*. Le sénatus-consulte du 30 janvier 1810 a réglé à qui les *apanages* doivent être donnés. Ils sont dus : 1° aux princes puînés de l'empereur (du roi) régnant, ou de l'empereur (du roi), ou du prince régnant décédés; 2° aux descendants mâles de ces princes, lorsqu'il n'a pas été accordé d'*apanage* à leur père ou aïeul. Il résulte de ces dispositions que les princes qui ne sont ni frères ni fils du roi régnant, n'ont pas droit à des *apanages*. — Au fig., ce qui est le propre de : *la tranquillité d'âme est l'apanage du vrai sage*; ou : ce qui est la suite, la dépendance de : *les infirmités sont l'apanage de la vieillesse*. — Quelques-uns écrivent *appanage*, et d'autres écrivaient, il y a quelque soixante ans ou davantage : *appennage*. Achille de Harlay de Chanvalon a mis dans le portrait de la reine-mère, au commencement de sa traduction de Tacite :

> Ce que l'Espagne a de beauté
> Se rassemble dans ce visage :
> Anne l'eut pour son *appanage*,
> Aussi bien que la chasteté.

APANAGÉ, E, part. pass. de *apanager*, et adj. : *biens apanagés*; *ce prince a été apanagé du duché de...*

APANAGER, v. act. (*apanajé*), donner un *apanage* : *le roi a apanagé tous ses puînés*.

APANAGISTE, subst., et adj. des deux genres (*apanajicete*), qui a un *apanage* : *prince apanagiste*. — Dans *Trévoux* nous lisons *apanager* comme subst. mas.

APANTHISME, subst. mas. (*apanticeme*) (du grec απο, de, et ανθιζω, je fleuris), défloration, oblitération entière.

APANTHROPIE, subst. fém. (*apantropî*) (du grec απο, loin, et ανθρωπος, homme; *éloignement des hommes*), t. de médec., misanthropie qui vient de la maladie.

APANTHROPIQUE, adj., et subst. des deux genres (*apantropike*), t. de médec., qui est affecté d'*apanthropie*.

APANTOMANCIE, subst. fém. (*apantomancî*) (du grec απαντωω, survenir, et μαντεια, divination), divination par ce qui s'offrait à l'improviste.

APAR ou **APARA**, subst. mas. (*apar*, *apara*) t. d'hist. nat., tatou à trois bandes.

APARAGER, v. act. (*aparajé*), se trouve dans le dictionnaire de Trévoux, où on lui fait signifier *comparer*. Il n'est plus usité.

APARÉA ou **APÉRÉA**, subst. mas. (*aparéa* ou *apéréa*), t. d'hist. nat., cochon d'Inde sauvage.

APARINE, subst. fém. (*aparine*) (du grec απαρινη, plante), t. de bot., garance, caille-lait. — On la nomme vulgairement *grateron*.

APARQUE, subst. fém. (*aparke*), vieux mot qui signifiait offrande des prémices brûlées en commençant le repas.

APARTE, sans accent aigu sur l'*e*, ce mot étant tout latin; et l'*Académie* le reconnaît si bien, qu'elle ne veut pas qu'il prenne *s* au plur. On devrait même écrire ce mot ainsi : **À PARTE**, subst. mas. (*aparté*) (emprunté du latin *à parte*), t. de théâtre, ce qui, quoique dit par un acteur de manière à être entendu du public, est censé ne l'être point des autres personnages en scène. — Il s'emploie aussi adv. : *ce vers doit être dit aparte*. — Il ne prend point *s* au plur. : *des aparte*.

APATE, subst. fém. (*apate*), t. de bot., laitue vivace. — T. d'hist. nat., subst. mas. plur., genre d'insectes coléoptères.

APATHIE, subst. fém. (*apati*) (du grec απαθεια, formé de α priv., et de παθος, passion), état d'une âme qui n'est susceptible d'aucune émotion. — Indolence; insensibilité.

APATHIQUE, adj. des deux genres (*apatike*) (formé de *apathie*), indolent; insensible à tout.

APATHISÉ, E, part. pass. de *apathiser*.

APATHISER, v. act. (*apatizé*), rendre *apathique* : *les grandes souffrances apathisent*. Peu usité. — *S'APATHISER*, v. pron. : *les âmes sensibles s'apathisent difficilement*. Peu usité.

APATHISTE, subst. mas. (*apaticete*), sectaire qui s'abandonne à une *apathie* systématique. Inusité.

APATITE, subst. fém. (*apatite*) (du grec απαταω, je trompe; *pierre trompeuse*), t. de minéral., minéral appelé *chaux phosphatée*, que sa transparence avait fait prendre d'abord pour une pierre précieuse.

APATTA, subst. fém. (*apateta*), t. d'hist. nat., sorte d'oie de la Côte-d'Or, rare et très-estimée des nègres.

APATURÉON, subst. mas. (*apaturéon*), t. d'antiq., mois où l'on célébrait les apaturies.

APATURIES, subst. fém. plur. (*apaturî*) (du grec απατουρια, formé de απαταω, je trompe, parce qu'elles devaient leur origine à une tromperie célèbre), t. d'antiq., fêtes grecques en l'honneur de Minerve et de Vénus, selon les uns, et, selon d'autres, en l'honneur de Jupiter et de Bacchus.

APAULIE, subst. fém. (*apôlî*), t. d'antiq., troisième jour des noces, où l'épouse rentrait dans la maison paternelle.

APAW, subst. mas. (*apaou*), t. d'hist. nat., coquille du Sénégal, du genre des pinnes marines.

APÉCHÊME, subst. mas. (*apéchême*) (du grec απηχημα, formé de απω, loin, et ηχος, son, retentissement; *coup retentissant*), t. de chir., fracture du crâne dans la partie opposée au coup. C'est ce qu'on appelle vulgairement *contre-coup*.

APEDEUTE, subst. mas. et adj. (*apedeute*) (du grec α priv. et παιδευω, j'enseigne), ignorant, sans instruction; employé par *Rabelais*.

APEDEUTISME, subst. mas. (*apedeuticeme*) (du grec α priv. et παιδευω, j'enseigne), ignorance provenant du défaut d'instruction. Inusité.

APÉIBA, subst. fém. (*apéiba*), t. de bot., plante du genre des verveines.

APELLÉE, subst. mas. (*apèlelé*), t. d'antiq., nom d'un mois chez les Grecs anciens. C'était le dernier des mois de l'automne.

APENDRE, v. act. que nous lisons dans *Trévoux*, où il est indiqué neut., ne se dit plus pour *dépendre*.

APÉNIAUTISME, subst. mas. (*apéniôticeme*), autrefois exil ou absence d'une année; peine infligée à celui qui avait commis un crime involontaire. Inus.

APENNIN, subst. mas. et adj. (*apèneneín*), se dit de montagnes qu'on peut regarder comme une branche des Alpes.

APENS, subst. mas., disent tous les *dictionnaristes* qui donnent ce mot isolément. Nous le croirions plutôt adjectif. Il vient du mot roman *apense*, ou *appense*, qui signifiait *médité*, *prémédité* : *un guet-apens*, un guet prémédité. (*Apan*). Voy. **GUET-APENS**.

APEPSIE, subst. fém. (*apèpecî*) (du grec α priv.

et πεπτω, je digère), t. de médec., maladie qui consiste à ne point digérer.

APERCEPTIBILITÉ, subst. fém. (*apèrecèpetibilité*), faculté d'apercevoir ou de comparer les impressions morales reçues. Inus.

APERCEPTIBLE, adj. des deux genres (*apèrecèpetible*), qui peut être *aperçu*. Inus.

APERCEPTION, subst. fém. (*apèrecèpecion*), conscience immédiate, sentiment intérieur et intime de la conscience. — Acte de l'âme qui se considère comme le sujet qui a telle perception. Peu usité.

APERCEVABLE, adj. des deux genres (*apèrecevable*), qui peut être *aperçu*.

APERCEVANCE, subst. fém. (*apèrecevance*), faculté d'*apercevoir*. Vieux mot.

APERCEVOIR, v. act. (*apèrecevoar*) (du lat. *ad*, à, et *percipere*, formé de *per*, et *capere*, prendre), commencer à voir, découvrir, remarquer. — Au fig., comprendre, connaître. — **S'APERCEVOIR**, v. pron., connaître, remarquer.

APERCHÉ, E, part. pass. de *apercher*.

APERCHER, v. act. (*apèreché*), t. de chasse, remarquer l'endroit où un oiseau se retire, où il perche pour passer la nuit.

APERÇOIR, subst. mas. (*apèreçoar*), t. d'arts et métiers, plaque de tôle ou de fer-blanc, attachée de chaque côté du billot de la meule de l'épinglier.

APERÇU, E, part. pass. de *apercevoir*.

APERÇU, subst. mas. (*apèreçu*), première vue non approfondie d'un objet. — Exposé sommaire. — Estimation approximative : *publier l'aperçu d'une cause; ceci n'est qu'un aperçu.*

APÈRE, subst. fém. (*apère*), t. de bot., plante de la famille des graminées.

APÉRÉA, subst. mas. (*apéréa*), t. d'hist. nat., quadrupède du Brésil, qui tient du rat et du lapin.

APÉRIANTHACÉES, subst. fém. plur. (*apériantacé*), t. de bot., famille de plantes voisines des palmiers.

APÉRISPERMÉ, E, adj. (*apéricepèremé*), t. de bot., dépourvu de *périspermes*.

APÉRISTOMATES, subst. mas. plur. (*apéricetomate*), t. de bot., mousses dépourvues de *péristomes*.

APÉRIT., abréviation du mot *apéritif*, ou *apéritive*.

APÉRITIF, adj. mas., au fém. **APÉRITIVE** (*apéritif, tive*) (du lat. *aperire*, ouvrir), t. de médec., qui ouvre les pores, qui fait uriner, qui lève les obstructions. — Il est aussi subst. mas.

APÉRITIVE, adj. fém. Voy. **APÉRITIF**.

APÉRITOIRE, subst. fém. (*apéritoare*), t. d'épinglier, plaque du tour pour faire la pointe, pour égaliser les fils de laiton.

APERTEMENT, adv. (*apèreteman*), manifestement, ouvertement.

APERTISE, subst. fém. (*apèretize*), habileté, dextérité, capacité. Peu usité.

APÉTALE, adj. des deux genres (*apétale*) (du grec α priv., et πεταλον, feuille), t. de bot., sans pétale. Les plantes *apétales* ont fourni à *Tournefort* les 15e, 16e, 17e et 18e classes de sa méthode. La 15e comprend les herbes à fleurs sans corolle, mais pourvues de calice; la 16e celles qui n'ont ni corolles, ni calice, ni fleurs apparentes; la 17e celles qui n'ont ni fleurs, ni fruits; la 18e les arbres et arbustes qui ont des fleurs sans corolle.

APETISSÉ, E, part. pass. de *apetisser*.

APETISSEMENT, subst. mas. (*apeticeman*) (formé de *apetisser*), diminution : *l'apetissement qui paraît dans les objets éloignés*, etc. Il n'est d'usage, ainsi que le verbe *apetisser*, qu'en parlant des objets vus dans le lointain. On ne dit point, par exemple, *apetisser* un manteau.

APETISSER, v. act. (*apeticé*), rendre plus *petit* : diminuer la grandeur de.. : *l'éloignement apetisse les objets.* — *Apetisser* est aussi un verbe neutre. Voy. **APETISSEMENT**. — **S'APETISSER**, v. pron., devenir plus *petit*, diminuer de grandeur par l'éloignement.

APEX, subst. mas. (*apèkce*), t. d'antiq., bonnet des saliens et des flamines.

APHACA, subst. mas. (*afaka*) (du grec αφακη, vesce), t. de bot., plante sans feuilles. Voy. le mot suivant.

APHACITE, subst. fém. (*afacite*), myth., surnom de Vénus, qui avait un temple dans un lieu nommé *Aphace*. — Oracle en Phénicie.

APHASIE, subst. fém. (*afazi*) (du grec α priv., et φημι, parler), t. de méd., perte de parole.

APHÉLIE, subst. mas. (*afeli*) (du grec απω, loin, et ηλιος, soleil), t. d'astron., la pointe de l'orbite d'une planète où sa distance du soleil est la plus grande possible. — Il est aussi adjectif des deux genres : *la terre est aphélie.*

APHELLAN, subst. mas. (*afèlelan*), t. d'astron., la plus belle étoile des Gémeaux.

APHEPSÈME, subst. mas. (*afèpecème*) (du grec αφεψημα, décoction), t. de pharm., décoction.

APHÉRÈSE, subst. fém. (*afèrèze*) (en grec αφαιρεσις, retranchement, dérivé de αφαιρεω, lequel est formé de απω, dehors, et αιρεω, je prends), figure de diction par laquelle on retranche quelque chose au commencement d'un mot, comme quand on met *temnere* pour *contemnere*.

APHÉSIE, subst. fém. (*afézi*) (du grec αφεσις qui a le même sens), t. de médec., prostration. — Rémission dans une maladie.

APHÈTE, subst. fém. (*afète*), t. d'astrol., nom de la planète qui donne la vie.

APHÉTÉRIENS, subst. mas. plur. (*afètèriein*), myth. Castor et Pollux étaient ainsi surnommés, parce qu'ils avaient un temple dans l'enceinte d'où partaient ceux qui se disputaient le prix de la course. Voy. **APHÉTÉRIES**.

APHÉTÉRIES, subst. fém. plur. (*afètéri*), t. d'antiq., machines de guerre dont on se servait anciennement pour les sièges. — Barrières d'où partaient les chevaux pour la course.

APHIDIENS, subst. mas. plur. (*afidiein*), t. d'hist. nat., famille d'insectes.

APHIDIVORE, adj. et subst. des deux genres (*afidivore*), t. d'hist. nat., qui mange les pucerons.

APHIE, subst. fém. (*afi*), t. d'hist. nat., nom d'un poisson du genre des cyprins.

APHILANTHROPE, subst. des deux genres (*afilantrope*), celui ou celle qui commence à se dégoûter de la société.

APHILANTHROPIE, subst. fém. (*afilantropi*) (du grec α priv., φιλος, ami, et ανθρωπος, homme; *qui n'est pas ami de l'homme*), premier degré de la mélancolie; fuite de la société.

APHILANTHROPIQUE, adj. des deux genres (*afilantropike*), qui a rapport à l'*aphilanthropie* ou à l'*aphilanthrope*.

APHITÉE, subst. fém. Voy. **APHYTÉE**.

APHLOGISTIQUE, adj. des deux genres (*aflojicetike*) (du grec αφλογιστος, qui n'est pas brûlé), t. de médec., qui ne peut s'enflammer; efficace contre l'inflammation.

APHODIES, subst. mas. plur. (*afodi*) (du grec αφοδιον, excrément), t. d'hist. nat., genre d'insectes de l'ordre des coléoptères, qui vivent dans la fiente des animaux.

APHONIE, subst. fém. (*afoni*) (du grec α priv., et φωνη, voix), t. de médec., extinction de voix causée par une maladie.

APHORISME, subst. mas. (*aforiceme*) (du grec αφορισμος, distinction, séparation, définition, formé de αφοριζω, je sépare, je définis), proposition qui renferme en peu de mots une maxime générale, un principe de doctrine. Il se dit surtout en médec. : *les aphorismes d'Hippocrate.*

APHORISTIQUE, adj. des deux genres (*aforicetike*), qui appartient à l'*aphorisme*; qui tient de l'*aphorisme*.

APHRACTE, subst. mas. (*afrakte*) (du grec α priv., et φραττω, je fortifie), t. d'antiq., navire des anciens à un seul rang de rames.

APHRITES, subst. mas. plur. (*afrite*), t. d'hist. nat., genre d'insectes de la famille des syrphies.

APHRIZITE, subst. mas. (*afrizite*), substance minérale noire, crystallisée, fusible au chalumeau.

APHRODE, adj. (*afrode*), t. de médec., écumeux.

APHRODISIADE, subst. fém. (*afrodiziade*), myth., surnom de Vénus.

APHRODISIAQUE, adj. des deux genres et subst. mas. (*afrodiziake*) (du grec αφροδισιακος, formé de Αφροδιτη, Vénus), t. de médec., se dit de ce qui excite à l'acte vénérien.

APHRODISIASME, subst. mas. (*afrodiciaceme*), t. de médec., l'acte vénérien.

APHRODISIE, subst. fém. (*afrodizi*), île ancienne de la mer Persique.

APHRODISIENNES, subst. fém. plur. (*afrodiziène*), t. d'hist. anc., fêtes instituées en l'honneur de Vénus Aphrodite. Elles se célébraient dans l'île de Chypre et ailleurs.

APHRODISIES, subst. fém. plur. (*afrodizi*), t. d'hist. anc., fêtes grecques en l'honneur de Vénus Aphrodite.

APHRODISIOGRAPHE, subst. mas. (*afrodiziogueraſe*) (du grec Αφροδιτη, Vénus, et γραφω, je décris), celui qui décrit les plaisirs de l'amour.

APHRODISIOGRAPHIE, subst. fém. (*afrodiziogueraſi*) (du grec Αφροδιτη, Vénus, et γραφω, je décris), description des plaisirs de l'amour. — T. de médec., traité sur les maladies siphilitiques.

APHRODISIOGRAPHIQUE, adj. des deux genres (*afrodizioguerafike*), qui a rapport à l'*aphrodisiographie*.

APHRODITE, subst. et adj. des deux genres (*afrodite*) (du grec αφρος, écume), myth., surnom de Vénus, née, selon la fable, de l'écume de la mer. — T. d'hist. nat., espèce de chenille de mer. — Au plur., animaux qui se reproduisent sans copulation apparente, comme les vers.

APHROGALE, subst. mas. (*afroguale*) (du grec αφρος, écume, et γαλα, lait), t. de médec., crème fouettée.

APHRONATRON, subst. mas. (*afronatron*), t. d'hist. nat., efflorescence saline que l'on confond quelquefois avec le salpêtre, et qui est du carbonate de soude.

APHRONILLE, subst. fém. (*afronille*), t. de bot., plante dont les racines sont diurétiques.

APHRONITRE, subst. mas. (*afronitre*) (du grec αφρος, écume, et νιτρον, nitre), t. de chim., écume de nitre; ce qu'il y a de plus subtil et de plus léger dans le nitre

APHROSYNIE, subst. fém. (*afrozini*) (du grec αφροσυνη, démence), t. de médec., dérangement des facultés intellectuelles; folie.

APHTHARTES, subst. mas. plur. (*aftarte*), hérétiques du VIe siècle. Voy. **APHTHARTODOCÈTES**.

APHTHARTODOCÈTES, subst. mas. plur. (*aftartodocète*) (du grec αφθαρτος, incorruptible, et δοκεω, je crois), hérétiques qui soutenaient que le corps de Jésus-Christ avait été impassible, parce qu'il était incorruptible.

APHTHE, et non pas **APHTE**, subst. mas. (*afte*) (du grec αφθαι, dérivé de απτω, je brûle), t. de médec., petit ulcère dans la bouche, rond et superficiel.

APHTHEUSE, adj. fém. Voy. **APHTHEUX**.

APHTHEUX, adj. mas., au fém. **APHTHEUSE** (*afteu, teuze*), t. de médec., qui tient de l'*aphthe*.

APHYE, subst. fém. (*afi*) (du grec αφυη, nom grec d'un poisson, dont les Latins ont fait *aphia*), t. d'hist. nat., très-petit poisson de mer qui se tient dans la vase, d'où les anciens croyaient qu'il tirait son origine.

APHYLLE, adj. des deux genres (*afile*) (du grec α priv., et φυλλον, feuilles), t. de bot., qui n'a point de feuilles.

APHYOSTOME, adj. des deux genres et subst. mas. (*afiocetome*) (du grec αφυης, grossier, et στομα, bouche), t. d'hist. nat., se dit d'un insecte qui a la bouche prolongée, informe, avec des palpes saillantes. — Poisson cartilagineux à branchies operculées, sans membranes, à nageoires abdominales.

APHYTÉE, subst. fém. (*afité*) (du grec α priv., et φυτον, tige), t. de bot., plante parasite d'Afrique sans tiges ni feuilles, à fleurs sortant de la racine.

API, subst. mas. (*api*), t. de jard., petite pomme rouge et blanche. — Prov. et fam. : *avoir un visage de pomme d'api,* être rouge comme cette sorte de fruit.

APIAIRES, subst. mas. plur. (*apière*) (du latin *apis*, abeille), t. d'hist. nat., insectes du genre des hyménoptères, section du porte-aiguillon, famille des abeilles.

APIATRE ou **APIASTRE** (*apiâtre*). Voy. **GUÊPIER**.

A PIC, loc. adv. (*a pic*) (du mot français *pic*, pris dans le sens de *haute montagne*), perpendiculairement. Selon nous, *verticalement* vaudrait mieux, attendu qu'on entend toujours par *à pic* : perpendiculairement à l'horizon, et que tel est le sens propre de *verticalement*; tandis que celui de *perpendiculairement* est éventuel. *L'Académie, Laveaux*, etc., qui mettent tous *perpendiculairement*, ont donc tort. — *Côte à pic*, sans talus. —T. de mar., *virer à pic*, virer le câble de façon que l'avant du bâtiment se trouve perpendiculairement sur l'ancre.

APICILAIRE, adj. des deux genres (*apicilère*), t. de bot., se dit des parties placées au sommet des plantes.

APICRE, subst. fém. (*apikre*), t. de bot., genre de plantes qui comprend vingt-huit espèces d'aloès.

APIÉTRI, E, part. pass. de *apiétrir*.

APIÉTRIR, v. neut. (*apiétrir*), décroître, dépérir, devenir *piètre*. Inusité. Il pourrait être utile.

APIGÉ, adj. mas. (*apijé*), t. de mar., se dit dans le Levant d'un bâtiment latin qui n'est pas rendu à sa ligne de charge, mais qui est assez calé pour naviguer.

APILEPSIE, subst. fém. (*apilèpeci*) (du grec

απο, sous, et λαμβανειν, prendre, saisir), t. de médec. On a donné ce nom à l'apoplexie, mais il n'a pas été adopté par l'usage.

APINEL, subst. mas. (*apinèl*), t. de bot., nom de la racine de l'aristoloche.

APION, subst. mas. (*apion*), t. d'hist. nat., insecte de l'ordre des coléoptères, section des tétramères, famille des rhynchophores ou porte-bec.

APIOS, subst. mas. (*apióce*), t. de bot., plante de l'île de Candie.

APIQUÉ, E, part. pass. de *apiquer*.

APIQUER, v. act. (*apiké*), t. de mar., mettre à pic; mettre dans une situation qui approche de la verticale. — V. neut., se dit d'un vaisseau quand il est au-dessus de l'ancre.

APIROPODES, subst. mas. plur. (*apiropode*) (du grec απειρος, infini, et πους, ποδος, pied), t. d'hist. nat., ordre d'animaux sans vertèbres, qui ont un grand nombre de pieds.

APIS, subst. mas. (*apice*), myth., fils de Niobé. Il s'empara de toute l'Egypte, et la gouverna avec tant de douceur que les peuples le regardèrent comme un dieu. On l'adorait sous la figure d'un bœuf, parce qu'on croyait qu'il en avait pris la forme pour se sauver avec les autres dieux quand ils furent vaincus par Jupiter. Il était aussi appelé Osiris et Sérapis. — Taureau sacré des Égyptiens, emblème du taureau céleste ou équinoxial, consacré comme le signe du rajeunissement de la nature au printemps. — Subst. fém. t. d'astron., constellation méridionale, la même que l'*abeille*.

APITÉ, E, part. pass. de *apiter*.

APITER, v. act. (*apité*), attendrir. Vieux.

APITOYÉ, E, part. pass. de *apitoyer*.

APITOYER, v. act. (*apitoèié*), toucher de pitié : *rien ne peut l'apitoyer sur mon sort*. — S'APITOYER, v. pron., éprouver de la *pitié*, de la compassion, être touché, attendri, etc. : *ces cœurs de bronze ne sauraient s'apitoyer sur les maux de leurs semblables*.

APIUS, subst. mas. (*apiuce*), t. d'hist. nat., insecte de l'ordre des hyménoptères, le même que le *trypoxylon*.

APLAIGNÉ, E, part. pass. de *aplaigner*.

APLAIGNER, v. act. (*aplègnié*), t. de manuf. de draps ou autres étoffes en laine, tirer les poils avec des chardons; lainer, parer.

APLAIGNEUR, subst. mas., au fém. APLAIGNEUSE (*aplègnieur, gnieuze*), celui ou celle qui, dans les manuf. de draps ou autres étoffes en laine, tire le poil au sortir des mains du tisserand.

APLAIGNEUSE, subst. fém. Voy. APLAIGNEUR.

APLAN, adv. (*aplan*), t. de mar., commandement aux matelots d'une embarcation sur la Méditerranée de s'asseoir entre les bancs, au fond du bateau, afin de diminuer la bricole.

APLANÉ, E, part. pass. de *aplaner*.

APLANER, v. act. (*aplané*), le même que *aplaigner*.

APLANEUR. Voy. APLAIGNEUR.

APLANEUSE. Voy. APLAIGNEUSE.

APLANI, E, part. pass. de *aplanir*.

APLANIR, v. act. (*aplanir*) (du latin *planus*, plain, uni), rendre uni ce qui était inégal : *aplanir un chemin, une allée, une montagne, une table*. — Fig., *aplanir les voies à quelqu'un; aplanir les difficultés*, etc. — S'APLANIR, v. pron., au prop. et au fig. : *les montagnes, les obstacles s'aplanissent*.

APLANISSEMENT, subst. mas. (*aplaniceman*) (formé de *aplanir*), action d'*aplanir*; état de ce qui est *aplani*; réduction d'un terrein inégal à un *plan uni* : *l'aplanissement des allées d'un parterre*. — Fig. cessation de difficultés, etc.

APLANISSEUR, subst. mas., au fém. APLANISSEUSE (*aplaniceur, ceuze*) (formé de *aplanir*), t. de manuf., celui ou celle qui, après la première tonture des draps, leur donne une certaine façon.

APLANISSEUSE, subst. fém. Voy. APLANISSEUR.

APLATI, E, part. pass. de *aplatir*, et adj. Voy. APLATIR. On dit en physique que *la terre est aplatie*, pour dire que son axe est plus petit que le diamètre de l'équateur. — T. de géom., *sphéroïde aplati*, celui dont l'axe est plus petit que le diamètre de son équateur.

APLATIR, v. act. (*aplatir*), rendre *plat*. — S'APLATIR, v. pron., devenir *plat*.

APLATISSEMENT, subst. mas. (*aplaticeman*) (formé de *aplatir*), action d'*aplatir*; résultat de cette action. — *L'aplatissement de la terre*, l'état de la terre en tant qu'*aplatie*. Voy. APLATI.

APLATISSERIE, subst. fém. (*aplaticeri*), t. de forges, atelier de forge où les fers sont *aplatis*.

APLATISSEUR, subst. mas., au fém. APLATISSEUSE (*aplaticeur, ceuze*) (formé de *aplatir*), qui *aplatit*. — *Aplatisseur du globe*, physicien qui croit les pôles *aplatis*. — T. de forges, l'ouvrier qui *aplatit* les barres de fer.

APLATISSEUSE, subst. fém. Voy. APLATISSEUR.

APLATISSOIR, subst. mas. (*aplatiçoare*) (formé de *aplatir*), en t. de forges, cylindre pour *aplatir*, étendre les fers.

APLESTÉ, E, part. pass. de *aplester*.

APLESTER, v. act. (*aplèceté*), t. de mar., déferler, orienter les voiles au départ. Inusité.

APLESTIE, subst. fém. (*aplèceti*) (du grec α priv., et πληθω, je remplis), t. de médec., insatiabilité, avidité insatiable. Peu usité.

APLET, subst. mas. (*aplé*), t. de pêche, filet, rets pour le hareng.

APLITE, subst. mas. (*aplite*), t. d'hist. nat., roc quartzeux, appelé ainsi par les Suédois.

APLOCÈRES ou **SIMPLICICORNES**, subst. mas. plur. (*aplocère* ou *simplicikorne*), t. d'hist. nat., famille d'insectes de l'ordre des diptères.

APLOMB, subst. mas. (*aplon*), ligne perpendiculaire à l'horizon : *ce mur tient bien son aplomb*. — On dit aussi *ce mur, cette ligne est d'aplomb*. — En t. d'escrime et de danse, on dit qu'*un homme a de l'aplomb, qu'il est bien d'aplomb*. — En t. de peinture, pondération des figures. — En t. de manége, on dit, dans un sens analogue, *les aplombs d'un cheval*. — Fig., on dit qu'*un homme a de l'aplomb dans sa conduite, dans son caractère*, ou simplement qu'*il a de l'aplomb*, pour dire qu'il a de la tenue, qu'il y a dans sa conduite de la suite, de l'assurance. — À PLOMB, loc. adv., verticalement.

APLÔME, subst. mas. (*aplôme*) (du grec α priv., et απλοος, simple), t. d'hist. nat., substance minérale peu connue, brune, ressemblant beaucoup au grenat, dont pourtant elle diffère. — T. de liturgie, l'une des nappes qu'on met sur l'autel, dans l'Église grecque.

APLOTOMIE, subst. fém. (*aplotomi*) (du grec απλοος, simple, et τεμνω, je coupe), t. de chir., ouverture simple à une partie molle.

APLUDE, subst. fém. (*aplude*), t. de bot., genre de graminées. — On dit aussi *apludée*.

APLUSTRE, subst. mas. (*apluceтre*), t. de mar., ornement de la proue d'un vaisseau. Peu usité.

APLYSIES, subst. fém. plur. (*aplizi*), t. d'hist. nat., mollusques gastéropodes.

APNÉE, subst. fém. (*apné*) (du grec α priv. et de πνεω, je respire), t. de médec., défaut de respiration.

APNÉOLOGIE, subst. fém. (*apnéoloji*) (du grec α priv., πνεω, je respire, et λογος, discours), t. de médec., traité des *apnées*.

APNÉOLOGIQUE, adj. des deux genres (*apnéolojike*), qui concerne l'*apnéologie*.

APNÉOSPHYXIE, subst. fém. (*apnéocefikci*) (du grec α priv., πνεω, je respire, et σφυξις, battement), t. de médec., suspension de la respiration et du pouls.

APOA, subst. mas. (*apoa*), t. d'hist. nat., sorte de canard du Brésil. — Espèce de serpent du même pays.

APOÂTRE, subst. mas. (*apoâtre*), t. d'hist. nat., nom vulgaire du guêpier. Inus.

APOBOMIES, subst. fém. plur. (*apobomi*) (du grec απο, loin, et βωμος, autel), t. d'hist. anc., chez les anciens Grecs, fêtes dans lesquelles on ne sacrifiait point sur l'autel, mais sur le pavé du temple.

APOCALBASUM, subst. mas. (*apokalbazome*), t. d'hist. nat., substance résineuse d'euphorbe. On s'en sert en Afrique pour empoisonner les armes.

APOCALYPSE, subst. fém. L'*Académie* dit que *quelques-uns font ce mot* mas. : nous lui demanderons pourquoi. Cela ne dépend-il pas d'elle? (*apokalipce*) (en grec αποκαλυψις, révélation, dérivé de αποκαλυπτω, je découvre, je révèle, lequel est composé de απο, et καλυπτω, je voile, je couvre), révélation. — Un des livres du Nouveau-Testament, écrit par saint Jean. — Au fig., chose obscure, cachée, enveloppée, mystérieuse : *c'est un vrai style d'Apocalypse*. — On appelle prov. et pop. *cheval de l'Apocalypse* un mauvais cheval très-maigre.

APOCALYPTIQUE, adj. des deux genres (*apokaliptike*), qui concerne l'*Apocalypse*. — Fig., prophétique; obscur comme le style de l'*Apocalypse*.

APOCAPNISME, subst. mas. (*apokapniceme*) (du grec αποκαπνισμος, fumigation), t. de médec., fumigation de vapeurs aromatiques.

APOCAPONE, subst. mas. (*apokapone*), t. de bot., arbre dont le fruit est un poison violent.

APOCATASTASIS, subst. fém. (*apokatacetâzice*) (du grec αποκαταστασις, rétablissement d'une chose dans son premier état) t. de médec., retour à la santé.

APOCATHARSIE, subst. fém. (*apokatarci*), (du grec απο, hors, et καθαιρω, je purge), t. de médec., purgation.

APOCATHARTIQUE, adj. des deux genres et subst. mas. (*apokatartike*), t. de médec., se dit d'un purgatif.

APOCÉNOSE, subst. fém. (*apocénôze*) (du grec αποκενοω, formé de απο, hors, et κενοω, j'évacue), t. de médec., sorte d'hémorrhagie ou de flux d'humeur, sans irritation ni fièvre.

APOCHYLISME, subst. mas. (*apochiliceme*) (du grec αποχυλιζω, formé de απο, et χυλος, suc), t. de pharm., suc végétal épaissi, appelé autrement *rob*. — On dit aussi : *apochylime, apochylinne*.

APOCHYMA, subst. mas. (*apokima*) (du grec αποχυμα, résine raclée, détachée d'un navire), goudron détaché des navires qui ont tenu la mer.

APOCIN, subst. mas. Voy. APOCYN.

APOCINOS, subst. mas. (*apocinóce*), t. d'hist. anc., danse ancienne dont on n'a conservé que le nom.

APOCO, subst. mas. (*apôkô*), terme emprunté de l'italien, qu'on emploie pour désigner un homme de peu d'esprit ou de peu de sens : *il parle comme un apoco; on le traite d'apoco*. — Personne de mauvais air, mal vêtue. Peu usité.

* **APOCOPE**, subst. fém. (*apokope*) (du grec αποκοπτω, je coupe, je retranche, formé de απο, dehors, et κοπτω, je coupe), t. de gramm., retranchement de quelque chose à la fin d'un mot : *di* pour *dii*; *je voi* pour *je vois*, etc. — En anat., fracture ou coupure dans laquelle une pièce de l'os est séparée ou enlevée.

APOCRÉOS, subst. fém. (*apokreoce*) (du grec απο, prép. qui marque ici l'éloignement, et κρεας, gén. κρεατος, chair; *privation de chair*), t. de liturgie. Chez les Grecs, on appelait ainsi la semaine qui répond à celle que l'Église latine nomme Septuagésime.

APOCRISIAIRE, subst. mas. (*apokrizière*) (du grec αποκρισις, réponse, dérivé de αποκρινομαι, répondre), t. d'hist. anc., porteur de réponses, envoyé, agent qui portait les réponses d'un prince; officier chargé de l'expédition des actes, des édits. — Garde du trésor dans les monastères. — C'était autrefois le nom du grand-aumônier. Inus.

APOCRISIE, subst. fém. (*apokrizi*) (du grec αποκρισις, sécrétion), t. de médec., excrétion.

APOCROUSTIQUE, adj. des deux genres et subst. mas. (*apokroucetike*) (en grec αποκρουστικος, dérivé de αποκρουσθαι, repousser), t. de médec., se dit d'un médicament destiné à repousser les humeurs malignes.

APOCRYPHE, adj. des deux genres (*apokrife*) (du grec απο, et κρυπτω, je cache), mot grec qui signifie secret, inconnu, caché. Il se disait chez les anciens de tout écrit conservé soigneusement et dérobé à la connaissance du public, tel que les livres des sibylles à Rome, confiés à la garde des décemvirs. Il ne s'emploie proprement dans notre langue qu'en parlant de certains livres que l'Église ne reçoit pas comme canoniques. — On le dit par extension des historiens et des histoires dont l'autorité est suspecte : *auteur, livre, histoire, anecdote apocryphe*. — *Une nouvelle apocryphe* est une nouvelle à laquelle on ne peut guère ajouter foi. — Il diffère de *supposé*, en ce que la chose *apocryphe* n'est ni prouvée ni authentique, et que la chose *supposée* est controuvée et fausse.

APOCYÉSIE, subst. fém. (*apociézi*) (du grec αποκυεω, je délivre), t. de médec., parturition.

APOCYN, subst. mas. (*apocein*) (du grec απο, loin, et κυων, chien; parce que les Athéniens oncru que l'*apocyn* faisait mourir cet animal), t. de bot., plante vivace, originaire de la Syrie et des pays chauds, dont les semences aigrettées fournissent l'espèce de coton appelé *ouate*. On la nomme encore *ouate*, ou *la soyeuse* — *Apocyn*, *gobe-mouches*, plante originaire du Canada et de la Virginie, dont les pétales se contractent lorsqu'une mouche se pose sur la fleur.

APOCYNÉES, subst. fém. plur. (*apociné*), t. de bot., plantes de l'ordre des dicotylédones.

APODACRYTIQUE, adj. des deux genres et subst. mas. (*apodakritike*) (du grec απο, et δακρυ, larme), t. de médec., se dit d'un remède qui, chez les anciens, faisait d'abord couler les larmes, et les arrêtait ensuite.

APODE, subst. mas. (*apode*) (du grec α priv., et πους, gén. ποδος, pied), t. d'hist. nat., hirondelle de mer qui a les pattes fort courtes. — Poisson sans nageoires. — Larve sans pattes de certains insectes. — T. d'antiq., chez les anciens, marmite sans pieds. — Adj. des deux genres : *des poissons apodes*.

APODECTE, subst. mas. (*apodèkte*), t. d'hist. anc., receveur des tributs chez les Athéniens.

APODÉIPNE ou **APODIPNE**, subst. fém. (*apodé-ipne, apodipne*) (du grec απο, loin, après, et δειπνον, soupé), t. d'hist. anc., chanson des anciens Grecs pour l'après-soupé. —Les Latins l'appelaient *post-cœna*.

APODICTIQUE, adj. des deux genres (*apodiktike*) (en grec αποδεικτικος, dérivé de αποδεικνυμι, prouver, démontrer clairement), t. de log., démonstratif, convaincant. Peu usité.

APODIOXIS, subst. fém. (*apodiokcice*) (du grec αποδιωκω, je repousse, je rejette), fig. de rhét. par laquelle on rejette un argument comme absurde.

APODIPNE, subst. fém. Voy. **APODÉIPNE**.

APODOPNIQUE, adj. des deux genres (*apodopnike*) (du grec αποδος, retour, et πνεω, je respire), t. de phys. : *soufflet, pompe apodopnique*, propre à rétablir la respiration chez les personnes asphyxiées.

APODOSE, subst. fém. (*apdôze*). Les anciens désignaient par ce mot la seconde partie d'une période. — T. d'hist. nat., espèce de poisson.

APOGALACTISME, subst. mas. (*apogualaktiseme*) (du grec απο qui marque privation, et γαλα, lait), t. de méd., ablactation.

APOGÉE, subst. mas. (*apojé*) (du grec απο, loin, et γαια, terre), t. d'astron., le point où un astre, une planète sont le plus éloignés de la terre : *le soleil est dans son apogée*. — Il est opposé à *périgée*. — Fig. : *l'apogée de la gloire, de la fortune, de la puissance*. — Il est aussi adj. : *la lune est apogée*.

APOGÉTIQUE, adj. des deux genres (*apojétike*), qui tient du doute, du pyrrhonisme.

APOGEUSIE, subst. fém. (*apogueuzi*) (du grec απο, qui marque privation, et γευσις, goût), t. de médec., dérangement dans le sens du goût.

APOGON, subst. mas. (*apoguon*), t. d'hist. nat., genre de poissons excellents qui tiennent des mulets ; roi des rougets.

APOGONE, subst. et adj. (*apoguone*) (du grec απογονος, qui naît de...), t. de méd., fœtus viable. Peu usité.

APOGRAPHE, subst. mas. (*apoguerafe*) (du grec απογραφω, je copie, je transcris, formé de απο, et γραφω), copie de quelque livre ou écrit, par opposition à *autographe*, qui signifie : un livre, un écrit original.

APOINTISSÉ, E, part. pass. de *apointisser*.

APOINTISSER, v. act. (*apoeinticé*), rendre *pointu*, n'est pas français.

APOJOVE, subst. mas. (*apojove*), t. d'astron., point du plus grand éloignement d'un satellite de Jupiter à cette planète.

APOLEPSIE, subst. fém. (*apolèpci*) (du grec απολη]ψις, mot qui se trouve dans Hippocrate avec le sens de *suppression*), t. de médec., suppression.

APOLEXIE, subst. fém. (*apolèkci*) (du grec απολεω, détruire), t. de médec., décrépitude.

APOLINOSE, subst. fém. (*apolinôze*) (du grec απολινωσις, ligation), t. de médec., ancienne opération de la fistule à l'anus.

APOLLE, subst. fém. (*apole*), t. d'hist. nat., coquille qui faisait autrefois partie des *rochers* de Linnée.

APOLLINAIRE, adj. mas. (*apolelinère*), t. d'hist. anc., du dieu *Apollon* : *jeux apollinaires*, jeux célébrés en l'honneur d'*Apollon*.

APOLLINARISTES, subst. mas. plur. (*apolelinaricete*) (d'*Apollinaire*, évêq. de Laodicée, chef de cette secte), hérétiques qui ne croyaient point que Jésus-Christ eût pris de la sainte Vierge une véritable chair.

APOLLO ou **APOLLON**, subst. mas. (*apolelô, apolelon*), t. de mus., instrument à vingt cordes simples, assez semblable au théorbe.

APOLLON, subst. mas. (*apolelon*), myth., fils de Jupiter et de Latone, et frère de Diane, dieu de la poésie, de la médecine et des arts. On l'appelait *Phœbus* au ciel, où il était chargé de conduire le soleil. Il habitait avec les neuf Muses les monts Parnasse, Hélicon, Piérius, les bords d'Hippocrène et du Permesse, où paissait ordinairement le cheval Pégase, qui leur servait de monture. Jupiter ayant foudroyé Esculape, fils d'Apollon, pour le punir d'avoir ressuscité Hippolyte, Apollon tua les Cyclopes, parce que les foudres avaient été fournies par eux. Cette action le fit chasser du ciel. Il se retira chez Admète, roi de Thessalie, dont il gardait les troupeaux quand Mercure vint les voler, après avoir ôté au dieu berger le moyen de les défendre en lui dérobant son arc et ses flèches. *Apollon* alla bientôt avec Neptune aider Laomédon à relever les murs de Troie, mais ils ne purent obtenir de lui aucun salaire. Lorsque les eaux du déluge de Deucalion furent retirées, Apollon tua le serpent Python qui était né du limon de la terre, et qui désolait les campagnes. Il couvrit de la peau de cet animal, dans un des temples qui lui étaient consacrés, le trépied de la Pythonisse. Les lieux les plus fameux où se rendaient ses oracles étaient Delphes, Délos, Ténédos, Claros et Patare, et son temple le plus beau et le plus célèbre était celui de Delphes. Il aima Leucothoé, Daphné, Clytie et une infinité d'autres. Le coq, l'épervier et l'olivier lui étaient consacrés, parce que ceux et celles qu'il avait aimés avaient été métamorphosés en olivier, en épervier ou en coq. On le représente ordinairement avec une couronne de laurier et une lyre à la main, ou entouré des instruments destinés aux arts, ou sur un char traîné par quatre chevaux, parcourant le zodiaque. — Au fig., on dit *c'est un Apollon* en parlant d'un grand poète, ou par ironie en parlant d'un homme entiché de la manie des vers.—On dit aussi d'un homme bien fait : *il est fait comme un Apollon, c'est un Apollon*. — Il prend quelquefois le sens de inspiration : *l'amour de la patrie fut son Apollon*.— *Les fils, les favoris d'Apollon*, les poètes. — *Il rime en dépit d'Apollon*, ses vers sont détestables.—En hist. nat., on donne ce nom à un grand papillon de jour appelé aussi *papillon des Alpes*. — On nommait autrefois *apollon* une petite robe de chambre qui ne descendait qu'à la moitié des cuisses.

APOLLONIE, subst. fém. (*apoleloni*), nom de plusieurs anciennes villes consacrées à *Apollon*.

APOLLONIEN, adj. mas., au fém. **APOLLONIENNE** (*apolelonien, niène*) (d'*Apollonius*, ancien géomètre de Pamphylie, de qui nous avons un traité fort étendu des sections coniques), t. de géom.: *hyperbole, parabole apollonienne*, l'hyperbole, la parabole ordinaire.

APOLLONIES, subst. fém. plur. (*apoleloni*), t. d'hist. anc., fêtes instituées en l'honneur d'Apollon.

APOLLONION, subst. mas. (*apolelonion*), t. d'hist. anc., mois des Athéniens.

APOLOGÉTIQUE, adj. des deux genres (*apolojétike*), qui contient une *apologie* : *lettre, discours apologétique*. — On dit aussi subst. au mas. : *l'Apologétique de Tertullien*, c'est-à-dire, son *apologie* pour les chrétiens.

APOLOGIE, subst. fém. (*apoloji*) (du grec απο, de, et λογος, discours, dérivé de λεγω, je parle en faveur de...), discours par écrit ou de vive voix pour la justification, pour la défense de quelqu'un, de quelque action, de quelque ouvrage : *faire son apologie, l'apologie de sa conduite; il a fait votre apologie*. — Il se dit, par extension, de tout ce qui est propre à justifier quelqu'un : *quoi qu'on puisse dire contre lui, ses actes sont les meilleures apologies de ses sentiments*.

APOLOGIQUE, adj. des deux genres (*apolojike*), qui tient de l'*apologie*. Inusité.

APOLOGISÉ, E, part. pass. de *apologiser*.

APOLOGISER, v. act. (*apolojizé*), faire l'*apologie*. Ce mot a été créé par *Mirabeau*, mais personne ne l'a recueilli depuis.

APOLOGISTE, subst. des deux genres (*apolojicete*) (rac. *apologie*), celui ou celle qui fait l'*apologie*, qui prend la défense de quelqu'un ou de quelque chose.

APOLOGUE, subst. mas. (*apologue*) (du grec απο, de, et λογος, discours, dérivé de λεγω, je parle), fable morale, histoire feinte pour instruire ou pour corriger.

APOLTRONI, E, part. pass. de *apoltronir*.

APOLTRONIR, v. act. (*apoltronir*), vieux t. de fauconn., couper les serres des pouces.

APOLTRONNÉ, E, part. pass. de *apoltronner*.

APOLTRONNER, v. act. (*apoltroner*), rendre poltron. Familier et peu usité.

APOLYSE, subst. fém. (*apolize*) (formé du grec απο, et λυω, je délie), t. de liturgie dans l'Église grecque, la fin des prières de la messe. C'est notre *Ite, missa est*, à la place duquel les Grecs disent : *in pace procedamus*, allons en paix.

APOLYSIE, subst. fém. (*apolizi*) (du grec απολυσις, action de disjoindre), t. de chir., relâchement des bandages.

APOLYTIQUE, subst. mas. (*apolitike*), t. de liturg., refrain qui termine des parties de l'office.

APOMATHISIE, subst. fém. (*apomatizi*) (du grec απο, qui marque privation, et μαθειν, apprendre), t. de médec., oubli de ce que l'on a appris.

APOMÉCOMÈTRE, subst. mas. (*apomèkomètre*), t. de géom., instrument pour estimer la distance des objets éloignés. Voy. **APOMÉCOMÉTRIE**.

APOMÉCOMÉTRIE, subst. fém. (*apomèkométri*) (du grec απο, loin, μηκος, longueur ou distance, et μετρον, mesure), t. de géom., art d'estimer la distance des objets éloignés.

APOMÉCOMÉTRIQUE, adj. des deux genres (*apomèkométrike*), qui est relatif à l'*apomécomètre* ou à l'*apomécométrie*.

APOMEL, subst. mas. (*apomèle*), t. de chim., résultat de la lotion des rayons de miel avec l'eau de pluie.

APOMYTTOSE ou **APOMYSTOSE**, subst. fém. (*apomitetoze*) (du grec απομυττεσθαι, se moucher), t. de médec., maladie qui consiste dans un tremblement considérable de la tête, avec une respiration bruyante comme le ronflement d'un homme qui dort.— Tremblement général du corps, accompagné d'une respiration stertoreuse.

APONE, subst. mas. et adj. des deux genres (*apone*) (du grec α priv. et πονος, douleur) t. de médec., se dit des remèdes contre la douleur. — Subst. fém., myth., fontaine d'Italie, près de Padoue. On attribuait à ses eaux une vertu de divination.

APONÉVROGRAPHE, subst. mas. (*aponévroguerafe*) (du grec απονευρωσις, aponévrose, et γραφω, je décris), t. d'anat., celui qui décrit les *aponévroses*.

APONÉVROGRAPHIE, subst. fém. (*aponévroguerafi*) (du grec απονευρωσις, aponévrose, et γραφω, je décris), t. d'anat., description des *aponévroses*.

APONÉVROGRAPHIQUE, adj. des deux genres (*aponévroguerafike*), t. d'anat., qui a rapport à l'*aponévrographie*.

APONÉVROLOGIE, subst. fém. (*aponévroloji*) (du grec απονευρωσις, aponévrose, et λογος, discours), t. d'anat., traité des *aponévroses*.

APONÉVROLOGIQUE, adj. des deux genres (*aponévrolojike*), t. d'anat., qui a rapport à l'*aponévrologie*.

APONÉVROSE, subst. fém. (*aponévrôze*) (du grec απονευρωσις), t. d'anat., expansion membraneuse d'un muscle, d'un tendon.

APONÉVROSIOLOGIE, subst. fém. (*aponévrozioloji*), a le même sens que *aponévrologie*. Voy. ce mot.

APONÉVROSIOLOGIQUE, adj. des deux genres (*aponévroziolojike*), a le même sens que *aponévrologique*. Voy. ce mot.

APONÉVROTIQUE, adj. des deux genres (*aponévrotike*), t. d'anat., qui tient de l'*aponévrose*.

APONÉVROTOMIE, subst. fém. (*aponévrotomi*) (du grec απονευρωσις, aponévrose, et τεμνω, je coupe), t. d'anat., dissection des *aponévroses*.

APONÉVROTOMIQUE, adj. des deux genres (*aponévrotomike*), t. d'anat., qui est relatif à l'*aponévrotomie*.

APONIE, subst. fém. (*aponi*) (du grec α priv., et πονος, peine, fatigue), t. de médec., cessation de la douleur.

APONITROSE, subst. fém. (*aponitrôze*) (du grec απο, de, et νιτρον, nitre), t. de médec., action de saupoudrer un ulcère de nitre.

APONOGET ou **APONOGÉTON**, subst. mas. (*aponojé, jéton*), t. de bot., genre de plantes de la famille des gouets.

APOPHANE, adj. des deux genres (*apofane*) (du grec αποφαινω, je démontre), t. d'hist. nat., se dit des crystaux où l'on reconnaît la position du noyau, la direction ou la mesure des décroissements.

APOPHASE, subst. fém. (*apofâze*) (du grec αποφασις), figure de rhétorique par laquelle on répond à une question que l'on s'est faite à soi-même.

APOPHLEGMATIQUE, adj. des deux genres et subst. mas. (*apoflèguematike*), t. de médec., qui salive beaucoup.

APOPHLEGMATISANT, E, adj. (*apoflèguematizan, zante*), t. de médec., se dit des remèdes qui chassent les mucosités par la bouche. — Se dit particulièrement d'une plante masticatoire facilitant l'évacuation du phlegme.

APOPHLEGMATISME, subst. mas. (*apoflèguematiceme*) (du grec απο, de, et φλεγμα, phlegme, pituite), t. de médec., médicaments qu'on a crus propres à purger la pituite.

APOPHORÈTES, subst. mas. plur. (*apoforète*) (du grec αποφερω, j'emporte, formé de απο, de, et φερω, je porte), t. d'hist. anc., présents que se faisaient les Romains pendant les saturnales. C'était à peu près ce que nous appelons *étrennes*.

APOPHTHEGMATIQUE, adj. des deux genres (*apofetéguematike*), qui concerne l'*apophthegme*.

APOPHTHEGME, subst. mas. (*apofetégueme*) (du grec αποφθεγμα, formé de απο, prép. qui renforce le sens du mot, et φθεγγομαι, parler), dit mémorable, pensée forte et concise de quelque personnage illustre : *les apophthegmes des sept sages de la Grèce*. — Sentence, maxime. — Ironiquement, *ne parler que par apophthegmes*, être sentencieux.

APOPHTHORE, subst. mas. (*apofetore*) (du grec αποφθειρω, je corromps), t. de médec., destruction du germe, avortement.

APOPHYGE, subst. fém. (*apofije*) (du grec αποφυγη, fuite), t. d'archit., l'endroit où la colonne sort de sa base et commence à monter.

APOPHYLLITE, subst. fém. (*apofilelite*) (du grec αποφυλλιζω, j'effeuille, dérivé de α priv., et φυλλον, feuille), t. de minér., substance minérale nouvellement découverte, qui, exposée à l'action du feu, des acides et du frottement, se divise en feuillets.

APOPHYSE, subst. fém. (*apofize*) (du grec απο, de, et φυομαι, naître, sortir), t. d'anat., partie éminente du corps d'un os. — T. de bot., excroissance.

APOPIESME, subst. mas. (*apopièceme*) (du grec αποπιεζω, pressurer, exprimer), t. de médec., expression des humeurs produites par l'application des bandages sur les plaies et les fractures.

APOPLECTIQUE, adj. des deux genres (*apoplèketike*), qui appartient à l'*apoplexie* : *symptômes apoplectiques*. — Qui menace d'*apoplexie* : *il a l'air apoplectique*. — Qui guérit ou préserve d'*apoplexie* : *remède, baume apoplectique* ou *antiapoplectique*. — On dit substantivement : *c'est un apoplectique*.

APOPLEXIE, subst. fém. (*apoplèkci*) (en grec αποπληξια, formé de απο, et πλησσω, je frappe, j'abats), t. de médec., maladie du cerveau, obstruction du principe des nerfs, qui prive subitement tout le corps de mouvement et de sentiment.

APOPONIE, subst. fém. (*apoponi*), t. de bot., plante des Indes.

APOPSYCHIE, subst. fém. (*apopeciki*) (du grec απο, loin, et ψυχη, souffle), t. de médec., suffocation.

APOPTOSE, subst. fém. (*apopetôze*) (du grec αποπτωσις, chute), t. de médec., relâchement ou chute d'un bandage.

APORE ou **APORON**, subst. mas. (*apore, aporon*) (en grec απορον, chose impossible ou impraticable, formé de α priv., et de πορος, passage), t. de math., problème fort difficile, considéré comme insoluble. — On dit aussi *aporisme*.

APORIE, subst. fém. (*apori*) (du grec α priv., et πορος, issue), anxiété. Inus.

APORISME, subst. mas. Voy. APORE.

APORON, subst. mas. Voy. APORE.

APORRAXIS, subst. mas. (*aporerakcice*), t. d'antiq., espèce de jeu de paume chez les anciens.

APORRHÉE, subst. fém. (*aporeré*) (du grec απο, de, et ρεω, je coule), t. de phys., émanation, exhalaison sulfureuse qui s'élève de terre. — T. de médec., chute des cheveux.

APOSCHASIE, subst. fém. (*apocekazi*) (du grec αποσχαζω, j'ouvre la veine), t. de chir., incision, scarification d'une veine.

APOSCEPSIE, subst. fém. (*apocèpeci*) (du grec αποσκηπτω, formé de απο, et σκηπτω, je tombe), t. de médec., passage, chute rapide des humeurs d'une partie du corps dans une autre.

APOSIE, subst. fém. (*apôzi*), le même que *aposis*. Voy. ce mot.

APOSIOPÈSE, subst. fém. (*apoziôpèze*) (du grec απο, et σιωπαω, je me tais), figure de rhétorique, espèce d'ellipse ou d'omission. Cette figure est ordinaire dans les menaces : *si je vous... mais...* — On l'appelle aussi *réticence*.

APOSIS, subst. fém. (*apôzice*) (du grec α priv., et ποσις, soif), t. de médec., diminution de la soif.

APOSITIE, subst. fém. (*apôzici*) (du grec αποσιτεω, je m'abstiens de manger), t. de médec., dégoût, aversion pour les aliments.

APOSITIQUE, adj. des deux genres et subst. mas. (*apozitike*), qui a rapport à l'*apositie*. — Se dit des substances qui détruisent l'appétit.

APOSKÈME, subst. mas. (*apocekème*) (du grec αποσκεμμα qui a le même sens), t. de médec., afflux des liquides vers quelque partie.

APOSMODATIQUE, adj. des deux genres (*apocemodatike*) (du grec απο, loin de, et οσμη, odeur), qui nettoie les dents. Inus.

APOSPASME, subst. mas. (*apocepaceme*) (du grec αποσπασμα, ce qui a été arraché), t. de médec., solution de continuité.

APOSPHACÉLÉSIE, subst. fém. (*apocefacélézi*) (du grec αποσφακελιζω, être attaqué de la gangrène), t. de médec., gangrène qui survient dans les plaies par l'action d'un bandage trop serré.

APOSPHAGME, subst. mas. (*apocefagueme*) (du grec αποσφαγμα, lie), t. de médec., écoulement fétide.

APOSTALAGME, subst. mas. (*apocetalagueme*) (du grec αποσταλαγμα, distillation), liqueur sucrée faite avec des raisins non pressés. Vieux.

APOSTASE, subst. fém. (*apocetâze*) (en grec αποστασις, abcès), t. de médec., abcès dangereux. — Fragment d'un os fracturé.

APOSTASIE, subst. fém. (*apocetazi*) (en grec αποστασις, dérivé de αφισταμαι, se retirer, lequel est formé de απο, loin, et ισταμαι, être debout, se tenir ferme), abandon public d'une religion, particulièrement de la religion chrétienne, pour une autre. — Renonciation d'un religieux à ses vœux, à son habit. — Figurément et par extension, désertion d'un parti, d'une doctrine, etc. — Action d'*apostasier*.

APOSTASIER, v. neut. (*apocetazié*) (rac. *apostasie*), abandonner pour une autre la religion qu'on avait suivie jusque-là. — En parlant d'un religieux, renoncer à ses vœux. — Fig., abandonner un parti, une doctrine, etc., pour s'attacher à un autre parti, pour suivre une autre doctrine, etc.

APOSTAT, subst. mas., au fém. **APOSTATE** (*apoceta, tate*), celui ou celle qui *apostasie*, qui abandonne sa religion pour une autre. — Religieux qui renonce à ses vœux. — Par extension, on appelle *apostat* celui qui quitte ou qui a quitté un parti, une doctrine, etc., pour s'attacher à un autre parti, à une autre doctrine, etc. — Il se dit aussi adjectivement : *un moine apostat*. — L'*Académie* ne donne à ce mot que le genre masculin : nous trouvons *apostate* dans *Gattel* et *Boiste*, et nous n'hésitons pas à présenter ce féminin comme légitime.

APOSTAXIS, subst. fém. (*apocetakcice*) (en grec αποσταξις, écoulement goutte à goutte, formé de αποσταζω, distiller, dégoutter), t. de médec., saignement de nez.

APOSTÉ, E, part. pass. de *aposter*.

APOSTÈME ou **APOSTUME**, subst. mas. (*apocetème, tume*) (du grec αποστημα, éloignement, dérivé de αφιστημι, je m'éloigne), enflure extérieure avec putréfaction, abcès. — Les médecins disent *apostème*; dans le langage ordinaire on dit à tort *apostume*. Vieilli; *abcès* est aujourd'hui plus usité, si ce n'est dans le style plaisant : *il en fut quitte pour un apostème, dont, à la vérité, se serait bien passé ce visage déjà si grotesque*. — Prov. et fig., *il faut que l'apostume crève*, pour dire : il faut que cette passion cachée, que cette conjuration, que ce secret, etc., finisse par éclater.

APOSTER, v. act. (*apoceté*), proprement : mettre quelqu'un dans un *poste*; placer quelqu'un de telle sorte, qu'il puisse observer ou exécuter quelque chose : *aposter des espions, des témoins, des assassins*. Ce mot ne se prend guère qu'en mauvaise part. Voy. POSTER. — *s'*APOSTER, v. pron.

À POSTERIORI. Voy. POSTERIORI.

APOSTILLATEUR, subst. mas. (*apostilateur*), t. de jurispr., celui qui a fait des *apostilles*, des notes sur un ouvrage de jurisprudence.

APOSTILLE, subst. fém. (*apocetiie*) (du latin barbare *apostilla*, dérivé de *ad posita*, placée contre), petite note sur un écrit, sur un ouvrage, soit pour le critiquer ou l'éclaircir, soit pour se rappeler plus aisément ce qu'on y a observé. — Écrit succinct que des arbitres mettent à la marge d'un mémoire, d'un compte, etc., des articles contestés. — Addition au bas d'une lettre : *il lui manda par apostille que....*; autrement *postscriptum*. — Recommandation écrite en marge d'une pétition, d'une adresse, d'un mémoire : *il avait trois ou quatre bonnes apostilles en marge de sa pétition*.

APOSTILLÉ, E, part. pass. de *apostiller*, et adj. : *Les pétitions apostillées sont souvent celles qu'on exauce le moins*.

APOSTILLER, v. act. (*apocetiié*), faire une ou des *apostilles* à : *apostiller un livre, un compte, une pétition*. — On ne dit pas, dans la troisième acception du mot *apostille*, *apostiller une lettre*, mais *mettre une apostille à une lettre*. V. APOSTILLE. — *s'*APOSTILLER, v. pron.

APOSTIS, subst. mas. plur. (*apocetice*), t. de mar., deux pièces de bois, dont l'une est le long de la bande droite d'une galère, et l'autre le long de la bande gauche. Inusité aujourd'hui.

APOSTOLAT, subst. mas. (*apocetola*) (en latin *apostolatus*), ministère de l'*apôtre*.

APOSTOLE, subst. mas. (*apocetole*), vieux mot qui signifiait *apôtre*; et à Athènes, armateur.

APOSTOLICISME, subst. mas. (*apoceteliciceme*), doctrine des *apôtres*; doctrine de ceux qui croient à la suprématie de l'Église. (Omis par l'*Académie*.)

APOSTOLICITÉ, subst. fém. (*apocetolicité*), conformité de doctrine avec l'Église *apostolique*. — Conformité de mœurs avec les *apôtres*. — Autorité d'un caractère conféré par le saint-siége : *personne n'a eu l'idée de contester l'apostolicité de sa mission*. (Omis par l'*Académie*.)

APOSTOLIN, subst. mas. (*apocetolein*), religieux d'Italie.

APOSTOLIQUE, adj. des deux genres (*apocetolike*), se dit de ce qui appartient aux *apôtres*, de ce qui convient à un *apôtre*, de ce qui tient de l'*apôtre*, etc. : *tradition apostolique*; *église apostolique*; *vie apostolique*, etc. — Qui concerne le saint-siége, qui émane du saint-siége : *notaire apostolique*, celui qui fait les expéditions pour la cour de Rome, ou bien celui qui, dans chaque diocèse, était autorisé à rédiger les actes en matière ecclésiastique; *nonce apostolique*; *bref apostolique*; etc.

APOSTOLIQUEMENT, adv. (*apocetolikeman*), à la manière des *apôtres*; saintement : *prêcher apostoliquement*; *vivre apostoliquement*.

APOSTOLISÉ, E, part. pass. de *apostoliser*.

APOSTOLISER, v. act. (*apocetolizé*), prêcher à la manière des *apôtres*, pour convertir. Peu usité.

APOSTOLORUM, subst. mas. (*apocetolôrome*), t. de pharm., sorte d'onguent.

APOSTROPHE, subst. fém. (*apocetrofe*) (en grec αποστροφη, détour, éloignement du sujet que l'on traite, dérivé de αποστρεφω, je détourne, lequel est composé de απο, de, et στρεφω, je tourne), fig. de rhétorique, par laquelle on détourne son discours de l'auditoire, pour l'adresser à quelqu'un ou à quelque chose. — Par extension, il se dit familièrement d'une interpellation vive, et surtout d'un trait mortifiant adressé à quelqu'un. — T. de gramm., signe en forme de virgule qui se place sur la droite, au haut de la lettre précédant une voyelle retranchée : *l'avenir*; *l'érudition*; *l'ironie*; *l'odeur*; *l'univers*; *je l'aimerais s'il était aimable*, etc. Voy. ÉLISION.

APOSTROPHÉ, E, part. pass. de *apostropher*.

APOSTROPHER, v. act. (*apocetrofé*), détourner son discours pour adresser la parole à quelque personne, ou à quelque chose qu'on personnifie : *ce prédicateur apostropha le crucifix*, *l'autel*, etc. — Adresser la parole à quelqu'un pour lui dire quelque chose de désagréable. — On dit fig., dans le style comique, *apostropher quelqu'un d'un soufflet, d'un coup de bâton*. — *s'*APOSTROPHER, v. pron.

APOSTUME. Voy. APOSTÈME.

APOSTUMÉ, part. pass. du v. neut. *apostumer*.

APOSTUMER, v. neut. (*apocetumé*), t. de médec., se former en *apostème* : *sa contusion commence à apostumer*. Ce mot n'est plus usité; on dit aujourd'hui *abcéder*.

APOTACTITES, subst. mas. plur. (*apotaktite*) (du grec αποτασσομαι, renoncer, formé de απο, loin, et de τασσω, je place, j'établis), hérétiques dont le système était qu'il fallait, pour être sauvé, renoncer à tous les biens de la terre.

APOTAPHE, subst. et adj. des deux genres (*apotafe*) (du grec απο, loin, et ταφος, tombeau), privé de sépulture. Inusité.

APOTE, subst. et adj. des deux genres (*apote*) (du grec α priv. et ποτης, buveur), qui ne boit pas. Inusité.

APOTÉLESMATIQUE, adj. des deux genres (*apotélècematike*) (du grec απο, de, et τελειν, acco plir), se disait d'une astrologie judiciaire qui se faisait par l'inspection des planètes, des étoiles, du ciel.

APOTÉLESME, subst. mas. (*apotélèccme*) (du grec αποτελεσμα, effet, résultat), t. de médec., effet ou fin des maladies.

APOTHÉCIE, subst. fém. (*apotéci*) (du grec αποθεσις, action de mettre en réserve), t. de bot., réceptacle qui, dans certaines plantes, contient les séminales.

APOTHÈME, subst. mas. (*apotéme*) (du grec απο, loin, et τιθημι, placer; *ligne placée* ou *menée loin du centre*), t. de géom., ligne perpendiculaire menée du centre d'un polygone régulier sur un de ses côtés.

APOTHÉOSE, subst. fém. (*apotéôze*) (du grec απο, auprès, et θεος, dieu; *translation parmi les dieux*), action de mettre au nombre des dieux, déification. — Cérémonie par laquelle les Grecs et les Romains déifiaient les héros, les grands hommes, les empereurs, etc. : *apothéose d'Hercule; apothéose d'Auguste.* — On le dit aussi de la réception fabuleuse dans la société des dieux de ceux à qui ont été décernés par les hommes les honneurs de l'*apothéose*.—Fig., éloges pompeux, honneurs extraordinaires accordés à un homme vivant. — Il ne se dit que des personnes, au lieu que *déification* s'étend à toutes les créatures, et même aux choses inanimées.— Voy. ce dernier mot. — Hérodien, au commencement du livre IV de son histoire, donne, à l'occasion de l'*apothéose* de Sévère, une description exacte et fort curieuse des cérémonies observées en pareil cas pour les empereurs. Voici à peu près ce qu'il en dit : Une fois le corps du défunt brûlé avec les solennités ordinaires, on mettait dans le vestibule du palais, sur un grand lit d'ivoire couvert de drap d'or, son image en cire. Pendant sept jours le sénat se tenait assis au côté gauche du lit, en robes de deuil, et les dames du plus haut rang au côté droit, en robes blanches sans ornements. De temps en temps les médecins s'approchaient comme pour considérer le malade, et toujours ils déclaraient qu'il baissait, jusqu'à ce qu'enfin ils proclamassent sa mort. Alors de jeunes chevaliers romains, de jeunes patriciens chargeaient sur leurs épaules ce lit de parade, et le portaient, en passant par la *rue Sacrée*, au vieux marché, où les magistrats avaient coutume de se démettre de leurs fonctions. Là il était placé entre deux espèces d'amphithéâtres remplis, l'un de jeunes hommes et l'autre de jeunes filles, tous appartenant à des familles illustres, qui, sur des airs lugubres, chantaient des hymnes à la louange du mort. Ensuite on transférait le lit dans le champ de Mars. Au milieu de cette place était dressé un pavillon carré en bois renfermant des matières combustibles et revêtu de drap d'or, orné de figures d'ivoire et de diverses peintures. Cet édifice en supportait plusieurs autres superposés entre eux, semblables au premier quant à la forme et à la décoration, mais chacun présentant des dimensions moindres que celui qui lui servait de base. On plaçait le lit dans le second de ces pavillons, dont les portes étaient ouvertes, et où l'on répandait une grande quantité d'aromates, de parfums et de fruits. Après quoi les chevaliers faisaient autour du catafalque une cavalcade à pas mesurés. Plusieurs charriots suivaient, conduits par des hommes revêtus de robes de pourpre, qui tenaient les images des empereurs et des capitaines les plus renommés. Ceci achevé, le nouvel empereur s'avançait, une torche à la main, et de toutes parts on incendiait le catafalque, de sorte que les aromates et les autres matières combustibles prenaient feu tout d'un coup. A ce moment, on lâchait du dernier pavillon un aigle qui, s'élançant du milieu des flammes, allait, selon la croyance commune, porter au ciel l'âme du défunt. Dès lors celui-ci était supposé admis dans les rangs des dieux, et honoré comme tel. Voilà pourquoi sur les médailles représentant des *apothéoses*, on voit le plus souvent un autel avec du feu dessus, ou bien un aigle qui prend son essor. L'exergue est toujours CONSECRATIO. Quelquefois l'empereur est assis sur l'oiseau; quelquefois aussi il y a deux aigles. — Domat, *de Urbe Roma*, III. 4, décrit une pierre antique relative à l'*apothéose* de Titus. — Il y avait autrefois, dans le trésor de la Sainte-Chapelle de Paris, une très belle agate orientale d'une grandeur extraordinaire où était gravée, suivant les uns l'*apothéose* d'Auguste, suivant les autres celle de Commode.

APOTHÉOSÉ, E, part. pass. de *apothéoser*.

APOTHÉOSER, v. act. (*apotéôzé*), mettre au rang des dieux. — Prononcer une *apothéose*. Inusité.

APOTHÉRAPIE, subst. fém. (*apotérapi*) (du grec αποθεραπεια, remède), dans la médecine gymnastique des anciens, la dernière partie des exercices, où l'on tempérait les fatigues par des frictions et onctions.—Il signifie quelquefois thérapeutique.

APOTHÉSALE, subst. fém. (*apotézale*), t. de bot., plante de l'Amérique méridionale.

APOTHÈSE, subst. fém. (*apotèze*) (du grec αποθεσις, formé de απο, contre, et τιθημι, placer), t. de chir., dans Hippocrate, l'action de placer convenablement un membre rompu; résultat de cette action.

APOTHÈTES, subst. fém. plur. (*apotéte*), t. d'antiq., abîmes du Taygète, où les Spartiates précipitaient les enfants difformes.

APOTHICAIRE, subst. mas. (*apotikère*) (du grec αποθηκη, boîte, lieu à serrer quelque chose, boutique, formé de τιθημι, mettre; αποτιθημι, mettre à part), celui qui prépare et vend les remèdes pour les malades. — Prov. et fig., on appelle *un apothicaire sans sucre* un homme qui n'est pas fourni des choses appartenant à sa profession; *un mémoire d'apothicaire*, un compte sur lequel il y a beaucoup à rabattre. — *Faire de son corps une boutique d'apothicaire*, prendre trop de remèdes. — Le mot *pharmacien* est plus usité aujourd'hui.

APOTHICAIRERIE, subst. fém. (*apotikèreri*), lieu, boutique où l'on garde, où l'on prépare, où l'on vend les drogues, les médicaments, tout ce qui concerne la profession d'*apothicaire*. — L'art de l'*apothicaire* : *il entend l'apothicairerie.* — Dans ces divers sens, *pharmacie* est aujourd'hui plus usité.

APOTHICAIRESSE, subst. fém. (*apotikèrèce*), autrefois, dans un couvent, religieuse qui avait soin de l'*apothicairerie*.

APOTHRAUSE, subst. fém. (*apotrôze*) (du grec αποθραυω, je brise en séparant, formé de απο, de, et θραυω, je brise), t. de chir., fracture avec séparation de quelque esquille de l'os.

APOTOCOS, subst. mas. (*apotôkoce*), t. de médecine, fœtus abortif. — Maladie dont la fin est prématurée. — Principe d'une maladie.

APOTOME, subst. mas. (*apotome*) (du grec αποτεμνω, je retranche, formé de απο, de, et τεμνω, je coupe), t. d'algèbre, différence de deux quantités incommensurables; excès de l'une sur l'autre. — T. de géométrie, excès d'une ligne donnée sur une autre qui lui est incommensurable.—En mus., la partie qui reste d'un ton entier quand on a ôté le demi-ton majeur.

APÔTRE, subst. mas. (*apôtre*) (du grec αποστολος, envoyé, messager, dérivé de αποστελλω, j'envoie), au propre, celui que Jésus-Christ a élevé à l'apostolat : *saint Pierre était le premier des douze apôtres*. — Le nom d'*apôtre*, depuis la mort de notre Seigneur, a été donné à saint Matthias, qui fut mis à la place de Judas, et à saint Paul et saint Barnabé, qui furent appelés de Dieu extraordinairement pour prêcher l'Évangile. On nomme communément saint Pierre et saint Paul, *les princes des apôtres*; et quand on dit *l'apôtre des gentils*, *le grand apôtre*, ou simplement *l'apôtre*, on entend saint Paul. — On appelle aussi *apôtres* tous ceux qui ont les premiers prêché la foi en quelque pays : *saint Denis est l'apôtre de Paris; saint François-Xavier est l'apôtre des Indes.* — *Prêcher comme un apôtre*, prêcher avec onction et d'abondance de cœur. — Il se dit au fig. de celui qui se voue à la propagation et à la défense d'une doctrine, d'une opinion, d'un système, etc. : *c'est l'apôtre du saint-simonisme, du fouriérisme; il est l'apôtre du romantisme*, etc.; et, par analogie, *il est l'apôtre de l'erreur; il est l'apôtre de l'anarchie*, etc. — Fam., *faire le bon apôtre*, affecter un caractère, des opinions, des sentimens, une conduite, etc., ou meilleurs ou plus favorables aux autres que ne le sont réellement ces sentiments, ces opinions, cette conduite, ce caractère, etc.—Ironiq., *c'est un bon apôtre*, c'est un homme auquel il ne faut pas trop se fier.—On donne encore le nom d'*apôtres* aux enfants dont on lave les pieds le jeudi-saint à la cérémonie de la cène, parce qu'ils représentent les apôtres. — Au plur., *apôtres* est un terme de mar. qui désigne les deux allonges placées de chaque côté de l'étrave.

APOTROPÉEN, adj. mas., au fém. **APOTROPÉENNE** (*apotropéein, ène*) (du grec αποτρεπειν, détourner), t. d'hist. anc., qui détourne le mal, épithète que l'on donnait aux dieux quand on les priait de détourner les malheurs dont on était menacé.

APOTROPÉES, subst. mas. plur. (*apotropé*) (du grec αποτρεπειν, détourner), t. d'hist. anc., vers que l'on prononçait pour conjurer le courroux des dieux.

APOTURAUX, subst. mas. plur. (*apoturô*), t. de mar., synonyme de *patins*. On donne ce nom à des bouts d'allonge, sur l'avant, disposés pour servir de tournage à diverses amarres, et plus généralement aux *serre-bosses*.

APOUCONITA, subst. fém. (*apoukonita*), t. de bot., casse de la Guiane.

APOUS, subst. mas. (*apouce*) (du grec α priv., et πους, pied), t. d'hist. nat., oiseau de paradis. — T. d'astron., constellation.

APOUSNÉES, subst. fém. plur. (*apoucené*), t. de bot., famille de plantes.

APOZÈME, subst. mas. (*apozéme*) (du grec αποζεμα, formé de αποζεω, je bous, ou je fais bouillir), t. de médec., potion faite d'une décoction d'herbes.

S'APPAILLARDER, v. pron. (*çapaiardé*), devenir *paillard*. Inusité.

APPÂLI, E, adj. et part. pass. de *appâlir* (*apâli*) : *visage appâli*.

APPÂLIR, v. neut. (*apepâlir*), pâlir. Inusité.

S'APPARAGER, v. pron. (*çaparajé*), se comparer à quelqu'un. Inus.

APPARAÎTRE, v. neut. (*aparètre*) (en lat. *apparere*), d'invisible, se rendre visible : *Dieu apparut à Moïse; un spectre lui apparut au coin du bois.* — Il se conjugue comme *paraître*, avec cette différence, qu'*apparaître* prend les deux auxiliaires *être* et *avoir*, et que *paraître* ne prend que l'auxiliaire *avoir*. Si l'on ne veut exprimer que l'action d'un spectre, indépendamment de l'effet, de l'impression qu'a pu causer son apparition, on dit par exemple : *ce spectre a apparu trois fois pendant la nuit*; mais si l'on veut marquer l'impression que son apparition a faite, on dit : *le spectre m'est apparu*. —On s'en sert aussi unipersonnellement : *il lui apparut deux fantômes*. — Par extension, on le dit d'une personne ou d'une chose qui se montre, qui arrive inopinément, tout-à-coup, ou de loin en loin : *je vous croyais pour long-temps encore à Lyon, quand vous m'êtes apparu à Marseille; comme nous parlions de lui, il apparut au milieu de nous; ce phénomène extraordinaire apparut l'an.....; il apparaît de temps en temps de ces hommes de génie qui....* — T. de jurispr., *il m'apparaît que.....*, il me paraît, je pense, que.... —T. de négoc., *faire apparaître de ses pouvoirs*, donner communication de ses *pouvoirs*, les notifier. Peu usité.

APPARAT, subst. mas. (*apara*) (en lat. *apparatus*, formé de *apparare*, ou *adparare*, *parare ad*, préparer pour), éclat ou pompe qui accompagne certains discours, certaines actions : *harangue, discours, cause d'apparat; il est venu avec grand apparat, dans un grand apparat.*— *Apparat*, en mauvaise part, tout ce qu'on fait évidemment dans le dessein de se faire remarquer, de briller, de se donner de l'importance : *il y a de l'apparat dans ses moindres actions, dans ses moindres paroles; il s'est présenté dans cette société avec un air d'apparat qui a fait rire tout le monde.* — Les maîtres d'écriture appellent *lettres d'apparat*, ou *d'ornement*, celles qui se mettent au commencement des sections, des chapitres. — En littérature, on a nommé *apparats* certains livres contenant des titres d'ouvrages, ou des passages d'auteurs disposés en forme de catalogue, de bibliothèque de dictionnaire, etc., pour la commodité des études; *apparat sacré*, table alphabétique des noms des écrivains ecclésiastiques, avec les titres de leurs ouvrages; *apparat sur Cicéron*, espèce de concordance ou de recueil de phrases de Cicéron; *apparat poétique*, recueil des plus beaux morceaux des poètes latins sur toutes sortes de sujets.

APPARAUX, subst. mas. plur. (*aparô*), t. de mar., agrès et artillerie d'un vaisseau.

APPAREIL, subst. mas. (*aparèie*), apprêt, préparatif de tout ce qui a de la pompe : avec cette différence que les *préparatifs* indiquent les premiers soins, et consistent proprement à rassembler les choses nécessaires; les *apprêts* viennent ensuite, mettent les choses dans l'état convenable au but qu'on se propose; l'*appareil* enfin est le soin de leur assigner l'ordre dans le quel elles doivent être employées : c'est l'ensemble des *apprêts*. — Attirail, pompe : *faire les choses avec grand appareil.* — En t. de jardinage, onguent ou emplâtre appliqué sur les plaies des arbres, et assujéti avec un linge, etc. — En t. de chir., c'est la disposition de tout ce qui est nécessaire pour faire une opération, un pansement, etc. L'*appareil* est différent selon le besoin. On appelle *pièces d'appareil* les instruments, les machines, les bandes, les lacs, les compresses, etc. Les médicaments dont on doit faire usage font aussi partie des *appareils*. En parlant de l'opération de la taille, on dit *le haut appareil*, *le grand*, *le petit appareil*, *l'appareil latéral ; tailler au grand appareil*, *au petit appareil*. — On appelle aussi *appareil* les divers emplâtres que l'on applique sur une plaie : *mettre le premier appareil ; lever le premier appareil.* — En chim., réunion de plusieurs vaisseaux pour la distillation, etc. — Dans l'hydrodynamique, le piston d'une pompe. — *Appareil hydro-pneumatique* ou *pneumato-chimique ; cuve hydropneumatique*, *appareil* imaginé par le docteur *Priestley*, pour se procurer commodément les gaz qu'on veut obtenir. — En archit., 1° arrangement de la coupe, de l'assortiment et de la pose des pierres ; 2° hauteur de pierre. — Dans la mar., préparatif pour caréner ou pour faire une forte manœuvre quelconque. — En anat., parties qui en accompagnent d'autres plus considérables et d'un caractère différent. — En t. de cuisine, *appareil* se dit des ingrédients qui doivent entrer dans un mets, comme le sel, le poivre, les herbes, les viandes, les racines, les épices, etc.

APPAREILLAGE, subst. mas. (*aparèiaje*), t. de mar., action d'*appareiller ;* ou effet résultant de cette action.

APPAREILLÉ, E, part. pass. de *appareiller*.

APPAREILLÉE, subst. fém. (*aparèié*), t. de mar., voile mise au vent.

APPAREILLEMENT, subst. mas. (*aparèieman*), accouplement de deux animaux pour le travail ou pour l'acte de la génération.

APPAREILLER, v. act. (*aparèié*), mettre ensemble des choses *pareilles* : *appareiller des chevaux*, *des vases*, *des tableaux*, etc. — Joindre à une chose une autre chose *pareille* : *vous avez là un beau cheval de carrosse, mais il n'aura un véritable prix que si vous parvenez à l'appareiller ; ce vase est magnifique : il faudrait tâcher de l'appareiller.* — En t. de mar., *appareiller une voile*, la mettre au vent, la déferler, la border et bisser. — Dans ce sens, v. neut., *appareiller*, mettre à la voile. — En archit., donner les mesures justes pour tailler les pierres. — En t. de bonnetier, apprêter. — En t. de manuf. de soie, égaliser les parties composant le corps, les arcades, etc. — En t. de chapelier, former le mélange des poils et des laines, selon la qualité qu'on veut obtenir. — En t. de layetier, joindre des planches de dimensions égales. — **S'APPAREILLER**, v. pron., se joindre avec son *pareil*.

APPAREILLEUR, subst. mas., au fém. **APPAREILLEUSE** (*aparèieur*, *ieuze*), t. de bonnetier, celui ou celle qui apprête les bas, les bonnets, les étoffes, etc. — T. de chapelier, celui ou celle qui s'occupe du mélange des poils et des laines entrant dans la fabrication d'un chapeau. — T. de manuf. de soie, celui ou celle qui prépare les soies. Dans ces trois sens, il est aussi adj. : *un ouvrier appareilleur*, *une ouvrière appareilleuse.* — Subst. mas., t. d'archit., celui qui trace l'épure des pierres, qui en arrête les mesures avec précision. — Instrument qui sert à égaliser les dents du peigne d'acier. — Subt. fém., *appareilleuse* s'applique à une femme qui fait métier de rapprocher des personnes de différents sexes, dans des vues de libertinage.

APPAREILLEUSE, subst. fém. Voy. **APPAREILLEUR**.

APPAREMMENT, adv. (*aparaman*), selon les *apparences*, vraisemblablement.

APPARENCE, subst. fém. (*aparance*) (du latin *apparere*, paraître), extérieur ; ce qui paraît au dehors, soit dans le sens physique, soit dans le sens moral : *cette maison a une belle apparence ; il y avait entre eux toutes les apparences d'une amitié aussi solide que vive.* Voy. **EXTÉRIEUR**. — Signe, indice : *à en juger par l'apparence*, *les affaires de ce négociant vont de mal en pis ; belles apparences.* — Probabilité : *il y a apparence qu'il perdra son procès.* — Vraisemblance : *je ne vois point d'apparence à ce que vous nous annoncez.* — Reste, vestige, trace : *ce parc abandonné n'a conservé aucune apparence de son ancienne beauté.* — *Sauver les apparences*, faire en sorte qu'une conduite irrégulière, une chose répréhensible quelconque ne soit pas rendue publique. — On dit prov. : *l'apparence est trompeuse*, *les apparences sont trompeuses.* — *En apparence*, loc. adv., au dehors, à l'extérieur : *ils se retirèrent en apparence fort contents les uns des autres.* — *Sous apparence* ou *sous l'apparence de...*, sous les dehors de... : *sous apparence de dévotion ; sous l'apparence de la dévotion.* — En perspective, représentation ou projection d'une figure, d'un corps, etc., sur le plan d'un tableau.

APPARENT, E, adj. (*aparan*, *rante*), visible, soit dans le sens physique, soit dans le sens moral : *il s'est placé à l'endroit le plus apparent ; son droit est apparent.* — Il s'emploie aussi par opposition à réel : *ses torts ne sont qu'apparents ; son mérite n'est qu'apparent ; c'est un prétexte apparent.* — Remarquable ; considérable : *la maison la plus apparente de la ville ; le plus apparent de la société.* Dans ce sens, il n'est admis qu'au superlatif. — En perspective, *lieu apparent d'un objet*, lieu où on le voit. — En astron., *hauteur apparente*, celle qu'on observe et qui est affectée par la réfraction et la parallaxe ; *conjonction apparente*, celle de deux planètes, lorsque leurs longitudes *apparentes*, vues de la surface de la terre, sont les mêmes. Dans la *conjonction vraie*, le centre de la terre est dans un même plan perpendiculaire à l'écliptique avec les centres des deux planètes ; *horizon apparent* ou *sensible*, le grand cercle qui termine notre vue, et qui est formé par la rencontre *apparente* du ciel et de la terre ; *diamètre apparent du soleil*, etc., la quantité de l'angle sous lequel ce diamètre est aperçu de la surface de la terre ; *distance apparente*, distance observée en degrés, minutes et secondes, entre deux astres, avant qu'on l'ait dégagée de la réflexion et de la parallaxe ; *temps apparent*, la même chose que le *temps vrai :* il diffère du temps moyen à raison de l'équation du temps.

APPARENTÉ, E, adj., et part. pass. (*aparanté*), allié : *il est bien apparenté ; elle est mal apparentée.* Voy. **APPARENTER**.

APPARENTER, v. act. (*aparanté*) (du lat. *ad*, à, et *parens*, parent) : *apparenter quelqu'un à...* allier à... Peu usité. — **S'APPARENTER**, v. pron., former, par le moyen du mariage, des liens d'affinité avec une famille.

APPARESSÉ, E, adj. et part. pass. du v. *apparesser* (*aparècé*) : *esprit apparessé*, appesanti. Fam.

APPARESSER, v. act. (*aparècé*), appesantir l'esprit, le rendre lourd, *paresseux*. Fam. et peu usité. — **S'APPARESSER**, v. pron., devenir *paresseux*.

APPARIADE, subst. fém. (*apariade*) (du lat. *ad*, à, et *par*, pareil, semblable), action d'assortir, d'unir, d'*apparier*. — Résultat de cette action. Inus.

APPARIEMENT (l'*Académie* permet aussi d'écrire (**APPARÎMENT**), subst. mas. (*apariman*), action d'*apparier*, de joindre, d'assortir les choses ensemble. — Résultat de cette action.

APPARIÉ, E, adj., et part. pass. de *apparier*.

APPARIER, v. act. (*aparié*) (du lat. *ad*, à, et *par*, *paris*, pareil, semblable), mettre ensemble deux choses qui sont *pareilles*, qui se ressemblent, qui se conviennent ou qui se rapportent l'un à l'autre : *apparier des gants*, *des souliers*, *des tableaux*, etc. — En parlant de certains oiseaux, et particulièrement de ceux qui s'unissent par *paires*, mettre ensemble le mâle avec la femelle : *apparier des pigeons*, *des tourterelles* — **S'APPARIER**, v. pron., s'accoupler, en parlant des pigeons, des tourterelles, etc.

APPARIEUSE, subst. fém. (*aparieuze*), qui fait des mariages. Pop.

APPARITEUR, subst. mas. (*apariteur*) (du latin *apparere*, apparaître), espèce d'huissier dans les cours ecclésiastiques. — Autrefois bedeau, et aujourd'hui huissier d'université. — Chez les anciens, officier dans les fêtes publiques. — On comprenait encore sous le nom de *appariteurs* ceux qu'on nommait *scribæ*, *accensi*, *interpretes*, *præcones viatores*, *lictores*, *servi publici*, et même *carnifices*. On les prenait parmi les affranchis des magistrats. Leur condition était considérée comme tellement vile, qu'à titre de peine infamante, le sénat imposa une fois à certaine ville dont les habitants s'étaient révoltés l'obligation de fournir des *appariteurs* aux magistrats. — Il y avait des *appariteurs* de cohortes, qu'on nommait *cohortales*, ou *conditionales*, parce qu'ils étaient attachés à une cohorte *à la condition d'être appariteurs ;* des *appariteurs* prétoriens, *prætoriani*, qui suivaient les préteurs ou gouverneurs de province, et qui tous les ans, le jour de la naissance de leur maître, étaient pourvus de quelque office plus élevé. — Les pontifes avaient aussi leurs *appariteurs*.

APPARITION, subst. fém. (*aparicion*), action d'*apparaître* : l'*apparition d'un livre*, *d'une parure.* — Manifestation d'un objet qui, étant invisible de sa nature, se rend visible : *l'apparition d'un ange*, *des esprits*, *d'un spectre.* Voy. **VISION**. — Manifestation subite d'un phénomène qui n'avait pas encore paru : *apparition d'une comète.* — Par extension, *ne faire qu'une apparition*, ne faire que se montrer dans un endroit, n'y pas rester long-temps. — **APPARUTION** est vicieux.

APPARITOIRE, subst. fém. (*aparitoare*), t. de bot., ancien nom de la *pariétaire*.

APPAROIR, v. neut. (*aparoar*), t. de palais, *paraître*, être évident, manifeste. Il n'est usité qu'à l'infinitif, avec *faire* : *faire apparoir de son bon droit*, le manifester, le prouver ; ou, impersonnellement, à la troisième personne du singulier du présent de l'indicatif : *il appert que... ; comme il appert*, il est manifeste que, etc. — *La Bruyère* (chap. VII) l'a employé à l'infinitif pour *apparaître : ne faire qu'apparoir dans sa maison.* Il ne faudrait pas suivre cet exemple.

APPARONÉ, E, adj. et part. pass. de *apparoner* (*aparoné*), marqué par les officiers jaugeurs : *barrique*, *vaisseaux apparonés.*

APPARONER, v. act. (*aparoné*), t. de commerce, usité surtout à Bordeaux, jauger, mesurer, marquer.

APPARTEMENT, subst. mas. (*aparteman*) (du latin barbare *partimentum*, fait de *partiri*, partager, diviser), logement composé de plusieurs pièces ; portion d'une maison. On ne donne pas ce nom à une seule pièce. — Ce mot se disait, il n'y a pas long-temps, d'un divertissement accompagné de musique et de jeu donné à la cour, dans les *appartements* du palais : *il y aura demain appartement aux Tuileries.* Cette expression est surannée.

APPARTENANCE, subst. fém. (*apartenance*), ce qui *appartient* à..., ce qui dépend de... ; dépendance : *ce moulin est une des appartenances de cette terre.* — En t. de droit on dit, en parlant d'une maison, *les appartenances et dépendances.*

APPARTENANT, E, adj. (*apartenan*, *nante*) (formé de *appartenir*), qui appartient à quelqu'un, ou en propriété, ou en jouissance, ou par légitime prétention : *les biens appartenants à un tel ; une maison*, *une chambre à lui appartenante.*

APPARTENIR, v. neut. qui se conjugue sur *tenir*, (*apartenir*) (du latin *pertinere* qui a la même signification), être la propriété de quelqu'un, soit de fait, soit de droit : *cette maison m'appartient ; vous retenez contre toute justice un objet qui m'appartient.* — Être le droit de quelqu'un : *la connaissance des crimes de lèse-nation ou de lèse-majesté appartient en France à la chambre des pairs.* — Être le privilège, la prérogative de quelqu'un : *on a refusé de lui rendre les honneurs qui lui appartiennent.* — Être le propre, le caractère particulier de... : *les fabulistes attribuent aux animaux*, *et même aux êtres inanimés*, *des sentiments*, *des idées*, *des intérêts*, etc., *qui n'appartiennent qu'à l'homme ; à l'homme n'appartient pas la perfection.* — Faire partie de : *cette espèce appartient à tel genre ; ce soldat appartient à tel régiment.* — Avoir une relation nécessaire ou de convenance : *ceci appartenant aux sciences exactes*, *ne saurait appartenir au sujet que je traite.* — Être attaché à quelqu'un par les liens du sang : *cet enfant vous appartient ; j'appartiens à une famille honorable.* — Être au service de quelqu'un : *tel maître*, *tel valet : on voit bien que cet homme vous appartient.* — On s'en sert aussi impersonnellement pour : convenir : *il appartient aux riches d'être généreux et aux pauvres d'être économes ; il appartient à celui qui paie de commander*, *à celui qui est payé d'obéir ; il n'appartient point à la force armée de délibérer ; il appartient à un homme de céder le pas à une femme ; quels qu'aient pu être les antécédents d'un vieillard*, *il appartient à un jeune homme de prendre* *avec lui au moins le ton de la déférence.* On aura remarqué que dans ces divers exemples les mots *il appartient* renferment, tantôt une idée de droit, tantôt une idée de devoir, tantôt une idée de bienséance. — On dit par forme de reproche : *il vous appartient bien de faire, de dire telle chose!* pour : vous êtes bien hardi, bien osé de faire, de dire telle chose! etc. — En t. de formule : *ainsi qu'il appartiendra*, selon qu'il sera convenable; *pour être statué ce qu'il appartiendra*; et encore, dans les actes publics : *à tous ceux qu'il appartiendra*. Voy. TENIR. — Le verbe *appartenir*, pris impersonnellement, reçoit encore l'acception de : il est donné à... : *il appartient à peu de gens de sentir un tel passage ; il n'appartient qu'au génie de produire tant d'effet ; il n'appartient qu'à un homme de beaucoup d'esprit de nous intéresser à des choses si peu intéressantes*, etc.— S'APPARTENIR, v. pron., : *cet homme ne s'appartient plus, tant il a d'occupations ; du moment qu'une femme a reçu le nom d'un homme, elle ne s'appartient plus ; du moment qu'un prince a reçu la couronne, il ne s'appartient plus ; je vous inviterais le premier à disposer de moi si je m'appartenais*, etc.

APPARTENU, part. pass. de *appartenir*.

APPARU, E, part. pass. de *apparaître*.

APPARUTION, subst. fém. Voy. APPARITION.

APPAS, subst. mas. plur. (*apâ*), charmes qui constituent la beauté ou les agréments extérieurs chez les femmes : *il brûle d'amour pour vos appas ; ses appas lui soumettent les cœurs les plus farouches*. — Dans un sens un peu libre, il signifie particulièrement : la beauté des formes; et fam., plus spécialement encore : le sein : *il n'est pas décent de laisser voir, d'étaler ainsi ses appas*. — Fig., on dit les *appas* de la gloire, de la vertu, du jeu, etc. — Soit au propre, soit au figuré, ce mot ne s'emploie qu'au pluriel. On dira bien *un des appas*, etc.; mais on ne doit pas dire *un appas*, *l'appas*, etc. Il y a donc une faute dans cette phrase de *Marivaux* : *l'appas que l'or a pour ceux qui le possèdent*. *J.-B. Rousseau* en a fait une aussi, mais d'un autre genre, dans sa v^e^ *cantate* :

> Tous les amants savent feindre ;
> Nymphes, craignez leurs appas.

Où l'auteur a entendu par *appas* beauté : or *appas* n'admet aucun sens relatif aux hommes ; ou il a entendu : moyens de séduction ; et dans ce cas, c'est *appâts* qui eût été le mot propre. — *Boileau* a dit, VIe *épître* :

> .... aux appas d'un hameçon perfide.

Il fallait de même ici : *appâts*.— APPAS, ATTRAITS, CHARMES. (*Syn.*) Les *attraits* inspirent le penchant; les *appas* excitent le désir; les *charmes* produisent la passion.

APPÂT, subst. mas. (*apâ*) (du latin *pastus*, nourriture. On écrivait autrefois *appast*), pâture, mangeaille attachée soit à des pièges, soit à des hameçons, pour attirer, soit des oiseaux ou quadrupèdes, soit des poissons. — Par extension : pâte qu'on donne à la volaille pour l'engraisser. En ce sens, on dit plus souvent et mieux, *pâtée*. — Au fig., tout ce qui attire, ce qui engage à faire quelque chose : *l'intérêt est un grand appât pour un avare*, etc. — *Appât* se dit au sing. et au plur., tant au propre qu'au figuré.

APPÂTÉ, E, adj. et part. pass. de *appâter* (*apâté*) : *un oiseau appâté*, attiré avec l'*appât*.

APPÂTELÉ, E, part. pass. de *appâteler*.

APPÂTELER, v. act. (*apâtelé*), donner de la *pâtée* ou d'autres aliments, soit aux animaux, soit aux enfants et aux hommes qui ne peuvent manger seuls. Ce mot a vieilli : on dit maintenant *appâter*.

APPÂTER, v. act. (*apâté*), attirer avec un *appât*. — Faire manger un oiseau ou quelqu'un qui ne peut pas se servir de ses mains : *appâter des petits animaux, des chapons, des poulardes ; appâter un vieillard, un malade*.

APPAUMÉ, E, adj. (*apômé*), t. de blas., se dit d'un écu chargé d'une main étendue et qui montre la *paume*.

APPAUVRI, E, adj. et part. pass. de *appauvrir* (*apôvri*), épuisé, affaibli, diminué. — En t. de médec., *sang appauvri*, épuisé, qui a perdu presque tout ce qu'il avait de volatil et de balsamique.

APPAUVRIR, v. act. (*apôvrir*), rendre *pauvre* : *ses fausses spéculations ont fini par l'appauvrir beaucoup*. — Fig., *appauvrir un terrein*, l'épuiser, le rendre moins fertile : *une culture mal entendue appauvrit bien vite la meilleure terre*.— En t. de méd., *appauvrir le sang*, l'épuiser, lui ôter ce qu'il a de volatil et de balsamique. — *Appauvrir une langue*, rendre une langue moins abondante, moins expressive; en retrancher des mots, des locutions : *l'effet d'un trop grand purisme est d'appauvrir une langue*.— S'APPAUVRIR, v. pron., devenir *pauvre*, au propre comme au figuré.

APPAUVRISSEMENT, subst. mas. (*apôvriceman*), changement par lequel une personne devient *pauvre*; indigence ; augmentation progressive de *pauvreté* : *l'appauvrissement d'un pays, d'une famille*, etc. — Au fig., *l'appauvrissement d'un sol ; l'appauvrissement du sang ; l'appauvrissement d'une langue*, etc. Voy. APPAUVRIR.

APPEAU, subst. mas. (*apô*), sorte de sifflet avec lequel on contrefait la voix des oiseaux pour les attirer dans les filets, ou seulement pour les faire approcher. — Oiseau dressé, excité ou contraint à chanter pour faire venir les autres et les faire tomber dans le piège. — En t. d'horlogerie, petite cloche sur laquelle il y a un marteau, et qui sonne les quarts et les demi-heures. — Étain en feuilles qui vient de Hollande.

APPEL, subst. mas. (*apèle*), action d'*appeler*, soit avec la voix, soit autrement; résultat de cette action. — T. de jurispr., recours au juge supérieur. L'*appel* est une voie de recours donnée aux parties devant un tribunal supérieur, contre un jugement d'un tribunal inférieur qui leur est préjudiciable. L'*appelant* est la partie qui saisit la première et principalement le tribunal supérieur. On nomme *intimé* celui qui est assigné devant le tribunal d'*appel*: L'*appel* est incident lorsqu'il est formé, durant l'*appel* principal, par la partie poursuivie en *appel* ou l'intimé. — *Acte d'appel ; relief d'appel ; interjeter appel ; relever son appel ; juger sans appel*, etc. *La Bruyère* (chap. VI) a dit en ce sens : *il n'y aurait plus de rappel*. C'est une faute. — *Acte d'appel*, simple déclaration de l'*appel* qu'on interjette.—*Appel de déni de justice*, voie qui est ouverte de se pourvoir devant un juge supérieur, quand l'inférieur refuse de juger un procès.— L'*appel* de juge incompétent s'interjette quand un juge n'a pas pouvoir de juger en telle matière, ou entre telles personnes. — *Appel de déni de renvoi*, *appel* qui s'interjette d'une sentence ou ordonnance rendue par un juge incompétent, au préjudice du renvoi qui lui avait été demandé. — *Appel comme d'abus*, *appel* qui s'interjetait, en cour laïque, des sentences et des jugements rendus par l'évêque, ou par son official. — Défi, assignation pour se battre en duel : *faire un appel ; recevoir un appel*. — Toute provocation, même littéraire. — Dans l'escrime, attaque qui se fait d'un simple battement du pied droit dans la même place. — T. de vén., manière de sonner du cor pour animer les chiens. — T. de chasse et de manége, *appel de la langue*, manière de donner de la langue, pour appeler ou exciter un chien ou un cheval.—Avertissement des sentinelles, lorsqu'elles aperçoivent le feu ou quelque chose d'extraordinaire. — Action d'*appeler* à haute voix ceux qui doivent se trouver à une assemblée, à une revue, etc.; résultat de cette action : *faire l'appel ; ne pas se trouver à l'appel*. — Au palais, *appel d'une cause*, action d'*appeler* une cause pour qu'elle soit plaidée. — En t. de recrutement, *appel* signifie : l'action d'*appeler* sous les drapeaux. — Signal qui se fait avec le tambour ou la trompette pour assembler les soldats : *battre, sonner l'appel*. — *Appel nominal* : dans une assemblée délibérante, lorsqu'à la clôture d'une discussion les épreuves sont jugées douteuses, on *appelle* chaque membre *par son nom*, afin qu'il donne son suffrage par la voie du scrutin.—Dans le commerce et les finances, *appel de fonds* signifie : nouvelle demande de fonds que l'on fait à un associé ou à l'actionnaire d'une entreprise. — *Faire un appel à la charité publique, à la charité, à la générosité de quelqu'un*, implorer la charité, la générosité, etc.; *faire un appel à la bonne foi, au patriotisme*, etc., *de quelqu'un*, implorer ou réclamer quelque chose de quelqu'un, en se prévalant de sa bonne foi, de son patriotisme, etc.

APPELANT, subst. mas. (*apelan*), t. de chasse, oiseau qui sert pour *appeler* les autres et les faire venir dans les filets : *ce canard est un bon appelant*.—*Appeau* est plus usité.

APPELANT, E, subst. et adj. (*apelan, lante*) (du latin *appellans*, part. prés. de *appellare*, appeler), celui, celle qui interjette *appel* d'une sentence, d'un jugement : *l'appelant et l'intimé ; un tel est appelant, une telle est appelante*. — Au dix-huitième siècle, on a donné le nom d'*appelants* à des évêques et autres ecclésiastiques qui avaient interjeté appel de la bulle *Ugenitus* au futur concile. — On appelle encore *appelant*, suivant l'*Académie*, l'oiseau qui sert d'*appeau*. Voilà donc deux mots pour signifier une même chose.

APPELÉ, E, adj. et part. pass. de *appeler* (*apelé*), nommé, désigné. L'Écriture dit en parlant du bonheur de la vie future : *beaucoup d'appelés et peu d'élus*. — T. d'hist. nat., subst. mas., espèce de scarabé du cap de Bonne-Espérance.

APPELER, v. act. (*apelé*) (en latin *appellare*). On double la lettre *l* dans les temps de ce verbe où cette lettre est suivie d'un *e* muet : *j'appelle* : *j'appellerais ; il appellera*. — *Appeler* signifie : nommer, dire le nom de...; donner un nom : *comment appelez-vous cet homme? votre parrain a voulu vous appeler ainsi*. — Désigner quelqu'un ou quelque chose par une qualité bonne ou mauvaise : *on appelle Homère et Virgile princes des poètes, Démosthène et Cicéron princes des orateurs ; c'est bien là ce que l'on peut appeler une balourdise ; je n'appelle pas un ami l'homme qui tient une telle conduite ; ce que vous appelez franchise, moi je l'appelle grossièreté*.

> J'appelle un chat un chat, et Rollet un fripon.
> (BOILEAU.)

— Faire l'*appel* de ceux qui doivent se trouver à une assemblée, etc. — Il se dit du cri des animaux qui attire ceux de leur espèce, et de toutes les choses dont le son sert de signal pour faire venir dans un lieu : *les cloches appellent à l'église ; le tambour nous appelle dans les rangs*.— Il se dit aussi quelquefois figurément de ce qui pousse, de ce qui porte à..., de ce qui entraîne vers... : *l'honneur m'appelle à la gloire ; l'amour m'appelle auprès d'elle*, etc.; de ce qui nécessite : *ce mot isolé ne signifie rien, il appelle un complément* ; de ce qui réclame, exige : *une action si criminelle appelle la vengeance des lois ; cette affaire appellera toute votre attention* ; de ce qui captive, absorbe : *ce bruit singulier appela tout-à-coup notre attention* ; de ce qui invite à... : *la contemplation appelle à la méditation* ; etc., etc., etc. — *Appeler le mépris sur quelqu'un*, tâcher de le faire paraître méprisable.—*Appeler sur quelqu'un les bénédictions du ciel*, 1° les lui souhaiter ; 2° les lui attirer.— *Appeler la sollicitude de quelqu'un sur une chose*, l'inviter à y prendre un intérêt, ou tendre, ou vif, ou actif, etc. — *Appeler au secours, à l'aide ; appeler du secours ; appeler quelqu'un à son secours*. — Fig., *appeler à son secours* signifie : employer : *elle appela la coquetterie à son secours ; il appelle à son secours la force et la ruse*, etc.—Envoyer chercher, mander. En ce sens, on dit souvent *faire appeler* : *on l'a fait appeler*.— *Appeler sous les drapeaux*, sommer de se rendre dans les rangs de l'armée. — Faire un *appel* à quelqu'un pour se battre avec lui. — A l'actif et au passif, il se dit de la vocation à un état : *Dieu l'appelait au saint ministère ; il est appelé à briller dans le barreau*, etc. — Fig., faire monter, faire parvenir, faire arriver à quelque honneur, ou à quelque grade : *le roi l'a appelé à la dignité, au grade de...* — On dit prov. d'un homme qui n'affaiblit point par ses expressions des vérités dures, qu'*il appelle les choses par leur nom* ; et d'un homme qui s'en va lorsqu'on veut le retenir, que *c'est le chien de Jean de Nivelle, qui s'enfuit quand on l'appelle*. — On dit d'une personne morte que *Dieu l'a appelée à lui*. — Il y a une grande différence entre *appeler les lettres* et *épeler* : les *appeler*, c'est les nommer en les regardant, pour graver à la fois dans son esprit la figure et le nom de chacune d'elles ; *épeler*, c'est former des syllabes en assemblant des lettres ; c'est dire, par exemple : *b a, ba, b o, bo*, etc. — T. de jurispr., citer, faire venir devant un juge : *appeler en justice, en garantie, en témoignage*. — *Appeler une cause*, lire tout haut le nom des parties, afin que leurs avocats viennent plaider pour elles : *on avait appelé votre cause*. — V. neut., déclarer par un acte judiciaire, qu'on entend se pourvoir devant le juge supérieur : *appeler d'une sentence*. — On dit fam. *j'appelle de votre décision*, ou *j'en appelle*, pour : je ne l'adopte pas, je ne m'y soumets pas, etc.— *J'en appelle à votre témoignage*, je l'invoque ; *à votre loyauté, à votre honneur, à votre délicatesse*, etc., je m'en réfère à votre loyauté, etc. — *J'en appelle à la postérité*, je m'en réfère à son jugement. — On dit d'un homme revenu d'une grande maladie, *qu'il en a appelé*. — T. d'ancienne jurispr., *appeler comme d'abus*, appeler à un tribunal laïque d'un jugement ecclésiastique qu'on prétend avoir été mal et abusivement rendu. — En t. de mar., *un câble, un cordage, une manœuvre appellent,* quand ils font leur effort; *une manœuvre appelle droit,* lorsque rien ne la détourne; *elle appelle en étrive* lorsqu'elle est détournée, par quelque chose que ce soit, de la direction du point où elle est amarrée à l'objet sur lequel elle fait effort; *un câble appelle de loin,* lorsqu'il y a une grande distance du point où il est fixé à l'agent de la force. — **S'APPELER**, v. pron., porter un tel nom : *il s'appelle Jean.* — *S'appeler les uns les autres.* — *Cela s'appelle un acte de démence; ceux qui s'appellent les honnêtes gens par excellence ne sont pas toujours des gens honnêtes; cela s'appelle parler, voilà ce qui s'appelle parler,* etc.— **APPELER, ÉVOQUER, INVOQUER.** (*Syn.*). Nous *appelons* les hommes et les animaux qui nous entourent; nous *évoquons* les mânes des morts et les esprits infernaux; nous *invoquons* la Divinité et les saints.

APPELET, subst. mas. (*apelé*), t. de pêche : *pièce d'appelet,* corde garnie de lignes et d'hameçons pour prendre du poisson.

APPELLATIF, adj. mas., au fém. **APPELLATIVE** (*apélelatif, tive*), t. de grammaire, *le nom appellatif* est celui qui convient à toute une espèce : *hommes, meubles,* etc., sont des noms *appellatifs.* — *Le nom appellatif* est opposé au *nom propre,* qui ne s'applique qu'à un individu : *Pierre est un nom propre; femme est un nom appellatif.*

APPELLATION, subst. fém. (*apélelâcion*), action d'*appeler.* — T. de jurispr., *appel* d'un jugement. Il ne se dit que dans les formules des actes et des sentences : *la cour a mis l'appellation au néant.* — Action de nommer les lettres de l'alphabet.

APPELLATIVE, adj. fém. (*apélelative*). Voy. **APPELLATIF.**

APPELLE, subst. fém. (*apèle*) (du latin *ab,* de, et *pellis,* peau), t. de médec., manque de peau; petitesse du prépuce. — Au plur. mas., t. de fleuriste, appendice molle. (*Boiste.*)

APPENDANCES, subst. fém. plur. (*apepandance*), t. d'anc. jurispr., héritage nouvellement acquis.

APPENDICE, subst. fém. (*apeindice*) (en latin *appendix,* fait de *ad* et *pendere,* pendre à), ce qui tient ou ce qu'on ajoute à quelque chose. — Supplément placé à la fin d'un ouvrage, avec lequel il a du rapport.— En anat., partie détachée en quelque sorte d'une autre partie, à laquelle cependant elle est adhérente ou continue. — *Appendice vermiculaire* ou *vermiforme,* petit intestin qui se trouve sur le côté du fond du *cæcum.* — En bot., espèce de prolongement qui accompagne le pétiole presque jusqu'à son insertion sur la tige.— En t. de blas., les extrémités des animaux, telles que leur queue, leurs griffes, etc. — L'*Académie* fait appendice *masculin* : pourquoi cela? Il est évident que ce mot est tout latin : il devrait conserver le genre qu'il a dans cette langue, d'autant plus que sa désinence française est féminine. L'*Académie* reconnaît si bien son origine, qu'elle fait prononcer *apependice. Boiste* veut qu'il soit *mas.* et *fém.* comme t. de bot.; *Wailly* l'indique *mas.* et marque la prononciation *apandice;* MM. *Noël* et *Chapsal* le mettent au *mas.* et font dire *apeindice; Laveaux* et *Gattel* seuls désignent le *fém.* pour ce subst. L'autorité de ces deux derniers lexicographes, jointe à la raison étymologique, a déterminé notre opinion sur ce point.

APPENDICULE, subst. fém. (*apeindikule*) (diminutif de *appendice*), t. d'anat., petit accessoire, dépendance de peu de valeur.

APPENDICULÉ, E, adj. (*apeindikulé*), t. de bot., garni d'une ou plusieurs *appendices.*

APPENDRE, v. act. (*apandre*) (en latin *appendere*), attacher, suspendre à une voûte, à des piliers, à une muraille. Il ne se dit guère que des choses que l'on offre dans un temple en signe de reconnaissance, etc. : *appendre des drapeaux à la voûte d'un temple.*

APPENDU, E, part. pass. de *appendre.*

APPENS, (*apan*), vieux mot qui ne s'écrit plus que *apens,* et ne s'emploie plus que dans l'expression *guet-apens.* Voy. ce mot composé.

APPENSÉ, E, part. pass. de *appenser.*

APPENSER, v. act. (*apancé*), méditer avant d'agir. Inus.

APPENSION, subst. fém. (*apancion*), t. de médec., suspension d'un bras au moyen d'une écharpe.

APPENTIS, subst. mas. (*apanti*) (du latin *appendere,* fait de *pendere ad,* pendre à...) toit adossé contre un mur, qui n'a de pente que d'un côté.— Petit bâtiment contre un autre plus haut.

APPENZEL, subst. mas. (*apepanzèle*), gros bourg et canton de la Suisse.

APPERCEPTIBILITÉ, subst. fém. (*apèrecèptibilité*), faculté d'*apercevoir,* de juger, de comparer les impressions reçues. Peu usité. On n'écrit que *aperceptibilité.* Voy. **APERCEVOIR.**

APPERCEPTION, subst. fém. (*apèrecèpcion*), t. de psychol., acte par lequel l'âme se considère comme le sujet qui a telle ou telle *perception.* Peu usité. On n'écrit que *aperception.* Voy. **APERCEVOIR.**

Appert, précédé de *il,* v. unipers. 3e pers. sing. prés. indic. de *apparoir,* il paraît; il est évident. Voy. **APPAROIR.**

APPERTEMENT, adv. (*apèreteman*) (formé de l'unipersonnel *il appert*), manifestement, ouvertement. — C'est une faute d'écrire *apertement* par un seul *p.*

APPESANTI, E, part. pas. de *appesantir.*

APPESANTIR, v. act. (*apezantir*) (rac. *pesant*), rendre lourd, plus lourd, pesant, plus *pesant.* — Fig., rendre moins vif, moins subtil. — Fig., en parlant de l'esprit : *l'âge a appesanti ses perceptions.* — Fig. : *Dieu a appesanti sa main, son bras sur les peuples,* en parlant de la colère, des châtiments de Dieu. — **S'APPESANTIR**, v. pron., devenir lourd, devenir *pesant.* — Fig., *s'appesantir sur un sujet,* en parler longuement; *s'appesantir sur les détails,* s'y arrêter long-temps. — *Le corps s'appesantit par l'oisiveté.* — *La main d'un peintre, d'un chirurgien s'appesantit,* leur main devient moins légère, moins apte au travail.— *Les yeux, les paupières s'appesantissent,* deviennent lourds de sommeil.

APPESANTISSEMENT, subst. mas. (*apezanticeman*), action d'*appesantir;* état d'une personne *appesantie,* soit de corps, soit d'esprit.—Employé sans régime, il ne se dit que du corps : *il est dans un grand appesantissement.*

APPÉTÉ, E, adj. et part. pass. de *appéter* (*apété*).

APPÉTENCE, subst. fém. (*apétance*), t. de physiologie, action d'*appéter.* — T. de médec., sentiment qui fait désirer les substances propres à l'alimentation. L'*appétence* est le premier degré de l'*appétit,* c'est un besoin vague et moins vif que l'*appétit;* c'est celui que ressent d'abord un convalescent à la suite d'une longue maladie; c'est ordinairement un fort bon symptôme que de voir le malade avoir de l'*appétence* pour les aliments. BEAUDE (*Dict. de Médecine usuelle.*)

APPÉTER, v. act. (*apété.* L'Académie veut que l'on prononce les deux *p* : ainsi nous devrions écrire *apepété* pour rendre la prononciation; mais nous doutons que les deux *p* doivent sonner. Nous basons notre prononciation sur un mot dérivé de *appété,* sur *appétissant* : bien certainement on ne prononce pas *apepétiçan,* mais *apétiçan* (et l'*Académie,* du reste, n'a pas émis son opinion sur ce point) : pourquoi donc devrait-on prononcer *apepété?*) (en latin *appetere,* désirer avec ardeur), désirer fortement par instinct, par inclination naturelle, etc. : *l'estomac appète les viandes, les aliments; la femelle appète le mâle.* — Il ne se dit guère qu'en matière de physique.

APPÉTEUR, subst. mas., au fém. **APPÉTEUSE** (*apéteur, teuze*), celui, celle qui désire vivement. Mot presque inusité.

APPÉTEUSE, subst. fém. Voy. **APPÉTEUR.**

APPÉTIBILITÉ, subst. fém. (*apétibilité*), t. de philosophie schol., faculté de l'*appéteur;* qualité de l'*appétible.*

APPÉTIBLE, adj. des deux genres (*apétible*), t. didact., désirable.

APPÉTIF, adj. que nous ne trouvons que dans *Boiste,* et qui a reçu le sens de *appétitif,* est vicieux d'après l'étymologie latine *appetitus.* Voy. **APPÉTITIF.**

APPÉTISSANT, E, adj. (*apétiçan, çante*), qui donne de l'*appétit,* qui réveille l'*appétit* : *viande appétissante.* — Fig., on dit d'une jeune fille qui a de la fraîcheur et de l'embonpoint, qu'*elle est appétissante.*

APPÉTIT, subst. mas. (*apéti*) (en lat. *appetitus*), en t. de philosophie, inclination, faculté, puissance par laquelle l'âme se porte vers quelque chose pour la satisfaction des sens : *appétit sensuel, charnel,* etc. : *contenter, satisfaire tous ses appétits.* — En t. de philosophie schol., *appétit concupiscible* se dit d'un mouvement par lequel l'âme se porte vers un bien; *appétit irascible,* d'un mouvement par lequel l'âme repousse un mal. — Plus particulièrement, désir de manger : *avoir appétit, avoir de l'appétit, un grand et violent appétit; être en appétit; perdre l'appétit.*—*Bon appétit!* souhait à quelqu'un qui mange ou va manger. — Prov., *il n'est chère que d'appétit,* l'appétit assaisonne tout; *c'est un gaillard de haut appétit,* c'est un homme à qui tout semble bon. Voy. **FAIM.** — Fig. et fam., désir ardent d'une chose quelconque : *il avait appétit de tous les bénéfices qui étaient à donner.* — On dit aussi *avoir de l'appétit pour...* et *être en appétit de...* — Fig. et fam., goût, plaisir, satisfaction. — Prov., d'un homme qui a beaucoup d'avidité, *c'est un homme qui a bon appétit;* et : *l'appétit vient en mangeant,* pour dire que, plus on a de bien, plus on en veut avoir. — Prov. et fig. : *c'est un homme qui a l'appétit ouvert de bon matin,* c'est un homme qui recherche prématurément quelque chose d'utile ou d'agréable. — *A l'appétit,* est une expression adv. et fam. qui ne se comprendrait plus; elle signifiait : par envie d'épargner : *à l'appétit d'un écu, il a laissé mourir son cheval.* — Enfin, on nomme *appétits* une sorte de petits ognons que l'on met dans les salades pour en relever le goût. — T. de pêche, harengs préparés en demi-apprêt, peu salés et peu fumés. Ils sont plus estimés que les harengs saurs.

APPÉTITIF, adj. mas., au fém. **APPÉTITIVE** (*apétitif, tive*), concupiscible.

APPÉTITION, subst. fém. (*apéticion*), passion de l'âme qui *désire.*

APPÉTITIVE, adj. fém. Voy. **APPÉTITIF.**

APPIADES, subst. et adj. fém. plur. (*apepiade*), t. d'antiq., chez les anciens Romains, se disait de divinités dont les temples étaient près des eaux ou fontaines d'*Appius,* non loin du *Forum de César.* On en comptait cinq : *Vénus, Pallas,* la *Concorde,* la *Paix* et *Vesta.*

APPIÈCEMENT, subst. mas. (*apièceman*), rapiècetage. Peu usité.

APPIÉCÉ, E, part. pass. de *appiécer.*

APPIÉCER, v. act. (*apiécé*), rapièceter ou mettre des *pièces.*

APPIEN, adj. mas., au fém. **APPIENNE** (*apepiein, piène*), t. d'hist. anc., fait par *Appius Claudius,* censeur de Rome : *voie Appienne,* nom d'un grand chemin construit par cet *Appius.*

APPIÉTRIR, v. neut., ou **S'APPIÉTRIR**, v. pron. (*apiétrir*) (rac. *piètre*), t. de comm. : *une marchandise s'appiétrit* lorsqu'elle perd de sa valeur ou de sa qualité.

APPILÉ, E, adj., et part. pass. du v. **APPILER.**

APPILER, v. act. (*apilé*), mettre en *pile.*—**S'APPILER**, v. pron., se resserrer sur soi.

APPIOS, subst. mas. (*apepiôce*), t. de bot., fausse angélique; racine d'un euphorbe très-purgatif.

APPLAUDI, E, adj. et part. pass. du verbe *applaudir.*

APPLAUDIR, v. act. (*aplôdir*) (du lat. *applaudere,* fait de *ad* et *plaudere,* applaudir à), battre des mains en signe d'approbation : *applaudir une pièce de théâtre.* — Il s'emploie ou sans régime, ou avec la préposition *à* : *tout le monde applaudit; applaudir aux comédiens, aux acteurs.* — Fig., approuver, et le témoigner de quelque manière que ce soit : *chacun applaudit à cette proposition; il a fait une harangue que tout le monde a applaudie; on l'a fort applaudi de cette bonne action.* — *Applaudir à une chose,* c'est témoigner qu'on la trouve bonne, belle, juste, raisonnable, digne d'éloges : *on applaudit à sa conduite.* — **S'APPLAUDIR**, v. pron., se savoir bon gré de quelque chose, se féliciter soi-même : *s'applaudir de sa fortune.* — Se vanter, se glorifier : *l'homme vain ne cesse de s'applaudir.*

APPLAUDISSEMENT, subst. mas. (*aplôdiceman*, action de la personne qui *applaudit;* approbation manifeste exprimée par des battements de mains, par des acclamations, etc. — **APPLAUDISSEMENTS, LOUANGES.** (*Syn.*) Les *applaudissements* partent de la sensibilité; les *louanges* résultent du discernement de l'esprit.

APPLAUDISSEUR, subst. mas., au fém. **APPLAUDISSEUSE** (*aplôdiceur, ceuze*) (du lat. *ad,* à, et *plaudere,* battre des mains), qui *applaudit* beaucoup, et la plupart du temps sans jugement : *des applaudisseurs payés.* On les appelle autrement *claqueurs.* — L'*Académie* n'indique pas le fém.

APPLAUDISSEUSE, subst. fém. Voy. **APPLAUDISSEUR.**

APPLE-TODDY, subst. mas. (*aplelodedi*),

sorte de punch fait avec du rhum et des pommes.

APPLICABLE, adj. des deux genres (*aplikable*), qui doit ou peut être *appliqué à...* : *les talents applicables à tous sont les plus utiles.*

APPLIGAIRE, subst. fém. (*aplikère*), t. de bot., sorte de plante du genre des lycopodes.

APPLICATA, subst. mas. plur. (*aplikata*) (mot lat. qui signifie choses *appliquées*), en t. de méd., cosmétiques, cataplasmes appliqués à la surface du corps.

APPLICATION, subst. fém. (*aplikâcion*) (en latin *applicatio*), l'action d'*appliquer*, de poser, de mettre une chose sur une autre; résultat de cette action : *l'application d'un remède*, etc. — Adaptation d'une maxime, d'un passage, d'un discours. On dit, absolument et sans régime, *faire d'heureuses applications.* — En t. de religion chrétienne, *application* se dit de l'action par laquelle Jésus-Christ transfère aux chrétiens ce qu'il a mérité par sa vie et par sa mort. — Fig., action par laquelle l'âme exerce ses diverses qualités, ses divers penchants sur un objet plutôt que sur un autre; attention arrêtée et suivie : *avoir de l'application à l'étude*, etc., ou sans régime, *cela demande une grande application.* — En géom., 1° l'opération appelée *division* en arithmétique; 2° l'action d'*appliquer* ou de poser deux figures planes l'une sur l'autre. On dit aussi *superposition.* — En astrologie, le rapport d'un degré précédent à un degré suivant, quant aux influences. — *Application d'une science à une autre*, usage qu'on fait des principes, de la méthode de l'une pour perfectionner et étendre l'autre : *l'application de l'algèbre à la géométrie.* On dit, dans le même sens, *application de la cycloïde au pendule*, etc. — *Application d'une somme à telle chose*, emploi spécial que l'on fait d'une somme pour telle chose. — Art, science d'*appliquer*, de faire un placage sur différents objets. — APPLICATION, MÉDITATION, CONTENTION. (*Syn.*) L'*application* est une attention suivie et sérieuse; la *méditation* est une attention détaillée et réfléchie; la *contention* est une attention forte et pénible.

APPLIQUE, subst. fém. (*aplike*), ornement de pierres précieuses qui s'*applique* pour en embellir d'autres. — En t. d'ébéniste, de tabletier, etc., ouvrage de rapport et de marqueterie. — En t. d'orfèvre : *pièce d'applique*, tout ce qui s'assemble par charnières, coulisses, boucles, etc.

APPLIQUÉ, E, part. pass. du v. *appliquer* et adj. Il se dit, absolument et sans régime, d'une personne attachée à l'étude, aux affaires, etc. : *homme appliqué; femme très-appliquée.* — T. de bot. : *feuilles appliquées contre la tige*, qui sont dans une direction parallèle à la tige.

APPLIQUÉE, subst. fém. (*apliké*), t. de géom., ordonnée, ou ligne droite terminée par une courbe dont elle coupe le diamètre.

APPLIQUER, v. act. (*apliké*) (du lat. *applicare*, fait de *ad*, à, et de *plicare*, plier; *plier à ou sur*), mettre une chose sur une autre, de manière qu'elle y soit adhérente : *appliquer des couleurs sur une toile; un emplâtre sur l'estomac.* — Mettre une chose sur une autre, de manière que leurs surfaces se touchent : *appliquer un baiser.* Voy. APPOSER. — Adapter, faire convenir à... : *appliquer une maxime, un passage*, etc. — Fig., donner, conférer : *les sacrements appliquent la grace.* — *Appliquer son esprit à...*, attacher fortement son esprit à... — Consacrer : *appliquer une somme d'argent à une œuvre de charité*, etc. — *Appliquer une science à une autre*, faire usage des principes ou des vérités d'une science, pour perfectionner et étendre l'autre. — En t. de doreur, mettre l'or, coucher l'or. — En t. d'ébéniste, faire une applique sur des meubles. — En t. de math., transporter une ligne donnée, soit dans un cercle, soit dans une autre figure, en sorte que les deux extrémités de cette ligne soient dans le périmètre de la figure. — *Appliquer un criminel à la question*, le mettre à la question. — *Appliquer un soufflet*, donner un soufflet. Il est du style fam. — S'APPLIQUER, v. pron., se poser, se mettre sur... — S'attacher avec *application.* Alors *se* est régime simple : *elle s'est appliquée à l'étude.* — S'approprier, s'attribuer, prendre pour soi. Alors *se* est régime composé, pour *à soi* : *ils se sont appliqué cette histoire.*

APPOGGIATURA, subst. fém. (*apodjiatoura*), mot emprunté de l'italien, et qui, en t. de musique, signifie un agrément du chant, qui se fait en appuyant la voix sur la note qui précède en dessus de celle de l'harmonie. La première de deux notes égales est presque toujours une *appoggiatura.* — Ce mot est francisé par Boiste, qui écrit *appoggiature.*

APPOINT, subst. mas. (*apoein*) (du lat. *ad punctum*, au, ou pour le point juste, précis), t. de banque et de commerce, monnaie qu'on ajoute pour compléter une somme, pour faire le solde d'un compte : *pour faire 1,000 livres en écus, il fallait 333 écus, et un appoint de 20 sous.* — *Tirer* ou *prendre une lettre de change par appoint*, la faire ou la recevoir du solde juste d'un compte. — On appelle aussi *appoint* ce qui se paie en argent, quand la plus forte partie du paiement se fait en or : *il me devait cent francs, il m'a donné quatre louis d'or, et quatre francs pour l'appoint.* — *Faire l'appoint*, compléter une somme.

APPOINTAGE, subst. mas. (*apoëintaje*), t. de tanneur, action d'*appointer*, de fouler les cuirs; résultat de cette action.

APPOINTÉ, E, part. pass. de *appointer*, adj. et subst. mas., militaire qui touchait une plus grosse paie que les autres : *soldat appointé, capitaine appointé; c'est un appointé.* — Il n'y a plus d'*appointés* dans l'armée. — Salarié, *commis appointé.* — En t. de blason, *appointé* se dit des pièces qui se touchent par les pointes. — En t. de palais, *une cause appointée* est celle qui doit être jugée par rapport.

APPOINTEMENT, subst. mas. (*apoeinteman*), règlement en justice sur une affaire, pour qu'elle soit jugée par un rapport. — Au plur., gages annuels qu'on donne à un employé, à un commis. Le mot *gages* ne s'emploie qu'en parlant du salaire des domestiques. — Fam., quand une personne aide à la dépense, à l'entretien, à la subsistance d'une autre qui ne pourrait pas vivre si commodément par elle-même, on dit : *c'est lui, c'est elle qui fournit aux appointements.* — En t. de palais, on appelle *appointement en droit* un règlement par lequel le juge ordonne que les parties produiront par écrit; et *appointement à mettre*, un règlement par lequel le juge ordonne que les parties mettront les pièces sur le bureau, pour être jugées sommairement. On ne se sert plus de ces termes; on dit *instruction par écrit* et *délibéré.*

APPOINTER, v. act. (*apoeinté*), en justice, régler par un *appointement.* Voy. APPOINTEMENT. — Accommoder, terminer à l'amiable. En ce sens, il est vieux et même hors d'usage. — Donner des *appointements*, des gages : *on l'a appointé*, ou *il est appointé de mille écus.* — En t. de corroyeur, fouler en dernier. — En t. de tapissier, plier un matelas en deux, et y coudre, vers chaque bout, deux ou trois *pointes* pour l'arrêter. — Dans la discipline militaire, *appoïnter un homme d'une corvée, d'une garde* ou *d'exercice*, lui imposer, par punition, une corvée, une garde hors de tour, ou l'envoyer à l'exercice des recrues, quoique son instruction ne l'exige plus.

APPOINTEUR, subst. mas. (*apoeinteur*), t. de palais, juge qui fait *appointer* une affaire pour favoriser une partie; qui concilie.

APPOINTI, E, part. pass. de *appointir.*

APPOINTIR, et non pas **APPOINTISSER**, comme dit souvent le peuple, v. act. (*apoeintir*), aiguiser en *pointe*; rendre *pointu.* — S'APPOINTIR, v. pron., devenir *pointu.* — Aucun de ces deux mots ne se lit dans l'*Académie.*

APPONDURE, subst. fém. (*apondure*), t. de rivière, perche qui entre dans la composition d'un train de bois.

APPONTEMENT, subst. mas. (*aponteman*), espèce de pont volant placé sur les pieux de fondation.

APPORT, subst. mas. (*apor*), lieu public, espèce de marché où l'on *apporte* des marchandises pour les vendre : *l'apport Paris*, que le peuple de Paris appelle par corruption *Porte Paris.* — En t. de pratique, sommes ou valeurs *apportées* et mises en communauté par les époux. — En t. de comm., ce qu'un associé *apporte* à la masse. — Au palais, on appelle *apport des pièces* le dépôt des pièces; *acte d'apport*, le récépissé qu'on donne des pièces déposées.

APPORTAGE, subst. mas. (*aportaje*), peine et salaire de celui qui *apporte* quelque fardeau. On dit plus souvent *colportage.*

APPORTÉ, E, part. pass. de *apporter.*

APPORTER, v. act. (*aporté*) (en lat. *apportare*, fait de *ad*, à, et de *portare*, porter; *porter à* ou *vers*), porter d'un lieu à un autre; du lieu où n'est pas la personne qui parle, au lieu où elle est : *apportez-moi le livre qui est dans mon cabinet.* — On dit qu'*une femme a beaucoup apporté en mariage*, pour dire qu'elle a reçu beaucoup de bien en dot. — Causer : *apporter du dommage à...* — Employer : *apporter beaucoup de soin et d'attention à l'examen d'une affaire.* — Alléguer : *apporter de bonnes raisons, de frivoles excuses*, etc. — Avec *textes et passages*, on dit mieux *rapporter.* — *Apporter remède*, remédier. — Fig., annoncer, faire savoir : *apporter une mauvaise nouvelle.* — On dit, en parlant d'affaires, de négociations, *apporter des facilités, apporter des difficultés*, faciliter, faire naître des difficultés. On dit, à peu près dans le même sens, *apporter des tempéraments dans une affaire.* — On dit aussi *apporter*, en parlant des suites de certaines choses : *la guerre apporte bien des calamités; la vieillesse apporte les infirmités; un mariage mal assorti apporte bien des chagrins.* — S'APPORTER, v. pron.

APPOSÉ, E, part. pass. de *apposer.*

APPOSER, v. act. (*apôzé*) (du latin *appositus*, participe de *apponere*, formé de *ad* et *ponere*, mettre, poser sur), t. de prat., mettre, appliquer : *apposer un scellé*, appliquer juridiquement le sceau de l'officier public à un appartement, à un meuble fermant, etc., pour empêcher qu'on n'en tire ce qui s'y trouve renfermé. — *Apposer une condition à un contrat*, y mettre, y insérer une condition. — *Apposer sa signature*, signer. — Il ne s'emploie guère qu'en style de pratique, à la différence d'*appliquer*, qui d'ailleurs se dit proprement d'une chose qu'on impose sur une autre, par conglutination ou par forte pression. — S'APPOSER, v. pron.

APPOSITION, subst. fém. (*apôzicion*), t. de prat., action d'*apposer*; résultat de cette action : *on a fait l'apposition du scellé.* — En t. de phys., jonction de certains corps à d'autres de même espèce, d'où résulte leur accroissement. — En t. de gramm. et de rhét., union d'un substantif à un autre, pour marquer un attribut particulier : *Titus, les délices du genre humain; Attila, le fléau de Dieu.*

APPRÉBENDÉ, E, part. pass. de *apprébender.*

APPRÉBENDER, v. act. (*aprébandé*), assurer, donner la *prébende* à quelqu'un. Ce mot n'a plus d'application aujourd'hui.

APPRÉCIABLE, adj. des deux genres (*apréciable*), qui peut être *apprécié* : *mérite appréciable.* — T. de mus., *sons appréciables*, ceux dont on peut sentir l'unisson et calculer les intervalles : *le bruit n'est pas appréciable.*

APPRÉCIATEUR, subst. mas., au fém. APPRÉCIATRICE (*aprécialeur, trice*), celui qui *apprécie.* Il ne se dit guère qu'avec une épithète : *juste appréciateur du mérite.* Du moins, c'est l'avis de l'*Académie*; mais on dit fort bien : *appréciateur de tableaux.* — Commis de bureau chargé de l'estimation des marchandises, pour régler les droits d'entrée et de sortie.

APPRÉCIATIF, adj. mas., au fém. APPRÉCIATIVE (*apréciatif, tive*), qui marque l'*appréciation.*

APPRÉCIATION, subst. fém. (*aprécidcion*), estimation exacte de la valeur d'une chose. — ESTIMATION, ÉVALUATION, PRISÉE, APPRÉCIATION. (*Syn.*) L'*estimation* se fait par experts et se dit de toutes sortes d'objets; la *prisée* se fait par un huissier et ne se dit que des meubles; l'*évaluation* se dit des choses par rapport au poids, nombre ou mesure; l'*appréciation* se fait des marchandises dont le prix n'a pas été convenu.

APPRÉCIATIVE, adj. fém. Voy. APPRÉCIATIF.

APPRÉCIATRICE, subst. fém. Voy. APPRÉCIATEUR.

APPRÉCIÉ, E, part. pass. de *apprécier*, et adj. : *telle marchandise est fort appréciée.*

APPRÉCIER, v. act. (*aprécié*) (du lat. *appretiare*, formé de *ad*, et de *pretium*), estimer la valeur de... ; mettre un prix à... ; régler le *prix* de... ; priser : avec cette différence qu'*apprécier* c'est juger du prix courant des choses dans le commerce; *estimer*, c'est juger la valeur réelle et intrinsèque de la chose; *priser*, c'est mettre un prix à ce qui n'en a pas encore, du moins de connu. — Au fig. : *apprécier les personnes, les choses*, juger de leur prix dans le commerce de la vie. — S'APPRÉCIER, v. pron.

APPRÉHENDÉ, E, part. pass. de *appréhender.* *Si pris et appréhendé peut être*, que l'*Académie* nous donne, il est vrai, pour formule surannée employée dans les sentences par contumace, ne devrait plus se trouver aujourd'hui dans son *Dictionnaire*, puisque cette locution est entièrement inusitée.

APPRÉHENDER, v. act. (*apréandé*) (du latin *prehendere*, prendre, saisir), en t. de palais, prendre, saisir une personne : *appréhender au corps.* —Craindre. Voy. ce mot. —Dans ce dernier sens, *appréhender* régit un autre verbe à l'infinitif, avec la prép. *de* : *elle appréhendait d'abuser des miséricordes de Dieu.*

APPRÉHENSIBILITÉ, subst. fém. (*apréancibilité*), qualité de ce qui peut être saisi. Inus.

APPRÉHENSIF, adj. mas., au fém. **APPRÉHENSIVE** (*apréancif, cive*), qui craint, qui a peur, timide. Vieux.

APPRÉHENSION, subst. fém. (*apréancion*), crainte, peur. — En log., idée qu'on prend d'une chose, sans en porter encore aucun jugement : *la première opération de l'entendement est l'appréhension.*

APPRÉHENSIVE, adj. fém. Voy. APPRÉHENSIF.

DU VERBE IRRÉGULIER APPRENDRE :

Apprenaient, 3e pers. plur. imparf. indic.
Apprenais, précédé de *j'*, 1re pers. sing. imparf. indic.
Apprenais, précédé de *tu*, 2e pers. sing. imparf. indic.
Apprenait, 3e pers. sing. imparf. indic.
Apprenant, part. prés.
Apprend, 3e pers. sing. prés. indic.
Apprendra, 3e pers. sing. fut. abs.
Apprendrai, 1re pers. sing. fut. abs.
Apprendraient, 3e pers. plur. prés. cond.
Apprendrais, précédé de *j'*, 1re pers. sing. prés. cond.
Apprendrais, précédé de *tu*, 2e pers. sing. prés. cond.
Apprendrait, 3e pers. sing. prés. cond.
Apprendras, 2e pers. sing. fut. abs.

APPRENDRE, v. act. (il se conjugue sur *prendre*, dont il est composé) (*aprandre*) (du lat. *ab*, de, et *prehendere*, prendre; *prendre de, auprès de*), acquérir ou enseigner quelque connaissance : *j'ai appris l'algèbre; je lui ai appris l'algèbre.* *Apprendre* diffère d'*étudier*, en ce que celui-ci veut dire seulement qu'on travaille à..., et que celui-là marque qu'on y travaille avec succès : *on étudie pour apprendre; on apprend à force d'étudier.* Il semble différer aussi de *s'instruire* en ce qu'on *apprend d'un maître*, et qu'on peut *s'instruire par soi-même.*—Mettre quelque chose dans sa mémoire : *j'ai appris tant de vers de Virgile*, etc. — Contracter une habitude, *apprendre à régler ses passions, son esprit.* — Savoir quelque chose par le rapport d'autrui : *j'ai appris de vos nouvelles par un tel.* — Découvrir, pénétrer, connaître : *apprendre par l'expérience comment il faut se conduire.* — Fig. et prov. : *les bêtes nous apprennent à vivre*, pour dire : il y a d'excellentes instructions à tirer de l'exemple des bêtes. — *Apprendre à vivre à quelqu'un*, c'est le ranger dans son devoir : *lui apprendre à parler*, le forcer de modérer ses discours. — **S'APPRENDRE**, v. pron. : *le génie ne s'apprend pas; on s'apprend ce qu'on sait.*

DU VERBE IRRÉGULIER APPRENDRE :

Apprendrez, 2e pers. plur. fut. abs.
Apprendriez, 2e pers. plur. prés. cond.
Apprendrions, 1re pers. plur. prés. cond.
Apprendrons, 1re pers. plur. fut. abs.
Apprendront, 3e pers. plur. fut. abs.
Apprends, 2e pers. impér.
Apprends, précédé de *j'*, 1re pers. sing. prés. indic.
Apprends, précédé de *tu*, 2e pers. sing. prés. indic.
Apprenez, 2e pers. plur. impér.
Apprenez, précédé de *vous*, 2e pers. plur. prés. indic.
Appreniez, précédé de *vous*, 2e pers. plur. imparf. indic
Appreniez, précédé de *que vous*, 2e pers. plur. prés. subj.
Apprenions, précédé de *nous*, 1re pers. plur. imparf. indic.
Apprenions, précédé de *que nous*, 1re pers. plur. prés. subj.
Apprenne, précédé de *que j'*, 1re pers. sing. prés. subj.
Apprenne, précédé de *qu'il* ou *qu'elle*, 3e pers. sing. prés. subj.
Apprennent, précédé de *ils* ou *elles*, 3e pers. plur. prés. indic.
Apprennent, précédé de *qu'ils* ou *qu'elles*, 3e pers. plur. prés. subj.
Apprennes, 2e pers. sing. prés. subj.
Apprenons, 1re pers. plur. impér.
Apprenons, précédé de *nous*, 1re pers. plur. prés. indic.

APPRENTI, subst. mas., au fém. **APPRENTIE** (*apranti*), celui, celle qui est sous un maître ou une maîtresse, et qui doit les servir pendant un certain temps, pour *apprendre* d'eux le métier dont ils font profession.—On écrivait autrefois *apprentif* au mas., et *apprentive* au fém. : *une apprentive auteur.* (*Boileau*, satire X.) Cela n'est plus permis. *La Fontaine* a écrit *apprentie* dans son discours à madame de la Sablière :

> La république de Platon
> Ne serait rien que l'*apprentie*
> De cette famille amphibie.

On ne doit jamais écrire *apprentif*, puisqu'au fém. on ne dit que *apprentie*, qui ne peut se former naturellement que de *apprenti*. — Au fig., celui, celle qui ne sait pas encore bien une chose : *vous n'êtes qu'un apprenti.* — *Apprentisse* est un barbarisme, quoiqu'on le trouve dans *Richelet*, qui le défend contre la critique d'un savant de province.

APPRENTISSAGE, subst. mas. (*aprantiçaje*), l'état d'un *apprenti* : *dans ce métier, l'apprentissage est rude.* — Le temps qu'il met, chez un maître, à *apprendre* son art, son métier : *faire son apprentissage.* —Fig., essai, épreuve de ce que l'on a appris. Il se prend ordinairement en mauvaise part : *ce médecin, ce chirurgien fait son apprentissage sur le corps de ce malheureux.* — On dit fig. : *l'apprentissage du métier de la guerre; l'apprentissage des maux inévitables dans cette vie mortelle; faire l'apprentissage du crime, l'apprentissage de la sagesse, de la vertu, l'apprentissage de l'obéissance*, etc.

APPRÊT, subst. mas. (*aprè*), préparatif. En ce sens, il ne se dit guère qu'au plur. : *faire de grands apprêts.* Voy. APPAREIL. —Manière d'*apprêter* les étoffes, cuirs, toiles, etc. En ce sens, *une toile, un drap a de l'apprêt, a trop d'apprêt*; il, elle *tire en grande partie sa consistance de l'apprêt, et très-peu de sa qualité.*—En peint., préparation qu'il faut faire subir aux fonds destinés à être peints. Les anciens vitraux d'église recevaient un *apprêt* avant que d'être peints. — Chez les chapeliers, on nomme *apprêt*, de l'eau bouillie où il y a de la gomme, qui sert à donner plus de lustre et de corps aux chapeaux. — Assaisonnement des viandes. Dans ces deux dernières acceptions, il ne s'emploie qu'au sing. — Fig. : *il y a de l'apprêt dans le style, dans la conversation, dans les manières*, une certaine affectation, une certaine recherche qui s'attache plus à l'apparence des formes, qu'à la qualité du fond.

APPRÊTE, subst. fém. (*aprète*), mouillette, petit morceau de pain délié et coupé en long, avec lequel on mange un œuf à la coque. *L'Académie* se contente de dire que ce mot vieillit : nous prétendons, nous, qu'il ne se dit plus du tout : on se sert du mot *mouillette.*

APPRÊTÉ, E, part. pass. de *apprêter*, et adj. On appelle *cartes apprêtées* des cartes arrangées d'avance pour tromper au jeu. — Fig., *un air apprêté*, un air affecté. — En t. de mar., *gargousses apprêtées*, gargousses chargées de poudre, disposées pour être mises dans les canons. — APPRÊTÉ, COMPOSÉ, AFFECTÉ, AFFÉTÉ. (*Syn.*) L'homme *apprêté* a de la roideur, de la contrainte; il est recherché dans ses manières et dans ses discours. L'homme *composé* est froid, grave, réservé, circonspect, recherché dans son air et sa contenance. L'homme *affecté* est prétentieux dans ses manières et son langage. L'homme *affété* veut se donner de l'amabilité, des graces, paraître doux, affable, etc., se distinguer par des petites manières recherchées.

APPRÊTER, v. act. (*aprété*) (de l'italien *apprestare*, dont la signification est la même), préparer; mettre en état : *apprêter le dîner, apprêter ses hardes.* — Dans les arts et métiers, c'est donner l'*apprêt* convenable aux étoffes, etc., pour les mettre à leur dernier degré de perfection. — Assaisonner les viandes. — En t. de potier d'étain, limer la pièce pour la rendre unie et facile à tourner. — En t. de vergetier, mettre ensemble les plumes et les soies de même longueur. — En t. de fondeur en caractères d'imprimerie, *apprêter les lettres*, c'est enfermer entre les deux branches du justificateur autant de lettres qu'il en peut tenir, pour voir si elles sont bien en ligne. — En t. de peint., on dit *apprêter de blanc*, pour : mettre sur un fond plusieurs couches de blanc.—V. neut. : apprêter à manger : *ce cuisinier apprête bien.* — Fig., *apprêter à rire*, donner occasion de rire. Dans cette dernière acception, on dit mieux, *prêter à rire*; l'*Académie* aurait dû nous en avertir.— **S'APPRÊTER À...**, v. pron., se préparer, se mettre en état de faire quelque chose.—APPRÊTER, PRÉPARER, DISPOSER. (*Syn.*) On *apprête* ce qu'on va faire; on *prépare* afin d'être en état de faire; on *dispose* pour pouvoir faire.

APPRÊTEUR, subst. mas., au fém. **APPRÊTEUSE** (*aprêteur, teuze*), celui ou celle qui *apprête*, qui fait des préparations, ou qui donne l'*apprêt* à quelque chose.

APPRÊTEUSE, subst. fém. Voy. APPRÊTEUR.

APPRÊTOIR, subst. mas. (*aprêtoar*), selle de bois à quatre pieds, à l'usage des potiers d'étain.

DU VERBE IRRÉGULIER APPRENDRE :

Apprîmes, 1re pers. plur. prét. déf.
Apprirent, 3e pers. plur. prét. déf.
Appris, e, part. pass.
Appris, précédé de *j'*, 1re pers. sing. prét. déf.
Appris, précédé de *tu*, 2e pers. sing. prét. déf.

APPRIS, E, part. pass. de *apprendre*, et adj. (*apri, prize*). Fam. : *il est bien appris*, il est bien élevé, sage, honnête, etc. ; et, subst. en sens contraire, *c'est un mal-appris.*

APPRISE, subst. fém. (*aprize*), t. de palais, ordonnance d'un juge supérieur, par laquelle il prescrivait à son subalterne la forme de la sentence que celui-ci devait prononcer. — Prisée, appréciation. Vieux.

DU VERBE IRRÉGULIER APPRENDRE :

Apprisse, 1re pers. sing. imparf. subj.
Apprissent, 3e pers. plur. imparf. subj.
Apprisses, 2e pers. sing. imparf. subj.
Apprissiez, 2e pers. plur. imparf. subj.
Apprissions, 1re pers. plur. imparf. subj.
Apprit, précédé de *il* ou *elle*, 3e pers. sing. prét. déf.
Apprît, précédé de *qu'il* ou *qu'elle*, 3e pers. sing. imparf. subj.
Apprîtes, 2e pers. plur. prét. déf.

APPRIVOISABLE, adj. des deux genres (*aprivoèzable*), que l'on peut *apprivoiser*. Vieux.

APPRIVOISÉ, E, adj. et part. pass. de *apprivoiser.*

APPRIVOISEMENT, subst. mas. (*aprivoèzeman*), action d'*apprivoiser.*

APPRIVOISER, v. act. (*aprivoèzé*) (rac. *priver*), rendre doux ou moins farouche; plus traitable. Il se dit au propre des animaux, et au fig. des hommes. — **S'APPRIVOISER**, v. pron., devenir moins sauvage; devenir plus familier : *s'apprivoiser dans une maison, avec les grands*, etc. ; *il commence à s'apprivoiser.* — *S'apprivoiser avec le danger, avec le vice*, s'accoutumer à la vue du danger, à l'exemple du vice.

APPROBAMUS, subst. mas. (*apeprôbâmuce*), mot purement latin qui signifie *nous approuvons*, t. de droit canonique, visa que l'évêque donne à un mandat.

APPROBATEUR, subst. et adj. mas., au fém. **APPROBATRICE** (*aprobateur, trice*), celui ou celle qui *approuve*, qui donne son *approbation* à... — Dans un sens plus restreint, celui qui avait donné son *approbation* publique à un livre, à un ouvrage. Cette dernière acception est tout-à-fait tombée en désuétude. — Adj. : *murmure approbateur.*

APPROBATIF, adj. mas., au fém. **APPROBATIVE** (*aprobatif, tive*), qui marque de l'*approbation* : *geste approbatif, mine approbative.* — Il ne se dit que des choses.

APPROBATION, subst. fém. (*aprobâcion*) (en latin *approbatus*), consentement, agrément donné à.... — Jugement, témoignage favorable, avantageux : *avoir l'approbation générale, l'approbation des honnêtes gens*, etc.—APPROBATION, AGRÉMENT, CONSENTEMENT, RATIFICATION, ADHÉSION. (*Syn.*) *approbation* se rapporte également aux opinions de l'esprit et aux actes de la volonté. Il s'applique aux trois circonstances du temps; *agrément* ne se rapporte qu'aux actes de la volonté, et s'applique encore aux trois circonstances du temps; *consentement* et *ratification* sont relatifs aux actes de la volonté : le second ne se dit que du passé; *adhésion* n'est relatif qu'aux opinions.

APPROBATIVE, adj. fém. Voy. APPROBATIF.

APPROBATIVEMENT, adv. (*aprobativeman*), en *approuvant*.

APPROBATRICE, subst. fém. Voy. APPROBATEUR.

APPROCHANT, E, adj. (*aprochan, chante*), qui a de la ressemblance, quelque rapport avec... qui est peu différent de.. : *style approchant de celui des anciens*.—Prép. et adv., environ ; à peu près : *il est approchant huit heures ; il est huit heures ou approchant*.

APPROCHE, subst. fém. (*aproche*), mouvement par lequel on s'avance vers un lieu ou vers une personne.—Se dit en parlant de tout ce qui avance ou paraît avancer vers nous : *l'approche de la nuit ; les approches de la mort*.—Abord, accès : *les approches d'un poste, d'un camp ; cette ville est de difficile approche* — En t. de jard., voy. GREFFE. —En t. de fondeur de caractères d'imprimerie, *approche* sert à exprimer la distance qui doit séparer les lettres, quand elles sont placées les unes à côté des autres. — En t. d'imprimerie, distance d'une lettre à l'autre. — Signe de correction indiquant qu'il faut réunir des lettres, ou des parties d'un mot, qui sont séparées. — Les couvreurs appellent *approches* et *contre-approches* des tuiles qu'ils diminuent de largeur.—En t. de guerre, on entend par *approches*, au plur., tous les travaux qu'on fait pour avancer vers une place qu'on attaque. — En *mécan.*, *courbe aux approches égales*, courbe le long de laquelle un corps, descendant par l'action seule de la pesanteur, approche également de l'horizon en temps égaux. Ce problème fut proposé par *Leibnitz* aux géomètres de son temps. — En opt., on appelle *lunette d'approche* un tuyau plus ou moins long, formé de plusieurs parties servant à l'allonger ou à le raccourcir, lequel, au moyen des verres qui y sont placés, fait voir les objets plus gros et plus rapprochés : *l'invention des lunettes d'approche remonte au commencement du dix-septième siècle*. — On dit plutôt aujourd'hui *lorgnette*.

APPROCHÉ, E, part. pass. de *approcher*.

APPROCHER, v. act. (*aproché*) (du lat. *appropiare*, fait de *propè*, proche), mettre *près* : *approcher le canon de la place ; approchez-moi cette table*. — Être en faveur auprès de... : *approcher l'empereur, un grand, un ministre*.—Mettre en faveur : *le roi l'a approché de sa personne*. — *Approcher quelqu'un*, se placer à côté de lui, ou avoir près de lui un accès libre et facile. — *Approcher de quelqu'un* a le même sens. — V. neut., aller, avancer vers quelqu'un, vers quelque lieu. — Être *près* d'arriver. — Atteindre en quelque sorte. — Devenir *proche* : *l'heure, le temps approche*. — Avoir de la convenance, de la ressemblance, du rapport avec : *son style approche de celui de Cicéron*.—Dans les monnaies, *approcher*, réduire le flan pour le mettre au poids de l'ordonnance. — En sculpt., on dit *approcher à la pointe, à la double pointe, au ciseau*, pour exprimer les différentes manières de travailler la pierre. — On dit, en t. de mar., que le *vent approche*, lorsque, de largue que l'on courait, il oblige de haler les boulines pour aller *au plus près*. — *Approcher du but*, donner bien *près* du but. — Fig., deviner *à peu près* ce dont il s'agit. — S'APPROCHER, v. pron., s'avancer vers quelqu'un, vers quelque lieu. — Devenir *proche* : *le moment s'approche*.

APPROFONDI, E, part. pass. de *approfondir*.

APPROFONDIR, v. act. (*aprofondir*), rendre plus *profond* : *approfondir un fossé, un canal*. En ce sens, on dit plus souvent et mieux *creuser*. — Fig., examiner *à fond* ; tâcher de pénétrer dans la connaissance de quelque chose de difficile : *approfondir une affaire, les sciences*.— Quelques écrivains l'ont employé neutralement : *sans approfondir davantage*. — S'APPROFONDIR, v. pron. : *les mystères de Dieu ne doivent pas s'approfondir*.

APPROFONDISSEMENT, subst. mas. (*aprofondiceman*), action d'*approfondir* ; résultat de cette action. Il se dit au propre et au fig. : *l'approfondissement de ce bassin ; l'approfondissement de la question*. — L'*Académie* a omis ce subst.

APPROPRIANCE, subst. fém. (*apropriance*), t. de coutume, prise de possession d'une chose achetée ou donnée.

APPROPRIATION, subst. fém. (*apropriâcion*) (du lat. *ad*, à, et *proprius*, propre), action de *s'approprier* une chose. — En chim., état où sont mis deux corps qui ne peuvent s'unir ensemble que par le concours d'un troisième qui les dispose à cette union. — En physiologie, action de la chaleur naturelle, etc., en vertu de laquelle les humeurs et les esprits s'unissent tellement avec les parties, qu'ils ne peuvent en être séparés sans que celles-ci cessent leurs fonctions. — En t. de logique, changement que l'on fait subir au sens d'un mot pour en étendre la signification.

APPROPRIÉ, E, adj. et part. pass. d'*approprier*. En médec., *remèdes appropriés*, destinés particulièrement à telles parties du corps, dans telles circonstances déterminées.

APPROPRIEMENT, subst. mas. (*apropriman*), t. de coutume, qui a le même sens que *appropriation*.

APPROPRIER, v. act. (*apropriê*) (du lat. *appropriare*, formé de *ad*, à, et *proprius*, propre), proportionner, adapter, rendre propre à une destination : *il faut approprier son style au sujet que l'on traite*. — Ajuster, agencer, mettre dans un état de *propreté* : *approprier une chambre*. — On dit plus souvent et mieux cependant *rapproprier* ; et c'est ce qu'aurait dû ajouter l'*Académie*. — S'APPROPRIER, v. pron., prendre pour soi ; usurper : *s'approprier le bien d'autrui*. — *S'approprier le livre d'un autre*, se l'attribuer ; *s'approprier une pensée*, se la rendre propre par l'expression. — S'APPROPRIER, S'ARROGER, S'ATTRIBUER. (*Syn.*) *S'approprier*, c'est se rendre propre et prendre pour soi ce qui ne nous appartient pas ; *s'arroger*, c'est requérir avec hauteur, avec insolence ce qui n'est pas dû, ou plus qu'il n'est dû ; et *s'attribuer*, c'est prétendre à une chose, se l'adjuger, se l'appliquer de sa propre autorité. — On le dit aussi pour s'ajuster, s'accommoder. En ce sens, il est peu d'usage.

APPROUVÉ, E, part. pass. de *approuver*. Il s'emploie par ellipse, et comme mot invariable, au bas d'un acte, d'un rapport, d'un état, d'un compte, etc. : *approuvé l'écriture ci-dessus*.

APPROUVER, v. act. (*aprouvé*) (du lat. *approbare*, qui a la même signification), agréer, donner son approbation, son consentement à... : *approuver une démarche, un mariage*, etc.—Juger louable, digne d'estime : *peut-on approuver une telle conduite?* — Autoriser par un témoignage éclatant et authentique : *ce livre a été approuvé par plusieurs docteurs*. — S'APPROUVER, v. pron. : *les méchants s'approuvent*.

APPROVISIONNÉ, E, part. pass. de *approvisionner*, et adj., rempli de toutes sortes de marchandises : *marché bien approvisionné*, fourni de marchandises ; *place mal approvisionnée*.

APPROVISIONNEMENT, subst. mas. (*aprovizioneman*), fourniture des choses nécessaires à une armée, à une flotte, à un hôpital, etc. ; amas des choses rassemblées pour la subsistance d'une ville, d'une place, etc. ; action d'*approvisionner* et résultat de cette action.

APPROVISIONNER, v. act. (*aprovizioné*) (du lat. *ad*, à, et *providere*, pourvoir ; *pourvoir à..., aux besoins de...*), faire l'approvisionnement de..., fournir les choses nécessaires à... — Remplir une ville, une place assiégée de tout ce qui est nécessaire pour la subsistance de la garnison et des habitants. — S'APPROVISIONNER, v. pron.

APPROVISIONNEUR, subst. mas., au fém. APPROVISIONNEUSE (*aprovizioneur, neuze*), celui, celle qui *approvisionne*. Fam.

APPROVISIONNEUSE, adj. fém. Voy. APPROVISIONNEUR.

APPROXIMATIF, adj. mas., au fém. APPROXIMATIVE ((*aprokcimatif, tive*), fait par *approximation* : *état approximatif d'une dépense à faire*.

APPROXIMATION, subst. fém. (*aprokcimâcion*) (du lat. *ad*, à, et *proximus*, proche), t. de math., action ou opération par laquelle on approche de plus en plus de la valeur d'une quantité, sans la trouver exactement. — Estimation dont le but est d'avoir une simple idée d'une somme qu'on veut à peu près connaître : *je ne vous demande qu'une simple approximation*. — En médec., méthode singulière de guérir une maladie, en la transplantant, au moyen du contact immédiat, dans un animal ou dans quelque substance végétale.

APPROXIMATIVE, adj. fém. Voyez APPROXIMATIF.

APPROXIMATIVEMENT, adv. (*aprokcimativeman*), par *approximation* : *estimez la dépense approximativement*.

APPROXIMÉ, E, part. pass. de *approximer*.

APPROXIMER, v. act. (*aprokcimé*), être très-voisin ; ressembler un peu. Inus. — S'APPROXIMER, v. pron.

APPUI, subst. mas. (*apui*), chose sur quoi l'on *s'appuie* ; chose qui *appuie*, qui soutient. — Fig., faveur, protection : *avoir de l'appui*, être protégé ; *être sans appui*, sans protection. — Fig., soutien, protecteur : *cet homme est l'appui de la religion, des malheureux ; les bonnes lois sont l'appui du trône*. — Fig. : *si jamais une âme forte a pu se soutenir elle-même, la tienne a-t-elle besoin d'appui?* — *L'appui d'une fenêtre*, la partie sur laquelle on peut *s'appuyer*. — En t. d'archit., un *appui* est un morceau de bois ou une pierre qu'on met sous les pinces ou les leviers, pour remuer quelque chose. — *Hauteur d'appui ; mur, balustrade à hauteur d'appui* qui est élevée à la hauteur du coude, de manière qu'on puisse s'y *appuyer*. — T. de mécan., *point d'appui*, point fixe autour duquel le poids et la puissance sont en équilibre sous un levier. — En t. de manège, sentiment réciproque entre la main du cavalier et la bouche du cheval, par l'action de la bride : *cheval sans appui ; qui a l'appui fin, sourd*. — On dit encore *appui* pour *foulée* ; c'est le temps pendant lequel le cheval en marchant pose le pied sur le sol. — En t. de charpentier, il se dit des pièces de bois qui se placent le long des galeries, des croisées et des escaliers, afin d'empêcher les passants de tomber. — En t. de tourneur, c'est la pièce de bois qui porte sur les deux *poupées*, et qui sert à l'ouvrier pour soutenir et affermir son outil. — À L'APPUI, loc. prépositive : *de nouvelles lois viennent à l'appui de ces dispositions ; je vous prie de dire quelque chose à l'appui de ma demande*. (Barth.) — *Aller à l'appui de la boule*, jouer de manière que sa boule pousse celle de son compagnon, et l'approche du but ; et fig. et fam., aider à celui qui a commencé dans quelque affaire que ce soit. — APPUI, SOUTIEN, SUPPORT. (*Syn.*) L'*appui* fortifie ; le *soutien* porte ; le *support* aide.

APPUI-MAIN, subst. mas. (*apuimein*), petite baguette dont se servent les peintres pour soutenir leur *main* dans le travail.— Quelques-uns écrivent *appuie-main*. L'*Académie* ne donne qu'*appui-main*. — Au plur. des *appui-main*, sans *s*.

APPULSE, subst. fém. (*apulce*) (du lat. *apulsus*, abord), t. d'astron., proximité de la lune à une étoile, soit qu'il y ait éclipse, soit que le bord de la lune passe seulement à quelques minutes de l'étoile. — Mouvement d'une planète qui approche de sa conjonction avec un corps céleste.

APPUREMENT, voy. APUREMENT, orthographe de l'*Académie*.

APPURER, voy. APURER, orthographe de l'*Académie*.

APPUYÉ, E, adj. et part. pass. de *appuyer*. — En t. de bot., *feuilles appuyées*, feuilles sessiles, dont la surface supérieure est comme *appuyée* sur la tige, sans être comprimée.

APPUYER, v. act. (*apuiié*) (du latin barbare *appodiare*, fait de *podium*, qui, chez les Latins, signifiait une saillie d'environ *un pied* autour des théâtres et du comble des bâtiments, servant d'*appui* à ceux qui voulaient regarder en dehors. De *ad podium* on a fait *adpodiare*, et ensuite *appodiare*. *Podium* est dérivé du mot grec πούς, gén. ποδός, pied), soutenir par le moyen d'un *appui*. — Poser sur ou contre : *appuyer ses mains, ses coudes sur une table ; appuyer une échelle contre un mur*. — *Appuyer sur la droite, sur la gauche*, se ranger sur le côté de droite ou de gauche. — Fig. protéger, aider, favoriser : *appuyer une personne, une demande, une proposition*. — C'est le même sens à peu près que fortifier une chose par une autre. — En t. de manège, *appuyer l'éperon*, le faire sentir rudement au cheval ; *appuyer des deux*, enfoncer les deux éperons. — En t. de chasse, *appuyer les chiens*, suivre toutes leurs opérations, les diriger, les animer. — En t. d'archit., *appuyer une maison*, la bâtir contre une autre maison, contre un coteau, etc. — En t. d'escrime, *appuyer une botte*, appesantir le fleuret sur le corps de son adversaire après l'avoir touché ; et fig., adresser à quelqu'un des paroles qui le piquent.—Faire peser une chose sur une autre : *vous appuyez trop la plume*. — *Appuyer le fusil, le pistolet sur la poitrine de quelqu'un*, le lui présenter à bout portant. — V. neut., poser, être porté sur... : *le plancher appuie sur les murs*. — Peser sur quelque chose : *appuyer sur le burin*. — On dit d'un cheval de selle qui porte la tête basse, qu'*il appuie sur le mors*. — Fig., insister. — En mus., *appuyer sur une note*, la faire bien sentir. — *Appuyer sur un mot*, le prononcer avec élévation sensible de la voix.—S'APPUYER, v. pron., se soutenir sur quelque chose ; s'y reposer. — Au fig., faire fond sur quelqu'un ou sur quelque chose : *il s'appuie sur un tel pour obtenir...*

et prov. : *s'appuyer sur un roseau*, avoir des espérances mal fondées. — S'*appuyer sur le témoignage des anciens*, *sur une coutume*, user de ce témoignage, rappeler cette coutume. — APPUYER, ACCOTER. (*Syn.*) *Appuyer* indique l'élévation, et *accoter*, la position d'un corps à côté d'un autre corps.

APPUYOIR, subst. mas. (*apuiioar*), t. de ferblantier, morceau de bois plat dont se servent les ferblantiers pour presser les feuilles de fer-blanc qu'ils veulent souder ensemble.

APRACTE, adj. (*aprakte*) (du grec ἀπρακτος, formé lui-même de α priv. et πρασσω, j'agis; *qui est sans efficacité*), t. de médec., se dit des parties génitales inhabiles à la copulation.

ÂPRE, adj. des deux genres (*âpre*) (du lat. *asper* qui a la même signification. On écrivait et on prononçait autrefois *aspre*), rude, désagréable au goût par sa rudesse. Voy. ÂCRE. — Rude au toucher, qui fait une impression désagréable, incommode. — Dur pour l'organe de l'ouïe : *sons âpres.* — Difficile, raboteux, en parlant des chemins, des montagnes. — Fig., *réprimande fort âpre ; esprit âpre et austère ; humeur âpre et difficile ; le combat fut fort âpre*, etc. — Fig., dur : *style âpre.* — Fig., avide, ardent : *chien âpre à la curée, homme âpre à l'argent, au gain*, etc. — En médec., *peau âpre*, peau qui ressemble à celle de l'oie, et où il se fait des frissonnements. — En anat., *ligne âpre du fémur*, ligne saillante et inégale, vers le tiers supérieur du corps du fémur. — En bot., *plante âpre*, dont la surface est rude au toucher. — En t. de chaufournier, *chaux âpre*, qui a été faite pendant l'hiver. — On appelle *esprit âpre*, dans la grammaire grecque, une aspiration, ordinairement marquée par un c au-dessus de la lettre qui s'aspire. On dit plus communément *esprit rude.*

APRE, subst. mas. (*apre*), t. d'hist. nat., petit poisson dont les écailles sont fort rudes. — Espèce de serpent. — Monnaie de Turquie.

APRÈLE, subst. fém. (*aprèle*), t. de bot., sorte d'herbe.

ÂPREMENT, adv. (*âpreman*), avec *âpreté*, d'une manière *âpre* : *le froid se fait sentir âprement.* — Fig., violemment, rudement ; ou avec ardeur, ardemment.

APRÈS, adv. et prép. (*aprè*, et devant une voyelle, *aprèz*), ensuite, à la suite de... : *j'arrivai d'abord ; il ne vint qu'après ; on la vit paraître après lui.* — On l'emploie quelquefois dans le sens de *contre* : *ne faites point crier après vous* ; de *sur* : *ils sont deux chiens après un os* ; de *à la poursuite* : *les archers courent après les voleurs* ; et fig., *courir après les honneurs ; soupirer après la liberté.* — *Après tout*, tout bien considéré ; en dernière analyse. — *Après coup*, subséquemment ; tard ; trop tard. — *Ci-après*, dans la suite. Il ne se dit guère que dans le style didactique ou de pratique. — *Être après quelque chose*, s'en occuper, y travailler actuellement. — *Être après quelqu'un*, le presser, le solliciter avec instance ; l'importuner. Toutes ces expressions sont du style familier. — *Jeter le manche après la cognée*, se décourager. Fam. — Prov. : *après la pluie le beau temps*, les circonstances fâcheuses et désagréables ne durent pas toujours. — Iron., *après lui, il faut tirer l'échelle*, c'est-à-dire : il a si bien réussi, il a porté la chose à un tel degré de perfection, qu'il faut désespérer de pouvoir faire mieux que lui. — APRÈS QUE, loc. conj. qui régit tantôt l'indic. et tantôt le subj. — On dit encore, par manière d'interrogation, lorsque quelqu'un raconte quelque chose, et qu'on désire en apprendre promptement la suite : *après!* c'est-à-dire : qu'est-il arrivé après ? quelle a été la suite de ce que vous venez de raconter ? etc. — On le dit aussi par manière d'opposition, et pour marquer qu'on ne trouve aucun inconvénient, aucune conséquence fâcheuse à quelque chose : *vous prétendez que je n'ai pas bien fait cet ouvrage ; eh bien! après?* c'est-à-dire : en supposant que cet ouvrage fût mal fait, quel grand dommage y aurait-il ? de quelle conséquence cela peut-il être ? — D'APRÈS, loc. adv. : *travailler, dessiner, modeler d'après nature, d'après l'antique, d'après Raphaël*, etc., imiter la nature, l'antique, etc. — *Parler d'après quelqu'un*, suivant une opinion étrangère.

APRÈS-DEMAIN, adv. de temps (*aprèdemein*), se dit du second jour après celui où l'on est. Girault-Duvivier, dans sa *Grammaire*, compte cet adverbe au nombre des substantifs composés qui ne s'emploient qu'au singulier ; et il a raison : il n'y a pas de cas où l'on puisse dire : *des après-demain, les après-demain.* Il est vrai que l'*Académie* en fait aussi un substantif, dont elle ne nous indique le genre qu'en accolant ce mot à un part. pass. mas. ; et voici son exemple : *après-demain passé, il ne pourra plus être reçu à faire ses offres.* On dit aussi *après-demain sera beau.*

APRÈS-DÎNÉE, subst. fém. (*aprèdiné*), espace de temps qui s'écoule depuis le dîner jusqu'au soir : *une belle après-dînée.* — Au plur. : *de belles après-dînées*, parce qu'on veut exprimer le temps qui arrive *après les dîners.* — On dit aussi au mas., et plus conformément à l'étymologie, l'*après-dîner.* Nous préférerions encore à ces deux orthographes celle de *après-dîné*, par les motifs que nous donnons au mot *dîner.* L'*Académie*, du reste, n'y regarde pas de si près, car elle écrit *après-dînée*, subst. fém., et elle permet qu'on écrive aussi *après-dîné* et *après-dîner*, indiquant ces deux derniers comme subst. mas. ; c'est mettre tout le monde bien à l'aise.

APRÈS-MIDI, subst. fém. (*aprèmidi*), espace de temps qui s'écoule depuis midi jusqu'au soir : *l'après-midi est fort belle.* — Adverbialement : *il est arrivé après-midi*, ou *l'après-midi.* — Au plur. : *des après-midi*, sans *s* : *les après-midi sont superbes dans un pays tempéré.* Si *après-midi* ne prend point la marque du plur., c'est qu'on ne saurait compter plusieurs *midi* ; ce mot revient à *après le midi.*

APRÈS-SOUPÉE, subst. fém. (*aprèçoupé*), le temps qui s'écoule entre le souper et le coucher : *l'après-soupée est riante en été.* — Au plur. : *ils passent toutes leurs après-soupées dans leur salon.* — On dit, aussi au mas., et plus conformément à l'étymologie, *après-souper*, et *après-soupé*, tolérance abusive de l'*Académie.* Voyez nos remarques du mot *après-dînée.*

ÂPRETÉ, subst. fém. (*âpreté*) (en lat. *asperitas*), qualité de ce qui est *âpre.* Il a tous les sens de son adjectif : *âpreté des fruits, d'un son, de la saison, des chemins*, etc. — Au fig., *âpreté de l'esprit, du caractère, du style ; âpreté au gain, à l'argent*, ou mieux *pour l'argent.* — On dit aussi l'*âpreté* d'une réprimande. — En médec., inégalité, rudesse de la surface d'un corps : *le frottement des surfaces contiguës vient de leur âpreté.*

À PRIORI. Voy. PRIORI (À).

APROBATÉRION, subst. mas. (*aprobatérion*), t. d'hist. anc., mot purement grec, allocution d'adieu qu'on adressait à sa famille, en quittant sa patrie.

APRON, subst. mas. (*apron*), t. d'hist. nat., poisson d'eau douce.

APRONIE, subst. fém. (*aproni*), t. de bot., plante du genre des bétoines.

À-PROPOS, subst. mas. (*a-propô*), occasion, circonstance, temps favorable : *un heureux à-propos.*

APROXIS, subst. fém. (*aprokcice*), t. de bot., plante.

APSEUDE, subst. mas. (*apçeude*), t. d'hist. nat., espèce de crustacés.

APSICHET, subst. mas. (*apciché*), languette saillante pour retenir les glaces des voitures.

APSIDE, subst. fém., (*apcide*), t. d'archit. Voy. ABSIDE. Tel est du moins le renvoi de l'*Académie.* On ne doit dire qu'*abside.*

APSIDES, subst. mas. plur. (*apcide*) (du grec αψιδες, plur. de αψις, arc, voûte, courbure ; parce que, dans ces points, l'orbite se courbe, se replie et change de direction), t. d'astron., les deux points de l'orbite d'une planète dans lesquels elle se trouve à la plus grande ou à la plus petite distance du soleil ou de la terre. — *Apsides* exprime proprement les deux sommets d'une courbe.

APSYCHIE, subst. fém. (*apciki*) (du grec α priv., et ψυχη, âme), t. médec., défaillance. Inus.

APT, subst. mas. (*apte*), ville de France, chef-lieu d'arrond., dép. de Vaucluse.

APTE, adj. des deux genres (*apte*) (en lat. *aptus*), qui est propre à quelque chose. L'*Académie* a tort de restreindre ce mot aux locutions de jurisprudence : on dit très-bien de quelqu'un qu'*il est apte à telle ou telle chose.*

APTÉNODYTES, subst. mas. plur. (*apténodite*) (du grec α priv., πτηνος, qui vole, et δυτης, plongeur), t. d'hist. nat., oiseaux à ailes courtes et sans pennes, qui plongent facilement.

APTÈRE, adj. et subst. mas. (*aptère*) (du grec α priv., et πτερον, aile), en t. d'hist. nat., se dit des insectes qui n'ont point d'ailes. — Ordre d'animaux invertébrés. — Adj., *insectes, animaux aptères.* — T. d'hist. anc., les Athéniens donnaient le même nom à la Victoire, qu'ils représentaient sans ailes, comme fixée dans leur patrie.

APTÉRICHTHE, subst. mas. (*aptérikte*) (du grec απτερος, sans nageoires, et ιχθυς, poisson), t. d'hist. nat., genre de poissons de la famille des péroptères, privés de nageoires.

APTÉRODICÈRES, subst. mas. plur. (*aptérodicère*) (du grec α priv., πτερον, aile, δις, deux fois, et κερας, corne), t. d'hist. nat., classe d'insectes sans ailes, avec deux antennes.

APTÉRONOTE, subst. mas. (*aptéronote*) (du grec α priv., πτερον, nageoire, et νωτος, dos), poisson sans nageoires.

APTITUDE, subst. fém. (*aptitude*) (rac. latine *aptus*, propre à...), disposition naturelle à faire quelque chose, à réussir en quelque chose. — T. de prat., capacité, habileté ; droit.

APTUMISME, subst. mas. (*aptumiceme*), état, condition d'une personne propre à tout. Inus.

APTUMISTE, adj. et subst. des deux genres (*aptumicete*), propre à tout. Inus.

APULÈJE, subst. mas. (*apulèje*), t. de bot., genre de plantes.

APURÉ, E, adj. et part. pass. de *apurer.*

APUREMENT, subst. mas. (*apureman*), t. de finance, vérification finale d'un compte, par suite de laquelle le comptable est reconnu quitte.

APURER, v. act. (*apuré*) (du lat. *purus*, pur, net), vérifier si un compte est en règle, et si le comptable peut être reconnu quitte. — Purifier l'or. On dit mieux *affiner.* — S'APURER, v. pron. : *tout compte doit s'apurer.*

APUS, mieux APOUS, subst. mas. (*apuce*, *apouce*) (du grec α priv., et πους, pied, parce que l'oiseau de paradis a les pattes très-courtes), t. d'hist. nat., oiseau de paradis. — T. d'astron., constellation méridionale, appelée aussi *oiseau de paradis.* — Poisson du genre bodian.

APUTE-JUBA, subst. mas. (*aputajuba*), t. d'hist. nat., perruche à longue queue.

APYÈTE, subst. mas. (*apiète*) (du grec απυος, formé de α priv. et πυον, pus ; *qui n'est pas purulent*), t. de médec. maladie extérieure sans suppuration.

APYIQUE, adj. des deux genres (*apiike*) (du grec απυος, formé de α priv., et πυον, pus (*qui n'est pas purulent*), t. de chirur., sans suppuration.

APYRE, adj. des deux genres (*apire*) (du grec απυρος, formé de α priv., et πυρ, feu), se dit des terres ou pierres qui résistent au feu, qui n'y souffrent aucune altération : *l'amiante est apyre.* — Subst. fém. argile, terre à porcelaine. — *Apyre réfractaire* : toute substance *apyre* est *réfractaire*, mais toute substance *réfractaire* n'est pas *apyre.*

APYRÉTIQUE, adj. des deux genres (*apirétike*) (du grec α priv., et πυρετος, feu, fièvre), t. de médec., sans fièvre : *exanthème apyrétique*, qui n'est point accompagné de fièvre. — *Boiste* seul écrit *apyrectique* ; *apyrétique* est préférable à cause de l'étymologie.

APYREXIE, subst. fém. (*apirèkci*). (du grec α priv., et πυρεσσω, j'ai la fièvre, dérivé de πυρετος, fièvre), t. de médec., intermission ou cessation entière de la fièvre. C'est proprement le temps qui sépare les accès d'une fièvre intermittente

APYROMÈLE, subst. mas. (*apiromèle*), t. de médec., sonde auriculaire sans bouton.

APYROTOS, subst. mas. (*apirotôce*) (du grec απυρωτος, qui ne peut pas être cuit), pierre précieuse que le feu ne peut altérer.

AQUADOR, subst. mas. (*akouador*), t. d'hist. nat., poisson volant. Ce poisson, dit Gemelli Catéri dans son *Voyage autour du monde*, pèse environ dix ou douze onces ; cependant quand il est poursuivi par un autre poisson, il s'élance au-dessus de la surface de l'eau à la hauteur d'une portée de fusil. C'est à l'aide de ses nageoires, qui ont la forme d'ailes, qu'il s'élève et se soutient en l'air ; mais dès que ces sortes d'ailes viennent à se sécher, elles ne peuvent plus supporter son poids, et il retombe dans son élément naturel. — Ce sont les Portugais qui ont nommé ce poisson *aquador.*

AQUARELLE, subst. fém. (*akouarèle*) (du lat. *aqua*, eau), t. de peint., dessin au lavis, dans lequel on emploie différentes couleurs à l'eau, ou plutôt de simples teintures, ce qui forme une espèce de peinture sans empâtement, qui serait peut-être mieux nommée *enluminure.*

AQUARELLISTE, subst. des deux genres (*akouarèlicete*), qui peint à l'*aquarelle.*

AQUARIENS, subst. mas. plur. (*akouariein*), hérétiques qui n'employaient que l'eau dans l'eucharistie.

AQUARINS, subst. mas. plur. (*akouarein*), t. d'hist. nat., insectes.

AQUARIUS, subst. mas. (*akouariuce*) (mot latin qui signifie d'*eau*, qui est d'*eau*), t. d'astron., onzième signe du Zodiaque, à compter depuis *aries*. Il a trente-trois étoiles, et est de la même nature que Saturne.

AQUART, subst. mas. (*akouar*), t. de bot., espèce de solanum.

AQUATILE, adj. des deux genres (*akouatile*) (du latin *aqua*, eau), t. de bot., qui naît et se nourrit dans l'eau : *plante aquatile*, qui est entièrement submergée ou qui flotte à la surface de l'eau ; à la différence de la plante *aquatique*, qui croît dans les lieux humides, marécageux.

AQUA-TINTA, subst. fém. (*akouateinta*) (du latin *aqua*, eau, et *tinta*, colorée), gravure qui imite le dessin au lavis. — On ne dit pas *aqua-tinte*, quoique l'*Académie* prétende qu'*on le dit quelquefois*.

AQUATIQUE, adj. des deux genres (*akouatike*) (du lat. *aqua*,eau),marécageux, plein d'*eau* : *terre aquatique*. — Qui se nourrit dans l'*eau* : *plantes, oiseaux, animaux aquatiques*. — *Maison aquatique*, maison bâtie dans un marécage.

AQUA-TOPHANA, subst. fém. (*akouatofana*), t. d'hist. nat., poison très-subtil.

AQUE ou **ACQUE**, subst. fém. (*ake*), bateau du Rhin.

AQUÉDUC, subst. mas. (*akéduc*. Selon l'*Académie*, on peut aussi écrire et prononcer *aqueduc*; mais selon nous, *aquéduc* est plus en rapport avec son mot étymologique *aquæ* ; il est plus harmonieux, et généralement plus usité) (du latin *aquæductus*, formé de *aqua*, eau, et *ducere*, conduire), canal quelquefois souterrein, mais le plus souvent construit sur des arches élevées, pour conduire les eaux malgré l'inégalité du terrein. On nomme *droit d'aquéduc* celui de faire passer ses eaux sur le terrein d'autrui. — En anat., certains conduits auxquels on a trouvé de la ressemblance avec les *aquéducs* : l'*aquéduc de Fallope*, conduit osseux, long et étroit, creusé dans l'os des tempes.

AQUELS, subst. mas. plur. (*akèle*), secte de Druses.

AQUERESSE, subst. fém. (*akrèce*), t. de pêche, ouvrière qui garnit les lignes d'appâts.

AQUETTE, subst. fém. (*akète*), boisson aromatique d'Italie.

AQUEUSE, adj. fém. Voy. **AQUEUX**.

AQUEUX, adj. mas., au fém. **AQUEUSE** (*akeu, keuze*) (en latin *aquosus*, formé de *aqua*,eau), de la nature de l'eau ; qui est plein d'eau, qui a trop d'eau : *fruit aqueux, tumeur aqueuse*.

AQUIFÈRE, adj. des deux genres (*akuifère*) (du latin *aqua*, eau, et *fero*, je porte), qui sert de conduit à l'eau. — T. d'hist. nat., se dit aussi des parties des poissons par lesquelles l'eau est respirée.

AQUILA, subst. fém. (*àkuila*), ancienne ville du royaume de Naples.

AQUILA-ALBA, subst. fém. (*akuila alba*), t. de chim., se dit de tous les sublimés blancs, et surtout du mercure sublimé doux.

AQUILAIRE ou **GARO**, subst. mas. (*akuilère* ou *garó*), t. de bot., arbre qui donne le bois aromatique d'*aigle*.

AQUILÉE, subst. fém. (*akuilé*), ville d'Italie, dans le Frioul. C'est la même que *Aquila*.

AQUILICE ou **AQUALICE**, subst. mas. (*akuilice* ou *akoualice*), t. de bot., sureau des Indes.

AQUILICIES, subst. fém. plur. (*akuilici*), t. d'hist. anc., sacrifices que les Romains faisaient à Jupiter dans le temps de la sécheresse, pour obtenir de la pluie. Les prêtres employés à ces sacrifices s'appelaient *aquiliciens*, parce qu'ils demandaient de l'eau.

AQUILIEN, subst. mas. (*akuiliein*), t. de bot., genre de plantes de la famille des méliacées.

AQUILIFÈRE, subst. mas. (*akuilifère*) (du latin *aquila*, aigle, et *fero*, je porte), t. d'hist. anc., celui qui portait l'aigle, enseigne romaine.

AQUILIN, adj. mas. (*akilein*) (en latin *aquilinus*, fait de *aquila*, aigle), ne se dit guère que du nez, quand il est en forme de bec d'aigle : *nez aquilin*.

AQUILON, subst. mas. (*akilon*), vent du nord. — Les poètes appellent *aquilons* tous les vents froids et orageux. — Myth., fils d'Eole et de l'Aurore.

AQUILONNAIRE, adj. des deux genres (*akilonère*), qui est d'*aquilon*, qui est boréal.

AQUIMINAIRE, subst. mas. (*akiminère*), t. d'antiq., bassin contenant, à l'entrée des temples, l'eau lustrale dont chacun s'arrosait.

AQUIN, subst. mas. (*akin*), ville d'Italie située dans la terre de Labour, et qui dépend du royaume de Naples.

AQUIQUI, subst. mas. (*akiki*), t. d'hist. nat., singe du genre des alouates, que l'on trouve au Brésil. Il est très-criard.

AQUITAIN, E, subst. et adj. (*akitein, tène*), qui est d'*Aquitaine*; qui a rapport à l'*Aquitaine*.

AQUITAINE, subst. fém. (*akitène*), ancien nom de la troisième partie des Gaules, comprise généralement entre l'Océan, la Loire et le Rhône.—L'archevêque de Bourges avait le titre de *primat d'Aquitaine*.

AQUITECTEUR, subst. mas. (*akuitèkteur*) (formé du latin *aqua*, eau, et *tector*, qui crépit les murs), celui qui travaille à l'entretien des aquéducs.

AQUOSITÉ, subst. fém. (*akuosité*), qualité d'un fruit, d'un terrein *aqueux*, etc.

ARA ou **ARAS**, subst. mas. (*ara*), t. d'hist. nat., gros perroquet à longue queue. Voy. **SARAS**.

ARABA, subst. mas. (*araba*) (mot arabe qui signifie *chariot*), carrosse à la turque.

ARABATA, subst. fém. (*arabata*), t. d'hist. nat., sorte d'alouatte.

ARABE, subst. et adj. mas., au fém. **ARABESSE** (*arabe, bèce*), qui est de l'*Arabie* ; qui a rapport à l'*Arabie*. — Au fig., homme qui exige avec une extrême dureté ce qui lui est dû : *c'est un arabe*. Il se dit d'un homme dur et avare, d'un homme sans pitié, sans foi ni loi dans tous les cas où il peut gagner de l'argent. En ce sens, on ne dirait pas *c'est une arabesse*, mais *c'est une arabe*, comparant ainsi une femme à un homme *arabe*. — Le langage des *Arabes : apprendre, savoir, parler l'arabe*. En ce sens, il est aussi adj. : *la langue arabe, une grammaire arabe*. — *Chiffres arabes*, caractères arithmétiques que nous avons pris des *Arabes* : ce sont 0, 1, 2, 3, 4, 5, 6, 7, 8, 9.

ARABESQUE, adj. des deux genres (*arabèceke*), qui est à la manière des *Arabes* : *écriture arabesque, caractères arabesques, ornements arabesques*.—On dit quelquefois subst. au mas. *un arabesque*. — T. de peint. et de sculp., *arabesques*, subst. fém. plur., ornements qui consistent en rinceaux et en feuillages faits de caprice (des *Arabes* et autres mahométans, qui, ne pouvant représenter des figures d'hommes ou d'animaux, proscrites par *Mahomet*, ne font que ces sortes d'ornements).

ARABESSE, subst. fém. Voy. **ARABE**.

ARABETTE, subst. fém. (*arabète*), t. de bot., genre de crucifères.

ARABI, subst. mas. (*arabi*), t. d'hist. nat., poisson du genre mugil.

ARABIE, subst. fém. (*arabi*), grande contrée de l'Asie. Elle comprend tout ce qui est situé entre l'Égypte, la mer *Arabique*, autrement la mer Rouge et la mer Persique, l'Euphrate, la Syrie, la Phénicie, et la Palestine. Elle se divise en trois parties. L'*Arabie Pétrée* (*Arabia Petræa*), ainsi nommée, ou à cause de ses rochers, ou, comme on le croit plus communément, à cause de sa capitale, nommée *Pétra*, est à l'orient de l'Égypte et de la mer Rouge ; elle a au midi l'*Arabie Heureuse*, au couchant une partie de l'*Arabie Déserte*, au septentrion la Palestine, ou Terre-Sainte, et encore l'*Arabie Déserte*. L'*Arabie Heureuse* (*Arabia Felix, Eudæmon*) est enfermée entre la mer Rouge et le détroit Persique. C'est une grande presqu'île. Sa fertilité, surtout en baume, en myrrhe, en encens, et en toutes sortes d'aromates, lui a fait donner le nom d'*heureuse* par les Grecs et les Romains. C'est dans l'*Arabie Heureuse* qu'est la Mecque, si fameuse par le tombeau de Mahomet. —L'*Arabie Déserte* (*Arabia Deserta*) s'étend depuis l'*Arabie Heureuse*, au midi, jusqu'à la Syrie au septentrion, entre l'Euphrate à l'orient, la Palestine, la Phénicie et une partie de la Syrie au couchant.

ARABIQUE, adj. des deux genres (*arabike*), qui est de l'*Arabie*. Dans ce sens il ne se dit que d'une gomme et d'un golfe : *gomme arabique, golfe Arabique*. — Titre, surnom qui fut donné à l'empereur Sévère, parce qu'il conquit l'*Arabie* et en fit une province romaine. Plusieurs de ses médailles portent : L. SEPTIMUS SEVERUS PERTINAX AUG. IMP. VII ; et au revers PARTHIC. ARABIC. ADIAB. COSS. II. PP. et d'autres : PARTH. ARAB. PARTH. ADIAB., c'est-à-dire : Parthique, *Arabique*, Adiabénique ; et Parthique, *Arabique*, Parthique, Adiabénique ; apparemment parce qu'il avait vaincu les Parthes en *Arabie* et dans l'Adiabène, et qu'il leur avait enlevé ces deux provinces. — Subst. mas. plur. *arabiques*, secte de chrétiens qui s'éleva en Arabie, vers l'an 207. Ils enseignaient que l'âme naît et meurt avec le corps, mais aussi qu'elle ressuscitera avec le corps.

ARABIQUEMENT, adv. (*arabikeman*), à la manière des *Arabes*. Fort peu usité.

ARABISÉ, E, part. pass. de *arabiser*.

ARABISER, v. act. (*arabizé*), donner un air, une terminaison *arabe*.

ARABISME, subst. mas. (*arabiceme*), t. de gramm., locution *arabe*, tour de phrase de la langue *arabe*, idiotisme *arabe*.

ARABLE, adj. (*arable*) (du latin *arabilis*, formé de *arare*, labourer), labourable. Vieux t. d'agric. Inusité.

ARABOUTAN, subst. mas. (*araboutan*), t. de bot., grand arbre du Brésil, qui donne le *bois de Brésil*.

ARABUS, subst. mas. (*drabuce*), myth., fils d'Apollon, que quelques-uns ont regardé comme inventeur de la médecine.

ARACA-MIRI ou **ARACA-GUACU**, subst. mas. (*arakamiri* ou *guouaku*), t. d'hist. nat., arbrisseau du Brésil, dont on confit le fruit.

ARACARIS, subst. mas. (*arakarice*), t. d'hist. nat., toucan de la petite espèce.

ARACHIDNE, subst. mas. (*arachidne*), t. de bot., plante de la famille des légumineuses. On a nommé son fruit *pistache de terre*.—On connaît cette plante sous les noms vulgaires de *nani, inanoti, manodi manli* et *cacahuète*.

ARACHNÉ, subst. fém. (*arakné*), myth., fille d'Idmon, de la ville de Colophon, très-habile brodeuse, osa un jour défier Minerve à qui broderait mieux une tapisserie. La déesse, offensée d'une telle témérité, rompit le métier et les fuseaux d'Arachné, et la métamorphosa en araignée.

ARACHNÉIDES ou **ARACHNIDES**, subst. mas plur. (*araknéide* ou *nide*) (du grec ἀράχνη, araignée), t. d'hist. nat., insectes du genre des araignées.

ARACHNÉOLITHES, subst. mas. plur. (*araknéolite*) (du grec ἀράχνη, araignée, et λίθος, pierre), t. d'hist. nat., fossile de crabe, crustacé qu'on appelle aussi *araignée de mer*.

ARACHNÉOSITES, subst. mas. plur. (*araknéozite*), t. d'hist. nat., cancres fossiles.

ARACHNITIS, subst. fém. (*araknitice*), t. de médec., inflammation de l'*arachnoïde*.

ARACHNOÏDE, subst. fém. (*arakno-ide*) (du grec ἀράχνη, toile d'araignée, et εἶδος, forme, ressemblance ; *qui ressemble à la toile d'araignée*), t. d'anat., 1° membrane mince et transparente entre la dure-mère et la pie-mère ; 2° tunique très-mince qui enveloppe l'humeur crystalline de l'œil, et qu'on nomme aussi *crystalloïde* ou *capsule du crystallin*.

ARACHNOÏDITE, subst. fém. (*arakno-idite*), t. de médec., inflammation de l'*arachnoïde*.

ARACINAPPIS, subst. mas. (*aracinapepice*), sorte d'orange de l'Inde.

ARACK ou **RACK**, subst. mas. (*arake*), mot indien qui signifie en général toute espèce de liqueurs spiritueuses, et plus particulièrement l'eau-de-vie tirée du riz. — L'*arack* des Anglais est le produit de la distillation d'un suc végétal appelé *toddi*, tiré par incision du cacaoyer. — C'est aussi une liqueur faite avec du lait de cavale ou d'ânesse.

ARACOUCHINI, subst. mas. (*arakouchini*), t. de bot., baume de la Guiane.

ARACYNTHE, subst. fém. (*araceinte*), montagne de la Béotie, consacrée à Minerve.

ARADA, subst. mas. (*arada*), t. d'hist. nat., oiseau de Cayenne.

ARADAVINE, subst. mas. (*aradavine*), t. d'hist. nat., nom vulgaire du tarin.

ARADECH, subst. mas. (*aradèke*), t. de bot., nom que l'on a donné à l'airelle.

ARADES, subst. mas. plur. (*arade*), t. d'hist. nat., espèces de cimicides.

ARAFAT (MONT), subst. mas. (*arafa*), montagne peu éloignée de la Mecque, célèbre par les cérémonies qu'y pratiquent les pèlerins musulmans, les offrandes qu'ils y font, etc., en mémoire du sacrifice d'*Abraham* sur cette même montagne.

ARAGNE, subst. fém. (*aragne*), araignée. Vieux et inusité.—T. d'hist. nat., espèce de gobe-mouche.

ARAGON, subst. mas. (*araguon*) province d'Espagne.

ARAGONAIS, E, subst. et adj. (*araguonè, nèze*), de la province d'Aragon.

ARAGONITE, subst. mas. (*araguonite*), minéral.

ARAGUAGUA, subst. mas. (*araguouaguoua*), t. d'hist. nat., poisson du Brésil, qu'on rapporte au *squale scie* et au *diodon orbe*.

ARAGUATO, subst. mas. (*araguouato*), t d'hist. nat., singe roux des bords de l'Orénoque, qui appartient au genre *hurleur*.

ARAIGNE, subst. fém. (*arègnie*) (du latin *aranea*, araignée, formé du grec ἀράχνη, araignée), vieux t. de chasse, filet mince et teint en brun.

ARAIGNÉE, subst. fém. (*arègnié*) (du latin *aranea*, dérivé du grec ἀράχνη, araignée), t. d'hist. nat., insecte fort connu, de l'ordre des aptères et de la famille des acères. Il y a six principales espèces d'*araignées* : 1° l'*araignée* domestique, c'est-à-dire celle qui fait sa toile sur les murs et dans les coins des appartements ; 2° l'*araignée* des jardins, c'est-à-dire celle qui fait une toile à l'air, d'un tissu plus serré, et qui se niche pendant le jour dans le centre de cette toile ; 3° l'*araignée* noire des caves, qui demeure aussi dans les trous des vieux murs ; 4° l'*araignée* vagabonde, qui ne se tient pas tranquillement à une place comme les autres ; 5° l'*araignée* des champs, appelée *faucheur*, qui a les jambes fort longues ; 6° l'*araignée* enragée, ou la fameuse *tarentule*. — *Araignée de vers à soie*, la première toile que les vers filent pour soutenir les cocons. — *Pattes d'araignée*, des doigts longs et maigres. — On le dit aussi d'une écriture mal formée. — *J'en ai horreur comme d'une araignée*, se dit d'une chose ou d'une personne pour laquelle on a une grande antipathie. Ces deux locutions sont du style fig. et fam. — En t. d'ingénieur, travail par branches ou par rameaux qu'on pratique sous terre, quand on rencontre quelque chose qui empêche de faire la chambre de la mine au lieu destiné. — En t. de chasse, le filet qu'on nomme aussi *araigne*, et qui sert principalement à prendre des merles. — En astron., cercle de l'astrolabe, percé à jour, et qui porte différents bras dont les extrémités marquent la position des étoiles. — En t. de mar., branches de cordage qui vont se terminer sur les étais des bas mâts, se réunissant au même point, et passant dans la même moque. — *Oter les araignées d'un plancher*, pour : en ôter les toiles d'*araignées*.

ARAIGNEUSE, adj. fém. Voy. **ARAIGNEUX**.

ARAIGNEUX, adj. mas., au fém. **ARAIGNEUSE** (*arègnieu, gnieuze*), semblable à la toile d'*araignée* : *bourre araigneuse*.

ARAINE, subst. fém. (*aréne*), t. d'antiq., trompette ancienne en airain.

ARAIRES, subst. et adj. plur. (*arère*) (du latin *arare*, labourer), t. d'agric., instruments d'agriculture.

ARALIA, subst. fém. (*aralia*), t. de bot., plante du Canada.

ARALIACÉES, subst. fém. plur. (*araliacé*), t. de bot., plantes ombellifères dicotylédones.

ARALIE, subst. fém. (*arali*), t. de bot., plante de la famille des araliacées.

ARAMAQUE, subst. mas. (*aramake*), t. d'hist. nat., espèce de pleuronecte.

ARAMBAGE, subst. mas. (*aranbaje*), t. de mar., abordage d'un bâtiment ennemi.

ARAMBÉ, E, part. pass. de *aramber*.

ARAMBER, v. act. (*aranbé*), t. de mar., accrocher un bâtiment pour venir à l'abordage.

ARAMBIE, subst. fém. (*aranbi*), t. de bot., plante des Grandes-Indes.

ARAMÉ, E, part. pass. de *aramer*.

ARAMER, v. act. (*aramé*), mettre une pièce de drap ou de serge sur un rouleau, pour la tirer et l'allonger.

ARAMIQUE, adj. des deux genres (*aramike*) ; ce mot s'emploie pour syriaque.

ARAMIST, subst. mas. (*aramicete*), village de France, chef-lieu de canton, arrond. d'Oléron, dép. des Basses-Pyrénées.

ARAMON, subst. mas. (*aramon*), bourg de France, chef-lieu de canton, arrond. de Nîmes, dép. du Gard.

ARANATA, subst. mas. (*aranata*), t. d'hist. nat., quadrupède des Indes qui a la taille d'un chien, la barbe d'un bouc, un cri horrible, l'habitude de grimper aux arbres avec légèreté et de se nourrir de leurs fruits. On croit que c'est un *mandrill*.

ARANÉE, subst. fém. (*arané*), t. d'hist. nat., minéral d'argent du Potose.

ARANÉEUSE, adj. fém. Voy. **ARANÉEUX**.

ARANÉEUX, adj. mas., au fém. **ARANÉEUSE** (*aranéeû, euze*), couvert de toiles d'*araignées*.

ARANÉIDES ou **ARACHNIDES FILEUSES**, subst. fém. plur. (*aranéide, arakenide*) (du latin *aranea*, araignée), t. d'hist. nat., famille d'aptères : c'est ce qu'on appelle vulgairement *araignées*.

ARANÉOLOGIE, subst. fém. (*aranéoloji*) (du grec ἀραχνη, araignée, et λογος, discours), traité sur les *araignées*.

ARANÉOLOGIQUE, adj. des deux genres (*aranéolojike*), qui est relatif à l'*aranéologie*.

ARANG, subst. mas. (*aran*), nom que donnent les imprimeurs aux compagnons qui font peu d'ouvrage. (**BOISTE**.) Ce mot n'est pas français et est tout-à-fait inconnu dans les imprimeries.

ARANJUEZ, subst. mas. (*aranjuèze*), nom de l'endroit où est située une maison de campagne du roi d'Espagne dans la Castille, sur les bords du Tage.

ARANTELLES, subst. fém. plur. (*arantèle*), t. de vén., filandres qui sont aux pieds du cerf.

ARARAT, subst. mas. (*arara*), montagne fort haute d'Arménie.

ARASÉ, E, adj. et part. pass. de *araser*.

ARASEMENT, subst. mas. (*arâzeman*), en t. de maçonnerie, pièces égales en hauteur, unies et sans saillie. — Action de *araser* ; résultat de cette opération.

ARASER, v. act. (*arâzé*), t. d'archit., mettre de niveau, soit un mur, soit un bâtiment, en élevant les parties trop basses. — En t. de menuiserie, couper, à une certaine épaisseur, le bas des planches où l'on veut mettre des emboîsures, et conserver assez de bois pour faire les tenons.

ARASES, subst. fém. plur. (*arâze*), t. d'archit., pierres plus basses ou plus hautes que les autres rangs d'assises.

ARATE ou **AROBE**, subst. fém. (*arate, arobe*), t. de comm., poids de Portugal et d'Espagne. L'*arate* ou l'*arobe* d'Espagne ne pèse que vingt-cinq livres, et l'autre trente-deux, ce qui revient à près de vingt-neuf livres, poids de Paris.

ARATÉES, subst. fém. plur. (*araté*), t. d'hist. anc., fêtes en l'honneur d'Aratus, héros grec qui fut mis au nombre des dieux pour avoir combattu et défait des tyrans.

ARATICU, subst. mas. (*aratiku*), t. de bot., arbre du Brésil.

ARATOIRE, adj. des deux genres (*aratoare*) (en latin *aratorius*, formé de *arare*, labourer), qui tient à l'agriculture, au labourage : *instruments aratoires*.

ARATRIFORME, adj. des deux genres (*aratriforme*) (du lat. *aratrum*, charrue, et *forma*, forme), en forme de charrue. Inus.

ARATUS, subst. mas. (*arâtuce*), t. d'hist. anc. Voy. **ARATÉES**.

ARAU, subst. mas. (*arô*), t. d'hist. nat., oiseau des mers du Nord, plus gros que le canard.

ARAUCAIRE, subst. mas. (*arôkère*), t. de bot., pin du Chili.

ARAUNA, subst. mas. (*arôna*), t. d'hist. nat., poisson du genre lutjan.

ARAXE, subst. mas. (*arakce*), nom d'un fleuve d'Arménie.

ARBALESTILLE, subst. fém. (*arbalècetiie*), instrument pour prendre en mer la hauteur des astres. Il a été remplacé par le *quart de nonante*, qui lui-même a été abandonné pour l'*octant*, le *sextant*, et le *cercle* en usage. — *Arbalestrille* est vicieux. Voy. l'étymologie d'*arbalète*.

ARBALÈTE, subst. fém. (*arbalète*) (du lat. *arcus*, arc, et *balista*, baliste, dérivé du grec βαλλω, je lance, je jette), arc d'acier monté sur un fût, et qui se bande avec un ressort pour lancer des balles et des traits. — On appelle *arbalète à jalet*, ou *arc à jalet*, une arbalète avec laquelle on tire de petites boules de terre cuite, ou des balles de plomb. — Dans les manuf. de soie, il se dit des trois différentes cordes, savoir : *arbalète du battant*, la corde qui est tordue par une cheville du battant ; *des étrivières*, celle qui est passée à chaque bout des lisscrons de rabat ; *de la gavassinière*, celle à laquelle est attachée la gavassinière. — En t. de mar., c'est le même instrument que l'*arbalestille*. — On appelle cheval en *arbalète* un cheval attelé devant deux autres chevaux. — On dit prov. et fig. : *plus vite qu'un trait d'arbalète*, pour marquer une grande vitesse.

ARBALÉTÉ, E, part. pass. de *arbaléter*.

ARBALÉTER, v. act. (*arbalété*), t. d'archit., étayer la charpente sur l'*arbalétier*.

ARBALÉTIER et non pas **ARBALÉTRIER**, ce mot étant formé d'*arbalète*. Le mot *arbalétrier* est un barbarisme de l'*Académie*. Subst. mas. (*arbaletié*), soldat qui était armé d'une *arbalète*. — Les arquebusiers prenaient aussi ce titre dans leurs lettres de maîtrise. — En t. d'archit., les *arbalétiers* sont des pièces de bois qui servent à la charpente d'un bâtiment.

ARBALÉTIÈRE, subst. fém. (*arbalétière*), autrefois poste des soldats combattant sur une galère. — *Arbalétrière* est vicieux.

ARBELAY, subst. mas. (*arbelé*), fer large de quatre pouces sur treize de long.

ARBENNE, subst. fém. (*arbène*), t. d'hist. nat., perdrix blanche des Alpes.

ARBITRAGE, subst. mas. (*arbitraje*) (en lat. *arbitrium*), jugement par *arbitres*. — Juridiction privée que les particuliers peuvent constituer pour juger dans leurs affaires. — En t. de change, combinaison, assemblage qu'on fait de plusieurs changes, pour connaître quelle place est plus avantageuse pour tirer et remettre.

ARBITRAIRE, adj. des deux genres (*arbitrère*) (en lat. *arbitrarius*), qui dépend de la volonté, qui n'est fixé par aucune loi, par aucune décision. — En t. de jurispr., il signifie : ce qui n'est ni défini ni limité par aucune loi, ce qui est laissé à la discrétion des particuliers, et surtout à la volonté des juges. — *Pouvoir arbitraire*, pouvoir absolu, ne reconnaissant d'autre règle que la volonté du souverain, et disposant de tout à son gré, sans s'inquiéter des lois qui contrarient son caprice ou son bon plaisir. — Subst. mas. : *ne pas vouloir supporter les caprices de l'arbitraire*, du pouvoir arbitraire. — Subst. mas. plur., *outils* qui forment la même moulure, quoiqu'ils soient faits à contre-sens l'un de l'autre.

ARBITRAIREMENT, adv. (*arbitrèreman*), d'une façon *arbitraire*, sans autre motif ou règle que la volonté : *agir, gouverner arbitrairement*, despotiquement.

ARBITRAL, E, adj., au plur. mas. **ARBITRAUX**. (*Arbitral*), prononcé par *arbitres* ; qui est ou qui vient d'*arbitres* : *jugement arbitral ; lenteur arbitrale*.

ARBITRALEMENT, adv. (*arbitraleman*), par *arbitres*.

ARBITRATEUR, subst. mas. (*arbitrateur*), t. de droit, amiable compositeur à qui on donne la liberté de se relâcher du strict droit. L'*arbitre*, au contraire, doit garder les formalités de justice.

ARBITRATION, subst. fém. (*arbitrâcion*), t. de jurisprudence, liquidation ; estimation faite sans entrer dans tous les détails.

ARBITRATOR, subst. mas. (*arbitrâtor*), myth., surnom de Jupiter. Ce mot, qui est latin, signifie *arbitre*.

ARBITRAUX, adj. mas. plur. Voy. **ARBITRAL**.

ARBITRE, subst. mas. (*arbitre*) (en latin *arbiter*), juge choisi du consentement des parties ou nommé par un tribunal, pour terminer un différend. — *Arbitre-rapporteur*, *arbitre* chargé de donner son avis dans un procès commercial. — La constitution de 1795 déclare la décision des *arbitres* sans appel et sans recours en cassation, à moins que les parties n'aient fait une réserve expresse à ce sujet. D'après la constitution de 1793, les *arbitres publics* étaient des magistrats élus par les assemblées électorales, pour prononcer en dernier ressort sur les contestations qui n'auraient pas été terminées définitivement par les *arbitres privés* ou par les juges de paix : ils remplaçaient les tribunaux civils. — Il se dit par rapport à l'influence que peut avoir une personne dans une affaire où elle est consultée : *tel est l'objet de cette discussion : soyez notre arbitre*. — Fig., maître absolu : *vous êtes l'arbitre de mon sort, de ma fortune*. — Faculté de l'âme par laquelle elle se détermine à une chose plutôt qu'à une autre. Il ne se dit qu'avec *libre* ou *franc* : *le libre arbitre ; le franc arbitre*.

ARBITRÉ, E, part. pass. de *arbitrer*, et adj.

ARBITRER, v. act. (*arbitré*), liquider, estimer une chose en gros, sans entrer dans les détails : *on a arbitré à cent francs le dépérissement des marchandises*. — Il signifie aussi terminer un différend en qualité d'*arbitre*. — **S'ARBITRER**, v. pron.

ARBOIS, subst. mas. (*arboa*), ville de France, chef-lieu de canton, arrond. de Poligny, dép. du Jura. — Patrie du général Pichegru.

ARBOLADE, subst. fém. (*arbolade*), t. de cuisine, espèce de flan fait avec du beurre, de la crème, des jaunes d'œuf, du poiré, du sucre et du sel.

ARBORADURE, subst. fém. (*arboradure*), t. de mécan., manœuvre pour élever les chèvres.

ARBORÉ, E, adj. et part. pass. de *arborer*. — T. de bot., tige *arborée*, qui a la forme d'un arbre par le rassemblement des feuilles et des rameaux à son extrémité supérieure.

ARBORER, v. act. (*arboré*) (formé du lat. *arbor*, arbre), planter quelque chose droit, à la manière des *arbres* : *arborer un étendard, une croix*, etc. ; *arborer pavillon*, le déployer au vent ; *ce ministre arbora les armes de France sur son palais*. — Fig., se déclarer ouvertement pour... : *arborer le pyrrhonisme, l'impiété*. En ce sens, il est plus noble que *afficher*. — *Arborer l'étendard de la révolte, les couleurs d'un parti*, etc.

ARBORIBONZES, subst. mas. plur. (*arboribonze*), prêtres du Japon, errants, vagabonds, et qui ne vivent que d'aumônes.

ARBORICULTURE, subst. fém. (*arborikulture*), *culture* des *arbres*.

ARBORISATION, subst. fém. (*arborizâcion*), t. de lithologie, dessins naturels imitant des *arbres* ou des buissons, qu'on observe dans différentes pierres, dans les agates, etc.

ARBORISÉ, E, adj. (*arborizé*), t. de lithologie, se dit d'une pierre qui représente des feuillages d'*arbre*, des buissons, etc.

ARBORISER, ne se dit pas pour *herboriser*.

ARBORISTE, subst. mas. (*arboricete*), t. d'écon. rurale, qui cultive des arbres. La Fontaine a eu tort de se servir de ce mot pour le mot *herboriste*, qui signifie : celui qui s'applique à la connaissance des herbes, des simples ; celui qui en vend. Voici les vers de La Fontaine :

> Tu veux faire ici l'*arboriste*,
> Et ne fus jamais que boucher.

ARBOUSE, subst. fém. (*arbouze*), fruit de l'*arbousier*.

ARBOUSIER, subst. mas. (*arbouzié*) t. de bot., arbrisseau du midi de la France, à fleur monopétale, qu'on nomme *fraisier en arbre*. Son fruit est une baie qui, comme la cerise, devient rouge en mûrissant.

ARBOUSSE, subst. fém. (*arbouce*), t. de bot., melon d'eau d'Amérique.

ARBRE, subst. mas. (*arbre*) (en lat. *arbor*), végétal qui s'élève à plus de vingt pieds, qui a le tronc ligneux, et qui vit long-temps. — Dans leur rapport avec le régime forestier, les arbres sont rangés en trois classes. Les *baliveaux* sont des arbres réservés dans chaque coupe pour repeupler les forêts ; ils ont ordinairement 20 ans. Les *modernes* sont des *baliveaux* de la dernière coupe, qui ont atteint deux révolutions de 20 ans. Les *anciens* sont les *arbres* réservés de l'avant-dernière coupe et des coupes précédentes, et qui ont atteint trois révolutions et ont au moins 60 ans. Voici le détail des espèces d'*arbres* qui, par leur nature, leur âge ou leur destination, ont reçu dans le langage forestier des qualifications différentes. On nomme : *arbres de délit* ceux qui ont été coupés en contravention ; *arbres déshonorés* ceux dont on a coupé la cime et les branches ; *arbres charmés* ceux qu'on a entamés pour les faire périr ; *arbres chablis* ceux qui ont été abattus par le vent ; *arbres de réserve* les baliveaux ou les autres arbres qu'on laisse dans chaque coupe pour repeupler ou conserver les forêts ; *arbres* ou *pieds corniers* ceux qu'on marque dans les angles des bois pour conserver les limites ; *arbres de lisière* ou *parois* ceux qu'on laisse sur les lignes entre les pieds corniers. (*Dict. de Législation usuelle.*) — *Arbre à plein vent*, arbre fruitier auquel on laisse toutes ses branches. On appelle *nain* celui qu'on a empêché de s'élever. — *Arbre en état*, celui qui est encore sur pied. — *Arbre à pain*, ou *rima*, arbre très-élevé des îles Philippines, dont le fruit séché se mange comme du pain, et se conserve pendant plus d'un an sans s'altérer. — *Arbre à suif*, arbre de la Chine, dont la coque et les graines broyées donnent une huile qui, en se refroidissant, se condense comme le suif, et s'emploie aux mêmes usages. — *Arbre de cire*, ou *cirier*, arbrisseau aquatique de la Caroline et de la Louisiane, qui fournit une espèce de résine ou de cire dont on fabrique des bougies. — *Arbre d'encens*, arbre de la Guiane dont on tire une gomme-résine qui se brûle au lieu d'encens dans les églises de Caïenne. — *Arbre à papier*, espèce de palmier de la Nouvelle-Espagne, sur les feuilles duquel les Indiens écrivent avec la pointe d'un stylet. — *Arbre du diable*, arbre d'Amérique, dont le fruit desséché se fend avec éclat et jette au loin les graines. — *Arbre triste*, arbre des Indes, de l'ordre des jasmins, dont les fleurs, semblables à celles de l'oranger, aussi belles et plus odoriférantes, ne s'ouvrent qu'après le coucher du soleil et se ferment à son lever. — On dit fig. et prov. : *se tenir au gros de l'arbre*, demeurer attaché à ce qui est le plus ancien ou le plus généralement établi. — D'après la Bible, il y avait au milieu du paradis terrestre deux *arbres*, dont l'un s'appelait l'*arbre de vie* et l'autre l'*arbre de la science du bien et du mal*. — Les chrétiens appellent l'*arbre de la croix* la croix sur laquelle Jésus-Christ fut attaché. — *Arbre de la liberté*, emblème de la liberté. On prend ordinairement un *peuplier*, comme le plus droit et le plus élancé. — En t. de mar., suivant le langage de la Méditerranée, mât ; *arbre de mestre*, grand mât ; *arbre de trinquet*, mât de misaine. — En t. d'horlogerie, petit morceau d'acier qui passe au travers du barillet de la montre, et qui sert à bander le ressort. — Pièce de bois ou de fer qui, dans diverses machines, tourne sur un pivot ou demeure ferme. Les monnayeurs, tourneurs, vitriers, cardeurs, ont aussi des machines qu'ils nomment *arbres*. — Les imprimeurs appellent *arbre de presse* la pièce d'entre la vis et le pivot. — Chez les papetiers, *arbre* est un long cylindre de bois qui sert d'anse à la roue du moulin. — On dit aussi : *l'arbre d'une grue*, etc. — T. de chim., *arbre de Diane* ou *philosophique*, espèce de végétation chimique produite par de l'argent uni, amalgamé avec du mercure. Les chimistes modernes l'appellent *amalgame crystallisé*. — *Arbre de Saturne*, autre végétation chimique formée par un alliage de zinc et de plomb. — *Arbre de Mars*, crystallisation de fer sous la forme de végétation. — *Arbre de Vénus*, crystallisation de cuivre. — T. de phys., *arbre électrique*, appareil en forme d'arbre métallique, dont les branches, recourbées à leurs extrémités, portent des aiguilles faites en S, et mobiles sur un pivot. En plaçant cet appareil sur le conducteur, toutes les aiguilles tournent rapidement avec des aigrettes lumineuses. — En médec. et en anat., on appelle *arbre de vie du cervelet* le centre médullaire de chaque lobe du cervelet, qui envoie, dans l'épaisseur de toutes les lamelles de cet organe, des prolongements recouverts par une substance grise. — *Arbre de généalogie*, ou *généalogique*, figure tracée en forme d'arbre, d'où l'on voit sortir, comme d'un tronc, diverses branches marquant tous les descendants d'une famille. — *Arbre encyclopédique*, tableau des sciences et des arts dans lequel on étale leurs rapports et leur enchaînement. — L'*arbre* a servi à bien des devises. Un *arbre renversé*, et ces mots : *uno decidit ictu*, il est tombé d'un seul coup, au premier coup, marque la petitesse d'esprit et de courage dans un homme que le moindre revers abat. Au contraire, avec ceux-ci : *non uno decidit ictu*, il marque la fermeté de courage. Augustin Barbarigo, doge de Venise, par allusion à toutes les charges dont il était revêtu, et qui, selon lui, abrégeaient sa vie, prit pour devise un *arbre* chargé de fruits, et ces mot : *copia me perdit*. D'autres, avec un *arbre* renversé sous le poids des fruits dont il était chargé, ont mis : *sternit ubertas* ; ou bien, avec Martial : *pondere victa suo*. Pour exprimer que la chute des grands hommes entraîne celle de beaucoup d'autres, un *grand arbre* qui en tombant abat tout ce qui se trouve autour de lui, avec ces mots de Catulle : *cominùs omnia frangit*. Pour une ancienne famille, un vieux *arbre*, et *durando sæcula vincit* (*Virgile*, Georg. 2.) Un académicien de Boulogne, appelé l'*Incultot*, prenait pour devise un arbrisseau inculte, avec ces mots de Virgile : *sponte sua*, pour donner à entendre que ses ouvrages étaient tout de lui, sans le secours ni le conseil d'aucun autre. Pour un jeune homme dont les belles qualités donnent de l'espérance, des caractères ou figures écrites sur l'écorce d'un *arbre*, et *crescent dum crescet*, elles croîtront avec lui. Un *arbre* coupé par le pied, avec ces mots italiens : *a più bell' opre*, pour de plus beaux ouvrages, est la devise d'un académicien de Bresse. Pour un parvenu qui n'oublie point sa première bassesse, un *grand arbre* et ces mots : *virga fui*.

ARBRESLE (L'), subst. mas. (*larbrèle*), ville de France, chef-lieu de canton, arrond. de Lyon, dép. du Rhône.

ARBRET, ou **ARBROT**, subst. mas. (*arbré*, *arbrô*), t. de chasse, petit *arbre* garni de gluaux.

ARBRISSEAU, subst. mas. (*arbriçô*), petit *arbre* dont le tronc se divise en un grand nombre de tiges branchues.

ARBUSTE, subst. mas. (*arbucete*), végétal plus petit que l'*arbrisseau*, et qui ne produit des boutons qu'au renouvellement de la sève.

ARC, subst. mas. (*arke*) (en latin *arcus*, de *ab arcendo*, *quòd arceat hostes*, parce qu'il écarte les ennemis), sorte d'arme en demi-cercle, dont on se sert pour tirer les flèches : *bander*, *débander un arc* ; *tirer de l'arc*. — Fig. et prov. : *avoir plus d'une corde*, *plusieurs cordes à son arc*, avoir plus d'un moyen de réussir. — *Débander l'arc ne guérit pas la plaie*, c'est-à-dire : quand on a fait un mal, on ne le répare pas en se mettant en état de n'en plus faire. — Nom que les charbonniers donnent à un râteau garni de longues dents de fer, avec lequel ils ôtent la terre qui couvre leur fourneau. — En archit., cintre : *l'arc d'une voûte*. *Arc droit*, section d'une voûte cylindrique faite perpendiculairement à son axe ; *arc de cloître*, voûte composée de berceaux qui se rencontrent en angles rentrants dans leur concavité. — *Arc de triomphe*, ou *arc triomphal*, construction en forme de porte cintrée, ornée de bas-reliefs et d'inscriptions, érigée en mémoire de quelque événement glorieux, ou sur le passage d'un prince, d'un héros, etc. — En géom., portion d'une circonférence de cercle, moindre que la moitié. On dit également *arc d'ellipse*, etc. — En astron., on appelle *arc diurne* la portion du cercle qu'un astre parcourt sur l'horizon ; et *arc nocturne* la portion du même cercle qu'il parcourt sous l'horizon. C'est aussi une partie de la circonférence d'un cercle. *Arc semi-diurne*, arc du parallèle diurne d'un astre, qui est compris entre le méridien et l'*horizon* ; *arc d'émersion* ou *de vision*, la quantité dont le soleil doit être abaissé verticalement au-dessous de l'horizon, pour qu'un autre astre soit visible à la vue simple ; *arc de rétrogradation*, arc de l'écliptique qu'une planète semble décrire en se mouvant contre l'ordre des signes ; *arc de position*, arc de l'équateur entre le méridien et le cercle horaire. On dit aussi *angle de position*, et plus communément aujourd'hui *angle horaire*. — T. de phys., *arc conducteur*, gros fil de métal courbé en arc, dont les extrémités sont terminées par des boules. Il sert à établir la communication électrique : on le nomme plus ordinairement *excitateur* ; *arc animal*, la partie du cercle galvanique qui est composée des organes d'un animal ; *arc excitateur*, la partie de cercle qui est composée de substances métalliques. — T. de ponts et chaussées, *arc de radier*, mur en arc de cercle, construit en aval d'un pont, pour le garantir des dégravoiements. — On appelle *arc de carrosse* deux pièces de fer courbées en arc, qui joignent le bout de la flèche à l'essieu de devant, et par le moyen desquelles le carrosse tourne aisément dans un petit espace. — En t. de mar., on nomme *arc* la courbure que prend un grand bâtiment dans le sens de sa longueur.

ARCADE, subst. fém. (*arkade*), t. d'archit., ouverture cintrée ou en *arc*. — T. d'opticien, la partie de la châsse de la lunette où l'on met le nez. — En anat., partie figurée en arc : on a nommé *arcades alvéolaires* et *dentaires* la portion des deux mâchoires où sont implantées les dents ; la portion osseuse du frontal qui est au-dessus des yeux a reçu le nom d'*arcade orbitaire*. Sur les côtés de la face sont les *arcades zygomatiques* ; vers le pli de l'aine est l'*arcade crurale*. Les artères forment aussi des *arcades anastomotiques*. *Dictionnaire de Médecine usuelle.*) — Les serruriers nomment *arcade*, une partie qui forme un fer à cheval dans les balcons ou rampes d'escaliers. — Les talonniers donnent ce nom au dessous d'un talon de bois coupé en arc. — Les passementiers le donnent à une espèce d'anneau de gros fil d'archal. — Les jardiniers le donnent aussi à une palissade formant une grande ouverture cintrée par le haut, qui peut être percée par le bas, ou arrêtée sur une banquette de charmille.

ARCADIE, subst. fém. (*arkadi*), partie du Péloponèse dont les habitants furent très-célèbres par leur goût pour la poésie et pour la musique.

ARCADIEN, subst. et adj. mas., au fém. **ARCADIENNE** (*arkadiein, ène*), qui est de l'*Arcadie*. — Subst mas. plur., anc. nom des membres d'une société de savants formée à Rome en 1690, qui avait pour but la conservation des lettres. Ce nom d'un berger leur vient de ce que chacun d'eux prenait le nom de l'ancienne *Arcadie*.

ARCADIQUE, adj. des deux genres (*arkadike*), d'*Arcadie*.

ARCADIUS, subst. mas. (*arkadiuce*), myth., surnom de Pan l'*arcadien*.

ARCAM, subst. mas. (*arkan*), t. d'hist. nat., serpent peu connu des naturalistes, et dont la morsure est mortelle.

ARCANE, subst. mas. (*arkane*) (du lat. *arcanum*, mystère, secret). Les alchimistes appellent ainsi leurs opérations mystérieuses. — En médec., remède dont on tient la préparation secrète pour en relever l'efficacité et le prix. — T. de chim., *arcane corallin*, préparation de mercure ; cuivre mêlé à l'étain pour l'étamage.

ARCANE ou **ARCANÉE**, subst. fém. (*arkane, arkané*), sorte de craie rouge. — C'est aussi le nom d'une ancienne petite ville de l'*Anatolie*.

ARCANSON, subst. mas. (*arkançon*), t. d'hist. nat. espèce de résine qu'on appelle aussi *colophane*.

ARCANUM-DUPLICATUM, subst. mas. (*arkanome duplicatome*) (mots empruntés au latin), t. de chim. et de pharm., sulfate de potasse.

ARCAS, subst. mas. (*arkâce*), myth., fils de Jupiter et de Calisto, donna son nom à l'Arcadie. C'est le pays de toute la Grèce dont on raconte le plus de fables. Il y avait des ânes d'une taille extraordinaire. Le dieu Pan y était honoré plus qu'ailleurs, parce qu'on dit qu'il n'en sortait pas. Arcas étant devenu grand, des chasseurs le présentèrent à Lycaon, son aïeul, qui le reçut avec joie, et qui dans la suite, pour éprouver la puissance de Jupiter lorsqu'il lui donna l'hospitalité, lui servit dans le festin les membres d'Arcas. Jupiter, indigné d'une expérience aussi horrible, le changea en loup. Il métamorphosa en ours Arcas, qui fut placé dans le ciel auprès de sa mère. —Ce mot *Arcas*, qui signifie *Arcadien*, était aussi un surnom de Mercure, parce qu'il avait été nourri sur la montagne de Cyllène, en Arcadie. — Ovide désigne par ce nom Ancée, fils de Lycurgue.

ARCASSANT, subst. mas. (*arkaçan*), t. de pharm., drogue médicinale de la Chine.

ARCASSE, subst. fém. (*arkace*), t. de mar., derrière du gaillard; culasse du navire. — Mouffle d'une poulie.

ARCAU, subst. mas. (*arkô*), t. de mar., nom que les charpentiers de quelques ports donnent à une craie rouge délayée dans un petit vase, pour teindre les lignes qu'ils tracent sur les bois.

ARC-BOUTANT, subst. mas. (*arboutan*) (suivant *Ménage*, du lat. *arcus pultans*, pour *pulsans*, arc qui pousse), t. d'archit., pilier terminé en *demi-arc*, qui sert à soutenir une voûte en dehors. — La barre d'une porte, d'un pont, etc. — En t. de mar., espèce de petit mât de vingt-cinq à trente pieds de long, ferré par un bout, dont l'usage est de tenir les écoutes des bonnettes en étai, et de repousser un vaisseau s'il venait à l'abordage. — On nomme *arcs-boutants*, des morceaux de bois fort courts, qu'on place entre chaque bau et barrot, perpendiculairement à leur longueur, pour aider à les maintenir sans jeu. — On nomme encore *arc-boutant* une entremise, une courbe de bois qui soutient un bau sous le premier pont d'un bâtiment.—Chacune des deux verges qui servent à tenir en état les moutons d'un carrosse. — Il se dit fig. des personnes qui sont les plus considérables dans un parti, etc. — Au plur. : *des arcs-boutants*, les *arcs* ou des parties d'*arcs* qui appuient ou soutiennent une muraille. — *Boutant* est un adjectif verbal qui vient de l'ancien verbe *bouter*, signifiant pousser.

ARC-BOUTÉ, E, part. pass. de *arc-bouter*.

ARC-BOUTER, v. act. (*arbouté*), soutenir, appuyer. Voy. ARC-BOUTANT.

ARC DE TRIOMPHE, subst. mas. Voy. ARC.

ARC-DOUBLEAU, subst. mas. (*ardoublô*), t. d'archit., espèce d'*arcade* qui a de la saillie sur le creux d'une voûte.—Au plur., des *arcs-doubleaux*.

ARCEAU, subst. mas. (*arçô*) (du lat. *arcus*, arc), petit *arc*. — En archit., ornement de sculpture en forme de trèfle. — En t. de chir., demi-caisse de tambour, dont on fait un logement à la jambe ou au pied fracturé. — En t. de pêche, annelet ou anse de cordage qui passe au travers d'un trou fait à une pierre nommée *câblière*, et destinée à faire couler bas les cordages et les filets.

ARCEAUX, subst. mas. plur. (*arçô*), t. de mar., dans les galères, pièces de sapin qui vont s'insérer dans la flèche par un bout, et dont l'autre bout porte sur le bandinet. — On les nomme aussi *guérites*.

ARCENAL et non pas **ARSENAL**, comme l'écrit l'*Académie*, subst. mas., au pluriel **ARCENAUX**, (*arcenal*) (du latin *arx*, génitif *arcis*, citadelle, et *navalis*, navale), lieu destiné à recevoir les poudres, les boulets, les bombes, l'artillerie et les armes pour la guerre. — Dans la marine, port où sont les officiers de marine, les vaisseaux, et ce qui est nécessaire pour les armes. Cette dernière acception était originairement la seule de ce mot; et de là son étymologie. — Il s'emploie aussi au fig. : *cet ouvrage est un arcenal qui fournit des armes à tous les partis*.

ARC-EN-BARROIS, subst. mas. (*arkanbaroa*), ville de France, chef-lieu de canton, arrond. de Chaumont, dép. de la Haute-Marne.

ARC-EN-CIEL, subst. mas. (*arkancièle*, même au plur.), sorte de météore; bandes de différentes couleurs disposées en arc, qui paraissent, par un temps pluvieux, dans la partie du ciel opposée au soleil, et qui sont formées par la réfraction des rayons de cet astre au travers des gouttes d'eau dont l'air est alors rempli. Dieu dit, dans l'ancien Testament: *je ferai voir mon arc-en-ciel au milieu des nues*. — Catherine de Médicis avait pour devise un *arc-en-ciel*, avec cet hémistiche grec : φως φερει ηδε γαληνην, il apporte la lumière et la sérénité. — Au plur., *des arcs-en-ciel* : des *arcs* qui sont dans le ciel. — Myth. Voy. IRIS.

ARC-EN-QUEUE, subst. mas. (*arkankeu*), t. d'hist. nat., oiseau de l'Amérique.

ARC-EN-TERRE, subst. mas. (*arkantère*), t. de phys., iris formé sur la terre par la rosée ou la pluie.

ARCÉSIUS, subst mas. (*arcéziuce*), myth., surnom d'un fils de Jupiter, frère de Laërte.

ARCESTHIDE, subst. fém. (*arcécetide*), t. d'hist. nat., espèce de fruit qui ressemble au strobile.

ARCHÆOGRAPHE, subst. mas. (*arkéoguerafe*) (du grec αρχαιος, ancien, et γραφω, je décris), auteur qui décrit les monuments de l'antiquité.

ARCHÆOGRAPHIE, subst. fém. (*arkéoguerafi*), description des monuments de l'antiquité. Voy. ARCHÆOGRAPHE pour l'étymologie.

ARCHÆOGRAPHIQUE, adj. des deux genres (*arkéoguerafike*), qui est relatif à l'*archæographie*.

ARCHÆOL., abréviation de ARCHÆOLOGIE.

ARCHÆOLOGIE, subst. fém. (*arkéoloji*) (du grec αρχαιος, ancien, et λογος, discours), science de l'antiquité, des monuments antiques, et même du moyen-âge. On écrit plus souvent maintenant *archéologie*.

ARCHÆOLOGIQUE, adj. des deux genres (*arkéolojike*), qui tient à l'*archæologie*.

ARCHÆOLOGUE, subst. mas. (*arkéologue*), homme versé dans la science de l'antiquité. Voy. ARCHÆOLOGIE.

ARCHAÏOLOGIE, subst. fém. (*arka-ioloji*) (du grec αρχαιος, ancien, et λογος, discours), étude, science du vieux langage. Peu usité.

ARCHAÏOLOGIQUE, adj. des deux genres (*arkaiolojike*), qui concerne le vieux langage.

ARCHAÏSME, subst. mas. (*arka-iceme*) (du grec αρχαιος, ancien, auquel on a ajouté la terminaison grecque ισμος, qui marque imitation), imitation des anciens dans le langage. — Mot antique. —Tour de phrase suranné. — On le dit aussi de l'affectation dans l'emploi de l'*archaïsme*.

ARCHAL, subst. mas. (*archal*) (du latin *aurichalcum*, laiton), fil de métal. Ce mot est toujours joint au mot *fil*.

ARCHANGE, subst. mas. (*arkanje*) (du grec αρχαγγελος, formé de αρχη, primauté, puissance, et αγγελος, ange), ange d'un ordre supérieur. — Il est aussi adj. : *saint Michel archange*.

ARCHANGEL, subst. mas. (*arkanjèle*), ville de Russie, dans la province de Dwine.

ARCHANGÉLIQUE, adj. des deux genres (*arkanjélike*), qui concerne l'*archange*. — T. de bot., subst. fém., plante dont il y a plusieurs espèces, et ainsi nommée à cause des grandes vertus qu'on lui attribue. Ce mot manque dans l'*Académie*.

ARCHARD, subst. mas. (*archar*), fruit vert de Perse confit dans du vinaigre.

ARCHE, subst. fém. (*arche*) (du latin *arcus*, arc), t. d'archit., voûte construite sur les piles et culées d'un pont. Il y en a de plusieurs sortes : celle du milieu se nomme *maîtresse arche*; on appelle une *arche en plein cintre* celle qui est formée d'un parfait demi-cercle; *arche elliptique* celle dont le trait est un demi-ovale ou une ellipse; *arche surbaissée* celle qui a moins de montée, et dont la courbure n'est pas fort remarquable; *arche extradossée* celle dont les voussoirs sont égaux en longueur et parallèles à la douelle, et ne font point liaison avec les assises des reins (la plupart des ponts antiques sont ainsi construits); *arche d'assemblage* se dit de tout cintre de charpente bombé, et tracé d'une portion de cercle pour faire un pont d'une seule *arche*. — *Arche de Noé*, vaisseau où Noé et sa famille se sauvèrent des eaux du déluge. — *Arche d'alliance*, chez les Hébreux, espèce de coffre où l'on gardait les tables de la loi. — Fig., *être hors de l'arche*, être hors de l'église.— Fig. et prov., *arche de Noé*, maison où il y a toutes sortes de gens logés. — On dit prov. et fig. d'une chose dont il est dangereux de parler, qu'il ne faut pas toucher dans ses discours : *c'est l'arche du Seigneur*, *l'arche sainte*. —T. de mar., *arche de pompe*, et non pas *archipompe* qui est vicieux, boîte qui couvre la pompe. — Dans les verreries, fourneau de glaceries. — T. d'hist. nat., coquille bivalve de mollusques acéphales.

ARCHÉAL, E, adj. (*archéale*), de l'*archée*. Inus.

ARCHÉE, subst. fém. (*arché*) (du grec αρχη, principe, commencement), t. d'alch., agent universel qui arrange et fait tout dans la nature, qui compose et décompose les corps en les réduisant à leurs premiers principes. C'est un terme inventé par *Basile Valentin*, et adopté avec enthousiasme par *Paracelse* et *Van-Helmont*, qui regardaient particulièrement l'*archée* comme le principe de la vie dans tous les végétaux. — Suivant quelques médecins, c'est le principe de la vie dans tous les hommes. — C'est à tort que l'on a fait ce mot mas.

ARCHÉGAYE, subst. mas. (*archéguè*), t. d'hist. anc., machine de guerre.

ARCHÉGÈTE, subst. mas. (*archéjète*) (du grec αρχηγος, chef), myth., surnom d'Apollon, qui signifie *prince*, *conducteur*.

ARCHELET, subst. mas. (*archelé*), petit archet dont les orfèvres, horlogers et serruriers se servent pour les ouvrages de tour les plus légers. — Les fondeurs de caractères, les maçons ont aussi des instruments qu'ils nomment *archelets*. — En t. de pêche, branche de saule pliée en rond qui s'attache autour de l'ouverture du verveux.

ARCHÉLOGIE, subst. fém. (*arkéloji*) (du grec αρχη, principe, et λογος, discours, traité), t. de médec., traité sur l'ensemble des principes fondamentaux de la médecine.

ARCHÉLOGIQUE, adj. des deux genres (*arkélojike*), qui concerne l'*archélogie*.

ARCHÉMORE, subst. mas. (*archémore*), myth., fils de Lycurgue, roi de Némée. Sa nourrice l'ayant posé sur une plante d'ache pour aller montrer une fontaine aux princes en marche pour le siége de Thèbes, cet enfant succomba à la morsure d'un serpent que les princes tuèrent. Lycurgue voulut punir de mort la négligence de la nourrice; mais les Argiens la prirent sous leur protection. Ce fut en mémoire de ce malheur que furent institués les jeux néméens, qui se célébraient de trois ans en trois ans. Les vainqueurs se mettaient en deuil, et se couronnaient d'ache.

ARCHÉOGRAPHE, subst. mas. Voy. ARCHÆOGRAPHE.

ARCHÉOGRAPHIE, subst. fém. Voy. ARCHÆOGRAPHIE.

ARCHÉOGRAPHIQUE, adj. des deux genres. Voy. ARCHÆOGRAPHIQUE.

ARCHÉOL., abréviation du mot *archéologie*.

ARCHÉOLOGIE, subst. fém. Voy. ARCHÆOLOGIE.

ARCHÉOLOGIQUE, adj. des deux genres. Voy. ARCHÆOLOGIQUE.

ARCHÉOLOGUE, subst. mas. (*arkéologue*). Voy. ARCHÆOLOGUE.

ARCHER, subst. mas. (*arché*), homme de guerre combattant avec l'*arc*. En ce sens, depuis longtemps il n'y a plus d'archers en France. — *Francs archers*, sorte de milice établie sous Charles VII. — Petit officier de justice et de police employé à veiller à la sûreté publique, à saisir les malfaiteurs, à exécuter quelque ordre de la justice ou de la police : *archers à pied*, *archers à cheval*. Ils ont été remplacés par la *gendarmerie*, et à Paris, depuis la révolution de juillet 1830, par la *garde municipale*. — T. d'hist. nat., c'est aussi le nom d'un genre de poissons qui se rapproche des chétodons.

ARCHÉRAGE, subst. mas. (*archéraje*), vieux mot inusité qui signifiait : droit d'armer un *archer*.

ARCHEROT, subst. mas. (*archerô*), petit *archer*. Les vieux poëtes français appelaient ainsi *Cupidon*. — Il était aussi adj. : *Cupidon archerot*.

ARCHET, subst. mas. (*arché*) (en latin *arcus*, arc, dont *archet* est dimin.), sorte de petit *arc* qui a pour corde un faisceau de crins de cheval dont on se sert pour tirer le son d'un violon, etc.— Arc d'acier aux deux bouts duquel il y a une corde attachée, et dont les ouvriers de divers métiers se servent pour tourner ou pour percer. — Châssis tourné en arc, qu'on met sur les berceaux des enfants ou qu'on emploie à faire suer les malades.— Au fig., *être sous l'archet*, *passer sous l'archet*, suer, passer par les grands remèdes dans une maladie secrète.— Perche qui est placée au-dessus de la tête du tourneur.—Les fondeurs de caractères appellent *archet* un bout de fil de fer plié en cercle, et qui fait partie du moule.—On appelle aussi *archet* une petite scie faite en fil de laiton, avec laquelle on coupe les pierres dures et précieuses en jetant dessus de l'eau et de l'émeri. — Les ouvriers en mosaïque nomment *archet* une scie à contourner. C'est un fil de fer tendu sur un morceau de bois plié en arc, et dont ils se servent pour découper le marbre au moyen de l'émeri. — Les briquetiers nomment *archet* un instrument dont la corde est de fil de fer, et qui sert à couper la terre.

ARCHÉTYPE, subst. mas. (*arkétipe*) (du grec αρχη, principe, et τυπος, type, modèle, premier modèle), original, patron, modèle. C'est un vieux mot de l'école qui n'a plus guère d'usage que dans cette phrase : *l'archétype du monde*, l'idée sur laquelle Dieu a créé le monde. Il est aussi dans ce sens adj. des deux genres, on dit : *des idées archétypes.* — En t. de monnaies, étalon général des poids et mesures.

ARCHEURE, subst. fém. (*archeure*), t. de manège, courbure de l'encolure d'un cheval.

ARCHEVÊCHÉ, subst. mas. (*archevéché*) (du grec αρχη, primauté, puissance, et επισκοπος, évêque), territoire où s'étend la juridiction et l'autorité spirituelle d'un *archevêque*, qui a des suffragants. Il y a en France quatorze *archevêchés*, dont voici les noms. — 1. Aix, qui a pour suffragants les évêchés de Marseille, Fréjus, Digne, Gap, Ajaccio. — 2. Alby, sous lequel sont ceux de Rhodez, Cahors, Mende, Perpignan. — 3. Auch, dont les suffragants sont Aire, Tarbes, Baionne. — 4. Avignon, sous lequel sont les évêchés de Nîmes, Valence, Viviers, Montpellier. — 5. Besançon, qui a pour suffragants Strasbourg, Metz, Verdun, Belley, Saint-Diez, Nanci. — 6. Bordeaux, qui a sous lui les évêchés d'Agen, Angoulême, Poitiers, Périgueux, La Rochelle, Luçon. — 7. Bourges, dont les suffragants sont Clermont, Limoges, le Puy, Tulle, Saint-Flour. — 8. Lyon, qui a pour suffragants Autun, Langres, Dijon, Saint-Claude, Grenoble. — 9. Paris, dont les évêchés suffragants sont ceux de Chartres, Meaux, Orléans, Blois, Versailles, Arras, Cambrai. — 10. Reims, qui a sous lui Soissons, Châlons, Beauvais, Amiens. — 11. Rouen, dont dépendent les évêchés de Bayeux, Evreux, Séez, Coutances. — 12. Sens, qui a pour suffragants Troyes, Nevers, Moulins. — 13. Toulouse, dont les évêchés suffragants sont ceux de Montauban, Pamiers, Carcassonne. — 14. Tours, qui a pour suffragants le Mans, Angers, Rennes, Nantes, Quimper, Vannes, Saint-Brieuc.—Le mot *archevêché* s'emploie encore en parlant de la dignité d'archevêque, aussi bien que des droits et revenus temporels qui se trouvent attachés à un archevêché : *il a été nommé à un bon archevêché ; cet archevêché était autrefois un des plus riches bénéfices de l'Église.*—Il signifie également la demeure, le palais qui est affecté à un archevêque : *j'ai affaire à l'archevêché.* — On se sert aussi de ce mot quand il s'agit de villes qui possèdent un siége archiépiscopal : *Reims, Toulouse, Bordeaux, sont des archevêchés.*

ARCHEVÊQUE, subst. mas. (*archevêke*) (du grec αρχιεπισκοπος, formé de αρχη, primauté, puissance, et επισκοπος, évêque), prélat ecclésiastique qui a des évêques pour suffragants, et qui a le pouvoir de convoquer les principaux membres du clergé de son diocèse pour tenir ce qu'on appelait autrefois un concile provincial. On l'appelle aussi *métropolitain.*—*L'archevêque de Lyon* porte le titre de primat des Gaules. — En t. de jard., c'est aussi le nom qu'on donne à un œillet violet.

ARCHI, mot emprunté du grec, que l'on prononce *arki*, quand le mot grec n'est pas passé absolument dans la langue, et *archi*, lorsque le mot est bien francisé. Dans le style familier, on le joint souvent à un adjectif, et il signifie *très, extrêmement : archi-fou*, très-fou ; *archi-vilain*, extrêmement avare.

ARCHIAC, subst. mas. (*archiak*), bourg de France, chef-lieu de canton, arrond. de Jonzac, dép. de la Charente-Inférieure.

ARCHIACOLYTE, subst. mas. (*archiakolite*) (du grec αρχη, primauté, et ακολουθος, suivant), premier acolyte.

ARCHIÂTRE, subst. mas. (*archiâtre*) (du grec αρχη, primauté, puissance, et ιατρος, médecin), premier médecin chez les empereurs grecs. On a même donné ce nom en France au premier médecin des rois. Il n'est plus usité.

ARCHIATRIE, subst. fém. (*archiâtri*), fonctions, attributions du premier médecin de l'empire grec.

ARCHI-BIGOT, subst. mas., au fém. **ARCHI-BIGOTTE** (*archibigo,te*), très-bigot ou très-bigotte.

ARCHICAMÉRIER, subst. mas. (*archikamérié*), titre d'un grand officier à la cour de Rome.

ARCHICEMBALO, subst. mas. (*archiceinbalô*), instrument de musique.

ARCHICHAMBELLAN, subst. mas. (*archichanbèlelan*), premier chambellan.

ARCHICHANCELIER, subst. mas. (*archichancelié*), grand-chancelier. — C'était aussi, sous l'empire français, l'un des plus grands dignitaires de l'état.

ARCHICHANTRE, subst. mas. (*archichantre*), le chef des *chantres* dans certaines églises cathédrales.

ARCHICHAPELAIN, subst. mas. (*archichapelein*), nom que l'on donnait autrefois au grand-aumônier de France.

ARCHICOEUR, subst. mas. (*archikeur*), cœur généreux. Inus.

ARCHICONFRATERNITÉ, subst. fém., (*archikonfratèrenité*), société pieuse, première confraternité. Inus.

ARCHICONFRÉRIE, subst. fém. (*archikonfrèri*), a le même sens que *archiconfraternité.*

ARCHICONSUL, subst. mas. (*archikonçule*), titre du chef ou président de l'académie de la Crusca, à Florence.

ARCHIDIACONAT, subst. mas. (*archidiakona*), office, dignité d'*archidiacre.*

ARCHIDIACONÉ, subst. mas. (*archidiakoné*), partie d'un diocèse soumise à l'*archidiacre.*

ARCHIDIACRE, subst. mas. (*archidiakre*), celui qui est pourvu d'une dignité ecclésiastique qui lui donne juridiction sur les curés de la campagne. — Premier diacre.

ARCHIDICASTE, subst. mas. (*archidikacete*), prophète. Inus.

ARCHIDIE, subst. fém. (*archidî*), t. d'hist. nat., petite coquille du golfe Persique.

ARCHIDIOCÉSAIN, E, adj. (*archidiocézein, zène*) qui dépend du *diocèse*; qui appartient à un *archevêché.*

ARCHIDRUIDE, subst. mas. (*archidru-ide*), t. d'hist. anc., chef des druides, prêtres des Gaulois.

ARCHIDUC, subst. mas., au fém. **ARCHIDUCHESSE** (*archiduk, duchèce*), titre de dignité, qui n'est en usage aujourd'hui qu'en parlant des princes et princesses de la maison d'Autriche.

ARCHIDUCAL, E, adj. (*archidukal*), qui appartient à un *archiduc*, à une *archiduchesse.* Plur. mas. **ARCHIDUCAUX.**

ARCHIDUCAUX, adj. plur. mas. Voyez **ARCHIDUCAL.**

ARCHIDUCHÉ, subst. mas. (*archiduché*), seigneurie d'*archiduc* : *archiduché d'Autriche.*

ARCHIDUCHESSE, subst. fém. (*archiduchèce*), épouse d'un *archiduc*; ou princesse qui est revêtue de cette dignité par elle-même.—T. de jard., œillet violet et blanc. Voy. **ARCHIDUC.**

ARCHIE, subst. fém. (*archî*), principe, règle fondamentale. — T. d'archit., voûte en trait d'arc. Inus.

ARCHIÉCHANSON, subst. mas. (*archiéchançon*), grand échanson.

ARCHIÉCUYER-TRANCHANT, subst. mas. (*archiékui-ié-tranchan*), grand-maître d'hôtel.

ARCHIÉPISCOPAL, E, adj. au plur. mas. **ARCHIÉPISCOPAUX** (*arkiépicekopal*), qui regarde l'*archevêque*, qui appartient à l'*archevêque.*

ARCHIÉPISCOPAT, subst. mas. (*arkiépicekopa*), dignité d'*archevêque.* — Temps pendant lequel un *archevêque* occupe le siége épiscopal.

ARCHIÉPISCOPAUX, adj. mas. plur. Voy. **ARCHIÉPISCOPAL.**

ARCHIÉRARCHIE, subst. fém. (*archiérarchi*), dignité de la hiérarchie considérée comme titre de la suprématie du pape sur l'Église.

ARCHIÉRARQUE, subst. mas. (*archiérarke*). Le pape est *archiérarque* comme chef de la hiérarchie.

ARCHIÈRES, subst. fém. plur. (*archière*), t. de blas., ouvertures oblongues dans les murs d'un château, par lesquelles les archers tiraient des flèches. On ne nomme les *archières* d'un château que quand elles sont d'un émail différent. — Au sing., t. d'antiq., espèce de carquois ancien. — Lucarne pratiquée dans un mur pour recevoir du jour.

ARCHIÉROSYNE, subst. mas. (*archiérozine*), t. d'hist. anc., souverain pontife à Athènes.

ARCHIEUNUQUE, subst. mas. (*archieunuke*), chef des eunuques à la cour des empereurs grecs.

ARCHIFOLLE, adj. fém. Voy. **ARCHIFOU.**

ARCHIFOU, adj. mas., au fém. **ARCHIFOLLE** (*archifou, fole*), extrêmement *fou, folle.*

ARCHIFRIPON, subst. mas., au fém. **ARCHIFRIPONNE** (*archifripon, pone*), fripon, friponne insigne.

ARCHIGALLE, subst. mas. (*archiguale*), t. d'hist. anc., grand-prêtre de Cybèle.

ARCHIGÉNIQUE, adj. des deux genres (*archijénike*), t. de médec., se dit des maladies aiguës.

ARCHIGÉRONTE, subst. mas. (*archijéronte*), t. d'antiq., chef des vieillards à Lacédémone.

ARCHIGRELIN, subst. mas. (*archiguerelein*), t. de cordier, cordage fait de trois ou un plus grand nombre de *grelins.*

ARCHIIMPRIMEUR, subst. mas. (*archieinprimeur*), titre que le roi Philippe II donna à un nommé Christophe Plantin, *imprimeur* d'Anvers.

ARCHILÉVITE, subst. mas. (*archilévite*), t. d'hist. anc., chef des lévites.

ARCHILIGUEUR, subst. mas. (*archiligueur*), ligueur rempli de zèle.

ARCHILOQUE, subst. mas. (*archiloke*), poète, inventeur des vers iambiques. Il en fit de si mordants contre Lycambe, qui, après lui avoir promis sa fille Néobule, l'avait donnée à un autre, que cet homme se pendit de désespoir. Quelque temps après, Archiloque fut tué dans un combat. On dit que l'oracle de Delphes blâma les meurtriers de ce poète, tant il l'estimait à cause de son génie. Il était de l'île de Paros, et, selon quelques-uns, de *Parium*, dans la Mysie.

ARCHILOQUIEN, adj. mas. (*archilokiein*), t. de litt. anc., vers inventé par *Archiloque* : il a sept pieds, dont les quatre premiers sont ordinairement dactyles, et quelquefois spondées; les trois derniers sont trochées. Exemple :

Solvitur acris hyems grata vice Veris et Favoni.
(HORACE, livre I, ode 4.)

On appelle aussi ces vers dactyliens, à cause des quatre dactyles qu'ils ont au commencement. On mêle ordinairement des vers iambes de six pieds moins une syllabe, alternativement avec les vers *archiloquiens*, comme a fait Horace dans l'ode où nous avons pris notre citation.

ARCHILUTH, subst. mas. (*archilute*), t. de mus., grand luth pour accompagner. Voy. **THÉORBE.**

ARCHIMAGE, subst. mas. (*archimaje*), chef de la religion des Perses.

ARCHIMAGIE, subst. fém. (*archimaji*), nom donné par quelques-uns à la partie de la *chimie*, ou plutôt de l'*alchimie*, qui traite de l'art de faire de l'or, et qui, disent-ils, par la dignité de son objet mérite ce titre éminent. — Charge, office, titre de l'*archimage.*

ARCHIMANDRITAT, subst. mas. (*archimandrita*), dignité, bénéfice de l'*archimandrite.*

ARCHIMANDRITE, subst. mas. (*archimandrite*) (du grec αρχη, primauté, puissance, et μανδρα, étable, bergerie), autrefois, dans l'église grecque, supérieur d'un monastère, abbé régulier. — Ce mot signifie proprement gardien d'une bergerie.

ARCHIMARÉCHAL, subst. mas. (*archimaréchal*), au plur. mas. **ARCHIMARÉCHAUX**, grand-maréchal de l'empire d'Allemagne.

ARCHIMARÉCHALE, subst. fém., l'épouse de l'*archimaréchal.*

ARCHIMARÉCHAUX, subst. mas. plur. Voyez **ARCHIMARÉCHAL.**

ARCHIMIE, subst. fém. (*archimî*), art de faire de l'or et de l'argent.— L'*archimie* diffère de l'*alchimie*, en ce qu'elle s'occupe en particulier de la transmutation des métaux imparfaits en d'autres *métaux.*

ARCHIMIME, subst. mas. (*archimime*) (du grec αρχη, primauté, puissance, et μιμος, mime, bouffon, dérivé de μιμεομαι, imiter), archi-bouffon : les Romains appelaient ainsi des gens qui contrefaisaient les manières, les gestes, la voix des personnes vivantes et même mortes. Inus.

ARCHIMINISTRE, subst. mas. (*archiministre*) (composé du grec αρχη, et du latin *minister*), premier ministre d'un prince, d'un état. Charles-le-Chauve ayant déjà déclaré Boson son vice-roi en Italie, sous le titre de duc, il le fit encore son premier ministre sous celui d'*archiministre.* Ce terme, au reste, n'est point en usage : il faut dire *premier ministre.* Les cardinaux de Richelieu et Mazarin ont été *premiers ministres*, et non *archiministres.*

ARCHIMONASTÈRE, subst. mas. (*archimonacetère*), monastère chef d'ordre.

ARCHINAVARCHIE, subst. fém. (*archinavarchî*) (du grec αρχη, commandement, et ναυς, navire), en Grèce, commandement en chef des troupes sur mer, seulement pendant le temps d'une expédition.

ARCHINAVARQUE, subst. mas. (*archinavarke*), celui qui, en Grèce, est le chef d'une expédition sur mer.

ARCHINE, subst. fém. (*archine*), se dit, dans les carrières, d'un cintre formé dans la charpente qui soutient les terreins. — T. d'archit., petite *arche.*

ARCHINOBLE, subst. et adj. des deux genres (*archinoble*), très-noble : *sache, mon ami, que les comédiennes sont nobles, archinobles, par les alliances qu'elles contractent avec les grands seigneurs.* (*Le Sage.*)— T. d'ironie.

ARCHINOTAIRE, subst. mas. (*archinotère*), autrefois chef des *notaires*, ou secrétaire du roi. On a donné ce nom chanceliers de France.

ARCHIPATELIN, E, subst. (*archipatelein, line*), fourbe très-adroit.

ARCHIPÉDANT, E, subst. (*archipédan, dante*), très-pédant.

ARCHIPEL, subst. mas. (*archipèle*) (du grec αρχη, principe, commencement, et πελαγος, mer), étendue de mer semée d'îles : *l'archipel du Mexique*.—On entend particulièrement par *Archipel* celui du Levant, ou la partie de la mer Méditerranée que les anciens nommaient la mer Égée.—On a dit autrefois *archipélage* et *archipelague*.

ARCHIPÉLAGE ou **ARCHIPÉLAGUE**, subst. mas. (*archipélaje, lague*), mot employé autrefois pour *archipel*. Voy. ARCHIPEL.

ARCHIPÉRACITE, subst. mas. (*archipéracite*) (du grec αρχη, primauté, prééminence, et du chaldéen *perach*, résoudre, expliquer une question. *Perach* ou plutôt *pharack*, est arabe. hébreu, chaldéen et syriaque), t. d'hist. anc., officier qui, dans les écoles ou académies des juifs, était chargé d'expliquer la loi. — Président de l'académie juive.

ARCHIPIRATE, subst. mas. (*archipirate*), chef de pirates. — Au fig., il se dit d'un usurier qui spécule froidement sur les malheurs d'autrui.

ARCHIPOÈTE, subst. mas. (*archipoète*), plus qu'un poète ordinaire. Expression burlesque. Voy. POÈTE.

ARCHIPOMPE, subst. fém., t. de marine. Voyez *Arche de pompe*, au mot ARCHE.

ARCHIPRESBYTÉRAL, E, adj., au plur. mas. **ARCHIPRESBYTÉRAUX** (*archiprécebitérale*), qui regarde l'*archiprêtre*.

ARCHIPRESBYTÉRAT, subst. mas. (*archiprécebitéra*) (du grec αρχη, et du lat. *presbyter*, dérivé du grec πρεσθυς, vieillard), juridiction, dignité de l'*archiprêtre*.

ARCHIPRESBYTÉRAUX, adj. plur. mas. *Voyez* ARCHIPRESBYTÉRAL.

ARCHIPRÊTRE, subst. mas. (*archiprêtre*), dans les pays catholiques, le premier des prêtres. — Espèce de doyen. L'*archiprêtre* d'une ville est comme le doyen des curés de la ville; l'*archiprêtre rural* est le même à l'égard des curés de la campagne. C'est aux *archiprêtres* que s'adressent les mandements des évêques. — Voy. ARCHIPRESBYTÉRAT pour l'étym.

ARCHIPRÊTRÉ, subst. mas. (*archiprêtré*), étendue de la juridiction d'un archiprêtre. — Dignité de l'*archiprêtre*. — On dit aussi *archipresbytérat*.

ARCHIPRIEUR, subst. mas. (*archiprieur*), titre donné autrefois au grand-maître de l'ordre des templiers.

ARCHIPRIEURE, subst. fém. (*archiprieure*), qualité que l'on donnait en Bourgogne à la supérieure des religieuses de Lancharre.— Isabeau du Blé fut *archiprieure* de Lancharre.

ARCHIPRIEURÉ, subst. mas. (*archiprieuré*). Ce mot se confondait avec *archidiaconé* et *archipresbytérat*. Partie d'un diocèse sur laquelle un *archidiacre* ou un *archiprêtre* avait inspection. — Dans le diocèse de Saintes on appelait *archiprieurés* ce qu'on nommait dans les autres *archidiaconés*. — Quelques-uns ont appelé *archiprieurés* les *prieurés* qui en avaient d'autres sous eux. — Il y avait autrefois des *archiprieurs* séculiers : leur dignité était la même que celle des *archiprêtres*.

ARCHISTRATÈGE, subst. mas. (*archicetratèje*), premier *stratège*.

ARCHISTRATÉGIE, subst. fém. (*archicetratéji*) (du grec αρχη, primauté, et στρατηγια, commandement d'une armée), commandement en chef des troupes en Grèce.

ARCHISTRATÉGIQUE, adj. des deux genres (*archicetratéjike*), qui regarde l'*archistratégie*.

ARCHISYNAGOGUE, subst. mas. (*archicinagogue*) (du grec αρχη, primauté, et συναγωγη, assemblée), chef de la synagogue; assesseur du patriarche grec.

ARCHIT., abréviation du mot ARCHITECTE ou ARCHITECTURE.

ARCHITECTE, subst. mas. (*architèkte*) (du grec αρχη, commandement, et τεκτων, ouvrier; littéralement : *qui commande aux ouvriers, qui dirige les ouvriers*), artiste qui possède l'architecture, et dont la profession consiste à inventer des édifices et des bâtiments, à en tracer les plans, et à les faire exécuter de manière qu'ils réunissent, chacun dans son genre, la solidité, la beauté, la commodité, et toutes les autres qualités qui leur conviennent : *un bon architecte; un savant, un habile architecte*. — Au fig. : *l'architecte de l'univers, l'éternel architecte*, Dieu.

ARCHITECTONIQUE, subst. fém. (*architèketonike*) (du grec αρχιτεκτονικος, qui appartient à la structure, à la forme, à la construction), l'art de la construction. — Adj. des deux genres, t. de phys., se dit de ce qui donne à une chose une forme régulière, convenable à la nature de cette chose et à l'objet auquel elle est destinée. — Machine *architectonique*, machine pour soulever.

ARCHITECTONOGRAPHE, subst. mas. (*architèktonoguerafe*) (du grec αρχιτεκτων, architecte, et γραφω, je décris), celui qui s'occupe d'*architecture* historique ou descriptive.

ARCHITECTONOGRAPHIE, subst. fém. (*architèktonoguerafi*), description de quelque espèce de bâtiment que ce soit. — Art de décrire les édifices. — Voy. ARCHITECTONOGRAPHE pour l'étym.

ARCHITECTONOGRAPHIQUE, adj. des deux genres (*architèktonoguerafike*), relatif à l'*architectonographie*.

ARCHITECTURAL, E, adj. (*architèkturale*), qui appartient à l'*architecture*. Il est nouveau. — *Architectoral*, donné par *Boiste*, nous paraît vicieux.

ARCHITECTURE, subst. fém. (*architèkture*) (du grec αρχιτεκτονικη, qui a la même signification), art de bâtir : *architecture ancienne, moderne, gothique; les cinq ordres d'architecture*. — Disposition et ordonnance d'un bâtiment : *voilà une belle architecture*. — *Architecture militaire*, art de fortifier les places. — *Architecture navale*, art de construire les vaisseaux.— *Architecture hydraulique*, art de bâtir dans l'eau, de rendre l'usage des eaux plus aisé, plus commode et plus étendu, par des ponts, des écluses, des canaux, etc. — T. de myth., figure allégorique représentant une femme d'une contenance grave appuyée sur une colonne, tenant d'une main un compas, de l'autre un plan.

ARCHITECTURÉ, E, adj. et part. pass. de *architecturer*.

ARCHITECTURER, v. act. (*architèkturé*), mot dont on se sert dans le style burlesque au lieu du mot *construire*. (*Boiste*.)

ARCHITHÉORE, subst. mas. (*architéore*), t. d'antiq., premier chef des théores chargés d'offrir des sacrifices à Apollon.

ARCHITIS, subst. fém. (*architice*), myth., nom sous lequel les Assyriens adoraient Vénus.

ARCHITOUX, subst. fém. (*architoû*), coqueluche, toux violente.

ARCHITRAVE, subst. fém. (*architrave*) (du grec αρχη, principe, et du latin *trabs*, poutre ; *la principale poutre*), t. d'archit., l'une des trois principales parties de l'entablement dans un ordre régulier d'architecture : c'est la plus basse, qui porte immédiatement sur les chapiteaux des colonnes et sous la frise; elle représente une *poutre*. On distingue l'*architrave mutilée* et l'*architrave coupée*. — Les architectes le font masculin. — En t. de mar., pièce de soutien dans le vaisseau, au-dessous de la plus basse frise de l'arcasse, qui sert de base aux termes.

ARCHITRAVÉ, E, adj. (*architravé*), t. d'archit.: *une corniche architravée* est celle dont on a supprimé la frise.

ARCHITRAVÉE, subst. fém. (*architravé*), t. d'archit., entablement sans frise.

ARCHITRÉSORIER, subst. mas. (*architrézorié*), autrefois un des principaux officiers de l'empire grec, et, sous l'empire français, un grand dignitaire de l'état.

ARCHITRICLIN, subst. mas. (*architriklein*) (du grec αρχιτρικλινος, formé de αρχη, commandement, et τρικλινος, salle à manger, lequel est fait de τρεις, trois, et κλινη, lit, parce que, chez les anciens, il y avait trois lits autour de la table), t. d'hist. anc., celui qui est chargé de l'ordonnance d'un festin. Ce mot est de l'Écriture-Sainte.

ARCHITRÔNE, subst. mas. (*architrône*), trône des trônes. Inus.

ARCHIVAIRE, subst. mas. (*archivère*). Inus. Voy. ARCHIVISTE.

ARCHIVES, subst. fém. plur. (*archive*) (en lat. *archivum*, formé du grec αρχειον), anciens titres, chartes et autres papiers importants dans les administrations publiques. — Le lieu où on les conserve. — Dépôt de lois, d'actes, de titres, etc.

ARCHIVILAIN, E, subst. (*archivilein, lène*), *vilain, vilaine* à l'excès. Fam.

ARCHIVIOLE, subst. fém. (*archiviole*), t. de mus., clavecin sur lequel est appliqué un jeu de *viole*.

ARCHIVISTE, subst. mas. (*archivicete*), celui qui garde les *archives*.—On le dit aussi de l'homme de lettres qui compulse des *archives*.

ARCHIVOLTE, subst. fém. (*archivolte*) (du lat. *arcus volutus*, arc contourné), t. d'archit., arc contourné. — Bandeau orné de moulures, qui règne à la tête des voussoirs d'une arcade, et dont les extrémités portent sur les impostes.

ARCHONTAT, subst. mas. (*arkonta*), t. d'hist. anc., charge, dignité d'*archonte*. — Le temps de l'administration d'un *archonte*.

ARCHONTE, subst. mas. (*arkonte*) (du grec αρχων, commandant, dérivé de αρχη, commandement), t. d'hist. anc., titre des principaux magistrats d'Athènes. Ils étaient au nombre de neuf, dont le premier donnait son nom à l'année de son administration. Le second se nommait *archonte-roi* (βασιλευς), le troisième *polémarque* ou *généralissime*, et les six autres *thesmotètes*.— Sous les empereurs romains, plusieurs villes grecques ont eu pour premiers magistrats deux *archontes*, dont les attributions étaient les mêmes que celles des duumvirs dans les colonies et dans les municipes. — *Archonte* est un nom dont les Grecs modernes se servent par rapport à plusieurs dignités de l'église et de l'empire. Les évêques sont quelquefois appelés *archontes*. Les historiens nomment *archontes* les seigneurs de la cour des empereurs grecs. *L'archonte des archontes* était comme un gouverneur général, qu'on peut comparer à nos anciens gouverneurs de province, qui avaient sous eux des lieutenants-généraux et des lieutenants de roi. *Le grand archonte* était le premier des officiers de l'empereur : *obsequio palatino prœerat*, dit *Du Cange*. *L'archonte des églises était* celui qui avait intendance sur les églises, et même, selon quelques-uns, sur les monastères. Il est cependant parlé d'un *archonte des monastères* en plusieurs occasions, comme s'il était distingué de l'*archonte des églises*. L'*archonte de l'évangile* est encore celui qui garde le livre des évangiles. — T. d'hist. nat., genre de coquilles.

ARCHONTIQUE, subst. et adj. des deux genres (*arkontike*), se dit d'une secte hérétique qui s'éleva vers la fin du IIe siècle.— Les *archontiques* furent ainsi nommés du mot grec αρχοντες, dont on se sert pour exprimer la hiérarchie des anges, que nous appelons *principautés*; parce qu'ils enseignaient que c'étaient ces principautés qui avaient créé le monde. Les *archontiques* supprimaient tous les sacrements; ils niaient la résurrection des morts, etc. (*Godeau*.)

ARCHOPTOSE, subst. mas. (*arkopotôze*) (du grec αρχος, fondement, et πτωσις, chute), t. de médec., chute du rectum.

ARCHORRHAGIE, subst. fém. (*arkoraji*) (du grec αρχος, fondement, et ρεω, couler), t. de médec., hémorrhagie qui a lieu par l'anus.

ARCHORRHAGIQUE, adj. des deux genres (*arkorajike*), t. de médec., qui a rapport à l'*archorrhagie*.

ARCHORRHÉE, subst. fém. (*arkoré*) (du grec αρχος, fondement, et ρεω, couler), t. de médec., hémorrhagie qui a lieu par l'anus.

ARCHORRHÉIQUE, adj. des deux genres (*arkoréike*), t. de médec., qui a rapport à l'*archorrhée*.

ARCHOSYRINX, subst. fém. (*arkocireinkce*) (du grec αρχος, fondement, et συριγξ, fistule), t. de médec., fistule à l'anus.

ARCHOYÉ, E, part. pass. de *archoyer*.

ARCHOYER, v. act. (*archoèié*), tirer de l'arc, tendre un arc. Tout-à-fait inus.

ARCHURE, subst. fém. (*archure*), la cage de menuiserie qui renferme les meules d'un moulin, et qui peut se démonter quand il faut rebattre les meules.

ARCIFÈRE, subst. mas. (*arcifère*) (des mots lat. *arcus*, arc, et *fero*, je porte), Indien qui porte l'arc du chef. — En t. d'astr., c'est aussi le nom du Sagittaire, l'un des douze signes du zodiaque.

ARCILLIÈRES, subst. fém. plur. (*arcilière*), pièces de bois cintrées et tournantes, qui servent à la construction d'un bateau foncet.

ARCINELLE, subst. fém. (*arcinèle*), t. d'hist. nat., espèce de coquillage bivalve.

ARCIS-SUR-AUBE, subst. mas. (*arciçurôbe*), ville de France, chef-lieu d'arrond., dép. de l'Aube.

ARCO, subst. mas. (*arkó*), parties de métal répandues dans les cendres d'une fonderie. — T. de mus. : les mots *con l'arco*, tirés de l'italien, et qui signifient en français *avec l'archet*, marquent qu'après avoir pincé les cordes, il faut reprendre l'archet. — T. d'agric., sarment de sept à huit yeux laissé sur le cep.

ARCOLE, subst. mas. (*arkole*), village du royaume Lombard-Vénitien, où une bataille mémorable a été gagnée par l'armée française en 1796.

ARÇON, subst. mas. (*arçon*) (du lat. *arcus*, arc), morceau de bois courbé qui soutient la selle du cheval : *arçons de devant, arçons de derrière ; pistolets d'arçon.* — *Perdre les arçons, vider les arçons*, se disent d'un cavalier qui est renversé de cheval. — Fig., *être ferme sur ses arçons*, être ferme dans son système : *perdre les arçons*, perdre la tête. — Instrument de chapelier en forme d'archet de violon, pour battre la laine et la mettre en état d'être employée.

ARÇONNÉ, E, adj. et part. pass. de *arçonner*.

ARÇONNER, v. act. (*arçoné*), t. de chapelier, battre, préparer la laine avec l'*arçon*.

ARÇONNEUR, subst. mas., au fém. **ARÇONNEUSE** (*arçoneur, çoneuse*), t. commun à plusieurs métiers, qui *arçonne*.

ARÇONNEUSE, subst. fém. Voy. ARÇONNEUR.

ARCOT, subst. mas. (*arkô*), t. de fond., scorie ou chaux de laiton. Voy. ARCO.

ARCOUSSEL, subst. mas. (*arkoucèl*), t. de méd., engorgement inflammatoire de la mamelle chez une nourrice ; fièvre de lait.

ARC-RAMPANT, subst. mas. (*ark-ranpan*), t. d'archit., courbes dont les impostes ne sont pas de niveau. — Au plur., des *arcs-rampants*.

ARCTATION, subst. fém. (*arktâcion*), resserrement. Inus. Voy. ARCTITUDE.

ARCTIER, subst. mas., au fém. **ARCTIÈRE** (*arktié, tière*), celui ou celle qui vend des arcs ; ouvrier qui fait des *arcs*.

ARCTIÈRE, subst. fém. Voy. ARCTIER.

ARCTIONE, subst. fém. (*arkcione*), t. de bot., plante des Alpes, de la famille des cynarocéphales.

ARCTIQUE, adj. des deux genres (*arktike*) (du grec ἄρκτος, ourse, parce que la constellation de la petite-ourse est très-voisine de ce pôle), nom donné au pôle du monde qui est du côté du septentrion : *pôle arctique, terre arctique.* — *Cercle polaire arctique*, petit cercle de la sphère, parallèle à l'équateur, et éloigné du pôle *arctique* de vingt-trois degrés vingt-huit minutes.

ARCTITUDE, subst. fém. (*arktitude*) (du latin *arctare*, presser, serrer, rétrécir), t. de médec., resserrement, rétrécissement. Peu usité.

ARCTIUM, subst. mas. (*arkciome*), t. de bot., sorte de plante.

ARCTOLIDE, subst. fém. (*arktolide*), t. de bot., plante composée.

ARCTOPHONOS, subst. mas. (*arktofonoce*), myth., l'un des chiens d'Orion. — T. d'astr., constellation.

ARCTOPHYLAX, subst. mas. (*arktofilakce*) (du grec ἄρκτος, ourse, et φύλαξ, gardien, dérivé de φυλάσσω, je garde ; *gardien de l'ourse*), t. d'astron., constellation septentrionale appelée le *bouvier*, et placée près de la grande et de la petite ourse.

ARCTOPITHÈQUE, subst. mas. (*arktopitèke*) (du grec ἄρκτος, ours, et πίθηξ, singe), t. d'hist. nat., aï ou grand-paresseux, singe.

ARCTOS, subst. mas. (*arktôce*), t. d'astr., nom grec de la constellation de l'ourse.

ARCTOTHÈQUE, subst. fém. (*arktotèke*), t. de bot., genre de plantes où l'on a placé l'arctotide rampante.

ARCTOTIDE, subst. fém. (*arktotide*), t. de bot., plante de la famille des corymbifères.

ARCTOTIDÉES, subst. fém. plur. (*arktotidé*), t. de bot., tribu de plantes de la famille des synanthérées corymbifères.

ARCTURE ou **ARCTURUS**, subst. mas. (*arkture, arkturuce*) (du grec ἄρκτος, ourse, et οὐρά, queue), t. d'astr., étoile de la première grandeur dans la constellation du *bouvier*. — Au fém., t. de médec., état pathologique causé par un ongle qui entre dans les chairs.

ARCUATION, subst. fém. (*arku-âcion*), t. de chir., courbure des os.

ARCUEIL, subst. mas. (*arkueuie*), bourg situé à une lieue de Paris.

ARCURE, subst. fém. (*arkure*), t. de bot., forme figurée en *arc*, en parlant des arbres.

ARCYRIES, subst. fém. (*arciri*), t. de bot., genre de champignons.

ARDA, subst. mas. (*arda*), t. d'hist. nat., animal rongeur du Brésil.

ARDABAR, subst. mas. (*ardabar*), t. de bot., arum du Levant.

ARDALIDES, subst. fém. plur. (*ardalide*), myth. Les Muses furent ainsi appelées du nom d'Ardalus, fils de Vulcain, à qui on attribue l'invention de la flûte.

ARDASSES, subst. fém. plur. (*ardace*), les plus grossières de toutes les soies de Perse.

ARDASSINES ou **ABLAQUES**, subst. fém. plur. (*ardacine, ablake*), belles soies de Perse.

ARDAVALIS ou **HARDAVALIS**, subst. mas. (*ardavalice*), t. d'antiq., sorte d'orgue hydraulique des Hébreux.

ARDÉ, E, part. pass. de *arder*, et adj., exposé à une grande chaleur ; brûlé par un feu ardent.

ARDÈCHE, subst. fém. (*ardèche*), dép. de la France portant le nom d'une rivière qui le traverse, contrée montagneuse et boisée.

ARDÉE, subst. fém. (*ardé*) (en latin *ardea*), t. d'hist. nat., famille des grues, cigognes, hirondelles. — Myth., ville du Latium bâtie par Danaé. Elle fut, selon Ovide, consumée par les flammes et changée en héron.

ARDÉLION, subst. mas. (*ardélion*) (du lat. *ardelio*, dérivé de *ardere*, être ardent, vif, empressé), homme qui fait le bon valet, qui se mêle de tout, mais qui se rend plus importun qu'utile. Fam. et vieux.

ARDELLE, subst. fém. (*ardèle*) : *eau d'ardelle*, liqueur spiritueuse de girofle.

ARDEMMENT, adv. (*ardaman*), avec *ardeur*. Il ne s'emploie qu'au figuré : *aimer, désirer ardemment ; se porter ardemment à...*

ARDENNES, subst. fém. plur. (*ardène*), dép. de la France, qui doit ce nom à la contrée, montagneuse et boisée.

ARDENT, E, adj. (*ardan, dante*) (en latin *ardens*, de *ardere*, brûler), qui est en feu, allumé, enflammé : *charbon ardent ; fer ardent.* — Qui enflamme, qui brûle : *soleil ardent.* — Fig., violent, véhément, en parlant des choses : *désir ardent, zèle ardent, poursuite ardente.* — Fig., qui se porte avec *ardeur à...*, en parlant des personnes : *ardent au combat, au jeu*, etc. — Fig., qui a une grande activité : il se dit des hommes et des animaux : *un cheval ardent* est celui qu'on a de la peine à retenir ; *un chien trop ardent* est celui qui poursuit le gibier avec trop de vivacité. — Fig., roux, en parlant du poil, des cheveux. — *Chambre ardente*, tribunal établi pour juger les crimes d'empoisonnement, et qui condamnait les coupables au *feu*. — *Chapelle ardente*, luminaire nombreux qui *brûle* autour du cercueil ou de la représentation d'un corps mort ; lieu où se trouve cet appareil. — T. d'opticien, *miroir ardent*, miroir concave dont la surface très-polie réfléchit et rassemble les rayons du soleil, de telle sorte que, réunis en un point qu'on nomme foyer, ils *brûlent* les corps qui y sont placés ; *verre ardent*, verre convexe qui réfracte et réunit de même en un foyer *brûlant* les rayons du soleil auxquels il donne passage. — T. de mar., *vaisseau ardent*, vaisseau qui a beaucoup de disposition à venir au vent contre son gouvernail et contre l'effet de ses voiles d'avant. — T. de chim., *esprits ardents*, esprits qui, tirés par la dissolution d'un végétal fermenté, peuvent prendre feu et brûler, tels que l'esprit-de-vin, l'eau-de-vie, etc. — T. de blas., se dit du charbon allumé. — Subst. mas., exhalaison enflammée autour des eaux ou des lieux marécageux : ce subst. nous paraît être bien suranné aujourd'hui. — On a appelé *ardents* des malades attaqués d'un mal épidémique qui brûlait : *le mal des ardents ; sainte Geneviève des ardents.* Cette maladie n'était peut-être autre chose que le choléra. — *Ardents*, association de fanatiques qui désolèrent la France au XIIe siècle. — Nom des *académiciens* de Naples.

ARDENTES-SAINT-VINCENT, subst. fém. plur. (*ardanteceinvençan*), bourg de France, chef-lieu de canton, arrond. de Châteauroux, dép. de l'Indre.

ARDEPT, subst. mas. (*ardèpte*), t. d'antiq., ancienne mesure d'Égypte, de deux boisseaux.

ARDER ou **ARDRE**, v. act. (*ardé, ardre*), (de *ardere*, brûler), brûler. Ce mot est vieux et inusité. On l'a conservé long temps dans cette imprécation populaire : *le feu de saint Antoine vous arde !*

ARDES, subst. fém. (*arde*), ville de France, chef-lieu de canton, arrond. d'Issoire, dép. du Puy-de-Dôme.

ARDEUR, subst. fém. (*ardeur*) (en latin *ardor*, formé de *ardere*, brûler), chaleur véhémente : *ardeur du soleil, du feu.* — Chaleur âcre et piquante qu'on éprouve dans certaines maladies : *ardeur d'entrailles, d'urines ; l'ardeur de la fièvre.* — Fig., la chaleur, la vivacité avec laquelle on se porte à quelque chose : *faire les choses avec ardeur ; être plein d'ardeur pour...* — Activité extrême, action vive et pleine de feu de quelques animaux. — L'*Académie* donne l'exemple qui suit : *pendant les grandes ardeurs de la canicule.* Quelques grammairiens voudraient qu'on n'employât ce mot au plur. que lorsqu'il a ce sens ; cependant les poètes se servent de ce mot au sing. et au plur. pour signifier *amour* :

> .... Il sait mes *ardeurs* insensées,

a dit *Racine, Phèdre*, acte III, scène 1re ; et dans le même acte, scène 3 :

> Il lui cache l'*ardeur* dont je suis embrasée.

ARDIE, subst. fém. (*ardî*). Voy. ARDÈE.

ARDIER, subst. mas., **ARDIÈRE**, subst. fém. (*ardié, dière*), grosse corde autour de l'ensouple, pour la faire tourner.

ARDILLON, subst. mas. (*ardiion*), pointe de métal pour arrêter la courroie que l'on passe dans la boucle. — Prov. : *il n'y manque pas un ardillon*, il n'y manque rien. — En t. d'imprimerie, petite pointe de la pointure placée sur le grand tympan de la presse pour fixer les feuilles.

ARDISIACÉES, subst. fém. plur. (*ardiziacé*), t. de bot., plante de l'ordre des ophiospermes.

ARDISIES, subst. fém. plur. (*ardizî*), t. de bot., plante de l'ordre des ophiospermes.

ARDOISE, subst. fém. (*ardoaze*) (du latin *ardesia*, du pays d'*Ardes*, en Irlande, d'où les premières ardoises ont été tirées), espèce de pierre tendre et de couleur bleuâtre, qui se sépare par feuilles, et qui est propre à couvrir les maisons : *carrière d'ardoises ; couvreur en ardoises.* — Fig. *ardoises de plomb*, morceaux de plomb minces taillés en façon d'*ardoise* pour la couverture des dômes et des clochers.

ARDOISÉ, E, adj. (*ardoazé*), qui tire sur la couleur d'*ardoise*.

ARDOISIÈRE, subst. fém. (*ardoâzière*), carrière d'où l'on tire l'*ardoise*.

ARDOURANGA, subst. fém. (*ardourangua*), t. de bot., plante de Madagascar.

ARDRE, v. act. (*ardre*) (du lat. *ardere*, brûler). Le participe de ce verbe était *ars, arse*. Voy. ARDER.

ARDRES, subst. fém. (*ardre*), ville de France, chef-lieu de canton, arrond. de Saint-Omer, dép. du Pas-de-Calais ; place de guerre du deuxième ordre qui fut prise par les Espagnols en 1596, et rendue à la paix de Vervins. — Cette ville est surtout célèbre par l'entrevue qui eut lieu en 1520 entre François Ier et Henri VIII d'Angleterre. Les deux cours déployèrent une telle magnificence, que le lieu de la conférence fut nommé depuis le *Champ-du-Drap-d'Or*.

ARDU, E, adj., (*ardû*) (du latin *arduus*, dont la signification est la même), escarpé, difficile à aborder. — Fig., difficile, malaisé, épineux : *entreprise ardue.* Vieux, mais encore usité au fig.

ARDUENNA, subst. fém. (*arduènena*), myth., surnom de Diane, pris d'une vaste forêt des Gaules appelée encore aujourd'hui *les Ardennes*.

ARDUINE, subst. fém. (*arduine*), t. de bot., espèce de plantes qui ressemblent aux calacs.

ARDUOSITÉ, subst. fém. (*arduôzité*), difficultés, choses difficiles à concevoir ; leur qualité. Inus.

ARDURE, subst. fém. (*ardure*), brûlure ; fureur, désespoir, désir d'amour. Inusité.

ARE, subst. mas. (*are*) (du latin *area*, dont on avait déjà fait *aire*, surface), mesure de superficie pour les terrains, dans le système des nouvelles mesures. Elle répond aux trois centièmes de l'arpent, et contient cent mètres carrés, ou environ vingt-six toises carrées. — Dans le premier système de division adopté par le décret du 1er août 1793, l'*are*, qui était également l'unité des mesures de superficie, contenait dix mille mètres carrés, et était à l'arpent, à très-peu de chose près, dans le rapport de quarante-neuf à vingt-cinq, c.-à-d., qu'il équivalait à l'*hectare* de la division actuelle. Voy. ARPENT.

ARÉA, subst. fém. (*aréa*), t. de médec., maladie qui fait tomber les cheveux.

ARÉAGE, subst. mas. (*aréaje*), action de mesurer les terres par ares ; résultat de cette action. Il équivaut à l'*arpentage*.

ARÉALU, subst. mas. (*aréalu*), t. de bot., plante du genre des figuiers.

AREB, subst. mas. (*arèb*), monnaie de compte du Mogol.

AREC ou **ARÈQUE**, subst. mas. (*arék, arèke*), t. de bot., palmier des Indes. — Fruit de cet arbre.

ARÈE, subst. fém. (*aré*), t. de bot., espèce de palmier.

ARÉFACTION, subst. fém. (*aréfakcion*). t. de pharm., exsiccation, dessiccation d'un ingrédient.

ARÉGÉ, **E**, part. pass. de *aréger*.

ARÉGER, v. act. et neut. (*aréjé*), arranger; s'arranger. Inus.

AREGNO, subst. mas. (*arégnio*), village de France, chef-lieu de canton, arrond. de Calvi, île de Corse.

ARÉGON, subst. mas. (*aréguon*), t. de pharm., onguent contre la paralysie.

ARÉIA, subst. fém. Voy. **ARÉUS**.

ARÉIENS, subst. mas. plur. (*aréiein*) (du grec αρειος, de Mars), t. d'hist. anc., jeux de la Scythie en l'honneur de Mars.

AREIGNOL, subst. mas., ou **BATTADE**, subst. fém. (*arégniol*), t. de pêche, sorte de filet.

AREMBERG, subst. mas. (*aranbère*), ville de Westphalie.

ARÉNA, subst. fém. (*aréna*), mot tout latin que l'ancienne philosophie hermétique désigne par *terre noire*.

ARÉNAIRE, adj. mas. (*arénère*), t. d'hist. anc., se disait du gladiateur combattant dans l'*arène* de l'amphithéâtre.

ARÉNATION, subst. fém. (*arénâcion*) (du latin *arena*, sable), t. de médec., bain de sable chaud en usage chez les anciens.

ARENDATEUR, subst. mas. (*arandateur*), locataire, fermier cultivateur dans les colonies. Peu usité.

ARENDATION, subst. fém. (*arandâcion*), bail à ferme dans les colonies. Peu usité.

ARENDOLITHE, subst. mas. (*arandolite*), t. de minér., épidote de Norwège.

ARÈNE, subst. fém. (*arène*) (du lat. *arena*, sable, parce qu'on couvrait de sable l'endroit où combattaient les gladiateurs, lesquels, par la même raison, étaient appelés *arenarii*), menu sable. Il est vieux et ne s'emploie qu'en poésie. — T. d'hist. anc., lieu où combattaient les gladiateurs chez les Grecs et les Romains. — Amphithéâtre de Nîmes, qu'on appelle dans le pays *les arènes*. — On dit fig. : *descendre dans l'arène*, pour : se présenter au combat : *il ne faut pas descendre dans l'arène avec cet homme vil*. — Canal dans une mine pour l'écoulement des eaux.

ARÉNÉ, part. pass. de *aréner*.

ARÉNER, v. neut. (*aréné*), t. d'archit., s'abaisser, s'affaisser par le poids : *ce bâtiment est aréné*.

ARÉNEUSE, adj. fém. Voy. **ARÉNEUX**.

ARÉNEUX, adj. mas., au fém. **ARÉNEUSE** (*aréneu, neuze*), sablonneux. — Ce mot est vieux et employé seulement en poésie, dit l'*Académie*. Pourquoi ne s'en servirait-on pas en prose? On dit *sablonneux* à cause de *sable*, pourquoi ne pas dire *aréneux* à cause de *arène*?

ARENG, subst. mas. (*aran*), t. de bot., palmier des Moluques, qui donne par incision un suc sucré.

ARÉNICAL, **E**, adj. (*arénikal*), qui concerne les sables; qui est mêlé de sable. Plur. mas. **ARÉNICAUX**.

ARÉNICOLE, subst. fém. (*arénikole*), t. d'hist. nat., genre de vers marins. C'est le *lumbricus marinus* de Linnée.

ARÉNIFORME, adj. des deux genres (*aréniforme*) (du lat. *arena*, sable, et *forma*, forme), t. d'hist. nat., qui a la *forme* du sable.

ARÉOLE, subst. fém. (*aréole*), petite aire, petite surface. — En anat., cercle qui entoure le mamelon; cercle irisé qui entoure les yeux, qui se forme autour des boutons de petite-vérole. — Dans les brouillards il se forme assez souvent une *aréole* autour de la lune.

ARÉOLÉ, **E**, adj. (*aréolé*), t. de bot., se dit d'un réceptacle de fleurs composées, marqué d'inégalités peu sensibles. — T. d'astron., se dit du cercle luminaire qui paraît quelquefois autour de la lune : *cercle aréolé*.

ARÉOMÈTRE, subst. mas. (*aréomètre*) (du grec αραιος, rare, subtil, et μετρον, mesure), t. de phys., pèse-liqueur; mesure pour connaître le poids des fluides. — *Aréomètre à pompe*, instrument qui sert à prouver qu'en faisant un vide simultané dans deux tubes plongés tous deux dans des liqueurs de différente densité, ces liqueurs s'élèvent à des hauteurs réciproques de leur densité. — On peut avec cet instrument examiner non-seulement les esprits acides, mais aussi les sulfureux, et toutes sortes d'autres liqueurs; et comme les liqueurs sont sujettes à se dilater dans le chaud et à se resserrer dans le froid, il entrera en hiver plus de liqueur dans l'*aréomètre* qu'il n'en entrera en été. Pour remédier à cet inconvénient, M. Homberg a donné une table des liqueurs les plus importantes dont on se serve en chimie, et il y marque combien elles ont pesé dans la plus grande chaleur de l'été et dans un temps où il gelait, afin que l'on puisse savoir la différence de ces deux extrémités au temps dans lequel on veut se servir de l'*aréomètre*. Voici cette table :

	onces,	drachmes,	grains.
L'*aréomètre* plein de mercure a pesé en été,	11		7
En hiver.	11		38
Plein d'huile de tartre, en été,	1	3	8
En hiver,	1	3	31
Plein d'esprit d'urine, en été,	1		32
En hiver,	1		43
Plein d'huile de vitriol, en été,	1	3	58
En hiver,	1	4	3
Plein d'esprit de nitre, en été,	1	1	40
En hiver,	1	1	70
Plein d'esprit de sel, en été,	1		39
En hiver,	1		47
Plein d'eau-forte, en été,	1	1	58
En hiver,	1	1	53
Plein de vinaigre distillé, en été,		7	53
En hiver,		7	60
Plein d'esprit de vin, en été,		6	47
En hiver,		6	61
Plein d'eau de rivière, en été,		7	53
En hiver,		7	57
Plein d'eau distillée, en été,		7	50
En hiver,		7	59

L'*aréomètre* vide pesait une drachme vingt-huit grains. Cette table marque le poids exact de ces liqueurs en hiver et en été, et la vraie différence des unes aux autres; mais elle ne marque pas la quantité de sel volatil acide, et la quantité de flegme dont ces esprits sont composés.

ARÉOMÉTRIQUE, adj. des deux genres (*aréométrike*), t. de chim., qui a rapport à l'*aréomètre*.

ARÉOPAGE, subst. mas. (*aréopaje*) (du grec αρης, gén. αρεος, Mars, et παγος, colline, parce que l'aréopage tenait ses séances sur un lieu appelé *la colline de Mars*), t. d'hist. anc., nom d'un tribunal d'Athènes célèbre pour sa sagesse. — *Fig.*, on nomme *aréopage* une assemblée de gens raisonnables, de magistrats intègres.

ARÉOPAGÉTIQUE, adj. des deux genres (*aréopajétike*), t. d'hist. anc., de l'*aréopage*.

ARÉOPAGITE, subst. mas. (*aréopajite*), t. d'hist. anc., membre d'un *aréopage*.

ARÉOSTYLE, subst. mas. (*aréocctile*) (du grec αραιος, rare, et στυλος, style), t. d'archit. anc., édifice dont les colonnes sont fort éloignées les unes des autres.

ARÉOTECTONIQUE, subst. fém. (*aréotèktonike*) (du grec αρης, Mars, et τευχω, préparer, ordonner, disposer), partie de l'archit. militaire qui a rapport à l'attaque et à la défense des places fortes.

ARÉOTIQUE, adj. des deux genres (*aréotike*) (du grec αραιος, rare), t. de médec., remède propre à raréfier les humeurs. — Il est aussi subst. mas. : *un aréotique*.

ARÈQUE, subst. mas. Voy. **AREC**.

ARÉQUIER, subst. mas. (*arékié*), t. de bot., palmier des Indes.

ARER, v. neut. (*aré*) (du grec αροω, je laboure), t. de mar., chasser sur ses ancres. Vieux mot.

ARÈRE, subst. mas. (*arère*), axe de la roue et du rouet d'un moulin.

ARESON, subst. mas. (*arezon*), t. de bot., plante de Madagascar.

ARÊTE, subst. fém. (*arête*) (du latin *arista*, barbe ou pointe de l'épi de blé), t. d'hist. nat., os en forme d'épine, qui *arrête*, soutient la chair du poisson. On se sert en général du mot *arête* pour les poissons; mais en parlant d'une *baleine*, d'une *sèche*, on dit *os de sèche, os de baleine*. — T. d'archit., *voûte d'arête*, celle qui est formée par la rencontre de deux voûtes en berceau. — Côté angulaire de quelque corps. — Dans une pièce de bois équarrie, on appelle *vive arête* les angles bien marqués. — En t. de fortification, ligne formée par deux plans de glacis qui se joignent à un angle du chemin couvert. — En t. de chapelier, extrémité par laquelle on arrondit un chapeau. — T. de forgeron, le bord de l'enclume. — Partie de la cuillère élevée sur le cuilleron. — T. d'armurier, partie élevée qui règne le long d'une lame d'épée. — Extrémité du bord du plat ou de l'assiette du côté du fond, etc. — En t. de vétérinaire, on nomme *arêtes* des gales et des tumeurs qui viennent sur les nerfs des jambes de derrière d'un cheval. On donne le même nom aux queues de chevaux dégarnies de poil. — En t. de bot., barbe de l'épi.

ARÉTHUSE, subst. fém. (*arétuze*), t. de bot., plante de l'ordre des orchidées. — Myth., compagne de Diane, qui la métamorphosa en fontaine lorsque cette nymphe fuyait les poursuites d'Alphée. Ce fut elle qui annonça à Cérès l'enlèvement de Proserpine par Pluton. Ses eaux coulent en Sicile, et se mêlent avec celles d'Alphée. — L'une des Hespérides portait aussi le nom d'Aréthuse.

ARÉTIE, subst. fém. (*aréti*), t. de bot., espèce de plante de la famille des primulacées.

ARÊTIER, subst. mas. (*arêtié*), t. d'archit., pièce de bois bien équarrie qui forme l'*arête* ou le côté angulaire des couvertures faites en pavillon; pièce de bois délardée qui forme l'angle d'une croupe; bout de table de plomb au bas de l'*arêtier* de la croupe d'un comble couvert d'ardoises.

ARÊTIÈRES, subst. fém. plur. (*arêtière*), t. d'archit., enduits de plâtre que les couvreurs mettent aux angles de la croupe d'un comble couvert d'ardoises.

ARÉTOLOGIE, subst. fém. (*arétoloji*) (du grec αρετη, vertu, et λογος, discours), partie de la philosophie morale qui traite de la vertu, de sa nature, etc.

ARÉTOLOGIQUE, adj. des deux genres (*arétolojike*), qui est relatif à l'*arétologie*.

ARÉUS, ou plutôt **ARÉIUS**, subst. mas. (*aréuce*, *aréiuce*), myth. On donnait ce surnom à Jupiter, et celui d'*Aréia* à Minerve.

AREZZO, subst. mas. (*arètezô*), ancienne ville de la Toscane.

ARFUR, subst. mas. (*arfur*), t. d'hist. nat., becfigue d'Arabie.

ARGAGIS, subst. mas. (*arguaji*), t. de comm., taffetas des Indes.

ARGALA, subst. mas. (*arguala*), t. d'hist. nat., grand héron d'Afrique.

ARGALI, subst. mas. (*arguali*), t. d'hist. nat., bélier sauvage.

ARGALOU, subst. mas. (*argualou*), t. de bot. On désigne par ce mot le paliure, et quelquefois le liciet.

ARGAN, subst. mas. (*arguan*), t. de bot., sorte de plante.

ARGANEAU subst. mas. (*arguanô*), t. de marine, gros anneau de fer où l'on attache des cordages. — L'*Académie* semble préférer **ORGANEAU**, car elle renvoie de celui-là à celui-ci.

ARGANTHONE ou **ARGANTHONIS**, subst. fém. (*arguantone, arguantonice*), myth., femme de Rhésus. Elle fut si sensible à la perte de son mari, tué au siège de Troie, qu'elle en mourut de douleur.

ARGAS, subst. mas. (*arguace*), t. d'hist. nat., espèce d'arachnides de la famille des holètres.

ARGÉ, subst. mas. (*arjé*), t. d'hist. nat., insecte de même espèce que l'hylotome.

ARGÉE, subst. fém. (*arjé*), myth., nymphe que le Soleil changea en biche. — C'était aussi le nom d'une fille de Jupiter, et celui d'une fille de Pélops.

ARGÉES, subst. fém. plur. (*arjé*), t. d'hist. anc., fêtes que les Vestales célébraient chaque année à Rome, aux ides de mai, et pendant lesquelles elles jetaient dans le Tibre des figures d'hommes faites de jonc et appelées aussi *argées*. — *Varron* dit que c'étaient les prêtres qui les jetaient, à moins qu'on ne veuille prendre le mot *sacerdotibus* pour les prêtresses. Il ajoute qu'on jetait trente de ces *argées*, ou figures d'homme. — Plutarque, dans ses Questions romaines, demande pourquoi on appelait ces figures *argées*. On en rapporte deux raisons : la première, c'est que les barbares, qui habitèrent ces lieux les premiers, jetaient dans le Tibre tous les Grecs qu'ils pouvaient trouver : or on appelait *Argées* indifféremment tous les Grecs. Hercule leur persuada de quitter une coutume si cruelle, et, pour se purger de ce crime, d'instituer des sacrifices, et de jeter dans le Tibre des figures d'hommes au lieu d'hommes. La seconde raison est qu'Évandre, Arcadien et par conséquent ennemi des *Argiens*, pour perpétuer cette haine dans sa postérité, créa une cérémonie dont l'objet était de jeter des figures d'*Argiens* dans un fleuve.

ARGELÈS, subst. mas. (*arjelèce*), ville de France, chef-lieu d'arrond., dép. des Hautes-Pyrénées. — Bourg de France, chef-lieu de canton, arrond. de Céret, dép. des Pyrénées-Orientales.

ARGELETTE, subst. fém. (*arjelète*), t. de bot., espèce de phasques.

ARGEMON ou **ARGEMA**, subst. mas. (*arjemon*) (du grec αργος, blanc), t. de médec., ulcère du globe de l'œil qui paraît blanc.

ARGÉMONE, subst. fém. (*arjémône*) (du grec αργεμωνη, dérivé de αργεμον, ulcère blanc du globe de l'œil), t. de bot., sorte de pavot garni d'épines, propre à la guérison des ulcères du globe de l'œil.

ARGENT, subst. mas. (*arjan*) (du latin *argentum*, fait du grec αργυρος, nom de ce métal, dérivé de αργος, blanc), métal blanc, le plus parfait et le plus précieux après l'or et le platine : *mine d'argent ; minière d'argent ; veine d'argent ; argent vierge ; barre, lingot d'argent ; argent en barre, en lingot, en œuvre ; tirer, fondre, battre, monnayer, marquer, travailler de l'argent ; argent mat, argent poli ; argent plaqué ; argent haché ; argent en coquille ; argent à tel ou tel titre ; argent de bon aloi ; toile d'argent ; passement d'argent ; dentelle d'argent ; étoffe à fond d'argent*, etc.. — En t. de chim., *nitrate d'argent ; oxyde d'argent ; chlorure d'argent*, etc. — Il se met quelquefois au pluriel : *de tous les argents* qui sont là, voilà le plus beau. — Monnaie faite de ce métal : *tant en argent qu'en or*. On dit aussi *argent blanc*, pour le distinguer de l'or et du cuivre.—Monnaie, de quelque métal qu'elle soit. En ce sens, il n'a point de plur.—Biens, richesses. — Chez les chimistes, l'*argent* se nomme *lune*. — *Argent fulminant*, oxyde ammoniacal qui détonne par la pression. — *Vif argent*, le mercure. —*Argent faux*, cuivre rouge couvert à plusieurs reprises de lames d'argent.—*Argent tenant or*, or qui a perdu son nom et sa qualité et qui est au-dessous de dix-sept carats. — *Argent en feuilles*, celui que les batteurs d'or ont réduit en feuilles très-minces, à l'usage des peintres-doreurs. — *Argent trait*, celui qu'on a fait passer par les filières. — *Argent en lames*, celui qu'on a trait et aplati pour différents usages, et qu'on nomme *écaché*. — *Argent filé*, qu'on a appliqué sur la soie au moyen d'un moulin. — *Argent fin*, celui qui est le plus épuré et le moins allié.—*Argent fin fumé*, argent fin auquel on a tâché de donner la couleur de l'or en l'exposant à la *fumée*. — *Argent de coupelle*, celui qui a passé par l'essai, et qui s'est trouvé être de onze deniers vingt-trois grains. — *Argent en bain*, celui qui est entièrement fondu.—*Argent en pâte*, celui qui est près de fondre. — *Argent de cendrée*, celui qui est affiné avec beaucoup de plomb, et que l'on fond dans un vaisseau avec des *cendres* douces et bien lavées. — *Argent de grenaille*, celui qui provient d'un second affinage de la même matière tendant à la rendre plus pure.—*Argent de permission*, argent de change dans plusieurs des ci-devant Pays-Bas français et autrichiens. Cent florins de permission valent cent seize florins un tiers courants. — *Argent courant*, les espèces qui ont *cours* dans le public. — *Argent mort*, celui qui ne porte aucun profit, aucun intérêt. — *Argent comptant*, qu'on paie tout de suite. — *Argent mignon*, argent de réserve, et qu'on peut employer comme on veut, en dépenses superflues, sans toucher à son revenu ordinaire. — On appelle *argent de jeu* celui qui est gagné au jeu ; *argent des cartes*, l'argent donné pour les cartes fournies aux joueurs. — *Payer argent sec, argent bas, argent sur table*, payer en argent comptant. — On dit aussi *mettre argent sous corde*, pour dire : mettre au jeu ; expression empruntée du jeu de la paume. — Prov. et fig., *argent comptant porte médecine*, argent comptant est d'un grand secours dans les affaires. — *Prendre quelque chose pour argent comptant*, croire légèrement quelque chose. — *Avoir le drap et l'argent*, retenir marchandise et prix. — *Avoir le temps et l'argent*, avoir toutes choses à souhait. — *Jouer bon jeu bon argent*, jouer sérieusement, et dans l'intention ou avec l'obligation de payer sur-le-champ. — *Y aller bon jeu bon argent*, agir tout de bon, franchement, sérieusement. — *Donner de bon argent contre du mauvais*, faire des avances, des frais dans un procès, dans une affaire où l'on court risque de ne rien retirer. — *Argent en barre* se dit fig. et prov. d'une chose qui est de bon et prompt débit, d'un effet qui vaut de l'*argent* comptant. — On dit encore d'un long terme pour le paiement d'une dette, que *le terme vaut l'argent* ; d'un argent dépensé pour une affaire qu'on ne pense pas devoir réussir, que *c'est argent perdu, autant d'argent perdu*. — *Qui a de l'argent, a des pirouettes*, celui qui a de l'argent a de tout, jusqu'aux choses les plus inutiles. —*Bourreau d'argent*, homme extrêmement prodigue. — *Faire de l'argent*, amasser de l'argent. — *Faire argent de tout*, se servir de toutes sortes de moyens pour acquérir de l'*argent* ; mettre tout à profit. — *Point d'argent, point de suisse*, on ne fait rien gratuitement. Toutes ces phrases ou parties de phrases sont du style fam. — T. de blas., couleur blanche dans les armoiries ou dans l'écu. — Village de France, chef-lieu de canton, arrond. de Sancerre, dép. du Cher.

ARGENTAC, subst. mas. (*arjantak*), ville de France, chef-lieu de canton, arrond. de Tulle, dép. de la Corrèze.

ARGENTAN, subst. mas. (*arjantan*), ville de France, chef-lieu d'arrond, dép. de l'Orne. — Chef-lieu de canton, arrond. de Mortagne, dép. de l'Orne.

ARGENTÉ, subst. mas. (*arjanté*), t. d'hist. nat., poisson *argenté* du genre du polynème, du trigle, du chétodon.

ARGENTÉ, E, part. pass. de *argenter*, et adj. — On dit *argenté* d'un blanc qui a l'éclat de l'*argent* : *le plumage argenté du cygne* ; et poétiquement : *flots argentés ; les rayons argentés de la lune*. — On appelle *gris argenté* une couleur grise mêlée d'un blanc qui lui donne de l'éclat : *des cheveux d'un gris argenté*.

ARGENTER, v. act. (*arjanté*), couvrir de feuilles d'*argent*. — Appliquer l'*argent* sur le métal. — **S'ARGENTER**, v. pron., être susceptible d'être *argenté* : *le cuivre s'argente*.

ARGENTERIE, subst. fém. (*arjanterí*), vaisselle et autres meubles d'*argent*. — *Argenterie*, dans les paroisses, se dit de la croix, du bénitier, des chandeliers, et de tous les vases d'*argent* qui sont à l'usage d'une église : *l'argenterie d'une église*. — *Argenterie* chez le roi, fonds qui se faisait autrefois tous les ans pour certaines dépenses extraordinaires : *trésorier, contrôleur de l'argenterie*.

ARGENTEUIL, subst. mas. (*arjanteuie*), bourg de France, chef-lieu de canton, arrond. de Versailles, dép. de Seine-et-Oise. — C'est là que saint Vincent de Paul fonda son hôpital. — Héloïse se retira au monastère d'Argenteuil après les malheurs d'Abeilard, en 1120.

ARGENTEUR, subst. mas., au fém. **ARGENTEUSE** (*arjanteur, teuze*), celui ou celle qui *argente*.

ARGENTEUSE, subst. fém. Voy. **ARGENTEUR** ; et adj. fém. Voy. **ARGENTEUX**.

ARGENTEUX, adj. mas., au fém. **ARGENTEUSE** (*arjanteû, teuze*), pécunieux, qui a beaucoup d'*argent*. Inusité.

ARGENTIER, subst. mas. (*arjantié*), officier, dans les maisons royales, qui était anciennement préposé pour distribuer certains fonds d'argent. — On donnait autrefois ce nom en France au surintendant des finances, aujourd'hui le ministre des finances, et dans les vieux titres, on le donne aux changeurs.—On appelait encore ainsi un marchand d'argent, un spéculateur avide. — Les Latins appelaient de ce nom (*argentarii*) les receveurs du revenu des plus riches familles de Rome. — Ils nommaient encore ainsi les banquiers.

ARGENTIÈRE (L'), subst. fém. (*larjantière*), ville de France, chef-lieu d'arrond., dép. de l'Ardèche. — Village de France, chef-lieu de canton, arrond. de Briançon, dép. des Hautes-Alpes. — *Col d'Argentière*, passage des Alpes.

ARGENTIFÈRE, adj. des deux genres (*arjantifère*), qui contient, qui produit de l'*argent*.

ARGENTIFIQUE, adj. des deux genres (*arjantifike*), t. d'alchim., qui change en argent ; qui fait de l'argent.

ARGENTIN, E, adj. (*arjantein, tine*), qui tient de l'*argent* pour la couleur ou pour le son. Dans le premier sens il se dit particulièrement des eaux, ou d'un tableau dont la couleur rappelle le blanc de l'*argent* ; dans le second, de la voix, des cloches, etc. :

> Les cloches dans les airs, de leurs voix *argentines*,
> Appelaient à grands cris les chantres à matines.
>
> (BOILEAU.)

> Mais la liqueur *argentine*
> Offre à nos yeux plus d'appas,
> Quand du haut de la colline
> Elle descend à grands pas.
>
> (BOUTARD.)

ARGENTINE, subst. fém. (*arjantine*), t. de bot., plante vivace à fleurs rosacées, qui a le dessous de ses feuilles garni d'un duvet soyeux et *argentin*. — T. d'hist. nat., genre de poissons osseux de la famille des gymnopomes, qui ont le dessous du ventre arrondi et *argentin*.

ARGENTINUS, subst. mas. latin (*arjeintinuce*), myth., dieu de la monnaie d'argent, fils d'Æsculanus.

ARGENTON-LE-CHÂTEAU, subst. mas. (*arjanton le châto*), bourg de France, chef-lieu de canton, arrond. de Bressuire, dép. des Deux-Sèvres. — Ce bourg tire son nom d'un château fort qu'avait fait élever, sur l'emplacement qu'il occupe, Philippe de Commines.

ARGENTON-SUR-CREUSE, subst. mas. (*arjantonçurkreuze*), ville de France, chef-lieu de canton, arrondissement de Châteauroux, dép. de l'Indre.

ARGENTRÉ, subst. mas. (*arjantré*), village de France, chef-lieu de canton, arrond. de Vitré, dép. d'Ille-et-Vilaine.

ARGENTRÉ-SOUS-LAVAL, subst. mas (*arjantréçoulaval*), village de France, chef-lieu de canton, arrond. de Laval, dép. de la Mayenne.

ARGENTURE, subst. fém. (*arjanture*), argent fort mince appliqué sur la superficie de quelque ouvrage. — Art d'appliquer les feuilles d'*argent*.

ARGÈS, subst. mas. (*arjèce*), myth., l'un des Cyclopes.

ARGESTE, subst. mas. (*arjècete*), espèce de vent dont la direction décline du sud vers l'ouest de 75 degrés, selon *Vitruve*. Ce mot n'est plus usité.

ARGIE, subst. fém. (*arji*), myth., fille d'Adraste et femme de Polynice, dont elle alla chercher le cadavre avec Antigone, pour lui rendre les derniers devoirs ; ce qui irrita tellement Créon, qu'il les fit périr toutes deux ; mais Argie fut métamorphosée en une fontaine qui reçut son nom. Voy. **ANTIGONE**. — Pays du Péloponèse, le même que l'on nomme *Argolide*.

ARGIEN, adj. mas., au fém. **ARGIENNE** (*arjiein, iène*), de l'*Argolide*, ou de la ville d'*Argie*, ou d'*Argos*.

ARGIENNES, subst. fém. plur. (*arjiène*), t. d'hist. anc., fêtes en l'honneur de Junon, à Argos. — Il est aussi adj. : *les fêtes argiennes*.

ARGILE, subst. fém. (*arjile*) (en grec αργιλλος, formé de αργος, blanc, parce que cette terre, lorsqu'elle est parfaitement pure, est blanche) ; terre grasse, molle et ductile, avec laquelle on fait des vases. Elle est mélangée de silice et de différentes terres intimement combinées.—T. de phys., terre où l'albumine est abondante. — Fig., dans le style évangélique, *vase d'argile* est employé pour exprimer la fragilité de l'existence de l'homme. — On emploie souvent ce mot seul dans un sens analogue : *l'homme, cette faible argile*, etc. — *Voltaire*, dans sa tragédie d'*Agathocle*, qui ne fut représentée qu'après sa mort, a fait le mot *argile* du masculin :

> L'*argile*, par mes soins autrefois façonné,
> A produit sur mon front l'or qui l'a couronné.

ARGILÈTE, subst. mas. (*arjilète*), myth. Évandre, après être venu s'établir en Italie, donna l'hospitalité à un certain Argus, qui bientôt forma le dessein de lui ôter la vie pour régner à sa place. Les gens d'Évandre en ayant eu connaissance, tuèrent Argus à l'insu du prince. Celui-ci, par respect pour les droits inviolables de l'hospitalité, fit des funérailles honorables à ce scélérat, et lui érigea un tombeau dans un lieu qui depuis fut nommé *Argilète*.

ARGILEUSE, adj. fém. Voy. **ARGILEUX**.

ARGILEUX, adj. mas., au fém. **ARGILEUSE** (*arjileû, leûze*), qui tient de l'*argile* ; qui est formé d'*argile*.

ARGITHAMNE, subst. mas. (*arjitamene*) t. de bot., arbrisseau de la Jamaïque, de la famille des euphorbes.

ARGO, subst. mas. (*arguo*), t. d'hist. nat., genre d'insectes. — Myth., nom du navire qui porta les argonautes en Colchide. On prétend que c'est le premier vaisseau qui ait été mis à la mer. Il fut appelé *Argo*, du nom d'Argus, fameux architecte, qui le construisit avec des chênes de la forêt de Dodone, ce qui lui faisait attribuer la vertu de parler et de rendre des oracles. — T. d'astr., constellation qu'on nomme communément le *navire Argo*.

ARGOLIDE, subst. fém. (*arguolide*), pays et royaume du Péloponèse, dont la capitale était *Argos*.

ARGOLIQUE, adj. des deux genres (*arguolike*), qui est de l'*Argolide*.

ARGOLIS, subst. fém. (*arguolice*), myth., Alcmène, parce qu'elle était du royaume d'Argos.

ARGON, subst. mas. (*arguon*), myth., fils d'Alcée, et l'un des Heraclides.—T. de chasse, bâton courbé en demi-cercle pour prendre les oiseaux.

ARGONAUTES, subst. mas. plur. (*arguonôte*) (du grec αργω, nom du vaisseau des Argonautes, et νκυτης, navigateur), myth., princes grecs qui, au nombre de cinquante-deux, entreprirent d'aller, sur le navire *Argo* et sous la conduite de *Jason*, à la conquête de la toison d'or. Les principaux, après Jason, étaient Castor, Pollux, Hercule, Télamon, Orphée, Mélampe, Thésée, Amphiaraüs, Tiphys, Eurydamas, Zétès, Calaïs, etc. — Subst. mas. sing., t. d'hist. nat., mollusque qui vogue dans une coquille semblable à une nacelle, et auquel les anciens croyaient devoir l'art de la navigation. — On donne aussi ce nom à une famille de papillons diurnes. — *Argonautes de Saint-Nicolas*, chevaliers d'un ordre militaire institué par Charles III, roi de Naples, vers la fin du XVe siècle, sous le pontificat d'Urbain VI, et dont saint Nicolas était le patron. Le collier de ces chevaliers était formé de coquilles enfermées dans des croissants d'argent, et supportait un navire avec cette devise : *non credo tempori*, c'est-à-dire *je ne me fie point au temps*. C'est à cause de ce collier qu'on appelait ces chevaliers *les argonautes de Saint-Nicolas* et *des Coquilles*. On les appelait aussi les *argonautes de Naples*. Ils reçurent la règle de saint Basile de l'archevêque de Naples, et prirent l'église de *Saint-Nicolas* pour tenir leurs assemblées. — Joseph de Michieli met aussi des *argonautes* en France, mais qu'il appelle néanmoins *argonautes de Naples*. Leur origine n'est point différente de celle que nous venons d'expliquer : les princes français, destitués de Naples, se portèrent néanmoins toujours pour rois et pour grands-maîtres des ordres du royaume, et continuèrent à faire des chevaliers ou *argonautes de Saint-Nicolas*. L'habit de cérémonie de l'ordre était de soie blanche, en forme de grande cape.

ARGONAUTIER, subst. mas. (*arguonôtié*), t. d'hist. nat., animal qui vit dans un mollusque, ou dans la coquille connue sous le nom d'*argonaute*.

ARGOPHYLLE, subst. mas. (*arguofile*) (du grec αργος, blanc, et φυλλον, feuille), t. de bot., bel arbrisseau de la Nouvelle-Écosse, dont les feuilles sont d'un blanc éclatant.

ARGOS, subst. fém. (*arguôce*), ancienne ville de l'Achaïe, célèbre par le culte de Junon et par les héros dont elle fut la patrie. C'est du nom de cette ville que non-seulement ses habitants, mais encore tous les Grecs en général, sont si souvent désignés dans Virgile et ailleurs par les mots *Argivi* ou *Argolici*.

ARGOT, subst. mas. (*arguo*), jargon des gueux et des voleurs, qui n'est intelligible que pour eux : *brider la lourde sans tournante* signifie dans ce langage : ouvrir une porte sans clef. — On dit fig. et fam. d'un homme alerte, intrigant et intelligent, mais sans probité, qu'*il sait l'argot*, qu'*il entend l'argot*. — Il se dit, par extension, des mots particuliers adoptés par des gens de telle ou telle profession : *l'argot de la chicane; l'argot des coulisses*, etc. — En t. de jard., extrémité d'une branche morte; chicot de bois mort. On dit mieux *ergot* dans ce dernier sens. Voy. ce mot.

ARGOTÉ, E, part. pass. de *argoter*.

ARGOTER, v. act. (*arguoté*), parler l'*argot*. — Couper les *argots*, les extrémités d'une branche morte. Mieux *ergoter* dans ce dernier sens.

ARGOTIER, subst. mas., au fém. **ARGOTIÈRE** (*arguotié, tière*), qui parle *argot*, un *argot*. Trivial.

ARGOTIÈRE, subst. fém. Voy. ARGOTIER.

ARGOTISME, subst. mas. (*arguoticeme*), mot formé de l'*argot*. — Locution spéciale propre à une science. Iron.

ARGOUDAN, subst. mas. (*arguoudan*), espèce de coton de la Chine.

ARGOULET, subst. mas. (*arguoulè*), dans l'ancienne milice française, espèce de carabin ou de hussard. — Au fig., se disait fam. d'un homme de néant. Inus.

ARGOUSIN, subst. mas. (*arguouzein*), bas officier des galères, qui veille sur les forçats.

ARGOUSSIER, subst. mas. (*arguoucié*), t. de bot., sorte de plante de la famille des élæagnoïdes.

ARGUATION, subst. fém. (*argu-âcion*), action d'*argüer*. Peu usité.

ARGUE, subst. fém. (*argue*) (du grec εργον, ouvrage, travail), lieu où l'on tire et dégrossit l'or et l'argent pour les orfèvres et les tireurs d'or. — C'est aussi le nom d'une machine de tireur d'or qui vient originairement de la Grèce, et à laquelle on fixe une filière qui sert à dégrossir les fils d'or et d'argent. — *Argue royale*, nom qu'on donnait autrefois, à Paris et à Lyon, à un bureau établi pour la conservation et la perception des droits de marque sur les ouvrages d'or et d'argent. — T. de mar., bâtiment de mer.

ARGUÉ, E, adj. et part. pass. de *arguer*.

ARGÜÉ, E, part. pass. de *argüer*.

ARGUEL, subst. mas. (*arguèl*), t. de pharm., séné très-purgatif.

ARGUEIL, subst. mas. (*argueuie*), bourg de France, chef-lieu de canton, arrond. de Neufchâtel, dép. de la Seine-Inférieure.

ARGUENILLA, subst. fém. (*argueniia*), t. de bot., espèce de plante du Chili.

ARGUENITA, subst. fém. (*arguenita*), t. de bot., plante du Chili, de la famille des scrofulaires.

ARGUER, v. act. (*argué*), t. de tireur d'or, passer un métal par les filières de l'*argue*. — Plus communément : tirer à l'*argue*.

ARGÜER, et non pas **ARGUER**, ainsi que l'*Académie* l'écrit, sans tréma, en avertissant toutefois que l'*u* se prononce ; v. act. (*argu-é*) (du lat. *arguere*, montrer, prouver, convaincre, dérivé du grec αργος, clair), t. de palais : accuser, reprendre : *argüer une pièce de faux*. — Il s'emploie aussi neutre dans le langage ordinaire, pour dire : tirer une conséquence : *vous argüez à tort de ce fait*, etc.

ARGULE, subst. mas. (*argule*) (de *argus*, par opposition à ceux des crustacés qui n'ont qu'un œil, et qu'on appelle *cyclopes*), t. d'hist. nat., crustacé de la famille des gymnonectes, dont la tête, confondue avec le corselet, est munie de deux yeux.

ARGUMENT, subst. mas. (*arguman*) (en latin *argumentum*, fait de *arguere*, montrer, faire voir, prouver), raisonnement par lequel on tire une conséquence d'une ou de deux propositions. — Indice, conjecture, preuve : *j'en tire un grand argument en sa faveur ; il a fourni un argument contre lui-même*. Il ne s'emploie qu'avec ces deux verbes, et même il vieillit. — On appelle *argument ad hominem*, un argument dont la conséquence attaque la personne même à qui on l'adresse, ou concerne au moins cette personne. — Les logiciens appellent *argument dialectique* un raisonnement qui n'est que probable, c'est-à-dire, qui ne suffit pas pour convaincre et déterminer absolument l'esprit à l'affirmative ou à la négative. — Le sujet en abrégé d'un ouvrage, d'un chapitre. On dit plutôt *sommaire* ou *analyse*. — En astron., quantité de laquelle dépend une équation, une inégalité, une circonstance quelconque du mouvement d'une planète : *argument de latitude*, distance d'une planète à son nœud; *argument de l'équation du centre* ou *de l'orbite*, l'anomalie ou la distance à l'apogée ou à l'aphélie; *argument annuel*, distance du soleil à l'apogée de la lune; *argument de la parallaxe*, effet qu'elle produit dans l'observation.

ARGUMENTANT, subst. mas. (*argumantan*), celui qui *argumente*, dans un acte public, contre le répondant.

ARGUMENTATEUR, subst. mas., au fém. **ARGUMENTATRICE** (*argumantateur, trice*), qui aime à *argumenter*.

ARGUMENTATION, subst. fém. (*argumantâcion*) (en lat. *argumentatio*), action, art d'*argumenter* : *il brille dans l'argumentation*.

ARGUMENTATRICE, subst. fém. Voy. ARGUMENTATEUR.

ARGUMENTER, v. neut. (*argumanté*) (du latin *arguere*, montrer, prouver, etc.), faire un ou plusieurs *arguments* : *argumenter contre une proposition*. — Prouver par *arguments*. — Tirer des conséquences d'une chose à une autre : *on ne doit pas argumenter de la possibilité à l'effet*.

ARGUS, subst. mas. (*arguce*), myth., fils d'Arestor. Il avait, dit-on, cent yeux, dont cinquante étaient toujours ouverts pendant que les cinquante autres dormaient. Junon lui confia la garde de la vache Io, que Jupiter aimait; mais Mercure l'endormit au son de la flûte, et le tua. Après sa mort, Junon le métamorphosa en paon, et prit cet oiseau sous sa protection. — Il y eut un autre *Argus*, fils de Polybe, fameux architecte qui construisit le navire Argo. — On cite un troisième *Argus*, fils de Jupiter et de Niobé : il régnait à Argos, et cultiva le premier les terres de la Grèce. — Fig., espion domestique; personne très-clairvoyante. — On dit encore fig., d'un homme qui voit tout, à qui on ne peut rien cacher, qu'*il a des yeux d'Argus*. — T. d'hist. nat., oiseau de la famille des gallinacées et des nudipèdes. — Le nom d'*argus* est commun à plusieurs espèces de poissons. — On désigne ainsi des lépidoptères du genre *papillon* de Linnée. — Une espèce de couleuvres, de lézards et de vers mollusques est connue sous le nom d'*argus*, que les marchands naturalistes donnent aussi à plusieurs coquilles du genre porcelaine, parce qu'elles ont des taches semblables à des yeux.

ARGUT, E, adj. (*argu, gute*) (en latin *argutus*), vieux mot qui n'est plus français et qui signifiait, subtil, savant, éclairé : *les beurriers et beurrières de Vanvres, les ruffiens de Mont-Rouge et de Vaugirard, les vignerons de Saint-Cloud, les carreleurs de Ville-Juif, et autres cantons catholiques, sont devenus maîtres-ès-arts, bacheliers, principaux, présidents et boursiers des collèges, régents des classes, et si arguts philosophes, que mieux que Cicéron maintenant ils disputent* de inventione, *et apprennent à décliner et mourir de faim* per regulas... (Satire Menip., page 80.)

ARGUTIE, subst. fém. (*arguci*), vaine subtilité; *argument* sophistique ou pointilleux.

ARGUTIEUSE, adj. fém. Voy. ARGUTIEUX.

ARGUTIEUX, adj. mas., au fém. **ARGUTIEUSE** (*argucieû, eûze*), qui s'occupe d'*arguties* : *c'est l'homme le plus argutieux que je connaisse*. — Qui se compose d'*arguties* : *discours argutieux*.

ARGUZE, subst. fém. (*arguze*), t. de bot., plante de la famille des sébesténiers.

ARGYLIE, subst. fém. (*arjili*), t. de bot., nouveau genre de plantes de la famille des bignones.

ARGYNNE, subst. mas. (*arjine*), t. d'hist. nat., insecte de l'ordre des lépidoptères

ARGYNNUS, subst. mas. (*arjinenuce*), myth., jeune Grec qui se noya en se baignant. Agamemnon, qui l'aimait beaucoup, fit bâtir en son honneur un temple qu'il dédia à Vénus.

ARGYRASPIDES, subst. mas. plur. (*arjiracepide*) (du grec αργυρος, argent, et ασπις, bouclier), t. d'hist. anc., soldats qui formaient le second corps de l'armée d'*Alexandre*, et qui portaient des boucliers d'argent, ou argentés.

ARGIRE, subst. fém. (*arjire*), myth., nymphe de Thessalie. Comme elle était tendrement aimée de son mari, qu'elle payait de retour, celui-ci sécha presque de douleur en se voyant près de la perdre; mais Vénus, touchée de pitié, les métamorphosa, l'un en fleuve, et l'autre en fontaine, qui, comme Alphée et Aréthuse, mêlèrent leurs eaux. Cependant Sélénus parvint à oublier Argyre, et il eut depuis la vertu de faire perdre à ceux qui aimaient le souvenir de leur tendresse, lorsqu'ils buvaient de ses eaux ou qu'ils s'y baignaient.

ARGYRÉE, subst. mas. (*arjiré*), t. d'hist. nat., insecte de l'ordre des lépidoptères.

ARGYRÉIA, subst. fém. (*arjiré-ia*), t. de bot., arbrisseau des Indes.

ARGYRÉIOSE, subst. mas. (*arjiréioze*) (du grec αργυρειος, argenté), t. d'hist. nat., petit poisson sans écailles et d'un bleu argentin, des mers de Norwège et du Brésil.

ARGYRÈJE, subst. fém. (*arjirèje*), t. de bot., plante de la famille des convolvulacées.

ARGYRITE ou **ARGYROLITHE**, subst. fém. (*arjirite* ou *arjirolite*) (du grec αργυρος, argent, et λιθος, pierre), t. d'hist. nat., sorte de pierre qui a la couleur et l'éclat de l'argent.

ARGYRITES, adj. et subst. mas. plur. (*arjirite*) (du grec αργυρος, argent; *jeux à prix d'argent*), t. d'hist. anc., jeux de la Grèce qui ne faisaient pas partie du culte d'une divinité, et où les vainqueurs recevaient pour prix, non une simple couronne comme dans les jeux sacrés, mais des vases, des boucliers, etc.

ARGYROCOME, subst. fém. (*arjirokôme*) (du grec αργυρος, argent, et κομη, chevelure), t. de bot., plante du cap de Bonne-Espérance, dont les fleurs sont de couleur d'argent. — En astron., comète de couleur *argentine*, qui diffère très-peu de l'héliocomète.

ARGYRODAMAS, subst. mas. (*arjirodamâce*) (du grec αργυρος, argent, et δαμαω, je dompte; *argent qui dompte le feu*), t. de min., sorte de talc de couleur d'argent, qui résiste au feu le plus violent.

ARGYRODONTE, subst. mas. (*arjirodonte*) (du grec αργυρος, argent, et οδους, gén. οδοντος, dent), t. d'hist. nat., poisson du genre des sciènes.

ARGYROGONIE, subst. fém. (*arjiroguoni*) (du grec αργυρος, argent, et γονος, génération, production), t. d'alch., la pierre philosophale.

ARGYROLITHE, subst. fém. Voy. ARGYRITE.

ARGYRONÈTE, subst. fém. (*arjironète*), t. d'hist. nat., araignée aquatique de Linnée.

ARGYROPÉE, subst. fém. (*arjiropé*) (du grec αργυρος, argent, et ποιεω, je fais), t. de philos. hermétique, l'art de faire de l'argent avec un métal de moindre valeur.

ARGYROPHORE, subst. mas. (*arjirofore*) (du grec αργυρος, argent, et φερω, je porte), antidote qui était regardé autrefois comme très-précieux.

ARGYROTOXE, subst. mas. (*arjirotokce*) (du grec αργυρος, argent, et τοξον, arc), espèce d'arc resplendissant et varié que les rayons du soleil forment au-dessus de la tête.

ARGYTAMNE, subst. mas. Voy. ARGITHAMNE.

ARHEUMATIQUE, adj. des deux genres (*areumatike*) (du grec α priv., et ρευματισμος, fluxion), t. de médec., qui n'a pas été atteint de fluxion ou de *rhumatisme*. — Il est aussi subst.

ARHIZE, adj. des deux genres (*arize*) (du grec α priv., et ριζα, racine), t. de bot., se dit d'un végétal privé de radicule, comme les champignons, les mousses, etc.

ARHYTHME, adj. des deux genres (*aritme*) (du grec α priv. et ρυθμος, nombre), t. de médec., irrégulier, inégal.

ARIADNE, que quelques poëtes écrivent aussi **ARIANE**, subst. fém. (*ariadene*), myth., fille de Minos, roi de Crète. Éprise de Thésée, qui devait être dans le labyrinthe la proie du Minotaure, elle lui donna un peloton de fil au moyen duquel, après avoir terrassé ce monstre, il put sortir de ce lieu. Elle quitta la Crète avec lui; mais il l'abandonna sur un rocher dans l'île de Naxos, où, après avoir pleuré amèrement son malheur, elle se fit prêtresse de Bacchus, qui l'épousa et mit la couronne de cette princesse au nombre des constellations. — T. d'astr., nom d'une étoile placée dans la couronne septentrionale.

ARIADNÉES, subst. fém. plur. (*ariadené*), t. d'hist. anc., fêtes instituées en l'honneur d'Ariadne, fille de Minos.

ARIANISME, subst. mas. (*arianiceme*) (formé du nom propre *Arius*), doctrine, système, principes d'*Arius*. Voy. ARIEN.

ARICIE, subst. fém. (*arici*), myth., fille de Pallante. — Forêt. Voy. ARICINA.

ARICINA, subst. fém. (*aricina*), myth., surnom de Diane, pris du culte qu'on lui rendait dans la forêt d'Aricie, à quelques milles de Rome.

ARICINE, subst. fém. (*aricine*), t. de chim., base salifiable, organique, crystallisable, observée dans le quinquina jaune.

ARIDAS, subst. mas. (*aridace*), sorte de coton de taffetas des Indes, tiré de la plante qui porte ce nom.

ARIDE, adj. des deux genres (*aride*) (du lat. *aridus* qui a la même signification), sec : avec cette différence qu'un lieu est *aride* lorsque le défaut d'humidité lui a ôté la faculté de produire, et qu'il est *sec* quand il est momentanément privé d'humidité : *la terre est sèche partout au mois d'août; les déserts de l'Afrique sont arides.* (Guizot.) — Fig., *un sujet aride*, c'est-à-dire : qui ne fournit pas au discours. — *Un esprit aride*, qui ne produit rien. — *Une âme, un cœur aride*, qui manque de sensibilité.

ARIDITÉ, subst. fém. (*aridité*) (en lat. *ariditas*, sécheresse), au propre et au fig., qualité de ce qui est *aride*; sécheresse : *l'aridité d'un terrein, de l'esprit, de l'âme, du style, d'un ouvrage.* — En t. de dévotion, état d'insensibilité, de dégoût. Il se dit au plur. : *les aridités dans la prière.*

ARIDURE, subst. fém. (*aridure*), t. de médec., maigreur, consomption de tout le corps, et surtout de quelque membre en particulier. — C'est la même chose que *atrophie*.

ARIÉGE, subst. fém. (*ariéje*), dép. de la France, portant le nom de la rivière qui le traverse.

ARIEL, subst. mas. (*ariél*), t. d'hist. nat., animal de l'Arabie, de la grosseur de la gazelle.

ARIEN, subst. et adj. mas.; au fém. **ARIENNE** (*ariein, ène*), t. d'hist. eccl., sectateur d'*Arius*, auteur de l'hérésie qui nie la consubstantialité du Verbe, qui n'admet point que le Père et le Fils soient de même nature. — Adj., *un prince, un évêque arien.*

ARIÈS, subst. mas. (*arièce*) (mot emprunté du latin), t. d'astron., en français *le bélier*. C'est le premier des douze signes du zodiaque, qui est composé de neuf étoiles disposées en rond. Ce mot, quoique latin, se dit quelquefois en français, mais plus souvent en astrologie qu'en astronomie: *le soleil entrant en ariès; Vénus étant dans une des maisons d'ariès.* — Dans ce sens, c'est aussi un t. de philosophie hermétique : *ventre* ou *maison d'ariès.*

ARIETTE, subst. fém. (*ariète*) (de l'italien *arietta*, dimin. de *aria*, air), air léger et détaché, à l'imitation des Italiens. — Dans une acception plus moderne et plus usitée, morceau de musique d'un mouvement pour l'ordinaire gai et marqué, qui se chante avec accompagnement, et qui est communément en rondeau.

ARIGOT, subst. mas. (*arigué*), t. de mus., espèce de fifre. — Prov. : *chanter à tire l'arigot; boire à tire l'arigot*, chanter, boire à longs traits.

ARILLE, subst. fém. (*arile*), t. de bot., partie charnue d'un fruit, ou enveloppe à laquelle la graine n'adhère que par le style. — T. d'anat., extension du cordon ombilical.

ARILLÉE, adj. fém. (*arilé*), t. de bot. : *graine arillée*, revêtue d'une *arille*.

ARIMANE, subst. masc. (*arimane*), l'une des divinités du culte des Perses, selon la théologie de *Zoroastre*. Il était le principe du mal, comme *Oromaze* était le principe du bien.

ARIMANON, subst. mas. (*arimanon*), t. d'hist. nat., perruche à queue courte.

ARIMASPES, subst. mas. plur. (*arimacepe*) (selon Hérodote, dérivé de la langue scythe, dans laquelle, dit-il, *arima* veut dire: un, et *spu*: œil), myth., peuples fabuleux qui n'avaient qu'un œil au milieu du front, et qui, voisins des griffons, leur faisaient une guerre continuelle.

ARIMATHIE, subst. fém. (*arimati*), ancienne ville de Judée.

ARIMÉ, E, part. pass. de *arimer*.

ARIMER, v. act. (*arimé*), t. d'épinglier, ajuster le poinçon sur l'enclume.

ARIMPHÉENS, adj. et subst. mas. plur. (*areinféein*), se dit de peuples septentrionaux qui habitent en deçà des *monts Riphées*, c'est-à-dire de cette chaîne de montagnes, entre l'Europe et l'Asie, aboutissant d'un côté à la mer Caspienne, et de l'autre à l'embouchure de l'Oby, dans la mer Glaciale.

ARINTHOD, subst. mas. (*areintode*), bourg de France, chef-lieu de canton, arrond. de Lons-le-Saulnier, dép. du Jura.

ARION, subst. mas. (*arion*), myth., fameux musicien. Se trouvant sur un vaisseau, les matelots voulurent l'égorger pour avoir son argent; mais il obtint avant de mourir la permission de jouer de son luth, au son duquel les dauphins s'attroupèrent autour du vaisseau : ensuite il se jeta dans la mer; et l'un de ces dauphins le porta à terre. Il arriva chez Périandre, qui fit courir après ses assassins, dont la plupart furent punis de mort. — Le cheval que Neptune fit sortir de la terre d'un coup de trident fut nommé *Arion*. Voy. MINERVE.

ARIOSO, adv. (*ariózó*) (mot emprunté à la langue italienne, où il est adj.), placé à la tête d'un air, indique un chant soutenu.

ARISÉ, E, part. pass. de *ariser*.

ARISER, v. act. (*arizé*), t. de mar., abaisser les vergues et les attacher au vibord.

ARISTARQUE, subst. mas. (*aricetarke*) (du grec αριστaρχος, qui signifie proprement *bon prince*, formé de αριστος, très-bon, et αρχος, prince), nom d'un commentateur d'*Homère*, qui s'emploie fig. pour parler d'un critique sévère, mais équitable.

ARISTÉ, E, adj. (*aricété*), t. de bot., garni d'une ou plusieurs *arêtes*. C'est l'opposé de *mutique*. Voy. ce mot.

ARISTÉE, subst. fém. (*aricété*), t. de bot., plante de l'ordre des iridées. — Subst. mas., myth., fils d'Apollon et de Cyrène. Il aima beaucoup Eurydice, qui, fuyant ses poursuites le jour de ses noces avec Orphée, fut piquée d'un serpent et mourut sur-le-champ. Les nymphes, furieuses contre Aristée, tuèrent toutes ses abeilles. Sa mère lui conseilla de consulter Protée, qui lui dit d'apaiser les mânes d'Eurydice en faisant un sacrifice de quatre génisses et de quatre taureaux, des entrailles desquels il sortit des essaims d'abeilles. Aristée fut mis au nombre des dieux après sa mort, et particulièrement révéré par les bergers, qui bâtirent des temples en son honneur. (*Virg.*)

ARISTHÈNE, subst. mas. (*aricetène*), myth., berger qui trouva Esculape enfant, que sa mère Coronis avait abandonné sur le mont Tithion, près d'Épidaure.

ARISTIDE, subst. fém. (*aricetide*), t. de bot., plante de la famille des graminées.

ARISTOCRATE, subst. mas. et fém. (*aricetokrate*), membre ou partisan du gouvernement *aristocratique*. — Nom donné, depuis la révolution française, aux partisans de l'*ancien régime*. — Il est aussi adj. : *cet homme est aristocrate.*

ARISTOCRATIE, subst. fém. (*aricetokraci*) (en grec αριστοκρατεια, composé de αριστος, très-bon, et κρατος, force, puissance; *gouvernement des meilleurs, des plus considérables*), gouvernement où le pouvoir est exercé par les personnes les plus considérables d'un état. — Souveraineté des nobles, des grands et des riches, sans aucune participation du peuple. — La classe noble en général. — Pendant la révolution française, ce mot désignait la caste des nobles et privilégiés, et en général les ennemis du gouvernement révolutionnaire. — Figure allégorique, représentée par une femme richement vêtue. Elle tient un faisceau de verges entouré d'une guirlande de laurier et d'une hache. Elle est appuyée sur un casque et sur un sac plein d'or.

ARISTOCRATIQUE, adj. des deux genres (*aricetokratike*), qui appartient à l'*aristocratie* : *gouvernement aristocratique.*

ARISTOCRATIQUEMENT, adv. (*aricetokratikeman*), d'une manière *aristocratique*.

ARISTOCRATISÉ, E, part. pass. de *aristocratiser*.

ARISTOCRATISER, v. neut. (*aricetokratizé*), professer l'*aristocratie*. — V. act., rendre *aristocratique* ou *aristocrate*. (Boiste.)

ARISTODÉMOCRATE, subst. mas. (*aricetodémokrate*), membre ou partisan d'un gouvernement à la fois *aristocratique* et *démocratique*.

ARISTODÉMOCRATIE, subst. fém. (*aricetodémokraci*) (du grec αριστος, très-bon, δημος, peuple, et κρατος, puissance), gouvernement auquel les grands et le peuple participent.

ARISTODÉMOCRATIQUE, adj. des deux genres (*aricetodémokratike*), qui a la forme de l'*aristodémocratie*; qui appartient à l'*aristodémocratie*.

ARISTOLOCHE, subst. fém. (*aricetoloche*) (du grec αριστος, très-bon, et λοχεια, les couches), t. de bot., plante vivace, à fleur monopétale irrégulière, très-utile en médecine, et propre surtout à évacuer les *lochies*, ou vidanges des femmes en couches.

ARISTOLOCHIQUE, adj. des deux genres (*aricetolochike*), t. de médec., se dit des remèdes propres à faire couler les *lochies*.

ARISTON MAGNUM, et **ARISTON PARVUM**, subst. mas. (*aricetone maguenome, parvome*), t. de médec., remèdes contre la phthisie, etc.

ARISTOPHANÉION, subst. mas. (*aricetofanéion*) (du grec αριστος, très-bon, et φαινω, je montre, je fais paraître), t. de pharm., très-bon emplâtre de *Paul Eginète*.

ARISTOR, subst. mas. (*aricetor*), myth., fils de Crotope et père d'Argus.

ARISTOTÈLE, subst. fém. (*aricetotèle*), t. de bot., genre de plantes de la famille des orchidées.

ARISTOTÉLICIEN, subst. mas., au fém. **ARISTOTÉLICIENNE** (*aricetotéliciein, ciène*), celui ou celle qui suit la doctrine d'*Aristote*. — Adj., conforme à sa doctrine.

ARISTOTÉLIES, subst. fém. plur. (*aricetotéli*), t. de bot., sorte d'arbrisseaux.

ARISTOTÉLIQUE, adj. des deux genres (*aricetotélike*), d'*Aristote*.

ARISTOTÉLISME, subst. mas. (*aricetotéliceme*) (du grec αριστοτελης, qui signifie *Aristote*, et qui est formé de αριστος, très-bon, le meilleur, et τελος, la fin, le but qu'on se propose), doctrine, philosophie d'*Aristote*.

ARISTOXÉNIENS, subst. mas. plur. (*aricetokcéniein*), musiciens qui jugeaient par l'oreille seule du rapport des sons.

ARITHM., abréviation du mot *arithmétique*.

ARITHMANCIE, subst. fém. Voy. ARITHMOMANCIE.

ARITHMANCIEN, subst. et adj. Voy. ARITHMOMANCIEN.

ARITHMÉTICIEN, subst. mas.; au fém. **ARITHMÉTICIENNE**, (*ariteméticiein, ciène*), celui qui sait l'*arithmétique*; et plus communément celui qui l'enseigne. L'*Académie* ne fait pas mention du fém.

ARITHMÉTIQUE, subst. fém. (*aritemétike*) (du grec αριθμος, nombre), science des nombres; art de calculer. Les quatre règles fondamentales de l'*arithmétique* sont : *l'addition, la soustraction, la multiplication, la division.* Voy. ces quatre articles. — *Arithmétique instrumentale*, celle où les règles communes s'exécutent par le moyen d'instruments, tels que les bâtons de *Néper*, la machine *arithmétique* de *Pascal*, etc. — *Arithmétique logarithmique*, qui s'exécute par les tables des logarithmes. — *Arithmétique numérale*, qui enseigne le calcul des nombres. — *Arithmétique spécieuse*, qui enseigne le calcul des quantités désignées par les lettres de l'alphabet. C'est l'algèbre. — *Arithmétique décimale*, qui procède par la progression décuple. — *Arithmétique binaire*, qui n'emploie que deux figures, et procède par la progression double; calcul inventé par Leibnitz, et que nous ne donnons point de peur d'embrouiller l'esprit de nos lecteurs. — *Arithmétique tétractique*, qui admet quatre caractères, et procède par la progression quadruple. — *Arithmétique vulgaire*, qui roule sur les entiers et les fractions. — *Arithmétique sexagésimale*, qui procède par *soixantaines*. — *Arithmétique des infinis*, méthode de trouver une suite de nombres dont les termes sont infinis, ou d'en déterminer les rapports. — *Arithmétique universelle*, nom donné par *Newton* au calcul des grandeurs en général, ou algèbre. — *Arithmétique politique*, celle qui a pour but des recherches utiles à l'art de gouverner les peuples. On l'appelle aujourd'hui *statistique*. Voy. ce mot. — Figure allégorique représentée par une belle femme vêtue d'une robe sur laquelle on lit ces mots : *par*, *impar*. Elle tient un tableau couvert de chiffres. — Adj. des deux genres, qui regarde l'*arithmétique*, qui appartient à l'*arithmétique*; qui est fondé sur les nombres, sur les quantités; qui est selon les règles de l'*arithmétique*. — On appelle *rapport arithmétique* la différence de deux quantités; *proportion arithmétique*, l'égalité de deux rapports *arithmétiques*; *progression arithmétique*, celle où la différence de chaque terme au terme précédent est constante. — *Echelles arithmétiques*, nom donné par *Buffon* aux différentes progressions de nombres suivant lesquelles l'*arithmétique* aurait pu être formée. — *Machine arithmétique*, assemblage ou système de roues, à l'aide desquelles des chiffres imprimés se meuvent, et exécutent dans leurs mouvements les principales règles de l'*arithmétique*. Cette machine fut inventée par *Pascal*, à l'âge de dix-neuf ans.

ARITHMÉTIQUEMENT, adv. (*aritemétikeman*), d'une manière *arithmétique*; suivant la proportion *arithmétique*.

ARITHMOMANCIE, subst. fém. (*aritemomancī*) (du grec αριθμος, nombre, et μαντεια, divination), divination par les nombres.

ARITHMOMANCIEN, subst. et adj. mas.; au fém. **ARITHMOMANCIENNE** (*aritemomanciein*, *ciène*), qui s'adonne à l'*arithmomancie*.

ARITHMOMÈTRE, subst. mas. (*aritemomètre*) (du grec αριθμος, nombre, et μετρον, mesure), machine pour calculer.

ARJUZAN, subst. mas. (*arjuzan*), village de France, chef-lieu de canton, arrond. de Mont-de-Marsan, dép. des Landes.

ARKANSAS, subst. mas. (*arkançâce*), fleuve et contrée d'Amérique.

ARKHANGEL, subst. mas. (*arkanjèle*), ville, et gouv. de la Russie d'Europe.

ARLANT, subst. mas. (*arlan*), ville de France, chef-lieu de canton, arrond. de Clermont, dép. du Puy-de-Dôme.

ARLEQUIN, subst. mas. (*arlekein*) (nom resté du premier bouffon de ce genre qui vint d'Italie à Paris, sous *Henri III*. Comme il allait souvent chez MM. de *Harlay*, ses camarades l'appelèrent *Harlequino*, petit *Harlay*; et ce nom est demeuré à ses successeurs), bateleur, bouffon dont le vêtement était composé de pièces de différentes couleurs. A son chapeau, en feutre gris, était attachée une queue de lapin; il portait un masque noir et un sabre de bois nommé *batte*. C'était originairement un personnage de la comédie italienne, introduit ensuite sur notre théâtre, et qui avait pour caractère particulier une naïveté à la fois bouffonne et spirituelle : *rôle d'arlequin; il jouait les arlequins*. — Ce mot ne s'applique plus guère qu'à un costume de carnaval semblable à celui que nous venons de décrire : *il s'est déguisé en arlequin*. — Fig. et fam., on appelle *un habit d'arlequin* un tout composé de parties disparates : *cet ouvrage, ce livre est un véritable habit d'arlequin*. — T. d'hist. nat., colibri, nommé *colibri arlequin*. — T. de bot., plante.

ARLEQUINADE, subst. fém. (*arlekinade*), bouffonnerie, lazzi d'*arlequin*, soit dans le jeu, soit dans les paroles. — Il se disait aussi autrefois d'une pièce de théâtre où le principal rôle était un rôle d'*arlequin*.

ARLEQUINE, subst. fém. (*arlekine*), air d'une danse de caractère composée pour un *arlequin*. — Cette danse même. — T. d'hist. nat., coquille du genre des porcelaines.

ARLES, subst. fém. (*arle*), ville de France, chef-lieu d'arrond., dép. des Bouches-du-Rhône. — Cette ville, qui offre des témoignages imposants d'une antique splendeur, fut long-temps la capitale des Gaules. Elle dut surtout ses embellissements à Constantin.

ARLES-SUR-TECH, subst. fém. (*arleçurtèk*), ville de France, chef-lieu de canton, arrond. de Céret, dép. des Pyrénées-Orientales.

ARLET, subst. mas. (*arlè*), t. de bot., espèce de cumin.

ARLEUX, subst. mas. (*arleu*), bourg de France, chef-lieu de canton, arrond. de Douai, dép. du Nord.

ARLON, subst. mas. (*arlon*) (on prétend que ce nom vient de *aralunæ*, ou *ara lunæ*, autel de la lune, parce que les habitants de Trèves y avaient érigé un autel à la lune, qu'ils y venaient adorer), ville de Belgique, célèbre par la victoire que les Français, sous le commandement du général Jourdan, y remportèrent en 1795. — L'année suivante, un combat également mémorable eut lieu dans cette ville entre les armées française et autrichienne.

ARMADILLE, subst. fém. (*armadiie*) (de l'espagnol *armadilla*, dimin. de *armada*, armée navale, flotte, sorte de flotte légère), petite flotte que l'Espagne entretenait autrefois dans le Nouveau-Monde, pour empêcher que les étrangers ne se livrassent au commerce dans ses possessions; il s'est même dit des frégates composant cette flotte. — T. d'hist. nat., espèce de cloporte qui, au moindre danger, se roule en une boule parfaitement sphérique. — Animal du Brésil, gros comme un chat.

ARMAGNAC, subst. mas. (*armagniak*), nom de l'ancienne province de Gascogne occidentale, qui avait le titre de comté.

ARMAMENTAIRE, subst. mas. (*armamantère*), t. d'antiq., arcenal.

ARMAND, subst. mas. (*arman*), t. de vét., sorte de bouillie, remède pour rendre l'appétit aux chevaux.

ARMANDILLE, voy. **ARMADILLE**.

ARMARIER, subst. mas. (*armarié*), officier d'abbaye. Inus.

ARMARINTE, subst. mas. (*armareinte*), t. de bot., plante vivace ombellifère, d'une odeur aromatique.

ARMATA VÉNUS ou **VÉNUS ARMÉE**, t. d'hist. anc. Les Lacédémoniens adoraient Vénus sous ce nom, en mémoire de la victoire que les femmes avaient remportée sur les Messéniens.

ARMATEUR, subst. mas. (*armateur*), celui qui, avec une autorisation légale, *arme* un ou plusieurs vaisseaux pour aller en course. — Le vaisseau qui est armé en course. — Le capitaine qui commande le vaisseau. — Il se dit aussi des marchands, négociants et autres, qui font des *armements*, ou qui s'intéressent à des *armements*.

ARMATURE, subst. fém. (*armature*) (du lat. *armatura*, dérivé de *armare*, armer), t. de lithol., croûte métallique et luisante qui couvre les pierres figurées. — T. d'arts et mét., assemblage de différentes barres de fer, pour porter ou contenir le noyau d'une statue de bronze. — On le dit dans le même sens, en archit., des barres, clefs, et autres liens de fer employés à retenir quelque pièce. — T. de phys., on donne aussi le nom d'*armature* à toute substance métallique appliquée à une partie d'un animal que l'on veut soumettre à l'action du galvanisme.

ARME, subst. fém. (*arme*) (en lat. *arma*. Nicot donne ainsi l'étymologie de ce mot : *quòd operiant armos*, parce qu'elles couvrent les épaules ou les flancs; mais il est plus naturel de le dériver du latin *arma*, dont *Varron* dit : *eo quòd arceant hostes*. Le *P. Pezron*, enchérissant sur *Nicot*, dit qu'*arme* vient du celtique *arm*, signifiant la même chose, et dérivé de *armm*, autre mot celtique désignant toute l'épaule jusqu'au poignet, et qui était fort usité chez les Celtes et les anciens peuples. Il ajoute que si d'*armm*, épaule, s'est fait *arme*, c'est parce qu'anciennement toutes les *armes*, telles que le bouclier, le carquois et les flèches, se portaient sur les épaules), tout instrument servant à attaquer ou à se défendre : *arme offensive, arme défensive, arme à feu, arme blanche*, etc. Le sabre, l'épée, la baïonnette, sont des *armes blanches*; le canon, le fusil, le pistolet, sont des *armes à feu*. — *Arme d'une bonne trempe*; *faisceau d'armes*; *trophée d'armes*; *arme d'hast*, *arme de trait*, *arme de jet*, etc. — *Armes*, au plur., signifie la guerre : *le sort des armes est incertain*. — La profession de la guerre : *suivre, quitter les armes*. — Entreprises de guerre : *le succès des armes; c'est ce qui fait prospérer ses armes*. — *Porter les armes*, faire la guerre. — *Porter, présenter les armes*, exécuter certains maniements du fusil faisant partie de l'exercice militaire, et constituant aussi des marques d'honneur. — *Prendre les armes*, s'armer pour défendre quelqu'un ou quelque chose; pour se défendre soi-même ou pour attaquer; pour rendre des honneurs à un personnage quelconque, ou pour faire l'exercice. — *Poser les armes*, se rendre, ou : faire la paix, faire une trêve. — *Rendre les armes*, locution qui, outre le premier des deux sens précédents, a spécialement celui de : remettre ses *armes* ou son *arme* à son vainqueur. — *Être sous les armes*, être à l'armée, ou : être rangé en bataille, en parlant d'un ou plusieurs hommes; au fig. et fam., en parlant d'une femme, être extrêmement parée. — *Capitaine d'armes*, sous-officier de la marine militaire, dont le grade répond à celui de fourrier, et auquel est confiée la garde des menues armes d'un vaisseau. — *Place d'armes*, place où les troupes sont exercées; partie des tranchées où l'on réunit, pendant un siége, les troupes destinées à repousser les sorties; ville frontière renfermant le principal dépôt des vivres, des munitions de l'armée, et où cette armée peut se retirer dans l'occasion. — *Port d'armes*, action de porter *armes*, résultat de cette action : *on commanda le port d'armes; ce soldat était au port d'armes*, etc.; action de porter des armes : *le port d'armes n'est pas permis à tout le monde*; permission de chasse : *le garde champêtre a saisi votre fusil, parce que vous n'aviez pas de port d'armes*. — Salut des armes, salut consistant en un certain mouvement imprimé à l'*arme*. — On appelle *fait d'armes* un exploit guerrier : *on cite de lui des faits d'armes admirables*. — Le mot *arme* sert aussi à distinguer les différents genres de troupes composant une *armée* : *dans quelle arme servez-vous? cette division est composée de telles et telles armes; l'arme de l'artillerie, l'arme des hussards, l'arme des lanciers*, etc. — On dit. prov. : *les armes sont journalières*, pour signifier qu'en général le sort de la guerre, le sort des *armes* est inconstant; et, au fig., ce proverbe a le sens de cet autre : *n'est pas marchand qui toujours gagne : votre pièce est tombée... Que voulez-vous? les armes sont journalières; j'ai perdu aujourd'hui cent écus à l'écarté, mais j'avais gagné deux cents francs hier : les armes sont journalières*. — Au plur., tout le harnais d'un homme de guerre : *armes complètes; armes fort riches*, etc. — *Grand nombre d'animaux sont pourvus d'armes naturelles*. — Au fig., tout ce qui sert à combattre une erreur, une opinion, etc., à se défendre d'une calomnie, etc. — *Armes à outrance*, ou *armes émoulues*, celles dont on se servait dans des espèces de tournois qui étaient de véritables combats. — *Armes courtoises*, celles dont on se servait dans les tournois proprement dits, et qu'on avait rendues moins susceptibles de nuire. — T. d'antiq., *armes catabalistiques*, celles qui, comme le bélier, agissaient à coups redoublés, et renversaient par un choc violent; *armes neurobalistiques*, celles où, comme dans l'arc, l'action du bras est avantageusement remplacée par le ressort d'une matière élastique, etc.; *armes pyrobalistiques*, les armes propres à lancer des feux. — On appelle *armes boucanières* certains fusils dont se servent les chasseurs des îles, et particulièrement ceux de Saint-Domingue. — *Aux armes!* cri d'alarme, pour ordonner à une troupe de prendre les armes, ou pour exciter d'autres personnes à s'armer. — *Suspension d'armes*, cessation des hostilités convenue pour un temps entre deux armées. — *Faire passer quelqu'un par les armes*, le fusiller. — T. d'escrime, *mettre les armes à la main à quelqu'un*, être le premier à lui enseigner l'escrime. — *Faire* ou *tirer des armes*, s'exercer à l'escrime. — *Tirer dans les armes*, allonger un coup d'épée entre les bras de son ennemi, ou, ce qui est la même chose, du côté gauche de son épée. Lorsque c'est du côté droit, on dit *tirer hors des armes*; et *tirer sur* ou *sous les armes*, lorsque la lame de l'épée passe par-dessus ou par-dessous le bras de l'adversaire. — *Avoir les armes belles*, faire des armes de bonne grace. — *Maître d'armes, maître en fait d'armes*, celui qui montre à faire des *armes*. — *Salle d'armes*, lieu où l'on enseigne à faire des armes; ou : chambre, pièce qui, dans les châteaux forts, dans les casernes, etc., renferme les *armes rangées en ordre et tenues en bon état.* — *Homme d'armes*, ancien cavalier armé de toutes pièces. — Les mots *gens d'armes* avaient autrefois un sens analogue. — *Faire ses premières armes*, faire son apprentissage dans la guerre, sa première campagne; et, au fig., commencer à exercer un emploi, une profession quelconque, etc. — Au fig., *faire tomber les armes des mains de quelqu'un*, le fléchir, l'apaiser. — *Faire arme de tout*, employer tous les moyens qui se présentent. — *Armes* se dit, en t. de blas., de certaines marques héréditaires propres à chaque maison noble, etc. : *les armes de France, les armes d'Autriche*, etc. ; *sceller du sceau de ses armes*, etc. *Armes fausses* ou *à enquerre*, celles qui ne sont pas selon les règles du blason ; *armes parlantes*, celles qui expriment en tout ou en partie le nom de la maison qui les porte; *armes brisées*, celles que les cadets sont obligés d'augmenter de quelque pièce pour se distinguer de leur aîné; *armes chargées*, celles où l'on ajoute d'autres *armes* ; *armes substituées*, qu'on prend avec un nom étranger, à la place des siennes; *armes diffamées*, *déchargées* ou *abaissées*. Voy. ABAISSEMENT. — On appelait *juge d'armes* celui qui était chargé de juger des armoiries et des titres de noblesse. — On dit ordinairement *armes*, lorsqu'il s'agit de telles *armes* en particulier, ou du blason de ces *armes* : *les armes d'Espagne*; mais on dira plutôt *armoiries*, si l'on considère ces symboles en général et d'une manière vague: *l'origine, la haute antiquité des armoiries*. — *Pas d'armes*, dans l'ancienne chevalerie, combat qui avait pour objet de défendre, contre tout venant, un *pas* ou passage ordinairement en rase campagne. Ce *pas* était fermé par une barricade. — Outil dont se servent les facteurs de clavecin, les ébénistes, les menuisiers, etc. : c'est un feuillet de scie très-mince et fort large, denté dans toute sa longueur.

ARMÉ, subst. mas. (*armé*), t. d'hist. nat., nom spécifique d'un poisson du genre des silures.

ARMÉ, E, part. pass. de *armer*, et adj. On dit, par raillerie, d'un homme armé plus qu'on n'a accoutumé de l'être, qu'*il est armé jusqu'aux dents*. — Garni, pourvu : *une plante armée de piquants*. — *A main armée*, locution adverbiale qui signifie : les armes à la main ; avec violence : *piller un pays à main armée*; *entrer dans une maison à main armée*, etc. — T. de blas., se dit des figures d'animaux dont les défenses sont d'un autre émail que le corps.

ARMECH ou **ARMET**, subst. mas. (*armèk; armé*), t. de mar., nom collectif exprimant les ancres, câbles, grelins, employés à fixer ou amarrer un bâtiment dans une rade.

ARMÉE, subst. fém. (*armé*) (rac. *arme*), grand nombre de troupes assemblées en un corps sous la conduite d'un général. — *Armée combinée*, celle que forment les troupes de deux ou plusieurs puissances alliées. — *Armée navale*, quantité de vaisseaux armés en guerre et réunis sous un même chef. — *Armée de siége*, destinée à faire le siége d'une place. — *Armée d'observation*, qui protége une autre armée occupée à un siége; qui est destinée à observer les mouvements de l'ennemi pour s'y opposer. — *Armée de réserve*, armée que l'on réserve pour la faire combattre en cas de besoin. — *La tête, le front, le centre, les ailes d'une armée*. — *Lever une armée*, mettre une *armée* sur pied. — *Entretenir une armée*, la faire subsister. — *Entretenir une armée sur tel point*, la faire séjourner sur tel point. — *L'armée a pris ses quartiers dans tel endroit*, s'y est logée. — *Ranger une armée en bataille*, la disposer pour une bataille. — On appelle *armée à deux fronts* une armée rangée en bataille sur plusieurs lignes, dont les troupes font face à la tête et à la queue, en sorte que les soldats des premières et des dernières se trouvent dos à dos. — Aujourd'hui, quand on dit en France *la grande-armée*, on veut parler de l'armée de *Napoléon*. — L'Écriture sainte appelle Dieu *le Dieu des armées*. — Il se dit, dans un sens absolu, de la totalité des troupes entretenues par un état pour sa sûreté, tant intérieure qu'extérieure : *l'armée coûte telle somme par an* ; *l'armée de terre*, *l'armée de mer*, etc. — Fig., *armée* signifie : grand nombre : *une armée d'écoliers*.

ARMÉJA, subst. mas. (*arméja*), t. de mar., travail, moyen pour amarrer un vaisseau dans un port ou dans une rade.

ARMÉJÉ, E, part. pass. de *arméjer*.

ARMÉJER, v. act. (*arméjé*), t. de mar., travailler à s'amarrer dans un port.

ARMELINES, subst. fém. pl. (*armeline*), pelleteries très-fines et très-blanches de la Laponie.

ARMELINE, subst. fém. (*armeline*), t. d'hist. nat., nom d'une espèce d'hermine de Laponie.

ARMEMENT, subst. mas. (*armeman*), action d'armer, résultat de cette action ; appareil de guerre pour le service de terre ou de mer : *faire un grand armement*. — *Armement d'une troupe*, les *armes* dont elle est *armée*. — *Armement d'un vaisseau, d'une galère*, ce qui sert à les *armer*. — *Armement d'une flotte*, l'action d'équiper, d'approvisionner d'*armes* plusieurs vaisseaux de guerre pour aller à la mer. Il se dit aussi, par analogie, relativement aux vaisseaux marchands. — *État d'armement* se dit du nombre, de la qualité et de la proportion des agrès, apparaux et munitions qui doivent être employés aux vaisseaux que l'on veut *armer*. — On appelle encore *état d'armement* une liste sur laquelle sont marqués les vaisseaux, les officiers et le nombre des matelots destinés pour l'*armement*. — T. de mus., *armement de la clef*, signes divers que l'on met auprès de la clef, pour indiquer le ton, la mesure, et quelques autres attributs d'un morceau.

ARMÉNIE, subst. fém. (*arméni*), ancienne contrée de l'Asie qui n'existe plus que dans l'histoire, et qui est partagée aujourd'hui entre la Turquie, la Perse et la Russie.

ARMÉNIEN, subst. et adj. mas. ; au fém. **ARMÉNIENNE** (*arménieïn, niène*), qui est d'*Arménie*. — C'est aussi le nom d'une secte qui ne reconnaissait qu'une nature en J.-C. — T. de min., subst. fém., *arménienne*, pierre précieuse.

ARMÉNISTAIRE, subst. fém. (*arménicetère*), t. d'hist. nat., nom qu'on a donné aux méduses. — T. de bot., espèce d'ortie marine.

ARMÉNITE, subst. fém. (*arménite*), nom d'une sorte de cuivre carbonaté.

ARMENTEUSE, adj. fém. Voy. ARMENTEUX.

ARMENTEUX, adj. mas., au fém. **ARMENTEUSE** (*armanteû, teûze*), qui possède de nombreux troupeaux. Inus.

ARMENTIÈRES, subst. fém. (*armantière*), ville de France, chef-lieu de canton, arrond. de Lille, dép. du Nord.

ARMER, v. act. (*armé*) (en latin *armare*), pourvoir d'*armes*. — Faire prendre les *armes* à...; mettre sous les *armes*. — *Armer quelqu'un de toutes pièces*, le revêtir d'armes défensives. — Exciter à combattre, à faire la guerre. Il se dit au propre et au fig. — Garnir une chose avec une autre qui lui donne de la force : *armer une poutre de barres de fer*. — *Armer quelqu'un chevalier*, se dit en parlant de la cérémonie par laquelle on revêtait de nouvelles armes celui qui était reçu chevalier. — On dit, par extension, qu'*on est armé contre le froid*, quand on est couvert de bons vêtements qui défendent le corps contre les impressions du froid; et fig., qu'*on est armé contre les maux, contre les événements*, quand on s'est fait des habitudes qui les rendent moins sensibles, ou qu'on a pris de fortes résolutions qui peuvent s'opposer à leurs causes ou à leurs effets. — *Être armé contre ses adversaires*, c'est avoir une ample provision de moyens, soit pour repousser l'attaque, soit pour attaquer avec avantage. — On dit aussi *armer les passions les unes contre les autres*, c'est-à-dire les opposer les unes aux autres, afin de les affaiblir ou de les détruire. — *Armer un canon*, mettre le boulet dans un canon. — *Armer un fusil, un pistolet*, mettre le chien sur le second tour pour lâcher le coup. — *Armer une batterie*, la garnir de canons; *une place de guerre*, garnir ses remparts de pièces d'artillerie. — *Armer un fourneau de mine*, c'est, en t. d'artillerie, après l'avoir chargé de la poudre nécessaire, couvrir le coffre avec des madriers, pour servir de base aux étançons qui soutiennent le ciel du fourneau; ensuite fermer la chambre par plusieurs madriers que l'on nomme *porte*, et que l'on arc-boute avec des étrésillons qui appuient contre un côté des rameaux opposés à la chambre. — T. de mar., *armer un vaisseau*, le mettre en état de faire la guerre, ou de tenir la mer. — *Armer les avirons*, les mettre sur les bords de la chaloupe, prêts à servir. — *Armer sur un vaisseau*, s'y embarquer. — *Armer une pierre d'aimant*, la garnir de ses armures. — En t. de faucon., *armer l'oiseau*, lui attacher les sonnettes aux pieds; *armer les cures de l'oiseau*, mettre un peu de chair auprès des remèdes qu'on donne au faucon, pour les lui faire avaler. — En mus., *armer la clef*, y mettre le nombre de dièses et de bémols convenables au ton. — *Armer un métier*. Voy. ARMURE. — *Armer*, en t. de jard., se dit par rapport à un arbre qu'on garnit d'épines par le pied, pour empêcher les bestiaux de s'y frotter et d'en léser l'écorce. On *arme* aussi les jeunes arbres que l'on transplante, pour les préserver des fortes gelées et des grandes ardeurs du soleil. — *Armer* est aussi v. neut. : il signifie alors : lever des troupes, se mettre en état de faire la guerre. — S'ARMER, v. pron., se munir d'*armes*. — Prendre les *armes* contre... — Fig., se précautionner contre... : *s'armer contre le froid, contre les tentations ; s'armer de courage, de patience contre les événements*. — Fig., se fortifier : *s'armer de la prière*. — En t. de manége, *s'armer* se dit d'un cheval qui baisse la tête et courbe son encolure jusqu'à appuyer les branches de la bride contre son poitrail, pour ne point obéir à l'embouchure. — C'est aussi couvrir les barres de ses lèvres et rendre l'appui de son mors trop ferme.

ARMET, subst. mas. (*armé*) (suivant *Ménage*, d'*elmet*, formé par corruption du diminutif *helmetto*, petit heaume), ancien casque léger, sans visière et sans gorgerin. Ce mot n'est plus en usage qu'en parlant des chevaliers errants. — Fig. et fam., il se dit de la tête : *ce vin lui a barbouillé l'armet*. — T. de mar. Voy. ARMECH.

ARMIFÈRE, adj. et subst. mas. (*armifère*), se dit de celui qui porte des *armes*. — Esclave qui portait les *armes* de son maître.

ARMILIUS, subst. mas. (*armiliuce*), l'antechrist, selon les juifs.

ARMILLAIRE, adj. fém. (*armilelère*) (du lat. *armilla*, bracelet, parce que ces cercles en ont la forme), t. d'astron. : *sphère armillaire*, sphère artificielle, évidée et composée de plusieurs cercles qui représentent les différents cercles de la sphère du monde mis ensemble dans leur ordre naturel. Il n'est d'usage que dans cette phrase.

ARMILLES, subst. fém. plur. (*armile*) (du lat. *armilla*, bracelet), t. d'archit., petites moulures qui entourent, en forme d'anneaux, le chapiteau dorique. On dit aussi *annelets*. — Ces moulures, quand elles sont carrées, se nomment *filets* ou *listeaux*. — En t. d'astron., *armilles d'Alexandrie*, assemblage de cercles.

ARMILUSTRE, subst. mas. (*armilucetre*) (du lat. *armilustrum* ou *armilustrium*, formé de *arma*, armes, et *lustro*, je passe en revue), t. d'hist. anc., revue des troupes romaines dans le champ de Mars, qui se faisait tous les ans au mois d'octobre.

ARMILUSTRIE, subst. fém. (*armilucetri*) (du lat. *armilustrium*, fait de *arma*, armes, et *lustro*, je purifie par un sacrifice, etc.), t. d'hist. anc., nom d'une fête des anciens Romains, dans laquelle ils sacrifiaient armés, et au son des trompettes. C'est mal définir ce mot que de dire que c'était une fête dans laquelle on faisait la revue générale des troupes au champ de Mars. Varron ne dit point que ce mot vienne du latin *arma*, armes, et de *lustrare*, faire une revue; mais il attribue son origine à ce que ce sacrifice avait lieu là où se faisaient les revues, ou plutôt parce qu'on tournait autour de la place, armés de boucliers. Il préfère ce sentiment, persuadé que c'est de ce jeu, ou de cette cérémonie, que le lieu où ce sacrifice s'offrait aux dieux avait été appelé *armilustrium, quod circumibant ludentes ancilibus armati*. Les gloses expliquent *armilustrium*, ὁπλοκαθάρσιον, ou ὅπλων καθαρσις, *expiation des armes* : ce mot n'est donc point composé de *lustro*, faire une revue, mais de *lustro, purger, expier*. C'était un sacrifice pour l'expiation, pour la prospérité des armes du peuple romain. Il se faisait le 14e des calendes de novembre, qui correspond au 19e d'octobre.

ARMINIANISME, subst. mas. (*arminianiceme*), t. d'hist. eccl., doctrine d'*Arminius*, célèbre médecin d'Amsterdam.

ARMINIEN, adj. et subst. mas., au fém. **ARMINIENNE** (*arminiein, niène*), se dit d'un sectateur d'*Arminius*, partisan de la grace universelle. — Cette secte s'éleva en Hollande au commencement du XVIIe siècle, et se sépara des calvinistes. On les appelle aussi les *arminiens remontrants*, par rapport à une requête ou *remontrance* qu'ils adressèrent, en 1611, aux états-généraux des Provinces-Unies, et dans laquelle ils exposaient les principaux articles de leur croyance.

ARMISTICE, subst. mas. (*armicetice*) (du lat. *armistitium*, formé de *arma*, armes, et *sisto*, j'arrête), suspension d'*armes* : *un long armistice*; *un armistice de courte durée*. Voy. le mot AMNISTIE, qu'il ne faut pas confondre avec ARMISTICE.

ARMITES, subst. mas. plur. (*armite*), soldats armés pesamment. Inus.

ARMOGAN, subst. mas. (*armoguan*), t. de mar., temps favorable à la navigation. Il n'est usité que dans la Méditerranée.

ARMOIRE, subst. fém. (*armoare*) (du lat. *armorium*), meuble ordinairement de bois, beaucoup plus haut que large et profond, fermé par une ou plusieurs portes, garni de tablettes et de tiroirs, et servant à renfermer du linge, des hardes et autres objets.—On pratique aussi, dans l'épaisseur des murs, des *armoires* qui servent à serrer des habits, du linge, etc. — On l'appelle ainsi, parce qu'on y serrait autrefois les armes et les titres des familles.—C'était aussi le lieu où les anciens chevaliers tenaient leurs habits de joûtes et de tournois, leurs écus et leurs armes.

ARMOIRIES, subst. fém. plur. (*armoari*) (ce mot vient d'*armure*, parce qu'on peignait autrefois sur les écus, les casques et les cottes d'armes des chevaliers, les insignes qu'ils avaient adoptés pour se distinguer les uns des autres, tant à la guerre que dans les tournois), marques de noblesse et de dignité, composées régulièrement de certaines figures et d'émaux, données ou autorisées par les souverains pour la distinction des personnes et des maisons (*insignia gentilitia*). Les *armoiries* les plus belles, selon l'art, sont celles qui sont le moins chargées, et dont les figures sont faites de simples traits, comme les partitions et les pièces honorables.—Il n'y a que quatre couleurs et deux émaux pour les *armoiries*. — On se sert plus souvent du mot *armes*, quand on peut éviter l'équivoque avec les armes ordinaires : *blasonner des armes ; quelles sont vos armes?* — Les savants ne sont point d'accord sur l'origine des *armoiries*. *Favin* prétend qu'elles existent depuis le commencement du monde; *Ségoin* en fait remonter l'origine aux enfants de Noé; d'autres au temps d'Osiris, opinion fondée sur quelques passages de *Diodore* de Sicile; d'autres aux Hébreux, parce qu'on a donné des armes à Moïse, à Josué, aux douze tribus, à Esther, à David, à Judith, etc.; d'autres les datent des siècles héroïques, et de l'empire des Assyriens, des Mèdes et des Persans, s'appuyant sur Philostrate, Xénophon et Quinte-Curce. Quelques-uns veulent qu'Alexandre ait réglé les *armoiries* et l'usage du blason. Le *P. Monet* assure qu'elles ont commencé sous l'empire d'Auguste; ceux-ci disent pendant les invasions des Goths, et ceux-là, sous l'empire de Charlemagne. *Chorier*, dans son *Hist. du Dauphiné*, fait remarquer que chaque soldat, chez les Gaulois, portait sur son bouclier quelque marque qui lui était propre. Il cite à cette occasion *Pausanias*, qui le dit en effet; et c'est là, selon *Chorier*, l'origine des armes des nobles familles. Ce serait trop d'ignorance, ajoute-t-il, que de croire que les Romains aient entièrement ignoré les *armoiries*; mais il n'y en aurait guère moins à soutenir qu'ils en aient eu de particulières à chaque famille. *Spelman* dit que ce sont les Saxons, les Danois et les Normands qui les ont apportées du Nord en Angleterre, et de là en France. Or il est certain que de temps immémorial il y a eu parmi les hommes des insignes symboliques pour se distinguer dans les armées, et qu'on en a fait des ornements de boucliers et d'enseignes; mais ces marques étaient simplement des devises, emblèmes, hiéroglyphes, etc., et non point des *armoiries* comme les nôtres, qui sont des marques héréditaires de la noblesse d'une maison, réglées selon l'art du blason, et accordées ou approuvées par les princes. Avant Marius, l'aigle n'était point l'enseigne unique des Romains : ils portaient indifféremment sur leurs étendards ou un loup, ou un léopard, ou un aigle, au choix de celui qui commandait. On remarque la même diversité chez les Français; aussi les auteurs sont-ils partagés lorsqu'ils parlent des *armoiries* de France : les uns disent que les Français avaient pour armes trois crapauds; les autres trois croissants; d'autres trois couronnes; d'autres aussi un lion; c'est-à-dire que ces *armoiries* n'étant point fixées, chaque auteur a pris pour les armes des Français celles qu'ils portaient dans le temps où il écrivait. Il y en a qui prétendent que jusqu'à Clovis les rois eurent trois crapauds dans leurs armes, et que ce prince reçut les fleurs-de-lis d'un ermite; mais d'autres soutiennent que Louis-le-Jeune, au XIIIe siècle, fut le premier qui prit des fleurs-de-lis sans nombre, et que Charles VI les réduisit à trois. En effet, tous les auteurs les plus éclairés s'accordent à dire que ni les *armoiries* des maisons, ni les noms des familles n'ont commencé avant l'an 1000. M. le Laboureur avance que l'usage des *armoiries* n'est pas plus ancien que les anciennes croisades des chrétiens pour l'Orient. L'opinion qui fait remonter cet usage au-delà du Xe siècle a été réfutée par *Spelman*, *André du Chesne*, *Blandel*, les frères *de Sainte-Marthe*, *de Justel*, *l'Espinoy*, *Chifflet*, *Bauchet*, *Du Tillet*, et le *Père Ménestrier*. Ce sont les tournois qui ont fixé les *armoiries*. Henri-l'Oiseleur, qui régla les tournois en Allemagne, créa ces marques d'honneur, plus anciennes chez les Allemands que dans tout le reste de l'Europe. Ce fut alors que commencèrent à paraître les cottes d'armes, espèce de livrée composée de diverses bandes de plusieurs couleurs, d'où vinrent la fasce, la bande, le pal, le chevron, la losange, etc., qui ont donné naissance aux *armoiries*. Ceux qui ne s'étaient jamais trouvés aux tournois n'avaient point d'*armoiries*, quoiqu'ils fussent gentilshommes. Les seigneurs qui se croisèrent pour aller conquérir la Terre-Sainte prirent aussi des armoiries pour se distinguer. Avant ce temps-là, c'est-à-dire avant le Xe ou le XIe siècle, les *armoiries* n'étaient point en usage. On ne remarque sur les tombeaux plus anciens que des croix et des inscriptions gothiques, avec la représentation de la personne. Le tombeau du pape Clément IV, mort en 1268, est le premier sur lequel on trouve des *armoiries*. On ne voit non plus d'*armes* sur les sceaux et sur les monnaies que depuis le Xe ou le XIe siècle. La première monnaie de France avec *armoiries* est un denier d'or de Philippe de Valois, où il est représenté tenant de la main gauche un écu semé de fleurs-de-lis. Cette pièce d'or, battue en 1336, fut nommée *écu*, à cause de l'*écusson* des *armoiries* de France. On trouve cependant des figures ou sur des étendards, ou sur des médailles plus anciennes, mais les princes non plus que les villes n'en avaient point fait des *armoiries* en forme; et l'on ne lit dans aucun auteur que l'art du blason date de plus loin.

Aussitôt maint esprit fécond en rêveries
Inventa le blason avec les *armoiries*,
De ses termes obscurs fit un langage à part, etc.
(BOILEAU.)

— Il n'y avait originairement que les seuls nobles qui eussent le droit d'avoir des *armoiries*; mais le roi Charles V, par une charte de l'an 1371, ayant anobli les Parisiens, leur permit de porter des *armoiries* : alors les plus nobles bourgeois des autres villes en prirent aussi. — Les *armoiries* n'ont commencé à être pendues dans les églises que vers l'an 1341, si l'on en croit le témoignage de Joinville. D'autres prétendent que ce ne fut qu'en 1330, par un évêque d'Utrecht faisant les obsèques de son frère. — On dit proverbialement, d'un ignorant assis sur une chaise, que *ce sont les armoiries de Bourges, un âne sur une chaise*. — On dit aussi : *il n'y a point de plus belles armoiries que celles d'un vilain : il prend ce qu'il veut*. — T. de blas., *armes* de familles peintes et enluminées.

ARMOISE, subst. fém. (*armoaze*), t. de bot., plante vivace à fleur flosculeuse, nommée aussi *matricaire*, et vulgairement *herbe de Saint-Jean*.

ARMOISIN, subst. mas. (*armoazein*), sorte de taffetas faible et peu lustré, qui se fabrique à Lyon, à Avignon et à Florence. — On tire aussi des *armoisins* des Indes orientales.

ARMOL, subst. mas. (*armole*), t. de bot., nom de l'arroche cultivée.

ARMON, subst. mas. (*armon*), la partie du train de devant du carrosse où est attaché le timon.

ARMORACÉE, subst. fém. (*armoracé*), t. de bot., espèce de rave sauvage.

ARMORIAL, subst. mas.; au plur. ARMORIAUX (*armorial*), livre qui contient les *armoiries* d'un état : *l'armorial de France*. — C'est aussi un recueil d'*armoiries*, où l'ancienne noblesse trouve ses *armes*.

ARMORIAL, E, adj.; au plur. mas. ARMORIAUX (*armoriale*), qui traite d'*armoiries*, qui parle d'*armoiries*, qui contient des *armes* de familles.

ARMORIAUX, adj. mas. plur. Voy. ARMORIAL.

ARMORICAIN, E, subst. (*armorikein, kène*), habitant de l'ancienne *Armorique*, Bas-Breton.

ARMORIÉ, E, adj. et part. pass. de *armorier*.

ARMORIER, v. act. (*armorié*), mettre, peindre, graver ou appliquer des *armoiries* sur quelque chose. Peut-être devrait-on écrire *armoirier*, à cause de *armoiries*; mais nous trouvons dans la plupart des éditions de *Boileau* ces vers :

. . . . Au dos de son carrosse
Il fit *armorier* t sa mitre et sa crosse;

et au bas de ces vers, en note, nous lisons le vers que nous avons cité au mot *armoiries*, écrit ainsi : *inventa le blason avec les armories*. C'est peut-être une faute de *typographie*.

ARMORIQUE, adj. des deux genres (*armorike*), (mot celtique et bas-breton), maritime. — Subst. fém., autrefois la Bretagne, presque toute la Normandie, le Maine, le Perche, le nord de l'Anjou et de la Touraine.

ARMORISTE, subst. des deux genres (*armoriceste*), celui ou celle qui fait des *armoiries*; qui sait le blason; qui l'enseigne.

ARMOSELLE, subst. fém. (*armozèle*), t. de bot., plante, arbuste d'Arabie de la famille des corymbifères.

ARMURE, subst. fém. (*armure*), *armes* défensives qui couvrent le corps, comme cuirasse, casque, etc. — On dit, en parlant des *armes* défensives de certains animaux : *les écailles servent d'armure aux crocodiles, à la tortue*, etc. — Fig., ce qui garantit de... ce qui fortifie contre... : *la patience est une bonne armure contre les maux*. En ce sens, il a plus d'usage dans le sacré que dans le profane. — Revêtement en fer mis à une pierre d'aimant pour lui donner plus de force. — En t. de manuf. de soie, 1° ordre dans lequel on fait mouvoir les lices, tant de chaîne que de poil, pour la fabrication des étoffes; 2° petite pièce de fer dont est garnie chacune des deux extrémités de la navette. — T. de serrurier, l'*armure* est la ferrure nécessaire à une machine quelconque. — T. de mar., se dit des jumelles d'un vaisseau. — T. de papetier, enveloppe d'une rame de papier. — T. de phys., garniture intérieure et extérieure de la bouteille de Leyde.

ARMURIER, subst. mas. (*armurié*), ouvrier qui fabrique ou qui vend des armes défensives, comme casques, cuirasses; et des *armes* offensives, comme fusils, pistolets, etc. — Dans l'origine, il ne se disait que des fabricants d'*armures*.—T. de mar., ouvrier embarqué pour l'entretien des *armes*, des serrures, des batteries de cuisine, des fanaux, du vitrage, etc. — Au fém. *armurière*, la femme d'un *armurier*.

ARMURIÈRE, subst. fém. Voy. ARMURIER.

ARNAB, subst. mas. (*arnabe*), t. d'hist. nat., espèce de lièvre d'Afrique.

ARNALDIE, subst. fém. (*arnaldi*), t. de médec., maladie qui fait tomber les cheveux.

ARNALDISTES, subst. mas. plur. Voy. ARNAUDISTES.

ARNAUDISTES, subst. mas. plur. (*arnôdicete*) (l'origine de ce mot nous le fait préférer à ARNALDISTES qui a été formé du lat. *Arnaldus*, *Arnaud*: une étymologie prise dans la même langue est toujours préférable), nom qu'on donnait à des sectaires chrétiens, ainsi nommés d'*Arnaud* de Bresse, leur chef. — Les *Arnaudistes* parurent dans le XIIe siècle, et s'élevèrent avec chaleur contre la possession de biens-fonds par des églises et des ecclésiastiques, qu'ils traitaient d'usurpateurs. De telles plaintes ne pouvaient manquer d'être cruellement punies à cette époque : Arnaud fut pendu et brûlé, et ses cendres furent jetées dans le Tibre.

ARNAY-LE-DUC, subst. mas. (*arné-le-duk*), village de France, chef-lieu de canton, arrond. de Beaune, dép. de la Côte-d'Or.

ARNÉE, subst. mas. (*arné*), t. d'hist. nat., grand buffle des Indes.

ARNEUTÉRIE, subst. fém. (*arneutéri*) (du grec αρνευτηρ, plongeur), exercice des plongeurs. Inus.

ARNIÉ, subst. mas. (*arnié*), t. d'hist. nat., l'un des noms du *martin-pêcheur* d'Europe.

ARNIQUE, subst. fém. (*arnike*), t. de bot., plante sternutatoire employée en médecine.

ARNO, subst. mas. (*arnó*), rivière d'Italie qui passe à Florence et à Pise.

ARNÔDE, subst. mas. (*arnôde*) du grec αρς, gén. αρνος, agneau, et ωδη, chant), t. d'hist. anc., nom qu'on donnait à ceux qui, chez les Grecs, allaient dans les festins et dans les assemblées réciter des vers d'*Homère*. On les nommait ainsi, parce qu'un agneau était leur salaire. — On les appelait aussi *rhapsodistes* ou *rhapsodes*.

ARNOGLOSSE, subst. mas. (*arnogueloce*) (du grec αρς, agneau, et γλωσσα, langue), t. de bot., herbe dont la feuille est semblable à une langue de mouton.

ARNON, subst. mas. (*arnon*), torrent de la Palestine, qui se jette dans le lac Asphaltite.

ARNOSÈRE, subst. fém. (*arnozère*), t. de bot., genre de plantes de la famille des chicoracées.

AROCHE, subst. mas. (*aroche*), bourg d'Espagne.

AROGLASSON, subst. mas. (*aroguelaceçon*), t. de bot., nom donné au plantin.

AROÏDES, subst. fém. plur. (*aro-ide*) (du grec αρον, *arum*, et ειδος, forme), t. de bot., famille de plantes semblable à l'*arum*, dont elle a tiré son nom.

ARÔMATE, subst. mas. (*arômate*) (du grec αρωμα, parfum, odeur suave), tout végétal fortement odoriférant; parfum; avec ces différences, 1° que l'*arômate* est proprement le corps d'où s'élève une odeur, tandis que le *parfum* est l'odeur qui s'élève du corps; 2° que, pris pour le corps même qui parfume, le *parfum* est à l'*arômate* ce que le genre est à l'espèce : tout *arômate* est ou peut être *parfum*; tout *parfum* n'est pas *arômate*; 3° que l'*arômate* appartient uniquement au règne végétal, et que les *parfums* sont tirés de différents règnes. — Au fig. : *la religion est l'arômate qui empêche la science de se corrompre.* (Bacon.) Voy. ARÔME.

ARÔMATIQUE, adj. des deux genres (*arômatike*), qui est de la nature des *arômates*; qui a une odeur forte et agréable comme les *arômates*. — Subst. mas. : *un arômatique.* Voy. ARÔME.

ARÔMATISATION, subst. fém. (*arômatizâcion*), t. de pharm., action d'*arômatiser*; résultat de cette action.

ARÔMATISÉ, E, part. pass. de *arômatiser*.

ARÔMATISER, v. act. (*arômatizé*), mêler des *arômates* avec une autre substance, pour lui donner une odeur *arômatique*. — S'ARÔMATISER, v. pron., se couvrir d'odeurs, de parfums. Il est fam. et peu usité. Voy. ARÔME.

ARÔMATITE, subst. fém. (*arômatite*), t. de min., pierre précieuse d'Égypte et d'Arabie, d'une substance bitumineuse, qui a la couleur et l'odeur de la myrrhe.

ARÔMATOPHORE, adj. des deux genres (*arômatofore*) (du grec αρωματος, gén. de αρωμα, parfum, et φερω, je porte), qui répand une odeur *d'arômate*.

ARÔMATOPOLE, subst. mas. (*arômatopole*) (du grec αρωμα, parfum, et πωλειν, vendre), vendeur d'*arômates*. Inus.

ARÔME, et non pas avec l'*Académie* AROME, subst. mas. (*arôme*) (du grec αρωμα, parfum), t. de chim., esprit recteur, principe odorant d'un végétal, dissolution d'huile volatile dans l'eau. Il se dit du parfum du café, etc.

ARÔMITE, subst. mas. (*arômite*), t. de chim., substance neutre extraite des plantes *arômatiques*.

ARÔMODENDRON, subst. mas. (*arômodandron*), t. de bot., espèce de magnolie.

AROMPO, ou MANGEUR D'HOMMES, subst. mas. (*aronpô*), t. d'hist. nat., quadrupède anthropophage d'Afrique, qu'on croit être le chacal.

ARON, subst. mas. (*aron*), arche, espèce d'armoire où les Juifs renferment leurs livres sacrés.

ARONDE, subst. fém. (*aronde*) (du lat. *hirundo* qui a la même signification), hirondelle, en langue romane. On disait aussi : *arondeau*, *arondel*, *arondelle*, *arundelle*. Dans quelques parties de la France on appelle encore l'hirondelle *aronde*. — T. de charpentier, *queue d'aronde*, entaillure dans le bois, faite comme la queue d'une *hirondelle*, plus large en dehors qu'en dedans. Quelques-uns disent *queue d'hirondelle*. — T. de fortif., *queue d'aronde*, ailes ou branches d'un ouvrage à corne ou à couronne allant en se rapprochant vers la place, de telle sorte que la gorge se trouve moins étendue que le front. — T. d'hist. nat., on nomme *aronde* un genre de mollusques acéphales dont fait partie le coquillage qui fournit les perles et la nacre. — *Aronde* est aussi le nom d'une espèce de poisson volant.

ARONDEL, OU ARUNDEL, subst. mas. (*arondèl*), ville de la province de Sussex en Angleterre, qui a le titre de comté. — On parle souvent parmi les savants des *marbres d'Arondel* : ce sont des marbres sur lesquels se trouve un traité de paix fait entre les habitants de Smyrne et les Magnésiens, deux cent quarante-quatre ans avant Jésus-Christ. On y voit aussi deux décrets des Smyrnéens; un traité d'alliance entre les habitants d'Hiérapytna et ceux de Pryanse, une espèce de chronique, ou du moins les principales époques des Grecs écrites dans l'île de Paros, l'une des Cyclades, deux cent soixante-trois ans avant Jésus-Christ, et d'autres antiquités. Ces marbres ont été ainsi nommés de Thomas, comte d'*Arondel*, aïeul du comte maréchal d'*Arondel*, qui les fit venir du Levant à grands frais. Durant les troubles d'Angleterre, ils furent employés pour la plupart à réparer des portes et des cheminées. Ils sont maintenant à l'université d'Oxford, à laquelle le maréchal comte d'*Arondel* les a donnés.

ARONDELAT, subst. mas. (*arondela*), anciennement le petit de l'*hirondelle*.

ARONDELLE ou **HAROUELLE**, subst. fém. (*arondèle, arouèle*), t. de pêche, corde garnie de lignes latérales portant des hameçons, et que l'on fixe sur le sable par des piquets.

ARONDELLES DE MER, subst. fém. plur. (*arondèle*), t. de mar., petits bâtiments légers, tels que les brigantins, les pinasses, etc.

ARONE, subst. fém. (*arone*), ville du Milanais, en Italie.

ARONIE, subst. fém. (*aroni*), t. de bot., plante de l'espèce des aliziers.

ÂRONISTE, subst. mas. (*âronicete*), t. d'hist. anc., nom donné par les Samaritains aux prêtres de la race d'Aaron. — On dirait mieux *aaronistes*.

AROT et **MAROT**, subst. mas. (*aro*), t. de théol. musulmane, noms de deux anges que Mahomet disait avoir été envoyés de Dieu pour instruire les hommes.

AROTES, subst. mas. plur. (*arote*) (du grec αροτης, laboureur, parce que le labour était en Sicile l'occupation des mercenaires), t. d'hist. anc., Syracusains de condition libre, que la pauvreté réduisait à servir leurs concitoyens.

AROUMA, subst. mas. (*arouma*), t. de bot., galanga de la Guyane.

AROUNIER, subst. mas. (*arounié*), t. de bot., arbre de la Guyane.

AROURE, subst. fém. (*aroure*), t. d'antiq., nom d'une mesure agraire de cinquante pieds chez les Grecs.

AROUSSE, subst. fém. (*arouce*), t. de bot., espèce d'ers.

ARPAGE, subst. mas. (*arpaje*) (en lat. *arpagus*), t. d'antiq., c'est, dans les anciennes inscriptions, un enfant mort au berceau. Les Romains ne faisaient point faire de funérailles pour les enfants qui mouraient au berceau; on ne brûlait point leurs corps, et on ne leur dressait ni tombeau ni épitaphe; ce qui a fait dire à Juvénal :

> *.....Terrâ clauditur infans*
> *Vel minor igne rogi.*

On les brûla depuis, quand ils avaient vécu plus de quarante jours. Ces morts étaient appelés *des rapts*. — Le mot *arpagi* signifie la même chose en grec, et Eustathius nous apprend que c'était la coutume des Grecs de ne célébrer les funérailles des enfants ni de nuit ni au grand jour, mais au lever de l'aurore, avant que le soleil ne parût, ce qu'ils appelaient le *rapt du jour*, ημερας αρπαγη.

ARPAGER, v. act. (*arpajé*), vieux mot inusité. Voy. ARPÉGER.

ARPAILLEUR, subst. mas. (*arpaieur*), homme occupé à remuer les sables des rivières qui roulent des *paillettes* d'or, afin de les en séparer. — Il se dit aussi de celui qui va à la découverte des mines.

ARPAJON, subst. mas. (*arpajon*), ville de France, chef-lieu de canton, arrond. de Corbeil, dép. de l'Oise.

ARPÈGE, et non pas avec l'*Académie* ARPÉGE, subst. mas. (*arpèje*) (dérivé de l'italien *arpa*, harpe), t. de mus., leçon et exemple d'*arpégement*. — Batterie successive des notes qui composent un accord.

ARPÈGEMENT, et non pas avec l'*Académie* ARPÉGEMENT, subst. mas. (*arpèjeman*) (de l'italien *apeggio*, dérivé de *arpa*, harpe, parce que c'est du son de la harpe qu'est venue l'idée de l'*arpégement*), t. de mus., manière de frapper successivement et rapidement tous les sons d'un accord, au lieu de les frapper à la fois.

ARPÉGER, v. neut. (*arpégé*), t. de mus., faire des *arpèges*. — Jouer du violon en le pinçant avec les doigts.

ARPENT, subst. mas. (*arpan*) (du latin barbare *arpendium*, fait par contraction d'*arripendium*, mesure des champs au moyen d'une corde; d'*arvum*, *arri*, champ, et *pendeo*, je pends, état naturel de la corde), étendue de terre qui contenait ordinairement cent perches carrées, à raison de dix-huit pieds par perches. L'arpent de Paris a cent perches et la perche vingt-deux pieds, ce qui fait deux mille deux cents pieds en carré. Au Perche la perche est de vingt-quatre pieds, et le pied est de treize pouces; l'*arpent* de Poitou est de quatre-vingts pas de chaque côté; l'*arpent* de Montargis a cent cordes, et chaque corde a vingt pieds; l'*arpent* de Clermont en Beauvaisis a cent verges, et chaque verge vingt-six pieds; l'*arpent* ou le *journal* en Bretagne a vingt cordes en longueur, et quatre en largeur, chaque corde de vingt-quatre pieds. Dans l'ancien duché de Bourgogne, l'*arpent* de bois est de quatre cent quarante perches, et le journal de terre, de vigne ou de pré, de trois cent soixante. — Nous lisons dans le *Dict. de Législation usuelle*, publié par M. Chabrol Chaméane, que cette mesure agraire a été abolie par la loi du 8 mai 1790. Cependant elle est encore en usage dans beaucoup de localités; on la trouve mentionnée dans un grand nombre d'actes sous seing privé; et c'est pour cela qu'il nous a paru utile de présenter les tableaux comparatifs suivants. Nous faisons observer que l'*arpent* se fractionnait en perches de dix-huit, vingt ou vingt-deux pieds, suivant les localités, et que la mesure nouvelle qui répond à l'*arpent* est l'hectare, qui se fractionne en ares et centiares.

ARPENTS RÉDUITS EN HECTARES.

arpents.	de 22 pieds par perche.			de 20 pieds par perche.			de 18 pieds par perche.		
	hect.	ares.	cent.	hect.	ares.	cent.	hect.	ares.	cent.
1	0	51	07	0	42	21	0	34	19
2	1	02	14	0	84	42	0	68	38
3	1	53	22	1	26	62	1	02	57
4	2	04	29	1	68	83	1	36	75
5	2	55	36	2	11	04	1	70	94
6	3	06	43	2	53	25	2	05	13
7	3	57	50	2	95	46	2	39	32
8	4	08	58	3	37	67	2	73	51
9	4	59	65	3	79	87	3	07	70
10	5	10	72	4	22	08	3	41	89
11	5	61	79	4	64	29	3	76	07
12	6	12	86	5	06	50	4	10	26
13	6	63	94	5	48	71	4	44	45
14	7	15	01	5	90	92	4	78	64
15	7	66	08	6	33	12	5	12	83
20	10	21	44	8	44	17	6	83	77
25	12	76	80	10	55	21	8	54	72
30	15	32	16	12	66	25	10	25	66
35	17	87	52	14	77	29	11	96	60
40	20	42	88	16	88	33	13	67	55
45	22	98	24	18	99	37	15	38	49
50	25	53	60	21	10	41	17	09	43
60	30	64	32	25	32	50	20	51	32
70	35	75	04	29	54	58	23	93	31
80	40	85	76	33	76	66	27	35	09
90	45	96	48	37	98	74	30	76	98
100	51	07	20	42	20	83	34	18	87
200	102	14	40	84	41	66	68	37	74
300	153	21	60	126	62	49	102	56	61
400	204	28	80	168	83	32	136	75	48
500	255	36	»	211	04	15	170	94	35
1000	510	72	»	422	08	30	341	98	70

HECTARES RÉDUITS EN ARPENTS.

hectares	de 22 pieds par perche.			de 20 pieds par perche.			de 18 pieds par perche.		
	arp.	perch.	10e.	arp.	perch.	10e.	arp.	perch.	10e
1	1	95	8/10	2	36	9/10	2	92	5/10
2	3	91	6	4	73	8	5	85	»
3	5	87	4	7	10	8	8	77	5
4	7	83	2	9	47	7	11	70	»
5	9	79	»	11	84	6	14	62	5
6	11	74	8	14	21	5	17	55	»
7	13	70	6	16	58	4	20	47	5
8	15	66	4	18	95	4	23	40	»
9	17	62	2	21	32	3	26	32	4
10	19	58	»	23	69	2	29	24	9
11	21	53	8	26	06	1	32	17	4
12	23	49	6	28	43	»	35	09	9
13	25	45	4	30	80	»	38	02	4
14	27	41	2	33	16	9	40	94	9
15	29	37	»	35	53	8	43	87	4
20	39	16	»	47	38	4	58	49	9
25	48	95	1	59	23	»	73	12	4
30	58	74	1	71	07	6	87	74	8
35	68	53	1	82	92	2	103	37	3
40	78	52	1	94	76	8	116	99	8
45	88	11	1	106	61	4	131	62	2
50	97	90	1	118	46	»	146	27	4
60	117	48	1	142	15	2	175	49	7
70	137	06	1	165	84	4	204	74	6
80	156	64	2	189	53	6	233	99	5
90	176	22	2	213	22	8	263	24	5
100	195	80	2	236	92	»	292	49	4
200	391	60	4	473	84	»	584	98	9
300	587	40	6	710	76	»	777	48	2
400	783	20	8	947	68	»	1169	97	8
500	979	01	»	1184	60	»	1462	47	»
1000	1958	02	1	2369	20	»	2924	94	»

— L'arpent répond, dans les nouvelles mesures, à cinquante et un ares environ de superficie. — Grande scie dont les charpentiers se servent dans les chantiers de construction. On dit aussi *harpon*. Voy. ce mot.

ARPENTAGE, subst. mas. (*arpantaje*), art de mesurer, mesurage par *arpent*, ou même par d'autres espèces de mesures. — Action d'*arpen-*

ter : enseigner l'arpentage.—T. de géom. : *croix d'arpentage* ou *bâton d'arpenteur*, instrument composé d'un cercle de cuivre gradué et garni de pinnules ou visières, qui se monte sur un bâton.

ARPENTÉ, E, adj. et part. pass. de *arpenter*.

ARPENTER, v. act. (*arpanté*), mesurer la superficie des terres. — Et fam., marcher vite et à grands pas : *voyez comme il arpente.* — Fig. et fam., parcourir à pas larges, vifs et presque comptés : *ce solliciteur arpente tout Paris.* — **S'ARPENTER**, v. pron. : *ce terrein ne peut s'arpenter rapidement.*

ARPENTEUR, subst. mas. (*arpanteur*), celui qui sait l'*arpentage* ou le mesurage en général, et qui mesure avec la perche ou la toise. — *Arpenteur juré*, officier chargé par la justice d'*arpenter* les terres.

ARPENTEUSE, subst. fém. (*arpanteuze*), t. d'hist. nat., espèce de chenille, nommée aussi *géomètre.* — Il est aussi adj. fém. : *chenille arpenteuse.*

ARPINO, subst. mas. (*arpinó*), ancienne ville des Volsques. Elle fait aujourd'hui partie du roy. de Naples.

ARQUÉ, subst. mas. (*arké*), t. d'hist. nat., poisson du genre des chétodons.

ARQUÉ, E, part. pass. de *arquer*, et adj., courbé en *arc* : *ce cheval a les jambes arquées.*

ARQUEBUSADE, subst. fém. (*arkebuzade*), coup d'*arquebuse.* — *Eau d'arquebusade*, eau composée de diverses plantes vulnéraires, dont on se servait autrefois particulièrement contre les coups de feu.

ARQUEBUSE, subst. fém. (*arkebuze*) (de l'italien *arcobugio*, qui a la même signification, et qui est formé de *arco*, arc, et *bugio*, troué, percé), ancienne arme à feu. — *Arquebuse rayée*, à canon rayé en dedans. — *Arquebuse à croc*, lourde *arquebuse* qu'on appuyait sur un instrument nommé fourchette. Elle était principalement utile derrière les murs d'une place. — *Arquebuse à rouet*, *arquebuse légère* pour la guerre de campagne, dont furent d'abord armés les arquebusiers à cheval. — *Arquebuse à vent*, qu'on charge avec du vent comprimé, et qui ne laisse pas que de produire un fort grand effet. Les *arquebuses à vent* ont été inventées par un bourgeois de Lisieux nommé Marin, qui en présenta une au roi Henri IV. Quelques personnes croient que cette invention est due à des ouvriers de Hollande. — *Jeu de l'arquebuse*, divertissement consistant à tirer au blanc avec l'*arquebuse*, et, par extension, avec le fusil. — Lieu d'assemblée, d'exercice des *arquebusiers*, ou tireurs au blanc.

ARQUEBUSÉ, E, part. pass. de *arquebuser*.

ARQUEBUSER, v. act. (*arkebuzé*), tuer à coups d'*arquebuse.* Vieux et inusité. — **S'ARQUEBUSER**, v. pron.

ARQUEBUSERIE, subst. fém. (*arkebuzerí*), métier d'*arquebusier*.

ARQUEBUSIER, subst. mas. (*arkebuzié*), autrefois soldat armé d'une *arquebuse*, soit à pied, soit à cheval. — Membre d'une compagnie qui s'est formée pour s'amuser à tirer au blanc. — Ouvrier qui fait et vend des *arquebuses*, et toute arme à feu portative. On dit plutôt *armurier*.

ARQUER, v. act. (*arké*), courber en *arc* : *arquer une barre de fer.* — V. neut., se courber en *arc* : *cette poutre arque déjà.* — Il se dit aussi d'un navire dont la quille fait l'*arc.* — **S'ARQUER**, v. pron. : *les jambes de cet enfant se sont arquées.*

ARQUES, subst. fém. (*arke*), village de France, arrond. de Dieppe, dép. de la Seine-Inférieure, célèbre par la victoire de Henri IV sur les ligueurs, en 1589.

ARQUET, subst. mas. (*arké*), t. de manuf., châssis de corde, fil de fer en ressort. — Petit arc.

ARRACHÉ, E, part. pass. de *arracher*, et adj. Il se dit, en t. de blas., des arbres et autres plantes dont les racines sont découvertes, et de tout ce qui paraît en lambeaux, de tout ce qui semble avoir souffert quelque violence.

ARRACHEMENT, subst. mas. (*aracheman*), action d'*arracher.* — En t. d'archit., on appelle *arrachement* les premières retombées d'une voûte, enclavées dans le mur. On le dit aussi des pierres qu'on *arrache* et de celles qu'on laisse alternativement pour faire liaison avec un mur qu'on veut joindre à un autre.

D'ARRACHE-PIED, loc. adv (*darachepié*), sans discontinuité, sans intermission.

ARRACHER, v. act. (*araché*) (du lat. *abradicare* ou *eradicare*, déraciner), tirer par force une chose ou une personne de... — En t. de graveur, enlever sur le cuivre certaines parties déjà gravées et qu'on veut corriger. — Au fig., obtenir par quelque moyen, tirer adroitement. — Fig., obtenir avec peine, à force de travail. — Oter, détacher du cœur, de l'esprit ou du souvenir. — T. de chap., *arracher le jarre*, tirer ou ôter le long poil luisant qui s'aperçoit sur toute la superficie des peaux de castor. — On dit fig. et prov., *il vaut mieux laisser son enfant morveux que de lui arracher le nez*, il faut souffrir un petit mal, pour en éviter un plus grand. — *Se faire arracher une chose*, ne la donner que de force, à la dernière extrémité. — *Arracher de l'argent de quelqu'un*, tirer avec peine de l'argent de quelqu'un. — *Arracher les paroles à quelqu'un*, le faire parler avec peine. — *Arracher l'âme à quelqu'un*, lui faire faire quelque chose contre son gré. — On dit d'un homme qui a un extrême attachement à quelque chose, qu'*on ne l'en peut arracher*, pour dire, qu'on ne peut l'en détourner, l'en détacher. — **S'ARRACHER**, v. pron., se tirer quelque chose qui blesse : *s'arracher une épine du pied.* — Se tirer avec effort de quelque lieu. — On dit d'un homme fort recherché dans la société, qu'*on se l'arrache*, pour dire qu'on se dispute à qui l'aura, à qui l'attirera chez soi. — On dit aussi d'un ouvrage nouveau très-recherché, qu'*on se l'arrache*. — **ARRACHER, RAVIR.** (*Syn.*) *Arracher*, c'est tirer à soi, et enlever avec violence un objet qui résiste ; *ravir*, c'est prendre par force ou par adresse un objet mal défendu.

ARRACHEUR, subst. mas., au fém. **ARRACHEUSE** (*aracheur*, *cheuze*), qui *arrache* les dents, les cors. — Fig., *mentir comme un arracheur de dents*, mentir avec intrépidité. — Subst. fém., t. de chapellerie, celle qui épluche les peaux de castor.

ARRACHEUSE, subst. fém. Voy. **ARRACHEUR**.

ARRACHIS, subst. mas. (*arachi*), t. des eaux-et-forêts, enlèvement frauduleux du plant des arbres.

ARRACK, subst. mas. (*arak*). Voy. **ARACK**.

ARRAFLÉ, E, part. pass. de *arrafler*.

ARRAFLER, v. act. (*araflé*), égratigner, écorcher. Mot inusité.

ARRAGEOIS, E, adj. (*arajoá*, *joáze*), se dit d'un habitant d'*Arras*. Il est aussi subst.

ARRAISONNÉ, E, part. pass. de *arraisonner*.

ARRAISONNER, v. act. (*arèzoné*), entrer en propos avec quelqu'un, lui vouloir faire entendre raison. En ce sens il est vieux, et nous sommes étonnés de le trouver dans l'*Académie.* — On dit encore dans la marine *arraisonner un vaisseau*, pour : s'informer d'où il vient, où il va, etc. — **S'ARRAISONNER**, v. pron.

ARRAMBER, v. neut. (*aranbé*), t. de mar., toucher le bord, en parlant d'une embarcation qui aborde un bâtiment. Expression de la Méditerranée, peu usitée.

ARRAMÉ, E, part. pass. de *arramer*.

ARRAMER, v. act. (*aramé*), t. de manuf. de draps et autres étoffes de laine, tirer, allonger de force une pièce d'étoffe au moyen d'un rouleau.

ARRAMIER, v. act. (*aramié*). Vieux mot inus., qui signifiait *promettre*.

ARRANG, subst. mas. (*aran*), ancien mot d'imprimeur qui s'appliquait ironiquement à un ouvrier paresseux. Ce mot nous semble être une corruption de celui de *hareng*.

ARRANGÉ, E, part. pass. de *arranger*, et adj. Il se dit d'une personne qui a de l'affectation dans ses manières, dans ses discours.

ARRANGEMENT, subst. mas. (*aranjeman*), action d'*arranger* ; résultat de cette action : *arrangement de livres, de meubles*, etc. — Ordre dans un discours : *arrangement des preuves, des idées, des mots.* — Louable économie, esprit d'ordre dans la dépense : *s'il n'a pas réussi, c'est qu'il manquait d'arrangement.* — Conciliation : *faire un arrangement entre deux personnes.* — Mesures que l'on prend pour finir des affaires. Dans ce sens, il s'emploie ordinairement au plur. : *il a pris des arrangements pour payer ses dettes.*

ARRANGER, v. act. (*aranjé*) (du mot français *rang*, mettre en rang, en ordre), mettre dans un ordre convenable, *ranger* ; avec cette différence que *arranger* exprime le rapport que l'on établit entre plusieurs choses que l'on *range* ensemble, et que *ranger* n'exprime qu'une idée individuelle : *c'est en rangeant ses livres que l'on arrange sa bibliothèque.* — Accommoder ; mettre en ordre : *arranger ses affaires.* — *Arranger une chose*, en mettre les parties dans un certain ordre. — Fam., *arranger quelqu'un*, le maltraiter de paroles ou de coups. — On dit qu'*un homme a été mal arrangé*, pour dire qu'il a été maltraité ; et, par antiphrase, on dit, pour signifier la même chose, qu'*il a été bien arrangé*, qu'*il a été arrangé de la bonne manière.* — On dit : *comme vous voilà arrangé !* pour dire, dans quel désordre sont vos vêtements, vos cheveux, etc. — Fig., *arranger un projet dans sa tête*, c'est disposer par la pensée tous les moyens que l'on croit propres à le faire réussir. — *Arranger un procès, une affaire, un différend*, les terminer à l'amiable. — **S'ARRANGER**, v. pron. : *s'arranger chez soi*, rendre sa maison, son appartement propre, commode, etc. ; *s'arranger dans un fauteuil*, s'y mettre à son aise. — *S'arranger avec quelqu'un*, s'entendre avec lui. — *S'arranger pour faire une chose*, faire des dispositions telles qu'on puisse la faire. — *S'arranger ensemble*, s'accorder.

ARRAS, subst. mas. (*arâce*), ville de France, chef-lieu du dép. du Pas-de-Calais. — Cette ville fut le théâtre d'un grand nombre d'événements mémorables. Ruinée sous Néron, détruite par Attila, incendiée par les peuples du Nord, elle resta ville. — C'est à Arras que fut conclu, en 1435, le traité d'alliance entre Charles VII et Philippe-le-Bon. — Arras soutint à diverses époques des sièges fameux, et fut surtout illustrée, en 1654, par la victoire de Turenne sur Condé, qui la tenait assiégée. — C'est la patrie de Malebranche, de Damiens, des deux Robespierre, et de plusieurs autres hommes célèbres. — *Arras*, se prononçant *arerâce*, a été un cri d'armes chez les Flamands. — T. d'hist. nat, c'est aussi le nom d'un perroquet de la Guadeloupe, dont le cri ressemble à celui-ci.

ARRASÉ, E, part. pass. de *arraser*.

ARRASEMENT, subst. mas. (*arâzeman*), t. d'archit., dernière assise d'un mur arrivé à hauteur du couronnement, ou assise qu'on a laissée à une certaine hauteur pour quelque raison particulière. — Il se dit aussi, tant en archit. qu'en menuiserie, de l'action de mettre plusieurs pièces de niveau, et du résultat de cette action.

ARRASER, v. act. (*arâzé*), mettre à même hauteur et de niveau un cours d'assises de pierre, un mur de maçonnerie, des panneaux de menuiserie.

ARRASES, subst. fém. plur. (*arâze*), t. d'archit., matériaux qu'on place dans les inégalités d'un cours d'assises ou d'un mur de maçonnerie, pour en rendre la surface supérieure unie et de niveau.

ARREAU, subst. mas. (*aró*), ville de France, chef-lieu de canton, arrond. de Bagnères, dép. des Hautes-Pyrénées.

ARREMON, subst. mas. (*aremon*), t. d'hist. nat., genre d'oiseaux de l'ordre des silvains.

ARREN, subst. mas. (*arerène*), une des îles d'Écosse.

ARRÉNATHÈRE, subst. fém. Vicieux. Voy. **ARRHENATHÈRE**.

ARRÉNOPTÈRE, subst. fém. Vicieux. Voy. **ARRHÉNOPTÈRE**.

ARRENTÉ, E, part. pass. de *arrenter*.

ARRENTEMENT, subst. mas. (*aranteman*), bail à *rente*. Peu français ; et l'*Académie* devait nous en avertir.

ARRENTER, v. act. (*aranté*), donner à *rente*. — Prendre à *rente*. Peu français.

ARREOY, subst. mas. (*aroa*), guerrier indépendant, membre d'une société répandue dans toutes les îles de l'Océan.

ARRÉPHORES, subst. mas. plur. (*aréfore*), t. d'hist. anc. Voy. **ARRÉPHORIES**.

ARRÉPHORIES, subst. fém. plur. (*aréforí*), t. d'hist. anc., fêtes instituées à Athènes en l'honneur de Minerve, et de Hersé, fils de Cécrops.

ARRÉRAGÉ, part. pass. du v. *arrérager*.

ARRÉRAGER, v. neut. (*arérajé*), s'accumuler, en parlant des rentes, etc. : *il ne faut pas laisser arrérager ces rentes.* — *Il ne faut pas se laisser arrérager*, il ne faut pas laisser courir sur soi plusieurs années d'*arrérages.* — **S'ARRÉRAGER**, v. pron.

ARRÉRAGES, subst. mas. plur. (*aréraje*) (du lat. *ad retro*, en arrière), ce qui est dû, ce qui est échu d'un revenu, d'une rente, d'un loyer, d'une ferme, etc. : *payer les arrérages.* — Quelquefois aussi le mot *arrérages* désigne ce qui est à échoir.

ARRESTATION, subst. fém. (*arècetácion*). Il y a deux classes générales d'*arrestation* : *l'arrestation des choses*, qu'on nomme *saisie*, et *l'arrestation des personnes*. *L'arrestation des choses* sera plus convenablement traitée au mot **SAISIE**. — Action d'*arrêter* une personne, de l'empêcher d'aller plus loin; résultat de cette action. — Prise de corps; état de celui qui est *arrêté*. — On dit *décréter d'arrestation, mettre en arrestation, tenir en arrestation.*

ARRESTOGRAPHE, subst. mas. (*arècetoguerafe*) (du grec αρεστον, décret, et γραφω, j'écris), compilateur d'*arrêts*.

ARRESTOGRAPHIE, subst. fém. (*arècetoguerafi*) (voir ARRESTOGRAPHE pour l'étymologie), transcription d'*arrêts*.

ARRESTOGRAPHIQUE, adj. des deux genres. Voy. ARRESTOGRAPHIE.

ARRÊT, subst. mas. (*aré*) (du grec αρεστον, décret, chose convenable), jugement d'une cour, d'une justice souveraine. — *Arrêt du conseil*. On désigne par-là les décisions du conseil d'état.—*Arrêt de règlement*. On donnait ce nom autrefois aux décisions des parlements sur quelque point de jurisprudence générale ou de droit coutumier. Ces *arrêts* étaient de véritables lois obligatoires tant qu'elles n'avaient pas été cassées par le conseil, ou rétractées par les cours qui les avaient rendues.—Fig., jugement, décision que des particuliers prononcent sur les diverses choses qui se présentent: *votre décision sera pour moi un arrêt*.— Saisie, soit de la personne, soit des biens: *faire arrêt sur ... mettre en arrêt*. On dit maintenant *saisie-arrêt*, ou *opposition*. — En t. de chasse, action du chien qui *arrête* le gibier: *chien d'arrêt*. — Ancienne pièce du harnais, où les hommes d'armes appuyaient et arrêtaient leur lance: *mettre sa lance en arrêt*.—En t. de manége, pause que le cheval fait en cheminant: *faire faire arrêt à son cheval*, l'arrêter sur ses hanches. — Dans les armes à feu, petite pièce de fer qui empêche qu'elles ne partent. — Dans l'horlogerie, pièce qui empêche que le mouvement n'aille trop vite. — Petite pièce de serrurerie qui sert à *arrêter* un ressort, un pêne. — T. de rivière, file de pieux traversés de pièces de bois, qui sert à *arrêter* le bois qu'on a jeté à bûche perdue sur les petites rivières. — En chir., instrument pour *arrêter* et assujétir les parties. — On dit fig. d'un insouciant, d'un esprit volage, qu'*il n'a point d'arrêt*, qu'*il est sans arrêt*: *arrêt* signifie alors ou repos, ou solidité de caractère. — *Mettre aux arrêts*, défendre à un militaire de sortir d'un lieu; *garder ses arrêts*, obéir à cette défense; *rompre ses arrêts*, y manquer; *lever les arrêts*, en révoquer l'ordre. — Fig., *tenir en arrêt*, arrêter. — En mus., *point d'arrêt*. C'est la même chose que *point d'orgue*. — En t. de mar., on appelle *arrêt de vaisseaux* et *fermeture des ports* l'action de retenir dans les ports, par l'ordre des souverains, tous les vaisseaux qui y sont. — *Arrêt* se dit encore, en t. de couture, des ganses qu'on met à l'extrémité des ouvertures pour empêcher que l'étoffe ne se déchire: *il fallait un arrêt à cette ouverture de chemise*.

ARRÊTANT, subst. mas. (*arètan*), t. d'arts et métiers, pièce de bois ou de fer pour *arrêter* un crochet.

ARRÊTÉ, subst. mas. (*arèté*), résolution de plusieurs personnes prise par délibération: *arrêté de préfecture*. — C'est le nom que l'on donne en général aux actes de l'autorité administrative pour l'exécution des lois et des réglements. Sous la convention nationale, la dénomination d'*arrêtés* se donnait aux actes des comités pour faire exécuter des lois. Les actes du gouvernement directorial et consulaire se qualifiaient aussi d'*arrêtés*; mais depuis le sénatus-consulte du 28 floréal an XII, qui a donné le nom de décrets aux actes du gouvernement, la qualification d'arrêtés a été presque exclusivement attribuée aux actes de l'administration: ainsi, c'est par des arrêtés que les préfets et les maires ordonnent l'exécution des lois et des règlements d'administration. (*Dict. de Législation usuelle.*) — En t. de comptabilité, *arrêté d'un compte*, acte ou écrit mis au bas d'un compte pour le régler et le finir.

ARRÊTÉ, E, part. pass. de *arrêter*, et adj., assuré en parlant de la vue: *il n'a pas la vue arrêtée*. — Sensé: *il n'a pas l'esprit bien arrêté*. Dans ces deux acceptions, il ne s'emploie qu'avec la négative. — *Cet homme a quelque chose d'arrêté dans le caractère, dans les discours, dans les manières*, il a quelque chose de tranché, de positif, etc. — En t. de peinture, *un dessin arrêté* est celui dont les contours sont déterminés avec justesse.— En t. de blas., *lion, léopard*, etc., posé en repos sur ses quatre pattes.

ARRÊTE-BOEUF, subst. mas. (*arètebeufe*), t. de bot., sorte de plante dont les longues racines arrêtent les bœufs lorsqu'on laboure. Elle est vivace, à fleur légumineuse et d'une odeur désagréable. On la nomme aussi *bugrane* ou *bugrande*.

ARRÊTE-NEF, subst. mas. (*arètenèfe*), t. d'hist. nat., genre de poissons osseux de la famille des éleuthéropodes. Voy. ÉCHÉNÉIDE.

ARRÊTER, v. act. (*arèté*) (dans le sens de retenir, empêcher d'avancer, etc., du lat. *restis*, corde, ou de l'anglais *rest*, repos; dans le sens de conclure, résoudre, etc., du mot français *arrêt*), retenir, empêcher d'avancer, de faire, de dire, etc. Il diffère de *retenir*, en ce que *arrêter*, c'est interrompre le mouvement, et *retenir*, c'est se rendre maître du mouvement pour l'interrompre, le ralentir ou le changer. *Arrêter* est l'effet de l'action; *retenir* est l'action même: *un homme est arrêté dans la rue par un embarras qui le retient*. — Faire demeurer, retenir tout-à-fait.—Empêcher de couler.—Empêcher le progrès de quelque mal, etc. — *Saisir-arrêter*, saisir par autorité de justice. Il régit les personnes et les choses: *on l'a arrêté pour dette; on a arrêté son carrosse*. — En parlant des chiens, *s'arrêter*, et marquer par là au chasseur où est le gibier: *arrêter des perdrix, des cailles*. Il se dit plus souvent au neutre: *ce chien arrête bien*. —T. de man., *arrêter et rendre*, se dit d'un cheval qui fait des demi-temps d'*arrêt* successifs. — S'assurer de quelque chose pour son service, pour son usage, pour sa commodité: *arrêter une maison; arrêter une voiture; arrêter des chevaux à la poste*. — *Arrêter un point en cousant*, faire un nœud au dernier point de la couture, de peur que le fil n'échappe.— Conclure, résoudre. — Régler, en parlant des comptes: *arrêter un mémoire*.—En peinture, déterminer, fixer un contour, une figure, une composition, de manière que ces objets n'éprouvent plus de changement.—Fig., *arrêter ses yeux, ses regards sur....*, regarder; *arrêter sa pensée sur...*, réfléchir sur... —T. de mar., *arrêter l'artillerie*, fixer un coin avec des clous sur le pont, derrière l'affût des canons, pour les tenir fermement attachés aux côtés du vaisseau. — Chez les metteurs en œuvre, *arrêter*, fixer la pierre ou le diamant en rabattant les sertissures d'espace en espace. — T. d'archit., *arrêter une pierre*, la fixer, l'assurer.— En t. de jard., *arrêter un arbre*, couper l'extrémité des branches pour l'empêcher de s'élever; *arrêter des melons, des concombres*, tailler les branches, enlever les fleurs qu'ils ont de trop. — V. neut., cesser de marcher, demeurer en un lieu pour quelque temps: *après deux jours de marche, nous arrêtâmes à un tel endroit*.—Et à l'impératif: *arrête*. — S'ARRÊTER, v. pron., demeurer, cesser de marcher. — Fixer son séjour dans un endroit. — Demeurer court en parlant. — Se décourager; mollir dans ce qu'on a entrepris. — Tarder, s'amuser: *revenez vite sans vous arrêter*. — Se déterminer, se fixer: *il s'est arrêté à telle proposition; s'arrêter à un sentiment, à une pensée*. Racine a dit (*Andromaque*): *s'arrêter dans l'indifférence*, pour *s'arrêter à l'indifférence*, qui eût été plus régulier.—Avoir égard, faire attention: *ne vous arrêtez pas à ce qu'on vous dira*. — Se contenir, cesser de faire quelque chose: *dites-leur de s'arrêter, de cesser*. — Cesser d'aller, demeurer sans mouvement, en parlant d'une montre, etc.

ARRÊTISTE, subst. mas. (*arèticete*), compilateur ou commentateur d'*arrêts*.

ARRHABONNAIRE, subst. mas. (*arabonère*), t. d'hist. eccl., nom donné à des sectaires qui regardaient l'eucharistie comme les *arrhes* du Paradis.

ARRHE, s'est dit autrefois au sing.:

> L'écharpe sur ces mots de colère s'ôtant,
> Va, faux gage, dit-il, loin de soi la jetant,
> Dépôt d'une trompeuse, *arrhe* d'une infidèle,
> Tu ne me seras rien désormais, non plus qu'elle.
> (P. LE M.)

Il ne s'emploie plus qu'au plur. Voy. ARRHES.

ARRHÉ, E, part. pass. de *arrher*.

ARRHÉE, subst. fém. (*aré*) (du grec α priv., et ρεω, je coule), t. de médec., suppression d'un écoulement quelconque.

ARRHEMENT, subst. mas. (*areman*), action d'*arrher*; résultat de cette action.—Achat de graine en vert et sur pied. — Convention que l'on fait pour l'achat de quelque marchandise, sur le prix de laquelle on donne quelque chose d'avance.

ARRHÉNATHÈRE, subst. fém. (*arénatère*) (du grec αρρην, mâle, fort, et αθηρ, épi), t. de bot., plante qui fait partie des *avoines* de Linnée.

ARRHÉNIE, subst. fém. (*aréni*) (du grec αρρην, mâle), t. de bot., plante de l'Amérique méridionale.

ARRHÉNOPTÈRE, subst. fém. (*arénopetère*) (du grec αρρην, mâle, et πτερ, qui envole), t. de bot., espèce de mousse.

ARRHÉPHORIES, subst. fém. plur. (*aréfori*), mot grec, αρρηφορια, qui est dit par syncope pour αρρητοφορια, composé de αρρητον, mystère, secret, et φερω, je porte), t. d'hist. anc., nom d'une fête chez les Athéniens. Elle avait été instituée en l'honneur de Minerve. De jeunes enfants, ou, selon d'autres, de jeunes filles, depuis l'âge de sept ans jusqu'à onze, en étaient les ministres.

ARRHER, v. act. (*aré*), s'assurer de quelqu chose en donnant des *arrhes*. Peu usité.

ARRHES, subst. fém. plur. (*are*) (du grec αρραβων, arrhes), argent donné pour assurance de l'exécution d'un marché verbal, et qui se trouve perdu si le marché manque par la faute de celui qui l'a donné. Au mot DENIER, Voy. DENIER À DIEU, qui n'a point la même signification. — On le dit fig. dans le sens de *gage*. — *Erres*, que le peuple dit au lieu de *arrhes*, n'est pas français.

ARRIAN, subst. mas. (*arian*), t. d'hist. nat., vautour des Pyrénées.

ARRIÈRE, subst. mas. (*arière*), t. de mar., le derrière ou la poupe du vaisseau: *faire vent arrière*, prendre le vent en poupe. — T. de vènerie, *faire* ou *prendre les arrières*, c'est, dans un défaut, rechercher avec les chiens la voie de l'animal du côté où il est venu.

ARRIÈRE, prép. et adv. (*arière*) (du latin *ad retro*, dont les Italiens ont fait *addietro*), par derrière; en retard; en reculant; dans l'absence de quelqu'un. — Il se dit avec *en*: *être en arrière de...*—N'avoir pas payé au terme prescrit: *ce fermier est en arrière de trois quartiers*. — *Rester en arrière*, ne pas avancer. — *N'aller ni en avant ni en arrière*, se dit d'une affaire, d'une chose quelconque qui est toujours dans le même état. Ces deux dernières expressions sont du style fig. et fam. — *Arrière!* interj., loin d'ici! recule! — *Arrière*, comme préposition, est invariable, et inséparable du mot auquel on la joint pour ajouter à ce mot un sens de postériorité, comme on le voit dans les mots suivants. Il est opposé à *avant* ou *devant*.

ARRIÉRÉ, E, part. pass. de *arriérer*, et adj. Il se dit d'un marchand, d'un fermier, d'un débiteur, etc., qui ne paient pas aux termes prescrits. — On dit aussi substantivement au mas.: *payer son arriéré*, acquitter ce qui est dû d'un revenu, etc. —Il se dit, par extension, des affaires qui n'ont pu être examinées ou expédiées à temps, d'un travail, d'une tâche que l'on n'a pu faire.

ARRIÈRE-BAN, subst. mas. (*arièreban*) (du lat. *retro*, arrière, et *bannum*, ban, proclamation), convocation, assemblée de gentilshommes qui n'avaient point de fiefs ou qui ne possédaient que des arrière-fiefs: *convoquer le ban et l'arrière-ban*, toute la noblesse. — Au plur., des *arrière-bans*.

ARRIÈRE-BEC, subst. mas. (*arièrebèk*), t. d'archit., pointe d'une pile de pont en aval. — Au plur., des *arrière-becs*.

ARRIÈRE-BOUCHE, subst. fém. (*arièrebouche*), t. d'anat., synonyme de *pharynx*. Voy. PHARYNX. — Au plur., des *arrière-bouches*.

ARRIÈRE-BOUTIQUE, subst. fém. (*arièreboutike*), boutique de plain-pied après la première boutique. — Au plur., des *arrière-boutiques*.

ARRIÈRE-CAPTE, subst. mas. (*arièrekapte*), t. d'anc. jurispr., droit à la mort du premier feudataire. —Au plur., des *arrière-captes*.

ARRIÈRE-CAUTION, subst. fém. (*arièrekôcion*) t. de jurispr., caution de la caution. — Au plur., des *arrière-cautions*.

ARRIÈRE-CHANGE, subst. mas. (*arièrechanje*), l'intérêt des intérêts. — Au plur., des *arrière-changes*.

ARRIÈRE-CORPS, subst. mas. (*arièrekor*), partie d'un bâtiment qui est derrière une autre. — En t. de serrurerie, morceaux ajoutés au nu d'un ouvrage, sur lequel ils font relief.—Au plur., des *arrière-corps*.

ARRIÈRE-COUR, subst. fém. (*arièrekour*), petite cour qui, dans un corps de bâtiment, sert à éclairer et à dégager les appartements.— Au plur., des *arrière-cours*.

ARRIÈRE-DEMI-FILE, subst. fém. (*arièredemifile*), les trois derniers rangs d'un bataillon formé sur six hommes de profondeur. — Au plur., des *arrière-demi-files*.

ARRIÈRE-FAIX, subst. mas. (*arièrefè*), t. d'accouch., les membranes dont l'enfant est enveloppé, et qui sortent de la matrice après l'enfantement, comme un *second faix* dont la femme se décharge. Les accoucheurs le nomment *le délivre*, parce que quand il est dehors la femme *est entièrement délivrée*. On l'appelle aussi *secondine*, parce qu'il ne sort qu'*en second lieu*, c'est-à-dire après l'enfant. Quelques-uns l'appellent *placenta*. L'*arrière-faix* est une masse ronde, plate et spongieuse, qui reçoit et purifie le sang de la mère destiné à la nourriture de l'enfant. Il ne faut pas que l'*arrière-faix* demeure dans la matrice : c'est un corps étranger qui ferait mourir la mère ; il serait même dangereux qu'il en restât quelque chose. L'*arrière-faix* est commun à plusieurs enfants, et quand la mère serait grosse de deux jumeaux, elle n'aurait qu'un *arrière-faix*. — Au plur., des *arrière-faix*.

ARRIÈRE-FENTE, subst. fém. (*arièrefante*), *fente* que l'on pratique sur le côté d'un gant.

ARRIÈRE-FERMIER, subst. mas., au fém. **ARRIÈRE-FERMIÈRE** (*arièreféremié, mière*), sous-fermier. Inus. — Au plur., des *arrière-fermiers*.

ARRIÈRE-FERMIÈRE, subst. fém. Voy. **ARRIÈRE-FERMIER**.

ARRIÈRE-FIEF, subst. mas. (*arièrefiéfe*), *fief* mouvant d'un autre *fief*. — Au plur., des *arrière-fiefs*.

ARRIÈRE-FLEUR, subst. fém. (*arièrefleur*), t. de chamoiseur, reste de fleur qu'on a omis d'enlever de dessus les peaux en les effleurant. — Au plur. des *arrière-fleurs*.

ARRIÈRE-GARANT, subst. mas. (*arièreguaran*), garant du garant. — Au plur., des *arrière-garants*.

ARRIÈRE-GARDE, subst. fém. (*arièreguarde*), corps détaché qui marche derrière le corps de troupes principal pour couvrir la marche. — En t. de mar., 1° division qui fait la queue de l'armée, ou qui est sous le vent ; 2° bâtiment jugé hors de service sur mer, qu'on laisse dans le port, et où l'on établit un corps-de-garde. — En t. de vieille féod., garde appartenant au seigneur suzerain, à cause de la minorité du seigneur de l'arrière-vassal.—Au plur., des *arrière-gardes*.

ARRIÈRE-GOÛT, subst. mas. (*arièreguou*), dernier goût d'une liqueur, différent de celui qu'elle avait d'abord.—Goût désagréable que laisse un mets qui semblait d'abord bon. — Au plur., des *arrière-goûts*. — Il se prend le plus souvent en mauvaise part.

ARRIÈRE-LIGNE, subst. fém. (*arièrelignie*), seconde ligne d'une armée, éloignée du front, ou de la première ligne, de trois ou quatre cents pas. — Au plur., des *arrière-lignes*.

ARRIÈRE-MAIN, subst. mas. (*arièremein*), coup de revers de la main ou de la raquette, au jeu de paume : *j'ai gagné la partie par un arrière-main*. — On dit au fém., en parlant d'un homme qui joue bien du revers de la raquette ou du battoir, qu'*il a l'arrière-main belle*. — En t. de manège, tout le train de derrière d'un cheval. — Au plur., des *arrière-mains*.

ARRIÈRE-NEVEU, subst. mas. (*arièreneveu*), fils du *neveu* ou de la *nièce*. On dit, dans le style soutenu, nos *arrière-neveux*, pour la postérité la plus reculée. — Au plur., des *arrière-neveux*.

ARRIÈRE-NIÈCE, subst. fém. (*arièrenièce*), fille du *neveu* ou de la *nièce*.—Au plur., des *arrière-nièces*.

ARRIÈRE-PANAGE, subst. mas. (*arièrepanaje*), le temps qu'on laisse les bestiaux dans la forêt après l'expiration du *panage*. — Au plur., des *arrière-panages*.

ARRIÈRE-PENSÉE, subst. fém. (*arièrepancé*), pensée intérieure, vue secrète qu'on ne manifeste point, et à la place de laquelle on en montre une autre qui n'est destinée qu'à lui servir de voile. — Au plur., des *arrière-pensées*.

ARRIÈRE-PETITE-FILLE, subst. fém. (*arièrepetitefiie*), fille du petit-fils ou de la petite-fille. — Au plur., des *arrière-petites-filles*.

ARRIÈRE-PETIT-FILS, subst. mas. (*arièrepetifice*), fils du petit-fils ou de la petite-fille. — Au plur., des *arrière-petits-fils*.

ARRIÈRE-POINT, subst. mas. (*arièrepoein*), *point* d'aiguille empiétant sur le précédent. — — Au plur., des *arrière-points*.

ARRIÈRE-POINTEUSE, subst. fém. (*arièrepoeinteuze*), ouvrière qui fait l'*arrière-point*. — Au plur., des *arrière-pointeuses*.

ARRIÉRER, v. act. (*ariéré*) : *arriérer un paiement*, le différer, ne pas le faire à son échéance. —**S'ARRIÉRER**, v. pron., demeurer *en arrière*, particulièrement pour un *paiement : ce fermier s'arriére toutes les années*. On dit aussi : l'*infanterie s'arriéra*.

ARRIÈRE-RANG, subst. mas. (*arièreran*), dernier rang d'un bataillon. — Au plur., des *arrière-rangs*.

ARRIÈRE-SAISON, subst. fém. (*arièrecèzon*), l'automne, et plus communément la fin de l'automne. — Quand on parle de blés et de vins, les mois qui précèdent la moisson et la vendange. — En parlant des fruits, *arrière-saison* se prend quelquefois pour le commencement de l'hiver. — Au fig., le commencement de la vieillesse. — Au plur., des *arrière-saisons*.

ARRIÈRE-VASSAL, E, subst. (*arièrevaçal*), celui ou celle qui relève d'un vassal.—Au plur. mas., des *arrière-vassaux*; au plur. fém., des *arrière-vassales*.

ARRIÈRE-VOUSSURE, subst. fém. (*arièrevouçure*), t. d'archit., espèce de voûte qu'on fait derrière une porte ou une fenêtre pour couronner l'embrasure, ou pour que la porte s'ouvre avec plus de facilité : *arrière-voussure Saint-Antoine, arrière-voussure* en plate-bande, à feuillure du linteau et en demi-cercle par derrière. — *Arrière-voussure de Montpellier, arrière-voussure* en plein cintre à la feuillure, et en plate-bande par derrière. — *Arrière-voussure réglée et bombée, arrière-voussure* de la première espèce, mais dont l'arc intérieur est beaucoup moindre que le demi-cercle. Il n'y a pas de nom particulier pour la seconde espèce on peut l'appeler *arrière-voussure bombée* en avant et *réglée* en *arrière*, comme l'inverse de la précédente. — *Arrière-voussure de Marseille, arrière-voussure* en plein cintre sur le devant, et seulement bombée en *arrière*. — Au plur., des *arrière-voussures*.

ARRIMAGE, subst. mas. (*arimaje*), t. de mar., arrangement de la cargaison d'un navire.

ARRIMÉ, E, part. pass. de *arrimer*.

ARRIMER, v. act. (*arimé*), arranger la cargaison d'un navire.

ARRIMEUR, subst. mas. (*arimeur*), sur les ports, celui qui est chargé d'arranger les vaisseaux, les tonneaux, etc.

S'ARRIOLER, v. neut. pron. (*çariolé*), t. de mar., qui se dit de la mer, 1° lorsqu'étant élevée et battue par plusieurs lames, elle tombe pour ne l'être plus que du côté où le vent souffle : *la mer s'arriole*; 2° lorsqu'il n'y a qu'une petite lame qui suit le cours du vent : *la mer est arriolée*.—*Boiste* écrit *s'arrioller* : nous ne voyons pas quelle est la nécessité de doubler la lettre *l*.

ARRIRE, v. act. (*arire*) (du latin *arridere*, sourire), sourire. Ce mot n'est plus français.

ARRISÉ, E, part. pass. de *arriser*.

ARRISER, ou mieux **RISER**, v. act. (*arizé*), t. de mar., diminuer les voiles de hauteur : *arriser les perroquets, les huniers*.

ARRISSÉ, E, part. pass. de *arrisser*.

ARRISSER, v. act. (*aricer*), t. de mar., saisir, arrêter différents objets sur le pont : *arrisser les coffres, pour qu'ils n'aillent point au roulis*.

ARRIVAGE, subst. mas. (*arivaje*), t. de mar., abord des vaisseaux, et plus ordinairement des bateaux de rivière, dans un port. — Arrivée des marchandises par les voitures d'eau.

ARRIVE, subst. fém. (*arive*), t. de mar. du Levant, côté du vaisseau qui regarde la *rive* ou la terre. — T. de commandement qu'un officier de vaisseau prononce pour que le timonier pousse la barre sous le vent comme s'il voulait faire vent arrière.

ARRIVÉ, E, part. pass. de *arriver*.

ARRIVÉE, subst. fém. (*arivé*), venue de quelqu'un ou de quelque chose en un lieu. — Le temps où une personne, une marchandise arrive en quelque endroit. — En parlant de la poste aux lettres ou des voitures publiques, on dit *jour d'arrivée* pour désigner le jour où elles arrivent, par opposition au jour où elles partent, que l'on appelle : jour de départ. — Mouvement horizontal de rotation que fait un navire.

ARRIVER, v. neut. (*arivé*), aborder à..., approcher d'*une rive : arriver au port, à une place déserte*. — En t. de mar., venir sur... : *il arriva sur le vaisseau, et lui lâcha une bordée*. — Dans une acception plus commune, parvenir en un lieu. Il se dit également des personnes et des choses. — On dit : *arriver à bon port*, pour dire : parvenir heureusement au lieu où l'on voulait aller ; et fig., *arriver à ses fins*, pour dire : venir à bout de ce qu'on s'était proposé. — Fig., réussir, parvenir.— Il signifie *survenir : il est arrivé un grand malheur*. — Il prend l'auxil. *être*, et régit souvent les participes : *il arriva suant et couvert de poussière*. — *Arriver* s'emploie aussi unipers. : *s'il t'arrive de faire ce que je te défends, tu auras à t'en repentir*, pour : si jamais tu fais... — *Approcher*, au propre et au figuré : *enfin nous arrivons : dans un quart d'heure nous serons à notre destination ; je reconnais de loin sa voix : il arrive; la nuit arrive*, etc.; et dans un sens analogue : *voilà les idées qui m'arrivent*, etc. — *Arrive qui plante*, il en arrivera ce qu'il pourra, fam.

ARROBE, subst. fém. (*drobe*) (de l'espagnol *arroba* qui a la même signification), t. de mar., poids de trente-une ou trente-deux livres.

ARROCHE, subst. fém. (*aroche*), t. de bot., plante annuelle, apétale, originaire de Tartarie, cultivée dans les jardins, et substituée dans les cuisines aux feuilles de poirée. — On la nomme aussi *bonne-dame, follette* et *soutenelle*.

ARRODES, subst. mas. plur. (*arode*), vieux nom des bourgeois de Paris. Inus.

ARROGAMMENT, adv. (*aroguaman*), avec *arrogance*.

ARROGANCE, subst. fém. (*aroguance*) (en latin *arrogantia*), fierté, orgueil, présomption, morgue jointe à des manières hautaines et impérieuses, à des prétentions hardies : *sotte arrogance, parler avec arrogance ; pressez-les, tordez-les, ils dégouttent l'orgueil, l'arrogance, la présomption*. (La Bruyère.) — Figure allégorique représentée par une femme à l'air hautain, portant des oreilles d'âne, coiffée d'un turban surmonté d'aigrettes de paon. Près d'elle se trouve un coq d'Inde.

ARROGANT, E, adj. (*aroguan, guante*), fier, superbe, orgueilleux, vain. — On dit aussi substantivement, *un arrogant, une arrogante*.

ARROGÉ, E, part. pass. de *s'arroger*.

S'ARROGER, v. act. (*çarojé*) (du latin *arrogare*, pour *adrogare*, formé de *ad*, à, et *rogare*, demander; *rogare ad se*, demander pour soi), s'attribuer mal à propos : *s'arroger un pouvoir, un titre, un droit qui ne nous appartient pas*. Voy. **S'APPROPRIER**. — *S'arroger* est un verbe *essentiellement pronominal*, c'est-à-dire qu'il ne peut se conjuguer sans deux pronoms de la même espèce. Le participe passé des verbes *pronominaux essentiels* prend l'accord, parce que ces verbes sont toujours précédés d'un régime direct, que leur second pronom exprime. Un seul verbe *pronominal*, et c'est le verbe *s'arroger*, n'a pas pour régime direct son second pronom. Il faut donc écrire en faisant accorder : *les privilèges qu'ils se sont arrogés*, parce que le régime direct *que* précède ici le participe; et, sans faire accorder : *ils se sont arrogé des privilèges*, le régime direct *des privilèges* arrivant seulement après le participe. (Voir notre *Grammaire* pour l'accord des participes passés des verbes *pronominaux essentiels*.)

ARROI, subst. mas. (*aroé*) (de l'italien *arredo*, dont la signification est à peu près la même), train, équipage. — L'équipage d'un fauconnier. — Vieux. Il ne s'emploie plus que dans cette locution familière : *être en mauvais arroi*.

ARROND., abréviation de *arrondissement*. Voy. ce mot.

ARRONDI, E, part. pass. de *arrondir*, et adj. (*arondi*) : *boule, figure, forme*, etc., *période bien arrondie*. — *Un visage arrondi*, un visage plein. — T. de sculp., *formes trop arrondies*, dont les plans ne sont pas assez ressentis. — Il se dit, en t. de blason, de tout ce qui, étant *rond* de sa nature, est représenté en relief par le moyen des ombres ou de certains traits. — T. de bot., *anthère arrondie*, globuleuse; *feuille arrondie*, dont la circonférence est à peu près dans tous ses points également éloignée du centre.

ARRONDIR, v. act. (*arondir*), rendre *rond : arrondir une boule, un manteau*, etc. — On dit fig., *arrondir son pré, son champ*, y ajouter des prés, des champs voisins; *arrondir sa fortune*, l'augmenter. — Fig., *arrondir une phrase, arrondir une période*, faire en sorte que les différentes parties dont elle est composée soient dans une juste proportion, et forment un tout harmonieux. — En peint., faire paraître un objet de relief sur une surface plane, et dégrader tellement la couleur par l'effet du clair-obscur, que la *rondeur* se fasse sentir aussi parfaitement que la réalité l'offre. — En t. de sculpt., donner du relief à une figure; en marquer, en prononcer avec élégance les contours, etc. — T. d'horlogerie, donner de la courbure à certaines parties d'une montre : *une roue est bien arrondie* lorsque les dents, ayant la courbure convenable, se ressemblent toutes parfaitement, et que leurs pointes entrent précisément dans leurs axes. — T. de chapelier, tracer un cercle avec de la craie, au moyen d'une ficelle adaptée au rond du chapeau, pour couper avec des ciseaux tout ce qui en dépasse. — En t. de manége, dresser un cheval à marcher en *rond;* lui faire porter les épaules et les hanches uniment et *rondement*, sans qu'il se traverse et se jette de côté. — T. de mar., *arrondir un cap, une roche*, doubler ce cap ou cette roche, en décrivant autour une ligne courbe ou anguleuse. — **S'ARRONDIR**, v. pron. : *une fortune s'arrondit*, elle prend de l'accroissement ; *une personne s'arrondit*, elle augmente sa fortune.

ARRONDISSEMENT, subst. mas. (*arondiceman*), action de rendre *rond*. — État de ce qui est *arrondi*. — Partie de territoire soumise à une autorité civile ou militaire : *arrondissement communal, maritime, de justice de paix ; Paris est divisé en douze arrondissements ou mairies.* — Une des parties de territoire d'un département français, dans la division de la France en préfectures et sous-préfectures : il y a une sous-préfecture par arrondissement. — Au fig., l'ordre, l'arrangement des mots qui rend une phrase, une période harmonieuse.

ARRONDISSEUR, subst. mas. (*arondiceur*), t. d'arts et métiers, sorte de couteau qui sert à *arrondir* les dents des peignes. — Ouvrier qui *arrondit*. Dans ce dernier sens on pourrait très-bien dire *arrondisseuse* au fém.

ARROSAGE, subst. mas. (*arózaje*), action d'*arroser* les terres ; résultat de cette action.—*Canaux d'arrosage*, canaux qu'on pratique pour conduire des eaux sur des terres trop sèches. — Dans les moulins à poudre à canon, l'eau qu'on met dans les mortiers pour lier le salpêtre, le soufre et le charbon.

ARROSÉ, E, part. pass. de *arroser*.

ARROSEMENT, subst. mas. (*arózeman*), action d'*arroser* les plantes, une chambre, une promenade, etc.; résultat de cette action. — Action d'*arroser* au jeu. Voy. **ARROSER**.

ARROSER, v. act. (*arózé*) (du latin *ad*, et *rorare* qui a la même signification, et qui est formé de *ros*, gén. *roris*, rosée), humecter, mouiller une chose, en versant doucement de l'eau dessus : *arroser des plantes, des fleurs, des légumes.*— *On arrose une promenade* pour empêcher la poussière de s'élever. — *On arrose* par la même raison *une chambre avant de la balayer.*— Conduire l'eau dans des prés, dans des terres arides.—Passer dans un pays, en parlant des fleuves et des rivières: *le Danube arrose beaucoup de pays.*—On dit fig. *arroser de larmes*, mouiller de larmes. — *Arroser son pain de ses larmes*, vivre dans la douleur et dans la misère. — Se disait, au lansquenet, d'un coupeur dont la carte était prise, et qui était obligé de payer le fonds du jeu à chaque ponte qui avait une carte devant lui. Il se dit aussi dans d'autres jeux.—*Être arrosé*, avoir reçu beaucoup de pluie. Fam. — *Arroser la viande qui rôtit*, y verser doucement le jus, ou du lard fondu, etc. — On dit fig. : *arroser des créanciers*, pour dire : leur distribuer quelques sommes pour les apaiser. — Il s'emploie aussi en parlant d'un supplément que des actionnaires d'une entreprise sont obligés d'ajouter à leur première mise de fonds. — On dit *arroser*, au sujet des petites libéralités que, dans quelques circonstances, il faut faire à certaines personnes : *ayez soin d'arroser ces gens-là.* — **S'ARROSER**, v. pron.

ARROSION, subst. fém. (*arózion*) (du lat. *arrodere*, ronger), t. de médec., action, effet de ce qui ronge les os.

ARROSOIR, subst. mas. (*arózoar*), t. de jard., vase pour *arroser* les plantes. — *Arrosoir à goulot*, celui dont l'eau sort en ne formant qu'un seul jet; *arrosoir à pomme*, celui dont l'eau sort, en forme de gerbe, par plusieurs trous.—T. de phys., *arrosoir magique*, instrument composé de deux entonnoirs laissant entre eux un espace que l'on remplit d'eau, et qui sert à faire connaître la pesanteur de l'air. — T. d'hist. nat., genre de vers marins de la famille des branchiodèles, qui vivent renfermés dans un tube.

ARROUE ou **AROU** (*arou*). Voy. **ARROBE**.

ARROUMA, subst. mas. (*arouma*), t. de bot., plante de la Guyane. Son écorce sert à faire des corbeilles.

S'ARROUTER, v. pron. (*çarouté*), se mettre en route, être en route. Vieux.

ARROUY, subst. mas. (*aroui*), t. de bot., espèce de sensitive de Madagascar.

ARROW-ROOT, subst. mas. (*arourote*), mots anglais adoptés en France pour désigner la fécule du *maranta*.

ARRUDIR, v. neut. (*arudir*), devenir *rude*, incivil, barbare. Inusité.

ARRUGIE, subst. fém. (*arují*), t. de mine, canal qui sert à faire écouler les eaux.

ARRUMAGE. Voy. **ARRIMAGE**.

ARRUMEUR. Voy. **ARRIMEUR**.

ARS, mieux **ARTS**, subst. mas. plur. (*ar*) (du latin *artus*, membres), t. de méd. vétér., ne se dit guère que des jambes du cheval, et dans cette phrase : *saigner un cheval des quatre ars.*

ARS, E, part. pass. inusité du verbe *ardre*. Voy. ce mot.

ARSACIDE, subst. mas. (*arzacide*), descendant d'*Arsace*.

ARSCHIN, subst. mas. (*archein*), mesure d'aunage en Chine, de deux pieds onze lignes.

ARSCHINE, subst. fém. (*archine*), mesure d'aunage en Russie, qui équivaut à vingt-six pouces six lignes du pied de France.

ARSÉE, subst. fém. (*arcé*), violent accès de passion. Inusité. — T. de bot., espèce de plante de l'Amérique méridionale.

ARSENAL, orthographe de l'*Académie*; mais, plus conformément à l'étymologie, **ARCENAL**. Voy. ce mot.

ARSENIATE, subst. mas. (*arceniate*), t. de chim., sel formé par la combinaison de l'acide *arsenique* avec différentes bases.

ARSENIATÉ, E, adj. (*arceniaté*), t. de chim., combiné avec l'acide *arsenique*.

ARSENIC, subst. mas. (*arceni*) (du grec αρσενικος, formé de αρσην, mâle ou homme, et νικαω, vaincre, tuer), substance métallique qui se dissipe dans le feu sous la forme de fumée, avec une odeur d'ail, et qui est un poison dangereux. Il y a trois espèces d'*arsenic* : le blanc, le jaune et le rouge.

ARSENICAL, E, adj., au plur. **ARSENICAUX** (*arçenikal, kô*), qui tient de l'*arsenic* : *des esprits arsenicaux.*

ARSENICAUX, adj. mas. plur. Voy. **ARSENICAL**.

ARSENIÉ, E, adj. (*arcenié*), t. de chim., combiné avec de l'*arsenic*.

ARSENIEUSE, adj. fém. Voy. **ARSENIEUX**.

ARSENIEUX, adj. mas., au fém. **ARSENIEUSE** (*arcenieû, nieûze*), dans la nouvelle chimie, se dit de la combinaison d'*arsenic* avec l'oxygène, dans laquelle le métal n'est pas saturé du principe acidifiant.

ARSENIQUE, adj. des deux genres (*arcenike*), t. de la nouvelle chimie, se dit d'une combinaison saturée d'*arsenic* et d'oxygène.

ARSENITE, subst. mas. (*arcenite*), t. de la nouvelle chimie, sel formé par l'union de l'acide *arsenieux* avec une base.

ARS-EN-RÉ, subst. mas. (*arçanré*), bourg de France, chef-lieu de canton, arrond. de La Rochelle, dép. de la Charente-Inférieure.

ARSI, adj. (*arci*), brûlé.

ARSIN, adj. mas. (*arcein*) (du latin *arsus*, part. de *ardere*), il ne s'emploie que dans cette phrase : *bois arsins*, bois sur pied auxquels le feu a pris par accident.

ARSINOÉ, subst. fém. (*arcino-é*), myth., fille de Nicocréon, roi de Chypre. Elle fut aimée d'Arcéophon, qui mourut de chagrin de n'avoir pu lui plaire. Cette fille regarda tranquillement les funérailles d'Arcéophon ; mais Vénus la métamorphosa en caillou. — C'est aussi le nom de plusieurs villes anciennes.

ARSIS, subst. mas. (*arcice*) (du latin *arsus*, brûlé), vin trop ardent et qui a le goût rôti. — En t. de prosodie, élévation de la voix quand on commence à lire un vers.—T. de bot., espèce d'arbuste des Indes.

ARSURE, subst. fém. (*arçure*), t. de médec., inflammation superficielle du gland, sans écoulement gonorrhéique.

ART., abréviation du mot *article*. Voy. ce mot.

ART, subst. mas. (*ar*) (du lat. *ars, artis*, dérivé du grec αρετη, vertu, force, adresse), méthode pour faire un ouvrage, pour exécuter quelque chose selon certaines règles. Les anciens en avaient fait une divinité.—On s'en sert au prop. et au fig. : *arts mécaniques ; l'art de la guerre, de la navigation*, etc.; *l'art de peindre, de faire des vers*, etc.; *l'art de plaire, de gouverner, de s'enrichir*, etc., etc.—Il se dit souvent par opposition à *nature : les productions de la nature et les ouvrages de l'art.*—Fig., méthode, adresse, industrie : *agir avec art; se conduire avec art*, etc. — En t. de pêche, sorte de filet appelé plus communément *boulier*. — *Art sacerdotal*, nom que donnaient les anciens Égyptiens à ce que nous appelons aujourd'hui *philosophie hermétique.* — *Art mnémonique*, moyens qui peuvent servir à perfectionner la mémoire. Voy. **MNÉMONIQUE**. — *Art militaire*, connaissance de la tactique, de la stratégie, etc. — *Art des esprits* ou *art angélique*, moyen superstitieux d'acquérir la connaissance d'une chose par le secours de l'*ange gardien* ou de quelque autre ange. — *Art notoire*, manière de devenir savant sans étudier, et en se bornant à pratiquer quelques jeûnes, à faire quelques cérémonies, etc. Il y a une espèce d'*art notoire* que quelques personnes superstitieuses prétendent avoir été enseigné par saint Paul après qu'il eut été ravi au troisième ciel, ce qui a fait nommer cet art *art de saint Paul.* — *Art de saint Anselme*, moyen superstitieux de guérir les plaies en touchant seulement aux linges qui ont été appliqués sur les blessures. Cette superstition, faussement attribuée à saint Anselme, est due à un magicien de Parme nommé *Anselme*. — *Le grand art*, le secret de convertir les métaux en or. — *Art et part*, auteur et complice : c'est une expression usitée dans le nord de l'Angleterre et en Écosse. — *Maîtres de l'art*, ceux qui excellent dans une profession : *il faut s'en rapporter aux maîtres de l'art.* — *Termes de l'art*, les mots propres à un art : *parler en termes de l'art.*—Il se prend souvent au figuré dans le sens d'artifice : *l'art perce dans tout ce qu'il dit.* — On appelle *arts libéraux* ceux qui sont du ressort de l'esprit; *arts mécaniques*, ceux qui exigent surtout le travail des mains ou l'emploi des machines. La division des *arts* en *arts libéraux* et en *arts mécaniques* est bonne selon l'usage, mais elle est mauvaise et fausse suivant l'étymologie ; car il y a plusieurs *arts libéraux* où l'on se sert de machines et d'instruments, comme l'*art* militaire, la marine, la peinture, etc. Les *arts mécaniques* tirent leur nom du mot grec μηχανη, *machine*, parce qu'il n'y en a aucun qui ne se serve de quelque instrument : il n'en est pas ainsi des *arts libéraux*, parmi lesquels il y en a plusieurs qu'on peut apprendre et exercer sans aucun instrument, comme la logique, la poésie, l'éloquence, la musique, la médecine proprement dite, c'est-à-dire en tant qu'elle est distinguée de la chirurgie, de la pharmacie, de la chimie.—Démocrite a soutenu que les bêtes nous ont appris les *arts* : l'araignée, à faire de la toile ; l'hirondelle, à bâtir ; le rossignol, la musique ; et plusieurs, la médecine. — *Beaux-arts*, la peinture, la sculpture, l'architecture, la musique et la danse.— *Arts d'agrément*, le dessin, la musique, la danse, etc., considérés comme de simples amusements, appris comme moyens d'être agréable. — *Maître-ès-arts*, autrefois celui qui avait pris, dans les humanités et la philosophie, le degré nécessaire pour enseigner. — *Faculté des arts*, autrefois celle qui comprenait les régents de l'université et tous les maîtres-ès-arts. — *Art* est encore le titre de certains ouvrages qui contiennent des préceptes sur un art quelconque : *l'Art poétique d'*Horace, *de* Boileau, etc. — **ART, MÉTIER**. (*Syn.*) Le *métier* demande un travail de la main, l'*art* un travail de l'esprit, qui n'exclut pas toujours le travail de la main.

ARTE, subst. mas. (*arte*), t. d'hist. nat., insecte qui ronge les étoffes.

ARTÉDIE, subst. fém. (*artédî*), t. de bot., plante ombellifère du Liban.

ARTÉMIE, subst. fém. (*artémî*) (du grec αρτεμια qui a le même sens), t. de médec., santé parfaite.

ARTÉMIS, subst. fém. (*artémice*), myth., nom de la sibylle Delphique, qu'on nomme aussi Daphné. Voy. **SIBYLLE**. — C'est aussi le nom que les Grecs donnaient à Diane.

ARTÉMISE, subst. fém. (*artémize*) (du grec αρτεμισια, qui a le même sens), t. de bot., armoise.

ARTÉMISIES, subst. fém. plur. (*artémizî*) (du grec αρτεμισια qui a le même sens), t. d'hist. anc., fêtes célébrées en l'honneur de Diane.

ARTÉMISION, subst. mas. (*artémizion*), mois du calendrier grec.

ARTÉMISIUS, subst. mas. (*artémiziuce*), t. d'hist. anc., septième mois de l'année chez les Macédoniens, en Asie, à Éphèse, à Pergame, etc., chez les Syro-Macédoniens, les Tyriens, les Sydoniens, les Lyciens. Chez les Lacédémoniens et les Corcyréens, c'était le second de l'année, et il répondait à peu près au mois de février. Chez les autres peuples sus-nommés, il répondait au mois de mai, de juin ou de juillet, selon qu'ils commençaient l'année.

ARTÉMON, subst. mas. (*artémon*) (du grec αρταω, je suspends), t. de mécan., troisième moufle d'un polyspate, machine servant à élever des fardeaux.

ARTÉMONIENS, subst. mas. plur. (*artémoniein*), t. d'hist. ecclés., nom que l'on donna aux disciples de l'hérésiarque Artémon, qui s'éleva sur la fin du IIIe siècle, et qui, en niant la divinité de Jésus-Christ, soutenait qu'il n'avait eu que de légers avantages sur les prophètes.

ARTENAY, subst. mas. (*artenè*), bourg de France, chef-lieu de canton, arrond. d'Orléans, dép. du Loiret.

ARTENNE, subst. fém. (*artène*), t. d'hist. nat., oiseau aquatique palmipède.

ARTÈRE, subst. fém. (*artère*) (du grec αρτηρια, formé, suivant quelques-uns, de αηρ, air, et τηρειν, conserver, parce qu'on pensait anciennement que les artères n'étaient remplies que d'air, comme la *trachée-artère* qui conduit l'air dans les poumons), t. d'anat., vaisseau du corps animal, qui porte le sang du cœur vers les extrémités ; les *veines* le reportent des extrémités au cœur. — Une dilatation extraordinaire d'*artère* s'appelle *anévrisme*. — Les *artères* sont composées de quatre membranes dures et flexibles, qui sont tissues de fibres longues et annulaires et de quelques branches de nerfs. Il y a deux *artères* : la pulmonaire, qui porte le sang du ventricule droit du cœur dans le poumon, et que les anciens appelaient *veine artérieuse*; et l'*artère* aorte, ou la grande *artère*, qui le porte du ventricule gauche dans toutes les parties du corps. Ces *artères* ont à leur orifice de petites peaux ou membranes, qu'on nomme *valvules semi-lunaires*, ou *simoïdes*, qui laissent bien sortir le sang des deux ventricules, mais qui empêchent qu'il n'y revienne par le même endroit. Il n'y a que les veines qui le rapportent dans le cœur de toutes les parties où les *artères* l'avaient distribué. — On distingue les *artères* des veines, en ce que les *artères* sont plus épaisses, et qu'elles ont un battement continuel. Ce battement consiste en deux mouvements : celui de dilatation, ou de diastole, et celui de contraction, ou de systole. Le cœur a deux semblables mouvements, mais ils se font en des temps différents ; c'est-à-dire que lorsque le cœur se resserre les *artères* se dilatent, et lorsque le cœur se dilate les *artères* se resserrent. La dilatation des *artères* vient du sang, qui y entre avec force, et sa contraction vient de sa propre force, par laquelle le sang passe dans les veines. L'*artère* aorte, sortant du ventricule gauche du cœur, se divise en deux gros troncs, le supérieur et l'inférieur. Le supérieur, qui porte le sang à la tête et aux autres parties supérieures, se divise en trois branches : la première est la sous-clavière droite, d'où viennent la carotide, la vertébrale, la cervicale, l'axillaire du côté droit, etc. ; la seconde est la carotide gauche ; la troisième est la sous-clavière gauche, qui produit la cervicale, la vertébrale, l'axillaire, etc. du côté gauche. De l'*artère* aorte inférieure, qui porte le sang aux parties inférieures, sortent la bronchique, les intercostales, la médiastine, les phréniques, la cœliaque, les mésentériques, les rénales, les spermatiques, les iliaques, les hypogastriques, la honteuse, la crurale, etc. — *Artère* se dit aussi du conduit qui va de la bouche aux poumons, qu'on appelle *âpre-artère*, ou *trachée-artère*. Voy. TRACHÉE-ARTÈRE.

ARTÉRÉVRISME, et plus conformément à l'étymologie **ARTÉRÉVRYSME**, subst. mas. (*artérévriceme*) (du grec αρτηρια, artère, et ευρυνω, je dilate), t. de médec., nom donné aux *anévrismes*.

ARTÉRIAQUE, adj. des deux genres (*artériake*), t. de médec., bon pour les maladies de la *trachée-artère*.

ARTÉRIECTASIE, subst. fém. (*artérièktazi*) (du grec αρτηρια, artère, et εκτασις, tension), t. de médec., huitième genre des angéioses.

ARTÉRIEL, adj. mas., au fém. **ARTÉRIELLE**, (*artériel*) : *sang artériel*, qui appartient à l'*artère*.

ARTÉRIÉLIE, subst. fém. (*artériéli*), t. de bot., plante de l'Amérique septentrionale.

ARTÉRIEUSE, adj. fém. Voy. ARTÉRIEUX.

ARTÉRIEUX, adj. mas., au fém. **ARTÉRIEUSE** (*artérieù, rieuze*), qui tient de la nature de l'*artère*.

ARTÉRIOGRAPHE, subst. mas. (*artériogueracfe*) (du grec αρτηρια, et γραφω, je décris), qui décrit, qui étudie les *artères*.

ARTÉRIOGRAPHIE, subst. fém. (*artériogue-rafi*) (du grec αρτηρια, artère, et γραφω, je décris), partie de l'anat. qui a pour objet la *description des artères*.

ARTÉRIOGRAPHIQUE, adj. des deux genres (*artériogueratike*), qui a rapport à l'*artériographie*.

ARTÉRIOLE, subst. fém. (*artériole*), t. d'anat., petite *artère*.

ARTÉRIOLOGIE, subst. fém. (*artériolojî*) (du grec αρτηρια, artère, et λογος, discours), partie de la médec. et de l'anat. qui traite *des artères*.

ARTÉRIOLOGIQUE, adj. des deux genres (*artériolojike*), qui a rapport à l'*artériologie*.

ARTÉRIO-PITUITEUX, adj. mas. (*artériopituiteù*), t. d'anat., se dit du muscle qui règne le long des narines.

ARTÉRIOTOMIE, subst. fém. (*artériotomî*) (du grec αρτηρια, artère, et τεμνω, je coupe), t. de chir., ouverture d'une *artère*. — Dissection anatomique des *artères*.

ARTÉRIOTOMIQUE, adj. des deux genres (*artériotomike*), qui est relatif à l'*artériotomie*.

ARTÉRITE, subst. fém. (*artérite*), t. de médec., inflammation d'une *artère*.

ARTÉSIEN, subst. et adj. mas. ; au fém. **ARTÉSIENNE**, (*artézieìn, ène*), habitant de l'*Artois* ; qui a rapport à l'*Artois*. — *Puits artésien*. Voy. PUITS.

ARTÉTISQUE, adj. des deux genres (*artéticeke*), t. de médec., qui a perdu un membre. Peu usité.

ARTHANITE ou **ARTHANITA**, subst. fém. (*artanite, nita*), t. de bot., plante employée contre les écrouelles et le squirrhe.

ARTHÉMIS, subst. mas. (*artémice*), t. d'hist. nat., genre de vers mollusques.

ARTHÉMISE, subst. fém. (*artémize*), myth. Voy. MAUSOLE.

ARTHENAY, subst. mas. (*artenè*), bourg de la Beauce, ancienne province de France.

ARTHEZ, subst. mas. (*artèce*), bourg de France, chef-lieu de canton, arrond. d'Orthez, dép. des Basses-Pyrénées.

ARTHONIE, subst. fém. (*artonî*), t. de bot., espèce de lichens.

ARTHRALGIE, subst. fém. (*artraljî*) (du grec αρθρον, articulation, et αλγος, douleur), t. de médec., douleur dans les articulations.

ARTHRALGIQUE, adj. des deux genres (*artraljike*), qui a rapport à l'*arthralgie*.

ARTHRATÉRON, subst. mas. (*artratéron*), t. de bot., plante de la famille des graminées.

ARTHREMBOLE, subst. mas. (*artranbole*) (du grec αρθρεμβολεω, remettre en sa place un membre disloqué), t. de chir., instrument qui servait autrefois à réduire les luxations.

ARTHRITE, subst. fém. (*artrite*) (du grec αρθριτις, goutte), t. de médec., douleur extrême ; goutte aux jointures.

ARTHRITIQUE, subst. fém. (*artritike*) (du grec αρθρον, jointure), t. de pharm., plante favorable pour les maux des jointures. — Adj. des deux genres : t. de méd. : *maladie arthritique*, qui attaque les jointures, comme la goutte, etc. ; *remède arthritique*, bon contre la goutte et les maladies de la même nature.

ARTHROCACE, subst. fém. (*artrokace*) (du grec αρθρον, jointure, articulation, et κακια, vice, maladie), t. de médec., ulcère carieux de la cavité d'un os.

ARTHROCÉPHALES, subst. et adj. plur. (*artrocéfale*) (du grec αρθρον, jointure, articulation, et κεφαλη, tête), t. d'hist. nat., se dit de la famille des crustacés, à tête distincte et articulée sur le corselet.

ARTHRODIAL, E, adj. (*artrodial*), t. de médec., qui a les caractères de l'*arthrodite*. — Plur. mas. ARTHRODIEUX.

ARTHRODIE, subst. fém. (*artrodî*) (en grec αρθρωδια, formé de αρθρον, jointure), t. d'anat., articulation ou conjonction lâche des os.

ARTHRODYNIE, subst. fém. (*artrodinî*) (du grec αρθρον, jointure, articulation, et οδυνη, douleur), t. de médec., douleur chronique dans les articulations, sorte de rhumatisme.

ARTHRON, subst. mas. (*artrone*) (mot purement grec, et qui signifie : jointure, articulation), t. d'anat., jonction naturelle des os qui s'entre-touchent par les bouts.

ARTHRONALGIE, subst. fém. (*artronaljî*) (du grec αρθρον, jointure, et αλγος, douleur), t. de médec., entorse.

ARTHRONALGIQUE, adj. des deux genres (*artronaljike*), t. de médec., qui regarde l'*arthronalgie*.

ARTHROPODION, subst. mas. (*artropodion*), t. de bot., sorte de plante.

ARTHROPUOSE, subst. fém. (*artropuôze*) (du grec αρθρον, jointure, et πυον, pus), t. de médec., tumeur blanche aux *articulations*.

ARTHROSE, subst. fém. (*artrôze*) (du grec αρθρον, articulation), t. d'anat., articulation.

ARTHROSPONGUS, subst. masc. (*artroceponguce*) (du grec αρθρον, articulation, et σπογγος, glande), t. de médec., tumeur blanche, fongus des articulations. Peu usité.

ARTHROSTYLIS, subst. mas. (*artrocetilice*), t. de bot., espèce de plante semblable aux souchets.

ARTIALISÉ, E, part. pass. de *artialiser*.

ARTIALISER, v. act. (*arcializé*), soumettre aux règles de l'art. Il n'est pas en usage.

ARTICHAUT, ou mieux **ARTICHAUD** (mais l'*Académie* ne donne que la première orthographe, que nous nous trouvons forcés de suivre), subst. mas. (*artichô*) (suivant *Le Duchat*, du lat. *radix calda*, racine chaude, parce qu'en effet cette plante est très-échauffante. De ces deux mots on a fait par corruption *radicaldus*, et enfin *artichaud*), plante potagère, vivace, originaire d'Italie, à fleur composée, flosculeuse, dont le calice, avant que les fleurs ne se développent, sert d'aliment. La partie inférieure du calice se nomme *cul d'artichaut*. — *Artichaut d'Espagne*, plante potagère de la famille des concombres. — *Foin d'artichaut*, ce qui garnit le fond de l'artichaut ; *écailles de l'artichaut*, les parties épaisses posées les unes sur les autres, attachées au fond et qui forment la pomme. — *Artichaut-cardon*. Voy. CARDON D'ESPAGNE. — *Artichaut de terre*. Voy. TOPINAMBOUR. — On nomme, en archit., *artichauts* des défenses de fer en forme d'*artichauts* qu'on place sur les pilastres, barrières, etc.

ARTICHAUTIÈRE, subst. fém. (*artichôtière*), champ d'*artichauts*; vase pour les cuire.

ARTICLE, subst. mas. (*artikle*) (en lat. *articulus*, diminutif de *artus*, membre, formé du grec αρθρον, articulation, jointure des os), jointure des os dans le corps des animaux ; et particulièrement, en anat., articulation, jointure des pieds et des mains de l'homme. En ce sens il vieillit. On emploie mieux le mot *articulation*, si ce n'est dans cette locution : *amputation dans l'article*, amputation à l'endroit où un membre se joint au corps. — *Article* se dit également des différentes parties d'un insecte. — Il se dit encore par analogie, en bot., d'un rameau placé entre deux nœuds. — Au fig., partie de chapitre, de quelque livre ou journal, d'un discours, etc. — *Articles d'un journal, d'une gazette*, matières du même genre réunies sous un titre commun, comme *les articles de littérature, l'article des spectacles, les articles de politique*; matières qui concernent un état ou une ville, et qui sont réunies sous le titre de cet état ou de cette ville : *l'article d'Angleterre, l'article de Londres*. — L'endroit des ordonnances, des comptes, des contrats, etc., qui renferme une affaire ou telle circonstance particulière. — En t. de palais, *interroger sur faits et articles*, interroger une personne sur des circonstances et particularités. — *Un article de loi*, etc. : *cette loi, cette ordonnance se compose de vingt articles*. — *Dresser les articles d'un contrat de mariage*. — *Un article de dépenses*. — Partie d'une profession de foi ; chaque point de la croyance : il se joint avec *foi* : *tout ce qui est dans le symbole des apôtres est article de foi*. On dit fam. : *croire une chose comme article de foi* ; et d'une chose qui ne mérite pas d'être crue : *ce n'est pas un article de foi*. Dans l'Église catholique, on entend par *article de foi* toutes les vérités que Dieu a révélées à son Église. — On dit : *c'est un autre article*, pour dire qu'une chose est différente de celle dont on a parlé : *je veux bien lui prêter cette tapisserie ; mais la lui donner, c'est un autre article*. — En t. de comm., il se dit des différents objets qu'un marchand a dans son magasin. — *Faire l'article*, faire un éloge pompeux de sa marchandise, pour déterminer quelqu'un à l'acheter. — *A l'article de la mort*, au dernier moment de la vie. — En t. de grammaire, petit mot qui, dans les langues où cette partie du discours a été admise, sert proprement à tirer un nom commun de la totalité des êtres compris dans sa signification indéterminée, pour le faire considérer comme un nom déterminé de genre, d'espèce ou d'individu. En français, c'est, au singulier, *le* pour le masculin, *la* pour le féminin, et au pluriel *les* pour les deux genres. Voy., pour les règles générales, notre *Grammaire*. Il paraît évident que *le, la* ont été empruntés au latin *ille, illa*. Il y a d'autres mots que l'on pourrait regarder comme *articles*, puisqu'ils en remplissent les fonctions : ces mots sont : *ce, cet, cette, ces; mon, ton, son; notre, votre; quelque, nul, aucun, tout;* et *un, deux, trois*, etc., car ils ont la force de l'*article*, puisqu'ils restreignent le sens du substantif qu'ils précèdent. — Les *articles* sont ou *simples* ou *composés*. Voy. notre *Grammaire*. — On doit répéter l'*article* devant tous les substantifs, parce qu'il sert à déterminer la signification de chacun des substantifs; ainsi ne dites pas : *les père et mère de cette jeune fille*, mais *le père et la mère; son père et sa mère*, et non *ses père et mère*. Cependant on dirait bien : *ce sage et pieux vieillard a des droits à l'admiration publique*, parce que ces deux adjectifs, unis par la conj. *et*, modifient un seul et même substantif, et qu'il est question d'une même personne *sage* et *pieuse*. — La place de l'*article* est toujours avant les substantifs. — *Tout, Monsieur, Madame, Monseigneur*, déplacent l'*article*, et cela parce que ces mots sont composés d'un adjectif et d'un substantif; on dit : *tout le monde, monsieur le préfet, madame la duchesse, monseigneur l'archevêque*. — On se sert de l'*article* devant les substantifs communs dont le sens est determiné : *l'homme a le courage en partage*. — *Du, de la, des* : *du* et *des* ne sont que des contractions de *de la* et *de les*, et se mettent avant les substantifs pour désigner une *partie* des personnes ou des choses dont il est question : *avoir des besoins, de la fortune, du bonheur*. Si le substantif est pris dans un sens partitif, mais précédé d'un adjectif, on supprime l'article et on dit : *de bonne viande*, et non point *de la bonne viande; de belles villes*, et non *des belles villes*. — Si la signification est indéterminée, c'est-à-dire ne désigne ni genre, ni espèce, ni individu, on n'emploie pas non plus l'article avant le nom commun : *une table de bois, une femme sans vertu*. Il n'est nullement ici question d'un genre de *vertu*, de *bois* particulier; *bois* et *vertu* ont une signification vague et indéterminée. — Un substantif commun, ayant pour antécédent la préposition *de*, ne prend point l'article s'il est régime d'un substantif collectif ou d'un adverbe de quantité : *assez d'hommes; une foule de nations*. Il peut arriver que le substantif soit modifié par une préposition qui le détermine : *je me souviens peu des choses que vous m'avez dites*. La même règle a lieu si le substantif commun, précédé de la préposition *de*, est régime d'un verbe actif accompagné d'une négation : *je ne saurais vous faire de reproches*. On emploie *le, la, les*, avant *plus, mieux, moins*, exprimant une comparaison : *le plus brave; la moins à plaindre; les plus malheureux*. Nous n'en dirons pas davantage sur l'emploi de *l'article*. Les règles qui le concernent sont sans contredit les plus difficiles de la langue. Nous croyons avoir posé les principes les plus indispensables à connaître : nous renvoyons à notre *Grammaire* les personnes avides d'approfondir davantage cette partie du discours.

ARTICULAIRE, adj. des deux genres (*artikulère*), t. d'anat., qui a rapport aux *articles*, aux jointures des os : *la goutte est une maladie articulaire*.

ARTICULATION, subst. fém. (*artikulâcion*) (en lat. *articulatio*, dérivé d'*articulus*, article), jointure des os. — En peinture, sculpture et gravure, on nomme *articulations* les jointures où se font les attachements des différents membres. — En bot., point de la réunion de deux parties d'une plante, assemblées bout à bout. — Prononciation distincte des mots : *avoir une belle articulation*. — On dit aussi, en t. de palais, *articulation des faits*, leur déduction par *articles*.

ARTICULÉ, E, part. pass. de *articuler*, et adj. : *voix articulée*, qui prononce distinctement. — En peinture et sculpture, se dit des parties d'une figure ou d'un animal qui sont bien prononcées, exprimées avec fermeté, etc. — En anat., engagé, enclavé l'un dans l'autre. — En bot., qui a une ou plusieurs *articulations*.

ARTICULER, v. act. (*artikulé*) (du lat. *articulare*, fait de *articulus*, article, articulation), prononcer nettement et distinctement. — Au fig., affirmer et circonstancier. — En t. de palais, déduire par articles : *articuler des faits*; et fig. : affirmer un fait, le circonstancier. — **S'ARTICULER**, v. pron. : *ce mot s'articule facilement* ou *difficilement*. — En t. d'anat., on dit qu'*un os s'articule avec un autre*, pour faire entendre qu'ils sont joints de manière à se mouvoir sans se séparer.

ARTIEN, subst. mas. (*arciein*) (du lat. *artes, artium*, arts), t. de collège, écolier qui est sorti des humanités, et qui étudie en philosophie. Inus.

ARTIFICE, subst. mas. (*artifice*) (du lat. *artificium*, formé de *ars*, art, et *facere*, faire; *chose faite avec art*), art, industrie : *l'artifice de son style séduit; cette pendule est faite avec un artifice admirable*. — On dit qu'*un homme ne vit que par artifice*, pour dire qu'il ne vit qu'à force de soins et de régime. — *Réussir par artifice, se soutenir par artifice*, à force d'industrie et de moyens. — *Artifice* se prend plus ordinairement pour ruse, déguisement, fraude : *user d'artifice; procédé plein d'artifice; c'est un homme sincère et sans artifice*. — On appelle *feu d'artifice* un feu préparé avec *art*, en signe de réjouissance, et dans la composition duquel il entre plusieurs matières aisées à s'enflammer, comme poudre à canon, soufre, bitume, camphre, etc. : *tirer un feu d'artifice*. On appelle aussi absolument *artifice*, une composition de matières aisées à s'enflammer : *un magasin plein de lances à feu, de grenades, et d'autres semblables artifices*. — *Artifice d'eau*, feu préparé pour brûler sur l'eau et dans l'eau. — Au plur., il se dit de toutes sortes de bâtiments à machines et à roues, construits sur des rivières ou sur des ruisseaux à moulins : *artifices hydrauliques*.

ARTIFICIEL, adj. mas., au fém. **ARTIFICIELLE** (*artificièl, cièle*) (en lat. *artificiosus*), qui est fait par *art*. Il est opposé à *naturel* : *aimant artificiel; fleurs artificielles; prairies artificielles; beauté artificielle*. — On appelle *mémoire artificielle* une méthode propre à faciliter les opérations de la mémoire. — T. de rhétorique, toutes les preuves qui naissent de l'esprit et de l'industrie de l'orateur sont appelées *artificielles*; telles sont : les définitions, les causes, les effets, etc., pour les distinguer des lois, des autorités, des citations, etc., que l'on appelle des preuves *sans artifice*. — *Jour artificiel*, l'espace de temps compris entre le lever du soleil et son coucher : *le jour naturel* est de vingt-quatre heures. Suivant Macrobe, Ricciolli et Bailly, c'est au contraire la durée de vingt-quatre heures qui est le jour *artificiel*, et celle de la lumière qui est le jour *naturel*. — En géom., 1° *lignes artificielles*, lignes qui, sur un compas de proportion ou une échelle quelconque, représentent les logarithmes, des sinus et des tangentes, et servent, avec la ligne des nombres, à résoudre les problèmes de trigonométrie, etc.; 2° *nombres artificiels*, les sécantes, les sinus et les tangentes. — En astron., 1° *globe artificiel*, globe par lequel on représente la concavité du ciel, ou la convexité de la terre; 2° *sphère artificielle*, la sphère armillaire; 3° *horizon artificiel*, l'horizon rationnel ou mathématique, distingué de l'horizon sensible de chaque observateur. — En anat., *squelette artificiel*, celui dont les os sont articulés avec du fil de laiton.

ARTIFICIELLEMENT, adv. (*artificièleman*), par *art*; avec *art*. Il est opposé à *naturellement*.

ARTIFICIER, subst. mas. (*artificié*), celui qui compose des *artifices*, des feux d'*artifice*. — Soldat d'artillerie.

ARTIFICIEUSE, adj. fém. Voy. **ARTIFICIEUX**.

ARTIFICIEUSEMENT, adv. (*artificieuzeman*), d'une manière *artificieuse*.

ARTIFICIEUX, adj. mas., au fém. **ARTIFICIEUSE** (*artificieu, cieuze*), plein d'*artifice*, de ruse, mais toujours en mauvaise part : *homme artificieux; conduite artificieuse*.

ARTIGE, subst. mas. (*artije*), petit endroit du diocèse de Limoges, en France, près de Saint-Léonard. — Il a donné son nom à un ordre religieux. Nous ne connaissons point l'année de la fondation de l'*ordre de l'Artige*, ni dans quel temps il a commencé à suivre la règle de saint Augustin.

ARTIL., abréviation du mot *artillerie*.

ARTILLÉ, E, part. pass. de *artiller*, et adj. t. de mar., garni, armé : *un vaisseau artillé de tant de pièces de canon*.

ARTILLER, v. act. (*artiié*), fortifier, armer; équiper un homme de guerre. — Parer, garnir avec art; opérer avec artifice. Inusité.

ARTILLER, mieux **ARTILLIER**, subst. mas. (*artiié*), ouvrier qui travaille à l'*artillerie*.

ARTILLERIE, subst. fém. (*artiierî*) (du vieux mot français *artiller*, rendre fort par *art*. On croit aussi que ce mot vient du nom que les Français donnaient à la baliste, qui était une des principales machines de guerre, et qu'ils appelaient *arc-à-tirer* (*arcus tractilis*), parce qu'elle se conduisait sur une espèce de charriot, attirail de guerre composé de canons, bombes, mortiers, etc. — Le corps des officiers et soldats qui servent à l'*artillerie*. — On comprend sous le même nom les canons, mortiers, boulets, bombes, etc., et les ouvriers, artisans, charriots, chevaux, etc., qui y sont employés. — On appelle un canon une *pièce d'artillerie*. — On entendait autrefois par *royal-artillerie* le corps de l'*artillerie*. — *Artillerie électrique*, t. de phys., nom que l'on a donné à une machine composée de neuf tiges de cuivre terminées par des boules, et montées sur un cercle de cuivre.

ARTILLEUR, subst. mas. (*artiieur*), celui qui sert dans l'*artillerie*. Il se dit surtout des soldats : en parlant des officiers, on dit plus souvent et mieux *un officier d'artillerie*.

ARTILLIER, subst. mas. Voy. **ARTILLER**.

ARTIMON, subst. mas. (*artimon*) (de l'italien *artemone*, dérivé du grec αρτεμων, grande voile de navire), t. de mar., mât de l'arrière ou de la poupe d'un vaisseau. — T. d'hist. nat., coquille de l'ordre des strombes.

ARTISAN, subst. mas., au fém. **ARTISANNE**. L'*Académie* ne donne pas ce fém. (*artizan, zane*) (formé du lat. *ars, artis*, art), homme de métier, ouvrier, avec cette différence que l'*artisan* exerce un *art* mécanique, et que l'*ouvrier* fait un genre quelconque d'*ouvrage* : l'*agriculture*, par exemple, *n'a pas d'artisans, elle a des ouvriers*. Le mot d'*ouvrier* a donc un sens plus étendu que celui d'*artisan*. — Fig., celui qui est la cause, l'auteur de... : *il a été l'artisan de sa fortune; c'est un artisan de calomnies; Dieu est le souverain artisan de cet univers*. — Au fém., la femme d'un *artisan*.

ARTISON, subst. mas. (*artizon*), t. d'hist. nat., petit ver qui s'engendre dans le bois et qui le perce. — Insecte qui ronge les étoffes.

ARTISONNÉ, E, part. pass. de *artisonner*, et adj. (*artizoné*), se dit du bois rongé par les vers.

ARTISONNER, v. act. (*artizoné*), ronger, en parlant des vers.

ARTISTE, subst. des deux genres (l'*Académie* veut que ce mot ne soit que mas.) (*articete*) (formé du latin *ars, artis*, art), en général, qui travaille dans un *art*. — En particulier, qui travaille dans un art où le génie et la main doivent concourir : tels sont les *arts libéraux*. Cette dernière acception est la plus usitée. — On dit, depuis quelque temps, *artiste* pour *acteur* : c'est un néologisme vicieux, puisqu'il fait équivoque. — On disait autrefois adjectivement : *une main artiste, une montre artiste*, c'est-à-dire : qui travaille ou qui est travaillée avec art. — *Artiste vétérinaire*, médecin vétérinaire. — **ARTISTE, ARTISAN**. (*Syn.*) L'*artisan* cultive les *arts* mécaniques; l'*artiste* cultive les *arts* libéraux.

ARTISTEMENT, adv. (*articeteman*), avec *art* et industrie.

ARTISTIQUE, adj. des deux genres (*articetike*), qui a rapport aux *arts*. Ce mot est universellement employé aujourd'hui.

ARTOCARPÉES, subst. fém. plur. (*artokarpé*), t. de bot., plantes qui ressemblent aux urticées.

ARTOGYRITES. Voy. **ARTOTYRITES**.

ARTOIS, subst. mas. (*artoa*), ancienne province de France qui se trouve comprise aujourd'hui dans le département du Pas-de-Calais. — On appelle *artois* les chiens croisés de cette province.

ARTOLÂTRE, subst. mas. (*artolâtre*) (du grec αρτος, pain, et λατρεια, culte), secte de chrétiens qu'on accusait d'adorer le pain.

ARTOLÂTRIE, subst. fém. (*artolâtrî*) (du grec αρτος, pain, et λατρεια, culte), culte, adoration du pain.

ARTOLÂTRIQUE, adj. des deux genres (*artolâtrike*), qui est relatif à l'*artolâtrie*.

ARTOLITHE, subst. fém. (*artolite*) (du grec αρτος, pain, et λιθος, pierre), t. d'hist. nat., concrétion pierreuse en forme de pain.

ARTOLONE, subst. fém. (*artolone*), t. d'hist. nat., genre de coquilles.

ARTOMÉLI et **ARTOMEL**, subst. mas. (*artoméli*) (du grec αρτος, pain, et μελι, miel), t. de méd., cataplasme de pain et de miel.

ARTONOMIQUE, adj. des deux genres (*artonomike*) (du grec αρτος, pain, et νομη, règle), se dit de l'art de faire du pain. — Subst. fém., règlement sur le prix du pain. Inus.

ARTOPHAGE, subst. mas. (*artofaje*) (du grec αρτος, pain, et φαγω, je mange), t. d'antiq., qui vit de pain, qui ne se nourrit que de pain.

ARTOPTE, subst. et adj. fém. (*artopete*), t. de chir., qui accouche facilement.

ARTOTYRITES, subst. mas. plur. (*artotirite*) (du grec αρτος, pain, et τυρος, fromage), héréques du second siècle qui, dans leurs mystères, offraient à Dieu du fromage avec du pain.

ARTRE, subst. mas. (*artre*), t. d'hist. nat., un des noms du *martin-pêcheur.*

ARTROLOBION, subst. mas. (*artrolobion*), t. de bot.. espèce de plante.

ARTURO, subst. mas. (*arturô*), t. de bot., celsie arcture.

ARTUSON, subst. mas. (*artuzon*), le même que *artison*. Voy. ce mot.

ARTUSONNÉ, E, part. pass. de *artusonner.*

ARTUSONNER, v. act. (*artuzoné*), le même que *artisonner*. Voy. ce mot.

ARTY, subst. mas. (*arti*), t. de bot., quamoclite du Malabar.

ARUANA, subst. mas. (*aruana*), t. d'hist. nat., poisson de l'ordre des chétodons.

ARUBE, subst. mas. (*arube*), t. de bot., arbrisseau de la Guyane.

ARUDY, subst. mas. (*arudi*), ville de France, chef-lieu de canton, arrond. d'Oléron, dép. des Basses-Pyrénées.

ARUM, subst. mas. (*arome*) (du grec αρον), t. de bot., sorte de plante qui a donné son nom à la famille des *aroïdes.*

ARUNCO, subst. mas. (*aronkô*), t. d'hist. nat., espèce de crapaud.

ARUNDINAIRE, subst. fém. (*arondinère*), t. de bot., plante graminée.

ARUNTICÈS, subst. mas. (*aronticècé*), myth., ayant méprisé les fêtes de Bacchus, fut puni par ce dieu, qui lui fit tant boire de vin, qu'il perdit la raison et déshonora sa propre fille Méduine. Elle en fut si outrée qu'elle le tua.

ARURE, subst. fém. (*arure*) (du grec αρουρα, terre labourable), mesure de superficie en Égypte. — Mieux *aroure*. Voy. ce mot.

ARUSA, subst. mas. (*aruza*), t. d'hist. nat., poisson; sorte de labre.

ARUSETS, subst. mas. plur. (*aruzé*), t. d'hist. nat., genre d'holocentres.

ARUSPICE, subst. mas. (*arucepice*) (du latin *aruspex*, gén. *aruspicis*, formé de *ara*, autel, et *inspicio*, je regarde, j'observe; *celui qui observe l'autel*), t. d'hist. anc., prêtre, sacrificateur romain qui prétendait prédire l'avenir par l'inspection des entrailles des bêtes sacrifiées.

ARUSPICINE, subst. fém. (*arucepicine*), t. d'hist. anc., science des *aruspices.*

ARVALÉE, adj. fém. (*arvalé*), champêtre. Vieux mot inusité aujourd'hui.

ARVALES, subst. mas. plur. (*arvale*), t. d'hist. anc., ceux qui, dans l'ancienne Rome, faisaient les sacrifices des *ambarvales*, offerts tous les ans à Cérès et à Bacchus pour la prospérité des récoltes. Ils étaient douze, choisis entre les citoyens les plus distingués, et s'appelaient *frères arvales, collége des frères arvales.*

ARVIEN, NE, adj. (*arviein, viène*) (du lat. *arvum*, terre labourée), t. de bot., se dit des plantes qui croissent dans les champs.

ARYTÉNÉAL, E, adj. (*aritènéal*) (du grec αρυταινα, aiguière, petit bassin), t. d'anat., se dit de la troisième paire d'os auxiliaires des arcs branchiaux situés à l'*aryténoïde.*

ARYTÉNO-ÉPIGLOTTIQUE, adj. (*aritêno-épiguelotike*), t. d'anat., se dit des deux petits vaisseaux charnus qui ont rapport aux cartilages aryténoïdes et à l'épiglotte.

ARYTÉNOÏDES, subst. et adj. mas. plur. (*ariténo-ide*) (du grec αρυταινα, aiguière, petit bassin, et ειδος, forme, ressemblance), t. d'anat., se dit des deux petits cartilages qui, assemblés avec d'autres, forment l'embouchure du larynx, et ressemblent à un bec d'aiguière.

ARYTÉNOÏDIEN, adj. mas., au fém. **ARYTÉNOÏDIENNE** (*ariténo-idiein, diène*), t. d'anat., qui a rapport aux cartilages *aryténoïdes.*

ARYTHME, subst. mas. (*aritème*) (du grec α priv., et ρυθμος, justesse, proportion, mesure), t. de médec., irrégularité du pouls.

ARZACQ, subst. mas. (*arzak*), bourg de France, chef-lieu de canton, arrond. d'Orthez, dép. des Basses-Pyrénées.

ARZANNO, subst. mas. (*arzanô*), village de France, chef-lieu de canton, arrond. de Quimperlé, dép. du Finistère.

ARZEGAIE, subst. fém. (*arzeguê*), sorte d'ancienne pique.

ARZEL, adj. (*arzèle*), t. de man., se dit d'un cheval qui a une marque de poils blancs aux pieds de derrière, depuis le sabot jusqu'au boulet.

AS, subst. mas. (*ace*) (du grec εις, un; en dorique, ας, et en langage tarentin ας, d'où les Latins ont fait *as, assis*), carte à jouer, ou face d'un dé marqué d'un seul point: *as de cœur, as de carreau; amener râfle d'as, ou ambesas, ou beset*. L'*as* vaut à certains jeux *un* ou *onze*. — Chez les anciens Romains, l'*as* fut d'abord un tout solide, divisible en douze parties aliquotes; en d'autres termes, une livre, composée de douze onces, dont la matière, qui, sous Numa Pompilius, était encore du bois, du cuir et des coquillages, devint de cuivre sous Tullus Hostilius. Dans l'origine l'*as* était à la fois un poids et une monnaie: *as, libra, pondo*. De là, *pendere*, peser, pour payer, et chez nous *dépenses, dépenser, compenser*, etc., mots tous tirés de la même racine *pendere*. Ce ne fut plus par la suite qu'une monnaie. On divisait encore l'*as* en beaucoup d'autres parties, que l'on peut voir dans la loi *Servum, de Hæredid., lib. 15*, (*Pandect.*) Les principales étaient l'once, qui était la douzième partie de l'*as, uncia*, δωδεκατον; *sextans*, εκτον, le sixième de l'*as*, qui était de deux onces; *quadrans*, τεταρτον, la quatrième partie, le quart de l'*as*, qui contenait trois onces; *triens*, le tiers ou la troisième partie de l'*as*: c'était quatre onces; *quincunx*, τριτον δωδεκατον: c'était cinq onces, le tiers de l'*as*, plus un douzième, ou plus une once; *semis*, ημισυ, le demi-*as*, c'est-à-dire six onces; *septunx*, que les Grecs appelaient ημισυ δωδεκατον, c'est-à-dire la moitié de l'*as* plus la douzième partie, qui est une once: c'était sept onces comme le mot latin le signifie; *bes*, διμοιρον, les deux tiers de l'*as*, ou huit onces; *dodrans*, διμοιρον δωδεκατον, les deux tiers et un douzième, qui font les trois quarts de l'*as*, ou neuf onces; *dextans*, que les Grecs appelaient διμοιρον εκτω, c'est-à-dire les deux tiers et un sixième de l'*as*, ce qui faisait dix onces; *deunx*, en grec διμοιρον τεταρτον, les deux tiers et un quart de l'*as*, qui font trois onces, ce qui fait huit onces plus trois onces, c'est-à-dire onze onces, et ce que le mot latin signifie; car *deunx* est la même chose que un *as* moins une once. Les Grecs appelaient l'*as* entier, λιτρα, *libra*, livre. — La première guerre Punique ayant épuisé les finances, on retrancha de l'*as* un *sextans*, ou deux onces, et on ne le fit plus que du poids du *dextrans*, c'est-à-dire de dix onces. Dans la suite on ôta encore une once, et on le réduisit au *dotrans*, c'est-à-dire aux trois quarts du premier et véritable *as*, ou à neuf onces. Enfin, par une loi on en retrancha encore une once et demie, et on le réduisit à sept onces et demie, ou *septunx* et *semuncia*. On croit communément que l'*as* resta à ce point tout le temps de la république, et jusqu'à Jésus-Christ. Ce dernier *as* s'appelle l'*as* papirien, parce que ce fut C. Papirius Carbo qui, l'an de Rome 563, sous le consulat de L. Cornélius Scipion et de C. Lælius Nepos, étant tribun du peuple, fit rendre cette loi (*lex Papiria*). L'*as* portait d'un côté une tête de Janus à deux visages, et de l'autre un bec de navire, *rostrum navis*, c'est-à-dire une proue de navire, l'avant d'un vaisseau. C'est ce que nous voyons encore sur plusieurs *as*, dans quelques cabinets d'antiquaires. — Du sens propre et primitif de l'*as*, on en avait tiré un autre; car, transportant ce mot à quelque chose que ce fût, on faisait signifier à *as*: tout, somme, ensemble, unité, *solidum quid*. Il prenait cette acception principalement dans les successions; et *as* signifiait la succession, l'hérédité entière. Ainsi être héritier de quelqu'un *ex asse*, c'était être héritier de tout son bien, et l'on désignait par telle ou telle des parties de l'*as* les héritiers moins favorisés: héritier *ex triente, ex semisse, ex besse, ex deunce*, etc., c'était héritier du tiers, de la moitié, des deux tiers, de tout, excepté un douzième, etc. — *As* est à Amsterdam une des divisions de la livre, poids de marc; trente-deux *as* font un engel; dix engels font un loot, et trente-deux loots font la livre.

As, 2e pers. sing. prés. indic. du v. irrégulier et auxiliaire **AVOIR**.

ASANGUE, subst. mas. (*azangue*), t. d'astr., la lyre, constellation.

ASAPHAT, subst. mas. (*azafa*), t. de médec., gratelle entre cuir et chair, causée par des vers.

ASAPHE, subst. mas. (*azafe*), t. d'hist nat., espèce d'animaux fossiles.

ASAPHIE, subst. fém. (*azafi*) (du grec α priv., et σαφης, manifeste), t. de médec., altération de la voix, enrouement.

ASARET, subst. mas. (*azaré*), t. de bot., plante de l'ordre des asaroïdes.

ASARINE, subst. fém. (*azarine*), t. de bot., genre de plante apéritive, qui ressemble à l'*asarum.*

ASAROÏDES, subst. fém. plur. (*azaro-ide*) (du grec ασαρον, asarum, et ειδος, forme, ressemblance), t. de bot., famille de plantes semblables à l'*asarum.*

ASAROTON, subst. mas. (*azaroton*) (du grec α priv., et σαιρω, je balaie), t. d'antiq., pavé peint ou fait de pièces de rapport.

ASARUM, subst. mas. (*azarome*) (en grec ασαρον), t. de bot., plante appelée vulgairement *cabaret* ou *asaret.*

ASASI, subst. mas. (*azazi*), t. de bot., arbre de la Guyane.

ASBESTE, subst. mas. (*acebècete*, et non pas *azebècete*, comme l'*Académie* le prétend) (du grec ασβεστος, inextinguible, formé de α priv., et σβεννυμι, éteindre; parce que l'incombustibilité de l'*asbeste* l'a fait croire propre à faire des lampes perpétuelles), t. d'hist. nat., matière incombustible; espèce d'amiante.

ASBESTINITE, subst. fém. (*acebècetinite*), t. d'hist. nat. On a donné ce nom à une variété d'amphibole verdâtre, en masses fibreuses, que l'on nomme aussi *asbestoïde.*

ASBESTOÏDE, subst. fém. (*acebèceto-ide*). Voy. **ASBESTINITE.**

ASCAGNE, subst. mas. (*acekagnie*), t. d'hist. nat., jolie espèce de guenon. — Myth., fils unique d'Enée et de Créuse. Il fut emmené tout jeune par son père dans le *Latium*, où il fonda la ville d'Albe.

ASCALAPHE, subst. mas. (*acekalafe*), (du grec ασκαλος, dur, et αφη, toucher; dur au toucher), t. d'hist. nat., hibou à grosse tête velue. — Myth., fils de l'Achéron et de la Nuit. Ce fut lui qui déclara que Proserpine avait mangé sept grains de grenade dans les enfers, ce qui fut cause que Cérès ne put ravoir sa fille qu'elle y allait chercher, Jupiter n'ayant promis de la lui rendre qu'à condition qu'elle n'y aurait rien mangé. Proserpine fut si indignée contre Ascalaphe qui était venu l'accuser, qu'elle lui jeta de l'eau du fleuve Phlégéton au visage, et le métamorphosa en hibou, oiseau que Minerve prit ensuite sous sa protection, parce qu'Ascalaphe l'avertissait pendant la nuit de tout ce qui se passait. — Il y eut un autre Ascalaphe, fils de Mars, et l'un des chefs des Grecs au siége de Troie. — Il se dit d'un espion nocturne.

ASCALAPHOS, subst. mas. (*acekalafôce*), t. d'hist. nat., nom grec d'un oiseau inconnu.

ASCALONITE, subst. fém. (*acekalonite*), t. de bot., sorte d'échalotte.

ASCARDAMYCTE, adj. des deux genres (*acekardamikte*) (du grec ασκαρδαμυκτεω, je regarde d'un œil fixe), qui regarde fixement sans baisser les paupières.

ASCARICIDE, subst. fém. (*acekaricide*), t. de bot., plante de la famille des corymbifères.

ASCARIDE, subst. mas. (*acekaride*) (en grec ασκαρις, ιδος, formé de ασκαριζω, je sautille, je remue), t. d'hist. nat., nom que les médecins donnent à des petits vers ronds et courts qui se meuvent sans cesse en grand nombre à l'extrémité du rectum. — Vermine qui s'attache aux plantes.

ASCARINE, subst. fém. (*acekarine*), t. de bot., genre de plantes qui contient plusieurs arbres ou arbrisseaux des Indes et des îles de la mer du Sud.

ASCARUM ou **ASCARUS**, subst. mas. (*acekarôme, acekaruce*), t. d'hist. anc., ancien instrument de musique des Troglodytes ou des Lesbiens: il était long d'une coudée et garni de tuyaux de plumes.

ASCAULUS, subst. mas. (*acekôluce*), t. d'hist. anc., fifre ou flûte des anciens.

ASCÈLE, adj. des deux genres (*acecèle*) (du grec ασκελης, dérivé de α priv. et σκελος, jambe), t. de médec., qui est sans jambes.

ASCENDANCE, subst. fém. (*acecandance*), supériorité. Inusité. — En généalogie, action d'une ligne *ascendante*, résultat de cette action: *ascendance paternelle*. — En astron., action des astres qui s'élèvent sur l'horizon. — En anat., mouvement, action en montant opérée dans divers vaisseaux du corps. — En mathém., progression des termes qui vont en croissant. — En mus., se dit de l'harmonie qui est produite par une suite de quintes en montant.

ASCENDANT, subst. mas. (*acecandan*) (du latin *ascendens*, part. de *ascendere*, monter, formé de *ad*, et de *scandere*, grimper, gravir, s'élever), en astron., le point de l'écliptique situé dans l'horizon oriental; c'est le point qui se lève. Les astrologues l'appelaient *horoscope*, et le calculaient pour dresser le *thème* d'une nativité. La division en douze maisons commençait dans ce point. La planète qui y répondait était dite *dominer à l'ascendant*. — Fig., penchant irrésistible que l'on a pour une chose vers laquelle on est entraîné. — Autorité, pouvoir qu'on a ou qu'on prend sur l'esprit, sur la volonté de quelqu'un. — Empire, influence; avec cette différence que l'*ascendant* est le pouvoir de la supériorité (*ascendere*, monter); l'*empire* est le pouvoir de la force, et a quelque chose de l'autorité militaire (*imperare*, commander); l'*influence* est le pouvoir de l'insinuation (*influere*, couler dans, s'insinuer): *un père a de l'empire sur ses enfants; un mari, de l'ascendant sur sa femme; une femme, de l'influence sur son mari.* Voy. le mot suivant.—On appelle *ascendants* les parents dont on descend en ligne directe. Le père, la mère, dans ce sens, sont des *ascendants*; mais on donne plus spécialement le nom d'*ascendants* aux aïeuls de différents degrés.

ASCENDANT, E, adj. (*accçandan, dante*), qui va en *montant*, ou en *remontant*. — En astron., se dit des astres ou des signes qui *montent* sur l'horizon. On appelle particulièrement *signes ascendants* les trois premiers et les trois derniers du zodiaque: le bélier, le taureau, les gémeaux, le capricorne, le verseau et les poissons. — *Nœud ascendant*, le point où une planète traverse l'écliptique en allant du midi au nord; *latitude ascendante*, la latitude d'une planète, quand elle est du côté du pôle septentrional. — En généalogie, qui va en *remontant*: *ligne ascendante*. — En math., *progression ascendante*, celle dont les termes vont en croissant. — En mus., *harmonie ascendante*, celle qui est produite par une suite de quintes *en montant*. — En anat., il se dit des parties qui prennent naissance dans un endroit et se terminent dans un autre.

ASCENSION, subst. fém. (*accçancion*), élévation, action de monter, de s'élever. — Chez les chrétiens, fête en mémoire du jour où *Jésus-Christ est monté* au ciel. — Estampe qui représente l'*Ascension*. — En astron., l'arc compris entre le point équinoxial et le point de l'équateur qui se lève avec une étoile. On appelle *ascension droite* ou *oblique d'un astre* le degré de l'équateur qui se lève avec cet astre dans la sphère droite ou dans la sphère oblique. — En t. de physique, l'action par laquelle un fluide *monte* dans des tuyaux. — Action de s'élever dans l'air par le moyen d'un *aérostat*. On dit même l'*ascension d'un aérostat*.— En t. de jard., *ascension de la sève*, mouvement de la sève vers les extrémités des branches; *ascension des tiges et des branches*, leur croissance en longueur et en grosseur. — L'*île de l'Ascension*, ou *Acemçaon*, est une île de l'Océan éthiopien, au midi de la Guinée, sous le dixième degré de longitude et le huitième de latitude. Les Portugais la nommèrent ainsi, parce qu'ils la découvrirent le jour de l'*Ascension*. Ils en ont encore une autre de même nom dans l'Amérique méridionale.

ASCENSIONNEL, adj. mas., au fém. **ASCENSIONNELLE** (*accçancionel, nèle*), t. d'astron.: *différence ascensionnelle*, différence entre l'*ascension* droite et l'*ascension* oblique d'un même point de la surface de la sphère.

ASCERTAINÉ, E, part. pass. de *ascertainer*.

ASCERTAINER, v. act. (*accèretèné*), rendre sûr, assurer, certifier. Entièrement inusité.

ASCÉSIE, subst. fém. (*acccézi*) (du grec ασκειν, s'exercer), t. de médecine, exercice.

ASCÈTE, subst. des deux genres (*accèète*) (du grec ασκητης, qui s'exerce, dérivé de ασκειν, s'exercer), t. de religion, celui, celle qui s'est consacrée d'une manière particulière aux exercices de piété.

ASCÉTÈRE, subst. mas. (*accéètère*), monastère. Vieux mot.

ASCÉTIQUE, adj. des deux genres (*accéétike*), qui a rapport aux exercices de la vie spirituelle. — On dit encore substantivement, *les ascétiques*, pour: *les auteurs ascétiques*. — Un livre de saint Basile porte ce nom.

ASCHARIENS ou **ASCHARIOUNS**, subst. mas. plur. (*accekarïein, accekariounece*), hérétiques musulmans, disciples d'Aschari.

ASCHEMIE, subst. fém. (*accechémi*), t. d'astron., nom donné à la constellation du petit chien.

ASCHIA, subst. fém. (*acekia*), t. d'hist. nat. Voy. **OMBRE**, qui est le même mot.

ASCHÈRE, subst. mas. (*accechère*), t. d'astron., constellation connue sous le nom de *grand chien*.

ASCHILAG, subst. mas. (*accechilague*), t. d'hist. nat., oiseau de Saint-Kildas.

ASCIDIE, subst. fém. (*accidi*) (du grec ασκιδιον, dimin. de ασκος, une outre; *petite outre*), t. d'hist. nat., sorte de mollusque acéphale ou de ver sans tête, qui ressemble à une outre enflée, ce qui l'a fait nommer *outre de mer*.

ASCIDIÉ, E, adj. (*accecidié*), t. de bot., façonné en rose et garni d'un couvercle plus ou moins mobile.

ASCIE, subst. fém. (*accei*), t. d'hist. nat., espèce d'insectes de l'ordre des lépidoptères.

ASCIENS, adj. et subst. mas. plur. (*accecicin*) (du grec α priv., et σκια, ombre; *sans ombre*), t. de géographie, se dit des habitants de la zône torride, qui n'ont point d'ombre le jour de l'année où le soleil est perpendiculaire sur leurs têtes.

ASCICI, subst. mas. (*accecijt*), en Turquie, cuisinier des janissaires et surveillant des prisonniers.

ASCINDOÉ, subst. mas. (*acceceindoé*), t. de bot., arbrisseau.

ASCIOR, ASOR, ASUR ou **HASUR**, subst. mas. (*accecior, azor, azur*), t. d'antiq., instrument de musique des Hébreux, qui avait dix cordes qu'on pinçait ou que l'on frappait avec le *plectrum*.

ASCIRUM, MILLEPERTUIS QUADRANGULAIRE, subst. mas. (*accecirome*), t. de bot., sorte de millepertuis dont la tige, au lieu d'être cylindrique, est à *quatre pans*.

ASCITE, subst. fém. (*accecite*) (du grec ασκος, outre), t. de médec., hydropisie du bas-ventre, ou épanchement de sérosité dans la cavité du péritoine. — Subst. mas., t. d'hist. nat., sorte de poisson.

ASCITES, subst. mas. plur. (*accecite*) (du grec ασκος, outre), t. d'hist. ecclés., hérétiques du second siècle qui, dans leurs assemblées, dansaient autour d'une outre remplie de vin.

ASCITIQUE, adj. des deux genres (*accecitike*), qui est atteint d'une hydropisie au bas-ventre.

ASCLÉPIADE, subst. et adj. mas. (*accklépiade*), (de *Asclépiade*, poète grec qui en fut l'inventeur), se dit d'un vers grec ou latin composé de quatre pieds, dont le premier est un spondée, le second un choriambe, et les deux derniers deux dactyles:

Mæcenas atavis edite regibus;

ou bien de quatre pieds et une césure, le premier spondée, le second dactyle, après lequel vient la césure, puis deux dactyles.

ASCLÉPIADE, subst. fém. (*accklépiade*) (du grec Ασκληπιος, nom grec d'Esculape), t. de bot., genre de plantes à fleurs monopétales, de la famille des *asclépiadées*.

ASCLÉPIADÉES, subst. fém. plur. (*accklépiadé*), t. de bot., famille de plantes.

ASCLÉPIAS, subst. mas. (*accklépiace*), t. de bot., plante vulnéraire. Voy. **DOMPTE-VENIN**.

ASCLÉPIES, subst. fém. plur. (*accklépi*) (du grec Ασκληπιος, Esculape), t. d'hist. anc., fêtes en l'honneur d'Esculape, qui se célébraient surtout à Epidaure, ville renommée par le culte qu'on y rendait à *Esculape*.

ASCOBOLE, subst. fém. (*accekobole*), t. de bot., plante de la famille des champignons.

ASCODRUTES ou **ASCODRUPITES**, subst. mas. plur. (*accekodrute, accekodrupite*), t. d'hist. eccl., hérétiques du second siècle qui rejetaient l'usage des sacrements.

ASCOLIES, subst. fém. plur. (*accekoli*) (du grec ασκος, outre, et ελαιον, huile), t. d'hist. anc., fêtes en l'honneur de *Bacchus*, dans lesquelles chacun des assistants sautait sur une *outre* remplie de vin et frottée d'huile. Celui qui parvenait à s'y tenir debout sur un seul pied recevait l'*outre* pour récompense.

ASCOME, subst. mas. (*accekôme*), t. de chir. et d'anat., éminence du pubis à l'époque de la puberté chez les femmes.

ASCOPHORE, subst. mas. (*accekofore*) (du grec ασκος, outre, et φορος, qui porte, dérivé de φερω, je porte), t. de bot., genre de champignons dont la tête ressemble à une outre enflée.

ASCRA, subst. fém. (*accekrâ*), myth., ville bâtie au pied de l'Hélicon par Œcalus, petit-fils de Neptune. — Hésiode est souvent désigné par le surnom d'*Ascræus*, parce qu'il était de cette ville. On a feint que ce poète avait été enlevé par les Muses pendant qu'il faisait paître un troupeau de brebis sur l'Hélicon.

ASCYRE, subst. mas. (*accecire*), t. de bot., plante de la famille des hypéricoïdes.

ASE, subst. fém. (*aze*) (du grec αση, dégoût), t. de médec., malaise général.

ASÉITÉ, et non pas **ASSÉITÉ**, qui est un barbarisme, subst. fém. (*acé-ité*) (du lat. *à se*, par soi), existence par soi-même, attribut de Dieu.

ASÉKI ou **ASSECHAÏ**, subst. fém. (*acéki*), t. d'hist. moderne, nom que les Turcs donnent aux sultanes favorites qui ont mis au monde un fils.

ASELLATION, subst. fém. (*azèlelâcion*) (du lat. *asellus*, âne), t. de médec., exercice sur un âne.

ASELLE, subst. mas. (*azèle*), t. d'hist. nat., genre de crustacés de l'ordre des isopodes.

ASELLES, subst. fém. plur. (*azèle*), t. d'astr., étoiles du signe de l'écrevisse.

ASELLOTES, subst. fém. plur. (*azèlelote*), t. d'hist. nat., famille d'insectes qui, avec celle des cloportides, compose un des genres de Linnée.

ASÉROÉ, subst. mas. (*acéroé*), t. de bot., sorte de champignons.

ASEXUEL, adj. mas., au fém. **ASEXUELLE** (*acèk-ɕuèle*), t. d'hist. nat., privé des organes du *sexe*.

ASFELD-LA-VILLE, subst. fém. (*acefèldelavile*), village de France, chef-lieu de canton, arrond. de Rhetel, dép. des Ardennes.

ASFUR, subst. mas. (*acefur*), t. d'hist. nat., espèce de poisson pomacanthe.

ASHKOKO, subst. mas. (*acekoko*), t. d'hist. nat., quadrupède, le même que le daman.

ASIARCHAT, subst. mas. (*aziarka*), t. d'hist. anc., dignité de l'*asiarque*.

ASIARQUE, subst. mas. (*aziarke*) (du lat. *Asia*, Asie, et du grec αρχη, autorité, commandement), t. d'hist. anc., magistrat de l'ancienne Grèce qui présidait aux jeux sacrés célébrés en commun par les villes d'Asie.

ASIATIQUE, adj. des deux genres (*aziatike*), qui appartient à l'Asie. — Fig., *style asiatique*, style diffus et chargé de paroles superflues. — On dit aussi: *luxe asiatique*, un luxe excessif; *mœurs asiatiques*, des mœurs efféminées.

ASIDE, subst. fém. (*azide*), t. d'hist. nat., insecte de l'ordre des coléoptères.

ASIE, subst. fém. (*azi*), nom propre de l'une des cinq parties du monde, l'une des trois de notre continent. Ses bornes sont, du côté du midi et du levant, l'Océan oriental, ou l'Océan indien, oriental et scythique. La mer de Tartarie la baigne au nord. Vers le couchant, les anciens l'étendaient jusqu'au Nil, et y renfermaient l'Egypte. Depuis on en a retranché l'Égypte. Elle est séparée de l'Afrique par la mer Rouge et le détroit de Suez; de l'Europe par la Méditerranée, l'Archipel, la mer de Marmora, la mer Noire et celle de Zabache, la rivière de Don, le Volga, jusqu'à l'endroit où il commence à couler du nord au sud, d'où l'on tire une ligne jusqu'à l'embouchure de l'Oby. L'*Asie* est non-seulement la plus grande partie de l'ancien monde, mais encore la première et la plus considérable du monde entier. C'est en *Asie* que le premier homme a été créé; c'est en *Asie* que Noé sortit de l'arche, et que le monde a commencé à se peupler; c'est de l'*Asie* que les hommes se sont répandus dans toutes les autres parties du monde; c'est en *Asie* que les arts et les sciences ont eu leur berceau; c'est dans l'*Asie* que les premiers, les plus grands et les plus florissants empires se sont fondés; c'est dans l'*Asie* que le fils de Dieu s'est fait homme, et qu'il a opéré les mystères de la rédemption du genre humain. — *Asie mineure*, nom ancien de la grande contrée ou péninsule que nous nommons aujourd'hui Anatolie, ou Natolie. Elle s'étend depuis l'Euphrate et le mont Amanus jusqu'à la mer de Marmora et à l'Archipel, ayant au nord le Pont-Euxin, ou la mer Noire, et au sud la Méditerranée. Voy. **ANATOLIE** ou **NATOLIE**. — *La petite Asie*, ancien nom d'une petite contrée de l'*Asie* mineure, qui s'allongeait le long de la côte de l'Archipel au midi de la Phrygie, et comprenait l'Ionie, la Doride, la Carie, et quelques autres petits pays. C'est de cette petite *Asie* que l'*Asie* mineure et la grande *Asie* ont pris leur nom; car c'est la coutume des voyageurs, et de ceux qui découvrent un pays, de donner le nom de la première contrée qu'ils découvrent à toutes celles qui sont derrière ou au-delà, quelque grandes et quelque vastes qu'elles soient souvent. Ainsi les Européens qui passaient en Orient, ayant trouvé d'abord la petite *Asie* dont nous venons de parler, qui dans ces temps-là se nommait simplement *Asie*, donnèrent ce nom à tout le pays situé derrière, c'est-à-dire à toute l'Anatolie, et ensuite généralement à toute la grande *Asie*. De cette remarque très-simple, mais très-juste, il résulte que c'est à la petite *Asie* qu'il faut attribuer tout ce qu'on dit de l'origine du nom *Asie*, et que tout ce qui ne peut convenir à cette petite *Asie* est faux. — Isidore dit que ce nom vient originairement d'Asia, fille de l'Océan et de Téthys, et femme de Japhet. Si cela est vrai, comme cela pourrait bien être, parce que les anciens noms de lieux sont presque tous des noms d'hommes, il faut dire que la femme de Japhet fut appelée fille de l'Océan et de Téthys par une figure ordinaire dans la langue hébraïque, figure qui signifie *fille de la mer*, ou plutôt de la terre, à laquelle la femme de Japhet donna son nom pour des raisons que nous ne connaissons pas, peut-être parce qu'elle y mourut et y fut inhumée, peut-être parce qu'elle y demeura, et ne voulut point s'exposer à la mer. — L'*Asie* est représentée allégoriquement sous les traits d'une femme debout, tenant à sa main droite un serpent, à sa gauche un gouvernail, et ayant le pied droit posé sur la proue d'un vaisseau.

ASILE, subst. mas. Voy. **ASYLE**, seule orthographe admissible.

ASILE, subst. mas. (*azile*), t. d'hist. nat., insecte du genre des diptères.

ASILIQUES, subst. mas. plur. (*azilike*), t. d'hist. nat., sorte de papillons.

ÂSINAL, E, adj. (*âzinal*), semblable à un *âne*. Plur. mas. **ÂSINAUX**.

ASINDULES, subst. mas. plur. (*azeindule*), t. d'hist. nat., genre de tipulaires.

ÂSINE (et non pas **ASINE** sans accent circonflexe, comme l'écrit l'*Académie*), adj. fém. (*âzine*), t. de palais : *bête âsine*, âne, ânesse, ânon. — Fig. et fam., âne, butor. Peu usité.

ÂSINERIE, subst. fém. (*âzineri*), ânerie.

ASIRAQUE, subst. fém. (*azirake*), t. d'hist. nat., insecte de l'ordre des hémiptères.

ASITIE, subst. fém. (*aziti*) (du grec α priv., et σιτος, blé), apositie; abstinence des aliments solides.

ASJAGAM ou **ASJOGAM**, subst. mas. (*acejaguame, joguame*), t. de bot., arbre de l'Inde.

ASKE et **ASKUS**, subst. mas. (*aceke, acekuce*), nom du premier homme, dans la myth. des peuples du nord.

ASMODÉE, ou **ASMÉDÉE**, subst. mas. (*acemodé, médé*) (*Asmodæus, Asmedæus*), nom que les juifs donnent au prince des démons, ou au roi des démons, comme parle la paraphrase chaldaïque sur le chap. Ier de l'Ecclésiaste. Rabi Elias Levita dit que les rabbins enseignent qu'*Asmodée* était fils de Naama, sœur de Tubalcaïn et femme de Schimron, qui fut encore mère de plusieurs autres démons. Il croit aussi qu'*Asmodée* est le même que Samaël.

ASNE, subst. mas. (*acene*), étain qui sert à contourner les pièces de placage.

ASODE, adj. et subst. fém. (*azode*) (du grec αση, dégoût), t. de médec., espèce de fièvre continue par l'effet de laquelle on est dégoûté de tout, et on éprouve de grandes inquiétudes autour du cœur et de l'estomac.

ASOPE, subst. mas. (*azope*), myth., fils de l'Océan et de Téthys. Il fut changé en fleuve par Jupiter, à qui il avait voulu faire la guerre parce que ce dieu avait abusé d'Égine sa fille. — C'était aussi le nom d'un fleuve d'Achaïe, ainsi appelé d'un autre Asope, fils de Neptune.

ASOPHIE, subst. fém. (*azofi*) (du grec α priv., et σοφια, sagesse), absence de jugement, de sagesse.

ASORATH ou **ASSORATH**, subst. mas. (*açord*) (de l'arabe *sounnoh*), chez les mahométans, livre qui renferme les interprétations des premiers califes et des docteurs les plus célèbres touchant les points fondamentaux de leur religion. On l'appelle aussi *les traditions des prophètes*. Quelques-uns disent *assonah*.

ASORRA, subst. fém. (*azorera*), t. d'hist. anc., longue trompette hébraïque.

ASOTE, subst. mas. (*azote*), t. d'hist. nat., poisson du genre des silures.

A. S. P., abréviation de la locution commerciale *accepté sous protêt*.

ASPALAT, subst. mas. (*acepala*), t. de bot., plante de la famille des légumineuses.

ASPALATHE, subst. mas. (*accpalate*) (en grec ασπαλαθος, formé de α priv., et σπαω, j'arrache; parce qu'il n'est pas facile de l'arracher, à cause de ses piquants), t. de bot., bois d'un petit arbre épineux qui approche du bois d'aloès, et dont les parfumeurs se servent pour donner du corps à leurs parfums.

ASPALAX, subst. mas. (*acepalakce*) (en grec ασπαλαξ, taupe), t. d'hist. nat., espèce de taupe.

ASPARAGIE, subst. fém. (*aceparaji*) (du grec ασπαραγος, asperge), t. de jard., plant d'*asperges*.

ASPARAGINE, subst. fém. (*aceparajine*), t. de méd., substance extraite de l'*asperge*, autrefois employée comme médicament.

ASPARAGINÉES, subst. fém. plur. (*aceparajiné*) le même que *asparagoïdes*. Voy. ce mot.

ASPARAGOÏDES, subst. fém. (*aceparaguo-ide*) (du grec ασπαραγος, asperge, et ειδος, forme, ressemblance), t. de bot., famille de plantes semblables à l'*asperge*.

ASPARAGOLITHE ou **PIERRE D'ASPERGE**, subst. mas. (*aceparaguolite*) (du grec ασπαραγος, asperge, et λιθος, pierre), t. d'hist. nat., pierre sur laquelle figurent des empreintes d'asperges.

ASPARATE, subst. mas. (*aceparate*), t. de bot., herbe potagère.

ASPASIE, subst. fém. (*acepazi*), t. de médec., peloton de laine imprégnée de décoction de noix de galle, qu'on introduit dans le vagin afin d'y déterminer l'astriction.

ASPARTATE, subst. mas. (*acepartate*), t. de chim., principe salin extrait de l'acide *aspartique*.

ASPARTIQUE, adj. mas. (*acepartike*), t. de chim., se dit d'un acide tiré des plantes *asparaginées*.

A. S. P. C., abréviation de la locution commerciale *accepté sous protêt pour mettre à compte*.

ASPE, subst. mas. (*acepe*), t. d'hist. nat., poisson du genre cyprin. Voy. **ASPLE**.

ASPECT, subst. mas. (*acepèke*) (du lat. *aspectus*, dérivé de *aspecto*, lequel est formé de *ad*, à, vers, et de *specto*, je regarde), vue d'une personne ou d'une chose; avec cette différence, que la *vue* est proprement l'application de la faculté de voir un objet quelconque, et que l'*aspect* est la manière dont cet objet se présente à la vue : *la vue de ce bosquet fait plaisir, ce précipice offre un aspect effrayant*. — L'objet même qui est en vue : *oh ! le vilain aspect !* — Situation d'une maison, etc. — Représentation d'une côte ou d'une terre dans les cartes maritimes. — En astrol., se dit aussi de la différente situation des planètes par rapport à leur influence sur les destinées humaines : *aspect bénin, malin aspect*. — Fig., l'aspect de la mort, du péril, etc. — Fig. aussi, il se dit en parlant d'un projet, d'une affaire : *cette affaire se présente sous un bon ou sous un mauvais aspect*. — **ASPECT, PERSPECTIVE**. (*Syn.*) L'*aspect* est la vue d'un objet rapproché; la *perspective* est un aspect éloigné.

ASPERGE, subst. fém. (*acepèreje*) (du grec ασπαραγος, qui s'est dit en général des pousses tendres d'une plante), t. de bot., plante vivace, à fleurs rosacées, dont les jeunes tiges servent d'aliment. — La racine est une des cinq grandes racines apéritives.

ASPERGÉ, E, part. pass. de *asperger*.

ASPERGER, v. act. (*accpèrejé*) (du lat. *aspergere*, fait de *spargere*, semer, répandre), répandre une liqueur par petites gouttes, à l'aide d'un goupillon, de quelque branche d'arbre, etc. Il n'est d'usage au propre que dans les rites de la religion : *on asperge les chrétiens d'eau bénite*. — Fam. et fig., *asperger quelqu'un*, jeter ou laisser tomber beaucoup d'eau sur quelqu'un. — **S'ASPERGER**, v. pron.

ASPERGERIE, subst. fém. (*acepèrejeri*), t. de jard., lieu planté d'*asperges*.

ASPERGÈS, subst. mas. (*acepèrejèce*), goupillon à jeter de l'eau bénite. En ce sens, il n'est que du style familier. — Le moment où se fait la cérémonie de jeter de l'eau bénite : *on en est à l'aspergès*. C'est un mot purement latin : *asperges me, Domine*.

ASPERGILLE, subst. fém. (*acepèrejile*), t. de bot., sorte de plantes. — T. d'hist. nat., espèce de moisissure.

ASPERGOUTTE, subst. fém. (*acepèreguoute*), t. de bot., plante dont les fleurs sont bonnes contre l'inflammation de la gorge, etc.

ASPÉRITÉ, subst. fém. (*acepérité*) (en latin *asperitas*, fait de *asper*, âpre, rude), rudesse, qualité de ce qui est raboteux, inégal; dur, âpre : l'*aspérité du sol, d'une pierre*, etc. — Fig., on dit l'*aspérité du style*, en parlant d'un style rude et inégal; et l'*aspérité de caractère*, en parlant de quelqu'un qui a de la rudesse, de la dureté dans le caractère.

ASPERMATISME, subst. mas. (*acepèrematiceme*) (du grec α priv., et σπερμα, sperme), t. de médec., émission difficile de la semence.

ASPÉROCOQUE, subst. mas. (*acepérokoke*), t. de bot., plante qui fait partie des *ulves* de Linnée.

ASPERSEMENT, subst. mas. (*acepèreceman*), inus. Voy. **ASPERSION**.

ASPERSION, subst. fém. (*acepèrecion*), cérémonie religieuse, action de jeter de l'eau bénite avec l'*aspersoir* : *à l'aspersion de l'eau bénite*. — *Baptiser par aspersion*, à la différence du baptême par infusion et du baptême par immersion. — T. de médec., qui se dit de l'action de répandre sur un corps, soit un liquide par petites gouttes, soit une poudre.

ASPERSOIR, subst. mas. (L'*Académie* fait ce mot du genre fém. Nous pensons que c'est une faute de typographie.) (*acepèreçoar*), bâton de métal ou de bois à l'un des bouts duquel sont attachés plusieurs brins de poil, et servant à faire des *aspersions* d'eau bénite. — On l'appelle plus ordinairement *goupillon*, qui, du reste, est une expression moins noble.

ASPÉRULE, subst. fém. (*acepérule*), t. de bot., plante de la famille des aubiacées.

ASPET, subst. mas. (*acepé*), ville de France, chef-lieu de canton, arrond. de Saint-Gaudens, dép. de la Haute-Garonne.

ASPHALAX, subst. mas. (*acefalakce*), t. de bot., plante dont la racine est plus profonde que la tige n'est haute.

ASPHALITE, subst. fém. (*acefalite*) (du grec ασφαλιζω, je fortifie), t. d'anat., la cinquième des vertèbres des lombes, qui est en quelque sorte le support de toute l'épine du dos.

ASPHALTE, subst. mas. (*acefalte*) (du grec ασφαλτος, bitume), t. d'hist. nat., sorte de bitume compact et dur, d'un noir brillant, qui s'enflamme et fond aisément. Les Égyptiens en faisaient autrefois un grand usage pour embaumer leurs momies, ce qui l'a fait appeler *gomme des funérailles*. — En médec., on l'emploie dans la préparation de certains onguents ou emplâtres. — On en forme aujourd'hui un mastic ou ciment qui peut remplacer la pierre appelée *dalle*.

ASPHALTION, subst. mas. (*acefaltion*), t. de bot., plante du genre des trèfles.

ASPHALTITE, adj. mas. (*acefaltite*), de bitume : *lac Asphaltite*.

ASPHENDAMNOS, subst. mas. (*acefeindamenôce*), t. de bot., espèce d'érable.

ASPHODÈLE, subst. mas. (*acefodèle*) (en grec ασφοδελος, même signification), t. de bot., plante vivace à fleurs liliacées, originaire d'Italie. Il y a l'*asphodèle jaune*, appelé aussi *verge de Jacob*, et l'*asphodèle blanc*.

ASPHODÉLÉES, subst. fém. plur. (*acefodélé*), le même que *asphodéloïdes*. Voy. ce mot.

ASPHODÉLOÏDES, subst. fém. plur. (*acefodélo-ide*) (du grec ασφοδελος, et ειδος, forme, ressemblance), t. de bot., famille des asphodèles.

ASPHYXIE, subst. fém. (*acefikci*) (en grec ασφυξια, formé de α priv., et σφυζω, je bats, je m'élève), t. de médec., privation subite du pouls, du mouvement et de la respiration. L'*asphyxie* complète présente l'état de mort apparente.

ASPHYXIÉ, E, subst., adj. et part. pass. de *asphyxier* (*acefikcié*), qui est frappé d'*asphyxie*; un *asphyxié*, une *asphyxiée*.

ASPHYXIER, v. act. (*acefikcié*), causer l'*asphyxie*; faire périr par défaut d'air respirable. — **S'ASPHYXIER**, v. pron., se faire mourir par une vapeur qui *asphyxie*.

ASPHYXIQUE, adj. des deux genres (*acefikcike*), qui a rapport à l'*asphyxie*. — *Asphyctique*, que nous trouvons dans *Boiste*, est vicieux.

ASPIC, subst. mas. (*acepik*) (du grec ασπις, et du latin *aspis*, nom de l'aspic), t. d'hist. nat., petit serpent dont la morsure est très-dangereuse. — Dans l'artillerie, pièce de canon de douze. — Au fig., personne médisante, dangereuse par ses propos : *c'est un aspic; il a une langue d'aspic*. — T. de bot., sorte de plante qui a des feuilles longues, pointues et odorantes. Voy. **LAVANDE**. — T. de gastronomie, mets composé de viandes ou de poissons à la gelée.

ASPICARPON, subst. mas. (*acepikarpon*), t. de bot., plante de la famille des ortics.

ASPIDION, subst. mas. (*acepidion*), t. de bot., espèce de fougère.

ASPIDIOTES, subst. mas. plur. (*acepidiote*) (du grec ασπις, ασπιδος, bouclier), t. d'hist. nat., division de crustacés. — Genre d'insectes hémiptères.

ASPIDISQUE, subst. mas. (*acepidiceke*) (du grec ασπιδος, gén. de ασπις, bouclier; *le sphincter servant d'anneau*, et en quelque sorte *de défense*), t. d'anat., le sphincter de l'anus.

ASPIDOPHORE, subst. mas. (*acepidofore*) (du grec ασπιδος, bouclier, et φερω, je porte), t. d'hist. nat., poissons osseux de la famille des céphalottes.

ASPIDOPHOROÏDES, subst. mas. plur. (*acepidoforo-ide*), t. d'hist. nat., espèce de poisson. Voy. ASPIDOPHORE.

ASPILATE, subst. fém. (*acepilate*) (du grec α priv. et σπιλος, tache), t. d'hist. nat., sorte de pierre précieuse, qu'on trouve en Arabie dans le nid de certains oiseaux. — Espèce de coquille.

ASPILIE, subst. fém. (*acepili*), t. de bot., espèce de plantes de l'ordre des corymbifères.

ASPILOTTE, subst. fém. (*acepilote*), t. d'hist. nat., pierre précieuse de couleur argentine. — Espèce de coquilles. Voy. ASPILATE pour l'étym.

ASPINI, subst. mas. (*acepini*), t. de pharm., drogue médicinale.

ASPIR., abréviation du mot *aspiré* ou *aspiration*.

ASPIRANT, E, adj. (*acepiran*, *rante*), qui *aspire*. Il n'est guère d'usage au propre que dans cette phrase : *pompe aspirante*, celle qui élève l'eau en l'attirant. — Subst., il se dit d'une personne qui *aspire* à une chose, à un emploi, et surtout de ceux qui veulent obtenir d'entrer dans un corps, etc. : *un aspirant, des aspirants*. — En t. de mar., grade qui correspondait à celui d'*élève*, plus usité aujourd'hui. — Dans certains métiers, l'*aspirante* est celle qui n'est pas encore reçue maîtresse.

ASPIRATIF, adj. mas., au fém. **ASPIRATIVE** (*acepiratif*, *tive*), t. de gramm., on l'a dit d'une consonne que l'on prononce en aspirant. Il est inus. : on dit *aspiré*.

ASPIRATION, subst. fém. (*acepirâcion*), action d'attirer l'air extérieur dans les poumons : il est opposé à *expiration*, qui est l'action de le pousser en dehors ; en médec. on dit *inspiration*. — Action des pompes *aspirantes* : *une de ces pompes agit par aspiration, et l'autre par compression*. — En gramm., manière de prononcer en *aspirant* : dans *héros*, la lettre *h* se prononce avec *aspiration*. *L'aspiration*, que les Grecs appellent esprit, et qu'ils marquent sur leurs voyelles d'une manière différente des lettres, est cependant une vraie lettre, comme toutes les autres, et une véritable consonne. Ceci est un paradoxe de grammaire, mais n'en est pas moins une vérité. Pour le montrer, il faut supposer d'abord que quand nous parlons ici de *lettres*, nous n'entendons pas les caractères de l'alphabet, qui sont arbitraires, et qui varient souvent selon les langues et les peuples, et dans le même peuple selon le temps, selon l'usage, et même quelquefois selon la fantaisie des particuliers : les uns, par exemple, écrivent des *aspirations*, ou lettres aspirées, où les autres n'en mettent point, quoique tous prononcent de la même manière, comme dans *huomo*, *huomini*, mot italien, qu'on écrit aussi *uomo*, *uomini*. Il en est de même pour d'autres, comme *beste*, que nous écrivions avec un *s*, et *bête* avec un accent circonflexe, et cent autres semblables. Mais nous parlons des sons naturels que peuvent former les organes de la parole, c'est-à-dire le gosier, la bouche, la langue, le palais, les dents, les lèvres, le nez. Ces sons sont de deux sortes : les uns simples, les autres composés ou modifiés. Les sons simples sont ceux qui se prononcent par un seul mouvement de l'organe, comme *a*, *e*, *i*, *o*, *u*, etc. ; les sons composés sont ces mêmes sons simples modifiés par un mouvement de l'organe surajouté au mouvement nécessaire pour prononcer le son simple. Par exemple, pour prononcer *ap*, il faut que la bouche fasse deux mouvements, l'un qu'elle ferait pour prononcer l'*a* tout seul, et l'autre nécessaire pour exprimer le *p*. De même dans *ic* et *oc*, etc., ou dans *ba*, *be*, *bi*, etc. Tout son, ou tout effet du mouvement articulé de l'organe de la parole, est donc ou un son simple, ou une modification de son simple, qui jointe au son simple fait un son composé. Les sons simples sont ce que nous appelons voyelles ; les modifications, ou modificatifs, sont ce que nous appelons consonnes. *L'aspiration* est une suite, un effet d'un mouvement que fait quelqu'un avec les organes de la voix : c'est donc nécessairement ou un son simple, ou une modification des sons simples, c'est-à-dire ou une voyelle ou une consonne. Ce n'est point une voyelle, car ce n'est point un son simple qui puisse se prononcer seul, c'est-à-dire qui résulte d'un mouvement de l'organe qui seul et par lui-même fasse un son : c'est donc un modificatif ; et en effet il en a toutes les qualités, car il résulte d'un mouvement de l'organe qui de soi ne produit aucun son. L'esprit doux ou l'esprit âpre des Grecs, notre *h* aspiré, aussi bien que le *h* des Allemands, des Anglais, et des autres peuples, ne fait pas plus de son par lui-même que le *b*, le *c*, le *d*, etc. — En mus., 1° agrément dans le chant, qui consiste à passer d'une note inférieure à la supérieure, en y traînant le son sans le quitter ; 2° agrément dans le jeu du clavecin, et qui n'est que l'*appoggiatura*. Voy. ce mot. — T. de bot., action par laquelle le végétal pompe l'air et les sucs qui doivent servir à sa nourriture et à sa croissance. — Fig., désir de parvenir à quelque chose. En ce sens, il est peu usité. — En matière de piété, élévation de l'âme à Dieu : *aspiration dévote*.

ASPIRATIVE, adj. fém. Voy. ASPIRATIF.

* **ASPIRAUX**, subst. mas. plur. (*acepirô*), trous de fourneaux, recouverts d'une grille.

ASPIRÉ, E, part. pass. de *aspirer*, et adj. — En t. de gramm., on nomme *aspirée* une lettre qui doit se prononcer fortement et du gosier : *h aspiré*. Au commencement d'un mot, elle empêche l'élision de la voyelle finale du mot précédent ; elle en rend muette la consonne finale. Ainsi au lieu de prononcer *funeste hasard funèectazar*, on dit *funèecte azar*.

ASPIRER, v. act. (*acepiré*) (du lat. *aspirare*, formé de *ad*, et *spirare*, respirer, pour *aspirer à...*), attirer l'air extérieur dans ses poumons. Il est opposé à *expirer*. — Il se dit, par extension, de l'action d'une pompe *aspirante*. — En t. de doreur, on dit que *la couleur aspire l'or*, pour dire qu'elle l'attire ou qu'elle le retient. — En t. de gramm., prononcer de la gorge et fortement la syllabe précédée d'un *h aspiré*, comme *la harangue, les héros*. Cet *h* est regardé comme une consonne, et la voyelle qui le précède ne se perd point. — *Aspirer* est aussi v. neut. et signifie : prétendre à... *aspirer aux honneurs*, *à une charge* ; *il aspirait à l'empire*. *Aspirer*, en ce sens, est employé fig. ; il diffère de *prétendre*, en ce qu'on *aspire* à une chose en raison des désirs que l'on éprouve, et qu'on y *prétend* en raison des droits que l'on croit avoir : *on aspire à l'affection d'une femme que l'on aime* ; *on prétend à l'affection de sa femme*. — **S'ASPIRER**, v. pron.

ASPISURE, subst. mas. (*acepizure*), t. d'hist. nat., poisson de la mer Rouge, chétodon.

ASPIURE, subst. fém. (*acepiure*), houille en poudre.

ASPLE ou **ASPE**, subst. mas. (*aceple*, *acepe*), t. de métier, espèce de rouet pour dévider de la soie. — Celui ou celle qui le fait mouvoir.

ASPLÉNION, subst. mas. (*aceplénion*), t. de bot., genre de fougères.

ASPRE, subst. mas. (*acepre*), petite monnaie d'argent des Turcs, qui vaut environ 3 francs 75 centimes de France.

ASPRÈDE, subst. mas. (*aceprède*), t. d'hist. nat., poisson du genre silure.

ASPRELLE, subst. fém. (*aceprèle*), t. de bot., espèce de plante.

ASPRES-LES-VEYNES, subst. fém. plur. (*acepre-lèvène*), village de France, chef-lieu de canton, arrond. de Gap, dép. des Hautes-Alpes.

ASPRIÈRES, subst. fém. (*aceprière*), bourg de France, chef-lieu de canton, arrond. de Villefranche, dép. de l'Aveyron.

ASSA, subst. fém. (*aceça*), t. de bot., plante. Voy. ASSA-DULCIS et ASSA-FETIDA.

ASSABINA, subst. fém. (*aceçabina*), t. de bot., plante de la Jamaïque.

ASSABLÉ, E, part. pass. de *assabler* (*açablé*), rempli de sable. — Arrêté sur le sable. Peu usité.

ASSABLEMENT, subst. mas. (*açableman*), tas de sable. — Manière d'étendre le sable dans les allées. Inus.

ASSABLER, v. act. (*açablé*), remplir de sable ; couvrir de sable. — **S'ASSABLER**, v. pron., se remplir de sable ; demeurer, s'arrêter sur le sable. Il n'est pas usité.

ASSA-DULCIS, subst. mas. (*aceça dulcice*) (mots empruntés du latin), t. d'hist. nat., résine du benjoin.

ASSA-FETIDA, subst. fém. (*aceçafétida*) (mots empruntés du latin), t. d'hist. nat., gomme résineuse fétide.

ASSAGI, E, part. pass. de *assagir*.

ASSAGIR, v. act. (*aceçajir*) (rac. *sage*), rendre *sage* ; instruire. — V. neut., devenir *sage*. Inusité.

ASSAGISSEMENT, subst. mas. (*aceçajiceman*), action de rendre *sage*, plus *sage* ; son effet. Inus.

ASSAIERET, subst. mas. (*aceré*), t. de pharm., composition de pilules stomachiques et purgatives.

DU VERBE IRRÉGULIER ASSAILLIR :

Assaillaient, 3e pers. plur. imparf. indic.
Assaillais, précédé de *j'*, 1re pers. sing. imparf. indic.
Assaillais, précédé de *tu*, 2e pers. sing. imparf. indic.
Assaillait, 3e pers. sing. imparf. indic.

ASSAILLANT, E, subst. (*açaïan*, *ïante*), qui attaque ; agresseur : *assaillant intrépide*. L'*Académie* ne fait point mention du fém. — Il se dit plus particulièrement en parlant des tournois : *l'assaillant et le tenant*. — Ceux qui assiègent une place : *les assaillants prirent la fuite*. — Il est aussi adj. : *la troupe assaillante*.

DU VERBE IRRÉGULIER ASSAILLIR :

Assaillant, part. prés.
Assaille, 2e pers. sing. impér.
Assaille, précédé de *j'*, 1re pers. sing. prés. indic.
Assaille, précédé de *il*, 3e pers. sing. prés. indic.
Assaille, précédé de *que j'*, 1re pers. sing. prés. subj.
Assaille, précédé de *qu'il* ou *qu'elle*, 3e pers. sing. prés. subj.
Assaillent, précédé de *ils* ou *elles*, 3e pers. plur. prés. indic.
Assaillent, précédé de *qu'ils* ou *qu'elles*, 3e pers. plur. prés. subj.
Assailles, précédé de *tu*, 2e pers. sing. prés. indic.
Assailles, précédé de *que tu*, 2e pers. sing. prés. subj.
Assaillez, 2e pers. plur. impér.
Assaillez, précédé de *vous*, 2e pers. plur. prés. indic.
Assailli, e, part. pass.
Assailliez, précédé de *vous*, 2e pers. plur. imparf. indic.
Assailliez, précédé de *que vous*, 2e pers. plur. prés. subj.
Assaillîmes, 1re pers. plur. prét. déf.
Assaillions, précédé de *nous*, 1re pers. plur. imparf. indic.
Assaillions, précédé de *que nous*, 1re pers. plur. prés. subj.

ASSAILLIR, v. act. (*açaieir*) (du latin barbare *adsalire*, fait par corruption de *assilire*, assaillir, lequel est composé de *ad*, et *salire*, sauter dessus), attaquer vivement : *assaillir un camp*, *les ennemis dans un retranchement*, etc. — Il se dit fig. dans le sens physique et dans le sens moral : *une tempête furieuse vint nous assaillir* ; *toutes les tentations imaginables l'assaillirent à la fois*. — **S'ASSAILLIR**, v. pron.

DU VERBE IRRÉGULIER ASSAILLIR :

Assaillira, 3e pers. sing. fut. abs.
Assaillirai, 1re pers. sing. fut. abs.
Assailliraient, 3e pers. plur. prés. cond.
Assaillirais, précédé de *j'*, 1re pers. sing. prés. cond.
Assaillirais, précédé de *tu*, 2e pers. sing. prés. cond.
Assaillirait, 3e pers. sing. prés. cond.
Assailliras, 2e pers. sing. fut. abs.
Assaillirent, 3e pers. plur. prét. déf.
Assaillirez, 2e pers. plur. fut. abs.
Assailliriez, 2e pers. plur. prés. cond.
Assaillirions, 1re pers. plur. prés. cond.
Assaillirons, 1re pers. plur. fut. abs.
Assailliront, 3e pers. plur. fut. abs.
Assaillis, précédé de *j'*, 1re pers. sing. prét. déf.
Assaillis, précédé de *tu*, 2e pers. sing. prét. déf.
Assaillisse, 1re pers. sing. imparf. subj.
Assaillissent, 3e pers. plur. imparf. subj.
Assaillisses, 2e pers. sing. imparf. subj.
Assaillissiez, 2e pers. plur. imparf. subj.
Assaillissions, 1re pers. plur. imparf. subj.
Assaillit, précédé de *il* ou *elle*, 3e pers. sing. prét. déf.
Assaillît, précédé de *qu'il* ou *qu'elle*, 3e pers. sing. imparf. subj.
Assaillîtes, 2e pers. plur. prét. déf.
Assaillons, 1re pers. plur. impér.
Assaillons, précédé de *nous*, 1re pers. plur. prés. indic.

ASSAINI, E, part. pass. de *assainir*.

ASSAINIR, v. act. (*acénir*), rendre *sain* : *assainir un quartier, une prison, un pays*, etc. — Il ne s'applique qu'aux choses. — **S'ASSAINIR**, v. pron.

ASSAINISSEMENT, subst. mas. (*acéniceman*), action d'*assainir* ; résultat de cette action : *l'assainissement d'une maison*, *d'une chambre*, etc.

ASSAISONNÉ, E, part. pass. de *assaisonner*.

ASSAISONNEMENT, subst. mas. (*acézoneman*), ce qui sert à *assaisonner* : *le sel*, *le poivre*, *le vinaigre*, *sont les assaisonnements les plus ordinaires*. — Action d'*assaisonner* ; résultat de cette action : *l'assaisonnement de cette sauce a été fait avec négligence ; cet assaisonnement ne vaut rien.* —Au fig., il signifie : ce qui rend une chose plus agréable, plus piquante : *il sait donner à ses éloges tous les assaisonnements propres à en augmenter le prix.*

ASSAISONNER, v. act. (*acèzoné*) (du mot français *saison ; conduire les choses à leur saison, à leur état de perfection*), accommoder un mets avec des choses qui piquent et flattent le goût. — Au fig., ajouter de l'agrément, du piquant, du mérite à quelque chose : *tous ses discours sont assaisonnés de saillies charmantes; vous assaisonnez les services que vous rendez par la grace avec laquelle vous obligez.* — **S'ASSAISONNER**, v. pron.

ASSAISONNEUR, subst. mas., au fém. **ASSAISONNEUSE** (*acèzoneur, neuze*), celui ou celle qui *assaisonne.*

ASSAISONNEUSE, subst. fém. Voy. **ASSAISONNEUR.**

ASSAKI, subst. fém. (*aceçaki*), titre de la sultane favorite du Grand-Turc. Voy. **HASSÉKI.**

ASSALI, E, part. pass. de *assalir.*

ASSALIMENT, subst. mas. (*açaliman*), action d'*assalir.* Il est peu usité.

ASSALIR, v. act. (*açalir*), donner un goût de sel. Il est inusité.

ASSAM, subst. mas. (*aceçame*), roy. d'Asie qui se divise en trois provinces.

ASSAMENTES ou **AXAMENTES**, subst. mas. plur. (*açamante, akçamante*), t. d'hist. anc., vers que les Saliens chantaient en dansant.

ASSASI, subst. mas. (*aceçazi*), t. d'hist. nat., genre de poissons cartilagineux de la mer Rouge.

ASSASSIN, subst. mas. (*açacein*) (mot dérivé, suivant une opinion assez accréditée, du *Vieux de la Montagne*, célèbre dans l'histoire des croisades, prince des *Assassins* ou *Assissins* (*Haschissin*), dont les sujets allaient, par son ordre, tuer, *assassiner* ceux qui lui déplaisaient), celui qui *assassine.* — Ce substantif n'a pas de fém. : on dit d'une femme, par exemple, comme on le dirait d'un homme : *l'assassin nie, avoue son crime*, etc. — Dans le style badin et satirique, on donne quelquefois ce nom aux médecins, etc. — Quelques-uns disent *assassinateur*, mais ce mot n'est point en usage.— On appelait autrefois *assassin* une petite mouche noire que les femmes se plaçaient au-dessous de l'œil, croyant rendre ainsi leur beauté plus piquante.

ASSASSIN, E, (*açacein, cine*), qui *assassine.* Il ne se dit guère qu'en poésie, au figuré : *un fer assassin*, etc.; et, fig. aussi, dans le style familier, pour dire : susceptible d'inspirer une violente passion : *un œil, un regard assassin; une œillade assassine*, etc.— Au propre, on dit : *une femme assassin.*

ASSASSINANT, E, adj. (*açacinan, nante*), qui *assassine.* Il n'est point usité au propre. — Fig. et fam., ennuyeux, fatigant.

ASSASSINAT, subst. mas. (*açacina*), action d'attenter, de dessein formé, de guet-apens, à la vie de quelqu'un; résultat de cette action. — Il se dit, par extension, de tout meurtre commis sans combat régulier ; il se dit même ainsi de coups portés avec préméditation : *ils ont attendu son retour, cachés derrière le pignon de sa maison, et il a expié sous le bâton quelques plaisanteries sans malveillance; il faut que cet assassinat soit puni.* — On l'emploie fig. par rapport à des actes ou à des discours susceptibles de porter un grave préjudice aux personnes qui en sont l'objet, et contre lesquels il n'y a point de défense possible : *Cette calomnie est un assassinat ; déshonorer une jeune fille faible et crédule, c'est le plus lâche des assassinats.*

ASSASSINÉ, E, part. pass. de *assassiner* et adj.

ASSASSINEMENT, subst. mas. (*açacineman*), *assassinat.* Vieux et inusité.

ASSASSINER, v. act. (*açaciné*), tuer de guet-apens, de dessein formé. — Par extension, tuer, même sans intention, mais aussi sans combat régulier ; ou encore : outrager, excéder de coups.— Au fig., nuire cruellement par des actes ou des discours : *sa conduite infame, ses infames propos m'ont assassiné.* — Il se dit fig. et hyperboliquement : 1° par rapport à une extrême importunité : *il m'assassine de ses lettres, de son babil ;* 2° à une grande souffrance morale : *la jalousie le tue, l'assassine.* —**S'ASSASSINER**, v. pron.

ASSATION, subst. fém. (*aceçâcion*) (du latin *assare*, rôtir), t. de pharm., préparation artificielle des aliments, au moyen d'une chaleur extrinsèque qui les dessèche par son activité.

ASSAUGUE, subst. fém. (*açôgue*), t. de pêche. Voy. **AISSAUGUE.**

ASSAUT, subst. mas. (*açô*) (du latin *assaltus*, part. de *assalire*, assaillir), attaque pour emporter de vive force une ville, une place de guerre, un poste, etc. : *aller à l'assaut, monter à l'assaut; donner un assaut; prendre* ou *emporter d'assaut.* — Fig., attaque des passions : *une douleur continuelle donne de violents assauts à la constance.* — Fig., sollicitation vive et pressante : *j'ai soutenu plusieurs assauts pour cette affaire.* —Fig., *faire assaut d'esprit, de plaisanterie, de science*, etc., disputer à qui montrera le plus d'esprit, etc. — En t. d'escr., combat au fleuret, représentant un véritable combat.

S'ASSAVOURER, v. pron. (*çaçavouré*), se gorger, se rassasier avec avidité. Vieux mot inusité.

ASSAZOÉ, subst. fém. (*açazoé*), t. de bot., herbe d'Abyssinie, bonne contre le venin des serpents.

ASSEAU, subst. mas., ou **ASSETTE** ou **HACHETTE**, subst. fém. (*açô, acète, achète*), t. d'arts et métiers, marteau recourbé des couvreurs pour tailler les ardoises.

ASSÉCHÉ, E, part. pass. de *assécher.*

ASSÉCHER, v. neut. (*acéché*), t. de mar., se dit d'un rocher, d'un banc, etc., que la mer, en se retirant, laisse à sec, à découvert.

ASSÉCUTION, subst. fém. (*acecékucion*) (du latin *assequi*, obtenir), t. de droit canon qui se disait de l'obtention d'un bénéfice.

ASSÉEUR, mieux **ASSÉIEUR**, subst. mas. (*acéeur, acéieur*), celui qui autrefois, à la cour des aides, était chargé d'*asseoir* ou de répartir une imposition dans un canton.

ASSEFS, subst. mas. plur. (*acecèf*) t. d'hist. anc., en Perse, gouverneurs de quelques provinces.

DU VERBE IRRÉGULIER S'ASSEOIR :

Assoie, précédé de *que je m'*, 1re pers. sing. prés. subj.
Assoie, précédé de *qu'il* ou *qu'elle*, 3e pers. sing. prés. subj.
Asseient, précédé de *ils* ou *elles s'*, 3e pers. plur. prés. indic.
Asseient, précédé de *qu'ils* ou *qu'elles s'*, 3e pers. plur. prés. subj.
Asseiera, 3e pers. sing. fut. abs.
Asseierai, 1re pers. sing. fut. abs.
Asseieraient, 3e pers. plur. prés. cond.
Asseierais, précédé de *je m'*, 1re pers. sing. prés. cond.
Asseierais, précédé de *tu t'*, 2e pers. sing. prés. cond.
Asseierait, 3e pers. sing. prés. cond.
Asseieras, 2e pers. sing. fut. abs.
Asseierez, 2e pers. plur. fut. abs.
Asseieriez, 2e pers. plur. prés. cond.
Asseierions, 1re pers. plur. prés. cond.
Asseierons, 1re pers. plur. fut. abs.
Asseieront, 3e pers. plur. fut. abs.
Asseies, 2e pers. sing. prés. subj.

ASSÉITÉ, pour **ASÉITÉ**, est un barbarisme.

ASSÉKIS, subst. mas. (*acéki*), corps d'élite tiré en Turquie de celui des bostangis.

ASSEMBLAGE, subst. mas. (*açanblaje*), amas, réunion de plusieurs choses, et quelquefois de plusieurs personnes.— Fig., réunion, mélange : *son caractère est un assemblage de bonnes et de mauvaises qualités.* — En t. de menuisier et de charpentier, la manière d'*assembler* des pièces de bois : l'*assemblage de cette porte ne vaut rien ; bois d'assemblage ; porte d'assemblage.* On distingue l'*assemblage par tenons et mortaises*, *l'assemblage à clef*, *l'assemblage par entailles, par embrèvement*, etc., *l'assemblage carré en bouement, en onglet, en adent.* — En t. de librairie, on nomme *assemblage* la réunion des feuilles d'un livre selon l'ordre des signatures; et le lieu où on les *assemble.* — En archit., c'est l'action de réunir les parties avec le tout, par rapport à la décoration intérieure et extérieure.

ASSEMBLÉ, E, part. pass. de *assembler.*

ASSEMBLÉE, subst. fém. (*açanblé*), réunion de plusieurs personnes dans un même lieu. *Assemblée* se dit des personnes, comme *assemblage*, des choses. — Gens *assemblés* pour un même dessein. — *Assemblées illicites*, assemblées secrètes et défendues par les lois. — Lieu où l'on se réunit pour traiter de certaines choses : *assemblée de parents, de créanciers, d'actionnaires.* — *L'assemblée des fidèles*, l'Église. — En t. de guerre, batterie de tambour ou sonnerie de trompette pour avertir les soldats qu'ils aient tous à s'*assembler* dans un lieu. *Le quartier d'assemblée* est le lieu où les troupes doivent se rendre. — En t. de chasse, le rendez-vous où les chasseurs se trouvent.— Réunion consacrée à la conversation, au jeu, etc.— Dans certaines provinces, on appelle *assemblée* la fête d'un bourg, d'un village : *aller à l'assemblée.* — *Assemblée primaire*, terme de la révolution française, réunion de citoyens domiciliés dans le même canton, pour élire les membres de l'*assemblée* électorale, le juge de paix et ses assesseurs, le président de l'administration municipale et les officiers municipaux. Les *assemblées primaires* délibéraient aussi sur l'acceptation ou le rejet des changements à faire à l'acte constitutionnel (*Const.* de 1795). Par la const. de 1795, elles nommaient immédiatement les députés au corps-législatif. — *Assemblée communale*, réunion des habitants d'une commune au-dessous de cinq mille habitants, pour élire les agents de chaque commune et leurs adjoints (*Const.* de 1795). — *Assemblée électorale*, réunion des électeurs nommés dans les assemblées primaires, pour élire les membres du corps législatif, ceux du tribunal de cassation, les hauts-jurés, les administrateurs de département, le président, l'accusateur public, les greffiers du tribunal criminel, et les juges des tribunaux civils (*Const.* de 1795). — *Assemblée nationale*, réunion des députés ou représentants de la nation. — *Assemblée constituante*, celle qui s'est *constituée*, le 9 novembre 1789, à Versailles, salle du Manège. —*Assemblée législative*, celle qui s'est *constituée*, le 9 novembre 1791. — *Assemblée de révision.* Voy. **RÉVISION.**

ASSEMBLEMENT, subst. mas. (*açanbleman*), vieux mot qu'il serait très-utile de remettre en usage, pour exprimer pleinement l'action d'*assembler*, *assemblage* et *assemblée* n'ayant qu'une acception passive, et ne signifiant que les choses ou les personnes *assemblées.* — En librairie, total des feuilles *assemblées.*

ASSEMBLER, v. act. (*açanblé*), mettre *ensemble*, joindre, unir ; avec cette différence, 1° qu'on *assemble* différents objets en les rapprochant les uns des autres; qu'on les *joint* en les mettant en contact; qu'on les *unit* en les attachant les uns aux autres de manière qu'ils ne fassent plus qu'un; 2° qu'on *assemble* différentes personnes en les réunissant dans un même lieu ; qu'on les *joint* en les employant à un même objet; qu'on les *unit* en les attachant par des sentiments ou des intérêts communs. — Convoquer, réunir plusieurs personnes dispersées ; les faire trouver dans un même lieu. — En menuiserie, en charpenterie, en mécanique et en serrurerie, joindre, emboîter, enchâsser plusieurs pièces, de manière qu'elles ne fassent qu'un corps. — T. de man., *assembler un cheval*, le tenir de manière que le train de derrière soit rapproché du train de devant. — En t. de librairie, réunir les feuilles d'un livre selon l'ordre des signatures. — **S'ASSEMBLER**, v. pron. : prov., *qui se ressemble s'assemble.*

ASSEMBLEUR, subst. mas., au fém. **ASSEMBLEUSE** (*açanbleur, bleuze*), celui ou celle qui *assemble.* — *La Fontaine*, dans une de ses fables, donne à Jupiter la qualité d'*assembleur des nuages :*

> Tout l'Olympe s'en plaignit,
> Et l'*assembleur* des nuages
> Jura le Styx et promit
> De former d'autres images.

— T. d'arts et mét., en librairie, celui ou celle qui travaille à l'*assemblage.*

ASSEMBLEUSE, subst. fém. Voy. **ASSEMBLEUR.**

ASSÉNÉ, E, part. pass. de *asséner.*

ASSÉNER, v. act. (*acéné*) (du latin *assignare* formé de *ad*, à, et *signare*, marquer, désigner; *adresser le coup à un endroit marqué*), porter un coup rude et violent : *il lui asséna un coup de massue; il l'a asséné d'un coup de pierre.* Le second régime est moins usité que le premier. — Frapper justement où l'on vise. En ce sens, il est peu en usage. — **S'ASSÉNER**, v. pron.

ASSENTATEUR, subst. mas. (*aceçantateur*), flatteur. Vieux, et même inusité.

ASSENTI, part. pass. de *assentir.*

ASSENTIMENT, subst. mas. (*aceçantiman*), consentement; avec cette différence qu'on donne son *consentement* à une demande faite, son *assentiment* à une proposition énoncée. — On a dit autrefois *assentement.* — En t. de vén., odeur qui frappe le nez du chien, et le porte à se rabattre sur la voie de l'animal qu'on chasse.

ASSENTIR, v. neut. (*aceçantir*) (en latin *assentire*), donner son *assentiment.* Il est didactique, de peu d'usage, et ne s'employait guère qu'en jurispr. : *assentir à un acte*, et en philosophie : *assentir à une vérité démontrée*, toujours avec la préposition *à*. — En t. de vén. : *assentir* s'emploie activement dans cette locution : *assentir la voix*, la reconnaître.

ASSEOIR, v. act. (*açoar*) (du latin *assidere*, fait de *ad*, et *sedere*, asseoir). — Mettre sur un siége : *asseoir un enfant*, *un malade*. — Poser sur quelque chose de ferme : *asseoir les fondements d'un édifice*. — Fig., fonder, établir : *asseoir un gouvernement sur telles ou telles bases* ; *asseoir un jugement*. — Par extension : *asseoir les impôts*, les établir, les répartir. — En t. d'eaux et forêts, *asseoir les ventes*, marquer les cantons des bois qui doivent être coupés. — *Asseoir un camp*, le poser. — Dans la peinture et la sculpture, *bien asseoir une figure*, c'est la représenter dans une position naturelle. — Chez les doreurs, etc., *asseoir l'or*, *l'argent*, le poser sur la couleur. — T. d'art et mét., *asseoir une cuve*, préparer une cuve de teinture. — *Asseoir une rente*, la placer sur... — En t. de man. : *faire asseoir un cheval sur les hanches*, les lui faire plier lorsqu'il galope. — **S'ASSEOIR**, v. pron., se mettre sur un siége. — Se percher, se poser sur une branche, en parlant d'un oiseau. — C'est pronominalement que ce verbe est le plus souvent employé.

ASSER, subst. mas. (*acé*), t. de mar., poutre servant de bélier sur les vaisseaux.

ASSÉRAC, subst. mas. (*acérak*), préparation de chanvre avec laquelle les Orientaux s'enivrent.

ASSÉRIDA, subst. fém. (*acérida*), t. de bot., plante de Guinée.

ASSERMENTÉ, E, part. pass. de *assermenter* et adj. : *garde assermentée* ; *expert assermenté*. — Se disait, pendant la révolution de 89, d'un prêtre qui avait prêté serment au gouvernement républicain pour exercer les fonctions ecclésiastiques. — Il est aussi subst. : *un assermenté*.

ASSERMENTER, v. act. (*acèremanté*), obliger quelqu'un sous la foi du *serment* : *assermenter un fonctionnaire public*. — **S'ASSERMENTER**, v. pron.

ASSERTÉ, E, part. pass. de *asserter*.

ASSERTER, v. act. (*acèreté*) (en lat. *asserere*, vieux mot qui signifiait *affirmer*) et aussi défricher les bois.

ASSERTEUR, subst. mas. (*acèreteur*), qui affirme : *asserteur de la vérité*, *de la liberté publique*, celui qui soutient la vérité, qui défend la liberté publique. Ce mot n'est plus usité. — Il signifiait aussi : celui qui défriche un bois.

ASSERTION, subst. fém. (*acèrecion*) (du latin *assertio*, formé de *asserere*, assurer, affirmer), proposition que l'on avance ou que l'on soutient comme vraie. — En style de prat., affirmation en justice. Peu usité dans ce dernier sens.

ASSERTIVEMENT, adv. (*acèretiveman*), affirmativement. Inus.

ASSERVATION, subst. fém. (*acèrevâcion*), t. de pharm., action de mettre les drogues dans des vaisseaux convenables.

ASSERVI, E, part. pass. de *asservir*, et adj.

ASSERVIR, v. act. (*acèrevir*), assujétir : *asservir aux règles*, *aux volontés d'autrui*. — *Asservir ses passions*, les dompter. — **S'ASSERVIR**, v. pron.

ASSERVISSABLE, adj. des deux genres (*acèreviçable*), que l'on peut *asservir*. Ce mot ne se lit pas dans l'*Académie*.

• **ASSERVISSANT, E**, adj. (*acèreviçan*, *çante*), qui *asservit*. Vieux.

ASSERVISSEMENT, subst. mas. (*acèreviceman*), état de ce qui est *asservi* ; *servitude*, esclavage. Il s'emploie surtout très-élégamment au figuré.

ASSESSEUR, subst. mas. (*acéceçeur*) (en lat. *assessor*, dérivé de *assidere*, formé de *ad*, auprès, et *sedere*, s'asseoir), autrefois officier de robe qui était adjoint à un juge principal, pour juger conjointement avec lui. — Autrefois officier adjoint au juge de paix, et nommé par l'assemblée primaire.

ASSESSEURS ou **CONJOINTS**, subst. mas. plur. (*acéceceur*), t. d'hist. anc., nom donné par les anciens Romains à certains dieux d'un ordre inférieur qui avaient été admis parmi les grandes divinités, tels que les demi-dieux et les heros.

ASSESSORIAL, E, adj. ; au plur. mas. **ASSESSORIAUX** (*acéceçorial*), qui a rapport à l'*assesseur*, à ses fonctions.

ASSESSORIAUX, adj. mas. plur. Voy. **ASSESSORIAL**.

ASSETTE, subst. fém. (*acète*) (dimin. du latin *ascia* qui a la même valeur), t. de couvreur, marteau avec une tête d'un côté et un tranchant de l'autre, large de deux pouces, et un peu recourbé vers le manche. — Hache de tourneur.

ASSEULÉ, E, part. pass. de *asseuler*.

ASSEULER, v. act. (*aceulé*), laisser seul, solitaire ; abandonner. Entièrement inusité.

DU VERBE IRRÉGULIER S'ASSEOIR :

Asseyaient, 3e pers. plur. imparf. indic.
Asseyais, précédé de *je m'*, 1re pers. sing. imparf. indic.
Asseyais, précédé de *tu t'*, 2e pers. sing. imparf. indic.
Asseyait, 3e pers. sing. imparf. indic.
Asseyant, part. prés.
Asseyez, suivi de *vous*, 2e pers. plur. impér.
Asseyez, précédé de *vous vous*, 2e pers. plur. prés. indic.
Asseyiez, précédé de *vous vous*, 2e pers. plur. imparf. indic.
Asseyiez, précédé de *que vous vous*, 2e pers. plur. prés. subj.
Asseyions, précédé de *nous nous*, 1re pers. plur. imparf. indic.
Asseyions, précédé de *que nous nous*, 1re pers. plur. prés. subj.
Asseyons, suivi de *nous*, 1re pers. plur. impér.
Asseyons, précédé de *nous nous*, 1re pers. plur. prés. indic.

ASSEZ, adv. (*acé*, et devant une voyelle, *acéz*), suffisamment, autant qu'il en faut : *on ne peut avoir assez de soin de son salut*. — *Assez* semble avoir plus de rapport à la quantité qu'on veut avoir, et *suffisamment*, à celle qu'on veut employer. — Il sert quelquefois à affaiblir un sens : *c'est assez bien* ; *c'est assez vraisemblable*. — Quelquefois il sert à le renforcer : *il est assez singulier que*, etc. — *Assez peu*, *assez souvent*, la même chose que *peu* et *souvent*. Ici, il est seulement explétif.

ASSI, subst. mas. (*aci*), t. de bot., dragonnier, ombraculifère.

ASSIDAIRE, ou **ESSÉDAIRE**, subst. mas. (*acidère*, *écédère*) (du latin *assidarius*, *essedarius*), t. d'hist. anc., gladiateur qui combattait assis sur un char nommé *essedum*.

ASSIDÉENS, subst. mas. plur. (*acidéein*) (de l'hébreu *hasidim*, juste), sectaires hébreux qui croyaient nécessaire la surérogation.

ASSIDENT, E, adj. (*acidan*, *dante*) (en lat., *assidens*, dérivé de *assidere*, être assis auprès, placé auprès, être voisin), t. de médec. : *signe* ou *symptôme assident*, qui accompagne ordinairement une maladie. — On dit plus souvent et mieux *concomitant*.

ASSIDU, E, adj. (*acidu*) (du lat. *assiduus*, dérivé de *assidere*, lequel est formé de *sedere ad*, être assis auprès), exact à se rendre à ses devoirs. — Qui a une application continuelle à.. : *assidu au travail*, *à l'étude*, *à son devoir*. — Qui rend des soins continuels à quelqu'un : *être assidu auprès d'une femme*, etc. — Qui se fait avec continuité ou fréquemment : *soins assidus*, *travail assidu*, *visites assidues*.

ASSIDUITÉ, subst. fém. (*aciduité*), exactitude à se trouver aux lieux où le devoir appelle. — Application continuelle à... — *Avoir de l'assiduité auprès du prince*, être *assidu* à lui faire la cour. — *Avoir des assiduités auprès d'une femme*, lui rendre des soins.

ASSIDÛMENT, adv. (*aciduman*), avec *assiduité* : *étudier assidûment*.

ASSIE, subst. fém. (*aceci*), nom d'une pierre que les anciens mettaient dans les tombeaux de ceux qu'ils ne voulaient pas brûler, afin de consumer promptement les chairs. On appelle autrement cette pierre *sarcophage*, mot signifiant *qui mange la chair*, à cause de l'effet qu'elle produit. Le nom d'*assie* lui venait de la ville d'*Assium*, dans la Troade, d'où on la tirait. Voy. **SARCOPHAGE**.

DU VERBE IRRÉGULIER S'ASSEOIR :

Assied, 3e pers. prés. indic.
Assieds, suivi de *toi*, 2e pers. sing. impér.
Assieds, précédé de *je m'*, 1re pers. sing. prés. indic.
Assieds, précédé de *tu t'*, 2e pers. sing. prés. indic.

ASSIÉGÉ, E, part. pass. de *assiéger*, adj. et subst. : *une ville assiégée* ; *les assiégés*.

ASSIÉGEANT, E, adj. (*aciéjan*, *jante*), qui bloque ou attaque une place : *les troupes assiégeantes deviennent assiégées*. — Il est aussi subst., et se dit des troupes qui *assiégent* une place.

ASSIÉGER, v. act. (*aciéjé*) (du lat. *obsidere*, formé de *ob* et *sedere*, être assis, placé autour), mettre le *siége* devant une place, faire le *siége* d'une place. — Au passif, il se dit des personnes enfermées dans une place *assiégée* : *il fut assiégé dans Tournay*. — Au fig., enfermer, environner. — Fig., être assidûment auprès de quelqu'un : *il assiége à toute heure ce ministre*, *cette femme*, etc. — **S'ASSIÉGER**, v. pron.

ASSIENNE, subst. fém. (*aciène*), pierre spongieuse, parsemée d'outre en outre de veines jaunes. Le nom d'*assienne* lui vient d'*Assium*, ville d'Asie, d'où les anciens la tiraient. Voy. **ASSIE**.

ASSIENTE, subst. fém. (*aciante*) (de l'espagnol *asiento*), compagnie de commerce établie pour la fourniture des Nègres dans les états du roi d'Espagne, en Amérique.

ASSIENTISTE, subst. mas. (*acianticete*), celui qui a part, qui a des actions dans la compagnie de l'*assiente*.

DU VERBE IRRÉGULIER S'ASSEOIR :

Assiéra, 3e pers. sing. fut. abs.
Assiérai, 1re pers. sing. fut. abs.
Assiéraient, 3e pers. plur. prés. cond.
Assiérais, précédé de *je m'*, 1re pers. sing. prés. cond.
Assiérais, précédé de *tu t'*, 2e pers. sing. prés. cond.
Assiérait, 3e pers. sing. prés. cond.
Assiéras, 2e pers. sing. fut. abs.
Assiérez, 2e pers. plur. fut. abs.
Assiériez, 2e pers. plur. prés. cond.
Assiérions, 1re pers. plur. prés. cond.
Assiérons, 1re pers. plur. fut. abs.

ASSIETTE, subst. fém. (*aciète*) (du mot français *asseoir*, fait du lat. *assidere*. La pièce de vaisselle nommée *assiette* fut dans l'origine appelée ainsi comme servant à désigner l'*assiette* de chaque convive, c'est-à-dire la place où il devait être *assis* ; on disait dans un sens analogue l'*assiette d'une table*, pour : l'ordre dans lequel chacun devait être placé), situation, manière d'être placé : *ce malade ne peut trouver une bonne assiette*. En ce sens, on dit plus souvent et mieux *situation*. — Situation d'un corps solide placé sur un autre : *l'assiette d'une pierre*, *d'une poutre*. — Situation d'une maison, d'une ville, d'une forteresse : *cette place est dans une assiette avantageuse*. — Fig., état et disposition de l'esprit : *il n'a pas l'esprit dans une bonne assiette* ; *je ne suis pas dans mon assiette ordinaire*. — Manière de camper, de disposer les troupes. — *Assiette des impôts*, manière dont ils sont établis, répartis. — En t. de jurispr., fonds sur lequel une rente est *assise*, est assignée. — Sorte de vaisselle de table, sur laquelle se posent les mets destinés à chacun des convives. — On dit fam. : *piquer l'assiette*, chercher de bons repas chez les autres. C'est dans ce sens qu'on appelle *piqueurs d'assiette* ou *pique-assiette* les parasites. Quantité de viandes, etc., servie sur une *assiette*. En t. de doreur, composition qu'on étend sur ce qu'on veut dorer ou argenter, et sur laquelle doivent être *assises* les feuilles d'or ou d'argent. — En t. d'horloger, pièce qui en supporte une autre. — En t. de paveur, pavé mis au sens où il doit être sur le sable. — Chez les teinturiers c'est une cuve préparée, et remplie d'ingrédients nécessaires pour la teinture. — Dans le commerce de bois, ce terme s'entend de la désignation, par les officiers des eaux et forêts aux marchands, des bois qui leur ont été vendus. On dit en ce sens : *l'assiette des ventes*. — *Assiettes volantes*, assiettes creuses que l'on sert entre les plats et où l'on met des hors-d'œuvre, etc. — *Assiettes blanches*, assiettes nettes qu'on donne en relevant celles qui ont servi. — *Vendre du vin à l'assiette*, donner à manger à ceux à qui l'on vend du vin. — *Son assiette dîne pour lui*, se dit figur. d'un homme en pension bourgeoise qui paie quoique absent. — On dit *assiette du casernement*, pour signifier contenance des bâtiments militaires. — T. de man., manière dont le cavalier est assis sur la selle. — T. de mar., position d'un vaisseau droit et en équilibre.

ASSIETTÉE, subst. fém. (*aciété*), plein une *assiette* : *une assiettée de soupe*. On dit souvent mais à tort : *une assiette de soupe*. Il est bien certain qu'on ne doit pas dire avec l'*Académie* : *ce potage est excellent*, *j'en ai mangé deux assiettes* : il faut dire deux *assiettées*. — Cuve de teinturier.

ASSIGNABLE, adj. des deux genres (*acigniable*), qui peut être *assigné*, déterminé avec précision : *quantité assignable*. Il est surtout usité en mathématiques.

ASSIGNAT, subst. mas. (*acignia*), constitution ou *assignation* spéciale d'une rente sur un certain héritage qui demeure nommément destiné et affecté pour le paiement annuel de la rente.—Billet d'état dont le paiement était *assigné* sur la vente et le produit de certains biens. — Billet, pendant la révolution française, dont le paiement était *assigné* sur la vente des biens nationaux. La création en fut décrétée en 1789; ils ont été annulés en 1796.

ASSIGNATION, subst. fém. (*acigniâcion*), autrefois, rendez-vous : *se donner assignation à une telle heure*. On ne l'emploie plus dans ce sens. — T. de prat.; exploit de justice pour comparaître en tel temps devant tel juge, ou pour payer telle dette en tel temps; en d'autres termes, acte de procédure par lequel une personne en appelle une autre en justice. L'assignation prend le nom de *citation* lorsqu'elle est donnée pour comparaître en justice de paix; celui d'*ajournement*, pour comparaître devant un tribunal de première instance ou de commerce; celui d'*acte d'appel*, pour comparaître en cour d'appel; enfin celui d'*acte de pourvoi*, quand il s'agit de comparaître devant la cour de cassation. (*Dict. de Législation usuelle.*) — Destination de certains fonds pour le paiement de quelque somme. — Constitution de rente sur un certain fonds.

ASSIGNÉ, E, part. pass. de *assigner*, et adj. — Il se prend aussi subst. en parlant de celui qui a reçu un exploit d'ajournement : *l'assigné non-comparant est condamné par défaut.*

ASSIGNER, v. act. (*acignié*) (du latin *assignare*, formé de *ad*, à, et *signare*, marquer; *marquer pour*), placer un paiement sur certains fonds. — Indiquer : *on ne saurait assigner la cause de cet événement.* — Marquer, destiner, *assigner une place à quelqu'un.* — T. de prat., sommer, par un exploit, de comparaître en justice. — *S'ASSIGNER*, v. pron.

ASSILIS, subst. mas. (*acilice*), t. de bot., nom du sélin silvestre.

Assîmes, 1re pers. plur. prét. déf. du verbe irrégulier *asseoir* ou *s'asseoir*.

ASSIMILATEUR, subst. mas. (*acimilateur*), t. de pathologie, se dit particulièrement des organes qui transforment les aliments en leur propre substance.

ASSIMILATION, subst. fém. (*acimilâcion*), action de *assimiler*, de comparer; de rendre *semblable*; résultat de cette action. — Fonction par laquelle l'être organisé transforme les corps extérieurs en sa propre substance. — Fig., *assimilation* d'idées.

ASSIMILÉ, E, part. pass. de *assimiler*, et adj.

ASSIMILER, v. act. (*acimilé*) (du lat. *assimilare*, fait de *similis*, semblable), rendre *semblable*; comparer.—Se dit des organes qui transforment les corps extérieurs en leur propre substance. — Fig., *assimiler les idées d'un auteur*, *une théorie*. — *S'ASSIMILER*, v. pron., se comparer à quelqu'un, etc.

ASSIMINE, subst. fém. (*acimine*), t. de bot., espèce de fruit dont le corossolier offre un exemple.

ASSIMINIER, subst. mas. (*aciminié*), t. de bot., arbrisseau du Mississipi, qui est une espèce de corossolier.

ASSIMULATION, subst. fém. (*acimulâcion*), fig. de rhét. par laquelle on feint quelque chose.

DU VERBE IRRÉGULIER S'ASSEOIR :

Assirent, 3e pers. plur. prét. déf.
Assis, précédé de *je m'*, 1re pers. sing. prét. déf.
Assis, précédé de *tu t'*, 2e pers. sing. prét. déf.

ASSIS, E, part. pass. de *asseoir*. On dit subst. *aller aux opinions par assis et levé*, en parlant de voix, du suffrage que l'on donne dans une assemblée en se levant ou en restant *assis*.

ASSIS, subst. mas. (*aci*), t. de pharm., drogue pour rendre gai.— Sorte d'opium.

ASSISE, subst. fém. (*acise*), t. d'archit., rang de pierres posées de niveau, dont les murs sont composés : *l'assise de parpaing* est celle dont les pierres traversent l'épaisseur du mur. — Les fabricants de bas appellent *assise* la soie qu'on étend sur les aiguilles et qui, dans le travail, forme les mailles du bas.

ASSISES, subst. fém. plur. (*acise*) (du lat. *assisa* ou *assisia* qui a la même signification, et qui est fait de *a sedendo*), se disait anciennement des séances extraordinaires que tenaient les officiers des seigneurs des fiefs, et des assemblées de seigneurs convoquées par le prince pour juger les causes importantes et solennelles. Il se disait encore d'une séance extraordinaire que des juges supérieurs tenaient dans des siéges inférieurs et dépendants de leur juridiction, pour voir si les officiers subalternes s'acquittaient de leurs devoirs. — *Assises* signifie aussi quelquefois la même chose que juridiction. — Les lois et les ordonnances ont été nommées autrefois *assises* : *les assises de Jérusalem*.—*Cours d'assises*, tribunaux qui, dans la nouvelle organisation de l'ordre judiciaire en France, ont remplacé les cours de justice criminelle. Ils sont présidés par des magistrats pris dans les cours royales et qui, à des époques déterminées, vont, dans les divers départements de leur ressort, *tenir des assises* et juger les procès criminels. — *Tenir ses assises dans une maison*, *dans une société*, y dominer, y être écouté, applaudi. Style fig. et fam.

DU VERBE IRRÉGULIER S'ASSEOIR :

Assisse, 1re pers. sing. imparf. subj.
Assissent, 3e pers. plur. imparf. subj.
Assisses, 2e pers. sing. imparf. subj.
Assissiez, 2e pers. plur. imparf. subj.
Assissions, 1re pers. plur. imparf. subj.

ASSISTANCE, subst. fém. (*acicetance*) (du lat. *sistere*, s'arrêter, rester, et de la préposition *ad*, à), assemblée de personnes présentes à une action publique. Il vieillit; on dit plutôt *auditoire*. — Présence : en ce sens, il ne se dit qu'en t. de pratique : *droit d'assistance*. — Aide; secours que l'on donne à quelqu'un : *demander*, *promettre*, *donner*, *prêter assistance*. — Étendue de pays où un religieux, dans certains ordres, fait la fonction d'*assistance* au général et au provincial de son ordre.

ASSISTANT, E, subst. (*acicetan*, *tante*) (en lat. *assistens*), personne présente. En ce sens, il s'emploie toujours au pluriel : *tous les assistants furent fort édifiés*; *un des assistants*, et non pas *un assistant*. — Personne qui en aide une autre.—On le dit, dans quelques communautés, du religieux qui remplace ou qui aide le supérieur dans ses fonctions : *il est assistant du général*. Il y a également des *assistantes* dans les communautés de filles. — On nomme *assistant* chacun des aides d'un plongeur dans la pêche des perles.—Adj., qui *assiste*, qui aide. L'usage de cet adjectif est fort borné : *évêque assistant*, *prêtre assistant à l'autel*; *mère assistante* chez les religieuses.

ASSISTÉ, E, part. pass. de *assister*.

ASSISTER, v. act. (*acicelé*), aider, secourir : *assister les pauvres*, *les malheureux*. — On dit fam. : *Dieu vous assiste*, quand une personne éternue ou quand on ne veut rien donner à un pauvre. — Il signifie quelquefois : accompagner : *il était assisté de son procureur*. En ce sens, il ne se dit guère qu'au palais.— V. neut., être présent à... être spectateur de... — *S'ASSISTER*, v. pron. : *les hommes doivent s'assister mutuellement*; *celui-là n'est pas sage qui ne sait pas s'assister lui-même*.

DU VERBE IRRÉGULIER S'ASSEOIR :

Assit, précédé de *il* ou *elle s'*, 3e pers. sing. prét. déf.
Assit, précédé de *qu'il* ou *qu'elle s'*, 3e pers. sing. imparf. subj.
Assîtes, 2e pers. plur. prét. déf.

ASSO ou **ASSOS**, subst. mas. (*acô*, *acôce*), pierre qui consume les chairs. Voy. ASSIE.

ASSOCIATION, subst. fém. (*açocidcion*) (du lat. *associare*, formé de *ad*, et *sociare*, joindre, unir), action de former une *société*; résultat de cette action; union de plusieurs personnes qui se joignent ensemble pour quelque intérêt commun : *acte d'association*; *association politique*. — On se sert plus souvent du mot *société* dans le commerce. — En métaphysique on nomme *association d'idées* l'union, formée par l'habitude, de deux idées qui se suivent et s'accompagnent constamment et immédiatement dans l'esprit, de manière que l'une fait naître infailliblement l'autre : *l'association des idées qui se forme par le moyen de leurs relations naturelles est la marque d'un bon esprit.* — Patente que le roi d'Angleterre envoie aux juges d'une assise pour leur *associer* d'autres personnes.

ASSOCIÉ, E, part. pass. de *associer*, et adj.

ASSOCIÉ, E, subst. (*açocié*), membre d'une *association* : *il est mon associé*; *elle est mon associée*; *les associés sont unis ensemble*; *ils constituent la société*. — *Associé* se dit aussi de certaines personnes *associées* aux travaux des académies, mais qui ne participent pas à tous leurs avantages et n'en sont pas membres

ASSOCIER, v. act. (*açocié*) (du lat. *associare*, formé de *ad*, et *sociare*, joindre, unir), prendre quelqu'un pour compagnon, pour collègue : *Dioclétien associa Maximien à l'empire*. — Recevoir dans une *société* de commerce ou d'intérêt. — Lorsque c'est une compagnie de magistrature, un corps littéraire, etc., on dit *agréger*. — Mettre une chose avec une autre. — *S'ASSOCIER*, v. pron., entrer en *société* d'intérêt avec quelqu'un. — Se lier avec.. : *il s'est associé avec des fripons.* —Fig., *le luxe ne peut s'associer avec la vertu*, *l'égoïsme avec la liberté*.

ASSODE, mieux **ASODE**, adj. et subst. mas. (*açode*, *azode*) (du grec ἀσώδης, dégoûtant, inquiétant), t. de médec., se dit d'un malade découragé par la fièvre, par la maladie.

ASSODÈS, mieux **ASODÈS**, subst. fém. (*açodèce*) (voy. ASSODE pour l'étymologie), t. de méd., fièvre ardente où il y a dégoût et anxiété.

ASSOGUE, subst. fém. (*açogue*), mot emprunté de l'espagnol *azogue*, qui veut dire vif-argent aux Indes-Orientales.

ASSOLÉ, E, part. pass. de *assoler*.

ASSOLEMENT, subst. mas. (*açoleman*) (rac. *sole*), action, manière d'*assoler*; son effet. — Méthode de culture employée en Angleterre, dans les Pays-Bas et le nord de la France, qui consiste à faire succéder régulièrement des récoltes différentes sur le même champ, au lieu de le laisser en friche pendant une année.

ASSOLER, v. act. (*açolé*) (rac. *sole*), t. d'agric., diviser les terres labourables en plusieurs soles. — N'écrivez pas *il assolle*, mais *il assole*, à cause de l'étymologie. — *S'ASSOLER*, v. pron. Voy. ASSOLEMENT.

ASSOMBRI, E, part. pass. de *assombrir*, et adj. : *un ciel assombri*.

ASSOMBRIR, v. act. (*açonbrir*), rendre *sombre*, au propre et au fig. — *S'ASSOMBRIR*, v. pron., devenir triste, sombre : *tout sourit à la jeunesse*, *tout s'assombrit pour la vieillesse*.

ASSOMMANT, E, adj. (*açoman*, *mante*), fatigant à l'excès, en parlant des personnes et des choses, au propre et au fig.

ASSOMMÉ, E, part. pass. de *assommer*, et adj.

ASSOMMEMENT, subst. mas. (*açomeman*), t. de vét., massacre ordonné ou exécuté pour arrêter, dès leur naissance, les maladies épizootiques.

ASSOMMER, v. act. (*açomé*) (du français *somme*, dans le sens de charge, fardeau, dont nous avons fait *bête de somme*; ou bien encore du vieux mot *sommelon* ou *sommeron*, qui signifiait le sommet de la tête; car *assommer* c'est proprement frapper au *sommet* de la tête), tuer avec quelque chose de pesant, comme une massue, un levier, etc. : *assommer un bœuf*; *assommer un homme d'un coup de bâton*, *d'un coup de pierre*; *une poutre tombe sur la tête d'un homme et l'assomme*. — Fig. et fam., fatiguer, importuner, ennuyer; chagriner, affliger à l'excès : *un grand parleur assomme par son bavardage*; *ce malheur imprévu l'a assommé*. —*Assommer* signifie aussi battre avec excès : *ce maître assomme ses domestiques*, *ses enfants*. — *S'ASSOMMER*, v. pron.

ASSOMMEUR, subst. mas.; au fém. **ASSOMMEUSE** (*açomeur*, *meuze*), qui *assomme*.— Il s'est dit au mas. des brigands qui *assommaient* les voyageurs sur les grands chemins. — On appelle encore *assommeur* le garçon boucher qui abat les bœufs.

ASSOMMEUSE, subst. fém. Voy. ASSOMMEUR.

ASSOMMOIR, subst. mas. (*açomoar*), bâton pour *assommer* les bêtes. — Planche chargée d'une pierre, et disposée du reste de manière à tomber sur les animaux qui passent dessous et à les *assommer*. C'est un piége particulièrement tendu aux bêtes puantes. — Au fig., en parlant d'un homme dont le bavardage nous fatigue, on dit : *c'est un assommoir*; *quel assommoir !* — On dit aussi d'un événement imprévu et accablant : *c'est un coup d'assommoir*.

ASSOMPTION, subst. fém. (*açonpecion*) (du latin *assumptio*, dérivé de *assumere*, prendre pour soi; Dieu, en faisant monter la sainte Vierge au ciel, l'ayant prise en quelque sorte pour lui). Ce mot signifiait autrefois la mort d'un saint, indiquant que son âme avait été enlevée au ciel. — Fête par laquelle l'Église célèbre, le 15 du mois d'août, l'époque où la sainte Vierge fut enlevée au ciel. — Tableau, estampe qui représente la sainte Vierge montant au ciel. — En t. de logique, *assomption* signifie quelquefois la seconde proposition d'un syllogisme. — Nom propre d'une ville de l'Amérique méridionale. — Il y a encore une île de ce nom dans l'Amérique septentrionale.

ASSONIE, subst. fém. (*açoni*), t. de bot., genre

de plantes de la famille des malvacées. On l'appelle aussi *bois de senteur bleu*.

ASSONNANCE, mieux **ASSONANCE**, subst. fém. (*açonance*) (du latin *assonare*, pour *ad sonare*, formé de *ad*, et de *sonare*, répondre à la voix, retentir, résonner), t. de rhétorique et de poétique, ressemblance imparfaite de son dans la terminaison des mots, comme *heur* et *heure*, *or* et *aurore* : *il faut dans la prose éviter les rimes et même les assonnances*. — L'*Académie* écrit *assonance*, *assonant*; l'*Académie* n'est point conséquente avec elle-même, puisqu'elle écrit *consonnance*; *consonnant*. Il est vrai que ces mots, avec un seul *n*, seraient plus en rapport avec l'étymologie *sonare*, et avec le principe de ne doubler la lettre que lorsqu'elle est suivie d'un *e* muet; mais puisque l'*Académie* foule aux pieds habituellement l'étymologie et ce principe, elle ne doit pas faire ici d'exception, si elle ne veut être accusée de travailler sans réflexion et sans discernement. Pour nous, nous écrivons *assonnance* et *assonnant*, parce que nous n'avons pas, comme l'*Académie*, le droit de poser, de rajeunir les principes fondamentaux de la langue; mais si nous sommes obligés de suivre une orthographe si opposée à nos idées, nous avons le droit d'en signaler le vice. Peut-être n'aurons-nous pas parlé en vain, peut-être un jour l'*Académie* s'occupera-t-elle d'une réforme que commandent la science et la raison.

ASSONNANT, mieux **ASSONANT**, **E**, adj. (*açonan*) (en latin *assonans*, part. prés. de *assonare*, pour *ad sonare*), t. de grammaire, qui produit une *assonnance* : *mots assonnants*. Voy. ASSONNANCE.

ASSORATH ou **ASSONAH**, subst. mas. (*açorate*, *açona*), livre des lois turques; livre des interprétations des docteurs.

ASSORTI, **E**, part. pass. de *assortir*, et adj., convenable : *un mariage bien assorti*. — On appelle *marchand bien assorti* celui qui a toutes les marchandises propres à son commerce.

ASSORTIMENT, subst. mas. (*açortiman*), qualité résultant de la convenance qui existe entre plusieurs choses par rapport à un effet commun : *il y a beaucoup de goût dans l'assortiment de ces meubles; l'assortiment de ces fleurs est délicieux*. — Union de choses qui se conviennent : *assortiment de diamants; assortiment complet*. — En t. de librairie : *livres d'assortiment*, les livres qu'un libraire s'est procurés chez ses confrères, par opposition à ceux qu'il a fait imprimer ou dont il a reçu le dépôt de l'éditeur, et qui se nomment *livres de fonds*. — En t. d'imprimeur, supplément de différentes sortes de caractères servant à compléter une fonte. — En t. de peint., il signifie les convenances et les proportions entre les différentes couleurs et parties d'un tableau : *ce tableau présente un bel assortiment*. — On appelle *assortiment de couleurs* la réunion de toutes les couleurs qu'on emploie en peinture. — En t. de comm., fonds, collection de marchandises du même genre : *ce marchand a un bel assortiment de soieries*.

ASSORTIR, v. act., (*açortir*) (du français *sorte*, dérivé du latin *sors*, *sortis*, état, condition; *mettre ensemble les choses de même sorte, de même condition*), mettre ensemble des choses qui se conviennent : *assortir des couleurs; assortir une étoffe d'une doublure convenable*. — Fournir une boutique de toutes les marchandises propres au commerce qui s'y fait. — On dit à peu près dans le même sens : *ce marchand a de quoi vous assortir*, vous fournir ce que vous demandez. — En t. de chapelier, *mettre la forme dans un chapeau en blanc*, définition de *Laveaux* copiée par *Raymond*, et que nous ne comprenons pas : elle est indubitablement vicieuse. — *Assortir* se dit aussi des personnes : *des époux bien assortis*, dont l'humeur, l'âge et la fortune sont convenables; *à table une maîtresse de maison doit savoir assortir ses convives*. — En t. de haras, *assortir une jument*, lui donner l'étalon qui lui convient. — Choisir deux chevaux pour former un attelage. — On a employé *assortir* neutralement dans le sens de *convenir à...* : *cette couleur n'assortit pas à l'autre*. L'emploi du v. pron. eût été plus convenable : *cette couleur s'assortit mal avec l'autre*. — **s'ASSORTIR**, v. pron.

ASSORTISSANT, **E**, adj. (*açortiçan*, *çante*), qui *assortit*, qui convient à : *choisissez une doublure assortissante à votre robe*. Cette locution est peu française; on dirait mieux : *qui soit assortie à...*

ASSORTISSOIR, subst. mas. (*açortiçoar*), t. d'arts et métiers, sorte de crible dont les confiseurs se servent pour leurs dragées.

ASSORTISSOIRE, subst. fém. (*açortiçoare*), t. d'arts et métiers, boîte, caisse qui contient un assortiment.

ASSOTÉ, **E**, part. pass. de *assoter* (*açoté*), infatué : *jamais on ne vit père plus assoté de ses enfants*. Fam.

ASSOTER, v. act. (*açoté*) (du français *sot*, *sotte*), ne se dit qu'au passif, et dans le style familier, ou comique, ou critique : *être assoté de...*, être infatué, raffoler de... — **s'ASSOTER**, v. pron., s'infatuer : *s'assoter de sa personne; s'assoter d'une fille*. Peu usité.

ASSOUPI, **E**, part. pass. de *assoupir*.

ASSOUPIR, v. act. (*açoupir*) (du latin *soporare*, fait de *sopor*, sommeil, assoupissement, engourdissement), causer une disposition prochaine au sommeil; endormir à demi. — Fig., suspendre, calmer pour un temps : *assoupir la douleur*. — Empêcher l'éclat, les progrès, les suites de quelque chose de fâcheux : *assoupir une affaire, une querelle, une sédition*, etc. — **s'ASSOUPIR**, v. pron., s'endormir d'un sommeil peu profond. — Fig. : *une mauvaise affaire s'assoupit avec de l'or*.

ASSOUPISSANT, **E**, adj. (*açoupiçan*, *çante*), qui *assoupit* : *vapeurs assoupissantes*. — Au fig. : *lecture assoupissante*.

ASSOUPISSEMENT, subst. mas. (*açoupiceman*), état d'une personne *assoupie*. — Fig., nonchalance extrême, grande négligence pour ses intérêts, pour ses devoirs, etc. Il se dit toujours en mauvaise part. — T. de médec., effet de quelque dérangement dans la santé.

ASSOUPLI, **E**, part. pass. de *assouplir*.

ASSOUPLIR, v. act. (*açouplir*) (rac. *souple*), rendre *souple* : *assouplir une étoffe; assouplir un cheval*. — On dit également au fig. : *assouplir le caractère de quelqu'un*. — **s'ASSOUPLIR**, v. pron., devenir *souple* : *ce cuir s'assouplit, son caractère s'assouplit*.

ASSOURDI, **E**, part. pass. de *assourdir* et adj., qui est devenu *sourd*, ou qu'on a rendu plus *sourd*.

ASSOURDIR, v. act. (*açourdir*) (rac. *sourd*), rendre *sourd* ou presque *sourd* à force de bruit : *le canon m'assourdit; il m'assourdit de son babil*, etc. — En t. de peinture, diminuer la lumière et les détails dans les demi-teintes; *assourdir les reflets*, disent les graveurs dans le même sens; *assourdir une taille, un trait*. — **s'ASSOURDIR**, v. pron., devenir *sourd*, plus *sourd*.

ASSOURDISSANT, **E**, (*açourdiçan*, *çante*), qui *assourdit*: *ce jeune homme a la parole assourdissante*. — L'*Académie* dit qu'il s'emploie figurément par exagération, et elle donne pour exemple : *babil, bavardage assourdissant*. Nous ne voyons là aucune espèce de figure : *des cloches assourdissantes, et un bavardage assourdissant*, nous paraissent être des locutions également propres; il n'y a nullement ici de sens figuré.

ASSOUROU, subst. mas. (*açourou*), t. de bot., sorte de bois des Indes.

ASSOUVI, **E**, part. pass. de *assouvir*, et adj. : une vengeance *assouvie*.

ASSOUVIR, v. act. (*açouvir*) (suivant *Huet*, du latin barbare *adsopiare*, pour *adsopire*, formé de *ad* et de *sopire*, assoupir; *endormir à force de manger*, etc.; suivant *Le Duchat*, de *adsufficere*, fait de *ad* augmentatif, et *sufficere*, suffire; *être plus que suffisant*, etc.), rassasier pleinement, au propre et au fig. : *assouvir une faim vorace; assouvir sa vengeance dans le sang de son ennemi; ne pouvoir assouvir de vains désirs de gloire*. — **s'ASSOUVIR**, v. pron.

ASSOUVISSEMENT, subst. mas. (*açouviceman*), action d'*assouvir*; état de ce qui est *assouvi*. — Au fig., l'*assouvissement des passions, des désirs, de la haine, de la vengeance*.

ASSUJÉTI, **E**, part. pass. de *assujétir*.

ASSUJÉTIR, et non pas **ASSUJETTIR** (quoique l'*Académie* écrive ce mot de deux manières, et presque tous les lexicographes avec elle. L'opinion qui a fait mettre deux *t* s'appuie sans doute sur l'étymologie de ce verbe, qui est *sujet* dont le fém. est *sujette*; mais on n'a point fait attention que l'adj. *sujette* est terminé par un *e* muet, et que c'est cet *e* muet qui cause le redoublement de la consonne; car il est de principe général qu'on ne double les lettres *l*, *n*, *t*, que dans le cas où l'on entend un *e* muet après ces lettres : dans toutes les autres occasions on n'écrit le mot qu'avec une seule consonne : *j'appelle, nous appelons*. Il est d'ailleurs tellement raisonnable d'écrire *assujétir* avec un accent aigu sur *e* et un seul *t*, que tous les *Dictionnaires*, et l'*Académie* elle-même, écrivent *sujétion* : il est bien certain que si ce mot se présentait chargé de deux *t*, il serait considéré à bon droit comme barbarisme. C'est principalement l'orthographe de ce mot qui nous a frappés et nous a décidés à écrire *assujétir* et non *assujettir*), v. act. (*açujétir*) (du latin *subjicere*, mettre dessous, soumettre, etc.), soumettre; ranger sous sa domination. — Fig., vaincre, dompter ses passions, etc. — Astreindre ou soumettre à... : *il veut m'assujétir à d'étranges conditions*. — En t. de mécanique, arrêter, fixer une chose de manière qu'elle soit stable. — T. de man., *assujétir la croupe d'un cheval*, c'est la fixer avec la rêne de dedans et la jambe de dehors. — **s'ASSUJÉTIR**, v. pron. : *s'assujétir aux caprices des grands*.

ASSUJÉTISSANT, **E**, et non pas **ASSUJETTISSANT**, **E**, adj. (*açujétiçan*, *çante*), qui rend *sujet*, esclave même; qui gêne et contrarie beaucoup : *c'est un travail bien assujétissant*. Voy. ASSUJÉTIR.

ASSUJÉTISSEMENT, et non pas **ASSUJETTISSEMENT**, subst. mas. (*açujéticeman*), sujétion, soumission, contrainte, gêne extrême : *c'est un grand assujétissement*. — L'*assujétissement* désigne un état d'habitude; la *sujétion*, la situation du moment. Voy. ASSUJÉTIR.

ASSUMÉ, **E**, part. pass. de *assumer*.

ASSUMER, v. act. (*açumé*) (en latin *assumere*), prendre. On ne s'en sert qu'au fig., et dans des phrases du genre de celle-ci : *assumer sur sa tête la responsabilité d'une affaire*. — **s'ASSUMER**, v. pron.

ASSURANCE, subst. fém. (*açurance*), certitude : *avoir l'assurance du succès*. — Sécurité : *lieu d'assurance, mettre quelqu'un en lieu d'assurance*. — Confiance : *prenez cette marchandise avec assurance; il n'y a point d'assurance à prendre en vous*, on ne peut se fier à vous. — Promesse, protestation : *il m'a donné les plus grandes assurances de son attachement; j'ai reçu de vous l'assurance qu'il obtiendrait cette place*. — Promesse, obligation, nantissement : *donner des assurances, prendre des assurances; quelle assurance me donnez-vous?* — En t. de commerce maritime, contrat de convention par lequel on promet d'indemniser un marchand intéressé dans un vaisseau des pertes qu'il pourrait faire sur mer, moyennant un prix convenu entre l'*assureur* et l'*assuré* : *police d'assurance, coût, prime d'assurance*. On appelle *chambre d'assurances* une compagnie de personnes qui se chargent de faire ces sortes de traités. — Hardiesse : *il parle, il répond, il ment avec assurance*. Il se dit surtout de ceux qui paraissent en public. — *Assurance de panier*, osier placé sous l'osier tors qui forme l'anse du panier. — T. de mar., *coup d'assurance*, coup de canon pour faire connaître un pavillon. — En t. de vieille fauconnerie, il se disait d'un oiseau qui était hors de filière, c'est-à-dire qui n'était plus attaché par le pied. — *Aller d'assurance* se dit, en t. de chasse, de la bête qui va au pas et sans crainte.

ASSURANCES, subst. fém. plur. (*açurance*), compagnies d'*assurance*, sociétés anonymes, dont le but est de rembourser, moyennant une prime annuelle, les pertes causées par l'incendie, la grêle, etc. : *assurances contre l'incendie; assurances sur la vie de l'homme*, etc.

ASSURE, subst. fém. (*açure*), fil d'or, fil d'argent dont on couvre la chaîne de haute-lice.

ASSURÉ, **E**, part. pass. de *assurer*, et adj. (*açuré*), sûr, certain. — Hardi, sans crainte. — Voltaire a dit (*Brutus*) :

Du trône avec Tullie un *assuré* partage

Assuré ne peut se mettre avant le subst. : il faut *partage assuré*. Voy. ÉCLAIRÉ. — Il se prend substantivement pour celui à qui on fait un contrat d'*assurance*.

ASSUREMENT, subst. mas. (*açureman*), vieux mot inusité qui signifiait certitude, promesse, nantissement. Voy. ASSURANCE.

ASSURÉMENT, adv. (*açuréman*), certainement.

ASSURER, v. act. (Ne devrait-on pas écrire ASSÛRER, et ainsi avec l'accent circonflexe tous les dérivés de ce mot, comme du reste on écrit dans de vieux *Dictionnaires*, qui n'en sont pas moins bons pour cela? En effet, l'*Académie* écrit *sûr* parce qu'on écrivait autrefois *seur*; mais on a dit également *asseurer* dans le vieux temps. C'est une erreur de l'ignorance de penser qu'on n'écrit *sûr*, adj., avec un accent circonflexe, que pour le distinguer de *sur*, prép. Voy. ce que nous en disons au mot SÛR.)(*açuré*) (de l'italien *assicurare*, dérivé du latin *securus*, dont nous avons fait aussi le mot *sûr*, *certain*), affirmer : *il assure un mensonge aussi hardiment qu'une vérité; il leur a assuré que...* — Rendre témoignage de.. : *assurez-le de ma reconnaissance; vous pouvez l'assurer que...* — Rendre stable, sûr : *assurer sa fortune, sa puissance; assurer le bonheur de quelqu'un; assurer le douaire d'une femme, une dette, une hypothèque.* — On dit aussi *assurer une muraille*, l'étayer; un *vase*, le poser de façon qu'il ne puisse tomber. — En t. de mar., répondre d'un vaisseau et de sa cargaison. En ce sens, l'usage d'*assurer* et d'*assurance* s'est étendu à divers autres objets : on dit *assurer une maison contre l'incendie*, etc. — Faire qu'on n'ait point de peur; donner de la hardiesse. *Voltaire* a blâmé dans *Corneille* l'emploi d'*assurer* dans cette dernière acception, autorisée cependant par l'*Académie*. *Boileau* et *Racine* n'ont fait aucune difficulté de s'en servir :

..... Girot en vain l'*assure*.
(*Le Lutrin*.)

..... Princesse, *assurez-vous*.
(*Athalie*.)

On ne peut nier cependant que, dans l'usage actuel, *rassurer* ne soit en ce cas le mot propre. — *Assurer une couleur*, la rendre plus fine, moins susceptible de changer. — T. de corroyeur, *assurer le grain*, donner la dernière façon au cuir avant de lui donner le dernier lustre. — *Assurer la main*, la rendre plus ferme, plus sûre. — Vieux t. de chasse, *assurer un faucon*, l'apprivoiser, empêcher qu'il ne s'effraie. — T. de man., *assurer la bouche d'un cheval*, accoutumer un cheval à souffrir le mors. — T. de mar., *assurer le pavillon*, tirer un ou plusieurs coups de canon en hissant son pavillon à poupe, pour *assurer* les vaisseaux qui sont à portée qu'on est de la nation dont le pavillon est hissé. — ASSURER, AFFIRMER, CONFIRMER. (*Syn.*) On se sert du ton de la voix pour *assurer*, du serment pour *affirmer*, et de nouvelles preuves pour *confirmer*. — S'ASSURER, v. pron. : *s'assurer de quelqu'un*, s'assurer de sa protection, de son aide, de sa coopération, etc., ou l'arrêter. — Se rendre maître d'une chose : *s'assurer d'un poste, s'assurer des passages.* — Se procurer : *je me suis assuré une provision de vin.* — *S'assurer la main*, rendre sa main ferme et sûre pour quelque opération, pour quelque travail : *ce chirurgien s'est bien assuré la main depuis quelque temps.*

ASSURETTE, subst. fém. (*açurète*), t. de comm. qui, dans le Levant, signifie la même chose qu'*assurance*.

ASSUREUR, subst. mas., au fém. **ASSUREUSE** (*açureur, reuze*), celui ou celle qui, pour une certaine somme, répond d'un vaisseau ou de sa cargaison, ou de tout autre objet.

ASSUREUSE, subst. fém. Voy. ASSUREUR.

ASSURGENT, E, adj. (*açurjan, jante*), t. de bot., montant.

ASSYRIE, subst. fém. (*acïri*), nom propre d'une ancienne contrée de l'Asie. L'*Assyrie* était bornée au nord par la grande Arménie, qui la bordait aussi au couchant; elle avait la Suziane et une partie de la Babylonie au midi, et au couchant la Mésopotamie, dont le Tigre la séparait. La capitale de l'*Assyrie* était Ninive. — L'*Assyrie* est maintenant partagée entre les Turcs et les Perses. La partie qui obéit au grand-seigneur, et qui est la moindre, retient encore aujourd'hui le nom d'*Assyrie*, ou d'*Arzerum*, qui en a été fait par corruption. Voy. ASSYRIEN pour l'étym.

ASSYRIEN, subst. et adj. mas., au fém. **ASSYRIENNE** (*aciriein, iène*), qui est d'*Assyrie*; qui appartient à l'*Assyrie*. L'empire des *Assyriens* est le premier empire du monde, ou du moins un des premiers. Il dura treize cents ans jusqu'à Sardanapale, qui en fut le dernier empereur. Assur fut le premier, ou, selon d'autres, Nemrod, fils de Chus. Dans les auteurs anciens, les Phéniciens et les Syriens sont très-souvent appelés *Assyriens* : *la pourpre assyrienne, la couleur, la laine assyrienne*, dans les poètes, est la même chose que la pourpre, la couleur ou la laine tyrienne, ou syrienne. — Ces noms *Assyrie* et *Assyrien*, pris dans leur signification propre et particulière, sont hébreux, et viennent d'*Assur*, nom de celui qui fut le fondateur de l'empire d'*Assyrie*, qui donna son nom à ses descendants les *Assyriens* et aux pays qu'ils habitèrent, lesquels pays et peuples sont appelés dans l'Écriture *Assur*, du nom de ce patriarche, qui signifie en hébreu, ou *incessus, gressus*, ou *felix*, *beatus*; c'est-à-dire *marche, démarche*, ou *heureux*. Les Grecs même appelèrent d'abord et dans les premiers temps les *Assyriens* Ασσυρες, et non pas Ασσυριοι.

ASTACITES ou **ASTACOLITHES**, subst. fém. plur. (*acetacite acetakolite*), t. d'hist. nat., écrevisses pétrifiées.

ASTACOÏDES, subst. mas. plur. (*acetako-ide*) (du grec αστακοι, écrevisses, et ειδος, forme, ressemblance), t. d'hist. nat., famille de crustacés semblables à l'écrevisse, tels que les crabes, etc.

ASTACOLE, subst. mas. (*acetakole*), t. d'hist. nat., genre de coquilles.

ASTACOLITHE, subst. fém. (*acetakolite*) (du grec αστακος, écrevisse, et λιθος, pierre), t. d'hist. nat., écrevisse pétrifiée.

ASTAFFORT, subst. mas. (*acetafor*), village de France, chef-lieu de canton, arrond. d'Agen, dép. de Lot-et-Garonne.

ASTAKILLOS, subst. mas. (*acetakileloce*), t. de médec., ulcère gangréneux malin, qui s'étend des pieds aux jambes.

ASTAROTH, subst. mas. (*acetarote*), t. d'hist. anc., esprit qui présidait à l'Occident, dans le système de certains magiciens. — Idole des Sidoniens.

ASTAROTHITES, subst. mas. plur. (*acetarotite*), t. d'hist. anc., sectaires juifs qui adoraient *Astaroth*, divinité des Sidoniens.

ASTARZOF, subst. mas. (*acetarezof*), t. de pharm., sorte d'onguent. Dissolution du camphre dans l'eau de rose.

ASTATE, subst. fém. (*acetate*), t. d'hist. nat., genre d'hyménoptères.

ASTATHIENS, subst. mas. plur. (*acetatiein*), t. d'hist. eccl., sectaires chrétiens du neuvième siècle, qui avaient exhumé le système des manichéens.

ASTE, subst. mas. (*acete*), t. de mar., un manche, un gros bâton, tels que l'*aste de graffe*, *de fauber*, etc.

ASTÉISME, subst. mas. (*aceté-iceme*) (du grec αστεισμος, urbanité, délicatesse, enjoûment), t. de rhét., espèce d'ironie délicate par laquelle on déguise la louange ou la flatterie sous le voile du blâme, et réciproquement.

ASTELLE, subst. fém. (*acetèle*), t. de chir., appui avec des bandages, pour les fractures des os.

ASTENANCE, subst. fém. (*acetenance*), sensibilité, impression, pouvoir. Vieux.

ASTÉNIQUE, adj. des deux genres (*aceténike*), privé de sensibilité; ce qui l'ôte.

ASTER ou **ŒIL DE CHRIST**, subst. mas. (*acetère*) (du grec αστηρ, étoile), t. de bot., belle plante du midi de l'Europe, à racine vivace, à fleur radiée, en forme d'étoile.

ASTÈRE, subst. fém., ou **ASTER**, subst. mas. (*acetère*), t. de bot., plante de la famille des corymbifères. — Une espèce de ces plantes est connue sous le nom de *œil de Christ*. Voy. ASTER.

ASTÉRELLE, subst. fém. (*acetérèle*), t. de bot., sorte de plantes.

ASTÉRÉOMÈTRE, subst. mas. (*acetéréomètre*). Voy. ASTÉROMÈTRE.

ASTÉRÉOMÉTRIQUE, adj. des deux genres (*acetéréométrike*). Voy. ASTÉROMÉTRIQUE.

ASTÉRIE, subst. fém. (*acetéri*) (du grec αστηρ, étoile), t. d'hist. nat., sorte de pierre précieuse, pierre *étoilée*, fausse opale. — Myth., nom d'une fille de Céus. Elle fut métamorphosée en caille lorsqu'elle fuyait les poursuites de Jupiter. — Il y eut une autre *Astérie* de qui Bellérophon eut un fils.

ASTÉRIES, subst. fém. plur. (*acetéri*), t. d'hist. nat., animaux appelés aussi étoiles de mer. — Pétrifications en forme d'étoiles.

ASTÉRISME, subst. mas. (*acetériceme*) (du grec αστηρ, étoile), t. d'astron., constellation, assemblage de plusieurs étoiles.

ASTÉRISQUE, s. m. (c'est une faute d'écrire *astérique* et de le faire fém. : il vient du grec neutre αστερισκον, dimin. d'αστηρ étoile), petite marque en forme d'étoile (*), qu'on met dans les livres pour indiquer un renvoi. — T. de bot., c'est aussi le nom d'une plante. — En anat., petite tache opaque en forme d'étoile, qui vient à la cornée transparente, et qu'on nomme aussi *perle*.

ASTERNAL, E, adj. au plur. mas. **ASTERNAUX** (*aceterenal*) (du grec α priv., et στερνον, le *sternum*), t. d'anat., qui est séparé du sternum.

ASTERNAUX, adj. mas. plur. Voy. ASTERNAL.

ASTÉROÏDE, subst. fém. (*acetéro-ide*) (du grec αστηρ, étoile, et ειδος, forme, ressemblance), t. de bot., plante dont la fleur est radiée en forme d'étoile.

ASTÉROÏDES, subst. fém. plur. (*acetéro-ide*), t. d'astron., nom donné par *Herschell* aux corps célestes qui font leur révolution autour du soleil dans des orbes elliptiques plus ou moins excentriques, et dont le plan peut être incliné à l'écliptique, sous un angle quelconque : telles sont les nouvelles planètes *Cérès*, *Junon* et *Pallas*.

ASTÉROME, subst. fém. (*acetérome*), t. de bot., sorte de plantes tirées des xylomes.

ASTÉROMÈTRE, subst. mas. (*acetéromètre*) (du grec αστηρ, astre, et μετρον, mesure), instrument inventé par l'astronome français *Téaurat*, pour calculer le lever et le coucher des *astres* dont on connaît la déclinaison et le passage au méridien.

ASTÉROMÉTRIQUE, adj. des deux genres (*acetérométrike*), qui concerne l'*astéromètre*.

ASTÉROPE, subst. fém. (*acetérope*), t. de bot., arbrisseau de Madagascar de l'ordre des rosacées. — Myth., une des pléiades.

ASTÉROPÉE, subst. mas. (*acetéropé*), t. de myth., jeune guerrier qui, étant venu au secours des Troyens, fut tué par Achille, qu'il avait osé attaquer, lorsque celui-ci reparut devant Troie tout furieux de la mort de Patrocle.

ASTÉROPTÈRE, subst. mas. (*acetéropetère*), t. de bot., genre de plante.

ASTÉROTE, subst. fém. (*acetérote*), t. de pêche, espèce de filet.

ASTHÉNIE, subst. fém. (*aceténî*) (du grec α priv., et σθενος, force, puissance), t. de médec. créé par le docteur *Brown*, débilité, relâchement dans les forces musculaires. On a distingué l'*asthénie* en *asthénie* directe, et *asthénie* indirecte quand elle a lieu inopinément, ou à la suite d'une exaltation extrême des forces. — ASTHÉNIE, ADYNAMIE, ATONIE (*Syn.*) Ces trois mots expriment un état de débilité; mais *asthénie* est plus général, et s'applique à tout le système; *adynamie* se dit particulièrement de la faiblesse musculaire, et *atonie* de la faiblesse des organes produite par une diminution de tonicité.

ASTHÉNIQUE, adj. des deux genres (*aceténike*), sans force. Voy. ASTHÉNIE.

ASTHÉNOPYRE, subst. fém. (*aceténopire*) (du grec ασθενης, faible, et πυρ, fièvre), t. de méd., fièvre maligne.

ASTHMATIQUE, subst. des deux genres (*acematike*, et non pas *azmatike*. Voy. ASTHME), t. de médec., qui est travaillé d'un *asthme* : *un asthmatique, une asthmatique.* — Ce mot est aussi adj. : *un tel est asthmatique.*

ASTHME, subst. mas. (*aceme*, et non pas *azme*, prononciation barbare proposée par l'*Académie*) (en grec ασθμα, dérivé de αω, je respire), t. de méd., courte haleine; obstruction du poumon qui produit une respiration fréquente et difficile.

ASTHMÉ, E, adj. (*acemé*), t. de vieille fauconn. : *oiseau asthmé*, qui a le poumon enflé, et qui ne respire que très-difficilement.

ASTIANAX, et mieux **ASTYANAX**, subst. mas. (*acetianakce*) (du grec αστυ, ville, et αναξ, maître, seigneur), fils unique d'Hector et d'Andromaque. Ce jeune prince donna de l'inquiétude aux Grecs après la prise de Troie. Calchas leur conseilla de le précipiter du haut d'une tour, parce qu'il pourrait bien un jour venger la mort d'Hector et relever les murs de Troie. Ulysse le chercha, mais on prétend qu'on lui donna un autre enfant à sa place; qu'*Astyanax* fut sauvé par sa mère, et qu'elle l'emmena avec elle en Épire.

ASTIC, subst. mas. (*acetike*), t. d'arts et mét., gros os de cheval ou de mulet, dont les cordonniers se servent pour lisser les semelles et autres parties du soulier. Ils mettent dedans du suif pour graisser leurs alênes.

ASTICOT, subst. mas. (*acetikô*), t. d'hist. nat., sorte de ver dont on se sert pour amorcer le poisson.

ASTICOTÉ, E, part. pass. de *asticoter*.

ASTICOTER, v. act. (*acetikoté*), tourmenter, contrarier quelqu'un sur de petites choses. Fam. — S'ASTICOTER, v. pron., se contrarier, se taquiner. Fam.

ASTINE, subst. fém. (*acetine*), sotte querelle. Tout-à-fait inusité.

ASTIQUÉ, E, part. pass. de *astiquer*

ASTIQUER, v. act. (*acetiké*), nettoyer, polir un fusil, une giberne, etc. — S'ASTIQUER, v. pron.

ASTOMELLE, subst. fém. (*acetomèle*), t. d'hist. nat., genre d'insectes de la famille des vésiculeux.

ASTOMES, subst. mas. plur. (*acetôme*) (du grec

α priv., et στομα, bouche; *sans bouche*), myth., peuples fabuleux qui n'avaient point de bouche.— T. d'hist. nat., famille d'insectes diptères dont la bouche n'est pas visible, et qui ne mangent point. Ce sont de grosses espèces de mouches qu'on nomme aussi *œstres*.

ASTOUR, subst. mas. (*acetour*), t. de comm. employé aux Indes-Orientales, et qui a la même signification que celui d'*escompte* en France.

ASTOURE, subst. fém. (*acetour*), t. de bot., fruit de la molène.

ASTRACAN, subst. masc. (*acetrakan*), ville et gouvern. de l'Empire russe. La ville d'*Astracan* est environ à treize lieues de la mer Caspienne, vers le nord, dans une île que forme le Volga. — *Astracan* est une ville archiépiscopale, considérable par le grand commerce qu'elle entretient en Russie, en Perse, et avec la Turquie en Asie. — Le gouvern. d'*Astracan* est formé de l'ancien royaume du même nom réuni à la Russie en 1554.

ASTRAGALE, subst. mas. (*acetraguale*)(du grec αστραγαλος, petit os du talon), en t. d'archit., petite moulure ronde qui entoure le haut du fût d'une colonne, d'une pièce de canon. — Baguettes, petites boules en chapelet. — En t. d'anat., un des os du tarse. — Les Grecs et les Romains donnaient également ce nom à l'os du talon des fissipèdes ou bêtes à pied fourchu : ils s'en servaient pour jouer au jeu que nous appelons encore *osselets*. Les joueurs d'osselets étaient nommés *astragalizontes*. — En bot., plante à fleurs légumineuses, qu'on appelle aussi *réglisse sauvage*, *réglissier*, etc.

ASTRAGALÉE, subst. fém. (*acetragualé*), t d'archit., profil d'une corniche terminée en bas par un *astragale*.

ASTRAGALIEN, NE, adj. (*acetragualiein, ène*), t. d'anat., qui a rapport à l'*astragale*.

ASTRAGALISME, subst. mas. (*acetragualiceme*), t. d'hist. anc., sorte de jeu d'osselets en usage chez les Grecs et les Romains. Voy. ASTRAGALE.

ASTRAGALIZONTE, subst. mas. (*acetragualizonte*), t. d'hist. anc., qui jouait à l'*astragalisme*.

ASTRAGALOÏDE, subst. fém. (*acetragualo-ide*) (du grec αστραγαλος, astragale, et ειδος, forme, ressemblance), t. de bot., plante du genre de l'*astragale*.

ASTRAGALOMANCIE, subst. fém. (*acetragualomancí*) (du grec αστραγαλος, osselet, et μαντεια, divination), divination par les *osselets*, sur lesquels étaient marquées les lettres de l'alphabet.

ASTRAGALOMANCIEN, NE, adj. et subst. (*acetragualomanciein, ciène*) (du grec αστραγαλος, osselet, et μαντεια, divination), se dit de ce qui a rapport à l'*astragalomancie*. — Celui qui devinait par le jeu des osselets.

ASTRAL, E, adj. (*acetral*) (du lat. *astrum*, astre, dérivé du grec αστηρ), qui appartient aux astres, qui en dépend. — T. d'astr., *année astrale* ou *sidérale*, temps employé par la terre à faire sa révolution autour du soleil, c'est-à-dire à revenir d'un point de son orbite au même point. Elle diffère de l'année *tropique*, qui est le temps qui s'écoule entre deux équinoxes de printemps ou d'automne. — T. d'arts et mét., *lampe astrale*, surmontée d'un réverbère qui renvoie la lumière d'en haut comme un *astre*. — Nous ne trouvons nulle part de plur. mas. à cet adj. : nous conseillons cependant de se servir du mot *astraux*, si l'on en vait besoin.

ASTRANTE, subst. fém. (*acetrante*), t. de bot., genre de plantes ombellifères. — Arbre de la Cochinchine.

ASTRAPÉE, subst. fém. (*acetrapé*), t. d'hist. nat., genre d'insectes de l'ordre des coléoptères.

ASTRAPIE, subst. fém. (*acetrapi*), t. d'hist. nat., genre d'oiseaux de l'ordre des silvains. — Sorte de pierre précieuse.

ASTRE, subst. mas. (*acetre*) (en grec αστρον, formé de αστηρ, étoile), corps lumineux ou opaque qu'on voit dans le ciel. — En poésie, le soleil : *l'astre du jour*; la lune : *l'astre de la nuit*. — Au fig. : beauté éclatante. — On dit par exagération, tant au propre qu'au fig., qu'*une chose va jusqu'aux astres*, pour indiquer qu'elle a une très-grande élévation : *le Liban, dont le sommet fend les nues, va toucher les astres*; *la gloire de Napoléon a monté jusqu'aux astres*. — *Être né sous un astre favorable ou ennemi*, être né heureux ou malheureux. — Ce mot, chez les chimistes, signifie la plus haute vertu la plus grande efficacité que les choses acquièrent au moment de leur préparation : l'*astre du sel* est le minéral dissous dans de l'eau ou de l'huile, pour augmenter sa force; l'*astre du mercure* est la sublimation, par le moyen de laquelle il acquiert plus de force et de subtilité qu'il n'en avait naturellement. On l'appelle encore *alconot*, *quintessence*, *extrait*, *sperme*, etc. — C'est encore un nom que l'on donne à certains médicaments, tels que les trochisques. — *Astre du monde*, t. de jard., œillet piqueté, extrêmement moucheté sur l'extrémité de ses feuilles. Sa fleur n'est pas large, mais elle est très-ronde. — *Astre du monde violet*, espèce d'œillet d'un violet pourpre clair, extrêmement rond, qui tourne bien ses feuilles. Son blanc est assez fin et son panache régulier, mais il est marqué de quelques mouchetures, qui ne le rendent pourtant point brouillé. Il est assez large. Il y en a une autre espèce qui s'appelle simplement *astre du monde*, et qui est piquetée. — *Astre triomphant*, espèce d'œillet piqueté. Il est large et fort piqueté.

ASTRÉE, subst. fém. (*acetré*), t. de myth., nom poétique de la justice. Elle était, suivant la fable, fille de Jupiter et de Thémis. Elle quitta le ciel pour habiter sur la terre tant que dura l'âge d'or; mais les crimes des hommes l'en ayant chassée, elle remonta au ciel, et se plaça dans cette partie du zodiaque qu'on appelle la Vierge.— T. d'hist. nat., genre de polypier pierreux tiré des *madrépores* de Linnée. Les *astrées* ont leur surface supérieure parsemée d'étoiles, les unes continues, les autres séparées.

DU VERBE IRRÉGULIER ASTREINDRE :

Astreignaient, 3e pers. plur. imparf. indic.
Astreignais, précédé de *j'*, 1re pers. sing. imparf. indic.
Astreignais, précédé de *tu*, 2e pers. sing. imparf. indic.
Astreignait, 3e pers. sing. imparf. indic.
Astreignant, part. prés.
Astreigne, précédé de *que j'*, 1re pers. sing. prés. subj.
Astreigne, précédé de *qu'il* ou *qu'elle*, 3e pers. sing. prés. subj.
Astreignent, précédé de *ils* ou *elles*, 3e pers. plur. prés. indic.
Astreignent, précédé de *qu'ils* ou *qu'elles*, 3e pers. plur. prés. subj.
Astreignes, 2e pers. sing. prés. subj.
Astreignez, 2e pers. plur. impér.
Astreignez, précédé de *vous*, 2e pers. plur. prés. indic.
Astreigniez, précédé de *vous*, 2e pers. plur. imparf. indic.
Astreigniez, précédé de *que vous*, 2e pers. plur. prés. subj.
Astreignîmes, 1re pers. plur. prét. déf.
Astreignions, précédé de *nous*, 1re pers. plur. imparf. indic.
Astreignions, précédé de *que nous*, 1re pers. plur. prés. subj.
Astreignirent, 3e pers. plur. prét. déf.
Astreignis, précédé de *j'*, 1re pers. sing. prét. déf.
Astreignis, précédé de *tu*, 2e pers. sing. prét. déf.
Astreignisse, 1re pers. sing. imparf. subj.
Astreignissent, 3e pers. plur. imparf. subj.
Astreignisses, 2e pers. sing. imparf. subj.
Astreignissiez, 2e pers. plur. imparf. subj.
Astreignissions, 1re pers. plur. imparf. subj.
Astreignit, précédé de *il* ou *elle*, 3e pers. sing. prét. déf.
Astreignît, précédé de *qu'il* ou *qu'elle*, 3e pers. sing. imparf. subj.
Astreignîtes, 2e pers. plur. prét. déf.
Astreignons, 1re pers. plur. impér.
Astreignons, précédé de *nous*, 1re pers. plur. prés. indic.
Astreindra, 3e pers. sing. fut. abs.
Astreindrai, 1re pers. sing. fut. abs.
Astreindraient, 3e pers. plur. prés. cond.
Astreindrais, précédé de *j'*, 1re pers. sing. prés. cond.
Astreindrais, précédé de *tu*, 2e pers. sing. prés. cond.
Astreindrait, 3e pers. sing. prés. cond.
Astreindras, 2e pers. sing. fut. abs.

ASTREINDRE, v. act. (*acetreindre*) (du lat. *astringere*, formé par contraction de *ad*, *à*, et *stringere*, lier, attacher, presser fortement), assujétir : *on a voulu l'astreindre à des conditions honteuses*, *à des travaux pénibles*. — S'ASTREINDRE, v. pron., s'assujétir à.....

DU VERBE IRRÉGULIER ASTREINDRE :

Astreindrez, 2e pers. plur. fut. abs.
Astreindriez, 2e pers. plur. prés. cond.
Astreindrions, 1re pers. plur. prés. cond.
Astreindrons, 1re pers. plur. fut. abs.
Astreindront, 3e pers. plur. fut. abs.
Astreins, 2e pers. sing. impér.
Astreins, précédé de *j'*, 1re pers. sing. prés. ind.
Astreins, précédé de *tu*, 2e pers. sing. prés. ind.
Astreint, précédé de *il* ou *elle*, 3e pers. sing. prés. indic.
Astreint, e, part. pass.

ASTRES, subst. mas. plur. (*acetre*), myth., enfants d'Astréus et d'Héribée. On conte que c'étaient des Titans qui voulurent escalader le ciel : les uns demeurèrent attachés au ciel, et les autres furent foudroyés par Jupiter. Voy. CASTOR, CÉPHÉE.

ASTRÉUS, subst. mas. (*acetré-uce*), myth., l'un des Titans, père des Vents et des Astres. Voyant que ses frères avaient déclaré la guerre à Jupiter, il arma de son côté les Vents ses enfants; mais Jupiter les précipita sous les eaux, et Astréus fut attaché au ciel et changé en astre.— Beaucoup de poètes font cependant les Vents enfants d'Éole.

ASTRICTION, subst. fém. (*acetrikcion*) (en lat. *astrictio*), t. de médec., qualité, effet d'un *astringent*.

ASTRILD, subst. mas. (*acetrilde*), t. d'hist. nat., oiseau qui est un sénégali rayé.

ASTRINGENT, E, adj. (*acetreinjan, jante*) (du lat. *astringens*, part. de *astringere*, resserrer), t. de médec., qui resserre. Il se dit des remèdes qui, resserrant les orifices du corps humain, en arrêtent ou diminuent les évacuations : *remède astringent*, *emplâtre astringent*. — Subst. mas. : *un astringent*; *des astringents*.

ASTROBLE, adj. des deux genres (*acetroble*) (du grec αστροβλης, qui est frappé de l'ardeur de la canicule), t. de médec., qui a subi l'influence des *astres*; qui est dans un état d'apoplexie.

ASTROBLÈPE, subst. mas. (*acetroblèpe*), t. d'hist. nat., genre de poissons de la famille des holobranches.

ASTROBOLISME, subst. mas. (*acetroboliceme*) (du grec αστροβολισμος, maladie des arbres, causée par les ardeurs de la canicule), t. de médec., action des *astres* sur une personne, sidération.

ASTROC, subst. mas. (*acetroke*), t. de mar., grosse corde qu'on attache à une cheville de bois nommée *escome*.

ASTROCYNOLOGIE, subst. fém. (*acetrocinolojí*) (du grec αστρον, constellation, astre, κυων, gén. κυνος, chien, et λογος, discours), traité sur les jours caniculaires.

ASTROCYNOLOGIQUE, adj. des deux genres (*acetrocinolojike*), qui est relatif à l'*astrocynologie*.

ASTROCYON, subst. mas. (*acetrocion*) (du grec αστρον, astre, et κυων, chien), t. d'astron., constellation des jours caniculaires.

ASTROIN, subst. mas. (*acetroein*), t. de bot., arbre du Mexique.

ASTROÏTE, subst. fém. (*acetro-ite*) (du grec αστρον, astre, constellation), t. d'hist. nat., sorte de pierre ou de corps marin couvert de figures étoilées. C'est une production des polypes. La magie orientale lui attribue des vertus.

ASTROL., abréviation du mot ASTROLOGIE.

ASTROLABE, subst. mas. (*acetrolabe*) (du grec αστρον, astre, constellation, et λαμβανω, je prends), instrument *astronomique*, dont les pilotes se servent pour prendre la hauteur des *astres*, et connaître la latitude du lieu où ils font leurs observations. — On donne aussi ce nom à certaines projections de la sphère.

ASTROLÂTRE, subst. des deux genres (*acetrolâtre*), adorateur des *astres*.

ASTROLÂTRIE, subst. fém. (*acetrolâtrí*) (du grec αστρον, astre, et λατρεια, adoration), culte des astres.

ASTROLÂTRIQUE, adj. des deux genres (*acetrolâtrike*), qui appartient à l'*astrolâtrie*.

ASTROLÉPAS, subst. mas. (*acetrolépace*), t. d'hist. nat., lépas ou patelle, dont la base a sept angles.

ASTROLOGIE, subst. fém. (*acetrolojí*) (du grec αστρον, astre, et λογος, discours), science ou art chimérique qui considérait la qualité et la vertu des signes et planètes, avec leurs prétendus effets sur les corps.— L'*astrologie* est venue des Chaldéens, et elle a passé jusqu'à nous par les ouvrages des Arabes. On en était tellement infatué à Rome, que les *astrologues* s'y maintinrent malgré les édits que les empereurs firent pour les en chasser; et il est certain que l'*astrologie*, toute trompeuse qu'elle est, s'était établi une espèce de domination dans le monde.—La même superstition a régné parmi les chrétiens. Un auteur anglais nommé Goad, qui a composé deux volumes sur l'*astrologie*, prétend qu'on peut prévoir les inondations et expliquer une infinité de phénomènes physiques par la contemplation des *astres*. Il cherche à rendre raison de la diversité des mêmes saisons par la situation différente des planètes, par leurs mouvements rétrogrades, par le nombre d'étoiles fixes qui se rencontrent dans un signe, etc.—Du temps de la reine Catherine de Médicis, l'*astrologie* était si fort en vogue, qu'on ne faisait rien sans consulter les *astrologues*. On ne parlait que de leurs prédictions à la cour de Henri IV. On a reconnu que l'*astrologie* n'a pas même un principe probable, et qu'il n'y a point d'imposture plus ridicule. Tout le monde convient enfin que l'*astrologie* est une science vaine et incertaine. Les brames ont introduit dans les Indes l'*astrologie judiciaire*: par là ils se sont rendus comme les arbitres des bons et des mauvais jours. On les consulte comme des oracles, et ils vendent cher leurs réponses. — *L'astrologie naturelle* était l'art de prédire les effets naturels, tels que les changements de temps, les vents, les tempêtes, etc. — *L'astrologie judiciaire* était celle par laquelle on prétendait prédire l'avenir en observant les astres. — T. de myth., figure allégorique vêtue de bleu, couronnée d'étoiles, ayant des ailes au dos, un sceptre dans les mains, et le globe terrestre sous les pieds.

ASTROLOGIQUE, adj. des deux genres (*acetrolojike*), qui appartient à l'*astrologie*.

ASTROLOGUE, subst. des deux genres (*acetrologue*), celui, celle qui considère la qualité et les vertus des signes et des planètes. Voy. ASTRONOME pour la synonymie.

ASTROLOME, subst. fém. (*acetrolome*), t. de bot., genre de plante.

ASTROLOPODION, subst. mas. (*acetrolopodion*), t. de bot., plante de la Nouvelle-Hollande.

ASTROMANCIE, subst. fém. (*acetromanci*) (du grec ἀστρον, astre, constellation, et μαντεια, divination), prédiction d'après les astres.

ASTROMANCIEN, NE, adj. et subst. (*acetromancien, ène*), qui a rapport à l'*astromancie*; un *astromancien*, une *astromancienne*.

ASTROMANT, E, subst. (*acetroman, mante*), qui prédit d'après les *astres*. Mot barbare qui ne figure que dans *Boiste*. *Astromancien* est préférable.

ASTROMÈTRE, subst. mas. (*acetromètre*). Voy. HÉLIOMÈTRE.

ASTROMÉTRIQUE, adj. des deux genres (*acetrométrike*), qui concerne l'*astromètre*.

ASTRON., abréviation du mot ASTRONOMIE.

ASTRONOME, subst. des deux genres (*acetronome*), qui est versé dans l'*astronomie*. — ASTRONOME, ASTROLOGUE. (*Syn.*) L'*astronome* connaît le cours et le mouvement des astres; l'*astrologue* raisonne sur leur influence; l'un explique ce qu'il sait et mérite l'estime des savants; l'autre débite ce qu'il imagine, et cherche à surprendre la bonne foi des sots et des ignorants.

ASTRONOMIE, subst. fém. (*acetronomí*) (du grec ἀστρον, astre, et νομος, loi, règle), science des mouvements célestes, des phénomènes qu'on observe dans le ciel, et de tout ce qui a rapport aux *astres*: *l'astronomie est une fort belle science, mais l'astrologie est une charlatanerie.* — On appelle *astronomie terrestre* celle qui a pour objet le ciel d'un observatoire placé sur la terre ferme; *astronomie nautique*, celle qui a pour objet le ciel vu d'un observatoire mobile, tel qu'un vaisseau en pleine mer; *astronomie physique*, celle qui a pour objet d'expliquer les phénomènes célestes. — T. de myth., figure allégorique, entourée d'instruments *astronomiques*, portant une couronne, et un vêtement bleu parsemé d'étoiles.

ASTRONOMIN, adj. mas. (*acetronomein*). *Chapelle* a donné le nom de troupe du Parnasse *astronomin* à une assemblée d'*astronomes*. C'est la rime qui lui a fait inventer ce mot; sans quoi il se serait servi de celui d'*astronomique*.

ASTRONOMIQUE, adj. des deux genres (*acetronomike*), qui appartient à l'astronomie.—*Fractions astronomiques*, nom donné par quelques auteurs aux fractions sexagésimales, très-usitées dans les calculs *astronomiques*. — On appelle *lieu astronomique d'une étoile* ou *d'une planète* la longitude, ou le point de l'écliptique auquel elle répond en suivant l'ordre naturel des signes.

ASTRONOMIQUEMENT, adv. (*acetronomikeman*), d'une manière *astronomique*.

ASTROPHANOMÈTRE, subst. mas. (*acetrofanomètre*) (du grec ἀστρον, astre, φαινω, je montre, je fais voir, et μετρον, mesure), instrument *astronomique*, appelé plus communément *astéromètre*.

ASTROPHANOMÉTRIQUE, adj. des deux genres (*acetrofanométrike*), qui a rapport à l'*astrophanomètre*.

ASTROPHE, subst. fém. (*acetrofe*), myth., une des Pléiades.

ASTROPHYTE, subst. fém. (*acetrofite*) (du grec ἀστρον, astre, et φυτον, plante), t. d'hist. nat., étoile de mer arborescente.

ASTROPLÈPE, subst. mas. (*acetroplèpe*), t. d'hist. nat., poisson de l'Amérique, de la rivière de Cauca.

ASTROPOLE, subst. mas. (*acetropole*), t. de jard., bel œillet d'un violet brun.

ASTROSTATIQUE, subst. fém. (*acetroscetatike*), t. d'astr., science du calcul du passage et de la distance respective des *astres*.

ASTUCE, subst. fém. (*acetuce*) (en lat. *astutia*, dérivé du grec ἀστυ, ville; *ruse de ville*), finesse, mais toujours en mauvaise part: *prodiguer les petites astuces; homme plein d'astuce.* Voy. FINESSE.

ASTUCIER, v. neut. (*acetucié*), employer l'*astuce*. Mot nouveau qui n'a pas pris faveur.

ASTUCIEUSE, adj. fém. Voy. ASTUCIEUX.

ASTUCIEUSEMENT, adv. (*acetucieuzeman*), d'une manière *astucieuse*.

ASTUCIEUX, adj. mas., au fém. **ASTUCIEUSE** (*acetucieu, cieûze*), qui a de l'*astuce*: *personne astucieuse; paroles astucieuses; conduite astucieuse.*

ASTURIES, subst. fém. plur. (*aceturi*), province d'Espagne. — Les auteurs sont partagés sur l'origine de ce mot. Les uns disent que dans la langue des Basques *asturia* signifie une *terre oubliée*, un *pays oublié*, et que ce nom a été donné à cette province à cause de sa stérilité. D'autres veulent que le nom d'*Asturie* dérive d'un capitaine grec nommé *Astur*, qui vint peupler cette province après la prise de Troie. Quelques autres prétendent que la rivière nommée *Asturia*, qui coule dans cette province, lui a donné son nom. Enfin il y en a qui avancent que des troupes de Celtes, nommées *Astires*, passèrent de la Galice, où elles avaient demeuré quelque temps, dans la province qu'on nomma depuis *Asturie*, du nom de ses nouveaux habitants.

ASTURIEN, subst. et adj. mas., au fém. **ASTURIENNE** (*aceturiein, ène*), qui est des *Asturies*.

ASTURINE, subst. fém. (*aceturine*), t. d'hist. nat., oiseau de la famille des accipitrins.

ASTYANASSE, subst. fém. (*acetianace*), servante d'Hélène, fameuse comme sa maîtresse pour le dérèglement de ses mœurs.

ASTYANAX. Voy. ASTIANAX.

ASTYCES, subst. mas. plur. (*acetice*), t. d'hist. anc., jeux à Athènes et à Rome.

ASTYDAMIE, subst. fém. (*acetidami*), myth., une des femmes d'Hercule. — C'était aussi le nom d'une femme d'Acaste.

ASTYLUS, subst. mas. (*acetiluce*), myth., l'un des centaures. Il avait conseillé à ses frères de ne pas s'engager dans la guerre contre les Lapithes.

ASTYNOMES, subst. mas. plur. (*acetinome*) (du grec ἀστυ, ville, et νομος, loi, règle), t. d'hist. anc., magistrats d'Athènes préposés à l'inspection et à la police des rues.

ASTYNOMIE, subst. fém. (*acetinomí*), t. d'hist. anc., police des rues.

ASTYPALÉE, subst. fém. (*acetipalé*), myth., fille de Phœnix, qui donna son nom à une des Cyclades. C'est du culte qu'on rendait à Apollon dans cette île que ce dieu est surnommé *Astypalæus*.

ASTYRENA et **ASTYRÈNE**, subst. fém. (*astiréna, acetirène*), myth., surnoms de Diane, pris des lieux où on l'adorait.

ASTYRIS, subst. fém. (*acetirice*), myth., surnom de Minerve, pris d'*Astyra*, ville de Phénicie où son culte était en honneur.

ASTYSIE, subst. fém. (*acetizi*) (du grec α priv., et στυω, fut. de στυω, être en érection), t. de médec., impuissance.

ASYCTE, subst. fém. (*azikte*), t. de min., sorte de pierre précieuse.

ASYLE (à cause de l'étymologie, et non pas **ASILE** que l'*Académie* semble préférer, puisqu'elle renvoie d'*asyle* à *asile*), subst. mas. (*azile*) (en latin *asylum*, dérivé du grec συλαω, je ravis, et α priv.; littéralement: *lieu d'où l'on ne peut être enlevé*), autrefois, c'était un lieu servant de refuge aux débiteurs, aux criminels qui s'y retiraient. Les autels, les tombeaux et les statues des héros, étaient dans l'antiquité la retraite la plus ordinaire des gens pressés par la rigueur des lois, ou opprimés par la violence des tyrans. Les temples étaient les *asyles* les plus inviolables: on disait que les dieux se chargeaient de punir le coupable qui implorait leur miséricorde, et que les hommes ne devaient point d'ailleurs être plus implacables qu'eux. — Les églises ont été des *asyles* comme les temples des anciens: *violer un asyle*. Sous la première race de nos rois, ce droit d'*asyle* dans les églises était un droit sacré, dont les conciles des Gaules recommandaient l'observation. Il s'étendait jusqu'au parvis des églises, aux maisons des évêques, et à tous les lieux renfermés dans leur enceinte. Cette extension s'était faite pour ne pas obliger les réfugiés à demeurer toujours dans l'église, où plusieurs choses nécessaires à la vie n'eussent pas pu se faire avec bienséance. Ils avaient la permission de faire venir des vivres, et c'aurait été violer l'immunité ecclésiastique que de les en empêcher. On ne pouvait les tirer de là sans une assurance juridique de la vie, et de la rémission entière du crime qu'ils avaient commis. L'*asyle* le plus respecté de tout le royaume de France était l'église de Saint-Martin, aux portes de Tours, et on n'aurait pu le forcer sans se rendre coupable d'un sacrilège très-scandaleux. — Plusieurs villes anciennes, surtout en Syrie, portent sur leurs médailles le titre de ΑΣΥΛΟΙ, avec celui de *sacrées*, ΙΕΡΑΙ. Par exemple, ΤΥΡΟΥ ΙΕΡΑΣ ΚΑΙ ΑΣΥΛΟΥ, ΣΙΔΩΝΟΣ ΙΕΡΑΣ ΚΑΙ ΑΣΥΛΟΥ. — Par extension, *asyle* se dit aujourd'hui de tout lieu où l'on se retire pour échapper aux poursuites de la justice, à la persécution, etc.: *les grands criminels ne méritent point d'asyle; chercher un asyle.* — Au fig., *asyle* signifie secours, protection. Il se dit des personnes et des choses: *vous êtes mon asyle; la justice des tribunaux est l'asyle des malheureux.* — Séjour: *ce lieu est l'asyle de la vertu, de l'innocence, de la paix, des plaisirs, de la volupté; asyle désert, sombre; asyle champêtre.* — ASYLE, REFUGE. (*Syn.*) Dès qu'on craint un danger, on cherche un *asyle*; et lorsqu'on est assailli, on cherche un *refuge*. Par exemple, un port est en tout temps un *asyle*: dans la tempête, c'est un *refuge*. — T. d'hist. nat., genre d'insectes diptères, de la famille des sclérostomes, dont la piqûre se fait vivement sentir.

ASYMBOLE, adj. et subst. mas. (*aceinbole*) (du grec α priv., et συμβολον, écot), qui ne paie pas son écot; écornifleur.

ASYMÉTRIE, subst. fém. (*acimétrí*) (du grec α priv., συν, avec, et μετρον, mesure; *défaut de mesure commune*), t. de math., défaut de proportion entre deux quantités qui n'ont point de mesure commune, tels que le côté du carré et sa diagonale; impossibilité de trouver la racine carrée d'un nombre. Dans ce cas, on dit plus souvent *incommensurabilité*.

ASYMÉTRIQUE, adj. des deux genres (*acimétrike*), qui a rapport à l'*asymétrie*.

ASYMPTOTE, adj. et subst. fém. (*aceinpetote*) (du grec α priv. συν, avec, et πιπτω, je tombe; *qui n'est point coïncident, qui ne se rencontre point*), t. de géom., se dit d'une ligne droite qui, indéfiniment prolongée, s'approche continuellement d'une courbe sans pouvoir jamais la rencontrer.

ASYMPTOTIQUE, adj. des deux genres (*aceinpetotike*), t. de géom., de l'*asymptote*: *espaces asymptotiques*, espaces entre une courbe et son *asymptote*.

ASYNDÉTON, subst. mas (*aceindéton*) (en grec ασυνδετον, désunion, formé de α priv., συν, avec, et δεω, je lie), t. de rhét., fig. d'élocution qui consiste à retrancher les conjonctions copulatives, de manière que les membres semblables du discours ne sont plus liés que par leur rapprochement. Le but de ce retranchement est de donner de la rapidité au discours.

ATABALE, subst. mas. (*atabale*), espèce de tambour des Maures.

ATABULE, subst. mas. (*atabule*), vent nuisible de la Pouille.

ATACAMA, subst. mas. (*atakama*), province de Buenos-Ayres.

ATACAMITE, subst. mas. (*atakamite*), t. d'hist. nat., cuivre muriaté, pulvérulent, tiré des mines de la province d'Atacama.

ATALANTE, subst. fém. (*atalante*), t. d'hist. nat., sorte de papillon. — Myth., fille de Jasius, roi d'Arcadie, et de Clymène ; et qui épousa Méléagre, dont elle eut Parthénopée. Elle avait beaucoup de passion pour la chasse, et elle blessa la première le sanglier de Calydon, dont elle reçut les dépouilles de la main de Méléagre, avant qu'ils fussent mariés.—Il y eut une autre *Atalante*, fille de Schénée. Elle fut recherchée en mariage par plusieurs jeunes princes ; mais son père ne la voulut donner qu'à celui qui la vaincrait à la course. Hippomène eut cet avantage par le secours de Vénus, qui lui conseilla de jeter dans la carrière des pommes d'or, qu'*Atalante* s'amusait à ramasser. Un jour, étant entrés l'un et l'autre dans un temple de Cybèle, leur passion les aveugla au point d'oublier le respect qu'ils devaient à la déesse : ils furent métamorphosés, l'un en lion, et l'autre en lionne. — On parle encore d'une autre *Atalante* qui, dans une partie de chasse, fut dévorée par un lion et une lionne, avec un jeune homme appelé Milanion, au fond d'une caverne où ils étaient allés se reposer ; ce qui a fait dire d'eux qu'ils avaient été métamorphosés comme l'autre *Atalante* et Hippomène.

ATALANTÉ, E, part. pass. de *atalanter*.

ATALANTER, v. act. (*atalanté*), mettre en train. Vieux. — **S'ATALANTER**, v. pron., agir de bonne grace. Inus.

ATALANTIE, subst. fém. (*atalanti*), t. de bot., plante de l'ordre des hespéridées.

ATALAPHE, subst. fém. (*atalafe*), t. d'hist. nat., sorte de mammifères de la famille des chauves-souris.

ATAMARAN, subst. mas. (*atamaran*), t. de bot., corossolier à fruits écailleux.

ATANAIRE, adj. des deux genres (*atanère*) (du lat. *ante annum*, avant l'année actuelle, par corruption). On dit mieux *antannaire*. Voy. ce mot.

ATAPALCALT, subst. mas. (*atapalekalete*), t. d'hist. nat., sarcelle du Mexique.

ATARACTAPOÏÉSIE, subst. fém. (*ataraktapoiézi*) (du grec α priv., ταραξις, émotion, trouble, et ποιειν, faire), t. de médec., fermeté, intrépidité que le médecin doit apporter dans l'opération.

ATARAXIE, subst. fém. (*atarakci*) (du grec α priv., et ταραξις, émotion, trouble, dérivé de ταρασσω, je trouble, j'émeus), tranquillité de l'âme, qui exempte des passions et des mouvements nés de l'opinion, etc.

ATARDER. Voy. **ATTARDER**.

ATAR-ENNABI, subst. mas. (*atar-ènenabi*), nom donné par les musulmans à une pierre sur laquelle ils croient que sont empreintes les traces d'un des pieds de Mahomet. Ce nom, que les Arabes écrivent *athar-annabi*, signifie dans leur langue les *vestiges du prophète*. — *L'atar-ennabi* est déposé dans une mosquée située sur les bords du Nil, à quelque distance du Caire.

ATAXIE, subst. fém. (*atakci*) (du grec α priv., et ταξις, ordre, dérivé de τασσω, je range, je mets en ordre), t. de médec., irrégularité dans les crises de fièvre. — On dit aussi que le pouls est dans l'*ataxie*, pour signifier qu'il n'est point régulier.

ATAXIQUE, adj. des deux genres (*atakcike*), t. de médec., irrégulier : *fièvre ataxique*, fièvre appelée auparavant *maligne*, qui indique une atteinte portée au principe des nerfs, et dans laquelle le système nerveux est spécialement attaqué et troublé.

ATAXMIR, subst. mas. (*atakcemir*), t. d'ocul., traitement de l'œil incommodé par des cils.

ATÉ ou ATA, subst. fém. (*até, ata*), myth., déesse malfaisante, qui prenait plaisir à engager les hommes dans des malheurs en leur troublant l'entendement.

ATCHÉ, subst. mas. (*ateché*), monnaie de billon du grand-seigneur, valant quatre deniers et un neuvième.

ATEBRAS, subst. mas. (*atebrace*), sorte de vaisseau sublimatoire, selon les *alchimistes*.

ATECNIE, subst. fém. (*atèkni*) (du grec α priv., et τεκνον, enfant), t. de médec., impuissance virile.

ATECHNIE, subst. fém. (*atèkni*) (du grec α priv., et τεχνη, art), défaut d'art. Inus.

ATÉIRA, subst. mas. (*até-ira*), t. de bot., fruit du corossolier.

ATÈLE, subst. mas. (*atèle*), t. d'hist. nat., mammifère de la famille des singes.

ATÉLÉCYCLES, subst. mas. plur. (*atélécikle*), t. d'hist. nat., crustacés orbiculaires.

ATÉLÉOPODES, subst. mas. plur. (*ateléopode*), t. d'hist. nat., nom d'une tribu de l'ordre des oiseaux nageurs.

ATÈLES, subst. mas. plur. (*atèle*), t. d'hist. anc., nom qu'on donnait à Athènes à ceux qui, par une distinction honorable, étaient exempts de la plupart des impositions.

ATELIER, subst. mas. (*atelié*) (suivant quelques-uns, de ce qu'autrefois plusieurs ouvriers utiles à l'exploitation d'une ferme, tels que les charpentiers, charrons, forgerons, etc., travaillaient ensemble dans les mêmes basses-cours où l'on *attelait* les bœufs et les chevaux aux charrues, charriots, charrettes etc.), lieu où travaillent, sous un même maître, les artistes ou les ouvriers, c'est-à-dire les peintres, sculpteurs, maçons, charpentiers, menuisiers, etc. — Il se dit aussi du lieu où un artiste travaille seul : *il se tient toute la journée renfermé dans son atelier*. — *Atelier de charité*, lieu où l'on fait travailler les pauvres manquant d'ouvrage. — Il se dit aussi de la collection des artistes ou ouvriers. — *Entendre bien l'atelier* se dit, en t. de fortification, d'un ingénieur propre à conduire tous les travaux relatifs à la défense ou à l'attaque d'une place. — On appelle *atelier de terrassiers* l'endroit d'un jardin où ces ouvriers mettent leurs outils et se disposent au travail ; *atelier de faiseurs de trains*, la berge sur laquelle on forme les branches et les coupons d'un train. — Le cirier a proprement quatre *ateliers : la fonderie, l'atelier des mèches, l'atelier de l'apprêt* et *l'atelier de l'achèvement*. — Dans les manuf. de glaces, il y a deux sortes d'*ateliers : les ateliers de l'adouci*, et les *ateliers du poli :* on dégrossit les glaces dans les premiers ; on les achève dans les autres. — On appelle *atelier de ver à soie* une espèce d'édifice léger, construit de perches et divisé en cabanes par des rameaux de divers bois, et dont le plancher est fait de claies d'osier sec et pelé. C'est dans ces *ateliers* qu'on nourrit les vers à soie et qu'ils font leurs œufs et leurs cocons. — En astron., c'est une constellation située près du Capricorne.

ATELLANES, subst. fém. plur. (*atelelane*), t. d'hist. anc., espèce de farces, de pièces comiques et satiriques chez les Romains. On les appelait *atellanes*, d'*Atella*, municipe du pays des Osques, d'où ces farces étaient venues.

ATÉMADOULET, subst. mas. (*atémadoulé*) (mot arabe), titre du premier ministre des Perses.

ATENANCHE, subst. fém. (*atenanche*), vieux mot qui veut dire *trève*.

ATERLUSI, subst. mas. (*atèreluzi*), t. de bot., espèce d'aristoloche de l'Inde.

ATERMOIEMENT, subst. mas. (*atèremoèman*), t. de comm. et de jurispr., accommodement d'un débiteur avec ses créanciers pour payer à termes convenus, par delà les termes échus ou à échoir.

ATERMOYÉ, E, part. pass. de *atermoyer*, et adj. : *billet atermoyé*, billet qui doit être payé à certain *terme* plus éloigné que celui qu'il porte.

ATERMOYER, v. act. (*ateremoèlé*), t. de commerce et de jurisp., reculer les *termes* d'un paiement : *atermoyer un billet, une lettre de change*. — **S'ATERMOYER**, v. pron., s'accommoder avec ses créanciers pour les payer à certains *termes*, par delà les *termes* échus ou à échoir.

S'ATÊTER, v. pron. (*çatété*), disputer opiniâtrément. Inus. On dit **S'ENTÊTER**.

ATÉTERÉ, subst. mas. (*atéteré*), t. d'hist. nat., insecte de la famille des coléoptères.

ATEUCHUS, subst. mas. (*ateukuce*), t. d'hist. nat., insecte de la famille des coléoptères.

ATHAMANTE, subst. fém. (*atamante*), t. de bot., plante ombellifère.

ATHAMANTHIADES, subst. mas plur. (*atamanciade*), myth., les fils d'Athamas, savoir : Phryxus, Mélicerte et Léarque.

ATHAMANTIS, subst. fém. (*atamantice*), myth., surnom de Ino ou Leucothée, femme d'Athamas. — Ovide désigne aussi la mer d'Ionie par le mot *Athamantis*, parce que ce fut dans cette mer qu'Ino se précipita.

ATHAMAS, subst. mas. (*atamâce*), myth., fils d'Éole, et père de Phryxus et de Hellé, qu'il eut de Néphélé, sa première femme. Il épousa ensuite Leucothée, qui par ses mauvais traitements obligea Phryxus et Hellé de s'enfuir.

ATHAME, subst. fém. (*atame*), t. de bot., plante qui ressemble au carlovize.

ATHANÆA, subst. mas. (*atanéa*), t. de bot., arbrisseau de la Guiane.

ATHANASE, subst. fém. (*atanâze*), t. de bot., plante de la famille des corymbifères.

ATHANASIE, subst. fém. (*atanâzi*) (du grec αθανασια, immortalité), t. de bot., plante ombellifère ; antidote fameux des anciens.

ATHANATES, subst. mas. plur. (*atanate*), t. d'hist. anc., soldats persans.

ATHANOR, subst. mas. (*atanor*) (mot arabe, dérivé originairement de l'hébreu *tannour*, qui signifiait : four, fournaise), t. de chim., fourneau où, avec un même feu, on fait des opérations qui exigent des degrés de chaleur différents.

ATHÉCIE, subst. fém. (*atéci*), t. de bot., sorte de plante très-peu connue.

ATHÉE, subst. des deux genres (l'*Académie* ne lui donne que le genre mas.) (*até*) (du grec α priv., et θεος, Dieu), celui qui nie l'existence de Dieu : *c'est un athée*. — Adj. des deux genres : *sentiment athée ; opinion athée*.

ATHÉISME, subst. mas. (*atéiceme*), opinion qui consiste à ne point reconnaître de Dieu.

ATHÉISTE, subst. des deux genres (*até-icete*), signifie la même chose que *athée* ; mais ce mot n'est plus en usage, quoique *Baudouin*, de l'*Académie française*, s'en soit servi.

ATHÉISTIQUE, adj. des deux genres (*atéicetike*), qui concerne l'*athéisme*.

ATHELING, subst. mas. (*atelein*) (du saxon *adeling*, dérivé de *edel*, noble), chez les anciens Saxons ancêtres des Anglais, titre de l'héritier présomptif de la couronne.

ATHELXIE, subst. fém. (*atèlkci*) (du grec αθελγω, je suce), t. de médec., succion.

ATHÉNA, subst. fém. (*aténa*), t. d'antiq., sorte de flûte des anciens Grecs, qui avaient aussi une espèce de trompette du même nom. — Myth., nom que les Grecs donnaient à Minerve.

ATHÉNAÉE, subst. fém. (*aténaé*), t. de bot., plante, la même que l'anavingue.

ATHÉNATORIUM, subst. mas. (*aténatoriome*), t. de pharm., sorte de couvercle qu'on adaptait autrefois à une cucurbite.

ATHÉNÉE, subst. mas. (*aténé*) (du grec Αθηνη, nom de Minerve), t. d'hist. anc., lieu public où les rhéteurs et les poètes lisaient leurs ouvrages, et où les professeurs des beaux-arts donnaient leurs leçons. — Aujourd'hui, certain lieu où s'assemblent des savants, des gens de lettres, pour faire des cours ou des lectures.

ATHÉNÉES, subst. fém. plur. (*atèné*), (du grec Αθηνη, Minerve), t. d'hist., anc., fêtes que les *Athéniens* célébraient en l'honneur de *Minerve*.

ATHÈNES, subst. fém. (*atène*), ville de Grèce. — Cette ville, qui n'occupe aujourd'hui qu'une faible partie de l'espace de l'antique cité, fut une des plus célèbres du monde. On y remarque encore des restes de superbes édifices.

ATHÉNIEN, subst. et adj. mas., au fém. **ATHÉNIENNE** (*aténiein, niène*), d'*Athènes*.

ATHÉNIENNE, subst. et adj. fém. (*aténiène*) Voy. **ATHÉNIEN**. — Comme subst., ce mot désigne aussi un meuble servant de cassolette, de vase à fleur, de lave-mains, de bassin pour les poissons rouges.

ATHÉNIPPON, subst. mas. (*aténipepone*), t. de pharm., espèce de collyre.—*Athénippon panchreston*, autre espèce de collyre.

ATHÉRICÈRE, subst. fém. (*atéricère*), t. d'hist. nat., grande famille d'insectes de l'ordre des diptères.

ATHÉRINE, subst. fém. (*atérine*), t. d'hist. nat., poisson abdominal ressemblant au petit du hareng.

ATHÉRIX, subst. mas. (*atérikce*), t. d'hist. nat., insecte de la famille des rhagionides.

ATHERMASIE, subst. fém. (*atèremazi*) (du grec α augm., et θερμασια, chaleur), t. de médec., excès de chaleur ; chaleur morbifique.

ATHÉROMATEUSE, adj. fém. Voy. **ATHÉROMATEUX**.

ATHÉROMATEUX, adj. mas., au fém. **ATHÉROMATEUSE** (*atéromateu, teuze*), t. de médec., qui est de la nature de l'*athérôme*.

ATHÉRÔME, subst. mas. (*atérôme*) (du grec αθερωμα, dérivé de αθηρα, bouillie), t. de médec., tumeur remplie d'une matière qui ressemble à de la bouillie, et qui vient aux paupières. — On l'appelait aussi *abcès enkysté*.

ATHÉROPOGON, subst. mas. (*atéropoguon*), t. de

bot., plante de l'Amérique septentrionale, de l'ordre des graminées.

ATHÉROSPERME, subst. mas. (*atérocepèreme*), t. de bot., arbre à feuilles opposées, qui ressemble au pavone.

ATHÉROSPERMÉES, subst. fém. plur. (*atérocepèremé*), t. de bot., famille de plantes qui forment le milieu entre les genres parome et *athérosperme*.

ATHERSATHE, subst. mas. (*atèreçate*), t. d'hist. anc., gouverneur de province en Perse et en Assyrie.

ATHIN, subst. mas. (*atein*), t. de bot., linaire élatine.

ATHIS, subst. mas. (*atice*), village de France, chef-lieu de canton, arrond. de Domfront, dép. de l'Orne.

ATHLÈTE, subst. mas. (*atelète*) (du grec αθλητης, dérivé de αεθλος, ou αθλος, combat), t. d'hist. anc., celui qui, chez les anciens Grecs, combattait dans les jeux solennels : *combats d'athlètes*; *les exercices des athlètes*. — Fig., homme fort et robuste, adroit aux exercices du corps : *c'est un vrai athlète ; un corps d'athlète*. — On appelle fig. les martyrs : les *athlètes de la foi*. On pourrait dire aussi les *athlètes de l'impiété, de l'athéisme* : dans ces dernieres phrases, c'est un terme de mépris.

ATHLÉTIQUE, subst. fém. (*atelétike*), t. d'hist. anc., l'art des *athlètes*. — Adj. des deux genres, qui concerne les *athlètes*, qui appartient, qui est propre aux *athlètes* : *taille athlétique ; force athlétique; cet homme a des formes athlétiques*.

ATHLÉTIQUEMENT, adv. (*ateletikeman*), en *athlète* ; vigoureusement.

ATHLIPE, adj. (*atelipe*) (du grec α priv., et θλιβω, je presse), t. de médec., se dit d'un pouls égal et qui n'est point gêné.

ATHLOTHÈTE, subst. mas. (*atelotète*) (du grec αθλον, prix du combat, et τιθημι, j'établis), t. d'hist. anc., président des jeux gymniques, *athlétiques*.

ATHMOSPHÈRE. Voy. **ATMOSPHÈRE**, qui est l'orthographe de l'*Académie*.

ATHON, subst. mas. (*aton*), t. de bot., linaire d'Arabie.

ATHOR, subst. mas. (*ator*), myth., divinité des anciens Égyptiens. — T. d'hist. anc., nom du troisième mois de l'année égyptienne. — Les Grecs croyaient que *Athor* était leur Vénus.

ATHOS, subst. mas. (*atôce*), myth., fameuse montagne entre la Macédoine et la Thrace, où Jupiter était particulièrement adoré ; ce qui a fait donner à ce dieu le surnom d'*Athoüs*.

ATHROÏSME, subst. mas. (*atro-iceme*), fig. de rhét., conglobation.

ATHRUPHYLLE, subst. mas. (*atrufile*), t. de bot., grand arbre de la Cochinchine.

ATHYMIE, subst. fém. (*atimi*) (du grec α priv., et θυμος, courage), t. de médec., pusillanimité.

ATHYR, subst. mas. (*atir*), t. d'hist. anc., mois égyptien qui répond à notre mois de novembre.

ATHYRION, subst. mas. (*atirion*), t. de bot., espèce de fougère.

ATHYTE, subst. mas. (*atite*) (du grec α priv., et θυω, j'immole), t. d'hist. anc., sacrifice des pauvres, qui, n'ayant pas de victimes à immoler, offraient des fruits et des gâteaux.

ATICHE, subst. fém. (*atiche*), t. de pêche, bandelette autour du tranchant du haim.

ATICK, subst. mas. (*atike*), t. d'hist. nat., sorte d'oiseau de la famille des gros-becs.

ATINA, subst. fém. (*atina*). C'est le mont *Hymette* des anciens. On l'appelait aussi *mont d'Athènes*, parce qu'il était situé près de cette ville.

ATIMOUTA, subst. mas. (*atimouta*), t. de bot., genre de bauhine.

ATINGA, subst. mas. (*ateingua*), t. d'hist. nat., poisson de l'ordre du diodon.

ATINGACU, subst. mas. (*ateinguaku*), t. d'hist. nat., coucou du Brésil.

ATINGANIENS, subst. mas. plur. (*ateinguaniein*), sectaires phrygiens, qui n'osaient toucher les autres hommes de peur de se souiller.

ATINIE, subst. fém. (*atini*), t. de bot., sorte d'orme des Indes orientales.

ATINTÉ, E, part. pass. de *atinter*.

ATINTER, v. act. (*ateinté*), parer, orner avec affectation. — *s'*ATINTER, v. pron., se parer avec trop de soin. Inusité ; et cependant il se trouve dans l'*Académie*.

ATIPOLO, subst. mas. (*atipolô*), t. de bot., grand arbre des Philippines.

ATITARA, subst. mas. (*atitara*), t. de bot., arbrisseau du Brésil.

ATLANTE, subst. mas. (*atelante*) (du grec Ατλας, gén. Ατλαντος, roi de Mauritanie, qui soutenait, dit-on, le ciel sur ses épaules), t. d'archit., statue d'homme qui, tenant lieu de colonne ou de pilastre, soutient un morceau d'architecture.

ATLANTIADÈS, subst. mas. (*atelantiadèce*), myth., Mercure, petit-fils d'*Atlas*.

ATLANTIDE, subst. fém. (*atelantide*), grande île de l'Océan occidental, située en face du détroit d'Hercule.

ATLANTIDES, subst. fém. plur. (*atelantide*), myth., nom des quinze filles d'Atlas et de Piétore : ce sont les mêmes que les Hyades, les Pléiades et les Vergilies.

ATLANTIQUE, adj. des deux genres (*atelantike*) : *océan Atlantique*, partie de l'océan qui est entre l'Afrique et l'Amérique. — *Ile Atlantique*, île célèbre dans l'antiquité, qui, selon Platon, était située dans l'océan occidental, vis-à-vis du détroit de Gadès, et qui fut engloutie sous les eaux. — Il est aussi subst. mas. : l'*Atlantique*, en parlant de la mer *atlantique*.

ATLAS, subst. mas. (*atelâce*) (du grec Ατλας, nom d'un roi de Mauritanie qui, selon la fable, portait le ciel sur ses épaules. Il est formé de α, particule aug., et τλαω, je soutiens), myth., géant, fils de Jupiter et de Clymène. Jupiter lui donna la commission de soutenir le ciel sur ses épaules. Ayant un jour été averti par l'oracle de se tenir en garde contre un fils de Jupiter, il devint si misanthrope, qu'il ne voulut recevoir personne chez lui. Persée y alla et fut traité comme les autres : ce qui le piqua tellement, qu'il lui déroba des pommes auxquelles celui-ci attachait un grand prix ; ensuite il lui montra la tête de Méduse, et le changea en montagne. — Suivant l'auteur de l'*Origine des Cultes*, la constellation du *Bouvier*. — Nom propre d'une chaîne de montagnes d'Afrique. — Recueil de cartes géographiques. — T. d'anat., nom que quelques anatomistes donnent à la première vertèbre du cou. — Sorte de grand papier. — T. d'hist. nat., deux beaux papillons de Surinam.

ATLÉ, subst. mas. (*atelé*), t. de bot., genre de tamarisc d'Égypte.

ATLOÏDE, adj. (*atelo-ide*), t. d'anat., se dit de la vertèbre qui soutient la tête.

ATLOÏDO-AXOÏDIEN, adj. et subst. mas. (*atelo-ido-akço-idiein*), t. d'anat., se dit du muscle qui a rapport à l'*atlas* et à l'*axis*.

ATLOÏDO-MUSCULAIRE, adj. et subst. fém. (*atelo-ido-mucekulère*), t. d'anat., se dit d'une artère qui est jointe au trachélo-*musculaire*.

ATLOÏDO-OCCIPITAL, adj. et subst. mas. (*atelo-ido-okcipital*), t. d'anat., se dit d'un muscle postérieur de la tête, qui s'attache à l'*atlas* et à l'*occiput*.

ATLOÏDO-SOUS-OCCIPITAL, adj. et subst. mas. (*atelo-ido-çouz-okcipital*), t. d'anat., se dit d'un muscle latéral de la tête.

ATLOÏDO-STYLOÏDIEN, adj. et subst. mas. (*atelo-ido-cetilo-idiein*), t. d'anat., se dit du muscle fléchisseur du cou.

ATMIDIATRIQUE, subst. fém. (*atemidiatrike*), (du grec ατμις, vapeur, et ιατρικη, médecine), t. de médec., application des vapeurs ou des gaz à la peau.

ATMIDOMÈTRE, subst. mas. (*atemidomètre*) (du grec ατμιδος, gén. de ατμις, vapeur, et μετρον, mesure), instrument de physique qui sert à mesurer l'évaporation, et qu'on nomme aussi *atmomètre évaporatoire*.

ATMIDOMÉTRIQUE, adj. des deux genres (*atemidométrike*), qui concerne l'*atmidomètre*.

ATMIDOMÉTROGRAPHE, et non pas **ATMÉDOMÉTROGRAPHE**, subst. mas. (*atemidométrogueraphe*) (du grec ατμις, gén. ατμιδος, vapeur, μετρον, mesure, et γραφω, j'écris), instrument propre à mesurer l'évaporation, et qui en tient compte même en l'absence de l'observateur.

ATMOMÈTRE, subst. mas. (*atemomètre*) (du grec ατμος, vapeur, et μετρον, mesure), instrument de physique qui est le même que l'*atmidomètre*.

ATMOMÉTRIQUE, adj. des deux genres (*atemométrike*), qui a rapport à l'*atmomètre*.

ATMOSPHÈRE, subst. fém. (*atemocefère*) (du grec ατμος, vapeur, et σφαιρα, sphère; *sphère de vapeurs*), fluide subtil et élastique qui enveloppe un corps et en suit les mouvements. — Se dit surtout par rapport au soleil et à la terre : *atmosphère solaire, atmosphère terrestre*. — Seul et sans épithète, *atmosphère* s'entend toujours de celle de la terre. C'est la masse d'air où se forment les météores. — On entend proprement par *atmosphère* l'air considéré avec les vapeurs dont il est rempli : *hauteur de l'atmosphère ; poids de l'atmosphère ; région de l'atmosphère*. — Il s'emploie comme mesure de force dans les machines : *cette machine à vapeur résiste à une pression de quinze atmosphères*. — Fig., : *atmosphère de corruption, d'intrigue*, etc. — On dit *sortir de son atmosphère*, mais plus ordinairement et mieux, *sortir de sa sphère*. — T. de phys., *atmosphère électrique*, fluide très-subtil qui est en mouvement autour d'un corps électrisé, et qui donne naissance à tous les phénomènes électriques. — On appelle aussi *atmosphère des corps solides* une espèce d'*atmosphère* formée par les corpuscules qui s'échappent de ces corps.

ATMOSPHÉRILIE, subst. fém. (*atemoceférili*), t. de phys., classe des substances inorganiques de l'*atmosphère*.

ATMOSPHÉRIQUE, adj. des deux genres (*atemoceférike*), qui appartient, qui a rapport à l'*atmosphère* : *air atmosphérique*.

ATMOSPHÉROLOGIE, subst. fém. (*atemoceféroloji*) (du grec ατμος, vapeur, σφαιρα, sphère, et λογος, discours, traité), traité des propriétés de l'*atmosphère*.

ATMOSPHÉROLOGIQUE, adj. des deux genres (*atemoceférolojike*), qui a rapport à l'*atmosphérologie*.

ATOA, subst. mas. (*atoa*), t. de bot., espèce de corossolier épineux.

ATOCA, subst. mas. (*atoka*), t. de bot., airelle canneberge.

ATOCALT, subst. mas. (*atokalte*), t. d'hist. nat., aranéide inconnue, du Brésil.

ATOCHADOS, subst. mas. (*atokadoce*), t. de bot., lavande.

ATOCIE, subst. fém. (*atoci*) (du grec α priv., et τικτω, j'engendre, je produis), t. de médec., stérilité.

ATOLE, subst. fém. (*atole*), sorte de bouillie faite avec de la farine de maïs ou blé de Turquie.

ATOLMIE, subst. fém. (*atolemi*) (du grec ατολμια, lâcheté), t. de médec., découragement nuisible à la santé.

ATOMAIRE, subst. mas. (*atomère*), t. de bot., plante tirée des *varecs* de Linnée.

ATOME, subst. mas. (*atome*) (en grec ατομος, formé de α priv., et de τεμνω, je coupe; *qui ne peut être coupé, divisé*), t. de philos., petit corpuscule indivisible qui, selon plusieurs philosophes anciens et quelques physiciens modernes, entre comme élément dans la formation de tous les corps. — Par extension, tout petit corps sensible à la vue dans certaines circonstances seulement. — Fig., *atome* signifie : certains corps d'une extrême petitesse relative : *les hommes sont des atomes sur le globe, qui n'est lui-même qu'un atome*. — Homme nul par sa petitesse et sa faiblesse. — T. d'hist. nat., sorte d'arachnides. — Nous avions écrit **ATÔME** dans nos deux premières éditions ; mais l'*Académie* écrit **ATOME**, en avertissant toutefois que o est long dans ce mot. Il est certain que tout le monde prononce *atôme*; mais la prononciation pourrait bien être vicieuse, et elle l'est véritablement, si l'on fait attention à l'étymologie. Tous les *dictionnaristes*, du reste, écrivent *atome* avec l'*Académie* : nous écrirons donc comme tout le monde ; mais nous ne dirons pas, ainsi que l'*Académie*, qu'il faut prononcer long un o bref.

ATOMIQUE, adj. des deux genres (*atomike*), qui tient aux *atomes*, qui concerne les *atomes* : *théorie atomique*, théorie chimique qui repose sur le calcul des *atomes* que chaque corps composant fournit aux corps composés.

ATOMISME, subst. mas. (*atomiceme*), t. de phys., système, doctrine des *atomes*.

ATOMISTE, subst. des deux genres (*atomicete*), partisan de la doctrine des *atomes*.

ATOMISTIQUE, adj. des deux genres (*atomicetike*), qui concerne l'*atomisme*.

ATONE, adj. (*atone*) : *des yeux atones*, fixes, sans mouvement, sans expression. Mot nouveau que l'usage ne paraît point avoir adopté.

ATONIE, subst. fém. (*atoni*) (du grec α priv., et τονος, ton, force, ressort), t. de méd., faiblesse, relâchement des solides du corps. — Position de l'œil fixe, sans mouvement.

ATONIQUE, adj. des deux genres (*atonike*), qui tient de l'*atonie*; qui a rapport à l'*atonie*.

ATOPE, subst. *mas.* (*atope*), t. d'hist.nat., genre d'insectes de l'ordre des coléoptères.

ATOPIE, subst. fém. (*atopî*) (du grec ατοπος, absurde), sottise, absurdité. Vieux.

ATOPO, subst. mas. (*atopô*), t. de bot., genre d'euphorbe.

ATOTE, subst. mas. (*atote*), t. de bot., genre de plantes de la famille des euphorbiacées.

ATOUR, subst. mas. (*atour*)(du français *tourner*, faire, agencer *autour*, avec soin, propreté, etc.), parure, ornement des femmes : *elle a pris ses plus beaux atours*. Il ne se dit guère qu'au plur. —On dit cependant au singulier *une dame d'atour*, *les dames d'atour d'une princesse*, etc., les dames chargées de la coiffer, de l'habiller, etc.

ATOURNARESSE, subst. fém. (*atournarèce*), femme de chambre. Vieux et inusité.

ATOURNÉ, E, part. pass. de *atourner*.

ATOURNEMENT, subst. mas. (*atourneman*), action de parer. Inus.

ATOURNER, v. act. (*atourné*), orner, parer. Il ne se dit qu'en parlant des femmes et fam. Vieux et même inusité, quoique ce mot se lise dans l'*Académie*. — **s'ATOURNER**, v. pron.

A-TOUT, et non pas **ATOUT**, subst. mas. (*atou*) (*qui a tout*, *qui prend tout*), t. de jeu de cartes, la couleur dans laquelle on joue : *jouer un a-tout*, ou simplement *a-tout*. On ne dit pas *faire a-tout*, mais *jouer a-tout*.

ATRABILAIRE, adj. des deux genres (*atrabilère*) (du lat. *atrabilarius*, formé de *atra*, noire, et *bilis*, bile), t. de médec., se dit de celui qu'une bile noire et aduste rend triste et chagrin : *c'est un homme atrabilaire*, *une femme atrabilaire*. — Au fig., *caractère*, *esprit*, *style*, etc., *atrabilaire*. — Subst. des deux genres : *c'est un atrabilaire*.—**ATRABILAIRE, MÉLANCOLIQUE**. (*Syn.*) Le *mélancolique* est dans un état de langueur et d'anxiété ; sa tristesse est morne et inquiète. L'*atrabilaire* est dans un état de fermentation et d'angoisse ; sa tristesse est sombre et farouche. Le *mélancolique* évite les hommes ; l'*atrabilaire* les repousse.

ATRABILE, subst. fém. (*atrabile*) (du latin *atrabilis*, formé de *bilis* et *atra* ; *bile noire*), t. de médec.; bile noire, mélancolie suivant les anciens.

ATRABILIEUSE, adj. fém. Voy. **ATRABILIEUX**.

ATRABILIEUX, adj. mas., au fém. **ATRABILIEUSE** (*atrabilieu*, *lieuze*) (formé de *atrabile*) : *constitution atrabilieuse*.

ATRACHÈLE, adj. des deux genres (*atrachèle*) (du grec α priv. et τραχηλος, cou), qui a le cou court.

ATRACTOBOLE, subst. mas. (*atraktobole*), t. de bot., genre de plantes de la famille des champignons.

ATRACTOCÈRE, subst. mas. (*atraktocère*), t. d'hist. nat., insecte de l'ordre des coléoptères.

ATRACTOSOMES, subst. et adj. mas. plur. (*atraktozome*) (du grec ατρακτος, fuseau, et σωμα, corps), t. d'hist. nat., famille de poissons osseux thoraciques, dont le corps est arrondi en fuseau.

ATRACTYLIDE, subst. fém. (*atractilide*), t. de bot., genre de plantes de la famille des cinarocéphales. — On dit aussi *atractyle*, selon *Boiste*; il est mas.

ATRAGÈNE, subst. fém. (*atrajène*), t. de bot., plante de la famille des renonculacées, voisine de la clématite.

ATRAMENTAIRE, subst. fém. (*atramantère*) (du latin *atramentum*, encre, dérivé de *ater*, noir), t. d'hist. nat., pierre de vitriol.

ATRAPHACE, subst. fém. (*atraface*), t. de bot., plante de l'ordre des polygonées.

ATRAPPE, subst. fém. (*atrape*), t. d'arts et mét., pince coudée de fondeur en cuivre.

ATRAX, subst. mas. (*atrakce*), myth., roi d'Étolie, qui donna son nom à un fleuve de cette contrée ; et celui d'*Atraces* ou d'*Atracides* aux Étoliens.

ÂTRE, subst. mas. (*âtre*) (du latin *atrium*, dérivé de *ater*, noir, suivant *Ménage*), foyer, partie de la cheminée où l'on fait le feu. — Prov. : *dans cette maison, il n'y a rien de plus froid que l'âtre*, on n'y fait qu'une très-mince cuisine. —Pièce de grès qui couvre le fond des fours à verre. — *Âtre du four*, partie unie qui est au-dessous de la voûte : on dit qu'*un pain n'a point d'âtre* lorsqu'il n'est pas assez cuit dessous. — T. d'arts et mét., pièce ou morceau de terre cuite qu'on place dans le fourneau de l'émailleur, à la hauteur du feu de la moufle.

ATRÉE, subst. mas. (*atré*), myth., fils de Pélops et d'Hippodamie. Irrité de ce que Thyeste, son frère, avait des familiarités avec Erope sa femme, il lui fit manger son propre fils dans un festin. On dit que le Soleil rebroussa d'horreur, pour ne point éclairer une action aussi détestable. Cette fable ressemble à celles de Térée, de Pélops et d'Arcas.

ATREMPAGE, subst. mas. (*atranpaje*), t. d'arts et mét., chauffe graduelle et au dernier degré des fours à glace.

ATRÉSIE, subst. fém. (*atrézi*) (du grec α priv., et τρησις, trou), t. de chir., imperforation.

ATRICE, subst. fém. (*atrice*), t. de médec., tubercule autour de l'anus. Peu usité.

ATRICHIES, subst. fém. plur. (*atrichî*), t. de bot., plantes de l'ordre des mousses.

ATRIDES, subst. mas. plur. (*atride*), myth., Agamemnon et Ménélas, neveux d'*Atrée* et petits-fils de Pélops.

ATRIPLETTE ou **ATRIPLOTTE**, subst. fém. (*atriplète*, *plote*), t. d'hist. nat., nom vulgaire de la petite fauvette rousse.

ATRIPLICÉES, subst. fém. plur. (*atriplicé*), t. de bot., les arroches, les chénopodées.

ATROCE, adj. des deux genres ((*atroce*) (du latin *atrox*, qui a signifié originairement *cru*, et ensuite fig., *cruel*, *horrible*, *violent*, etc. *Atrox* a été formé de l'α priv. grec, et de τρωγω, je mange ; *qui n'est pas bon à manger*, *cru*), énorme, excessif, en parlant des crimes, des injures, des supplices, etc. : *un crime atroce*, *un supplice atroce*, etc.—Cruel, inhumain : *une âme atroce*, *un caractère atroce*, *un homme atroce*. — T. d'hist. nat., subst. mas., serpent blanc hérissé.

ATROCEMENT, adv. (*atroceman*), d'une manière *atroce*.

ATROCITÉ, subst. fém. (*atrocite*) (en lat. *atrocitas*), énormité d'un crime, d'une injure, d'un supplice, etc. — Cruauté : *l'atrocité de son caractère*; *l'atrocité de l'âme*. — Action atroce : *commettre des atrocités*. — Voltaire a dit dans l'*Orphelin de la Chine* :

Après l'*atrocité* de leur indigne sort.

On peut dire l'*atrocité d'un traitement*, *d'un supplice*, *d'un procédé*, mais on ne doit pas dire l'*atrocité d'un sort*, parce que *atrocité* suppose toujours une intention ou une action, et que le sort n'a rien de tout cela, à moins qu'il ne soit personnifié : or on dit dans ce cas l'*atrocité du sort*, et non pas de *leur sort*.

ATRONCHEMENT, subst. mas. (*atroncheman*), vieux t. de féodalité, rapprochement des deux bouts d'une branche d'arbre coupée, afin de constater un délit.

ATROPHE, adj. des deux genres (*atrofe*) (voir **ATROPHIE** pour l'étymologie), t. de médec., se dit d'un membre qui ne prend pas de nourriture.

ATROPHIE, subst. fém. (*atrofî*) (du grec α priv., et τροφη, nourriture), t. de médec., dessèchement, maigreur extrême, dépérissement du corps ou d'un membre.

ATROPHIÉ, E, adj. (*atrofié*), qui est frappé d'*atrophie*.

ATROPINE, subst. mas. (*atropine*), t. de chim., substance alcaline d'un blanc éblouissant.

ATROPOS, subst. fém. (*atropôce*) (du grec α priv. et τρεπω, je tourne), myth., l'une des trois Parques. On la nomme ainsi parce qu'elle est inflexible : c'est elle qui coupe le fil de la vie. — T. d'hist. nat., espèce de papillon ou plutôt de sphinx, dont le corselet offre des taches formant en quelque sorte le contour, le croquis de la face d'un squelette. On l'appelle aussi *sphinx à tête de mort*.

ATROPUS, subst. mas. (*atropuce*), t. d'hist. anc., instrument de musique des anciens dont on ne connaît pas le genre.

ATT., abréviation du mot *Attique*.

ATTABLÉ, E, part. pass. de *attabler*.

ATTABLER, v. act. (*atablé*), mettre des gens à *table*, pour jouer, boire ou manger. — **s'ATTABLER**, v. pron., se mettre à table pour y demeurer long-temps : *ils s'attablèrent à midi, et ne sortirent de table qu'à six heures du soir*.

ATTACHANT, E, adj. (*atachan*, *chante*), qui *attache*, qui occupe l'esprit agréablement : *lecture attachante*.

ATTACHE, subst. fém. (*atache*), lien, courroie, tout ce qui sert à *attacher*. — On appelle *chien d'attache* un chien de cour que l'on tient *attaché* pendant le jour. — Fig. et fam., *être comme un chien à l'attache*, être constamment occupé d'un travail, ne pouvoir jouir d'un seul instant de liberté. — *Prendre des chevaux à l'attache* ; *prendre tant pour l'attache d'un cheval*, ou simplement *pour l'attache*, garder des chevaux moyennant une rétribution ; prendre tant pour cette rétribution. — *Lettres d'attache*, c'était autrefois une permission écrite donnée par les officiers ou juges d'un lieu à l'effet d'autoriser, dans l'étendue de leur ressort, l'exécution d'actes, de jugements émanés d'une autre juridiction. — Fig., *prendre l'attache de quelqu'un*, s'assurer de son agrément ; vieux dans ce sens. — *Attache de diamant*, assemblage de diamants mis en œuvre. — Grosse pièce de bois qui sert d'axe au moulin à vent. — Chez les fondeurs de caractères, petit morceau de peau de mouton, de douze ou quinze lignes de longueur, qui sert à attacher la matrice au bois de la pièce de dessus du moule. — Fil de fer pour tenir la faïence qui a été cassée. — T. de vitrier, petits morceaux de plomb qui servent à maintenir les vitraux d'église. — T. de vannier, sorte de lien d'osier qui sert à consolider un panier. — T. de jard., ornement de parterre qui se lie à un autre. — T. d'anat., endroit où tient un muscle. — T. de peinture et de sculpture, partie du corps des animaux où sont les jointures des membres. — Fig. et fam., *attache* se disait autrefois par rapport à tout ce qui a de l'attrait pour l'esprit ou pour le cœur : *avoir de l'attache au jeu*, *à l'étude* ; *avoir de l'attache pour une femme*.

ATTACHÉ, E, part. pass. de *attacher*, et adj. : *cet enfant*, *ce domestique*, *ce chien est fort attaché*. — On dit : *c'est un homme fort attaché à ses intérêts*, *à l'argent*, etc. ; mais on ne dit point, comme le prétend *Laveaux*, dans un sens absolu : *c'est un homme attaché*, pour dire : *c'est un homme avare*.

ATTACHEMENT, subst. mas. (*atacheman*), sentiment qui *attache* fortement à quelque personne ou à quelque chose : *avoir de l'attachement pour sa femme*, *pour ses enfants*, *pour ses amis*, etc. ; *avoir de l'attachement à ses devoirs*, *pour ses devoirs*, etc. ; *cet attachement peut avoir son excès, ses abus*. — Grande application : *avoir de l'attachement à l'étude*, *au travail*, *à l'ouvrage*. — T. d'archit. Au plur., notes que l'on prend des ouvrages pendant qu'ils sont encore apparents, et qui servent à établir les mémoires. — **ATTACHEMENT, ATTACHE, DÉVOUEMENT**. (*Syn.*) L'*attachement* nous unit à ce que nous estimons ; l'*attache* nous lie à ce que nous aimons ; le *dévouement* nous soumet à la volonté de ceux que nous désirons servir.

ATTACHER, v. act. (*ataché*) (de l'italien *attaccare*, qui a la même signification. Les auteurs de la basse latinité ont dit *attachiare*), joindre une chose à une autre de manière qu'elle y tienne : *attacher avec un clou*, *avec une épingle*, *avec un cordon*, *avec de la colle* ; *attacher des boutons*, *des rubans sur un habit* ; *attacher les galériens à la chaîne* ; *attacher des chevaux* ; *attacher au gibet*, etc., etc., etc. — On dit fig. : *les inconvénients attachés à une chose*, *à toute chose* ; *les imperfections attachées à la nature humaine* ; *les prérogatives attachées à un titre* ; *il attacha sa destinée à la mienne*. — *Attacher ses yeux*, *ses regards sur quelqu'un*, *sur quelque chose*, regarder quelqu'un, quelque chose attentivement, fixement. — *Attacher les yeux*, *les regards de quelqu'un*, captiver ses regards. — *Attacher du prix*, *de l'importance à quelque chose*, y mettre du prix, de l'importance. — *Attacher son bonheur*, *sa gloire*, etc., *à quelque chose*, faire dépendre son bonheur, sa gloire, etc., de… — *Attacher un sens*, *une signification à un mot*, *à un terme*, *à une phrase*, *à un discours*, etc., l'entendre d'une certaine manière. — Lier par quelque chose qui oblige à quelque devoir : *ce ministre l'a attaché à son département* ; *ce prince l'a attaché à sa personne* ; *ils l'ont attaché à leur parti*. — Lier par quelque chose qui oblige à la reconnaissance : *vous vous êtes attaché cet homme par vos bienfaits*. — Joindre par l'affection : *la conformité de leurs idées et de leurs sentiments a fini par les attacher étroitement l'un à l'autre* ; *il est fort attaché aux siens*. — Appliquer, intéresser vivement : *tel genre d'étude*, *tel genre de plaisir l'attache beaucoup* ; *cette affaire*, *ce roman*, *ce drame*, *nous attache excessivement*. — *Attacher le mineur*, en t. de guerre, le placer à l'endroit où il doit commencer à creuser pour former une galerie de mines, en le couvrant de madriers et de sacs à terre. — T. de manuf. de soie, mettre les semples, les corps, les arcades et les aiguilles en état de travailler. — **s'ATTACHER**, v. pron. : *la boue* *s'attache aux habits, une matière visqueuse s'attache aux doigts.* — Fig., *s'attacher à quelqu'un*, c'est prendre pour lui des sentiments qui forment un *attachement* : *je m'attache à lui de plus en plus.* Il signifie aussi : se consacrer au service de quelqu'un, soit par inclination, soit par intérêt : *il s'est attaché à cette femme ; il s'est attaché à cet homme en place.* — *S'attacher à quelque chose*, s'y appliquer avec goût, avec ardeur et persévérance : *ils s'attachent à l'étude ; s'attacher à sa profession.* — S'acharner contre : *l'envie s'attache au mérite ; le remords s'attache au crime*, etc. — *S'attacher aux pas de quelqu'un*, le suivre opiniâtrément, le poursuivre. — Demeurer ferme en quelque chose, n'en pas démordre. — T. de peint., *les objets s'attachent*, quand ils paraissent tenir ensemble, quoique l'artiste ait cherché à les éloigner l'un de l'autre.

ATTACHEUR, subst. mas., au fém. **ATTACHEUSE** (*atacheur, cheuze*), t. de manuf., qui *attache* les cordes des métiers. Les femmes plus que les hommes se livrent à ce genre de travail.

ATTACHEUSE, subst. fém. Voy. ATTACHEUR.

ATTAGAS ou **ATTAGEN**, subst. mas. (*atetaguâce, jein*), t. d'hist. nat., genre d'oiseau rapporté au lagopède.

ATTAGÈNE, subst. mas. (*atetajène*), t. d'hist. nat., insecte de l'ordre des coléoptères.

ATTAINTURE, subst. fém. (*ateinture*), t. de vétérinaire. Vicieux. Voy. ATTEINTURE.

ATTAQUABLE, adj. des deux genres (*atakable*), qui peut être *attaqué*; qui est susceptible d'être *attaqué* : *la place n'est attaquable que de ce côté.*

ATTAQUANT, E, subst. (*atakant, kante*), assaillant, celui, celle qui *attaque*. Il ne se dit guère qu'au plur. : *les attaquants furent repoussés.* — Adj. : *la partie attaquante.*

ATTAQUE, subst. fém. (*atake*), action d'*attaquer*, particulièrement à la guerre : *attaque générale, vive, rude ; chaude attaque ; attaque imprévue ; commencer l'attaque ; résister à une attaque ; soutenir, repousser une attaque*, etc. — Assaut : *aller à l'attaque ; donner l'attaque ; ordonner l'attaque ; faire une fausse attaque*, etc. — Travaux pour s'approcher d'une place assiégée : *on avait fort avancé les attaques.* — T. d'escrime, un ou plusieurs mouvements tendant à ébranler l'adversaire, pour le frapper pendant son désordre. — Fig., agression, atteinte, insulte, rébellion : *vos arguments ont repoussé victorieusement cette attaque absurde ; il faut mépriser les attaques d'un feuilletonniste insolent ; les attaques de la calomnie ne tiennent pas longtemps devant une conduite irréprochable ; ceci est une attaque contre le gouvernement.* — Paroles mises en avant comme sans intention, soit pour sonder les dispositions de quelqu'un, soit pour lui insinuer quelque reproche : *il m'en a déjà donné plus d'une attaque* (on dirait mieux *plus d'une atteinte*) : *il lui donne chaque jour quelque attaque sur son caractère envieux.* — Apparition soudaine, accès subits de certaines maladies : *attaque de goutte, d'apoplexie, de paralysie ; attaque de nerfs*, etc. — T. d'hist. nat., nom d'une espèce d'insecte.

ATTAQUÉ, E, part. pass. de *attaquer*. On dit prov. : *bien attaqué, bien défendu*, pour dire que la défense a bien répondu à l'*attaque*.

ATTAQUER, v. act. (*ataké*) (de l'italien *attaccare*, dont nous avons fait également *attacher*, et qui signifie les deux. Le savant *Huet* fait observer qu'*attaquer* s'écrivait autrefois *attacher* : *Et leur commanda qu'ils allassent vistement attacher l'ennemi* (Amyot), assaillir, être agresseur : *attaquer une nation ; attaquer l'ennemi ; attaquer une place ; attaquer de front ; attaquer un homme dans la rue, sur le grand chemin ; c'est toi qui m'as attaqué, je n'ai fait que me défendre.* — Fig., il s'applique aux personnes et aux choses : *attaquer quelqu'un sur ses antécédents, sur ses ouvrages ; cet article de journal attaque l'ordre existant ; attaquer les vices, les abus*, etc. ; *attaquer une doctrine, un système*, etc. ; *attaquer quelqu'un dans sa réputation*, etc. — *Attaquer quelqu'un de paroles*, lui adresser le premier des choses désagréables, désobligeantes. — *Attaquer quelqu'un de conversation*, entamer la conversation avec quelqu'un. — Porter atteinte à... : *ces propos infames attaquent mon honneur ; ce livre attaque les mœurs*, etc. — En médec., on dit : *attaquer une maladie par tel ou tel moyen.* On dit aussi d'une maladie qu'*elle attaque* : *le croup attaque particulièrement l'enfance*, etc. Enfin, on dit d'une personne qu'*elle est attaquée d'une maladie.* — Ronger, altérer, détériorer : *la rouille attaque le fer ; les souris attaquent le linge* ; etc. — Fam., entamer ; entreprendre : *il faut attaquer ce plat ; vous avez bien attaqué la question.* — T. de mar., s'approcher de.... pour une reconnaissance : *attaquer une île, un cap, une côte*, etc. — T. de man., *attaquer un cheval*, le piquer vigoureusement avec les éperons. — T. de musique, *attaquer le son, la corde*, se dit par rapport à la manière de donner naissance à une intonation : *on attaque bien le son*, quand l'intonation est pure, sans tâtonnement, etc. — T. de jurispr., *attaquer quelqu'un en justice*, intenter à quelqu'un une action judiciaire ; *attaquer un acte*, contester la validité d'un acte. — En t. de chasse, *attaquer*, c'est mettre les chiens sur la bête pour la lancer. — **S'ATTAQUER**, v. pron. : *s'attaquer à quelqu'un*, attaquer quelqu'un.

ATTARDÉ, E, part. pass. de *attarder*.

ATTARDER, v. act. (*atardé*) (rac. *tard*), mettre quelqu'un en *retard*. Fam. — **S'ATTARDER**, v. pron., se mettre *tard* en route ; se retirer trop *tard*. Fam.

ATTE, subst. fém. (*ate*), t. d'hist. nat., araignée connue sous le nom d'*araignée sauteuse.*

ATTÉDIÉ, E, part. pass. de *attédier*.

ATTÉDIER, v. act. (*atédié*) (du latin *attædiare*, qu'on trouve dans quelques auteurs, et qui est fait de *tædium*, ennui, dégoût), ennuyer, importuner quelqu'un par ses contes, ses discours. Vieux.

DU VERBE IRRÉGULIER ATTEINDRE :

Atteignaient, 3e pers. plur. imparf. indic.
Atteignais, précédé de *j'*, 1re pers. sing. imparf. indic.
Atteignais, précédé de *tu*, 2e pers. sing. imparf. indic.
Atteignait, 3e pers. sing. imparf. indic.
Atteignant, part. prés.
Atteigne, précédé de *que j'*, 1re pers. sing. prés. subj.
Atteigne, précédé de *qu'il* ou *qu'elle*, 3e pers. sing. prés. subj.
Atteignent, précédé de *ils* ou *elles*, 3e pers. plur. prés. indic.
Atteignent, précédé de *qu'ils* ou *qu'elles*, 3e pers. plur. prés. subj.
Atteignes, 2e pers. sing. prés. subj.
Atteignez, 2e pers. plur. impér.
Atteignez, précédé de *vous*, 2e pers. plur. prés. indic.
Atteigniez, précédé de *vous*, 2e pers. plur. imparf. indic.
Atteigniez, précédé de *que vous*, 2e pers. plur. prés. subj.
Atteignîmes, 1re pers. plur. prét. déf.
Atteignions, précédé de *nous*, 1re pers. plur. imparf. indic.
Atteignions, précédé de *que nous*, 1re pers. plur. prés. subj.
Atteignirent, 3e pers. plur. prét. déf.
Atteignis, précédé de *j'*, 1re pers. sing. prét. déf.
Atteignis, précédé de *tu*, 2e pers. sing. prét. déf.
Atteignisse, 1re pers. sing. imparf. subj.
Atteignissent, 3e pers. plur. imparf. subj.
Atteignisses, 2e pers. sing. imparf. subj.
Atteignissiez, 2e pers. plur. imparf. subj.
Atteignissions, 1re pers. plur. imparf. subj.
Atteignit, précédé de *il* ou *elle*, 3e pers. sing. prét. déf.
Atteignît, précédé de *qu'il* ou *qu'elle*, 3e pers. sing. imparf. subj.
Atteignîtes, 2e pers. plur. prét. déf.
Atteignons, 1re pers. plur. impér.
Atteignons, précédé de *nous*, 1re pers. plur. prés. indic.
Atteindra, 3e pers. sing. fut. abs.
Atteindrai, 1re pers. sing. fut. abs.
Atteindraient, 3e pers. plur. prés. cond.
Atteindrais, précédé de *j'*, 1re pers. sing. prés. cond.
Atteindrais, précédé de *tu*, 2e pers. sing. prés. cond.
Atteindrait, 3e pers. sing. prés cond.
Atteindras, 2e pers. sing. fut. abs.

ATTEINDRE, v. act. (*ateindre*) (du latin *attingere*, formé de *ad*, à, et *tangere*, toucher ; *toucher à...*, *atteindre*), frapper de loin avec quelque chose. — Joindre quelqu'un qui marchait devant, ou parvenir à un terme, à quelque chose, dont on était plus ou moins éloigné. — Attaquer, prendre, saisir. — Fig., égaler. — *Atteindre* est aussi v. neut. et signifie toucher à une chose qui est à quelque distance : *je ne puis atteindre à cette hauteur.* — En ce sens, on dit au fig. : *atteindre à la perfection, au faîte de la gloire*, etc. — On dit que les choses nous *atteignent*, lorsque par suite de leur nature ou de leur direction elles nous frappent, ou font impression sur nous.

DU VERBE IRRÉGULIER ATTEINDRE :

Atteindrez, 2e pers. plur. fut. abs.
Atteindriez, 2e pers. plur. prés. cond.
Atteindrions, 1re pers. plur. prés. cond.
Atteindrons, 1re pers. plur. fut. abs.
Atteindront, 3e pers. plur. fut. abs.
Atteins, 2e pers. sing. impér.
Atteins, précédé de *j'*, 1re pers. sing. prés. indic.
Atteins, précédé de *tu*, 2e pers. sing. prés. indic.
Atteint, précédé de *il* ou *elle*, 3e pers. sing. prés. indic.

ATTEINT, E, part. pass. de *atteindre*, et adj. (*atein, teinte*), frappé. Il se dit toujours avec la prép. *de*, soit au propre, soit au fig. : *atteint d'un coup de pierre ; atteint de peste, de maladie ; atteint d'une manie*, etc. — Accusé, prévenu d'un crime. Il ne s'emploie qu'avec *convaincu* : *atteint et convaincu d'avoir volé ; le trouvant atteint et convaincu de plusieurs concussions, il le fit mourir.*

ATTEINTE, subst. fém. (*ateinte*), coup dont on *atteint* ou dont on est *atteint*. Il est plus usité dans le dernier sens, et il se dit particulièrement du cheval qui a reçu un coup ou de lui-même ou d'un autre cheval. — Attaque de certaines maladies : *atteinte de goutte, de gravelle*, etc. On dit fig. : *une atteinte douloureuse, une atteinte mortelle*, la vive impression que fait une chose dont on est fortement touché. — En t. de jeu, *donner une atteinte à la bague*, la toucher en courant sans l'emporter. — Fig., *donner ou porter atteinte aux droits, aux priviléges*, etc., les attaquer. — *Hors d'atteinte*, hors de la portée, au propre et au fig.

ATTEINTURE, subst. fém. (*ateinture*), blessure au tendon.

ATTEL, subst. mas. (*atèle*), t. de bour., sorte de petits ais, ou de lattes courbées, qui s'élèvent au-dessus du collier du cheval de harnais. — C'est aussi un t. de potier. Voy. ATTELLE.

ATTELABE, subst. mas. (*atelabe*), t. d'hist. nat., insecte de l'ordre des coléoptères, à tête de sauterelle et à corps d'araignée.

ATTELAGE, subst. mas. (*atelaje*), certain nombre de chevaux, de mulets nécessaires pour traîner une voiture, un carrosse ; ou de bœufs pour tirer la charrue : *un bel attelage de quatre chevaux ; un attelage complet.*

ATTELÉ, E, part. pass. de *atteler*, et adj. : *chevaux attelés à une voiture ; voiture attelée de tant de chevaux.* — Fig. et fam., on dit en parlant de plusieurs associés qui ne s'accordent pas : *c'est une charrette mal attelée.*

ATTELER, v. act. (*atelé*) (suivant *Le Duchat*, du latin barbare *adtelare*, fait de *telum*, trait, flèche, parce que le timon d'un carrosse ou d'un charriot est comme une espèce de flèche), attacher des chevaux, des mulets, des bœufs à une voiture, à un charriot, à une charrue, etc. — On dit aussi : *atteler une voiture, une charrette*, etc. — **S'ATTELER**, v. pron.

ATTELLE, subst. fém. (*atèle*), t. d'arts et mét., outil dont se servent les potiers de terre pour diminuer l'épaisseur des ouvrages qu'ils tournent à la roue et au tour. — En t. de chir., au plur., petits ais qu'on lie autour d'un membre rompu pour le tenir en état. C'est à peu près la même chose que *éclisse*, qui est plus usité. — Morceaux de bois chantournés qu'on attache aux colliers des chevaux de harnais. C'est la même chose que *attel.* — Ce sont aussi des morceaux de bois creux dont les plombiers se servent pour prendre leurs fers à souder.

ATTELOIRE, subst. fém. (*ateloare*), cheville ronde qui se met dans le timon des affûts des pièces d'artillerie, et dans ceux des charriots et des charrettes.

ATTENANCE, subst. fém. (*atenance*), vieux mot inusité, qui, dans la langue romane, a le sens de *permission, convenance.*

ATTENANT, E, adj. (*atenan, nante*) (du latin *attinens*, part. de *attinere*, formé de *ad*, à, et *tenere*, tenir ; *tenir à, être contigu*), contigu, tout proche : *logis attenant à un autre ; sa maison est attenante à la mienne ; il demeure dans la maison attenante.* — **ATTENANT**, adv. et prép., tout proche, contre : *ils sont logés attenant l'un de l'autre ; il loge tout attenant d'un tel palais ; cette maison est attenant.* Vieux.

ATTENDANCE, subst. fém. (*atandance*), vieux mot inusité qui, dans la langue romane, signifie *espoir*.

en **ATTENDANT**, loc. adv. (*anatandan*) (du v. *attendre*), cependant : *il se mit à lire en attendant*. — Jusqu'à ce que : *en attendant que vous soyez éclairé*. On dit dans cette dernière acception : *en attendant l'heure; en attendant mieux*, jusqu'à ce que l'heure sonne, jusqu'à ce qu'il arrive mieux.

ATTENDANTE, adj. fém. (*atandante*), t. de musique : *cadence attendante*, la cadence imparfaite qui se fait en montant de quinte. On l'appelle ainsi parce qu'elle est particulièrement propre à l'interrogation, qui oblige d'*attendre une réponse*.

ATTENDANTS, subst. mas. plur. (*atandan*), soldats, en Hollande, qui n'obéissaient qu'aux magistrats. — Nom d'une secte, en Angleterre, qui soutenait qu'il n'y a dans le monde aucune véritable Église.

ATTENDRE, v. act. (*atandre*) (du latin *attendere*, fait de *ad*, à, vers, et de *tendere*, tendre; *tendre vers*), être dans l'*attente*, l'espérance ou la crainte de l'arrivée de quelqu'un ou de quelque chose. — Différer de faire quelque chose. — Rester dans un lieu pour voir quelqu'un qui doit y venir. — Se dit de certaines choses qui menacent quelqu'un, ou qui sont destinées, réservées à quelqu'un : *quelle honte*; *quelle gloire vous attend!* — On dit proverbialement et ironiquement : *attendez-vous-y*, pour témoigner qu'on ne veut pas exécuter quelque chose; ou *attendez-moi sous l'orme*, en parlant d'un rendez-vous où l'on n'a pas dessein d'aller, d'une promesse sur laquelle il ne faut pas compter. — Prov., *on vous attend comme les moines font l'abbé*, en commençant toujours à dîner; *qui s'attend à l'écuelle d'autrui a souvent mal dîné*, il ne faut compter que sur soi-même; *attendre quelqu'un au passage*, le surprendre dans quelque occasion où il ne pourra se défendre d'accorder une demande; *il faut attendre le boiteux en matière de nouvelles*, celui qui en apportera la confirmation; *c'est là où je vous attends*, c'est de cela que je veux tirer avantage contre vous; *tout vient à temps à qui peut attendre*, il faut avoir de la patience. *On ne perd rien pour attendre*; *attend long-temps qui vient de loin*. — **S'ATTENDRE**, v. pron., se tenir comme assuré de... compter sur... : *je m'attends à beaucoup souffrir*; *je m'attends que vous viendrez demain*. — *S'attendre* se dit aussi des personnes qui se sont donné un rendez-vous.

ATTENDRI, E, part. pass. de *attendrir* et adj.

ATTENDRIR, v. act. (*atandrir*) (rac. *tendre*), rendre *tendre*, et facile à manger. — Au fig., rendre sensible à la compassion, à l'amour, à l'amitié. *Racine* (Iphigénie) a dit, en ce sens :

> Laisse aux pleurs d'une épouse *attendrir* sa victoire,

pour : *attendrir son cœur victorieux*, ou plutôt *laisse attendrir son cœur au sein de la victoire*: la figure est forcée, ou au moins hasardée. — **S'ATTENDRIR**, v. pron., devenir *tendre*, plus *tendre*. — Fig., s'émouvoir, être touché de compassion.

ATTENDRISSANT, E, adj. (*atandriçan, çante*), qui *attendrit*. Il ne se dit qu'au figuré : *spectacle attendrissant; paroles attendrissantes*.

ATTENDRISSEMENT, subst. mas. (*atandriceman*), mouvement du cœur qui lui fait concevoir de la *tendresse*, de l'amitié, de la compassion, de la bienveillance pour quelqu'un.

ATTENDU, E, part. pass. de *attendre*, et adj. (*atandu*), il signifie quelquefois : vu, eu égard à : *il fut exempt, attendu son âge*. Dans ce sens *attendu* est invariable, parce que, précédant le substantif qu'il qualifie, il est considéré comme une espèce de préposition; mais on dirait : *des événements attendus*, le participe *attendu* se trouvant alors placé après le substantif qu'il modifie. — *Attendu que*, conjonction, vu que, puisque :

> J'eus un maître autrefois que je regrette encor,
> Et que je ne sers plus, *attendu* qu'il est mort.
> (DESTOUCHES, *le Glorieux*, acte I, scène 3.)

ATTÉNERI, E, part. pass. de *attènerir*.

ATTÉNERIR, v. act. (*aténerir*) (du lat. *tener*, léger), atténuer, rendre mince. Inus.

ATTENIR, v. neut. (*atetenir*), vieux mot inusité qui signifiait *tenir à...*, être parent.

ATTENTAT, subst. mas. (*atanta*), crime horrible qui s'attaque à la légalité contre les personnes ou les choses; exécution commencée et suivie d'un noir complot. Voy. ce dernier mot. — *Attentat à la pudeur*. Voy. OUTRAGE.

ATTENTATOIRE, adj. des deux genres (*atantatoare*), qui *attente* : *procédure, sentence attentatoire à l'autorité de...*; *acte attentatoire à la propriété, à la liberté individuelle*.

ATTENTE, subst. fém. (*atante*), l'état de celui qui *attend*; le temps pendant lequel il est à *attendre*. — Fig., espérance, opinion qu'on a conçue de quelqu'un ou de quelque chose : *cet homme, cet événement a rempli, a trompé mon attente*. — T. d'archit., *pierres d'attente*, pierres qui avancent d'espace en espace à l'extrémité d'un mur, et qui sont destinées à en faire la liaison avec celui qu'on a dessein de faire auprès. — On le dit fig. d'une chose qui doit avoir une continuation. — Table d'*attente*, plaque, pierre, planche, panneau, lame de métal où l'on a dessein de graver, de sculpter, de peindre, — Fig., on dit d'un jeune homme dont l'esprit est propre à recevoir toutes les impressions qu'on voudra lui donner, que *c'est une table d'attente*.

ATTENTÉ, E, part. pass. de *attenter*.

ATTENTER, v. neut. (*atanté*) (du lat. *attentare*, fait de *ad*, et de *tentare*, essayer, entreprendre; *entreprendre contre...*), commettre un attentat contre une personne ou une chose : *attenter à la vie, sur la personne de quelqu'un; attenter contre la liberté publique*.

ATTENTIF, adj. mas., au fém. **ATTENTIVE** (*atantife, tive*), qui a de l'*attention*, de l'application. — *Homme attentif*, homme plein d'attention, de politesse, d'égards, de soins pour les autres.

ATTENTION, subst. fém. (*atancion*) (du latin *tendere*, tendre, et *ad*, à), application d'esprit à... : *avoir attention à ce qu'on fait; prêter attention, une attention favorable*, etc. — Egard, soin : *il a eu l'attention de m'avertir*. Dans ce sens, il se dit souvent au plur. : *on me comble d'attentions*, etc. Voy. ÉGARD. — On dit absolument : *attention!* pour dire : *faites attention*.

ATTENTIONNÉ, E, adj. (*atancioné*) : *personne attentionnée*, qui a des égards, de la prévenance.

ATTENTIVE, adj. fém. Voy. ATTENTIF.

ATTENTIVEMENT, adv. (*atantiveman*), avec *attention* : *lire attentivement*, *écouter attentivement*.

ATTÉNUANT, E, adj. (*aténuan, nuante*) (en lat. *attenuans*), qui *atténue*. — En t. de jurispr., il se dit des circonstances qui rendent un délit, un crime moins grave : *circonstances atténuantes*. — On dit en médec. : *remède atténuant*, d'un remède qui procure la fluidité aux humeurs. Dans cette acception, on dit aussi subst. *un atténuant*.

ATTÉNUATIF, adj. mas., au fém. **ATTÉNUATIVE** (*aténuatife, tive*), *atténuant*. Mot inutile forgé par *Boiste*, ou plutôt par le *Dictionnaire de Trévoux*.

ATTÉNUATION, subst. fém. (*aténuácion*) (en lat. *attenuatio*), diminution de forces. Il ne se dit au propre que dans cette phrase : *il est dans une grande atténuation*. — En phys., action de diviser, de séparer les plus petites parties d'un corps qui formaient auparavant une masse continue. — Suivant les alchimistes : pulvérisation. — En t. de pratique, diminution des charges contre un accusé. — T. médec., action des remèdes atténuants. — T. de chim., *atténuation d'un fluide*, action de rendre un fluide plus liquide, moins épais.

ATTÉNUATIVE, adj. fém. Voy. ATTÉNUATIF.

ATTÉNUÉ, E, part. pass. de *atténuer*, et adj., abattu par la maladie, affaibli. — On dit plus souvent et mieux *exténué*. — En bot., il se dit des pétioles et des pédoncules de plantes devenus plus minces que les autres parties.

ATTÉNUER, v. act. (*aténué*) (du lat. *attenuare*, dérivé de *tenuis*, mince, délié, grêle, etc.), affaiblir, diminuer les forces, l'embonpoint. — En t. de médec., *atténuer les humeurs*, les rendre moins grossières, plus fluides. — En t. de palais, rendre moins grave : *ce délit est beaucoup atténué par les circonstances*. — Quelques écrivains modernes ont dit au fig. : *atténuer les liens de la subordination, l'énormité d'un crime*, etc. — ATTÉNUER, BROYER, PULVÉRISER. (*Syn.*) Le premier se dit par rapport aux fluides condensés, coagulés; les deux autres par rapport aux solides. *Broyer* marque l'action; *pulvériser* en marque l'effet. Il faut fondre et dissoudre pour *atténuer*; il faut *broyer* pour *pulvériser*. — **S'ATTÉNUER**, v. pron.

ATTÉRAGE, et mieux **ATTERRAGE**, subst. mas. (*atéraje*), t. de mar., l'endroit où un vaisseau vient reconnaître la *terre*, après une longue traversée. — L'action, le moment de reconnaître la *terre*.

ATTÉRÉ, et mieux **ATTERRÉ, E**, part. pass. de *attérer*, et adj., abattu, *terrassé*, accablé.

ATTÉRER, et mieux **ATTERRER**, v. act. (*atéré*) (du lat. *ad*, à, et *terram*, terre), jeter par *terre*; abattre. — Fig., abattre, accabler. Plus usité qu'au propre. — T. de phys., briser, rompre. Il se dit de l'action que des parties grossières des humeurs et des aliments, agitées d'un mouvement intestin, exercent les unes sur les autres. — T. de mar., v. neut., découvrir la *terre*, la reconnaître au bout d'un voyage de long cours. — **S'ATTÉRER**, et mieux **S'ATTERRER**, v. pron.

ATTÉRIR, mieux **ATTERRIR**, et encore mieux **ATTERRER**, puisque ce t. de mar. signifiant *prendre terre*, reconnaître la *terre*, a nécessairement *terre* pour racine. Il est possible que le mot *atterrir* soit plus en usage parmi les matelots, mais les matelots ne sont nullement compétents en matière de bon langage. *Atterrir* est v. neut.

ATTÉRISSAGE, et mieux **ATTERRISSAGE**, subst. mas., action d'*atterrir*.

ATTÉRISSEMENT, et mieux **ATTERRISSEMENT**, subst. mas. (*atériceman*), dépôt de *terre*, de sable, fait par les eaux sur leurs bords. — ATTERRISSEMENT, ALLUVION. (*Syn.*) Le premier s'entend des amas qui sont actuellement dans le lit de la rivière; le second suppose que la rivière s'est retirée et a laissé l'amas à sec.

ATTESTATION, subst. fém. (*atècetâcion*), certificat, témoignage écrit : *mon attestation suffira pour vous justifier*; *attestation fausse, mendiée, supposée, honorable*. — Il se dit même d'un témoignage verbal.

ATTESTÉ, E, part. pass. de *attester*.

ATTESTER, v. act. (*atècecté*) (en lat. *attestari*, dérivé de *testis*, témoin), assurer; certifier, soit de vive voix, soit par écrit. — Prendre à témoin : *j'en atteste toute la ville*; et dans le même sens : *attester le ciel, attester les dieux*. — **S'ATTESTER**, v. pron.

ATTHIS, subst. mas. (*atetice*), t. d'hist. nat., oiseau du genre des mainates. — Nom d'oiseaux de plusieurs autres genres.

ATTICHY, subst. mas. (*atetichi*), village de France, chef-lieu de canton, arrond. de Compiègne, dép. de l'Oise.

ATTICISME, subst. mas. (*ateticiceme*) (en grec ἀττικισμός, dérivé de ἀττικός, attique, athénien), délicatesse, finesse de goût particulière aux Athéniens dans leur langage. — Chez nous, par extension, élégance et pureté de style. — T. de gramm. grecque, forme de langage particulier au dialecte des *Athéniens*.

ATTICISTE, subst. mas. (*ateticicete*), se dit des auteurs grecs qui ont imité exactement le style des écrivains de l'Attique : *Lucien est un atticiste*.

ATTICURGUES, subst. fém. plur. (*atetikurgue*), t. d'archit., colonnes carrées employées dans les édifices d'Athènes.

ATTIÉDI, E, part. pass. de *attiédir*.

ATTIÉDIR, v. act. (*atiédir*) (rac. *tiède*), rendre *tiède* ce qui était chaud. *Tiédir*, au contraire, signifie rendre *tiède* ce qui était froid. — Il a peu d'usage au propre. — Au fig., rendre moins fervent, plus froid. — **S'ATTIÉDIR**, v. pron., de chaud devenir *tiède*. — Fig., n'avoir plus tant d'amitié, d'ardeur, de ferveur, etc. : *sa dévotion, son amitié, son dévouement s'attiédit*.

ATTIÉDISSEMENT, subst. mas. (*atiédiceman*) état d'une chose qui passe de la chaleur à la *tiédeur*. — Fig., tiédeur; relâchement : *l'attiédissement de l'amitié, de la dévotion*, etc.

ATTIFÉ, E, part. pass. de *attifer*, et adj. (*atifé*), orné, paré. Il n'est employé que dans le style badin ou satirique : *comme il est attifé!*

ATTIFER, v. act. (*atifé*) (du vieux mot français *tifer*, qui signifiait orner), ajuster, parer avec recherche et affectation : *votre sœur est difficile à attifer*. Fam. — **S'ATTIFER**, v. pron.

ATTIFET, subst. mas. (*atifé*), ajustement de femme; parure. Vieux.

ATTIGNY, subst. mas. (*atetigni*), ville de France, chef-lieu de canton, arrond. de Vouziers, dép. des Ardennes. — Chilpéric II y mourut en 720.

ATTILE, subst. mas. (*atetile*), t. d'hist. nat., sorte de grand poisson du Pô.

ATTINES, subst. fém. plur. (*atetine*), monceaux de pierres. Vieux.

ATTINTÉ, E, part. pass. de *attinter*.

ATTINTER, v. act. (*ateinté*), t. de mar., affermir les futailles, ballots, caisses et autres effets de chargement dans l'arrimage.

ATTIQUE, subst. fém. (*atetike*) (du grec ακτη, rivage, parce que l'*Attique* s'étendait sur le rivage de la mer), pays dans la Grèce, dont Athènes était la capitale. — Subst. mas., t. d'archit., petit étage au-dessus des autres, qui a ses ornements particuliers, et qu'on dit avoir été inventé par les Athéniens. *Attique continu*, celui qui environne le pourtour d'un bâtiment sans interruption, et suit les corps et retours des pavillons ; *attique interposé*, celui qui est situé entre deux grands étages, quelquefois décoré de colonnes ou de pilastres ; *attique circulaire*, exhaussement en forme de grand piédestal rond, souvent percé de petites croisées ; *attique de cheminée*, la partie de cheminée revêtue de plâtre depuis le chambranle jusqu'à la première corniche ; *attique de comble*, parapet d'un pont, d'une terrasse, d'une plate-forme. — Adj. des deux genres, qui a rapport à la ville d'Athènes, à la manière, au goût des Athéniens : *les provinces attiques*, *la manière attique*, *colonne attique*. — On appelle *sel attique* un caractère de raillerie fine qui était particulier aux Athéniens : *cet ouvrage est plein de sel attique*.

ATTIQUE-FAUX, subst. mas. (*atetike-fô*), t. d'archit., espèce de piédestal au-dessous de la base des colonnes.

ATTIQUEMENT, adv. (*atetikeman*) (en latin *atticé*), à l'*attique*.

ATTIRABLE, adj. des deux genres (*atirable*), qui est de nature à être *attiré*.

ATTIRAGE, subst. mas. (*atiraje*), t. d'arts et mét., poids des rouets des fileurs d'or.

ATTIRAIL, subst. mas. (*atira-ie*) (du lat. *attrahere*, fait de *trahere*, traîner, entraîner, parce qu'on traîne après soi ce qui forme l'*attirail*), grande quantité et diversité de choses nécessaires à certains usages : *attirail de chasse*, *de voyage*, *d'imprimerie*, etc. — Bagage superflu. — On ne l'emploie pas ordinairement au pluriel : s'il en a un, c'est *attirails*, et non pas *attiraux*.

ATTIRANT, E, adj. (*atiran, rante*) (en latin *attrahens*, entraînant), qui *attire*. On ne l'emploie qu'au figuré, et plutôt en parlant des choses que des personnes : *charmes attirants* ; *politesse attirante* ; *manières attirantes*.

ATTIRÉ, E, part. pass. de *attirer*.

ATTIRER, v. act. (*atiré*) (du lat. *attrahere*, formé de *ad*, à, et *trahere*, tirer ; *tirer à*, *attirer*), *tirer* à soi ; faire venir à soi : *l'aimant attire le fer*. — Fig., obtenir ; faire venir par adresse : *attirer les cœurs*, *l'ennemi dans une embuscade*. — Gagner par des manières flatteuses et agréables. — S'ATTIRER, v. pron., gagner, obtenir : *s'attirer l'estime*, *l'amitié de...* — Se causer quelque chose qui nuit : *s'attirer des reproches* ; *s'attirer la haine*, *l'aversion*, *le mépris*.

ATTISE, subst. fém. (*atize*), t. d'arts et mét., bois que les brasseurs mettent sous leurs chaudières.

ATTISÉ, E, part. pass. de *attiser*.

ATTISER, v. act. (*atizé*) (suivant Robert Estienne, du lat. *ad*, et *titio*, tison ; et suivant Ménage, de la même préposition *ad*, et de *titius*, dit, par métaplasme, pour *titio*, *titionis*, tison), rapprocher les *tisons* pour les faire mieux brûler : *attiser le feu*. Il se joint toujours à ce dernier mot. — Fig., on dit : *attiser le feu de la guerre*, *de la sédition*, *de la révolte*.

ATTISEUR, subst. mas., au fém. **ATTISEUSE** (*atizeur, zeuze*), celui ou celle qui *attise* le feu.

ATTISEUSE, subst. fém. Voy. ATTISEUR.

ATTISOIR, subst. mas. (*atizoar*), barre de fer à crochet pour *attiser* le feu dans les fours.

ATTISONNOIR, subst. mas., mieux **ATTISONNOIRE**, subst. fém. (*atizonoar*), t. d'arts et mét., outil crochu dont se servent les fondeurs pour *attiser* le feu.

ATTITRÉ, E, part. pass. de *attitrer* et adj. (*atitré*), revêtu d'un titre. Il se dit particulièrement d'un fournisseur, etc., chez lequel on achète régulièrement et de préférence à tout autre : *j'ai un marchand attitré*. — On dit, en mauvaise part, *des témoins*, *des assassins attitrés*, pour dire : payés.

ATTITRER, v. act. (*atitré*) (du lat. *adtitulare*, mettre un titre, inscrire pour...), charger d'un emploi. — T. de chasse : *attitrer des chiens*, les poser dans les relais pour attendre la proie. — Il n'a plus guère d'usage qu'au participe. Voy. ATTITRÉ.

ATTITUDE, subst. fém. (*atitude*) (de l'italien *attitudine*, fait, par corruption, du lat. *aptitudo*, situation, disposition convenable), situation, position du corps, surtout en parlant de peinture et de sculpture : *les attitudes de ce tableau sont très-belles et pleines de vérité* ; *l'attitude de cette statue n'est point naturelle*. — Il se dit de la position du corps d'un danseur, d'un acteur : *attitude élégante*, *attitude gracieuse*. — On dit fig : *l'attitude du respect*, *de la crainte*, *de la menace*, pour dire : l'*attitude* qui exprime ces sentiments ou ces passions. — Souvent on emploie pour *attitude* le mot *posture* qui est un terme moins noble ; c'est un tort : la *posture* est une manière de *poser* le corps, plus ou moins éloignée de son habitude ordinaire ; elle est momentanée : l'*attitude* est une manière de tenir le corps ; c'est une contenance plus durable. — *Être toujours en attitude*, prendre ordinairement des postures, faire des gestes affectés. — Fig., dispositions où l'on paraît être relativement à quelqu'un ou à quelque chose : *le gouvernement a pris*, *dans cette circonstance*, *une attitude rassurante* ; *son attitude hostile à mon égard ne m'épouvante point*.

ATTLAS, subst. mas. (*ateldce*), satin des Indes orientales. On écrit aussi *atlas*.

ATTOLLE, subst. fém. (*atetole*), sorte de teinture.

ATTOLLE ou **ATTOLLON**, subst. mas. (*atole*), t. de mar., amas d'îles séparées par pelotons dans un archipel.

ATTOMBISSEUR, et non pas **ATTOMBRISSEUR**, barbarisme de *Raymond*, subst. mas. (*atonbiceur*), t. de vieille fauconn., oiseau qui attaque le héron dans son vol.

ATTOUCHEMENT, subst. mas. (*atoucheman*), action de *toucher* : *attouchement illicite*, *déshonnête*, en parlant des impudicités. — En t. de géom., *point d'attouchement*, point dans lequel une ligne droite *touche* une ligne courbe, ou dans lequel deux courbes *se touchent*. On dit aussi *point de contingence*, et plus souvent *point de contact*, ou *de tangence*.

ATTOUCHER, v. neut. (*atouché*), appartenir par consanguinité. Vieux.

ATTOURNANCE ou **ATTOURNEMENT**, subst. mas. (*atournance*, *atourneman*), vieux t. de coutume, changement de seigneur, cas dans lequel les vassaux renonçaient à l'obéissance qu'ils devaient à leur ancien seigneur, et s'engageaient à la même obéissance à l'égard de celui qui devenait leur seigneur par achat ou autrement.

ATTRACTIF, adj. mas., au fém. **ATTRACTIVE** (*atraktif, tive*), qui *attire* : *vertu attractive* ; *bandage attractif*. — En t. de médec., *remèdes attractifs*. — Il s'emploie aussi substantivement : *les attractifs*. — Fig. attrayant : *air attractif*. (*Regnard*.)

ATTRACTION, subst. fém. (*atrakcion*) (du lat. *attractio*, fait de *attrahere*, attirer), t. de phys., action d'*attirer* ; résultat de cette action. Puissance par laquelle les corps, ou même les parties des corps, sont portés ou tendent à se porter les uns vers les autres. — *Attraction électrique*, tendance qu'ont à se rapprocher et à s'unir deux corps, dont l'un est électrisé et l'autre ne l'est pas ; *attraction magnétique*, *attraction* du fer par l'aimant. Voy. TRACTION. Il est peu usité en ce sens. — ATTRACTION, TRACTION. (*Syn.*) *Traction* se dit par rapport aux puissances qui tirent un corps par le moyen d'une corde, d'un trait, etc. ; *attraction*, de l'action qu'un corps exerce sans corps intermédiaire : *l'attraction du fer par l'aimant* ; la *traction d'un charriot par un cheval*. — En t. de chim., la même chose qu'*affinité*. Voy. ce mot. En ce sens, on dit plus proprement *attraction moléculaire*. *Attractions électives*, tendance naturelle qui, par une espèce de choix, porte certains corps à décomposer ou séparer des matières auparavant unies, pour former entre eux une combinaison. — Fig., on le dit dans le style plaisant ou comique. — T. de gramm., changement d'une lettre par l'effet d'une lettre voisine ; d'un cas, en grec, à cause de celui d'un nom voisin : *acclamo* pour *adclamo*, etc.

ATTRACTIONNAIRE, subst. des deux genres (*atrakcionère*), t. de phys. On appelle ainsi les partisans du système de l'*attraction*.

ATTRACTIONNÉ, E, part. pass. de *attractionner*.

ATTRACTIONNER, v. act. (*atrakcioné*), attirer. — S'ATTRACTIONNER, v. pron., se rapprocher par l'*attraction*.

ATTRACTIVE, adj. fém. Voy. ATTRACTIF.

ATTRACTO-ÉLECTRICITÉ, subst. fém. (*atrakto-élèktricité*), propriété d'attirer à soi le fluide électrique.

ATTRACTO-ÉLECTRIQUE, adj. des deux genres (*atrakto-élèktrike*), qui jouit de la propriété d'*attirer* le fluide électrique : *les épines ainsi que les pointes métalliques sont attracto-électriques*.

ATTRACTRICE, adj. fém. (*atraktrice*). Ce mot, qui est le même que *attractive*, est inutile. Voy. ATTRACTIF.

ATTRAIRE, v. act. et défectif (*atrère*) (du lat. *attrahere*, attirer), attirer ; faire venir par le moyen de quelque chose qui plaît. Il n'est d'usage qu'à l'infinitif, et encore cet usage est fort borné : *le sel est bon pour attraire les pigeons*. *Attirer* est plus communément et mieux employé.

ATTRAIT, subst. mas. (*atrè*), penchant, inclination : *il a de l'attrait pour la musique*. En ce sens, il ne s'emploie jamais au pluriel. — *Attrait*, ce qui attire à soi, ce qui charme : *l'attrait du plaisir*, *de la volupté*. — Au plur., charmes, appas ; avec cette différence qu'il semble y avoir quelque chose de plus naturel dans les *attraits* ; quelque chose qui tient plus de l'art dans les *appas* ; quelque chose de plus fort et de plus extraordinaire dans les *charmes*. *Les attraits* se font suivre, les *appas* nous engagent, les *charmes* nous entraînent. — *Attraits* se dit particulièrement en parlant de la beauté et des agréments du sexe : *elle était parée de tous les attraits de la jeunesse et de la beauté*. — On dit en style dévot : *les attraits de la grace*, les douceurs intérieures qu'elle fait sentir. Dans cette acception, il se dit quelquefois au singulier : *c'est un puissant attrait que l'estime de ses concitoyens*.

ATTRAIT, E, part. pass. de *attraire*.

ATTRAPE, subst. fém. (*atrape*), tromperie ; apparence trompeuse. Fam. : *ne croyez pas ce qu'il vous dit*, *c'est une attrape*. — *Dragées d'attrape*, *beignets d'attrape*, ceux dans lesquels on a mis quelque chose d'amer ou de mauvais goût, ou dans lesquels on a pelotonné du fil, pour attraper la personne à qui on les offre. — En t. de mar., corde de retenue. — Dans certaines fonderies, pièce coudée dont on se sert pour retirer les creusets du feu, les manier, les redresser.

ATTRAPÉ, E, part. pass. de *attraper*.

ATTRAPE-LOURDAUD, subst. mas. (*atrape-lourdô*). Ce mot a la même signification que *attrape-nigaud*. Voy. ce mot.

ATTRAPE-MOUCHES, et non pas **ATTRAPE-MOUCHE**, subst. mas. (*atrape-mouche*), t. d'hist. nat., nom vulgaire du *gobe-mouches*. — Saillie d'une croisée pour arrêter le passage des mouches. — T. de bot., plante de la Caroline, dont les feuilles se ferment quand une mouche se pose sur leur disque. — Au plur., *des attrape-mouches*, ce qui *attrape* les mouches.

ATTRAPE-NIAIS, subst. mas. (*atrape-niè*), ce qui sert à *attraper* un *niais*. — Au plur., *des attrape-niais*.

ATTRAPE-NIGAUD, subst. mas. (*atrape-niguô*), ce qui sert à *attraper* un nigaud. — Au plur. : *des attrape-nigauds*.

ATTRAPER, v. act. (*atrapé*), prendre à une *trappe*, à un piége : *attraper un loup*, *un renard*. — Fig., obtenir par industrie : *il a attrapé un bon emploi*. Fam. — Surprendre artificieusement : *il s'est laissé attraper par un filou*. Fam. — Prendre, gagner : *attraper un rhume*. Fam. — Recevoir : *attraper un coup de pierre* ; et l'on dit de celui qui a lancé la pierre : *il l'a attrapé à la tête*, *à la jambe*, etc. Fam. — Atteindre en courant : *les chiens ont attrapé le lièvre*. — Saisir le sens, la pensée d'un auteur ; rendre, exprimer le caractère, la ressemblance, l'air du visage. — Prendre sur le fait : *je l'ai attrapé à me voler*. — *Attrape!* exclamation fam. exprimant qu'une personne vient d'être l'objet d'une malice. — Et en peinture : *attraper la ressemblance*, *les caractères*, pour dire : les bien saisir et les exprimer avec vérité. On dit aussi : *attraper la manière d'un peintre*, pour dire : peindre exactement suivant sa manière. — S'ATTRAPER, v. pron., t. de vétérinaire : *un cheval s'attrape*, lorsqu'en cheminant il s'atteint en divers endroits.

ATTRAPE-VILAIN, E, subst. (*atrape-vilein*), ce qui sert à *attraper* un *vilain*, un avare. — Au plur. : *des attrape-vilains*, *vilaines*.

ATTRAPETTE, subst. fém. (*atrapète*), tromperie légère, petite malice. Fam. et badin.

ATTRAPEUR, subst. mas., au fém. **ATTRAPEUSE** (*atrapeur, peuze*), qui *attrape*.

ATTRAPEUSE, subst. fém. Voy. ATTRAPEUR.

ATTRAPOIRE, subst. fém. (*atrapoare*), piège pour *attraper* les oiseaux. — Au fig., tour de finesse pour *attraper*, pour tromper : *la délicieuse attrapoire!* Fam. et suranné.

ATTRAQUER, v. neut. (*atraké*), t. de mar., s'approcher, expression dont se servent les marins du Levant, en parlant d'un navire qui accoste un quai pour charger ou décharger avec facilité.

ATTRAYANT, E, adj. (*atrèian, iante*), qui a de l'*attrait*, qui *attire* agréablement.

ATTREMPAGE, subst. fém. (*atranpaje*), t. d'arts et mét., chauffe réglée d'un four à glaces.

ATTREMPANCE, subst. fém. (*atranpance*), modération des passions. Vieux et tout-à-fait hors d'usage.

ATTREMPÉ, E, part. pass. de *attremper*, et adj., t. de vieille faucon., se disait d'un oiseau qui n'était ni gras ni maigre.

ATTREMPER, v. act. (*atranpé*), t. de verrerie, tremper, recuire. — Fig., modérer, se modérer. Vieux et inusité dans les deux sens.

ATTRIBUÉ, E, part. pass. de *attribuer*.

ATTRIBUER, v. act. (*atribué*) (du latin *attribuere*, formé de *ad*, à, et *tribuere*, donner, accorder), attacher, annexer à... : *attribuer à une charge des gages, des privilèges*.—Rapporter à..., imputer : avec cette différence que *attribuer* une chose à quelqu'un, c'est la mettre sur son compte par une prétention, un jugement, une assertion simple, comme sa chose propre, son ouvrage immédiat; et que la lui *imputer*, c'est la rejeter sur lui, en lui en rapportant ou appliquant le mérite ou démérite : *on attribue plutôt les choses; on impute surtout le mérite des choses.*—Accorder: *on lui attribue des qualités qui...*—*S'ATTRIBUER*, v. pron., prendre pour soi, s'approprier : *il s'attribue la gloire de...* Voy. S'APPROPRIER.

ATTRIBUT, subst. mas. (*atribu*) (du lat. *attributum*, fait de *attribuere*, attribuer), ce qui est propre à quelqu'un ou à quelque chose : *ceci est un de vos attributs; ce droit est un des attributs de cette place.*— En t. de logique, ce qui s'affirme ou se nie d'un sujet. C'est aussi la qualité que l'on juge convenir à un sujet dont il exprime la manière d'être. Dans cette proposition : *le soleil est levé, le soleil* est le sujet, et *levé*, qui est ce qu'on juge du soleil, est l'*attribut*. — En gramm., c'est le régime ou le complément d'une proposition ou d'un verbe. Voyez notre *Grammaire*. — En t. de peinture, de sculpture, d'antiquité, etc., tout ce qui sert à caractériser une *allégorie* se nomme *attribut*, et l'on appelle encore *attributs* les divers symboles particuliers aux divinités de la fable, aux vertus, aux arts, etc. : *les attributs de la justice sont une balance et un glaive, ceux de Jupiter la foudre et l'aigle*, etc.

ATTRIBUTIF, adj. mas., au fém. ATTRIBUTIVE (*atributif, tive*), t. de palais, qui *attribue* : *arrêt attributif*. —Les grammairiens appellent *attributif* ce qui sert à exprimer l'affirmation du sujet; un verbe *attributif* est immédiatement soumis au sujet, et toujours obligé d'en suivre le nombre, la personne et le genre.

ATTRIBUTION, subst. fém. (*atribucion*), droit d'un fonctionnaire quelconque de prononcer sur certaines affaires, de les administrer, d'en connaître, etc. : *cette affaire n'est pas dans les attributions d'un préfet, d'un maire, mais dans celles du ministre de l'intérieur; ceci est dans les attributions de tel magistrat, de tel tribunal*, etc. Ce mot s'emploie le plus ordinairement au pluriel. — *Lettres d'attribution*, lettres du roi qui donnaient pouvoir de juger une affaire en dernier ressort. — Concession de quelque prérogative.

ATTRIBUTIVE, adj. fém. Voy. ATTRIBUTIF.

ATTRISTANT, E, adj. (*atricetan, tante*), qui *attriste* : *nouvelle fort attristante*.

ATTRISTÉ, E, part. pass. de *attrister*.

ATTRISTER, v. act. (*atriceté*) (du lat. *tristis*, triste), rendre *triste*, affliger : *vos reproches l'ont beaucoup attristé*. — *S'ATTRISTER*, v. pron., devenir *triste*.

ATTRITION, subst. fém. (*atricion*) (du lat. *attritio*, formé de *atterere*, frotter contre, user en frottant), douleur d'avoir offensé Dieu, causée par la seule crainte du châtiment.—En phys., frottement de deux corps qui se meuvent l'un contre l'autre, de manière qu'il se détache de leur surface plusieurs particules saillantes.—En t. de chir., écorchure superficielle des pieds, des cuisses.

ATTROUPÉ, E, part. pass. de *attrouper*.

ATTROUPEMENT, subst. mas. (*atroupeman*) (rac. *troupe*), rassemblement tumultueux de gens réunis par l'inquiétude ou par quelque mauvais dessein.

ATTROUPER, v. act. (*atroupé*), assembler tumultueusement plusieurs personnes en *troupe*. —*S'ATTROUPER*, v. pron., se réunir en *troupe*.

ATUN, subst. mas. (*ateun*), t. de bot., genre de scombre; arbre du pays des Malais, à feuilles alternes et lancéolées.

ATWOOD (MACHINE D'), subst. fém. (*ateoude*), machine inventée pour rendre sensibles les lois du mouvement des corps en ligne droite, circulaire, etc., ainsi nommée de son auteur M. *Atwood*, membre de laSociété royale de Londres.

ATYCHIE, subst. fém. (*atichi*), t. d'hist. nat., insecte de l'ordre des zygénides.

ATYE, subst. mas. (*ati*), t. d'hist. nat., crustacé de l'ordre des macroures.

ATYPE, subst. mas. (*atipe*), t. d'hist. nat., espèce d'arachnides de la famille des aranéides.

ATYPIQUE, adj. des deux genres (*atipike*) (du grec α priv. et τυπος, type), se dit d'une maladie à périodes irrégulières.

ATYRION, subst. mas. (*atirion*), t. de bot., espèce de fougères.

ATYS, subst. mas. (*atice*), myth., jeune Phrygien à qui Cybèle laissa le soin de ses sacrifices, à condition qu'il ne violerait pas son vœu de chasteté; mais il y manqua en s'attachant à la nymphe Sangaris ou Sangaride, et Cybèle le métamorphosa en pin. — Il y eut un autre *Atys*, fils d'Hercule et d'Omphale; et un autre qui fut tué par Tydée, lorsqu'il allait épouser Ismène, fille d'Œdipe.—T. d'hist. nat., grand singe blanc. — On nomme aussi *atys* une espèce de coquillage.

ATZEBÉROSCINE, subst. fém. (*atezebérocecine*), t. de musiq., instrument de percussion en usage chez les Hébreux : il était de bois et avait la forme d'un mortier; on le frappait avec une espèce de pilon aussi de bois, terminé par deux boutons.

AU (*ô*), particule formée par contraction de la prép. *à* et de l'article *le*. Devant un nom mas. sing., commençant par une consonne ou par un *h* aspiré, il équivaut au cas des Latins appelé *datif* : *plaire au monde*.— Au plur. on met *aux* pour *à les* : *plaire aux hommes*. — Cette particule s'emploie aussi pour *dans* : *être au lit*; pour *avec* : *toucher au doigt*; pour *selon*: *au jugement des gens sensés, il faut*, etc. Voy. notre *Grammaire*, et le *Dictionnaire* au mot ARTICLE.

AUBADE, subst. fém. (*ôbade*), concert d'instruments qu'on donne à l'*aube* du jour, à la porte ou sous les fenêtres d'une personne. Celui qu'on donne le soir s'appelle *sérénade*.—Fig. et par antiphrase, insulte, avanie, peur avec vacarme qu'on fait à quelqu'un. On dit aujourd'hui *charivari*.

AUBAGNE, subst. fém. (*ôbagnie*), ville de France, chef-lieu de canton, arrond. de Marseille, dép. des Bouches-du-Rhône.

AUBAIN, subst. mas. (*ôbein*) (suivant *Cujas*, du lat. *advena*, étranger; suivant *du Cange*, de *albanus*, ayant la signification de *Écossais*, parce que les Écossais voyageaient autrefois beaucoup en France sous le nom d'*Albani* ou *Albini*, dérivé de *Albion*), étranger non naturalisé dans le pays où il demeure. Peu usité.

AUBAINAGE, subst. mas. (*ôbènaje*), s'est dit pour *aubaine*.

AUBAINE, subst. fém. (*ôbène*) : *droit d'aubaine*, droit qu'avait autrefois le roi de France à la succession des biens d'un étranger non naturalisé. Voy. AUBAIN. — Fig., avantage, profit inespéré : *c'est une aubaine, une bonne aubaine pour lui*.

AUBAN, subst. mas. (*ôban*), t. de vieille féod. *Le droit de auban* était celui qui se payait aux seigneurs ou aux officiers de police, pour avoir permission d'ouvrir boutique. — C'était aussi la permission même.

AUBANS, subst. mas. plur. (*ôban*). Voy. HAUBAN.

AUBAN (SAINT-), subst. mas. (*ceintôban*), village de France, chef-lieu de canton, arrond. de Grasse, dép. du Var.

AUBARESTRIÈRE, subst. fém. (*ôbarècetrière*), t. de mar., pièce de bois d'une galère.

AUBE, subst. fém. (*ôbe*) (du lat. *albus, alba*, blanc, blanche), vêtement ecclésiastique, fait de toile *blanche* et qui descend jusqu'au talon. — La pointe du jour. On dit ordinairement *l'aube du jour*, et non pas simplement l'*aube*. Ce ne serait pourtant point une faute que de dire : *je me lèverai demain avant l'aube*. Seulement, *aube*, ainsi présenté, est plutôt du domaine de la poésie; c'est pour cela qu'il ne faut pas s'en servir familièrement. — En t. de mar., l'intervalle de temps qui s'écoule depuis le souper de l'équipage jusqu'à ce qu'on prenne le premier quart. — Petites planches fixées à la circonférence de la roue d'un moulin à eau, et sur lesquelles s'exerce l'impression du fluide, qui, en les frappant, fait tourner la roue. — Dép. de la France, tirant son nom de la rivière qui le traverse.

AUBEAU, subst. mas. (*ôbô*), vieux mot. Voy. AUBIER.

AUBÉNAGE, subst. mas. (*ôbénaje*), droit attribué aux seigneurs par quelques coutumes. Vieux. C'est le même mot que *aubainage*.

AUBENAS, subst. mas. (*ôbenâce*), ville de France, chef-lieu de canton, arrond. de Privas, dép. de l'Ardèche.

AUBENTON, subst. mas. (*ôbanton*), bourg de France, chef-lieu de canton, arrond. de Vervins, dép. de l'Aisne.

AUBÉPIN, subst. mas., et **AUBÉPINE**, subst. fém. (*ôbépein, pine*) (du latin *alba spina, spina alba*, épine blanche), t. de bot., arbrisseau épineux à fleurs rosacées, disposées en corymbes, et de couleur *blanche*. Il croît dans les bois. *Aubépine* est aujourd'hui plus usité qu'*aubépin*. — On l'appelle aussi *épine blanche* et *noble épine*.

AUBÈRE, adj. des deux genres (*ôbère*) (du lat. *albus*, blanc), se dit d'un cheval dont le poil approche de la couleur de la fleur du pêcher, entre le blanc et le bai. — Il est aussi subst. mas. suivant l'*Académie*; et il désigne alors la robe d'un cheval *aubère*.

AUBERGE, subst. fém. (*ôbèreje*) (du latin barbare *heriberga* ou *heribergum*, qui, dans les Capitulaires, est pris pour *hôtellerie*, et qui a été fait de l'allemand *herbergen*, loyer. L'*albergo* des Italiens et l'*albergue* des Espagnols ont la même origine), maison où l'on trouve à manger et à loger en payant. Voy. CABARET. — A Malte, le lieu où les chevaliers de chaque langue étaient nourris en commun. — Fig. et fam., maison où l'on reçoit tout le monde. — *Prendre telle maison pour une auberge*, s'y établir sans façon, ou aller y dîner souvent sans invitation.

AUBERGINE, subst. fém. (*ôbèrejine*), t. d'hist. nat., espèce de morelle. — T. de bot., mélongène. Voy. ce mot.

AUBERGISTE, subst. des deux genres (*ôbèrejicete*), celui ou celle qui tient une *auberge*.

AUBERIVE, subst. fém. (*ôberive*), village de France, chef-lieu de canton, arrond. de Langres, dép. de la Haute-Marne.

AUBERON, subst. mas. (*ôberon*), t. de serrur., petit morceau de fer rivé au moraillon qui entre dans une serrure, et au travers duquel passe le pêne pour la fermer.

AUBERONNIÈRE, subst. fém. (*ôberonière*), t. de serrur., moraillon ou bande de fer sur laquelle sont rivés les *auberons* d'une serrure.

AUBERVILLIERS, subst. mas. (*ôbèrevilié*), t. de jard., espèce de laitue fort dure. — Village voisin de Paris.

AUBÈTE, subst. fém. (*ôbète*), corps-de-garde de sous-officiers. Vieux.

AUBETERRE, subst. fém. (*ôbetère*), ville de France, chef-lieu de canton, arrond. de Barbezieux, dép. de la Charente.

AUBIER, subst. mas. (*ôbié*) (du lat. *alburnum*, formé de *album*, blanc), t. de bot., nouveau bois qui se forme chaque année sur le corps ligneux, et qui se trouve immédiatement sous l'écorce. Il est ordinairement *blanc*. — Arbre fort dur, à fruit en grappes, qui ressemble au cornouiller.

AUBIFOIN, subst. mas. (*ôbifoein*), t. de bot., sorte de plante qui croît parmi les blés, nommée aussi *bluet*.

AUBIGNY, subst. mas. (*ôbigni*), ville de France, chef-lieu de canton, arrond. de Sancerre, dép. du Cher. — Village de France, chef-lieu de canton, arrond. de Saint-Pol, dép. du Pas-de-Calais.

AUBIN, subst. mas. (*ôbein*) (du lat. *albinum*, dit pour *albumen*, et dérivé de *albus*, blanc), t. de man., allure du cheval qui tient de l'amble et du galop. — Le blanc de l'œuf. — Ville de France, chef-lieu de canton, arrond. de Villefranche, dép. de l'Aveyron. — *Saint-Aubin-d'Aubigné*, village de France, chef-lieu de canton, arrond. de Rennes, dép.

d'Ille-et-Vilaine.—*Saint-Aubin-du-Cormier*, ville de France, chef-lieu de canton, arrond. de Fougères, dép. d'Ille-et-Vilaine. Lieu célèbre par une bataille gagnée sur les Bretons en 1488.

AUBINER, v. neut. (*ôbiné*), t. de man., aller l'*aubin*, en parlant d'un cheval. Peu usité.

AUBINET ou **SAINT-AUBINET**, subst. mas. (*ôbinè*), t. de mar., pont de cordes supporté par des bouts de mâts posés en travers sur le plat bord, à l'avant des vaisseaux marchands.

AUBLETIE, subst. fém. (*ôbleci*), t. de bot., genre de verveine, la même chose que l'apéiba.

AUBOUR, subst. mas. (*ôbour*), t. de bot., arbre dont les feuilles sont bonnes contre l'asthme.

AUBUSSON, subst. mas. (*ôbuçon*), ville de France, chef-lieu d'arrond., dép. de la Creuse. Ses manufactures de tapis sont très-renommées.

AUCH, subst. mas. (*ôche*), très-ancienne ville de France, chef-lieu du dép. du Gers.

AUCHE, subst. fém. (*ôche*), t. d'épinglier, cavité qui enchâsse la tête de l'épingle dans le métier.

AUCHÉNOPTÈRES, subst. et adj. mas. plur. (*ôchénoptère*) (du grec αυχην, gén., αυχενος, cou, et πτερον, aile ou nageoire), t. d'hist. nat., famille de poissons osseux, jugulaires, dont le caractère est d'avoir des nageoires ventrales situées sous la gorge.

AUCHÉNORINGUES ou **COLLIROSTRES**, subst. mas. plur. (*ôchénoreingue*), t. d'hist. nat., famille d'insectes composée des genres *fulgore* et *cigale* de Linnée.

AUCHOIS, E, adj. (*ôchoâ, ôchoâze*), de la ville d'*Auch*.

AUCILLE, subst. mas. (*ôcile*), t. d'hist. nat., espèce d'oiseau.

AUCTUAIRE, subst. mas. (*ôktuère*), t. de bibliothèque, signifiait autrefois : augmentation, supplément. Vieux.

AUCUBE, ou **AUCUBA**, subst. fém. (*ôkube, ôkuba*), t. de bot., arbuste de la famille des rhamnoïdes.

AUCUN, subst. mas. (*ôkeun*), village de France, chef-lieu de canton, arrond. d'Argelès, dép. des Hautes-Pyrénées.

AUCUN, E, adj. (*ôkeun, kune*) (du latin *aliquis unus*, dont les Italiens ont aussi fait *alcuno*, et les Espagnols *alguno*), pas un, nul : *je ne connais aucun moyen de réussir*. — Il se dit aussi substantivement et régit la prép. *de* : *je ne connais aucun de vos juges*. — Il s'emploie avec la seule négative *ne*, et en retranchant *pas* : *il n'y avait aucun de ses gens*, et non point, comme a dit *Marivaux*, *il n'y avait pas aucun*.—*Aucun* n'a point de pluriel, par la raison, ainsi que l'observe judicieusement *Féraud*, que ce mot « est accompagné d'une particule négative, et par conséquent « exclusive : *aucun*, c'est *pas un*. Qui *n'en a pas « un n'en a pas du tout* : qu'a-t-on donc affaire « du pluriel? » *Racine* a dit dans *Phèdre* :

Aucuns monstres par moi domptés jusqu'aujourd'hui
Ne m'ont acquis le droit de faillir comme lui.

C'est une faute, même en admettant, avec la dernière édition du *Dictionnaire de l'Académie*, qu'*aucun* sans négation puisse s'employer au plur.; car la phrase de *Racine* est évidemment négative. — *Aucuns*, au plur., en style marotique ou de palais, *quelques-uns*. Il a très-peu d'usage en ce sens : *d'aucuns croiront que j'en suis amoureux*.

AUCUNE FOIS, loc. adv., quelquefois. Vieux.

AUCUNEMENT, adv. (*ôkuneman*), nullement. — Au palais, et dans le style marotique, on l'emploie sans *ne*, et il signifie : en quelque sorte, à certains égards : *ayant aucunement égard à la demande*, etc.

AUDACE, subst. fém. (*ôdace*) (du latin *audacia*, fait de *audere*, oser), hardiesse excessive. Il se prend ordinairement en mauvaise part : *c'est par l'audace qu'on brave ouvertement les lois de son pays*. Mais une épithète ou la force du sens peut aussi en corriger l'expression : *une noble, une généreuse audace; audace guerrière, héroïque; le cri de Télémaque porta le courage et l'audace dans le cœur des siens*. — **AUDACE, HARDIESSE, EFFRONTERIE.** (*Syn.*) Il y a dans l'*audace* quelque chose d'emporté; dans la *hardiesse*, quelque chose de mâle; dans l'*effronterie*, quelque chose d'incivil.

AUDACIEUSE, adj. fém. Voy. **AUDACIEUX**.

AUDACIEUSEMENT, adv. (*ôdacieuzeman*), avec *audace*; avec un courage intrépide ; insolemment.

AUDACIEUX, subst. mas., au fém. **AUDACIEUSE** (*ôdacieu, euze*), qui a de l'*audace*, qui a une hardiesse excessive.—Il est aussi subst. : *c'est un audacieux*. —Fig., et en bonne part au propre : qui a une noble hardiesse, une grande intrépidité : *c'est un génie audacieux; c'est un soldat audacieux; figure audacieuse*, telle que l'hyperbole.

AUDE, subst. fém. (*ôde*), dép. de France, tirant son nom de la rivière qui le traverse.

AU-DEDANS, PAR-DEDANS, prép. et adv. (*ôdedan, pardedan*), dans l'intérieur, au fond.

AU-DELÀ, prép. et adv. (*ôdela*), par-delà.

AUDENGE, subst. mas. (*ôdanje*), village de France, chef-lieu de canton, arrond. de Bordeaux, dép. de la Gironde.

AUDEUX, subst. mas. (*odeu*), village de France, chef-lieu de canton, arrond. de Besançon, dép. du Doubs.

AU-DEVANT, prép. et adv. (*ôdevan*) : *aller, envoyer au-devant de quelqu'un*, aller, envoyer à sa rencontre. Voy. **ALLER**. — Fig., *aller au-devant du tort, du mal qu'on veut nous faire*, le prévenir, le braver. — *Aller au-devant*, faire les avances; faire les premiers pas, les premières démarches.

AUDIAN-BONICHA, subst. mas. (*odian-bonicha*), t. de bot., arbrisseau de Madagascar.

AUDIENCE, subst. fém. (*ôdiance*) (du latin *audientia*, fait de *audire*, ouïr, entendre, écouter, lequel est dérivé du grec αυδη, voix), attention que l'on donne à celui qui parle : *avoir audience; prêter audience; donner audience; une audience favorable*.—Il se dit plus ordinairement du temps que les princes, les ministres, etc., emploient à écouter ceux qui ont à leur parler. — T. de palais, séance des juges dans les causes qui se plaident : *tenir l'audience, lever l'audience*.—Lieu où se tient l'*audience*. — L'assemblée de ceux qui y assistent.—*Audience civile*, celle où l'on plaide toutes les causes civiles. — *Audience criminelle*, celle où il s'agit de quelque crime. — *Audience solennelle*, audience d'apparat destinée aux causes les plus importantes, à l'entérinement des lettres de grace, aux prestations de serment, etc. : *les tribunaux de première instance n'ont pas d'audiences solennelles*.—*Cause d'audience*, celle qui se peut juger sur la seule plaidoirie des avocats. On disait autrefois par excellence *la grand'chambre de l'audience*, parce qu'il y avait que celle-là où l'on plaidât. — Les ouvertures des *audiences* sont des cérémonies qu'on faisait lorsque le parlement recommençait ses séances après les vacances. On disait alors une messe solennelle, et les présidents et avocats-généraux faisaient des harangues pour entretenir la discipline du palais. Cela se fait encore aujourd'hui.— C'est encore le temps que durent les séances judiciaires : *cette cause occupera six audiences*. — *Audience*, ou *audience royale*, tribunal de justice établi par les Espagnols dans les diverses provinces de l'Amérique. — Provinces qui composent le ressort de chacun de ces tribunaux.

AUDIENCIER, adj. et subst. mas. (*ôdiancié*) se dit de l'huissier qui appelle les causes dans l'*audience* : *huissier-audiencier*. — *Grand-audiencier*, officier du sceau, chargé autrefois d'examiner les lettres de noblesse, de grace, etc., qu'on devait sceller.

AUDIMÈTRE, subst. mas. (*ôdimètre*) (du grec ους, oreille, et μετρον, mesure), instrument propre à mesurer l'étendue de l'ouïe.

AUDINCOURT, subst. mas. (*ôdeinkour*), village de France, chef-lieu de canton, arrond. de Montbéliard, dép. du Doubs.

AUDITEUR, subst. mas.; au fém. **AUDITRICE**, (*ôditeur, trice*) (en latin *auditor*, formé du verbe *audere*, entendre), en général, celui qui écoute un discours, une lecture, dans une assemblée. —*Auditeur des comptes*, autrefois officier de la cour des comptes. — Voyez **RÉFÉRENDAIRE**. — Officier près les cours de justice, qui assiste aux *audiences* sans avoir voix délibérative, à moins d'insuffisance dans le nombre des juges. — Il y a aussi des *auditeurs* près le conseil d'état, etc. —*Auditeur de rote*, officier de l'ancien tribunal de la rote, à Rome. On dit également : *auditeur de la chambre apostolique*. Voy. **ROTE**. — On appelle *auditeur bénévole* celui qui est favorablement disposé. On le dit aussi de celui qui vient, de bonne volonté et par goût, écouter un maître. —*L'Académie* ne donne pas le fém. de ce mot.

AUDITIF, adj. mas., au fém. **AUDITIVE** (*ôditif, tive*), qui appartient à l'ouïe : *nerf auditif, faculté auditive*. Il s'emploie particulièrement en anatomie.

AUDITION, subst. fém (*ôdicion*), action d'entendre. — T. de palais, *audition des témoins*, *audition de compte*, l'action d'*ouïr* des témoins, d'ouïr et d'examiner un compte.

AUDITIVE, adj. fém. Voy. **AUDITIF**.

AUDITOIRE, subst. mas. (*ôditoare*), le lieu où l'on plaide : *entrer dans l'auditoire*. — Assemblée qui écoute. — Lieu où elle est réunie. — Il se dit surtout de ceux qui assistent au sermon : *ce prédicateur a toujours un fort bel auditoire*.

AUDITRICE, subst. fém. Voy. **AUDITEUR**.

AUDRUICK, subst. mas. (*ôdruik*), bourg de France, chef-lieu de canton, arrond. de Saint-Omer, dép. du Pas-de-Calais.

AUDUN-LE-ROMAN, subst. mas. (*ôdeunleroman*), village de France, chef-lieu de canton, arrond. de Briey, dép. de la Moselle.

AUFFE, subst. fém. (*ôfe*), t. de bot., espèce de jonc qui vient d'Espagne, et qu'on nomme aussi *sparte*. On en fait des filets à grandes mailles pour la pêche, et le plus souvent des cordages qu'en Provence on appelle *sartis*. Une pièce de ces cordages se nomme *maille*.

AUGE, subst. fém. (*ôje*) (en grec αγγειον, ou αγγος, urne, vase), pierre ou pièce de bois creusée, qui sert à donner à boire ou à manger aux chevaux et autres animaux domestiques. — Rigole de pierre ou de plomb dans laquelle coule l'eau d'un aquéduc ou d'une source, pour se rendre dans un regard ou dans un réservoir. — Grand vaisseau de bois où les maçons gâchent leur plâtre. —Au jeu de paume, espèce de saillie qui est auprès des filets, pour recevoir les balles. — Chez les cartonniers, huche où l'on jette les rognures de papier lorsqu'elles sont broyées. — En t. de mar., vaisseau de bois où l'on met le goudron, pour y passer les cordages. — Dans les moulins à eau, canal étroit de planches, de maçonnerie, par où l'eau ramassée coule et tombe sur la roue pour la mettre en mouvement et faire tourner la meule. — On appelle *auge* la partie qui se trouve au-dessous de la ganache du cheval. — En t. de laminage de plomb, *auge* est un vase de plomb placé au bout du moule où l'on coule les tables de plomb avant de les laminer. — En t. d'hydraulique, l'*auge à soupape* est une *auge* garnie au fond d'une petite *soupape* qui s'ouvre quand on plonge dans l'eau la partie de l'*auge* à laquelle elle répond, et qui se referme quand on relève l'*auge*, pour faire couler de l'autre côté du bâtardeau l'eau qu'on a puisée. — *Auge galvanique*, appareil de physique dont les disques métalliques sont rapprochés les uns des autres.

AUGÉE, subst. fém. (*ôjé*), myth., fille d'Aléus. Elle accoucha dans les bois de Télèphe, qu'elle avait eu d'Hercule. Ce prince, étant devenu grand, gagna la faveur de Téthras, roi de Mysie, chez qui Augée s'était réfugiée pour éviter la colère de son père. Télèphe, qui ne la connaissait point pour sa mère, obtint sa main; mais Augée, ne voulant pas épouser un aventurier, allait le tuer lorsqu'elle fut effrayée par un serpent, ce qui l'arrêta. Cela leur donna occasion de se dire qui ils étaient, et le mariage fut rompu. — Ce que peut contenir une *auge*. — T. de bot., espèce de plante du cap de Bonne-Espérance.

AUGELOT, subst. mas. (*ôjelô*), t. de salines, cuiller de fer avec laquelle on retire l'écume du sel. — Pelle ou petit bassin où les matières étrangères et les parties terreuses du sel se précipitent.

AUGÉ, E, part. pass. de *auger*.

AUGER, v. act. (*ôjé*), t. de métiers, creuser en *augel*.

AUGET, subst. mas. (*ôjè*), petit vaisseau où l'on met la mangeaille des oiseaux qu'on nourrit en cage. — Petit vaisseau attaché à la circonférence de certaines roues hydrauliques. — Conduit de bois dans les moulins, par où tombe le grain sur la meule. — T. d'archit., bassin des gouttières de plomb aux grands bâtiments. — Scellement des lambourdes sur une voûte ou sur l'aire d'un plancher, pour recevoir un parquet. — Espèce de coquille en plâtre au bord d'un joint de pierre, qu'on garnit d'un coulis pour remplir ce joint. — T. de min., petit canal carré de bois, dans lequel passe le saucisson qui porte le feu à un fourneau de mine.

AUGIAS, subst. mas., (*ojiâce*) myth., roi de l'Elide. Il convint avec Hercule de lui donner la dixième partie de son bétail quand celui-ci aurait nettoyé ses étables, dont le fumier infectait l'air. Hercule, pour y parvenir, détourna les eaux du fleuve Alphée. Ensuite il tua ce roi qui lui avait refusé son salaire, et donna ses états à Philé, son fils.

AUGIE ou **AUGIN**, subst. mas. (*ôjî*, *ôjein*), t. de bot., arbre à vernis de la Chine et de la Cochinchine.

AUGITE, subst. fém. (*ôjite*) (du grec αυγη, splendeur), t. de min., espèce de pierre précieuse d'un vert pâle.

AUGM., abréviation du mot AUGMENTATION ou AUGMENTATIF.

AUGMENT, subst. mas. (*ogueman*) (du latin *augmentum*, fait de *augere*, augmenter). t. de droit, usité autrefois dans cette seule phrase : *augment de dot*, ce que le mari pouvait donner à sa femme par contrat de mariage dans les pays de droit écrit, et qui lui tenait lieu de ce que, dans les pays de coutume, on appelle *douaire*. — En t. de gramm. grecque, augmentation réelle qui se fait au commencement du verbe, en quelques-uns de ses temps, relativement à la première personne, au singulier du présent de l'indicatif : *augment syllabique, temporel*, etc. L'*augment syllabique* consiste dans une augmentation de syllabes; *l'augment temporel*, dans le changement d'une syllabe brève en longue. — T. de médec., période d'une maladie pendant laquelle les symptômes *augmentent*.

AUGMENTATEUR, subst. mas., au fém. **AUGMENTATRICE** (*oguemantateur, tatrice*), celui qui *augmente*. Il ne peut se dire qu'en parlant de celui ou de celle qui fait de grandes *augmentations* au livre d'un autre auteur.

AUGMENTATIF, adj. mas., au fém. **AUGMENTATIVE** (*oguemantatife, tive*), qui *augmente*, qui agrandit, étend la signification simple d'un mot. Il ne se dit qu'en termes de grammaire : *noms augmentatifs, particules augmentatives*. — On appelle substantivement *augmentatif* le mot ainsi modifié : *ce mot est un augmentatif, cet autre est un diminutif; un augmentatif, un diminutif de tel autre mot*.

AUGMENTATION, subst. fém. (*oguemantâcion*), accroissement; addition d'une chose à une autre de même nature : *augmentation de gages, de fortune*. *Accroissement* est plutôt employé quand il s'agit de gloire, d'honneur, de vertu.—Il est usité aussi sans régime : *faire des augmentations; payer des augmentations*.

AUGMENTATIVE, adj. fém. Voy. AUGMENTATIF.

AUGMENTATRICE, subst. fém. Voy. AUGMENTATEUR.

AUGMENTÉ, E, part. pass. de *augmenter*.

AUGMENTER, v. act. (*oguemanté*) (du latin barbare *augmentare*, fait de *augmen* ou *augmentum*, augmentation, lequel est dérivé de *augeo*, j'augmente), accroître; rendre une chose plus grande, en y joignant une autre chose de même genre. Voy. AGRANDIR. — On dit aussi *augmenter des domestiques*, pour dire *augmenter* leurs gages; *augmenter des ouvriers*, pour dire *augmenter* leur salaire, etc. — *Augmenter* est aussi neutre, et signifie croître : *ses biens augmentent tous les jours; il augmente en fortune, en honneurs*, etc. — Il signifie encore au neutre, en parlant des denrées et autres marchandises, hausser de prix : *le blé, le vin, le pain augmentent; les calicots ont augmenté l'année dernière*, etc. — **s'AUGMENTER**, v. pron., prend la prép. *à* devant un infinitif :

> L'allégresse du cœur *s'augmente* à la répandre.
>
> (MOLIÈRE, *École des Femmes*, acte IV, scène VI.)

— **AUGMENTER, CROÎTRE.** (*Syn.*) *Croître*, c'est acquérir plus de hauteur ou de longueur; *augmenter*, c'est s'agrandir dans quelque sens que ce soit.

AUGSBOURG, subst. mas. (*ôcebour*), l'une des villes les plus importantes de l'Allemagne sous le rapport du commerce, dont elle est l'entrepôt pour l'Europe méridionale.

AUGUET, subst. mas. (*ôgué*), petit creux.

AUGURACULON, subst. mas. (*ôgurakulon*), t. d'hist. anc., lieu à Rome où l'on rendait les *augures*.

AUGURAL, E, adj. (*ôgural*), au plur. mas. **AUGURAUX** (*ôguró*), (du latin *augurium*, augure), t. d'hist. anc., qui appartient à *l'augure*; relatif aux *augures*, aux présages : *science augurale; bâton augural*, etc.

AUGURAUX, subst. et adj mas. plur. (*ôguró*), t. d'hist. anc., se dit des livres qui traitaient de la science des *augures* chez les Romains.

AUGURE, subst. mas. (*ôgure*) (du latin *augur*, et *augurium*, formé par contraction de *avium garritus*, gazouillement des oiseaux), t. d'hist. anc., celui qui, chez les anciens Romains, jugeait de l'avenir par le vol des oiseaux. — Présage que les *augures* tiraient de leurs observations. — Tout ce qui semble présager, indiquer quelque chose. — *Oiseau de mauvais augure*, personnage dont l'arrivée n'annonce rien que de funeste; qui apporte une mauvaise nouvelle, etc. — **AUGURE, PRÉSAGE.** (*Syn.*) L'*augure* est une conjecture hasardée; le *présage*, une conjecture raisonnable.

AUGURÉ, E, part. pass. de *augurer*.

AUGURER, v. act. (*ôguré*), tirer une conjecture, un *augure*, un présage de... : *j'augure tout de vos efforts*. — V. neut. : *j'en augure bien, j'en augure mal*.

AUGUSTAL, E, adj. (*ôgucetale*), t. d'hist. anc., chez les Romains, ce qui avait rapport à l'empereur et à l'impératrice. — On donnait autrefois ce nom au préfet préposé au gouvernement de l'Égypte.—Plur. mas. AUGUSTAUX.

AUGUSTAT, subst. mas. (*ôguceta*), t. d'hist. anc., dignité chez les Romains.

AUGUSTAUX, subst. mas. plur. (*ôgucetó*), t. d'hist. anc., chez les Romains, 1° ceux qui conduisaient les premiers rangs de l'armée; 2° les préfets d'Egypte établis par *Auguste* après la défaite d'Antoine et de Cléopâtre; 3° tous les officiers du palais des empereurs; 4° citoyens qui, dans les colonies et les municipes, tenaient le milieu entre les décurions et le peuple; 5° prêtres consacrés au culte de l'empereur *Auguste*.

AUGUSTE, subst. mas. (*ôgucete*), monnaie d'or de Saxe valant cinq écus ou thalers (19 fr. 03 cent.). Il y a des doubles et des demi-augustes. — Adj. des deux genres, grand, respectable, digne de vénération : *ce temple auguste, cette auguste assemblée* (du latin *augustus*, fait par contraction d'*augurio consecratus*, consacré par les cérémonies religieuses). — *Auguste* ne se dit plus pour *août*; cependant on dirait bien encore : *le mois d'Auguste*, pour *le mois d'août*.

AUGUSTEMENT, adv. (*ôguceteman*), d'une manière *auguste*. Peu usité.

AUGUSTIN, subst. mas. (*ôgucetein*), nom propre d'homme. — Nom de religieux. — *Saint-augustin*, sorte de caractère d'imprimerie qui est entre le gros-texte et le cicéro. — Format de carton de 18 pouces sur 24.

AUGUSTINE, subst. fém. (*ôgucetine*), nom d'une religieuse de l'ordre de saint Augustin. — Sorte de chaufferette.

AUGUSTINES, subst. fém. plur. (*ôgucetine*), t. d'hist. anc., fêtes qui se célébraient à Rome le 4 des ides d'octobre, en l'honneur d'*Auguste*.

AUGUSTINIEN, subst. mas. (*ôgucetinieín*), celui qui est attaché à la doctrine de *saint Augustin*.— T. d'hist. ecclés., hérétiques qui soutenaient que les âmes des *saints* n'entrent point au ciel avant le jour du jugement.

AUGUSTINS, subst. mas. plur. (*ôgucetein*), religieux qui suivent une règle donnée par *saint Augustin*.

AUGUSTURA, subst. fém. (*ôgucetura*), t. de bot., arbrisseau de l'Abyssinie, dont l'écorce supplée le quinquina.

AUJOURD'HUI, adv. de temps (*ôjourdui*) (des quatre mots qui s'écrivaient autrefois séparément *au jour de hui*; le dernier, *hui*, dérivé du latin *hodiè*), le jour où l'on est.— A présent, au temps, au moment où nous sommes. — *Au jour d'aujourd'hui* est un pléonasme populaire qui choque le bon sens. — Quelques-uns disent *jusqu'à aujourd'hui*, d'autres *jusqu'aujourd'hui*. Le dernier a prévalu parce que la préposition *à* est renfermée dans le mot *aujourd'hui*, car c'est comme s'il y avait *à le jour de hui*. — On s'en sert aussi subst. : *aujourd'hui passé, il ne sera plus temps; mais on vous accorde tout aujourd'hui pour vous décider*.

AULACIE, subst. fém. (*ôlacî*), t. de bot., petit arbre des forêts de la Cochinchine.

AULÆUM, subst. mas. (*ôléome*), t. d'antiq., sorte de tapisserie, rideau qu'on relevait pour fermer le théâtre après la représentation.

AULAQUE, subst. mas. (*ôlake*), t. d'hist. nat., insecte de l'ordre des hyménoptères.

AULAX, subst. mas. (*ôlakce*), t. de bot., plante de la famille des protées.

AULÉDIE et **AULŒDIE**, subst. fém. (*ôlédî*) (du grec αυλωδια, formé de αυλος, flûte, et ωδη, ode, chant), t. d'hist. anc., chez les anciens, art d'accompagner la voix avec la flûte.

AULÉDIQUE, subst. fém. (*ôlédike*) (du grec αυλος, flûte, et ωδη, chant), t. d'hist. anc., jeu de la flûte avec chant; art d'accompagner la flûte avec la voix. — Adj. des deux genres, qui a rapport à l'*aulédie*.

AULES, subst. fém. plur. (*ôle*), images ou petites statues des prêtres de Madagascar.

AULÈTE, adj. (*ôlète*) (du grec αυλητης, joueur de flûte), t. d'hist. anc., surnom d'un *Ptolémée*, roi d'Égypte, qui, dans sa propre cour, disputait le prix de la flûte.

AULÉTIQUE, subst. fém. (*ôlétike*) (du grec αυλητις, qui a la même signification), t. d'hist. anc., dans la musique des anciens, 1° l'art de jouer de la flûte; 2° dans une acception plus particulière, le jeu de la flûte sans accompagnement, à la différence de l'*aulédie*, dans laquelle la flûte accompagnait la voix.

AULÉTRIDE, subst. fém. (*ôlétride*) (du grec αυλητρις, joueuse de flûte), t. d'hist. anc., nom donné, chez les anciens Grecs, à des joueuses de flûte qui formaient, avec les danseuses et les joueuses de cithare, une classe de courtisannes destinées à amuser les convives pendant le repas.

AULIDE, subst. fém. (*ôlide*), pays de la Béotie dont la capitale se nommait *Aulis*. Selon Servius, c'était une petite île, avec un port susceptible de contenir cinquante vaisseaux. Ce fut là que se rassemblèrent les Grecs lorsqu'ils allèrent assiéger Troie.

AULIQUE, adj. des deux genres (*ôlike*) (du grec αυλικος, courtisan, formé de αυλη, cour, en latin *aula*, salle, cour d'une maison, cour ou palais d'un souverain), se disait d'un tribunal général de l'empire d'Allemagne, et se dit encore aujourd'hui du conseil particulier de certains princes qui faisaient partie du premier. — Subst. fém., thèse que soutient un étudiant en théologie pour obtenir le doctorat. — T. d'hist. nat., espèce de couleuvre.

AULIS, subst. fém. (*ôlice*), surnom de Minerve, pris d'un mot grec qui signifie *flûte*, dont quelques-uns lui attribuent l'invention. — C'est aussi le nom d'une ville. Voy. AULIDE.

AULNAIE, subst. fém. Voy. AUNAIE.

AULNAY, subst. mas. Voy. AUNAI.

AULNAY-SUR-ODON. Voy. AUNAI.

AULNE, subst. mas. (*ône*) (de *alcunæ*, basse lat.), génie, démon qui, dit-on, habitait les campagnes. Voy. AUNE.

AULŒDIE, subst. fém. Voy. AULÉDIE.

AULOF, subst. mas. (*ôlofe*), t. de mar., ordre donné au timonier de gouverner vers le vent.

AULOFFÉE, subst. fém. (*ôlofé*), t. de mar., action et effet d'un bâtiment qui vient au *lof*, au lit du vent.

AULON, subst. mas. (*ôlon*), myth., fils de Thésimène, héros pour lequel les Grecs avaient beaucoup de vénération.

AULOPE, subst. mas. (*ôlope*), t. d'hist. nat., poisson de la Méditerranée.

AULOSTOMES, subst. mas. plur. (*ôlocetome*) (du grec αυλος, flûte, et στομα, bouche), t. d'hist. nat., genre de poissons à bouche au bout d'un long museau.

AULT, subst. mas. (*ôlte*), petit port de France sur la Manche, chef-lieu de canton, arrond. d'Abbeville, dép. de la Somme.

AULX, subst. mas. plur. Voy. AIL.

AUMAILLADE, subst. fém. (*ômalade*), t. de pêche, filet en tramail, pour prendre les sèches, les barbues.

AUMAILLES, adj. et subst. fém. plur. (*ômale*) (suivant *Ménage*, de *almalia*, employé dans la basse latinité, et dérivé de *alere*, nourrir; *animaux qu'on nourrit pour engraisser*), t. des eaux et forêts, qui ne se disait autrefois que des bêtes à cornes : *un troupeau de bêtes aumailles; un troupeau d'aumailles*.

AUMALE, subst. fém. (*ômale*), ville de France, chef-lieu de canton, arrond. de Rouen, dép. de la Seine-Inférieure. — Près d'Aumale se donna une bataille célèbre où Henri IV fut blessé.

AUMÉES, subst. fém. plur. (*ômé*), t. de chasse, les grandes mailles des filets qui sont triples, telles que celles qui forment les deux côtés d'un tramail ou d'un hallier. — En t. de pêche, on appelle également *aumées* des nappes à grandes mailles faisant partie du tramail.

AUMÉLI, subst. mas. (*ômélí*), t. de pharm., espèce de sirop qui ressemble à l'hydromel.

AUMÔNE, subst. fém. (*ômône*) (du grec ελεημοσυνη, miséricorde, et par extension toutes sortes de charités faites aux pauvres ou à l'Église), ce qu'on donne aux pauvres par charité. Il se dit surtout de l'argent : *faire l'aumône; vivre d'aumône; être réduit à l'aumône; être à l'aumône*, etc. — Autrefois on disait, des terres ou des rentes connées à l'Église par le roi ou par quelque seigneur, sans obligation autre que celle de reconnaître qu'on les tenait d'eux, qu'*elles étaient tenues en franche aumône*, qu'*elles relevaient en franche aumône*. — Peine pécuniaire qu'autrefois la justice ordonnait en certains cas. Aujourd'hui on ne condamne plus qu'à l'*amende*.

AUMÔNÉ, E, part. pass. de *aumôner*, et adj., se disait autrefois de celui qui avait été condamné à payer une *aumône*.

AUMÔNÉE, subst. fém. (*ômòné*), autrefois pain donné en *aumône* aux pauvres.

AUMÔNER, v. act. (*ômòné*), t. de prat. ancienne, donner *par aumône*, en vertu d'une condamnation judiciaire : *il a été condamné à aumôner deux écus pour les pauvres*. Peu usité.

AUMÔNERIE, subst. fém. (*ômòneri*), bénéfice claustral dans les abbayes, dont la charge était autrefois de distribuer les *aumônes*. — Charge d'*aumônier*. — *La grande-aumônerie de France* était, avant la révolution de 1830, la charge de grand-aumônier ; son administration ; sa demeure.

AUMÔNIER, subst. et adj. mas. ; au fém. **AUMÔNIÈRE** (*ômònié, nière*), qui fait souvent l'*aumône*. Vieux. On ne s'en sert plus dans ce sens qu'avec le nom propre *saint Jean: saint Jean l'aumônier*. — Subst. mas., prêtre attaché à un grand seigneur, et dont la fonction est de lui dire la messe, de distribuer ses *aumônes*, etc. — *Grand-aumônier de France ; premier aumônier ; aumônier ordinaire ; aumônier d'une princesse*. — Il y a sur les vaisseaux, dans les régiments, etc., des *aumôniers* qui y remplissent toutes les fonctions des curés.

AUMÔNIÈRE, adj. fém. (*ômònière*), se disait autrefois de celle qui faisait souvent l'*aumône* aux pauvres. — Subst. fém., bourse anciennement portée à la ceinture, et dans l'origine destinée aux pauvres.

AUMONT, subst. mas. (*ômon*), village de France, chef-lieu de canton, arrond. de Marvejols, dép. de la Lozère.

AUMUSSE ou mieux **AUMUCE**, subst. fém. (*ômuce*) du latin barbare *almucia*, employé dans le même sens par les auteurs de la basse latinité, et qui, selon *Wachter*, vient de l'allemand *mütze*, sorte de coiffure ou d'habillement de tête), fourrure que les chanoines, les chapelains et les chantres portent sur le bras quand ils vont à l'office, et dont ils se couvrent parfois la tête. — Les marchands bonnetiers de Paris prenaient la qualité d'*aumussiers* dans leurs statuts. — T. d'hist. nat., coquille du genre cône.

AUMUSSIER, mieux **AUMUCIER**, subst. mas. (*ômucié*), bonnetier. Inus.

AUNAGE, subst. mas. (*ônaje*), mesurage à l'*aune*: *faire un bon aunage*. — *Bénéfice d'aunage*, ce que l'on donne ou ce que l'on trouve au-delà de la mesure. On dit en ce sens : *bon d'aunage, excédant d'aunage*. — La quantité d'*aunes* qu'on a mesurées.

AUNAI ou mieux **AULNAY**, subst. mas. (*ôné*), bourg de France, chef-lieu de canton, arrond. de Saint-Jean-d'Angély, dép. de la Charente-Inférieure. — *Aunai-sur-Odon*, bourg de France, chef-lieu de canton, arrond. de Vire, dép. du Calvados.

AUNAIE ou mieux **AULNAIE**, subst. fém. (*ôné*), lieu planté d'*aunes*.

AUNE ou mieux **AULNE**, subst. mas. (*ône*) (du lat. *alnus*), t. de bot., arbre d'une grosseur médiocre, qui se plaît dans les lieux humides. Il est à fleurs amentacées, mâles et femelles sur le même pied, et son bois est très-utile dans les arts. On le nomme aussi *verne* et *vergne*. — *Aune noir*, arbre qui donne dès sa racine plusieurs jets gros comme le doigt, branchus, et garnis de feuilles. Voy. **BOURGÈNE**.

AUNE, subst. fém. (*ône*) (du lat. *ulna*, dérivé du grec ωλενη, étendue des bras), mesure de longueur qui, à Paris, contient trois pieds huit pouces huit lignes. Elle varie suivant les pays. — Le bâton de la longueur dite *aune*, qui sert à mesurer. — *Aune courante*, mesure d'étoffe ou de tapisserie qui s'étend sur les longueurs, sans considérer la largeur ou la hauteur. Tous les marchands doivent avoir une *aune* marquée et étalonnée, et ferrée par les deux bouts. L'usage de l'*aune* a été aboli par la loi du 8 mai 1790, et le mètre a été reconnu comme la mesure qui doit être désormais employée. Cependant comme l'usage de l'*aune* est encore suivi par beaucoup de personnes et surtout dans certaines localités, nous croyons devoir donner ici un tableau comparatif de ces deux espèces de mesures.

CONVERSION DE L'AUNE EN MÈTRE.					DU MÈTRE EN AUNE.		
aunes.	mètres.	cent.	PARTIES de l'aune.	cent.	mètres.	aunes.	
1	1	19	1 seizième.	7	1	0	84
2	2	38	2 ou 1/8.	15	2	1	68
3	3	57	3	22	3	2	52
4	4	75	4 ou 1/4.	30	4	3	37
5	5	94	5	37	5	4	21
6	7	13	6 ou 3/8.	45	6	5	05
7	8	32	7	52	7	5	89
8	9	51	8 ou 1/2.	59	8	6	73
9	10	70	9	67	9	7	57
10	11	88	10 ou 5/8.	74	10	8	41
11	13	07	11	82	11	9	26
12	14	26	12 ou 3/4.	89	12	10	10
13	15	45	13	97	13	10	94
14	16	64	14 ou 7/8.	104	14	11	78
15	17	83	15	111	15	12	62
20	23	77	1 douzième.	10	20	16	83
25	29	71	2 ou 1/6.	20	25	21	04
30	35	65	3 ou 1/4.	30	30	25	24
35	41	60	4 ou 1/3.	40	35	29	45
40	47	54	5	50	40	33	66
45	53	48	6 ou 1/2.	59	45	37	86
50	59	42	7	69	50	42	07
60	71	31	8 ou 2/3.	79	60	50	49
70	83	19	9 ou 3/4.	89	70	58	90
80	95	08	10 ou 5/6.	99	80	67	31
90	106	96	11	109	90	75	73
100	118	84	L'aune a 3 pieds 7		100	84	14
200	237	69	pouces 10 lignes 5/6.		200	168	29
300	356	53	Le mètre 3 pieds		300	252	43
500	594	22	11 lignes 296.		500	420	72
1000	1188	45	L'aune a 7 pouces de plus.		1000	841	44

(*Dict. de Législation usuelle*, par M. de CHABROL-CHAMÉANE.) — Chose mesurée qui a la longueur d'une *aune : une aune de toile*. Dans ce sens on devrait dire *aunée*. — *Pouce et aune*, ou *pouce-avant*, manière d'*auner* les toiles, en mettant le pouce devant l'*aune*. — Fig., *mesurer tout le monde à son aune*, juger des autres par soi-même. — *Des hommes ne se mesurent pas à l'aune*, il ne faut pas juger de leur mérite par leur taille. — *Au bout de l'aune faut le drap*, les choses iront tant qu'elles pourront aller ; ou : toutes choses ont leur fin. — *Savoir ce qu'en vaut l'aune*, avoir déjà fait l'épreuve d'une chose. — *Tout le long de l'aune*, beaucoup, excessivement. Toutes ces expressions sont du style proverbial et familier.

AUNÉ, E, part. pass. de *auner*.

AUNEAU ou mieux **AULNEAU**, subst. mas. (*ônô*), bourg de France, chef-lieu de canton, arrond. de Chartres, dép. d'Eure-et-Loir.

AUNÉE, ou mieux **AULNÉE**, subst. fém. (*ôné*) (du grec ελενιον, nom de cette plante), t. de bot., plante vivace à fleur radiée, dont la racine, d'un goût amer et aromatique, est détersive et résolutive. — On la nomme aussi *enula campana* ou *énule campane*.

AUNÉE, subst. fém. (*ôné*), mesurage d'une *aune*. — Ce mot manque dans l'*Académie*.

AUNER, v. act. (*ôné*), mesurer à l'*aune*. — *Auner bois à bois, auner pince à pince*, auner juste, sans aucune bonne mesure. Ces deux proverbes ne sont plus usités. — **S'AUNER**, v. pron. : *une trop grosse pièce de drap s'aune difficilement*.

AUNETTE ou mieux **AULNETTE**, subst. fém. (*ônète*), jeune plantation d'*aunes*.

AUNEUIL, subst. mas. (*ôneuie*), village de France, chef-lieu de canton, arrond. de Beauvais, dép. de l'Oise.

AUNEUR, subst. mas. (*ôneur*), qui mesure à l'*aune* ; officier établi pour avoir inspection sur l'*aunage*.

AUNEUSE, subst. fém. (*ôneuze*), qui mesure à l'*aune*. — Ce mot n'existe pas dans l'*Académie*.

AUNIS et **SAINTONGE**, subst. fém. (*ônice, ceintonje*), anciennes provinces de France, qui se trouvent comprises aujourd'hui dans le dép. de la Charente-Inférieure.

AUPARAVANT, adv. (*ôparavan*), premièrement, avant une chose. Il marque priorité de temps : *un mois auparavant ; vous voulez partir, mais auparavant réglez vos affaires*. — *Auparavant* ne s'emploie pas pour *avant* ; ne dites pas : *auparavant la conquête*, mais *avant* ; *auparavant de partir*, mais *avant*, etc. : un adverbe ne peut pas tenir la place d'une préposition.

AU-PIS-ALLER, loc. adv. (*ôpizalé*), en mettant les choses au pire état.

AU PLUS PRÈS, loc. adv. (*ôpluprè*), t. de mar., naviguer le plus près possible de la ligne du vent, en la remontant.

AUPRÈS, adv. (*ôprè*) (suivant Ménage, du latin barbare *adpressum*, dont les Italiens ont fait aussi *appresso* qui a la même signification. *Adpressum* a pu être formé de *ad*, à, vers, et de *pressus*, part. pass. de *premere*, presser, serrer ; *pressé vers* ou *contre*), tout contre : *sa maison est charmante, auprès coule une petite rivière ; je jugerais mieux de cet objet si j'étais auprès*. — *Par auprès*, un peu à côté. Pop. — Prép. de lieu qui régit *de* : *sa maison est auprès de la mienne*. — On le fait quelquefois précéder de *tout*, adv. : *tout auprès de*. — Au fig., en présence : *il voulait qu'on le menât auprès du prince*. — Chez : *avoir accès, avoir un libre accès auprès de quelqu'un*. — *Trouver protection auprès de quelqu'un*, obtenir la protection de quelqu'un. — *Trouver grace auprès de quelqu'un*, obtenir de quelqu'un son pardon ; ou, par extension : gagner la bienveillance, la faveur de quelqu'un. — On s'en sert aussi en parlant du séjour habituel, fréquent d'une personne auprès d'une autre : *ce malade a un excellent médecin auprès de lui ; ce précepteur est depuis long-temps auprès de mes enfants*. — Dans l'esprit, dans l'opinion de.... : *il est fort bien auprès du roi, et fort mal auprès des ministres ; vous cherchez à me nuire auprès de lui*, etc. — En comparaison : *un fleuve est bien peu de chose auprès de la mer*. On doit employer *au prix de* préférablement à *auprès de*, lorsqu'on veut parler du mérite positif, réel de deux objets : *le cuivre est vil au prix de l'or* ; et *auprès de*, au lieu de *au prix de*, lorsque n'ayant dans l'esprit, ni le prix, ni la valeur, ni l'appréciation, on veut seulement faire remarquer la différence qu'il y a entre deux objets que l'on compare : *la terre est un point auprès de tout l'univers*. — N'employez pas non plus indistinctement l'un pour l'autre *auprès de* et *près de* : *auprès de* marque la proximité plus déterminée, et *près de*, la proximité plus vague : *il demeure près d'ici*, sa demeure n'est pas éloignée ; *il demeure auprès d'ici*, sa demeure est très-proche.

AUPS, subst. mas. (*ôpece*), bourg de France, chef-lieu de canton, arrond. de Draguignan, dép. du Var.

AUQUEL, pour **À LEQUEL**, pron. relat., précédé de la prép. *à* (*ôkèle*). Ce pronom s'applique particulièrement aux choses. On doit dire : *l'art auquel je m'applique*, et non pas *à qui*. S'il est question de personnes, on peut employer *à qui* ou *auquel* : *celui à qui* ou *auquel nous avons de si grandes obligations*.

Aura, 3e pers. sing. fut. abs. du verbe irrégulier **AVOIR**.

AURA, subst. fém. (*ôra*), mot latin servant à désigner une émanation très-subtile qui s'élève d'un corps.

AURAD, subst. mas. (*ôrade*), section du Coran.

AURA EPILEPTICA, subst. fém. (*auraépilèpetika*), (mots lat.), t. de médec., espèce de frémissement précurseur de l'*épilepsie*.

DU VERBE IRRÉGULIER AVOIR :

Aurai, 1re pers. sing. fut. abs.
Auraient, 3e pers. plur. prés. cond.
Aurais, précédé de *j'*, 1re pers. sing. prés. cond.
Aurais, précédé de *tu*, 2e pers. sing. prés. cond.
Aurait, 3e pers. sing. prés. cond.

AURANNE, subst. fém. (*ôrane*), t. d'hist. nat., espèce de poisson à deux couleurs.

AURANTHIACÉES, subst. fém. plur. (*ôrantiacé*), t. de bot., famille de plantes.

Auras, 2e pers. sing. fut abs. du verbe irrégulier **AVOIR**.

AURA SEMINALIS, subst. fém. (*ôracéminalice*), t. d'hist. nat., expression empruntée au latin par les naturalistes, pour désigner le principe fécondant de la semence des animaux et du pollen des végétaux.

AURA VITALIS, subst. fém. (*ôravitalice*), expression empruntée au latin pour désigner le principe spirituel de la vie.

AURAY, subst. mas. (*ôré*), t. de mar., bloc de pierre, pièce de bois, mauvais canon, etc., auquel on amarre à terre un petit bâtiment. — Ville de France et port sur l'Océan, chef-lieu de canton, arrond. de Lorient, dép. du Morbihan ; théâtre d'une bataille où Duguesclin fut fait prisonnier en 1364.

AURE, subst. fém. (*ôre*), vent frais d'été. — Petite rivière qui se décharge dans l'Eure.

AUREILLETOS, subst. mas. (*órèietoce*), t. de bot., nom de la renoncule ficaire.

AUREILLON, subst. mas. (*órèion*), t. de fabrique, partie du métier pour les étoffes de soie.

AURÉLIE, subst. fém. (*óréli*), t. d'hist. nat. Voy. CHRYSALIDE. — T. de bot., genre formé aux dépens des *méduses* de Linnée.

AURÉOLE, subst. fém. (*óréole*) (du latin *aureolus*, de couleur d'or), cercle de lumière que les peintres mettent autour de la tête des saints. — Fig., degré de gloire qui distingue les saints dans le ciel : *l'auréole des vierges*, *des martyrs*. Il est plus usité dans le premier sens que dans le second. — On dit aussi fig. : *cette conduite*, *cette action*, etc., *entoure*, *couronne sa tête d'une auréole de gloire*, etc.

AURÉOLES, subst. fém. plur. (*óréole*), t. d'hist. nat., espèce de bruants de Sibérie.

AU RESTE. Voy. RESTE.

Aurez, 2e pers. plur. fut abs. du verbe irrégulier AVOIR.

AURICHALCIEN, NE, adj. (*órikalciein*, *ciène*), danseur sur le fil d'*archal*. Boiste.

AURICHALQUE, subst. mas. (*órikalke*) (du lat. *aurum*, or, et du grec χαλκος, cuivre), oripeau, or faux ; laiton.

AURICULAIRE, subst. fém. (*órikulère*), t. de bot., genre de plantes de l'ordre des champignons. Ce nom a été donné à ce genre, parce que quelques-unes des espèces qui le composent sont épaissies et plissées à peu près comme l'oreille de l'homme.

AURICULAIRE, et non pas ORICULAIRE, adj. des deux genres (*órikulère*) (du lat. *auricularis* ou *auricularius*, formé de *auris*, oreille), qui a rapport, qui appartient à l'oreille : *confession auriculaire*, que l'on fait en secret à l'oreille d'un prêtre ; *témoin auriculaire*, qui a ouï de ses propres oreilles ce qu'il dépose ; *doigt auriculaire*, le petit doigt, parce qu'on le met quelquefois dans l'oreille pour se gratter. — T. d'anat. : *artère auriculaire*, etc.— T. de médec., *médicaments auriculaires*, que l'on emploie contre les maladies des oreilles.

AURICULE, et non pas ORICULE, subst. fém. (*órikule*), en lat. *auricula*), t. d'hist. nat., mollusque à coquille ovale, *oreille d'ours*. Voy. ce mot. — T. d'anat., le pavillon de l'oreille.

AURICULÉ, E, adj. (*órikulé*), t. de bot. : *feuille auriculée*, munie à sa base d'appendices en forme d'oreillettes.

AURICULO-VENTRICULAIRE, adj. des deux genres (*órikulo-vantrikulère*), t. d'anat., qui appartient à l'oreille et au ventricule du cœur.

Auriez, 2e pers. plur. prés. cond. du verbe irrégulier AVOIR.

AURIFÈRE, adj. des deux genres (*órifère*) (du lat. *aurum*, or, et *ferre*, porter) : *mine aurifère*, qui fournit de l'or ; *pierre aurifère*, qui contient de l'or.

AURIFIQUE, adj. des deux genres (*órifike*) (du lat. *aurum*, or, et *facere*, faire) : *vertu aurifique*, puissance de changer quelque chose en or. — En t. de chim., on appelle *teinture*, *élixir aurifique*, ou *aurifique minéral*, une solution de kermès minéral dans l'alcohol, dont la couleur approche de celle de l'or.

AURIFLAMBE, subst. fém. (*óriflanbe*), ne se dit plus. Voy. ORIFLAMME.

AURIGA, subst. mas. (*órigua*) (emprunté du latin), t. de chir., bandage pour les côtes. — En anat., quatrième lobe du foie.

AURIGE, subst. mas. (*órije*) (du latin *auriga*, formé de *aurea*, rêne, et *ago*, je conduis), anciennement conducteur de char.

AURIGÉNA, subst. mas. (*órijéna*), myth., Persée, ainsi surnommé de la pluie d'or en laquelle se changea Jupiter pour entrer dans la tour où était sa mère Danaé.

AURIGINEUSE, adj. fém. Voy. AURIGINEUX.

AURIGINEUX, adj. mas., au fém. AURIGINEUSE (*órijineu*, *neuze*) (du lat. *auriginosus*, de couleur d'or), t. de médec. : *fièvre aurigineuse*, accompagnée d'ictère.

AURIGNAC, subst. mas. (*órigniak*), ville de France, chef-lieu de canton, arrond. de Saint-Gaudens, dép. de la Haute-Garonne.

AURILLAC, subst. mas. (*óriiak*), ville de France, chef-lieu du départ. du Cantal. — Il se tient dans cette ville plusieurs foires importantes.

AURILLARD, adj. Voy. OREILLARD.

AURILLAS, adj. des deux genres (*óriiace*), qui a de grandes oreilles mobiles. Inus. Voy. ORILLARD.

AURILLERIE, subst. fém., ou AURISLAGE, subst. mas. (*órilerí*, *óricelaje*), t. de vieille féod., ancien impôt sur les mouches à miel.

Aurions, 1re pers. plur. prés. cond. du v. irrég. AVOIR.

AURIPEAU, subst. mas. (*óripó*), cuivre jaune battu en feuilles minces, dont se servent les passementiers ; proprement, ce qu'on appelle *clinquant*. Voy. ORIPEAU.

AURIQUE, adj. fém. (*órike*), t. de mar. : *voiles auriques*, celles qui ont un de leurs côtés attaché au mât.

AURISCALPIUM, subst. mas. (*óricekalpiome*), (du lat. *auris*, oreille, et *scalpere*, gratter), instrument de chir. dont on se servait pour retirer certains corps étrangers du conduit de l'oreille.

AURISLAGE, subst. mas. (*óricelaje*). Voy. AURILLERIE.

AURITE, subst. mas. (*órite*), t. d'hist. nat., poisson du genre du labre.

AUROCHS, subst. mas. (*óroke*), t. d'hist. nat., taureau sauvage.

AURON, subst. mas. (*óron*), t. d'hist. nat., couleuvre d'Amérique.

AURONE, subst. fém. (*órone*), t. de bot., plante vivace, amère, à fleurs composées, flosculeuses, qui croît dans le midi de la France, et qui est très-répercussive.—On appelle improprement *aurone femelle* une autre plante connue sous les noms de *santoline*, *petit cyprès* et *garde-robe*.

DU VERBE IRRÉGULIER AVOIR :

Aurons, 1re pers. plur. fut. abs.
Auront, 3e pers. plur. fut. abs.

AURORE, subst. fém. (*órore*) (en latin *aurora*, formé par contraction de *aurea hora*, heure dorée), lumière qui paraît au ciel avant que le soleil éclaire l'hémisphère, et lorsqu'il est arrivé à dix-huit degrés au-dessous de l'horizon. — Myth., fille de Titan et de la Terre. C'est elle qui préside à la naissance du jour. On la représente avec des ailes et une étoile au-dessus de la tête, ou dans un palais de vermeil, ou traînée sur un char de ce métal. Elle aima passionnément Tithon, jeune prince célèbre par sa beauté, fils de Laomédon, l'enleva, l'épousa, et eut de lui un fils qu'elle appela Memnon. Son amour pour lui était si tendre, qu'elle prolongea ses jours au point qu'il parvint à une telle vieillesse, qu'ayant insensiblement perdu presque toute sa substance, il se trouva réduit à la faiblesse d'une cigale, en quoi il fut changé. Elle aima ensuite Céphale, qu'elle enleva à Procris, sa femme ; et, pour se faire aimer de lui, elle brouilla les deux époux ; mais ils se raccommodèrent. Céphale ayant un jour tué à la chasse Procris par mégarde, Aurore l'emmena en Syrie, où elle l'épousa, et eut un fils de lui. Lorsqu'elle fut dégoûtée de ce nouveau mari, elle enleva encore Orion, et après lui beaucoup d'autres.— On dit poétiquement et par personnification : *l'Aurore aux doigts de rose* ; et, pour la rosée, *les pleurs de l'Aurore*. —Au fig., toute belle chose qui annonce une chose plus belle encore. — On dit d'une chose qui commence : *cela n'est encore qu'à son aurore* ; et d'une très-jeune et jolie personne : *une beauté dans son aurore* ; et encore : *c'est l'aurore d'un beau jour*, pour exprimer quelque incident heureux qui annonce un plus grand bonheur. — Il se dit aussi pour la partie du monde qu'on nomme *Orient* : *du couchant à l'aurore* ; *les climats de l'aurore*. En ce sens, il n'est guère usité qu'en poésie. — *Aurore boréale*, phénomène lumineux qui paraît dans le ciel du côté du nord. — Quelques voyageurs, et surtout l'Espagnol *don Antoine de Ulloa*, ont parlé d'*aurores australes* observées par eux dans les pays méridionaux, et qui sont, disent-ils, de la même nature que les *aurores boréales*. — T. d'hist. nat., espèce de serpent et de papillon.— Adj., de la couleur de l'*aurore*, espèce de jaune doré : *ruban aurore*, *étoffe aurore*.

AUROS, subst. mas. (*óroce*), village de France, chef-lieu de canton, arrond. de Bazas, dép. de la Gironde.

AURUÉLO, subst. mas. (*óruélo*), t. de bot., centaurée solsticiale.

AURUM MUSIVUM, subst. mas. (*órome mucivome*) (mots latins), composition d'étain et de soufre qui fortifie les appareils électriques.

AUSBOURG, subst. mas. (*ócebour*), ville d'Allemagne, sur les confins de la Bavière.

AUSCARIPÈDE, subst. mas. (*ocekaripède*), t. d'hist. nat., sorte de vermisseau à plusieurs pieds.

AUSCULTATION, subst. fém. (*ócekuletácion*) (du lat. *auscultare*, écouter), t. de physiol., volonté présente dans l'audition. — *Auscultation médiate*, exploration par le stéthoscope de Laënnec.

AUSCULTÉ, E, part. pass. de *ausculter*.

AUSCULTER, v. act. (*ócekuleté*), t. de physiol., explorer par l'ouïe les phénomènes de l'intérieur des organes.

AUSEN, subst. mas. (*ózène*), t. d'hist. anc., nom que les Goths donnaient à leurs généraux.

AUSON, subst. mas. (*ózon*), myth., fils d'Ulysse et de Calypso. Il alla s'établir en Italie, et donna son nom à cette contrée qu'on appela *Ausonie*.

AUSONIE, subst. fém. (*ózoní*) (en lat. *Ausonia*), ancien nom de l'Italie, employé encore par les poëtes.

AUSPICE, subst. mas. (*ócepice*) (du lat. *auspicium*, fait par contraction de *avispicium*, lequel est composé de *avis*, oiseau, et *aspicio* ou *inspicio*, je regarde, j'examine), t. d'hist. anc., celui qui, chez les païens, jugeait de l'avenir par le vol des oiseaux, par leur chant et d'autres signes. — Divination par le vol des oiseaux, par leur chant, etc. — On dit au fig. : *sous d'heureux* ou *de malheureux auspices*, ayant la fortune favorable ou contraire. — On dit encore fig. : *sous les auspices de...*, sous la conduite, ou : avec l'appui, la faveur, sous la protection de... Ce mot s'emploie le plus ordinairement au pluriel, quoique *J.-B. Rousseau* ait dit (liv. IV, ode 10) :

Le ciel qui me créa sous le plus dur *auspice*,

et *Racine* (Mithridate) :

Jamais hymen formé sous le plus noir *auspice*.

AUSPICINE, subst. fém. (*ócepicine*) (du lat. *avis*, oiseau, et *aspicere*, regarder), divination par les oiseaux, art des *auspices*, des augures.

AUSSI, conj. et adv. (*óci*), autant : *il est homme d'aussi bon sens qu'il puisse s'en trouver* ; *il a combattu aussi vaillamment qu'un grand capitaine*. On voit d'après ces deux exemples que *aussi* exige après lui la conjonction *que*. Cependant on la supprime quelquefois par ellipse : *ce livre est bien, mais il y en a d'aussi bons*. C'est comme si l'on disait : *il y en a d'aussi bons que ce livre est bon*. — Il faut éviter d'employer *aussi* pour *si*, lorsqu'il peut en résulter une sorte d'équivoque : ainsi *un homme aussi éclairé que vous* peut signifier un homme non moins éclairé que vous. — Pareillement ; de même : *vous le voulez et moi aussi*. Il ne s'emploie en ce sens que dans les phrases affirmatives ; il ne faut pas dire : *vous n'avez pas dîné, ni moi aussi*, mais *ni moi non plus*. — Encore : *dites-lui aussi de ma part*. — C'est pourquoi : *il a maltraité son domestique*, *aussi celui-ci veut-il le quitter* ; *aussi est-il certain que....* Dans cette dernière acception, on met le sujet après le verbe, et l'on place *aussi* à la tête du membre de phrase. — Il sert encore à exprimer la conformité d'une proposition avec celle qui la précède : *il se serait donné un tort en faisant cela*, *aussi ne l'a-t-il pas fait* ; *il s'est enrhumé*, *mais aussi pourquoi est-il toujours si légèrement vêtu ?* etc. — *Aussi* marque le rapport ou la comparaison d'*égalité* ; on le met devant l'adjectif, le participe ou l'adverbe, que l'on fait suivre de la conjonction *que* : *elle est aussi courageuse que belle*. — Il doit se répéter avant chaque adjectif, chaque verbe, ou chaque adverbe qu'il modifie : *la vertu est aussi belle*, *aussi aimable*, *aussi attrayante que ce qu'il y a au monde de plus beau*, *de plus aimable*, *de plus attrayant*. — L'*Académie* dit que *aussi bien* sert à rendre raison d'une proposition précédente : à notre avis, *aussi bien* a tout bonnement le sens de *d'ailleurs*. Examinons les exemples donnés par l'*Académie* : *je ne veux point y aller*, *aussi bien est-il trop tard* ; *je n'ai que faire de l'en prier*, *aussi bien ne m'écouterait-il pas* ; *aussi bien il n'en fera rien*. Nous demandons si, dans ces différentes phrases, ce n'est pas *d'ailleurs* que *aussi bien* signifie. Nous avons beau chercher, nous ne voyons point de cas où la définition de l'*Académie* puisse se trouver juste ; et, supposé que pourtant il y en eût, il faudrait du moins ajouter, à l'acception que l'*Académie* donne aux mots *aussi bien*, l'acception de *d'ailleurs*. — *Aussi bien que*, de même que, autant que. Il ne s'emploie que dans les phrases affirmatives ; lorsqu'il y a négation, on dit *non plus que*. Ainsi il y a une faute dans cette phrase de La Bruyère (chap. 1er) : *Montaigne que je ne crois pas*, *aussi bien qu'eux, exempt de blâme*. — *Aussi peu que*, pas plus, pas davantage que. Cette expression indique toujours égalité de privation absolue, ou du moins de modicité.

AUSSIÈRE, subst. fém. (*ôcière*), en t. de mar., grosse corde à trois torons. — En t. de pêche, 1° corde faite de plusieurs faisceaux de fil roulés les uns sur les autres; 2° bordure de filets qu'on attache au bout des filets déliés.

AUSSITÔT, adv. de temps (*ôcitô*), dans le moment même : *il m'appela, je lui répondis aussitôt; je lui dis adieu, et aussitôt je montai en voiture*, etc. — On dit prov. : *aussitôt dit, aussitôt fait*, pour marquer une grande promptitude dans l'exécution de quelque chose; et *aussitôt pris, aussitôt pendu*, pour marquer une prompte justice, ou une prompte exécution en quelque occasion que ce soit. — Par ellipse : *aussitôt votre lettre reçue, j'ai fait votre commission*, pour : *aussitôt que j'ai eu reçu votre lettre.* — *Aussitôt que...*, conjonc., dès le moment que...

AUSTER, subst. mas. (*ôcetère*) (en latin *auster*, dérivé du grec αυω, je sèche), t. d'antiq., usité encore en poésie, vent du midi très-chaud. — Myth., fils d'Astréus et d'Héribée, selon quelques-uns, et fils d'Éole et de l'Aurore, selon beaucoup d'autres.

AUSTÈRE, adj. des deux genres (*ôcetère*) (du grec αυστηρος, qui a la même signification), âpre, acerbe; avec cette différence que ce qui est *acerbe* a besoin d'être adouci; que ce qui est *austère* a besoin d'être mitigé; que ce qui est *âpre* a besoin d'être corrigé par quelque chose d'adoucissant et d'onctueux. — Rigoureux, qui mortifie les sens et l'esprit : *règle austère, religion austère*, etc.— En parlant des personnes : rude, sévère, rigoureux; avec cette différence, qu'on est *austère* par la manière de vivre, *sévère* par la manière de penser, *rude* par la manière d'agir, *rigoureux* par un excès de sévérité. — En t. de médec., *une saveur austère* est une saveur acerbe très-prononcée. — En t. de peint., grave, sérieux, qui, attachant fortement l'attention, ne permet ni ornements au peintre, ni distraction au spectateur : *composition austère, manière austère, sujet austère.* — Il a le même sens dans les autres arts, et en littérature.

AUSTÈREMENT, adv. (*ôcetèreman*), avec *austérité.*

AUSTÉRITÉ, subst. fém. (*ôcetérité*) (en latin *austeritas*), mortification des sens et de l'esprit : *faire, pratiquer, exercer de grandes austérités.* Avec le dernier verbe, on ajoute la préposition *sur.* — Sévérité : *l'austérité des censeurs de Rome.* — Dans les arts et en littérature, on dit *l'austérité de tel sujet*, en parlant d'un sujet qui n'admet point d'ornements.

AUSTERLITZ, subst. mas. (*ôcetèrelitece*), ville de la Moravie, à jamais célèbre par la victoire éclatante que l'empereur Napoléon remporta dans ses environs. — Petit village de la banlieue de Paris, ainsi nommé en mémoire de cette victoire. — Nom d'un pont de Paris, qui lui fut donné dans la même intention

AUSTRAL, E, adj. (*ôcetrale*), méridional; qui est du côté que souffle le vent du midi, nommé *auster* en latin : *pôle austral; terres australes.* — Le *Dictionnaire de l'Académie* (édition de 1798) et celui de *Laveaux* écrivent le plur. mas. *austraux : des signes austraux. Féraud* prétend qu'on ne doit dire ni *australs*, ni *austraux* : il fonde son opinion sur ce que cet adjectif ne s'emploie habituellement qu'avec le mot *terre* et avec le mot *pôle* : *pôle austral*, qui ne se dit pas au plur. L'*Académie* de 1835 ne se prononce pas dans cette question; nous conseillerons, nous, beaucoup de sobriété dans l'emploi de ce mot au plur. mas. Du reste, *australs* nous semble moins dur qu'*austraux.*

AUSTRALITE, subst. mas., et aussi **AUSTRALISAND** (*ôcetralite, ôcetralizande*), t. d'hist. nat., sable grisâtre composé d'alumine, de silice et de fer.

AUSTRASIE, subst. fém. (*ôcetrazi*), nom de l'ancienne France orientale, qui a eu, sous les premiers rois, le titre de royaume.

AUSTRASIEN, subst. et adj. mas.; au fém. **AUSTRASIENNE** (*ôcetrazicin, ziène*), qui est d'*Austrasie.*

AUSTRÈGUES, subst. mas. plur. (*ôcetrègue*) (en latin *austrega*), t. d'hist., anciens juges ou arbitres d'Allemagne.

AUSTRO, subst. mas. (*ôcetrô*), t. de mar., nom donné par les marins au vent du sud, sur la Méditerranée.

AUSTROMANCIE, subst. fém. (*ôcetrômanci*) (du lat. *auster*, vent, et du grec μαντεια, divination), l'art de prédire par l'observation des vents.

AUSTROMANCIEN, subst. mas.; au fém. **AUSTROMANCIENNE** (*ôcetrômancicin, ciène*), qui exerce l'*austromancie.* — Il est aussi adjectif.

AUT., abréviation du mot *auteur.*

AUTAN, subst. mas. (*ôtan*) (du latin *altum*, la mer), vent du midi. Il ne se dit ordinairement qu'en poésie : *l'autan furieux; les autans.*

AUTANT, adv. (*ôtan*) (du lat. *tantum*). Il sert à marquer égalité : *il boit autant d'eau que de vin; travaillez autant que vous pourrez*, etc. — *Autant* se met plus ordinairement avec les verbes, et *aussi* avec les adjectifs : *j'aime Horace autant que je l'admire; il est aussi enjoué que solide.* — On dit ordinairement et fam. : *cela est fini, ou autant vaut.* — Prov. : *il lui en pend autant à l'œil, à l'oreille*, il peut lui en arriver *autant*; *autant vaut être mordu d'un chien que d'une chienne*, entre deux choses également mauvaises, on n'a point de choix à faire; *il en a autant qu'il en peut porter*, il a trop bu, ou : il a été bien battu; *autant vaut bien battu que mal battu*, dans certains cas il ne faut point s'épargner, quoi qu'il en puisse résulter; *autant faire, autant dire*, autant vaut faire, autant vaut dire, etc. — On dit encore des choses vaines qui n'ont point d'effet : *autant en emporte le vent.* — *Autant de têtes, autant d'avis.* — *Autant comme autant* signifie également, en égale quantité : *il en vient chaque année autant comme autant.* — *Autant que*, conjonc., selon que : *autant que faire se peut.*— *D'autant*, dans la même proportion : *donnez-moi cette somme, vous serez quitte d'autant.*— *D'autant que*, conjonc., parce que. Il ne s'est conservé qu'au palais. — *A la charge d'autant*, à la charge de la pareille. — *Boire d'autant*, boire beaucoup. La plupart de ces expressions sont familières. — *D'autant mieux*, ou *moins*, ou *plus*, adverbes de comparaison : *il sait d'autant mieux la chose, qu'il en a été témoin; je le crois d'autant moins, qu'il passe pour un menteur.*

AUTARCIE, subst. fém. (*ôtarci*) (du grec αυτος, soi-même, et αρκεω, je suffis; *contentement qu'on reçoit de son état*), t. de médec., contentement de son état, bien-être. — Frugalité, tempérance et sobriété. C'est l'opposé d'*aplestie.*

AUTEL, subst. mas. (*ôtèle*) (du latin *altar* ou *altare*, qui a la même signification et qui vient de *altus*, haut, élevé), espèce de table destinée pour les sacrifices : *dresser, élever un autel.* — *Maître-autel*, l'autel principal dans une église; on l'appelle aussi *grand autel.*—*Autel privilégié*, autel qui a certaines prérogatives, comme des indulgences.—*Autel portatif*, *autel* que l'on peut transporter d'un lieu à un autre.— *Le sacrifice de l'autel*, la messe.—*Le sacrement de l'autel*, l'eucharistie.—Fig., religion : *attaquer les autels.*— On dit fig., et par abus, d'un homme digne des plus grands honneurs, qu'*il mérite qu'on lui dresse, qu'on lui élève des autels.* — Fig., *élever autel contre autel*, faire un schisme dans l'Eglise, et, par extension, dans une compagnie divisée en factions. — Prov. et fig., *ami jusqu'aux autels*, ami dans tout ce qui n'est pas contraire à la conscience, à la religion. Ces mots, devenus proverbes, sont, dit-on, la réponse que fit en 1534 le roi de France, François Ier, à Henri VIII, roi d'Angleterre, qui, dans la fureur de son ressentiment contre le pape, pressait vivement ce prince de se séparer, comme lui-même venait de le faire, de l'Eglise romaine. — On dit d'un homme qui prend hardiment tout ce qu'il peut, et partout où il peut, qu'*il prendrait sur l'autel, sur le maître-autel.* — *Qui sert à l'autel, doit vivre de l'autel*; ou simplement : *le prêtre vit de l'autel*, pour dire qu'il est juste que chacun vive de sa profession; ce qui ne se dit guère qu'en parlant des professions honorables, comme de celle d'un juge, etc. — T. d'astron., constellation de l'hémisphère méridional. — T. d'arts et mét., *autel du four*, le devant du four d'un boulanger.

AUTÉLAGE, subst. mas. (*ôtélaje*), vieux mot qui signifiait droit sur les offrandes.

AUTEMÉSIE, subst. fém. (*ôtemézi*) (du grec αυτος, et εμεω, je vomis), t. de médecine, maladie du genre des gastroses.

AUTERIVE, subst. fém. (*ôterive*), ville de France, chef-lieu de canton, arrond. de Muret, dép. de la Haute-Garonne.

AUTEUR, subst. mas. et fém. (*ôteur*) (du latin *auctor*, fait de *aucto*, fréquentatif de *augeo*, j'augmente, j'accrois, j'agrandis), celui qui est la première cause de quelque chose : *Dieu est l'auteur de la nature.* — Celui qui produit, qui invente : *auteur d'un procédé, d'un remède.* — Celui ou celle qui a composé un livre, un ouvrage de littérature, de science ou d'art : *il ou elle est auteur de ce livre, de ces vers, de ce tableau*, etc. — Celui ou celle qui écrit habituellement des ouvrages, dont la profession est d'écrire : *il est auteur; c'est un auteur; auteur dramatique; bon, mauvais auteur*, etc. — Il est aussi adj. en ce sens : *c'est une femme auteur.* — Il se dit, par extension, des livres mêmes : *lire tel auteur; citer un auteur; étudier les bons auteurs : commenter, expliquer un auteur; collection des auteurs de tel et tel genre*, etc. — Celui de qui on a appris quelque nouvelle : *je vous cite mon auteur.* — *L'auteur d'un crime* est celui qui l'a commis; l'*auteur d'une calomnie* est celui qui l'a inventée et répandue le premier; l'*auteur d'une révolte* est celui qui l'a excitée; l'*auteur d'une querelle, d'une guerre*, est celui qui l'a suscitée. — *L'auteur de nos jours*, notre père ou notre mère; *les auteurs de nos jours*, notre père et notre mère. — En t. de jurispr., on appelle *auteurs* non-seulement le père et la mère, mais encore ceux de qui on tient quelques droits, quelques possessions : *les auteurs de ma race; on lui disputait la possession de cette terre, il a fait appeler ses auteurs en garantie.*

AUTHENTE, adj. des deux genres (*ôtante*), t. de mus. C'est la même chose que *authentique.* Inus.

AUTHENTICITÉ, subst. fém. (*ôtanticité*), qualité de ce qui est *authentique.*

AUTHENTIQUE, adj. des deux genres (*ôtantike*) (en grec αυθεντικος, formé de αυθεντης, maître de soi-même, puissant, qui agit de sa propre autorité; lequel est dérivé de αυτος, soi-même), t. de jurispr., qui a les formes prescrites par la loi : *contrat, titre authentique.* — Qui fait preuve : *témoignage, texte authentique.* — Il se dit de la copie certifiée, légalisée, ainsi que de l'original d'un acte : *copie authentique.*—Il est aussi subst. fém., comme dans ces phrases : *on trouve l'authentique de cette pièce dans les archives; j'ai vu l'authentique et la copie.* — On donne encore ce nom à certaines lois du droit romain : *l'Authentique* Si qua mulier; *les Authentiques de Justinien; les Novelles et les Authentiques.* — En mus., *ton authentique* ou *Authente*, ton dans le plain-chant dont la dominante, ou note rebattue, est la quinte de la finale. Les tons *authentiques* sont aussi appelés *impairs* par les vieux auteurs de musique. Le mot *authentique* veut dire ici *choisi, approuvé*, parce que les quatre *tons authentiques*, usités encore aujourd'hui dans l'Eglise latine, furent choisis par saint *Ambroise*, premier auteur du plain-chant. — Fig., certain, dont la vérité ou l'autorité ne saurait être contestée : *fait authentique; histoire authentique; traditions authentiques; passage authentique; témoignage authentique*, etc.

AUTHENTIQUÉ, E, part. pass. de *authentiquer.*

AUTHENTIQUÉE, subst. fém. (*ôtantiké*), femme convaincue d'adultère. Inus.

AUTHENTIQUEMENT, adv. (*ôtantikeman*), d'une manière *authentique.*

AUTHENTIQUER, v. act. (*ôtantiké*), vieux t. de pratique : *rendre un acte authentique.* Il a signifié aussi, par rapport à une femme, *déclarer convaincue d'adultère.*

AUTHON, subst. mas. (*ôton*), ville de France, chef-lieu de canton, arrond. de Nogent-le-Rotrou, département d'Eure-et-Loir.

AUTOCÉPHALE, subst. mas. (*autocéfale*) (du grec αυτος, soi-même, et κεφαλη, tête; *qui régit de son propre chef*), t. d'hist. ecclés., évêque grec qui n'était point sous la juridiction du pape.— Subst. fém., ville métropole, indépendante.

AUTOCHTHONE, subst. mas. (*ôtoktone*) (du grec αυτος, soi-même, et χθων, terre), t. d'hist. anc., naturel d'un pays, homme né dans le pays qu'il habite; qualification des habitants de l'Attique, qui ne tiraient, différents en cela des autres peuples de la Grèce, leur origine d'aucune colonie.

AUTOCLAVE, subst. mas. (*ôtoklave*) (du grec αυτος, soi-même, et κλειω, je ferme), marmite en métal pour la cuisson, sans évaporation, et dont le couvercle vissé est légèrement perforé pour donner passage au surabondant de la vapeur. (BOISTE.)

AUTOCRATE, subst. mas., au fém. **AUTOCRATRICE** (*ôtokrate, kratrice*) (Voy. AUTOCRATIE pour l'étym.), titre que prend celui ou celle qui règne en Russie : *Alexandre Ier, autocrate de toutes les Russies; Catherine II, autocratrice de toutes les Russies.* — Il est aussi adj., et se dit du souverain absolu et de son gouvernement.

AUTOCRATIE, subst. fém. (*ôtokraci*) (du grec αυτος, soi-même, et κρατος, force, puissance, autorité ; *puissance qui tire toute sa force d'elle-même)*, gouvernement absolu et despotique.

AUTOCRATOR, subst. mas., au fém. **AUTOCRATRICE** (*ôtokrâtor, trice)*, souverain absolu de Russie.

AUTOCRATRICE, subst. fém. (*ôtokratrice*). Boiste dit AUTOCRATICE : c'est sans doute une faute typographique. Voy. AUTOCRATOR et AUTOCRATE.

AUTO-DA-FÉ, subst. mas. (*ôtodafé*), mot espagnol qui signifie *acte de foi*. Acte judiciaire de l'inquisition, ou jugement qu'elle porte pour condamner ceux qui méritent d'être punis. — Cérémonie dans laquelle étaient exécutés les jugements de l'inquisition, et particulièrement ceux qui condamnaient au supplice du feu. — Au plur. : des *auto-da-fé*, sans *s*, parce que ce mot est composé de trois mots espagnols qui signifient *acte de foi*.

AUTOGÈNE, adj. des deux genres (*ôtojène*) (formé du grec αυτος, même, et γενναομαι, devenir, être fait), qui a été fait par soi-même, qui existe par soi-même : *Dieu est autogène*.

AUTOGRAPHE, subst. et adj. des deux genres (*ôtoguerafe*). (Voy. AUTOGRAPHIE pour l'étymologie), t. didactique, se dit de ce qui est écrit de la propre main de l'auteur : *lettre autographe, manuscrit autographe*. On dit aussi un *autographe*. — Artiste qui imite les diverses écritures.

AUTOGRAPHIE, subst. fém. (*ôtoguerafi*) (du grec αυτος, soi-même, et γραφω, j'écris), connaissance des livres *autographes*. — Art d'imiter un corps d'écriture.

AUTOGRAPHIÉ, E, part. pass. de *autographier*.

AUTOGRAPHIER, v. act. (*ôtoguerafié*), imiter un corps d'écriture par l'*autographie*. — Imprimer une écriture gravée sur la pierre.

AUTOGRAPHIQUE, adj. des deux genres (*ôtoguerafike*), de l'*autographie : art, procédé autographique*.

AUTOIR, ou **AUTOIS**, subst. mas. (*ôtoar, ôtoâ*), voile de femme en Picardie.

AUTOLÉON, subst. mas. (*ôtoléon*), myth., général des Crotoniates. Combattant un jour contre les Locriens, qui laissaient toujours au milieu de leur armée une place vide pour Ajax le Locrien, comme s'il eût été en vie, il se précipita de ce côté, et fut blessé à la poitrine par le spectre d'Ajax. Il ne fut guéri qu'après avoir apaisé les mânes de ce héros.

AUTOLIQUE, subst. mas. (*otolike*), myth., fils de Mercure et de Chioné. Il apprit de ce dieu le métier de voleur, et reçut de lui le pouvoir de prendre différentes formes, et de changer de nature les objets de ses larcins. Sisyphe le découvrit et le joua ; mais ils se lièrent d'amitié, par suite de l'amour d'*Autolique* pour la fille de Sisyphe, nommée Anticlée. (*Mét.* liv. 1.)

AUTOLITHOTOMISTE, subst. mas. (*ôtolitotomicete*) (du grec αυτος, soi-même, λιθος, pierre, et τεμνω, je fends), t. de chir., celui qui se fait à lui-même l'opération de la taille.

AUTOMALITHE, subst. mas. (*ôtomalite*), t. d'hist. nat., genre de minéral trouvé en Suède, qui ressemble au spinelle.

AUTOMATE, subst. mas. (*ôtomate*) (du grec αυτοματος, spontané, volontaire, qui agit de soi-même, formé de αυτος, soi-même, et de μαω, je désire, je veux), machine qui a en soi les principes de son mouvement : une horloge est un *automate*. — Il se dit surtout des machines qui imitent le mouvement des corps animés. — Fig., homme stupide, sans intelligence. Dans ce dernier sens, il prend les deux genres.

AUTOMATIQUE, adj. des deux genres (*ôtomatike*), t. de physiol. et de médec. : *mouvements automatiques*, qui dépendent de la structure du corps, et auxquels la volonté n'a point de part, tels que la respiration, la circulation du sang, etc. Cette dénomination est du célèbre *Boërhaave*. — Se dit aussi des mouvements qu'un malade exécute sans but.

AUTOMATIQUEMENT, adv. (*ôtomatikeman*), en *automate*.

AUTOMATISME, subst. mas. (*ôtomaticeme*), t. de phys., mot créé par Réaumur, pour exprimer la qualité d'*automate* dans l'animal, c'est-à-dire le système des mouvements *automatiques*. Voy. AUTOMATIQUE.

AUTOMATITE, subst. fém. (*ôtomatite*), immobilité de l'*automate*. Inus.

AUTOMÉDON, subst. mas. (*ôtomédon*), myth., nom du cocher d'Achille, après la mort duquel il fut l'écuyer de Pyrrhus. — Cocher, conducteur de voitures.

AUTOMNAL, E, adj. (*ôtomenal*. Voy. AUTOMNE), qui appartient à l'*automne*, qui est de l'*automne*, qui vient dans l'*automne*. — En astron., on appelle *point automnal*, ou *équinoxial*, le point de l'écliptique où le soleil commence à descendre au-dessous de l'équateur. — Nous ne trouvons point d'exemple de plur. mas. pour ce mot ; mais nous ne voyons pas ce qui empêcherait de dire *automnaux*.

AUTOMNAUX, adj. plur. mas. Voy. AUTOMNAL.

AUTOMNE, subst. mas. et fém. (*ôtone*. Pourquoi l'*Académie* fait-elle prononcer *ôtomenal* et *ôtone?*) (du lat. *autumnus*, dérivé de *aucto* ou *augeo*, j'augmente, parce que c'est dans cette saison que se recueillent les fruits), celle des quatre saisons de l'année qui est entre l'été et l'hiver. — Temps où l'on fait les vendanges et où l'on recueille la plus grande partie des fruits. — Fig., l'âge qui approche de la vieillesse. — *Automne* est du mas. lorsqu'un adj. le précède : *un bel automne*; il est fém. si l'adj. le suit immédiatement : *une automne froide et pluvieuse*. Toutefois il est d'usage d'employer le mas. s'il se rencontre entre *automne* et l'adj. un verbe ou un adverbe : on doit dire *un automne fort pluvieux, l'automne est beau et sec*. — Pourquoi ne ferait-on pas simplement *automne* toujours du mas., puisqu'il est des cas où il faut absolument lui donner ce genre? *L'été*, le *printemps* et l'*hiver* sont du mas. : pourquoi *automne* serait-il du fém.? — T. de mythologie, figure allégorique tenant une grappe de raisin à la main droite et un livre à la main gauche.

AUTONOME, adj. des deux genres (*ôtonome*) (du grec αυτος, soi-même, et νομος, loi), t. d'hist., se disait des anc. villes grecques qui se gouvernaient par leurs propres lois. — *Médailles autonomes*, monnaies des peuples et des villes gouvernés par leurs propres lois.

AUTONOMIE, subst. fém. (*ôtonomî*), t. d'hist. anc., sous l'empire romain, état des villes grecques conquises qui avaient conservé ou acquis le droit de se gouverner par leurs propres lois.

AUTOPSIE, subst. fém. (*ôtopeci*) (du grec αυτος, soi-même, et οψις, vision, dérivé de οπτομαι, voir; *action de voir de ses propres yeux*), t. d'hist. anc., cérémonie des anciens mystères, par lesquels les initiés se flattaient d'être admis à la contemplation de la divinité. — État de l'âme dans lequel ils croyaient avoir un commerce intime avec la divinité. — T. de médec. : *autopsie cadavérique*, inspection de toutes les parties d'un cadavre, faite généralement dans le but de connaître les causes de la mort. — Pour cette dernière acception, *nécropsie* nous paraît mieux valoir que *autopsie*.

AUTOPTIQUE, adj. des deux genres (*ôtopetike*), qui a rapport à l'*autopsie*.

AUTORISATION, subst. fém. (*ôtorizâcion*), action par laquelle on *autorise* ; permission, pouvoir : *demander, obtenir, accorder une autorisation*. — En t. de pratique : *l'autorisation maritale est absolument nécessaire pour rendre une femme capable des contrats civils*.

AUTORISÉ, E, part. pass. de *autoriser*.

AUTORISER, v. act. (*ôtorizé*), donner *autorité*; donner le pouvoir, la faculté, la permission de faire. — Mettre en droit de faire; fournir un motif, un prétexte pour faire, etc. : *votre conduite m'autorise à mettre tout ménagement de côté; je me crois autorisé, par la confiance que vous me témoignez, à vous dire....; en taquinant sans cesse ce marmot, vous l'autorisez à vous manquer*. — On s'en sert fréquemment en parlant des choses : *cette mesure qu'il a prise est autorisée par les règlements ; j'ai autorisé sa démarche*, etc. — *s'*AUTORISER, v. pron., acquérir de l'*autorité*, du crédit : *les coutumes s'autorisent par le temps*. — Prendre droit, prendre prétexte de faire une chose : *il s'autorise de votre exemple pour*, etc. ; *elle s'est autorisée de vos propres maximes pour trahir votre amour*.

AUTORITÉ, subst. fém. (*ôtorité*) (en lat. *auctoritas*, formé de *aucto*, j'augmente), puissance légitime, droit de faire obéir : *l'autorité des lois, des magistrats*, etc. ; *avoir autorité, être en autorité sur...* — Crédit, considération : *avoir, prendre de l'autorité dans son corps, dans sa famille*. Il s'applique aux choses dans le même sens : *cette opinion a fini par acquérir beaucoup d'autorité*. — *Autorité*, pris absolument, signifie l'administration, le gouvernement : *les agents de l'autorité*. — *Les autorités*, les hauts fonctionnaires, les magistrats, chargés de l'administration civile. — Sentiment d'une personne respectable, d'un auteur, etc., qu'on apporte en preuve d'une proposition : *citer des autorités, l'autorité des Écritures, des conciles*, etc. — *Faire autorité*, faire loi, servir de règle. — *D'autorité*, loc. adv., d'une manière impérieuse. — *De son autorité privée*, sans avoir droit de le faire. — AUTORITÉ, PUISSANCE. (*Syn.*) *L'autorité* est l'exercice intérieur de la souveraineté ; la *puissance* en est l'exercice extérieur. Le souverain est *autorité* au-dedans, il est *puissance* au-dehors. — AUTORITÉ, POUVOIR, EMPIRE. (*Syn.*) *L'autorité* laisse plus de liberté dans le choix ; le *pouvoir* paraît avoir plus de force ; *l'empire* est plus absolu.

AUTOTHÉTIQUE, adj. des deux genres et subst. fém. (*ôtotétike*), t. de la phil. de Kant, se dit de la science des apparences du monde sensible, du savoir humain.

AUTOUR, prép. (*ôtour*) (formé des deux mots français *au* et *tour*), se dit, avec la préposition *de*, en parlant des personnes ou des choses qui font le *tour* d'un objet ou qui *entourent* un objet : *nous nous sommes long-temps promenés autour de la ville ; il rôde tous les jours autour de la maison ; le bandeau qu'elle a autour de la tête ne lui sied nullement* ;

.... Ses gardes affligés
Imitaient son silence, autour de lui rangés.
RACINE, *Phèdre*, acte V, scène VI.

— Il signifie aussi : auprès, avec une idée particulière d'assiduité : *vous êtes continuellement autour d'elle ; elle est sans cesse autour des malades ; il est tous les jours autour des ministres*. — Il s'emploie fig. dans le sens physique et dans le sens moral : *vous avez autour de vous des fripons qui vous ruineront ; tout cela s'est passé autour de moi ; pourquoi tourner ainsi autour de la question ?* etc. — Fig. et prov. : *tourner autour du pot*, biaiser, user de détours, ne point aller nettement au fait. — *Autour* est aussi adv., et signifie *à l'entour* ou : aux environs. Alors il s'emploie sans aucun régime : *c'est un fort beau monument, autour est une balustrade*, etc. ; *quand nous fûmes dans ce bouquet de bois, nous regardâmes autour, et nous nous assurâmes que personne n'avait pu nous y voir entrer*. — On y ajoute souvent les mots *tout* ou *ici* : *il roule tout autour ; il loge ici autour*.

AUTOUR, subst. mas. (*ôtour*), oiseau de proie. — Écorce du Levant qui entre dans la composition du carmin.

AUTOURSERIE, subst. fém. (*ôtourceri*), t. de chasse, art d'élever et de dresser les *autours*.

AUTOURSIER, subst. mas. (*ôtourcié*), celui qui élève et dresse les *autours*.

AUTOXA, subst. fém. (*ôtokça*), t. de bot., genre de plantes de la famille des absinthes.

AU TRAVERS, À TRAVERS. Voy. TRAVERS.

AUTRE, pron. et adj. des deux genres (*ôtre*) (du lat. *alter*, pris du grec ετερος, autre), *Autre* est pron. quand il n'est joint à aucun subst., ni accompagné du pron. *en* : *un autre que moi ne vous parlerait pas ainsi*. — *Autre* est adj. lorsqu'il est joint à un subst., ou précédé du pron. *en* ; *un autre monde ; le temple de Salomon détruit, Cyrus ordonna qu'on en rebâtît un autre*. — Il marque distinction, différence, entre les personnes ou les choses : *ce que vous ne faites pas dans un temps, il faut que vous le fassiez dans un autre*. — On le dit quelquefois d'une personne ou d'une chose indéterminée : *un autre vous dira cela mieux que moi ; l'autre jour*, un des jours qui ont précédé. — *Les autres*, autrui : *il ne faut pas nuire aux autres ; il faut souvent se méfier des autres et toujours de soi-même*, etc. — *Eh ! les autres !* pour : eh ! mes compagnons, mes amis ! Pop. — *Autre* signifie souvent meilleur, de plus grande conséquence : *le vin d'hier était bon, mais celui d'aujourd'hui est tout autre ; hier on l'accusait de mensonge, mais voici bien une autre affaire, aujourd'hui on l'accuse de vol*. — *Autre* marque aussi la ressemblance, l'égalité, etc. : *c'est un autre Alexandre ; cette ville est un autre Paris*. — On dit : *c'est un autre moi-même*, en parlant d'une personne avec laquelle on est lié de l'amitié la plus intime, et en qui on a la plus grande confiance. — *Il y en a d'un et d'autres*, pour : il y en a de bons et de mauvais. Cette dernière acception a beaucoup vieilli ; nous ne conseillons pas d'en faire usage. — On dit : *en voici bien d'un autre*, ou *d'une autre*, suivant le sens que présente la phrase : s'il est question d'un subst. mas. auquel se rapporterait *autre*, on met *un autre* ; si le subst. est fém., on dit *une autre*. — *A d'autres*, c'est-à-dire : adressez-vous à d'*autres*, je ne crois pas ce que vous dites. Fam. — *Parler de choses et d'autres*, parler de diverses choses, ou : parler de choses indifférentes. —Prov., *autres temps, autres soins*, la conduite, la façon d'agir, etc., doit changer avec les circonstances; *autres temps, autres mœurs*, le temps amène des modifications dans les mœurs, les usages, etc. — *L'un dans l'autre, l'un portant l'autre*, en comprenant l'un avec l'autre. — *Il est toujours chez l'un ou chez l'autre*, il est souvent en visite. — *Je ne connais autre*, c'est une personne que je connais parfaitement.—*C'est tout un ou tout autre*, il n'y a point de milieu. — Avec ce pronom, l'adv. *bien* prend, contre son ordinaire, la simple prép. *de* sans l'article : *bien d'autres que vous*, et non pas *bien des autres*.— *Sans autre*, joint à un nom, sans article, s'emploie au sing. plutôt qu'au plur. : *sans autre forme de procès*, et non pas *sans autres formes*. — On se sert souvent de ce mot avec l'article, en l'opposant à *l'un, les uns*, ou à quelque terme analogue : *l'un veut blanc, l'autre noir; ils se louent, ils se déchirent, ils se chérissent, ils se détestent l'un l'autre; qui voit l'un, voit l'autre; l'un vaut l'autre*, etc. — *L'un et l'autre*, tous les deux. Cette locution gouverne indifféremment le sing. ou le plur., de même que celle *ni l'un ni l'autre*. — On dit : *nous autres, vous autres, eux autres*, pour dire : nous, vous, eux. Ces façons de parler sont familières. —*L'un vaut l'autre*, ils sont aussi bons ou aussi mauvais *l'un que l'autre*, il n'y a pas de différence de l'un à l'autre. — On dit d'un homme dont les actions sont contraires à ses discours, qu'*il dit d'une façon et qu'il fait de l'autre*. — *Cet autre!; eh! cet autre!; écoutez ce que nous dit cet autre*, façons de parler populaires, qui expriment une sorte de mépris de la personne à qui on les applique.—*Comme dit l'autre, comme dit cet autre*, expression populaire, dont on se sert pour parler en général. — On dit d'un homme qui a changé en bien ou en mal, qu'*il est un autre homme, tout un autre homme*, qu'*il est tout autre*. — *Autre* se met absolument au plur. dans quelques phrases proverbiales où le subst. est sous-entendu : *j'en ai vu bien d'autres*, j'ai vu des choses bien plus extraordinaires, je me suis trouvé dans des circonstances bien plus tristes, bien plus déplorables, bien plus inquiétantes, etc., dans des périls bien plus grands; *il n'en fait point d'autres; il en fait bien d'autres*, pour dire : il ne fait point d'autres actions; il a bien fait d'autres choses, d'autres tours. On dit à peu près dans le même sens, et familièrement : *c'est une autre paire de manches*. — *Entre autres choses*, ou seulement *entre autres*. — *Autre chose est ceci, autre chose est cela*. — *Autre est promettre, autre est tenir*. — *D'une et d'autre manière*. — *Aller de côté et d'autre*. — *S'unir l'un à l'autre, l'un avec l'autre*. — *Une autre fois; les autres fois; d'autres fois; quelques autres fois; toutes les autres fois; chaque autre fois*, etc.

AUTREFOIS, adv. (*ôtrefoa*), anciennement, jadis, au temps passé. Voy. ANCIENNEMENT. —Quelques-uns regardent *d'autrefois* comme une loc. adv., qui s'emploie par opposition à *quelquefois*: *quelquefois il se met dans une furieuse colère, d'autrefois il est doux comme un agneau*. C'est un tort d'écrire *d'autrefois* d'un seul mot; il faut *d'autres fois* en deux mots et au plur. Si *d'autres fois* était une loc. adv., on devrait appeler ainsi toute réunion de mots qui se présente souvent dans le discours.

AUTREMENT, adv. (*ôtreman*), d'une *autre* sorte, d'une *autre* manière. — Sinon : *corrigez-vous, autrement on vous punira*. — Avec la négative pas, il signifie : guère : *il ne fait pas autrement froid; est-il malade? pas autrement*. Cette sorte de locution n'est que du style fam.

AUTRE PART, loc. adv. (*ôtrepar*), ailleurs. Voy. PART. — *D'autre part*, d'ailleurs.

AUTREY, subst. mas. (*ôtrè*), ville de France, chef-lieu de canton, arrond. de Gray, dép. de la Haute-Saône.

AUTRICE, subst. fém. (*ôtrice*). Ce mot, que nous lisons dans le *Dict.* de *Trévoux* pour fém. de *auteur*, n'est pas en usage.

AUTRICHE, subst. fém. (*ôtriche*), un des plus grands royaumes de l'Europe.

AUTRICHIEN, subst. et adj. mas.; au fém. **AUTRICHIENNE** (*ôtrichiein, chiène*), qui est d'*Autriche*.

AUTRUCHE, subst. fém. (*ôtruche*) (suivant *Henri Estienne*, de l'article grec ο, et de στρουθος, nom grec de l'*autruche*; suivant *Ménage*, du lat. *avis struthia*, qui a la même signification), t. d'hist. nat., grand oiseau, fort haut sur ses jambes, qui a le cou très-long, les ailes si courtes qu'il ne peut s'en servir pour voler, et les pieds faits comme ceux d'un chameau. — On dit fig. et fam. d'un bon estomac, que c'est *un estomac d'autruche*, parce qu'on suppose à tort que les *autruches* digèrent le fer, etc. : elles ne font que l'avaler, pour aider à la digestion.—Fig., homme grand, lourd et stupide.

AUTRUI, subst. mas. qui n'est en usage qu'au sing., et qui a quelquefois le sens d'un plur. (*ôtrui*) (du lat. *alterius*, gén. de *alter*, autre), les autres personnes : *on ne doit point dire du mal d'autrui; ne désirez pas le bien d'autrui*. — On dit prov. : *mal d'autrui n'est que songe*, pour exprimer qu'on est peu affecté du mal des autres. — *Prendre son cœur par autrui*, se conduire envers les autres comme, en pareille circonstance, nous désirerions que les autres se conduisissent envers nous. — *Autrui* ne se dit que des personnes; il n'a ni genre ni nombre, et ne s'emploie qu'au régime indirect, avec les prépositions *à* ou *de*. Nous trouvons cependant, dans le vieux et dans le nouveau *Dictionnaire de l'Académie*, *l'autrui* à cette phrase: *sauf en autres choses notre droit, et l'autrui en toutes*: c'est une manière de parler qui n'a d'usage que dans cette locution de palais et d'ancienne chancellerie : l'*autrui* signifie ici *le droit d'autrui*.

AUTUN, subst. mas. (*ôteun*), l'une des plus anciennes villes de France, chef-lieu d'arrond., dép. de Saône-et-Loire. — On remarque encore à *Autun* des restes considérables de monuments romains.

AUTUNOIS, E, subst. et adj. (*ôtunoa, noaze*), qui est d'*Autun*. — Subst. mas. L'*Autunois* faisait partie de l'ancien duché de Bourgogne.

AUVEL, subst. mas. (*ôvèle*), t. de pêche, claie de cannes pour faire l'enceinte des bourdigues.

AUVENT, subst. mas. (*ôvan*) (on disait autrefois *oste-vent, ôte-vent*, et c'est de là qu'*auvent* tire son étymologie), petit toit en appentis attaché ordinairement au-dessus des boutiques pour garantir de la pluie. — En t. de mar., on appelle *auvent de sabord* une sorte de faux sabord volant qu'on place quelquefois obliquement dans le carré d'un sabord, pour garantir de l'entrée de la pluie dans un grand bâtiment à l'ancre.

AUVERGNAT, E, subst. et adj. (*ôvèregnia, gniate*), d'*Auvergne*.

AUVERGNE, subst. fém. (*ôvèregnie*), ancienne province de France, qui se trouve comprise aujourd'hui dans les dép. du Puy-de-Dôme et du Cantal.

AUVERGNE (JEU DE L'HOMME D'), subst. mas. (*ôvèregnie*), jeu de cartes qui ressemble à celui de la *triomphe*.

AUVERNAT, ou mieux **AUVERGNAT**, subst. mas. (*ôvèrena*), gros vin d'Orléans, nommé ainsi du raisin dont on le tire, et dont le plant est venu d'*Auvergne*.

AUVESQUE, subst. mas. (*ôvèceke*), espèce de cidre très-estimé.

AUVILLARDS, subst. mas. (*ôviiar*), ville de France, chef-lieu de canton, arrond. de Moissac, dép. de Tarn-et-Garonne.

AUX, article composé (*ô* devant une consonne, *ôz* devant une voyelle). C'est une contraction de *à les* : *aux hommes*, pour *à les hommes*; *aux femmes*, pour *à les femmes*. Voy. le mot ARTICLE et notre *Grammaire*.

AUXERRE, subst. fém. (*ôcère*), ville de France, chef-lieu du dép. de l'Yonne.

AUXERROIS, E, adj. et subst. (*ôcèroé, roèze*), habitant d'*Auxerre*, ville de France.

AUXÈSE, subst. fém. (*okcèze*) (du grec αυξησις, accroissement), fig. de rhét., exagération. Ce mot est peu usité.

AUXÉSIE, subst. fém. (*okcézi*) (du grec αυξησις, croissance), t. de médec., accroissement.

AUXI, subst. mas. (*okci*), laine filée en Picardie.

AUXIL., abréviation du mot *auxiliaire*.

AUXI-LE-CHÂTEAU, subst. mas. (*okci-le-châtô*), bourg de France, chef-lieu de canton, arrond. de Saint-Pol, départ. du Pas-de-Calais.

AUXILIAIRE, adj. des deux genres (*okcilière*) (en latin *auxiliarius*, formé de *auxilium*, secours), qui aide; dont on tire du secours. Il s'applique particulièrement aux corps de troupes: *armée auxiliaire, troupes auxiliaires*. — En t. de mar., on nomme *officier auxiliaire* un officier appelé à servir sur les bâtiments de guerre pour un temps limité. — En t. de médec. et de pharm., il se dit d'un remède que l'on joint à un autre remède pour en augmenter l'activité. — En gramm., les *verbes auxiliaires* sont ceux qui servent à former les temps composés des autres verbes; la langue française en a deux : *être* et *avoir*. Voy. ces deux derniers mots.—Il est aussi subst. des deux genres : *un corps d'auxiliaires; Napoléon fut trahi par ses auxiliaires; j'ai en vous, monsieur, un puissant auxiliaire; madame, soyez mon auxiliaire; l'auxiliaire être, l'auxiliaire avoir*.

AUXILIARISTE, subst. et adj. des deux genres (*okciliaricete*,), partisan de l'*auxiliarité*; qui a rapport à l'*auxiliarité*.

AUXILIARITÉ, subst. fém. (*okciliarité*), système de ceux qui admettent l'*auxiliarité*, c'est-à-dire qui veulent qu'il y ait des verbes *auxiliaires*.

AUXOMÈTRE, subst. mas. (*okçomètre*) (du grec αυξω, j'accrois, et μετρον, mesure), t. d'opt., instrument qui sert à mesurer la force des lunettes et des tubes dioptriques.

AUXOMÉTRIQUE, adj. des deux genres (*okçométrike*), qui concerne l'*auxomètre*.

AUXONNE, subst. fém. (*ôçone*), ville de France, chef-lieu de canton, arrond. de Dijon, dép. de la Côte-d'Or. —Cette ville soutint une lutte longue et glorieuse contre les armées étrangères, en 1814.

AUXQUELS, pron. relatif mas. plur., précédé de la prép. *à*, au fém. **AUXQUELLES**, pour *à lesquels, à lesquelles*. Même règle que pour *auquel*. Voy. ce mot.

AUZOMÈTRE, subst. mas. (*ozomètre*), vicieux. Voy. AUXOMÈTRE.

AUZON, subst. mas. (*ôzon*), ville de France, chef-lieu de canton, arrond. de Brioude, dép. de la Haute-Loire.

AUZUBE, subst. mas. (*ôzube*), t. de bot., arbre de Saint-Domingue.

AVA, subst. fém. (*ava*), liqueur enivrante d'Otaïti et des autres îles de la mer du Sud.

AVACARI, subst. mas. (*avakari*), t. de bot., genre de myrte de l'Inde.

AVACHI, E, part. pass. de *s'avachir*.

S'AVACHIR, v. pron. (*çavachir*) (du mot français *vache*, fait du latin *vacca*), devenir lâche, mou, perdre de sa fermeté, en parlant du cuir, des étoffes, etc. : *mes bottes, mes souliers se sont avachis; mon habit s'avachit*. — Il se dit aussi des branches d'arbres qui, au lieu de se tenir droites, ont leur extrémité pendante. — On le dit encore fig. et fam. des femmes qui deviennent trop grasses.

AVAGE, subst. mas. (*avaje*), droit que levait autrefois le bourreau dans quelques provinces, certains jours de marché, sur plusieurs espèces de marchandises.

AVAGNON, subst. mas. (*avagnion*), t. d'hist. nat., coquille bivalve que l'on mange comme des moules.

Avaient, 3e pers. plur. imparf. indic. du verbe irrégulier AVOIR.

AVAILLES, subst. fém. (*ava-ie*), ville de France, chef-lieu de canton, arrond. de Civrai, dép. de la Vienne.

DU VERBE IRRÉGULIER AVOIR :

Avais, précédé de *j'*, 1re pers. sing. imparf. indic.
Avais, précédé de *tu*, 2e pers. sing. imparf. indic.
Avait, 3e pers. sing. imparf. indic.

AVAL, subst. mas. (*aval*) (du lat. *ad*, à, et *valere*, valoir; *à valoir, bon pour*), t. de banque : *mettre son aval sur une lettre de change*, y mettre au bas sa signature précédée de ces mots : *pour aval* ou *pour servir d'aval*, et s'engager par là à en payer la valeur, si celui sur qui la lettre est tirée ne l'acquitte pas. — Au plur., *avals*.

AVAL, subst. mas. (*aval*) (du latin *ad*, à, et *vallis*, vallée; *en descendant*; d'où vient le verbe *avaler*), t. de batelier, opposé à *amont*, par en bas, ou : en bas. On l'emploie aussi dans les ponts-et-chaussées. — 1° *Le vent d'aval*, sur les rivières, le vent opposé au cours de l'eau, surtout quand ce cours se trouve est et ouest; 2° sur les ports de mer, également le vent d'ouest, particulièrement s'il vient de la mer. — Du mot *aval* s'est formé *à-vau-l'eau*.

AVALAGE, subst mas. (*avalaje*), action d'*avaler*, ou de descendre du vin à la cave. Pop.—T. de rivière, action de faire descendre un bateau sur une rivière.

AVALAISON, subst. fém. (*avalèzon*), chute impétueuse d'un torrent formé par les pluies.— Amas de pierres laissées par un torrent. — En t. de mar., longue durée du vent d'ouest.

AVALANCHE, et non pas **AVALANGE**, inconnu des écrivains et des gens qui parlent bien. Subst. fém. (*avalanche*), masse de neige durcie qui se détache des hautes montagnes, surtout vers le printemps, et renverse tout sur son passage : *chute d'une avalanche; ces voyageurs furent surpris par une avalanche; tout le bourg a été détruit par cette avalanche.*— On le dit aussi des masses de terre qui s'éboulent assez fréquemment dans les pays de montagnes.

AVALANT, E, adj. (*avalan, lante*), t. de batelier, qui descend, qui suit le cours de l'eau.—On dit aussi subst., par rapport à un bateau qui va en *avalant* en pleine rivière : *le montant doit céder à l'avalant.*

AVALASSE, subst. fém. (*avalace*), le même que *avalaison*. Voyez ce mot.

AVALÉ, E, part. pass. et adj., qui pend un peu en bas : *avoir les joues avalées, le ventre avalé.*

AVALÉE, subst. fém. (*avalé*), t. de manuf., ce que l'ouvrier peut faire de travail sur son métier sans être obligé de rouler et de dérouler les ensubles. — Quantité d'étoffe entre la perche et le faudet.

AVALER, v. act. (*avalé*). faire descendre par le gosier dans l'estomac : *avaler un bouillon, un œuf, un verre d'eau; avaler une arête*, etc. — Descendre du vin dans une cave. Pop. — Couper, enlever : *il lui avala le bras d'un coup de sabre.* —Fig. et prov. : *avaler le calice, avaler des couleuvres*, dévorer des dégoûts, des chagrins, des mortifications. — A peu près dans le même sens : *avaler un goujon.* — *Avaler le morceau*, se soumettre à quelque chose de fâcheux malgré sa répugnance. — *On lui a fait avaler cela*, on lui a fait accroire cela, ou : on lui a fait endurer cela.— On dit fam., d'un homme qui mange goulûment, qu'*il ne fait que tordre et avaler*; et d'un homme avide, soit au physique, soit au moral, qu'*il avalerait la mer et les poissons.* — T. de chapelier : *avaler la ficelle*, faire descendre la ficelle depuis le haut de la forme jusqu'au bas. — T. de commerce : *avaler une lettre de change*, etc., répondre du paiement de la somme qui y est portée, en mettant en bas sa souscription et son *aval*. Voy. ce mot. — T. de jard., baisser, ou : couper : *avaler une branche*, la couper près du tronc. — *Avaler* est aussi v. neut., et signifie : aller en descendant; suivre le courant de la rivière, en parlant d'un bateau. Voy. AVAL.—En général, *avaler*, à part ses acceptions techniques, ne s'emploie guère que fam., soit au propre, soit au fig. L'*Académie* dit encore que ce mot a la significaiton d'*abaisser, faire descendre*, et elle donne pour exemple dans ce sens : *avaler du vin dans la cave.* Mais nous devons avouer aussi qu'elle ajoute qu'en ce sens *avaler* est populaire : oui, populaire, et tellement populaire que personne ne le comprendrait plus.— S'AVALER, v. pron., pendre, descendre trop bas : *le ventre de cette jument s'avale.*

AVALETTE, subst. fém. (*avalète*), t. de pêche, morceau de bois qui sert à pêcher au libouret.

AVALEUR, subst. mas., au fém. **AVALEUSE**, (*avaleur, leuze*), celui ou celle qui a l'habitude d'*avaler* telle ou telle chose, ou liquide, ou solide. Il ne se dit qu'en plaisantant : *avaleur de tisane, de bouillon, de liqueur; avaleur d'œufs, de gâteaux*, etc.—Prov., on appelle un glouton *avaleur de pois gris*, et un fanfaron *avaleur de charrettes ferrées.* — Les Anglais établis dans l'Inde ont donné à l'*argala* le nom d'*avaleur d'os*, à cause de sa gloutonnerie et de la force de son bec et de son estomac, qui lui permet de briser et digérer les os.

AVALEUSE, subst. fém. Voy. AVALEUR.

AVALIES, subst. fém. plur. (*avalî*), t. de comm. et de manuf., laines qui s'enlèvent des peaux de mouton de l'abattis des bouchers.

AVALLON, subst. mas. (*avalon*), ville de France, chef-lieu d'arrond., dép. de l'Yonne.

AVALLONNAIS, E, subst. et adj. (*avaloné, nèze*), qui est d'*Avallon*.

AVALOIRE, subst. fém. (*avaloare*), grand gosier. Il n'est que du style fam. et plaisant : *tudieu ! quelle avaloire !* — En t. de bourrelier, la partie du harnais d'un cheval de carrosse, de charriot, etc., qui lui descend derrière les cuisses, au-dessous de la queue.— Outil de chapelier servant à *avaler* ou faire descendre la ficelle du haut en bas de la forme du chapeau. — En t. de pêche, digue établie sur une rivière pour prendre des saumons.

AVALURE, subst. fém. (*avalure*), t. de médec. vétér., surcroît de corne qui se forme au sabot d'un cheval, par suite de tel ou tel accident.—Maladie particulière aux serins, qui les fait maigrir, et leur fait grossir et durcir le ventre.

AVANCARÉ, subst. mas. (*avankaré*), t. de bot., espèce de haricot des Antilles.

AVANCÉ, E, part. pass. de *avancer*, et adj. : *poste, corps-de-garde avancé; ouvrages avancés; sentinelle avancée; heure avancée.* — On dit *un esprit avancé, un homme avancé*, pour : un esprit, un homme éclairé. — *Une viande avancée* est une viande qu'on a trop tardé à manger, et qui commence à se gâter.

AVANCE, subst. fém. (*avance*), espace de chemin qu'on a devant quelqu'un. — Ce qui se trouve déjà de fait ou de préparé dans un ouvrage : *c'est avoir une grande avance pour bâtir que d'avoir tous les matériaux.* — On dit fam. : *la belle avance !* pour dire qu'une chose s'est faite, se fait, se ferait ou se fera inutilement. — Paiement fait avant le terme : *faire une avance de mille écus; je lui ai fait des avances considérables; être en avance.* — Fig. : *faire des avances à quelqu'un, faire les avances*, faire les premières démarches dans un accommodement, dans une affaire, dans un commencement de liaison d'amour ou d'amitié, etc. — En t. d'archit., partie qui sort de l'alignement du reste d'un bâtiment, saillie. — En t. de banque, on dit : *avance* pour le donneur, et *perte* pour le tireur, lorsque, par la négociation, celui à qui appartient la lettre de change n'en reçoit pas la valeur entière. — *D'avance*, ou *par avance*, et non pas *à l'avance*, loc. adv., par anticipation, avant le temps : *vous gagnerez sûrement votre procès, et je m'en réjouis d'avance, je vous en félicite d'avance; payer d'avance; payer par avance, une année d'avance; je vous préviens d'avance.*

AVANCÉE, subst. fém. (*avancé*), t. de fortification, travail *avancé*; ou : garde *avancée*.

AVANCEMENT, subst. mas. (*avanceman*), progrès en quelque matière que ce soit : *je remarque l'avancement de son travail; je ne vois aucun avancement dans ces constructions; il y a de l'avancement dans cet élève; ces circonstances ont contribué à l'avancement des lettres, des sciences et des arts*, etc. — Il se dit particulièrement des progrès dans la carrière des emplois civils ou militaires : *il s'est occupé de mon avancement, je lui ai procuré de l'avancement; telle est la cause de son avancement; après tant d'années de campagne, je devrais avoir de l'avancement sans être obligé d'en solliciter; c'est un avancement rapide*, etc. — En t. de mar., on entend par *avancement*, l'augmentation de la solde que l'on donne à un marin classé. — T. de jurispr., *avancement d'hoirie*, ce qui est donné par *avance* à un héritier.

AVANCER, v. act. (*avancé*) (du latin *ab*, de, par, et *ante*, avant, d'où l'on a fait, dans le jargon barbare de la basse latinité, *abantiare*, avancer, pousser, ou porter *en avant*), pousser, porter *en avant* : *avancer la table, le bras, la main.* — Approcher un objet d'une autre personne : *avancez-moi ce fauteuil.* — On s'en sert dans le sens opposé à celui de différer : *avancer le dîner ou l'heure du dîner; avancer son départ*, etc. — Faire aller plus vite : *avancer une horloge.*— Faire du progrès en quelque chose : *avancer l'ouvrage, ses affaires; avancer sa besogne; en peu de temps, vous avez étonnamment avancé vos affaires*; et, dans un sens analogue, *ceci n'a pas avancé les affaires; cela ne m'avance guère; à quoi cela m'avancera-t-il ?* — Payer par avance : *avancer les gages, de l'argent à un ouvrier.* — Payer pour le compte de quelqu'un : *en votre absence, j'ai avancé cet argent pour vous; j'ai avancé cette somme de mes deniers.* — Fournir aux frais d'une entreprise : *j'avance chaque jour beaucoup de fonds pour cette manufacture.*— Mettre une proposition en avant : *vous avancez une chose difficile à prouver.* —Procurer l'*avancement* de quelqu'un ; *son protecteur l'a fort avancé.* — En t. de jard., *avancer les plantes*, hâter leur croissance. — En t. de tireur d'or : *avancer le fil d'or*, c'est y donner le quatrième tirage, pour le mettre en état d'être fini dans la dernière opération. — *Avancer* est aussi v. neut. : aller en avant : *l'armée avance en Allemagne.* — *Cette montre avance* : elle va trop vite. — Fig. : *je suis persuadé que l'homme, lorsqu'il crée les arts, ne fait qu'avancer dans la route que la nature lui a ouverte.* — Approcher de quelqu'un : *il avance vers moi.* — Faire des progrès : *cet écolier avance bien; l'ouvrage avance; avancer en âge, en sagesse, en vertu; avancer à vue d'œil.* — Monter en grade : *cet officier n'avance point.* — Ironiquement et fam. : *me voilà bien avancé !* j'ai pris une peine inutile, ou : j'ai fait une sottise, une bévue, une maladresse, etc. — Outrepasser en alignement : *cette maison avance sur la rue.*— S'AVANCER, v. pron., aller en *avant*: *l'armée s'avance.* — S'approcher de quelqu'un : *dès qu'il m'aperçut, il s'avança et me dit.....* — Il s'emploie fig. dans un sens analogue, par rapport au temps : *l'heure, le jour, la saison, le temps s'avance.* — Faire du progrès dans une carrière, y obtenir de l'avancement : *il s'est rapidement avancé dans les emplois les plus honorables; c'est par son mérite seul qu'il s'est avancé ainsi.* — *S'avancer dans le monde*, y réussir, y faire son chemin, y obtenir des succès.— Faire saillie : *cette roche s'avance au-dessus de la route.*— Faire quelque chose, mettre en *avant* quelque chose qui fait contracter une sorte d'engagement : *je me suis beaucoup avancé quand je lui ai fait cette promesse en votre nom; cet ambassadeur s'est trop avancé.*

AVANCEUR, subst. mas. (*avanceur*), t. d'arts et mét., ouvrier qui donne le quatrième tirage à l'or.

AVANÇON, subst. mas. (*avançon*), t. d'arts et mét. On donne ce nom, dans les corderies maritimes, à un morceau de planche placé au bout des ailes d'un touret, pour retenir le fil de caret sur cette espèce de dévidoir quand il est près d'être rempli. — T. de pêche, on appelle aussi *avançon* les petites tranches ou allonges sur une ligne de pêche où l'on étalingue les haims.

AVANETTE, subst. fém. (*avanète*), t. d'hist. nat., sorte de cailloutage qu'on trouve à Saint-Domingue.

AVANI, subst. mas. (*avani*), mois d'août des Indiens. — Grande fête des Indiens.

AVANIE, subst. fém. (*avanî*) (du grec vulgaire ἀβανία, calomnie, ou de l'arabe *haouan*, opprobre), traitement humiliant qui expose au mépris et à la risée publique : *essuyer une avanie.* — Insulte faite à dessein. — *Avanie* est particulièrement usité dans le Levant et les états du grand-seigneur, pour signifier : les présents et les amendes que les bachas et les douaniers turcs exigent des marchands chrétiens, trop souvent injustement et sous de faux prétextes de contraventions.

AVANO, subst. mas. (*avano*), t. de pêche, filet à mailles assez serrées, qui forme une espèce de poche. Il sert à pêcher les chevrettes et les sardines.

AVANT, prép. (*avan*). Elle marque priorité de temps ou d'ordre : *il est arrivé avant midi; mettez ce chapitre avant l'autre.* — *Avant* répond à *après*, comme *devant* répond à *derrière* : *je suis arrivé avant lui; il marchait devant moi.* — *Avant* est aussi adv. de lieu. Il ne s'emploie ordinairement que précédé d'un autre adverbe : *si avant, bien avant, trop avant; n'allez pas plus avant; il ne faut pas creuser si avant*; et adv. de temps : *il arriva bien avant dans la nuit.* — *En avant*, loc. adv. de lieu : *aller en avant*, c'est-à-dire plus loin. — T. de mar., *aller de l'avant*, faire du chemin en avançant; et fig., s'engager promptement dans une affaire, ou témérairement. C'est l'opposé de *hésiter.* —*En avant !* et *en avant, marche !* commandement militaire. —*Être en avant*, être devant, à quelque distance. — *Marcher en avant de quelqu'un*, marcher devant lui, à quelque distance, tant au propre qu'au figuré. — C'est aussi une loc. adv. de temps : *de ce jour-là en avant.*—*Mettre en avant*, proposer, alléguer. — En t. de man., *cheval beau de la main en avant*, qui a la tête et l'encolure plus belles que le derrière. — *Avant de*, loc. conj. qui régit l'infinitif : *avant de vous accorder ma confiance, j'examinerai si vous en êtes digne.* — *Avant que*, loc. conj. qui régit le subj. : *avant qu'il vienne.* — Les écrivains du siècle passé se servaient indifféremment des locutions *avant de, avant que de*, devant un infinitif. Cependant, à notre avis, il est plus dans l'analogie et mieux de dire par exemple : *avant de partir*; et nous basons notre opinion sur ce qu'il est impossible d'analyser, d'une manière raisonnable et satisfaisante, *avant que de partir*, tandis que *avant de partir* est, selon nous, une phrase elliptique pour *avant le moment de partir.* — *Avant* est employé subst. en t. de mar. : *l'avant du vaisseau*, la proue. On dit aussi le *château d'avant*, le château de proue. — *Être de l'avant*, être sur le devant. — *Avant* est aussi une préposition inséparable de certains mots auxquels elle fait signifier quelque chose d'antérieur, qui est en *avant* : *l'avant-corps d'un bâtiment.* — T. de procédure : *avant dire droit, avant* *faire droit*, avant jugement définitif; et, subst., *un avant-faire-droit*, un jugement provisoire ou interlocutoire. —*Avant tout*, ou *avant toutes choses*, principalement, ou : préférablement à tout. — *Le jour d'avant*, *la nuit d'avant*, le jour précédent, la nuit précédente.—Au fig. : *pénétrer avant*, *fort avant dans une science*; *c'est pousser les choses trop avant*; *nous sommes bien avant dans ses bonnes graces*, etc., etc., etc.

AVANTAGE, subst. mas. (*avantaje*) (du français *avant*), ce qui est utile, profitable, favorable à quelqu'un : *grand avantage*; *avantage considérable*; *c'est votre avantage*; *les avantages de la fortune, de la naissance*, etc. Voy. UTILITÉ.—Supériorité : *dans tous les combats il a eu l'avantage*. — Absolument, succès militaire, victoire : *nos troupes obtinrent, tel jour, un léger avantage*; *elles remportèrent, tel autre jour, un avantage décisif*. — T. de jurispr., libéralité faite à quelqu'un : *faire des avantages à l'un de ses enfants*; *faire des avantages à sa femme*; *avantage entre époux*, etc.—*Avantage indirect* : on appelle ainsi une libéralité faite par voies détournées en faveur d'un incapable. — Ce qu'un joueur plus habile donne de facilités à celui qui l'est moins, pour rendre la partie plus égale. — Au jeu de paume, on dit l'*avantage du jeu* ou simplement l'*avantage*, lorsque, les joueurs étant venus à avoir chacun quarante-cinq points, l'un des deux gagne ensuite le coup. — En t. de mar., *avantage* est synonyme de *poulaine*, *éperon* et *cap*. — *Avoir l'avantage du vent*, *prendre l'avantage du vent*, avoir, prendre le dessus du vent relativement à un ou plusieurs autres vaisseaux. — *Prendre de l'avantage pour monter à cheval*, se servir de quelque élévation. —*Être monté à l'avantage*, être bien monté. — *Il m'a pris à son avantage*, il m'a attaqué quand il était ou plus fort ou mieux armé. — *Il a conté la chose à son avantage*, de manière à se faire valoir, ou : à se disculper, etc. — *Parler à l'avantage de quelqu'un*, dire du bien de lui, faire son éloge. — *Tirer avantage de tout*; *chaque chose a ses avantages et ses désavantages*; *avantage du lieu, du terrein, du nombre*; *prendre, conserver, ménager, perdre ses avantages*. —*Profiter, abuser de ses avantages*, etc., etc., etc.— *Elle est habillée, coiffée à son avantage*, d'une manière qui relève sa bonne mine, sa bonne grace, sa beauté. — *Rester sur ses avantages*, ne pas les pousser plus loin.

AVANTAGÉ, E, part. pass. de *avantager*, et adj. : *jeune homme aussi avantagé du côté de la figure que du côté de l'esprit*.

AVANTAGER, v. act. (*avantajé*), donner des *avantages* à quelqu'un par-dessus les autres : *la nature l'a singulièrement avantagé*; *en cette circonstance, la loi vous avantage*, etc. —T. de jurispr., *avantager quelqu'un*, lui faire un *avantage* ou des *avantages*, par testament ou autrement. — **S'AVANTAGER**, v. pron., t. de jurisp.. *ces deux époux se sont avantagés réciproquement*.

AVANTAGEUSE, adj. fém. Voy. AVANTAGEUX.

AVANTAGEUSEMENT, adv. (*avantajeuzeman*), avec *avantage*; d'une manière *avantageuse* : *être placé avantageusement*.

AVANTAGEUX, adj. mas., au fém. **AVANTAGEUSE** (*avantajeu, jeuze*), qui présente, procure des *avantages* : *une entreprise avantageuse*; *emploi avantageux*; *parti avantageux*; *résultat avantageux*; *traité avantageux*; *conditions avantageuses*; *il est avantageux de*... etc. — Qui est à l'avantage de quelqu'un : *j'ai conçu une idée, une opinion avantageuse de vous*; *vous vous étiez exprimé sur son compte d'une manière très-avantageuse*. — Qui est à l'avantage de quelque chose : *il m'a présenté cette affaire sous un jour avantageux, sous le point de vue le plus avantageux*. — Qui produit bon effet : *taille avantageuse*; *mine avantageuse*. — Qui sied : *couleur, coiffure, parure avantageuse*.—Une personne *avantageuse* est une personne portée à se prévaloir des moindres *avantages* que lui laisse la faiblesse, l'inattention ou la complaisance des autres, pour affecter un air de supériorité. Voy. GLORIEUX.

AVANT-BEC, subst. mas. (*avanbèk*), t. d'archit., angle ou éperon qui est aux piles des ponts de pierre, du côté opposé au courant. — Au plur., des *avant-becs*.

AVANT-BOUCHE, subst. fém. (*avanbouche*), t. d'anat., se dit par opposition à l'arrière-*bouche*.

AVANT-BRAS, subst. mas. (*avanbra*), t. d'anat., partie du bras depuis le coude jusqu'au poignet. — T. d'arts et mét., partie du métier à bas. — Au plur., des *avant-bras*.

AVANT-CALE, subst. fém. (*avankale*), t. de mar., prolongement de la cale d'un vaisseau.

AVANT-CHEMIN-COUVERT, subst. mas. (*avanchemeinkouvère*), t. de fortification, chemin fait au pied de l'avant-fossé, du côté de la campagne. —Au plur., des *avant-chemins-couverts*.

AVANT-CŒUR, subst. mas. (*avankeur*), t. de méd. vét., espèce de maladie des chevaux. C'est une tumeur qui se forme à la poitrine, vis-à-vis du cœur. — Creux de l'estomac. — Au plur., des *avant-cœurs*.

AVANT-CORPS, subst. mas. (*avankor*), t. d'archit., parties d'un bâtiment en saillie sur la face; tout ce qui excède le nu de l'architecture. — Au plur., des *avant-corps*.

AVANT-COUR, subst. fém. (*avankour*), cour précédant la cour principale. — Au plur., des *avant-cours*.

AVANT-COUREUR, subst. mas. (*avankoureur*), celui qui va *devant* quelqu'un et qui annonce son arrivée. — Au fig., chose qui en précède une autre et qui l'annonce. Il se prend le plus souvent en mauvaise part dans ce sens.—Au plur., des *avant-coureurs*. — *Avant-coureur* ne fait pas au fém. *avant-coureuse*, selon l'analogie, mais *avant-courrière*, comme si c'était le fém. d'*avant-courrier*, qui ne se dit point. Si *avant-coureuse* n'est point admis, c'est apparemment à cause du sens bas de *coureuse*.

AVANT-COURRIÈRE, subst. fém. (*avankourière*), celle qui précède, qui devance. Il ne se dit guère qu'en poésie, en parlant de l'aurore : *l'avant-courrière du jour, du soleil*. — Au plur. des *avant-courrières*. Voy. AVANT-COUREUR.

AVANT-DERNIER, DERNIÈRE, adj. (*avandèrenié, nière*), pénultième, qui est avant le dernier : *c'est l'avant-dernier article*; *avant-dernière syllabe*; *ni est l'avant-dernière syllabe de finirons*.—Subst. : *vous êtes l'avant-dernière*; *je suis l'avant-dernier*. — Au plur. *avant-derniers, dernières*.

AVANT-DUC, subst. mas. (*avanduk*), t. d'archit., pilotage qu'on fait sur le bord d'une rivière, avant de commencer un pont de bateaux. — Au plur. des *avant-ducs*.

AVANT-FAIRE-DROIT, subst. mas. (*avanfère-droè*), t. de jurisp., jugement provisoire ou interlocutoire. — Au plur., des *avant-faire-droit*.

AVANT-FOSSÉ, subst. mas. (*avanfócé*), t. de fortification, profondeur pleine d'eau qui est autour de la contrescarpe, du côté de la campagne. —Au plur. des *avant-fossés*.

AVANT-GARDE, subst. fém. (*avanguarde*), première ligne d'une armée rangée en bataille, ou première division d'une armée qui est en marche. — En t. de mar., une des divisions d'une armée navale, qui en fait l'*avant-garde* dans la route. — Bâtiment flottant amarré dans les ports de guerre, en *avant* des premiers postes de vaisseaux. — Au plur. des *avant-gardes*.

AVANT-GOÛT, subst. mas. (*avanguou*), le *goût* qu'on a par avance de quelque chose d'agréable. Il ne se dit qu'au fig. : *avant-goût des fruits de la paix*; *avant-goût des célestes délices*, etc.— On dit aussi, par plaisanterie, relativement aux effets de la mysticité : *avoir des avant-goûts de paradis*.

AVANT-HIER, adv. de temps (*avantière*), *avant* la veille : *je l'ai vu avant-hier*. Voy. HIER.

AVANTIN, subst. mas. (*avantein*), t. d'agric, petit sarment. Voy. CROSSETTE.

AVANT-JOUR, subst. mas. (*avanjour*), temps qui précède le lever du soleil. — Au plur., des *avant-jour*. Inus.

AVANT-LOGIS, subst. mas. (*avanloji*), *logis* précédant le logis principal. — Au plur., des *avant-logis*. Inus.

AVANT-MAIN, subst. mas. selon tous les dictionnaires : selon nous il serait plus rationnel de le faire du genre fém. (*avanmein*). Au jeu de paume, *un coup d'avant-main* est un coup poussé du devant de la raquette ou du battoir. — En t. de man., la partie antérieure du cheval. — Au plur., des *avant-mains*.

AVANT-MUR, subst. mas. (*avanmur*), mur placé devant un autre. — En t. de fortification, pan de muraille joint à une tour. —Au plur., des *avant-murs*.

AVANT-NEF, subst. fém. (*avannéf*), partie des anciennes églises grecques. Elle se trouvait à l'entrée de la grande *nef*. Les énergumènes et les pénitents du premier degré de la pénitence publique se tenaient dans l'*avant-nef*.

AVANT-PART, subst. fém. (*avanpar*), t. de jurispr., préciput. — Au plur., des *avant-parts*.

AVANT-PÊCHE, subst. fém. (*avanpêche*), t. de jard., sorte de petite pêche qui mûrit avant les autres. — Au plur., des *avant-pêches*.

AVANT-PIÈCE, subst. fém. (*avanpièce*), instrument en fer pour faire des trous dans un sol très-dur.— Au plur., des *avant-pièces*

AVANT-PIED, subst. mas. (*avanpié*), partie la plus *avancée* du pied. — En t. d'anat., métatarse, seconde partie du pied. — T. de bottier, dessus de la botte, ce que les cordonniers nomment *empeigne*. — Au plur., des *avant-pieds*.

AVANT-PIEU, subst. mas. (*avanpieu*), t. d'archit., bout de bois carré qu'on met sur la couronne d'un pieu pour le tenir d'aplomb. — Pinces de fer pointues, dont on se sert pour planter des piquets et des échalas de treillage.—Au plur., des *avant-pieux*.

AVANT-PLANCHER, subst. mas. (*avanplanché*), faux plancher.— Au plur., des *avant-planchers*.

AVANT-POIGNET, subst. mas. (*avanpógnié*), t. d'anat., partie antérieure du poignet.— Au plur., des *avant-poignets*.

AVANT-PORT, subst. mas. (*avanpor*), t. de mar., entrée d'un grand port, en dehors de son enceinte. — Au plur., des *avant-ports*.

AVANT-PORTAIL, subst. mas. (*avanporta-ie*), premier portail. — Au plur., des *avant-portails*.

AVANT-POSTE, subst. mas. (*avanpocete*), t. de guerre, poste en *avant*; le plus avancé, le plus près de l'ennemi. — Au fig., *l'honneur des femmes est mal gardé lorsque la religion n'est pas aux avant-postes*.

AVANT-PROPOS, subst. mas. (*avanpropó*), préface, introduction, discours qui précède l'ouvrage, qui fait connaître le dessein de l'auteur, etc. — Ce qu'on dit *avant* de venir au fait, quand on veut raconter quelque chose. — Au plur., des *avant-propos*.

AVANT-QUART, subst. mas. (*avankar*), t. d'horlog., petite cloche qui, dans quelques horloges, fait entendre un coup un peu *avant* l'heure, la demie, etc. — Il se dit aussi de ce coup. — Au plur., des *avant-quarts*.

AVANT-RÈGNE, subst. mas. (*avanrègnie*), autorité, pouvoir, exercés *avant* de régner. — Au plur., des *avant-règne*.

AVANT-SCÈNE, subst. fém. (*avancène*), partie du théâtre en *avant* des décorations, et ne se terminant qu'à l'orchestre. — *Loges d'avant-scène*, loges placées de chaque côté de cette partie. On dit aussi *avant-scène*. — T. de litt. dram., événements qui, d'après le sujet représenté, ont dû précéder ceux de ce sujet. — Au plur., des *avant-scène*.

AVANT-TOIT, subst. mas. (*avantoè*), toit en saillie. — Au plur., des *avant-toits*.

AVANT-TRAIN, subst. mas. (*avantrain*), train comprenant les deux roues de *devant* et le timon d'une voiture ou d'une pièce de campagne. — T. de man., jambes de *devant* et poitrail du cheval. — Au plur., des *avant-trains*.

AVANT-VEILLE, subst. fém. (*avanvéie*), surveille, le jour qui tombe immédiatement *avant* la veille. — Au plur., des *avant-veilles*.

AVAOU, subst. mas. (*ava-ou*), t. d'hist. nat., espèce de poisson du genre des gobies.

AVARAMA, subst. mas. (*avarama*), t. de bot., petit arbre du Brésil.

AVARE, adj. et subst. des deux genres (*avare*) (du lat. *avarus*, fait de *æris*, gén. de *æs*, argent, et *avidus*, avide, ou *aveo*, je désire), qui a la passion de l'argent : *cet homme, cette femme est avare*.— On dit aussi *humeur, caractère, inclination avare*. — On dit fig. : *la nature lui a été* ou *ne lui a pas été avare de ses dons*, pour : il n'a pas reçu *ou* il a reçu de grands avantages de la nature. — On dit encore : *il est avare de louanges*, pour : il n'aime pas à louer; *il est avare du temps*, il ne veut pas perdre de temps; etc., etc. — *Avare* est souvent employé comme substantif : *c'est un avare, c'est une avare*. — AVARE, AVARICIEUX. (*Syn.*) *Avare* convient mieux lorsqu'il s'agit de l'habitude et de la passion même de l'avarice; *avaricieux* se dit plus proprement lorsqu'il n'est question que d'un acte ou d'un trait particulier de cette passion. Un homme qui ne donne jamais passe pour un *avare*; celui qui manque à donner dans l'occasion, ou qui donne trop peu, s'attire l'épithète d'*avaricieux*. L'*avare* se refuse toutes choses; l'*avaricieux* ne se les donne qu'à demi. Voy. ATTACHÉ.

AVAREMENT, adv. (*avareman*), d'une manière *avare*. — On dit plus souvent et mieux *avec avarice, par avarice*.

AVARICE, subst. fém. (*avarice*) (en lat. *avaritia*), amour, passion de l'argent : *avarice insatiable, sordide*. — Voy. CUPIDITÉ.— T. de myth., figure allégorique, sous les traits d'une femme maigre, au teint pâle et livide, tenant une bourse qu'elle serre étroitement. Elle a pour attribut une louve affamée.

AVARICIEUSE, adj. fém. Voy. AVARICIEUX.

AVARICIEUSEMENT, adv. (*avaricieuzeman*), d'une manière *avaricieuse*.

AVARICIEUX, adj. mas., au fém. **AVARICIEUSE** (*avaricieu, cieuze*), se dit de celui ou celle qui donne rarement ou qui donne peu : *homme avaricieux, femme avaricieuse*. — Subst. : *c'est un avaricieux, une avaricieuse*. Fam. et commençant à vieillir.— Voy. son synonyme AVARE.

AVARIE, subst. fém. (*avarî*) (de l'ital. *avaria*), tout dommage survenu à des marchandises. — T. de mar., droit qu'on paie pour chaque vaisseau qui mouille à un port. — Dommage arrivé à un vaisseau ou aux marchandises de son chargement. — Dépenses extraordinaires et imprévues qu'on a été obligé de faire, durant le cours du voyage, pour le navire ou ses marchandises. — *Grosses avaries*, celles provenant de tempête, naufrage, jet à la mer, capture, etc.; *menues avaries*, frais de lamanage, touage, pilotage pour entrer dans les havres, dans les rivières, ou pour en sortir; et accidents que peut éprouver un bâtiment ou des marchandises dans ces occasions. — Se dit aussi relativement aux marchandises transportées par terre.

AVARIÉ, E, adj. (*avarié*), se dit des marchandises qui ont essuyé des *avaries*, qui ont été endommagées pendant leur transport par mer ou par terre.

AVARITZ, subst. mas. (*avaritce*), impôt foncier chez les Turcs.

AVASTE, interj. (*avacete*) (de l'italien *abastanza*, assez, ou *basta*, il suffit), t. de mar., c'est assez, arrêtez-vous.

A-VAU-L'EAU, loc. adv. (*avôlô*). Voy. AVAL.

AVE, ou **AVE MARIA**, et non pas **AVÉ**, subst. mas. (*avé maria*) (mots latins qui signifient *salut: salut, Marie*), chez les catholiques romains, 1° la salutation de l'Ange à la Vierge : *dire tant d'ave*; 2° grains de chapelet sur lesquels on dit l'*ave*.— On disait autrefois, fig. et fam. : *je reviendrai dans un ave*, dans aussi peu de temps qu'il en faut pour réciter un *ave*. Inusité. — On appelle aussi *ave Maria* l'endroit du sermon où le prédicateur implore le secours du Saint-Esprit, par l'intercession de la sainte Vierge. — C'était aussi le nom d'une société religieuse.

AVEC, prép. (*avèk*) (le *c* final se prononce même devant les consonnes), ensemble, conjointement : *il était avec moi*. — Dans le style fam., il s'emploie quelquefois sans régime : *prenez ce livre et partez avec*. — Fam., *avec* prend quelquefois le sens de *selon* : *avec vous, tout est bien, tout est mal; avec vous, il n'y a point d'honnêtes gens; avec vous, il n'y a jamais rien de bien fait*, etc.; ou il sert à indiquer ce qu'une personne présente en elle de remarquable, de singulier, de ridicule, etc. : *où va-t-elle avec sa riche toilette? qu'avez-vous avec votre air mystérieux?* etc. — Fam. encore, il équivaut à malgré : *avec tout cela, vous n'en êtes pas plus avancé; avec toute votre science, vous ignorez bien des choses*; ou à sauf : *avec tout le respect que je vous dois*, etc. — Il signifie aussi quelquefois : contre : *ce pays était en guerre avec cet autre; vous vous battrez avec lui*. — Il désigne la matière qu'on emploie à faire une chose : *bâtir avec de la brique*; le moyen dont on se sert pour faire une chose : *couper avec une hache, enfoncer avec un marteau*, etc.; la manière dont on fait une chose : *se conduire avec finesse; danser avec grace; s'expliquer avec franchise*, etc. — *Avec*, précédé de la préposition *de*, exprime avec plus de force la différence qui existe entre deux choses ou deux personnes : *ne savez-vous pas distinguer l'homme doux d'avec l'homme faible? on a souvent beaucoup de peine à distinguer la fausse monnaie d'avec la bonne*.

AVECQUE et **AVECQUES**, prép. (*avèke*), *avec*. — Ils sont inusités maintenant, même en poésie, où l'on ne s'en sert plus que dans le style marotique. On trouve encore *avecque* dans la *Satire 6e* de Boileau :

Tous les jours je me couche avecque le soleil.

AVEINDRE, v. act. (*aveindre*) (du lat. *advenire*, arriver à) (il se conjugue comme *teindre*), tirer une chose hors du lieu où elle était placée ou serrée : *aveignez cet habit de mon armoire*. Il est fam.

AVEINE, subst. fém. Voy. AVOINE, orthographe préférée par l'*Académie*. C'est du reste l'orthographe universellement répandue.

AVEINT, E, part. pass. de *aveindre*.

AVEIRON, ou **AVEYRON**, subst. mas. (*avéron*), dép. de la France, tirant son nom de la rivière qui le traverse.

AVELANÈDE, subst. fém. (*avelanède*), t. de bot., cupule qui entoure la base de certaines espèces de glands. — Les tanneurs s'en servent pour passer les cuirs.

AVELINE, subst. fém. (*aveline*) (en lat. *avellina*), espèce de grosse noisette violette.—T. d'hist. nat., coquille terrestre d'amboine.

AVELINIER, subst. mas. (*avelinié*), t. de bot., arbre qui porte les *avelines*. — Il est aussi nommé *coudrier*.

AVELLÉ, E, part. pass. de *aveller*.

AVELLER, v. act. (*avèlelé*) (du lat. *avellere*), arracher. Vieux.

AVE MARIA, subst. mas. (*avé-maria*), (mots latins.) Voy. AVE.

AVÉNAGE, subst. mas. (*avénaje*), t. d'anc. jurispr., redevance d'*avoine*.

AVENANT, E, et **ADVENANT, E**, adj. (*avenan, nante*) (du lat. *adveniens*, part. prés. de *advenire*, formé de *ad*, et *venire*, venir), qui a bonne grace, un air qui plaît, qui *revient*; gracieux : *c'est un homme avenant, fort avenant, mal* ou *peu avenant; physionomies, manières avenantes*. — *Avenant* s'emploie au palais comme part. présent du verbe *avenir* : *le cas avenant que...; le décès avenant de l'un des deux*. — On dit aussi adv. : *avenant vacation d'offices*, etc. — Qui revient, tombe en partage : *la part avenante à un héritier*. — *A l'avenant*, loc. adv., à proportion; de même, pareillement. — Loc. prép. : *la fin fut à l'avenant du commencement*. Il est familier.

AVÉNEMENT, et non pas **AVÈNEMENT**, subst. mas. (*avéneman*) (du latin *venire*, venir, et de la préposition *ad*, à), venue, arrivée. Il se dit en parlant de *Jésus-Christ*, et s'emploie ordinairement sans régime : *Jésus-Christ, dans son premier, dans son second avénement*. — Élévation à une dignité suprême : *le pape, depuis son avénement au pontificat; le roi, après son avénement*.

AVÈNERIE, selon *Boiste*. (Orthographe vicieuse et mot inutile. Ce serait tout au moins **AVEINERIE** ou **AVOINERIE**. Notre observation s'étend au mot qui suit, et qui devrait s'écrire *aveineron*, ou *avoineron*), subst. fém. (*avènerî*), t. d'agric., lieu semé d'avoine.

AVÈNERON, mieux **AVEINERON**, subst. mas. (*avèneron*), t. d'agric., folle avoine. Voy. AVÈNERIE.

AVENIR, subst. mas. (*avenir*), le temps futur; ce qui doit arriver : *avenir incertain, éloigné, affreux*, etc. — Fig., état de fortune que l'on peut espérer : *j'ai su assurer mon avenir, l'avenir de mes enfants; depuis sa ruine, il n'a plus d'avenir*. — *Ce jeune homme est plein d'avenir*, ce jeune homme promet beaucoup. — La postérité : *l'avenir nous contemple; que pensera l'avenir de....?*—T. de procédure, acte par lequel un avoué somme son adversaire de se trouver tel jour à l'audience pour y plaider conjointement. Cette expression n'est employée que dans la pratique; c'est ce que la loi appelle *acte d'avoué à avoué*, par exemple dans les articles 79, 80, 82 du Code de procédure. (*Dict. de Législation usuelle.*) — AVENIR, FUTUR. (*Syn.*) Le *futur* est relatif à l'existence des êtres; l'*avenir* aux révolutions des événements. — *A l'avenir*, loc. adv., désormais : *ne faites plus cela à l'avenir*.

AVENIR, v. neut., et **ADVENIR**, plus usité (du latin *advenire*, arriver, formé de *ad*, à, et *venire*, venir), arriver par accident. Il ne s'emploie qu'à l'infinitif et aux troisièmes personnes : *n'importe ce qui doive avenir; il avient; s'il avenait; il avint*, etc.— *Avenir et advenir se conjuguent sur venir*.

AVENT, subst. mas. (*avan*) (du lat. *adventus*, arrivée; *temps qui annonce l'arrivée de Jésus-Christ*), temps consacré par l'Eglise catholique à se préparer à la fête de Noël. — *Prêcher l'avent, jeûner l'avent*, prêcher, jeûner pendant l'*avent*. — On le dit au plur. dans ces deux phrases : *les avents de Noël; c'est aux avents qu'on a coutume de planter*.

AVENTIN, subst. et adj. mas. (*avantein*), se dit de l'une des sept montagnes de l'ancienne Rome : *l'Aventin, le mont Aventin*. — C'est aujourd'hui le mont de *Sainte-Sabine*, du nom d'une église qu'on y a bâtie.

AVENTURE, subst. fém. (*avanture*) (de l'italien *avventura*, fait du latin *advenire*, arriver, survenir), évènement inopiné : *plaisante aventure; fâcheuse aventure*. Voy. ÉVÉNEMENT. — Quand il se dit seul en parlant des femmes ou des filles, il se prend en mauvaise part : *cette femme a eu plusieurs aventures; c'est une fille à aventures*. — Dans les anciens romans de chevalerie, entreprise hasardeuse mêlée quelquefois d'enchantements : *chercher, mettre à fin les aventures*. — *Aimer les aventures; courir après les aventures*, aimer, poursuivre les entreprises extraordinaires, hasardeuses. — Fam., *tenter l'aventure*, entreprendre une chose dont le succès est incertain. —*Aventures*, au plur., titre de certains livres offrant des récits ordinairement imaginaires : *les aventures d'un marin; les aventures de un tel*, etc. — Hasard : *c'est grande aventure si je n'en viens pas à bout*. Fam. — *Mal d'aventure*, mal qui vient ordinairement au bout des doigts, avec inflammation et abcès.— *Diseur de bonne aventure*, bohémien et autre prétendu devin. — *Mettre à la grosse aventure*, mettre sur un vaisseau une somme, soit en argent, soit en marchandises, pour être remboursée avec le profit maritime, dans un port convenu ou au retour d'un voyage déterminé, au hasard de la perdre si le vaisseau périt. On dit plutôt aujourd'hui *prêter à la grosse*. — *A l'aventure*, loc. adv., au hasard : *marcher à l'aventure; vivre à l'aventure*. — *D'aventure, par aventure*, loc. adv., par hasard. Fam.

AVENTURÉ, E, part. pass. de *aventurer*, et adj. : *c'est de l'argent aventuré*, exposé; *une affaire bien aventurée*, qui ne réussira probablement pas.

AVENTURER, v. act. (*avanturé*), hasarder, mettre à l'*aventure*. — Mettre en danger, exposer au péril : *aventurer une somme considérable*. — **S'AVENTURER**, v. pron. : *vous vous êtes trop aventuré*.

AVENTUREUSE, adj. fém. Voy. AVENTUREUX.

AVENTUREUSEMENT, adv. (*avantureuzeman*), d'une manière *aventureuse*.

AVENTUREUX, adj. mas., au fém. **AVENTUREUSE** (*avantureu, reuze*), qui *aventure*; qui *s'aventure*; qui hasarde. Il s'applique aux personnes et aux choses : *il est aventureux; il est d'une humeur, d'un caractère aventureux*. — Qui est *aventuré* : *une vie, une entreprise, etc. aventureuse*.

AVENTURIER, subst. mas., au fém. **AVENTURIÈRE** (*avanturié, rière*), qui s'engage volontiers dans les entreprises extraordinaires, hasardées, pour peu qu'il y entrevoie quelque avantage possible.— Qui court les *aventures*; intrigant, homme, femme sans fortune, sans nom, qui vit d'intrigues; et particulièrement en parlant d'une femme, d'intrigues amoureuses. — Jeune homme qui fait l'amour à toutes les femmes sans être amoureux d'aucune. — En t. de guerre, volontaire qui, sans être enrôlé dans aucun corps, cherche les *aventures*, les occasions de se signaler. En ce sens, il n'est plus usité. — Nom qu'on donnait en Amérique à des pirates hardis et entreprenants qui se réunissaient pour faire des courses. Voy. FLIBUSTIER.— Autrefois, en Angleterre, actionnaire des compagnies formées pour l'établissement des colonies anglaises en Amérique. Les *aventuriers* étaient distingués des *planteurs*, c'est-à-dire des habitants qui avaient des plantations dans ces colonies.—*La Bruyère* a employé ce mot adjectivement à propos du néologisme : *combien de mots aventuriers qui paraissent subitement durant un temps, et que bientôt on ne revoit plus!* (Caractères, chap. V.) — En t. de mar., on appelle adjectivement *vaisseau aventurier* un vaisseau marchand qui va trafiquer dans toute l'étendue de la concession d'une compagnie de commerce, sans en avoir obtenu la permission. Voy. INTERLOPE. — On s'en sert aussi adjectivement dans le sens de aventureux : *certains hommes, hardis et aventuriers, oseraient.....*

AVENTURIÈRE, subst. fém. Voy. AVENTURIER.

AVENTURINE, subst. fém. (*avanturine*) (du français *aventure*, parce que ce fut *par aventure* qu'un ouvrier ayant laissé tomber de la limaille de laiton dans une matière vitreuse en fusion, il en résulta ce qu'on appelle *aventurine*), pierre précieuse d'un rouge ou jaune brun, et quelquefois de couleur d'olive parsemée de paillettes d'or. — Verre ou émail mêlé avec de la limaille de cuivre qui brille comme de petits grains d'or.

AVENU, E, et **ADVENU, E,** part. pass. de *avenir* et de *advenir*, et adj. Il n'est d'usage qu'avec la négation : *non avenu*, qui n'a pas eu lieu.

AVENUE, subst. fém. (*avenu*) (du lat. *advenire*, arriver), chemin ordinairement bordé d'arbres, qui conduit à quelque lieu, à quelque habitation. On dit par extension : *ouvrir des avenues dans un bois*, pour : y ouvrir des allées.

AVERAND, subst. mas. (*averan*), t. d'hist. nat., oiseau du Brésil.

AVÉRANO, subst. mas. (*avérano*), t. d'hist. nat., merle de la grosseur d'un pigeon.

AVÉRÉ, E, part. pass. de *avérer*, et adj., prouvé, constaté : *c'est un fait avéré.*

AVÉRER, v. act. (*avéré*) (du lat. *verus*, vrai), vérifier; faire voir qu'une chose *est vraie* : *c'est un fait qu'on peut avérer.* — **S'AVÉRER**, v. pron. Voy. **VÉRIFIER.**

AVERLANT, subst. mas. (*avèrelan*), ivrogne. Inus.

AVERNE, subst. mas. (*avèrene*) (du lat. *avernus*, fait du grec ἄορνος, lequel est formé d'α priv., et ὄρνις, oiseau), nom poétique de l'enfer. — Lac de Campanie qui exhalait des vapeurs si infectes, que les oiseaux n'en pouvaient approcher. — Par analogie, grotte ou fosse d'où sortent des vapeurs empoisonnées.

AVÉRON, subst. mas. (*avéron*), t. d'agric., folle avoine.

AVERRUNCUS ou **ARUNCUS**, subst. propre mas. (*avèreronkuce* ou *aronkuce*), myth., dieu que les Romains adoraient, surtout dans les temps de calamités, parce qu'ils croyaient qu'il était très-puissant pour détourner les maux ou pour y mettre fin. — Quand ils priaient les autres dieux de les préserver ou de les délivrer de quelque malheur, ils les surnommaient quelquefois *Averrunci*.

AVERSE, subst. fém. (*avèrece*), pluie subite et abondante : *il essuya une averse ; il survint une averse.* Fam.

À VERSE, loc. adv. (du français *verser*), abondamment : *il pleut à verse.*

AVERSION, subst. fém. (*avèrecion*) (du latin *aversio*, fait de *avertere*, tourner d'un autre côté, détourner de...), haine, dégoût, antipathie, soit pour les personnes, soit pour les choses : *j'ai l'aversion pour cet homme, pour ces mets ; j'ai cet homme, ces mets en aversion ; il a pris la chasse en aversion ; elle a pris sa belle-mère en aversion*, etc. — On dit fam. de l'objet qui inspire cette haine ou ce dégoût : *c'est ma bête d'aversion.* — En t. de médec., l'action de détourner les humeurs vers une partie opposée, soit par révulsion, soit par dérivation ou répulsion.

AVERTI, E, part. pass. de *avertir*, et adj. : *je suis bien averti*, bien informé de ce qui se passe. — *Tenez-vous pour averti*, notez, rappelez-vous, etc. — On l'emploie subst. dans cette phrase proverbiale : *un bon averti en vaut deux.* Suivant *Le Duchat*, le sens littéral de ce prov. est qu'un *â* avec un accent circonflexe (*versus*, contourné) vaut deux *a*, comme dans le mot *âge*, qui s'écrivait autrefois *aage*. — En t. de man., on appelle *pas averti* celui d'un cheval qui marche d'un pas réglé, suivant les leçons reçues.

AVERTIN, subst. mas. (*avèrtein*) (du latin barbare *advertiginium*, fait de *vertigo*, gén. *vertiginis*, vertige), maladie de l'esprit qui rend opiniâtre, emporté, furieux; et, par extension, celui qui est atteint de cette maladie : *on appelait saint Mathurin le patron des avertins.* Inus. — En t. de médec. vétér., maladie des moutons. On dit aujourd'hui *tournis*.

AVERTINEUSE, adj. fém. Voy. **AVERTINEUX.**

AVERTINEUX, adj. mas., au fém. **AVERTINEUSE** (*avèretineu, neuze*), t. de médec. vétér., qui est attaqué de l'*avertin*. Peu usité.

AVERTIR, v. act. (*avèretir*), (du lat. *advertere*, formé de *ad*, à, et *vertere*, tourner; *tourner l'attention vers* ou *sur*....), donner avis, informer de.... — Prov., *avertir quelqu'un de son salut*, lui donner un avis très-important. — En t. de man., *avertir un cheval*, le réveiller au moyen de quelque aide, lorsqu'il se néglige dans son exercice. **S'AVERTIR**, v. pron.

AVERTISSEMENT, subst. mas. (*avèreticeman*), avis qu'on donne à quelqu'un de quelque chose, afin qu'il y prenne garde. — En t. de couvreur, la même chose que *défense*. Voy. ce mot. — En t. de palais, écritures qu'on fait pour un procès, et qui contiennent les raisons générales de l'affaire. — *Avertissement*, titre d'une sorte de préface, ordinairement assez courte, qu'on met à la tête d'un livre. — Les percepteurs des contributions envoient des *avertissements* imprimés aux contribuables pour leur rappeler le montant de leurs cotes. — On met des *avertissements* dans les feuilles périodiques. — **AVERTISSEMENT, AVIS, CONSEIL.** (*Syn.*) *L'avertissement* instruit, ou réveille l'attention; l'*avis* et le *conseil* instruisent également, mais avec un rapport plus marqué à une conséquence de conduite : ils se donnent pour faire agir ou parler.

AVERTISSEUR, subst. mas. (*avèreticeur*), anciennement, officier de la maison du roi qui *avertissait* lorsque le roi venait dîner. On nomme maintenant celui qui remplit cette fonction *huissier*.

AVESNES, subst. fém. (*avène*), ville de France, chef-lieu d'arrond., dép. du Nord. — Cette place fut prise par les Prussiens et les Russes en 1814.

AVESNES-LE-COMTE, subst. fém. (*avènelekonte*), bourg de France, chef-lieu de canton, arrond. de Saint-Pol, dép. du Pas-de-Calais.

AVET, subst. mas. (*avé*), t. de bot., genre de sapin.

AVETTE ou **APETTE**, subst. fém. (*avète, apète*) (en latin *apicula*, abeille), t. d'hist. nat., abeille domestique. Vieux.

AVEU, subst. mas. (*aveu*), au plur. **AVEUX**, (*aveu* devant une consonne, et devant une voyelle *aveuz*), reconnaissance soit verbale, soit écrite, d'avoir dit ou fait quelque chose. — Approbation, consentement : *il a obtenu l'aveu de son père pour ce mariage.* — Témoignage et opinion : *il a très-bien réussi, de l'aveu de tout le monde.* — *Faire l'aveu de son amour*, faire connaître son amour à la personne qui l'a inspiré. Il est inconcevable que cette acception, dont l'usage est si fréquent, ne se trouve point dans le *Dictionnaire de l'Académie*. — T. de jurispr., reconnaissance par une partie du droit de la partie adverse : *aveu judiciaire, extra-judiciaire ; aveu d'une dette*, etc. — En t. d'anc. jurispr., catalogue de tout ce qui dépend d'un fief, et que le vassal *avoue* tenir de son seigneur de fief. — *Homme sans aveu*, vagabond qui ne peut se réclamer de personne : *c'est un homme sans aveu, que je ne veux pas introduire chez moi.*

AVEUÉ, ou mieux **AVUÉ, E**, part. pass. de *aveuer* et *avuer*.

AVEUER, ou mieux **AVUER**, v. act. (*aveué, avué*), vieux, t. de faucon., garder à *vue*, suivre de l'œil le gibier : *aveuer une caille, une bécasse.*

AVEUGLE, subst. et adj. des deux genres (*aveuguele*) (du latin barbare *aboculus*, formé de *ab*, de, hors, et *oculus*, œil, et équivalant à *sine oculis*, sans yeux, comme *amens* équivaut à *sine mente*, sans raison), qui est privé de l'usage de la vue : *cet homme, cette femme est aveugle; c'est un aveugle, c'est une aveugle.* — Au fig., qui est privé de lumières; qui ne considère rien, qui ne fait nulle réflexion. Il se dit des personnes et des choses : *les amants sont aveugles ; nous sommes tous aveugles sur nos défauts; passion aveugle; ambition, amour, fureur aveugle; obéissance, complaisance, zèle, confiance aveugle ; haine aveugle, foi aveugle.* — On dit prov. qu'*au royaume des aveugles les borgnes sont rois*, pour dire qu'avec des lumières médiocres on brille parmi les ignorants. — *Juger d'une chose comme un aveugle des couleurs*, juger d'une chose sur laquelle on n'a aucune connaissance. — *Troquer son cheval borgne contre un aveugle*, changer un objet défectueux contre un plus défectueux encore; empirer son état en voulant le rendre meilleur. — *Crier comme un aveugle qui a perdu son bâton*, crier beaucoup pour peu de chose. — *C'est un aveugle qui en conduit un autre*, il n'a pas plus de sens, ou de capacité, d'habileté, que celui qu'il dirige. Expressions fam. — En chimie, on appelle *aveugles* les vaisseaux qui n'ont qu'une ouverture. — En anat., *le trou aveugle*, c'est la quatrième cavité de l'oreille. — *Tapis aveugles*, tapis de Smyrne dont le travail ne rend pas bien le dessin. — *A l'aveugle*, loc. adv., sans intelligence, sans connaissance. — *En aveugle*, loc. adv., sans considération, sans réflexion : *se livrer en aveugle à*....

AVEUGLÉ, E, part. pass. de *aveugler*.

AVEUGLEMENT, subst. mas. (*aveugueleman*), privation du sens de la vue. Il est peu usité au propre; on dit plutôt *cécité*. — Au fig., erreur, égarement; conduite peu sage.

AVEUGLÉMENT, adv. (*aveugueléman*) Il n'est en usage qu'au fig. et signifie : sans considération, sans réflexion, sans examen : *se soumettre aveuglément aux volontés de quelqu'un ; se jeter aveuglément dans le danger ; approuver aveuglément tout ce que fait une personne.*

AVEUGLE-NÉ, E, subst. (*aveuguelené*), qui est né privé de la vue.

AVEUGLER, v. act. (*aveuguelé*), rendre *aveugle* : *ce tyran le fit aveugler; les sables brûlants de l'Égypte ont aveuglé beaucoup de nos soldats pendant la brillante expédition du général Bonaparte.* — On l'emploie plus ordinairement par exagération pour : éblouir, empêcher momentanément de voir en troublant la vue : *les éclairs nous aveuglaient.* — Au fig., ôter l'usage de la raison : *les passions nous aveuglent.* — En t. de guerre, *aveugler une casemate*, dresser une batterie contre une casemate afin d'en démonter le canon, etc. — En t. de mar., *aveugler une voie d'eau*, la boucher provisoirement avec des tampons. — **S'AVEUGLER**, v. pron., ne pas faire usage de ses lumières, de sa raison : *c'est trop s'aveugler que ne pas remarquer telle chose; il faut qu'il s'aveugle étrangement pour croire cela.* — On dit aussi *s'aveugler sur quelqu'un, sur quelque chose*, pour être dans l'erreur au sujet de quelqu'un, de quelque chose : *il s'aveugle sur son fils, sur la conduite de sa femme.*

À L'AVEUGLETTE, loc. adv. (*alaveuguelète*), à tâtons, sans lumière, au propre et au fig. : *chercher une chose à l'aveuglette; agir, se conduire à l'aveuglette.* Fam.

Avez, 2e pers. plur. prés. indic. du v. irrégulier **AVOIR.**

AVI, subst. mas. (*avi*), action du feu qui saisit le four. — Ce mot, que *Boiste* écrit ainsi, devrait plutôt être écrit *havi*, *havir* signifiant, en langue romane, *saisir, prendre, s'approprier; dessécher, brûler; épuiser* (étym. *haurire*), et signifiant encore aujourd'hui : *dessécher, brûler par dessus.*

AVI, E, part. pass. de *avir*.

AVICENNE, subst. fém. (*avicène*), t. de bot., plante de la famille des gatiliers.

AVICENNIE, subst. fém. (*avicèni*), t. de bot., genre de plantes de la famille des verbénacées.

AVICEPTOLOGIE, subst. fém. (*avicèpetoloji*) (du lat. *avis*, oiseau, *capere*, prendre, et du grec λόγος, discours), traité sur l'art et les différentes manières de prendre les oiseaux.

AVICTUAILLEMENT, subst. mas. (*aviktudieman*). Voy. **AVITAILLEMENT.**

AVICULE, subst. fém. (*avikule*), t. d'hist. nat., testacé de la classe des bivalves.

AVIDE, adj. des deux genres (*avide*) (en lat. *avidus*, du verbe *aveo*, avoir un désir ardent et immodéré), qui désire ardemment : *c'est un homme avide qui dévorerait à lui seul ce qu'on servirait pour six personnes.* — Il se dit au figuré des personnes et des choses : *avide de gloire, d'honneurs, de richesses, etc.; avide de sang, de carnage*, qui aime à verser le sang, à tuer; *des lèvres, des mains, une bouche avides*, etc. — Curieux : *nous parcourions d'un œil avide ces superbes édifices.* — Il a encore, au fig., le sens absolu de cupide : *cet homme est si avide que pour s'enrichir tout moyen lui semble bon; c'est une âme avide; il a l'air avide.*

AVIDEMENT, adv. (*avideman*), avec *avidité* : *manger avidement ; contempler avidement ; s'attacher avidement aux plaisirs*, etc.

AVIDITÉ, subst. fém. (*avidité*) (en lat. *aviditas*), désir ardent, immodéré. Il reçoit toutes les acceptions de *avide*. Voy. **CONCUPISCENCE.**

Aviez, 2e pers. plur. imparf. indic. du v. irrég. **AVOIR.**

AVIGNON, subst. mas. (*avignion*), ville de France, chef-lieu du dep. de Vaucluse. — Cette ville fut long-temps le siége des papes et la résidence des cardinaux. — Elle fut le théâtre de grands massacres en 1791. — Patrie de Laure, femme devenue immortelle par les vers de Pétrarque et de plusieurs autres hommes illustres. — Comtat d'*Avignon*, ancienne province de France, qui se trouve comprise aujourd'hui dans le dép. de Vaucluse. — T. de bot., *graine d'Avignon*, subst. fém., graine du nerprun des environs d'*Avignon*, dont on fait un stil-de-grain, c'est-à-dire une sorte de couleur jaune.

AVIGNONAIS, E, subst. et adj. (*avignionè, nèze*), qui est d'Avignon.

AVILI, E, part. pass. de *avilir*, et adj. : *une personne avilie*, devenue méprisable.

AVILIR, v. act. (*avilir*) (rac. française *vil*), rendre vil, méprisable, etc. : *la lâcheté avilit; avilir son caractère.* — Réduire à un *vil* prix : *l'abondance de cette marchandise l'a avilie.* — **S'AVILIR,** v. pron. : *les honneurs s'avilissent lorsqu'ils sont prodigués.* — *Cet homme s'est avili par ses vices.*

AVILISSANT, E, adj. (*avilïçan, çante*), qui *avilit* : *état avilissant; dépendance avilissante; vices avilissants.*

AVILISSEMENT, subst. mas. (*aviliceman*), action d'avilir une personne ou une chose; résultat de cette action : *avilissement de l'autorité; vivre dans l'avilissement.*

AVILISSEUR, subst. mas., au fém. **AVILISSEUSE** (*aviliceur, ceuze*), celui ou celle qui prend à tâche d'*avilir* les personnes jouissant de la considération publique. Fort peu usité.

AVILISSEUSE, subst. fém. Voy. **AVILISSEUR.**

AVILLON, subst. mas. (*avi-lon*), vieux t. de faucon., nom qu'on donnait aux doigts postérieurs des oiseaux de proie.

AVILLONNÉ, E, part. pass. de *avillonner*.

AVILLONNER, v. act. selon tous les *Dictionnaires;* mais selon le sens donné ici à ce verbe, il nous semble devoir être *neutre*, (*avi-loné*), t. de vieille faucon., se défendre avec les serres de derrière en parlant des oiseaux de proie.

AVINÉ, E, part. pass. de *aviner*, et adj., imbibé de vin : *tonneau aviné; cuve avinée.* — On dit fam., d'un homme accoutumé à boire beaucoup, qu'*il est aviné*, que *c'est un corps aviné.* — *Avoir les jambes avinées*, chanceler pour avoir trop bu. *Beaumarchais* a dit (*Barbier de Séville*) : *vos jambes seulement un peu plus avinées.* Ce mot est, dit-on, de *Garrick*, qui, dans son voyage en France, donna ce conseil à *Préville* contrefaisant l'ivrogne.

AVINER, v. act. (*aviné*), imbiber de *vin* : *aviner une cuve, un tonneau*

Avions, 1re pers. plur. imparf. indic. du v. irrég. **AVOIR.**

AVIR, v. act. (*avir*), t. de chaudronnier, rabattre les bords d'un chaudron pour l'assembler.

AVIRAISON, subst. fém. (*avirèzon*), détour de l'eau dans les salines.

AVIRON, subst. mas. (*aviron*), rame. — Instrument de bois rond par le haut et plat par le bas, dont on se sert pour diriger les bateaux sur les rivières. — En t. de mar. particulièrement, rame. — On appelle *drague d'avirons* un paquet d'*avirons.* — Pelle de bois avec laquelle les bouchers remuent dans la chaudière les graisses qu'ils mettent en fusion. — En t. d'hist. nat., on donne le nom d'*avirons* aux pattes de quelques insectes aquatiques.

AVIRONNÉ, E, part. pass. de *avironner*.

AVIRONNER, v. act. (*avironé*), pousser, faire avancer avec l'*aviron*.

AVIRONNERIE, subst. fém. (*avironerí*), atelier où l'on fait les *avirons*.

AVIRONNIER, subst. mas. (*avironié*), celui qui fait, vend les *avirons*.

AVIS, subst. mas. (*avi*, et devant une voyelle *aviz*) (de l'italien *avviso*, fait du latin barbare *advisare*, dérivé lui-même de *visus*, part. pass. de *videre*, voir), opinion, sentiment : *dire son avis; son avis a prévalu; je suis d'avis que...; à mon avis; selon mon avis; autant de têtes, autant d'avis.* — *Aller aux avis* se dit particulièrement des juges. — *Prendre les avis; cet avis a passé; les avis sont partagés.* Voy. **SENTIMENT.** — Conseil, délibération : *ne rien faire que par bons avis; prendre avis de...; avis d'avocats.* — *Avis du conseil d'état*, interprétation par le conseil d'état d'un règlement, d'une ordonnance. — *Avis de parents*, autrefois délibération de parents sur les affaires d'un mineur ou d'un interdit; acte contenant cette délibération. Ce n'est plus que dans le langage ordinaire qu'on se sert de cette locution. — *Avis doctrinal*, sentiment d'un ou plusieurs docteurs en théologie, sur quelque point de doctrine. — *Avis de médecins*, résultat d'une consultation de plusieurs médecins. — On dit aussi dans le sens de conseil : *avis amical, avis paternel, charitable; je lui ai souvent donné de bons avis*, etc. — Avertissement : *donner avis de ce qui se passe; recevoir avis de Paris*, etc. — T. de comm., *lettre d'avis*, lettre missive par laquelle on mande à son correspondant qu'on a tiré sur lui, par laquelle on le prévient d'une expédition, etc. — En t. de mar., *barque d'avis.* Voy. **AVISO.** — *Ordre d'Avis*, ordre militaire institué en Portugal vers la fin du XIIe siècle, et qui prit son nom de deux oiseaux (en lat. *avis*) que les premiers chevaliers aperçurent en posant la première pierre d'un château. — *Avis au lecteur*, avertissement qu'on met à la tête d'un livre. Cette expression a vieilli, et ne s'emploie plus guère que prov. et en forme d'interj., pour dire : *prenez garde à vous, cela vous regarde*, etc. — *Il m'est avis que....*, ou même *m'est avis que* sans le pron. *il...*, il me semble que... Cette phrase a vieilli, et ne peut s'employer tout au plus que dans le style très-familier. — *Sauf meilleur avis*, à moins qu'on ne trouve quelque chose de mieux. — *Donneur d'avis* se disait autrefois particulièrement de celui qui proposait un moyen pour faire venir de l'argent dans les coffres du roi, et ne se dit plus aujourd'hui que d'une personne incommode, toujours prête à donner des *avis* sans qu'on lui en demande.

AVISÉ, E, part. pass. de *aviser*, et adj. (*avizé*), espiègle, fin : *cet enfant est fort avisé.* — Prudent, circonspect; avec cette différence que l'homme *prudent*, ne négligeant rien, s'attache à tous les moyens de réussir; et que l'homme *circonspect*, ne hasardant rien, s'applique surtout à éviter les inconvénients qui pourraient l'en empêcher. — On dit subst. : *c'est un mal avisé*, ou mieux *un malavisé*, pour dire : c'est un homme sans circonspection, sans prudence, un homme qui manque de discernement, etc.

AVISEMENT, subst. mas. (*avizeman*), opinion, pensée. — Action de *s'aviser*; prudence clairvoyante : *avoir de l'avisement.* Peu usité.

AVISER, v. act. (*avizé*) (du lat. barbare *advisare*), donner *avis*, conseil. — Dans le commerce, mander quelque chose par lettre à son correspondant. — Dans toute autre acception que cette dernière il est vieux, et ne s'est conservé que dans ces proverbes : *un fou avise bien un sage; un verre de vin avise bien un homme.* — Fam., apercevoir, découvrir : *je l'avisai dans la foule.* — V. neut., faire attention ou réflexion à...; prendre garde : *avisez à vos affaires; avisez-y.* — **S'AVISER,** v. pron., penser, songer, faire attention à...; porter son attention sur... *je m'en suis avisé trop tard; il ne s'avise de rien; on ne s'avise jamais de tout.* — Imaginer, inventer quelque chose : *je me suis avisé d'un excellent moyen; il n'y a méchanceté dont il ne s'avise.* — Être assez audacieux, assez téméraire pour... ; avoir le front de... : *si vous vous avisez de faire, de dire telle chose, vous aurez affaire à moi; ne vous avisez pas de cela; avise-toi de parler, et tu verras!*

AVISO, subst. mas. (*avizó*), t. de mar., petit bâtiment de guerre destiné à porter des paquets, des dépêches, des ordres, des *avis*, etc.

AVISSE, subst. fém. (*avice*), fer, cuivre, etc. qui est à *vis*. Vieux.

AVISURE, subst. fém. (*avizure*), rebord pour *avir*. Voy. ce mot.

AVITAILLÉ, E, part. pass. de *avitailler*.

AVITAILLEMENT, subst. mas. (*avitâieman*) (du lat. *victus*, vivres, victuaille, dérivé de *vivere*, vivre), fourniture de *vivres* dans une place, dans un camp, dans un vaisseau, etc. — On disait autrefois *avictuaillement, avictuailler*, etc.

AVITAILLER, v. act. (*avitâié*), fournir de *vivres* un camp, une place menacée de siége, un vaisseau. — **S'AVITAILLER,** v. pron.

AVITAILLEUR, subst. mas., au fém. **AVITAILLEUSE** (*avitâieur, ieuze*), celui ou celle qui avitaille, qui fournit les vivres nécessaires à l'*avitaillement* d'une place, d'un camp, d'un vaisseau.

AVITAILLEUSE, subst. fém. Voy. **AVITAILLEUR.**

AVITIN, subst. mas. (*avitein*) (en lat. *avitus*), vieux mot qui signifiait *qui vient des ancêtres.*

AVIVAGE, subst. mas. (*avivaje*), t. de miroitier, première façon qu'on donne à la feuille d'étain, qui doit recevoir le vif-argent.

AVIVÉ, E, part. pass. de *aviver*.

AVIVER, v. act. (*avivé*) (du lat. *vivus*, vif, vivant; ou plutôt *vividus*, vif, animé), animer, donner de la vivacité, de l'éclat. Peu usité dans le langage ordinaire. — T. de metteur en œuvre, donner du lustre à une pierre. — T. de sculpteur, gratter légèrement pour nettoyer. — T. de peint., nettoyer. — T. de gravure au burin, donner plus de brillant à une taille, en la rentrant avec un burin plus losangé que celui avec lequel elle a été d'abord poussée. — T. de miroitier, *aviver l'étain*, le frotter légèrement de vif-argent, avant de l'en charger tout-à-fait. — T. de teinturier, *aviver une couleur*, la rendre plus vive, plus éclatante, plus brillante. — *Aviver une forge*, augmenter l'ardeur du charbon déjà enflammé en y jetant un peu d'eau. — T. de charpent., *aviver une pièce de bois*, la couper, la tailler à *vive* arête. — **S'AVIVER,** v. pron., prendre la vie. — T. d'art, recevoir de la vie, de l'éclat.

AVIVES, subst. fém. plur. (*avive*) (par corrup. du lat. *aqua viva*), t. de médec. vétér., glandes qui, s'enflant à la gorge des chevaux, causent une maladie qu'on appelle aussi les *avives* : *ce cheval a les avives fort enflées.* On a appelé ces glandes *avives* parce que c'est en buvant des eaux vives que les chevaux les contractent.

AVIVOIR, subst. mas. (*avivoar*), t. d'arts et mét., instrument pour étendre l'or.

AVIZE, subst. fém. (*avize*), bourg de France, chef-lieu de canton, arrond. d'Epernay, dép. de la Marne.

AVOCASSER, v. neut. (*avokacé*), exercer la profession d'*avocat*. Il est fam. et ne se prend qu'en mauvaise part.

AVOCASSERIE, subst. fém. (*avokacerí*), mot désignant la profession d'*avocat*, mais avec dénigrement. Il est fam. — On a dit aussi anciennement *avocassie.*

AVOCASSIER, adj. mas., au fém. **AVOCASSIÈRE** (*avokacié, cière*), qui concerne les *avocats*, qui a rapport aux *avocats* : *la tyrannie avocassière*, etc. Fam. et iron.

AVOCASSIÈRE, adj. fém. Voy. **AVOCASSIER.**

AVOCAT, subst. mas. (*avoka*) (du lat. *advocatus*, appelé pour défendre), celui qui fait profession de défendre des causes en justice. — Fig., celui qui soutient, qui défend les intérêts de quelque personne, qui intercède pour un autre : *je serai volontiers votre avocat auprès de lui.* En ce sens, on dit au féminin *avocate*, surtout dans l'Eglise catholique en parlant de la sainte Vierge : *Marie est l'avocate des pécheurs auprès de son fils.* — *Avocat consultant*, celui qui ne plaide pas, mais qui aide les plaideurs de ses conseils. — *Avocat-général*, magistrat qui, dans les cours supérieures, plaide pour le roi et dans l'intérêt de la loi et de la société. Les *avocats-généraux* ont été rétablis dans la formation des *cours impériales.* — *Avocat du roi*, celui qui exerçait les mêmes fonctions dans une cour inférieure, et qui est aujourd'hui remplacé par le *procureur du roi.* — *Avocat du diable*, celui qui, dans une conférence religieuse, propose les objections. Fam.

AVOCATE, subst. fém. (*avokate*). Voy. **AVOCAT.**

AVOCATIER, subst. mas. (*avokatié*), t. de bot., bel arbre fruitier de Saint-Domingue, du genre des lauriers.

AVOCATOIRE, adj. des deux genres (*avokatoare*); se disait des lettres par lesquelles un souverain revendiquait quelqu'un de ses sujets passé à l'étranger. — T. de jurispr. Il se disait encore d'un mandement du chef de l'Empire à un prince, pour évoquer une affaire.

AVOCETTE, subst. fém. (*avocète*), t. d'hist. nat., oiseau aquatique et palmipède.

AVOI, subst. mas. (*avoé*), t. de brasserie : *donner un avoi*, faire couler d'une cuve dans une autre.

AVOINE (peut-être devrait-on dire **AVEINE**, à cause de l'étymologie), subst. fém. (*avoène*) (du lat. *avena*, même signification), t. de bot., plante graminée, annuelle, à fleur apétale, à étamines, dont la graine sert ordinairement à la nourriture des chevaux. — Il se dit aussi du grain même : *avoine blanche, avoine noire.* — *Balle d'avoine*, pellicule enveloppant la graine de l'*avoine.* — *Folle avoine, averon* ou *aveneron*, espèce d'avoine originaire de Scanie, dont les Hollandais ont couvert leurs dunes pour en raffermir le sable mouvant. — *Avoines*, plur., l'*avoine* quand elle est encore sur terre : *les avoines sont belles; faire faucher les avoines.*

AVOINERIE, subst. fém. (*avoènerí*), t. d'agric., terre semée d'*avoine.*

AVOIR, v. act. (*avoar*) (du latin *habere*, dont les Italiens ont fait *avere*, et les Espagnols *haber*), posséder, de quelque manière que ce soit : *avoir du bien; avoir un emploi; avoir une maison; avoir un cheval*, etc. — Il sert à exprimer, 1° relation entre les personnes : *avoir un père, une mère, un frère, une femme, des enfants*, etc. ; *avoir telle ou telle parenté; avoir une maîtresse,* *un amant; avoir un notaire, un médecin*, etc.; *avoir un chef, un maître, des domestiques; avoir des convives, des élèves; avoir des amis, des ennemis, des envieux; avoir quelqu'un pour adversaire*, etc.; *avoir en quelqu'un un défenseur*, etc. On l'applique, dans plusieurs de ces divers sens, aux animaux. — 2° Relation des personnes avec les choses : *vous avez cet outil sous la main; il a des bottes, des guêtres*, etc.; *vous avez une bague au doigt; j'ai de la boue sur mes habits; l'homme a des mains; j'ai le bras cassé; elle a des yeux charmants; vous avez vingt ans; il a l'âge de raison; il a une bonne tête; il a de la tête, du courage; il n'a pas le sens commun; vous avez de singulières idées; il a de l'amour, de la haine, des passions*, etc.; *avoir du bonheur, du plaisir, de la joie, du malheur, de la peine, du chagrin*, etc.; *avoir la crainte de Dieu; avoir soin; avoir besoin; avoir envie; avoir pitié; avoir peur; avoir honte; avoir connaissance; avoir tort; avoir raison; avoir droit; avoir un procès; avoir des liaisons; avoir une correspondance; avoir un entretien; avoir la liberté, la faculté de...; avoir du crédit, du pouvoir*, etc.; *avoir l'amitié, l'estime de...; avoir de la pluie, du soleil, du froid, de la chaleur; avoir beau, vilain temps; avoir froid, chaud, faim, soif; avoir des douleurs; avoir du mal; avoir mal à la tête, au cœur*, etc.; *avoir la fièvre*, etc.; *avoir une blessure; avoir un coup; un coup d'épée*. On l'applique, dans plusieurs de ces divers sens, aux animaux. — 3° Relation des choses avec les personnes : *cette maison a beaucoup de locataires; ce bourg n'a que mille habitants; cette opinion a un égal nombre de partisans et de contradicteurs*, etc. — 4° Relation entre les choses : *telle rue a de larges trottoirs; votre chambre a une vue admirable; ce fruit a un goût exquis; ce roman a de l'intérêt; la beauté de cette femme a un caractère imposant; votre humeur a de la rudesse*, etc., etc., etc. — *Avoir à*, suivi d'un infinitif, marque nécessité, disposition ou volonté de faire ce qu'exprime cet infinitif : *j'ai à vous payer; j'ai à lui adresser mes compliments; vous avez à voir votre avocat; j'ai beaucoup de choses à vous conter; il a beaucoup à souffrir avec elle*, etc. — Il revient parfois à : se procurer, obtenir : *ce n'est qu'avec des peines infinies que j'ai pu avoir cette étoffe; c'est lui qui aura la place; vous aurez raison de ses impertinences*. — *Avoir de quoi* se dit quelquefois pour : avoir de quoi vivre. Il est fam. et même pop. — *Cette personne, cette chose a cela de bon que...*; cette personne a cette qualité, cette chose a cet avantage, que... — *Cette personne a telle chose pour elle* présente un sens analogue à : *cette personne a cela de bon...*, et signifie en outre : a telle chose d'utile pour elle : *vous avez pour vous vos protections, mais il a pour lui la justice*. — *Votre peau est brûlante, qu'avez-vous?*, qu'éprouvez-vous au physique?; *vous me regardez d'un air mécontent, qu'avez-vous?*, qu'éprouvez-vous au moral? — *J'ai peine à croire*, je ne puis croire; *j'ai peine à dire*, il m'est difficile de dire, etc. — *Avoir quelque chose sur le cœur*, conserver d'une chose un souvenir pénible ou malveillant. — *Avoir affaire à quelqu'un*, avoir à traiter de quelque chose avec quelqu'un, ou bien : recevoir de quelqu'un des reproches ou de mauvais traitements. — *Avoir pour agréable*, trouver bon. — *Avoir pour but, pour objet*, avoir en vue, se proposer. — *Avoir en horreur, en aversion*, ressentir de l'horreur, de l'aversion pour... — *Tu en auras*, tu seras châtié, ou : tu seras rossé. — *Il en a dans l'aile*, il a essuyé quelque disgrace, ou : il est malade, ou : il est amoureux. — *A qui, contre qui en avez-vous?*, à qui en voulez-vous? — *L'avoir beau* ou *belle*, avoir un bon motif, un bon prétexte, une bonne, une belle occasion. — *J'ai beau faire, j'ai beau dire*, n'importe ce que je fasse, n'importe ce que je dise... — *Je n'ai qu'à faire, je n'ai qu'à dire*, si je fais, si je dis, ou : il suffit que je fasse, que je dise : *je n'ai qu'à sortir, il va me suivre; je n'ai qu'à prononcer le nom d'un tel, vous la verrez rougir; je n'ai qu'à dire un mot, et l'on vous chasse*. On dit aussi, dans le même sens : *je n'ai qu'à faire, à dire pour... je n'ai qu'à dire un mot pour qu'on vous chasse*, etc. — *Avoir quelqu'un avec soi*, être accompagné de quelqu'un, ou simplement : se trouver avec quelqu'un. On dit aussi, mais abusivement : *avoir quelque chose avec soi*, pour porter quelque chose : *j'ai mes pistolets avec moi*. — *J'ai eu un tel à dîner; j'ai eu un tel à ma soirée*, un tel est venu, etc. — *Nous avons, vous avez des gens qui...*, il est, on rencontre des gens qui... — *Avoir la parole*, dans une assemblée délibérante, être autorisé à parler; et dans la société, parvenir à se faire écouter, à se faire entendre. — *Avoir une femme*, obtenir les faveurs d'une femme. — On disait autrefois *avoir* avec des adjectifs : *je vous ai contraire, favorable*, c'est-à-dire, *vous m'êtes contraire, favorable*. Ce tour de phrase est entièrement hors d'usage. — *Avoir* s'emploie unipers. avec l'adverbe *y*, dans le sens du verbe *être* : *il y a tant de mois que j'ai fait cela*, pour : sont tant de mois, etc.; *combien y a-t-il que vous êtes revenu? il y a deux ans*, pour : sont deux ans, etc.; *il y a des personnes qui...*, il est des personnes, ou : des personnes sont qui... Cette dernière locution est souvent remplacée par celle-ci : *il y en a qui...* — *Tant y a*, quoi qu'il en soit. *Avoir*, comme verbe auxiliaire, sert, soit à se conjuguer lui-même : *j'ai eu, j'avais eu*, etc.; soit à conjuguer le verbe *être* : *il a été, il avait été*, etc.; soit à conjuguer tous les verbes actifs et presque tous les verbes neutres : *j'ai fait; j'avais trouvé; j'aurais dormi*, etc.

AVOIR, subst. mas., sans plur. (*avoar*), ce qu'on possède de biens : *c'est tout mon avoir; cette ferme est un bel avoir*. Il est fam. — En t. de teneurs de livres, ce qui est dû aux personnes auxquelles ils ouvrent des comptes sur le grand-livre : *doit et avoir*. — On désigne aussi par les mots *doit et avoir* le passif et l'actif.

AVOIR-DU-POIS, subst. mas. (*avoardupoa*), poids d'Angleterre d'environ 14 onces.

AVOIRA, subst. mas. (*avoèra*), t. de bot., palmier épineux de Guinée, qui donne de l'huile.

AVOISINÉ, E, part. pass. de *avoisiner*, et adj. (*avoèziné*) : *être bien avoisiné*, avoir un voisinage agréable.

AVOISINEMENT, subst. mas. (*avoèzineman*), proximité. — T. d'hist. ecclés., s'est dit par rapport à un projet de réunion des catholiques et des protestants.

AVOISINER, v. act. (*avoèziné*), être proche, être *voisin* de... Il ne se dit que de la proximité de lieu. — Les poètes disent d'un rocher très-élevé qu'*il avoisine les cieux*, etc.

AVOLD (SAINT-), subst. mas. (*ceintavolde*), bourg de France, chef-lieu de canton, arrond. de Sarreguemines, dép. de la Moselle.

AVONG-AVONG, subst. mas. (*avonguavongue*), t. de bot., espèce d'arbre qui croît à Madagascar.

Avons, 1re pers. plur. prés. indic. du v. irrégulier **AVOIR**.

AVORTÉ, E, part. pass. de *avorter*, et adj., qui n'est pas venu à maturité : *fruit avorté*. — Au fig., qui a manqué : *dessein avorté, entreprise avortée*.

AVORTEMENT, subst. mas. (*avorteman*), accouchement avant terme : *avortement d'une femme; avortement d'une jument*. — En parlant des femmes, il ne se dit guère que d'un *avortement* volontaire et criminel : lorsqu'il est causé par quelque accident, on dit *fausse couche*. Voy. **AVORTER**. — On l'applique, en t. de bot., à l'embryon ou au germe de la plante qui, par quelque accident, n'a pu être fécondé. — Il se dit aussi des fruits qui ne parviennent point soit à leur maturité, soit à leur grosseur ordinaire.

AVORTÉ, E, part. pass. de *avorter*, et adj. (*avorté*) *blé avorté, fruit avorté; dessein, talent avorté*.

AVORTER, v. neut. (*avorté*) (du latin *aboriri*, naître avant terme), accoucher avant terme, surtout si cet accouchement est causé par un crime : *elle prit un breuvage pour se faire avorter*. Quand il provient de la faiblesse, de la mauvaise constitution du sujet, on dit plus ordinairement et mieux *se blesser; faire une fausse couche*. — *Avorter* se dit particulièrement des femelles des animaux. — On le dit aussi par extension des fruits que quelque accident empêche de parvenir à maturité. — Fig., échouer, n'avoir pu être mis à exécution, en parlant d'un dessein, d'une entreprise. — On l'emploie aussi généralement au fig., par rapport aux choses qui trompent l'espoir qu'on en avait conçu : *les habitudes de débauche font avorter les plus beaux talents*, etc.

AVORTON, subst. mas. (*avorton*), animal né avant terme; et, par extension, animal qui demeure fort au-dessous de sa grandeur naturelle. — Il se dit, dans le même sens, des arbres et des plantes. — Fig. et fam., petit homme mal fait, mal bâti. — Fig., production d'esprit à laquelle on n'a donné ni assez de temps ni assez de soin. — On a dit aussi anciennement *avortin*. — **AVORTON, EMBRYON, FOETUS**. (*Syn.*) L'*embryon* est l'animal encore informe; le *fœtus* a déjà une forme marquée et sensible; l'*avorton* est un fœtus qui naît avant terme.

AVOUÉ, subst. mas. (*avoué*) (du latin *advocatus*, appelé à...), autrefois seigneur qui se chargeait d'être le protecteur, le défenseur des droits d'une église : *l'avoué de Cîteaux, de l'évêché de...* — Aujourd'hui celui qui, en justice, représente les parties, et fait pour elles et en leur nom tous les actes de procédure qu'exige l'affaire : *avoué d'appel; avoué de première instance; charge d'avoué; étude d'avoué; clerc d'avoué; constituer avoué; acte d'avoué à avoué*, etc.

AVOUÉ, E, part. pass. de *avouer*.

AVOUER, v. act. (*avoué*) (du latin *advocare*, qui, dans la basse latinité, a été employé dans la même signification), confesser, reconnaître qu'une chose est ou n'est pas, en demeurer d'accord : *il a avoué sa faute; je vous avoue mon ignorance; il avoue l'avoir fait*, ou *qu'il l'a fait; je suis paresseux, je l'avoue, je vous l'avoue*. — Approuver, ratifier quelque chose : *j'avoue d'avance tout ce que vous ferez en mon nom*. — Approuver quelqu'un : *j'avoue un tel en tout ce qu'il a fait, de tout ce qu'il a fait*. — *Avouer un enfant, un ouvrage*, se déclarer le père, l'auteur. — **S'AVOUER**, v. pron., se reconnaître, se confesser : *il s'avoue coupable; je m'avoue vaincu*. — *S'avouer de quelqu'un*, se réclamer, s'autoriser de quelqu'un. Peu usité aujourd'hui. — **AVOUER, CONFESSER**. (*Syn.*) On *avoue* ce qu'on a eu envie de cacher; on *confesse* ce qu'on a eu tort de faire.

AVOUERIE, subst. fém. (*avouri*), anciennement, charge d'*avoué*. Ce mot n'est plus en usage.

AVOUTRE ou **AVOÈTRE**, subst. mas. (*avoutre, avoètre*) (du florentin *avolterio*, adultère), bâtard adultérin. Vieux.

AVOUTRIE, subst. fém. (*avoutri*), vieux mot qui a signifié adultère.

AVOYÉ, E, part. pass. de *avoyer*.

AVOYER, v. act. (*avouèié*), t. de mar., commencer à souffler, ou souffler d'un autre rumb. Il est peu usité. — **S'AVOYER**, v. pron., se mettre dans le bon chemin.

AVOYER, subst. mas. (*avoèié*), premier magistrat de quelques cantons de la Suisse.

AVRANCHES, subst. fém. (*avranche*), ville de France, chef-lieu d'arrond., dép. de la Manche.

AVRIL, subst. mas. (*avrile*, et non pas *avriie*, comme le veulent l'*Académie* ancienne, la nouvelle et MM. *Noël* et *Chapsal*) (du latin *aprilis*, formé de *aperire*, ouvrir, parce que la terre commence à s'ouvrir à cette époque. *Varron* dérive *aprilis* du grec Ἀφροδίτη, Vénus, à qui les Romains avaient consacré ce mois), le quatrième mois de l'année grégorienne. — On dit fig. et poétiq., *à l'avril de ses ans*, à la fleur de son âge. — *Poissons d'avril*, les maquereaux. Pop. — Fig. et pop., ceux qui font métier de procurer des femmes et des filles. — Prov. *donner un poisson d'avril à quelqu'un*, lui faire faire différentes courses inutiles le premier jour d'*avril*. Ce proverbe, dans lequel le mot poisson a été, par corruption, substitué à *passion*, n'est qu'une allusion indécente à la *passion de Jésus-Christ*, arrivée le 3 *avril*, jour où les Juifs envoyèrent le *Sauveur* d'un tribunal à un autre, et lui *firent faire diverses courses inutiles* par manière d'insulte et de dérision.

AVRILLET, subst. mas. (*avriié*), t. d'économie rurale, blé semé en *avril*.

AVUER. Voy. **AVEUER**.

AVULSION, subst. fém. (*avulecion*) (du latin *avulsio*, dérivé de *avellere*, arracher), t. de médec., arrachement.

AVUNCULAIRE, adj. des deux genres (*avonkulère*) (du latin *avunculus*, oncle), de l'oncle, de la tante : *puissance avunculaire*.

AVUSTE, subst. fém. (*avucete*), t. de mar., nœud de deux cordes bout à bout.

AVUSTÉ, E, part. pass. de *avuster*.

AVUSTER, v. act. (*avuceté*), t. de mar., nouer deux cordes l'une au bout de l'autre. — **S'AVUSTER**, v. pron.

AX, subst. mas. (*akce*), ville de France, chef-lieu de canton, arrond. de Foix, dép. de l'Ariège. — Il y a dans ce pays des eaux thermales renommées.

AXE, subst. mas. (*akce*) (du latin *axis*, dérivé du grec ἄξων, essieu, pivot), ligne droite qui passe par le centre d'un globe, et sur laquelle ce globe tourne. — On appelle *axe du monde, axe de la terre, axe d'une planète*, une ligne qu'on suppose passer par le centre du monde, de la terre, d'une planète. — Les *axes de l'équateur, de l'horizon, du zodiaque, de l'écliptique*, sont des lignes droites, qu'on suppose passer par le centre de ces cercles perpendiculairement à leurs plans. — T. de géom., l'*axe de rotation* ou *de circonvolution* est une ligne droite autour de laquelle on imagine qu'une figure plane se meut, pour engendrer par son mouvement un solide; ou qu'une ligne se meut pour engendrer une surface. L'*axe* est aussi une ligne droite tirée du sommet d'une figure sur le milieu de sa base : *l'axe du cylindre droit* ou *rectangle* est proprement cette ligne immobile autour de laquelle tourne le parallélogramme rectangle, qui, dans ce mouvement, engendre le cylindre droit. En général, la ligne droite qui passe par le centre des bases opposées des cylindres en est l'*axe*, que les cylindres soient droits ou obliques. L'*axe d'un cône droit* est la ligne droite ou le côté sur lequel on fait mouvoir le triangle rectangle qui a engendré le cône; l'*axe d'une section conique* est une ligne droite qui passe par le milieu de la figure, et qui coupe à angles droits, et en deux parties égales, toutes les ordonnées. — En général, l'*axe* d'une courbe est une ligne qui divise une courbe en deux parties égales et semblables. — En t. d'optique, le rayon visuel qui passe au milieu de l'œil, sans souffrir aucune réfraction dans le crystallin. *Axe optique* ou *de la vision*, ligne droite qui, tombant perpendiculairement à l'orbite de l'œil, passe par le centre de la prunelle. *Axe moyen* ou *commun*, ligne droite tirée d'un point de concours des deux nerfs optiques, sur le milieu de la ligne droite qui joint les extrémités des mêmes nerfs. *Axe optique d'une lunette* ou *d'un verre convexe et concave*, le rayon visuel qui passe par les centres des sphères sur lesquels la courbure de ces verres est réglée. *Axe d'une lentille* ou *d'un verre*, ligne droite qui fait partie de l'*axe* du solide dont la lentille est un segment. — T. de dioptrique, *axe d'incidence*, ligne droite qui passe par le point d'incidence, perpendiculairement à la surface rompante. *Axe de réfraction*, ligne droite tirée du point d'incidence ou de réfraction, perpendiculairement à la surface rompante. — On appelle *axe d'un cadran* le style qui marque l'heure; *axe d'une balance*, la ligne droite sur laquelle elle tourne; *axe d'oscillation d'un pendule*, une ligne droite parallèle à l'horizon, qui passe par le centre autour duquel un pendule fait ses vibrations. — T. de mécan., *axe dans le tour*, *axe dans le tambour*, essieu dans le tour, l'une des cinq machines simples inventées pour élever les poids. — T. de physique, *axe de l'aimant*, ou *magnétique*, ligne droite dont les extrémités sont les deux pôles de l'aimant. — En archit., l'*axe des volutes* est la ligne qu'on suppose traverser à plomb le milieu d'un corps cylindrique. — En t. de bot., toute partie d'une plante ou d'un fruit autour de laquelle d'autres parties sont disposées, ou censées disposées, comme les rayons d'une roue autour du moyeu. L'*axe florifère* est la partie qui supporte les fleurs. — En anat., seconde vertèbre du cou, ainsi nommée parce que la première vertèbre tourne sur elle comme sur un *axe*.

AXÉRASINE, subst. fém. (*akcérazine*), t. de parfumerie, pâte à l'usage de la toilette des dames.

AXIA, subst. fém. (*akcia*), t. de bot., arbrisseau.

AXICULE, subst. mas. (*akcikule*), petit ais, petit essieu.

AXIE, subst. fém. (*akci*), t. d'hist. nat., crustacé de la famille des macroures, section des homards.

AXIFUGE, adj. des deux genres (*akcifuje*) (du latin *axis*, en grec ἄξων, et *fugio*, je fuis, en grec φεύγω, je fuis) : *force axifuge*, celle avec laquelle un corps qui tourne autour d'un *axe* tend à s'éloigner de cet *axe*. — C'est proprement une force *centrifuge*.

AXILE, adj. des deux genres (*akcile*), t. de bot. : *graine axile*, qui est implantée sur l'*axe* d'un fruit.

AXILÉ, E, adj. (*akcilé*), pourvu d'un axe. Se dit particulièrement des plantes.

AXILLAIRE, adj. des deux genres (*akcilelère*) (du latin *axilla*), t. d'anat., qui appartient à l'aisselle. — En t. de bot., qui naît dans l'angle entre la branche et la tige.

AXINÉE, subst. fém. (*akciné*), t. d'hist. nat., mollusque. — T. de bot., plante de la famille des mélastômes.

AXINITE, subst. fém. (*akcinite*) (du grec ἀξίνη, hache), t. de minér., substance dont les crystaux s'amincissent en forme de hache, et qu'on appelait autrefois *schorl violet*.

AXINOMANCIE, subst. fém. (*akcinomanci*) (du grec ἀξίνη, hache, et μαντεία, divination), t. d'hist. anc., divination qui se faisait par le moyen d'une hache.

AXINOMANCIEN, NE, subst. (*akcinomancien, ciène*), celui ou celle qui prédisait l'avenir par le moyen d'une hache. — Il est aussi adj.

AXIÔME (et non pas avec l'*Académie* AXIOME), subst. mas. (*akciôme*) (du grec ἀξίωμα, formé de ἄξιος, digne, estimable), maxime, proposition générale reçue dans une science; vérité qui n'a pas besoin de démonstration. — AXIÔME, MAXIME, SENTENCE, APOPHTHEGME, APHORISME. (*Syn.*) L'*axiôme* est une vérité capitale qui captive par elle-même. La *maxime* est une instruction importante qui sert à éclairer et à guider les hommes. La *sentence* est un enseignement court qui nous apprend ce qu'il faut faire. L'*apophthegme* est un trait remarquable parti d'une âme ou d'une tête énergique, et qui fait sur nous une vive impression. L'*aphorisme* est un enseignement doctrinal, qui résume en peu de mots ce qu'il s'agit d'apprendre : c'est la substance d'une doctrine.

AXIOMÈTRE, subst. mas. Vicieux. Voy. AXOMÈTRE.

AXIPÈTE, adj. fém. (*akcipète*) (du lat. *axis*, axe, et *petere*, aller vers), t. de phys., se dit de la force par laquelle un corps tend à s'approcher de l'axe de sa révolution.

AXIRIS, subst. mas. (*akcirice*), t. de bot., plante de la famille des chénopodées.

AXIS, subst. mas. (*akcice*), t. d'hist. nat., mammifère ruminant du genre des cerfs.

AXOÏDE, subst. fém. et adj. (*akço-ide*) (du grec ἄξων, axe, et εἶδος, forme), se dit de la seconde vertèbre du cou, qui ressemble à un *axe*.

AXOÏDO-ATLOÏDIEN, subst. et adj. mas. (*akço-ido-atlo-idiein*), t. d'anat., se dit d'un muscle qui appartient à l'*axoïde* et à l'*atloïde*.

AXOÏDO-OCCIPITAL, subst. et adj. mas. (*akço-ido-okcipital*), t. d'anat., se dit d'un muscle qui appartient à l'*occipital*.

AXOLOTI, subst. mas. (*akçoloti*), t. d'hist. nat., larve d'une grande salamandre des lacs du Mexique.

AXOMÈTRE, subst. mas. (*akçomètre*) (du grec ἄξων, axe, et μέτρον, mesure), t. de mar., machine qui, sur les navires, indique la position de la barre du gouvernail.

AXONES, subst. fém. plur. (*akçone*) (en grec ἄξονες, tables de bois sur lesquelles ces lois étaient écrites), t. d'hist. anc., lois civiles et politiques établies à Athènes par *Solon*. — On nommait *cyrbes* celles qui regardaient le culte des dieux.

AXONGE, subst. fém. (*akçonje*) (du latin *axungia*, graisse, vieux oint, formé de *axis*, axe, et *ungere*, oindre), t. de médec., sorte de graisse molle et humide amassée dans les follicules adipeux. — T. de pharm., graisse de porc qui sert à faire les onguents. — Espèce d'écume qui vient sur la matière du verre avant qu'elle se vitrifie.

AXONOPE, subst. mas. (*akçonope*), t. de bot., plante de la famille des graminées.

AXOQUEN, subs. mas. (*akçokein*), t. d'hist. nat., grand oiseau aquatique du Mexique.

AXUMIQUE ou **AXUMILIQUE**, subst. mas. (*akçumike, akçumilike*), alphabet éthiopien.

AXUR ou **ANXUR**, subst. mas. (*akçure*) (du grec ἄνευ, sans, et ξυρός, rasoir), sans barbe. Inus. — Myth., surnom de Jupiter enfant et jeune homme.

AY (on écrit aussi **AÏ**, qui nous semble préférable), subst. mas. (*a-i*), bourg de France, chef-lieu de canton, arrond. de Reims, dép. de la Marne. — Ses vins blancs sont très-renommés.

AYA, subst. mas. (*a-ia*), t. d'hist. nat., poisson du genre bodian.

AYA-BASSI, subst. mas. (*aiabaci*), caporal des janissaires chez les Turcs.

AYACA, subst. fém. (*aiaka*), t. de bot., spatule d'Amérique.

AYALLA, subst. mas. (*aialela*), t. de bot., arbre des Moluques.

AYALLY, subst. mas. (*aialeli*), t. de bot., graminée de Saint-Domingue.

AYAN, subst. mas. (*aian*) (mot corrompu de l'arabe *ain*, œil), notable turc chargé de la sûreté des particuliers, de l'ordre et de la défense des villes, et qui s'oppose aux entreprises injustes des pachas, aux avanies des gens de guerre, etc.

Ayant, part. prés. du verbe irrég. AVOIR. Il est aussi adj. verbal.

AYANT-CAUSE, subst. mas. (*èiankôze*), t. de prat., héritier; représentant. — Au plur. *les ayant-cause*, sans *s* : *ceux ayant la cause*. L'*Académie* commet une faute bien grande en écrivant : *les héritiers ou ayants cause*. Voy. CAUSE.

AYANT-DROIT, subst. mas. (*èiandroè*), t. de prat., qui a *droit*, qui est intéressé à quelque chose. Plur. *les ayant-droit*, sans *s* : *ceux ayant le droit*. L'*Académie* a tort, et grand tort, d'écrire *des ayants droit*.

AYAPANA, subst. fém. (*aiapana*), t. de bot., plante du genre des eupatoires.

AYAU, subst. mas. (*aiô*). Voy. CAMPANE JAUNE.

AYE-AYE, subst. mas. (*aieaie*), t. d'hist. nat., genre de mammifères de l'ordre des quadrumanes, famille des makis; espèce d'écureuil.

AYEN-BAS, subst. mas. (*aieinbâ*), village de France, chef-lieu de canton, arrond. de Brives, départ. de la Corrèze.

AYÈNE, subst. fém. (*aiène*), t. de bot., plante de la famille des malvacées.

AYER, subst. mas. (*aié*), t. de bot., arbuste sarmenteux dont les rameaux sont cylindriques.

DU VERBE IRRÉGULIER AVOIR :

Ayez, 2ᵉ pers. plur. impér.

Ayez, précédé de *que vous*, 2ᵉ pers. plur. prés. subj.

AYIRAMPO, subst. mas. (*a-i-i-ranpô*), t. de bot., figuier de l'Inde.

AYLANTE, subst. mas. (*èlante*), t. de bot., plante de la famille des térébinthacées; grand arbre des Indes. — Faux vernis du Japon.

AYLOÏNITE, subst. mas. (*èlo-inite*), t. de bot., genre de plantes de la famille des térébinthacées.

AYNET, subst. mas. (*èné*), petite verge ou baguette, dans laquelle on enfile les harengs qu'on veut faire saurer.

AYNITU, subst. mas. (*ènitu*), t. de bot., sorte d'arbrisseau qui croît dans les Moluques.

DU VERBE IRRÉGULIER AVOIR :

Ayons, 1ʳᵉ pers. plur. impér.

Ayons, précédé de *que nous*, 1ʳᵉ pers. plur. prés. subj.

AYOQUANTOTOTE, subst. mas. (*a-iokantotote*), t. d'hist. nat., oiseau du Mexique.

AYPARHU, subst. mas. (*èparu*), t. de bot., sorte d'arbre qui perd ses feuilles tous les ans. Il se trouve dans les Moluques, où il est rare.

AYPI, subst. mas. (*èpi*), t. de bot., sorte de cynanque du Brésil.

AYRA, subst. mas. (*èra*), t. d'hist. nat., sorte de renard de la Guyane.

AYRI, subst. mas. (*èri*), t. de bot., palmier du Brésil, dont le tronc est épineux et le bois d'une grande dureté.

AYTIMUL, subst. mas. (*ètimule*), t. de bot., arbre qui croît dans les Moluques.

AYUN, subst. mas. (*a-ieun*), t. de bot., arbre dont le fruit est aigrelet.

AYVAL, subst. mas. (*èvale*), t. de bot., arbre qui croît aux Moluques.

AZALA, subst. mas. (*azala*), t. de bot., le même que GARANCE.

AZALÉE, subst. fém. (*azalé*), t. de bot., plante rhodoracée, sorte de bruyère.

AZAMOGLAN, subst. fém. (*azamoguelan*). Voy. AGÉMOGLANS.

AZAN, subst. mas. (*azan*), montagne d'Arcadie consacrée à Cybèle. Elle fut ainsi appelée d'Azan, fils d'Arcas, le premier dont la mort fut honorée par des jeux funèbres.

AZAPHIE, subst. fém. (*azafi*) (du grec α priv., ζα, beaucoup, et φέγγος, lumière), t. de médec., défaut de clarté dans la voix.

AZARA, subst. fém. (*azara*), t. de bot., sorte de plante du Pérou.

AZAREIRO, et **AZARÈRO**, subst. mas. (*azarèro*), t. de bot., laurier cerise du Portugal.

AZARINIT, subst. mas. (*azarinite*), t. de bot., plante médicinale de Cananor.

AZARUM. Voy. ASARUM.

AZE, subst. des deux genres (*âze*), âne, ânesse. — Ce mot s'applique aussi au lièvre.

AZÉBRO, subst. mas. (*azébrô*), t. d'hist. nat., cheval d'Éthiopie.

AZÉDARAC, subst. mas. (*azédarak*), t. de bot., arbrisseau de la famille des méliacées, à fleurs en rose, feuilles apéritives, fruit vénéneux; acacia d'Égypte, faux sycomore, lilas des Indes, arbre saint. — Il est originaire de Syrie.

AZERBE, subst. fém. (*azèrbe*), t. de bot., muscade mâle sauvage.

AZEROLE, subst. fém. (*azerole*), t. de bot., petit fruit rouge et acide.

AZEROLIER, subst. mas. (*azerolié*), t. de bot., arbre qui porte les *azeroles*.

AZI, subst. mas. (*azi*), présure composée de petit-lait et de vinaigre.

AZIER, subst. mas. (*azié*), t. de bot., plante de la famille des rubiacées.

AZIME (qui devrait sans doute s'écrire *azyme*), subst. fém. (*azime*), t. de bot., arbuste de l'Inde. Voy. AZYME, adj.

AZIMÈNE, subst. fém. (*aziméne*), t. de bot., arbrisseau de Madagascar.

AZIMUT, subst. mas. (*azimu*) (par corruption de l'arabe *as-semt*, qui signifie chemin, et aussi : cercle qui passe par un point de l'horizon), t. d'astron., l'arc de l'horizon compris entre le méridien et un vertical quelconque, dans lequel se trouve le soleil ou une étoile ; complément de l'amplitude orientale ou occidentale, au lever ou coucher du soleil. — *Azimut magnétique*, la mesure de la déclinaison de l'aiguille aimantée.

AZIMUTAL, E, adj., au plur. mas. **AZIMUTAUX** (*azimutal*) t. d'astron., qui représente les *azimuts*.—Se dit d'un compas pour mesurer les variations de la boussole. En ce sens il est aussi subst. mas. — *Cadran azimutal*, cadran à style perpendiculaire au plan de l'horizon.

AZIMUTAUX, adj. mas. plur. Voy. AZIMUTAL.

AZOCARBURE, subst. mas. (*azôkarbure*), t. de chim., combinaison du cyanogène avec les corps simples.

AZOCH, AZOCK, AZOTH, subst. mas. (*azoche, azok, azoté*), t. de chim., mots barbares employés autrefois pour désigner le mercure et quelques-unes de ses combinaisons.

AZOLLE, subst. fém. (*azole*), t. de bot., petite plante aquatique flottante, qui vient du détroit de Magellan.

AZOLOTLI, subst. mas. (*azoloteli*), t. d'hist. nat., salamandre du Mexique.

AZONES (que l'on devrait écrire **AZÔNES**), subst. mas. plur. (*azône*) (du grec α priv., et ζωνη, zône, pays), t. d'hist. anc., dieux dont le culte s'étendait à toutes les nations.

AZOODYNAME, subst. mas. (*azoodiname*) (du grec α priv., ζωη, vie, et δυναμις, force, puissance), t. de méd., qui est privé de ses forces vitales.

AZOODYNAMIE, subst. fém. (*azoodinami*), t. de médec., perte des forces. Inus.

AZOODYNAMIQUE, adj. des deux genres (*azoodinamike*), qui concerne l'*azoodinamie*.

AZORELLE, subst. fém. (*azorèle*), t. de bot., plante ombellifère.

AZOTANE, subst. mas. (*azotane*), t. de chim., combinaison de l'*azote* avec le chlore.

AZOTATE, subst. mas. (*azotate*). Voy. NITRATE.

AZOTE, subst. mas. (*azote*) (du grec α privatif, et ζωη, vie ; *sans vie*; parce que l'*azote* ne peut servir ni à l'entretien de la vie des animaux, ni à la combustion), t. de la chimie moderne, substance élémentaire qui, lorsqu'elle est dans l'état gazeux, et combinée avec l'oxygène dans la proportion de 72 à 100, constitue l'air atmosphérique. C'est ce qu'on appelait autrefois *air phlogistique*, *air méphitique*, etc. *Lavoisier* lui avait donné le nom de *mofette atmosphérique*. — Adj. : *gaz azote*, l'*azote* dans l'état gazeux, c'est-à-dire fondu en gaz dans le calorique.

AZOTÉ, E, adj. (*azoté*), qui contient de l'*azote*.

AZOTÉNÈSE, subst. fém. (*azoténéze*), t. de médec., maladie due à la prédominance de l'*azote* sur les autres principes de l'économie animale.

AZOTH. Voy. AZOCH.

AZOTURE, subst. fém. (*azoture*), t. de chim., combinaison de l'*azote* avec les corps combustibles simples.

AZOUFA ou **AZOUFFE**, subst. mas. (*azoufa, azoufe*), t. d'hist. nat., quadrupède carnassier d'Afrique, qui déterre et dévore les morts.

AZUCARILLOS, subst. mas. (*azukarileloce*), sucre d'Espagne, spongieux et rafraîchissant.

AZULHINA, subst. mas. (*azulina*), t. d'hist. nat., bengali d'Angola.

AZUR, subst. mas. (*azur*) (de l'italien *azzurro*, formé, ainsi que l'espag. *azul*, de l'arabe *lazourd*), sorte de minéral de couleur bleue.— La couleur bleue de ce minéral. — T. de chim., *azur de cobalt*, couleur bleue qui est le produit de l'oxyde de cobalt, ou safre mêlé avec des fondants nitreux. On en fait usage dans les poteries, les porcelaines, etc. — *Azur de cuivre*, carbonate de cuivre natif, connu sous le nom de *bleu d'azur, bleu de montagne*. Il sert dans la peinture. — Poét. : *l'azur des mers ; l'azur des flots ; l'azur des cieux ; l'azur de deux beaux yeux*, la couleur bleue de, etc. —On exprime aussi *un ciel sans nuages* par *un ciel d'azur*, *des flots calmes* par *des flots d'azur*, *des yeux bleus* par *des yeux d'azur*. — En t. de blas., l'émail bleu des armoiries.

AZURÉ, E, part. pass. d'*azurer*, et adj. (*azuré*), qui est de couleur d'azur : *lambris azuré*. — Il se dit plus souvent en poésie : *la voûte azurée*, le ciel ; *les plaines azurées*, la mer.— Subst. mas., t. d'hist. nat., lézard bleu ; gobe-mouches bleu ; poisson du genre du cyprin.

AZURER, v. act. (*azuré*), mettre de l'*azur* ; peindre ou teindre de couleur *d'azur* ; rendre bleu.

AZURIC, subst. mas. (*azurik*), t. de chim., espèce de vitriol rouge.

AZURIN, subst. mas. (*azurein*), t. d'hist. nat., merle de la Guyane, espèce de fourmilier.

AZURIUM, subst. mas. (*azuriome*), t. de pharm., composition de mercure, de soufre et de sel ammoniac.

AZUROUX, subst. mas. (*azurou*), t. d'hist. nat., bruant bleu du Canada.

AZYGOS, subst. mas. (*aziguóce*) (du grec αζυγος, formé de α priv., et ζυγος, paire ; *sans paire*), t. d'anat., veine située dans le côté droit de la poitrine.

AZYME, adj. et subst. mas. (*azime*) (en grec αζυμος, formé de α priv. et ζυμη, levain), t. de l'Écriture sainte, se dit d'un pain sans levain : *pain azyme ; la fête des azymes*. — T. de bot., genre d'arbustes de l'Inde, toujours verts.

AZYMITE, subst. des deux genres (*azimite*), celui ou celle qui se sert du pain *azyme*, qui communie avec ce pain. Peu usité.

B, subst. mas. (prononcez *be*, en détachant légèrement les lèvres. Cependant, comme l'usage de l'enseignement a été pendant long-temps de faire dire *bé*, il en est résulté certaines locutions dans lesquelles il paraîtrait peut-être prétentieux de faire sonner le *b be* : ainsi dans cette phrase : *il ne sait ni a ni b*, qui s'applique ordinairement à un homme grossièrement ignorant, dites : ni *a* ni *bé*; dans celle-ci : *c'est un homme marqué au b*, ce qui signifie qu'il est borgne, bossu ou boiteux, et par extension malin, rusé, adroit, dites : marqué au *bé*; *un b bien*, *mal formé*; un *bé* bien, mal formé), la seconde lettre de notre alphabet, et la première des consonnes. — On dit fam. : *parler par B et par F*, se servir dans la conversation des mots grossiers dont ces deux lettres sont les initiales. — Quelle que soit la lettre suivant B, au commencement ou à la fin d'un mot, il conserve toujours le son qui lui est propre ; et il n'est pas vrai qu'il doive, devant *s* et *t*, se prononcer comme un *p* : *absolu* ne se prononce certainement pas *apeçolu*, mais bien naturellement *abeçolu*. — B final est muet dans *plomb*, *aplomb*; dites : *plon*, *aplon* ; mais il se fait sentir dans *Joab*, *Moab*, *Job*, *Jacob*, *Aureng-zeb*, et aussi dans *radoub* et *rumb* ; prononcez : *Joabe*, *Moabe*, *Jobe*, *Jacobe*, *Auranzèbe*, *radoube*, *ronbe*. — S'il arrive que cette consonne soit redoublée, comme dans les mots *sabbat*, *rabbin*, *abbé*, et ses dérivés, un seul *b*, et c'est le dernier, se fait entendre : *çaba*, *rabein*, *abé*. Il y a même des noms de ville qui suivent cette règle de prononciation : *Abbeville*, dites : Abeville. — B, dans cette abréviation *B. L.*, employée fréquemment dans les *Dictionnaires* modernes, signifie *basse* : *basse latinité*, qui veut dire : expression vieillie en latin, ou : peu latine. — Au bas d'une feuille d'impression, B remplace le numéro d'ordre 2. Il signifie aussi 2 dans le commerce. — B est encore la seconde des lettres dominicales. — B signifie *beau* dans les calendriers et dans les baromètres. — En t. de comm. et de banque, B est la marque de la monnaie de Rouen ; BB, de celle de Strasbourg. — Un B avec ces mots : *proxima primæ*, est la devise d'un favori, ou d'un premier ministre. La même lettre, renversée de ces quatre manières : *b d p q*, avec ces mots : *eadem non eadem*, est celle d'un flatteur qui se tourne de toutes façons, et change au gré de ceux à qui il veut plaire. Ces devises sont *peu ingénieuses* et *peu nobles*, dit le dictionnaire auquel nous les empruntons. — B, dans cette locution abrégée S. M. B., signifie *britannique* : *sa majesté britannique*. — B, en t. de musique, ou *b fa si*, ou *b fa mi*, indique le nom du septième ton dans la gamme de l'Arétin. Les Italiens et quelques autres répètent *b mi* quand le ton doit être naturel, et *b fa* lorsqu'il est bémol; nous l'appelons simplement *si*. *B quarre* et *B mol* sont des termes et marques de musique, qui se mettent au commencement des réglets pour marquer le genre du chant : *B quadratum*, *B mol*. Le *B quarre* est le ton naturel et ordinaire qui rend le chant plus dur et plus rude; il n'a pas besoin de marque particulière : on l'a ainsi nommé, parce que les choses carrées sont plus dures que les rondes; le *B mol* se marque toujours par un *b* simple, qui indique que la voix doit chanter plus mollement : elle fait seulement le demi-ton, le *fa*, là où le *B quarre* lui fait faire le *mi*. Dans le chant de *B quarre*, il y a un ton entier de la première note à la seconde, et dans le *B mol* il n'y a qu'un demi-ton ; de sorte que leur différence consiste en la seule transposition d'un demi-ton entre la première et la seconde ou entre la seconde et la troisième note. B majuscule indique, dans les basses continues, la basse chantante. B.-C marque souvent la basse continue. *Chant par b mol* est un chant par lequel, en partant de la *mèse*, ou de la note *la*, au lieu de monter d'un ton par la *paramèse*, ou note *si*, et puis d'un semi-ton pour aller à la *trite dieseugmenon*, ou note *ut*, ce qui fait la tierce mineure, que quelques-uns appellent B *quarre harmonique*, ou naturel, on ne monte que d'un demi-ton par la *trite synemennon*, ou note *za* ou *si b mol* ; puis, omettant la *paramèse*, on monte d'un ton pour gagner la *paranète synemennon*, ou la *trite dieseugmenon* (qui sont la même chose sous différents noms), ce qui fait la tierce mineure, que quelques-uns nomment molle et arithmétique. (*Brossard.*) L'auteur des *Entretiens sur la Musique* croit qu'il en est de ces mots comme de *basse-con-*

tre et *haute-contre*, qu'ils sont indéclinables, qu'au pluriel il n'y faut point mettre d'*s* à la fin. Cependant il y a bien de la différence, car pourquoi ne doit-on point mettre *s* au pluriel à la fin de *basses-contre* et *hautes-contre* pluriels? c'est que *contre* est un adverbe, et que les adverbes sont indéclinables; mais *mol* et *quarre* sont des noms adjectifs, et les noms adjectifs se déclinent. Aussi le même auteur avoue-t-il que *Sauveur*, dans ses *Principes d'Acoustique*, et *Nivers*, dans son *Traité de la Composition*, en usent autrement, et écrivent au pluriel *b mols* et *b quarres*. Pour lui, il déclare qu'il dira toujours *b mol* et *b quarre*, tant au pluriel qu'au singulier, comme on dit des *opera*, des *Te Deum*, des *impromptu*. Mais il y a encore de la différence, car ces trois derniers mots sont des mots latins, dont deux même sont en construction; au lieu que *mol* et *quarre* sont de simples noms adjectifs français.

BAAL, subst. propre mas. (*ba-ale*), personnage de la Bible. Elle appelle *Baal* l'idole des Assyriens.

BAAL-BÉRITH, subst. propre mas. (*ba-alebérite*) (*seigneur de l'alliance*), idole phénicienne.

BAAL-GAD, subst. propre mas. (*ba-aleguade*) (*Dieu du bonheur*) idole phénicienne.

BAALITE, subst. mas. (*ba-alite*), t. d'hist. anc., adorateur de Baal.

BAAL-PÉOR, BAALPHÉGOR, BEELPHÉGOR, BELPHÉGOR, ou **PHÉGOR**, subst. propre mas. (*ba-alepéore*, *féguore*, *bé-èleféguore*, *bèleféguore*, *féguore*), divinité infame des Moabites. — C'est le Priape des Latins. Voy. **BEL**.

BAALTIS ou **BELTIS**, subst. propre (*ba-aletice*, *bèletice*), divinité des Phéniciens. — On croit que c'est la même que la lune.

BAAL-TSÉPHON, subst. propre mas. (*ba-aletecéfon*) (c'est-à-dire *Dieu sentinelle*). Les magiciens d'Égypte avaient mis cette idole dans le désert, comme une barrière qui devait arrêter les Hébreux et les empêcher de fuir.

BAAZAS, subst. mas. (*ba-azace*), guitare d'Amérique à quatre cordes.

BABA, subst. mas. (*baba*), sorte de pâtisserie dans laquelle entre ordinairement du raisin de Corinthe.

BABACTÈS, subst. propre mas. (*babactèce*), myth., surnom de Bacchus, pris d'un mot grec qui signifie *jeter de grands cris*, tels qu'en faisaient les bacchantes en célébrant les orgies.

BABEAU, subst. mas. (*babô*), ombre, fantôme. Inus.

BABEL, subst. propre fém. (*babèle*), nom oriental de Babylone.—*Tour de Babel*, où se fit la confusion des langues. On le dit prov. d'une société, etc., où règne une grande confusion d'opinions et de discours : *cette assemblée est une vraie tour de Babel*.

BABELA, subst. fém. (*babela*), t. de bot., sorte d'acacia.

BABEURRE, subst. mas. (*babeure*), lait de beurre.

BABIA, subst. propre fém. (*babia*), idole des Syriens.

BABIANE, subst. fém. (*babiane*), t. de bot., espèce de plante.

BABICHE, subst. fém. (*babiche*), petite chienne.

BABICHON, subst. mas. (*babichon*), petit chien.

BABIL, subst. mas. (*babile*, et non pas *babie* comme l'*Académie* le prétend), caquet, superfluité excessive de paroles. Il n'est pas du style noble. — Suivant *Roubaud*, *babil*, qui est une vraie onomatopée (voy. **BABILLER**), se dit plus proprement de l'imitation du bruit et de l'action de parler; et *caquet* de l'imitation du bruit de la parole : *les pies*, *les perroquets caquettent et ne babillent pas*. — On le dit aussi du limier. — On dit d'un homme qui parle beaucoup, qu'il n'a que *du babil*; c'est-à-dire, qu'il n'y a rien de solide dans ce qu'il dit. — **BABIL, BAVARDAGE, CAQUET**. (*Syn.*) Le *babil* est un excès de paroles, qui n'a pour but que le plaisir de parler; le *bavardage* est un flux de paroles, qui prend sa source dans la sottise; le *caquet* est le résultat d'une vanité ridicule et puérile.

BABILLAGE, subst. mas. (*babi-iaje*), action de *babiller*. Fam.

BABILLARD, E, subst. et adj. (*babi-iar*, *iarde*), celui, celle qui a du *babil*, qui aime à parler beaucoup : *c'est un grand babillard*, *une grande babillarde*. — Il se dit, par extension, d'une personne qui ne peut garder un secret : *ne la mettez pas au courant*, *c'est une babillarde*. — Adj. : *un homme babillard*; *une femme babillarde*. — *Un chien babillard*, qui crie lorsqu'il est hors des voies. — **BABILLARD, BAVARD**. (*Syn.*) *Babillard* diffère de *bavard*, en ce que le premier parle trop, et dit des riens comme un enfant; le second en dit trop, et parle sans pudeur et sans égard. Il faut que le *babillard* parle; il faut que le *bavard* tienne le dé de la conversation. Celui-là dira tout ce qu'il sait; celui-ci, ce qu'il sait et ce qu'il ne sait pas. Le *babillard* est incommode, le *bavard* est fâcheux. — Subst. mas., t. d'hist. nat., poisson du genre pleuronecte.

BABILLARDE, subst. fém. (*babiiarde*), t. d'hist. nat., espèce de fauvette.

BABILLEMENT, subst. mas. (*babileman*), t. de méd., babil, symptôme de maladie.

BABILLER, v. neut. (*babilé*) (suivant *Grotius*, *Nicot*, etc., de *Babel*, où se fit la confusion des langues; suivant *M. Morin*, du grec βαβάζειν, balbutier, parler d'une voix inarticulée, comme les enfants; suivant *Caseneuve* et plusieurs autres, par onomatopée, des sons inarticulés que font entendre les muets, et les enfants lorsqu'ils commencent à dénouer leur langue), avoir du *babil*, du caquet, parler beaucoup. Fam. — On le dit aussi de la corneille lorsqu'elle crie, d'un limier qui donne de la voix.

BABINE, subst. fém. (*babine*) (suivant *Ménage*, de *labina*, diminutif de *labia*, lèvres), lèvres de certains animaux, comme les vaches, les singes. Ce mot n'est employé ordinairement qu'au plur. — Au fig., et prov., d'un homme qui a mangé beaucoup d'un mets, ou qui a mangé tout son bien, on dit : *il s'en est bien donné par les babines*. — *Il s'en lèche les babines*, il a trouvé cela bon. — *Tu t'en lécheras les babines* revient à cette autre loc. prov. : *cela te passera sous le nez*, tu n'en auras point.

BABIOLE, subst. fém. (*babiole*), chose puérile, de peu de valeur; jouet d'enfant.

BABION, subst. mas. (*babion*), t. d'hist. nat., sorte de petit singe.

BABIROUSSA, subst. mas. (*babirouça*), t. d'hist. nat., mammifère, petit sanglier des Indes-Orientales.

BABKA, subst. fém. (*babeka*), petite monnaie de Hongrie, qui vaut un tiers de denier du pays.

BÂBORD, subst. mas. (*bâbor*), t. de mar. Voy. **BAS-BORD**.

BÂBORDAIS ou **BÂBORDÈS**, subst. mas. (*bâbordè*), t. de mar. Voy. **BAS-BORDAIS**.

BABOUCARD, subst. mas. (*baboukar*), t. d'hist. nat., espèce de martin-pêcheur d'Afrique.

BABOUCHE, subst. fém. (*babouche*) (du persan *papous*, qui signifie la même chose), sorte de souliers des Siamois. — Pantoufle que les femmes d'Orient mettent par-dessus leurs souliers. — On appelle encore ainsi des pantoufles de chambre.

BABOUIN, subst. mas. (*babouein*), t. d'hist. nat., gros singe qui a la queue courte et le museau très-allongé. On dit aussi *papion*. — Fig. et fam., figure grotesque que les soldats se faisaient autrefois baiser par punition. — Prov. on dit en ce sens : *faire baiser le babouin à quelqu'un*, le réduire à se soumettre malgré lui, et avec quelque honte. — On appelle fig. et fam., *babouin*, *babouine*, un petit garçon ou une petite fille, par allusion à l'espièglerie et à l'étourderie de cet âge. — T. de médec., petite pustule qui vient assez ordinairement à la bouche.

BABOUINER, v. neut. (*babouiné*), faire le bouffon. Fam.

BABOUVISTE, subst. mas. (*babouvicete*), t. d'hist. moderne, partisan de *Babeuf*, chef d'une conspiration qui tendait à établir en France une liberté illimitée.

BABYLONE, subst. propre fém. (*Babilône*), ville antique de l'Orient, sur l'Euphrate.— On prétend que c'est dans *Babylone* que l'idolâtrie prit naissance. Les Israélites du royaume de Juda, c'est-à-dire les deux tribus de Juda et de Benjamin, furent emmenées captives en *Babylone* par Nabuchodonosor. C'est ce qu'on appelle *la captivité de Babylone*, qui dura 70 ans, jusqu'à la première année du règne de Cyrus à *Babylone*. — *Babylone* est prise dans l'Écriture pour un lieu de désordre et de crimes : de là, nous disons *c'est une Babylone*, en parlant d'un lieu plein de troubles, de désordres, de débauches, de crimes, de confusion. — Il y a une monnaie d'or de Louis XII qui représente d'un côté ce prince, et de l'autre les armes de Naples et de Sicile, avec ces mots : **PERDAM BABYLONIS NOMEN**. *De Thou* avance que par le mot de *Babylone*, Louis XII voulait désigner Rome, et qu'il fit battre cette monnaie pour l'opposer aux menaces de Jules II, avec lequel il fut toujours mal. Mais le P. *Hardouin* veut que par *Babylonis* on entende l'Égypte et l'empire du Turc en Égypte, *Babylone* étant le nom d'un village situé non loin du Caire, et sur les ruines de l'ancienne capitale de l'Égypte, appelée aussi *Babylone*. Il ajoute que cette monnaie fut fabriquée avant que Louis XII ne fût brouillé avec Jules II. Il est bon d'avertir en passant que ni *De Thou*, ni le P. *Hardouin*, n'ont exactement rapporté l'inscription dont il s'agit; car cette pièce ou monnaie d'or porte : **PERDAM BABILLONIS NOMEN**, et non pas **BABYLONIS**; ce qui peut être une ouverture pour une autre explication. *Le Blanc*, dans son *Traité des monnaies*, met un peu mieux **BABILONIS**; mais la monnaie d'or que nous avons vue porte deux **LL**. De plus, elle offre les armes de France et non celles de Naples, comme l'assure *De Thou*. Du côté de la tête l'inscription est : **LUDO. FRANC. REGNIQ. NEA.** La couronne du roi est rayonnée.

BABYLONIE, subst. propre fém. (*babiloni*), ancien pays d'Asie, dont *Babylone* était la capitale.

BABYLONIEN, adj. et subst. mas., au fém. **BABYLONIENNE** (*babiloniein*, *niène*), de *Babylone*; habitant de Babylone.— Se dit d'un des modes de la musique des Arabes, dont le caractère est d'exprimer la joie.— *Heures babyloniennes*, terme de gnomonique que l'on voit sur quelques cadrans solaires. Les Babyloniens, les Persans et les Syriens divisent le jour naturel en vingt-quatre heures, et les comptent depuis le lever du soleil jusqu'au soleil levant du jour qui suit. Les heures, ainsi comptées et ainsi disposées sur un cadran, s'appellent en gnomonique *heures babyloniennes*, *horæ babylonicæ*. (*Harris*.)

BABYS, subst. propre mas. (*babice*), myth., frère de Marsyas. Apollon, qui voulait le traiter comme son frère, lui fit grace à la prière de Pallas.

BAC, subst. mas. (*bak*) (de l'allemand *bach*, ruisseau, rivière; ou du grec βάκη, pont de bateaux), bateau long, large et plat, dont on se sert, au moyen d'un câble, pour traverser une rivière : *passer le bac*, traverser une rivière dans un *bac*. Voy. **TRAILLE**. — *Bac* est aussi un petit bâtiment qui sert à porter le goudron sur les rivières. — Les fontainiers appellent *bac* un petit bassin de fontaine. — Grand bassin de bois chez les brasseurs : *bac à décharge*, réservoir où l'on met la bière quand elle est faite. — En t. de tailleur de pierres, cuve de pierre propre à recevoir l'eau de la pluie, etc. — Les raffineurs de sucre ont des *bacs à formes*, dans lesquels ils mettent les formes en trempe; des *bacs à chaux*, où ils éteignent la chaux qui sert à clarifier; des *bacs à sucre*, où ils jettent les matières tirées des barils; des *bacs à terre*, dans lesquels ils délaient la terre.

BACA ou **BACCA**, subst. fém. (*baka*, *bakka*), t. de bot., plante de l'ordre des personnées.

BACALAS ou **BACALAR**, subst. mas. (*bakalace*, *bakalare*), t. de mar., pièces de bois qui se clouent sur la couture de la poupe d'un vaisseau.

BACALIAU, subst. mas. (*bakaliô*) (de l'espagnol *bacallao*, merluche), morue sèche.

BACARAT, subst. propre mas. (*bakara*), ville de France, chef-lieu de canton, arrond. de Lunéville, dép. de la Meurthe.

BACASAS, subst. mas. (*bakazâce*), t. de mar., petit bâtiment élevé de l'avant et bas de l'arrière.

BACASIE, subst. fém. (*bakazi*), t. de bot., arbrisseau corymbifère du Pérou.

BACASSAS, subst. mas. (*bakaceçace*), le même que *bacasas*.

BACCALAURÉAT, subst. mas. (*bakalôréa*) (du lat. *bacca*, baie, et *laurus*, laurier), le grade de *bachelier*, premier degré que l'on prend dans une faculté pour parvenir au doctorat.

BACCARÉOS, subst. mas. (*bakaréoce*), t. d'hist. nat., daim de l'Indoustan.

BACCARIS, subst. fém. (*bakarice*) (du grec βάκχαρις, qui a le même sens), t. de bot., herbe odoriférante.

BACCAULAIRE, subst. fém. (*bakolère*), t. de bot., fruit autocarpien bacciforme.

BACCAURÉE, subst. fém. (*bakôré*), t. de bot., arbrisseau de la Cochinchine.

BACCHANAL, subst. mas. Voy **BACCHANALE**.

BACCHANALE, subst. fém. (*bakanale*) (du grec Βάκχος, Bacchus, dieu du vin et des buveurs), t. de peint., tableau qui représente une danse de bacchantes et de satyres : *la Bacchanale du Poussin*. — T. de théâtre, danse tumultueuse dans un ballet, dans un opéra : *cet acte se termine par une bacchanale*. — Lieu où l'on célébrait les mystères de *Bacchus*. — Fig., débauche faite avec grand bruit : *ils ont fait une bacchanale qui a duré toute la nuit*. — On dit souvent sans article : *faire bacchanale*, faire grand bruit. — On dit aussi au mas., mais abusivement : *faire bacchanal*, *faire du bacchanal*. Fam.

BACCHANALES, subst. fém. plur. (*bakanale*) (du lat. *bacchanalia*, dérivé du grec Βάκχος, Bacchus), t. d'hist. anc., fêtes que les païens célébraient en l'honneur de Bacchus.

BACCHANALISER, v. neut. (*bakanalizé*), faire la débauche.

BACCHANTE, subst. fém. (*bakante*), t. d'hist. anc., prêtresse de Bacchus qui célébrait les bacchanales. Voy. BACCHANTS. — Fig., femme adonnée aux plaisirs de la table ; ou : emportée, furieuse, ou : sans pudeur. — T. d'hist. nat., papillon brun qui vole par bonds. — T. de bot., plante de la famille des corymbifères.

BACCHANTS, subst. mas. plur., au fém. BACCHANTES (*bakan*, *kante*), t. d'hist. anc., prêtres, prêtresses de Bacchus, qui célébraient les *bacchanales*. — Ceux qui le suivirent dans l'Inde. — Pendant la cérémonie des bacchanales et des orgies, les *bacchantes* couraient vêtues de peaux de tigres, tout échevelées, tenant des thyrses, des torches, des flambeaux, et poussant des hurlements effroyables.

BACCHARIS, subst. fém. Vieux. Voy. BACCARIS.

BACCHAS, subst. mas. (*bakace*), lie qui se trouve au fond des tonneaux où l'on avait mis le suc ou le jus de citron.

BACCHE ou **BACCHIQUE**, subst. mas. (*bache*, *bachike*) (en grec βακχεῖος, fait de Βάκχος, Bacchus), t. de litt. anc., pied de vers grec ou latin, composé d'une brève et de deux longues, fort employé dans les fêtes de Bacchus.

BACCHÉMON, subst. propre mas. (*bachémon*), myth., fils de Persée et d'Andromède.

BACCHIADES, subst. propre mas. plur. (*bachiade*), t. d'hist. anc., famille de Corinthiens, ainsi appelée du nom de Bacchia, fille de Bacchus, de laquelle elle prétendait descendre. Cette famille, ayant été bannie de Corinthe, vint s'établir en Sicile.

BACCHIE, subst. fém. (*bachí*) (en lat. *bacchia*, de Bacchus, dieu du vin), t. de médec., rougeur fixe du visage chez les ivrognes.

BACCHINE, subst. fém. (*bachine*), t. de bot., plantes légumineuses qui croissent dans les Indes.

BACCHIONITES, subst. mas. plur. (*bachionite*), philosophes qui méprisaient toutes les choses du monde.

BACCHIQUE, subst. mas. Voy. BACCHE.

BACCHIS, subst. propre mas. (*bachice*), myth., taureau consacré au Soleil, et révéré à Hermonthis, ville d'Égypte. — Le poil de ce taureau croissait en un sens contraire à celui des autres animaux.

BACCHUS, subst. propre mas. (*bâkuce*) (en grec Βάκχος, Bacchus), t. de myth., dieu du vin et des buveurs. Il était fils de Jupiter et de Sémélé. Quelques-uns le font fils de Proserpine. — Il y a eu plusieurs Bacchus : Cicéron en compte jusqu'à cinq ; et c'est pour cela que les auteurs ne s'accordent pas sur cette fable ; mais le plus grand nombre la racontent ainsi : Junon, toujours outrée contre les concubines de Jupiter, pour se venger conseilla à Sémélé, pendant sa grossesse, d'exiger de Jupiter qu'il se fît voir à elle dans toute sa gloire ; ce qu'elle obtint difficilement. Les foudres et les éclairs dont le dieu était entouré ayant mis le feu à son palais, elle périt dans les flammes. De crainte que Bacchus ne fût brûlé avec elle, Jupiter le mit dans sa cuisse, où il le garda le reste des neuf mois. Ce terme arrivé, il fut remis secrètement à Ino sa tante, qui prit soin de lui, aidée par les Hyades, les Heures et les Nymphes. Quand il fut grand il fit la conquête des Indes, puis alla en Égypte, où il enseigna l'agriculture aux hommes, planta le premier la vigne, et fut adoré comme le dieu du vin. Il punit sévèrement Penthée qui voulait s'opposer à ses solennités, triompha de tous ses ennemis, et se tira de tous les dangers auxquels les persécutions de Junon l'exposaient continuellement ; car les ressentiments de cette déesse ne portaient pas seulement sur les concubines de Jupiter, mais encore sur leurs enfants. Bacchus se transforma en lion pour dévorer les géants qui escaladaient le ciel, et fut, dans cette circonstance, regardé, après Jupiter, comme le plus fort des dieux. — On le représentait, tantôt avec des cornes à la tête, parce que dans ses voyages il s'était toujours couvert de la peau d'un bouc, animal qu'on lui sacrifiait ; tantôt sur un char traîné par des tigres, des lynx ou des panthères ; souvent aussi tenant une coupe d'une main, et de l'autre ce thyrse dont il s'était servi pour faire couler des fontaines de vin. — On dit en poésie : *le jus*, *le doux jus de Bacchus*, pour : le vin. — On appelle fig. *enfants de Bacchus* les bons buveurs, et même les ivrognes. — On dit que *Bacchus et Vénus vont de compagnie*, parce que la débauche du vin amène celle de l'amour. — *Saint-Amand* a appelé du fromage pourri *du cotignac de Bacchus*, parce que ce fromage excite à boire.

BACCIEN, **NE**, adj. (*bakciein*, *ciéne*), t. de bot., se dit des fruits qui ressemblent à une baie. — On dit mieux *bacciforme*. Voy. ce mot.

BACCIFÈRE, adj. des deux genres (*bakcifère*) (du lat. *bacca* baie, et *fero*, je porte), t. de bot., se dit d'un arbre, d'une plante dont le fruit est une baie.

BACCIFORME, adj. des deux genres (*bakciforme*) (du lat. *bacca*, baie, et *forma*, forme), t. de bot., qui a par sa forme ou par sa substance l'apparence d'une baie. — On dit aussi dans le même sens *baccien* ou *baïé*.

BACCILLAIRE, subst. fém. (*bakcilelère*), t. d'hist. nat., genre d'animalcules semblables à de petits crystaux.

BACCIVORES, subst. mas. plur. (*bakcivore*), t. d'hist. nat., oiseaux silvains de la tribu des anisodactyles, qui se nourrissent de baies.

BACELLE ou **BACHELETTE**, subst. fém. (*bacèle*), jeune fille. Vieux. — *Bacelle* signifie aussi métairie.

BACELOTTE, subst. fém. (*bacelote*), jeune fille. Vieux.

BACHA, subst. mas. (*bacha*) (du mot turc *basch*, tête), titre d'honneur donné en Turquie aux chefs des armées, aux gouverneurs des provinces, et à d'autres personnes considérables, même sans gouvernement. — On écrit souvent *pacha*. — En t. d'hist. nat., oiseau de proie d'Afrique.

BACHALIE, subst. fém. (*bachalí*), gouvernement d'une province confiée à un *bacha*.

BACHASSON, subst. mas. (*bachaçon*) (du mot *bac*), t. de papetier, caisse de bois qui donne de l'eau aux piles.

BACHAT, subst. mas. (*bacha*), t. de papetier, gouttière, cavité qui se trouve sous le pilon.

BÂCHE, subst. fém. (*bâche*), grande couverture de grosse toile pour les charrettes et les bateaux. — En t. de manuf., boîte où l'on dépose les cannettes. — En t. de bot., voy. LATANIER. — En t. de jard., grande caisse vitrée qui reçoit les plantes qu'on veut garantir du froid, et dans laquelle on fait venir des primeurs. — En t. de pêche, filet en manche, qu'on traîne au bord de l'eau pour prendre du frai. On le nomme aussi *bâche traînante*, *bâche volante* ; filet tendu sur des piquets, pour en changer plus facilement la disposition. On dit aussi *guideau à petits étaliers*. — On appelle aussi *bâche* une espèce de cuvette où coule l'eau produite par une pompe aspirante, et où d'autres pompes reprennent cette eau pour l'élever de nouveau.

BACHELARD, subst. mas. (*bachelar*), ami, mignon. Vieux.

BACHELETTE, subst. fém. (*bachelète*). Voy. BACELLE.

BACHELIER, subst. mas. (*bachelié*) (du lat. *baculus* ou *bacillus*, petit bâton ; parce qu'autrefois les *bacheliers* militaires faisaient leurs premiers exercices armés seulement d'un bouclier et d'un bâton, et parce que les *bacheliers* lettrés, en recevant leur grade, recevaient aussi un petit bâton ou une baguette qui en était comme le signe honorifique. *Anquetil* (Histoire de France) dérive bien plus naturellement le mot *bachelier*, du moins *bachelier militaire*, des deux mots *bas chevalier*), celui qui est promu au *baccalauréat* en quelque faculté. — Il se disait autrefois d'un jeune gentilhomme pendant qu'il faisait l'apprentissage du métier des armes. — Il signifiait encore : un jeune homme à marier.

BÂCHÉ, **E**, part. pass. de *bâcher*.

BÂCHER, v. act. (*bâché*), étendre la *bâche* d'une voiture ; couvrir d'une *bâche*.

BACHIE, subst. fém. Voy. BACCHIE.

BACHINÉ, **E**, part. pass. de *bachiner*.

BACHINER, v. act. (*bachiné*), frapper sur un bassin pour annoncer quelque chose. Inusité.

BACHIQUE, qui devrait s'écrire BACCHIQUE, ce mot étant formé de *Bacchus*, adj. des deux genres (*bachique*), qui appartient à *Bacchus*, qui a rapport à *Bacchus* : *fête bachique* ; *liqueur bachique*, c'est-à-dire le vin ; *chanson bachique*, chanson à boire. — On appelle en peinture *genre bachique* le genre des tableaux représentant des sujets d'ivrognerie, des scènes de buveurs. On nomme aussi ces tableaux *scènes bachiques*.

BACHOLLE, subst. fém. (*bachole*), t. de papetier, casserolle de cuivre en usage dans les papeteries.

BACHON, ou **BACHOU**, subst. mas. (*bachon*, *bachou*), t. de tonnelier, sorte de vaisseau de bois pour porter les liquides. — En t. de boyaudier, vases de bois pour porter les boyaux.

BACHOT, subst. mas. (*bachô*), petit bateau.

BACHOTAGE, subst. mas. (*bachotaje*), conduite d'un bachot. — Le salaire d'un *bachoteur*.

BACHOTEUR, subst. mas., au fém. BACHOTEUSE (*bachoteur*, *teuze*), batelier, batelière qui fait passer l'eau, qui dirige un *bachot*. Peu usité.

BACHOTTE, subst. fém. (*bachote*), t. de pêche, baquet qu'on emplit d'eau douce, et qui sert à transporter, à dos de cheval, des poissons d'eau douce vivants.

BACHOU, subst. mas. Voy. BACHON.

BACILE, subst. mas. (*bacile*), t. de bot., fenouil marin ou salicot : *bacile maritime*. On confit ses fleurs au vinaigre. Voy. PERCE-PIERRE.

BACINET, subst. mas. (nous ne donnons ce mot ainsi orthographié que parce qu'il se trouve dans l'*Académie*) (*baciné*), t. de bot. Voy. BASSINET.

BACIS, subst. propre mas. (*bâcice*), t. d'hist. anc., fameux devin de Béotie, dont le nom passa à plusieurs de ceux qui, après lui, se mêlèrent de prédire l'avenir.

BACKELYS, subst. mas. (*bakelice*), race de bœufs employée par les Hottentots.

BACKGAMMON, subst. mas. (*bakguamemon*) (des deux mots gaulois *bach*, petit, et *gammon*, guerre ; *petite guerre*, espèce de jeu de table qui se joue en Angleterre dans un tric-trac, avec des cornets et des dés. C'est à peu près le même que celui qu'on a appelé en français *toutetable*, espèce de trictrac.

BÂCLAGE, subst. mas. (*bâklaje*), arrangement des bateaux dans un port, pour y faire la vente des marchandises dont ils sont chargés. — Il se dit aussi du droit que l'on paie aux officiers de police chargés de cet arrangement. — Fermeture d'un port par des chaînes, etc., et du passage d'une rivière par des hérissons.

BÂCLÉ, **E**, part. pass. de *bâcler*, et adj. : *rivière bâclée*, gelée dans toute sa largeur. — On dit fig. et fam., en parlant d'un traité conclu, d'une affaire arrêtée, et en général d'une chose terminée : *cela est bâclé* ; *c'est bâclé* ; *c'est une affaire bâclée*.

BÂCLER, v. act. (*bâklé*) (du lat. *baculus* ou *baculum*, dont on a fait, dans les temps de la basse latinité, *baculare*, fermer avec un bâton mis par derrière), fermer une porte ou une fenêtre, par derrière, avec une barre, etc. — Fermer l'entrée d'un port avec une chaîne, le passage d'une rivière par des hérissons, etc. — *Bâcler un bateau*, le mettre dans un endroit commode pour la charge et la décharge des marchandises. Peu usité maintenant dans ces trois acceptions. — *Bâcler*, expression fam. et fig. dont on se sert quelquefois pour signifier : faire une chose promptement, *bâcler une affaire*. — On dit d'un écolier qui travaille à la hâte et sans soin, qu'*il bâcle son devoir*. — **SE BÂCLER**, v. pron. : *une pareille affaire*, *bah ! ça se bâcle en une heure*, pour dire qu'on peut la terminer promptement.

BACONE, subst. fém. (*bakone*), t. de bot., arbuste de Sierra-Leone.

BACONISME, subst. mas. (*bakoniceme*), philosophie de Bacon, opposée à celle d'Aristote.

BACONISTE, subst. mas. (*bakonicete*), partisan de Bacon.

BACONNÉ, **E**, adj. (*bakoné*). Les pêcheurs de morues l'emploient pour le mot *fumé*.

BACOPE AQUATIQUE, subst. fém. (*bakopakouatique*), t. de bot., sorte de lysimachie qui croît à Cayenne, sur le bord des ruisseaux. — On l'appelle vulgairement *herbe aux brûlures*.

BACOVE, subst. fém. *(bakove)*, t. de bot., fruit d'une variété de bananier.

BACOVIER, subst. mas. *(bakovié)*, t. de bot., le même que bananier.

BACQUEVILLE, subst. propre fém. *(bakvile)*, village de France, chef-lieu de canton, arrond. de Dieppe, dép. de la Seine-Inférieure.

BACTRÉOLE, subst. fém. *(baktréole)*, t. de batteur d'or. Vicieux. Voy. BRACTÉOLE.

BACTRES, subst. propre mas. plur. *(baktre)* (en lat. *Bactra, trorum*), nom d'une ancienne ville d'Asie, capitale de l'ancienne province de l'empire des Perses appelée *Bactriane*.

BACTRIANE, subst. propre fém. *(baktriane)*, ancienne province de l'empire des Perses.

BACTRIEN, subst. mas., au fém. **BACTRIENNE** *(baktriein, ène)*, nom du peuple qui habitait la *Bactriane*.

BACTRIS, subst. mas. *(baktrice)*, t. de bot., plante de la famille des palmiers.

BACTROPÉRATE ou **BACTROPÉRÈTE**, subst. mas. *(baktropérate, baktropérète)* (du grec βακτρον, bâton, et πηρα, besace), t. d'hist. anc., homme à bâton, à besace : les ennemis de la philosophie désignaient par ce nom les philosophes d'Athènes, pour les tourner en ridicule.

BACULE, subst. fém. *(bakule)*, croupière.

BACULÉ, E, part. pass. de *baculer*.

BACULER, v. act. *(bakulé)*, bâtonner. Inus.

BACULITE, subst. fém. *(bakulite)*, t. d'hist. nat., coquille cylindracée.

BACULOMÈTRE, subst. mas. *(bakulomètre)*, instrument dont les arpenteurs se servent pour mesurer.

BACULOMÉTRIE, subst. fém. *(bakulométri)* (du lat. *baculus*, bâton, et du grec μετρον, mesure), t. de géom., art de mesurer avec des bâtons, des toises ou des verges.

BACULOMÉTRIQUE, adj. des deux genres *(bakulométrike)*, qui concerne la *baculométrie*.

BADAIL, subst. mas. *(bada-ie)*, t. de pêche, filet de l'espèce de ceux qu'on appelle *dragues*, fait en forme de chausse et qu'on traîne au fond de l'eau.

BADAJOX ou **BADAJOZ**, subst. propre mas. *(badajoce, dajoze)*, ville d'Espagne dans l'Estramadure.

BADALWANASSA, subst. mas. *(badaleouanaça)*, t. de bot., lycopode de Ceilan.

BADAMIER, subst. mas. *(badamié)*, t. de bot., plante ou arbre exotique, de la famille des chalefs.

BADAUD, E, subst. et adj. *(badô, dôde)* (suivant *Ménage*, de *badare*, usité dans la basse latinité et conservé dans l'italien pour signifier *béer*, regarder avec attention, la bouche ouverte. *Voltaire* a adopté cette étymologie), qui admire tout, s'amuse de tout, qui est d'une curiosité frivole. — BADAUD, BENÊT, NIAIS, NIGAUD. *(Syn.)* Le *badaud* est proprement celui qui s'arrête de surprise ou par curiosité devant tout ce qu'il voit, comme s'il n'avait jamais rien vu ; le *benêt* est celui qui, par une excessive bonhomie, ne fait rien de lui-même, et se prête à tout ce que l'on veut ; le *niais* est celui qui, faute d'expérience et de connaissances, ne sait ni ce qu'il faut penser ni ce qu'il faut dire ; et le *nigaud* est celui qui, par puérilité, par ineptie, reste toujours enfant, et ne sait ni se mettre à sa place, ni mettre les choses à la leur : *vous êtes un grand badaud, un véritable badaud ; cet homme est par trop badaud ; cette femme est bien badaude ; il y a des badauds partout, mais Paris offrant plus d'objets de curiosité qu'aucune autre ville, on dit prov. : les badauds de Paris*. Fam.

BADAUDAGE, subst. mas., ou **BADAUDERIE**, subst. fém. *(badôdaje, badôderi)*, action, discours de *badaud*. Voy. BADAUDISME.

BADAUDÉ, part. pass. de *badauder*.

BADAUDER, v. neut. *(badôdé)*, faire le *badaud* ; s'arrêter à regarder tout avec une curiosité niaise ; niaiser : *il ne fait que badauder*. Fam.

BADAUDERIE, subst. fém. Voy. BADAUDAGE.

BADAUDISME, subst. mas. *(badôdiceme)*, le défaut d'être *badaud* : le *badaudage* ou la *badauderie* en est l'effet.

BADE, subst. mas. *(bade)*, t. d'hist. nat., poisson de l'espèce du pleuronecte argus. — Subst. fém., t. de mar., ouverture du compas qui mesure les joints ou vides entre une pièce de bois et la place où elle doit être mise. — *Bade* ou *Baden*, subst. propre fém., nom de plusieurs villes d'Allemagne. — Petite ville de Suisse, célèbre par ses eaux minérales.

BADÉ, dans la première acception de *bade*, est vicieux. Voy. ce mot.

BADELAIRE, subst. mas. *(badelère)*, t. de blas., épée courte, large, et courbée comme un sabre.

BADERNE, subst. fém. *(badèrene)*, t. de mar., sorte de petit cordage tressé comme un lacet, avec lequel on soutient les chevaux contre le roulis ; grosse tresse pour garantir les câbles. — Fig. et iron., vieux matelot hors de service.

BADHANNI, subst. mas. *(badani)*, t. de bot., sorte de millet de l'île de Ceylan.

BADI, subst. mas. *(badi)*, petit poignard des Javanais.

BADIAN, subst. mas. *(badian)*. Voy. BADIANE.

BADIANE, subst. fém., ou **BADIAN**, subst. mas. *(badiane, badian)*, t. de bot., anis de la Chine dont on fait l'*anisette de Hollande* et le *ratafia de Boulogne*. Les Chinois en mâchent après leurs repas pour faciliter la digestion. — On donne ce nom à l'arbuste lui-même.

BADIGEON, subst. mas. *(badijon)*, t. d'arts et mét., couleur d'un blanc jaune ou gris dont on enduit les murailles. — Mortier fait de recoupes de pierres de taille, dont on enduit le plâtre des murailles pour le faire ressembler à la pierre de taille. —En sculpture, plâtre mêlé avec la pierre dont une statue est faite, que l'on met en poudre et que l'on détrempe pour remplir les trous des figures et en réparer les défauts. — En menuiserie, sciure de bois détrempée avec de la colle-forte, pour remplir les gerçures et autres défectuosités du bois.

BADIGEONNAGE, subst. mas. *(badijonaje)*, action de *badigeonner* ; l'ouvrage *badigeonné*.

BADIGEONNÉ, E, part. pass. de *badigeonner*.

BADIGEONNER, v. act. *(badijoné)*, peindre une muraille avec du *badigeon*. — Remplir avec du *badigeon* les trous d'une statue, les gerçures du bois. — SE BADIGEONNER, v. pron.

BADIGEONNEUR, subst. mas. *(badijoneur)*, celui qui *badigeonne*.—Il n'y a point de femme qui exerce le métier de *badigeonneur* : mais on dirait bien *badigeonneuse*, subst. fém., pour, la femme d'un *badigeonneur*.

BADILLONS, subst. mas. plur. *(badiion)*, t. de mar., petites brochettes clouées sur le gabarit, pour indiquer la largeur d'une pièce de bois.

BADIN, E, subst. et adj. *(badein, dine)* (du grec παιδνος, puéril, qui tient de l'enfance, dérivé de παις, jeune garçon), folâtre ; qui s'amuse à des bagatelles : *c'est un vrai badin, une petite badine*. — Il est plus souvent adj. : *air badin, humeur badine*. Voy. FOLÂTRE. — Enjoué, gaillard, plaisant : *homme badin ; femme badine*. — Les graveurs en taille-douce appellent *pointes badines* les traits que forme une main adroite et légère, et qui semble *badiner* dans le maniement du burin.

BADINAGE, subst. mas. *(badinaje)*, action de *badiner* : *c'est un pur badinage*. — Chose aisée : *les problèmes les plus difficiles ne sont pour lui qu'un badinage*. — Bagatelle ; chose peu importante : *cette prétendue affaire n'est qu'un badinage ; ceci n'est point un badinage*. —Fig., certaine manière particulière d'agir : *ce valet est fait au badinage de son maître*. — Sorte de galanterie, d'agrément dans le style, dans la conversation : *il y a dans son livre, il y a dans ses plaisanteries, un badinage fin qui en fait tout le charme*.

BADINANT, subst. mas. *(badinan)*. Dans les parlements de Paris et de Rouen, on donnait autrefois ce nom au conseiller qui était le neuvième de sa chambre, et qui n'était admis au nombre des grands commissaires qu'en l'absence de l'un des huit premiers. — Cheval surnuméraire dans un attelage. Ce mot est presque inusité aujourd'hui dans les deux acceptions.

BADINE, subst. fém. *(badine)*, baguette mince et légère que l'on porte à la main en guise de canne. — On appelle aussi *badine* une baguette à battre les habits, les meubles, et une sorte de fouet qui sert aux cavaliers. — Petite pointe. — Au plur., pincettes légères.

BADINÉ, E, part. pass. de *badiner*.

BADINEMENT, adv. *(badineman)*, d'un air *badin*, folâtre. Inus.

BADINER, v. neut. *(badiné)*, folâtrer, plaisanter : *il badine fort agréablement ; tout le long de votre lettre, de votre livre, vous ne faites que badiner*. — On le dit aussi des ajustements, des ornements qui ont quelque petit mouvement agréable : *il faut que cette dentelle, cette draperie badine un peu*. — *Vous badinez !* je n'en crois rien ; à d'autres ! — *Ne badinez pas*, attachez plus d'importance à ce que je vous dis, aux suites que peut avoir ce que vous faites, etc. — *C'est un homme qui ne badine pas*, c'est un homme grave, ou : c'est un homme sévère, c'est un homme rude, ou : c'est un homme susceptible, ombrageux, etc. — *Il ne faut pas badiner avec lui* présente le même sens. — Il se prend aussi dans un sens actif : *badiner quelqu'un*, c'est-à-dire le railler finement, sans aigreur.

BADINERIE, subst. fém. *(badineri)*, même sens que *badinage* qui vaut beaucoup mieux. Voy. ce mot.

BADOCK-BANKA, subst. mas. *(badok-banka)*, t. de bot., plante de Java.

BADOIS, E, subst. et adj. *(badoá, doáze)*, qui est de *Bade*.

BADROUILLE, subst. fém. *(badrou-ie)*, t. de mar., débris de vieux cordages destinés à allumer le bois de chauffage quand on veut brûler les vieux enduits qui recouvrent la carène d'un vaisseau.

BADUCKE, subst. mas. *(baduke)*, t. de bot., câprier des Indes.

BADULAM, subst. mas. *(badulame)*, t. de bot., petit arbre de Ceilan, semblable au cerisier.

BÆNAK, subst. mas. *(bénak)*, t. d'hist. nat., poisson du Japon, du genre bodian, ordre des osseux.

BÆTOEN, subst. mas. *(bétoein)*, t. d'hist. nat., couleuvre d'Arabie dont la morsure est si venimeuse qu'elle fait mourir en peu d'instants.

BÆTYLES ou **BÉTILES**, subst. fém. plur. *(bétile)*, t. d'antiq., pierres informes que les Orientaux adoraient, et qui, selon leur croyance, représentaient la divinité avant l'invention de la sculpture.

BÆVILLA, subst. fém. *(bévilela)*, t. de bot., plante du genre des guimauves.

BAF, subst. mas. *(bafe)*, t. d'hist. nat., animal qu'on suppose provenir de l'union du taureau et de la jument. — On nomme *bifs* ceux qui résultent, dit-on, de l'accouplement du cheval et de la vache.

BAFFETAS, subst. mas. *(bafetá)*, t. de comm., toile de coton blanc, très-grosse, qui vient des Indes.

BAFOUÉ, E, part. pass. de *bafouer*, et adj. : *une personne bafouée*.

BAFOUER, v. act. *(bafoué)* (de l'italien *beffare*, se moquer, railler, fait de *beffa*, raillerie, moquerie), se moquer de quelqu'un injurieusement ou dédaigneusement : *on n'a cessé de le bafouer dans cette maison*. — SE BAFOUER, v. pron. Voy. BONNIR et VILIPENDER.

BÂFRE, subst. fém. *(bâfre)*, repas abondant ; action de manger goulûment. Pop.

BÂFRER, v. neut. *(bâfré)*, manger goulûment, avec excès. Pop.

BÂFRERIE, subst. fém. *(bâfreri)*, *bâfre*, action de manger goulûment. Pop.

BÂFREUR, subst. mas., au fém. **BÂFREUSE** *(bâfreur, freuze)*, celui ou celle qui mange goulûment. L'*Académie* ne donne pas de fém. à ce mot.

BÂFREUSE, subst. fém. Voy. BÂFREUR.

BAGACE, subst. fém. *(baguace)*, t. de sucrerie des Antilles, canne à sucre passée au moulin, et qu'on emploie à faire cuire le sucre.

BAGADAIS, subst. mas. plur. *(baguadé)*, t. d'hist. nat., pigeon du Sénégal de l'ordre des oiseaux silvains.

BAGAGE, subst. mas. *(baguaje)* (de l'allemand *pack*, sac des hardes, paquet, qui dérive aussi de la même source), équipage de gens de guerre ou de voyageurs. — On dit fig. et fam. : *trousser bagage*, ou mieux *plier bagage*, s'enfuir, décamper, déménager.—On dit de même, par extension de métaphore : *cet homme a plié bagage*, il est parti pour l'autre monde, il est mort. — *Déserter avec armes et bagages*, déserter en emportant ses armes et ses hardes. — *L'ennemi abandonna ses bagages ; faire défiler les bagages*. — Il se dit quelquefois pour un mince mobilier : *tout son bagage tenait sur les crochets d'un commissionnaire*. —Fig. et fam., ouvrages d'un auteur : *son bagage est bien léger pour un académicien*. — *J.-J. Rousseau* a dit, dans Émile : *son bagage est bientôt fait*, pour, son bagage est bientôt rassemblé, son paquet est bientôt fait.

BAGARRE, subst. fém. *(baguare)*, bruit, tumulte ; encombrement ordinairement causé par une querelle, un embarras de voitures, etc. — Fig. et fam., *se jeter dans la bagarre, se tirer de la bagarre*, se mettre dans une situation déagréable, fâcheuse, embarrassante, se mêler à une discussion, une querelle, etc.; s'en tirer.

BAGASSE, subst. fém. (*baguace*), anciennement, femme prostituée, de mauvaise vie. — Franges, falbalas usés. Inusité. — Tige d'indigo retirée de la cuve. — Fruit du *bagassier*.

BAGASSIER, subst. mas. (*baguacié*), t. de bot., grand arbre de la Guyane, qui sert à faire des pirogues et dont le fruit est très-bon.

BAGATBAG, subst. mas. (*baguatebague*), t. de bot., arbrisseau des Philippines.

BAGATELLE, subst. fém. (*baguatèle*) (du français *bague*, anneau, bijou, dont *bagatelle* est un diminutif), chose de peu de prix et peu nécessaire: *vendre*, *acheter des bagatelles*. Voy. MINUTIE. — — Fig., chose frivole et peu importante; affaire de peu de conséquence, etc.: *vous ne vous occupez que de bagatelles; cette circonstance qui vous préoccupe tant n'est qu'une bagatelle.* — Fam.: *s'amuser à la bagatelle*, négliger les choses importantes pour des choses futiles. — *Aimer la bagatelle, ne songer qu'à la bagatelle*, se plaire dans des amourettes, ne songer qu'aux amourettes. — *Bagatelle* se dit absolument, pour exprimer le doute, l'incertitude, ou l'indifférence, l'insouciance: *il a protesté de son patriotisme, bagatelle!; vous vous croyez certain que les choses se passeront ainsi, bagatelle!; vous dites qu'il me fera un procès, bagatelle!* Dans ce sens, il devient interjection.

BAGATTINO, subst. mas. (*baguatino*), monnaie de cuivre de Venise, de la valeur d'un demi-sou de *piccioli*.

BAGDAD, subst. propre mas. (*baguedade*), grande ville de la Turquie d'Asie, centre d'un commerce considérable avec l'Arabie, la Perse et l'Inde.

BAGÉ-LE-CHÂTEL, subst. propre mas. (*bajé-le-châtèl*), village de France, chef-lieu de canton, arrond. de Bourg., dép. de l'Ain.

BAGHÉRONA, subst. mas. (*baguérona*), monnaie réelle de Bologne, valant un demi-sou du pays.

BAGLAFECHT, subst. mas. (*baguelafèche*), t. d'hist. nat., espèce d'oiseau, gros-bec d'Abyssinie.

BAGLATTÉA, subst. mas. (*baguelatetéa*), instrument de musique des Arabes, qui n'a que trois cordes. On le touche avec une plume.

BAGNE, subst. mas. (*bagnie*) (de l'italien *bagno*, nom qui fut donné d'abord au bâtiment où sont renfermés, à Constantinople, les esclaves du grand-seigneur, parce qu'il s'y trouve des *bains*, et qui a été ensuite étendu à tous les bâtiments renfermant des esclaves et des forçats), grand bâtiment de détention dans certains ports de mer, où l'on met, après le travail, les condamnés aux travaux forcés. — Lieu où l'on enferme les esclaves en Turquie. — T. de verrerie, tonneau dans lequel on passe au tamis la terre à pots et le ciment, pour en faire la matière des pots.

BAGNÈRES-DE-BIGORRE, subst. propre fém. (*bagnière de liguore*), ville de France, chef-lieu d'arrond., dép. des Hautes-Pyrénées.

BAGNÈRES-DE-LUCHON, subst. propre fém. (*bagnière de luchon*), village de France, chef-lieu de canton, arrond. de Saint-Gaudens, dép. de la Haute-Garonne.

BAGNOLAIS, E, subst. (*bagniolè, lèze*), habitant de *Bagnols*.

BAGNOLET, subst. mas, ou **BAGNOLETTE**, subst. fém. (*bagniolé, lète*), ancienne espèce de coiffure de femme. — En t. de mar., toile goudronnée pour couvrir les bittes des galères, afin de les préserver de la pluie. — Subst. propre mas., village de la banlieue de Paris.

BAGNOLS, subst. propre mas. (*bagniole*), village de France, chef-lieu de canton, arrond. d'Uzès, dép. du Gard.

BAGOÉ, subst. propre fém. (*baguoé*), myth., nymphe qui enseigna aux Toscans l'art de deviner par les foudres. — On dit que c'était la sibylle Érithrée ou Europhyle.

BAGRE, subst. fém. (*baguere*), t. d'hist. nat., poisson du genre des silures.

BAGUE, subst. fém. (*bague*) (du latin *bacca*, anneau de chaîne), anneau d'or ou d'argent que l'on porte au doigt, et sur lequel est ordinairement enchâssé un diamant, une pierre, etc. — Anneau qu'on suspend vers le bout d'une carrière où se font des courses, et que ceux qui courent tâchent d'emporter avec le bout d'une lance: *courre la bague, emporter la bague.* — *Jeu de bague*, jeu où, monté sur des chevaux de bois ou des sièges, on tâche en tournant d'emporter avec un stylet une *bague* ou anneau suspendu près du cercle du mouvement. — *Bagues et joyaux*, en t. de prat., s'entend des pierreries, perles, etc., ou de la somme qui en tient lieu, que le mari donne à sa femme en cas de survivance. — On disait autrefois *bagues d'oreilles* pour *boucles d'oreilles*. — On dit fig., d'une jolie maison de campagne, etc., qu'on n'a que pour le plaisir et que l'on pourrait vendre aisément, que *c'est une bague au doigt.* On le dit aussi d'un emploi qui occupe peu. — *Sortir vie et bagues sauves*, c'est, en t. de guerre, sortir d'une place avec permission d'emporter sur soi tout ce que l'on peut. Ici *bagues* a le sens de *bagages* comme en langue romane, où *bague* signifiait à la fois *anneau de doigt* et *bagage*. On dit par extension et prov., *sortir*, *s'en aller*, *revenir bagues sauves*, sortir d'une affaire sans perte, sans échec, sans qu'il en coûte rien. — *Bagues*, en t. de facteurs d'orgues, signifie une frette ou anneau soudé sur le corps du tuyau, et au travers duquel passe la rasette qui sert à accorder les jeux d'anches. — *Bague*, en t. de mar., anneau, petit cercle en fer, en bois ou en cordage, servant à tenir les socs et voiles d'étai le long de leurs drailles respectives. On nomme aussi *bagues* les œils, boucles ou anneaux qui tiennent à certains cordages, tels que le bout qui forme le collier d'un étai, aux deux bouts de la tournevire, sur des estroffes de quelques poulies, etc. — Au plur., t. de jard., œufs de certaines chenilles disposés autour d'une branche.

BAGUENAUDE, subst. fém. (*baguenôde*), t. de bot., fruit du *baguenaudier*, enveloppé dans des gousses pleines de vent que les enfants aiment à faire éclater en les pressant entre leurs doigts. — — Autrefois, poésie frivole.

BAGUENAUDER, v. neut. (*baguenôdé*), faire éclater des *baguenaudes*. — Au fig. et fam., s'amuser à des choses frivoles, comme les enfants qui jouent avec des *baguenaudes*: *il ne fait que baguenauder.*

BAGUENAUDIER, subst. mas.; au fém. **BAGUENAUDIÈRE** dans le dernier sens seulement (*baguenôdié, dière*), t. de bot., arbrisseau du midi de l'Europe, qui porte des *baguenaudes*. — Celui, celle qui *baguenaude*. — Sorte de jeu consistant à enfiler et à désenfiler des anneaux d'une certaine manière.

BAGUÉ, E, part. pass. de *baguer*.

BAGUER, v. act. (*bagué*), t. de tailleur et de couturière, faire tenir les plis de quelque étoffe en les cousant à grands points. — En t. de pratique, donner à sa future des bagues et joyaux. Inusité aujourd'hui dans le dernier sens.

BAGUETTE, subst. fém. (*baguète*) (du latin barbare *baculetta*, diminutif de *baculus*, bâton), bâton long et délié, verge, houssine. — *La baguette divine* ou *divinatoire* était une branche de coudrier fourchue avec laquelle les sorciers, les magiciens prétendaient découvrir les mines, les sources d'eau cachées dans la terre, etc. On appelait en général *baguette magique* celle au moyen de laquelle ils étaient censés opérer leurs enchantements: *la baguette de Circé, la baguette d'Armide*, etc. — On nomme au théâtre *rôles à baguette* les rôles de magicien, de fée, etc. — On dit par analogie *la baguette d'un escamoteur*. — En t. d'archit., petite moulure ronde en forme de *baguette*. — En t. de fauconn., bâton qu'on piquait dans les buissons pour faire partir la perdrix. — *Baguette sacrée*, celle que portaient les ambassadeurs envoyés par les anciens Francs aux peuples avec qui ils étaient en guerre. — Il est des pays où une *baguette* est un des insignes de certains officiers publics: *huissier de la baguette noire*, le premier huissier de la chambre du roi d'Angleterre. — *Commander à la baguette*, commander avec hauteur et dureté. — *Être servi à la baguette*, avec soumission et promptitude. — On appelle *baguette d'arquebuse, de fusil, de pistolet*, une sorte de *baguette* de fer, de bois, de baleine, etc., dont on se sert pour presser la poudre, la bourre, etc., qu'on met dans le canon de ces armes. — *Baguette à rouler*, celle qui sert à rouler les cartouches ou cartons d'artifice; *baguette à rendoubler*, celle qui sert à rendoubler les cartons sur le massif; *baguette à charger*, baguette percée destinée à recevoir la broche et laisser un vide dans la cartouche; *baguette en massif*, bâton court qui n'est pas percé, avec lequel on charge la composition qui excède la broche; *baguette de fusée volante*, celle qui est attachée à une fusée pour diriger sa course. — *Baguettes de tambour*, deux petits bâtons courts avec lesquels on bat le tambour. — *Baguette de timbale, de tambourin, de psaltérion*, petits bâtons qui servent à tirer des sons de ces instruments. — Les ciriers et les chandeliers appellent *baguettes à mèches, baguettes à bougies, baguettes à tremper*, diverses sortes de bâtons dont ils se servent pour tremper les mèches dans l'abyme. — Les hongroyeurs appellent aussi *baguette* un morceau de bois long et rond, plus gros au milieu qu'aux extrémités, qu'ils emploient à unir et aplanir leur cuir. — *Passer un soldat par les baguettes*, c'était jadis l'obliger, en vertu d'un jugement, à passer, épaules nues, entre deux lignes de soldats qui le frappaient chacun d'une *baguette*. On disait aussi du patient: *passer par les baguettes*. — Fig., *passer par les baguettes*, recevoir des coups de langue successivement de plusieurs personnes. — En t. de mar., on appelle *baguette* un mâtereau placé à un pied en arrière du grand mât, ou à l'arrière des bas mâts des vaisseaux et frégates. — Myth. Voy. BACCHANTES, JANUS, PROVIDENCE.

BAGUETTÉ, E, part. pass. de *baguetter*.

BAGUETTE D'OR, subst. fém. (*baguètedor*), t. de fleuriste, variété d'un violier jaune.

BAGUETTER, v. act. (*baguèté*), frapper d'une *baguette*. Inus.

BAGUIER, subst. mas. (*baguié*), petit coffre pour serrer les *bagues*. Inus.; on dit aujourd'hui *écrin*.

BAH! interj. (*bâ*) qui marque l'étonnement, le doute, la négation, l'insouciance, le mépris, le dédain.

BAHAR, subst. mas. (*bahar*), nom qu'on donne à Batavia à la valeur de dix millions de caches.

BAHEL, subst. mas. (*baèle*), t. de bot., genre de plantes de la famille des labiées.

BAHER, subst. mas. (*baère*), poids des Indes orientales.

BAHO, subst. mas. (*bao*), t. de bot., manglier des Philippines.

BAHUT, subst. mas. (*ba-u*) (de l'allemand *behuten*, garder; *coffre propre à garder des hardes*, etc.), sorte de coffre couvert ordinairement de cuir et dont le couvercle, fait en voûte, est orné de petits clous artistement rangés. Ce mot ne se dit plus guère que des malles énormes, et souvent par mépris. — En t. d'archit., on appelle *bahut* le profil bombé de l'appui d'un quai, d'un parapet. — Les jardiniers le disent aussi de la forme bombée d'une plate-bande, d'une couche.

BAHUTIER, subst. mas. (*ba-utié*), ouvrier qui fait et vend toutes sortes de coffres, valises, malles, cantines, etc. — On dit prov.: *il ressemble aux bahutiers, il fait plus de bruit que de besogne.*

BAI, E, adj. (*bé*) (du grec βαϊον, dérivé de l'égyptien *bai*, branche de palmier, laquelle est de couleur *baie*. On en a fait, dans la basse latinité, *baius*, que les Italiens ont changé en *baio* et les Espagnols en *vayo*), se dit de la couleur rouge brun. Il ne s'applique guère qu'au poil des chevaux: *cheval bai clair, bai obscur, bai brun, bai doré*. On dit *bai miroité* ou à *miroir*, lorsqu'on distingue des taches rondes, d'un *bai* plus clair que le reste, semées par tout le corps.

BAÏAPUA, subst. mas. (*baiapua*), t. d'hist. nat., couleuvre d'Afrique.

BAÏARD, subst. mas. (*ba-iar*), sorte de civière. Ce dernier mot est plus usité dans les fabriques que *baïard*.

BAICTAKLAR, subst. mas. (*bèktaklar*), porte-drapeau en Turquie.

BAIDAR, subst. mas. (*bèdar*), bateau russe couvert en cuir, en usage chez les Kamtschadales.

BAIE, subst. fém. (*bé*) (de l'italien *bacca*), t. de bot., petit fruit mou et charnu, qui renferme des pepins et des noyaux. — En t. de maçon, ouverture qu'on laisse dans la muraille lorsqu'on bâtit, pour placer une porte ou une croisée. — En t. de mar., enfoncement de la mer dans la terre, rade ou golfe où les vaisseaux sont mis à l'abri de certains vents. Une *baie* est plus grande qu'une *anse*, moins profonde qu'un *golfe* et moins fermée qu'une *rade*. — Fam., tromperie faite à quelqu'un pour se divertir: *donner une baie* ou *la baie à quelqu'un*. Dans ce sens il vient de l'italien *baia*, qui a la même signification.

BAIE-À-ONDE, subst. fém. (*béaonde*), t. de bot., arbre de Saint-Domingue, à fleurs légumineuses.

BAIÉ, E. Voy. BACCIFORME.

BAÏETTE, subst. fém. (*ba-iète*), t. de comm., espèce d'étoffe.

BAIGNÉ, E, part. pass. de *baigner*. — On dit qu'*un homme est baigné dans son sang*, pour dire qu'il perd beaucoup de sang, qu'il est couvert de sang ; *qu'il est baigné de sueur*, pour dire qu'il sue beaucoup. — *Des yeux baignés de larmes*.

BAIGNÉE, subst. fém. (*bégnié*), t. de médec., première gradation des bains aux eaux de Barèges.

BAIGNER, v. act. (*bégnié*), mettre dans le *bain* : *on l'a baigné pendant vingt jours de suite*. — Couler auprès de..., à travers.... : *le Rhône baigne les murs d'Avignon ; telle rivière baigne telles plaines*. — Fig., mouiller, arroser : *baigner son visage de pleurs, son lit de larmes*. — *Baigner* est aussi v. neut. et signifie : être entièrement plongé, tremper plus ou moins long-temps dans un liquide : *il faut que ces herbes baignent pendant une heure dans le vinaigre*. — *Baigner dans sa sueur*, être en nage. — *Baigner dans le sang*, être couvert de sang. — *se* BAIGNER, v. pron., prendre le bain ; se mettre dans l'eau pour se rafraichir. — Au fig., *se baigner dans le sang, dans les larmes*, répandre beaucoup de sang, faire couler beaucoup de larmes.

BAIGNES, subst. propre fém. (*bégnie*), village de France, chef-lieu de canton, arrond. de Barbezieux, dép. de la Charente.

BAIGNEUR, subst. mas., au fém. BAIGNEUSE (*bégnieur, gnieuze*), celui ou celle qui se *baigne* dans quelque rivière. — Celui ou celle qui tient des *bains* publics. On le dit surtout au masculin, et même de celui qui tient des chambres garnies. — On désignait autrefois sous le nom de *baigneuse* une coiffure de femme et une robe de *bains*.

BAIGNEUSE, subst. fém. Voy. BAIGNEUR.

BAIGNEUX-LES-JUIFS, subst. propre mas. (*bégnieulèjuif*), bourg de France, chef-lieu de canton, arrond. de Châtillon, dép. de la Côte-d'Or.

BAIGNOIR, subst. mas. (*bégnioar*), endroit de la rivière où l'on va se *baigner*.

BAIGNOIRE, subst. fém. (*bégnioare*), vaisseau, ordinairement de métal, dans lequel on se baigne. — Les hongroyeurs donnent le nom de *baignoire* à une poêle dans laquelle ils font chauffer l'eau d'alun et le suif qu'ils emploient pour préparer leurs cuirs. — On appelle aussi *baignoires*, dans les salles de spectacle, des loges du rez-de-chaussée qui entourent le parterre : *prendre un billet de baignoire ; louer une baignoire*.

BAIGU, subst. mas. (*béyu*), t. de manège. Voy. BÉGU.

BAÏKAL, subst. mas. (*ba-ikal*), t. d'hist. nat., poisson qui vit dans le lac *Baïkal*.

BAÏKALITHE, subst. fém. (*ba-ikalite*), t. d'hist. nat., espèce de grammatite qu'on trouve sur les bords du *Baïkal*.

BAIL, subst. mas., au plur. BAUX (*ba-ie, bô*, et devant une voyelle *bôz*) (suivant la plupart des hellénistes, du grec *βαλλειν*, envoyer, d'où ils dérivent aussi le mot *bailler*, donner, etc. Voy. ce mot. Suivant d'autres, du lat. barbare *baila, bailium*, garde, tutelle, administration), t. de jurispr., contrat par lequel on donne une terre à ferme ou une maison à loyer. — Fig. et fam. : *cela n'est pas de mon bail*, je ne m'en suis pas chargé, ou : cela s'est fait dans un temps où rien ne m'obligeait à y prendre part. — On nomme *bail à ferme* le bail des choses qui produisent des fruits, comme les prés, les champs, les vignes, etc. ; *bail à loyer*, le bail des choses qui ne rapportent point de fruits, comme les maisons ; *bail à rente* ou *bail d'héritage*, une convention par laquelle le propriétaire d'un héritage en transfère la propriété à quelqu'un moyennant une pension annuelle en fruits ou en argent ; *bail à vie*, un bail pour la vie du preneur ; *bail emphytéotique*, ou *à longues années*, un bail fait pour un grand nombre d'années : *faire, passer un bail ; rompre un bail ; résilier un bail ; les baux se font par-devant notaire ou sous seing privé*, etc., etc.

BAILE, subst. mas. (*bèle*), t. d'hist., ancien titre de l'ambassadeur de Venise à la Porte. — Autrefois, sorte de juge royal.

BAILLARD, subst. mas. (*ba-iar*), brancard de teinturier pour égoutter les soies.

BAILLARGE, subst. mas. (*baïarje*), t. d'agric., espèce d'orge. — On écrit aussi *baillarje*.

BÂILLE, subst. fém. (*bâie*), t. de mar., moitié de tonneau servant de baquet. — En t. de fortification, sorte d'ancien retranchement.

BAILLÉ, E, part. pass. de *bailler*.

BAILLE-BLÉ, subst. mas. (*bâ-ieblé*), triangle qui fait tomber les grains sur la meule d'un moulin.

BÂILLEMENT, subst. mas. (*bâ-ieman*), action de *bâiller*. — En t. de gramm., c'est l'effet de la rencontre de deux voyelles dont l'une finit un mot et l'autre commence le mot suivant. — On dit plus souvent et mieux *hiatus*.

BÂILLER, v. neut. (*bâ-ié*) (du latin *badicare*, dimin. de *badare*, dont les Italiens ont fait *badigliare* ou plutôt *sbadigliare*, et les Français d'abord *baailler* et ensuite *bâiller*. Suivant *Lavoisier*, du latin *balare*, bêler), respirer en ouvrant la bouche extraordinairement et involontairement. — Au fig., éprouver de l'ennui. — S'entr'ouvrir ; être mal joint : *cette porte bâille ; les ais de la cloison bâillent ; cet habit bâille*. — *Cette étoffe bâille*, elle n'est pas assez tendue.

BAILLER, v. act. (*ba-ié*) (du grec *βαλλειν*, envoyer, car celui qui *baille* envoie en quelque façon), donner, livrer, mettre en main. Il est inusité maintenant dans le langage ordinaire, et ne se dit plus qu'en t. de pratique : *bailler à ferme par contrat, par testament ; bailler une requête*. — En t. de mar., *bailler, donner* ou *mettre à la grosse aventure*. Voy. AVENTURE. — En style fam. : *vous me la baillez belle, vous m'en baillez d'une belle*, vous voulez m'en faire accroire. — *se* BAILLER, v. pron.

BAILLÈRE, subst. fém. (*bâlère*), t. de bot., plante corymbifère.

BAILLERESSE, subst. fém. Voy. BAILLEUR.

BAILLET, adj. mas. (*ba-ié*), se dit d'un cheval à poil roux tirant sur le blanc.

BAILLETTE, subst. fém. (*ba-iète*), bien donné en roture. Vieux.

BÂILLEUL, subst. mas. (*bâ-ieul*) (de *Nicolas Bailleul*, père du surintendant des finances sous la reine *Anne* d'Autriche, célèbre par son humanité), autrefois celui qui faisait profession de remettre les os disloqués, les membres démis, les côtes enfoncées ou rompues, etc. — Agent, gouverneur. Inus. — Subst. propre mas., ville de France, chef-lieu de canton, arrond. d'Hazebrouck, dép. du Nord.

BAILLEUR, subst. mas., au fém. BAILLERESSE (*ba-ieur, ba-ierèce*), t. de pratique, celui ou celle qui livre, qui met en main, qui donne à ferme, qui passe un *bail*. — En t. de banque et de commerce, *bailleur de fonds*, celui qui fournit les fonds, par opposition à *preneur*. — *Bailleur de tables*, officier qui, dans les halles d'Amiens, fournissait autrefois aux marchands des tables pour étaler leurs marchandises.

BÂILLEUR, subst. mas., au fém. BÂILLEUSE (*ba-ieur, ieuze*), qui *bâille*, ou : qui est sujet à *bâiller*.

BÂILLEUSE, subst. fém. Voy. BÂILLEUR.

BAILLI, subst. mas. (*bâiei*) (du latin barbare *baillivus*, qui dans la basse latinité signifiait la même chose, et avait été fait de *bajulus*, employé autrefois pour désigner le nourricier, celui qui était chargé de porter, *bajulare*, les enfants), officier royal d'épée au nom duquel la justice se rendait autrefois dans un certain ressort, et qui marchait à la tête de l'arrière-ban, etc. — Officier royal de robe longue, dont les appellations ressortissaient immédiatement au parlement. — *Bailli errant*, officier de justice en Angleterre, que le shérif envoie dans les lieux de sa juridiction signifier ses ordres. — Juge autrefois chargé de rendre la justice au nom d'un seigneur de terre. — Titre de dignité dans l'ordre de Malte, au-dessus de celui de commandeur. — En Suisse, en Allemagne, magistrat préposé pour l'exécution des lois.

BAILLIAGE, subst. mas. (*bâiaje*), autrefois tribunal qui rendait la justice au nom du *bailli* ou avec le *bailli*. — Étendde de la juridiction d'un *bailli*. — Maison où le *bailli* ou son lieutenant rendait la justice. — *Bailliage* se dit encore, en Allemagne et en Suisse, de l'étendue du pays administré par un *bailli*.

BAILLIAGER, adj. mas. ; au fém. BAILLIAGÈRE (*bâiajer, jère*), de *bailliage* : *assemblée bailliagère*.

BAILLIVE, subst. fém. (*bâieive*), la femme d'un ancien bailli.

BÂILLON, subst. mas. (*bâion*) (du lat. *baculus*, bâton), ce qu'on met dans la bouche de quelqu'un pour l'empêcher de parler, de crier ; ou dans la gueule d'une bête pour l'empêcher de mordre. — Fig. et fam., *mettre un bâillon à quelqu'un*, l'intimider ou le gagner. — T. d'hist. nat., espèce de poisson cœsiomore de Lacépède. — T. de dentiste, *bâillon dentaire*, plaque qui sert à fixer la position des dents.

BÂILLONNÉ, E, part. pass. de BÂILLONNER.

BÂILLONNER, v. act. (*bâioné*), mettre un *bâillon* à... ; *bâillonner une personne, un chien*. — Par extension, *bâillonner une porte*, la barricader en dehors. — *se* BÂILLONNER, v. pron., se mettre un *bâillon* : un courrier *se bàillonne* quelquefois avec un mouchoir, de peur que l'air ne lui ôte la respiration.

BÂILLOQUES, subst. fém. plur. (*bâioke*), t. de comm., plumes d'autruche de couleurs mêlées.

BAILLOTTE, subst. fém. (*bâiote*), t. de mar., sorte de baquet de bois.

BAIN, subst. mas. (*bein*) (du lat. *balneum*, dérivé du grec *βαλανειον*, qui signifie la même chose), séjour momentané du corps dans un liquide, dans l'eau le plus ordinairement, soit par plaisir, soit par propreté, soit par motif de santé : *dans les chaleurs un bain de rivière est fort agréable ; la propreté exige qu'on prenne un bain au moins une fois par semaine ; le médecin lui a prescrit un bain ; bain de rivière ; bains de mer ; bain domestique, bain à domicile ; bain de lait, bain aromatique, bain d'eau minérale ; prendre un bain, des bains ; aller au bain ; préparer le bain, un bain ; se mettre dans le bain, au bain ; entrer dans le bain*, etc. — On le dit aussi par rapport aux animaux : *il faut faire prendre un bain à ce cheval*, le mener à la rivière. — On dit, relativement au lieu, au temps où il est commode, agréable de se baigner en pleine eau : *le bain est bon à tel endroit, à tel moment du jour, à telle époque de l'année ; ce soir le bain sera excellent*. — *Bain local* ou *topique*, *bain* d'une partie malade, comme l'œil, la main, etc. — *Bain de siége, demi-bain*, *bain* qui ne va que jusqu'au milieu du corps. — *Bain de pieds*, *bain* pour les pieds seulement. — *Bains de vapeurs*, exposition du corps à des vapeurs chaudes, dans un lieu clos. — *Bain d'air*, exposition du corps nu à l'action de l'air. — *Bain de marc de raisin, de cendres, de sable, de boue, de bourbe*, etc., opération par laquelle le corps est plongé dans du marc de raisin, des cendres, etc. — *Bain médicinal* proprement dit, médicament externe préparé avec de l'eau où l'on fait bouillir des simples, et où l'on ajoute quelquefois d'autres liqueurs. — On appelle *bains*, au plur., des eaux naturellement chaudes qui se trouvent en divers lieux, et auxquelles on attribue des vertus curatives : *les bains* ou *les eaux de Spa, de Bagnères*, etc. On dit des gens qui vont s'y baigner qu'*ils vont aux eaux, qu'ils vont prendre les eaux*. — On entend encore par *bains* la partie d'une maison, d'un château, d'un palais, destinée au *bain* : *les bains sont au fond de l'appartement du rez-de-chaussée*. On dit dans le même sens *la chambre du bain, la salle de bain*, etc. — On nomme aussi *bains* tout établissement public où l'on se baigne pour de l'argent : *les bains de telle rue ; garçons, filles de bains ; aller aux bains*. — — *Bain* signifie en outre *baignoire* : *remplir, vider le bain* ; et l'on appelle *bain de siége, bain de pieds*, les vaisseaux destinés à ces sortes de *bains*. — *Fond de bain*, linge dont on revêt, par propreté, l'intérieur d'une *baignoire*. — On dit d'une liqueur qui n'est pas assez fraîche, *qu'elle est chaude comme bain*. — On dit fam., lorsqu'il fait chaud, en parlant d'un nuage isolé que l'on suppose devoir donner de la pluie, *c'est un bain qui chauffe* ; et l'on appelle *bain de grenouilles, de crapauds*, de l'eau sale et bourbeuse. — En t. de teinturier, cuve pleine d'eau et de drogues servant à la teinture, dans laquelle on trempe et l'on fait bouillir les étoffes qu'on veut teindre. — Chez différents artistes, *bain* se dit tant des liqueurs qu'ils emploient pour donner quelques préparations à leurs ouvrages, que des vaisseaux dont ils se servent. — En t. de chibnie, les *bains de sable, de cendres*, etc., ne diffèrent du *bain-marie* que parce que du sable, des cendres, etc., sont contenus au lieu d'eau dans le vaisseau où l'on plonge la cucurbite. *Bain de vapeurs*, celui dans lequel le vaisseau distillatoire n'est pas plongé dans l'eau bouillante, mais au-dessus, pour recevoir les vapeurs qui s'en exhalent. — T. de phys., *bain électrique*, état d'une personne placée sur un isoloir qui communique, à l'aide d'une tige métallique, avec le conducteur principal de la machine électrique mise en action. — En t. de maçon et de paveur, *maçonner à bain de mortier*, c'est poser les pierres, jeter les moellons, asseoir les pavés en plein mortier ; et *mettre à bain*, mettre à un ouvrage plus de plâtre ou de mortier que l'on n'a coutume d'y en employer. —

Ordre du Bain, ordre militaire établi par Richard II, roi d'Angleterre. Subst. propre mas., ville de France, chef-lieu de canton, arrond. de Redon, dép. d'Ille-et-Vilaine.—Myth. Voy. DIANE, ACTÉON, CALISTO.

BAIN-MARIE, subst. mas. (*beinmari*), (du latin *balneum maris*, bain de mer, dont *bain-marie* est une corruption), t. de chimie., vaisseau plein d'eau avec un ou plusieurs alambics pour la distillation ou pour quelque autre usage.—On appelle aussi *bain-marie* l'eau bouillante dans laquelle on met quelque vase, pour faire cuire ce qui est dans ce vase ou pour l'y faire chauffer.— Au plur. des *bains-marie*, des bains de mer. Quelques-uns, ayant donné une autre étymologie à ce mot, expliquent cette orthographe du plur. par des *bains* de la prophétesse *Marie*, qui, disent-ils, en est l'inventrice.

BAINS, subst. propre mas. (*bein*), bourg de France, chef-lieu de canton, arrond. d'Epinal, dép. des Vosges.

BAIO, subst. mas. (*ba-io*), t. de bot., espèce d'arbre du Malabar.

BAÏONISME, subst. mas. (*ba-ioniceme*), t. d'hist. ecclés., opinion qui tenait du calvinisme et du luthéranisme.

BAÏONISTE, subst. des deux genres (*ba-ionicete*), celui ou celle qui professait le *baïonisme*.

BAÏONNAIS, E, subst. et adj. (*ba-ioné, nèze*), qui est de *Baïonne*, qui appartient à *Baïonne*, qui concerne *Baïonne*; habitant, habitante de *Baïonne*: *un Baïonnais, une Baïonnaise; population baïonnaise.* — *Baïonnaise*, subst. fém., sorte de mets composé de volaille, de laitue et d'œufs.

BAÏONNE (on écrit généralement *Bayonne;* c'est un tort), subst. propre fém. (*ba-ione*), ville forte et port de France, chef-lieu d'arrond. dép. des Basses-Pyrénées.— Cette ville est l'entrepôt d'un grand commerce avec l'Espagne. Elle possède plusieurs établissements remarquables. Un siège mémorable y fut soutenu en 1814 contre les Anglais et les Espagnols.

BAÏONNETTE, subst. fém. (*ba-ionète*) (de *Baïonne*, ville où cette arme fut inventée), sorte de lame d'épée courte et large, qu'on met au bout du fusil pour s'en servir comme de pertuisane, et qu'on en retire à volonté. — Fig., au plur., soldats d'infanterie : *il avait sous ses ordres trente mille baïonnettes;* et, par extension: soldats en général : *il a dans son parti les baïonnettes.*

BAÏOQUE ou BAJOQUE, subst. fém. (*ba-ioke, bajoke*) (de l'italien *bajocco*, nom de cette monnaie), petite monnaie de Rome, le dixième du jule : 5 cent. — Monnaie de Bologne nommée *bolognino*.

BAÏOQUELLE, subst. fém. (*ba-iokèle*) (de l'italien *bajocchello*, dimin. de *bajocco*), petite monnaie de billon de Bologne.

BAÏRAM ou BEIRAM, subst. mas. (*ba-irame, bèrame*), fête solennelle chez les Turcs, à la fin de leur ramadan ou jeûne.

BAI-ROUGE, subst. mas. (*bèrouje*), t. d'hist. nat., sorte de serpent.

BAIS, subst. propre mas. (*bè*), village de France, chef-lieu de canton, arrond. de Mayenne, dép. de la Mayenne.

BAISÉ, E, part. pass. de *baiser*.

BAISEMAIN, subst. mas. (*bèzemein*), t. de féod., hommage que le vassal rendait au seigneur d'un fief en lui *baisant* la *main* : *il ne devait que le baisemain.* — Cérémonie en usage dans quelques cours, et consistant à *baiser* la *main* du prince. — Offrande qu'on fait à un curé en allant *baiser* la patène. — Au plur., civilités, compliments, recommandations : *je lui ai fait vos baisemains, et ils ont été bien reçus.* — On dit au fém. : *à belles baisemains*, avec soumission, avec supplication, avec reconnaissance. Ces loc. fam. sont aujourd'hui à peu près inusitées.

BAISEMENT, subst. mas. (*bèzeman*), action de *baiser*. On ne le dit que dans cette phrase : *le baisement des pieds du pape, de sa sainteté.*

BAISER, subst. mas. (*bézé*) (du lat. *basium*, baiser), action de celui qui *baise*: *baiser d'amour, d'amitié; baiser sur la bouche, baiser sur la joue*, etc. — Le *baiser de paix* était une marque d'amitié que se donnaient les premiers chrétiens à la fin de leurs assemblées. On le donne encore en diverses cérémonies de l'Eglise, et dans certaines communautés avant la communion. On dit aussi, dans le langage ordinaire : *ils se sont donné le baiser de paix, il lui a donné le baiser de paix*, pour : *ils se sont réconciliés ensemble; il s'est réconcilié avec lui* ou *avec elle*.—On dit prov. *baiser de Judas*, pour : baiser d'un traître.

BAISER, v. act. (*bèzé*) (du lat. *basiare* qui a la même signification), appliquer sa bouche sur la figure, sur les lèvres ou quelque autre partie du corps d'une personne, par amitié, par amour, par civilité ou par respect; sur une chose par vénération et respect : *baiser quelqu'un sur la joue, sur les lèvres; baiser la main, les pieds*, etc., *de quelqu'un; baiser la croix, les reliques; baiser la terre par humilité, baiser l'anneau de l'évêque*, etc. — *Baiser les mains*, t. de compliment et de civilité : *Dites, écrivez à madame une telle que je lui baise les mains.* — On le dit aussi familièrement dans un sens ironique : *eh quoi! vous soutenez que... je vous baise les mains; vous voudriez que je fisse cela... je vous baise les mains.*— *Baiser la main*, envoyer un baiser familièrement amoureux; et en parlant d'un enfant, saluer, remercier. — *Baiser le cul de la vieille*, au jeu de billard et autres, perdre sans avoir pu gagner un seul point. Pop. — *Vous devriez baiser la trace de ses pas*, vous lui avez de grandes obligations. — *se* BAISER, v. pron., se donner mutuellement des baisers. — Au fig., se toucher, se joindre : *deux pains qui se baisent dans le four; deux tisons qui se baisent.* — On le dit en géom., 1° de deux courbes, ou branches de courbes, qui se touchent en tournant leurs concavités vers le même côté, en sorte que la concavité de l'une regarde la convexité de l'autre (lorsque les deux convexités se regardent, on dit simplement qu'elles *se touchent*); 2° plus particulièrement du contact de deux courbes qui ont la même courbure au point de contact, c'est-à-dire le même rayon de développée.

BAISEUR, subst. mas., au fém. BAISEUSE (*bèzeur, zeuze*), celui, celle qui *baise* volontiers.

BAISEUSE, subst. fém. Voy. BAISEUR.

BAISONGE, subst. fém. (*bèzonje*), t. de bot., excroissance de plusieurs sauges.

BAISOTTÉ, E, part. pass. de *baisotter*.

BAISOTTER, orthographe de l'*Académie*; mieux BAISOTER, v. act. (*bèzoté*) (diminutif et fréquent de *baiser*), *baiser* sans cesse : *elle est continuellement à baisotter ses enfants* Fam.— Se BAISOTTER, v. pron. : *ces deux petits enfants se baisottent sans cesse.*

BAISSE, subst. fém. (*bèce*), diminution de prix, de valeur : *telle marchandise est en baisse.* — Il se dit des papiers d'état et de commerce, lorsqu'ils tombent au-dessous du prix qu'ils avaient : *la rente est en baisse; le papier de telle maison est en baisse.* — *Jouer à la baisse*, spéculer, parier sur la *baisse*.

BAISSÉ, E, part. pass. de *baisser*, et adj. : *donner tête baissée dans...*, agir inconsidérément ou intrépidement, sans envisager le péril, au propre et au fig. L'*Académie* fait de l'expression *tête baissée* une locution adverbiale, nous ne voyons par pourquoi. Fig. et fam. : *s'en revenir les oreilles baissées*, avec une contenance humiliée et un air mortifié. On dit plutôt : *s'en revenir l'oreille basse.*

BAISSER, v. act. (*bècé*), mettre *plus bas*; abaisser : avec cette différence que *baisser* se dit par rapport aux choses qu'on veut placer *plus bas*, à celles dont on veut diminuer la hauteur, et à certains mouvements du corps; au lieu que *abaisser* s'emploie plus ordinairement en parlant des choses faites pour en couvrir d'autres : *on baisse une poutre, un mur, la tête; on abaisse le dessus d'une cassette.* — *Baisser les yeux*, regarder en *bas*. — *Baisser la voix, le ton*, parler plus *bas*; et fig., être moins insolent, moins présomptueux, etc. — *Baisser le prix d'une marchandise*, la vendre à meilleur marché. — *Baisser la main à un cheval*, pousser un cheval à toute bride. — En t. de faucon., *baisser le corps*. Voy. ESSIMER. — *Baisser la lance*, céder, déférer à quelqu'un. On dit aussi, dans le même sens, *baisser pavillon devant...* — *Baisser l'oreille*, paraître découragé, mortifié. Ces dernières expressions sont prises au fig. et prov. — V. neut., devenir *plus bas* : *la rivière baisse.* — S'affaiblir, diminuer, au propre et au fig. : *ce malade baisse; son esprit, son crédit baisse; les actions baissent*, etc. — *se* BAISSER, v. pron., se courber.—Prov. et iron., en parlant de quelqu'un qui, par présomption, croit pouvoir obtenir aisément ce qu'il désire : *il croit, on dirait qu'il n'y a qu'à se baisser et en prendre.*

BAISSIER, subst. mas. (*bécié*), t. de bourse, celui qui joue à la *baisse* sur les fonds publics, sur le cours de la rente. Ce mot manque dans l'*Académie*.

BAISSIÈRE, subst. fém. (*bécière*), le reste du vin, lorsqu'il approche de la lie.

BAISSOIR, subst. mas. (*bèçoare*), réservoir d'eau de salines.

BAISURE, subst. fém., ou BISEAU, subst. mas. (*bézure, bizó*), l'endroit par lequel un pain en a touché un autre dans le four. Le premier mot est plus en usage que le second.

BAITARIE, subst. fém. (*bétari*), t. de bot., plante herbacée du Pérou.

BAÏTOSITE, subst. fém. (*ba-itozite*), secte juive. — Subst. mas., le sectaire lui-même.

BAJAD, subst. mas. (*baja*), t. d'hist. nat., poisson du genre des silures.

BAJASAJO, subst. mas. (*bajazajo*), t. de bot., plante de l'Inde.

BAJET, subst. mas. (*bajé*), t. d'hist. nat., nom donné à la plicatule.

BAJOCHELLO, subst. mas. (*bajokèlelo*), monnaie de billon à Rome, de la valeur de deux baïoques.

BAJOIRE, subst. fém. (*bajoare*), médaille ou monnaie empreinte de deux têtes en profil, dont l'une avance sur l'autre. Vieilli.

BAJOU, subst. mas. (*bajou*), t. de rivière, la plus haute partie des planches du gouvernail d'un bateau foncet.

BAJOUE, subst. fém. (*bajou*), partie de la tête du cochon qui s'étend depuis l'œil jusqu'à la mâchoire.—On a étendu l'application de ce mot à plusieurs autres animaux. — Fig., se dit d'une joue pendante.

BAJOUES, subst. fém. plur. (*bajou*), t. de vitrier, éminences ou bossages qui tiennent aux jumelles du tire-plomb. — On les appelle aussi *coussinets*.

BAJOYERS, subst. mas. plur., ou BAJOYÈRES, subst. fém. plur. (*bajoéié, bajoéière*), t. d'hydr., ailes de maçonnerie qui revêtissent la chambre d'une écluse fermée aux deux bouts par des portes ou vannes. — Bords d'une rivière, près des culées d'un pont.

BAJULE, subst. mas. (*bajule*), officier de l'empire grec.

BAJURAC, subst. mas. (*bajurak*), étendard du grand-seigneur.

BAKKA, subst. mas. (*bakeka*), t. de bot., variété de chanvre de l'Inde.

BAKKAMUNA, subst. mas. (*bakekamuna*), t. d'hist. nat., oiseau de proie du genre des chats-huants.

BAKRANG, subst. mas. (*bakeran*), t. de bot., liane de Madagascar.

BAL, subst. mas., au plur. BALS, (*bale*) (du grec βαλλιζω, je saute, je danse, dérivé de βαλλω, je frappe), assemblée de personnes de l'un et de l'autre sexe qui dansent au son des instruments. — Lieu où l'on danse. — On appelle *reine du bal* celle à qui on donne le *bal*, ou à qui on en fait les honneurs : *donner un bal; bal bourgeois; bal public.*—On dit fam. et iron. : *donner le bal à quelqu'un*, pour dire : le maltraiter. — *Mettre le bal en train*, commencer une affaire, une discussion, une guerre, etc. — *Mettre une carte au bal*, jouer sur cette carte. On dit aussi : *c'est le bal de telle carte.* Nous soupçonnons ces deux dernières citations, tirées de l'*Académie*, d'être un peu plus que surannées. — Myth., le même que *Baal*.

BALAÇOR, subst. mas. (*balaçor*), le même que BALASSOR. Voy. ce mot.

BALADAN, subst. mas. (*baladan*), t. de pêche, nom qu'on donne en Provence aux chambres ou compartiments dont les bourdigues sont composées.

BALADIN, E, subst. (*baladein, dine*) (du lat. *ballare*, fait du grec βαλλιζω, je danse), farceur, farceuse de place ou de société. — On le disait autrefois pour danseur de théâtre.

BALADINAGE, subst. mas. (*baladinaje*), plaisanterie bouffonne et de mauvais goût. Fam.

BALADINES, adj. plur. (*baladine*). Se disait autrefois des fêtes de paroisse. Inus.

BALADOIRE, adj des deux genres (*baladoare*), se disait autrefois de l'art de la danse de corde. Inus.

BALAFA, BALAFEU, BALAFO, BALARD ou BALLARD, subst. mas. (*balafa, balafeu, balafo, balar, balelar*), t. de mus., instrument des nègres de la Côte-d'Or, garni de calebasses, et qui ressemble à notre claquebois. On frappe les cordes avec des bâtons garnis à leurs extrémités d'une balle couverte d'étoffe.

BALAFRE, subst. fém. (*balafre*) (suivant *Le Duchat*, du lat. *bis-labrum*, lèvre double, dont on a fait *balèvre*, et ensuite par corruption *balafre*, laquelle n'est en quelque sorte qu'une double lèvre sur le visage), taillade au visage. — On le dit plus communément de la cicatrice qui reste quand la blessure est guérie.

BALAFRÉ, E, part. pass. de *balafrer*, et adj. : *un visage balafré*.

BALAFRER, v. act. (*balafré*), blesser en faisant une *balafre* : *il l'a balafré d'un coup de sabre*. — *se* **BALAFRER**, v. pron.

BALAGAN, subst. mas. (*balaguan*), habitation d'été des Kamtschadales. L'habitation d'hiver se nomme *isbas*.

BALAI, subst. mas. (*balé*) (suivant le *P. Labbé*, du lat. *betula*, bouleau ; suivant *Frisch*, de l'allemand *welle*, fagot de petites baguettes, etc.), faisceau de verges, de joncs, de crin ou de plumes, emmanché au bout d'un bâton, et dont on se sert pour ôter les ordures : *donner un coup de balai*, balayer légèrement. — En t. de vènerie, la queue des chiens. — En t. de vieille fauconn., la queue des oiseaux. — Les matelots donnent au vent de nord-ouest le nom de *balai du ciel*. — *Rôtir le balai*, mener une vie peu aisée dans un emploi peu considéré; ou : mener une vie qui tient du libertinage : *cet homme a long-temps rôti le balai*. — On dit prov. d'un valet nouveau qui sert bien les premiers jours, que *c'est un balai neuf; qu'il fait balai neuf*. — *Balai*, espèce de pinceau qui sert, dans la peinture sur verre, à enlever les parties séchées du lavis. — T. de chir., instrument dont on se sert pour repousser quelques corps arrêtés dans l'œsophage, les retirer, s'il est possible, ou changer leur mauvaise situation en une meilleure.

BALAIDA, subst. fém. (*balèda*), t. de bot., plante des Indes.

BALAIEMENT, subst. mas. (*balèman*), action de *balayer*.

BALAIS, adj. mas. (*balè*), se dit d'un rubis de couleur de vin paillet.

BALALEIGA, subst. mas. (*balalègua*), instrument à trois cordes en usage chez les Russes, dont les traducteurs français rendent le nom par celui de guitare.

BALAN, subst. mas. (*balan*), t. de bot., espèce d'aloès.

BALANCE, subst. fém. (*balance*) (du lat. *bilanx*, formé de *bis*, deux fois, et *lanx*, bassin; *bassin double*), machine composée de deux plateaux suspendus chacun par trois cordes qui aboutissent à un fléau, et destinés l'un à recevoir le poids et l'autre la chose qu'on veut peser. L'équilibre parfait de ces deux plateaux ou l'inclinaison de l'un des deux sert à faire connaître l'égalité ou la différence de deux corps pesants. Il se dit, au propre, au sing. et au plur. : *une balance juste, de bonnes balances*. — On dit que *le poids emporte la balance*, c'est-à-dire qu'il est plus pesant que la chose pesée; et fig., qu'*une raison, qu'une considération emporte la balance*, c'est-à-dire qu'elle est meilleure ou du moins plus goûtée que les raisons, que les considérations opposées. Au fig. *balance* n'admet que le singulier. — Fig., état d'une personne qui n'incline pas plus d'un côté que de l'autre; incertitude, irrésolution : *être en balance, tenir en balance*. — *La victoire a été long-temps en balance*, a été long-temps indécise. — Fig., parallèle : *mettre en balance les raisons de part et d'autre*, les peser dans son esprit. — *Mettre dans la balance les actions de deux grands hommes*, les comparer. — *Tenir la balance égale entre deux personnes*, etc., ne pas se montrer favorable à l'une plutôt qu'à l'autre. — *Faire pencher la balance*, faire en sorte qu'une personne ou une chose l'emporte sur l'autre. — *Balance*, en t. de politique, se dit de l'espèce d'équilibre qui résulte entre les états de leurs forces, de leurs alliances, de leurs traités, de manière qu'aucun d'eux n'est assez prépondérant pour détruire ou opprimer les autres : *la balance de l'Europe; l'Espagne réunie avec l'Empire mettait un poids redoutable dans la balance de l'Europe*. — *La balance du commerce* est le résultat général du commerce actif et passif d'une nation. — *Balance d'essai*, ou *trébuchet*, la balance particulière dont se servent les essayeurs. — En t. d'horlogerie, *la balance élastique* est un instrument qui sert à trouver un spiral dont la progression de la force soit exactement dans la progression arithmétique requise pour l'isochronisme. Il sert aussi à trouver un reste de la force convenable pour un balancier donné. — On appelle *balance hydrostatique* un instrument qui sert à peser les corps dans l'eau et dans d'autres fluides, pour connaître leur pesanteur spécifique. On donne aussi ce nom à un instrument qui sert à connaître le degré de pureté de l'eau. — En t. de mécanique, *la balance de torsion* est une balance de nouvelle invention, composée d'une planche qui sert de support à une potence de quatre pieds de hauteur. Au bout du bras de cette potence est suspendu, à un fil de métal, un cylindre dont l'extrémité est garnie d'un index qui marque, sur un cercle, divisé en trois cent soixante degrés et placé sur le support, les angles que font décrire au cylindre les vibrations ou les torsions du fil. — En t. de commerce, on appelle *balance* le relevé général du solde des comptes des débiteurs et des créditeurs du grand-livre ; *balance d'inventaire*, celle qu'on fait à chaque inventaire, et par laquelle le négociant se rend compte de sa position ; *balance de sortie*, celle par laquelle on termine le grand-livre lorsqu'il est rempli. Elle forme la *balance d'entrée* du nouveau grand-livre par sa transcription sur les premières feuilles. — Déclaration que donnent les maîtres des vaisseaux qui trafiquent en Hollande, par la Meuse et par le Rhin, des effets dont ils sont chargés. — En t. d'astron., la *balance* est le septième des douze signes du zodiaque, précisément opposé au bélier. On l'appelle *balance*, parce que les jours et les nuits sont d'égale longueur lorsque le soleil entre dans ce signe. Ce signe contient trente et une étoiles dans le catalogue britannique. — T. de physique, *balance de Roberval*, sorte de levier où des poids égaux sont en équilibre, quoiqu'ils paraissent placés à l'extrémité de bras de leviers inégaux. — *Balance électrique, balance magnétique*, machine pour établir l'équilibre entre une force magnétique et la force de torsion, laquelle est toujours susceptible d'être mesurée avec la plus grande exactitude. Voy. *force de torsion*, au mot **FORCE**. — *Balance romaine*. Voy. **ROMAINE** ou **PESON**. — *Balance économique*, instrument pour peser le blé, qui diffère de la *balance* ordinaire en ce qu'au lieu de bassins il porte deux cylindres creux en cuivre. — *Balance des peintres*, *balance* pittoresque imaginée par *de Piles*, et qui divise en vingt degrés le talent de composition, de dessin, de coloris et d'expression des plus grands peintres, dont il a porté le nombre à cinquante-sept. — Myth. Voy. **THÉMIS**.

BALANCÉ, subst. mas. (*balancé*), pas de danse où le corps *se balance*, qui se fait en place comme la pirouette, et qui est composé de deux demi-coupés, l'un en avant, l'autre en arrière : *le balancé est un pas fort gracieux*.

BALANCÉ, E, part. pass. de *balancer*, et adj. On dit, en t. de mar., qu'un bâtiment est bien *balancé* dans sa voilure, ayant le vent de travers, lorsqu'elle est tellement bien disposée, que l'effort du vent sur les voiles de l'avant fait parfaitement équilibre avec ce même effort sur les voiles de l'arrière, en sorte qu'il peut naviguer, toutes voiles dehors, sans faire beaucoup agir le gouvernail. — En t. de peinture, *figure balancée*, celle dont les membres sont disposés avec équilibre, relativement au centre de gravité.

BALANCELLE, subst. fém. (*balancèle*), t. de mar., sorte d'embarcation napolitaine à un seul mât.

BALANCEMENT, subst. mas. (*balanceman*), action par laquelle un corps penche tantôt d'un côté, tantôt d'un autre. — En t. de mécanique, voy. **OSCILLATION**. — En t. de musique, il signifie la même chose que *tremblement*. — En t. de mar., *balancement* signifiait autrefois : action de vérifier si les axes des deux couples, qui portaient le nom de *couples de balancement*, placées de l'avant et de l'arrière du maître bau d'un grand bâtiment en construction, se trouvaient exactement dans le plan longitudinal qui passe par la quille, l'étrave et l'étambot. — En t. de peint., disposition des masses.

BALANCER, v. act. (*balancé*), tenir en équilibre : *ce danseur de cordes ne balance pas bien son corps*. — Mouvoir un corps en le faisant alternativement pencher d'un côté et d'un autre. — Faire aller quelqu'un haut et bas sur une *balançoire*. En ce sens, il est plus usité au pronominal. — Fig., peser, examiner les raisons pour et contre : *on pèse, on balance les dangers, les suites d'une rupture*. — Comparer : *balancer deux raisons; balancer le pour et le contre*, etc. — Compenser : *la nature balance sans cesse le mal par le bien*. — Empêcher de prévaloir : *cette manœuvre balança la victoire; balancer un parti par un autre*. — T. de commerce, *balancer un compte*, rendre égales, par chiffres, la somme du crédit et celle du débit. — En t. de mar., dans la construction, *balancer* les couples à mesure qu'on les élève sur la quille, et les fixer de manière que les deux branches de chaque couple soient à égale distance du plan diamétral du bâtiment. Dans le chargement, on *balance* les poids sans voiles, on *balance* l'effort de celles de l'arrière avec celles de l'avant, pour faciliter l'effet du gouvernail. — *Balancer* est aussi v. neut. ; il signifie : faire des mouvements tantôt d'un côté, tantôt de l'autre : *la mer balance par des oscillations régulières de flux et de reflux*. — T. de danse, exécuter le pas dit *balancé*. — Fig. : *la victoire, après avoir long-temps balancé*, etc. — *Balancer* ne s'emploie guère qu'au fig. : il diffère alors d'*hésiter*, en ce que celui qui *balance* ne sait que faire, et que celui qui *hésite* n'ose pas faire : le doute, l'incertitude font *balancer* ; la crainte, la faiblesse font *hésiter* : *balancer entre deux idées : je ne crois pas que vous balanciez entre votre ami et un homme qui vous a traité avec le mépris le plus insultant*. — En t. de peint., mettre dans la disposition des objets, dans les groupes, etc., une sorte d'équilibre agréable aux yeux. — On le dit en t. de chasse, 1° de la bête qui, étant courue, va çà et là ; 2° d'un lévrier qui ne tient pas la voie juste, ou qui va et vient à d'autres voies. — En t. de manège, on dit : *la croupe balance au pas* ou *au trot*, en parlant d'un cheval dont la croupe dandine à ces allures. — En t. de manuf. de soie, on dit qu'une lice *balance*, quand elle lève ou baisse plus d'un côté que d'un autre. — *se* **BALANCER**, v. pron., se pencher tantôt d'un côté, tantôt d'un autre, en marchant. — Il se dit de deux personnes qui, étant sur les deux bouts d'une planche mise en équilibre, se font hausser et baisser alternativement. — Se compenser : *les inconvénients et les avantages se balancent*. — On le dit d'un oiseau de proie quand il se tient suspendu en l'air sans presque remuer les ailes : *voyez-vous cet oiseau qui se balance dans les airs ?*

BALANCIER, subst. mas. (*balancié*) (du lat. *libramen* ou *libramentum*, balancier, contrepoids), artisan qui fait et vend des *balances*, des poids et des mesures. — En mécanique, toute partie d'une machine qui a un mouvement d'oscillation, et qui sert ou à ralentir ou à régler le mouvement des autres parties. — Plus particulièrement dans l'horlogerie, pièce qui par son *balancement* règle le mouvement des horloges, des montres, etc. — Machine pour frapper les monnaies, les médailles, les jetons, etc. — Long bâton qui sert aux danseurs de corde à se tenir en équilibre. *Balancier de pompe*, pièce de bois ou barre de fer posée horizontalement sur un point d'appui qui en fait un levier de la première espèce. A l'une de ses extrémités répond un piston, et à l'autre une bille bandante, ou quelque autre pièce répondant à une manivelle, etc. — Pièce de bois qui dans une pompe fait mouvoir les tringles des corps. — En t. de faiseur de bas au métier, la partie du métier fixée par deux vis sur chaque extrémité des épaulières. — En t. de mar., on appelle *balancier de boussole* des cercles de laiton qui tiennent la boussole en équilibre; et *balancier de lampe*, un cercle de fer mobile qui tient en équilibre, dans un vaisseau, la lampe de l'habitacle. — *Balancier d'une écluse*, la grosse barre qui lui sert de manivelle, pour la détourner en l'ouvrant ou en la fermant, lorsque l'écluse s'ouvre ou se ferme à un ou deux ventaux. — *Balancier hydraulique*, mouvement de bascule produit par un courant d'eau. — T. d'hist. nat., chez les insectes diptères, sorte de filets courts placés au-dessous de l'origine des ailes, et terminés par un globule ou par une lame de corne qui participe de tous les mouvements de ces mêmes ailes. On dit aussi dans le même sens *librament*.

BALANCINE, subst. fém. (*balancine*), t. de mar., corde qui va du mât à la vergue, qu'elle sert à *balancer* et à tenir en équilibre. — Sa manœuvre. — *Balancine de chaloupe*, corde qui soutient le gui.

BALANÇOIRE, subst. fém. (*balançoare*), pièce de bois mise en équilibre sur quelque chose d'élevé, et sur laquelle on se *balance* par les deux bouts. — Il y a aussi des *balançoires* consistant en une corde dont chacun des deux bouts est attaché à un poteau ou à un arbre, et sur laquelle on s'assied pour se *balancer*. Leur nom propre est *escarpolette*. Voy. ce mot.

BALANÇONS, subst. mas. plur. (*balançon*), t. de comm., bois de sapin débité en petites parties.

BALANDRAN ou **BALANDRAS**, subst. mas. (*balandran, balandrace*), anciennement casaque de campagne. Inus.

BALANDRE, subst. fém. (*balandre*), t. de mar., espèce de bâtiment de mer.

BALANES, subst. fém. plur. (*balane*), voyez BALANITE.

BALANGUE, subst. fém. (*balangue*), t. de bot., fruit du *balanguier*.

BALANGUIER, subst. mas. (*balanguié*), t. de bot., arbre à fruit de Madagascar.

BALANITE, subst. fém. (*balanite*) (du grec βαλανος, gland), t. de chir. On désigne ainsi l'inflammation du gland et de la face interne du prépuce, car il est rare que ces deux parties ne soient pas malades ensemble. — T. d'hist. nat., genre de testacés, gland de mer, mollusque acéphale renfermé dans une enveloppe conique. On dit aussi *balanes*. — T. de bot., sorte de plante. — T. de min., pierre précieuse.

BALANON, subst. mas. (*balanon*), t. de bot., espèce de gland qui produit une huile odoriférante.

BALANOPHAGE, subst. mas. et adj. (*balanofaje*) (du grec βαλανος, gland, et φαγος, mangeur), mangeur de glands.

BALANOPHORE, subst. mas. (*balanofore*) (du grec βαλανος, gland, et φερω, je porte), t. de bot., plante des îles de la mer du Sud.

BALANOPHORÉES, subst. fém. plur. (*balanoforé*), t. de bot., famille de plantes monocotylédones épigynes.

BALANORRHAGIE, subst. fém. (*balanorajî*) (du grec βαλανος, gland, et ρεω, je coule), t. de médec., écoulement muqueux du gland.

BALANORRHAGIQUE, adj. des deux genres (*balanorajike*), t. de médec., se dit des mucosités qui coulent du gland.

BALANT, subst. mas. (*balan*), t. de mar., la partie de la corde qui n'est ni roide, ni bandée.

BALANTE, subst. fém. (*balante*), t. de bot., espèce de petit arbre des Philippines.

BALANTIN, subst. mas. (*balantein*), pêche aux haims, qui se fait sur la côte de Valence en Espagne.

BALANUS, subst. mas. (*balanuce*) (mot latin tiré du grec βαλανος, gland), t. d'anat., gland, tête du membre viril. Inus.

BALAOU, subst. mas. (*balaou*), t. d'hist. nat., petit poisson d'Amérique. — T. de mar., navire, sorte de goëlette.

BALARD ou **BALLARD**. Voy. BALAFA.

BALARDIE, subst. fém. (*balardi*), t. de bot., nouveau genre de plantes de la famille des paronychies.

BALARIS, subst. fém. (*balarice*), t. de bot., espèce de plante du genre des trèfles.

BALARUC, subst. propre mas. (*balaruke*), bourg du dép. de l'Hérault, assez célèbre par ses eaux minérales.

BALASIE, subst. fém. (*balazi*), t. de min., sorte de pierre précieuse. — T. de bot., petite plante d'Amérique.

BALASSE, subst. fém. (*balace*), couette de lit formée de balles d'avoine enveloppées dans de la toile. — Jarre de terre fabriquée dans la ville de *Balasse*, en Egypte, et qui, laissant transsuder l'eau, a la propriété de l'éclaircir et de la rafraîchir.

BALASSÉE, subst. fém. (*balacé*), mieux BALAZÉE. Voy. ce mot.

BALASSOR, subst. mas. (*balaçor*), t. de comm., étoffe des Indes orientales, faite d'écorces d'arbre. — On dit aussi *balaçor*.

BALAST, subst. mas. (*balacete*), t. de marine, amas de cailloux et de sable qu'on met à fond de cale pour lester le vaisseau. — On dit plus ordinairement *lest*.

BALASTRIS, subst. mas. (*balacetri*), t. de comm., nom donné à Smyrne aux draps d'or de Venise.

BALATAS, subst. mas. (*balatace*), t. de bot., arbre de la Guyane dont on distingue plusieurs sortes.

BALATE, subst. fém. (*balate*), t. d'hist. nat., animal du genre des holothuries.

BALAURE, subst. fém. (*balore*), t. de bot., espèce de plante semblable aux narcisses.

BALAUSTE, subst. fém. (*balôcete*) (en lat. *balaustium*, fait du grec βαλαυστιον, même signification), t. de bot., fleur desséchée du grenadier sauvage. *Les balaustes sont usitées en médecine comme astringentes*, nous dit l'*Académie* : elle aurait bien dû nous avertir que *usitées* est ici pour *employées*.

BALAUSTIER, subst. mas. (*balôcetié*), t. de bot., grenadier sauvage.

BALAYAGE, subst. mas. (*balèiaje*), action de *balayer*; son effet. — Salaire du *balayeur*. Voyez BALAYER.

BALAYÉ, E, part. pass. de *balayer*.

BALAYER, v. act. (*balèié*), ôter les ordures d'un lieu avec un *balai*; et même, par extension, avec autre chose qu'un *balai*. On dit aussi *balayer un lieu*. — On le dit fig., d'une longue robe qui traîne sur le plancher, d'un vent du nord qui chasse les nuages, ou soulève et emporte la poussière, etc. — Et aussi fig., en t. de guerre, *balayer l'ennemi*, c'est-à-dire le chasser, le mettre en fuite, ou bien le détruire : *la mitraille a balayé plusieurs bataillons*. — En t. de mar., *balayer les corsaires*, c'est en purger la mer. — On dit encore, dans ces deux derniers sens : *balayer la plaine, la mer, un pays*. — *se* BALAYER, v. pron.

BALAYETTE, subst. fém. (*balèiète*), petit *balai*.

BALAYEUR, subst. mas., au fém. BALAYEUSE (*balèieur, euze*), celui, celle qui *balaie*.

BALAYEUSE, subst. fém. Voy. BALAYEUR.

BALAYURES, subst. fém. plur. (*balèiure*), ordures amassées avec le *balai*. — On appelle *balayures de mer* certaines choses que la mer jette sur ses bords.

BALAZÉE, subst. fém., ou **BALAZÈS**, subst. mas. (*balazé, zèce*), t. de comm., toile de Surate. Elle porte deux tiers de large, et est en pièce de treize aunes et demie.

BALBISIE, subst. fém. (*balebizi*), t. de bot., plante de la famille des corymbifères.

BALBUTIE, subst. fém. (*balebuci*), mauvaise prononciation ; hésitation en parlant. — Fig., *parlage* irréfléchi, sans ordre : *que de balbuties!* Peu usité.

BALBUTIÉ, E, part. pass. de *balbutier*.

BALBUTIEMENT, subst. mas. (*balbuciman*), action de *balbutier* : *le balbutiement d'un enfant*. — Défaut de l'organe qui le cause.

BALBUTIER, v. act. (*balbucié*) (du lat. *balbutire*, qui a la même signification, fait de *balbus*, bègue), prononcer imparfaitement, en hésitant et en articulant avec peine : *il n'a fait que balbutier son compliment, son rôle*. — *Balbutier* est aussi v. neut. : *cet enfant commence à balbutier; on a de la peine à comprendre ce qu'il dit, il ne fait que balbutier*. — Au fig., parler sur quelque sujet confusément et sans connaissance : *il a voulu parler sur cette affaire, il n'a fait que balbutier*. — BALBUTIER, BÉGAYER, BREDOUILLER. (*Syn.*) Celui qui *balbutie* ne parle que du bout des lèvres ; celui qui *bégaie* s'arrête à certaines articulations, coupe et répète les syllabes ; celui qui *bredouille* roule précipitamment ses paroles les unes sur les autres et les confond dans un bruit sourd.

BALBUZARD, subst. mas. (*balbuzar*), t. d'hist. nat., genre d'oiseau de la famille des accipitrins.

BALCAZAR, myth. Voy. PYGMALION.

BALCON, subst. mas. (*balkon*) (de l'italien *balcone*, dont la signification est la même), t. d'architecture, espèce de saillie construite sur le devant d'une maison, et qui est entourée d'une balustrade : *prendre l'air sur un balcon*. — Panneau de serrurerie, qu'on place à hauteur d'appui entre les tableaux des croisées. — Dans les salles de spectacle, galerie placée à chacun des deux côtés de l'avant-scène, au premier étage, avant la loge de cet étage dite *avant-scène*. — Dans les fonderies, excédant de métal qui se trouve à l'extérieur des pièces coulées, au point de réunion des moules. — En t. de mar., la même chose que *galerie*. Voy. ce mot.

BALDAQUIN, subst. mas. (*baldakein*) (de l'italien *baldaquino*, formé, suivant *Ménage*, de *baldaco*, qui a été dit d'une ville de la Babylonie dans laquelle on fabriquait des draps de diverses couleurs. Ces draps ont été la première signification de *baldaquino*), dais qu'on porte sur le saint-sacrement dans les processions. On dit mieux et plus communément *dais*. — Ouvrage d'architecture supporté par des colonnes, qui sert à couronner un autel, un trône. — On dit aussi *baldaquin d'un catafalque, un lit à baldaquin*.

BÂLE, subst. propre fém. (*bâle*), ville de Suisse, chef-lieu du canton de ce nom. — *L'Académie* indique encore ce mot comme étant un terme de botanique : nous ne le connaissons point.

BALÉARES, subst. propre fém. plur. (*baléare*), îles de la Méditerranée, sur les côtes du royaume de Valence et celles de Catalogne.

BALÉARIQUE, adj. des deux genres (*baléarike*), qui est des îles *Baléares*.

BALEINAS, subst. mas. (*balènace*), t. d'hist. nat., pénis, ou membre du mâle des *baleines* et de tous les grands cétacés.

BALEINE, subst. fém. (*balène*) (du lat. *balæna*, dérivé du grec φαλαινα, qui signifie la même chose), t. d'hist. nat., poisson de mer d'une grosseur extraordinaire. C'est un mammifère cétacé, caractérisé par deux évents séparés sur le milieu de la tête : *pêche de la baleine; huile de baleine; blanc de baleine*, drogue dont on se sert en médecine. — Partie des fanons ou barbes de baleine, qu'on met dans les corsets, qui forme la monture des parapluies, etc. — En t. d'astron., constellation de l'hémisphère méridional, composée, suivant *Flamsteed*, de quatre-vingt-dix-sept étoiles, parmi lesquelles en est une changeante fort singulière.

BALEINÉ, E, adj. (*balèné*) (en lat. *balænatus*), *corset baleiné*, garni de fanons de *baleine*.

BALEINEAU, subst. mas. (*balènô*), le petit d'une *baleine*.

BALEINIER, subst. mas. (*balènié*), t. de mar., navire pour la pêche de la *baleine*. — On dit aussi adj. : *navire baleinier*.

BALEINIÈRE, subst. fém. (*balènière*), t. de mar., embarcation légère qui sert aux navires *baleiniers* à suivre la *baleine* lorsque le harpon a pénétré entre les côtes de l'animal.

BALEINOPTÈRE, subst. mas. (*balènopetère*) (du grec φαλαινα, baleine, et πτερον, nageoire), t. d'hist. nat., mammifère de l'ordre des cétacés.

BALENAS pour **BALEINAS** est un barbarisme de l'*Académie*.

BALESTON, subst. mas. (*balèceton*), t. de mar., perche qui, par un de ses bouts, porte l'angle supérieur d'une voile à livarde, en dehors ou sous le vent. — On l'appelle aussi livarde.

BALESTRILLE, subst. mas. (*balècetriie*), t. de marine. Vicieux. Voy. ARBALÈTE.

BALÈVRE, subst. fém. (*balèvre*) (du lat. *bislabra*, qui a deux lèvres), lèvre d'en bas. — En t. d'archit., ce qui passe d'une pierre près d'un joint, dans la douelle d'une voûte ou dans le parement d'un mur ; éclat près d'un joint. — Barbure de métal.

BALFOUR, subst. mas. (*balfour*), t. de bot., arbrisseau de la Nouvelle-Hollande.

BALGONÉRA, subst. mas. (*balguonéra*), t. d'hist. nat., oiseau d'Amérique, de la famille des grimpereaux.

BÂLI, subst. mas., ou **BÂLIE**, subst. fém. (*bâlî*), langue savante des Siamois, des brames, en laquelle sont écrits les principaux livres de leur religion. L'*Académie* renvoie de ce mot à *pâli*, qu'elle préfère. Le *Dict. de Trévoux* ne fait point mention du mot *pâli*; et il dit que le nom de *bâlie* vient de *bala*, mot chaldéen qui signifie : *avoir vieilli*, parce que c'est une langue morte qui s'est conservée chez les anciens.

BALI, subst. mas. (*bali*), t. d'hist. nat., poisson, couleuvre plicatile.

BALICASSE, subst. mas. (*balikace*), t. d'hist. nat., oiseau des Philippines.

BALIDE, subst. fém. (*balide*), t. de bot., sorte d'herbe.

BALIGARAD, subst. mas. (*baliguarade*), t. de bot., arbre des Philippines.

BALIGOULE, subst. mas. (*baliguoule*), t. de bot., sorte de champignon bon à manger.

BALIMBAGO, subst. mas. (*baleinbaguo*), t. de bot., arbre des Moluques.

BALINGASAN, subst. mas. (*baleinguazan*), t. de bot., arbre des Philippines.

BALIN, subst. mas. (*balein*), t. d'agric., grand drap qui reçoit le grain dans sa chute, quand on le vanne ou qu'on le crible. Peu usité.

BALINE, subst. fém. (*baline*), t. de comm., grosse étoffe de laine qui sert à faire les emballages.

BALISAGE, subst. mas. (*balizaje*), action de *baliser*, de placer des *balises*. — Le *balisage* consiste encore à nettoyer le lit des rivières, en ôtant les troncs d'arbres, branches et autres choses qui en embarrassent le passage. (*Diction. de Législation usuelle*.)

BALISCORNE ou **BASSICONDE**, subst. fém. (*balicekorne, bacikonde*), dans les grosses forges, pièce de fer sur la caisse d'un soufflet.

BALISE, subst. fém. (*balize*), suivant *Ménage*, du latin barbare *palitius*, formé de *palus*, pieu), t. de mar., pieu, fascine, tonneau ou autre marque destinée à donner avis aux vaisseaux qui passent qu'il y a des sables ou des rochers cachés sous l'eau. — Marque que les calfats laissent dans le calfatage pour indiquer un endroit qu'ils n'ont point travaillé. — Espace qu'on est obligé de laisser le long des rivières pour le halage des bateaux. — Fruit du *balisier*.

BALISÉ, E, part. pass. de *baliser*.

BALISER, v. act. (*balizé*), t. de mar., mettre des *balises* pour marquer un banc dangereux.

BALISEUR, subst. mas. (*balizeur*) personne chargée de veiller à ce que les riverains laissent dix-huit pieds sur les bords des rivières pour la navigation. — Préposé au *balisage* des ports maritimes et des rivières.

BALISIER, subst. mas. (*balizié*), t. de bot., plante exotique, vivace, dont la fleur imite les liliacées, et dont les feuilles, par leur grandeur, sont propres à divers usages. — On la nomme aussi *canne d'Inde*.

BALISTAIRE, subst. mas. (*balicetère*), t. d'hist. anc., officier qui, dans l'empire romain et dans l'empire grec, avait soin des armes et des machines de guerre.

BALISTE, subst. fém. (*balicete*) (en latin *balista*, dérivé du grec *βαλλω*), t. d'hist. anc., machine dont les anciens se servaient pour lancer des pierres, des torches allumées, des javelots, etc. — T. d'hist. nat., genre de poissons.

BALISTIQUE, subst. fém. (*balicetike*) (du grec *βαλλειν*, jeter, lancer), science du mouvement des corps pesants lancés en l'air suivant une direction quelconque, et particulièrement science du jet des bombes. — Machine pour exercer les artilleurs. — Il est aussi adj. : *machine balistique*.

BALITI, subst. mas. (*baliti*), t. de bot., sorte de figuier sauvage.

BALIUS et **XANTYUS**, subst. propre mas. (*baliuce, kçantiuce*), myth., chevaux d'Achille. Homère dit qu'ils étaient immortels, et nés de Zéphyre et de Podarge.

BALIVAGE, subst. mas. (*balivaje*), t. d'eaux et forêts, choix et marque des *baliveaux* qu'on dit doit laisser sur chaque arpent de bois mis en coupe.

BALIVEAU, subst. mas. (*balivô*) (suivant *Ménage*, du latin *vallus*, pieu ; et suivant *Huet*, par corruption du français *bois vieux*, qu'on a prononcé long-temps *bois viaux*), t. d'eaux et forêts, arbre réservé dans les coupes d'un taillis pour qu'il devienne arbre de haute futaie. — Jeune chêne au-dessous de quarante ans. — Subst. mas. plur., t. d'arts et mét., perches auxquelles les maçons attachent les boulins de leurs échafauds.

BALIVERNE, subst. fém. (*balivèrene*), sornette, discours frivole et de peu d'importance.—Occupation puérile. — Il s'emploie plus ordinairement au plur. Fam.

BALIVERNÉ, E, part. pass. de *baliverner*.

BALIVERNER, v. neut. (*balivèrené*), dire des *balivernes*. — Faire des *balivernes*. Fam. — V. act. : *baliverner une personne*, la railler, se moquer d'elle (*Regnard*).

BALLADE, subst. fém. (*balade*) (suivant *Morin*, du grec *βαλλειν*, envoyer, parce que la *ballade* était toujours adressée à quelqu'un, et terminée en conséquence par un *envoi*; suivant *Ginguené* (Hist. litt. d'Italie), le nom de *ballade*, dérivé du provençal *bala*, danse, dont les Italiens ont fait *ballare*, fut donné au retour périodique d'un vers à la fin de toutes les strophes d'une chanson, parce que les chansons qui accompagnaient la danse s'emparèrent de cette forme employée par tous les troubadours provençaux), espèce d'ancienne poésie française composée de trois couplets et d'un *envoi*, sur deux, trois ou quatre rimes, avec un refrain qui se répète au bout de chaque couplet et de l'*envoi*. — On appelle fig. et fam. *le refrain de la ballade* un discours qu'on répète souvent. — Les Italiens appellent *ballata* une chanson chantée en dansant, et les Anglais *ballad* une chanson populaire semblable à nos *pont-neuf*.

BALLADOIRE, adj. des deux genres (*baladoar*), s'est dit autrefois d'une fête, d'une danse, etc.

BALLAN, subst. mas. (*balan*), t. d'hist. nat., poisson du genre labre.

BALLANCHISME, subst. mas. (*balelanchiceme*), système philosophique de renouvellement social imaginé par *Ballanche*, d'après le principe de la déchéance et de la réhabilitation de l'homme.

BALLANCHISTES, subst. mas. plur. (*balelanchicete*), partisans du système de *Ballanche*.

BALLANT, E, adj. (*balan, lante*), n'est guère usité que dans cette phrase : *aller les bras ballants*, marcher en les laissant aller aux mouvements du corps. — L'*Académie* ne donne pas de fém. à cet adj.

BALLARIN, subst. mas. (*balarein*), t. d'hist. nat., sorte de faucon.

BALLE, subst. fém. (*bale*) (du grec *βαλλειν*, jeter, secouer), pelotte faite de recoupe d'étoffe serrée avec de la ficelle, qui sert à jouer à la paume : *prendre la balle au bond, à la volée*. — *Couper la balle*, c'est la frapper avec la raquette inclinée, de manière que, tournant de haut en bas, relativement au côté de celui qui l'a coupée, elle ne fait point de bond quand elle tombe à terre, ou n'en fait que très-peu, et trompe toujours le joueur inexpérimenté en le faisant faux. — *Aller bien à la balle*, se placer convenablement tant pour la recevoir que pour la renvoyer. — *Juger la balle*, prévoir où elle tombera ; et, fig. et fam., prévoir juste. — On dit : *la balle la perd, la balle la gagne*, pour dire que celui qui a joué la *balle* a perdu ou gagné la chasse. — *Jouer à la balle*, se renvoyer une *balle* sans raquette, et à la main seulement. — *Enfant de la balle*, enfant d'un maître de jeu de paume; et fig. : tous ceux qui embrassent la profession de leur père. — Fig., *prendre* ou *saisir la balle au bond*, ne pas laisser échapper l'occasion de réussir. — *Quand la balle me viendra*, quand j'aurai occasion de parler, ou : d'agir. — *Au bon joueur la balle*; *la balle cherche le bon joueur*, se dit lorsqu'une affaire difficile, une mission délicate, etc., échoit au plus capable de s'en bien acquitter. — *A vous la balle*, c'est a vous à parler, à agir. — On dit aussi *renvoyer la balle à quelqu'un*, pour dire : se décharger de quelque chose sur quelqu'un, ou : répliquer vivement à quelqu'un. — *Se renvoyer la balle*, causer avec suite, ou : avec vivacité. — Toutes ces expressions fig. sont du style fam. — T. de pêche, *traîner la balle*, pêcher avec une corde garnie dans sa largeur de petites baguettes nommées *balnettes*, à l'extrémité desquelles sont des hains. — *Balle*, petite boule de plomb dont on charge les fusils, pistolets, etc.— On dit d'un canon, en parlant du poids du boulet, qu'il porte douze, vingt-quatre livres de *balles*, etc. — On appelle *balle ramée* deux *balles* de plomb attachées ensemble par un fil de fer. — Les *balles à feu* sont des *balles* faites de grosse toile remplie de poudre et d'autres matières destinées à mettre le feu. — *Balles ardentes*, petits globes remplis de poudre, que lancent des assiégeants dans le but d'éclairer les endroits qu'ils veulent attaquer. — *Balle de calibre*, celle qui est d'un diamètre proportionné à la largeur du canon d'un fusil de munition. — Chez les artificiers, on appelle *balle luisante* une espèce d'artifice assez semblable aux étoiles. — *Balle*, en t. de comm., gros paquet de marchandises liées avec des cordes et enveloppées de grosse toile : *balles d'épiceries ; faire, défaire une balle*. — *Vendre des marchandises sans cordes en balles*, ou *en balles sans cordes*, c'est les vendre en gros, sans échantillon et sans les *déballer*. — On appelle *marchandises de balles*, de la quincaillerie qui vient de certains pays où l'on fabrique mal. — Fig., *artiste, écrivain de balle*, sans talent. — *Balle de dés*, un petit paquet en papier qui contient une ou plusieurs douzaines de dés à jouer. — *Balle*, sorte de petit coffre que portent les merciers forains. En ce sens, on dit des *pistolets, des ciseaux*, etc., *de balle, des* pistolets, des ciseaux, etc., de peu de valeur. — *Balle*, en t. d'imprimerie, bois creux en forme d'entonnoir, rempli au dedans de crin ou de laine, et couvert d'une double peau de mouton, etc., que l'on trempait dans l'encre, avant l'invention des rouleaux, pour noircir les formes : *la balle n'a pas bien pris l'encre*. On appelait *balles teigneuses* celles dont les cuirs neufs refusaient l'encre, faute d'avoir été assez corroyés; ce qui faisait paraître sur les *balles* des taches noires et blanches. — La *balle* de l'imprimeur en taille-douce, avant l'invention des rouleaux, était un tampon de linge dont il se servait pour encrer la planche gravée. — *Balle*, pellicule qui recouvre le grain et qui s'en sépare quand on le vanne. On le dit particulièrement par rapport à l'avoine : *balle d'avoine*. — *Balle*, en t. de bot., enveloppe des fleurs des graminées. Les botanistes écrivent plus ordinairement *bâle*, dit l'*Académie* : nous ne le croyons pas.

BALLE-À-QUEUE, subst. fém. (*balakeu*), t. de mar., boulet à queue de fer.

BALLER, v. neut. (*balé*) (du latin barbare *ballare*, conservé dans l'italien, et dérivé du grec *βαλλιζειν*, danser), danser. Vieux et inusité, aurait dû ajouter l'*Académie*. — En parlant des cérémonies religieuses, *baller*, c'était autrefois faire de grandes révérences de droite et de gauche, puis en face.

BALLEROY, subst. propre mas. (*baleroé*), bourg de France, chef-lieu de canton, arrond. de Bayeux, dép. du Calvados.

BALLERUS, subst. mas. (*baleruce*), t. d'hist. nat., espèce de carpe.

BALLET, subst. mas. (*balè*), danse figurée et concertée entre plusieurs personnes, qui représente quelque sujet particulier, et qui s'exécute sur un théâtre. — Espèce de pantomime, consistant principalement en danses, et divisée non en scènes, mais en entrées : *les ballets sont la partie la plus brillante de l'Opéra de Paris, et, considérés séparément, ils font un spectacle agréable*. — On nommait autrefois *opéra-ballet, comédie-ballet*, certaines pièces dont les actes étaient séparés par un *ballet*. — *Entrée de ballet*, quadrille de danseurs qui représentent la partie de l'action dont ils sont chargés. — *Composer un ballet ; danser un ballet ; un air de ballet*. — Au fig. prov., *faire une entrée de ballet*, entrer sans cérémonie dans un cercle, et en sortir bientôt après. Vieux. — Menue paille. Cette dernière acception ne se trouve que dans *Boiste* : elle nous paraît fort équivoque.

BALLIN, subst. mas. (*balein*), anciennement, sorte d'emballage, dans les villes de commerce.

BALLOCHE, subst. fém. (*baloche*), t. de bot., sorte de bigaradier.

BALLON, subst. mas. (*balon*) (du latin *palla*, dérivé du grec *βαλλω*, je jette, je lance), vessie enflée d'air et entourée de cuir, dont on se sert pour jouer en se la renvoyant les uns aux autres. — On donne en général ce nom à tout corps creux dont la figure est sphérique. — Globe ou cylindre creux rempli d'artifice, de grenades, de petites bombes, etc., auquel on met le feu au moyen d'une fusée, et qu'on jette avec le mortier dans les travaux des ennemis. — En parlant d'un homme dont l'air, les manières et les discours indiquent beaucoup d'orgueil, on dit fig. *qu'il est enflé comme un ballon*. — Sorte de vaisseau à plusieurs rames, dont on se sert pour aller sur les fleuves et les mers du pays de Siam. — En chimie, gros matras ou bouteille ronde qui sert de récipient dans quelques opérations. — *Ballon aérostatique*. Voy. AÉROSTAT. — *Ballon perdu*, celui qu'on abandonne dans les airs. *Ballon captif* a le sens contraire. — *Ballon d'essai*, *ballon* dont on se sert pour expérimenter la direction du vent. — Fig., *ballon d'essai*, sorte d'opuscule, petit ouvrage d'esprit publié par un auteur dans l'intention de pressentir le goût du public relativement à un sujet qu'il se propose de traiter. — Rame de papier. — Dans les verreries, on appelle *ballons* des mottes de terre à pot prêtes à être mises en œuvre. — Les potiers de terre donnent aussi ce nom à des mottes préparées et prêtes à être façonnées. — Subst. propre mas., ville de France, chef-lieu de canton, arrond. du Mans, dép. de la Sarthe.

BALLONNÉ, E, part. pass. de *ballonner* et adj. (*baloné*), enflé, arrondi en *ballon*. — T. de médec., il se dit du ventre.

BALLONNEMENT, subst. mas. (*baloneman*), t. de médec., distension considérable de l'abdomen.

BALLONNER, v. neut. (*baloné*), t. de médecine, enfler.

BALLONNIER, subst. mas. (*balonié*), faiseur ou marchand de *ballons*.

BALLOT, subst. mas. (*balô*), (diminutif de balle), paquet de marchandises, etc. — A Marseille, en t. de comm., assemblage de vingt-quatre rames de papier à la croisette, ou de quatorze rames de papier à la couronne. — On dit fig. et fam. : *c'est bien là votre ballot*, pour signifier qu'une chose est tout-à-fait convenable au goût, au caractère de quelqu'un; que c'est bien son fait.

BALLOTTADE (orthographe de l'*Académie*), mieux **BALLOTADE**, subst. fém. (*balotade*), t. de manège, saut d'un cheval entre les piliers en jetant les quatre pieds en l'air.

BALLOTTAGE (orthographe de l'*Académie*),

mieux **BALLOTAGE**, subst. mas. (*balotaje*), action de *ballotter* dans une élection. Voy. **BALLOTTER**.

BALLOTTATION, mieux **BALLOTATION**, subst. fém. (*balotâcion*). Ce mot se trouve dans *Laveaux*, dans *Boiste* et dans quelques autres dictionnaires, mais il n'est point usité : on dit *ballotage*.

BALLOTTE, subst. fém. (*balote*), petite *balle* ou boule dont on se sert pour les scrutins, pour le tirage au sort. Vieux, et remplacé maintenant par *boule*. — En t. de bot., c'est une plante labiée, odorante et résolutive.—*Ballottes*, au plur., se dit de plusieurs vaisseaux de bois dans lesquels on met la vendange.

BALLOTTÉ, E, (orthographe de l'*Académie*), mieux **BALLOTÉ, E**, part. pass. de *ballotter*.

BALLOTTEMENT, subst. mas. (*baloteman*), action de *ballotter*. —Mouvement d'une chose qui, n'étant pas fixée, va tantôt d'un côté, tantôt de l'autre.

BALLOTTER (orthographe de l'*Académie*), mieux **BALLOTER** (pourquoi écrire *ballotter* et *peloter* ? Nous savons bien qu'on va nous répondre qu'on écrit *peloter* à cause de *pelote* ; mais nous croyons qu'on ne commettrait pas un crime de *lèse-langage* en écrivant *pelotte*, l'e muet entraînant toujours la sonorité de la syllabe qui le précède), v. act. (*baloté*), agiter en sens divers. — Fig., discuter une affaire, l'agiter de part et d'autre ; en délibérer. — Fig., se jouer de quelqu'un ; le tenir en suspens, le renvoyer de l'un à l'autre, sans intention réelle de le servir : *ils m'ont ballotté pendant deux ans.* — Dans les fonderies de fer, *ballotter*, c'est l'action de mettre en paquets. — *Ballotter*, v. neut., 1° remuer : *cette porte, cette fenêtre ballotte* ; 2° se servir de *ballottes* pour les suffrages ou pour tirer au sort dans les élections. — Dans un collège électoral ou dans les chambres, *ballotter*, c'est procéder à un nouveau scrutin entre les deux candidats qui ont le plus approché de la majorité voulue des suffrages. Dans ce sens, on dit aussi activement *ballotter quelqu'un*. — En t. de jeu de paume, il signifie encore peloter, se renvoyer la *balle* sans jouer partie. Voy. **PELOTER**, qui est plus usité. — *se* **BALLOTTER**, v. pron., se jouer l'un de l'autre, se tenir mutuellement en suspens, sans intention réelle de se servir.

BALLOTTIN, mieux **BALLOTIN**, subst. mas. (*balotein*), enfant qui reçoit les *ballottes*. — Petit *ballot*. — Peu usité dans ces deux sens.

BALNÉABLE, adj. des deux genres (*balenéable*) (du lat. *balneum*, bain), t. de médec. : *eau balnéable*, propre pour les *bains*.

BALNÉOGRAPHE, subst. mas. (*balenéoguerafe*) (du grec βαλανειον, bain, et γραφω, je décris), qui fait une description des bains.

BALNÉOGRAPHIE, subst. fém. (*balenéoguerafi*) (même étym.), description des bains.

BALNÉOGRAPHIQUE, adj. des deux genres (*balnéoguerafike*), qui a rapport à la *balnéographie*.

BALNÉOTECHNIE, subst. fém. (*balenéotekni*) (du grec βαλανειον, bain, et τεχνη, art), institution pour la préparation des bains.

BALNÉOTECHNIQUE, adj. des deux genres (*balenéoteknike*), qui concerne la *balnéotechnie*.

BALOCHE, subst. mas. (*baloche*), religieux qui ne prêche ni ne confesse. Inus.

BALOCHER, v. neut. (*baloché*), se dit, en Flandre et en Espagne, de l'action de se promener lentement en carrosse, en allant et venant dans les mêmes rues. Inus.

BALOIRE, subst. fém. (*baloare*), t. de mar., longue pièce de bois qui entre dans la construction d'un vaisseau, et qui en détermine la forme.

BALOISE, subst. fém. (*baloaze*), t. de jard., tulipe de trois couleurs, rouge, colombin et blanc.

BALONOPHORE, subst. fém. (*balonofore*), t. de bot., le même que **BALANOPHORE**. Voy. ce mot.

BALOTORDE, subst. fém. Voy. **BALLOTTADE**.

BALOTE, subst. fém. Voy. **BALLOTTE**.

BALOTIN, subst. mas. (*balotein*), t. de bot., oranger dont le fruit ressemble beaucoup à un citron.

BALOULON, subst. mas. (*baloulon*), t. de bot., bananier à petits fruits.

BALOUMIER, subst. mas. (*baloumié*), t. de bot., genre de plantes de la famille des térébinthacées.

BALOUN, subst. mas. (*baloune*), chambre où on loge les étrangers en Nigritie.

BALOUR ou **BALOR**, subst. mas. (*balour*, *lor*), t. de mar., embarcation des pirates dans les Moluques et environs.

BALOURD, E, subst. (*balour*, *lourde*) (rac. *lourd*), personne grossière et stupide : *c'est un gros balourd.*

BALOURDISE, subst. fém. (*balourdize*), caractère du *balourd* : *il est d'une grande balourdise.* — Chose faite ou dite sans esprit et mal à propos : *vous avez fait là une véritable balourdise.*

BALSAMARIE, subst. fém. (*balçamari*), t. de bot., plante de l'espèce des calabas.

BALSAMÉLÉON, subst. mas. (*balçaméléon*) (du grec βαλσαμον, baume, et ελαιον, huile), baume par excellence, huile balsamique.

BALSAMIER, subst. mas. (*balçamié*), t. de bot., plante de la famille des térébinthacées. Voy. **BAUMIER**.

BALSAMINE, subst. fém. (*balçamine* et non pas *balzamine*, comme le veut l'*Académie* sans aucun motif raisonnable) (en lat. *balsamum*, en grec βαλσαμον, baume), t. de bot., plante annuelle, originaire des Indes, dont on connaît plusieurs espèces. Elle est nommée ainsi, parce qu'elle entre dans la composition d'un certain baume. — Plante de la famille des graminées, et que l'on cultive dans nos jardins.

BALSAMIQUE, adj. des deux genres (*balçamike*) (du lat. *balsamum*, en grec βαλσαμον, baume ; *qui a la propriété du baume*), qui tient du *baume* : *air balsamique*, celui qui s'exhale des plantes *embaumées*. — T. de médec., se dit d'un remède d'une nature un peu âpre et chaude. — On dit substantivement : *employer les balsamiques.*

BALSAMITE, subst. fém. (*balçamite*), t. de bot., plante de la famille des corymbifères. Voyez **TANAISIE**.

BALSAMUM, subst. mas. (*balçamome*) (mot latin, en grec βαλσαμον), t. de bot., arbre qui produit le baume.

BALSE ou **BALZE**, subst. fém. (*balce* ou *balze*) (de l'espagnol *balsa*, radeau), t. de mar., radeau formé de roseaux secs, employé pour la pêche à Callao et à Lima, dans le Pérou.

BALTADGI, subst. mas. (*baltadeji*), officier turc, chef des bostangis.

BALTAGI, subst. mas. (*baltaji*) (du mot turc *balta*, hache, cognée), sorte d'azamoglan ou valet du sérail, dont la fonction est de fendre, scier et porter le bois dans les appartements.

BALTIMORE, subst. mas. (*baltimore*), t. d'hist. nat., genre d'oiseaux silvains, de la famille des tisserands. — Subst. propre fém., grande ville des États-Unis, l'une des plus commerçantes et des plus intéressantes d'Amérique. — T. de bot., plante annuelle à fleur radiée, qui croît dans le Maryland, près de la ville de Baltimore.

BALTIQUE, adj. des deux genres (*baltike*), épithète qui se donne à la mer du Nord : *la mer Baltique.* — On dit subst. au fém. *la Baltique.*

BALTRACAN, subst. mas. (*baltrakan*), t. de bot., herbe alimentaire de Tartarie.

BALUCANAD, subst. mas. (*balukanade*), t. de bot., arbre des Philippines.

BALUCBALUC, subst. mas. (*balukbaluk*), t. de bot., arbre des Philippines.

BALUCE, subst. fém. (*baluce*), espèce de grain d'or qu'on trouve dans les mines et dans les rivières.

BALUETTE, subst. fém. (*baluète*), t. de pêche, petite baguette à l'usage des pêcheurs, lorsqu'ils traînent la balle.

BALUSTRADE, subst. fém. (*balucetrade*), t. d'archit., assemblage de plusieurs *balustres* servant d'ornement et de clôture. — Toute sorte de clôtures à jour, à hauteur d'appui : *balustrade de pierre, de marbre, de fer, de bois.* Voyez **BALUSTRE**.

BALUSTRE, subst. mas. (*balucetre*) (du lat. *balaustrum*, fait du grec βαλαυστιον, calice de la fleur de grenadier, parce qu'un balustre ressemble à ce calice), t. d'archit., sorte de petit pilier façonné qu'on met sous des appuis pour faire des clôtures : *balustre de marbre, de bronze.* — Il se dit quelquefois, abusivement, pour *balustrade* : *le balustre de l'autel ; le balustre de la chambre d'un prince.* — Partie latérale du rouleau qui fait la volute dans le chapiteau de la colonne ionique. — Petite colonne de bois au dossier d'une chaise tournée. — En t. de serrurerie, petites pièces de fer en forme de *balustre*, qui servent à couvrir la clef ou attacher les serrures. — En t. d'orfèvrerie, partie de chandelier d'église ou de cabinet.

BALUSTRÉ, E, part. pass. de *balustrer*, et adj., orné d'une *balustrade*.

BALUSTRER, v. act. (*balucetré*), orner de *balustrades*. Peu usité, dit l'*Académie* : *inusité* selon nous.

BALUX, subst. mas. (*balukce*), t. d'hist. nat., sable dans lequel on trouve de l'or.

BALVANE, subst. fém. (*balvane*), leurre fait en forme de tétras, pour attraper l'oiseau de ce nom.

BALZAC, subst. mas. (*balzak*), t. de jard., sorte de raisin estimé.

BALZAN, adj. (*balzan*) (de *balzana*, formé, suivant *Ménage*, du grec βαλιος, qui originairement signifiait *luisant*, et a signifié par la suite *blanc*), t. de man., se dit d'un cheval noir ou bai, marqué de blanc aux pieds.

BALZANE, subst. fém. (*balzane*), t. de man., marque blanche aux pieds des chevaux.

BALZIE, subst. fém. (*balezi*), t. de bot., plante d'Afrique.

BAMBA, subst. fém. (*banba*), t. d'hist. nat., coquille d'Afrique.

BAMBATE, subst. mas. (*banbate*), t. de bot., plante marine.

BAMBELLE, subst. fém. (*banbèle*), t. d'hist. nat., poisson du lac de Zurich, du genre des carpes, et qui n'a que six doigts dans sa plus grande longueur. — T. de mécan. Voy. **BIELLE**.

BAMBERG, subst. propre mas. (*banbère*), ville d'Allemagne.

BAMBIAIE, **BAMBIAYA** ou **BAMBIALE**, subst. mas. (*banbié*, *banbiaia*, *banbiale*), t. d'hist. nat., oiseau de l'île de Cuba.

BAMBIN, E, subst. (*banbein*, *bine*), (du grec βαμβαινω, je bégaie), petit enfant. Fam.—L'*Académie* ne donne pas le fém. de ce mot.

BAMBLE, subst. fém. (*banble*), t. d'hist. nat., grive très-petite.

BAMBOCHADE, subst. fém. (*banbochade*) (de l'italien *bamboccio*, petit homme manqué, surnom donné par les Italiens à *Pierre de Laar*, peintre hollandais qui excellait en ce genre, et qui, dans sa conformation, avait été fort disgracié de la nature), genre de peinture ayant pour objet la nature rustique, les habitations des villageois, leurs usages, leurs mœurs, etc. — Tableau de genre. — Tableau représentant un sujet populaire, ou grotesque, ou bas. — Tableau représentant une figure bizarrement ridicule : *ce peintre ne fait que des bambochades.*

BAMBOCHE, subst. fém. (*banboche*) (de l'italien *bamboccio*, petit homme manqué), marionnette plus grande que les marionnettes ne le sont ordinairement : *spectacle de bamboches, faire jouer des bamboches.* — Personne de petite taille mal prise.—Au plur. il signifie : fredaines, mauvaises farces ; libertinage. — Jeune tige de *bambou* qu'on emploie à faire des cannes.

BAMBOCHEUR, subst. mas., au fém. **BAMBOCHEUSE** (*banbocheur*, *cheûze*), qui fait des *bamboches*, des fredaines ; libertin. Pop.

BAMBOCHEUSE, subst. fém. Voy. **BAMBOCHEUR**.

BAMBOCHON, subst. mas. (*banbochon*) (diminutif de *bamboche*), petit garçon. Trivial et inusité maintenant.

BAMBOU, subst. mas. (*banbou*), t. de bot., plante graminée, espèce de roseau des pays maritimes des Indes orientales. — Les insulaires de la mer du Sud en font, au rapport de *Cook*, une espèce d'instrument. Ils tiennent dans une position verticale des *bambous* ouverts par le haut, et fermés en dessous par un des nœuds ; ils frappent la terre de cette extrémité inférieure, et tirent divers sons suivant la longueur des *bambous*, laquelle est de trois à six pieds. — Les Chinois font aussi usage du *bambou* dans leur musique. — Canne faite de ce roseau.

BAMBOUC, subst. mas. (*banbouk*), t. de bot., sorte d'arbre de la Nigritie, qui donne une huile concrète connue dans le commerce sous le nom de *beurre de bambouc.*

BAMBOULA, subst. mas. (*banboula*), tambour de Haïti, fait d'un gros *bambou*. Le nègre qui le frappe est assis dessus à califourchon.

BAMBOURS, subst. mas. plur. (*banbour*), t. d'hist. nat., abeilles de Ceilan, plus grosses que les nôtres.

BAMIE, subst. fém. (*bami*), t. de bot., plante des Indes orientales. — Fruit du *bamier*.

BAMIER, subst. mas. (*bamié*), t. de bot., plante d'Égypte, à gousses pyramidales et grains musqués dans les loges.

BAMYA, subst. mas. (*bamia*), sorte de musc.

BAN, subst. mas. (*ban*) (du vieux mot allemand *bann*, qui signifie proprement : publication, mais qui a signifié ensuite : proscription, bannissement, parce que le bannissement se faisait à son de trompe. Les Latins ont dit aussi *bannum* dans le même sens), annonce publique de quelque chose ; proclamation de mariage qui, dans l'église romaine, se fait publiquement à l'Église paroissiale pendant trois dimanches consécutifs, durant le prône, pour savoir s'il n'y a point d'empêchement légitime au mariage annoncé : *publier des bans*. — On appelle aussi *ban* la publication que l'on fait pour celui qui est sur le point d'être admis dans les ordres sacrés. — C'est encore le cri public par lequel on annonce la vente de quelque marchandise, surtout quand cette annonce est précédée du son du tambour. — *Ban de vendange*, publication faite de la permission accordée par l'autorité compétente de commencer les vendanges. — En t. de guerre, proclamation ordinairement relative à la discipline militaire. — Batterie de tambours qui précède et suit certaines cérémonies, telles que la prestation de serment, la reconnaissance des officiers, etc. — En t. de féod., convocation de la noblesse pour le service militaire ; assemblée de la noblesse ainsi convoquée. On disait ordinairement *ban* et *arrière-ban* ; le *ban* était composé des seigneurs de fief qui relevaient immédiatement du prince. — On emploie encore quelquefois *ban* et *arrière-ban*, pour désigner deux classes de la population virile propre à porter les armes, l'une composée des citoyens les plus valides, et l'autre des plus âgés ; ce n'est que dans les grands périls de l'état que celle-ci peut être appelée à seconder la première. — Fig. et fam. : *convoquer le ban et l'arrière-ban*, réclamer secours ou appui de toutes les personnes dont on peut en espérer, soit généralement, soit dans un certain cercle : *il convoque le ban et l'arrière-ban pour se faire élire député ; à l'occasion de cette affaire, il convoqua le ban et l'arrière-ban de sa famille*. — En t. de féod., on appelait *four à ban*, *moulin à ban*, le four, le moulin auquel un seigneur avait droit d'exiger que ses vassaux fissent cuire leur pain et moudre leurs grains. — Exil, bannissement : *garder son ban*, *rompre son ban*. — *Mettre un prince au ban de l'Empire*, dans l'ancienne constitution germanique, le déclarer déchu de ses dignités et de ses droits, etc., le proscrire. — On disait dans un sens à peu près semblable : *mettre une ville au ban de l'Empire*, *au ban impérial*, pour dire : proscrire une ville, la déclarer déchue de ses droits.

BANAL, E, adj. (*banale*), au plur. mas. **BANAUX** en t. de féod., se disait des choses à l'usage desquelles le seigneur de fief avait droit d'assujétir ses vassaux : *four banal*, *moulin banal*, etc. — On dit fig. *témoin banal*, *caution banale*, homme qui est prêt à servir de témoin ou de caution à tout le monde. — *Cœur banal*, *galant banal*, qui paraît aimer tout le monde, et n'est attaché à personne. — Il se dit aussi pour trivial, excessivement commun : *louanges banales*, *compliment banal*. — Le plur. mas. est peu usité.

BANALAC, subst. mas. (*banalak*), t. de bot., plante des Philippines.

BANALITÉ, subst. fém. (*banalité*), t. de féod., droit qu'avait le seigneur de fief d'assujétir ses vassaux à cuire à son four, à moudre à son moulin. — État de ce qui est *banal* : *la banalité de son attachement*, *de son amour* ; *la banalité de son témoignage*, *de sa caution*, etc. — Chose *banale*, commune : *dire*, *écrire des banalités*, etc.

BANANE, subst. fém. (*banane*), t. de bot., fruit du *bananier*.

BANANIER, FIGUIER D'ADAM OU DES INDES, subst. mas. (*bananié*), t. de bot., plante des plus communes, des plus utiles et des plus salutaires des climats chauds de l'Asie, sous la zone torride. Le fruit du *bananier* croît en grappes autour du sommet de la tige et par étages ; chaque étage forme ce qu'on appelle une *patte de bananes* ; l'ensemble des pattes se nomme *régime de bananes*. Ce fruit, qui est très-bon, sert d'aliment.

BANANISTE, subst. mas. (*bananicete*), t. d'hist. nat., sorte d'oiseau, sucrier de Saint-Domingue.

BANANIVORE, adj. des deux genres (*bananivore*), se dit d'un oiseau qui se nourrit de *bananes*.

BANARE, subst. mas. (*banare*), t. de bot., petit arbre de la Guyane.

BANAWIL-WILL, subst. mas. (*banaouil-ouil*), t. d'hist. nat., espèce de grive.

BANC, subst. mas. (*ban*) (de l'italien *banco*, ou plutôt du lat. *bancus*, employé par les écrivains de la basse latinité dans le sens de *scamnum*, marche-pied, escabelle, banc), long siége où plusieurs personnes peuvent s'asseoir : *banc de bois*, *banc de pierre*. — *Banc d'église*, *banc* ordinairement entouré de menuiserie, et qu'une famille loue à l'année pour assister au service divin. — *Banc de l'œuvre*, place réservée dans les églises, en face de la chaire, aux marguilliers, aux officiers de la fabrique, et qui est entourée d'une balustrade. — On dit souvent *les bancs de l'école* pour l'école même : *il quitte les bancs de l'école*. — *Être sur les bancs*, suivre le cours d'une faculté ou d'un collége. — *Se mettre sur les bancs*, commencer à suivre les cours d'une faculté. — Siége où l'on met quatre ou cinq rameurs dans une galère sur une même rame. — On dit quelquefois qu'*un coup de canon a emporté tout un banc*, c'est-à-dire qu'il a emporté tous les forçats d'un même *banc*. — Ecueil, roche cachée sous l'eau, ou grand amas de sable dans la mer : *ce vaisseau a échoué sur des bancs de sable*. — *Banc de glace*, masse de glace flottante qui se rencontre en mer par les hautes latitudes. — En t. de mar., on donne le nom de *banc-à-salle*, dans les colonies orientales, au magasin, à la salle ou atelier où se travaille la garniture des bâtiments, particulièrement aux îles de France et de Bourbon. — *Banc* se dit d'un lit de pierre dans une carrière. On appelle *banc de ciel* le *banc* le plus dur qu'on trouve le premier en fouillant une carrière, parce qu'on le laisse soutenu sur des piliers, pour servir de ciel ou de plafond à la carrière. — Dans les carrières d'ardoises, il se dit d'un long parallélipipède formé par deux foncées. — Dans les manuf. de glace, *banc* est une table composée de plusieurs planches, et sur laquelle on met les glaces que l'on veut dégrossir ou adoucir. — En t. d'imprimerie, table de bois servant à l'imprimeur pour placer les feuilles à imprimer et celles qui sortent de la presse. — En t. de fondeur en caractères, on nomme *banc* une table oblongue sur laquelle on pose les caractères à mesure qu'on les fond. — Les horlogers appellent *banc à river* un instrument dont ils se servent pour river certaines roues sur leur pignon. — Les orfèvres nomment *banc à tirer* la pièce de bois où ils tirent les fils d'or et d'argent qu'ils emploient. — Le tireur d'or a aussi un *banc à dégrossir*. — En t. de passementier, *banc* ou *selle à ourdir*, siége qui sert à l'ourdisseur, et qui porte la manivelle faisant tourner l'ourdissoir. — Dans les manuf. de soie, *banc* se dit de certaines parties de l'ourdissoir, dont les unes sont fixes et les autres mobiles. — Dans les verreries, c'est le siége où le maître s'assied pour faire l'embouchure et poser la cordeline. — Dans les salines, on appelle *banc* un endroit clos où l'on met le sel pendant dix-huit jours, avant de le déposer dans le magasin. — Dans les brasseries, on nomme *banc de cuve* des planches qui entourent les cuves. — Chez les cloutiers d'épingles, le *banc à couper* est un établi au milieu duquel les cisailles sont attachées par une de leurs branches, et le *banc à tirer* est l'établi où l'on bat la filière et où l'on en fait l'essai. — Les chaînetiers appellent aussi *banc à tirer* un outil qui leur sert pour passer à la filière les fils de fer ou de laiton qu'ils veulent diminuer de grosseur. — *Banc à équarrir* et *à arrondir*, banc où se place le brossier pour façonner les montures des brosses ou les manches à balai. — Dans les assemblées politiques, les députés d'une même opinion s'asseyant d'un même côté, on entend souvent par *les bancs de la gauche*, *les bancs de la droite*, *les bancs du centre*, les députés de telle ou telle opinion. On dit aussi seulement *la gauche*, *la droite*, *le centre*. — De même on dit souvent *le banc des ministres*, pour : les ministres. — Autrefois, dans les assemblées des trois ordres de l'État, on distinguait *le banc de la noblesse*, *les bancs des députés des villes*, etc. — En Angleterre, *le banc des évêques*, *banc* des évêques dans la chambre des lords. — *Banc des avocats*, banquette où s'asseient les avocats à l'audience : *le banc des avocats fut envahi par le public*. — *Banc des accusés*, *banc* occupé par les accusés pendant les débats d'une cour d'assises. — Autrefois on appelait *bancs* certains lieux du palais où quelques avocats s'assemblaient pour être consultés, après l'audience de la grand'chambre. — On appelait encore au palais *grand banc* le corps des présidents à mortier. — *Banc du roi*, sorte de tribunal en Angleterre. — *Banc* était anciennement le siége du *banquier*. Ceux qui faisaient le commerce de l'argent et des lettres de change avaient, dans le lieu du change, un *banc* où ils faisaient leurs négociations. Lorsque le banquier était en faillite, on rompait son *banc*. De là, l'expression italienne *banco rotto*, banc rompu, et le mot français *banqueroute*. — T. de chir., *banc d'Hippocrate*, espèce de bois de lit dont on se servait autrefois pour réduire les luxations et les fractures. — Troupe innombrable de harengs, ou autres poissons. — Au plur., lits des chiens de chasse.

BANCA, subst. mas. (*banka*), t. de bot., palmier des Philippines, voisin du dattier.

BANCAL, E, adj. et subst. (*bankale*), se dit d'un homme ou d'une femme qui a les jambes tortues : *un homme bancal*, *une femme bancale* ; *un bancal*, *une bancale*. Fam. — Subst. mas., sabre. Pop.

BANCASSE, subst. fém. (*bankace*), t. de mar., sorte de caisson qui, dans les galères, sert de lit et de banc.

BANCELLE, subst. fém. (*bancèle*), petit banc long et étroit.

BANCHE, subst. fém. (*banche*), t. de mar., fond de roches tendres et unies dans la mer ; pierre tendre et feuilletée ; glaise durcie par la mer. — T. de maçonnerie. Voy. **BANCHES**.

BANCHÉE, subst. fém. (*banché*), matières employées en une fois pour former un mur de pisé.

BANCHES, subst. fém. plur. (*banche*), chez les maçons-piseurs, tables en carré long formé d'ais de sapins, dont la longueur détermine celle des moules, et dont la hauteur est de deux pieds et demi.

BANCHROFT, subst. mas. (*bankrofete*), t. d'hist. nat., sorte d'oiseau-mouche de la Guyane.

BANCHUS, subst. mas. (*bankuce*), t. d'hist. nat., insecte de l'ordre des hyménoptères de Linnée.

BANCKSIES, subst. fém. plur. (*bankci*), t. de bot., plantes de la famille des protées. — On écrit aussi *banksie*.

BANCO, subst. mas. (*banko*), mot emprunté de l'italien, dans certaines villes de commerce, pour distinguer les valeurs en *banque* des valeurs courantes. — L'*Académie* n'en fait qu'un adj.

BANCOL, subst. mas. (*bankole*), t. de bot., plante de Madagascar.

BANCOUL, subst. mas., au fém. **BANCOULE** (*bankoule*), t. de bot., fruit du *bancoulier*.

BANCOULIER, subst. mas. (*baukoulié*), t. de bot., plante de l'ordre des tithymaloïdes.

BANCROCHE, adj. et subst. des deux genres (*bankroche*), t. de mépris, qui a les jambes tortues. Fam.

BANCUDU, subst. mas. (*bankudu*), t. de bot., espèce d'arbre des Moluques.

BANDA, subst. mas. (*banda*), t. d'hist. nat., espèce de poisson.

BANDAGE, subst. mas. (*bandaje*), circonvolution de *bandes* autour de quelque partie du corps blessée, luxée, fracturée. — Il se dit particulièrement d'une sorte de *bande* d'acier élastique, attachée autour des reins pour contenir les descentes ou hernies. On appelle *bandage simple* celui dont on se sert pour une descente qui n'est que d'un côté, et *bandage double* celui qui est garni de deux pelottes contre la double hernie. — *Bandage* se prend aussi pour l'art de *bander* : *ce chirurgien entend très-mal le bandage*. — En t. de fondeurs, on appelle *bandage* un assemblage de plusieurs *bandes* de fer plat qu'on applique sur les moules des ouvrages qu'on veut jeter en fonte, pour empêcher qu'ils ne s'écrasent et ne s'éboulent par leur propre pesanteur. — *Bandage du battant*, en passementerie, est une grosse noix de bois plate, percée de plusieurs trous dans sa rondeur, et de quatre autres trous dans son épaisseur. Il y a aussi le *bandage du métier à franges*, qui est attaché au derrière du métier, et qui sert, par la mobilité d'une petite poulie placée à son extrémité, à faire lever et baisser alternativement les licettes des luisants et des chaînettes qui ornent la tête des franges. — *Bandes* de fer attachées aux jantes des roues de voiture, etc. — On le dit aussi des pièces qui servent à *bander* une arme à feu.

BANDAGISTE, subst. des deux genres (*bandajicete*), celui, celle qui fait ou qui vend des *bandages*, surtout des *bandages* herniaires. — On appelle *chirurgien bandagiste* celui qui s'occupe de la perfection des *bandages* et qui les applique.

BANDE, subst. fém. (*bande*) (suivant les uns, du lat. *pandus*, fait de *pandere*, déplier, éten-

dre; suivant d'autres, du grec du Bas-Empire *βανδον*, dont on a fait, dans la basse latinité, *bandum*, drapeau, enseigne de gens de guerre), morceau d'étoffe, de toile, de papier, etc., long et étroit, dont on se sert pour *bander* et pour envelopper quelque chose. — *Mettre sous bande*, en parlant d'un livre, d'un journal, d'une brochure, etc., entourer un livre, etc., d'une ou plusieurs *bandes* de papier. — On l'applique par extension à certaines choses plus longues que larges : *une bande de terre, une bande de gazon*, etc. — Lien de fer. — Ornement plus long que large qu'on joint à des meubles : *bande de velours* ; *un lit de bandes*, etc. Voy. LISIÈRE.—En t. d'archit., on appelle *bandes* des membres d'archit. qui ont un peu de saillie; et on le dit aussi, en parlant des édifices bâtis de briques, des bandeaux de cette matière qu'on voit aux pourtours ou dans les trumeaux des croisées. On appelle *bande de colonne* le bossage dont on orne quelquefois le nu des ordres rustiques, comme on voit aux galeries du vieux Louvre, du côté de la rivière. — T. d'astron., *bandes de Jupiter*, bandes obscures qu'on aperçoit, au moyen des lunettes, sur le disque de la planète de Jupiter. Quelques astronomes les attribuent à des inondations de terres, à la formation de nouvelles mers, etc. ; suivant *Herschell*, ce sont des nuages. — *Bandes de Saturne*, certaines bandes semblables à celles de Jupiter, mais plus faibles. — En t. de salines, on dit *bandes de toises*, pour dire les cercles de fer par lesquels le haut des poêles est ceint et terminé. — Les pâtissiers appellent *bandes* de petits cordons de pâte étendus en croix sur une tourte. Ils disent aussi *bande de tour*, pour désigner le morceau de pâte qui se met autour d'une tourte pour en contenir le dedans. — Dans l'imprimerie, deux morceaux de fer poli, de la longueur du berceau, placés à égale distance, et sur lesquels roule le train de la presse. — On appelle *clou à bandes* une sorte de clou dont on se sert pour la construction des carrosses et des charrettes. — En t. de sellier, on nomme *bandes de selle* deux pièces de fer plates, larges de trois doigts, clouées aux arçons pour tenir la selle en état. — Plusieurs carreaux de suite en forme de *bande*. — Six cervelas attachés au bout l'un de l'autre. — Les serruriers et autres ouvriers en fer appellent *bandes* divers morceaux de fer plats, étroits et longs, qu'ils forgent pour attacher, fortifier et soutenir plusieurs ouvrages de menuiserie, charpente et maçonnerie. — Les côtés intérieurs d'un billard : *il faut toucher la bande; cette bande fait sauter*.—En anat. : *bandes ligamenteuses*, bandes adhérentes à la tunique membraneuse du cœcum. — En t. de chir., *bande* se dit d'une ligature beaucoup plus longue que large, qui sert à tenir quelque partie du corps enveloppée et serrée, pour la maintenir dans un état sain, ou le lui procurer.—En t. de mar., côté : *ce vaisseau est à la bande*, sur le côté pour être radoubé. *Il donne la bande*, il se couche sur un de ses côtés par la force du vent, etc. *Mettre à la bande*, passer tous les poids d'un côté du vaisseau, pour qu'il demeure incliné de ce côté. *Bande du nord, bande du sud*, le côté du nord, le côté du sud, par rapport à la ligne. — En t. de blason, pièce honorable de l'écu qui descend du haut de la partie droite au bas de la partie gauche. — Troupe, compagnie : *bande de voleurs ; les oiseaux vont d'une bande, tout par bande ; aller en bande*. — On appelait autrefois en France les vingt-quatre violons de la musique du roi *la grande bande des violons*. Voy. TROUPE. — On le disait anciennement au plur. pour : troupe de gens de guerre : *les bandes espagnoles ; le prévôt des bandes*, le prévôt de l'armée. — On le dit encore des troupes, dans un sens général : *nos vieilles bandes, les valeureuses bandes de la garde*. — Parti ou ligue : *il est d'une autre bande*. — *Bande noire*, compagnie de spéculateurs qui achettent les vieux monuments pour les démolir. — On dit : *faire bande à part*, se séparer de ceux avec lesquels on était en liaison ou en compagnie. Fam. — T. d'hist. nat., *bande blanche*, espèce de tortue. — *Bande d'argent*, espèce de poisson. — *Bande noire*, serpent esculape, qui a une *bande* noire entre les yeux. — C'est aussi le nom d'un insecte qui a une *bande* noire sur le dos. — Poids de Guinée, qui équivaut à deux onces de France.

BANDÉ, E, part. pass. de *bander*, et adj., enveloppé. — On dit fig., *avoir l'esprit bandé*, occupé, appliqué. — Se dit, en t. de blas., d'un écu divisé également, entre deux émaux, en six parties, par des lignes diagonales dans le sens de la *bande*.

BANDEAU, subst. mas. (*bandô*), *bande* qui sert à ceindre le front et la tête : *bandeau de toile : un turban est une espèce de bandeau*. — *Bandeau* se dit de la partie d'une couronne de souverain qui la termine circulairement par en bas, et, par extension, de la couronne même : *le bandeau royal*. — Médicament externe qu'on applique sur le front. — *Bande* qu'on met sur les yeux pour empêcher de voir. En ce sens, on dit fig. : *avoir le bandeau sur les yeux*, être prévenu ou aveuglé par la passion. — En t. d'archit., c'est une architrave ou moulure qui s'étend depuis un imposte jusqu'à l'autre, en se courbant en arc pardessus une poutre ou une fenêtre.—En t. d'art militaire, *bandeau* est une des pièces de la ferrure de l'affût du canon, appliquée sur le flasque à l'endroit de la crosse, pour fortifier cette partie. — En t. de menuiserie, il signifie une planche mince et étroite qui est au pourtour des lambris par le haut, où elle tient lieu de corniche quand il n'y en a point. — Myth., *bandeau* sur les yeux. Voy. FORTUNE, CUPIDON, FAVEUR.

BANDÉE, mot employé autrefois pour *bannée* (rac. *ban*), qui serait le véritable terme, subst. fém. (*bandé*), annonce des vendanges.

BANDÈGE, subst. mas. (*bandèje*), espèce de table à petits rebords et ordinairement sans pieds. Inus.

BANDELETTE, subst. fém. (*bandelète*) (diminutif de *bande*), petite *bande* : *les bandelettes d'un maillot*. — On le dit surtout de celles qui étaient attachées à la coiffure des faux dieux, de celles dont les prêtres païens se ceignaient le front, et de celles dont on ornait les victimes. — En archit., sorte d'ornement. — T. d'hist. nat., genre de vers plats de l'ordre des intestinaux.

BANDÉ, E, part. pass. de *bander*, et adj. (*bandé*) : *j'irais là les yeux bandés*. — T. de blas., se dit d'une pièce couverte de *bandes* : *écu bandé de tant de pièces, bandé d'or et de sable*, etc.

BANDER, v. act. (*bandé*), lier et serrer avec une *bande*, ou un bandeau, ou une *bandelette* : *bander une plaie, bander les yeux*. — Tendre avec effort : *bander un arc, un ressort ; le vent bandait les voiles*. En ce sens il est quelquefois neutre : *cette corde bande trop*. — Mettre un fusil, un pistolet en état de tirer. — T. de jeu de paume : *bander une balle*, prendre avec la raquette une balle qui roule, et la jeter dans les filets. On dit aussi en ce sens, *jouer à bander*, et *bander à l'acquit*, pour dire, jouer à qui paiera les frais de la paume, en poussant la balle de cette sorte. — En t. d'archit., *bander* signifie assembler les voussoirs et les claveaux, et les fermer avec la clef. *Bander une arche*, mettre la clef à une arche de pont, et la serrer à force de coins de bois et d'éclats de pierre. — On dit *bander un câble*, pour dire : faire tourner le treuil d'un gruau ou la roue d'une grue, pour élever un fardeau. — En t. de bijoutiers, *bander* se dit de l'action de redresser une moulure. — T. de mar., *bander une voile*, y coudre des morceaux de toile en travers, afin qu'elle dure plus long-temps. — Dans les manuf. de soie, et chez les passementiers, on dit *bander le semple*, pour dire : tendre les cordes du semple, de manière qu'on puisse prendre librement les cordes que le lacs amène.— — Au jeu de trictrac, *bander les dames*, mettre une grande quantité de dames sur la même flèche. — T. de pâtissier, *bander des tourtes*, y mettre de petites *bandes* de pâte. — *Bander une caisse de tambour*, en tendre la peau; et fig., *bander la caisse, les voiles*, partir, s'enfuir. Fam. et prov. — *Bander au vent* se dit, neut., en t. de vieille faucon., d'un oiseau qui se tient sur les chiens en faisant la crécerelle. — *Bander* se dit aussi neut., en parlant de l'érection naturelle de la verge. — *Bander*, fig., soulever, roidir contre... : *il a bandé tout le monde contre moi*. — *Bander* son esprit, appliquer son esprit avec contention. — *se* BANDER, v. pron., s'opposer, se roidir opiniâtrément contre quelqu'un, lui être tout-à-fait contraire : *ils se sont tous bandés contre leurs supérieurs*. Peu usité en ce sens.

BANDEREAU, subst. mas. (*banderô*), cordon qui sert à porter une trompette en bandoulière.

BANDERET, subst. mas. (*banderè*), autrefois titre des quatre chefs de la milice du canton de Berne. Inus.

BANDEROLÉ, E, part. pass. de *banderoler*.

BANDEROLER, v. act. (*banderolé*), attacher des banderolles au mât d'un vaisseau, au sommet d'un édifice, etc.

BANDEROLLE (*l'Académie* écrit BANDEROLE), subst. fém. (*banderole*), petite enseigne qu'on arbore au haut des navires.—Espèce d'étendard qui sert d'ornement : *un pain bénit orné de banderolles*. — Morceau de taffetas avec frange, attaché à la branche de la trompette. — Petite planche de bois ou feuille de fer-blanc, sur laquelle est coté le tarif du bois et du charbon à brûler.—Sorte de courroie de cuir attachée à deux boucles du fusil, dont le soldat se sert pour porter cette arme en *bandoulière*. On dit aussi *bandoulière*. — Baudrier de la giberne.

BANDIÈRE, subst. fém. (*bandière*), t. d'art militaire, bannière, pavois : *l'armée était campée en front de bandière*, avec les étendards et les drapeaux. — En t. de mar., espèce de pavois dont on décore les mâts des galères, et sur lesquels sont représentées les armes des souverains.

BANDIMENT, subst. mas. (*bandiman*), t. d'anc. cout., proclamation faite par le sergent d'un haut-justicier.

BANDINETS, subst. mas. plur. (*bandiné*), t. de mar., diminutif de *bandins*. Voy. ce mot.

BANDINGUES, subst. fém. plur. (*bandeingue*), t. de pêche, lignes attachées à la tête d'un filet qu'on tend à la basse eau.

BANDINS, subst. mas. plur. (*bandein*), t. de mar., pieux auxquels on s'appuie quand on est debout dans la poupe.

BANDIT, subst. mas. (*bandi*) (de l'italien *bandito*, banni ou proscrit par un édit ou une proclamation publique appelée *bando*), banni qui se mettait dans une troupe de voleurs. On le disait surtout d'un Italien. En ce sens, il est vieux.—Malfaiteur, vagabond ; et, par extension, homme sans aveu ; libertin : avec cette différence que, outre le dérèglement, *bandit* marque un défaut de probité et de sentiment : *c'est un bandit, un vrai bandit*. — *Être fait comme un bandit*, avoir le visage défait et les vêtements en désordre.—*Vivre comme un bandit*, vivre dans le désordre et le vagabondage.

BANDOIR, subst. mas. (*bandoar*), t. de passementier, bâton qui se passe dans la noix du bandage du battant. — T. de mar., roue pour *bander*.

BANDORA ou **BANDORE**, subst. mas. (*bandora, bandore*), espèce de luth dont on se sert en Russie.

BANDOULIER, subst. mas. (*bandoulié*), homme faisant partie d'une *bande* de brigands dans les montagnes. — Gueux, fripon ; mauvais garnement. — Peu usité.

BANDOULIÈRE, subst. fém. (*bandoulière*), large bande de cuir qui croisait autrefois sur le baudrier, à laquelle les cavaliers attachaient leur mousqueton, et les fantassins leur fourniment de poudre et de balles. Elle n'est plus en usage aujourd'hui dans les troupes, et ce mot ne sert plus guère qu'à désigner l'insigne d'un garde-chasse, d'un garde champêtre : *donner la bandoulière à quelqu'un*, l'établir garde dans une terre ; *porter la bandoulière*, être garde-chasse ; *ôter la bandoulière à un garde*, le casser. — *Porter quelque chose en bandoulière*, porter quelque chose en sautoir, derrière le dos, au moyen d'un cordon, d'une courroie, etc. — T. d'hist. nat., genre de poissons des mers de l'Amérique méridionale et des Indes, ornés de lignes ou *bandes* transversales colorées : savoir : le *labreneustrien*, qui est la *bandoulière* marbrée, et le *labre calops*, qui est la *bandoulière brune*. Les ichthyologistes les nomment *chétodons*. Voy. ce mot.

BANDUKKA, subst. mas. (*banduka*), t. de bot., sorte de câprier de l'Inde.

BANDURE, subst. fém. (*bandure*), t. de bot., plante d'Amérique qui ressemble à la gentiane.

BANEAU, subst. mas. (*banô*). Voy. BANNEAU.

BANG, subst. mas. (*ban*), t. de bot., arbre d'Afrique, dont le fruit sert à faire le vin rouge appelé *makensi*. — Forte dose d'opium que certains Indiens prennent dans leurs aliments avant le combat, pour se rendre furieux.

BANGADA, subst. fém. (*banguada*), t. de bot., plante des Indes orientales.

BANGEMER, subst. mas. (*banjemère*), t. de comm., genre de camelot façonné.

BANGI, subst. mas. (*banji*), t. de bot., arbre des Philippines.

BANGLE, subst. mas. (*banguele*), t. de bot., genre de plantes de la famille des drymyrrhisées.

BANGUE, BANQUE, ou **CHANVRE DES INDES**, subst. mas. (*bangue, banke*), t. de bot., plante des Indes orientales semblable au chanvre, sans parties filamenteuses. Ses feuilles se mâchent et se fument.

BANGUE-DE-BOURGOGNE, subst. fém. (*banguedebourgognie*), t. de comm., espèce d'étoffe.

BANIAHBAU, subst. mas. (*baniabô*), t. d'hist. nat., grive de la Chine.

BANIANS, subst. mas. plur. (*banian*), idolâtres des Indes orientales qui croient à la métempsychose.

BANIOS, subst. mas. plur. (*banioce*), t. de comm., tissus légers en laine.

BANISTÈRE, subst. fém. (*banicetère*), t. de bot., espèce d'arbres et d'arbrisseaux exotiques, la plupart sarmenteux et à fleurs rosacées. Ils croissent dans les Antilles et au Brésil.

BANITAN, subst. mas. (*banitan*), t. de bot., racine des Philippines, employée contre la fièvre et l'asthme.

BANJANS, subst. mas. plur. Voy. **BANIANS**.

BANKARETTI, subst. mas. (*bankarèteti*), t. de bot., nom que l'on a donné au bonduc.

BANK-NOTES, subst. mas. plur. (*bank-note*), billets de paiement d'Angleterre.

BANKSIE, subst. fém. (*bankci*), t. de bot., plante de la Nouvelle-Hollande, de la famille des protéoïdes.

BANKSIENNE, subst. fém. (*bankciène*), t. d'hist. nat., nom spécifique d'une raie.

BANLIEUE, subst. fém. (*banlieu*), du latin barbare *banluga*, ou *banileuga*, qui, dans le moyen âge, a été employé dans le même sens, et qui paraît avoir été formé de *bannum*, ban, proclamation, et *leuca*, lieue; *lieue dans l'étendue de laquelle se publie le ban*), autrefois étendue de la juridiction d'une ville et d'une prévôté où un juge pouvait faire des proclamations. — Aujourd'hui, étendue de pays autour d'une ville, et qui en dépend.

BANNALEC, subst. propre mas. (*banalèke*) bourg de France, chef-lieu de canton, arrond. de Quimperlé, départ. du Finistère.

BANNANIVORE, adj. (*bananivore*), t. d'hist. nat. Vicieux. Voy. **BANANIVORE**.

BANNASSE, subst. fém. (*banace*), t. de salines, espèce de civière.

BANNATTE, subst. fém. (*banate*), t. d'arts et mét., panier de savonnier pour passer les graisses.

BANNE, subst. fém. (*bane*), espèce de manne de branchages, pour mettre le charbon qu'on amène par charroi à Paris. — Toile grossière couvrant les marchandises dans les bateaux, sur les charrettes, etc. — Grande toile qu'on tend au-dessus d'un bateau pour se garantir du soleil et des injures de l'air. — Petite loge que les bateliers construisent sur leur bateau, pour se mettre à couvert. — Sorte de tente que les limonadiers, pâtissiers, etc., appuient sur leurs boutiques, pour mettre les marchandises à l'abri du soleil.

BANNÉ, E, part. pass. de *banner*.

BANNEAU, subst. mas. (*banô*) (dimin. de *banne*), sorte de vase de bois. — Tombereau léger porté sur deux roues, et traîné par des hommes. — Petite *banne*. — Mesure de liquides.

BANNÉE, vieux mot. Voy. **BANDÉE**.

BANNER, v. act. (*bané*), couvrir avec une *banne*.

BANNERET, subst. et adj. mas. (*baneré*), t. de féod., se disait de celui qui avait le droit de *bannière* à la guerre : *chevalier banneret*; *un banneret*.

BANNETON, subst. mas. (*baneton*), t. de boulanger, panier d'osier sans anses, rond et revêtu en dedans d'une toile, où l'on met la pâte pour la faire lever. — Coffre percé pour conserver le poisson dans l'eau.

BANNETTE, subst. fém. (*banète*) (diminutif de *banne*), panier fait de menus brins de bois de châtaignier, pour mettre les marchandises qu'on veut faire voiturer. — T. d'arts et mét., corbeille d'osier destinée à recevoir les bouchons qui sont fabriqués. *Bannette à assortir*, corbeille dans laquelle on distribue les bouchons suivant leur longueur, leur grosseur et leur qualité. — Peaux de taureaux, de vaches, en paquet.

BANNI, E, part. pass. de *bannir*, et adj., exilé, éloigné d'un pays par condamnation; chassé d'une société, d'une maison, etc. — Il est aussi subst. : *obtenir le rappel d'un banni*.

BANNIE, subst. fém. (*bani*), promulgation. Vieux.

BANNIÈRE, subst. fém. (*banière*) (du mot *ban*, qui signifiait l'ordre du prince pour aller en campagne), autrefois étendard carré que faisait porter devant lui un chevalier qui pouvait conduire à la guerre jusqu'à mille hommes d'armes. La *bannière* était chargée des armoiries du chevalier, qui s'appelait alors *banneret*. Dans cette acception, il ne se dit plus guère qu'au fig. : *se ranger*, *marcher sous la bannière de quelqu'un*. — Étendard, pavillon de galère qui sert à reconnaître à quelle nation elle appartient. Pour les vaisseaux, on dit plus souvent et mieux *pavillon* : *arborer la bannière*; *trafiquer sous la bannière de France*. — Aujourd'hui enseigne, drapeau, étendard. — Grand morceau de quelque étoffe garni de frange par les bords, au fond duquel est une figure de saint en broderie, et que l'on porte à la tête des processions. On dit prov. et iron. : *aller au devant de quelqu'un avec la croix et la bannière*, aller au-devant de lui avec appareil; *il faut l'aller chercher avec la croix et la bannière*, il faut beaucoup de démarches pour le faire venir; *il faut*, *il faudra la croix et la bannière pour obtenir cela de lui*, on n'obtient, on n'obtiendra cela de lui que fort difficilement.

BANNIR, v. act. (*banir*) (du français *ban*, dérivé du latin *bannum*, ou de l'allemand *bann*. Voy. **BAN**), condamner par autorité de justice à sortir d'un état, d'une province, d'une ville : *il a été banni de la ville*; *on l'a banni du pays*. — Par extension, chasser, exclure : *on l'a banni de cette société*. — Fig., en parlant des choses, éloigner de soi : *bannir le chagrin*, *la crainte*, etc.; *bannir une idée de son souvenir*. — Rejeter, expulser, exclure : *bannir le luxe*, *le vice*; *bannir le mensonge*; *bannir toute contrainte*; *cette fausse démarche a suffi pour bannir la paix de ce ménage*, etc. — Retrancher, supprimer : *il faut bannir de votre livre tout ce qui peut effaroucher la pudeur*; *faut-il donc bannir de la physique toutes les hypothèses?* — **SE BANNIR**, v. pron., se retirer : *se bannir du monde*. — Pour la synonymie des mots *bannir* et *exiler*, voir **BANNISSEMENT**.

BANNISSABLE, adj. des deux genres (*banіçable*), qui mérite d'être *banni*. Peu usité.

BANNISSEMENT, subst. mas. (*baniceman*), peine consistant à être *banni*. — **BANNISSEMENT, BANNIR; EXIL, EXILER.** (*Syn.*) *Bannissement* et *bannir* diffèrent d'*exil* et d'*exiler*, en ce que les premiers supposent une condamnation faite d'après les formalités légales, et que les seconds expriment un éloignement ordonné par le gouvernement.

BANNISTÉROÏDE, subst. fém. (*banicetéro-ide*), t. de bot., plante de l'île de Ceilan.

BANON, subst. propre mas. (*banon*), village de France, chef-lieu de canton, arrond. de Forcalquier, dép. des Basses-Alpes.

BANQ., abréviation du mot *banque*.

BANQUE, subst. fém. (*banke*), commerce, trafic sur les espèces et le papier. — Lieu où celui qui fait ce trafic exerce sa profession. — État, fonctions du *banquier* : *faire la banque*. — *Faire la banque* se dit aussi des individus non *banquiers* qui escomptent les effets de commerce ou autres. — *Maison de banque*, maison où l'on fait la *banque*. — Caisse publique en certains états ou villes : *banque de France*, *de Venise*, etc. — *Monnaie de banque*, *argent de banque*, *monnaie hors banque*, *argent hors banque*, expressions dont on se sert dans certaines villes de *banque*, comme Amsterdam, Gênes, Venise, où la monnaie comptée en *banque* a une valeur différente de celle qui a cours entre particuliers. — *Avoir un compte en banque*, dans les villes où est établie une *banque*, y avoir des fonds. — *Avoir crédit en banque*, être créancier de la *banque*. — *C'est fête à la banque*, la *banque* est fermée. — *Donner crédit en banque*, charger le compte de caisse des sommes qu'on y verse. — *Écrire une partie en banque*, écrire sur les livres de la *banque* les transports mutuels qui se font entre les créanciers et les débiteurs. Dans ce dernier sens, on nomme *écritures de banque* les sommes pour lesquelles on s'est fait inscrire en *banque*. — Pop., *faire la banque*, agir en personne renarée, madrée. — En certains jeux, 1° les cartes qui restent après qu'on en a donné à tous les joueurs le nombre prescrit (au piquet, etc., on l'appelle *talon* ou *fond*); 2° fonds d'argent que celui qui tient le jeu, ou le *banquier*, a devant lui pour payer ceux qui jouent contre lui : *faire une bonne*, *une mauvaise banque*, gagner ou perdre en tenant le jeu; *faire sauter la banque*, gagner tout l'argent que le banquier a devant lui. — En t. d'impr., paiement qu'on fait aux ouvriers le samedi de chaque semaine. On appelle ce jour le *jour de banque*; et *livre de banque* le livre où l'on détaille l'ouvrage de chaque ouvrier et la somme qui lui revient. Dans cette acception, *faire la banque*, c'est payer à chacun d'eux ce qui lui est dû. — T. d'arts et mét., banc triangulaire sur lequel l'ouvrier en peignes travaille à califourchon. — Dans la passementerie, instrument propre à porter les rochets ou bobines pour ourdir. — Billot où est établie la meule d'acier qui sert à former la pointe des épingles. — Dans les manufactures de soieries, on appelle *banque* le plateau qui fait partie du métier d'étoffes de soie, et qui sert à reposer les navettes quand l'ouvrier cesse de travailler, de même qu'à retenir le tenant de l'ensuple du devant.

BANQUÉ, E, adj. (*banké*), t. de mar., se dit d'un vaisseau qui va à la pêche de la morue sur le *grand banc* de Terre-Neuve.

BANQUEREAU, subst. mas. (*bankerô*) (diminutif de *banc*), petit *banc* de mer.

BANQUEROUTE, subst. fém. (*bankeroute*) (de l'italien *banco rotto*, banc rompu. Voy. au mot **BANC**), t. de comm., cessation de paiement par insolvabilité réelle ou supposée : *il a fait une banqueroute de tant*. — *Banqueroute simple*, occasionée par des fautes graves; *banqueroute frauduleuse*, causée par la mauvaise foi. — La *banqueroute simple* rentre dans la *faillite*, qui se dit en outre de la cessation de paiement résultant de circonstances indépendantes de l'administration de la maison de commerce, et qui, du reste, diffère encore de *banqueroute*, en ce que ce dernier mot marque proprement l'effet de l'insolvabilité, et celui de *faillite* l'acte qui déclare l'insolvabilité ou la cession. La *banqueroute* exprime littéralement la cessation de commerce; la *faillite*, la chute du commerce. La faillite s'appelle encore *banqueroute forcée*. — Par extension, on dit fam., d'une personne qui frustre ses créanciers : *qu'elle leur fait banqueroute*; et fig., *faire banqueroute* signifie : manquer à sa parole, à une promesse, à un rendez-vous, etc. : *nous l'attendions au bal, mais il nous a fait banqueroute*. — *Faire banqueroute à l'honneur*, manquer à l'honneur. Fam. — T. de manuf., défaut dans la tonte du drap.

BANQUEROUTIER, subst. mas., au fém. **BANQUEROUTIÈRE** (*bankeroutié*, *tière*), celui ou celle qui fait *banqueroute*. — Quand ce n'est point d'un *banqueroutier frauduleux* qu'il s'agit, on ne se sert du mot *banqueroutier* que par injure; autrement on dit *failli*.

BANQUEROUTIÈRE, subst. fém. Voy. **BANQUEROUTIER**.

BANQUET, subst. mas. (*banké*) (de l'italien *banchetto*, formé de *banco*, banc, pris, suivant l'*Académie de la Crusca*, dans l'acception de table), festin, repas magnifique. — On dit : *banquet royal*, *banquet des dieux*. — En t. de dévotion, *le banquet des élus*, *de l'Agneau*, c'est la joie de la béatitude céleste; *le sacré banquet*, la sainte eucharistie. — On appelle *banquet des sept sages* un repas où l'on dit que se trouvèrent les sept sages de la Grèce. — En t. d'éperonnier, trou où tient l'embouchure.

BANQUETER, v. neut. (*banketé*), faire un *banquet*, faire bonne chère. Fam. et peu usité.

BANQUETTE, subst. fém. (*bankète*) (de l'italien *banchetto*, diminutif de *banco*, banc), sorte de banc rembourré et sans dossier : *garnir une salle de banquettes*; *les banquettes d'un vestibule*, *d'une galerie*, *d'une salle de spectacle*. — T. de théâtre : *jouer devant les banquettes*, *pour les banquettes*, jouer devant un petit nombre de spectateurs. — T. de fortification, marche d'un pied et demi de hauteur, au bas d'un parapet et par derrière. — Endroit relevé d'un chemin, d'un pont, pour le passage des gens de pied. On l'appelle aussi *trottoir*. — *Banquette* signifie aussi un appui de pierre pratiqué dans l'épaisseur d'une croisée, à l'intérieur. — En hydraulique, *banquette* se dit d'un sentier construit des deux côtés de la cuvette ou rigole d'un aqueduc, pour qu'on puisse y marcher et examiner si l'eau s'arrête ou se perd en quelque endroit. — En t. de jard., on nomme ainsi des palissades à hauteur d'appui. — Dans les manuf. de soieries, on donne ce nom à une partie du métier qui sert de siége à l'ouvrier. — En t. de menuiserie, c'est une boiserie qu'on pratique aux croisées. La partie de dessus s'appelle *dessus de banquette*, et la partie de devant, *devant de banquette*.

BANQUIER, subst. mas. (*bankié*), celui qui fait la *banque*. — Au pharaon, à la bassette, au vingt-et-un, etc., celui qui tient le jeu contre les autres joueurs. Ceux-ci sont appelés *pontes*. — *Banquier en cour de Rome*, celui qui faisait venir les expéditions de la cour de Rome. — On peut faire ce mot féminin dans ses deux premières acceptions : *banquière.*

BANQUISE, subst. fém. (*bankize*), t. de mar., amas de grosses glaces qui, dans les mers du Nord, se trouvent par énormes *bancs*, et arrêtent ou entravent la navigation souvent pendant plusieurs mois.

BANQUISTE, subst. mas. (*bankicete*). On donnait autrefois ce nom à ces espèces de charlatans courant de ville en ville, et vivant aux dépens du public. — On le dit encore aujourd'hui, en mauvaise part, d'une personne madrée, renarée.

BANS, subst. mas. plur. (*ban*), t. de chasse, lits de chiens.

BANSE, subst. fém. (*bance*), grande manne longue et carrée faite de branches d'osier, pour transporter des marchandises.

BANSHÉES, subst. propre fém. plur. (*bancé*), nom de certaines fées chez les Écossais du Nord.

BANTAME, subst. fém. (*bantame*), t. d'hist. nat., poule de Java.

BANTIALE, subst. fém. (*banciale*), t. de bot., plante parasite noire et rouge, qui croît sur les arbres dans les Moluques.

BANUS, subst. propre mas. (*banuce*), t. de myth., l'un des chiens d'Actéon.

BANVIN, subst. mas. (*banvein*) (du français *ban*, proclamation, cri public,et *vin*), t. de féod., droit qu'avait un seigneur de vendre le vin de son crû, à l'exclusion de tout autre de sa paroisse, dans un temps marqué par la coutume. — On l'appliquait aussi à la proclamation indiquant le jour où il était permis aux particuliers de vendre leur vin nouveau.

BANZA, subst. fém. (*banza*), guitare grossière à quatre cordes, dont se servent les nègres.

BANWAL, subst. mas. (*banvale*), t. de bot., arbrisseau de Ceilan, dont les tiges servent à attacher les bœufs.

BAOBAB, subst. mas. (*baobabe*), t. de bot., arbre de la famille des malvacées. Il vient d'Afrique, mais il a été fort heureusement transplanté en Asie et en Amérique. On le regarde comme le plus gros des végétaux connus : on en a vu de trente-quatre pieds de diamètre; et l'on prétend qu'il vit plusieurs milliers de siècles. Son fruit, appelé *pain du singe*, a dix-huit pouces de long sur cinq ou six de large.

BAPAUME, subst. mas. (*bapôme*), t. de mar., se dit : 1° d'un vaisseau qui ne peut plus gouverner faute de vent, et qui est en calme plat; 2° d'un vaisseau en désordre dans son gréement, de sorte qu'il ne peut pas s'orienter. Vieux. — Subst. propre fém., ville de France, chef-lieu de canton, arrond. d'Arras, dép. du Pas-de-Calais.

BAPTÊME, subst. mas. (*batéme*) (du grec βαπτισμὸς, immersion, dérivé de βάπτω, je lave, je plonge dans l'eau, parce que dans l'origine on baptisait en plongeant dans l'eau), sacrement qui consiste ordinairement à verser de l'eau sur la tête en prononçant certaines paroles sacramentelles, et qui, suivant la doctrine de l'Église, efface le péché originel et unit à Jésus-Christ ceux qui le reçoivent : *baptême par immersion*, *baptême par aspersion ; le baptême, l'immersion dans l'eau, la purification par l'eau,est de la plus haute antiquité.*—*Baptême de sang*, martyre des catéchumènes qui mouraient pour la foi avant d'être *baptisés.* — *Baptême de désir*, désir d'être *baptisé*, que les théologiens regardent comme donnant droit à la grace du *baptême*, quand, au moment de la mort, on désire ardemment le *baptême de l'eau*, sans pouvoir l'obtenir. — *Baptême* se dit aussi de la cérémonie qu'on fait sur les cloches en leur imposant un nom, et les consacrant au service divin. — T. de mar., *baptême de la ligne* ou *du tropique*, cérémonie ridicule qui consiste à jeter une grande quantité d'eau sur ceux qui passent sous la ligne pour la première fois.

BAPTES, subst. mas. plur. (*bapete*) (du grec βάπτω, je plonge dans l'eau), t. d'hist. anc., prêtres de la déesse Cotytto adonnés à l'infamie et aux débauches nocturnes. On les nommait ainsi, parce qu'ils plongeaient dans l'eau tiède ceux qu'ils initiaient à leurs honteux mystères. — Les *Baptes* ou *plongeurs*, nom d'une comédie d'Eupolis, où il raillait d'une manière sanglante les principaux personnages du gouvernement d'Athènes.

BAPTISÉ, E, part. pass. de *baptiser* et adj., qui a reçu le *baptême.*

BAPTISER, v. act. (*batizé*) (du grec βάπτω, je lave, je plonge dans l'eau), donner, conférer le *baptême.* — Il se dit quelquefois de la cérémonie seulement, abstraction faite du sacrement : *nous avons fait baptiser cet enfant,qui n'avait été qu'ondoyé.* — Prov. et abusivement, donner un sobriquet à quelqu'un. — Bénir une cloche et lui donner un nom. On le dit également par rapport aux vaisseaux. — On dit prov. et fam., d'une affaire qui n'avance point, à laquelle surviennent sans cesse de nouveaux obstacles, etc., que *c'est un enfant bien difficile à baptiser.* — En t. de mar., dans la cérémonie burlesque du *baptême de la ligne*, faire passer un homme entre les gens de l'équipage, qui ont chacun un seau d'eau qu'ils lui jettent sur la tête. — *Baptiser son vin*, y mettre de l'eau. — **SE BAPTISER**, v. pron., se donner un sobriquet.

BAPTISIE, subst. fém. (*batizi*), t. de bot., espèce de plante tirée des crotalaires.

BAPTISMAL, E, adj., au plur. **BAPTISMAUX**, (*baticemal*), qui appartient au *baptême.*—*Baptismal et baptismaux* ne se disent que dans ces phrases : *robe*, *eau*, *grace*, *innocence baptismale; fonts baptismaux.* Voy. **FONTS.** — *La robe baptismale* était une robe blanche que portait anciennement, pendant huit jours, le nouveau *baptisé.*

BAPTISMAUX, adj. plur. (*baticemô*). Voy. **BAPTISMAL.**

BAPTISTÈRE et non pas **BAPTISTAIRE**, adj. (*baticetère*) (dérivé du latin *baptisterium*, il ne laisse aucun doute sur son orthographe, qui ne doit pas être assujétie au bon plaisir de l'un ou de l'autre) : *registre baptistère*, registre sur lequel on inscrit le nom de ceux qu'on *baptise.* — *Extrait baptistère*, acte tiré de ce registre, qui fait foi qu'on a été *baptisé* en tel temps, en tel lieu, etc. En ce sens il est aussi subst. : *il justifie par son baptistère qu'il est majeur.* — Subst., autrefois, petite église près des cathédrales, où l'on administrait le *baptême.*

BAPTISTES, subst. mas. plur. (*baticete*), t. d'hist. ecclés., anciens sectaires qui se versaient mutuellement de l'eau sur la tête dans diverses cérémonies.

BAPTUS, subst. mas. (*bapetuce*), t. d'hist. nat., sorte de terre bitumineuse.

BAQUET, subst. mas. (*baké*) (du français *bac*, dont *baquet* est diminutif. Peut-être devrait-on écrire *bacquet* d'après cette étymologie), petit cuvier de bois qui a les bords fort bas. — En t. de carrier, c'est la même chose que le *bourriquet.* — T. d'arts et mét., *baquet à laver*, grande pierre creusée de quelques pouces, où les imprimeurs portent les formes après l'impression, pour nettoyer les caractères. — T. de jard., petit vaisseau de bois rond, carré ou oblong, rempli de terreau, sur lequel on sème des graines particulières. — T. de relieur et de doreur, demi-muid où l'on entretient, avec de la cendre et de la poussière de charbon, une chaleur douce et suffisante pour sécher la dorure. — Les chaudronniers appellent *baquet* tout vaisseau de cuivre qui est imparfait.— Chez les graveurs, caisse dont ils se servent pour faire couler et mordre l'eau-forte sur les planches. —Chez les marbreurs de papier, boîte carrée, plate, sans couvercle, où ils versent de l'eau gommée et répandent des couleurs pour composer la marbrure du papier. — *Baquet magnétique*, grand vaisseau de bois, fermé d'un couvercle percé, sur les bords et dans toute sa circonférence, de trous d'où s'élèvent des tringles de fer poli, terminées en pointes émoussées, arrondies et recourbées, alternativement les unes plus courtes, les autres plus longues. Cet appareil servait à *Mesmer*, etc., à magnétiser en grand.

BAQUETÉ, E, part. pass. de *baqueter.*

BAQUETER, v. act. (*baketé*), ôter l'eau d'un bateau avec une pelle. — T. de jard., arroser à la pelle.

BAQUETTE, subst. fém. (*bakète*), t. d'arts et mét., tenaille pour tirer à la filière.

BAQUETURES, subst. fém. plur. (*baketure*), le vin qui tombe d'un tonneau en perce dans un *baquet* placé dessous, lorsqu'on le met en bouteilles.

BAQUIER, subst. mas. (*bakié*), t. de bot., nom de l'arbre à coton ; coton.

BAQUOIS, subst. mas. (*bakoa*), t. de bot., espèce de plantes exotiques qui ressemblent aux ananas.

BAR, subst. mas. (*bar*), t. d'hist. nat., nom d'un poisson qui se prend à la ligne et au filet. Il est excellent à manger. — Espèce de bateau dont on se sert sur la rivière d'Aube. — Subst. propre, nom de plusieurs villes de France. — Village de France, chef-lieu de canton, arrond. de Grasse, dép. du Var.

BAR, mieux **BARD** dans la première acception seulement, subst. mas. (*bar*), caisse, civière dont les *bardeurs* se servent pour porter leur ciment. — Millier, mesure de poids à la côte de Coromandel, équivalant à 480 livres. — Mesure de pesanteur qui, dans le premier système de division, était égale à un certain poids cubique d'eau.

BARACAN, subst. mas. (*barakan*), t. de comm., forte étoffe de laine. Voy. **BOURACAN.**

BARACAQUE, subst. mas. (*barakake*), religieux du Japon, continuellement en prières et en méditations.

BARACHOIS, subst. mas. (*barachoa*), t. de mar., petit enfoncement sur les côtes des îles, dans les deux Indes.

BARACOOTO, subst. mas. (*barakooto*), t. d'hist. nat., espèce de poisson que l'on pêche à Tabago.

BARADAS, subst. mas. (*baradace*), t. de jard., œillet d'un beau rouge foncé.

BARAGOUIN, subst. mas. (*baraguouein*) (du bas-breton *bara*, pain, et *guin*, vin), langage imparfait et corrompu : *je ne comprends pas son baragouin.* — Il se dit abusivement des langues qu'on n'entend pas : *ces Allemands nous étourdissent par leur baragouin.*

BARAGOUINAGE, subst. mas. (*baraguouinaje*), a le même sens que *baragouin*, mais se dit plus communément d'une manière de parler vicieuse, embrouillée, qui rend ce que dit une personne difficile à comprendre : *tout son discours n'était qu'un baragouinage.* Fam.

BARAGOUINÉ, E, part. pass. de *baragouiner*: *ce discours a été baragouiné de telle manière que...*, c'est-à-dire : a été tellement mal prononcé que...

BARAGOUINER, v. act. (*baraguouiné*), parler mal une langue. — Abusivement, parler une langue étrangère devant des personnes qui ne l'entendent pas.—*Baragouiner un discours*, le mal prononcer. — *Baragouiner l'anglais*, le mal parler. — *Baragouiner* est plus usité au neutre : *cet homme ne fait que baragouiner.*

BARAGOUINEUR, subst. mas., au fém. **BARAGOUINEUSE** (*baraguouineur*, *neuze*), celui ou celle qui *baragouine*, qui parle mal une langue, qui la prononce mal : *c'est un baragouineur importun; on ne peut rien comprendre à ce que dit cette baragouineuse.* Fam.

BARAGOUINEUSE, subst. fém. Voy. **BARAGOUINEUR.**

BARAL, subst. mas. (*barale*), t. d'hist. nat., chenille des Philippines. — Ancienne mesure de liquides qui contenait 45 pichets.

BARALIPTON, subst. mas. (*baralipeton*), t. de logique, ancien mot barbare pour désigner une sorte d'argument.

BARALLOTS, subst. mas. plur. (*baralô*), t. d'hist. ecclés., hérétiques italiens qui mettaient en commun leurs biens, leurs femmes et leurs enfants.

BARAMARÉCA, subst. mas. (*baramaréka*), t. d'hist. nat., plante du Sénégal.

BARANDAGE, subst. mas. (*barandaje*), espèce de pêche défendue par les ordonnances.

BARANGE, subst. mas. (*baranje*), t. d'hist., chez les Grecs du Bas-Empire, officier qui gardait les clefs de la ville où se trouvait l'empereur. — En t. de salines, mur placé en dedans du fourneau, pour la séparation des bois et des braises.

BARANGUES ou **VARANGIENS**, subst. mas. plur. (*barangue*, *varanjiein*), t. d'hist. du moyen-âge, gardes des empereurs grecs.

BARAPHONIE, subst. fém. Vicieux. Voy. **BARYPHONIE.**

BARAQUE, subst. fém. (*barake*) (de l'espagnol *barraca*, cahute de pêcheur sur les bords de la mer), hutte que font les soldats, en campagne, pour se mettre à couvert.—Abri que les pêcheurs se construisent. — Petit logement; réduit de planches ; échoppe de bois ; petite boutique ouverte : *les baraques de la foire.* — C'est un t. de dénigrement, en parlant d'une maison mal bâtie : *sa maison, dont il parle tant, n'est qu'une baraque.* — Les domestiques disent fig. d'une maison où ils sont mal payés, mal nourris : *c'est une baraque.* — Les ouvriers le disent aussi d'un atelier où l'on ne fait que des ouvrages de peu de valeur et où ils sont mal payés : *je n'ai travaillé qu'un mois dans cette baraque.*

BARAQUEMENT, subst. mas. (*barakeman*), action de se *baraquer.*

BARAQUÉ, E, part. pass. de *baraquer.*

BARAQUER, v. neut. (*baraké*), faire des *baraques* pour s'y loger. — Il se dit act. en parlant des soldats : *baraquer des soldats*. — *se* **BARAQUER**, v. pron., se faire des *baraques*.

BARAQUETTE, subst. fém. (*barakète*), t. de mar., râteau de poulie d'un navire. — En t. de médec., catarrhe épidémique.

BARAQUILLE, subst. fém. (*barakiie*), t. de cuisine, pâtisserie de farce de perdrix, de poulardes, de riz de veau, de truffes, de champignons, etc.

BARAS BLANC DES ARABES, subst. mas. (*barace-blan-dèz-arabe*), t. de médec., sorte de lèpre.

BARAT, subst. mas. (*bara*). Nous trouvons ce mot dans *Boiste* : il semble être le même que *baratterie*. C'est aussi le nom que l'on donne à un fief turc.

BARATAIRE, subst. mas. (*baratère*), chez les Turcs, celui qui possède un fief, un *barat*.

BARATAS, subst. mas. (*baratace*), t. d'hist. nat., espèce de rat.

BARATE, subst. fém. (*barate*). Vicieux. Voy. **BARATTE**.

BARATH, subst. fém. (*barate*), t. de bot., sorte de racine des Indes.

BARATHRE, subst. mas. (*baratre*) (en latin *barathrum*), gouffre profond à Athènes, en forme de puits, où l'on précipitait les criminels condamnés à mort. Le fond de ce précipice était hérissé de pointes.

BARATTE, subst. fém. (*barate*) (de l'espagnol *barattar*, brouiller), espèce de baril qui va en diminuant de largeur par en haut, et dans lequel on bat le beurre. — *Baratte rotative*, voiture nouvellement inventée, dans laquelle on fabrique le beurre chemin faisant. — Sangle en croix sur une maison, et en mer sur le mât de misaine, pour les fortifier contre le vent.

BARATTÉ, E, part. pass. de *baratter*.

BARATTER, v. act. (*baraté*), remuer, agiter du lait dans une *baratte* pour y faire du beurre.

BARATTERIE, subst. fém. (*barateri*), t. de mar., fausse indication de route ou supposition d'accidents de mer, pour frauder dans les assurances maritimes.

BARBACANE, subst. fém. (*barbakane*), en t. d'archit., ouverture étroite et longue en hauteur, pratiquée dans un mur de terrasse pour faire écouler l'eau. On l'appelle aussi *canonnière* ou *ventouse*. — En t. de fortifications, ouvrages avancés d'une place ou d'une citadelle. — Meurtrière, petite ouverture pour tirer sur l'ennemi.

BARBACÉNIA, subst. fém. (*barbacénia*), t. de bot., plante du Brésil.

BARBACOLLE, subst. mas. (*barbakole*), ancien nom du jeu de hasard appelé aujourd'hui *pharaon*. — Pédant (*La Fontaine*) (selon *Boiste*, du lat. *barbam colens*, qui a soin de sa barbe, qui en fait dépendre sa gloire).

BARBACOU, subst. mas. (*barbakou*) (nom composé de *barbu* et *coucou*), t. d'hist. nat., coucou noir de Cayenne.

BARBAGANT, subst. mas. (*barbaguan*), t. d'agric., dernière façon donnée à une vigne.

BARBAR., abréviation des mots *barbare* ou *barbarisme*.

BARBARALEXIS, subst. fém. (*barbaralékcice*) (du grec βαρϐαρος, barbare, et λεξις, mot), figure de rhét. qui consiste dans la réunion d'un mot étranger avec un mot de la langue dans laquelle on s'exprime.

BARBARASSE, subst. fém. (*barbarace*), t. de mar., bosse à croc.

BARBARE, subst. et adj. des deux genres (*barbâre*) (du latin *barbarus*, pris du grec βαρϐαρος, étranger, qui parle mal). Les Grecs appelaient *barbares* toutes les nations qui ne parlaient pas leur langue, ou du moins qui ne parlaient pas aussi bien qu'eux, sans excepter les Égyptiens, à qui ils étaient redevables d'une partie de leurs sciences et de leurs arts. Plus tard, ils ne se servirent plus de ce mot que pour marquer l'opposition qui se trouvait entre eux et les nations chez lesquelles la civilisation n'avait pas fait de progrès, qui croupissaient dans l'ignorance, et dont les mœurs étaient dures et sauvages. — Les Latins donnèrent le même sens à leur mot *barbarus* : ils nommaient *barbares* tous les autres peuples, excepté les Grecs, qu'ils reconnaissaient pour une nation savante et policée, plus reconnaissants en cela que les Grecs eux-mêmes. — Quant à nous, 1° nous donnons à peu près au mot *barbare* les deux acceptions qu'il avait chez les Grecs : *manière de parler barbare ; terme barbare ; style barbare*, manière de parler, termes, style, impropres, contraires à l'usage, à l'analogie, etc. ; *langue barbare*, imparfaite, rude, choquant l'oreille, etc. ; *peuple barbare*, peuple sauvage, grossier, ignorant, sans civilisation : *ce sont des peuples barbares qui conquirent l'empire romain*. — Nous disons aussi substantivement *les barbares, un barbare : la religion d'un barbare consiste à offrir à ses dieux le sang de ses ennemis*. On entend en outre par *un barbare* un homme ignorant, grossier, sans esprit et sans goût. On ne le dira pas d'un homme ignorant qui a du goût et de l'esprit naturel, mais on pourra le dire d'un homme, même d'esprit et de savoir, dépourvu de goût. 2° Le mot *barbare* a pris chez nous, par extension, le sens de cruel, inhumain, etc., et nous l'appliquons aux choses comme aux personnes : *homme barbare ; action barbare ; qu'il n'attende de ses vainqueurs aucune miséricorde, ce sont des gens barbares ; les jeux du cirque étaient des spectacles barbares ; c'était une coutume barbare ; la religion des druides était souillée par des superstitions barbares ; âme barbare ; cœur barbare*. Il est aussi subst. dans ce sens : *vous avez agi avec eux sans pitié, vous êtes un barbare*.

BARBARÉE, subst. fém. (*barbaré*), t. de bot., plante connue sous le nom de Sainte-Barbe.

BARBAREMENT, adv. (*barbâreman*), d'une façon barbare, cruelle : *il a été traité barbarement ; c'est parler barbarement*. Peu usité.

BARBARESQUE, adj. et subst. des deux genres (*barbarèceke*), se dit des peuples qui habitent la *Barbarie*, contrée d'Afrique, du côté de la Méditerranée : *un Barbaresque ; les Barbaresques ; les nations barbaresques ; les pirateries des Barbaresques*. — Subst. mas., t. d'hist. nat., espèce d'écureuil de *Barbarie*.

BARBARICAIRE, subst. mas. (*barbarikère*), brodeur en tapisserie qui, avec de la soie de différentes couleurs, fait des représentations de diverses figures. Peu usité.

BARBARIE, subst. fém. (*barbari*), état d'un peuple dépourvu de civilisation par suite de son ignorance des arts, des lettres et des sciences : *la barbarie du huitième siècle ; siècles, temps de barbarie ; les ténèbres de la barbarie ; être plongé dans la barbarie*. — État encore grossier d'un art : *à telle époque la peinture était dans la barbarie ; notre théâtre était dans la barbarie à l'apparition de Corneille*. — *Barbarie de langage, de style*, etc., grossièreté, impropriété de langage, de style, etc. — Par extension, cruauté, inhumanité : *les vainqueurs eurent beaucoup de barbarie pour les vaincus ; il y a plus que de l'impertinence et de la lâcheté, il y a de la barbarie à railler une personne timide*, etc. — Acte de barbarie : *commettre une barbarie ; toutes vos barbaries finiront par être connues*, etc. — **BARBARIE, CRUAUTÉ, FÉROCITÉ** (*Syn.*) La *barbarie* livre à la mort les victimes de ses passions ; la *cruauté* fait précéder la mort par des tortures ; la *férocité* jouit de leur spectacle. — Subst. propre fém., grande contrée de l'Afrique septentrionale.

BARBARIN, subst. mas. (*barbarein*), t. d'hist. nat., petit barbeau, poisson du genre silure.

BARBARINE, subst. fém. (*barbarine*), t. de bot., espèce de courge. Voy. **COURGE**.

BARBARISER, v. neut. (*barbarizé*). Quelques *Dictionnaires* donnent à ce mot le sens de pécher contre la langue. Inus.

BARBARISME, subst. mas. (*barbariceme*) (en grec βαρϐαρισμος, formé de βαρϐαρος, étranger), faute de langage consistant, soit en mots forgés : *dégoûtation*, pour *chose dégoûtante ; cochonier*, pour *homme sale* ou *sans délicatesse*, etc. ; soit en mots altérés : *je le lui donna*, pour *je le lui donnai ; amicablement*, pour *amicalement*, etc. ; soit en mots improprement appliqués : *j'y suis été*, pour *j'y suis allé ; une affaire conséquente*, pour *une affaire importante ; je vous promets cela*, pour *je vous certifie cela*, etc. ; soit en locutions choquantes et bizarres : *il fait chaud comme une caille : en algèbre vous êtes fort comme un Turc*, etc.

BARBAROU et **BARBARON**, selon *Laveaux*, subst. mas. (*barbarou*), t. de jard., sorte de raisin appelé aussi *raisin d'Afrique*.

BARBASTELLE ou **BARBASTELLO**, subst. mas. (*barbacetèle ; télelo*), t. d'hist. nat., espèce de chauve-souris du genre vespertilion.

BARBAYER, barbarisme de *Raymond*, qui renvoie de ce mot à *barbéier*, qui nous semble en être un second ; c'est *barbeyer* qu'il faut écrire.

BARBE, subst. fém. (*barbe*) (en lat. *barba*, qui a la même signification), poil du menton et des joues : *barbe blanche, barbe vénérable ; se peindre la barbe ; un plat à barbe ; ne porter qu'un bouquet de barbe*. — Fig. et fam., *une jeune barbe*, un jeune homme ; *une vieille barbe, une barbe grise*, un vieillard. — On dit à un jeune homme ou d'un jeune homme qui veut faire l'entendu, qu'*il a la barbe trop jeune*. — *Jours de barbe*, jours où l'on se fait, où l'on se fait faire la barbe. — *Faire la barbe à quelqu'un*, le braver ; lui faire affront ; ou l'effacer en esprit, en talent, etc. (de l'usage de la plupart des peuples anciens de porter la *barbe* longue, ce qui leur faisait attacher du déshonneur à l'avoir rasée.) — *Faire une chose à la barbe de quelqu'un*, la faire en sa présence et comme en dépit de lui. — *Rire dans sa barbe*, être bien aise de quelque chose et n'oser le faire paraître, rire sous cape. Toutes ces expressions sont du style fam. ou prov. — Longs poils de certains animaux : *barbe de bouc, de chat, de lièvre, de chèvre*. — Les petits morceaux de chair qui pendent sous le bec du coq. — Les fanons de la baleine. On le dit ordinairement au plur. — En parlant d'un turbot, d'une barbue, et de quelques autres poissons plats, on appelle *barbes* les cartilages qui leur servent de nageoires. — On nomme *barbes d'épi* les pointes des épis ; *barbes de plume*, les petits filets qui tiennent au tuyau des plumes. — On appelle *barbes* des bandes de toile ou de dentelle qui pendent aux cornettes des femmes. — *Barbe* se dit de la partie extérieure de la bouche du cheval. — Sorte de maladie ou d'excroissance de chair qui vient aux chevaux. — *Barbe* se dit aussi du duvet formé par la moisissure des confitures gâtées, et des petites parties ou grains de limaille qui restent attachés aux corps métalliques après qu'on les a limés, et qui s'enlèvent ensuite avec la pierre ou avec le brunissoir. — En t. de serrurier, espèce de dent pratiquée à un des côtés du pêne d'une serrure. — En t. de mar., on appelle *barbes d'un vaisseau* les parties du bordage de l'avant, vers l'endroit où l'étrave se joint à la quille. — *Sainte-Barbe*, endroit du vaisseau où l'on met la poudre ; la chambre où les canonniers se tiennent, du côté de la poupe. *Tirer le canon en barbe*, le tirer par-dessus le parapet. — Ce qui demeure aux débords des monnaies. — Bord d'une feuille de papier qui n'a pas été coupée. — T. d'astron., les rayons que darde une comète vers la partie du ciel où son mouvement paraît la porter. — Subst. mas., cheval de la côte d'Afrique appelée *Barbarie*. Il est aussi, dans cette dernière acception, adj. des deux genres : *un cheval, une jument barbe*.

BARBÉ, E, adj. (*barbé*), se dit, en t. de blason, des coqs et des dauphins dont la *barbe* est d'un autre émail que le reste du corps.

BARBEAU, subst. mas. (*barbô*), t. d'hist. nat., poisson de rivière ainsi nommé à cause de ses barbillons. Il est de l'ordre des poissons osseux. — Insecte. — T. de bot., plante qui croît parmi les blés, et dont la fleur est bleue. On l'appelle aussi *bluet*. Il s'emploie adject. dans cette expression : *Bleu barbeau*, bleu clair.

BARBE-DE-BOUC, subst. fém. (*barbe-de-bouke*), t. de bot., plante bisannuelle, à fleur demi-fleuronnée, qui croît dans les prés, et qu'on nomme aussi *barbe-de-vieillard, salsifis sauvage* ou *des prés*. — Au plur., des *barbes-de-bouc*.

BARBE-DE-CAPUCIN, subst. fém. (*barbe-de-kapucein*), t. de bot., nom vulgaire de la nigelle de Damas, et de la chicorée sauvage qui a poussé dans une cave. — Au plur., des *barbes-de-capucin*.

BARBE-DE-CHAT, subst. fém. (*barbe-de-cha*), t. de bot., plante à petites fleurs blanches.

BARBE-DE-CHÈVRE, subst. fém. (*barbe-de-chèvre*), t. de bot., espèce de spirée. — Au plur., des *barbes-de-chèvre*.

BARBE-DE-DIEU, subst. fém. (*barbe-de-dieu*), t. de bot., c'est la même chose que le barbon. — Au plur., des *barbes-de-Dieu*.

BARBE-DE-JUPITER, subst. fém. (*barbe-de-jupitère*), t. de bot., arbrisseau du midi de l'Europe, dont les feuilles et les jeunes rameaux sont couverts d'un duvet luisant, soyeux et argenté. — Au plur., des *barbes-de-Jupiter*.

BARBE-DE-MOINE ou **CUSCUTE**, subst. fém. (*barbe-de-moène*), t. de bot., plante que l'on emploie dans les maux de rate. — Au plur., des *barbes-de-moine*.

BARBE-DE-RENARD, subst. fém. (*barbe-de-renar*), t. de bot., espèce d'astragale épineux qui croît dans les parties méridionales de l'Europe, et que Linnée a cru être celle qui fournit la gomme *adragant*.—Par suite, on a donné le nom de *barbe-de-renard-de-Crète* à une autre espèce de ce genre qui donne réellement de la gomme, et qui croît en Crète. Voy. ADRAGANT. — Au plur., des *barbes-de-renard*.

BARBE-DE-VIEILLARD, subst. fém. (*barbe-de-viéiar*), t. de bot. Voy. BARBE-DE-BOUC. — Au plur., des *barbes-de-vieillard*.

BARBE-ESPAGNOLE, subst. fém. (*barbèce-pagniole*), t. de bot., plante parasite qui croît sur les arbres voisins de la mer, à Saint-Domingue, à la Jamaïque, au Brésil et dans la Virginie. On la nomme aussi *caragate musciforme*. — Au plur., des *barbes-espagnoles*.

BARBELÉ, E, adj. (*barbelé*), se dit des traits ou flèches qui ont des dents ou pointes dans leurs ferrures.

BARBELET, subst. mas. (*barbelè*), t. de pêche, outil qui sert à faire les haims.

BARBÉNIE, subst. fém. (*barbénî*), t. de bot., plante de Madagascar.

BARBERIE, subst. fém. (*barberî*), art de raser et de couper les cheveux. — Dans les couvents, lieu où l'on rase. Vieux et inusité.

BARBERIN, subst. mas. (*barberein*), t. d'hist. nat., genre de poisson. Voy. SURMULET.

BARBEROT, subst. mas. (*barberô*), t. de mépris mauvais barbier.

BARBET, subst. mas., au fém. **BARBETTE** (*barbè, bète*), chien à poil frisé, qui va à l'eau. — Il se dit aussi adjectiv. : *chien barbet*. — On dit fam. d'un homme très-crotté, qu'*il est crotté comme un barbet*, et d'un homme qui en suit un autre partout, qu'*il le suit partout comme un barbet*.— Il se dit fam. d'une personne que l'on soupçonne d'être un espion.

BARBETS, subst. mas. plur. (*barbé*) (du mot vénitien *barba*, oncle, nom que les Vénitiens donnaient à leurs ministres, réservant exclusivement à Dieu le nom de père), restes des anciens Vaudois et Albigeois retirés dans les vallées du Piémont. — Brigands, contrebandiers, habitants des Pyrénées et des Alpes.

BARBETTE, subst. fém. (*barbète*), sorte de guimpe qui couvre le sein d'une religieuse. — En t. de mar., cordage qui, sur les galères, fait l'office du grelin sur les vaisseaux. — Batterie d'un navire sans encaissement.—En t. de fortification, espèce de plate-forme d'où l'on tire le canon à découvert: *tirer à barbette*. — On dit aussi *batterie à barbette*, et, adjectivement, *batterie barbette*.— On appelle aussi *barbette* le canon que l'on tire de cette manière.

BARBEYER, BARBOTER ou **FRISER**, v. neut. (*barbéié*), t. de mar., se dit du vent lorsqu'il rase la voile, et de la voile, lorsqu'elle est agitée par ondulations. Voy. BARBOTER.

BARBEZIEUX, subst. propre mas. (*barbezieu*), ville de France, chef-lieu d'arrond., dép. de la Charente.

BARBICAN, ou **BARBICONI**, subst. mas. (*barbikan, koni*), t. d'hist. nat., oiseau gallinacé des pays chauds.

BARBICHE-COAQUILLE, subst. fém. (*barbiche-koaki-ie*), t. de bot., cacao de Saint-Domingue.

BARBICHON, subst. mas. (*barbichon*) (diminutif de *barbet*), petit *barbet*. — T. d'hist. nat., gobe-mouches de Cayenne.

BARBICONI, subst. mas. Voy. BARBICAN.

BARBIER, subst. mas., au fém. **BARBIÈRE** (*barbié, bière*), celui, celle dont la profession est de faire la *barbe*.—*Barbier étuviste*, *barbier perruquier*, *barbier de village*. — Prov. et fam., *un barbier rase l'autre*, les gens d'une même profession se favorisent mutuellement. —En t. d'hist. nat., on appelle *barbier* un poisson du genre des lutjans.

BARBIERS, subst. mas. plur. (*barbié*), t. de méd., douleurs rhumatismales désignées sous ce nom au Malabar.

BARBIFÈRE, adj. des deux genres (*barbifère*), (du lat. *barba* et *fero*, je porte), qui a de la *barbe*. —Subst. fém., t. de bot., c'est la même chose que la *barbule*.

BARBIFIÉ, E, part. pass. de *barbifier*.

BARBIFIER, v. act. (*barbifié*), raser, faire la *barbe*. Fam. — *se* BARBIFIER, v. pron., se faire la *barbe*. Fam.

BARBILLE, subst. fém. (*barbi-ie*), t. de monnaie, filament au flan des monnaies.

BARBILLON, subst. mas. (*barbi-ion*) (dimin. de *barbeau*), t. d'hist. nat., espèce de *barbeau*. —Ce qui pend en forme de moustache ou de *barbe*, au bout et aux côtés de la gueule de certains poissons. — Petite languette de l'hameçon qui empêche le poisson de se débarrasser. — Au plur., t. de vét., replis membraneux de la bouche du cheval, du bœuf, que, par erreur, on regardait jadis comme une maladie de l'animal.

BARBILLONNÉ, E, part. pass. de *barbillonner*.

BARBILLONNER, v. act. (*barbi-ioné*), t. de pêche, relever la languette ou le *barbillon* des haims.

BARBINADE, subst. fém. (*barbinade*), mauvais petit livre. Inus.

BARBION, subst. mas. (*barbion*), petit barbu.

BARBITON, subst. mas. (*barbiton*), t. d'hist. anc., instrument de musique des anciens, que plusieurs ont confondu avec la lyre.—On l'a aussi appelé *Lesbien*, *Lesboum*, *Baramyton* et *Barmos*.

BARBON, subst. mas. (*barbon*), t. de dénigrement, vieillard. — On dit d'un jeune homme trop sérieux pour son âge, qu'il fait *le barbon*. — En t. de bot., plante graminée, qui comprend une cinquantaine d'espèces.

BARBONNAGE, subst. mas. (*barbonaje*), qualité du *barbon*. Inus.

BARBONNE, subst. fém. (*barbone*), t. d'hist. nat., poisson de mer ressemblant à la perche.

BARBOT, subst. mas. (*barbô*), nom qu'on donnait autrefois sur les galères à celui qui faisait la *barbe* aux forçats.

BARBOTAN, subst. propre mas. (*barbotan*), village du département du Gers, à quatre lieues de Mézin et à huit lieues de Condom, qui possède des eaux et des boues minérales.

BARBOTE, mieux **BARBOTTE**. Voy. ce mot.

BARBOTEAU, subst. mas. (*barbotô*), t. d'hist. nat., sorte de poisson cyprin.

BARBOTER, v. neut. (*barboté*) (par onomatopée, du bruit que font les canes en fouillant la boue), fouiller avec le bec dans la bourbe. Il se dit des oiseaux aquatiques. — Par extension, mettre les mains dans l'eau en l'agitant; marcher dans la boue de manière à se crotter. — Fig., *nous barbotions dans un cloaque de préjugés*. — *Barboter*, en t. de mar., se dit d'un bâtiment qui prend la mer debout, étant au plus près du vent, lorsqu'il fait peu de chemin, et que son avant enfonce, par le tangage, dans de grosses lames courtes.

BARBOTEUR, subst. mas. (*barboteur*), nom donné aux canards privés, pour les distinguer des canards sauvages. — Fig., adj. mas., au fém. *barboteuse*, qui fait des choses malpropres. — Il est aussi subst. dans ce sens : *c'est un barboteur*, *c'est une barboteuse*.

BARBOTEUSE, subst. fém. (*barboteuze*), qui *barbotte*; femme prostituée; raccrocheuse des rues. Bas et pop. — Adj. et subst. fém. Voy. BARBOTEUR.

BARBOTINE, subst. fém. (*barbotine*), pâte de porcelaine délayée. — Sorte de poudre contre les vers.— Nom du *semen-contra*, donné aux sommités de l'absinthe de Judée.

BARBOTTE, subst. fém. (*barbote*), t. d'hist. nat., sorte de poisson d'eau douce : il ressemble à la *lote*, mais il a le bec plus mince et la queue plus menue.

BARBOUILLAGE, subst. mas. (*barbouiaje*), ouvrage de *barbouilleur*; enduit grossier de peinture sur un mur, un plafond, etc. — Mauvaise peinture; mauvaise écriture : *ce tableau*, *cette page*, *n'est qu'un barbouillage*. —Au fig., discours obscur, embrouillé; récit mal fait : *on ne peut rien comprendre à son barbouillage*.

BARBOUILLÉ, E, part. pass. de *barbouiller*. *chez les Grecs*, *les premiers acteurs*, *barbouillés de lie*, *fredonnaient*, *sur des charrettes*, *les louanges de Bacchus*.

BARBOUILLÉE, subst. fém. (*barbouié*). On dit prov. et bassement, d'une personne qui tient un propos déraisonnable et fort ridicule, qu'*elle se moque de la barbouillée*. — On le dit aussi de ceux qui, ayant bien fait leurs affaires, se moquent de tout ce qui peut arriver, etc.

BARBOUILLER, v. act. (*barbouié*) (du lat. barbare *barbulare*, fait de *barbula*, diminutif de *barba*, barbe; *salir*, *souiller sa barbe*. *Barbouiller*, en effet, a été dit primitivement des bouffons qui, dans la farce, se couvraient de farine la face et la *barbe*), salir, souiller, tacher : *barbouiller le visage à quelqu'un*; *barbouiller d'encre*, etc. — Poser grossièrement des couleurs : *barbouiller un mur*, *un plafond*, *une porte*, etc. —Fam. : *il se croit auteur parce qu'il a barbouillé beaucoup de papier*. — On dit encore, par dénigrement : *on a barbouillé beaucoup de papier dans ce procès*. — Fig. et fam., *barbouiller un récit*, le rendre d'une manière confuse et embrouillée. — *Barbouiller*, v. neut., peindre mal, sans art, sans goût, sans intelligence : *il ne peint pas*, *il barbouille*. — On le dit aussi de celui qui forme mal ses lettres.— Parler d'une manière confuse : *il barbouille tellement*, *qu'on ne comprend rien de ce qu'il dit*. — En t. d'imprimerie, on dit qu'*un ouvrier barbouille*, quand les feuilles qu'il imprime sont salies de noir sur les marges, ou qu'il y a des taches d'encre sur les pages. On dit aussi, dans ce cas, qu'*une feuille est barbouillée*. — *se* BARBOUILLER, v. pron. : *se barbouiller de suie*, *de farine*, *de lie*, etc. — Fig. et fam., manquer de mémoire, en parlant d'un orateur. — Ternir sa réputation : *il s'est bien barbouillé dans le monde*. — *Se barbouiller de grec et de latin*, faire un amas confus d'érudition grecque et latine.—*Le temps se barbouille*, se charge de nuages.

BARBOUILLEUR, subst. mas., au fém. **BARBOUILLEUSE** (*barbouieur, ieuze*), artisan qui, avec une brosse, peint grossièrement des portes, des fenêtres, etc. — Au fig., mauvais peintre; méchant auteur; homme qui forme mal ses lettres.— *Barbouilleur* se dit aussi d'un homme qui parle beaucoup sans suite et sans raison.

BARBOUILLEUSE, subst. fém. Voy. BARBOUILLEUR.

BARBOUILLON, adj. et subst. mas. (*barbouion*), mauvais musicien. Inusité en ce sens. — Enfant qui *barbouille* tout de son encre. Fam. — Mauvais artiste. Fam.

BARBOUQUET, subst. mas. (*barbouké*). Voy. BARBUQUET.

BARBOUTE, subst. fém. (*barboute*), t. de raffinerie de sucre, moscouade chargée de sirop; gros grain de sucre à refondre.

BARBU, subst. mas. (*barbu*), t. d'hist. nat., oiseau gallinacé des pays chauds, qui ressemble au barbican. Voy. BARBICAN.

BARBU, E, adj. (*barbu*), qui a de la *barbe*.—En t. de bot., il se dit des épis des graminées lorsqu'ils sont hérissés de *barbes* ou de filets.

BARBUE, subst. fém. (*barbu*), t. d'hist. nat., sorte de poisson de mer semblable au *turbot*.— T. de jard., marcotte ou sarment avec sa racine. T. de bot., nielle sauvage.

BARBULE, subst. fém. (*barbule*), t. de bot., arbrisseau odorant de la Chine.

BARBUQUET, subst. mas. (*barbuké*), écorchure ou petite gale qui vient sur le bord des lèvres.

BARBURES, subst. fém. plur. (*barbure*), en t. de fonderie, inégalités qu'on aperçoit sur une pièce fondue.

BARBYLE, subst. mas. (*barbile*), t. de bot., arbre de la Jamaïque, réuni aux trichilies.

BARCA, subst. mas. (*barka*), t. de bot., c'est la même chose que le jaquier.

BARCADE, subst. fém. (*barkade*), troupe de chevaux achetés pour être embarqués.

BARCAH, subst. propre mas. (*barka*), grande contrée de la Barbarie.

BARCALLAO, ou **BARLIAU**, subst. mas. (*barkaleao*; *barliô*), t. d'hist. nat., espèce de morue semblable à celle de Terre-Neuve.

BARCALON, subst. mas. (*barkalon*), t. d'hist. moderne, titre du premier ministre de Siam.

BARCAMAN, subst. mas. (*barkaman*), t. de bot., turbith des Arabes.

BARCAROLLE, subst. fém. (*barkarole*) (de l'italien *barcarolo* ou *barcaruolo*, conducteur de barque, gondolier), chanson en langue vénitienne, que chantent les gondoliers à Venise. — Danse sur un des airs de ces sortes de chansons. — Air dans le goût des *barcarolles*.

BARCASSE, subst. fém. (*barkace*) (dimin. de *barque*), t. de mar., qualification dérisoire d'un mauvais bâtiment.

BARCE, subst. fém., **BARCEL**, subst. mas. (*barce*, *barcèle*), t. de mar., sorte de canon dont on s'est servi sur mer.

BARCELONNAIS, E, adj. et subst. (*barcelonè*, *nèze*), qui est de *Barcelonne*.

BARCELONNE, subst. propre fém. (*barcelone*), grande ville et place forte considérable du royaume d'Espagne. — Ses relations commerciales avec les pays étrangers sont immenses. — *Barcelonne* fut le théâtre de grands massacres en 1836.

BARCELONNETTE, subst. propre fém. (*barce-*

lonète), ville de France, chef-lieu d'arrond., dép. des Basses-Alpes. — Lit d'un enfant qui sert à le *bercer*. Vicieux. Voy. BERCELONNETTE.

BARCHAUSIE, subst. fém. (*barchôzi*), t. de botan., sorte de plantes tirées des *crépides* de Linnée.

BARCILLONNETTE, subst. propre fém. (*barcilonète*), village de France, chef-lieu de canton, arrond. de Gap, dép. des Hautes-Alpes.

BARD, subst. mas. (*bår*), civière renforcée qui sert dans les ateliers à porter les pierres, le moellon et les autres matériaux nécessaires. — En t. de blas., poisson mis dans les armoiries.

BARDACHE, subst. mas. (*bardache*), terme obscène qui répond à *sodomite*. Inus.

BARDACHISÉ, E, part. pass. de *bardachiser*.

BARDACHISER, v. act. (*bardachisé*), commettre le crime de sodomie. Inus.

BARDALE, subst. fém. (*bardale*), nom que les bardes donnaient à l'alouette.

BARDANE, subst. fém. (*bardane*), t. de bot., plante annuelle à fleur composée, flosculeuse, qui croît dans les prés, les chemins, etc.

BARDAQUE, subst. fém. (*bardake*), vase de terre poreuse dont on se sert en Égypte pour faire rafraîchir l'eau.

BARDARIOTTE, subst. mas. (*bardariote*), t. d'hist. anc., garde des empereurs grecs.

BARDE, subst. fém. (*barde*), armure qui autrefois couvrait le poitrail et la croupe du cheval. — Longue selle qui n'a ni fer, ni bois, ni arçons, faite de grosse toile piquée et bourrée. — T. de cuisine, tranche de lard mince et large dont on couvre certaines volailles.— Subst. mas. (du vieux mot gaulois *baren*, chanter). prêtre et poète gaulois ou celte, qui chantait les belles actions des hommes illustres. — Par extension, il se dit encore quelquefois d'un poète héroïque.

BARDÉ, E, part. pass. de *barder* et adj. (*bardé*), se dit, en t. de blas., d'un cheval caparaçonné : *cheval bardé d'argent*. — T. de cuisine: *chapon bardé*, etc. — Fig. et fam. : *bardé de cordons*, décoré de beaucoup d'ordres ; *bardé de ridicules*, ridicule à l'excès.

BARDEAU, subst. mas. (*bardô*), petit ais qu'on emploie au lieu de tuile pour couvrir les maisons. On dit aussi *aissantes*, *aisseaux et aissis*. — Dans l'imprimerie, casseau de décharge. — Vieilles douves.

BARDÉES D'EAU, subst. fém. plur. (*bardédô*), t. de salpêtrier, trois demi-muids d'eau qu'on jette dans les cuviers, pour faire le salpêtre ou pour le raffiner.

BARDELLE, subst. fém. (*bardèle*), sorte de selle faite de grosse toile piquée de bourre. — T. d'arts et mét., bras du banc du verrier.

BARDENOCHE, subst. fém. (*bardenoche*), sorte d'étoffe fabriquée en France.

BARDER, v. act. (*bardé*), armer un cheval d'une *barde*. Inusité.— En t. de cuisine, *barder un chapon*, le couvrir de *bardes* de lard. — Charger des pierres, des bois, etc., sur un *bard* : *barder des pierres*, *du bois*, *du fumier*.— Par extension, on dit aussi *barder des pierres*, pour : charger des pierres sur un petit charriot.

BARDESANITES, subst. mas. plur. (*bardezanite*) (de *Bardesane*, chef de secte), t. d'hist. eccl., hérétiques du second siècle, qui soumettaient les hommes et Dieu même au destin.

BARDEUR, subst. mas. (*bardeur*), celui qui porte un *bard*, une civière, qui traîne les pierres sur de petits charriots dans les grands ateliers des maçons.

BARDIS, subst. mas. (*bardi*), t. d'archit. navale, petite charpente, ou planches légères qu'on fait en forme de demi-toit, tout le long du vibord du vaisseau, lorsqu'on veut virer. — Bâtardeau fait de planches sur le haut bord d'un vaisseau.

BARDIT, subst. mas. (*bardi*. L'*Académie* veut que l'on fasse sentir le T ; nous ne sommes point de cet avis), chant de guerre des anciens Germains. On peut croire que ce mot vient de ce que ces chants étaient composés par les *bardes*.

BARDOT, subst. mas. (*bardô*), petit mulet marchant avant les autres, monté par le muletier, et chargé de ses ustensiles et de ses provisions. On donne généralement ce nom à l'animal né de l'ânesse et du cheval. — Au fig., et fam., personne sur qui les autres se déchargent de leur besogne, ou, par extension, qui est l'objet des railleries d'une société.

BARDOTTIER, subst. mas. (*bardotetié*), t. de bot., plante de la famille des hilospermes. — On la nomme aussi nattier, ou: bois à nattes.

BARDOU, subst. mas. (*bardou*), lourdaud. Vieux.

BARÉGE, subst. mas. (*baréje*), léger tissu de laine non croisée.— Subst. propre, ville de France célèbre par ses eaux minérales.

BARÉGINE, subst. fém. (*baréjine*), t. d'hist. nat., substance glaireuse découverte dans la vase des eaux de Barége.

BARÊME, subst. mas. (*barême*). Nom propre de l'auteur d'un livre contenant des calculs tout faits. Ce mot manque dans tous les *Dictionnaires*.

BARENCOCO, subst. mas. (*bareinkoko*), t. d'hist. nat., sorte de gomme résine de Madagascar.

BARENTON, subst. propre mas. (*baranton*), bourg de France, chef-lieu de canton, arrond. de Mortain, dép. de la Manche.

BARET, subst. mas. (*baré*), cri d'un éléphant ou d'un rhinocéros. Mieux BARRIT.

BARETER, v. neut. (*bareté*), se dit de l'éléphant quand il crie. — Crier comme un éléphant. *Barrir* vaut mieux.

BARETTE, subst. fém. (*barète*), t. d'horloger, vicieux. Voy. BARRETTE.

BARFOULS, subst. mas. (*barfoule*), t. de comm., étoffe qui se fait chez les nègres de la rivière de Gambie.

BARGACHE, subst. mas. (*barguache*), t. d'hist. nat., sorte de moucheron.

BARGE, subst. fém. (*barje*), t. d'hist. nat., oiseau maritime de passage qui ressemble au courlis. — Pile ou meulon de foin. — Morceau de menu bois. — Petit bateau de pêche à fond plat, à mât et à voiles, en usage sur la Loire, etc.

BARGELACH, subst. mas. (*barjelak*), t. d'hist. nat., oiseau de Tartarie, de la grosseur d'un faucon.

BARGUETTE, subst. fém. (*barguète*), sorte de bateau d'environ quarante pieds de longueur, pour passer les chevaux. — Espèce d'armoire pour les mets et la pâtisserie. — Sorte de pâtisserie.

BARGUIGNAGE, subst. mas. (*barguigniaje*), difficulté à se résoudre, à prendre un parti ; hésitation. Fam.

BARGUIGNER, v. neut. (*barguignié*) (du latin barbare *barcaniare*, employé par les auteurs de basse latinité dans le sens de marchander, et dérivé de *barca*, esquif avec lequel les marchands allaient et venaient du port à tel ou tel navire pour faire leurs marchés), hésiter, ne pas prendre de parti, avoir de la peine à se fixer, à se déterminer, particulièrement dans un achat, un traité, une affaire.

BARGUIGNEUR, subst. mas., au fém. BARGUIGNEUSE (*barguignieur*, *gnieuze*), celui ou celle qui *barguigne*. Fam.

BARGUIGNEUSE, subst. fém. Voy. BARGUIGNEUR.

BARHARHA, subst. mas. (*barara*), t. de bot., arbre de Madagascar.

BARI, subst. propre mas. (*bari*), ville d'Italie, dans le royaume de Naples.

BARICOÏTE, subst. fém. (*bariko-ite*), vicieux. Voy. BARYCOÏE.

BARICOT, subst. mas. (*bariko*), fruit de Madagascar. — On appelle ainsi une boisson de ce pays.

BARICOTIER, subst. mas. (*barikotié*), t. de bot., arbre fruitier très-haut, de Madagascar, qui produit les *baricots*.

BARIGA, subst. mas. (*bariguâ*), t. de comm., soie commune de l'Inde.

BARIGEL ou BARISEL, subst. mas. (*barijèle*, *barizèle*), à Rome et à Modène, chef des sbires et des archers.

BARIGOULE, subst. fém. (*bariguoule*), t. de bot., nom d'un agaric comestible, et du panicaut. — Préparation culinaire de l'artichaut.

BARIGUE, subst. mas. (*barigue*), t. de fabricant de filets, nasse de figure conique.

BARIL, subst. mas. (*bari*, même devant une voyelle (de l'ancien mot gaulois *barr*, qui signifie non-seulement *barre* et *barrière*, mais encore tout ce qui sert à renfermer quelque chose), sorte de petit tonneau. — *Baril d'huile*, *d'anchois*, etc., *baril* plein d'huile, d'anchois. — *Baril* se dit, dans le commerce, pour exprimer une certaine quantité de marchandises : ainsi, *baril anglais* signifie une mesure de vin contenant cent vingt-six des anciennes pintes de Paris ; *baril de Florence*, une mesure de liqueur qui contient vingt bouteilles ; *baril de harengs*, une mesure qui contient ordinairement mille harengs ; *baril de savon*, un poids de deux cent cinquante-deux livres. — En t. d'art militaire, on appelle *barils foudroyants* des tonneaux ordinaires que l'on remplit d'artifice pour brûler les travaux de l'ennemi ; *barils à bourse*, des *barils* couverts de cuir où le canonnier tient la poudre fine. — Les tonneliers appellent *baril* un instrument sur lequel ils posent leurs douves quand ils veulent les rogner avec la scie. — Les artificiers appellent *baril de trompes* l'assemblage de plusieurs trompes disposées sur un rond de bois qui leur sert de base, et que l'on garnit de différentes espèces d'artifice, tant d'eau que d'air, comme grenouillères, plongeons, fusées volantes de grosseurs proportionnées, lardons, serpenteaux et étoiles.

BARILLAGE, subst. mas. (*bariiaje*), t. de mar., collection des *barils* d'un vaisseau. — Action de mettre du vin en bouteilles ou en pots, pour le faire entrer dans une ville. Peu usité.

BARILLARD, subst. mas. (*bari-iar*), t. de mar., officier de galère qui a soin du vin et de l'eau. — Ouvrier qui travaille aux futailles sur les ports de mer. Dans ce dernier sens on dit *barillat*, selon *Boiste*.

BARILLAT, subst. mas. (*bariia*). Voy. BARILLARD.

BARILLE, subst. fém. (*bariie*), t. de bot., plante des Indes dont on tire la soude d'Alicante et d'Espagne. — Elle s'appelle aussi la soude.

BARILLET, subst. mas. (*bari-ié*), diminutif de *baril*), en t. de mar., petit *baril*. — En t. d'anat., cavité assez grande qui se trouve derrière le tambour de l'oreille.— En t. d'hydraul., corps de bois arrondi en dedans et en dehors, avec un clapet posé sur le dessus ; piston d'une pompe à bras, qui n'a point de corps de pompe, mais qui joue dans un tuyau de plomb, et tire l'eau par aspiration d'un puits ou d'une citerne. — En t. d'horlog., espèce de boîte cylindrique, ou tambour dans lequel est renfermé le grand ressort d'une montre, d'une pendule. — En t. de tabletier ou de bijoutier, petite boîte ou petit bijou en forme de *baril*. — En t. de cordiers, étui de bois qui renferme leur jauge. — En t. d'hist. nat., on appelle *grand* et *petit barillet* deux coquilles univalves terrestres.

BARILLON, subst. mas. (*bari-ion*), t. de faïencier, instrument composé d'un petit *baril* arrêté à l'extrémité d'un bâton, dont on se sert pour transporter l'eau chargée de terre. — En t. d'hydraul. Voy. PÈSE-LIQUEUR.

BARIOLAGE, subst. mas. (*bariolaje*), assemblage de diverses couleurs mises d'une façon bizarre et sans ordre. Fam.

BARIOLÉ, E, part. pass. de *barioler* et adj., bigarré.

BARIOLÉE, subst. fém. (*bariolé*), t. de bot., sorte de plante de différentes couleurs.

BARIOLER, v. act. (*bariolé*) (du latin barbare *variolatus*, fait par corruption de *variegatus*, bigarré de diverses couleurs), peindre de diverses couleurs, mais sans règle et bizarrement. Il est principalement employé au part. pass. : *habit bariolé*, de diverses couleurs mal assorties. — *se* BARIOLER, v. pron., se peindre la figure de diverses couleurs.

BARIOLURE, subst. fém. (*bariolure*), mouchetture. Voy. BIGARRURE.

BARIOSME, subst. fém. (*barioceme*), t. de bot., plante dont le fruit seul est connu.

BARIPYCNI, subst. mas. (*baripikeni*), t. de mus., chez les anciens, cinq des huit sons ou cordes stables de leur système ou diagramme.

BARIQUAUT, subst. mas. Voy. BARRIQUAUT.

BARIQUE, subst. fém. Voy. BARRIQUE.

BARISEL, subst. mas. Voy. BARIGEL.

BARITE, subst. mas. Vicieux. Voy. BARYTE.

BARITEAUX, subst. mas. plur. (*bariló*), toiles d'Amérique qui servent à tamiser la farine.

BARITIE, subst. fém. (*barici*), t. de bot., plante de l'Amérique septentrionale.

BARITON. Voy. BARYTON.

BARITONER. Voy. BARYTONER.

BARJAC, subst. propre mas. (*barjak*), ville de France, chef-lieu de canton, arrond. d'Alais, dép. du Gard.

BARJELADE, subst. fém. (*barjelade*), t. d'agric., mélange de froment, d'avoine, de pois, de fèves de marais, de vesces, que l'on fauche en vert pour les bestiaux.

BARJOLS, subst. propre mas. (*barjol*), ville de France, chef-lieu de canton, arrond. de Brignolles, dép. du Var.

BAR-LE-DUC, subst. propre mas. (*barleduk*), ville de France, chef-lieu du dép. de la Meuse.

BARLIAU, subst. mas. (*barlió*), sorte de morue. On dit aussi *barcallao*.

BARLIN, subst. mas. (*barlein*), t. de manuf., nœud aux deux extrémités d'une soie, pour la tordre, la renouer ou la remettre.

BARLONG, adj. mas., au fém. **BARLONGUE** (*barlon, longue*), défectueusement plus long d'un côté que de l'autre : *manteau barlong, robe barlongue*. — En t. d'archit., plan ou corps dont la base a plus d'étendue à la face qu'aux côtés. — Subst. mas., carré *long* défectueux. Peu usité.

BARLONGUE, adj. fém. Voy. **BARLONG**.

BARLOTIÈRES, subst. fém. plur. (*barlotière*), t. de vitrier, traverses de fer qui, dans les châssis des vitraux, sont moins fortes d'épaisseur et de face que la traverse dormante.

BARNABITE, subst. mas. (*barnabite*), clerc régulier de la congrégation de saint Paul.

BARNABOTE, subst. mas. (*barnabote*), dans la république de Venise, noble qui était sans fortune et sans crédit.

BARNACHE, subst. fém. (*barnache*), t. d'hist. nat., oiseau de passage, espèce d'oie ou de canard qui se trouve sur les côtes de la mer.

BARNACLE, BARNAQUE, BARNICLE, subst. fém. (*barnakle, barnake, barnikle*), t. d'hist. nat., nom vulgaire de l'oie barnache.

BARNADÈSE, subst. fém. (*barnadèze*), t. de bot., genre de plantes composées de la famille des labiatiflores.

BARNAQUE. Voy. **BARNACLE**.

BARNE, subst. fém. (*barne*), t. de salines, chaudière dans laquelle on fait le sel.

BARNET, subst. mas. (*barnè*), t. d'hist. nat., coquille univalve du Sénégal.

BARNEVILLE, subst. propre fém. (*barnevile*), bourg de France, chef-lieu de canton, arrond. de Valognes, dép. de la Manche.

BARNFIARD, subst. mas. (*barneflar*), t. d'hist. nat., oiseau aquatique des Indes.

BARNICLE. Voy. **BARNACLE**.

BARNISOTTE, subst. fém. (*barnizote*), t. de bot., espèce de figuier.

BAROCHER, v. act. Voy. **BAVOCHER**.

BAROCHO, subst. masc. (*baroko*), petite monnaie de compte en usage dans la Sicile.

BAROCO, subst. mas. (*baroko*), terme barbare pour indiquer une sorte de syllogisme.

BARODROME, subst. mas. (*barodrome*) (du grec βαρος, poids et δρομος, qui court), voiture marchant sans chevaux ni mécanisme.

BAROMACROMÈTRE, subst. mas. (*baromakromètre*) (du grec βαρος, poids, μακρος, grand, et μετρον, mesure), instrument de chirurgie qui sert à connaître le poids et la grandeur d'un enfant nouveau-né.

BAROMACROMÉTRIQUE, adj. des deux genres (*baromakrométrike*), qui concerne le *baromacromètre*.

BAROMÈTRE, subst. mas. (*baromètre*) (du grec βαρος, poids, et μετρον, mesure), instrument météorologique, servant à marquer les variations qui arrivent dans la pression de l'air atmosphérique : *baromètre commun ; baromètre diagonal, horizontal, conique, droit, recourbé; baromètre statistique; les mouvements, les variations du baromètre; les phénomènes du baromètre*. On appelle *baromètres capillaires* ceux qui ont moins d'une ligne de diamètre intérieur. Voy. **BAROSCOPE**. — *Baromètre nautique*, t. de mar., tube de verre dans sa garniture en bois, que l'on tient, à bord des bâtiments, suspendu perpendiculairement dans deux petits cercles en cuivre concentriques placés vers le centre de sa longueur, et écarté de tout corps, pour qu'il ait ses vibrations libres au mouvement du bâtiment.

BAROMÉTRIQUE, adj. des deux genres (*barométrike*), t. de phys., qui appartient au *baromètre* : *observations barométriques*.

BAROMÉTROGRAPHE, subst. mas. (*barométroguerafe*) (du grec βαρος, poids, μετρον, mesure, et γραφω, j'écris), *baromètre* inventé par M. *Changeux*, indiquant, par des traces sensibles, les variations qui arrivent dans la pesanteur de l'air, ainsi que le temps précis où elles ont lieu. Il est composé d'un pendule, d'un *baromètre*, et d'un crayon qui marque les hauteurs différentes du mercure. — Celui qui fabrique les *baromètres*.

BAROMÉTROGRAPHIE, subst. fém. (*barométroguerafi*) (même étym.), art, science des *baromètres*; description du *baromètre*.

BAROMETZ, subst. mas. (*baromèze*), t. de bot., racine d'une sorte de polypode de Tartarie qui est très-lanugineuse, à laquelle on donne la forme d'un petit agneau, et sur laquelle on fait des contes absurdes. — On la nomme aussi *agneau de Tartarie* ou *de Scythie*.

BARON, subst. mas., au fém. **BARONNE** (*bâron, rone*) (du latin *baro*, qui, dans la basse latinité, avait la même signification), titre de noblesse d'un degré au-dessus de celui de gentilhomme. — *Baronne*, femme de *baron*, ou qui a une *baronie*.

BARONAGE, et non pas **BARONNAGE**, subst. mas. (*bâronaje*), état, qualité de *baron*. Style burlesque ou comique.

BARONET, et non pas **BARONNET**, subst. mas. (*baroné*) (diminutif de *baron*). — En Angleterre, noble faisant partie d'une classe intermédiaire entre les *barons* et les simples chevaliers.

BARONIE, et non pas **BARONNIE**, subst. fém. (*bâroni*), terre et seigneurie de *baron*.

BARONNE, subst. fém. Voy. **BARON**.

BAROQUE, adj. des deux genres (*baroke*) (de l'espagnol *barrueco*, qui a la même signification, et qui, suivant *Covarruvias*, a été formé du latin *verruca*, verrue, parce que les perles *baroques* ressemblent à des verrues). Il ne se dit au propre que des perles qui ne sont pas d'une rondeur parfaite : *perles baroques*. — Au fig., irrégulier, bizarre, inégal : *caractère baroque, cérémonie baroque*. — On appelle *musique baroque* une musique dont l'harmonie est confuse, le chant dur et peu naturel, l'intonation difficile, et le mouvement contraint.

BAROSANÈME, subst. mas. (*barozanème*) (du grec βαρος, poids, et ανεμος, vent), machine inventée pour connaître la force du vent.

BAROSCOPE, subst. mas. (*bârocekope*) (du grec βαρος, poids, et σκοπεω, j'observe, je considère), instrument qui sert à mesurer les variations du poids de l'air.

BAROT, subst. mas. (*bârô*), t. de mar., on appelle ainsi les pièces de bois qui traversent d'un bord à l'autre du navire, et qui servent à porter les planches du pont.

BAROTÉ, E, adj. (*bâroté*), garni de *barots*. —Un vaisseau *baroté* est proprement un vaisseau dont le fond de cale est rempli jusqu'aux *barots*.

BAROTIER, subst. mas. (*barotié*), voiturier. Vieux.

BAROTIN, subst. mas. (*barotein*), t. de mar., petit *barot* placé entre les baux et les *barots* pour les fortifier. — *Barotins de caillebottis*, petites pièces de bois courbes qui servent à faire les caillebottis.

BAROTTE, subst. fém. (*barote*), t. de tonnelier, vaisseau cerclé de fer pour la vendange. — T. de chim., protoxyde de baryum.

BAROUCHE, subst. fém. (*barouche*), sorte de voiture anglaise.

BAROULON, subst. mas. (*baroulon*). Voy. **BALISIER**.

BAROUTOU, subst. mas. (*baroutou*), t. d'hist. nat., sorte de tourterelle de Cayenne.

BARQUE, subst. fém. (*barke*) (du latin *barca*, même signification), nom générique de plusieurs espèces de bâtiments propres à naviguer, soit sur les rivières, soit sur la mer : *les barques des sauvages du Canada sont faites avec des écorces de bouleau*. — On se sert aussi de *barques* sur les lacs : *d'autres barques furent armées en guerre sur le lac Ladoga*. — *Barque de pêcheur*. — On appelle *barque d'avis* celle qu'on envoie pour porter des nouvelles d'un vaisseau à un autre. — *Barque longue*, petit bâtiment qui n'est point ponté, qui est plus bas de bord que les *barques* ordinaires, aigu par son avant, et qui va à rames et à voiles. —*Barque en fagot*, tout le bois qu'il faut pour construire une *barque*, qu'on porte tout taillé dans un vaisseau, et qu'on peut assembler quand on veut. — On dit fig. et fam. : *la barque fragile de l'innocence*, etc. — On dit encore fig. : *conduire la barque*, être à la tête d'une affaire, d'une entreprise. — *Il a bien conduit sa barque*, il a su ménager sagement sa fortune, etc. — Les brasseurs appellent *barque* un bassin de figure carrée fait avec des planches de chêne, et dans lequel ils mettent leurs métiers quand ils les retirent des chaudières ou des cuves. — Myth., *la barque de Caron, la barque fatale*, nacelle dans laquelle les âmes passaient le Styx pour entrer en enfer. Elle se prend fig. et poét. pour : la mort : *j'approche de la barque fatale*. On dit quelquefois fam. : *la barque à Caron*. Voy. **ENFER** et **CARON**.

BARQUÉE, subst. fém. (*barké*), t. de mar., charge d'une *barque*, dont le port, qui est fixé, forme une sorte de mesure en tonneaux : on règle par *barquées* le nombre de tonneaux que doit prendre un bâtiment pour compléter son lest, etc.

BARQUEROLLE, subst. fém. (*barkerole*) (diminutif de *barque*), t. de mar., sorte de petit bâtiment sans mât. — Canot de plaisance sur l'Adriatique, servant au passage des lagunes.

BARQUETTE, subst. fém. (*barkète*), t. de mar., barquerolle. — Espèce de pâtisserie. — Armoire qui servait autrefois à porter les mets chez les officiers de la maison du roi.

BARR, subst. propre mas. (*bar*), ville de France, chef-lieu de canton, arrond. de Schelestadt, dép. du Bas-Rhin.

BARRA ou **BARRO**, subst. mas. (*bara; barô*), mesure de longueur de moins d'une aune, en Portugal et dans quelques parties de l'Espagne. Elle répond à la verge de Séville.

BARRAGE, subst. mas. (*bâraje*), action de barrer : *les travaux publics, dans une grande ville, occasionnent souvent le barrage des rues*. — Barrière fermant un chemin, une rue, une rivière, etc. : *on a établi un barrage sur ce chemin, dans cette rue, à cause du pavage; sur cette rivière, à cause de la construction du nouveau pont*, etc. — Barrière qu'on ne peut franchir avec des bestiaux sans payer un droit : *vous trouverez un barrage à deux lieues d'ici*. — Droit que l'on paie au *barrage* : *c'est un barrage exorbitant*. — On dit plutôt aujourd'hui : *droit de péage*. — T. de com., sorte de linge ouvré qui se fabrique à Caen. — Espèce de digue construite pour retenir les eaux d'une rivière.

BARRAGER, subst. mas. (*bârajé*), celui qui reçoit le droit de *barrage*. Peu usité.

BARRALDÈJE, subst. fém. (*bâraledèje*), t. de bot., arbrisseau de Madagascar, à feuilles et à rameaux opposés.

BARRAULT, subst. mas. (*bârô*), mesure de liquide en Bourgogne, etc.

BARRAS, subst. mas. (*bareràce*), t. d'hist. nat., galipot ou résine de pin maritime.

BARRE, subst. fém. (*bâre*) (du latin *vara*, que les Espagnols ont conservé dans la même signification), pièce de bois, de fer, etc., étroite et longue: *barre d'appui d'une fenêtre ; barre de sûreté derrière une porte*, etc. — On dit fig. : *c'est de l'or en barre*, en parlant d'une promesse, d'un billet, qui méritent confiance. — En médec., douleur que l'on ressent à l'estomac. — En anat., prolongement extrême de la symphyse du pubis chez les femmes. — En t. de tonnelier, pièce d'un tonneau qui traverse le fond par le milieu. — T. de palefreniers, morceau de bois qui se trouve suspendu dans une écurie entre deux chevaux, pour les séparer l'un de l'autre. — T. de tourneurs, long morceau de bois ou support, sur lequel ils appuient leurs outils quand ils travaillent. — T. de charrons, essieu de fer, qui leur sert pour conduire deux grandes roues à la fois. — T. de menuisiers, pièce de bois qu'ils mettent à une porte, à un contrevent, pour empêcher les planches de se disjoindre. Ils appellent aussi *barres à queue* des pièces de bois qui entrent dans les montants, comme celles des portes de grange. — Les fontainiers appellent *barre de soudure* une pièce étendue en long, composée de plomb et d'étain, et qui pèse environ vingt livres. — Dans les verreries, on appelle *barre à dégager* deux sortes d'instruments, l'un grand, l'autre petit, dont les tiseurs se servent pour dégager la grille et mettre le four en fonte. — *Barre à porter*, instrument qui sert à transporter le pot de l'anse dans la tonnelle. —*Barre à repasser*, instrument dont on se sert dans la préparation des briques, pour la construction des fourneaux. — En t. d'archit., on appelle *barre d'appui* la *barre* sur laquelle on s'appuie à une rampe d'escalier, ou à un balcon. — *Barre de godet*, *barre* qui sert à soutenir les *barres* du godet de plomb, appelé communément gouttière. — *Barre de languette*, *barre* de fer aplatie, qui se pose particulièrement aux manteaux des cheminées de briques, et qui sert à soutenir la languette de la cheminée, ou son devant. — *Barre de linteau*, *barre* de fer qui se pose aux portes et aux croisées, au lieu de linteaux de bois. — *Barre de trémie*, *barre* de fer qui sert à soutenir les plâtres des foyers des cheminées. — On appelle particulièrement *barre* une pièce de fer longue et carrée qui, posée en travers des chenets, soutient les bûches et les tisons. — En t. de mar., on appelle *barres* *d'arcasse* les *barres* qui servent à soutenir l'arcasse d'un navire ; *barres ae hunes*, quatre pièces de bois disposées en croix l'une sur l'autre, et qui sont en saillie autour et en haut du mât, pour soutenir les hunes, les étais, etc. ; *barres du cabestan*, les pièces de bois qui, passant à travers le cabestan, servent à le virer ; *barres d'écoutille*, des *barres* de fer qui servent à fermer les écoutilles ; *barre au gouvernail*, une longue pièce de bois qui d'un bout entre dans une mortaise faite à la tête du gouvernail, et dont l'autre extrémité est attachée avec une cheville de fer à une boucle de même métal ; *barre de pompe*, une longue *barre* de fer percée en carré, et emmanchée par le bout comme une tarière, pour emboîter la cuiller de la pompe ; *barres de perroquet*, celles qui servent à tenir le bâton du pavillon.— Chaîne de rochers qui obstruent l'entrée d'un port. — Espèce de banc de sable ou de gravier, à l'embouchure d'une rivière, dans la mer, ou quelquefois à la jonction de deux rivières : *un sol ingrat qui se refuse au travail leur a fait une nécessité de la pêche, quoique la mer, presque impraticable par une barre qui règne le long de la côte, semblât les en détourner ; la barre de Baïonne; la barre du Hâvre.—Barre de flots*, sorte de remous auquel les rivières qui se jettent dans la mer sont sujettes pendant que la mer monte : dans la Seine, il y a une *barre de flots* très-considérable. Voy. LISIÈRE. — Au plur., *barres*, partie de la mâchoire du cheval sur laquelle le mors appuie. — Instrument dont se servait autrefois l'exécuteur des hautes œuvres pour briser les membres d'un homme condamné à ce genre de supplice. — Au plur., en t. de vieille faucon., bandes noires qui traversent la queue de l'épervier. — Au plur., ancien exercice d'hommes armés et combattant ensemble avec de courtes épées, dans un espace fermé de *barreaux* ou *barrières*. Aujourd'hui, espèce de jeu de course dans de certaines limites.—On dit fig. et fam., en ce dernier sens, *avoir barre sur quelqu'un*, avoir de l'avantage sur lui ; *jouer aux barres*, se chercher réciproquement sans se trouver ; *partir de barres*, partir sur-le-champ ; *ne faire que toucher barres*, repartir d'un lieu un moment après y être arrivé. — On dit, en menaçant quelqu'un, qu'*on lui donnera cent coups de barres*, qu'on le maltraitera fort. — Trait de plume que l'on passe sur un mot pour l'effacer, ou au-dessous pour le faire remarquer ; ou que l'on tire à la fin d'une ligne. — En t. de blason, pièce honorable de l'écu, qui va du haut de la partie gauche au bas de la partie droite. — En musiq., trait tiré perpendiculairement à la fin de chaque mesure, sur les cinq lignes de la portée, pour séparer la mesure qui finit de celle qui commence. — En t. de commerce, mesure d'aunage en Espagne et en Portugal.—Terme d'évaluation, sur les bords de la Gambie et dans d'autres contrées de l'Afrique, des marchandises qu'on achète : *un nègre vaut cent cinquante barres*, etc. Cette dénomination vient de ce que, dans l'origine, le fer étant pour les nègres ce qu'il y avait de plus rare et par conséquent de plus précieux, ils s'accoutumèrent à prendre une *barre* de ce métal pour signe réel ou fictif de leurs échanges. — En t. d'imprimerie, *barre de châssis*, pièce de fer qui, aux deux tiers de la hauteur du châssis, le traverse dans sa largeur, ou dans sa hauteur, ou dans sa partie postérieure. — On dit prov. : *c'est un homme roide comme une barre de fer*, pour : c'est un homme inflexible, ou : d'un esprit sec, ou : à manières empesées. — *Barre*, lieu où se tiennent les avocats, les avoués, les témoins et les personnes appelées à paraître devant les tribunaux. — Balustrade pratiquée dans une salle d'assemblée, et derrière laquelle se placent les personnes qui, n'étant point membres de l'assemblée, viennent rendre compte de leur conduite, présenter une pétition, etc. : *il a été mandé, traduit, entendu à la barre*.

BARRÉ, subst. propre mas. (*bâré*), ville de France, chef-lieu de canton, arrond. de Florac, dép. de la Lozère.

BARRÉ, E, part. pass. de *barrer*, et adj. — En t. de blason, qui porte une *barre* : *barré d'argent et de gueules*. — On dit en accouchement qu'*une femme est barrée*, quand elle présente cet excès de longueur de la symphyse du pubis qui constitue la *barre*. — En t. de dentiste, on appelle *dents barrées* les dents molaires dont les racines sont tellement écartées, qu'on ne peut les arracher sans emporter ou détruire l'alvéole. — Subst. mas., t. d'hist. nat., poisson du genre des silures.

BARREAU, subst. mas. (*bârô*), t. d'archit., espèce de *barre* qui sert de clôture. — Il se dit particulièrement des *barres* de fer ou de bois qui grillent les fenêtres ou les dessus de portes, ou qui font partie des grilles de fer ou de bois. — On appelle *barreaux à pique*, dans les grilles, des *barreaux* qui passent par la traverse du haut, l'excèdent, et se terminent en pointes ; *barreaux à flammes*, ceux de ces *barreaux* dont l'extrémité est repliée en ondes : *les barreaux d'une fenêtre ; les barreaux d'une grille ; passer au travers des barreaux ; limer les barreaux ; rompre les barreaux*. — *Barreaux de chaise*, petits bâtons servant à assembler et maintenir les autres pièces d'une chaise. — Dans l'imprimerie, barre de fer recourbée et emmanchée de bois, qui sert à mettre en mouvement la vis de la presse. — Lieu où se mettent les avocats pour plaider. — Le corps même des avocats : *il est l'honneur du barreau; on a consulté tout le barreau*. — Leur profession : *l'éloquence du barreau; suivre, quitter le barreau*. — T. de musiq., l'une des cinq lignes qui forment la portée musicale. *Barreau tonique*, celui qui porte la tonique. — *Barreau* ou *barres magnétiques*, deux *barres* d'acier trempé auxquelles on a communiqué la vertu magnétique, et qui peuvent, à leur tour, la communiquer dans une très-grande intensité à d'autres *barres* d'acier trempé dur, ainsi qu'à des aiguilles de boussole.

BARRÉ-BANDÉ, adj. mas. (*bârébandé*), t. de blas., se dit d'un écu divisé en *barres* et en *bandes* avec mélange égal de métaux.

BARRÉE, adj. fém. (*bâré*), t. de mar., se dit de la vergue qui sert à étendre la voile du perroquet.

BARREFORT, subst. mas. (*bârefor*), nom qu'on donne à Bordeaux aux grosses pièces de bois tirées du pin.

BARRELIÈRE, subst. fém. (*bârelière*), t. de bot., plante personnée, naturelle aux contrées chaudes de l'Amérique et de l'Inde. — On l'appelle aussi *barreliéria* ou *barliéra*.

BARRÊME, subst. propre mas. (*bârême*), bourg de France, chef-lieu de canton, arrond. de Digne, dép. des Basses-Alpes.

BARREMENT, subst. mas. (*bâreman*), t. de médec. vét., action de *barrer* les veines d'un cheval ; résultat de cette action : *quelques artistes vétérinaires pensent que le barrement de la veine n'est pas une opération fort utile*.

BARRER, v. act. (*bâré*), fermer avec une *barre* par derrière : *barrer une porte*. — Fermer avec une *barre* mise en travers : *barrer un chemin, une route, une rue*, etc. — Obstruer : *ces décombres barrent le passage*. — *Barrer le passage, le chemin à quelqu'un*, se placer devant lui pour l'empêcher de passer. — Prov. et fig. : *barrer le chemin à quelqu'un, barrer quelqu'un*, lui susciter des contre-temps, des embarras, des obstacles tendant à faire échouer ses projets, ses entreprises, etc.—Garnir, fortifier d'une *barre* : *barrer une table, un tonneau*. — Raturer quelque écriture, passer des traits de plume dessus. — *Barrer* se dit, en t. de chasse, d'un chien qui balance sur la voie. — T. de chir., lier un vaisseau ou un nerf, dans le but de prévenir l'extension d'une maladie d'une partie à une autre.—T. de vét., *barrer les veines d'un cheval*, y mettre le feu pour arrêter l'écoulement des humeurs. — *Barrer la barre du gouvernail* se dit, en t. de mar., du timonier qui ne gouverne pas bien, qui pousse continuellement la *barre* du gouvernail d'un bord à l'autre. — En t. de manège, *barrer les chevaux*, c'est les séparer les uns des autres dans l'écurie, en mettant des *barres* entre eux. — V. neut., t. de mus., faire des accords sur un instrument à cordes, en appuyant sur une seule touche pour toutes les cordes à la fois. — *se* BARRER, v. pron.

BARRÉTONNE, subst. fém. (*barétone*), bonnet du grand-maître de l'ordre de Malte.

BARRETTE, subst. fém. (*baréte*) (en italien *barretta*), petit bonnet plat autrefois généralement en usage parmi les hommes ; et particulièrement bonnet des nobles de la république de Venise. — Bonnet carré rouge des cardinaux : *recevoir la barrette*, être nommé cardinal.—On disait autrefois : *j'ai bien parlé à sa barrette ; je parlerai à sa barrette*, pour : je lui ai parlé, je lui parlerai hardiment, sans ménagement. — En t. d'horlogerie, petite *barre* qu'on met dans le barillet. — T. de bijoutier, bande d'or placée et soudée à la cuvette d'une tabatière.

BARREUR, subst. mas. et adj. (*bâreur*), t. de chasse, se dit d'un chien de chasse pour le chevreuil : *un barreur, un chien barreur*.

BARRICADE, subst. fém. (*barikade*), t. de guerre, espèce de retranchement fait à la hâte avec des tonneaux ou des panniers chargés de terre, avec des arbres, des charrettes, des pieux, des pavés ou autres choses semblables, pour mettre une glace ou un poste en état de se défendre contre l'ennemi : *faire une barricade; enfoncer, forcer, rompre une barricade; nous attaquâmes la barricade*. — *Journées des barricades*, celles pendant lesquelles se sont faites des *barricades* ; *les barricades de la Ligue ; les barricades de la Fronde ; les barricades de la révolution de juillet*. — Autrefois, chaînes tenant aux bornes des rues, et qu'on y tendait en travers dans l'occasion.

BARRICADÉ, E, part. pass. de *barricader*, et adj. : *cette rue est barricadée*.

BARRICADER, v. act. (*barikadé*), faire des *barricades ; barricader* les rues. Voy. BARRICADE.— Mettre contre une porte, une fenêtre, quelque chose qui puisse empêcher qu'on ne les force. — *se* BARRICADER, v. pron., opposer au devant de soi tout ce qu'on peut pour se mettre à couvert, pour se défendre. — Au fig., s'enfermer dans une chambre pour ne voir personne : *il s'est barricadé dans son laboratoire, dans son atelier, dans son cabinet*.

BARRICADO, subst. mas. (*barikadô*), t. d'hist. nat., poisson d'Afrique.

BARRIER, subst. mas. (*bârié*), t. de monnaie, ouvrier qui tourne la *barre* du balancier dans la fabrication de la monnaie.

BARRIÈRE, subst. fém. (*bârière*) (du français *barre*), assemblage de plusieurs pièces de bois pour fermer un passage : *la barrière d'une ville; la barrière d'une avenue; ouvrir, fermer la barrière; franchir, forcer une barrière, la barrière*. — Lieu où l'on paie les entrées : *les barrières de Paris*. — On a donné ce nom aux bureaux placés aux frontières et à l'entrée des villes, pour la perception des droits sur les marchandises qui y entrent et qui en sortent ; ou sur les grandes routes, pour la levée de la taxe affectée à leur entretien. — *Barrière* se dit de tout ce qui forme séparation entre deux nations, entre deux états ; et de ce qui met des obstacles aux entreprises militaires qu'ils pourraient tenter l'un contre l'autre : *le Rhin forme une barrière entre la France et l'Allemagne, sert de barrière à la France et à l'Allemagne*. — *Barrière*, enceinte que l'on faisait autrefois pour les joûtes et les tournois : *combat à la barrière; rompre la barrière ; le chevalier fut un tenant de barrière*. — Tout ce qui sert de borne et de défense. — Fig., empêchement, obstacle : *l'or et l'argent ont forcé parmi nous les barrières que leur imposaient des lois insuffisantes*. — En t. de metteur en œuvre, on appelle *barrière* une bande en forme d'ansette, dans laquelle on arrête le ruban d'un bracelet.

BARRIGA, subst. mas. (*bârigua*), t. de comm., variété de camphre à Sumatra.

BARRILLAT, subst. mas. (*bâriia*), dans les arsenaux de marine, ouvrier qui travaille aux futailles.

BARRILLET, subst. mas. (*bâriié*), t. d'horloger, tambour qui renferme le ressort d'une montre.

BARRIQUAUT, subst. mas. (*barikô*), t. de commerce, se dit de certaines petites futailles dont la grandeur n'est point réglée : *un barriquaut de sucre, de soufre*.

BARRIQUE, subst. fém. (*barike*), sorte de gros tonneau. — En t. de mar., futaille qui contient le quart d'un tonneau, et qui, toute pleine, pèse cinquante livres. — On dit pop., d'une personne très-grosse, qu'*elle est grosse comme une barrique*. — En t. de pêche, nasse de figure conique, qui sert à prendre des lamproies dans la Garonne.

BARRIR, v. neut. (*barire*) (du lat. *barrire*, qui a le même sens), se dit de l'éléphant qui crie.

BARRIS, subst. mas. (*barice*), t. d'hist. nat., sorte de singe de la côte de Guinée en Afrique.

BARRIT, subst. mas. (*bari*) (du lat. *barrus*, éléphant), cri de l'éléphant.

BARROIR, subst. mas. (*bâroar*), t. de tonnelier, instrument de la forme d'une longue tarière, à mèche étroite et amorcée par le bout.

BARROLLEMENT, subst. mas. (*bâroleman*), vieux t. de prat., qu'on employait pour désigner les délais d'une procédure.

BARRONNER, v. neut. (*baroné*), barrir, crier comme l'éléphant. *Boiste.*

BARROS, **BUCAROS** ou **BOUCARO**, subst. mas. (*baró*), t. d'hist. nat., terre bolaire dont on se sert en Espagne et en Portugal pour faire des vases propres à rafraîchir les boissons.

BARROT, subst. mas. (*baró*), t. de mar., poutre transversale qui sert à soutenir les ponts et le grand mât.

BARROTÉ, E, part. pass. de *barroter*.

BARROTER, v. act. (*bároté*), t. de mar. : *barroter la calle*, *l'entre-pont*, les remplir de marchandises, de manière qu'il ne puisse plus rien y entrer.

BARRURE, subst. fém. (*bárure*), t. de luthier, morceaux de bois qu'on met en travers dans un luth.

BARRUTINES, subst. fém. plur. (*bárutine*), t. de comm., espèce de soie de Perse.

BARS, adj. mas. plur. (*barce*), t. de blas., se dit de deux poissons adossés et posés en pal.

BARSCA, subst. mas. (*barceka*), t. d'hist. nat., poisson du genre des saumons.

BARSE, subst. fém. (*barce*), boîte d'étain dans laquelle on apporte le thé de la Chine.

BAR-SUR-AUBE, subst. propre mas. (*barçurôbe*), ville de France, chef-lieu d'arrond., dép. de l'*Aube*. — En 1814, le maréchal Mortier y soutint un combat glorieux contre les Autrichiens. — T. de jard., espèce de chasselas.

BAR-SUR-SEINE, subst. propre mas. (*barçurcène*), ville de France, chef-lieu d'arrond., dép. de l'Aube.

BARTAVELLE, subst. fém. (*bartavèle*), t. d'hist. nat., espèce de perdrix rouge, plus grosse que les perdrix ordinaires.

BARTHE (LA), subst. propre fém. (*la barte*), ville de France, chef-lieu de canton, arrond. de Bagnères, dép. des Hautes-Pyrénées.

BARTHÉLEMITES, subst. mas. plur. (*bartélemite*), t. d'hist. eccl. ordre de religieux Arméniens établi à Gênes. On les connaissait autrefois sous le nom de *basiliens*.—On appelait aussi *barthélemites* certains prêtres séculiers d'Allemagne, particulièrement destinés à former des ecclésiastiques instruits.

BARTHOLINE, subst. fém. (*bartoline*), t. de bot., genre de plantes.

BARTONIE, subst. fém. (*bartoní*), t. de bot., plante bisannuelle de l'Amérique septentrionale. — Plante de Pensylvanie, qui se rapproche de la buffonne.

BARTRAME, subst. fém. (*bartrame*), t. de bot., espèce de plante annuelle de l'Inde.

BARTSIE, subst. fém. (*barteci*), t. de bot., espèce de plantes rhinanthacées.

BARUL, subst. mas. (*barule*), t. de comm., mesure de poivre de cinquante-quatre livres. Inus.

BARULES, subst. mas. plur. (*barule*), t. d'hist. eccl., hérétiques qui croyaient que Jésus-Christ n'avait qu'un corps fantastique.

BARYCOÏE ou **BARYCOÏTE**, subst. fém. (*bariko-i*, *bariko-ite*) (du grec βαρυς, pesant, difficile, et ους, oreille), t. de médec., difficulté de l'ouïe.

BARYPHONIE, subst. fém. (*barifoní*) (du grec βαρυς, pesant, difficile, pénible, et φωνη, voix), t. de médec., difficulté de parler, d'articuler.

BARYPHONIQUE, adj. des deux genres (*barifonike*), qui tient à la *baryphonie*.

BARYTE, subst. fém. (*barite*) (du grec βαρυς, pesant, dérivé de βαρος, poids, pesanteur), t. de chim., une des terres élémentaires nommée autrefois *terre pesante*, *terre du spath pesant*, *barotte*. — En t. d'hist. nat., espèce d'oiseau de l'Amérique septentrionale.

BARYTILITHES, subst. fém. plur. (*baritilite*), t. de min., sorte de pierres.

BARYTON, adj. et subst. mas. (*bariton*) (du grec βαρυς, grave, et τονος, ton), t. de gramm. grecque, se dit des verbes qui se conjuguent sans contraction, ou qui ont ou sont censés avoir l'accent grave sur la dernière syllabe. — En t. de musique, espèce de basse-viole, sous le manche de laquelle il y a des cordes de laiton qu'on fait résonner avec le pouce, tandis qu'on touche avec un archet les cordes de boyau tendues sur l'instrument. — *Baryton* se dit surtout aujourd'hui d'une voix qui tient le milieu entre la basse et la taille.— Substantivement, en parlant de la personne même qui possède cette sorte de voix, on dit : *c'est un baryton.*

BARYTONÉ, E, part. pass. de *barytoner*.

BARYTONER, v. act. (*baritoné*) (du grec βαρυς, grave, et τονος, ton), chanter en *baryton*. Ce mot est vieux et de peu d'usage.

BARYUM, subst. mas. (*bariome*), t. de chim., métal de *baryte*.

BARYXYLE, subst. fém. (*barikcile*) (du grec βαρυς, pesant, et ξυλον, bois), t. de bot., grand arbre de la Cochinchine, dont le bois est droit et très-solide.

BAS, mas., au fém. **BASSE**, adj. (*bâ*, *bâce*) (du lat. du moyen âge *bassus*, dont les Italiens ont fait également *basso*, et les Espagnols *baxo*; ou du grec βασσων, comparatif de βαθυς, profond), qui a peu de hauteur par rapport à un terme de comparaison donné : *une chaise, une table basse; une maison basse; une table basse; un plafond bas*, etc. —Qui est situé dans un lieu relativement peu ou point élevé : *salle basse; bas étage; le bas-ventre*. — *Bas* s'applique à la partie la moins élevée du sol d'un pays : *le bas pays; le bas Languedoc; la basse Alsace; la basse Normandie; la basse Bretagne; la basse Égypte*, etc. — On appelle *bas Breton*, *bas Normand*, celui qui est né en *basse* Bretagne, en *basse* Normandie. Il y a un langage particulier à la basse Bretagne, et qu'on nomme *bas breton*, comme *bas allemand* celui du nord de l'Allemagne. —*Les basses Pyrénées*, *les basses Alpes*, les Pyrénées voisines de l'Océan, les *Alpes* voisines de la Méditerranée. — *Le bas Rhin*, *le bas Danube*, etc., la partie qui se trouve plus éloignée de la source que de l'embouchure. — *La basse Seine*, la partie de cette rivière qui coule au-dessous de Paris, par opposition à la partie qui coule au-dessus, dite *la haute Seine.*—*Les Pays-Bas*, la Belgique et la Hollande. — En parlant de la mer, des marées et des rivières, *bas* signifie qui a peu d'eau : *la rivière est basse dans cette saison; la mer est basse en cet endroit; les marées sont plus basses à telles époques qu'à telles autres.* — On dit aussi : *les eaux sont basses.* — Fig. et fam., *les eaux sont basses chez lui*, il manque d'argent. — *Le temps est bas*, il y a d'épais nuages à peu de distance de la terre, le temps est à la pluie. — *Le jour est bas*, il va en déclinant. — *Vue basse*, qui ne peut distinguer les objets que de près. — Au fig., vil, abject, avec cette différence que ce qui est *bas* manque d'élévation, ce qui est *abject* est dans une grande bassesse, ce qui est *vil* dans un grand décri. On ne considère pas ce qui est *bas*; on rejette ce qui est *abject*; on rebute ce qui est *vil*. L'homme *bas* est méprisé; l'homme *abject*, repoussé; l'homme *vil*, dédaigné. — Il se dit des personnes et des choses : *homme bas; un courtisan, un subordonné bas; un solliciteur bas; une âme, un cœur, un esprit bas; des sentiments, des inclinations basses; basse flatterie; action basse; vice bas*, etc. A proprement parler, tout vice est bas, parce que tout vice dégrade l'homme, mais on appelle particulièrement *vices bas* ceux qui supposent absence totale d'énergie, de générosité dans le caractère : *l'avarice est un vice bas.* — *Figure, physionomie basse*, qui exprime des sentiments bas. — *Manières basses*, manières communes. — *Langage, style, expression, locution, mot, terme*, etc., *bas*, langage, style, etc., ignoble, trivial, populaire. — *Voix basse*, qui ne peut se faire entendre de loin. — *Parler d'un ton bas*, peu élevé. — Fig. : *on l'a fait parler d'un ton plus bas*, on a rabattu de sa fierté. — *A basse voix*, *à voix basse*, sans élever la voix. — T. de mus., *instrument trop bas*, *corde trop basse*, qui n'est pas montée à un ton assez haut. — *Bas-dessus*, voix plus basse que le dessus ordinaire, et qui est bonne à chanter un second dessus.—*Messe basse*, messe qui se dit sans chant, et sans diacre ni sous-diacre. — Fig. et fam., *avoir l'oreille basse*, être humilié. — *Faire main-basse sur quelque chose*, prendre, saisir, ou : détruire quelque chose : *ces écoliers ont fait main-basse sur tous les fruits de ce verger; dans sa rage, le peuple a fait main-basse sur toutes les statues, sur tous les tableaux du palais.* — *Faire main-basse sur quelqu'un*, le tuer : *en entrant dans la ville, les soldats firent main-basse sur tout ce qui se présenta.* — Fig. et fam., *faire main-basse sur une personne*, la critiquer sans ménagement. — Qui est inférieur, de moindre dignité, de moindre condition : *le bas clergé, le bas peuple; les basses classes; un homme de basse naissance; les bas emplois; le bas-chœur; le bas bout de la table*, etc. — *Bas-officiers*, dénomination qu'on donnait autrefois à ceux qu'on nomme aujourd'hui sous-officiers. — Qui est de moindre valeur, de moindre prix : *bas or, de bas aloi; les basses cartes du jeu; la basse latinité.* — On appelle *Bas-Empire* l'empire romain dans le temps de sa décadence, par opposition au même empire lorsqu'il était à un haut degré de puissance et de gloire. — En t. de fortification, on appelle *places basses* les casemates et les flancs qui servent à défendre le fossé. — *Les bas-côtés d'une église*, les nefs latérales. — *Ce bas monde*, cette terre, ce monde où nous existons. — Prov. et fig., *avoir le cœur haut et la fortune basse*, avoir plus de noblesse dans les sentiments que d'argent dans la poche. — *Les basses classes d'un collége*, classes qui commencent à la huitième et finissent avec la quatrième. — *Basse justice* se disait autrefois, relativement aux justices seigneuriales, par opposition à haute et moyenne justice, de même que *bas justicier* par opposition à haut justicier. — En Angleterre, on appelle *chambre basse* la chambre des communes. — *Les fonds publics sont bas*, *le change est bas*, quand ils se trouvent au-dessous du cours moyen. — Fam. et fig., on dit de quelqu'un que *ses fonds sont bas*, pour dire qu'il n'est pas en argent; qu'il est dans une position fâcheuse. — *Le bas âge*, la première enfance : *enfant en bas âge; il était encore en bas âge quand son père mourut.* — *Maîtres des basses œuvres*, les cureurs de retrait. — *Bas prix*, prix médiocre, modique. — En t. de mar., on dit *bas de bords* par opposition à *haut de bords.*—*Bas*, pris subst. et seulement au mas., signifie la partie inférieure de certaines choses : *le bas du degré, de la rue, du pavé, du visage, de la robe*, etc. — *Le vin est au bas*, le tonneau est presque vide. — On dit fig. : *il y a du haut et du bas*, *des hauts et des bas dans son esprit*, *dans son humeur*, etc., il y a de grandes inégalités. — On dit dans un sens analogue : *il y a du haut et du bas dans la vie.* — En t. de mus., on dit d'une voix propre à rendre les sons graves, *qu'elle est dans le bas*, *qu'elle est belle dans le bas.* — On dit aussi *renforcer les sons dans le bas.* — Il se dit aussi de ce qui est vil, méprisable : *tous les dehors du vice y sont spécieux*, *mais le fond y est le même que dans les conditions les plus ravalées*, *tout le bas*, *tout le faible et tout l'indigne s'y trouve.*—En t. de mar., on dit les *bas* et les *hauts* du vaisseau : par les *hauts* du vaisseau on entend les parties qui sont sur le pont d'en haut, et par les *bas*, celles qui sont dessous. — On dit *le bas de l'eau* en parlant de la mer *basse.* — *Bas*, adv., dans la partie basse, dans la partie inférieure : *je loge plus bas; cet oiseau vole bas; cet objet est placé assez bas pour qu'un enfant puisse l'atteindre*, etc. — Doucement, de manière qu'on entende à peine : *parler bas; dire quelque chose bas*, *tout bas.*— Par terre : *mettre les armes bas*, ou *mettre bas les armes.* On dit aussi : *mettre bas toutes considérations*, les écarter, n'en tenir aucun compte. — *Mettre chapeau bas*, ôter son chapeau. — *Être chapeau bas*, avoir la tête découverte par respect. — On dit par ellipse : *chapeau bas! bas les armes!* pour : ôtez votre chapeau, mettez *bas* les armes. — *Mettre pavillon bas*, baisser le pavillon; et fig. et fam., céder, se rendre. — *Être assis bas*, *être bas*, être assis sur un siége peu élevé; et fig., *être bas*, être dangereusement malade, à l'extrémité; ou seulement être considérablement affaibli par la maladie; ou encore : être dans une triste position. On dit dans un sens analogue : *ses affaires sont bas*, *sont fort bas*, pour : ses affaires sont en mauvais état; et dans un sens tout-à-fait semblable à cette dernière acception : *il est bas percé*, *très-bas percé.* — *A bas*, à terre, par terre : *se jeter à bas; sauter à bas du lit*, se lever brusquement; *mettre à bas*, abattre; *être à bas*, être abattu : *il faut mettre ce moulin à bas; ce moulin est à bas*; et fig. : *cette faillite l'a mis à bas; son crédit est à bas.* Fam. — On dit, fig., d'une famille, d'une maison ruinée, qu'*elle est à bas.* — Cri d'improbation : *à bas l'orateur! à bas le tyran!* etc. — *A bas*, employé ainsi par ellipse, veut dire seulement encore : descendez de là : *il est défendu de grimper là, à bas!* — T. de trictrac, *tout à bas* se dit quand on joue en prenant deux dames à la pile. — *En bas* se dit par opposition à *en haut*: *il est en bas; descendre en bas; tirer en bas*, tirer vers le bas; *j'ai tout nettoyé du haut en bas.* — Au fig., *traiter un homme du haut en bas*, le traiter avec dédain, hauteur, et, par extension, le tancer rudement. — *Regarder quelqu'un du haut en bas*, le regarder d'un air de dédain. — *En bas de...* équivaut à *au bas de : j'étais en bas de la montagne, en bas de l'escalier.* — *Par bas*, dans le bas : *être logé par bas*, dans les chambres les plus basses de la maison. — *Aller par haut et par bas*, vomir et aller à la selle. — *Là-bas, ici-bas* : le premier se dit du lieu où l'on n'est pas; le second, de celui où l'on est : *il est là-bas, venez ici-bas. Ici-bas* ne s'emploie guère que pour dire : sur la terre, dans ce monde : *les choses d'ici-bas*, les choses de la terre, par opposition aux choses de l'autre monde, aux choses du ciel. — *Plus bas* prend souvent le sens de : ci-après, ci-dessous : *ainsi que nous l'expliquerons plus bas*, etc. — *Mettre bas*, se dit des animaux, et signifie faire des petits. — Dans les fabriques de soie, etc., on dit aussi *mettre bas* pour : cesser de faire travailler. — En t. de vénerie, *le cerf met bas au printemps*, quitte son bois. — Fig., *tenir bas quelqu'un*, le tenir dans la crainte, le respect, la soumission. — En t. de mar., on amène tout *bas* une vergue, une voile, lorsqu'on file les drisses jusqu'à ce que la vergue soit sur les porte-lofs ou les chouquets, et les voiles en pointe rendues au lieu où on les serre.

BAS, subst. mas. (*bâ*), pièce du vêtement dont on se couvre les pieds et les jambes; c'est ce qu'on nommait anciennement *chausses* : *une paire de bas; bas de soie; bas à bottes*, pour mettre dans les bottes. — On dit prov. : *cela vous va comme un bas de soie*, cela vous va parfaitement, comme une chose qui aurait été faite exprès pour vous; ou : cela vous convient on ne peut mieux. — En t. de mar., barres de fer où il y a des ouvertures, pour mettre aux mains et aux pieds de ceux qu'on veut punir. — Papier d'enveloppe.

BASAAL, subst. mas. (*bâza-al*), t. de bot., arbrisseau toujours vert qui croît au Malabar.

BASACLE, subst. mas. (*bazakle*), t. de pêche, réservoir à poisson.

BASAL, subst. mas. (*bazal*), t. de bot., espèce de plante polypétalée.

BASALAS, subst. mas. (*bazalace*), myth. Voy. ACDMON.

BASALTE, subst. mas. (*bazalte*), t. de min., pierre noire fort dure, employée pour essayer la pureté de l'or et de l'argent. — On l'appelle aussi, en ce sens, *pierre de touche*. C'est une espèce de lave volcanique.

BASALTIQUE, adj. des deux genres (*bazaltike*), qui est formé de *basalte*.

BASANE, subst. fém. (*bazane*), peau de mouton tannée et travaillée par les peaussiers : *livre relié en basane*.

BASANÉ, E, adj. (*bazané*), hâlé, brûlé, qui a le teint noirâtre : *un homme basané*.

BASANITE, subst. fém. (*bazanite*), t. de min., nom que les anciens donnaient à une pierre qu'ils employaient à peu près comme le *basalte*.

BAS-BORD, subst. mas. (*bâbor*), t. de mar., le côté gauche d'un navire, en partant de la poupe. Il est opposé à *tribord*. — Vaisseau à bordage *bas*, par opposition à *vaisseau de haut-bord*.

BAS-BORDAIS, subst. mas. (*bâbordè*), t. de mar., nom donné à la moitié de l'équipage qui fait le *quart de bas-bord*; l'autre moitié, qui fait le *quart de tribord*, s'appelle *tribordais*.

BASCHE, subst. fém. (*bâche*), t. d'arts et mét., sorte de pelle à l'usage des fondeurs.

BASCHI et non pas **BACHI**, subst. mas. (*bâchi*) (du turc *basch*, tête, chef), mot turc qui, précédé du nom commun à certains officiers du sérail, en désigne le chef : *bagangi-baschi*, chef des fauconniers; *bostangi-baschi*, chef des jardiniers.

BASCONADE, subst. fém. (*bacekonade*), la langue *basque*.

BASCULE, subst. fém. (*bacekule*) (du français *bas*, et du suédois *kulle*, qui signifie : tête; *action de mettre en bas ce qui était en haut*), en mécanique, pièce de bois dont les deux extrémités opposées montent et descendent alternativement par le moyen d'un essieu qui la traverse dans sa longueur. C'est proprement un levier de la première espèce, où le point d'appui se trouve entre la puissance et la résistance. — Sorte de jeu où deux enfants, placés chacun sur le bout d'une planche mise en contre-poids, s'amusent à se faire hausser et baisser. — *Bascule de pont-levis*, contre-poids d'un pont-levis qui sert à le lever. — *Bascule de comptoir*, etc., petite plaque de fer qui hausse et baisse, par où l'on jette l'argent qu'on reçoit. — Il y a aussi des *bascules de moulins à vent, de pendules, de souricières*, etc. — Dans les grosses horloges, levier dont un bout donne sur la roue de cheville de la sonnerie, et l'autre tire un fil de fer, etc., pour faire lever le marteau. — En t. de pêche. Voy. BOUTIQUE. — On appelle *bascule de chaleur* une plaque de tôle que l'on met à deux ou trois pieds au-dessus de l'ouverture d'en haut du tuyau d'une cheminée. Les fumistes l'appellent *bascule*, sans autre désignation. — Les ardoisiers appellent *bascule* une machine dont on se sert pour enlever l'eau qui remplit la place d'un bloc d'ardoise que l'on a détaché de la terre; et les couteliers, un petit levier ajusté à charnière, et muni d'un ressort de renvoi. — Dans le métier à bas, c'est une sorte de barre destinée à peser sur la queue des ondes. — Les serruriers appellent *bascule* un levier retenu dans son milieu par une goupille rivée sur une platine, et qui porte à ses deux bouts deux verges de fer, lesquelles répondent, par en haut et par en bas, à deux verroux. — T. de rivière, sorte de bateau dans lequel on amène du poisson à Paris, et qui est construit de manière que l'eau entre dans l'endroit où est le poisson : *une bascule contient ordinairement huit à dix milliers de poisson*. — Machine connue sous le nom de *pont à bascule*, placée particulièrement à l'entrée des villes, et qui sert à peser les voitures. — Fig., se dit en politique d'une manœuvre du gouvernement qui consiste à favoriser tantôt une opinion, tantôt une autre.

BAS-DE-CASSE, subst. mas. (*bâdecâce*), t. d'imprimeur, la partie inférieure de la casse d'imprimerie : *le bas de casse est divisé en cinquante-quatre cassetins de différentes grandeurs, qui contiennent chacun des lettres ou des caractères*. — Au plur., des *bas de casse*.

BAS-DESSUS, subst. mas. (*bâdeçu*), t. de musique, voix plus basse que le *dessus*.

BAS-D'ESTAMIER, subst. mas. (*badècetamié*), faiseur de *bas* au métier.

BASE, subst. fém. (*bâze*) (du grec βασις, qui a la même signification, et qui est fait de βαινω, je marche, je suis appuyé), tout ce qui sert de soutien à quelque corps posé dessus : *la main puissante qui fonda sur des bases éternelles tant de roches énormes et arides*. — En géom., la ligne sur laquelle la figure est posée, et le côté sur lequel un corps est appuyé. — Dans la trigonométrie, l'arpentage, l'astronomie, distance plus ou moins grande, qu'on mesure avec la plus grande exactitude entre deux termes fixes, pour établir les triangles qui servent à mesurer l'étendue que l'on veut connaître. — Dans l'archit. militaire, le côté extérieur du polygone, dont les divisions et subdivisions donnent les mesures de toutes les parties de la construction : *la base du rempart, la base du parapet, la base du revêtement*. — En archit. ord., ce qui soutient le fût de la colonne; partie qui reçoit le dé d'un piédestal; enfin le pied ou le fondement de quelque corps : *base ionique, base corinthienne; la base d'un piédestal, la base d'une statue*. — En t. d'anat., on appelle *base du cœur* la partie supérieure et large de ce viscère, d'où partent quatre gros vaisseaux, deux artères, l'aorte et l'artère pulmonaire, et deux veines, la veine-cave et la veine pulmonaire. — En optique, on appelle *base distincte* la distance où il faut que soit un plan au-delà d'un verre convexe, pour que l'image des objets, reçue sur ce plan, paraisse distincte : c'est la même chose que *foyer*. — En t. de chim., tout corps qui a le pouvoir de saturer les acides et de former des sels. — On appelle *base des fluides électriques* ce qui se combine avec le calorique pour les composer. — Dans toute composition médicinale, on appelle *base* ce qui en fait le corps principal, et dont la dose est plus forte : *la rhubarbe est la base de ce médicament*. — Il se dit aussi du corps principal de toute autre composition : *le soufre est la base de cet artifice*. — En t. de bot., on appelle *base* la partie sur laquelle est ajustée, ou sur laquelle repose une autre partie. — Il se dit aussi de l'extrémité inférieure d'une partie quelconque. — *Base* s'emploie fréquemment au fig. pour principe, fondement, appui, soutien : *la probité et la bonne foi sont les bases du commerce; votre système est appuyé sur une mauvaise base*.

BASÉ, E, part. pass. de *baser*, et adj. : *ce système est basé sur des faits constants*.

BASEL, subst. mas. (*bazèle*), t. de bot., sorte d'arbuste des Indes.

BASELLE, subst. fém. (*bazèle*), t. de bot., genre de plantes exotiques, de la famille des chénopodées.

BAS-EN-BASSET, subst. propre mas. (*bazanbacé*), bourg de France, chef-lieu de canton, arrond. d'Issengeaux, dép. de la Haute-Loire.

BASER, v. act. (*bâzé*), appuyer, poser sur une *base*. Il ne s'emploie qu'au fig. : *baser le droit public sur les principes de la morale*. — SE BASER, v. pron. : *une science doit se baser sur l'expérience, un jugement sur l'observation*. — Ce mot manque dans le nouveau *Dictionnaire de l'Académie*.

BAS-FOND, subst. mas. (*bâfon*), terreins bas et enfoncés : *mon champ est dans un bas-fond; les bas-fonds sont fertiles*. — T. de mar., endroit de la mer où il y a peu d'eau; ou plutôt : élévation au fond de la mer, qu'on ne trouve qu'au moyen de la sonde, et qui est à une distance assez grande de la surface de l'eau pour qu'un bâtiment puisse passer par-dessus; tandis que les *hauts-fonds*, arrivant presque jusqu'à cette surface, peuvent souvent être touchés; d'où il résulte que les derniers offrent aux navigateurs de grands dangers, et que les premiers n'en présentent aucun. Voy. HAUT-FOND.

BASI-CÉRATO-GLOSSE, adj. et subst. mas. (*bazicératogueloce*) (du grec βασις, base, κερατος, gén. de κερας, corne, et γλωσσα, langue), t. d'anat., se dit du muscle qui s'insère à la corne de l'os hyoïde, et à la base de la langue.

BASIFIXE, adj. des deux genres (*bazifikce*), t. de bot., se dit de certaines plantes dont le placenta, au moment de la maturité, ne tient qu'à la base du péricarpe.

BASIGLOSSE, adj. et subst. mas. (*bazigueloce*) (du grec βασις, base, et γλωσσα, langue), t. d'anat., se dit de deux muscles qui viennent de la base de l'os hyoïde, et s'insèrent dans les parties latérales de la racine de la langue.

BASIGYNE, subst. mas. (*bazijine*) (du grec βασις, base, et γυνη, femme, dérivé de γεινομαι, je produis), t. de bot., support du pistil.

BASILAIRE, adj. des deux genres (*bazilère*), t. d'anat., se dit de l'os de la tête qui est au haut de la bouche. — Il se prend aussi subst. : *le basilaire*. — Il se dit encore d'une artère, d'une apophyse. — En bot., il se dit de tout ce qui appartient à la base d'une partie quelconque, qui s'y trouve fixée ou bien y prend naissance.

BASILE, subst. mas. (*bazile*), t. de bot., plante d'Afrique du genre des fritillaires, à épi couronné de feuilles. — *Basile à épi couronné*, plante du cap de Bonne-Espérance, portant un *épi couronné* par un bouquet de feuilles. — T. d'arts et mét., *basile*, subst. fém., inclinaison du fer d'un rabot.

BASILÉ, subst. mas. (*bazilé*), t. de bot., nom donné aux poils d'une plante portés par un mamelon.

BASILÉE, subst. propre fém. (*bazilé*), myth., fille de Cœlus et de Titéa. C'est peut-être Cybèle ou Junon.

BASILIC, subst. mas. (*bazilike*) (en grec βασιλισκος, dérivé de βασιλευς, roi), serpent fabuleux dont le regard tue. Les anciens en distinguaient trois sortes : les uns brûlaient et enflammaient tout ce qu'ils regardaient; les regards des autres causaient la terreur et la mort; les derniers faisaient tomber la chair des animaux qu'ils touchaient. — Fig. et fam. : *faire des yeux de basilic*, lancer des regards furieux, ou seulement : des regards étincelants. — T. d'hist. nat. — Lézard des Indes, à crête en éventail. — T. de bot., plante labiée des Indes naturalisée, annuelle, odorante, cordiale, céphalique, qui a la propriété d'éloigner les fourmis. — Ancienne espèce de canon de quarante-huit livres de balle. — T. d'astron., étoile fixe dans la constellation du lion.

BASILICAIRE, subst. mas. (*bazilikère*), officier ecclésiastique qui assistait autrefois le pape ou l'évêque lorsqu'il disait la messe.

BASILICON, subst. mas. (*bazilikon*) (du grec βασιλικος, royal, excellent, formé de βασιλευς, roi; *onguent royal*), t. de pharm., onguent suppuratif qui a de très-grandes vertus.

BASILIDION, subst. mas. (*bazilidion*), t. de pharm., cérat recommandé pour la gale.

BASILIQUE, subst. fém. (*bazilike*) (du grec βασιλικος, royal), autrefois maison royale; ensuite, chez les Romains, édifices publics tenant lieu à la fois de palais de justice et de bourse; et comme, plus tard, on fit des églises de beaucoup de ces édifices, aujourd'hui église remarquable par sa grandeur, etc. : *la basilique de Saint-Pierre, de Saint-Jean-de-Latran*, etc. — Le mot de *basilique* s'applique surtout aux cathédrales, que l'on nomme aussi *métropoles*. — A Constantinople, on nommait *basilique des saints apôtres* l'église où les empereurs avaient fait transporter les reliques de quelques apôtres. — En anat., se dit adjectivement de la partie qui paraît être plus utile qu'une autre ou préférable à une autre : *la veine basilique*. — Au plur., *les Basiliques*, collection des lois romaines, traduites en grec par l'ordre de l'empereur *Basile*.

BASILIS, subst. propre fém. (*bazilice*), myth., surnom de Vénus.

BASIN, subst. mas. (*bazein*), t. de comm., étoffe de fil de coton semblable à de la futaine, mais plus fine et plus forte.

BASIO-CÉRATO-GLOSSE, adj. et subst. Vicieux. Voy. BASI-CÉRATO-GLOSSE.

BASIOGLOSSE, adj. et subst. Vicieux. Voyez BASIGLOSSE.

BASI-PHARYNGIEN, et non pas **BASIO-PHARYNGIEN**, adj. et subst. mas. (*bazifarein jiein*) (du grec βασις, base, et φαρυγξ, le pharynx, l'entrée du gosier), t. d'anat., se dit de deux petits muscles qui vont de la base de l'os hyoïde au pharynx.

BASISPHÉNAL, ou **SPHÉNAL DES OCCIPITAUX**, subst. mas. (*bazicefénal*) (du grec βασις, base, et σφην, coin), t. d'anat., corps vertébral d'une des quatre vertèbres du crâne.

BASISTAN, **BESESTAN**, **BESISTAN**, subst. mas. (*bazicetan, bezècetan, bezicetan*), lieu où sont en Turquie les boutiquiers.

BAS-JUSTICIER, subst. mas. (*bâjuceticié*), ancien seigneur de fief qui avait droit de *basse-justice*. — Au plur., des *bas-justiciers*.

BASLE ou **BALE**, subst. propre fém. (*bâle*) (en latin *basilea*), ville de la Suisse, sur le Rhin. C'est la capitale d'un des treize cantons ; il y a une université.

BAS-LES-BRANLES, sorte de commandement que l'on peut appeler interjection (*bâlébranle*), t. de mar., cri d'avertissement pour faire lever l'équipage d'un vaisseau.

BASME, subst. mas. (*bâme*), vieux mot qui s'est dit pour *baume*.

BAS-MÉTIER, subst. mas. (*bâmétié*), t. d'arts et mét. Les rubaniers et passementiers donnent ce nom à un *métier* qui peut se poser sur les genoux, et sur lequel on fait quantité de petits ouvrages. — Au plur., des *bas-métiers*.

BAS-MULE, adj. et subst. (*bâmule*). Il s'est dit de ceux qui sont nés d'un Français et d'une Grecque. Inus.

BASOCHE, subst. fém. (*bazoche*) (suivant *Ménage*, de *basilica*, basilique, maison royale, palais ; parce que c'est dans l'enceinte du palais, abandonné par les rois de France au parlement, etc., que les *basochiens* tenaient leurs assemblées, etc.), juridiction que tenaient autrefois les clercs des procureurs du parlement de Paris, pour juger leurs propres différends et faire droit aux plaintes des boutiquiers, etc., contre tels ou tels d'entre eux. Ils élisaient un chef avec le titre de *roi de la Basoche*.

BASOCHIEN, subst. mas. (*bazochiein*), membre de la *Basoche*.

BAS-OFFICIER, subst. mas. (*bâzoficié*), autrefois dans les compagnies de cavalerie, le maréchal-des-logis, le maréchal-des-logis-chef ; dans l'infanterie, le sergent, le sergent-major. On dit aujourd'hui *sous-officier*. — Au plur., des *bas-officiers*.

BASOURINCA, subst. fém. (*bazoureinka*), t. de bot., plante du Brésil.

BASQUE, subst. fém. (*baceke*) (ainsi nommée, suivant *Huet*, ou de ce que les premiers pourpoints à *basques* sont venus de *Biscaye*, dont les habitants se nomment *Basques* ; ou, par corruption, du vieux mot français *tasque* qui signifie bourse, en italien *tasca*, parce que les *basques* n'ont été primitivement que des bourses qu'on attachait au bas d'un habit), partie tombante de certains vêtements : *tirer quelqu'un par la basque de son habit*. — Fam. : *cette femme ne quitte pas la basque de son mari* ; *cet enfant est toujours pendu à la basque de son père*, cette femme, cet enfant ne s'éloigne jamais de..., etc. Expressions vieillies. — Pieu de plomb. — Adj. et subst. des deux genres, de *Biscaye*, qui est de *Biscaye*. — *Courir comme un Basque*, très-vite. — *Tambour de basque*, sorte de petit tambour n'ayant qu'une seule peau, ou un parchemin, sur lequel on promène les doigts pour le faire résonner. — Subst. mas., la langue des *Basques*.

BASQUINE, subst. fém. (*bacekine*), robe ou plutôt jupon que portent les femmes espagnoles.

BASQUINÉ, E, part. pass. de *basquiner*.

BASQUINER, v. act. (*bacekiné*) (du grec βασκαινω, je charme), ensorceler. Inus.

BAS-RELIEF, subst. mas. (*bâreliéfe*) (de l'italien *basso rilievo*), ouvrage de sculpture dont le sujet est en partie engagé dans le bloc : *bas-relief de marbre, de bronze*. — Au plur., des *bas-reliefs*.

BASS, subst. mas. (*bâce*), t. d'hist. nat., poisson des mers d'Amérique.

BASSANELLO, subst. mas. (*baçanéleló*), instrument de musique à sept cordes, dont les sons font la *basse* de ceux de la viole.

BASSARÉUS, subst. propre mas. (*baceçaréuce*), myth., surnom de Bacchus. — On prétend que c'était le cri qu'on faisait entendre dans les fêtes de ce dieu. Ce mot signifie vendangeur.

BASSARIDES, subst. fém. plur. (*baceçaride*), t. d'hist. anc., prêtresses de Bacchus, qui tiraient leur nom de *Bassaréus*, surnom de ce dieu.

BASSAT, subst. mas. (*baçá*), t. d'ardoisier, sarrau à dos matelassé.

BASSE, subst. fém. (*bâce*), partie de musique la plus *basse* de toutes : *chanter la basse* ; *basse fondamentale*. — Le musicien qui la chante : *c'est une basse magnifique*. — L'instrument qui joue cette partie, appelé aussi *violoncelle*. Cet instrument a remplacé la *basse-de-viole* et la *basse-de-violon*. — *Basse-contre*, c'est la *basse* autrement dite. — *Basse chantante*, l'espèce de voix qui chante la partie de la *basse*. — Il y a des *basses récitantes* et des *basses de chœur* ; des concordants ou *basses de taille* qui tiennent le milieu entre la *taille* et la *basse* ; des *basses* proprement dites, qu'on a encore appelées *basses-tailles*. Il ne faudrait pas employer aujourd'hui *basse-taille* en ce sens : il ne se comprendrait plus. On dit du musicien qui chante ces parties, que c'est une *basse-contre, une basse-taille*. — *Basse fondamentale*, celle qui n'est formée que des sons fondamentaux de l'harmonie. — *Basse continue*, qui dure pendant tout le morceau. — Fig. et fam. : *c'est la basse continue de son discours* ; *c'est là sa basse continue*, c'est là-dessus qu'il revient toujours ; c'est là son refrain ; il ne sort pas de là. — *Basse figurée*, celle qui, au lieu d'une seule note, en partage la valeur en plusieurs autres notes sur un même accord. — *Basse contrainte*, celle dont le sujet ou le chant, borné à un petit nombre de mesures, recommence sans cesse. — On appelle aussi *basses* les grosses cordes de certains instruments : *accordez les basses de ce piano*. — Endroit de la mer où l'eau a peu de profondeur. — Mesure de sel de soixante-dix livres. — En t. de man., pente douce d'une colline sur laquelle on accoutume le cheval à courir au galop, pour lui apprendre à plier les jarrets. On la nomme encore *calade*. — *Basse-taille* s'est dit aussi en sculpture, et signifiait la même chose que *bas-relief*. — *Basse*, adj. fém. Voy. BAS.

BASSE-CONTRE, subst. fém. (*bâcekontre*), t. de mus., la plus grave de toutes les voix qui chantent la *basse* sous la *basse* même ; musicien qui la chante. — Il ne faut pas confondre ce mot avec *contre-basse*, qui est un instrument à cordes. — Au plur., des *basses-contre* : *contre* est une préposition invariable de sa nature.

BASSE-COUR, subst. fém. (*bâcekour*), *cour* de ferme où se fait le dépôt du fumier et où s'élève la volaille. — Dans les maisons de campagne, *cour* du même genre. — Dans les grandes maisons de ville, cour secondaire où se trouvent les écuries, les équipages, etc. — Fig., *nouvelles de basse-cour*, nouvelles fausses et mal fondées ; bruits populaires. — Au plur., des *basses-cours*, des cours qui sont basses.

BASSE-DE-VIOLE, subst. fém. (*bâcedeviole*), ancien instrument de musique à sept cordes, dont les sons faisaient la *basse* de ceux de la *viole*. — Au plur., des *basses de viole*, des basses d'une viole.

BASSE-DE-VIOLON, subst. fém. (*bâcedeviolon*), instrument de musique semblable au *violon*, mais beaucoup plus gros et plus grand. — Au plur., des *basses de violon*, des basses du violon.

BASSE-EAU ou **BASSE-MER**, subst. fém. (*bâce-ô*), eau qui s'est retirée dans son lit. — On dit *basse-mer*, lorsque la mer se remet à sa première hauteur. — Au plur., les *basses-eaux*, des eaux qui sont basses.

BASSÉE (LA), subst. propre fém. (*labâcé*), ville de France, chef-lieu de canton, arrond. de Lille, dép. du Nord.

BASSE-ÉTOFFE, subst. fém. (*bâcétofe*), t. de potier d'étain, mélange de plomb et d'étain. — Il n'a point de plur.

BASSE-FOSSE, subst. fém. (*bâcefôce*), sorte de cachot souterrein où l'on enfermait autrefois les criminels, et quelquefois ceux que l'on voulait faire passer pour tels. On disait : *mettre quelqu'un dans un cul de basse-fosse*. — Au plur., des *basses-fosses* ; des *fosses* qui sont *basses*.

BASSE-GIGANTESQUE, subst. fém. (*bâcejiguantèceke*), t. de mus., instrument monté sur sept cordes. Son archet est mis en jeu par une mécanique.

BASSE-GOUTTE, subst. fém. (*bâceguoûte*), t. d'ancienne pratique, droit d'égout sur l'héritage voisin. — Sans plur.

BASSE-GUERRIÈRE, subst. fém. (*bâceguèrière*), sorte d'instrument de musique militaire du genre de la clarinette. Peu usité.

BASSE-JUSTICE, subst. fém. (*bâcejuctice*), ancienne juridiction qui ne connaissait que des délits de simple police. — Sans plur.

BASSE-LICE, et non pas **BASSE-LISSE**, subst. fém. (*bâce-lice*), sorte de tapisserie à chaîne horizontale. Voy. LICE. — Au plur., des *basses-lices*, des lices basses.

BASSE-LICIER, et non pas **BASSE-LISSIER**, subst. mas. (*bâcelicié*), ouvrier en *basse-lice*. — Au plur., des *basse-liciers* : c'est comme si l'on disait des ouvriers de *basse-lice*.

BASSE-MARCHE, subst. fém. (*bâce-marche*), t. d'arts et mét., se dit des deux *marches* que le fabricant de *basses-lices* a sous les pieds pour hausser ou baisser les *lices*.

BASSEMENT, adv. (*bâceman*), d'une manière *basse*. Il n'est d'usage qu'au fig. : *se conduire bassement* ; *penser, s'exprimer bassement*.

BASSE-MER, subst. fém. (*bacemère*). Voy. BASSE-EAU.

BASSE-ORGUE, subst. fém. (*bâçorgue*), sorte d'instrument de musique qui se rapproche de l'orgue.

BASSÉ, E, part. pass. de *basser*.

BASSER, v. act. (*bâcé*), t. de manuf. : *basser la chaîne*, la détremper d'une colle propre à rendre les fils glissants.

BASSES, subst. fém. plur. (*bâce*), bancs de sable ou rochers cachés sous l'eau. — En t. de mar., les grandes voiles, celles de misaine et d'artimon. On dit aussi en ce sens *basses-voiles*.

BASSESSE, subst. fém. (*bâcèce*), il ne se dit qu'au fig., du vice qui inspire des sentiments ou des actions indignes d'un honnête homme, d'un homme de cœur : *bassesse d'âme, de cœur, de sentiments* ; *se conduire, agir avec bassesse*. — Il se dit aussi de ces sentiments, de ces actions mêmes : *s'il est riche et puissant, il n'en est pas moins un malhonnête homme, et votre dévoûment pour lui est une bassesse* ; *ce serait une bassesse à moi de remettre le pied chez vous après ce qui s'est passé*. — On dit fam. et par exagération : *je ferais des bassesses pour manger de tel mets*, etc., ce qui signifie seulement : j'aime beaucoup tel mets. — Pop., *faire une bassesse*, c'est commettre un vol. — On dit encore : *bassesse de naissance, bassesse de condition*, en parlant d'une naissance, d'une condition obscure. Voy. ABAISSEMENT. — *Bassesse de pensée, d'expression, de terme, de style*, trivialité de pensée, d'expression, etc. : *il arrive que, dans une langue, l'opinion attache du ridicule ou de la bassesse à des images qui, dans une autre langue, n'ont rien que de noble et de décent*.

BASSES-VOILES. Voy. BASSES.

BASSET, subst. mas. (*bâcé*), t. de chasse, chien qui a les jambes courtes et quelquefois tortues. — Fig. et fam., petit homme dont les jambes et les cuisses sont trop courtes par rapport à sa taille. En ce sens, il est aussi adj., et il fait au fém. *bassette*.

BASSE-TAILLE, subst. fém. (*bâcetâ-ie*), t. de musique, se dit de la partie de *basse* qui se chante ou qui se joue sur l'instrument. — On appelle aussi *basse-taille* la personne qui chante cette partie. — Au plur., des *basses-tailles*, des tailles basses. — Autrefois en sculpture, *bas-relief*, seul mot usité aujourd'hui.

BASSE-TERRE, subst. fém. (*bâcetère*), t. de mar., côte sous le vent. — Au plur., des *basses-terres*, des terres *basses*.

BASSETTE, subst. fém. (*bâcète*), sorte de jeu de cartes qui ressemble au pharaon.

BASSE-TUBE, subst. fém. (*bâcetube*), t. de musique, *basse* de clarinette à trois octaves et demie pleines. Elle descend aussi *bas* que le *bas*-

son, et monte aussi haut que la flûte.— Sans plur. — Inusité.

BASSI, subst. mas. (*baci*), t. de monnaie, monnaie de Gamron, de la valeur de deux *mamoudis courants*. — En Perse, monnaie de billon de même valeur, nommée aussi *abbajer*. Il fait la cinquantième partie du *toman*.

BASSI-COLICA, subst. mas. (*bacikolika*), t. de pharm., espèce de médicament composé de miel et d'aromates.

BASSICONDE, subst. mas. Voy. BALISCORNE.

BASSICOT, subst. mas. (*bacikô*), espèce de cage de charpente ouverte par en haut, où l'on met les masses de pierres qui se tirent des ardoisières d'Anjou.

BASSIE, subst. fém. (*bâci*), t. de bot., genre de plante de la famille des sapotiliers.

BASSIER, subst. mas. (*bâcier*), amas de sables et de cailloux dans les rivières. On ne dit pas en mus. *bassier* pour *contrebassier*.

BASSILE, subst. fém. (*bâcile*), t. de bot., plante dont les feuilles ressemblent à celles du pourpier.

BASSIN, subst. mas. (*bacein*) (suivant *Ménage*, du latin barbare *bacinus*, formé de l'allemand *back*; suivant *Caseneuve*, de l'ancien gaulois *bachinon* qui avait la même signification, et dont on a fait d'abord *bachin*, ensuite *bassin*), sorte de grand plat creux, de forme ronde ou ovale : *mettre de l'eau dans un bassin; bassin de cuivre, d'argent, de porcelaine, de faïence; bassin à laver les mains.* — Grande pièce d'eau dans les jardins. — Réservoir d'eau pour entretenir les canaux et les écluses. — En t. de chimie, *bassin* se dit d'un grand vase de métal qui a beaucoup de diamètre et peu de hauteur, garni de deux anses et dont on se sert pour les lavages, la lixiviation et l'évaporation, soit sur le feu, soit à l'air libre. — On appelle *bassin oculaire* un petit vase ovale dont on se sert pour laver l'œil. — Les chapeliers appellent *bassin* une grande plaque ronde, de fer ou de fonte, qu'ils placent sur un fourneau, et sur laquelle ils bâtissent leurs chapeaux. — En t. de fondeur de cloches, c'est le fond du réverbère ou fourneau, qui est un peu creux pour contenir le métal en fusion. — C'est aussi un instrument avec lequel les lunetiers façonnent les verres convexes. — Pierre, etc., creusée en forme de *bassin*, où tombe et demeure l'eau d'une fontaine.—Endroit d'un port de mer où les vaisseaux jettent l'ancre; endroit où on les construit et les radoube : ce dernier *bassin* se dit *bassin de construction;* endroit fermé d'où l'eau ne s'écoule point avec la marée, et où elle tient toujours à flot un certain nombre de bâtiments. — *Droit de bassin*, droit qui existe encore dans certains ports, et qui se lève sur les bâtiments de mer qui y stationnent. — Fig., belle plaine entourée de montagnes : *cette ville domine sur un bassin immense dont l'aspect cause une vive émotion.* — *Bassin à barbe*, plat échancré et creux.—*Bassin de balance*, façonné en forme de plat creux et sans bord, attaché avec des cordes et dont on se sert pour peser.— *Bassin de chambre* ou *de garde-robe*, vaisseau qui reçoit les excréments : autrefois *aller au bassin*, c'était aller à la selle. — On dit prov. et pop. : *cracher au bassin*, contribuer à quelque dépense.—Dans l'hydrodynamique, 1° *bassin de décharge*, pièce d'eau où se rendent les eaux des fontaines d'un jardin, etc.; 2° *bassin de partage ou de distribution*, l'endroit où est le sommet du niveau de pente dans un canal artificiel, et où les eaux se joignent pour la continuation du canal. Le repère où se fait cette jonction est appelé *point de partage*. —On appelle *bassin terrestre d'un fleuve* ou *d'une rivière* l'espace en pente contenu entre deux suites de montagnes, ou entre deux terreins élevés, dans lequel coule un fleuve ou une rivière, depuis sa source jusqu'à son embouchure : *le bassin de la Seine, de la Loire*, etc. On dit dans un sens analogue : *le bassin de telle ou telle mer*, pour : l'espace qui la renferme.— *Bassin*, en t. de jard., se dit d'un creux fait autour d'un arbre, soit pour l'arroser, soit pour le fumer. — *Bassin* se dit aussi d'une étendue de mer en forme ronde ou à peu près : *le Pont-Euxin est un immense bassin entouré de montagnes plus ou moins éloignées du rivage, et dans lequel plus de quarante fleuves versent les eaux d'une partie de l'Asie et de l'Europe.* — En t. d'anat., la cavité formée par les os des hanches et l'os sacrum. On donne aussi le même nom à différentes autres cavités dans le corps humain. — En t. de maçon. rond de chaux ou de mortier qui a des bords, et où les maçons détrempent de la chaux ou du mortier.— Dans la marine, *bassin pour la mâture*, endroit clos où l'on tient les mâts bruts à flot dans l'eau de la mer. — *Vente au bassin*, en Hollande, vente publique par autorité de justice. On y annonce qu'on va adjuger en frappant sur un *bassin*.

BASSINAGE, subst. mas. (*bacinaje*), droit sur le sel.

BASSINE, subst. fém. (*bacine*), sorte de *bassin* large et profond dont se servent les pharmaciens, les chimistes, confiseurs, plumassiers, etc.

BASSINÉ, E, part. pass. de *bassiner*.

BASSINER, v. act. (*baciné*), chauffer avec une *bassinoire* : *bassiner un lit.* — Fomenter en mouillant légèrement avec une liqueur tiède ou chaude : *bassiner une plaie.* — En t. de jard., arroser légèrement une planche, une couche potagère : *il faut bassiner ces melons.* — *Bassiner*, en t. de boulanger, c'est verser soit de l'eau, soit de la farine, sur la pâte à demi faite.—*se* BASSINER, v. pron. : *se bassiner l'œil*, se le baigner.

BASSINET, subst. mas. (*baciné*), la partie des chandeliers d'église qui est en forme de *petit bassin*, et où tombe la cire des cierges allumés. — T. d'armurier, la partie de l'arme à feu où l'on met l'amorce : *mettre la poudre au bassinet.* — On appelle *bassinet de sûreté* un *bassinet* qui empêche les armes à feu de partir accidentellement, et préserve l'amorce de toute humidité au moyen d'un demi-cylindre creux en cuivre, qui recouvre à volonté le *bassinet*. — Autrefois, casque léger sans visière et sans gorgerin. — En t. d'anat., cavité des reins qui reçoit l'urine et la verse dans l'uretère. — En hydraul., 1° petit retranchement cintré ménagé sur les bords intérieurs d'une cuvette, pour y faire entrer la quantité d'eau nécessaire; 2° *bassin* trop petit pour le lieu, etc. — En bot., plante de la famille des renonculacées.

BASSIN-OCULAIRE, subst. mas. (*bacein-okulère*), instrument d'oculiste.

BASSINOIRE, subst. fém. (*bacinoare*), espèce de *bassin* à manche, avec un couvercle percé, et dans lequel on met de la braise pour chauffer un lit : *bassinoire de cuivre, d'argent*, etc. — On appelle *bassinoire anglaise* une sorte de *bassinoire* dans laquelle on met de l'eau bouillante, et qui peut servir aussi de chaufferette dans les voyages, etc.

BASSINOT ou **DIABLOTIN**, subst. mas. (*bacinô*), instrument de musique à vent et à anche. — Petit *bassin* pratiqué dans le fond du vaisseau nommé reposoir.

BASSIOT, subst. mas. (*baciô*), petit baquet de distillateur d'eau-de-vie. — On nomme *faux bassiot* le baquet en terre où l'on place le *bassiot*.

BASSISSIME, adj. des deux genres (*bâcicime*), très-profond, très-*bas*.

BASSON, subst. mas. (*bâçon*), instrument de musique à vent : c'est la *basse* du hautbois. — Celui qui joue de cet instrument : *j'ai entendu un excellent basson.*

BASSORINE, subst. fém. (*baçorine*), substance tirée de la gomme de Bassora.

BASSORIQUE, adj. des deux genres (*baçorike*), de *bassorine*, qui tient de la *bassorine*.

BASSOUIN, subst. mas. (*baçouein*), t. de pêche, cordage qui répond par un bout à la ralingue du filet, et par l'autre au balin.

BASSOURE, subst. fém. (*baçoure*), t. de bot., fruit du conori, arbrisseau de la Guyane.

BASSOVE, subst. fém. (*baçove*), t. de bot., genre de monopétales.

BASSUS, subst. mas. (*baceçuce*), t. d'hist. nat., insecte de l'ordre des hyménoptères.

BASTAGE, subst. mas. (*bâcetaje*), ancien droit sur les bâts.

BASTANT, E, adj. (*bacetan, tante*), qui suffit : *cette raison n'est pas bastante; êtes-vous bastant pour?..* Vieux, dit l'*Académie* : selon nous, le mot est même inusité aujourd'hui.

BASTARÈCHE, subst. fém. (*bacetarèche*), cabriolet adapté au-devant d'une voiture.

BASTARNE ou **BASTERNE**, subst. fém. (*bacetarne, bacetèrne*), t. d'hist. anc., voiture entièrement fermée et traînée par deux mulets, dont se servaient les dames romaines. — Sorte de char attelé de bœufs, en usage chez les anciens peuples du nord et sous nos rois de la première race. — Sorte d'ancienne litière servant aux transports militaires, faite de manière que l'eau ne pouvait y pénétrer. Dans le besoin, elle tenait lieu de ponton. Inus.

BASTE, subst. mas. (*bacete*), l'as de trèfle aux jeux de l'hombre, du quadrille, etc. Voy. BASTER.

BASTÉLIÉA, subst. propre mas. (*bacetéliéa*), village de France, chef-lieu de canton, arrond. d'Ajaccio, dép. de la Corse.

BASTER, v. neut. (*baceté*) (en italien *bastare*), suffire. Ce mot est vieux et ne s'emploie plus qu'à l'impératif, fam. : *baste pour cela!* ou simplement *baste!* passe pour cela. — Exclamation qui indique le mépris d'une menace, l'insouciance, à quelque sujet que ce soit.

BASTERNE. Voy. BASTARNE.

BASTES, subst. fém. plur. (*bacete*), nom qu'on donnait autrefois dans la Flandre autrichienne aux étoffes de soie qui viennent de la Chine.

BASTI, E, part. pass. de *bastir*.

BASTIA, subst. propre mas. (*bacetia*), ville et port de France, chef-lieu d'arrond., dép. de la Corse.

BASTIAN, subst. mas. (*bacetian*), frayon de moulin. On dit aussi BATTANT.

BASTIDE, subst. fém. (*bacetide*) (de *bastida*, employé à peu près dans le même sens par plusieurs auteurs de la basse latinité), nom qu'on donne en Provence, et surtout à Marseille, aux maisons de plaisance.— Ce mot nous semble être le même que celui de *bastille*.

BASTIDE-DE-CLARENCE (LA), subst. propre fém. (*labacetidedeklarance*), bourg de France, chef-lieu de canton, arrond. de Baïonne, dép. des Basses-Pyrénées.

BASTIDE-DE-CÉRON (LA), subst. propre fém. (*labacetidedecéron*), bourg de France, chef-lieu de canton, arrond. de Foix, dép. de l'Ariège.

BASTIDE-FORTONIÈRE (LA), subst. propre fém. (*labacetidefortonière*), bourg de France, chef-lieu de canton, arrond. de Gourdon, dép. du Lot.

BASTIDE-MONFORT (LA), subst. propre fém. (*labacetidemonfor*), bourg de France, chef-lieu de canton, arrond. de Gaillac, dép. du Tarn.

BASTIE NEUVE (LA), subst. propre fém. (*labacetineuve*), village de France, chef-lieu de canton, arrond. de Gap, dép. des Hautes-Alpes.

BASTILLE, subst. fém. (*bacetiie*) (du latin barbare *bastile*, employé dans la basse latinité pour forteresse, etc., dont on a fait d'abord *bastilla*, ensuite, dans nos vieux auteurs français, *bastille*, tour de bois construite devant une place assiégée, et enfin *bastille* dans son acception plus moderne), nom qu'on donnait autrefois à un château ayant plusieurs tours l'une proche de l'autre. Il y en avait un à Paris bâti de cette manière, qui servait de prison d'état. — On dit fig. et prov., d'une personne qui ne bouge de sa place, quoiqu'on l'appelle, qu'*il ne branle non plus que la Bastille, qu'une bastille.*

BASTILLÉ, E, adj. (*bacetiié*), t. de blas., se dit, 1° des pièces qui ont des créneaux renversés vers la pointe de l'écu; 2° de l'écu lui-même, lorsqu'il est garni de tours.

BASTILLEURS, subst. mas. plur. (*bacetiieur*), gens, gardes, geôliers d'une *bastille*.

BASTIN, subst. mas. (*bacetein*), t. de mar., cordage qu'on fabrique dans le Levant avec une sorte de paille de jonc.

BASTINGUAGE. L'*Académie* écrit BASTINGAGE, subst. mas. (*baceteinguaje*), t. de mar., abri contre le feu de l'ennemi, composé de filets remplis de matelas : *filets de bastinguage.* — Il se dit encore de l'action de *se bastinguer*.

BASTINGUE, subst. fém. (*baceteingue*), t. de mar., bandes d'étoffe ou de toile matelassée, qu'on tendait autrefois autour du plat bord des vaisseaux de guerre, afin de préserver des balles de fusil ceux qui étaient sur le pont pendant le combat.

BASTINGUÉ, E, part. pass. de *bastinguer*.

se **BASTINGUER**, v. pron. (*baceteingué*), se mettre à couvert par des *bastinguages*.

BASTION, subst. mas. (*bacetion*) (de l'italien *bastia*, même signification), ouvrage de fortification élevé, soutenu de murailles, de gazon ou de terre battue, et disposé en pointe sur les angles saillants du corps d'une place, avec des faces et des flancs qui se défendent les uns les autres : *attaquer un bastion; défendre un bastion.*—*Bastion irrégulier*, celui qui a de l'irrégularité dans ses faces, ses flancs ou ses demi-gorges, de même que dans ses angles du flanc et de l'épaule. —*Bastion régulier*, celui qui a ses faces égales, ses flancs de même, et les angles de l'épaule et du flanc égaux entre eux. — *Bastion détaché*, bastion qui est isolé à l'égard de l'enceinte. —*Bastion coupé*, celui dont la pointe est retranchée, et qui, au lieu de cette pointe, a un ou deux angles rentrants. — *Bastions pleins*, ceux dont toute la capacité se trouve remplie par les terres du rempart. — *Bas-*

tion plat, celui qui est construit sur une ligne droite, et dont par conséquent les deux demi-gorges ne font point d'angle. — *Bastions vides*, ceux dont le rempart est mené parallèlement aux flancs et aux faces, de manière qu'il reste un vide dans le milieu du *bastion*. — On appelle *bastion simple* celui dont les flancs sont en ligne droite. — *Bastion à flanc concave* et *à oreillons*, celui dont les flancs couverts sont disposés en ligne courbe, et dont l'épaule est arrondie.—T. d'anat., se dit d'une partie qui en protège une autre, comme le thorax à l'égard du cœur.

BASTIONNÉ, E, part. pass. de *bastionner* et adj., qui a des *bastions* : *une tour bastionnée*, fortification qui tient de la *tour* et du *bastion*.

BASTIONNER, v. act. (*bacetioné*), former des *bastions* autour d'une place.

BASTIR, v. act. (*bacetir*), t. de chapelier, former un chapeau avec des capades.

BASTOGNE, subst. fém. (*bacetognie*), t. de blas., bande alésée en chef sur un écusson.

BASTONNADE, subst. fém. (*bâcetonade*), coups de *bâton* : *on lui a donné la bastonnade*. — Punition militaire encore en usage dans le Nord. — Nous nous permettrons de demander à MM. de l'*Académie* pourquoi on ne dit pas *baston*, au lieu de *bâton* ; ou bien, ce qui rentre dans la même question, pourquoi on dit *bastonnade*, tandis qu'on écrit *bâton* et *bâtonner* ? On devrait écrire BÂTONNADE.

BASTRINGUE, subst. mas. (*bacetreingue*), bal de cabaret, de guinguette. Pop. — Il se dit aussi de tout mauvais lieu. — *Bastringue* se prend encore pour tapage : *faire bastringue*.

BASTUDE, subst. fém. (*bacetude*), t. de pêche, espèce de filet pour pêcher dans des étangs salés, au bord de la Méditerranée.—On dit aussi *battude*.

BAS-VENTRE, subst. mas. (*bâvantre*), la partie la plus *basse* du *ventre*, celle qui est au-dessous du diaphragme. — Au plur., des *bas-ventres*.

Bat, 3e pers. sing. prés. indic., du v. irrégulier BATTRE.

BAT ou **BATE**, subst. mas. (*bate*), queue de poisson. — En t. de mar., bout de petit cordage et bois de bout, remplissage qu'on cloue sous les dauphins, pour empêcher la mer d'avoir prise.

BÂT, subst. mas. (*bâ*) (du grec βακτρον, bâton avec lequel on porte des fardeaux), espèce de selle de bois qu'on met sur les ânes, les mulets et les chevaux, pour y ajuster des paniers, etc. : *bât de mulet*, *bât de cheval*. — On appelle *cheval de bât* un cheval destiné à porter des fardeaux. — Fig. et fam., on dit de quelqu'un qui a quelque peine secrète, quelque chagrin caché : *vous ne savez pas où le bât le blesse*. — *Porter le bât*, être dans l'esclavage, avoir beaucoup de mal. — *Cheval de bât*, homme stupide. — On dit aussi d'une personne chargée des gros ouvrages d'une maison : *c'est le cheval de bât*. — *Être rembourré comme le bât d'un mulet*, être trop vêtu.

BAT-À-BEURRE. Voy. BATTE-À-BEURRE.

BAT-À-BOURRE, subst. mas. (*bataboure*), t. d'arts et mét., instrument de sellier pour battre et préparer la bourre.

BATACLAN, subst. mas. (*bataklan*), expression familière qui se dit pour : attirail ; cohue, troupe ; choses qui embarrassent : *j'ai renvoyé tout le bataclan*. — *Pataclan*, que *Boiste* indique seulement comme fam., est un barbarisme.

BATADEUR, subst. mas. (*batadeur*), t. de jeu, dame qui, au jeu de trictrac, fait surcase sur la même flèche où il y en a déjà d'accouplées.

BÂTADOIR, subst. mas. (*batadoar*), banc pour laver les langes. Vieux.

BÂTAGE, subst. mas. (*bâta-je*), t. d'anc. jurispr. féod., droit seigneurial levé sur les chevaux de *bât*. —T. d'agric., dépicage des blés.

BATAIL, subst. mas. (*batâ-ie*), en t. de blason, battant de cloche.

BATAILLE, subst. fém. (*batâ-ie*) (du latin barbare *batualia*, formé du vieux latin *batuere*, battre, combattre), combat général entre deux armées. La *bataille* est une action, non seulement plus générale, mais encore précédée ordinairement de quelque préparation. Le *combat* semble être une action et plus particulière et plus imprévue. — On dit : *livrer bataille*, et *donner*, *présenter la bataille*. — On disait autrefois *bataille* pour *corps de bataille*. — *Bataille rangée*, combat, ou plutôt action générale dans laquelle on a le loisir de *ranger* les armées en bon ordre.—T. de théor. milit., *ordre en bataille*, ordre d'une troupe déployée, par opposition à l'*ordre en carré*, *en colonne* ou *par le flanc*. — *Bataille*, sorte de jeu de cartes. — On dit fig., d'une affaire où il a fallu bien contester, surmonter beaucoup d'obstacles, etc., qu'*il a fallu donner bien des batailles pour...* ; d'un homme qui a remporté l'avantage sur un autre dans une dispute, que *le champ de bataille lui est demeuré* ; de celui qui parle ou qui agit dans un lieu, dans des circonstances favorables ou défavorables, qu'*il a bien* ou *mal choisi son champ de bataille*. — *Cheval de bataille*, cheval dressé pour la guerre. — On dit de la chose sur laquelle une personne s'appuie particulièrement ; ou de son argument favori ; ou du sujet sur lequel elle revient sans cesse, que *c'est son cheval de bataille*, qu'*elle en fait son cheval de bataille*, etc. — *Vergues* ou *antennes en bataille*, en t. de mar., vergues, antennes d'une galère placées dans une position horizontale. — *Bataille*, en t. de mar., est la même chose que *combat naval*. On dit toujours dans ce sens, *former une ligne en bataille* ; mais *livrer combat* l'emporte aujourd'hui sur *livrer bataille*. On pourrait dire *bataille* en parlant de deux grandes escadres, et *combat* quand il s'agit de deux petites escadres ou de deux divisions. On dit toujours *combat* et jamais *bataille* entre deux bâtiments isolés. On nomme *corps de bataille de l'armée* celle des trois escadres qui occupe le centre de la ligne. — *Bataille* se dit de la représentation d'une *bataille* en peinture : *il peint une bataille* ; *les batailles d'Alexandre, par Le Brun* ; *peintre de batailles*. — Dans les grosses forges, on appelle *bataille* la galerie qui règne autour de la charge et du haut de la cheminée.

BATAILLÉ, E, adj. (*batâ-ié*), se dit d'une cloche de métal avec son *battant* d'une autre couleur.

BATAILLER, v. neut. (*batâ-ié*), donner *bataille*. Vieux. — Fig., contester fortement, disputer avec chaleur : *il a bien bataillé pour obtenir le consentement de sa famille* ; *ils n'ont cessé de batailler là-dessus depuis huit jours*. Fam. — SE BATAILLER, v. pron., se harceler, discuter, se disputer : *nous nous sommes bataillés pendant deux heures au moins*.

BATAILLEUR, subst. mas., au fém. BATAILLEUSE (*batâ-ieur*, *ieuze*), qui aime à *batailler*, à disputer, à discuter. — Il se disait autrefois d'un bon soldat dans le sens de *brave*.

BATAILLEUSE, subst. fém. Voy. BATAILLEUR.

BATAILLIÈRE, subst. fém. (*batâ-ière*), petite corde qui fait jouer le traquet d'un moulin.

BATAILLON, subst. mas. (*batâ-ion*), corps de troupe faisant partie d'un régiment d'infanterie : *régiment de deux, de quatre bataillons*. — Au plur., troupes en général : *pour avoir un front aussi étendu que celui de l'ennemi, on était obligé d'opposer des bataillons faibles à des bataillons nombreux*. — *Bataillon en colonnes*. — *Le flanc, les flancs, le front d'un bataillon*. — On appelle *bataillon carré* un *bataillon* dont les soldats sont arrangés de manière que les rangs sont égaux aux files, en sorte que les quatre côtés qui le terminent contiennent le même nombre d'hommes. — On appelle *bataillon rond*, celui dont les soldats sont rangés circulairement, en formant plusieurs circonférences concentriques. — *Bataillon triangulaire*, celui qui est disposé en triangle, et dont les rangs, augmentant également, forment une progression arithmétique. — *École de bataillon*, théorie des diverses manœuvres d'un *bataillon*. — Fig., fam., et par exagération, grand nombre : *il a un bataillon de neveux* ; *je n'attendais que six personnes à dîner, il m'est arrivé un bataillon de convives*.

BATALOGUE, subst. mas. Vicieux. Voy. BATTOLOGUE.

BATAN, subst. mas. (*batan*), t. de bot., arbre de l'Inde.

BATANOMES, subst. fém. plur. (*batanome*), t. de comm., toiles qui se vendent au Caire.

BATARA, subst. mas. (*batara*), t. d'hist. nat., oiseau silvain de la famille des collurions.

BÂTARD, E, subst. (*bâtar*, *tarde*) (suivant quelques-uns, du grec βασσαρα, prostituée), enfant né hors légitime mariage. On dit aussi adj. : *enfant bâtard*, *fille bâtarde*. — Les anciennes lois qualifiaient de *bâtards* les enfants illégitimes, soit naturels simples, soit adultérins, soit incestueux. — *Bâtard adultérin*, enfant né d'une personne mariée et d'une autre qui ne l'est pas, ou de deux personnes chacune mariée à une autre. — *Bâtard incestueux*, enfant né de deux personnes à qui il n'est pas permis de se marier ensemble parce qu'elles sont parentes de trop près. — En t. de mar., *bâtard de racage*, cordage qui s'enfile dans les pommes et les racages, et sert à lier les vergues avec les mâts. — Prov. : *l'hiver n'est pas bâtard, s'il ne vient tôt, il vient tard*. — *Bâtard* se dit adj. et fig. des animaux nés de différentes espèces ; des choses qui participent de deux natures différentes ; ou encore qui n'ont pas les qualités requises ; des fruits qui tiennent du sauvage, etc. — *Lévriers bâtards*, ceux qui sont nés de l'espèce des lévriers et de celle des mâtins. — *Bâtard de dogue*, chien né d'un dogue et d'une chienne d'une autre espèce. — Les boulangers appellent *pâte bâtarde* une pâte qui n'est ni dure ni molle. — *Porte bâtarde*, celle qui n'est ni petite porte, ni porte cochère. — *Laine bâtarde de vigogne*, etc., seconde espèce de cette laine. — *Largeur bâtarde*, largeur qui n'est pas conforme aux règlements. — *Plante bâtarde*, produite par des semences à la fécondation desquelles la poussière séminale de quelques autres a eu part.

BÂTARDE, subst. fém. (*bâtarde*), t. d'artill., troisième ordre de pièces d'artillerie du calibre de France.—T. d'arts et mét., lime qui tient le milieu entre les limes rudes et les limes fines. — T. de mar., nom d'une sorte de voile. — Sorte d'écriture. Il est aussi adj. fém. : *écriture bâtarde*.

BÂTARDEAU, subst. mas. (*bâtardô*) (du français *bâton*, le *bâtardeau* n'étant souvent qu'une cloison de *bâtons* repliés, en forme de claie, sur des pieux fichés dans l'eau), sorte de cloison ou plutôt de digue qui sert à fonder les ponts et à y faire des réparations dans l'eau. — En t. de mar., échafaud fait sur le bord d'un vaisseau, pour empêcher l'eau d'entrer sur le pont lorsqu'on couche le vaisseau pour le radouber.

BÂTARDIER, subst. mas. (*bâtardié*), sorte de crible.

BÂTARDIÈRE, subst. fém. (*bâtardière*) (suivant *le Duchat*, de ces arbres qui sont plantés très-près les uns des autres, comme autant de *bâtons*), plant d'arbres tout greffés, plantés en pépinière pour être transplantés plus tard.

BÂTARDISE, subst. fém. (*bâtardize*), qualité, état de celui qui est *bâtard*.

BÂTARDS, subst. mas. plur. (*bâtâr*), t. de pêche, vers rouges avec lesquels on amorce les haims.

BATATAFE, subst. fém. (*batatafe*), t. de bot., rave d'Afrique.

BATATE, mieux **PATATE**, subst. fém. (*batate*, *patate*), t. de bot., espèce de pomme de terre des Antilles.

BATAULE, subst. masc. (*batôle*), t. d'hist. nat., beurre de bambouc.

BATAVE, subst. et adj. des deux genres (*batave*), se disait autrefois des habitants de la Hollande. — T. d'hist. nat., sorte de pigeon à long cou.

BATAVIA, subst. propre fém. (*batavia*), capitale de la province de Java, dont le port, l'un des meilleurs des Indes orientales, reçoit des navires de toutes les parties du monde. — Elle a pris son nom des Bataves ou Hollandais, qui ont sous leur domination une grande partie du pays.

BATAVIE, subst. fém. (*batavi*), t. d'hist. nat., espèce de poisson.

BATAVIQUE, adj. (*batavike*) : *larmes bataviques*. Voy. LARME.

BATAYOLE, subst. fém. (*bata-iole*), t. de mar., sorte de garde-fou en bois que l'on met sur des montants aux frontaux des gaillards d'avant et d'arrière, sur l'arrière des hunes, etc.

BATE, ou plutôt et mieux **BATTE**, subst. fém. (*bate*). On donne ce nom à un sabre de bois que porte le personnage de comédie connu sous le nom d'Arlequin. — En t. de fourbisseur, partie polie et luisante d'un corps d'épée. — En t. de bijoutier, partie élevée perpendiculairement sur le fond d'une tabatière. — En t. d'horloger, le cercle d'une boîte de montre, qui paraît dès qu'on a ouvert la lunette. — En t. de potier d'étain, plaque d'étain destinée à faire des pièces de rapport.—En t. de jard., sorte de massue au moyen de laquelle on rend le sol plus ferme et plus uni.

BÂTÉ, E, part. pass. de *bâter*, et adj. ; fig. et prov. : *âne bâté*, lourdaud.—*Il n'y a pas d'âne plus mal bâté que celui du commun*, le public est plus mal servi que les particuliers.

BATEAU, subst. mas. (*batô*) (du latin *batellus*, diminutif du latin barbare *batus*, lequel, suivant *Wachter*, vient du saxon *boot* ou *both*, petit bateau fait d'un tronc d'arbre creusé), espèce de barque dont on se sert ordinairement sur les rivières : *grand bateau; petit bateau ; bateau plat; bateau couvert; bateau de pêcheur; remonter un bateau.* — Bâtiment à rames embarqué sur un vaisseau de guerre, tel que les chaloupes, les canots. — *Bateau de bois, de charbon, de fruits*, chargé de bois, de charbon, de fruits. — *Il ne passe plus un bateau sous les ponts.* — *Bateau à vapeur*, navire mu par une machine à vapeur. — On appelle *pont de bateaux* un pont fait avec des *bateaux* attachés les uns aux autres. — *Bateau délesteur, bateau* qui sert au délestage. — *Bateaux de selles*, qui sont à l'usage des blanchisseuses. — *Bateau de poste*, sur la Loire et sur le Rhône, *bateau* destiné à conduire les voyageurs en très-grande diligence. — *Bateau à canne, bateau* portatif contenu dans un tube de trois pieds et demi de long et de neuf pouces de circonférence. — *Bateau insubmergible*, sorte de bateau propre à sauver les naufragés. On l'appelle aussi *bateau sauveur.* — *Bateau maire, bateau* principal pour remonter le sel. — *Bateau plat, bateau* dont le fond est très-plat; *bateau porte, bateau* qui sert de porte pour fermer une écluse, un canal; *bateau roulant*, sorte de *bateau* au moyen duquel on peut naviguer à volonté. — *Bateau pneumatique* ou *à air, bateau* imaginé par *Coulomb*, d'après l'idée qui a fait inventer la cloche du plongeur, lequel, au moyen d'une caisse ou chambre qu'on remplit d'air comprimé, paraît propre à exécuter sous l'eau toutes sortes de travaux hydrauliques. On l'appelle aussi *bateau plongeur.* — *Bateau volant*, nacelle d'un aérostat. — T. de mar., *bateau de loch*, morceau de bois d'un pouce d'épaisseur, ayant la forme d'un secteur de cercle, et qui, chargé de plomb à sa base, est attaché à la ligne de loch, et sert à la mer de point fixe pour évaluer la vitesse d'un bâtiment. — En t. de carrossier on appelle *bateau* l'assemblage des bois de menuiserie qui fait le corps d'un carrosse, et sur lequel on cloue les garnitures de cuir et d'étoffe. — *Lit en bateau*, lit d'une forme qui approche de celle d'un bateau. — Fig. et fam. : *arriver en trois bateaux*, se dit d'une personne à l'arrivée de laquelle on donne une importance ridicule. — *Être étourdi du bateau*, être troublé. Inus.

BATÉE, subst. fém. (*baté*), t. de manuf. de glaces, quantité de terre pétrie en une fois.

BATELAGE, subst. mas. (*batelaje*), badinage, singerie, tour de *bateleur.* — En t. de mar., transport des effets par *bateaux*, pour charger et décharger les navires. — T. de pêche, *faire le batelage* : 1° aller chercher avec des canots, etc., le poisson qui a été pris à la mer, pour le porter en vente; 2° fournir à ceux qui sont à la mer les appelets ou les filets nécessaires pour continuer la pêche.

BATELÉ, E, part. pass. de *bateler*, et adj., t. de blas., se dit d'un timbre ou d'une cloche garnis de leur *batail.*

BATELÉE, subst. fém. (*batelé*), charge d'un *bateau* : *batelée de foin, de bois*, etc. — Fig. et fam. : multitude de gens assemblés. — T. de l'ancienne poésie française, dans laquelle on affectait de faire rimer le milieu du vers avec la fin du vers précédent. Voici un exemple de *batelée* :

> Quand Neptunus, puissant dieu de la *mer*,
> Cessa d'*armer* caraques et galées,
> Les Gallicans bien le durent *aimer*,
> Et *réclamer* ses grand's ondes *salées*.
> (CLÉMENT MAROT.)

BATELER, v. act. (*batelé*), t. de mar., conduire un *bateau*; transporter sur un *bateau.* — V. neut., faire des tours de *bateleur.*

BATÉLERESQUE, adj. des deux genres (*batèlerèceke*), de *bateleur* : *saut batéleresque.* Presque hors d'usage.

BATELET, subst. mas. (*batelé*), petit *bateau* : *traverser la Seine en batelet; aller sur un batelet.*

BATELEUR, subst. mas., au fém. **BATELEUSE** (*bateleur, leuze*) (suivant *Le Duchat*, du lat. du moyen-âge *bastellator*, fait de *bastellare*, formé de *bastellum*, diminutif de *bastum*, d'où l'augmentatif *basto, bastonis*, dont nous avons fait *bâton*. Les *bateleurs* ou faiseurs de tours se servent en effet d'une baguette ou petit bâton), celui, celle qui monte sur des tréteaux dans les places publiques, pour amuser le peuple et en tirer quelque profit ; faiseur de tours de passe-passe. — Fam. : *vous faites le bateleur, vous êtes un bateleur*, vous faites le mauvais bouffon, vous êtes un mauvais bouffon. — T. d'hist. nat., oiseau de proie d'Afrique.

BATELEUSE, subst. fém. Voy. BATELEUR.

BATELIER, subst. mas., au fém. **BATELIÈRE** (*batelié, lière*), celui ou celle dont le métier est de conduire un *bateau.*

BATELIÈRE, subst. fém. Voy. BATELIER.

BATELLEMENT, subst. mas. (*batèleman*), t. de charpentier, l'extrémité, l'endroit où l'eau entre dans les gouttières.

BATÊME, BATISER, etc. Voy. BAPTÊME, BAPTISER, etc. (*Académie de* 1835.) Bien, messieurs de l'*Académie!* C'est se montrer conséquent avec soi-même; car vous niez le bienfait de l'étymologie. Nous ne croyons pas cependant qu'on tolère chez vous pareille licence.

BÂTER, v. act. (*bâté*), mettre le *bât* sur le dos d'une bête de somme.

BATH, subst. propre mas. (*bate*), ville célèbre par ses eaux, dans la province de Sommerset, en Angleterre.

BATHÉLÈME, subst. mas. (*batélème*), t. de bot., plante de la famille du lichen.

BATHME, subst. masc. (*bateme*) (dérivé du grec βαθος, profondeur), t. d'anat., cavité d'un os qui reçoit un autre os.

BATHOMÈTRE, subst. mas. (*batomètre*) (du grec βαθος, profondeur, et μετρον, mesure), instrument pour sonder les profondeurs de la mer.

BATHOMÉTRIQUE, adj. des deux genres (*batométrike*), qui est relatif au *bathomètre.*

BATHRON, subst. mas. (*batron*), instrument de chir. inventé par Hippocrate, pour l'extension des membres dans les luxations et les fractures.

BATHYERCUS, subst. mas. (*batiérekuce*), t. d'hist. nat., espèce de mammifère de la famille des rongeurs.

BÂTI, subst. mas. (*bâti*) : en t. de tailleur, *le bâti d'un habit*, le gros fil qui a servi à joindre ensemble l'étoffe et la doublure. — En t. d'horloger, le châssis d'une machine à fendre les roues. — En menuiserie, assemblage de montants et traverses qui renferment un ou plusieurs panneaux. Dans cette dernière acception, on dit plus souvent et mieux *bâtis.* — En t. d'ébéniste, le fond préparé pour recevoir l'assemblage et le placage de l'ébénisterie.

BÂTI, E, part. pass. de *bâtir*, et adj. : *une maison bien ou mal bâtie.* — On dit fig. : *homme bien bâti*, bien fait. — *Un grand mal bâti*, un homme mal fait ou maladroit. — *Voilà comme il est bâti*, tel est son caractère, son humeur.

BATIACE, subst. mas. (*batiace*), t. d'hist. anc., vase à boire en usage chez les anciens Perses. Il était fait d'un cuivre brillant et pur, appelé aussi *batiace.*

BATICULE, subst. fém. (*batikule*), t. de bot., sorte de plante marine.

BATIDE, subst. fém. (*batide*), t. d'hist. nat., espèce de poisson de mer.

BATIE-LA-NEUVE, subst. propre fém. (*batilaneuve*), village de France, chef-lieu de canton, arrond. de Gap, dép. des Hautes-Alpes.

BÂTIER, subst. mas. (*bâtié*), qui fait ou vend des *bâts.* Il n'y a plus de *bâtiers* : aujourd'hui on appelle selliers ceux qui font les bâts.

BATIFODAGE, subst. mas. (*batifodaje*), t. de maçonnerie, plafond que l'on fait avec de la terre grasse et de la bourre bien mêlées ensemble.

BATIFOLAGE, subst. mas. (*batifolaje*), action de *batifoler.* Fam.

BATIFOLER, v. neut. (*batifolé*), badiner les uns avec les autres; jouer à la manière des enfants. Fam.

BATIFOLEUR, subst. mas., au fém. **BATIFOLEUSE** (*batifoleur, leuze*), qui ne songe qu'à *batifoler.*

BATIFOLEUSE, subst. fém. Voy. BATIFOLEUR.

BATIGNOLAISE, subst. fém. (*batignolèze*), sorte de voiture *omnibus*, qui conduit de Paris aux *Batignolles*, village de la banlieue.

BÂTIMENT, subst. mas. (*bâtiman*), maison, édifice : *bâtiment particulier ; bâtiment public ; bâtiment civil ; bâtiment militaire ; bâtiment rustique ; un corps de bâtiment ; entretenir, réparer un bâtiment*, etc. — Vaisseau ou navire : avec cette différence que *bâtiment* est un mot plus générique, et qu'il se dit des plus petites barques comme des plus grands vaisseaux : *bâtiment de mer; bâtiment de rivière ; bâtiment marchand ; bâtiment de guerre; bâtiment de transport ; bâtiment de charge ; bâtiment à vapeur ; construire, équiper, fréter, armer un bâtiment ; commander un grand, un petit bâtiment.* — Dans les salines, on appelle *bâtiment de graduation* un hangar très-long, garni dans l'intérieur de beaucoup de charpentes sur lesquelles on arrange un grand nombre de fagots d'épines. — Il se dit en particulier des maisons, des édifices que l'on construit ou que l'on répare : *on a mis tant d'ouvriers sur ce bâtiment, que les travaux vont avec une grande rapidité ; entrepreneur de bâtiments ; menuisier, peintre en bâtiments ; ouvriers en bâtiments*, etc.

BÂTINE, TARCHE ou **TORCHE**, subst. fém. (*bâtine*), t. de bourrelier, la plus simple des selles. Elle est rembourrée de poils, et couverte d'une grosse toile.

BATIPORTES, subst. mas. plur. (*batiporte*), t. de mar., bordages de chêne, engagés à mortaises dans les rais du coursier, et qui forment un encaissement propre à empêcher l'eau d'entrer dans la cale.

BÂTIR, v. act. (*bâtir*) (de *bâton*, parce que dans les premiers temps on ne bâtissait qu'avec des perches ou longs *bâtons*), construire, édifier, ou : faire construire, faire édifier : *bâtir une maison, une chaumière, un palais, une église, un pont ; bâtir de pierre, de brique; bâtir sur pilotis : cet homme se ruine à bâtir ; l'architecte qui a bâti cette maison est un homme de talent.* — *Bâtir à chaux et à ciment*, bâtir solidement. — *Bâtir de boue et de crachat*, bâtir légèrement, sans solidité. — Fig., il se dit de la création, de l'arrangement d'un système : *ceux que je blâme, moins circonspects, bâtissent d'une seule idée générale les plus beaux systèmes.* — Au fig., établir : *il a bâti sa fortune sur les ruines de son ennemi.* — Fig., *bâtir en l'air*, se mettre des chimères dans l'esprit ; se repaître de vaines espérances. — Prov. : *bâtir sur le devant*, prendre un gros ventre, engraisser. On dit d'une femme qu'*elle bâtit sur le devant*, lorsqu'on la voit enceinte. — En t. de tailleur, coudre à grands points. — En t. de chapelier, façonner. — *se* BÂTIR, v. pron. : *une petite maison de campagne se bâtit vite.*

BÂTIS, subst. mas. (*bâti*), t. d'hist. nat., poisson du genre des raies. — En t. de bot., petit arbrisseau des Antilles.

BATIS-MARITIME, subst. mas. (*batimaritime*), t. de bot., petit arbrisseau de la Jamaïque, qui croît dans les lieux voisins de la mer.

BÂTISSE, subst. fém. (*bâtice*), construction d'un *bâtiment*, sous le rapport de la maçonnerie.

BÂTISSEUR, subst. mas., au fém. **BÂTISSEUSE** (*bâticeur, ceuze*), celui ou celle qui aime à faire *bâtir.* Fam. — On le dit par mépris d'un mauvais architecte.

BÂTISSEUSE, subst. fém. (*bâticeuze*), ouvrière qui *bâtit* les robes et tout ouvrage de couture. Il se dit en mauvaise part. Voy. BÂTISSEUR.

BÂTISSOIR, subst. mas. (*bâticoar*), outil de tonnelier qui sert à retenir les douves avec lesquelles on construit un tonneau, un seau, etc.

BATISTE, subst. fém. (*baticete*), toile de lin ou de chanvre, dont le fil est très-fin et le tissu très-serré : *une chemise, un mouchoir de batiste ; une aune de batiste.* — On dit *de la toile de batiste*, ou simplement *de la batiste.*

BATITURE-D'AIRAIN, subst. fém. (*batituredérein*), t. de forge, écaille du métal.

BATMAN ou **BATTEMAN**, subst. mas. (*bateman*), poids de Turquie de six et de vingt-six livres. — C'est aussi un poids de Perse, qui est de deux sortes : le *batman de chahi*, de douze livres douze onces de Paris ; et le *batman de tauris*, de cinq livres quatorze onces de Paris.

BATOL, subst. mas. (*batole*), t. de bot., fruit du bonduc.

BATOLITE, subst. fém. (*batolite*), t. d'hist. nat., genre de coquille calcaire.

BÂTON, subst. mas. (*bâton*) (du grec βακτρον, qui signifie la même chose, ou βαστος, bâton à porter des fardeaux), long morceau de bois qu'on peut tenir à la main et qui sert à divers usages : *gros bâton ; bâton roide ; bâton flexible ; bâton noueux ; bâton de fagot ; bâton de cotret ; marcher avec un bâton ; s'appuyer sur un bâton ; donner, asséner des coups de bâton ; menacer de coups de bâton, du bâton*, etc. — Fig., *bâton de vieillesse*, celui ou celle qui sert d'appui à une vieille personne, qui l'assiste dans tous ses besoins, etc. : *cet enfant sera un jour le bâton de vieillesse de son père, de sa mère.* — *Battre l'eau avec un bâton*, faire des efforts inutiles. —

On disait autrefois d'une garnison qui avait capitulé avec la condition de quitter la place sans armes ni bagages, qu'*elle était sortie de la place le bâton blanc à la main* : de là est venue l'expression : *se retirer le bâton blanc à la main*, pour : se retirer sans avoir rien amassé, extrêmement pauvre. — On dit aussi : *cet homme si opulent aujourd'hui, nous l'avons vu, on l'a vu arriver dans le pays, le bâton blanc à la main.* — *Mener quelqu'un le bâton haut*, avec hauteur et dureté. — *Tirer au court bâton avec...* contester, disputer. — *Faire une chose à bâtons rompus*, la faire à diverses reprises. — *Le tour du bâton*, profits casuels et souvent illicites d'un emploi (des deux mots *bas* et *ton*, parce que ce sont des profits dont on ne dit le secret qu'à l'oreille et à voix *basse*. Matinées Sénonaises.) — *Donner à quelqu'un une volée de coups de bâton*, lui donner d'une seule fois un grand nombre de coups de bâton. — *Jouer du bâton*, exécuter la théorie du maniement du *bâton*. — *Sauter le bâton*, faire quelque chose qu'on ne voulait pas faire : *bon gré mal gré, on lui a fait sauter le bâton*; ou : après des tergiversations : *enfin il a sauté le bâton.* — *Mettre, jeter des bâtons dans les roues, dans la roue*, entraver, susciter des obstacles. — *Bâton de commandement*, celui que portent certains officiers. Sur les vaisseaux, c'est le haut du mât de perroquet, où est attaché le pavillon, qui marque le grade de l'officier-général commandant à bord du bâtiment. — *Bâton de maréchal de France*, bâton qui est l'insigne de la dignité de maréchal de France. On l'emploie fig. pour cette dignité même : *après telle bataille, ce général a reçu le bâton.* On dit aussi fig., en parlant d'un homme qui vient d'obtenir l'emploi le plus élevé auquel il pût prétendre : *c'est son bâton de maréchal de France, son bâton de maréchal. L'Académie* ne donne point cette acception figurée. — *Bâton de chantre*, sorte de *bâton* orné et recouvert d'argent, que le chantre dans certains chapitres tient à la main pendant l'office divin, en marchant en chape dans le chœur. — *Bâton pastoral*, crosse d'évêque. — *Bâton de prieur*, *bâton* figurant derrière l'écu des armoiries d'un prieur. — *Bâton augural*, *bâton* en forme de crosse que portaient les anciens augures. — *Bâton de confrérie*, celui qui soutient l'étendard ou la bannière d'une confrérie. — *Bâton de la croix*, le *bâton* au haut duquel on met la croix pour les processions. — *Bâton d'une bannière*, *bâton* servant à porter une bannière déployée. — *Bâton de Jacob*, instrument de mathématiques qui sert à mesurer, ainsi nommé, suivant quelques-uns, parce que dans cet instrument les divisions du montant ressemblent aux degrés de l'échelle mystérieuse que *Jacob* vit en songe. Voy. CROIX D'ARPENTAGE. On nomme aussi *bâton de Jacob* la baguette d'un escamoteur. — On donne aussi le nom de *bâton* à l'*arbalète*, instrument qui sert en mer à mesurer la hauteur des astres. — On le dit de diverses choses qui ont la forme d'un petit *bâton* : *bâton de cire d'Espagne, de réglisse, de cannelle, de sucre d'orge*, etc. — On appelle *bâton de perroquet* un *bâton* établi sur un plateau de bois, et garni, de distance en distance, d'échelons sur lesquels cet oiseau monte et descend à sa fantaisie. Fig. et fam., on dit qu'une *maison est un bâton de perroquet*, quand elle est petite et que chaque étage n'a qu'une chambre. — En t. de mar., *bâton à mèche* se dit d'une mèche qui est toujours allumée sur le château d'avant; *bâton à girouette*, d'un petit mâtereau où est plantée la verge de fer qui tient la girouette; *bâton de flamme*, du *bâton* où la flamme est attachée au haut du mât; *bâton de pavillon* ou *d'enseigne*, d'un petit mât ou mâtereau servant à arborer le pavillon; *bâton de vadel* ou *de guipon*, d'un long *bâton* où l'on attache des bouchons d'étoupe ou de penne, et dont on se sert pour goudronner ou brayer le navire; *bâton d'hiver*, d'une espèce de petit mât qu'on substitue à chacun des mâts de perroquet dans la saison des coups de vent. — En t. de phys., *bâton électrique*, morceau de bois cylindrique, parfaitement séché au four et bien pénétré d'huile bouillante : il est propre à électriser par frottement, et peut être substitué au tube de verre pour faire des expériences. — T. de mus., *bâton de mesure*, ou simplement *bâton*, petit *bâton* ou rouleau de papier qui, dans les mains du maître de musique, sert à régler le mouvement de l'orchestre : *tenir le bâton*, conduire un orchestre. — Petite barre qui autrefois marquait des silences. Lorsqu'il ne prenait qu'un espace de deux lignes dans une portée, il était le signe d'un silence de deux mesures, et en marquait quatre lorsqu'il traversait deux espaces. Les *bâtons* sont depuis quelque temps remplacés par des chiffres. — En t. de formier, *bâton* se dit d'un petit cylindre garni d'une peau de chien de mer, dont on se sert pour frotter les formes et les autres ouvrages. — En t. de planeurs, il se dit d'un morceau de bois de tremble ou de tilleul, sur lequel on nettoie les marteaux. — Les orfèvres appellent *bâton à dresser* un rouleau par le moyen duquel on met de niveau une plaque de métal mince. — En t. de blas., espèce de cotice alésée qu'on voit dans quelques écus. — En t. d'archit., gros anneau ou moulure en saillie, qui fait ornement dans la base des colonnes. — *Bâton à deux bouts*, ferré par les extrémités, et qui sert d'arme. — En t. de fabrique de soie, *bâton de semple*, une partie du métier d'étoffes de soie; et *bâton de rame*, une autre partie du même métier. On appelle aussi *bâton de gavassinière* celui où l'on attache la gavassinière pour disposer la tireuse à travailler. — En t. de raffineurs de sucre, *bâton de preuve*, une sorte de *bâton* que le raffineur trempe dans la chaudière pour faire l'essai de la matière cuite. — En t. de lapidaire, on appelle *bâton à cimenter* un morceau de bois dans lequel on enchâsse les crystaux et les pierres par le moyen d'un mastic, pour les égriser. C'est la même chose que ce que les diamantaires appellent *bâton à égriser*. — Les tapissiers haute-liciers appellent *bâton de croisure* un *bâton* rond, ordinairement de bois de saule, dont ils se servent pour croiser le fil de leurs chaînes. — En t. de serrur., on appelle *bâton rompu* un morceau de fer coudé en angle plus ou moins obtus, selon l'endroit où il doit être appliqué. — En t. de gantier, *bâton à gants* désigne un morceau de bois en forme de fuseau long, qui sert dans la fabrique des gants. — En t. de bot., on appelle *bâton de Jacob* l'asphodèle jaune; *bâton royal*; l'asphodèle blanc; *bâton de Saint-Jean*, la persicaire orientale. — Sorte de papier. — Subst. propre mas., myth., cocher d'Amphiaraüs, à qui on rendait les honneurs divins. Voy. JANUS.

BÂTONNÉ, E, part. pass. de *bâtonner*, et adj. : *serviette bâtonnée*, pliée à petits carreaux.

BÂTONNÉE D'EAU, subst. fém. (*bâtoné*), t. de mar., quantité d'eau qu'on puise à la pompe chaque fois que la brimbale joue.

BÂTONNER, v. act. (*bâtoné*), donner des coups de *bâton* à... — Fig., biffer, rayer : *bâtonner une clause, un article, un mot*, etc. — T. d'arts et mét., *bâtonner un gant*, l'élargir avec des *bâtons* faits exprès. — SE BÂTONNER, v. pron. — Fig. : *cet article doit se bâtonner*, c'est-à-dire : doit être *bâtonné*, biffé; *un petit gant se bâtonne*, s'élargit facilement.

BÂTONNET, subst. mas. (*bâtoné*), sorte de petit *bâton* amenuisé par les deux bouts : *jouer au bâtonnet*. — On appelle *bâtonnet*, en hist. nat., une coquille du genre cône.

BÂTONNIER, subst. mas. (*bâtonié*), celui qui autrefois avait en dépôt pour un temps le *bâton* d'une confrérie, et qui avait droit de le porter aux processions. En ce sens, on dit aussi *bâtonnière* au fém. — *Bâtonnier des avocats*, avocat choisi par son ordre pour en être le chef pendant un certain temps; titre qui lui vient de ce qu'autrefois c'était lui qui était dépositaire du *bâton* de la confrérie de Saint-Nicolas.

BÂTONNIÈRE, subst. fém. Voy. BÂTONNIER.

BÂTONNISTE, subst. mas. (*bâtonicete*), qui sait jouer du *bâton*, qui connaît le maniement du *bâton*.

BÂTOURNÉ, E, part. pass. de *bâtourner*.

BÂTOURNER, v. act. (*bâtourné*), t. de tonn., mesurer les douves, les comparer pour les rendre égales.

BATRACHION, subst. mas. (*batrachion*), t. de bot., renoncule bulbeuse.

BATRACHITE, subst. fém. (*batrachite*) (du grec βατραχος, grenouille), pierre verte et creuse, à laquelle on attribuait de grandes vertus contre toutes sortes de venins. On l'a nommée ainsi, parce qu'elle ressemble à la grenouille par sa couleur.

BATRACHOÏDE, subst. mas. (*batrako-ide*) (du grec βατραχος, grenouille), t. d'hist. nat., poisson de la division des jugulaires.

BATRACHOMYOMACHIE, subst. fém. (*batrakomiomachi*) (du grec βατραχος, grenouille, μυς, rat, et μαχη, combat; *guerre des grenouilles et des rats*), t. de littér. anc., titre d'un poème grec burlesque, attribué à Homère.

BATRACHOSPERME, subst. mas. (*batrakocepèrme*) (du grec βατραχος, grenouille, et σπερμα, sperme), t. de bot., genre de plante de la famille des algues.

BATRACHUS, subst. mas. (*batrakuce*), t. de méd., tumeur inflammatoire qui vient sur la langue, surtout aux enfants.

BATRACIENS, subst. mas. et adj. plur. (*batracien*) (du grec βατραχος, grenouille; parce que c'est un des principaux animaux de cette classe), t. d'hist. nat., se dit de reptiles à peau nue, doigts distincts, sans ongles; ils ne s'accouplent pas réellement, et subissent le plus ordinairement des métamorphoses.

DU VERBE IRRÉGULIER BATTRE :

Bats, 2e pers. sing. impér.
Bats, précédé de *je*, 1re pers. sing. prés. indic.
Bats, précédé de *tu*, 2e pers. sing. prés. indic.

BATTAGE, subst. mas. (*bataje*), action de *battre* le blé, les métaux, la poudre, etc.; résultat de cette action. — Il se dit, dans les manufactures de draps, d'une préparation qu'on donne aux laines avant de les employer, et qui consiste à les *battre* sur une claie de corde.

DU VERBE IRRÉGULIER BATTRE :

Battaient, 3e pers. plur. imparf. indic.
Battais, précédé de *je*, 1re pers. sing. imparf. indic.
Battais, précédé de *tu*, 2e pers. sing. imparf. indic.
Battait, 3e pers. sing. imparf. indic.
Battant, part. prés.

BATTANT, subst. mas. (*batan*), morceau de fer qui pend au milieu d'une cloche et qui, frappant sur les bords, la fait sonner. *Trévoux* dit *batail*. — Chaque moitié d'une porte ou d'une fenêtre qui s'ouvre en deux parties : *ouvrir les deux battants d'une porte*. — En t. de serrurerie, un *battant* est une petite lame de fer qu'on lève pour ouvrir, ou qu'on baisse dans le cran d'un mentonnet pour fermer une porte. — C'est aussi ce qu'on appelle la châsse dans certains métiers. — En t. de menuisier, 1° morceau de bois qui *bat*, qui porte sur un autre; 2° pièce de bois de sciage qui sert à former les longs côtés d'un bâtis, et dans laquelle s'assemblent les traverses. — Dans une porte de fer, les barreaux montants qui, avec les traverses, forment le bâtis. — *Battant*, partie d'un moulin à blé attachée par un bout à l'auget, et par l'autre à la meule courante. Le *battant* est agité par le même mouvement que cette meule, et il fait *battre* l'auget qui, par ce mouvement, reçoit de la trémie le grain, et le laisse tomber entre les meules. — *Battants à noix*, ceux dont la languette arrondie entre dans une feuillure pratiquée dans les dormants. — *Battant à meneau*, support des espagnolettes. — Les rubaniers appellent *battant* la partie de leurs métiers où il y a des dents d'acier, avec quoi on travaille et on *bat* le velouté. — *Battants*, en histoire naturelle, se dit de deux valves, ou parements qui forment les siliques des valves, des coquilles bivalves et des parties mobiles du plastron des tortues. — T. de mar., *battant de pavillon*, la longueur d'un pavillon.

BATTANT, E, adj. (*batan, tante*), qui bat. — *Un métier battant*, actuellement employé. — *Une porte battante*, qui se ferme d'elle-même. — *Une pluie battante*, une forte pluie. — *Un habit tout battant neuf*, un habit neuf. Dans cette dernière phrase, qui est du style familier, *battant* est employé adverbialement. — T. de mar., *vaisseau battant*, *qui est battant*, vaisseau dont la *batterie* basse est convenablement élevée au-dessus de l'eau, et dont l'intérieur offre de l'aisance pour le service de l'artillerie. — Fig., *mener quelqu'un tambour battant*, le mener rudement. — Par plaisanterie, qui aime à *battre*, à *se battre*; *batailleur*.

BATTANT-L'ŒIL, subst. mas. (*batan-leuie*), anciennement, sorte de bonnet, de coiffure négligée de femme. Inusité.

BATTARÉE, subst. fém. (*batare*), t. de bot., espèce de plante.

DU VERBE IRRÉGULIER BATTRE :

Batte, précédé de *que je*, 1re pers. sing. prés. subj.
Batte, précédé de *qu'il* ou *qu'elle*, 3e pers. sing. prés. subj.

BATTE, subst. fém. Voy. BATE. *L'Académie* préfère le premier au second : nous croyons qu'elle a raison, à cause de l'*e* muet qui termine le mot.

BATTE-À-BEURRE, subst. fém. (*batabeure*), long bâton auquel est ajusté un rondin de bois de cinq pouces environ de diamètre sur un pouce d'épaisseur, et dont on se sert pour *battre* la crème dont on fait le beurre. — Au plur., des *battes-à-beurre.*

BATTE-À-BOEUF, subst. fém. (*bata-beufe*). Les bouchers appellent *batte-à-bœuf* un bâton dont ils se servent pour *battre* les gros bestiaux quand ils sont tués ou soufflés, afin d'en attendrir la chair. — Au plur., des *battes-à-bœuf.*

BATTÉE, subst. fém. (*baté*), ce qu'un papetier, un relieur *bat* à la fois de papier. — Portion de laine *battue* sur la claie.

BATTE-FEU, subst. mas. (*bate-feu*), briquet non limé. Inus.

BATTELÉ, E, part. pass. de *batteler.*

BATTELER, ou **BAVASSER**, v. neut. (*batelé, bavacé*), parler sans rien dire. Le premier n'est pas usité; le second l'est peu. — V. act., se servir de la *batte.*

BATTE-LESSIVE, subst. fém. (*bate-lècive*), t. d'hist. nat., nom vulgaire de la lavandière.

BATTELLEMENT, subst. mas. (*bâtèleman*), t. d'archit., double rang de tuiles terminant inférieurement un toit, et par où le toit s'égoutte.

BATTEMARE, subst. fém. (*batemare*), t. d'hist. nat., nom vulgaire de la lavandière ou de l'hirondelle de rivage.

BATTEMENT, subst. mas. (*bateman*), action de *battre.* Il s'emploie particulièrement avec les mots *artères, cœur, pouls, ailes, mains*: *battement de cœur*, palpitations; *battement du pouls, des artères*, leur mouvement; *battement d'ailes*, mouvement des ailes des oiseaux; *battement des mains*, applaudissement qu'on donne en *battant* des mains. — En t. d'archit., tringle de bois ou de fer plate, qui cache la jonction des deux ventaux d'une porte, d'une grille, d'une croisée. — En t. de musique, 1° agrément du chant français, qui consiste à élever et *battre* un trille sur une note qu'on a commencée uniment; 2° mouvement du pied et de la main qui sert à marquer les temps de la mesure; 3° secousses produites par deux sons forts et soutenus, comme de deux tuyaux que l'on met d'accord à l'approche de l'intervalle consonnant qu'on veut leur donner. — En t. de danse, mouvement en l'air que l'on fait d'une jambe, pendant que le corps est posé sur l'autre. — En t. d'horlogerie, coup que reçoit la coulisse par ce qui forme la circonférence du balancier d'une montre, quand il décrit de grands arcs. — En t. d'escrime, attaque qui se fait en frappant, avec la lame de son épée, celle de son adversaire : *battement d'épée, de tierce, de quarte*, etc. — T. d'artillerie, *battement du boulet*, son frottement contre les parois de la pièce.

DU VERBE IRRÉGULIER BATTRE :

Battent, précédé de *ils* ou *elles*, 3e pers. plur. prés. indic.

Battent, précédé de *qu'ils* ou *qu'elles*, 3e pers. plur. prés. subj.

BATTE-QUEUE, le même que *battemare.* Voy. ce mot.

BATTERAND, subst. mas. (*bateran*), t. d'archit., grosse masse de fer à long manche, pour casser les pierres.

BATTERIE, subst. fém. (*baterî*), querelle avec coups : *c'est une batterie de gens ivres; il a perdu un œil, non pas dans une bataille, mais dans une batterie.* — T. de guerre, réunion de pièces d'artillerie disposées pour tirer contre l'ennemi : *ce port est défendu par une batterie de canons; dresser, établir une batterie; mettre des pièces en batterie; démonter une batterie*, etc. — *Batterie* se dit aussi, en t. d'art militaire, d'un lieu couvert, d'un parapet, etc., où les pièces d'artillerie sont placées pour tirer. — On appelle *batterie enterrée* celle dont la plate-forme est au-dessus du rez-de-chaussée ou du niveau de la campagne; *batterie croisée*, celle qui est composée de deux *batteries* assez éloignées l'une de l'autre, et qui tirent de manière que leurs coups se rencontrent en un même point, à angles droits; *batterie d'enfilade*, celle qui découvre toute la longueur de quelque ouvrage de fortification, et dont le boulet peut emporter par le flanc tous ceux qui, rangés sur une ligne, font face au parapet; *batteries de revers* ou *meurtrières*, celles qui battent le derrière d'un ouvrage, et tirent en même temps contre le dos de ceux qui le défendent. — *Batteries en barbe* ou *en barbette*, les plates-formes élevées aux angles flanqués des bastions et des dehors, de manière que le canon rase le parapet; *batteries de mortier*, lieu préparé pour tirer les mortiers sur une place assiégée, ou : réunion de mortiers disposés à cet effet. — *Batterie en écharpe* ou *de bricole*, celle dont les boulets se réfléchissent dans les environs de la partie contre laquelle on les tire, et qu'ils ne font qu'effleurer. — *Batteries à ricochet*, celles dont les pièces ne sont chargées que d'une petite quantité de poudre, mais suffisante pour porter les boulets vers le commencement des faces attaquées, où ces boulets vont alors en roulant et en bondissant. — *Batteries de plein fouet*, celles qui tirent à toute charge et directement sur l'objet à *battre*; *batteries en rouage*, celles qu'on emploie pour démonter l'artillerie de l'ennemi; *batteries directes*, celles qui battent à peu près perpendiculairement les côtés des ouvrages devant lesquels elles sont placées; *batteries par camarades*, celles dont les pièces tiennent ensemble sur une même ligne et au même endroit; *batterie d'un chemin couvert*, celle qu'on établit sur la partie supérieure du glacis, pour battre en brèche dès qu'on est maître du chemin couvert. — Fig. et fam., *dresser ses batteries*, prendre ses mesures. — *Changer de batteries*, prendre d'autres mesures que celles déjà prises. — *Démonter la batterie, les batteries de quelqu'un*, faire échouer son plan, ses plans, traverser ses projets. — On réunit encore sous la dénomination de *batterie* une compagnie d'artillerie et son matériel : *ce régiment d'artillerie se compose de tant de batteries; ce soldat appartient à la seconde, à la troisième batterie*, etc. — T. d'armurier, la pièce d'acier qui couvre le bassinet des armes à feu portatives, et contre laquelle frappe la pierre. Les armes à piston n'ont point de *batterie.* — Manière de *battre* le tambour. — T. de mus., certaines manières de *battre* sur les cordes de la guitare. — C'est aussi une suite d'arpèges dont toutes les notes sont détachées ou *battues*, sur certains instruments à cordes. — Espèce de petite forge à martinet où l'on fabrique la tôle. — A Saint-Domingue, etc., assemblage de chaudières à cuire le sucre. — Dans les ateliers de chapellerie, lieu où l'on foule les chapeaux. — En t. de mar., *batterie* s'entend, dans un bâtiment de guerre, de la totalité des canons, sur une rangée, garnissant les sabords, percés tribord et bas-bord sur un même pont. Il se dit aussi du pont et des sabords garnis de canons. — En t. de phys., *batterie électrique*, assemblage de jarres électriques ou de bouteilles de Leyde, tellement disposées qu'au moyen de tiges de métal leurs surfaces intérieures communiquent toutes entre elles, et qu'il y ait de même communication entre leurs superficies extérieures. Cet appareil augmente singulièrement les effets électriques. — *Batterie de cuisine* se dit de tous les ustensiles qui peuvent servir à la cuisine, soit de fer, cuivre, potin, ou d'autres métaux ou matières. Dans une signification moins étendue, il s'entend seulement des ustensiles de cuivre, comme chaudrons, tourtières, fontaines, marmites, coquemars, poissonnières, etc. : *acheter une batterie de cuisine.* — Les indigotiers appellent *batterie* ou *battoir* un vaisseau dans lequel on fait passer l'extrait de l'herbe qui a subi la fermentation, afin de le battre et de le traiter ensuite comme il convient. — Dans les fabriques de cuivre jaune, il se dit d'un assemblage de marteaux, pour travailler le cuivre et lui faire prendre différentes formes, après qu'il a été coulé en tables. — Les boisseliers donnent ce nom au fond du tamis. — Dans les manuf. de papier, les moulins à poudre et autres, il se dit de l'action des pilons dans les mortiers. — *Batteries*, pièces d'un moulin.

Battes, 2e pers. sing. prés. subj. du verbe irrégulier BATTRE.

BATTEUR, subst. mas., au fém. **BATTEUSE** (*bateur, teuze*), celui ou celle qui aime à *battre*, à frapper : *batteur de gens.* On ne le dit point tout seul pour signifier celui qui *bat.* Il est familier. — *Batteur de plâtre*, manœuvre qui écrase du plâtre avec une sorte de massue. — *Batteur de blé*, ou mieux *batteur en grange*, manœuvre qui *bat* le grain et le vanne sur l'aire de la grange. — Fig. et fam., *batteur de pavé*, fainéant, qui se promène au lieu de s'appliquer à ce qui est utile et honnête. — *Batteur d'estrade*, anciennement, cavalier détaché pour *battre* les chemins et aller à la découverte. Vieux et inusité. Fig. et fam., *batteur d'estrade*, fainéant qui court les grands chemins. — *Batteur de fer*, grand amateur d'escrime, ou : spadassin. — *Batteur de soute*, celui qui *bat* et pile la soute dans les boutiques des épiciers de Paris. — *Batteur d'or*, ouvrier tireur d'or, qui fait passer le trait d'or ou d'argent sur le moulin pour le rendre plat. C'est aussi un ouvrier qui *bat* l'or, qui le réduit en feuilles minces à force de coups de marteau. — En t. de chasse, on appelle *batteurs* des hommes employés à *battre* le bois pour en faire sortir le gibier. On dit aussi *rabatteur.* — Arts et métiers, nom commun à d'autres ouvriers dont l'emploi est de broyer, de pulvériser, d'écraser ou d'étendre.

BATTEUR-D'AILES, subst. mas. (*bateur-dèle*), t. d'hist. nat., sorte d'oiseau de mer, qui *bat* des *ailes* presque continuellement.

BATTEUR-DE-FAUX, subst. mas. (*bateur-de-fô*), t. d'hist. nat., oiseau du Canada.

BATTEUSE, subst. fém. (*bateuze*). Voy. BATTEUR.

DU VERBE IRRÉGULIER BATTRE :

Battez, 2e pers. plur. impér.

Battez, précédé de *vous*, 2e pers. plur. prés. indic.

Battiez, précédé de *vous*, 2e pers. plur. imparf. indic.

Battiez, précédé de *que vous*, 2e pers. plur. prés. subj.

Battîmes, 1re pers. plur. prét. déf.

BATTIN, subst. mas. (*batein*), t. de bot., jonc d'Espagne.

DU VERBE IRRÉGULIER BATTRE :

Battions, précédé de *nous*, 1re pers. plur. imparf. indic.

Battions, précédé de *que nous*, 1re pers. plur. prés. subj.

Battirent, 3e pers. plur. prét. déf.

Battis, précédé de *je*, 1re pers. sing. prét. déf.

Battis, précédé de *tu*, 2e pers. sing. prét. déf.

Battisse, 1re pers. sing. imparf. subj.

Battissent, 3e pers. plur. imparf. subj.

Battisses, 2e pers. sing. imparf. subj.

Battissiez, 2e pers. plur. imparf. subj.

Battissions, 1re pers. plur. imparf. subj.

Battit, précédé de *il* ou *elle*, 3e pers. sing. prét. déf.

Battît, précédé de *qu'il* ou *qu'elle*, 3e pers. sing. imparf. subj.

Battîtes, 2e pers. plur. prét. déf.

BATTITURE, subst. fém. (*batiture*), t. de pharm., partie qui se sépare de la substance qu'on agite. — Au plur., t. de forge, écailles qui se séparent des métaux quand on les *bat.*

BATTOGUES, subst. fém. plur. (*batogue*), supplice russe, qui consiste à meurtrir, au moyen de deux baguettes, le dos du patient.

BATTOIR, subst. mas. (*batoar*), sorte de palette à long manche ou à manche court, dont on se sert pour jouer à la longue ou courte paume : *jouer du battoir; un beau coup de battoir.* — Instrument de bois pour *battre* le linge quand on lave la lessive. — Dans les fabriques de pipes à fumer, on appelle *battoir* un instrument semblable à celui des lessiveuses, qui sert à *battre* la terre de la troisième cuve, ainsi qu'à donner la forme cubique aux pièces de terre *battue.*

BATTOIRE, subst. fém. (*batoare*), espèce de vase conique pour *battre* la crème. Voy. BABATTE.

BATTOLOGIE, subst. fém. (*batetoloji*) (en grec βαττολογια, dérivé de Βαττος, nom d'un roi des Cyrénéens qui était bègue, et de λογος, discours), t. de gramm., superfluité de paroles; répétition inutile de la même chose; abondance de mots vides de sens.

BATTOLOGIQUE, adj. des deux genres (*batetolojike*), qui a rapport à la *battologie.*

BATTOLOGUE, subst. mas. (*batetologue*), auteur insipide, ennuyeux.

DU VERBE IRRÉGULIER BATTRE :

Battons, 1re pers. plur. impér.

Battons, précédé de *nous*, 1re pers. plur. prés. indic.

BATTORÉE ou **BATTORIE**, subst. fém. (*batoré, batorî*), nom donné par les villes hanséatiques aux comptoirs qu'elles ont hors de chez elles.

DU VERBE IRRÉGULIER BATTRE :

Battra, 3e pers. sing. fut. abs.

Battrai, 1re pers. sing. fut. abs.

Battraient, 3e pers. plur. prés. cond.

Battrais, précédé de *je*, 1re pers. sing. prés. cond.

Battrais, précédé de *tu*, 2e pers. sing. prés. cond.

Battrait, 3e pers. sing. prés. cond.

Battras, 2e pers. sing. fut. abs.

BATTRE, v. act. (*batre*) (du latin *batuere* qui a la même signification), frapper, donner des coups pour faire du mal; avec cette différence que pour *frapper*, un seul coup semble suffire, et qu'il faut en donner plusieurs pour *battre* : *battre un homme avec un bâton; battre un cheval, un chien,*

— Fig. et fam., *battre quelqu'un à terre*, accabler quelqu'un qui n'a plus la force de se défendre. — *Se laisser battre à terre*, se laisser opprimer. — Défaire une armée, etc., avec cette différence que pour *être battu*, il suffit de perdre la bataille, et que pour *être défait*, il faut que cette bataille ait eu des suites funestes : *là, il surprenait les ennemis et les battait en pleine campagne*. — Il se dit par rapport à diverses choses sur lesquelles on frappe avec différents instruments : *battre le fer, le blé, le plâtre, du papier*, etc.; *battre une tapisserie*, pour la nettoyer; *un noyer*, pour en faire tomber les noix; *battre les buissons, les remises*, pour en faire sortir le gibier; *battre le briquet, un caillou*, pour en faire sortir du feu; *battre le fer sur l'enclume, le battre à chaud, à froid*, etc. — Il se dit aussi en parlant de certains liquides qu'on agite fortement avec un instrument quelconque, pour leur donner de la consistance : *battre des œufs, du beurre, de la crème; battre une sauce*. — Démolir à coups de canon : *battre une ville en ruine, une muraille en brèche*. — On dit fig. *battre un homme en ruine*, pour : le pousser, le réduire à l'extrémité dans la dispute. — On dit aussi, et à peu près dans le même sens : 1° *battre une proposition en ruine*; 2° *battre quelqu'un de raisons*. *Battre par camarades*, tirer tout à la fois l'artillerie d'une batterie avec laquelle on *bat* en brèche. — *Battre en rouage*, prendre une batterie en flanc ou de revers, pour en démonter les pièces par des coups plongés ou tirés à ricochet. — *Battre de bricole*, faire frapper le boulet à un endroit où il puisse se réfléchir et se porter contre la partie qu'on veut détruire. — *Battre en écharpe, battre* un ouvrage sous un angle de vingt degrés et au-dessous. — *Battre en sape, battre* un ouvrage par le pied de son revêtement. — *Battre la poudre*, c'est presser la poudre de huit ou dix coups de fouloir, pour éprouver le canon. — En t. de guerre, on dit : *battre la caisse, le tambour*, pour dire : frapper sur la caisse, sur le tambour avec les baguettes destinées à cet usage. — *Battre la diane, battre* la caisse au point du jour, d'une certaine manière, pour éveiller les soldats d'un camp, d'une garnison, ou les équipages sur les vaisseaux. — *Battre la marche, battre* la caisse pour donner le signal de marcher. — *Battre aux champs, battre* la caisse pour avertir qu'on doit marcher. — *Battre l'assemblée*, ou plutôt maintenant *battre le rappel, battre* la caisse pour avertir un corps de troupes de s'assembler et de se mettre sous les armes. — *Battre la charge, battre* la caisse pour avertir les soldats de donner sur l'ennemi. — *Battre la retraite, battre* la caisse pour avertir les troupes qui sont aux mains avec l'ennemi de *battre* en retraite. On *bat* aussi la retraite dans les garnisons pour avertir les soldats de se retirer chez leurs hôtes ou dans les casernes. — *Battre la fricassée, battre* la caisse pour avertir qu'on pose le drapeau, ou pour faire avancer un corps dans une bataille, ou pour l'en retirer. — *Battre un ban, battre* la caisse pour avertir les troupes qu'on veut publier une ordonnance, recevoir un officier, ou punir un soldat. — *Battre la chamade, battre* la caisse dans une ville assiégée, pour avertir les assiégeants qu'on veut capituler. — On dit : *marcher tambour battant*, marcher au son du tambour; et, au fig. : marcher rapidement. — On dit qu'*une garnison est sortie d'une ville, d'une place assiégée, tambour battant*, pour dire qu'elle en est sortie avec une partie des honneurs de la guerre; *tambour battant, mèche allumée*, avec tous les honneurs de la guerre. — Fig., *mener quelqu'un tambour battant*, le traiter sans ménagement. — *Faire une chose tambour battant*, la faire sans se cacher; ou : la faire vite. — *Mener battant les ennemis*, les poursuivre l'épée dans les reins. — Dans une discussion, *mener battant quelqu'un*, le presser d'arguments; *mener battant quelqu'un au jeu*, conserver l'avantage sur quelqu'un pendant toute une partie. — En t. de maître de danse, faire un mouvement figuré avec le pied : *battre un entrechat*. — En t. de tireur d'or, passer les filets d'or ou d'argent sur les moulins, pour les aplatir ou les réduire en feuilles à coups de marteau. — En t. de monnaie, fabriquer : *battre monnaie*. — Fig. et fam., *battre monnaie*, se procurer de l'argent. — En t. de musicien, baisser et élever la main pour marquer les temps : *battre la mesure*. — Fig. et prov., *battre le fer pendant qu'il est chaud*, ne point se relâcher dans la poursuite d'une affaire quand elle est en bon train. — On dit : *battre à la terre*, fouler l'étoffe avec la terre, en y lâchant un robinet d'eau. — *Battre à sec*, supprimer l'eau et fouler jusqu'au degré de consistance au-delà duquel l'étoffe ne s'épaissit plus. — *Battre l'eau*, en t. de chasse : lorsque le cerf est dans l'eau, on dit aux chiens : *il bat l'eau*. — *Battre l'eau*, au fig., travailler en vain, se donner une peine inutile. — *Battre le fer*, faire souvent des armes. — Fig. et fam., *il y a long-temps qu'il bat le fer*, il y a long-temps qu'il se livre à ce genre d'étude, qu'il exerce telle profession. — *Battre dos et ventre, battre comme plâtre, comme un chien*, frapper avec excès. — *Battre le chien devant le lion*, reprendre quelqu'un devant une personne à qui l'on n'ose pas adresser de reproches, pour que celle-ci s'applique ce qu'on dit à l'autre. — *Battre le chien devant le loup*, feindre d'en vouloir à quelqu'un, d'être mal avec quelqu'un, pour mieux tromper une autre personne. — *Il fait bon battre un glorieux, il ne s'en plaint pas*, un homme vain se garde bien de se plaindre des humiliations secrètes qu'on lui a fait endurer. — *Battre l'estrade*, en t. de guerre, courir la campagne, aller à la découverte. Vieux et inusité. — Fig. et fam., *battre l'estrade*, vagabonder. — *Battre la campagne*, courir deçà et delà dans la campagne; et fig., parler sans ordre; s'écarter de son sujet par des digressions fréquentes. On le dit aussi d'un malade qui est dans le délire. — *Battre bien du pays*, voyager en beaucoup de lieux différents; et fig. : parler beaucoup et de beaucoup de choses. — Fig. et prov., *il a battu les buissons, et un autre a pris les oiseaux*, il a eu la peine, et un autre le profit. — *Battre le bois, la plaine*, les parcourir en chassant. — T. de mar., *battre la mer*, croiser, surtout lorsque la croisière est sans succès. — *Battre les murs d'une ville*, etc., couler tout auprès, en parlant d'une rivière. — *Battre le pavé*, n'avoir d'autre occupation que de se promener dans les rues. — *Battre la semelle*, exercice qui consiste à frapper du pied et en cadence la terre, puis la semelle des souliers d'une autre personne. — *Battre la poudre* ou *la poussière*, se dit, en t. de man., d'un cheval qui trépigne, qui fait un pas trop court et qui avance peu; *battre la poudre au terre à terre*, quand il n'embrasse pas assez de terrein avec les épaules, et qu'il fait tous ses temps trop courts; *battre la poudre aux courbettes*, lorsqu'il les hâte trop et les fait trop basses; *battre la poudre au pas*, lorsqu'il va un pas trop court et qu'il avance peu. — T. de relieur, *battre un livre*, réduire à coups de maillet un livre, avant de le relier, à un volume beaucoup moindre. — *Battre la terre*, la rendre unie au moyen d'une *batte*. — *La pluie a battu la terre*, elle l'a rendue plus ferme. — T. d'impr., *battre la lettre avec les doigts*, frapper légèrement avec les mains sur les pages d'une forme qui vient d'être imposée, pour abaisser les lettres qui seraient trop élevées. — *Battre la laine*, en t. de manuf., l'étendre sur la claie, et l'y ouvrir à coups de baguettes. — Prov., *battre la carte*, jouer aux cartes. — *Battre les cartes*, les mêler. — *Battre une dame*, t. de jeu de trictrac, amener un point de dé tel, qu'en partant d'une flèche où l'on a une ou deux dames, on frappe une dame découverte de son adversaire. — Au jeu du reverquier, mettre une dame sur la même flèche où était placée celle de son adversaire; *battre à faux*, amener deux points, dont l'un tombe sur une flèche de l'adversaire garnie de deux dames, et l'autre sur une flèche où il n'y en a qu'une. — *Battre le coin*, tomber, par les deux nombres que l'on a amenés, sur le coin vide de son adversaire. — *Battre*, à tous les jeux, signifie gagner plusieurs parties à son adversaire: *vous m'avez bien battu hier, mais j'espère vous battre aujourd'hui*. — *Battre*, v. neut., remuer, se mouvoir : *cette porte, cette jalousie, cette persienne*, etc., *bat contre le mur; le cœur bat à tous les animaux; le cœur lui bat*, il a des palpitations; et fig. : il a peur. — *Tant que le cœur me battra*, toute ma vie, tant que je vivrai. On dit pop. : *tant que le cœur me battra dans le ventre; tant que l'âme me battra dans le corps*. — Donner sur... : *le soleil battait à plomb sur cette montagne*. — *Le tambour bat*. — *Battre en retraite* se dit, en t. de guerre, de troupes qui se retirent du combat; et fig., de quelqu'un qui commence à se retirer du monde, ou de quelque société, ou de quelque engagement. — En t. de mar., *les voiles battent*, lorsqu'il ne fait pas assez de vent pour les enfler. — En t. de man., on dit qu'*un cheval bat à la main*, lorsqu'il a les barres trop tranchantes et ne peut souffrir la sujétion du mors, quelque doux qu'il soit; qu'*il bat du flanc*, quand il commence à être poussif; qu'*il bat des flancs*, lorsqu'il agite ses flancs avec violence. — *Le fer d'un cheval bat*, lorsqu'il branle et est près de tomber. — Fig., *battre froid à quelqu'un*, affecter de la froideur avec lui. — *Battre des ailes*, voler, en parlant des oiseaux. — *Battre de l'aile*, ou d'*une aile*, se dit d'un oiseau blessé. — Au fig., *ne battre que d'une aile, ne battre plus que d'une aile*, avoir perdu beaucoup de sa vigueur, de son activité, etc., ne plus jouir d'une aussi bonne santé qu'autrefois; ou : être mal dans ses affaires; ou : être déchu de son ancien crédit, de la considération qu'on avait obtenue. On le dit aussi des choses : *cette affaire, cette entreprise*, etc., *ne bat plus que d'une aile*. — *Battre des mains*, applaudir. — T. d'archit., *battre la ligne*, faire vibrer un cordeau, enduit de blanc ou de noir, pour tracer une ligne sur un corps quelconque. — *se* BATTRE, v. pron., se frapper, se porter des coups. — Combattre, être aux mains avec les ennemis. — *Se battre en retraite*, combattre de telle sorte qu'on ne laisse pas de se retirer. — *Se battre à la perche*, se dit d'un oiseau de proie qui s'agite sur la perche où il est attaché; et fig., d'un homme qui se tourmente fort inutilement. — On dit qu'*un lion se bat les flancs avec sa queue*; et fig, qu'*un homme se bat les flancs pour faire quelque chose*, pour dire qu'il s'excite et emploie de vains efforts pour faire quelque chose : *un mauvais poète se bat les flancs pour faire de bons vers, et n'en fait que de mauvais; vous vous êtes en vain battu les flancs pour faire croire à son innocence, personne ne doute qu'il soit coupable*. — Fig. et pop. : *s'en battre l'œil*, s'en moquer. — *Se battre contre des moulins à vent*, vouloir renverser des obstacles, repousser des dangers imaginaires; expression prov. qui revient à peu près à celle-ci, *se créer des chimères pour le plaisir de les combattre*.

DU VERBE IRRÉGULIER BATTRE :

Battrez, 2e pers. plur. fut. abs.
Battriez, 2e pers. plur. prés. cond.
Battrions, 1re pers. plur. prés. cond.
Battrons, 1re pers. plur. fut. abs.
Battront, 3e pers. plur. fut abs.

BATTU, E, part. pass. de *battre*, et adj. (*batu*), frappé, maltraité. — En t. de guerre, défait, mis en déroute : *les ennemis ont été battus*. — Frayé : *chemin battu*. — Fig., *suivre le chemin battu*, s'attacher aux usages établis; faire comme tout le monde; ne point se singulariser. On dit aussi fig. : *les routes battues, les sentiers battus*. — Baigné par quelque rivière : *cette ville, cette tour, cette muraille*, etc., *est battue des flots*. — *Être battu de la tempête*, être tourmenté par la tempête. — Fig. : *être battu de l'oiseau*, être découragé, ou : être affaibli par la maladie. — *Se tenir pour battu*, reconnaître sa défaite, soit au physique, soit au moral; renoncer à telle ou telle prétention; se retirer, laisser le champ libre. — *Ne pas se tenir pour battu*, tenir bon, soit au physique, soit au moral, quoiqu'on ait déjà échoué; persister. — *Avoir les yeux battus*, les avoir fatigués, comme meurtris. — *Avoir les oreilles battues et rebattues de quelque chose*, en être importuné. — *Autant bien battu que mal battu*, plus ou moins de mal, cela est égal. Fam. — Subst. et prov., *les battus paient l'amende*, souvent on adresse des reproches à ceux auxquels on devrait des excuses; souvent avoir été maltraité une fois, c'est une raison pour l'être une seconde, etc. — *Battu*, t. de tireur d'or, trait d'or ou d'argent doré qui est écaché : *c'est du battu*.

BATTUDE, subst. fém. (*batude*), sorte de filet. Voy. BASTUDE.

BATTUDIE, subst. fém. (*batudî*), t. de bot., sorte de plante d'Amérique.

BATTUE, subst. fém. (*batu*), t. de chasse, action d'une troupe de gens qui *battent* les bois et les taillis, pour en faire sortir les loups, les renards, etc. — Dans l'exploitation des vers à soie, *faire la battue*, c'est fouetter avec un balai les cocons dans la bassine pleine d'eau chaude. — En t. de pêche, il se dit du creux que fait le poisson dans la boue, pour s'y enfoncer pendant l'hiver. — En t. de man., bruit du pied du cheval.

BATTURE, subst. fém. (*bature*), espèce de dorure qui se fait au miel détrempé dans de l'eau de colle et du vinaigre. — Mordant composé d'huile, de cire et de térébenthine. — T. de mar., banc ou fond mêlé de sable, de roches ou de pierres, et qui s'élève vers la surface de l'eau.

BATTUS, subst. mas. plur. (*batu*), anciens pénitents qui se frappaient rudement.

BATTUS, subst. propre mas. (*batetuce*), myth.,

fameux berger qui fut témoin du vol des troupeaux d'Apollon par Mercure. Celui-ci donna à *Battus* la plus belle vache de celles qu'il avait prises, et lui fit promettre de ne pas le déceler. Cependant, ne se fiant pas trop à lui, il feignit de se retirer et vint, peu de temps après, sous une autre forme et avec une autre voix, lui offrir un bœuf et une vache pour qu'il dît où était le bétail qu'on cherchait. Le bonhomme se laissa tenter, et découvrit tout : alors Mercure le métamorphosa en pierre de touche, celle dont on se sert pour éprouver l'or, et dont étaient faits les simulacres égyptiens. — Il y eut un autre *Battus*, fondateur de la ville de Cyrène, où il fut depuis adoré comme un dieu.

BATZ ou **BATZEN**, subst. mas. (*bateze, batezène*), monnaie de billon de la Suisse, dont la valeur varie selon les cantons. Le *bats* vaut environ quatorze ou quinze centimes.

BAU ou **BARROT**, subst. mas. (*bô, bâro*), t. de mar., solive mise, avec plusieurs autres semblables, par la largeur ou par le travers du vaisseau, d'un flanc à l'autre, pour affermir le bordage et soutenir les tillacs. Les *baux* sont à un vaisseau ce que les poutres sont à un édifice. — On appelle *bau de dale*, le premier *bau* vers l'arrière ; *bau de lof*, le dernier *bau* vers l'avant, sur l'extrémité ; *faux baux*, des pièces de bois semblables aux *baux*, et qui sont placées à six pieds de distance l'une de l'autre, sous le tillac des grands vaisseaux, pour fortifier le fond du bâtiment et en former le faux pont. — *Maître-bau*, celui qui est posé au milieu du vaisseau, vers le maître-couple, à l'endroit le plus large du bâtiment. Il sert à désigner la plus grande largeur d'un vaisseau, du moins dans œuvre : *ce vaisseau a 45 pieds de maître-bau*, de large. — T. de pêche, filet : *tirer le bau*, lever le filet qu'on traîne. C'est une expression provençale.

BAUBI, subst. mas. (*bôbi*), t. de chasse, chien dressé au renard, au lièvre, au sanglier.

BAUBO ou **BÉCUBO**, subst. propre fém. (*bôbô, békubô*), myth., femme qui donna l'hospitalité à Cérès lorsque cette déesse cherchait sa fille. Voy. **STELLÉ**.

BAUCHE, subst. fém. (*bôche*), autrefois habitation, demeure. Inus.

BAUCIS, subst. propre fém. (*bôcice*), myth., vieille femme pauvre qui vivait dans une petite cabane, avec son mari Philémon, presque aussi vieux qu'elle. Jupiter, accompagné de Mercure, ayant voulu sous la figure humaine visiter la Phrygie, fut rebuté de tous les habitants du bourg où demeuraient Philémon et *Baucis*, lesquels furent les seuls qui accueillirent les voyageurs. Pour les récompenser, Jupiter leur ordonna de le suivre au haut d'une montagne ; et lorsqu'ils regardèrent derrière eux, ils virent tout le bourg et les environs submergés, excepté la petite cabane, qui fut changée en un temple. Jupiter alors leur déclara qu'il leur accorderait ce qu'ils demanderaient. Les bonnes gens souhaitèrent seulement d'être les ministres de ce temple, et de ne point mourir l'un sans l'autre. Leurs vœux furent accomplis : parvenus à une extrême vieillesse, ils furent tous deux, dans le même moment, métamorphosés en arbres, Philémon en chêne et *Baucis* en tilleul.

BAUD, subst. mas. (*bô*) (suivant *Nicot* et quelques autres, de l'italien *baldo*, hardi), t. de chasse, espèce de chien courant de Barbarie. On l'appelle aussi *chien muet*, parce qu'il cesse d'aboyer quand le cerf vient au change. — Subst. propre mas., ville de France, chef-lieu de canton, arrond. de Pontivy, dép. du Morbihan.

BAUDA, subst. mas. (*bôda*), vase employé autrefois dans la distillation.

BAUDAU, subst. mas. (*bôdô*), t. de pêche, corde d'auffe qu'on emploie pour monter les bourdigues.

BAUDE, adj. (*bôde*), fier, gai, alerte. Vieux et inus.

BAUDEMENT, adv. (*bôdeman*), gaiement, joliment, plaisamment. Vieux et inus.

BAUDEQUIN, subst. mas. (*bôdekin*), petite monnaie qui avait cours en France au commencement du XIVe siècle : un *baudequin* valait six deniers. Les monétaires demandèrent le décri des *baudequins* en 1308, comme l'atteste un vieux titre de la chambre des comptes : *item, que l'on fasse faire la défense des baudequins qui courent communément pour six deniers.* — Quelques-uns, conjecturant que ce mot est le même que *baldaquin*, supposent que cette monnaie fut ainsi appelée parce que le roi y était représenté sous un dais, ou *baldaquin*.

BAUDES, subst. fém. plur. (*bôde*), t. de mar., parties attachées aux filets des madragues.

BAUDET, subst. mas. (*bôdè*) (de l'hébreu *badel*, stupide), âne. — Au fig., ignorant, stupide. — Tréteau, sorte de lit de camp. — Les scieurs de long donnent le nom de *baudets* aux tréteaux sur lesquels ils élèvent leur bois pour en faire des planches.

BAUDI, E, part. pass. de *baudir*.

BAUDIR, v. act., d'après l'*Académie*, et neut. selon nous (*bôdir*) (par contraction d'*ébaudir*, égayer, etc.). Ce mot signifiait autrefois *se réjouir*. — T. de chasse dont le sens est : exciter les chiens du cor et de la voix. — On *baudissait* aussi aux oiseaux.

BAUDISSERITE, subst. fém. (*bôdicerite*), t. de min., magnésie carbonatée de Baudissère, en Piémont.

BAUDOSE, subst. fém. (*bôdoze*), t. de mus., instrument à cordes dont on se servait du temps de *Charlemagne*. Il n'est plus d'usage.

BAUDOUINAGE, subst. mas. (*bôdouinaje*), accouplement de *baudets*.

BAUDOUINER, v. neut. (*bôdouiné*), engendrer un âne. Voy. **BAUDOUINAGE**.

BAUDRIER, subst. mas. (*bôdrié*) (du latin barbare *baldringum*, qui, dans la basse latinité, a été par corruption formé de *balteum*, baudrier), bande de cuir large de quatre ou cinq doigts, qui, passant sur l'épaule droite, vient aboutir au côté gauche, et à laquelle est suspendu le sabre des soldats. Les officiers ne portent plus l'épée en baudrier. — Cuir de vache dont on se sert pour les escarpins. — T. de bot., espèce de varech à feuilles longues et larges. — Myth. Voy. **AJAX** et **MÉNALIPPE**.

BAUDROIE, subst. fém. (*bôdroé*), t. d'hist. nat., poisson cartilagineux du genre lophie.

BAUDROYEUR, subst. mas. (*bôdroéieur*), corroyeur. Inus.

BAUDRUCHE, subst. fém. (*bôdruche*), pellicule de boyau de bœuf, parchemin fort délié dont se servent les batteurs d'or pour réduire l'or en feuilles. — On l'emploie aussi en pharmacie, sous le nom de *peau divine*, pour guérir les coupures.

BAUÈRE, subst. fém. (*bôère*), t. de bot., joli arbrisseau à fleur rose.

BAUFFE, subst. fém. (*bôfe*) t. de pêche, grosse corde appelée aussi *maîtresse-corde*.

BAUFRER, v. neut. (*bôfré*) (du latin *bellè vorare*, dévorer à belles dents, ou *bis labrare*, fait par corruption de *labrum*, lèvre ; *manger à doubles lèvres*), manger avidement. Inus. On dit maintenant *bâfrer*.

BAUFREUR, subst. mas., au fém. **BAUFREUSE** (*bôfreur, freuze*), celui ou celle qui mange avidement. Inus. On dit maintenant *bâfreur, bâfreuse*.

BAUFREUSE, subst. fém. Voy. **BAUFREUR**.

BAUGE, subst. fém. (*bôje*), lieu fangeux où le sanglier reste couché pendant le jour : *les chiens firent sortir le sanglier de la bauge.* — Fig. et fam., lit, logement très-sale. — Espèce de droguet. — Sorte de mortier de terre grasse mêlée de paille : *maçonnerie faite de bauge.* — *A bauge*, locution adv., en abondance : *cet homme a de tout à bauge*, est fort à son aise. Pop. et vieux.

BAUGÉ, subst. propre mas. (*bôjé*), ville de France, chef-lieu d'arrond., dép. de Maine-et-Loire.

BAUGUE, subst. fém. (*bôgue*), t. de bot., herbe qui vient dans les étangs salés, utile pour l'emballage et l'engrais. — L'*Académie* dit aussi *bauque*.

BAUGY, subst. propre mas. (*bôji*), bourg de France, chef-lieu de canton, arrond. de Bourges, dép. du Cher.

BAUHIN, subst. mas. (*bôein*), t. d'anat., valvule située transversalement à l'endroit où l'iléon s'ouvre dans le cœcum.

BAUHINE, subst. fém. (*bô-ine*), t. de bot., plante légumineuse.

BAUME, subst. mas. (*bôme*) (du grec βαλσαμον qui a la même signification, et dont les latins ont fait *balsamum*), t. de bot., herbe médicinale et odoriférante. — Liqueur qui distille de certains arbres : *baume de la Mecque, baume de Judée*, etc. — Sorte de composition propre aux plaies, etc. : *il compose un baume excellent pour les plaies.* — En chim. et en pharm., on appelle improprement *baumes* certaines préparations : *baume de soufre, baume de Saturne.* — Pâte de senteur que l'on porte sur soi contre le mauvais air. — Fig., *je n'ai pas de foi dans votre baume*, je n'ai pas confiance en vos discours, en vos promesses. — Au fig., consolation : *verser un baume salutaire sur...; ce peu de lignes semblait distiller un baume salutaire sur sa blessure envenimée.* — *Fleurer comme baume*, sentir fort bon ; et, en matière d'intérêt, offrir des sûretés, paraître avantageux, lucratif. — *Votre réputation ne fleure pas comme baume*, vous avez une assez mauvaise réputation. — Le *baume* a servi de corps à d'assez belles devises. Avec ces mots : *vulnere sano, ou vulnus opem*, ou *in pretio lacrymæ*, on l'a appliqué à des personnes pénitentes. Avec ces mots : *sponte fluunt meliùs*, il marque que les bienfaits doivent n'être point forcés. — *Baume d'eau.* Voy. **MENTHE**. — *Baume de Copahu.* Voy. **COPAHU**. — *Baume du Pérou.* Voyez **MÉLILOT**. — Subst. fém., grotte, caverne : *la Sainte-Baume.*

BAUME-LES-DAMES, subst. propre fém. (*bômelédame*), ville de France, chef-lieu d'arrond., dép. du Doubs.

BAUMIER ou **BALSAMIER**, subst. mas. (*bômié, baleçamié*), t. de bot., genre d'arbres ou d'arbrisseaux exotiques, à fleurs polypétales, dont le suc propre est ordinairement résineux.

BAUQUE, subst. fém. (*bôke*), t. de bot., algue à feuilles droites venant dans les étangs salés, sur les bords de la Méditerranée. On s'en sert pour fumer les terres et emballer. — C'est le même mot que *baugue*, d'après l'*Académie*.

BAUQUIÈRES, subst. fém. plur. (*bôkière*), t. de mar., bordages d'épaisseur, qui règnent intérieurement dans toute la longueur du vaisseau, et sur lesquels portent les *baux* et barrots. — On les appelle aussi *serres de baux*.

BAUQUIN, subst. mas. (*bôkein*), t. de verrerie, le bout de la canne qu'on met sur les lèvres pour souffler le verre.

BAURD-MANNETJES, subst. mas. (*bormanèteje*), t. d'hist. nat., espèce de singe ainsi nommé par les Hollandais.

BAUTZEN, subst. propre mas. (*bôtezène*), ville du royaume de Saxe. Elle possède plusieurs établissements remarquables. — Ses environs furent en 1813 le théâtre d'un combat mémorable entre les Français et les armées alliées.

BAUX, subst. mas., plur. de **BAIL** (*bô*). Voyez ce mot.

BAUZELY-DE-LEVÈZAC (**SAINT-**), subst. propre mas. (*ceinbôzelidelevèzak*), village de France, chef-lieu de canton, arrond. de Milhau, dép. de l'Aveyron.

BAVANG, subst. mas. (*bavan*), t. de bot., grand arbre des Moluques, remarquable par l'odeur d'ail qui s'exhale de toutes ses parties.

BAVARD, E, subst. (*bavar, varde*). Le *d* ne se prononce jamais au masculin) (suivant *Robert-Estienne* et *Nicot*, du grec βαβαξ, homme vain, grand parleur, dérivé de βαζω, je parle), celui, celle qui parle sans discrétion et sans mesure. Voy. **BABILLARD**. — Il s'emploie quelquefois adj. : *homme bavard ; femme bavarde.* Fam.

BAVARDAGE, subst. mas. (*bavardaje*), action de bavarder : *quand finirez-vous ce bavardage?* — Il signifie aussi choses de peu d'importance, dites ou écrites longuement : *un sot bavardage ; tout cela n'est qu'un bavardage de commère.* Fam.

BAVARDER, v. neut. (*bavardé*), parler excessivement de choses frivoles ou qu'on devrait tenir secrètes : *cet homme-là ne fait que bavarder ; puisqu'il sait cela, vous aurez sans doute bavardé.* Fam.

BAVARDERIE, subst. fém. (*bavarderi*), caractère, défaut du *bavard* : *cet homme est d'une bavarderie insupportable.* — Il se dit aussi des choses mêmes que disent ou écrivent des *bavards* : *c'est une bavarderie atroce et extravagante, que l'on ne peut prendre pour de l'éloquence ; votre bavarderie m'assomme.* Fam.

BAVARDIN, E, subst. (*bavardein, dine*), *babillard*. Inus.

BAVARDISE, subst. fém. (*bavardize*), propos de *bavard* : *il ne dit que des bavardises.* Inusité.

BAVAROIS, E, adj. et subst. (*bavaroè, roèze*), qui est de la Bavière.

BAVAROISE, subst. fém. (*bavaroèze*), infusion de thé avec du sirop de capillaire au lieu de sucre : *prendre une bavaroise.*

BAVASSER, v. neut. (*bavacé*), faire du *bavardage*. Inusité. On dit beaucoup mieux *bavarder*.

BAVAY, subst. propre mas. (*bavé*), ville de France, chef-lieu de canton, arrond. d'Avesnes, dép. du Nord.

BAVE, subst. fém. (*bave*). (Les Italiens et les Espagnols disent de même *bava*, peut-être, ajoute *Ménage*, du latin barbare inusité *babus*, enfant, d'où est dérivé le diminutif italien *bambino*, traduit en français par *bambin*), salive épaisse et visqueuse qui découle de la bouche : *la bave d'un enfant, d'un vieillard.* — Sorte d'écume que jettent certains animaux : *la bave d'un chien, d'un reptile.* — Liqueur visqueuse qui est dans la coque du limaçon : *la bave d'un limaçon.* — *N'avoir que de la bave*, que du caquet. Pop.

BAVÉ, part. pass. de *baver*.

BAVER, v. neut. (*babé*), jeter de la *bave* : *un enfant qui bave ; les vieillards sont sujets à baver.* — En t. de plombier, déborder en ne coulant pas droit : *ce tuyau bave.* — Au fig., il s'emploie à l'actif : *quoi de plus dégoûtant que la vieillesse corrompue, bavant sur l'innocence le poison de l'immoralité?*

BAVÈRE, subst. fém. (*bavère*), t. de bot. Voy. BAUÈRE.

BAVETTE, subst. fém. (*bavète*), linge qu'on met au-devant de l'estomac des petits enfants *baveux*. Il y a aussi des *tabliers à bavettes.* — On dit fig. qu'*une personne est à la bavette*, ou *n'est encore qu'à la bavette*, pour dire qu'elle est encore trop jeune pour les choses dont il s'agit ; et aussi fig. : *tailler des bavettes*, bavarder. — En t. de boyaudiers, *bavette* se dit d'une sorte de plastron composé de chiffons, que ces ouvriers suspendent à leur cou, et qui descend en devant pour empêcher que leurs habits ne se gâtent. — En t. de plombiers, bande de plomb qui couvre les bords et le devant des chaîneaux, et qu'on met aussi sur les grandes couvertures d'ardoise.

BAVEUR, subst. mas. (*baveur*), vieux mot inusité qui signifiait : moqueur, mauvais plaisant, et que l'on indique mal à propos dans quelques *dictionnaires* comme signifiant babillard.

BAVEUSE, subst. fém. (*baveuze*), t. d'hist. nat., sorte de poisson de mer toujours couvert d'une espèce de *bave*. — Adj. fém. Voy. BAVEUX.

BAVEUX, adj. mas., au fém. **BAVEUSE** (*baveu, veuze*), qui *bave* : *vieillard baveux, bouche baveuse.* — En t. de peint., *peinture baveuse*, peu nette. — En t. de cuisine, *omelette baveuse*, omelette qui n'est pas bien cuite. — En t. de chirur., *chairs baveuses*, chairs spongieuses d'une plaie en mauvais état. — En t. d'impr., *lettres baveuses*, lettres trop chargées d'encre.

BAVIÈRE, subst. propre fém. (*bavière*), royaume de la confédération germanique. — Pièce de l'ancienne armure : c'était une cornette de taffetas dont on ornait l'armet.

BAVOCHÉ, E, part. pass. de *bavocher*, et adj., t. de grav. et d'impr. : *un trait bavoché; une planche bavochée; une épreuve bavochée*, un trait, une planche, une épreuve manquant de netteté.

BAVOCHER, v. act. (*bavoché*), se dit, en t. d'imprimeur en taille-douce, d'une impression qui n'est pas nette, qui macule. — On dit qu'*un peintre*, qu'*un dessinateur bavoche* ; qu'*un graveur bavoche*. Il est neut. en ce sens. — *Bavocher* se dit aussi des doreurs en détrempe dont les ouvrages ne sont pas faits avec propreté.

BAVOCHURE, subst. fém. (*bavochure*), défaut de ce qui est *bavoché* : *cette estampe est pleine de bavochures.*

BAVOIS, subst. mas. (*bavoa*), t. de féod., tableau de l'évaluation des droits seigneuriaux. Sans usage aujourd'hui.

BAVOLET, subst. mas. (*bavolè*) (ce mot est formé de *bas-volet* : *volet* se disait autrefois pour *voilet*, et *voilet* est un diminutif de *voile*), sorte de coiffure villageoise. — Fig., jeune paysanne.

BAVURE, subst. fém. (*bavure*), t. d'arts, petite trace des joints des pièces d'un moule ; défaut d'un contour baveux ou bavoché.

BAWBIE, subst. fém. (*bôbi*), monnaie d'Écosse.

BAXANA, subst. mas. (*bakçana*), t. de bot., sorte d'arbre de l'Inde, qui passe dans plusieurs endroits pour fournir un antidote contre tous les poisons.

BAYAD, subst. mas. (*ba-iade*), t. d'hist. nat., sorte de poissons établis aux dépens des silures de Linnée.

BAYADE, subst. fém. (*ba-iade*), t. d'agric., variété d'orge qui se sème au printemps.

BAYADÈRE, subst. (fém. *ba-iadère*) (du portugais *balladeiras*, (danseuses), femme indienne dont la profession est de danser devant les *pagodes*, et qui est en général vouée à la prostitution.

BAYART, subst. mas. (*ba-iar*), sorte de civière pour porter des fardeaux, particulièrement employée dans les ports.

BAYATTE, subst. fém. (*ba-iate*), t. d'hist. nat., poisson du Nil, du genre silure.

BAYDAR, subst. mas. (*bèdar*), t. de marine, sorte de barque particulière à la côte du nord de la Sibérie.

BAYE, subst. fém. (*bèie*), tromperie faite dans l'intention de plaisanter. Voy. BAIE, qui est préférable à cause de l'étymologie.

BAYEL-SCULLI, subst. mas. (*ba-ièlcekuleli*), t. de bot., espèce d'arbrisseau des Indes.

BAYEMAN, subst. mas. (*ba-ieman*), l'un des mois du calendrier persan.

BAYER, v. neut. (*ba-ié*. On écrivait et l'on prononçait autrefois *béer*) (du lat. barbare *badare*, qui, dans les Gloses d'*Isidore*, a la même acception qu'on retrouve encore dans le patois languedocien), regarder quelque chose la bouche ouverte. Fam. — Fig. et fam., désirer avec avidité, avec ardeur. En ce sens, il prend toujours la prép. *après* : *bayer après les richesses, après les honneurs*, etc. — Il n'est plus guère usité que dans l'expression figurée : *bayer aux corneilles*, s'amuser à regarder en l'air niaisement.

BAYEUR, subst. mas., au fém. **BAYEUSE** (*ba-ieur, ieuze*), celui, celle qui regarde niaisement, qui a l'habitude de *bayer*. Inus.

BAYEUSE, subst. fém. Voy. BAYEUR.

BAYEUX, subst. propre mas. (*ba-ieu*), ville de France, chef-lieu d'arrond., dép. du Calvados. — Sa cathédrale est très-remarquable.

BAYON, subst. propre mas. (*ba-ion*), bourg de France, chef-lieu de canton, arrond. de Lunéville, dép. de la Meurthe.

BAYONNAIS, E, subst. et adj. (*ba-ioné, nèze*). Voy. BAÏONNAIS.

BAYONNE, subst. propre fém. (*ba-ione*), ville de France. Voy. BAÏONNE.

BAYONNETTE, subst. fém. (*ba-ionète*). Voyez BAÏONNETTE.

BAYOQUE ou **BAYOQUELLE**. Voyez BAÏOQUE, BAÏOQUELLE.

BAZAC, subst. mas. (*bazake*), t. de comm., toile de coton très-fine de Syrie. — Coton filé, très-fin, qui vient de Jérusalem.

BAZAN, subst. mas. (*bazan*), t. d'hist. nat., quadrupède ruminant de Perse, qui paraît être le paseng, ou chèvre sauvage.

BAZAR, subst. mas. (*bâzar*), marché public dans l'Orient. C'est une espèce de cloître en pierre, fort élevé, et éclairé par des coupoles. — Lieu où l'on enferme les esclaves. — Ce mot a été importé en France : c'est un lieu d'exposition et de vente d'objets d'arts et d'industrie.

BAZARACO, subst. mas. (*bazarako*), monnaie d'étain et de cuivre de peu de valeur, qui a cours à Goa. — On dit aussi *bazaruco*.

BAZARAS, subst. mas. (*bazarâce*), t. de mar., grande embarcation de plaisance sur le Gange.

BAZAS, subst. propre mas. (*bazâce*), ville de France, chef-lieu d'arrond., dép. de la Gironde.

BAZAT, subst. mas. (*baza*), t. de comm., coton de Leyde.

BAZOCHES-SUR-HOESNE, subst. propre fém. (*bazochecuroène*), bourg de France, chef-lieu de canton, arrond. de Mortagne, dép. de l'Orne.

BAZZO, subst. mas. (*badezo*), petite monnaie d'Allemagne qui vaut environ dix centimes de France.

BDELLA, subst. fém. (*bdèlela*), t. d'hist. nat., nom donné quelquefois à la sangsue et à l'arbre qui produit le bdellium.

BDELLE, subst. fém. (*bdèle*), t. d'hist. nat., animal de la classe des arachnides, à huit pattes.

BDELLIUM, subst. mas. (*bdèleliome*) (en grec βδελλιον), t. d'hist. nat., gommo-résine d'un arbre qui croît en Arabie.

BDELLOMÈTRE, subst. mas. (*bdèlelomètre*) (du grec βδαλλω, je suce, et μετρον, mesure), t. de chirur., instrument pour opérer la saignée sanguisorbe.

BÊ, sorte d'interj. (*bé*), cri des moutons.

BÉANCE, subst. fém. (*béance*). Vieux mot inus., qui signifiait *félicité*.

BÉANT, E, part. prés. du vieux verbe *béer*, dont on a fait *bayer* (*béan, ante*). On ne l'emploie plus au propre qu'avec les mots *bouche, gueule* : *bouche, gueule béante*, ouverte ; et quelquefois au fig. dans le sens de : qui présente une grande ouverture : *gouffre béant*.

BEARFICH, subst. mas. (*béarfik*), t. d'hist. nat., sorte d'animal de Norwège, qui ressemble à la morue.

BÉARN, subst. propre mas. (*béarne*), anc. province de France qui est comprise aujourd'hui dans le dép. des Basses-Pyrénées.

BÉARNAIS, E, subst. et adj. (*béarné, nèse*), qui est du *Béarn*. — Subst. fém. plur., *les béarnaises* sont depuis quelque temps, à Paris, des *voitures omnibus*.

BÉAT, E, subst. (*béa, ate*) (du lat. *beatus*, bienheureux), dévot. Il se dit le plus souvent par dérision : *c'est un béat insupportable ; c'est un béat bien ridicule ; faire le béat.* — Il est aussi adj. : *cette fameuse coquette est aujourd'hui sœur béate ; air béat ; mine béate ; ton béat.* — *Béat*, celui qui, dans une partie de jeu et de table, prend part au repas sans avoir été obligé de payer son écot en prenant part au jeu. Vieux dans ce sens.

BÉAT (SAINT-), subst. propre mas. (*ceinbéa*), ville de France, chef-lieu de canton, arrond. de Saint-Gaudens, dép. de la Haute-Garonne.

BÉATIFICATION, subst. fém. (*béatifikâcion*), acte par lequel le pape *béatifie* : il diffère de *canonisation*, en ce que dans l'acte de *béatification* le pape ne prononce que comme personne privée, au lieu que dans l'acte de *canonisation*, il prononce comme juge, après un examen juridique. — En t. de phys., *béatification électrique*, expérience d'électricité dans laquelle, au moyen d'une couronne portant dans tout son contour des pointes un peu émoussées, on fait paraître la tête d'une personne isolée sur un tabouret, environnée d'une auréole semblable à celle dont les peintres entourent la tête des saints.

BÉATIFIÉ, E, part. pass. de *béatifier*.

BÉATIFIER, v. act. (*béatifié*) (du lat. *beatificare*, formé de *beatus*, bienheureux), mettre au rang des *bienheureux*. — Fig. et fam., rendre heureux, content : *cette nouvelle, cet événement, ce succès l'a béatifié*. Peu usité.

BÉATIFIQUE, adj. des deux genres (*béatifike*), qui rend heureux, *bienheureux*. Il ne se dit qu'avec *vision* : *la vision béatifique*, celle dont nous jouirons dans le ciel.

BÉATILLES, subst. fém. plur. (*béati-ie*) (du lat. *beatus*, comme qui dirait *mets de bienheureux*), t. de cuisine, toute sorte de petites choses délicates qu'on met dans les pâtés, dans les tourtes, etc. — Quelques-uns le disent des petits ouvrages de religieuse, comme agnus, pelottes, etc. : *boîtes de béatilles*.

BÉATITUDE, subst. fém. (*béatitude*) (du latin *beatitudo* qui a la même signification), bonheur, félicité céleste, éternelle ; vision de Dieu : *jouir de la béatitude*. — Par extension, on le prend aussi quelquefois dans le sens de : bonheur terrestre, mais d'un bonheur résultant plus particulièrement de la vie contemplative. — Titre d'honneur qu'on a donné au pape : *votre béatitude*, lui disait-on. — *Béatitudes*, au pluriel, ne se dit qu'en parlant des *huit béatitudes* annoncées par Jésus-Christ dans saint Matthieu. Voy. BONHEUR.

BEAU, BEL, adj. mas., au fém. **BELLE** (*bô, bèle*) (du lat. *bellus*), qui a de la beauté : *un beau cheval, un bel arbre, une belle peinture.* — *Beau* se dit devant un subst. sing. commençant par une consonne ou par un *h* aspiré ; *bel*, devant un subst. sing. dont la première lettre est une voyelle ou un *h* non aspiré : *un bel homme, un beau haras, un beau chien, un bel oiseau.* Quoi qu'il en soit, *bel* est demeuré encore en usage dans ces noms : *Philippe-le-Bel, Charles-le-Bel.* — *Beau* prend *x* au plur. : de *beaux hommes*. — En général, *beau* s'applique proprement à tout ce qui plaît au sens de la vue ou au sens de l'ouïe, soit qu'on parle des choses, des personnes ou des animaux : *une belle maison ; un beau jardin ; un beau paysage ; un beau soleil ; un beau clair de lune ; une belle ville ; une belle rue ; un beau diamant ; une belle musique ; un beau concert ; une belle symphonie ; une belle ouverture ; un beau quatuor*, etc. ; *un bel homme ; une belle femme ; un bel enfant ; une belle tête ; un beau visage ; un beau teint ; une belle bouche ; de beaux yeux ; de belles formes ; une belle voix ; un beau son ; un beau timbre de voix ; un bel oiseau ; un beau lion ; un beau cheval ; une belle encolure ; un beau poitrail.* — Par extension, *beau* prend diverses acceptions qui ne concernent que fort indirectement la *vue*, et ne concernent nullement l'*ouïe* : *un beau temps ; le temps est beau ; il fait beau temps ; il fait beau ; un beau jour ; une belle journée ; une belle matinée ; une belle soirée ; une* *belle nuit; les beaux jours.* — Fig., *les beaux jours, le bel âge*, le temps de la jeunesse. — Il se dit fig. des facultés intellectuelles : *beau génie; belle imagination; belle mémoire; beau talent;* et des productions qui leur sont dues : *belle pensée; belle maxime; belle harangue; beau vers; beau drame; beau passage d'un livre*, etc. — Fig., noble, élevé, généreux : *un beau naturel; un beau caractère; une belle âme; de beaux sentiments; un beau dévouement*, etc. — Glorieux, honorable : *une belle action; un beau sacrifice; un beau nom; une belle mort.* — Bienséant, convenable, convenant : *mon jeune ami, ne prenez point un ton si tranchant, à votre âge surtout cela n'est pas beau; il n'est pas beau à une jeune fille de parler politique.*—Bon : *une belle santé; quand j'achetterai une maison de campagne, je la veux en bel air*, etc. — Avantageux : *obtenir une belle place; vous êtes dans une belle passe; vous faites un beau commerce; cette affaire est une belle spéculation.* — Favorable : *faites ce voyage, c'est une belle occasion; l'occasion est belle;* etc. — Heureux : *ce roman présente un beau sujet de comédie; pour un si jeune acteur, c'est un beau début.* — Grand, considérable : *une belle somme; un beau revenu; de beaux appointements; cette route est d'une belle longueur; il a poussé de beaux cris; il a fait un beau bruit en apprenant cela; vous avez eu une belle peur; c'est un bel âge que soixante-quinze ans.* — Habile : *c'est un beau danseur, un beau chanteur; c'est un beau parleur.* Cette dernière locution se prend ordinairement en mauvaise part, pour : un homme aux discours duquel il ne faut point se fier. Elle offre à peu près le même sens que *beau prometteur.* On dit aussi *faire le beau parleur, le beau diseur*, pour : affecter de bien parler. — *Beau* s'emploie aussi subst. : *acheter, vendre du beau; le beau de l'histoire, c'est que...; une belle*, une femme qui a de la beauté; *faire sa cour aux belles; aimer les belles; aller de belle en belle; vous étiez avec votre belle*, avec votre maîtresse. L'expression *la belle* renferme un sens de malveillance ou d'ironie : *la belle voulut se plaindre, mais...; je n'ignore pas, la belle, que vous vous croyez adorable;* etc. — On dit aussi subst. : *le temps se met au beau, est au beau.* — Comme subst., on s'en sert absolument dans la littérature et les beaux-arts : *le beau; le vrai beau; le beau idéal; le goût, le sentiment, l'amour du beau.*— *Le beau sexe*, le sexe féminin. — On dit quelquefois par affection *ma belle amie, ma belle enfant, ma belle*, en parlant à une jeune personne, ou à une femme avec laquelle on est sur le pied d'une grande familiarité. — *Le sang est beau dans tel pays*, les habitants de tel pays sont en général remarquables par la beauté des traits et la fraîcheur de la carnation. — Prov., *il fera beau temps, il fera beau quand je ferai telle chose*, je ne ferai jamais telle chose.—En t. de mar., *la mer est belle*, elle est assez calme.—Prov., *la belle plume fait le bel oiseau*, la parure ajoute aux agréments d'un physique avantageux.—*Faire le beau fils*, montrer de la recherche, de l'affectation dans ses manières et dans sa toilette. — *Faire le beau, faire la belle*, se rengorger, se pavaner. On dit quelquefois dans le même sens *un beau*, mais cette expression est fort peu usitée aujourd'hui.—Fam., *se faire beau, se faire belle*, se parer. On dit dans ce sens : *comme vous voilà beau, belle! vous êtes bien beau, bien belle aujourd'hui!*—Pop., *un beau monsieur, une belle dame*, un homme bien mis, une femme bien mise. — *Le beau monde*, la partie la plus riche ou la plus brillante d'une population. — *Un homme, une femme du bel air*, dont les manières sont distinguées. — En t. de man., *ce cheval porte beau*, porte bien la tête. — En t. d'escrime, *avoir les armes belles*, faire des armes avec grace et habileté. Peu usité. — *Il fait beau voir*, on a du plaisir à voir : *il fait beau voir tout un peuple courir aux armes pour la défense de ses droits ou de son territoire.* —Ironiq., *il ferait beau voir*, il serait étrange de voir : *il ferait beau voir un homme de votre âge épouser une enfant.* — *Il vous fait beau voir* ne se dit aussi qu'ironiquement, pour : vous avez mauvaise grace à... : *vous, goutteux, il vous fait beau voir danser!* — *Il fait beau chasser dans ce pays*, la chasse y est agréable. — *Il fait beau se promener quand la chaleur est tombée*, la promenade est un plaisir quand la chaleur est tombée. — *Il fait beau marcher le matin*, c'est le matin qu'on est le mieux disposé à marcher. — On entendait autrefois par *un bel esprit* un homme de lettres, ou du moins un homme lettré ; mais on ne se sert plus aujourd'hui de cette expression qu'avec dénigrement, et pour désigner un sot qui a des prétentions à l'esprit, un pédant, une espèce de Trissotin : aussi est-il inconcevable que l'*Académie* ait laissé subsister dans son édition de 1835 une définition qui, juste lors de la première apparition de son Dictionnaire, est de toute fausseté à la sixième. — *Une femme bel esprit* est une sorte de femme de lettres, et quelquefois aussi c'est seulement une femme ayant assez peu d'esprit pour se piquer d'en avoir beaucoup. — *Mettre quelque chose dans un beau jour*, expliquer, exposer quelque chose très-clairement. — *Présenter quelque chose sous un beau jour*, donner à quelque chose une couleur favorable. — *De beaux semblants, de belles promesses, de belles paroles*, des apparences, des promesses, des paroles séduisantes, mais ne méritant pas grande confiance.—En t. de jeu, *un beau coup* est un coup très-adroit aux jeux d'adresse, et très-heureux aux jeux de hasard. — Dans les affaires, dans le commerce, *faire un beau coup*, c'est faire une opération fort avantageuse. — Fam. et ironiq., *vous avez fait là un beau coup*, vous avez fait une maladresse, une sottise, ou : une action blâmable; ou : commis un délit, un crime, etc. ; vous avez fait une chose dont vous aurez sujet de vous repentir.—*Être dans de beaux draps* se dit ironiq. pour : être dans une situation fâcheuse. — En t. de jeu, *perdre à beau jeu*, perdre avec un beau jeu; et fig. et fam. : échouer avec toutes les chances possibles de succès. — *Donner beau jeu*, donner des cartes favorables ; et fig. et fam. : offrir une occasion favorable. — *Avoir beau jeu*, avoir de bonnes cartes ; et fig. et fam. : être en bonne passe. — On dit particulièrement au jeu de billard : *avoir la belle, gagner la belle*, lorsque les deux joueurs ayant eu chacun une manche, l'un des deux gagne la troisième. — On dit au jeu de paume *donner beau, donner beau sur les deux toits*, pour : envoyer la balle de telle sorte que l'adversaire puisse la saisir aisément, de telle sorte qu'elle touche les deux toits, ce qui produit le même effet. — Fig. et fam., *donner beau* ou *la donner belle* à quelqu'un, lui fournir une belle occasion de... — Iron., *vous me la donnez belle, vous nous la donnez belle*, vous me trompez, etc.; ou : vous vous moquez, bah ! à d'autres ! On dit aussi *vous me, vous nous la baillez belle!* — *L'avoir beau, l'avoir belle*, avoir une belle, une bonne occasion, une occasion favorable de....., pour.... — *Prendre sa belle*, profiter de l'occasion. — *Avoir beau faire, beau dire*, faire, dire en vain. — *Gronder, tancer, traiter quelqu'un de la belle manière, mener quelqu'un beau train*, le gronder, le tancer, le traiter, le mener rudement. — *Il y a beau temps, il y a beau jour* ou *beaux jours*, il y a long-temps. — On appelle *bel homme de cheval* un homme qui a bonne tournure à cheval; *beau joueur*, un homme qui joue loyalement et sans que la perte ni le gain influent sur son humeur; *beau mangeur, beau dîneur*, un grand mangeur. — On dit ironiquement et fam. : *voilà un beau moyen, une belle idée, un bel expédient ! vous nous opposez là de beaux arguments ! vous nous tenez là un beau langage ! vous nous avez forgé de belles histoires ! voilà un bel homme pour se flatter de l'emporter sur nous ! voilà une belle besogne ! Mon bel ami, vous êtes un sot ; le beau mérite ! le beau profit ! le bel avantage ! je suis au courant de vos belles allures.* — *Voilà un beau venez-y voir* se dit quand on veut déprécier quelque chose. — *Une belle équipée* est ou une grande sottise, ou une grande gaucherie de conduite, ou une action fort préjudiciable soit à celui qui l'a faite, soit aux autres. — *Il en a fait de belles, il en fait de belles, il en fera de belles*, il a fait, il fait, il fera de grandes fautes, de grandes sottises, de grandes extravagances. — *Il m'en a dit, il m'en a conté de belles*, il m'a débité bien des sottises, ou : bien des mensonges. — *Il m'en a dit de belles sur votre compte*, il m'a dit beaucoup de mal de vous. — *Ceci, cela est beau et bon, est bel et bon; tout cela est bel et bon, mais...* à la bonne heure, d'accord, c'est possible, je n'en disconviens pas, etc., mais.... — *L'échapper belle*, échapper à un danger contre toute probabilité. — Il est certains mots auxquels on joint souvent *beau* comme un explétif tendant à en augmenter la force : *cet homme est un beau maraud, un beau coquin, un beau fripon à qui je dirai son fait ; nous partîmes un beau matin ; un beau jour il arriva chez moi ; ne voilà-t-il pas qu'une belle nuit... ; partout il vous déchire à belles dents ; je l'ai donné, dites-vous? moi je soutiens que je l'ai vendu à beaux deniers comptants; vous faites le dédaigneux, vous refusez, plus tard vous accepterez à belles baisemains ; il s'agite dans son lit comme un beau diable ; dans nos longs voyages, nous avons plus d'une fois couché à la belle étoile ; malgré tous les périls auxquels ce vieux soldat s'est trouvé si souvent exposé, il a fini par mourir de sa belle mort ; nous le trouvâmes au beau milieu du bois.* — *Bel et beau, bel et bien, bien et beau*, loc. adv. et fam., net : *il refusa bien et beau ; s'il ose ouvrir la bouche, je lui répondrai bel et beau ; il le fit bel et bien.* L'*Académie* donne à cette locution le sens de *tout à fait, entièrement* : en lui en donnant un autre, nous lui avons appliqué les exemples mêmes de l'*Académie*, pour mettre le lecteur à portée de juger entre elle et nous. — *De plus belle*, loc. adv., de nouveau : *ses craintes s'étaient calmées, mais le voilà qui s'inquiète de plus belle ; ce jeune homme semblait vouloir s'amender, mais il se dérange de plus belle ; la gelée, la pluie reprend de plus belle;* etc. — *De plus belle en plus belle, de plus beau en plus beau*, loc. adv., en croissant ; en s'améliorant ; de plus en plus ; de mieux en mieux, etc. — *En beau*, loc. adv., sous une apparence favorable, sous un jour avantageux, etc. : *vous voyez tout en beau ; vous nous aviez peint les choses en beau, cette personne en beau ; c'est une entreprise qui se présentait en beau*, etc.— *Tout beau*, loc. adv., doucement ! de la retenue ! de la modération ! patience ! etc. : *tout beau ! ne criez pas si haut ; tout beau ! vous sortez des bornes ; tout beau ! vous vous avancez trop ; tout beau ! attendez qu'on vous ait expliqué la chose*, etc., etc., etc. Cette locution, qui maintenant est du style le plus familier, était autrefois admise dans le style le plus noble : *Corneille*, par exemple, en fait un fréquent usage. — *Tout beau* est aussi un t. de chasse dont on se sert pour mettre et tenir les chiens en arrêt, ou pour maintenir ceux qui sont trop ardents. — *Les beaux-arts*, la peinture, la sculpture, l'architecture, la musique et la danse. — *Les belles-lettres*, la réunion de la grammaire, de l'éloquence et de la poésie. — *Beau-fils, belle-fille*, fils, fille du mari ou de la femme.—*Beau-père, belle-mère*, mari de la mère, ou père du mari ou de la femme ; femme du père, ou mère du mari ou de la femme. — *Beau-frère, belle-sœur*, frère, sœur du mari ou de la femme. — T. de bot., *belle-de-jour, belle-de-nuit, belle-d'un-jour*, sortes de plantes.

BEAUCAIRE, subst. propre fém. (*bôkère*), ville de France, chef-lieu de canton, arrond. de Nîmes, dép. du Gard.

BEAUCE, subst. propre fém. (*bôce*), ancienne province de France. — La *Beauce* n'avait pas autrefois les mêmes limites qu'aujourd'hui. Quelques-uns la resserrent entre Étampes et l'Orléanais. Aujourd'hui la *Beauce*, en la prenant en général, comprend le pays Chartrain, le Dunois, le Vendômois, et la partie de l'Orléanais qui est au nord de la Loire. — Dans un sens plus particulier elle ne comprend que le pays Chartrain.

BEAUCERON, subst. mas., au fém. **BEAUCERONNE** (*bôceron, rone*), habitant de la *Beauce*.

BEAU-CHASSEUR, subst. mas. (*bôchaçeur*), t. de vénerie, espèce de chien courant qui donne bien de la voix en poursuivant le gibier.

BEAUCOUP, adv. de quantité (*bôkou*, et devant une voyelle *bôkoupe*) (du lat. *bella copia*, belle ou grande quantité), une grande quantité, un grand nombre, plusieurs ; avec cette différence, que *beaucoup* est d'usage soit qu'il s'agisse de calcul, de mesure ou d'estimation ; et que *plusieurs* n'est jamais employé que pour les choses qui se calculent. — Joint aux signes de comparaison, il ajoute à leur signification : *il est beaucoup moins riche, vous êtes beaucoup plus savant.* On dit aussi : *vous êtes de beaucoup plus savant;* et *vous êtes plus savant de beaucoup ; je suis le plus jeune de beaucoup.* On emploie aussi *de beaucoup* avec les verbes marquant d'eux-mêmes comparaison : *l'emporter, dépasser, surpasser de beaucoup*, etc. — Extrêmement : *il doit beaucoup.* — En ce sens, il est aussi adverbe de temps : *parler, marcher, attendre beaucoup.* — On dit, en parlant de quelque chose d'avantageux ou de remarquable : *c'est beaucoup, c'est beaucoup que de... : il sait déjà le latin, c'est beaucoup pour son âge ; dans l'état de gêne où il se trouve, c'est beaucoup que de donner quelquefois aux pauvres.* — *C'est beaucoup si*, avec un verbe au présent, équivaut à *à peine si* avec le même verbe tantôt au présent aussi, tantôt au futur : *cet hom-*

me est un impertinent: quand vous lui adressez la parole, c'est beaucoup s'il vous regarde; vous lui exposerez vos griefs, mais c'est beaucoup s'il vous écoute; c'est beaucoup si nous arrivons avant la nuit. — *Il s'en faut beaucoup* se dit pour marquer une grande différence: *il s'en faut beaucoup qu'il soit aussi prudent que son frère.*—On dit *il s'en faut de beaucoup*, lorsqu'il est question de nombre ou de quantité: *il s'en faut de beaucoup que nous ayons autant de fruits cette année que l'année dernière.* — *A beaucoup près* peut également remplacer *il s'en faut beaucoup* et *il s'en faut de beaucoup*: *il n'est pas à beaucoup près aussi prudent que son frère; nous n'avons pas à beaucoup près autant de fruits cette année que l'année dernière.*—*Beaucoup* et *bien* ne s'emploient pas toujours indifféremment l'un pour l'autre: *bien* modifie le verbe, et le substantif qui le suit n'est pas son régime; *beaucoup*, au contraire, conserve sa signification primitive, équivaut à un substantif, et le substantif qui suit le modifie et lui sert de régime: *il amasse bien de l'argent*, c'est-à-dire: il amasse de l'argent d'une manière extraordinaire. *Il amasse beaucoup d'argent; beaucoup* (*bella copia*) signifie une quantité considérable; c'est comme si l'on disait: il amasse une quantité considérable d'argent. Voilà pourquoi après *bien*, le substantif, qui est réellement le régime du verbe, prend l'article, et qu'il ne le prend pas après *beaucoup*, où il est le régime d'un autre substantif. C'est par la même raison que *bien*, en sa qualité d'adverbe, peut se joindre aux adjectifs, et que *beaucoup* ne s'y joint pas. On dit *bien bon, bien beau*, et l'on ne dit pas *beaucoup bon, beaucoup beau. Beaucoup*, signifiant à la lettre: une quantité, un degré considérable, a un rapport nécessaire avec un substantif qui complète le sens vague qu'il présente. On ne dit pas *beaucoup bon*, parce qu'on ne dit pas un degré considérablement bon. — Lorsque *bien* et *beaucoup* sont mis absolument après un verbe, cette différence est encore sensible: dans *il mange bien, bien* modifie le verbe et marque la répétition, la continuité de l'action, ou la manière dont elle se fait; dans *il mange beaucoup*, *beaucoup* a un rapport particulier aux aliments, et indique que l'on en mange une grande quantité.— *Pascal* dit ironiquement: *il y a bien à profiter avec vos docteurs*, et *bien* se prête à l'ironie; *beaucoup* ne s'y prêterait pas également, parce que, marquant un rapport nécessaire à des choses utiles, il les indique comme existant réellement: *il y a bien à profiter avec vos docteurs* revient à: on peut profiter d'une belle manière avec vos docteurs; *il y a beaucoup à profiter avec vos docteurs* signifierait: on peut retirer un profit considérable de leur doctrine.

BEAUCRIER, subst. mas. (*bôkrié*), t. d'agric., sorte de raisin.

BEAU-FILS, subst. mas., au fém. BELLE-FILLE (*bô-fice, bèle-fiie*), fils, fille du mari ou de la femme. — Élégant à prétention. On ne dirait pas dans le même sens au fém. *belle-fille*. — Au plur., des *beaux-fils*, des *belles-filles*. Voy. BEAU-FRÈRE.

BEAUFORT, subst. propre mas. (*bôfor*), ville de France, chef-lieu de canton, arrond. de Baugé, dép. de Maine-et-Loire.

BEAUFORTIE, subst. fém. (*bôforti*), t. de bot., arbrisseau de la Nouvelle-Hollande.

BEAU-FRAIS, adj. et subst. mas. (*bô-frè*), t. de mar., se dit du vent dont la force est modérée et la direction favorable.

BEAU-FRÈRE, subst. mas., au fém. BELLE-SOEUR (*bô-frère, bèle-ceur*), mari de la sœur ou de la belle-sœur, femme du frère ou du beau-frère. — Au plur., des *beaux-frères*, des *belles-sœurs*.— BEAU-FILS, BELLE-FILLE, BEAU-PÈRE, BELLE-MÈRE, BEAU-FRÈRE, BELLE-SOEUR. Ces mots ont une double acception qu'il ne faut pas confondre. Ainsi *beau-fils*, *belle-fille*, sont tantôt synonymes des expressions *gendre* et *bru*, et réciproquement *beau-père*, *belle-mère* signifient le père et la mère par alliance de celui ou de celle qui a épousé leur fille ou leur fils. On désigne encore sous le nom de beau-fils ou de belle-fille, relativement à l'un des époux, l'enfant qui appartient à l'autre époux avant un second mariage. La même distinction se rencontre dans les dénominations de *beau-frère* et de *belle-sœur*: par conséquent on appelle ainsi celui ou celle qui a épousé notre sœur ou notre frère; on exprime aussi quelquefois par ces mots les rapports des enfants issus de parents et de mariages différents. (*Dict. de Législation usuelle.*)

BEAUGENCY, subst. propre mas. (*bôjanci*), ville de France, chef-lieu de canton, arrond. d'Orléans, dép. du Loiret.

BEAUHARNAISE, subst. fém. (*bôarnèze*), t. de bot., arbrisseau du Pérou, de la famille des guttifères.

BEAUHÈNE, subst. fém. (*bôène*), t. de bot., genre de plantes de la famille des légumineuses.

BEAUJEU, subst. propre mas. (*bôjeu*), ville de France, chef-lieu de canton, arrond. de Villefranche, dép. du Rhône.

BEAULIEU, subst. propre mas. (*bôlieu*), ville de France, chef-lieu de canton, arrond. de Brives, dép. de la Corrèze.

BEAUMARIS, subst. mas. (*bômari*), t. d'hist. nat., gros poisson, espèce de squale.

BEAUMARQUET, subst. mas. (*bômarkè*), t. d'hist. nat., sorte de moineau ou pinson d'Afrique, aux couleurs brillantes.

BEAUMES, subst. propre fém. (*bôme*), village de France, chef-lieu de canton, arrond. d'Orange, dép. de Vaucluse.

BEAUMETZ, subst. propre mas. (*bômèce*), village de France, chef-lieu de canton, arrond. d'Arras, dép. du Pas-de-Calais.

BEAUMONT, subst. propre mas. (*bômon*), ville de France, chef-lieu de canton, arrond. de Bergerac, dép. de la Dordogne. — Bourg de France, chef-lieu de canton, arrond. de Cherbourg, dép. de la Manche.

BEAUMONT-DE-LOMAGNE, subst. propre mas. (*bômon-de-lomagnie*), ville de France, chef-lieu de canton, arrond. de Castel-Sarrazin, dép. de Tarn-et-Garonne.

BEAUMONT-LE-ROGER, subst. propre mas. (*bômon-le-rojé*), village de France, chef-lieu de canton, arrond. de Bernay, dép. de l'Eure.

BEAUMONT-LE-VICOMTE, subst. propre mas. (*bômon-le-vikonte*), ville de France, chef-lieu de canton, arrond. de Mamers, dép. de la Sarthe.

BEAUNE, subst. propre fém. (*bône*), ville de France, chef-lieu d'arrond., dép. de la Côte-d'Or. — Village de France, chef-lieu de canton, arrond. de Pithiviers, dép. du Loiret.

BEAU-PARTIR, subst. mas. (*bô-partir*), t. de manège: *beau-partir de la main* se dit de la vigueur du cheval à *partir* de la main sur une ligne droite, sans qu'il s'en écarte depuis son *partir* jusqu'à son arrêt. — Il n'a point de plur.

BEAU-PÈRE, subst. mas., au fém. BELLE-MÈRE (*bô-père, bèle-mère*), celui qui a épousé notre *mère* après la mort de notre *père*, ou celle qui a épousé notre *père* après la mort de notre *mère*.— Au plur., des *beaux-pères*, des *belles-mères*. Voy. BEAU-FRÈRE.

BEAUPRÉ, subst. mas. (*bôpré*), t. de mar., mât qui est couché sur l'éperon à la proue des vaisseaux. — *Petit beaupré*, le mât qui est placé sur la hune du *beaupré*.

BEAUPRÉAU, subst. propre mas. (*bôpréô*), ville de France, chef-lieu d'arrond., dép. de Maine-et-Loire.

BEAUREPAIRE, subst. propre mas. (*bôrepère*), bourg de France, chef-lieu de canton, arrond. de Vienne, dép. de l'Isère.—Village de France, chef-lieu de canton, arrond. de Louhans, dép. de Saône-et-Loire.

BEAU-REVOIR, subst. mas. (*bô-revoar*), t. de vén., c'est le fait de *voir* facilement l'empreinte du pied d'un animal sur le terrein humide. Quand la terre est humide on dit *il fait beau-revoir*, et quand elle est sèche, on dit *il fait mauvais-revoir*. — *Beau-revoir* se dit aussi quand le limier bande fort sur la bête et sur le trait, étant sur les voies.

BEAU-SEMBLANT, subst. mas. (*bôçanblan*), feinte, apparence. — Au plur., des *beaux-semblants*. Voy. SEMBLANT.

BEAUSSET (LE), subst. propre mas. (*le bôcè*), bourg de France, chef-lieu de canton, arrond. de Toulon, dép. du Var.

BEAUTÉ, subst. fém. (*bôté*) (de l'adj. *beau*), réunion de formes, de proportions et de couleurs agréable aux yeux. Il se dit proprement des personnes, et particulièrement du visage. — Il se dit aussi des animaux: *la beauté d'un cheval, d'un chien*, etc. — Il se dit fig. des choses morales: *la beauté de l'esprit, des sentiments, de la pensée, de la vertu*. — Qualité qui rend une chose aimable, qui touche agréablement les sens, etc.: *la beauté du ciel, des fleurs*, etc.—*Beautés* se dit, au plur., de la réunion de plusieurs belles choses: *les beautés de cet ouvrage sont sans nombre; cette femme a mille beautés; on ne peut détailler toutes les beautés qui se trouvent réunies dans cette ville.* — On se sert quelquefois du mot *beautés* dans le titre de certains recueils d'extraits d'autres ouvrages: *beautés de l'histoire romaine; beautés de l'histoire juive*, etc. — *Beauté* se dit, en parlant des femmes, de toute personne qui est belle: *toutes les beautés de la ville étaient à ce bal; une jeune beauté; une beauté timide; une beauté célèbre; une beauté fière, dédaigneuse.*— On dit: *c'est une beauté*, pour dire: c'est une femme dont la beauté est remarquable. — On dit aussi absolument *la beauté*, pour: les belles femmes en général: *l'empire, le triomphe de la beauté*, etc. — *Racine* a dit dans *Esther*:

Ciel! quels nombreux essaims d'innocentes *beautés!*

Beautés est ici pour *jeunes filles*. —Autrefois on disait: *cette femme, cette jeune personne a des beautés*, mais on dit aujourd'hui: *a de la beauté*. —On appelle *beauté grecque, beauté romaine*, des femmes dont le caractère de *beauté* a du rapport avec celui des statues de la Grèce et de Rome et des figures empreintes sur les médailles antiques.

BEAUTURE, subst. fém. (*bôture*), t. de mar., se dit du temps qui se met au beau. Peu usité.

BEAUVAIS, subst. propre mas. (*bôvè*), ville de France, chef-lieu du dép. de l'Oise. — Cette ville soutint un siège mémorable contre les Anglais en 1443.

BEAUVAISIN, E, subst. et adj. (*bôvèzin, zine*), qui est de Beauvais.

BEAUVEAU, subst. mas. (*bôvô*). Voy. BEUVEAU.

BEAUVILLE, subst. propre fém. (*bôvile*), ville de France, chef-lieu de canton, arrond. d'Agen, dép. de Lot-et-Garonne.

BEAUVOIR, subst. propre mas. (*bôvoar*), bourg de France, chef-lieu de canton, arrond. des Sables, dép. de la Vendée.

BEAUVOIR-SUR-NIORT, subst. propre mas. (*bôvoar-sur-niore*), bourg de France, chef-lieu de canton, arrond. de Niort, dép. des Deux-Sèvres.

BEAUVOTTE, subst. fém. (*bôvote*), t. d'hist. nat. C'est le synonyme du charençon du blé, et de l'alucite des grains.

BEAUVRIER, subst. mas. (*bôvrié*), t. d'agric., sorte de raisin.

BEAUZELY-DE-LÈVEZOU (SAINT-), subst. propre mas. (*ceinbôzeli-de-lèvezou*), village de France, chef-lieu de canton, arrond. de Milhau, dép. de l'Aveyron.

BÉBÉ, subst. mas. (*bébé*), t. d'hist. nat., sorte de poisson du Nil. — Nom donné quelquefois aux personnes de petite taille, par allusion à *Bébé*, nain de Stanislas, roi de Pologne.

BÉBRICIENS, subst. propre mas. plur. (*bébricien*), myth., peuples qui prétendaient descendre de *Bébrice*, une des filles de Danaüs, et qui sortirent de la Thrace pour aller s'établir dans la Bithynie. Sous prétexte de donner des jeux et des divertissements publics, ils attiraient les curieux dans une forêt, et en faisaient un massacre horrible. Amycus, leur roi, fut tué par Pollux et les Argonautes, auxquels il avait dressé les mêmes embûches.

BEBY, subst. mas. (*bebi*), t. de comm., toile de coton d'Alep.

BEC, subst. mas. (*bèk*) (de l'ancienne langue gauloise, où *bec* avait la même signification qu'aujourd'hui), partie dure et ordinairement pointue dont l'oiseau se sert pour manger et se défendre, ce qu'on appelle bouche ou gueule chez les autres animaux: *bec long, large, plat, grêle; coup de bec; les oiseaux à bec court et crochu.* — Il se dit aussi en parlant de quelques poissons, ainsi que de la saillie cornée qui sert de bouche ou de suçoir à certains insectes.—Fig., on dit d'une personne qu'*elle a le bec bien affilé*, pour dire qu'elle parle facilement; et qu'*elle est caquet bon bec*, pour dire qu'elle est bavarde. C'est aussi le nom qu'on donne à la pie. On dit encore qu'une personne *n'a que le bec*, qu'*elle n'a que du bec*, pour dire qu'elle n'a que du babil. — *Coup de bec*, trait satirique.—*Faire le bec à quelqu'un*, lui faire sa leçon, l'instruire de ce qu'il a à dire.—*Avoir bon bec*, parler beaucoup. — *Avoir bec et ongles*, être en état de se bien défendre. — *Se défendre de bec*, de paroles. — *Se prendre de bec avec quelqu'un*, disputer ou discuter avec quelqu'un. — *Causer bec à bec*, tête à tête. — *Cette femme fait le petit bec*, la petite bouche. — *Mener quelqu'un par le bec*, le gouverner, avoir de l'empire sur lui. — *Tenir le bec dans l'eau*, amuser par de fausses espérances, etc. — *Faire voir à quelqu'un son bec jaune* (prononcez *béjône*), l'humilier. Voy. **BEJAUNE.** — *Prendre quelqu'un par le bec*, le prendre par ses propres paroles. — *Passer la plume par le bec à quelqu'un*, le priver adroitement d'une chose sur laquelle il comptait. — On dit, par mépris ou par plaisanterie, qu'*un jeune homme est un blanc bec*, pour signifier qu'il n'a point d'expérience, ou qu'il n'a point encore l'expérience nécessaire pour certaines choses. Toutes ces expressions sont du style fam. — On appelle *bec de lièvre* la bouche d'une personne qui a la lèvre d'en haut fendue. On le dit aussi quelquefois de la personne même. — En t. de marine, on appelle *bec* le bout de chaque patte d'une ancre terminé en sifflet et courbé comme un *bec*; c'est ce qui perce dans le sol. — On donne le nom de *bec* ou flèche à la partie saillante de l'avant des tartanes, des felouques. — Partie antérieure d'une espèce de flûte que l'on prend avec les lèvres pour souffler, et qui est coupée d'une languette en biseau; ce qui fait donner à cet instrument le nom de *flûte à bec*. — En t. de blas., les pendants du lambel. — En t. de taillandier, la partie crochue du bout de la serpe. — En t. de géog., certaines pointes de terre qui se rencontrent au confluent de deux rivières: *le bec d'Ambès; le bec d'Allier*. — En archit., on donne ce nom à une masse de pierres de taille disposée en angle saillant, qui couvre la pile d'un pont de pierre. — *Bec de plume, d'alambic*, etc. — Les serruriers appellent *bec-d'âne*, en prononçant *bédâne*, une espèce de burin à deux biseaux qui forme le coin, mais dont les côtés supérieurs vont en s'arrondissant et en s'évasant. — Espèce de poignée en fer avec laquelle on ouvre les portes d'un appartement. — Les arquebusiers et les menuisiers ont aussi leurs *becs-d'âne*. — Les couteliers appellent *bec-de-canne* une espèce de clou à crochet qu'on nomme aussi *clou à pigeon*. — *Bec de canon*, outil dont se servent les menuisiers pour dégager le derrière des moulures. Il ne diffère du *bec-d'âne* qu'en ce qu'il est plus faible de tige, plus étroit et plus allongé. — Nom de divers instruments de chirurgie en forme de *bec*: *bec-de-canne, bec-de-cygne, bec-de-corbeau* ou *de-corbin*, etc. — *Bec d'une lampe*, partie d'où sort la mèche. On dit par analogie *un bec de gaz hydrogène*.

BÉCABUNGA, subst. mas. (*békabongua*), t. de bot., plante antiscorbutique, qui croît sur le bord des ruisseaux. — C'est une espèce de véronique.

BEC-ALLONGÉ, subst. mas. (*békalongé*), t. d'hist. nat., poisson du genre chétodon. — Au plur., des *becs-allongés*.

BÉCARD, subst. mas. (*békar*), t. d'hist. nat., espèce d'oiseau qui a un grand *bec* recourbé à son extrémité. — Variété de saumon. On donne vulgairement ce nom à la femelle de ce poisson.

BÉCARDE, subst. fém. (*békarde*), t. d'hist. nat., pie-grièche de Cayenne.

BÉCARRE (on écrit aussi **B QUARRE**), subst. mas. (*békare*) (de sa forme, qui est carrée), caractère de musique, mis devant une note pour la remettre dans son ton naturel quand elle en a été écartée par un dièse ou un bémol. — On dit aussi adj.: *cette note est bécarre*. — Fig.: *ignorant par bémol et par bécarre*, totalement ignorant.

BÉCASSE, subst. fém. (*bekace*), t. d'hist. nat., oiseau de passage à *long bec*. C'est un échassier de la famille des térétirostres. — On appelle *bécasse de mer* un oiseau aquatique plus gros que le canard. — Sorte de poisson de mer. — *Bécasse épineuse*, coquillage du genre des pourpres, que *d'Argenville* place dans la classe des univalves. — Jauge ou sorte de balance dont on se sert pour peser ou mesurer la mine de fer. — Outil de vannier pour enverger les hottes et les vans. — En t. de marine, espèce de barque espagnole non pontée, qui porte une seule voile carrée. — On dit fig. et prov., quand quelqu'un s'est laissé attraper, prendre à un piége, etc., que *la bécasse est bridée*. — On dit d'une femme dépourvue d'esprit que *c'est une bécasse*.

BÉCASSEAU, subst. mas. (*bekaçó*), t. d'hist. nat., le petit de la *bécasse* ou de la *bécassine*. — Sorte de *bécassine*.

BÉCASSINE, subst. fém. (*bekacine*), t. d'hist. nat., oiseau de passage plus petit que la *bécasse*, et qui lui ressemble. — Prov.: *tirer la bécassine*, tromper au jeu en cachant sa force. — On a désigné par le nom de *bécassine de mer* plusieurs oiseaux de rivage, tels que les chevaliers ou pluviers à colliers, etc.

BECCADE, subst. fém. (*bèkade*), t. de vieille fauconn.: *donner la beccade à un oiseau*, lui donner à manger.

BECCARD, mieux **BÉCARD**. Voy. ce mot.

BEC-COURBÉ, subst. mas. (*bèkkourbé*), t. d'hist. nat., oiseau aquatique. — T. d'arts et mét., outil de calfat. — Au plur., des *becs-courbés*.

BEC-CROCHE, subst. mas. (*bèkkroche*), t. d'hist. nat., genre des oiseaux silvains, de la famille des granivores. On les trouve dans les contrées boréales de l'Europe et de l'Amérique. — Au plur., des *becs-croches*.

BEC-CROISÉ, subst. mas. (*bèkekroèzé*), t. d'hist. nat., genre d'oiseaux passereaux de la famille des conirostres, qui ont les deux mâchoires placées obliquement l'une sur l'autre, en forme de tenailles. — Au plur., des *becs-croisés*.

BEC-D'ÂNE, subst. mas. (*bèkedâne*), outil de charpentier, de charron, etc. — Au plur., des *becs-d'âne*.

BEC-DE-CANNE, subst. mas. (*bèkedekane*), instrument de chirurgie pour tirer une balle d'une plaie. — Crochet de serrurier. — Grand clou à crochet. — Au plur., des *becs-de-canne*.

BEC-DE-CIGOGNE, DE-HÉRON, DE-PIGEON, DE-GRUE, subst. mas. (*bèkedeciguognie, deéron, depijon, degueru*), t. de bot., noms vulgaires des géranium. — Au plur., des *becs-de-cigogne, de-héron*, etc.

BEC-DE-CIRE, subst. mas. (*bèkedecire*), t. d'hist. nat., nom qu'on a donné au sénégal rayé, dont le *bec* est d'un rouge de laque; en sorte que, pour rendre la dénomination exacte, il eût fallu dire: *bec-de-cire* d'Espagne. — Au plur., des *becs-de-cire*.

BEC-DE-CORBIN, subst. mas. (*bèkedekorbein*), instrument de chirurgie. — On donne aussi le même nom à divers outils: à une espèce de crochet de bois qui fait partie de l'arçon des chapeliers; à une pièce de fer soudée en saillie; à la pince d'un fer de cheval; à un instrument de fer avec lequel un calfat de vaisseau tire la vieille étoupe d'une couture; à une sorte de poignée de canne. — Espèce de hallebarde que portait autrefois dans les grandes cérémonies une compagnie particulière des gardes du roi. Ces sortes de gardes s'appelaient aussi *becs-de-corbin*, suivant l'orthographe plur. de ce mot composé.

BEC-DE-CORNE, subst. mas. (*bèkedekorne*), t. d'hist. nat., nom donné aux calaos. — Au plur., des *becs-de-corne*.

BEC-DE-CORNE-BÂTARD, subst. mas. (*bèkedekornebâtar*), t. d'hist. nat., oiseau de la Nouvelle-Hollande.

BEC-DE-CUILLER, subst. mas. (*bèkedekuière*), t. d'anat., prolongement osseux placé dans l'oreille au-dessus de la trompe d'Eustache. — Sans pluriel.

BEC-DE-CYGNE, subst. mas. (*bèkedecignie*), instrument de chirurgie pour dilater une plaie. — Au plur., des *becs-de-cygne*.

BEC-DE-GRUE ou **GÉRANIUM**, subst. mas. (*bèkedegueru*), t. de bot., genre de plantes vivaces et annuelles dont la fleur est disposée en rose, et dont on compte un très-grand nombre d'espèces. — T. de chirurg., *bec-de-grue coudé*, instrument pour tirer des esquilles d'os, des balles, etc. — Au plur., des *becs-de-grue*.

BEC-DE-HÉRON, subst. mas. (*bèkedéron*), t. de bot., espèce de plante de la famille du géranium.

BEC-DE-LÉZARD, subst. mas. (*bèkedelézar*), t. d'armurier, espèce de tire-balle. — Au plur., des *becs-de-lézard*.

BEC-DE-LIÈVRE, subst. mas. (*bèkedelièvre*), fente qui se voit aux lèvres de certaines personnes. — La personne qui a la lèvre fendue. — Au plur., des *becs-de-lièvre*.

BEC-DE-PERROQUET, subst. mas. (*bèkedepéroké*), t. de chir., tenaille pour tirer quelque pièce d'os du crâne. — Au plur., des *becs-de-perroquet*. — T. d'hist. nat., espèce de coquille.

BEC-DE-PIGEON, subst. mas. (*bèkedepijon*), t. de bot., espèce de plante de la famille du géranium.

BEC-D'INDE HUPPÉ (**GROS**), subst. mas. (*guerôbèkedeinde-hupé*), t. d'hist. nat., oiseau qui imite la voix des autres oiseaux. — Au plur., des *gros-becs-d'inde huppés*.

BEC-D'OISEAU ou **ORNITHORYNQUE**, subst. mas. (*bèkedoèzó*), t. d'hist. nat., mammifère de la Nouvelle-Hollande, très-remarquable par sa tête terminée en un *bec corné* large, arrondi au bout; par le manque de dents proprement dites; par ses pattes palmées d'une façon toute particulière; par sa queue courte, grosse, aplatie, et couverte, comme tout le corps, d'un poil très-serré. — Au plur., des *becs-d'oiseau*.

BEC-EN-CISEAUX, subst. mas. (*bèkancizó*), t. d'hist. nat., genre d'oiseau palmipède, de la famille des macroptères, qui a la partie supérieure du *bec* plus courte que l'inférieure. — Au plur., des *becs-en-ciseaux*.

BEC-EN-POINÇON, subst. mas. (*bèkanpoeinçon*), t. d'hist. nat., nom imposé à une famille de petits oiseaux qui ont le *bec* affilé, pointu et conique, la queue plus étroite et moins carrée, le corps plus allongé, la tête plus petite, la physionomie plus animée, la taille moins longue, le *bec* plus court que les tindos. — Au plur., des *becs-en-poinçon*.

BEC-FIGUE, subst. mas. (*bèkefigue*), t. d'hist. nat., oiseau qui se nourrit de *figues* mûres. — Au plur., des *bec-figues*.

BEC-FIN, subst. mas. (*bèkefein*), t. d'hist. nat., genre d'oiseaux passereaux, de la famille des subulirostres, qu'on nomme aussi motacilles. — C'est à ce genre qu'appartiennent le rossignol, la fauvette, etc. — Au plur., des *becs-fins*.

BÉCHAMELLE, subst. fém. (L'*Académie* écrit *Béchamel*. Pour discuter d'une manière satisfaisante sur l'orthographe de ce mot, il faudrait en connaître l'origine: nous ne la trouvons nulle part; on peut croire cependant que cette sorte de sauce a pris le nom de son inventeur. Ce qu'il y a de certain, c'est que tout le monde écrit *Béchamelle*; et il faut avouer que puisque le mot est du genre fém., il est mieux écrit avec cette terminaison féminine.) (*béchamèle*), t. de cuisine: *sauce à la béchamelle*, espèce de sauce blanche.

BÉCHARU, subst. mas. (*bécharu*), t. d'hist. nat., oiseau aquatique de passage, connu en France sous le nom de *flamant*, et de *phénicoptère* chez les anciens.

BÊCHE, subst. fém. (*bêche*) (du latin *besca* ou *becca*, employé dans la même acception par les auteurs de la basse latinité, et qui, suivant *Du Cange*, a été formé du vieux mot gaulois *bec*, conservé dans la langue française), t. de jard., outil de fer, plat, large et tranchant, avec un manche de bois d'environ trois pieds, servant à creuser et couper la terre. — Les artilleurs ont aussi leur *bêche*, qui leur sert à préparer les endroits où les batteries doivent être placées: *bêche ronde, carrée*. — T. d'hist. nat., insecte qui fait beaucoup de tort aux raisins.

BÊCHÉ, E, part. pass. de *bêcher*: *cette terre est assez bêchée*.

BÊCHELON, subst. mas. (*bêchelon*), t. de jard., petite binette, dont la lame double présente d'un côté un taillant et de l'autre deux longues dents.

BÈCHEN, subst. mas. (*bèchein*), t. de bot., espèce de plante. Voy. **BEHEN.**

BÊCHER, v. act. (*bêché*), t. de jard., couper, creuser et remuer la terre avec la *bêche*. — Se **BÊCHER**, v. pron.

BÈCHEREL, subst. propre mas. (*bècherèl*), bourg de France, chef-lieu de canton, arrond. de Montfort, dép. d'Ille-et-Vilaine.

BÉCHET, subst. mas. (*béché*), t. d'hist. nat., espèce de chameau.

BÉCHIQUE, adj. des deux genres (*béchike*) (du grec βηχικος, formé de βηχος, gén. de βηξ, toux), t. de médec. On nomme ainsi les plantes et en général tous les remèdes propres à calmer et à guérir la toux. — Il est aussi subst. mas.: *le capillaire est un fort bon béchique*.

BECHLEC ou **BESLIK**, subst. mas. (*bèchelèk, bècelik*), monnaie d'argent de Turquie de cinq paras, environ quarante-cinq centimes de France.

BÉCHOFF, subst. mas. (*béchofe*), boisson allemande faite avec du vin, du citron, etc. — Les Anglais l'appellent *bishop*.

BÉCHOT, subst. mas. (*béchó*), t. d'hist. nat., nom vulgairement donné au bécasseau et à la bécassine.

BÉCHOTÉ, E, part. pass. de *béchoter*.

BÉCHOTER, v. act. (*béchoté*), donner un léger labour avec la *bêche*.

BEC-JAUNE, voy. **BÉJAUNE.**

BECKÉE, subst. fém. (*beké*), t. de bot., sorte de plante de la famille des épilobiennes.

BECKMANNE, subst. fém. (*bèkemane*), t. de bot., genre de graminées.

BECMARE, subst. mas. (*bèkemare*), t. d'hist nat., espèce d'insectes, connus aussi sous le nom d'attelabes.

BÉCONQUILLE, subst. fém. (*békonkiie*), t. de bot., racine de l'Amérique méridionale, propre à exciter le vomissement.

BEC-OUVERT, subst mas. (*bèkouvère*), t. d'hist. nat., sorte de héron. — Au plur., des *becs-ouverts*.

BECQUE, subst. mas. (*bèke*), t. d'hist. nat., bouc. (*Molière*.)

BECQUÉ, E, adj. (*béké*), t. de blas., se dit des oiseaux dont le *bec* est d'un autre émail que le reste du corps.

BECQUÉE, subst. fém. (L'*Académie* écrit aussi **BÉQUÉE** : pourquoi deux orthographes pour un seul mot?) (*béké*), ce qu'un oiseau prend pour donner à ses petits. — Mangeaille qu'on introduit dans le *bec* d'un oiseau. — On disait autrefois *béchée*.

BECQUETÉ, E, part. pass. de *becqueter*.

BECQUETER, v. act. (L'*Académie* écrit aussi **BÉQUETER** : nous préférons la première orthographe à la seconde) (*beketé*), donner des coups de *bec* : *les oiseaux becquettent les fruits*. — **SE BECQUETER**, v. pron., se battre ou se caresser avec le *bec*, comme font les pigeons, les coqs, etc. — Fig. et fam., se caresser avec la bouche.

BECQUETEUR, subst. mas. (*béketeur*), t. d'hist. nat., espèce d'hirondelle de mer.

BECQUILLON, subst. mas. (*bèkiion*), vieux t. de faucon., *bec* d'un jeune oiseau de proie.

BEC-ROND, subst. mas. (*bèkeron*), t. d'hist. nat., nom appliqué par Buffon à des bouvreuils et à des gros-*becs*. — Au plur., des *becs-ronds*.

BÉCU, E, adj. (*béku*), t. d'oiseliers que nous ne trouvons que dans *Boiste*, qui ne nous dit même pas ce qu'il signifie : peut-être ce mot veut-il dire *qui a le bec long* ou *fort prononcé*; ou bien encore peut-être se dit-il de quelque partie de l'oiseau *qui a la forme d'un bec*.

BÉCUANT, subst. mas. (*békuan*), t. d'ardoisier, délit en pente.

BÉCUBO, subst. fém. Voy. **BAUBO**.

BÉCUIBA, subst. fém. (*békuiba*), t. de bot., sorte de noix du Brésil.

BÉCULS, subst. mas. plur. (*béku*), t. d'ardoisier, pièces qui soutiennent l'échafaud.

BÉCUNE, subst. fém. (*békune*), t. d'hist. nat., espèce de poisson de mer très-dangereux, et ressemblant au brochet.

BÉDA, subst. propre mas. (*béda*), mine d'or ou d'argent mêlée de fer, découverte au Potosi. — Livre sacré des Indous.

BEDAINE, subst. fém. (*bedène*) (suivant *Ménage*, du lat. *bis*, deux fois, et du français *dondaine*, nom d'un ancien instrument de guerre qui, comme la catapulte des anciens, jetait des pierres arrondies en boules. Cet instrument étant gros et court, fit appeler les gros ventres *bedondaines*, et ensuite *doubles dondaines*), mot comique, qui veut dire gros ventre : *remplir, farcir sa bedaine; il a peine à porter sa bedaine*.

BÉDARRIDES, subst. propre fém. (*bédaride*), bourg de France, chef-lieu de canton, arrond. d'Avignon, dép. de Vaucluse.

BÉDARRIEUX, subst. propre mas. (*bédarieu*), ville de France, chef-lieu de canton, arrond. de Béziers, dép. de l'Hérault.

BEDAUDE, subst. fém. (*bedôde*), t. d'hist. nat., sorte de chenille épineuse de deux couleurs longitudinales.

BEDEAU, subst. mas. (*bedô*) (suivant *Le Duchat*, de *pedellus*, employé dans la basse latinité comme diminutif de *pes, pedis*, pied, parce que les bedeaux, dans leurs fonctions, sont toujours sur pied), bas officier d'une église portant verge ou masse, dont la principale fonction est de marcher devant les prêtres pour leur faire faire place. — C'était autrefois, dans les universités, l'officier nommé aujourd'hui *appariteur*. — T. d'hist. nat., insecte.

BÉDÉGAR, subst. mas. (*bédeguar*), t. de bot., sorte de plante, épine sauvage. — Espèce de végétation monstrueuse qui se forme sur différentes sortes de rosiers, et surtout sur l'églantier.

BÉDELIN, subst. mas. (*bédelein*), t. de comm., sorte de coton du Levant.

BEDIER, subst. mas. (*bedié*), âne, ignorant. Vieux.

BEDON, subst. mas. (*bedon*), vieux mot qui signifiait tambour. — Aujourd'hui on appelle fig. par plaisanterie *un gros bedon* un homme gros et gras.

BEDONIQUE, adj. des deux genres (*bedonike*). Joachim du Bellay a appelé un poète burlesque *poète bedonique*, pour faire entendre que ses vers ne pouvaient se chanter qu'au son du *bedon* ou petit tambour.

BÉDORÉ ou mieux **BECDORÉ**, subst. mas. et adj. (*bédoré, bèkedoré*), t. d'hist. nat., se dit d'un pigeon à *bec* et à pattes jaunes. — On dit encore par corruption *bisdoré*.

BEDOUIN, E, subst. et adj. (*bedouein, douine*) de l'arabe *bedaoui*, habitant du désert), se dit de l'Arabe errant du désert, etc. — Sectaire d'Hali.

BÉDOUSI, subst. mas. (*bédouzi*), t. de bot., arbrisseau de Madagascar.

BÉE, adj. fém. (*bé*). Il ne s'emploie qu'avec *gueule* : *tonneau à gueule bée*, ouvert, défoncé par un bout.

BÉÉBOCK ou **BÉEKBOK** ou **CHÈVRE-PÂLE**, subst. mas. (*béèboke, bèrkeboke*), t. d'hist. nat., nom donné par les Hollandais à une variété de l'espèce de l'antilope nanguer du cap de Bonne-Espérance.

BÉELZÉBUD, myth. Voy. **MYAGRE**.

BÉELZÉBUTH, subst. propre mas. (*béèlezébute*), t. d'Écriture sainte, nom du prince des démons. — T. d'hist. nat., singe d'Amérique.

BÉÉMERLE, subst. mas. (*béèmèrele*), t. d'hist. nat., petit oiseau des environs de Nuremberg, de la grosseur du chardonneret.

BÉÉNEL, subst. mas. (*béénèle*), t. de bot., arbrisseau toujours vert du Malabar.

BÉER, v. neut. (*béé*). Voy. **BAYER** et **BÉANT**.

BÉERGIOS, subst. propre mas. (*béèrejiore*), myth., un des fils de Neptune, qui fut tué par Hercule.

BÉESHA, subst. mas. (*béèça*), t. de bot., espèce de bambou.

BÉ-FA-SI, subst. mas. (*be-fa-ci*), t. de mus., par lequel on distingue le ton de *si* : *cet air est en bé-fa-si*.

BEFFLÉ, E, part. pass. de *beffler*.

BEFFLER, v. act. (*bèfelé*), insulter. Inus.

BEFFROI, subst. mas. (*bèfroé*) (du lat. *belfredus* ou *berfredus*, employé dans le même sens par les écrivains du moyen-âge), tour ou clocher où on fait le guet, où l'on sonne l'alarme. — La cloche du *beffroi*. — La charpente qui porte les cloches. — Dans les moulins, assemblage de charpentes, composé de pieds-droits et de pièces d'enchevêtrure, qui soutient le meulage. — T. de blason, *beffroi de vair*, ce sont trois rangées de vair dans l'écu d'armes. — T. d'hist. nat., oiseau du genre des fourmiliers.

BEG, subst. mas. (*bè*). Voy. **BEY**.

BÉGAIEMENT, subst. mas. (*béguèman*), action de *bégayer*; vice de prononciation du *bègue*.

BÉGARD, subst. propre mas. (*béguar*), village de France, chef-lieu de canton, arrond. de Guingamp, dép. des Côtes-du-Nord.

BÉGARDS, subst. mas. plur. (*béguar*), sectaires partisans d'une perfection extrême, et qui permettaient ensuite tous les excès. — On dit aussi *begghards, béguards, béguins*.

BÉGAUD, subst. mas. (*bégud*), stupide. Vieux.

BÉGAYÉ, E, part. pass. de *bégayer*, et adj. : *un discours bégayé*.

BÉGAYEMENT, double orthographe que donne l'*Académie* au mot *bégaiement*. Voy. ce dernier mot.

BÉGAYER, v. neut. (*béguèié*) (suivant *Huet*, du latin barbare *bigare*, répéter, fait de *biga*, dérivé lui-même de *bis*, deux fois), parler en répétant la même syllabe avant de prononcer celle qui suit. — Il se dit aussi par rapport à un embarras dans la prononciation que produisent l'ivresse, la timidité, la crainte, etc. Il est quelquefois actif : *il n'a fait que bégayer sa harangue*. — On dit d'un enfant qui commence à parler : *il ne fait encore que bégayer*; et fig. : *les philosophes ne font que bégayer sur la grandeur de Dieu*, c'est-à-dire : ils n'en parlent que très-imparfaitement. — En t. de manége, *un cheval bégaie* quand il bat à la main, qu'il n'a pas la tête ferme, qu'il la remue pour éviter la sujétion du mors.

BEGGHARDS. Voy. **BÉGARDS**.

BÉGLER, subst. mas. (*béguelé*), chef de la milice turque.

BÉGLIER-BEY, BEYGLIER-BEY, BÉGLER-BEY ou **BEGGLIER-BEY**, subst. mas. (*bégueliébè*) (du turc *beghler-begh*, prince des princes); t. d'hist. mod., titre donné en Turquie aux vice-rois ou gouverneurs des provinces.

BEGMA, subst. mas. (*bèguema*) (du mot grec βηγμα qui a la même signification), t. de méd., crachat.

BÉGONE, subst. fém. (*béguone*), t. de bot., genre de plantes exotiques. — On l'appelle aussi oseille sauvage.

BÉGONIACÉES, subst. fém. plur. (*béguoniacé*), t. de bot., famille de plantes qui se rapprochent de l'oseille.

BÉGU, E, adj. (*bégu*), t. de man., se dit d'un cheval vieux de plus de cinq ans, mais qui marque toujours. — Il est aussi subst.

BÈGUE, adj. des deux genres (*bègue*) (*Ménage* dérive ce mot de *balbus*, qui signifie *bègue*; *Borel* le dérive de *beccus*, vieux mot gaulois signifiant *bec*), se dit de celui ou celle qui ne peut parler sans *bégayer* : *il est bègue*; *elle est bègue*. — On dit aussi subst. *un bègue, les bègues*, etc.

BÉGUETER, v. neut. (*bégueté*), crier, en parlant de la chèvre.

BÉGUETTES, subst. fém. plur. (*béguète*), t. d'arts et mét., petites pinces de serrurier.

BÉGUEULE, subst. fém. (*bégueule*) (des deux mots français *gueule* et *bec*, pour *béante : gueule toujours béante, toujours ouverte*), t. injurieux par lequel on désigne une femme prude avec hauteur, ou dédaigneuse avec impertinence. Fam. — *Faire la bégueule*, affecter ridiculement la modestie et la vertu. — On s'en sert quelquefois adjectivement : *cette femme est trop bégueule*. *Voltaire* l'a dit d'un homme, dans un sens adjectif : *je ne suis pas si bégueule*.

BÉGUEULERIE, subst. fém. (*bégueuleri*), le caractère, les airs d'une *bégueule* : *cette femme est d'une bégueulerie insupportable; elle met de la bégueulerie dans ses moindres actions*.

BÉGUEULISME, subst. mas. (*bégueuliceme*), mot nouveau. Voy. **BÉGUEULERIE**.

BÉGUIL, subst. mas. (*béguile*), t. de bot., espèce de fruit d'Afrique appartenant à une sorte d'arbousier.

BÉGUILIER, subst. mas. (*béguilié*), t. de bot., arbre à fruits de l'espèce de l'arbousier.

BÉGUIN, subst. mas. (*béguein*) (à cause de sa ressemblance avec le voile des religieuses appelées *béguines*. On donne encore une autre étymologie à ce mot en le faisant venir de *bègue*, parce que les enfants sont *bègues* lorsqu'ils commencent à parler), coiffe de toile qu'on met sur la tête des enfants. — T. d'hist. ecclés., nom que l'on donna, au XIVe siècle, à des hérétiques, nommés autrement *béguards*. Voyez ce mot. Ils se disaient pauvres frères du tiers-ordre de Saint-François, et furent aussi nommés *fratricelles*. Il y en avait particulièrement en Provence. Suivant eux il n'était point permis, non-seulement aux particuliers, mais même aux communautés, de posséder des fonds ni rien en propriété, et ils traitaient le pape d'antechrist, parce qu'il le permettait à l'ordre de Saint-François. Quelques savants dérivent le nom de cette secte du mot saxon ou anglo-saxon *beggen, mendicare*, mendier. — Le nom de *béguins* et de *béguines*, ou *béchins* et *béchines*, fut donné à Toulouse aux religieux ou aux religieuses du tiers-ordre de Saint-François, à cause de leur fondateur nommé Béchin.

BÉGUINAGE, subst. mas. (*béguinaje*), communauté de *béguines* dans les Pays-Bas. — Il se dit aussi fam. et injurieusement d'une dévotion affectée ou puérile.

BÉGUINE, subst. fém. (*béguine*) (suivant quelques-uns, d'un *Lambert-le-Bègue*, un des premiers fondateurs de ces religieuses; suivant d'autres, de l'anglo-saxon *began, bigan* ou *biggan*, observer une règle, etc., parce qu'une *béguine* est une femme qui fait profession d'observer les règles de son ordre), nom qu'on donnait dans les Pays-Bas à certaines religieuses. — On le dit ordinairement par injure d'une fausse dévote, ou d'une dévote qui se livre à des pratiques puériles. Il est fam.

BÉGUM, subst. fém. (*béguome*), titre d'honneur des princesses de l'Indoustan.

BÉGUNE, subst. fém. (*bégune*), t. d'hist. nat., espèce de poisson.

BÉHÉMORE, subst. fém. (*béémore*), t. d'hist. nat., l'hippopotame ou le rhinocéros.

BÉHÉMOTH, subst. mas. (*béémote*), animal dont il est parlé dans le livre de Job.

BEHEN, subst. mas. (*béène*), t. de bot., plante qui contient deux espèces : *le behen-blanc* ou *carnillet*, qui vient du mont Liban; et le *behen-rouge*, qui vient du Levant. — On l'appelle aussi *cucubale-behen*.

BEHOURD, BEHOURT, ou **BOHOURT**, subst. mas. (*béour, boour*), dans nos anciens romans de chevalerie, combat que l'on faisait à cheval, la lance au poing. — Course de lance dans les réjouissances publiques. Inus.

BEHOURDER, subst. mas. (*béourdé*), exercice militaire équestre avec des lances sans pointe et des boucliers. Inus.

BEHOURT, subst. mas. Voy. **BEHOURD**.

BÉHRÉE, subst. mas. (*béré*), t. d'hist. nat., oiseau de proie des Indes orientales.

BEIDELSAR ou **BEID EL OSSAR**, subst. mas.

(*bedélçar, bédéloçar*), t. de bot., espèce d'asclépiade, dont on fait beaucoup d'usage en Afrique.

BEIGE, adj. des deux genres (*bèje*), t. de comm., *serge beige*, faite avec de la laine telle que la produisent les moutons.

BEIGNET, subst. mas. (*bègnié*) (du vieux mot français *bigne*, qui signifiait enflure ou tumeur; parce que les *beignets* sont enflés), espèce de pâte frite à la poêle. Quand cette pâte enveloppe des quartiers de fruits, on dit *beignets de pommes, de pêches*, etc.

BEINAC, subst. propre mas. (*bénak*), village de France, chef-lieu de canton, arrond. de Brives, dép. de la Corrèze.

BEINE, subst. propre fém. (*bène*), village de France, chef-lieu de canton, arrond. de Reims, dép. de la Marne.

BEIRA, subst. propre fém. (*bèra*), province du Portugal.

BEIRAM, subst. mas. (*bérame*). Voy. **BAÏRAM**.

BÉJAR, subst. mas. (*béjar*), t. de bot., plante de la famille des rhodoracées.

BÉJARIE, subst. fém. (*bérajî*), t. de bot., arbrisseau de la famille des rosages.

BÉJAUNE, subst. mas. (*béjône*. C'est ici le cas de relever une bévue du *Dictionnaire de l'Académie*, qui dit qu'on écrit aussi *bec-jaune*, mais qu'on prononce toujours *béjône*. Qu'on nous dise que ce mot s'écrit *béjaune*, bien: on voit que c'est un mot qui a été corrompu; mais qu'on nous fasse prononcer *bec-jaune*, *béjône*, c'est intolérable) (par contraction de *bec-jaune*; parce que presque tous les oiseaux qui n'ont pas de plumes ont le *bec-jaune*), oiseau de proie jeune et niais, qui a encore le *bec jaune*, et ne sait pas chasser. —Au fig., jeune homme sot et niais. Dans ce sens, il signifie aussi sottise, ineptie, ignorance: *montrer à quelqu'un son béjaune*. Il est fam.— Les artisans emploient fig. ce mot pour désigner un apprenti qui devient compagnon, ou un compagnon qui devient maître. L'ouvrier qui se trouve dans l'un de ces deux cas *paie son béjaune*, donne un régal à ses nouveaux camarades: de là l'expression *faire payer à quelqu'un son béjaune* ou *bec-jaune*, pour: lui faire payer sa bienvenue.

BÉJUCO, subst. mas. (*béjuguo*), t. de bot., plante de la famille des hippocraticées. L'espèce la plus connue de ce genre est *le béjugo grimpant*, dont les tiges sont sarmenteuses.

BÉJUCO GRIMPANT, subst. mas. (*béjuguo-greinpan*), t. de bot., arbre sarmenteux de Saint-Domingue et de la Martinique. Voy. **BÉJUGO**.

BEK, subst. mas. (*bèke*). Voy. **BEY**.

BEKTACHIS, subst. mas. (*bèktachice*), ordre de religieux turcs qui se marient.

BEL, adj. mas. Voy. **BEAU**.

BEL, subst. mas. (*bèle*), t. de bot., sorte de fruit qui vient sur le palmier rondier. — Subst. propre mas., myth., fils de Neptune et de Libye, et roi des Assyriens. On rendait les honneurs divins à sa statue. Ensuite les Chaldéens et d'autres peuples l'adorèrent sous le nom de Baal. — On donna aussi à Jupiter le nom de *Bel* ou *Belus*.

BÉLÂBRE, subst. propre fém. (*bélâbre*), ville de France, chef-lieu de canton, arrond. du Blanc, dép. de l'Indre.

BELA-AYE ou **BELAHE**, subst. mas. (*belaé, bela*), t. de bot., arbre de Madagascar.

BÉLADAMBOC, subst. mas. (*béladanbok*), t. de bot., espèce de liseron vivace de la côte de Malabar, qui contient un suc laiteux âcre.

BÉLAME, subst. mas. (*bélame*), t. d'hist. nat., poisson de la mer Rouge, du genre du clupe.

BÉLAMIE, subst. fém. (*bélami*), sorte de tunique de moine.

BÉLANDRE, subst. fém. (*bélandre*) (du hollandais *bylander*), t. de mar., petit bâtiment de transport dont on se sert sur les rivières, sur les canaux et dans les rades. — Caisson à rideaux qui sert à transporter les militaires malades. —Subst. mas., dommage, peste. Vieux.

BÉLANDRIER, subst. mas. (*bélandrié*), t. de comm., marinier qui monte une *bélandre*.

BÊLANT, E, adj. (*bêlan, lante*), qui *bêle*. On dit prov.: *mouton bêlant et bœuf saignant*, pour dire qu'il faut que le mouton et le bœuf rôtis soient peu cuits.

BÉLA-POLA, subst. fém. (*béla-pola*), t. de bot., genre de plante du Malabar, de la famille des orchidées.

BÉLASSES, subst. mas. plur. (*bélace*), grandes jarres avec lesquelles on fait des radeaux pour naviguer sur le Nil.

BÉLATUCADRUS, subst. propre mas. (*bélatukadruce*), myth., nom sous lequel on adorait le soleil dans les îles britanniques.

BELCAIRE, subst. propre fém. (*bèlekère*), bourg de France, chef-lieu de canton, arrond. de Limoux, dép. de l'Aude.

BELCHITTE, subst. fém. (*bèlechite*), t. de comm., sorte de laine tirée d'Espagne.

BÉLE, subst. mas. (*bèle*) (du grec βέλος, trait ou dard). Dans certaines parties de la France, les enfants nomment ainsi un petit bâton aigu des deux côtés, dont ils frappent l'une des deux pointes avec un autre plus grand, et qu'ils font ainsi sauter en l'air. — A Paris les enfants le nomment *bâtonnet*; en Berry *bicarelle*, ou *bigarelle*; en Touraine *pic*; à Blois *bistoquet*.

BÉLÉDIN, subst. mas. (*bélédein*), t. de comm., coton filé du Levant, d'une qualité très-médiocre.

BÉLEDINES, subst. fém. plur. (*béledines*), t. de comm., espèce de soie.

BÊLÉE, subst. fém. (*bêlé*), t. de pêche: *pêcher à la bêlée*, ou *entre deux eaux*, établir une corde qui porte les hameçons entre deux eaux, au moyen du lest et des lignes.

BÉLELACS, subst. mas. plur. (*bélelak*), t. de comm., taffetas du Bengale.

BÊLEMENT, subst. mas. (*bêleman*), cri naturel des moutons, des agneaux et des brebis.

BÉLEMNITE, subst. fém. (*bélèmenite*) (du grec βέλεμνον, trait, dard), t. de min., pierre appelée *pierre de lynx*; sorte de fossile calcaire, qui a la forme d'un dard.

BÉLEMNOÏDE, adj. et subst. fém. (*bélèmenoïde*) (du grec βέλεμνον, trait, et εἶδος, forme), t. d'anat., qui a la forme d'une flèche: *apophyse bélemnoïde*.

BÉLÉNUS, subst. propre mas. (*bélénuce*), myth., un des dieux des Gaulois. C'est le même qu'Apollon.

BÊLER, v. neut. (*bêlé*) (du latin *balare*, qui a la même signification), faire un *bêlement*, des *bêlements*; il se dit des moutons et des agneaux: *les brebis bêlent*. — Fig. et prov.: *brebis qui bêle perd sa goulée*, à table, il ne faut pas perdre son temps à causer. — *Brebis bêle toujours de même*, on ne change jamais les manières qui viennent de la nature.

BEL-ESPRIT, subst. mas. (*bèl-ècepri*). Au sing. ces deux mots unis par un tiret n'en font qu'un; au plur., on dit en deux mots séparés *beaux esprits*. Homme qui se pique d'esprit, qui affecte d'en montrer, etc. Il diffère de l'*homme d'esprit*, en ce que celui-ci ne s'affiche pas, et laisse faire à l'autre ses preuves. — On l'emploie aussi adj. pour les deux genres: *un homme, une femme bel-esprit*.

BELETTE, subst. fém. (*belète*) (suivant *Ménage*, de *melis*, nom latin de cet animal), t. d'hist. nat., petit animal sauvage carnassier, long, bas des jambes, qui a le museau pointu, et qui fait la guerre aux pigeons, aux poulets, etc. — On dit, en parlant du cri de la *belette*, qu'*elle belotte*. — Poisson du genre du blenne. — Myth., voy. **GALANTHIS**.

BELFAIT, subst. mas. (*bèlfé*), belle action. Inusité.

BELFORT, subst. propre mas. (*bèlfore*), ville de France, chef-lieu d'arrond., dép. du Haut-Rhin.

BELFROI, subst. mas. (*bèlfroè*), ne se dit plus pour *beffroi*. Voy. ce mot.

BELGE, subst. des deux genres (*bèlje*), qui est de la *Belgique*. —Il est aussi adj.: *peuple belge*.

BELGEOIS, E, subst. (*bèljoà, joaze*), qui est des Pays-Bas.

BELGIQUE, subst. propre fém. (*bèljike*), royaume de l'Europe, formé des anciennes provinces des Pays-Bas.

BELGODÈRE, subst. propre fém. (*bèlguodère*), village de France, chef-lieu de canton, arrond. de Calvi, dép. de la Corse.

BELGRADE, subst. propre fém. (*bèlguerade*), ville forte de la Turquie d'Europe.

BÉLIAL, subst. propre mas. (*béliale*), nom qu'on donne quelquefois au démon.

BÉLIDES, subst. propre fém. plur. (*bélide*), myth., filles de Danaüs, autrement dites Danaïdes. On les appelait *Bélides*, de *Bélus* dont elles étaient petites-filles.—*Bélidès* est aussi un surnom de Palamède, arrière-petit-fils de *Bélus*.

BÉLIER, subst. mas. (*bélié*) (par onomatopée, du cri naturel de cet animal, qui se dit en français *bêlement*, et en latin *balatus*), t. d'hist. nat., le mâle de la brebis.—On dit, en parlant du bêlement du *bélier*, qu'*il blatère*.—T. d'hist. anc., grande poutre de bois, ferrée par le bout et massive, qui était suspendue par deux chaînes et qui servait aux anciens à abattre les tours et les murailles des villes. — L'un des douze signes du zodiaque. Il contient soixante-six étoiles dans le catalogue britannique.—*Bélier hydraulique*, machine nouvelle propre à l'enlèvement de l'eau d'une rivière par la puissance même du courant. — T. d'hist. nat., espèce d'insecte lépidoptère. — *Bélier*, pièce de bois ou de fonte qui sert à enfoncer les pieux, et qui fait partie de la sonnette. Voy. **SONNETTE**. — Myth. Voy. **AMMON, PHRYXUS**.

BÉLIÈRE, subst. fém. (*bélière*), t. de fondeur et d'orfèvre, anneau qui tient le battant de la cloche suspendu. — Anneau qui suspend une lampe d'église. — Anneau qui soutient une pendeloque, un pendant d'oreilles. — *Bélière du talon*, celle qui reçoit la pendeloque ou le pendant, et *bélière du cliquet*, celle qui passe sous le tendon de l'oreille et retient toujours la boucle du même côté. — On dit aussi *bélière de ceinturon d'épée*.

BÉLILLA, subst. mas. (*bélila*) t. de bot., espèce d'arbrisseau des Indes.

BÉLIN, subst. propre mas. (*bélein*), village de France, chef-lieu de canton, arrond. de Bordeaux, dép. de la Gironde.

BÉLIN, E, subst., (*bélein, line*), nom d'amitié que l'on donne aux enfants. Inusité.—Ancien nom des agneaux.

BÉLINÉ, E, part pass. de *béliner*.

BÉLINER, v. neut. (*béliné*), se dit en parlant de l'accouplement des *béliers* avec les brebis. — V. act., *béliner une femme*, jouir d'une femme. (*Rabelais*.)

BÉLINUM, subst. mas. (*bélinome*), t. de bot., espèce de céleri sauvage. — On donne quelquefois ce nom au céleri cultivé.

BÉLISAMA ou **BÉLISANA**, subst. propre fém. (*bélizama, zana*), myth., nom sous lequel les Gaulois adoraient Minerve. — On donnait aussi ce surnom à Junon, à Vénus et à la Lune. — Ce mot signifie *reine du ciel*.

BÉLITRAILLE, subst. fém. (*bélitrâ-ie*), troupes de *bélîtres*. Vieux et pop.

BÉLÎTRE, subst. mas. (*bélitre*) (suivant *Nicot*, de l'allemand *bettler*, gueux, mendiant), homme de néant, gueux, coquin, misérable. — On disait autrefois: les *quatre ordres des bélîtres*, pour dire: les *quatre ordres des mendiants*.

BÉLÎTRERIE, subst. fém. (*bélitreri*), gueuserie; métier de *bélître* et de fainéant. On ne se sert guère de ce mot.

BELLAC, subst. propre mas. (*bèlak*), ville de France, chef-lieu d'arrond., dép. de la Haute-Vienne.

BELLADONE, subst. fém. (*bèleladône*), t. de bot., plante de la famille des solanées.

BELLAGINES, subst. fém. plur. (*bèlelajine*), recueil des lois des Goths.

BELLA-MODAGAM, subst. mas. (*bèlelamodaguame*), t. de bot., arbre de la côte de Malabar.

BELLARDIE, subst. fém. (*bèlelardi*), t. de bot., sorte de plante. — On a aussi donné ce nom au *tontane*.

BELLÂTRE, adj. et subst. des deux genres. (L'*Académie* veut que ce mot ne soit que du genre mas.: nous ne voyons pas pourquoi on ne le dirait pas aussi bien d'une femme que d'un homme. Nous pensons même que ce mot a pu être appliqué plus souvent aux femmes qu'aux hommes) (*bèlâtre*), se dit de quelqu'un qui a un faux air de *beauté*, une *beauté* mêlée d'une certaine fadeur. Pop. et inus.

BELLE, adj. fém. (*bèle*). Voy. **BEAU**. — Subst. fém., t. de mar., l'endroit le moins élevé d'un bâtiment, qui se trouve entre la grande rabattue et la rabattue de l'avant, et où il conserve à peu près ses mêmes largeurs. En ce sens on dit aussi et mieux *embelle*.— *Pointer le canon en belle*, pointer carrément au vaisseau, au lieu de pointer à démâter, à couler bas, de l'avant à l'arrière.

BELLE-À-VOIR, subst. fém. (*bèlavoar*), t. de bot., plante à fleur rosacée, nommée aussi *belvédère*.

BELLE-DAME, subst. fém. (*bèledame*), t. de bot., plante originaire des Antilles. C'est une amaryllis à fleurs roses, dont l'eau distillée sert en Italie de cosmétique. Voy. **MORELLE**. — Au plur., des *belles-dames*.

BELLE-DE-JOUR, subst. fém. (*bèledejour*), t. de bot., espèce de lis.—Au plur., des *belles-de-jour*: des fleurs qui sont belles le jour.

BELLE-DE-NUIT, subst. fém. (*bèledenui*), t. de bot., plante à fleurs rouges ou jaunes qui s'ouvrent la nuit et se ferment le jour. Voy. JALAP. — Au plur., des *belles-de-nuit* ; des fleurs qui sont belles la nuit.

BELLE-DE-VITRY, subst. fém. (*bèledevitri*), t. de jard., variété de pêches. — Au plur., des *belles-de-Vitry*.

BELLE-D'UN-JOUR, subst. fém. (*bèledeunjour*), t. de bot., nom vulgaire de l'hémérocale et de l'asphodèle, dans quelques cantons. — Au plur., des *belles-d'un-jour* : des fleurs qui sont belles un jour.

BELLE-ET-BONNE, subst fém. (*bèlébone*), t. de jard., espèce de poires. — Au plur., des *belles-et-bonnes*.

BELLE-FACE, subst. mas. (*bèleface*), cheval qui a les poils du chanfrein de couleur blanche.

BELLE-FILLE, subst. fém. (*bèlefi-ie*), la femme du fils, la bru. — Celle dont le père ou la mère s'est remarié. — Au plur., des *belles-filles*.

BELLE-GARDE, subst. propre fém. (*bèleguarde*), ville de France, chef-lieu de canton, arrond. d'Aubusson, dép. de la Creuse. — Village de France, chef-lieu de canton, arrond. de Montargis, dép. du Loiret.

BELLE-ÎLE-EN-MER, subst. propre fém. (*bèlilanmère*), île de l'Océan Atlantique, arrond. de Lorient, dép. du Morbihan.

BELLE-ÎLE-EN-TERRE, subst. propre fém. (*bèlilantère*), ville de France, chef-lieu de canton, arrond. de Guingamp, dép. des Côtes-du-Nord.

BELLEMENT, adv. (*bèleman*), doucement, avec modération : *bellement ! vous vous emportez, vous vous oubliez*. Il est fam. et de peu d'usage : on dit plus souvent et mieux *doucement*. — En t. de chasse, on crie souvent ce mot aux chiens, pour les faire chasser plus modérément.

BELLE-MÈRE, subst. fém. (*bèlemère*), celle que notre père a épousée après la mort de notre *mère*. — Celle dont nous avons épousé la fille. — Au plur., des *belles-mères*.

BELLENCOMBRE, subst. propre fém. (*bèlankonbre*), bourg de France, chef-lieu de canton, arrond. de Dieppe, dép. de la Seine-Inférieure.

BELLENDÈNE, subst. fém. (*bèlelandène*), t. de bot., plante qui ressemble aux protées.

BELLE-PUCELLE, subst. fém. (*bèlepucèle*), t. de bot., nom vulgaire de la renoncule des champs. — Au plur., des *belles-pucelles*.

BELLEQUE, subst. fém. (*bèleke*), t. d'hist. nat., nom vulgaire de la foulque.

BELLERÉGI, subst. mas. Voy. BELLERIE.

BELLERIE, subst. fém. BELLERIS ou BELLERÉGI, subst. mas. (*bèlert, bèleréji*), t. d'hist. nat., sorte de mirobolan.

BELLÉROPHE, subst. mas. (*bèlelérofe*), t. d'hist. nat., espèce de coquille.

BELLÉROPHON, subst. propre mas. (*bèlelérofon*), myth., fils de Glaucus, roi d'Épire. Ayant tué par mégarde à la chasse son frère Pirrène, il alla se réfugier chez Prœtus, roi d'Argos, dont la femme, appelée Sténobée ou Antée, lui fit des propositions auxquelles il fut insensible. Sténobée, piquée de cette indifférence, accusa *Bellérophon* auprès de son mari d'avoir voulu attenter à son honneur. Prœtus, ne voulant point violer les droits de l'hospitalité, envoya celui-ci en Lycie avec des lettres adressées à Iobatès, père de Sténobée, à qui il recommandait de l'exposer à des dangers où il pût périr. En conséquence, *Bellérophon* ayant eu ordre de combattre la Chimère, monta le cheval Pégase et défit ce monstre. On lui suscita une infinité d'ennemis dont il triompha ; et il sortit, par sa valeur et son adresse, de tous les dangers auxquels on l'exposa : il dompta les Solymes, les Amazones et les Lyciens. Ensuite il épousa Philonoé, fille d'Iobatès, pour prix de ses belles actions, et après avoir prouvé son innocence.

BELLÉRUS ou **PIRRÈNE**, subst. propre mas. (*bèlèléruce, pirerène*), myth., frère de Bellérophon.

BELLESME, subst. propre fém. (*belème*), ville de France, chef-lieu de canton, arrond. de Mortagne, dép. de l'Orne.

BELLE-SŒUR, subst. fém. (*bèleçeur*), la femme de notre frère. — Celle dont nous avons épousé le frère ou la *sœur*. — Au plur., des *belles-sœurs*.

BELLEVALIE, subst. fém. (*bèlevalî*) t. de bot., plante qui diffère peu des jacinthes.

BELLEVILLE, subst. propre fém. (*bèlevile*), village de France, chef-lieu de canton, arrond. de Ville-Franche, dép. du Rhône. — Commune de la banlieue de Paris.

BELLEY, subst. propre mas. (*bèlé*), ville de France, chef-lieu d'arrond., dép. de l'Ain. — Sa cathédrale est remarquable.

BELLICANT, subst. mas. (*bèlelikan*), t. d'hist. nat., nom donné à la trigle.

BELLICULE, subst. mas. (*bèlelikule*), t. d'hist. nat., coquillage ombilic marin.

BELLIE, subst. fém. (*bèleli*), t. de bot., plante de la famille des corymbifères. — Elle ressemble beaucoup à la pâquerette.

BELLIGÉRANT, E, adj. (*bèlelijéran, rante*) (du lat. *belliger* ou *belligerator*, qui a la même signification, et qui est dérivé de *bellum* et de *gerere*), qui est en guerre : *les puissances belligérantes*. Il n'est guère usité que dans cette phrase.

BELLINUS, subst. propre mas. (*bèlelinuce*), myth., le même que BELÉNUS.

BELLIPOTENS, adj. latin (*bèlelipoteince*), myth., surnom de Mars et de Pallas.

BELLIQUE, adj. des deux genres (*bèlelike*), belliqueux. Inus.

BELLIQUEUSE, adj. fém. Voy. BELLIQUEUX.

BELLIQUEUX, adj. mas., au fém. BELLIQUEUSE (*bèlelikeû, keûze*) (du lat. *bellicosus*, formé de *bellum*, guerre), guerrier, martial, valeureux : *nation belliqueuse ; humeur belliqueuse ; il pensait que ces honneurs serviraient à ranimer le génie belliqueux des Portugais*.

BELLISSIME, adj. des deux genres (*bèlelicime*) (du lat. *bellissimus*, superlatif de *bellus*, beau), très-beau. Il est du style badin, et peu usité. — Subst. mas., t. de jard., sorte de poire. — Sorte de tulipe.

BELLON, subst. mas. (*bèlelon*), grand cuvier de pressoir. — En t. de médec., maladie, colique, dépérissement causés par la mine de plomb. — En t. de bot., arbrisseau de Saint-Domingue.

BELLONAIRES, subst. mas. plur. (*bèlelonère*), t. d'hist. anc., prêtres de *Bellone*, déesse des combats. Ils célébraient les fêtes de cette déesse en se piquant le corps avec des épées, et en lui offrant le sang qui sortait de leurs blessures. On les considérait autant que les rois mêmes.

BELLONE, subst. propre fém. (*bèlelone*), myth., appelée aussi *Duellone*, déesse de la guerre, et sœur de Mars. C'était elle qui lui préparait son char et ses chevaux lorsqu'il allait à la guerre. — On la représente tenant un fléau ou une verge teinte de sang, les cheveux épars et le feu dans les yeux.

BELLONÉON, subst. mas. (*bèleloneon*), t. d'hist. anc., instrument de musique militaire chez les anciens.

BELLOT, adj. mas. ; au fém. BELLOTTE, (*bèlo, lote*), dimin. de *beau* : *cet enfant est bellot ; cette fille est bellotte*. Il est fam. et ne se dit que des enfants.

BELLOTAS, subst. mas. (*bèlelotace*), t. de bot., gland de diverses espèces de chênes.

BELLUGE, subst. mas. (*bèleluge*), t. d'hist. nat., grand esturgeon.

BELLUGE ou **BELLOUGA**, subst. mas. (*bèleluje, bèlelougua*), le même que *bellue*. Voy. ce mot.

BELLUNE, subst. propre fém. (*bèlelune*), ville des états vénitiens.

BELLY, subst. mas. (*bèleli*), sorte de métier dans les filatures de coton.

BELMONT, subst. propre mas. (*bèlemon*), ville de France, chef-lieu de canton, arrond. de Sainte-Afrique, dép. de l'Aveiron. — Village de France, chef-lieu de canton, arrond. de Roanne, dép. de la Loire.

BELNAU, subst. mas. (*bèlenô*), espèce de tombereau.

BÉLO, subst. mas. (*bélo*), t. de bot., arbre des Moluques, qu'on emploie à faire des pieux pour former les viviers. — Il se nomme aussi *bois de pieux*.

BÉLOEDER, subst. mas. (*bélédère*), ne se dit plus pour *belvéder*. Voy. ce mot.

BELOÈRE, subst. mas. (*béloère*), t. de bot., abutilon à feuilles de peuplier.

BÉLOMANCIE, subst. fém. (*bélomancî*) (du grec βελος, dard, flèche, et μαντεια, divination), sorte de divination qui se faisait avec des flèches. Elle était fort en usage chez les Orientaux, principalement chez les Arabes.

BÉLOMANCIEN, ENNE, adj. (*bélomanciein, ène*), qui concerne la *bélomancie*. — Il est aussi subst : *un bélomancien*.

BÉLONE, subst. fém. (*bélone*), t. d'hist. nat., poisson de mer du genre de l'ésoce.

BÉLONE-TACHETÉE, subst. fém. (*bélonetacheté*), t. d'hist. nat., poisson de la Chine. — Au plur., des *bélones-tachetées*.

BÉLOSTOME, subst. mas. (*bélocetome*) (du grec βελος, dard, flèche, et στομα, bouche), t. d'hist. nat., insecte de l'ordre des hémiptères.

BÉLOTTER, v. neut. (*béloté*), ne se dit qu'en parlant du cri de la *belette*. Voy. BELETTE.

BÉLOUTCHISTAN, subst. propre mas. (*béloutechicetan*), grande contrée de l'Asie.

BEL-OUTIL, subst. mas. (*bèlouti*), t. d'orfèvres et de bijoutiers, petite enclume longue, étroite, un peu convexe, portative, et dont l'usage est à peu près le même que celui de la bigorne. — Au plur., des *beaux-outils*.

BELOUZE, subst. fém. (*belouze*), t. d'arts et mét., pièce d'étain montée sur le tour du potier d'étain.

BELPECH, subst. propre mas. (*bèlpèk*), ville de France, chef-lieu de canton, arrond. de Castelnaudary, dép. de l'Aude.

BELPHÉGOR, myth. Voy. BAAL-PEOR.

BELT, subst. propre mas. (*bèlte*) (du grec βαλτευς, ceinture), détroit de la mer Baltique.

BELTION, subst. mas. (*bèltion*), t. de mar., le bec de l'éperon.

BELTIS, myth. Voy. BAALTIS.

BÉLUCA, subst. mas. (*béluka*), t. d'hist. nat., espèce de dauphin blanc.

BÉLUGA, subst. mas. (*bélugua*), t. d'hist. nat., poisson amphibie des mers du Nord.

BÉLULQUE, subst. mas. (*bélulke*), sorte d'instrument pour extraire les dards. Inus.

BÉLUS, subst. propre mas. (*béluce*), myth., le soleil chez les Babyloniens. — Roi de Tyr, père de Didon. Voy. BEL.

BÉLUSTEAU, subst. mas. (*bélucetô*), lutte, sans doute chez les anciens, dans laquelle les combattants entrelaçaient leurs doigts. *Boiste*, qui donne ce mot, ne parle nullement de son origine. Inus.

BÉLUTTA, subst. mas. (*béluteta*), t. de bot., grand arbre du Malabar.

BÉLUTTA-AMEL-PODI, subst. mas. (*béluteta-amèlpodi*), t. de bot., arbuste dont la décoction des feuilles guérit la morsure des serpents.

BÉLUTTA-ARÉLI, subst. mas. (*bélutetaaréli*), t. de bot., la rose des Indes.

BÉLUTTA-KANELLI, subst. mas. (*bélutetakanèleli*), t. de bot., arbre qui ressemble un peu au caliptrante.

BÉLUTTA-MODELA-MUCU, subst. masc. (*béluteta-modelamucu*), t. de bot., espèce de renouées.

BÉLUTTA-ONAPU, subst. mas. (*bélutetaonapu*), t. de bot., balsamine très-voisine de la rasciculée.

BÉLUTTA-TJAMPAKAM, subst. mas. (*béluteta-tjanpakan*), t. de bot., arbre qui porte aussi le nom de bois-de-fer.

BÉLUTTA-TSJORIVALLI, subst. mas. (*béluteta-tjorivaleli*), t. de bot., ache pédiaire.

BELVÉDER, mieux **BELVÉDÈRE**, subst. mas. (*bèlvédère*) (de l'italien *belvedere*, qui signifie la même chose, et qui est formé de *bel*, contraction de *bello*, beau, et *vedere*, voir : *beau voir*, *belle-vue*), espèce de pavillon ou de terrasse construite au haut d'un logis, d'où l'on découvre une grande étendue de pays. — Par extension, on donne aussi ce nom à un petit bâtiment construit à l'extrémité d'un jardin, d'un parc, pour y prendre le frais, s'y mettre à l'abri de l'ardeur du soleil ou des injures du temps. — On appelle aussi *belvédère*, dans les jardins, un simple berceau élevé sur quelque monticule ou terrasse, ou seulement une éminence ou plate-forme élevée et soutenue par des talus de gazon, et d'où la vue s'étend au loin. — Subst. fém., t. de bot., plante à fleurs rosacées de la Chine.

BELVEZ, subst. propre mas. (*bèlvèze*), ville de France, chef-lieu de canton, arrond. de Sarlat, dép. de la Dordogne.

BELVISIE, subst. fém. (*bèlvizî*), t. de bot., espèce de fougère.

BELYTE, subst. fém. (*bèlite*), t. d'hist. nat., insecte de l'ordre des hyménoptères.

BELZ, subst. propre mas. (*bèlze*), village de France, chef-lieu de canton, arrond. de Lorient, dép. du Morbihan.

BELZÉBUTH, subst. propre mas. (*bèlzébute*). Voy. BÉELZEBUTH.

BELZOF, subst. mas. (*bèlzofe*), t. de bot., arbre de Siam, qui donne le benjoin.

BEMBÈCES, subst. mas. plur. (*banbèce*), t. d'hist. nat., hyménoptères qui ne diffèrent des guêpes que par la tête.

BEMBÉCIDES, et non pas **BEMBICILES**, que l'on

ne trouve que dans *Boiste*, subst. fém. plur. (*banbécides*), t. d'hist. nat., insectes de l'ordre des hyménoptères.

BEMBEX, subst. mas. Voy. **BEMBÈCES**.

BEMBIDIONS, subst. mas. plur. (*banbidion*), t. d'hist. nat., insectes de l'ordre des coléoptères.

BEMBINE, adj. fém. (*banbine*), nom donné à la *table isiaque*, pour avoir appartenu au cardinal *Bembo*, qui, selon quelques-uns, l'avait reçue de Paul III, et, selon d'autres, l'avait achetée d'un chaudronnier, après le sac de Rome.

BEMBRICE, subst. mas. (*banbrice*), t. de bot., arbrisseau grimpant.

BÊME, subst. mas. (*bême*) (du grec βημα, qui signifie tribunal), nom que les manichéens donnaient à ce que les catholiques appellent *autel*.— Les Grecs nommaient aussi *bême* leur sanctuaire.

BÉMIDDEMARD, subst. mas. (*bémidemar*), l'une des divisions de l'*Ancien-Testament*.

BÉMILUCIUS, subst. propre mas. (*bémiluciuce*), myth., surnom de Jupiter.

BÉMOL, subst. mas. (*bémole*) (on écrit aussi *B mol*, par opposition au *bécarre*, appelé aussi *B dur*), caractère de musique en forme de petit *b*, qui sert à baisser d'un demi-ton la note, l'air, etc., devant lesquels il est placé. — Il est aussi adj. des deux genres : *cette note est bémol*.

BÉMOLISÉ, E, part. pass. de *bémoliser*.

BÉMOLISER, v. act. (*bémolizé*), armer de *bémols* une clef ou des notes : *bémolisez le mi ; il faut bémoliser la clef pour le ton de fa*.

BEN ou **BEHEN**, subst. mas. (*bène*, *beène*), t. de bot., fruit d'un arbre d'Arabie, dont on tire *l'huile de ben*.

BÉNAFOULI, subst. masc. (*bénafouli*), t. de bot., riz très-estimé au Bengale.

BEN-ALBUM, subst. mas. (*bénalbome*), t. de bot., plante alexitère.

BÉNAR, subst. mas. (*bénar*), gros charriot à quatre roues.

BÉNARDE, subst. fém. (*bénarde*), t. de serrurier, serrure qui s'ouvre de deux côtés. — Il est aussi adj. : *serrure bénarde*.

BÉNARÈS, subst. propre mas. (*bénarèce*), l'une des principales villes de l'Indoustan, qui fait un grand commerce avec l'Orient.

BÉNARI, subst. mas. (*bénari*), t. d'hist. nat., nom donné vulgairement, dans le Languedoc, à l'ortolan.

BÉNASTRE, subst. mas. (*bénacetre*), t. de pêche, petit parc de clayonnages ouverts.

BÉNATAGE, subst. mas. (*bénataje*), t. de salines, ouvrage des *bénatiers*.

BÉNATE, subst. fém. (*bénate*), t. de salines, caisse d'osier qui contient douze pains de sel.

BÉNATH, subst. mas. (*bénate*), pustule qui s'élève sur le corps, pendant les nuits, en Arabie.

BÉNATIER, subst. mas. (*bénatié*), t. de salines, ouvrier qui fait des *bénates*.

BÉNAUT, subst. mas. (*bénô*), t. de tonnelier, baquet cerclé qui a deux mains de bois.

BENDALA, subst. mas. (*beindala*), danse des Boukkaras, Arabes de Darfour, en Afrique.

BENDE, subst. fém. (*bande*), pièce de monnaie de la côte de Guinée, qui vaut cent francs.

BENDIDIES, subst propre fém. plur. (*beindidi*), t. d'hist. anc., fêtes célébrées dans le Pirée, à Athènes, en l'honneur de Diane, surnommée *Bendis*.

BENDIS, subst. propre fém. (*beindice*), myth., divinité des Thraces, la même que Diane.

BENEDICITE, subst. mas. (*bénédicité*) (emprunté du latin), prière qu'on fait avant le repas : *dire le benedicite*. — Il n'a point de plur.

BÉNÉDICTE, subst. mas. (*bénédikte*), t. de pharm., nom d'un électuaire fort purgatif.

BÉNÉDICTIN, E, subst. (*bénédiktein, tine*), religieux ou religieuse qui suit la règle de saint Benoît. — Se dit d'une bulle de Benoît XII, qui date de l'an 1336, et par laquelle ce souverain pontife réformait l'ordre de saint Benoît, en lui prescrivant des règlements.

BÉNÉDICTION, subst. fém. (*bénédikcion*) (en latin *benedictio*, formé de *bené*, bien, et *dicere*, dire), action par laquelle un évêque, un prêtre bénit les assistants, une chapelle, des fonts, des cloches, etc.; par laquelle un père, une mère *bénissent* leurs enfants. — On appelle *bénédiction nuptiale* la cérémonie religieuse du mariage. — Grace, faveur particulière du ciel : *Dieu a répandu ses bénédictions sur cette famille*. — On dit d'une abondance extraordinaire paraissant provenir d'une faveur particulière du ciel : *c'est une bénédiction : la récolte est superbe cette année, c'est une bénédiction*. — L'*Académie* de 1835 donne pour françaises ces phrases : *il pleut, il neige, que c'est une bénédiction ; il a été battu, que c'est une bénédiction* ; elle avertit que le *que* se dit ici pour *tellement que* : ces locutions sont des plus vicieuses et des plus barbares.—Vœu, souhait que l'on fait pour la prospérité de quelqu'un : *les pauvres lui donnaient mille bénédictions*. — On dit prov., d'un pays où tout abonde, d'une maison où l'on fait bonne chère : *c'est un pays, c'est une maison de bénédiction*. On le dit aussi d'une maison où la piété domine. — *Donner à quelqu'un sa bénédiction*, le renvoyer, le congédier. Il est fam. — On dit d'un homme que *sa mémoire est en bénédiction*, pour signifier qu'on ne parle de lui qu'en louant sa vertu, sa bienfaisance, etc. — *Bénédiction apostolique*, le salut que donne le pape au commencement de toutes ses bulles, par ces paroles : *salutem, et apostolicam benedictionem*. — *Bénédiction* est aussi une rubrique du bréviaire, portant le titre des *bénédictions* et absolutions. Elle se dit au commencement des leçons de matines : *jube, Domne, benedicere*.

BÉNÉDICTIONNAIRE, subst. mas. (*bénédikcionère*), livre qui contient les *bénédictions*.

BÉNÉFICE, subst. mas. (*benefice*) (du latin *beneficium*, formé de *bené*, bien, et *facere*, faire), profit, avantage : *tout a tourné à son bénéfice ; bénéfice d'aunage*, etc. — Dans le commerce, on appelle *bénéfice* le gain qui résulte de quelque opération commerciale, ou de quelque avantage particulier qu'on a obtenu, ou qui a été la suite de certaines circonstances. — Privilège accordé par le souverain, par les lois : *bénéfice d'âge*, etc. — Il se disait autrefois pour bienfait. C'est en ce sens qu'on dit encore : *profiter, attendre tout du bénéfice du temps*. — Au théâtre, *donner une représentation à bénéfice*, c'est jouer une pièce au profit de quelqu'un. — Les Francs appelaient *bénéfices* des terres conquises dans la Gaule et distribuées par les chefs ou princes à leurs principaux compagnons d'armes. Ces bénéfices ne furent d'abord qu'à vie, et devinrent ensuite héréditaires.—Autrefois, titre ecclésiastique accompagné d'un revenu : *bénéfice simple ; bénéfice ayant* ou *avec charge d'âmes*, ou *à charge d'âmes*. On nommait *bénéfice à simple tonsure* un *bénéfice* qu'on pouvait posséder quoiqu'on ne fût que tonsuré ; et *bénéfice sécularisé*, un *bénéfice* qui n'était possédé que par des réguliers, et qui, par dispense du pape, pouvait être possédé par des séculiers. Il n'y a plus de *bénéfices* en ce sens. — Le lieu où était l'église et le bien du *bénéfice* : *ce bénéfice est bien situé ; résider à son bénéfice*. — On dit, prov. et fig., qu'*il faut prendre les bénéfices avec les charges*, pour dire qu'il faut souffrir les incommodités d'une chose quand on en a le profit. — T. de jurispr., *accepter une succession sous bénéfice d'inventaire*, sans se charger des dettes dont elle est grevée, et après avoir fait faire un inventaire. — On dit fig. et fam., d'une chose dont on ne voit pas les preuves, qu'*on la croit sous bénéfice d'inventaire* : *il croit en Dieu sous bénéfice d'inventaire*, il professe la religion quand il y trouve son intérêt. — On appelait autrefois *lettres de bénéfice d'âge* des lettres de chancellerie que les mineurs obtenaient pour être émancipés, et pour gouverner eux-mêmes leur bien jusqu'à pleine majorité ; et *lettres de bénéfice d'inventaire*, des lettres en vertu desquelles on était reçu à hériter sans être obligé de payer les dettes d'une succession que jusqu'à concurrence des biens qui la composaient.— *Bénéfice de nature*, flux de ventre favorable. Cette expression n'est plus usitée.— Chez les anciens Romains, 1° concession de terre faite aux soldats vétérans ; 2° avancement dans la milice, dont un soldat avait l'obligation au général ou même à l'empereur.

BÉNÉFICENCE, subst. fém. (*bénéfiçance*) (du latin *bené*, bien, et *facere*, faire), mot qui signifie la même chose que *bienfaisance*, mais qui n'a pas été adopté.

BÉNÉFICIAIRE, adj. des deux genres (*bénéficière*), t. de jurispr. : *héritier bénéficiaire*, par *bénéfice* d'inventaire. Il est aussi subst. des deux genres dans ce sens. Voy. **BÉNÉFICE**.—Subst. mas., à Rome, on désignait par ce mot, 1° des soldats ou des officiers élevés en grade par les tribuns ou par d'autres magistrats ; 2° les soldats qui avaient reçu un congé honorable avec concession de terres ; 3° les volontaires ; 4° l'officier public qui conservait le registre des *bénéfices* et qui en dressait les actes ; 5° les collecteurs des droits et des impôts. — Aujourd'hui, celui au profit duquel on donne une représentation théâtrale.

BÉNÉFICIAL, E, adj. (*bénéficial*), ancien t. de jurispr. qui ne se disait guère qu'au fém. avec *matière* : *cet homme est très-savant dans les matières bénéficiales*, qui concernent les *bénéfices*. — Il n'a pas de plur. mas., dit *Girault-Duvivier* : nous ne voyons pas pourquoi on n'emploierait pas *bénéficiaux* s'il en était besoin.

BÉNÉFICIATURE, subst. fém. (*bénéficiature*). On appelait ainsi, dans quelques cathédrales ou collégiales, le *bénéfice* du chantre.

BÉNÉFICIEL, adj. mas., au fém. **BÉNÉFICIELLE**, (*bénéficièle*), qui porte *bénéfice* ; qui est avantageux, salutaire. Inus.

BÉNÉFICIER, subst. mas., au fém. **BÉNÉFICIÈRE** (*bénéficié, cière*), celui, celle qui autrefois jouissait d'un *bénéfice*.

BÉNÉFICIER, v. act. (*bénéficié*), se dit dans l'exploitation des mines, de l'action de tirer le métal du minéral : *cet or, cet argent est difficile à bénéficier*. — Les marchands l'emploient neutralement dans le sens de tirer du *bénéfice*, du profit de... : *il n'y a pas beaucoup à bénéficier sur cette marchandise*.

BÉNÉFIQUE, adj. des deux genres (*bénéfike*) : *astre bénéfique*, bienfaisant. Il s'est dit, en t. d'astrol., des astres auxquels on attribuait des influences favorables.

BENÊT, adj. et subst. mas. (*benê*) (du nom propre *Benoît*, pris ici en mauvaise part, comme quelquefois ceux de *Jean*, de *Gilles*, de *Nicodème*), sot, niais : *cet homme est bien benêt ; c'est un benêt*. — Il régit quelquefois la préposition de : *son grand benêt d'amant ; ce benêt de laquais*.

BÉNÉVENT, subst. propre mas. (*bénévan*), ville de France, chef-lieu de canton, arrond. de Bourganeuf, dép. de la Creuse. — C'est aussi une ville du royaume de Naples.

BÉNÉVOLE, adj. des deux genres (*bénévole*) (du latin *benevolus*, formé de *bené*, bien, et *volo*, je veux). Il ne se dit guère que dans ces locutions : *lecteur bénévole*, *auditeur bénévole*, lecteur, auditeur favorablement disposé. — *Bénévole*, en t. de droit canonique, se disait du bénéficier qui possédait en vertu d'un titre qu'on ne lui contestait pas, quoique sujet à examen.

BÉNÉVOLEMENT, adv. (*bénévoleman*), d'une manière *bénévole*.

BÉNÉVOLENCE, subst. fém. (*bénévolance*), léger bienfait. — Désir de faire du bien. — Vieux et inusité dans les deux sens. On dit dans le second *bienveillance*.

BENFELDEN, subst. propre mas. (*bènefèldène*), village de France, chef-lieu de canton, arrond. de Schlestadt, dép. du Bas-Rhin.

BENGALE, subst. propre mas. (*beinguale*), grande contrée des Indes.

BENGALI, subst. mas. (*beinguali*), t. d'hist. nat., sorte de pinson. — Langue des peuples du *Bengale*. — T. de bot., plante du Brésil.

BENGIRI, subst. mas. (*benjiri*), t. de bot., arbre de la côte du Malabar, de la famille des euphorbiacées.

BÉNI, E, part. pass. de *bénir*, et adj., favorisé de Dieu, comblé de ses graces. Voy. **BÉNIT**.

BÉNIBEL, subst. mas. (*bénibèle*), le mercure hermétique.

BÉNIÇON, subst. mas. (*béniçon*), vieux mot employé pour *bénédiction*. Inus.

BÉNIGNE, adj. fém. Voy. **BÉNIN**.

BÉNIGNEMENT, adv. (*bénigniemen*), d'une manière bénigne, favorablement, avec bonté, avec douceur. Peu usité.

BÉNIGNITÉ, subst. fém. (*bénignité*), douceur, humanité, indulgence qu'on a pour quelqu'un : *traiter quelqu'un avec bénignité*. Peu usité. Voy. **BONTÉ**.

BÉNIN, adj. mas., au fém. **BÉNIGNE** (*bénein, nignie*) (du lat. *benignus*, dont la signification est la même), doux, humain : avec cette différence que *bénin* marque plus proprement l'inclination ou la disposition à faire du bien ; *doux*, un caractère d'humeur qui rend sociable et ne rebute personne ; *humain*, une sensibilité qui sympathise aux maux d'autrui. — *Bénin* se dit souvent des personnes par dérision : *c'est le plus bénin des maris*. — On appelle en médec. *remède bénin* celui qui agit doucement. On le dit aussi des maladies sans danger : *fièvre bénigne ; petite-vérole bénigne*, etc. — Au fig., favorable, propice : *le ciel bénin*, *influences bénignes*.

BÉNIN-D'AZY (SAINT-), subst. propre mas. (*cein-bèneindazi*), village de France, chef-lieu de canton, arrond. de Nevers, dép. de la Nièvre.

BENINCASA, subst. mas. (*beneinkaza*), t. de bot., sorte de plante de la famille des cucurbitacées.

BÉNIR, v. act. (*bénir*) (du latin *benedicere*, formé de *benè*, bien, et *dicere*, dire; *dire bien à quelqu'un*), consacrer au culte, au service divin, avec de certaines cérémonies : *bénir une église, une chapelle, des vêtements; bénir un abbé, une abbesse*, les installer dans leur dignité avec certaines cérémonies. — Donner la *bénédiction* en faisant le signe de la croix, comme font les évêques sur les fidèles, les pères et mères sur leurs enfants, etc. — On dit *bénir des armes, bénir des drapeaux, bénir le lit nuptial, bénir la table*, etc., pour dire : faire quelques prières pour attirer les graces de Dieu sur les armes, sur les drapeaux, sur des époux, etc. — *Bénir des époux, un mariage*, marier suivant le rit religieux. — Louer, remercier : *bénissez Dieu de la grace qu'il vous a faite; en vous conduisant ainsi, vous vous ferez bénir*. On dit dans le même sens, par extension : *bénir la mémoire de quelqu'un; bénir le lieu, l'heure où telle chose s'est faite; je bénis le hasard de m'avoir...*, etc. — En parlant de Dieu, rendre heureux, faire prospérer : *Dieu vous bénisse! je prie Dieu qu'il bénisse les efforts de votre zèle*, etc. — *Dieu vous bénisse!* façon familière de souhaiter du bien à quelqu'un qui éternue : c'est un acte de civilité respectueuse. — On se sert aussi de cette expression en parlant à un pauvre à qui l'on n'a rien à donner, pour lui souhaiter les secours du ciel. — *Dieu vous bénisse* et *bénir* se prennent quelquefois ironiquement pour *maudire : arrivez, arrivez, on vous a béni*, c'est-à-dire : ou vous a maudit pendant votre absence.

BÉNISSA, subst. fém. (*béniça*), t. de bot., plante de l'Inde, de la famille des euphorbes.

BÉNISSABLE, adj. des deux genres (*béniçable*), qui peut être *béni*; qui mérite d'être *béni*.

BÉNIT, E, part. pass. de *bénir*, et adj. (*béni, nite*), s'applique particulièrement à certaines choses consacrées par la bénédiction du prêtre donnée avec les cérémonies exigées : *pain bénit; cierge bénit; chandelle bénite; drapeaux bénits; eau bénite*. — Fig. et prov., *eau bénite de cour*, vaines caresses, protestations de bienveillance dénuées de sincérité. On dit aussi : *c'est un donneur d'eau bénite de cour, un donneur d'eau bénite*.

BÉNITIER, subst. mas. (*bénitié*), espèce de cuvette placée à l'entrée des églises, et où chacun peut prendre de l'eau *bénite*. — Sorte de vase que l'on met à côté du chevet du lit et qu'on remplit d'eau *bénite*. — Prov. et fam., *se démener comme le diable au fond du bénitier, comme un diable dans un bénitier*, s'agiter excessivement. — En t. d'hist. nat., on appelle *grand bénitier* une coquille bivalve qui acquiert un très-gros volume, et qui sert quelquefois de *bénitier* dans les églises. — On appelle *petit bénitier* une coquille du genre peigne. — *Bénitiers*, au plur., est le nom d'une famille de mollusques acéphales pourvus d'une coquille.

BENJAMIN, subst. propre mas. (*beinjamein*), le dernier des fils de Jacob, pour lequel celui-ci avait une prédilection toute particulière. C'est par allusion à cette préférence du patriarche que l'on appelle un enfant préféré, gâté : *le benjamin*.

BENJOIN, subst. mas. (*beinjoein*), t. de bot., résine sèche, d'une odeur suave et pénétrante, que produit un arbre d'Afrique et des Indes.

BENKARA, subst. mas. (*beinkara*), t. de bot., arbrisseau du Malabar.

BEN-MOENIA, subst. mas. (*beinménia*), t. de bot., arbre des Indes.

BENNE ou **BANNE**, subst. fém. (*bène, bane*) (du celtique *benna*, espèce de tombereau), petit vaisseau qui sert à charger les bêtes de somme pour le transport. — Mesure de capacité pour la vendange. — Certain espace fermé, dans la rivière de Saône, pour y arrêter le poisson.

BENNET, subst. mas. (*bènené*), t. d'hist. nat., poisson du cap de Bonne-Espérance.

BENNI, subst. mas. (*bèneni*), t. d'hist. nat., poisson du Nil qui ressemble au barbeau.

BENOÎT-DU-SAULT (SAINT-), subst. propre mas. (*ceinbenoaduço*), bourg de France, chef-lieu de canton, arrond. du Blanc, dép. de l'Indre.

BENOÎT, E, adj. (*bénoa*). Vieux mot qui signifiait autrefois *béni* : *benoît soit Dieu; la benoîte Vierge Marie, et tous les benoîts saints et saintes du paradis*.

BÉNOITE, subst. fém. (*benoate*), t. de bot., plante vivace à fleurs rosacées, qui croît communément sur les montagnes froides de l'Europe.

BÉNOITIER, ne se dit plus pour *bénitier*.

BENSITE, subst. fém. (*beincite*), t. de bot., genre de plantes de la famille des rosacées.

BENTÈQUE, subst. mas. (*beintèke*), t. de bot., arbre toujours vert de la côte de Malabar.

BENTIRN-TALI, subst. mas. (*beintirnetali*), t. de bot., genre de liseron.

BÉNY-BOCAGE, subst. propre mas. (*bénibokaje*), bourg de France, chef-lieu de canton, arrond. de Vire, dép. du Calvados.

BENZOATES, subst. mas. plur. (*beinzoate*), t. de chimie, sels formés de l'union de l'acide *benzoïque* avec une base.

BENZOÏQUE, adj. mas. (*beinzo-ike*), t. de chimie, se dit d'un acide tiré du *benjoin*, du storax, du baume du Pérou. — On l'appelait autrefois *sel de benjoin*.

BÉOBOTRYS, subst. mas. (*béobotrice*), t. de bot., plante exotique.

BÉOLE, subst. fém. (*béole*), t. de bot., petite plante à fleurs radicales, des rochers humides du détroit de Magellan.

BÉOT., abréviation du mot **BÉOTIEN**.

BÉOTARCHIE, subst. fém. (*béotarchi*), pouvoir, charge de *béotarque*.

BÉOTARCHIQUE, adj. des deux genres (*béotarchike*), qui concerne la *béotarchie*.

BÉOTARQUE, subst. mas. (*béotarke*), t. d'hist. anc., nom des magistrats chez les *Béotiens*.

BÉOTIE, subst. propre fém. (*béoci*), ancienne province de la Grèce.

BÉOTIEN, subst. et adj. mas., au fém. **BÉOTIENNE** (*béocicin, ciène*), qui est de *Béotie*; qui y a rapport.

BÉQUARRE. Voy. **BÉCARRE**.

BÉQUÉE. Voy. **BECQUÉE**.

BÉQUENAUDE, mieux **BECQUENAUDE**, subst. fém. (*bèkenôde*), vieux mot qui signifiait : injure. Inus.

BÉQUET, mieux **BECQUET**, subst. mas. (*bèké*), petit bec. — T. de cordonnier, petite pièce ajustée à un soulier. — T. de verrier et de potier, plan incliné. — T. d'imprimerie, petit papier écrit et ajouté à une copie, à une épreuve.

BÉQUETER. Voy. **BECQUETER**.

BÉQUETTES, mieux **BECQUETTES**, subst. fém. plur. (*békète*), t. d'arts et mét., tenailles, petites pinces à main pour contourner le fil d'archal.

BÉQUILLARD, subst. mas. (*bèkiiar*), expression familière, dont on se sert quelquefois pour désigner un vieillard qui porte des *béquilles*, ou qui ne peut marcher sans l'appui d'une canne.

BÉQUILLE, subst. fém. (*bèkiie*) (du latin *baculus*, bâton), bâton surmonté d'une petite traverse, sur lequel les vieillards, les infirmes, les estropiés et quelquefois les convalescents s'appuient pour marcher : *marcher avec des béquilles; s'appuyer sur une béquille*. — *Béquille* ou *béquillon*, en t. de jardinage, se dit d'un instrument de fer assez semblable à une ratissoire, recourbé et à manche court, et surmonté d'une traverse. Cet instrument sert à donner de petits labours aux plantes. — *Béquille*, en t. de rivière, est une sorte de perche qui sert à faire manœuvrer le gouvernail de certains bateaux. — *Couteau à béquille*, couteau à deux lames, dont l'une reste dans le manche quand l'autre en est sortie.

BÉQUILLÉ, E, part. pass. de *béquiller*.

BÉQUILLER, v. neut. (*bèkiié*), fam., marcher avec une *béquille*. — V. act., t. de jardinage, faire un petit labour dans quelque planche ou quelque caisse. En ce sens, il est neutre.

BÉQUILLON, subst. mas. (*bèkiion*), t. de jardinier, petite feuille qui a peu de largeur. — Instrument pour sarcler. — Feuille du disque de l'anémone. — En t. de vieille faucon., *bec*.

BÉQUOT, subst. mas. (*bèkô*), t. de chasse, petit de la *bécassine*.

BER, subst. mas. (*bère*), en t. de mar., appareil de charpente pour mettre un navire à flot. — En t. de bot., nom du jujubier.

BÉRAM, subst. mas. (*bérame*), t. de comm., grosse toile toute de fil de coton, des Indes-Orientales. — Il y a des *berams rayés* de couleur.

BÉRANE, subst. fém. (*bérane*), t. de comm., toile de coton de Surate.

BÉRARDE, subst. fém. (*bérarde*), t. de bot., plante vivace à longues racines, de l'ordre des cynarocéphales.

BÉRARDIES, subst. fém. plur. (*bérardî*), t. de bot., plantes composées.

BERBÉ, subst. mas. (*bèrebé*), t. d'hist. nat., quadrupède d'Afrique, rapporté par Buffon à la civette fossane.

BERBÉRIDÉES, subst. fém. plur. (*bèrebéridé*), t. de bot., famille de plantes dicotylédones polypétales. C'est le synonyme de *vinetiers*.

BERBÉRIS, subst. mas. (*bèrebérice*), t. de bot., *épine-vinette*. Voy. ce mot.

BERCAIL, subst. mas. (*bèrekaie*) (suivant *Caseneuve*, du lat. barbare *berbix*, fait de *vervex*, mouton, et dont nous avons également formé *brebis*), bergerie. — On l'emploie plus souvent et mieux au fig. : *ramener un hérétique, une brebis égarée au bercail de l'Eglise*, ou simplement *au bercail*. — C'est aussi ramener à des sentiments de piété et à une conduite pieuse les chrétiens qui s'en sont écartés. — On dit aussi *revenir, rentrer au bercail*. — Ce mot n'a pas de pluriel. Si cependant on avait absolument besoin de s'en servir, il faudrait dire *bercails*.

BERCE, subst. mas. (*bèrece*), t. d'hist. nat., petit oiseau à plumage cendré. — Subst. fém., t. de bot., plante bisannuelle de la famille des ombellifères. On la nomme aussi *fausse branche-ursine*. — *Grande berce*, plante de Grèce.

BERCÉ, E, part. pass. de *bercer* : *j'ai été bercé de cette histoire*, c'est-à-dire, je l'ai souvent ouï raconter. — *Être bercé d'un songe*.

BERCEAU, subst. mas. (*bèreçô*) (ce mot vient de *versus* et *versullus*, à *vertendo*, selon Ménage. C'est pourquoi il soutient qu'on doit écrire *berseau* avec un *s*. On disait autrefois *bers* au lieu de *berceau*; et l'on dit encore les *bers* d'une charrette pour signifier : les *ridelles*. — Si l'on a dit *bers* pour *berceau*, il y a long-temps : dès le VIIIe siècle on disait *berceau, berciolus*, ou *barciolus*. Ainsi de *versus* s'est fait *versiolus*, ou *bersiolus* et non pas *versellus*, et de là *berceau*. D'autres le dérivent de son primitif *bers*, qui est un diminutif de l'hébreu *rebez*, qui signifie *cubile*, un lit), sorte de petit lit où l'on couche les enfants au maillot, et qui est porté sur deux pieds arrondis en forme de croissant, de manière qu'on peut le balancer aisément : *berceau de chêne, d'acajou; mettre un enfant dans son berceau*. — Fig., bas âge : *un enfant qui est encore au berceau*. — Fig., 1° commencements d'une chose : *la musique était au berceau*, c'est-à-dire, commençait; *cette hérésie fut étouffée dans son berceau*; 2° le lieu où elle a commencé : *la Saxe fut le berceau du luthéranisme*. — Dans l'archit., voûte cylindrique, dont la courbure et la direction peuvent être de différentes espèces. — En t. de jardinage, treillage ou charmille en forme de voûte. — *Allée en berceau*, allée couverte; *arbres qui font, qui forment le berceau*, dont les branches supérieures, en se réunissant, forment une voûte de feuillage. — On appelle *greffe en berceau* une greffe par approche sur tige et sur branches, qui s'opère en arquant la tige, et en disposant les branches en losanges. — *Berceau d'eau*, voûte formée par deux rangées de jets obliques qui se croisent, et sous lesquels on peut se promener sans être mouillé. — Dans les chantiers de construction maritime, assemblage de charpente qui a la configuration de l'extérieur d'un vaisseau, pour le soutenir et le diriger quand on le lance à l'eau. — Dans la gravure, outil d'acier armé de petites dents presque imperceptibles, qui, à mesure qu'on le promène et qu'on l'appuie en le *berçant* sur la surface du cuivre, y fait le grain qu'exige la gravure à la manière noire. — En t. d'imprimerie, la partie antérieure de la presse, qui sert à soutenir le train et lui donne le mouvement. — Myth. Voy. **DACTYLE**.

BERCELLES, subst. fém. plur. (*bèrecèle*), t. d'art. et mét., sorte de pincettes dont on se sert pour manier l'émail.

BERCELONNETTE et non pas **BARCELONNETTE**, subst. fém. (*bèrecelonète*), petit berceau d'enfant. Ce mot manque dans l'*Académie*.

BERCER, v. act. (*bèrecé*) (du lat. *versare*, fréquentatif de *vertere*, tourner), balancer un *berceau* pour endormir l'enfant qui y est couché. — Fig., leurrer : *vous me bercez depuis long-temps de cette espérance, de cette promesse, de cette assurance; on le berce de mille chimères*. — On dit : *il nous berce souvent de sornettes*, pour dire, il nous fait souvent des contes frivoles. Cette acception vient de l'usage des nourrices, qui souvent font des contes aux enfants en les berçant pour les endormir. — *Nous avons été bercés de telle chose*, nous en avons fréquemment entendu parler. — *Le diable le berce*, il est toujours inquiet, agité, etc. Il est prov. — *se* BERCER, v. pron., se flatter de...: *c'est une espérance dont il est impossible de se bercer*. — T. de man.: *ce cheval se berce*, se laisse aller nonchalamment d'un côté et d'un autre.

BERCEUSE, subst. fém. (*bèreçeuze*), femme qui a pour fonction, chez un roi ou un prince, de bercer un enfant. Pourquoi ne dirait-on pas *berceur* au mas.?

BERDINDIN, subst. mas. (*bèredeindein*), sorte de palan simple.

BERCHE, subst. fém. (*bèreche*), t. de mar., petite pièce de canon de fonte verte.

BÉRÉCYNTHE, ou BÉRÉCYNTHIE, subst. propre fém. (*béréceinte, ti*), myth., nom qui fut donné à Cybèle, parce qu'elle avait un temple sur la montagne de *Bérécynthe*, en Phrygie.

BERECYNTHIUS HEROS, mots latins qui signifient: le *héros* de *Bérécynthe*, Midas, roi de Phrygie, où est le mont *Bérécynthe*.

BÉRÉNICE, subst. propre fém. (*bérénice*), myth., femme de Ptolémée Évergète. Elle se coupa les cheveux et les offrit aux dieux, selon le vœu qu'elle en avait fait pour la prospérité des armes de son mari. Ptolémée fut très-sensible à cette marque de tendresse; de sorte qu'un jour, ayant remarqué que la chevelure consacrée avait disparu du temple, il entra dans une grande colère contre les prêtres, auxquels il reprocha vivement leur négligence; mais Conon de Samos, non moins bon courtisan qu'habile astronome, prit occasion de cette aventure pour faire sa cour à Ptolémée et à Bérénice, en soutenant que les cheveux de la reine avaient été transportés au ciel. On le crut; et le nom de *chevelure de Bérénice*, qu'il donna à sept étoiles voisines de *la queue du lion*, reste encore aujourd'hui à cette constellation.

BÉRET, subst. mas., que quelques-uns écrivent BERRET, dit l'*Académie*. Quoique presque tout le monde écrive *béret*, nous conseillerons d'écrire BERRET, à cause de l'étymologie espagnole qui est *birrete*, bonnet rond. Voy. donc BERRET.

BERGAMASQUE, subst. et adj. des deux genres (*bèreguamaceke*), qui est de *Bergame*. — On dit aussi *bergamois*, *bergamoise*.

BERGAME, subst. fém. (*bèreguame*), tapisserie de peu de valeur qui vient de *Bergame*, ville d'Italie. On en fabrique du même genre en Normandie, de toutes les couleurs. — Subst. propre fém., ville d'Italie, chef-lieu de la province de ce nom, centre d'un grand commerce. — Patrie de Bernardo Tasso.

BERGAMOTTE (l'*Académie* écrit BERGAMOTE), subst. fém. (*bèreguamote*) (suivant les uns, de la ville de *Bergame* en Italie, d'où cette poire a été apportée; suivant les autres de *begarmoud*, nom turc de cette poire, et qui signifie la *reine des poires*; la *bergamotte* nous venant bien d'Italie, mais étant originaire de Turquie), t. de jard., sorte de poire fondante, de figure ronde et de très-bon goût. — C'est aussi une espèce d'orange qui a une très-bonne odeur et dont on tire une essence. — On appelle en outre *bergamottes* des bonbonnières doublées de l'écorce de cette orange.

BERGAMOIS, E, subst. et adj. (*bèreguamoa, moaze*), qui est de *Bergame*. Voy. BERGAMASQUE.

BERGAMOTTIER, subst. mas. (*bèreguamotié*), t. de bot., arbre qui produit la *bergamotte*.

BERGE, subst. fém. (*bèreje*) (dans la première acception, du teutonique *bergue*, éminence, monticule, etc.; dans la seconde, du latin *barca*, bateau), bord relevé ou escarpé d'une rivière, d'une côte, d'un chemin, d'un fossé, qu'on appelle aussi *talus*. — Espèce de chaloupe dont on se sert sur quelques rivières. — *Berge* se dit, en t. de mar., de certains rochers élevés à pic sur l'eau: telles sont les *berges d'Olonne*. — Les couteliers appellent *ciseaux à la berge* ceux dont les branches sont aplaties, et dont l'axe est une vis; *couteau à la berge*, un couteau qui a deux lames ajustées à tête de compas par leur talon.

BERGER, subst. mas., au fém. BERGÈRE (*bèrejé, jère*) (du latin barbare *berbicarius*, formé de *berbix*, lequel, dans la basse latinité, a été fait lui-même de *vervex*, mouton, brebis), celui ou celle qui garde les brebis. On désigne ainsi, en général, tout individu qui conduit un troupeau; mais il s'entend plus particulièrement du conducteur ou gardien d'un troupeau de moutons. Les conducteurs du gros bétail se nomment *pâtres*. — Dans la poésie pastorale, *berger* et *bergère* se prennent pour amant, amante: *un beau berger*, *un berger fidèle*; *une bergère cruelle*. C'est en ce sens qu'on dit *l'heure du berger*, pour: le moment favorable aux amants, et, par extension, pour: toute occasion, tout temps propre à réussir dans une affaire, quelle qu'elle soit. — Dans la réalité les *bergers* et les *bergères* ne sont que de pauvres villageois qui gardent les bêtes à laine pour gagner leur vie. — En astron., on donne aussi à *la planète de Vénus* la dénomination d'*étoile du berger*. — Myth. Voy. BATTUS, CYTHÉRON, PÂRIS, ADONIS.

BERGERAC, subst. propre mas. (*bèrejerak*), ville de France, chef-lieu d'arrond., dép. de la Dordogne.

BERGÈRE, subst. fém. (*bèrejère*). Voy. BERGER. —Ancienne coiffure de femme pour le négligé. — Fauteuil fort large et fort commode. — En t. de bot., arbre de l'Inde, de la famille des hespéridées.

BERGERETTE, subst. fém. (*bèrejerète*), vin mixtionné avec du miel. — Jeune *bergère*.

BERGERIE, subst. fém. (*bèrejeri*), le lieu où l'on enferme les moutons et les brebis. — Fig., maison qui est sous la conduite de quelqu'un, tant pour le temporel que pour le spirituel. — On dit prov.: *enfermer le loup dans la bergerie*, laisser fermer une plaie avant d'en avoir fait sortir tout ce qui peut être nuisible; ou: laisser quelqu'un dans un lieu où il peut nuire. — *Bergeries*, autrefois, poésies pastorales: *les bergeries de Racan*.

BERGERONNETTE, subst. fém. (*bèrejeronète*), t. d'hist. nat., sorte de petit oiseau fort joli, ainsi nommé de ce qu'il cherche le voisinage des troupeaux. C'est un passereau de la famille des subulirostres, et du genre des motacilles ou becs fins. — Petite *bergère*; jeune *bergère*. En ce sens, il est vieux.

BERGEROT, subst. mas., au fém. BERGEROTTE (*bèrejerô, rote*), petit *berger*. Inus.

BERGFORELLE, subst. fém. (*bèrgueforèle*), t. d'hist. nat., poisson du genre du saumone.

BERGIE, subst. fém. (*bèreji*), t. de bot., plante caryophyllée.

BERGIN, subst. mas. (*bèrejein*), t. de pêche. Voy. BOURGIN et BURGIN.

BERGION. Voy. ALBION.

BERGLAX, subst. mas. (*berguelakce*), t. d'hist. nat., poisson à longue queue, du genre macroure.

BERGMANITE, subst. mas. (*berguemanite*), t. d'hist. nat., minéral qui n'est encore connu que très-imparfaitement.

BERGONYSTRE, subst. mas. (*bergonicetre*), t. d'hist. nat., espèce de poisson du genre des labres.

BERGOT, subst. mas. (*berguô*), t. de pêche, espèce de nasse dont on fait usage pour pêcher dans la Garonne.

BERGUES, subst. propre fém. (*bergue*), ville de France, chef-lieu de canton, arrond. de Dunkerque, dép. du Nord.

BÉRIBÉRI, subst. mas. (*béribéri*), t. de médec., rhumatisme chronique fort commun dans les Indes-Orientales. Ceux qui en sont atteints semblent imiter dans leur démarche les mouvements de la brebis, dont le nom indien est *béribéri*.

BÉRICHOT, ou BÉRICHON, subst. mas. (*bérichô, chon*), t. d'hist. nat., troglodyte, moineau.

BÉRIL, subst. mas. Voy. BÉRYL.

BÉRILLISTIQUE, BÉRILLITTIQUE, mieux BÉRYLLISTIQUE. Voy. ce mot.

BÉRINGÈNE, subst. fém. (*béreinjène*), t. de bot., *mélongène*. Voy. ce mot.

BÉRIS, subst. mas. (*bérice*), t. d'hist. nat., insecte de la famille des notacanthes.

BERKIE DU CAP, subst. fém., BERGKIAS, subst. mas. (*bèreki-du-kape*, *bèrguekiace*), t. de bot., plante réunie aux gardènes.

BERLAIMONT, subst. propre mas. (*bèrelèmon*), bourg de France, chef-lieu de canton, arrond. d'Avesnes, dép. du Nord.

BERLE, subst. fém. (*bèrele*) (suivant *Saumaise*, de *berula*, nom que les botanistes du moyen-âge donnaient à cette plante, dont le véritable nom latin est *laver*), t. de bot., plante de la famille des ombellifères.

BERLIN, subst. propre mas. (*bèrelein*), ville capitale de la Prusse. — Le nombre de ses établissements publics, monuments et grands édifices, est immense. — Cette ville, qui est une des plus remarquables de l'Europe, fut occupée en 1806 par les Français, après la bataille d'Iéna.

BERLINE, subst. fém. (*bèreline*), espèce de voiture inventée à *Berlin*, qui peut contenir quatre ou six personnes.

BERLINGOT, subst. mas. (*bèreleinguô*), *berline* coupée. — Nom trivial d'une classe de compagnons parmi le peuple. — On dit plus ordinairement *brelingot*, qui est vicieux.

BERLINOIS, E, adj. et subst. (*berlinoâ, noâze*), qui est de *Berlin*.

BERLOQUE ou BRELOQUE, subst. fém. (*bèreloke*), t. militaire, batterie de tambour qui annonce l'heure des corvées et celle du nettoyage dans les casernes. — Fig. et fam., *battre la breloque*, ne savoir où donner de la tête, être tout dérouté.

BERLU, ou BRELU, sorte de subst. mas. (*bèrelu, brelu*), terme bas et pop.: on dit d'un homme léger, inconsidéré, qui agit avec précipitation et sans attention, que *c'est un berlu berlu*, ou *brelu brelu*; car on ne le dit jamais ce mot seul, on le répète toujours deux fois.

BERLUE, subst. fém. (*bèrelu*) (par contraction des deux mots italiens *vario lume*, lumière qui varie), t. de médec., sorte d'éblouissement provenant des vapeurs qui s'élèvent des parties basses, ou du pétillement d'un sang échauffé, ou d'une trop grande lumière. Le *Dictionnaire de Médecine usuelle* distingue sous ce nom une affection du sens de la vue qui transmet l'image d'objets imaginaires. (J. BEAUDE.) — Fig., défaut de lumières ou d'attention. — Dans ces acceptions il est fam., et ne s'emploie qu'avec le verbe *avoir*: *avoir la berlue*.

BERLURETTE, subst. fém. (*bèrelurète*), jeu, espèce de colin-maillard.

BERME, subst. fém. (*bèreme*), t. de fortification, chemin de trois pieds de large au bord du rempart, entre le rempart et le fossé. — Espace qu'on laisse entre une levée et un canal. — Les amydonniers donnent ce nom à un tonneau où ils font fermenter le froment dont ils composent l'amydon.

BERMIER, subst. mas., au fém. BERMIÈRE (*bèremié, bèremière*), t. de salines, celui ou celle qui tire la muire.

BERMUDES, subst. propre fém. plur. (*bèremude*), îles de l'Océan Atlantique.

BERMUDIEN, subst. mas. (*bèremudiein*), t. de mar., sloop des *Bermudes*. — On nomme aussi ces petits bâtiments *bateaux des Bermudes*, *bateaux bermudiens*, *bateaux d'Amérique*.

BERMUDIENNE, subst. fém. (*bèremudiène*), t. de bot., plante des îles *Bermudes*, de la famille des iridées.

BERNABLE, adj. des deux genres (*bèrenable*), qui mérite d'être *berné*. Fam. et peu usité.

BERNACHE, subst. mas. (*bèrenache*), t. d'hist. nat., coquillage univalve qui s'attache à la carène des bâtiments quand ils ne sont pas doublés en cuivre.

BERNACLE, subst. fém. (*bèrenakle*), t. d'hist. nat., coquillage composé de cinq pièces. — Macreuse, oie des mers du Nord. On dit adj.: *oie bernacle*.

BERNAGE, subst. mas. (*bèrenaje*), t. d'agriculture, mélange de graines céréales et de graines légumineuses, que l'on sème en automne pour avoir du fourrage au printemps.

BERNARDET, subst. mas. (*bèrenardè*), t. d'hist. nat., nom vulgaire du squale.

BERNARDIE, subst. fém. (*bèrenardi*), t. de bot., plante réunie aux adélies par Linnée.

BERNARDIÈRE, subst. fém. (*bèrenardière*), t. de jard., sorte de poire.

BERNARDIN, E, subst. (*bèrenardein, dine*), religieux et religieuse qui suivaient la règle de saint Benoît, mais qui avaient reçu la réforme de saint Bernard.

BERNARD-L'ERMITE, subst. mas. (*bèrenarlèremite*), t. d'hist nat., espèce de crustacé de la famille des macroures et du genre des pagures, qu'on trouve ordinairement renfermé dans une coquille univalve. Il s'y loge en y introduisant sa queue, toujours très-molle et sans écailles, et change de demeure tous les ans. — On le nomme aussi *Diogène* et *soldat*.

BERNAUDOIR, subst. mas. (*bèrenôdoar*), t. de bonnetier, grand panier pour laver la laine.

BERNAY, subst. propre mas. (*bèrenè*), ville de France, chef-lieu d'arrond., dép. de l'Eure.

BERNE, subst. fém. (*bèrene*) (du vieux français

berne, sorte d'habillement répondant au *sagum* des Latins, et qui, chez nous, comme le *sagum* chez eux, servait à *berner* :

Ibis ab excusso missus in astra sago,

a dit *Martial*), espèce de jeu où quatre personnes, tenant les quatre coins d'une couverture, mettent quelqu'un au milieu, et le font sauter en l'air. — Couverture qui sert à *berner*. — Au fig., raillerie. — *Mettre le pavillon en berne*, c'est, en t. de marine, le plier dans sa hauteur, de manière qu'il ne fasse qu'un faisceau. — Subst. propre fém., ville de Suisse, chef-lieu du canton de ce nom, et l'une des plus pittoresques de la Suisse.

BERNÉ, E, part. pass. de *berner*.

BERNEMENT, subst. mas. (*bèreneman*), action de *berner*. — Manière dont on *berne*. — Fam. et peu usité.

BERNER, v. act. (*bèrené*) mettre quelqu'un sur une couverture et le faire sauter en l'air. Voy. BERNE. — Fig., se moquer de.., tourner en ridicule, etc. : *avec de pareilles prétentions, vous vous ferez berner partout*. — *se* BERNER, v. pron. Fam.

BERNESQUE. Voy. BERNIESQUE.

BERNEUR, subst. mas., au fém. BERNEUSE (*bèreneur, neuze*), celui ou celle qui *berne* : *je ne crains ni la berne ni les berneurs*. Fam. — L'*Académie* ne donne pas de fém. à ce mot.

BERNEUSE, subst. fém. Voy. BERNEUR.

BERNICLE, subst. fém. (*bèrenikle*), t. d'hist. nat., nom des patelles, à l'île de France.

BERNICLES, subst. fém. plur. (*bèrenikele*), vieux mot qui signifiait sornettes, riens, et qu'on dit encore parmi le peuple : *il voulait m'emporter de l'argent, mais il a eu des bernicles*. — C'est aussi une sorte d'interjection : *il voulait m'emprunter de l'argent, mais bernicles !*

BERNIESQUE, subst. mas. et adj. (*bèreniéceke*) (de *Berni* ou *Bernia*, poète italien du sixième siècle, qui composa, dans le style burlesque, l'*Orlando inamorato rifatto*, et diverses autres poésies), se dit d'un style burlesque un peu moins négligé que le burlesque ordinaire. Inusité.

BERNIDE, subst. fém. (*bèrenide*), t. d'hist. nat., genre de mollusques.

BERNIQUE, interj. et non pas adv., comme le veut l'*Académie* (*bèrenik*), rien ! Se dit quand on croyait saisir ou avoir quelque chose, et que l'on ne trouve rien.

BERNIQUET, subst. mas. (*bèreniké*), t. pop., qui n'est usité que dans ces phrases : *être au berniquet, mettre au berniquet*, être, mettre à la besace. — Bahut pour mettre le son.

BERNOIS, subst. mas., au fém. BERNOISE (*bèrenoa, bèrenoaze*), qui est de la ville de *Berne*. — Il est aussi adj.

BERNOUS, subst. mas. (*bèrenou*), manteau à capuchon.

BÉROÉ, subst. mas. (*béroé*), t. d'hist. nat., ver marin de la classe des radiaires. — Subst. propre fém., myth., vieille femme d'Epidaure, dont Junon prit la figure pour tromper Sémélé. Voy. SÉMÉLÉ. — Il y en eut une autre, fille de l'Océan et sœur de Clio.

BÉRON, subst. mas. (*béron*), endroit du sommier par où le cidre coule.

BERRE, subst. propre mas. (*bère*), village de France, chef-lieu de canton, arrond. d'Aix, dép. des Bouches-du-Rhône.

BERRET, subst. mas. (*bèré*) (de l'espagnol *birrete*, bonnet rond), coiffure particulière aux paysans basques. C'est une espèce de toque de laine bleue ou grise. — C'est chez nous une coiffure de femme. Voy. BÉRET.

BERRETIN, subst. mas. (*bèretein*), ancien religieux.

BERRUYER, ÈRE, adj. et subst.. (*bèruié, ière*), du *Berry*. Voy. BERRYCHON.

BERRUYÈRE, adj. et subst. fém. Voy. BERRUYER.

BERRY, subst. propre mas. (*béri*), ancienne province de France, comprise aujourd'hui dans les dép. du Cher et de l'Indre.

BERRYCHON, subst. et adj. mas. ; au fém. BERRYCHONNE (*bérichon, chone*), se dit de celui ou celle qui est du *Berry*.

BERS, subst. mas. (*bèrece*). On s'est anciennement servi de ce mot dans le sens de *berceau*. — T. de pharm., électuaire narcotique.

BERSARIENS, subst. mas. plur. (*bèreçariein*) (de *bersare*, qui, dans la basse latinité, signifie *telis configere*, percer de traits), bas officiers de la cour de Charlemagne, qui, selon *Spelman*, servaient à la chasse aux loups.

BERTAMBOISE, subst. mas. (*bèretanbodze*), t. de jard. Il n'est d'usage que dans cette phrase : *greffe en bertamboise*, greffe en biseau.

BERTAUD, subst. mas. (*bèretó*), castrat. Inus.

BERTAUDÉ, E, part. pass. de *bertauder*.

BERTAUDER, v. act. (*bèretódé*), tondre inégalement. — Châtrer. Hors d'usage.

BERTAULE, BERTOULETTE, subst. fém. ; BERTOULENS, BERTOULONNET, subst. mas. (*bèretóle, bèretoulète, bèretouleince, bèretouloné*). t. de pêche, nom qu'on donne en Languedoc au filet appelé ailleurs *verveux*.

BERTAVELLE, subst. fém. (*bèretavèle*), t. de pêche, nasse que les Génois font avec du jonc.

BERTHE, subst. fém. (*bèrete*), sorte de papier.

BERTHELOT, subst. mas. (*bèreteló*), t. de mar., éperon des bâtiments de la Méditerranée.

BERTHIÈRE, subst. fém. (*bèretière*), t. de bot., plante de la famille des rubiacées.

BERTHOLLÉTIE, subst. fém. (*bèretolétt*), t. de bot., plante ; grand arbre du Brésil.

BERTHOLLIMÈTRE, subst. mas. (*bèretolimètre*), instrument pour l'essai de la liqueur blanchissante, de l'acide hydrochlorique, dont on se sert dans le blanchissage dit *à la minute*, inventé par le savant *Berthollet*.

BERTHOLLIMÉTRIQUE, adj. des deux genres (*bèretolimétrike*), qui est relatif au *bertholllimètre*.

BERTINAL, subst. et adj. mas. ; au plur. BERTINAUX (*bèretinal*), t. d'anat., se dit de certains os voisins du sphénoïde.

BERTINAUX, subst. mas. et adj. plur. Voy. BERTINAL.

BERTINCOURT, subst. propre mas. (*bèreteinkour*), village de France, chef-lieu de canton, arrond. d'Arras, dép. du Pas-de-Calais.

BERTOULENS. Voy. BERTAULE.

BERTOULETTE. Voy. BERTAULE.

BERTOULONNET. Voy. BERTAULE.

BERTRAND-DE-COMMINGE (SAINT-), subst. propre mas. (*ceinbèretrandekomeinje*), village de France, chef-lieu de canton, arrond. de Saint-Gaudens, dép. de la Garonne. — Nom propre particulièrement en usage dans cette phrase proverbiale tirée de l'italien : *qui aime Bertrand aime son chien*. — C'est aussi un nom que l'on donne aux singes.

BÉRUBLEAU, subst. mas. (*bérubló*), cendre verte.

BÉRUSE, subst. fém. (*béruze*), t. de comm., étoffe de Lyon.

BÉRYL, subst. mas. (*béril*) (du grec βηρυλλος), t. de min., aigue-marine d'un beau bleu, sans mélange de vert. — On a donné aussi ce nom à certaines variétés de quartz et de topazes.

BÉRYLLISTIQUE, subst. fém. (*bérilicetike*), divination par les miroirs.

BÉRYTE, subst. mas. (*bérite*), t. d'hist. nat., genre d'insectes qui est le même que celui appelé néréide.

BÉRYTION, subst. mas. (*bérition*), t. de pharm., collyre contre les inflammations des yeux. — Pastille bonne contre la dyssenterie.

BESACE, subst. fém. (*bezace*) (du lat. *bis sacca*, pour *bis saccus*, double sac à deux poches), espèce de long sac ouvert par le milieu et fermé par les deux bouts, en sorte qu'il forme deux poches. — *Besace* diffère de *bissac* en ceci : le mendiant, le gueux a une *besace* où il met ce qu'on lui donne, même tout ce qu'il a : c'est son trésor ; le paysan, l'ouvrier pauvre a un *bissac*, dans lequel, lorsqu'il est en course, il porte des provisions, des hardes, etc. : c'est son équipage. Le mot de *besace* réveille plus proprement les idées de pauvreté, de misère, de mendicité, et celui de *bissac* les idées de simplicité rustique, de modération, etc. — *Les moines mendiants en quête portaient la besace*. — Fig. et fam. : *porter la besace* ou *être à la besace*, être pauvre ; *réduire* ou *mettre quelqu'un à la besace*, le réduire à la mendicité. — On dit prov. d'un homme très-attaché à quelque chose, qu'*il en est jaloux comme un gueux de sa besace*.

BESACIER ; subst. mas., au fém. BESACIÈRE (*bezacié, cière*), t. de mépris, celui ou celle qui porte la *besace*.

BESACIÈRE, subst. fém. Voy. BESACIER.

BESAIGRE, adj. mas. (*bezèguere*), se dit du vin qui *s'aigrit*. Il dit moins que ce qu'on entend par vinaigre. — Il est aussi subst. : *ce vin tourne au besaigre*. — Fig. et fam., *tourner au besaigre*, s'aigrir.

BESAIGUË, ou mieux BISAIGUË. Voy. ce dernier mot.

BESANÇON, subst. propre mas. (*bezançon*), ville de France, chef-lieu du dép. du Doubs. — L'arsenal, le polygone et la bibliothèque de *Besançon* sont très-remarquables. — Il s'y fait un commerce considérable en horlogerie. — C'est la patrie de plusieurs grands hommes.

BESANT, subst. mas. (*bezan*), pièce de monnaie d'or de Constantinople, valant environ un demi-ducat. — En t. de blas., pièce d'or ou d'argent que les paladins français mirent sur leur écu, pour faire voir qu'ils avaient fait le voyage de la Terre-Sainte.

BESANTÉ ou **BEZANTÉ, E**, adj. (*bezanté*), t. de blas. : *pièce besantée*, chargée de *besants*.

BESANTS-TOURTEAUX, subst. mas. plur. (*bezantourtó*), t. de blas., figures mi-parties de métal et de couleur.

BESESTAN, subst. mas. Voy. BASISTAN.

BESET, subst. mas. (*bezé*) (du latin *bis*, deux fois, et *as*, as, *double as*), t. de jeu de trictrac, *deux as* amenés du même coup de dé. — On a dit aussi *besas*.

BESI, subst. mas. (*bezi*), t. de jard., sorte de poire.

BESICLES, subst. fém. plur. (*bezikle*) (du latin *bis oculi*, deux yeux ; suivant M. *Morin*, du latin *bis*, doublement, et du grec κυκλος, cercle, en lat. *cyclus*, et en français *cycle*, à cause des *deux verres de forme ronde* dont ces lunettes sont formées), sorte de lunettes qui s'adaptent autour de la tête. — Fig. et fam. : *vous n'avez pas bien mis vos besicles*, vous n'avez pas assez bien considéré la chose dont il s'agit. — En t. de lunetier, espèce de masque où il y a des yeux de verre, et dont on se sert pour empêcher que le vent et la poussière fassent mal à la vue. — En t. d'ocul., on appelle *besicles* de fausses lunettes dont on se sert pour redresser la vue des enfants qui louchent.

BÉSIER, subst. mas. (*bézié*), t. de bot., sorte de poirier sauvage.

BÉSIMÈNE, subst. mas. (*bézimène*), t. de bot., corps reproducteurs des plantes qui ne présentent ni étamine ni pistil.

BESISTAN, subst. mas. Voy. BASISTAN.

BESLÈRE, subst. fém. (*bècelère*), t. de bot., plante de la famille des personnées.

BESOCHE, subst. fém. (*bezoche*) t. d'agric., pioche dont une extrémité est élargie au lieu d'être pointue. — Bêche de pépiniériste ; hoyau.

BESOGNE, subst. fém. (*bezognie*) (du français *besoin*, comme si l'on disait : *travail pour subvenir aux besoins de la vie*), travail, ouvrage ; avec la différence qu'il est moins noble que ces deux mots : *avoir de la besogne ; se mettre à la besogne ; être assidu à la besogne ; être âpre, mou à la besogne*. — L'effet du travail, l'ouvrage qui en résulte : *besogne délicate, grossière*, etc. ; *faire de la bonne, de la mauvaise besogne ; gâter de la besogne ; vous avez fait là une belle besogne !* Cette dernière phrase se dit fig. et ironiquement, pour signifier qu'on a mal procédé, qu'on s'est mal conduit dans une affaire. — *Besogne de commande*, travail commandé, et qui doit être fait selon les règles prescrites par celui qui l'a commandé : on le dit souvent par opposition à *besogne d'affection*, qui est un travail qu'on fait comme on l'entend : *la besogne d'affection réussit ordinairement mieux que celle de commande*. — Au fig., affaire embarrassante. — *Aller doucement* ou *vite en besogne*, agir lentement, ou : avec circonspection ; ou : agir promptement, ou : sans réflexion. — On dit fig. d'un dissipateur qu'*il va vite en besogne*. — *Faire plus de bruit que de besogne*, avoir plus de parole que d'effet. — *Selon l'argent la besogne*, le travail se fait en raison directe du salaire. — *Aimer besogne faite*, être paresseux. — *S'endormir sur la besogne*, travailler nonchalamment. — *Ne songer qu'à sa besogne, qu'à faire sa besogne ; être tout à sa besogne*, ne s'occuper que de ses affaires ; être appliqué, assidu à ce qu'on fait. — *Tailler de la besogne à quelqu'un, lui donner bien de la besogne*, lui donner bien de la peine, de l'embarras. Toutes ces expressions sont du style proverbial et fam.

BESOGNER, v. neut. (*bezognié*), faire de la *besogne*. Vieux. — Caresser une femme. (*Voltaire*.)

BESOIGNEUSE, adj. fém. Voy. BESOIGNEUX.

BESOIGNEUX, adj. mas., au fém. BESOIGNEUSE, (*bezognieû, gnieûze*, ou *bezoègnieû, gnieûze*) (vieux mots employés par nos anciens auteurs, et notamment par *Alain Chartier*, et rajeunis assez heureusement par *Beaumarchais* dans son *Bar-*

bier de Séville : besoigneux, à genoux devant un écu. Il n'a été conservé que dans le style fam. et satirique), qui est dans le *besoin*, dans l'indigence. C'est à tort que quelques lexicographes écrivent *besogneux*, *besogneuse*.

BESOIN, subst. mas. (*bezoein*) manque de quelque chose qui est nécessaire : *j'ai besoin de quelque chose ; je n'ai besoin de rien ; vous avez vos besoins et moi les miens ; chacun sait ses besoins ; pourvoir un malade de ce dont il a besoin*, et non pas *de ce qu'il a besoin*. — Dénûment, indigence : *être dans le besoin*. — Nécessité naturelle : *il est sorti pour un besoin ; aller faire ses besoins*. — On dit absolument, pour dire qu'on a faim : *j'ai besoin*. — On dit *les besoins de l'âme*. — Au physique comme au moral, *se créer des besoins*, contracter des habitudes. — *Avoir besoin d'une chose* s'emploie souvent en parlant d'une chose qui est convenable, convenante : *une jeune fille a besoin de modestie, de candeur* ; utile : *un jeune homme a besoin de bons conseils* ; nécessaire : *cette maison tombe en ruine, elle a besoin de grandes réparations ; je ne puis vous prêter cet argent, j'en ai besoin*, etc. — On le dit aussi, dans un sens analogue, en parlant des personnes : *j'ai besoin de vous ; ils me ménagent parce qu'ils ont besoin de moi*, etc. —*Avoir besoin de....*, suivi d'un infinitif, signifie en général, 1° être utile ou convenable que.... : *avant d'aller en Angleterre, j'ai besoin d'étudier encore quelque temps la langue ; vous serez admis dans la société de madame telle, mais vous avez besoin d'abord de vous y faire présenter* ; 2° être dans l'obligation, dans la nécessité de..... : *j'ai besoin de lui faire peur si je veux qu'il me paie ; quoi qu'il puisse m'en coûter, j'ai besoin de punir sévèrement mon fils ; j'ai besoin d'être à tel endroit dans trois jours* ; etc. ; 3° avoir une envie extrême, un désir immodéré de..... : *j'ai besoin de vous ouvrir mon cœur ; j'avais besoin de vous embrasser ; il faut avoir bien besoin de faire parler de soi, pour...; cette femme a besoin d'attirer tous les regards*, etc. — Impersonnellement : *il n'est pas besoin de..... ; il n'est pas besoin que..... ; qu'est-il besoin de ? qu'est-il besoin que ?* pour : il n'est pas nécessaire de, il n'est pas nécessaire que....; qu'est-il nécessaire de ? qu'est-il nécessaire que ? Hors de l'interrogation, il ne se dit guère ainsi qu'avec la négative. — *Besoin* se dit, par extension, de l'objet même du *besoin* : *l'exercice est un besoin pour moi ; le café est maintenant un besoin pour vous*. — *Avoir besoin quelque part*, y avoir affaire. — *Telle chose, telle personne me fait besoin*, me manque, me serait nécessaire, me serait utile. — *Au besoin*, loc. adv., le besoin se faisant sentir ; dans l'occasion : *ceci nous servira au besoin ; au besoin, vous serez enchanté de retrouver cela*, etc. — On se sert de la locution *au besoin* sur les effets de commerce, en désignant la personne à laquelle on doit recourir lorsque celle sur qui l'effet est tiré ne paie pas. (*Dict. de Législation usuelle.*)

BESOLET, subst. mas. (*bezolé*), t. d'hist. nat., oiseau de passage des environs du lac de Genève.

BESON, subst. mas. (*bezon*), mesure pour les liquides, en Allemagne, de 171 pintes deux tiers.

BESONGNER, v. neut., ne se dit plus pour *besogner*.

BESORCH, subst. mas. (*bezorke*), petite monnaie d'étain d'Ormuz, qui valait trois deniers tournois.

BESQUINE, subst. fém. (*bècekine*), t. de mar., sorte d'embarcation de pêche à poupe ronde.

BESSARABIE, subst. propre fém. (*bèceçarabi*), province de la Turquie d'Europe.

BESSE, subst. propre fém. (*bèce*), ville de France, chef-lieu de canton, arrond. d'Issoire, dép. du Puy-de-Dôme. — Chef-lieu de canton, arrond. de Brignolles, dép. du Var.

BESSI, subst. mas. (*bèceci*), t. de bot., grand arbre à fleurs légumineuses qui croît dans les Moluques.

BESSIN, subst. propre mas. (*bècein*), ancien nom d'un petit pays de France qui faisait partie de la Basse-Normandie. Il y avait le *haut* et le *bas Bessin*, le premier au levant et l'autre au couchant. *Bayeux*, capitale du *Bessin*, est dans le *bas Bessin*.

BESSINES, subst. propre fém. (*bècine*), village de France, chef-lieu de canton, arrond. de Bellac, dép. de la Haute-Vienne.

BESSON, subst. mas. (*bèçon*), t. de mar., rondeur des bancs et des tillacs d'un vaisseau.

BESSON, adj. mas., au fém. **BESSONNE** (*bèçon, çone*) (ce mot vient, selon *Ménage*, de *bis* simplement. *Pasquier*, avec plus d'apparence, le dérive de *bis homines*, parce qu'on disait autrefois *homs* pour *hommes*), jumeau, l'un des deux enfants d'une même couche. Vieux et inus.

BESTAIL, vieux mot qui s'est dit pour **BÉTAIL**.

BESTE ou **CUINE**, subst. mas. (*bècete ; kuine*), t. de chim., vase de grès servant à la distillation des eaux-fortes.

BESTEG ou **BESTIEG**, subst. mas. (*bècetègue ; bècetiègue*), t. de géol., veines de terre argileuse ou de roche pourrie.

BESTIAIRE, subst. mas. (*bècetière*), t. d'hist. anc., chez les Romains, homme destiné à combattre dans le cirque contre les *bêtes* féroces.

BESTIAL, E, adj. (*bècetiale*), qui tient de la *bête*, qui appartient à la *bête* : *il a quelque chose de bestial dans la physionomie ; cet homme est sujet à des fureurs bestiales*. — Il ne s'emploie pas au plur. mas., sans doute de peur qu'on ne puisse le confondre avec le subst. *bestiaux*.

BESTIALEMENT, adv. (*bècetialeman*), en vraie *bête* : *vivre bestialement*.

• **BESTIALITÉ**, subst. fém. (*bècetialité*), (*coitio cum bellua*), commerce charnel avec une bête : *la bestialité est un crime abominable et honteux*. — Il ne se dit point pour *bêtise*.

BESTIASSE, subst. fém. (*bècetiace*), personne bête, stupide, dépourvue de tout esprit. — Il est injurieux et pop., à moins qu'il ne soit dit par plaisanterie.

BESTIAUX, subst. mas. plur. (*bècetiô*), c'est le pluriel irrégulier de *bétail*. Voy. ce mot.

BESTIOLE, subst. fém. (*bècetiole*), petite *bête*. — Fig. et fam., enfant, jeune personne qui a peu d'esprit : *cette enfant-là n'est qu'une petite bestiole*. Peu usité.

BESTION, subst. mas. (*bècetion*), t. de mar., le *bec* ou la pointe de l'éperon d'un vaisseau, à l'avant des porte-vergues. Vieux. — Tapisserie représentant de grands animaux. — Insecte, petit animal. (*La Fontaine.*)

BESTIONILETTE, subst. fém. (*bècetionilète*), t. d'hist. nat., genre de petits insectes bourdonnants.

BESTOURNÉ, E, part. pass. de *bestourner*.

BESTOURNER, v. act. (*bècetourné*), troubler. Vieux mot inus.

BÊTA, subst. mas. (*bêta*), personne bête : *c'est un gros bêta*. Il est fam. — On nomme *bêta*, la deuxième lettre de l'alphabet grec.

BÉTAIL (on devrait écrire **BÊTAIL**, car on a dit **BESTIAL**, comme, du reste, on dit encore *bestiaux*), subst. mas., au plur. **BESTIAUX** (*bêta-ie, bècetiô*) (du lat. *bestia*, bête), troupeau de *bêtes* qu'on mène paître. On ne le dit guère que des bœufs, vaches, moutons, chèvres et cochons : *acheter du bétail* ou *des bestiaux*.

BÉTARMONIES, subst. propre fém. plur. (*bétarmoni*), myth., surnom des Corybantes.

BÉTAULE, subst. fém. (*bétôle*), t. d'hist. nat., beurre de bambou.

BÊTE, subst. fém. (*bète*) (du lat. *bestia* qui a la même signification), animal irraisonnable. — On appelle *bêtes sauvages* celles qui ne sont pas privées ; *bêtes farouches*, celles qu'il est difficile d'apprivoiser ; *bêtes féroces*, celles qui aiment la chair et le sang. En ce sens on dit quelquefois absolument *bêtes* en parlant des *bêtes* féroces que les Romains faisaient combattre avec des gladiateurs ou des criminels. — Fig. et plais. : *être condamné aux bêtes* se dit d'un livre ou d'un auteur maltraité par des critiques ignorants et sans esprit. — On appelle *bêtes à cornes* les bœufs, les vaches, les chèvres et autres animaux domestiques qui ont des cornes à la tête, et en particulier *bêtes bovines* les bœufs, les vaches ; *bêtes à laine*, les moutons, les brebis, etc. ; *bêtes de somme*, celles destinées à porter des fardeaux ; *bêtes de voiture* ou *de trait*, celles employées à tirer des voitures ; *bêtes de labour*, celles qui servent au labourage. — Les forestiers appellent *bêtes aumailles* les bœufs, les vaches, les moutons, etc. ; *bêtes mordantes*, les sangliers, les loups, les renards ; *bêtes noires*, les sangliers et les marcassins ; *bêtes puantes*, les renards, les blaireaux, etc. ; *bêtes fauves*, les cerfs, les chevreuils, les daims ; *bêtes de compagnie*, les jeunes sangliers qui vont par troupe. — On appelle *bête épaulée* une *bête* de trait ou de somme qui ne peut plus faire aucun service ; et fig., une personne sans capacité : *que voulez-vous que je fasse de lui ? c'est une bête épaulée*. On le dit aussi d'une fille qui s'est laissé abuser : *ne l'épousez pas, je vous proteste que c'est une bête épaulée*. — Les chasseurs disent *la bête*, pour tout animal qu'ils chassent. — *Lancer la bête*, la faire sortir du fort ; *relancer la bête*, la faire partir une seconde fois ; *détourner la bête*, marquer l'endroit où elle est à la reposée, pour la chasser. — Fig., *la bête est dans nos filets*, nous nous sommes rendus maîtres de lui. — En t. de man., on appelle *bête chevaline* un cheval de paysan de peu de valeur ; *bête bleue*, un cheval qui n'est pas propre aux exercices. — Au fig., personne stupide, ou qui n'a point d'esprit : *cet homme, cette femme est une bête*. — Dans le style fam., *bête* régit quelquefois la préposition *de* : *voilà une bête de femme !* — Il s'emploie aussi comme adj. : *question, proposition bien bête ; cet homme, cette femme est bien bête, est bête à manger du foin*. — On dit prov. d'un désert, d'un endroit très-obscur, qu'*on n'y voit ni bêtes ni gens*. — *C'est ma bête noire, ma bête d'aversion*, c'est la chose, ou la personne que je déteste le plus. — *Remonter sur sa bête*, recouvrer son avantage ; raccommoder ses affaires ; reprendre courage, etc. — *Prendre du poil de la bête*, chercher du remède dans ce qui a causé le mal. — *Faire la bête*, affecter la bêtise : *vous avez beau faire la bête, vous m'entendez de reste* ; ou : refuser quelque chose mal à propos : *n'accepterez-vous pas une si belle offre ? allons, ne faites donc pas la bête*. — *Vivre, mourir en bête*, sans aucun sentiment de religion. — *Morte la bête, mort le venin*, un homme mort ne peut plus nuire. — On dit en parlant de quelqu'un qui pousse la bonté, la crédulité jusqu'à la bêtise, que *c'est la bête du bon Dieu*. — On dit d'une personne sans intelligence, sans jugement, mais aussi sans méchanceté : *c'est une bonne bête* ; et l'on dit : *c'est une fine bête, une maligne bête*, d'une personne artificieuse. — *Avoir l'air bête*, se dit d'un homme qui ne paraît point spirituel. — On dit par ellipse : *pas si bête*, pour : je ne suis pas assez sot pour cela. On le dit aussi en parlant des autres : *ils se figuraient qu'il allait donner tête baissée dans le piége, mais pas si bête*. — Sorte de jeu de cartes. En ce sens, *faire la bête* c'est perdre le coup ; *tirer la bête*, gagner le coup. On appelle aussi *bête* la somme qu'on a perdue en faisant la *bête* : *ma bête est sur le jeu*. *Une bête simple* est une *bête* faite en premier lieu, simplement sur l'enjeu de chaque joueur ; *une bête double* se dit d'une *bête* faite sur une autre *bête*. — *Bête*, à d'autres jeux de cartes, signifie à peu près *mise*. — *Grande bête*, t. d'hist. nat., c'est le tapir que d'anciens voyageurs espagnols ont désigné ainsi. — **BÊTE, STUPIDE, IDIOT.** (*Syn.*) On est *bête* par défaut d'intelligence ; *stupide* par défaut de sentiment ; *idiot* par défaut de connaissances.

BÉTEL, subst. mas. (*bétèle*), t. de bot., plante sarmenteuse des Indes-Orientales, de la famille des convolvulus. — Les Indiens font grand usage de cette plante, qu'ils mêlent avec de la noix d'arec et un peu de chaux, et qu'ils mâchent pour entretenir en bon état les gencives et l'estomac. — L'*Académie*, dans son *Dictionnaire* de 1835, ajoute que *bétel* se dit aussi *d'un masticatoire dont les feuilles de bétel sont le principal ingrédient, et qui est d'un usage habituel dans toutes les contrées* équatoriales *de l'Asie*. Nous ne citons cette définition que pour rendre hommage à l'*Académie*, qui a bien voulu créer le mot *équatorial* ; mais nous aurions désiré le trouver dans son *Dictionnaire* ; car ce mot n'est pas seulement bon, il est excellent.

BÊTEMENT, adv. (*bêteman*), en *bête*, sottement ; stupidement : *il parle, il agit bêtement*.

BÊTES-ROUGES, subst. fém. plur. (*bêterouje*), t. d'hist. nat., insectes du genre acarus de Linnée. Ils se jettent sur les hommes et sur les animaux, et leur font des piqûres qui excitent des démangeaisons cuisantes.

BETHLÉEM, subst. propre fém. (*bèteléème*), petite ville de l'ancienne tribu de Juda. — *Ordre de Bethléem*, ordre militaire institué en 1459.

BETHLÉÉMITES, subst. mas. plur. (*bèteléémite*), religieux qui servent les malades aux Canaries.

BÉTHUNE, subst. propre fém. (*bétune*), ville de France, chef-lieu d'arrond., dép. du Pas-de-Calais.

BÉTHYLE, subst. fém. (*bétile*), t. d'hist. nat., nom grec d'un oiseau inconnu.

BÉTILLE, subst. fém. (*bétile*), t. de comm., espèce de mousseline.

BÊTINA, subst. mas. (*bêtina*), t. d'hist. nat., chétodon cornu.

BÉTIS, subst. mas. (*bétice*), t. de bot., arbre des Philippines.

BÊTISE, subst. fém. (*bétize*), stupidité; sottise : avec cette différence que la *bêtise* ne voit point, et que la *sottise* voit de travers : *la bêtise de cet homme est extraordinaire.* — Ignorance crasse. — Action ou discours d'une *bête* : *il a fait une grande bêtise; il ne dit que des bêtises.*

BETLION, subst. mas. (*bètelion*), t. de mar., le bec de l'éperon.

BÉTOINE, subst. fém. (*bétoène*), t. de bot., plante vivace et sternutatoire de la famille des labiées. — Il y en a de plusieurs espèces. — *Bétoine d'eau.* Voy. SCROFULAIRE.

BÉTOIRES, subst. mas. plur. (*bétoare*), t. d'écon. rurale, trous creusés dans les campagnes d'espace en espace et remplis de pierrailles, pour absorber l'eau de la pluie. — Creux ou trous naturels dans lesquels se perdent les eaux de certaines rivières.

BÉTON, subst. mas. (*béton*), mélange de chaux, de sable et de gravier, que l'on jette dans les fondements d'un bâtiment et qui se pétrifie. — En t. de médec., lait épais et trouble, contenu dans les mamelles au moment de l'accouchement.

BÉTONIE, subst. fém. (*bétoni*), t. de bot., genre de plantes de la famille des labiées.

BETTE, subst. fém. (*bète*), t. de bot., plante potagère appelée aussi *poirée.*

BETTE-MARINE, subst. fém. (*bètemarine*), t. de mar., bateau plat pour la pêche, en usage dans les départements méridionaux.

BETTERAVE, subst. fém. (*bèterave*), plante potagère apétale : c'est une sorte de *bette* à grosse racine, en forme de *rave*, tantôt blanche, tantôt jaune, et le plus souvent rouge, ce qui la fait nommer aussi *poirée rouge.* — La racine de la *betterave* sauvage ou champêtre sert de fourrage ainsi que les feuilles de la plante, et s'appelle *racine de disette. Le sucre de betterave* est extrait de cette racine. — Fig. et fam., *nez de betterave*, nez rouge et enluminé.

BETTHYLE, subst. mas. (*bètile*), t. d'hist. nat., insecte de l'ordre des hyménoptères.

BÉTULINE, subst. fém. (*bétuline*) (du latin *betula*, bouleau), t. de bot., substance blanche très-légère que l'on trouve dans le bouleau.

BÉTUNE, subst. fém. (*bétune*) (par allusion sans doute à *bête une*), carrosse à un cheval. Ce mot n'est plus usité; on dit *demi-fortune.*

BÉTUSE, subst. fém. (*bétuze*), tonneau à demi ouvert qui sert à transporter le poisson vivant d'un lieu à un autre. — Tonneau à avoine.

BÉTYLE, subst. mas. (*bétile*), pierre employée à faire les plus anciennes idoles; ou *abaddir*, pierre que Cybèle présenta, enveloppée de langes, à Saturne qui l'avala, la prenant pour son fils nouveau-né Jupiter.

BETZ, subst. propre mas. (*bètece*), village de France, chef-lieu de canton, arrond. de Senlis, dép. de l'Oise.

BEUDO, subst. mas. (*beudô*), t. de bot., grand arbre de l'Archipel indien.

BEUG, subst. mas. (*beugue*), t. de pêche, petit filet dont se servent les Hollandais pour prendre les morues.

BEUGLE, subst. fém. (*beuguele*), en t. provincial, *grosse étoffe de laine qu'on nomme mieux et* plus généralement *bure.*

BEUGLEMENT, subst. mas. (*beugueleman*), le cri du taureau, du bœuf et de la vache, qu'on appelle aussi *mugissement* et *meuglement.*

BEUGLER, v. neut. (*beuguelé*) (suivant *Ménage*, de *buculare*, fait dans la basse latinité de *bucula*, génisse, jeune vache), pousser des *beuglements*, meugler, mugir. Il se dit de la vache, du bœuf et du taureau. — On dit fig. et fam. : *il se mit à beugler*, c'est-à-dire : à pousser les hauts cris. — *Beugler comme un âne* n'est pas français : l'âne *brait* et ne *beugle* pas.

BEUILLÉ, E, part. pass. de *beuiller.*

BEUILLER, v. act. (*beuié*), regarder de près, ne se dit plus.

BEURRE, subst. mas. (*beure*) (du latin *butyrum*, pris du grec *βουτυρον*, formé de *βους*, vache, et de *τυρος*, fromage), crème épaissie à force d'être battue dans la *baratte.* — *Beurre noir*, fondu et noirci dans la poêle. — Fig. : *des yeux pochés au beurre noir*, des yeux dont le tour est meurtri et noirci par les coups. Pop. — *Beurre fort*, mauvais *beurre.* — *Lait de beurre*, lait qui demeure dans la *baratte* après qu'on a ôté le *beurre.* — *Pot de beurre*, pot où il y a du *beurre; pot à beurre*, pot à mettre du *beurre.* — Prov. : *promettre plus de beurre que de pain*, abuser par de belles promesses. Pop. — On appelle *beurre*, en chimie, quelques-unes des préparations : *beurre d'antimoine, d'arsenic, de cacao.* On dit ordinairement *muriate.* Voy. ce mot. On appelle *beurre de zinc* la masse jaunâtre qui reste au fond de la cornue lorsqu'on veut faire la concentration de l'esprit de sel. — *Beurre de bambou*, huile concrète d'un fruit d'Amérique. — *Beurre de montagne* ou de *pierre*, t. d'hist. nat., stalactite molle.

BEURRÉ, E, part. pass. de *beurrer.*

BEURRÉ, subst. mas. (*beuré*), t. de jard., sorte de poire fondante : *poires de beurré.*

BEURRÉE, subst. fém. (*beuré*), tranche de pain sur laquelle on a étendu du *beurre* : *donner une beurrée à un enfant.*

BEURRER, v. act. (*beuré*), t. de pâtissier, faire tremper dans du *beurre.* — Étendre du *beurre* sur du pain. — *se* BEURRER, v. pron.

BEURRERIE, subst. fém. (*beureri*), t. de bot., arbre de la Jamaïque. — Lieu où l'on fait le *beurre.*

BEURRIER, subst. mas., au fém. BEURRIÈRE (*beurié, ère*), celui ou celle qui vend du *beurre.* — On dit fam., d'un mauvais livre qui ne se vend pas, qu'*il faut l'envoyer à la beurrière.*

BEURRIÈRE, subst. fém. Voy. BEURRIER.

BEUSE, subst. fém. (*beuze*), t. de fabrique, boîte verticale qui contient les bandes que l'ouvrier coupe des tables de cuivre.

BEUVAILLER ou **BEUVASSER**, v. neut. (*beuvâ-ié, beuvacé*), t. bas et populaires, qui signifient : boire avec excès, sans discontinuer. On dit plutôt, avec non moins de trivialité, *buvasser.*

BEUVANTE, subst. fém. (*beuvante*) (rac. *buvant*, de *boire*), t. de mar., droit qu'un maître de barque ou de navire se réserve lorsqu'il donne son vaisseau à fret. Ordinairement ce droit est payé en vin.

BEUVASSER, v. neut. Voy. BEUVAILLER.

BEUVEAU, BEVEAU, mieux **BIVEAU**, subst. mas. (*beuvô, bevô, bivô*) (du lat. *bivium*, chemin fourchu), t. de géom., angle formé par deux surfaces contiguës. — Instrument destiné à prendre cet angle.

BEUVOTER, v. neut. (*beuvoté*), boire peu et souvent, avec délectation. Fam. et fort peu en usage. Voy. BUVOTTER.

BEUVRINE, subst. fém. (*beuvrine*), t. de comm., grosse toile d'étoupes de chanvre ou de lin.

BEUZEVILLE, subst. propre fém. (*beuzevile*), bourg de France, chef-lieu de canton, arrond. de Pont-Audemer, dép. de l'Eure.

BEVANDE, subst. fém. (*bevande*), boisson, bière. Inus.

BÉVEAU, subst. mas. Voy. BEUVEAU.

BÉVERARIENS, subst. mas. plur. (*béverariein*). Voy. BERSARIENS.

BÉVUE, subst. fém. (*bévu*), méprise, erreur; avec cette différence que la *bévue* est un défaut de combinaison, la *méprise* un mauvais choix, l'*erreur* une fausse conséquence. La *bévue* est en opposition à la prudence, la *méprise* au choix, et l'*erreur* à la vérité : *faire une bévue, des bévues.*

BEXUGO, subst. mas. (*bèkçuguô*), t. de bot., racine employée au Pérou pour purger.

BEY, subst. mas. (*bé*) (du turc *beig*, qui se prononce *bey*, et signifie : prince ou seigneur), nom que les Turcs donnent au gouverneur d'une province ou d'une ville.

BEYNAC, subst. propre mas. (*bénak*), village de France, chef-lieu de canton, arrond. de Brives, dép. de la Corrèze.

BEZ, subst. mas. (*bèze*), fragment de se. qu'on trouve dans la cendre des fourneaux des salines.

BÉZA, subst. propre fém. (*béza*), myth., divinité égyptienne adorée dans une ville du même nom, dans la Haute-Égypte.

BEZANS, subst. mas. plur. (*bezan*), t. de comm., toiles de coton qui viennent du Bengale.

BEZANT. Voy. BESANT.

BEZANTÉ, E. Voy. BESANTÉ.

BEZEAU, subst. mas. (*bezô*), t. de charpentier, bois coupé obliquement.

BEZESTAN, subst. mas. (*bezècetan*) (du turc *besestene*, ou plutôt *bezestin*, marché), marché public, halle de Constantinople où les Turcs, les Juifs et les Grecs font leur commerce. — On écrit aussi *bezestin*, qui se rapproche plus de l'étymologie.

BEZESTIN. Voy. BEZESTAN.

BEZET. Voy. BESET.

BÉZETTA, subst. mas. (*bézèteta*), t. de comm., sorte de lin du Levant.

BEZI, subst. mas. (*bezi*), poire. Voy. BESI.

BEZIER, subst. mas. (*bezié*). Voy. BÉSIER.

BÉZIERS, subst. propre mas. (*bézié*), ville de France, chef-lieu d'arrond., dép. de l'Hérault.

BÉZOARD, subst. mas. (*bézoar*) (du persan *bedzahar*, antidote), t. d'hist. nat., pierre qui se forme dans le corps de certains animaux, et à laquelle les médecins arabes ont attribué de grandes vertus, principalement celle de résister au venin. — En t. de chimie, ancienne préparation à laquelle on attribuait les mêmes propriétés qu'au *bézoard* : *bézoard minéral*, oxyde d'antimoine. — T. de bot., *bézoard végétal*, concrétion pierreuse qu'on trouve dans les cocos. — Il se dit aussi de diverses autres concrétions pierreuses naturelles.

BÉZOARDIQUE, et non pas **BÉZOARTIQUE**, adj. des deux genres (*bézoardike*) (en latin *bezoardicus*), t. de pharm., se dit d'un remède cordial et alexitère, qui a les propriétés autrefois attribuées au *bézoard.*

BÉZOARDIQUE, subst. mas. (*bézoardike*), t. de chim., préparation chimique.

BÉZOCHE, subst. fém. (*bézoche*), bêche de pépiniériste pour couper les racines.

B-FA-SI, subst. mas. (*be-fa-ci*), ancien t. de musique par lequel on désignait le ton de *si.*

BIADÉ, subst. mas. (*biadé*), bateau de passage de Constantinople.

BIAIN, ou **BIAN**, subst. mas. (*biein; bian*), vieux mot qui signifiait corvée d'hommes et d'animaux.

BIAIS, subst. mas. (*bié*) (de l'ancien gaulois *bihay*, de travers), obliquité, sens *oblique*; ligne oblique : *il y a du biais dans ce bâtiment, dans cette maison; ce parterre est de biais, tout de biais.* — T. de couturière, faux pli fait dans une robe, avec un morceau de l'étoffe posé de *biais.* — Figur., moyen détourné qu'on emploie pour réussir : *je ne prendrai aucun biais pour obtenir son consentement.* — Ménagements dont on use envers quelqu'un : *je lui dirai son fait sans prendre de biais.* — Il se dit aussi, ou des diverses faces d'une affaire : *toute affaire a différents biais*; ou des moyens différents auxquels on peut avoir recours : *j'ai pris le bon biais; c'est un mauvais biais; user de biais ingénieux*, etc. — En t. de maçon, on appelle *biais gras, biais maigre*, deux angles inégaux entre eux, l'un obtus, l'autre aigu. — *De biais*, loc. adv., obliquement; de travers. — *Prendre un homme de biais*, le gagner avec habileté. — *En biais* : on dit, en t. de manège, qu'*un cheval va en biais*, les épaules avant la croupe; on dit aussi *le faire aller en biais; lui faire faire des courbettes en biais; le mettre au pas en biais; le mettre en courbette en biais.*

BIAISÉ, E, part. pass. de *biaiser.*

BIAISEMENT, subst. mas. (*biézeman*), manière d'aller en *biaisant.* — Fig., détour pour tromper. Peu usité.

BIAISER, v. neut. (*biézé*), en parlant des choses, être de *biais* : *une allée qui biaise; ce chemin biaise.* — Fig., et en parlant des personnes, ne pas agir sincèrement, user de détours : *il ne faut pas biaiser avec les honnêtes gens.* — Prendre quelque tempérament dans une affaire : *il est des cas où il faut savoir biaiser, aller en biaisant.* — V. act., détourner un peu.

BIAISEUR, subst. mas., au fém. **BIAISEUSE** (*biézeur, zeuze*), personne qui *biaise*, qui prend des détours dans une affaire.

BIAISEUSE, subst. fém. Voy. BIAISEUR.

BIAMBONÉES, subst. fém. plur. (*bianboné*), t. de comm., étoffe des Indes faite d'écorce.

BIAN. Voy. BIAIN.

BIANOR, subst. propre mas. (*bianor*), myth., fils de Tibéris et de Manto. Il fonda la ville de Mantoue. — Il y avait un prince troyen de ce nom, qui fut tué par Agamemnon.

BIARCHIE, subst. fém. (*biarchi*), emploi, titre, demeure du *biarque*, dans l'empire grec.

BIARIS, subst. mas. (*biarice*), t. d'hist. nat., espèce de baleine qui a des dents.

BIARQUE, subst. mas. (*biarke*) (du grec [illegible],

aliment, et ἀρχη, puissance, autorité), intendant des vivres chez les empereurs grecs.

BIASSE, subst. fém. (*biace*), t. de comm., soie crue du Levant.

BIATORE, subst. fém. (*biatore*), t. de bot., genre de plantes de la famille des lichens.

BIBACITÉ, subst. fém. (*bibacité*) (du latin *bibax*, buveur, dérivé de *bibere*, boire), passion pour la boisson.

BIBASIS, subst. fém. (*bibazice*), t. d'hist. anc., danse bachique, dans laquelle les talons s'élevaient jusqu'à la hauteur des cuisses.

BIBAUX ou **PÉTAUX**, subst. mas. plur. (*bibô*), brigands armés de piques. Inus.

BIBBY, subst. mas. (*bibebi*), t. de bot., palmier d'Amérique à bois noir, qui fournit une huile que les Indiens mêlent avec des couleurs pour se peindre le corps.

BIBE, subst. mas. (*bibe*), t. d'hist. nat., poisson du genre du gade.

BIBERON, subst. mas., au fém. **BIBERONNE** (*biberon, rone*), celui qui aime le vin et qui en *boit* volontiers : *c'est un bon biberon ; la biberonne eut le bétail.* (*La Fontaine.*) — Subst. mas., petit vase qui a un bec ou un tuyau par lequel on fait boire un petit enfant ou un malade : *élever un enfant au biberon.*

BIBERONNE, subst. fém. Voy. **BIBERON**.

BIBÉSIE, subst. propre fém. (*bibézi*) myth., déesse des buveurs.

BIBION, subst. mas. (*bibion*), t. d'hist. nat., insecte de la famille des némocères. On en voit au printemps qu'on appelle *mouches de Saint-Marc ;* on nomme *mouches de Saint-Jean* ceux qui paraissent plus tard.

BIBLE, subst. fém. (*bibele*) (du grec βιϐλιον, livre; *le livre par excellence*), livre ou recueil qui contient la Sainte-Écriture divisée en *Vieux* et *Nouveau Testament : lire la Bible ; faire son étude de la Bible.* — La *Bible* est le principal fondement de la religion chrétienne, qui a pris des Juifs l'*Ancien Testament.* Les évangélistes et les apôtres ont écrit le *Nouveau.* L'original de l'*Ancien* est en hébreu, à la réserve de quelques livres qu'on n'a qu'en grec. L'index, ou table des livres que contient la *Bible*, s'appelle canon. Ce qu'on y ajoute par une ancienne coutume, comme l'Oraison de Manassès, le troisième et le quatrième livre d'Esdras, n'est point de la *Bible.* — *Bibles hébraïques.* Les meilleurs exemplaires manuscrits de la *Bible* en hébreu sont ceux qui ont été copiés par les juifs du rit espagnol. Il y en a plusieurs dans la Bibliothèque du Roi. On en trouve aussi quelques-uns dans la bibliothèque des Pères de l'Oratoire de Paris. Les *Bibles hébraïques* manuscrites, qui ont été écrites par des juifs du rit allemand, ne sont point exactes. Les plus anciennes *Bibles hébraïques* ont été imprimées par les juifs d'Italie, principalement à Pesaro et à Bresce. On remarquera en général que les meilleures *Bibles hébraïques* imprimées sont celles dont les juifs ont pris soin ; car il y a tant de minuties à observer dans l'impression de ces *Bibles*, qu'il est difficile que des chrétiens y réussissent. Il faut qu'ils aient une connaissance exacte de la *Massore*, qui est une espèce de critique du texte hébreu de la *Bible.* — *Bibles grecques.* Il y a un grand nombre d'éditions de la *Bible* en grec ; mais elles peuvent être toutes réduites à trois ou quatre principales, savoir : à celle de Complute ou d'Alcala de Henarès, à celle de Venise, et à celle de Rome. La première fut publiée en 1515, par le cardinal Ximenès, et insérée dans sa *Bible Polyglotte*, qu'on nomme ordinairement la *Bible de Complute.* Quoique cet illustre cardinal eût de bons manuscrits grecs de la *Bible*, et qu'il ait employé à ce travail des personnes savantes dans la langue grecque et dans la critique, son édition n'est point fidèle, parce que le grec des Septante a été retouché en plusieurs endroits sur le texte hébreu. La seconde édition de la *Bible* grecque est celle de Venise, en 1518. On y a imprimé le texte grec des Septante tel qu'il a été trouvé dans le manuscrit ; c'est pourquoi elle est pleine de fautes de copistes ; mais il est aisé de les rectifier. La plus commode de toutes est celle de Francfort, parce qu'on y a joint de petites scholies où sont marquées les diverses interprétations des anciens traducteurs grecs. La troisième édition de la *Bible* grecque est celle de Rome, 1587, avec les scholies grecques, qui ont été recueillies de divers manuscrits des bibliothèques de Rome par Pierre Morin. La quatrième édition est celle d'Oxford. — *Bibles latines.* On peut réduire à trois classes toutes les différentes éditions des *Bibles* latines, savoir : à l'ancienne Vulgate qui a été faite sur le grec des Septante ; à la Vulgate d'aujourd'hui, dont la meilleure partie a été faite sur le texte hébreu ; et aux nouvelles traductions latines, qui ont été aussi faites sur l'hébreu dans le seizième siècle. Il ne nous reste plus rien de l'ancienne Vulgate, qui a été en usage dans les églises d'Occident dès les premiers siècles, que les Psaumes, la Sagesse et l'Ecclésiastique. Voy. **VULGATE**. — On a publié aussi à Rome, en 1591, *in-folio*, les *Quatre Évangiles* en arabe, avec une version latine, et il se trouve des exemplaires de cette édition de Rome où il n'y a que le texte arabe. — *Bibles arméniennes.* Il y a une version assez ancienne de toute la *Bible* en langue arménienne. Elle a été faite sur le texte grec des Septante par quelques-uns des docteurs arméniens qui vivaient vers le temps de saint Jean Chrysostome. — *Bibles chaldaïques.* Ces *Bibles* ne sont autre chose que les gloses qui ont été faites par les juifs dans le temps qu'ils parlaient la langue hébraïque. — *Bibles cophtes*, ou *coptes.* Nous n'avons rien de la *Bible* imprimée en cophte; mais on en trouve plusieurs exemplaires manuscrits dans les bonnes bibliothèques, et principalement dans celle du Roi. — *Bibles éthiopiennes.* Les Éthiopiens ont aussi toute la *Bible* traduite en leur langue. On en a imprimé séparément les *Psaumes*, le *Cantique des Cantiques*, quelques chapitres de la *Genèse*, *Ruth*, *Joël*, *Jonas*, *Sophonias*, *Malachie*, et le *Nouveau Testament.* — *Bibles gothes.* On croit communément que Ulphilas, évêque goth qui vivait dans le IVe siècle, a fait une version entière de la *Bible* pour ceux de sa nation, à la réserve des livres des *Rois* qu'il ne traduisit point, à cause des guerres fréquentes dont il y est parlé : il craignait d'augmenter encore l'esprit déjà trop belliqueux des Goths, en leur exposant l'exemple de tant de rois. — *Bibles moscovites.* On a imprimé à Ostrovie, dans la Volindie, en 1581, une *Bible* entière en langue esclavone. C'est ce qu'on appelle communément la *Bible* moscovite. — *Bibles orientales.* On doit mettre à la tête des versions orientales de la *Bible* celle des Samaritains, comme la plus ancienne de toutes. N'admettant pour *Écriture Sainte* que les cinq livres de Moïse, ils n'ont traduit en leur langue samaritaine que le *Pentateuque.* Ils ont fait leur traduction sur leur texte hébreu samaritain, qui est un peu différent du texte hébreu des Juifs. — *Bibles persiennes.* Quelques Pères semblent affirmer que toute l'Écriture a été autrefois traduite dans la langue des Persans; mais il ne nous reste rien aujourd'hui de cette ancienne version, qui avait été faite sans doute sur le grec des Septante. Le *Pentateuque* persan, qu'on a imprimé dans la *Polyglotte* d'Angleterre, est de la façon d'un juif. On trouve aussi les *Quatre Évangiles* en persan, avec une traduction latine; mais cette version persienne, qui est assez nouvelle et peu exacte, ne peut pas être d'une grande utilité. Dans le *Dictionnaire de Moréri*, on a dit *Bibles persanes*, qui en effet paraît mieux convenir que *persiennes ;* car on dit la langue *persane*, un manuscrit *persan*, un livre *persan.* On pourrait dire aussi *Bibles persiques*, mais *persanes* paraît meilleur. — *Bibles syriaques.* Dès l'année 1562, *Widmanstadus* fit imprimer en syriaque tout le *Nouveau Testament* à Vienne, en fort beaux caractères. Depuis ce temps-là, il y en a eu plusieurs autres éditions, et il a été inséré dans la *Bible* de Philippe II avec une version latine. — *Bibles en langues vulgaires.* L'usage des versions en langues vulgaires ne vient point des protestants ; car avant que le nom des protestants fût connu dans le monde, il y avait des traductions de l'Écriture en français, en espagnol, en allemand, en italien, et même long-temps auparavant en vieux français et en vieux saxon. On trouve dans la Bibliothèque du Roi un grand nombre de *Bibles* françaises manuscrites, qui ont appartenu à nos rois et aux plus grands seigneurs de leur cour. On y voit un exemplaire latin et français de toute la *Bible*, qui a été écrit par un duc de Bourgogne. Il y a dans cette même bibliothèque une *Bible* entière manuscrite en langue catalane. — Il y a un grand nombre de *Bibles* latines de la troisième classe, qui comprend les versions faites depuis près de deux cents ans sur les originaux des livres sacrés. — *Bibles arabes.* Dès l'année 1516, *Augustin Justiniani*, évêque de Nebio, avait fait imprimer à Gênes une version arabe du *Psautier*, avec le texte hébreu et la paraphrase chaldaïque, et il y a joint des interprétations latines.

BIBLIATRIQUE, subst. fém. (*bibliatrike*), l'art de restaurer les livres. (*Boissonade.*)

BIBLIOGNOSTIQUE, subst. fém. (*biblioguenocetike*) (du grec βιϐλιον, livre, et γνωστικος, savant), science des livres. Inus.

BIBLIOGRAPHE, subst. des deux genres (*biblioguerafe*) (du grec βιϐλιον, livre, et γραφω, j'écris), personne qui est versée dans la connaissance des livres, des éditions; qui forme des catalogues de livres, etc. : *un savant bibliographe.*

BIBLIOGRAPHIE, subst. fém. (*biblioguerafi*), (même étym.), science du *bibliographe.*

BIBLIOGRAPHIQUE, adj. des deux genres (*biblioguerafike*), de la *bibliographie : étude bibliographique.*

BIBLIOLATRE, adj. et subst. mas. (*bibliolatre*) (du grec βιϐλιον, livre, et ληθη, oubli), celui qui possède beaucoup de livres sans les connaître. Inus.

BIBLIOLITHES, subst. fém. plur. (*bibliolite*) (du grec βιϐλιον, livre, et λιθος, pierre), t. d'hist. nat., pierres qui portent l'empreinte des feuilles de végétaux, et qui, divisées en lames minces, ressemblent aux feuilles d'un livre.

BIBLIOMANCIE, subst. fém. (*bibliomanci*) (du grec βιϐλιον, livre, et μαντεια, divination), divination par le moyen de la *Bible*, par un livre.

BIBLIOMANCIEN, NE, subst. et adj. (*bibliomancicin, ciène*), qui prédit par les *livres.*

BIBLIOMANE, subst. des deux genres (*bibliomane*) (pour l'étym.. voy. **BIBLIOMANIE**), celui ou celle qui aime les *livres* avec passion. — Il est aussi adj. : qui a rapport à la *bibliomanie.*

BIBLIOMANIE, subst. fém. (*bibliomani*) (du grec βιϐλιον, livre, et μανια, manie, fureur, passion), passion excessive pour les *livres.*

BIBLIOMAPPE, subst. mas. (*bibliomape*) (du grec βιϐλιον, livre, et du latin *mappa*, carte), *livre* composé de cartes géographiques accompagnées d'un texte explicatif.

BIBLIOPÉE, subst. fém. (*bibliopé*) (du grec βιϐλιον, livre, et ποιεω, je fais), art de composer un *livre.* C'est un mot nouveau. Le cardinal *Aug. Valleris* a traité de la *Bibliopée* dans son ouvrage *De Cautione adhibendâ in edendis libris.*

BIBLIOPHILE, subst. des deux genres (*bibliofile*) (du grec βιϐλιον, livre, et φιλος, ami; *amateur de livres*), personne qui aime les *livres.*

BIBLIOPOLE, subst. des deux genres (*bibliopole*) (du grec βιϐλιον, et πωλειν, vendre), personne qui vend des *livres ;* libraire. Inusité.

BIBLIOTAPHE, subst. des deux genres (*bibliotafe*) (du grec βιϐλιον, livre, et ταφος, tombeau), celui, celle qui ne communique ses *livres* à personne, qui les enfouit dans sa bibliothèque comme dans un tombeau. Inus.

BIBLIOTHÉCAIRE, subst. des deux genres (*bibliotékère*), celui qui a le soin d'une *bibliothèque.*

BIBLIOTHÈQUE, subst. fém. (*biblioteke*) (du grec βιϐλιον, livre, et θηκη, boîte, boutique, lieu où l'on serre quelque chose, dérivé de τιθημι, placer, disposer), lieu où l'on tient un grand nombre de livres rangés en ordre : *la bibliothèque Royale ; la bibliothèque du Vatican ; faire bâtir une bibliothèque ; sa bibliothèque est une pièce énorme ; j'ai travaillé toute la journée dans votre bibliothèque.* — Armoire destinée à contenir des livres; ou : assemblage de tablettes disposées à cet effet : *une bibliothèque en noyer, en merisier, en acajou ; une bibliothèque vitrée, grillée*, etc. Dans ce sens, on dit aussi *un corps de bibliothèque.* — Ce mot exprime encore : les livres mêmes composant une *bibliothèque ;* l'assemblage méthodique d'une quantité plus ou moins grande de livres : *petite, nombreuse bibliothèque ; il a lu presque toute sa bibliothèque ; votre bibliothèque est admirablement reliée ; si ma gêne devient insupportable, il faudra bien que je me résigne à vendre ma bibliothèque ; faire le catalogue d'une bibliothèque.* — Par extension, recueil des titres des *livres* de telle maison, de telle personne. — Fig., recueil contenant divers écrits ou entiers ou par extraits : *bibliothèque des Pères ; bibliothèque des Prédicateurs ; la bibliothèque rabbinique ; la bibliothèque de Photius*, etc. — Fig. et fam., on dit d'un homme qui a beaucoup lu et beaucoup retenu : *c'est une bibliothèque vivante ;* d'un homme qui a mal retenu et dont l'érudition est confuse : *c'est une bibliothèque renversée.* — *Bibliothèque bleue*, recueil de contes populaires.

BIBLIQUE, adj. des deux genres (*biblike*), qui est propre à la *Bible*, qui appartient à la *Bible : livres bibliques ; style biblique.* On appelle aussi *style biblique* un style extrêmement figuré, semblable à celui de l'Écriture-Sainte. Il s'emploie quelquefois en mauvaise part. — *Société biblique*, société qui publie la *Bible* dans toutes les langues connues.

BIBLIS, subst. propre fém. (*biblice*), myth., fille de Milet et de la nymphe Cyanée. N'ayant pu toucher le cœur de son frère Caunus qu'elle aimait, elle pleura tant qu'elle fut changée en fontaine.

BIBLISTE, subst. mas. (*bibliste*), t. d'hist. ecclés., hérétique qui n'admettait que le texte pur de la *Bible*.

BIBLIUGUIANCIE, subst. fém. (*bibliuguiancí*) (du grec βιβλιον, livre, et υγιανσις, guérison, restauration), art de restaurer les livres endommagés. Tout à fait inus.

BIBLIUGUIANCIQUE, adj. des deux genres (*bibliuguiancike*), qui concerne la *bibliuguiancie*.

BIBUS, subst. mas. (*bibuce*), expression familière et de mépris dont on se sert ordinairement avec la préposition *de* : *propos de bibus ; affaire de bibus*, de nulle valeur, qui mérite peu d'attention. — Il s'emploie quelquefois sans préposition : *je n'ai pas le temps d'écouter tous vos bibus ; il m'a entretenu deux heures de bibus.*

BICA, subst. mas. (*bika*), t. d'hist. nat., poisson de la côte de Biscaye.

BICAPSULAIRE, adj. (*bikapeçulère*) (du lat. *bis*, deux fois, et *capsula*, capsule), t. de bot., se dit d'un péricarpe composé de *deux capsules.*

BICARÈNE, subst. mas. (*bikarène*), t. d'hist. nat., nom spécifique d'un tupinambis. — Espèce de lézard.

BICARÉNÉ, E, adj. (*bikarèné*), t. de bot., se dit d'une feuille qui présente une double saillie longitudinale.—T. d'hist. nat., se dit aussi d'une double écaille dans certains reptiles.

BICEPS, subst. mas. (*bicèpece*) (du lat. *bis*, deux fois, et *caput*, tête), t. d'anat., muscle dont la partie supérieure est partagée en deux, et forme en quelque sorte deux têtes : *le biceps du bras, le biceps de la cuisse.*

BICÊTRE, subst. mas. (*bicêtre*). Quelques *Dictionnaires* donnent à ce mot la signification de disgrace, infortune, malheur. Il est inusité en ce sens. — On lui a fait signifier aussi hôpital pour les hommes : cette acception est fausse. — Subst. propre mas., château près de Paris qui sert, non d'*hôpital*, mais d'hospice pour les vieillards dénués de moyens d'existence. On y renferme aussi des fous et des criminels.

BICÊTREUX, adj. et subst. mas. (*bicêtreû*), infortuné, malheureux. Inus.

BICHARIÈRE, subst. fém. (*bichariére*), t. de pêche. Voy. BIÉCHARIÉ.

BICHE, subst. fém. (*biche*) (de *bicula*, employé dans le même sens par les auteurs de la basse latinité, dont quelques-uns ont dit également *bichia*), t. d'hist. nat., la femelle du cerf : *une biche et son faon.* — C'est aussi un poisson du genre scombre. —T. d'ébéniste, *table à pieds de biche*, table dont le bas des pieds est légèrement recourbé en dehors. — *Pied-de-biche*, instrument de dentiste. On nomme encore *pied-de-biche* différents autres objets dont l'extrémité ressemble au *pied* de la *biche*. — *Biche* est encore le nom du squale glauque dont la peau sert à polir les ouvrages en bois. — *Biche aux pieds d'airain*, myth. Cette biche, qui était consacrée à Diane, ravageait tout le pays aux environs du mont Ménale, où elle se retirait. Elle fut l'objet d'un des travaux d'Hercule, qui la vainquit à la course et lui arracha des cornes d'or qu'elle avait à la tête. Comme les biches n'ont point de cornes, quelques-uns, entre autres Ausone, en font un cerf avec des pieds d'airain et un bois d'or.—Agamemnon, étant à la chasse, tua une autre biche, qui appartenait aussi à Diane. Pour s'en venger, cette déesse frappa le camp d'Agamemnon d'une peste horrible, et obtint d'Éole la suspension des vents pour empêcher les Grecs d'aller à Troie. Ces malheurs durèrent jusqu'à ce qu'Agamemnon sacrifiât sa fille Iphigénie, qu'on prétend cependant avoir été sauvée par Diane. — Les Troyens en tuèrent une autre consacrée aussi à Diane, en arrivant en Italie ; ce qui causa la guerre entre eux et les Rutules. Voy. DIANE et IPHIGÉNIE.

BICHE-DES-BARALOUS, subst. fém. (*bichedébaralou*), t. d'hist. nat., petit cerf de la Guyane dont le bois est très-court, bien que l'axe osseux qui le supporte soit très-allongé. Quand la mer monte, il se tient immobile sur les racines très-élevées des palétuviers, où il reste jusqu'à ce que les eaux se soient retirées.

BICHE-DES-BOIS, subst. fém. (*bichedéboa*), t. d'hist. nat., espèce de cerf qui vit dans les forêts de la Guyane, et ne fréquente que les terreins secs et élevés. — On l'appelle aussi *grande biche.*

BICHE-DES-PALÉTUVIERS, subst. fém. (*biche dépalétuvié*), t. d'hist. nat., petit cerf de la Guyane. Voy. BICHE-DES-BARALOUS.

BICHERIES, subst. fém. plur. (*bicheri*), bordages des galères.

BICHET, subst. mas. (*biché*), ancienne mesure pour le blé et autres grains, contenant environ vingt-deux livres. — Son contenu.

BICHETAGE ou **BICHENAGE**, subst. mas. (*bichetaje, naje*), tribut qu'on levait autrefois sur le grain vendu dans un marché.

BICHETTE, subst. fém. (*bichète*), t. de pêche, filet de l'espèce de ceux qu'on nomme *haveneaux*, et qui sert à faire de petites pêches au bord de la mer.

BICHIR, subst. mas. (*bichir*), t. d'hist. nat., poisson du genre des saumons.

BICHO ou **BICIOS**, subst. mas. (*bicho, bicioce*), t. d'hist. nat., ver qui s'engendre sous la peau et cause de grandes démangeaisons.

BICHOFF, subst. mas. (*bichofe*) mot étranger, nouvellement admis en France. On appelle ainsi du vin froid dans lequel on fait infuser des tranches de citron.

BICHON, subst. mas., au fém. **BICHONNE** (*bichon, bichone*), t. d'hist. nat., petit chien de Malte, qui a le poil long et le nez court. — T. de caresse. — On se sert quelquefois aussi du t. de *bichet, bichette* dans ce dernier sens.

BICHONNÉ, E, part. pass. de *bichonner.*

BICHONNER, v. ac. (*bichoné*), donner à la chevelure, en la frisant, quelque ressemblance avec la tête bouclée du *bichon*. — Par extension, attifer, pomponner. — SE BICHONNER, v. pron., s'attifer, se pomponner.

BICHOT, subst. mas. (*bichô*), ancienne mesure de grains. C'est le même que Bichat.

BICIOS, subst. mas. Voy. BICHO.

BICIPITAL, E, adj. (*bicipital*), t. d'anat., qui a rapport au muscle *biceps*. Plur. mas. BICIPITAUX.

BICLE ou **BIGLE**, subst. mas. (*bikle, biguele*), t. d'hist. nat., chien de race anglaise.

BICONGE, subst. mas. (*bikonje*), ancienne mesure des liquides. Voy. CONGE.

BICONJUGUÉE, adj. fém. (*bikonjugué*), t. de bot., feuille dont le pétiole commun se divise en deux rameaux chargés chacun de deux folioles.

BICOQ, ou **PIED-DE-CHÈVRE**, subst. mas. (*bikoke*), t. de charpentier, pied ajouté à la machine que l'on nomme *chèvre*, pour l'appuyer.

BICOQUE, subst. fém. (*bikoke*) (d'un endroit situé sur le chemin de Lodi à Milan, qui était une simple maison de gentilhomme entourée de fossés, dans laquelle les impériaux s'étant postés en l'année 1522 soutinrent l'assaut de l'armée française, conduite par de Lautrec, du temps de François Ier, et cette bataille s'appela *la journée de la Bicoque*), t. d'art. militaire, petite place mal fortifiée et de peu d'importance : *dans toute la campagne, nous n'avons perdu qu'une bicoque.* — On appelle aussi *bicoque* une maison très-petite : *il demeure dans une bicoque.* — Ménage où l'on fait fort peu de dépenses.

BICORNE, adj. (*bikorne*), qui a deux cornes : *insecte bicorne.*

BICORNES, subst. fém. plur. (*bikorne*), en t. d'hist. nat., sorte de vers intestins.—En t. de bot., plantes dont les anthères sont surmontées de deux pointes.

BICORNIGER ou **BICORNIS**, adj. latin (*bikornijère, nice*), qui a deux *cornes*. — Myth., surnom de Bacchus, pris de la hardiesse qu'il inspire. — La lune est aussi surnommée *bicornis*, à cause de ses croissants.

BICORNIS, subst. mas. (*bikornice*), t. d'anat., muscle extenseur du bras.

BICORNU, E, adj. (*bikornu*) (du lat. *bis*, deux fois, et *cornu*, corne), t. de bot., qui est garni de deux pointes semblables à *deux cornes*.—Il signifie aussi fig. et fam., au sens physique et au sens moral, irrégulier : *ce mur est tout bicornu ; il a l'esprit tout bicornu ; il a des idées bicornues.*

BICOTYLÉDONE, adj. des deux genres (*bikotilédone*), t. de bot., semence qui a deux lobes ou deux *cotylédons.*

BICUSPIDÉ, E, adj. (*bikucepidé*) (du lat. *bis*, deux fois, et *cuspis*, pointe), t. de bot., se dit d'une feuille ou de toute autre partie d'une plante terminée par deux pointes dressées et divergentes.

BIDACTYLE, subst. mas. (*bidaktile*), t. d'hist. nat., oiseau qui n'a que deux doigts.

BIDAUCT, subst. mas (*bidôkte*), t. de teinturiers, suie de cheminée qu'ils emploient pour leurs couleurs.

BIDAUX, subst. mas. plur. (*bidô*), dans l'ancienne milice française, corps d'infanterie assez peu estimé.

BIDENT, subst. mas. (*bidan*), t. de bot., plante exotique corymbifère.

BIDENTAL, subst. mas. (*bidantal*), t. d'hist. anc. On appelait ainsi un endroit où la foudre était tombée, parce qu'on y sacrifiait une brebis qu'on nommait *bidens*, par la raison qu'elle avait deux dents plus longues que les autres. Cet endroit devenait un lieu sacré où il n'était pas permis de marcher ; on l'entourait d'une palissade.

BIDENTALES, subst. mas. plur. (*bidantale*) (du lat. *bidens*, brebis de deux ans), t. d'hist. anc., prêtres de l'ancienne Rome qui faisaient les sacrifices expiatoires sur les lieux frappés de la foudre.

BIDENTÉ, E, adj. (*bidanté*), t. de bot., se dit d'un calice dont le bord a deux dents.

BIDET, subst. mas. (*bidé*), petit cheval : *un bidet de poste* est un petit cheval de poste réservé à la selle et qu'on n'attelle point. — *Bidet pour la bague*, petit cheval destiné, dans un manége, à être monté pour courre la bague. — *Double bidet*, bidet plus grand et plus renforcé que les bidets ordinaires. — Meuble de garde-robe qui renferme une cuvette et qui sert à la propreté. — Instrument de cirier, en forme de fuseau, taillé à plusieurs pans par un bout, et rond de l'autre. — Sorte de fauteuil à accoudoir. — Les gaîniers appellent *bidet à vis* un étau à mors dormant et à charnière. — Fig. et fam., *pousser son bidet*, pousser sa pointe, sa fortune. — On disait autrefois au trictrac *charger le bidet*, pour : mettre un grand nombre de dames sur la même case.

BIDI-BIDI, subst. mas. (*bidibidi*), t. d'hist. nat., petit rat d'Amérique.

BIDIGITÉ-PENNÉ, E, adj. (*bidijitépèné*), t. de bot., se dit des feuilles de plusieurs plantes mimeuses, composées d'un pétiole qui porte deux feuilles pennées.

BIDO ou **BIDEAU**, subst. mas. (*bidô*), t. de mar. *aller au bideau ; faire un bideau*, avoir la voile sur le mât.

BIDON, subst. mas. (*bidon*), espèce de broc de bois contenant environ cinq pintes. — Sorte de balle allongée qui porte plus loin et plus droit que la balle ronde. — T. de mar., espèce de broc ordinairement en bois dans lequel les marins gardent leurs rations d'eau ou de vin. — Les troupes de terre ont également des *bidons*, les uns plus grands pour l'usage d'une chambre entière, d'autres plus petits pour celui de chaque soldat en marche.

BIDORIS, subst. mas. (*bidorice*), monture des officiers d'infanterie. Vieux et même inusité.

BIÉCHARIÉ, subst. mas. (*biécharié*), t. de pêche, filet en tramail dont on se sert sur la Dordogne pour prendre les saumons et les aloses.

BIEF. Voy. BIEZ.

BIEFFE, subst. fém. (*biéfe*), t. d'agric., terre noirâtre, peu végétale.

BIELLE, subst. fém. (*biéle*), t. d'arts et métiers : dans les machines, pièce de bois ou de fer qui joint une roue à un levier, pour changer le mouvement de va-et-vient en mouvement de rotation. — On nomme aussi *bambelle* la perche de la bascule dans une forge.

BIEN, subst. mas. (*biein*), ce qui est utile, avantageux, agréable, dans le sens moral comme dans le sens physique : *la santé est le plus précieux des biens ; votre lettre a produit un bien incalculable ; c'est un grand bien que les choses se soient passées ainsi ; vous ne m'avez jamais fait ni bien ni mal ; c'est pour son bien que j'agis, que je parle ; ce que j'en fais, ce que j'en dis, c'est pour son bien ; quel bien lui en est-il revenu, lui en reviendra-t-il ? il lui en est revenu plus de mal que de bien ; c'est un mal pour un bien ; bien imaginaire ; bien solide ; bien durable ; les vrais biens ; les biens et les maux ; les biens du corps ; les biens de l'esprit ; les biens de l'âme.* — Ce qui est juste, honnête, louable : *ce jeune homme se porte au bien ; nous avons fini par le ramener au bien ; vous avez fait un pas vers le bien ; souvent on fait le mal tout en voulant faire le bien ; elle fait le bien avec une modestie et une grace admirable ; il est homme de bien ; elle est femme de bien ; ce sont des gens de bien ; le souverain bien ; le vrai bien ; le bien suprême ; la science du bien et du mal.* — Ce qu'on possède en fonds de terre, en argent, etc. : *cette ferme est un beau bien ; il nous laissera* *tous ses biens, et en attendant il nous comble de biens; il est aussi riche en biens-fonds qu'en papier; il possède de grands biens, des biens immeubles; il a beaucoup amélioré ses biens; son vaisseau a péri corps et biens; né sans biens, vous avez tellement travaillé que vous n'êtes pas sans bien; il manque de bien; il a peu de bien; vous avez du bien, beaucoup de bien; tous les jours vous amassez du bien, vous augmentez votre bien; il dépense son bien; il mange son bien; il a partagé son bien; il faut respecter le bien d'autrui; il ne faut pas toucher au bien d'autrui; le bien mal acquis ne profite jamais; bien patrimonial; biens de père et de mère; biens paternels; biens maternels; biens paraphernaux; biens dotaux; un bien clair et net, clair et liquide; un bien engagé; un bien hypothéqué; un bien embarrassé; un bien litigieux; un bien saisi; biens confisqués; confiscation de biens; séparation de biens; époux séparés de biens, de corps et de biens; communauté de biens; cession de biens; bien d'une succession; les biens de la succession; curateur aux biens vacants; biens meubles et immeubles; biens de ville; biens de campagne ou ruraux; les biens nationaux; les biens de l'Eglise, du clergé; les biens de l'état; les biens communaux, les biens de la couronne, de la liste civile.* — *Les biens éternels*, la béatitude promise aux élus; *les biens terrestres*, les biens de ce monde. On dit aussi dans ce dernier sens *les biens passagers; les biens temporels.* — *Le bien public, le bien général, le bien commun*, l'intérêt, l'avantage, le bien-être de tous, par opposition à *le bien particulier.* — *Vouloir du bien à quelqu'un*, être favorablement disposé pour quelqu'un. Dire d'une femme qu'*elle veut du bien à un homme*, c'est souvent *dire* qu'elle éprouve pour lui un tendre sentiment. — *Dire du bien, parler en bien de quelqu'un* ou *de quelque chose*, s'exprimer en termes favorables sur le compte de quelqu'un, au sujet de quelque chose. — *Prendre, interpréter quelque chose en bien*, bien prendre quelque chose, interpréter quelque chose d'une manière favorable. — *Faire du bien à quelqu'un*, lui donner des secours dans le besoin ou dans l'infortune. On dit au sens moral: *vos discours, vos protestations, vos révélations, votre conduite*, etc., *m'ont fait du bien, beaucoup de bien, grand bien, un grand bien*, pour *m'ont soulagé, consolé, rassuré*, etc., *beaucoup soulagé, consolé, etc.* On dit aussi: *vous me faites, vous m'avez fait, vous me ferez du bien, en me disant, en m'apprenant*, etc., *telle chose*, etc. — *Procurer du bien à quelqu'un*, contribuer à son bien-être ou à son bonheur. On dit dans ce sens: *rendre le bien pour le mal.* — Au sens physique, en parlant des choses: *faire du bien, faire grand bien*, signifient: procurer quelque avantage, apporter du soulagement: *cette place qu'il vient d'obtenir va lui faire grand bien; cette donation inattendue fait du bien à ses affaires; la neige, quand elle séjourne quelques semaines sur les terres en culture, leur fait toujours grand bien; vous devriez arroser vos fleurs, cela leur ferait du bien; la médecine que j'ai prise hier m'a fait grand bien.* C'est en ce sens qu'on dit prov.: *un peu d'aide fait grand bien.* — *Mener une chose à bien*, la faire réussir. — *Cette chose arrive à bien, vient à bien*, réussit, s'améliore, se perfectionne. — Prov.: *nul bien sans peine*, toute chose avantageuse coûte à acquérir. — Prov.: *le mieux est l'ennemi du bien*, on risque de gâter ce qui est bien, en tentant de faire que cela soit mieux. — *En tout bien et en tout honneur; en tout bien et tout honneur; en tout bien, tout honneur*, à bonne fin, à bonne intention, dans des vues honnêtes, honorables: *c'est en tout bien et en tout honneur qu'il fait la cour à cette jeune fille.* — *Vivre dans son bien, sur son bien*, vivre à la campagne et dans ses propriétés, dans ses terres. — *Avoir du bien au soleil*, posséder des terres, des maisons, en un mot, des immeubles. On dit dans un sens analogue: *avoir du bon bien.* — *Bien* est aussi adverbe. Dans ce sens, il exprime, 1° un certain degré de perfection: *il parle bien; il écrit bien; il danse bien; il joue bien de tel instrument; il joue bien au billard; il se porte bien; il se conduit bien; il fait bien d'agir ainsi; cela est bien; je vous avais bien jugé; tout est bien; tout va bien; ce livre est bien fait; ces bottes sont bien faites; ce jeune homme est bien pris dans sa taille; il est bien mis*, etc., etc., etc.; 2° un état heureux: *je suis bien dans mes affaires*; etc.; un état agréable: *je me trouve bien dans mon lit*; etc.; un état avantageux: *je suis bien auprès des ministres*; etc.; un état convenable: *ma position n'est pas brillante, mais elle est en rapport avec mes goûts, je m'y trouve bien.* 3° Il s'emploie pour: beaucoup, fort, très: *il mange bien; il est bien aimable; je le déteste bien; vous désiriez bien qu'il réussit, mais il s'y est bien mal pris; je serais bien aise de le voir; il est déjà bien loin; il s'en faut bien que je vous aime*; etc., etc. — 4° Il signifie aussi: formellement, expressément: *il est bien convenu, bien entendu que...; nous avons bien établi dans l'acte que...; je ne veux plus le voir, et je le lui ai bien déclaré*, etc. 5° A peu près, environ: *votre malle pèse bien cinquante livres; je ferais bien une dizaine de lieues sans me lasser, mais il y en a bien vingt d'ici là; il y a bien un mois que l'on ne vous avait vu*, etc., etc. 6° On s'en sert comme explétif, et pour ajouter à la force du discours: *je m'en doutais bien; il faut bien y consentir; voulez-vous bien me regarder? restez, ou bien je sors aussi; nous verrons bien, on verra bien; voilà bien le procédé d'un galant homme!* etc.; et ironiquement: *il vous convient bien, il vous sied bien de le prendre sur ce ton! c'est bien à vous à donner de pareils conseils!* etc. — *Ce malade est bien*, son état est satisfaisant. — *Cette femme est bien*, elle est d'un physique agréable. — *Cet homme est bien*, il a des dehors avantageux. — *Cette jeune fille se tient bien*, son maintien est convenable. — *Être bien ensemble*, avoir ensemble des relations amicales; et souvent des relations plus tendres quand il est question de deux personnes de différent sexe. — *Vivre bien ensemble*, en bonne intelligence. — Ironiquement: *nous voilà bien! vous voilà bien! le voilà bien!* nous sommes, vous êtes, il est dans l'embarras, dans une position critique. — *Vous voilà bien! le voilà bien!* signifient aussi: je vous reconnais, je le reconnais bien là! — Impersonnellement: *il est bien*, il est juste, il est louable, il est convenable: *il est bien de traiter chacun selon ses mérites; il est bien de secourir les malheureux; avant de chasser sur ses terres, il eût été bien de lui en demander* ou *que vous lui en demandassiez la permission.* — Absolument: *c'est bien, c'est très-bien*, d'accord, soit: *vous voulez profiter de cette voiture pour aller à tel endroit, c'est bien* ou *c'est très-bien, c'est fort bien, mais comment reviendrez-vous?* — On dit aussi elliptiquement dans le même sens: *bien, très-bien, fort bien*; et l'on dit ironiquement: *bien! ne vous gênez pas; très-bien! vous avez fait là une jolie équipée!* etc. On se sert encore de ces locutions pour indiquer à son interlocuteur ou qu'on l'a compris, ou qu'on ne veut pas prolonger davantage la conversation sur le sujet dont on s'occupait: *fort bien, je vois ce qu'il en est; bien, très-bien, je conçois la chose; bien, bien, nous reviendrons là-dessus.* — *Bien de* équivaut souvent à: beaucoup de. Souvent, si ce n'est devant *autres*, il exige l'article que repousse *beaucoup de*: *il a bien du mal; elle a bien de l'esprit; il y avait là bien du monde, bien des hommes, bien des femmes, bien des enfants.* — *Hé bien* ou *eh bien* est une locution explétive dont l'effet est, 1° de donner plus de force, tantôt à l'exhortation: *hé bien! travaillez donc!* tantôt à l'exclamation: *eh bien! vous ne marchez pas!* tantôt à l'interrogation: *hé bien! que faites-vous donc là?* 2° de joindre plus étroitement ce qui la précède à ce qui la suit: *vous croyez peut-être qu'il changea de langage, eh bien, non; eh bien je l'avais prévu; eh bien je ne l'aurais pas cru; eh bien, ne vous l'avais-je pas dit? eh bien, qu'a-t-elle répliqué?* Cependant cette locution s'emploie quelquefois seule pour interroger: *il vous engage à partir, hé bien?* et assez souvent elle revient à cette autre, *cela posé*: *vous refusez, hé bien, je m'adresserai à votre frère; vous connaissez maintenant nos intentions, hé bien, que vous en semble? vos démarches semblent devoir réussir, eh bien, continuez.* — Fam., *bien attaqué bien défendu* exprime à peu près la même chose que la locution proverbiale *à bon chat bon rat.* — Prov. et fig., *autant vaut bien battu que mal battu*; il est des cas où l'on ne doit point s'épargner, quel que puisse être le résultat. — Dans le style fam. on dit: *grand bien vous fasse!* pour: arrangez-vous; c'est votre affaire, etc. — *Bien* se mettait autrefois au commencement de la phrase, surtout en vers: *bien est-il vrai que..., bien je savais*, etc. On ne le dit plus que lorsqu'il est joint avec *en* et *prendre*: *bien nous en prend que.., bien vous en a pris de...* — *Faire bien*, être dans l'ordre, convenir, etc.: *ce morceau fait bien dans cet endroit, cette figure fait bien dans ce tableau; cet adjectif fait très-bien devant le substantif.* — *Tant bien que mal*, vaille que vaille. — *Bel et bien, bien et beau*, loc. adverbiales. Voy. BEAU. — *Bien que*, loc. conjonc., quoique. — *Si bien que*, loc. conjonc., de sorte que, tellement que.

BIEN-AIMÉ, E, adj. (*biein-némé*) (du lat. *bené amatus*), fort chéri, aimé de préférence à tout autre: *c'est son fils bien-aimé, sa fille bien-aimée.* — Il est aussi subst.: *elle est la bien-aimée de la maison.* — En t. de religion chrétienne, on le dit de J.-C., relativement à Dieu le père. *Dieu le fit passer de la région des ténèbres au royaume de son fils bien-aimé*, etc. — Au plur., des *bien-aimés*: *venez, les bien-aimés de mon père.*

BIEN-AISE, adj. (*biein-nèze*), content, satisfait. — *J.-J. Rousseau* a dit subst.: *laissez-les parler tout leur bien-aise*, c'est-à-dire tant qu'ils voudront. — Au plur., *bien-aises.*

BIEN-CHEVILLÉ, adj. mas. (*bieinchevi-ié*), t. de vènerie, qui a la tête garnie de beaucoup d'andouillers.

BIEN-DIRE, subst. mas. (*bieindire*) (du latin *bené dicere*). On le dit fam. en parlant de quelqu'un qui se pique de bien parler: *il s'est mis sur son bien-dire; il est sur son bien-dire.* Ce n'est que dans ces deux locutions que *bien-dire*, pris subst., s'écrit avec le trait d'union; ainsi l'on écrirait, par exemple: *le bien faire vaut mieux que le bien dire.* — Il n'a point de plur.

BIEN-DISANT, E, adj. (*bieindizan, zante*) (du lat. *bené dicens*), qui parle bien, avec grace et facilité. Peu en usage. — Suivant l'*Académie* de 1762 et même celle de 1835, il se dit quelquefois par opposition à *médisant*: nous pensons, nous, qu'en ce sens il ne serait plus français.

BIEN ENTENDU QUE (*bieinantanduke*), locution conjonctive et fam. qui veut l'indicatif: *nous ferons demain une partie de campagne, bien entendu que tu seras des nôtres.*

BIEN-ÊTRE, subst. mas. (*bieinnêtre*), tout ce qui contribue à une existence aisée et commode; cette existence même: *il a le nécessaire et même le bien-être; assurer son bien-être; se faire un bien-être*, etc. — Il se dit aussi d'une situation tranquille et satisfaisante du corps ou de l'esprit, dans laquelle on se complait: *depuis ma dernière maladie, j'éprouve un bien-être qui m'avait été inconnu jusqu'alors; depuis que vous m'avez ôté ce souci, j'éprouve un véritable bien-être.* Sans plur.

BIEN-FACÉ, adj. mas. (*bieinfacé*), s'est dit d'un homme de belle représentation. Fam. et inus.

BIENFAISANCE, subst. fém. (*bieinfesance*) (en lat. *beneficentia*), inclination à faire du bien aux autres: *il a naturellement beaucoup de bienfaisance; il a un grand fonds de bienfaisance.* — Pratique de cette vertu: *votre bienfaisance envers lui a été bien mal récompensée; bienfaisance éclairée; bienfaisance active; société, bureau de bienfaisance.*

BIENFAISANT, E, adj. (*bieinfezan, zante*) (du lat. *bené faciens*, faisant le bien), qui aime *à faire du bien*; qui en fait. Il se dit des personnes, et, par extension, des choses qui ont rapport aux personnes: *homme bienfaisant; âme, humeur, inclination bienfaisante.* — Il se dit fig. des choses qui n'ont pas rapport aux personnes: *les vents répandent et distribuent les pluies fécondes et les rosées bienfaisantes.*

BIENFAIT, subst. mas. (*bieinfé*) (du latin *bene factum*, chose bien faite), *bien* que l'on *fait* à quelqu'un: *c'est un bienfait signalé; accabler, combler quelqu'un de bienfaits; prodiguer, répandre des bienfaits; cacher ses bienfaits; j'ai reçu de vous mille bienfaits; reprocher à quelqu'un ses bienfaits; reconnaître les bienfaits de quelqu'un; oublier les bienfaits de quelqu'un.* — On dit aussi *les bienfaits de Dieu, de la Providence, du ciel, de la nature*, etc. — On dit fig. *les bienfaits de la science, les bienfaits d'une institution*, etc., pour: le bien, les avantages qui en résultent. — *Bienfaits*, au plur., prend aussi le sens de faveurs: *il commença à répandre ses bienfaits sur les lettres et sur les arts.* — Prov., *un bienfait n'est jamais perdu*, tôt ou tard un *bienfait*, une bonne action reçoit sa récompense. — Prov., *les injures s'écrivent sur l'airain, et les bienfaits sur le sable*, on oublie plus facilement un *bienfait* qu'une injure.

BIENFAITEUR, subst. mas., au fém. BIENFAITRICE (*bieinfèteur, trice*); celui ou celle qui a *fait* quelque *bien* à quelqu'un: *il est mon bienfaiteur, elle est ma bienfaitrice ; il faut chérir et honorer ses bienfaiteurs.* — On dit aussi, dans un sens analogue : *bienfaiteur de l'humanité ; bienfaiteur des sciences, des lettres*, etc.

BIENFAITRICE, subst. fém. Voy. **BIENFAITEUR.**

BIEN-FONDS, subst. mas. (*bieinfon*), immeuble. — Au plur., des *biens-fonds*.

BIENHEUREUSE, adj. fém. Voy. **BIENHEUREUX.**

BIENHEUREUX, adj. mas., au fém. **BIENHEUREUSE** (*bienneureû, reûze*), fort *heureux*, extrêmement *heureux* : *bienheureux celui qui...,* ou seulement *bienheureux qui...; état bienheureux, vie bienheureuse.* En ce sens, il ne s'emploie plus guère. — Quand il est précédé d'un verbe, il ne fait plus un seul mot ; mais *bien*, adv., se sépare d'*heureux*, adj. : *je le tiens bien heureux de..., je suis bien heureux que...* — Il s'emploie souvent dans le langage de la religion : *les esprits bienheureux* ; et subst. aussi dans ce sens : *les bienheureux jouissent dans le ciel de la vue de Dieu ; les âmes des bienheureux.* — Particulièrement, ceux qu'un acte solennel de l'Eglise, antérieur à la canonisation, déclare admis à la béatitude céleste. — Fam., *avoir l'air d'un bienheureux*, avoir une figure vénérable, un air de recueillement ; ou : avoir la figure joyeuse. — *Se réjouir, s'amuser, se divertir comme un bienheureux*, se réjouir, s'amuser, se divertir beaucoup.

BIEN-JOINT, subst. mas. (*bieinjoein*), t. de bot., nom d'un arbre des îles de France et de Bourbon.

BIENNAL, E, adj. ; au plur. mas. **BIENNAUX** (*biénenale*) (du lat. *bis*, deux fois, et *annus*, année), qui dure l'espace de *deux ans* : *office biennal ; privilége biennal.*

BIENNÉ, E, adj. (*bi-ènené*), t. de bot. Voyez **BISANNUEL.**

BIENNIUS, subst. propre mas. (*bi-èneniuce*), myth. Jupiter fut appelé ainsi à cause du nom de Biennius, un des Curètes.

BIEN QUE, conj., encore que, quoique.

BIENSÉAMMENT, adv. (*bieincéaman*), avec *bienséance.* Fort peu usité, mais nécessaire.

BIENSÉANCE, subst. fém. (*bieincéance*), convenance ; rapport de ce qui se fait ou se dit avec ce qui est dû aux personnes, à l'âge, au sexe, à la condition, ou avec les usages, les mœurs, le temps, le lieu, etc. : *c'est un procédé qui choque, qui blesse la bienséance, les bienséances ; il est de la bienséance de.... ; ce qu'on doit à la bienséance, aux bienséances ; garder, observer la bienséance, les bienséances ; les lois, les règles de la bienséance ; pécher contre la bienséance, se mettre au-dessus des bienséances*, etc., etc. — Dans les œuvres littéraires et les ouvrages d'art, les *bienséances* diffèrent des *convenances*, en ce que celles-ci n'ont rapport qu'à l'ouvrage considéré en lui-même, et indiquent un accord de langage, de mœurs, de costume, etc., entre les personnes ou les choses que l'on a voulu reproduire ; et que les *bienséances*, au contraire, sont relatives aux spectateurs, et ont pour but de ne pas blesser les mœurs du pays ou du siècle à qui l'orateur, le poète ou l'artiste soumettent les productions de leur génie. — On dit qu'*une chose est à la bienséance de quelqu'un*, pour dire qu'il lui conviendrait de l'avoir. — Par droit de *bienséance*, sans autre droit que celui de sa propre convenance, de sa propre commodité.

BIENSÉANT, E, adj. (*bieincéan, ante*), ce qui est conforme à la *bienséance*, ce qui *sied*, ce qui convient.

BIEN-TENANT, E, subst. (*bieintenan, nante*), ancien t. de pratique, celui ou celle qui possède les biens d'une succession, ou des biens grevés d'hypothèques : *il a été attaqué comme bien-tenant ; elle est bien-tenante.* — Au plur., les *bien-tenants, bien-tenantes.*

BIEN-TENUE, subst. fém. (*bieintenû*), t. de pratique, possession. — Au plur., les *bien-tenues.*

BIENTÔT, adv. de temps (*bieintô* devant une consonne ; *bieintôte* devant une voyelle), sous peu ; dans peu de temps, promptement : *je reviendrai bientôt ; nous serons bientôt à la ferme ; nous avons été bientôt prêts.* — Fam., *cela est bientôt dit ; c'est bientôt dit*, locution qui s'emploie souvent pour : cela est facile à dire, mais..... — *A bientôt*, loc. elliptique revenant à : je compte, ou : je désire vous revoir *bientôt.*

BIENVEIGNÉ, E, part. pass. de *bienveigner.*

BIENVEIGNER, v. act. (*bieinvègnié*), vieux mot qui signifiait : recevoir avec amitié. — *Bienveigner*, v. neut., féliciter, saluer. — Inus.

BIENVEILLANCE, subst. fém. (*bieinvé-iance*) (en lat. *benevolentia*), affection, bonne volonté, disposition favorable envers quelqu'un. Il se dit plus particulièrement du supérieur à l'égard de l'inférieur : *il a su gagner la bienveillance du prince ; captiver, se concilier la bienveillance de quelqu'un.* — En Angleterre, présent volontaire que les sujets font au souverain.

BIENVEILLANT, E, adj. (*bieinvé-ian, ante*) (du lat. *benè volens*, qui veut du bien), qui a, qui marque de la *bienveillance*. Il se dit des personnes et des choses : *un homme bienveillant ; un homme bienveillant pour un autre ; un sourire bienveillant ; des manières bienveillantes.* — *J.-J. Rousseau* a dit subst. : *un bienveillant* ; l'usage ne lui a pas donné raison.

BIENVENU, E, adj. (*bieinvenu*), bien reçu ; regardé de bon œil. — Fam., *on ne serait pas bienvenu à lui aller dire telle chose*, il recevrait très-mal celui qui, etc. — Il se dit aussi subst. : *soyez le bienvenu ; soyez la bienvenue.*

BIENVENUE, subst. fém. (*bieinvenu*) (du latin *venire*, venir, et *benè*, bien), heureuse *venue*. Il ne se dit que dans cette phrase : *faire la bienvenue à quelqu'un*, le féliciter sur son heureuse arrivée. — Entrée ; *venue* : *payer sa bienvenue*, offrir un régal à ses nouveaux compagnons.

BIENVOULOIR, v. neut. (*bieinvouloar*), vouloir du bien à..... Ce mot n'est usité qu'au participe *bienvoulu*, pris adj. — Subst. mas., désir du bien pour quelqu'un.

BIENVOULU, E, adj. (*bieinvoulu*), qui est aimé, pour qui on a de l'estime, à qui on *veut* du *bien*. Vieux.

BIÈRE, subst. fém. (*bière*) (de l'allemand ou du flamand *bier*, dont les Anglais ont fait *beer*, les habitants du pays de Galles *bir*, et les Italiens *birra*, qui tous ont la même signification que le français *bière*), sorte de boisson qui se fait avec de l'orge, du froment et du houblon : *double bière ; petite bière ; bière blanche ; bière brune ; bière nouvelle ; bière d'Angleterre ; brasseur de bière.* — On appelle *bière de mars* la *bière* brassée dans le mois de mars. — Prov. et fig. : *enseigne à bière*, portrait, tableau mal peint, mal fait. — Prov., fig. et pop. : *ce n'est pas de la petite bière*, ce n'est pas une bagatelle. — *Bière*, cercueil, coffre de bois où l'on met un corps mort : *mettre un mort dans la bière ; clouer une bière ; descendre une bière dans la fosse.* — Fonds de forêt, pays tout en bois.

BIERKNE ou **BIERNE**, subst. fém. (*bièrekene*), t. d'hist. nat., nom spécifique d'un cyprin.

BIERNÉ, subst. propre mas. (*bièrené*), village de France, chef-lieu de canton, arrond. de Château-Gonthier, dép. de la Mayenne.

BIEUSSON, subst. mas. (*bieuçon*), t. de jardin., poire sauvage devenue blette.

BIÈVRE, subst. mas. (*bièvre*) (de *fiber*, nom latin du castor, dont les écrivains de la basse latinité ont fait par corruption *bebrus*), t. d'hist. nat., animal amphibie, le même que le castor. — Oiseau de rivière, gros comme une moyenne oie sauvage. — Subst. propre fém., petite rivière près Paris.

BIEZ, subst. mas. (*bièze*), canal élevé qui conduit les eaux pour les faire tomber sur la roue d'un moulin. — T. de ponts et chaussées, dans un canal à écluses, intervalle compris entre deux écluses.

BIF, subst. mas. (*bifo*), t. d'hist. nat., nom donné au jumar. — Quelques auteurs ont appelé ainsi l'orfraie.

BIFÈRE, adj. (*bifère*) (du lat. *bis*, deux fois, et du grec φερω, je porte), t. de bot., plantes qui fleurissent deux fois l'année. — T. de min., *crystal bifère*, celui dont chaque arête et chaque angle solide subit deux décroissements.

BIFEUILLE, subst. mas. (*bifeu-ie*), t. d'hist. nat., zoophyte blanc.

BIFFAGE, subst. mas. (*bifaje*), action de raturer.

BIFFE, subst. fém. (*bife*), pierre fausse. — Fig., fausse apparence. Inus.

BIFFÉ, E, part. pass. de *biffer*, et adj. : *cette clause est biffée.*

BIFFER, v. act. (*bifé*) (suivant *Ménage*, du lat. barbare *balafare*, dont a été fait aussi *blafard*, de couleur *effacée*), effacer ce qui est écrit : *biffer des mots.* — *se* **BIFFER**, v. pron.

BIFIDE, adj. (*bifide*) (du lat. *bis*, deux fois, et *findere*, fendre), t. de bot., fendu en deux parties séparées par un angle rentrant et aigu : *feuille bifide.* — Nous ne pouvons nous empêcher de faire remarquer une contradiction que nous trouvons à cet article dans le *Dictionnaire de l'Académie*. Voici ce qu'il dit : « Plusieurs autres termes de botanique, *auxquels il serait inutile de consacrer ici des articles particuliers*, sont formés de la même manière : *bidenté* (à deux dents) ; *biflore* (à deux fleurs) ; *bilabié* (à deux lèvres) ; *bilobé* (à deux lobes) ; *biloculaire* (à deux loges) ; » et la note se termine par un *etc.*, ce qui annonce plus d'une lacune du même genre. A quoi donc sert un *Dictionnaire*, si la nomenclature alphabétique n'y est pas complète ? Qui ira deviner qu'au mot *bifide*, il a plu à MM. de l'*Académie* de parler de *bidenté*, de *biflore*, etc.

BIFIDITÉ, subst. fém. (*bifidité*), t. de bot., disposition d'une plante ou partie d'une plante à se fendre en deux.

BIFLORE, adj. des deux genres (*biflore*) (du lat. *bis*, deux fois, et *flos, floris*, fleur), t. de bot., qui porte deux fleurs : *pédoncule biflore.*

BIFORÉ, E, adj. (*biforé*), t. de bot., qui est percé de deux trous.

BIFORME, adj. des deux genres (*biforme*) (du lat. *bis*, deux fois, et *forma*, forme), de *deux formes.*

BIFORMIS, DIMORPHOS, DIPHUÈS, adj. latin et grec (*biformice, dimorfoce, difuèce*), myth., qui a *deux formes* ou *deux natures* : Bacchus était ainsi surnommé, parce que le vin rend les hommes ou gais ou furieux.

BIFRONS ou **GÉMINUS**, adj. latins (*bifronce, jéminuce*), myth., surnom de Janus, qui, ayant deux visages, voit d'un côté le passé, de l'autre l'avenir.

BIFTECK, subst. mas. (*biftèke*) (altération du mot anglais *beef-steak*, tranche de bœuf grillée), t. de cuisine, tranche de *bœuf* cuite sur le gril : *bifteck aux pommes de terre, au cresson, à l'anglaise*, etc.

BIFURCATION, subst. fém. (*bifurkâcion*) (du lat. *bis*, et *furca*, fourche) division en deux branches ou fourchons : *bifurcation de la racine d'une dent*, etc. — En bot., l'endroit où une tige, une branche, une racine, se divise en deux.

BIFURQUE, subst. fém. (*bifurke*), t. de bot., plante de la famille des mousses.

BIFURQUÉ, E, part. pass. de *se bifurquer*, et adj. (*bifurké*), se dit particulièrement en bot. d'un stigmate qui se divise en deux. Il peut être à la fois *bifide* et *bifurqué* : *pétiole bifurqué.*

se **BIFURQUER**, v. pron. (*cebifurké*), t. d'anat. et de bot., se diviser en deux, avoir deux fourchons.

BIGAILLE, subst. fém. (*biguaie*), t. d'hist. nat., insecte volatile.

BIGAME, adj. des deux genres (*biguame*) (du lat. *bis*, en grec δις, deux fois, et γαμειν, se marier), qui est marié à deux personnes en même temps : *il* ou *elle est bigame.* — Il est aussi subst. : *autrefois les bigames étaient punis de mort.* — Dans le droit canon, celui qui a été marié deux fois : *les bigames ne sont point admis aux ordres sacrés sans dispense.*

BIGAMIE, subst. fém. (*biguamî*), crime consistant à être marié avec deux personnes en même temps. — T. de droit canon, état de ceux qui ont épousé successivement deux femmes. — *Bigamie spirituelle*, en t. de droit canon, état de celui qui possède deux bénéfices de même nature, tels que deux évêchés, deux cures, etc.

BIGARADE, (orthographe de l'*Académie* ; ne devrait-on pas écrire *bigarrade*, ou mieux encore, *bigarer, bigarure*, etc. ?), subst. fém. (*biguarade*), orange aigre dont la peau est *bigarrée.*

BIGARADIER, subst. mas. (*biguaradié*), t. de bot., espèce d'oranger nommé aussi *amer.*

BIGARRÉ, subst. mas. (*biguâré*), t. d'hist. nat., espèce de chétodon.

BIGARRÉ, E, part. pass. de *bigarrer*, et adj. : *il a bigarré son ouvrage de mots grecs et latins ; une étoffe bigarrée.*

BIGARREAU, subst. mas. (*biguarô*), t. de jard., grosse cerise en cœur, à chair blanche, rouge et noire.

BIGARREAUTIER, subst. mas. (*biguârôtié*), t. de bot., arbre qui porte des *bigarreaux.*

BIGARRER, v. act. (*biguâré*) (du latin *bis*, doublement, et *variare*, diversifier : *bisvariare*, dont on a fait *bigarrer*), réunir sur un fond quelconque des couleurs qui tranchent ou sont mal assorties. — Fig. : *cette femme se plaît à bigarrer son ajustement ; bigarrer son style ; bigarrer un ouvrage de citations*, etc. — Ce mot se prend le plus ordinairement en mauvaise part.

BIGARRURE, subst. fém. (*biguârure*), variété de couleurs tranchantes ou qui ne s'assortissent pas : *cette robe a trop de bigarrures.* — Au fig. :

la bigarrure de cette compagnie me déplaît, cette société me déplaît, parce qu'elle est composée de personnes mal assorties, etc. — Fig. : *bigarrure de style*, mélange, dans un ouvrage, d'expressions nobles avec des locutions basses; mélange de tons disparates. — En t. de vieille fauconn., on appelle *bigarrures* les mouchetures ou taches de couleur foncée que l'on voit sur le pennage des oiseaux de proie.

BIGE, subst. mas. *bije*) (en lat. *bijuga*, formé de *bis*, deux fois, et *jugare*, atteler) t. d'hist. anc., char à deux chevaux de front. — Il est aussi adj. : *char bige*.

BIGEARREYNS, subst. mas. (*bijarince*), t. de pêche, filet, espèce de demi-folle.

BIGEARREYRE, subst. fém. (*bijarère*), t. de pêche, filet de l'espèce des manets sédentaires.

BIGÉMINÉ, E, adj. (*bijéminé*) (du lat. *bis* deux fois, et *geminatus*, double), t. de bot., se dit d'une feuille dont chaque pétiole propre est *bifurqué* et soutient deux folioles à chacune de ses extrémités. — Se dit des fleurs placées deux à deux sur un même pédoncule.

BIGEMME, adj. (*bijème*), t. de bot., qui a deux bourgeons ou boutons.

BIGÉRIQUE ou **BICERRIQUE**, subst. mas. (*bijérike*), espèce de manteau de laine. Inus.

BIGGEL, subst. mas. (*biguejèle*), t. d'hist. nat., mammifère ruminant du Bengale.

BIGLE (**BICLE** serait peut-être plus conforme à l'étymologie), adj. des deux genres (*biguele*) (du lat. *biocuius*, formé de *bis*, deux fois, et *oculus*, œil), louche. Il se prend aussi subst. : *un bigle*. Peu en usage. — On donne encore le nom de *bigle* à un chien de race anglaise qui sert à la chasse du lièvre et du lapin.

BIGLER, v. neut. (*biguelé*), loucher, avoir la vue de travers. Inus.

BIGLOCHIDE, subst. fém. (*biguelochide*), t. de bot. Voy. **CROCHET**.

BIGNE, subst. fém. (*bignie*), bosse au front provenant d'un accident. Vieux, dit l'*Académie*; elle aurait dû ajouter : *et inusité*.

BIGNONE, subst. fém. (*bignione*), t. de bot., plante dont la fleur ressemble au jasmin.

BIGNONÉES, subst. fém. plur. (*bignioné*), t. de bot., plantes remarquables par la grandeur et la beauté de leurs fleurs.

BIGON, subst. mas. (*biguon*), t. de mar., boutehors dont se servent divers bâtiments du Levant.

BIGORDAN, E, subst. et adj. (*biguordan, dane*), qui est de l'ancienne province de France nommée *le Bigorre*.

BIGORNE, subst. fém. (*biguorne*) (du lat. *bicornis*, qui a deux cornes, à cause des deux cornes de la *bigorne*), t. de forgeron, enclume à deux *cornes*. — Bout d'enclume qui finit en pointe, et qui sert à tourner les grosses pièces en rond : *grosse bigorne, bigorne à tourner*. — Les corroyeurs appellent *bigorne* une masse de bois emmanchée, dont ils se servent pour fouler les peaux. — *Bigorne*, en t. de mar., est une espèce de coin de fer dont se servent les calfats pour couper les clous qui se trouvent dans les joints. — T. d'hist. nat., sur la côte du Finistère, on appelle *bigorne* un petit coquillage univalve ayant la forme d'un limaçon.

BIGORNÉ, E, part. pass. de *bigorner*.

BIGORNEAU, subst. mas. (*biguorno*), petite *bigorne*.

BIGORNER, v. act. (*biguorné*), forger le fer en rond sur la *bigorne* : *il faut bigorner l'anneau de cette clef*. — Fouler les peaux à la *bigorne*.

BIGORRE, subst. propre mas. (*biguore*), ancienne province de Gascogne, en France.

BIGOT, subst. mas. (*biguo*), t. de mar., petite pièce de bois percée de deux ou trois trous, par où l'on passe le bâtard pour la composition du racage.

BIGOT, subst. mas., au fém. **BIGOTTE** (l'*Académie* écrit *bigote*) (*biguó, guote*) (de l'allemand *bey Gott*, ou de l'anglais *by God*, par Dieu), dévot outré, faux dévot, fausse dévote; hypocrite : *un franc bigot, une vieille bigotte*. — Il est aussi adj. : *homme bigot, femme bigotte; air bigot, manières bigottes*. Voy. **HYPOCRISIE**.

BIGOTÈLLE, subst. fém. (*biguotèle*), pièce de cuir qui servait autrefois à tenir les moustaches.

BIGOTÈRE, subst. fém. (*biguotère*), bourse à aumône que les *bigottes* avaient à leur ceinture. Voy. **BIGOTELLE**.

BIGOTERIE, orthographe de l'*Académie*, mieux **BIGOTTERIE**. Voy. ce mot.

BIGOTISME, subst. mas. (*biguoticeme*), caractère d'un *bigot* : *son bigotisme le rend grondeur et difficile à vivre*.

BIGOTILÉE, subst. fém. (*biguotilé*), t. de bot., sorte de plante des Indes.

BIGOTTERIE, subst. fém. (*biguoterí*) dévotion outrée; hypocrisie, fausse piété, fausse dévotion : *il ou elle est d'une bigotterie ridicule*. Voy. **BIGOT**.

BIGOURELLE, subst. fém. (*biguourèle*), t. de mar., couture ronde qu'on fait à certaines voiles.

BIGOURNEAU, subst. mas. (*biguourné*), t. d'hist. nat., coquille du genre sabot.

BIGRE, subst. mas. (*biguere*), nom qu'on a donné autrefois à des riverains de forêts. — *Bigre!* est aussi une espèce d'interjection ou plutôt de jurement adouci, pour *bougre*, qui est trivial et de mauvais ton.

BIGUE, subst. fém. (*bigue*), t. de mar., pièce de bois que l'on passe dans les sabords pour soulever ou pour coucher le vaisseau. — Mâts qui servent d'appui à celui d'une machine à mâter.

BIGUÉ, E, part. pass. de *biguer*.

BIGUER, v. act. (*bigué*), troquer, changer : *biguer une carte, biguer un cheval*. — Peu usité aujourd'hui.

BIHAÏ, subst. mas. (*bi-a-i*), t. de bot., plante marécageuse qui ressemble au bananier.

BIHAL, subst. mas. (*bial*), le même que le **BIHAÏ**. Voy. ce mot.

BIHAR, subst. mas. (*biar*), t. de bot., nom arabe de la camomille des teinturiers.

BIHOREAU, subst. mas. (*bioro*), t. d'hist. nat., espèce de héron aquatique.

BIJON, subst. mas. (*bijon*), t. de pharm., térébenthine du pin lorsqu'elle est dure. — Liqueur qui sort du mélèze, lorsqu'on l'a percé jusqu'au cœur avec une tarière.

BIJOU, subst. mas.; au plur., **BIJOUX** (*bijou*) (suivant *Ménage*, du lat. *bis*, doublement, et *jocus*, jeu; *bis jocus, bis joculus, bijoul*, et enfin *bijou*), petit ouvrage curieux ou précieux, servant à la parure d'une personne, à l'ornement d'un cabinet, d'une chambre, etc. : *cette dame a de beaux bijoux; son cabinet est plein de bijoux*. Peu usité dans ce dernier sens. Voy. **JOYAUX**. — Jolie maison, petit appartement bien orné, bien arrangé : *c'est un bijou que votre petite maison de campagne*. — On le dit aussi fam., d'un enfant docile et aimable sous tous les rapports : *c'est un vrai bijou que cet enfant-là*; ou d'une jeune et jolie femme : *cette femme est un joli bijou*. — Myth. Voy. **ACHILLE**.

BIJOUTERIE, subst. fém. (*bijouterí*), profession de ceux qui font commerce de *bijoux*, de pierres précieuses : *il entend fort bien la bijouterie*. — Objets mêmes de ce commerce : *boutique de bijouterie; toutes sortes de bijouteries*.

BIJOUTIER, subst. mas., au fém. **BIJOUTIÈRE** (*bijoutié, tière*), celui ou celle qui fait commerce de *bijoux*.

BIJOUTIÈRE, subst. fém. Voy. **BIJOUTIER**.

BIJOUX, subst. mas. plur. Voy. **BIJOU**.

BIJUGUÉES, adj. fém. plur. (*bijugué*) (du lat. *bis*, deux fois, et *jugum*, joug), t. de bot., se dit des feuilles composées de quatre folioles disposées deux à deux sur un pétiole commun.

BILABIÉ, E, adj. (*bilabié*) (du lat. *bis*, deux fois, et *labium*, lèvre), t. de bot., qui offre deux lèvres.

BILAMELLÉ, E, adj. (*bilamèlelé*), t. de bot., composé de deux lames.

BILAN, subst. mas. (*bilan*) (du lat. *bilanx*, balance), t. de commerce. Dans la tenue des livres, la même chose que *balance*. Voy. ce mot. — État des dettes actives et passives d'un commerce; *bilan d'un failli; donner ou remettre, déposer un bilan*. — *Bilan de paiement*, carnet en débit et crédit que chaque maison de commerce, à Lyon, faisait porter au change, à l'époque des paiements, pour le virement des parties. — *Bilan en l'air*, relevé des débiteurs et des créditeurs du grand livre, pour donner au négociant un aperçu de la situation des affaires, ou pour s'assurer que les sommes portées en débit ont été exactement portées au crédit des comptes correspondants.

BILATÉRAL, E, adj. (*bilatérale*) (du lat. *bis*, deux fois, et *latus*, côté) : *obligation bilatérale*, qui lie les deux parties contractantes. — Plur. mas. **BILATÉRAUX**.

BILATÉRALEMENT, adv. (*bilatéraleman*), des deux côtés; à la manière d'un contrat *bilatéral*.

BILBAO, subst. propre mas. (*bilebaó*), capitale de la province de Biscaïe, en Espagne.

BILBOQUET, subst. mas. (*bilebokè*) (du français *bille*, petite boule, et *boquet*, petit morceau de bois), petit bâton tourné, creusé en coupe par un bout et pointu par l'autre, auquel est suspendue par une cordelette une boule qu'on jette en l'air et que l'on tâche de faire tomber et rester, soit dans la cavité, soit sur la pointe : *jouer au bilboquet*. — Petite figure qui a deux plombs aux deux jambes, et qui est posée de manière que, de quelque façon qu'on la tourne, elle se trouve toujours debout; de là ces expressions qui ont vieilli : *se tenir droit comme un bilboquet*, être toujours debout; *se retrouver toujours sur ses pieds comme un bilboquet*, en dépit de toutes les traverses possibles, n'éprouver aucun dérangement dans ses affaires. — Fam. : *c'est un véritable bilboquet*, c'est un homme léger, frivole. — En t. d'archit., petit quartier sur le chantier. — En t. d'imprimerie, ouvrages de ville de peu de valeur, tels que les billets de mariage, d'enterrement, les adresses, cartes de visite, avis au public, etc. — Instrument de doreur qui consiste en un petit morceau de bois, dont la surface est unie et recouverte d'écarlate. Il sert à enlever les bandes d'or qu'on a coupées. — Le *bilboquet des monnayeurs* est un morceau de fer en forme d'ovale très-allongé, au milieu duquel est un cercle en creux de la grandeur du flan que l'on veut ajuster, et au centre un petit trou pour repousser le flan en dehors, lorsqu'il est trop attaché au *bilboquet*. — Les perruquiers appellent *bilboquet* ou moule un petit morceau de bois tourné, long d'environ deux pouces, arrondi par les deux bouts, et un peu plus mince par le milieu, sur lequel ils roulent les cheveux pour les friser. — Chez les paumiers, le *bilboquet* est la partie supérieure et concave de la chèvre, dans laquelle la balle est frappée, formée et arrondie.

BILE, subst. fém. (*bile*) (du lat. *bilis* qui a la même signification), humeur du corps humain dont la sécrétion se fait dans le foie : *avoir trop de bile*. — Fig., colère : *émouvoir, échauffer la bile de..., décharger sa bile sur...*

BILIAIRE, adj. des deux genres (*bilière*), Il se dit, en anat., des conduits de la *bile*. — *Pierres biliaires*, qui se forment dans la *bile*.

BILIEUSE, adj. fém. Voy. **BILIEUX**.

BILIEUX, adj. mas., au fém. **BILIEUSE** (*bilieû, eûze*), t. de médec., qui abonde en *bile* : *tempérament bilieux; complexion bilieuse*. — Qui a rapport à la *bile*, qui en résulte : *teint bilieux; maladie bilieuse*. — Fig., colère ou colérique; morose. — Il s'emploie aussi comme substantif : *les bilieux sont sujets à de grandes maladies*.

BILIMBI, subst. mas. (*bileinbi*), t. de bot., fruit du carambolier cylindrique.

BILL, subst. mas. (*bile*), mot anglais qui signifie projet de loi du parlement en Angleterre : *le parlement a rejeté le bill*. — *Bill d'indemnité*, sorte de pardon accordé par les chambres aux ministres qui ont pris des mesures irrégulières, qui ont fait des dépenses en l'absence du parlement et sans son aveu.

BILLARD, subst. mas. (*biiar*) (du français *bille*), jeu d'adresse qui consiste à faire rouler une *bille* d'ivoire pour en frapper une ou plusieurs autres : *jouer au billard*. — Table sur laquelle on y joue : elle est entourée de rebords ou bandes rembourrées, et garnie d'un tapis avec six blouses : *ce billard n'est pas droit; le tapis du billard*. — Autrefois, instrument avec lequel on poussait les *billes* : *ce billard ne frappe pas bien; il n'a point de coup*. Cet instrument est remplacé aujourd'hui par celui qu'on appelle *queue*. — On appelle aussi *billard* la salle où il y a un *billard*, et la maison où l'on donne publiquement à *jouer au billard* : *voulez-vous venir au billard?* — Instrument d'oiseleur formé d'un morceau de bois long de deux pieds, se terminant en pointe par un bout, et recourbé de l'autre au moins d'un pied. — En t. de marine, masse de fer qui sert à *billarder* les cercles que l'on met sur les mâts des navires, les pompes, etc.

BILLARDÉ, part. pass. de *billarder*.

BILLARDER, v. neut. (*biiardé*), toucher deux fois sa *bille* en jouant, ce qui est une faute; ou : pousser les deux billes à la fois : *vous avez billardé*. On dit plus souvent *queuter* aujourd'hui. — *Billarder* se dit, en t. de man., d'un cheval qui, en marchant, jette ses jambes de devant en dehors. — En t. de mar., *billarder* s'emploie activement pour dire : frapper avec le *billard* sur ce que l'on veut chasser : *billarder un cercle*, etc.

BILLARDIÈRE, subst. fém. (*biiardière*), t. de bot., sorte de plante.

BILLE, subst. fém. (*biie*) (suivant *Ménage*, du lat. *pila*, balle à jouer, ou *bulla*, bulle d'eau), etc., petite boule d'ivoire avec laquelle on joue au billard : *faire une bille*, la mettre dans la blouse. — Fig. et prov., *être à billes égales, à billes pareilles*, n'avoir aucun avantage l'un sur l'autre dans une concurrence. — Petite boule de pierre ou de marbre avec laquelle les enfants jouent. — En t. d'emballeur, gros bâton de bois au moyen duquel on serre les ballots lorsqu'on les corde. — En t. de chamoiseur, instrument de fer pour tordre les peaux. Il y a également une *bille* de bois qui s'appelle *torsoir*. — En t. de mar., bout de menu cordage où il y a une boucle et un nœud. — *Bille d'acier*, morceau d'acier carré. — *Bille de bois*, pièce de bois destinée à être équarrie. — En t. d'orfèvres, on appelle *billes à moulure* des morceaux de fer plat d'une ligne d'épaisseur, modelés dans le milieu, entre lesquels on tire la matière où l'on veut faire des moulures. — T. de jard., branche d'arbre coupée par les deux bouts, propre à mettre en pépinière. — Sorte de bateau très-léger dont on se sert sur la Loire.

BILLÉ, E, part. pass. de *biller*.

BILLEBARRÉ, E, part. pass. de *billebarrer*.

BILLEBARRER, v. act. (*biiebâré*), bigarrer par un mélange bizarre de différentes couleurs. Il est fam. et peu usité.

BILLEBAUDE, subst. fém. (*biiebôde*), confusion. Il est fam. et a fort vieilli. — *Feu de billebaude*, celui où chaque soldat, dans le rang, tire à volonté. — *A la billebaude*, loc. adv., sans ordre, en confusion. — T. de chasse, *chasser à la billebaude* 1° chasser sans ordre et sans règle, tirer coup sur coup, et chacun à sa fantaisie; 2° quêter avec les chiens en plusieurs endroits, lorsqu'il n'y a rien de détourné. On dit aussi, en t. de chasse, *faire un feu de billebaude*.

BILLER, v. act. (*bi-ié*), t. d'emballeur, serrer avec la *bille* : *biller un ballot*. — En t. de batelier, atteler les chevaux deux à deux pour tirer un bateau. — En t. de chamoiseurs et de maroquiniers, tordre les peaux avec la *bille*. — En t. de charpentiers, faire tourner d'un côté ou d'un autre une grosse pièce de bois, après l'avoir mise en équilibre sur quelque appui.

BILLET, subst. mas. (*bi-iè*) (suivant *Ménage*, du latin barbare *billetus*, dim. de *billus*, fait de l'allemand *bille* qui signifie la même chose, et d'où est également venu l'anglais *bill*. Les Allemands modernes disent *billett*, qui pourrait bien avoir été pris du mot français. *Billet* signifie proprement une *bille* ou une *balle*), petite lettre missive, écrite sans cérémonie, petit écrit que l'on adresse à quelqu'un : *recevoir, renvoyer un billet, jeter sur la scène un billet contenant des vers*. — *Billet doux*, billet d'amour ou seulement de galanterie. — Promesse sous seing privé; acte de reconnaissance, etc. — Écrit imprimé ou à la main, par lequel on informe le public ou les particuliers de certaines choses qu'on veut faire savoir : *distribuer des billets séditieux; billet de mariage, d'enterrement; billet de faire part*, ou seulement *billet de part; billet de convocation*. — *Billet de garde*, ordre de service adressé à un individu susceptible de monter la garde. — Les prêtres catholiques exigent des *billets de confession* des personnes qui se présentent à eux pour être mariées, c'est-à-dire des certificats qui constatent qu'elles ont été depuis peu à confesse. — Naguère encore on achetait dans certains bureaux des *billets de loterie*, avec lesquels on se faisait payer des lots si l'on gagnait. On en achette encore pour des loteries particulières : *il a mis sa montre en loterie, j'ai pris un billet*. — On donne des *billets de logement* aux soldats que l'on envoie loger chez les particuliers. — Carte ou petit écrit qui donne entrée dans quelque spectacle, dans quelque assemblée : *billet de spectacle; billet de bal; billet donné; billet d'auteur*, etc. — Rouleaux de papiers avec lesquels on tire au sort : *billet blanc; billet noir; bon, mauvais billet*. Voy. SORT. — Bulletin par lequel on donne son suffrage dans une élection, son vote dans une assemblée délibérante : *on a jeté les billets dans l'urne du scrutin*. — Papier de crédit ayant cours dans le public : *billet de banque; billet de la caisse d'escompte*, etc. — On appelait autrefois *billet de l'Épargne* une rescription sur l'Épargne, nom qu'on donnait alors au trésor royal. — En t. de comm., *billet à ordre*, écrit par lequel on s'oblige à payer, tel jour de tel mois de telle année, telle somme à telle personne *ou à son ordre*, c'est-à-dire : ou à toute autre personne à qui elle aurait transporté ledit billet par *endos*, c'est-à-dire : en écrivant *au dos : payez à l'ordre d'un tel*, etc., et en signant cette injonction : *souscrire un billet; négocier, escompter, endosser, acquitter, rembourser un billet*. — *Billet au porteur*, billet payable sans endos. — *Une lettre de change* est aussi un *billet à ordre*. Voy. LETTRE. — T. de mar., *billet de cargaison*. Voy. CONNAISSEMENT. — *Billet de souffrance*, permission de la douane d'Angleterre de trafiquer d'un port à l'autre sans payer de droit. — *Billet lombard*, anciennement, *billet* d'une forme particulière dont on faisait usage lorsqu'on prenait un intérêt dans une entreprise maritime, et dont une moitié restait à l'armateur et l'autre au prêteur. — *Billet de santé*, attestation de santé; on en délivre surtout dans les temps d'épidémie, de maladies contagieuses.

BILLETÉ, E, part. pass. de *billeter*, et adj., étiqueté, numéroté. — En t. de blas., une *pièce billetée* est une pièce chargée de *billettes*.

BILLETER, v. act. (*biieté*), t. de comm., mettre des *billets* aux marchandises, etc., les étiqueter. Inusité aujourd'hui.

BILLETEUR, subst. mas. (*bi-ieteur*), t. de mar., ouvrier qui reçoit la paie pour les autres. — T. de comm., celui qui numérote les marchandises. Inusité.

BILLETEUSE, subst. fém. (*biieteuse*), t. de comm., celle qui numérote, étiquette les marchandises dans une maison de commerce. Inusité.

BILLETIER, subst. mas., au fém. **BILLETIÈRE** (*biietié, tière*), celui ou celle qui expédiait les *billets* dans une maison de commerce. Inusité.

BILLETIÈRE, subst. fém. Voy. BILLETIER.

BILLETTE, subst. fém. (*biiète*), t. d'arts et métiers, instrument de bois par le moyen duquel on entretient le feu dans les fours à verre. — Chez les faïenciers, espèce de rouleau de bois qui sert à aplatir la terre à moule. — T. de blas., pièce d'armoirie en forme de petit carré long. — Petit baril qui sert d'enseigne. — T. de mar., morceaux de bois ronds que l'on brûle à bord des vaisseaux, et dont on se sert aussi dans l'arrimage pour remplir des vides. — Instrument de bois en forme d'équerre, que le tondeur de draps emploie pour diriger les forces. On s'est servi anciennement de ce mot pour celui d'enseigne, d'écriteau. — Au plur., nom de religieux qu'on appelait autrefois *frères de la charité de Notre-Dame*.

BILLEVESÉE, subst. fém. (*bilevezé*), au propre, balle soufflée et pleine de vent. Il est hors d'usage. — Fig. et fam., discours frivole, conte vain et ridicule; idée creuse, chimérique. Il ne s'emploie guère qu'au pluriel : *personne n'ajoute foi à vos billevesées; souffrirons-nous qu'il nous entretienne sans relâche de toutes les billevesées qui lui passent par la tête?*

BILLION, subst. mas. (*bilion* et non pas *biion*), t. d'arith., mille millions. — T. de finances, milliard.

BILLIS, subst. mas. plur. (*bilelice*), sorciers du Malabar.

BILLOM, subst. propre mas. (*biiome*), ville de France, chef-lieu de canton, arrond. de Clermont, dép. du Puy-de-Dôme.

BILLON, subst. mas. (*biion*), t. de monnaie, toute sorte de matière d'or ou d'argent qui est alliée ou mêlée au-dessous d'un certain degré, surtout de celui qui est fixé par la fabrication des monnaies. — Toute sorte de monnaie décriée et défectueuse. — Petite monnaie de cuivre, etc. — Le lieu où les *billonneurs* tenaient leurs boutiques : *porter au billon*. — T. d'agric., verge de vigne taillée de la longueur de trois ou quatre doigts. — *Billon* ou *terre billonnée*, celle qu'on laboure en faisant de profonds sillons et des éminences que l'on nomme des *billons*. *L'Académie* fait *billon* du genre fém., dans ce sens; nous pensons que c'est chez elle une erreur typographique. — T. de comm., *billon*, nom qu'on donne aux plus petites racines, c'est-à-dire au chevelu des racines de la garance, et qui se vendent à meilleur marché.

BILLONNAGE, subst. mas. (*bi-ionaje*), altération de la monnaie; trafic illicite de celui qui *billonne*. — T. d'agric., action de faire des *billons*; résultat de cette action.

BILLONNÉ, E, part. pass. de *billonner*.

BILLONNEMENT, subst. mas. (*biioneman*), action de *billonner*. Presque inusité.

BILLONNER, v. neut. (*biioné*), recueillir les espèces décriées et mises au *billon*. — Acheter ou changer de la monnaie pour moins qu'elle n'a cours, afin de la remettre à plus haut prix. — Remettre dans le commerce de mauvaises pièces qu'on a changées. — Trafiquer de la monnaie étrangère et décriée. — Altérer les espèces et les couvertir en d'autres plus faibles. — *Billonner*, v. act., t. d'agriculture, labourer en *billon* : *billonner un champ*. — Il signifie aussi châtrer, en parlant des animaux domestiques.

BILLONNEUR, subst. mas., au fém. **BILLONNEUSE** (*biioneur, neuze*), celui ou celle qui *billonne*, qui fait métier de *billonner*.

BILLONNEUSE, subst. fém. Voy. BILLONNEUR.

BILLOS, subst. mas. (*bileloce*), droit d'aide qui se percevait autrefois dans quelques provinces de la France, principalement en Bretagne.

BILLOT, subst. mas. (*biio*), tronçon de bois gros et court : *billot de cuisine, d'enclume*, etc., *on lui a coupé la tête sur un billot*. — Prov. : *j'en mettrais ma tête sur le billot, ma main sur le billot*; pour dire : je l'affirmerais au prix de ma vie. — Bâton mis en travers au cou des chiens, pour les empêcher de chasser et d'entrer dans les vignes. — C'est aussi une lourde pièce de bois qu'on attache au cou des bœufs et des vaches, pour les fixer dans un pâturage d'où l'on ne veut point qu'ils sortent. — Bâton qu'on met le long des flancs des chevaux neufs qu'on amène d'Allemagne, pour les conduire au marché. — En t. de manége, morceau de bois qu'on attache à la longe du cheval. — Mors de bois enduit de divers médicaments. — Coin qu'on pose sous un levier, quand on veut lever ou remuer quelque fardeau. — Espèce de souricière. — En t. de mar., pièce de bois courte qu'on met entre les fourcats des vaisseaux pour les garnir en les construisant. — Les cordonniers appellent *billot* un tronçon d'arbre sur lequel ils battent leurs semelles; les orfèvres, un tronçon sur lequel ils placent leur enclume; les ferblantiers, un gros cylindre de bois où ils posent leurs bigornes; les chaînetiers, un morceau de bois qui leur sert d'enclume; les charrons, un tréteau d'un pied de hauteur et de deux de longueur; les tailleurs, un petit cube de bois sur lequel ils placent les choses qu'ils veulent repasser; les rubaniers, un instrument qui sert à relever les pièces ourdies de dessus l'ourdissoir; les paumiers, raquetiers, un établi carré qui leur sert à asseoir solidement la raquette; les artificiers appellent *billot à charger* un morceau de bois qui leur tient lieu d'enclume; les tabletiers cornetiers, *billot à redresser* un morceau de tronc d'arbre planté debout, au milieu duquel il y a un trou propre à recevoir les ouvrages sur le mandrin, et *billot à refouler*, une grosse pièce de bois où ils refoulent leurs cornets; les facteurs d'orgues appellent *billots* de petits morceaux de bois plats dans lesquels ils mettent les pivots des rouleaux de l'abrégé. — Fig., *billot* se dit d'un gros livre.

BILLOTÉE, subst. fém. (*biioté*), t. de pêche : *vendre le poisson d'un étang à la billotée*, le vendre par lots ou en bloc.

BILOBE, adj. fém. (*bilobe*), t. de bot., se dit des semences *bicotylédones* ou *dicotylédones*. Voy. ces deux mots.

BILOBÉ, E, adj. (*bilobé*) (du lat. *bis*, deux fois, et du grec λόϐος, lobe, follicule), t. de bot., qui a deux lobes, ou dont les deux divisions sont séparées par un sinus obtus, plus ou moins arrondi à son fond.

BILOCULAIRE, adj. des deux genres (*bilokulère*) (du lat. *bis*, deux fois, et *loculus*, cavité, logette), t. de bot., qui a deux loges.

BILULO, subst. mas. (*bilulo*), t. de bot., sorte de manguier.

BIMACULÉ, subst. mas. (*bimakulé*), t. d'hist. nat., nom spécifique d'un chétodon et d'un cyclop-tère.

BIMANE, subst. mas. et adj. des deux genres (*bimane*) (du latin *bis*, doublement, et *manus*, main), t. d'hist. nat., qui a deux mains. — Première famille des *mammifères fissipèdes*.

BIMATER, subst. propre mas. (*bimatère*), myth., surnom de Bacchus, parce que Jupiter, après la mort de Sémélé, lui servit de mère.

BIMAUVE, subst. fém. (*bimôve*), t. de bot., sorte de guimauve.

BIMBELÉ, subst. mas. (*beinbelé*), t. d'hist. nat., oiseau du genre de la fauvette. — On le nomme aussi *fausse linotte*.

BIMBELOT, subst. mas. (*beinbelô*) (de l'italien *bambola*, poupée), petit jouet d'enfant, colifichet,

BIMBELOTERIE. Voy. BIMBELOTTERIE.

BIMBELOTIER, subst mas. (*beinbelotié*) marchand ou fabricant de *bimbelots.*

BIMBELOTIÈRE, subst. fém. (*beinbelotière*), celle qui vend des *bimbelots.*

BIMBELOTTERIE (l'*Académie* écrit ce mot avec un seul *t*), subst. fem. (*beinbeloterf*), profession de celui qui fabrique ou vend des *bimbelots*; fabrique, boutique, fabrication, commerce de *bimbelots.*

BIMÉDIAL, E, adj. (*bimédiale*), t. de géom. : *ligne première bimédiale*, ligne totale formée de la réunion des deux autres lignes commensurables seulement en puissance. Cette ligne totale est irrationnelle par rapport à l'une de ses deux parties. — Plur. mas., *bimédials.*

BIMESTRE, subst. mas. et adj. des deux genres (*bimécetre*), de deux mois; l'espace de deux mois. Inus. Cependant nous ne voyons pas de raison pour ne pas l'employer, puisque l'on dit bien *trimestre* et *semestre.* Il est vrai que ce sont les époques des grandes échéances.

BIMILLIARD, subst. mas. (*bimiliar*), deux *milliards.* Inus. Voy. la remarque du mot *bimestre* qui précède. On a dit aussi *bimillion.*

BIMILLION, subst. mas. (*bimilion*). Voy. BIMILLIARD.

BINAGE, subst. mas. (*binage*), t. d'agric. et de jard., action de *biner*; labour leger; seconde façon qu'on donne aux terres. — Action du prêtre qui dit deux fois la messe le même jour. On dit aussi *binement.*

BINAIRE, adj. des deux genres (*binère*) (du lat. *binarius*, formé de *bini*, deux, ensemble), t. d'arithmétique, qui est composé de deux unités : *nombre binaire.* — *Arithmétique binaire*, celle dans laquelle les chiffres suivraient, non la progression décuple, comme dans la nôtre, mais la progression double. Elle n'emploierait que deux caractères 1 et 0. — En t. de mus., *mesure binaire*, celle qui se partage en deux temps. — Les anciens, qui regardaient le nombre trois comme le plus parfait, appelaient *imparfaite* la mesure *binaire.*

BINARD, subst. mas. (*binar*), charriot à deux ou quatre roues d'égale hauteur, avec un plancher sur lequel on met de grands fardeaux.

BINDELYS, subst. mas. (*beindeli*), t. de comm., petit passement de soie et d'argent.

BINÉ, E, part. pass. de *biner.*

BINÉE, adj. fém. (*biné*) (du lat. *bini*, deux, ensemble), t. de bot. : *feuille binée* ou *géminée*, feuille simplement composée et dont le pétiole commun porte deux folioles sur le même point.

BINEMENT, subst. mas. (*bineman*), action de *biner*; seconde façon que l'on donne à la vigne.

BINER, v. act. (*biné*) (du lat. *binare*, joindre ensemble, doubler), t. d'agric. et de jard., donner un second labour à une vigne, à une terre, à une plate-bande. — V. pron., *se* BINER. — V. neut., t. d'église, dire deux messes en un jour, ou desservir deux cures.

BINET, subst. mas. (*biné*), ustensile creux qu'on met dans la bobèche du chandelier; il porte au milieu une pointe de fer où l'on place le bout de la chandelle qui reste à brûler. — Petit chandelier pour brûler la chandelle jusqu'au bout. — Fig., *faire binet*, économiser beaucoup à la façon des gens qui se servent de *binet.*

BINETTE, subst. fém. (*binète*), instrument d'agriculture et de jard., avec lequel on *bine.*

BINI, subst. mas. (*bini*), anciennement, compagnon d'un religieux quand il sortait.

BINNI, subst. mas. (*bineni*), t. d'hist. nat., cyprien qui se pêche dans le Nil.

BINOCHON, subst. mas. (*binochon*), outil des jardiniers pour sarcler l'ognon.

BINOCLE, subst. mas. (*binokle*) (du lat. *bini*, deux, ensemble, et *oculi*, yeux), télescope au moyen duquel on voit un objet avec les deux yeux en même temps. — C'est aussi le nom d'une lorgnette à deux branches avec laquelle on voit de même des deux yeux à la fois. — En t. d'hist. nat., *binocle* est un genre de crustacés qui ont deux yeux séparés. — Pou des poissons. — Bandage pour les yeux.

BINOCULAIRE, adj. des deux genres (*binokulère*), qui sert aux deux yeux : *télescope binoculaire.* Voy. BINOCLE.

BINOME et non pas avec l'*Académie* BINÔME, subst. mas. (*binome*) (du lat. *bis*, en grec δις, deux fois, et νομη, part, division), t. d'algèbre, quantité composée de deux parties, c'est-à-dire : deux termes liés par les signes + ou —. On entend par *binome de Newton*, la méthode ou formule donnée par Newton pour élever un *binome* à une puissance quelconque entière ou fractionnaire.

BINTAMBARU, subst. mas (*beintanbaru*), t. de bot., pied de chèvre.

BINTOCO, subst. mas. (*beintoko*), t. de bot., arbre de Manille, de la famille des térébinthacées.

BINUBE, subst. et adj. des deux genres (*binube*), celui ou celle qui se marie deux fois. Inusité.

BINUNGA, subst. fém. (*binongua*), t. de bot., espèce de ricin.

BIOCOLYTE, subst. mas. (*biokolite*) (du grec βια, violence, et κωλυω, j'empêche, je réprime), officier ou soldat de l'empire grec, chargé d'empêcher les violences qui se commettaient dans les provinces.

BIOGRAPHE, subst. des deux genres (*bioguerafe*) (du grec βιος, vie, et γραφω, j'écris), auteur d'une ou de plusieurs vies particulières.

BIOGRAPHIE, subst. fém. (*bioguerafi*) (même étym. que BIOGRAPHE), histoire de la vie d'un particulier. — Ouvrage composé de vies particulières : *la Biographie universelle*, etc. — Science, écrits relatifs à ce genre d'ouvrages : *s'adonner à la biographie; la biographie m'intéresse plus que l'histoire.*

BIOGRAPHIQUE, adj. des deux genres (*bioguerafike*), qui tient de ou à la *biographie.*

BIOLOGIE, subst. fém. (*bioloji*) (du grec βιος, vie, et de λογος, discours), traité, discours sur la vie animale.

BIOLOGIQUE, adj. des deux genres (*biolojike*), qui concerne la *biologie.*

BIOLOGISTE, ou **BIOLOGUE,** subst. des deux genres (*biolojicete, logue*) (Voy. BIOLOGIE pour l'étym.), celui ou celle qui s'occupe de *biologie.*

BIOMÈTRE, subst. mas. (*biomètre*) (du grec βιος, vie, et μετρον, mesure), mesureur de la vie; *agenda* pour diviser son temps relativement au travail. Inus.

BIOMÉTRIQUE, adj. des deux genres (*biométrike*), qui concerne le *biomètre.*

BION, subst. mas. (*bion*), t. d'arts et métiers, outil dont se servent les ouvriers en verre pour inciser leurs bosses.

BIONDELLA, subst. fém. (*biondélela*), t. de bot., espèce de centaurée.

BIOTHANATE, adj. et subst. des deux genres (*biotanate*) (du grec βια, violence, et θανατος, mort), qui succombe à une mort violente. Inus.

BIPALMÉ, E, adj. (*bipalemé*) (du latin *bis*, deux fois, et *palma*, palme), t. de bot., qui a deux *palmes.*

BIPAPILLAIRE, subst. mas. (*bipapilclère*), t. d'hist. nat., espèce qui comprend un animal des mers de la Nouvelle-Hollande.

BIPARIÉTAL, E, adj. (*biparictal*) (du latin *bis*, deux fois, et *paries*, cloison, paroi), t. d'anat., se dit du diamètre transversal de la tête, qui s'étend d'une bosse *pariétale* à l'autre. — Au plur., mas., *bipariétaux.*

BIPARTI, E, adj. (*biparti*), t. de bot., feuille fendue au delà du milieu.

BIPARTIBLE, adj. des deux genres (*bipartible*) (du latin *bis*, doublement, et *partibilis*, divisible), t. de bot., susceptible de division spontanée en deux parties.

BIPARTILOBÉ, E, adj. (*bipartilobé*), t. de bot., se dit d'une feuille à scissure obtuse.

BIPARTITION, subst. fém. (*biparticion*), le même que *bissection.* Voy. ce mot.

BIPÉDAL, E, adj. (*bipédale*) (du lat. *bipedalis*, formé de *bis*, doublement, et *pes, pedis*, pied), qui a la mesure de deux pieds. — Au plur. mas., *bipédaux.*

BIPÈDE, adj. des deux genres et subst. mas. (*bipède*) (du latin *bipes*, formé de *bis*, doublement, et *pes*, pied), se dit d'un animal à *deux pieds*, qui marche à *deux pieds.* — T. d'hist. nat., genre de reptiles de la famille des lézards. — En t. de manége, on appelle *bipède antérieur* les *pieds* de devant du cheval, *bipède postérieur* les *pieds* de derrière, *bipède latéral* un *pied* de devant et un *pied* de derrière du même côté; enfin *bipède diagonal* un *pied* de devant d'un côté et un *pied* de derrière de l'autre.

BIPENNE, subst. fém. (*bipènene*) (du lat. *bipennis*), t. d'antiq., hache double; nom particulièrement donné à la hache des Amazones.

BIPENNIFER, adj. mas., latin (*bipènenifère*), myth., surnom donné à Lycurgue, roi de Thrace, parce qu'il s'est servi d'une hache pour se couper les jambes.

BIPHORE, subst. mas. (*bifore*), t. d'hist. nat., animal marin de la classe des vers. — Au plur., mollusques acéphales.

BIPINNATIFIDE, adj. des deux genres (*bipinenatifide*), t. de bot., à plusieurs découpures : *feuille bipinnatifide.*

BIPINNÉE, adj. fém. (*bipinené*) (du lat. *bis*, doublement, deux fois, et *penna*, aile), t. de bot., se dit des feuilles qui, sur un pétiole commun, portent des pétioles particuliers sur lesquels les folioles sont insérées et disposées en forme d'*ailes.*

BIQUADRATIQUE, adj. des deux genres, (*bikouadratike*) (du lat. *bis*, doublement, et *quadratus*, carré), t. d'algèb., se dit de la puissance qui se trouve au-dessous du cube, c'est-à-dire de la quatrième puissance.

BIQUE, subst. fém. (*bike*) (du grec βηκη, qui, dans *Hésychius*, a la même signification), t. d'hist. nat., la femelle du bouc, chèvre. Fam.

BIQUET, subst. mas. (*biké*), t. d'hist. nat., le petit d'une chèvre; chevreau. Fam. — *Biquet*, en t. de monnaie, sorte de trébuchet pour peser de l'or ou de l'argent.

BIQUETÉ, E, part. pass. de *biqueter.*

BIQUETER, v. neut. (*biketé*), mettre bas, en parlant de la chèvre. En ce sens, il a vieilli. — Se servir du *biquet* pour peser. Dans cette dernière acception, *biqueter* est actif.

BIQUINTILE, adj. des deux genres (*bikueintile*), (du latin *bis*, doublement, et *quintus*, cinquième), t. d'astron., se dit de l'aspect de deux planètes éloignées de cent quarante-quatre degrés, de deux fois la *cinquième partie* de trois cent soixante degrés, qui est de soixante-douze.

BIRAMBROT, subst. mas. (*biranbrô*) (de l'allemand *bier und brod*, bière et pain), t. de cuis., soupe faite avec de la bière, du sucre, de la muscade, et quelquefois avec du beurre et du pain.

BIRD-GRAS, subst. mas. (*birdeguerâ*), t. de bot., plante fourrageuse, originaire de l'Amérique septentrionale.

BIRE, BURE ou BOUTEILLE, subst. fém. (*bire, bure*), t. de pêche, vase d'osier pour prendre des poissons.

BIRÈME, subst. fém. (*birème*) (du lat. *biremis* qui a la même signification), t. d'hist. anc., vaisseau qui avait de chaque côté *deux rangs de rames.* — On appelait aussi *birème* une barque ou un esquif à *deux rames.*

BIRETTE, subst. fém. (*birète*), bonnet. Inus.

BIRGUE, subst. fém. (*birgue*), t. d'hist. nat., genre de crustacés.

BIRIBI, subst. mas. (*biribi*), jeu de hasard qui se joue avec des boules creuses dans lesquelles sont des numero correspondants à ceux d'un tableau. L'avantage du banquier est de six sur soixante-dix.

BIRLOIR, subst. mas. (*birloar*) (pour *virloir*, fait du vieux mot français *virer*), tourniquet qui sert à retenir un châssis de fenêtre lorsqu'il est levé. Peu usité.

BIRMANIE, subst. propre fém. (*birmani*), grand empire de la presqu'île de l'Inde.

BIRMINGHAM, subst. propre mas. (*birmeinguame*), l'une des plus grandes villes de la Grande-Bretagne, et des plus industrieuses de l'Europe.

BIRONCHE, BIROUCHE, selon *Boiste*, subst. fém. (*bironche*), voiture légère pour la chasse. Vieux.

BIROSTRÉ, E. adj. (*birocetré*), (du lat. *bis*, deux fois, et *rostrum*, bec), t. de bot., qui est terminé par deux becs.

BIROTINE, subst. fém. (*birotine*), t. de comm., soie du Levant.

BIROUCHE, subst. fém. Voy. BIRONCHE.

BIRRETTE, subst. fém. Voy. BIRETTE.

BIRRHE. subst. mas. (*bire*), t. d'hist. nat., genre d'insectes coléoptères, de la famille des hélocères.

BIS, E, adj. (*bi, bize*) (du grec φαιος, qui a la même signification, en changeant φ en β, changement qui n'est pas rare dans les dérivations de ce genre), brun. Il se dit au propre du pain, de la pâte, de la toile, etc. — On appelle *pain bis-blanc*, un pain entre le *bis* et le blanc. — On dit fam. d'une femme brune, qu'*elle est bise*, qu'*elle a la peau bise.* Peu usité dans cette dernière acception.

BIS, adv. (*bice*) (pris du latin), qui marque qu'il faut chanter, dire ou faire une seconde fois la même chose : *tout le parterre a crié bis.* — Subst. mas. : *ce couplet a eu les honneurs du bis.* — Interj. : *bis! bis!* — Adj. : *numeros 3 bis, feuillet 18 bis*, sert à indiquer qu'on répète le numéro 3, le feuillet 18, pour n'être pas obligé de changer ceux qui suivent.

BISAGE, subst. mas. (*bizaje*), t. de teint., façon qu'on donne à une étoffe lorsqu'on la met dans une autre couleur que celle où elle avait été teinte la première fois. Voy. **BISER**, v. act.

BISAGO ou **MISAGO**, subst. mas. (*bizaguo*), t. d'hist. nat., oiseau du Pérou, semblable à l'épervier.

BISAÏEUL, subst. mas. (*biza-ieule*), deux fois aïeul; le père du grand-père ou de la grand'-mère.

BISAÏEULE, subst. fém. (*biza-ieule*), la mère de la grand'mère ou du grand-père.

BISAIGUË, subst. fém. (*bizégu*) (du latin *bis*, deux fois, et *acutus*, aigu; *aigu à ses deux extrémités*), hache à deux tranchants employée autrefois dans les combats. — T. d'arts et mét., outil de fer acéré par les deux bouts, dont l'un est en bec-d'âne et l'autre en ciseau. — Marteau de vitrier dont la panne est pointue. — Outil de cordonnier pour polir plusieurs parties du soulier.

BISAILLE, subst. fém. (*bizâie*), t. de meunier, dernière farine dont on fait le pain *bis*. — T. d'écon. domestique, mélange de pois et de vesces pour donner aux volailles.

BISALPIS, subst. propre fém. (*bizalpice*), myth., nom d'une des femmes de Neptune.

BISALTIS, subst. propre fém. (*bizaltice*), myth., Théophane, fille de *Bisaltus*, la même que *Bisalpis*.

BISAN, subst. mas. (*bizan*), monnaie de l'empire grec

BISANNUALITÉ, subst. fém. (*bizanenualité*), état de ce qui est *bisannuel* : *bisannualité des états de Bade*.

BISANNUEL, adj. mas.; au fém. **BISANNUELLE** (*bizanenuèle*) (du latin *bis*, deux fois, et *annuus*, annuel), de *deux ans*. — T. de bot., se dit des plantes qui meurent après avoir subsisté pendant *deux ans*.

BISARME, subst. fém. (*bizarme*), sorte d'*arme* offensive. Inus.

BISBILLE, subst. fém. (*bicebiie*) (de l'italien *bisbiglio*, fait par onomatopée, et dont la prononciation est la même), petite querelle, dissension sur des futilités. Fam. : *ils ont eu une bisbille*.

BISBLANC, subst. et adj. mas. (*bibelan*), t. de boulanger, se dit du pain moitié *blanc*, presque *blanc*.

BISCACHO, subst. mas. (*bicekacho*), t. d'hist. nat., mammifère rongeur.

BISCAÏE ou **BISCAYE**, subst. propre fém. (*bicekâ-ie*), province d'Espagne.

BISCAÏEN, subst. mas. (*biceka-iein*), espèce de mousquet ou de fusil, dont le canon est fort épais vers la culasse, et qui porte beaucoup plus loin que les fusils ordinaires. — Petit boulet en fer, du poids d'une livre et au-dessous. — Habitant de la *Biscaïe*.

BISCAÏENNE, subst. fém. (*biceka-iène*), femme d'un habitant de la *Biscaïe*. — T. de mar., petite chaloupe qui va à la rame.

BISCAPIT, subst. mas. (*bicekapite*) (du lat. *bis*, deux fois, et *capit*, il prend, de *capere*, prendre), t. de la chambre des comptes, action de celui qui porte deux fois la même chose en compte; résultat de cette action.

BISCHÉ, adj. mas. (*biché*) : *œufs bischés*, qui sont couvés et qui laissent voir quelques fractures à la coque.

BISCHWEILLER, subst. propre mas. (*bicekevèière*), ville de France, chef-lieu de canton, arrond. de Wissembourg, dép. du Bas-Rhin.

BISCORNU, E, adj. (*bicekornu*), mal bâti, mal fait, irrégulier : *bâtiment biscornu*, *globe biscornu*. — Il se dit au figuré des conceptions de l'esprit, et de l'esprit même : *Ouvrage biscornu; raisonnement biscornu; esprit biscornu*. Fam.

BISCOTIN, subst. mas. (*bicekotein*) (diminutif de biscuit), sorte de petit *biscuit*, ordinairement rond et extrêmement dur : *manger des biscotins*, *servir des biscotins*.

BISCOTTE, subst. fém. (*bicekote*), genre de pâtisserie qui se délaie en bouillie pour les enfants nouveau-nés.

BISCOTTÉ, E, part. pass. de *biscotter*.

BISCOTTER, v. act. et neut. (*bicekoté*), baiser; caresser. Vieux et inus.

BISCUIT, subst. mas. (*bicekui*) (du lat. *bis*, deux fois, et *coctus*, cuit, d'où les Italiens ont fait également *biscotto*, qui signifie la même chose), pâte faite de la plus fine fleur de froment, de sucre et d'œufs, qu'on fait cuir au four dans des moules. — T. de mar., pain *cuit deux fois*, qu'on mange sur mer. — On dit *faire du biscuit*, *aller faire du biscuit*, pour dire : en aller faire provision, lorsqu'on craint d'en manquer. — On fait aussi du *biscuit* pour les vivres de terre. — On appelle encore le *biscuit* : *pain-biscuit*. — T. de plâtrier, caillou qui reste entier dans le bassin, après que la chaux est éteinte. — Fausse teinture défendue par les réglements. — *Biscuit de mer*, t. d'hist. nat., matière calcaire, de forme ovale, aplatie, qu'on trouve dans le dos des sèches, et dont on se sert dans les arts pour polir les métaux précieux. On l'appelle aussi *écume de mer*. — On appelle *biscuit de carême* certain *biscuit* fait sans œufs, et fort cassant. — T. de manufacture de porcelaine, ouvrage de porcelaine qui reçoit deux cuissons, et qu'on laisse dans son blanc mat, sans peinture ni couverte. — Les potiers de terre et les faïenciers donnent aussi ce nom à la pâte dont ils font leurs vases, avant que la couverte y soit appliquée. — Les tuiliers appellent *biscuit* une tuile trop cuite. — On nomme *biscuit de cire* une sorte de lampion qui sert pour les illuminations. — Fig. et prov., *s'embarquer sans biscuit*, s'engager dans une entreprise sans avoir pris les moyens nécessaires pour réussir; entreprendre un voyage sans avoir les fonds nécessaires, etc.

BIS-DORÉ, subst. et adj. mas. Voy. **BÉDORÉ**.

BISE, subst. fém. (*bize*) (suivant *Huet*, du mot français *bis*, dans la signification de *noir*, mot très-ancien dans la langue), vent sec et froid qui, en hiver, souffle du septentrion. — Il se dit poét. pour l'hiver. — T. d'hist. nat., poisson de mer presque semblable au thon.

BISÉ, E, part. pass. de *biser*.

BISEAU, subst. mas. (*bizô*), extrémité coupée de biais, en talus. On le dit des bords d'une glace de miroir, de l'arête d'un bois équarri, du dos d'un couteau ou d'un rasoir, d'un diamant taillé en table, en un mot de tout ce qui est coupé en talus. — Anciennement, en parlant d'un pain, c'était la même chose que *baisure*. Voy. ce mot. — T. de mus., petit morceau d'étain ou de plomb qui couvre le tuyau, et qui aide au résonnement de l'orgue. — Partie d'un instrument à vent par laquelle on le fait résonner. — Outil de tourneur et de menuisier. — *Biseaux*, t. d'impr., morceaux de bois qui sont en glacis, et qui servent à serrer les pages dans le châssis.

BISÉE, adj. fém. (*bizé*), reteinte : *étoffe bisée*.

BISEIGLE, subst. mas. (*bizèguele*), t. d'arts et mét., instrument de bois qui sert aux cordonniers et aux savetiers. — On dit mieux *bisaiguë*. Voy. ce mot.

BI-SEL, subst. mas. (*bicèle*), sel avec excès d'acide.

BISEMATE, subst. mas. (*bizemate*), plomb très-pâle, très-léger et très-grossier. Vieux.

BISER, v. neut. (*bizé*) (du latin *bis*, deux fois), t. d'agriculture, devenir *bis* : *les blés bisent*. — V. act., t. de manuf. : *biser une étoffe*, la reteindre et la repasser.

BISERGOT, subst. mas. (*bizèreguo*), t. d'hist. nat., oiseau du Sénégal, du genre de la perdrix.

BISET, subst. mas. (*bizè*) (du français *bis*, brun, noirâtre), t. d'hist. nat., oiseau qui a les pieds et le bec rouges, la plume de couleur de plomb et presque noire; c'est une espèce de pigeon sauvage. — On dit aussi adjectivement *un pigeon biset*. Peut-être le mot que nous écrivons *bizet* vient-il de là. — Caillou noirâtre. Il est aussi adj. : *un caillou biset*.

BISETTE, subst. fém. (*bizète*), t. de comm., dentelle inférieure. — T. d'hist. nat., nom de la macreuse commune.

BISETTIÈRE, subst. fém. (*bizètière*), femme qui fait de la *bisette*.

BISEUR, subst. mas. (*bizeur*), teinturier du petit teint.

BISEXE, adj. des deux genres (*bicèkece*) (du lat. *bis*, doublement, et *sexus*, sexe), t. de bot., fleur qui réunit les *deux sexes*. — On dit aussi *hermaphrodite* ou *monoïque*. Voy. ces mots.

BISHNA, subst. mas. (*bicena*), t. de bot., maïs à grain blanc et rouge, qui croît en Afrique.

BISHOP, subst. mas. Voy. **BÉCHOFF**.

BISIPHITE, subst. fém. (*bizifite*), t. d'hist. nat., genre de coquilles établi aux dépens des nautiles.

BISLINGUA, subst. mas. (*biceleinguoua*). Voyez **HOUX**.

BIS-MORI, subst. mas. (*bicemori*) (du lat. *bis*, deux fois, et *mori*, mourir), grand déplaisir. Inus.

BISMUTH, subst. mas. (*bicemute*), t. de minér., métal fragile d'un blanc jaunâtre, fort pesant et disposé en grandes lames brillantes.

BISON, subst. mas. (*bizon*), t. d'hist. nat., bœuf sauvage connu chez les anciens. On a donné ce nom aux taureaux sauvages de l'Amérique. — En t. de blas., c'est la même chose que *buffle* : *tête de bison couronnée*.

BISONNE, subst. fém. (*bizone*), t. de comm., toile grise particulièrement employée à faire des doublures. — Elle doit son nom à sa couleur *bise*.

BISOQUES, subst. mas. plur. (*bizoke*), t. d'hist. eccl., sectaires chrétiens qui prétendaient que les mauvais anges avaient été rappelés au ciel.

BISOUARD, subst. mas. (*bizouar*), espèce de colporteur, de porte-malle. Inus.

BISPATHELLÉ, E, adj. (*bicepatèlelé*), t. de bot., composé de deux *spathelles*.

BISPÉNIENS, subst. mas. plur. (*bicepéniein*), t. d'hist. nat. On a donné ce nom à un ordre de reptiles qui comprend les ophidiens et les sauriens, à l'exception des crocodiles.

BISQUAIN, subst. mas. (*bicekein*), peau de mouton en laine.

BISQUE, subst. fém. (*biceke*) (du lat. *bis*, deux fois, et *cocta*, cuite, ou *bis*, deux fois, et *siccu*, sèche, en sous-entendant *offa*, soupe), sorte de potage succulent. On appelle *demi-bisque* celui où il entre moins d'ingrédients que dans la *bisque* ordinaire. — En t. de jeu de paume, avantage qu'un joueur fait à un autre en lui donnant quinze dans le cours de la partie. — Fig. et fam., *prendre bien sa bisque*, prendre bien son temps. Dans ce dernier sens *bisque* dérive de *biscaye*, qui autrefois, dans le jeu de paume, se disait pour *bisque*.

BISQUER, v. neut. (*bicekė*), expression pop. qui signifie : pester, éprouver du dépit. Ce mot si commun manque dans l'*Académie*.

BISQUIÈRE, subst. fém. (*bicekière*), gardeuse de chèvres. Ce mot, créé par J.-J. Rousseau, n'a point été conservé.

BISSAC, subst. mas. (*biçake*) (du lat. *bis*, deux fois, et *saccus*, sac), sorte de besace. Voy. ce mot. — On dit fig. : *être au bissac*, réduit à la mendicité.

BISSE, subst. mas. (*bice*) (de l'italien *biscia*, serpent), t. de blas., serpent, couleuvre. — T. d'hist. nat., nom vulgaire du rouge-gorge.

BISSECTION, subst. fém. (*bicecèkecion*) (du lat. *bis*, doublement, et *sectio*, division), t. de géom., bipartition, division d'une ligne, d'un angle en deux parties égales.

BISSÉRULE, subst. fém. (*bicecérule*) (du lat. *bis*, deux fois, et *serere*, semer), t. de bot., genre de plantes de la famille des légumineuses.

BISSEXE, adj. des deux genres (*bicèkce*), dont le sexe ou le genre est double. On écrit aussi *bisexe*.

BISSEXTE, subst. mas. (*bicèkecete*) (du lat. *bissextus*, formé de *bis*, deux fois, et *sextus*, sixième), t. de chronologie, le jour que, dans l'ancienne division de l'année, l'on ajoutait de quatre ans en quatre ans après le 24 février, afin de faire cadrer l'année civile avec l'année astronomique, celle-ci excédant les trois cent soixante-cinq jours, qui composent la première, d'environ six heures, qui font un jour en quatre ans. On appelle ce jour-là *bissexte*, parce qu'alors on comptait chez les Romains deux fois le 6 des calendes de mars. Il est aussi adj. : *année bissexte* ou mieux *bissextile*.

BISSEXTIL, E, adj. (*bicèkcetile*), on le dit de l'an ou de l'année dans laquelle se rencontre le *bissexte*.

BISSEXUEL, adj. mas.; au fém. **BISSEXUELLE** (*bicèkçuèle*), t. qui ne s'emploie qu'en bot., et où il se dit des plantes qui ont les organes mâles et femelles réunis.

BISSOLITHE, subst. fém. Voy. **BYSSOLITHE**.

BISSUS, subst. mas. (*biceçuce*). Voy. **BYSSUS**.

BISTARDE, subst. fém. (*bicetarde*), vieux nom de l'outarde.

BISTON, subst. propre mas. (*biceton*), myth., fils de Mars et de Callirhoé, qui bâtit dans la Thrace une ville à laquelle il donna son nom, d'où les hommes de ce pays furent appelés Bistoniens, et les femmes Bistonides.

BISTONIDES, subst. fém. plur. (*bicetonide*), myth., femmes de Thrace qui, dans Horace, sont les mêmes que les bacchantes. Voy. **BISTON**.

BISTONIUS TYRANNUS (*bicetoniuce tiranenuce*), myth., mots latins qui signifient : *roi de Bistonie*. C'est le surnom qu'on donne à Diomède, roi de Thrace. Voy. **BISTON**.

BISTOQUET, subst. mas. (*bistoké*), au jeu de billard, espèce de masse pesante et épaisse, dont la queue est plate et recourbée. Vieux et même hors d'usage.

BISTORD, subst. mas. (*bicetor*), chez les cordiers, se dit de deux petites ficelles unies ensemble.

BISTORTE, subst. fém. (*bicetorte*) (du lat. *bis*, doublement, et *torta*, tortue), t. de bot., plante vivace à racines tortues, repliées. Il y en a plusieurs espèces.

BISTORTIER, subst. mas. (*bicetortié*), t. de pharm., pilon de bois pour battre, mêler et agiter diverses compositions dans un mortier de marbre.

BISTOURI, subst. mas. (*bicetouri*) (suivant *Le Duchat*, du lat. *Pistoriensis*, de Pistori, parce que cette ville était autrefois renommée pour ses ouvrages en fer et en acier), instrument de chirurgien pour faire des incisions : *bistouri droit, courbe ; bistouri à deux tranchants.* — *Bistouri gastrique*, dont on se sert pour dilater les plaies du bas-ventre : *bistouri herniaire ; donner un coup de bistouri.*

BISTOURNAGE, subst. mas. (*bicetournaje*), t. de médec. vétérin., sorte d'opération pratiquée dans le but d'anéantir la faculté génératrice chez les mammifères.

BISTOURNÉ, E, part. pass. de *bistourner*, et adj. : *jambes bistournées*, jambes torses.

BISTOURNÉE, subst. fém. (*bicetourné*), t. d'hist. nat., nom d'une coquille.

BISTOURNER, v. act. (*bicetourné*), tourner dans un sens contraire qui défigure l'objet; tordre les testicules d'un animal afin qu'il ne puisse engendrer. — *se* BISTOURNER, v. pron., se contourner, se défigurer.

BISTRE, subst. mas. (*bicetre*), suie cuite et détrempée dont se servent les peintres et les dessinateurs dans leurs couleurs, et pour leurs dessins. — On fait avec le tabac un *bistre* qui a quelques avantages sur celui qu'on tire de la suie : *bistre fin, grossier.*

BISTRÉ, E, part. pass. de *bistrer*.

BISTRER, v. act. (*bicetré*), donner la couleur du *bistre* à un objet, le laver de *bistre*.

BISULCE, adj. pris substantivement (*bizulce*), t. d'hist. nat., mot par lequel on désigne en général les mammifères à pieds fourchus : *les bisulces.*

BISULQUE ou **RUMINANT**, adj. des deux genres (*bizulke*) (du lat. *bisulcus*, fourchu), fendu, fourchu. — Subst. mas., t. d'hist. nat., famille de la classe des mammifères.

BISULTOR, adj. latin (*bizultor*), myth., signifiant qui venge deux fois : c'est un surnom de Mars.

BITAFRE, subst. mas. (*bitafre*), t. d'hist. nat., oiseau de proie d'Afrique.

BITANGOR, subst. mas. (*bitanguor*), t. de bot., genre de calaba.

BITCHE, subst. propre fém. (*bitche*), ville fortifiée de France, chef-lieu de canton, arrond. de Sarreguemines, dép. de la Moselle. — Sa citadelle est une des meilleures de France.

BITCHEMARE, subst. mas. (*bitchemar*), t. d'hist. nat., poisson des côtes de la Cochinchine.

BITERNÉE, adj. fém. (*bitèrené*) (du lat. *bis*, deux fois, et *ternus*, triple), t. de bot., se dit d'une feuille dont le pétiole commun se divise en trois pétioles, qui soutiennent chacun trois folioles.

BITESTACÉES, subst. fém. plur. (*bitècetacé*) (du lat. *bis*, deux fois, et *testa*, coquille), t. d'hist. nat., famille de crustacés qu'on appelle aussi ostraciens et qui sont renfermés entre *deux valves* de substance calcaire ou cornée, en forme de coquille.

BITHIES, subst. fém. plur. (*biti*), t. d'hist. nat., sorcières de Scythie.

BITHYNIARCHAT, subst. mas. (*bitiniarka*), titre, office, fonction, du *bithyniarque*.

BITHYNIARQUE, subst. mas. (*bitiniarke*) (du grec Βιθυνια, Bithynie, et αρχη, puissance), t. d'hist. anc., grand pontife de Bithynie.

BITHYNIE, subst. fém. (*bitini*), grande contrée, formant l'ancienne Asie-Mineure.

BITI, subst. mas. (*biti*), t. de bot., grand arbre toujours vert du Malabar.

BITIAS, subst. propre mas. (*bitiàce*), myth., Troyen, frère de Pandare, de la suite d'Énée.

BITIN, subst. mas. (*bitein*), t. d'hist. nat., serpent qu'on ne peut rapporter à aucun genre connu.

BITÔME, subst. mas. (*bitôme*), t. d'hist. nat., coquille qui avoisine les nérites.

BITON, myth. Voy. CLÉOBIS.

BITONCO, subst. mas. (*bitonkô*), t. de bot., genre de plantes des Philippines, de la famille des térébinthacées.

BITORD, subst. mas. (*bitor*), t. de mar., menue corde à deux, trois ou quatre fils de caret goudronnés et tortillés ensemble pour faire rouler les enflachures, pour amarrer et pour renforcer les manœuvres.

BITROPOGONS, subst. mas. plur. (*bitropoguon*), t. de bot., plantes labiées.

BITTAQUES, subst. mas. plur. (*bitake*), t. d'hist. nat., insectes névroptères.

BITTE, subst. fém. (*bite*), t. de rivière, pièce de bois placée sur le devant d'un bateau foncet. — En t. de mar., diverses pièces de bois qu'on distingue en *petites* et en *grandes bittes* : elles servent à amarrer l'ancre mouillée.

BITTÉ, E, part. pass. de *bitter*.

BITTER, v. act. (*bité*), t. de mar. : *bitter le câble*, le rouler et l'arrêter autour des *bittes*.

BITTER, subst. mas. (*bitetère*) (de l'allemand *better*, amer), liqueur amère, apéritive, stomachique, qui excite l'appétit, qui facilite la digestion.

BITTERN, subst. mas. (*bitetèrene*), t. de chim., liqueur qui reste après la crystallisation du sel commun. On la nomme aussi *eau-mère*.

BITTON, subst. mas. (*biton*), t. de mar., pieu placé sur le rivage pour amarrer les vaisseaux.

BITTOS, subst. mas. (*bitetoce*), t. de médec., sorte de maladie dont le principal symptôme est une douleur à l'anus.

BITUME, subst. mas. (*bitume*) (du lat. *bitumen*), t. d'hist. nat., matière liquide, noire, huileuse et inflammable. — C'est aussi une substance solide : *le charbon de terre est un bitume solide.*

BITUMINÉ, E, part. pass. de *bituminer*.

BITUMINER, v. act. (*bituminé*), enduire de *bitume*.

BITUMINEUSE, adj. fém. Voy. BITUMINEUX.

BITUMINEUX, adj. mas., au fém. BITUMINEUSE (*bitumineu, neuze*), qui est de la nature du *bitume* ; qui contient du *bitume* : *terres bitumineuses, eaux bitumineuses.*

BITUMINISATION, subst. fém. (*bituminizâcion*), t. de chim., changement des substances en *bitume*, par dissolution.

BITUMINISÉ, E, part. pass. de *bituminiser*.

BITUMINISER, v. act. (*bituminizé*), transformer en *bitume*.

BITURE, subst. fém. (*biture*), t. de mar., partie du câble allongée sur le pont avant de mouiller.

BIVAC, subst. mas. (*bivak*). Voy. BIVOUAC.

BIVALVE, subst. mas. (*bivalve*) (du lat. *bis*, deux fois, et *valvæ*, battants, portes), t. d'hist. nat., coquillages à deux parties unis par une charnière. — En t. de bot., *fruit bivalve*, qui se sépare en deux. En ce sens, il est adj. et des deux genres.

BIVALVULÉ, E, adj. (*bivalvulé*), t. de bot., qui a deux *valvules*.

BIVAQUER, v. neut. Voy. BIVOUAQUER.

BIVEAU, subst. mas. (*bivô*). Voy. BEUVEAU.

BIVENTER, subst. mas. (*bivanté*), t. d'anat., sixième muscle de la mâchoire inférieure.

BIVENTRE, adj. des deux genres (*bivantre*), t. d'anat., se dit des deux animaux qui ont deux *ventres*.

BIVIAIRE, adj. (*bivière*) (en lat. *bivius*, formé de *bis*, doublement, et *via*, chemin), t. d'administration forestière, se dit des carrefours où deux chemins aboutissent.

BIVIAL, E, adj. (*biviale*) (du lat. *bis*, deux fois, et *via*, chemin), se dit d'un chemin qui se partage en deux. Plur. mas., *biviaux*. Peu usité.

BIVOIE, subst. fém. (*bivoé*) (en latin *bivium*, chemin fourchu), angle que forment ensemble deux chemins qui tendent vers deux lieux différents.

BIVOUAC ou **BIVAC**, subst. mas. (*bivouak*, *bivak*) (de l'allemand *biwacht*, formé de *bey* et *wacht*, guet de nuit. Les Allemands modernes écrivent comme nous *bivouac*), t. de guerre, garde extraordinaire faite la nuit en plein air : *être de garde, aller, coucher au bivouac.* — Aujourd'hui, toute station qu'une armée en campagne fait en plein air, le jour ou la nuit, pour prendre du repos. — Il se dit encore de la troupe même et du lieu où elle s'arrête.

BIVOUAQUER ou **BIVAQUER**, v. neut. (*bivouaké*, *bivaké*), t. de guerre, camper en plein air : *l'armée a bivouaqué six jours de suite.* — Fam., par extension, passer la nuit à la belle étoile : *encore fort éloignés de toute habitation quand la nuit arriva, il nous fallut bivouaquer sur la lisière du bois.*

BIXA, subst. mas. (*bikça*), t. de bot., genre de plante de la famille des tiliacées.

BIXINÉES, subst. fém. plur. (*bikciné*), t. de bot., nouvelle famille de plantes, établie aux dépens des tiliacées.

BIZA, subst. mas. (*biza*), monnaie d'argent du royaume de Pégu, de la valeur de cinq livres cinq sous cinq deniers tournois, ou cinq francs vingt et un centimes.

BIZAAM ou **CHAT-BIZAAM**, subst. mas. (*bizaame*, *chabizaame*), t. d'hist. nat., mammifère carnassier du genre des civettes.

BIZARRE, adj. des deux genres (*bizâre*), fantasque, extravagant, capricieux : *homme, femme bizarre ; un caractère bizarre, une bizarre humeur.* — Extraordinaire, hors de l'ordre commun ou de l'usage : *destinée bizarre ; événement bizarre ; aventure bizarre ; forme bizarre ; habit, ajustement bizarre*, etc. ; *les femmes ont adopté depuis quelque temps une mode bizarre.* — Subst. mas., *donner dans le bizarre.*

BIZARREMENT, adv. (*bizâreman*), d'une façon *bizarre* : *agir bizarrement.*

BIZARRERIE, subst. fém. (*bizâreri*), caractère de ce qui est *bizarre* : *la bizarrerie de tel homme, de telle femme ; la bizarrerie de l'esprit, de l'humeur, des opinions, des idées, des goûts ; la bizarrerie d'un ajustement, des modes, des langues ; la bizarrerie d'un événement*, etc. — Singularité de l'humeur, extravagance : *cet homme, cette femme est d'une bizarrerie choquante ; ils ont fait cela par bizarrerie.* — On le dit aussi des actions mêmes résultant de la *bizarrerie* du caractère, de l'esprit : *cette femme est sujette à de grandes bizarreries.*

BIZART, subst. mas. (*bizar*), t. d'hist. nat., oiseau de passage.

BIZÉ, subst. mas. (*bizé*), t. d'arts et métiers, outil de bois des cordonniers, avec lequel ils règlent la trépointe du derrière d'un soulier.

BIZÈGLE, subst. mas., mieux BISAIGUË. Voy. ce mot.

BIZET, subst. mas. (*bizè*), garde national non revêtu de l'uniforme. Voy. BISET.

BLABE, subst. fém. (*blabe*), t. de chir., synonyme de blessure. Inus.

BLAC, subst. mas. (*blak*), t. d'hist. nat., milan d'Afrique.

BLACKBURNIE, subst. fém. (*blakburnî*), t. de bot., arbuste de l'île de Norfolk.

BLACMAL, subst. mas. (*blakmal*), t. de chim., composé de plusieurs sulfures métalliques.

BLADIE, subst. fém. (*bladî*), t. de bot., plante vivace qui ressemble beaucoup au genre pirgue.

BLAFARD, E, adj. (*blafar, farde*) (de l'allemand *bleckfarde*, de couleur de plomb), ne se dit que d'une couleur terne et d'une lumière faible : *visage* ou *teint blafard ; couleur blafarde ; lueur blafarde.* Voy. PALE.

BLAGRE, subst. mas. (*blaguere*), t. d'hist. nat., faucon d'Afrique, espèce d'aigle.

BLAGUE, subst. fém. (*blague*), menterie. Pop. — Sac à tabac.

BLAGUER, v. neut. (*blagué*), mentir avec effronterie et cependant en plaisantant. Pop.

BLAGUEUR, subst. mas. et adj., au fém. BLAGUEUSE (*blagueur, gueuze*), se dit de celui ou celle qui *blague*. Pop.

BLAGUEUSE, subst. fém. et adj. Voy. BLAGUEUR.

BLAIREAU, subst. mas. (*blèrô*). — T. d'hist. nat., bête puante qui se terre. C'est un mammifère plantigrade, qui a beaucoup de rapports avec l'ours par sa manière de vivre. — T. d'arts et mét., pinceau de doreur fait de poils de *blaireau*.

BLAIRIE, subst. fém. (*blèrî*), t. de bot., plante de la famille des bicornes. — On a donné aussi ce nom à un genre de verveine. — Droit sur les pâturages. Vieux.

BLAIRIER, subst. mas. (*blèrié*), t. d'hist. nat., canard sauvage.

BLAISEMENT, subst. mas. (*blèzeman*), vice dans la prononciation.

BLAKÉE, subst. fém. (*blaké*), t. de bot., genre de plantes de la famille des mélastomées.

BLAKOUEL, subst. mas. (*blakouèl*) (de l'anglais *blakwell*), t. de bot., plante de la famille des rosacées.

BLÂMABLE, adj. des deux genres (*blâmable*), qui mérite d'être *blâmé* : *une personne blâmable*; *une action blâmable*, etc.

BLÂME, subst. mas. (*blâme*), sentiment, discours par lequel on *blâme*, on désapprouve : *éviter le blâme*, *encourir le blâme* ; *tout le blâme en retombera sur vous* ; *porter le blâme d'une chose* ; *donner à quelqu'un le blâme de quelque chose* ; *rejeter sur quelqu'un le blâme de quelque chose* ; *prendre sur soi le blâme de...* ; *s'attirer le blâme de...* ; *telle chose lui a tourné à blâme*, etc. — T. d'anc. jurispr., peine infamante consistant à entendre, par suite d'un arrêt, le président du tribunal vous adresser ces mots : *la cour vous blâme*. On dit aujourd'hui *réprimande*, et cette peine n'est plus infamante.

BLÂMÉ, E, part. pass. de *blâmer*.

BLÂMER, v. act. (*blâmé*) (du latin *blasphemare*, employé par plusieurs écrivains du moyen âge dans le sens de *blâmer*, et qui a été fait du grec βλασφημεῖν, condamner, reprendre, dire du mal. On écrivait autrefois *blasmer*), condamner, désapprouver une personne ou une action. — Autrefois, en t. de palais, faire publiquement une réprimande à une personne qui avait commis quelque contravention aux lois, etc.— En matière de fief, *blâmer un aveu*, y trouver à redire ; cette dernière expression est surannée.— SE BLÂMER, v. pron.

BLAMONT, subst. propre mas. (*blamon*), petite ville forte de France, chef-lieu de canton, arrond. de Montbéliard, dép. du Doubs. — Deux chefs-lieux de canton, arrond. de Lunéville, dép. de la Meurthe.

BLAMUSE, subst. fém. (*blamuze*), petite monnaie d'argent du pays de Liége, valant trente-deux centimes de France. — Coup avec la main. Inus.

BLANC, adj. mas., au fém. BLANCHE (*blan*, *blanche*) (de l'allemand *blank*, luisant, éclatant), qui est de la couleur de la neige, du lait, etc. : *papier blanc*; *robe blanche*, etc. — Il se dit de diverses choses qui ne sont pas tout à fait *blanches*, pour les distinguer de celles de la même espèce qui sont d'une autre couleur : *vin blanc* ; *verre blanc* ; *bière blanche* ; *avoir le teint blanc*, *la peau blanche*. — Qui n'est pas sale : *linge blanc*; *draps blancs de lessive*. — Pâle, l'opposé de coloré : *être blanc de colère*; et par analogie, *avoir des colères blanches*. — Où il n'y a rien d'écrit : *papier blanc*; *livre blanc*. — On nomme *billets blancs* les billets ou bulletins de certaines loteries ou scrutins sur lesquels il n'y a rien d'écrit. — Au fig., pur, sans défaut, innocent : *il s'est tiré blanc comme la neige de cette accusation, de ce jugement*.— Dans la poésie, on appelle *vers blancs* des vers non rimés. — Fig. : *nuit blanche*, nuit passée sans dormir. — *Être blanc de vieillesse*, avoir les cheveux *blancs*. — On dit *armes blanches*, par opposition à *armes à feu* : *se battre à l'arme blanche*. *L'épée, le sabre, la baïonnette, sont des armes blanches*. — *Armes blanches* se disait aussi autrefois des armes défensives qui n'étaient ni bronzées, ni dorées, ni ciselées. — *Argent blanc* se dit de la monnaie d'argent, par opposition à la monnaie d'or ou de cuivre : *il m'a payé en argent blanc*; *changer des pièces d'or contre de l'argent blanc*. — *Monnaie blanche*, quantité de petites pièces d'argent qui forment la monnaie d'une pièce plus forte.— *Magie blanche*, celle qui s'opère par des moyens secrets mais naturels, par opposition à la *magie noire*, que l'on croit l'effet de l'influence des démons. — *Gelée blanche*, celle qui se forme le matin par la congélation du brouillard ou de la rosée. — T. de cuisine, *sauce blanche*, sauce faite avec de la farine et du beurre non roussi.—*Viande blanche*, celle de veau, de lapin, etc., par opposition à *viande noire*, celle de sanglier, de chevreuil, de bécasse, etc.— *Eau blanche*, eau où l'on a jeté du son pour la faire boire aux chevaux — On appelle aussi, en t. de médec., *eau blanche*, un mélange d'eau et d'extrait de saturne. — En t. d'administration forestière, *faire une coupe à blanc-étoc*, ou à *blanc-être*, c'est abattre tout sans laisser ni baliveaux, ni taillis, ni autres arbres; *abattre des arbres à blanche taille*, c'est les couper à fleur de terre. — On appelle *cartes blanches* les cartes où il n'y a pas de figures représentées. — *Blanc-manger*, sorte de mets composé d'amandes et d'une gelée faite du suc de viandes et autres choses. — *Blanc-seing* ou *blanc-signé*, papier *blanc*, signé au bas par celui qui veut s'obliger. — *Fer-blanc*. Voy. FER-BLANC. — *Poudrer à blanc*, c'est poudrer la chevelure de manière qu'elle paraisse toute *blanche*. — On appelle *quittance en blanc* une quittance où on laisse en *blanc* le nom de celui à qui elle doit être délivrée. — *Promesse en blanc*, une promesse où l'on a laissé en *blanc* le nom de celui à qui elle est faite. — *Procuration en blanc*, une procuration où l'on a laissé en *blanc* le nom de celui qui doit en être chargé. — En t. de mar., *cordage blanc*, celui dont les fils n'ont pas été goudronnés avant d'être commis. — *En blanc*, loc. adv., il se dit du papier où il n'y a rien d'écrit; *laissez ce côté en blanc*. — En t. de chapelier, se dit de ce qui n'est pas teint; en t. de rôtisseur, de la viande qui n'est pas vidée, lardée, piquée, ni bardée. — On dit prov., d'un homme heureux, qu'*il est le fils de la poule blanche*; d'un fanfaron, qu'*il se fait tout blanc de son épée*; de celui qui d'abord a été bien et ensuite mal, qu'*il a mangé son pain blanc le premier*, etc.— Prov. et fam., *donner carte blanche à quelqu'un*, c'est lui donner la liberté de faire tout ce qu'il jugera à propos. — *Mettre quelqu'un en beaux draps blancs*, c'est le mettre dans une situation fâcheuse, embarrassante, dangereuse. — *Sortir d'un emploi le bâton blanc à la main*, c'est en sortir pauvre, sans s'y être enrichi. On dit aussi d'une garnison qui sort d'une place sans armes ni bagages, qu'*elle en sort le bâton blanc à la main*. —On dit prov. et fig., *c'est bonnet blanc et blanc bonnet*, c'est-à-dire l'un vaut l'autre, il n'y a point de différence. — *Rouge soir et blanc matin*, ou *rouge au soir et blanc au matin, c'est la journée du pèlerin*, prov., c'est-à-dire que lorsque le ciel est rouge le soir et blanc le matin, c'est un signe de beau temps.

BLANC, subst. mas. (*blan*), la couleur *blanche*.— Les vêtements *blancs* : *s'habiller de blanc*; *vouer un enfant au blanc*, faire vœu qu'il sera habillé de *blanc* jusqu'à un certain âge, en l'honneur de la Vierge. — *Blanc sale*, blanc terne, sans éclat.— *Blanc de perles*, *blanc de lait*, d'une nuance tirant sur celle des perles ou du lait.—*Mets au blanc*, t. de cuisine, mets accommodé à la sauce *blanche*. — Sorte de fard dont quelques femmes se servent : *mettre du blanc*. — Homme qui a le teint *blanc*, par opposition à *nègre* : *cet enfant est fils d'un blanc et d'une négresse* ; on dit en ce sens *une blanche*, au fém. — Marque *blanche* qu'on met à un but : *tirer au blanc*. — On dit fig. et fam., *dire quelque chose de but en blanc*, dire quelque chose tout à coup, ou : hardiment, ou : inconsidérément. — Ancienne monnaie de cuivre en France, qui valait cinq deniers. On dit encore *six blancs* pour deux sous et demi. — T. d'arts et mét., émail de la faïence. — Plâtre sur lequel on applique la dorure. — Pièce d'un moule à fondre les caractères. — Dans l'imprimerie, intervalle qu'on laisse entre les lignes ou au milieu d'une ligne, plus grand que celui produit par les interlignes ou les espaces ordinaires. On dit qu'*une lettre porte du blanc* quand le corps de la lettre est plus large que l'œil. On appelle encore *blanc*, au plur., les cadrats et les espaces. — Espace qu'on laisse dans un manuscrit, dans un acte, pour être rempli plus tard. — Maladie des cheveux, par laquelle ils deviennent *blancs*. — En t. de jardinier, rouille jaune ou *blanche* qui attaque le pied des melons, laitues, chicorées, et les fait périr. — *Le blanc de l'œil*, la cornée, tout ce qui environne l'iris. On dit, par exagération, de deux personnes qui se sont bien querellées, qu'*elles se sont mangé le blanc des yeux*. — *Blanc d'œuf*, ce qui entoure le jaune de l'œuf, la glaire. — *Blanc de chapon*, *de perdrix*, *de poulet*, etc., la chair de leur estomac quand elle est cuite. — *Blanc de baleine*, ou *sperma-ceti*, substance analogue à la cire et à la graisse, qu'on nomme aujourd'hui *adipocire*. Voy. ce mot. — *Blanc d'Espagne*, sorte de marne blanche qui se fond très-facilement dans l'eau. — *Blanc de craie*, craie *blanche* délayée dans de l'eau gommée.—*Blanc de chaux*, eau dans laquelle on a délayé de la chaux, et dont on se sert pour blanchir les murs. — *Blanc de bourre*, enduit formé de terre et recouvert de chaux mêlée de bourre. — *Blanc de plomb*, sorte de composition qui donne un très-beau *blanc*. — *Blanc de céruse*, le même que le *blanc de* plomb. — *Broyer du blanc*. — Les facteurs d'orgues appellent *blanc* un mélange d'eau et de *blanc* d'Espagne, avec lequel ils blanchissent les parties qu'ils veulent souder. — *Blanc de champignon*, se dit de certaines places *blanches*, plus ou moins grandes, qui se forment sur divers terreins, et particulièrement sur les fumiers et sur les couches, produites par une quantité de petits champignons naissants. — *Boire blanc*, *dans le blanc*, *dans son blanc*, se dit d'un cheval d'un poil autre que le *blanc*, mais qui a le tour de la bouche de cette couleur. — On dit *saigner quelqu'un au blanc*, pour dire, le saigner autant qu'il est possible. — *Mettre un homme au blanc*, lui gagner tout son argent, épuiser toutes ses ressources. — *Changer du noir au blanc*, fig. et fam., passer d'une extrémité à l'autre. — On dit fam. d'une personne qui aime à contredire : *si vous lui dites blanc*, *il répondra noir*. — *Mettre du noir sur du blanc*, fam., écrire, composer. — On dit au jeu de dés, qu'*on a amené blanc*, lorsque les dés ont présenté la face qui n'est marquée d'aucun point. — On dit aussi dans le même cas, et en d'autres jeux, comme au jeu de quilles, *faire chou blanc*, quand un joueur joue un coup sans abattre de quilles ou sans amener de points.

BLANC (LE), subst. propre mas. (*leblan*), ville de France, chef-lieu d'arrond., dép. de l'Indre.

BLANCA, subst. mas. (*blanka*), ancienne monnaie d'Espagne.

BLANC-AUNE, subst. mas. (*blankône*, t. de bot., nom de l'alizier commun. — Au plur., des *blancs-aunes*.

BLANC-BEC, subst. mas. (*blanbèk*), t. de mépris, jeune homme sans expérience.— Au plur., des *blancs-becs*.

BLANC-BOIS, subst.masc.(*blanboa*), t. de bot., nom collectif des peupliers et des saules, dont le *bois* est *blanc* et n'offre pas d'aubier. — Il est sans plur.

BLANC-BOURGEOIS, subst. mas. (*blanbourjoa*) t. de boulangerie, farine du premier gruau. — Il est sans plur.

BLANC-D'EAU, subst. mas. (*blandô*), t. de bot., nom vulgaire du nénuphar *blanc*.

BLANC-DE-BALEINE, subst. mas.(*blandebalène*), cervelle de *baleine*, bonne pour la poitrine.— Cosmétique. — Sa moelle. — Matière combustible. — Au plur., des *blancs de baleine*.

BLANC-DE-CÉRUSE ou **BLANC-DE-PLOMB**, subst. mas. (*blandecéruze* ; *blandeplon*). Voy. CÉRUSE et BLANC, subst. mas.

BLANC-D'ESPAGNE, subst. mas. (*blandècepagnie*), nom de la craie lavée et façonnée en pains cylindriques, que l'on emploie à divers usages. — Au plur., des *blancs d'Espagne*.

BLANC-DE-FARD, subst. mas. (*blandefar*), nom vulgaire du nitrate de bismuth, avec excès d'oxyde, dont on se sert pour *blanchir* la peau.

BLANC-DE-HOLLANDE, subst. mas. (*blande-olande*), t. de bot., espèce de peuplier.

BLANC-DE-PLOMB, subst. mas. (*blandeplon*), oxyde de *plomb blanc* que l'oxydation enlève, par écailles, des lames de *plomb*.

BLANC-EN-BOURRE, subst. mas. (*blankanboure*), enduit de terre, de chaux, mêlé de bourre.

BLANC-ÉTOC ou **BLANC-ÊTRE**, subst. mas. (*blankétok* ou *blankètre*), expression usitée dans l'exploitation et le commerce des bois. — On dit : *faire une coupe à blanc-étoc* ou *à blanc-être*, pour dire tout abattre, sans laisser ni baliveau, ni tailles, ni autres arbres.

BLANCHAILLE, subst. fém. (*blanchâle*), fretin, menu poisson. Presque inusité.

BLANCHARD, subst. mas. (*blanchar*), t. de com., sorte de toile de lin.— T. d'hist. nat., espèce d'aigle d'Afrique.

BLANCHÂTRE, adj. des deux genres (*blanchâtre*), qui tire sur le *blanc* : *couleur blanchâtre*. — Subst. mas., serpent *blanchâtre*, tacheté.

BLANCHE, subst. fém. (*blanche*), note de musique qui vaut la moitié d'une ronde ou deux noires. — Au jeu de billard, on dit *la blanche*, pour distinguer la bille qui est *blanche*. —En t. d'hist. nat., hirondelle de mer. — Petit poisson.— *Blanche*, par opposition à *négresse*. Voy. BLANC, subst.

BLANCHE, adj. fém. Voy. BLANC.

BLANCHE-BLEUE, subst. fém.(*blanchebleu*), sorte d'ardoise.

BLANCHE-COIFFE, subst. fém. (*blanchekoèfe*), t. d'hist. nat., oiseau de l'espèce du geai.

BLANCHEMENT, adv. (*blancheman*) : *il faut tenir les enfants blanchement*, les changer souvent de linge, ou même d'habits. Il ne s'emploie que dans cette acception.

BLANCHE-QUEUE, subst. fém. (*blanchekeu*), t. d'hist. nat., nom vulgaire des motteux et du jean-le-blanc.

BLANCHER, subst. mas. (*blanché*), tanneur des petits cuirs.

BLANCHE-RAIE, subst. fém. (*blancheré*), t. d'hist. nat., oiseau du genre stournelle.

BLANCHERIE, ne se dit pas pour **BLANCHISSERIE**.

BLANCHE-ROUSSE, subst. fém. (*blancherouce*), sorte d'ardoise.

BLANCHET, subst. mas. (*blanché*), camisole d'étoffe *blanche* à l'usage des paysans. — Étoffe qui servait de chemise aux religieuses de Fontevrault. — En t. d'imprimerie, morceau d'étoffe de laine ou de soie dont on garnit le tympan d'une presse pour amortir le coup de la platine. — En t. de distillateur, chausse de grosse étoffe de laine qu'on attache par les quatre coins sur un châssis carré, appelé *carrelet*, pour passer les sirops. — T. d'hist. nat., sorte de poisson du genre salmone. — Poisson du genre des silures. — Espèce de serpent blanc, parsemé de taches roses.

BLANCHETTE, subst. fém. (*blanchète*), t. de bot., nom donné à la mâche.

BLANCHEUR, subst. fém. (*blancheur*), la couleur *blanche*; l'état de ce qui est blanc : *la blancheur de la neige, la blancheur du teint.*

BLANCHI, E, part. pass. de *blanchir*.

BLANCHIMENT, subst. mas. (*blanchiman*), l'action de *blanchir* et l'effet qui en résulte, surtout en parlant des pièces de toile entières, de la cire et de la monnaie d'argent. — L'atelier où se *blanchissent* les flans dans les hôtels des monnaies. — En t. d'orfèvre, baquet où il y a de l'eau commune et de l'eau-forte pour *blanchir* la vaisselle. — Procédé employé spécialement dans un pays pour blanchir les toiles : *le blanchiment de Flandre.*

BLANCHIR, v. act. (*blanchir*), rendre *blanc*. — Laver, nettoyer le linge sale. — Etendre du *blanc* sur un corps pour le rendre *blanc* : *blanchir un mur, un plafond.* — T. de doreur, enduire de plusieurs couches de *blanc* pour dorer. — T. de plombier : *blanchir le plomb*, le couvrir de feuilles d'étain. — *Blanchir*, couvrir d'une liqueur ou autre matière *blanche* qui ne reste pas inhérente à la chose. — Rendre net, propre, en ôtant les taches, la malpropreté. — On dit qu'*une femme blanchit quelqu'un*, pour dire qu'elle *blanchit* son linge. — En t. d'orfèvre, faire bouillir de l'argent avec de l'eau-forte et de l'eau commune, et le sablonner avec de l'eau fraîche. — En t. de chaudronnier, mettre la besogne sur le tour, et en ôter avec le paroir la superficie sale et crasseuse. — En t. de serrurier, nettoyer avec la lime ce qu'il y a de taches noires. — En t. de coutelier, passer une pièce forgée sur la lime pour la première fois. — En t. de menuisier, raboter. — En t. de confiseur, enlever le duvet d'un fruit, en trempant celui-ci dans une lessive préparée à cet effet. — En t. de plumassier, passer la plume dans l'eau claire pour enlever le gros de la teinture. — En t. de maréchal, ôter la première écorce de la sole d'un cheval. — En t. de boyaudier, tremper les boyaux dans un vase pour les nettoyer. — En t. de rôtisseur, faire revenir de la volaille sur les charbons après l'avoir vidée. — En t. d'arracheur de dents, mettre du linge autour d'un petit instrument, le tremper dans une essence ou liqueur, et en frotter les dents pour les rendre *blanches*. — Au fig., faire connaître l'innocence de quelqu'un : *il a été blanchi; ses amis l'ont blanchi à la cour.* — V. neut., devenir *blanc* : *cette toile blanchit; cet homme commence à blanchir*, ses cheveux *blanchissent*. — On dit fig., d'un homme qui a passé toute sa vie dans les armées, qu'*il a blanchi sous le harnais*, etc. — En t. de jard. : *faire blanchir du céleri, de la chicorée*, etc., les faire devenir blancs en liant ensemble les feuilles vertes, et en les couvrant de terre ou de fumier. — En t. de cuisine : *faire blanchir des légumes*, leur donner une première cuisson dans l'eau bouillante. — *Faire blanchir de la viande*, la faire revenir dans de l'eau tiède. — *Ce coup de fusil, de pistolet, n'a fait que blanchir*, c'est-à-dire qu'il n'a fait qu'effleurer un objet en y laissant une trace blanche; cette locution est peu usitée. — *Vos soins n'ont fait que blanchir*, fig. et fam., n'ont point réussi. — N'être pas comparable, être fort inférieur : *je ne ferai que blanchir auprès de vous.* — **se BLANCHIR**, v. pron.

BLANCHIRIE. Voy. **BLANCHISSERIE**.

BLANCHISSAGE, subst. mas. (*blanchiçaje*), action de *blanchir* du linge, résultat de cette action : *le blanchissage use beaucoup le linge; ce blanchissage est mauvais.*

BLANCHISSANT, E, adj. (*blanchiçan, çante*), qui *blanchit*; qui paraît *blanc*. Il se dit particulièrement en poésie, en parlant de la mer agitée par les flots ou par les rames : *les flots blanchissants, les ondes blanchissantes.*

BLANCHISSERIE, et non pas **BLANCHERIE**, ni **BLANCHIRIE**, subst. fém. (*blanchiceri*), nom que l'on donne à certains lieux où l'on *blanchit* les toiles ou les cires.

BLANCHISSEUR, subst. mas., au fém. **BLANCHISSEUSE** (*blanchiceur, ceuze*), celui ou celle qui *blanchit* la toile, etc., qui nettoie le linge. — *Blanchisseuse de fin*, qui ne *blanchit* que le linge fin. — Fig. et fam., celui ou celle qui corrige les écrits d'un autre.

BLANCHISSEUSE, subst. fém. Voy. **BLANCHISSEUR**.

BLANCHOEUVRIER, subst. mas. (*blancheûvrié*), fabricant et marchand de gros ouvrages de fer tranchant et coupant, comme serpes, houes, etc., qui ne se *blanchissent* qu'à la meule, et qu'on appelle *œuvres blanches.*

BLANCHOYER, v. neut. (*blanchoèié*), paraître *blanc, blanchir*. Vieux et inus.

BLANC-JAUNE, subst. mas. (*blanjône*), t. d'hist. nat., poisson du genre salmone.

BLANC-MANGER, subst. mas. (*blanmanjé*), t. de cuis., gelée animale blanche.

BLANC-NEZ, subst. mas. (*blan-né*), t. d'hist. nat., singe de l'ancien continent, du genre des guenons.

BLANC-PENDARD, subst. mas. (*blanpandar*), t. d'hist. nat., nom vulgaire de la pie-grièche grise.

BLANC-RAISIN, subst. mas. (*blanrèzein*), t. de pharm., onguent composé de céruse, ou carbonate de plomb, de cire blanche et d'huile d'olive.

BLANC-SEING, subst. mas. (*blancein*), signature apposée sur un papier *blanc*.

BLANDFORDIE, subst. fém. (*blanfordi*), t. de bot., genre de plantes.

BLANDICES, subst. fém. plur. (*blandice*) (du latin *blanditiæ*, caresses, dérivé de *blandiri*, caresser, flatter), flatteries pour gagner le cœur. Vieux et inus.

BLANDIR, v. act. (*blandir*), caresser. Vieux.

BLANDISSANT, E, adj. et subst. (*blandiçan, çante*), trompeur, flatteur. Vieux.

BLANDITEUR, subst. mas. (*blanditeur*), séducteur. Vieux.

BLANGIS, subst. propre mas. (*blanji*), bourg de France, chef-lieu de canton, arrond. de Neufchâtel, dép. de la Seine-Inférieure.

BLANGY, subst. propre mas. (*blanji*), bourg de France, chef-lieu de canton, arrond. de Pont-l'Évêque, dép. du Calvados.

BLANQUE, subst. fém. (*blanke*), sorte de jeu en forme de loterie. Ce mot ne serait-il pas une corruption de celui de *banque*?

BLANQUEFORT, subst. propre mas. (*blankefor*), village de France, chef-lieu de canton, arrond. de Bordeaux, dép. de la Gironde.

BLANQUETTE, subst. fém. (*blankète*), sorte de petit vin blanc de Languedoc, etc. — Espèce de bière très-faible. — T. de jard., petite poire d'été. — Sorte de raisin. Voy. **CHASSELAS DORÉ**. — T. de cuisine, fricassée *blanche*, faite ordinairement de veau ou d'agneau. — T. de bot., ansérine maritime. — T. d'hist. nat., soude inférieure.

BLANQUIER, ou **BLANTIER**, subst. mas. (*blankié, tié*), faiseur de mouvements d'horlogerie en blanc.

BLANQUIL et **BLANQUILLE**, subst. fém. (*blankile*), la quarante-huitième partie du ducat de Maroc. — Monnaie d'argent de Maroc, valant à peu près quatre sous huit deniers tournois, ou vingt-trois centimes.

BLANQUININE, subst. fém. (*blankinine*), t. de chim., alcali obtenu par l'évaporation du suc de certaines plantes.

BLANTIER, subst. mas. Voy. **BLANQUIER**.

BLANZAC, subst. propre mas. (*blanzak*), ville de France, chef-lieu de canton, arrond. d'Angoulême, dép. de la Charente.

BLAPS, subst. mas. (*blapece*) (du grec βλαπτω, je nuis), t. d'hist. nat., petit poisson de mer qui ne sert qu'à amorcer les lignes. — Gros insecte coléoptère de couleur noire.

BLAPSIGONIE, subst. fém. (*blapeciguoni*), maladie des abeilles.

BLAQUE, subst. fém. (*blake*), s'est dit pour *blague*, sac à tabac. Il est hors d'usage aujourd'hui.

BLAQUET, subst. mas. (*blakè*), t. d'hist. nat., petit poisson de mer qu'on trouve dans les filets. On le distingue en *franc blaquet* et *faux blaquet*.

BLAS., abréviation du mot *blason*.

BLASÉ, E, part. pass. de *blaser*, et adj. : *c'est un homme blasé.*

BLASER, v. act. (*blâzé*) (du grec βλαζειν, être stupide, hébété, avoir l'esprit émoussé, ou βλαξ, lâche, mou, languissant), émousser le sens du goût : *les liqueurs, les excès l'ont blasé, lui ont blasé le goût.* Il s'emploie peu souvent avec le pron. réfléchi. — Fig., il s'applique à ce qui insensiblement rend incapable de sensations ou de sentiment : *l'excès de tous les plaisirs a fini par le blaser; les amourettes l'ont blasé sur l'amour; l'habitude de l'ignominie l'a blasé.* — **se BLASER**, v. pron. : *on se blase facilement sur les plaisirs; à force de boire de l'eau-de-vie, il s'est blasé.*

BLASIE, subst. fém. (*blazî*), t. de bot., petite plante cryptogame de la famille des algues.

BLASON, subst. mas. (*blâzon*) (de l'allemand *blasen*, sonner du cor, proclamer; proprement : souffler, parce qu'à l'arrivée d'un chevalier dans les tournois, etc., les hérauts d'armes sonnaient de la trompette, et *blasonnaient*, c'est-à-dire proclamaient à haute voix les armes de l'arrivant), science ou art héraldique, enseignant à déchiffrer les armes et armoiries, à nommer, dans les termes propres, les pièces et meubles qui les composent : *savoir le blason; entendre le blason; enseigner le blason.* — Les pièces et meubles qui entrent dans l'écu : *je connais le blason de telle maison.* — Description. En ce sens, il est vieux. — *Blason*, s'est dit autrefois tantôt pour éloge, tantôt pour critique ou censure. — Voy. **ARMES** et **ARMOIRIES**.

BLASONNÉ, E, part. pass. de *blasonner* : *un état blasonné*, qui porte un *blason*.

BLASONNEMENT, subst. mas. (*blâzoneman*), action de *blasonner*.

BLASONNER, v. act. (*blâzoné*), peindre les armoiries avec les métaux et les couleurs qui leur sont propres. — Déchiffrer, expliquer les armes de quelqu'un. — Fig. et fam., médire de..., critiquer, blâmer : *il blasonne tout le monde.* — En t. de graveurs, il se dit de l'action de graver certaines tailles qui représentent les métaux et les couleurs des armoiries.

BLASONNEUR, subst. mas., au fém. **BLASONNEUSE** (*blâzoneur, neuze*), celui ou celle qui *blasonne*, qui déchiffre, qui explique les armoiries. Peu usité. — Fig. et fam., médisant. — Celui qui loue ou qui blâme. Vieux. Voy. **BLASON**.

BLASONNEUSE, subst. fém. Voy. **BLASONNEUR**.

BLASPHÉMATEUR, subst. mas., au fém. **BLASPHÉMATRICE** (*blacefémateur, trice*), celui ou celle qui *blasphème*. Le fém. de ce mot ne se lit point dans l'*Académie*.

BLASPHÉMATOIRE, adj. des deux genres (*blacefématoare*), qui contient des *blasphèmes* : *doctrine blasphématoire; discours blasphématoire.*

BLASPHÉMATRICE, subst. fém. Voy. **BLASPHÉMATEUR**.

BLASPHÈME, subst. mas. (*blacefème*) (du grec βλασφημια, dérivé de βλασφημειν, tenir des discours impies), parole ou discours impie, injurieux à la majesté divine, à la religion, aux saints, aux grands hommes, à la vérité, à l'innocence, etc. : *dire un blasphème; accuser quelqu'un d'un blasphème.* — Par exagération, fam., discours injuste, indécent, déplacé : *c'est un blasphème que de dire cela!*

BLASPHÉMÉ, E, part. pass. de *blasphémer*.

BLASPHÉMER, v. neut. (*blacefémé*), proférer un *blasphème, des blasphèmes* : *vous blasphémez; on ne saurait dire cela sans blasphémer.* — Par exagération, fam., tenir des discours injustes, indécents, déplacés : *vous blasphémez en médisant d'un homme tel que lui; en critiquant ce livre admirable.* — On dit aussi act. : *blasphémer le saint nom de Dieu*, etc. — Fig. et prov. *blasphémer ce qu'on ignore*, parler défavorablement de ce qu'on ne connaît pas. Voy. **BLASPHÈME**.

BLASSONNÉ, E, part. pass. de *blassonner*.

BLASSONNER, v. act. (*blâçoné*), louer, amadouer. Vieux et inus.

BLASTE, subst. mas. (*blacete*), t. de bot., petit arbre des forêts de la Cochinchine.

BLASTÈME, subst. mas. (*blacetème*), t. de bot., partie de l'embryon des graines qui comprend la radicule et la plumule.

BLASTODERME, subst. mas. (*blacetodèreme*) (du grec βλαστη, germe, et δερμα, peau), t. d'hist. nat., corps membraniforme situé au-dessous de la cicatricule de l'œuf.

BLASTODERMIQUE, adj. des deux genres (*blaeelodèremike*), t. de médec., qui tient du *blastoderme*.

BLATÉRER, v. neut. (*blaléré*), bêler, en parlant du bélier. — Fig., parler avec assurance, mais sans suite et sans idées. Inus.

BLATIER, subst. mas. (*blatié*), marchand de blé. — Fort peu usité; on dit généralement farinier.

BLATIR, v. neut. (*blatir*), blatérer, débiter avec assurance des choses vaines, des paroles bruyantes et inutiles.

BLÂTRÉ, E, part. pass. de *blâtrer*.

BLÂTRER, v. act. (*blâtré*), t. de marchand de blé, apprêter le grain, le rendre frais et lui donner de la couleur et de la main par des préparations dangereuses.

BLATTAIRE, subst. fém. (*blatetère*), t. de bot., plante rémile aux molènes.

BLATTE, subst. fém. (*blate*) (du grec βλαπτειν, nuire), t. d'hist. nat., insecte de l'ordre des orthoptères.

BLATTI-ACIDE, subst. mas. (*blateti-acide*), t. de bot., myrte du Malabar.

BLAUDE, subst. fém. (*blôde*), surtout fait d'une grosse toile qui descend au-dessous des genoux. — On ne dit plus que *blouse*. Voy. ce mot.

BLAVELLE, BLAVETTE, BLAVÉOLE, subst. fém. (*blavèle, blavète, blavéole*), t. de bot., noms donnés quelquefois au bluet.

BLAVET, subst. mas. (*blavé*), t. de bot., agaric, comestible des Landes et du Béarn.

BLAYE, subst. propre fém. (*blè*), ville de France, chef-lieu d'arrond., dép. de la Gironde. — La citadelle est remarquable.

BLAYMARD, subst. propre mas. (*blèmar*), bourg de France, chef-lieu de canton, arrond. de Mande, dép. de la Lozère.

BLAZI, E, part. pass. de *blazir*.

BLAZIR, v. act. (*blazir*), flétrir, meurtrir, faner; décourager, chagriner. Vieux et inus.

BLÉ, qu'on aurait dû peut-être continuer d'écrire *bled*, comme autrefois, à cause de l'étymologie, subst. mas. (*blé*) (du lat. barbare *bladum*, fruit, semence, que *Vossius* dérive du saxon *blad*, pris dans le même sens), plante graminée qui produit un chaume noueux, qui a la feuille comme le roseau, et qui porte dans des épis une graine propre à faire du pain. — Le grain que produit cette plante: *un boisseau, un sac de blé; moudre du blé*, etc. — Quand on dit *blé* tout seul, on entend toujours le froment: les autres grains propres à faire du pain, et qui portent le nom générique de *blé*, sont distingués par une dénomination particulière: *blé méteil* ou *trémois*, voy. SEIGLE; *blé de Turquie, d'Inde, d'Espagne*, voy. MAÏS; *blé noir, blé sarrasin* ou simplement *sarrasin*, plante annuelle, à fleurs à étamines, originaire d'Afrique, dont le grain sert à nourrir la volaille, et qui donne une farine propre à faire du pain; *blé glacé*, espèce de petit *blé* dur et pesant, d'un gris vert; *blé sonneur*, froment long, mince et desséché; *blé grouette, blé* qui provient d'un terrein pierreux; *blé coti, blé* qui sent mauvais; *blé ergoté*, seigle dont les grains sont très-longs, fragiles et remplis d'une substance blanchâtre. — Par *blé*, on entend quelquefois, mais abusivement, quoi qu'en dise l'*Académie, une pièce de blé: se cacher dans un blé.* — *Être pris comme dans un blé*, être pris sans pouvoir s'échapper, proverbe suranné. — Prov.: *manger son blé en herbe*, dépenser son revenu d'avance. — *Crier famine sur un tas de blé*, se plaindre dans l'abondance. — *Blé en grenier*, se dit en parlant des choses dont la garde est utile.

BLÉ-DE-VACHE ou **MÉLAMPYRUM**, subst. mas. (*blédevache, mélanpirome*), t. de bot., plante qui croît dans les *blés*, et dont les bœufs et les vaches sont avides.

BLÈCHE, adj. des deux genres et subst. mas. (*blèche*) (du grec βλαξ, lâche. On écrivait autrefois *blaische*), s'est dit autrefois d'un homme sans fermeté: *c'est un homme bien blèche; c'est un vrai blèche*. Inus. — *Poire blèche*, poire molle. Voy. BLET.

BLÉCHIR, v. neut. (*bléchir*). Ce verbe, qui n'est point usité, signifie, dans certains *Dictionnaires*, fléchir, mollir, devenir blèche.

BLECHNE, subst. fém. (*blèkne*), t. de bot., espèce de fougère. On dit aussi *blègne*.

BLÉCHROPYRE, subst. fém. (*blèkropire*) (du grec βληχρος, lent, et πυρ, feu), t. de médec., fièvre lente, nerveuse.

BLÉCOURTS, subst. mas. plur. (*blékour*), t. de comm., sorte d'étoffe de laine.

BLÉÉ, E, part. pass. de *bléer*.

BLÉER, v. act. (*bléé*), t. d'agric., ensemencer le blé. Vieux et inus.

BLÈGNE, subst. fém. (*blègnie*), t. de bot., plante de la famille des fougères. — On dit aussi *blèchne*.

BLEIME, subst. fém. (*blème*), t. de vétér., maladie du cheval, inflammation de la partie intérieure du sabot, vers le talon.

BLÉ-LOCULAR, subst. mas. (*blélokular*), t. d'agric., nom vulgaire du froment à une seule graine.

BLÊME, adj. des deux genres (*blême*), très-pâle: *visage blême, teint blême*. Voy. PÂLE.

BLÊMIR, v. neut. (*blêmir*), pâlir excessivement, devenir *blême*. Peu usité. On se sert de *pâlir*, qui a la même signification. Voy. ce mot.

BLÊMISSEMENT, subst. mas. (*blêmiceman*), extrême pâleur. Inus.

BLÊMITIF, adj. mas., au fém. **BLÊMITIVE** (*blêmitife, tive*), qui fait pâlir. Inus.

BLÊMITIVE, adj. fém. Voy. BLÊMITIF.

BLENDE, subst. fém. (*blande*) (de l'allemand *blenden*, éblouir), mine ou sulfure de zinc.

BLENEAU, subst. propre mas. (*blenô*), ville de France, chef-lieu de canton, arrond. de Joigny, dép. de l'Yonne. — C'est dans ce lieu que Turenne défit le prince de Condé en 1652.

BLENNE, BLENNUS, subst. mas., et **BLENNIE**, subst. fém. (*blène, blènenuce, blèneni*) (du grec βλεννος, fade, insipide), t. d'hist. nat., poisson de la division des jugulaires.

BLENNÉLYTRIE, subst. fém. (*blènenélitri*) (du grec βλεννα, mucosité, et λυειν, relâcher), t. de médec., nom que quelques médecins donnent au catarrhe vaginal.

BLENNENTERIE, subst. fém. (*blènenanteri*) (du grec βλεννα, mucosité, et εντερον, intestin), t. de médec., la dyssenterie, qui constitue le troisième genre des *blennoses*.

BLENNISTHMIE, subst. fém. (*blènenicetemî*) (du grec βλεννα, mucosité, et ισθμος, gosier), t. de méd., affection catarrhale de la membrane du pharynx et du larynx.

BLENNOÏDE, subst. fém. (*blèneno-ide*), t. d'hist. nat., espèce de gade, poisson de la division des jugulaires.

BLENNOPHTHALMIE, subst. fém. (*blènenofetalmî*) (du grec βλεννα, mucosité, et οφθαλμος, œil, paupière), t. de médec., septième genre des *blennoses*.

BLENNOPHTHALMIQUE, adj. des deux genres (*blènenofetalmike*), qui concerne la *blennophthalmie*.

BLENNOPYRIE, subst. fém. (*blènenopiri*) (du grec βλεννα, mucosité, et πυρ, feu), t. de médec., dixième genre des *blennoses*.

BLENNORRHAGIE, subst. fém. (*blènenorají*) (du grec βλεννα, mucosité, et ρηγνυμι, sortir avec force), t. de médec., catarrhe de l'urèthre, écoulement abondant du mucus.

BLENNORRHAGIQUE, adj. des deux genres (*blènenorajike*), qui concerne la *blennorrhagie*.

BLENNORRHÉE, subst. fém. (*blènenoré*) (du grec βλεννα, mucosité, et ρεω, je coule), t. de médec., écoulement inflammatoire du mucus.

BLENNORRHÉIQUE, adj. des deux genres (*blènenoré-ike*), qui concerne la *blennorrhée*.

BLENNORRHINIE, subst. fém. (*blènenorini*) (du grec βλεννα, mucosité, et ριν, nez), t. de médec., le coryza, premier genre des *blennoses*.

BLENNOSES, subst. fém. plur. (*blènenoze*) (du grec βλεννα, mucosité), t. de médec., classe des affections des membranes muqueuses.

BLENNOTHORAX, subst. mas. (*blènenotorakce*) (du grec βλεννα, mucosité, et θωραξ, poitrine), t. de médec., le catarrhe pulmonaire, deuxième genre des *blennoses*.

BLENNOTORRHÉE, subst. fém. (*blènenotoré*) (du grec βλεννα, mucosité, ους, oreille, et ρειν, couler), t. de médec., le catarrhe de l'oreille.

BLENNURÉTHRIE, subst. fém. (*blènenurétri*) (du grec βλεννα, mucosité, et ρεεθρον, écoulement), t. de médec., la *blennorrhagie*.

BLENNURIE, subst. fém. (*blènenuri*) (du grec βλεννα, mucosité, et ρεω, couler), t. de médec., le catarrhe *vésical*.

BLÉPHARE, subst. fém. (*bléfare*), t. de bot., genre de plantes établi pour séparer des acanthes quelques espèces qui ont un calice double.

BLÉPHARIQUE, adj. des deux genres (*bléfarike*) (du grec βλεφαρον, paupière), t. de pharm., se dit d'un collyre pour les paupières.

BLÉPHARITE, subst. fém., le même que BLÉPHAROPHTHALMIE. Voy. ce mot.

BLÉPHARONCOSE, subst. fém. (*bléfaronkoze*) (du grec βλεφαρον, paupière, et ογκωσις, croissance), t. de médec., tumeur ou excroissance des paupières.

BLÉPHAROPHTHALMIE, ou **BLÉPHAROTIS**, subst. fém. (*bléfarofetalemi, bléfarotice*) (du grec βλεφαρον, paupière, et οφθαλμος, œil), t. de médec., inflammation des paupières.

BLÉPHAROPTOSE, subst. fém. (*bléfaropetoze*) (du grec βλεφαρον, paupière, et πτωσις, chute, dérivé de πιπτω, je tombe), t. de méd., relâchement ou chute de la paupière supérieure.

BLÉPHAROPTRE, subst. mas. (*bléfaropetre*). Voy. BLÉPHAROPTOSE.

BLÉPHAROTIS. Voy. BLÉPHAROPHTHALMIE.

BLÉPHAROXYSTE, subst. mas. (*bléfarokcicete*) (du grec βλεφαρον, paupière, et ξυω, je gratte), instrument dont on se servait autrefois pour scarifier les paupières.

BLÈQUE (corruption de *blèche*), adj. des deux genres (*blèke*): *poire blèque; pomme blèque*. Voy. BLET.

BLÉRÉ, subst. propre mas. (*bléré*), ville de France, chef-lieu de canton, arrond. de Tours, dép. d'Indre-et-Loire.

BLÉSER, v. neut. (*blézé*), parler gras et avec difficulté.

BLÉSITÉ, subst. fém. (*blézité*) (en lat. *blæsitas*, dérivé de *blæsus*), t. de médec., vice de prononciation.

BLESLE, subst. propre mas. (*blèle*), ville de France, chef-lieu de canton, arrond. de Brioude, dép. de la Haute-Loire.

BLÉSOIS, E, subst. et adj. (*blézoa, zoaze*), qui est de *Blois*. — Subst. mas., le pays de *Blois*.

BLESSANT, E, part. prés. de *blesser*, et adj. (*blèçan, çante*), qui *blesse*, qui choque: *discours blessant; opinion blessante*.

BLESSÉ, E, part. pass. de *blesser*, et adj., qui a reçu une *blessure*: *il est blessé à mort*. — Il est aussi subst.: *les morts et les blessés; avoir soin des blessés*. — Fig., *cerveau blessé*, qui a quelque grain de folie.

BLESSER, v. act. (*blècé*) (du grec πλησσειν, frapper), donner un coup qui cause de la douleur, soit que ce coup fasse une plaie, soit qu'il n'en fasse pas. Cependant, en t. de guerre, *blesser* s'entend toujours d'un coup qui fait plaie. — On dit fig., *blesser le cœur de quelqu'un*, lui inspirer de l'amour. — *Blesser quelqu'un au cœur*, l'offenser dans ses affections. — Incommoder: *mes souliers me blessent; ce son me blesse les oreilles*, etc. — Fig. et prov.: *vous ne savez pas où le soulier, où le bât le blesse*, vous ne connaissez pas ses peines secrètes. — Causer une impression fâcheuse; choquer, déplaire: *en quoi ce discours, cette conduite*, etc., *peuvent-ils vous blesser? ces nudités blessent la pudeur*. — *Blesser l'honneur, la réputation, la bonne foi, l'amitié, les convenances, la vraisemblance, les usages, les règles, les principes, le goût*, etc. — Faire tort, porter préjudice: *ce contrat, cette démarche me blesse, blesse mes intérêts*. — SE BLESSER, v. pron., se faire du mal par accident, par mégarde. — En parlant d'une femme, recevoir quelque coup qui la fait accoucher avant terme. — Fig., s'offenser: *il se blesse de la moindre chose*; etc. — V. récipr., se faire mutuellement des *blessures*.

BLESSURE, subst. fém. (*blèçure*), plaie, contusion; fracture faite par une cause extérieure. — Au fig., ce qui offense l'honneur, la réputation; violente impression que les passions font sur l'âme: *les blessures de l'amour*, etc. — BLESSURE, PLAIE. (*Syn.*) La *blessure* est la marque d'un coup reçu; la *plaie* est l'ouverture faite à la peau, soit par le coup, soit par la malignité des humeurs.

BLESTRISME, subst. mas. (*blècetriceme*) (en lat. *blestrismus*), t. de médec., inquiétude, agitation vague et continuelle dans le corps. Inus.

BLET, subst. propre mas. (*blè*), bourg de France, chef-lieu de canton, arrond. de Lons-le-Saulnier, dép. du Jura.

BLET, adj. mas., au fém. **BLETTE** (*blè, blète*) (du grec βλαξ, mou), se dit d'un fruit qui est trop mûr, à demi pourri. Il n'est guère usité qu'au fém., et en parlant des poires: *poire blette*.

BLÉTIE, subst. fém. (*bléci*), t. de bot., plante du Pérou, de la famille des orchidées.

BLÉTISSURE, subst. fém. (*bléticure*), point de maturité de certains fruits où ils peuvent être mangés. Inusité.

BLETTE, et non pas BLÈTE, double orthographe de l'*Académie*, subst. fém. (*blète*) (du grec βλιτον, terre insipide), t. de bot., plante potagère qui n'a aucune saveur. — Adj. fém. Voy. BLET.

BLETTERANS, subst. propre mas. (*blèteran*), bourg de France, chef-lieu de canton, arrond. de Lons-le-Saulnier, dép. du Jura.

BLETTE-ROUGE, subst. fém. (*blète-rouje*), t. de bot., plante annuelle étamineuse d'Amérique.

BLETTON, subst. mas. (*blèton*), ciment de chaux et de gravier. Voy. BETON.

BLEU, E, adj. (*bleû*) (de l'allemand *blau*, dont les Anglais ont fait *blue* qui a la même signification), qui est de couleur d'azur, de la couleur du ciel : *habit bleu ; yeux bleus.* — Il s'applique à la couleur que certains épanchements de sang font prendre momentanément à la peau : *l'endroit où il a reçu le coup est encore tout bleu ; la colère l'a rendu tout bleu.* — *Cordon bleu*, grand ruban de tabis *bleu* que portaient les chevaliers de l'ordre du Saint-Esprit. Il se dit aussi des chevaliers eux-mêmes. — *Cordon bleu*, nom vulgaire des cuisiniers et des cuisinières les mieux exercés dans leur art. — On appelle en t. de guerre *un parti bleu*, des gens qui s'attroupent sans ordre pour piller de côté et d'autre. — Fig., on appelle *conte bleu* un récit mensonger ou fabuleux, des discours en l'air : *il m'a fait des contes bleus.* — *Cendres bleues*, carbonate de cuivre artificiel, qui forme une couleur employée dans la peinture en détrempe. — Le plur. du mas. est *bleus* et non pas *bleux*.

BLEU, subst. mas. (*bleû*), couleur *bleue : un beau bleu ; bleu de ciel ; bleu de roi ; bleu turquin ; bleu barbeau*, etc. — *Mettre une carpe au bleu*, l'accommoder à une sorte de court-bouillon qui lui donne une couleur approchant du *bleu*. — En t. de blanchisseuse, *passer du linge au bleu*, le tremper, après le blanchissage, dans une eau imprégnée d'une couleur bleue. — *Bleu anglais*, nom donné dans le commerce à un indigo dissous dans l'acide sulfurique concentré et précipité par la potasse. — *Bleu mercurialis*, teinture *bleue* obtenue par la simple infusion de la racine de la *mercurialis perennis* de Linnée. — *Bleu d'azur*, verre coloré en bleu par l'oxyde de cobalt et réduit en poudre. — *Bleu de montagne*, combinaison naturelle de l'acide carbonique avec le cuivre. — *Bleu de Prusse*, résultat de l'union du fer avec l'acide prussique. Voy. PRUSSIQUE, PRUSSIATE DE FER. — *Bleu d'outre-mer*, poudre bleue, qu'on retire de la pierre appelée lapis-lazuli. — *Bleu de marine*, terreau gras de couleur *bleue*, que l'eau ne pénètre jamais. — T. d'hist. nat., espèce de chien de mer. — Pièce pour enfoncer les coins. — *Les bleus*, dans la Vendée ; on a désigné ainsi les soldats républicains.

BLEUÂTRE, adj. (*bleuâtre*), tirant sur le *bleu : couleur bleuâtre ; des fleurs bleuâtres ; une étoffe bleuâtre ; une flamme bleuâtre.* — Subst. mas., t. d'hist. nat., sorte de poisson.

BLEUE, subst. fém. (*bleû*), t. de médec., maladie qui se manifeste par la couleur de la peau plus ou moins *bleue*.

BLEUET. Voy. BLUET.

BLEUETTE. Voy. BLUETTE.

BLEUI, E, part. pass. de *bleuir*, et adj.

BLEUIR, v. act. (*bleuir*), rendre *bleu : bleuir de l'acier.* — V. neut., devenir *bleu*. — *se* BLEUIR, v. pron.

BLEUISSOIR, subst. mas. (*bleû-içoar*), outil d'horlogerie, que l'on nomme autrement *revenoir*. Voy. ce mot.

BLEUT, subst. mas. (*bleute*), t. de bot., genre de plantes de la famille des cinarocéphales.

BLIAUX, subst. mas. plur. (*blió*), sorte de justaucorps ancien.

BLIÊME, subst. mas. (*bliême*), t. d'hist. nat., poisson des Indes.

BLIGNY-SUR-OUCHE, subst. propre mas. (*bligniçurouche*), bourg de France, chef-lieu de canton, arrond. de Beaune, dép. de la Côte-d'Or.

BLIN, subst. mas. (*blein*), pièce de bois carrée, dont on se sert pour assembler les mâts de plusieurs pièces. — Pièce de la machine à ourdir les soies.

BLIN (SAINT-), subst. propre mas. (*ceinblein*), bourg de France, chef-lieu de canton, arrond. de Chaumont, dép. de la Haute-Marne.

BLINDAGE, subst. mas. (*bleindaje*), t. de mar., action de *blinder* ; le résultat de cette action. — Ce qui concerne les *blindes*.

BLINDÉ, E, part. pass. de *blinder*. *Un vaisseau blindé*.

BLINDER, v. act. (*bleindé*), t. de mar. : *blinder un vaisseau*, le garnir de tronçons de vieux câbles le long du bord, pour le garantir du boulet. — En t. de fortifications, garnir de *blindes* une tranchée. — *se* BLINDER, v. pron., se couvrir de *blindes*.

BLINDES, subst. fém. plur. (*bleinde*) (en hollandais *blind*), t. de fort., brancards faits de quatre pièces de bois, qui servent à couvrir les tranchées découvertes. — T. de mar., tronçons de vieux câbles.

BLITE, subst. fém. (*blite*), t. de bot., genre de plantes de la famille des chénopodées.

BLOC, subst. mas. (*blok*) (*bloc*, qui se trouve, avec la même signification, dans les langues allemande, flamande et anglaise, paraît être d'origine teutonique), gros morceau d'une matière dure qui n'est point encore travaillée : *un bloc de marbre, de pierre, de fer*, etc. — En t. de graveur, on appelle *bloc de plomb*, un billot rond de cinq à six pouces de diamètre, et de trois de hauteur, sur lequel on pose l'ouvrage qu'on veut graver. — T. de comm., amas, assemblage de plusieurs choses, particulièrement de marchandises : *faire un bloc de...* — Dans les sucreries, billot de bois sur lequel on frappe la forme pour en faire sortir le pain de sucre. — Chez les tabletiers-cornetiers, sorte de presse pour aplatir les ergots. — En t. de vieille faucon., perche sur laquelle on met l'oiseau de proie : elle doit être couverte d'un drap. — En t. de mar., tête de mort, chouquet. Voy. ce dernier mot. — En t. d'archit., *bloc d'échantillon*, celui dont on donne aux carriers la forme et les mesures. — *Bloc*, instrument de supplice usité en Amérique, etc. C'est une poutre, sciée en long, dans laquelle on a creusé un trou de la grosseur de la jambe : une charnière de fer unit les extrémités de cette poutre ; on l'ouvre de l'autre côté pour y faire passer la jambe du prisonnier, et on la referme avec un cadenas. — *En bloc*, loc. adv., sans compter, et à la boule vue : *acheter en bloc*. — Autrefois : *faire un marché en bloc et en tâche*, on ne dit plus que : *en bloc et en tas*, faire un marché à forfait et sans entrer dans le détail.

BLOCAGE, subst. mas. (*blokaje*), menu moellon, petites pierres qui servent à remplir les vides dans un ouvrage de maçonnerie, et dont on se sert aussi souvent pour parer. On dit aussi *blocaille*. — En t. d'impr., *blocage*, se dit d'une lettre retournée ou renversée, mise provisoirement à la place d'une autre. — Au jeu de billard, action de pousser une bille, avec force et en droite ligne, dans la blouse.

BLOCAILLE, subst. fém. (*blokâ-ie*). Voy. BLOCAGE, dans sa première acception.

BLOCHET, subst. mas. (*bloché*), t. de charp., pièce de bois sur les sablures des croupes.

BLOCKHAUS, subst. mas. (*blokôce*), fortin en bois.

BLOCUS, subst. mas. (*blokuce*) (de l'allemand *blockhaus*, maison de bois où l'on place du canon, formé de *block*, billot, et *haus*, maison), t. de guerre, campement de troupes sur les avenues d'une ville, station d'une flotte autour d'un port, pour empêcher qu'il n'y puisse entrer aucun secours ni munitions. Action de les cerner. — Défense d'entrer dans un port, d'aborder une côte.

BLOIS, subst. propre mas. (*bloâ*), ville de France, chef-lieu du dép. de Loir-et-Cher. — On y remarque le château où naquit Louis XII, et où habita François Ier. Parmi les faits historiques qui se rattachent à cette ville, on cite les états qui y furent tenus en 1577, et le massacre du duc de Guise et de son frère en 1588. C'est la patrie de Favras, l'une des premières victimes de la révolution de 1789, et de plusieurs savants.

BLOND, E, adj. (*blon, blonde*) (suivant *Du Cange*, du saxon *blond*, mêlé, ou *blondel*, teint par art, d'où l'on a fait, dans la basse latinité, *blundus* et *blondus* ; suivant *Wuchter*, de l'allemand *blanck*, luisant, éclatant, blanc), qui est d'une couleur moyenne entre le doré et le châtain clair. Il se dit particulièrement des cheveux et du poil : *poil blond, cheveux blonds, barbe blonde, perruque blonde.* — Par extension, *un rôt blond, une friture blonde ; du lin blond.* — Poétiquement, *les blonds épis.* — On dit prov. et pop., d'un homme qui a les cheveux extrêmement *blonds*, *qu'il est blond comme un bassin* ; et d'un homme délicat, difficile à contenter, *qu'il est délicat et blond*. On appelle ironiquement *blond d'Égypte* un homme fort noir.

BLOND, subst. mas. (*blon*), la couleur blonde. — *Un blond ardent*, c'est un *blond* tirant sur le roux. — *Un blond doré*, c'est un *blond* qui tire un peu sur le jaune. — Il se dit des personnes : *un jeune blond ; une belle blonde.* — *Courtiser la brune et la blonde*, faire la cour à beaucoup de femmes. — *C'est sa blonde*, c'est sa maîtresse. Pop.

BLONDE, subst. fém. (*blonde*), t. de comm., espèce de dentelle de soie ou de fil : *coiffure de blonde, blonde de fil, blonde d'Angleterre.*

BLONDIER, subst. mas., au fém. BLONDIÈRE (*blondié, dière*), ouvrier qui fait de la *blonde*.

BLONDIÈRE, subst. fém. Voy. BLONDIER.

BLONDIN, E, adj. et subst. (*blondein, dine*), celui ou celle qui a les cheveux *blonds : beau blondin, belle blondine.* — En style fam. et railleur, jeune homme qui fait le beau : *cette femme aime la compagnie des blondins.* Cette acception a bien vieilli.

• **BLONDIR**, v. neut. (*blondir*), devenir *blond*. — Fig. et poétiquement : *les épis commencent à blondir*, à jaunir. Ce terme a vieilli.

BLONDISSANT, E, adj. (*blondiçan, çante*), qui devient *blond*. Il n'est guère d'usage qu'au figuré et dans le style poétique : *les épis blondissants.*

BLONDOIEMENT, subst. mas. (*blondoêman*). On trouve ce mot dans quelques *Dictionnaires* où l'on dit qu'il signifie action de *devenir blond*. Il n'est point usité.

• **BLONDOYER**, v. neut. (*blondoèié*), quelques *Dictionnaires* prétendent qu'il signifie *blondir*. Nous ne conseillons pas de l'employer, car il est de mauvais goût et tout à fait inus.

BLONCIOS, ou **BLONGION**, subst. mas. (*blonjioce, blonjion*), t. d'hist. nat., espèce de héron.

BLOQUÉ, E, part. pass. de *bloquer*, et adj. : *la ville est bloquée.* — Subst. : *un bloqué*, au jeu de billard, un coup par lequel on a bloqué une bille.

BLOQUER, v. act. (*bloké*), t. de guerre, faire le *blocus* d'une place, d'un port. Voy. BLOCUS. — En t. de maçonnerie, remplir de pierres et de mortier les vides d'un mur. — En t. d'imprimerie, mettre à dessein des lettres renversées ou retournées à la place de celles qui devraient y être. — En t. de mar., mettre de la bourre sur du goudron entre deux bordages, quand on double un vaisseau. — En t. de jeu de billard, pousser une bille de force dans la blouse. — On dit, en t. de vieille faucon., que *l'oiseau bloque la perdrix*, lorsqu'il l'a remise, et qu'il la tient à son avantage. — *se* BLOQUER, v. pron. Il se dit de l'*oiseau* qui se soutient en l'air sans battre de l'aile : *cet oiseau se bloque.*

BLOSSI, E, part. pass. de *blossir*, et adj. : *poire, nèfle blossie.* C'est ce qu'on appelle vulgairement *blet*. Voy. ce mot pour l'étymologie.

• **BLOSSIR**, v. neut. (*blocir*), devenir trop mûr. — *se* BLOSSIR, v. pron., en parlant de certaines poires, etc., devenir trop mûr. — En parlant des nèfles et des sorbes, acquérir le degré de maturité qui les rend mangeables.

BLOSSISSEMENT, subst. mas. (*blociceman*), état de certaines poires, etc., trop mûres, molles, passées. — Maturité des nèfles et des sorbes.

BLOT, subst. mas. (*blô*), t. de mar., instrument pour mesurer la marche d'un vaisseau. — T. de faucon., chevalet de bois sur lequel l'oiseau se repose.

BLOTTI, E, part. pass. de *blottir*.

se **BLOTTIR**, v. pron. (*ceblotir*) (de *blotte* ou *bloutre*, vieux mot qui, suivant *Nicot*, signifiait la motte de terre renversée par le soc en labourant), s'accroupir, se ramasser en un tas. Voy. *se* TAPIR. — Il se dit proprement des perdrix, et par extension, de divers autres animaux, et même de l'homme : *se blottir dans un lit.*

BLOUSE, subst. fém. (*blouze*). On appelle ainsi chaque trou des coins et des côtés d'un billard : *il y a six blouses dans un billard ; la bille est entrée dans la blouse ; les blouses des coins, des côtés ; mettre une bille dans la blouse.* — *Les blouses attirent, refusent*, la bille y entre facilement ou difficilement. — *Sauver une blouse*, convenir que les billes que l'on y fera seront nulles. — *Blouse*, sarrau de toile que portent les paysans, les charretiers, etc. — Il se dit aussi d'un vêtement léger que mettent les femmes, le matin. On dit mieux *peignoir* en ce sens. — T. de potier d'étain, pièce qui sert de moule.

BLOUSÉ, E, part. pass. de *blouser*, et adj.

BLOUSER, v. act. (*blouzé*), t. de billard, faire entrer dans la *blouse*. — Fig., tromper : *il m'a déjà blousé deux fois, je ne m'y laisserai plus prendre.* — *se* BLOUSER, v. pron., *se blouser soi-même*, mettre sa propre bille dans la *blouse*. — Fig., *se blouser*, se tromper, se méprendre, se ruiner. Fam.

BLOUSSE, subst. fém. (*blouce*), laine courte qui ne peut être que cardée.

BLUET, ou **BLEUET** qui nous semble préférable, subst. mas. (*bluè, bleuè*), t. de bot., plante annuelle de couleur *bleue* ou *bleuâtre*, qui croît dans les blés. On la nomme encore *aubifoin*, *barbeau*, *blavéole*, *péroole*, *jacée des blés*. — T. d'hist. nat., serpent bleu et blanc, espèce de tangara.

BLUETTE (peut-être devrait-on dire **BLEUETTE**), subst. fém. (*bluète*) (suivant *Huet*, de la couleur ordinairement *bleue* des petites étincelles, d'où est venue l'expression proverbiale *faire du feu violet*), petite étincelle. — Fig., léger trait, badinage d'esprit; petit ouvrage sans prétention, semé de traits spirituels. — **BLUETTE, ÉTINCELLE.** (*Syn.*) La *bluette*, faible, pâle, luit dans les cendres et s'évanouit aussitôt; l'*étincelle*, ardente, éclatante, jaillit et pétille. Fig., on dit des *bluettes* d'esprit, des *étincelles* de génie.

BLUETTE-DU-RHIN, subst. fém. (*bluètedurein*), t. de comm., basse laine qui vient d'Allemagne.

BLUTAGE, subst. mas. (*blutaje*), action de *bluter* la farine; farine blutée.

BLUTÉ, E, part. pass. de *bluter*.

BLUTEAU, subst. mas. (*blutô*), instrument pour passer la farine. On le nomme aussi *blutoir*. — Laine pour essuyer les cuirs.

BLUTER, v. act. (*bluté*) (du lat. *blutare*, ancien verbe barbare qui signifie *vider*, parce qu'en secouant le *blutoir* il se vide insensiblement), t. de meunier, passer de la farine avec le *bluteau*.

BLUTERIE, subst. fém. (*bluteri*), lieu où l'on *blute* la farine.

BLUTOIR, subst. mas. (*blutoar*). Voy. **BLUTEAU.**

BN., abréviation du mot **BARON.**

BNE., abréviation du mot **BARONNE.**

BOA, subst. mas. (*boa*), t. d'hist. nat., sorte de serpent d'une énorme grosseur. — Les Indiens en mangent la chair, qu'on expose même par tronçons dans les marchés. L'espèce la plus connue est le *devin*, ou le *roi des serpents*, pour lequel les Nègres de la côte de Mozambique ont beaucoup de vénération. — T. de médec., sorte de rougeole qui couvre le visage de taches rouges. — Enflure des jambes occasionnée par une trop grande marche. — Nos dames appellent *boa*, sans doute à cause de sa forme, une fourrure qu'elles mettent autour de leur cou pour se garantir du froid.

BOA-LANSA, subst. mas. (*boalança*), t. de bot., fruit de Java.

BOA-MALACCA, subst. mas. (*boamalakeka*), t. de bot., fruit de Java.

BOADJA, subst. fém. (*boadeja*), t. de bot., genre de plantes de Java, de la famille des malvacées.

BOASI, subst. mas. (*boazi*), t. de médec., nom donné à la lèpre, à Surinam.

BOAST, subst. mas. (*boacete*), t. de médec., nom donné à une ulcération de l'éléphantiasis, à Angola.

BOBA, subst. mas. (*boba*), t. de bot., arbre des Moluques.

BOBAQUE, subst. mas. (*bobake*), t. d'hist. nat., animal du Nord qui a quelque ressemblance avec le lapin et la marmotte.

BOBART, subst. mas. (*bobar*), t. de bot., plante graminée des Indes orientales.

BOBÈCHE, subst. fém. (*bobèche*) (suivant *Le Duchat*, par corruption de *baveschc*, qui s'est dit autrefois dans le même sens, peut-être à cause de la *bave* de la chandelle qui tombe dessus), partie du chandelier où se met la chandelle. — Petit cylindre creux avec un rebord, qu'on adapte aux chandeliers, aux lustres, etc., et dans lequel on met la chandelle ou la bougie. — Petit morceau d'acier fin que les couteliers font entrer dans un morceau de gros acier qui forme le dos du rasoir, tandis que la *bobèche* en forme le tranchant. — Subst. propre mas., nom d'un farceur célèbre de Paris. — Il se dit d'un niais, d'un imbécille. Pop.

BOBELIN, subst. mas. (*bobelein*), sorte d'ancienne chaussure du peuple.

BOBELINEUR, subst. mas. (*bobelineur*), celui qui faisait des *bobelins*.

BOBI, subst. mas. (*bobi*), t. d'hist. nat., coquille du genre volute de Linnée.

BOBILLE, subst. fém. (*bobiie*), t. d'épinglier, cylindre de bois avec un axe de fer.

BOBINE, subst. fém. (*bobine*) (suivant *Saumaise*, du lat. *bombyx*, fait du grec βομβυξ, ver à soie, à cause de la ressemblance de ce fuseau garni de fil, etc., avec le cocon que le ver à soie forme en filant), t. d'arts et métiers, espèce de fuseau sur lequel on dévide de la soie, de l'or, etc.: *bobine de rouet*, *d'épinglier*, *de rubanier*, *de fileur de coton*, *de faiseur de bas au métier*, *de fileur d'or*, etc.

BOBINÉ, E, part. pass. de *bobiner*.

BOBINER, v. act. (*bobiné*), dévider du fil sur la *bobine*. — On dit plutôt *dévider*.

BOBINETTE, subst. fém. (*bobinète*), autrefois, pièce de bois sur laquelle on appuyait pour faire tomber la chevillette afin d'ouvrir la porte: *la bobinette cherra*. (Perrault.)

BOBINEUSE, subst. fém. (*bobineûze*), dans les manuf. de laine, ouvrière qui dévide sur des *bobines* le fil destiné à former les chaînes des étoffes.

BOBINIÈRE, subst. fém. (*bobinière*), partie supérieure du rouet à filer l'or.

BOBO, subst. mas. (*bobô*), expression enfantine, petit mal, petite douleur.

BOBOS, subst. mas. (*bobôce*), t. d'hist. nat., gros serpent, qui a jusqu'à cinquante pieds de long.

BOCAGE, subst. mas. (*bokaje*, de l'ital. *boschetto*, bois), sorte de petit *bois*. Il n'est guère d'usage qu'en poésie: *bocage frais*, *agréable*, *délicieux*; *un vert bocage*. Voy. **BOSQUET.** — Nom d'un petit pays de la Basse-Normandie.

BOCAGER, adj. mas.; au fém. **BOCAGÈRE** (*bokajé*, *jère*), qui habite, qui fréquente les *bois*. On ne s'en sert plus que dans la poésie pastorale: *les nymphes bocagères*; encore est-il fort peu usité.

BOCAL, subst. mas. (*bokal*) (de l'italien *boccale*, mesure de liquides en usage surtout à Rome, et qui paraît avoir été fait du grec βαυκάλιον, vase pour le vin, dont le col est étroit), sorte de bouteille de terre, de verre, de crystal, etc., dont le col est court et l'ouverture large: *bocal de vin*, *de tabac*, *de fruits à l'eau-de-vie*. — Espèce de bouteille ronde en crystal ou en verre blanc remplie d'eau, dont plusieurs artistes se servent pour voir plus distinctement en travaillant. — Dans les bassons, les cors-de-chasse, etc., la même chose qu'*embouchure*. Voy. ce mot. — En t. de chim., on appelle *bocal* un vase ou verre cylindrique, propre à contenir différentes drogues sèches ou volatiles, ou à faire des mélanges de liqueurs. — On dit au plur. des *bocaux*.

BOCAMBRE, subst. mas. Voy. **BOCARD.**

BOCAMELLE, subst. fém. (*bokamèle*), t. d'hist. nat., petite belette de Sardaigne.

BOCAN, subst. fém. (*bokan*), danseur. Vieux.

BOCANNE, subst. fém. (*bokane*) (de *Bocan*, maître de danse de la reine *Anne d'Autriche*), sorte de danse grave. Inus.

BOCARD, subst. mas. (*bokare*), t. de forge, moulin à pilon, avec lequel on écrase la mine avant de la mettre au feu pour la fondre.

BOCARDAGE, subst. mas. (*bokardaje*), action de *bocarder*.

BOCARDÉ, E, part. pass. de *bocarder*.

BOCARDER, v. act. (*bokardé*), passer au *bocard*; pulvériser: *bocarder la mine*.

BOCARDO, subst. mas. (*bokardo*), mot barbare par lequel on désigne, en logique, une espèce de syllogisme.

BOCAS, subst. mas. (*bokace*), t. de comm., toile de coton de Surate. — Partie antérieure de la trompette.

BOCAUX, subst. mas. plur. Voy. **BOCAL.**

BOCCA, subst. fém. (*bokeka*) (de l'italien *bocca*, bouche), t. de chim., ouverture d'un fourneau de verrerie.

BOCCA-D'INFERNO, subst. fém. (*bôkekadeinferenô*) (mots italiens, *bouche d'enfer*). Ce mot désigne un météore qui paraît souvent aux environs de Bologne, en Italie.

BOCCARELLA, subst. fém. (*bokekarèlela*) (de l'italien *boccarella*, petite bouche), t. de chim., petite ouverture.

BOCCONE, subst. mas. (*bokekône*), t. de bot., arbre des Antilles, à suc jaunâtre.

BOCHET, ou **BOCHETUM**, subst. mas. (*bochè*, *bochètome*) (en lat. *bochetum*), t. de médec., seconde décoction des bois sudorifiques.

BOCHIR, subst. mas. (*bochir*), t. d'hist. nat., serpent, couleuvre d'Égypte.

BOCO, subst. mas. (*bokô*), t. de bot., grand arbre de la Guyane.

BOCOGNANO, subst. propre mas. (*bokogniano*), bourg de France, chef-lieu de canton, arrond. d'Ajaccio, dép. de la Corse.

BOCQUET, subst. mas. (*bokè*), t. de blas., fer de pique.

BODDART ou **BODDAERT**, subst. mas. (*bodedar*, *bodedaère*), t. d'hist. nat., poisson du genre du gobie, de la mer des Indes.

BODÉE, subst. fém. (*bodé*), t. de verrerie, petit banc de bois qui sert d'appui aux outils des verriers, lorsqu'ils introduisent leurs pots dans les fours.

BODIAN, subst. mas. (*bodian*), t. d'hist. nat., poisson de la division des thoraciques.

BODINE, subst. fém. (*bodine*), t. de mar., nom donné dans quelques endroits à la quille d'un vaisseau.

BODINERIE, subst. fém. (*bodineri*), t. de comm., sorte de prêt à la grosse aventure assigné sur le *bodine* d'un vaisseau.

BODINURE, subst. fém. (*bodinure*), t. de mar., petite corde passée autour de la partie de l'ancre appelée *arganeau*.

BODRAT, subst. mas. (*bodra*), t. de comm., étoffe d'Égypte.

BODRUCHE, subst. fém. (*bodruche*), espèce de parchemin très-fin qui sert à faire de petits aérostats. — Pour les autres sens de ce mot, voy. **BAUDRUCHE**, seconde orthographe de l'*Académie*.

BO-DYANG, subst. mas. (*bodiangue*), t. de bot., sorte de racine qui croît à Siam.

BOEBÈRE, subst. fém. (*bébère*), t. de bot., plante appelée aussi *dysode*.

BOÉDROMIES, subst. fém. plur. (*boédromî*) (du grec βοη, cri, et δρομος, course), t. d'hist. anc., fêtes que les Athéniens célébraient par des courses et des cris, dans le mois de boédromion, en mémoire d'une victoire qu'ils avaient remportée. C'était en l'honneur d'Apollon, qui pour cela était surnommé *Boédromius*.

BOÉDROMION, subst. mas. (*boédromion*), t. d'hist. anc., troisième mois de l'année athénienne.

BOEHMÈRE, subst. fém. (*bémère*), t. de bot., plante de la famille des urticées.

BOEMYCE, subst. mas. (*bémice*), t. de bot., plante de la famille des lichens.

BOEN, subst. propre mas. (*boan*), ville de France, chef-lieu de canton, arrond. de Montbrison, dép. de la Loire.

BOENAC, subst. mas. (*bénake*), t. d'hist. nat., poisson du genre bodian.

BOENGLO, subst. mas. (*beinguelo*), t. de bot., bignone de l'Inde.

BOEOTIA-NUMINA, subst. fém. (*béocia numina*) t. de myth., qui signifie les muses de Béotie. Voy. **AON.**

BOERHAAVIES, subst. fém. (*boèraavi*), t. de bot., genre de plantes de la famille des nyctagynées.

BOESLE, subst. fém. (*boèle*). Voy. **GRATTE-BOESSE.**

BOESSE, subst. fém. (*boèce*), instrument avec lequel on *boësse*.

BOESSÉ, E, part. pass. de *boësser*.

BOESSER, v. act. (*boècé*), t. d'arts et mét., ébarber les lames des métaux qui servent au monnayage. — Nettoyer avec la *boësse* des ouvrages de sculpture, de ciselure.

BOEUF, subst. mas. (*beufe*. Le plur. s'écrit *bœufs* et se prononce *beû*) (du grec βους, en latin *bos*, bœuf ou vache), t. d'hist. nat., espèce de mammifère ruminant; quadrupède armé de cornes, ayant le pied fendu, les jambes fortes, et la queue moins garnie que celle du cheval, avec quelques longs poils à l'extrémité. C'est le mâle de la vache: *bœuf domestique*, *bœuf sauvage*; *le bœuf Apis*. — On désigne spécialement sous le nom de *bœuf* celui que l'on a châtré pour l'engraisser, ou pour le rendre propre au labourage, etc.; le bœuf entier prend le nom de *taureau*. — La chair du *bœuf*: *manger du bœuf*. — Fig., homme stupide, hébété: *c'est un bœuf*, *un vrai bœuf*. — On le dit aussi d'un homme qui paraît très-fort, très-robuste. — Écrivain qui travaille long-temps et péniblement à des ouvrages sérieux et lourds. — On nomme à Paris *bœuf-gras* (on prononce *beu-guerâ*), et dans quelques provinces *bœuf-fleuri*, un *bœuf* orné de rubans, dont les cornes sont dorées, et qu'on promène en grande pompe dans les rues pendant le carnaval. — *Bœuf violé*, bœuf que les bouchers conduisent au carnaval par les rues dans plusieurs villes. Quelques-uns prétendent que c'est *bœuf villé* qu'il faut dire, et qu'on l'appelle ainsi parce qu'on le *conduit par la ville*. On le nomme plutôt *bœuf violé* parce qu'on le conduit avec des *violes* et des *violons*. — *Pêche aux bœufs*, celle où l'on emploie le filet appelé *ganguy*, qui est traîné par deux bateaux à voile. — *Bœuf marin*, animal qui ressemble au *bœuf*, qui se nourrit dans l'eau, et dont la chair est fort bonne. — T. de cuisine, *bœuf à la mode*, *bœuf* assaisonné et qui a cuit dans son jus. —

On dit prov. de ce qui revient tous les jours : *c'est la pièce de bœuf.* — *Je ne lui ai dit ni œufs ni bœufs*, je ne l'ai point injurié, ni peu, ni beaucoup. — *Mettre la charrue* ou *la charrette devant les bœufs*, mettre devant ce qui devrait être derrière. — *Œil de bœuf*, lucarne ronde ou ovale dans la couverture d'un bâtiment et dans les cabinets d'alcôve. — Absol., *l'Œil-de-bœuf*, autrefois, à Versailles, antichambre du grand appartement, éclairée par un *œil-de-bœuf*, et où se tenaient les courtisans avant d'être reçus chez le roi. — On dit au plur. *des œils de bœuf*. — *Pied de bœuf*, sorte de jeu d'enfants. — Myth. Voy. CADMUS, HERCULE, CACUS, APIS, EUROPE, BATTUS.

BOFFUMER, v. neut. (*bofumé*), se fâcher. Inus.

BOGAHA, subst. mas. (*boguda*), t. de bot., arbre de l'île de Ceylan.

BOGARMILES, BOGOMILES, BOUGOMILES, subst. mas. plur. (*boguarmile, boguomile, bouguomile*), t. d'hist. eccl., sectaires chrétiens du XIIe siècle, qui donnaient à Dieu une forme corporelle.

BOGARMITES, subst. mas. plur. (*boguarmite*), t. d'hist. eccl., hérétiques qui se confiaient en la miséricorde de Dieu.

BOGHEI, subst. mas. (*boguè*), sorte de cabriolet découvert.

BOGMARE, subst. mas. (*boguemare*), t. d'hist. nat., genre de poissons holobranches apodes, de la famille des péroptères.

BOGOMILES. Voy. BOGARMILES.

BOGUE, subst. fém. (*bogue*), t. de bot., enveloppe piquante de la châtaigne.

BOGUE, subst. mas. (*bogue*) (son nom grec est βῶξ, contracté de βόαξ, qui vient de βοή, voix), t. d'hist. nat., poisson de la Méditerranée, qui vit presque sur le rivage. Il est ainsi nommé parce que, suivant Athénée, il a une sorte de voix.

BOHADE, subst. fém. (*boade*) (du lat. *bos*, bœuf), corvée faite anciennement avec des bœufs ; droit seigneurial.

BOHAIN, subst. propre mas. (*boein*), ville de France, chef-lieu de canton, arrond. de Saint-Quentin, dép. de l'Aisne.

BOHÉ, BOHÉA, BOU, subst. mas. (*boé, boéa, bou*), t. de comm., espèce de thé de la Chine.

BOHÊME, subst. propre fém. (*boême*), l'un des états de la Confédération germanique.

BOHÉMIEN, subst. mas., au fém. **BOHÉMIENNE**, et non pas **BOHÊME** (*boémiein, miène*), sorte de vagabonds, appelés aussi *égyptiens*, qui couraient autrefois le pays en disant la bonne aventure et dérobant avec adresse. — Quand on veut parler d'un homme ou d'une femme de la *Bohême*, on doit dire : *un homme de Bohême*, *une femme de Bohême*. — Prov. : *c'est une maison de Bohême*, où il n'y a ni ordre, ni règle. — *Vivre comme un bohémien*, comme un homme qui n'a ni feu ni lieu. — *Bohémienne* se dit, fig. et fam., d'une femme qui emploie adroitement les cajoleries pour arriver à ses fins, ou d'une femme dévergondée ou trop libre dans ses manières.

BOHÉMILLON, subst. mas. (*boémillon*), petit *bohémien*.

BOHKAT, subst. mas. (*boka*), t. d'hist. nat., raie de la mer Rouge.

BOHON-UPAS, subst. mas. (*boon-upace*), t. de bot., arbre de Java, qui fournit une gomme regardée comme le plus subtil des poisons.

BOHOURT, subst. mas. Voy. BEHOURD.

BOHUMBU, subst. mas. Voy. BOMBU.

BOÏARD, subst. mas. (*bo-iar*), civière à bras sur laquelle on met la morue pour la transporter. — Nom des seigneurs et sénateurs de Russie, et des parents des vaïvodes de Transylvanie.

BOICININGA, subst. mas. (*boéeineingua*), synonyme de *boïquira*. Voy. ce mot.

BOICUABA, subst. mas. (*boékuaba*), t. d'hist. nat., grand serpent du Pérou, dont la chair est bonne à manger.

BOICUPECANGA, subst. mas. (*boékupekangua*), t. d'hist. nat., serpent du Brésil.

BOIE, subst. fém. (*boé*), t. de comm., étoffe d'Amiens.

BOÏEN, subst. mas, au fém. **BOÏENNE** (*bo-iein, ène*), ancien peuple de la Gaule celtique.

BOIER ou BOYER, subst. mas. (*boïé*), t. de mar., grosse chaloupe, bâtiment de charge de Flandre et de Hollande.

BOIGA, subst. mas. (*boïgua*), t. d'hist. nat., couleuvre d'Amérique.

BOÏGUAÇU, subst. mas. (*bo-igouaçu*) (du brésilien *guaçu*, grand), t. d'hist. nat., nom de deux grands serpents, l'un du Brésil et l'autre d'Afrique.

BOIGUE, subst. mas. (*boègue*), t. de bot., arbre du Chili.

BOIN-GOLI, subst. mas. (*boeinguoli*), t. de bot., plante de l'Inde.

BOIN-KAKÉLI, subst. mas. (*boeinkakéli*), t. de bot., genre de plantes parasites de la famille des orchidées.

BOIOBI, subst. mas. (*boéiobi*), t. d'hist. nat., serpent venimeux du Brésil.

BOÏQUIRA, subst. mas. (*bo-ikira*), t. d'hist. nat., sorte de serpent à sonnettes.

DU VERBE IRRÉGULIER BOIRE :

Boira, 3e pers. sing. fut. abs.
Boirai, 1re pers. sing. fut. abs.
Boiraient, 3e pers. plur. prés. cond.
Boirais, précédé de *je*, 1re pers. sing. prés. cond.
Boirais, précédé de *tu*, 2e pers. sing. prés. cond.
Boirait, 3e pers. sing. prés. cond.
Boiras, 2e pers. sing. fut. abs.

BOIRE, v. act. (*boare*) (du lat. *bibere*, dérivé du grec πινειν qui a la même signification), avaler quelque liquide. — Ce mot, employé absolument, signifie quelquefois *faire une agréable débauche de vin*, et, en le prenant en mauvaise part, *s'enivrer*. — *Boire à sa soif*, ne *boire* que quand on en a besoin. — *Boire en templier, en chantre, en sonneur, comme un trou, comme un Polonais, boire* avec excès. — *Boire un doigt de vin*; *boire* un petit coup. — *Donner à boire*, tenir cabaret. — *Boire le vin du marché*, *boire* après avoir fait un marché. — *Boire le vin de l'étrier*, *boire* un coup avant de partir. — *Vin prompt à boire*, vin qu'on *boit* promptement parce qu'il n'est pas de garde. — *Vin prêt à boire*, vin parvenu à sa maturité et qui peut être *bu*. — *Boire* ensemble, faire un repas ensemble. — *Boire à la santé de quelqu'un*, ou simplement *boire à quelqu'un*, exprimer, en *buvant*, que l'on fait des vœux pour la conservation ou pour la prospérité d'une personne. — *Boire au retour de quelqu'un*, *boire* en signe de joie de le revoir. — *Donner pour boire*, donner quelque chose en sus de ce qu'on doit. — On nomme *chansons à boire* des chansons faites pour être dites à table. — *Boire sec*, *boire* beaucoup et sans eau. — *Boire d'autant*, *boire* à tout propos. — *Boire à tire-l'arigot*, *boire* excessivement. Voy. ARIGOT. — *Boire un rouge-bord, une rasade*, vider une coupe pleine jusqu'aux bords. — *Boire à la ronde*, *boire* à la santé de chacun des convives. — On dit prov. et fig., *qui a bu boira*, pour exprimer un défaut dont on ne se corrigera jamais. — Et, en parlant d'un bon vin, *qui bon l'achète, bon le boit*, pour dire qu'il ne faut pas regretter l'argent d'une bonne marchandise. — Pop. : *faire le roi boit*, *la fête du roi boit*, ou mieux *faire les Rois*, faire le festin du jour des Rois. Il y a en cette circonstance ce qu'on appelle un roi de la fève, et l'on crie *le roi* ou *la reine boit*, en signe de réjouissance, toutes les fois que le roi ou la reine de la fève *boit*. — *Qui fait la folie la boit*, chacun doit porter la peine de sa faute. — *On ne saurait faire boire un âne s'il n'a soif*, on ne peut pas obliger un homme à faire une chose malgré lui. — Fig., *puisque le vin est tiré, il faut le boire*, il faut poursuivre une affaire dans laquelle on est engagé. — *A petit manger bien boire*, lorsqu'on a peu de chose à manger, il faut *boire* beaucoup pour se dédommager. — Fig., *c'est la mer à boire*, c'est une entreprise très-difficile, presque impossible à exécuter. — *Il n'y a pas de l'eau à boire*, c'est un marché où il n'y a rien à gagner. — *Il y a à boire et à manger*, il y a du bon et du mauvais, ou : cette question peut se résoudre de deux manières. Toutes ces expressions sont proverbiales et familières. — Au fig., endurer avec patience quelque chose de fâcheux, souffrir doucement et sans murmurer : *boire un affront, boire le calice jusqu'à la lie*. — Les poètes surtout ont employé ce verbe au figuré :

> ...... Une riante troupe
> Semble *boire* avec lui la joie à pleine coupe.
> (RACINE, *Esther*, acte II, scène IX.)

> Le germe des douleurs infecte leurs repas,
> Et dans des coupes d'or ils *boivent* le trépas.
> (THOMAS.)

> La céleste troupe
> *Boit* à pleine coupe
> L'immortalité.
> (J.-B. ROUSSEAU.)

Et en style d'Écriture-Sainte : *boire l'iniquité comme l'eau*. — *Ce papier boit*, il *boit* l'encre, l'encre passe au travers. — *La terre*, *l'éponge boit l'eau*, elle s'en pénètre, elle l'absorbe. — Faire tremper : *il faut faire boire cette peau vingt-quatre heures dans la rivière*. En ce sens il est neutre. — *Faire boire une étoffe*, la tenir mal tendue en la cousant. — En t. de man., on dit qu'*un cheval boit dans son blanc*, lorsqu'il a le nez blanc et le reste du corps d'une autre couleur ; *qu'un cheval boit la bride*, pour dire que le mors force les coins de la bouche et les fait rider, parce que les montants de la bride ne sont pas assez allongés. — *Boire*, t. de mar., est neutre : *faire boire une voile*, c'est tenir la toile à voile lâchée. — **SE BOIRE**, v. pron. : *la tisane se boit chaude*.

BOIRE, subst. mas. (*boare*), le breuvage, la boisson dont on use : *on m'apprête mon boire et mon manger*. — En parlant d'une personne qu'une affaire préoccupe vivement, on dit qu'*elle en perd le boire et le manger*, c'est-à-dire qu'elle ne songe pas même à *manger* et à *boire*. — *Boire*, en t. de rivière, se dit, particulièrement sur les bords de la Loire, des eaux qui restent stagnantes dans les fouilles d'où l'on a tiré des terres pour former les levées que l'on trouve le long de ce fleuve : *lorsque les eaux de la Loire augmentent, les boires croissent à proportion*.

DU VERBE IRRÉGULIER BOIRE :

Boirez, 2e pers. plur. fut. abs.
Boiriez, 2e pers. plur. prés. cond.

BOIRIN, subst. mas. (*boèrein*), t. de mar., cordage qui tient la bouée.

DU VERBE IRRÉGULIER BOIRE :

Boirions, 1re pers. plur. prés. cond.
Boirons, 1re pers. plur. fut. abs.
Boiront, 3e pers. plur. fut. abs.
Bois, 2e pers. sing. impér.
Bois, précédé de *je*, 1re pers. sing. prés. indic.
Bois, précédé de *tu*, 2e pers. sing. prés. indic.

BOIS, subst. mas. (*boâ*, et devant une voyelle *boâze*) (du latin barbare *boscium*, fait de *boscus*, dont les Italiens ont fait *bosco*, et dérivé de βοσκειν, paître, parce que les *bois* servent de pâturage), la substance dure et compacte des arbres. — Lieu planté d'arbres ; forêt : *bois de chêne, de pin, de sapin*, etc. ; *bois épais, touffu, bois de haute futaie, bois taillis*. — Aux jeux de quilles et de trictrac, on appelle *bois* les quilles et les dames : *abattre bien du bois*. — Les cornes des bêtes fauves : *bois de cerf, de daim*, etc. — BOIS, CORNE. (*Syn.*) La substance de la *corne* a de l'analogie avec celle des ongles ; et la substance du *bois* avec celle du *bois végétal*. La *corne* est permanente, elle ne tombe que par accident ; le *bois* tombe périodiquement et repousse ensuite. — *Bois rabougri*, *bois* court et tortu, plein de nœuds. — *Bois vif*, arbre en état de végétation. — *Bois mort*, *bois* séché sur pied. — *Mort-bois*, *bois* de peu de valeur pour les ouvrages, comme le saule, le peuplier, l'orme, etc. — *Bois recépés*, coupés par le pied. — *Bois sur le retour*, trop vieux. — *Bois d'entrée*, arbres à branches sèches et vertes. — *Bois à faucillon*, qu'on peut abattre à la serpette. — *Bois combugés*, imbibés d'eau. — *Bois déchaussés*, arbres dont on a déchaussé le pied. — *Bois canards*, *bois* qui, jetés à *bois* perdu, vont au fond de l'eau ou s'arrêtent sur les bords. — *Train de bois*, espèce de long radeau formé de bûches que l'on assemble pour leur faire descendre les rivières ou les canaux. — *Bois à bâtir*, tous les arbres dont on se sert pour faire des bâtiments. — *Bois de construction*, celui qui est propre à la construction des vaisseaux. — *Bois blanc*, qui n'acquiert jamais plus de solidité que l'aubier. — *Bois abrouti*, *bois* qui a été brouté par les bêtes. — *Bois affaibli*, *bois* diminué considérablement de la forme d'équarrissage. — *Bois de brin* ou *de tige*, celui dont on a ôté les quatre dosses flaches pour l'équarrir. C'est aussi le *bois* droit qui est propre aux charpentiers. — *Bois chablis*, le *bois* des arbres abattus par le vent. — *Bois de corde*, le *bois* neuf qui n'a point été flotté. — *Bois de gravier*, *bois* qui croît dans les endroits pierreux. — *Bois neuf*, celui qui a son écorce et qui est venu par voiture ou par bateau, par opposition à *bois flotté*, le *bois* qu'on amène à Paris en train sur la rivière. — *Bois pelard*, *bois* dont on a enlevé l'écorce pour faire du tan. — *Bois de compte*, celui dont soixante-deux bûches au plus composent la voie. — *Bois arsins*, arbres endommagés par le feu. — *Bois courbés*, courbés naturellement. — *Bois cariés*, ceux qui ont des malandres. — *Bois char-*

més, ceux qui sont sur le point de mourir. — *Bois gélifs*, ceux qui ont des fentes causées par la gelée. — *Bois en défends*, ceux qu'il est défendu de couper. — *Bois marmenteaux*, ceux qui servent d'ornement à un château, à un parterre. — *Bois d'Andelle*, *bois* qui vient d'Andelle par la Somme et l'Oise.—*Bois taillis*, *bois* qui se coupe de temps en temps, suivant l'usage des lieux. — *Bouquet de bois*, petite touffe de bois de haute futaie. — *Bois de haute futaie*. Voy. FUTAIE.—*Garde-bois*, gardien préposé à la garde des bois. — *Homme des bois*, nom vulgaire de l'orang-outang.—*Bois perdu*, *bois* jeté à bûches perdues sur les petites rivières, et qu'on recueille ensuite pour le mettre en trains. — *Bois échappé*, *bois* qui, dans les débordements, est porté au travers des terres. — *Bois*, en t. d'agric., rejetons que les arbres poussent chaque année : *cette vigne a trop de bois, il faut la tailler.* — *Bois en grume*, *bois* mal équarri. — *Bois de sciage*, *bois* débité en soliveaux et destiné à être coupé en planches. — *Bois lavé*, celui auquel on a enlevé les traces de la scie. — *Bois mi-plat*, plus large qu'épais. —*Bois de merrain*, *bois* dont on fait des douves de tonneaux. — *Bois d'ouvrage*, celui dont on fait des pelles, des sabots, etc. — *Bois mouliné*, pourri. — *Bois de refend*, dont on fait des lattes, des échalas. — *Bois de remontage*, *bois* qui sert à remonter les pièces de canon, à construire les chariots. — *Bois de refait*, *bois* équarri et redressé sur ses faces, de gauche et flache qu'il était. — *Bois rouge*, *bois* chauffé et prêt à pourrir. — *Bois roulé*, *bois* dont les crues de chaque année sont séparées. — *Bois madré* ou *noueux*, *bois* qui ne peut se fendre que vers le tronc, parce qu'il est rempli de taches noueuses. — *Bois tranché*, *bois* à fils obliques qui coupent la pièce, et la mettent hors d'état de résister à la charge et de pouvoir être fendue. — *Bois de cantiban*, *bois* qui n'a du flache que d'un côté. — *Bois d'émail*, *bois* qui est fendu et scié du centre à la circonférence. — *Bois flache*, *bois* dont les arêtes ne sont pas vives, et qui ne pourrait s'équarrir sans un déchet considérable. — *Bois gras* ou *doux*, *bois* sans fil, mais poreux et moins noueux que le *bois* ferme. — *Bois dur* ou *rustique*, *bois* qui a le fil gros. — *Bois léger*, le sapin, le tilleul, etc.—*Bois apparent*, *bois* qui, employé en cloisons, etc., n'est revêtu d'aucune autre matière. — *Bois déchiré*, celui qui provient d'un ouvrage mis en pièce. — *Bois corroyé*, celui qu'on a dressé à la varlope et au rabot. — *Bois déversé* ou *gauche*, *bois* qui a perdu, en se déjetant, la forme qu'on lui avait donnée. — *Bois ouvré*, *bois* travaillé par l'ouvrier. — *Bois non ouvré*, *bois* qui n'a pas passé par les mains de l'ouvrier. — *Débiter du bois*, le couper de manière à pouvoir en faire du *bois* d'ouvrage, tel que planche, etc. C'est aussi le couper à la scie, selon les mesures convenables aux ouvrages qu'on veut faire. — *Bois de lit*, les pans, les colonnes, les dossiers, les tringles et les goberges du lit. — *Bois de raquette*, tout le *bois* qui compose la raquette. — *Bois de tournebroche*, la fusée et les poulies. — *Bois de garniture*, dans l'imprimerie, morceaux de *bois* équarris et garnis d'une gouttière, qui servent à assujétir dans le châssis les pages d'une forme. On distingue les *bois de fond*, qui se mettent entre les pages; les *bois de tête*, qui se mettent au-dessus, et les *bois de marge*. — Les fondeurs de caractères appellent *bois de moule* deux morceaux de *bois* qui servent à tenir le moule, à l'ouvrir et à le fermer. — En t. de lapidaires, *bois* se dit d'un gros cylindre court et percé de part en part, qui sert à l'ouvrier pour appuyer sa main afin qu'elle soit plus sûre.—En t. de faiseur de bas au métier, on appelle *bois de grille* la partie du métier sur laquelle les ressorts de la grille sont disposés perpendiculairement. — Les rubaniers appellent *bois* une petite bobine chargée d'or ou d'argent filé. — Les serruriers et autres ouvriers en métaux appellent *bois à limer* un petit morceau de *bois* qu'on serre dans l'étau, et sur lequel on appuie la pièce qu'on tient à la main et que l'on veut limer. — Les vergetiers appellent *bois de brosse* une petite planche mince, percée à distances égales pour recevoir les loquets. — *Bois de fusil* se dit, en t. d'arquebusiers, du morceau de *bois* sculpté sur lequel on monte le canon d'un fusil, la platine, etc. — Les éventaillistes appellent *bois d'éventail* les flèches et les maîtres brins de *bois* avec lesquels on monte un éventail. — On appelle *bois de senteur*, *bois aromatiques*, les *bois* qui exhalent une odeur agréable; *bois de teinture*, ceux dont on fait usage dans la teinture. — *Bois de Brésil* ou *de Fernambouc*, arbre d'Amérique qui donne une belle couleur rouge de carmin. — *Bois de campêche*. Voy. CAMPÊCHE. — *Bois de Sainte-Lucie* ou *mahaleb*, espèce de cerisier dont le bois est odorant et s'emploie surtout pour les ouvrages de tour. — *Bois puant* ou *anagyris*, arbrisseau dont les feuilles purgent violemment, et dont le bois et l'écorce sont très-fétides.—*Bois gentil*, appelé aussi *anagyris* ou *auréole femelle*, arbrisseau qui porte de petites baies rouges très-purgatives. — T. de mar., *faire du bois*, faire provision de *bois* pour le temps qu'on sera en mer. — *Recevoir des coups en bois*, se dit, en t. de mar., d'un vaisseau qui, dans un combat, est frappé dans le bas. — *Abattre bien du bois*, fig. et fam., expédier promptement les affaires. — On dit prov. : *il verra de quel bois je me chauffe*, ce que je puis, ce que je sais faire. — *Il n'est feu que de bois vert*, le meilleur feu est celui de bois vert quand il est bien allumé; et, fig., l'activité des jeunes gens est souvent nécessaire dans les affaires importantes. — *Ne savoir de quel bois faire flèche*, ne savoir comment faire. — *Faire flèche de tout bois*, mettre tout en œuvre pour réussir. — *Tout bois n'est pas bon pour faire flèche*, tout homme n'est pas bon pour faire ce dont il s'agit. — *Porter bien son bois*, se dit d'une personne de belle taille, qui marche droit et de bonne grace, par allusion aux anciens gendarmes dont la lance était appelée *bois* : *porter bien son bois* signifiait porter sa lance avec grace, etc. — *Entre le bois et l'écorce il ne faut pas mettre le doigt*, il ne faut pas s'ingérer dans les différends des personnes naturellement unies. — *Il est du bois dont on le fait*, il a les qualités nécessaires pour cela. — *Trouver visage de bois*, la porte fermée. — *A gens de village trompette de bois*, pour dire : à des gens sans goût il ne faut pas des choses bien délicates. — *Être du bois dont on fait les flûtes*, se dit populairement d'un homme qui, par complaisance, est toujours de l'avis des autres. — *Qui craint les feuilles n'aille pas au bois*, qui craint le péril ne doit point aller où il y en a sûrement. — On dit d'une femme dont la conduite est déréglée, et en style badin, qu'*elle plante du bois sur la tête de son mari*. — *Avoir l'œil au bois*, prendre garde à ses affaires, ne pas se laisser surprendre.—*Aller au bois sans cognée*, entreprendre un ouvrage sans les outils, sans les moyens nécessaires. — *En plein bois*, au milieu d'un bois.—*La faim chasse le loup du bois*, l'indigence réduit les hommes à faire beaucoup de choses contre leur inclination. — *Être volé comme dans un bois*, se dit à propos d'un endroit où il se fait des escroqueries fréquentes. On entend aussi par cette locution : être volé effrontément. Toutes ces phrases sont du style proverbial.—*Bois sacrés*, t. d'hist. anc. Les païens avaient en général beaucoup de vénération pour les forêts : il n'y avait presque point de temple qui ne fût accompagné d'un *bois* consacré à la divinité qu'on y adorait.— *Les hôtes des bois*, poét., les animaux qui vivent dans les bois.

BOIS, subst. mas. (*boa*), t. de médec. vétér., maladie qui attaque les bestiaux que l'on mène paître au printemps dans le *bois*.

BOIS-À-BAGUETTE, subst. mas. (*boazabaguète*), t. de bot. On donne ce nom à deux espèces de raisiniers de Cayenne.

BOIS-À-BALAIS, subst. mas. (*boazabalè*), t. de bot. On donne vulgairement ce nom dans chaque pays aux arbres dont les branches servent à faire des *balais* : en France, c'est le bouleau, le genet, la bruyère, le buis, le cornouiller, etc.

BOIS-À-BAPTISTE, subst. mas. (*boazabaticete*), t. de bot. C'est le millepertuis à feuilles sessiles.

BOIS-À-BARAQUE, subst. mas. (*boazabarake*), t. de bot., espèce de myrte.

BOIS-À-BARRIQUE, subst. mas. (*boazabarike*), t. de bot., plante légumineuse.

BOIS-AGATISÉS ou **AGATIFIÉS**, subst. mas. plur. (*boazaguatizé*, *boazaguatifié*), t. d'hist. nat., branches et même troncs d'arbres d'un volume considérable, qui ont été convertis en *agate* ou en jaspe, qui conservent entièrement leur tissu ligneux, et qu'on trouve dans les couches sablonneuses formées par les dépôts des fleuves.

BOISAGE, subst. mas. (*boazaje*), t. de menuis., tout le *bois* dont on s'est servi pour *boiser*.

BOIS-À-PIANS, subst. mas. (*boazapian*), t. de bot., arbre de Saint-Domingue, dont on emploie les feuilles pour guérir les *pians*, maladie qui attaque les nègres.

BOIS-BACHA, subst. mas. (*boabacha*), t. de bot., arbrisseau d'Amérique, de la famille des légumineuses.

BOIS-BÉNI, subst. mas. (*boabéni*), t. de bot., nom vulgaire du buis.

BOIS-BENOIT-FIN, subst. mas. (*boabenoafein*), t. de bot., arbre de Saint-Domingue dont on fait de beaux meubles. On ignore à quel genre il appartient.

BOIS-BITUMINEUX, subst. mas. (*boabitumineû*), t. d'hist. nat., *bois bituminisé*, *bois* fossile de couleur noire. Ce n'est point une espèce minérale dans le sens qu'on doit attacher à ce mot, c'est du *bois* fossile ou enfoui dans le sein de la terre, et qui a conservé, quelquefois même en très-grande partie, son caractère ligneux. Le *bois bitumineux*, que l'on regarde comme une houille commencée, en diffère principalement en ce qu'il est beaucoup plus sec, et donne par la combustion une cendre semblable au résidu des *bois* ordinaires; tandis que la houille donne une masse charbonneuse, légère et criblée de pores. Le *bois bitumineux*, le jayet et la houille paraissent avoir une origine commune, et ont entre eux les plus grands rapports. — Les différentes variétés du *bois bitumineux* sont employées comme combustibles. Leur cendre est regardée généralement comme un très-bon engrais. —La variété terreuse des environs de Cologne, nommée dans le commerce *terre de Cologne*, et quelquefois *terre d'ombre*, est employée dans la peinture.

BOIS-CACA, subst. mas. (*boakaka*), t. de bot., arbre d'Amérique de la famille des rosacées.

BOIS-CAÏPON, subst. mas. (*boaka-ipon*), t. de bot. On a donné ce nom à un arbre très-élevé de Saint-Domingue, dont le tronc est droit et branchu, les feuilles oblongues, pointues et dentelées sur les bords, les fleurs blanchâtres, les fruits ovales, verdâtres, qui deviennent roussâtres en séchant. — Son *bois* est employé dans les ouvrages de charpente qui sont à l'abri de la pluie et du soleil.

BOIS-CANNELLE, subst. mas. (*boakanèle*), t. de bot. On donne ce nom à plusieurs arbres dont l'écorce et les feuilles sont odorantes.

BOIS-CAPUCIN, subst. mas. (*boakapucein*), t. de bot., arbre de Cayenne.

BOIS-COURT, subst. mas. (*boakour*), t. de bot., arbre des Indes.

BOIS-D'AGUILLA, subst. mas. (*boadagu-ila*), t. de bot., écorce d'un arbre d'Afrique, qui est légèrement aromatisée et que les Portugais ont apportée en Europe. On ignore à quel genre appartient l'arbre dont elle provient.

BOIS-D'AINON, subst. mas. (*boadénon*), t. de bot., grand arbre de Saint-Domingue qu'on emploie dans les ouvrages de charronnage. C'est le robinier violet.

BOIS-D'AMOURETTE, subst. mas. (*boadamourète*), t. de bot., espèce d'acacia des Antilles.

BOIS-D'ANIS, subst. mas (*boadani*), t. d'hist. nat., et t. de bot., on donne ce nom à l'écorce du laurier avocatier, à celle de la badiane de la Chine, et au limonellier de Madagascar.

BOIS-D'ANISETTE, subst. mas. (*boadanizète*), t. de bot., poivre en ombelle de Saint-Domingue.

BOIS-D'ARADA, subst. mas. (*boadarada*), t. de bot. On appelle ainsi, à Saint-Domingue, un grand arbre qu'on emploie à la charpente. C'est le même que le tavernon.

BOIS-D'ARGENT, subst. mas. (*boadarjan*), t. de bot., espèce de protée.

BOIS-DE-BANANE, subst. mas. (*boadebanane*), t. de bot., c'est, à l'île Bourbon, une espèce de canang; et à l'île de France, un bois très-mou.

BOIS-DE-BRÉSIL, subst. mas. (*boadebrézil*), t. de bot., arbre de la Jamaïque, du genre des légumineuses, qu'on employait autrefois en médecine, et qui ne sert plus aujourd'hui qu'à la teinture.

BOIS-DE-CHAMBRE, subst. mas. (*boadechanbre*), t. de bot. On donne ce nom, dans les colonies françaises de l'Amérique, à l'agave, dont la tige sert d'amadou.

BOIS-DE-CHANDELLE, subst. mas. (*boadechandèle*), t. de bot. On donne ce nom à plusieurs espèces d'arbres qui servent aux nègres pour s'éclairer pendant la nuit, tels que l'agave fétide, le dragonnier à feuilles réfléchies, etc.

BOIS-DE-CHAUVE-SOURIS, subst. mas. (*boadechôvesouri*), t. de bot., espèce de fruits dont les roussettes se nourrissent à l'île de France.

BOIS-DE-CHINE, subst. mas. (*boadechine*), t. de bot., arbre qui croît à la Guyane, et qu'on emploie dans la marqueterie.

BOIS-DE-COULEUVRE, subst. mas. (*boadekouleuvre*), t. de bot. On a donné ce nom à plusieurs arbres d'Amboine, de la Martinique et de l'Inde, soit à cause des couleurs ondulées de leur fruit, soit à cause de la propriété qu'on leur attribue contre la morsure des serpents.

BOIS-DE-FRÉDOCHE, subst. mas. (*boadefrédoche*), t. de bot., nom d'un arbre de Saint-Domingue, employé par les charpentiers.

BOIS-DE-GRIGNON, subst. mas. (*boadeguerignion*), t. de bot., arbre de Cayenne que les charpentiers recherchent beaucoup. On ignore à quel genre il appartient.

BOIS-DE-LAIT ou **BOIS-LAITEUX**, subst. mas. (*boadelé, boaléteû*), t. de bot. On donne ce nom à plusieurs arbres qui fournissent un suc laiteux.

BOIS-DE-LANCE, subst. mas. (*boadelance*), t. de bot., arbre de Saint-Domingue, ainsi appelé parce qu'il est très-propre à faire des lances, des flèches, etc.

BOIS-DE-LIÈGE, subst. mas. (*boadeliéje*), t. de bot. On donne ce nom, en général, à tous les *bois* aussi légers que le *liége*.

BOIS-DE-LUMIÈRE, subst. mas. (*boadelumière*), t. de bot., plante de l'Amérique septentrionale dont les émanations prennent feu à l'approche d'une chandelle allumée.

BOIS-DE-PALISSANDRE ou **BOIS-VIOLET**, subst. mas. (*boadepaliçandre, boaviolè*), t. de bot. C'est un *bois* que les Hollandais apportent de l'Amérique méridionale, et qui réunit à une odeur douce et agréable une belle couleur et une grande dureté.

BOIS-DE-RÂPE, subst. mas. (*boaderâpe*), t. de bot. On a donné ce nom à plusieurs arbres dont les feuilles sont très-rudes.

BOIS-DE-RHODES, subst. mas. Voy. BOIS-DE-ROSE.

BOIS-DE-ROSE, subst. mas. (*boaderôze*), t. de bot., synonyme de *bois-de-rhodes*. On lui a donné ce nom à cause de son odeur, analogue à celle de la *rose*.

BOIS-DE-SAINTE-LUCIE ou **MAHALEB**, subst. mas. (*boadeceinteluci, maalèbe*), t. de bot., arbre dont le bois est d'une odeur agréable.

BOIS-DES-FIÈVRES, subst. mas. (*boadèfièvre*), t. de bot., c'est le quinquina.

BOIS-DE-TISANE, subst. mas. (*boadetizane*), t. de bot., plante sarmenteuse de Cayenne, que l'on emploie en médecine pour faire des tisanes.

BOIS-D'OINGT (LE), subst. propre mas. (*leboadoein*), village de France, chef-lieu de canton, arrond. de Villefranche, dép. du Rhône.

BOISÉ, E, part. pass. de *boiser*, et adj., garni de menuiserie : *chambre boisée*. — Garni de *bois* : *terre bien boisée*.

BOISEMENT, subst. mas. (*boazeman*), plantation de *bois*, en *bois*. Ce mot manque dans l'*Académie*.

BOISER, v. act. (*boazé*), garnir de *bois* de menuiserie une chambre, une salle, etc. — Dans la construction des vaisseaux, garnir l'espace entre les couples de levée par les couples de remplissage, qui ne sont pas ordinairement tracés sur le plan, mais qui se gabarient sur lisses. — *se* BOISER, v. pron.

BOISERIE, subst. fém. (*boazerî*), ouvrage de menuiserie dont on revêt quelques parties intérieures d'un édifice.

BOISEUSE, adj. fém. Voy. BOISEUX.

BOISEUX, adj. mas., au fém. **BOISEUSE** (*boazeû, zeûze*), se dit des plantes, des racines qui ont quelque solidité, qui sont de la nature du *bois* : *plante, racine boiseuse*. — Ce mot paraît être propre aux jardiniers : en bot., et même dans le langage ordinaire, on dit *ligneux*.

BOIS-GENTIL, LAURÉOLE ou **MÉZÉRÉON**, subst. mas. (*boajanti, lôréole, mézéréon*), t. de bot., arbrisseau agréable à la vue. — Ses baies, qui sont rouges, purgent violemment.

BOIS-GUILLAUME, subst. mas. (*boaguiiôme*), t. de bot., nom de plusieurs arbustes de l'île Bourbon, qui forment un genre nouveau entre les astères et les bacchantes.

BOISILIER, subst. mas. (*boazilié*), t. de mar, coupeur de *bois*.

BOIS-ISABELLE, subst. mas. (*boazizabèle*), t. de bot. Trois arbres portent ce nom : un myrte, un laurier, et le chefferin.

BOIS-IVRANT, subst. mas. (*boazivran*), t. de bot., genre de plante de la famille des légumineuses. Ce sont des arbres à feuilles pinnées, à folioles articulées et à fleurs en grappes rameuses, terminales ou axillaires.

BOIS-JAUNE, subst. mas. (*boajône*), t. de bot. Beaucoup d'arbres portent ce nom, soit à cause de la couleur de leur bois, soit à cause de l'usage qu'on en fait dans la teinture.

BOIS-LAITEUX. Voy. BOIS-DE-LAIT.

BOIS-LÉGER, subst. mas. (*boaléjé*), t. de bot., arbre de la presqu'île de Panama, dont on fait des bateaux.

BOIS-LONG, subst. mas. (*boalon*), t. de bot., arbre laiteux du Brésil.

BOIS-MAKAKE, subst. mas. (*boamakake*), t. de bot., bois des Antilles qui est plein de trous, et dont le fruit est fort recherché par les singes.

BOIS-MINÉRALISÉ, subst. mas. (*boaminéralizé*), t. d'hist. nat. On appelle ainsi des morceaux de bois, et même des arbres entiers qui, ayant été ensevelis par les eaux dans des couches sablonneuses ou terreuses qui se trouvaient mêlées de matières métalliques, se sont eux-mêmes convertis en minerais.

BOIS-NOIR, subst. mas. (*boanoar*), t. de bot. On donne ce nom à différents bois colorés en noir.

BOIS-PÉTRIFIÉ, subst. mas. (*boapétrifié*), t. d'hist. nat., bois converti en matière pierreuse de la nature du silex.

BOIS-NÉPHRÉTIQUE, subst. mas. (*boanéfrétike*), t. de bot. On a donné ce nom au bois du ben, parce qu'il est recommandé dans la néphrite.

BOIS-PUANT, subst. mas. (*boapuan*), t. de bot., bois qui a mauvaise odeur.

BOIS-ROUGE, subst. mas. (*boarouje*), t. de bot. On donne ce nom à différents arbres dont le bois est rouge. — On les appelle aussi *bois-de-sang*.

BOISSEAU, subst. mas. (*boèçô*) (du lat. barbare *bussellus*, qui, dans le moyen-âge, a eu la même signification), ancienne mesure de capacité particulièrement destinée aux matières sèches. Il se dit aussi de la contenance d'un *boisseau* : *vendre, mesurer au boisseau* ; *je me contenterai d'un boisseau de blé, de farine*, etc. Les divisions ou parties du *boisseau* sont le demi-*boisseau*, le quart et le demi-quart, le litron et le demi-litron, qui tous deux ne servent qu'à mesurer les menus grains et les légumes secs. — En t. de boutonnier, coussin sur lequel on fait des tresses, du cordon rond, etc. — Boite en cuivre dans laquelle tourne la clef d'un robinet. — En t. de potier de terre, gros cylindre de terre cuite fait en forme de *boisseau* sans fond, plus étroit en bas qu'en haut, avec un petit rebord. — Dans le langage de l'Évangile, *mettre la lampe, la lumière sous le boisseau*, c'est cacher la vérité aux hommes. — Myth., *boisseau sur la tête d'un homme*. Voy. SÉRAPIS.

BOISSELÉE, subst. fém. (*boècelé*), ce qui est contenu dans un *boisseau*. — *Boisselée de terre*, ce qu'il en faut pour semer un boisseau de blé.

BOISSELIER, subst. mas., au fém. **BOISSELIÈRE** (*boècelié, lière*), celui, celle qui fait et vend des *boisseaux*, cribles, seaux, tambours, éclisses, etc.

BOISSELLERIE, subst. fém. (*boècèlelerî*), art, métier, commerce, marchandises du *boisselier*.

BOISSON, subst. fém. (*boèçon*), liqueur à *boire*; ce qu'on *boit* : *toute sa boisson est de l'eau claire* ; *le vin est une boisson moins rafraîchissante mais plus saine que la limonade*. — Il se dit aussi dans un sens plus particulier, en parlant du vin, du cidre, etc. : *il a toute sa boisson en cave; acheter du cidre pour sa boisson*. — Eau passée sur le marc. — T. de mar., eau avec un peu de vinaigre.

BOIS-SUDORIFIQUES, subst. mas. plur. (*boaçudorifike*), t. de médec., termes collectifs par lesquels on désigne le gaïac, le sassafras, la squine et la salsepareille, qu'on emploie souvent ensemble.

BOISSY-SAINT-LÉGER, subst. propre mas. (*boèciceinléjé*), village de France, chef-lieu de canton, arrond. de Corbeil, dép. de Seine-et-Oise.

BOIS-TAPYRÉ, subst. mas. (*boatapiré*), t. de bot., arbre de Cayenne dont on fait des meubles. On ignore à quel genre il peut être rapporté.

BOIS-VIOLET. Voy. BOIS-DE-PALISSANDRE.

BOITE, subst. fém. (*boète*, la première syllabe brève), l'état du vin lorsqu'il est bon à *boire* : *du vin en boite*, du vin prêt à être *bu*.

BOÎTE, subst. fém. (*boête*, la première syllabe longue) (du lat. *buxeta*, dim. de *buxa*, qu'on a dit pour *buxula*, formé de *buxus*, buis; en grec πυξος, parce que les *boîtes* se font souvent de buis. De là le nom de πυξις donné par les Grecs à une *boîte*, et dont les Latins ont fait *pyxis*), sorte de petit vaisseau fait de bois léger et fort mince ou de carton, avec un couvercle, et servant à divers usages. — Il se dit aussi de plusieurs autres petits vaisseaux de différentes matières, qui ont un couvercle : *une boîte d'or, d'argent, d'écaille*, etc. — Il s'emploie aussi dans un sens général, pour désigner un assemblage de bois, de métal, ou de toute autre matière, destiné à contenir, revêtir ou affermir d'autres pièces. — On dit absolument : *une boîte*, une tabatière. — La contenance d'une boîte : *boîte de bonbons, boîte d'onguents*. — Il se dit encore de divers ustensiles dont les boutiquiers se servent pour renfermer leurs marchandises. — On appelle, en t. de médec., *boîte fumigatoire*, une *boîte* qui contient tout ce qui est nécessaire pour rappeler à la vie les asphyxiés, tels que noyés, etc., au moyen de fumigations. — *Boîte du crâne*, t. d'anat., cavité osseuse qui renferme le cerveau. — En t. d'artificier, on appelle *boîte de réjouissance*, ou simplement *boîte*, une espèce de *boîte* de fer ou de fonte qui se charge avec de la poudre et un tampon, et qu'on tire dans les réjouissances. — *Boîte à feu*, petit carton rempli de poudre et battu avec violence, qui fait un grand bruit quand on le tire. — C'est aussi un petit mortier qu'on ne charge que de poudre. — T. d'artillerie, bout de la hampe de l'écouvillon; extrémité d'un refouloir; embouchure du bout d'un essieu d'affût; cylindre de cuivre garni de lames d'acier pour égaliser l'âme des canons. — Les bijoutiers appellent *boîte à soudure* un petit coffret où ils mettent les paillons. — *Boîte de montre* se dit de la partie d'une montre dans laquelle le mouvement est renfermé et à laquelle le verre est ajusté. — Dans les monnaies, on appelle *boîte d'essai* un petit coffre qui renferme les monnaies essayées; et simplement *boîte*, la partie du balancier où sont les flans quand on les marque. — Les serruriers et autres ouvriers appellent *boîte à foret* une espèce de bobine où tient le foret, et qu'ils font mouvoir par le moyen de la corde de l'archet, pour percer des trous. — *Boîte* est aussi la partie d'un vilebrequin où la mèche est fixée au corps de cet instrument. — En t. de menuiserie, *la boîte du crochet de l'établi* est un morceau de bois qui entre dans une mortaise faite au bout de l'établi, et dans laquelle on met un crochet de fer. — Chez les metteurs en œuvre, *la boîte de table à bracelets* est une lame d'or ou d'argent battu, pliée de manière que la partie inférieure avance plus que l'autre. — — Chez l'imprimeur en taille-douce, on nomme *boîte* un morceau de bois en forme d'arc, garni en dedans de fer-blanc pour faire tourner le rouleau. — Partie d'une ancienne presse d'imprimerie, qui emboîtait l'arbre de la vis. — Tuyau pour le passage du vent dans l'orgue. — Coffre de fer, percé de trous, placé à la superficie d'une pièce d'eau pour empêcher les ordures de passer. — Jonction de deux pièces d'une soupape. — Petit coffre où les épingliers nattent les épingles. — Pouille scellée dans un billot pour recevoir le bout d'une barre de fer et la tenir ferme. — Morceau de bois qu'on ajuste au mandrin pour tourner un ouvrage en l'air. — Instrument de chirurgie pour maintenir la jambe dans le cas d'une fracture compliquée. — *Boîte à moulure* ou *à bille* se dit, en t. d'orfèvres, d'un instrument composé d'un châssis de fer, sur les côtés duquel il y a une échancrure pour faire entrer les billes, et une coulisse où elles sont assujéties par le moyen de deux vis et d'une clef. — Les cartiers appellent *boîte à lisser* un instrument de bois qui reçoit, par son extrémité inférieure, une pierre noire, dure et polie, avec laquelle on lisse les cartes par le frottement. — On nomme de même divers ustensiles qui en enferment d'autres : *boîte de lanterne, de pendule*, etc. — *Boîte de réverbère*, sorte de boîte fixée en dessous du réverbère, qui contient la corde destinée à le hisser. — *Boîte de navette*, partie de la navette où l'on met la trame. — *Boîte aux lettres*, espèce de tronc dans lequel on dépose les lettres que l'on envoie par la poste. — On appelle *boîte des pauvres* une *boîte* où sont reçues les aumônes, les charités pour les pauvres. — On dit fam., d'une chambre bien close, qu'*on y est comme dans une boîte*; d'un homme délicat que la moindre impression de l'air incommode, qu'*il faudrait qu'il fût dans une boîte*; d'un homme extrêmement propre et paré, qu'*il semble sortir d'une boîte*. — Fig. et fam. : *recevoir de l'argent de la boîte à Perrette*, de l'argent qui vient on ne sait d'où. Vieux. — On dit prov. *dans les petites boîtes sont les bons onguents*, un petit homme a souvent plus de mérite qu'un grand. — Myth. Voy. PANDORE.

BOITÉE, subst. fém. (*boèté*), t. de pêche, appât pour la morue, jeune fretin.

BOITEMENT, subst. mas. (*boèteman*), irrégularité dans la marche d'un animal.

BOITER, v. neut. (*boété*), clocher ; ne pas marcher droit, à cause de quelque incommodité aux parties qui servent à marcher. On l'a dit d'abord de ceux qui ont un os *déboîté*, sorti de sa *boîte* ou de sa place, et ensuite, par extension, de tous ceux qu'une cause quelconque empêche de marcher droit. — *Boiter* diffère de *clocher*, en ce que *boiter* est proprement marcher avec une sorte de vacillation, en se jetant d'un côté, de manière que le corps est ou paraît être *déboîté* dans quelqu'une de ses parties inférieures ; et *clocher*, marcher avec un pied raccourci, ou en se jetant sur un côté trop court, de manière que le corps est ou paraît être inégal d'un ou d'autre côté dans sa base. — *Boiter tout bas*, fléchir légèrement du côté malade ou faible.

BOITERIE, subst. fém. (*boéteri*), t. de médec. vétér., claudication du cheval. Dans le sens de *boitement*, il est inusité.

BOITEUSE, subst. fém. (*boéteuze*), air d'une sorte d'allemande, qui se danse sur un mouvement de trois huit ou six huit, ce qui fait que les danseurs ont quelquefois l'air de *boiter*. — Il est aussi adj. fém. Voy. BOITEUX.

BOITEUX, adj. et subst. mas., au fém. **BOITEUSE** (*boéteû, teuze*), celui, celle qui *boite* : *un boiteux ; il est boiteux*. — Fig., *table boiteuse*, *siége boiteux*, qui a un pied plus court que les autres. — *Colonne boiteuse*, en t. d'imprim., colonne qui a une ou plusieurs lignes de moins que les autres de la même page. — Se dit fig. d'un ruban qui a l'un de ses bords d'une couleur différente de celle de l'autre bord. — *Châle boiteux*, qui a une large bordure d'un seul côté. — *Vers boiteux*, vers auxquels il manque une ou plusieurs syllabes. — On dit prov., en parlant d'une nouvelle, qu'*il faut attendre le boiteux* (le Temps), ne pas se presser d'y croire, et en attendre la confirmation.—Et : *il ne faut pas clocher devant les boiteux*, pour dire qu'il ne faut rien faire devant les gens qui semble leur reprocher des défauts naturels.—T. de manége : *cheval boiteux de l'oreille* ou *de la bride*, qui par ses mouvements de tête marque tous les pas qu'il fait en *boitant*. Cela n'arrive pas à tous les chevaux *boiteux*.

BOITIAPO, subst. mas. (*boatiapo*), t. d'hist. nat., gros serpent venimeux.

BOITIER, subst. mas. (*boétié*), petit coffre en argent où les chirurgiens mettent les onguents.

BOITILLON, subst. mas. (*boétiion*), panneau de menuiserie. — Petite *boîte* de tisserand.

BOITOUT, subst. mas. (*boétou*), vieux mot inusité qui se disait d'un verre dont la patte était cassée.

BOITTE, subst. fém. (*boète*), t. de pêche. Voy. BOITTE.

BOITURE, subst. fém. (*boéture*), débauche. Vieux et inusité.

DU VERBE IRRÉGULIER BOIRE :

Boive, précédé de *que je*, 1re pers. sing. prés. subj.

Boive, précédé de *qu'il* ou *qu'elle*, 3e pers. sing. prés. subj.

Boivent, précédé de *ils* ou *elles*, 3e pers. plur. prés. indic.

Boivent, précédé de *qu'ils* ou *qu'elles*, 3e pers. plur. prés. subj.

Boives, 2e pers. sing. prés. subj.

BOJOBI, subst. mas. (*bojobi*), t. d'hist. nat., serpent du genre boa.

BOKAS, subst. fém. plur. (*bokace*), t. de comm., toiles de coton de Surate.

BOKEY, subst. mas. (*boké*), mot anglais qui signifie petit char léger, cabriolet découvert.

BOKKING, adj. (*bokekeingue*), t. de comm., hareng salé et fumé.

BOL ou **BOLUS**, subst. mas. (*bol, boluce*) (du grec βωλος, morceau ou bouchée, petite motte de terre, etc.), petit vase en forme de demi-globe, qui sert à prendre certaines boissons : *un bol d'argent, de porcelaine*. — La contenance d'un *bol* : *un bol de café, de punch*. — Petite boule composée de drogues médicinales, qu'on prend seule ou enveloppée dans du pain à chanter : *prendre de la casse en bol*. — *Bol alimentaire*, masse d'aliments mastiqués et préparés pour la déglutition. — *Bol*, terre médiocrement grasse, friable, astringente, etc. : *bol d'Arménie*, *bol du Levant*. Les peintres, les doreurs et autres artisans se servent de *bols*. — *Bol*, en t. de pêche, poste que doivent occuper les pêcheurs à l'aissaugue, pour ne point endommager les filets des autres pêcheurs. En ce sens, on dit aussi *bau*.

BOLAC, subst. mas. (*bolak*), t. de bot., genre de plantes de la famille des ombellifères.

BOLAIRE, adj. des deux genres (*bolère*), qui tient de la nature du *bol* : *terre bolaire*.

BOLANTIN, subst. mas. (*bolantein*), t. de pêche, pêche à la ligne, en bateau.

BOLATHEN, subst. mas. (*bolatène*), myth., surnom de Saturne.

BOLBEC, subst. propre mas. (*bolbèk*), ville de France, chef-lieu de canton, arrond. du Havre, dép. de la Seine-Inférieure.

BOLEDIDION, subst. mas. (*boledidion*), t. d'hist. nat., petite espèce de poulpe.

BOLDU, subst. mas. (*boldu*), t. de bot., arbre du Pérou, qui tient du laurier.

BOLÉNIE, subst. fém. (*bolénî*), t. de min., sorte de pierre précieuse.

BOLET, subst. mas. (*bolè*) (du grec βωλιτης, champignon), t. de bot., champignon dont le caractère est d'avoir la partie concave du chapiteau marquée de pores très-rapprochés.

BOLÉTATE, subst. mas. (*bolétate*), t. de chim., sel formé par la combinaison de l'acide *bolétique*.

BOLÉTIQUE, adj. des deux genres, (*bolétike*), t. de chim., se dit de l'acide tiré des *bolets*.

BOLÉTITE, subst. fém. (*bolétite*) (du grec βωλιτης, champignon, en latin *boletus*), t. de min., pierre argileuse de couleur cendrée, représentant une morille.

BOLÉTOÏDES, subst. mas. plur. (*bolétô-ide*), t. de bot., nom d'une division de champignons.

BOLÉTOPHAGE, subst. mas. (*bolétofaje*) (du grec βωλιτης, champignon, et de φαγω, je mange), t. d'hist. nat., genre d'insectes coléoptères, de la famille des mycétobies.

BOLICHE, subst. fém. (*boliche*), t. de pêche, sorte de filet.

BOLIDES, subst. fém. plur. (*bolide*) (dérivé du grec βαλλω, je lance), t. d'hist. nat. On donne quelquefois ce nom aux pierres tombées du ciel.

BOLIEZ, subst. mas. (*bolié*), t. de pêche, nom que donnaient les Catalans à un petit ganguy.

BOLINA, subst. propre fém. (*bolina*), myth., nymphe qui se jeta dans la mer pour éviter les poursuites d'Apollon : celui-ci, touché de compassion, lui rendit la vie et voulut qu'elle fût immortelle.

BOLIVIA, subst. propre mas. (*bolivia*) (de *Bolivar*, son libérateur), nom donné nouvellement au pays appelé autrefois le haut Pérou.

BOLIVIENNE, adj. fém. (*boliviène*), de *Bolivia*, ou le haut Pérou : *république bolivienne*.

BOLLANDISTE, subst. mas. (*bolelandicete*), t. d'hist. eccl., (de *Bollandus*, chef de cette société.) Société de jésuites qui, pendant plus d'un siècle, s'est occupée à recueillir tout ce qui concerne les vies des saints.

BOLLENNE, subst. propre fém. (*bolène*), ville de France, chef-lieu de canton, arrond. d'Orange, dép. de Vaucluse.

BOLOGNE, subst. propre fém. (*bolognie*), grande ville des États de l'Église, chef-lieu de la légation de ce nom.

BOLOGNINO, subst. mas. (*bolognino*), sorte de monnaie. Voy. BAÏOQUE.

BOLOMANCIE, subst. fém. (*bolomancî*) (du grec βολος, flèche, et μαντεια, divination), divination qui se faisait par le moyen des flèches.

BOLOMANCIEN, NE, adj. et subst. (*bolomancicin, ène*), qui concerne ou qui exerce la *bolomancie*.

BOLSENA, subst. propre fém. (*bolcéna*), petite ville d'Italie dans le patrimoine de saint Pierre.

BOLTONE, subst. fém. (*boltone*), t. de bot., genre de radiées, corymbifères d'Amérique.

BOLTY, subst. masc. (*bolti*) ou *le nébuleux*, t. d'hist. nat., labre du Nil.

BOLUS, subst. mas., fort peu usité. Voy. BOL.

BOLZAS, subst. mas. (*bolzace*), t. de comm., coutil des Indes.

BOM ou **BOMA**, subst. mas. (*bome*). Voy. BOA.

BOMARÉE, subst. fém. (*bomaré*), t. de bot., genre de plantes de la famille des narcisses.

BOMBACÉES, subst. fém. plur. (*bonbacé*), t. de bot., famille de plantes dont la plupart produisent le coton.

BOMBAKIN, subst. mas. (*bonbakein*), t. de comm., étoffe de laine et soie.

BOMBALON, subst. mas. (*bonbalon*), instrument dont les nègres se servent comme de tocsin, et dont le bruit se fait entendre, dit-on, à la distance de quatre lieues. C'est une espèce de très-grande trompette marine faite d'un bois léger, et extrêmement sonore.

BOMBANCE, subst. fém. (*bonbance*) (du latin barbare *pompantia*, fait de *pompa*, pompe, appareil), chère extraordinaire et abondante : *faire bombance*. Fam.

BOMBARDE, subst. fém. (*bonbarde*) (racine *bombe*), machine dont on se servait autrefois pour lancer des pierres. — Nom appliqué, après l'invention de la poudre, à quelques pièces d'artillerie grosses et courtes dont la détonnation produisait un grand bruit. — Bâtiment construit pour porter des mortiers et lancer des bombes.—En t. de mus., sorte de jeu d'orgue. Il ne diffère de la trompette que parce qu'il sonne l'octave au-dessous. — T. d'arts et mét., gueule d'un four à briques. — Petit instrument, en forme de lyre, traversé d'une pièce d'acier élastique qui, agitée avec le doigt et par le souffle de la bouche, sert à moduler.

BOMBARDÉ, E, part. pass. de *bombarder* : *Alger a été bombardé*.

BOMBARDEMENT, subst. mas. (*bonbardeman*), action de *bombarder* : *le bombardement d'Alger*. *Le général ordonna le bombardement de la place*.

BOMBARDER, v. act. (*bonbardé*), jeter des *bombes* dans une place forte qu'on assiége, dans un camp, etc. — *se* BOMBARDER, v. pron.

BOMBARDIER, subst. mas. (*bonbardié*), celui qui tire des *bombes* : *régiment, compagnie, capitaine de bombardiers*.

BOMBARDIERS, subst. mas. plur. (*bonbardié*), t. d'hist. nat., division d'insectes de la famille des carabiques, qui tire son nom de ce que, lorsqu'ils sont effrayés ou inquiétés, ils font sortir avec explosion, par l'anus, une vapeur caustique et d'une odeur pénétrante.

BOMBARDO, subst. mas. (*bonbardô*), instrument à vent des paysans de quelques contrées d'Italie, qui ressemble à la cornemuse.

BOMBASIN, subst. mas. (*bonbazein*) (du grec βομβυξ, ver à soie), t. de comm., sorte d'étoffe de soie. — Étoffe de laine qui n'a pas d'envers.

BOMBASINE, subst. fém (*bonbazine*), t. de comm., sorte d'étoffe moins forte que le *bombasin*.

BOMBAX, subst. mas. (*bonbakce*), t. de bot., arbrisseau.

BOMBE, subst. fém. (*bonbe*) (du latin *bombus*, bruit des trompettes, du cor, du tonnerre), grosse boule de fer, creuse, armée de deux anses, plus épaisse de métal dans son culot que dans sa partie supérieure, où elle est percée pour être remplie de poudre. On la lance au moyen d'un mortier, et elle éclate quand elle est arrivée à sa destination, au moyen d'une mèche qui y est adaptée : *jeter des bombes*. — Fig. et prov. : *la bombe est près de crever*, quelque malheur est près d'arriver, ou : un complot est près d'éclater. — *Gare la bombe !* se dit à propos d'un événement que l'on doit craindre. — *Comme une bombe*, à l'improviste.

BOMBÉ, E, part. pass. de *bomber*, et adj., courbé en arc.— Subst. mas., *bombé* se dit, en t. d'archit., d'un arc peu élevé ou beaucoup moindre que le demi-cercle. — En géométrie, on nomme ainsi une portion circulaire fort plate.

BOMBEMENT, subst. mas. (*bonbeman*) (du grec βομβος, qui a le même sens), t. d'archit., courbure, renflement, convexité : *le bombement d'un mur, d'une planche, d'une cloison, d'un verre*. — T. de médec., espèce de tintouin ou bourdonnement d'oreilles, caractérisé par des coups qui se répètent à certains intervalles.

BOMBER, v. act. (*bonbé*) (par allusion à la courbure de la *bombe*), rendre convexe : *bomber un mur*.—En t. de jardinier : *bomber une platebande*, la charger de terre, de telle sorte que le milieu soit plus élevé que les bords. — En t. de bijoutier, c'est proprement emboutir ou creuser le fond d'un bijou. — *Bomber*, v. neut., être ou devenir convexe : *cette menuiserie bombe*. — *se* BOMBER, v. pron.

BOMBEUR, subst. mas. (*bonbeur*), qui fabrique ou vend des verres *bombés*.

BOMBIATE, mieux BOMBYATE. Voy. ce mot.

BOMBICES, mieux BOMBYCES. Voy. ce mot.

BOMBILER, mieux BOMBYLER. Voy. ce mot.

BOMBILLE, mieux BOMBYLLE. Voy. ce mot.

BOMBIQUE, mieux BOMBYQUE. Voy. ce mot.

BOMBIX, mieux BOMBYX. Voy. ce mot.

BOMBOS, subst. mas. (*bonboce*), t. d'hist. nat., crocodile des côtes d'Afrique.

BOMBU ou **BOHUMBU**, subst. mas. (*bonbu, boonbu*), t. de bot., arbre de Ceilan.

BOMBUS, subst. mas. (*bonbuce*) (du lat. *bombus*), t. de médec., vent bruyant de l'anus.

BOMBYATE, subst. mas. (*bonbiate*), t. de chim., sel formé par l'union de l'acide *bombyque* avec différentes substances.

BOMBYCES, subst. mas. plur. (*bonbice*), t. d'hist. nat., lépidoptères : le ver à soie ; le grand paon.

BOMBYCITES, subst. mas. plur. (*bonbicite*), t. d'hist. nat., famille d'insectes de l'ordre des lépidoptères.

BOMBYLER, v. neut. (*bonbilé*), bourdonner comme les abeilles.

BOMBYLIERS, subst. mas. plur. (*bonbilié*), t. d'hist. nat., insectes de l'ordre des diptères.

BOMBYLLE, subst. mas. (*bonbile*), t. d'hist. nat., genre d'insectes de l'ordre des diptères.

BOMBYQUE, adj. des deux genres (*bonbike*) (du grec βομβυξ, ver à soie), t. de chim. : *acide bombyque*, acide que l'on tire du ver à soie.

BOMBYX, subst. mas. (*bonbikce*), t. d'hist. anc., long chalumeau grec fait du roseau appelé par les Latins *calamus*, et qui probablement a donné son nom au chalumeau.

BOME, subst. fém. *bome*), t. de mar., la grande voile d'un bot. — Sorte de grand arc-boutant sur lequel s'étend la ralingue de la brigantine. Voy. GUI.

BOMERIE, subst. fém. (*bomerí*) (de l'anglais *bottomry*, formé de *bottom*, fond ; *carène d'un vaisseau*), t. de mar., sorte de prêt ou de contrat à la grosse aventure, assigné sur la quille d'un vaisseau.

BOMONIQUES, subst. mas. plur. (*bomonike*) (du grec βωμος, autel, et νικη, victoire : *victorieux à l'autel de Diane*), t. d'hist. anc., jeunes Lacédémoniens qui souffraient avec courage les douleurs de la flagellation en l'honneur de Diane.

BON, subst. mas. (*bon*), écrit qu'on donne à une personne, pour qu'elle aille toucher une somme ou recevoir un objet quelconque, et qui porte ces mots : *bon pour la somme de...., bon pour du bois, du pain*, etc.—Fig. et fam., *mettre son bon à tout*, adhérer à tout. — *Bon*, garantie par écrit d'une chose promise : *le bon du roi, le bon du ministre*. Il est vieux dans cette acception. — En t. de finances, *le bon d'un banquier*, c'est son acceptation. — Pour les autres acceptions du mot *bon* pris substantivement. Voy. BON, adjectif.

BON, adj. mas., au fém. **BONNE** (*bon, bonne*) (du lat. *bonus, bona*), s'applique en général, dans le sens moral comme dans le sens physique, aux choses qui ont les qualités convenables à leur nature, à leur destination : *un bon sol; un bon pays; de bon blé; de bons aliments; de bon tabac; une bonne odeur; ceci a bon goût; un bon dîner; une bonne table; un bon remède; un bon air; de bon drap; du drap de bonne qualité; un bon chapeau; une bonne bâtisse; de bon or; de bon argent; ce napoléon est bon; ce papier de commerce n'est pas très-bon; une bonne montre; un bon fauteuil; un bon meuble; un meuble de bon goût; un bon livre; une bonne gravure; de bonne musique; de bons vers; il n'y a rien de bon dans ce tableau; une bonne idée; un bon expédient; de bonnes institutions; un bon gouvernement; de bonnes écoles; une bonne méthode, de bonnes méthodes; bon ton; bonnes manières; bonne façon; un bon estomac; une bonne vue; un bon tempérament; une bonne santé; une bonne tête, un bon esprit*, etc., etc. — On qualifie de *bonnes* les choses même nuisibles dont la qualité est *bonne* : *de bon arsenic; de bon acétate de morphine*. — *Bon* se dit en particulier de ce qui est conforme, 1° à la raison : *faire un bon usage de son argent*; 2° à la justice : *le bon droit; la bonne cause*; 3° à la morale : *de bonnes mœurs; de bonnes actions*; 4° au devoir : *une bonne conduite*; 5° à l'honnêteté : *de bons sentiments*, etc. — Il se dit aussi des personnes qui excellent en quelque chose : *bon menuisier; bonne couturière; bon chimiste; bon écrivain; bon poète; bon orateur; bon peintre; bon musicien; bon acteur; bon officier; bon diplomate; bon médecin; bon philosophe; bon marcheur; bon nageur*, etc., etc., etc. — On dit, par analogie, *un bon chien de chasse; un bon cheval de selle; un bon cheval de trait; une bonne poule couveuse; une bonne vache*, etc. — Il signifie, en parlant de Dieu ou des grands de la terre, clément, miséricordieux : *Dieu est souverainement bon; aimer, prier le bon Dieu*, etc.; *Louis IX était un prince pieux et bon; il avait offensé le roi, mais le roi, qui le voyait dans le malheur et qui était bon, s'empressa de lui pardonner*. — En parlant des hommes ordinaires, il signifie, 1° humain, bienfaisant : *les pauvres l'adorent, car il est si bon!* 2° affectueux : *j'aime à me trouver avec elle, parce qu'elle est aimable et bonne*; 3° indulgent : *malgré tous vos torts envers lui, il ne vous hait point, tant il est bon*; 4° facile à vivre : *je passerais auprès d'elle des jours délicieux, non par la raison qu'elle est jolie, mais par la raison qu'elle est bonne*. On dit, soit dans l'un soit dans l'autre de ces quatre différents sens : *avoir le cœur bon, avoir un bon cœur, avoir bon cœur; avoir un bon caractère, être d'un bon commerce, de bonne composition*, etc.—On dit en thèse générale, ou que *les hommes sont bons*, ou que *les hommes sont méchants*, ou que *les hommes ne sont ni bons ni méchants : il faut être bien stupide pour être méchant et bien philosophe pour être bon : aussi les trois quarts des hommes, n'étant ni philosophes ni stupides, ne sont ni bons ni méchants; et le quatrième quart se compose des parias de la société*. (Charles Lemesle.) — *Bon* est aussi l'équivalent de *propre à : ce domestique est bon à mille choses; je ferai tant, que le ministre vous emploiera, car je sais combien vous êtes bon à employer; vous êtes bon à consulter, donnez-moi un conseil; je voudrais pouvoir vous être bon à quelque chose; ce remède est bon à telle maladie, contre telle maladie, pour telle maladie; ce fruit est bon à manger, et quand un fruit de cette espèce est aussi mûr, c'est une erreur de croire qu'il n'est pas bon pour l'estomac; voilà du vin bon à boire; vous voulez faire des planches avec ce bois-là, mais, pourri comme il est, à quoi cela est-il bon? cela n'est bon à rien, ou plutôt cela n'est bon qu'à brûler; votre cheval est bon pour le cabriolet, et le mien pour la selle*. — Il s'emploie en outre, 1° pour avantageux : *un bon métier; un bon commerce; un bon emploi; une bonne affaire*; 2° pour favorable : *l'occasion est bonne; l'hiver est le bon temps pour planter; vous avez de bons certificats, c'est de bon augure; les commencements de la guerre ne présagent rien de bon; pendant toute la traversée nous avons eu bon vent*; 3° pour utile : *il m'a rendu plus d'un bon office; c'est bon à savoir; à quoi bon faire telle chose? vous avez fait telle chose, à quoi bon? il est bon que je vous mette en garde contre sa mauvaise foi*; 4° pour convenable : *trouvez bon que je lui dise son fait; trouvez bon que je vous quitte; j'ai fait cela, je vous prie de le trouver bon; il me paraît bon que vous lui fassiez une visite*. On dit particulièrement dans les deux premiers de ces quatre sens : *être de bonne humeur, en bonne humeur, dans de bonnes dispositions, de bonne volonté, dans les bonnes graces*, ou *posséder les bonnes graces de...; avoir de bonnes intentions, bonne opinion, bonne volonté; faire de bon gré, de son bon gré, de bon cœur, de bonne grace, de bonne volonté; bon visage, bonne mine, bon accueil*. — Il reçoit aussi l'acception de grand, considérable dans son genre : *j'ai fait une bonne partie du travail; vous avez un bon revenu; sa place, outre le traitement qui y est attaché, lui vaut de bons profits; il est allé chercher une bonne quantité de bois, et nous a fait un bon feu, ensuite nous avons bu chacun un bon verre de vin; et comme nous étions un bon nombre, si son hospitalité nous a été d'un bon secours, ce n'est pas sans une bonne dépense de sa part; j'ai reçu de lui un bon soufflet, mais le lendemain il a reçu de moi un bon coup d'épée, et il est maintenant dans son lit avec une bonne fièvre, ce qui est une bonne correction*. — Dans certains cas, il ajoute seulement à l'énergie du discours : *pour arriver à ce village, vous avez une bonne lieue à faire; je suis resté là une bonne heure; j'ai bon espoir; j'ai bon courage; je vous remercie de votre bon souvenir*, etc. — *Bon* se prend quelquefois substantivement, dans le sens de *ce qu'il y a de bon*, soit en parlant des personnes, soit en parlant des choses : *cet homme a du bon; ce roman a du bon; sa mère avait du bon et du mauvais, mais elle n'a pris d'elle que le bon; il y a du bon et du mauvais dans cet ouvrage, mais j'en ai fait l'extrait, et je n'ai pris que le bon*. —Subst. encore, il peut signifier, 1° ce qu'il y a d'important : *le bon de l'affaire, c'est que vous n'avez rien perdu*; 2° ce qu'il y a d'avantageux : *le bon de l'affaire, c'est que vous avez gagné beaucoup*; 3° ce qu'il y a de plaisant : *le bon de l'histoire, c'est qu'il ne se douta de rien; le bon du conte, c'est l'entrevue des deux époux*. — Subst. encore, mais au plur., il sert à désigner les gens de bien en général, et s'emploie souvent par opposition à *méchants* : *nous savons gré aux méchants de tout le mal qu'ils négligent de faire, et nous faisons un crime aux bons de tout le bien qu'ils ne peuvent accomplir*. (Charles Lemesle.)—Il se dit aussi subst. dans un sens absolu, *le bon et le beau; le bon et l'honnête*. — *Avoir du bon dans une affaire*, y trouver du profit.—Fam., en parlant d'une boisson, on dit *tirer du bon, donner du bon*; et *qui bon l'achette, bon le boit*. Fig., cette dernière loc. exprime prov. qu'il ne faut point lésiner sur le prix des *bonnes* marchandises. On dit aussi *donner du bon*, pour : vendre de *bonnes* marchandises. — On dit d'une chose qui laisse dans la bouche un goût agréable, qu'*elle fait bonne bouche*; et l'on dit par analogie, tant au propre qu'au figuré, *rester sur la bonne bouche; garder quelque chose pour la bonne bouche; laisser quelqu'un sur la bonne bouche*. — *La faire courte et bonne*, passer sa vie dans les plaisirs, aux dépens de sa fortune et de sa santé; et prov. : *vie de cochon, courte et bonne*.—*Avoir bon temps, se donner du bon temps, prendre du bon temps*, s'amuser, se divertir. — *Il trouve tout bon, tout lui est bon*, il s'accommode de tout. — *Faire une bonne vie*, se bien nourrir.—*Faire une bonne fin*, mourir en chrétien, ou : honorablement. — *Être de bonne maison, de bonne famille, de bon lieu, venir de bon lieu*, être d'une naissance distinguée. — On dit par analogie : *se marier, s'allier en bon lieu*. — *C'est une bonne maison*, une maison aisée et bien réglée. — *Avoir une bonne maison*, tenir en quelque façon table ouverte. — *Faire une bonne maison*, s'enrichir. — *Avoir la main bonne*, exécuter avec adresse les ouvrages manuels.—*Avoir une bonne main, une bonne plume*, une *bonne* écriture.—Fig., *avoir une bonne plume*, avoir un *bon* style. On dit aussi, *c'est une bonne plume*, pour : c'est un *bon* écrivain.—Fig., *avoir la main bonne*, avoir du bonheur, ou : porter bonheur. — Fig., *telle chose est en bonne main, ou en bonnes mains*, est remise à une personne digne de confiance.—*Telle personne est en bonne main*, elle est sous l'autorité d'une autre personne qui, quelque récalcitrante qu'elle se montre, saura bien la diriger convenablement.—*Cette nouvelle vient de bonne main, je sais, je tiens cette nouvelle, cette chose, de bonne main, de bonne source*, d'une personne, de gens dignes de foi. — *Avoir bon pied*, être bon marcheur.—Fig., *avoir bon pied, bon œil*, jouir d'une santé florissante, particulièrement en parlant d'une personne d'un certain âge; ou : avoir de la vigilance. — Elliptiq., *bon pied, bon œil*, tenez-vous sur vos gardes.—*Aller de bon pied*, faire preuve de franchise et de loyauté.—*Ce malade a encore le cœur bon*, il lui reste un fond de vigueur. — *Un bon mot*, une saillie spirituelle.—*Une bonne plaisanterie*, une plaisanterie ingénieuse. — *Un bon tour*, un tour plaisamment malicieux. — Elliptiq., *la bailler bonne à quelqu'un*, lui jouer un malin tour, ou : un mauvais tour. — *Vous me la baillez bonne*, vous plaisantez, vous vous moquez; vous voulez me tromper, etc.— *La garder bonne à quelqu'un*, nourrir contre quelqu'un des projets de vengeance. — *Il m'en a dit de bonnes*, il m'a dit des choses surprenantes, ou : extravagantes, ou : il m'a fait des mensonges. — *Il m'en a dit de bonnes sur votre compte, sur le compte d'un tel*, il m'a dit du mal de vous, d'un tel. — *Ce calcul, ce compte est bon*, est juste. — On dit d'un homme exact dans les comptes qu'il rend : *c'est un homme de bon compte*. — Fig. : *soyez de bon compte*, soyez sincère, ou : avouez-le. — *Rendre bon compte de sa conduite*, prouver que la conduite qu'on a tenue est irréprochable. — *Rendre bon compte de la conduite de quelqu'un*, en rendre un compte exact. — *Vous me rendrez bon compte de votre conduite*, je vous en punirai.— On dit iron. *votre compte est bon, son compte est bon*, pour dire : vous vous trouvez, il se trouve menacé de quelque chose de désagréable, ou : de fâcheux, etc. — En t. de jeu, elliptiq. *faire bon*, répondre qu'on paiera la perte qui dépassera la mise : *faire bon de tout, faire bon partout*. — *Jouer bon jeu, bon argent*, jouer sérieusement et sans admission de la *perte sur parole*. — Fig., *y aller bon jeu, bon argent*, faire une chose franchement, sérieusement, sans arrière-pensée; ou : résolument. On dit encore dans le premier de ces deux sens : *y aller à la bonne foi, tout à la bonne foi*. — *Je suis, vous êtes, il est bien bon de....*, je suis, vous êtes, il est bien simple, bien dupe, bien crédule, etc., de.... : *je suis bien bon de prendre tant de ménagements avec vous; vous êtes bien bon de vous laisser mener ainsi; il est bien bon de vous croire sur parole*, etc. — *Vous êtes, il est bon de..., je vous trouve, je le trouve bon de...*, je vous trouve, je le trouve singulier, je vous trouve, je le trouve plaisant de... : *vous êtes bon, je vous trouve bon de parler* *contre le mariage après m'avoir marié; il est bon, je le trouve bon d'oser me soutenir qu'il connaît mieux que moi un fait dont j'ai été témoin.* — *Il est bon là, vous êtes bon là,* se dit souvent de même dans le langage très-familier : *il a fait ceci? il est bon là! vous prétendez telle chose? vous êtes bon là!* etc. On le dit aussi dans un sens tout différent, et qui répond à peu près à celui de cette autre locution fig. et fam. : *il est solide au poste : vous pouvez sans crainte voyager la nuit sous sa conduite, il est bon là;* etc. — *Bon cela* sert à distinguer une chose qu'on approuve d'une chose que l'on condamne : *vous dites que*, etc., *bon cela, mais vous avez tort d'ajouter*, etc. — *C'est bon*, ou, par ellipse, *bon*, j'approuve ceci, ou : je suis satisfait de ceci : *vous vous êtes expliqué franchement avec lui? c'est bon; vous m'apportez ce que je vous ai demandé? bon. Bon*, ou *c'est bon* s'emploie aussi pour mieux exprimer que l'on a compris : *c'est bon, je vois ce qu'il en est; bon, j'y suis;* etc. ; et par antiphrase : *vous m'avez joué là un bien vilain tour, c'est bon, je vous revaudrai cela; il s'oppose à mon admission? bon, il s'en repentira;* etc. — *Bon!* employé par exclamation, témoigne 1° l'étonnement : *dans une pareille chute il ne s'est pas cassé un membre? bon! il est bien heureux;* 2° le doute : *le roi est déjà de retour? bon! est-il possible de le croire!* 3° l'insouciance : *il veut se battre avec moi? bon!* — On appelle *bonne société, bonne compagnie*, une société où règnent cette politesse, ce bon ton et ces manières distinguées fruits d'une *bonne* éducation : *recevoir bonne société; voir la bonne société, la bonne compagnie*, etc. — On dit par analogie : *un homme de bonne société, de bonne compagnie.* — *Un bon garant, une bonne caution*, un garant, une caution solide, qui mérite confiance. On dit aussi, en t. de comm. : *ce négociant est bon, cette maison est bonne*, pour : ce négociant, cette maison remplit avec ponctualité tous ses engagements. — On dit d'un homme franc et loyal que *c'est un bon Gaulois*; et d'une personne qui se conduit bien, ou dont la capacité est en rapport avec ses fonctions, *c'est un bon sujet.* — Injurieusement ou par plaisanterie : *c'est un bon coquin, un bon fripon, un bon vaurien, un bon débauché*, c'est un coquin, un fripon, etc., fieffé. On dit dans le même sens : *c'est une bonne langue, un bon bec; c'est une bonne pièce;* et, par exclamation : *la bonne pièce! voyez la bonne pièce! quelle bonne langue!* — *C'est une bonne épée, une bonne lame*, signifient : il est fort sur l'escrime. — En t. de mar., on appelle *bon voilier* un bâtiment qui navigue bien. — *Bon Dieu!*, comme exclamation, contribue à exprimer la surprise, la joie, la douleur physique ou morale, etc. : *bon Dieu! se serait-on jamais imaginé cela! bon Dieu! quel heureux événement! bon Dieu! que je souffre! bon Dieu! que sa mort m'afflige!* etc. Par allusion aux croyances du paganisme, on emploie l'expression *bon génie*, 1° dans le sens de : heureuse inspiration : *c'est votre bon génie qui vous amène*, etc. 2° dans le sens de guide, appui, protecteur : *cet homme est votre bon génie.* — *Bon ange*, ange gardien : *tous les matins la pauvre innocente se recommandait à son bon ange.* On dit fig. : *être le bon ange de quelqu'un*, pour : préserver quelqu'un de malheurs. — *Bon homme*, en deux mots, se dit d'un homme droit, affectueux, et candide sans niaiserie ni bêtise : *c'est un très-bon homme; c'est à la fois un homme d'esprit et un bon homme.* En un seul mot, *bonhomme* se dit d'un homme faible et simple, qu'on domine et qu'on abuse facilement : *c'est un bonhomme qui n'y entendra pas malice; elle fait tout ce qu'elle veut de son bonhomme de mari.* L'expression *bonne femme* ne prend presque jamais l'acception correspondante. On dit indifféremment : *c'est un faux bonhomme*, ou : *il fait le bonhomme*, d'un homme astucieux qui affecte la *bonhomie.* — Dans un langage très-familier, on appelle *bonhomme, bonne femme*, un homme, une femme d'un grand âge : *le bonhomme veut encore faire sa promenade tous les jours, mais ses forces le trahissent bientôt, et il ne va pas loin; la bonne femme est encore verte; dès que le bonhomme aura fermé les yeux, son fils fera ce sot mariage; voilà un vieux bonhomme qui marche bien pour son âge.* On dit parfois *bonhomme, bonne femme*, à une personne du peuple ou à un paysan, à une paysanne, sans qu'ils soient avancés en âge; mais ce n'est que par une excessive familiarité ou par hauteur. — *Un petit bonhomme* se dit d'un petit garçon : *c'est un petit bonhomme fort espiègle.* Les mères, les bonnes, les nourrices, en parlant à un petit garçon, se servent souvent de l'expression : *mon petit bonhomme, mon bonhomme : allons, mon petit bonhomme, allons, mon bonhomme, fais ceci, fais cela.* — On dit que *telles personnes sont de bonnes gens*, pour dire que ce sont des gens simples et *bons*; et l'on dit absolument dans le même sens *les bonnes gens : il n'y a de vraiment aimables que les bonnes gens; la fête des bonnes gens; le Dieu des bonnes gens*, etc. — La locution *ces bonnes gens* ou *les bonnes gens*, sert aussi à marquer, soit une sorte de supériorité bienveillante : *ces bonnes gens, les bonnes gens m'intéressent; eh bien! comment vont maintenant les affaires de ces bonnes gens?* soit du dédain et même du dénigrement : *ces bonnes gens, les bonnes gens ont assez mauvais ton; ces bonnes gens sont d'une grande niaiserie; ces bonnes gens sont insupportables.* En s'adressant à plusieurs personnes, on dit, ou par une extrême familiarité, ou par hauteur : *bonnes gens, mes bonnes gens, les bonnes gens.* — Les militaires désignaient autrefois absolument par *le bonhomme* les paysans en général : *nous avons subsisté trois mois aux dépens du bonhomme.* — Fig. et fam. : *aller son petit bonhomme de chemin*, tenir une conduite modeste et suivie. Cette locution revient encore à celle-ci : *faire ses petites affaires.* — On dit d'un homme facile à vivre : *il est bon prince, c'est un bon prince;* d'un homme facile à vivre et d'une humeur joviale : *c'est un bon compagnon, un bon vivant, un bon enfant, un bon garçon, un bon diable;* d'un homme d'une grande bonté et d'une grande douceur : *il est bon comme le bon pain, comme du bon pain.* On dit dans le même sens : *c'est une bonne pâte d'homme; c'est une bonne âme.* Quelquefois il entre du dénigrement dans ces deux dernières expressions, mais beaucoup moins que dans celle-ci : *c'est une bonne bête.* — Entre égaux, ou de supérieur à inférieur, on dit par amitié ou par bienveillance : *mon bon ami, ma bonne amie*, ou seulement : *mon bon, ma bonne. Mon bon*, qui avait vieilli, semble rajeunir. — On appelle familièrement l'amant ou la maîtresse d'une personne *son bon ami, sa bonne amie.* — Par mépris : *cela est bon pour telle espèce de gens*, cela ne peut plaire, ne peut convenir qu'à telle espèce de gens :

Ils sont trop verts, dit-il, et bons pour des goujats.
(La Fontaine.)

— *C'est bon à vous, à lui*, etc., c'est à vous, à lui qu'il appartient de... : *je ne me permettrais point de lui parler ainsi, c'est bon à vous.* Cette locution sert quelquefois à témoigner du mépris : *je ne suis pas de caractère à m'abaisser de la sorte, c'est bon à vous, à lui.* On dit aussi dans le même sens : *c'est bon à quelque sot, à quelque dupe, à quelque fripon*, etc., etc. — *Faire bon visage d'hôte*, faire un accueil aimable. — *Sous* ou *sauf votre bon plaisir*, avec votre consentement, votre permission. — *Il n'agit que selon son bon plaisir*, il n'agit qu'à sa tête; *il entend que tout se fasse, que tout se règle selon son bon plaisir*, il est despote, il veut soumettre tout le monde à ses caprices. — On appelle un gouvernement absolu, arbitraire, *le gouvernement, le régime du bon plaisir.* Autrefois, les rois de France mettaient au bas de leurs ordonnances : *car tel est notre bon plaisir.* — *Faire quelque chose de bonne grace, avoir bonne grace à faire quelque chose*, faire quelque chose avec grace : *il salue, il se présente de bonne grace; il a bonne grace à danser.* — Fig. : *vous n'avez pas bonne grace d'agir ainsi*, il ne vous convient pas, il ne vous sied pas d'agir ainsi; ce que vous faites, ce que vous avez fait est fort déplacé, etc. — *Interpréter, expliquer quelque chose en bonne part*, donner à quelque chose un sens favorable. — *Prendre quelque chose en bonne part*, ne point s'en fâcher, s'en formaliser, etc. — *Ce mot, cette locution se prend en bonne part*, s'entend généralement dans un sens favorable. — *Revenant bon.* Voyez ce mot composé à son rang alphabétique. — On appelle *une bonne aventure* un incident heureux ou agréable : *il m'est arrivé ces jours-ci une bonne aventure;* et absolument : *la bonne aventure*, les prédictions des charlatans des places et de carrefours : *je me suis fait dire ma bonne aventure; un diseur, une diseuse de bonne aventure.* — *Bonne fortune*, heureux hasard, heureux événement : *vous voilà! c'est une bonne fortune pour moi; il lui est arrivé une bonne fortune.* On dit aussi : *ma bonne fortune, ta ou votre bonne fortune, sa bonne fortune a fait que, a voulu que...;* etc. — *Bonne fortune*, en termes de galanterie, s'entend des faveurs d'une femme : *vous avez, je le sais, beaucoup de bonnes fortunes; aller, être en bonne fortune; c'est un homme à bonnes fortunes; il veut faire l'homme à bonnes fortunes.* — *Une bonne pluie, une bonne gelée*, se disent d'une pluie, d'une gelée dont l'effet doit être favorable aux biens de la terre. — *Une bonne année* est une année où les récoltes sont abondantes. — *Souhaiter une bonne année, la bonne année à quelqu'un*, complimenter quelqu'un le premier jour de l'an. — *Bon an, mal an*, balance faite des *bonnes* et des mauvaises années : *bon an, mal an, sa ferme lui rapporte tant.* — En parlant d'un malade, *la journée, la nuit a été bonne*, il a bien passé la journée, la nuit. — *Donner, souhaiter le bon jour, le bon soir à quelqu'un*, saluer quelqu'un en prononçant les mots *bon jour, bon soir.* Dans ces sortes de locutions on réunit le plus souvent les deux mots : *le bonjour, le bonsoir.* On dit encore : *souhaiter une bonne nuit, un bon voyage*, etc. — On nomme *un bon jour, bonne fête*, un jour fêté par l'Eglise, une fête solennelle : *c'est demain un bon jour; il ne s'habille un peu proprement qu'aux bonnes fêtes.* Pop., *faire son bon jour*, communier. — *Arriver à la bonne heure*, à propos. — *A la bonne heure* sert aussi, 1° à distinguer l'approbation du blâme, l'assentiment de la contradiction : *vous vous êtes fort mal conduit hier, aujourd'hui à la bonne heure; je ne suis pas de votre avis sur le premier point; sur le second, à la bonne heure;* 2° à exprimer la résignation aux volontés de quelqu'un : *vous l'exigez, à la bonne heure;* 3° à marquer l'insouciance : *il veut, dites-vous, me faire un mauvais parti? à la bonne heure.* — *Une bonne fois* a le même sens que : une fois pour toutes, pour ne plus y revenir : *expliquez-lui l'affaire une bonne fois, et vous ne serez plus importuné de ses questions.* Il signifie aussi, par extension, franchement, nettement : *confiez-nous une bonne fois votre position, et nous saurons ce qu'on peut faire pour vous*, etc. — En t. d'impr., *bon à tirer* sont les mots qu'on écrit sur une épreuve pour autoriser, pour ordonner le tirage. Dans ce sens il s'emploie ordinairement subst. : *mettre, donner son bon à tirer, le bon à tirer.* — *Bonne feuille*, exemplaire de chacune des feuilles d'un ouvrage, envoyé à l'auteur au fur et à mesure que le tirage se fait. — En t. de comm., *bon pour telle somme*, formule par laquelle on rappelle, au bas de certains effets de commerce, la somme qui s'y trouve mentionnée. — En t. de manége, on dit qu'*un cheval galope sur le bon pied* lorsque, pour galoper, il part du pied droit; et dans ce sens on dit encore : *mettre un cheval sur le bon pied.* — Fig. *mettre quelqu'un sur le bon pied*, revient à : mettre quelqu'un dans le bon chemin, lui faire contracter de *bonnes* habitudes, etc.; ou à : mettre quelqu'un dans une position avantageuse. On dit aussi dans le dernier sens : *mettre quelqu'un sur un bon pied;* et, par analogie, *être sur un bon pied, sur le bon pied.* — *Être sur un bon pied dans le monde*, y être estimé, considéré. — Prov. : *à bon vin il ne faut pas d'enseigne, à bon vin point d'enseigne*, ce qui est bon est apprécié sans avoir été prôné. — *Après bon vin, bon cheval*, après quelques verres de vin on presse davantage sa monture; et plus fig. encore, on est plus hardi. — *A tout bon compte revenir*, il est toujours utile de vérifier l'exactitude du compte établi avec le plus de soin. — *Les bons comptes font les bons amis*, l'exactitude dans les relations pécuniaires contribue beaucoup à la durée des relations amicales. — *A bon entendeur, salut*, qui comprend bien profite. — *A bon entendeur peu de paroles*, un homme intelligent comprend à demi-mot. — *A bon chat, bon rat*, bien attaqué, bien défendu. — *Faire le bon apôtre.* Voy. APÔTRE. — *N'être bon ni à rôtir ni à bouillir*, n'être propre à rien, en parlant des choses et des personnes. — *Si un autre avait fait ou dit telle chose, il ne serait pas bon à jeter aux chiens*, un autre serait fort mal venu à faire ou dire telle chose. — *Ce qui est bon à prendre est bon à rendre*, on ne doit point balancer à rendre ce qu'on s'était approprié par erreur. — *A quelque chose malheur est bon*, ordinairement d'un mal il en résulte quelque bien. — *Toutes vérités ne sont pas bonnes à dire*, trop de franchise est souvent nuisible. — *Faire bonne mine à mauvais jeu*, dissimuler la mauvaise disposition de son humeur ou le mauvais état de ses affaires. — *Faire contre mauvaise fortune, contre fortune bon cœur; faire bonne contenance devant l'ennemi*, se roidir contre l'adversité, ne point se laisser abattre, décourager. — *Bon jour, bonne œuvre* se dit à propos d'une bonne action faite un jour solennel; mais c'est le plus souvent par ironie qu'on emploie cette locution : *il l'a tué en le renversant du haut du mât de cocagne. bon jour bonne œuvre.* — *Tout cela est bel et bon*, quoi que vous en disiez, quoi qu'il en soit. On dit aussi quelquefois fam. et par plaisanterie. *une belle et bonne chose*, pour dire seulement, ou : une belle chose, ou : une *bonne* chose. — *Aux derniers les bons* se dit dans beaucoup de cas différents par rapport à ceux qui ne font une chose qu'après tous les autres, et par rapport aux choses qui se font les dernières. — On se sert adverbialement du mot *bon* dans certaines phrases : *ce cheval est superbe, mais il m'a coûté bon ; tenez bon et vous réussirez ; voilà une fleur, un mets qui sent bon.* — *Il fait bon pêcher, chasser*, etc. aujourd'hui, le temps est favorable aujourd'hui à la pêche, à la chasse, etc. ; et absolument : *il fait bon*, la température est agréable. — *Il fait bon faire telle chose* signifie encore : la circonstance est favorable pour faire telle chose, etc. : *ton père est mal disposé ce soir, il ne ferait pas bon lui demander de l'argent*, etc. — *Il ne fait pas bon avoir affaire à vous*, il y a des désagréments, des dangers à craindre dans les relations qu'on peut avoir avec vous ; ou : vous n'êtes pas commode ; ou : vous savez repousser une attaque ; ou : je ne voudrais point passer par vos mains, au propre et au fig. dans les deux derniers sens. On dirait de même : *il ne fait pas bon se frotter à vous.* On dit dans un sens analogue : *il ne fait pas bon s'y frotter.* — *Il fait bon, il ne fait pas bon là*, on y est agréablement, désagréablement ; et fig. : *il ne fait pas bon là*, on y est exposé : *il y a certaines rues de Paris où il ne fait pas bon à dix heures du soir ; dans la révolution de juillet j'étais à la prise de l'Hôtel-de-Ville, il n'y faisait pas bon.* — Prov. : *il fait bon vivre, on apprend toujours*, quelque expérience que l'on ait, il arrive toujours des choses qui étonnent. — *Il fait bon battre glorieux, il ne s'en vante pas*, ou seulement : *il fait bon battre glorieux.* Voy. BATTRE. — *Tout de bon*, loc. adv., sérieusement. — *De bonne heure*, loc. adv., tôt, soit par rapport aux heures du jour, soit par rapport aux époques du temps en général : *déjeuner, dîner, se coucher*, etc., *de bonne heure ; la violette fleurit de bonne heure ; ses grands talents se sont manifestés de bonne heure ; la civilisation s'est développée de bonne heure chez les peuples de l'Orient.* — *De bon matin*, loc. adv., de grand matin. — *A bonnes enseignes*, loc. adv., à juste titre ; ou : avec des garanties : *je ne ferai telle chose qu'à bonnes enseignes ; je ne lui prêterai de l'argent qu'à bonnes enseignes.* — *A bon escient*, loc. adv. Voy. ESCIENT. — Au comparatif, au lieu de *plus bon*, on dit *meilleur* : *ma montre est meilleure que la vôtre ; un tel est meilleur qu'un tel ; je suis arrivé de meilleure heure que vous*, etc.

BONA, subst. mas. (*bona*), t. de bot., arbre des Philippines.

BONACE, subst. fém. (*bonace*), t. de mar., calme, tranquillité de la mer : *un temps de bonace.* — Fig., tranquillité : *être en bonace.* Peu usité.

BONAMIE, subst. fém. (*bonamí*), t. de bot., arbuste de Madagascar.

BONANA, subst. mas. (*bonana*), t. d'hist. nat., nom d'un troupiale et d'un oiseau appelé pinson de la Jamaïque.

BONAPARTÉE, subst. fém. (*bonaparté*), t. de bot., sorte de plante.

BONAPARTISME, subst. mas. (*bonaparticeme*), opinion des *bonapartistes.* Voy. le mot suivant.

BONAPARTISTE, subst. et adj. des deux genres (*bonaparticete*), partisan de *Bonaparte*, fameux général, qui fut promu à la souveraineté d'empereur et roi, et qui la perdit deux fois : en 1814 et en 1815. Ces deux mots *bonapartiste* et *bonapartisme*, qui n'ont été créés qu'après la chute de l'empire, ont signifié, et c'est à tort, aussi bien partisan du général Bonaparte que de l'empereur Napoléon. Il eût été plus conséquent de dire *napoléonisme* et *napoléoniste*, car l'empereur Napoléon avait des admirateurs du système de son gouvernement ; tandis que les *bonapartistes* étaient ceux qui étaient restés attachés au grand homme dépouillé du trône.

BONARD, subst. mas. (*bonar*), t. de verrerie, ouverture des arches.

BONARE, subst. masc. (*bonare*), t. d'hist. nat., espèce de taureau sauvage.

BONAROTA, subst. fém. (*bonarota*), t. de bot., espèce de plante.

BONASSE, adj. des deux genres (*bonace*) (du lat. *bonus*, bon), personne simple et sans malice, par défaut d'esprit : *un homme, une femme bonasse.* Il est fam.

BONASUS, subst. mas. (*bonazuce*), t. d'hist. nat., bœuf sauvage.

BONAT, subst. propre mas. (*bona*), ville de France, chef-lieu de canton, arrond. de Guéret, dép. de la Creuse.

BONATI, subst. mas. (*bonati*), t. de bot., espèce d'arbrisseau des Indes.

BONBALON, subst. mas. (*bonbalon*), trompette de nègres.

BONBANC, subst. mas. (*bonban*), pierre fort blanche tirée des carrières de Paris, propres aux ornements et à faire des colonnes.

BON-BEC, sobriquet que le peuple accole au mot *Marie* (*bonbèk*). *Une Marie Bon-Bec* est une femme babillarde et souvent médisante.

BONBON, subst. mas. (*bonbon*), terme emprunté du langage des enfants, et qu'on emploie en leur parlant, pour désigner des sucreries. — Les confiseurs entendent par ce mot toutes sortes de friandises faites avec du sucre : *une boîte de bonbons.*

BONBONIÈRE (l'*Académie* écrit **BONBONNIÈRE** : nous préférons notre orthographe, parce que deux *n* sont inutiles devant une voyelle retentissante), subst. fém. (*bonbonière*), boîte à *bonbons* : *une belle bonbonière.* — On dit fig., d'une petite maison arrangée avec beaucoup de propreté et de goût, que *c'est une bonbonière.* — Sorte de voiture faite en forme de *bonbonière.*

BON-CHRÉTIEN, subst. mas. (*bonkrétiein*), grosse poire : *bon-chrétien d'été, d'hiver.* — On dit au sing. du *bon-chrétien*, et au plur. des poires de *bon-chrétien*, ou des *bon-chrétien*, c'est-à-dire des poires de l'espèce dite *bon-chrétien.* C'est l'espèce qui a donné le nom de *bon-chrétien*, et non les individus.

BONCORE, subst. mas. (*bonkore*), t. de bot., espèce de narcisse.

BOND, subst. mas. (*bon*), se dit en général de l'action d'un corps en mouvement qui rejaillit à la rencontre de la terre ou d'un autre corps sur lequel il tombe : *un boulet de canon qui tombe à terre fait quelquefois plusieurs bonds.* — En t. de jeu de paume, *bond* se dit de l'action d'une balle qui, après avoir frappé à terre, rejaillit et se relève : *la balle a fait deux bonds ; attendre la balle au bond ; prendre la balle au bond.* — *Faux bond* se dit d'un *bond* qui, ne se faisant point selon la règle ordinaire de l'incidence des corps mus en ligne droite, trompe le joueur, et lui fait manquer la balle : *la balle a fait faux bond.* — Fig. et fam., *prendre la balle au bond*, saisir le bon moment pour faire une chose. — *Prendre la balle entre bond et volée*, faire une chose dans l'unique moment où il est probable qu'elle puisse être faite. — *Faire une chose tant de bond que de volée*, la faire d'une façon ou d'une autre, selon les circonstances. — *Faire faux bond à quelqu'un*, ne pas faire dans l'occasion pour une personne ce qu'elle avait droit d'espérer. — *Faire faux bond à son honneur*, manquer à ce qu'on se doit à soi-même. — L'action de s'élever subitement par un saut : *ce jeune homme ne va que par sauts et par bonds ; les chèvres et les chevaux font souvent des bonds.* — En t. de manège, le *bond* est un saut que le cheval fait en s'élevant subitement en l'air, et retombant à la même place. — On dit fig., en parlant d'un discours inégal et plein de saillies, *qu'il va par sauts et par bonds : cet homme ne parle que par sauts et par bonds : son style ne va que par sauts et par bonds.*

BONDA, subst. mas. (*bonda*), t. de bot., le plus gros arbre de l'Afrique. On en fait des canots d'une grandeur extraordinaire.

BONDE, subst. fém. (*bonde*), longue pièce de charpente équarrie par un bout, et faite en forme de cône tronqué, que l'on pose dans un trou de la rigole pratiquée à l'endroit le plus creux d'un étang, et qu'on lève quand on veut en faire sortir l'eau : *lever, hausser la bonde d'un étang.* — *Bonde* se dit d'un trou rond fait à un tonneau, à une barrique, pour y verser la liqueur : *la bonde du tonneau.* On donne aussi ce nom au tampon de bois qui sert à boucher ce trou. Selon l'*Académie*, dans cette dernière acception on dit mieux *bondon.* Cependant elle permet de confondre ces deux mots ; mais nous pensons qu'il est préférable de conserver à chacun d'eux une acception distincte, et de dire toujours *bonde* pour le trou, et *bondon* pour le tampon qui sert à le boucher. — On dit fig. et fam. : *lâcher la bonde à ses larmes, à ses plaintes ; lâcher la bonde à sa colère*, pour signifier : donner un libre cours à ses larmes, à ses plaintes, à sa colère, etc.

BONDÉ, E, part. pass. de *bonder*, et adj., plein jusqu'à la *bonde* : *futaille bondée.* — T. de mar., *navire bondé*, exactement plein dans tous les espaces qui sont sous ses ponts.

BONDER, v. act. (*bondé*), t. de mar., charger un bâtiment autant qu'il est possible. — *Bonder une futaille*, la remplir jusqu'à la *bonde.* — SE BONDER, v. pron.

BONDIEU, subst. mas. (*bondieu*), t. d'arts et mét., gros coin du scieur de long.

BONDIR, v. neut. (*bondir*). Faire un ou plusieurs bonds : *une balle de paume bondit ; un boulet de canon bondit ; un enfant bondit.* — Il se dit aussi des animaux qui font des *bonds* : *un chevreau qui bondit de joie ; un cheval qui bondit.* — Fig., on dit, pour exprimer la répugnance que l'on a pour une chose dont on ne peut supporter l'approche ou la vue, qu'*elle fait bondir le cœur.*

BONDISSANT, E, adj. (*bondiçan, çante*), qui *bondit* : *les agneaux bondissants ; des chèvres bondissantes.*

BONDISSEMENT, subst. mas. (*bondiceman*), action de *bondir* ; le mouvement de ce qui *bondit* : *le bondissement des agneaux.* — Fig. on dit : *des bondissements de cœur*, pour exprimer la répugnance qu'on éprouve pour une chose qui fait soulever l'estomac.

BONDON, subst. mas. (*bondon*), tampon de bois qui sert à boucher la *bonde.* — On désigne quelquefois par ce mot le trou même : à cet égard, voy. BONDE. — Sorte de petit fromage affiné de Neufchâtel, qui a la forme d'un *bondon.* Populaire.

BONDONNÉ, E, part. pass. de *bondonner*, et adj. : *tonneaux bondonnés ; futaille bondonnée.*

BONDONNER, v. act. (*bondoné*), boucher la *bonde* d'un tonneau avec le tampon de bois nommé *bondon* : *il faut bondonner ce tonneau.* — Il signifie aussi : faire, avec la *bondonnière*, un trou à un tonneau pour y mettre le *bondon.* — SE BONDONNER, v. pron.

BONDONNIÈRE, subst. fém. (*bondonière*), t. de tonnelier, instrument en forme de tarière, avec lequel on perce un tonneau à l'endroit de la *bonde.*

• **BONDRÉE**, subst. fém. (*bondré*), t. d'hist. nat., oiseau de proie du genre de la buse.

BONDUC, subst. mas. (*bonduke*), t. de bot., plante de la famille des légumineuses. On la nomme aussi *chicot.*

BONE, subst. propre fém. (*bone*), port de mer, et ville d'Afrique.

BONGARE, subst. mas. (*bonguare*), t. d'hist. nat., genre de serpents.

BONGEAU, subst. mas. (*bonjô*), deux bottes de foin liées ensemble. Voy. BONJEAU.

BONGOMILS, subst. mas. plur. (*bon-guomile*), t. d'hist. ecclés., hérétiques antitrinitaires.

BON-HENRI, subst. mas. (*bonhanri*), t. de bot., plante vivace, à fleurs à étamines, qui croît dans les lieux incultes. On le nomme aussi *épinard sauvage.* — C'est aussi une espèce de poires. Au plur. : *des bon-henri.* Voy., au mot BON-CHRÉTIEN, la remarque concernant ce pluriel.

BONHEUR, subst. mas. (*boneur*) (du vieux mot *heur*, évènement. On le croit dérivé d'*heure*, qui signifiait *fortune. Bonheur* est donc *bonne heure*, en lat. *bona hora*, parce que l'astrologie faisait dépendre le bonheur et le malheur de l'*heure* de la naissance), signifie proprement : moment heureux, accident heureux, bonne fortune : *il lui est arrivé un grand bonheur ; c'est un coup de bonheur.* Dans cette première acception, il s'emploie quelquefois au pluriel : *il lui est arrivé plusieurs bonheurs à la fois.* — On dit adv., *par bonheur*, pour dire, heureusement : *par bonheur il arriva que...* — *Au petit bonheur*, arrive ce qui pourra. Fam. et pop. — *Avoir le bonheur*, façon de parler dont on se sert par civilité et par compliment : *je suis content puisque j'ai le bonheur de vous voir.* — *Bonheur*, enchaînement de circonstances heureuses qui font réussir dans tout ce qu'on entreprend : *cet homme a du bonheur.* — *Jouer de bonheur*, éprouver, dans une affaire, les évènements, les chances les plus heureuses qui puissent arriver : *il faut convenir que nous jouons d'un grand bonheur.* — *Bonheur*, état heureux, où il ne manque aucune des choses agréables à la vie. — État dans lequel notre imagination se trouve pleinement satisfaite. — BONHEUR, FÉLICITÉ, PROSPÉRITÉ, BÉATITUDE, (*Syn.*). *Bonheur* marque proprement l'état de la fortune qui permet de se procurer les jouissances ; *félicité*, l'état de l'esprit qui nous fait goûter le plaisir dans ce que nous possédons; *prospérité* indique l'heureux état des affaires; *béatitude* se prend dans un sens mystique. Voy. ces mots.

BONHOMIE, subst. fém. (*bonomi*) (formé de *bon homme*), bonté naturelle et simplicité qui paraît dans toutes les actions : *il est plein de bonhomie*. Ce mot est du style familier. — *Bonhomie*, au pluriel, signifie des propos un peu simples : *il m'a conté ses bonhomies à son aise*. Fam.

BONHOMME, subst. mas. (*bonome*), vieillard qui a de la *bonhomie*; au plur.: *des bons-hommes*.— Outil de verrier.— *Bonhomme*, t. de bot., plante. Voy. BOUILLON-BLANC.

BONHOMME-MISÈRE, subst. mas. (*bonome-mizère*), t. d'hist. nat., nom donné quelquefois au rouge-gorge.

BONI, subst. mas. (*bôni*), t. de finances, excédant de la recette sur la dépense. — Excédant de la vente d'un gage sur l'argent prêté. — Somme restée sans emploi; somme qu'on n'attendait pas.

BONICHON, subst. mas. (*bonichon*), t. de verrerie, trou du four; petit canal de la lunette avec ventouse.

BONIER, subst. mas. (*bonié*), mesure de terre en Belgique.

BONIFACE, subst. mas. (*boniface*), nom propre d'homme qui ne trouve place ici que parce qu'il s'emploie ironiquement : on dit d'un homme doux, simple, et incapable de malice, *que c'est un vrai boniface*.

BONIFACIO, subst. propre mas. (*bonifacio*), ville maritime de France, chef-lieu de canton, arrond. de Sartène, dép. de la Corse.

BONIFICATION, subst. fém. (*bonifikâcion*), amélioration, augmentation de valeur, de produit d'une affaire, etc. : *cette affaire est susceptible d'une grande bonification*.

BONIFIÉ, E, part. pass. de *bonifier*, et adj. : *l'affaire est bonifiée; ce terrein est bonifié singulièrement depuis deux ans*.

BONIFIER, v. act. (*bonifié*) (du lat. *bonus*, bon, et *facere*, faire), mettre en meilleur état. Il se dit principalement en parlant des terres. — Tenir compte : *si cette place ne vous vaut pas mille écus, je vous bonifierai de ce qui s'en manquera*. — *Bonifier l'escompte*, t. de comm., tenir compte de l'escompte. — *Bonifier des avaries*, ou absolument, *bonifier pour des avaries*, t. de comm., en dédommager.— *Bonifier une baleine*, la mettre en pièces et en fondre le lard, pour en tirer ce qu'il y a de *bon*. — SE BONIFIER, v. pron. : *le vin se bonifie quand on le garde; l'affaire se bonifiera par la suite*.

BONITE, subst. fém. (*bonite*), t. d'hist. nat., espèce de poisson de mer, du genre des scombres.

BONITON, subst. mas. (*boniton*), t. d'hist. nat., nom vulgaire d'un poisson du genre des scombres.

BONJEAU, subst. mas. (*bonjô*), t. d'économie rurale, deux bottes de lin liées ensemble pour rouir.

BONJON, subst. mas. (*bonjon*), t. de manuf. Ce mot ne se lit que dans *Boiste*, et sans définition. Nous ne le connaissons pas.

BONJOUR, subst. mas. (*bonjour*), terme dont on se sert pour saluer quelqu'un : *je vous souhaite le bonjour; souhait d'un jour bon* et heureux.— On dit elliptiquement : *bonjour, monsieur*. Cette manière de parler est familière.— *Bonjour!* interj., t. de refus. — *Faire son bonjour*, ou mieux *son bon jour*, en deux mots, recevoir la communion eucharistique.

BONJOUR-COMMANDEUR, subst. mas. (*bonjour-komandeur*), t. d'hist. nat., oiseau de Cayenne qui chante au point du jour.

BONKOSE, subst. fém. (*bonkôze*), t. d'hist. nat., poisson du genre sciène.

BON-MOT, subst. mas. (*bonmô*), facétie, repartie fine. — Au plur., *des bons-mots*.

BONNE, adj. fém. Voy. BON.

BONNE, subst. fém. (*bone*) (en latin *bona*), nom qu'on donne à la gouvernante d'un enfant : *une bonne, une bonne d'enfants*. On a même étendu ce mot jusqu'à signifier toute domestique femelle. Fam. — *Conte de bonne*, récit puéril, semblable à ceux avec quoi les bonnes amusent les enfants.

BONNEAU, subst. mas. (*bonô*), t. de mar., morceau de bois ou de liége qui flotte au-dessus de l'ancre pour indiquer l'endroit où elle est. Voy. BOUÉE.

BONNE-AVENTURE, subst. fém. (*bonavanture*) (du lat. *bonus*, bon, et *adventus*, formé de *advenire*, arriver; *ce qui doit arriver de bien*), prédiction de ce qui doit arriver : *dire la bonne-aventure; je me suis fait dire la bonne-aventure par un Bohémien*. — Ce mot composé ne s'emploie pas au plur. Voy. AVENTURE.

BONNE-DAME, subst. fém. (*bonedame*), t. de bot., espèce de plante du genre arroche.—Au plur., des *bonnes-dames*.

BONNE-DÉESSE, subst. fém. (*bonedéèce*), myth., divinité mystérieuse dont les hommes ignoraient le nom, qui n'était connu que des femmes. On croit que c'était Cybèle ou la Terre, comme la source de tous les biens. — On l'appelait encore *Fauna*, *Fatua* et *Senta*.

BONNE-ESPÉRANCE, subst. propre fém. (*bonècepérance*) (en latin *bona spes*), myth., divinité chez les anciens. — Nom d'un cap fameux qui est situé à la pointe méridionale de l'Afrique.

BONNE-FOI, subst. fém. (*bonefoé*) (du lat. *bona fides*, même signification) : *je compte sur votre bonne foi; la bonne foi devrait toujours exister dans les affaires*. Voy. FOI.

BONNE FOIS (UNE), loc. adv. (*unebonefoé*). On s'en sert pour signifier qu'on parle sérieusement. Voyez BON.

BONNE-FORTUNE, subst. fém. (*bonefortune*) (en lat. *bona fortuna*), ce qui arrive d'avantageux.— Fam., les faveurs d'une dame : *c'est un homme à bonnes-fortunes*.

BONNE-GRACE, subst. fém. (*boneguerace*). Voy. GRACE.

BONNE HEURE (DE), loc. adv. (*deboneure*), tôt, pas tard : *il est de bonne heure*.

BONNEMENT, adv. (*boneman*), d'une manière simple et peu fine; de bonne foi, naïvement. — Précisément : *on ne saurait bonnement dire ce qu'il y a de beau*. Il est fam. et ne s'emploie qu'avec la négative.

BONNES, subst. propre fém. (*bone*), petit village situé dans la vallée d'Ossau, dép. des Basses-Pyrénées, et célèbre par ses eaux minérales.

BONNET, subst. mas. (*boné*) (du nom d'un certain drap dont on faisait anciennement des coiffures, comme on appelle *castors* les chapeaux faits de poil de castor), espèce de coiffure de formes différentes, ordinairement faite en étoffe, en peau ou en tricot. — Coiffure de femme en dentelle, en tulle, en gaze, etc.—*Bonnet à poil*, celui que portent plus particulièrement les grenadiers.—*Bonnet de coton*, bonnet de forme pointue surmonté d'une mèche, que l'on met ordinairement pour dormir. —On appelle *bonnet carré* un *bonnet* quadrangulaire. — On dit, en vénerie, qu'*un cerf a le bonnet carré*, lorsqu'il a du refait aussi haut que les oreilles.— En t. de fleuriste, pot où l'on plante des tulipes.— T. de vét., le second ventricule des animaux qui ruminent. — *Bonnet* se dit dans les arts et mét. de ce qui couvre la partie supérieure et sphérique d'un instrument, d'une machine, etc. — Les orfèvres appellent *bonnet* la partie d'un encensoir qui commence au bouton, et qui se termine aux consoles où passent les chaînes. — Les bottiers désignent par *bonnet* les genouillères échancrées des bottes de courriers.— Les pâtissiers appellent *bonnet-de-turquie* une pièce de pâtisserie qui a la forme d'un turban. — *Prendre le bonnet*, se faire recevoir docteur. — *Donner le bonnet*, mettre le *bonnet* de docteur sur la tête de quelqu'un.—PROV., *opiner du bonnet*, faire signe, en ôtant son bonnet, que l'on est de l'avis du préopinant; suivre sans examen l'avis d'un autre. — *Passer du bonnet*, passer tout d'une voix, en parlant d'un avis, d'une opinion. — *Avoir la tête près du bonnet*, se fâcher aisément. — *Avoir mis son bonnet de travers*, avoir de l'humeur. — *Ce sont deux têtes dans un bonnet*, deux hommes étroitement unis d'opinions et de sentiments. — *Triste comme un bonnet de nuit*, extrêmement triste. — *Porter le bonnet vert*, avoir fait banqueroute et cédé tous ses biens à ses créanciers, à cause d'un ancien usage obligeant celui qui avait fait cession de ses biens à porter un bonnet vert; parce que, dit *Trévoux*, la couleur verte est le symbole de la liberté, et que les cessionnaires sont *libérés* de toutes leurs dettes. — Aujourd'hui on entend par *bonnet vert* un galérien. — *Prendre une chose sous son bonnet*, imaginer une chose qui n'a point de fondement.— *Parler à son bonnet*, se parler à soi-même. — *Jeter son bonnet par-dessus les moulins*, n'être arrêté par aucune considération; braver l'opinion; braver les conséquences d'une chose, etc. — *Mettre la main à son bonnet, ôter son bonnet*, mettre la main au chapeau, ôter son chapeau par respect : *ce sont des gens dont il ne faut parler que la main au bonnet; que le bonnet à la main*. — *Avoir toujours la main au bonnet*, saluer continuellement; et fig. : être révérencieux à l'excès.— Pour marquer qu'il n'y a point de différence entre deux choses dont on parle, on dit, que *c'est bonnet blanc et blanc bonnet*.— On appelle vulgairement *gros bonnet* un personnage important. —*Bonnet à prêtre*, t. de fortification, pièce détachée qui forme à la tête trois angles saillants et deux rentrants. — *Bonnet de prêtre*. Voy. FUSAIN. — *Bonnet rouge*, sorte de bonnet phrygien de couleur rouge qu'adoptèrent en 1791, comme un signe de liberté, les ardents révolutionnaires, à l'occasion du fait arrivé dans le régiment suisse de Châteauvieux, dont les plus mutins, s'étant révoltés contre leurs officiers, furent condamnés et envoyés aux galères. La municipalité de Paris demanda leur grace à l'assemblée nationale, qui l'accorda : ils revinrent coiffés du *bonnet rouge* des galériens, et ils furent reçus en triomphe par leurs protecteurs qui, affublés du même *bonnet*, les promenèrent avec acclamations dans le jardin du Palais-Royal. On le dit aussi de l'homme qui a porté ce *bonnet*, et même de celui qui a ou affecte des opinions révolutionnaires. — Un *bonnet* phrygien est la coiffure de la statue de la liberté, et c'est le symbole de la liberté sur les médailles. Cela vient de ce qu'autrefois les esclaves à qui l'on rendait la liberté prenaient le *bonnet* phrygien.

BONNET (SAINT-), subst. propre mas. (*ceinboné*), bourg de France, chef-lieu de canton, arrond. de Gap, dép. des Hautes-Alpes.

BONNETABLE, subst. propre fém. (*bonetable*) village de France, chef-lieu de canton, arrond. de Mamers, dép. de la Sarthe.

BONNETADE, subst. fém. (*bonetade*), salut, révérence, coup de *bonnet* ou de chapeau. Il est du style plaisant et ironique.

BONNETAGE, subst. mas. (*bonetaje*), t. de guerre, papier que l'on colle à une pièce d'artillerie pour en couvrir l'amorce.

BONNET-CHINOIS, subst. mas. (*bonèchinoa*), t. d'hist. nat., singe de l'ancien continent, du genre des macaques. — Nom d'une coquille du genre patelle. — Instrument de musique militaire garni de grelots, et supporté par un long manche.

BONNET-DE-JOUX (SAINT-), subst. propre mas. (*ceinbonèdejou*), bourg de France, chef-lieu de canton, arrond. de Charolles, dép. de Saône-et-Loire.

BONNET-D'ÉLECTEUR ou **BONNET-DE-PRÊTRE**, subst. mas. (*bonèdélèkteur*), t. de bot., espèce de courge.

BONNET-DE-NEPTUNE, subst. mas. (*bonèdenèptune*), t. d'hist. nat., c'est le madrépore fongite.

BONNET-DE-POLICE, subst. mas. (*bonèdepolice*), coiffure de soldat pour la petite tenue militaire.

BONNET-DE-POLOGNE, subst. mas. (*bonèdepologne*), t. d'hist. nat., nom d'une coquille du genre des casques.

BONNET-D'HIPPOCRATE, subst. mas. (*bonèdipokrate*), t. de chir., sorte de bandage ou capeline de tête.

BONNET-LE-CHÂTEAU (SAINT-), subst. propre mas. (*ceinbonèlechâtô*), ville de France, chef-lieu de canton, arrond. de Montbrison, dép. de la Loire.

BONNETÉ, E, part. pass. de *bonneter*.

BONNETER, v. act. (*boneté*), saluer bassement ou avec soumission; faire une cour servile et assidue. Vieux terme presque inus. en ce sens. — En t. d'artificier, couvrir l'amorce d'une pièce d'artifice d'un papier, pour que le feu ne puisse y être introduit que lorsqu'on le veut.

BONNETERIE, (on devrait écrire, selon nous, **BONNETTERIE**, car il n'est pas du génie de notre langue de mettre deux syllabes muettes à la suite l'une de l'autre) subst. fém. (*boneteri*, ou *bonèteri*, si l'on adopte notre orthographe réformatrice), métier du *bonnetier*; ouvrages et marchandises du *bonnetier*. — *Bonneterie d'angora*, *bonneterie* faite avec du poil de lapin très-doux et très-long. On appelle lapins d'angora ceux qui le fournissent.

BONNETEUR, subst. mas., au fém. **BONNETEUSE** (*boneteur, teuze*), homme ou femme prodigue de compliments.— Celui ou celle qui, par ses civilités, cherche à attirer les gens pour leur gagner leur argent : *évitez les bonneteurs*. Vieux et même inus.

BONNETEUSE, subst. fém. Voy. BONNETEUR.

BONNETIER, subst. mas., au fém. **BONNETIÈRE** (*bonetié, tière*), celui ou celle qui fait et vend des *bonnets*, des bas, des chaussons de laine, etc.

BONNETIÈRE, subst. fém. Voy. BONNETIER.

BONNETTE, subst. fém. (*bonète*), dans quelques provinces on appelle *bonnette* un bonnet de femme. — T. de fortification, ouvrage composé de deux faces formant un angle saillant, avec une palissade au-devant. On le nomme aussi *flèche*. — T.

de mar., sorte de petite voile que l'on ajoute à une grande, lorsque le vent est favorable et pas trop fort.

BONNEVAL, subst. propre mas. (*boneval*), ville de France, chef-lieu de canton, arrond. de Châteaudun, dép. d'Eure-et-Loir.

BONNEVILLE-LES-BOUCHOUX, subst. propre fém. (*boncvilelébouchou*), village de France, chef-lieu de canton, arrond. de Saint-Claude, dép. du Jura.

BONNE-VOGLIE, subst. mas. (*bonevo-ie*) (de l'italien *buona voglia*, qui a la même acception, et qui signifie littéralement *bonne volonté*), celui qui se louait pour ramer sur une galère, et que l'on appelle communément marinier de rame. Il ne se dit plus. — *De bonne voglie*, loc. adv., de bonne volonté : *faire une chose de bonne voglie*. Inus. aujourd'hui.

BONNIÈRES, subst. propre fém. (*bonière*), village de France, chef-lieu de canton, arrond. de Mantes, dép. de Seine-et-Oise.

BONNIEUX, subst. propre mas. (*bonieû*), ville de France, chef-lieu de canton, arrond. d'Apt, dép. de Vaucluse.

BONPLANDIE, subst. mas. (*bonplandi*) t. de bot., arbre de l'Amérique méridionale.

BONRAKA, subst. fém. (*bonraka*), t. de bot., sorte de racine qui croît à Siam.

BONSE, subst. mas. (*bonze*). Voy. BONZE.

BONSELLE, subst. fém. (*bonzèle*). Voy. BONZELLE.

BON-SENS, subst. mas. (*bonçan*), portion de jugement et d'intelligence départie à tous les hommes bien organisés et sans violentes passions. Voy. SENS.

BONSOIR, subst. mas. (*bonçoar*), salut sur la fin du jour : *souhaiter le bonsoir*.—On dit elliptiquement : *bonsoir, monsieur*. Cette manière de saluer est familière. — Il s'emploie souvent comme interjection : *bonsoir! bonsoir et bonne nuit!* Voy. SOIR. — On s'en sert pour dire qu'une affaire est finie, et qu'il n'y faut plus songer : *tout est dit, bonsoir! n'en parlons plus, il faut dire bonsoir*. — On dit fam. d'un homme qui est mort : *il a dit bonsoir à la compagnie*.

BONTALON, subst. mas. (*bontalon*), tambour des nègres.

BONTANT, subst. mas. (*bontan*), t. de comm., couverture de coton qui se fabrique à Canton, en Chine.

BONTCHOUK, subst. mas. (*bontechouke*), lance ornée d'une queue de cheval, qui se portait devant les rois de Pologne lorsqu'ils étaient à la tête de leurs armées. Les généraux polonais et lithuaniens avaient aussi leurs *bontchouks*, qu'ils devaient incliner devant le roi.

BONTÉ, subst. fém. (*bonté*), qualité de ce qui est *bon*; qualité par laquelle une chose est bonne dans son genre, soit au sens physique, soit au sens moral : *la bonté de l'air; la bonté d'un sol; la bonté d'un mets, d'une boisson; la bonté d'un drap, d'une toile; la bonté d'un remède; la bonté d'une pendule; la bonté d'un mur; la bonté d'une vache, d'un cheval; la bonté d'un terre; la bonté d'une action; la bonté de l'âme; la bonté du cœur; la bonté du caractère*, etc. — En parlant des personnes, on appelle *bonté* ce sentiment aimable qui porte à la bienfaisance, à l'obligeance, à la douceur, à l'indulgence : *cet homme a une grande bonté; sa bonté le fait adorer de son entourage; vous avez eu recours à la bonté du ministre, puis vous en avez abusé; vous avez un grand fonds de bonté; vous avez eu la bonté de m'être utile*. — Ce mot s'emploie, en particulier, par rapport à Dieu : *la bonté infinie de Dieu; Dieu est la souveraine, la suprême bonté; la bonté est un attribut de la divinité*. On dit par exclamation : *bonté divine!* — Il signifie simplement aussi : bienveillance, ou seulement : politesse : *je sais que vous avez la bonté de vous intéresser à tout ce qui me concerne; elle a eu la bonté de m'inviter à son bal; je vous remercie de la bonté que vous avez eue de me faire part de votre mariage; vous avez bien de la bonté; vous avez trop de bonté*. — *Bontés*, au plur., se prend, 1° pour : actes de bonté, bienfaits, bons offices : *c'est à vos bontés qu'il doit son bien-être actuel; sans toutes vos bontés, c'était un homme perdu*, etc. ; 2° pour : témoignages de bienveillance, démonstrations de politesse : *je suis très-sensible à vos bontés; vos bontés me flattent infiniment; je suis fort honoré de tant de bontés, j'en suis vraiment confus*, etc. — On s'en sert quelquefois dans un sens ironique : *ayez la bonté de me laisser en repos; ayez la bonté de ne plus remettre le pied chez moi; ayez la bonté de prendre un ton moins impertinent*. — On le dit encore pour : simplicité, trop grande facilité de caractère : *avez-vous donc la bonté d'ajouter foi à ses discours? comment! vous poussez la bonté jusqu'à consentir à cela! la bonté de votre oncle causera votre perte; n'attribuez sa ruine qu'à sa bonté*.

BONTI, subst. mas. (*bonti*), t. de bot., un des noms de la salsepareille squine.

BONT-JAA, subst. mas. (*bonjaa*), t. de comm., espèce de thé.

BONTOU, subst. mas. (*bontou*), t. de bot., arbre de l'Inde.

BON-TOUR, subst. mas. (*bontour*), t. de mar., évolution d'un bâtiment pour défaire les tours des câbles.

BONUS DEUS (*bônuce dé-uce*), myth., mots latins qui signifient *dieu bienfaisant* : c'est Jupiter, selon Pausanias.

BONUS EVENTUS, myth., mots latins qui signifient *heureux événement* : les païens en avaient fait une divinité.

BONZE, subst. mas. (*bonze*), prêtre chinois ou japonais.

BONZELLE, subst. fém. (*bonzèle*), prêtresse chinoise cloîtrée, de la secte de Taou.

BOO, subst. mas. (*boô*), t. de bot., canne à sucre du Japon.

BOOBOOK, subst. mas. (*boôbôoke*), t. d'hist. nat., sorte de chouette de la Nouvelle-Hollande.

BOOPE, subst. mas. (*bôope*) (du grec βους, bœuf, et ωψ, œil), t. d'hist. nat., poisson de mer.

BOOPIDÉES, subst. fém. plur. (*boopidé*), t. de bot., famille des plantes cinarocéphales.

BOOPIS, subst. fém. (*boopice*), (*qui a des yeux de bœuf*), myth. Junon était ainsi surnommée, parce qu'on lui supposait de grands yeux. — T. de bot., plante de la famille des cinarocéphales.

BOOS, subst. propre mas. (*boôce*), village de France, chef-lieu de canton, arrond. de Rouen, dép. de la Seine-Inférieure.

BOOT, subst. mas. (*boôte*), chaloupe dans la mer Baltique. — En Espagne, sorte de petit tonneau pour le transport des vins de Xerès. — En Hollande et en Angleterre, nom générique de toutes les embarcations à rames.

BOOTÈS, subst. mas. (*boôtèce*) (en grec βοωτης, bouvier), myth., constellation qui est auprès de la grande ourse, et qui paraît suivre le charriot comme un bouvier ou un charretier suit sa voiture. On croit que c'est Icarius. Voy. ICARIUS. D'autres néanmoins pensent que c'est le même qu'Arctophylax ou Arcas, qui fut métamorphosé en ours et mis au nombre des constellations. Voy. ARCAS.

BOOTIE, subst. fém. (*booci*), t. de bot., plante légumineuse, la *borbonia* de Linnée.

BOPYRE, subst. mas. (*bopire*), t. d'hist. nat., crustacé de l'ordre des isopodes.

BOQUE, subst. mas. (*boke*), t. d'hist. nat., sorte de poisson de mer.

BOQUET, subst. mas. (*boké*), pelle, outil de saunier. — On dit aussi *écope*.

BOQUETEAU, subst. mas. (*boketô*), petit bois. Inus.

BOQUILLON, subst. mas. (*bokiion*), bûcheron. Vieux et inus.

BOR ou **BORE**, subst. propre mas. (*bore*), le père d'*Odin* et de tous les dieux, dans la théogonie des anciens peuples du Nord. Ses fils, après avoir fait la terre du corps du géant *Ymer* tué par eux, formèrent, de deux morceaux de bois flottants, le premier homme nommé *Aske* (frêne), et la première femme appelée *Emia* (bouleau).

BORA, subst. fém. (*bora*), vent du nord, du nord-est, qui fait de grands ravages sur les côtes de l'Adriatique.

BORACIQUE, adj. des deux genres (*boracike*), t. de chim., qui vient du *borax*, qui est tiré du *borax*.

BORACITE, subst. fém. (*boracite*), t. de chim., sel pierreux formé par l'acide *boracique*, la chaux et la magnésie.

BORAGINÉES, subst. fém. plur. Voy. BORRAGINÉES.

BORARIT, subst. mas. (*borari*), t. de min., borate de magnésie natif, spath *boracique*.

BORASSEAU, subst. mas. (*boraçô*), boîte qui contient du *borax* en poudre.

BORATE, subst. mas. (*borate*), t. de chim., combinaison de l'acide boracique avec différentes bases. — *Borate ammoniacal*, sel ammoniacal sédatif. — *Borate de baryte*, borax pesant. — *Borate de soude*, borax brut. — *Borate tynckal*, chrysocolle. — Pierre dans la tête du crapaud.

BORATÉ, E, adj. (*boraté*), t. de chim., combiné avec l'acide *boracique*.

BORAX, subst. mas. (*borakce*), t. de chim., sel neutre formé par l'acide *boracique* avec excès de base, laquelle base est la soude. — T. de myth. et d'astron., chien d'Actéon.

BORBE, subst. fém. (*borbe*), huitième partie de la piastre de trente-trois médines d'Alexandrie.

BORBONIA, subst. fém. (*borbonia*), t. de bot., genre de la famille des légumineuses.

BORBORITES, subst. mas. plur. (*borborite*) (du grec βορβορος, boue, ordures), t. d'hist. eccl., secte de gnostiques du deuxième siècle, qui niaient le jugement dernier, croyaient aux mauvais génies, et se barbouillaient le visage de boue et d'ordures.

BORBORYGME, subst. mas. (*borboriguème*) (en grec βορβορυγμος, bruit sourd, murmure, dérivé de βορβορυζω, je fais un bruit sourd), t. de médec., bruit excité dans les intestins par les flatuosités qui les distendent.

BORD, subst. mas. (*bor*) (du lat. *ora*, fait du grec ορος dans la même signification. Le *b* qu'on y a préposé vient du digamma éolien, qui tenait lieu d'aspiration. Le digamma se prononçait *v*, et par corruption *b*, que les Grecs modernes prononcent encore *v*), extrémité d'une surface : ce qui la termine : *le bord d'un verre, d'un manteau, d'une jupe*. — Partie plus ou moins étendue vers les extrémités de quelque chose : *les bords d'un plat*. — — *Les bords d'un chapeau*, la partie du chapeau qui dépasse la forme par en bas. — Fig., *être sur le bord de sa fosse*, être près de mourir. — *Être au bord du précipice*, être près de tomber dans quelque malheur. — *Avoir un mot sur le bord des lèvres*, être près de se le rappeler. On dit aussi et plus souvent : *avoir un mot sur le bout de la langue*. — *Avoir l'âme ou le cœur sur le bord des lèvres*, être franc, ingénu. — *Avoir l'âme sur le bord des lèvres*, être près de rendre l'âme. — *Un rouge-bord*, un verre plein de vin. — *Bord*, rive, rivage : *le bord de la mer; le bord d'un fleuve; atteindre le bord; arriver à bord*. — *A bord! à bord!* cri pour demander à s'embarquer ou à débarquer. — On dit poét. *les bords africains; les sombres bords*; et *il est loin de ces bords*, de ces lieux, particulièrement lorsqu'il s'agit d'un pays entouré d'eau. — *Bord à bord*, loc. adv., qui touche les deux *bords*. — BORD, CÔTE, RIVE, RIVAGE. (*Syn.*) Le *bord* est comme une digue qui contient l'eau. La *côte* est une large et longue barrière qui l'arrête, la rejette et la repousse. La *rive* est le point de contact de l'eau et de la terre, ou un des *bords* du lit sur lequel les eaux coulent et se renferment d'elles-mêmes; une rive correspond toujours à une autre. Le *rivage* est le passage de l'eau à la terre. — *Bord*, t. de mar., côté d'un navire, d'un vaisseau : *faire feu des deux bords; ces deux navires sont bord à bord; le bord du vent; le bord sous le vent*. Voy. BAS-BORD et TRIBORD. — *Virer de bord*, changer de direction, en présentant au vent le flanc opposé du navire. — Fig. et fam., *virer de bord*, changer de parti, etc. — *Bouler bord sur bord*, éprouver un roulis violent qui fait pencher le bâtiment tantôt sur un bord tantôt sur l'autre. — *Vaisseau de haut bord*, anciennement, bâtiment qui faisait les voyages de long cours; aujourd'hui ne se dit que des vaisseaux de guerre à plusieurs ponts. — *Vaisseau de bas bord*, anciennement galère, bâtiment plat. — *Plat bord*, pièces de bois qui composent le dessus du bordage d'un navire, et qui règnent d'un bout à l'autre. — Le navire lui-même, le vaisseau : *recevoir quelqu'un sur son bord; aller, venir, conduire à bord*. — On dit *rendre le bord*, pour : désarmer. — Bordée. Voy. ce mot dans sa première acception. — *Faire un bord*, courir au plus près du vent. — *Le bon bord*, la bordée qui rapproche le plus près du but. — *Courir le bon bord*, fig. et anc., faire le pirate. — *Courir bord sur bord*, faire de petites bordées, de manière à rester presque à la même place. — Fig., *Être du bord de quelqu'un*, être de son opinion. — En t. de bot., pourtour ou lisière de différentes parties des plantes. En ce sens, on dit aussi : marge. — Espèce de ruban ou de galon dont on borde certaines parties de l'habillement.

BORDAGE, subst. mas. (*bordaje*), t. de mar., les planches qui couvrent par dehors les côtés et la carcasse du navire.

BORDAILLE, subst. fém. (*bordâie*), en t. de mar., planches propres à faire des bordages. — En t. de rivière, partie d'un bateau voisine des rebords.

BORDAILLER. Voy. BORDAYER, que nous préférons, parce que nous n'avons en français que fort peu de verbes terminés en *ailler*.

BORDAT, subst. mas. (*boraa*), t. de comm., étoffe d'Égypte.

BORDAYER, v. neut. (*borddié*), t. de mar., faire de petites bordées, louvoyer sans avancer dans sa route. Il est peu usité aujourd'hui.

BORDE, subst. fém. (*borde*), petite maison de campagne. Vieux et inus.

BORDÉ, E, part. pass. de *border*, et adj., garni au *bord*, sur les *bords*: *un fonds bordé de haies; une muraille bordée de mousquetterie; un parterre bordé de fleurs; un sentier bordé d'abymes; une rue bordée de trottoirs*, etc. — En t. de blason, se dit des pièces qui ont un filet ou une *bordure* d'un autre émail que la pièce.

BORDÉ, subst. mas. (*bordé*), galon d'or, d'argent ou de soie, qui sert à border des habits, des meubles. — T. d'hist. nat., poisson du genre labre.

BORDEAUX, subst. propre mas. (*bordô*), ville maritime de France, chef-lieu du dép. de la Gironde. — On remarque dans cette ville un nombre considérable d'établissements du premier ordre. Le port est l'un des plus importants de France, et sert de communication entre l'Océan et la Méditerranée. Son commerce, surtout en vin, s'étend sur toutes les parties du monde, et en fait une des villes les plus riches de l'Europe. C'est la patrie de Montaigne, de Montesquieu, d'une foule de grands hommes.

BORDÉE, subst. fém. (*bordé*), t. de marine, la route d'un navire qui louvoie, tant qu'il présente le même bord au vent: *faire courir des bordées*. Voy. LOUVOYER. — Ensemble des canons rangés d'un des côtés du navire: *il lui lâcha toute sa bordée*. — Fig.: *bordée d'injures*, grand nombre d'injures. — T. d'hist. nat., espèce de tortue.

BORDEL, subst. mas. (*bordèle*) (de l'allemand *bord*, petite maison, nom donné anciennement en Allemagne aux appartements souterreins et même fortifiés qu'habitaient les femmes, pour n'être point insultées. Les hommes ayant avec le temps pénétré dans ces retraites, qui, d'asiles de chasteté qu'elles étaient, devinrent des lieux de prostitution, leur nom, avec une légère modification, servit à désigner les maisons de débauche. *Bord*, dans le sens de petite ferme, maison de campagne, est un mot saxon plutôt qu'allemand. En français, on appelait autrefois *borde* une petite maison de campagne), maison de débauche. C'est un terme malhonnête. — On a dit autrefois *bordeau*.

BORDELAGE, subst. mas. (*bordelaje*), droit seigneurial; droit sur les prostituées.

BORDELAIS, E, subst. et adj. (*bordelè*), qui est de *Bordeaux*.

BORDELIER, subst. mas. (*bordelié*), celui qui fréquente les bordels.

BORDELIÈRE, subst. fém. (*bordelière*), femme de maison de débauche. — T. d'hist. nat., poisson d'un lac de Savoie du genre *cyprin*, ainsi nommé parce qu'il se tient toujours sur le *bord* de l'eau.

BORDEMENT, subst. mas. (*bordeman*), t. de peint. en émail, se dit de la manière d'employer les émaux clairs en les couchant à plat; et du filet autour de la plaque. — Action de *border*.

BORDENEAU, subst. mas. (*bordenô*), coulisse de l'écluse des salines.

BORD-EN-SCIE, subst. mas. (*boranci*), t. d'hist. nat., nom d'une espèce de tortue.

BORDER, v. act. (*bordé*), garnir le *bord* d'une étoffe, d'un habillement, d'un meuble, etc., en y adaptant des galons, des rubans, etc.: *border d'hermine, de marte, de galons d'or; border une paire de souliers*. — *Border un lit*, faire entrer les bords de la couverture ou des draps entre le bois du lit et la paillasse ou les matelas. — En t. de jard., mettre quelques arbres le long du *bord* d'une allée, ou relever un peu la terre au *bord* d'une planche. — Être au *bord*, s'étendre sur le *bord*: *ce quai borde la rivière; cette allée d'arbres borde le chemin; le peuple bordait la route par où le roi devait passer*. — *Border la haie* se dit de troupes rangées sur un côté ou sur les deux côtés d'une rue, etc., par où doit passer un grand personnage, un cortége, etc. — En t. de mar., mettre le *bordage* aux bâtiments. — Étendre les voiles par en bas pour prendre le vent. On dit aussi *border les écoutes*. — Naviguer le long des côtes. — Suivre ce côte un bâtiment pour l'observer. — En t. de batelier, mettre les avirons dans les tourets du bachot pour nager. — T. de pêche: *border un filet*, attacher une corde autour d'un filet pour le rendre plus fort. — T. de vann., *border*, terminer une pièce par un cordon de plusieurs brins d'osier. — En t. de chaudronnier, achever le *bord* de quelque besogne. — T. de peint., poser sur le fond d'un tableau une couleur plus claire ou plus brune autour des figures, pour que les contours en paraissent détachés. — Appliquer de la cire préparée sur les *bords* d'une planche de cuivre, pour retenir l'eau-forte qui doit former la première gravure. — SE BORDER, v. pron.

BORDEREAU, subst. mas. (*borderô*) (suivant *Le Duchat*, de ce que ce papier, écrit seulement sur les *bords*, contient à gauche les espèces, et à droite leur valeur), mémoire des espèces diverses qui composent une certaine somme. — Petit livre de poche sur lequel les commis écrivent les paiements qu'on leur fait et en quelles espèces. — *Bordereau compte*, extrait de compte où les sommes du débit et du crédit sont récapitulées afin de les balancer. — *Bordereau de courtier, d'agent de change*, etc., écrit constatant leurs opérations. — En t. de proc., on appelle *bordereau de collocation* un acte délivré par le greffier d'un tribunal à des créanciers hypothécaires utilement colloqués dans un ordre. Lorsqu'il s'agit d'une distribution par contribution, on dit *mandement*. — *Bordereau d'inscription*, en matière hypothécaire, est un acte que le créancier dresse et remet au conservateur des hypothèques, pour que ce dernier le transcrive sur ses registres, et qui désigne entre autres choses les sommes (principal et accessoires) dues à ce créancier, ainsi que l'immeuble affecté à l'hypothèque.

BORDERIE, subst. fém. (*borderi*), métairie ou ferme. Vieux.

BORDIER, subst. mas., au fém. **BORDIÈRE** (*bordié, dière*), petit fermier, petite fermière. — Propriétaire d'un champ qui *borde* un chemin. Vieux. — Adj., et subst. en t. de mar., se dit d'un vaisseau qui a un côté plus fort que l'autre.

BORDIÈRE, subst. fém. (*bordière*), champ près des villes. Voy. BORDIER.

BORDIGUE, subst. fém. (*bordigue*), t. de pêche, retranchement de roseaux, de cannes, etc. sur le *bord* de la mer, pour prendre du poisson ou pour garder le poisson vivant.

BORDILLE, subst. fém. (*bordile*), à la Rochelle, poêle à frire.

BORDOYÉ, part. pass. de *bordoyer*.

BORDOYER, v. act. (*bordoèié*), t. de peinture en émail, employer les émaux clairs en les couchant à plat, *bordés* du même métal sur lequel on les applique. — SE BORDOYER, v. pron., se *border* de noir.

BORDURE, subst. fém. (*bordure*), ce qui *borde*, ce qui entoure pour garnir, orner, ou fortifier. — Cadre d'un tableau, d'une glace, etc. — Le haut et le bas d'une tapisserie. — Plantes qui *bordent* les plates-bandes, les planches, les carrés d'un jardin. — Arbres qui forment la lisière d'un bois. — Ornements au haut et au bas du dos d'un livre. — Cerceau large de trois doigts que l'on met au haut et au bas d'un seau pour le tenir ferme. — En t. de blason, espèce de brisure en forme de passement plat, qui est placée au *bord* de l'écu, et qui l'environne comme une ceinture. — *Bordure de pavé*, rang de pierres plus grosses que les autres pavés, lesquelles sont placées au *bord* de chaque côté.

BORE, subst. mas. (*bore*), t. de chim., corps simple, non métallique, solide, sous forme de poudre d'un brun verdâtre, sans saveur. Combiné avec l'oxygène, il forme l'acide *borique* ou *boracique*. Voy. BORAX, qui est plus usité.

BORÉAL, E, adj. (*boréale*), septentrional: *hémisphère boréal*, l'hémisphère qui répond au pôle arctique. — On dit que la latitude *boréale* d'un lieu est de tant de degrés, pour marquer que ce lieu est, dans l'hémisphère *boréal*, à tant de degrés de distance de l'équateur. — *Aurore boréale*. Voy. AURORE. — Sans plur. mas., disent tous les grammairiens: pourquoi ne dirait-on pas BORÉAUX?

BORÉE, subst. mas. (*boré*), suivant les poëtes, vent du nord. — Subst. propre, myth. Il était fils d'Astréus et d'Héribée. La première chose qu'il fit étant grand, fut d'enlever Orithyie, fille d'Érechthée; il en eut deux fils, Calaïs et Zétès. Les habitants de Mégalopolis lui rendaient de grands honneurs. Il se transforma en cheval, et, par le moyen de cette métamorphose, il procura à Dardanus douze poulains qui couraient sur les épis sans les rompre, et sur la mer sans enfoncer. Les poëtes disent qu'il a des brodequins aux pieds et des ailes aux épaules, pour exprimer sa légèreté; qu'il se couvre quelquefois d'un manteau, et qu'il a la figure d'un jeune garçon. — En t. d'hist. nat., papillon de jour; insecte de l'ordre des névroptères.

BORÉLIE, subst. fém. (*borèli*), t. d'hist. nat., genre de coquilles dont les espèces sont nombreuses.

BORGNE, adj. et subst. des deux genres (*borgnie*), qui n'a qu'un œil, qui ne voit que d'un œil: *un borgne, une borgne; il est borgne, elle est borgne*. — Il se dit au fig. de certains lieux obscurs, peu fréquentés ou incomplets: *collége borgne, cabaret borgne; un sein borgne* (J. J. Rousseau), un sein sans mamelon. — Prov.: *changer son cheval borgne contre un aveugle*, faire un échange désavantageux. — *Conte borgne*, fable, conte de vieille. — *Compte borgne*, compte embrouillé. — *Causer comme une pie borgne*, causer continuellement. — Prov. *Au pays des aveugles les borgnes sont rois*, les gens médiocres brillent parmi les gens nuls. — On dit, en t. de mar., qu'*une ancre est borgne*, lorsqu'elle est mouillée sans avoir de bouée, ou lorsqu'elle n'a qu'une patte. — T. d'anat., se dit de certains conduits disposés en cul-de-sac. — Tumeur qui est comme le satellite du furoncle ordinaire.

BORGNESSE, subst. fém. (*borgnièce*), femme ou fille *borgne*. Il est bas et injurieux.

BORGO, subst. mas. (*borguô*), espèce de voile, sans lequel les femmes musulmanes ne paraissent jamais en public. — Subst. propre mas., ville de France, chef-lieu de canton, arrond. de Bastia, dép. de la Corse.

BORI, subst. mas. (*bori*), t. de bot., jujubier des Indes.

BORIGUE, subst. fém. (*borigue*), t. de pêche, espèce de filet de la Dordogne, appelé communément nasse.

BORIN, subst. mas. (*borein*), ouvrier des mines de charbon. — En t. d'hist. nat., oiseau du pays de Gênes.

BORIQUE, adj. Voy. BORACIQUE, que nous préférons.

BORKHAUSENIE, subst. fém. (*borkôzeni*), t. de bot., plante appelée depuis téédie.

BORNAGE, subst. mas. (*bornaje*), action de *borner*, ou de planter des *bornes* pour marquer les limites d'une propriété. — T. de palais, *action en bornage*, intentée par un propriétaire à son voisin, pour l'obliger au *bornage* de leurs propriétés contiguës.

BORNAGER, v. neut. (*bornajé*), t. de batelier, piquer le crampon dans le sable, quand le bateau est entraîné par le cours de l'eau. — On dit aussi *bouter*, dans le même sens.

BORNE, subst. fém. (*borne*) (par corruption du mot *boune*, employé autrefois dans le même sens, et dérivé du grec βουνός, monceau de terre; parce que les anciens marquaient les limites des champs par des monceaux de terre. On a donc dit anciennement *boune*, puis *bonne*, ensuite *bonde*, d'où les Anglais ont fait *bound*. Étymologie très-douteuse); pierre ou autre marque qui sert à indiquer les limites d'un champ, etc. — *Bornes milliaires*, bornes placées de distance en distance, le long des grands chemins, pour indiquer les milles, etc. — Pierre ronde qu'on met au coin des rues et contre les murs en certains endroits, de peur des dégradations que pourraient causer le choc des roues de voitures. — Pierre conique placée à l'extrémité du cirque chez les anciens. — *Borne-fontaine*, borne à laquelle est adapté un robinet de fontaine coulant à de certains intervalles pour tenir les rues propres. — En t. de vitrier, morceau de verre qui finit en pointe par les deux bouts, et qui est autour d'une pièce carrée dans un panneau de vitre. — On dit d'un homme qui se tient debout et sans remuer: *il est planté là comme une borne*. — *Bornes*, au plur., ce qui sépare un état, une province d'une autre: *reculer les bornes d'un état*. — Ce qui tient un objet renfermé dans un certain espace, au propre et au figuré: *les bornes de l'Océan; l'esprit humain a ses bornes; mettre des bornes à son ambition*. — TERME, LIMITES, BORNES. (*Syn.*) Le *terme* est où l'on ne peut aller; les *limites* sont ce que l'on ne doit pas passer; les *bornes* ce qui empêche de passer.

BORNÉ, E, part. pass. de *borner*, et adj., qui a des *bornes*. Il se dit au physique et au moral: *maison qui a une vue bornée*, qui a une vue peu étendue; *fortune bornée*, médiocre; *avoir des vues bornées*, avoir peu de lumières ou peu d'ambition; *esprit borné*, capable de peu de chose; *homme borné*, qui a l'esprit *borné*.

BORNER, v. act. (*borné*), mettre des *bornes* à...: *borner un champ, un vignoble*. Il se dit au passif des personnes, relativement à leurs domaines: *il est borné par une grande forêt du côté du levant*. — Limiter, servir de *borne* à...: *la mer et les Alpes bornent l'Italie*. — Fig., modérer: *borner ses désirs, ses espérances*. — SE BORNER, v. pron., mettre des *bornes* à ses désirs, à ses jouissances, à ses plaisirs. — *Se borner à quelque chose*, s'y attacher uniquement.

BORNOUS, subst. masc. (*bornouce*), manteau de laine blanche, à capuchon, que portent les Arabes.

BORNOYÉ, E, part. pass. de *bornoyer*.

BORNOYER, v. act. (*bornoèié*), regarder d'un seul œil, en fermant l'autre, si une allée, une file d'arbres, le parement d'un mur, etc., sont d'alignement et bien droits. — Placer des jalons de distance en distance, en ligne droite, pour bâtir un mur, planter des arbres, tracer un fossé, etc. — Dans le nivellement, regarder la surface de l'eau des deux tubes composant l'instrument appelé *niveau d'eau*, dans une même ligne droite, et examiner à quel point aboutit le prolongement de cette ligne.

BORNOYEUR, subst. mas., au fém. **BORNOYEUSE** (*bornoèieur, ieuze*), celui, ou celle qui vise d'un œil, pour voir si une chose est droite et de niveau. — Celui qui *bornoie*. Voir la seconde acception de *bornoyer*.

BORNOYEUSE, subst. fém. Voy. **BORNOYEUR**.

BORONIE, subst. fém. (*boronî*), t. de bot., plante de la famille des rutacées.

BOROS, subst. mas. (*borôce*), t. d'hist. nat., insecte de l'ordre des coléoptères.

BOROZAIL, subst. mas. (*borozâie*), t. de médec., maladie chez les Africains causée par l'usage immodéré des femmes; espèce de gonorrhée. On dit aussi : *zail*.

BORRAGINÉES, subst. fém. plur. (*borajiné*), t. de bot., plantes du genre des *bourraches*.

BORRÈRE, subst. fém. (*borère*), t. de bot., espèce de lichen.

BORRICHIA, subst. mas. (*borichia*), t. de bot., sorte de plante.

BORROU, subst. mas. (*borou*), t. de bot., arbre des Indes, dont l'écorce donne un suc purgatif.

BORT, subst. propre mas. (*bor*), ville de France, chef-lieu de canton, arrond. d'Ussel, dép. de la Corrèze.

BORTINGLE, subst. fém. (*borteinguele*), t. de rivière, plat-bord servant de hausse au bord du bateau, lorsqu'il est trop chargé.

BORTOUM, BORTOM, subst. mas. (*bortoume, bortome*), t. de bot., arbrisseau d'Arménie.

BORURE, subst. fém. (*borure*), t. de chim., combinaison du *bore* avec des corps combustibles simples.

BORYE, subst. fém. (*borî*), t. de bot., plante qui croît dans les sables de la Nouvelle-Hollande, de la famille des joncoïdes.

BORYSTHÈNE, subst. propre mas. (*boricetène*), grande rivière de Russie.

BOSAN, subst. mas. (*bozan*), breuvage fait de millet bouilli.

BOSBOK ou **BOSCH-BOCK**, subst. mas. (*bocebokeboche boke*), t. d'hist. nat., espèce particulière d'antilope.

BOSCA, subst. mas. (*boceka*), t. d'hist. nat., poisson de la mer des Indes.

BOSCARESQUE, adj. des deux genres (*bocekarèceke*) : *course boscaresque*, faite dans les bois. Mot inusité, quoique employé par Jean-Jacques Rousseau.

BOSCH, subst. mas. (*boche*), t. d'hist. nat., poisson de la mer des Indes.

BOSCH-BOCK, subst. mas. Voy. **BOSBOK**.

BOSCHRATE, subst. mas. (*bocekrate*), t. d'hist. nat., nom donné aux sarigues.

BOSCIE, subst. fém. (*boci*), t. de bot., arbuste du cap de Bonne-Espérance et des côtes d'Afrique.

BOSE, subst. fém., **BOSÉ**, subst. mas. (*boze, bozé*), t. de bot., plante de la famille des chénopodées.

BOSÉE, subst. fém. (*bozé*), t. de bot., plante de la famille des atriplicées.

BOSEL, subst. mas. (*bozèle*), t. d'archit., membre rond qui est la base des colonnes. Voy. **TORE**.

BOSELAPHE, subst. mas. (*bozelafe*), t. d'hist. nat., sous-genre d'antilopes.

BOSHOND, subst. mas. (*bozon*), t. d'hist. nat., chacal, espèce du genre *chien*.

BOSNIAQUE, adj. des deux genres (*boceniake*), de la Bosnie.

BOSNIE, subst. propre fém. (*bocenî*), contrée de la Turquie d'Europe.

BOSON, subst. mas. (*bozon*), t. d'hist. nat., espèce de coquille, le sabot muriqué.

BOSOULS, subst. propre mas. (*bozoul*), bourg de France, chef-lieu de canton, arrond. de Rhodez, dép. de l'Aveyron.

BOSPHORE, subst. mas. (*bocefore*) (du grec βοῦς, bœuf, et πόρος, passage; *espace qu'un bœuf pourrait traverser à la nage*), espace de mer entre deux terres, par lequel deux mers se communiquent : *bosphore de Thrace*, aujourd'hui le *détroit de Constantinople*.

BOSQUEN, subst. mas. (*bocekein*), t. d'hist. nat., nom de deux poissons et d'un lézard.

BOSQUET, subst. mas. (*boceké*) (de l'italien *boschetto*), petit *bois*; petit amas de touffes d'arbres : *un petit bosquet, un joli bosquet*.

BOSSAGE, subst. mas. (*boçaje*) (rac. *bosse*), t. d'archit., partie d'un mur, d'une porte, etc., qu'on fait saillir hors-d'œuvre, comme enjolivement, ou pour y faire quelque sculpture. — *Bosse* que font les bois courbés et cintrés.

BOSSE, subst. fém. (*boce*) (du grec φῦσα ou φύσημα, enflure, dérivé de φυσάω, enfler), saillie au dos ou à l'estomac, produite par la déviation de l'épine dorsale ou du sternum. — Grosseur qui existe naturellement sur le dos de certains animaux, comme le chameau, le bison, etc. — Enflure ou élevure causée par une contusion.— Fig. et prov., *ne demander que plaie et bosse*, souhaiter du mal à autrui afin d'en profiter, ou par pure méchanceté. — Élévation dans une superficie qui devrait être plate : *terrein plein de bosses; vaisselle pleine de bosses*. — T. d'anat., se dit des éminences arrondies qu'on remarque à la surface des os plats : *les bosses pariétales*; et surtout des protubérances du crâne considérées comme indices des penchants, des dispositions morales. C'est la base du système du docteur Gall.— En t. d'arts et métiers, travail d'ornement en saillie sur de la vaisselle d'or ou d'argent : *travailler en bosse; ouvrier en bosse*. — En t. de sculpture, relief d'une figure : *figure relevée en bosse, de demi-bosse, de rond de bosse*.—En t. de peint., modèle en plâtre, en terre cuite, etc., d'après lequel on s'exerce à dessiner, pour mieux imiter le relief du corps : *dessiner la bosse, d'après la bosse*, copier une figure en relief, une sculpture.—*Une serrure à bosse* est une serrure appliquée en saillie sur le dedans d'une porte. — *Bosse* se dit particulièrement de la saillie qui se forme à un vase ou à un ustensile de métal lorsqu'on le laisse tomber, ou qu'on le heurte fortement contre un corps dur : *il y a deux bosses à cette cafetière*.—En t. de vènerie, première pousse d'un cerf qui a mis bas, et que l'on appelle aussi *meule*. Dans le chevreuil, on dit *enflure*.— Verre qu'on a soufflé avec la fêle pour en faire un plat de verre, avant qu'il ait été ouvert. — En t. de mar., bouteille de verre fort mince, remplie de poudre, au cou de laquelle, après l'avoir bien bouchée, on met quatre ou cinq mèches allumées qui pendent. On la jette par le moyen d'un bout de corde : elle se brise et met le feu à tout ce qu'elle rencontre.— Bout de cordes avec des nœuds aux bouts. —En terme de jeu de paume, endroit de la muraille du côté du dedans, qui renvoie la balle dans le dedans, par bricole : *attaquer la bosse, donner dans la bosse*, c'est pousser la balle vers cet endroit; *défendre la bosse*, rechasser la balle avant qu'elle puisse entrer dans cet endroit. — *Donner dans la bosse*, fig., donner dans le panneau, être dupe. — En t. de botanique, on appelle *bosse de chardon* un globule long et épineux qui produit une espèce de chardon. — T. de forge, partie de l'aplatissoire. — Tonneau de six cents livres de sel. — *Bosse*, en t. de mar., cordages très-courts qui font dormant d'un bout sur un point solide, et qui servent principalement à tenir tendu un câble, etc.

BOSSÉ, E, part. pass. de *bosser*.

BOSSELAGE, subst. mas. (*bocelaje*), travail en *bosse* sur la vaisselle.

BOSSELÉ, E, part. pass. de *bosseler*, et adj., travaillé en bosse : *de la vaisselle bosselée*. — En t. de bot., il se dit d'une feuille bombée comme celle du chou.

BOSSELER, v. act. (*bocelé*), travailler en *bosse* sur l'argenterie. — Il se dit quelquefois abusivement pour *bossuer*. Voy. ce mot. — *Se* **BOSSELER**, v. pron.

* **BOSSELURE**, subst. fém. (*bocelure*), en t. de bot., ciselure naturelle que l'on voit sur certaines feuilles.—T. d'orfèvre, sorte de *bosse* sur une pièce d'argenterie.

BOSSEMAN, subst. mas. (*boceman*) (par corruption de l'anglais *boat-swain*, contre-maître de navire), t. de mar., second contre-maître dans un vaisseau. Il est chargé du soin des câbles, des ancres et des bouées.

BOSSER, v. act. (*bocé*), t. de mar., mettre l'ancre sur ses bois; retenir avec des *bosses*.

BOSSETIER, subst. mas. (*bocetié*), ouvrier de verrerie qui souffle la *bosse*, et celui qui l'ouvre après qu'elle est soufflée.—Un des noms que prennent les fondeurs, à cause des ouvrages qu'ils font en *bosse*, comme grelots, *bossettes*, etc.

BOSSETTE, subst. fém. (*bocète*), ornement attaché aux deux côtés du mors du cheval, et qui est fait en *bosse*. — Pièce de cuir qu'on met sur les yeux du mulet.

BOSSICHE, subst. mas. (*boçiche*), t. de bot., arbrisseau de la Nouvelle-Hollande, de la famille des légumineuses.

BOSSIÉE, subst. fém. (*bocié*), t. de bot., arbrisseau de la Nouvelle-Hollande.

BOSSIER, subst. mas. (*bocié*), dans les salines, nom de celui qui fait les *bosses*.—En t. de verrerie, Voy. **BOSSETIER**.

BOSSOIR, subst. mas.(*boçoar*), t. de mar., chacune des deux grosses poutres placées en saillie à l'avant d'un navire, et qui servent à soutenir l'ancre.—*Veille au bossoir!* avertissement adressé au matelot placé en sentinelle sur l'avant pour faire attention aux navires qui passent.

BOSSOLANT, subst. mas. (*boçolan*), huissier de la chambre du pape.

BOSSON, subst. mas. (*boçon*), t. d'hist. nat., coquille du Sénégal, du genre sabot.

BOSSU, subst. mas. (*boçu*), t. d'hist. nat. On a donné ce nom au genre de poissons appelé *kurtus* par *Linnée*.

BOSSU, E, adj. et subst. (*boçu*), qui a une ou plusieurs *bosses* : *un homme bossu par derrière et par devant; un bossu, une bossue*. —Il se dit aussi d'un pays inégal et montueux. En ce sens, il est peu usité et toujours pris adjectivement. — On dit : *rire comme un bossu*, parce que les *bossus* sont naturellement gais.

BOSSUÉ, E, part. pass. de *bossuer*, et adj. : *vaisselle* ou *batterie de cuisine bossuée*, qui a des *bosses*.

BOSSUEL, subst. mas. (*boçuèle*). Voy. **BOSUEL**.

BOSSUER, v. act. (*boçué*), faire une *bosse* à quelque objet en le laissant tomber, en le heurtant : *bossuer un plat*. — *se* **BOSSUER**, v. pron. : *ce plat s'est bossué*.

BOSSUÉTIQUE, adj. des deux genres (*boçuétike*), de *Bossuet* : *style bossuétique*.

BOSSY, subst. mas. (*boci*), t. de bot., arbre d'Afrique.

BOSTANGI, subst. mas. (*bocetanji*) (du mot turc *bostan*, jardinier), jardinier du sérail.

BOSTANGI-BACHI, subst. mas.(*bocetanji-bachi*), intendant des jardins du grand-seigneur, chef des bostangis.

BOSTKOP, BUTZ-KOP, subst. mas. (*bocekope, butzekope*), t. d'hist. nat., dauphin orque.

BOSTON, subst. propre mas. (*boceton*), grande ville des États-Unis d'Amérique. —Son port reçoit des navires de toutes les parties du monde. C'est la patrie de Franklin.

BOSTON, subst. mas. (*boceton*), jeu de cartes que l'on joue à quatre, et peu différent du whist.

BOSTONIEN, NE, subst. et adj. (*bocetoniein, niène*), qui est de *Boston*.

BOSTRYCHE, subst. mas. (*bocetriche*), t. d'hist nat., insecte de l'ordre des coléoptères. — Poisson de la Chine.

BOSTRYCHINS, subst. mas. plur. (*bocetrichein*), t. d'hist. nat., insectes de l'ordre des coléoptères.

BOSTRYCHITE, subst. fém. (*bocetrichite*) (du grec βόστρυχος, touffe de cheveux), t. de min., espèce d'amiante, pierre figurée qui ressemble à la coiffure d'une femme.

BOSTRYCHOÏDE, subst. mas. (*bocetriko-ide*), t. d'hist. nat., poisson voisin du *bostryche*.

BOSUEL, subst. mas. (*bozuèle*), t. de bot., nom de la seule tulipe qui ait de l'odeur.

BOSWELLIA-THURIFÈRE, subst. mas. (*boçouèlelia-turifère*), t. de bot., arbre de l'Arabie, qui fournit le véritable encens.

BOT., abréviation du mot *botanique*.

BOT, adj. mas. (*bô*) (du vieux mot *bot*, crapaud) : *pied bot*, pied contrefait : *avoir un pied bot*. — On dit substantivement de la personne qui a cette difformité : *c'est un pied-bot*. Style fam. Ce mot n'a point de féminin, et n'est usité que dans cette locution.

BOT, subst. mas. (*bo*), sorte de chaloupe dont on se sert en Amérique.—Nom qu'on donne à un gros bateau flamand.

BOTA, subst. mas. (*bota*), mesure de liquide en Espagne et en Portugal, de quatre cent soixante-huit pintes de Paris.

BOTAL, adj. mas., au plur. mas. *botaux* (*botal*), t. d'anat. : *le trou botal*, ouverture par laquelle le sang circule dans le fœtus.

BOTANE, subst. fém. (*botane*), t. de comm., étoffe étrangère.

BOTANICON, subst. mas. (*botanikone*), catalogue et description succincte des plantes d'un canton. Il est peu usité.

BOTANIQUE, subst. fém. (*botanike*) (du grec βοτανη, herbe, dérivé de βοτος, qui signifie proprement le foin dont on nourrit les chevaux), science qui traite des plantes, de leurs propriétés, et qui les classe : *étudier la botanique ; s'appliquer à la botanique ; l'histoire de la botanique.* — Il est aussi adj. des deux genres. — On appelle *jardin botanique* un jardin où l'on a formé une collection de plantes, soit étrangères, soit indigènes, dans le dessein de faciliter l'étude de la *botanique.* — *Géographie botanique*, science relative à la distribution des plantes sur les différentes parties du globe.

BOTANISER, v. neut. (*botanizé*), synonyme de *herboriser*, selon quelques *Dictionnaires* ; mais ce dernier seul est usité.

BOTANISEUR, subst. mas., au fém. **BOTANISEUSE** (*botanizeur, zeuze*), formé par analogie de *botaniser*, n'est pas plus français que *botaniser.*

BOTANISEUSE, subst. fém. Voy. **BOTANISEUR.**

BOTANISTE, subst. des deux genres (*botaniceste*), celui ou celle qui s'applique à la *botanique.*

BOTANOGRAPHE, subst. des deux genres (*botanoguerafe*) (du grec βοτανη, herbe, et γραφω, j'écris), celui ou celle qui fait des traités sur la *botanique.*

BOTANOGRAPHIE, subst. fém. (*botanoguerafi*) (même étym.), description de la *botanique.*

BOTANOGRAPHIQUE, adj. des deux genres (*botanoguerafike*), qui concerne la *botanographie.*

BOTANOLOGIE, subst. fém. (*botanoloji*) (du grec βοτανη, herbe, et λογος, discours), traité raisonné sur les plantes.

BOTANOLOGIQUE, adj. des deux genres (*botanolojike*), qui concerne la *botanologie.*

BOTANOMANCIE, subst. fém. (*botanomancі*) (du grec βοτανη, herbe, et μαντεια, divination), divination par le moyen des plantes. Hors d'usage.

BOTANOMANCIEN, NE, adj. et subst. (*botanomanciein, ciène*), qui prédit par le moyen des plantes. Hors d'usage.

BOTANOPHILE, subst. des deux genres (*botanofile*) (du grec βοτανη, herbe, et φιλος, ami), qui aime la *botanique.* Hors d'usage.

BOTANY-BAY, subst. propre mas. (mot anglais), (*botanibé*), baie de l'Océanie, sur les côtes de la Nouvelle-Hollande. — Cette contrée, dont les naturels se refusent à toute civilisation, est la *Sibérie* de l'Angleterre : c'est là que les Anglais déportent leurs criminels et leurs fous.

BOTARGUE. Voy. **BOUTARGUE**, c'est du moins le renvoi de l'*Académie.*

BOTH, subst. mas. (*bote*), t. de mar., caboteur : il porte un seul mât et un beaupré comme le sloop.

BOTHOA, subst. propre mas. (*botoa*), village de France, chef-lieu de canton, arrond. de Guingamp, dép. des Côtes-du-Nord.

BOTHRION, subst. mas. (*botrion*) (du grec βοθριον, petite fosse, dérivé de βοθρος, fosse, cavité), t. de médec., ulcère creux dans la cornée.

BOTHRIORINQUE, subst. mas. (*botrioreinke*), t. d'hist. nat., nouveau genre d'insectes.

BOTICHE, subst. fém. (*botiche*), sorte de grande bouteille en grès et presque ronde, dont on se sert en Espagne et dans les colonies espagnoles pour mettre de l'huile, du vin, etc.

BOTOR, subst. mas. (*botor*), t. de bot., plante d'Amboine.

BOTRES, subst. fém. plur. (*botre*), t. d'arts et mét., forces de tondeurs de draps.

BOTRIE, subst. fém. (*botrі*), t. de bot., arbrisseau grimpant des Indes.

BOTRYCÈRE, subst. mas. (*botricère*), t. de bot., plante de la famille des protéacées.

BOTRYLLAIRES, subst. mas. plur. (*botrilère*), t. d'hist. nat., ordre établi dans la classe des tuniciers.

BOTRYLLES, subst. mas. plur. (*botrile*), t. d'hist. nat., polypes marins à bras.

BOTRYOCÉPHALE, subst. mas. (*botriocéfale*), t. d'hist. nat., genre de vers intestins, dont l'espèce le plus souvent observée est celle que l'on trouve dans les intestins de l'homme, c'est-à-dire le ténia.

BOTRYS, subst. mas. (*botrice*), t. de bot., plante annuelle, espèce de patte-d'oie.

BOTRYTE ou **BOTRYOÏDE**, subst. fém. (*botrite, botri-o-ide*) (du grec βοτρυς, grappe, et ειδος, forme, ressemblance), t. de min., espèce de cadmie brûlée qui ressemble à une grappe de raisin. — Pierre précieuse.

BOTRYTIS, subst. mas. (*botritice*), t. de bot., genre de plantes tiré de celui des moisissures.

BOTTAGE, subst. mas. (*botaje*), anciennement droit prélevé par l'abbaye de Saint-Denis sur les bateaux qui passaient sur la Seine.

BOTTE, subst. fém. (*bote*), assemblage, faisceau de plusieurs choses de même nature liées ensemble : *botte de paille, de foin, d'allumettes, d'asperges, de raves*, etc. — On dit fig. et fam. : *botte de lettres, de paperasses*, etc., c'est-à-dire grande quantité. — Certaine quantité de soie, de fil, etc. : *botte de fil, botte de soie.* — Petits rouleaux qui pendent à l'étalage de la boutique de quelques marchands.—En t. de comm., on appelle *botte de mouchoirs* un paquet de mouchoirs des Indes qu'on vend au Caire ; *botte de chanvre*, un paquet de chanvre du poids de cent cinquante livres; *botte de parchemin*, une certaine quantité de peaux ou de feuilles de parchemin liées ensemble.—Les boisseliers appellent *bottes de bordures* une douzaine de feuilles de hêtre liées ensemble et préparées pour servir de bordures ; et *bottes de seaux*, un paquet de six corps de seaux tels qu'ils sortent de la forêt, et de la première main. — On appelle encore *botte* un tonneau d'une certaine grandeur, dans lequel on met du vin ou d'autres liqueurs : *une botte de vin d'Espagne; une botte d'huile; une demi-botte d'huile.* — *Botte*, en t. de mar., est le nom général de toutes les futailles qu'on embarque, et qui contiennent plus d'une barrique. — En t. de sellier, espèce de petit marchepied attaché au brancard des berlines, sur lequel on appuie le pied pour monter. — Dans quelques manufactures, espèce de forces pour donner la dernière tonte au droguet. — On nomme *botte*, en t. d'escrime, le coup que l'on porte avec un fleuret ou une épée à celui contre qui l'on se bat : *porter, allonger une botte ; une botte franche.* On appelle *botte secrète* certaine manière particulière de porter un coup d'épée. — On dit prov. : *porter une botte à quelqu'un*, pour : lui demander de l'argent, ou : faire une objection pressante dans une dispute, ou encore : desservir une personne auprès d'une autre : *tâche de parer cette botte.* — En t. de chasse, collier avec lequel on mène le limier au bois. — *Botte*, chaussure de cuir qui enferme le pied, la jambe et quelquefois le genou ; elle est composée d'un *pied* et d'une *tige*, et d'une *genouillère* quand elle est uniquement destinée à être mise pour monter à cheval, comme *les bottes à l'écuyère, les bottes de postillon.* Il en est même qui enveloppent aussi la cuisse, ce sont celles des cureurs d'égouts, etc. Il existe plusieurs sortes de *bottes* : *les bottes à revers ; bottes à la hussarde, à la russe*, etc. ; celles que nous portons généralement aujourd'hui sous le pantalon sont des *demi-bottes.* — On appelle *botte* un morceau de cuir qu'on attache avec des boucles au pied d'un cheval à l'endroit où il se coupe. — En t. de manège, on dit qu'*un cheval va à la botte*, pour indiquer le défaut d'un cheval en colère qui porte sa bouche à la *botte*, à la jambe de celui qui le monte, dans le dessein de le mordre. *L'Académie* donne encore cette expression dans un sens figuré, et prétend qu'on dit aujourd'hui : *c'est un homme à qui il ne faut pas trop se jouer, il va d'abord à la botte* ; nous dirons que cette locution a plus que vieilli : à peine si l'on dit aujourd'hui en t. propre de manège *qu'un cheval va à la botte.* — *Botte* signifiant le marchepied à l'aide duquel on montait dans un carrosse est fort peu en usage ; cependant on le dit de certains marchepieds modernes qui sont environnés d'un cuir qui garantit contre la boue. — *Prendre la botte*, s'apprêter à monter à cheval et à partir. Vieux. — *Botte* se dit de la terre qui s'attache aux souliers quand on marche dans un terrein gras. — *Serrer la botte*, serrer les jambes pour presser un cheval d'avancer. — *Prendre ses bottes de sept lieues*, se disposer à faire une marche rapide : figure fam. prise du conte du *Petit-Poucet.* — Prov., *mettre du foin dans ses bottes*, gagner beaucoup d'argent, ou : devenir grand seigneur, par allusion au temps où l'on portait des souliers fort longs, et d'autant plus longs qu'on était d'un rang plus distingué. Un grand seigneur était alors obligé de remplir le vide de ses souliers ou de *ses bottes* avec quelque matière douce, telle que de la paille ou du foin. — *Laisser ses bottes à un endroit*, y mourir. — *Graisser ses bottes*, se préparer à un voyage, à la mort, etc. — *Graissez les bottes d'un vilain, il dira qu'on les lui brûle*, rendez service à un malhonnête homme, il se plaindra de vous. — *A propos de bottes*, sans sujet, sans motif raisonnable, à propos de rien. — Quand on veut faire connaître qu'on ne se soucie nullement d'une chose, on dit qu'*on ne s'en soucie non plus que de ses vieilles bottes.* — *Botte* s'est dit encore de la partie d'une manche fermée qui est tout près du poignet.

BOTTÉ, E, part. pass. de *botter*, et adj., qui porte des *bottes* : *vous êtes bien botté.* — On dit prov. : *c'est un singe botté, il a l'air d'un singe botté*, en parlant d'un homme qui est embarrassé dans son accoutrement.

BOTTEAU, subst. mas. (*botô*), petite *botte* de foin.

BOTTELAGE, subst. mas. (*botelaje*), t. d'agric., action de *botteler* du foin, etc. — T. de technol., mettre en faisceau des verges de fer.

BOTTELÉ, E, part. pass. de *botteler.*

BOTTELER, v. act. (*botelé*), mettre en *bottes* : *botteler du foin, de la paille ; boteler des raves, des ognons, des asperges*, etc. — **SE BOTTELER**, v. pron.

BOTTELEUR, subst. mas., au fém. **BOTTELEUSE** (*boteleur, leuze*), celui ou celle qui met le foin, la paille en *bottes.* L'*Académie* ne donne pas de fém. à ce mot.

BOTTELEUSE, subst. fém. Voy. **BOTTELEUR.**

BOTTER, v. act. (*boté*), mettre les *bottes* à quelqu'un. — Faire des *bottes* pour quelqu'un : *ce cordonnier botte monsieur un tel ; il botte bien.* — **SE BOTTER**, v. pron., mettre *ses bottes.* — *Se botter bien* ou *mal*, porter des *bottes bien* ou *mal* faites. — Amasser beaucoup de terre autour de ses pieds en marchant dans un terrein gras. — Se dit aussi d'un cheval dans cette acception.

BOTTIÉENS, subst. mas. plur. (*boti-é-ein*), habitants d'une ancienne colonie d'Athènes.

BOTTIÉIES, subst. fém. plur. (*boti-é-î*), t. d'hist. anc., fêtes célébrées par les *Bottiéens* pour éterniser le souvenir de leur origine.

BOTTIER, subst. mas., au fém. **BOTTIÈRE** (*botié, tière*), cordonnier qui fait des *bottes* ou des *bottines.* — Au fém., la femme d'un *bottier.*

BOTTINE, subst. fém. (*botine*), petite *botte* dont la tige a peu de hauteur.—On appelle aussi *bottine* une espèce de botte de fer revêtue de cuir, destinée à maintenir la jambe d'un enfant lorsqu'elle est trop faible, ou qu'elle prend une mauvaise direction. — Les boyaudiers appellent *bottines* des pièces de cuir qu'ils s'attachent au-dessus du coude-pied quand ils travaillent les boyaux, afin d'empêcher l'eau et l'ordure de pénétrer dans leurs souliers.

BOU, subst. mas. (*bou*), sorte de thé. Voy. **THÉ** ou **BOHÉ.**

BOUARD, subst. mas. (*bouar*), t. de monnayage, sorte de marteau dont on se servait pour *bouer* les monnaies, quand on les travaillait au marteau.

BOUARDÉ, E, part. pass. de *bouarder.*

BOUARDER, v. act. (*bouardé*), frapper avec le *bouard.*

BOUATI, subst. mas. (*bouati*), t. de bot., petit arbre des Indes dont toutes les parties ont une très-grande amertume. — Il est employé en médecine.

BOUAYE, subst. propre fém. (*boué*), village de France, chef-lieu de canton, arrond. de Nantes, dép. de la Loire-Inférieure.

BOUBAK, subst. mas. (*boubake*), t. d'hist. nat., animal quadrupède sur les confins de Pologne, vers la Moscovie.

BOUBIE, subst. fém. (*boubі*), t. d'hist. nat., oiseau connu sous le nom de fou.

BOUBIL, subst. mas. (*boubile*), t. d'hist. nat., oiseau aquatique de l'Amérique.—Oiseau de la Chine du genre merle.

BOUBOULER, v. neut. (*bouboulé*), crier à la manière du hibou.

BOUC, subst. mas. (*bouk*) (du lat. barbare *buccus*, employé dans le même sens par les écrivains de la basse latinité, et qui, selon *Le Duchat*, a été fait de l'allemand *bock*, qui signifie la même chose), quadrupède à cornes, dont la femelle s'appelle chèvre. — En parlant du cri du *bouc*, on dit qu'*il mouette.*—Anciennement, peau de *bouc* remplie de quelque liqueur : *un bouc de vin, un bouc d'huile.* — *Barbe de bouc*, touffe de barbe sous le menton : *cet homme a une barbe de bouc.* — *Barbe-de-*

bouc, en t. de bot., salsifis sauvage.—Dans l'hydraulique, poulie garnie de cornes de fer qui font monter et descendre une chaîne sans fin. — *Bouc émissaire* (du lat. *emissarius*, fait de *emittere*, envoyer, mettre dehors), chez les Juifs, *bouc* qui était *envoyé* dans le désert. On présentait devant l'autel deux *boucs*, sur lesquels on jetait le sort : l'un était destiné au sacrifice, l'autre abandonné dans le désert après avoir été chargé de toutes les iniquités du peuple. — Fig. et fam., personne sur qui on fait retomber toutes les fautes des autres, à qui l'on impute tous les torts, tous les malheurs qui arrivent, etc.— *Au jugement dernier, Jésus-Christ séparera les brebis d'avec les boucs*, les bons d'avec les méchants; phrase de l'Évangile. — Les pêcheurs donnent le nom de *bouc* au mâle du spare mendole, qui a la chair mauvaise et d'une odeur désagréable.—Myth., Voy. BACCHUS, VÉNUS.

BOUCACHARD, subst. mas. (*boukachar*), chanoine régulier réformé. Vieux.

BOUCAGE, subst. mas. (*boukaje*), t. de bot., plante ombellifère qui croît en Europe sur les pelouses et dans les prés. On la nomme aussi *boucqueline*, *persil de bouc*, *pimprenelle saxifrage*, *pimprenelle blanche*.

BOUCAN, subst. mas. (*boukan*) (*boucan* est un mot de la langue des Caraïbes, qui l'emploient surtout dans la première des trois acceptions suivantes), lieu où les sauvages font fumer leurs viandes. — Gril de bois sur lequel ils les font fumer et sécher. — On appelle aussi *boucan* un bâti en claies rempli de fumée, pour faire la cassave, ou la farine que l'on tire de la racine de manioc. — Lieu de débauche. En ce dernier sens, c'est un terme bas et malhonnête. — *Boucan* signifie encore : bruit, vacarme : *en apprenant cette nouvelle il fit un boucan !* Pop.

BOUCANÉ, E, part. pass. de *boucaner*, et adj.

BOUCANER, v. act. (*boukané*), faire fumer et griller de la viande sur le *boucan*. — V. neut., aller à la chasse des bœufs sauvages, pour en avoir les cuirs. — Fumer de la cassave. — Vexer; faire du vacarme. Pop.

BOUCANIER, subst. mas. (*boukanié*), celui qui va à la chasse des bœufs sauvages. Voy. BOUCANER. — Nom donné autrefois à certains pirates d'Amérique. Voy. FLIBUSTIER. —Mousquet d'une longue portée dont se servaient les *boucaniers*. On dit aussi adj. : *fusil boucanier*. — Celui qui *boucane* la cassave.

BOUCARD, subst. mas. (*boukar*), t. de chim., soude ordinaire.

BOUCARDE, subst. fém. (*boukarde*). Voy. BUCARDE.

BOUCARDITE, subst. fém. (*boukardite*), t. d'hist. nat., coquillage bivalve.

BOUCARÈS, subst. mas. (*boukarèce*), sorte de raisin, aussi appelé bourguignon noir.

BOUCARO, subst. mas. (*boukaró*), espèce de terre sigillée rougeâtre, dont on fait divers vases. — On dit aussi *barros*.

BOUCASSIN, subst. mas. (*boukacein*), t. de comm., sorte de futaine. — Toile peinte en bleu et en rouge qui sert de doublure aux tendelets des galères.

BOUCASSINÉ, E, adj. (*boukaciné*), t. de comm. On le dit des toiles qui imitent le *boucassin*.

BOUCAUT, subst. mas. (*boukó*), tonneau de forme grossière qui sert à renfermer diverses marchandises, et surtout le tabac.

BOUC-CERF ou **TRAGÉLAPHE-DES-ANCIENS**, subst. mas. (*boukcèr*, *trajélafedézancien*), t. d'hist. nat., animal qui tient du *cerf* des Ardennes, et du paseng ou chèvre sauvage.

BOUC-DE-JUDA, subst. mas., ou **CHÈVRE-DE-JUDA** (*boukdejudâ*), t. d'hist. nat., race africaine de l'espèce de la chèvre.

BOUC-DES-BOIS ou **BOSCH-BOCK** ou **BOSBOK**, subst. mas. (*boukdéboa*, *boche boke*, *boceboke*), t. d'hist. nat., mammifère ruminant du genre des antilopes.

BOUC-DES-ROCHERS ou **BOUQUETIN**, subst. mas. (*boukdéroché*, *boukctein*), t. d'hist. nat., espèce de chèvre sauvage.

BOUCHAGE, subst. mas. (*bouchaje*), t. de forges, terre détrempée dont on se sert dans certaines forges.

BOUCHAIN, subst. propre mas. (*bouchein*), petite ville forte de France, chef-lieu de canton, arrond. de Douai, dép. du Nord.

BOUCHARDE, subst. fém. (*boucharde*) espèce de ciseau de sculpteur.

BOUCHE, subst. fém. (*bouche*) (du latin *bucca*, dérivé, suivant le P. *Pezron*, du celtique *boch*), ouverture placée entre le nez et le menton, qui contient, depuis les lèvres jusqu'à la gorge, le palais, les dents et les amygdales : partie par où sort notre voix et par où nous prenons nos aliments : *ouvrir la bouche*, *fermer la bouche ; avoir la bouche pleine*. — Il se dit aussi seulement de l'extérieur de la *bouche* : *une belle bouche ; une bouche riante ; baiser sur la bouche*. — Il se dit par rapport au sens du goût : *cet aliment rend la bouche amère*, *pâteuse*, *mauvaise*, *sèche*, etc. —*Bouche* s'emploie aussi spécialement pour désigner l'organe de la parole : *une bouche éloquente*, *persuasive*.—Il se dit aussi des personnes, considérées relativement aux aliments qu'elles absorbent : *il a vingt bouches à nourrir ; faire sortir d'une place assiégée toutes les bouches inutiles*. — En parlant de la plupart des animaux, on dit *gueule* au lieu de *bouche*; cependant *bouche* se dit en parlant du cheval, et en général des bêtes de somme et de voiture : *la bouche d'un âne*, *d'un chameau*, *d'un mulet*, *d'un éléphant*, *d'un bœuf*.— En t. de manège, il se dit surtout relativement à la sensibilité de la partie de la *bouche* du cheval où porte le mors. On appelle *bouche à pleine main* une *bouche* que l'on ne sent ni trop ni trop peu dans la main. *Un cheval a la bouche assurée*, lorsqu'il sent le mors sans inquiétude; *il l'a sensible*, lorsqu'elle est sensible aux impressions du mors; *fraîche*, lorsqu'elle conserve toujours le sentiment du mors, et qu'elle est continuellement humectée par une écume blanche. *La bouche est fausse* ou *égarée*, lorsqu'elle ne répond pas juste aux impressions du mors; *chatouilleuse*, lorsqu'elle est trop sensible; *sèche*, lorsqu'elle est sans écume; *forte*, lorsque le mors ne fait presque point d'impression sur les barres. On dit alors que le cheval *est gueulard*, ou *a de la gueule*, qu'*il est sans bouche*, qu'*il est fort en bouche*. On dit qu'un cheval *a la bouche perdue* ou *ruinée*, lorsqu'il n'a plus aucune sensibilité à la *bouche*. *Assurer*, *rassurer*, *gourmander*, *offenser*, *ouvrir la bouche d'un cheval*. *Un cheval n'a ni bouche ni éperon*, lorsqu'il est insensible au mors et à l'éperon, et on le dit fig. d'une personne stupide, insensible, à qui rien ne peut donner de l'activité, de l'énergie. — On dit aussi la *bouche* de certains poissons, comme d'une carpe d'un saumon, et aussi la *bouche d'une grenouille*. — Les naturalistes appellent *bouche-d'argent*, *bouche-d'or*, *bouche-double*, *bouche-jaune*, *bouche-de-lait*, *bouche-sanglante*, diverses espèces de coquilles. — Quelques naturalistes ont donné le nom de *bouches-d'Éole* à des fissures de montagnes, d'où sortent des vents froids. —Fig., ouverture; entrée : *la bouche d'un volcan*, *d'un four*, *d'un canon* ; *exposer des soldats à la bouche du canon*, les mettre sous le feu de l'ennemi. — En t. d'artilleur, on dit plutôt l'*embouchure* d'un canon. — *Bouches à feu*, pièces d'artillerie, canons, mortiers. — *Bouche de chaleur*, ouverture d'une cheminée, d'un poêle, qui répand de l'air chaud dans un appartement. — Dans le bas d'un tuyau d'orgue, le petit vide qui est entre la lèvre inférieure et la supérieure. — Embouchures des fleuves : *les bouches du Danube*, *du Nil*, *du Gange*, *du Rhône*, etc. — *Munitions de bouche*, les vivres. — On dit fam. : *fermer la bouche à quelqu'un*, pour lui imposer silence; le convaincre de manière qu'il ne puisse répliquer. — Prov., et ellipt., *bouche cousue!* ou *bouche close!* silence ! n'en parlez pas. — *N'oser ouvrir la bouche*, n'oser parler. — On dit *bouche béante*, pour exprimer l'étonnement : *ils étaient tous bouche béante* ; et d'un homme qui s'est fait une habitude de répéter continuellement de certaines paroles, qu'*il les a à tout moment à la bouche ; c'est un mot qu'il a toujours à la bouche*. — *En avoir la bouche pleine*, parler d'une chose avec emphase. — On dit qu'*une nouvelle va de bouche en bouche*, qu'*elle est dans toutes les bouches*, pour dire qu'elle devient publique, qu'elle court partout. — On appelle poétiquement la Renommée *la déesse aux cent bouches*. — Prov., à propos d'un homme qui parle contre sa pensée : *il dit cela de bouche*, *mais le cœur n'y touche*. — *C'est saint Jean bouche d'or*, ou *un saint Jean bouche d'or*, se dit au contraire d'un homme qui s'exprime franchement et sans contrainte. — On disait d'un vassal qu'*il ne devait à son seigneur que la bouche et les mains*, pour signifier qu'il ne devait point de relief, mais seulement hommage et service. — *Flux de bouche*, abondance extraordinaire de salive; expression que donne l'*Académie*, et qui est tout à fait inusitée. — Fig. et fam., *il a un flux de bouche continuel*, c'est un grand bavard. On dit plus souvent *un flux de paroles*. — *S'ôter les morceaux de la bouche*, se refuser le nécessaire pour fournir à quelque autre dépense. — *Être sur sa bouche*, *être sujet à sa bouche*, être gourmand. — *Avoir bouche en cour*, être nourri chez un prince, et par extension : chez un particulier.—On appelle chez le roi *vin de la bouche* le vin destiné pour la personne du roi; *la bouche*, le lieu où l'on apprête à manger pour le roi; *officiers de la bouche*, les officiers qui servent, soit à la cuisine du roi, soit au gobelet; et on nomme absol. *la bouche*, les officiers de la *bouche* du roi: *la bouche est partie*. — On dit en cour de Rome : *fermer la bouche aux cardinaux*, en parlant d'une cérémonie qui se fait en un consistoire secret, où le pape ferme la *bouche* aux cardinaux qu'il a nouvellement nommés, en sorte qu'ils ne parlent point, quoique le pape leur parle; et ils sont privés de toute voix active et passive jusqu'à un autre consistoire, où le pape leur *ouvre la bouche*, et leur fait une petite harangue pour leur montrer de quelle manière ils doivent parler et se comporter dans le consistoire. — *Faire la bouche en cœur*, donner à sa *bouche* ou plutôt à ses manières, des façons mignardes et affectées. — *Prendre sur sa bouche*, vivre avec épargne. — *Faire venir l'eau à la bouche*, exciter dans les autres l'envie de quelque chose en la louant, ou simplement en en parlant. — *Traiter quelqu'un à bouche que veux-tu*, le régaler abondamment.— *Manger de la viande de broc en bouche*, à peine sortie de la broche.—*Faire la petite bouche*, au propre, serrer les lèvres pour paraître avoir une petite *bouche* ; au fig., ne pas parler d'une chose; ou : en faire le dégoûté, quoiqu'on en ait grande envie. — *Une chose fait bonne bouche*, elle laisse un bon goût. - *Garder pour la bonne bouche*, réserver pour le dernier morceau ce qu'il y a de meilleur. On dit ironiquement, lorsque après plusieurs mauvais tours joués à quelqu'un on lui en fait un encore plus méchant : *je lui gardais celui-là pour la bonne bouche*. — Fig., *rester sur la bonne bouche*, cesser de boire ou de manger après avoir bu ou mangé quelque chose d'agréable; et, par une figure plus forte, s'arrêter après quelque chose d'agréable. — Fig., *laisser quelqu'un sur la bonne bouche*, lui donner pour dernier mets quelque chose de délicieux; et, par une figure plus forte, le laisser avec quelque idée agréable. — *Être fort en bouche* ou *en gueule*, parler avec beaucoup de véhémence et de hardiesse. — Chez les boulangers, *tirer à bouche*, attirer la braise vers la bouche du four lorsqu'il est chaud ; *chauffer la bouche*, mettre à l'entrée du four presque chaud quelques morceaux de bois menus et secs pour chauffer la chapelle. — *Bouche du pain*, le dessus du pain, par opposition à la *queue du pain* qui en est le dessous. — *De bouche*, loc. adv., de vive voix: *il vaut mieux consulter de bouche que par écrit*.

BOUCHÉ, E, part. pass. de *boucher* : *une maison bouchée; un passage bouché*. —Fig., *homme bouché*, qui a l'intelligence dure : *ce garçon-là est bien bouché*. On dirait aussi : *ce garçon-là a l'esprit bouché*, ou : *est un esprit bouché*.

BOUCHE-D'ÉOLE, subst. fém. (*bouchedéole*), ouverture dans les montagnes d'où s'échappent des vents très-froids.

BOUCHÉE, subst. fém. (*bouché*), morceau de quelque aliment solide qui peut être mis tout entier dans la bouche et mangé d'une seule fois : *une bouchée de pain*. — *Ne faire qu'une bouchée d'un mets*, le manger avidement. — Fig., *il ne ferait qu'une bouchée de toi ; il t'avalerait en quatre bouchées*, ses forces sont de beaucoup supérieures aux tiennes.

BOUCHE-EN-FLÛTE, subst. mas. (*bouchanflute*), t. d'hist. nat., genre de poisson.

BOUCHELLE, subst. fém. (*bouchèle*), t. de pêche, entrée de la tour de dehors de la bourdigue.

BOUCHE-NEZ, subst. mas. (*bouchené*), t. d'arts et métiers, ce qui sert à garantir de la mauvaise odeur.

BOUCHER, v. act. (*bouché*) (du grec βύω, boucher et βύζω, qui signifie la même chose, et d'où l'on conjecture qu'on aura fait *buccare* dans la basse latinité, et ensuite *boucher*, que nous voudrions qu'on écrivît *boûcher*, à cause de l'étym. et pour le distinguer du subst. *boucher*), fermer une ouverture : *boucher un trou*, *un tonneau*, *une bouteille*, *une porte*, *une fenêtre*, etc. — *Boucher un chemin*, *une rue*, *un défilé*, *un passage*, c'est les barrer, les embarrasser par quelque chose pour empêcher d'y passer, ou y placer des hommes armés, dans la même intention : *on avait bouché la rue avec des abattis de maisons; on avait bouché les défilés avec de l'infanterie*. — On dit aussi qu'*un bâtiment, un mur, un bois bouche la vue d'une maison*, pour dire qu'il empêche que, de cette maison, on jouisse d'une vue étendue.— *Boucher la vue d'un objet* signifie aussi empêcher de voir cet objet même. — On dit fig. et prov., d'une somme d'argent qu'on reçoit, qu'*elle servira à boucher un trou*, à payer quelque dette. — Les orfèvres disent *boucher d'or moulu* pour : réparer les ouvrages d'or qui ont quelque petit défaut après avoir été brunis.— *Se* BOUCHER, v. pron. : *se boucher les yeux, les oreilles*, ne vouloir point voir, ne vouloir point entendre. — *Se boucher le nez*, s'appliquer quelque chose au nez pour ne pas sentir une mauvaise odeur. — *Cette ouverture s'est bouchée.* Dans cette dernière phrase le pronom *se* est régime direct.

BOUCHER, subst. mas. (*bouché*) (de *bouche*, parce que le *boucher* tue les animaux et en vend la viande pour la *bouche des hommes*. Anciennement *bouchier*, chargé de la *bouche*), celui qui tue bœufs, veaux et moutons, et qui en vend la chair crue en détail. — Au fig., homme cruel et sanguinaire. — Chirurgien ignorant, maladroit, cruel. Voy. le v. BOUCHER.

BOUCHÈRE, subst. fém. (*bouchère*), la femme d'un *boucher*. — Femme qui vend de la viande crue.

BOUCHERIE, subst. fém. (*bouchert*), autrefois, avant la création des *abattoirs*, le lieu où l'on tuait les bœufs, les veaux et les moutons; aujourd'hui étal où l'on en vend la chair crue en détail. — *Il n'a pas plus de crédit qu'un chien à la boucherie*, proverbe suranné et qui ne devrait plus se trouver dans *l'Académie* pour signifier, en parlant de quelqu'un, qu'il n'a plus de crédit. Au fig., tuerie, massacre, carnage : *mener les soldats à la boucherie*, les exposer à une mort presque certaine.

BOUCHES-DU-RHÔNE, subst. propre fém. plur. (*bouchedurône*), nom d'un dép. de la France.

BOUCHET, subst. mas. (*bouché*), sorte d'hypocras qui se fait avec de l'eau, du sucre et de la cannelle bouillis ensemble. Inus. — Corde au bord des drèges.

BOUCHE-TROU, subst. mas. (*bouchetrou*), remplaçant. C'est un terme de dénigrement, et qui ne se dit que d'une personne à peu près incapable, à qui on n'a recours que dans un cas pressant, quand il y a place, vide. — Au plur., des *bouche-trous*.

BOUCHETURE, subst. fém. (*boucheture*), tout ce qui sert à fermer, à *boucher un pré*, une terre labourable, etc., pour en empêcher l'entrée aux bestiaux. Peu usité.

BOUCHIN, subst. mas. (*bouchein*), t. de mar., la plus grande largeur d'un vaisseau de dehors en dehors. — Endroit où se mettent les côtes du navire.

BOUCHOIR, subst. mas. (*bouchoar*), grande plaque de fer avec laquelle on *bouche* le four.

BOUCHON, subst. mas. (*bouchon*), ce qui sert à *boucher* une bouteille, un flacon, etc. : *un bouchon de liège; un bouchon de bois; un bouchon de crystal.* — *Faire sauter le bouchon*, faire que le bouchon d'une bouteille de vin fumeux s'échappe avec bruit — Poignée de paille ou de foin tortillé pour *bouchonner* les chevaux. — On met un *bouchon* de paille à la queue d'un cheval pour indiquer qu'il est à vendre. — On dit aussi *un bouchon de linge; mettre du linge en bouchon*, le chiffonner et le mettre tout en un tas. — *Mon petit bouchon*, t. de caresse. Vieux. — Rameau de verdure, etc., qui indique un cabaret; et au fig., le cabaret même. — Sorte de laine d'Angleterre. — Grosseur dans les fils de coton. — Toiles de chenilles. — Pièce d'horlogerie rivée.

BOUCHONNE, subst. fém. (*bouchone*), chérie. Vieux. Voy. BOUCHON.

BOUCHONNÉ, E, part. pass. de *bouchonner*, et adj.

BOUCHONNER, v. act. (*bouchoné*), frotter un cheval avec un *bouchon* de paille ou de foin. — — Chiffonner du linge, des habits. Caresser un enfant. Fam. et vieux. — *se* BOUCHONNER, v. pron.

BOUCHONNIER, subst. mas. (*bouchonié*), celui qui fait des *bouchons*, qui les vend.

BOUCHONNIÈRE, subst. fém. (*bouchonière*), femme qui vend des *bouchons* de bouteille.

BOUCHOT, subst. mas. (*bouchó*), t. de pêche, petit parc ouvert du côté de la terre. — On donne aussi ce nom à des étangs pratiqués au bord de la mer, dans lesquels on met les moules au sortir de la mer.

BOUCHOUX (LES), subst. propre mas. plur. (*lèbouchou*), village de France, chef-lieu de canton, arrond. de Saint-Claude, dép. du Jura.

BOUCLE, subst. fém. (*boukle*) (de *buccula*, employé dans la basse latinité pour désigner l'anse ou la partie du *bouclier* dans laquelle le bras passait), anneau de différentes formes et qui sert à divers usages : *boucle de rideau*, etc. — Instrument de métal rond ou carré, composé du corps de la *boucle*, d'une chape, d'un ardillon et d'une goupille : *boucles de souliers, de jarretières, de ceinturon*, etc. La *boucle* d'un baudrier n'a ni ardillon ni chape : elle ne se met sur le baudrier que pour servir d'ornement. — *Boucles d'oreilles*, anneaux que les femmes attachent à leurs oreilles pour se parer. — *Boucle de cheveux*, fig., anneaux que forment les cheveux frisés. — Anneau que l'on met à une cavale pour empêcher qu'elle ne soit saillie. — T. d'archit., cercle d'ornement qui est en forme d'anneau. — *Boucle de porte*, grand anneau de fer attaché à certaines portes, et dont on se sert pour y frapper. Inus. — En t. de mar., on appelle *boucles* de gros anneaux de fer où l'on attache un câble, etc. ; ou des arganeaux servant dans un port pour amarrer les bâtiments. — *Mettre un matelot sous boucle*, c'est le mettre aux fers; et par extension, en prison.

BOUCLÉ, subst. mas. (*boukle*), t. d'hist. nat., poisson du genre squale.

BOUCLÉ, E, part. pass. de *boucler*, et adj. (*bouklé*) : *des souliers bouclés; une jument bouclée; des cheveux bouclés.* — On le dit en t. de blas. : 1° du collier d'un lévrier ou d'un autre chien qui a une *boucle*; 2° d'un buffle ou bœuf sauvage à la gueule duquel pend un anneau, lorsque cet anneau est d'un émail différent du reste du corps.

BOUCLÉE, subst. fém. (*bouklé*), t. d'hist. nat., chien de mer couvert de tubercules. — Sorte de raie. Il est aussi adj. dans ce dernier sens, *raie bouclée*. C'est l'espèce qu'on vend le plus ordinairement dans nos marchés.

BOUCLEMENT, subst. mas. (*boukleman*), action de *boucler*, pour empêcher la génération.

BOUCLER, v. act. (*bouklé*), mettre une *boucle* à..., attacher avec une *boucle*: *boucler ses souliers*. — Mettre des *boucles* à une cavale pour l'empêcher d'être saillie. — *Boucler un porte-manteau*, que l'*Académie* nous donne comme signifiant *le fermer au moyen de boucles*, est une locution tellement puérile, selon nous, qu'elle ne devrait pas se trouver dans un *Dictionnaire*. Fig., mettre des cheveux en *boucle*. — Quoi qu'en dise l'*Académie, boucler un enfant* ne se comprendrait plus en ce sens. — *Boucler un port*, en fermer l'entrée. Vieux. — V. neut. : *ses cheveux bouclent naturellement.* — En t. de maçonnerie, *ce mur boucle* signifie que les parements de ce mur s'écartent, faute de liaison dans la construction. — *se* BOUCLER, v. pron. : *se boucler les cheveux.* — On dit mieux *faire ses papillottes*, ou *se faire les papillottes*.

BOUCLETTE, subst. fém. (*boukléte*), t. de manuf. de lainage, petit anneau pour recevoir un des fils de la chaîne.

BOUCLIER, subst. mas. (*bouklié*) (du lat. *buccularium*, formé, dans la basse latinité, de *buccula*, anse du *bouclier*, et qui, par métonymie, a été prise ensuite pour le *bouclier* même), arme défensive qu'on portait autrefois au bras gauche pour se couvrir le corps. — Le *bouclier* des anciens chefs calédoniens ou écossais était orné de bosses qu'on appelait les *voix de la guerre*, parce que chacune de ces bosses, frappée avec le fer de la lance, avait un son particulier et annonçait un ordre différent. Le roi avait aussi un *bouclier* dont les sons étaient des signes de paix. — En t. de blason, nom de l'ancien écu. — En t. d'artificier, planche mince de bois léger, découpée en forme de bouclier, sur laquelle on range différentes pièces d'artifice. — *Levée de boucliers*, démonstration des soldats romains pour témoigner leur résistance aux volontés de leur général. — *Levée de boucliers*, au fig., entreprise de guerre faite avec éclat et sans succès. — *Faire un bouclier de son corps à quelqu'un*, préserver quelqu'un des coups qu'on veut lui porter en se jetant au-devant. — *Bouclier* se dit aussi fig. des personnes sur qui repose la défense d'une chose; par exemple, d'un général d'armée : *c'est le bouclier de l'état;* d'un grand évêque, d'un grand théologien : *c'est le bouclier de la foi, le bouclier de la religion*, etc.; et en général, ce mot est, au fig., le synonyme de défense : *il fait son bouclier de cet argument ; c'est là un mauvais bouclier; son âge lui sert de bouclier.* — *Bouclier*, en t. d'hist. nat., genre de poissons appelé autrement cycloptère. — *Bouclier* est encore, en t. d'hist. nat., un genre d'insecte de l'ordre des coléoptères. — Myth. Voy. MARS.

BOUCLIER-D'ÉCAILLE-DE-TORTUE, subst. mas. (*boukliedékâiedetortù*), t. d'hist. nat., nom que les marchands donnent à des coquilles du genre des patelles, dont les couleurs approchent de celles de l'écaille.

BOUCON, subst. mas. (*boukon*) (de l'italien *boccone*, morceau). Mets ou breuvage empoisonné: *donner le boucon*, donner le poison. Vieux et inus.

BOUCQUETINE, subst. fém. (*bouketine*). Voy. BOUCAGE.

BOUDDHISME, subst. mas. (*boudiceme*), religion de *Bouddah*; secte analogue au lamisme.

BOUDDHISTE, subst. des deux genres (*boudicete*), sectateur de la religion de *Bouddah*, qui en fut le chef.

BOUDÉ, E, part. pass. de *bouder*.

BOUDER, v. neut. (*boudé*), témoigner du mécontentement en faisant la mine et en gardant le silence, le plus souvent par humeur, par caprice. — On dit prov. et fam. : *bouder contre son ventre*, se priver par dépit d'une chose utile ou agréable. — *Bouder*, au jeu de dominos, se trouver dans l'impossibilité de poser, parce qu'on n'a pas dans son jeu un domino dont le nombre de points réponde à celui des derniers dominos placés. — Prov., *c'est un homme qui n'a jamais boudé*, qui n'a jamais reculé devant une attaque, devant une entreprise hardie. — Selon l'*Académie, bouder* s'emploie en t. de jard. en parlant d'un arbuste qui ne profite pas; ainsi l'on dirait : *ces pommiers boudent*. Nous doutons que cette expression soit en usage. — Ce verbe s'emploie aussi act. : *pourquoi me boudez-vous?* — *se* BOUDER, v. pron., *nous nous sommes boudés huit jours.*

BOUDERIE, subst. fém. (*boudert*), fâcherie, humeur : *quand la bouderie le prend une fois, il y tient.* — FÂCHERIE, HUMEUR, BOUDERIE. (*Syn.*) La *fâcherie* et l'*humeur* sont des états intérieurs de l'âme; la *bouderie* n'est qu'un état extérieur : c'est l'expression des deux autres, et plus particulièrement de l'*humeur*.

BOUDEUR, adj. et subst. mas., au fém. BOUDEUSE (*boudeur, deuze*), qui *boude* habituellement : *il est boudeur; c'est une boudeuse; il a le caractère boudeur.*

BOUDEUSE, adj. et subst. fém. Voy. BOUDEUR.

BOUDIN, subst. mas. (*boudein*) (suivant *Saumaise, Vossius, Nicot*, du latin *botulus*, qui a la même signification), boyau rempli de sang et de graisse de cochon assaisonnés, qu'on fait griller avant de le manger : *un bout de boudin; une aune de boudin.* — *Un boudin*, portion de boudin d'une longueur médiocre dont les deux bouts sont noués. — Le *boudin blanc* est fait de blanc de volaille et autres ingrédients. — *S'en aller en eau de boudin* se dit fig., prov. et bassement d'une entreprise qui ne réussit pas. — *Boudin* s'applique par extension à des choses dont la forme approche de celle du *boudin*. — En t. de mineur, fusée où il entre des étoupes et autres matières combustibles. Voy. SAUCISSON. — En t. d'archit., le gros cordon de la base d'une colonne. Voy. TORE. — Les serruriers appellent *boudin* une spirale de fil de fer dont l'élasticité forme un ressort. On en fait usage pour les stores d'une voiture : *le store ne va plus, le boudin est cassé.* — Les menuisiers appellent aussi *boudin* un outil à fût qui sert à former la moulure du même nom. — On appelle encore *boudin* un petit porte-manteau de cuir en forme de valise, qu'on met sur le dos d'un cheval. — En t. de perruquier, *boudin* se dit des boucles de cheveux qui sont fermes et un peu longues : *il est frisé en boudins.* — On appelle *boudin de tabac* un petit rouleau de tabac. — En t. de marine on appelle *boudins* des espèces de coussins de grosse toile remplis de sable, avec lesquels on entoure les plats et les assiettes pour les assujétir quand il y a du roulis.

BOUDINADE, subst. fém. (*boudinade*), *boudin* d'agneau.

BOUDIN-DE-MER, subst. mas. (*boudeindemère*), t. d'hist. nat., ver à tuyau qui paraît avoir beaucoup de rapport avec les néréides.

BOUDINE, subst. fém. (*boudine*), t. de verrerie, nœud ou bosse du milieu d'un plateau de verre.

BOUDINIER, subst. mas., au fém. BOUDINIÈRE, *boudinié, nière*), qui fait et vend des *boudins*.

BOUDINIÈRE, subst. fém. (*boudinière*), petit entonnoir de fer-blanc pour faire du *boudin*. — Celle qui fait et vend des *boudins*. Voy. BOUDINIER.

BOUDINURE, subst. fém. (*boudinure*), t. de

mar., enveloppe de petits cordages pour conserver le câble. — On dit aussi *emboudinure*.

BOUDJOU, subst. mas. (*boudejou*), monnaie d'Alger qui vaut 1 fr. 86 c. de France.

BOUDOIR, subst. mas. (*boudoar*) (ce mot est formé sans doute de *bouder*, parce qu'on a coutume de s'y retirer pour *bouder* sans témoin, lorsqu'on est de mauvaise humeur), sorte de petit cabinet ordinairement orné et décoré, où les dames se retirent quand elles veulent être seules, ou s'entretenir avec leurs amis intimes.

BOUE, subst. fém. (*bou*), terre molle foulée et détrempée de pluie; fange des rues et des chemins. — *Bâtir une maison de boue et de crachats*, la bâtir peu solidement, avec de méchants matériaux. —Fig., *âme de boue*, âme vile et basse.—*Traîner dans la boue*, vilipender. — *Tirer quelqu'un de la boue*, de la misère, d'une condition abjecte. — *Cet homme est dans la boue*, est dans la misère, dans l'abjection. — *Payer les boues et lanternes*, c'était autrefois payer la taxe imposée pour l'enlèvement des *boues* et pour l'entretien des lanternes. — Prov. et fam., en parlant d'une chose dont on ne se soucie aucunement, on dit qu'*on n'en fait non plus de cas que de la boue de ses souliers*. — *Boue*, dépôt d'encre épaisse au fond de l'écritoire. — Pus qui sort d'un abcès. Vieux. Voy. **BOUES**.

BOUÉ, E, part. pass. de *bouer*.

BOUÉE, subst. fém. (*boué*) (de l'espagnol *boya* qui a la même signification, et dont les Anglais ont fait également *buoy*), t. de mar., panier, tonneau, baril, pièce de bois, etc., que l'on laisse flotter au-dessus des passages dangereux afin de les signaler, ou au-dessus de l'endroit où l'on a laissé tomber l'ancre, pour le reconnaître. — *Bouée de sauvetage*, assemblage de morceaux de liége fortement liés ensemble, que l'on jette à la mer quand un homme y est tombé, pour l'aider à se soutenir sur l'eau jusqu'au moment où on pourra aller à son secours. Dans ce dernier sens, on dit aussi *alogne*. — Vapeur des pains qui viennent d'être enfournés.

BOUEMENT, subst. mas. (*boûman*), t. de menuisier, assemblage dont les parties unies, telles que les champs, sont assemblées carrément, à tenon et à mortaise, et dont les moulures sont à onglets. — Bouillonnement. Inus.

BOUER, v. act. (*bou-é*), autrefois, donner une égale ductilité aux monnaies qu'on fabriquait au marteau.

BOUES, subst. fém. plur. (*bou*), t. de médec., marais voisins des sources d'eaux minérales, et imprégnés des matières que ces eaux charrient, où l'on se plonge pour certaines maladies.

BOUETÉ, E, part. pass. de *boueter*.

BOUETER, v. act. (*bou-e-té*), t. de pêche, employer une espèce de hachis fait avec des œufs de morues et de maquereaux salés, pour déterminer les sardines à s'élever de l'eau. — On dit aussi *affaner*, *affamer*.

BOUEUR, subst. mas., au fém. **BOUEUSE** (*boueur, euse*), celui qui enlève les *boues* des rues. — Officier sur les ports de Paris, chargé de les faire nettoyer.

BOUEUSE, subst. fém. (*boueuze*), celle qui ôte les *boues* des rues. Voy. **BOUEUR** et **BOUEUX**.

BOUEUX, adj. mas., au fém. **BOUEUSE** (*boueu, euze*), rempli, couvert de *boue* : *une rue boueuse*. — Se dit, dans les arts, des ouvrages mal finis, de la sculpture mal réparée, etc.; et dans les métiers, de la maçonnerie mal ragréée, de la menuiserie mal profilée, etc. — En t. d'imprimerie, on dit *une impression boueuse*, lorsque l'encre s'écarte et tache le papier au-delà de l'empreinte du caractère. On dit aussi, et mieux : *bavochée*. Voy. ce mot. — *Écriture boueuse*, peu nette. — *Une estampe est boueuse* lorsque le cuivre n'a pas été bien essuyé, et qu'on a laissé du noir entre les hachures. — En t. de mar., on appelle *ancre boueuse*, ou *de boue*, la plus petite des ancres dont on se sert sur les navires.

BOUFFANT, E, adj. (*boufan, fante*), qui *bouffe*, qui paraît gonflé : *une étoffe bouffante; un fichu bouffant*. — Subst. fém., petit panier qui servait autrefois aux femmes pour soutenir et faire bouffer leurs jupes. — Sorte de fichu gaufré que les femmes portaient autrefois à leur cou. — Subst. mas. Aujourd'hui, partie bouffante de la manche d'une robe.

BOUFFE, subst. mas. (*boufe*) (de l'italien *buffa*), acteur qui joue dans les farces italiennes. Il est aussi adj. : *un opera bouffe*. — *Bouffes* se dit absolument des acteurs de l'Opera italien à Paris, et de cet opera même : *aller aux Bouffes*. — *Bouffe*, race de chiens à long poil fin et frisé, métis du barbet et du grand épagneul. — T. d'anat., éminence formée par la rencontre de deux lèvres.

BOUFFÉ, E, part. pass. de *bouffer*, v. act.

BOUFFÉE, subst. fém. (*boufé*). (Voy. **BOUFFER**, pour l'étym.), haleinée, quantité d'air qui sort de la bouche d'une personne. —*Des bouffées de tabac, de vin, d'ail*, etc., imprégnées de ces odeurs. — Dans l'hydraulique, secousse : *des jets engorgés par les vents ne sortent que par bouffées*. — *Bouffée* se dit par extension d'un souffle de vent, d'un courant de vapeur qui arrive tout à coup et dure peu : *une bouffée de chaleur*. —Accès de fièvre qui n'a point de suite. — Boutade : *il n'étudie que par bouffées; avoir des bouffées d'humeur, de gaieté, de dévotion*. Fam. — On dit aussi, mais plus noblement, *des bouffées d'éloquence*. — *Bouffée*, en t. de mar., petit vent passager, espèce de risée. On dit, en parlant d'une augmentation subite et momentanée dans la fraîcheur du vent régnant : *c'est une bouffée, ce n'est qu'une bouffée*.

BOUFFEMENT, subst. mas. (*boufeman*), souffle, haleine, exhalaison.

BOUFFER, v. neut. (*boufé*) (par onomatopée, de l'espèce de bruit qu'on fait entendre en enflant les joues. C'est par une semblable cause que les Anglais disent dans le même sens *to puff*, les Allemands *puffen*), se gonfler les joues en soufflant. Peu usité. — On dit fam. d'un homme qui marque sa colère par la mine qu'il fait, qu'*il bouffe de colere*. — *Bouffer* s'emploie ordinairement en parlant des étoffes qui se soutiennent d'elles-mêmes, et qui, au lieu de s'aplatir, se courbent en rond. — On le dit aussi en archit. d'un mur dont l'intérieur n'a pas de liaison avec les parements qui, s'écartant, y laissent du vide, et poussent au dehors. — Il se dit aussi du pain, lorsqu'il enfle dans le four par l'effet de la chaleur. — Manger avec avidité. Pop. — *Bouffer*, v. act., t. de boucher, souffler une bête tuée pour en rendre la chair plus belle : *bouffer un mouton*. — *se* **BOUFFER**, v. pron., être en colère, tempêter, etc. Inus.

BOUFFETTE, subst. fém. (*boufète*), houppe qui pend aux harnais des chevaux. — Nœuds de petits rubans ou de nompareilles qui sert d'ornement aux femmes. — En t. de mar., la troisième voile du grand mât des galères.

BOUFFI, E, part. pass. de *bouffir*, et adj. : *visage bouffi*. — On dit par extension d'une personne qu'*elle est bouffie de colère*, pour dire : qu'elle a le visage décomposé par la colère. — Fig., *bouffi d'orgueil, de vanité*, plein d'orgueil, etc. —*Style bouffi*, style ampoulé. Inus. — T. de pêche, *hareng bouffi*, espèce de hareng sauret.

BOUFFIR, v. act. (*boufir*), rendre enflé. Il n'a d'usage au propre qu'en parlant des chairs : *les humeurs lui ont bouffi tout le corps*. — On dit neutralement : *il bouffit tous les jours davantage*. — *Faire bouffir un hareng sur le gril*, le faire enfler en le mettant sur le gril. — *se* **BOUFFIR**, v. pron.

BOUFFISSURE, subst. fém. (*bouficure*), enflure des chairs causée par une indisposition, et qui leur donne une apparence d'embonpoint. — Fig., *bouffissure de style*, défaut d'un style ampoulé.

BOUFFOIR, subst. mas. (*boufoar*), instrument de boucher pour *bouffer* un veau, un agneau, etc.

BOUFFON, subst. mas., au fém. **BOUFFONNE**, (*boufon, fone*) (du lat. barbare *buffo, buffonis*, employé dans le même sens par les auteurs de la basse latinité, et formé de *bucco*, dérivé de *bucca*, joue, parce que les *bouffons* enflent les joues dans leurs grimaces, etc.; ou de *bouffer*, Voy. ce mot), celui dont la profession est de faire ou de dire des choses qui excitent à rire : *le bouffon de la comédie, du prince*. —Par extension, et ordinairement en mauvaise part, homme qui plaisante sans cesse, qui ne cherche qu'à faire rire, etc.—En ce dernier sens, on dit quelquefois au fém. *bouffonne*. — *Servir de bouffon*, servir de sujet de moquerie, de risée. — Style *bouffon*, mauvais comique : *un auteur qui donne dans le bouffon*.

BOUFFON, adj. mas.; au fém. **BOUFFONNE** (*boufon, fone*), plaisant, facétieux : *discours bouffon, mine bouffonne*. — *Opera bouffon*, par opposition à *opera sérieux*. — **BOUFFON, FACÉTIEUX, PLAISANT.** (*Syn.*) *Plaisant*, ce qui plaît, récrée, divertit; *facétieux*, ce qui est très-plaisant, très-comique; *bouffon*, ce qui est risible avec excès, sans goût, sans vraisemblance.

BOUFFONNE, subst. fém. (*boufone*). Voy. **BOUFFON** subst. et adj.

BOUFFONNER, v. neut. (*boufoné*), faire le *bouffon*. — Agir ou parler pour faire rire.—Il se prend ordinairement en mauvaise part, à moins que l'on n'y ajoute quelque adoucissement : *il bouffonne agréablement*.

BOUFFONNERIE, subst. fém. (*boufonerî*), action ou propos de *bouffon*. — Ce qu'on fait ou dit pour exciter à rire.

BOUFFRON, subst. mas. (*boufron*), t. d'hist. nat., nom vulgaire de la sèche.

BOUG, subst. mas. (*bougue*), fêtes des lanternes, célébrées au Japon en l'honneur des morts. — On les nomme aussi *fêtes des lanternes* ou *des lampes*.

BOUGAINVILLÉE, subst. fém. (*bougueinvilé*), t. de bot., plante du Brésil, qui tire son nom du célèbre *Bougainville*, qui l'a trouvée.

BOUGAINVILLIEN, subst. mas. (*bougueinvilien*), t. d'hist. nat., nom spécifique d'un poisson du genre triure. Ce poisson tire son nom du célèbre *Bougainville*, qui l'a découvert.

BOUGE, subst. mas. (*bouje*) (suivant *Le Duchat*, de l'allemand *bogen*, arc, parce que, dit-il, les *bouges*, dans les anciennes maisons, étaient bâtis en forme de voûte), espèce de petit cabinet, de petit réduit obscur auprès d'une chambre. — Il signifie plus ordinairement : logement malpropre : *c'est un vrai bouge*. — Rebord, renflement, rondeur. — Partie la plus élevée au moyen d'une roue. — En t. de potier d'étain, demi-cercle qui est autour du fond de l'assiette. — Sorte de ciselet, à l'usage des ciseleurs. — En t. de tonnelier, le milieu de la futaille, la partie la plus grosse et la plus élevée. — Etamine fine, blanche et claire, dont on faisait les chemises des religieux qui ne portaient point de toile. — Petit coquillage qui sert de monnaie dans les Indes. — En t. de mar., arc que forment les baux dans le sens de leur longueur, et qui procure de la convexité à la partie supérieure des ponts de tribord à bas-bord.

BOUGEOIR, subst. mas. (*boujoar*), sorte de petit chandelier sans pied élevé, propre à porter une *bougie*, et qu'on tient par le moyen d'un manche ou d'un anneau.—*Bougeoir*, sorte d'étui où l'on serre la bougie que l'on porte devant les prélats lorsqu'ils officient. — Autrefois on appelait *bougeoir* un petit chandelier d'or porté au coucher du roi, et dont ce dernier faisait don à un des courtisans.

BOUGER, v. neut. (*boujé*) (de l'allemand *wogen*, qui a signifié premièrement *voguer*, et ensuite *se mouvoir*), se mouvoir de l'endroit où l'on est : *si vous bougez, vous serez puni*. — On s'en sert plus ordinairement avec la négative : *ne bougez pas de votre place*. On dit encore en supprimant *pas* : *il ne bouge des églises, de la comédie, de la cour*, etc., pour dire qu'il y est fort assidu. — Fig., se remuer d'une manière hostile, se révolter : *le peuple n'ose pas bouger*.

BOUGETTE, subst. fém. (*boujète*) (de *bulga*, vieux mot gaulois adopté par les Latins), petit sac de cuir qu'on portait autrefois en voyage. Inusité aujourd'hui.

BOUGHOUÉ, E, part. pass. de *boughouer*.

BOUGHOUER, v. act. (*bouguoué*), frotter le corps de graisse, comme font les Hottentots. — *se* **BOUGHOUER**, v. pron. Hors d'usage.

BOUGIE, subst. fém. (*boují*) (de *Bougie*, ville d'Afrique, d'où la France tirait autrefois toute sa cire), chandelle de cire blanche ou jaune. — *Aux bougies*, à la clarté des bougies : *dîner aux bougies; cette femme paraît belle aux bougies*. — *Pain de bougie*, *bougie* fort mince que l'on porte sur soi pliée en rond ou autrement, pour s'en servir au besoin. On l'appelle aussi fam., *rat de cave*. —En t. de chir., petit cylindre en cire, en gomme élastique, etc., que l'on introduit dans le canal de l'urèthre pour dégager les voies urinaires, etc.—T. de phys., *bougie philosophique*, gaz inflammable ou hydrogène qu'on fait sortir par un ajutage, en comprimant graduellement une vessie pleine de ce gaz. — *Bougie phosphorique*, petite *bougie* de cire, garnie de phosphore à une de ses extrémités, et renfermée ensuite dans un tube de verre scellé hermétiquement : lorsqu'on brise le tube, la *bougie* s'allume d'elle-même. — Subst. propre, ville de la colonie d'Alger, en Afrique.

BOUGIÉ, E, part. pass. de *bougier*.

BOUGIER, v. act. (*boujié*), passer de la cire fondue d'une *bougie* sur les bords d'une étoffe quand elle est coupée, de peur qu'elle ne s'effile. Peu en usage.

BOUGIÈRE ou **BUGUIÈRE**, subst. fém. (*boujière, buguière*), t. de pêche, filet très-délié pour la pêche.

BOUGIRONNER, v. neut. (*boujironé*), commettre le crime de sodomie. Inus.

BOUGLON, subst. propre mas. (*bouguelon*), bourg de France, chef-lieu de canton, arrond. de Marmande, dép. de Lot-et-Garonne.

BOUGOMILES. Voy. **BOGARMILES.**

BOUGON, subst. mas.; au fém. **BOUGONNE** (*bouguon, guone*), expression populaire employée pour désigner une personne qui a l'habitude de *bougonner*. — *Bougon*, adj., t. de pêche : *harengs bougons*, qui ont perdu la tête ou la queue.

BOUGONNÉ, E, part. pass. de *bougonner*.

BOUGONNER, v. neut. (*bouguoné*), murmurer, gronder entre ses dents : *cette vieille ne fait que bougonner.* —Fam., il s'emploie aussi quelquefois activement dans le sens de *réprimander*.

BOUGOUÉ, E, part. pass. de *bougouer*.

BOUGOUER, v. act., le même que *boughouer*. Voy. ce mot.

BOUGRAINE, subst. fém. (*bouguerène*). Voy. **BUGRANE.**

BOUGRAN, subst. mas. (*bougueran*), t. de com., sorte de toile très-forte et gommée, servant à soutenir les étoffes.

BOUGRANÉE, adj. fém. (*bougueranè*) : *toile bougranée*, apprêtée et mise en *bougran*.

BOUGRE, subst. mas., au fém. **BOUGRESSE** (*bouguere, guerèce*) (autrefois *boulgre*, de *Bulgare*, ancien peuple qui habitait vers le Danube.) On donnait ce nom aux sodomites et à certains hérétiques), sodomite. — Mauvais garnement, méchant homme. — On l'emploie aussi dans le sens de luron : *c'est un bon bougre*. Bas et obscène.

BOUGUIÈRE, BOUGIÈRE, BUGUIÈRE, subst. fém. (*bouguière, boujière, buguière*), t. de pêche, filet très-délié, employé en Provence.

DU VERBE IRRÉGULIER BOUILLIR :

Bouillaient, 3e pers. plur. imparf. indic.
Bouillais, précédé de *je*, 1re pers. sing. imparf. indic.
Bouillais, précédé de *tu*, 2e pers. sing. imparf. indic.

BOUILLAISON, subst. fém. (*bou-ièzon*), fermentation du cidre.

Bouillait, 3e pers. sing. imparf. indic. du verbe irrégulier **BOUILLIR.**

BOUILLANT, E, part. prés. du verbe irrégulier **BOUILLIR**, et adj. (*bouian, iante*), qui *bout* : *eau, huile bouillante.* — Au fig., chaud, ardent; vif, prompt : *courage bouillant, esprit bouillant, jeunesse bouillante.* — On dit subst. *le bouillant de l'âge*, pour : la jeunesse.

BOUILLANTS, subst. mas. plur. (*bouian*), petits pâtés de hachis de volaille.

BOUILLARD, subst. mas. (*bouiar*), t. de mar., nuage qui annonce ou qui donne du vent et de la pluie.

BOUILLE, subst. fém. (*bouie*), t. de pêche, espèce de râble de bois à long manche, dont les pêcheurs se servent pour remuer la vase et troubler l'eau, afin de faire entrer le poisson dans le filet. — Masse détachée de charbon de terre. — Mesure de charbon de bois, de braise. — Marque qui autrefois se mettait aux étoffes de laine au bureau des fermes.

DU VERBE IRRÉGULIER BOUILLIR :

Bouille, précédé de *que je*, 1re pers. sing. prés. subj.
Bouille, précédé de *qu'il* ou *qu'elle*, 3e pers. sing. prés. subj.

BOUILLÉ, E, part. pass. de *bouiller*.

BOUILLEAU, subst. mas. (*bouio*), gamelle, seau à soupe pour les forçats. Vieux. — Ne confondez pas ce mot avec *bouleau* que le bas peuple prononce *bouiô*, comme il prononce *ciô* pour *seau*.

BOUILLE-CHARMAY, subst. mas. (*bouiecharmè*), t. de com., étoffe de soie des Indes.

DU VERBE IRRÉGULIER BOUILLIR :

Bouillent, précédé de *ils* ou *elles*, 3e pers. plur. prés. indic.
Bouillent, précédé de *qu'ils* ou *qu'elles*, 3e pers. plur. prés. subj.

BOUILLER, v. act. (*bouié*), troubler l'eau avec la *bouille*. — Autrefois marquer les étoffes au bureau des douanes.

Bouilles, 2e pers. sing. prés. subj. du verbe irrégulier **BOUILLIR.**

BOUILLES-COTONIS, subst. mas. plur. (*bouiecotonice*), t. de com., sorte de satin des Indes.

BOUILLEUR ou **BRÛLEUR**, subst. mas., au fém. **BOUILLEUSE** ou **BRÛLEUSE** (*bouieur, brûleur, bouieuze, brûleuze*), celui ou celle qui convertit les vins en eau-de-vie.—Au mas., chaudière d'une machine à vapeur.—Au mas. plur., tuyaux de fonte qui font partie de l'appareil de la chaudière d'une machine à vapeur.

BOUILLEUSE ou **BRÛLEUSE**, subst. fém. Voy. **BOUILLEUR** ou **BRÛLEUR.**

DU VERBE IRRÉGULIER BOUILLIR :

Bouillez, 2e pers. plur. impér.
Bouillez, précédé de *vous*, 2e pers. plur. prés. indic.

BOUILLI, subst. mas. (*bouie-i*), viande cuite dans l'eau pour faire du *bouillon*. — Se dit ordinairement du bœuf : *ils ne mangent à leur dîner que la soupe et le bouilli.*

BOUILLI, E, part. pass. de *bouillir* et adj., qui a *bouilli* : *bœuf bouilli.* — *Cuir bouilli*, cuir de vache durci à force de *bouillir*, et dont on fait des tabatières, etc.

BOUILLIE, subst. fém. (*bouie-i*), mets composé de lait et de farine qu'on a fait *bouillir*, et dont on nourrit ordinairement les petits enfants. — Prov., *faire de la bouillie pour les chats*, se tourmenter beaucoup pour une chose qui n'aboutit à rien. — On dit d'une viande qu'on a fait *bouillir* trop long-temps, qu'*elle s'en va en bouillie.* — Les papetiers appellent *bouillie* la pâte liquide faite de drilles, avec laquelle ils fabriquent le papier.

DU VERBE IRRÉGULIER BOUILLIR :

Bouillez, précédé de *vous*, 2e pers. plur. imparf. indic.
Bouilliez, précédé de *que vous*, 2e pers. plur. imparf. subj.
Bouillîmes, 1re pers. plur. prét. déf.
Bouillions, précédé de *nous*, 1re pers. plur. imparf. indic.
Bouillions, précédé de *que nous*, 1re pers. plur. prés. subj.

BOUILLIR, v. neut. (*bouie-ir*) (du latin *bullire* qui a la même signification). S'élever en petites ampoules, en parlant des liquides mis en mouvement par la chaleur ou par la fermentation : *l'eau bout, elle bouillira bientôt; le vin bout dans la cuve; faire bouillir de la chaux vive en l'arrosant d'eau.* — On dit fig., d'un jeune homme ardent, que *le sang lui bout dans les veines*; d'une personne qui sent une excessive chaleur à la tête, que *la tête* ou *la cervelle lui bout; mon sang bouillait à ce spectacle; je bouillais de colère en le voyant*, j'avais peine à contenir mon indignation. — *Bouillir* se dit et de la chose qu'on fait cuire dans un liquide, et du vaisseau où on la fait cuire : *faire bouillir la viande, faire bouillir des herbes dans du vin; le pot bout.* — Fig. et prov., *cela sert à faire bouillir la marmite*, cela sert à la subsistance du ménage. — *Il n'est bon ni à rôtir ni à bouillir*, il n'est bon à rien. — *On me bout du lait*, ou *il me semble qu'on me bout du lait quand on me dit cela*, on se moque de moi, on me traite comme un enfant. On dit aussi dans un sens contraire, *bouillir du lait à quelqu'un*, lui faire plaisir. Dans ces deux dernières phrases, *bouillir* est employé activement. En tout autre cas, on doit dire *faire bouillir*, etc.

DU VERBE IRRÉGULIER BOUILLIR :

Bouillira, 3e pers. sing. fut. abs.
Bouillirai, 1re pers. sing. fut. abs.
Bouilliraient, 3e pers. plur. prés. cond.
Bouillirais, précédé de *je*, 1re pers. sing. prés. cond.
Bouillirais, précédé de *tu*, 2e pers. sing. prés. cond.
Bouillirait, 3e pers. sing. prés. cond.
Bouilliras, 2e pers. sing. fut. abs.
Bouillirent, 3e pers. plur. prét. déf.
Bouillirez, 2e pers. plur. fut. abs.
Bouilliriez, 2e pers. plur. prés. cond.
Bouillirions, 1re pers. plur. prés. cond.
Bouillirons, 1re pers. plur. fut. abs.
Bouilliront, 3e pers. plur. fut. abs.
Bouillis, précédé de *je*, 1re pers. sing. prét. déf.
Bouillis, précédé de *tu*, 2e pers. sing. prét. déf.
Bouillisse, 1re pers. sing. imparf. subj.
Bouillissent, 3e pers. plur. imparf. subj.
Bouillisses, 2e pers. sing. imparf. subj.
Bouillissiez, 2e pers. plur. imparf. subj.
Bouillissions, 1re pers. plur. imparf. subj.
Bouillit, précédé de *il* ou *elle*, 3e pers. sing. prét. déf.
Bouillît, précédé de *qu'il* ou *qu'elle*, 3e pers. sing. imparf. subj.

BOUILLITOIRE, subst. fém. (*bouie-itoare*), t. de monnaie : *donner la bouillitoire*, jeter les flans dans le bouilloir.

BOUILLOIR, subst. mas. (*bouioar*), t. de monnaie, vaisseau de cuivre dans lequel on fait *bouillir* les métaux pour les décrasser.

BOUILLOIRE, subst. fém. (*bouioare*), vaisseau de métal propre à faire *bouillir* de l'eau.

BOUILLON, subst. mas. (*bouion*) (du lat. *bulla*, dont la signification est la même), cette partie de l'eau ou de quelque autre liquide qui s'élève au-dessus de sa surface, par l'action du feu ou de quelque autre agent : *faire bouillir de l'eau à petits bouillons; ce vin bout à gros bouillons.* — *Faire jeter un ou deux bouillons*, faire bouillir pendant peu de temps. — Fig., impétuosité : *les bouillons de la colère; les bouillons de l'âge.* — Ondes que forme un liquide quand il est agité ou quand il tombe : *l'eau jaillit de cette fontaine à gros bouillons; vomir le sang à gros bouillons.* —*Bouillon d'eau*, jet d'eau très-abondant, mais peu élevé. — *Bouillon*, eau dans laquelle on a fait *bouillir* pendant long-temps de la viande ou des herbes : *bouillon de viande; bouillon de bœuf, de mouton, de veau, de poulet; bouillon gras, bouillon aux herbes.* — *Bouillon coupé*, bouillon mêlé avec de l'eau.—La quantité de bouillon contenue dans une tasse, dans un bol : *prendre un bouillon.* — *Boire un bouillon*, fig. et fam. : faire une fausse spéculation, une perte considérable. — Fig. et fam., *bouillon d'onze heures*, potion empoisonnée.— *Bouillon pointu*, clystère. — Gros plis ronds que l'on fait faire à quelques étoffes, à des rubans, pour la parure et l'ornement : *du taffetas renoué à gros bouillons.* — En t. de tireur d'or, petit trait d'or ou d'argent écaché qu'on fait avec un rouet, et qu'on tourne en rond avec une aiguille faite exprès. — En t. de maréchal, superfluité de chair qui vient aux chevaux sur la fourchette ou à côté. — En t. de boutonnier, fil d'or avec lequel on fait des épis, des ronds et autres enjolivements. — On appelle aussi *bouillon* une bulle d'air qui se trouve engagée dans le verre, dans les métaux fondus. — T. de chir., excroissance ronde et charnue qui s'élève au centre d'un ulcère.

BOUILLON-BLANC, subst. mas. (*bouionblan*), t. de bot., plante très-commune, dont les fleurs servent en médecine comme très-pectorales.

BOUILLONNANT, E, adj. (*bouionan, nante*), qui *bouillonne*.

BOUILLONNÉ, E, part. pass. de *bouillonner*.

BOUILLONNEMENT, subst. mas. (*bouioneman*), état d'un liquide qui *bouillonne*. Le *bouillonnement* a lieu lorsque l'air et des gaz quelconques se dégagent en passant à travers une masse d'eau ou un fluide; à la différence de l'*ébullition*, qui est toujours produite par un degré de chaleur supérieur à celui de la température.

BOUILLONNER, v. neut. (*bouioné*), jeter des *bouillons*; jaillir par *bouillons*. Il est moins usité en parlant de ce qui *bout* par l'action du feu, qu'en parlant des fontaines, du sang, etc. : *source, fontaine qui bouillonne; le sang bouillonnait en sortant de sa plaie*; et fig., *mon sang bouillonne de colère*, etc. Voy. **BOUILLONNEMENT.**—Au fig., faire à une robe, à une étoffe, les gros plis appelés *bouillons*. —En t. de médec., faire vivre de *bouillon* un malade.

DU VERBE IRRÉGULIER BOUILLIR :

Bouillons, 1re pers. plur. impér.
Bouillons, précédé de *nous*, 1re pers. plur. prés indic.

BOUILLON-SAUVAGE, subst. mas. (*bouionçovaje*), t. de bot., plante vivace des pays méridionaux.

BOUILLOTTE, subst. fém. (*bouiote*), espèce de jeu de brelan fort en vogue aujourd'hui, où celui qui a perdu sa cave cède sa place à un autre joueur qui la garde jusqu'à ce qu'il soit décavé à son tour. —*Bouillotte*, sorte de vase de métal couvert pour faire *bouillir* de l'eau. Voy. **BOUILLOIRE.**

BOUILLY, subst. propre mas. (*bouie-i*), village de France, chef-lieu de canton, arrond. de Troyes, dép. de l'Aube.

BOUIN, subst. mas. (*bouein*), t. de teintur., paquets d'écheveaux de soie.

BOUIS, subst. mas. (*boui*), façon donnée aux vieux chapeaux. Voy. **BUIS**, qui s'est aussi écrit *bouis*.

BOUISSE, subst. fém. (*bouice*), morceau de bois concave qui sert aux cordonniers à donner de la profondeur aux semelles des souliers, et à leur faire prendre le pli de la forme du pied.

BOUJARON, subst. mas. (*boujaron*), t. de mar., petite mesure en fer-blanc qui sert pour distribuer l'eau-de-vie, le vinaigre, etc., à l'équipage d'un vaisseau. C'est un seizième de pinte.

BOUJARON-DE-MER, subst. mas. (*boujarondemère*), t. d'hist. nat., sorte de poisson de l'île Bourbon.

BOUJON, subst. mas. (*boujon*), t. de manuf. de laines, outil à plomber.

BOUJONNÉ, E, part. pass. de *boujonner*.

BOUJONNER, v. act. (*boujoné*), t. d'arts et métiers, marquer une étoffe et la plomber.

BOUJONNEUR, subst. mas. (*boujoneur*), celui qui, dans les fabriques, plombe les étoffes.

BOUKHARIE, subst. propre fém. (*boukari*), grande contrée de l'Asie.

BOULAF, subst. mas. (*boulafe*), bâton de commandement, masse d'armes fort courte terminée par une boule, à l'usage des généraux de Pologne.

BOULAIE, subst. fém. (*boulè*), lieu planté de bouleaux. Peu usité.

BOULANGÉ, E, part. pass. de *boulanger* : *du pain bien boulangé*.

BOULANGER, subst. mas., au fém. **BOULANGÈRE** (*boulanjé, jère*) (du lat. *polentarius*, dérivé de *polenta*, farine de froment), celui, celle dont le métier est de faire et de vendre du pain.— Au fém., espèce de danse.

BOULANGER, v. act. (*boulanjé*), pétrir du pain et le faire cuire : *ce garçon, cette femme boulange bien*.

BOULANGÉRÉ, subst. fém. Voy. **BOULANGER**.

BOULANGERIE, subst. fém. (*boulanjerî*), art de faire le pain. — Commerce du boulanger. — Lieu où l'on fait le pain. — Dans les arsenaux de marine, lieu où l'on fait le biscuit. — Établissement, fonds de boulanger.

BOULAY, subst. propre mas. (*boulè*), ville de France, chef-lieu de canton, arrond. de Metz, dép. de la Moselle.

BOULBÈNE, subst. fém. (*boulebène*), t. d'hist. nat., terre, argile sablonneuse de la Provence.

BOULBOUL, subst. mas. (*boulebuoule*), t. d'hist. nat., pie-grièche d'Afrique. — Nom vulgaire de la huppe.

BOULDURE, subst. fém. (*bouledure*), fosse sous la roue des moulins à eau.

BOULE, subst. fém. (*boule*) (suivant *Ménage*, du latin *bulla*, bulle d'eau, à cause de sa forme sphérique, corps rond en tout sens. — Il se dit surtout des objets de cette forme façonnés par la main de l'homme. — Bois tourné en rond dont on se sert pour jouer aux quilles ou à la *boule*. On appelle *fort de la boule* l'endroit de la *boule* où le bois est le plus pesant. Au jeu de quilles, la *boule* est percée d'un trou pour mettre le pouce, et d'une espèce de mortaise pour les autres doigts de la main. — Chez le carrier, rouleau sur lequel on conduit les matériaux pesants. — Chez les tourneurs, bois tourné en forme ronde, qui sert à porter quelque ouvrage de tourneur et de menuisier.— On donne encore le même nom à divers instruments de lunetiers, fourbisseurs, chaudronniers, etc. — Au jeu de boule, *avoir la boule*, avoir l'avantage de jouer le premier; *aller à l'appui de la boule*, pousser avec sa boule celle du joueur avec qui on est de moitié, pour l'approcher du but; et fig. : seconder quelqu'un, appuyer son avis. — *Tenir pied à boule*, au jeu de quilles, tenir le pied à l'endroit où la boule s'est arrêtée; et fig., ne point quitter son travail, son entreprise. — Fig., *laisser rouler la boule*, s'abandonner à la Providence.— *Être rond comme une boule*, fam., être gras et replet. — *Se mettre en boule*, se ramasser, se pelotonner. — *A boule vue* ou *à la boule vue*. Voy. **BOULEVUE**. — T. de pharm., *boules de mars*, ou *boules de Nancy*, tartre chalybé, ou tartrate de potasse et de fer mis en boule : on s'en sert pour la guérison des blessures. — *Eau de boule*, liqueur tonique qu'on prépare en mettant des boules de mars dans de l'eau-de-vie.—*Boule de mercure*, mélange d'étain et de mercure. — T. d'archit., *boule d'amortissement*, corps sphérique qui termine quelques décorations. — *Boules blanches*, *boules noires*, dans la chambre des députés ou dans toute autre assemblée délibérante, *boules* qui servent à donner un vote. Les *blanches* sont pour l'approbation, les *noires* pour le rejet. — Dans les facultés de droit et de médecine, la *boule blanche* indique que l'élève a bien répondu, la *rouge*, qu'il a répondu assez bien, et la *noire*, qu'il a mal répondu, — Prov. et fig., *la boule noire lui tombe toujours*, la fortune lui est toujours contraire; les mauvais traitements tombent toujours sur lui, etc. — *Boule* se dit de certains arbrisseaux taillés en forme de boule : *Une boule de chèvrefeuille*, *une boule de myrte*. — En t. de bot., *boule-de-neige*. Voy. ce mot. — Myth., voyez **ACONCE** et **PÂRIS**.

BOULÉ, E, part. pass. de *bouler*, t. de pêche.

BOULEAU, subst. mas. (*boulô* et non pas *bouiô* comme si ce mot s'écrivait *bouilleau*), t. de bot., arbre qui croît dans les bois et les taillis, à fleurs amentacées, mâles et femelles sur le même pied. Il pousse une partie de ses branches par scions et par menus brins : *un balai de bouleau*.

BOULE-DE-NEIGE, subst. fém. (*bouledenèje*), t. de bot., espèce de viorne à fleurs blanches ramassées en boule.

BOULEDOGUE, subst. mas. (*bouledogue*) (de l'anglais *bulldog*), espèce de gros chien, dogue dont les dents sont en crochet.

BOULÉE, subst. fém. (*boulé*), t. de chandeliers, résidu du suif fondu.

BOULEJOU, subst. mas. (*boulejou*) t. de pêche, espèce de bregin que l'on emploie à Cette pour prendre des sardines.

BOULER, v. neut. (*boulé*), enfler la gorge, en parlant des pigeons. — Il se dit aussi de diverses plantes fort jeunes, lorsqu'il se forme une espèce d'ognon à leurs racines : *les grains boulent*. C'est une maladie. — *Bouler*, en t. de pêche, s'emploie act. et signifie battre avec un *bouloir* les herbiers et les crones, pour en faire sortir le poisson et le forcer à donner dans les filets. — En parlant du grain, enfler de la racine.— En parlant du pain, enfler.

BOULEREAU, subst. mas. (*boulerô*), t. d'hist. nat., espèce de goujon.

BOULESIE, subst. fém. (*boulezî*), t. de bot., sorte de plante du Pérou, de la famille des ombellifères.

BOULET, subst. mas. (*boulè*) (Voy. **BOULE** pour l'étymologie), *boule* servant à charger une pièce d'artillerie : elle est ordinairement de fer fondu. — On nomme *boulet rouge* celui qu'on a fait rougir au feu avant de le mettre dans le canon. — Fig., *tirer à boulets rouges sur quelqu'un*, parler de lui en termes injurieux; en parler mal, sans ménagement; ou : le tourmenter par des railleries.— *Boulet à deux têtes*, ou *boulet ramé*, deux moitiés de *boulet* jointes par une barre de fer ou par une chaîne, et dont on fait usage dans les combats sur mer. — On appelle *boulets creux* certaines boîtes de fer longues, renfermant des balles, de la mitraille, et de l'artifice qui s'enflamme par le moyen d'une fusée. — *Boulet messager*, *boulet* creux pour envoyer des nouvelles dans un camp. — *Boulet*, peine afflictive et infamante infligée aux militaires, et qui consiste à traîner un boulet attaché par une chaîne à l'extrémité de la jambe : *condamner au boulet*. — Fig., *traîner le boulet*, mener une vie misérable. — T. de vét., jointure au-dessus du paturon de la jambe du cheval. — Fruit d'un arbre de la Guyane.

BOULETÉ, E, adj. (*bouleté*), t. d'art vétérinaire, se dit d'un cheval chez qui le *boulet* des jambes de devant est hors de sa situation naturelle, et s'est jeté trop en avant.

BOULETTE, subst. fém. (*boulète*), petite *boule* de cire, de mie de pain, de papier, etc. : *se jeter des boulettes à la tête*. — En t. de pâtisserie et de cuisine, petite boule de pâte ou de chair hachée. — *Boule* de viande, etc., empoisonnée, qu'on jette dans les rues pour détruire les chiens errants. — Fig. et fam. : *faire des boulettes*, faire des bévues, des sottises. — En t. de bot., on a donné ce nom de *boulette* à la globulaire et à l'échinops, plantes dont la fructification est en tête.

BOULEUR, subst. mas. (*bouleur*), t. de pêche, celui qui bat l'eau avec la *bouille*. Voyez **BOULLEUR**.

BOULEUX, subst. mas. (*bouleu*), t. de manège, cheval de médiocre taille, qui n'a ni noblesse, ni grâce, ni légèreté dans l'allure, mais qui est étoffé : *ce cheval est un assez bon bouleux*, il n'est pas élégant, mais il supporte la fatigue. — Au fig. et fam. : *un bon bouleux* est un homme d'un génie médiocre, mais qui n'en fait pas moins son devoir dans l'occasion.

BOULEVART ou **BOULEVARD** (les étymologies *boule-vert* et *baluardo* justifient ces deux orthographes), subst. mas. (*boulevar*) (de l'allemand *belwerck*, ouvrage de poutres, formé de *bole* ou *bohle*, poutre, madrier, et de *werck*, ouvrage. Les Anglais disent dans le même sens *bulwark*, et les Italiens *baluardo*), rempart : avec cette différence que le *rempart* présente une fortification simple, et le *boulevart* une fortification composée, compliquée, ajoutée à une autre. au *rempart*.—On ne s'en sert plus au propre que pour désigner certaines promenades. (Corruption de *boule-vert*, formé des deux mots *boule* et *vert*, qu'on disait anciennement pour *gazon : vert à jouer à la boule*). — Il s'emploie élégamment au fig. : *Rhodes était le boulevart de la chrétienté*.

BOULEVERSÉ, E, part. pass. de *bouleverser* : *mon esprit est tout bouleversé de cet événement imprévu; j'en suis tout bouleversé; tout est bouleversé dans cette maison*.

BOULEVERSEMENT, subst. mas. (*boulevèrecemān*), renversement qui cause un désordre considérable : *le tonnerre tomba sur cette maison et y fit un bouleversement total*. — Fig. : *le bouleversement des affaires, des idées*, etc.

BOULEVERSER, v. act. (*boulevèrecé*), renverser entièrement, ruiner, abattre. — Déranger, mettre sens dessus dessous, agiter violemment. — Fig., causer un grand dérangement dans les affaires, de grands désordres dans l'état, etc. — *Bouleverser l'esprit*, y causer une très-grande altération. — **SE BOULEVERSER**, v. pron.

BOULEVUE (À LA ou À), loc. adv. (*boulevu*), vaguement, sans attention : *on a jugé cela à boulevue; faire quelque chose à la boulevue*.

BOULI, subst. mas. (*bouli*), pot à préparer le thé chez les Siamois.

BOULIC, subst. mas. (*boulike*), t. de pêche : *boulic de plage*, très-grande pêche que les Espagnols font au *boulier*, et qu'ils appellent *arte real de pesquera* : ils y emploient jusqu'à quatre-vingts hommes.

BOULICHE, subst. fém. (*bouliche*), t. de mar., grand vase de terre dont on fait usage sur les navires. — T. de pêche. Voy. **BOULIER**.

BOULIÈCHE ou **TRAHINE**, subst. fém. (*bouliièche*, *tra-ine*), t. de pêche, grand filet en forme de seine, dont on se sert sur la Méditerranée.

BOULIER, subst. mas. (*boulié*), t. de pêche, filet formé comme l'assauge de deux bras qui aboutissent à un manche.— T. d'archit., pot de terre.

BOULIGOU, subst. mas. (*bouliguou*), t. de pêche, filet à mailles fort étroites.

BOULIMIE, subst. fém. (*boulimî*) (du grec βου, particule augmentative, dérivé de βους, bœuf, et λιμος, faim), t. de médec., faim excessive accompagnée de faiblesse et de dépérissement.

BOULIN, subst. mas. (*boulein*) (du grec βωλινος, de briques, dérivé de βωλος, motte, glèbe), trou du colombier où le pigeon fait son nid.—Pot de terre fait exprès pour le même usage, ou pour attirer des pigeons étrangers. — Les charpentiers et les maçons appellent *boulins* les trous où l'on met les pièces de bois qui portent les échafauds.

BOULINE, subst. fém. (*bouline*) (en anglais *bowline*, composé de *bow*, arc, et *line*, corde), t. de mar., corde amarrée au milieu de chaque côté d'une voile carrée. Les *boulines* sont des cordes simples qui tiennent chacune à deux autres cordes plus courtes, que l'on nomme *pattes de bouline*.— *Bouline de revers*, celle des deux *boulines* qui est sous le vent et qui est larguée. — *Haler sur les boulines*, tirer sur les *boulines*, afin que le vent donne mieux dans la voile quand on veut courir près du vent. — *Vent de bouline*, vent éloigné de cinq aires de vent de celui de la route. — *Aller à la bouline*, se servir du vent qui semble contraire à la route, et le prendre de biais en mettant les voiles de côté, et en les tendant par le moyen des *boulines*. — *Aller à grosse bouline*, se servir d'un vent compris entre le vent de *bouline* et le vent largue. — *Courir la bouline* se dit d'une sorte de punition qui consiste à faire passer le coupable demi-nu entre deux haies formées par les gens de l'équipage, dont chacun lui donne un coup de garcette.

BOULINÉ, E, part. pass. de *bouliner*, v. act.

BOULINER, v. neut. (*bouliné*), t. de mar., aller à la *bouline*, prendre le vent de l'avant. — Fig., *marcher en boulinant*, d'un pas pesant, incertain. Il est vieux. — V. act., voler dans un camp. Inus.

BOULINEUR, subst. mas. (*boulineur*), soldat ou autre personne qui vole dans un camp. Inus.

BOULINGRIN, subst. mas. (*bouleinguerein*) (en anglais *bowling-green*, composé de *bowl*, boule, et *green*, gazon), tapis de verdure sur lequel on joue à la boule) pièce de gazon soigneusement entretenue, et où, en certains endroits, on joue à la boule.

BOULINGUE, subst. fém. (*bouleingue*), t. de mar., petite voile du haut du mât.

BOULINIER, subst. mas. (*boulinié*), t. de mar., se dit d'un vaisseau, selon qu'il va bien ou mal à la *bouline* : *ce vaisseau est un bon boulinier*, *va bien à boulines halées*. Vieux.

BOULLEUR, subst. mas. (*bouleur*), t. de pêche, homme qui bat l'eau et fourgonne dans les herbiers, etc., pour faire donner le poisson dans les filets.

BOULLOIRE, subst. propre fém. (*bouloar*), bourg de France, chef-lieu de canton, arrond. de Saint-Calais, dép. de la Sarthe.

BOULOGNE, subst. propre fém. (*boulognie*), ville de France, chef-lieu de canton, arrond. de Saint-Gaudens, dép. de la Haute-Garonne.

BOULOGNE-SUR-MER, subst. propre fém. (*boulognieçurmère*), ville de France, chef-lieu d'arrond., dép. du Pas-de-Calais.

BOULOIR, subst. mas. (*bouloar*), t. de pêche, voy. BOUILLE. — T. d'arts et mét., instrument qui sert à remuer la chaux lorsqu'on l'éteint. — Vase de cuivre pour dérocher l'orfèvrerie.

BOULOIS, subst. mas. (*boulod*), morceau d'amadou avec lequel on met le feu au saucisson d'une mine.

BOULON, subst. mas. (*boulon*), cheville de fer, qui a une tête à un bout et à l'autre une ouverture dans laquelle on passe une clavette : elle sert à lier et arrêter des pièces de charpente, etc. — Axe sur lequel tourne la poulie. — Cylindre de fer ou de cuivre, qui sert de noyau pour couler des tuyaux de plomb sans soudure. — En t. d'impr., *boulon* se dit de deux chevilles de fer qui traversent le sommier et le chapiteau d'une presse, et par le moyen desquelles on fait monter et descendre ce sommier. — Outil de cordonnier propre à aplatir le bout des chevilles qui dépassent en dedans le talon des bottes fortes. — On appelle *boulons d'escalier* des *boulons* qui passent à travers les limons d'un escalier, et vont se rendre dans les murs pour empêcher l'écartement des marches et leur séparation des murs. — *Boulons d'affût*, deux branches de fer qui rejoignent et assurent les flasques d'un affût.

BOULONGEON, subst. mas. (*boulonjon*), t. de papetier, grosse étoffe grise de rebut.

BOULONNÉ, E, part. pass. de *boulonner*.

BOULONNER, v. act. (*bouloné*), arrêter une pièce de charpente avec un *boulon*.

BOULONAIS, E, subst. et adj. (*boulonè, nèze*), qui est de *Boulogne*. — Il y avait autrefois la province du *Boulonais*.

BOULU, E, adj. (*boulu*), t. de province, que le petit peuple emploie improprement pour *bouilli, e*, disant, par exemple, *châtaigne boulue*, pour *châtaigne bouillie*.

BOUNITE, subst. masc. (*bounite*), sectaire mahométan.

BOUQUE, subst. fém. (*bouke*), t. de mar., passage étroit; d'où vient *emboucquer* et *débouquer*. — En t. de pêche, goulet qui sépare les chambres des bourdigues. — Fig. et fam., adj. fém., chagrin, triste. Vieux.

BOUQUÉ, E, part. pass. de *bouquer*.

BOUQUER, v. neut. (*bouké*), se disait au propre d'un singe ou d'un enfant qu'on force à baiser quelque chose qu'on lui présente. — Au fig. et fam., céder à la force, être contraint de faire quelque acte de soumission. Il s'employait ordinairement avec le verbe *faire* : *je le ferai bouquer*. Inus. — *Bouquer*, gronder, être de mauvaise humeur. Vieux.

BOUQUET, subst. mas. (*bouké*) (de l'italien *boschetto*, diminutif de *bosco*, bois; *petit bois; petit bosquet*. On disait autrefois *boquet*), assemblage de fleurs liées ensemble. — On le dit par extension, en parlant de plusieurs choses liées ensemble ou qui se tiennent naturellement : *bouquet de plumes, de diamants, de perles; bouquet de cerises*, etc. — On doit écrire : 1° *des bouquets de jasmin*, 2° *un bouquet de roses*, 3° *des bouquets de fleur d'oranger*, 4° *un bouquet de fleurs*, parce que l'on parle 1° de plusieurs *bouquets*, mais composés d'une seule espèce de fleur qui est le *jasmin*; 2° d'un seul *bouquet*, mais qui peut être mélangé de deux ou trois sortes de *roses*; 3° de plusieurs *bouquets*, mais n'ayant qu'une seule fleur, celle d'*oranger*; 4° d'un seul *bouquet*, mais réunissant *des fleurs*. — Fig., petite pièce de vers adressée à une personne le jour de sa fête, etc. — Il signifie aussi quelquefois cadeau de fête : *je lui ai donné une robe pour bouquet*. — En t. de doreur sur cuir, fer pour poser le *bouquet* dont on enjolive le dos d'un livre qu'on relie. Cette petite figure se nomme aussi *bouquet*. — *Bouquet de paille*, paille que l'on met à la queue et à la crinière des chevaux qui sont à vendre. — On dit prov. et fig., d'une fille à marier, qu'*elle a le bouquet sur l'oreille*. — *Bouquet de bois*, petite touffe de bois de haute futaie. — Fam., *avoir la barbe par bouquets*, par petites touffes. — En t. d'artificier, on appelle *bouquet d'artifice*, *bouquet de fusées*, un paquet de différentes pièces d'artifice qui partent ensemble. La gerbe de fusées ou girandole qui termine un feu d'artifice s'appelle absolument le *bouquet*. — *Réserver une chose pour le bouquet*, la garder pour la fin comme ce qu'il y a de mieux. — Les plumassiers appellent *bouquet de Phaéton* un faisceau de plumes d'autruche garni d'or, d'argent ou d'autre métal, et dont on orne les têtes de chevaux pour quelque cérémonie pompeuse. — Les imprimeurs disent qu'*une feuille imprimée est venue par bouquets*, quand l'encre y est distribuée inégalement, et paraît plus dans certains endroits que dans d'autres. — En t. de rivière et de charpentiers, on appelle *bouquets* deux pièces de bois d'un bateau qui servent à lier les côtés avec les deux courbes de devant. — On dit du vin qu'*il a un bouquet agréable*, lorsqu'il exhale un parfum agréable. — *Bouquet*, en t. de cuisine, se dit d'un paquet de fines herbes, comme lavande, thym, persil, etc., qu'on met liées ensemble dans les sauces et les bouillons pour leur donner du haut goût. — T. de médec. vétér., gale qui affecte le museau des brebis, et qu'on appelle *noir-museau*.

BOUQUETIER, subst. mas. (*boukelié*), ouvrier qui fait et vend des *bouquets* de fleurs artificielles. — C'est aussi un vase propre à mettre des fleurs.

BOUQUETIÈRE, subst. fém. (*bouketière*), celle qui fait et vend des *bouquets* de fleurs naturelles. Celle qui vend des fleurs artificielles s'appelle *fleuriste*.

BOUQUETIN, subst. mas. (*bouketein*), t. d'hist. nat., *bouc* sauvage, qui vit sur les hautes montagnes de l'Europe et de l'Asie.

BOUQUETINE, subst. fém. (*bouketine*), t. de bot. On appelle ainsi le *boucage* dans le midi de la France.

BOUQUETOUT, subst. mas. (*bouketou*), t. de pêche, sorte de filet; petit bouteux.

BOUQUETTE, subst. fém. (*boukète*), petite bouche. Peu usité.

BOUQUIN, subst. mas. (*boukein*) (de l'allemand *buck*, livre, dont les Anglais ont fait *book* et les Flamands *bock*, dans la même signification), vieux livre dont on fait peu de cas. — *Bouquin* (de *bouc*), vieux bouc : *sentir le bouquin*. — Fig., *vieux bouquin*, vieux débauché. — Le mâle des lièvres et des lapins. — *Cornet à bouquin*, instrument à vent qui n'est plus en usage que chez les pâtres de quelques cantons. Il a été remplacé dans les orchestres par le hautbois.

BOUQUINER, v. neut. (*boukiné*), chercher chez les libraires ou lire de vieux livres, de vieux *bouquins*. — Couvrir sa femelle, en parlant du lièvre.

BOUQUINERIE, subst. fém. (*boukinerí*), amas, commerce de vieux livres. Peu usité.

BOUQUINEUR, subst. mas., au fém. BOUQUINEUSE (*boukineur, neuze*), celui ou celle qui cherche de vieux livres.

BOUQUINEUSE, subst. fém. Voy. BOUQUINEUR.

BOUQUINISTE, subst. des deux genres (*boukinicete*), celui ou celle qui fait commerce de vieux livres. — Celui qui les achète.

BOUR ou **BOURMIO**, subst. mas. (*bour, bourmio*), t. de comm., sorte de soie de Perse.

BOURA, subst. fém. (*boura*), t. de comm., étoffe en soie et en laine.

BOURACAN, subst. mas. (*bourakan*), t. de comm., étoffe non croisée, qui est une espèce de camelot d'un grain beaucoup plus gros que celui du camelot ordinaire.

BOURACANIER, subst. mas. (*bourakanié*), ouvrier qui fabrique le *bouracan*.

BOURACHE, BOURAGNE, BOURAQUE, subst. fém. (*bourache, bouragnie, bourake*), t. de pêche, nasse d'acier faite en forme de souricière.

BOURAGINÉES, subst. fém. (*bourajiné*). Voy. BORRAGINÉES.

BOURAGNE. Voy. BOURACHE.

BOURAMI, subst. mas. (*bourami*), t. de bot., plante de la famille des grimpeurs d'arbre.

BOURAQUE. Voy. BOURACHE.

BOURASAHA, subst. mas. (*bourazaa*), t. de bot., arbuste grimpant de Madagascar, de la famille des ménispermes.

BOURASSEAU, subst. mas., mieux BORASSEAU. Voy. ce mot.

BOURBE, subst. fém. (*bourbe*) (du grec βόρϐορος, boue, limon), terre fangeuse; eau croupie au fond des étangs et des marais. — T. de médec., pus épaissi.

BOURBELIER, subst. mas. (*bourbelié*), t. de chasse, poitrine de sanglier.

BOURBEUSE, subst. fém. (*bourbeuze*), t. d'hist. nat., nom spécifique d'une tortue. — Adj. fém. Voy. BOURBEUX.

BOURBEUX, adj. mas., au fém. BOURBEUSE (*bourbeû, beuze*), plein de *bourbe* : *eau bourbeuse; étang bourbeux*.

BOURBIER, subst. mas. (*bourbié*), endroit creux plein de *bourbe*. On dit fig., *le bourbier du vice*, etc.; et, en t. de dévotion : *être plongé dans le bourbier du péché, de l'iniquité*. — On dit d'un homme qui s'est engagé dans une mauvaise affaire, qu'*il s'est mis dans le bourbier*.

BOURBILLON, subst. mas. (*bourbiion*), t. de médec., pus blanchâtre et filamenteux formé d'une portion de tissu cellulaire gangrené, qui se trouve au centre d'une plaie, d'un apostème, d'un clou, d'un javart.

BOURBON, subst. propre mas. (*bourbon*), île de l'Océan indien, et colonie française. Son commerce est considérable. — T. de salines, pièce qui soutient les poêles.

BOURBONAIS, subst. propre mas. (*bourboné*), ancienne province de France, qui est comprise aujourd'hui dans le dép. de l'Allier.

BOURBONAISE, subst. fém. (*bourbonèze*), t. de bot., variété double et rouge de la lychnide dioïque. — Sorte de danse grotesque.

BOURBONIEN, subst. et adj. mas., au fém. BOURBONIENNE (*bourbonieín, niène*), qui est de la race des *Bourbons* de France; ou qui y a rapport.

BOURBONISTE, adj. et subst. des deux genres (*bourbonicete*), se dit d'un partisan des *Bourbons*.

BOURBON-LANCY, subst. propre mas. (*bourbonlanci*), bourg de France, chef-lieu de canton, arrond. de Charolles, dép. de Saône-et-Loire. — Ses eaux minérales sont renommées.

BOURBON-L'ARCHAMBAULT, subst. propre mas. (*bourbonlarchanbo*), ville de France, chef-lieu de canton, arrond. de Moulins, dép. de l'Allier. — Ses eaux minérales sont ferrugineuses.

BOURBONNE-LES-BAINS, subst. propre fém. (*bourbonelébein*), ville de France, chef-lieu de canton, arrond. de Langres, dép. de la Haute-Marne. — Ses eaux thermales sont renommées.

BOURBON-VENDÉE, subst. propre mas. (*bourbonvandé*), ville de France, chef-lieu du dép. de la Vendée. — Cette ville a été augmentée et embellie par Napoléon.

BOURBOS, subst. mas. plur. (*bourboce*), anciennes pièces de monnaie à Tunis.

BOURBOTTE ou **BARBOTTE**, subst. fém. (*bourbote, barbote*), t. d'hist. nat., espèce de poisson du genre de l'anguille.

BOURBOUIL, subst. mas. (*bourbouie*), ampoule causée, dans les Indes, par la piqûre d'une espèce de cousin.

BOURBOURG, subst. propre mas. (*bourbour*), ville de France, chef-lieu de canton, arrond. de Dunkerque, dép. du Nord.

BOURBRIAC, subst. propre mas. (*bourbriak*), village de France, chef-lieu de canton, arrond. de Guingamp, dép. des Côtes-du-Nord.

BOURCÉ, E, part. pass. de *bourcer*.

BOURCER, v. act. (*bourcé*), t. de mar. : *bourcer une voile*, la mettre sur ses cargues seulement.

BOURCET, subst. mas. (*bourcé*), t. de mar., nom du mât de misaine et de sa voile.

BOURCETTE, subst. fém. (*bourcète*), t. de bot., plante que l'on mange en salade. — On la nomme aussi mâche.

BOURDAIGNE, subst. fém. (*bourdègnie*), t. de bot., espèce de pastel bâtard.

BOURDAIN, subst. mas. (*bourdein*), t. de jard., sorte de pêche.

BOURDAINE, subst. fém. (*bourdène*). Voy. BOURGÈNE.

BOURDALISER, v. neut. (*bourdalizé*), imiter le style de *Bourdaloue*. Vieux.

BOURDALOU, subst. mas. (*bourdalou*), sorte de pot de chambre oblong. — Tresse qui s'attache avec une boucle autour du chapeau.

BOURDALOUE, subst. fém. (*bourdalou*), étoffe ainsi nommée du célèbre prédicateur *Bourdaloue*. — Espèce de linge ouvré qui se fabrique en Basse-Normandie.

BOURDE, subst. fém. (*bourde*), vieux mot qui autrefois signifiait mensonge, fausseté. — On l'emploie familièrement pour défaite, mensonge tendant à excuser une faute. — Fausse nouvelle débitée dans le dessein de plaisanter. — En t. de mar., voile qu'on met dans les galères quand le temps est tempéré.

BOURDEAUX, subst. propre mas. (*bourdô*),

bourg de France, chef-lieu de canton, arrond. de Die, dép. de la Drôme.

BOURDELAGE, subst. mas. (*bourdelaje*), droit seigneurial. Voy. BORDELAGE.

BOURDELAI, subst. mas. (*bourdelé*), t. de jard., gros raisin de treille.

BOURDELAS, subst. mas. (*bourdela*), t. de jard., gros raisin dont on fait du verjus.

BOURDELIER, subst. mas. (*bourdelié*), t. d'anc. jurisp., celui à qui était dû le droit de *bourdelage*. (*Boiste*.)

BOURDER, v. neut. (*bourdé*), mentir, se moquer, dire des *bourdes*, des sornettes. Pop. et vieux. — Rester court en chaire. Inus.

BOURDEUR, subst. et adj. mas., au fém. BOURDEUSE (*bourdeur, deuze*), se dit d'un menteur, d'une personne qui conte des *bourdes*. Peu usité.

BOURDEUSE, subst. et adj. fém. Voy. BOURDEUR.

BOURDIGUE ou **BORDIGUE**, subst. mas. (*bourdigue, bordigue*), t. de pêche, grand gord construit dans les canaux qui communiquent des étangs à la mer, pour prendre le poisson qui veut regagner la haute-mer.

BOURDILLON, subst. mas. (*bourdiion*), t. de tonnelier, bois de chêne refendu dont on fait des futailles. On dit aussi MERRAIN.

BOURDIN, subst. mas. (*bourdein*), t. d'hist. nat., nom vulgaire d'une coquille du genre haliotide. — T. de jardinier, pêche ronde et colorée, qui mûrit en septembre.

BOURDINE, subst. fém. (*bourdine*), soupe à l'ail et au beurre.

BOURDON, subst. mas. (*bourdon*), t. d'hist. nat., grosse mouche ressemblant à l'abeille, qui, avec sa trompe, fait un bruit continuel et monotone. — Abeille mâle. — En t. de mus., basse continue qui résonne toujours sur le même ton, dans la musette, la cornemuse, la vielle, etc.; corde qui donne ce ton. — *Bourdon d'orgue*, jeu d'orgue dont les tuyaux sont plus longs et plus gros, et qui fait la basse. —*Faux-bourdon*, pièce de musique dont toutes les parties se chantent note contre note, comme le plain-chant des églises.—Grosse cloche: *le bourdon de Notre-Dame de Paris*. — *Bourdon*, long bâton surmonté d'une pomme, que les pèlerins portent en voyage. — On dit fig. : *planter le bourdon quelque part*, pour : s'y établir. — En t. d'impr., faute que commet un compositeur lorsqu'il omet un ou plusieurs mots. — Grosse lance creuse dont se servaient nos anciens chevaliers dans les tournois. — En t. de pêche, bâton qu'on ajuste au bout des seines, pour tenir le filet.—T. d'épinglier, fil tourné sur un autre.

BOURDONNASSE, subst. fém. (*bourdonace*), grosse lance creusée pour les tournois. — Bâton de pèlerin.

BOURDONNÉ, E, adj. (*bourdoné*), se dit, dans le blason, des croix garnies aux extrémités de pommes ou bâtons semblables à ceux des pèlerins. — Papier *bourdonné*, ridé.

BOURDONNEMENT, subst. mas. (*bourdoneman*), bruit que produisent en volant les bourdons, les mouches et beaucoup d'autres insectes, ainsi que quelques petits oiseaux. — Bruit sourd et confus. — *Bourdonnement d'oreilles*, bruit sourd que l'on entend continuellement dans l'oreille par suite d'une indisposition.

BOURDONNER, v. neut. (*bourdoné*), bruire, faire un certain bruit confus naturel aux *bourdons* et autres mouches. — Il se dit fig. du bruit sourd et confus produit par la voix de plusieurs personnes réunies.—V. act., chanter à voix basse, entre ses dents. — Fig., faire entendre des discours importuns.

BOURDONNET, subst. mas. (*bourdoné*), t. de chir., petit rouleau de charpie avec lequel on tamponne une plaie.

BOURDONNEUR, subst. mas. (*bourdoneur*), t. d'hist. nat., nom donné aux oiseaux mouches et aux colibris, à cause du bruit qu'ils font en volant.

BOURDONNIER, subst. mas. (*bourdonié*). On désignait autrefois par ce mot un pèlerin, parce qu'il portait un *bourdon*. — En t. d'impr., ouvrier qui fait souvent des *bourdons*. — En t. d'arts mécaniques, support de la poutre d'un moulin. — En t. de menuisier, arrondissement du haut du chardonnet. — En t. de serrurier, penture dans un gond renversé. — On dit au fém. *bourdonnière*, dans les trois dernières acceptions.

BOURDONNIÈRE, subst. fém. Voy. BOURDONNIER.

BOURDONNORO, subst. mas. (*bourdonoro*), t. de pêche, première chambre de la bourdigue.

BOURÈCHE, subst. fém. (*bourèche*), t. de mar., sorte de bourlet qu'on fait sur les cordages de distance en distance.

BOURG, subst. mas. (*bour* et *bourk* devant une voyelle) (du lat. *burgus*, fait du grec πυργος, ou en dialecte macédonien βυργος, une tour; parce que les *bourgs* étaient autrefois munis de tours comme les villes fortifiées. Suivant *Wachter*, *bourg* vient du verbe teutonique *bergen*, mettre à couvert, fortifier), village considérable à marchés. — Gros village muré. — Fort de la frontière. — Subst. propre mas., ville de France, chef-lieu du dép. de l'Ain. C'est la patrie de Lalande et de plusieurs hommes célèbres. — Chef-lieu de canton, arrond. de Blaye, dép. de la Gironde.— *Le Bourg*, village de France, chef-lieu de canton, arrond. de Moissac, dép. de Tarn-et-Garonne.

BOURGADE, subst. fém. (*bourguade*), petit *bourg*. — Village dont les maisons sont disséminées sur un grand espace : *une bourgade de tant de maisons, de tant de feux*.

BOURGANEUF, subst. propre mas. (*bourguaneufe*), ville de France, chef-lieu d'arrond., dép. de la Creuse.

BOURG-ARGENTAL, subst. propre mas. (*bourkarjantal*), bourg de France, chef-lieu de canton, arrond. de Saint-Etienne, dép. de la Loire.

BOURG-DE-VIZA, subst. propre mas. (*bourdeviza*), bourg de France, chef-lieu de canton, arrond. de Moissac, dép. de Tarn-et-Garonne.

BOURG-D'OYSANS, subst. propre mas. (*bourdoèzan*), bourg de France, chef-lieu de canton, arrond. de Grenoble, dép. de l'Isère.

BOURG-DU-PÉAGE (LE), subst. propre mas. (*le-bourdupéaje*), bourg de France, chef-lieu de canton, arrond. de Valence, dép. de la Drôme.

BOURGÈNE, BOURDAINE, subst. fém. (*bourjène, bourdène*), t. de bot., arbrisseau de l'Europe tempérée, du genre du nerprun. On dit aussi *aune noir*. — *Bourgène blanche*, espèce de viorne.

BOURGEOIS, subst. mas.; au fém. BOURGEOISE (*bourjoâ, jodze*) (de *bourg*, autrefois synonyme de ville), citoyen, habitant d'une ville qui y exerce une profession, qui y vit de son bien ou de son industrie, et y jouit de certains privilèges. — Autrefois il s'employait collectivement pour désigner tout le corps des citoyens d'une ville : *le Bourgeois est mécontent, il murmure*.— *Bourgeois* se dit par opposition à noble, à militaire : *le bourgeois gentilhomme*, le bourgeois qui s'est fait *gentilhomme*, titre d'une pièce de Molière ; *les militaires sont souvent en querelle avec les bourgeois*. — *Bourgeois* diffère de *roturier*, en ce qu'il emporte une idée d'aisance chez celui que l'on désigne ainsi. Aujourd'hui, par suite de l'extinction des privilèges, le nom de *bourgeois*, pris dans cette dernière acception, se perd de plus en plus dans l'usage. Il devient à son tour, dans la bouche de certains partis, le terme désignant une aristocratie nouvelle qui, comme la noblesse autrefois, accapare les privilèges. — Parmi les ouvriers, le *bourgeois* est celui qui les fait travailler, soit momentanément, soit habituellement : *j'ai travaillé tant de jours pour le bourgeois; je viens de me brouiller avec le bourgeois*; et pop., on entend par *bourgeois* et *bourgeoise* le maître et la maîtresse de maison. — *Bourgeois*, en t. de mar., propriétaire d'un navire. On appelle *cobourgeois* plusieurs marchands qui s'unissent pour faire l'acquisition d'un navire. — *Bourgeois* se dit quelquefois par dénigrement, pour signifier des gens qui n'ont pas les manières, le ton, les mœurs des personnes de la cour, ou de ce qu'on appelle communément le beau monde : *sa société n'est composée que de bourgeois, que de petits bourgeois*. — Sorte de raisin.

BOURGEOIS, E, adj. (*bourjoâ, jodze*), se dit dans plusieurs acceptions différentes : *un ordinaire bourgeois*, un ordinaire bon et simple.—*Du vin bourgeois*, du vin non frelaté et qu'on a dans sa cave. — *Maison bourgeoise*, se dit par opposition à hôtel garni. — *Habit bourgeois*, se dit par opposition à uniforme militaire, costume de magistrat, etc. — *Comédie bourgeoise*, représentation donnée par des personnes qui ne jouent que pour leur agrément, et où le public n'est point admis. — *Garde bourgeoise*. Voy. GARDE. — *Avoir l'air bourgeois, la mine bourgeoise*, etc., avoir des manières communes.

BOURGEOISE, subst. fém. (*bourjoaze*), femme de *bourgeois*. Voy. BOURGEOIS, subst. — La maîtresse d'une maison. Pop. — T. de bot., tulipe d'un rouge vif, tirant sur l'orangé et le blanc. — Sous le règne de *Philippe-le-Bel*, on donna cours à une monnaie nommée *bourgeoise*.

BOURGEOISEMENT, adv. (*bourjoazeman*), d'une manière *bourgeoise* : *vivre bourgeoisement*.

BOURGEOISIE, subst. fém. (*bourjoazi*), le corps des *bourgeois*, qui comprend les négociants, artisans aisés, marchands, artistes, gens de lois, de finance, rentiers. — La qualité de *bourgeois*. Voy. BOURGEOIS.

BOURGEON, subst. mas. (*bourjon*) (suivant *Ménage*, du latin barbare *burrio*, fait de *burra*, qui, dans la basse latinité, signifiait *bourre*, parce que les *bourgeons* des plantes sont ordinairement un peu velus. On écrivait autrefois *bourjon*), en t. de bot., bouton qui pousse aux arbres et d'où il sort ensuite des branches, des feuilles ou des fruits. — Les cultivateurs appellent *œil* le *bourgeon* quand il commence à paraître; *bouton*, l'*œil* plus formé, enfin *bourgeon*, le bouton développé. *Bourgeon* et *bouton* sont synonymes en bot. — On appelle *faux bourgeon* celui qui ne sort pas directement du bouton, mais de l'écorce. — Le nouveau jet de la vigne s'appelle *bourgeon* lorsqu'il est déjà en scion. — Élevure ou bube qui vient au visage. — *Bourgeons* ou *escouailles*, laines fines qui s'échappent ou s'allongent par brins et en différents endroits.

BOURGEONNÉ, E, part. pass. de *bourgeonner*, et adj. (*bourjoné*), qui a des *bourgeons*. (voy. ce mot) : *visage, front, nez bourgeonné*. On dit également en parlant de la personne même : *il est tout bourgeonné; elle est horriblement bourgeonnée*.

BOURGEONNER, v. neut. (*bourjoné*), jeter, pousser des *bourgeons* en parlant des arbres. — *Le front lui bourgeonne*, il a des boutons au visage. — *se* BOURGEONNER, v. pron.

BOURGEONNIER, subst. mas. (*bourjonié*), t. d'hist. nat., nom vulgaire du bouvreuil.

BOURG-ÉPINE, subst. mas. (*bourképine*), t. de bot., plante de la famille des nerpruns.

BOURGES, subst. propre fém. (*bourje*), ville de France, chef-lieu du dép. du Cher.—Sa cathédrale est remarquable. C'est la patrie de Louis XI et de Bourdaloue.

BOURGETEUR, subst. mas. (*bourjeteur*), nom de certains ouvriers en laine.

BOURGIE, subst. fém. (*bourji*), t. de bot., plante de la famille des borraginées.

BOURGIN ou **BURGIN**, subst. mas. (*bourjein, burjein*), t. de pêche, espèce de petit boulier.

BOURGMESTRE, subst. mas. (*bourguemècetre*) (de l'allemand *bürger meister*, composé de *bürger*, bourgeois, et *mester*, maître), premier magistrat de quelques villes de Belgique, d'Allemagne, de Suisse, etc. — Quelques-uns écrivent *bourguemestre*.

BOURGNE, subst. fém., **BOURGNON**, subst. mas. (*bourgnie, bourgnion*), t. de pêche, nasse qu'on met à l'extrémité des parcs ouverts.

BOURGNEUF-EN-RETZ, subst. propre mas. (*bourneufanré*), petite ville maritime de France, chef-lieu de canton, arrond. de Paimbœuf, dép. de la Loire-Inférieure.

BOURGOGNE, subst. propre fém. (*bourguognie*), ancienne province de France, qui est comprise aujourd'hui dans les dép. de la Côte-d'Or, de l'Yonne et de Saône-et-Loire. — Le vin que l'on récolte dans cette province porte son nom; et dans ce sens elliptique, *bourgogne* est mas. : *combien vaut le bourgogne?* c'est-à-dire, *le vin de Bourgogne*. — Village de France, chef-lieu de canton, arrond. de Pont-Audemer, dép. de l'Eure. — Sainfoin. — Sachet pour mettre le foin à la muselière.

BOURG-SAINT-ANDÉOL, subst. propre mas. (*bourceintandéol*), bourg de France, chef-lieu de canton, arrond. de Privas, dép. de l'Ardèche.

BOURGUEBUS, subst. propre mas. (*bourguebuce*), village de France, chef-lieu de canton, arrond. de Caen, dép. du Calvados.

BOURGUEIL, subst. propre mas. (*bourgueu-ie*), village de France, chef-lieu de canton, arrond. de Chinon, dép. d'Indre-et-Loire.

BOURGUIÈRE ou **BURGUIÈRE**, subst. fém. (*bourguière; burguière*), t. de pêche, filet en simple nasse, à petites mailles, et servant aux pêcheurs de la Méditerranée.

BOURGUIGNON, adj. et subst. mas., au fém. BOURGUIGNONNE (*bourguignion, gnione*), qui est de *Bourgogne*. — En t. de mar., les glaces séparées que l'on rencontre en mer. — Raisin de la race des morillons, qu'on appelle aussi *boucares, damas, grosse serine*, etc.

BOURGUIGNONNE, subst. fém. (*bourguignione*) Voy. BOURGUIGNON.

BOURGUIGNOTTE, subst. fém. (*bourguigniote*), ancienne armure, casque de fer. — Bonnet garni en dedans de plusieurs tours de mèche, propre à parer les coups de sabre. Il fut inventé par les *Bourguignons*.

BOURI, subst. mas. (*bouri*), t. de mar., bateau de charge au Bengale, d'une forme singulière et peu propre à la navigation. — En t. d'hist. nat., nom donné au muge.

BOURIER, subst. mas. (*bourié*), petite paille, fétu, ordure. Ce mot ne se dit que dans certains départements : *avoir un bourier dans les yeux*, n'y voir plus clair.

BOURJASSOTTE, subst. fém. (*bourjaçote*), t. de jard., figue d'un violet obscur.

BOURLET ou **BOURRELET**, subst. mas. (*bourlé*), espèce de coussin rempli de bourre ou de crin, auquel on donne différentes formes suivant l'usage qu'on en veut faire. Ceux qui sont destinés à s'asseoir sont ronds et vides par le milieu : *un bourlet de chaise percée*. Il en est de même de ceux qu'on met sur la tête pour porter des fardeaux. — Les *bourlets* de portes et de fenêtres sont en forme de gaines longues et étroites, et s'adaptent aux fentes par où le froid ou l'humidité pourrait pénétrer. — *Bourlet d'enfant*, espèce de bandeau rembourré dont on entoure la tête des enfants pour les empêcher de se blesser en tombant. — Rond d'étoffe au haut du chaperon, que portent sur l'épaule certains magistrats, les docteurs, les licenciés, etc. — T. de méd., enflure qui survient autour des reins d'un hydropique. — T. de bot., renflement circulaire, soit naturel, soit accidentel, à la tige ou aux rameaux. — En t. de mar., gros entrelacement de cordes et de tresses qu'on met autour des mâts, pour tenir la vergue dans un combat. — En t. d'artillerie, c'est dans le canon la partie du métal arrondie qui règne autour de la bouche.

BOURLEUR, subst. mas., au fém. **BOURLEUSE** (*bourleur, leuze*) (de l'italien *burlare*, tromper), enjôleur, séducteur. Inus.

BOURLEUSE, subst. fém. Voy. BOURLEUR.

BOURLINGUER, v. neut. (*bourleingué*), t. de mar., fatiguer à la manœuvre.

BOURLOTTE, subst. fém. (*bourlote*), t. de comm., soie inférieure de Perse. — En t. d'hist. nat., ver blanc qui sert à amorcer le poisson.

BOURME, subst. fém. (*bourme*), t. d'hist. nat., ver blanc pour amorcer.

BOURMIO. Voy. BOUR.

BOURMONT, subst. propre mas. (*bourmon*), village de France, chef-lieu de canton, arrond. de Chaumont, dép. de la Haute-Marne.

BOURNONITE, subst. mas. (*bournonite*), t. d'hist. nat., minéral composé d'alumine et de silice (du comte de *Bournon*, qui en a fait la découverte.

BOURNOUS, subst. masc. Voy. BORNOUS.

BOURRACHE, subst. fém. (*bourache*), t. de bot., plante dont on se sert en médecine. : *la tisane de bourrache est très-pectorale*. — *Petite bourrache* ou *herbe au nombril*, plante du genre des borraginées. On l'appelle aussi *cynoglosse ombilic*.

BOURRA-COURRA, subst. mas. (*bourakoura*), t. de bot., bois de la Guiane hollandaise, d'un rouge cramoisi très-vif, et tacheté de mouches noires irrégulières, ce qui l'a fait appeler aussi *bois-de-lettres*.

BOURRADE, subst. fém. (*bourade*), t. de chasse, atteinte que les chiens donnent au lièvre, quand ils n'attrapent qu'un peu de sa *bourre*. — Coup donné à quelqu'un avec la crosse d'un fusil.—Fig. et fam., attaque ou repartie brusque dans une dispute, etc. Il est vieux dans cette acception.

BOURRAGE, subst. mas. (*bouraje*), matières avec lesquelles on remplit quelque chose avec effort.

BOURRAGINÉES, subst. fém. plur. (*bourajiné*). Voy. BORRAGINÉES.

BOURRAS, subst. mas. (*bourace*) (de *bourre*). Voy. BURE.

BOURRASQUE, subst. fém. (*bouraceke*) (de l'italien *borrasca*, dont la signification est la même), tourbillon de vent impétueux et de peu de durée. — Au fig., accident imprévu ; persécution violente, mais passagère ; redoublement subit de quelque mal : *une bourrasque de fièvre*. — Caprice d'un homme dur, bizarre, etc.

BOURRASQUEUSE, adj. fém. Voyez BOURRASQUEUX.

BOURRASQUEUX, adj. mas., au fém. **BOURRASQUEUSE** (*bouracekeu, keuze*) : *saison bourrasqueuse*, sujette aux *bourrasques*.

BOURRE, subst. fém. (*boure*) (du lat. *burra*, mot de la basse latinité, et qu'on trouve seulement dans *Ausone*), poil de bœuf, de vache, de cheval et d'autres animaux à poils ras, que le tanneur vend aux bourreliers. — Vieux tan qui est resté sur la peau du mouton au sortir de la tannerie. — En t. de teint., drogue colorante faite avec du poil de chèvre très-court qui a bouilli dans de la garance. — En t. de fleuriste, la graine des anémones. — En t. de jardinier, bourgeon. — Ce qu'on met dans les armes à feu pour retenir la poudre et le plomb dont on les charge. — Fig. et fam., chose inutile et de remplissage dans un livre, etc. — *Bourre-lanice*, ou *bourre de laine*, la partie la plus grossière de la laine. — *Bourre tontisse*, la laine qui tombe des draps que l'on tond. — *Bourre de soie*, la partie la plus grossière de la soie lorsqu'elle a été dévidée. On en fait une étoffe. — *Blanc de bourre*, enduit formé de terre et recouvert de chaux mêlée de bourre.

BOURRÉ, E, part. pass. de *bourrer*, et adj. : *arbre bien bourré*, bien préparé pour donner du fruit.

BOURREAU, subst. mas. (*bouró*) (suivant *Huet*, de l'ancien mot français *boyereau*, diminutif de *boye* qui s'est dit pour *bourreau*, et qui s'est conservé dans l'italien *boya*, dérivé du vieux français *boyard*, fort), exécuteur de la haute-justice, des arrêts rendus en matière criminelle. — Au fig., homme cruel, inhumain, qui se plaît à tourmenter les autres, etc. — Il s'emploie comme terme de reproche, dans un mouvement d'impatience : *réponds donc, bourreau !* — On dit fig. d'un prodigue, d'un dissipateur, que c'est *un vrai bourreau d'argent* ; et d'un homme qui se fait payer d'avance, qu'*il se fait payer en bourreau* ; on dit aussi *que le remords est un cruel bourreau*. *Être le bourreau de soi-même*, ne pas ménager sa santé. — *Valet de bourreau*, homme qui aide le bourreau dans les exécutions.— Prov., *il est insolent comme un valet de bourreau*, insolent au suprême degré. — Suivant la loi pénale actuelle, on ne dit plus *le bourreau et ses valets*, mais *l'exécuteur et ses aides*.— Dans les salines, sac garni de paille, que l'ouvrier met sur son épaule lorsqu'il porte un panier de sel. — *Bourreau des arbres*. Voy. ce mot.

BOURREAU-DES-ARBRES, subst. mas. (*bourodézarbre*), t. de bot., nom du célastre grimpant, qui serre tellement le tronc et les branches des arbres contre lesquels il s'appuie, qu'il les fait périr.

BOURRE-DE-MARSEILLE, subst. fém. (*bouredemarcèie*), t. de comm., étoffe dont la chaîne est toute de soie et la trame de *bourre* de soie.

BOURRÉE, subst. fém. (*bouré*), fagot de menues branches. — Prov., *fagot cherche bourrée*, qui se ressemble s'assemble. — *Bourrée*, sorte de danse gaie, ainsi que l'air qui lui est propre : *danser une bourrée ; jouer une bourrée*. On croit que cette danse vient d'Auvergne, où elle est toujours fort en usage.

BOURRELÉ, E, part. pass. de *bourreler*, et adj., agité, tourmenté de remords : *conscience bourrelée*.

BOURRELER, v. act. (*bourelé*) (du français bourreau), tourmenter. Il ne s'emploie qu'au figuré : *la conscience bourrelle les méchants*.

BOURRELERIE. Voy. BOURRELLERIE.

BOURRELET. Voy. BOURLET.

BOURRELIER, subst. mas., au fém. **BOURRELIÈRE** (*bourelié, lière*) (du français *bourre*, parce que les harnais en sont communément garnis), artisan qui fait les harnais des bêtes de somme, et tous ceux des chevaux de carrosse, de charrette et de charrue.

BOURRELLE, subst. fém. (*bourèle*), femme du *bourreau*. — Fig. et pop., mère qui maltraite ses enfants : *c'est une véritable bourrelle*. Vieux.

BOURRELLEMENT, subst. mas. (*bourèleman*), état d'une âme *bourrelée* de remords.

BOURRELLERIE, subst. fém. (*bourèlerí*), métier, commerce de bourrelier.

BOURRER, v. act. (*bouré*), remplir de bourre. Il ne s'emploie plus aujourd'hui dans cette acception, dont l'*Académie* ne parle pas, et que *Laveaux* donne comme la principale : on doit dire *rembourrer*. Cependant on dit encore au figuré et familièrement : *bourrer un enfant de friandises*, lui en faire manger avec excès. — Mettre la *bourre* après la charge dans les armes à feu. — En parlant des chiens de chasse, donner un coup de dent à un lièvre, et lui arracher du poil.—Donner des bourrades, frapper, maltraiter de coups : *il voulait s'avancer, les gardes l'ont bien bourré*. — Fig., pousser fortement dans la dispute : *je l'ai si bien bourré, qu'il n'a su que répondre*. Il est fam. et vieux. — En t. de man., il se dit d'un cheval qui s'élance brusquement en avant. — *se* **BOURRER**, v. pron., se remplir l'estomac, manger avec excès : *il s'est bourré de haricots*.

BOURRETTE, subst. fém. (*bourète*), soie grossière qui enveloppe le cocon.

BOURRICHE, subst. fém. (*bouriche*), sorte de panier sans anse et en forme d'œuf, dans lequel les oiseleurs portent en vie les oiseaux aquatiques. — Panier dont on se sert pour envoyer du gibier, de la volaille, etc. ; son contenu.

BOURRIQUE, subst. fém. (*bourike*) (du latin *buricus*, rosse, mauvais cheval), femelle de l'âne ; ânesse. Voy. ce mot. — Par extension, méchant petit cheval dont on se sert comme d'un âne. — Fig., personne ignare, soit homme, soit femme. — Sorte de civière à maçon, pour élever les matériaux. — Machine composée d'ais, sur quoi les couvreurs mettent l'ardoise quand ils travaillent sur les toits.— Dans les deux dernières acceptions, on dit aussi *bourriquet*.

BOURRIQUET, subst. mas. (*bouriké*), petit ânon — Sorte de civière de carrier, de maçon, pour porter les moellons. — T. de couvreur, chevalet pour poser l'ardoise. — Outil de brodeur.

BOURRIR, v. neut. (*bourir*), se dit du bruit que fait la perdrix en prenant son vol.

BOURROCHE, subst. fém. (*bouroche*). Voyez BOURRACHE.

BOURRON, subst. mas. (*bouron*), t. de comm., laine en bourre, en paquets.

BOURRU, E, adj. (*bouru*) (de *bourre*, qui signifiait autrefois : poil rude au toucher ; et au fig., humeur rude, fâcheuse), d'un caractère brusque et chagrin. — On le dit subst. : *votre oncle est un bourru*.— On appelle *vin bourru* certain vin blanc nouveau qui n'a point fermenté et qu'on conserve dans le tonneau. — *Fil bourru*, fil inégal, chargé de *bourre*. — Il se dit aussi, en jard., de certaines plantes qui ont de la *bourre* et qui ne portent aucun fruit.— *Moine bourru*, revenant, espèce de loup-garou auquel on croyait jadis.

BOURSAL, subst. mas. (*bourçale*), t. de pêche, nom donné par des pêcheurs de la Méditerranée au filet que ceux de l'Océan appellent *goulet*. Il est de forme conique. Sa pointe, introduite dans le verveux, empêche le poisson d'en sortir.

BOURSAULT, subst. mas. (*bourçó*), espèce de saule. Voy. BOURSEAU.

BOURSE, subst. fém. (*bource*) (dans la première acception, du grec βυρσα, cuir, parce que les *bourses* étaient autrefois communément de cuir ; dans celle de *lieu d'assemblée de négociants*, etc., d'une place de Bruges, qui fut la première ville où se tinrent ces assemblées, laquelle place avait pris le nom de *bourse*, de trois *bourses* peintes sur les armoiries d'un seigneur de *Vander Bourse*, dont l'hôtel était à l'extrémité de cette même place), espèce de petit sac fermant avec des cordons, etc., où l'on met l'argent qu'on veut porter sur soi, des jetons, etc.—Petit sac de taffetas noir, où les hommes enfermaient autrefois leurs cheveux par derrière. — Sac de cuir qui se met des deux côtés du cheval, au-devant de la selle, et appelé plus communément *sacoche*. — Longue poche de réseau qu'on met à l'entrée d'un terrier pour prendre les lapins qu'on chasse au furet. — Le double carton couvert d'étoffe dans lequel on met les corporaux qui servent à la messe. — Pension fondée dans un collége, etc., par un gouvernement, une commune ou un particulier, pour l'entretien d'un élève. On appelait autrefois *grandes bourses* les pensions les plus fortes, données à ceux qui étaient déjà maîtres ès arts, afin qu'ils continuassent leurs études dans les facultés supérieures ; et *petites bourses*, des pensions moins fortes données à ceux qui étudiaient les humanités ou la philosophie, pour être maîtres ès arts. Aujourd'hui on nomme *bourse entière* la pension qui défraie l'écolier de tout ; et *demi-bourse* celle qui ne le défraie que de moitié. Il y a aussi des *quarts* et des *trois quarts de bourse*. — Dans plusieurs villes de commerce, c'est le lieu où s'assemblent les négociants pour traiter de leurs affaires. — Monnaie de compte de Turquie, valant cinq cents piastres (dix-sept cent quatre-vingt-un fr. vingt-huit centimes). A Alexandrie, au Caire et dans le reste de l'Égypte, la *bourse* est comptée pour vingt-cinq mille médines, ou soixante-quinze mille aspres, ce qui en établit la valeur à un peu plus de sept cent cinquante piastres du pays.—En t. de bot., enveloppe radicale des champignons. On la nomme aussi *volva*. — T.

d'hist. nat., sorte de poisson du genre tétrodon. — *Bourse de secrétaire du roi*, ce qui revenait à chaque secrétaire du roi sur les émoluments du sceau. — On dit fig. et fam. : *faire bourse commune*, être en communauté d'intérêts, fournir chacun à la dépense. — *Demander la bourse ou la vie*, menacer quelqu'un de la mort, s'il ne donne l'argent qu'il porte sur lui. — *Coupeur de bourses*, filou. — *Sans bourse délier*, sans avoir besoin de *délier sa bourse*, sans qu'il en coûte de l'argent. — On dit d'un homme obligeant et qui prête volontiers, que *sa bourse est ouverte à tout le monde*. — *Toutes les bourses sont fermées* signifie qu'on ne trouve point d'argent à emprunter. — On dit d'un homme trop facile dans une affaire d'intérêt, qu'*il se laisse couper la bourse*. — *Avoir la bourse vide* ou *plate*, *loger le diable dans sa bourse*, n'avoir point d'argent. — *Faire bon marché de sa bourse*, se vanter qu'une chose nous a moins coûté que nous ne l'avons payée réellement. — *Vivre sur la bourse d'autrui*, aux dépens des autres. — *Offrir sa bourse à quelqu'un*, lui offrir de l'argent. — *Malmener la bourse d'autrui*, lui faire faire de la dépense. — *Ne pas laisser voir le fond de sa bourse*, cacher l'état de ses affaires. — *Ami jusqu'à la bourse*. Voy. AMI. — *Tenir la bourse*, *tenir les cordons de la bourse*, avoir le maniement de l'argent. — *Au plus larron la bourse* se dit lorsqu'on donne l'argent à garder, la dépense à faire à celui dont on a sujet de se défier. — *Les bourses*. Voy. BOURSES.

BOURSE-A-PASTEUR, subst. fém. (*bourçapaceteur*), t. de bot., sorte de plante. Voy. TABOURET.

BOURSEAU, subst. mas. (*bourçó*), enfaîtement de plomb aux toits en ardoises. — Instrument de plomb.

BOURSERON, subst. mas. Voy. BOURSON.

BOURSES, subst. fém. plur. (*bource*), t. d'anat., sacs membraneux et musculaires qui enveloppent les testicules.

BOURSET, subst. mas. (*bourcè*), t. de pêche, corps flottant qui sert à tirer un des bouts du filet de la drège.

BOURSETTE, subst. fém. (*bourcète*), petite partie du sommier d'un orgue. — T. de bot. Voyez MACHE.

BOURSICAUT, subst. mas. (*bourcikô*), petite *bourse* ; ou petite somme mise en réserve : *il a déjà un bon boursicaut*. Fam.

BOURSIER, subst. mas., au fém. **BOURSIÈRE** (*bourcié*, *cière*), celui ou celle qui fait et vend toutes sortes de *bourses*, des besaces, des sachets, des sacs de peau et de velours. Il est aujourd'hui peu usité. — Écolier qui a une *bourse* dans un collège. — Dans quelques communautés, on nomme ainsi celui qui fait la dépense. — L'*Académie* ne donne pas de fém. à ce mot, du moins dans les deux dernières acceptions : nous croyons qu'elle a grand tort.

BOURSIÈRE, subst. fém. Voyez BOURSIER.

BOURSILLER, v. neut. (*bourcilé*), contribuer d'une petite somme à une dépense commune. Fort peu usité.

BOURSILLEUR, subst. mas., au fém. **BOURSILLEUSE** (*bourcilleur*, *ieuze*), avare, liardeur. Peu usité.

BOURSILLEUSE, subst. fém. Voy. BOURSILLEUR.

BOURSON, **BOURSERON**, subst. mas. (*bourçon*, *ceron*), autrefois petite poche adaptée à la ceinture d'un haut-de-chausses. — Aujourd'hui on dit *gousset*.

BOURSOUFFLADE, subst. fém. (*bourçouflade*). Quelques *dictionnaires* nous donnent ce mot comme signifiant *enflure de style*, et au figuré *vanité ridicule* : il n'est point usité.

BOURSOUFFLAGE, et non pas BOURSOUFLAGE, subst. mas. (*bourçouflaje*), enflure de style : *tout son discours n'était que boursoufflage*. Voy. BOURSOUFFLER.

BOURSOUFFLÉ, E, part. pass. de *boursouffler*, et adj. : *visage boursoufflé*, enflé. — Fig., *style boursoufflé*, ampoulé. Voy. ce mot. — Il s'emploie aussi fam. comme substantif masculin : *c'est un gros boursoufflé*, il est gras, replet.

BOURSOUFFLEMENT, subst. mas. (*bourçouflemen*), t. de chim., augmentation de volume par le moyen du feu ou de la fermentation. — Ce mot manque dans l'*Académie*. Voy. BOURSOUFFLER.

BOURSOUFFLER, et non pas BOURSOUFLER (nous demanderons à l'*Académie* pourquoi elle écrit *souffler* et *boursoufler*), v. act. (*bourçouflé*) (suivant le *P. Labbe* et *Le Duchat*, des mots français *bourse* et *souffler* : *enfler comme une bourse dans laquelle on souffle*), enfler. Il ne se dit guère qu'en parlant de l'enflure qui survient à la peau, et surtout au visage : *le vent lui a boursoufflé le visage* ; *ma maladie m'a boursoufflé les yeux*. — Au fig., on dit plutôt *enfler* que *boursouffler*, excepté au participe, en parlant du style.

BOURSOUFFLURE, et non pas BOURSOUFLURE, subst. fém. (*bourçouflure*), enflure, au prop. et au fig. : *il a de la boursoufflure dans le visage* ; *ses expressions sont d'une boursoufflure continuelle*. Voy. BOURSOUFFLER.

DU VERBE IRRÉGULIER BOUILLIR :

Bous, 2e pers. sing. impér.
Bous, précédé de *je*, 1re per. sing. prés. ind.
Bous, précédé de *tu*, 2e pers. sing. prés. indic.

BOUSARD, subst. mas. (*bouzar*), t. de chasse, fiente molle, fumée du cerf.

BOUSCARLE, ou **BOUSCARLO**, subst. mas. (*boucekarle*, *boucekarlo*), t. d'hist. nat., espèce de fauvette de la Provence.

BOUSCULÉ, E, part. pass. de *bousculer*, et adj. : *nous fûmes horriblement bousculés dans la foule*. Il est fam.

BOUSCULEMENT, subst. mas. (*boucekuleman*), action d'être *bousculé*.

BOUSCULER, v. act. (*boucekulé*), mettre sens dessus dessous : *on a bousculé tous mes livres*. — Pousser en tous sens : *la foule nous bouscula de la bonne manière*. Style fam. — *se* BOUSCULER, v. pron.

BOUSE, subst. fém. (*bouze*) (suivant *Huet*, du grec βουστασια, et mieux de βους, bœuf), fiente de bœuf ou de vache.

BOUSIER, ou **BOUZIER**, subst. mas. (*bouzié*), t. d'hist. nat., insecte de l'ordre des coléoptères, qui vit dans la *bouse* ou autres fumiers.

BOUSILLAGE, subst. mas. (*bouziiaje*), mélange de chaume et de terre détrempée, ou *boue* pour faire des murailles de clôture. — Fig. et fam., ouvrage mal fait : ce n'est que du *bousillage*.

BOUSILLÉ, E, part. pass. de *bousiller*, et adj. : *comme cet ouvrage est bousillé !* c'est-à-dire : est mal fait. Fam.

BOUSILLER, v. act. (*bouzilé*), maçonner avec du chaume et de la terre détrempée. — Fig. et fam., travailler mal, d'une manière grossière, etc. — *se* BOUSILLER, v. pron.

BOUSILLEUR, subst. mas., au fém. **BOUSILLEUSE** (*bouziieur*, *ieuze*), celui, celle qui travaille en *bousillage*. — Fig. et fam., ouvrier, ouvrière qui travaille mal.

BOUSILLEUSE, subst. fém. Voy. BOUSILLEUR.

BOUSIN, subst. mas. (*bouzein*), nom que les gens de rivière donnent à une masse de glaces spongieuse et remplie d'herbes, de sables, de terres, etc. — *Bousin* signifie aussi : une sorte d'écorce tendre qui enveloppe les pierres de taille : *en taillant la pierre, il faut abattre le bousin, il ne faut point laisser de bousin*. — Le bas peuple se sert de l'expression *bousin* pour signifier : tapage, clameurs.

BOUSINGOT, subst. mas. (*bouzeinguô*), chapeau de marin. — Républicain, parce que beaucoup de républicains portaient ce chapeau en 1832 et 1833.

BOUSQUER, v. neut. (*boucekè*), t. de mar., faire agir, en le poussant avec violence, un matelot novice et paresseux.

BOUSSAC, subst. propre mas. (*bouçak*), ville de France, chef-lieu d'arrond., dép. de la Creuse.

BOUSSARDS, subst. mas. plur. (*bouçar*), harengs qui viennent de frayer.

BOUSSEOU, subst. mas. (*bouçou*), t. de mar., mot générique par lequel on désigne, dans les ports de la Méditerranée, toutes sortes de poulies simples ou composées.

BOUSSERADE, subst. fém. (*boucerade*), t. de bot., raisin d'ours.

BOUSSEROLLE, subst. fém. (*boucerole*). Voyez BUSSEROLLE.

BOUSSIÈRE, subst. propre fém. (*boucière*), village de France, chef-lieu de canton, arrond. de Besançon, dép. du Doubs.

BOUSSOIR, subst. mas. (*bouçoar*), t. de mar., pièce de bois qui sert à lever les ancres.

BOUSSOLE, subst. fém. (*bouçole*) (du latin du moyen-âge *bussola* ou *buxula*, boîte, fait de *buxus*, dérivé du grec πυξος, buis, matière ordinaire des boîtes), cadran au centre duquel une aiguille dont la pointe est aimantée tourne sur le pivot et toujours du côté du nord. — En t. de mar., on dit ordinairement *compas*. Voy. ce mot. — Au fig., guide, conducteur ; règle, modèle : *vous êtes ma boussole*. — *Boussole de cadran*, boîte avec une aiguille au centre du cadran, pour montrer l'heure et les parties du monde. — *Boussole à lever les plans*, petite boîte carrée, au milieu de laquelle est une aiguille aimantée tournant sur un pivot dans un cercle de métal divisé en trois cent soixante degrés. L'un des côtés de la boîte porte une visière à bascule, et l'instrument est mobile sur un genou adapté à un pied à trois branches. — *Boussole harmonique*. Voy. PLANISPHÈRE. T. de jard., côté du vent. — En astron., *boussole* est aussi le nom d'une constellation de l'hémisphère austral.

BOUSTROPHÉDON, subst. mas. (*boucetrofédon*), (en grec βουστροφηδον, formé de βους, bœuf, et στρεφω, je tourne, je retourne), écriture qui va alternativement de droite à gauche et de gauche à droite, sans que la ligne soit discontinuée, et en tournant comme les bœufs à la fin du sillon. C'est ainsi que sont tracées les plus anciennes inscriptions grecques. — Adj. fémin., *une écriture, une inscription boustrophédone*.

BOUSURE, subst. fém. (*bouzure*), t. de monnaie, composition avec laquelle on blanchit la monnaie.

BOUT, subst. mas. (*bou*. Le *t* ne se prononce que devant une voyelle) (suivant *Ménage*, du celtique *bod*, fond, extrémité ; suivant *Lancelot*, du grec βυθος, fond, profondeur), extrémité d'un corps, d'une étendue : *le bout d'un bâton*, *d'une table*, *d'une galerie*, *d'un champ* ; *la maison que vous cherchez est au bout de la rue* ; *l'ennemi est au bout de la plaine* ; *sa renommée s'étend d'un bout du monde à l'autre* ; *le bout du nez* ; *le bout du doigt* ; *le bout de l'oreille* ; *le bout d'une pique* ; *le bout d'un fusil* ; etc. — Il se dit de certaines choses allongées qui ne sont qu'une portion d'un objet plus long : *un bout de chandelle* ; *un bout de corde* ; *un bout de boudin*. — Ce qui garnit l'extrémité de certaines choses : *mettre un bout à une canne* ; *bout de fourreau d'épée*, etc. — *Bout de fleuret*, bouton de cuir rembourré qu'on met à la pointe d'un fleuret, de peur qu'il ne blesse. — *Bâton à deux bouts*, bâton ferré par les deux *bouts*, arme offensive. — En t. de cordonnier, petit morceau de cuir qu'on met à des souliers, à l'endroit où ils sont usés. — En t. de ceinturier, petite plaque de métal mise au *bout* des boucles du baudrier, pour leur donner plus de grace. — Le *bout du sein*, le mamelon qui est au milieu de la mamelle. On dit qu'une nourrice n'a pas de *bout*, quand le mamelon n'est pas assez saillant pour que l'enfant puisse le saisir avec la bouche. — *Bout saigneux de veau*, *de mouton*, le cou d'un veau, d'un mouton, tel qu'on le vend à la boucherie. — *Bout saigneux*, pris absolument, le cou d'un mouton. — *Bout d'argent*, en t. de tireur d'or, gros bâton d'argent fin. — Fin, terme : *le bout d'un discours*, *d'un sermon* ; *il est au bout de son argent*, *au bout de l'an* ; *le bout de l'année*, *du mois*, etc. — Les phrases qui suivent sont des locutions figurées ou proverbiales, où le mot *bout* est pris dans sa première acception. *Le haut bout*, la place qui passe pour la plus honorable ; *le bas bout*, celle qui est regardée comme la moins honorable. — Tenir *le haut bout* quelque part, y primer. — *Tenir le bon bout*, avoir ses sûretés. — *Se mettre sur le bon bout*, s'équiper de pied en cap, s'ajuster, etc. — *Céder une chose par le bon bout*, ne la céder que par force ou à des conditions avantageuses. — *Avoir de la peine à joindre les deux bouts*, avoir de la peine à vivre. — On dit d'un homme difficile à contenter : *on ne sait par quel bout le prendre*. — *A tout bout de champ*, à tout moment. — *Au bout de l'aune faut le drap*, au *bout* de l'aune finit le drap, toutes choses ont leur fin. — *Au bout le bout*, cela durera tant que cela pourra. — *Au bout du fossé la culbute*, revient à peu près à : arrive qui plante ; tant pis s'il en résulte quelque chose de fâcheux. — *Il faut finir par un bout*, il faut mourir d'une façon ou d'autre. — *Être au bout de son rôle*, ne savoir plus que dire ni que faire. On dit aussi *être au bout de son rouleau*. — *Au bout du compte*, tout considéré ; après tout. — *De bout en bout*, d'une extrémité à l'autre. On dit aussi *d'un bout à l'autre*. — *Aux deux bouts de la terre*, par toute la terre. — *D'un bout du monde à l'autre*, dans beaucoup de pays. — On dit fam. d'un lieu très-éloigné, qu'*il est au bout du monde*. — *C'est tout le bout du monde*, c'est le pis aller ; ou : c'est ce qu'il peut y avoir de plus fort en ce genre. — *Être au bout de sa carrière*, n'avoir plus long-temps à vivre ; ou : s'être acquitté de ses fonctions jusqu'à la fin. — On dit absolument de quelqu'un dont les peines ne sont pas encore finies : *il n'est pas encore au bout.* — *Bout à bout*, loc. adv., se dit des choses dont on joint les extrémités. On dit au fig. : *en mettant bout à bout de petites sommes, on en fait une grande.* — *A bout*, loc. adv. dont on se sert en diverses phrases : *venir à bout de quelque chose*, la terminer, la finir ; y réussir ; *venir à bout d'une personne*, prendre l'avantage sur elle, vaincre sa résistance, etc. ; *pousser à bout*, faire perdre patience ; *être à bout*, l'avoir perdue ; ou : être sans ressources. — On dit, en t. de chasse, qu'*un limier est à bout de voie*, lorsqu'il la perd. — *Haïe au bout*, façon de parler adv. dont on s'est servi familièrement pour signifier : encore davantage : *il a dix mille francs de rente, et haïe au bout*. Elle n'est plus en usage. — *Un bout d'homme*, *un petit bout d'homme*, un petit homme. — *Brûler sa chandelle par les deux bouts*, dépenser son bien de plusieurs manières, ou : faire des excès en différents genres. — *C'est une économie de bouts de chandelle*, une économie sordide sur des choses de peu de valeur. — *Un bout de lettre*, *un bout de rôle*, une lettre, un rôle fort courts. — *Des bouts-rimés*, voyez ce mot. — Dans le sens de pointe, etc., on dit aussi figurément : *rire du bout des dents*, s'efforcer de rire, quoiqu'on n'en ait nulle envie. — *Avoir un mot sur le bout de la langue*, être sur le point de se le rappeler. — *Savoir une chose sur le bout du doigt*, parfaitement bien. — *Toucher du bout du doigt*, toucher très-légèrement. — On dit d'une chose qui est sur le point d'arriver, qu'*on y touche du bout du doigt.* — *Ce mot est resté au bout de ma plume*, j'ai oublié de l'écrire. — *Ce mot s'est trouvé au bout de ma plume*, il m'est venu sur-le-champ à l'esprit. — *Montrer le bout de l'oreille*, locution prise de la fable de l'âne revêtu de la peau du lion, laisser apercevoir une intention ou un défaut que l'on voulait cacher. — En t. de manége : 1° *cheval qui n'a point de bout*, qui recommence souvent des exercices longs et violents sans en être fatigué ; 2° *cheval à bout*, outré de fatigue. — *Avoir vent de bout*, en t. de mar., avoir le vent contraire. — *Aller bout au vent*, aller contre le vent. — *Donner le bout à terre à un vaisseau*, gouverner droit dessus. — *Aborder de bout au corps*, aborder de l'éperon et carrément un bâtiment par son travers. — *Filer un câble par bout*, le laisser sortir jusqu'au *bout* par l'écubier.

Bout, 3e pers. sing. prés. indic. du verbe irrégulier **BOUILLIR**.

BOUTADE, subst. fém. (*boutade*), caprice, saillie d'esprit ou d'humeur. — Titre de certaines pièces de vers faites par caprice. — Sorte de danse figurée, ou ballet impromptu.

BOUTADEUSE, adj. fém. Voy. **BOUTADEUX**.

BOUTADEUX, adj. mas., au fém. **BOUTADEUSE** (*boutadeu, deuze*), qui a l'esprit vif. — Capricieux, chagrin, fantasque, bizarre et quinteux. Il est inusité.

BOUTAGE, subst. mas. (*boutaje*), t. de rivière, partie d'un train de bois où se tient un compagnon marinier pour le diriger et le faire flotter.

BOUTANE, subst. fém. (*boutane*), t. de comm., étoffe de Montpellier.

BOUTANES, subst. fém. plur. (*boutane*), t. de com., toile de coton de Chypre.

BOUTANT, adj. mas. (*boutan*), t. d'architecture : on dit *arc-boutant*, *pilier-boutant*. Voy. **ARC-BOUTANT**.

BOUTARGUE, subst. fém. (*boutargue*) (en grec moderne *ωοταριχα*, dérivé de *ωον*, œuf, et *ταριχος*, salé), œufs de poisson salés et confits dans le vinaigre.

BOUTASSE, subst. fém. (*boutace*), t. de mar., bordage de chêne qui, dans les galères, recouvre les bacalas.

BOUT-AVANT, subst. mas. (*boutavan*), on appelle ainsi, dans les salines, un officier dont les fonctions consistent à veiller à ce que le vaxel se remplisse selon l'usage. — Au plur., des *bouts-avant*.

BOUT-D'AILE, subst. mas. (*boudèle*), plumes du bout de l'aile de l'oie, qui servent à écrire. — Au plur., des *bouts-d'aile*.

BOUT-DEHORS, Voy. **BOUTE-DEHORS**.

BOUT-DE-L'AN, subst. mas. (*boudelan*), service qu'on fait pour un défunt un an après sa mort. — Au plur., des *bouts-de-l'an*.

BOUT-DE-PETUN ou **BOUT-DE-TABAC**, subst. mas. (*boudepetun, boudetaba*), aux Antilles on donne ce nom à l'anis.

BOUT-DE-QUIÈVRE, subst. mas. (*boudekièvre*) ; au plur., *des bouts-de-quièvre*. Voy. **BOUTEAU**.

BOUTE, subst. fém. (*boute*) (même étymologie que *bouteille*), t. de mar., futaille où l'on met l'eau douce qu'on embarque pour l'équipage d'un vaisseau. — Boîte pour les cartes. — Tonneau pour le tabac. — Grand vaisseau fait de peau de bouc, qui sert à transporter du vin dans les montagnes.

BOUTÉ, E, part. pass. de *bouter*, et adj., t. de manège, se dit d'un cheval qui a les jambes droites depuis le genou jusqu'à la couronne : *cheval bouté* ; *cavale boutée*.

BOUTE-À-PORT, subst. mas. (*boutapor*), officier établi sur les ports pour faire ranger les bateaux qui arrivent.

BOUTEAU ou **BOU-DE-QUIÈVRE**, subst. mas. (*bouté, boudckièvere*), t. de marine, petit filet attaché à un bâton fourchu pour pêcher sur le sable.

BOUTE-DEHORS, subst. mas. (*boutedeor*), t. de marine, pièce de bois longue et ronde que l'on ajoute au bout des vergues pour porter les bonnettes. — On dit également *boute-hors* et *bout-dehors*.

BOUTÉE, subst. fém. (*bouté*), t. d'archit., ouvrage qui soutient la poussée d'une voûte, d'une terrasse.

BOUTE-EN-TRAIN, subst. mas. (*boutantrein*), t. de haras, cheval entier dont on se sert pour mettre les juments en chaleur. — Petit oiseau qui sert à faire chanter les autres. — Fig. et fam., celui qui anime les autres, soit au plaisir, soit au travail. Au plur. : des *boute-en-train*, des hommes qui *boutent*, qui mettent les autres *en train*.

BOUTE-FEU, subst. mas. (*boutefeu*), incendiaire. Il est peu usité au propre. — Fig., celui qui sème la discorde, les querelles. — Au plur., des *boute-feu* : des hommes qui, de dessein prémédité, *boutent* ou mettent le feu, au propre ou au figuré. — L'*Académie*, contre toute logique, écrit des *boute-feux*. — *Boute-feu*, en t. d'artillerie, baguette garnie d'une mèche d'étoupe à son extrémité, avec laquelle on met le feu à certains canons. Il s'est dit autrefois de celui qui mettait le feu au canon ou à des pièces d'artifice.

BOUTE-HORS, subst. mas. (*bouteor*), espèce de jeu qui n'est plus en usage. — On dit fig., de deux hommes qui cherchent à se débusquer de quelque emploi, qu'*ils jouent au boute-hors*. — On dit aussi fam. : *il a du boute-hors*, il s'exprime aisément. — *Boute-hors*, en t. de marine, petite vergue qu'on ajoute aux grandes pour porter les bonnettes. Voy. **BOUTE-DEHORS**.

BOUTEILLAGE, subst. mas. (*bouteïaje*), droit de deux schellings que le *bouteillier* du roi prend, en Angleterre, sur la vente des vins.

BOUTEILLE, subst. fém. (*boutèie*) (du latin barbare *buticula*, diminutif de *butta*, qui vient du grec *βους*, bœuf, les premiers vaisseaux à mettre les liquides ayant été faits de peau de *bœuf*), vaisseau de capacité médiocre et à col étroit, fait de terre, de grès, de verre, de cuir, etc., et propre à contenir des liquides. — Ce que la *bouteille* contient : *une bouteille de vin, d'eau-de-vie* ; *une bouteille d'encre, de cirage*. — Pris absolument, il signifie *bouteille de vin* : *boire une bouteille en un repas*. Le peuple dit, sans article, *allons boire bouteille*, pour : *allons boire*, *payer bouteille*, payer à boire. — Ampoule ou bulle pleine d'air, qui se forme soit sur l'eau quand il pleut, soit sur un liquide quelconque qui bout, soit de quelque autre manière : *la pluie fait des bouteilles en tombant*. Dans cette acception, on dit mieux *bulle*. — En t. de pêche, voy. **BIRE**. — T. de physiq., *bouteille de Leyde*, vase de verre mince, garni d'une substance électrisable par communication, tant à l'intérieur qu'à l'extérieur, jusqu'à deux pouces près de son orifice, ou rempli en partie d'eau, de limaille de fer, etc. Ce vase, au moyen d'une tige de métal qui traverse un bouchon et se termine en crochet, sert à faire sentir la commotion électrique dans l'expérience de *Leyde*. — *Bouteilles de calebasse*, celles que mettent sous leurs aisselles ceux qui apprennent à nager. — T. de bot., variété de la courge. — T. de mar., saillie de charpente sur le côté ou au milieu de l'arrière du navire, derrière l'entrée de la chambre du capitaine, et où sont placées les latrines. — *Bouteille à barbe*, verre fin, dont les fragments pourraient raser les poils de la barbe. — *Aimer la bouteille*, aimer à boire. — *Être dans la bouteille*, être dans le secret d'une affaire. — On dit d'une affaire à laquelle on n'entend rien, dont on ne peut pas pénétrer le secret, etc., qu'*elle est dans la bouteille à l'encre*. — *N'avoir rien vu que par le trou d'une bouteille*, n'avoir aucune connaissance des choses du monde. — *Faire des bouteilles*, se dit des fautes qu'on fait en parlant, en écrivant ou même en agissant. C'est une expression basse empruntée des anciens colléges, et qui ne se comprendrait plus. Les autres appartiennent au style proverbial ou familier.

BOUTEILLÉ, E, part. pass. de *bouteiller*.

BOUTEILLER, v. act. (*boutèié*), goder, former des ampoules. Fort peu usité.

BOUTEILLES, subst. fém. plur. (*boutèie*), t. de mar., lieux d'aisances d'un navire. Voy. **BOUTEILLE**.

BOUTEILLIER, voy. **BOUTILLIER**.

BOUTE-LOF ou **BOUT-DE-LOF**, subst. mas. (*boutelofe*), t. de mar., pièce de bois ronde ou à pans, qu'on met au devant des vaisseaux de charge et sans éperon, et qui sert à tenir les amures du mât de misaine.

BOUTELONNÉE, subst. fém. (*boutelone*), t. de bot., plante de la famille des graminées.

BOUTER, v. act. (*bouté*) (suivant *Du Cange*, du lat. barbare *butare*, employé dans le même sens par les écrivains de la basse latinité), mettre : *boutez-vous là*, mettez-vous là ; *boutez dessus*, couvrez-vous. C'est un vieux mot qui ne se dit plus que par le bas peuple et les paysans, ou en t. de marine, de chasse ou de métiers. — T. de vén., *bouter la bête*, la lancer. — T. de tan., *bouter un cuir de sceau*, enlever avec un *boutoir* ce qui peut être resté de la chair de l'animal à la peau, après qu'on a tiré celle-ci de la tannerie. — En t. de mar., *bouter à l'eau*, faire sortir un bateau du port ; *bouter au large*, le pousser au large ; *bouter de lof*, venir au vent, bouliner, serrer le vent, etc. — T. d'épinglier, *bouter des épingles*, les mettre par rangs égaux sur du papier. — V. neut., pousser au gras en parlant du vin.

BOUTEREAU, subst. mas. (*bouteró*), t. d'épinglier, poinçon rond d'acier bien trempé qui sert à graver l'empreinte de la tête de l'épingle dans l'enclume et dans le poinçon.

BOUTEROLLE, subst. fém. (*bouterole*), outil du lapidaire ; poinçon acéré. — T. de serrurier, fente de clef par où passent le rouet ou les gardes d'une serrure. — T. de gaînier, garniture du bout d'un fourreau d'épée. — En t. de pêche, voy. **NASSE**.

BOUTEROT, subst. mas. (*bouteró*). Voy. **BOUTEREAU**.

BOUTEROUE, subst. fém. (*bouterou*), borne qui garantit de l'atteinte des voitures. — Garde-fou qu'on place sur les passages.

BOUTES, subst. mas. plur. (*boute*), grands tonneaux dans lesquels on renfermait, dans la ci-devant Guienne, les feuilles de tabac, après qu'elles avaient sué.

BOUTE-SELLE, subst. mas. (*boutecèle*), signal donné au son de la trompette, pour avertir les cavaliers qu'il faut mettre la *selle*, et monter à cheval.

BOUTE-TOUT-CUIRE, subst. mas. (*boutetoukuire*), dissipateur ; goinfre qui mange tout : *c'est un vrai boute-tout-cuire*. Il est familier, bas et presque hors d'usage. — Au plur., des *boute-tout-cuire* : des hommes qui *boutent*, mettent *tout à cuire*, qui mangent, qui dissipent tout.

BOUTEUSE, subst. fém. (*bouteuze*), ouvrière qui *boute*, qui fait les épingles.

BOUTEUX. Voy. **BOUTEAU**.

BOUTICLAR, subst. mas. (*boutiklar*), t. de rivière, bateau dans lequel on transporte et nourrit le poisson.

BOUTILLIER, mieux **BOUTEILLIER**, subst. mas. (*boutiié*) : *grand-boutillier*, grand-échanson en Angleterre, et autrefois en France.

BOUTIQUAGE, subst. mas. (*boutikaje*), vente, commerce en *boutique*. Style railleur.

BOUTIQUE, subst. fém. (*boutique*) (du grec *αποθηκη*, magasin, lieu où l'on serre quelque objet pour le conserver ; fait de *αποτιθημι*, mettre à part, dont la racine est *απο*, loin, et *τιθημι*, mettre, placer. On a dit d'abord *pothèque*, ensuite *bothèque*, puis *boutheque*, et enfin *boutique*), lieu au rez-de-chaussée des maisons, ouvert ordinairement sur la rue, qui sert aux ouvriers et artisans pour travailler, et aux marchands pour débiter leurs marchandises. — Il se dit aussi des marchandises que la *boutique* contient : *il a vendu toute sa boutique* ; et de la totalité des outils, des instruments d'un artisan : *il* *a apporté ses marteaux, ses tenailles, toute sa boutique.* — En t. de pêche, 1° coffre ou vivier rempli d'eau au milieu d'un bateau, pour transporter le poisson d'eau douce en vie. On l'appelle aussi *bascule*; 2° la nasse nommée plus communément *bourache* ou *bourague*. — *Garde-boutique*, étoffe hors de mode; ou : marchandise qui n'a point de débit. — *Courtaud de boutique*, garçon de boutique. Ce terme ne s'emploie que par mépris. — On dit prov. : *adieu la boutique*, quand quelque chose vient à tomber. — *Lever boutique, se mettre en boutique, ouvrir boutique*, entreprendre un commerce, une industrie à boutique ouverte. — *Fermer boutique*, cesser de travailler ou de vendre en boutique; et fig. : quitter sa profession, cesser de travailler, en quelque genre que ce soit. Il est fam. — Fig. et fam. : *faire de son corps une boutique d'apothicaire*, prendre continuellement des remèdes. — Maison où les domestiques sont mal. Pop. — *Cette nouvelle vient de la boutique d'un tel*, elle est de son invention.

BOUTIQUIER, subst. mas., au fém. **BOUTIQUIÈRE** (l'*Académie* ne donne pas le fém.) (*boutikié, kière*), celui ou celle qui tient *boutique*. — Il se dit particulièrement d'un petit marchand; et c'est parfois un terme de dénigrement, surtout depuis la révolution de 1830.

BOUTIQUIÈRE, subst. fém. Voy. **BOUTIQUIER**.

BOUTIS, subst. mas. (*bouti*), t. de chasse, lieu où les bêtes noires ont fouillé, et particulièrement le sanglier. — Traces de cette fouille : *il y a beaucoup de boutis au fond du bois*.

BOUTISSE, subst. fém. (*boutice*), t. d'archit., pierre placée en long dans un mur.

BOUTOIR, subst. mas. (*boutoar*), instrument de maréchal et de corroyeur. — Le groin du sanglier. — Fig. et fam. : *coup de boutoir*, trait d'humeur; propos dur qui blesse.

BOUTON, subst. mas. (*bouton*) (suivant *Du Cange* et *Caseneuve*, du lat. barbare *botontini*, qui, dans la basse latinité, a signifié de petites éminences de terre servant de limites, et dont le nom, à cause de la ressemblance de forme, a passé aux *boutons*, soit de fleurs, soit d'habits, etc.), petits corps de forme à peu près ronde ou ovale, que poussent les arbres, les arbustes et les arbrisseaux, et qui produisent les branches, les feuilles ou les fleurs : *bouton à fleurs; bouton à feuilles; bouton à bois*. — On appelle aussi *bouton*, certaines fleurs qui ne sont pas encore écloses : *un bouton d'œillet; un bouton de rose*, etc. Voy. **BOURGEON**. — Par extension, bube, élevure, petite tumeur arrondie qui se forme aux différentes parties du corps : *boutons de petite vérole, de rougeole; boutons d'échauffement*, etc. — Il se dit aussi des bubes qui viennent aux chevaux lorsqu'ils ont le farcin. — Petites pièces ordinairement rondes et plates, parfois bombées ou même arrondies en boule, faites de bois, d'os, de corne ou de fer, souvent recouvertes de soie, de fil, de drap, etc., et qui, attachées sur un vêtement, servent à en réunir les différentes parties au moyen de fentes appelées *boutonnières* dans lesquelles on les fait passer. Au lieu de *boutonnières*, ce sont quelquefois des ganses. Il y a aussi des *boutons* d'or, d'argent, de diamant, de nacre, etc. : *une grosse de boutons; une garniture de boutons; bouton d'habit, de pantalon, de gilet, de chemise*, etc.; *bouton de manche*. — On appelle *bouton de soie, bouton de fil, bouton de drap*, le petit morceau de bois ou d'os recouvert de soie, de fil, etc. — Prov. et fig., *serrer le bouton à quelqu'un*, presser vivement quelqu'un sur quelque chose, et parfois : en le menaçant. — *Cela ne tient qu'à un bouton*, cela tient à fort peu de chose. — *Sa robe, sa soutane, ne tient qu'à un bouton*, il veut quitter son état, qu'il n'aime pas, ou : il est sur le point de quitter son état. — *Je n'en donnerais pas un bouton*, cela ne vaut rien. — Par extension, on le dit de plusieurs autres choses qui ont la figure d'un *bouton* d'habit : *bouton de porte, de serrure, de verrou, de pelle à feu; bouton d'un tiroir, d'un couvercle; bouton d'un fleuret*, etc. — Petit morceau de fer ou d'autre métal, qu'on met sur le bout du canon des armes à feu, pour servir de mire. — En t. de sellier, morceau de cuir à peu près rond, ou boucle de cuir à travers laquelle passent les rênes de la bride d'un cheval, et qui sert à les resserrer. — T. de manège, *mettre le cheval sous le bouton*, tendre les rênes en coulant le *bouton* et le descendant jusque sur le crin. — Petit morceau d'or ou d'argent qui sert à faire l'essai de ces métaux, et à voir à quel titre ils sont. C'est aussi ce qui reste d'or ou d'argent après l'opération de la coupelle. — En t. de luth., morceau de bois en forme de gros *bouton*, où est attaché le manche du violon. — On donne encore ce nom à divers instruments de chirurgie, et surtout à un instrument d'acier et d'argent dont on se sert dans l'opération de la taille. — *Bouton de feu, bouton* de fer que l'on rougit au feu, et dont les chirurgiens et les maréchaux se servent dans plusieurs opérations. Il se dit aussi d'un cautère propre à brûler les os cariés. — En t. d'artillerie, *bouton de pierrier*, boule de métal placée à l'extrémité du pierrier; *bouton de la culasse*, bout du canon du côté de la lumière; *bouton de cuiller à canon*, sorte de cuiller pour retirer les gargousses du canon; *bouton de refouloir*, le bout de la baguette qui sert à fouler. — *Boutons*, dans les manufactures de soie, petits *boutons* de bois traversés de ficelles, qui se rendent aux rames et tiennent lieu de semple dans les ouvrages de petite tire. — *Boutons de retour*, moitié de vieux rochets au travers desquels on passe les tirants des retours du métier de passementier. — T. d'hist. nat., espèce de poisson du genre des holocentres. — Espèce de coquille des mers d'Afrique. — Espèce d'insecte qui a la forme d'un *bouton*.

BOUTON-D'ARGENT, subst. mas. (*boutondarjan*). Les jardiniers donnent ce nom à plusieurs plantes dont les fleurs sont blanches et de la forme d'un *bouton*.

BOUTON-DE-CULOTTE, subst. mas. (*boutondekulote*), t. de jard., variété de radis.

BOUTON-DE-LA-CHINE, subst. mas. (*boutondelachine*), t. de jard., c'est le *trochus maculatus* de Linnée.

BOUTON-DE-ROSE, subst. mas. (*boutonderôze*), t. d'hist. nat., coquille du genre bulle.

BOUTON-D'OR, subst. mas. (*boutondor*), t. de jardinage, nom commun de quelques plantes à fleurs doubles et jaunes que l'on cultive pour l'ornement.

BOUTON-GRIS, subst. mas. (*boutongueri*), t. d'hist. nat., animal marin.

BOUTONNÉ, E, part. pass. de *boutonner*, et adj. Il se dit au propre d'un vêtement dont les *boutons* sont dans les *boutonnières*, et d'un visage qui a des *boutons*. — Au fig., il se dit d'une personne qui ne laisse point pénétrer sa pensée, ses desseins, d'une personne dissimulée : *c'est un homme toujours boutonné; boutonné jusqu'à la gorge, jusqu'au menton*. — En t. de blason, il se dit des fleurs, lorsque les feuilles sont d'un émail, et le milieu ou le *bouton* d'un autre.

BOUTONNER, v. neut. (*boutoné*), commencer à pousser des *boutons*, en parlant des arbres, des arbustes et des arbrisseaux. — V. act., mettre les *boutons* dans les *boutonnières* : *boutonner son habit, sa veste*, etc. — *Boutonner la bonnette*, c'est, en t. de mar., la lacer. — **SE BOUTONNER**, v. pron., boutonner son vêtement.

BOUTONNERIE, subst. fém. (*boutoneri*), fabrique, marchandise, commerce de *boutonnier*.

BOUTONNIER, subst. mas., au fém. **BOUTONNIÈRE** (*boutonié*), celui qui fait ou vend des *boutons*, des tresses, etc. — *Boutonnier en émail, verre et crystallin*, artisan qui fabrique, à la lampe, des *boutons* de ces diverses matières.

BOUTONNIÈRE, subst. fém. (*boutonière*), petite taillade ou fente faite dans un vêtement pour y passer un *bouton*, et qu'on borde de fil, de laine, de soie, etc. — *Boutonnière fermée*, boutonnière figurée. — Fig. et fam., *faire une boutonnière à quelqu'un*, lui faire une blessure. — T. de chir., incision que l'on fait au périnée pour retirer les eaux de la vessie. — Celle qui vend des *boutons*. Voy. **BOUTONNIER**.

BOUTON-ROUGE, subst. mas. (*boutonrouje*), t. de bot., c'est le gaînier du Canada.

BOUTON-TERRESTRE, subst. mas. (*boutontèrerècetre*), t. d'hist. nat., sorte de coquille qui est l'*helix rotondula* de Linnée.

BOUT-RIMÉ, subst. mas. Voyez **BOUTS-RIMÉS**.

BOUTRIOT, subst. mas. (*boutrió*), t. de cloutiers d'épingles, burin dont ils se servent pour faire la cavité du poinçon.

BOUTROLLE, subst. fém. (*boutrole*), t. d'arm., extrémité arrondie de la détente d'un fusil.

BOUT-SAIGNEUX, subst. mas. (*boucégnieû*), t. de boucher, la partie du collet de mouton, de veau, etc., où il y a du sang.

BOUT-SALLICK, subst. mas. (*bouçalelike*), t. d'hist. nat., oiseau du Bengale, espèce de coucou.

BOUTS-RIMÉS, subst. mas. plur. (*bourimé*), *rimes* données pour faire des vers : *donner, remplir des bouts-rimés*. — On appelle par extension *bout-rimé*, au singulier, une pièce de vers composée sur des *bouts-rimés*.

BOUTTON, subst. mas. (*bouton*), t. d'hist. nat., poisson. Vicieux. Voyez **BOUTON**.

BOUTURE, subst. fém. (*bouture*) (du vieux mot français *bouter*, mettre), t. de jard., branche séparée de l'arbre, et qui, plantée en terre, y prend racine. — Petit rejeton qui pousse au pied de quelque arbre. — En t. d'orfèvre, eau où l'on met de la gravelée et du sel, pour blanchir l'ouvrage. — En t. de monnayage, lessive composée de lie de vin séchée bien battue, de sel, etc., qui sert au blanchiment des flans. — T. de corroyeur, partie filamenteuse.

BOUTURÉ, E, part. pass. de *bouturer*.

BOUTURER, v. act. (*bouturé*), t. de jard., faire des *boutures*. Peu usité.

BOUVARD, subst. mas. (*bouvar*), marteau dont on se servait pour frapper les monnaies avant l'invention du balancier.

BOUVARDIE, subst. fém. (*bouvardi*), t. de bot., plante qui comprend l'houstonne écarlate.

BOUVEAU, subst. mas. (*bouvó*), jeune bœuf.

BOUVEMENT, subst. mas. (*bouveman*), rabot de menuisier pour pousser une doucine. — Moulure en portion de cercle inverse faite par le *bouvement*.

BOUVERET, subst. mas. (*bouveré*), t. d'hist. nat., espèce de bouvreuil d'Afrique.

BOUVERIE, subst. fém. (*bouveri*), étable à bœufs; particulièrement celle qui est aux environs d'un marché.

BOUVERON, subst. mas. (*bouveron*). Voy. **BOUVERET**.

BOUVET, subst. mas. (*bouvé*), t. de charpentier et de menuisier, rabot pour faire des rainures. — *Bouvet à rainure et à languette*, pour faire l'assemblage des planches; *bouvet à fourchement*, qui sert à faire en même temps la rainure et la languette; *bouvet de deux pièces*, ou *brisé*, dont la tige est montée sur deux tiges carrées qui sont fixées perpendiculairement sur le corps de l'outil, et dont elle s'approche et s'éloigne suivant le besoin; *bouvet de brisure*, qui sert à rainer les brisures des guichets, des croisées et des portes; *bouvet à dégorger*, qui sert à dégorger les moulures; *bouvet à embrasure*, qui sert à faire les embrèvements des cadres; *bouvet à noix*, qui sert à faire les noix des battants des croisées; *bouvet à panneaux*, qui sert à rainer les bois des panneaux; *bouvet à plancher*, qui sert à rainer les planches à plancher.

BOUVIER, subst. mas., au fém. **BOUVIÈRE** (*bouvié, ière*), celui ou celle qui conduit et garde les *bœufs*. — Celui à qui les bouchers de Paris donnent la garde de leurs *bœufs*, qui les nourrit et les leur amène. — Au fig., homme grossier, rustre, malpropre : *c'est un gros bouvier*. — En t. d'astron., *bouvier*, constellation boréale qui a cinquante-trois étoiles, suivant *Flamsteed*. On l'a nommée autrefois *Atlas*; et l'on disait qu'elle portait l'axe du monde, parce que sa tête est fort près du pôle. — En t. d'hist. nat., on a donné le nom de *bouvier* au gobe-mouches, parce qu'il a l'habitude de voler autour des *bœufs* qui sont dans les prairies entourées d'arbres ou de haies. — On donne aussi le nom de *bouvière*, dans divers cantons de la France, aux bergeronnettes et aux lavandières. — Titre d'un ouvrage enseignant la manière de soigner les *bœufs*. — Myth. Voy. **BOOTÈS**.

BOUVIÈRE, subst. fém. Voy. **BOUVIER**. — T. d'hist. nat., petit poisson assez semblable à la carpe, et ainsi nommé parce qu'il se plaît dans la *boue*. On le pêche dans la Seine et dans la Marne.

BOUVILLON, subst. mas. (*bouviion*) (diminutif de *bœuf*), jeune *bœuf*.

BOUVINES, subst. propre fém. (*bouvine*), village de France, arrond. de Lille, dép. du Nord, qui fut le théâtre d'une célèbre bataille où Philippe-Auguste vainquit l'empereur Othon, en 1214.

BOUVREUIL, subst. mas. (*bouvreuie*), t. d'hist. nat., oiseau de la grosseur d'une alouette, qui a le bec noir et le plumage de plusieurs couleurs, et dont le ramage est assez agréable. Il est de l'ordre des passereaux, de la famille des conirostres, et du genre des gros-becs.

BOUXWILLER, subst. propre mas. (*boukce-vilère*), ville de France, chef-lieu de canton, arrond. de Saverne, dép. du Bas-Rhin.

BOUZA, BOUZAS, subst. mas. (*bouza*), breuvage

enivrant d'Égypte, fait avec de la farine d'orge détrempée dans de l'eau, et où l'on met divers ingrédients.

BOUZARD, subst. mas. Voy. BOUSARD.

BOUZAS, subst. mas. Voy. BOUZA.

BOUZONVILLE, subst. propre fém. (*bouzonvile*), bourg de France, chef-lieu de canton, arrond. de Thionville, dép. de la Moselle.

BOVA, subst. fém. (*bova*). Voy. VANILLE.

BOVINE, adj. fém. (*bovine*) : *bête bovine*, un bœuf, une vache ou un taureau.— On dit *la race bovine*, pour : les bœufs, les vaches, et les taureaux en général : *améliorer la race bovine.* — Cet adjectif ne s'emploie que dans ces deux locutions.

BOVISTE, subst. mas. (*bovicete*), t. de bot., genre de champignons.

BOWL, subst. mas. Voy. BOL.

BOXER, v. neut. (*bokcé*) (mot nouveau emprunté de l'anglais *to box*), se battre à coups de poing. — *se* BOXER, v. pron.

BOXEUR, subst. mas. (*bokceur*), homme accoutumé à se battre à coups de poing, qui en fait en quelque sorte son métier. Au fém. *boxeuse.* Voy. BOXER.

BOYARD, subst. mas. (*boiar*). Voy. BOÏARD.

BOYAU, subst. mas. (*boëiô*), au plur. BOYAUX du lat. *botellus*, diminutif de *botulus*, qui a à peu près la même signification), intestin, corps membraneux, creux, rond, étendu depuis le bas de l'estomac jusqu'au fondement. — Au fig., lieu étroit et long : *cette chambre n'est qu'un boyau.*— T. de guerre, en parlant d'une tranchée faite pour assiéger une place, on nomme *boyau* chaque partie des chemins en ligne droite qui composent les zigzags par lesquels on communique d'une parallèle à l'autre : *faire un boyau de communication d'une tranchée à l'autre.* — On appelle *descente de boyaux* une maladie causée par la rupture du péritoine, qui fait que les *boyaux* sortent de leur place, et descendent dans les bourses ou au-dessus.— On dit prov. et bassement d'un homme qui est toujours prêt à bien manger dès qu'on l'y invite : *qu'il a toujours six aunes de boyaux vides.*— On dit aussi pop., *rendre tripes et boyaux*, vomir excessivement ; *aimer quelqu'un comme ses petits boyaux*, l'aimer beaucoup ; et *il ne fait que racler le boyau*, il joue mal du violon, de la basse, etc. — *Cheval qui a du boyau*, ou *qui n'a point de boyau*, qui a beaucoup de flanc, ou qui en a peu ; *cheval étroit de boyau*, qui n'a point de corps. — T. de luth., *corde à boyau*, corde d'instrument de musique, faite des *boyaux* de certains animaux.— T. d'hydraul., long tuyau adapté à une machine pour conduire l'eau, et que l'on dirige à volonté.

BOYAUDERIE, subst. fém. (*boëiôderi*), profession de *boyaudier.* — Atelier où l'on prépare les *boyaux.*

BOYAUDIER, subst. mas. (*boëiôdié*), celui qui prépare et file des cordes à *boyau.*

BOYAU-ENTIER, subst. mas. (*boëiô-antié*), t. d'anat., intestin droit. — Au plur., des *boyaux-entiers.*

BOYAUX, subst. mas. plur. Voy. BOYAU.

BOYAUX-DE-CHAT, subst. mas. plur. (*boëiôdecha*), t. d'hist. nat., nom que les marchands donnent à des coquilles de la famille des tuyaux.

BOYAUX-DU-DIABLE, subst. mas. plur. (*boëiôdudiâble*), t. de bot. On a donné ce nom à la salsepareille.

BOYÉ ou **BOYER**, subst. mas. (*boëié*), chaloupe, bateau flamand. — Prêtre des peuples sauvages de l'Amérique.

BOYLE (MACHINE DE) (*boèle*). Voy. MACHINE PNEUMATIQUE. — *Vide de Boyle.* Voy. au mot VIDE.

BOZOULS, subst. propre mas. (*bozoul*), bourg de France, chef-lieu de canton, arrond. de Rhodez, dép. de l'Aveyron.

BRABANÇON, subst. mas., au fém. BRABANÇONNE (*brabançon, çone*), celui ou celle qui est du *Brabant.* — Il est aussi adj. : *vous êtes brabançon.*— Aujourd'hui on dit mieux *brabantin, brabantine.*

BRABANÇONNE, subst. et adj. fém. Voy. BRABANÇON.

BRABANT, subst. propre mas. (*braban*), province de Hollande.

BRABANTE, subst. fém. (*brabante*), t. de comm., toile qui se fabrique aux environs des villes de Gand, Bruges, Utrecht et Ypres.

BRABANTIN, E, subst. et adj. (*brabantein, tine*). Voy. BRABANÇON.

BRABEI, subst. mas. (*brabé*), t. de bot., petit arbrisseau du cap de Bonne-Espérance, de la famille des protées.

BRABEUTES, subst. mas. plur. (*brabeute*) (du grec βραβευτης, dérivé de βραβειον, prix du combat, de la victoire), t. d'hist. anc., officiers publics qui, chez les Grecs, présidaient aux jeux sacrés, et distribuaient les prix aux vainqueurs.

BRABYLE, subst. fém. (*brabile*), sorte de petite prune sauvage.

BRAC, subst. mas. (*brak*), t. d'hist. nat., oiseau du genre calao.

BRACE, subst. fém. (*brace*), casaque antique. On disait aussi *saraballe.*

BRACELET, subst. mas. (*bracelè*) (du lat. *brachiale*, dérivé du grec βραχιονιον, βραχιονιστηρ, ornement des bras, dont la racine est βραχιων, bras), petit ornement que les femmes portent au bras. — Instrument de cuir dont les doreurs sur métaux se couvrent le bras gauche, de peur de se blesser en polissant et brunissant leur ouvrage. — Lingot d'or allongé et roulé.

BRACHÉ, E, part. pass. de *bracher.*

BRACHE, subst. fém. (*brache*), t. de comm., mesure d'aunage en Suisse et en Allemagne, qui équivaut à vingt pouces trois lignes de France.

BRACHÉLYTRE, subst. mas. (*brachélitre*) (du grec βραχυς, court, et ελυτρον, étui), t. d'hist. nat., coléoptère brévipenne.

BRACHER, **BRACHIER**, **BRASSER**, **BRASSÉIER**, v. act. (*braché, brachié, bracé, bracéié*), t. de mar., faire la manœuvre des cordages, pour tendre ou détendre les branles.

BRACHET, subst. mas. (*braché*), chien de chasse.

BRACHIAL, E, adj., au plur. mas. BRACHIAUX (*brakial*) (en lat. *brachialis*, dérivé de *brachium*, bras), t. d'anat., qui a rapport, qui appartient au bras : *muscle brachial ; nerfs brachiaux.* — Subst. mas., muscle.

BRACHIAUX, subst. mas. plur. (*brakió*). Voy. BRACHIAL.

BRACHICATALECTIQUE, adj. (*brakikatalèktike*) (du grec βραχυς, court, bref, et καταληκτικος, incomplet), t. de litt. anc., se disait des vers grecs ou latins auxquels il manquait un pied à la fin.

BRACHIÉ, E, adj. (*brakié*) t. de bot., en croix. — Part. pass. de *brachier*, qui se prononce *braché.*

BRACHIER, v. act. (*brachié*), t. de mar. Voyez BRACHER.

BRACHINE, subst. fém. (*brachine*), t. d'hist. nat., insecte de l'ordre des coléoptères.

BRACHIO, subst. mas. (*brakió*), t. d'hist. nat., petit d'un ours.

BRACHIOBOLE, subst. mas. (*brakiobole*), t. de bot., plante qui comprend les *sisymbres* de la première division de Linnée.

BRACHIO-CÉPHALIQUE, adj. des deux genres (*brakiocéfalike*) (du grec βραχιων, bras, et κεφαλη, tête), t. d'anat., qui tient au bras et à la tête.

BRACHIO-CUBITAL, E, adj. (*brakiokubital*), t. d'anat., qui appartient au bras et au *cubitus.*

BRACHIODERMIEN, adj. mas. (*brakiodèremiein*) du grec βραχιων, bras, et δερμος, peau), t. d'anat., se dit d'une portion du muscle peaussier.

BRACHIOLE, subst. mas. (*brakiole*), t. de bot., plante de la famille des corymbifères, qui viennent de la Nouvelle-Zélande.—On dit aussi *brachyogle.*

BRACHION, subst. mas. (*brakion*), t. d'hist. nat., poisson du genre scorpène. — Ver de la division des polypes.

BRACHIONCOSE, subst. fém. (*brakionkôze*), (du grec βραχιων, bras, et ογκος, tumeur), t. de médec., tumeur sur le bras.

BRACHIOPODES, subst. mas. plur. (*brakiopode*) (du grec βραχιων, bras, et ποδος, gén. de πους, pied), t. d'hist. nat., mollusques à coquille et à tentacules ciliées qui adhèrent près de la bouche.

BRACHIO-RADIAL, E, adj. (*brakioradial*), t. d'anat., qui appartient au bras et au *radius.*

BRACHIOTOMIE, subst. fém. (*brakiotomi*) (du grec βραχιων, bras, et τομη, amputation), t. d'anat., amputation du bras.

BRACHIOTOMISTE, subst. mas. (*brakiotomicete*) (du grec βραχιων, bras, et τομευς, coupeur), t. d'anat., celui qui fait l'amputation du bras.

BRACKWÉLIACÉES, subst. fém. plur. (*brakvéliacé*), t. de bot., famille de plantes de l'ordre des polypétales.

BRACHYCÈRE, subst. mas. (*brakicère*), t. d'hist. nat., insecte de l'ordre des coléoptères.

BRACHYÉLITRE, subst. mas. (*brakiélitre*), t. de bot., plante de la famille des graminées.

BRACHYGLOTTE, Voy. BRACHIOLE.

BRACHYGRAPHE, subst. mas. (*brakiguerafe*), (du grec βραχυς, court, bref, et γραφω, j'écris), celui qui connaît l'art d'écrire par abréviation.

BRACHYGRAPHIE, subst. fém. (*brakiguerafi*), (même étymologie qu'au mot précédent), art d'écrire par abréviation.

BRACHYGRAPHIQUE, adj. des deux genres (*brakiguerafike*), qui concerne la *brachygraphie.*

BRACHYLOGIE, subst. fém. (*brakiloji*) (du grec βραχυς, court, et λογος, discours), discours, sentence abrégée.

BRACHYLOGIQUE, adj. des deux genres (*brakilojike*), qui concerne la *brachylogie.*

BRACHYN, subst. mas. (*brakein*), t. d'hist. nat., genre d'insectes coléoptères.

BRACHYOGLE, subst. mas. (*brakioguele*), t. de bot., plante radiée.

BRACHYPNÉE, subst. fém. (*brakipné*) (du grec βραχυς, court, et πνοη, haleine, respiration), t. de médec., respiration courte et pressée, remarquée dans les fièvres inflammatoires.

BRACHYPODE, subst. mas. (*brakipode*), t. de bot., plante de la famille des graminées.

BRACHYPOTE, subst. mas. (*brakipote*) (du grec βραχυς, court, bref, et ποω, je bois), t. de médec., frénétique, malade qui boit peu. Inus.

BRACHYPOTIE, subst. fém. (*brakipoti*), synonyme de rage. Inus.

BRACHYPTÈRES, subst. mas. plur. (*brakipetère*) (du grec βραχυς, court, et πτερον, aile), t. d'hist. nat., famille d'oiseaux de l'ordre des nageurs.

BRACHYSCOME, subst. mas. (*brakicekome*) (du grec βραχυς, court, et κομη, chevelure), t. de bot., genre de plantes de la famille des corymbifères.

BRACHYRÈME, subst. mas. (*brakirème*) (du grec βραχυς, court, et du latin *ramus*, branche), t. de bot., genre de plantes de la famille des légumineuses.

BRACHYSTÈME, subst. mas. (*brakicetème*), t. de bot., plante labiée.

BRACHYSTÈRES, subst. mas. plur. (*brakicetère*), t. d'hist. nat., coléoptères.

BRACHYSTOCHRONE, subst. fém. (*brakicetokrone*) (du grec βραχυστος, superl. de βραχυς, court, et χρονος, temps ; *courbe parcourue dans le temps le plus court*), t. de physique, nom donné par *Bernouilli* à la courbe par laquelle les corps descendent le plus vite.

BRACHYURE, adj. des deux genres (*brakiure*), (du grec βραχυς, court, et ουρα, queue), t. d'hist. nat., à courte queue. Il se dit de plusieurs animaux.

BRACHYURES, subst. mas. plur. (*brakiure*), t. d'hist. nat., nom donné à la première famille des crustacés.

BRACIEUX, subst. propre mas. (*bracieu*), village de France, chef-lieu de canton, arrond. de Blois, dép. de Loir-et-Cher.

BRACMANE, **BRAME**, **BRAMIN**, **BRAMINE**, subst. mas. (*brakmane, brame, bramein, bramine*) (du dieu *Brama*), philosophe ou prêtre indien dont l'existence remonte à la plus haute antiquité.

BRACON, subst. mas. (*brakon*), en t. d'hydraulique, console ou appui qui soutient une porte d'écluse. — En t. d'hist. nat., insecte de l'ordre des hyménoptères.

BRACONNAGE, subst. mas. (*braconaje*), action de *braconner.*

BRACONNER, v. neut. (*brakoné*) (de *braque*, nom de certains chiens de chasse), chasser furtivement sur les terres d'autrui pour faire son profit du gibier.

BRACONNIER, subst. mas., au fém. BRACONNIÈRE (*brakonié, nière*), celui, celle qui *braconne.* — Par exagération, celui qui, chassant avec permission, ou chassant sur son propre sol, tue sans ménagement le plus de gibier qu'il peut.

BRACTÉATES, subst. fém. plur. (*braktéate*) (du lat. *bractea*, feuille, lame mince de métal), médailles ou monnaies du moyen-âge fabriquées grossièrement avec de légères feuilles de métal, et dont le relief d'un côté est formé ordinairement par le creux de l'autre.

BRACTÉE, subst. fém. (*brakté*), t. de bot., petite feuille qui naît avec les fleurs, et qui ne diffère des autres feuilles de la plante que par sa forme.— On l'appelle aussi *feuille florale.*

BRACTÉEN, NE, adj. (*braktéein, ène*), t. de bot., qui est formé de *bractées.*

BRACTÉIFÈRE, adj. des deux genres (*braktéi-fère*) (du lat. *bractea*, feuille mince, et *fero*, je porte), t. de bot., qui porte une ou plusieurs *bractées*.

BRACTÉIFORME, adj. des deux genres (*brak-téiforme*), t. de bot., en forme de *bractée*.

BRACTÉOLE, subst. fém. (*braktéole*) (en lat. *racteola*, dim. de *bractea*, feuille, lame mince), rognure de feuilles d'or; feuille, petite lame d'or. — Girouette.

BRACTÉTÉ, E, adj. (*braktété*), synonyme de bractéifère. Voyez ce mot.

BRADLÉIA, subst. fém. (*bradeléia*), t. de bot., plante de la famille des tithymaloïdes.

BRADYPE, subst. mas. (*bradipe*), t. d'hist. nat., mammifère de la famille des tardigrades.

BRADYPEPSIE, subst. fém. (*bradipépci*) (du grec βραδυς, lent, et πεψις, coction, digestion, dérivé de πεπτω, je cuis, je digère), t. de médec., digestion lente et imparfaite.

BRADYPODE, adj. et subst. des deux genres (*bradipode*) (du grec βραδυς, lent, et ποδος, gén. de πους, pied), t. d'hist. nat., qui marche lentement.

BRADYSPERMATIQUE, adj. des deux genres (*bradicepérematike*) t. de médec., qui a rapport au *bradyspermatisme*.

BRADYSPERMATISME, subst. mas. (*bradicepè-rematiceme*) (du grec βραδυς, lent, tardif, et σπερμα, sperme, semence), t. de médec., émission difficile du sperme.

BRAGANCE, subst. propre fém. (*braguance*), ville de Portugal.

BRAGANTIE, subst. fém. (*braguanti*), t. de bot., arbrisseau de la Cochinchine.

BRAGOT, subst. mas. (*braguo*), bourreau dans les galères.

BRAGOZO, subst. mas. (*braguozô*), t. de mar., embarcation de l'Adriatique.

BRAGUE, subst. fém. (*brague*), t. de luth., dans un luth, morceau de bois qui recouvre le point où se réunissent les éclisses qui en forment le corps. — En t. de mar., 1° bout de cordage aux extrémités duquel sont estropées deux poulies simples recevant les bras opposés de la même vergue, des boulines de la même voile; 2° cordage qui sert à retenir le canon et à borner son recul. — Subst. propre, ville de Portugal.

BRAGUER, v. neut. (*braguié*), t. burlesque, mener une vie joyeuse; faire le fanfaron. Il est vieux.

BRAGUES, subst. fém. plur. (*brague*), hauts-de-chausses ou culottes fort amples. — Divertissement en amour, ou ce qui peut servir à la vie joyeuse. — Il est vieux dans les deux acceptions.

BRAGUET, subst. mas. (*braguè*), t. de mar., cordage qui passe sous le pied du mât de hune qu'il faut guinder, et qui sert à le retenir en cas que la guinderesse casse.

BRAGUETTE, subst. fém. (*braguète*), t. de mar. Voy. BRAGUET. — Anciennement, ouverture sur le devant de la culotte. — On disait aussi *brayette*.

BRAHMANE. Voy. BRACMANE.

BRAHMANIQUE. Voy. BRAMINIQUE.

BRAHMANISME. Voy. BRAMINISME.

BRAI, subst. mas. (*brê*) (en lat. *brutia*, qui se trouve dans Pline, et qui a été pris de *Brutia*, colonie des Phéniciens, abondante en bonne poix), goudron, mélange de gomme et d'autres matières propres à calfater. — Escourgeon; orge broyée pour la bière. — Piège avec lequel on prend les *oisillons* par les pattes.

BRAÏER. Voy. BRAYER.

BRAIES, subst. fém. plur. (*bra-ie*) (du lat. *bracca*, *æ*, ou *braccæ*, *arum*, qui a la première signification, et dérive du celtique *bracca*), hauts-de-chausses, culottes. Il ne se dit plus dans ce sens. — Fig. et pop., *sortir d'une affaire les braies nettes*, sans échec, sans honte. — Au sing., linge dont on enveloppe le derrière des enfants. Vieux. On dit généralement aujourd'hui: lange, couche. — Outil de cirier. — T. de mar., cuir ou toile poissée qu'on met au pied d'un mât auprès du tillac, de peur que l'eau ne le pourrisse. — Dans la construction d'un moulin à vent, on nomme *braies* les pièces de bois qu'on met sur le palier du moulin pour soulager les meules. — Dans l'imprimerie, au sing., feuille de papier ou de parchemin découpée aux endroits où la lettre doit marquer, et dont on se sert pour tirer des épreuves. — T. de pêche, au plur., gords que l'on renferme, au bord de la mer, avec des pieux ou des clayonnages.— *Braies de cocu*. Voy. PRIMEVÈRE.

Braient, 3e pers. plur. prés. indic. du verbe irrégulier et défectif BRAIRE.

BRAILLARD, E, adj. (*brâiar*, *iarde*), qui aime à crier; qui parle beaucoup, haut et mal à propos. — On s'en sert le plus souvent subst.: *c'est un braillard*, *une braillarde*. Fam.

BRAILLE, subst. fém. (*brâie*), t. de pêche, pelle de bois pour remuer les harengs salés.

BRAILLÉ, E, part. pass. de *brailler*.

BRAILLEMENT, subst. mas. (*brâieman*), manière de parler des *braillards*. — Cri importun de quelques animaux: *le braillement d'un chien*, *d'un cheval*. Ce mot manque dans l'*Académie*.

BRAILLER, v. neut. (*brâié*) (du lat. barbare *bragulare*, fait de *bragare*, qui vient par métaplasme de *bragere*, dérivé du grec βραχειν, faire du bruit, d'où vient aussi le mot *braire*), parler haut et mal à propos; criailler. — Excéder en chantant le volume de sa voix naturelle.—On dit en t. de chasse, qu'*un chien braille*, quand il donne de la voix sans sujet. — *Brailler* s'emploie aussi activement en t. de pêche, et signifie remuer avec la *braille* les harengs qu'on sale à terre, afin qu'ils prennent mieux la saumure.

BRAILLEUR, subst. et adj. mas., au fém. **BRAILLEUSE** (*brâieur*, *ieuze*), se dit de celui ou celle qui *braille*, qui ne fait que *brailler*. — En t. de manège, cheval qui hennit très-souvent.

BRAILLEUSE, subst. et adj. fém. Voy. BRAILLEUR.

BRAIME, subst. fém. (*brême*), femme stérile. Entièrement inusité.

BRAIMENT ou **BRAIRE** (le premier est préférable), subst. mas. (*brêman*, *brêre*), cri des ânes.

BRAINE, subst. propre fém. (*brène*), village de France, chef-lieu de canton, arrond. de Soissons, dép. de l'Aisne.

DU VERBE IRRÉGULIER ET DÉFECTIF BRAIRE:

Braira, 3e pers. sing. fut. abs.

Brairaient, 3e pers. plur. prés. cond.

Brairait, 3e pers. sing. prés. cond.

BRAIRE, subst. mas. (*brère*), Voy. BRAIMENT.

BRAIRE, v. neut. (*brère*) (voy. BRAILLER pour l'étymologie), crier, en parlant de l'âne.—Fig. et fam., parler, chanter, plaider, etc., avec une voix rude et désagréable; tenir des propos d'ignorant; pleurer. Pop.— Ce verbe ne se dit qu'à l'infinitif et aux troisièmes personnes du présent et du futur de l'indicatif: *il brait*, *ils braient*; *il braira*, *ils brairont*. Les autres temps ne sont point en usage. — Nous nous trouvons entraînés naturellement à mentionner ici une judicieuse observation du savant *Lemare*: de ce que quelques verbes, dit-il à peu près en ces termes, n'ont encore été employés qu'en certains temps, en certaines personnes, et qu'ils ne peuvent que fort rarement recevoir d'autres emplois, ce ne doit pas être une raison suffisante pour les mutiler impitoyablement. Si l'on peut dire d'un âne qu'*il brait*, pourquoi un âne, parlant dans une fable, ne dirait-il pas: *je brais*, *je brairai?* etc. Pourquoi, s'adressant à un ou plusieurs quadrupèdes de son espèce, ne pourrait-il pas dire: *brais*; *nous brairons?* Comment s'exprimerait donc en pareil cas cette intéressante et bruyante société? — Le mot *braire* étant affecté au cri de l'âne, ne disons pas avec le peuple: *beugler comme un âne*, mais *braire*.

Brairont, 3e pers. plur. fut. abs. du v. irrégulier BRAIRE.

BRAISE, subst. fém. (*brèze*) (du grec βραζειν, être chaud, brûlant), bois que le feu a réduit en charbons. — On le dit aussi des charbons ardents. — On appelle *braise* les charbons que les boulangers tirent de leur four, et qu'ils éteignent ensuite pour les vendre. — T. de verrerie, *faire la braise*, mettre la *braise* dans le four, la faire embraser. — Prov.: *passer sur quelque chose comme chat sur braise*, légèrement et sans appuyer. — *Tomber de la poêle dans la braise*, tomber d'un méchant état dans un pire.—Pop., *être chaud comme braise*, être d'un tempérament ardent. — Prov. et fig., en parlant d'un homme qui s'est vengé promptement de quelque tort qu'on lui a fait, ou d'un homme qui a fait une repartie vive et prompte à quelque chose de piquant, on dit qu'*il l'a rendu chaud comme braise*; et quand quelqu'un est venu annoncer sans aucune préparation une mauvaise nouvelle, on dit qu'*il l'a donné chaud comme braise*.

BRAISÉ, E, part. pass. de *braiser*.

BRAISER, v. act. (*brèzé*), faire cuire à la *braise*.

BRAISIER, subst. mas. (*brèzié*), petite huche où le boulanger met la *braise* quand elle est étouffée.

BRAISIÈRE, subst. fém. (*brèzière*), vaisseau de cuivre où le boulanger étouffe la *braise* avant de la mettre dans le *braisier*.— Vaisseau pour faire cuire à la *braise*.

BRAISINE, subst. fém. (*brèzine*), t. de manuf., mélange d'argile et de fiente de vache, pour enduire les pierres des moules.

Brait, 3e pers. sing. prés. indic. du v. irrégulier BRAIRE.

BRAK, adj. mas. (*brak*), t. de comm.: *hareng brak*, hareng à demi salé.

BRAMA, subst. propre mas. (*brama*), nom du dieu créateur chez les Indiens.

BRAME. Voy. BRACMANE.

BRAME-DE-MER, subst. mas. (*bramedemère*), t. d'hist. nat., espèce de poisson qui a le tour des yeux dorés.

BRAMER, v. neut. (*bramé*) (du grec βρεμειν, rugir, frémir), crier, en parlant du cerf.

BRAMIE, subst. fém. (*brami*), t. de bot., plante des Indes, de la famille des personnées.

BRAMIN. Voy. BRACMANE.

BRAMINE. Voy. BRACMANE.

BRAMINIQUE, adj. des deux genres (*bramini-ke*), qui appartient, qui a rapport aux bracmanes ou brames.

BRAMINISME, subst. mas. (*braminiceme*), religion, doctrine des *brames*.

BRAN, subst. mas. (*bran*), matière fécale. — T. de mépris: *bran de ses promesses*. Il est bas et vieux. — *Bran de Judas*, taches de rousseur qui viennent au visage et aux mains. — *Bran de son*, la partie du son la plus grosse. — *Bran de scie*, la poudre du bois que l'on scie. — Toutes ces locutions sont peu usitées.

BRANCADES, subst. fém. plur. (*brankade*), chaînes des forçats. Peu usité.

BRANCARD, subst. mas. (*brankar*) (suivant *Ménage*, du latin barbare *branca*, dans la signification de *branche*), sorte de civière à bras et à pieds qui sert pour transporter un malade couché, des meubles, des choses fragiles, etc. — *Brancards*, les deux pièces de bois ou de fer posées sur les lisoirs, et qui joignent le train de derrière au train de devant dans un charriot ou une chaise roulante. — On appelle aussi *brancards* les deux pièces de bois qui se prolongent en avant de la charrette, et entre lesquelles se trouve placé le cheval qui la traîne. — Assemblage de plusieurs pièces de charpente qui forment une machine propre à transporter des pierres ou autres choses très-pesantes.

BRANCARDIER, subst. mas., au fém. **BRANCARDIÈRE** (*brankardié*, *dière*), celui ou celle qui porte un *brancard*.

BRANCARDIÈRE, subst. fém. Voyez BRANCARDIER.

BRANCE, subst. fém. (*brance*), sorte d'épée courte dont on se servait autrefois en France.

BRANCHAGE, subst. mas. (*branchaje*), toutes les *branches* d'un arbre: *ce branchage est trop touffu*, *il faut l'élaguer*.

BRANCHE, subst. fém. (*branche*) (du latin du moyen-âge *branca*, formé de *brachium*, bras, parce que les *branches* sont comme les bras des arbres, etc.), le bois que pousse le tronc d'un arbre. — Les jardiniers appellent *mère branche* celle qui, ayant été raccourcie lors de sa dernière taille, a produit de nouvelles *branches*; *maîtresses branches*, les *branches* de l'arbre les plus fortes, et d'où naissent toutes les autres; *branches à bois*, celles qui, étant plus grosses et pleines de boutons plats, donnent la forme à l'arbre, et ne produisent ni fleurs ni fruits; *branches à fruits*, celles qui naissent plus faibles que les *branches* à bois, qui ont des boutons ronds, et donnent des fleurs et des fruits; *branches gourmandes*, celles qui sortent du tronc ou des *mères branches*, qui sont droites, grosses et longues, et absorbent la nourriture des autres; *branches chiffonnes*, celles qui sont courtes et déliées et ne peuvent produire aucun fruit; *branches de faux bois*, celles qui croissent hors des *branches* taillées de l'année précédente, ou qui sont grosses aux endroits où elles devraient être déliées, sans donner aucun signe de fécondité; *branches veules*, celles qui, après leur accroissement, sont longues et déliées, sans aucun indice de fécondité; *branches aoûtées*, celles qui, ayant pris leur accroissement, s'endurcissent après le mois d'août, et prennent une couleur noirâtre; *branches de réserve*, celles qui sont entre deux *branches* à fruits, et que l'on conserve pour l'année suivante, afin qu'elles fournissent à la place de celles qui ont porté fruit. — *Branche* se dit, par extension, des choses dont la forme et la position offrent quelque analogie avec celles d'une branche : *les branches du bois du cerf, les branches d'un lustre; un chandelier à plusieurs branches.* Voy. plus bas, aux termes d'arts et métiers, différents exemples du mot *branche* pris dans cette acception. — On appelle *branches d'une rivière* ou *d'un fleuve* les rivières moins considérables qui s'y jettent et augmentent ses eaux : *la Marne et l'Yonne sont deux branches de la Seine.* — *Branche* se dit des différentes parties que forme un fleuve en divisant ses eaux : *ce fleuve se divise en deux bras, dont l'un se subdivise encore en quatre branches.* — On dit *les branches d'une montagne*, pour signifier les montagnes moins considérables qui partent de cette montagne principale et s'étendent de côté et d'autre. — Fig., les divisions principales d'un arbre généalogique : *la branche aînée; la branche cadette.* Les *branches* sortent d'une même tige et se subdivisent en rameaux. — On dit fig. : *une branche de commerce*, pour dire : un objet particulier de commerce. — *Cette affaire a plusieurs branches*, plusieurs chefs, plusieurs articles à discuter. — On dit aussi les *branches* d'une science : *les différentes branches de l'histoire naturelle*, etc. —*Branche* s'emploie figurément dans les phrases suivantes : *sauter de branche en branche*, passer d'un propos, etc., à l'autre sans s'arrêter à rien. — *Être comme l'oiseau sur la branche*, n'avoir pas d'état assuré, d'opinion fixe, etc. — *Se prendre, s'attacher aux branches*, s'arrêter aux circonstances inutiles d'une chose dont on néglige le fond. Cette phrase est peu usitée. — *Il vaut mieux se tenir au gros de l'arbre que de se tenir aux branches*, il faut s'attacher aux chefs plutôt qu'aux subalternes. — *S'accrocher à toutes les branches*, se servir de tous les moyens pour se tirer d'embarras. — En anat. : *les artères principales se divisent en branches, et ces branches se subdivisent en rameaux.* On dit aussi : *les branches de la moelle allongée, les branches du pubis*, etc. — En archit., on appelle *branches d'ogives* les nervures des voûtes gothiques qui font saillie sur le nu de ces voûtes. — *Branche de balance* se dit de cette partie de la romaine où sont marqués les caractères qui indiquent le poids des corps que l'on pèse. — En t. de géom., partie de certaines courbes depuis le sommet ou point d'origine : *branche de parabole, d'hyperbole.* En ce sens, on nomme *branche inférieure* une *branche* de courbe qui s'étend à l'infini. — En t. de manuf. d'étoffes, certaine partie de la chaîne. La chaîne est distribuée en portées, la portée en *branches*, et la *branche* en fils. — Portion de chaîne contenue sur chacun des petits roquetins pour les ouvrages de velours. — *Lunettes à branches*, lunettes fixées devant les yeux au moyen de deux petites branches de métal, d'écaille, etc., qui s'appliquent le long des tempes.— *Branches d'un binocle, d'un compas, d'un forceps*, etc., les deux pièces qui les forment et que l'on peut écarter ou rapprocher à volonté. — *Les branches d'une mine d'or, d'argent*, etc., les filons qui partent du filon principal. — En t. de fort., *branche de tranchée*, le boyau d'une tranchée. — *Branche de flambeau*, toute la partie du flambeau qui est élevée au-dessus du pied, et au bout de laquelle on met la chandelle. — *Branche de trompette*, chacun des deux principaux cornets dont est composée la trompette. — *Branche de cyprès*, espèce de droit de balise qui se percevait au bureau des fermes, à Blaye. — *Branches d'araignées* se dit, en t. de mar., de chacun des bouts des petits cordages qui composent le martinet. — *Branches de bouline*, cordages que l'on place sur chaque ralingue latérale des voiles carrées. Elles sont frappées sur trois pattes de boulines à diverses distances.—*Branches de martinet*, petits cordages qui forment une patte d'oie sur la corne d'artimon. — T. d'éperon., les deux pièces de fer qui tiennent au mors du cheval, et où la bride est attachée. — Les deux parties qui composent les ciseaux, les pincettes. —En t. de crocheteurs, les deux grands bâtons de devant de leurs crochets qui portent sur leur dos. — T. de vannerie, chacune des trois portions dont un cordon de natte est formé — Planche pointue à l'usage des verriers.—Dans la fonte des balles et dragées pour les armes à feu, jet principal auquel tiennent les dragées et les balles par un jet particulier. — Partie qui forme le coupon d'un train de bois. — Corps de l'épingle, lorsque l'une de ses extrémités est en pointe, et que l'autre est prête à recevoir la tête. — Partie de la poignée d'une épée. — Les charrons appellent *branches* les deux pièces de bois qui soutiennent les arcs-boutants sur le derrière d'un train de carrosse; les imprimeurs, deux pièces de fer qui, par le foulage d'une presse, pèsent sur la platine, au moyen du mouvement du barreau. — Myth., *branche chargée de fruits.* Voy. TANTALE. MINERVE.

BRANCHÉ, E, part. pass. de *brancher.* Il se dit proprement d'un oiseau placé sur une *branche.*— Il s'emploie fig. et fam. en quelques occasions : *un matelot branché sur une vergue.*

BRANCHER, v. act. (*branché*), pendre, attacher à la *branche* d'un arbre. Il est fam. et n'a plus d'usage. On ne le disait autrefois qu'en parlant d'un voleur, d'un maraudeur, qu'on pendait à un arbre. —T. de verrier, mouvoir la *branche* en rond. — En t. de vieille faucon., nourrir et élever les oiseaux de proie *niais* ou pris au nid. — *Brancher*, v. neut., se percher sur des *branches* d'arbre, en parlant des oiseaux : *le pigeon ne branche pas.* Fort peu usité. — *se* BRANCHER, v. pron., se percher sur une *branche.* Il ne se dit plus.

BRANCHE-URSINE. Voy. ACANTHE.

BRANCHIADE. Voy. BRANCHIDE.

BRANCHIAL, E, adj. (*branchiale*), t. de médec., qui se fait par les *branchies*; qui y a rapport : *respiration branchiale.*

BRANCHIALE, subst. fém. (*branchiale*), t. d'hist. nat., sorte de lamproie.

BRANCHIDE ou **BRANCHIADE**, subst. propre mas. (*branchide, chiade*), myth. On appelait ainsi Apollon à cause d'un certain *Branchus*, jeune homme que ce dieu avait beaucoup aimé, et à qui il avait élevé un temple. De là les prêtres de l'oracle d'Apollon *Didymœus* se nommaient *branchides.*

BRANCHIELLE, subst. fém. (*branchièle*), t. de bot. On a donné ce nom à une espèce de mousse formée aux dépens des *brys* de Linnée. Il n'a pas été adopté.

BRANCHIER, subst. et adj. mas. (*branchié*), se disait, en t. de vieille faucon., d'un jeune oiseau qui ne vole encore que *de branche en branche.*

BRANCHIES, subst. fém. plur. (*branchi*) (du latin *branchiæ*, dérivé du grec βραγχια, qui a la même signification, et qui vient de βραγχος, la gorge, parce que les *branchies* tiennent lieu de gorge aux poissons), t. d'hist. nat., les ouïes des poissons. C'est l'organe respiratoire de cette classe d'animaux; très-différent des poumons, tant par sa forme que par sa nature.

BRANCHIODÈLES, subst. mas. plur. (*branchiodèle*) (du grec βραγχια, branchies, et δηλος, visible, manifeste), t. d'hist. nat., classe de vers marins qui ont les *branchies* visibles au dehors.

BRANCHIOGASTRE, subst mas. (*branchioguacetre*) (du grec βραγχια, branchies, et γαστηρ, ventre), t. d'hist. nat., insecte de l'ordre des crustacés.

BRANCHIOPODE, subst. mas. (*branchiopode*) (du grec βραγχια, gorge, et ποδος, gén. de πους, pied), t. d'hist. nat., espèce de cancre. — Au plur., ordre de crustacés. La dénomination de *branchiopodes* a été aussi donnée à un genre de cet ordre, et quelquefois aussi aux squilles. Ces animaux sont aquatiques, nagent très-bien et presque toujours sur le dos.

BRANCHIOSTÈGES, subst. mas. plur. (*branchiocetéje*) (du grec βραγχια, branchies, et στεγω, je couvre), t. d'hist. nat., poissons dont les ouïes ou *branchies* sont recouvertes par une membrane. — Adj., se dit des ouïes des poissons.

BRANCHIPE, subst. mas. (*branchipe*), t. d'hist. nat., genre de crustacés de l'ordre des branchiopodes, section des phyllopes.

BRANCHU, E, adj. (*branchu*), qui a beaucoup de *branches : arbre extrêmement branchu.*

BRANCHUS, subst. mas. (*brankuce*) (du grec βραγχος, enrouement), t. de médec., affection catarrhale de la membrane muqueuse du pharynx et de la trachée. — Myth. Voy. BRANCHIDE.

BRANCURSINE. Ce mot est quelquefois employé pour *branche-ursine.* Voy. ACANTHE.

BRAND, subst. mas. (*bran*), épée tranchante et lourde que l'on maniait à deux mains.

BRANDADE, subst. fém. (*brandade*), t. de cuisine, ragoût provençal fait avec de la morue à l'ail et autres ingrédients.

BRANDE, subst. fém. (*brande*), t. de bot., arbuste qui croît dans les endroits incultes, sorte de bruyère. — Menue branche d'un arbre. — Clairière et lieu voisin des forêts, dans lequel les cerfs vont pâturer; lieu inculte où il croît des *brandes.* — Terre de peu de valeur.

BRANDEBOURG, subst. fém. (*brandebour*) (de la casaque de même forme que portaient les troupes de l'électeur de *Brandebourg*, lorsqu'en 1674 il passa le Rhin et entra dans l'Alsace avec plusieurs autres princes ligués contre la France), espèce de casaque à longues manches que l'on portait du temps de Louis XIV : *porter une brandebourg.*— *Brandebourg*, subst. mas., espèce de broderie ou de galon que l'on met autour des boutonnières de certains habits : *brandebourg d'or, d'argent.* — Pavillon de jardin. — Subst. propre mas., ville et province des états prussiens.

BRANDEBOURGEOIS, E, subst. et adj. (*brandebourjoâ, joâze*), qui est du *Brandebourg*; qui appartient au *Brandebourg.*

BRANDERIE, subst. fém. (*branderî*), lieu où l'on fait les eaux-de-vie de grain.

BRANDEVIN, subst. mas. (*brandevein*) (de l'allemand *brand*, brûler, et *wein*, vin), eau-de-vie.

BRANDEVINIER, subst. mas., au fém. **BRANDEVINIÈRE** (*brandevinié, brandevinière*), celui ou celle qui fait ou vend de l'eau-de-vie dans un camp, dans une garnison. — On dit plutôt aujourd'hui *cantinier* et *cantinière.*

BRANDEVINIÈRE, subst. fém. Voy. BRANDEVINIER.

BRANDHIRTZ, subst. mas. (*brandirtze*), t. d'hist. nat., espèce de cerf d'Allemagne.

BRANDI, E, part. pass. de *brandir*, et adj. On disait prov. : *enlever un ballot tout brandi*, l'enlever tout d'un coup; *enlever un homme tout brandi*, l'enlever dans l'état où il est. Vieux.

BRANDILLÉ, E, part. pass. de *brandiller.*

BRANDILLEMENT, subst. mas. (*brandiieman*), mouvement qu'on se donne en se *brandillant.*

BRANDILLER, v. act. (*brandié*) (*Ménage* a dérivé ce mot, ainsi que *brandir* et *branler*, du lat. *vibrare*, dont la signification est la même, mais, suivant sa coutume, par une suite de transformations qui donnent peu de confiance en cette étymologie), mouvoir de çà et de là : *brandiller les jambes, les bras.* — *se* BRANDILLER, v. pron., se balancer avec une corde. Il est fam.

BRANDILLOIRE, subst. fém. (*brandiioare*), corde attachée à quelque chose, ou branches entrelacées où l'on peut s'asseoir pour se *brandiller.*

BRANDIR, v. act. (*brandir*), branler, secouer, agiter dans sa main un épieu, une pique, une hallebarde, etc., comme pour s'apprêter à frapper : *le chevalier brandissait sa lance.* — *Brandir un chevron*, en t. de charp., attacher un chevron à une panne, par le moyen d'une forte cheville. — *se* BRANDIR, v. pron.

BRANDO, subst. propre mas. (*brando*), village de France, chef-lieu de canton, arrond. de Bastia, dép. de la Corse.

BRANDON, subst. mas. (*brandon*) (de l'allemand *brand*, embrasement), sorte de flambeau fait avec de la paille tortillée.—*Brandon*, paille entortillée au bout d'un bâton qu'on plante aux extrémités d'un champ, etc., pour marquer qu'il est saisi. De là dérive l'expression de *saisie-brandon*, en t. de procédure. — Au plur., *brandons*, corps enflammés qui s'élèvent d'un incendie. — On dit fig. : *les brandons de la discorde, les brandons de la guerre.* — On appelait autrefois *dimanche des brandons* le premier dimanche de carême, parce que le peuple parcourait ce jour-là les campagnes en dansant et en portant des *brandons.* Cet usage n'était autre chose que les restes d'une fête que l'on célébrait anciennement de cette manière, en l'honneur de l'agriculture : *danse des brandons.*

BRANDON-D'AMOUR, subst. mas. (*brandondamour*), t. d'hist. nat., nom que les marchands donnent à la coquille connue sous le nom d'arrosoir.

BRANDONNÉ, part. pass. de *brandonner.*

BRANDONNER, v. act. (*brandoné*), planter des *brandons* dans un champ, pour marquer qu'il est saisi.

BRANES, subst. fém. plur. (*brane*), t. de vénerie, tettes de la louve.

BRANLANT, E, adj. (*branlan, lante*), qui *branle*, qui penche tantôt d'un côté, tantôt d'un autre. — *Château branlant* se dit au figuré d'une personne ou d'une chose mal assurée, qui paraît près de tomber. — Subst. mas., croix sans coulant, terminée en pendeloque.

BRANLE, subst. mas. (*branle*), agitation, mouvement d'oscillation qui porte un corps tantôt d'un côté, tantôt de l'autre : *le branle d'une cloche; la mettre en branle.—Sonner les cloches en branle*, leur donner tout le mouvement qu'elles peuvent avoir.—Fig. et fam., premier mouvement, première impulsion donnée à une affaire, etc. On dit, en ce sens, *être* ou *se mettre en branle*, être ou commencer à se mettre en mouvement. — *Mettre les autres en branle*, les mettre en train, en mouvement.—*Donner le branle*, mettre en disposition d'agir. — Fig. et fam., disposition prochaine : *je l'ai vu en branle de vendre sa charge; on l'a mis en branle de terminer cette affaire.* — Fig. et fam., incertitude, irrésolution : *être en branle si....* être en doute, en suspens. — Sorte de danse de plusieurs personnes qui se tiennent par la main : *branle gai ; branle à mener; grand branle.* En ce sens, on dit fig. : *mener le branle*, mettre les autres en train, leur donner l'exemple ; *être fou comme le branle gai*, être d'une gaieté folle. — L'air de cette danse. — *Faire danser à quelqu'un un branle de sortie*, le faire sortir. Style fam. et comique. — Hamac, lit de navire, formé d'une toile suspendue à des cordes par les quatre bouts. Il ne s'emploie plus aujourd'hui dans ce sens. —En t. de vieille faucon., vol de l'oiseau, lorsque, s'élevant seulement au premier degré sur la tête du fauconnier, il tourne en battant des ailes et en remuant la queue. — *Branle*, en horlogerie, s'entend de l'espace parcouru par le régulateur en une vibration.

BRANLÉ, E, part. pass. de *branler*.

BRANLE-BAS, subst. mas. (*branlebas*, t. de mar., commandement qu'on fait de détendre tous les *branles* ou hamacs d'entre les ponts et de les mettre dans les filets de bastingage, de dégager les batteries et de transporter à fond de cale, avant le combat, toutes les choses inutiles : *branle-bas de combat ; faire un branle-bas général.* — Au fig., signal d'une crise épouvantable.

BRANLEMENT, subst. mas. (*branleman*), mouvement de ce qui *branle*.

BRANLEQUEUE, subst. mas. (*branlekeu*), t. d'hist. nat., nom vulgaire de la lavandière.

BRANLER, v. act. (*branlé*), agiter, mouvoir, remuer, faire aller de çà et de là : *branler les jambes; branler la tête; branler les bras.* Voy. BRANDILLER. — *se* BRANLER, v. pron., s'agiter, se remuer. — *Branler*, v. neut., être agité, pencher de côté et d'autre : *la tête, les dents lui branlent.* —*Ne branlez pas de là*, ne bougez pas de là, demeurez là où vous êtes. — *N'oser branler devant un homme*, n'oser rien dire ni rien faire qui puisse le choquer ; être dans une crainte, dans une continuelle contrainte devant lui. En ce sens, il vieillit, et ne s'emploie que familièrement. — Il se dit du mouvement que font des troupes intimidées et prêtes à fuir : *tout d'un coup on vit ce bataillon branler.* — *Branler dans le manche*, ou mieux *au manche*, être sur le point de changer, de perdre sa fortune ou son emploi, etc. : *ce fonctionnaire branle au manche.—Tout ce qui branle ne tombe pas*, prov. Ces expressions sont du style fig. et familier. — *Branler au manche, dans le manche*, se dit aussi d'un outil emmanché peu solidement.

BRANLES, s. mas. (*branle*), village de France, dép. de Seine-et-Marne, arrond. de Fontainebleau, canton de Château-Landon.

BRANLOIRE, subst. fém. (*branloâre*), instrument avec quoi les taillandiers, maréchaux et autres ouvriers de forge, font aller leurs soufflets. — Ais posé en équilibre, au bout duquel deux personnes se balancent en faisant tour à tour le contrepoids. — En t. de chasse, *un héron est à la branloire*, c'est-à-dire est haut et tourne en *branlant*. — Baquet d'épinglier.

BRANNE, subst. propre fém. (*brane*), bourg de France, chef-lieu de canton, arrond. de Libourne, dép. de la Gironde.

BRANTA, subst. fém. (*branta*), t. d'hist. nat., oie d'Angleterre et d'Ecosse.

BRANTÔME, subst. propre fém. (*brantôme*), village de France, chef-lieu de canton, arrond. de Périgueux, dép. de la Dordogne.

BRAQUE, subst. des deux genres (*brake*), espèce de chien de chasse à poil ras et oreilles pendantes : *un braque, une braque.* — On dit : *il est fou comme un braque*, en parlant d'un étourdi, d'un écervelé; et le mot *braque* s'emploie aussi figurément pour désigner la personne même : *cet homme est un braque* ; ou même adj. : *voilà un homme bien braque.*

BRAQUÉ, E, part. pass. de *braquer*.

BRAQUEMART, subst. mas. (*brakemar*) (du grec βραχεια, μαχαιρα, courte épée), épée courte et large qu'on portait autrefois le long de la cuisse.

BRAQUEMENT, subst. mas. (*brakeman*), action de *braquer* ; situation de ce qui est *braqué* : *le braquement d'un canon.* Peu usité.

BRAQUER, v. act. (*braké*), tourner dans une certaine direction. Il se dit proprement par rapport au canon, et, par extension, relativement à une lunette, etc., et même fam. de la vue : *il a les yeux braqués sur moi.* — *se* BRAQUER, v. pron.

BRAQUES, subst. fém. plur. (*brake*), pinces d'une écrevisse.

BRAS, subst. mas. (*brâ*, et devant une voyelle *brâze*) (du lat. *brachium*, dérivé du grec βραχιων, dont la signification est la même), partie du corps humain, membre qui tient à l'épaule : *les deux bras ; le bras droit ; le bras gauche ; bras nerveux ; gros bras ; bras délicat ; joli bras ; lever, hausser, baisser le bras ; étendre, plier le bras ; la force du bras ; bras cassé ; bras démis ; bras remis; bras coupé; bras amputé; bras en écharpe ; perdre un bras ; il lui manque un bras ; porter quelqu'un ou quelque chose sur ses bras, dans ses bras, entre ses bras ; porter quelque chose sous le bras ; lever quelque chose à bras tendu; se jeter dans les bras, entre les bras de quelqu'un; jeter les bras, ses bras au cou de quelqu'un; mourir dans les bras, entre les bras de quelqu'un ; arracher une personne des bras d'une autre ; tendre les bras vers quelque chose, à ou vers quelqu'un ; retenir le bras de quelqu'un, à quelqu'un; saisir quelqu'un par le bras ; aller les bras pendants, ballants*, etc. — Ce mot, qui désigne souvent dans le langage vulgaire la totalité du membre supérieur, a un sens plus restreint pour l'anatomiste : le *bras*, pour lui, est la partie comprise entre l'épaule et l'avant-*bras*. Ainsi envisagée, cette portion a une forme à peu près cylindrique; sa longueur, qui chez le fœtus est moindre que celle de l'avant-*bras*, dépasse plus tard celui-ci d'un cinquième environ. (J.-B. BEAUDE, *Dict. de Médec. usuelle.*) — *Donner le bras à quelqu'un*, en marchant à côté d'une personne, soutenir le *bras* de celle-ci sur le sien, ou tenir son *bras* posé sur celui de cette personne : *je vous ai rencontré hier, vous donniez le bras à une bien jolie femme ; il n'est pas agréable d'être le cavalier de madame une telle, elle porte indiscrètement tout le poids de son corps sur l'homme qui lui donne le bras*, ou *à qui elle donne le bras ; il est si infirme, qu'il ne peut faire deux pas sans que son fils lui donne le bras*, ou *sans donner le bras à son fils ; voulez-vous, madame, que je vous donne le bras*, ou *me donner le bras ?* On dit dans le même sens, soit à une femme par politesse, soit à une personne quelconque pour aider sa marche, pour la relever après une chute, etc. : *voulez-vous mon bras ? prenez mon bras ; je vous offre, permettez-moi de vous offrir mon bras ; appuyez-vous sur mon bras* ; et l'on dit dans un sens réciproque *se donner le bras : quand je les ai aperçus, ils se donnaient le bras.* — Fam., *avoir un bras, le bras, les bras retroussés*, se dit par métonymie pour : avoir une manche, les manches retroussées.—Fig., *avoir un bras de fer*, avoir beaucoup de vigueur dans les bras; ou, par une fig. plus forte : montrer de la dureté, de la rigueur, dans l'exercice de tel ou tel pouvoir.— *Avoir les bras rompus*, fatigués. — *Ne vivre que de ses bras*, que du fruit d'un travail manuel. — *Demeurer les bras croisés*, rester dans l'inaction, dans l'oisiveté, etc.—*Faire les beaux bras*, faire l'agréable ; se donner certains airs prétentieux. — *Traiter quelqu'un de monsieur, de monseigneur*, etc., *gros comme le bras*, en y mettant une certaine emphase. — *Tendre les bras à quelqu'un*, 1° offrir, ou : donner des secours à quelqu'un : *j'avoue que dans mes malheurs vous m'avez tendu les bras ; ce digne homme a toujours tendu les bras aux infortunés ; au temps de votre faveur vous n'avez fait de bien à personne, lors de votre disgrace personne ne vous a tendu les bras* ; 2° être disposé à pardonner : *malgré ses torts envers moi, je lui tends les bras ; jugez de l'indulgence, de la bonté de votre oncle, après toutes vos fredaines il vous tend les bras ; toujours Dieu tend les bras au repentir*, etc. (Ouvrir ses bras à quelqu'un prend quelquefois le même sens) ; 3° implorer le secours de quelqu'un : *riche, il ne me regardait point ou me regardait du haut en bas ; ruiné, il m'a tendu les bras*, ou *il a tendu les bras vers moi.* — *Se jeter dans les bras, entre les bras de quelqu'un*, implorer la protection, les secours de quelqu'un : *bien qu'il soit mon ennemi, et qu'il me l'ait mille fois témoigné sans ménagements et prouvé sans pitié, pouvais-je le repousser lorsque, proscrit, sans asile et sans pain, il venait se jeter dans mes bras, ou entre mes bras ?* — *Recevoir quelqu'un à bras ouverts*, l'accueillir avec un empressement cordial. — *Couper bras et jambes à quelqu'un*, 1° lui ôter beaucoup de ses moyens d'existence, de succès, etc. : *si cette spéculation échouait, cela me couperait bras et jambes ; la chute de sa pièce lui couperait bras et jambes ; la retraite de ce ministre lui a coupé bras et jambes ; la faillite d'un tel nous a coupé bras et jambes* ; 2° frapper de stupeur : *l'aspect de cette bête furieuse me coupa bras et jambes ; les menaces de cet homme lui avaient coupé bras et jambes.* La locution *les bras m'en tombent, vous en tombent*, etc., présente un sens analogue.—*Tirer quelqu'un des bras de la mort, d'entre les bras de la mort*, le guérir d'une maladie à laquelle il semblait devoir succomber : *c'est vous, docteur, qui deux fois m'avez tiré des bras de la mort.* Par exagération, on dit d'une personne qui, par attachement pour quelqu'un, lui a donné de tendres soins pendant une maladie dangereuse, qu'*elle l'a tiré des bras de la mort.* —Poét., *être dans les bras de Morphée*, ou même *dans les bras du sommeil*, dormir ; *passer des bras du sommeil dans les bras de la mort*, recevoir la mort pendant son sommeil. — *Arrêter, retenir le bras de quelqu'un*, empêcher un acte de cruauté, de vengeance ou de justice. — *Voir entre les bras d'un autre sa femme, sa maîtresse*, ou *celle qu'on a recherchée*, savoir sa femme, sa maîtresse infidèle, ou : voir celle qu'on a recherchée mariée à un autre. — Le mot *bras* s'emploie aussi, par extension, pour : la personne qui agit ou peut agir : *cette manufacture occupe beaucoup de bras ; vers la fin des guerres de l'empire, les bras manquaient à l'agriculture ; il a bien des bras à son service*, etc., etc.—Fig., *être le bras droit de quelqu'un*, être la personne dont il lui serait le plus difficile de se passer. — Il signifie encore au fig., 1° puissance, pouvoir : *le bras de Dieu ; un bras protecteur ; livrer un ecclésiastique au bras séculier*, au pouvoir temporel, par opposition à *la puissance ecclésiastique* ; 2° courage guerrier, exploits militaires : *ce bras jadis si redouté ; vous devez à votre pays le secours de votre bras ; votre pays a besoin de votre bras, qui est son plus solide appui ; tout cède à l'effort de votre bras.* — Fig., dans le langage de l'Écriture, *s'appuyer sur un bras de chair*, accorder aux hommes une confiance qui n'est due qu'à Dieu. — *Avoir les bras longs*, jouir d'un crédit ou d'un pouvoir fort étendu. — *Faire les grands bras*, jouer l'homme en crédit, l'homme puissant, l'homme d'importance. — Prov. et fig., *avoir quelqu'un sur les bras*, en être, 1° chargé : *ce n'est pas sans sujet que cet artisan se donne tant de mal, il a six enfants sur les bras* ; 2° importuné : *depuis qu'ils savent que je suis un ami du nouveau ministre, je les ai tous les jours sur les bras.*— *Avoir l'ennemi, avoir toute une armée sur les bras*, avoir à se défendre contre l'ennemi, contre toute une armée. — *Avoir beaucoup d'affaires sur les bras*, être surchargé d'affaires. On dit dans un sens analogue : *avoir une mauvaise affaire sur les bras.* — La phrase prov. *si on lui en donne long comme le doigt, il en prend long comme le bras*, revient à ces deux vers de *La Fontaine*, qui, du reste, sont devenus aussi prov. :

> Laissez-leur prendre un pied chez vous,
> Ils en auront bientôt pris quatre.

— Il se dit en parlant de quelques animaux : *bras d'écrevisse.* — Canal, division d'une rivière : *le Rhin se divise en plusieurs bras.* — On dit dans le même sens *bras de mer*, partie d'une mer entre deux terres peu éloignées. — Sorte de chandeliers qu'on attache à une muraille, etc., et qui avaient primitivement la figure d'un *bras* : *bras de cheminée*, etc. — *Bras de balance*, chaque moitié de la verge transversale posée en équilibr sur le point d'appui. — En t. de mécan., *bras de balancier, de levier*, les deux parties qui sont de côté et d'autre d'un point d'appui.— La partie d'un fauteuil sur laquelle on peut appuyer les *bras*.—On nomme aussi *bras de civière, de brouette*, etc., les parties par lesquelles on porte la première, on fait rouler la seconde.— Chez les imprimeurs en taille-douce, morceaux de bois attachés aux jumelles de la presse. — Chez les ciriers, *bras de flambeaux*, les longs cordons de mèche dont ils forment leurs flambeaux en les enduisant de cire.—En t. de jard., on dit qu'*un pied de melon commence à faire des bras*, c'est-à-dire à pousser des branches. — Les charpentiers appellent *bras de chèvre* deux longues pièces de bois qui portent le treuil où le câble s'enveloppe quand on monte un fardeau; les menuisiers et plusieurs autres ouvriers, *bras de scie* deux pièces de bois parallèles, auxquelles tient la feuille de la scie. — En t. de tourneur, *bras* se dit de deux pièces de bois qui traversent les poupées du tour au-dessous des pointes, et qui soutiennent la barre où l'ouvrier appuie ses outils en travaillant. — En t. de mar., *bras d'un aviron*, la partie par laquelle on le tient pour ramer; *bras de vergues*, manœuvres assujéties à chaque bout des vergues, pour les mouvoir horizontalement et leur faire faire différents angles avec la direction de la quille, selon le vent et la route, de manière que la voile présente, le plus qu'il est possible, sa surface au vent; *bras de revers*, cordage qui est largué, et qui n'est d'aucun usage jusqu'au revirement; *bras d'ancre*, une des moitiés de sa partie courbe. — On appelle *bras* les nageoires d'une baleine. — En t. de man., partie de la jambe du cheval, celle qui s'étend depuis l'épaule jusqu'au genou : *un cheval plie bien les bras*, plie bien la jambe. — *Bras mécanique*, mécanique au moyen de laquelle peuvent écrire et tailler une plume ceux qui sont privés d'un bras. — *A force de bras*, ou simplement *à bras*, loc. adv., par la seule force des *bras*: *tirer, traîner une voiture à bras, à force de bras; porter, élever un bloc de marbre à bras, à force de bras; j'ai fait transporter tout mon mobilier à bras*. On dit, dans un sens analogue, *charrette à bras, civière à bras, moulin à bras*, etc. — *A tour de bras*, loc. adv., de toute sa force. *A bras raccourci*, autre loc. adv., offre le même sens au fig., dans le langage ordinaire; mais au propre, c'est-à-dire en t. d'escrime, elle signifie en outre : hors de garde, hors de mesure. — *A bras-le-corps*, loc. adv., le *bras* ou les deux *bras* passés autour du corps : *il la saisit, il la prit, il la porta, il la tenait*, etc., *à bras-le-corps*. — *Bras dessus, bras dessous*, loc. adv., en se donnant *le bras* : *ils se promènent bras dessus, bras dessous*. — Fig., *être ensemble bras dessus, bras dessous*, être fort bien ensemble.

BRASÉ, E, part. pass. de *braser*.

BRASENIE, subst. fém. (*brazeni*), t. de bot., plante de la famille des alismoïdes.

BRASER, v. act. (*brâzé*) (du grec βράζειν, être chaud, brûlant), t. d'arts et mét., souder quelque pièce de fer par une soudure particulière faite avec du cuivre, du borax, du verre pilé, que l'on fait fondre sur un *brasier* ardent : *braser un fusil, un canon*. — *se* **BRASER**, v. pron.

BRASIER, subst. mas. (*brâzié*) (du grec βράζειν, être chaud, brûlant), feu de charbons ardents : *un brasier ardent*. — Fig., feu de l'amour divin, etc. — On dit, au fig., d'un homme qui a une fièvre ardente, que *son corps est un brasier*; d'un homme qui s'exalte facilement, que *sa tête est un brasier*. — Espèce de grand bassin de métal, où l'on met de la *braise* pour chauffer une chambre. — *Brasier* de boulanger. Voy. **BRAISIER**.

BRASILLÉ, E, part. pass. de *brasiller*.

BRASILLEMENT, subst. mas. (*braziieman*), t. de mar., réflexion des rayons du soleil ou de la lune dans les eaux de la mer. — Éclat électrique des flots.

BRASILLER, v. act. (*brâzilié*), faire griller promptement sur de la *braise*. — On l'emploie plus ordinairement au neutre : *faire brasiller*. — *Brasiller*, v. neut., se dit en t. de mar., en parlant de la traînée de lumière scintillante que jette la mer frappée obliquement par les rayons du soleil ou de la lune. Il se dit aussi des étincelles électriques qui brillent la nuit à la surface des vagues, quand elles se brisent l'une contre l'autre ou contre les flancs du navire : *la mer brasille*. Quelques-uns ont attribué ce brasillement à des insectes lumineux.

BRASQUE, subst. fém. (*braceke*), t. de métall., mélange d'argile et de charbon pilé dont on enduit la surface des creusets dans lesquels on réduit les mines.

BRASQUÉ, E, part. pass. de *brasquer*.

BRASQUER, v. act. (*braceké*), t. de fondeur, enduire de *brasque* la surface des creusets.

BRASSAC, subst. propre mas. (*braçak*), village de France, chef-lieu de canton, arrond. de Castres, dép. du Tarn.

BRASSADE, subst. fém. (*braçade*), t. de pêche, filet dont les mailles ont quatre lignes d'ouverture.

BRASSAGE, subst. mas. (*braçaje*), droit que percevait autrefois le maître des monnaies pour les frais de fabrication de la monnaie. — Se dit de diverses façons que l'on donne aux métaux, soit avant, soit après la fonte.

BRASSARD, subst. mas. (*braçar*), sorte d'ancienne armure dont on se couvrait le bras. — Instrument de bois ou de cuir dont on se couvre le bras pour jouer au ballon. — En t. de verrerie, deux vieux chapeaux sans dessus, passés l'un dans l'autre, dont on se couvre le *bras* pour éviter de se brûler.

BRASSAVOLE, subst. fém. (*braçavole*), t. de bot., plante de la famille des orchidées.

BRASSE, subst. fém. (*brace*), mesure de la longueur des deux *bras* étendus, qui, dans la marine française, avait cinq pieds de roi : elle sert à mesurer la profondeur de l'eau et la longueur des cordages : *la sonde a touché le fond à trente-trois brasses*. — *Pain de brasse*, gros pain de vingt ou vingt-cinq livres. — *Nager à la brasse*, en étendant les bras au-dessus de l'eau l'un après l'autre.

BRASSÉ, E, part. passé de *brasser*.

BRASSÉE, subst. fém. (*bracé*), autant qu'on peut embrasser et porter entre ses *bras* : *une brassée de bois*.

BRASSÉIÉ, E, part. pass. de *brasséier*.

BRASSÉIER, v. act. Voy. **BRASSER**.

BRASSER, v. act. (*bracé*), remuer avec les *bras*, à force de *bras*, plusieurs matières fluides afin de les mêler; il se dit particulièrement dans la fabrication de la bière et du cidre. — Mêler des choses liquides en les remuant en rond. — T. de monnaies, remuer dans des sacs l'argent, l'or et le billon réduits en grenailles, afin de les mêler avant de les mettre à la fonte. — En t. de mar., mouvoir les *bras* d'une vergue. L'*Académie* veut que l'on dise aussi *brasseyer* dans ce sens. — En t. de pêcheur, agiter et troubler l'eau, afin que le poisson tombe plus facilement dans les filets. — Au fig., machiner quelque mauvais dessein : *brasser une trahison*. En ce sens il a vieilli.

BRASSERIE, subst. fém. (*braceri*), le lieu où l'on *brasse* la bière.

BRASSEUR, subst. mas., au fém. **BRASSEUSE** (*braçeur, çeuze*), celui ou celle qui *brasse*, fait *brasser* de la bière, et la vend en gros. On a d'abord appelé les *brasseurs* cervoisiers, du nom qu'on donnait anciennement à la bière.

BRASSEUSE, subst. fém. Voyez **BRASSEUR**.

BRASSEYAGE, subst. mas. (*braceiaje*), t. de mar., facilité dans l'action de *brasser* : *le brasseyage des vergues*. — On dit d'une vergue qui est beaucoup *brassée*, *qu'elle porte au brasseyage sur les étais*, etc. — On appelle *jumelle de brasseyage* une sorte de garniture en bois de chêne, roustée sur l'avant des bas mâts, quoiqu'elle ne serve nullement à écarter la basse vergue du mât.

BRASSEYER. Voy. **BRASSER**.

BRASSIAGE, subst. mas. (*braciaje*), t. de mar., mesurage à la brasse. — Quantité de *brasses* d'eau que l'on trouve en mesurant la profondeur de la mer ou d'une rivière.

BRASSICAIRES, subst. mas. plur. (*bracikère*) (du lat. *brassica*, chou), t. d'hist. nat., papillons de chou.

BRASSICOURT, subst. mas. (*bracikour*), t. de man., cheval qui a naturellement les jambes tournées en arc.

BRASSIE, subst. fém. (*braci*), t. de bot., plante de la famille des orchidées.

BRASSIÈRES, subst. fém. plur. (*bracière*), espèce de petite camisole d'enfant qui sert à maintenir le corps. — Fig. et fam. : *être en brassières*, être contraint, n'avoir pas sa liberté; ou bien : avoir des manières contraintes, embarrassées. — *Mettre, tenir quelqu'un en brassières*, le mettre, le tenir dans un état de contrainte.

BRASSIN, subst. mas. (*braccin*) vaisseau qui sert à faire de la bière. — La quantité de bière qui y est contenue. — En t. de savonnier, quantité de savon que l'on cuit à la fois.

BRASSOIR, subst. mas. (*braçoar*), canne de fer ou de terre cuite, avec laquelle on *brasse* le métal lorsqu'il est en bain.

BRASSOUR, subst. mas. (*braçour*), t. de salines, petit canal.

BRASURE, subst. fém. (*brâzure*), t. d'arts et métiers, endroit où deux pièces de fer, d'acier, etc., sont unies et brasées ensemble.

BRATHYTE, subst. fém. (*bratite*) (du grec βραθυ, sabine), t. de min., pierre figurée qui représente les feuilles de la sabine. — On dit aussi *sabinite*.

BRATIS, subst. mas. (*bratice*), t. de bot., arbrisseau de la Nouvelle-Grenade.

BRATYS, subst. mas. (*bratice*), t. de bot., nom donné au genévrier. C'est peut-être le même que le précédent.

BRAULET, subst. mas. (*brôlé*), t. d'hist. nat. Aux Antilles, on donne ce nom au fruit de l'acacia.

BRAULS, subst. mas. plur. (*brôle*), t. de comm., toiles rayées des Indes.

BRAUNÉE, subst. mas. (*broné*), t. de bot., arbre des Indes.

BRAUNFISCH, subst. mas., ou **MEERSCHWIN** (*brôneſiche*) (mots tirés de l'allemand), t. d'hist. nat., nom donné par les Allemands au marsouin.

BRAUN-SPATH, subst. mas. (*brônecepate*) (de l'allemand *braun*, brun, perlé, et *spath*, pierre feuilletée et cristallisée), t. d'hist. nat., spath perlé, variété de la mine de fer.

BRAURONIE, subst. propre fém. (*brôroni*), myth., surnom de Diane, pris du culte qu'on lui rendait à *Braurone*, ville de l'Attique.

BRAVACHE, subst. mas. (*bravache*), fanfaron, faux *brave*. Il est fam.

BRAVACHERIE, subst. fém. (*bravacheri*), jactance du *bravache*. Inus.

BRAVADE, subst. fém. (*bravade*), action, parole, manière par laquelle on *brave* quelqu'un : *il lui a fait une bravade; ses bravades ne m'intimideront pas*. Il se prend en mauvaise part.

BRAVE, subst. et adj. des deux genres (du latin *bravium*, venant du grec βραβεῖον, le prix de la victoire. *Bravion* avait dans le vieux langage français la même signification, et l'adjectif *brave*, qui en est dérivé, n'a pas seulement signifié hardi, courageux, mais encore habile, excellent, et même paré, bien arrangé, qui ne craint pas le danger et s'y expose volontiers, vaillant, courageux : *un brave soldat; le poltron veut à toute force passer pour brave*. Voy. **BRAVOURE**. — *N'être brave qu'en paroles; être brave jusqu'au dégainer*, n'être qu'un fanfaron. — Il se dit fam. pour bon, obligeant : *un brave homme; une brave femme*. — Il a conservé dans quelques phrases son vieux sens de paré, orné : *vous voilà bien brave aujourd'hui; il s'est fait brave pour aller à la fête*.—On l'emploie très-souvent subst. : *c'est un brave; tous nos braves se distinguèrent dans cette occasion; c'est un faux brave*.—*Mon brave*, terme de bienveillance employé dans le langage familier. — On dit par plaisanterie : *c'est un brave à trois poils*, c'est un homme d'une bravoure éprouvée. — *Brave* (de l'italien *bravo*), signifie quelquefois assassin à gages : *il est toujours entouré de braves*, de bretteurs, de spadassins.

BRAVÉ, E, part. pass. de *braver*.

BRAVEMENT, adv. (*braveman*), avec bravoure. — Habilement, adroitement : *il s'est bravement tiré de cet embarras*. — *Bravement et bien*, fort bien. Ces deux phrases sont du style fam.

BRAVER, v. act. (*bravé*), témoigner ouvertement que l'on ne craint pas quelqu'un, qu'on le méprise, etc. : *braver les tyrans, les persécuteurs; pourquoi est-il venu me braver ainsi?* — En parlant des choses, affronter : *braver les périls, la mort, la fortune*.

BRAVERIE, subst. fém. (*braveri*), magnificence en habits. Il est vieux, du style fam., et il ne se dit point pour *bravade*.

BRAVO, interj., et non pas adv. (*bravo*), (t. emprunté de l'italien où il signifie non pas *fort bien, parfaitement*, mais *excellent, habile*, et s'emploie toujours sans perdre sa qualité d'adjectif : voilà pourquoi quelques *dilettanti* voudraient qu'en applaudissant une femme, on dit *brava!* mais, hors de l'enceinte du théâtre italien, ce terme est aujourd'hui trop français pour admettre une forme étrangère), mot dont on se sert pour applaudir un acteur, un chanteur, etc., dans un théâtre, dans une assemblée. — Quelquefois on l'adresse ironiquement à une personne qui vient de dire ou de faire une chose qu'on désapprouve. — Il est aussi subst. mas. : *il a obtenu les bravo du parterre*. Quelques grammairiens écrivent au plur. des *bravos* avec un *s* : tant qu'on n'aura pas fait justice de la règle portant que tous les mots qui ont passé des langues mortes ou étrangères dans notre langue ne prennent point la marque du plur., nous pensons qu'il faut la respecter. Écrivons donc : *des bravo*.

BRAVOURE, subst. fém. (*bravoure*) qualité du *brave* qui fait affronter sans crainte les dangers; vaillance. La *bravoure* diffère du *courage* en ce qu'elle n'a rapport qu'à la guerre, tandis que le courage est de toutes les circonstances; la première est une espèce d'instinct, le second est une vertu. Il peut y avoir, dans certaines circonstances, du *courage* à laisser croire qu'on n'est pas *brave*. On n'a jamais dit *la bravoure* pour *le courage civil*; mais on dit bien *le courage guerrier*. — Au plur., actions de valeur : *il raconte ses bravoures à tout le monde*. Il n'est que du style critique ou comique. — En t. de mus., *air de bravoure*, air qui fournit au chanteur l'occasion de déployer toute son habileté, toute son adresse à vaincre les difficultés, etc.

BRAY, subst. propre mas. (*brè*), ville de France, chef-lieu de canton, arrond. de Péronne, dép. de la Somme.

BRAYE, subst. fém. (*brâie*), machine pour préparer le chanvre et le lin.

BRAYÉ, E, part. pass. de *brayer*.

BRAYER, v. act. (*bréié*), enduire de *brai* liquide et chaud.

BRAYER, subst. mas. (*bra-ié*. D'après la prononciation, ne vaudrait-il pas mieux écrire BRAÏER?) (du latin du moyen-âge *braccarium*, fait de *braccæ*, *braccarum*, hauts-de-chausses, culottes), t. de chir., bande d'acier élastique, formant le demi-cercle, couverte d'abord de toile et ensuite de cuir, pour arrêter les hernies ou descentes. — Morceau de cuir large d'environ deux doigts, au bout duquel est un sachet où l'on met le bâton de la bannière ou du drapeau quand on les porte. — Espèce de bandage de cuir, avec une boucle et son ardillon, qui sert à soutenir le battant d'une cloche. — Petit morceau de fer passant dans les trous qui sont au bas de la châsse du trébuchet et des balances, et servant à la tenir en état. — En t. de vieille faucon., le derrière de l'oiseau. — Les maçons appellent *brayers* les cordages qui servent à élever le bourriquet sur lequel on met le mortier et le moellon qu'on veut élever au haut des bâtiments.

BRAYES, subst. fém. plur. (*bra-ie*), vieux mot qui signifiait torchons.

BRAYETTE, subst. fém. (*bra-iète*), la fente de devant des anciennes culottes.

BRAYEUR, subst. mas. (*bra-ieur*), manouvrier qui lie, suspend les pierres aux appareils.

BRAYON, subst. mas. (*brâ-ion*), t. de chasse, piège pour prendre les bêtes puantes.

BRAY-SUR-SEINE, subst. propre mas. (*brèçurcène*), ville de France, chef-lieu de canton, arrond. de Provins, dép. de Seine-et-Marne.

BRÉANE, subst. fém. (*bréane*), t. de comm., toile de lin qui se fabrique en Normandie.

BRÉANT ou **BRUANT**, subst. mas. (*bréan*), t. d'hist. nat., oiseau de la grosseur du pinson, de la famille des conirostres.

BRÉAUNE, subst. fém. (*bréône*), synonyme de *bréane* selon *Boiste*.

BREBIAGE, subst. mas. (*brebiaje*), tribut qu'on levait sur les *brebis*.

BREBIETTE, subst. fém. (*brebiète*), diminutif de *brebis*. On s'en servait souvent autrefois en poésie, lorsque les diminutifs étaient à la mode; aujourd'hui il est entièrement inus.

BREBIS, subst. fém. (*brebi*, et devant une voyelle *brebize*) (du lat. *vervex*, mouton, dont on a fait dans la basse latinité *berbix*), la femelle du bélier : quadrupède qui fournit la laine : *lait de brebis*, *troupeau de brebis*, etc. — En parlant du cri de la *brebis*, on dit qu'*elle bêle*. — Fig., dans le langage de l'Ecriture, un chrétien, en tant qu'il est sous la conduite de son pasteur. — Prov., *brebis galeuse*, personne dont la société est dangereuse, ou désagréable. — *Faire un repas de brebis*, manger sans boire. — *Qui se fait brebis, le loup le mange*, quand on est trop bon, on est exposé à être maltraité, insulté, etc. — *Brebis comptées, le loup les mange*, quelque soin qu'on prenne de bien garder ce qu'on a et d'en savoir le compte, on ne laisse pas quelquefois d'être volé. On le dit aussi pour témoigner que l'excès de précaution est inutile ou dangereux. — *Brebis qui bêle perd sa goulée*, quand on parle beaucoup, on perd le temps d'agir. — *A brebis tondue, Dieu mesure le vent*, Dieu proportionne nos afflictions à nos forces. — *C'est bien la brebis du bon Dieu*, c'est un être inoffensif et patient à l'excès. — Sommier du pressoir à cidre. — Myth., *troupeau de brebis autour d'un géant*. Voyez POLYPHÈME.

BRÉCHAIAIQUE, adj., *barbarisme* forgé par *Raymond*, qui renvoie à *Bréhaigne*.

BRÈCHE, subst. fém. (*brèche*) (de l'italien *breccia*, parcelle, miette, fragment), ouverture faite à une muraille, ou à une clôture quelconque, par force ou autrement; *les voleurs sont entrés par une brèche qu'ils ont faite au mur*, *par une brèche qui était à la haie*. — Ouverture faite aux murailles d'une place avec le canon ou par l'effet de la mine : *faire une brèche*; *réparer une brèche*; *le canon a fait brèche*; *monter à la brèche*; *mourir sur la brèche*. — *Battre une place en brèche*, en battre les murailles pour faire *brèche*. — *Nettoyer la brèche*, en ôter les décombres pour la mieux défendre. — On dit par extension, *faire brèche*, *faire une brèche à un pâté*, *faire une brèche à une forêt*, etc. — Fig., tort, dommage, diminution : *c'est une brèche à l'honneur*, *à la réputation*; *faire brèche à sa fortune*, etc. — En t. de coutelier, petite fracture le long de la lame d'un couteau, d'un canif, ou du taillant de quelque autre instrument de fer dont on se sert pour couper (de l'allemand *brechen*, rompre, briser). — Sorte de marbre qui paraît composé de fragments de roches de diverses natures, réunis par un ciment commun : *brèche violette*, *brèche d'Alep*.

BRÈCHE ou mieux **BRÉGE**, subst. fém. (*brèche*, *bréje*), t. de pêche, filet à larges mailles et en forme de tramail, qu'on emploie sur la Dordogne pour pêcher des saumons.

BRÈCHE-DENTS, et non pas **BRÈCHE-DENT**, subst. et adj. des deux genres (*brèchedan*), qui a perdu quelqu'une des *dents* de devant : *c'est un brèche-dents*, *une brèche-dents*, *cet homme est brèche-dents*; *cette fille est brèche-dents*. Nous écrivons au sing. comme au plur. avec *s*, au second mot, *brèche-dents*, parce qu'*un homme brèche-dents* ou *une femme brèche-dents* est celui ou celle qui a une *brèche aux dents de devant*. Que l'on parle d'une seule ou de plusieurs personnes, c'est toujours l'idée d'une *brèche aux dents* que l'on veut faire entendre. L'*Académie* écrit *brèche-dent* au sing.; elle ne nous dit pas ce qu'elle ferait au plur.

BRECHET, subst. mas. (*breché*) (du français *brèche*, parce que le *brechet* est un os fourchu qui ressemble à une brèche), creux externe qui est au haut de l'estomac, au défaut des cartilages, partie de la poitrine où aboutissent les côtes. Ce mot est fam., et ne s'emploie pas dans le langage scientifique.

BRÉCHITE, subst. mas. (*bréchite*), t. d'hist. nat., fossile voisin des alcyons.

BRÈCIN ou **BRESSIN**, subst. mas. (*brècein*), t. de mar., bout de cordage garni de nœuds, ayant un croc de fer à un bout.

BRÉCY, subst. propre mas. (*bréci*), bourg de France, chef-lieu de canton, arrond. d'Avranches, dép. de la Manche.

BREDA, subst. mas. (*breda*), t. de mar., bout de cordage volant terminé par un croc.

BRÈDE, subst. fém. (*brède*), t. de bot., espèce d'amarante.

BRÈDE (LA), subst. propre fém. (*labrède*), village de France, chef-lieu de canton, arrond. de Bordeaux, dép. de la Gironde. — C'est la patrie de Montesquieu.

BRÉDÉMEYÈRE, subst. fém. (*brédémèière*), t. de bot., arbrisseau de l'Amérique méridionale.

BRÈDES, subst. fém. plur. (*brède*), nom collectif employé à l'île de France pour désigner les plantes dont on mange les feuilles en guise d'épinards.

BREDI-BREDA, loc. adv. (*bredibreda*), t. burlesque dont on se sert pour désigner un grand flux de paroles ou une grande précipitation dans l'exécution de quelque chose : *il a dit*, *il a fait cela bredi-breda*.

BREDIN, subst. mas. (*bredein*), t. d'hist. nat., nom vulgaire de la patelle commune.

BREDINDIN, subst. mas. (*bredeindein*), t. de mar., petit palan pour enlever de médiocres fardeaux.

BREDINS, subst. mas. plur. (*bredein*), t. de pêche, coquillage dont la chair est employée à amorcer les haims.

BREDIR, v. neut. (*bredir*), t. de bourrelier, joindre ensemble, par le moyen de lanières de cuir et de l'instrument appelé *alène à bredir*, les différents cuirs avec lesquels on coud les soupentes ou autres grosses pièces.

BRÉDISSURE, subst. fém. (*brédiçure*), t. de médec., impossibilité d'ouvrir la bouche, causée par l'agglutination de la partie interne des joues avec les gencives. — Couture faite avec des lanières de cuir.

BREDOUILLE, subst. fém. (*bredouie*), jeton ou pavillon qui, au jeu de trictrac, servent à marquer, le premier qu'on a pris douze points, le second qu'on a pris six trous de suite, d'où il résulte pour le joueur l'avantage de doubler son gain : *avoir la bredouille*, *être en bredouille*, etre en état d'obtenir l'avantage qui résulte de la *bredouille*. — *Prendre deux trous en bredouille*, prendre douze points de suite. — *Marquer bredouille*, marquer qu'on est en état de gagner *bredouille*, en mettant deux jetons l'un sur l'autre. — *Marquer en bredouille*, gagner six trous de suite. — *Marquer en grande bredouille*, en gagner douze. On dit de même : *gagner la petite*, *la grande bredouille*, être marqué en petite, en grande *bredouille*. — Fig. et fam. : *dire deux mots et une bredouille*, ne rien dissimuler des reproches mérités. Peu usité. — *Bredouille* se dit adj. au propre : *gagner la partie bredouille*; et au fig. : *sortir bredouille d'un lieu*, *d'une assemblée*, en sortir sans avoir pu rien faire de ce qu'on s'était proposé. Nous ne conseillons pas de se servir de cette dernière locution, toute familière qu'elle est.

BREDOUILLÉ, E, part. pass. de *bredouiller*, et adj. : *un discours bredouillé*, mal prononcé. Il est fam.

BREDOUILLEMENT, subst. mas. (*bredouieman*), action de *bredouiller* : *on ne comprend rien à son bredouillement*.

BREDOUILLER, v. neut. (*bredouié*) (suivant *Le Duchat*, de *bis reduplare*, qui, en latin barbare, signifie : redoubler, le *bredouillement* consistant en effet à répéter presque chaque syllabe), parler d'une manière précipitée et peu distincte, en articulant mal. — Il est quelquefois employé activement : *que bredouillez-vous là ? il a bredouillé un mauvais compliment*.

BREDOUILLEUR, subst. mas., au fém. **BREDOUILLEUSE** (*bredouieur*, *ieuze*), celui ou celle qui *bredouille*.

BREDOUILLEUSE, subst. fém. Voy. BREDOUILLEUR.

BRÉE, subst. fém. (*bré*), t. d'arts et mét., garniture en fer du manche d'un marteau de forge.

BREF, adj. mas., au fém. **BRÈVE** (*brèfe*, *brève*) (du lat. *brevis*, qui a la même signification), court, de peu de durée : *je t'ai assigné à bref délai*; *vous ne m'accordez pour faire cela qu'un temps bien bref*, etc. — De peu d'étendue : *une réponse brève*; *une phrase brève*, etc. — Prompt : *vous êtes bref dans vos déterminations*; *cet homme a une manière brève de parler*, *a le parler bref*; *cette femme a la prononciation brève*. On dit aussi : *avoir le parler*, *le commandement bref*, pour : avoir le ton, le commandement impérieux. — Autrefois on a dit *bref* pour : petit, de petite taille; mais cette signification n'est plus en usage qu'en parlant du roi Pepin, qu'on appelle encore *Pepin le Bref*. — En t. de grammaire, on appelle *brève* la syllabe ou la voyelle qui doit être prononcée rapidement : *la syllabe ra ou la voyelle a est longue dans râpe*; *la syllabe tra ou la voyelle a est brève dans trace*. On s'en sert aussi subst. en ce sens. Voy. BREF, subst. — On dit fig., d'un homme très-circonspect et très-cérémonieux, qu'*il observe les brèves et les longues*; et d'un homme habile et intelligent en quelque affaire, qu'*il en sait les brèves et les longues*.

BREF, subst. mas., au fém. **BRÈVE** (*brèfe*, *brève*) (du latin *brevis* ou *breve*, pour *chartula* ou *libellus brevis*), lettre pastorale d'un pape. On dit aussi *bref apostolique*. On appelle *brefs* les lettres du pape, à cause de leur brièveté : le bref ne contient ni préface ni préambule ; on y voit seulement le nom du pape séparé de la première ligne, qui commence par ces mots : *Dilecto filio salutem et apostolicam benedictionem*; vient ensuite, en petit caractère, ce que le pape accorde. — Calendrier ecclésiastique indiquant *brièvement* les diverses parties de l'office de chaque jour. — En t. de mar., congé ou permission de navigüer. On le dit surtout en Bretagne. — *Bref de sauveté*, portant exemption des droits de bris ; *bref de conduite*, autorisation pour être conduit hors des dangers de la côte; *bref de victuailles*, permission d'acheter des vivres. — En t. de grammaire, *une brève* est une syllabe ou une voyelle qui doit être prononcée rapidement.

BREF, adv. (*brèfe*), en un mot. Il est fam.—*Parler bref*, avoir une prononciation prompte, précipitée. — *En bref*, loc. adv., *brièvement*, en peu de mots. Il est fam. — *En bref*, en peu de temps : *il reviendra en bref*. En ce sens, il est vieux.

BRÈGE, subst. fém. (*bréje*), t. de pêche, sorte de tramail ou filet pour pêcher des saumons. — On dit aussi *brèche, brégier, bregin, bourgin*.

BRÉGIER, subst. mas. Voy. **BRÈGE**.

BREGIN, subst. mas. (*brejein*). Voy. **BRÈGE**.

BREGMA, subst. mas. (*brèguema*) (du grec βρεγμα, formé de βρεχω, j'humecte, j'arrose), t. d'anat., le devant de la tête, à cause de son humidité chez les enfants, et qu'on appelle aussi *sinciput*.

BRÉHAIGNE, adj. fém. (*brèègnie*) (suivant *Ménage* et *Le Duchat*, de l'anglais *barren*, qu'on a écrit autrefois *barrayne*, et qui signifie *stérile*), se dit d'animaux qui sont stériles: *une carpe bréhaigne*, une carpe qui n'a ni œufs ni laite. — Appliqué aux femmes, ce mot s'est employé autrefois substantivement : *c'est une bréhaigne*. Il était pop. et injurieux.

BRÉHAL, subst. propre mas. (*bréal*), bourg de France, chef-lieu de canton, arrond. de Coutances, dép. de la Manche.

BREHÉ, E, part. pass. de *breher*.

BREHER, v. act. (*breé*), t. de maréchal ferrant, enfoncer les clous dans le sabot du cheval en les faisant passer par les trous du fer.

BREHIS, subst. fém. (*bre-i*), t. d'hist. nat., sorte de licorne, quadrupède que l'on dit se trouver à Madagascar.

BRELAN, et non pas **BERLAN**, comme on dit quelquefois, subst. mas. (*brelan*), sorte de jeu de cartes à trois, quatre ou cinq personnes, dont chacune n'a que trois cartes. — On dit à ce jeu, à celui de la bouillotte et du trente et un : *avoir brelan*, pour dire : avoir trois cartes de même figure ou de même point. — *Brelan favori*, brelan qui, par suite d'une convention, se paie double. — *Brelan quatrième*, ou *carré*, brelan de même figure ou de même point que la retourne. —Lieu où l'on s'assemble pour jouer : *fréquenter, hanter les brelans*. — On le dit aussi de ces sortes de réunions : *c'est brelan tous les jours chez lui; tenir brelan*. Dans ces deux derniers sens, il est inusité maintenant.

BRELANDER, v. neut. (*brelandé*), jouer continuellement ; fréquenter les *brelans*. Hors d'usage.

BRELANDIER, subst. mas., au fém. **BRELANDIÈRE** (*brelandié, dière*), joueur, joueuse de profession.

BRELANDIÈRE, subst. fém. Voy. **BRELANDIER**.

BRELANDINIER, subst. mas., au fém. **BRELANDINIÈRE** (*brelandinié, nière*), marchand ou marchande qui étale au coin des rues.

BRELANDINIÈRE, subst. fém. Voy. **BRELANDINIER**.

BRELÉE, subst. fém. (*brelé*), t. d'agric., fourrage d'hiver pour les moutons.

BRELIC-BRELOQUE, loc. adv. (*brelikebreloke*), sans ordre ; témérairement. Peu usité.

BRELINGOT, subst. mas. (*breleinguo*). Voy. **BERLINGOT**.

BRELLE, subst. fém. (*brèle*), pièces de bois équarries attachées ensemble pour former radeau.

BRELOQUE, subst. fém. (*breloke*) (suivant *du Cange*, du latin du moyen-âge *bulluga*, sorte de petite pomme dont on a fait par corruption *breluque* et ensuite *breloque*), bijou ou curiosité de peu de valeur. Il se dit particulièrement des petits bijoux qu'on attache à la chaîne d'une montre. — Dans les armées : *battre la breloque* ou *la berloque*, battre la caisse, pour avertir les soldats qu'il faut se rendre à la distribution du pain, de la viande, etc. — On dit fam., de quelqu'un dont l'esprit est peu solide, qu'*il bat la breloque*.

BRELOQUET, subst. mas. (*brelokè*), assemblage de petits bijoux tenant à une chaîne. Fort peu usité.

BRELUCHE, subst. fém. (*breluche*), droguet de fil et de laine.

BRÈME, subst. fém. (*brème*), t. d'hist. nat., poisson de lac et de rivière, qui ressemble à la carpe. — Poisson de mer.

BRENACHE, subst. fém. (*brenache*), t. d'hist. nat., conque.

BRENÈCHE, subst. fém. (*brenèche*), poiré nouveau.

BRENEUSE, adj. fém. Voy. **BRENEUX**.

BRENEUX, adj. mas., au fém. **BRENEUSE** (*breneû, neûze*), sali de matière fécale. Pop. et bas.

BRENIQUET, subst. mas. (*brenikè*), bahut pour mettre du son. Voy. **BERNIQUET**.

BRENNE, subst. fém. (*brène*), t. de comm., étoffe fabriquée à Lyon.

BRÉNOD, subst. propre mas. (*brénode*), village de France, chef-lieu de canton, arrond. de Nantua, dép. de l'Ain.

BRENTE, subst. fém. (*brante*), t. d'hist. nat., insecte de l'ordre des coléoptères. — Mesure des liquides à Rome, qui équivaut à cinquante-deux pintes.

BREQUIN, subst. mas. (*brekein*), t. d'arts et mét., la mèche du vilebrequin. Voy. ce mot.

BRESCIA, subst. propre fém. (*brèchia*), ville d'Italie, dans l'état de Venise.

BRESICATE, subst. fém. (*brezikate*), t. de comm., espèce d'étoffe.

BRÉSIL, subst. mas. (*brézile*), bois rouge et pesant qui vient du Brésil : *sec comme du brésil*, extrêmement sec. — Subst. propre mas., grande contrée de l'Amérique méridionale.

BRÉSILIEN, subst. et adj. mas., au fém. **BRÉSILIENNE** (*brézilliein, ène*), habitant du Brésil; ou : qui y a rapport.

BRÉSILLAT, subst. mas. (*brézila*), t. de bot., plante de la famille du balsamier.

BRÉSILLÉ, E, part. pass. de *brésiller*.

BRÉSILLER, v. act. (*bréziié*), rompre par petits morceaux. — En t. de teinturier, teindre avec du bois de *Brésil*. Fort peu en usage.

BRÉSILLET, subst. mas. (*bréziiè*), espèce de bois du *Brésil*, le moins estimé de tous. On le nomme aussi *hæmatoxylum*, et *brésillet de Fernambouc*. — *Brésillet des Indes*, bois de sapan.

BRÉSILLOT, subst. mas. (*bréziió*), t. de bot., arbrisseau de Saint-Domingue, de la Jamaïque et de la Guiane.

BRESLAU, subst. propre mas. (*brècelô*), grande ville des États Prussiens, qui est le centre d'un commerce considérable.

BRESLINGUE, subst. fém. (*brèceleingue*), t. de bot., espèce de fraisier.

BRESSAN, subst. propre mas. (*brèçan*), nom d'un pays d'Italie et d'un pays de France. Il est aussi adj. : *le pays bressan*.

BRESSE, subst. propre fém. (*brèce*), ancienne province de France. — La principauté de Dombes, dont Trévoux est la capitale, était enclavée dans la *Bresse*.

BRESSEAUX, subst. mas. plur. (*brèçô*), t. de pêche, lignes menues de Provence qu'on attache sur la maîtresse corde.

BRESSIN, subst. mas. (*brècein*), t. de mar., cordage qui sert à hisser et à amener une vergue ou une voile.

BRESSUIRE, subst. propre fém. (*brèçuire*), ville de France, chef-lieu d'arrond., dép. des Deux-Sèvres.

BREST, subst. propre mas. (*brècete*), ville de France, chef-lieu d'arrond., dép. du Finistère.— Son port, un des plus beaux et des plus vastes de l'Europe, est défendu par une très-forte citadelle. Cette ville possède des établissements de tous genres : on remarque surtout l'arsenal, qui est un des plus beaux monuments de ce genre que possède la France.

BRESTE, subst. fém. (*brècete*), chasse aux petits oiseaux, à la glu et avec un appât.

BRESTER, v. neut. (*brèceté*), crier, quereller. Ce mot est vieux. — Chasser à la *breste*.

BRETAGNE, subst. propre fém. (*bretagnie*), ancienne province de France aujourd'hui comprise dans les dép. d'Ille-et-Vilaine, des Côtes-du-Nord, du Finistère, du Morbihan et de la Loire-Inférieure. — *Grande-Bretagne*, syn. d'*Angleterre*. Voy. ce mot.

BRETAGNES, subst. fém. plur. (*bretagnie*), t. de comm., sorte de toile de Bretagne.

BRÉTAILLER, v. neut. (*brétâ-ié*) (rac. *brette*), fréquenter les salles d'armes; tirer souvent l'épée. Il se prend toujours en mauvaise part.

BRÉTAILLEUR, subst. mas. (*brétâ-ieur*), celui qui *bretaille*, duelliste; querelleur. Dans la dernière acception, on dirait bien d'une femme *bretailleuse*.

BRETANIA, subst. mas. (*bretania*), t. de bot., patience aquatique.

BRETAUDÉ, E, part. pass. de *bretauder*.

BRETAUDER, v. act. (*bretôdé*), couper les oreilles à un cheval. — Tondre inégalement. — On dit par plaisanterie *bretauder les cheveux de quelqu'un*, pour : lui couper les cheveux trop courts.

BRETÈCHE, subst. fém. (*bretèche*), forteresse. Vieux.

BRETELLE, subst. fém. (*bretèle*) (suivant *Le Duchat*, du latin *brachium*, bras, dont on a fait par corruption, et après une multitude de transformations successives, *brachella, bratella*, et enfin *bretelle*. Étymologie douteuse), sorte de bande ou courroie le plus ordinairement de cuir, et qui, passée sur les épaules, sert à porter une hotte, une chaise à porteur, une civière, des seaux d'eau, un brancard, etc. — *Bretelle* ou *bretellière*, t. de pêche, demi-folle qui sert à prendre les petits chiens de mer. — *Bretelles* se dit au plur. d'une double bande de cuir, de soie, etc., au moyen de laquelle on soutient la culotte, le pantalon : *une paire de bretelles; des bretelles élastiques*, etc. — *Bretelle de fusil*, bande de cuir, ganse de soie, etc., au moyen de laquelle on attache un fusil derrière son dos. — On dit prov. et fig. qu'*un homme en a jusqu'aux bretelles, par-dessus les bretelles*, pour dire qu'il est engagé dans de mauvaises affaires, etc.; ou qu'il est ivre. — En t. de rubanier, tissu pour soutenir le corps, quand on travaille sur un métier à battant.

BRETELLIÈRE, subst. fém. (*bretèlière*), t. de pêche, filet pour prendre le chien de mer.

BRÉTENOUX, subst. propre mas. (*brétenou*), ville de France, chef-lieu de canton, arrond. de Figeac, dép. du Lot.

BRETESSÉ, E, adj. (*bretècecé*), t. de blas., crénelé haut et bas alternativement.

BRETESSES, subst. fém. plur. (*bretèce*), t. de blas., rang de créneaux.

BRETEUIL, subst. propre mas. (*breteuie*), ville de France, chef-lieu de canton, arrond. d'Évreux, dép. de l'Eure.

BRETEUIL-SUR-NOIE, subst. propre mas. (*breteuieçurnoa*), petite ville de France, chef-lieu de canton, arrond. de Clermont, dép. de l'Oise.

BRETIGNY, subst. propre mas. (*bretigni*), village de France, arrond. de Chartres, dép. d'Eure-et-Loir. — Lieu célèbre par le traité qui y fut conclu en 1360, et par suite duquel le roi Jean, prisonnier des Anglais, recouvra sa liberté.

BRETON, subst. mas., au fém. **BRETONNE** (*breton, tone*), celui, celle qui est de l'ancienne province de *Bretagne*.

BRETONNE, subst. fém. (*bretone*). Voy. **BRETON**. — Capote. — T. d'hist. nat., espèce de fauvette.

BRETTE, subst. fém. (*brète*), longue épée, ainsi nommée parce que ces sortes d'épées ont été primitivement faites en *Bretagne*. On ne le dit plus qu'en plaisantant. — t. de bot., morelle des Indes, qui a le goût du bœuf.

BRETTÉ, E, part. pass. de *bretter*, et adj., t. d'arts et mét. : *outil bretté*, celui qui a plusieurs dents.

BRETTELÉ, E, part. pass. de *bretteler*.

BRETTELER, v. act. Voy. **BRETTER**.

BRETTER ou **BRETTELER**, v. act. (*brèté, brètelé*), t. d'architecture, gratter un mur avec une truelle qui a des dents; ou : tailler une pierre avec un marteau *bretté* ou dentelé. — En t. de sculpteur, modeler la terre et la cire; ou : tailler le marbre avec un instrument *bretté*, soit un ébauchoir, soit un ciseau. — *Bretter* signifie aussi : faire le *bretteur*.

BRETTEUR, subst. mas. (*brèteur*), qui aime à ferrailler; duelliste de profession.

BRETTEVILLE-SUR-L'AIZE, subst. propre fém. (*brètevileçurlèze*), village de France, chef-lieu de canton, arrond. de Falaise, dép. du Calvados.

BRETTURE, subst. fém. (*brèture*), t. d'arts et mét., dentelure à l'extrémité d'une truelle, d'un marteau, etc. — Au plur., traits que le sculpteur laisse sur un ouvrage qu'il dégrossit avec un ébauchoir *bretté*. — Trace d'un rabot sur le bois.

BREUIL, subst. mas. (*breuie*), t. d'eaux et forêts, petit bois taillis ou buisson formé de haies, où les bêtes se retirent. — Au plur., t. de mar., petits cordages pour carguer les voiles.

BREUILLE, subst. fém. (*breuie*), entrailles de poisson. Il n'est point usité.

BREUILLÉ, E, part. pass. de *breuiller*, et adj.

BREUILLER, v act. (*breuiié*), t. de mar., carguer, trousser : *breuiller les voiles.*

BREUVAGE, subst. mas. (*breuvaje*) (du latin barbare *beveragium*, dit avec la même signification, dans la basse latinité, pour le mot non moins barbare *biberagium*, et dérivé de *bibere*, boire), boisson ; liqueur à boire : *breuvage agréable ; breuvage salutaire ; breuvage amer ; breuvage empoisonné ; breuvage mortel*, etc. — *Le breuvage des dieux* se dit poétiquement du nectar, et, par extension, d'un vin, d'une liqueur excellente. — T. de vét., médicament liquide qu'on fait prendre à certains animaux. — *Breuvage*, en t. de mar., se dit d'un mélange de vin et d'eau qu'on donne quelquefois sur mer à l'équipage, en sus de la ration : *faire donner du breuvage.*

BRÈVE, subst. fém. (*brève*) (en lat. *brevis*), syllabe qu'on prononce vite. Voy. BREF. — En t. de mus., note qui vaut deux mesures. — On dit, en t. de monnaie, *donner la brève*, quand on remet les flans aux officiers monnayeurs ; et *rendre la brève*, lorsqu'ils les rapportent. — En t. d'hist. nat., espèce d'oiseaux chanteurs.

BRÈVE, adj fém. Voy. BREF.

BRÈVEMENT, adv. (*brèveman*), d'une manière brève. On dit de préférence dans le haut style *briévement.*

BREVET, subst. fém. (*brevè*) (du latin du moyen-âge *brevettum*, dimin. de *breve* ; contraction de *brevis libellus*), se disait autrefois d'une expédition non scellée, par laquelle le souverain accordait quelque grace, quelque titre de dignité, etc. — *Brevet de retenue, brevet* par lequel le roi accordait une certaine somme sur une charge. — *Brevet de contrôle*, attestation que délivraient les commis des fermes à la sortie du royaume, en retour de l'acquit du paiement des droits, qui leur était remis par les conducteurs des marchandises. — *Ducs à brevet*, ducs qui ne l'étaient qu'en vertu d'un *brevet*, et sans que ce titre fût transmissible à leurs héritiers ; par opposition aux ducs héréditaires. — *Justaucorps à brevet*, justaucorps bleu à parements rouges, qu'on n'avait droit de porter, à la cour, que par *brevet* du roi. (Nous n'insérons ces vieilles acceptions que parce que nous les lisons dans le *Dictionnaire de l'Académie*, et seulement pour avoir l'occasion de les qualifier de surannées.) On appelle encore aujourd'hui *brevets* certains titres délivrés par le roi ou par un ministre : *brevet de pension, brevet de colonel, de capitaine*, etc. — Fig., *donner à quelqu'un son brevet d'étourdi, de sot, d'impertinent*, etc., le declarer tel. On dit dans le même sens que telle personne *a son brevet d'étourdi*, etc. — *Acte en brevet ; obligation, procuration par brevet*, acte, obligation, procuration dont il ne reste point de minute chez le notaire. — En t. de mar., écrit sous seing privé, par lequel le maître d'un vaisseau reconnaît avoir chargé telles marchandises sur son bord, s'obligeant de les porter au lieu et pour le prix convenus, sauf tous les risques de la mer. — *Brevet d'apprentissage*, acte par-devant notaire, par lequel un apprenti et un maître s'obligent réciproquement, l'un à apprendre un art, et l'autre à le lui montrer. Nous doutons qu'on se serve encore aujourd'hui du mot *brevet* dans ces deux acceptions. — *Brevet d'invention*, privilège que l'autorité accorde à un inventeur, à l'auteur d'une découverte, afin de lui en assurer la propriété et l'exploitation pour un certain temps. On dit aussi *un brevet de perfectionnement, d'importation.* — Bain d'une cuve de teinturier. Dans ce sens : *manier le brevet*, examiner si le bain est bon ou assez chaud ; *ouvrir le brevet*, prendre la liqueur pour connaître la couleur du bain.

BRÉVETAIRE, subst. mas. (*brévetère*), se disait du porteur d'un *brevet* du roi en matière bénéficiale.

BRÉVETÉ, E, part. pass. de *bréveter*, et adj., qui a un *brevet : il est bréveté.* — On ne dit pas *bréveté*, subst., pour *briéveté.*

BRÉVETER, v. act. (*brèveté*), donner le *brevet* d'un office, d'un emploi, d'une pension, etc. — Abréger. (*Montaigne.*)

BREVEUX, subst. mas. (*breveu*), t. de pêche, crochet de fer pour tirer les homards et les crabes d'entre les rochers.

BRÉVIAIRE, subst. mas. (*brévière*) (du lat. *breviarium*, abrégé, parce que, dans l'origine, les leçons, les homélies, etc., étaient dans le *bréviaire* disposées en abrégé et par petites parties, pour la commodité de ceux qui, étant en voyage, ne pouvaient assister au chœur), office divin que, dans l'Eglise romaine, les ecclésiastiques sont tenus de dire chaque jour. — Livre qui contient cet office. — On emploie ce mot fig., en parlant d'un livre que l'on doit étudier continuellement pour se perfectionner dans les sciences ou les arts, dont il contient la méthode, les principes : ainsi, on dit d'un ouvrage, qu'*il est le bréviaire des hommes qui veulent s'instruire.* — Il se dit aussi du livre favori de quelqu'un : *Montaigne est son bréviaire.*

BRÉVIATEUR, subst. mas. (*bréviateur*), celui qui écrit les *brefs* du pape. Usité seulement dans cette acception.

BRÉVIPÈDES, subst. mas. plur. (*brévipède*) (du lat. *brevis*, court, et du grec ποδος, gén. de πους, pied), t. d'hist. nat., oiseaux à pieds courts, et peu propres à marcher.

BRÉVIPENNES, adj. plur. (*brévipènene*) (du latin *brevis*, bref, et *penna*, aile), t. d'hist. nat., se dit des oiseaux qui ont des ailes trop courtes pour voler.

BRÉVIROSTRES, adj. plur. (*brévirocetre*) (du lat. *breve*, bref, et *rostrum*, bec), t. d'hist. nat., se dit des oiseaux à bec court et gros.

BRÉVITÉ, subst. fém. (*brévité*), t. de gramm., se dit par rapport aux voyelles qui ne se prononcent pas ou presque pas.

BREWERIE, subst. fém. (*bréveri*), t. de bot., plante de la famille des liserons.

BREYNIE, subst. fém. (*brèni*), t. de bot., plante des îles du Sud.

BREZOLE, subst. fém. (*brezole*), t. de cuisine, ragoût de filet de viande et de volaille. Mot fort peu connu et fort peu en usage aujourd'hui.

BREZOLLES, subst. propre fém. (*brezole*), bourg de France, chef-lieu de canton, arrond. de Dreux, dép. d'Eure-et-Loir.

BRI ou **BRY**, subst. mas. (*bri*), t. de bot., plante cryptogame, de la famille des mousses, dont les urnes sont à opercules, à coiffe lisse. Les espèces en sont nombreuses.

BRIANÇON, subst. propre fém. (*briançon*), ville de France, chef-lieu d'arrond., dép. des Hautes-Alpes. — Place de guerre de première classe.

BRIANÇONNAIS, E, subst. (*briançonè, nèze*), habitant de *Briançon.*

BRIARE, subst. propre fém. (*briare*), ville de France, chef-lieu de canton, arrond. de Gien, dép. du Loiret. — Elle est célèbre par son canal.

BRIARÉE, myth. Voy. EGEON.

BRIBE, subst. fém. (*bribe*) (de l'espagnol *bribar*, mendier, faire le métier de gueux), gros morceau de pain. — Au plur., restes d'un repas. Il est fam. — Fig. et fam. : *bribes de grec, de latin*, etc., phrases prises de côté et d'autre dans des ouvrages grecs, latins, etc.

BRIBER, v. neut. (*bribé*), manger avidement, bouffer. Hors d'usage.

BRIBERESSE, subst. fém. (*briberèce*), mendiante, gueuse. Hors d'usage.

BRIBRI, subst. mas. (*bribri*), t. d'hist. nat., le bruant de haie.

BRIC, BRICK, ou **BRIQ** (quoique ce mot soit étranger, nous dirons à *l'Académie* qu'on n'écrit jamais *brig*), subst. mas. (*brike*), t. de mar., petit navire armé.

BRIC-À-BRAC, subst. mas. (*brikabrake*), toute sorte de vieilleries ou d'objets de hasard : *marchand de bric-à-brac.* — Au plur., des *bric-à-brac*, sans *s.*

BRICE (SAINT-), subst. propre mas. (*ceinbrice*), village de France, chef-lieu de canton, arrond. de Fougères, dép. d'Ille-et-Vilaine.

BRICK. Voy. BRIC.

BRICOLE, subst. fém. (*brikole*), partie du harnais d'un cheval de carrosse qui passe sous les coussinets, et qui s'attache de côté et d'autre aux boucles du poitrail. — Au plur., bandes de cuir que les porteurs de chaise passent sur leurs épaules et autour des bâtons de la chaise, pour se soulager lorsqu'ils portent. — Morceaux de cuir pliés l'un sur l'autre, au bout desquels il y a des crochets, et dont les porteurs d'eau se servent pour porter les seaux. C'est le synonyme de *bretelles.* — Au jeu de paume, le retour de la balle, quand elle a frappé une des murailles des côtés. — Au jeu de billard, on appelle *coup de bricole* celui qui consiste à pousser sa bille de telle sorte, qu'après avoir frappé une des bandes, elle rencontre la bille de l'adversaire : *jouer de bricole ; faire une bille de bricole.* On le dit à peu près dans le même sens au jeu de mail. — Fig. et fam., *jouer de bricole, n'aller que par bricole*, se servir de moyens détournés. Cette locution ne se prend qu'en mauvaise part. On dit dans un sens analogue : *donner une bricole.* — *De bricole, par bricole*, loc. adv., indirectement. — En t. de pêche, ligne que l'on attache d'un bout à un pieu le long d'une rivière, et qui porte à son autre bout un ou plusieurs haims amorcés. — *Bricoles*, au plur., se dit aussi de filets à prendre des cerfs, des daims, des chevreuils, etc. — En t. d'artill., *un boulet frappe de bricole*, quand il frappe après un bond. — *Bricole*, en t. de mar., c'est l'action des poids élevés au-dessus du centre de gravité, résultant du mouvement latéral que causent à un bâtiment les poids les plus élevés au-dessus de son centre de carène. On dit qu'*un vaisseau à trois ponts a beaucoup de bricole*, causée par le poids des canons de ses batteries hautes.

BRICOLÉ, E, part. pass. de *bricoler.*

BRICOLER, v. neut. (*brikolé*), jouer de *bricole*, à la paume ou au billard. — Fig. et fam., n'aller pas droit, biaiser dans une affaire. — Se dit, en t. de chasse, 1° d'un chien qui s'écarte à droite et à gauche, au lieu de rester sur la voie de l'animal ; 2° d'un cheval qui passe adroitement entre les buissons, les arbres, etc.

BRICOLIER, subst. mas. (*brikolié*). On appelle ainsi le cheval attelé à une chaise de poste à côté du cheval de brancard.

BRICON, subst. mas. (*brikon*) (de l'italien *bricone*), malotru, mauvais sujet. Inusité.

BRICOTEAUX, subst. mas. plur. (*brikotó*), t. d'arts et mét., pièces de bois longues et étroites placées sur le devant du métier des tisserands.

BRICQUEBEC, subst. propre mas. (*brikebèk*), bourg de France, chef-lieu de canton, arrond. de Valognes, dép. de la Manche.

BRIDE, subst. fém. (*bride*) (du grec βρυτηρ, que les Éoliens ont dit dans la même signification de *bride*, pour ρυτηρ, dérivé de ρυω, je traine, je tire ou du vieux saxon *bridel, bridl, bridels*, qui signifie la même chose. Cette dernière étymologie est préférable), partie du harnais avec laquelle on conduit et on fait obéir le cheval, et qui est composée de la têtière, des rênes et du mors : *mettre la bride à un cheval ; lui tenir la bride courte, la bride haute ; lui lâcher la bride ; lui mettre la bride sur le cou ; rendre la bride ; tourner bride.* — On n'entend quelquefois par le mot *bride* que les rênes : *j'avais mis pied à terre, je tenais mon cheval par la bride.* — *Se tenir à la bride*, être mauvais cavalier. — *La main de la bride*, la main gauche. — *A toute bride*, de toute la vitesse du cheval. On dit dans le même sens, *à bride abattue*, expression qui au figuré signifie : sans que rien arrête ; ardemment, étourdiment, inconsidérément. — Fig. : *tenir quelqu'un en bride*, le tenir dans le devoir. — *Tenir la bride haute, la bride courte à une personne*, la traiter avec une sorte de sévérité. — *Lâcher la bride à quelqu'un*, l'abandonner à sa propre volonté, à ses passions, etc. — *Lâcher la bride à ses passions*, s'y abandonner. — Fig. et fam. : *mettre la bride sur le cou*, donner une entière liberté. — Fig. et fam. : *tourner bride*, rebrousser chemin ; et, par une fig. plus forte, revenir sur une résolution prise ; quitter une opinion, une doctrine, un parti, etc. — Fig. et fam. : *aller bride en main*, se conduire avec circonspection. — Prov. et fig. : *il a plus besoin de bride que d'éperon*, il faut plutôt le retenir que l'exciter. — *L'Académie* donne à ce proverbe : *A cheval donné, on ne regarde pas à la bride*, l'explication suivante : *quand on reçoit un présent, il ne faut pas le déprécier.* Nous croyons que celle-ci conviendrait mieux : *quand on reçoit un présent, il ne faut pas faire le difficile.* — En t. de tailleur et de couturière, points à chaînette faits sur le bord d'une ouverture en long, pour empêcher tout déchirement : *bride de boutonnière ; bride à l'ouverture d'une chemise*, etc. On nomme encore *bride* une espèce de boutonnière composée d'une série de points à chaînette, et faite à l'extrémité de quelque partie du vêtement pour recevoir un bouton. — Cordon, bande, ruban qui tient à une coiffure, et sert à la maintenir en passant ou se nouant sous le menton : *bride de béguin, de casquette, de bonnet, de chapeau de femme*, etc. — Petit tissu qui, dans la dentelle nommée *point de France, de Venise, de Malines*, joint les fleurs les unes aux autres. — En t. de chir., filaments membraneux qui se trouvent dans le foyer des abcès, dans le trajet des plaies d'armes à feu, etc. — *L'Académie* donne toujours, comme anciennement, l'expression de *brides à veaux*, qu'on employait dans le sens de *sottes raisons, contes stupides* qui ne pouvaient persuader que des gens simples ; et aussi de *fausses nouvelles*, etc.

Elle déclare, du reste, que cette locution vieillit : nous croyons cette locution tellement vieillie, que nous sommes étonnés de la trouver encore dans *la sixième édition* (1835). — En archit., lien de fer avec lequel on embrasse une pièce de bois qui menace de se fendre. — Outil de charron pour assujétir plusieurs pièces ensemble. — *Bride à brancard*, celle qui maintient le brancard quand on le monte et l'assemble. — Bande de fer pliée en trois, dont on se sert pour fixer une cheville dans deux trous qui se correspondent. — Grand anneau de fer qui sert à suspendre la cloche au mouton.

BRIDÉ, subst. mas. (*bridé*), t. d'hist. nat., poisson du genre chétodon du genre spare.

BRIDÉ, E, part. pass. de *brider*, et adj. : *cheval sellé et bridé*. — *Oison bridé*, oison auquel on a fourré une plume dans les ouvertures de la partie supérieure du bec, pour l'empêcher de traverser les haies. — Fig. : *oison bridé*, personne d'une grande niaiserie, à qui l'on persuade tout ce qu'on veut : *cet homme, ce juge, cette femme est un oison bridé*.

BRIDER, v. act. (*bridé*), mettre la *bride* à un cheval, à un mulet, etc. Souvent, au lieu de dire *brider un cheval, un mulet*, etc., on dit simplement *brider : nous sommes en retard, bridons et partons ; que vous êtes lent à brider !* — Au fig., lier par les clauses d'un contrat, etc. — *Brider le nez à quelqu'un avec une houssine, un fouet*, etc., lui donner d'un fouet, d'une houssine à travers le visage. — Prov. et fig., *brider son cheval, son âne par la queue*, faire le contraire de ce qu'il y a à faire. — *Brider la bécasse*, faire en sorte que quelqu'un s'engage assez pour qu'il lui soit impossible de revenir sur ses pas. Expression fort vieillie. — *Chacun bridera sa bête*, chacun se conduira à sa fantaisie. — *Brider* se dit aussi de certains vêtements trop étroits : *votre robe bride*. — Dans les courses de bague, toucher la potence de sa lance, ou passer par-dessous. — T. de maçonn. : *brider une pierre*, l'attacher avec le bout du câble de la grande roue où tient le crochet, pour la tirer en haut. — T. de mar., *brider l'ancre*, l'empêcher de creuser et de s'enfoncer trop dans le sable, en mettant des planches à ses pattes. — *Brider une ville par une citadelle*, la maintenir dans le devoir, l'empêcher de se révolter en y construisant, ou en construisant auprès une citadelle. — T. de fauconn., *brider les serres d'un oiseau*, en lier une de chaque main, pour l'empêcher d'emporter sa proie. — SE BRIDER, v. pron.

BRIDIER, subst. mas. (*bridié*), ouvrier qui fait les *brides*.

BRIDOIR, subst. mas. (*bridoar*), morceau de linge large d'environ *trois doigts*, que les femmes mettent à leur bonnet quand elles se coiffent. On l'appelle aussi *mentonnière*, parce qu'il sert à bander le menton.

BRIDOLE, subst. fém. (*bridole*), t. de mar., appareil pour faire plier et ranger les bordages sur les couples.

BRIDON, subst. mas. (*bridon*), morceau de linge attaché au voile de certaines religieuses. — En t. d'éperonnier, petite *bride* à mors brisé sans branches.

BRIDURE, subst. fém. (*bridure*), t. de mar., action de *brider* l'ancre.

BRIE, subst. fém. (*bri*), barre de bois avec laquelle le boulanger bat la pâte. — Subst. propre fém., pays de France dont Meaux est la capitale.

BRIEC, subst. propre mas. (*briék*), village de France, chef-lieu de canton, arrond. de Quimper, dép. du Finistère.

BRIE-COMTE-ROBERT, subst. propre mas. (*brikonterobère*), village de France, chef-lieu de canton, arrond. de Melun, dép. de Seine-et-Marne. — Ce nom lui vient de Robert de France, comte de Dreux, qui en fut le fondateur.

BRIEDELIE, subst. fém. (*bridelì*), t. de bot., plante qui comprend trois espèces d'arbres des Indes.

BRIÉE, subst. fém. (*brié*), t. de boulang., pâte battue avec la *brie*.

BRIÉ, E, part. pass. de *brier*.

BRIEF, adj. mas., au fém. **BRIÈVE** (*briéfe, ève*) (du lat. *brevis*, qui a la même signification), court, de peu de durée, prompt. Il n'est plus guère usité qu'en style de pratique, et dans ces locutions : *briève description, briève narration*.

BRIEF, subst. mas. (*briéfe*), ancien t. de commerce de mer en Bretagne, congé que les capitaines de vaisseau étaient obligés de prendre des commis des fermes.

BRIENNE-LE-CHÂTEAU, subst. propre fém. (*brièneleehâtô*), petite ville de France, chef-lieu de canton, arrond. de Bar-sur-Aube, dép. de l'Aube. — Lieu célèbre par son école militaire, qui compta Napoléon parmi ses élèves. Une bataille sanglante eut lieu près de *Brienne* en 1814.

BRIER, v. act. (*brié*), t. de boulanger, battre la pâte avec la *brie*.

BRIEUC (SAINT-), subst. propre mas. (*ceinbrieuk*), ville de France, chef-lieu du dép. des Côtes-du-Nord. — Sa cathédrale est remarquable.

BRIÈVE, adj. fém. Voy. BRIEF.

BRIÈVEMENT, adv. (*briéveman*) (en lat. *breviter*), d'une manière *briève*, en peu de mots ; succinctement.

BRIÈVETÉ, subst. fém. (*briéveté*) (en latin *brevitas*, de *brevis*, bref), courte durée : *la brièveté de la vie ; la brièveté du temps*.

BRIEY, subst. propre mas. (*brié*), ville de France, chef-lieu d'arrond., dép. de la Moselle.

BRIFAUDÉ, E, part. pass. de *brifauder*.

BRIFAUDER, v. act. (*brifôdé*), t. de manufacture de laine, donner le premier peignage aux laines.

BRIFAUT, subst. mas. (*brifô*), t. de chasse, chien. (*Boiste*.) Nous ne pensons pas que le mot *Brifaut* soit le nom d'une espèce particulière de chien : c'est tout bonnement, selon nous, un *nom propre de chien*, comme *Castor, César, Diane, Diamant*, etc. : pourquoi donc le faire entrer dans un *dictionnaire ?*

BRIFE, subst. fém. (*brife*), se dit du grand appétit des vers à soie quelques jours avant de faire leurs cocons. — *Boiste* donne à ce mot le sens de *bribe*, gros morceau de pain : c'est un barbarisme.

BRIFÉ, E, part. pass. de *brifer*.

BRIFER, v. act. (*brifé*) (suivant *Bochard* et *Huet*, du bas-breton *dibriff*, qui signifie manger), manger avidement. Il est maintenant hors d'usage.

BRIFEUR, subst. mas., au fém. **BRIFEUSE** (*brifeur, feuze*), grand mangeur, grande mangeuse. Inus.

BRIFEUSE, subst. fém. Voy. BRIFEUR.

BRIFIDANGE, subst. fém. (*brifidanje*), t. de jard., sorte de poire.

BRIFIER, subst. mas. (*brifié*), t. de plombier, bande de plomb pour les enfaîtements des bâtiments couverts d'ardoise.

BRIG. Voy. BRIC.

BRIGADE, subst. fém. (*briguade*) (de l'italien *brigata*, dont la signification est la même, et qui, suivant *Le Duchat*, a été fait de l'allemand *brechen*, rompre ; parce que la *brigade* suppose un plus grand corps de troupes, qui a été *brisé* en quelque sorte et dont elle est détachée), autrefois escouade de cavaliers. — Aujourd'hui, petite troupe de gendarmes commandée, dans une localité déterminée, par un sous-officier nommé *brigadier* : *la gendarmerie est échelonnée par brigades ; brigade de gendarmerie ; brigade de Sèvres, de Montmartre, de Courbevoie*, etc. ; *conduire un accusé, un condamné de brigade en brigade*. — Corps de troupes composé de deux régiments, sous le commandement d'un général de *brigade* ou maréchal-de-camp. De là vient qu'autrefois on disait souvent *une demi-brigade* pour : un régiment ; *brigade d'infanterie, de cavalerie ; tel régiment est de brigade avec tel autre*, etc. — Fig., fam. et par exagération, plusieurs personnes ensemble : *il nous arrive une brigade*. — Dans les ports militaires, on appelle *brigade* un certain nombre d'ouvriers ou de matelots-canonniers travaillant ensemble : *une brigade de calfats ; une brigade de canonniers*, etc. — Dans l'administration de la police, *brigade de sûreté* se dit d'une troupe d'agents en bourgeois qui fait des rondes de nuit, etc.

BRIGADIER, subst. mas. (*briguadié*). On désignait, avant la révolution de 1789, par le titre de *brigadier des armées du roi*, un officier général immédiatement au-dessus du colonel et au-dessous du maréchal-de-camp. — Aujourd'hui le grade de *brigadier* répond, dans la cavalerie, à celui de caporal dans l'infanterie, exception faite du *brigadier de gendarmerie*, qui est un sous-officier commandant une *brigade*. — T. de mar., le premier des matelots d'une embarcation. — *Brigadier de bateau*, le canotier qui borde l'aviron le plus près de l'avant, et qui a le maniement de la gaffe pour pousser au large le canot, etc.

BRIGAND, subst. mas. (*briguan*) (suivant plusieurs étymologistes, du nom des *Brigantes*, peuples d'Hibernie qui, sous l'empire romain, passèrent en Angleterre, dont ils ravagèrent toute la partie septentrionale), celui qui fait profession de *brigandage*. — Au fig., celui qui fait des exactions et des concussions.

BRIGANDAGE, subst. mas. (*briguandaje*), volerie, pillage commis avec violence, et ordinairement en troupe. — Au fig., exaction violente, concussion, rapine.

BRIGANDEAU, subst. mas. (*briguandô*), petit *brigand*. Il est fam., et s'applique communément aux praticiens, aux agents d'affaires.

BRIGANDER, v. neut. (*briguandé*), s'abandonner au *brigandage*, vivre en *brigand* : *il n'a fait que brigander toute sa vie*.

BRIGANDINE, subst. fém. (*briguandine*), cotte de mailles ; haubergeon. Il est hors d'usage aujourd'hui.

BRIGANTIN, subst. mas. (*briguantein*) (de *brigand*), t. de mar., petit bâtiment à un pont, à deux mâts au plus, gréé comme un brick, et qui autrefois allait à voiles et à rames. On s'en sert particulièrement pour les courses : *pirater avec un brigantin*. — Sorte de lit portatif ou de campagne.

BRIGANTINE, subst. fém. (*briguantine*), t. de mar., petit bâtiment de la Méditerranée. — Voile qui distingue particulièrement un *brigantin*.

BRIGAUT, subst. mas. (*briguô*), gros bois neuf à brûler.

BRIGITTINS, subst. mas. plur. (*brijitetein*), sorte de moines d'autrefois.

BRIGNOLES, subst. fém. (*brigniole*), prune desséchée qui vient de *Brignoles*, en Provence : *une boîte, une compote de brignoles*. — Subst. propre mas., ville de France, chef-lieu d'arrond., dép. du Var. On écrit aussi *brignole*, selon certains *dictionnaristes*.

BRIGNOLIE, subst. fém. (*brigniolî*), t. de bot., plante de la famille des ombellifères.

BRIGNOLIER, subst. mas. (*brignolié*), t. de bot., arbuste de Saint-Domingue.

BRIGUE, subst. fém. (*brigue*) (du latin barbare *briga*, employé avec la même signification dans la basse latinité, et qui s'est conservé en italien avec quelque modification dans le sens), poursuite vive de quelque chose par le moyen de plusieurs personnes qu'on engage dans ses intérêts. — manœuvre détournée. — Cabale, faction, parti : *avoir une forte brigue*. Voy. INTRIGUE.

BRIGUÉ, E, part. pass. de *briguer*.

BRIGUER, v. act. (*brigué*) (de l'italien *brigare*, solliciter, intriguer), poursuivre quelque chose par *brigue* : *briguer un emploi, une dignité*, etc. — Rechercher avec ardeur, avec empressement : *briguer les bonnes grâces, la faveur, la protection de...*, etc. — SE BRIGUER, v. pron.

BRIGUEUR, subst. mas., au fém. **BRIGUEUSE** (*brigueur, gueuze*), celui ou celle qui *brigue*. Il est peu usité. — L'*Académie* ne donne pas le fém. de ce mot.

BRIGUEUSE, subst. fém. Voy. BRIGUEUR.

BRILLAMMENT, adv. (*briiaman*), d'une manière *brillante*.

BRILLANT, E, adj. (*briian, iante*), qui *brille* ; qui a un grand éclat : *une étoile brillante ; une lame brillante ; une batterie de cuisine brillante ; des yeux brillants ; une couleur brillante*, etc., etc., etc. — Il s'applique par extension, 1° à ce qui frappe vivement et agréablement les yeux : *un cortége, une fête, un bal, un spectacle brillant*, etc. ; 2° à ce qui frappe vivement et agréablement l'oreille : *une voix, une musique, une touche brillante ; des sons, des accords brillants*, etc. ; et fig., 1° à ce qui est extrêmement remarquable en son genre : *une administration brillante ; une carrière brillante ; une gloire brillante ; une brillante valeur ; des qualités brillantes ; un mérite brillant*, etc., etc. ; 2° à ce qui saisit vivement l'esprit : *une pensée brillante ; une allocution brillante ; des vers brillants ; une improvisation brillante*, etc., etc. — On dit par analogie : *un esprit brillant ; une imagination brillante*. — Par une métonymie tirée de la vivacité qu'une belle santé donne aux yeux et au teint, on dit : *une santé brillante* pour : une belle santé. On dit par la même cause : *brillant de santé* ; et par une cause analogue : *brillant de jeunesse*. On dit aussi : *brillant de gloire*, parce qu'on dit *une gloire brillante*. — On appelle *brillant* un cheval qui a l'encolure relevée, un beau mouvement, les hanches excellentes, etc.

BRILLANT, subst. mas. (*briian*), éclat, lustre : *le brillant d'une perle, d'une pierre précieuse*, etc. — On dit au fig. : *le brillant de l'esprit, de l'imagination*, etc. ; *il y a du brillant dans ce poème, dans ce discours* ; et d'un homme qui a beaucoup d'imagination et d'esprit, mais peu de jugement, qu'*il a plus de brillant que de solide.* — *Brillant,* diamant taillé à facettes par-dessus et par-dessous : *vous avez là un fort beau brillant.* — *Faux brillants,* diamants faux, pierreries fausses. — Fig. *faux brillants,* pensées ingénieuses, ou : pensées qui ont de l'éclat, mais sans justesse ni solidité.

BRILLANTE, subst. fém. (*briiante*), t. d'hist. nat., nom vulgaire d'une petite coquille du genre bulime.

BRILLANTÉ, E, part. pass. de *brillanter,* et adj. : *diamant brillanté.* — Au fig., *style, ouvrage brillanté,* style recherché, ouvrage plein de faux *brillants.*

BRILLANTER, v. act. (*briianté*), t. de lapid., tailler un diamant à facettes par-dessus et par-dessous, pour le rendre plus *brillant.* — Au fig., semer un ouvrage de *faux brillants,* de pensées plus ingénieuses que solides, etc. — *se* **BRILLANTER,** v. pron., se donner de l'éclat.

BRILLANTINE, adj. fém. (*briiantine*) : *fleur brillantine,* qui jette un vif éclat.

BRILLÉ, part. passé du v. neut. *briller.*

BRILLER, v. neut. (*brlié*) (suivant *Le Duchat,* du lat. barbare *radiculare,* rayonner, dérivé de *radius,* rayon, comme nous avons fait, ajoute cet étymologiste, *railler* de *ridiculare,* et *griller* de *craticulare*), reluire, avoir de l'éclat : *le soleil, les étoiles, le feu brillent ; ce diamant brille beaucoup ; voyez comme les casques, comme les cuirasses, comme les baïonnettes brillent de loin ; des yeux qui brillent,* etc. — Fig., on dit que *la santé,* que *la jeunesse brille sur le visage de quelqu'un,* pour dire que la vivacité de son teint, de ses yeux, atteste sa bonne santé, sa jeunesse ; et que *la joie, la satisfaction, la colère,* etc., *brillent dans ses regards,* pour dire que ses yeux, par un surcroit de vivacité, expriment la joie, la satisfaction, la colère, etc. — On dit aussi : *faire briller la vérité aux yeux de quelqu'un,* pour : faire connaitre la vérité à quelqu'un. — *Briller* se dit encore au fig. de ce qui attire les regards, de ce qui flatte le sens de la vue : *que de fleurs charmantes brillent dans cette serre ! l'opulence brille sur ses vêtements les plus simples ; au milieu de toutes ces riches toilettes, la vôtre brille par sa simplicité ; comme la beauté de cette femme brille dans ce cercle !* et dans une signification morale, 1° de ce qui attire l'attention : *la finesse et les graces de son esprit brillent dans toutes les sociétés qu'il fréquente,* etc. ; 2° de ce qui se fait admirer : *la gloire de Napoléon brillera tant que brillera le soleil ; un grand mérite brille en vous ; le courage civil et le courage militaire brillent également dans le grand homme,* etc. — En parlant des personnes, *briller* signifie aussi, 1° attirer l'attention : *ce banquier aime à briller par sa magnificence ; cette femme est possédée de la manie de briller ;* 2° exciter l'admiration : *vous brillez par une valeur éprouvée, par un patriotisme héroïque,* etc. ; 3° exceller : *ce peintre brille dans les tableaux de genre ; cet avocat brille dans l'argumentation,* etc. — En t. de chasse, on le dit d'un chien qui quête et qui bat beaucoup de pays : *cet épagneul brille dans la plaine.*

BRILLOTER, v. neut. (*briioté*), *briller* faiblement dans une petite sphère. Fam. et peu usité. — Madame de Sévigné a dit très-joliment *se brilloter,* dans le sens de se donner un peu d'éclat.

BRIMBALE, subst. fém. (*breinbale*), t. de mécan., levier qui sert à faire aller une pompe. — L'*Académie* ajoute qu'on dit aussi *bringuebale,* en t. de marine.

BRIMBALÉ, E, part. pass. de *brimbaler.*

BRIMBALER, v. act. (*breinbalé*) (dérivé du grec βαμβαλειν, trembler), sonner, mouvoir des cloches démesurément. — Faire du bruit en secouant quelque chose qui retentit. Il est familier et peu usité.

BRIMBELLE, subst. mas. (*breinbèle*). Voy. **AIRELLE.**

BRIMBORION, subst. mas. (*breinborion*), colifichet, babiole ; chose de peu de valeur. Il est familier.

BRIMBOTÉ, part. pass. de *brimboter.*

BRIMBOTER, v. neut. (*breinboté*), parler entre ses dents.

BRIMO, subst. propre fém. (*brimó*), myth., divinité infernale, la même qu'Hécate.

BRIN, subst. mas. (*brein*) (suivant *Huet,* du latin *virga,* verge, qu'on a prononcé successivement *virge, virge, viringe, bringe, bring* et enfin *brin*), ce que le grain ou la graine pousse d'abord hors de terre : *brin d'herbe,* etc. ; *cette plante a déjà poussé de beaux brins,* etc. — Scion d'arbre, d'arbuste ou de plante : *brins de marjolaine, de romarin ; brins de lilas, d'acacia,* etc. — Fig., petite partie d'une chose longue et mince : *un brin de paille, de fil ; un brin de poil ; quelques brins de cheveux,* etc. ; et quelquefois, par extension, une petite quantité de foin, de paille, de bois, etc. : *je n'ai pas un brin de bois pour vous chauffer ; je n'ai qu'un brin de paille à vous offrir pour votre cheval,* etc. On dit, par une fig. plus forte : *un brin, un petit brin d'amour,* etc. — T. d'agric. : *arbre de brin,* arbre qui n'a que la tige provenant de la semence. — T. de charp. : *bois de brin, poutre de brin,* qui n'a pas été fendue par la scie. On dit d'un arbre long et droit : *c'est un beau brin d'arbre, un beau brin de bois ;* et : *c'est un beau brin de bois,* d'une poutre qui présente les mêmes qualités. — On dit fig. d'une personne grande et bien faite : *c'est un beau brin d'homme ; c'est un beau brin de fille, de femme.* — On dit prov., en parlant de toutes sortes de choses, qu'*il n'y en a brin,* pour signifier qu'il n'y a rien de la chose dont on parle. — Les éventaillistes appellent *brin* chacune des petites pièces qui soutiennent le papier d'un éventail ; et *maîtres brins* les deux montants où sont collées les extrémités du papier, et entre lesquels se trouvent les petites flèches. — *Brin à brin,* loc. adv., un *brin* après l'autre : *ôter les mauvaises herbes d'un jardin brin à brin.*

BRINBALIER, subst. mas. (*breinbalié*), t. de bot., synonyme d'airelle.

BRIN-BLANC, subst. mas. (*breinblan*), t. d'hist. nat., espèce de colibri à queue parée de deux longues plumes blanches.

BRIN-BLEU, subst. mas. (*breinbleu*), t. d'hist. nat., joli petit oiseau du Mexique dont on a fait un colibri, mais que *Buffon* ne croit pas devoir appartenir à cette famille.

BRIN-D'AMOUR, subst. mas. (*breindamour*), t. de bot. A Saint-Domingue, on donne vulgairement ce nom au mourellier piquant, parce que ses fruits confits passent pour exciter à l'amour.

BRINDE, subst. fém. (*breinde*) (de l'italien *brindisi*), coup qu'on boit à la santé de quelqu'un, et que l'on porte à un autre. — *Être dans les brindes,* être ivre. — Il est vieux et même hors d'usage.

BRINDES, subst. propre mas. (*breinde*), ville du roy. de Naples, dans les terres d'*Otrante.*

BRIN-D'ESTOC, subst. mas. (*breindécetok*) (de l'allemand *springen,* sauter, et *stock,* bâton), bâton ferré par les deux bouts, dont on se sert en plusieurs pays pour sauter des fossés.

BRINDILLE, subst. fém. (*breindiie*) (rac. *brin*), t. de jardinier, petite branche à fruit qui porte des feuilles ramassées en touffe.

BRINDONE, subst. mas. (*brindone*), fruit des Indes-Orientales : c'est le mangoustan des Célèbes.

BRINDONIER, subst. mas. (*breindonié*), t. de bot., genre de plantes de la famille des guttifères.

BRINGUE, subst. fém. (*breingue*), t. de man., petit cheval d'une vilaine figure, et qui n'est point étoffé. Ce mot est familier et populaire. — *Être en bringues,* en pièces, en désordre. — *Grande bringue,* grande femme maigre et mal bâtie. Cette expression est fam. et basse.

BRINGUEBALE, subst. fém. Voy. **BRIMBALE.**

BRINON-L'ARCHEVÊQUE, subst. propre mas. (*brinonlarchevèke*), ville de France, chef-lieu de canton, arrond. de Joigny, dép. de l'Yonne.

BRINON-LES-ALLEMANDS, subst. propre mas. (*brinonlèzaleman*), village de France, chef-lieu de canton, arrond. de Clamecy, dép. de la Nièvre.

BRINQUEBALLE, subst. fém. (*breinkebale*), pièce d'une machine qui maintient les seaux.

BRINQUELLE, subst. fém. (*breinkèlè*), t. de jard., sorte de pêcher.

BRIO, subst. mas. (*brió*), mot italien qui signifie élan spirituel, fougue de l'esprit, dans un tableau, dans la conversation, dans la musique.

BRIOCHE, subst. fém. (*brioche*) (suivant *Le Duchat,* du nom du pâtissier inventeur des *brioches*), sorte de gâteau fait de fine fleur de froment, d'œufs, de beurre et de sel. — Au fig., bévue, maladresse : on dit fam. *faire des brioches,* pour : faire des gaucheries, des bévues.

BRIOINE, subst. fém. (*brioène*). Voy. **COULEUVRÉE.**

BRIOLAY, subst. propre mas. (*briolè*), village de France, chef-lieu de canton, arrond. d'Angers, dép. de Maine-et-Loire.

BRION, subst. mas. (*brion*), t. de bot., mousse qui croit sur l'écorce des chênes et autres arbres. — En t. de mar., pièce de bois qui finit la quille.

BRIONNE, subst. propre fém. (*brione*), village de France, chef-lieu de canton, arrond. de Bernay, dép. de l'Eure.

BRIOTTE, subst. fém. (*briote*), t. de bot., anémone à peluche.

BRIOUDE, subst. propre fém. (*brioude*), ville de France, chef-lieu d'arrond., dép. de la Haute-Loire.

BRIOUX, subst. propre mas. (*briou*), bourg de France, chef-lieu de canton, arrond. de Melle, dép. des Deux-Sèvres.

BRIOUZE, subst. propre fém. (*briouze*), bourg de France, chef-lieu de canton, arrond. d'Argentan, dép. de l'Orne.

BRIQ. Voy. **BRICK.**

BRIQUAILLONS, subst. mas. plur. (*brikâion*), morceaux de *brique* pour les moules de fondeur.

BRIQUE, subst. fém. (*brike*) (du latin barbare *brica,* d'où l'on a fait dans la basse latinité le verbe *imbricare,* couvrir de tuiles), terre argileuse et rougeâtre, pétrie, et moulée ordinairement en forme de carreau, puis séchée au soleil ou cuite au four, et qu'on emploie pour bâtir. — Par analogie, *brique de savon, d'étain,* etc., morceau de savon, d'étain, en *forme de brique.*

BRIQUET, subst. mas. (*brikè*), petite pièce de fer dont on se sert pour tirer du feu d'un caillou : *battre le briquet.* — *Briquet physique* ou *phosphorique,* petite boîte de poche qui contient des allumettes, souvent une bougie et un flacon rempli de phosphore. — *Briquet pneumatique,* petit cylindre creux dans lequel joue un piston garni, à son extrémité inférieure, de quelque substance inflammable, telle que l'amadou : en poussant fortement le piston on comprime l'air intérieur, et au moyen de cette compression, qui doit être très-rapide, le calorique contenu dans l'air se dégage et enflamme la matière mise au bout du piston. — Espèce de chiens. (*Buffon.*) — Sabre court de l'infanterie. — T. de serrurerie, petit couplet qui ne peut être plié que d'un sens, propre à assembler les tables à manger, les abattants des comptoirs, etc.

BRIQUETAGE, subst. mas. (*briketaje*), amas de *briques ;* ouvrage de *briques.* — Enduit sur lequel, au moyen de joints et de refends figurés, on imite la brique, quand on veut en donner l'apparence à une construction.

BRIQUETÉ, E, part. pass. de *briqueter,* et ad. : *la façade de cette maison est briquetée.* — En t. de peinture, *ton briqueté, teintes briquetées,* d'une couleur rougeâtre. — En t. de médec., *urine briquetée,* celle qui est de couleur de *brique.*

BRIQUETER, v. act. (*briketé*), appliquer sur une muraille un enduit de plâtre et d'ocre avec des joints et des refends figurés pour imiter la brique.

BRIQUETERIE (orthographe de l'*Académie :* nous écririons, nous, **BRIQUETTERIE,** eu égard au génie de notre langue, qui ne souffre pas deux syllabes muettes de suite), subst. fém. (*briketerí*), lieu où l'on fait de la *brique.*

BRIQUETEUR, subst. mas. (*briketeur*), principal ouvrier *briquetier.*

BRIQUETIER, subst. mas. (*briketié*), celui qui fait de la *brique ;* qui la vend. — Dans ce dernier sens, on dit au fém. *briquetière.*

BRIQUETIÈRE, subst. fém. Voy. **BRIQUETIER.**

BRIQUETTE, subst. fém. (*brikète*), petite *brique* formée de houille et d'argile, de tourbe ou de tan, et qui sert de combustible.

BRIQUETTERIE, subst. fém. Voy. **BRIQUETERIE.**

BRIS, subst. mas. (*bri,* et non pas *brice,* prononciation indiquée par l'*Académie,* qui veut qu'on fasse sonner *s*) (du verbe *briser*), t. de palais, rupture d'un scellé, d'une porte, avec violence. — On appelle *bris de prison* une évasion ou tentative d'évasion avec fracture aux portes, etc., de la prison ; *bris de ban,* l'action d'un banni qui rompt son ban. — En t. de mar., débris d'un bâtiment naufragé. — *Droit de bris,* ancien droit en vertu duquel les seigneurs des lieux où la mer jetait les *bris* des bâtiments naufragés en devenaient maîtres après un an et un jour passés sans réclamation. — En t. de blas., bande de fer propre à tenir une porte dans ses gonds.

BRISABLE, adj. des deux genres (*brizable*), qui peut être *brisé.*

BRISACH (**NEUF-**), subst. propre mas (*neubrizake*), ville de France, chef-lieu de canton, arrond. de Colmar, dép. du Haut-Rhin. — C'est une place de guerre du premier ordre.

BRISANTS, subst. mas. plur. (*brizan*), t. de mar., rochers à fleur d'eau, contre lesquels la mer va se *briser*. — On l'emploie rarement au sing. : *un brisant* : alors il signifie plutôt le rejaillissement de l'eau de la mer contre les rochers et contre les côtes.—Il se dit également d'un corps quelconque contre lequel la mer vient se briser : *placer des brisants ou un brisant devant une construction, pour arrêter le choc des vagues.*

BRISCAMBILLE, subst. fém. (*bricekanbiie*). Voy. BRUSQUEMBILLE.

BRISCAN, subst. mas. (*bricekan*). Voy. BRUSQUEMBILLE.

BRISE, subst. fém. (*brize*), nom que donnent les marins au vent quand il n'est pas trop violent : *une faible brise; il vente bonne brise.* — *La brise s'élève*, elle commence à souffler. — *Brise de terre*, *brise de mer*, celles qui soufflent du côté de la terre, du côté de la mer. — Quelquefois les *brises* sont *périodiques*. — *Brise carabinée*, vent très-violent. — En t. de charpentier, poutre posée en bascule sur la tête d'un gros pieu, etc. — T. de bot. Voy. BRIZE.

BRISÉ, E, part. pass. de *briser*, et adj. : *une montre brisée; une chaîne brisée*; au fig. : *je suis tout brisé*; et en archit. *un volet brisé*, etc. — En poésie, on appelle *rime brisée*, celle dans laquelle les vers sont coupés au repos; il faut encore qu'en ne les lisant que jusque là, ils riment entre eux, et forment un sens tout différent de celui qu'ils ont en lisant les vers entiers. — Il se dit en t. de blason, des armoiries des puînés.

BRISE-COU, subst. mas. (*brizekou*), marche ou degré d'escalier fort dangereux, où il est aisé de tomber. Il est familier. — Au plur., des *brise-cou*; des escaliers où l'on risque de se *briser* le *cou*. — En t. de manége, jeune homme hardi à qui l'on fait monter les jeunes chevaux, pour les accoutumer à souffrir l'homme. On dit aussi *casse-cou*.

BRISÉE, subst. fém. (*brizé*), t. de salines, opération qui consiste à détacher la sangle qui soutient la chèvre, ôter les rouleaux, faire sauter le pivot d'un coup de masse, et donner du mouvement à la chèvre, afin qu'elle coule de son propre poids et se renverse sur le seuil du banc.

BRISÉES, subst. fém. plur. (*brizé*), branches que les chasseurs *rompent* aux arbres ou qu'ils sèment dans leur chemin, pour reconnaître l'endroit où est la bête et où on l'a détournée. — *Brisées*, en t. d'eaux et forêts, se dit aussi des branches qu'on coupe dans un taillis ou à de grands arbres, pour marquer les bornes des coupes. — On dit fig., *suivre les brisées de quelqu'un*, suivre son exemple. — *Aller, marcher, courir sur les brisées de quelqu'un*, entrer en rivalité avec lui. — *Reprendre ses brisées, revenir sur ses brisées*, reprendre un dessein abandonné, une affaire interrompue.

BRISE-GLACE, subst. mas. (*brizeguelace*), espèce d'arc-boutant, ou rang de pieux en manière d'avant-bec, placés en amont d'un pont de bois, pour *briser* les *glaces* et les empêcher d'endommager les piles du pont. — Au plur., des *brise-glace* : des pieux qui *brisent* la *glace*.

BRISE-IMAGES, subst. mas. (*brizimaje*), t. d'hist. eccl., iconoclaste. — Au plur., des *brise-images*, un homme, des hommes qui *brisent* les *images*. — On emploie plutôt le terme *iconoclaste* dans les historiens de l'Église.

BRISÉIS, subst. propre fém. (*brizéice*), myth., nom patronymique d'Hippodamie, fille de *Brisès*, prêtre de Jupiter. Achille ayant assiégé Lyrnesse, épousa *Briséis* après s'être rendu maître de la ville. Agamemnon la lui ayant enlevée, Achille ne voulut plus combattre; mais la mort de Patrocle lui fit reprendre les armes contre les Troyens, toujours victorieux depuis qu'il s'était retiré dans sa tente.

BRISEMENT, subst. mas. (*brizeman*), choc des flots qui se *brisent* contre un rocher, contre une digue, etc. — On dit fig., en matière de piété, *brisement de cœur*, grande douleur de ses péchés, contrition de cœur.

BRISE-MOTTES, subst. mas. (*brizemote*), t. d'agriculture, gros cylindre avec lequel on *brise* les *mottes* des terres labourées.—Au plur., des *brise-mottes* ; des instruments qui *brisent* les *mottes*.

BRISE-PIERRE, subst. mas. (*brizepière*), t. de chir., pince dont on se sert pour *briser* la *pierre* dans la vessie. — Au plur., des *brise-pierre* : des pinces qui *brisent* la *pierre*.

BRISER, v. act. (*brizé*) (du vieux lat. *brisare* qu'on a dit pour *presser*, et qui était probablement dérivé du grec βριθω, futur βρισω, qui signifie aussi presser une chose, s'appuyer fortement dessus, comme pour la rompre; ou de βριθειν, se jeter avec impétuosité sur...), rompre, mettre en pièces : *briser un meuble*; *la mitraille lui a brisé les os*. Voy. CASSER.—*Briser la laine*, la carder, la démêler. — On dit fig., d'un peuple opprimé, d'un amant, etc., qu'*ils ont brisé leurs fers, leurs chaînes*; d'une doctrine anarchique, *qu'elle tend à briser tous les liens sociaux*; d'un chagrin violent, qu'*il brise l'âme*, etc. Cette figure, très-expressive, est malheureusement prodiguée aujourd'hui par les littérateurs romantiques. — *Marmontel* a dit dans sa tragédie de *Cléopâtre* :

On verra si l'amour a *brisé* mon courage.

Le malheur peut *briser* le courage, mais l'amour ne peut que l'*amollir*, l'*énerver*, etc. —Fig. et par exagération on dit briser pour : fatiguer, harasser : *les cahots de cette voiture m'ont brisé; je suis brisé de fatigue; j'ai tout le corps brisé*. — *Briser*, v. neut., en t. de mar., signifie *se briser* : *le vaisseau alla briser contre un rocher; la mer brise contre la côte*, etc. — Fig., *briser avec quelqu'un*, rompre avec lui. Cette dernière expression est d'un usage fréquent.— Fam., *brisons là-dessus*, n'en parlons pas davantage. — En t. de vénerie, marquer la voie d'une bête par des branches rompues. — *Briser bas*, rompre des branches et en jeter sur la voie. — *Briser haut*, rompre les branches à demi-hauteur d'homme, et les laisser pendre au tronc de l'arbre. — En t. de blas., ajouter une pièce d'armoirie à l'écu des armes pleines d'une maison, pour distinguer les branches cadettes de la branche aînée. — SE BRISER, v. pron., se casser; être mis en pièces : *cette porcelaine s'est brisée*. — On dit par analogie : *la mer, les vagues se brisent contre les rochers*; et au fig. : *mon cœur s'est brisé à ce récit*. — *Leurs efforts sont venus se briser contre cet obstacle*, ils y ont échoué. — Prov., *tant va la cruche à l'eau qu'à la fin elle se brise*, en s'exposant souvent au danger, on court risque d'y succomber. *Beaumarchais* a parodié plaisamment ce proverbe en disant, dans un autre sens : *tant va la cruche à l'eau qu'à la fin elle s'emplit*. — On dit en t. de phys., que *les rayons lumineux se brisent en passant d'un milieu dans un autre*, c'est-à-dire que leur direction rectiligne change ou paraît changer tout-à-coup. Voy. CASSER pour la *synonymie*. — Il se dit de divers ouvrages dont les pièces, jointes ensemble, peuvent se plier, s'allonger et se raccourcir : *des portes, des fenêtres qui se brisent; volet brisé*.

BRISE-RAISON, subst. mas. (*brizerézon*), personne qui parle sans liaison dans les idées. — Au plur., des *brise-raison* : des gens qui ont rompu, pour ainsi dire, avec la raison.

BRISE-SCELLÉ, subst. mas. (*brizecélé*), celui qui rompt illégalement le *scellé*. Peu usité.— Au plur., des *brise-scellé*, et non pas des *brise-scellés*, car ce n'est toujours que le *scellé* que l'on peut briser. Voy. au mot SCELLÉ.

BRISE-TOUT, subst. mas. (*brizetou*), maladroit, étourdi, qui *brise tout* ce qu'il touche. Fam. — Au plur., *des brise-tout*.

BRISEUR, subst. mas., au fém. BRISEUSE (*brizeur, zeuze*), celui qui *brise* quelque chose. Il n'est guère usité que dans cette phrase : *briseurs d'images*, en parlant des *iconoclastes*, anciens hérétiques qui *brisaient* les images.

BRISEUR DE SEL, subst. mas. (*brizeurdecèle*), celui qui *brise le sel* dans les bateaux, et le met en tas pour faire un chemin aux mesureurs et porteurs. — Celui qui *brise le sel* dans les greniers *à sel*, afin de le mettre dans les minots. — Au plur., des *briseurs de sel*.

BRISEUSE, subst. fém. Voy. BRISEUR.

BRISÉUS, et mieux **BRISÆUS**, subst. propre mas. (*brizé-uce*), myth., surnom de *Bacchus*, pris soit de *Brisa*, promontoire de Lesbos où il avait un temple, soit, comme quelques-uns l'expliquent, de l'invention qu'on lui attribue de fouler le raisin pour en tirer le vin.

BRISE-VENT, subst. mas. (*brizevan*), t. de jard., clôture, abri pour arrêter l'action du vent et en garantir des arbres et des plantes. — Au plur., des *brise-vent* : des clôtures qui servent à *briser le vent*.

BRISIS, subst. mas. (*brizi*), t. d'archit., angle que forme un comble *brisé*, dans les mansardes, par exemple.

BRISOIR, subst. mas. (*brizoar*), instrument de bois carré et garni de dents, qui sert à *briser* le chanvre, la paille, etc.

BRISQUE, subst. fém. (*briceke*), sorte de jeu de cartes. On appelle aussi *brisques*, dans ce jeu, les as et les dix de chaque couleur.

BRISSE ou **BRISSUS**, subst. mas. (*brice, brice-çuce*), t. d'hist. nat., espèce d'oursin de figure ovale, avec les sillons crénelés et ponctués au sommet.— Zoophyte échinoderme.

BRISSOÏDES, subst. mas. plur. (*briço-ide*), t. d'hist. nat., oursins fossiles.

BRISSOTIN, subst. mas. (*briçotein*), adhérent de *Brissot*, chef de parti en France, en 1793.

BRISSUS, subst. mas. Voy. BRISSE.

BRISTOL, subst. propre mas. (*bricetole*), ville d'Angleterre. — Il y a aussi une ville de l'Amérique qui porte ce nom. — T. de min., *pierre de Bristol*, pierre transparente comme le crystal de roche.

BRISURE, subst. fém. (*brizure*), partie brisée, cassée : *il y a des brisures dans cette boiserie*. — Endroit des ouvrages de menuiserie, etc., où une partie se replie sur une autre : *la brisure d'un volet*. — En t. de blason, toute pièce d'armoirie que les cadets et les bâtards ajoutent à l'écu des armes pleines de la maison dont ils sont. — En t. de fortification, *brisure de la courtine*, ligne de quatre à cinq toises qu'on donne à la courtine et à l'orillon, pour faire la tour creuse, ou pour couvrir le flanc.

BRITANNIQUE, adj. des deux genres (*britanenike*) (du lat. *Britannia*, Grande-Bretagne, aujourd'hui l'Angleterre), d'Angleterre : *les flottes britanniques*.

BRITINNIENS, subst. mas. plur. (*britiniein*), ermites d'Italie.

BRITOMARTE, subst. propre fém. (*britomarte*), myth., fille de Jupiter. — Elle se jeta dans la mer pour éviter les poursuites de Minos, et fut mise au nombre des immortelles à la prière de Diane.

BRIVES-LA-GAILLARDE, subst. propre fém. (*brivelagua-iarde*), ville de France, chef-lieu d'arrond., dép. de la Corrèze.

BRIZE, **BRISE** ou **AMOURETTE**, subst. fém. (*brize*), t. de bot., plante de la famille des graminées.

BRIZO, subst. propre fém. (*brizô*), myth., déesse infernale qui présidait aux songes.

BRIZOMANCIE, subst. fém. (*brizomanci*) (du grec βριζω, je dors, et μαντεια, divination), art de prédire l'avenir par le moyen des songes.

BRIZOMANCIEN, NE, adj. et subst. (*brizomanciein, ène*), qui concerne la *brizomancie*; qui prédit l'avenir par le moyen des songes.

BROC, subst. mas. (*brô*, devant une consonne et dans le courant de la phrase; mais devant une voyelle et à la fin de la phrase, on prononce *broke*) (suivant *Budée, Henri Étienne, Nicot, Lancelot*, etc., du grec βροχος, vase à mettre du vin, formé de βρεχω, j'arrose, je bois. Peut-être vient-il de *brocart*, *broceron*, *brocier*, noms qu'on donnait autrefois à de certains vases à *broche* ou robinet : la forme aura changé et le nom sera resté), vase fait ordinairement de bois, à anse, et à bec évasé, garni de cercles de métal, et servant à transporter du vin : *ce broc* (brô) *me paraît petit*; *ce broc* (broke) *est d'une belle dimension*; *passez-moi ce broc* (broke). — Il se dit aussi du contenu d'un *broc* : *c'est un homme qui boirait un broc de vin*. — Il s'est dit autrefois pour *broche*, et il en est resté cette phrase fam. : *manger de la viande de broc en bouche*, pour dire : la manger sortant de la broche. — *De bric et de broc*, loc. adv., de çà et de là, d'une manière et d'une autre. Il est pop.

BROCANTAGE, subst. mas. (*brokantaje*), action de *brocanter*; commerce du *brocanteur*.

BROCANTE, subst. fém. (*brokante*), perche où sont attachées des merceries. Vieux mot hors d'usage. — Il s'emploie quelquefois encore pour signifier : mauvais ouvrage, meuble de hasard : *c'est de la brocante*, ou *un ouvrage de brocante*.

BROCANTÉ, E, part. pass. de *brocanter*.

BROCANTER, v. neut. (*brokanté*) (suivant *Le Duchat*, du lat. *recantare*, se dédire; parce que, ajoute-t-il, ces revendeurs avaient vingt-quatre heures pour rendre ce qu'ils avaient acheté. Peut-être vient-il plutôt des vieux mots *broque* ou *brocante*, perche, à cause de l'usage de placer une perche avec des échantillons devant les maisons où on faisait ce commerce), acheter, vendre, troquer diverses choses de hasard, comme des tableaux, des meubles, des bijoux, etc. : *c'est un homme qui ne fait que brocanter*. — On dit aussi activement : *brocanter des tableaux*, etc. — SE BROCANTER, v. pron.

BROCANTEUR, subst. mas., au fém. BROCAN-

TEUSE (*brokanteur, teuze*), celui ou celle qui achette et revend des tableaux ou autres objets.

BROCANTEUSE, subst. fém. Voy. BROCANTEUR.

BROCARD, subst. mas. (*brokar*) (selon *Doujat*, suivi en cela par *Ménage*, d'un évêque de Worms, dont le nom *Burchard* fut changé en celui de *Brocardus*, auteur d'une collection de canons en sentences et maximes, qui fut appelée *Brocardica*. Ce nom passa ensuite à tous les ouvrages du même genre, et enfin à des propos débités à tort et à travers, et souvent mêlés de railleries ou d'injures), raillerie piquante ; mot satirique. Il est fam. — T. de chasse, chevreuil à son premier bois.

BROCARDÉ, E, part. pass. de *brocarder*.

BROCARDER, v. act. (*brokardé*), piquer par des paroles plaisantes et satiriques. Il est fam. — *se* BROCARDER, v. pron. : *nous nous sommes brocardés pendant deux heures consécutives*, c'est-à-dire : nous nous sommes piqués par des propos railleurs. Fam. et peu en usage.

BROCARDEUR, subst. mas., au fém. BROCARDEUSE (*brokardeur, deuze*), celui ou celle qui lance des *brocards*, des traits malins et satiriques. Il est fam.

BROCARDEUSE, subst. fém. Voy. BROCARDEUR.

BROCART, subst. mas. (*brokar*), t. de manuf., étoffe *brochée* de soie, d'or ou d'argent : *du brocart d'argent ; un habit de brocart*.

BROCATELLE, subst. fém. (*brokatèle*), t. de comm., étoffe qui imite le *brocart*. — Sorte de marbre d'Italie jaune et violet, ou rougeâtre, ou de plusieurs couleurs.

BROCCUS ou BROCEUS, subst. mas. (*brokekuce, cé-uce*), t. d'hist. nat., sorte de coquillage.

BROCÉREUSE, adj. fém. Voy. BROCÉREUX.

BROCÉREUX, adj. mas., au fém. BROCÉREUSE (*brocéreu, reuze*), vieux mot qui ne nous paraît pas mal formé, et qui se disait d'un lieu rempli de bois et de broussailles, ou d'un bois d'arbre plein de nœuds.

BROCHAGE, subst. mas. (*brochaje*), action de *brocher* des livres ; résultat de cette action.

BROCHANT, adj. indéclinable (*brochan*), t. d'armoiries. Il se dit des pièces qui passent sur d'autres, et les couvrent en partie : *bande brochant sur le tout*. — On dit fig. et fam. : *brochant sur le tout*, en parlant d'une personne ajoutée à un nombre déjà trop considérable ; d'un malheur nouveau, etc. : *il y avait dix personnes, et monsieur un tel brochant sur le tout*.

BROCHE, subst. fém. (*broche*), t. de cuis., sorte de verge de fer pointue par un bout, que l'on passe dans la viande quand on veut la faire rôtir, pour la soutenir devant le feu : *tourner la broche ; mettre une volaille à la broche ; la viande n'est pas assez rôtie, il lui faudrait encore un tour de broche*. — On dit fig. et fam. : *faire un tour de broche*, se placer très-près du feu pour se chauffer promptement — *Broche* désigne toutes sortes d'ustensiles qui ont un rapport de forme avec la *broche* de cuisine. — Pièce de fer ou d'acier avec laquelle les bouchers parent la viande. — Baguette de bois où l'on enfile différents objets, comme des harengs, etc. — En t. d'arquebusier, fer au milieu de la feuille de carton où l'on tire. — Cheville de bois pointue dont on se sert pour boucher le trou d'un tonneau qu'on a percé. — Outil sur quoi on met l'or, la soie, etc., propres à broder. — Fer délié qu'on passe au travers du rochet ou du roquetin, de la bobine et de l'épinglier, lorsqu'on file au rouet. — Morceau de fer qui est dans une serrure, et qui entre dans la forure de la clef. — Outil de cordonnier pour *brocher* les talons. — Petits morceaux de fer qui passent au travers de la virole d'un peson. — Petit bâton où pendent les mèches ou les chandelles chez les chandeliers. — *Broche* de fer où l'on place la manivelle qui sert à faire rouler le train d'une presse chez les imprimeurs. — Instrument qui soutient le chardon avec lequel les bonnetiers cardent leurs ouvrages. — Dans les métiers de haute-lice, petit instrument de bois qui sert de navette dans la fabrication des étoffes et des toiles. — On appelle *drap à double broche* (pour : *à double fil de chaîne en broches*), un drap très-serré que l'on faisait autrefois en plaçant deux fils au lieu d'un dans les intervalles des broches ou dents formant le peigne du métier. — On donne encore ce nom à plusieurs autres outils. — En t. de chasse, au plur., défenses d'un sanglier ; la première tête, le premier bois du chevreuil.

BROCHÉ, E, part. pass. de *brocher* : *une étoffe brochée ; un livre broché*.

BROCHÉE, subst. fém. (*broché*), quantité de viande que l'on fait rôtir d'une seule fois, enfilée avec la même *broche*. — Plusieurs mèches de chandelles sur une *broche*.

BROCHER, v. act. (*broché*), passer la soie, l'or, etc., de côté et d'autre dans une étoffe, en y figurant un dessin. — En t. de bonnetier, travailler avec des aiguilles à tricoter. — En t. de boucher, *brocher le bœuf*, y faire des trous avec la *broche* pour le souffler. — Chez les maréchaux, *brocher*, c'est enfoncer à coups de brochoir les clous qui passent au travers du fer et de la corne du sabot, afin de faire tenir le fer au pied du cheval. *Brocher haut*, c'est enfoncer le clou plus près du milieu du pied ; *brocher bas*, c'est l'enfoncer plus près du tour du pied. *Brocher en musique*, c'est brocher tous les clous d'un fer inégalement, tantôt haut, tantôt bas ; ce qui vient du peu d'adresse de celui qui ferre. — On disait autrefois, en t. de man., *brocher un cheval*, pour le piquer avec les éperons. — En t. de cordonnier, attacher avec des clous. — En t. de couvreur, mettre la tuile en pile entre des chevrons. — En t. de cordier, mettre le boulon au travers du touret. — En t. de relieur, coudre ensemble les feuilles d'un livre, et les couvrir d'une feuille de papier de couleur, ou autre. — Fig., ébaucher ; faire, composer à la hâte : *je n'ai fait que brocher ce mémoire*. — On dit d'un écolier qu'*il broche son devoir*. Les jardiniers disent neutralement qu'*un arbre commence à brocher*, quand il commence à pousser de petites pointes destinées à former des branches ou des racines. — *se* BROCHER, v. pron.

BROCHET, subst. mas. (*broché*) (du lat. *brochus*, qui a les dents saillantes et les lèvres ou le museau allongé), t. d'hist. nat., poisson d'eau douce qu'on nomme aussi *ésoce*. Il est de l'ordre des poissons osseux, abdominaux, et de la famille des siagonotes. Il a la chair blanche et ferme, la tête longue, les dents pointues, et est très-vorace. — *Brochet carreau*, très-gros *brochet*. — *Brochet de terre*, espèce de lézard des îles de l'Amérique, qui ne diffère des *brochets* de rivière qu'en ce qu'au lieu de nageoires il a quatre pieds faibles, par le moyen desquels il se traîne sur terre à la manière des couleuvres.

BROCHETÉ, E, part. pass. de *brocheter*.

BROCHETER, v. act. (*brocheté*), mettre une *brochette* à quelque volaille ou autre viande qu'on veut rôtir, pour la tenir ferme sur la broche. — En t. de mar., mesurer les membres et les bordages d'un vaisseau. — *Brocheter*, prendre une mesure de dimension avec une ligne garnie de *brochettes*. — *se* BROCHETER, v. pron.

BROCHETON, subst. mas. (*brocheton*), petit *brochet*.

BROCHETTE, subst. fém. (*brochète*), petit morceau de bois, de fer et quelquefois d'argent, en forme de *broche*, dont on se sert pour assujétir la viande à la broche ou pour enfiler de petites pièces de gibier, des rognons, etc., que l'on veut faire rôtir ou griller. — On le dit aussi des foies gras, ris de veau, cervelles, rognons, etc., ainsi rôtis ou grillés : *servez-moi des brochettes*. — En t. de fondeur, espèce de petit cylindre de bois ou de laiton, sur lequel on marque les différentes épaisseurs des cloches. — En t. d'oiselier, petit bâton dont on se sert pour donner à manger aux oiseaux. — *Élever un oiseau à la brochette*, en lui donnant à manger au bout d'un petit bâton. — Fig. et fam., *élever un enfant à la brochette*, avec beaucoup de soins et des attentions minutieuses. — En t. d'imprimeur, les fiches qui tiennent la frisquette accolée au grand tympan. — Petite broche qui sert à tenir le moule des boutons. — En t. de mus., voyez ÉCHELLE CAMPANAIRE.

BROCHEUR, subst. mas., au fém. BROCHEUSE (*brocheur, cheuze*), ouvrier, ouvrière qui tricote. — Ouvrier qui *broche* les livres.

BROCHEUSE, subst. fém. Voyez BROCHEUR.

BROCHOIR, subst. mas. (*brochoar*), t. de maréchal, marteau dont les maréchaux se servent pour ferrer les chevaux.

BROCHON, subst. mas. (*brochon*), espèce de gomme que l'on obtient du bdellium.

BROCHURE, subst. fém. (*brochure*), livre *broché*. — Petit ouvrage de peu de feuilles sur des matières de circonstance. — *Brochure* se dit aussi de l'art de *brocher* : *cette femme apprend la brochure*. Dans ce dernier sens, on dit plutôt *brochage*.

BROCHURER, v. neut. (*brochuré*), écrire des *brochures*. Inus.

BROCHURIER, subst. et adj. mas., au fém. BROCHURIÈRE (*brochurié, rière*), qui fait des *brochures*. Inus.

BROCHURIÈRE, subst. et adj. fém. Voy. BROCHURIER.

BROCKEN, subst. mas. (*brokène*), espèce de granit.

BROCOLI, subst. mas. (*brokoli*) (en italien *brocoli*), chou qui vient d'Italie. — Ses petits rejetons.

BROCOTTES, subst. fém. plur. (*brokote*), parties caséeuses et butyreuses dans le petit-lait.

BRODE, adj. des deux genres (*brode*) : *femme brode*, à teint noir. Inusité. — On a dit anciennement aussi, *du pain brode*, pour : du pain bis. — Dans les manufactures de *broderie*, on ne se servait point autrefois du mot *broderie*, on disait de la *brode*. Dans cette acception, ce mot est subst. fém.

BRODÉ, E, part. pass. de *broder*.

BRODEQUIN, subst. mas. (*brodekein*) (suivant *Caseneuve*, qui cite *Froissart* à l'appui de son opinion, de l'espèce de cuir dont cette chaussure était anciennement faite, et que l'on appelait *brodequin*), espèce de bottines, ouvertes et lacées par devant, dont se servent les femmes et les enfants. — Sorte de chaussure antique qui couvre le pied et une partie de la jambe, et qui n'est plus en usage que dans certaines cérémonies. — Chaussure dont se servaient les acteurs comiques chez les anciens. La chaussure des acteurs tragiques se nommait *cothurne*. — On dit fig. : *chausser le brodequin*, pour : se faire acteur comique ou : faire une comédie, se servir, dans tout autre ouvrage, d'un style comique.

> Voltaire, plein d'un feu divin,
> Chausse le cothurne tragique :
> Ma muse naïve et comique
> Ne chausse que le brodequin.
>
> MARC.

Quitter le brodequin pour prendre le cothurne, quitter la comédie pour la tragédie. — *Brodequins*, sorte de petits bas à étriers, que les jeunes académistes mettent avant de se botter, et qui viennent presque jusqu'à mi-jambe. — Espèce de torture ou de question qui consistait à serrer fortement les jambes d'un accusé entre des planches et avec des coins.

BRODER, v. act. (*brodé*) (de *border*, par transposition de lettres, parce que les broderies se mettent ordinairement au *bord* des habits), travailler à l'aiguille sur une étoffe, sur de la mousseline, etc., et y faire divers dessins en relief avec de la soie, de l'or, etc. : *broder un voile, une robe ; broder des fleurs sur une étoffe ; broder d'or, d'argent*, etc. ; *broder au plumetis, au métier, au crochet, au tambour ; broder en lames*, etc. — Fig. et fam., orner, embellir un récit, amplifier une nouvelle, y ajouter des circonstances pour la rendre plus piquante. On dit quelquefois neutralement en ce sens : *monsieur brode*. — *Broder un chant*, t. de musiq., y ajouter quelques notes d'agrément, l'amplifier sans le dénaturer. — En t. de chapelier, coudre autour de l'extrémité du bord d'un chapeau un fil de soie, afin de conserver et faire tenir le bord. — *se* BRODER, v. pron.

BRODERIE, subst. fém. (*broderî*), ouvrage de celui qui *brode*. — *Broderie appliquée*, faite sur de la toile, etc., que l'on découpe pour l'appliquer ensuite sur telle ou telle étoffe. — *Broderie en couchure*, dont l'or ou l'argent est *couché* sur le dessin, et assujéti par de la soie de même couleur. — *Broderie en guipure*, celle où l'on applique l'or ou l'argent sur un vélin découpé sur le dessin, pour l'assujétir ensuite avec de la soie. — *Broderie passée*, qui paraît des deux côtés de l'étoffe. — *Broderie au tambour*, façon de *broder* apportée du Levant, dans laquelle on *brode* sur une étoffe tendue sur un cerceau, à l'aide d'un crochet très-délié qui conduit la soie ou le coton. — Au fig. circonstances ajoutées à un récit pour l'embellir, etc. : *il y a de la broderie dans ce qu'il nous raconte*. — *Broderies*, en musique, petites notes exécutées rapidement, et que l'exécutant ajoute à un chant écrit d'une manière toute simple. Quand la *broderie* est écrite par le compositeur, on la nomme *passage*. On dit aussi dans le même sens : *petites notes, notes de goût*. — T. de jard., figures, compartiments en buis dont on embellit un parterre.

BRODEUR, subst. mas., au fém. BRODEUSE (*brodeur, deuze*), celui, celle qui *brode*. — On dit prov. : *autant pour le brodeur*, pour témoigner qu'on n'ajoute pas foi à un récit, à une nouvelle; qu'on les regarde comme des contes faits à plaisir.

BRODEUSE, subst. fém. Voy. BRODEUR.

BRODIE, subst. fém. (*brodî*), t. de bot., plante de la famille des narcisses.

BRODOIR, subst. mas. (*brodoar*), petite bobine autour de laquelle est la soie dont on se sert pour *broder*. — Métier pour faire le petit galon qui unit deux étoffes.

BROGUES, subst. fém. plur. (*brogue*), chaussure des montagnards écossais, attachée avec des courroies. Ce sont des souliers grossiers.

BROIE, subst. fém. (*broé*), instrument avec lequel on rompt le chanvre ou le lin, après qu'il est roui, pour le filer plus aisément. — En t. de blas., feston.

BROIEMENT, ou **BROÎMENT**, seconde orthographe de l'*Académie*, subst. mas. (*broéman*), action de *broyer* : *le broiement des couleurs ; le broiement de la pierre dans la vessie*, etc.

BROMATE, subst. mas. (*bromate*) (pour l'étymologie, voy. BRÔME), t. de chim., sel obtenu du *brôme*.

BROMATOLOGIE, subst. fém. (*bromatoloji*) (du grec βρωμα, aliment, et λογος, discours), t. de médec., discours, traité sur les aliments.

BROMATOLOGIQUE, adj. des deux genres (*bromatolojike*), qui concerne la *bromatologie*.

BRÔME, subst. mas. (*brôme*) (du grec βρωμος, puanteur), t. de bot., plante de la famille des graminées. — T. de chim., corps simple et d'une odeur nauséabonde.

BROMÉLIACÉES, subst. fém. plur. (*bromé liacé*), t. de bot. Voy. BROMÉLOÏDES.

BROMÉLIE, subst. fém. (*bromélî*), t. de bot. Voy. ANANAS.

BROMÉLOÏDES ou **BROMÉLIACÉES**, subst. fém. plur. (*bromélo-ide, broméliacé*), t. de bot., genre de plantes dont l'ananas fait partie.

BROMIQUE, adj. des deux genres (*bromike*), t. de chim., qui est extrait du *brôme*.

BROMITE ou **BROMIDE**, subst. mas. (*bromite, bromide*), t. de chim., principe actif, extrait de l'acide bromique.

BROMIUS, subst. propre mas. (*bromi-uce*), myth., surnom de Bacchus, pris des cris de joie que poussaient les vendangeurs, qui dans leurs chansons répétaient souvent *io Bromie*, d'un mot grec qui signifie : pétillement du feu, ou bien par extension : bruit que les ivrognes font entendre.

BRÔMOGRAPHE, subst. mas. (*brômoguerafe*) (du grec βρωμα, aliment, et γραφω, j'écris), celui qui s'occupe de *bromographie*.

BRÔMOGRAPHIE, subst. fém. (*brômogueraft*) (du grec βρωμα, aliment, et γραφω, j'écris), partie de la médecine qui traite des aliments solides.

BRÔMOGRAPHIQUE, adj. des deux genres (*brômoguerafike*), qui concerne la *brômographie*.

BRÔMOS ou **BRÔMOT**, subst. mas. (*brômôce, brômô*) (du grec βρωμος, espèce d'avoine dont parle *Dioscoride*), t. de bot., plante du genre des gramens, qui ressemble à l'avoine sauvage. — On dit aussi *brome* et *drone*.

BROMURE, subst. mas. (*bromure*), t. de chim., combinaison d'un extrait de *brôme* avec un corps simple combustible.

BROMUS, subst. propre mas. (*bromuce*), myth., un des centaures tués par Cénée aux noces de Pirithoüs.

BRONCHADE, subst. fém. (*bronchade*), action de *broncher*, en parlant d'un cheval.

BRONCHE, subst. fém. (*bronche*) (du grec βρογχια, dérivé de βρογχος, qui, dans *Hippocrate* et *Galien*, signifie la gorge ou la trachée-artère), t. d'anat., chacun des deux vaisseaux de la trachée-artère qui conduisent l'air dans les poumons : *la bronche droite, la bronche gauche.*

BRONCHÉ, E, part. pass. de *broncher*. Voy. BRONCHER.

BRONCHEMENT, subst. mas. (*broncheman*), action de *broncher*. Peu usité, mais utile et régulier.

BRONCHER, v. neut. (*bronché*) (de l'italien *broncare*), faire un faux pas : *j'ai bronché contre cette pierre.* — Fig., faire une faute, faillir : *il ne faut pas broncher avec lui.* — On le dit aussi d'un orateur auquel la mémoire manque, etc. — Prov. : *il n'y a si bon cheval qui ne bronche*, l'homme le plus habile se trompe quelquefois.

BRONCHIAL, E, adj. (*bronchiale*), t. d'anat., qui appartient aux *bronches* : *artère bronchiale, veine bronchiale.* — Plur. mas., *bronchiaux.*

BRONCHIES, subst. fém. plur. Voy. BRONCHE et BRANCHIES.

BRONCHIQUE, adj. des deux genres (*bronchike*), t. d'anat., qui appartient ou qui a rapport aux *bronches.* — On appelle *cellules bronchiques* les vacuoles que présente le tissu des poumons, et qui sont comme la terminaison des *bronches ; glandes bronchiques*, de petits corps noirâtres situés dans les poumons vers la racine des *bronches ; artères bronchiques*, deux ou trois artères qui sont immédiatement fournies par l'aorte. — *Veines bronchiques ; nerfs bronchiques ; muscles bronchiques.*

BRONCHITE, subst. fém. (*bronchite*), t. de médec., irritation des *bronches.*

BRONCHOCÈLE, subst. mas. (*bronkocèle*) (du grec βρογχος, gorge, et κηλη, tumeur), t. de méd., tumeur du cou grosse et ronde, attachée à la trachée-artère ; goitre.

BRONCHOIR, subst. mas. (*bronchoar*), instrument sur lequel on plie les draps.

BRONCHOPHONIE, subst. fém. (*bronkofoni*) (du grec βρογχος, gorge, et φωνη, voix), t. de médec., voix rauque.

BRONCHOTOME, subst. mas. (*bronkotome*) (du grec βρογχος, gorge, et τομευς, coupeur), t. de chir., sorte de lancette pour opérer dans la trachée-artère.

BRONCHOTOMIE, subst. fém. (*bronkotomi*) (du grec βρογχος, la gorge, la trachée-artère, et τεμνω, je coupe), t. de chir., opération qui consiste à faire une ouverture aux voies aériennes, pour en tirer quelque corps étranger ou pour faire entrer l'air dans les poumons. — On appelle *laryngotomie* l'opération qui se pratique au larynx et *trachéotomie* celle qui se fait à la trachée-artère.

BRONCHOTOMIQUE, adj. des deux genres (*bronkotomike*), t. de chir., qui concerne la *bronchotomie.*

BRONTÆUS, adj. propre mas. latin qui signifie le *tonnant* (*bronté-uce*), myth., surnom de Jupiter.

BRONCOCÈLE, subst. mas., est un barbarisme dont *Raymond* n'a pas su faire justice. Voy. BRONCHOCÈLE.

BRONTE, subst. fém. (*bronte*), t. d'hist. nat., coquille que l'on trouve dans la mer Rouge et dans celle des Indes.

BRONTÉE, subst. fém., ou **BRONTON**, subst. mas. (*bronté, bronton*) (du grec βροντη, tonnerre), t. d'hist. anc., machine dont les anciens se servaient dans leurs théâtres pour imiter le tonnerre : c'était un vase d'airain dans lequel on agitait des cailloux.

BRONTÉON, subst. mas. (*brontéon*) (du grec βροντη, tonnerre), t. d'hist. anc., lieu du théâtre où était la machine qui imitait le bruit du tonnerre.

BRONTES, subst. mas. plur. (*bronte*), t. d'hist. nat., insectes que l'on a aussi nommés ulétotes.

BRONTÈS ou **BROTÈS**, subst. propre mas. (*brontèce, brotèce*), myth., fameux cyclope, fils du Ciel et de la Terre. C'était lui qui forgeait les foudres de Jupiter, avec Stérope et Pyracmon, autres cyclopes.

BRONTIAS, subst. mas. (*broncidce*) (du grec βροντασω, je tonne), t. de min., sulfure de fer radié et globuleux, pyrite que l'on a crue long-temps produite par la foudre.

BRONTON, subst. mas. Voy. BRONTÉE.

BRONZE, subst. mas. (*bronze*) (suivant *Ménage*, du lat. *frontis*, qui, dans la basse latinité, a eu la même signification), alliage de cuivre, de zinc et d'étain. Voy. AIRAIN : *une statue en bronze, une médaille de bronze.* — Il se dit aussi d'un morceau de sculpture en *bronze* : *voilà un beau bronze.* — En t. de médailliste, on dit le *grand*, le *moyen*, le *petit bronze* ; les grandes, moyennes, petites médailles de *bronze*. — En peinture, couleur qui imite le *bronze*, et qu'on forme avec de l'or d'Allemagne, c'est-à-dire de l'oripeau ou clinquant broyé. On l'appelle aussi *or en coquille.* — Fig., *cœur de bronze*, cœur dur.

BRONZÉ, E, part. pass. de *bronzer*, et adj. : *un teint bronzé*, qui approche de la couleur cuivrée. — Il se dit des peaux passées au noir : *souliers bronzés.* — On dit fig. de quelqu'un que *c'est un homme bronzé*, pour faire entendre que rien ne peut lui nuire ou lui causer du mal.

BRONZER, v. act. (*bronzé*) peindre *en couleur de bronze.* — *Bronzer un canon de fusil*, lui donner, par le moyen du feu, une couleur bleuâtre qui le préserve de la rouille. — Teindre, passer en noir, en parlant des peaux propres à faire des gants, des souliers. — SE BRONZER, v. pron., devenir dur comme le *bronze*, ou : en prendre la couleur. — Il s'emploie aussi fig. : *quand on est arrivé à trente ans, il faut que le cœur se brise ou qu'il se bronze.*

BRONZITE, subst. mas. (*bronzite*), t. de min., minéral à tissu fibreux et serré, de couleur jaune ou brune.

BROODHOM, subst. mas. (*bro-odome*), t. de bot., arbre dont le tronc fournit une moelle abondante.

BROONS, subst. propre mas. (*broonce*), ville de France, chef-lieu de canton, arrond. de Dinan, dép. des Côtes-du-Nord.

BROQUART, subst. mas. (*brokar*). Les chasseurs donnent ce nom à quelques bêtes fauves d'un an. — C'est le même mot que *brocard.*

BROQUÉ, E, part. pass. de *broquer.*

BROQUE-DENT, subst. fém. (*brokedan*), dent courbée. Vieux et inusité.

BROQUELINES, subst. fém. plur. (*brokeline*), t. de manuf. de tabacs, bouts des manoques ; bottes de feuilles de tabac.

BROQUER, v. act. (*broké*), t. de pêche, percer par les yeux ou par les ouïes de petits poissons destinés à servir d'amorce.

BROQUES, subst. mas. plur. (*broke*), chaussure écossaise.

BROQUETTE, subst. fém. (*brokète*), petit clou de fer à tête, propre à clouer de la tapisserie. — Une certaine quantité de ces clous : *acheter de la broquette.* —

BROQUIN, s. m. Plante du Pérou.

BROS, subst. mas. (*brô*), corps étranger dans les étresses, c'est-à-dire dans le papier collé.

BROSIMON, subst. mas. (*brozimon*), t. de bot., genre de plantes de la famille des orties. — Il comprend deux arbres de la Jamaïque, dont l'un, que l'on appelle *brosimon comestible*, donne des fruits bons à manger.

BROSME, subst. mas. (*broceme*), t. d'hist. nat., sous-genre de poissons qui comprend le gade à une seule nageoire dorsale. — Il se rapproche beaucoup de celui des lottes.

BROSSAC, subst. propre mas. (*broçak*), village de France, chef-lieu de canton, arrond. de Barbezieux, dép. de la Charente.

BROSSAILLES. Voy. BROUSSAILLES.

BROSSE, subst. fém. (*broce*) (suivant *Le Duchat*, du latin *brucus*, dans la signification de *broussailles*), ustensile de bois garni de faisceaux de crins, etc., dont on se sert pour nettoyer les vêtements, les meubles, et pour d'autres usages : *une brosse douce, rude ; donner un coup de brosse à un habit.* — *Brosse à rhumatisme*, brosse dont on se sert pour faire des frictions sur la peau. — *Brosse à dents, à ongles*, celle qui sert à nettoyer les dents, les ongles. — *Brosse à barbe*, sorte de pinceau qui sert à étendre le *savon sur le visage.* — Les peintres appellent *brosses* des pinceaux de soies de cochon dont ils se servent pour étendre leurs couleurs sur la toile, etc. : *ce tableau est d'une belle brosse*, bien peint ; *à la grosse brosse*, grossièrement peint. — *Brosse à laver*, dans l'imprimerie, *brosse* de soies de sanglier dont on se sert pour laver les formes. — En t. d'hist. nat., on a donné le nom de *brosse* à de petits poils courts, serrés et roides, qui se trouvent aux tarses de quelques insectes. C'est par le moyen de ces *brosses* que l'insecte peut se soutenir et marcher sur la surface des corps les plus lisses, les plus polis, qui, quoique perpendiculaires, présentent toujours quelques aspérités propres à lui servir de point d'appui. C'est ainsi qu'on voit les mouches monter et descendre le long des glaces les plus fines. — On a aussi donné ce nom aux petits poils serrés qui se trouvent sur les jambes postérieures et le premier article des tarses des abeilles, et qui leur servent à transporter la poussière des étamines.

BROSSÉ, subst. mas. (*brocé*), t. de bot., espèce de bruyère.

BROSSÉ, E, part. pass. de *brosser* et adj.

BROSSÉE, subst. fém. (*brocé*), t. d'hist. nat., petit arbrisseau qui croît dans les bois de Saint-Domingue.

BROSSER, v. act. (*brocé*), frotter, nettoyer avec une *brosse* ou des vergettes : *brosser un habit.* — *Brosser quelqu'un*, lui brosser ses vêtements sur lui. — Fig. et pop., le battre : *tu vas te faire brosser.* — *Brosser quelqu'un*, c'est aussi lui frictionner le corps avec une brosse. — En t. d'imprim., *brosser les formes*, c'est en ôter l'encre au moyen d'une *brosse*, avec de la lessive. — *Brosser*, v. neut., parcourir les endroits les plus épais d'une forêt, etc. : *brosser à travers les buissons, dans les bois*, etc. En ce sens, on dit aussi activement *brosser les forêts.* — Chez les tondeurs, arranger et coucher la laine sur le drap, et en faire sortir la crasse et la poussière. — SE BROSSER, v. pron., *brosser* ses vêtements sur soi : *attendez, je me brosse.*

BROSSERIE, subst. fém. (*broceri*), fabrique et commerce de *brosses*; art du brossier.

BROSSES, subst. fém. plur. (*broce*), t. de chasse, paquets de poils qui viennent aux bêtes fauves sur le haut des canons des jambes de derrière, en dehors.

BROSSIER, subst. mas. (*brocié*), celui qui fait ou vend des *brosses*. — Une femme faisant le commerce de *brosses* peut être appelée *brossière*.

BROSSURE, subst. fém. (*broçure*), t. de peaussier-teinturier, la couleur qu'on donne à certaines peaux, par le moyen de la *brosse*.

BROSSWELLE-DENTELÉE, subst. fém. (*broçouèledantelé*), t. de bot., plante qui croît dans l'Inde et qui fournit le véritable encens.

BROTÈRE, subst. fém. (*brotère*), t. de bot., plante qui croît naturellement au Mexique. — Il y a trois autres genres qui portent ce nom.

BROTHÉE, subst. propre mas. (*broté*), myth., fils de Vulcain et de Vénus. Se voyant la risée de tout le monde à cause de sa laideur, il se jeta dans le feu du mont Etna.

BROU, subst. mas. (*brou*), enveloppe verte des fruits à coquille: *brou de noix; brou de noisette; brou d'amande*. On se sert du *brou* de noix pour différents usages. — On en fait particulièrement une liqueur qui s'appelle *ratafia de brou de noix*, ou simplement *brou de noix*. — Subst. propre, ville de France, chef-lieu de canton, arrond. de Châteaudun, dép. d'Eure-et-Loir.

BROUAILLES, subst. fém. plur. (*brou-âie*), intestins de volaille ou de poisson, qu'on vide pour les apprêter.

BROUALLE, subst. fém. (*broua-le*), t. de bot., plante de la famille des scrofulaires.

BROUAS, subst. mas. (*brou â*), brouillard. Vieux mot inusité.

BROUÉE, subst. fém. (*brou-é*), pluie fine et de peu de durée, bruine, brouillard.

BROUET, subst. mas. (*brou-è*) (du latin barbare *brodium*, que Gaudentius prend pour *un bouillon fait de chair*. Les Italiens en ont également tiré *brodo*, bouillon), espèce de bouillon au lait et au sucre : *le brouet de l'épousée, de l'accouchée*. Peu usité. — Mauvais ragoût. — On dit prov., de ce qui n'a pas réussi, de ce qui n'a abouti à rien, que *tout s'en est allé en brouet d'andouilles*. — *Brouet noir*, la sauce noire des Lacédémoniens.

BROUETTE, subst. fém. (*brou-ète*) (du mot *boue*, parce que le premier emploi des *brouettes* était d'enlever les boues), espèce de petit tombereau qui n'a qu'une roue, et qu'un homme pousse devant lui. On s'en sert surtout pour transporter des terres : *rouler la brouette*. — *Être condamné à la brouette*, en certains pays, être condamné aux travaux publics. — Sorte de chaise à deux roues tirée par un homme, dans laquelle on se faisait voiturer autrefois. On l'appelait aussi populairement *vinaigrette*.

BROUETTÉ, E, part. pass. de *brouetter*.

BROUETTER, v. act. (*broué-té*), transporter un fardeau ou une personne dans une *brouette*. Voy. BROUETTE dans ses deux acceptions. — SE BROUETTER, v. pron.

BROUETTEUR, subst. mas., au fém. BROUETTEUSE (*brouèteur, teuze*), celui ou celle qui traînait une personne dans une *brouette* de place ou *vinaigrette*.

BROUETTEUSE, subst. fém. Voy. BROUETTEUR.

BROUETTIER, subst. mas., au fém. BROUETTIÈRE (*brou-ètié, tière*), celui ou celle qui transporte des terres, etc., avec une *brouette*.

BROUETTIÈRE, subst. fém. Voy. BROUETTIER.

BROUGNÉE, subst. fém. (*brougnié*), t. de pêche, espèce de filet en forme de nasse allongée.

BROUHAHA, subst. mas. (*brou-a-a*) (suivant *Le Duchat*, c'est une corruption du mot *baraba*, employé par les Juifs dans leurs acclamations du sabbat), bruit confus qui s'élève dans une assemblée nombreuse, en témoignage d'approbation ou d'improbation : *on a fait un grand brouhaha à cette comédie; quel brouhaha !* Il est fam.

BROUI, subst. mas. (*brou-i*), t. d'arts et mét., sorte de tuyau dont les émailleurs se servent pour souffler la flamme de la lampe sur l'émail qu'ils veulent faire fondre.

BROUÏ, E, part. pass. de *brouïr*.

BROUILLAMINI, subst. mas. (*brou-idmini*) (rac. *brouille*), désordre, brouillerie, confusion : *il y a du brouillamini dans ce ménage, dans ce procès*. Il est familier. — Quelques grammairiens veulent que *embrouillamini*, dans le même sens, ne soit pas français. Ce mot en effet ne se trouve dans aucun *dictionnaire*. *Voltaire* cependant n'a pas hésité à s'en servir dans sa Correspondance générale, où il a dit (tome 74, lettre 71) : *il y a au troisième acte un embrouillamini qui me déplaît*. Nous ne voyons pas pourquoi on ne dirait pas aussi bien *embrouillamini* que *brouillamini*, puisque l'on dit *brouiller* et *embrouiller*, dont la racine commune est *brouille*. Pour approuver ou condamner un mot, il faut des raisons : ici nous n'en trouvons aucune. — *Brouillamini*, nom que les maréchaux donnent, par corruption, à un emplâtre pour les chevaux, fait de *bol d'Arménie*.

BROUILLARD, subst. mas. (*brou-iar*) (le *d* ne se prononce jamais) (du latin *pruina*, gelée blanche, etc., dont nous avons fait aussi *bruine, bruiner, brouïr*), vapeur ordinairement froide et plus ou moins épaisse qui obscurcit l'air : *le brouillard s'élève; le brouillard se dissipe; un brouillard humide; un brouillard épais*. — *N'y voir qu'à travers un brouillard*, avoir la vue obscurcie au point de n'apercevoir les objets que comme s'ils étaient enveloppés par le brouillard. — Fig. et fam., *n'y voir que du brouillard*, avoir peine à comprendre, à démêler une chose. — *Cet homme a l'esprit plein de brouillards*, ses idées ne sont pas bien nettes. — On dit par plaisanterie *assigner une rente*, etc., *sur les brouillards de la rivière*, en parlant d'une rente dont rien ne garantit le paiement, ou que l'on ne veut pas payer. — *Donner des brouillards*, souffler de l'eau de sa bouche pour humecter les pipes trop sèches. — En t. de comm., livre sur lequel on écrit les affaires à mesure qu'elles se font, pour les transcrire ensuite sur le *journal*, et de là les porter sur le *grand-livre*. — Adj. mas., *papier brouillard*, papier non collé qui boit et qui est ordinairement de couleur grise. [illegible]

BROUILLASSER, v. unipersonnel (*brou-iacé*) Ce verbe, qui n'est pas universellement usité, ne s'emploie qu'à la 3e pers. sing. prés. indic. : *il brouillasse*; et il a le sens de *bruiner* qui est préférable. Voy. ce mot.

BROUILLE, subst. fém. (*brou-ie*), brouillerie. : *il y a de la brouille dans le ménage*. Il est fam. — *Brouille*, en t. de bot., est un des noms de la fétuque flottante dont on mange la graine en Pologne.

BROUILLE-BLANCHE, subst. fém. (*brou-ie-blanche*), t. de bot., nom de la renoncule aquatique.

BROUILLÉ, E, part. pass. de *brouiller*, et adj. : *des œufs brouillés*. — Les jardiniers fleuristes disent qu'*une fleur est brouillée*, pour dire qu'elle ne s'est pas développée de la manière la plus avantageuse : *un œillet brouillé; une tulipe brouillée*. Cette expression a particulièrement rapport aux couleurs qui ne sont pas nettes.

BROUILLEMENT, subst. mas. (*brou-ieman*), action de *brouiller*; mélange, etc. : *le brouillement des humeurs, des couleurs*. Il est peu usité.

BROUILLER, v. act. (*brou-ié*) (de l'italien *brogliare* que plusieurs dérivent du lat. barbare *brolium*, employé par les écrivains de la basse latinité dans le sens de : bois épais, embarrassé de ronces, de broussailles, etc. De l'italien *imbrogliare*, composé de *brogliare*, nous avons fait également *embrouiller*), mêler, mettre pêle-mêle, etc. : *brouiller des papiers; brouiller des œufs*, etc. — Au fig., mettre du désordre, de la confusion : *brouiller les affaires*. — En t. de manége, mettre un cheval hors d'état de bien manier. — *Brouiller du vin*, remuer un tonneau, une bouteille en sorte que la lie et le sédiment se mêlent avec la liqueur. — Fig. et fam. : *l'amour lui a brouillé la cervelle*, lui a troublé l'esprit. — *Brouiller du papier*, écrire des choses ridicules, inutiles. — *Brouiller les cartes*, au propre, mêler les cartes du jeu; au fig., occasionner méchamment des troubles, des *brouilleries*. On dit que *les cartes sont bien brouillées*, pour dire que les *brouilleries* sont au plus haut point. — Fig., *brouiller deux personnes, deux amis*, les mettre en mauvaise intelligence. — On dit fam. qu'*un homme est brouillé avec le bon sens*, qu'il est extravagant; qu'*il est brouillé avec l'argent comptant*, ou *avec le directeur de la monnaie*, qu'il n'a point d'argent, ou qu'il ne sait pas en garder. — *Brouiller*, v. neut., mettre en désordre; faire les choses avec confusion, par maladresse, par malignité, etc. : *il ne fait que brouiller*. — SE BROUILLER, v. pron. : *le temps se brouille; les affaires se brouillent; ces deux amis se sont brouillés*. — Il signifie aussi : s'embarrasser, se troubler en parlant : *il s'est brouillé au beau milieu de son discours*. — *Se brouiller avec la justice*, commettre une action qui expose à être poursuivi par elle. — En t. de man., il se dit des chevaux et signifie : se désunir, se traverser. — BROUILLER, EMBROUILLER. (*Syn.*) Celui qui *brouille* met la confusion dans les choses; celui qui *embrouille* ne fait pas l'arrangement qu'il devait faire ou prétendait faire.

BROUILLERIE, subst. fém. (*brou-ieri*), mésintelligence, désunion, dissension.

BROUILLIS, subst. mas. (*brou-iei*), désordre, confusion.

BROUILLON, subst. mas. (*brou-ion*), ce qu'on écrit d'abord pour le mettre ensuite au net : *faites-moi un brouillon de lettre*. — Papier sur lequel est écrit le *brouillon*. — Livre sur lequel les marchands écrivent leurs affaires courantes, avant de les passer au journal. On dit plus communément *brouillard*. Voy. ce mot.

BROUILLON, adj. mas., au fém. BROUILLONNE (*brou-ion, ione*), qui *brouille*, qui aime à *brouiller*, à causer du désordre : *esprit brouillon, humeur brouillonne*. — En parlant des personnes, on dit plus souvent subst. : *c'est un brouillon, une brouillonne*. — Il se dit aussi d'un homme qui manque de netteté dans les idées, ou d'un étourdi, d'un maladroit : *c'est un brouillon qui ne sait jamais ce qu'il dit ni ce qu'il fait*.

BROUILLONNE, adj. fém. Voy. BROUILLON.

BROUILLONNÉ, E, part. pass. de *brouillonner*.

BROUILLONNER, v. act. (*brou-ioné*), écrire un *brouillon*. Fam. — Écrire en *brouillon*. (*Voltaire*.) — SE BROUILLONNER, v. pron.

BROUINER, pour BRUINER, n'est pas français.

BROUÏR, v. act. (*brou-ir*) (du lat. *pruina*, gelée blanche, etc.) Il se dit de l'action du soleil sur les blés, les fruits et autres productions végétales, lorsque, attendris par une gelée blanche, ils sont brûlés par un coup de soleil qui survient.

BROUÏSSURE, subst. fém. (*brou-içure*), dommage que la gelée et le soleil font aux fleurs, aux premiers bourgeons des arbres, etc. Voy. BROUÏR.

BROUNE, subst. mas. (*broune*), t. de bot., arbrisseau légumineux.

BROUSSAILLÉ, E, adj. (*brouçâié*), garni de menues *broussailles* : *palissade broussaillée*.

BROUSSAILLES ou **BROSSAILLES**, subst. fém. plur. (*brouçâie, broçâie*) (du lat. barbare *bruscia* ou *brozia*, employé dans la même signification par les écrivains de la basse latinité), épines, ronces, etc., qui croissent dans les forêts, dans les endroits incultes : *marcher à travers les broussailles*. — Menu bois de branches rompues : *fagot de broussailles*. — Prov. et fig. : *s'échapper par les broussailles*, comme on peut. — Ce mot n'a de singulier indiqué dans aucun *dictionnaire* : *Marmontel* n'a cependant pas craint d'écrire : *les sots sont la broussaille du genre humain*; expression noble et hardie, laquelle ne doit pas étonner de la part de cet auteur, qui regrettait les mots que l'usage avait déjà proscrits de la langue française à l'époque où il écrivait.

BROUSSÉ, E, part. pass. de *brousser*.

BROUSSER, v. act. (*broucé*), t. de vénerie, passer à travers bois, à travers les *broussailles*.

BROUSSIN, subst. mas. (*broucein*), t. de bot., menues branches chiffonnes qui poussent en tas : *le broussin d'érable*.

BROUSSONNÉTIE, subst. fém., ou MÛRIER-À-PAPIER, subst. mas. (*brouçonéci*), t. de bot., papirier, arbre du Japon; sophore; virgilie.

BROUSSONNETTE, subst. fém. (*brouçonète*), t. de bot., genre de plantes de la famille des urticées.

BROUT, subst. mas. (*broute*) (suivant *Du Cange*, du latin du moyen-âge *brustum*, qui signifiait la même chose, et dont nous avons fait également *brouter*), pousse qui sort au printemps du bois des jeunes taillis, et qui enivre en quelque sorte les bêtes fauves. — Action de *brouter*; pâture. Vieux.

BROUTANT, E, adj. (*broutan, tante*), qui broute. — On appelle, en t. de vénerie, *bêtes broutantes*, le chevreuil, le daim, le cerf, le chamois, etc. — Part. prés. de *brouter*.

BROUT-DE-NOIX, subst. mas. (*broudenoâ*), liqueur. Voy. BROU.

BROUTÉ, E, part. pass. de *brouter*.

BROUTER, v. act. (*brouté*) (du latin barbare *brustum*), paître, manger l'herbe ou la feuille des arbres, presque toujours à la place même où elles croissent. Il se dit en parlant de certains animaux, comme la chèvre, le mouton, etc.; et quelquefois même des personnes : *si la famine continue, nous serons réduits à brouter l'herbe dans les* *champs.* — On dit prov. : *où la chèvre est attachée il faut qu'elle broute*, il faut demeurer attaché à son état, au lieu où l'on a son établissement, etc. — On dit figurément, en parlant d'un homme qui sait tirer parti, pour vivre, de choses de fort peu de rapport : *l'herbe sera bien courte s'il ne trouve de quoi brouter.* — Dans ces phrases, et dans plusieurs autres semblables, *brouter* est neutre. — En t. de jardinier, rompre l'extrémité des menues branches. Voy. BROUT. — T. de métier, sautiller, en parlant du rabot. — *se* BROUTER, v. pron.

BROUTILLES, subst. fém. plur. (*brouti-ie*) (en latin barbare *bruscia* ou *brustum*, dont on a fait *brouter*), menues branches qui restent dans les forêts après qu'on en a enlevé le bois de corde, et qui servent à faire des fagots. — Au fig. et fam., petites choses de peu de valeur, de peu d'importance.

BROUVELIEURES, subst. propre mas. (*brouvelieure*), bourg de France, chef-lieu de canton, arrond. de Saint-Dié, dép. des Vosges.

BROWNÉE, subst. fém. (*brouné*), t. de bot., plante de la famille des légumineuses.

BROWNIES, subst. mas. plur. (*brouni*), génies familiers.

BROW-STOUT, subst. mas. (*broucetou*), sorte de bière qui se fabrique en Angleterre.

BROYÉ, E, part. pass. de *broyer*, et adj. : *des couleurs broyées.*

BROYER, v. act. (*broéié*), casser, piler, réduire en poudre ou en pâte : *broyer menu ; cet homme ne peut plus broyer ses aliments faute de dents.* — On l'emploie aussi au fig. : *je l'aurais broyé comme chair à pâté.* — *Broyer des couleurs sèches* ou *liquides*, les écraser avec une pierre appelée molette ; mélanger des couleurs, les disposer, en les combinant avec l'eau, la gomme, l'huile, etc. — Fig., *broyer des couleurs*, peindre mal. — Fig. : *broyer du noir*, se livrer à des idées tristes, mélancoliques. — En t. d'imprimerie, étendre avec le *broyon* de l'encre en couches très-légères sur le devant de l'encrier, pour la distribuer ensuite sur les balles, quand on s'en sert au lieu de rouleau. — *se* BROYER, v. pron.

BROYEUR, subst. mas. (*broéieur*), celui qui *broie* des couleurs, du chanvre, etc. Ce n'est guère le métier d'une femme ; cependant *broyeuse* nous paraîtrait très-bon au besoin.

BROYON, subst. mas. (*broéion*), molette avec laquelle les imprimeurs étendent l'encre sur le bord de l'encrier. — Espèce de pilon en bois qui sert à broyer ensemble la chaux, le sable et le gravier, pour former le béton. — Piége pour les fouines.

BRU, subst. fém. (*bru*), belle-fille, dans l'acception de femme du fils.

BRUANT, subst. mas. (*bru-an*), t. d'hist. nat., oiseau silvain de la famille des granivores. — On dit aussi *bréant.*

BRUANTIN, subst. mas. (*bru-antein*), t. d'hist. nat., espèce de troupiale, oiseau du genre des loriots.

BRUBRU, subst. mas. (*brubru*), t. d'hist. nat., pie-grièche d'Afrique, ainsi nommée à cause de son cri.

BRUC, subst. mas. (*bruk*), t. de bot., bruyère à balai.

BRUCÉE, subst. fém. (*brucé*), t. de bot., arbrisseau d'Abyssinie, antidyssentérique.

BRUCELLES, subst. fém. plur. (*brucèle*), petites pinces dont les branches font ressort, et qui servent à prendre des pièces légères.

BRUCHE, subst. fém., **BRUCHÉ**, subst. mas. (*bruche*, *bruché*), t. d'hist. nat., insecte de l'ordre des coléoptères granivores.

BRUCINE, subst. fém. (*brucine*), t. de chim., substance salifiable dans la brucée antidyssentérique.

BRUCIQUE, adj. des deux genres (*brucike*), qui tient de la *brucine.*

BRUCHOLAQUE, subst. mas. (*brukolake*) (du grec βρυχω, ou βρυχω, je dévore, j'engloutis, et λακκος, mort ; *dévoré par la mort*), chez les Grecs modernes, cadavre d'un excommunié. Il répond à ce que le peuple appelle *revenant.*

BRUÉE, subst. fém. (*brué*), t. de boulangerie, évaporation de l'humidité de la pâte.

BRUESME-D'AUFFE, subst. mas. (*bruèceme dôfe*), t. de mar., cordage de sparterie qui garnit la chute de la voile.

BRUGES, subst. propre fém. (*bruje*), ville des Pays-Bas.

BRUGEOIS, E, subst. (*brujoâ*, *joâze*), qui est de *Bruges.*

BRUGNE, subst. fém. (*brugnie*), espèce de chemise ou cotte de mailles.

BRUGNON, subst. mas. (*brugnion*), t. de jard., fruit à noyau, espèce de pêche d'un fort bon goût, qui a la peau rouge et blonde.

BRUI, E, part. pass. de *bruir.*

BRUINE, subst. fém. (*bruine*) (du lat. *pruina*, gelée blanche, etc.), petite pluie qui tombe très-lentement, et dont les gouttes sont très-multipliées. Elle survient ordinairement après un brouillard. — En t. de pêche, corde qui borde la tête du filet, et qui porte les nattes de liége. C'est un terme provençal.

BRUINÉ, E, part. pass. de *bruiner*, gâté par la *bruine.* Il ne s'emploie qu'en parlant des blés.

BRUINER, v. unipersonnel (*bruiné*), tomber, en parlant de la *bruine* : *il a bruiné toute la matinée.* — *Il brouine* n'est pas français.

BRUIR, v. act. (*bruir*) : *bruir une étoffe*, en amortir la roideur, en la pénétrant de la vapeur de l'eau chaude dans une chaudière carrée où on la couche sur le rouleau.

BRUIRE, v. neut. (*bruire*) (du lat *rugire*, rugir, auquel on a préposé un *b*, et qui paraît dérivé du grec βρυχειν, murmurer, frémir), n'est guère d'usage qu'à l'infinitif, à la troisième personne du sing. du présent de l'indic., et aux troisièmes personnes de l'imparfait de l'indicatif : *il bruit ; il bruyait ; ils bruyaient.* Dans les autres temps, on dit : *faire du bruit*, rendre un bruit continu et confus : *on entend bruire le vent, les vagues ; le tonnerre bruyait ; les flots bruyaient horriblement.*

BRUISINÉ, E, part. pass. de *bruisiner.*

BRUISINER, v. act. (*bruiziné*), t. de brasseur, moudre en gros le grain germé.

BRUISSEMENT, subst. mas. (*bruiceman*), bruit confus et continu : *le bruissement des vagues. Un bruissement d'oreilles.* Voy. BOURDONNEMENT.

BRUIT, subst. mas. (*brui*) (du lat. *rugitus*, rugissement, en préposant un *b* ; dérivé du grec βρυχη, murmure, frémissement. M. *Morin* conjecture judicieusement que tous ces mots, ainsi que ceux de *bruire*, *rugir*, βρυχειν, sont autant d'onomatopées), son ou assemblage de sons, abstraction faite de toute articulation distincte et de toute harmonie : *grand bruit ; petit bruit ; faire du bruit.* — Fig., éclat que les choses font dans le monde : *cette affaire fait du bruit, fait grand bruit ; ce livre fait du bruit ; le bruit de ses exploits*, etc. — Nouvelle : *il court un bruit ; le bruit court que... ; au premier bruit de cette affaire ; c'est un bruit de ville ; c'est un bruit en l'air ; il court de mauvais bruits sur cette femme ; c'est un bruit de bourse ; il n'est bruit que de cela.* — Démêlé, querelle : *ils ont eu du bruit ensemble.* — Murmure, sédition : *il y a bien du bruit dans la ville.* — Renom, réputation : *il a le bruit d'être usurier.* Peu usité. On dit prov. : *a beau se lever matin qui a bruit de se lever tard.* — *Se retirer loin du bruit*, loin du tumulte et du commerce du monde. — *Entrer sans bruit*, tout doucement, sans être entendu. — *Faire beau bruit*, gronder, se fâcher. — Prov. : *cet homme est un bon cheval de trompette*, il ne s'étonne pas du bruit, il ne se décontenance pas aisément ; il n'est pas facile à intimider. — *Faire plus de bruit que de besogne*, parler plus qu'on n'agit ; ou : se donner beaucoup de mouvement pour ne rien faire. — *Cet homme n'aime pas le bruit s'il ne le fait*, il n'aime pas voir prendre à d'autres les libertés qu'il se permet à lui-même. — En musique, il est opposé à *son*, et s'entend de toute sensation de l'ouïe qui n'est pas sonore. — On dit aussi d'une musique étourdissante et confuse : *ce n'est pas de la musique, ce n'est que du bruit.* — *A grand bruit*, loc. adv., avec faste, avec ostentation. — *Chasser à grand bruit*, chasser à cor et à cri, avec une meute et des piqueurs. — *A petit bruit*, loc. adv., secrètement, sans éclat.

BRÛLABLE, adj. des deux genres (*brulable*), qui peut on doit être *brûlé* : *livre brûlable.*

BRÛLANT, E, adj. (*brulan*, *lante*), qui brûle, dont la chaleur est extrême : *des sables brûlants ; un vent brûlant ; une fièvre brûlante ; avoir les joues brûlantes.* — Fig., vif, animé : *un zèle brûlant ; un style brûlant.* — Il n'est déclinable que quand il est employé absolument et sans régime : *les feux brûlants ; les brûlantes ardeurs ; fièvres brûlantes*, etc. Lorsqu'il a un régime, il est participe, et par conséquent indéclinable : *son âme brûlant du désir de...*

BRÛLÉ, E, part. pass. de *brûler*, et adj. : *pain brûlé*, trop cuit. — *Vin brûlé*, vin qu'on a mis sur le feu avec des épices. — *Crème brûlée*, mets composé de lait, d'œufs et de sucre passés au feu. — Fig. : *cerveau brûlé, cervelle brûlée*, homme qui porte tout à l'excès, fanatique, etc. — On dit subst. au mas. : *sentir le brûlé*, sentir l'odeur de quelque chose qui *brûle*, ou qu'on a *brûlé* : *cette fricassée sent le brûlé.*

BRÛLEBEC, subst. mas. (*brulebèk*), t. d'hist. nat., mactre poivrée.

BRÛLÉE, subst. fém. (*brulé*), t. d'hist. nat., coquillage de mer.

BRÛLEMENT, subst. mas. (*bruleman*), action de *brûler* ; résultat de cette action. Il est peu usité, si ce n'est lorsqu'on parle de grandes et vastes combustions.

BRÛLE-POURPOINT (À), loc. adv. (*abrulepourpoein*), à bout portant : *tirer à brûlepourpoint.* — Fig., *tirer sur quelqu'un, à brûlepourpoint*, lui dire des choses désobligeantes en face. On dit aussi fig. : *un argument à brûlepourpoint*, un argument convaincant.

BRÛLE-QUEUE, subst. mas. (*bruleke*u), t. de maréchal ferrant, fer qu'on applique chaud sur la queue coupée d'un cheval.

BRÛLER, v. act. (*brulé*) (suivant *Le Duchat*, du latin *perustulare*, dimin. de *perustare*, augmentatif de *perurere*, brûler), consumer ou endommager par le feu : *brûler un arbre ; brûler une maison ; brûler un homme à petit feu ; brûler un mort ; brûler quelqu'un vif ; brûler un pan de son habit, le bas de sa robe ; brûler des parfums* ; etc. — Échauffer excessivement, dessécher par la chaleur : *la fièvre me brûle ; le soleil brûle la campagne, lui a brûlé le teint ; l'usage des liqueurs brûle le sang.* — Causer une douleur plus ou moins vive, d'où il résulte souvent une plaie, par le contact du feu ou d'un objet extrêmement chaud : *brûler avec un fer rouge ; n'y touche pas, cela te brûlerait.* — Faire du feu avec quelque chose : *brûler du charbon, de la paille, du bois.* — Il s'emploie également en parlant de certaines substances corrosives qui produisent l'effet du feu sur les matières animales ou végétales ; *brûler du linge avec de l'eau-forte ; brûler une plaie avec la pierre infernale.* — Enfin il se dit du même effet produit par un froid excessif : *la gelée brûle les racines des arbres ; la neige brûle le cuir.* — Prov., *brûler la chandelle par les deux bouts*, faire à la fois plusieurs dépenses ruineuses, ou : user sa santé par différents genres d'excès. — *Brûler la cervelle à quelqu'un*, lui casser la tête d'un coup de pistolet. — Fam. : *brûler un gîte, une étape*, etc., les passer sans s'y arrêter. — On dit fig. et fam. : *j'en viendrai à bout, ou j'y brûlerai mes livres*, je poursuivrai cette affaire avec la dernière vigueur. — *Brûler ses vaisseaux*, s'engager dans une entreprise de manière à ne pouvoir plus reculer, comme un chef d'expédition qui brûle ses vaisseaux en débarquant sur le territoire ennemi. — *Brûler de l'encens devant quelqu'un*, le flagorner. — *S'emparer d'une place forte sans brûler une amorce*, sans tirer un coup de canon, de fusil. — *Brûler la politesse à quelqu'un*, le quitter sans le prévenir, sans lui dire adieu. — *Brûler une carte*, à certains jeux c'est la mettre de côté. — *Brûler le pavé*, courir très-vite à cheval ou en voiture. On le dit aussi du cheval lui-même. — *Brûler les planches*, en parlant d'un acteur, jouer avec beaucoup de chaleur. — On dit d'un auteur dont le style est très-animé, qu'*il brûle le papier.* — *Brûler du vin*, mettre du vin sur le feu pour le distiller et en faire de l'eau-de-vie. — *Brûler de l'eau-de-vie*, mettre le feu à une certaine quantité d'eau-de-vie contenue dans un vase. — *Brûler du café*, faire rôtir des grains de café, pour les moudre ensuite. — *Brûler de la cire, de la chandelle, de l'huile*, s'en servir. — En agric. : *brûler les terres*, après avoir enlevé la superficie du terrein, la brûler, et en répandre ensuite les cendres sur le sol. — *Brûler*, v. neut., être consumé par le feu : *la maison brûle ; ce bois brûle bien ; la bougie, la chandelle, l'huile*, et par extension, *la lampe brûle.* — Être chaud, ardent : *les mains lui brûlent, ses mains brûlent.* — Fig., être possédé d'une passion violente : *brûler d'amour*, etc. ; ou : souhaiter avec ardeur : *nous brûlons de vous revoir.* — Il se dit des mets auxquels l'action du feu a donné une couleur noire et un mauvais goût : *on a laissé brûler ce rôti.* — Fig., *le rôt brûle*, il faut se dépêcher, il serait dangereux d'attendre davantage. — Fig. et fam. : *brûler à petit feu*, être dans l'attente d'une chose qu'on nous fait espérer et qui ne vient point. — *Les mains lui brûlent*, il est impatient d'agir. — *Les pieds lui brûlent*, il est impatient de partir. — *La chandelle brûle*, il faut se hâter, etc. — *Le tapis brûle*, mettez au jeu. — *Vous brûlez* se dit à certains jeux, lorsque celui qui cherche un objet en approche. — *Brûler* signifie aussi dépasser le but, ou : faire plus de points qu'il n'en faudrait. — *se* **BRÛLER**, v. pron., être *brûlé*, sentir l'impression d'un corps très-chaud : *le bas de sa robe s'est brûlé ; on ne peut y toucher sans se brûler ; il s'est brûlé en mangeant sa soupe.* — Fig. et prov. : *venir se brûler à la chandelle* se dit, par allusion aux papillons, d'un homme qui, ne voulant que s'amuser auprès d'une jolie femme, en devient amoureux ; de celui qui, séduit par une apparence trompeuse, se jette dans une situation critique, périlleuse ; de celui qui se confie en quelqu'un qui a intérêt de le trahir, etc.

BRÛLERIE, subst. fém. (*bruleri*), atelier où l'on fait de l'eau-de-vie. — Supplice du feu. Peu usité.

BRÛLE-TOUT, subst. mas. (*bruletou*), espèce de petite bobèche en fer, armée d'une pointe sur laquelle on met les petits bouts de chandelle pour les user entièrement. — Au plur., des *brûle-tout* : des bobèches qui *brûlent tout*.

BRÛLEUR, subst. mas., au fém. **BRÛLEUSE** (*bruleur, leuze*), celui ou celle qui *brûle*. Il n'est guère usité que dans ces phrases : *brûleur de granges*, *brûleur de maisons*, incendiaires. — On dit prov. d'un homme mal habillé et tout en désordre, qu'*il est fait comme un brûleur de maisons*.

BRÛLEUSE, subst. fém. Voy. **BRÛLEUR**.

BRULON, subst. propre mas. (*brulon*), bourg de France, chef-lieu de canton, arrond. de La Flèche, dép. de la Sarthe.

BRÛLOT, subst. mas. (*brulô*), t. de mar., bâtiment chargé de matières combustibles propres à *brûler* d'autres vaisseaux. — Machine dont se servaient les anciens pour lancer les dards auxquels était attachée une matière combustible. — Au fig., morceau trop salé ou trop poivré. — Fig. et fam., homme ardent, inquiet. — Espèce de bouche-à-feu, etc. — Dans les manufactures de glaces, sorte de polissoir étroit avec lequel on termine certains endroits de la surface d'une glace, qui ont échappé au poli.

BRÛLOTIER, subst. mas. (*brûlotié*), marin qui monte un *brûlot* et le dirige.

BRÛLURE, subst. fém. (*brulure*), impression faite sur la peau, ou sur une matière quelconque, par le feu ou par quelque chose de trop chaud, ou par une substance corrosive ; plaie qui résulte de cette impression : *de l'onguent pour la brûlure.* — En agric., altération produite sur les végétaux par l'effet de la gelée, du vent, par l'action du soleil, etc.

BRUMAIRE, subst. mas. (*brumère*), second mois d'automne de l'année républicaine. — *Faire un dix-huit brumaire*, un coup d'état pareil à celui de Bonaparte, en l'an VIII.

BRUMAIRISÉ, adj. mas. (*brumèrizé*), éliminé par la révolution du 18 *brumaire*. — Il est aussi subst. : *c'est un brumairisé*.

BRUMAL, E, adj. (*brumale*) (rac. *brume*), qui appartient à l'hiver ; qui vient l'hiver. Cet adj., ne s'employant guère qu'avec les mots féminins *plantes* et *fête*, ne semble pas avoir de pluriel masculin : *plantes brumales*, *fêtes brumales*. (Voy. **BRUMALIES**.) Cependant nous ne voyons pas pourquoi l'on ne dirait pas *des vents brumaux*.

BRUMALIES, subst. fém. plur. (*brumali*), myth., fêtes en l'honneur de Bacchus, qui se célébraient au solstice d'hiver.

BRUMATH, subst. propre mas. (*brumate*), ville de France, chef-lieu de canton, arrond. de Strasbourg, dép. du Bas-Rhin.

BRUMAZAR, subst. mas. (*brumazar*), t. d'hist. nat., substance minérale, onctueuse et volatile ; esprit des métaux. C'est cette même substance que l'on a nommée *spiritus metallorum*.

BRUME, subst. fém. (*brume*) (du lat. *bruma*, formé de *brevissima*, et qui signifie le jour le plus court de l'année, c'est-à-dire le solstice d'hiver), brouillard épais. — En t. d'hist. nat., nom donné au taret. — *Brumes*, au plur., s'entend, sur mer, des amas de vapeurs aqueuses, semblables à celles que l'on désigne sur la terre par le nom de brouillards ; si ce n'est que le mot *brume* s'applique de préférence à un brouillard immobile et stagnant. — Il y a encore une autre espèce de *brume* qui s'observe près de l'horizon de la mer, et empêche de le distinguer quand le temps est calme, quoique l'air puisse d'ailleurs être sec et chaud. Cette *brume* est produite par une cause toute différente de celle des brouillards humides ; car elle vient de ce que l'air ne contient pas assez d'eau en vapeur.

BRUMÉE, adj. fém. (*brumé*), t. de pêche : *morue brumée*, celle sur laquelle on voit une petite poussière roussâtre ou brune.

BRUMET, subst. mas. (*brumè*), t. de pêche. Voy. **LIGNETTE**.

BRUMEUSE, adj. fém. Voy. **BRUMEUX**.

BRUMEUX, adj. mas., au fém. **BRUMEUSE** (*brumeu, meuze*), chargé de *brume*, de brouillard : *temps brumeux ; atmosphère brumeuse.*

BRUN, E, adj. (*breun, brune*) (de l'italien *bruno*, dérivé de l'allemand *braun*, ou du suédois *brun*, qui ont la même signification), d'une couleur sombre entre le roux et le noir : *cheveux bruns ; drap brun ; une femme brune ; un cheval gris brun, bai brun ; le temps est brun*, obscur. — Fig. : *avoir l'humeur brune*, sombre, mélancolique. Style comique. — *Brun, brune*, subst., celui ou celle qui a la peau ou les cheveux *bruns* : *c'est une jolie brune ; une brune claire ; une brune piquante ; c'est un beau brun.* — *Aller de la brune à la blonde*, être volage dans ses amours. — Le soir : *sur la brune*. Il est fam. — *Il commence à faire brun*, la nuit approche. — Subst. mas., la couleur brune : *le brun lui sied à merveille ; un brun foncé, un brun clair.*

BRUNÂTRE, adj. des deux genres (*brunâtre*), tirant sur le *brun*.

BRUNE, subst. fém. (*brune*), le moment où le jour devient *brun*, lorsque la nuit approche. Ce mot n'est nomenclaturé dans aucun *dictionnaire*. — T. d'hist. nat., nom d'un centropome et d'une espèce de gade.

BRUNE-ET-BLANCHE, subst. fém. (*brunéblanche*), t. d'hist. nat., pinson de l'Amérique septentrionale.

BRUNELLE, subst. fém. (*brunèle*), t. de bot., plante vulnéraire de la famille des labiées.

BRUNELLIER, subst. mas. (*brunèlié*), t. de bot., plante de la dodécandrie, de l'Amérique méridionale.

BRUNET, subst. mas. (*bruné*), t. d'hist. nat., oiseau de l'Amérique septentrionale, qu'on a donné mal à propos pour un pinson, et comme une espèce particulière ; c'est la femelle du troupiale bruantin. — On a aussi donné ce nom à un merle.

BRUNET, subst. mas., au fém. **BRUNETTE** (*bruné, brunète*), diminutif de *brun* : *un brunet ; une brunette.*

BRUNETTE, subst. fém. (*brunète*), espèce d'ancienne chanson dont l'air était facile et simple, et le style galant et naturel, quelquefois tendre et enjoué. — En t. de conchyliologie, beau cylindre marqué de taches *brunes* et imitant le drap noir. — Autrefois on donnait ce nom, dans la musique, à un petit air champêtre.

BRUNI, subst. mas. (*bruni*), se dit, en t. d'orfèvrerie, par opposition au *mat*. — Le *mat* et le *bruni* sont, dans un ouvrage, des parties, dont les unes ont l'apparence du *mat*, et les autres sont resplendissantes de poli.

BRUNI, E, part. pass. de *brunir*, et adj.

BRUNICHIES, subst. fém. plur. (*brunichî*), t. de bot., plante, genre d'oseille.

BRUNIE, subst. fém. (*bruni*), t. de bot., plante d'Afrique, de la famille des rhamnoïdes.

BRUNIR, v. act. (*brunir*), rendre de couleur *brune* : *faire brunir un carrosse ; le soleil brunit le teint.* — Polir, lisser avec le *brunissoir* : *brunir de la vaisselle d'argent.* — Donner à l'acier une préparation qui le rend plus *brun*. — T. de relieur, éclaircir, polir la tête, le bas et la tranche d'un livre. — *Brunir*, v. neut., devenir de couleur *brune* : *ses cheveux brunissent.*

BRUNIS, subst. mas., pour brunissoir ou pour couleur brillante du *bruni*, ne se lit que dans *Boiste*.

BRUNISSAGE, subst. mas. (*bruniçaje*), action de *brunir*, ouvrage du *brunisseur*.

BRUNISSEUR, subst. mas., au fém. **BRUNISSEUSE** (*bruniçeur, çeuze*), celui ou celle qui *brunit* les ouvrages d'or et d'argent, et même la vaisselle de porcelaine.

BRUNISSEUSE, subst. fém. Voy. **BRUNISSEUR**.

BRUNISSOIR, subst. mas. (*bruniçoar*), t. d'arts et mét., petit bâton auquel il y a de la sanguine, et avec quoi on *brunit* l'or, l'argent, le fer, etc. — Outil de graveur qui sert à donner au cuivre une préparation nécessaire pour qu'il reçoive la gravure, à mater des travaux trop profonds, à écraser de fausses tailles, à réparer des rayures accidentelles, etc. — En t. de relieur, dent de loup, ou pierre qui en a la forme.

BRUNISSURE, subst. fém. (*bruniçure*), art du *brunisseur*. — Poli d'un ouvrage qui a été *bruni*. — Façon qu'on donne aux étoffes que l'on teint, pour diminuer et *brunir* leurs teintes, afin de mieux assortir les nuances. — En t. de chasse, polissure des têtes de cerfs, de daims, de chevreuils.

BRUNNICHE, subst. fém. (*brunniche*), t. de bot., plante de la famille des polygonées qui se trouve aux îles Bahama, et s'élève au-dessus des arbres de moyenne grandeur.

BRUNOIR, subst. mas. (*brunoar*), t. d'hist. nat., oiseau du genre du merle.

BRUN-ROUGE, subst. mas. (*brunrouje*), t. d'hist. nat., oxyde de fer naturellement jaune.

BRUNSFEL, subst. mas. (*brunсefèle*), t. de bot., plante de la famille des solanées.

BRUNSWICK, subst. propre mas. (*bronceвike*), ville d'Allemagne.

BRUSC, subst. mas. (*brucke*), t. de bot., espèce de bruyère. — Arbrisseau qui tient du myrte et du houx.

BRUSQUE, adj. des deux genres (*brucke*) (de l'italien ou de l'espagnol *brusco*, qui a la même signification, et que Ferrari dérive du lat. *labrusca*, vigne sauvage), vif, rude, incivil : *homme, femme brusque ; air, humeur, réponse brusque.* — Inopiné, subit : *une attaque brusque ; un dénoûment trop brusque.*

BRUSQUÉ, E, part. pass. de *brusquer*.

BRUSQUEMBILLE, subst. fém. (*brucekanbile*), sorte de jeu de cartes. — Nom des as et des dix, qui sont les premières cartes de ce jeu : *les as enlèvent les dix.*

BRUSQUEMENT, adv. *brucekeman*), d'une manière *brusque* ; d'une manière vive et prompte : *faire quelque chose brusquement.*

BRUSQUER, v. act. (*bruceké*), offenser par des paroles rudes, inciviles : *ce marchand brusque toutes ses pratiques.* — *Brusquer une affaire*, la terminer promptement, ce qui est le fruit de l'habileté ; ou la faire avec précipitation, ce qui est une sottise. — *Brusquer un dénoûment*, l'amener trop vite. — *Brusquer la fortune*, tenter de réussir par des moyens expéditifs, mais peu sûrs. — *Brusquer l'aventure*, se décider tout à coup, au risque de ce qui pourra résulter. — *Brusquer une place de guerre*, l'emporter d'emblée. — En t. de marine, et dans les ports de la Méditerranée, chauffer les galères ou toute autre espèce de bâtiments, pour les caréner. — *se* **BRUSQUER**, v. pron.

BRUSQUERIE, subst. fém. (*bruceкeri*), caractère d'une personne *brusque* ; qualité de ce qui est *brusque* : *la brusquerie de cet homme me déplaît ; la brusquerie de cette action m'a surpris.* — Il signifie aussi action de *brusquer* ; insulte.

BRUSQUET, et BRUSQUIN, subst. masc. (*brucekè, kein*) : *à brusquin brusquet*, vous me parlez désobligeamment, je vous réponds de même. Il est pop. et fort peu en usage.

BRUSQUIAIRE, subst. mas (*brucekière*), cajoleur de filles, qui les embrasse brusquement. Inus.

BRUSSOLES, subst. fém. plur. (*bruçole*), t. de cuisine, mets de la nature des farces et des ragoûts.

BRUT, E, adj. (*brute*) (du latin *brutus*, qui a la même signification), qui est dans l'état grossier de nature : *une mine brute.* — *Sucre brut*, sucre non raffiné. — *Camphre brut*, non purifié. — *Terrein brut*, qui n'a pas encore été cultivé. — Qui n'est pas poli ; raboteux : *diamant, marbre brut, pierre brute.* — On le dit fig. des ouvrages d'esprit qui ne sont qu'ébauchés. — Il se dit aussi d'une personne sans éducation, sans usage : *un homme brut* ; ainsi que des manières, de l'esprit, etc. — *Bête brute*, animal sans raison. On le dit aussi au figuré et fam., d'un homme grossier. — Les marins appellent *bois bruts* les bois qui ne sont pas mis en œuvre. Les bois d'approvisionnement pour les ports sont *bruts*, tant qu'ils ne sont pas travaillés. — En hist. nat., on appelle les minéraux des *corps bruts*, par opposition aux végétaux et aux animaux qu'on appelle *corps organisés*. — *Patente brute*, voy. **PATENTE**. — *Produit brut*, produit d'une terre, d'une opération d'argent, les dépenses non défalquées. — *Brut* ou ort, t. de commerce, employé quelquefois adjectivement, quelquefois substantivement, quelquefois même adverbialement, et qui désigne le poids d'une marchandise pesée avec son emballage, et tout ce qui l'enveloppe. En ce sens, *brut* est opposé à *net*, qui exprime le poids de la marchandise séparée de tout ce qui sert à la contenir. La différence du *brut* au *net* se nomme *tare*. — Plusieurs bons auteurs ont écrit *brute* au mas. comme au fém., surtout dans le sens figuré : *un génie brute ; un naturel brute et inculte*, etc. *Voltaire* a même dit au propre (*Œdipe*) :

Que lui reviendrait-il de ses brutes ouvrages ?

et *La Bruyère* (chap. 11) : *des organes brutes et imparfaits*. Il fallait très-certainement *bruts*, du moins dans ces deux dernières phrases.

BRUTA, subst. fém. (*bruta*), t. de bot., arbre de la famille des conifères. On l'appelle *bruta de Pline*.

BRUTAL, E, adj., au mas. plur. **BRUTAUX** (*brutale*) (du lat. *brutus*), qui est plus conforme à la nature des *bêtes* qu'à celle des hommes : *une passion brutale*. — Féroce, farouche, rustre, impertinent : *homme brutal ; action brutale*. En ce sens on dit aussi substantivement *un brutal, un franc brutal*. — *Bossuet, Vaugelas, Molière* et *Buffon* n'ont pas hésité à écrire *brutaux* au plur. mas. : *des conquérants, des esprits, des habitants brutaux*. L'*Académie* elle-même dans sa dernière édition écrit : *des appétits brutaux*.

BRUTALEMENT, adv. (*brutaleman*), d'une manière *brutale* ; avec *brutalité* ; avec férocité.

BRUTALISÉ, E, part. pass. de *brutaliser*.

BRUTALISER, v. act. (*brutalizé*), outrager quelqu'un par des paroles ou des actions dures et *brutales*. Il est familier. — **SE BRUTALISER**, v. pron.

BRUTALITÉ, subst. fém. (*brutalité*), vice du *brutal* : *tout le monde connaît sa brutalité*. — Action *brutale* : *faire, commettre une brutalité*. — Parole *brutale* : *dire une brutalité, des brutalités à quelqu'un*. — Passion *brutale* : *assouvir sa brutalité*.

BRUTA-MANNA, subst. fém. (*brutamanena*), t. de jard., sorte de poire.

BRUTAUX, adj. mas. plur. Voy. **BRUTAL**.

BRUTE, subst. fém. (*brute*), animal privé de raison : *il tient moins de l'homme que de la brute*. — Fig., *c'est une vraie brute*, c'est un homme qui n'a ni esprit ni raison. — Autrefois on disait adjectivement, et dans tous les styles, *bête brute*. Il ne se dit plus que dans le style familier.

BRUTE-BONNE, subst. fém. (*brutebone*), t. de bot., synonyme de **BRUTA-MANNA**. Voy. ce mot.

BRUTIER ou **BRUTHIER**, subst. mas. (*brutié*), t. d'hist. nat., sorte d'oiseau de proie qu'on ne peut pas dresser ; espèce de butor.

BRUTIFICATION, subst. fém. (*brutifikácion*), action d'*abrutir*. Inusité.

BRUTIFIÉ, E, part. pass. de *brutifier*, et adj., devenu *brute*. Peu usité.

BRUTIFIER, v. neut. (*brutifié*), devenir *brute*. Presque hors d'usage.

BRUT-INGÉNU, subst. mas. (*bruteinjénu*), t. de min., espèce de diamant.

BRUTOLÉ, subst. et adj. masc. (*brutolé*) du grec *βρυτον*, bière), t. de médec., médicament obtenu par la macération de plusieurs substances dans de la bière.

BRUXANELLI, subst. mas. (*brukçanèleli*), t. de bot., arbre de l'Inde dont l'écorce est employée en médecine.

BRUXELLES, subst. propre fém. (*brucèle*), ville de Belgique. — Cette ville, qui à diverses époques fut le théâtre d'événements remarquables, s'est séparée violemment de la Hollande en 1830. — Dentelle que l'on faisait dans cette ville.

BRUXELLOIS, E, subst. et adj. (*brucèloâ, loâze*), qui est de *Bruxelles*.

BRUYA, subst. fém. (*bru-ia*), t. d'hist. nat., la femelle du calic-calic, pie-grièche de Madagascar.

DU VERBE IRRÉGULIER BRUIRE :

Bruyaient, 3e pers. plur. imparf. indic.
Bruyait, 3e pers. sing. imparf. indic.

BRUYAMMENT, adv. (*bru-iaman*), avec grand *bruit*.

BRUYANT, subst. mas. (*bru-ian*), t. d'hist. nat., nom vulgaire du bruant commun et du verdier.

BRUYANT, E, adj. (*bru-ian, iante*) (du latin *brutire*, bruire), qui fait grand *bruit* ou qui est accompagné de bruit : *voix, trompette bruyante ; les flots bruyants ; un homme bruyant ; des plaisirs bruyants*. — Il se dit aussi du lieu où on fait le bruit : *une rue bruyante ; une salle bruyante*.

BRUYÈRE, subst. fém. (*bru-ière*) (suivant *Trévoux*, du vieux gaulois *bruir* ou *brouir*, qui signifie *brûler*, parce qu'on brûle les *bruyères* quand on défriche les terreins pour en faire des terres à blé), t. de bot., sous-arbrisseau qui s'élève peu, à fleur monopétale campanulée, et qui croît dans les terreins incultes et arides : *fagot de bruyères ; bruyères du Cap*. — Le lieu où croît cette plante : *nous marchâmes long-temps dans de tristes bruyères*. — *Terre de bruyère*, terre mêlée de sable et de débris de végétaux. — *Plantes de bruyère*, celles qui croissent dans la terre de *bruyère*. — *Coq de bruyère*, espèce de coq sauvage qui vit dans les *bruyères*.

BRUYÈRES, subst. propre fém. (*bru-ière*), village de France, chef-lieu de canton, arrond. d'Épinal, dép. des Vosges.

BRUYÉREUSE, adj. fém. Voy. **BRUYÉREUX**.

BRUYÉREUX, adj. mas., au fém. **BRUYÉREUSE** (*bru-iéreu, reuze*), couvert de *bruyères*. Inus.

BRY, subst. mas., **BRYE**, subst. fém. (*bri*), t. de bot., plante cryptogame de la famille des mousses.

BRYA, subst. mas. (*bria*), t. de bot., arbrisseau.

BRYON, subst. mas. (*brion*) (en grec *βρυον*), t. de bot., mousse qui croît sur les arbres.

BRYONE, subst. fém. (*brione*) (en grec *βρυωνης*, ou *βρυωνια*, dérivé de *βρυειν*, pousser à la manière de la vigne), t. de bot., sorte de plante grimpante. Voy. **COULEUVRÉE**.

BRYOPHYLLE, subst. fém. (*briofile*), t. de bot., plante des Moluques.

BRYOPSIS, subst. mas. (*briopecice*), t. de bot., plante qui comprend neuf espèces, la plupart de la Méditerranée.

BU, E, part. pass. du verbe irrégulier **BOIRE** : *tout le vin est bu*. — *Avoir toute honte bue*, n'avoir plus honte de rien. — On dit pop. : *cet homme est bu*, pour : il est ivre. — Substant., *rendre le trop bu*, pop., vomir ce qu'on a *bu*. — *Le trop bu*, sorte de droit.

BUADE, subst. fém. (*buade*), t. de man., bride à longues branches droites.

BUANDERIE, subst. fém. (*buanderi*) (suivant *Huet*, de *imbuo*, j'imbibe, fait du grec *βυω*, j'emplis), lieu où sont établis un fourneau et des cuviers pour faire la lessive.

BUANDIER, subst. mas., au fém. **BUANDIÈRE** (*buandié, dière*), celui ou celle qui fait la lessive des toiles neuves. Il se dit encore au fém. d'une femme qui fait la lessive.

BUANDIÈRE, subst. fém. (*buandière*). Voyez **BUANDIER**.

BUANTHROPIE, subst. fém. (*buantropi*) (du grec *βους*, bœuf, et *ανθρωπος*, homme), monomanie dans laquelle on croit être transformé en bœuf.

BUANTHROPIQUE, adj. des deux genres (*buantropike*), qui concerne la *buanthropie*.

BUBALE, subst. mas. (*bubale*) (du grec *βουβαλος*, et latin *bubalus*), t. d'hist. nat., animal d'Afrique qui tient du cerf, de la gazelle et du bœuf ; ses cornes sont recourbées en arrière.

BUBASTIS, subst. propre fém. (*bubacetice*), myth. On appelait ainsi Diane en Égypte, du nom d'une ville où elle était adorée.

BUBATE, subst. fém. (*bubate*), t. de min., sorte de pierre extrêmement dure.

BUBBOLA, subst. mas. (*bubebola*), t. de bot., nom vulgaire de l'agaric élevé, qui se mange dans beaucoup d'endroits.

BUBE, subst. fém. (*bube*) (du grec *βουβων*, espèce de tumeur), petite élevure qui vient sur la peau.

BUBERON, subst. mas. (*buberon*), s'est dit autrefois pour *biberon*. Il n'est plus français.

BUBÉTIES, subst. fém. plur. (*bubéci*), t. d'hist. anc., courses et combats de taureaux à Rome.

BUBO, subst. mas. (*bubó*), t. d'hist. nat., division d'oiseaux de proie nocturnes.

BUBON, subst. mas. (*bubon*) (du grec *βουβων*, aine), t. de médec., tumeur inflammatoire qui se forme aux glandes de l'aine, de l'aisselle, du cou : *bubon simple ; bubon vénérien ; bubon pestilentiel*. — En t. de bot., plante ombellifère.

BUBONA, subst. propre fém. (*bubona*), myth., déesse qu'on invoquait pour la conservation des bœufs et des vaches.

BUBONOCÈLE, subst. mas. (*bubonocèle*) (du grec *βουβων*, aine, et *κηλη*, tumeur), t. de médec., hernie à l'aine, causée par la chute de l'épiploon.

BUBONOCOSE, subst. fém. (*bubonokôze*) (du grec *βουβων*, aine, et *κηλη*, tumeur), t. de médec., tumeur à l'aine. — On dit aussi *bubonocosie*.

BUBONOCOSIE, subst. fém. (*bubonokózi*), t. de médec., synonyme de *bubonocose*. Voy. ce mot.

BUBONOREXIE, subst. fém. (*bubonorèkci*) (du grec *βουβων*, aine, et *ορεξις*, désir, appétit), t. de médec., hernie intestinale privée de sac herniaire.

BUCAIL, subst. mas. (*buka-ie*), t. d'agric., blé noir, sarrasin.

BUCANEPHYLLE, adj. fém. (*bukanefile*) (du grec *βυκανη*, trompe, et *φυλλον*, feuille), t. de bot., se dit des feuilles qui ont la forme d'une trompette.

BUCARDE, subst. fém. (*bukarde*) (en grec *βους*, bœuf, et *καρδια*, cœur), t. d'hist. nat., testacé bivalve. — Mollusque acéphale.

BUCARDIE, subst. fém. (*bukardi*), t. de min., pierre précieuse.

BUCARDIER, subst. mas. (*bukardié*), t. d'hist. nat., animal des *bucardes*.

BUCARDITE, subst. fém. (*bukardite*), t. d'hist. nat., cœur-de-bœuf, coquille bivalve devenue fossile.

BUCAROS, subst. mas. (*bukaróce*). Voyez **BARROS**.

BUCCAL, E, adj. Au plur. mas. *buccaux* (*bukale*) (du lat. *bucca*, bouche), t. d'anat., qui a rapport à la bouche : *artère buccale ; nerf buccal*. — *Eau buccale*, eau pour nettoyer sa bouche.

BUCCELLAIRE, subst. mas. (*bukcèlelère*) (en lat. *buccellarius*, formé de *bucca*, bouche), t. d'hist. anc., garde des empereurs grecs. — Petit pain ou gâteau qu'on pouvait manger d'une seule *bouchée*. — Grecs de Galatie qui fournissaient le pain aux soldats. — Homme entièrement dévoué à un prince ou à un grand.

BUCCELLATION, subst. fém. (*bukcèlelacion*) (du lat. *buccella*, bouchée), t. de chim., division en morceaux, en *bouchées*.

BUCCHANTE, subst. fém. (*bukckante*), t. de bot., espèce de conyze, plante qui croît surtout aux environs de Montpellier.

BUCCIN, subst. mas. (*bukccin*) (en lat. *buccina*, fait du grec *βυκανη*, trompette), t. d'hist. nat., coquille univalve qui a la forme d'une trompe.

BUCCINATEUR, adj. mas. (*bukccinateur*) (en latin *buccinator*, en grec *βυκανιστης*, formé l'un de *buccina*, et l'autre de *βυκανη*, trompe, trompette, parce que ce muscle agit en gonflant les joues, comme si l'on sonnait de la trompette), t. d'anat., muscle situé dans l'épaisseur de la joue. — Subst., se dit d'un homme qui joue de la trompette. Vieux.

BUCCINE, subst. fém. (*bukccine*) (en lat. *buccina*), vieux mot qui signifiait : trompette.

BUCCINÉ, E, part. pass. de *bucciner*.

BUCCINER, v. neut. (*bukcciné*), sonner de la trompette. Vieux. — Fig., v. act., prôner, trompetter un ouvrage ; servir à grand bruit une renommée. (*Diderot*.)

BUCCINIER, subst. mas. (*bukccinié*), t. d'hist. nat., animal des buccins.

BUCCINITE, subst. mas. (*bukccinite*), t. d'hist. nat., *buccin* fossile.

BUCCO, subst. mas. (*bukeko*), t. de bot., genre de plantes. — T. d'anat., muscle buccinateur.

BUCCO-LABIAL, E, adj. (*bukekólabiale*) (du lat. *bucca*, joue, et *labium*, lèvre), t. d'anat., qui a rapport aux joues et aux lèvres.

BUCCO-PHARYNGIEN, NE, adj. (*bukekôfareinjiein, jiène*) (du lat. *bucca*, joue, et du grec *φαρυγξ*, gosier), t. d'anat., qui a rapport à la bouche et au gosier.

BUCCULE, subst. fém. (*bukekule*), t. d'anat., partie charnue au-dessous du menton.

BUCE, subst. fém. (*buce*), bussard, petite barrique. Inus.

BUCENTAURE, subst. mas. (*buçantôre*) (en grec *βουκενταυρος*, de *βου*, particule augm., et *κενταυρος*, centaure), myth., espèce de centaure qui avait le corps d'un bœuf ou d'un taureau, tandis que les centaures avaient communément le corps d'un cheval. Il y en a eu aussi qui avaient le corps d'un âne. Sur certains monuments Hercule est représenté combattant un *bucentaure*. Le héros n'a ni massue, ni aucune sorte d'arme ; il embrasse le *bucentaure* par le milieu du corps, et semble l'étreindre pour l'étouffer. — T. d'hist. mod., vaisseau que montait le doge de Venise lorsqu'il faisait la cérémonie de son mariage avec la mer.

BUCENTE, subst. mas. (*buçante*), t. d'hist. nat., insecte de l'ordre des diptères.

BUCÉPHALE, subst. propre mas. (*bucéfale*), t. d'hist. anc., nom du cheval d'Alexandre (du grec βους, bœuf, et κεφαλη, tête, parce qu'il portait la marque d'une tête de bœuf). — Dans le style badin, cheval de parade, ou même cheval ordinaire, et quelquefois rosse. — T. d'hist. nat., papillon. — Adj., marqué de la tête d'un bœuf.

BUCHANTE, subst. fém. Voy. **BUCCHANTE**.

BÛCHE, subst. fém. (*buche*) (du latin barbare *bosca*, formé de *boscus*, dont nous avons fait aussi *bois*. Voy. ce mot), pièce de gros *bois* pour chauffage : *une bûche de chêne ; mettre une bûche au feu ;* et par analogie : *une bûche de charbon de terre*. — On dit fig. et fam. d'un homme stupide que *c'est une grosse bûche ;* et d'un homme lent et pesant, qu'*il ne se remue non plus qu'une bûche*. — Espèce de flibot dont les Hollandais se servent pour la pêche (par corruption du hollandais *buyss*, dont la signification est la même). — Sorte d'instrument de musique qui consiste en une caisse longue et assez semblable à une *bûche*. Sur la table de cet instrument sont tendues trois cordes de laiton à l'unisson, mais dont l'une est ensuite mise à la quinte à l'aide d'un crochet. La partie qui sert de manche est divisée par des touches comme le manche d'une guitare. — Établi d'épinglier. — Mesure. — Billot. — Madrier. — Grosse barre de fer. — *Réparation à la bûche*, amende ordonnée jadis, par les maîtres des eaux et forêts, contre ceux qui avaient abattu des arbres dans les forêts du roi.

BUCHÉ, E, part. pass. de *bûcher*.

BÛCHER, subst. mas. (*buché*), t. d'hist. anc., pile de *bois* que faisaient les anciens pour brûler les corps morts. — Amas de bois sur lequel on brûlait autrefois les condamnés au feu : *le fanatisme voudrait rallumer les bûchers*. — Les Romains avaient pris des Grecs la coutume de brûler les corps. Le défunt, couronné de fleurs, et revêtu de ses habits les plus magnifiques, était posé sur le *bûcher* : les plus proches parents y mettaient le feu avec des torches, en détournant le visage, pour témoigner qu'ils ne lui rendaient qu'avec répugnance ce triste et dernier devoir. Dès que le *bûcher* était consumé, des femmes préposées pour recueillir les cendres les renfermaient dans une urne que l'on portait dans les tombeaux. — Il se dit métaphoriquement de tout ce qui est consumé par le feu. — Lieu où l'on met la provision du *bois* à brûler.

BÛCHER, v. act. (*buché*), dégrossir le bois pour le mettre en œuvre. Il s'emploie aussi comme verbe neutre. — Pop., il se dit pour battre : *il s'est fait bûcher par un tel*. — En t. de vieille fauconnerie, mettre l'oiseau sur un bloc ou sur une perche. — *se* **BÛCHER**, v. pron., se battre, pop.

BÛCHÉRIEN, subst. mas. (*buchéricin*), t. d'hist. anc., gladiateur qui, dans les funérailles, combattait autour du *bûcher*.

BÛCHERON, subst. mas., au fém. **BÛCHERONNE** (*bucheron, rone*), celui qui travaille à abattre du *bois* dans une forêt. — Au fém., la femme d'un *bûcheron*. L'*Académie* ne donne pas ce fém.

BÛCHETTE, subst. fém. (*buchète*), petite *bûche*. — Menu bois que les pauvres gens ramassent dans les forêts. — Petit brin de bois avec quoi on joue à la courte paille.

BUCHILLES, subst. fém. plur. (*buchile*), petits morceaux de bronze qui se détachent des bouches à feu quand on les travaille.

BUCHNÈRE, subst. fém. (*bukenère*), t. de bot., plante personnée.

BUCHOLZITE, subst. mas. (*bucholezite*), minéral désigné d'abord sous le nom de quartz fibreux.

BUCHY, subst. propre mas. (*buchi*), village de France, chef-lieu de canton, arrond. de Rouen, dép. de la Seine-Inférieure.

BUCIOCHE, subst. mas. (*bucioche*), t. de comm., sorte de drap de Provence.

BUCK-BÉAN, subst. mas. (*bukebéan*), t. de bot., trèfle aquatique. — Il remplace le houblon pour la bière.

BUCOLIASME, subst. mas. (*bukoliaceme*) (du grec βουκολιάω, je mène paître les bœufs), t. d'hist. anc., chanson des pasteurs ou bergers de l'ancienne Grèce. — Air de danse qui se jouait sur la flûte.

BUCOLIASTES, subst. mas. plur. (*bukoliacete*), t. d'hist. anc., bergers qui chantaient les *bucoliasmes*.

BUCOLION, subst. propre mas. (*bukolion*), myth., fils de Laomédon.

BUCOLIQUE, adj. des deux genres (*bukolike*) (du grec βουκολικος, dérivé de βουκολος, bouvier, pasteur, lequel est formé de βους, bœuf, et κολον, nourriture), se dit des poésies pastorales : *poème bucolique ; Théocrite et Virgile ont excellé dans le genre bucolique*. — Subst. fém., t. de bot., nom de la panacée sauvage. — *Bucoliques*, au plur., n'est guère usité que pour désigner les églogues de *Virgile*. — Fam., ramas de choses de peu d'importance : *j'ai cela dans mes bucoliques*.

BUCRANE, subst. mas. (*bukrane*) (du lat. *bucranium*, fait, dans la même acception, du grec βουκρανιον, formé de βους, bœuf, et κρανιον, tête), t. d'hist. anc., casque fait en forme de tête de bœuf.

BUDÉE, subst. propre fém. (*budé*), myth., surnom de Minerve, de Budéa en Magnésie.

BUDGET, et non plus **BUDJET**, subst. mas. (*budejè*) (de l'anglais *budget*, petite poche), état des dépenses et des recettes arrêtées pour un état, pour une administration, etc., pendant une année. Le budget de l'état, *en France*, est soumis aux Chambres. — On le dit aussi fam. de l'état des dépenses et des recettes d'une famille, d'un particulier : *le budget d'un ménage*.

BUDGROOKEN, subst. mas. (*budqueroukéne*), petite monnaie d'étain fabriquée à Bombay par les Anglais.

BUDLÉIA ou **BUDLÉJA**, subst. fém. (*budeléa, budeléja*), t. de bot., plante de la famille des personnées

BUDSDOÏSME, subst. mas. (*budcedo-iceme*), religion du Japon.

BUDSDOÏSTE, subst. des deux genres (*budcedo-icete*), celui ou celle qui pratique la religion du *budsdoïsme*.

BUDYTE, subst. fém. (*budite*), t. d'hist. nat., bergeronnette de printemps.

BUÉ, E, part. pass. de *buer*.

BUÉE, subst. fém. (*bué*) (suivant *Huet*, du lat. *buo*, le simple d'*imbuo*, j'imbibe, fait du grec βυω, j'emplis), lessive. Ce mot est vieux, mais on s'en sert encore. — T. de boulanger, évaporation du pain pendant sa cuisson.

BUÈNE, subst. fém. (*buène*), t. de bot., espèce d'arbrisseau.

BUENOS-AYRES, subst. propre mas. (*buénocère*), province de la république argentine, dans l'Amérique méridionale. — Capitale de cette province.

BUER, v. act. (*bué*), faire la lessive.

BUERIE, subst. fém. (*buri*), buanderie. Vieux.

BUFFARD, subst. mas. (*bufefar*), futaille de l'Anjou et du Poitou.

BUFFE, subst. fém. (*bufe*), coup violemment appliqué. (*Marot*.)

BUFFET, subst. mas. (*bufé*) (suivant *Du Cange*, du lat. barbare *bufetagium* ou *bufetaria*, qui, dans la basse latinité, a signifié l'action de boire du vin au cabaret, et dont on a fait ensuite *bufetum*, *buffet* à serrer les verres, la vaisselle, etc.), espèce d'armoire pour enfermer la vaisselle et le linge de table. — Table sur laquelle on met une partie de la vaisselle qui doit servir au repas, avec le pain, le vin, les verres, etc. : *dresser le buffet ; ôter le buffet*. — La vaisselle même : *un beau buffet ; un buffet d'argent ciselé*, etc. — On appelle aussi *buffet*, particulièrement dans les bals, une table chargée de mets, de vins, et de liqueurs tant spiritueuses que rafraîchissantes, devant laquelle on ne s'assied point, mais où l'on vient prendre ce que l'on désire boire ou manger. — En t. de facteur d'orgues, toute la menuiserie où sont enfermées les orgues, et celle de chaque jeu en particulier. *Buffet d'orgues* signifie aussi un petit orgue tout entier. — Espèce de jet d'eau dans une niche.

BUFFETÉ, E, part. pass. de *buffeter*.

BUFFETER, v. act. (*bufeté*), se dit des voituriers infidèles qui percent les tonneaux avec un foret, et y appliquent la bouche pour boire. — En t. de vieille fauconnerie : *l'oiseau a buffeté la perdrix*, a donné en passant contre la tête de la perdrix.

BUFFETERIE, subst. fém., que l'on ne trouve que dans *Raymond*, est un barbarisme. Voyez **BUFFLETERIE**.

BUFFETEUR, subst. mas. (*bufeteur*), voiturier infidèle, qui boit en chemin au tonneau qu'il conduit.

BUFFETIER, subst. mas. (*bufetié*), parasite, écornifleur. Inus.

BUFFLE, subst. mas. (*bufle*) (du lat. *bufalus* qu'on a dit pour *bubalus*, dérivé du grec βουβαλος, dont la racine est βους, bœuf), t. d'hist. nat., sorte de bœuf sauvage qui a les cornes renversées en arrière, et que l'on conduit par le moyen d'un anneau qu'on lui passe dans les naseaux : *peau, cuir de buffle*. — En parlant du cri du *buffle*, on dit qu'*il souffle*, ou qu'*il beugle*. — On dit fig. d'un homme sans esprit que *c'est un vrai buffle*, et de celui qui se laisse tromper par trop de simplicité, qu'*il se laisse mener par le nez comme un buffle*. — On dit prov. et bassement : *repasser le buffle à quelqu'un*, pour : le bâtonner. — On nomme encore *buffle*, non-seulement la peau du *buffle*, mais aussi la peau tannée de quelques autres animaux, telle que celle de l'élan, etc. — Autrefois on le disait d'un justaucorps en *buffle* à l'usage des gens de guerre : *il reçut un coup de pointe dans son buffle*.

BUFFLETERIE, mieux **BUFFLETTERIE**, subst. fém. (*buflèteri*), se dit en général des différentes bandes de cuir qui entrent dans l'équipement d'un soldat : *buffleterie de sabre ; buffleterie de giberne*, etc. ; *blanchir sa buffleterie, ses buffleteries*.

BUFFLETIN, subst. mas. (*bufeletein*), jeune *buffle* ; ou sa peau tannée.

BUFFLONNE, subst. fém. (*bufelone*), t. d'hist. nat., femelle du *buffle*.

BUFFOLT, subst. mas. (*bufolte*), t. d'hist. nat., genre de poissons branchiostéges.

BUFLE, subst. mas. (*bufle*), soufflet. Vieux.

BUFONE, subst. fém. (*bufone*), t. de bot., plante annuelle de la famille des morgelines.

BUFONIE, subst. fém. (*bufoni*), synonyme de **BUFONE**.

BUFONITE, subst. fém. (*bufonite*), t. d'hist. nat., dent fossile de plusieurs espèces de poissons. — Nom spécifique d'un spare.

BUGADIÈRE, subst. fém. (*buguadière*), t. d'arts et métiers, grand cuvier en maçonnerie dont les savonniers se servent pour mettre leur lessive.

BUGALET, subst. mas. (*bugualé*), t. de mar., petit bâtiment ponté servant d'allége pour le service des vaisseaux, et principalement pour le transport des poudres.

BUGEAT, subst. propre mas. (*buja*), village de France, chef-lieu de canton, arrond. d'Ussel, dép. de la Corrèze.

BUGÉE, subst. fém. (*bujé*), t. d'hist. nat., guenon de l'Inde, fort rare.

BUGENÈS, subst. propre mas. (*bujenèce*), myth., surnom de Bacchus, pris des cornes qu'on lui donne comme à un bœuf.

BUGIA, subst. fém. (*bujia*), t. de bot., nom donné autrefois à l'écorce de l'épine-vinette.

BUGLE, subst. fém. (*buguele*), t. de bot., plante de la famille des labiées. — *Bugle*, subst. mas., vieux mot inusité qui s'est dit anciennement pour *bœuf* : c'est de là sans doute qu'est venu *beugler*.

BUGLÔSSE, et non pas **BUGLOSE**, comme l'écrit l'*Académie*, subst. fém. (*buguelôce*) (en grec βουγλωσσος, formé de βους, bœuf, et γλωσσα, langue, parce que les feuilles de cette plante ressemblent à la langue d'un bœuf par leur figure et par leur âpreté), t. de bot., plante méridionale que l'on cultive dans les jardins.

BUGLÔSSE-JAUNE, subst. fém. (*buguelôcejône*), t. de bot., *échioïde* de Linnée.

BUGNES, subst. fém. plur. (*bugnie*), t. de cuis., espèce de crêpes de Lyon, roulées et frites.

BUGRANE, subst. fém. (*buguerane*), t. de bot., plante de la famille des légumineuses.

BUGUE (LE), subst. propre mas. (*lebugue*), bourg de France, chef-lieu de canton, arrond. de Sarlat, dép. de la Dordogne.

BUHOT, subst. mas. (*buô*), t. de manufacture, navette qui contient la soie propre à brocher les étoffes. — On la nomme aussi *espolin*.

BUHOTS, subst. mas. plur. (*buô*), plumes d'oie peintes, servant d'enseigne chez les plumassiers.

BUHOTTIER, subst. mas. (*buotié*), t. de pêche, bouteux qui sert à prendre des chevrettes.

BUIE, subst. fém. (*bui*). Vieux mot, aujourd'hui inusité, qui signifiait : cruche.

BUINDUÈS, subst. mas. (*bueinduèce*), sorte de bouclier chez les Turcs et les Tartares.

BUIRE, subst. fém. (*buire*) (pour l'étymologie, voy. **BURETTE**), vase pour mettre des liqueurs Inus. — T. d'hist. nat., coquille des Indes.

BUIS, et non plus **BOUIS**, (*bui*) (du lat. *buxus*, en grec πυξος, dont la signification est la même), t. de bot., arbrisseau toujours vert, à fleurs apétales, mâles et femelles sur le même pied. — La tabletterie fait un grand usage du buis de cet arbrisseau : *tabatière de buis; peigne de buis*, etc.; et dans les jardins, on emploie souvent le *buis* nain à border les plates-bandes. — On ne dit plus *bouis* que dans quelques phrases basses et proverbiales, comme *donner le bouis à une chose*, la polir, la perfectionner; *un menton de bouis*, un menton large et qui avance. — *Buis piquant*. Voy. HOUX FRELON.

BUIS (LE), subst. propre mas. (*lebui*), village de France, chef-lieu de canton, arrond. de Nyons, dép. de la Drôme.

BUISART, subst. mas. (*buizar*), t. d'hist. nat., oiseau de proie. Voy. BUSARD.

BUISSAIE, subst. fém. (*buisé*), lieu planté de buis.

BUISSE, subst. fém. (*buice*), t. de tailleur, instrument pour soutenir les coutures, afin de les rabattre avec le fer chaud. — Outil de cordonnier qui sert à bomber les semelles.

BUISSERIE, subst. fém. (*buiceri*), t. d'arts et mét., merrain pour les tonneliers.

BUISSIÈRE, subst. fém. (*buicière*), synonyme de BUISSAIE. Voy. ce mot.

BUISSON, subst. mas. (*buiçon*) (du lat. *buxus*, formé du grec πυξος, buis, parce que le *buisson* n'était originairement qu'une clôture de jardin en buis), touffe d'arbrisseaux, d'arbustes sauvages, épineux, etc. : *buisson épais*. — Prov. : *il n'y a si petit buisson qui ne porte ombre*, les plus petits peuvent nuire. — *On bat les buissons, et les autres prennent les oiseaux*, on a la peine et les autres le profit. — *Se sauver à travers les buissons*, chercher des échappatoires, lorsqu'on est pressé dans une dispute, etc. — *Trouver buisson creux*, en t. de chasse, ne pas trouver dans l'enceinte la bête qu'on avait détournée; et fig., ne pas trouver la personne ou la chose qu'on était allé chercher. — T. de jard., arbre fruitier nain auquel on a donné la forme d'un *buisson*. — Bois de peu d'étendue, par opposition à forêt. On dit plus souvent et mieux *bosquet*.

BUISSON-ARDENT, PYRACANTHE, ARBRE-DE-MOÏSE, subst. mas. (*buiçon-ardan, pirakante, arbredemo-ize*), t. de bot., arbrisseau presque toujours vert, épineux, qui a les caractères du néflier, et dont les fruits sont d'un beau rouge écarlate.

BUISSONNER, v. neut. (*buiçoné*), t. de chasse, se dit du cerf quand il se retire dans les *buissons* pour faire sa tête.

BUISSONNET, subst. mas. (*buiçoné*), petit *buisson*.

BUISSONNEUSE, adj. fém. Voy. BUISSONNEUX.

BUISSONNEUX, adj. mas., au fém. BUISSONNEUSE (*buiçoneu, neuze*), rempli, couvert de *buissons* : *roches buissonneuses; pays buissonneux*. Mot nouveau créé par l'auteur du *Poëme des Jardins* (Delille).

BUISSONNIER, adj. mas., au fém. BUISSONNIÈRE (*buiçonié, nière*) (l'origine de ces deux mots vient, suivant quelques-uns, des *écoles* que les Luthériens de Paris tenaient dans les bois, par la crainte d'être découverts. Suivant d'autres, *faire l'école buissonnière*, c'est tout simplement s'absenter de l'école pour aller chercher des nids d'oiseaux dans les haies et les *buissons*). Il n'est usité que dans ces phrases : *lapins buissonniers*, qui ont leurs terriers dans des *buissons*; et *faire l'école buissonnière*, aller jouer ou se promener, au lieu de se trouver à l'école.

BUISSONNIER, subst. mas. (*buiçonié*), t. de jardinier, lieu destiné à la plantation des arbres qu'on doit tailler en *buisson*, ou qui est déjà planté d'arbres taillés de cette manière. — Officier ou garde de la navigation, préposé pour veiller à l'observation des règlements. — Maître d'écriture qui n'a pas été reçu *maître*. Vieux.

BUISSONNIÈRE, adj. fém. Voy. BUISSONNIER adjectif.

BUISSURES, subst. fém. plur. (*buiçure*), t. de doreur, se dit des ordures que le feu a rassemblées sur une pièce que l'on a fait cuire.

BUJI, subst. mas. (*buji*), coquille qui sert de monnaie dans quelques parties du Brésil.

BUKKU, subst. mas. (*bukeku*), t. de bot., arbrisseau du cap de Bonne-Espérance.

BUL, subst. mas. (*bule*), sceau de la Porte-Ottomane.

BULÆA, adj. propre fém. lat. (*bulêa*), myth., surnom de Pallas.

BULÆUS, adj. propre mas. lat. (*bulé-uce*), myth., surnom de Jupiter.

BULAFO, subst. mas. (*bulafo*), instrument de musique de la côte de Guinée, consistant en plusieurs tuyaux d'un bois fort dur attachés les uns aux autres avec des bandes de cuir : les Nègres frappent sur ces tuyaux avec de petites baguettes.

BULANGAM, subst. mas. (*bulanguame*), sorte de racine employée en pharmacie.

BULBE, subst. fém. ; l'*Académie* ajoute que plusieurs font ce mot mas.; nous croyons qu'ils ont raison à cause de l'étym. (*bulebe*) (du grec βολβος, racine ronde), t. de bot., ognon de plante. — T. d'anat., renflement dans la cavité des dents, dans le canal de l'urèthre vers la racine de la verge, etc. — Le globe de l'œil.

BULBEUSE, adj. fém. Voy. BULBEUX.

BULBEUX, adj. mas., au fém. BULBEUSE (*bulebeu, beuze*), t. de bot., qui vient ou qui est formé d'une *bulbe* : *plante bulbeuse; racine bulbeuse*. — T. d'anat., pourvu d'une *bulbe*, ou : formant une *bulbe* : *corps bulbeux*.

BULBIFÈRE, adj. des deux genres (*bulebifère*) (du lat. *bulbus*, bulbe, et *fero*, je porte), t. de bot., se dit d'une plante ou d'une partie de plante qui porte hors de terre une ou plusieurs *bulbes*.

BULBIFORME, adj. des deux genres (*bulebiforme*) (du lat. *bulbus*, bulbe, et *forma*, forme), t. de bot., qui a la forme d'une *bulbe*.

BULBILLE, subst. mas. (*bulbiie*), t. de bot., sorte de *bulbe* ou tubercule qui naît sur quelques plantes.

BULBILLIFÈRE, adj. des deux genres (*bulebiicifère*), t. de bot., qui présente des *bulbilles*.

BULBINE, subst. fém. (*bulebine*), t. de bot., sorte de plante du genre des ciboules.

BULBIPARE, adj. mas. (*bulebipare*), t. d'hist. nat., se dit des polypes à tubercules.

BULBO-CAVERNEUX, adj. et subst. mas. (*bulebôkavèreneu*), t. d'anat., qui appartient à la *bulbe* de l'urèthre et au corps *caverneux*. — Muscle appartenant exclusivement à l'homme.

BULBOCODE, subst. mas. (*bulebokode*) (du grec βολβος, bulbe, et κωδιον, toison), t. de bot., petite plante d'Espagne, qui a beaucoup de rapport avec les colchiques.

BULBONAC, subst. mas. (*bulebonake*), t. de bot., nom ancien de la plante appelée aujourd'hui lunaire.

BULBO-URÉTHRAL, E, adj. (*bulebo-urétral*) (du grec βολβος, bulbe, et ουρητηρ, fait de ουρον, urine), t. d'anat., qui est relatif à la *bulbe* et au canal de l'urèthre.

BULBULE ou **BULBULFE**, subst. fém. (*bulebule, bulebulefe*), t. de bot., caïeu, petite *bulbe*.

BULÉJE, subst. mas. (*buléje*), t. de bot., plante de la famille des gauliers.

BULGAN, subst. mas. (*buleguan*), t. d'hist. nat., un des noms de la martre zibeline.

BULGARE, adj. et subst. des deux genres (*buleguare*), se dit de celui ou celle qui est du pays de *Bulgarie* : *un homme, une femme bulgare; un bulgare, une bulgare*.

BULGARIE, subst. propre fém. (*buleguari*), royaume de la Tartarie moscovite.

BULGNEVILLE, subst. propre fém. (*bulegnievile*), bourg de France, chef-lieu de canton, arrond. de Neuf-Château, dép. des Vosges.

BULGOLDA ou **BULGOLDOLPH**, subst. mas. (*buleguoleda, buleguoledolefe*), t. d'hist. nat., quadrupède peu connu de l'Inde.

BULIME, subst. mas. (*bulime*), t. d'hist. nat., testacé de la classe des univalves, mollusque gastéropode.

BULITHE, subst. mas. (*bulite*) (du grec βους, bœuf, et λιθος, pierre), t. d'hist. nat., concrétion qui se forme dans le dernier estomac et les intestins du bœuf.

BULLAIRE, subst. mas (*bulelère*), recueil de *bulles* des papes. — En t. d'hist. nat., champignon parasite qui croît sous l'épiderme des tiges mortes, et qui offre des capsules disposées en forme de 8. — Il a été réuni aux urèdes.

BULLA-RA-GANZ, subst. mas. (*bulelaraguanze*), t. d'hist. nat., oiseau de la Nouvelle-Hollande.

BULLATIQUE, subst. fém. (*bulelatike*). Quelques *dictionnaires* disent que ce mot signifie : grosse lettre employée dans les *bulles*. L'emploi de ce mot doit être très-rare.

BULLE, subst. fém. (*bule*) (du lat. *bulla* qui a la même signification), en t. de physique, petit globule rempli d'air qui s'élève quelquefois à la surface de l'eau, particulièrement sur l'eau en ébullition ou en fermentation. Dans ce sens, on l'appelle indifféremment *bulle d'eau* ou *bulle d'air*. — *Bulle d'air* se dit particulièrement d'un peu d'air qui est resté dans une matière coulée : *cette glace vaudrait beaucoup sans toutes les bulles d'air que vous y voyez*. — *Bulle de savon*, petit globe transparent qui sort d'un chalumeau dans lequel on souffle après l'avoir trempé dans de l'eau de savon. — T. de médec., ampoule, petite tumeur superficielle, du volume d'un pois à celui d'un œuf, formée par un liquide clair ou légèrement trouble, qui soulève l'épiderme. Elle diffère de la vésicule par son volume qui est plus considérable, et de la phlyctène par la forme plus exactement arrondie de sa base. L'ampoule qui résulte de l'action d'un vésicatoire sur la peau peut au reste donner une idée de la *bulle*. On l'observe principalement dans la maladie connue sous le nom de *pemphigus*. (BEAUDE *Dict. de Méd. usuelle*.) — *Bulle*, en t. d'hist. nat., désigne un genre de testacés de la classe des univalves. Le corps de ces testacés est en général plus gros que leur coquille; quelques-uns même ont leur coquille entièrement cachée dans les chairs, ce qui a déterminé à établir le genre *bullée*. — On appelle *bulle aquatique* la physe des fontaines; *bulle d'eau* et *noix-de-mer*, la *bulla naucum* de Linnée; et *bulle d'eau papyracée*, la *bulla hydatis* du même auteur. — T. d'hist. anc., petite boule d'or, d'argent, etc., que les jeunes patriciens de Rome portaient au cou jusqu'à dix-sept ans. — Lettre du pape expédiée en parchemin, au bas de laquelle est un sceau de plomb de figure ronde, portant d'un côté les têtes de saint Pierre et de saint Paul, et de l'autre le nom du pape. Ce sceau, à cause de sa figure, a été nommé *bulla*, et a donné son nom à l'écrit qu'il accompagne. On nomme en particulier *bulles*, au plur., les provisions en cour de Rome : *cet évêque attend ses bulles*, etc. — Constitutions de quelques empereurs : ainsi la constitution de *Charles IV*, qui règle, entre autres choses, la forme de l'élection des empereurs, est appelée *la bulle d'or*.

BULLE, adj. mas. (*bule*), t. de papetier : *papier bulle*, fabriqué avec l'espèce de pâte la plus grossière. — On l'emploie aussi comme substantif masculin.

BULLÉ, E, adj. (*bulelé*), t. d'anc. chancellerie, se disait, 1° d'une expédition, d'une commission en forme authentique : *expédition, commission bullée*; 2° d'un bénéfice dont les provisions ne s'expédiaient à Rome qu'en forme de *bulle* : *prieuré bullé*; 3° d'un ecclésiastique qui avait reçu ses *bulles* : *il est bullé; il n'est pas encore bullé*.

BULLÉE ou **BULLEUSE**, adj. fém. (*bulelé, buleleuze*), t. de bot. : *feuilles bullées, bulleuses* ou *boursoufflées*, feuilles chargées de rides convexes en dessus et concaves en dessous.

BULLÉE, subst. fém. (*bulelé*), t. d'hist. nat., genre de vers mollusques.

BULLETIN, subst. mas. (*buletein*), petit morceau de papier sur lequel on écrit son vote pour une élection ou une délibération. On l'appelle *bulletin* parce que, dans l'origine, les votes se donnaient avec des boules. — *Bulletin* se dit aussi d'un certificat de santé qu'il faut obtenir, en temps de peste, pour être admis dans les lieux où l'on se propose d'aller. — C'est aussi un certificat constatant quelque chose dans une administration. — Billet par lequel on rend compte chaque jour de l'état actuel d'une affaire intéressante, sorte de gazette manuscrite, etc. — Billet pour loger les soldats, etc. — *Bulletin d'une armée*, compte rendu de ce qui s'y passe. — *Bulletin décadaire*, cahier historique des affaires générales de la république française, qui se publiait chaque décade. — *Bulletin des arrêts de la cour de cassation*, recueil officiel que fait publier la cour de cassation des arrêts rendus par elle. C'est elle qui désigne celles de ses décisions qui seront insérées au *bulletin*. Ce recueil est divisé en deux parties bien distinctes; il contient : 1° les matières civiles; 2° les matières criminelles. Chacune de ces deux parties forme une collection séparée. La cour de cassation étant chargée, par les lois de son institution, de maintenir parmi les tribunaux français l'unité de la jurisprudence et des principes, il a paru nécessaire de consacrer aux décisions de la haute cour un recueil spécial qui les fît connaître à tous les tribunaux du royaume. C'est pourquoi un exemplaire du *bulletin* est adressé à chaque tribunal. — *Bulletin des lois*, recueil officiel des lois et des ordonnances royales.

BULLEUSE, adj. fém. Voy. BULLEUX.

BULLEUX, adj. mas., au fém. BULLEUSE (*buleleu, leuze*). Voy. BULLÉE.

BULLIARDE, subst. fém. (*buleliarde*), t. d'astr., une des taches de la lune.

BULLICAME, subst. mas. (*bulelikame*), t. d'hist. nat. amas d'eau d'où s'élèvent des *bulles* d'hydrogène sulfuré.

BULLIER, subst. mas. (*bulelié*), t. d'hist. nat., animal qui vit dans la coquille appelée *bulle*.

BULLISTE, subst. mas. (*bulelicete*), celui qui enregistre les *bulles* du pape. — Membre d'une congrégation de l'ordre de saint François.

BULTEAU, subst. mas. (*buletô*), t. de jardinier, arbre en boule. Presque inus.

BUMALDE, subst. mas. (*bumalde*), t. de bot., arbrisseau très-rameux.

BUMÉLIE, subst. fém. (*buméli*), t. de bot., espèce de frêne.

Bûmes, 1re pers. plur. prét. déf. du verbe irrég. BOIRE.

BUNÆA, adj. propre fém. lat. (*bunéa*), myth. Voy. BUNUS.

BUNE, subst. fém. (*bune*), t. d'arts et mét., maçonnerie qui est au-dessus du massif d'une forge.

BUNETTE, subst. fém. (*bunète*), t. d'hist. nat., fauvette d'hiver. — Moineau de haie.

BUNGALON, subst. mas. (*bongualon*), t. de bot., arbre des Philippines qui rend un suc laiteux.

BUNGO, subst. mas. (*bonguo*), t. de bot., carmantine de l'Inde.

BUNGUM, subst. mas. (*bongnome*), t. de bot., genre de carmantine.

BUNIADE, subst. fém. (*buniade*), t. de bot., plante de la famille des crucifères.

BUNIAS, subst. mas. (*buniâce*), t. de bot., navet sauvage.

BUNION, subst. mas. (*bunion*), t. de bot., espèce d'éthuiie.

BUNODE, subst. mas. (*bunode*), tuyau vermiculaire.

BUNUS ou BUNON, subst. propre mas. (*bunuce, non*), myth., fils de Mercure et d'Alcidamie, bâtit un temple à Junon, qui pour cela fut surnommée *Bunæa*.

BUONACCORDO, subst. mas. (*buonakordô*), t. de mus., petite épinette italienne.

BUPALE, subst. propre mas. (*bupale*), myth., sculpteur célèbre, qui le premier fit une statue de la déesse Fortune. Ayant représenté le poète Hipponax sous une figure ridicule, il fut lui-même si fort tourné en ridicule dans des vers que le poète fit contre lui, qu'il se pendit de désespoir.

BUPHAGUS, adj. propre mas. lat. qui signifie mangeur de bœufs (*bufaguce*), myth., surnom d'Hercule. Voy. ADÉPHAGUS.

BUPHAGOS, subst. mas. (*bufaguoce*), t. de pharm., remède contre la colique.

BUPHONIES, subst. fém. plur. (*bufoni*) (du grec βους, bœuf, et φονευω, je tue), t. d'hist. anc., fêtes athéniennes en l'honneur de Jupiter Polléus, dans lesquelles on lui immolait un bœuf.

BUPHONOS, subst. mas. (*bufonoce*), t. d'hist. anc., président des *Buphonies* chez les Athéniens.

BUPHTHALME, subst. mas. (*bufetaleme*), t. de bot., plante de la famille des corymbifères.

BUPHTHALMIE, subst. fém. (*bufetalemi*) (du grec βους, bœuf, et οφθαλμος, œil; *œil de bœuf*), t. d'oculiste, maladie qui consiste dans l'augmentation du volume de l'œil.

BUPHTHALMIQUE, adj. des deux genres (*bufetalemike*), t. de médec., relatif à la *buphthalmie*.

BUPLEURON, subst. mas. (*bupleuron*) (du grec βου, augm., et πλευρον, côte), t. de bot., l'oreille de lièvre, ou portefeuille.

BUPLÈVRE ou BUPLEUVRE, subst. mas. (*buplèvre; bupleuvre*) (du grec βουπλευρον, formé de βου, particule augmentative, et de πλευρον, côte, à cause de la roideur des feuilles et de la largeur des côtes de cette plante), t. de bot., plante de la famille des ombellifères.

BUPRESTE, subst. mas. (*buprècete*) (formé du grec βους, bœuf, et πρηθω, j'enflamme; parce que le bœuf qui avale le *bupreste* périt d'une inflammation), t. d'hist. nat., chez les anciens, petite araignée rouge à laquelle on reconnaissait la propriété de faire enfler les bœufs qui l'avaient avalée. — Chez les modernes, les *buprestes* sont des insectes à antennes filiformes, qui ont aux cuisses une appendice saillante.

BUPRESTIDES, subst. mas. plur. (*buprècetide*), t. d'hist. nat., insectes de l'ordre des coléoptères, famille des serricornes.

BUPRESTOÏDES, subst. mas. plur. (*buprècetoïde*), t. d'hist. nat., insectes de l'ordre des coléoptères, famille des sténélytres.

BUPTHALMIE pour BUPHTHALMIE est un barbarisme que nous ne trouvons que dans *Boiste*.

BUQUET, subst. mas. (*bukè*), instrument pour remuer l'indigo dans la cuve.

BURAÏCUS, adj. propre mas. latin (*bura-ikuce*), myth., surnom d'Hercule, pris d'une ville d'Achaïe du même nom, célèbre par un oracle de ce héros.

• BURAIL, subst. mas., ou FERRANDINE, subst. fém. (*bura-ie, fèrerandine*), t. de comm., espèce de serge ou de ratine. — *Burail de Zurich*, sorte de crépon fabriqué à Zurich; *burail de contre-poil*, fabriqué à Amiens.

BURALISTE, subst. des deux genres (*buralicete*), celui ou celle qui tient un *bureau* de recette, de paiement, de distribution, etc. — Naguère on nommait aussi absolument *buraliste* celui ou celle qui tenait un *bureau de loterie*.

BURANG, subst. mas. (*buran*), t. de bot., figuier des Indes.

BURAT, subst. mas. (*bura*), t. de comm., la *bure* la plus grossière.

• BURATÉ, E, adj. (*buraté*), qui imite le *burat*.

BURATINE, subst. fém. (*buratine*), t. de comm., soie que l'on tire de Perse, par la voie de Smyrne. — Étoffe à chaîne de soie et trame de laine.

BURBE, subst. fém. (*burbe*), monnaie de cuivre de Tunis, douzième partie de l'aspre.

BURBELIN, subst. mas. (*burbelein*), t. de musique, instrument de musique chez les Hébreux.— On dit aussi *carbalin, curbalin, surbalin*.

BURBOT, subst. mas. (*burbô*), t. d'hist. nat., nom donné à la lotte.

BURCADE ou BURCADIE, subst. fém. (*burkade, burkadi*), t. de bot., callicarpe ou piriquette.

BURCHARDE, subst. fém. (*burkarde*), t. de bot., plante vivace de la Nouvelle-Hollande.

BURDI, subst. mas. (*burdi*), t. d'hist. nat., poisson du genre des *perches* de Linnée.

BURE, subst. fém. (*bure*) (du latin *burra* employé dans le même sens par les écrivains de la basse latinité, formé de *burrus*, qui s'est dit autrefois pour *burus*, dérivé du grec πυρρος, roux), sorte de grosse étoffe de laine rousse, qu'on appelle aussi *bureau* et *burat*. — T. de pêche, voy. BIRE. — Puits d'une mine, d'une houillère. — T. d'arts et mét., partie supérieure du fourneau de forge.

BUREAU, subst. mas. (*burô*) (du mot *bure*, ou *bureau*, parce que les premiers *bureaux* ou tables ont été couverts de cette étoffe. Voy. *Bure*.) 1° table à écrire, à laquelle sont ordinairement adaptés des tiroirs, et souvent des tablettes : *se mettre, s'asseoir à son bureau, à un bureau, au bureau pour écrire; compter de l'argent sur son bureau, sur un bureau, sur le bureau; mettre, poser, déposer des papiers sur son bureau, sur un bureau, sur le bureau; mettre, poser, déposer, serrer des papiers dans son bureau, dans un bureau, dans le bureau*; 2° par extension, lieu où travaillent des commis, des gens d'affaires, etc. : *les bureaux d'un ministère; le bureau du chef; le bureau du caissier; le bureau d'un percepteur; le bureau, les bureaux d'un journal; le bureau d'un agent de change, d'un courtier*, etc.; *payer à bureau ouvert; fournitures de bureau; frais de bureau; homme de bureau; commis de bureau; garçon de bureau*; 3° par une extension plus forte, les employés mêmes d'un bureau : *tout ce bureau est exténué de travail*, etc. — On appelle aussi *bureau* tel et tel établissement destiné à un service public : *bureau de timbre; bureau de tabac; bureau de poste; bureau des messageries royales*, etc. — Il se dit encore, dans une assemblée, d'un certain nombre de membres spécialement chargés de rendre compte à l'assemblée générale d'une ou plusieurs affaires : *former les bureaux; l'assemblée se divise en tant de bureaux; le président, le secrétaire d'un bureau; le rapporteur d'un bureau; proposition renvoyée à l'examen d'un bureau*. — En parlant d'une assemblée quelconque, d'une académie, etc., on entend en outre par *bureau* la réunion du président, des vice-présidents et des secrétaires. — *Le bureau, les bureaux*, par rapport aux lieux où l'on ne peut entrer qu'en payant, c'est l'endroit où se distribuent les billets : *ouvrir les bureaux; prendre un billet, des billets au bureau*. On dit aussi *bureau de location des loges, bureau des suppléments*, etc. — Fig., *cette affaire est sur le bureau*, on commence à s'en occuper.—*L'air, le vent du bureau*, ce qui semble percer des dispositions de telles ou telles personnes dans telle ou telle circonstance : *l'air, le vent du bureau est bon, favorable, est mauvais*, etc. — *Prendre l'air du bureau*, sonder les dispositions de telles ou telles personnes dans telle ou telle circonstance; *connaître l'air du bureau*, les pressentir — *Bureau restant*, suscription qui, sur un paquet, un ballot, sur un envoi quelconque, indique que l'objet doit rester au bureau des voitures qui l'ont apporté, jusqu'à ce que la personne à laquelle il est destiné vienne le prendre ou le fasse retirer. — *Bureau de charité, de bienfaisance*, lieu où des secours sont distribués aux indigents, et où se réunissent les commissaires des pauvres; réunion même de ces commissaires : *membre du bureau de charité, de bienfaisance*. — *Bureau d'enregistrement*, lieu où se perçoivent les droits d'enregistrement, les amendes, où se paient les témoins entendus à la requête du ministère public, les jurés, etc., où se font les déclarations de mutation par succession, etc. — *Bureau de garantie*. C'est le lieu où l'on fait l'essai, où l'on constate les titres des matières d'or et d'argent, ainsi que les lingots de ces matières qui y sont apportés. — *Bureau des hypothèques*, lieu où s'inscrivent les hypothèques, et où se transcrivent les contrats translatifs de propriété, les donations. — *Bureaux de renseignements*. L'article 29 de la loi du 19 vendémiaire an IV porte que, dans chaque greffe du tribunal correctionnel, il sera établi un *bureau de renseignements* où il sera tenu, soit par le greffier, soit par un de ses commis sous sa surveillance, un registre par ordre alphabétique de tous les individus appelés au tribunal correctionnel ou au jury, avec une notice sommaire de leur affaire et des suites qu'elle a eues. — *Bureau de placement*, établissement par l'intermédiaire duquel les domestiques, les employés sans place peuvent en trouver, et qui procure aussi des domestiques ou des employés à qui en a besoin. — *Bureau des nourrices*, établissement où l'on se procure des nourrices. — *Bureau d'adresse*, établissement où l'on trouve certains renseignements.—Fig., on appelle *bureau d'adresse* une maison où se débitent habituellement beaucoup de nouvelles vraies ou fausses; et même, par une fig. plus forte, une personne nouvelliste de profession. On dit d'un questionneur importun : *il me prend, il vous prend*, etc., *pour son bureau d'adresse*.—*Bureau d'esprit*, société où l'on s'occupe beaucoup des ouvrages d'esprit, où l'on agite ordinairement des questions littéraires, etc. Cette locution ne s'emploie que par dénigrement. — *Bureau central, bureau* établi, pendant la révolution française, dans les communes divisées en plusieurs municipalités, pour les objets jugés indivisibles par le corps-législatif; il était composé de trois membres nommés par l'administration du département et confirmés par le pouvoir exécutif (const. de 1795). — On nomme aussi *bureau central* un *bureau* établi au centre d'un endroit, pour la commodité des gens qui peuvent y avoir affaire; et un *bureau* où se centralisent des affaires de telle ou telle nature. — *Bureau de paix* ou *de conciliation*, sorte de tribunal établi par la constitution de 1791, pour accorder amiablement les parties dont le juge de paix n'avait pas le droit de juger le différend. La constitution de 1799 avait établi de même des espèces de tribunaux conciliatoires. Voy. JUGE DE PAIX et JUSTICE DE PAIX.

BUREAUCRATE, subst. des deux genres (*burôkrate*), homme ou femme de *bureau*. Il ne s'emploie que par dénigrement. Voy. BUREAUCRATIE.

BUREAUCRATIE, subst. fém. (*burôkraci*) (du français *bureau*, et du grec κρατος, force, puissance, autorité), autorité, pouvoir, influence des *bureaux*. Mot nouveau que l'usage paraît avoir adopté, du moins dans un sens de dénigrement. *Duclos* s'en est servi dans son *Voyage d'Italie*.

BUREAUCRATIQUE, adj. des deux genres (*burôkratike*), propre aux gens de *bureau* : *formes bureaucratiques*. Mot nouveau dont on ne se sert que par dénigrement. Voy. BUREAUCRATIE.—*Beaumarchais* qui, en fait de néologisme, se permettait tout, a dit dans le même sens *commerce bureaucratif*, et ailleurs *vilenies bureaucratiennes*.

BUREAUMANE, subst. mas. (*burômane*), qui a la *manie*, l'amour des *bureaux*. Mot forgé et peu usité.

BUREAUMANIE, subst. fém. (*burômani*), *manie* des *bureaux*; manie de vouloir tout administrer par eux. Mot forgé et peu usité.

BURELÉ, E, adj. (*burelé*), t. de blas., se dit d'un écu composé de diverses *burèles*, ou fasces diminuées d'émail différent, en nombre égal.

BURÈLES subst. fém. plur. (*burèle*), t. de blas.,

fasces diminuées et réduites à la moitié ou au tiers.

Burent, 3e pers. plur. prét. déf. du verbe irrégulier BOIRE.

BURET, subst. mas. (*buré*), t. d'hist. nat., poisson d'où l'on tirait autrefois la pourpre.

BURETTE, subst. fém. (*burète*) (suivant *Du Cange*, du vieux mot *buverette*, formé du verbe *boire*), petit vase à goulot où l'on met de l'huile, du vinaigre, etc. — Il se dit particulièrement de petits vases du même genre où l'on met le vin et l'eau destinés au sacrifice de la messe. — En t. d'hist. nat., on appelle *burette*, dans le Berry, la fauvette d'hiver. C'est la même que l'on nomme *bunette* en Normandie. — On appelle *burette*, *ou pot à mouler*, un vase de fer-blanc qui a la forme d'un arrosoir de jardin, et dont les chandeliers se servent pour puiser le suif fondu et le verser dans les moules.

BURETTIER, subst. mas. (*burètié*), autrefois, officier de sacristie qui était chargé de porter les *burettes* devant le prêtre qui allait dire la messe. Ce mot n'a plus d'usage.

BURGALÈSE, subst. fém. (*burgualèze*), t. de comm., laine tirée de *Burgos*.

BURGANDE, subst. mas. (*burguande*), t. d'hist. nat., poisson testacé qui produit une espèce d'écarlate.

BURGANDINE, subst. et adj. fém. (*burguandine*), t. de comm., la plus belle espèce de nacre, tirée du *burgau* et d'autres coquilles.

BURGAU, subst. mas. (*burguô*), t. d'hist. nat., espèce de limaçon d'où l'on tire la plus belle espèce de nacre.

BURGEAGE, subst. mas. (*burjaje*), t. de verrerie, ébullition qui se forme dans le verre fondu, quand on y plonge des baguettes de bois vert.

BURGÉ, E, part. pass. de *burger*.

BURGER, v. act. (*burjé*), faire le *burgeage*. Voy. ce mot.

BURGIN ou **BOURGIN**, subst. mas. (*burjein*; *bourjein*), t. de pêche, petit filet.

BURGO, subst. mas. (*burguô*), t. d'hist. nat., race de chiens issue de l'épagneul et du basset.

BURGONI, subst. mas. (*burguoni*), t. de bot., sensitive de la Guyane.

BURGOS, subst. propre mas. (*burguôce*), ville capitale de la province de ce nom, en Espagne.

BURGRAVE, subst. mas. (*burguerave*) (en allemand *burggraf*, fait de *burg* ou de *burgh*, ville, forteresse, château, et *graf*, comte), ancien titre de dignité en Allemagne : c'était le seigneur d'une ville.

BURGRAVIAT, subst. mas. (*burgueravia*), dignité de *burgrave*.

BURGSDORFIE, subst. fém. (*burguecedorfi*), t. de bot., sorte de plante.

BURHINUS, subst. mas. (*burinuce*), t. d'hist. nat., genre d'oiseau qui se compose du *charadrius magnirostris*.

BURICHON, subst. mas. (*burichon*), t. d'hist. nat., nom vulgaire des troglodytes.

BURIE, subst. propre fém. (*buri*), village de France, chef-lieu de canton, arrond. de Saintes, dép. de la Charente-Inférieure.

BURIN, subst. mas. (*burein*) (suivant *Ménage*, du latin *pultare* pour *pulsare*, pousser ; suivant *Le Duchat*, du latin *forare*, percer. Ces deux étymologies sont fort douteuses.), instrument d'acier avec lequel on grave sur les métaux. — On dit d'un excellent graveur, qu'*il a le burin beau, délicat*, etc. ; que *c'est un bon burin*. — Art de graver. — Fig., *le burin de l'histoire*, le pouvoir qu'a l'histoire d'éterniser les héros, les graves événements, les grands forfaits, etc.

BURINÉ, E, part. pass. de *buriner*, et adj. : *des ornements burinés ; une page d'écriture burinée*.

BURINER, v. act. (*buriné*), travailler avec le *burin* ; travailler au *burin* ; graver. — Fig., graver fortement dans la pensée. — Écrire avec une grande perfection et surtout avec profondeur. — Oter la carie d'une dent avec le *burin*. — SE BURINER, v. pron.

BURIOT, subst. mas. (*burió*), t. d'hist. nat., ancien nom du canard domestique. Inus.

BURL., abréviation du mot *burlesque*.

BURLESQUE, adj. des deux genres (*burlèceke*) (de l'italien *burlesco*, fait de *burla*, moquerie. Les Italiens disent aussi, à peu près dans le même sens, *bernesco*), bouffon, facétieux à l'excès : *vers burlesques ; style, poème burlesque*. — Par extension, risible, extravagant : *mine, posture, action burlesque*. — BURLESQUE, MAROTIQUE. (*Syn.*) La principale différence entre le style *marotique* et le style *burlesque*, c'est que le *marotique* fait un choix, et que le *burlesque* s'accommode de tout. Le premier est simple, mais cette simplicité a sa noblesse ; le dernier est bas et rampant, et va chercher dans le langage de la populace des expressions proscrites par la décence et le bon goût. — Subst. mas., genre, style *burlesque* : *le burlesque ne plaît qu'un moment, quand il plaît*.

BURLESQUEMENT, adv. (*burlèceke man*), d'une manière *burlesque*.

BURMANE, subst. fém. (*burmane*), t. de bot., plante de la famille des broméloïdes.

BURO, subst. mas. (*burô*), t. d'hist. nat., poisson de la mer des Indes.

BURON, subst. mas. (*buron*) (en grec βυριον, logis, habitation, chaumière), dans les montagnes d'Auvergne, cabane ou hutte dans laquelle se retirent les pâtres, et où se font les fromages. Peu en usage.

BURONNIER, subst. mas. (*buronié*), habitant d'un *buron*. Inus.

BURREAULT. Voy. BURE et BUREAU.

BURROT, subst. mas. (*bureró*), t. de bot., arbre d'Afrique.

BURSAIRE, subst. mas. (*burcère*), t. de bot., arbrisseau ; arbre d'Afrique. — T. d'hist. nat., ver infusoire.

BURSAL, E, adj., au plur. **BURSAUX** (*burçale*) (du grec βυρσα, cuir, d'où nous avons fait *bourse* à *mettre de l'argent*), qui a pour objet un impôt extraordinaire : *édit bursal ; édits bursaux*.

BURSAUX, adj. mas. plur. Voy. BURSAL.

BURZET, subst. propre mas. (*burzè*), bourg de France, chef-lieu de canton, arrond. de l'Argentière, dép. de l'Ardèche.

DU VERBE IRRÉGULIER BOIRE :

Bus, précédé de *je*, 1re pers. sing. prét. déf.

Bus, précédé de *tu*, 2e pers. sing. prét. déf.

BUSARD ou **BUSART**, subst. mas. (*buzar*), t. d'hist. nat., oiseau de proie qui fait surtout la guerre aux poulets. — On dit aussi *buson*.

BUSC, subst. mas. (*buceke*) (du lat. *boscus*, bois), petite lame d'acier ou de baleine, plate, droite, et dont se servent les femmes pour soutenir leur corset. — En t. d'archit., assemblage de charpentes.

BUSCHE, subst. fém. (*buche*) (en allemand *buschen*), ancienne monnaie de compte d'Aix-la-Chapelle. — Bâtiment pour la pêche aux harengs. On le nomme aussi *buse*.

BUSCHRATTE, subst. mas. (*bucekrate*), t. d'hist. nat., nom appliqué aux diverses espèces de sarigues. On dit aussi RAT-DES-BOIS.

BUSE, subst. fém. (*buze*), t. d'hist. nat., oiseau de proie à bec recourbé dès la base : il est du genre des faucons, mais ne vaut rien pour la fauconnerie, et paraît être fort stupide. — Fig., sot, ignorant. — *On ne saurait faire d'une buse un épervier*, on ne saurait faire d'un sot un habile homme. — Tuyau de bois ou de plomb qui sert à conduire l'air dans les mines. — Tuyère de soufflet. — Cannelle de cuve. — Canal qui conduit l'eau pour faire tourner l'arbre d'un moulin. — Bout de tuyau ajusté au poêle pour donner issue à la fumée. — Flûte en Hollande.

BUSERAI, subst. mas. (*buzerai*), t. d'hist. nat., busard d'Afrique.

BUSERINUM, subst. mas. (*buzerinome*), t. de bot., sorte de plante de Crète.

BUSHEL, subst. mas. (*buzèle*), mesure anglaise de capacité, de cinquante-cinq litres.

BUSIRIS, subst. propre mas. (*buzirice*), myth., fils de Neptune et de Libye. Ce fut un des tyrans les plus cruels d'Égypte : il immolait à Jupiter tous les étrangers qui abordaient dans ses états. Il fut tué, avec son fils et avec tous ses prêtres, par Hercule, à qui il préparait le même sort. — On croit que *Busiris* est le même qu'Osiris, à qui les Égyptiens immolaient des victimes humaines, et que c'est la barbare superstition de ce peuple qui a donné lieu à cette fable.

BUSK, subst. mas. (*buceke*), fête des moissons chez quelques tribus d'Américains indigènes.

BUSON, subst. mas. (*buzon*). Voy. BUSARD.

BUSQUÉ, E, part. pass. de *busquer* : *cheval busqué*, dont la tête est arquée.

BUSQUER, v. act. (*buceké*), chercher, tenter la fortune. Vieux et pop. — Mettre un *busc* : *une femme de chambre busque sa maîtresse*. On dit mieux : *mettre le busc*. — En t. d'archit., revêtir d'un assemblage de charpentes. — T. de couturière, raccourcir par devant. — SE BUSQUER, v. pron.

BUSQUIÈRE, subst. fém. (*bucekière*), étui de toile servant à mettre le *busc*. — Pièce d'estomac. — Petit crochet que les femmes portaient autrefois à la ceinture.

BUSSANG, subst. propre mas. (*buçan*), village situé dans le département des Vosges, et renommé pour ses eaux minérales.

BUSSARD, subst. mas. (*buçar*), vaisseau ancien composé de douves et de cerceaux, pour mettre de l'eau-de-vie : il contenait deux cent seize des anciennes pintes de Paris.

DU VERBE IRRÉGULIER BOIRE :

Busse, 1re pers. sing. imparf. subj.

Bussent, 3e pers. plur. imparf. subj.

BUSSEROLLE, BOUSSEROLLE, subst. fém. (*bucerole*, *boucerole*), t. de bot., arbousier traînant, qu'on nomme aussi *raisin d'ours*.

Busses, 2e pers. sing. imparf. subj. du v. irrég. BOIRE.

BUSSIÈRE-BADIL, subst. propre fém. (*bucièrebadile*), bourg de France, chef-lieu de canton, arrond. de Nontron, dép. de la Dordogne.

DU VERBE IRRÉGULIER BOIRE :

Bussiez, 2e pers. plur. imparf. subj.

Bussions, 1re pers. plur. imparf. subj.

BUSTE, subst. mas. (*bucete*) (suivant le célèbre antiquaire *Visconti*, du lat. *bustum*, qui, dans le moyen âge, a signifié *tombeau* ; parce qu'on plaçait ordinairement sur les tombeaux des portraits en bas-relief et à mi-corps), figure de sculpture qui n'a que la tête, le haut des bras, et qui finit un peu au-dessus des mamelles. On dit, dans le même sens, par rapport à un ouvrage de peinture, de gravure, etc. : *il s'est fait peindre en buste ; ce graveur, ce lithographe a fait son portrait en buste*. — On dit fig. d'une personne qui, dans les mémoires de sa vie, etc., a dissimulé ses défauts ou les circonstances qui pouvaient faire prendre d'elle une idée désavantageuse, qu'*elle ne s'est peinte qu'en buste*. — Tête et partie supérieure du corps d'une personne : *cette femme a un buste admirable*. — T. de blas., représentation d'une figure humaine qui n'a que le cou et une partie de la poitrine finissant en pointe. — Boîte de sapin pour conserver le raisin de Damas.

BUSTROPHE, subst. fém. (*bucetrofe*). On a appelé *bustrophe* la manière d'écrire de gauche à droite, et ensuite de droite à gauche, sans discontinuer sa ligne. Lorsque l'écrivain était arrivé au bout de sa ligne, au lieu d'en venir commencer une autre, comme nous le pratiquons, il courbait la première ligne en demi-cercle, et revenait par une seconde ligne, qui n'était que la même, continuée au côté du papier dont il était parti. Les vers s'écrivaient autrefois de cette manière ; c'est pour cela, selon Marius Victorinus, qu'on les appelait *versus*, *à versuris*, c'est-à-dire *à repetitâ scripturâ ex parte in quam desinit*, comme les sillons du labourage, ce qui s'appelle en grec βουστροφηδον, *à boum versatione*, etc., d'où a été formé le mot français *bustrophe*. Funcius, dans son *Traité de l'enfance de la langue latine*, semble être du sentiment que l'on écrivait non-seulement les vers de cette manière, mais encore la prose, parce que, dit-il, le mot *versus* signifiait *une ligne*. Voy. BOUSTROPHÉDON.

BUSTUAIRE, subst. mas. (*bucetuère*) (en latin *bustuarius*, fait de *bustum*, bûcher), t. d'hist. anc., gladiateur qui se battait auprès du bûcher d'un mort.

BUSYCON, subst. mas. (*buzikon*) (du grec βους, bœuf, et συκη, figue), sorte de figue extrêmement grosse.

BUT, subst. mas. (*bute*), point où l'on vise : *toucher le but ; atteindre le but ; atteindre au but ; frapper au but ; manquer le but*, etc. — Au propre, la locution adv. *de but en blanc* signifie en ligne droite : *tirer de but en blanc*, c'est tirer de telle sorte que le projectile ne décrive point de courbe et ne fasse point de ricochets. Au fig., on entend par *de but en blanc*, brusquement, inconsidérément, etc. : *ils l'ont attaqué de but en blanc ; il est venu me dire telle chose de but en blanc ; il est allé les quereller de but en blanc*, etc. — On emploie aussi le mot *but* dans le sens de : terme où l'on s'efforce de parvenir : *dans cette course, il est arrivé le dernier au but*, etc. — Fig., fin qu'on se propose, vues, projet, dessein : *mon but est de... ; je n'ai d'autre but que... ; c'est mon but ; tel est le but de nos désirs ; ces deux hommes tendent au même but, vers le même but ; se proposent le même but ; je n'ai pas fait cela sans but ; j'avais mon but* *j'ai atteint mon but; vous êtes loin de votre but; vous cachez votre but; ils vont à leur but; ce but est sage; votre but est extravagant;* etc. — Fig., *aller au but*, ne point biaiser, aller directement à ses fins. — *Toucher, frapper au but*, discerner la vérité; ou : faire juste ce qu'il y a à faire. — *But à but*, loc. adv., sans avantage de part ni d'autre : *être but à but, jouer but à but;* et quand deux époux, en se mariant, ne se sont fait aucun avantage l'un à l'autre, on dit qu'*ils se sont mariés but à but.*

DU VERBE IRRÉGULIER BOIRE :

But, précédé de *il* ou *elle*, 3e pers. sing. prét. déf.

Bût, précédé de *qu'il* ou *qu'elle*, 3e pers. sing. imparf. subj.

BUTAGE, subst. mas. (*butaje*), ancien t. de jurisprudence, droit de corvée.

BUTANT, adj. mas. (*butan*). Nous en demandons pardon à l'*Académie*, mais ce mot ne se lit que chez elle; et nous sommes bien certains qu'on ne dit pas *un arc-butant; un pilier-butant;* mais un *arc-boutant*, un *pilier-boutant*.

BUTE, subst. fém. (*bute*), t. de maréchal et de chasseur, mieux *butte*. Voy. ce mot.

BUTÉ, E, part. pass. de *buter*, et adj. (*buté*), fixé, arrêté : *il est buté à cela.* — On dit par extension *être butés l'un contre l'autre*, pour : être opposés l'un à l'autre. — En t. de chasse, *chien buté*, qui a la jointure de la jambe grosse. Mieux, BUTTÉ. Dans ce dernier sens, voy. ce mot.

BUTEAU, subst. mas. (*butó*), t. d'hist. nat., nom de la buse commune.

BUTÉE, subst. fém. (*buté*), t. de ponts et chaussées, massif de pierre dure qui, aux deux extrémités d'un pont, soutient la chaussée. — En t. de bot., plante qui laisse couler un suc rouge très-astringent.

BUTER, v. neut. (*buté*) (rac. *but*), frapper au *but*, toucher le *but*. En ce sens il est vieux, et il n'était d'ailleurs guère usité qu'au jeu de billard : *il faut buter.* — En t. de jeu de paume, toucher avec la balle la corde où sont les grilles. — Fig., tendre à quelque fin : *c'est à quoi je bute; il butait à une telle charge*, etc. Fort vieilli en ce sens. — Broncher, faire un faux pas : *il était tellement ivre, qu'il butait à chaque pas; ce cheval bute beaucoup.* — *Buter*, t. d'archit. et de jard. Voy. BUTTER, qui est le vrai mot. — SE BUTER, v. pron., se fixer, s'attacher obstinément à quelque chose : *je me bute à cela; il s'est buté à...* — Par extension, *ils se butent; ils se sont butés l'un contre l'autre*, ils sont opposés; ils sont toujours opposés l'un à l'autre.

Bûtes, 2e pers. plur. prét. déf. du verbe irrégulier BOIRE.

BUTÈS, subst. propre mas. (*butèce*), myth., fils de Borée. Il fut obligé de quitter les États d'Amycus, roi des Bébriciens, son père putatif, qui ne voulait pas le reconnaître. Il se retira en Sicile avec quelques amis qui enlevèrent en route Iphimédie, Pancratis et Coronis sur les côtes de la Thessalie, pendant qu'on célébrait les Bacchanales. Butès ayant gardé pour lui Coronis, Bacchus, dont elle avait été la nourrice, inspira à ce ravisseur une fureur telle, qu'il se jeta dans un puits. D'autres disent qu'il épousa Lycaste, surnommée Vénus à cause de sa beauté, et qu'il en eut Eryx. — On trouve dans la fable plusieurs autres personnages de ce nom : un prêtre, un Argonaute, un Troyen tué par Camille, et un fils de Pandion, roi des Athéniens, à qui l'on offrait des sacrifices comme à un dieu.

BUTHROTE, subst. propre fém. (*butrote*), myth., ville d'Épire où Enée rencontra Andromaque, qu'Hélénus y avait épousée.

BUTIÈRE, subst. fém. (*butière*), autrefois sorte d'arquebuse pour tirer au blanc. — On écrirait mieux *buttière*, parce que l'endroit vers lequel on tirait était une élévation, une *butte*. — L'*Académie* n'en fait qu'un adj. fém. : *arquebuse butière*, dit-elle, d'une arquebuse avec laquelle on tirait au blanc autrefois. Voy. BUTTIÈRE.

BUTIN, subst. mas. (*butein*) (suivant *Ménage*, de l'allemand *beute*, qui signifie la même chose, et dont les Anglais ont fait *booty*), tout ce qu'on prend sur les ennemis pendant la guerre. Ce mot n'a pas de plur. On dit *remporter* la victoire, et *emporter* le butin. — Pop., par extension, 1° profit : *dans telle circonstance, tu as gagné beaucoup de butin;* 2° richesse : *il y a beaucoup de butin chez ce banquier.* — Fig., ce qu'on obtient à force de recherches laborieuses : *j'ai fait un riche butin dans cette bibliothèque ignorée.* — Poet., *le butin de la fourmi; le butin de l'abeille.*

BUTINER, v. neut. (*butiné*), faire du butin. — On dit fig. et poétiquement, que *les abeilles vont butiner sur les fleurs;* et dans ce sens, *butiner* est quelquefois actif : *les fleurs que l'abeille butine.*

BUTIR, v. neut. (*butir*), crier, en parlant du *butor*.

BUTOIR, subst. mas. (*butoar*), t. d'arts et mét., couteau de corroyeur. On nomme *butoir sourd* le *butoir* qui ne coupe pas, et *butoir tranchant* le *butoir* qui sert à écharner.

BUTOME, subst. mas. (*butome*) (du grec βοῦς, bœuf, et τομη, incision), t. de bot., plante de la famille des alisinoïdes. On l'appelle vulgairement *jonc-fleuri*.

BUTOMON, subst. mas. (*butomon*), t. de bot., ancien nom du rubanier.

BUTONIC, subst. mas., **BUTONIE**, subst. fém. (*butonike, butoni*), t. de bot., bel arbre de la famille des myrtes, qui croît aux Moluques.

BUTOR, subst. mas. (*butor*), oiseau de marais, de la grandeur du héron. On dit en parlant du cri du *butor*, qu'*il butit.* — Fig., homme sot, stupide. On dit en ce sens *butorde*, au fém., qui cependant est fort peu usité.

BUTORDE, subst. fém. (*butorde*). Voy. BUTOR. Fort peu usité.

BUTORDERIE, subst. fém. (*butorderí*), action, propos de *butor*. Presque inusité.

BUTTE, subst. fém. (*bute*), tertre, élévation de terre naturelle ou faite par la main des hommes. — Petite colline au milieu d'un terrein plat : *la butte Montmartre.* — Élévation de terre ou de maçonnerie, où l'on place le *but* où l'on tire. — Maison où les chevaliers de l'Arquebuse se rassemblaient pour leurs exercices. — *Poudre de butte*, la poudre dont ceux qui tirent au blanc ont coutume de se servir. — Fig., *être en butte à...* être exposé à... et non pas *être en but à...* : *cet auteur est en butte à la critique.* — T. de maréchal, instrument pour couper la corne des chevaux. — T. de vènerie, grosseur de l'articulation de la jambe d'un chien. Dans ce sens on dit encore *buture.* — Myth., ville d'Égypte, célèbre par un oracle de Latone.

BUTTÉ, E, part. pass. de *butter*, et adj., *chien butté*, qui a la jointure de la jambe très-grosse. L'analogie du sens de ce mot avec *butte* nous le fait préférer à *buté*.

BUTTÉE, subst. fém. (*buté*), t. de maçonnerie, massif de pierres, qui, aux deux extrémités d'un pont, soutient la chaussée et résiste à la poussée des arcades. — On l'appelle aussi *butte* ou *culée*. Voy. BUTÉE, dont l'orthographe nous semble moins bonne.

BUTTER, v. act. (*buté*), t. d'archit., soutenir avec un arc-boutant, etc. — T. de jard., garnir, entourer de mottes de terre en forme de petite *butte* : *butter un arbre, butter des artichauts*, etc. L'analogie de ces deux sens avec le mot *butte* nous le fait préférer à *buter.* — L'*Académie* a écrit aussi *butter*, dans le sens de broncher. Voy. BUTER.

BUTTIÈRE, subst. fém. (*butetière*), arquebuse plus grande et plus pesante que les autres, avec laquelle on tire au blanc. Voy. BUTIÈRE.

BUTTNÈRE, subst. fém. (*butenère*), t. de bot., plante malvacée; genre de cacaoyer.

BUTTNÉRIACÉES, subst. fém. plur. (*butenériacé*), t. de bot., famille de plantes.

BUTUMBO, subst. mas. (*butonbó*), t. de bot., carmantine.

BUTURE, subst. fém. (*buture*), t. de vènerie, grosseur qui survient quelquefois à la jambe d'un chien de chasse. On dit aussi *butte*.

BUTYRATE, subst. mas. (*butirate*), genre de sels formés d'acide *butyrique*.

BUTYREUSE, adj. fém. Voy. BUTYREUX.

BUTYREUX, adj. mas., au fém. **BUTYREUSE** (*butireu, reuze*) (du grec βουτυρον, beurre), qui est de la nature du *beurre* : *les parties butyreuses du lait.*

BUTYRIN, subst. mas. (*butirein*), t. d'hist. nat., genre de poisson abdominal.

BUTYRIQUE, adj. des deux genres (*butirike*), qui a pour base les principes du *beurre* : *acide butyrique.*

BUTZ, subst. mas. plur. (*buteze*), ordre de prêtres Malabrois.

BUVABLE, adj. des deux genres (*buvable*), potable, qui peut être *bu* : *ce vin-là n'est pas buvable.* Il est du style familier.

DU VERBE IRRÉGULIER BOIRE :

Buvaient, 3e pers. plur. imparf. indic.

Buvais, précédé de *je*, 1re pers. sing. imparf. indic.

Buvais, précédé de *tu*, 2e pers. sing. imparf. indic.

BUVANDE, subst. fém. (*buvande*), liqueur exprimée du marc de raisin. — Petit vin. Inus.

BUVANT, E, adj. (*buvan, vante*), qui est en état de *boire* : *cet homme a sept enfants, tous bien buvants et bien mangeants.* — Qui est en train de boire : *j'ai laissé notre gastronome buvant et mangeant.*

BUVASSER, v. neut. Voy. BEUVASSER.

BUVEAU, subst. mas. (*buvó*). Voy. BEAUVEAU.

BUVETIER, subst. mas., au fém. **BUVETIÈRE** (*buvetié, tière*), celui ou celle qui tenait une *buvette*. L'*Académie* écrit ce mot comme nous avec un seul *t*; nous ferons observer qu'elle n'est point d'accord avec elle-même. Pourquoi en effet écrire *buvetier* par un seul *t*, ce mot qui vient de *buvette* par deux *t*; et écrire, par exemple, *brouettier* par deux *t*, qui vient nécessairement de *brouette*, qui a deux *t*, comme le mot buvette?

BUVETIÈRE, subst. fém. Voy. BUVETIER.

BUVETTE, subst. fém. (*buvète*), sorte de cabaret près du Palais, où les juges, avocats, etc., allaient autrefois se rafraîchir. — Petit cabaret.

BUVEUR, subst. mas. (*buveur*), celui qui boit : *nous avons rencontré des buveurs attablés dans les Champs-Élysées.* — Il s'emploie d'ordinaire pour désigner un homme qui aime particulièrement une boisson, comme : *buveur de vin, buveur de cidre, buveur de bière.* — Pris absolument et sans régime, il s'applique à un homme qui boit par plaisir, par passion, mais sans que l'idée d'ivrognerie s'ensuive absolument : *un bon buveur, un franc buveur.* L'*Académie* donne à *buveur*, pris absolument, la signification exclusive de *buveur de vin*, et cite pour exemple la phrase suivante : *Téniers excelle à peindre les scènes de buveurs.* Dire cela, c'est avoir perdu de vue les mœurs des héros de Téniers aussi bien que la vraie signification du mot qu'elle prétend définir. Au reste, dans l'exemple mentionné, *buveurs* ne signifie même pas *buveurs de bière*, mais il est employé dans la première acception du mot, et signifie des gens qui sont en train de boire. — On appelle *buveur d'eau* celui qui ne boit que de l'eau ou du vin fort trempé. — En t. d'anat., le troisième muscle de l'œil qui sert à le faire mouvoir du côté du nez, comme lorsqu'on *boit*. — Fam., *vin qui rappelle son buveur*, qui invite à *boire* plus d'une fois. Dans cette phrase, *buveur* signifie seulement celui qui *boit*.

BUVEUSE, subst. fém. (*buveuze*); il ne se dit guère que dans cette phrase : *buveuse d'eau; grande buveuse d'eau.* Il est familier. Il peut aussi se prendre dans la première acception du mot *buveur*.

DU VERBE IRRÉGULIER BOIRE :

Buvez, 2e pers. plur. impér.

Buvez, précédé de *vous*, 2e pers. plur. prés. indic.

Buviez, précédé de *vous*, 2e pers. plur. imparf. indic.

Buviez, précédé de *que vous*, 2e pers. plur. prés. subj.

Buvions, précédé de *nous*, 1re pers. plur. imparf. indic.

Buvions, précédé de *que nous*, 1re pers. plur. prés. subj.

Buvons, 1re pers. plur. impér.

Buvons, précédé de *nous*, 1re pers. plur. prés. indic.

BUVOTTER, v. neut. (*buvoté*), boire à petits coups et souvent. Il est fam.

BUXBAUME, subst. fém. (*bukcebôme*) (*Buchsbaum*, nom propre d'un botaniste), t. de bot., plante de la famille des mousses.

BUXY, subst. propre mas. (*bukçi*), bourg de France, chef-lieu de canton, arrond. de Châlons-sur-Saône, dép. de Saône-et-Loire.

BUYANDIÈRE, subst. fém. (*bu-iandière*), sorte de sauce ou ragoût. Inus.

BUYE, subst. fém. (*bui*), sorte de cruche.

BUYSE, subst. fém. (*buize*), sorte de bâtiment pour la pêche du hareng. Le même que *busche*.

BUZANÇAIS, subst. propre mas. (*buzancé*), ville de France, chef-lieu de canton, arrond. de Châteauroux, dép. de l'Indre.

BUZANCY, subst. propre mas. (*buzanci*), bourg de France, chef-lieu de canton, arrond. de Vouziers, dép. des Ardennes.

BUZE, subst. fém. (*buze*). Voy. BUSE.

BY, subst. mas. (*bi*), fossé qui traverse un étang et aboutit à la bonde.

BYANI, subst. mas. (*biani*), t. d'hist. nat., cyprin d'Égypte.

BYBLIA, subst. fém. (*biblia*). Voy. BYBLUS.

BYBLIS, myth. Voy. BIBLIS.

BYBLUS, subst. mas. (*bibluce*), t. de bot., plante aquatique de l'Égypte. — Ville de Phénicie où il y avait un temple de Vénus, qui en fut surnommée *Byblia*.

BYGOÏS, BIGOÉ ou **BIGOÏS**, subst. propre fém. (*biguo-ice, biguo-é*), myth., nymphe d'Étrurie, à qui l'on attribuait un livre sur *l'art d'observer le tonnerre*, et de consacrer les lieux frappés de la foudre. Ce livre, à l'usage des augures, était conservé à Rome dans le Capitole, aussi religieusement que ceux des sibylles.

BYRAGUIS, subst. mas. plur. (*biragu-ice*), religieux indous.

BYRONIEN, adj. mas.; au fém. **BYRONIENNE**, (*bironiein, niène*), se dit de l'école littéraire, du style de *Byron*, poète anglais.

BYRRHE, subst. mas. (*bire*), t. d'hist. nat., insecte de l'ordre des coléoptères.

BYRRHÈNE, subst. mas. (*birerène*), t. d'hist. nat., crustacé scabre.

BYRRHIENS, subst. mas. plur. (*bireriein*), t. d'hist. nat., famille d'insectes composée des genres escarbot, chélonaire, anthrène, byrrhe, nosodendre.

BYRRUS, subst. mas. (*bireruce*), t. d'hist. nat., coléoptère.

BYSSE ou **BYSSUS**, subst. mas. (*bice, biçuce*) (du grec βυσσος, lin très-fin), t. de l'Écriture-Sainte. C'était, chez les anciens, une matière plus précieuse que la laine, qui se filait et dont on faisait des tissus. — Aujourd'hui espèce de soie brune qui sert à faire des bas ou autres ouvrages. — T. de bot., plante de la famille des algues. — T. d'hist. nat., tissu filamenteux qui attache les pinnes-marines et autres coquillages aux rochers dans la mer. On le file surtout en Sicile et en Calabre.

BYSSOÏDÉES, subst. fém. plur. (*biço-idé*), t. de bot., famille de plantes du genre des algues et des *byssus*.

BYSSOLITHE, subst. fém. (*biçolite*) (du grec βυσσος, lin très-fin, et λιθος, pierre), végétation minérale imitant la soie.

BYSSONIE, subst. fém. (*biçoni*), t. d'hist. nat., genre de coquilles bivalves, établi aux dépens des moules.

BYSSUS, subst. mas. Voy. BYSSE.

BYSTROPOGUE, subst. mas. (*bicetropogue*), t. de bot., plante d'Amérique et des Canaries qui comprend sept espèces.

BYTURE, subst. mas. (*biture*), t. d'hist. nat., insecte de l'ordre des coléoptères.

BYZACÈNE, subst. propre fém. (*byzacène*), ancienne province d'Afrique, dont la capitale était Adrumète.

BYZANCE, subst. propre fém. (*bizance*), ville très-ancienne et capitale de la Thrace. C'est aujourd'hui Constantinople.

BYZANTIN, E, subst. et adj. (*bizantein, tine*), qui est de *Byzance*. — Subst. mas., la couleur rose qu'on appelle *byzantin*.

BYZÈNE, subst. mas. (*bizène*), t. d'hist. nat., crustacé originaire des mers de Sicile.

BYZÉNIE, subst. fém. (*bizéni*), t. de bot., genre de plantes rosacées.

BYZÉNUS, subst. propre mas. (*bizénuce*), myth., fils de Neptune, qui se rendit célèbre par l'extrême liberté avec laquelle il disait tout ce qu'il pensait.

C, subst. mas., la troisième lettre de l'alphabet. (En grec cette lettre est représentée par un κ.) Il y a le petit c et le grand *C*. Le son propre du *c* est *ke*, en prononçant du gosier, devant *a*, *o*, *u* : *cabane, coquille, cube*; prononcez *kabane, kokiie, kube*; et *ce* devant *e*, *i*, en faisant siffler : *célébrité, ciel*. Cependant *c* est sifflant devant *a*, *o*, *u*, pourvu qu'une *cédille* soit placée dessous : *façade, garçon, reçu* ; dites comme s'il y avait un *s* dur à la place du *c* : *façade, guarçon, reçu*.—Dans les mots *second, secondement, seconder*, *c* a le son de *gue* abusivement ; on prononce vulgairement *ceguon*, *ceguondeman*, *ceguondé*. C'est aujourd'hui une faute contre le bon goût que de donner au *c* le son de *gue* dans les mots *secret, secrètement*, *secrétaire* ; il doit conserver celui qui lui est propre; disons donc : *cekrè, cekrèteman, cekrétaire*. L'usage du peuple de Paris est de prononcer *Glaude*, *Glaudine*, et des prunes de *reine-glaude*, au lieu de *Claude*, *Claudine*, *reine-claude* ; c'est une exception contraire aux règles du bon sens, et les gens qui parlent bien se gardent d'une pareille manière de prononcer. Le *c* recevait autrefois la prononciation du *g* dans le mot *cicogne* ; mais on a changé l'orthographe de ce mot, et l'on écrit et l'on prononce aujourd'hui *cigogne*. *C* conserve le son qui lui est propre, au commencement ou dans le corps d'un mot, devant *a*, *o*, *u*, *l*, *n*, *r*, *t*. — *C* a le son de *ch*, par abus, dans *violoncelle, vermicelle*, que l'on prononce *violonchèle, vermichèle*. A la fin des mots, *c* ne sonne point dans *estomac, broc, croc, accroc, marc* (de café), *échec* (jeu), *tabac, jonc, lacs, arsenic, escroc, blanc, franc, tronc, clerc, cric, porc*, etc. ; dites : *estoma*, *brô, krô, akrô, mar, éché, taba, jon, lâ, arceni, ècekrô, blan, fran, tron, klèr, kri, por*, etc.; si ce n'est dans quelques occasions exceptionnelles qui sont assez rares, où *c* prend le son propre, comme dans *franc étourdi, du blanc au noir, clerc à maître, cric crac, porc-épic*, que l'on prononce *fran-kétourdi*, *du blan-kônoir, klèr-kamètre, krike-krake, por-képike* ; mais il se fait sentir dans *bec, échec* (perte), *estoc*, *bloc*, *aqueduc*, *Marc*, *agaric*, *syndic, trictrac*, *avec*, de *bric* et de *broc*, etc. Dans la conjonction *donc*, *c* ne se prononce pas dans le langage familier : *allons donc le voir*, dites : *allons don le voir*; mais il se fait sentir lorsque *donc* commence la phrase : *donc vous devez venir*, prononcez : *donke, vous devez venir*. Il sonne encore, si le mot qui suit cette conjonction commence par une voyelle : *votre frère est donc arrivé*; dites : *est don karivé*. Dans le style relevé, il doit toujours sonner, que *donc* soit au commencement, au milieu ou à la fin de la phrase : *jusqu'à quand prétendra-t-on donc nous dicter des lois?* prononcez *prétendra-t-on donke*; etc. — Lorsqu'il y a deux *c*, ils ne se prononcent qu'avec *e* et *i*; alors le premier prend le son propre *ke*, et le second, le son accidentel *ce* : ainsi *accessit, accepter, accident, accès*, doivent se dire : *akcècecite, akcèpeté, akecidan, akecè*. Mais lorsque les deux *c* sont suivis d'*a*, *o*, *u*, *l*, *r*, on les prononce comme un seul *c* : *accréditer, acclamation*, *accabler*, *accomplir*, *accuser*, pron. : *akrédité, aklamâtion*, etc. *Cq* se prononce également *k* : *acquérir*, pron. : *akérir*. *C* se redouble dans les mots qui commencent par *ac* : *accabler*, *accident*, etc. Sont exceptés cependant les mots : *acabit*, *acacia*, *académie*, *acagnarder*, *acajou*, *acanthe*, *acariâtre*, *acatalepsie*, *acensement*, *acéphale, acerbe, acéré, acescence, acété, acide*, *acier*, *acolyte*, *acoustique*, *acutangle*, et leurs dérivés. *C* se redouble dans les mots qui commencent par *bac* : *bacchanale*, *baccalauréat*, *bacchante, baccharis, Bacchus* et *baccifère*; par *ec* : *ecclésiastique* et ses dérivés; par *oc* : *occasion*, *occulte, occupation*, etc. On en excepte *ocre, oculaire, oculiste, océan*, etc.—On se sert de la cédille sous le c avant les voyelles *a*, *o*, *u*, toutes les fois que, par raison d'étymologie, on doit conserver cette lettre. Ainsi on écrit *glaçant, glaçon*, qui viennent de *glace*; *français*, de *France*; *reçu* de *recevoir*. — Pour ce qui concerne la prononciation du *ch*, voy. H. —*C*, chez les Romains, était une lettre numérale qui signifiait *cent*, et avec un tiret ou une barre au-dessus, C̄, cent mille; CC, deux cents, CCC, trois cents ; CD, quatre cents ; DC, six cents ; DCC, sept cents ; DCCC, huit cents ; CIↃ, mille ; IICIↃ, deux mille ; IIICIↃ, trois mille ; XCIↃ, ou CCIↃↃ, ou

ↃMC, dix mille; CCCIƆƆƆ ou CM, cent mille; CCM, deux cent mille; DCCCCM, neuf cent mille; CCCCIƆƆƆƆ, un million. — *C* était chez les anciens une *lettre funeste* ou *triste*, parce que, pour condamner un criminel, les juges jetaient dans l'urne une tablette sur laquelle était écrit un *C*, première lettre de *condemno*; pour absoudre, c'était un *A*, *absolvo*. — Dans les inscriptions des monuments anciens, *c* est l'abréviation des mots *César*, *Caïus*, *Caïa*, de *conscrit*, *consul*, *calendes*, *comices*, *cité*, *censeur* : *C. J. C.* signifient *Caïus Julius César*. — *C*, en musique, est le signe de la prolation mineure, de la mesure à quatre temps; Ɔ, celui de la mesure à deux temps : *C sol ut*, *C sol la ut*, ou *C* seulement, indique la première note de la gamme. Cette lettre est encore le signe d'une des clefs de la musique. — C'est aussi la troisième lettre dominicale. — *C*, dans cette abréviation *S. M. C.* signifie *catholique*, sa majesté catholique; dans *S. M. T. C.*, *chrétienne*, sa majesté très-chrétienne; dans *J.-C.* et *N. S. J.-C.*, *Christ*, Jésus-Christ, notre seigneur Jésus-Christ; dans *etc.*, *cætera*, et cætera, et le reste. — *C*, dans les livres et les écritures de commerce, s'emploie par abréviation pour signifier *compte* : *C/O*, compte ouvert; *C/C*, compte courant; *M/C*, mon compte; *V/C*, votre compte; *N/C*, notre compte; *S/C*, son compte; *L/C*, leur compte. — *C* est aussi l'abréviation du mot centime. — *C* signifie *contre* dans *M. A. C. L.* (maison assurée contre l'incendie), et *compagnie* dans *C. R.* (compagnie royale). — Dans les administrations, cette lettre est la marque d'un registre. — Cette lettre est employée simple ou double dans l'algèbre.

C' pour *ce*. Voy. ce mot. — On devrait peut-être écrire, *c'a été une belle occasion*, pour *cela a été*, etc.; et non pas *ç'a été*, l'apostrophe indiquant la suppression d'un *e*, suffirait pour faire prononcer le *c* sifflant sans avoir recours à la cédille.

ÇÀ, adv. de lieu (*ça*), qui signifie *ici*. Il ne se joint qu'avec l'impératif du verbe *venir*, encore est-il du dernier familier, tandis que *ici* se joint à tous les verbes, à tous les modes et à tous les temps : *viens çà*, *venez çà*; *il est ici*, *il a couché ici*, etc. — *Çà et là*, de côté et d'autre : *ses troupeaux erraient çà et là*. — *De çà, de là* a la même signification, mais cette expression est moins usitée. — *En çà*, préposition, jusqu'à présent, t. de pratique : *depuis deux ans en çà*. Peu français. — Fam. : *qui çà, qui là*, les uns d'un côté, les autres d'un autre. Vieux.

ÇÀ, interjection qui indique commandement ou exhortation, etc. : *çà, venez ici! çà, travaillons! Ah çà! parlez-moi vrai! çà! oh çà! dites-moi ce que vous pensez.* — *Or çà, verbalisons*; c'est-à-dire, maintenant, à présent même.

ÇA, pron., pour *cela* : *il n'y a pas de mal à ça*, on devrait écrire *c'a*. Il est du style familier. — *Comme ça*, de cette manière : *on s'y prend comme ça*. — *Comme ça* signifie aussi tant bien que mal, passablement bien : *Comment vous portez-vous? Comme ça*, ou *comme ci, comme ça*. Très-fam. En style relevé, on ne doit jamais employer que *cela*.

CAA, subst. mas. (*kaa*), t. de bot., mot brésilien qui veut dire herbe, et qui entre dans la composition de plusieurs noms de plantes.

CAA-APIA, subst. mas. (*kaaapia*), t. de bot., plante du Brésil, à fleur radiée, que les habitants de ce pays emploient avec succès contre la morsure des serpents, et qui est propre à la guérison des blessures faites par des flèches empoisonnées.

CAA-ATAYA, subst. mas. (*kaaataïa*), t. de bot., plante du Brésil.

CAABA, subst. propre fém. (*kaaba*), nom de la maison où naquit Mahomet, à la Mecque.

CAA-BETINGA, subst. mas. (*kaabetingua*), t. de bot., herbe du Brésil dont les feuilles sont employées pour la guérison des blessures.

CAABLÉ, CABLÉ ou **CHABLIS**, adj. mas. (*kaablé*, *kablé*, *chabli*), se dit du bois abattu par le vent.

CAA-CAUCA, subst. fém. (*kaakóka*), t. de bot., plante aquatique du Brésil, de la famille des scrofulaires.

CAA-CHIRA, COA-CHIRA ou **COUCHIRA**, subst. mas. (*kaachira*, *koachira*, *kouchira*), t. de bot., plante qui produit de l'indigo.

CAA-CHIYUYO, subst. mas. (*kaachiiuio*), t. de bot., plante du Brésil dont on mange le fruit.

CAA-CICA, subst. mas. (*kaacika*), t. de bot., plante du Brésil bonne contre les serpents.

CAA-ÉTIMAI, subst. mas. (*kaaétimé*), t. de bot., sèneçon du Brésil.

CAAIGOUARA ou **CAAIGORA**, subst. mas. (*kaèguouara*, *kaèguora*), t. d'hist. nat., nom du pécari, espèce de cochon.

CAAIGOUARÉ, subst. mas. (*kaèguouaré*), t. d'hist. nat., nom du tamandua, espèce de fourmilier du Paraguay.

CAAMA ou **CERF-DU-CAP**, subst. mas. (*kaama*, *cèredukape*), t. d'hist. nat., espèce particulière du genre des antilopes.

CAANTHE, subst. propre mas. (*kaante*), myth., fils de l'Océan. Ayant eu ordre de son père de poursuivre Apollon qui avait enlevé sa sœur Mélia, et ne pouvant le contraindre à la rendre, il se vengea en mettant le feu à un bois consacré à ce dieu, qui pour le punir le tua à coups de flèches.

CAA-OPIA, subst. mas. (*kaaopia*), t. de bot., petit arbre du Brésil à fleurs en ombelle.

CAA-PÉBA, subst. mas. (*kaapéba*), t. de bot., plante sarmenteuse du Brésil, qui a beaucoup de rapports avec l'aristoloche anguicide.

CAA-POMONGA, subst. mas. (*kaapomongua*), t. de bot., nom de trois sortes de plantes du Brésil.

CAA-PONGA, subst. mas. (*kaapongua*), t. de bot., plante du Brésil; genre de criste-marine ou de passe-pierre.

CAA-POTIRAGOA, subst. mas. (*kaapotiraguoa*), t. de bot., petite plante du Brésil d'un genre peu connu.

CAARABOA ou **CAAROBA**, subst. mas. (*kaaraboa*, *kaaroba*), t. de bot., petit arbrisseau du Brésil.

CAAYA, subst. mas. (*kaa-ia*), t. d'hist. nat., singe du Paraguay, du genre des alouattes.

CABACET, subst. mas. (*kabacé*). Voy CABASSET.

CABADE, subst. mas. (*kabade*), habit militaire des Grecs modernes.

CABAL ou **CABAN**, subst. mas. (*kabale*, *kaban*), marchandise qu'on prenait de quelqu'un à moitié, au tiers, au quart du profit. Inusité aujourd'hui.

CABALANT, E, adj. (*kabalan*, *lante*), qui cabale : *la secte cabalante*. C'est un mot nouveau, mais peu en usage.

CABALE, subst. fém. (*kabale*) (de l'hébreu *kabalah*, qui signifie proprement chose reçue par tradition : fait du verbe *kibbel*, qui en hébreu rabbinique veut dire recevoir par tradition, recevoir de père en fils, d'âge en âge) sorte de tradition parmi les Juifs, touchant l'interprétation mystique et allégorique de l'ancien Testament. — Système qui attribue la toute-puissance au verbe, et suppose une vertu occulte aux mots; philosophie hermétique : *les folies de la cabale sont plus riantes, plus poétiques que celles de l'athéisme.* — Art chimérique de commercer avec les génies élémentaires, les sylphes, les gnomes, les salamandres, les ondins, enfin avec des êtres imaginaires. — Complot formé par plusieurs personnes. Voy. INTRIGUE. — Il se prend ordinairement en mauvaise part : *faire des cabales; monter une cabale; c'est un homme de cabale.* — La troupe de ceux qui font partie d'une *cabale* : *c'est sa cabale.* — Dans un sens particulier, on appelle *cabale* une espèce de milice que les amis ou les ennemis d'un auteur, qui donne une pièce de théâtre, lèvent et rassemblent dans le parterre et dans les loges, pour critiquer ou applaudir au gré de celui qui l'emploie. — On dit quelquefois fam., et en bonne part : *nous nous divertissons dans notre petite cabale*, dans notre petite société. — CABALE, COMPLOT, CONSPIRATION, CONJURATION. (*Syn.*) La *cabale* est l'intrigue d'un parti, ou d'une faction formée pour travailler à tourner à son gré, par des pratiques secrètes, les événements ou le cours des choses. Le *complot* est la résolution d'agir, concertée et arrêtée, entre deux ou plusieurs personnes, dans le but de commettre un attentat. La *conspiration* est une trame sourde pour abattre quelque pouvoir odieux, quelquefois aussi pour des intérêts particuliers. La *conjuration* est une association, une confédération entre des citoyens ou des sujets puissants, pour opérer par des entreprises violentes une révolution dans la chose publique. La *cabale* est une intrigue à mener; le *complot*, un coup à frapper; la *conspiration*, un succès à préparer; la *conjuration*, une grande entreprise à conduire à travers de grands obstacles.

CABALÉ, E, part. pass. de *cabaler*, et adj., acquis par la *cabale* : *une réputation cabalée*. Cette expression hasardée ne serait pas reçue aujourd'hui.

CABALER, v. neut. (*kabalé*), faire une *cabale* : être d'une *cabale* : *il cabale sans cesse; vous cabalez avec tels et tels; on cabale pour, contre vous; ces jeunes fous cabalent tous les jours au spectacle; ils ont long-temps cabalé pour avoir une charge qui pût les tirer de la misère.* Il se prend toujours en mauvaise part.

CABALEUR, subst. mas., au fém. CABALEUSE (*kabaleur*, *leuze*), celui ou celle qui *cabale* : *c'est un vrai cabaleur.*

CABALEUSE, subst. fém. Voy. CABALEUR.

CABALEZET, subst. mas. (*kabalezé*). t. d'astron., étoile fixe, appelée autrement *cœur-de-lion*, *basilic*, etc.

CABALHAU, subst. mas. (*kabaló*), t. de bot., plante du Mexique dont la racine, employée en décoction, est spécifique pour guérir les blessures faites par les flèches empoisonnées.

CABALISTE, subst. des deux genres (*kabalicete*), celui qui est savant dans la *cabale* des Juifs. — *Cabaliste* se disait autrefois, dans le Languedoc, d'une personne intéressée dans un commerce, sans que son nom parût.

CABALISTIQUE, adj. des deux genres (*kabalicetike*), qui appartient à la *cabale* des Juifs : *science cabalistique*. — Qui appartient à la prétendue science de communiquer avec les êtres élémentaires : *chimères cabalistiques*; etc.

CABALLAIRE, subst. mas. (*kabalelère*), t. de bot., genre de plantes du Pérou.

CABALLATION, subst. fém. (*kabalelácion*), t. de bot., nom d'une plante semblable à la cynoglosse.

CABALLEROS, subst. mas. (*kabaleléròce*), t. de comm., laine d'Espagne.

CABALLÉROTE, subst. mas. (*kabalelérote*), t. d'hist. nat., poisson des mers d'Amérique.

CABALLIN, E, adj. (*kabalelein*, *line*) (du lat. *caballinus*, de *caballus*, cheval), qui a rapport à la fontaine appelée *Caballine*, t. d'art vétérinaire. On appelle *aloès caballin* la substance médicinale tirée de l'aloès vulgaire, et qui n'est employée que pour les chevaux.

CABALLINE, subst. fém. (*kabaleline*), t. d'hist. anc., fontaine consacrée aux muses, qui prenait sa source au pied du mont Hélicon. C'est la même que celle d'*Hippocrène* ou du cheval Pégase.

CABAN, subst. mas. (*kaban*) (du latin barbare *cappanum*, formé de χαππα, dans la signification de *cape*), t. de mar., sorte de redingote de matelot en forme de fourreau, sans façon ni ampleur, et faite de grosse étoffe brune ayant un capuchon. Voyez CABAL.

CABANAGE, subst. mas. (*kabanaje*), lieu où campent les sauvages à la guerre ou à la chasse. Leur premier soin est d'y construire des *cabanes*.

CABANE, subst. fém. (*kabane*) (du grec χαπανη, qui signifie, dans *Hésychius*, une étable et un coche), petite habitation construite grossièrement et le plus souvent couverte de chaume : hutte, chaumière : avec cette différence que *cabane* se dit proprement en parlant du pauvre; *hutte*, en parlant du sauvage; *chaumière*, en parlant du laboureur. Il n'y a des *huttes* que chez les peuples non civilisés : on trouve des *cabanes* au milieu des villes; les *chaumières* sont à la campagne. — *Cabane de berger*, espèce de petite chambre en planches, portée sur deux ou quatre roues, et dans laquelle le berger couche à côté du parc où son troupeau est renfermé. Les bergers ont aussi des *cabanes fixes* en planches ou en pierres : elles sont communes sur les montagnes où les troupeaux stationnent pendant la belle saison. — Cerceaux pliés en forme d'arc sur un bachot ou un bateau, et couverts d'une toile. — En t. de mar., petit logement de planches pratiqué à l'arrière ou le long des côtés d'un vaisseau, pour coucher certains officiers. — Petit bateau couvert de planches de sapin, dont on se sert sur la Loire pour transporter des marchandises, etc. — En t. d'oiselier, sorte de grande cage. — On appelle *cabanes de ver à soie* des cases formées avec des plantes rameuses, et dans lesquelles les vers à soie filent leurs cocons. — En t. de chasse aux oiseaux, on appelle *cabane* une petite hutte de feuillage, dans laquelle se placent les chasseurs pour attendre les oiseaux à l'affût, ou pour veiller à une chasse à la pipée.

CABANÉ, E, part. pass. de *cabaner*.

CABANER, v. act. (*kabané*), faire des *cabanes* à terre; se baraquer. — T. de mar. : *cabaner un vaisseau*, le mettre sens dessus dessous, de manière que la quille étant en haut, il forme une espèce de *cabane*. — *Cabaner*, v. neut., t. de mar., chavirer, sombrer, faire capot. — SE CABANER, v. pron., dresser des *cabanes* pour se mettre à l'abri des injures de l'air.

CABANES (LES), subst. propre fém. (*lèkabane*), bourg de France, chef-lieu de canton, arrond. de Foix, dép. de l'Ariège.

CABANON, subst. mas. (*kabanon*), nom que l'on donne, dans quelques prisons, et particulièrement dans celle de Bicêtre, à des cachots dans lesquels on enferme les détenus, les forçats, les fous : *les cabanons de Bicêtre.* Le peuple dit à tort et par corruption *galbanon.*

CABARE, subst. fém. (*kabare*), t. d'hist. nat., chouette du Brésil.

CABARER, v. neut. (*kabaré*), t. de brasseur, jeter l'eau d'un vase dans un autre, soit avec le jet, soit avec le chapelet.

CABARET, subst. mas. (*kabaré*) (du grec καπηλειον qui signifie la même chose, d'où καπηλος, cabaretier ; dérivé de καπη, crèche, râtelier), lieu de bas étage où l'on vend à boire et à manger. — Il se dit plus particulièrement des lieux où l'on achète du vin en détail, soit pour l'emporter, soit pour le boire dans le lieu même : *bon, mauvais cabaret ; vin de cabaret ; fréquenter le cabaret, les cabarets.* — Par plaisanterie, on appelle quelquefois *dîner de cabaret* un dîner chez le restaurateur : *je ferai demain un vrai dîner de cabaret.* — Espèce de petite table ou plateau dont les bords sont relevés, et qui sert à mettre des tasses pour prendre du café, du thé, etc. : *un élégant cabaret ; un cabaret de la Chine.* — Il désigne aussi les tasses mêmes : *un cabaret de porcelaine.* — *Cabaret borgne*, mauvais *cabaret.* — Fig. et fam. : *faire de sa maison un cabaret*, tenir continuellement table ouverte. — On dit prov. d'un homme qui fréquente beaucoup les *cabarets*, que *c'est un pilier de cabaret.* — T. de bot., plante apétale qui croît dans les Alpes, et dans les montagnes du Bugey ; elle est aromatique et purgative, etc. On l'appelle aussi *oreille d'homme, rondelle, nard sauvage, panacée des fièvres quartes.* — T. d'hist. nat., oiseau ; espèce de pinson.

CABARETER, v. neut. (*kabareté*), mot forgé, introduit dans quelques *Dictionnaires* pour signifier : fréquenter les *cabarets.* Il est inconnu dans la langue, et peut être utile.

CABARETIER, subst. mas., au fém. **CABARETIÈRE**, (*kabaretié, tière*), celui ou celle qui tient *cabaret.*

CABARETIÈRE, subst. fém. Voy. CABARETIER.

CABARÉTIQUE, adj. des deux genres (*kabarétike*), de *cabaret.* Hors d'usage.

CABARNES, subst. fém. plur. (*kabarne*), t. d'hist. anc., offrandes à Cérès, dans la ville de Paros, qui fut appelée *Cabarnis.*

CABARNIS, subst. propre fém. (*kabarnice*), myth. On appela ainsi l'île de Paros, à cause de Cabarnus, berger de cette contrée, qui découvrit à Cérès l'enlèvement de sa fille.

CABARRE, subst. fém. (*kabâre*), t. de mar., bâtiment à fond plat, destiné à secourir et alléger les gros vaisseaux en mer. Voy. GABARE.

CABAS et non pas **CABAT**, subst. mas. (*kaba*) (du grec κάβος, nom d'une certaine mesure de froment), sorte de petit panier rond qui est fait de jonc, et qui sert ordinairement à mettre des provisions. — Grand coche, dont le corps est d'osier clissé. Cette voiture n'est plus guère en usage, mais on appelle encore *cabas*, en plaisantant, *méchant cabas*, une vieille voiture à l'ancienne mode. On le dit aussi d'un vieux chapeau de femme. — Espèce de sac en forme de panier plat, que portent les dames. — *Cabas* (du grec καβαξ, rusé), pour *tromperie*, est inus.

CABASSÉ, E, part. pass. de *cabasser.*

CABASSER, v. act. (*kabacé*) (du grec καβαξ, rusé), bavarder, machiner. — Tromper, tendre des embûches. Trivial, mais très-usité.

CABASSET, subst. mas. (*kabacè*), sorte de casque ancien qui couvrait toute la tête.

CABASSOU, subst. mas. (*kabaçou*), t. d'hist. nat., sorte d'animal. Voy. ARMADILLE.

CABEÇA ou **CABESSA**, adj. et subst. fém. (*kabeça, kabèceça*), t. de comm. On distingue par les mots *cabeça* et *barille*, c'est-à-dire : *tête* et *ventre*, les soies dont on fait commerce dans les Indes orientales : les *soies cabeça* sont les plus fines ; les *barilles* valent quinze à vingt pour cent de moins. On dit aussi *cabesse.* Les Hollandais distinguent deux espèces de *cabesses* : *la cabesse de more*, qui est la plus fine, et la *cabesse ordinaire*, qui l'est moins.

CABÉRIA, subst. propre fém. (*kabéria*), myth., surnom de Cérès.

CABESAS, subst. mas. (*kabeeâce*), t. de comm., laine d'Espagne.

CABESSA, subst. mas. (*kabeceça*), t. d'hist. nat., nom donné au camphre.

CABESSE. Voy. CABEÇA.

CABESTAN, subst. mas. (*kabècetan*) (par corruption de l'anglais *capstan* qui a la même signification, et qui est dérivé du saxon *captein*), espèce de treuil dont l'axe est vertical au lieu d'être horizontal. On s'en sert, sur les vaisseaux, à lever les ancres et autres fardeaux. — Peine de discipline maritime qui consiste à rester à cheval sur un *cabestan*, au plus pendant trois jours, et deux heures chaque jour. (Loi du 22 août 1790, titre 2, art. 1er.) — En t. d'hist. nat., coquille du genre des harpes.

CABESTERRE, subst. propre fém. (*kabècetère*), partie orientale des îles en Amérique. Inus.

CABEZON, subst. mas. (*kabezon*), t. d'hist. nat., oiseau de la famille des barbus.

CABIAI, subst. mas. (*kabié*), t. d'hist. nat., mammifère rongeur. — Porc de rivière, en Amérique ; demi-amphibie, semblable au cochon d'Inde.

CABIDO, CAVIDO, subst. mas. (*kabido, kavido*), t. de comm., mesure d'aunage dont on se sert en Portugal, et surtout à Lisbonne : sept *cabidos* valent quatre aunes de Paris.

CABILAH. Voy. CABILLE.

CABILLAUD ou **CABLIAU**, subst. mas. (*kablió, kablió*), nom donné par les Hollandais à la morue fraîche.

CABILLE ou **CABILAH**, subst. mas. (*kabiie, kabila*), tribu ou association de familles dans l'Arabie et l'Abyssinie, et qu'on nomme *horde* en Tartarie.

CABILLET, subst. mas. (*kabiié*), t. de pannier-raquetier, sorte d'instrument pour roidir les raquettes.

CABILLOTS, subst. mas. plur. (*kabiió*), t. de mar., petits morceaux de bois qu'on met au bout de plusieurs herses qui tiennent aux grands haubans. — Petites chevilles de bois qui tiennent aux chouquets, pour assujétir la balancine de la vergue de hune, lorsque les perroquets sont serrés.

CABINE, subst. fém. (*cabine*), t. de mar., petite *cabane* à bord de certains bâtiments de commerce.

CABINET, subst. mas. (*kabiné*) (suivant *Ménage*, du latin barbare *cavinetum*, diminutif de *cavinum*, diminutif de lui-même *cavum*, cavité, enfoncement, etc.), très-petite pièce qu'on met souvent au bout d'un corridor, et qui n'a quelquefois ni cheminée ni fenêtre. — Petite pièce qui est auprès de quelque appartement, et où l'on se retire pour satisfaire quelque besoin, ou pour s'habiller : *cabinet de garde-robe ; cabinet de toilette* ; ou encore pour converser. Maintenant on dit plutôt en ce dernier sens *boudoir.* — Lieu de retraite pour étudier et travailler : *homme de cabinet*, homme que sa profession oblige à travailler dans un *cabinet.* — Lieu qui renferme divers objets de curiosité, etc. : *cabinet de tableaux, de curiosités, de médailles, d'antiques, d'histoire naturelle*, etc. — *Cabinet de physique*, collection des divers instruments employés dans les expériences de physique. — *Cabinet d'affaires*, établissement où l'on se charge de suivre et de diriger les affaires des particuliers, surtout les affaires contentieuses. — La clientelle d'un *cabinet* d'affaires. Ce qui est contenu dans un *cabinet* : *il vend son cabinet.* — *Cabinet de lecture*, lieu où, moyennant une rétribution, on donne à lire et on loue des journaux et des livres. — Espèce d'ancien buffet à plusieurs logettes ou tiroirs. — On appelle, en ce sens, *cabinet d'orgue* une espèce d'armoire dans laquelle il y a un orgue. — Le gouvernement ; le conseil où se traitent les affaires d'état : *savoir le secret du cabinet ; le cabinet de Vienne, de Madrid ; courrier de cabinet* ; etc. — On disait autrefois *tenir cabinet*, pour : tenir assemblée, recevoir du monde chez soi. Inusité. — *Cabinet d'aisance*, lieu destiné aux besoins naturels. — *Cabinet secret* ou *acoustique*, *cabinet* construit de manière que la voix de celui qui parle très-bas, à un des foyers de la voûte, est entendue à l'autre foyer, sans que l'oreille puisse rien saisir dans l'espace intermédiaire. Il suffit pour cet effet que la voûte soit elliptique.

CABIOU, subst. mas. (*kabiou*), t. d'hist. nat., nom donné, à Cayenne, au suc épaissi du manioc.

CABIRA, subst. propre fém. (*kabira*), myth., fille de Protée, femme de Vulcain et mère des Cabirides.

CABIRES, adj. et subst. mas. plur. (*kabire*) (du phénicien *cabir* ou *cabar*, grand, fort, puissant ; d'où les *dieux cabires* furent aussi appelés *grands dieux*), myth., divinités des anciens, originaires de l'Égypte. On donnait ce nom aux principales divinités infernales, Pluton, Proserpine et Mercure. On les appelait aussi *dieux des morts* : Proserpine figurait la terre qui les recevait ; Pluton, l'enfer qu'ils allaient habiter ; et Mercure, la puissance divine qui les y faisait entrer. Les peuples d'Italie invoquaient les *dieux cabires* dans leurs infortunes domestiques ; les matelots leur adressaient des vœux au milieu des tempêtes et les parents et les amis, dans les funérailles de ceux que la mort leur avait enlevés.

CABIRIDES, subst. propre fém. plur. (*kabiride*), myth., nymphes, filles de Vulcain et de *Cabira.*

CABIRIES, subst. fém. plur. (*kabiri*) (en grec καβειρια, dérivé du phénicien *cabir*), fêtes grecques en l'honneur des *dieux cabires.*

CÂBLE, subst. mas. (*kâble*) (du hollandais *cabel* ou de l'arabe *chabel*, dont les Anglais ont fait également *câble*), grosse corde dont on se sert pour amarrer les ancres des bâtiments et pour divers autres usages. — Grosse corde avec laquelle on hale les bateaux sur une rivière, un canal. — Toute sorte de grosses cordes qui servent à lever de terre de pesants fardeaux. — Mesure de cent brasses danoises, c'est-à-dire de cent fois cinq pieds neuf pouces six lignes de l'ancien pied de roi ; en totalité, de cent soixante-quatre mètres huit décimètres sept centimètres. — En t. de mar., on distingue le *maître câble*, le *câble ordinaire*, et le *câble d'affourche*, que l'on nomme aussi *grelin.* Ce dernier est le plus petit, et tire son nom de ce qu'il sert à l'ancre d'affourche. — *Câble* se dit, par extension, d'une mesure de cent vingt brasses, longueur ordinaire du *câble* d'une ancre ; ainsi l'on dit qu'on *est éloigné de quelque endroit de quatre, de cinq câbles*, pour dire qu'on en est éloigné de quatre cent quatre-vingts, de six cents brasses. On appelle *câble de toue* une simple hansière, dont on ne fait guère usage que dans les rivières, et dans les lieux où les bancs resserrent le chenal et le rendent étroit ; *câble à pic*, un *câble* tellement roidi par l'ancre qui y est attachée, qu'il est perpendiculaire à la surface de la mer. — *Bitter le câble*, c'est le tourner autour des bittes, pour l'arrêter ; *débitter le câble*, c'est la manœuvre contraire ; *couper* ou *tailler le câble*, c'est le couper sur l'écubier, en abandonnant l'ancre qu'on n'a pas le temps de lever ; *filer du câble*, c'est laisser couler une partie du *câble* amarré à l'ancre. — *Filer le câble par le bout*, c'est le laisser couler tout à fait par l'écubier, et abandonner l'ancre à fond. — On dit fig. : *filer du câble*, pour : gagner du temps avant de se décider. — *Laisser traîner un câble sur le sillage d'un navire*, c'est abandonner le *câble* pour retarder la course du navire. — *Lever le câble*, c'est mettre un *câble* en rond, afin de le disposer à être filé pour la commodité du mouillage.

CÂBLÉ, subst. mas. (*kâblé*), t. de passementier, espèce de gros cordon qui sert à relever les tentures, etc. Peu en usage.

CÂBLÉ, E, part. pass. de *câbler*, et adj. Voyez, dans cette acception seulement, CAABLÉ.

CÂBLEAU, ou **CABLOT**, subst. mas. (*kâblô*), diminutif de *câble* : *câbleau de chaloupe et de canot.*

CÂBLER, v. act. (*kâblé*), assembler plusieurs fils et les tortiller pour n'en faire qu'une corde. — *se* CÂBLER, v. pron. Fort peu usité.

CABLIAU. Voy. CABILLAUD.

CABLIÈRE, subst. fém. (*kablière*), t. de pêche, pierre qui sert à tenir les cordes et filets assujétis au fond de la mer ou sur le sable.

CÂBLOT, subst. mas. (*kâblô*), sorte de corde. Voy. CÂBLEAU.

CABLURE, subst. fém. (*kablure*), t. de mar., pierre percée qui tient lieu de grapin.

CABOCHARD, subst. mas. (*kabochar*), fantasque, entêté. Mauvais et inusité.

CABOCHE, subst. fém. (*kaboche*) (du lat. *caput*, tête), fam., tête : *grosse caboche*, grosse tête qui n'entend à rien. — Fig., *bonne caboche*, homme de sens et de bon jugement. — T. de cordonnier, petit clou à grosse tête que les gens de peine mettent sous leurs souliers pour ne pas glisser sur le pavé. — Clou usé qu'on tire du pied d'un cheval. — T. d'hist. nat., poisson de Siam.

CABOCHÉ, E, adj. (*kaboché*), t. de blas., se dit d'une tête d'animal coupée dans la partie supérieure ou perpendiculairement : si elle l'était par en bas et horizontalement, on dirait *coupée.*

CABOCHIENS, subst. mas. plur. (*kabochiein*), rebelles à Paris sous Charles VI. Inus.

CABOCHON, subst. mas. (*kabochon*), t. de joaillier, pierre précieuse qui n'est que polie, et que d'ailleurs on a laissée telle qu'on l'a trouvée, c'est-à-dire à laquelle on a seulement ôté ce qu'elle avait de brut, sans lui donner aucune figure particulière. — On dit *un rubis cabochon*. Dans cette phrase, le mot *cabochon* est adjectif masculin. — T. d'hist. nat., genre de coquilles établi aux dépens des patelles de Linnée. Il renferme un assez grand nombre d'espèces auxquelles on peut donner pour type celle qu'on appelle *bonnet de dragon*.

CABOLLETTO, subst. mas. (*kaboléteto*), c'est, à Gênes, une monnaie de billon qui vaut environ vingt centimes de France.

CABOMBE, subst. fém. (*kabonbe*), t. de bot., plante aquatique de Caïenne.

CABO-NEGRO, subst. mas. (*kabonèguero*), t. de comm., fil des Philippines, tiré d'un palmier du même nom.

CABOO, subst. mas. (*kaboo*), t. de bot., plante de Sumatra employée contre la gale.

CABORGNE, subst. mas. (*kaborgnie*). Voyez CHABOT.

CABOSSE, subst. fém. (*kaboce*). C'est ainsi qu'on nomme le fruit du cacaoyer dans les Antilles.

CABOT, subst. mas. (*kabo*), t. d'hist. nat., nom vulgaire du muge et du gobie.

CABOTAGE, subst. mas. (*kabotaje*) (de l'espagnol *cabo*, cap : *action de naviguer de cap en cap*), navigation le long des côtes, de cap en cap, de port en port : *le grand et le petit cabotage; un capitaine au cabotage*. — Première partie de la science du pilotage, qui renferme la connaissance de la boussole, des côtes, des ports, des rades, des mouillages.

CABOTE, subst. fém. (*kabote*), t. d'hist. nat., nom d'une hirondelle.

CABOTER, v. neut. (*kaboté*), t. de mar., naviguer le long des côtes. Voy. CABOTAGE.

CABOTEUR, subst. mas. (*kaboteur*), marin qui fait le *cabotage*.

CABOTIER, subst. mas. (*kabotié*), bâtiment dont on se sert pour *caboter*.

CABOTIÈRE, subst. fém. (*kabotière*), sorte de barque plate, étroite et longue, dont on ne fait usage que sur la rivière de l'Eure.

CABOTIN, E, subst. (*kabotein, tine*), mauvais comédien, ou comédien ambulant : *une troupe de cabotins*. — Celui, celle qui s'exerce à jouer la comédie sur de petits théâtres. — Ce mot paraît avoir la même étymologie que *cabotage*.

CABOTINAGE, subst. mas. (*kabotinaje*), état de *cabotin*; action de *cabotiner*. — Mauvaise pièce ou représentation d'une comédie : *c'est du cabotinage*. Iron.

CABOTINER, v. neut. (*kabotiné*), faire le métier de *cabotin*. — S'exercer à jouer la comédie. — Mener une vie décousue, une vie de *cabotin*.

CABOUDIÈRE, subst. fém. (*kaboudière*), tramail ou filet employé dans le midi de la France. On dit aussi *cabusière*.

CABOUILLE, subst. fém. (*kabouie*), t. de bot., chanvre des Indiens.

CABOUTIÈRE, subst. fém. (*kaboutière*). Voy. CABOUDIÈRE qui semble être le même mot.

CABRE, subst. fém. (*kabre*) (du latin *capra*, chèvre), t. de mar., gros boutons ronds joints par le haut, et passés près des apostis aux extrémités du côté d'une galère. — Espèce d'engin assez semblable à celui que les charpentiers et les maçons appellent *chèvre*, mais plus grossièrement fait, et composé seulement de deux ou trois fortes et longues perches ou pieux, joints, liés ensemble par le haut, dont les bouts d'en bas s'éloignent à discrétion, et sont soutenus par trois cordages attachés à l'endroit où les perches se joignent. Ces trois cordages sont disposés en triangle, et tirent l'un contre l'autre. Entre les deux perches on met une poulie avec une étague, pour enlever, ou plutôt pour tirer les fardeaux, les grosses pièces de bois de construction. Il y a aussi des *cabres* composées de trois perches, et qui n'ont point de cordes pour les soutenir. Les carriers se servent de ces dernières pour tirer les vidanges des puits qu'ils creusent en commençant à ouvrir les carrières. — On donne ce nom, dans les manufactures d'ouvrages en soie, à deux pièces de bois de sept à huit pieds de longueur, soutenues d'un côté par des pieds qui les traversent, dans une mortaise de neuf à dix pieds de hauteur, en dehors. On s'en sert pour placer l'ensuple, quand on plie les chaînes, ou qu'on les met sur l'ensuple.

CABRÉ, E, part. pass. de *cabrer*, et adj. — En t. de blas., il se dit d'un cheval acculé.

CABRER, v. act. (*kabré*) (du lat. *capra*, chèvre, parce que les chevaux qui se *cabrent* ressemblent, en quelque sorte, aux chèvres lorsqu'elles se dressent), effaroucher : *cabrer quelqu'un*, exciter la colère, le dépit de quelqu'un : *vous allez le cabrer*. *Cabrer* s'emploie rarement dans ce sens actif et figuré. — *se* CABRER, v. pron., en parlant des chevaux, s'élever sur les deux pieds de derrière, ou : écarter les jambes pour uriner : *ce cheval se cabre aisément*. — Il s'emploie comme neutre à l'infinitif, avec le verbe *faire* : *vous le ferez cabrer*. — Fig., s'emporter de dépit ou de colère.

CABRI ou **CABRIL**, subst. mas. (*kabri*) (en lat. *capreolus*), chevreau. — *Cabris* se dit au plur., en t. de mar., de petites chèvres placées dans toute la longueur d'une galère.

CABRIDOS, subst. mas. (*kabridoce*), t. d'hist. nat., espèce de poisson.

CABRIL. Peu usité. Voy. CABRI.

CABRILLA, subst. fém. (*kabrilela*), t. d'hist. nat., poisson des mers d'Amérique.

CABRILLET, subst. mas. (*kabriié*), t. de bot., plante monopétale.

CABRIOLE, subst. fém. (*kabriole*) (de *capriola*, employé dans la basse latinité comme diminutif de *capra*, chèvre), saut fait avec agilité. — T. de danse, *friser la cabriole*, agiter les pieds avec vitesse, tandis qu'on est en l'air. — En t. de manège, petit saut vif, par lequel le cheval lève le devant et ensuite le derrière, imitant le saut des *chèvres*.

CABRIOLER, v. neut. (*kabriolé*), faire la *cabriole* ou des *cabrioles*.

CABRIOLET, subst. mas. (*kabriolé*), sorte de voiture légère montée sur deux roues, et à un seul cheval. — *Cabriolet de place*, cabriolet de louage qui stationne sur les places publiques; *cabriolet de régie*, cabriolet de louage qui stationne sous les portes cochères de Paris. — On nomme *couteau à cabriolet* un couteau dont le manche peut servir tour à tour à différentes lames qui s'y adaptent au moyen d'un ressort. — On appelle, en t. d'arts et mét., *cabriolet*, une sorte de petit fauteuil fort léger. — C'est aussi une espèce de forme dont se servent les cordonniers.

CABRIOLEUR, subst. mas., au fém. **CABRIOLEUSE** (*kabrioleur, leuze*), faiseur, faiseuse de *cabrioles*.

CABRIOLEUSE, subst. fém. Voy. CABRIOLEUR.

CABRIONS, subst. mas. plur. (*kabrion*), t. de mar., cales; pièces de bois placées derrière les affûts des canons.

CABRIS, subst. mas. plur. (*kabri*), t. de mar., petites chèvres qui soutiennent la tente d'une galère. Voy. CABRI.

CABRO, subst. mas. (*kabro*), t. d'hist. nat., espèce de gros ver qui se nourrit de bois.

CABRON, subst. mas. (*kabron*), peau de *cabri*.

CABROUET, subst. mas. (*kabroué*), petite charrette pour porter les cannes à sucre au moulin.

CABROUÉTIER, subst. mas. (*kabrouétié*), qui conduit un *cabrouet*.

CABRUS, **CAPRUS** ou **CALABRUS**, subst. propre mas. (*kabruce, kapruce, kalabruce*), myth., dieu à qui l'on sacrifiait de petits poissons salés. Son culte était célèbre à Phasélis, en Pamphilie.

CABUGAO, subst. mas. (*kabuguao*), citron des Philippines, à peau très-épaisse.

CABUJA, subst. mas. (*kabuja*), t. de bot., plante de l'Amérique, dont les feuilles sont épineuses.

CABUR, subst. mas. (*kabure*), t. de bot., genre de plantes de la famille des persicaires.

CABURE, subst. mas. (*kabure*), t. d'hist. nat., chouette du Brésil. — Au Paraguay, on appelle *cabure* la chouette à collier.

CABUREIBA, subst. mas. (*kaburéba*), t. de bot., nom de l'arbre qui porte le baume du Pérou.

CABUS, adj. mas. (*kabu*), pommé. Il ne se dit qu'avec le mot *chou* : *potage aux choux cabus*.

CABUSÉ, part. pass. de *cabuser*.

CABUSER, v. act. (*kabuzé*), tromper, séduire. Ce mot est vieux et hors d'usage.

CABUSIÈRE, subst. fém. Voy. CABOUDIÈRE.

CABYLE, subst. et adj. des deux genres (*kabile*), tribu encore barbare; habitant des côtes d'Afrique.

CACA, subst. mas. (*kaka*) (du lat. *cacare*, aller à la selle, formé du grec κακκαν qui a la même signification, et d'où vient κακκη, le même que *caca*) excrément d'enfant. — Fig., chose malpropre; ordure. — Myth., sœur de Cacus. On prétend qu'elle découvrit à Hercule le vol commis par son frère, et que c'est cette révélation qui lui valut les honneurs divins qu'on lui rendait à Rome.

CACABER, v. neut. (*kakabé*), crier, en parlant de la perdrix. Mieux CACCABER. Voy. ce mot.

CACABOYA, subst. mas. (*kakabo-ia*), t. d'hist. nat., serpent amphibie du Brésil.

CACADE, subst. fém. (*kakade*) (du lat. *cacare*, fait du grec κακκη, excrément), décharge du ventre. Il est bas et peu usité au propre. — Au fig., démarche, entreprise qui, en échouant, a prouvé l'ineptie, l'ignorance, la lâcheté ou l'imprudence de la personne qui l'a faite : *on peut lui reprocher plus d'une cacade*. Peu en usage même en ce sens.

CACAGOGUE, adj. et subst. mas. (*kakaguogue*) (du grec κακκη, excrément, et αγω, je pousse, je fais sortir), t. de médec., se dit d'une espèce d'onguent qui, appliqué à l'anus, provoque les selles.

CACAHUETTE, subst. mas. (*kakauète*), t. de bot., nom vulgaire de la pistache de terre et du cacaoyer.

CACAILE, subst. fém. (*kakèle*) (du grec καιω, je brûle), t. de bot., plante médicinale, voisine des séneçons. — On l'appelle aussi *pas-de-cheval*.

CACAINAM, subst. mas. (*kakèname*), t. de bot., espèce de végétal.

CACAJAO ou **CACAHO**, subst. mas. (*kakajao, kakao*), t. d'hist. nat., singe de l'Amérique méridionale.

CACALACA, subst. mas. (*kakalaka*), t. de bot., mullier des jardins.

CACALIA, subst. fém. (*kakalia*) du mot grec κακαλια), t. de bot., genre de plantes exotiques flosculeuses, parmi lesquelles on distingue les *cacalias* à tige charnue et frutescente, et celles à tige herbacée.

CACALIANTHÈME, subst. mas. (*kakaliantème*), t. de bot., plante frutescente du genre *cacalia*, et qui ressemble à l'euphorbe.

CACALIE, subst. fém. (*kakali*). Voy. CACALIA.

CACAMOTIE-TLONAQUILONI, subst. fém. (*kakamotitelonakiloni*), racine comestible du Mexique.

CACAN, subst. mas. (*kakan*), docteur juif ou mahométan.

CACAO, subst. mas. (*kakaó*), fruit du *cacaoyer*. Réduit en pâte, il forme le principal ingrédient du chocolat. — On donne aussi ce nom à l'arbre qui le porte. Voy. CACAOYER.

CACAO-CARAQUE, subst. mas. (*kakaókarake*), *cacao* de la côte de Caraque.

CACAOTIER. Voy. CACAOYER.

CACAOUY, subst. mas. (*kakaoui*), t. d'hist. nat., oiseau de l'Amérique septentrionale.

CACAOYER, ou **CACAOTIER**, subst. mas. (*kakaoié, kakaotié*), t. de bot., arbre du nouveau continent, de la famille des malvacées, et qui produit le *cacao*.

CACAOYÈRE, subst. fém. (*kakaoière*), lieu planté de *cacaoyers*; plant de *cacaoyers*.

CACARA, subst. mas. (*kakara*), t. de bot., plante du genre dolic.

CACARA-CACARA, subst. mas. (*kakarakakara*), t. de bot., cabrillet des environs de Carthagène, en Amérique. Peu connu.

CACARDER, v. neut. (*kakardé*), crier, en parlant de l'oie.

CACARET, subst. mas. (*kakarè*) permis de la douane à Damiette.

CACASTOL, subst. mas (*kakacetole*), t. d'hist. nat., oiseau d'Amérique; sorte d'étourneau.

CACATOIRE, adj. fém. (*kakatoare*) (du lat. *cacare*, aller à la selle), t. de médec., se dit d'une fièvre intermittente accompagnée de déjections alvines très-abondantes, et quelquefois de coliques.

CACATOIS, subst. mas. (quelques-uns disent *catacois*.) T. de mar., nom des plus petits mâts qu'on grée, sur les grands bâtiments, au-dessus des mâts de perroquet : *mât de cacatois*. Voy. KAKATOÈS. — Nous déclinons, pour notre compte personnel, la responsabilité de ce mot envisagé par l'*Académie* sous trois faces différentes. Nous ne trouvons d'ailleurs nulle part *cacatois* ni *catacois*. Nous lisons bien dans Raymond *catacoi*; mais il a probablement pillé l'*Académie*, en se renforçant d'une faute d'orthographe. Pour ce qui est de *kakatoès*, écrit par l'*Académie* elle-même *kakatoès*, à son rang alphabétique, et qu'elle fait ridiculement prononcer *hakatoua* et par corruption *katakoua* (nous copions toujours), nous pensons qu'on doit entendre tout simplement en t. de marine, sous ce nom, ce qu'on appelle vulgairement : *mât de perroquet.*

CACAÜS, et plus souvent **CACUS**, subst. propre mas. (*kaka-uce, kuce*), myth., fameux brigand, fils de Vulcain. Habitant les environs du mont Aventin, il déroba des bœufs à Hercule, et les fit entrer dans sa caverne à reculons, afin que le héros ne pût les retrouver; mais un d'eux s'étant mis à mugir, Hercule enfonça la porte de la caverne et assomma le brigand.

CACAVI, subst. mas. (*kakavi*), synonyme de *cassave*. Voyez ce mot.

CACCABER, v. neut. (*kakekabé*) (du lat. *caccabare*, dérivé du grec κακκαβα, perdrix), crier, en parlant de la perdrix, de la caille.

CACCIONDE, subst. fém. (*kakecionde*), t. de pharm., pilule de cachou.

CACERAS, subst. masc. (*kacerâce*), racine des Indes qui a un goût de châtaigne.

CACHALOT ou **CACHELOT**, subst. mas. (*kachalô, kachelô*), t. d'hist. nat., mammifère de l'ordre des cétacés. C'est le poisson de mer le plus grand après la baleine. On dit aussi *cachalotte* et *cachelotte*, subst. fém., en parlant de la femelle.

CACHANG-PARANG, subst. mas. (*kachanparan*), t. de bot., plante de Sumatra, du genre des légumineuses.

CACHATIN, subst. mas. (*kachatein*), gomme laque de Smyrne.

CACHAUD-CORING, subst. mas. (*kachokorein*), t. de bot., plante de Sumatra, de la famille des légumineuses.

CACHE, subst. fém. (*kache*), lieu secret propre à *cacher* quelqu'un ou quelque chose. Il est fam. On dit plutôt *cachette*. — En t. de chasse, filet tendu sur des piquets en forme de palis, et qu'on place à l'embouchure des parcs. On le nomme aussi *chasse*. — Monnaie de compte de la Chine, qui est la dixième partie de la *condorine*. — Au royaume d'Achem, 1° monnaie de compte qui vaut la quatre-centième partie du *taël*; 2° petite monnaie d'étain de peu de valeur. — A Batavia, la quatrième partie du *mas*, et la quarantième du *taël*. — Au Japon, petite monnaie de cuivre percée par le milieu, dont six cents pièces enfilées par un cordon valent un *taël*. — A Pondichéry, petite monnaie de cuivre qui fait la soixantième partie du *fanoin* et non pas du *fanion*, comme le croit *Raymond*.

CACHÉ, E, part. pass. de *cacher*, et adj. : *ressorts cachés; vues cachées; jeu caché.* — *Esprit caché*, dissimulé. — *Vie cachée*, retirée. — Fig., on dit d'un homme doué d'un grand mérite qu'il ne produit pas, que *c'est un trésor caché*. — *N'avoir rien de caché pour quelqu'un*, ne lui rien cacher en aucune circonstance.

CACHE-CACHE, subst. mas. (*kachekache*), jeu d'enfants, nommé aussi *cligne-musette* : *jouer à cache-cache*. Il n'a point de plur.

CACHECTIQUE, adj. des deux genres (*kakèketike*), t. de médec., qui est attaqué de *cachexie* : *il est cachectique*. — Qui appartient à la *cachexie* : *état cachectique; sang cachectique*. Voy. CACHEXIE.

CACHE-ENTRÉE, subst. fém. (*kachantré*), t. d'arts et mét., petite pièce de fer par le moyen de laquelle on *cache l'entrée* d'une serrure. — Au plur., des *cache-entrée* : des pièces qui *cachent l'entrée*.

CACHEF, subst. mas. (*kachèfe*), t. d'hist. mod., lieutenant d'un bey d'Égypte.

CACHELOT, CACHELOTET, subst. mas., ou **CACHELOTTE**, subst. fém. (*kachelô, lotè, lote*), t. d'hist. nat., noms divers qu'on donne au *cachalot*.

CACHEMENT, subst. mas. (*kacheman*), action, manière de *cacher*, de *se cacher*. Inusité.

CACHEMIRE, subst. mas. (*kachemire*), étoffe avec laquelle on fait des châles, des robes, etc., dits *cachemires*, etc. Elle tire son nom de la ville de *Cachemire* dans les Indes, où elle est principalement fabriquée. — Il y en a de deux espèces, l'une faite de la laine du pays qui est très-fine, l'autre d'un poil qui se prend sur la poitrine des chèvres et des moutons sauvages du Thibet. Cette dernière est la plus estimée. — On fabrique aujourd'hui des *cachemires français* à l'imitation de ceux des Indes. — Subst. propre fém., capitale de la province de ce nom dans l'Indoustan.

CACHE-NEZ, subst. mas. (*kachené*), cravate dont on se couvre la partie inférieure de la figure pour se garantir du froid. — Au plur., des *cache-nez*, des cravates qui *cachent* le nez.

CACHEN-LAGUEN, subst. mas. (*kakènlaguène*), t. de bot., herbe du Chili.

CACHE-PEIGNE, subst. mas. (*kachepègnie*), ce qui sert à cacher le peigne des femmes.

CACHE-PLATINE, subst. mas. (*kacheplatine*), t. d'armurier. Voy. PLATINE.

CACHER, v. act. (*kaché*) (du lat. *saccus*, sac; *enfermer comme dans un sac*), mettre une personne ou une chose en un endroit où l'on ne puisse pas la voir, la découvrir : *cacher quelqu'un chez soi; cacher des papiers, de l'argent*, etc. — Empêcher de voir une chose : *ce mur cache la vue de la campagne; l'obscurité cachait leur marche*; et fig. : *ses manières communes cachent un esprit cultivé*. — Couvrir une chose, pour empêcher qu'on ne la voie : *cacher un tableau indécent, une nudité; cacher son jeu*; et au fig. : *sous cet air honnête, il cache un cœur perverti*. — Fig., *cacher son jeu*, dissimuler son habileté, soit au jeu, soit ailleurs; ou : cacher ses desseins, ses vues, les moyens qu'on emploie. Dans ce dernier sens, on dit aussi *cacher sa marche*. — Taire, celer, dissimuler : *cacher son âge, son nom, une entreprise, un projet, sa pensée, son ressentiment*, etc. : *il a caché quelques jours l'arrivée de son fils; vous ne lui avez pas caché que vous êtes mécontent de lui; c'est un homme qui ne cache rien; elle ne me cache rien*. — *Cacher sa vie*, vivre par goût dans la retraite. — En t. de mar., on dit qu'*un grand bâtiment cache le vent à un petit*, lorsqu'il le met à couvert de son impulsion. De même une côte élevée, d'où souffle le vent, le *cache* à un bâtiment qui passe auprès. — SE CACHER, v. pron., s'emploie, tant au propre qu'au fig. : *il est obligé de se cacher, car les gardes du commerce sont à ses trousses; poursuivis par cet animal furieux, nous nous cachâmes derrière un vieux mur que nous aperçûmes sur la gauche; la férocité de cet homme se cachait sous les dehors les plus séduisants; si j'en avais fait autant, je m'empresserais d'aller me cacher*. — *Se cacher au monde; se cacher à tous les yeux*, mener la vie la plus retirée. — *Se cacher à quelqu'un*, ne pas se laisser voir à lui. — *Se cacher de quelqu'un*, lui cacher sa conduite, ses projets, etc. — *Se cacher de quelque chose*, n'en pas convenir, faire en sorte que personne ne le sache : *il a des liaisons avec un tel, mais il s'en cache*. — *On ne peut se cacher à soi-même*, on ne peut se dissimuler ses sentiments, les dispositions de son âme. — CACHER, DISSIMULER, DÉGUISER. (*Syn.*) On *cache* par un profond secret ce qu'on ne veut pas manifester; on *dissimule* par une conduite réservée ce qu'on ne veut pas faire apercevoir; on *déguise* par des apparences contraires ce qu'on veut dérober à la pénétration d'autrui. Il y a du soin et de l'attention à *cacher*, de l'art et de l'habileté à *dissimuler*, du travail et de la ruse à *déguiser*.

CACHÈRE, subst. fém. (*kachère*), t. de verrerie, petite muraille contiguë aux fils des ouvreaux, sur laquelle on sépare la bouteille de la canne.

CACHERÉE, subst. fém. (*kacheré*), t. de bot., c'est, à Pondichéry, le nom de la ketmie acide.

CACHERON, subst. mas. (*kacheron*), ficelle grossière. Inusité.

CACHET, subst. mas. (*kaché*) (suivant *Saumaise*, du mot *cacher*, parce que, dit-il, le *cachet cache* le contenu de la lettre), petit sceau dont l'empreinte, sur de la cire ou autre matière, sert à fermer une lettre, un billet, etc., ou présente une marque distinctive quelconque : *cachet bien ou mal gravé; cachet aux armes; cachet d'or, d'argent, de pierre précieuse; le cachet d'un marchand, d'un fabricant; appliquer un cachet, son cachet sur des bouteilles, des boîtes*, etc. — On appelle aussi cachet, 1° la cire ou autre matière portant l'empreinte d'un cachet : *le cachet est rompu; il est entier*; 2° cette empreinte même : *je reconnais son cachet*. — *Cachet volant*, cachet qui, n'adhérant qu'au pli supérieur d'une lettre, ne la ferme point : *faites-moi tenir votre lettre à M. un tel à ou sous cachet volant, pour que j'en prenne connaissance avant de la lui adresser*. — *Lettre de cachet*, autrefois lettre du roi, contresignée par un secrétaire d'état, scellée du *cachet royal*, et qui contenait un ordre secret. — Petite carte portant un *cachet* ou un chiffre, et dont l'usage est de constater le nombre de fois que quelqu'un a fait quelque chose : *ce maître ne se fait pas payer moins de dix francs le cachet*, la leçon; *chez ce restaurateur, on a pour telle somme tant de cachets*, tant de repas. — *Courir le cachet*, donner des leçons en ville. — Fig., caractère particulier qui se fait remarquer dans les ouvrages d'un auteur d'un artiste, etc. : *ce livre porte le cachet de tel auteur, il a bien son cachet; toutes ses statues, tous ses tableaux, toutes ses partitions portent, ont un cachet d'originalité; ce poële a son cachet; cette production porte le cachet de son époque*. — En parlant des personnes : *porter, avoir tel cachet*, se distinguer de telle ou telle manière; loc. nouvelle qui semble avoir pris faveur. — On appelle *couteau à cachet* un couteau qui a une plaque d'acier, d'argent ou d'or, que l'on nomme *cachet*, et qui est soudée au bout des platines ou du ressort.

CACHÈTE, mieux **CACHETTE**, subst. mas. (*kachète*). Les anciens donnaient ce nom, dans les machines, à ce qu'on a appelé depuis *essieu*, et à ce que nous nommons maintenant *axe*.

CACHETÉ, E, part. pass. de *cacheter*, et adj. : *lettre cachetée; soumission cachetée*.

CACHETER, v. act. (*kacheté*) (*je cachette, nous cachetons*), appliquer un *cachet* sur quelque chose, fermer avec un cachet : *cacheter une lettre, un paquet, une boîte, une bouteille; cire à cacheter, pain à cacheter*. — SE CACHETER, v. pron.

CACHETER (PAIN À), subst. mas. (*pein-akacheté*), sorte de pâte propre à *cacheter*, et qui se taille ordinairement en rond. — Pain à chanter. Pop.

CACHETTE, subst. fém. (*kachète*), petite *cache*. Il est fam. — *En* CACHETTE, loc. adv., en secret, à la dérobée.

CACHEUR ou **CACHEUX**, subst. mas. (*kacheur, kacheu*), t. de raffinerie de sucre, morceau de bois avec lequel on raccommode les formes.

CACHEUR, subst. mas., au fém. **CACHEUSE** (*kacheur, cheuze*), celui ou celle qui *cache*.

CACHEUSE. Voy. CACHEUR.

CACHEUX, subst. mas. (*kacheu*). Voyez CACHEUR.

CACHEXIE, subst. fém. (*kakèkci*) (du grec κακη, mauvaise, et ἕξις, habitude, disposition), t. de médec., mauvaise disposition du corps, dépérissement.

CACHI, subst. mas. (*kachi*), t. de bot., arbre du Malabar dont on mange les amandes.

CACHIBOU, subst. mas. (*kachibou*), t. de bot., plante d'Amérique.

CACHICAME, CACHICAMO ou **CACHICAMOS**, subst. mas. (*kachikame, kachikamo, kachikamoce*), t. d'hist. nat., le tatou à neuf bandes.

CACHIMA, subst. mas. (*kachima*), t. de bot., le même que le corossolier réticulé.

CACHIMENT, subst. mas. (*kachiman*), fruit du *cachimentier*. — *Cachiment sauvage*, corossolier des marais.

CACHIMENTIER, subst. mas. (*kachimantié*). Voy. COROSSOLIER.

CACHINBO, subst. mas. (*kacheinbo*), sorte de fourneau dont les nègres se servent pour fumer.

CACHIOURA, subst. mas. (*kachioura*), t. de comm., toile de coton fabriquée aux Indes.

CACHIRI, subst. mas. (*kachiri*), liqueur fermentée, qu'on obtient de la racine de manioc.

CACHOLON ou **CACHALON**, subst. mas. (*kacholon, kachalon*), t. de minér., quartz. — Agate chalcédoine d'une couleur blanche.

CACHONDÉ, subst. mas. (*kachondé*). Voyez CACHOU.

CACHOOBONG, subst. mas. (*kachoobon*), t. de bot., stramoine de l'île de Sumatra.

CACHOS, subst. mas. (*kacho*), t. de bot., plante, solanum du Pérou.

CACHOT, subst. mas. (*kachô*) (du mot français *cacher*), prison sous terre, basse, étroite et obscure.

CACHOTTE ou **CAJOTTE**, subst. fém. (*kachote, kajote*), pipe sans talon.

CACHOTTERIE, subst. fém. (*kachoteri*) (du mot français *cachette*). Il ne se dit point au propre, ni dans le sens d'*action de cacher*. — Fig., manière mystérieuse d'agir ou de parler, pour *cacher* des choses peu importantes.

CACHOTTIER, subst. et adj. mas., au fém. **CACHOTTIÈRE** (*kachotié, tière*), qui aime à faire des mystères de choses sans importance.

CACHOTTIÈRE, subst. et adj. fém. Voy. CACHOTTIER.

CACHOU, subst. mas. (*kachou*) (de l'indien *catché*, ou du brésilien *cajous*), t. de comm., substance végétale qui nous vient des Indes toute préparée. En Europe, on la mêle avec du sucre, de l'ambre ou de la cannelle, et l'on en fait une pâte qui rend l'haleine agréable.

CACHOUL-DE-FEUILLÉE, subst. mas. (*kachoule-defeuié*), t. de bot., espèce de véronique.

CACHOUTCHOU, subst. mas. (*kachoutechou*), bitume élastique. On dit mieux *caoutchouc*.

CACIQUE, subst. mas. (*kacike*), nom des princes dans le Mexique et dans quelques régions de l'Amérique. — T. d'hist. nat., espèce de passereau.

CACIS, subst. mas. (*kacice*), sorte de groseillier à fruit noir. — Le fruit porte le même nom que l'arbrisseau. — On fait du ratafia avec du *cacis*, et ce ratafia s'appelle également *cacis* : *boire du cacis*. — On écrit aussi et plus souvent *cassis*.

CACIZ, subst. mas. (*kacize*), docteur de la loi mahométane.

CACLÉANG, subst. mas. (*kakléan*), t. de bot., sorte de millet de Chine et de Tartarie.

CACOBASILÉE, subst. propre mas. (*kakobazilé*), (du grec κακος, mauvais, et βασιλευς, roi), t. d'antiq., nom d'un édifice remarquable, qui existait près de Paphos, dans l'île de Chypre. Pompée, défait à Pharsale, en demanda le nom, et l'ayant appris, en tira un mauvais augure.

CACOCHÈME, adj. des deux genres (*kakochème*), t. de chir., qui a de mauvaises jambes. Inus.

CACOCHOLIE, subst. fém. (*kakokoli*) (du grec κακος, méchant, mauvais, et χολη, bile), t. de médec., dépravation de la bile.

CACOCHYLIE, subst. fém. (*kakochili*) (du grec κακος, mauvais, et χυλος, chyle), t. de médecine, digestion dépravée qui produit de *mauvais chyle*. Il est peu usité.

CACOCHYME, adj. des deux genres (*kakochime*) (du grec κακος, mauvais, et χυμος, suc, humeur), t. de médec., malsain, de mauvaise complexion, rempli de mauvaises humeurs. — On dit par extension *un état cacochyme*. — Au fig., bizarre, fantasque, bourru : *homme cacochyme*, *esprit cacochyme*, *humeur cacochyme*. — On dit aussi subst. : *c'est un*, *une cacochyme*.

CACOCHYMIE, subst. fém. (*kakochimi*) (voy. le mot précédent), t. de médec., abondance de mauvaises humeurs. — Dépravation des humeurs.

CACODÉMON, subst. mas. (*kakodémon*) (du grec κακος, mauvais, et δαιμων, esprit, génie), malin esprit, démon méchant. Inus.

CACOERGÈTE, adj. des deux genres (*kako-èrejète*) (du grec κακος, mauvais, et εργον, action, ouvrage), malfaisant. (*Boiste*.) Inusité.

CACOÈTHE, adj. des deux genres (*kako-ète*) (du grec κακος, mauvais, et ηθος, état, caractère, nature), t. de médec. et de chir., se dit des ulcères malins et invétérés.

CACOGRAPHE, subst. des deux genres (*kakoguerafe*) (pour l'étymologie, voy. CACOGRAPHIE), qui orthographie mal. Il est aussi adj.

CACOGRAPHIE, subst. fém. (*kakoguerafi*) (du grec κακος, mauvais, et γραφη, écriture), orthographe vicieuse. — Recueil de phrases mal orthographiées à dessein, et que l'on donne à corriger.

CACOGRAPHIQUE, adj. des deux genres (*kakoguerafike*), qui concerne la *cacographie*.

CACOLET, subst. mas. (*kakolè*), dans certains départements voisins des Pyrénées, et en Biscaye, espèce de panier garni d'oreillers, dans lequel on peut s'asseoir commodément, et qui, posé sur un mulet, sert de voiture.

CACOLIN, subst. mas. (*kakolein*), t. d'hist. nat., espèce de caille du Mexique.

CACOLOGIE, subst. fém. (*kakoloji*) (du grec κακος, mauvais, et λογος, discours), manière vicieuse de s'exprimer. Mot nouveau.

CACOLOGIQUE, adj. des deux genres (*kakolojike*), qui concerne la *cacologie*.

CACOLOGUE, subst. mas. (*kakologue*) (du grec κακος, mauvais, et λογος, discours), mauvais propos, médisance, reproches. Inus.

CACOMITE, subst. mas. (*kakomite*), t. de bot., plante du Pérou. Les Péruviens se nourrissaient de la fécule que donne sa racine.

CACONE, subst. fém. (*kakóne*), t. de bot. On donne ce nom, à Saint-Domingue, à la graine du dolic brûlant.

CACONYCHIE, subst. fém. (*kokoniché*) (du grec κακος, méchant, mauvais, et ονυξ, ongle), t. de médec., déformation des ongles.

CACOPATHIE, subst. fém. (*kakopati*) (du grec κακοπαθεια, formé de κακος, mauvais, et παθος, affection), t. de médec., mauvaise affection.

CACOPHONIE, subst. fém. (*kakofoni*) (du grec κακος, mauvais, et φωνη, voix, son), discordance dans les voix qui chantent ou dans les instruments qui jouent ensemble. — Rencontre de syllabes ou de paroles qui se heurtent et frappent désagréablement l'oreille. Exemple de *cacophonie* :

> *Non, il n'est rien que Nanine n'honore.*
> VOLTAIRE, *Nanine*, acte III, scène 8.

On dit dans le peuple *cacaphonie* : c'est un barbarisme, parce que ce mot pèche contre l'étymologie.

CACOPRAGIE, subst. fém. (*kakoproji*) (du grec κακος, mauvais, et πραττω, j'agis), t. de médec., dépravation des viscères qui servent à la nutrition.

CACORACHITE, subst. fém. (*kakorachite*) (du grec κακος, méchant, mauvais, et ραχις, épine dorsale), t. de médec., déformation de la colonne vertébrale.

CACORHYTHME, adj. des deux genres (*kakoriteme*) (du grec κακος, méchant, mauvais, et ρυθμος, rhythme), t. de mus., dont le *rhythme* est vicieux et irrégulier. Inus.

CACOSITIE, subst. fém. (*kakoziti*) (du grec κακος, mauvais, et σιτιον, aliment), t. de médec., dégoût des aliments.

CACOSPHYXIE, subst. fém. (*kakocefikeci*) (du grec κακος, mauvais, et σφυξις, pouls), t. de médec., mauvais état du pouls, irrégularité continuelle du pouls.

CACOTECHNIE, subst. fém. (*kakotékni*) (du grec κακος, mauvais, et τεχνη, art), mauvais art, mauvais artifice. Inusité.

CACOTHYMIE, subst. fém. (*kakotimi*) (du grec κακος, mauvais, et θυμος, esprit), t. de médecine, disposition vicieuse de l'esprit.

CACO-TRIBULUS, subst. mas. (*kakotribuluce*), ancien nom de la chausse-trape.

CACOTRICHIE, subst. fém. (*kakotrichi*) (du grec κακος, mauvais, et τριχες, cheveux), t. de médec., altération du tissu des cheveux.

CACOTROPHIE, subst. fém. (*kakotrofi*) (du grec κακος, mauvais, et τροφη, nourriture, dérivé de τρεφω, je nourris), t. de médec., nutrition dépravée.

CACOUAC, subst. mas. (*kakouake*), sobriquet propre à désigner des sophistes ridicules. Inus.

CACOUCIER, subst. mas. (*kakoucié*), t. de bot., espèce de myrte.

CACOZÈLE, subst. mas. (*kakozèle*) (du grec κακος, mauvais, et ζηλος, zèle), zèle indiscret. Inusité.

CACREL-BLANC, subst. mas. (*kakrèle-blan*), t. d'hist. nat., sorte de poisson de la Méditerranée.

CACTES. Voy. CACTOÏDES.

CACTIER, FIGUIER-D'INDE, CARDASSE, subst. mas. (*kaketié*), t. de bot., genre de plantes de la famille des *cactoïdes*. Il y en a qui sont composées d'articulations ordinairement aplaties des deux côtés ; ils sont plus ou moins larges, naissent les unes des autres, et ont à peu près la forme d'une raquette. Ces derniers se nomment *cactiers à raquettes*. C'est sur une espèce de ce genre, nommée *cactier à cochenille*, que s'élèvent les insectes, si précieux pour la teinture, que l'on nomme cochenilles.

CACTOÏDES, subst. fém. plur. (*kaketo-ide*) (du grec κακτος, cactier, et ειδος, forme, ressemblance), t. de bot., famille de plantes qui ne contient qu'un genre, le *cactier*.

CACTONITE, subst. fém. (*kaketonite*), t. de min. Les anciens ont quelquefois donné ce nom à la cornaline.

CACTOS ou **CACTUS**, subst. mas. (*kaketoce*, *tuce*), t. de bot., plante du genre des cardons.

CACUMINE, subst. fém. (*kakumine*) (du lat. *cacumen*), faîte, cime, sommet, extrémité. Inus.

CACUS, subst. propre mas. (*kakuce*), myth. Voy. CACAÜS.

C.-À-D., abrév. de la loc. *c'est-à-dire*.

CADABA, subst. mas. (*kadaba*), t. de bot., genre de plantes qui se rapproche des câpriers. Il renferme quatre espèces, dont une croît dans l'Inde, et les autres en Arabie. La plus remarquable est le *cadaba farineux*, dont les feuilles sont ovales, oblongues, farineuses, et sont regardées comme anti-vénériennes.

CADALEN, subst. propre mas. (*kadalein*), bourg de France, chef-lieu de canton, arrond. de Gaillac, dép. du Tarn.

CADAMOMI, subst. mas., ou **GRAINE-DE-PERROQUET** (*kadamomi*), sorte de drogue.

CADASTRAL, E, adj. (*kadacetrale*), du *cadastre*. — Au plur. mas. *cadastraux*.

CADASTRE, subst. mas. (*kadacetre*) (du latin barbare *capitastrum*, formé de *caput*, tête ; parce qu'on a d'abord imposé les personnes, et ensuite les biens. On écrivait autrefois *capdastre*), registre public contenant la quantité, l'estimation des biens-fonds, les noms des propriétaires, etc., et qui sert à asseoir l'impôt sur les propriétés, en proportion de leur revenu. — On nomme aussi *cadastre* l'opération même par laquelle on détermine l'étendue et la valeur des biens-fonds : *faire le cadastre d'un département*. On dit encore *les opérations du cadastre*. — *Employé du cadastre*, individu employé aux opérations du cadastre.

CADASTRÉ, E, part. pass. de *cadastrer*.

CADASTRER, v. act. (*kadacetré*), mesurer l'étendue des biens, lever leur plan, et tracer leur désignation pour qu'ils soient inscrits au *cadastre*. — *se* CADASTRER, v. pron.

CADAVÉREUSE, adj. fém. Voy. CADAVÉREUX.

CADAVÉREUX, adj. mas., au fém. CADAVÉREUSE (*kadavéreu*, *reuze*), qui tient du *cadavre* : *teint cadavéreux* ; *odeur cadavéreuse*.

CADAVÉRIQUE, adj. des deux genres (*kadavérike*), t. d'anat., qui a rapport à un *cadavre*.

CADAVRE, subst. mas. (*kadâvre*) (en latin *cadaver*, de *cadere*, choir, tomber), corps mort. Il se dit principalement du corps humain. *J.-B. Rousseau* (Cantate XIII) a dit, au figuré :

> Arbres dépouillés de verdure,
> Malheureux *cadavres* des bois.

— On dit fig. et fam., d'une personne qui va et vient quoique paraissant menacée d'une mort prochaine, que c'est un *cadavre ambulant*.

CADE, ou **CADÉ**, subst. mas. (*kade*, *kadé*), t. de bot., espèce de grand genévrier qui croît en Languedoc, et dont le bois fournit, par la distillation, une huile fétide qu'on emploie en médecine. — Mesure de capacité qui, dans le premier système de division, était égale au mètre cubique. Le *cade* contenait mille cadils et équivalait environ à mille cinquante-une pintes un tiers, ou à soixante-dix-huit boisseaux neuf dixièmes, mesure de Paris. — Mesure antique de soixante-douze pieds. — T. d'hist. anc., grand vase de terre dans lequel les anciens mettaient leur vin. — Sorte de baril à l'usage des salines.

CADEAU, subst. mas. (*kadô*) (suivant *Ménage*, du lat. barbare *catellum*, fait de *catena*, chaîne ; parce que les *cadeaux* offrent, en général, des traits de plume entrelacés), trait de plume figuré, que les maîtres écrivains font pour orner leur écriture. — On donne le même nom aux lettres placées dans les anciens manuscrits à la tête des lettres cursives, etc. — Au figuré, chose plus agréable qu'utile. Inusité. — Autrefois, repas, fête, principalement ceux que l'on donnait aux dames. Il ne s'employait que dans le style familier. — Par extension, aujourd'hui, présent, don : *il m'a fait un joli cadeau* ; *il m'a fait cadeau* ou *le cadeau d'une tabatière*, etc. Il est fam.

CADÉDIS, interj. (*kadédice*) (*cap de Dious*, tête-de-Dieu), jurement de Gascon de la vieille comédie.

CADÉE, subst. fém. (*kadé*), nom que l'on a donné à l'une des trois ligues qui composaient la république des Grisons. On l'appelait autrement *la ligue de la maison de Dieu*.

CADEJI-INDI, subst. mas. (*kadeji-eindi*), mot arabe par lequel on désigne la feuille du laurier-casse.

CADELARI, subst. mas. (*kadelari*), t. de bot., genre de plantes de la famille des amarantoïdes. Ce genre est composé d'une trentaine d'espèces. Une de ces espèces, le *cadelari argenté*, croît naturellement en Sicile ; les autres viennent de l'Inde, à deux ou trois près, qui sont américaines. Ce sont en général des plantes vivaces peu brillantes, qui sont fréquemment employées en médecine dans l'Inde, à la Chine et à Caïenne : on les regarde comme astringentes.

CADEL-AVANACA, subst. mas. (*kadèlavanaka*), t. de bot., plante de la côte du Malabar.

CADELER, v. neut. (*kadelé*), faire des *cadeaux*. Vieux mot entièrement inusité.

CADELLE, subst. fém. (*kadèle*), t. d'hist. nat., nom qu'on donne, dans le midi de la France, à une larve qui attaque le blé renfermé dans les greniers et en dévore la substance farineuse. On la nomme autrement *chevrette brune*.

CADELPACHI, subst. mas. (*kadèlepachi*), t. de bot., plante de Coromandel.

CADENACO, subst. mas. (*kadenako*), t. de bot., plante de l'Inde de la famille des liliacées.

CADENAS, subst. mas. (*kadenâ*) (du lat. *catena*, chaîne ; parce que les serrures n'étaient anciennement attachées aux portes qu'avec des chaînes), petite serrure mobile et portative, qui a un anneau qu'on fait passer dans un autre qui tient à une malle, à une porte, etc., ou dans deux pitons. — Carré d'argent ou de vermeil doré, soutenu de trois petites boules de métal, avec un étui où l'on mettait autrefois la cuiller, la fourchette et le couteau du roi, ou des princes. Inusité aujourd'hui en ce dernier sens.

CADENASSÉ, E, part. pass. de *cadenasser*.

CADENASSER, v. act. (*kadenacé*), fermer avec un *cadenas*. — *se* CADENASSER, v. pron.

CADENCE, subst. fém. (*kadance*) (du latin *cadere*, tomber, la *cadence* étant une espèce de chute agréable), t. de danse, conformité des pas du danseur avec la mesure marquée par l'instrument. — Il se prend aussi dans le même sens que *mesure* et *mouvement* en musique : ainsi *sentir la cadence*, c'est sentir la mesure et suivre le mouvement d'un air; *sortir de cadence*, c'est cesser d'accorder ses pas avec la mesure et le mouvement d'une pièce de musique. — En parlant de la voix et des instruments, tremblement soutenu qui se fait ordinairement à la fin d'une mesure, terminaison harmonique d'une phrase musicale, ou, pour parler plus généralement, tout passage d'un accord dissonant à un accord quelconque : *toute harmonie n'est proprement qu'une suite de cadences; cadence brillante, cadence perlée.* — *Cadence brisée*, qui commence sans tenue. — *Cadence double*, qui emploie toute la note. — *Cadence préparée*, qui commence par une tenue. — On appelle *acte de cadence*, ce qui résulte de deux sons fondamentaux, dont l'un annonce la *cadence* et l'autre la termine; *cadence parfaite*, celle où, après un accord de septième, la base fondamentale descend de quinte sur un accord parfait; *cadence imparfaite*, celle où la base fondamentale marche de quinte, en montant; *cadence interrompue*, celle où la base fondamentale descend seulement de tierce, au lieu de descendre de quinte, après un accord de septième; *cadence rompue*, celle où la base fondamentale, au lieu de monter de quarte après un accord de septième, comme dans la *cadence* parfaite, monte seulement d'un degré.—Dans le discours, chute harmonieuse d'une période ou d'un de ses membres. On l'appelle aussi *nombre*. — En poésie, agréable mesure d'un vers nombreux et bien tourné, ou d'une période poétique harmonieuse. — En t. de manège, *cadence* se dit de la mesure, de la proportion que le cheval doit garder dans tous ses mouvements, de sorte qu'aucun de ses temps n'embrasse plus de terrein que l'autre. On dit qu'*un cheval manie toujours de la même cadence*, qu'*il suit sa cadence*, qu'*il ne change point de cadence*, pour dire qu'il observe régulièrement son terrein, et qu'il demeure également entre les deux talons. — Dans les exercices militaires, *la cadence du pas*, le mouvement réglé du pas.

CADENCÉ, E, part. pass. de *cadencer*, et adj., *mouvement, pas cadencé; période cadencée, prose bien cadencée*, etc. — Au fig., *homme cadencé*, qui parle, se meut en *cadence*. Peu usité.

CADENCER, v. act. (*kadancé*), conformer ses mouvements à la *cadence*, à une certaine mesure: *votre danseur cadence mal ses mouvements; ce soldat cadence bien le pas.* — Donner du nombre à une période, à des vers : *cadencer ses périodes, ses vers.* —Il s'emploie aussi neut., particulièrement en musique : faire des *cadences*, ou : rendre la *cadence* sensible. — *se* CADENCER, v. pron.

CADÈNE, subst. fém. (*kadène*) (du lat. *catena*, chaîne), t. de mar., chaîne de fer au bout de laquelle on met un cap de mouton, pour servir à rider les haubans. — Chaîne de fer avec laquelle on attache les forçats. En ce sens, il est vieux. — T. de comm., sorte de tapis qu'on tire du Levant.

CADENET, subst. propre mas. (*kadené*), bourg de France, chef-lieu de canton, arrond. d'Apt, dép. de Vaucluse.

CADENETTE, subst. fém. (*kadenète*) (du latin *catena*, chaîne), longue tresse qui tombe plus bas que le reste des cheveux ; *cheveux en cadenette.*

CADET, subst. mas., au fém. CADETTE (*kadè, kadète*) (suivant *Ménage*, du latin barbare *capitetum*, diminutif de *caput*, tête ou chef : *cadet*, petit chef, à la différence de *l'aîné*, qui est le grand ou le premier chef de la famille), celui ou celle qui est le plus jeune ou la plus jeune des frères ou des sœurs. — On dit aussi adj. : *fils cadet, fille cadette.* — En t. de généalogie, on appelle *branche cadette* d'une maison, une branche sortie d'un *cadet*. — Il se dit par extension de celui qui est plus jeune qu'un autre, sans être son frère : *je suis le cadet de monsieur*; ou de celui qui a été reçu dans une charge, dans un corps, etc., après un autre. En ce dernier sens, il ne s'emploie guère qu'au mas. : *il est plus âgé que moi, mais dans la compagnie, il est mon cadet.* — Jeune gentilhomme qui servait comme simple soldat, pour apprendre le métier de la guerre : *cadet aux gardes.* On appelait aussi *compagnies de cadets* des compagnies composées de jeunes gens qu'on élevait dans l'état militaire; et il y avait, sous le titre de *cadets*, des jeunes gens entretenus aux frais du gouvernement dans les places fortes, où ils apprenaient les mathématiques, le dessin, etc. — On dit populairement : *c'est un cadet de bon appétit*, pour dire que c'est un jeune homme qui aime à faire bonne chère, ou : à faire de la dépense.

CADETTE, subst. et adj. fém. Voy. CADET.

CADETTE, subst. fém. (*kadète*), pierre de taille mince et carrée, propre au pavage.—Au jeu de billard, la moins longue des deux grandes queues.

CADETTÉ, E, part. pass. de *cadetter*, et adj.

CADETTER, v. act. (*kadèté*), paver avec des *cadettes*. Peu usité. Voy. ce mot.

CADI, subst. mas. (*kadi*) (de l'arabe *kada*, qui signifie définir, déterminer, décider, dont le participe est *kadi*, ou plutôt *quadhi*), juge des causes civiles, chez les Turcs.

CADIE, subst. fém. (*kadi*), t. de bot., arbuste d'ambre qui croît naturellement dans l'Arabie.

CADIÈRE, subst. fém. (*kadière*), monnaie du règne de *Philippe de Valois*, sur laquelle ce prince était figuré assis sur une chaise appelée autrefois, et encore aujourd'hui dans le midi de la France, *cadière.*

CADIL, subst. mas. (*kadile*), unité des mesures de capacité dans le premier système de division, tel qu'il avait été décrété le 1er août 1793. Le *cadil*, appelé aussi *décimètre cubique*, devait être la millième partie du mètre cube, et équivaloir à une pinte et un vingtième, mesure de Paris. Le tableau annexé au décret cité ci-dessus donnait au *cadil* le nom de *pinte*. — La mesure usuelle de la contenance d'un *cadil* devait avoir, *pour les matières sèches*, quatre pouces et un vingtième de ligne, tant en hauteur qu'en base; et *pour les liquides*, six pouces quatre lignes un quart de hauteur sur trois pouces deux lignes un huitième de base.

CADILESKER, subst. mas. (*kadilècekère*) (de l'arabe *kadi* ou *quadhi*, juge, et du persan *osker* ou *leschker*, armée, juge de l'armée), juge d'armée chez les Turcs.

CADILLAC, subst. propre mas. (*kadiiak*), ville de France, chef-lieu de canton, arrond. de Bordeaux, dép. de la Gironde.

CADIS, subst. mas. (*kadice*), t. de comm., sorte de serge de laine d'un bas prix.

CADISÉ, subst. mas. (*kadizé*), t. de comm., espèce de droguet croisé.

CADITES, subst. fém. plur. (*kadite*), t. d'hist. nat., vertèbres des encrinites fossiles, en forme de petits barils.

CADIX, subst. propre fém. (*kadice*), ville d'Espagne. Son port est l'un des plus actifs et des plus considérables de l'Europe.

CADMÉE, syn. de CADMIE. Voy. ce mot.

CADMIE, subst. fém. (*kademi*) (du lat. *cadmia*, fait du grec καδμεια, dont la signification est la même), t. d'hist. nat., minéral fossile ou naturel; calamine pure, ou pierre calaminaire, contenant du zinc, du fer, etc. — T. de chim., la *cadmie artificielle* est une suie métallique qui s'attache aux parois intérieures des fourneaux où l'on fond les métaux.

CADMIUM, subst. mas. (*kademiome*), t. d'hist. nat., corps simple, métallique, solide; blanc d'étain, sans odeur ni saveur; il est brillant et susceptible d'un beau poli.

CADMUS, subst. propre mas. (*kademuce*), myth., fondateur de Thèbes, fils d'Agénor et de Théléphassa. Jupiter ayant enlevé Europe, *Cadmus* eut ordre d'Agénor d'aller la chercher, et de ne point revenir sans elle. Il consulta l'oracle de Delphes, qui, au lieu de le satisfaire sur sa demande, lui ordonna de bâtir une ville à l'endroit où un bœuf le conduirait. Il partit dans la résolution de parcourir le monde. Lorsqu'il arriva en Béotie, il fit un sacrifice aux dieux, et envoya ses compagnons à la fontaine de Dircé, pour y puiser de l'eau; mais ils furent dévorés par un dragon. Minerve lui ordonna d'aller attaquer ce monstre et de le tuer. Il le fit, et sema les dents du dragon, desquelles naquirent des hommes tout armés qui s'entre-tuèrent sur-le-champ, à la réserve de cinq : ceux-ci l'aidèrent à bâtir la ville de Thèbes dans l'endroit où le bœuf dont l'oracle lui avait parlé le conduisit. Il épousa Hermione, fille de Vénus et de Mars, dont il eut Sémélé, Ino, Autonoé et Agavé. Un second oracle lui ayant appris que sa postérité était menacée des plus grands malheurs, il s'exila pour ne pas en être témoin, se retira en Illyrie, et fut changé en serpent, ainsi que sa femme. Selon d'autres, ils furent envoyés par Jupiter dans les Champs-Élysées, sur un char traîné par des serpents.

CADOCHE, mieux KADOCHE, adj. mas. (*kadoche*), grade transcendant de l'ancienne maçonnerie.

CADOGAN et plus souvent CATOGAN, subst. mas. (*kadogan*) (nom d'un Anglais), nœud qui retroussait, dans l'ancien régime, les cheveux et les attachait fort près de la tête.

CADOLE, subst. fém. (*kadole*), nom que les serruriers donnent au loquet d'une porte ou à une espèce de pêne qui s'ouvre et se ferme en se haussant avec un bouton et une coquille.

CADOO, subst. mas. (*kadoo*), t. de bot., plante du genre de celle du poivre, à Sumatra.

CADOUIN, subst. propre mas. (*kadouein*), village de France, chef-lieu de canton, arrond. de Bergerac, dép. de la Dordogne.

CADOURS, subst. propre mas. (*kadour*), village de France, chef-lieu de canton, arrond. de Toulouse, dép. de la Haute-Garonne.

CADRAN, subst. mas. (*kadran*) (du latin *quadrum*, carré, à cause de sa forme primitive), superficie sur laquelle sont tracés des chiffres, et où la marche du temps est indiquée ou par l'ombre d'un style, ou par une aiguille que des ressorts intérieurs mettent en mouvement : *cadran d'horloge; cadran de pendule; cadran de montre; cadran à quantièmes.*— *Cadran* s'emploie quelquefois absolument pour *cadran solaire* : *aller voir au cadran quelle heure il est.* — *Cadran solaire*, en général celui qui indique les heures au moyen de l'ombre d'un style ou d'un rayon solaire. — *Cadran équinoxial*, placé parallèlement à l'équateur. — *Cadran polaire*, tracé sur un plan incliné qui passe par les pôles du monde et par les points de l'orient et de l'occident sous l'horizon. — *Cadran sphérique*, tracé sur une sphère. — *Cadran horizontal*, placé horizontalement sur une fenêtre, sur un pilier, dans un jardin, etc. — *Cadran méridional*, *cadran* vertical, tourné directement vers le midi, ou décrit sur la surface du premier vertical qui regarde le midi. — *Cadran septentrional*, tracé sur la surface opposée du premier vertical, sur celle qui regarde le nord. — *Cadran oriental*, tracé sur le côté du méridien qui regarde l'orient. — *Cadran occidental*, décrit sur le côté occidental du méridien. — *Cadran vertical déclinant*, tracé sur une surface perpendiculaire à l'horizon, et incliné au midi ou au nord.—*Cadran incliné et déclinant*, tracé sur une surface tout à la fois inclinée à l'horizon et déclinante. — *Cadran reclinant*, *cadran* incliné qui ne passe pas par le pôle. — *Cadran déincliné*, *cadran* incliné qui ne regarde pas les points cardinaux, ou qui est tout à la fois incliné et déclinant. — *Cadran cylindrique par les hauteurs du soleil*, petite colonne portative qui, présentée au soleil, y marque l'heure, au moyen d'un style horizontal perpendiculaire à l'axe du *cadran*. — Il y a encore le *cadran universel par les hauteurs du soleil*, appelé quelquefois le *capucin*, à cause de la forme pointue de sa partie supérieure : le *cadran analemmatique* ou *azimutal*; le *cadran aux étoiles*, nommé aussi le *nocturnal de Munster*; le *cadran à la lune* ou *cadran lunaire*, qui montre l'heure pendant la nuit, par le moyen de la lumière de la lune, ou de l'ombre d'un style que la lune éclaire, etc. — *Cadran de sûreté*, cadran qui peut servir à toute espèce de fermeture, donner l'alarme en faisant sonner un tocsin, allumer une bougie et faire partir un pistolet, quand on veut ouvrir un meuble sans en connaître le secret. — *Cadran* se dit, en t. d'architecture, de la décoration extérieure d'une horloge enrichie d'ornements d'architecture et de sculpture. — En t. de facteurs d'orgue, c'est un cercle de carton sur lequel on marque les divisions égales, que l'on combine diversement par le moyen de quelques chiffres. On s'en sert pour noter les cylindres d'orgue, de serinette, etc. — En t. de joaillier, espèce d'étau pour tenir les diamants quand on les taille. Voy. CADRANT. — Sorte de papier. — *Cadran*, en t. d'hist. nat., est le nom d'un merle du Bengale. — C'est aussi un genre de coquillages. — *Cadran*, myth. Voy. HEURES.

CADRAN, subst. mas., mieux **CADRANURE**, subst. fém. (*kadran, kadranure*), t. de forestier, maladie à laquelle sont sujets les gros arbres et surtout les chênes. Ce sont des gerçures ou fentes circulaires, accompagnées de rayons qui vont du centre à la circonférence.

CADRANÉ, E, et non pas **CADRANNÉ, E**, barbarisme de *Raymond*, adj. (*kadrané*); il se dit d'un arbre attaqué du *cadran*.

CADRANNERIE, subst. fém. (*kadraneri*), t. de mar., on donne ce nom au dépôt des boussoles et *autres instruments marins. Il est vieux.*

CADRANT ou **CADRAN**, subst. mas. (*kadran*), instrument dont se servent les lapidaires pour tenir les pierres sur la roue. Cet instrument touchant et serrant la pierre sur tous les points, le mot *cadrant* pourrait bien n'être que le participe présent du verbe *cadrer* pris substantivement. Dans ce cas, *cadran* sans *t* serait un barbarisme.

CADRAT, subst. mas. (*kadra*), t. d'imprim., petit morceau de fonte de la force de plus de deux chiffres et plus bas que les lettres, qui sert à remplir les intervalles qui doivent rester en blanc dans l'impression.

CADRATIN, subst. mas. (*kadratein*), t. d'impr., petit *cadrat* parfaitement carré dans son diamètre, de la *force de deux* chiffres. On s'en sert principalement pour faire le blanc des commencements d'alinea. — *Demi-cadratin*, forte espace de l'épaisseur d'un chiffre.

CADRATURE, subst. fém. (*kadrature*), t. d'horloger, assemblage des pièces qui servent à faire marcher les aiguilles du *cadran*, et à faire aller la épétition.

CADRATURIER, subst. mas. (*kadraturié*), ouvrier qui fait des *cadratures* de montre ou de pendule. Peu usité.

CADRE, subst. mas. (Peut-être devrait-on écrire QUADRE.) (*kâdre*) (du lat. *quadrum*, carré, dont les Italiens ont fait aussi *quadro*), bordure de bois, de bronze, etc., dans laquelle on enchâsse des tableaux, des estampes, etc. : *cadre noir; cadre doré; cadre sculpté*, etc. — Au fig. et en parlant des écrits, plan, agencement des parties d'un ouvrage : *cadre bien imaginé, facile à remplir*, etc. — Sur les navires, carré de bois long de six pieds et large de trois, qu'on garnit avec un filet de bitord ; on met dessus un matelas, et il sert de lit aux malades, aux passagers, etc. : *avoir tant d'hommes sur les cadres*, avoir tant de malades. — Chez les papetiers, *cadre* se dit d'un châssis que l'ouvrier applique sur la forme pour y servir de rebord, afin que la pâte ne tombe pas quand on la fait égoutter. — En t. d'architecture, on appelle *cadre* une bordure carrée de pierre ou de plâtre traînée au calibre, qui renferme des ornements de sculpture. On appelle *cadre de plafond* les renfoncements causés par les intervalles des poutres, dans les plafonds lambrissés, et qui sont ornés de sculptures, de peintures, de dorures. — T. d'anat., *cadre du tympan*, portion de l'os temporal qui, chez l'homme, supporte la membrane du tympan. — Au plur., *cadres d'un régiment, de l'armée*, se dit fig. des officiers et des sous-officiers attachés aux compagnies, et formant pour ainsi dire les *cadres* qui renferment les soldats dont elles sont composées. — Il se dit encore, dans les administrations, de la totalité des employés qui en font partie : *rayer un employé des cadres*, c'est lui ôter son emploi.

CADRÉ, E, part. pass. de *cadrer*.

CADRER, v. act. (*kâdré*) (du mot *cadre*; s'ajuster comme dans un *cadre*), faire un *carré* qui contienne précisément autant d'espace qu'une autre figure. L'*Académie* ne le dit pas en ce sens; et c'est en effet *carrer* qu'il faut dire. — Cependant on dit fig. en arithmétique : *faire cadrer un compte*, ajouter aux chiffres détaillés d'un compte ou bien en retrancher pour que le total soit le même que le total réel. — *Cadrer*, v. neut., avoir de la convenance, du rapport : *votre façon de penser cadre avec la mienne*. On ne le dit que des choses, quoiqu'on lise dans *La Bruyère* (chap. 5) : *il est souvent plus court et plus utile de cadrer aux autres, que de faire que les autres s'ajustent à nous*. Il s'emploie aussi, mais plus rarement, sans régime.

CADUC, adj. mas., au fém. **CADUQUE** (*kaduke*) (du lat. *caducus*, fait de *cadere*, tomber), vieux, cassé, dont les forces vont tous les jours en décroissant. Il se dit proprement de l'homme ou de ce qui lui appartient : *devenir caduc; avoir une santé caduque*. — On dit d'une maison près de tomber en ruines qu'*elle est vieille et caduque*. — En bot., feuille, calice, corolle qui tombe promptement. — *Legs caduc, succession caduque*, legs ou succession qui n'a pas lieu, faute d'héritier ou de fonds. — *Lot caduc*, lot qui n'est point réclamé. — *Voix caduque*, celle qui, par quelque raison particulière, n'est pas comptée dans un suffrage. Peu usité. — *Mal caduc*, l'épilepsie. — Autrefois on écrivait *caduque* aux deux genres : *âge caduque*. Boileau. (*Chapelain décoiffé*.)

CADUCÉATEUR, subst. mas. (*kaducéateur*) (du lat. *caduceator*, employé dans la même signification, et fait de *caduceus*, caducée), le héraut que les anciens Romains envoyaient pour annoncer la paix.

CADUCÉE, subst. mas. (*kaducé*) (du lat. *caduceus*, dont la signification est la même), verge accolée de deux serpents que les poètes donnent pour attribut à *Mercure*. Selon la fable, ce dieu la reçut d'Apollon lorsqu'il lui fit présent de sa lyre. Un jour Mercure rencontra sur le mont Cythéron deux serpents qui se battaient, et jeta entre eux cette verge pour les séparer. Les deux serpents s'entortillèrent autour d'elle de manière que la partie la plus élevée de leur corps formait un arc. Mercure voulut depuis la porter ainsi, comme un symbole de paix, et y ajouta des ailerons, emblème de sa rapidité dans l'exercice de ses fonctions. Voy. MERCURE. — Bâton de cérémonie du roi d'armes et des hérauts d'armes.

CADUCIFÈRE, adj. des deux genres (*kaducifère*) (du lat. *caduceus*, et de *fero*, je porte), qui porte le *caducée*. — Subst. mas., myth., surnom de Mercure.

CADUCITÉ, subst. fém. (*kaducité*), état d'une personne *caduque* : *cet homme est dans une extrême caducité*. — État d'une maison qui menace ruine. — *Caducité d'un legs, d'une succession*. Voy. CADUC.

CADUQUE, adj. fém. Voy. CADUC.

CÆA ou **CÆOS**, subst. propre, fém. (*céa, cé-öce*), myth., île de la mer Egée, appelée ainsi du nom de *Cœus*, fils de Titan. Elle était fertile en vers à soie et en troupeaux de bœufs.

CÆBIAS, subst. propre mas. (*cébidce*), myth., l'un des vents qui soufflent avant le temps de l'équinoxe. Il tient des deux mains un bouclier rond, et il en verse de la grêle.

CÆCALE, adj. fém. (*cékale*), t. d'anat., épithète qu'on donne à une veine qui reporte le sang de l'intestin *cæcum* dans le tronc mésentérique.

CÆCALIPHE, subst. mas. (*cékalife*), t. de bot., genre de mousses.

CÆCILIE, subst. fém. (*cécili*) (formé de *cæcus*, aveugle), serpent sans yeux.

CÆCULUS, subst. propre mas. (*cékuluce*), myth., fils de Vulcain et de Préneste. On dit que sa mère, étant assise auprès de la forge de ce dieu, reçut une étincelle de feu qui lui fit mettre au monde au bout de neuf mois un enfant à qui elle donna le nom de Cæculus, parce qu'il avait des yeux fort petits. Lorsqu'il fut avancé en âge, il ne vivait que de vols et de brigandages, et alla bâtir la ville de Préneste. Ayant donné des jeux publics, il exhorta les citoyens à aller fonder une autre ville; mais comme il ne pouvait pas les y engager, parce qu'ils ne le croyaient pas fils de Vulcain, on dit qu'il invoqua ce dieu, et que l'assemblée fut aussitôt environnée de flammes ; ce qui la saisit d'une telle frayeur, qu'elle lui promit de faire tout ce qu'il voudrait. D'autres disent que des bergers trouvèrent cet enfant dans les flammes sans être brûlé; ce qui leur avait donné lieu de le croire fils de Vulcain.

CÆCUM, et non pas **COECUM**, subst. mas. (*cékome*) (du latin *cæcus*, aveugle), t. d'anat., branche des intestins placée entre l'intestin grêle et le colon.

CÆLACHNE, subst. mas. (*célakne*), t. de bot., genre de plantes de la famille des graminées, qui ne renferme qu'une espèce originaire de la Nouvelle-Hollande.

CÆLA-DOLO, subst. mas. (*céladolo*), t. de bot., plante du Malabar, de la famille des personnées.

CÆLESTINE, subst. fém. (*célécetine*), t. de bot., genre de plante.

CAEN, subst. propre mas. (*kan*), ville de France, chef-lieu du dép. du Calvados. — Cette ville, qui joua un grand rôle sous les ducs de Normandie, est la patrie de Malherbe et de Malfilâtre.

CAENAIS, CAENAISE, adj. et subst. (*kané, kanèze*), de *Caen*.

CÆNÉUS, subst. propre mas. (*céné-uce*), myth., surnom de Jupiter, à cause du promontoire de Cénée où on lui rendait de grands honneurs. (*Ovid. Métam., liv. 9.*) — Il y eut un Thessalien de ce nom, qui, ayant été fille sous le nom de *Cænis*, avait obtenu de Neptune d'être changé en homme invulnérable. Il se trouva à la querelle des Lapithes et des Centaures, et ceux-ci, voyant qu'il était en effet invulnérable, l'accablèrent d'une forêt d'arbres. Il fut métamorphosé en oiseau. (*Métam., liv. 12.*)

CÆNIS. Voy. CÆNÉUS.

CÆNOTROPES, subst. propre fém. plur. (*cénotrope*), myth., surnom des filles d'Anius.

CÆOS. Voy. CÆA.

CÆRULESCENT, E, adj. (*céruléceçan, çante*), qui tire sur le *bleu*.

CÆRULEUS-FRATER, subst. mas. (*céruléuce fratère*), myth., Neptune, frère de Jupiter, ainsi appelé de la couleur des eaux de la mer. — *Cærulei dii*, les dieux de la mer.

CÆRUS, et mieux **CÆROS**, subst. propre mas. (*céruce, roce*), myth., c'était le dernier des enfants de Jupiter, selon les Grecs, qui l'adoraient comme le dieu du moment favorable. C'est la même divinité que *Occasion*, avec la seule différence que, son nom étant masculin chez les Grecs, ils en avaient fait un dieu, et qu'étant féminin chez les Latins, ceux-ci en ont fait une déesse. Voy. OCCASION.

CÆSIE, subst. fém. (*cézî*), t. de bot., genre de plantes de la famille des asphodèles, qui comprend cinq plantes vivaces de la Nouvelle-Hollande.

CÆSIO, subst. mas. (*cézio*), t. d'hist. nat., genre de poissons de la division des thoraciques, et de deux espèces. Le *cœsio azuré*, qui se trouve dans la mer des Indes, et qui brille des plus riches couleurs, est de la grandeur et de la forme d'un maquereau. — Le *cœsio poulain*, que l'on pêche dans la mer Rouge, parvient rarement à la longueur d'un pied. Il a une fossette calleuse et une bosse osseuse au-devant des nageoires. Sa tête est relevée par deux saillies qui convergent sur le front; un ou deux aiguillons, tournés vers la queue, sont placés au-dessous de chaque œil.

CÆSIOMORE, subst. mas. (*céziomore*), t. d'hist. nat., poisson à une seule nageoire.

CÆSULIE, subst. fém. (*cézulî*), t. de bot., plante vivace de l'Inde.

CÆTERA (ET), (*ètcétéra*), mot latin qui signifie: et les autres choses, et le reste.

CÆUS, subst. propre mas. (*cé-uce*), myth., nom d'un des Titans qui firent la guerre à Jupiter.

CAFARD, E, subst. et adj. (*kafar, farde*) (suivant *Le Duchat*, du mot français *cape*, d'où est venu celui de *capuchon*, parce que *cafard*, qui s'écrivait autrefois *caphard*, désignait des porteurs de reliques vraies ou fausses, au moyen desquelles ils escroquaient l'argent du petit peuple; ou bien de l'arabe *caphar*, chrétien renégat; ou bien encore de l'hébreu *caphar*, renier, cacher), celui ou celle qui affecte un air bigot, hypocrite : *je hais les cafards; voyez cette mine cafarde*. Voy. HYPOCRITE. — En t. d'écolier, il se dit de celui qui fait des rapports au maître. — *Damas cafard*, sorte de damas mêlé de soie et de fleuret. — *Cafard de village*, étoffe grossière de laine.

CAFARDAGE, subst. mas. (*kafardaje*), vice du *cafard*. Inusité. On se sert du mot *cafarderie*.

CAFARDER, v. neut. (*kafardé*), t. d'écolier, faire le *cafard*, ou faire des rapports au maître.

CAFARDERIE, subst. fém. (*kafarderi*), hypocrisie, affectation ridicule de dévotion.

CAFARDISE, subst. fém. (*kafardize*), vice du *cafard*. Peu usité. On préfère *cafarderie*.

CAFÉ, subst. mas. (*kafé*) (par corruption de l'arabe *qaououat*, force, dont les Arabes ont fait *quhouhah*, café en liqueur. Ils nomment *bounn* le café en grain), nom que l'on donne partout à la graine renfermée dans le fruit du *cafier*. C'est une espèce de demi-fève d'une nature cornée ou cartilagineuse, d'un vert pâle ou jaunâtre que l'on rôtit, et que l'on réduit en poudre, pour en faire un breuvage que l'on appelle aussi *café* : *café moka; café bourbon; café en grain; café brûlé; café moulu*. — Infusion faite avec cette graine : *café à l'eau, café au lait; café à la crème; prendre une tasse de café*. — On appelle *café à la sultane*, une infusion des coques qui enveloppent le *café*; *café en coque*, le fruit entier et desséché; *café mondé*, les semences dépouillées de leurs enveloppes propres et communes. On appelle *café mariné*, celui qui, dans le transport, a été mouillé d'une eau de mer, ce qui lui a communiqué une âcreté que la torréfaction ne détruit pas. — *Café de chicorée*, poudre de racines de chicorées rôties dont on fait une infusion qui se prend en guise de *café* ou mélangé avec le *café*. — *Couleur de café*, ou *couleur café*, couleur de *café* au lait. — On nomme aussi *café* le lieu où l'on va prendre du *café*, du chocolat, du thé, des glaces, des liqueurs, etc. : *fréquenter les cafés.* — Moment où l'on prend le *café* après le repas : *nous en sommes au café.* — Iron. *Prendre son café*, s'amuser de quelqu'un.

CAFÉ-AU-LAIT, subst. mas. (*kafé-ô-lè*), t. d'hist. nat., nom vulgaire d'une coquille du genre porcelaine. Voy. CAFÉ.

CAFÉ-FRANÇAIS, subst. mas. (*kaféfrancè*). On donne ce nom aux graines et aux racines que l'on substitue quelquefois au véritable *café*. Telles sont les graines du seigle, de l'orge, de l'iris des marais, du fragon, etc. ; les racines de la chicorée, de la scorsonère, etc.

CAFÉIER. Voy. CAFIER.

CAFÉIÈRE, subst. fém. (*kaféière*), lieu planté de *cafiers*. On dit aussi *cafeirie*.

CAFÉINE, subst. fém. (*kafé-ine*), principe amer et crystallisable, découvert dans le *café*.

CAFEIRIE, subst. fém. Voy. CAFÉIÈRE.

CAFÉ-LALÉ, subst. mas (*kafélalé*), t. de bot., variété de tulipe, en Turquie.

CAFÉ-MARRON, subst. mas. (*kafémaron*), t. de bot., nom qu'on donne, à l'île Bourbon, à un certain fruit, à cause de sa ressemblance avec le véritable *café*.

CAFÉOMÈTRE, subst. mas. (*kaféomètre*) (du mot *café*, et du grec μετρον, mesure), instrument pour mesurer la pesanteur spécifique du *café*.

CAFÉOMÉTRIE, subst. fém. (*kaféométri*), l'art de mesurer la pesanteur du *café*.

CAFÉOMÉTRIQUE, adj. (*kaféométrike*), qui concerne la *cafeométrie*.

CAFETAN, subst. mas. (*kafetan*), robe de distinction en usage chez les Turcs : *le grand-seigneur envoie des cafetans aux personnes qu'il veut honorer.*

CAFETIER, subst. mas., au fém. **CAFETIÈRE** (*kafetié, tière*), celui ou celle qui tient un *café*, qui vend du *café*; limonadier. Il est peu usité au fém. On dit *limonadière*.

CAFETIÈRE, subst. fém. (*kafetière*), vase dans lequel on fait bouillir, ou l'on sert le *café* brûlé et réduit en poudre. — Celle qui vend du *café*. Voy. CAFETIER.

CAFÉTISÉ, E, adj. (*kafétizé*), t. de médec., mêlé de *café*. Presque inus.

CAFEYER. Voy. CAFIER.

CAFEYÈRE. Voy. CAFÉIÈRE.

CAFFAR, subst. mas. (*kafar*), pièce de monnaie arabe qui vaut trois francs.

CAFFART, subst. mas. (*kafar*), sorte d'étoffe qui se rapproche du damas. — Barbarisme qui n'existe que dans *Raymond*, et qu'il aurait au moins dû forger régulièrement.

CAFFAS ou **CAPS**, subst. mas. (*kâfefâ, kape*), t. de comm., espèce d'emballage de branches de palmier et de cuir ou de toile.

CAFFE, subst. fém. (*kafe*), t. de comm., toile bigarrée du Bengale.

CAFFIÈNE, subst. fém. (*kafiène*), t. de chim., substance transparente obtenue du *café*.

CAFFIGNON, subst mas. (*kafignion*), cocon du ver à soie. Peu usité.

CAFFILA, subst. fém. (*kafila*), nom donné chez les nègres à une caravane d'esclaves.

CAFIQUE, adj. (*kafike*), se dit de l'acide que contient le *café*.

CAFIER ou **CAFÉIER**, subst. mas. (*kafié, kaféié*), t. de bot., arbre ou arbrisseau toujours vert de l'Arabie-heureuse, et qui croît principalement dans l'Yémen, à Aden, à Moka : il est à fleur monopétale, infundibuliforme, imitant celle du jasmin d'Espagne, dont le pistil devient un fruit oblong, divisé en deux loges, et contenant chacune une semence qu'on nomme proprement *café*. Le fruit desséché se nomme *café en coque*.

CAFRE, subst. mas. (*kâfre*), t. d'hist. nat., aigle-vautour. — Subst. des deux genres, peuple d'Afrique.

CAFRERIE, subst. propre fém. (*kafreri*), grande contrée de l'Afrique méridionale.

CAFTAN, subst. mas. (*kafetan*). Voy. CAFETAN.

CAGAROL, subst. mas. (*kaguarole*), t. d'hist. nat. : c'est ainsi qu'on appelle les coquilles du genre sabot, qui sont nacrées en dedans.

CAGASTRIQUE, adj. des deux genres (*kaguacetrike*), t. de médec., se dit des maladies résultant d'un principe contagieux.

CAGAT, subst. mas. (*kagua*), sorte de cage à l'usage des pêcheurs de morues.

CAGE, subst. fém. (*kaje*) (du lat. *cavea*, cage, qu'on a prononcé *cavia*), petite loge portative et à jour, faite le plus souvent de fil d'archal ou de menus bâtons d'osier, et dont on se sert ordinairement pour tenir des oiseaux enfermés. Il y a dans l'intérieur des perchoirs sur lesquels l'oiseau se repose, et des godets où l'on met son boire et son manger. Il se dit aussi de certaines loges de grande dimension, propres à être déplacées, garnies de barreaux d'un ou de plusieurs côtés, où l'on renferme des animaux, et quelquefois même des hommes : *La Balue fut enfermé dans une cage de fer.* — *Les cages à poules*, à bord des navires, sont des sortes de coffres en bois oblongs, garnis de barreaux d'un seul côté, placés sur le pont, près de la chambre du capitaine, où l'on enferme la volaille qui fait partie de l'approvisionnement du bord, et dont le dessus est en forme de banc pour qu'on puisse s'y asseoir. — On dit fig. et fam. : *mettre en cage*, pour mettre en prison ; *être en cage*, être en prison. — *Il vaut mieux être oiseau de campagne qu'oiseau de cage*, la liberté est préférable à tout. — *Ce n'est pas la belle cage qui nourrit l'oiseau*, il vaut mieux être un peu moins bien logé et faire meilleure chère. — *Cage* se dit fig. d'une maison étroite et isolée, ou d'une maison qui a beaucoup d'ouvertures : *c'est une cage ouverte à tout vent.* — Dans certains établissements, on appelle *cage*, une grande pièce servant ordinairement d'atelier, qui ne reçoit le jour que par le toit. — En archit., on appelle *cage d'une maison* les quatre gros murs, et *cage d'escalier* les murs qui enferment un escalier. — *Cage de clocher*, assemblage carré de charpente, ordinairement revêtu de plomb, et compris depuis la chaise sur laquelle il pose, jusqu'à la base de la flèche. — *Cage de moulin à vent*, assemblage carré de charpente en manière de pavillon, revêtu d'ais et couvert de bardeaux, qu'on fait tourner sur un pivot posé sur un massif rond de maçonnerie, pour exposer au vent les volants du moulin. — Fil d'archal travaillé presque en forme de grande *cage* où les orfèvres étalent leurs marchandises. — En t. de bijoutiers, espèce de tabatière qui n'a qu'une bate de fermeture, une petite moulure et un pilier sur chaque angle, le reste étant rempli comme le dessus et le dessous. — En t. de tourneurs, la partie ambiante du tour à figurer. — En t. de faiseurs de bas au métier, c'est l'assemblage de toutes les pièces qui en font l'âme. — Treillis d'osier qu'on met devant les fenêtres en forme de jalousie, pour voir au dehors sans être vu. — En t. de mar., 1° espèce de guérite faite en *cage* à la cime du mât d'un vaisseau ; 2° sorte de *cage* ronde, ouverte par le haut, qui sert à contenir, sur les ponts et les gaillards, les drisses et autres cordages qu'on y tient roulés. On l'appelle plus proprement *cage à drisses*. — En t. de pêche, 1° filet en forme de nasse, qu'on appelle aussi *claie* et *casier*. On couvre avec ce filet le poisson qu'on aperçoit au fond de l'eau ; c'est ce qu'on appelle *pêcher à la cage* ; 2° barrière ou grillage de bois que l'on place auprès de la bonde d'un étang qu'on veut vider, pour que le poisson ne s'échappe pas. — Les jardiniers appellent *cage* un châssis grillé qui sert à défendre les plantes précieuses des attaques des animaux. — En t. d'horlogerie, ce qui contient les roues ou toute la machine d'une horloge. — *Cage* est aussi le nom d'une oie de l'archipel de Chiloë.

CAGÉE, subst. fém. (*kajé*), *cage* pleine d'oiseaux.

CAGIER, subst. mas. (*kajié*), t. de vieille fauconnerie, celui qui portait des oiseaux à vendre.

CAGLIARÈSE, subst. mas. (*kagueliarèze*) (du nom de la capitale de l'île de Sardaigne, *Cagliari*), monnaie de cuivre de Sardaigne, qui a cours pour deux deniers.

CAGLIARI, subst. propre mas. (*kagueliari*), ville capitale de l'île de Sardaigne, chef-lieu de la division du cap de *Cagliari*.

CAGNARD, E, adj. (*kagniar, arde*) (du latin *canis*, fait du grec κυων, κυνος, chien, parce que les fainéants aiment à se coucher au soleil comme les chiens. Les Italiens disent *cagna*, pour désigner une chienne), fainéant, paresseux, lâche, poltron : *il est très-cagnard* ; *mener une vie cagnarde.* — On dit aussi subst. : *c'est un cagnard, une cagnarde.* Il est fam. et triv. — Subst. mas., espèce de fourneau à l'usage des ciriers.

CAGNARDER, v. neut. (*kagniardé*), mener une vie fainéante. Il est fam.

CAGNARDERIE, subst. fém. (*kagniarderi*), paresse, fainéantise.

CAGNARDEUSE, adj. fém. Voy. CAGNARDEUX.

CAGNARDEUX, adj. mas., au fém. **CAGNARDEUSE** (*kagniardeu, deuze*), on le trouve pour *cagneux* dans un *Dictionnaire* moderne, et l'on n'y trouve pas ce dernier, qui est le seul usité.

CAGNARDISE, subst. fém. (*kagniardize*), paresse, fainéantise. Il est fam.

CAGNEUSE, adj. fém. Voy. CAGNEUX.

CAGNEUX, adj. mas., au fém. **CAGNEUSE** (*kagnieu, gnieuze*) (de l'italien *cagna*, chienne, fait du lat. *canis*, parce que les chiens, et particulièrement les bassets, sont *cagneux*), qui a les genoux et les jambes tournés en dedans : *cet homme est cagneux.* — *Cagneux* se dit aussi des jambes mêmes et des pieds : *il a les jambes cagneuses.*

CAGNOT, subst. mas. (*kagnió*), t. d'hist. nat., on donne vulgairement ce nom au squale glauque.

CAGOSANGA, subst. mas. (*kaguozangua*), nom de l'ipécacuanha, au Brésil.

CAGOT, E, orthographe de l'*Académie* (nous serions d'avis qu'on écrivît **CAGOTTE** au fém.), adj. et subst. (*kaguó, guote*) (suivant *Pasquier*, du vieux mot *got*, qui dans la langue germanique et franque signifiait *Dieu*, et dont on a fait également *bigot*, pour désigner ceux qui, *avec une trop grande superstition, s'adonnent, outre mesure, au service de Dieu*), qui a une dévotion fausse ou mal entendue : *air cagot, manières cagottes* ; *c'est un vrai cagot, une franche cagotte.* Voy. HYPOCRISIE. — Selon *Boiste*, c'est le nom d'une race ou caste méprisée et proscrite, et, selon *Raymond*, cette caste serait composée d'individus difformes, estropiés et plongés dans la misère ; mais *Raymond* ne fait pas autorité.

CAGOTERIE, orthographe de l'*Académie* ; mieux **CAGOTTERIE**, subst. fém. (*kaguoteri*), action du *cagot*, manière d'agir du *cagot*.

CAGOTISME, subst. mas. (*kaguoticeme*), esprit, caractère, manière de penser et de faire, du *cagot*. *il a donné dans le cagotisme.*

CAGOU, subst. mas. (*kaguou*), homme qui vit d'une manière obscure et mesquine, qui ne veut voir ni fréquenter personne : *il vit comme un cagou.* Il a été pop., et même il ne se dit plus.

CAGOUILLE, subst. fém. (*kaguouie*), t. de mar., volute qui sert d'ornement au haut de l'éperon d'un vaisseau.

CAGUE, subst. fém. (*kague*), sorte de bâtiment hollandais qui sert particulièrement pour la navigation des canaux.

CAGUI, subst. mas. (*kagui*), t. d'hist. nat., nom d'un singe du Brésil, que l'on rapporte au genre des sakis.

CAHIER, subst. mas. (*ka-ié*) (suivant *Ménage*, du lat. barbare *scaparium*, fait de *scapus*, employé par *Pline* dans le sens de *main de papier* : *scapus chartarum* ; suivant *Nicot*, de *codex* ; et d'après *du Cange*, de *quaternio*, mots qui en latin signifient également *cahier*), assemblage de feuilles de papier ou de parchemin cousues ou pliées les unes dans les autres : *un cahier blanc, un cahier écrit, faire un cahier.* — La rame de certains papiers étrangers est divisée en *cahiers* de cinq feuilles ; le *cahier* de papier à lettres est ordinairement de six feuilles. — Les relieurs appellent *cahiers*, les feuilles d'un livre pliées suivant leur format : *une feuille in-4°* ; *une feuille in-8°, ne font jamais qu'un cahier. Il faut deux ou trois feuilles in-folio pour faire le cahier in-folio. La feuille in-12 contient quelquefois deux cahiers ; mais ordinairement elle n'en comprend qu'un.* — On appelle *cahiers de philosophie, de théologie*, etc., les écrits dictés par un professeur à ses élèves pendant ses cours. — Instructions données par écrit à des députés par leurs commettants : *l'assemblée constituante déclara que les députés n'étaient pas tenus de se conformer aux instructions prescrites dans leurs cahiers.* — Dans notre ancien droit public, on appelait *cahiers* la supplique ou le mémoire des demandes, des propositions ou remontrances que le clergé ou les états d'une province faisaient au roi : *les cahiers du clergé ; les cahiers des provinces.* — On appelle *cahier des charges*, dans les adjudications publiques, un état des clauses et conditions auxquelles l'adjudicataire est obligé de se soumettre. — *Cahier de frais*, le mémoire des frais d'une affaire. Vieux.

CAHIMITIER, subst. mas. (*ka-imitié*), t. de bot., arbre d'Amérique.

CAHIN-CAHA, adv. (*ka-ein, ka-a*), tant bien que mal, de mauvaise grace. Il est familier : *faire les choses cahin-caha*, à moitié bien.

CAHIS ou **CAHYS**, subst. mas. (*ka-ice*), mesure espagnole de huit boisseaux six litrons.

CAHOANE ou **CAHOUANE**, subst. fém. (*ka-o-ane, ka-ouane*), t. d'hist. nat., espèce de tortue de mer.

CAHORS, subst. propre mas. (*ka-or*), ville de France, chef-lieu du dép. du Lot. — Patrie de Clément Marot et de Murat.

CAHORSAIN, **E**, subst. et adj. (*ka-orcein, cène*), de *Cahors*.

CAHOS pour **CHAOS** est un barbarisme.

CAHOSSET, subst. mas. (*ka-océ*), t. de pêche. Voy. CLOSET et non pas CLOZET.

CAHOT, subst. mas. (*ka-ó*) (de l'italien *caduta*, chute, dérivé du latin *cadere*, tomber; au lieu de *caduta* on a dit par métaplasme *cadutum*, d'où nous avons fait ensuite *cahot*), le saut que fait une voiture en heurtant contre un obstacle, ou en roulant sur un terrein mal uni : *le cahot nous a fait verser.* — On dit par extension : *nous avons trouve bien des cahots dans notre voyage*, pour : nous avons trouvé des routes où notre voiture faisait beaucoup de *cahots*. — *Cahot* se dit au figuré pour accident, retard imprévu qui survient dans le cours d'une affaire : *nous avons éprouvé bien des cahots dans cette affaire.*

CAHOTAGE, subst. mas. (*ka-otaje*), mouvement causé par des *cahots*.

CAHOTANT, **E**, adj. (*ka-otan, tante*), qui fait faire des *cahots* : *chemin cahotant.* — *Voiture cahotante*, qui *cahote* beaucoup.

CAHOTÉ, **E**, part. pass. de *cahoter*, et adj.

CAHOTER, v. act. (*ka-oté*), secouer, faire faire des sauts; il se dit d'une voiture qui éprouve beaucoup de *cahots* : *cette voiture nous a bien cahotés.* — Au figuré : *écartez les livres et les entretiens qui cahotent l'esprit.* — Il est aussi v. neut., et signifie éprouver des *cahots* : *cette voiture cahote beaucoup.*

CAHOUANE, subst. fém. Voy. CAHOANE.

CAHUOTIER, subst. mas. (*ka-u-otié*), t. de pêche, filet appelé plus communément *verveux*.

CAHUTE, orthographe de l'*Académie*; peut-être devrait-on écrire **CAHUTTE**, à cause de la racine de ce mot; subst. fém. (*ka-ute*) (rac. *hutte*), loge faite de terre ou de méchantes pierres, habitée par des pauvres. — Cabane, maisonnette de triste apparence.

CAHYS, subst. mas. Voy. CAHIS.

CAÏC, subst. mas. **CAÏQUE** ou **CAÏE**, subst. fém. (*ka-ike, ka-i*), l'esquif destiné au service d'une galère. — Petite barque dont les Cosaques, les Turcs, etc., se servent pour naviguer. — On appelle encore de ce nom en Amérique les rochers qui s'élèvent du fond de la mer, et qui forment quelquefois de petites îles.

CAÏCA, subst. mas. (*ka-ika*), t. d'hist. nat., espèce de perroquet de la Guyane.

CAICHE, **QUAICHE** ou mieux **KETCH**, subst. fém. (*kèche*), t. de mar., sorte de bâtiment en usage principalement chez les Anglais : il est à poupe, carré, et orné d'une poulaine, avec un grand mât et un mât d'artimon.

CAÏD, subst. mas. (*ka-ide*), sorte de juge dans l'état de Tripoli, qui est en même temps commandant, fermier, receveur, etc.

CAÏDA, subst. mas. (*ka-ida*), t. de bot., espèce de plante.

CAÏE, subst. fém. (*ka-i*). Voy. CAÏC.

CAÏENNE, subst. fém. Voy. CAYENNE.

CAIEPUT ou **CAJEPUT**, subst. mas. (*ka-iepu, kajepu*), huile claire, transparente, ordinairement verte, qui brûle sans laisser aucun résidu. Elle vient des îles Moluques. Les Allemands l'emploient comme antispasmodique. On ne s'en sert presque point en France, si ce n'est pour garantir des insectes les collections d'histoire naturelle.

CAÏÈTE, subst. propre fém. (*ka-iète*), myth., nourrice d'Énée, qui donna son nom à un promontoire d'Italie où elle mourut, et aussi au port et à la ville qu'on y bâtit. (*Virg.*)

CAÏEU, subst. mas. (*ka-ieu*), rejeton d'ognons qui portent fleur. — Fleur qui vient d'un *caïeu* : *cette tulipe n'est qu'un caïeu de l'année.* — Dans certains départements de la France, on appelle les moules *coquillage* du *caïeu*.

CAIGNARDELLE, subst. fém. (*kègniardèle*), machine employée pour porter le gaz (du nom de *Caignard*, son inventeur.) Pauvre mot! il est de *Raymond*.

CAILLE, subst. fém. (*kâ-ie*) (de l'italien *quaglia*, dérivé, suivant *Ferrari*, du latin *quaquila*, qui se trouve dans *Papias* avec la même signification), t. d'hist. nat., oiseau de passage, qui a le plumage grivelé, et dont la chair est délicate. C'est un gallinacé, de la famille des alectrides, et du genre des tétras. — On dit en parlant du cri de la *caille*, qu'elle *carcaille*, ou *margotte*. — On nomme *roi des cailles* ou *râle*, un autre oiseau plus fort que la *caille*, et dont les pattes sont très-longues.

CAILLÉ, subst. mas. (*kâié*), lait tourné, et épaissi par coagulation : *manger du caillé.* — *Caillé blanc*, t. de chim., précipité; dissolution d'argent dans l'acide hydrochlorique.

CAILLÉ, **E**, part. pass. du v. *cailler*, et adj., *lait, sang caillé.*

CAILLÉ-BLANC, subst. mas. (*kâiéblan*). Voy. CAILLÉ, subst.

CAILLEBOTTE, subst. fém. (*kâ-iebote*), masse de lait *caillé*. — Vase pour le *caillé*. — Aubier des bois.

CAILLEBOTTÉ, **E**, adj. (*kâ-ieboté*), réduit en *caillots*, coagulé.

CAILLEBOTTER, v. neut. (*kâ-ieboté*), se coaguler, se mettre en *caillots*.

CAILLEBOTTIN, subst. mas. (*ka-iebotein*), corbeille de cordonnier.

CAILLEBOTTIS, subst. mas. (*kâ-ieboti*), espèce de treillis faits de petites pièces de bois entrelacées, qu'on place au milieu des ponts des vaisseaux pour donner de l'air.

CAILLE-LAIT, subst. mas. (*kâ-ielè*), t. de bot., petit muguet, bon pour les nerfs; sa racine donne un aussi beau rouge que la garance, et ses fleurs font *cailler le lait.* — Au plur., des *caille-lait*, des plantes qui *caillent le lait.* — On le nomme aussi *gaillet*.

CAILLEMENT, subst. mas. (*kâ-ieman*), état de ce qui se *caille* : *caillement du lait, du sang.* — Les femmes nouvellement accouchées sont sujettes à une maladie appelée *le poil*, causée par le *caillement* du lait qui se coagule en petits grumeaux dans les seins.

CAILLER, v. act. (*kâ-ié*) (du lat. *coagulare* dont la signification est la même), coaguler, figer, épaissir *la présure caille le lait; cela fait cailler le sang.* — On dit souvent au pronominal *se* CAILLER. — V. neut., chasser aux *cailles*.

CAILLETAGE, subst. mas. (*kâ-ietaje*), bavardage de *caillette* : *insipide cailletage.*

CAILLETEAU, subst. mas. (*kâ-ietó*), t. d'hist. nat., jeune *caille*.

CAILLETER, v. neut. (*kâ-ieté*) (rac. *caille*), babiller beaucoup sur des choses frivoles.

CAILLETOT, subst. mas. (*kâ-ietó*), t. d'hist. nat., petit turbot fort délicat.

CAILLETTE, subst. fém. (*kâ-iète*), dans les mammifères ruminants, la quatrième cavité de l'estomac, laquelle est l'estomac proprement dit. On lui a donné ce nom, parce qu'on trouve dans l'estomac des veaux la présure qui fait *cailler* le lait. — Il se dit aussi d'une femme, et par extension d'un homme qui babille beaucoup sur des choses frivoles : *cette femme ne fréquente que les caillettes de son quartier; cet homme est une vraie caillette.* Dans cette dernière acception, ce mot vient par analogie du mot *caille*, et il est familier.

CAILLEU-TASSART, subst. mas. (*kâ-ieutaçar*), t. d'hist. nat., poisson du genre du clupe.

CAILLOT, subst. mas. (*kâ-ió*), petite masse de sang *caillé*. — On dit *des caillots*, et non pas *des cailloux de sang.*

CAILLOTIS, subst. mas. (*kâ-ioti*), sorte de soude dont les pierres ressemblent à des cailloux.

CAILLOT-ROSAT, subst. mas. (*kâ-ió-róza*), sorte de poire pierreuse qui a le *goût* de *rose*, dit l'*Académie*; nous pensons qu'il est ici question de la couleur, et nullement du goût. — Au plur. : des *caillots-rosats*, des *caillots* qui sont *rosats*.

CAILLOU, subst. mas. (*kâ-iou*) (du lat. *calculus*, ou plutôt du grec κοχλαξ qui a la même signification), pierre dure qui donne des étincelles lorsqu'on la frappe avec un corps qui peut en produire lui-même : *un chemin plein de cailloux; lancer un caillou.* — Au plur., des *cailloux*. — On appelle *caillou d'Égypte* une sorte de jaspe arborisé; *cailloux-crystaux*, des pierres dures plus ou moins transparentes, de différentes couleurs et de différentes formes : tels sont les *cailloux d'Alençon, de Médoc, du Rhin.* — L'ouvrier en cuivre jaune donne le nom de *caillou* à un instrument fait d'un *caillou* plat en forme de ciseau de menuisier, et emmanché de bois, dont on se sert pour tirer les cendres et la crasse du creuset.

CAILLOUTAGE, subst. mas. (*kâ-ioutaje*), amas de *cailloux*; ouvrage fait de *cailloux* rassemblés : *un mur, une grotte de cailloutage.*

CAILLOUTEUSE, adj. fém. Voy. CAILLOUTEUX.

CAILLOUTEUX, adj. mas.; au fém. CAILLOUTEUSE, (*kâ-iouteu, teuze*), plein de *cailloux* : *chemin caillouteux, route, terre caillouteuse.*

CAÏMACAN, subst. mas. (*ka-imakan*) (des deux mots arabes *qaym*, qui est debout, et *makan*, lieu, place), lieutenant du grand-visir. L'un des *caïmacans* est gouverneur de Constantinople et n'en sort jamais.

CAÏMACANI, subst. mas. (*ka-imakani*), t. de comm., toile fine du Bengale et de Smyrne.

CAÏMAN, subst. mas. (*ka-iman*), t. d'hist. nat., espèce de crocodile d'Amérique.

CAIMAND. Voy. QUÉMAND.

CAIMANDER. Voy. QUÉMANDER.

CAIMANDEUR, Voy. QUÉMANDEUR.

CAIMANDEUSE. Voy. QUÉMANDEUSE.

CAÏMIRI, subst. mas. (*ka-imiri*), t. d'hist. nat., très jolie espèce de singe; sagouin de l'Amérique.

CAÏMITES, subst. mas. plur. (*ka-imite*), t. d'hist. eccl., secte de gnostiques.

CAÏMITIER, subst. mas. (*ka-imitie*), t. de bot., genre d'arbres et d'arbrisseaux exotiques, de la famille du sapotilier, qui croît aux Antilles et à la Guyane.

CAÏNITE, subst. et adj. des deux genres (*ka-inite*), partisan de deux principes, bons ou mauvais, ïnus.

CAÏPA-SCHORA, subst. mas. (*ka-ipacekora*), t. de bot., espèce de courge du Malabar, qui a la forme d'une poire.

CAÏPON, subst. mas. (*ka-ipon*), t. de bot., grand arbre de Saint-Domingue qu'on emploie dans les ouvrages de charpente.

CAÏQUE, subst. fém. Voy. CAÏC.

CAIRE, subst. mas. (*kère*), t. de bot., écorce du fruit du cocotier; elle est composée de filaments avec lesquels on fabrique des étoffes grossières et des cordages.

CAIRE (LE), subst. propre mas. (*lekère*), ville capitale de l'Égypte.

CAIRES, subst. propre fém. (*kère*), village de France, chef-lieu de canton, arrond. du Puy, dép. de la Haute-Loire.

CAISSE, subst. fém. (*kèce*) (du lat. *capsa*, pris du grec καψα, étui, cassette), espèce de coffre de bois destiné à renfermer des marchandises que l'on veut transporter. Ordinairement les *caisses* sont faites de planches de sapin, clouées sur des traverses : *une caisse de marchandises; une caisse de sucre; une caisse de vin de Champagne; une caisse d'étoffes; une caisse d'oranges.* — En t. de comm., on appelle *caisse emballée* une *caisse* pleine de marchandises, entourée de paille, et couverte d'une grosse toile, qu'on nomme *balle* ou *emballage*; *caisse carrée*, une *caisse* qui n'a point d'emballage et qui est seulement liée pardessus avec de la corde, de distance en distance, pour empêcher les planches de s'écarter. — On donne aussi le nom de *caisse* à une espèce de coffre-fort tout de fer ou de bois de chêne, garni de bonnes barres de fer, avec une ou plusieurs serrures, et dans lequel les marchands, négociants, banquiers, etc., enferment leur argent comptant : *avoir de l'argent en caisse; les caisses de l'état.* — *Tenir la caisse*, avoir le maniement de l'argent. — On appelle *livre de caisse*, une sorte de livre qui contient, en débit et crédit, tout ce qui entre d'argent dans la *caisse* et tout ce qui en sort. — *Caisse* se dit de tout l'argent qu'un marchand, un négociant, un banquier, peut avoir à sa disposition pour négocier. On dit, dans ce sens : *sa caisse est de cent mille écus, de huit cent mille francs.* — On appelle aussi *caisse* le cabinet où est la *caisse* du *caissier*, et où se font les recettes et les paiements : *aller à la caisse; on m'a payé à la caisse.* — *Garçon de caisse*, garçon qui va faire les recettes en ville. — On appelle *caisse militaire*, la *caisse* destinée aux dépenses d'un corps militaire, d'une armée. — On dit aussi la *caisse du régiment, de la compagnie.* — *Caisse des pensions*, fonds qu'une administration, etc. affecte au paiement des pensions accordées à des employés en retraite, etc. — Nous empruntons au *Dictionnaire de Législation usuelle* de M. *E. de Chabrol-Chaméane* l'excellent article qu'il a donné sur les différentes sortes de *caisses* existantes aujourd'hui. On appelle *caisse*, dit ce magistrat, le lieu où l'on dépose des sommes d'argent. Le même nom a été étendu aussi à l'établissement même de ce dépôt, à la compagnie ou aux hommes qui l'administrent. — On distingue les *caisses* publiques et particulières. — Les *caisses* publiques sont celles qui sont destinées à un service public, telles que la *caisse centrale du trésor public*, la *caisse d'amortissement*, celle *des dépôts et consignations;* nous consacrons plus bas quelques mots à chacune d'elles. Les *caisses* particulières sont celles qui sont destinées à un service, à une industrie particulière : telles sont les *caisses d'épargne* et *de prévoyance, de survivance, hypothécaire*, etc. Néanmoins, quand ces *caisses* sont approuvées par le gouvernement, comme cela a lieu dans un grand nombre de cas, elles rentrent dans la classe des établissements publics. Les principes qui régissent les *caisses* particulières résultent des actes de société qui les ont établies, et l'on sent qu'il est impossible de les spécifier ici. Mais toutes les *caisses publiques* sont soumises à des principes généraux que nous indiquons sous ce mot. — *Caisse d'amortissement.* Cet établissement est chargé des opérations relatives à l'extinction de la dette publique. Il y a eu trois *caisses d'amortissement*, créées successivement par l'édit du mois de décembre 1764, par la loi du 6 frimaire an VIII, et par celle du 28 avril 1816. C'est cette dernière loi (art. 98 et suiv.) qui a réduit au rachat des rentes publiques les opérations beaucoup plus nombreuses, suivant les dispositions de la loi de l'an VIII, de la *caisse d'amortissement.* La même loi a séparé de la *caisse d'amortissement* la *caisse des dépôts et consignations.* — Nous empruntons au *Dictionnaire de l'Industrie*, article *amortissement*, par M. *Blanqui*, l'exposition des opérations de la *caisse d'amortissement :* « Lorsque l'État emprunte cent millions, à cinq pour cent, il faut qu'il se procure tous les ans une portion du revenu national égale à cinq millions, pour acquitter les intérêts de cet emprunt. Il établit ordinairement un impôt dont le produit s'élève, chaque année, à cette somme. S'il se bornait à cet impôt, sans autre précaution, la dette serait éternelle, car la somme de cinq millions, prélevée pour le paiement des intérêts, ne pouvant recevoir d'autre destination, il n'y aurait pas de remboursement possible dans ce système. Mais au lieu de lever cinq millions d'impôts, l'État en lève six, et il en consacre un au rachat d'une somme égale, dont le capital se trouve amoindri; de sorte qu'au bout d'une année, la dette de cent millions se trouve réduite à quatre-vingt-dix-neuf. La même opération a lieu l'année suivante, et réduit la dette à quatre-vingt-dix-huit millions, et ainsi de suite pour les années postérieures. En outre, comme il a été pourvu au paiement de la dette, c'est-à-dire des rentes attachées aux inscriptions du grand-livre, la *caisse d'amortissement* reçoit annuellement, de même que tous les rentiers, les rentes attachées aux inscriptions qu'elle a prises en achetant les titres. Elle applique donc à l'extinction de la dette non-seulement le fonds annuel qui lui est affecté, mais encore les arrérages des rentes rachetées. C'est ce qu'on appelle l'action de l'*intérêt composé*, au moyen duquel un capital de cent millions peut être racheté en trente-six ans, par un simple amortissement d'un million. » — La loi interdit le transfert des inscriptions de rentes achetées au nom de la *caisse d'amortissement.* Néanmoins, ce transfert serait valable à l'égard de l'acquéreur. Le recours, dans ce cas, est exercé par le gouvernement contre les agents du trésor et le directeur de la *caisse d'amortissement.* La *caisse d'amortissement* n'est placée dans les attributions d'aucun ministère. Elle est sous la surveillance et la garantie directe des Chambres. L'administration en est confiée à un directeur général, et surveillée par une commission nommée par le roi, et composée d'un pair de France, de deux députés, et d'un président de la chambre de commerce de Paris. Voy. au mot CAISSE PUBLIQUE. — — *Caisse centrale du trésor public.* Cette *caisse*, outre le service spécial du trésor public, facilite la circulation des capitaux au moyen des mandats qu'elle expédie sur tous les départements en échange des versements qui lui sont faits, et en acquittant, pour le compte des receveurs-généraux, les mandats qu'ils ont été autorisés à délivrer sur le trésor ; elle reçoit de plus les placements à intérêts qui lui sont offerts et qu'elle est autorisée à accepter. Voy. CAISSE PUBLIQUE. — *Caisse des dépôts et consignations.* Cette *caisse* est chargée de recevoir les dépôts volontaires et judiciaires. Elle est régie par les mêmes principes que la *caisse d'amortissement*, avec laquelle elle était d'abord réunie et dont elle a été séparée par la loi du 6 frimaire an VIII. Elle a été constituée par la loi des finances du 28 avril 1816, et par l'ordonnance réglementaire du 3 juillet de la même année. Quoique la *caisse des dépôts et consignations* forme un établissement bien distinct de la *caisse d'amortissement*, l'administration en est la même, et les mêmes employés servent également pour les deux *caisses.* Mais leurs opérations ne doivent pas être confondues, leurs écritures et leurs *caisses* doivent être séparées. Les préposés sont établis dans toutes les villes où siége un tribunal de première instance. Ce sont ordinairement, dans les départements, les receveurs généraux et particuliers. Cette *caisse* reçoit seule les *consignations* judiciaires désignées en l'article 2 de l'ordonnance du 3 juillet 1816. Cette *caisse* reçoit en outre les dépôts volontaires des particuliers, mais à Paris seulement, et en monnaie ayant cours, ou en billets de la banque de France. Ces sommes, suivant l'ordonnance de 1816, portaient, au bout de trente jours, intérêt de 3 p. 0/0, tandis que les dépôts judiciaires ne produisent intérêt qu'au bout de soixante jours, conformément à la loi du 18 janvier 1805. Mais une ordonnance du 19 janvier 1835 a réduit l'intérêt des dépôts volontaires à 2 p. 0/0. Elle a décidé qu'ils ne porteraient intérêt qu'au bout de soixante jours. Cette ordonnance n'a rien changé à ce qui concerne les dépôts faits par les établissements publics, ou les dépôts judiciaires. — Les sommes consignées sont remises dans le lieu où le dépôt a été fait, à ceux qui justifient de leurs droits, dix jours après la réquisition du paiement au préposé de la *caisse.* Les préposés sont contraignables par corps à faire cette remise dans le délai de dix jours, excepté dans le cas d'opposition régulièrement formée entre leurs mains, ou d'irrégularité dans les pièces produites à l'appui de la réquisition. Les dépôts volontaires étaient, suivant l'ordonnance du 3 juillet 1816, restitués à l'époque convenue dans l'acte de dépôt; et, s'il n'avait été fixé aucune époque, sur la simple présentation de la reconnaissance. L'ordonnance du 19 janvier 1835 décide qu'ils ne pourront en aucun cas être retirés que quarante-cinq jours après la demande. En cas de perte de cette reconnaissance, le déposant doit former, entre les mains des préposés, une opposition fondée sur cette cause. La *caisse des consignations* est responsable des sommes reçues par les préposés, lorsque les parties ont fait enregistrer leurs reconnaissances dans les cinq jours de celui du versement. (Voir, pour plus de détails, le *Dict. de Législation usuelle.*) — *Caisse d'épargne et de prévoyance.* C'est un lieu de dépôt et de placement pour les petites sommes, qui y sont reçues chaque semaine, depuis le *minimum* de *un franc*, jusqu'à un *maximum* déterminé par une loi. C'est la banque des ouvriers. — *Caisse d'escompte.* Maison de banque publique ou particulière dans laquelle on fait l'*escompte.* Voy. ce mot. — *Caisse hypothécaire.* Elle a pour but : 1° d'ouvrir un crédit aux personnes qui peuvent fournir des hypothèques suffisantes; 2° d'assurer les créances hypothécaires résultant de contrats faits ou de contrats à faire ; 3° de prêter sur nantissement de contrats hypothécaires; 4° d'acheter des créances hypothécaires. Toutes les opérations de cette *caisse* se font par l'intermédiaire de chambres de garantie, établies dans diverses villes et désignées par l'administration. La *caisse hypothécaire* est constituée en société anonyme, autorisée par ordonnance royale du 12 juillet 1820. Le fonds social est de cinquante millions, divisé en cinquante mille actions, nominatives ou au porteur, au choix de l'actionnaire. Elle est soumise aux règles générales relatives aux *caisses publiques.* Voy. ce mot. — *Caisse de Poissy.* Elle est chargée de payer comptant, sans déplacement, aux herbagers et marchands forains, le prix des bestiaux achetés par les bouchers de Paris et du département de la Seine. Le fonds de la *caisse de Poissy* est composé : 1° du montant du cautionnement des bouchers, qui existe actuellement dans la caisse de la boucherie; 2° des sommes qui y sont versées par la *caisse municipale*, d'après un crédit ouvert par le préfet de la Seine. Le crédit ouvert à la *caisse* est égal au montant présumé des ventes les plus considérables de chaque marché. (Voyez, pour plus détails, le *Dict. de Législation usuelle.*) — *Caisse publique ;* c'est le lieu où l'on reçoit et l'on paie à raison d'un service public. Les valeurs ne peuvent être employées que pour les paiements autorisés, et sur les fonds affectés à telle ou telle dépense. Les comptables sont responsables de toutes les dépenses faites pour les objets qui ne sont pas à la charge de la *caisse*, et aussi des valeurs fausses que le trésor a reconnues telles dans le versement. Les valeurs que l'on touche à une *caisse publique* doivent être vérifiées sur le bureau même et sous les yeux du comptable. Aussitôt sorti du bureau, on n'est plus admis à aucune réclamation. (Voy., pour plus de détails, le *Dict. de Législation usuelle* de M. E. de Chabrol-Chaméane.) — Les jardiniers appellent *caisse* une machine faite en bois, composée de quatre pieds droits, sur lesquels ou dans lesquels on assujétit, par des mortaises, par des clous, ou par des équerres en fer, des planches qui doivent former les quatre côtés et le fond. La partie supérieure reste découverte. On emplit ces *caisses* de terre ou de terreau, et on y plante des fleurs ou des arbrisseaux. — *Caisse*, en t. de mar. : la *caisse* d'une poulie renferme le rouet et son essieu; la *caisse* d'un mât de hune, de perroquet et de cacatois, est la partie du pied qui passe avec justesse entre les allonges du mât inférieur. — *Caisse* signifie aussi le cylindre d'un tambour ou le tambour lui-même. — *Battre la caisse*, faire une levée de soldats ; et fig. et fam., chercher de l'argent à emprunter : tâcher de se faire des partisans, etc. — *Bander la caisse*, s'enfuir. — *Donner un coup sur la caisse, un coup sur le tambour*, décider en partie pour l'un, en partie pour l'autre. — *Caisse roulante* ou *grosse caisse*, espèce de grand tambour qui rend un son plus grave et moins fort, dont on se sert dans la musique militaire. — Les raffineurs de sucre appellent *caisse* un petit coffret de bois avec un rebord qui empêche le sucre qu'on gratte de tomber à terre. — En anatomie, on appelle *caisse de tambour*, une cavité demi-sphérique qui se trouve au fond du trou auditif externe de l'oreille. — Les chirurgiens appellent *caisse d'amputation*, *caisse de trépan*, *caisse à médicaments*, des *caisses* où ils enferment des instruments propres à faire les opérations de l'amputation ou du trépan, ou celle où ils conservent des médicaments. — En t. d'archit., *caisse* désigne le renfoncement carré qui renferme une rose, dans chaque intervalle des modillons du plafond de la corniche corinthienne. — On appelle, en agric., *caisse de dessiccation*, une *caisse* qui sert à faciliter le dessèchement des grains et la destruction des insectes. — Les batteurs d'or appellent *caisse*, une boite de sapin qui couvre la partie supérieure du marbre sur lequel on bat l'or ; elle est revêtue en dedans d'un parchemin, qui s'élève jusque sur le marbre, et sur l'ouvrier auquel il sert de tablier. — Chez les horlogers, les mots : *caisse, cage, cartel, boîte*, servent à indiquer ce qui renferme le mouvement des pendules et des montres. — On appelle *caisse d'un clavecin, d'un orgue, d'un forté-piano*, la boite ou l'armoire qui renferme le corps de ces instruments. — Les fondeurs en sable appellent *caisse à sable* un coffre de bois où est le sable dont on forme les moules. — Les manufacturiers en soie nomment *caisse des marches* une sorte de coffret percé qui sert à recevoir le boulon qui enfile les marches. — *Caisse de fusées*, en t. d'artificier, coffre dans lequel on met un grand nombre de fusées volantes que l'on veut faire partir en même temps; *caisse aérienne*, espèce de ballon qui contient quantité d'artifices, de petites fusées. — En t. de pâtissier, on appelle *caisse* un papier plié en carré dans lequel on fait cuire des biscuits et d'autres mets délicats. — T. de charron, corps d'une voiture. — T. de papetier, auge dans laquelle ils déposent la pâte disposée pour la fabrication du papier. — *Caisse catoptrique* se dit, en physique, d'une machine qui représente les petits corps comme très-gros, et ceux qui sont proches comme très-grands et répandus dans un grand espace. On y voit aussi beaucoup de phénomènes amusants, par le moyen de divers miroirs qui sont disposés suivant les règles de la *catoptrique* dans une espèce de *caisse.*

CAISSETIN, subst. mas. (*kècetein*), petite *caisse* de sapin dans laquelle on envoie des raisins secs. — Il se dit aussi, dans les manufactures de soie, d'une petite armoire où l'ouvrier range les soies et ornements dorés dont il fait usage.

CAISSIER, subst. mas.; au fém. **CAISSIÈRE** (*kècié, cière*), celui, celle qui est chargée du maniement des deniers d'une *caisse*, et qui doit en rendre compte : *il est caissier dans telle maison de commerce.* Ni l'*Académie*, ni les *Dictionnaires* ne donnent le fém. de ce mot. — Dans les villes de commerce, artisan uniquement occupé à faire des *caisses.* Presque inusité dans ce dernier sens.

CAISSIÈRE, subst. fém. Voy. CAISSIER.

CAISSON, subst. mas. (*kèçon*) (rac. *caisse*), charriot couvert dont on se sert ordinairement pour transporter des vivres et des munitions à une armée. — Dans les voitures, petit coffre sous le siége des voyageurs. — En t. de mar., on appelle *caissons* des coffres attachés sur les revers de l'arrière d'un vaisseau. — *Caisson de bombes*, fourneau superficiel qu'on fait avec une *caisse* remplie de bombes ou de poudre, et dont on se sert à l'armée. — T. d'archit., compartiment, renfoncement orné de moulures et pratiqué dans une voûte. — Appareil dont on se sert pour construire sous l'eau.

CAJACE, subst. fém. (*kajace*), sorte de petite barque, en Égypte.

CAJAN, subst. mas. (*kajan*), t. de bot., genre de plantes de la famille des cytises. — T. d'hist. nat., sorte de coquille.

CAJAN-SCARABOÏDE, subst. mas. (*kajance-karabo-ide*), t. de bot., plante qui se rapproche beaucoup du *cajan*.

CAJARK, subst. propre mas. (*kajarke*), village de France, chef-lieu de canton, arrond. de Figeac, dép. du Lot.

CAJATIA, subst. fém. (*kajacia*), sorte de plante qui croît dans l'Inde et qui sert de nourriture aux hommes.

CAJAVAS, subst. mas. plur. (*kajavâce*), sorte de berceau où l'on met les malades des caravanes.

CAJEPUT, subst. mas. Voy. CAIEPUT.

CAJOLABLE, adj. des deux genres (*kajolable*) doux, aimable, susceptible d'être *cajolé* : *cet homme n'est pas cajolable*. Peu usité.

CAJOLÉ, E, part. pass. de *cajoler*, et adj.

CAJOLER, v. act. (*kajolé*), tenir à quelqu'un des propos obligeants, flatteurs, agréables, dans le dessein de lui plaire et d'obtenir de lui quelque chose que l'on désire secrètement : *il cajole ce vieillard pour avoir sa succession*. — Tâcher de séduire une femme ou une fille par de belles paroles : *cette jeune fille souffre qu'on la cajole*. — Fam. Voy. CARESSER. — *Cajoler*, en t. de mar., mener un navire contre le vent, par le moyen du courant. — *Cajoler*, v. neut. Il se disait, en t. de vieille faucon., du cri des geais. — *se* CAJOLER, v. pron. : *les hypocrites se cajolent*.

CAJOLERIE (peut-être devrait-on écrire CAJOLLERIE), subst. fém. (*kajoleri*), louange; propos flatteurs que l'on tient à quelqu'un dans le dessein de lui plaire, et d'obtenir de sa faiblesse quelque chose que l'on désire : *ce vieillard n'a pu résister aux cajoleries de cet intrigant, et l'a nommé son légataire universel. Cette jeune fille aime les cajoleries*. Voyez CAJOLER dans ses deux premières acceptions.

CAJOLEUR, subst. mas., au fém. **CAJOLEUSE** (*kajoleur, leuze*), celui, celle qui *cajole*; qui use de *cajoleries* : *c'est un cajoleur qui parviendra à tromper ce vieillard. Une cajoleuse*.

CAJOLEUSE, subst. fém. Voy. CAJOLEUR.

CAJOT, subst. mas. (*kajô*), espèce de cuve où l'on met les foies des morues pour en tirer l'huile.

CAJOTTE, Voy. CACHOTTE.

CAJU-BARAÉDAN, subst. mas. (*kajubaraédan*), t. de bot., arbre de l'Inde à feuilles pinnées dont les fruits sont hérissés de pointes assez dures pour servir à râper les racines, dont on se nourrit dans ce pays.

CAJU-BOBA, subst. mas. (*kajuboba*), t. de bot., arbre du Malabar.

CAJU-FANGA, subst. mas. (*kajufangua*), t. de bot., arbre des Moluques dont l'écorce rend un suc laiteux susceptible d'être employé comme vernis.

CAJU-HOLLANDA, subst. mas. (*kaju-olanda*), t. de bot., espèce de laurier.

CAJU-ITAM, subst. mas. (*kaju-itame*), t. de bot., arbre à bois noir d'Amboine, qui paraît devoir se rapporter au canang.

CAJU-JAPAN, subst. mas. (*kajujapan*), t. de bot., espèce du genre des poincillades.

CAJU-LAPIA, subst. mas. (*kajulapia*), t. de bot., arbre d'Amboine à feuilles alternes et à fleurs en grappes terminales. — On ignore le genre auquel il appartient.

CAJU-LOBÉ, subst. mas. (*kajulobé*), t. de bot., arbre d'Amboine dont le bois sert à faire des torches.

CAJUMÉRA, subst. mas. (*kajuméra*), t. de bot., on donne ce nom à trois arbres, à bois rouge, qui appartiennent au genre du jambosier.

CAJU-PALACA, subst. mas. (*kajupalaka*), t. de bot. On donne ce nom à l'un des plus grands arbres d'Amboine. Il a le bois tendre, et n'est point propre à la charpente. On ignore à quel genre il appartient.

CAJU-RADIA, subst. mas. (*kajuradia*), t. de bot., nom de plusieurs arbres d'Amboine qui ont tous le bois très-léger.

CAJUTE, subst. fém. (*kajute*), nom donné aux lits de navires pratiqués dans les chambres comme des armoires. On dit plus souvent CABANE.

CAJU-TOLA, subst. mas. (*kajutola*), t. de bot., arbuste de Java, qui a beaucoup de rapport avec les aquilices.

CAJU-ULAR, subst. mas. (*kaju-ular*), t. de bot., espèce de vomique de Java.

CAKILE, subst. mas. (*kakile*), t. de bot., genre de plantes de la famille des crucifères

CAL, subst. mas. (*kale*) (en lat. *callum* ou *callus*), durillon qui se forme aux pieds, aux mains et aux genoux. Dans le langage ordinaire on se sert plutôt du mot *durillon*. Les *cals* se forment surtout dans les parties où la peau est épaisse et serrée, comme au creux de la main et à la plante des pieds; c'est à la faveur de ces cals que des gens peuvent, sans se brûler, porter du fer fondu dans la main, et que des verriers manient impunément le verre brûlant. — En t. de chirurgie, ce mot est quelquefois employé pour *callosité*, qui est plus usité. Le plus souvent on nomme *cal* ou *calus*, la cicatrice qui se forme sur un os fracturé. *Calus* s'emploie aussi pour *cal* dans sa première acception.

CALABA, subst. mas. (*kalaba*), t. de bot., genre de plantes exotiques de la famille des guttifères dont on connaît plusieurs espèces. Ce sont de grands arbres des Indes, et dont les feuilles sont luisantes.

CALABRE, subst. fém. (*kalâbre*), nom d'une province du roy. de Naples.

CALABROIS, E, subst. et adj. (*kalabroé, broèze*), qui est de la *Calabre*.

CALABURE, subst. mas. (*kalabure*), t. de bot., genre de plante de la famille des tiliacées.

CALAC, subst. mas. (*kalake*), t. de bot., genre de plantes de la famille des apocynées, qui contient une douzaine d'espèces composées d'arbrisseaux épineux, croissant tous dans l'Inde ou en Arabie.

CALADARIS, subst. mas. (*kaladarice*), t. de comm., toile de coton, rayée de rouge et de noir, qu'on apporte des Indes orientales, particulièrement du Bengale.

CALADE, mieux **CHALADE**, subst. fém. (*kalade*) (du grec χαλάω, descendre), t. de man., terrain en pente, par où l'on fait descendre un cheval pour le dresser.

CALADÉNIE, subst. fém. (*kaladéni*), t. de bot., genre de plante de la famille des orchidées, qui renferme quinze espèces, toutes de la Nouvelle-Hollande.

CALADIE, subst. fém. (*kaladi*), t. de bot., plante de la famille des aroïdes.

CALADION, subst. mas. (*kaladion*), t. de bot., genre de plante dont le fruit est semblable à celui des gouets; c'est une belle plante originaire du Brésil, qui se fait remarquer par ses feuilles larges, sagittées, d'un rouge cramoisi dans le milieu, et d'un vert foncé au contour.

CALADRE, subst. fém. (*kaladre*), t. de bot., genre de plantes de la famille des aroïdes.

CALAF, subst. mas. (*kalafe*), t. de bot., arbuste que quelques voyageurs ont appelé saule. Les Égyptiens en distillent la fleur, dont ils tirent une eau qu'ils emploient pour réprimer les désirs de l'acte vénérien. Il y a apparence que c'est un *chalef*.

CALAGUALA, subst. mas. (*kalaguala*), t. de bot., plante du Pérou, dont les Portugais emploient la racine en médecine.

CALAIS, subst. mas. (*kalé*), t. de manuf. de tapisserie, plaque de tôle qui sert à fixer les lices d'un tapis.

CALAIS, subst. propre mas. (*kalé*), ville forte de France, chef-lieu de canton, arrond. de Boulogne, dép. du Pas-de-Calais. — Cette ville soutint un siège mémorable contre Édouard III, roi d'Angleterre. — Voy. PAS-DE-CALAIS.

CALAIS (SAINT-), subst. propre mas. (*ceinkalé*), ville de France, chef-lieu d'arrond., dép. de la Sarthe.

CALAÏS et ZÉTÈS, subst. propre mas. (*kala-ice; zétèce*) (*qui souffle fort et qui souffle doucement*), myth., frères, enfants de Borée et d'Orithyie. Ils firent le voyage de la Colchide avec les Argonautes, et chassèrent les Harpies de la Thrace. On les représente avec les épaules couvertes d'écailles dorées, des ailes aux pieds, et une longue chevelure.

CALAISE, subst. mas. (*kalèze*), t. de minér., sorte de saphir, pierre précieuse.

CALAISIEN, subst. et adj. mas., au fém. **CALAISIENNE** (*kalèziein, ziène*), de *Calais*.

CALAISIENNE, adj. et subst. fém. Voy. CALAISIEN.

CALAISON, subst. fém. (*kalèzon*), t. de mar., état d'un navire dont la carène est plus ou moins enfoncée dans l'eau, en raison de son chargement.

CALALOU, subst. mas. (*kalalou*), mets dont on fait un usage journalier dans les colonies d'Amérique et de l'Inde. Sa base est la décoction du fruit de la ketmie, et des herbes cuites, comme la morelle à fruit noir, les amarantes blanches et vertes, à quoi l'on ajoute du poivre long, du girofle, etc. Les créoles mangent du *calalou* à tous leurs repas.

CALALTI, subst. mas. (*kalaleti*), t. d'hist. nat., oiseau d'Amboine.

CALAMAC, subst. mas. (*kalamake*), t. de bot. On nomme ainsi, à Madagascar, les dolics et les haricots.

CALAMAGROSTE, subst. mas. (*kalamaguerocete*), t. de bot., genre de plantes auxquelles les roseaux plumeux des sables et des bois servent de type.

CALAMANSAY, subst. mas. (*kalamancé*), t. de bot., grand arbre des Philippines, employé dans les constructions, mais dont le genre n'est pas connu.

CALAMARIA, subst. mas. (*kalamaria*), t. de bot. On a donné ce nom à l'isoète des marais.

CALAMBA, CALAMBAC et **CALAMPART**, subst. mas. (*kalanba, kalanbake, kalanpar*), t. de bot., espèce d'agalloche. Sorte de bois odoriférant dont la couleur tire un peu sur le vert, qu'on apporte des Indes en bûches, et qu'on emploie dans la tabletterie.

CALAMBAN, subst. mas. (*kalanban*), espèce de poivre.

CALAMBOUC, subst. mas. (*kalanbouke*), t. de bot., variété du bois d'aloès.

CALAMBOUR, subst. mas. (*kalanbour*), t. de bot., bois odoriférant.

CALAME, subst. mas. (*kalame*), mesure de longueur usitée en Perse, qui équivaut à douze pieds de France.

CALAMÉDON, subst. mas. (*kalamédon*) (du grec καλαμος, roseau, et ειδος, forme), t. de chirurgie, sorte de fracture oblique suivant les uns, longitudinale suivant les autres. Inus.

CALAMENDRIER, subst. mas. (*kalamandrié*), t. de bot., petit chêne.

CALAMENTHE, subst. fém., et non pas CALAMENT, subst. mas. (*kalamante*) (du grec καλος, beau, et μινθα, menthe), t. de bot., plante à fleurs labiées, qui a tous les caractères de la mélisse, dont elle ne diffère que par la disposition des fleurs, et que par cette raison on appelle aussi *mélisse-calamenthe*.

CALAMÉON, subst. mas. (*kalaméon*), t. d'hist. anc., mois grec qui commençait au 24 avril.

CALAMINAIRE, adj. des deux genres (*kalaminère*) : *pierre calaminaire*. Voy. CALAMINE.

CALAMINE, subst. fém. (*kalamine*), t. d'hist. nat., nom donné anciennement à l'oxyde de zinc natif, ou à la combinaison de ce métal soit avec l'oxygène, soit avec l'acide carbonique, avec un mélange plus ou moins considérable d'oxyde de fer ou de matières terreuses. On se servait de la *pierre calaminaire* pour la fabrication du laiton ou cuivre jaune. La *pierre calaminaire* est quelquefois un mélange de carbonate et d'oxyde de zinc. — T. de bot., genre de graminées qui comprend l'aplude mutique de Linnée.

CALAMISTRÉ, E, part. pass. de *calamistrer*. Inus.

CALAMISTRER, v. act. (*kalamicetré*), friser les cheveux et les mettre en boucles. Inusité.

CALAMISTRES, subst. mas. plur. (*kalamicetre*), ornements affectés.

CALAMISTREUR, subst. mas., au fém. **CALAMISTREUSE** (*kalamicetreur, treuze*), coiffeur, coiffeuse. Vieux et inusité.

CALAMISTREUSE, subst. fém. Voyez CALAMISTREUR.

CALAMITE, subst. fém. (*kalamite*) (du lat. *calamita*, grenouille, qui vit parmi les roseaux; dérivé de *calamus*, en grec καλαμος, roseau, parce que, dans l'origine, l'aiguille aimantée, placée dans une fiole pleine d'eau, y flottait sur deux brins de paille, et y nageait en quelque sorte comme une grenouille), un des noms donnés à la pierre d'aimant et à la boussole. — Espèce de gomme-résine, ainsi appelée, parce que ceux qui la recueillent l'enferment dans des tiges de roseau. — En t. de minér., on appelle *calamite blanche* une sorte de marne qui attire la salive lorsqu'on la met dans la bouche. — En terme d'hist. nat., espèce de crapaud dont le corps est vert, avec une ligne jaune sur le dos et des verrues rousses. Il vit sous terre, sous les pierres, et dans les troncs d'arbres.

CALAMITÉ, subst. fém. (*kalamité*) (en latin *calamitas*, formé de *calamus*, en grec καλαμος, chaume, tuyau de blé; par allusion à la grêle qui est une *calamité*, quand elle brise les blés), malheur qui afflige un grand nombre de personnes, un état, une contrée: *calamité publique; la guerre, la famine, la peste, sont des calamités.* — *Calamité* se dit aussi d'un malheur irréparable, d'une infortune extrême qui accable un particulier: *il épuisa toutes les calamités attachées aux différentes conditions de la vie.*

CALAMITEUSE, adj. fém. Voy. CALAMITEUX.

CALAMITEUX, adj. mas., au fém. **CALAMITEUSE** (*kalamiteu, teuze*), abondant en *calamités*: *temps calamiteux; époque calamiteuse; règne calamiteux.* Il ne se dit que des choses.

CALAMPART, subst. mas. (*kalanpar*). Voy. CALAMBA.

CALAMPÉLIS, subst. mas. (*kalanpélice*), t. de bot., genre de plantes de la famille des bignonées.

CALAMUS, subst. mas. (*kalamuce*), t. d'anat., pointe du quatrième ventricule de la tête, du côté de l'épine du dos.

CALAMUS ou **ROSEAU-AROMATIQUE**, subst. mas. (*kalamuce*), t. de bot., plante qu'on apporte des Indes et d'Égypte, et qu'on fait entrer dans la composition de la thériaque.

CALAMUS-AROMATIQUE, subst. mas. (*kalamuce-aromatike*), t. de bot.; nom qu'on donne à plusieurs substances végétales odorantes qui viennent de l'Inde.

CALAMUS-SCRIPTORIUS ou **PLUME-À-ÉCRIRE**, subst. mas. (*kalamuce-cekripetoriuce*), t. d'anat. On a donné ce nom à une fossette angulaire qui se remarque dans le quatrième ventricule du cerveau, à cause de sa ressemblance avec une plume taillée pour écrire.

CALAMUS-VERUS, subst. mas. (*kalamuceréruce*), t. de bot., espèce de roseau qu'on apporte sec des Indes orientales, et qui est employé en médecine.

CALANDRAGE, subst. mas. (*kalandraje*), action de *calandrer* les étoffes; préparation que l'on fait subir aux étoffes avant la vente.

CALANDRE, subst. fém. (*kalandre*) (du latin *cylindrus*, en grec κυλινδρος, cylindre; parce que tout l'effet de cette machine ne dépend que d'un cylindre), machine pour presser et lustrer les draps, les toiles et autres étoffes, introduite pour la première fois en France par Colbert. — *Mettre un service damassé à la calandre; calandre à roue, à cheval.* — T. d'hist. nat., petit insecte noir qui ronge le blé dans les greniers et qu'on nomme ordinairement *charançon*. Voy. ce mot. — Sorte de grosse alouette qui se distingue par un cercle de plumes blanches en forme de couronne depuis un œil jusqu'à l'autre.

CALANDRÉ, E, part. pass. de *calandrer*.

CALANDRER, v. act. (*kalandré*), presser une étoffe avec la *calandre*; la moirer, lui donner du lustre. — *se* CALANDRER, v. pron.

CALANDRETTE, subst. fém. (*kalandrète*), t. d'hist. nat., petite grive de vignes.

CALANDREUR, subst. mas., au fém. **CALANDREUSE** (*kalandreur, dreuze*), celui ou celle qui dirige l'opération de la *calandre*.

CALANDREUSE, subst. fém. Voy. CALANDREUR.

CALANDRONE, subst. mas. (*kalandrone*), t. de mus., espèce de chalumeau à deux clefs, en usage parmi les habitants des campagnes de certains cantons d'Italie.

CALANGAGE, subst. mas. (*kalanguaje*), maraudage. Vieux et inusité.

CALANGE, subst. fém. (*kalanje*), amende. Inusité.

CALANGÉ, E, part. pass. de *calanger*.

CALANGER, v. act. (*kalanjé*), faire payer l'amende. Vieux et inusité.

CALANGUE ou **CARANGUE**, subst. fém. (*kalangue*), petite baie converte par quelques terres hautes, où de petits bâtiments peuvent se réfugier.

CALANTHIQUE, subst. fém. (*kalantike*) (du grec καλος, beau, et ανθος, fleur), t. d'antiq., ornement de tête des dames romaines.

CALAO, subst. mas. (*kalao*), t. d'hist. nat., genre d'oiseaux passereaux des Indes et de l'Afrique, de la famille des dentirostres, et qui ressemblent un peu au corbeau, mais dont le bec énorme est surmonté d'une espèce de casque osseux.

CALAOÏDIES, subst. fém. plur. (*kala-o-idi*), myth., jeux qu'on prétend avoir été célébrés en l'honneur de Diane dans la Laconie.

CALAPITE, subst. fém. (*kalapite*), t. d'hist. nat., espèce de concrétion pierreuse qui se trouve dans l'intérieur des cocos, et qui jouit d'une grande célébrité aux Moluques: on l'enchâsse pour la porter en guise d'amulette.

CALAPPE, subst. mas. (*kalape*), t. d'hist. nat., genre de crustacés de l'ordre des décapodes, famille des brachyures, et qui sont répandus dans toutes les mers des climats chauds des deux hémisphères.

CALASIE ou **CALASTIQUE**, subst. fém. (*kalazi; kalacetike*). Voy. CHALASIE, CHALASTIQUE.

CALASYRIES, subst. fém. plur. (*kalasiri*), anciennes familles guerrières en Egypte.

CALATHIANE, subst. fém. (*kalatiane*), t. de bot., sorte de violette.

CALATHIDE, subst. fém. (*kalatide*), t. de bot., nom générique sous lequel on désigne les plantes à fleurs composées.

CALATISME ou mieux **CALATHISME**, subst. mas. (*kalaticeme*)(en grec καλαθισμος, formé de καλαθος, panier), t. d'antiq., sorte de danse des anciens.

CALATRAVA (L'ORDRE DE), subst. mas. (*kalatrava*), nom d'un ordre militaire d'Espagne, institué en 1158 par Sanche III, roi de Castille. Il a donné son nom à une ville d'Espagne.

CALAWÉE, subst. mas. (*kalaoué*), t. de bot., arbre de Sumatra, avec l'écorce duquel on fait de la toile.

CALAYCAGAY, subst. mas. (*kalèkagué*), t. de bot., sainfoin du Gange.

CALAZIA. Voy. CHALASIE.

CALBAS ou **CALEBAS**, subst. mas. (*kaleba*), t. de mar., cordage qu'on amarre à un arganeau qui est au pied du mât.

CALBOA, subst. mas. (*caleboa*), t. de bot., plante à tige grimpante qui forme, dans la famille des liserons, un genre appelé aussi macrostème.

CALCAIRE, adj. des deux genres (*kalekère*) (du latin *calx, calcis*, chaux). Il se dit des terres ou pierres qui, exposées à l'action du feu, se transforment en chaux et font effervescence avec les acides: *la craie et le marbre sont des pierres calcaires; un terrein calcaire; une matière calcaire.* Ce mot peut être employé comme substantif; et dans ce cas, il y a plusieurs ordres de *calcaires*. On appelle *calcaire primitif* celui dans lequel il n'existe aucun vestige des corps organisés; *calcaire de transition*, ou *calcaire ancien*, celui qui renferme des débris rares de corps organisés; *calcaire compacte*, celui qui forme la masse principale des montagnes; *calcaires des Alpes, de l'Apennin, du Jura*, etc.—On appelle *craie*, celui qui forme une partie assez considérable du terrein de la France et de l'Angleterre, et dont les couches se prolongent jusqu'en Russie; *calcaire coquillier*, celui qui paraît n'être formé que de débris de coquilles; *tuf calcaire*, celui qui n'appartient à aucune espèce de formation déterminée, mais qui se rencontre dans le voisinage de toutes, et qui doit son origine à l'érosion de roches *calcaires*, anciennes et modernes, ou qui est déposé par les eaux thermales; *calcaire d'eau douce*, celui que l'on a reconnu dans les environs de Paris, et dans plusieurs parties de la France et de l'Italie.

CALCALANTILE, subst. fém. (*kalekalantile*), t. de minér., pierre mêlée de cuivre.

CALCALANTITE, subst. fém. (*kalekalantite*), le même que *calcalantile*, selon *Boiste*.

CALCAMAR, subst. mas. (*kalekamar*), t. d'hist. nat., oiseau du Brésil, espèce de manchot de la grosseur du pigeon.

CALCANÉO-SOUS-PHALANGETTIEN, adj. et subst. mas. (*kalekanéo-çoufalanjètetiein*), t. d'anat., qui va du *calcaneum* à la face supérieure des phalangettes ou dernières phalanges des orteils.

CALCANÉO-SOUS-PHALANGIEN, adj. et subst. mas. (*kalekanéoçoufalanjiein*), t. d'anat., qui va du *calcaneum* à la face inférieure des secondes *phalanges* ou phalangines des orteils. — On appelle *muscle calcanéo-sous-phalangien commun* le court fléchisseur commun des orteils.

CALCANÉUM, subst. mas. (*kalekanéome*) (c'est un mot purement latin, formé de *calcare*, fouler aux pieds, marcher dessus), t. d'anat., le second et le plus grand os du talon.

CALCANTHE, subst. mas. (*kalekante*), nom que les anciens donnaient au sulfate de cuivre.

CALCANTHUM, subst. mas. (*kalekantome*), vitriol rubéfié.

CALCAR, subst. mas. (*kalekar*) (mot latin signifiant éperon), t. d'anat., quelques auteurs ont donné ce nom au *calcaneum*.

CALCARÉOUS-GRIS, subst. mas. (*kalekaré-oucegueri*), t. d'hist. nat., coquille fossile.

CALCARIFÈRE, adj. des deux genres (*kalekarifère*), chargé de matières *calcaires*: *argile calcarifère.*

CALCAS, mieux **CALCHAS**, subst. propre mas. (*kalkâce*), myth., fameux devin. Il suivit l'armée des Grecs à Troie, et prédit en Aulide que le siège durerait dix ans, et que les vents ne seraient favorables qu'après le sacrifice d'Iphigénie, fille d'Agamemnon. Lorsque Troie fut prise, il alla à Colophon, où il mourut de chagrin pour n'avoir pu deviner ce que Mopsus, autre devin, avait deviné. Sa destinée était de cesser de vivre quand il trouverait un devin plus habile que lui.

CALCATON, subst. mas. (*kalekaton*), t. de chim., trochisque d'arsenic.

CALCÉDOINE, et plus conformément à l'étymologie **CHALCÉDOINE**, subst. fém. (*kalcédoène*) (du grec χαλκηδων, nom de cette pierre, dérivé de la ville de *Chalcédoine* en Bithynie, près de laquelle les premières *calcédoines* ont été trouvées). On n'est pas d'accord sur l'espèce de pierre à laquelle les anciens donnaient ce nom. On le donne aujourd'hui à une pierre de même nature que le *caillou* que l'on appelle communément *pierre à fusil*, de couleur blanche, laiteuse, et légèrement teinte de gris, de bleu et de jaune. Cette pierre a aussi été nommée *agate blanche*. Si la teinte de bleu est assez foncée pour approcher du brun ou du noir, la pierre prend le nom d'*agate noire*. Si la teinte de jaune est assez vive pour approcher de la couleur orangée ou du rouge, la pierre doit être appelée *sardoine* ou *cornaline*. — On distingue la *calcédoine*, comme l'agate, en orientale et occidentale; l'orientale a des couleurs plus vives et plus nettes que l'occidentale, qui est ordinairement d'un blanc sale ou d'une couleur rousse: *un cachet de calcedoine, un vase de calcédoine; calcédoine naturelle, calcédoine factice.*

CALCÉDOINEUSE, adj. fém. Voy. CALCÉDOINEUX.

CALCÉDOINEUX, adj. mas., au fém. **CALCÉDOINEUSE** (*kalcédoaneu, neuze*), t. de joaillier: *une pierre calcédoineuse.* Voy. CALCÉDOINE. Nous ne comprenons pas les motifs qui ont pu engager l'*Académie* à écrire *calcédonieux*, de préférence à *calcedoineux*. Invoquera-t-elle le mot latin *calcedonius*, ou plutôt *chalcedonius*? Mais *calcédoine* ou mieux *chalcédoine*, se dit en latin *chalcedo*, *chalcedonis*, en grec χαλκηδων: si l'on a voulu franciser le mot latin et le mot grec en celui de *chalcédoine*, nous reconnaissons ce droit à l'*Académie*; mais du moment qu'elle nous a forgé le mot *chalcédoine*, ou plutôt qu'elle l'a corrompu en celui de *calcédoine*, nous ne pouvons tolérer qu'elle nous impose *calcédonieux* pour *calcédoineux*.

CALCÉDONIEUX, CALCÉDONIEUSE, voy. CALCÉDOINEUX.

CALCÉOLAIRE, subst. fém. (*kalecéolère*), t. de bot., genre de plantes de la famille des rhinantoïdes.

CALCÉOLE, subst. fém. (*kalecéole*), t. d'hist. nat., coquille bivalve régulière à valves inégales.

CALCET, subst. mas. (*kalecé*), t. de mar., les mâts qui portent une antenne sont carrés à la tête et se nomment mâts à *calcet*.

CALCHAS, subst. mas. (*kalkace*), myth. Voy. CALCAS.

CALCHIS, subst. mas. (*kalechice*), t. d'hist. nat., nom d'un oiseau dont parlent les anciens, et qu'on croit être l'oiseau appelé saint-martin.

CALCILITHE, subst. fém. (*kalecilite*) (du lat. *calx, calcis*, chaux, et du grec λιθος, pierre), t. de minéralogie, pierre qui contient de la chaux.

CALCIN, subst. mas. (*kalecein*). On donne ce nom à des morceaux de glace ou de verre qu'on a réduits en très-petites parties, par le moyen du feu et de l'eau froide.

CALCINATION, subst. fém. (*kalecinácion*), action de *calciner*, de réduire en chaux ou en poudre subtile les matières animales, végétales et minérales, par le moyen d'un feu violent; résultat de cette action: *calcination du vitriol, du plomb, de l'or*, etc.

CALCINÉ, E, part. pass. de *calciner*, et adj.: *du plomb, de l'or calciné.*

CALCINER, v. act. (*kaleciné*) (*calx, calcis*,

chaux), transformer, à l'aide d'une forte chaleur, du carbonate calcaire en chaux vive; et, par extension, soumettre des matières solides quelconques à l'action du feu : *calciner le salpêtre*, *le vitriol*, *les métaux*, etc. Il se dit, par extension, de tout ce qui éprouve une violente action du feu : *les flammes ont calciné cette muraille*.—*se* CALCINER, v. pron.

CALCIOPE. Voy. CHALCIOPE.

CALCIS, subst. mas. (*kalcice*), t. d'hist. nat., espèce de faucon de nuit.

CALCITE. Voy. CHALCITE.

CALCITRAPA, subst. fém. (*kalcitrapa*), t. de bot. C'est, dans les anciens ouvrages de botanique, la chausse-trape et une espèce de centaurée de Linnée.

CALCIUM, subst. mas. (*kalciome*), corps métallique solide, principe de la chaux.

CALCOGRAPHE. Voy. CHALCOGRAPHE.

CALCOÏDIEN, subst. mas. (*kalko-idiein*), t. d'anat. On appelait autrefois *calcoïdiens* trois petits os du tarse, qu'on nomme aujourd'hui *cunéiformes*.

CALCUL, subst. mas. (*kalkule*) (du lat. *calculus*, petit caillou, petite pierre; parce que les anciens, dans leurs supputations, se servaient de petits cailloux plats), supputation de plusieurs sommes ajoutées, soustraites, multipliées ou divisées : *calcul arithmétique*; *erreur de calcul*; *votre calcul est juste*, *exact*; *se tromper dans son calcul*. —On dit que *l'erreur de calcul ne se couvre jamais ni par arrêt*, *ni par transaction*, ce qui signifie qu'on peut toujours revenir contre une erreur de *calcul*. Quand on arrête un compte, on sous-entend toujours : *sauf erreur de calcul*. — On appelle *calcul différentiel* la celle de trouver la différence infiniment petite d'une quantité finie variable; *calcul intégral*, celle de trouver la quantité finie dont une quantité infiniment petite proposée est la différentielle : *le calcul intégral est l'inverse du calcul différentiel*. — *De calcul fait*, en comptant bien. — *Le calcul astronomique* est l'assemblage des règles et des méthodes par lesquelles on *calcule* les mouvements des astres, et surtout les éclipses, avec les fractions sexagésimales, les logarithmes, les règles de la trigonométrie, etc.—*Calcul* signifie au fig. appréciation du résultat présumé d'une affaire d'après les circonstances dont on prévoit qu'elle sera accompagnée et les mesures que l'on se propose de prendre ou que l'on suppose devoir être prises, en conséquence de ces circonstances : *il a bien fait son calcul*, *et il y a apparence qu'il réussira*.— En mécanique et en horlogerie, on appelle *calcul de nombres*, l'art de *calculer* le nombre des roues et des pignons d'une machine, pour leur faire faire un nombre de révolutions dans un temps donné. — *Calcul*, t. d'anat., concrétion pierreuse qui se forme dans quelques parties du corps des hommes et des animaux, et particulièrement dans la vessie. Il se dit aussi de la maladie qui en est le résultat : *avoir le calcul*. On nomme communément cette maladie *la pierre*.

CALCULABLE, adj. des deux genres (*kalkulable*), qui peut se *calculer*.

CALCULATEUR, subst. mas., au fém. CALCULATRICE (*kalkulateur*, *trice*), celui ou celle qui *calcule*, qui s'occupe de *calcul* : *bon calculateur*. — Il est aussi adj. : *le sang-froid calculateur de l'égoïsme se nomme prudence*, *habileté*; *la perfidie calculatrice se cache et frappe dans l'ombre*, c'est-à-dire la perfidie, qui sait bien prendre ses mesures, se cache, etc. L'*Académie* refuse un fém. à ce mot.

CALCULATEUR-MÉCANIQUE, subst. mas. (*kalkulateurmékanike*), nouvel instrument qui s'applique à l'arithmétique.

CALCULATOIRE, adj. des deux genres (*kalkulatoare*), qui tient du *calcul*.

CALCULATRICE, subst. et adj. fém. Voy. CALCULATEUR.

CALCULÉ, E, part. pass. de *calculer* : *ce compte est très bien calculé*; *toutes ses démarches sont calculées*.

CALCULER, v. act. (*kalkulé*) (du lat. *calculus*. Voy. CALCUL); c'est, en général, appliquer les règles de l'arithmétique ou de l'algèbre à la détermination de quelque quantité : *calculez bien toutes les sommes*, *et vous verrez que le compte est exact*; *calculer des tables astronomiques*, dresser des tables propres à l'usage des astronomes; *calculer une éclipse*, déterminer par le *calcul* le temps et les circonstances d'une éclipse : *calculer les distances de Saturne et de Jupiter*.— On dit aussi, neutralement et sans régime : *après avoir bien calculé*, *je trouve que*... Au fig., il signifie combiner, apprécier : *être capable d'observer et de calculer les événements*; *calculer le degré de tendresse que l'on doit à ses parents*. — *se* CALCULER, v. pron. : *cela peut se calculer*, c'est-à-dire, être *calculé*. — CALCULER, COMPTER, SUPPUTER. (*Syn.*) *Compter*, c'est faire des énumérations, des dénombrements. *Supputer*, c'est assembler, combiner des nombres, pour en connaître le résultat ou le total. *Calculer*, c'est opérer en arithmétique, pour parvenir à une connaissance, à une preuve, à une démonstration. —L'enfant qui dit, un, deux, trois, etc., *compte*. Quand il peut dire un et un font deux, un et deux font trois, il *suppute*. Quand il sait faire des divisions, des multiplications, des soustractions, il *calcule*. — Celui qui sait *calculer* en finances se garde bien de *supputer* arithmétiquement le produit de l'impôt, selon la mesure de l'imposition.— Il ne suffit pas dans la vie de *calculer*, il faut *compter* avec soi.

CALCULEUSE, adj. fém. Voy. CALCULEUX.

CALCULEUX, adj. mas., au fém. CALCULEUSE *kalkuleu*, *leuze*) (en lat. *calculosus*), t. de médec., graveleux, pierreux : *corps calculeux*. — Il s'emploie, mais rarement comme subst., en parlant des personnes qui ont une affection *calculeuse*. —Il ne se dit pas dans le sens de *calcul*, t. d'arithm.

CALCULIFRAGE, adj. des deux genres (*kalkulifraje*) (du latin *calculus*, calcul; et *frangere*, briser), t. de médec., qui a la vertu de briser et de dissoudre les *calculs*.

CALCUTTA, subst. propre mas. (*kalkuta*), ville capitale de l'Indoustan anglais, chef-lieu de la présidence du Bengale.

CALDÉRARI, subst. mas. plur. (*kaldérâri*) (mot qui signifie *chaudronnier*), association mystérieuse et politique formée en Italie. Voy. CARBONARO.

CALDÉRON, subst. mas. (*kaldéron*), t. d'hist. nat., cétacé qu'on ne saurait rapporter à aucun genre connu.

CALE, subst. fém. (*kale*) (du grec χαλᾶν, abaisser, faire descendre), telle est du moins l'étym. que *Gattel* et *Boiste* donnent à ce mot. Si on l'admettait, il faudrait écrire *chale*.) — Petit morceau de bois mince dont les architectes se servent pour déterminer la largeur du joint de lit d'une pierre : *mettre une pierre sur cale*, c'est la poser sur quatre cales de niveau et à demeure, pour ensuite la ficher avec un mortier fin. On se sert quelquefois de *cales* de cuivre et de plomb pour poser le marbre. — *Cale* se dit en général de tout morceau de bois ou autre matière qu'on met sous une poutre, sous une solive, sous un meuble, etc., pour les faire tenir d'aplomb : *cette table baisse de ce côté*, *il faut y mettre une cale*. — Abri pour les vaisseaux entre deux pointes de terre ou de rochers. Aujourd'hui on dit mieux une *crique*. — En termes de marine, partie la plus basse de l'intérieur d'un bâtiment, comprise d'un bout à l'autre au-dessous du faux pont, ou du premier pont de celui qui n'a pas de faux pont : *la cale est pleine de marchandises*; *il y a six pouces d'eau dans la cale*; *mettre un marin à fond de cale*. On distingue *la grande cale*, qui contient l'eau, etc., de *la cale du vin*, dont l'espace est borné assez généralement à l'emplacement qu'occupe la cambuse dans les grands bâtiments de l'état. — Châtiment infligé à bord des navires : on suspend le patient à une vergue et on le plonge à plusieurs reprises dans la mer. Il y a aussi *la cale sèche*, où l'on ne fait pas tomber le patient jusque dans la mer. — Les pêcheurs appellent *cale* le plomb placé sur la ligne de pêche, près du haim, pour le faire couler jusque dans le fond. — On appelle *cale* dans les chantiers de construction un espace couvert ou non, situé près du rivage, et terminé par une pente douce, où l'on construit les grands bâtiments — La partie d'un quai coupée et bâtie en pierres de taille dans un port à marée, qui forme une rampe en pente douce, se nomme *cale*. —On donne le même nom à un talus pratiqué sur le rivage.

CALÉ, E, part. pass. de *caler*, et adj., mis d'aplomb au moyen d'une *cale*. — Fig., qui est dans l'aisance, qui est riche. Il est populaire.

CALEA, subst. mas. (*kaléa*), t. de bot., plante de la famille des corymbifères.

CALÉAN, subst. mas. (*kaléan*), pipe des Persans.

CALÉANE, subst. fém. (*kaléane*), t. de bot., plante de la famille des orchidées.

CALEBASSE, subst. fém. (*kalebace*), fruit du *calebassier*, dont on extrait une liqueur bonne contre les maux de poitrine : *sirop de calebasse*. — Courge vidée et séchée dont on se sert pour renfermer des liquides. On apprend aussi à nager en se soutenant sur l'eau par le moyen de *calebasses* bien bouchées que l'on se met sous les aisselles. — Prune qui, au lieu de grossir en mai et de conserver son vert, devient large et blanchâtre, et tombe enfin sans grossir. — Prov., *tromper ou frauder la calebasse*, tromper quelqu'un en ne lui donnant pas son contingent dans un partage. — *Calebasse de bois*, fruit gros et rond comme une pomme de reinette.

CALEBASSIER, subst. mas. (*kalebacié*), t. de bot., genre de plantes de la famille des solanées, et qui comprend des arbres de l'Amérique dont les fruits charnus sont, par leur forme et leur grosseur, assez semblables à nos courges.

CALÈCHE, subst. fém. (*kalèche*) (suivant *Ménage*, du mot latin *currus*, qu'il fait passer par une suite de transformations peu vraisemblables; nous devons plutôt croire qu'il vient du polonais *kolesse*, qui se dit d'une petite voiture à laquelle on attelle un cheval. Les Allemands en ont fait *kalesche*, et les Français *calèche*), sorte de voiture ordinairement découverte, de grand luxe, à quatre roues, et traînée par deux ou par quatre chevaux : *une bonne calèche*; *une calèche douce*, *légère*; *me voilà prêt à monter dans ma calèche*.— On donne aussi ce nom à une sorte de carrosse léger, entouré de mantelets, dont on se sert pour se promener dans des jardins. — Sorte de coiffe baleinée dont les femmes se servaient autrefois pour se garantir du soleil.

CALEÇON, subst. mas. (*kaleçon*) (de l'italien *calzoni*, culottes), vêtement en forme de culotte, ordinairement d'étoffe légère, que les hommes portent sous le pantalon, et quelquefois les femmes sous leurs jupons : *caleçon de toile*, *de peau de chamois*, *de ratine*, *de coton*, etc. : *se mettre en caleçon*; *être en caleçon*; *porter des caleçons*; *nager avec un caleçon*. Il s'emploie souvent au pluriel.

CALEÇONNIER, subst. mas., au fém. CALEÇONNIÈRE (*caleçonié*, *nière*), ouvrier, ouvrière qui fait des *caleçons*.

CALEÇONNIÈRE, subst. fém. Voy. CALEÇONNIER.

CALEÇON-ROUGE, subst. mas. (*kaleçonrouje*), t. d'hist. nat., nom donné, à Saint-Domingue, au couroucou à ventre rouge.

CALECTASIE, subst. fém. (*kalèktazi*), t. de bot., plante de la Nouvelle-Hollande, de la famille des joncs.

CALÉDONIE, subst. propre fém. (*kalédoni*), nom poétique et ancien de l'Écosse.

CALÉDONIEN, subst. et adj. mas., au fém. CALÉDONIENNE (*kalédoniein*, *niène*), qui appartient à l'ancienne *Calédonie*. Nom poétique et ancien des habitants de l'Écosse.

CALÉFACTEUR, subst. mas. (*kaléfakteur*), qui donne de la chaleur. — Appareil de cuisine qui procure une grande économie de combustible. Il est aussi adj. mas. : *appareil caléfacteur*.

CALÉFACTION, subst. fém. (*kaléfakcion*) (en latin *calefactio*, dérivé de *calefacture*, fréquentatif de *calefacere*, échauffer, lequel est formé de *calidus*, chaud, et de *facere*, faire; *calidum facere*, faire ou rendre chaud), t. didactique, chaleur causée par l'action du feu ou par l'impulsion des particules d'un corps chaud sur d'autres corps. Ce mot est particulièrement usité en pharmacie, où l'on distingue la *caléfaction* de la *coction*; la *caléfaction* n'étant en usage que pour exprimer l'action du feu sur quelque liqueur, sans qu'on l'ait fait bouillir.

CALEFRETÉ, E, part. pass. de *calefreter*.

CALEFRETER, v. act. (*kalefreté*), prendre, piller, emprunter de quelqu'un. Vieux et tout à fait inusité.

CALE-HAUBAN, et non pas CALHAUBAN, subst. mas. (*kalôban*), t. de mar., cordage qui maintient le mât de hune.

CALEMAR, subst. mas. (*kalemar*) (de *calamus*, plume), inusité. Voy. CALMAR.

CALEMBOURDIER, mieux CALEMBOURCISTE, *quoi qu'en dise Raymond*, subst. mas. (*kalanbourdié*, *jicete*), faiseur de *calembourgs*.

CALEMBOURG (l'*Académie* écrit CALEMBOUR: nous pensons qu'il y a plus de monde pour la première que pour la seconde orthographe), subst. mas. (*kalambour*) jeu de mots à double sens : c'est à peu près ce qu'on appelait autrefois *quolibet* : *un bon esprit ne fait point de calembourgs*.

CALEMBOURGISTE, subst. des deux genres (*kalanbourjicete*), qui fait le *calembourg*.

CALEMBREDAINE, subst. fém. (*kalanbredène*), bourde, vains propos, faux-fuyants. Il est plus usité au plur. : *des calembredaines*.

CALEMENT, subst. mas. (*kaleman*), t. de bot., sorte de plante.

CALEMGO, subst. mas. (*kalèmrguo*), t. d'hist. nat., sorte de bête à cornes des Cordillières.

CALÉMIS, subst. mas. (*kalemice*) (du latin *calamus*, plume), droit de sceau ou de plume à Constantinople. (Mot probablement forgé par *Raymond*.)

CALEN, subst. mas. (*kalan*), t. de pêche, grand carreau qu'on établit à l'avant d'un petit bateau, et qu'on élève au moyen d'un contre-poids. On dit aussi *venturon*.

CALENCAR, suivant l'*Académie*, et **CALENCAS**, suivant *Trévoux*, subst. mas. (*kalankar, kâ*), t. de comm., toile peinte des Indes.

CALENDAIRE, subst. mas. (*kalandère*), registre d'église. Il paraît signifier la même chose que *nécrologe*.

CALENDARIS, subst. propre fém. (*kalandarice*), myth., surnom de Junon, pris du jour des *calendes*, qui lui était consacré.

CALENDE, subst. fém. (*kalande*), machine pour tirer de la pierre des carrières.

CALENDER, subst. mas. (*kalandère*), nom de certains religieux mahométans. Ce sont des espèces de *derviches*.

CALENDER HERREN ou **FRÈRES DES CALENDES**, subst. mas. (*kalandère*) (du lat. *calendæ*, calendes, parce que ces sociétaires se rassemblaient le premier de chaque mois), il y a quelques siècles, société ou confrérie de laïques et d'ecclésiastiques dans presque toutes les villes d'Allemagne.

CALENDES, subst. fém. plur. (*kalande*) (du lat. *calendæ*, dérivé de *calare*, lequel est fait du grec *χαλεῖν*, appeler, parce que ce jour-là on convoquait le peuple pour lui indiquer les féries, le nombre de jours qui restaient jusqu'aux nones, l'époque de la pleine lune, etc.) On donnait ce nom, dans la chronologie romaine, au premier jour de chaque mois. *Les calendes* se comptaient à reculons, ou dans un ordre rétrograde : ainsi, par exemple, le premier mai étant les *calendes de mai*, le dernier ou le trentième jour d'avril était *le second des calendes de mai* ; le vingt-neuf avril était *le troisième des calendes de mai* ; et ainsi de suite, en rétrogradant, jusqu'au treizième, où commençaient les ides, que l'on comptait pareillement en rétrogradant jusqu'au cinquième, qui était le commencement des nones. — Cette manière de compter par *calendes* était si particulière aux Romains, qu'elle a donné lieu à une espèce de proverbe encore en usage aujourd'hui. On dit qu'*on fera une chose aux calendes grecques*, pour dire qu'on ne la fera jamais, parce que les Grecs ne comptaient point par *calendes* : *il m'a renvoyé aux calendes grecques*. — Anciennement, on donnait ce nom à certaines assemblées des curés de campagne, convoquées par ordre de l'évêque.

CALENDRIER, subst. mas. (*kalandrié*) (du lat. *calendarium*, formé de *calendæ*, calendes, mot qu'on écrivait anciennement en gros caractères au commencement de chaque mois), distribution des jours qui composent l'année civile, en jours, en semaines et en mois, en y comprenant la distinction des fêtes et des jours ordinaires. — On appelle *vieux calendrier*, celui dont on se servait avant la réformation qui en fut faite par le pape Grégoire XIII ; et *nouveau calendrier* ou *calendrier grégorien*, celui qui est conforme à la réforme faite par ce pape : *le nouveau calendrier avance de douze jours sur l'ancien*. La loi du 5 octobre 1793 abolit le *calendrier grégorien* et lui substitua une nouvelle distribution de l'année en douze mois, de trente jours chacun, à la suite desquels on avait mis cinq jours pour les années ordinaires et six jours pour les années bissextiles. Ces jours étaient appelés *complémentaires* ; et l'année commençait le 22 septembre de l'an vulgaire. Les noms des mois étaient : pour l'automne, vendémiaire, brumaire, frimaire ; pour l'hiver, nivôse, pluviôse, ventôse ; pour le printemps, germinal, floréal, prairial ; pour l'été, messidor, thermidor, fructidor. Mais un sénatus-consulte du 22 fructidor an XIII ordonna qu'à compter du 11 nivose an XIV, ou 1er janvier 1806, le *calendrier grégorien* serait remis en usage dans tout l'empire français. A l'aide du tableau suivant, qui présente, pour chaque premier jour du mois du *calendrier républicain*, la date correspondante du *calendrier grégorien*, il sera facile de faire concorder, au moyen du plus simple calcul, les dates diverses des deux calendriers.

Vendémiaire correspondant à septembre.	An 2. 1793.	An 3. 1794.	An 4. 1795.	An 5. 1796.	An 6. 1797.	An 7. 1798.	An 8. 1799.	An 9. 1800.	An 10. 1801.	An 11. 1802.	An 12. 1803.	An 13. 1804.	An 14. 1805.
Vendémiaire 1er	22 sept.	22 sept.	23 sept.	22 sept.	22 sept.	22 sept.	23 sept.	23 sept.	23 sept.	23 sept.	24 sept.	23 sept.	23 sept.
Brumaire. 1er	22 oct.	22 oct.	23 oct.	22 oct.	22 oct.	22 oct.	23 oct.	23 oct.	23 oct.	23 oct.	24 oct.	23 oct.	23 oct.
Frimaire 1er	21 nov.	21 nov.	22 nov.	22 nov.	21 nov.	21 nov.	22 nov.	22 nov.	22 nov.	22 nov.	23 nov.	22 nov.	22 nov.
Nivose. 1er	21 déc.	21 déc.	22 déc.	22 déc.	21 déc.	22 déc.	22 déc.	22 déc.	22 déc.	22 déc.	23 déc.	22 déc.	22 déc.

Pluviose correspondant à janvier.	An 2. 1794.	An 3. 1795.	An 4. 1796.	An 5. 1797.	An 6. 1798.	An 7. 1799.	An 8. 1800.	An 9. 1801.	An 10. 1802.	An 11. 1803.	An 12. 1804.	An 13. 1805.
Pluviose. 1er	20 janv.	20 janv.	21 janv.	30 janv.	20 janv.	20 janv.	21 janv.	22 janv.	21 janv.	21 janv.	22 janv.	21 janv.
Ventose. 1er	19 févr.	19 fév.	20 févr.	19 févr.	19 fév.	19 fév.	22 févr.	22 févr.	20 févr.	20 févr.	21 févr.	20 févr.
Germinal. 1er	21 mars.	21 mars.	21 mars.	21 mars.	21 mars.	21 mars.	22 mars.	22 mars.	22 mars.	22 mars.	22 mars.	22 mars.
Floréal. 1er	20 avril.	20 avril.	20 avril.	20 avril.	20 avril.	20 avril.	21 avril.	21 avril.	21 avril.	21 avril.	21 avril.	21 avril.
Prairial. 1er	20 mai.	20 mai.	20 mai.	20 mai.	20 mai.	20 mai.	21 mai.	21 mai.	21 mai.	21 mai.	21 mai.	21 mai.
Messidor. 1er	19 juin.	19 juin.	19 juin.	19 juin.	19 juin.	19 juin.	20 juin.	20 juin.	20 juin.	20 juin.	20 juin.	20 juin.
Thermidor. 1er	19 juill.	19 juill.	19 juill.	19 juill.	19 juill.	19 juill.	20 juill.	20 juill.	20 juill.	20 juill.	20 juill.	20 juill.
Fructidor. 1er	18 août.	18 août.	18 août.	18 août.	18 août.	18 août.	19 août.	19 août.	19 août.	19 août.	19 août.	19 août.

(*Dict. de Législation usuelle*, par M. CHABROL-CHAMÉANE.) — Livre ou table qui contient un *calendrier*, avec l'indication des fêtes et autres jours solennels. — L'*almanach* renferme, de plus que le *calendrier*, des observations astronomiques, des pronostics sur les diverses *températures* de l'air, quelquefois aussi des prédictions tirées de l'astrologie judiciaire, etc. — On appelle *calendrier perpétuel* une suite de *calendriers* relatifs aux différents jours où la fête de Pâques peut tomber ; et comme cette fête n'arrive jamais plus tard que le 25 avril, ni plus tôt que le 22 mars, *le calendrier perpétuel* est composé d'autant de *calendriers* particuliers qu'il y a de jours depuis le 22 mars inclusivement, jusqu'au 25 avril inclusivement, ce qui fait trente-cinq *calendriers*. — Chez les Romains, livre sur lequel les usuriers enregistraient les noms de leurs débiteurs ; parce que c'était au jour des *calendes* de chaque mois qu'ils avaient coutume d'exiger l'argent qu'ils avaient prêté. — T. de bot., *calendrier de Flore*, la série des époques de la floraison des plantes.

CALENGE, subst. mas. (*kalanje*), vieux mot hors d'usage, et qu'on trouve souvent, comme terme de droit criminel, dans les anciennes lois, coutumes et procédures, où il signifiait *débat*, *contestation*, *plainte en justice*, et même *décret d'accusation*.

CALENGÉ, E, subst. (*kalanjé*), vieux t. de coutume, aujourd'hui inusité. Il signifiait *prisonnier*, et était synonyme de ce que nous nommons actuellement *délinquant*, *accusé*.

CALENGER, v. act. (*kalanjé*). Ce vieux mot s'est anciennement employé pour ceux de *dénoncer*, *conjurer*, *ordonner*, *prendre au corps*. Nous lisons dans le *Dict. de Trévoux* qu'on s'en est même servi en Normandie dans le sens de *barguigner*.

CALENGIÉ, E, part. pass. de *calengier*.

CALENGIER, v. act. (*kalanjié*), quereller, flatter, louer. Inus. — *se* CALENGIER, v. pron. Inus.

CALENTER, subst. mas. (*kalantère*), trésorier du roi de Perse.

CALENTURAS, subst. mas. (*kalanturâce*), t. de bot., bois très-amer des Philippines, employé contre la *calenture*.

CALENTURE, subst. fém. (*kalanture*) (en espagnol *calentura*, fièvre, dérivé du latin *calere*, avoir chaud), t. de médec., fièvre chaude avec délire, assez commune en mer. Elle s'observe ordinairement par une température de plus de 30 degrés centigrades : les individus qui en sont affectés sont pris d'un délire furieux qui les pousse à se jeter à la mer ; lorsqu'on les retient, ils profèrent des cris affreux, et sont souvent pris de convulsions. On a remarqué que cette maladie affecte plutôt les jeunes marins que ceux qui sont plus âgés. La sensation d'un feu dévorant à l'intérieur du corps, et quelquefois une illusion qui leur fait prendre la mer pour une prairie émaillée de fleurs ou pour des bosquets couverts de verdure, sont les causes qui les excitent à se jeter à l'eau, où ils se noient infailliblement. Il paraît cependant que ce désir de submersion est plutôt instinctif qu'il n'est le résultat d'illusions ; car ce n'est que rarement que l'on a observé ces dernières ; tandis que dans tous les cas de *calenture* qui ont été remarqués, on a vu que c'était pour éteindre un feu dévorant qu'ils sentaient à l'intérieur, que les matelots voulaient se précipiter dans l'eau. C'est toujours, comme nous l'avons dit, par une chaleur étouffante augmentée par le calme plat ou par une mauvaise disposition des localités à bord des vaisseaux, que l'on voit se manifester cette affection qui est souvent épidémique. (BEAUDE, *Dict. de Médecine usuelle*.)

CALENZANA, subst. propre mas. (*kaleinzana*), village de France, chef-lieu de canton, arrond. de Calvi, dép. de la Corse.

CALEPIN, subst. mas. (*kalepein*), recueil de mots, de notes, d'extraits, qu'une personne a composé pour son usage : *il va consulter son calepin*. Ce mot était primitivement le nom d'un grammairien et d'un *dictionnaire* qu'il avait composé.

CALEPINE, subst. fém. (*kalepine*), t. de bot., genre de plantes.

CALER, v. act. (*kalé*) (du lat. *chalare*, fait du grec *χαλᾶν*, abaisser, faire descendre. Voy. CALE), t. de mar., baisser : *caler les mâts de hune ; caler une vergue ; caler bas ; caler à mi-mât ; caler la voile*, au propre, baisser la voile. On dit plus communément aujourd'hui *amener la voile*. — Au fig., *caler la voile* signifie céder, se soumettre : dans ce dernier sens, on dit plus souvent neutralement : *il a été obligé de caler*. Il est fam. — Donner la *cale* à un matelot. — Mettre une *cale* sous une table, etc., qui n'est pas d'aplomb. — En astron., *caler un quart de cercle*, mettre son plan dans une situation exactement verticale, au moyen du fil à plomb qui doit raser le limbe, sans appuyer et sans être trop en l'air. — *Caler*, en t. de maçons, arrêter la pose d'une pierre, mettre une *cale* qui détermine la largeur du joint, pour la ficher ensuite avec facilité. — Les plombiers disent *caler les tuyaux*, c'est-à-dire, en arrêter la pose avec des pierres, pour qu'ils ne s'affaissent pas, ce qui les ferait crever. — *Caler*, v. neut., t. de mar., se dit d'un bâtiment dont la carène enfonce plus ou moins dans l'eau : *ce brick cale neuf pieds d'eau*. — En t. de pêche, enfoncer dans l'eau : *l'aissaugue ne peut caler que d'un soleil à l'autre*. On dit aussi activement : *caler une tessure*, la jeter à la mer. — En t. d'imprimeur, *caler* se dit pour, ne point travailler, par paresse ou par faute d'ouvrage. Il est fam. — *se* CALER, v. pron. — Il s'est dit autrefois pour *se taire*.

Moi cependant de *me caler* ;
Car que sert prêcher et parler
A ventre qui n'a point d'oreilles?

CALESAN et **CALEZAN**, subst. mas. (*kalezan*), t. de bot., arbre du Malabar employé en médecine.

CALESJAM, subst. mas. (*kalejame*), t. de bot., grand arbre du Malabar dont la fleur en grappe imite celle de la vigne.

CALEUR, subst. mas. (*kaleur*), t. d'imprimerie, ouvrier paresseux, flâneur. Il est fam.

CALEYE, subst. fém. (*kalèie*), t. de bot., plante qui se rapproche du genre aréthuse.

CALEZAN, subst. mas. Voy. CALESAN.

CALFAIT, subst. mas. (*kalfé*), t. de mar., ciseau en forme de coin étroit et long, servant à *calfater* les bâtiments.

CALFAT, subst. mas. (*kalfa*) (de l'arabe *calfata*), t. de mar., étoupes fourrées avec force dans les fentes d'un bâtiment, sur lesquelles on a appliqué du brai tout bouillant. — Celui qui *calfate* un bâtiment : *maître calfat.* — L'ouvrage que fait le *calfat* : *ce vaisseau a eu son calfat.* — L'instrument qui sert à *calfater.* — Effet résultant de l'action de *calfater.* On dit aussi *calfatage.* — T. d'hist. nat., oiseau de l'île de France, qui approche de l'ortolan, du bruant.

CALFATAGE, subst. mas. (*kalefataje*), action de *calfater*; résultat de cette action.

CALFATÉ, E, part. pass. de *calfater.*

CALFATER, v. act. (*kalfaté*) (de l'italien *calafatare*, fait du grec vulgaire χαλαφατειν qui a la même signification), t. de mar., garnir de poix et d'étoupes les fentes et les trous d'un vaisseau. On *calfate* aussi avec des planches, des plaques de plomb, du goudron et d'autres matières : *calfater un vaisseau.* — Il signifie aussi : pousser l'étoupe dans les coutures : *calfater les sabords*, c'est remplir d'étoupe le vide du tour des sabords, ainsi que les coutures du vaisseau. — *se* CALFATER, v. pron.

CALFATEUR, subst. mas. (*kalfateur*), celui qui *calfate.* Voy. CALFAT.

CALFATIN, subst. mas. (*kalfatein*), valet du *calfat.*

CALFEUTRAGE, subst. mas. (*kalfeutraje*), action de *calfeutrer*; résultat de cette action.

CALFEUTRÉ, E, part. pass. de *calfeutrer.*

CALFEUTRER, v. act. (*kalfeutré*) (l'étymologie est la même que celle de *calfater*), boucher les fentes d'une porte, d'une fenêtre, avec du papier ou du parchemin collé, avec des lisières, etc. — *se* CALFEUTRER, v. pron., faire, ou : faire faire un *calfeutrage* pour soi, ou : s'enfermer bien chaudement.

CALHAUBAN, subst. mas. (*kalôban*). Voy. CALEBAUBAN, qui seul se dit.

CALI-APOCARO, subst. mas. (*kali-apokaro*), t. de bot., nom de deux arbres de l'Inde.

CALIBE, subst. mas. (*kalibe*), t. d'hist. nat., oiseau de paradis.

CALIBÉ, E, adj. Voy. CHALIBÉ, qui est plus conforme à l'étymologie.

CALIBORGNE, subst. et adj. des deux genres (*kaliborgnie*), le même que *borgne.*

CALIBRE, subst. mas. (*kalibre*) (suivant d'*Herbelot*, de l'arabe *calib*, moule), diamètre intérieur d'un tube : *le calibre de ce tuyau est énorme; dans la vieillesse, le calibre des vaisseaux animaux se resserre.* — Fig., d'esprit, genre de caractère, etc. : *vous et moi ne sommes pas de même calibre; je ne suis pas de ce calibre-là*, etc.; et par extension, qualité, état : *vous êtes d'un bien autre calibre que lui.* On dit aussi : *ces deux esprits, ces deux caractères*, etc., *ne sont pas de même calibre.* — Diamètre intérieur d'une arme à feu : *le calibre d'un canon, d'un fusil, d'une carabine, d'un pistolet*, etc. — Par extension, grosseur de la balle ou du boulet proportionnée à ce diamètre : *le calibre d'un boulet; balle, boulet de tel ou tel calibre; cette balle est de calibre pour cette arme.* On dit absol. qu'*une balle est de calibre*, pour dire que sa grosseur est proportionnée au diamètre intérieur d'un fusil de munition. — On appelle aussi *calibre* l'instrument au moyen duquel on donne ou l'on mesure le *calibre* du projectile : *passer des balles au calibre.* — *Calibre de fût de fusil*, planche taillée dans la forme qui doit être donnée au fût. — *Calibre d'acier*, outil avec lequel les arquebusiers travaillent le fer. — En t. d'arts mécaniques, ce mot a deux acceptions différentes : il se prend ou pour le diamètre d'un corps; et en ce sens on dit : *ces colonnes sont de même calibre*; ou pour un instrument servant de mesure, de moule, de patron. — En t. de maçon, planche sur le champ de laquelle on a découpé les différents membres d'architecture que l'on veut exécuter en plâtre aux corniches des plafonds des appartements, aux entablements des maisons, etc. — Les fontainiers appellent *calibre* le diamètre intérieur d'un tuyau, d'un corps de pompe : *ce tuyau a un demi-pied de calibre.* — Modèle ou profil en bois pour régler le bombement d'une chaussée. — En t. d'horl., l'espace compris entre les deux platines qui forment la cage d'une montre, et dans lequel sont placés les rouages, etc. — En t. de charpentier, bout d'ais entaillé en forme d'angle rentrant, et qui sert à prendre des mesures. — En t. de serruriers, morceau de fer préparé selon la forme et la figure que doit avoir la pièce que l'on veut forger ou limer. — Pièce de fer du métier à bas, laquelle porte des entailles plus ou moins larges. — Morceau de laiton sur lequel le graveur en caractères taille la hauteur que doit avoir la lettre. — Les potiers d'étain appellent *calibre* une espèce de mandrin servant à tenir les pièces d'étain qu'ils veulent tourner. — En t. de facteurs d'orgues, plaque de cuivre jaune, triangulaire, dont ils se servent pour *calibrer* les bouches des tuyaux de montre de l'orgue. — En t. de briquetiers, moule creux en bois, qui sert à donner la forme aux carreaux de verre, de brique, etc. — En t. de tourneurs, compas en forme d'équerre, avec une poupée glissante, dont on se sert pour prendre des épaisseurs d'ouvrage, ou des distances d'arrasements. — En t. de mar., modèle fait pour la construction d'un vaisseau, et sur lequel on en détermine les proportions.

CALIBRÉ, E, part. pass. de *calibrer.*

CALIBRER, v. act. (*kalibré*), donner le *calibre*, la grosseur convenable : *calibrer des balles.* — Mesurer le *calibre* : *calibrer une pièce d'artillerie.* — Fig. et fam., on dit qu'*il faut calibrer l'instruction pour l'esprit qui la reçoit.* — En t. d'horl., mesurer avec un compas les dents des roues, etc. — *se* CALIBRER, v. pron.

CALI-CALIC, subst. mas. (*kali-kalike*), t. d'hist. nat., petite pie-grièche de Madagascar.

CALICE, on pourrait aussi écrire, conformément à l'étym., **CALYCE**, subst. mas. (*kalice*) (du lat. *calyx*, en grec χα/υξ, bouton ou calice d'une rose, etc., dérivé de χαλυπτω, je couvre, et aussi du lat. *calix*, en grec χαλυξ gobelet, tasse), vase dans lequel se fait la consécration du vin dans le sacrifice de la messe : *calice d'or, d'argent.* — Fig. et prov. : *boire, avaler le calice*, souffrir quelque chose de cruel, d'humiliant. — *Boire, avaler le calice jusqu'à la lie*, éprouver une douleur ou une humiliation complète, ou un malheur jusque dans ses moindres circonstances. On dit par analogie : *faire boire, faire avaler à quelqu'un le calice jusqu'à la lie.* Ces deux expressions tirent sans doute leur origine de celle qui était employée autrefois sous la dénomination de *calice du soupçon. Vansleb*, dans son histoire de l'Eglise d'Alexandrie, rapporte qu'autrefois dans l'Égypte, les maris qui soupçonnaient leur femme d'infidélité lui faisaient avaler de l'eau soufrée, dans laquelle ils mettaient de la poussière, et de l'huile de la lampe de l'église. Ils prétendaient que si elle était coupable, ce breuvage lui faisait souffrir des douleurs insupportables : c'est ce qu'on appelait le *calice de soupçon.* Ces chrétiens d'Égypte avaient pris cette épreuve de l'Écriture (*Nombres, V*, 14), où Dieu prescrit ce qu'un mari jaloux devait faire pour connaître si sa femme était coupable ou non. Il l'amenait au prêtre, offrait pour elle la dixième partie d'un boisseau de farine d'orge. Il ne mettait dessus ni huile ni encens, comme dans les autres sacrifices. Cette offrande s'appelait le sacrifice de la zélotypie ou de la jalousie. — *Être doré comme un calice*, avoir des habits couverts d'or. — En bot., enveloppe extérieure qui renferme la corolle et les organes sexuels de la fleur. On le nomme aussi *périanthe.* — En t. d'anat., on appelle *calices* ou entonnoirs de petits conduits dont chacun embrasse, par une de ses extrémités, un ou plusieurs des mamelons glanduleux du rein, et aboutit de l'autre au bassinet, dans lequel ils transmettent l'urine. — Myth., subst. propre fém., fille d'Éole, femme d'Æthlius, et mère d'Endymion. Voy. CALYCE dans cette dernière acception.

CALICÉ, E, adj. (*kalicé*), t. de bot., environné d'un *calice.*

CALICHIRON, subst. mas. (*kalichiron*), t. de bot., nom de l'indigo ordinaire.

CALICINAL, E, adj. (*kalicinale*), t. de bot., qui vient sur le *calice*, qui appartient au *calice*, au plur. mas. CALICINAUX.

CALICINIEN, adj. mas.; au fém. CALICINIENNE, (*kalicinien, niène*), t. de bot., qui a les caractères d'un *calice.*

CALICION, subst. mas. (*kalicion*), t. de bot., plante de la famille des algues. Elle croît sur l'écorce des arbres.

CALICOT, subst. mas. (*kalikô*), toile de coton moins fine que la percale. — Nom donné, vers 1816, à ceux des commis marchands de Paris qui se faisaient remarquer par leur tenue à moitié militaire et par leurs prétentions, etc. On dit encore aujourd'hui pop. *un calicot*, pour un commis marchand.

CALICULE, subst. mas. (*kalikule*), t. de bot., rang de petites écailles qu'on observe sur la base de certains *calices.* — Petite coupe, gobelet.

CALICULÉ, E, adj. (*kalikulé*), t. de bot., qui a un *calicule.*

CALIDUCS, subst. mas. plur. (*kaliduke*) (du latin *calidus*, chaud, et *duco*, je conduis), t. d'hist. anc., sorte de canaux disposés le long des maisons et des appartements, et qui servaient à distribuer la chaleur dans les parties les plus éloignées du foyer commun. — On les nomme aujourd'hui *tuyaux de chaleur.*

CALIETTE, subst. fém. (*kaliète*), t. de bot., champignon jaune qui vient au pied du genièvre.

CALIFAT, subst. mas. (*kalifa*), dignité de *calife.*

CALIFE, subst. mas. (*kalife*) (de l'arabe *khalifah*, successeur, formé du verbe *khalafa*, venir à la place d'un autre, lui succéder; *successeur du prophète Mahomet. Aboubekr*, beau-père et successeur de *Mahomet*, fut le premier qui prit ce titre), titre de certains souverains mahométans qui réunissaient le pouvoir spirituel au temporel.

CALIFORNIE, subst. propre fém. (*kaliforni*), presqu'île qui tient à la terre ferme de l'Amérique.

CALIFOURCHON (À), loc. adv. (*kalifourchon*), jambe de çà, jambe de là, comme quand on est à cheval : *aller à califourchon; se mettre à califourchon sur quelque chose; être à califourchon sur un bâton.* Fam. — *Califourchon* se dit subst. et fig. pour : manie : *c'est là son califourchon.* Presque inusité comme subst.

CALIGE, subst. mas. (*kalije*), t. d'hist. nat., crustacé de l'ordre des branchiopodes, section des pœcilopes. On le connaissait autrefois sous le nom de pou des poissons, parce qu'en effet, il vit habituellement sur ces animaux, s'y tenant accroché, soit avec ses pieds à onglets, soit avec deux petits bras situés à l'extrémité antérieure de son corps.

CALIGES, subst. fém. plur. (*kalije*) (en latin *caligæ*), t. d'hist. anc., sorte de hauts-de-chausses des soldats romains.

CALIGINEUSE, adj. fém. Voy. CALIGINEUX.

CALIGINEUX, adj. mas., au fém. CALIGINEUSE (*kalijineu, neuze*) (du lat. *caligo*, obscurité), t. de didactique, obscur, sombre, louche. Peu usité.

CALIGNI, subst. mas. (*kaligni*), t. de bot., petit arbre de la Guyane qui produit des baies bonnes à manger.

CALIGO, subst. mas. (*kaliguo*) (du lat. *caligo*, obscurité, brouillard), t. de médec., ulcère très-superficiel. — T. d'oculiste, obscurcissement de la vue, considéré comme maladie.

CALIMANDE, subst. fém. (*kalimande*), t. d'hist. nat., poisson du genre pleuronecte.

CALIMBÉ, subst. masc. (*kaleinbé*), ceinture de toile ou d'étoffe d'environ trois doigts de largeur, seul vêtement des nègres mâles de la Guyane.

CALIN, subst. mas. (*kalein*), métal chinois, qui ressemble au plomb et à l'étain. — Au plur., t. de pêche, deux piquets de l'entrée de la tour de la paradiaire.

CÂLIN, E, adj. (*kâlein, line*) (du grec χαλαν, lâcher, se relâcher, se ralentir), doucereux, niais et indolent. — On l'emploie aussi pour cajoleur. — Il s'applique quelquefois aux choses : *démarche, physionomie, ton câlin.* — On dit subst. : *c'est un câlin; c'est une câline.*

CÂLINÉ, E, part. pass. de *câliner.*

CÂLINÉE, subst. fém. (*kâliné*), t. de bot., plante qui ressemble beaucoup aux soramies.

CÂLINER, v. act. (*kâliné*) (du grec χαλαν, lâcher, se relâcher, se ralentir. D'après cette étymologie, qui se rapporte particulièrement au pronominal, *se câliner* serait un diminutif de *caler*), cajoler. L'*Académie* ne donne pas ce verbe comme act. — *se* CÂLINER, v. pron., se tenir dans l'inaction, dans l'indolence : *il se câline dans un fauteuil; il aime à se câliner.*

CÂLINERIE (on devrait écrire CÂLINNERIE), subst. fém. (*kâlineri*), cajolerie.

CALIORNE, subst. fém. (*kaliorne*), t. de mar.,

gros cordage passé dans deux moufles à trois poulies, qui sert à guinder, à lever les fardeaux dans un vaisseau.

CALIPPIQUE, adj. fém. (*kalipepike*), t. d'astr. : *période calippique*, période de soixante-seize ans, inventée par le mathématicien Calippe, et propre à corriger l'erreur du cycle lunaire.

CALISAGA, subst. mas. (*kalizagua*), t. de bot., variété de quinquina.

CALISPERME, subst. mas. (*kalicepèreme*), t. de bot., arbrisseau grimpant de la Cochinchine.

CALISSOIRE, subst. fém. (*kaliçoare*), t. de manuf., poêle de feu pour lustrer les étoffes.

CALISTO, subst. propre fém. (*kaliceté*), myth., fille de Lycaon, et nymphe de Diane. Jupiter l'ayant surprise sous la figure de Diane, cette déesse ne tarda pas à s'apercevoir qu'elle était enceinte, et la chassa. *Calisto* alla dans les bois accoucher d'Arcas. Junon, toujours attentive aux démarches de Jupiter, et ennemie implacable de toutes celles qui pouvaient partager le cœur de son mari, métamorphosa en ours cette nymphe et son fils Arcas; mais Jupiter les plaça dans le ciel. On dit que *Calisto* est la grande ourse, et qu'Arcas est la petite, ou Bootès.

CALIXÈNES, subst fém. plur. (*kalikcène*), t. de bot., asperges. Inusité.

CALIXHYMÈNE, subst. fém. (*kalikecimène*), t. de bot., plante du Pérou qui contient quatre espèces.

CALLA, subst. mas. (*kalela*), t. de bot., nom du brou de noix. Inus.

CALLABIDE, subst. fém. (*kalelabide*), t. d'hist. anc., danse ridicule. Inusité.

CALLAC, subst. propre mas. (*kalelak*), village de France, chef-lieu de canton, arrond. de Guingamp, dép. des Côtes-du-Nord.

CALLADIONS, subst. mas. plur. (*kaleladion*), t. de bot., genre d'aroïdes.

CALLADUÉ, subst. fém. (*kalelado-é*), t. de bot., sorte de graminées.

CALLÆAS, subst. mas. (*kaleléâce*), t. d'hist. nat., nom générique du glaucope.

CALLAÏS, subst. mas. (*kalela-ice*), t. de minér., pierre gemme fragile; turquoise verte.

CALLALLUH, subst. mas. (*kalelalu*), t. de bot., amarante qu'on mange dans l'Inde.

CALLAPATIS, subst. mas. (*kalelapatice*), t. de comm., toile de coton des Indes.

CALLARIAS, subst. mas. (*kalelaridce*), t. d'hist. nat., espèce de morue de la mer Baltique.

CALLAS, subst. propre mas. (*kalelâce*), ville de France, chef-lieu de canton, arrond. de Draguignan, dép. du Var.

CALLE, subst. fém. (*kale*), t. de bot., genre de plantes de la famille des aroïdes. Elle comprend trois espèces : *la calle d'Éthiopie*, que l'on cultive dans les serres; *la calle des marais*, dont on recueille les racines dans le nord de l'Europe, pour les faire sécher et les manger pendant l'hiver, cuites avec de la viande ou du poisson; et *la calle du Levant*, qui est peu connue.— En t. de charpentiers, pièce de bois qui en soutient une autre que l'on travaille. — En t. de marine, c'est une machine dont on se sert pour tirer les vaisseaux hors de l'eau, afin de les radouber.

CALLÉE, subst. fém. (*kalé*), t. de comm. : *cuirs de callée*, cuirs de Barbarie de la première qualité.

CALLEMANDE ou **CALLEMANDRE**, subst. fém. (*kalemande, dre*), sorte de laine très-lustrée.

CALLESIS, subst. mas. (*kalezice*), t. de bot., nom que les anciens donnaient à une plante qu'on croit être la verveine.

CALLEUSE, adj. fém. Voy. **CALLEUX**.

CALLEUX, adj. mas., au fém. **CALLEUSE** (*kaleu, leuze*; voy. **CALUS**), où il y a des *callosités*. — En t. d'anat. : *corps calleux*, la partie qui couvre les deux ventricules du cerveau.

CALLI, subst. mas. (*kaleli*), t. de bot., nom donné en général aux plantes qui contiennent un suc laiteux.

CALLIANASSE et **CALLIANIRE**, subst. propre fém., (*kalelianace, nire*), myth., nymphes qui présidaient à la bonne conduite et à la décence des mœurs.

CALLIANIRE, subst. mas. (*kalelianire*), t. d'hist. nat., poisson des plages de Madagascar, qui comprend deux espèces : le *callianire* diploptère, et le *callianire* triploptère. — Myth. Voyez **CALLIANASSE**.

CALLIBIOS, subst. mas. (*kalelibiôce*), t. d'hist. nat., espèce de poisson.

CALLIBLEPHARON, subst. mas. (*kalelibléfaron*) (du grec καλλος, beauté, et βλεφαρον, paupière), t. de pharm., sorte de pommade pour embellir les paupières. Inusité.

CALLICARPA, mieux **CALLICARPE**, subst. mas. (*kalelikarpa*; *kalelikarpe*) (du grec καλλος, beauté, et καρπος, fruit), t. de bot., plante de l'Amérique et des Indes, de la famille des pyrénacées. — On la nomme ainsi, à cause de la beauté de ses semences.

CALLICÈRE, subst. mas. (*kalelicère*), t. d'hist. nat., insecte de l'ordre des coléoptères. — On a donné ce nom à un genre d'insectes de l'ordre des diptères.

CALLICHORE, subst. propre mas. (*kalelikore*), t. d'hist. anc., lieu où les Bacchantes dansaient en l'honneur de Bacchus.

CALLICHRÔME, subst. mas. (*kalelikrôme*) (du grec καλλος, beauté, et χρωμα, couleur), t. d'hist. nat., genre d'insectes xilophages, de l'ordre des coléoptères.

CALLICON ou **GALLICON**. Voy. **ACHÉUS**.

CALLICTE ou **CALLICHTE**, subst. mas. (*kalelikle*), t. d'hist. nat., poisson d'Amérique, du genre des silures.

CALLIDIE, subst. fém. (*kalelidi*) (du grec καλλος, beauté, et ειδος, forme; *belle forme*), t. d'hist. nat., coléoptère lignivore, à corselet lisse, d'un beau rouge satiné.

CALLIGAN, subst. mas. (*kaleliguan*), t. de comm., toile de coton des Indes.

CALLIGÉNIE, subst. propre fém. (*kalelijéni*), myth., nourrice de Cérès, ou, selon quelques-uns, l'une de ses nymphes. D'autres croient que c'est un surnom de cette déesse, qu'on donnait aussi à Tellus.

CALLIGON, subst. mas. (*kaleliguon*) (du grec καλλος, beauté, et γονυ, genou), t. de bot., plante de la famille des polygonées.

CALLIGRAPHE, subst. des deux genres (*kaleliguerafe*) (en grec καλλιγραφος, formé de καλλος, beauté, et γραφω, j'écris), littéralement, qui a une *belle écriture*; qui s'applique à la *calligraphie*. — Autrefois, copiste qui mettait au net ce qui avait été écrit en notes par ceux qu'on appelait *notarii*.

CALLIGRAPHIE, subst. fém. (*kaleliguerafi*) (en grec καλλιγραφια, composé des mêmes éléments que καλλιγραφος), art de bien former les caractères de l'écriture. — On l'emploie aussi pour signifier : la connaissance des anciens manuscrits.

CALLIGRAPHIQUE, adj. des deux genres (*kaleliguerafike*), qui tient de la *calligraphie*. L'*Académie* omet cet adjectif, bien en usage cependant.

CALLILYRE, subst. mas. (*kalelilire*) (du grec καλλος, beauté, et λυρα, lyre), qui pince bien de la *lyre*. Inusité.

CALLIMARTYRE, subst. fém. (*kalelimartire*) (du grec καλλος, beauté, et μαρτυρ, martyr), belle martyre. Inusité.

CALLIMORPHE, subst. mas. et adj. des deux genres (*kalelimorfe*), t. d'hist. nat., insecte de l'ordre des lépidoptères.

CALLIMUS, subst. mas. (*kalelimuce*), t. d'hist. nat., chez les anciens, les noyaux qui se trouvent dans l'intérieur des pierres d'aigles. Ils avaient, entre autres propriétés merveilleuses, celle de faciliter, dit-on, les accouchements.

CALLINIQUE, subst. fém. (*kalelinike*) (du grec καλλος, beauté, et νικη, victoire), t. d'hist. anc., air de danse des anciens, qui s'exécutait sur la flûte. On en fait aussi un adj. des deux genres.

CALLIOMORE, subst. mas. et adj. des deux genres (*kaleliomore*), t. d'hist. nat., genre de poissons jugulaires.

CALLIONGIS, subst. mas. (*kalelionjice*), soldat de marine turque.

CALLIONYME, subst. mas. (*kalelionime*) (en grec καλλιωνυμος, formé de καλλος, beauté, et ονυμος, nom), t. d'hist. nat., poisson de mer du genre des jugulaires.

CALLIOPE, subst. propre fém. (*kaleliope*) (en grec Καλλιοπη, formé de καλλος, beauté, ou de καλος, beau, et οψ, voix, chant), myth., celle des neuf muses qui préside à l'éloquence et à la poésie héroïque. Les poètes la représentent comme une jeune fille d'un aspect majestueux et couronnée de lauriers, ornée de guirlandes, et tenant dans sa main droite une trompette, et dans la gauche un livre. Trois autres livres se trouvent auprès d'elle : l'*Iliade*, l'*Odyssée* et l'*Énéide*.

CALLIPATIRA, subst. propre fém. (*kalelipatira*), myth., femme grecque qui, s'étant déguisée en maître d'exercice pour accompagner son fils aux jeux Olympiques, où il n'était pas permis aux femmes de se trouver, s'y fit reconnaître par les transports de joie qu'elle eut de voir son fils vainqueur. Les juges lui firent grace; mais ils publièrent un règlement portant que désormais les maîtres d'escrime seraient eux-mêmes obligés d'être nus comme l'étaient les athlètes qu'ils avaient instruits et qu'ils conduisaient à ces jeux.

CALLIPÉDIE, subst. fém. (*kalelipedi*) (du grec καλλιπαιδια, formé de καλλος, beauté, et de παιδος, gén. de παις, enfant), l'art de faire de beaux enfants. Inus.

CALLIPÉDIQUE, adj. des deux genres (*kalelipédike*), qui concerne la *callipédie*. Inus.

CALLIPTÈRE, subst. fém. (*kalelipetère*), t. de bot., fougère qui se rapproche beaucoup des hémionites.

CALLIPYGE, adj. propre fém. (*kalelipije*) (du grec καλλος, beauté, ou de καλος, beau, et πυγη, fesse), myth., surnom de Vénus : *Vénus callipyge*, Vénus aux belles fesses.

CALLIQUE, subst. mas. (*kalelike*), t. d'hist. nat., clupée de la Méditerranée.

CALLIRHOÉ, subst. mas. (*kaleliro-é*), t. d'hist. nat., zoophyte établi aux dépens des méduses. — Genre de coquilles rangées parmi les orthocératites. — T. de myth., subst. propre fém., jeune fille de Calydon que Corésus, grand-prêtre de Bacchus, aima éperdument. Voyant qu'elle ne voulait pas l'épouser, il implora Bacchus pour obtenir vengeance de cette insensibilité; et ce dieu frappa les Calydoniens d'une ivresse qui les rendait furieux. Ce peuple consulta l'oracle, lequel répondit que ce mal ne finirait qu'en immolant *Callirhoé*, ou quelque autre qui s'offrirait à la mort pour elle. Personne ne s'étant offert, on la conduisit à l'autel; et Corésus, le grand sacrificateur, la voyant ornée de fleurs et suivie de tout l'appareil d'un sacrifice, au lieu de tourner son couteau contre elle, se perça lui-même. *Callirhoé*, touchée d'une compassion tardive, s'immola pour apaiser les mânes de Corésus. — Il y eut une autre *Callirhoé*, fille du fleuve Scamandre. Elle épousa Tros, dont elle eut Ilus et Ganymède. — Il y en eut encore une troisième, qui fut femme d'Alcméon, meurtrier de sa mère Eriphile. Voy. **ALCMEON**.

CALLIRION, subst. mas. (*kalelirion*), t. de bot., nom donné au lis par *Dioscoride*.

CALLISE, subst. fém. (*kalelize*), t. de bot., petite plante rampante, qui a beaucoup de rapport avec les éphémères.

CALLISTACHYS, subst. mas. (*kalelicetachice*) (du grec καλλος, beauté, et σταχυς, épi), t. de bot., arbre légumineux.

CALLISTE, subst. fém. (*kalelicete*), t. de bot., plante parasite, très-belle, de la Cochinchine.

CALLISTEMMA, subst. mas. (*kalelicetèmema*), t. de bot., genre de plantes de la famille des synanthérées.

CALLISTES, **CALLISTHES** ou **CALLISTÉIES**, subst. propre fém. plur. (*kalelicete*; *kaleliceté-i*) (en grec καλλιστειον, formé de καλλιστος, le plus beau, superlatif de καλος, beau), myth., fêtes en l'honneur de Junon et de Cérès. Il y avait un prix pour la plus belle des femmes qui s'y trouvaient. Les Éléens célébraient ces fêtes en l'honneur de Minerve, mais le prix était adjugé au plus bel homme.

CALLISTO. Voy. **CALISTO**.

CALLITRIC, subst. mas. (*kalelitrike*), t. de bot., plante aquatique, à fleurs incomplètes.

CALLITRICHE, subst. mas. (*kalelitriche*) (du grec καλος, beau, et θριξ, poil), t. d'hist. nat., singe d'Éthiopie à longue queue, remarquable par la belle couleur de son poil. — Genre de vers mollusques.

CALLIXÈNE, subst. fém. (*kalelikcène*), t. de bot., plante de la famille des asparagoïdes.

CALLOMPE, subst. mas. (*kalelonpe*), t. d'hist. nat., genre d'insectes de la famille des dolichopodes.

CALLORINCHE, subst. mas. (*kaleloreinche*), t. d'hist. nat., poisson du genre des chimères antarctiques.

CALLOSITÉ, subst. fém. (*kalelôzité*) (du latin *callositas* qui a la même signification; voy. **CALUS**), endurcissement de l'épiderme ou de la peau, qui a lieu particulièrement aux pieds et aux mains, par suite de frottements réitérés. — Il se dit aussi des chairs dures formées naturellement : *le chameau naît avec des loupes sur le dos, des callosités sur la poitrine et sur les genoux.* — En t. de chir., chair blanchâtre, dure et indolente, qui couvre les bords et les parois des anciennes plaies et des vieux ulcères qui ont été négligés ou mal traités. — En t. de bot., il se dit de certaines parties des plantes, ou de certaines plantes qui présentent des renflements arides et raboteux. — En t. de jard., on donne ce nom à une matière *calleuse* qui se forme chaque année à la jointure ou à la reprise d'une jeune branche, ou aux insertions des racines.

CALLOTS ou **CALOTS**, subst. mas. plur. (*kalô*), masse de pierres qu'on tire brutes des ardoisières.

CALLYRINCHE, subst. mas. (*kalelireinche*), t. d'hist. nat., sorte de poisson.

CALMANDE, subst. fém. (*kalmande*), t. de comm., sorte d'étoffe de laine lustrée.

CALMANT, **E**, adj. (*kalman*, *mante*), t. de médec., qui *calme* les douleurs causées par des humeurs âcres, ou par une distension trop violente des parties : *remède calmant; potion calmante.* Il se prend aussi subst. au mas. : *les béchiques doux sont de vrais calmants dans la toux; donnez un calmant à ce malade.*

CALMAR et non pas **CALEMAR**, subst. mas. (*kalmar*) (du vieux mot français *calmar*, étui à plumes, écritoire, dérivé du lat. *calamus*, plume, *calamatoria theca*, étui à plumes). Vieux mot qui signifiait étui à plumes.—Il s'est dit aussi d'un vase de plomb ou de verre, plein d'encre, et placé au milieu d'une éponge mouillée, dans un plateau de faïence ou de bois. — On donne encore le nom de *calmar* à un vaisseau de crystal, à peu près de la forme d'un alambic; seulement le bec de celui-ci tend en bas, et celui de l'autre en haut. On l'appelle plus communément *cornet à lampe*. — En t. d'hist. nat., poisson, genre de sèche. On l'appelle aussi *cornet*, à cause de la ressemblance de sa forme avec un encrier, et particulièrement d'une liqueur noire qu'on trouve dans son corps.

CALME, subst. mas. (*kalme*) (suivant *Huet*, du grec μαλακος, nom d'où les latins ont fait *malacia*, dans le sens de *calme*, qui se trouve dans les *Commentaires de César*. De *malacia* on aurait fait *malacus*, et par transposition de lettres *calamus*, puis *calmus*, d'où est venu notre mot *calme*), cessation entière du vent : *le calme est quelquefois précurseur de la tempête; les navigateurs sont souvent arrêtés par les calmes entre les tropiques.*— On appelle *calme plat* ou *bonace* celui où il n'y a aucune agitation de l'air ni de la lame, et où les voiles tombent à plat sur les mâts. — *Calme* se dit aussi pour tranquillité, absence d'agitation, au physique et au moral : *le calme des nuits; il règne ici le plus grand calme; le président n'a pu rétablir le calme dans l'assemblée; après une révolution on achette volontiers le calme au prix de la liberté; le calme des passions n'est souvent que le sommeil de l'âme.*

CALME, adj. des deux genres (*kalme*), tranquille, sans agitation. Il se dit au propre et au fig., tant des personnes que des choses : *la mer est calme; le temps est calme; tout est calme dans la nature; la forêt était calme; l'état est calme; le peuple est calme; jamais l'assemblée n'avait été plus calme; ton âme est calme et tranquille; c'est un homme calme et flegmatique.* — *Tel se croit fort qui n'est que turbulent et inquiet; il vit en regardant l'homme calme; c'est un malade qui méprise la santé.* (CHARLES LEMESLE.) — *Calme* se dit encore d'un malade qui n'est point agité par la fièvre, par la douleur, par l'inquiétude: *le malade fut calme pendant toute la journée.*

CALMÉ, **E**, part. pass. de *calmer* et adj. : *la tempête est calmée; ma colère est calmée.*

CALMELÉE, subst. fém. (*kalmelé*), t. de bot., arbrisseau.

CALMER, v. act. (*kalmé*), apaiser, rendre *calme*, au propre et au fig. : *il espérait, par les vœux qu'il adressait au ciel, calmer la tempête et les flots agités; le gouvernement n'a pas su calmer la colère du peuple; l'éloquence de cet orateur a calmé l'assemblée; ses conseils n'ont pas encore pu calmer mon âme; la potion a calmé la fièvre.* — *Calmer*, v. neut., t. de mar., s'apaiser, devenir *calme* : *le vent, la mer commence à calmer.* — On dit aussi en médecine *un remède propre à calmer.* — SE **CALMER**, v. pron., *la mer se calme; les esprits se calment; sa colère se calme; pour prendre ce parti, il faut que la fureur des factions commence à se calmer.*

CALMI, subst. mas. (*kalmi*), t. de comm., toile peinte du Mogol.

CALMI, **E**, part. pass. de *calmir*.

CALMIE, subst. fém. (*kalmi*), état de la mer qui devient *calme*. *Boiste.*

CALMIR, v. neut. (*kalmir*), devenir *calme*, en parlant des vents, est un barbarisme que l'on a substitué dans certaines localités, au mot *calmer*.

CALMOUCK, subst. mas. (*kalmouke*), t. de comm., étoffe de laine qui sert à l'habillement. — Tartare nomade.

CALOBATE, subst. mas. (*kalobate*), t. d'hist. nat., insecte de l'ordre des diptères.

CALOBRE, subst. mas. (*kalobre*). On donne, dans quelques *Dictionnaires*, ce substantif comme un mot usité, auquel on fait signifier un pardessus d'habit, une blouse de charretier. C'est une double erreur. Ce mot s'écrivait autrefois *calobe* et non *calobre*. Il signifiait un vêtement long, sans manches, une sorte de manteau qu'on mettait par-dessus un habit, et il n'est plus usité depuis long-temps.

CALOCHILE, subst. mas. (*kalochile*), t. de bot., plante de la famille des orchidées.

CALOCHORTE, subst. mas. (*kalokorte*), t. de bot., plante bulbeuse qui seule constitue un genre.

CALODENDRON, subst. mas. (*kalodandron*), t. de bot., arbrisseau qui croît en Afrique.

CALODION, subst. mas. (*kalodion*), t. de bot., espèce de plante qui ne diffère point du cassite de Linnée.

CALOGATHE, subst. mas. (*kaloguate*) (du grec καλος, beau, et αγαθος, bon), t. d'hist. anc., citoyen d'Athènes, distingué par sa naissance, son éducation et son état.

CALOGER, subst. mas. (*kalojé*). Voy. **CALOYER**.

CALOGYNE, subst. fém. (*kalojine*), t. de bot., plante annuelle de la Nouvelle-Hollande.

CALOMBRE, subst. mas. (*kalonbre*), t. de bot., ménisperme palmé.

CALOMEL ou **CALOMÉLAS**, subst. mas. (*kalomèle*, *kaloméláce*) (du grec καλος, bon, et μελας, noir), t. de pharm., mercure bien mêlé avec du soufre, et réduit en une substance noirâtre.

CALOMÉRIE, subst. fém. (*kaloméri*), t. de bot., plante herbacée, bisannuelle, de la famille des corymbifères.

CALOMNIATEUR, subst. mas., au fém. **CALOMNIATRICE** (*kalomeniateur*, *trice*), celui, celle qui *calomnie* : *c'est un calomniateur; cette femme est une calomniatrice.* — Il se prend aussi adj. : *tel est ouvertement injuste, violent, perfide, calomniateur.* Il ne se dit que des personnes. Voy. **CALOMNIEUX**.

CALOMNIATRICE, subst. fém. Voy. **CALOMNIATEUR**.

CALOMNIE, subst. fém. (*kalomenî*) (du latin *calumnia* qui a la même signification), mensonge par lequel on attribue à quelqu'un un défaut, un vice ou une mauvaise action : *ce que vous dites là de cet homme est une calomnie; une noire calomnie; inventer, fabriquer, forger une calomnie; se laver d'une calomnie.* — *Calomnie* se prend aussi dans un sens général et abstrait : *braver la calomnie; la calomnie passe les monts et les mers.*—**CALOMNIE**, **MÉDISANCE**. (*Syn.*) Voy. **CALOMNIER**. — T. de myth., les Athéniens en avaient fait une divinité.

CALOMNIÉ, **E**, part. pass. de *calomnier*, et adj : *sommes-nous heureux, on nous envie; sommes-nous malheureux, on nous blâme, et dans tous les cas nous sommes calomniés.* (CHARLES LEMESLE.)

CALOMNIER, v. act. (*kalomenié*) (du lat. *calumniare*), accuser quelqu'un d'une mauvaise action qu'il n'a pas faite, d'un défaut ou d'un vice qu'il n'a pas : *on a calomnié cet homme indignement.* — *Calomnier*, s'emploie aussi absolument : *ce que les hommes aiment de la vertu, c'est le prétexte qu'elle leur offre de médire et de calomnier.* (CHARLES LEMESLE.)—**CALOMNIER**, **MÉDIRE**. (*Syn.*) *Calomnier*, c'est dire d'autrui le mal qui n'est pas; *médire*, c'est simplement en dire du mal, vrai ou non : *un moyen sûr de ne point calomnier, c'est de ne jamais médire.* Cependant on oppose quelquefois ces deux mots l'un à l'autre; et alors, à *médire*, *médisance*, se rattache l'idée de véridicité : *je n'ai pas calomnié monsieur; j'ai tout simplement médit sur son compte.* — *Oh! monsieur, il ne faut pas médire*, dit-on malignement pour donner à entendre qu'on ajoute foi au mal que l'on entend débiter. — *Calomnier* se dit aussi en parlant de la conduite, des intentions, des démarches, etc. : *on a calomnié ma conduite, mes intentions.*— SE **CALOMNIER**, v. pron. : *ils se sont calomniés l'un l'autre.*

CALOMNIEUSE, adj. fém. Voy. **CALOMNIEUX**.

CALOMNIEUSEMENT, adv. (*kalomenieuzeman*), avec *calomnie* : *on l'a accusé calomnieusement.*

CALOMNIEUX, adj. mas, au fém. **CALOMNIEUSE** (*kalomenieu*, *nieuze*), qui contient une *calomnie* : *discours calomnieux; accusation, imputation calomnieuse.* Il ne se dit jamais des personnes.

CALOMNIOGRAPHE, subst. mas. (*kalomeniogue-rafe*) (du lat. *calumnia*, calomnie, et du grec γραφω, j'écris), celui qui écrit des *calomnies*. (*Voltaire*.)

CALON, subst. mas. (*kalon*), boisson aux Indes. — Sève du cocotier.

CALONDRONIE, subst. fém. (*kalondroni*) (du lat. *calundronius* qui a le même sens), espèce de pierre qui avait, dit-on, la vertu de chasser la mélancolie.

CALONIENNE, subst. fém. (*kaloniène*), t. de bot., espèce de myrrhe.

CALONIÈRE, subst. fém. que nous lisons dans l'*Académie*, est un barbarisme. Avouons, du reste, qu'elle renvoie à **CANONNIÈRE**, seul mot en rapport avec la chose qu'il exprime.

CALONNÉA, subst. fém. (*kalonéa*), t. de bot., nom d'une plante appelée aujourd'hui *galardia*.

CALOPE, subst. fém. (*kalope*), t. d'hist. nat., insecte de l'ordre des coléoptères.

CALOPHYLLE, subst. mas. (*kalofile*). Voy. **CALABA**.

CALORGNE, subst. et adj. des deux genres (*kalorgnie*), le même que *borgne*.

CALORICITÉ, subst. fém. (*kaloricité*) (du latin *calor*, chaleur), propriété vitale en vertu de laquelle la plupart des êtres organisés conservent une chaleur supérieure à celle dans laquelle ils vivent.

CALORIFÈRE, adj. des deux genres (*kalorifère*) (du lat. *calor*, chaleur, et *ferre*, porter, qui transmet la *chaleur* : *corps calorifère.* — Subst. mas., espèce de grand poêle qui chauffe à la fois plusieurs pièces.

CALORIFICATION, subst. fém. (*kalorifikâcion*), c'est, suivant quelques auteurs, une fonction commune à tous les êtres organisés, qui a pour objet de les maintenir à une température qui leur est propre.

CALORIFIQUE, adj. des deux genres (*kalorifike*), qui chauffe, qui produit de la chaleur : *rayons calorifiques.*

CALORIMÈTRE, subst. mas. (*kalorimètre*) (du latin *calor*, chaleur, et du grec μετρον, mesure), instrument propre à mesurer la capacité des corps pour le *calorique*.

CALORIMÉTRIE, subst. fém. (*kalorimétri*), méthode pour se servir du *calorimètre*. — Art d'apprécier le *calorique* des corps.

CALORIMÉTRIQUE, adj. des deux genres (*kalorimétrike*), qui concerne la *calorimétrie*.

CALORINÈSES, *barbarisme*. Voy. **CALORINOSES**.

CALORINOSES, subst. fém. plur. (*kalorinôze*) (du lat. *calor*, chaleur, et du grec νοσος, maladie), t. de médec., maladies causées par le désordre du *calorique*. On dit aussi, mais à tort, **CALORINÈSES**.

CALORIQUE, subst. mas. (*kalorike*) (du latin *calor*, chaleur), t. de la nouvelle chimie, fluide extrêmement subtil qui, obéissant aux lois de l'attraction, pénètre ou abandonne, suivant les circonstances, les pores des corps, pour produire l'écartement ou le rapprochement des molécules, et dont la présence nous fait éprouver la sensation de la *chaleur*. — *Calorique combiné*; celui qui se *combine* étroitement avec les molécules des corps, et qui constitue une partie de leur substance. On le nomme aussi *calorique latent*. L'acte de combinaison lui fait perdre ses propriétés physiques, de telle sorte qu'il n'est plus sensible au thermomètre. —*Calorique interposé*, celui qui, sans être engagé dans aucune combinaison, se trouve retenu entre les molécules du corps par un reste d'attraction; il est sensible au thermomètre, et fait équilibre avec la température extérieure. On l'appelle aussi *calorique libre*. — *Calorique rayonnant*, *calorique interposé*, qui, en vertu de sa tendance à se mettre en équilibre, se porte avec une certaine vitesse, mais sans devenir lumineux, du corps où il abonde, dans un autre où il manque.

CALOSOME, subst. mas. (*kalozome*), t. d'hist. nat., insecte de l'ordre des coléoptères.

CALOSTEMME, subst. fém. (*kalocetèmeme*), t. de bot., plante de la famille des narcisses.

CALOT, subst. mas. (*kalô*) (de *Calot*, graveur célèbre pour les figures grotesques) : *figure à calot*, figure d'un grotesque ridicule.

CALOT, subst. mas. (*kalo*), noix écalée. — Fond de chapeau. Vieux.

CALOTHAMNE, subst. mas. (*kalotamene*), t. de bot., arbrisseau de la Nouvelle-Hollande, de la famille des myrtoïdes.

CALOTHÈQUE, subst. mas. (*kalotéke*), t. de bot., genre de graminées.

CALOTHYRSE, subst. mas. (*kalotirce*), t. de bot., c'est une des divisions du genre des grévillées.

CALOTROPIS, subst. mas. (*kalotropice*), t. de bot., plante de la famille des asclépiades.

CALOTTE, subst. fém. (*kalote*) (suivant le P. *Labbé*, du lat. *calantica*), sorte de coiffure sans visière et sans rebord, prenant la forme de la tête, et qui n'en couvre ordinairement que le sommet : *une calotte de laine, de drap, de velours, de satin*, etc.; *une calotte grecque*. — *Calotte à oreilles*, grande *calotte* qui couvre les oreilles. — *Calotte de prêtre*, *calotte* noire que les prêtres portent sur la tête, et dont l'usage s'est sans doute établi par le besoin de tenir chaude la partie tonsurée. — Les enfants de chœur portent des *calottes rouges*. — La *calotte* des cardinaux est également rouge. — On dit : *le pape a donné la calotte à un tel*, pour dire qu'il l'a élevé à la dignité de cardinal. Nous doutons que cette expression que nous lisons dans l'*Académie*, soit exacte. Il aurait tout au moins fallu dire *la calotte rouge*. En parlant d'un cardinal, on ne dit guère *donner la calotte*, mais *donner le chapeau*; du reste, *le chapeau* constitue la dignité d'un cardinal; la *calotte* est commune à tout le corps des ecclésiastiques et n'est nullement l'attribut d'une dignité spéciale. — On appelle populairem., et par dérision, tout le corps ecclésiastique, *la calotte*. Quelquefois *calotte* s'emploie, par mépris, pour désigner seulement un prêtre : *je ne veux pas de calotte chez moi*. — On appelle pop. et par allusion *calotte* un coup du plat de la main sur la tête : *donner une calotte*. — Anciennement, *donner la calotte* ou *un brevet de calotte*, c'était déclarer un homme extravagant, l'enrôler dans le régiment imaginaire de la *calotte*, c'est-à-dire de la folie. Ce *régiment de la calotte*, qui eut pour premiers fondateurs *Aimon*, porte-manteau de Louis XIV, et *Torsac*, exempt des gardes-du-corps, dura depuis les dernières années du règne de ce prince, jusque sous le ministère du cardinal de Fleury. — On donne le nom de calotte à une foule de choses qui ont une analogie de forme avec elle. — En t. de math., *calotte sphérique*, portion concave de la sphère. — On appelle fam. la *calotte des cieux*, la voûte du ciel : *on ne trouverait pas ton pareil sous la calotte des cieux*. — En t. de médec. et de chir., emplâtre agglutinatif dont on recouvre la tête d'un teigneux après l'avoir rasée, et qu'on enlève ensuite avec violence, afin d'arracher les bulbes des cheveux, et avec eux le principe qui entretient la teigne. — Sorte de coiffe faite en cuir bouilli, qui sert à suppléer à la solidité des os chez les personnes qui en ont perdu une partie par suite d'opérations chirurgicales. — On appelle en anatomie, la *calotte du crâne*, la partie supérieure de cette cavité. — *Calotte aponévrotique*, aponévrose du muscle occipito-frontal. — En archit., portion de voûte sphérique ou sphéroïde, qu'on pratique au milieu des grandes voûtes ou plafonds, pour les faire paraître plus élevés. — En t. de fourbisseurs, partie de la garde d'une épée sur laquelle on applique le bouton, au-dessus du pommeau. — En t. de fondeurs de petit plomb, une forme de chapeau, où ils mettent le plomb, quand il est séparé de sa branche. — En t. de boutonniers, la pièce d'or, d'argent ou de cuivre, etc., qui forme la couverture d'un bouton. — En t. d'horlogers, une espèce de couvercle qui s'ajuste sur le mouvement d'une montre, afin que la poussière ne puisse pas y pénétrer. — *Calotte d'aspiration*, pièce circulaire en cuivre, au bas de laquelle est renfermé le clapet d'une fontaine.

CALOTTÉ, E, part. pass. de *calotter*.

CALOTTER, v. act. (*kaloté*), donner des *calottes*, des coups du plat de la main sur la tête. Pop. — *se* **CALOTTER**, v. pron. — Ces mots n'existent pas dans l'*Académie*.

CALOTTIER, subst. mas., au fém. **CALOTTIÈRE** (*kalotié, tière*), celui ou celle qui fait et qui vend des *calottes*. Peu en usage.

CALOTTIÈRE, subst. fém. Voy. **CALOTTIER**.

CALOTTIN, subst. mas. (*kalotein*), homme extravagant, mal noté et décrié, qui avait un brevet de la *calotte*. Vieux. — Nom pop. donné par dérision aux ecclésiastiques, à cause de la *calotte* qu'ils portent. — Partisan du pouvoir temporel des prêtres.

CALOTTINE, subst. fém. (*kalotine*), sorte de pièce de vers badine et satirique. Inusité.

CALOTS, subst. mas. plur. (*kalô*). Voyez **CALLOTS**.

CALOU, subst. mas. (*kalou*), liqueur; boisson extraite du cocotier.

CALOUBOULI, subst. mas. (*kalouboull*), t. de bot., espèce de banistère.

CALOYER, subst. mas. (*kaloèié*) (du grec καλος, bon, et γερων, vieillard : *bon, saint vieillard*), moine grec de l'Archipel et du mont Athos, qui suit la règle de saint Basile. — Derviche et religieux turc.

CALP, subst. mas. (*kalpe*), t. de min., pierre argileuse qui forme des carrières considérables, près de Lucan, à quelques milles de Dublin.

CALPAT, subst. mas. (*kalpa*), sorte de bonnet, chez les Égyptiens.

CALPÉ, subst. propre mas. (*kalpé*), t. de géog. anc., montagne sur la côte méridionale de l'Espagne, en face d'Abyla. Voy. ce dernier mot.

CALPIDIE, subst. fém. (*kalpidi*), t. de bot., arbre de l'île de France, enduit de glu.

CALPURNE, subst. fém. (*kalpurne*), t. d'hist. nat., genre de coquilles établi aux dépens des bulles de Linnée.

CALQUABLE, adj. des deux genres (*kalkable*), qui est susceptible d'être *calqué*.

CALQUE, subst. mas. (*kalke*), trait léger d'un dessin qui a été *calqué* : *prendre un calque*. — Copie sur un transparent. — Fig., imitation servile d'un ouvrage : *ce roman nouveau est le mauvais calque d'un ouvrage que j'ai lu l'année dernière*.

CALQUÉ, E, part. pass. de *calquer*.

CALQUER, v. act. (*kalké*) (de l'italien *calcare* qui a la même signification), transporter un dessin d'un corps sur un autre, en passant une pointe sur les traits du premier, pour les imprimer sur l'autre, ou en plaçant le dessin sous un corps transparent, etc. : *calquer une estampe, une carte géographique*, etc. — Fig., imiter servilement : *calquer un ouvrage sur un autre*. — Il ne faut pas confondre ce mot avec *décalquer*, qui signifie reporter les traits du *calque* sur un autre papier, sur une autre toile, etc. — *se* **CALQUER**, v. pron.

CALQUERON, subst. mas. (*kalkeron*), t. de manuf., sorte de liteau, partie du métier des étoffes en soie.

CALQUIER, subst. mas. (*kalkié*), t. de comm., satin, taffetas mince des Indes.

CALQUIN, subst. mas. (*kalkein*), t. d'hist. nat., espèce d'aigle du Chili.

CALQUOIR, subst. mas. (*kalkoar*), pointe émoussée ou un peu arrondie, dont on se sert pour *calquer*.

CALTHA, subst. mas. (*kalta*), (nom corrompu du grec, qui signifie coupe, corbeille). T. de bot., plante que l'on croit être aujourd'hui le souci.

CALTHOÏDE, subst. fém. (*kalto-ide*), t. de bot., othonne à fleur de giroflier.

CALUMBÉ, subst. mas. (*kalonbé*), t. de bot., racine des Indes bonne contre la colique et les indigestions. On dit aussi *calombre* et *ménisperme*.

CALUMET, subst. mas. (*kalumè*) (du lat. *calamus*, fait du grec καλαμος, roseau), longue pipe des sauvages de l'Amérique du nord, couverte de différents ornements et avec laquelle ils fument en cérémonie dans leurs assemblées, et en différentes occasions. Il y a le *calumet de guerre* et le *calumet de paix*, le premier rouge, le second orné de plumes blanches. — Nom donné à plusieurs plantes avec la tige desquelles les nègres font des tuyaux de pipe. C'est à Haïti un panic et deux fougères, un nastè à Maurice, un mablier à Caïenne, etc.

CALUS, subst. mas. (*kâlu* et non pas *kâluce*, en faisant sentir *s*, comme l'indique l'*Académie*. Voici, du reste, nos raisons : l'*Académie*, qui écrit *calleux* et *callosité*, en dérivant ces mots de *callum*, ainsi que nous l'avons fait, n'a point conservé l'origine latine de ce mot, qui pourrait se dire *callum*, tout aussi bien, et mieux, que *calus*. Or, dans la supposition que l'*Académie* aurait voulu dire et écrire *calus* et non pas *callum*, elle a dû songer à franciser le mot, et nous avons bien peu de mots français terminés en *us*, qui se prononcent *uce*. Pour conclure, nous avons pour nous l'usage général, qui est de prononcer *kâlu*, espèce de nœud qui se forme d'une humeur épaissie, et qui rejoint les parties d'un os fracturé : *le calus est fait*. — Dureté indolente sur la peau; durillon. — Dans ces deux sens on dit aussi *cal*. Voy. ce mot. — Au fig., endurcissement de l'esprit et du cœur, qui se forme par une longue habitude. Il se prend ordinairement en mauvaise part. Il est fort peu usité figurément.

CALVADOS, subst. propre mas. (*kalvadôce*), nom d'un dép. de la France, qui prend son nom d'une chaîne de rochers qui s'étend dans la Manche.

CALVAIRE, subst. mas. (*kalvère*) (du lat. *calvaria*, fait de *calva*, crâne, parce qu'on y enterrait les criminels, après les avoir exécutés), mont où *Jésus-Christ* a été crucifié. — Élévation ou l'on a planté une croix.

CALVAIRIEN, adj. mas.; au fém. **CALVAIRIENNE**, (*kalvèriein, riène*), qui concerne le *calvaire*.

CALVAIRIENNE, subst. fém. (*kalvèriène*), religieuse du *calvaire*. Voy. **CALVAIRIEN**.

CALVANIER, subst. mas. (*kalvanié*), t. d'agric., homme de journée qui entasse les gerbes dans la grange.

CALVARIA, subst. mas. (*kalvaria*), t. d'hist. nat., espèce de poisson.

CALVATA-FERRAMENTA, subst. mas. plur. (*kalvataférerameinta*), mots latins par lesquels on désigne en français les instruments de chirurgie à bouton de fer.

CALVI, subst. propre mas. (*kalvi*), ville forte de France, chef-lieu d'arrond., dép. de la Corse. Cette ville est presque totalement dépeuplée, par suite de fréquents tremblements de terre.

CALVILLE, subst. mas. (*kalvile*), sorte de pomme : *calville blanc*; *calville rouge*.

CALVINIEN, adj. mas., au fém. **CALVINIENNE** (*kalvinicin, niène*), qui appartient à *Calvin*, à sa secte. On dit plus souvent *calviniste*.

CALVINISME, subst. mas. (*kalviniceme*), doctrine religieuse de Jean *Calvin*; secte qui suit la doctrine de *Calvin*.

CALVINISTE, subst. des deux genres (*calvinicete*), celui ou celle qui suit la doctrine de *Calvin*. — Adj., de *Calvin*.

CALVITIE, subst. fém. (*kalvici*) (du latin *calvities* dont la signification est la même, et qui vient de *calvus*, chauve), état d'une tête chauve; résultat de la chute des cheveux. Il n'est guère usité qu'en médecine. On dit aussi : *calvitie des paupières*, absence des cils ou poils qui bordent les paupières.

CALYBÉ, subst. mas. (*kalibé*), sorte d'oiseau de paradis. — T. de myth., subst. propre fém., prêtresse de Junon, dont Alecton prit la figure pour exciter Turnus contre Énée.

CALYBION, subst. mas. (*kalibion*), t. de bot., sorte de fruit. Il diffère fort peu du gland.

CALYBITE, adj. des deux genres (*kalibite*) (du grec καλυβιτης, formé de καλυβη, loge, cabane), qui loge dans une cabane. C'est un surnom qui a été donné à quelques saints.

CALYCANTHE, subst. mas. (*kalikan, kante*) (du grec καλυξ, calice des fleurs, et ανθος, fleur, parce que les divisions du calice sont colorées comme des pétales), t. de bot., genre de petits arbrisseaux exotiques, qui ont quelques rapports avec les rosiers.

CALYCANTHÈME, subst. mas. (*kalikantème*) (du grec καλυξ, calice, et ανθος, fleur : *qui a les fleurs sur le calice*), t. de bot., genre de plantes dont la corolle est insérée au sommet du calice.

CALYCE, subst. propre fém. (*kalice*), myth., fille d'Éole, femme d'Æthlius et mère d'Endymion.

CALYCÈRE, subst. fém. (*kalicère*), t. de bot., plante vivace, à tige fistuleuse, qui se trouve au Chili.

CALYCÉRÉES, subst. fém. plur. (*kalicéré*), t. de bot., famille de plantes dicotylédones, monopétales et épigynes.

CALYCOPTÈRE, subst. mas. (*kalikopetère*), t. de bot., arbrisseau grimpant de Madagascar, appelé *gétonie* par quelques-uns, et qui seul constitue un genre.

CALYDERME, subst. mas. (*kalidèreme*), t. de bot., nom que l'on a donné à un genre établi avec la belladone de Linnée.

CALYDON, subst. propre mas. (*kalidon*), myth., ville et forêt d'Étolie, où Méléagre tua un sanglier monstrueux.

CALYDONIS, subst. propre fém. (*kalidônice*), myth., Déjanire, surnommée ainsi, parce qu'elle était de *Calydon*.

CALYDONIUS, subst. propre mas. (*kalidóni-uce*), myth., surnom de Bacchus pris du culte qu'on lui rendait à *Calydon*. — *Calydonius heros*, le héros de *Calydon*; c'est Méléagre.

CALYGES, subst. mas. plur. (*kalije*), t. d'hist. nat., insectes adhérents à plusieurs poissons.

CALYMÈNE, subst. mas. (*kalimène*), t. d'hist. nat., genre de crustacés. Les *calymènes* qui sont connus sous le nom d'entomolithes semblent avoir appartenu à des êtres voisins, par leur organisation des crustacés qui forment maintenant l'ordre des gymnobranches ou branchiopodes.

CALYMÉNIE, subst. fém. (*kaliméni*), t. de bot., nom donné à une espèce de plante nommée aussi oxybaphe.

CALYPLECTE, subst. mas. (*kaliplèkte*), t. de bot., arbre du Pérou qui constitue, dans la famille des myrtoïdes, un genre qui ne renferme qu'une espèce. C'est un arbre à feuilles acides, et donnant une couleur jaune. On l'appelle vulgairement *cabeza de monge*.

CALYPSO, subst. fém. (*kalipecô*), t. de bot., genre de plantes de la famille des orchidées, qui ne renferme qu'une espèce et qui vient de l'Amérique septentrionale. Elle se rapproche beaucoup des malaxis. — Myth., nymphe, fille du Jour, selon quelques-uns; ou déesse, fille de l'Océan et de Téthys, selon d'autres. Elle habitait l'île d'Ogygie, où elle reçut favorablement Ulysse, qu'une tempête y avait jeté. Elle l'aima, et vécut sept ans avec lui; mais Ulysse préféra sa patrie et Pénélope à cette déesse, qui lui avait cependant promis l'immortalité, s'il eût voulu demeurer avec elle.

CALYPTER, subst. mas. (*kalipetère*), t. de médec., excroissance de chair qui couvre la veine hémorrhoïdale.

CALYPTRANTE, subst. fém. (*kalipetrante*), t. de bot., genre de plantes établi pour placer quelques plantes confondues auparavant avec les myrtes et les jambosiers.

CALYPTRE, subst. mas. (*kalipetre*) (du grec καλύπτρα, coiffe, dérivé de καλύπτω, je couvre), t. de bot., coiffe des semences des mousses. — Voile, cape de femme. Inusité.

CALYPTRÉ, E, adj. (*kalipetré*), coiffé, en parlant des semences des mousses.

CALYPTRÉE, subst. fém. (*kalipetré*), t. d'hist. nat., genre de coquilles conoïdes, qui faisait partie des patelles de Linnée. Il a pour type la patelle cabochon, vulgairement appelée le bonnet de Neptune. On trouve plusieurs espèces fossiles de ce genre dans les environs de Paris.

CALYPTRITE, subst. fém. (*kalipetrite*), t. d'hist. nat., fossile du genre des *calyptrées*, aux environs de Paris.

CALYSAYA, subst. mas. (*kaliza-ia*), t. de pharm., quinquina jaune.

CALYSTÈGE, subst. fém. (*kalicetèje*), t. de bot., plante qui ne diffère presque point des liserons.

CALYTRIPLEX, subst. mas. (*kalitripelèkce*), t. de bot., plante herbacée du Pérou.

CALYTRIX, subst. mas. (*kalitrikce*), t. de bot., plante de la Nouvelle-Hollande.

CAMACARI, subst. mas. (*kamakari*), t. de bot., arbre du Brésil dont le bois est jaune.

CAMADU, subst. mas. (*kamadu*), t. de bot., ortie de Java.

CAMAGNOC, subst. mas. (*kamagnioke*), t. de bot., espèce de manioc qu'on cultive à Caïenne.

CAMAÏEU, subst. mas. (*kama-i-eu*) (par corruption de *camehuia*, nom que les Orientaux donnent à l'onyx formé par des couches de différentes couleurs), t. de peinture. Il se dit d'un genre de peinture dans lequel on n'emploie que deux couleurs: *tableau en camaïeu; peindre en camaïeu*. On appelle aussi ces tableaux: *tableaux de grisaille; tableaux de clair obscur*. — *Camaïeu* se dit aussi d'une pierre fine sur laquelle se trouvent, par un jeu de la nature, plusieurs figures ou représentations de paysages et autres objets, ce qui forme des espèces de tableaux sans peinture. — On donne aussi ce nom à des pierres précieuses, telles qu'onyx, sardoines, sur lesquelles on a gravé des têtes, des bas-reliefs. On donne encore le nom de *camaïeux* aux figures gravées sur ces pierres.

CAMAIL, subst. mas. (*kama-ie*) (de l'italien *camaglio*, dérivé, suivant *Du Cange*, de *camelaucum* ou *camalaucium*, employé dans la basse latinité pour coiffure faite de poil de chameau, en latin *camelus*), sorte de petit manteau que les ecclésiastiques portent par-dessus le rochet, et qui couvre depuis les épaules jusqu'à la ceinture: quand il y a un capuchon, c'est l'habillement d'hiver. — En t. de blason, le lambrequin dont les écus et les casques des chevaliers étaient autrefois couverts. — On dit au plur., des *camails*.

CAMALANGA, subst. fém. (*kamalangua*), t. de bot., cucurbitacé de Sumatra, dont le fruit sert à faire de bonnes confitures.

CAMALDULE, subst. des deux genres (*kamaldule*), religieux d'un ordre fondé à *Camaldoli* en Toscane, qui suit la règle de saint Benoît, *couvent de camaldules*.

CAMANDAG, ou **CAMANDANG**, subst. mas. (*kamandague, dangue*), t. de bot., arbre des Philippines.

CAMANIOC, subst. mas. (*kamanioke*), t. de bot., espèce de manioc doux que l'on cultive à Caïenne. Quelques-uns écrivent *camagnioc*.

CAMARA, subst. fém. (*kamara*), en anatomie, la calotte du crâne. — En bot., genre de plantes à fleurs monopétales, de l'Amérique méridionale.

CAMARA-CUBA, **CAMARA-MIRA**, **CAMARA-TINGA**, subst. fém. (*kamarakuba, mira, teingua*), t. de bot., genre de plantes de l'Amérique méridionale.

CAMARADE, subst. des deux genres (*kamarade*) (du grec καμάρα, en lat. *camera*, voûte, chambre voûtée, parce que *camarade* a seulement signifié dans l'origine compagnon de chambrée), compagnon de profession, celui, celle qui vit, travaille, étudie habituellement avec un autre. Il se dit surtout entre soldats, comédiens, artisans, écoliers, valets, etc.: *camarades, il faut vaincre ou mourir; un tel est un bon camarade; c'est mon camarade de collège; il était à l'armée mon camarade de lit*, nous couchions ensemble; *ma fille est sa camarade de couvent*, etc. — *Camarades de voyage*, ceux qui voyagent ensemble; *camarades d'infortune*, ceux qui éprouvent les mêmes malheurs; etc. — *N'être point camarades*, n'être point d'accord, ne pouvoir frayer ensemble: *ces deux actrices ne sont point camarades*.—On se sert quelquefois de ce mot comme terme de familiarité en parlant à des personnes très-inférieures qui ne sont pas dans l'état de domesticité: *camarade, pourriez-vous me faire le plaisir de me conduire au prochain village?* — Coups de canons de plusieurs batteries dirigées sur un seul point. Inus.

CAMARADERIE, subst. fém. (*kamaradri*), familiarité qui règne entre *camarades*. — Connivence littéraire; coterie d'auteurs intéressés à se faire valoir.—Gens qui se soutiennent les uns par les autres et fort souvent au détriment de ceux qui leur sont étrangers. Fam.

CAMARA-LUCIDA, subst. fém. (*kamaralucida*), voy. nos observations au mot **CAMERA-LUCIDA**.

CAMARD, E, subst. et adj. (*kamar, marde*), camus, camuse, qui a le nez plat et écrasé. — Adj.: *une femme camarde*. — Il se dit du nez même: *un nez camard*. — En t. d'argot, on appelle par allusion la mort: *la camarde*.

CAMARE, subst. mas. (*kamare*), t. de bot., péricarpe formé de deux valvules.

CAMARGUE, subst. propre fém. (*kamargue*), ancienne province de France, située dans la Provence.

CAMARIGNE, **CAMARINE**, subst. fém. (*kamarignie, rine*), t. de bot., arbrisseau à fleurs monopétales, qui croît en Dauphiné et en Languedoc.

CAMARILLA, subst. fém. (*kamarilela*), (mot pris de l'espagnol), parti des absolutistes.

CAMARINE, ou **CAMÉRINE**, subst. propre mas. (*kamarine, mérine*), myth., fameux marais dans la Sicile, dont les eaux exhalaient une puanteur horrible. Les Siciliens ayant consulté l'oracle d'Apollon, pour savoir s'ils feraient bien de le dessécher, l'oracle leur répondit qu'il fallait s'en garder; mais, n'ayant point eu égard à cette réponse, ils le desséchèrent, et facilitèrent par là l'entrée de leur île aux ennemis, qui la saccagèrent. — T. de bot. Voy. **CAMARIGNE**.

CAMAROSIS, subst. fém. (*kamarozice*) (du grec καμάρωσις, courbure), t. de chir., fracture du crâne, dont les fragments sont disposés de manière à former une voûte.

CAMARRE, subst. fém. (*kamâre*), caveçon armé de pointes.

CAMARU, subst. mas. (*kamaru*), t. de bot., plante du Brésil.

CAMARUS, subst. mas. (*kamaruce*), t. de bot., variété de goyaves.

CAMAYEU, subst. mas. (*kama-i-eu*). Voy. **CAMAÏEU**.

CAMBAGE, subst. mas. (*kanbaje*) (suivant *Vossius* et *Du Cange*, du latin barbare *cambagium*, fait du vieux mot allemand *camba*, qui signifie un lieu où se fait la bière), droit qui se lève sur de la bière. — Lieu où on la fait.

CAMBAGES, subst. fém. plur. (*kanbaje*), t. de comm., toiles de coton que l'on tire de Madras, de la côte de Coromandel et du Bengale. On les appelle aussi *cambayes*.

CAMBANG-CUMIN, subst. mas. (*kanbankumein*), t. de bot., espèce de casse dont on mange les feuilles en guise d'épinards.

CAMBANG-TSIULANG, subst. mas. (*kanbantzeiulan*), t. de bot., arbrisseau de Ceilan.

CAMBARE, subst. fém. (*kanbare*), t. de bot., espèce d'igname de Madagascar, que l'on cultive à l'île de France.

CAMBAYES. Voy. **CAMBAGES**.

CAMBIATURE, subst. fém. (*kanbi-ature*), sorte de voiture en Italie.

CAMBIL, subst. mas. (*kanbile*), espèce de terre rouge.

CAMBING, subst. mas. (*kanbeingue*), t. de bot., arbrisseau des Moluques dont on ne connaît pas le genre, et dont l'écorce passe pour un bon remède contre la dyssenterie.

CAMBISTE, subst. mas. (*kanbicete*) (de l'italien *cambista*, fait de *cambio*, change), celui qui faisait autrefois commerce des lettres de change. On dit aujourd'hui *agent de change*. — Adj. des deux genres: *place cambiste*, qui fait beaucoup d'affaires en *change* ou en banque; sur laquelle on a souvent occasion de tirer ou de remettre: *Amsterdam est la ville la plus cambiste de l'Europe*.

CAMBIUM, subst. mas. (*kanbiome*), t. de bot., sève épaissie et disposée à former une couche d'aubier; ou mieux, origine du bois et de l'écorce. Ce n'est point une liqueur, ce n'est point un tissu, mais c'est le passage de l'une à l'autre. Quoiqu'il y ait lieu de croire qu'il existe du *cambium* toute l'année dans les arbres, il n'est visible, dans le climat de Paris, qu'à la fin des deux sèves, savoir, en mai et en août. On le distingue de la sève en ce qu'il est moins fluide, et qu'on y voit des grains blancs comme amylacés.

CAMBO, subst. mas. (*kanbo*), t. de bot., variété du thé bou. — Subst. propre, bourg situé dans le département des Basses-Pyrénées, arrond. de Bayonne. Il est assez célèbre à cause de ses eaux minérales.

CAMBOGE, subst. mas. (*kanboje*), t. de bot., arbre de l'Inde qui donne la gomme gutte.

CAMBOUIS, et non pas **CAMBUIS**, subst. mas. (*kanboui*), matière gluante, sorte de graisse noire qui se forme du vieux oing dont on frotte les roues d'une voiture.

CAMBOULAS, subst. mas. plur. (*kanboula*), t. de comm., étoffe de fil et de laine fabriquée à Sisteron, en Provence.

CAMBOULI, subst. mas. (*kanbouli*), t. de bot., mûrier de Pondichéry.

CAMBRACINE, subst. fém. (*kanbraciné*), t. de comm., toile du Levant.

CAMBRAI, subst. propre mas. (*kanbré*), ville de France, chef-lieu d'arrond., dép. du Nord. La citadelle est importante. Cette ville a été illustrée par Fénelon, son archevêque. — T. de comm., étoffe blanche, claire et fine, faite de lin, et autrefois fabriquée à Cambrai.

CAMBRASINE, subst. fém. (*kanbraziné*), t. de comm., toile fine d'Égypte; il s'en fait un grand commerce au Caire, à Alexandrie et à Rosette. On lui a donné ce nom parce qu'elle ressemble beaucoup aux toiles de Cambrai. — Il y a aussi des *cambrasines* que l'on tire de Smyrne. Elles sont de deux sortes, celles qui viennent de Perse et celles qu'on apporte de la Mecque. Les premières conservent leur nom; les autres, qui sont jaunâtres, mais plus douces et plus fines que les premières, prennent celui de *mamoudis*.

CAMBRE, subst. mas. (*kanbre*) (du grec καμάρα, voûte), cambrure.

CAMBRÉ, E, part. pass. de *cambrer*, arqué: *des souliers cambrés; avoir les jambes cambrées*.

CAMBREMENT, subst. mas. (*kanbreman*), t. d'ardoisier, de carrier, éboulement commencé de terre.

CAMBREMER, subst. propre mas. (*kanbremère*), bourg de France, chef-lieu de canton, arrond. de Caen, dép. du Calvados.

CAMBRER, v. act. (*kanbré*) (du latin *camerare*, voûter, faire en arc; formé du grec καμάρα, voûte, arcade, etc.), courber légèrement en arc: *cambrer une forme, cambrer un soulier*. — Courber des membrures, des planches et autres pièces de bois, pour quelque ouvrage cintré. — En t. de relieur, *cambrer un livre*, c'est donner la dernière façon à un livre relié, en courbant un peu les pointes du carton en dedans, pour lui donner une meilleure forme. — *se* CAMBRER, v. pron. : *cette poutre commence à se cambrer*. — En parlant des personnes, c'est porter la poitrine en avant de manière que le dos ait une forme arquée : *cette femme se cambre en marchant*.

CAMBRÉSINE, subst. fém. (*kanbrézine*), t. de comm., toile fine de Cambrai.

CAMBRÉSIS, subst. propre mas. (*kambrézi*), nom du petit pays de France anciennement renfermé entre les provinces de Picardie, d'Artois et du Hainaut.

CAMBRIDGE, subst. propre fém. (*kanbrideje*), ville d'Angleterre et capitale du comté de ce nom.

CAMBRIEN, subst. propre mas. (*kanbriein*), village de France, chef-lieu de canton, arrond. de Béthune, dép. du Pas-de-Calais.

CAMBRILLON, subst. mas. (*kanbri-ion*), pièce de cuir du talon.

CAMBRIQUE, subst. mas. et adj. des deux genres (*kanbrike*), langue du pays de Galles. Le *cambrique* est, selon Scaliger, une des dix langues matrices mineures de l'Europe. Ce mot de *cambrique* vient de ce que le pays de Galles s'appelait *Cambrie*, en latin *Cambria*.

CAMBROUZE, subst. fém. (*kanbrouze*), t. de bot., roseau qui devient gros comme le bras et qui s'élève bien sur les bords des rivières de la Guyane.

CAMBRURE, subst. fém. (*kanbrure*), courbure légère en arc : *la cambrure d'une voûte*.

CAMBRY, subst. mas. (*kambri*), t. d'hist. nat., coquille qui comprend la patelle de Bourbon.

CAMBUSE, subst. fém. (*kanbuze*), t. de mar., retranchement dans l'entrepont où sont les vivres en consommation; c'est à la *cambuse* que se distribuent les rations à l'équipage, etc.

CAMBUSIER, subst. mas. (*kanbuzié*), t. de mar., nom qu'on donne à bord aux servants de la *cambuse*; on en excepte le premier commis qui en est le chef, et qu'on appelle *commis aux vivres*.

CAMBUY, subst. mas. (*kanbui*), t. de bot., arbrisseau du Brésil.

CAM-CHAIN, subst. mas. (*kamechein*), t. de bot., espèce d'oranger qui croît au royaume de Tonquin.

CAMCHINE, subst. mas. (*kamechine*), vent du désert en Égypte.

CAME, subst. fém. (*kame*), t. d'hist. nat., genre de coquillage bivalve. Voy. CHAME. C'est du moins le renvoi de l'*Académie*. — Monnaie du Bengale qui vaut la moitié de la roupie.

CAMÉADE, subst. fém. (*kaméade*), t. de bot., poivre sauvage noir.

CAMÉAN, subst. mas. (*kaméan*), t. de bot., petit arbre qui a quelques rapports avec les crotons.

CAMÉE; on devrait écrire *chamée*, subst. mas. (*kamé*) (de l'italien *cameo*, que quelques-uns dérivent du grec χαμαι, à terre, sur la terre; parce que le relief des *camées* a fort peu de saillie, et se détache faiblement du fond), pierre composée de différentes couches, et nuancée de diverses couleurs. — Dans une acception générale, toute pierre fine sculptée en relief. Celles qui sont gravées en creux sont nommées *intailles*. —Par extension, tableau de grisaille. Voy. CAMAÏEU. — L'agate onyx porte le nom de *camée* lorsqu'elle est travaillée et que l'artiste y a gravé quelques figures.

CAMELÆ, subst. latin fém. plur. (*kamélé*), on dit aussi *camelæ deæ*, mots qui signifient les *déesses du mariage*; divinités que les filles invoquaient quand elles étaient sur le point de se marier.

CAMELAN, subst. mas. (*kamelan*), t. de bot., arbre d'Amboine.

CAMÉLÉE, mieux CHAMÉLÉE, subst. fém. (*kamélé*) (en grec χαμελαια, contraction de χαμαιελαια, olivier nain, formé de χαμαι, à terre et de ελαια, olivier), t. de bot., petit arbrisseau des pays chauds de l'Europe, toujours vert. On l'appelle aussi *camelée à trois coques*, *olivier nain*, etc.

CAMÉLÉON, que l'on devrait écrire CHAMÉLÉON, subst. mas. (*kaméléon*) (du grec χαμαιλεων, petit lion, formé de χαμαι, à terre, et λεων, lion; parce qu'il chasse aux mouches, comme le lion aux autres animaux), sorte de petit lézard auquel on attribuait autrefois la faculté de prendre la couleur des objets dont il approchait. On croyait aussi qu'il ne se nourrissait que d'air. — Fig. et fam., homme qui change aisément d'avis ou de parti. — Nom d'une constellation australe, composée de neuf étoiles suivant *Bayer*, et d'un beaucoup plus grand nombre selon *La Caille*. — T. de bot., *caméléon blanc*, sorte de plante.

CAMÉLÉON-MINÉRAL, subst. mas. (*kaméléon-minérale*). T. de chim. On a donné ce nom à une combinaison de neuf à dix parties de potasse du commerce et d'une d'oxyde de manganèse, qui, dissoute dans l'eau, la colore en vert, et devient ensuite d'une couleur violette, par le dépôt de flocons d'un jaune rougeâtre, qui paraissent être un hydrate de manganèse. Elle se décolore dans les vaisseaux ouverts; quand elle est verte ou violette, les acides la colorent en rose.

CAMÉLÉONIENS, subst. mas. plur. (*kaméléoniein*), t. d'hist. nat., famille de reptiles sauriens.

CAMÉLÉONTOÏDE, subst. fém. (*kaméléonto-ide*) (du grec χαμαιλεων, petit lion, et ειδος, forme), t. de bot., plante dont les couleurs changent au soleil.

CAMÉLÉOPARD, subst. mas. (*kaméléopar*) (du grec καμηλος, chameau, et παρδαλις, léopard), t. d'hist. nat., animal qui a la tête et le cou comme le *chameau*, et qui est tacheté comme le *léopard*. C'est l'ancien nom de l'animal appelé aujourd'hui *girafe*. — Constellation septentrionale.

CAMÉLIA ou CAMELLIA, subst. fém. (*kamélia*), t. de bot., arbrisseau toujours vert, cultivé dans les jardins de la Chine et du Japon; sa fleur, que l'on nomme aussi *camélia*, est remarquable par sa beauté. On l'appelle aussi *camélie*.

CAMÉLIE. Voy. CAMÉLIA.

CAMÉLIÉES, subst. fém. plur. (*kamélié*), t. de bot., famille de plantes dicotylédones.

CAMÉLIFORME, adj. (*kaméliforme*) (du grec καμηλος, chameau, et du latin *forma*, forme, ressemblance), ressemblant au *chameau* par les *formes*.

CAMELINE, subst. fém. (*kameline*), t. de bot., plante crucifère qui croît dans les champs cultivés de presque toute l'Europe. On en extrait une huile que l'on appelle souvent à tort *huile de camomille*. — On dit aussi abusivement : *de la cameline* pour *du camelot*.

CAMELLE, subst. fém. (*kamèle*), sorte de vase de bois chez les anciens. — De ce nom est venu *gamelle*.

CAMELLIA. V. CAMÉLIA.

CAMÉLOPARD, subst. mas., barbarisme de *Raymond*. Voy. CAMÉLÉOPARD.

CAMÉLOPODIUM, subst. mas. (*kamélopodiome*) (du grec καμηλος, chameau, et ποδος, gén. de πους, pied), t. de bot., pied-de-chameau. — Espèce de marrube.

CAMELOT, subst. mas. (*kameló*) (en grec καμηλωτη, peau de chameau, dérivé de καμηλος, chameau; parce que originairement le *camelot* se faisait avec le poil de chameau), t. de comm., étoffe de poil de chèvre ou de laine, mêlée quelquefois de soie, etc. — Prov., *mettre quelqu'un au pli du camelot*, le réduire à obéir, à être exact. — *Il est comme le camelot, il a pris son pli*, il est incorrigible, etc.

CAMELOTÉ, E, part. pass. de *cameloter*, et adj., ondé en forme de *camelot*.

CAMELOTER, v. act. (*kameloté*), imiter le *camelot*.

CAMELOTIER, subst. mas. (*kamelotié*), papier très-commun.—Marchand de *camelot*.

CAMELOTINE, subst. fém. (*kamelotine*), t. de comm., étoffe tissue ou ondée comme le *camelot*.

CAMELOTTE, subst. fém. (*kamelote*) (du grec καμηλωτη, étoffe grossière faite avec du poil de chameau), en librairie, petit mauvais ouvrage; reliure de peu de valeur. — En général, mauvaise marchandise. — On appelle *libraire en camelotte* celui qui ne vend que des alphabets, des rudiments, et autres ouvrages de cette nature.

CAMENÆ. Voy. CAMOENÆ.

CAMÉRAIRE, subst. fém. (*kamérère*), t. de bot., genre de plantes de la famille des apocynées.

CAMÉRAL, E, adj. (*kamérale*), du camérier.

CAMÉRALISTIQUE, subst. fém. (*kaméralicetike*), science de la finance, de l'administration des revenus publics. Inus.

CAMERA-LUCIDA, subst. fém. (*kaméralucida*) (du lat. *camera*, chambre, et *lucida*, fém. de l'adj. *lucidus* qui signifie clair), chambre claire, prisme de crystal qui produit à la fois réflexion et réfraction, et à l'aide duquel on voit les objets comme peints sur le papier où l'on calque leurs contours. On a dit aussi *camara-lucida*, qui vient du grec καμαρα, chambre; mais l'alliance de ce mot grec avec le mot latin *lucida* est vicieuse; *camera-lucida* est donc la seule locution que l'on doive employer.

CAMÉRÉRA, subst. fém. (*kaméréra*). Voy. CAMÉRISTE.

CAMÉRI, subst. mas. (*kaméri*), t. de bot., arbre de la famille des euphorbes.

CAMÉRIER, subst. mas.; on ne dit pas CAMÉRIÈRE au fém. dans le sens de ce mot (*kamérié*) (de l'italien *cameriere*, fait du latin *camera*, chambre, ou de l'allemand *kammer*, chambre), officier de la chambre du pape, d'un cardinal, d'un prélat italien, qu'on appelle autrement *maître de la chambre*. — En bot., plante de la famille des apocynées.

CAMÉRINE, subst. fém. (*kamérine*), t. d'hist. nat., numismale ou pierre lenticulaire; fossile lenticulaire.

CAMÉRISIER, subst. mas. (*kamérizié*), t. de bot., nom vulgaire d'une espèce de chèvre-feuille.

CAMÉRISTE et souvent CAMÉRIÈRE, subst. fém. (*kamèricete*) (en portugais *camerista*), dame de la *chambre* d'une princesse espagnole, ou portugaise, ou italienne.

CAMERLINGAT, subst. mas. (*kamèreleingua*), dignité de *camerlingue*.

CAMERLINGUE, subst. mas. (*kamèreleingue*) (du lat. *camera*, chambre, fait de καμαρα, voûte, chambre voûtée), cardinal qui préside la *chambre* apostolique et devient le chef du gouvernement temporel pendant la vacance du siége pontifical. — Intendant des finances du royaume de Bohême.

CAMÉRONIEN, subst. et adj. mas., au fém. CAMÉRONIENNE (*kaméroniein, niène*), sectaire écossais très-austère, et dont les assemblées se font dans les bois.

CAMESÈS, subst. propre mas. (*kamezèce*), myth., prince d'Italie qui partagea dans cette contrée la souveraine autorité avec Janus.

CAMESPERME, subst. mas. (*kamèceperème*), t. de bot., plante de la famille des polygalées.

CAMILLE, subst. mas. et fém. (*kami-ie*) (du mot étrusque *casmillus*, ministre), jeune garçon et jeune fille de bonne famille, ayant père et mère vivants, qui, aux noces des Romains, portaient, dans un vase couvert, des hochets et autres objets pour l'enfant qui devait naître. Ils servaient aussi dans les sacrifices, et dans la célébration des mystères. — Myth., subst. fém. *Camille*, reine des Volsques, soutint long-temps en personne l'armée de Turnus contre Enée. Personne ne la surpassait à la course ni au maniement des armes. Elle fut tuée d'un coup de javelot. — En t. d'hist. nat., coquille qui ne comprend qu'une espèce.

CAMILLE, adj. mas. (*kami-ie*) (en étrusque *casmillus*, le ministre, ou plutôt le serviteur de *Jupiter*), dans l'ancienne myth., surnom de *Mercure*, pris de ce qu'il était le *ministre* des dieux.

CAMINYAN, subst. mas. (*kaminian*), t. de bot., espèce de plante du genre des benjoins.

CAMION, subst. mas. (*kamion*), sorte de charrette ou de haquet, traîné par un cheval ou par deux hommes, et dont on se sert pour voiturer des tonneaux, etc. — Épingle courte et déliée qui sert aux femmes. — Les plus petites bosses ou têtes de chardons dont on se sert dans les manufactures de laine. On dit aussi *rondelles*.

CAMIONNAGE, subst. mas. (*kamionaje*), transport par le moyen du *camion*.

CAMIONNEUR, subst. mas. (*kamioneur*), celui qui traîne ou conduit un *camion*.

CAMIRE, subst. propre mas. (*kamire*), myth., fils d'Hercule et d'Iole. Il bâtit dans l'île de Rhodes une ville à laquelle il donna son nom.

CAMIS, subst. mas. plur. (*kamice*), dieux du second ordre; ils accordent aux hommes, des enfants, de la santé, des richesses, et tous les biens de cette vie.

CAMISA, subst. fém. (*kamiza*), morceau d'étoffe que portent autour des reins les négresses de la Guyane. Ce vêtement, le seul qu'elles aient, descend depuis la ceinture jusqu'aux genoux.

CAMISADE, subst. fém. (*kamizade*) (du lat. *camisa*, chemise), t. de guerre, attaque militaire faite la nuit ou de grand matin. Ce mot vient de ce que dans une circonstance semblable les soldats, pour se reconnaître, mirent leurs *chemises* sur leurs armes.

CAMISARD, subst. mas., CAMISARDE, subst. fém. (*kamizar, kamizarde*), nom des calvinistes des Cévennes, qui, en 1688, se liguèrent et prirent les armes pour la défense de leur secte. Ce mot a la même étymologie que *camisade*.

CAMISOLE, subst. fém. (*kamizole*) (du latin *camisa*, chemise), vêtement de toile, de laine tricotée, de flanelle, etc., en forme de chemise, et qui ne descend pas plus bas que les reins, que l'on porte sur la peau ou par dessus la chemise. Les femmes surtout portent quelquefois en négligé des *camisoles* de toile, etc., par dessus leurs habillements.—On appelle *camisole* ou *camisole de force* une chemisette *armée de tenants* de fer dont on revêt les fous et certains condamnés, pour les empêcher de se détruire, et pour être maître de leur personne.

CAMMARON, subst. mas. (*kamemaron*) (du grec καμμαρος, écrevisse), t. de bot., sorte de plante dont la racine se replie comme la queue d'une écrevisse.

CAMME, subst. fém. (*kame*), t. de mécan. dans certaines machines, ce que l'on nomme *levée* dans les autres.

CAMMETTI, subst. mas. (*kamemeteti*), t. de bot., arbre du Malabar, de la famille des tithymaloïdes.

CAMŒNÆ, et mieux **CAMENÆ** pour **CANIENÆ**, du verbe latin *cano*, je chante; ou comme on le conjecture **CAMENÆ** pour **CASMENÆ** ou **CARMENÆ**, du *lat. carmen*, chant), subst. propre fém. (*kaméné*), myth. On appelait ainsi les Muses, à cause de la douceur de leur chant.

CAMOÏARD, subst. mas. (*kamo-iar*), t. de comm., étoffe de chèvre sauvage.

CAMOMILLE, subst. fém. (*kamomile*) (du grec χαμαιμηλον, nom de cette plante, formé de χαμαι, à terre, et μηλον, pommier, *pommier nain*; parce que la *camomille* s'élève peu, et a une forte odeur de pomme), t. de bot., *camomille romaine*, *odorante* ou *des boutiques*, plante vivace, originaire d'Italie, cultivée dans les jardins, à fleur radiée, amère au goût, et d'une odeur agréable. Elle est fébrifuge, antispasmodique et très-résolutive. — La *camomille commune*, annuelle et originaire du Languedoc, a les mêmes vertus. — La *camomille puante* ou *maroute* est vivace, et s'emploie en cataplasmes.—La *camomille des teinturiers* ou *œil-de-bœuf* est vivace, et fournit à la teinture une couleur jaune et brillante. Il y a plusieurs autres espèces de *camomille*. — *Huile de camomille*, terme employé à tort pour *huile de cameline*. Voy. **CAMELINE**.

CAMOUFLET, subst. mas. (*kamouflè*) (par contraction des deux mots latins *calamo flatus*, soufflé avec une paille ou un chalumeau), fumée qu'on souffle malicieusement au nez de quelqu'un, avec un cornet de papier allumé. — Au fig., affront, mortification : *il a reçu un camouflet*. — En t. de guerre, *donner un camouflet*, c'est chercher à étouffer ou écraser le mineur ennemi dans la galerie, en y jetant des grenades, des bombes.

CAMOURLOT, subst. mas. (*kamourlô*), espèce de vernis ou de mastic employé pour enduire l'intérieur des navires, et pour joindre des dalles et des carreaux de terre cuite.

CAMOUSSER, v. neut. (*kamoucé*), se moisir. Vieux et inusité.

CAMOYARD. Voy. **CAMOÏARD**.

CAMP, subst. mas. (*kan*) (du lat. *campus*, champ, campagne), espace de terrain où une armée a dressé des tentes, des baraques, etc., pour y loger momentanément : *asseoir son camp dans un endroit*; *lever le camp*; *forcer l'ennemi dans son camp*. —On appelle *camp de rassemblement* un *camp* où l'on assemble une armée, au commencement d'une guerre, ou à l'ouverture d'une campagne; *camp de passage*, celui que l'on ne doit occuper que pendant peu de temps; *camp stable*, celui que l'on doit occuper pendant un temps un peu long; *camp retranché*, celui qui est défendu par des retranchements. On appelle *camp de paix*, *de manœuvres*, *ou d'exercices*, un *camp* que l'on forme, en temps de paix, pour exercer les troupes.—*Camp* signifie quelquefois l'armée campée : *le camp est en alarme*. — On dit aussi fig. : *l'alarme est au camp*, en parlant d'une grande inquiétude qui tourmente à la fois plusieurs personnes. — *Camps*, au plur., se dit des armées en général : *élevé dans les camps*, *il en a conservé les habitudes*. — *Camp volant*, petite troupe qui tient la campagne pour obliger l'ennemi à faire diversion, pour terminer quelque chose d'important, pour faire lever un siége.—On dit fig. *être en camp volant*, pour : être continuellement par voies et par chemins : *cet homme est un vrai camp volant*, il ne reste jamais en place. — *Camp* se disait anciennement des lices dans lesquelles on faisait combattre des champions, pour vider leurs différends par les armes. On disait : *demander le camp*; *donner le camp*; *juge du camp*. —*Maréchal-de-camp*, *aide-de-camp*. Voy. **AIDE** et **MARÉCHAL**. — *Mestre-de-camp*. Voy. **MESTRE-DE-CAMP**. — On dit fam. : *prendre le camp*, pour s'en aller, déguerpir. Populairement encore on dit plutôt en ce sens : *décamper*.

CAMPAGNAC, subst. propre mas. (*kanpagniak*), village de France, chef-lieu de canton, arrond. de Milhau, dép. de l'Aveyron.

CAMPAGNARD, E, subst. (*kanpagniar*, *gniarde*), celui, celle qui habite ordinairement la campagne; ou, par allusion et en manière de mépris, qui n'a pas la politesse que donne l'usage du monde : *c'est un campagnard*, *une franche campagnarde*. — On dit aussi adj. : *gentilhomme campagnard*; *dame campagnarde*; *il a l'air campagnard*, *les manières campagnardes*.

CAMPAGNE, subst. fém. (*kanpagnie*) (du latin *campus*, dont les Italiens ont fait *campagna*, et les Espagnols *campaña*, mots qui ont la même signification), plaine, grande étendue de pays plat et découvert : *rase campagne*; *en pleine campagne*. — Les champs, considérés sous le rapport de la culture : *les campagnes fertiles de la Beauce*; *la sécheresse a brûlé nos campagnes*. — *Campagne*, par opposition à *ville* : *aller*, *demeurer à la campagne*, et non pas *en campagne*. *J.-J. Rousseau* a fait cette faute dans plusieurs de ses ouvrages, et notamment dans *Émile*: *il est toujours prêt à courir en campagne*; il fallait *à la campagne*. — Mouvement, campement et action des troupes : *être*, *se mettre en campagne*, et non pas *à la campagne*. — Suite d'opérations militaires, faites pendant une année ou la partie d'une année de guerre : *faire sa première campagne*; *ce militaire a fait dix-huit campagnes*; *les campagnes d'Italie*. On le dit également en parlant du service maritime.—On l'emploie encore pour désigner la saison propre aux travaux de certains ouvriers : *cette construction a été faite en cinq campagnes*. — *Gentilhomme de campagne*, gentilhomme qui demeure ordinairement *à la campagne*.—*Maison de campagne*, maison des *champs*. Voy. **CHAMPS**.—*Habit de campagne*, celui qu'on porte quand on est à la *campagne*. — *Comédiens de campagne*, comédiens ambulants qui jouent dans les petites villes, etc. — On dit poétiquement, *les campagnes de l'air*, pour : l'air ou les airs. — En t. de guerre, *tenir la campagne*, *être maître de la campagne*, être maître de tout le pays ouvert; forcer l'ennemi à se retirer dans ses places fortes. — *Battre la campagne*, marcher en éclaireur au-devant de l'armée. —En t. de chasse, *battre la campagne*, c'est se répandre dans la plaine pour faire lever le gibier. —Fig. et fam., *battre la campagne*, dire beaucoup de choses inutiles et hors de sujet; se rejeter sur une foule de sujets pour éviter d'aborder l'essentiel; dire des choses extravagantes et hors de raison dans le délire de la fièvre. — *Pièces de campagne*, pièces légères d'artillerie, qu'on mène aisément en *campagne*. — *Mettre des espions*, *des amis en campagne*, les envoyer aux informations, ou pour solliciter, etc. — Fig. et fam., *se mettre en campagne*, se donner beaucoup de mouvement pour découvrir une chose. — On dit d'une personne dont l'imagination travaille beaucoup, qu'*elle a l'esprit en campagne*. — Fam. et iron. : *il a fait là une belle campagne*, il s'est donné beaucoup de mal pour rien. — Au jeu de trictrac, *faire une case de campagne*, faire une case qu'on n'a pas droit de faire. — On dit à la bassette et au pharaon, *faire un paroli*, *faire paroli de campagne*, pour dire : marquer en fraude et sans que sa carte soit venue à gain. — On appelle encore en Italie *la campagne de Rome*, l'ancien *Latium*, aujourd'hui province des états du pape. — Myth. **CAMPAGNE DES LARMES**, *campi lugentes*; c'était l'endroit des enfers où l'on croyait que gémissaient ceux que la violence de leur passion avait fait mourir.

CAMPAGNE-LÈS-HESDIN, subst. propre fém. (*kanpagnieléèzèdein*), bourg de France, chef-lieu de canton, arrond. de Montreuil, dép. du Pas-de-Calais.

CAMPAGNE-LÈS-WARDREC, subst. propre fém. (*kanpagnielévardrèke*), bourg de France, chef-lieu de canton, arrond. de Montreuil, dép. du Pas-de-Calais.

CAMPAGNOL, subst. mas. (*kanpagniole*), t. d'hist. nat., mammifère de l'ordre des rongeurs; il habite les champs et les bois.

CAMPAGNOL-VOLANT, subst. mas. (*kanpagniolevolan*), t. d'hist. nat., mammifère voisin de la chauve-souris.

CAMPAN, subst. propre mas. (*kanpan*), bourg de France, chef-lieu de canton, arrond. de Bagnères, dép. des Hautes-Pyrénées. — Marbre veiné de blanc et de vert, sur un fond gris ou brun. Il doit son nom à une grande vallée de ce département. On distingue le *campan* vert et le *campan* rouge.

CAMPANAIRE, adj. fém. (*kanpanère*) (du lat. *campana*, cloche), t. de fondeur de cloches, relatif aux cloches.

CAMPANE, subst. fém. (*kanpane*) (du lat. *campana*, cloche), ouvrage de soie, d'or, d'argent filé, avec de petits ornements en forme de cloches. — Ornement de sculpture d'où pendent des houppes de même forme.— Chapiteau corinthien ou composite, appelé ainsi parce qu'il a de la ressemblance avec une cloche renversée. — En bot., *campane jaune*, narcisse sauvage qui croît dans les endroits humides. — T. de médec. vétér., tumeur arrondie, située sous la pointe du jarret.

CAMPANELLE ou **CAMPANETTE**, subst. fém. (*kanpanèle*, *kanpanète*), t. de bot., ancien nom du liseron des haies et du liseron des champs. — Jeannette des bois, autrefois nommée coquelourde.

CAMPANIE, subst. propre fém. (*kanpani*), nom d'une ancienne province d'Italie, qu'on nomme aujourd'hui Terre de Labour.

CAMPANIENS, adj. mas. plur. (*kanpaniein*), t. d'hist. anc., se dit de vases antiques que l'on trouve dans la *Campanie* et la Sicile. On les appelle aussi *vases étrusques*.

CAMPANIFORME, adj. des deux genres (*kanpaniforme*) (du lat. *campana*, cloche, et *forma*, forme), t. de bot., se dit d'une fleur dont la figure imite celle d'une *cloche*. Voy. **CAMPANULÉ**.

CAMPANILE, subst. mas. (*kanpanile*) (de l'italien *campanile*, clocher, fait du lat. *campana*, cloche), t. d'archit., espèce de petit clocher à jour; petite tour ouverte et légère : *le campanile de Florence*. — Sorte de lanterne, telle que celle qui couvre le dôme des Invalides à Paris.—*L'Académie* ajoute que *quelques-uns disent campanille*, *et font ce mot du féminin*. *L'Académie*, qui s'obstine à ne pas vouloir reconnaître le bienfait de l'étymologie, a tort de déclarer que *quelques-uns disent*; il fallait avouer comme nous, que *tout le monde dit campanille* au fém.; mais avertir *tout le monde* que *tout le monde* est dans l'erreur!..*Campanile*, mas., eu égard à son origine étymologique, doit être seul naturalisé dans le code du langage français.

CAMPANILLE, subst. fém. (*kampanile*). Voy. **CAMPANILE**.

CAMPANINI, subst. mas. (*kanpanini*), marbre très-sonore des montagnes de Carrare.

CAMPANIQUE, subst. mas. (*kanpanike*), t. d'hist. anc., caleçon des athlètes.

CAMPANNIER, subst. mas. (*kanpanié*), sonneur. Hors d'usage.

CAMPANULACÉES, subst. fém. plur. (*kanpanulacé*), t. de bot., famille de plantes qui sont presque toutes herbacées et vivaces par leurs racines, et qui contiennent un suc laiteux, dont les tiges sont rameuses, les feuilles alternes, pourvues de dents terminées par un tubercule, et dont les fleurs sont ordinairement solitaires.

CAMPANULAIRE, subst. mas. (*kanpanulère*), t. d'hist. nat., genre de polype, établi aux dépens des sertulaires.

CAMPANULE, subst. fém. (*kanpanule*) (du lat. *campana*, cloche), t. de bot., plante vivace, laiteuse, qui croît dans les haies et les bois. On la nomme aussi *gantelée* ou *gants de Notre-Dame*. — Nom générique d'une famille de plantes très-nombreuse.

CAMPANULÉ, E, adj. (*kanpanulé*), t. de bot., qui représente une cloche.

CAMPANULIFORME, adj. des deux genres (*kanpanuliforme*), t. de bot., synonyme et diminutif de *campaniforme*.

CAMPE, subst. mas. (*kanpe*), t. de commerce, droguet croisé et drapé qui se fait en Poitou.

CAMPÉ, subst. propre fém. (*kanpé*), myth., geôlière du Tartare, qui avait la garde des Titans dans les enfers. Elle fut tuée par Jupiter, parce qu'elle avait refusé de les laisser sortir pour aller à son secours.

CAMPÉ, E, part. pass. de *camper*, et adj. : *l'armée romaine était campée sur la rive droite du fleuve*. — Être dans une position ferme : *être bien campé sur ses jambes*. — Tombé dans l'embarras : *le voilà bien campé!*

CAMPÊCHE, subst. propre masc. (*kanpêche*), ville du Mexique sur la baie du même nom. — T. de bot., arbre résineux toujours vert, de la famille des légumineuses, originaire de la baie de *Campêche*, et qui fournit une belle teinture rouge.

CAMPEMENT, subst. mas. (*kanpeman*), en t. de guerre, action de *camper*.—Lieu où l'on campe; camp. Il est peu usité dans ces deux acceptions, si ce n'est dans ces phrases : *effets de campement; matériel de campement*; effets nécessaires pour faire camper les troupes. — Il se dit aussi des officiers et des troupes détachées en avant du corps principal, pour présider à cette opération, l'exécuter et la favoriser.

CAMPER, v. act. (*kanpé*), faire arrêter une armée en quelque lieu : *ce général a campé son infanterie près de la rivière*. — Fig., *camper là quelqu'un*, le planter là, l'abandonner dans une position embarrassante. — Fig., *camper un soufflet à quelqu'un*, le lui appliquer. — Il est plus usité comme neutre pour signifier : dresser son camp en quelque lieu : *nous campâmes près de la ville; ce général entend bien l'art de camper*.—On dit fam. d'un homme qu'*il campe*, pour dire qu'il n'a point de logement fixe. — *se* CAMPER, v. pron., asseoir le *camp*. En ce sens il est peu usité, et l'on dit mieux *camper* au neutre. — Fam., *se placer* : *se camper dans un fauteuil*. — En t. de maître d'armes, se mettre bien en garde; et en général, se mettre en certaine posture.

CAMPERCHE, subst. fém. (*kanpèreche*), barre de bois qui traverse le métier des ouvriers en tapisserie de basse lice.

CAMPESTRE, subst. mas. (*kanpècetre*) (en lat. *campestre*, de *champ*), caleçon que portaient les soldats romains dans leurs exercices au *champ* de Mars.

CAMPÉTIANE ou **CAMPESCHIANE**, subst. fém. (*kanpéciane, kanpécechiane*), t. d'hist. nat., espèce de cochenille.

CAMPHORATA, subst. fém. (*kanforata*), t. de bot. Voy. CAMPHRÉE, qui est le même mot francisé.

CAMPHORATE, subst. mas. (*kanforate*), t. de chimie, sel formé par l'union de l'acide *camphorique* avec une base.

CAMPHORIQUE, adj. des deux genres (*kanforike*), t. de chimie, qui vient du *camphre*, qui appartient au *camphre* : *acide camphorique*.

CAMPHOROSME, subst. mas. (*kanforoceme*), t. de bot., genre de plantes de la famille des arroches.

CAMPHOU, subst. mas. (*kanfou*), thé de la Chine.

CAMPHRE, subst. mas. (*kanfre*) (de l'arabe *cafur* qui signifie la même chose, et dont les Italiens ont fait *canfora*), substance blanche, transparente, concrète, légère, friable, très-volatile, d'une odeur aromatique très-forte, d'une saveur âcre, légèrement amère, laissant un sentiment de fraîcheur dans la bouche, et inflammable au plus haut degré. Elle se forme dans plusieurs végétaux, et on peut l'extraire de quelques-uns. La plus grande partie du *camphre* qui se débite dans le commerce, provient d'une espèce de laurier qu'on appelle *laurier camphrier*. Il est retiré de cet arbre par la sublimation. — Le peuple nomme improprement *camphre* toute espèce de liqueur forte.

CAMPHRÉ, E, part. pass. de *camphrer*, et adj. (*kanfré*), où l'on a mis du *camphre* : *eau-de-vie camphrée; potion camphrée*.

CAMPHRÉE, subst. fém. (*kanfré*), t. de bot., genre de plantes de la famille des chénopodées, qui renferme six espèces. La plupart sont de petites plantes frutescentes, à tiges rameuses, étalées sur la terre, à feuilles linéaires très-serrées, et à fleurs axillaires.

CAMPHRER, v. act. (*kanfré*) (rac. *camphre*), mettre du *camphre*. — *se* CAMPHRER, v. pron.

CAMPHRIER, subst. mas. (*kanfrié*), t. de bot., laurier du Japon d'où l'on tire le *camphre*. — Le peuple appelle *camphrier* un buveur d'eau-de-vie. On dit même *camphrière*, au fém., en parlant d'une femme, de la dernière classe, qui boit habituellement des liqueurs fortes.

CAMPHRIÈRE, subst. fém. Voy. CAMPHRIER.

CAMPHUR, subst. mas. (*kanfur*), animal fabuleux dont quelques anciennes relations font mention. C'était, dit-on, un âne sauvage de l'Arabie, ayant une corne sur le front.

CAMPIÉ, E, part. pass. de *campier*.

CAMPIER, v. act. (*kanpié*), vieux mot, inusité aujourd'hui, qui signifiait mener paître les bestiaux.

CAMPIGÈNE, ou **CAMPIDOCTEUR**, subst. mas. (*kanpijène, kanpidokteur*), celui qui instruisait dans les exercices militaires. Inusité.

CAMPINE, subst. fém. (*kanpine*), t. de cuisinier, petite poularde fine. Peu usité.—Territoire sablonneux de la Flandre, rendu fertile à force d'engrais.

CAMPITELLO, subst. propre mas. (*kampitèlelo*), village de France, chef-lieu de canton, arrond. de Bastia, dép. de la Corse.

CAMPNER-DAHLER, subst. mas. (*kanpenèredalère*), monnaie d'argent de Hollande, valant environ cinquante-sept sous tournois, ou deux francs quatre-vingt-cinq centimes de notre monnaie.

CAMPO, subst. mas. (*kanpo*), t. de comm., laine d'Espagne qui se tire de Séville et de Malaga.

CAMPOGNE, subst. fém. (*kanpognie*), nom donné à la flûte de Pan.

CAMPOMANÈSE, subst. mas. (*kanpomanèze*), t. de bot., arbrisseau du Pérou, intermédiaire entre les myrtes et les goyaviers.

CAMPONÉSIE, subst. fém. (*kanponézi*), t. de bot., arbre du Pérou.

CAMPOS, et non pas **CAMPO**, sommes-nous forcés d'ajouter : subst. mas. (On ne fait point sentir *s*, dit l'*Académie*; nous nous permettrons de lui demander par quel motif? C'est, nous répondra-t-elle avec sang-froid, parce que tout le monde prononce *kanpô* le mot *campos*. *Tout le monde* ne saurait, pour nous, avoir le droit de trancher d'une manière absurde une question des plus simples. Nous n'admettons jamais en matière positive la raison de *tout le monde*; nous suivrons toujours et uniquement la raison du bon sens, seule acceptable, seule rationnelle. Le mot *campos*, en français, est évidemment l'accusatif pluriel du mot *campus* des Latins, et *avoir campos* se traduit littéralement, en latin, par *habere campos*, avoir, prendre les *champs*, avoir la liberté des *champs*; en termes vulgaires, la *clef des champs*. Pourquoi ne pas prononcer *kanpôce*, comme on prononce en latin l'accusatif pluriel *campos*, mot qui nous est venu bien certainement d'un pédant de collège, d'un pédant mal instruit qui a fait prononcer *campos* comme *repos*? S'il s'était donné la peine de réfléchir aux conséquences de son emprunt latin, il aurait fait prononcer *campos* comme en latin, et il aurait dû voir que le mot *repos* (du latin *repositus*, ou *repostus, a, um*), qu'il prenait à tort pour type de prononciation, est entièrement francisé. Dût-on rire de nous, nous ferons prononcer et nous prononcerons *kanpôce*, seule prononciation admissible (du lat. *campus*, champ; parce que tous les écoliers allaient les jours de congé se divertir aux champs; *habere campos*, avoir les champs), congé accordé aux écoliers. — Il signifie par extension et fam., moment de relâche où l'on suspend une étude, un travail : *aujourd'hui, j'ai pris campos*.

CAMPOTE, subst. fém. (*kanpote*), t. de comm., sorte d'étoffe de coton des Indes.

CAMPSIS, subst. fém. (*kanpecice*) (du grec καμψις, courbure), t. de médec., incurvation contre nature.

CAMPULAIE, subst. fém. (*kanpulé*), t. de bot., genre de plante de la famille des pédiculaires, qui comprend deux plantes vivaces de Madagascar.

CAMPULIMORPHE, subst. fém. (*kanpulimorfe*), t. de bot., famille de plantes.

CAMPULOA, subst. mas. (*kanpuloa*), t. de bot., genre de plantes de la famille des graminées.

CAMPULOSE, subst. fém. (*kanpulôze*), t. de bot., plante vivace de la famille des graminées, qui croît isolément dans les bois sablonneux et s'élève à deux ou trois pieds.

CAMPULOTTE, subst. fém. (*kanpulote*), t. d'hist. nat., nom d'une coquille fossile. — Tuyau de mer en tire-bourre.

CAMP-VOLANT, subst. mas. Voy. CAMP.

CAMPYLE ou **CAMPHYLE**, subst. mas. (*kanpile, kanfile*), t. de bot., arbrisseau grimpant de la Chine.

CAMUL, subst. mas. (*kamule*), espèce de poivre.

CAMULE, subst. propre fém. (*kamule*), myth., une des divinités des Sabins, c'est peut-être Mars lui-même invoqué sous ce nom par les Saliens.

CAMUNENG, subst. mas. (*kamuneingue*), t. de bot. On a désigné sous ce nom trois arbres différents.

CAMURIEN, subst. mas. (*kamuriein*), t. de bot., espèce de liane des îles Philippines.

CAMUS, E, subst. (*kamu, muze*), qui a le nez court et plat : *c'est un vilain camus; c'est une grosse camuse*. — Il s'emploie aussi adj. : *cet homme est camus; cette femme est camuse*. On dit aussi *un nez camus*. Il s'applique même dans ce sens aux animaux : *un cheval, un chien camus*. — On dit, fig. et fam., d'un homme qui a été trompé dans son attente : *il est bien camus*. —*Rendre un homme camus*, le rendre penaud.— Subst. mas., t. d'hist. nat., nom vulgaire du dauphin commun. — C'est aussi le nom spécifique d'un poisson.

CAMUSETTE, subst. fém. (*kamuzète*), petite *camuse*. Inus.

CAN, subst. mas. (*kan*), t. de mar., nom qu'on donne à la partie la plus mince d'un objet long et plat. Peu usité. — On dit *le can d'un bordage*.

CANA, subst. propre fém. (*kana*), ancienne ville de Galilée.

CANABASSETTE, subst. fém. (*kanabacète*), sorte d'étoffe.

CANABIL, subst. mas. (*kanabile*), terre médicinale.

CANACÉ, subst. propre fém. (*kanacé*), myth., fille d'Eole. Ayant épousé secrètement son frère, elle mit au monde un fils qui, exposé par sa nourrice, découvrit par ses cris sa naissance à son aïeul. Éole indigné fit manger à ses chiens ce fruit de l'inceste, et envoya un poignard à sa fille pour qu'elle se punit elle-même. Macarée, son frère et son mari, se sauva à Delphes, où il se fit prêtre d'Apollon.

CANACHÉ, subst. propre mas. (*kanaché*) (du grec καναχης, qui fait du bruit), myth., un des chiens d'Actéon.

CANACOPOLE, subst. mas. (*kanakopole*), catéchisme des missionnaires chez les Indiens. Inus.

CANADA, subst. propre mas. (*kanada*), grande contrée de l'Amérique septentrionale.

CANADE, subst. mas. (*kanade*), mesure de vin ou d'eau que les Portugais donnent par jour à chaque matelot sur les vaisseaux. — T. d'hist. nat., très-bel oiseau de l'Amérique, de la grosseur du faisan. — Poisson du genre gastérosté.

CANA-DE-LA-VIVERA, subst. mas. (*kanadèlavivéra*) (de l'espagnol), t. de bot., espèce de palmier dont le suc est bon contre la morsure des serpents.

CANADÉRI, subst. mas. (*kanadéri*), sorte d'étoffe pour robes. Inus.

CANADIEN, subst. mas., au fém. **CANADIENNE** (*kanadiein, diène*), celui ou celle qui est du *Canada*.

CANADIENNE, subst. fém.. Voy. CANADIEN.

CANAILLE, subst. fém. (*kanâ-ie*) (du latin *canis*, chien, comme qui dirait *race de chien*; ou plutôt de *canalicolæ*, gueux qui se tenaient ordinairement le long d'un *canal* au milieu d'une place publique à Rome), t. de mépris particulièrement appliqué à la plus vile populace : *il semble prendre plaisir à se faire huer par la canaille; ce bouffon ne peut amuser que la canaille*, etc. — On le dit aussi collectivement, par mépris, des gens de toute autre classe : *ces agents de police ne sont que de la canaille*. On peut de même, en ce sens, s'en servir au plur. : *le frère et la sœur sont deux canailles*. — Quelquefois, en plaisantant, on appelle *canaille*, *petite canaille*, des enfants par qui l'on est importuné.

CANAL, subst. mas., au plur. **CANAUX** (*kanale, nô*) (du latin *canalis*, dont la signification est la même), conduit par où l'eau passe; aquéducs, tuyaux : *canal de plomb, de fer, de bois, de pierre; c'est par des canaux que cette eau vient de si loin dans ce parc*.—On appelle aussi *canaux* les voies naturelles des eaux, vapeurs, gaz, etc., dans le sein de la terre. — Lit, cours d'une rivière. — *Canal navigable*, ou *canal de navigation*, espace creusé en lit de rivière, qui reçoit ou les eaux de la mer, ou celles d'un ou de plusieurs fleuves, rivières, ruisseaux, etc., et où naviguent les bateaux, barques, trains, etc. : *les canaux de navigation servent à la jonction des mers, à la communication commerciale des fleuves, des rivières : le canal du Midi; le canal d'Orléans*, etc.—On fait des *canaux* pour redresser le lit d'un fleuve ou d'une rivière dans les endroits où ils forment des sinuosités, des coudes incommodes pour la navigation. Ces sortes de *canaux*, lorsqu'ils sont peu considérables, se nomment *coupures*. — On nomme *canal de dérivation*, un *canal* au moyen duquel on détourne en partie les eaux d'une rivière, d'un ruisseau, etc.; et *canal latéral*, un *canal* qui suit le cours du fleuve qui l'alimente.— Les cultivateurs creusent, pour arroser les prairies, des *canaux*, dits *canaux d'arrosage* ou *d'irrigation*. — On creuse aussi des *canaux de dessèchement*, pour dessécher les marais et autres lieux humides. — *Canal* se dit de certaines pièces d'eau qui s'étendent en longueur dans les grands jardins, pour y servir d'ornement. — En géogr., on donne le nom de *canal* à un intervalle de mer entre deux terres peu éloignées l'une de l'autre : *le canal de la mer Noire ; le canal de Constantinople.*—*Faire canal*, en t. de mar., quitter la navigation terre à terre, pour traverser un golfe, l'espace qui sépare deux îles, etc., et s'exposer à perdre la terre de vue.—On donne le nom de *canal* à un prolongement dans les petits bâtiments sur lesquels les mâts s'abattent. —Au fig., *canal* signifie, 1° voie, moyen : *on a, par l'établissement de droits énormes, détourné ce canal de richesses ; vous n'obtiendrez justice que par ce canal ;* 2° entremise : *c'est par le canal de tel ministre que vous pouvez parvenir à tel emploi.* — *Canal*, en t. de bot., se dit de tout vaisseau qui reçoit et conduit la sève. On l'appelle *canal direct*, lorsque la branche forme une ligne perpendiculaire avec le tronc. — En t. d'anat., étendue d'une chose creuse : *le canal de la verge, de l'urèthre*, le conduit par où passe l'urine chez les hommes. On dit fam., *uriner à plein canal*, pour : uriner par un gros jet. — En parlant du cheval, l'espace qui est entre les deux barres où se loge la langue. — En t. d'arquebusier, creux sous le fût du fusil, ou d'une autre arme à feu, où se met la baguette. — En t. d'archit., c'est, dans le chapiteau ionique, une partie un peu creusée qui est sous le tailloir et posée sur l'ove : elle se contourne de chaque côté pour faire les volutes. On appelle aussi *canaux*, des cannelures sur une fasce ou sur un larmier, qu'on remplit quelquefois de rosaces ou de fleurons. — En t. de maçons, tuyau de plomb qui sert à conduire les eaux pluviales depuis le toit jusqu'en bas. — En hydraul., on appelle *canal déférent* un tuyau adapté au corps de pompe, pour conduire l'eau que l'action du piston fait monter. — Dans les fabriques de velours, morceau de bois creux, long d'environ deux pieds, qui s'applique sur l'ensuple, et sert à garantir l'ouvrier des pointes d'aiguilles qui arrêtent le velours. — En t. de manuf. de soie, *canal des espolins* se dit d'une petite caisse de ferblanc sur laquelle on met les espolins ; et *canal de l'ensuple*, de la cannelure dans laquelle on place la verge qui porte le chef de l'étoffe. — On appelle *canal d'une poulie* la place du filin, entre la circonférence du rouet et l'intérieur de la caisse.

CANALICOLE, subst. et adj. des deux genres (*kanalikole*), se dit de celui ou celle qui demeure sur les bords d'un *canal*. Tout-à-fait inusité.

CANALICULE, subst. fém. (*kanalikule*), t. de bot., petite rainure qui se trouve quelquefois sur les pétioles ou les feuilles.

CANALICULÉ, E, adj. (*kanalikulé*), t. de bot., se dit des tiges, des pétioles, des feuilles, etc., lorsque ces parties sont creusées d'une rainure longitudinale en forme de *canal*.

CANALISABLE, adj. des deux genres (*kanalizable*), qui peut être *canalisé*.

CANALISATION, subst. fém. (*kanalizācion*), action de faire des *canaux* ; établissement d'un *canal* ; système de communication dans un pays par le moyen de *canaux* ; moyen de rendre une rivière navigable, en resserrant son lit et en y établissant des écluses.

CANALISÉ, E, part. pass. de *canaliser* : *la France pourra rivaliser avec l'Angleterre quand elle sera canalisée.*

CANALISER, v. act. (*kanalizé*), ouvrir des *canaux* dans un pays ; le couper par des *canaux* destinés aux transports. — Transformer en *canal*.

CANALITES, subst. fém. plur. (*kanalite*), t. d'hist. nat., coquilles fossiles et striées.

CANAMELLE, subst. fém. (*kanamèle*) (du grec κάννα, canne, et μέλι, miel), t. de bot., genre de plantes à un seul cotylédon, qui appartient à la famille des graminées, et qui a de grands rapports avec les roseaux. Il comprend une vingtaine d'espèces, parmi lesquelles se trouve celle qu'on cultive en Afrique, en Asie, et en Amérique, sous le nom de *canne à sucre*.

CANANÉEN, subst. mas., au fém. CANANÉENNE (*kananéein, ène*), qui est de la ville de *Cana*.

CANANG, subst. mas. (*kanan*), t. de bot., genre de plantes de la famille des glyptospermes. Il contient quinze espèces, dont treize viennent des Indes.

CANAP, subst. mas. (*kanape*), t. de raffinerie de sucre, chevalet des bassins.

CANAPÉ, subst. mas. (*kanapé*) (par corruption de *conopé*, formé du latin *conopeum*, pris du grec κωνωπεῖον, pavillon des anciens Égyptiens pour se garantir des insectes, lequel est dérivé de κώνωψ, cousin, moucheron). Sorte de grand siège à dossier, où plusieurs personnes peuvent être assises ensemble, et sur lequel on peut même s'étendre et se coucher. — Petit pain garni de cornichons, d'anchois, etc. — *La doctrine du canapé*, la doctrine du parti philosophique et politique qui, d'abord imperceptible, est devenu bientôt nombreux et puissant, sous le nom de *les doctrinaires*.

CANAPSA, mieux CANAPSAC, subst. mas. (*kanapeça*) (de l'allemand *kanapsack*), sac de cuir que porte sur le dos un pauvre artisan en voyage. — Celui même qui porte le sac.

CANARD, subst. mas. (*kanar*) (de *anas*, nom latin de cet oiseau, auquel on a préposé un *c*), t. d'hist. nat., genre d'oiseaux palmipèdes, de la famille des serrirostres, et dont on élève plusieurs espèces dans les basses-cours : *canard privé ; canard sauvage ; chasser, tirer aux canards ; canard rôti ; canard aux navets.* On dit, en parlant du cri du *canard*, *qu'il nasille*. — *Plonger comme un canard*, plonger habilement. Au fig., se soustraire à un danger. — *Être mouillé comme un canard*, être très-mouillé. — Fig. et fam., *c'est un canard privé*, c'est une personne apostée pour en attirer, pour en attraper d'autres. — Chien qui a le poil épais et frisé, qui va à l'eau, et qu'on dresse à la chasse aux *canards*. — En t. de pêche, espèce de filet soutenu par des roseaux.

CANARD, E, adj. (*kanar, narde*), t. de mar. : *vaisseau canard*, qui prend l'eau par l'avant, soit en tanguant, soit en passant au travers de la lame avec trop de vitesse. — *Bois canard*, bois flotté ou resté dans l'eau.

CANARDÉ, E, part. pass. de *canarder*, et adj.

CANARDEAU, subst. mas. (*kanardô*), petit *canard*.

CANARDER, v. act. (*kanardé*), tirer sur quelqu'un d'un lieu où l'on est à couvert, comme on tire les *canards* d'un lieu où l'on est caché. Fam. — SE CANARDER, v. pron. — *Canarder*, v. neut., en t. de mar., se dit d'un vaisseau qui plonge trop de l'avant, par défaut de construction ou d'arrimage. — En t. de mus., tirer du hautbois ou de la clarinette un son nasillard qui imite le cri du *canard*. Fam.

CANARDERIE, subst. fém. (*kanarderi*), lieu où l'on élève des *canards*.

CANARD DE VAUCANSON, subst. mas. (*kanardevôkançon*), automate offrant la forme du *canard*, et imitant toutes les habitudes du corps de cet animal. — C'est le célèbre mécanicien *Vaucanson* qui en est l'inventeur.

CANARDIÈRE, subst. fém. (*kanardière*), lieu disposé pour prendre des *canards* sauvages, par le moyen d'un *canard* privé. — Long fusil particulièrement destiné à la chasse des *canards* sauvages. — Dans les anciennes fortifications, ouverture de muraille par où l'on pouvait tirer sur l'ennemi sans être aperçu.

CANARI, subst. mas. (*kanari*), serin, oiseau des îles Canaries. — T. de bot., *canari vulgaire*, arbre résineux de la famille des balsamiers, qui croît dans les Indes orientales. — Vase dans lequel on donne à boire aux oiseaux.

CANARIE, subst. fém. (*kanari*), sorte de danse ancienne qu'on croit avoir été inventée dans les îles *Canaries*. Les danseurs étaient habillés en sauvages et dansaient comme eux.

CANARIES, subst. propre fém. plur. (*kanari*), îles de l'Océan atlantique.

CANARIN, subst. mas. (*kanarein*), t. d'hist. nat., passereau des *Canaries*.

CANARINE, subst. fém. (*kanarine*), t. de bot., plante originaire des *Canaries*. Les habitants mangent ses racines et ses feuilles en salade, ou cuites avec des viandes.

CANASSE, subst. mas. (*kanace*), tabac filé fort menu, et propre à fumer.

CANASTRE, subst. fém. (*kanacetre*), nom qu'on donne à Amsterdam aux caisses ou aux boîtes d'étain dans lesquelles on apporte les différents thés de la Chine et des Indes.

CANATE, subst. propre fém. (*kanate*), myth., montagne d'Espagne. On croyait que les mauvais génies faisaient leur palais d'une caverne de cette montagne.

CANATHOS, subst. propre mas. (*kanatôce*), myth., fontaine voisine de Nauplie, où Junon venait se baigner tous les ans pour se purifier. On dit que les femmes grecques y allaient dans la même intention.

CANAUX, subst. mas. plur. (*kanô*). Voy. CANAL.

CANCALE, subst. propre fém. (*kankale*), ville de France, chef-lieu de canton, arrond. de Saint-Malo, dép. d'Ille-et-Vilaine.

CANCAME, subst. fém. (*kankame*), t. d'hist. nat., gomme-résine d'Afrique, qui paraît être un mélange de plusieurs espèces de gommes et de résines, opéré par des insectes ou des oiseaux.

CANCAN, subst. mas. (*kankan*) (du latin *quanquàm*. Peut-être devrait-on écrire *quanquan*, ou *quanquam*), mot populaire fait par onomatopée. Discours, plainte faite avec beaucoup de bruit, d'aigreur et de reproches. — Peu usité en ce sens. — Médisance contre quelqu'un. — Commérage. — Danse défendue.

CANCANÉ, E, part. pass. de *cancaner*.

CANCANER, v. neut. (*kankané*), faire des *cancans*. — Parler, médire des autres. — Parler du nez. — Crier à la manière des perroquets. — Il est populaire.

CANCANIAS, subst. mas. (*kankanidce*), t. de comm., sorte d'étoffe de soie des Indes orientales.

CANCANIER, subst. mas., au fém. CANCANIÈRE (*kankanié, nière*), celui ou celle qui fait habituellement des *cancans*.

CANCANIÈRE, subst. fém. Voy. CANCANIER.

CANCEL, et non pas CHANCEL, *double orthographe de l'Académie*, subst. mas. (*kancèle*) (du latin *cancelli*, barreaux, treillis, balustrade), on appelait autrefois ainsi : 1° la partie du chœur d'une église qui est entre le maître-autel et la balustrade dont il est entouré ; 2° le lieu où l'on tenait le sceau de l'État, et qui était aussi entouré d'une balustrade.

CANCELLAIRE, subst. fém. (*kancèlelère*), t. d'hist. nat., genre de testacés univalves qui a pour type la *volucra cannullaria* de Linnée, coquille d'Afrique, qu'on nomme également *bisst*. — T. de bot., genre de plantes de la famille des mousses.

CANCELLARESQUE, adj. des deux genres (*kancèlarèceke*), de *chancellerie*. Presque inusité.

CANCELLARIAT, subst. mas. (*kancèlelaria*), dignité de *chancelier*.

CANCELLATIONAL, subst. mas. (*kancèlelacional*), acte qui en annulle un autre, par lequel on consent à l'annulation. Peu en usage.

CANCELLATION, subst. fém. (*kancèleldcion*), action de *canceller*.

CANCELLE, subst. mas. (*kancèle*), t. d'hist. nat., petit cancre de couleur rousse.

CANCELLÉ, E, part. pass. de *canceller*.

CANCELLER, v. act. (*kancèlelé*) (du latin *cancellare*, qui, dans *Ulpien*, a la même signification, et qui est fait de *cancelli*, treillis ; parce qu'on biffe par des traits de plume croisés en treillis), t. de pratique, annuler une écriture en la barrant par des traits de plume croisés, ou en lacérant le papier. Peu usité aujourd'hui.

CANCER, subst. mas. (*kancère*) (du lat. *cancer*, *cancri*, écrevisse ; parce que le soleil, arrivé dans ce signe, à sa plus grande déclinaison, semble rétrograder), t. d'astron., 4e signe du zodiaque, 12e partie de l'écliptique, que l'on représente sur le globe céleste sous la forme d'une écrevisse : *le signe du cancer*. — On appelle *tropique du cancer* un des petits cercles de la sphère, parallèle à l'équateur, et qui passe par le commencement du signe du *cancer*. — Myth., le *cancer* ou *l'écrevisse*, fut l'animal que Junon envoya contre Hercule lorsqu'il combattit l'hydre du marais de Lerne, et dont il fut mordu au pied ; mais il le tua, et Junon le mit au nombre des douze signes du zodiaque. — T. de médec., tumeur dure, inégale, raboteuse, de couleur cendrée ou livide, environnée de plusieurs veines distendues, gonflées d'un sang noir et limoneux, et située à quelque partie glanduleuse. Ce nom vient, selon quelques-uns, de ce que les vaisseaux gonflés qui environnent cette tumeur ont quelque ressemblance avec les pattes d'une écrevisse : *cancer de la vessie, de la langue*, etc. ; *cette femme a un cancer au sein ; extirper un cancer ; faire l'opération du cancer.* — On appelle *cancer occulte* celui qui ne s'est point encore fait jour ; et *cancer ouvert* ou *ulcéré* celui où l'on remarque des inégalités, et quantité de petits trous d'où il sort une matière sordide, puante et glutineuse. — *Cancer Galien*, espèce de bandage pour la tête.

CANCÉREUSE, adj. fém. Voyez CANCÉREUX.

CANCÉREUX, adj. mas., au fém. CANCÉREUSE (*kancéreu, reuze*), t. de médec., qui a rapport au *cancer*, qui tient de sa nature : *tumeur cancéreuse*, etc.

CANCÉRIFORMES ou CARCINOÏDES, subst. mas

plur. (*kancériforme, karcino-ide*), t. d'hist. nat., famille de crustacés qui correspond à l'ordre des crustacés brachyures.

CANCETILLE, subst. mas. (*kanceti-ie*), t. de bot., garou des bois.

CANCHE, subst. fém. (*kanche*), t. de bot., genre de plantes de la famille des graminées, qui renferme une trentaine d'espèces dont les unes ont les fleurs sans barbes, et les autres en sont pourvues.

CANCON, subst. propre mas. (*kankon*), bourg de France, chef-lieu de canton, arrond. de Villeneuve, dép. de Lot-et-Garonne.

CANCRE, subst. mas. (*kankre*) (du lat. *cancer, cancri*, dont la signification est la même), t. de mépris, dont on se sert pour désigner un homme sans fortune : *c'est un pauvre cancre qui n'est point du tout à craindre*. Peu usité dans cette acception. — C'est aussi un terme injurieux par lequel on désigne un homme d'une avarice sordide : *c'est un cancre qui laisserait mourir un honnête homme de faim, plutôt que de lui donner le plus léger secours*. — Il s'est dit aussi d'un écolier qui se faisait remarquer par son incapacité ou sa paresse. — En hist. nat., *cancre* est synonyme de *crabe*, et désigne les crustacés décapodes à courte queue, ou ceux de la famille des brachyures.

CANCRE-HÉRACLÉOTIQUE, subst. mas. (*kankrérakléotike*), t. d'hist. nat., nom donné anciennement à un crabe qui se trouvait plus particulièrement près de la ville d'Héraclée, sur la Propontide.

CANCRELAS, subst. mas. (*kankrelâ*). Les matelots donnent ce nom aux blattes, qui pullulent dans les bâtiments aux Indes : c'est un insecte fort nuisible.

CANCRIDE, subst. fém. (*kankride*), t. d'hist. nat., genre de coquille transparente que l'on trouve dans la Méditerranée.

CANCRIFORMES, subst. plur. (*kankriforme*), t. d'hist. nat. On applique cette dénomination aux animaux qui paraissent se rapprocher des crustacés par leur forme extérieure.

CANCRITES, subst. fém. plur. (*kankrite*), t. d'hist. nat., crustacés fossiles.

CANCROÏDE, subst. fém. (*kankro-ide*), t. de médec., tumeur carniforme, qui ressemble au cancer.

CANCROME, subst. mas. (*kankerôme*), t. d'hist. nat., nom générique du savacou.

CANDA, subst. mas. (*kanda*), t. d'hist. nat., espèce de polype cellaire.

CANDALE, subst. fém. (*kandale*), jupe des nègres, en toile.

CANDÉ, subst. propre mas. (*kandé*), ville de France, chef-lieu de canton, arrond. de Segré, dép. de Maine-et-Loire.

CANDÉLABRE, subst. mas. (*kandélâbre*) (en lat. *candelabrum*), sorte de colonne déliée portant une lanterne, dans le genre des *candélabres* antiques : *il y a tant de candélabres dans cette rue, sur cette place*. — Grand chandelier à plusieurs branches. — En archit., il se dit d'un amortissement en forme de grand balustre.

CANDELBERIE, subst. fém. (*kandèleberi*), espèce de piment royal.

CANDELBERYS, subst. mas. (*kandèlebérice*), t. de bot. On donne ce nom au galé cérifère de l'Amérique septentrionale.

CANDELETTE, subst. fém. (*kandelète*), t. de mar., corde garnie d'un crampon de fer, avec lequel on accroche l'anneau de l'ancre quand on la tire de l'eau pour la remettre en place.

CANDEUR, subst. fém. (*kandeur*) (du lat. *candor* qui a la même signification), qualité d'une âme pure et franche : *agir avec candeur; une conduite pleine de candeur; abuser de la candeur d'un jeune homme*.

CANDI, subst. mas. (*kandi*), sorte de grand bateau dont on se sert sur la Seine. Voy. le mot suivant.

CANDI, E, part. pass. de *candir*, et adj. (*kandi*) (suivant *Le Duchat*, de *Candie*, ancien nom de l'île de Crète, d'où nous venait cette espèce de sucre) : *sucre candi*, sucre dépuré et réduit en crystal. On dit aussi subst. mas., *du candi*. — On appelle *fruits candis*, ou simplement *candis*, des confitures de fruits ordinairement entiers, sur lesquels on a fait *candir* du sucre.

CANDIDAT, subst. mas. (*kandida*), celui qui, chez les Romains, aspirait à quelque charge, à quelque dignité. Il prenait une robe blanche (*candida*, d'où *candidatus*). — Par extension, en général, celui qui aspire à une dignité, à un titre, à un grade, etc. : *candidat à la pairie; candidat à la députation, à l'Académie, à une chaire de professeur*, etc. Autrefois, en Pologne, l'aspirant au trône s'appelait *candidat*.

CANDIDATURE, subst. fém. (*kandidature*), état du *candidat*. — Poursuite faite par un *candidat*: *pourquoi renoncez-vous à la candidature?*

CANDIDE, adj. des deux genres (*kandide*) (en latin *candidus*), qui a de la *candeur* : *une âme candide ; un homme candide*, etc.

CANDIDEMENT, adv. (*kandideman*), avec *candeur*.

CANDIE, subst. propre fém. (*kandi*), île considérable d'Europe dans la Méditerranée, autrefois l'île de Crète. — Ville forte, capitale de l'île du même nom.

CANDIL, subst. mas. (*kandile*), t. de comm., mesure dont on se sert aux Indes et au Bengale, pour le riz, le poivre et autres grains : elle contient quatorze boisseaux et pèse environ cinq cents livres. C'est sur le pied du *candil* qu'on estime et qu'on jauge les navires, comme en Europe sur le pied du tonneau : ainsi, lorsqu'on dit qu'un bâtiment est du port de quatre cents *candils*, cela signifie qu'il peut porter deux cent mille pesant, qui font cent tonneaux, le tonneau pris sur le pied de deux milliers.

CANDIOT, subst. et adj. mas.; au fém. **CANDIOTTE** *kandió, diote*), habitant de l'île, de la ville de *Candie*.

CANDIOTTE, subst. fém. (*kandiote*), t. de fleuriste, sorte d'anémone à peluche. — T. d'hist. anc., danse des Grecs qui représentait principalement l'histoire de *Thésée* et d'*Ariadne* dans l'île de Crète ou *Candie*. Voy. **CANDIOT**.

se **CANDIR**, v. pron. (*kandir*) (rac. *candi*), faire fondre et réduire du sucre à diverses fois, jusqu'à ce qu'il soit *candi*. On dit neutralement : *faire candir du sucre*. — Les pharmaciens font aussi *candir* certains médicaments, en les faisant bouillir dans le sucre, et ils les conservent par ce moyen en nature. C'est, à proprement parler, ce qu'on appelle *confire*. — *Candir*, au neut., signifie prendre une consistance de glace, en parlant du sucre, des confitures. On dit mieux *se candir*. — Il se dit des confitures liquides, lorsque le sucre vient à s'élever au-dessus du fruit, où il forme une espèce de croûte.

CANDISATION, subst. fém. (*kandizâcion*), action de *candir* ; résultat de cette action. Peu usité.

CANDO, subst. mas. (*kandô*), t. de comm., mesure dont on se sert dans les Indes, et surtout à Goa. Les étoffes de soie et de laine se mesurent à la vare, et les toiles au *cando*.

CANDOLLE ou **MYRSILE**, subst. propre mas. (*kandole, mircile*), myth., roi de Lydie, fils de Myrsus, et le dernier des Héraclides. Il aimait passionnément sa femme, et pour que Gygès, son favori, pût juger de sa beauté, il lui facilita un jour le moyen de la voir nue. La reine en fut si irritée, qu'elle commanda à Gygès de tuer *Candolle* ; et elle épousa ensuite le meurtrier.

CANDOLINE, subst. fém. (*kandoline*), t. de bot., genre de plantes de la famille des fougères.

CANDOU, subst. mas. (*kandou*), t. de bot., sorte d'arbre qui croît aux îles Maldives.

CANE, subst. fém. (*kane*) (pour l'étymologie, voy. **CANARD**), t. d'hist. nat., la femelle du *canard*. — Il y a aussi des *canes* de mer, qui sont des oiseaux tannés avec un collier blanc autour du cou. — On dit fig. et fam. : *faire la cane*, montrer de la peur, manquer de courage ou de fermeté, par allusion aux *canes*, qui au moindre bruit plongent la tête dans l'eau. Vieilli. — On dit fam. d'une femme qui en marchant se balance d'une manière désagréable, qu'*elle marche comme une cane*.

CANEFAS, subst. mas. (*kanefâ*), t. de comm. Les Hollandais nomment ainsi certaines grosses toiles de chanvre très-fortes et très-serrées, dont ils se servent pour les navires.

CANÉFICE. Voy. **CASSE**.

CANÉFICIER. Voy. **CASSE**.

CANELAS, subst. mas. (*kanelâ*), pâtisserie composée de farine, sucre, citron et œufs battus. Inus.

CANELON, subst. mas. (*kanelon*), t. d'hist. nat., grand oiseau du Pérou qui paraît ne pas différer du kamichi.

CANELOS-DE-QUIXOS, subst. mas. (*kanelôcedekuikeçôce*), t. de bot., arbre de l'Amérique méridionale, dont l'écorce a la qualité de la cannelle, mais à un moindre degré. — On ignore le genre auquel il appartient.

CANENTE et mieux **CANENS**, subst. propre fém. (*kaneinte, kaneince*), myth., femme de Picus. Elle fut tellement désolée d'avoir perdu son mari changé par Circé en pivert, que le chagrin réduisit son corps en vapeur.

CANÉON, subst. mas. (*kanéon*), t. de médec., sorte de vase au moyen duquel on introduit dans l'utérus, à l'aide d'un roseau, la vapeur d'un remède qu'il contient.

CANE-PÉTIÈRE, subst. fém. (*kanepétière*) (de *cane*, oiseau, et du vieux mot *pétière*, signifiant : qui court, qui se promène à pied). On donne ce nom à un oiseau de la grosseur du faisan, qui n'est point aquatique, mais qui s'accroupit sur la terre comme le *canard*. — La *cane-pétière* est excellente à manger.

CANEPHORE, subst. fém. (*kanéfore*), t. de bot., genre de plantes de la famille des rubiacées. — Elle comprend deux espèces qui ont les feuilles opposées, et viennent de Madagascar. — T. d'antiquité grecque : on appelait ainsi de *jeunes filles qui, aux fêtes de Minerve, de Bacchus et de Cérès, portaient dans des corbeilles les choses destinées au sacrifice*. Voy. **CANÉPHORIES**.

CANÉPHORIES, subst. fém. plur. (*kanéfori*) (du grec κανης, corbeille, et φερω, je porte), t. d'hist. anc., cérémonies qui se pratiquaient à Athènes, dans la fête célébrée par les jeunes filles la veille de leurs noces : elles consistaient à porter dans le temple de Minerve une corbeille pleine de présents. — Statues, ou sorte de caryatides, portant des corbeilles sur la tête.

CANEPIN, subst. mas. (*kanepein*) (du grec καν-ναβις, chanvre), petite pelure déliée prise de l'écorce extérieure du bouleau, et sur laquelle les anciens écrivaient. — Pellicule très-mince que les mégissiers tirent de dessus les peaux des chevreaux ou des moutons, qui ont été passées en mégie : *lever le canepin*. — Les gantiers appellent *canepin* le cuir de poule : *des gants de canepin*.

CANEQUIN, subst. mas. (*kanekein*), t. de comm., toile blanche de coton qui vient des Indes.

CANER, v. neut. (*kané*), vieux mot, qui a signifié aller à la selle. Inus. On dit aujourd'hui d'un homme qui se montre lâche, qu'*il cane*.

CANESOU. Voy. **CANEZOU**.

CANETER, v. neut. (*kaneté*), marcher comme un *canard*. Il est vieux et inus.

CANETILLE. Voy. **CANNETILLE**.

CANETON, subst. mas. (*kaneton*), le petit d'une *cane*. Il ne se dit que d'un mâle.

CANETTE, subst. fém. (*kanète*), le petit d'une *cane*. Il ne se dit que d'une femelle. — Mesure de liquide, principalement pour la bière. Dans quelques départements ce qu'on appelle *bille* de jeu d'enfant. — En t. de blas., *cane* représentée sans pieds. — Voy. **CANNETTE** pour le sens de *canne* (roseau).

CANEVAS, subst. mas. (*kanevâ*) (du latin barbare *canavaceus*, fait de *cannabis*, en grec καν-ναβις, chanvre), grosse toile fort claire dont on se sert pour travailler en tapisserie. — Fig., premier projet d'un ouvrage d'esprit, premier plan d'une histoire, d'un poème, etc.; mémoires d'après lesquels un ouvrage est rédigé : *il a brodé sur ce canevas mille impertinences*, etc. — Sujet général d'une pièce de théâtre, d'une scène que l'acteur remplit d'imagination ; paroles qu'on fait d'abord sur un air, sans avoir égard au sens, et seulement pour représenter la mesure. Il se dit aussi des paroles suivies qui se font sur un air d'après un modèle ou même sans modèle. — T. de tailleur, grosse toile de chanvre écrue, dont on se sert pour piqûre de corps ou soutien de boutonnière, dans les habits d'hommes. — Grosse toile serrée dont on double des corps de jupe.

CANEVASSIÈRE, subst. fém. (*kanevacière*), celle qui travaille sur les *canevas*. Peu en usage.

CANEVASSIER-TOILIER, subst. mas. (*kanevacié-toèlié*), ancien nom des marchands lingers.

CANEVETTE, subst. fém. (*kanevète*), t. de mar., petite cave, coffret fermant à clef, divisé intérieurement en douze ou vingt-quatre compartiments carrés, pour caser debout des flacons ou des bouteilles de rhum, d'arack, tafia, eau-de-vie, etc., que les officiers ou les maîtres embarquent en provisions particulières, notamment à bord des bâtiments du commerce et des corsaires.

CANEZOU, subst. mas. (*kanezou*), vêtement de femme, sorte de corps de robe léger et sans manches.

CANGÉ, subst. mas. (*kanjé*), eau de riz épaisse. Inusité.

CANGETTE, subst. fém. (*kanjète*), t. de comm., espèce de petite serge qui se fabrique à Caen et dans les environs.

CANGFOU, subst. mas. (*kanguefou*), t. de comm., thé noir de la Chine.

CANGRÈNE ne s'écrit pas pour **GANGRÈNE**. Voy. ce mot.

CANGUE, subst. fém. (*kangue*), instrument de supplice en usage dans plusieurs contrées de l'Asie : dans quelques-unes, c'est une grande table percée de trois trous, l'un pour passer le cou et les autres pour passer les mains; ailleurs, c'est une espèce de triangle de bois qu'on fixe au cou du patient, et auquel une de ses mains est attachée.

CANI, adj. mas. (*kani*), t. de mar., se dit du bois qui commence à se pourrir. Peu usité.

CANIARD, subst. mas. (*kaniar*), t. d'hist. nat. On a donné ce nom au goëland varié.

CANICA, subst. fém. (*kanika*), espèce d'épice en usage dans l'île de Cuba; sorte de cannelle sauvage.

CANICHE, subst. des deux genres (*kaniche*), t. d'hist. nat., race particulière de chiens de l'espèce du barbet. — On dit aussi adj. *un chien*, *une chienne caniche*.

CANICHON, subst. mas. (*kanichon*), nom vulgaire d'un jeune canard encore couvert de duvet. — Espèce de petit barbet.

CANICIDE, subst. mas. (*kanicide*), meurtre d'un chien.—Anatomie d'un chien vivant. — Celui qui tue un chien. Il est aussi adj. Peu usité.

CANICULAIRE, adj. des deux genres (*kanikulère*), se dit des jours dans lesquels le soleil est en conjonction avec la constellation du grand et du petit chien, qui s'appelle *canicule* : *jours caniculaires*; *les Égyptiens et les Éthiopiens commençaient leur année aux jours caniculaires*.

CANICULE, subst. fém. (*kanikule*) (en lat. *canicula*, fait de *canis*, chien), nom de la belle constellation du *grand chien*, qu'on appelle aussi simplement *étoile du chien*. Les Grecs la nommaient Σείριος, Sirius; *Pline* et *Galien* lui donnent encore, mais à tort, le nom de *procyon*. Cette étoile se lève avec le soleil depuis le 24 juillet jusqu'au 23 août. — Le temps dans lequel on suppose que cette constellation domine : *durant* ou *dans la canicule*; *être à la canicule*. — Voy. ICARIUS pour l'origine fabuleuse de cette constellation.

CANIE, subst. fém. (*kani*), t. de bot., genre de plantes de la famille des orties.

CANIDE, subst. mas. (*kanide*), t. d'hist. nat., perroquet des Antilles.

CANIF, subst. mas. (*kanife* et non pas *guanife*) (de l'anglais *knife*, couteau), petite lame d'acier avec un manche, servant à tailler les plumes : *canif à ressort*; *canif à secret*; *canif à deux lames*. — Les graveurs en bois appellent *canif*, un outil qui leur sert à creuser différentes parties de leurs planches.

CANILLÉE, subst. fém. (*kaniié*), t. de bot., genre de plantes de la famille des naïades.

CANIN, E, adj. (*kanein*, *nine*) (du latin *canis*, chien), qui tient du chien. On ne l'emploie guère qu'au fém. — T. d'anat. On appelle *dents canines* deux dents pointues de chaque mâchoire, posées entre les incisives et les molaires; elles sont destinées à broyer les aliments : *les dents canines sont au nombre de quatre*. — On dit substantivement *les canines* pour *les dents canines*. Ces dents portent encore le nom de *laniaires* ou *crochets*.—On nomme *muscle canin*, un muscle qui naît au-dessous de la dent *canine* et de l'incisive extérieure.—Dans le langage ordinaire, on appelle *faim canine*, une faim dévorante et qu'on ne peut apaiser.

CANINANA, subst. mas. (*kaninana*), t. d'hist. nat., serpent privé d'Amérique qui suit les hommes comme un chien.

CANINGA, subst. mas. (*kaneingua*), t. de bot., arbre de l'île de Cuba, dont l'écorce a le goût de la cannelle et du girofle.

CANIRAM, subst. mas. (*kanirame*), t. de bot., grand arbre du Malabar, dont la racine infusée est bonne contre la colique, etc.

CANISTRE, subst. fém. (*kanicetre*), (du lat. *canistrum*, *corbeille*), sorte de panier ou corbeille. — T. de comm., mesure de thé, du poids de soixante-quinze à cent livres.

CANISTRUM, subst. mas. (*kanicetrome*) t. d'hist. nat., genre de coquilles de l'ordre des univalves.

CANISY, subst. propre mas. (*kanizi*), bourg de France, chef-lieu de canton, arrond. de Saint-Lô, dép. de la Manche.

CANITIE, subst. fém. (*kanici*) (en lat. *canities*, de *canus*, blanc), blancheur des poils et surtout des cheveux. Peu usité.

CANIVEAU, subst. mas. (*kanivô*), t. de paveurs. On donne ce nom aux plus gros pavés qui, étant assis alternativement et un peu inclinés, traversent le milieu d'un ruisseau, d'une cour, d'une rue. — *Une pierre taillée en caniveau* est une pierre creusée dans le milieu, en manière de ruisseau, pour faire écouler l'eau : on s'en sert pour paver une cuisine, un lavoir, une laiterie, etc.

CANJA ou **CANJÉ**, subst. mas. (*kanja*, *kanjé*), petit bateau en usage sur le Nil. — Fête de l'agriculture, à Tunquin.

CANJALAT, subst. mas. (*kanjala*), t. de bot., plante qui croît à Amboine dans les lieux humides, et dont on mange les racines confites en prenant du thé.

CANJARES ou **CRICS**, subst. mas. plur. (*kanjare*, *krike*), poignards larges de trois doigts et de la longueur de nos baïonnettes, qui s'emmanchent, pour ainsi dire, dans la main, par une poignée terminée en pointe. Ces poignards, communément empoisonnés jusqu'à la moitié de la lame, sont l'arme ordinaire des Indiens de la péninsule du Gange, de Malaco, de Pégu, etc.

CANJÉ. Voy. CANJA.

CANNA, subst. mas. (*kanena*), t. d'hist. nat., nom d'un des plus grands animaux à pieds fourchus de l'Afrique méridionale.

CANNABINE subst fém. (*kanenabine*) (du lat. *cannabis*, en grec κάνναβις, chanvre), t. de bot., genre de plantes exotiques à fleurs incomplètes, qui ont quelque rapport avec le chanvre.

CANNABIS, subst. mas. (*kanabice*), t. de bot., genre de plantes de la famille des urticées.

CANNAGE, subst. mas. (*kanaje*), mesurage à la *canne* des étoffes, toiles, rubans, etc. Peu usité.

CANNAIE, subst. fém. (*kané*), lieu planté de *cannes* et de roseaux.

CANNAMELLE. Voy. CANAMELLE qui ne le vaut pas.

CANNA-PONDU, subst. fém. (*kana-pondu*), t. de bot., espèce de crotalaire de Coromandel.

CANNE, subst. fém. (*kane*) (du lat. *canna*, fait du grec κάννα et κάννη, lequel est dérivé de l'hébreu *kaneh*, qui signifie également un *roseau* et une *certaine mesure*), bâton, roseau, jonc, etc. — Morceau de jonc ou de bois d'environ trois pieds de long, droit, ferme, ordinairement couvert d'un vernis, garni par un bout d'une douille de fer et d'une pomme de l'autre, et percé, à quelques pouces au-dessous de la pomme, d'un trou dans lequel on passe un cordon : *porter une canne*, *s'appuyer sur sa canne*. — Mesure qui contient une aune deux tiers de Paris. On nomme de même la chose mesurée avec la *canne*. — Roseau qui a des nœuds. — *Canne à sucre*, *canamelle*, roseau articulé, qui croît dans les Indes; il est de la famille des graminées, et sa moelle succulente fournit par expression le sel essentiel qu'on nomme *sucré*. On appelle *vesou* le suc qu'on retire de la *canne*, et *bagace* les fagots de *canne* dont on a exprimé le *vesou*. — *Canne* ou *jonc à écrire*, espèce de roseau du Levant, dont on fait des styles pour écrire.—*Canne des jardins*. Voy. ROSEAU. — *Canne Congo*, espèce de roseau qui croît à Caïenne. — En t. de monnayeur et de fondeur, longue tringle de fer qui sert à brasser les métaux en fusion, l'or excepté. — T. de physique, *canne à vent*, *canne* creuse intérieurement, et par le moyen de laquelle on peut, sans le secours de la poudre, chasser une balle avec violence, en y adaptant un réservoir qui contienne de l'air comprimé, et une batterie propre à ouvrir momentanément le réservoir. Elle ne diffère du *fusil à vent* que par sa forme. — *Pêcher à la canne* ou *à la cannette*, pêcher avec une perche déliée ou une *canne*, à l'extrémité de laquelle est attaché un haim.—En t. de manuf. de soie, on appelle *cannes*, certaines grandes baguettes que l'on passe dans les envergures des chaînes, pour remettre ou tondre les pièces. — En t. de verrerie, machine de fer en forme de *canne*, et percée dans toute sa longueur, avec laquelle on souffle les bouteilles et autres ouvrages de verrerie. *On appelle canne à ressort* un outil qui sert à saisir une pièce de verre pour la détacher de la *canne* dont nous venons de parler. — *Canne gnomonique*, instrument qui sert à indiquer l'heure par les hauteurs du soleil.

CANNEBERGE, subst. fém. (*kanebèreje*), t. de bot., plante rampante du genre des airelles, qui croît dans les marais, et qu'on nomme aussi *cousinet des marais*.

CANNEBERY, subst. mas. (*kaneberi*), t. de bot., autre nom de l'airelle des marais. Voy. CANNEBERGE.

CANNE-D'INDE, subst. fém. (*kanedeinde*), t. de bot., racine du balisier d'Amérique.

CANNEFICIER, subst. mas. (*kaneficié*), t. de bot. (*Boiste*.) *L'Académie* dit CANÉFICIER et renvoie à CASSE. Voy. ce dernier mot.

CANNE-GNOMONIQUE, subst. fém. (*kaneguenomonike*). Voy. sa définition au mot CANNE.

CANNELADE, subst. fém. (*kanelade*), curée que les fauconniers donnaient à l'oiseau. Elle était composée de *cannelle*, de sucre, et de moelle de héron.

CANNELAS, subst. mas. (*kanela*), espèce de dragée faite avec de la *cannelle*.

CANNELÉ, E, part. pass. de *canneler*, et adj. Il se dit de tout corps, pierre, bois, ou métal, auquel on remarque des *cannelures* ou cavités longitudinales, soit que ces cavités aient été pratiquées par la nature, soit qu'elles aient été faites par l'art. Ainsi l'on dit d'un canon de fusil qu'*il est cannelé*; de la tige, de la feuille d'une plante, qu'*elle est cannelée*; on dit *colonne cannelée*; *pilastre cannelé*; *console cannelée*. — En t. de teinturier, teint couleur de *cannelle*.

CANNELÉ, subst. mas. (*kanelé*), t. de comm., étoffe de soie tissue comme le gros de Tours et le taffetas. — On dit aussi au fém. de la *cannelée*.

CANNELER, v. act. (*kanelé*), tracer, former des *cannelures* dans le fût d'une colonne, d'un pilastre, ou d'autres ornements. On ne dit plus *canneler* dans le sens de teindre en couleur de *cannelle*. — *se* CANNELER, v. pron.

CANNELLE, subst. fém. (*kanèle*), t. de bot., seconde écorce d'une espèce de laurier nommé *cannellier*, qui ne croît qu'aux Indes.—Il y a plusieurs sortes de *cannelle* : on appelle *cannelle blanche* l'écorce d'un arbre qui croît à Saint-Domingue, à la Guadeloupe et à Madagascar, et qui se sèche au soleil comme la vraie *cannelle*; *cannelle giroflée*, l'écorce d'un arbre qui croît au Brésil, et qui a l'odeur du girofle sans en avoir les qualités. — Fig., *mettre une chose en cannelle*, la briser en menus morceaux; et par une figure plus forte, *mettre un homme en cannelle*, le déchirer par des discours malveillants. Vieux.—Morceau de bois creusé, tuyau de cuivre ou robinet qu'on adapte à une cuve, une fontaine, un tonneau, pour en tirer la liqueur qu'il contient. On dit aussi *cannette*. — Les aiguilletiers appellent *cannelle* une petite *cannelure* qu'on remarque à chaque côté de la tête des aiguilles à couture ou à tapisserie; les boutonniers, un morceau de bois percé en rond par le milieu, qui se met dans le trou de la jatte afin d'empêcher l'ouvrage de s'endommager en frottant contre les bords; les épingliers, une espèce de couteau dont la lame est dentelée comme une scie, et qui sert à faire dans un morceau de bois la rainure où l'on tient assujéti, avec les tenailles, le fil de fer ou de laiton destiné à faire des épingles.

CANNELLIER, subst. mas. (*kanèlié*), t. de bot., arbre qui fournit la *cannelle*, et qui croît particulièrement dans l'île de Ceylan. — Le *cannellier blanc* porte le nom d'*alouchier*.

CANNELLINE, subst. fém. (*kaneline*), substance extraite de la *cannelle blanche*.

CANNELON, subst. mas. (*kanelon*), t. de confiseur, moule de fer-blanc *cannelé*, pour donner la *cannelure* aux fromages glacés.

CANNELUDE, subst. fém. (*kanelude*). Voy. CANNELADE qui semble être le même.

CANNELURE, subst. fém. (*kanelure*). On donne ce nom à de petits canaux ou à des cavités longitudinales, formées ou taillées tout le long du fût d'une colonne, d'un pilastre, ou de tout autre objet : *la colonne dorique ne peut avoir que vingt cannelures*. — En archit., on appelle *cannelures à côtes*, celles qui sont séparées par des listels de certaine largeur; *cannelures avec rudentures*, celles qui sont remplies de bâtons, de roseaux ou de câbles, jusqu'au tiers du fût de la colonne; *cannelures de gaînes*, *de console*, celles qui sont plus étroites par le bas que par le haut; *cannelures à vive arête*, celles qui ne sont pas séparées par des côtes; *cannelures ornées*, celles qui ont des ornements dans toute la longueur du fût de la colonne, ou seulement par intervalles. — En t. de bot., on appelle *cannelures* des espèces de sillons ou rainures longitudinales que l'on rencontre sur plusieurs parties des plantes.

CANNE-PÉTOIRE, subst. fém. (*kanepétoare*). Voy. CANONNIÈRE.

CANNEQUIN, subst. mas. (*kanekein*), t. de comm., toile de coton des Indes, dont le commerce se fait sur la côte de Guinée.

CANNÉ, E, part. pass. de *canner*.

CANNER, v. act. (*kané*), mesurer à la *canne*, de même qu'on dit *auner* pour mesurer à l'*aune*. Inus.

CANNES, subst. propre fém. (*kane*). petit bourg de l'ancienne *Pouille*, célèbre par la victoire d'Annibal. — Ville de France, chef-lieu de canton, arrond. de Grasse, dép. du Var. C'est dans cette ville que Napoléon débarqua en 1815, à son retour de l'île d'Elbe.

CANNETILLE, subst. fém. (*kanetile*), t. de brodeur et de passementier, petite lame très-fine d'or ou d'argent tortillé. — Petit fil de laiton argenté et très-délié, que l'on file autour d'une corde de boyau ou de métal pour faire les grosses cordes de violons, de basses, etc. — Deux fils de laiton très-déliés qui garnissent les deux côtés d'une ganse plate, et qui servent, dans les modes, à maintenir les rubans, etc.

CANNETILLÉ, E, part. pass. de *cannetiller*, et adj.

CANNETILLER, v. act. (*kaneti-ié*), lier avec la *cannetille*. Peu en usage.

CANNETTE, subst. fém. (*kanète*), t. de manuf. de soie. On appelle *cannette* un petit tuyau de bois ou de roseau sur lequel on met la soie ou la dorure pour la trame. — C'est aussi un petit tuyau de cuivre que l'on enfonce dans le trou d'un tonneau qui a été mis en perce. On dit mieux CANNELLE. Voy. ce mot. — Voy. aussi CANETTE pour le sens du petit de la femelle d'un canard.

CANNEVETTE, subst. fém. (*kanevète*), mesure de liquides dont on se sert en Hollande.

CANNIBALE, subst. mas. (*kanenibale*), nom de certains peuples d'Amérique qui mangent de la chair humaine. — Au fig., il se dit de tout homme cruel et féroce : *c'est un vrai cannibale.*

CANNIBALISME, subst. mas. (*kanenibaliceme*), anthropophagie. — Cruauté, férocité.

CANNIER, subst. mas. (*kanié*), ouvrier qui emploie la *canne* dans la carrosserie. Peu en usage.— Ce mot ne se dirait pas pour marchand de *cannes*.

CANON, subst. mas. (*kanon*) (du mot *canne*, roseau, fait du latin *canna*, en grec κάννα, à cause de la forme creuse des diverses espèces de *canon*), sorte de tuyau en fer, en fonte, en cuivre, etc., qui ordinairement porte environ six pieds et demi de long et six pouces quelques lignes de calibre ; pièce d'artillerie propre à lancer des boulets au moyen de la poudre : *canon de batterie ; une batterie de canons ; l'affût, la culasse, la lumière, l'âme, la bouche d'un canon ; monter un canon ; charger un canon ; braquer, pointer, tirer un canon ; enclaver un canon ; le bruit du canon ; le recul du canon ; un coup, une volée de canon.* — On appelle en général *poudre à canon* le mélange de salpêtre, de soufre et de charbon qui sert à tirer toutes les armes à feu. —L'embouchure d'un *canon* se nomme aussi *bouche* ; et un *canon*, *bouche à feu* : *soixante bouches à feu vomirent tout à coup la mort sur ces épais bataillons.* — On dit souvent collectivement *le canon* pour : les *canons* : *être hors de la portée du canon ; on a pris le canon des ennemis.* — *Cette forteresse, cette place, cette ville n'a pas attendu le canon*, elle s'est rendue avant d'être attaquée régulièrement. — La partie des autres armes à feu où l'on met la charge : *le canon d'un fusil, d'une carabine, d'un pistolet*, etc. — Diverses autres espèces de tuyaux : *canon de seringue ; canon d'arrosoir ; canon à dévider ; canon de clef*, etc. — En t. de mar., *canon à la serre ; canon* en dedans, et dont la volée porte contre le haut sabord ; *canon allongé contre le bord*, *canon* amarré de longueur contre les côtés d'un navire ; *canon d'étape*, *canon* qui n'a plus de tampon dans la bouche ; *canon aux sabords*, *canon* qu'on a déplacé afin de pouvoir le charger ; *canon de coursière*, *canon* logé sur l'avant d'une galère pour tirer par-dessus l'éperon. — *Un bâtiment de cent, de cent vingt, de deux cents canons*, un vaisseau garni, armé de cent, etc., *canons*. (Du grec κανών, règle). — T. de musique ; c'était, dans la musique ancienne, une règle ou méthode pour déterminer les rapports des intervalles. — On donnait aussi le nom de *canon* à l'instrument par lequel on trouvait ces rapports ; et Ptolomée a donné le même nom au livre que nous avons de lui sur les rapports de tous les intervalles harmoniques. — *Canon*, en terme de musique moderne, signifie une espèce de fugue qu'on appelle perpétuelle, parce que les parties, partant l'une après l'autre, répètent sans cesse le même chant. Autrefois, on mettait à la tête de ces fugues perpétuelles certains avertissements qui marquaient comment il fallait les chanter ; et ces avertissements, étant proprement les règles de ces fugues, s'intitulaient *canoni*, règles, *canons*. De là, prenant ce titre pour la chose, on a, par métonymie, nommé *canon* cette espèce de fugue. — Règle, statut, ordonnance de l'Église, touchant la foi, les mœurs, la discipline. Il ne se dit proprement que des décisions des conciles.—On appelle *droit canon* la science du droit ecclésiastique. En ce sens, *canon* est adj. mas.—Catalogue des livres reconnus pour inspirés : *le canon des Écritures ; le canon des chrétiens ; le canon des juifs*. Les livres particulièrement reconnus pour tels par l'Église sont dits *livres canoniques*. — Catalogue des saints canonisés par l'Église.— Série des prières de la messe, depuis la préface jusqu'à la communion du prêtre : *le canon de la messe*. — Tableau écrit ou imprimé que l'on dresse sur l'autel, et qui contient quelques prières de la messe. — *Canon*, en t. de chronologie, signifie, tantôt des tables chronologiques, telles que les tables du nombre d'or, des épactes et de la pâque ; tantôt la méthode ou règle pour résoudre certains problèmes de chronologie, par exemple, pour trouver les épactes, les pleines lunes, les fêtes mobiles, etc.—On appelle *canon pascal* une table des fêtes mobiles où l'on marque, pour un cycle de dix-neuf ans, la fête de Pâques et les autres fêtes qui en dépendent.—Dans les manufactures de soie, espèce de bobine qui sert à dévider les trames. On dit ordinairement *canon pour la trame*.— En t. de bonnetier, le haut d'un grand bas fort large. — En t. de tailleur, on appelait autrefois *canon* un ornement d'étoffe, froncé et attaché au bas de la culotte formant comme le haut d'un bas assez large. Cette sorte de parure a été, dans le dix-septième siècle, fort à la mode en France. On le dit encore, au théâtre, de la partie d'une culotte, d'un caleçon, d'un pantalon, qui enveloppe la cuisse, la jambe.—En t. de pharm., pot de faïence un peu long et rond, dans lequel on met des électuaires.—En t. d'éperonnier, sorte d'embouchure pour le cheval. — En t. de vétérinaire, la partie de la jambe qui est entre le genou et le deuxième joint près du pied. — En t. de chaudronniers, morceau de fer foré et à tête large, que l'on appuie sur la pièce à l'endroit où on la perce. — En t. d'émailleurs, les filets ou morceaux d'émail les plus gros qu'ils mettent en état de servir aux ouvrages de leur métier. — En t. de serruriers, la partie de la serrure qui reçoit la tige de la clef. — En t. de rubaniers, petit tuyau de buis destiné à porter la soie de la trame. — En t. de tourneur, chacun des deux cylindres creux qui, dans l'arbre à tourner en ovale ou en d'autres figures irrégulières, sont traversés par la verge de fer carrée, joignant la boîte au mandrin. —En t. d'horloger, tuyau creux qu'on place sur un axe et qui peut avoir un autre mouvement que cet axe. — En t. d'imprimerie, on appelle *petit-canon*, *gros-canon*, *double* et *triple canon*, les caractères les plus gros après la grosse nompareille.— En mathématiques, le mot *canon* exprime les règles générales pour la solution de plusieurs questions du même genre ; mais ce terme, peu usité aujourd'hui, a été remplacé par ceux de *méthode* et de *formule*.

CANONAGE. Voy. CANONNAGE, orthographe de l'*Acad.*

CANONIAL, E, adj. (*kanoniale*) (du latin *canonicus*, chanoine) : *heures canoniales*, parties du bréviaire que l'Église récite à certaines heures ; *office canonial*, celui que les chanoines chantent dans l'église ; *maison canoniale*, celle qui est affectée à des *chanoines* ; *vie canoniale*, vie prescrite aux chanoines réguliers. — MM. *Noël* et *Chapsal* indiquent le plur. mas. de cet adj. : *canoniaux*. Nous n'avons rencontré cet adj. accolé au plur. qu'aux mots fém. *heures* et *maisons* ; mais s'il était besoin de l'employer avec un subst. mas. plur., nous pensons, ainsi que MM. *Noël* et *Chapsal*, qu'il ne faudrait pas hésiter à dire, par exemple : *offices canoniaux*.

CANONIAUX, adj. mas. plur. Voy. CANONIAL.

CANONICAT, subst. mas. (*kanonika*), bénéfice de *chanoine*. — Fig. et fam., on dit d'une place qui procure de l'argent sans exiger de travail : *c'est un canonicat ; c'est un vrai canonicat*.

CANONICITÉ, subst. fém. (*kanonicité*), qualité de ce qui est *canonique*. Il ne se dit que des livres saints, qui seuls sont réputés *canoniques*.

CANONIQUE, adj. des deux genres (*kanonike*), qui est selon les *canons* : *doctrine canonique ; mariage canonique*. — *Livres canoniques*, ceux qui sont contenus dans le *canon* dressé par l'Église des livres de l'Écriture. Voy. CANON.—On appelle quelquefois abusivement *droit canonique*, au lieu de *droit canon*, un corps de droit ou recueil des lois ecclésiastiques concernant la discipline de l'Église : *les hommes sont gouvernés par diverses sortes de lois : par le droit naturel, par le droit divin, qui est celui de la religion ; par le droit ecclésiastique, autrement appelé canonique, qui est celui de la police de la religion.*

CANONIQUEMENT, adv. (*kanonikeman*), d'une manière *canonique* ; selon les *canons* de l'Église. — Entièrement inusité comme t. de mus.

CANONISATION, subst. fém. (*kanonizâcion*) (de *canon*, catalogue des saints), déclaration solennelle par laquelle le pape met au nombre des saints révérés dans l'Église romaine une personne morte en odeur de sainteté. — Cérémonie qui accompagne cette déclaration. Voy. BÉATIFICATION.

CANONISÉ, E, part. pass. de *canoniser*, et adj.

CANONISER, v. act. (*kanonizé*), mettre dans le catalogue des saints, suivant les règles de l'Église. — Au fig., louer avec excès, approuver fortement. Fam. — SE CANONISER, v. pron.

CANONISTE, subst. des deux genres (*kanonicete*), celui qui sait ou qui enseigne le *droit canon*.

CANONNADE, subst. fém. (*kanonade*), décharge de *canons* : *nous essuyâmes quelques canonnades*.

CANONNAGE, subst. mas. (*kanonaje*), t. de mar., science du *canonnier* ; connaissance du *canon*, de son service et de tout ce qui peut y avoir rapport.

CANONNÉ, E, part. pass. de *canonner*, et adj.

CANONNER, v. act. (*kanoné*), battre à coups de *canon*.—T. de mar., *canonner une voile*, la plier en rouleau. — SE CANONNER, v. pron. : *ces deux troupes se canonnèrent pendant long-temps.*

CANONNIER, subst. mas. (*kanonié*), celui dont la profession est de servir le *canon* : *canonnier pointeur ; canonnier boute-feu*. — T. de mar., *maître canonnier*, celui qui, sur un vaisseau, a la direction de l'artillerie.

CANONNIÈRE, subst. fém. (*kanonière*), petite tente faite en forme de toit, qui n'est point close comme les tentes ordinaires. — Tente à deux mâts pour reposer les *canonniers*. —Autrefois, ouverture dans une muraille pour tirer des coups de fusil sur l'ennemi sans être vu.— Par extension, ouverture qu'on laisse dans les gros murs pour faciliter l'écoulement des eaux. — Petit bâton de sureau dont on a ôté la moelle, et avec lequel les enfants chassent, par le moyen d'un piston, de petites balles de filasse ou de papier. On l'appelle aussi *canne-pétoire*.—En t. de pêche, ouverture qu'on pratique au fond des écluses ou parcs de pierres, pour laisser échapper l'eau. — T. de marine, embarcation mâtée et voilée, armée d'un ou de plusieurs *canons*, allant aussi à l'aviron, et communément nommée adj. *chaloupe canonnière*.

CANOPE ou **CANOPUS**, subst. mas. (*kanope*, *kanopuce*), t. d'astron., étoile de la première grandeur, située dans l'hémisphère austral.—T. d'hist. nat., coquille des mers de l'Inde : elle ressemble à une fève ou à une poire aplatie.— Insecte de la famille des punaises terrestres. — Subst. propre, myth., dieu égyptien dont les prêtres passaient pour des magiciens habiles. On l'adorait sous la figure d'un grand vase surmonté d'une tête humaine ou de celle d'un épervier, et couvert de caractères hiéroglyphiques. Les Chaldéens, qui adoraient le feu, défiaient les dieux de toutes les autres nations de résister au leur, parce qu'ils n'étaient que d'or et d'argent, de pierre ou de bois. Un prêtre de *Canope* accepta le défi, et l'on mit les deux divinités aux prises. On alluma un grand feu au milieu duquel on plaça la statue de *Canope*, dont les Chaldéens furent bien surpris de voir sortir une énorme quantité d'eau qui eut bientôt éteint ce feu. *Canope* demeura ainsi vainqueur, et fut regardé comme le plus puissant des dieux ; mais il ne dut cet avantage qu'à un artifice du prêtre, qui avait rempli le vase d'eau, après l'avoir percé de beaucoup de petits trous qu'on avait bouchés ensuite avec de la cire et que la chaleur du feu ne tarda pas à fondre. — Il y avait aussi une ville d'Égypte ainsi appelée de *Canobus* ou *Canopus*, pilote du vaisseau que montait Ménélas. Ce prince ayant été jeté par une tempête sur les côtes d'Égypte, *Canobus* y mourut de la morsure d'un serpent. Ménélas, pour honorer la mémoire de ce pilote qu'il estimait, bâtit dans ce lieu-là une ville à laquelle il donna le nom de *Canobus* ou *Canopus*.

CANOPITE, subst. mas. (*kanopite*), t. de pharm., sorte de collyre.

CANOPUM, subst. mas. (*kanopome*), t. de pharm., fleur et écorce du sureau.

CANOPIUS HERCULES, subst. propre mas. (*kanopiuce èrekulèce*), myth., Hercule l'Égyptien, à qui l'on donnait le surnom de *Canope*, qui était le nom d'une ville d'Égypte.

CANORE, adj. des deux genres (*kanore*), en lat.

canorus, qui chante), t. d'hist. nat., résonnant, harmonieux : qualification distinctive des oiseaux chanteurs. Vieux, mais utile.

CANOT, subst. mas. (*kanó*), petit bateau des peuples sauvages, fait d'écorce d'arbre ou du tronc d'un seul arbre creusé. — T. de mar., petite embarcation sans pont, mais à voiles et à rames, consacrée au service d'un bâtiment. On s'en sert dans l'intérieur des ports pour aller d'un endroit à un autre. — *Canot jaloux*, canot qui, ayant le côté faible, se renverse aisément.

CANOTHE, subst. mas. (*kanote*), t. de bot., arbrisseau du Canada.

CANOTIER, subst. mas. (*kanotié*), t. de mar., matelot de l'équipage d'un *canot*.

CANOURGUE (LA), subst. propre fém. (*lakanourgue*), ville de France, chef-lieu de canton, arrond. de Marvejols, dép. de la Lozère.

CANQUE, subst. fém. (*kanke*), t. de comm., toile de coton qui se fabrique à la Chine, et dont on fait des chemises.

CANQUETER, v. neut. (*kanketé*), s'est dit du cri du *canard*. (*Boiste*.) Ce verbe, quoique fort expressif, est peu usité.

CANRÈNE, subst. fém. (*kanrène*), t. d'hist. nat., coquille du genre des natices.

CANSCHY, subst. mas. (*kancechi*), t. de bot., gros arbre du Japon, dont on fait du papier.

CANSCORE, subst. mas. (*kancekore*), t. de bot., plante du Malabar.

CANT., abréviation du mot *canton*.

CANTAAR ou **CANTAR**, subst. mas. (*kantaar*, *kantar*), t. de comm., quintal dont on se sert en Turquie, en Grèce et dans le Levant. Il est de cent dix livres de poids de marc.

CANTABILE, subst. mas. (*kantabilé*) (de l'italien *cantabile*, adj. signifiant *facile à chanter*), t. de musique : il indique un mouvement lent et calme. Il se compose d'un chant dont on bannit les difficultés, mais dans lequel on fait valoir tout ce que la voix a de liant, de moelleux, de beau dans le timbre : *un beau cantabile me plaît plus que tous vos airs compliqués ; ce cantabile est charmant.*

CANTABRICA, subst. fém. (*kantabrika*), t. de jard., sorte d'œillet. — T. d'hist. nat., coquille qui a la forme de l'œillet.

CANTAL, subst. propre mas. (*kantale*), dép. de la France. — Fromage estimé qui se fait dans ce département, sur la montagne du même nom.

CANTALABRE, subst. mas. (*kantalabre*), t. d'archit., bordure ou chambranle simple d'une porte, d'une croisée. Peu usité.

CANTALOUP, subst. mas. (*kantalou*), t. de jard., variété de melon, à côtes ; petit melon de Florence à côtes.

CANTANELLE, subst. fém. (*kantanèle*), t. d'hist. nat., proscarabée.

CANTANETTE, subst. fém. (*kantanète*), t. de mar., petit compartiment dans les chambres. — Au plur., petites ouvertures rondes entre lesquelles se trouve le gouvernail d'un vaisseau, et qui donnent la lumière au gavon.

CANTARELLE, subst. fém. (*katarèle*), venin produit par la bave du cochon atteint d'hydrophobie.

CANTATE, subst. fém. (*kantate*) (de l'italien *cantata*, fait de *canto* ; en latin *cantus*, chant), petit poème fait pour être mis en musique, composé de récitatifs et d'airs : *il a fait une belle cantate. J.-B. Rousseau*, à qui nous devons de très-belles *cantates*, a appelé ce poème une *ode en musique*. — C'est aussi le nom d'une pièce de musique vocale accompagnée d'instruments, et composée sur un petit poème du même nom.

CANTATILLE, subst. fém. (*kantatiie*), petite *cantate*, soit en parlant du poème, soit en parlant de la musique.

CANTATRICE, subst. fém. (*kantatrice*) (mot italien qu'on a francisé, et qui signifie *chanteuse* ; en latin *cantatrix*), chanteuse de profession jouissant d'une certaine célébrité. — On ne le disait autrefois que des chanteuses d'Italie qui venaient en France.

CANTERME, subst. mas. (*kantèreme*), vieux mot qui signifiait maléfice. Inus.

CANTEVEN, subst. propre mas. (*kantevène*), myth., dieu honoré sur les côtes du Malabar.

CANTHARE, subst. mas. Voy. **CANTHARUS**.

CANTHARIDE, subst. fém. (*kantaride*) (du grec κανθαρίς, dérivé de κανθαρος, scarabé, dont la *cantharide* a la forme), t. d'hist. nat., coquille des îles de la mer du Sud, qui est d'une beauté éblouissante. — Coléoptère oblong, d'un vert doré. Dans la médecine, réduit en poudre, il est la base des vésicatoires : cette poudre, prise à l'intérieur, est un poison violent, dont le camphre est l'antidote. On dit aussi adj. : *mouche cantharide*.

CANTHARIDIES, subst. fém. plur. (*kantaridi*), t. d'hist. nat., famille d'insectes de l'ordre des coléoptères.

CANTHARIDINE, subst. fém. (*kantaridine*), t. de pharm., partie la plus active des *cantharides*.

CANTHARUS ou **CANTHARE**, subst. propre mas. (*kantaruce*, *kantare*), t. de myth., vase à deux anses dont se servait Bacchus.

CANTHÈNE ou **CANTIÈRE**, subst. mas. (*kantène*, *kantère*), t. d'hist. nat., poisson du genre des spares.

CANTHERIUM ou **CANTHERINUM**, subst. mas. (*kantériome*, *nome*), t. de myth., char consacré à Bacchus. — T. de chir., petite pièce de bois employée autrefois pour réduire la luxation de l'humérus.

CANTHROPE, subst. mas. (*kantrope*), t. d'hist. nat., coquille qui ressemble aux nautiles.

CANTHUS, subst. mas. (*kantuce*) (du grec κανθος), t. d'anat., le coin ou l'angle de l'œil. — En chim., partie de l'ouverture d'une cruche ou d'une aiguière, etc., qui a peu de creux ou de pente, par où se verse doucement ou par décantation une liqueur. — Myth., fils d'Abas, qui fut un des Argonautes tués par Caphaurus le Libyen, avec un fragment de roc.

CANTI, subst. mas. (*kanti*), t. de bot., plante de la famille des rubiacées.

CANTIBAI, subst. mas. (*kantibé*), nom que le charpentier donne aux pieds de bois pleins de fentes ou d'autres défauts.

CANTIBAN, subst. mas. (*kantiban*). Les ouvriers appellent *bois de cantiban* celui qui n'a de flache que d'un côté.

CANTILÈNE, subst. fém. (*kantilène*) (du latin *cantilena*), chanson, vaudeville. Ce mot est peu usité aujourd'hui en français.

CANTIMARON ou **CATIMARON**, subst. mas. (*kantimaron*, *katimaron*), espèce de radeau dont les nègres de la côte de Coromandel se servent pour la pêche.

CANTINE, subst. fém. (*kantine*) (de l'italien *cantina* dont la signification est la même, et que *Ménage* dérive de *canava* ou *caneva*, employé par les auteurs de la basse latinité dans le sens de petite *cave*), petit coffre divisé par compartiments, pour porter des bouteilles en voyage, etc. — Dans les places de guerre, dans les casernes, etc., lieu où l'on vend du vin, de la bière, etc. — En campagne, les troupes sont suivies par des *cantines ambulantes*.

CANTINIER, subst. mas., au fém. **CANTINIÈRE** (*kantinié*, *nière*), celui, celle qui tient une *cantine*.

CANTINIÈRE, subst. fém. Voy. **CANTINIER**.

CANTIONNAIRE, subst. mas. (*kantionère*), livre de *cantiques*.

CANTIQUE, subst. mas. (*kantike*) (du lat. *canticum*, fait de *cantus*, chant), chant, ou plutôt chanson lyrique consacrée à la gloire de Dieu et en action de graces : *le cantique de Moïse ; le cantique de la sainte Vierge ; le cantique de Siméon*, etc. — On appelle *Cantique des Cantiques* un des livres de *Salomon*, contenant une espèce d'épithalame spirituel et mystique. — *Cantique spirituel*, chanson faite sur des matières de dévotion. — On a appelé aussi *cantique* un monologue passionné d'une tragédie grecque.

CANTOMANE, subst. mas. (*kantomane*) (du lat. *cantus*, chant, et du grec μανια, manie, passion), qui a la manie de *chanter*, de faire des *chansons*. Inusité.

CANTOMANIE, subst. fém. (*kantomani*) (même étym. que celle du mot précédent), manie du *chant*. Inus.

CANTON, subst. mas. (*kanton*) (de l'allemand *kant* ou *kanthe*, qui signifie extrémité, borne), certaine étendue de pays. — En style populaire, le quartier où quelqu'un demeure. — Division de l'arrondissement. — Chacun des états dont se compose la Suisse. — En t. de blas., portion carrée de l'écu, qui joint un des angles, soit à droite, soit à gauche. — Province et ville de la Chine.

CANTONADE, orthographe de l'*Académie*, qui écrit cependant *cantonner*, d'où ce mot dérive en français. Voy. **CANTONNADE**.

CANTONG, subst. mas. (*kanton*), t. de bot., plante des Philippines.

CANTONNADE, subst. fém. (*kantonade*) (du grec κανθος, coin de l'œil), t. de théâtre, l'intérieur des coulisses : *parler à la cantonnade* à un personnage qui n'est pas vu des spectateurs.

CANTONNAL, **E**, (l'*Académie*, qui écrit *cantonner*, écrit *cantonal*), adj. ; au plur. **CANTONNAUX** (*kantonale*), qui appartient à un *canton*, *de canton* ; du ressort d'un *canton* : *administration, assemblée cantonnale*.

CANTONNAUX, adj. plur. (*kantonó*). Voy. **CANTONNAL**.

CANTONNÉ, **E**, part. pass. de *cantonner*, et adj. On le dit en archit. de l'encoignure d'un édifice orné d'une colonne, d'un pilastre ou de quelque autre corps qui excède le nu du mur. — En t. de blason : *croix cantonnée de quatre étoiles*, accompagnée d'étoiles, chacune placée dans un des quatre angles qu'elle forme. — En t. de guerre, il se dit d'un régiment qui est en *cantonnement*.

CANTONNEMENT, subst. mas. (*kantoneman*), 1° état des troupes *cantonnées* : *mettre des troupes en cantonnement ; être en cantonnement*, etc. ; 2° lieu où des troupes sont en cantonnement : *choisir de bons cantonnements ; rentrer dans ses cantonnements*, etc.

CANTONNER, v. act. (*kantoné*), t. de guerre, distribuer des troupes en plusieurs endroits ou *cantons*. — On l'emploie aussi neutr. : *les troupes commencent à cantonner*. — **SE CANTONNER**, v. pron., se retirer dans un *canton*, dans un lieu pour y être en sûreté : *les rebelles s'étaient cantonnés dans...*

CANTONNIER, subst. mas. (*kantonié*) (rac. *canton*), terrassier chargé, dans un *canton*, de l'entretien des routes.

CANTONNIÈRE, subst. fém. (*kantonière*), pièce de la tenture d'un lit à colonnes, qui couvre les colonnes du pied et qui passe par-dessus les rideaux. — Draperie recouvrant le haut des rideaux d'une fenêtre. Inusité dans ces deux sens. — En t. de mar., bout de filin proportionné à la pesanteur des ancres d'un vaisseau, et qui sert à les traverser quand elles sont caponnées sur la bosse du bout. — En t. de layetier, on appelle *cantonnières* des morceaux de fer ou de fer-blanc, avec lesquels on fortifie l'assemblage d'un coffre, d'une malle. — Les imprimeurs appellent *cantonnières* des fers saillants aux coins du marbre d'une presse, et qui servent à y arrêter la forme.

CANTORBÉRY, subst. propre mas. (*kantorbéri*), ville d'Angleterre, capitale du comté de Kent.

CANTRE, subst. fém. (*kantre*), t. de manuf. de soie, partie de l'ourdissoir dans laquelle on passe les rochets pour ourdir. — Partie du métier des velours frisés et coupés.

CANTU, subst. mas. (*kantu*), t. de bot., plante de la famille des polémonacées.

CANUDE. Voy. **CANUS**, qui semble être le même.

CANULE, subst. fém. (*kanule*) (de *canne* ou *canon*, tuyau), petit tuyau qu'on met au bout d'une seringue. — T. de chir., sorte de tuyau qu'on met dans une plaie pour empêcher qu'elle ne se ferme, ou pour en tirer la matière, ou pour d'autres usages. — Tuyau de bois qu'on met à un tonneau en perce. Voy. **CANNELLE** et **CANNETTE**.

CANULÉIA, subst. propre fém. (*kanuléia*), t. d'hist. anc., nom de l'une des quatre vestales choisies par Numa.

CANULETTE, subst. fém. (*kanulète*), t. de pêche, forte pagaie à l'usage des pêcheurs des environs de la ville de Quito, au Pérou.

CANUS, subst. mas. (*kanu*), t. d'hist. nat., poisson de mer du genre labre.

CANUSIS, subst. mas. (*kanuzice*), ministre du temple de Pintos, au Japon.

CANUT, subst. mas. (*kanu*), t. d'hist. nat., oiseau du Nord, du genre du vanneau. — Ouvrier en soie, à Lyon.

CANY, subst. propre mas. (*kani*), bourg de France, chef-lieu de canton, arrond. d'Yvetot, dép. de la Seine-Inférieure.

CAOLIN, subst. mas. (*kao-lein*), sorte de terre à porcelaine. L'*Académie* renvoie à **KAOLIN**.

CAOUANNE, subst. fém. (*ka-ouane*), t. d'hist. nat., nom spécifique d'une tortue.

CAOUS, subst. propre mas. plur. (*ka-ou*), esprits malfaisants qui, disait-on, existaient sur le mont Caucase.

CAOUTCHOUC, subst. mas. (*kaoutechou*), t. d'hist. nat., nom d'une sorte de gomme élastique. On retire aussi du *caoutchouc* de l'urcéole élastique, plante de l'Inde nouvellement connue. Le jaquier à feuilles entières, la castilla du Mexique, le sapi, le brosme et le figuier d'Inde en fournissent aussi, mais d'une qualité inférieure : c'est plutôt de la glu.

CAOUTCHOUC-MINÉRAL, subst. mas. (*kaoutechou-minéral*), t. d'hist. nat., bitume élastique qui se trouve dans des mines de plomb, en Angleterre.

CAP., abréviation du mot *capitale*. — Abréviation dont se servent les médecins dans leurs formules, au lieu de *capiatur* ou *capiat*, mots latins qui signifient *que l'on prenne* ou *qu'il prenne*.

CAP, subst. mas. (*kape*) (du latin *caput*, tête, chef, dont les Italiens ont fait également *capo*), tête. En ce sens, on ne l'emploie que dans les locutions suivantes : *de pied en cap*, des pieds à la tête; *parler cap à cap*, parler tête à tête (cette dernière expression est inusitée aujourd'hui); *cheval cap de more*, cheval à tête noire; *pièce d'étoffe à cap et à queue*, pièce d'étoffe entière.— T. de géogr., promontoire, pointe de terre élevée qui s'avance dans la mer : *le cap de Bonne-Espérance; doubler un cap*, le passer. —En t. de mar., 1° l'éperon ou l'avant d'un navire : *porter* ou *avoir le cap à terre* ou *au large*, mettre la proue du vaisseau du côté de la terre ou de la mer; *porter le cap au vent*, présenter la proue au vent; *avoir le cap à la marée*, présenter la proue au courant de la mer; 2° nom générique de tout cordage servant à quelque manœuvre; 3° chef d'escouades de matelots ou de journaliers employés dans les arsenaux; 4° *cap de forçats*, journalier qu'on charge de commander ou de guider les forçats dans quelque travail; 5° *cap de compas*, trait vertical marqué en dedans de l'espèce de cuvette où est renfermée la rose des *compas* de route : il se trouve, avec le pivot sur lequel tourne cette rose, dans une droite parallèle au grand axe du bâtiment, et détermine sur la rose l'aire de vent de la route, en même temps qu'il indique où est le *cap*; 6° *cap de mouton*, petit billot de bois taillé en forme de poulie, entouré d'une bande de fer, et destiné particulièrement à affermir les haubans et les étais; *cap de mouton à croc*, *cap* de mouton où il y a un croc de fer pour accrocher au côté d'une chaloupe; *cap de mouton de martinet*, *cap* de mouton où passent les lignes des trelingages des vaisseaux français. — En t. de bot., on donne ce nom, dans le Nord, à certaines loupes ou excroissances qui viennent sur le tronc des bouleaux, et qui sont employées par les tourneurs pour faire différents ustensiles ou petits meubles.

CAPA-AGA, CAPI-AGA, ou **CAPI-AGASSI**, subst. mas. (*kapa-agua, kapi-agua, kapi-aguaci*), gouverneur des portes du sérail à Constantinople.

CAPABLE, adj. des deux genres (*kapable*) (du lat. *capax* qui a la même signification, et qui est formé de *capere*, prendre, contenir), s'applique aux choses relativement à leur *capacité* intérieure: *cette malle est capable de contenir toutes vos hardes; cette salle de spectacle n'est pas capable de contenir tout ce monde; ce broc est capable de recevoir, de contenir tant de litres.*— Il signifie par extension, toujours en parlant des choses, soit dans le sens physique, soit dans le sens moral, 1° qui est en état de... : *cette poutre n'est pas capable de supporter tout le poids de cette bâtisse; l'âme la plus ferme n'est pas capable de résister à de pareilles secousses*, etc.; 2° qui peut produire tel effet : *cette digue est-elle capable d'arrêter les eaux dans leur crue? cette indisposition, quelque légère qu'elle soit, est capable de l'affaiblir beaucoup; tant de chagrin est capable de le tuer*, etc.— Fig., par rapport aux personnes, 1° qui est en état de... : *il est capable de faire vingt lieues en un jour; vous n'auriez pas été capable, pendant votre convalescence, de soulever un poids de dix livres* (dans ce sens, on le dit aussi des animaux : *mon cheval est capable de traîner deux voitures comme celle-ci*); 2° propre à une chose, à faire une chose : *cet homme est capable d'affaires, capable de remplir les plus hauts emplois; cet autre n'est capable de rien*; 3° naturellement porté à quelque chose : *il est capable de reconnaissance, d'amitié; il est capable d'un vilain trait, d'une méchante action*; 4° de caractère à faire une chose : *il est capable d'exiger cela; il est capable de vous trahir; il est capable de les secourir malgré eux; il est capable de vous rompre tout à coup en visière*, etc., etc., etc. — *Être capable de tout* se prend tantôt en bonne, tantôt en mauvaise part : *donnez-lui la place que vous voudrez, il est capable de tout; quand il s'agit d'obliger, de tirer quelqu'un de la peine, il est capable de tout; c'est un ambitieux qui, pour arriver à ses fins, est capable de tout; gardez-vous de l'irriter, car dans la colère il est capable de tout; ne vous liez pas avec un tel, malgré ses dehors séduisants, c'est un très-vilain homme, je dirai plus, c'est un homme capable de tout.* —*Capable*, pris absolument, a le sens de habile, intelligent, etc. : *soyez tranquille sur votre affaire, j'ai remis le dossier entre les mains d'un homme capable; ce commis est fort capable*, etc.— *Avoir l'air capable, prendre l'air capable*, avoir, prendre un air présomptueux. — On dit aussi subst. *faire le capable.*— *Il n'est pas capable de raison, d'entendre raison, d'entendre quelque chose*, il n'est pas en humeur, ou : en état d'entendre raison, d'écouter ce qu'on lui dirait. — En t. de jurispr., qui a le droit de.... : *d'après votre âge, vous êtes capable de contracter; il n'est pas capable de disposer par testament*, etc. — En t. de géom., *segment de cercle capable d'un angle*, dans lequel un angle peut être inscrit, de manière que son sommet soit sur la circonférence, et que ses deux côtés se terminent aux extrémités du segment.

CAPABLEMENT, adv. (*kapableman*), d'une manière *capable*; avec art. Inus. ; mais il serait utile.

CAPACITÉ, subst. fém. (*kapacité*) (du lat. *capacitas* dont la signification est la même), la profondeur et la largeur d'une chose, considérée comme contenant ou pouvant contenir : *la capacité d'un vaisseau, du cerveau, de l'estomac.* — Fig., par rapport aux personnes, aptitude, habileté : *cet homme a peu de capacité, manque de capacité; cet autre a de la capacité, une grande capacité, une vaste capacité; faute de capacité, il est obligé de renoncer à son emploi.* — On entend par *la capacité de l'esprit* son étendue et sa portée.— On dit quelquefois *tel homme est une capacité*, pour : est doué d'une grande *capacité*. — Un des points principaux de la doctrine des saint-simoniens était la classification des hommes selon les diverses *capacités*. — En t. de jurisprudence, *capacité* équivaut à droit : *la capacité des parties contractantes; la capacité d'un donataire*, etc.— On appelait autrefois *titres et capacités* les pièces constatant que tel ecclésiastique était *capable* de posséder le bénéfice qu'il demandait. — En t. de géométrie, l'étendue d'une figure. — En t. de chim., *capacité pour le calorique*, quantité de calorique que chaque corps peut respectivement admettre ou retenir.—**CAPACITÉ, HABILETÉ.** (*Syn.*) *Capacité* a plus de rapport à la connaissance des préceptes; *habileté* en a davantage à leur application; l'une s'acquiert par l'étude, l'autre par la pratique. Qui a de la *capacité*, est propre à entreprendre; qui a de *l'habileté*, est propre à réussir. Il faut de la *capacité* pour commander en chef, et de l'*habileté* pour commander à propos.

CAPADE, subst. fém. (*kapade*), t. de chapelier, certaine quantité de laine ou de poil qu'on a formée par le moyen de l'arçon.

CAPADE, subst. mas. (*kapade*), chez les Indiens, les Maures, etc., eunuque noir chargé de la garde des femmes.

CAPAGE, subst. mas. (*kapaje*), capitation. Vieux.

CAPANÉE, subst. propre mas. (*kapané*), myth., fils d'Hipponoüs et d'Astinome; fut un de ceux qui donnèrent du secours à Polynice au siége de Thèbes, où il commandait les Argiens. Ce fut Jupiter qui le tua d'un coup de foudre, irrité du mépris qu'il affectait pour les dieux.

CAPARAÇON, subst. mas. (*kaparaçon*) (de l'espagnol *caparazon* dont la signification est la même, et qui est un augmentatif de *capa*, cape; *grande cape*), sorte de couverture de luxe, ordinairement, que l'on met sur les chevaux : *caparaçon de velours, de treillis, d'étoffe*, etc.

CAPARAÇONNÉ, E, part. pass. de *caparaçonner*, et adj. : *un cheval caparaçonné.*

CAPARAÇONNER, v. act. (*kaparaçonné*), mettre un *caparaçon* : *il faut caparaçonner ce cheval.* — se **CAPARAÇONNER**, v. pron.

CAPAS-ANTU, subst. mas. (*kapazantu*), t. de bot., sorte d'arbrisseau.

CAP-DE-BÂTARDEAU, mieux **CAPE-DE-BÂTARDEAU**. Voy. ce mot.

CAP DE BONNE-ESPÉRANCE, subst. propre mas. (*kapdebonècepérance*), contrée la plus méridionale de l'Afrique.

CAP-DE-MORE, subst. mas. (*kapedemore*), se dit de la couleur du poil d'un cheval, pour désigner un cheval rouan, qui est gris sale, avec la tête et les extrémités noires. On appelle ce mélange de couleurs *rouan cap-de-more.* — Au plur., des *caps-de-more.*

CAPE, subst. fém. (*kape*) (du grec καππα, nom de la lettre *k*, à cause de la ressemblance de la *cape* avec la forme de cette lettre. De là a été fait καππωτιον, vêtement de femme, au rapport d'Hésychius), sorte de vêtement qui sert aux femmes, dans quelques provinces, pour se couvrir la tête. — Manteau à capuchon que tout le monde portait autrefois, et dont les bergers se servent encore aujourd'hui. — Prov. et fig. : *rire sous cape*, éprouver une maligne joie qu'on dissimule. — *Vendre sous cape*, secrètement. On dit mieux et plus souvent : *vendre sous le manteau.* — *N'avoir que la cape et l'épée*, s'est dit originairement d'un gentilhomme sans biens, et se dit encore aujourd'hui fig. de toute personne indigente. On dit aussi par extension métaphorique, qu'une personne, et même *une chose, n'a que la cape et l'épée*, pour dire que cette personne, cette chose n'a qu'un mérite apparent : *cet auteur, cet ouvrage n'a que la cape et l'épée.* — On dit encore : *c'est un mérite qui n'a que la cape et l'épée.* —En t. de mar., en parlant d'un vaisseau : *être à la cape*, ne porter que la grande voile bordée et amurée tout arrière. — *On se tient à la cape* quand le vent est trop fort, et contraire à la route qu'on veut faire.

CAPE-DE-BÂTARDEAU, subst. fém. (*kapedebâtardô*), toit couvert d'un *bâtardeau*.

CAPEDONCULES, subst. mas. plur. (*kapedonkule*), t. d'hist. anc., forgé par *Raymond*, qui dit que c'étaient des vases dans lesquels on conservait le feu sacré de Vesta.

CAPÉER ou **CAPÉYER**, v. neut. (*kapéé, kapéié*), t. de mar., mettre le vaisseau à la *cape*, aller à la *cape*. C'est faire servir la grande voile seule, après avoir ferlé toutes les autres; et, portant le gouvernail sous le vent, se laisser aller à la dérive et se maintenir dans le parage où l'on est autant qu'il est possible, soit pendant un vent forcé et un gros temps, soit quand la nuit ou la brume surprend auprès d'une côte qu'on ne connaît pas bien.

CAPEIRON, subst. mas. (*kapéron*), t. de pêche, sorte de filet.

CAPELAGE, subst. mas. (*kapelaje*), t. de mar., action de *capeler*; résultat de cette action. — Au plur., espèces de boucles des haubans, galhaubans, etc., faites pour être *capelées*. — On donne aussi ce nom à la réunion de tous ces cordages *capelés*.

CAPELAN, subst. mas. (*kapelan*), t. de mépris, prêtre pauvre ou cagot qui ne s'attire pas de respect. Inusité. — En t. d'hist. nat., poisson de mer dont la chair est douce, tendre et de bon goût. Le *capelan* est commun dans la Méditerranée. — C'est aussi une espèce de gade. — A Nice, on donne ce nom au gade blennoïde. Voy. **CAPLAN.**

CAPELANIER. Voy. **CAPLANIER.**

CAPELÉ, E, part. pass. de *capeler*.

CAPELER, v. act. et neut. (*kapelé*), t. de mar., n'est guère usité que dans cette phrase : *capeler les haubans*, pour dire, passer les haubans par dessus la tête du mât pour les mettre en place.

CAPELET, subst. mas. (*kapelè*), t. de médec. vétér., enflure qui vient au train de derrière du cheval, à l'extrémité du jarret. — En t. de bot., cannelle giroflée.

CAPELINE, subst. fém. (*kapeline*) (du latin *caput*, tête), dans notre ancienne milice, sorte de casque de fer. — Espèce de chapeau dont les femmes se servaient contre le soleil. Vieux. — T. de plumassier, panaches ou bouquets de plumes que portent quelquefois les actrices sur le théâtre. Inus. — En t. de chir., bandage dont on se sert pour contenir l'appareil que l'on applique sur la plaie d'un membre amputé.

CAPELLE (LA), subst. propre fém. (*lakapèle*), ville de France, chef-lieu de canton, arrond. de Vervins, dép. de l'Aisne.

CAPELLE-MARIVAL (LA), subst. propre fém. (*lakapèlemarivale*), village de France, chef-lieu de canton, arrond. de Figeac, dép. du Lot.

CAPELUCHE, subst. fém. (*kapeluche*). La même chose que *chaperon*.

CAPENDU, subst. mas. (*kapandu*) (par corruption de *court pendu*, parce que ce fruit tient à l'arbre par un pédoncule très-court), t. de jard., pomme chargée de vermillon. Son eau est douce et agréable.

CAPENDU, subst. propre mas. (*kapandu*), ville de France, chef-lieu de canton, arrond. de Carcassonne, dép. de l'Aude.

CAPERON, subst. mas. Voy. CAPRON.

CAPESTANG, subst. propre mas. (*kapèctan*), bourg de France, chef-lieu de canton, arrond. de Béziers, dép. de l'Hérault.

CAPÉTIEN, adj. et subst. mas., au fém. **CAPÉTIENNE** (*kapéciein, ciène*), se dit des rois de France, descendants de Hugues *Capet*.

CAPÉTIENNE, adj. et subst. fém. Voyez CAPÉTIEN.

CAPÉYER, v. neut. (*kapéié*), t. de mar. Voyez CAPÉER.

CAPHARÉE, subst. propre mas. (*kafaré*), myth., promontoire fameux de l'île d'Eubée: *ce* fut là que Nauplius vengea la mort de son fils Palamède. Voy. NAUPLIUS.

CAPHARNAÜM, subst. propre mas. (*kafarnaome*), nom d'une ancienne ville de la terre sainte. —On dit fig. d'un lieu en désordre, *que c'est un véritable capharnaüm.*

CAPHOPICRITE, subst. fém. (*kafopikrite*), substance colorante de la rhubarbe. Mot forgé par *Raymond.*

CAPIA, subst. mas. (*kapia*), t. de bot., nom commun à plusieurs plantes du Brésil.

CAPI-AGA, subst. mas. (*kapi-agua*). Voy. CAPA-AGA.

CAPI-AGASSI. Voy. CAPA-AGA.

CAPIDE ou **CAPÈDE**, subst. fém. (*kapide, kapède*), t. d'antiq., tasse antique à deux anses.

CAPIGI, subst. mas. (*kapiji*), portier du sérail du grand-seigneur à Constantinople.

CAPIGI-BACHI, subst. mas. (*kapijibachi*), commandant des portiers du sérail du grand-seigneur. — Messager du grand-seigneur, qui, muni d'un firman, va couper la tête des grands disgraciés.

CAPII-PUBA, subst. fém. (*kapiipuba*), t. de bot., plante du Brésil, de la famille des graminées.

CAPIKHOULY, subst. mas. (*kapikouli*), nom générique que portent en Turquie les troupes réglées. — Ce mot signifie *valet* ou *esclave de la Porte.*

CAPILLACÉ, E, adj. (*kapilelacé*) (du lat. *capillus*, cheveu), t. de bot., se dit des plantes dont les racines sont garnies de filaments ou de petites fibres semblables à des cheveux par leur finesse.

CAPILLAIRE, adj. des deux genres (*kapilelère*), (du lat. *capillus*, cheveu), fin, délié comme des cheveux. — Il se dit en bot., de certaines plantes dont les feuilles sont très-déliées: *les plantes capillaires.* Dans cette acception, il se prend aussi substantivement au mas.: *les capillaires; le capillaire noir; le capillaire blanc*, etc.; *du sirop de capillaire.* (Dans ce dernier exemple on prononce *kapilère.* — Il se dit en outre de certaines parties très-déliées des plantes: *racines capillaires; feuilles capillaires.* — En anat., *les vaisseaux capillaires* sont les dernières et les plus petites ramifications des veines et des artères. — En pathologie, on nomme *fente capillaire* une espèce de fracture, sans aucun écartement des parties osseuses, et ne se manifestant, lorsque l'os est à découvert, que par un trait ou une ligne extrêmement fine. — En physique, on appelle *tuyaux* ou *tubes capillaires*, les tuyaux les plus étroits que l'on puisse faire: *le diamètre ordinaire des vaisseaux capillaires est de la moitié, du tiers, ou du quart d'une ligne.*—Subst. mas., t. d'hist. nat., ver intestinal dont le corps est fort long et plus gros que la queue.

CAPILLAMENT, subst. mas. (*kapilelaman*) (du lat. *capillus*, cheveu), t. d'anat. et de bot., tégument velu, ou, selon d'autres, petite fibre très-ténue et filamenteuse. Peu usité.

CAPILLARISTE, adj. des deux genres (*kapilelaricete*), se dit, dans certains *Dictionnaires*, de celui dont les cheveux blanchissent: notre avis est qu'il ne s'emploie dans aucun sens. On a probablement confondu ce mot avec le vieux mot aussi inusité *capilloriste*, qui signifiait *qui blanchit les cheveux, qui concerne les cheveux.*

CAPILLARITÉ, subst. fém. (*kapilelarité*), t. de phys., qualité, nature des tubes *capillaires.*

CAPILLATION, subst. fém. (*kapilelâcion*), t. de chirurgie, espèce de fracture du crâne insensible à l'œil. Ce mot est inusité; on dit: *fracture capillaire.*

CAPILLATURE, subst. fém. (*kapilelature*), t. de bot., nom donné au chevelu des racines des plantes. Voy. CAPILLAMENT.

CAPILLINE, subst. fém. (*kapileline*), t. de bot., genre de la famille des champignons. On en compte six espèces, qui poussent toutes sur le bois mort.

CAPILLORISTE, adj. des deux genres (*kapileloricete*). Voy. CAPILLARISTE.

CAPILLOTOMIE, subst. fém. (*kapilelotomi*) (du lat. *capillus*, cheveu, et du grec τομή, coupure), tonsure; action de couper les cheveux. Inusité.

CAPILLOTOMIQUE, adj. des deux genres (*kapilelotomike*), qui concerne la *capillotomie*. Inus.

CAPILOTADE, subst. fém. (*kapilotade*) (en lat. *capo*, chapon) parce que cette espèce de ragoût a été faite primitivement de fragments de chapon), t. de cuis., ragoût fait de restes de volaille et de pièces de rôti dépecées. — Au fig.: *mettre quelqu'un en capilotade*, le rouer de coups; et, dans le sens moral, le déchirer par toutes sortes de médisances.

CAPIOGLAN, subst. mas. (*kapi-oguelan*), titre d'un valet du sérail du grand-seigneur.

CAPION, subst. mas. (*kapion*), t. de mar., usité dans le Levant. On y appelle *capion de proue* l'étrave d'un navire; et *capion de poupe*, l'étambord.—On dit aussi *capion à capion*, pour exprimer la distance qu'il y a de la proue à la poupe.

CAPIOU, subst. mas. (*kapiou*), t. de botan. Voy. MANIOC.

CAPIS, subst. propre mas. (*kapice*), myth., fils d'Assaracus et père d'Anchise, prince troyen. Voy. CAPYS.

CAPISCOLE, orthographe de *Boiste. L'Académie* et *Laveaux* écrivent *capiscol*; ont-ils tort, ont-ils raison? nous croyons qu'on devrait écrire *capischole*, conformément à l'étym. Mais d'après l'analogie d'*école* avec ce mot, nous écrivons *capiscole*, d'autant plus que ces deux mots semblent avoir la même origine. — Subst. mas. (*kapicekole*) (du lat. *caput scholæ*, chef de l'école), autrefois dignité dans quelques chapitres de Provence et de Languedoc. Le *capiscole* présidait au chœur, et veillait à ce qu'on observât les rubriques et les cérémonies.

CAPISTRATE, subst. mas. (*kapicetrate*), t. d'hist. nat., espèce d'écureuil de la Caroline.

CAPISTRATION, subst. fém. (*kapicetrâcion*) (du lat. *capistrare*, museler), t. de médec., nom donné par quelques auteurs au phimosis.

CAPISTRE, subst. mas. (*kapicetre*), t. de médec., bandage pour la tête. — Rigidité spasmodique des muscles élévateurs de la mâchoire inférieure. En ce sens, il est inus.

CAPISTRÉ, E, adj. (*kapicetré*), t. de médec., qui est attaqué de la brédissure. Inus.

CAPISTRUM, subst. mas. (*kapicetrome*), t. d'hist. nat., nom de la partie de la tête des oiseaux qui entoure la base du bec.

CAPITAINE, subst. mas. (*kapitène*) (du lat. *caput*, tête), t. de guerre, chef d'une compagnie de cavalerie ou d'infanterie, au-dessus du lieutenant. — Autrefois, dans les compagnies des gendarmes, des mousquetaires, etc., celui qui commandait la compagnie était appelé *capitaine-lieutenant*, parce que le roi ou un prince en était le *capitaine.* On donnait le même titre au lieutenant de la compagnie colonelle d'un régiment d'infanterie.—T. de mar., celui qui a le commandement d'un bâtiment de guerre ou d'un bâtiment marchand. On appelle *capitaine de pavillon*: l'officier qui commande un vaisseau monté par un contre-amiral ou un vice-amiral. — *Capitaine d'armes*, voy. ARME. — *Capitaine de marine*, chef des soldats gardiens d'un port. — *Capitaine garde-côtes*, celui qui commande la milice établie pour s'opposer à la descente des ennemis. — *Capitaine de port*, officier qui, sans avoir de commandement, est préposé à la police maritime d'un port. —*Capitaine de chasses*, celui qui a le soin de ce qui regarde les chasses dans une certaine étendue de pays. — Personne qui commandait en chef dans certaines maisons royales. — *Capitaine de voleurs, de brigands*, chef de voleurs, de brigands. Général d'armée, par rapport aux qualités nécessaires pour bien faire la guerre, soit offensive, soit défensive: *l'armée était commandée par un capitaine habile.*—En t. d'hist. nat., poisson de mer dans l'Amérique méridionale. — Nom trivial d'une coquille du genre cône.

CAPITAINE-BLANC, subst. mas. (*kapitènebtan*), t. d'hist. nat., poisson du genre spare. — Au plur., des *capitaines-blancs.*

CAPITAINE-DE-L'ORÉNOQUE, subst. mas. (*kapitènedelorénoke*), t. d'hist. nat., oiseau d'Amérique, que l'on dit être le grenadier.

CAPITAINERIE, subst. fém. (*kapitèneri*), charge de *capitaine* de château, des chasses, etc. — *Capitainerie des chasses*, étendue de la juridiction d'un *capitaine* des chasses. — Logement du *capitaine* des chasses ou du château: *il logeait à la capitainerie.*

CAPITAINESSE, adj. fém. (*kapitènèce*): *la galère capitainesse*, celle que montait plus ordinairement le commandant. C'est un vieux mot; on dit aujourd'hui *capitane.*

CAPITAL, E, adj.; au mas. plur., **CAPITAUX**, (*kapitale, kapitô*,(du lat. *caput*, tête), principal: *le point capital d'une affaire; la clause capitale d'un contrat; la ville capitale d'un état*, etc.— Important: *entreprise, spéculation; affaire*, etc., *capitale.* — En t. de peinture, *tableau capital*, tableau d'un grand mérite, d'un grand maître. — On appelle aussi *dessin capital*, un dessin d'un grand maître, et qui est recommandable par la richesse de l'ordonnance et de la composition. — *Couleurs capitales*, les couleurs principales dont on forme les autres en les rompant ensemble. — Il se dit des lettres majuscules qu'on met au commencement des phrases, à la tête des noms propres etc.: *lettres capitales.* — *Ennemi capital*, ennemi juré, ennemi mortel. — *Crime capital*, qui mérite le dernier supplice. — On le dit aussi du supplice même: *peine capitale.*—*Péchés capitaux*, ceux qui sont regardés comme la source des autres, tels que l'orgueil, l'avarice, etc. — On appelle, en t. de pharmacie, *médecines capitales*, certaines préparations essentielles, remarquables par leurs propriétés, telles que le mithridate, la thériaque de Venise, etc. — En t. de manuf. de savon, *lie capitale*, lie forte que laisse la potasse au fond des chaudières dans lesquelles on fait le savon. —Se dit subst. au mas., 1° d'une somme qui produit intérêt: *payer l'intérêt et le capital; il prend tous les ans sur son capital, et pour augmenter son revenu, il le diminue ainsi considérablement;* 2° du fonds d'une compagnie de commerce, ou de l'argent qu'un particulier met dans le commerce: *augmenter, doubler son capital, ses capitaux.*—En t. de finances, on appelle *capitaux*, dans un sens général, les fonds en circulation: *les capitaux sont rares.* On dit aussi d'une personne qui a beaucoup d'argent disponible, qu'elle *possède d'immenses capitaux.*— Dans la tenue des livres, *compte de capital*, compte qui représente les fonds composant le capital. — Fig., ce qu'il y a de plus important: *le capital est d'être honnête homme; le capital est de faire telle chose*, etc. On dit aussi *faire son capital de quelque chose*, pour dire: en faire son principal objet. Ces deux expressions figurées ont vieilli. Fénelon a employé dans le même sens *capital* comme adjectif, avec le verbe *être*: *il est capital d'établir des écoles publiques*, etc.

CAPITALE, subst. fém. (*kapitale*), la ville principale d'un état, d'une province, etc. — Lettre *capitale* ou majuscule. — En t. de fortification, ligne droite comprise entre le point de réunion des deux demi-gorges d'une pièce de fortification, et l'angle saillant de cette pièce.

CAPITALEMENT, adv. (*kapitaleman*), d'une manière *capitale.* — Ce mot, recueilli par quelques *Dictionnaires*, n'est point usité.

CAPITALISÉ, E, part. pass. de *capitaliser* et adj.: *un revenu capitalisé; le produit de ma terre est capitalisé.* Voy. CAPITALISER.

CAPITALISER, v. act. (*kapitalizé*), convertir en *capital*: *capitaliser un revenu, le produit d'une terre.* Mot nouveau.

CAPITALISTE, subst. des deux genres (*kapitalicete*), celui, celle qui possède des *capitaux*, des fonds en argent ou en papier, qui les fait valoir dans les entreprises commerciales, financières, etc.

CAPITALITÉ, subst. fém. (*kapitalité*), qualité de ce qui est *capital* dans une chose. Mot nouveau; peu usité.

CAPITAN, subst. mas. (*kapitan*), t. de mépris, fanfaron qui se vante d'une bravoure qu'il n'a pas. Inus. — *Capitan*, t. de bot., nom sous lequel on connaît à Carthagène, en Amérique, l'aristoloche gigantesque.

CAPITANATE, subst. propre fém. (*kapitanate*), province du royaume de Naples.

CAPITANE, subst. fém. (*kapitane*), autrefois, la galère principale d'une armée navale. — On disait aussi adj., *la galère capitane.* — Quand les galères étaient en nombre, on ne disait pas la *capitane*, mais la *réale.*

CAPITANIE, subst. fém. (*kapitani*), gouvernement, au Brésil.

CAPITAN-PACHA, subst. mas. (*kapitanpacha*), grand-amiral de l'empire turc, pacha de la mer.

CAPITATION, subst. fém. (*kapitâcion*) (du lat. *caput*, tête), taxe par tête. — On dit quelquefois *être capité dans tel endroit*, pour: y être inscrit sur le rôle de la *capitation*: cette expression est impropre. On ne connaît plus aujourd'hui que la contribution personnelle et mobilière.

CAPITAUX, subst. mas. plur. Voy. CAPITAL.

CAPITÉ, E, adj. (*kapité*) (du lat. *caput*, tête), t. de bot. : *fleurs capitées*, rassemblées en une tête globuleuse. Peu usité. — Voy. CAPITATION.

CAPITEL, subst. mas. (*kapitèle*), le plus clair et le plus liquide d'une lessive composée de cendre, d'eau et de chaux vive. Peu connu.

CAPITEUSE, adj. fém. Voy. CAPITEUX.

CAPITEUX, adj. mas., au fém. CAPITEUSE (*kapiteu, teuse*) (du lat. *caput*, tête), qui porte à la *tête*. Il se dit des liqueurs fermentées : *vin capiteux, bière capiteuse*, etc. — Au fig., *style capiteux*; *il y a dans certains livres tant d'esprit et de quintessence de sentiment, qu'ils en sont capiteux*.

CAPITILUVE, subst. mas. (*kapitiluve*) (du latin *caput*, tête, et du grec λούω, je lave), t. de médec., bain de tête. Inusité.

CAPITOLE, subst. mas. (*kapitole*) (du lat. *capitolium*, formé de *caput Oli*, tête d'Olus; parce qu'en creusant on trouva, dit-on, à une grande profondeur, la tête d'un nommé *Olus*), forteresse de Rome bâtie sur le mont Tarpéien, auquel elle donna son nom. On éleva sur la même montagne un temple à *Jupiter*, qui fut nommé par cette raison *Jupiter Capitolin*. — Il y avait des *capitoles* ailleurs qu'à Rome : à Toulouse on appelle encore ainsi la maison de ville.

CAPITOLIN, E, adj. (*kapitolein, line*), t. d'hist. anc., du *Capitole* : *Jupiter Capitolin*, adoré au *Capitole*. — *Jeux capitolins*, jeux institués par *Camille* en l'honneur de *Jupiter Capitolin*, et en mémoire de la défense du *Capitole* contre les Gaulois. *Domitien* fonda de nouveaux *jeux capitolins*, qui se célébraient, non pas chaque a nnée comme ceux de *Camille*, mais tous les cin q ans : les bons poëtes y étaient couronnés de la main de l'empereur. — *Fastes capitolins*, tables de marbre trouvées à Rome en 1547, et portant les noms de tous les consuls qui se sont succédé depuis l'an 250 jusqu'à l'an 765 de Rome.

CAPITOLINUS, adj. propre mas., latin (*kapitolinuce*), t. d'hist. anc., surnom de Jupiter, pris du temple qu'il avait au *Capitole*.

CAPITON, subst. mas. (*kapiton*), t. de comm., la bourre et ce qui reste de plus grossier après qu'on a dévidé la soie. — La coque du ver à soie. — En t. de jard., grosse fraise.

CAPITOUL, subst. mas. (*kapitoule*) (du latin *caput*, tête, chef), nom qu'on donnait autrefois, à Toulouse, aux officiers municipaux appelés ailleurs échevins.

CAPITOULAT, subst. mas. (*kapitoula*), dignité du *capitoul*.

CAPITULAIRE, adj. des deux genres (*kapitulère*) (du lat. *capitulum*, chapitre), qui appartient à un *chapitre* de chanoines ou de religieux : *assemblée, acte, résolution capitulaire*.

CAPITULAIRE, subst. mas. (*kapitulère*) du lat. *capitularia*, formé de *capitulum*, diminutif de *caput*, chapitre). Ce mot, qui signifiait autrefois en général un livre divisé en plusieurs chapitres, a été depuis particulièrement affecté aux lois ou règlements que les rois de France de la première et de la seconde race faisaient dans les assemblées des évêques et des seigneurs de la cour : *les capitulaires de Childéric, de Clotaire, de Dagobert, de Charlemagne*, etc.; *un capitulaire de Charlemagne porte que*... On dit plus souvent *les capitulaires* que *un capitulaire*.

CAPITULAIRE, subst. mas. (*kapitulère*), t. de bot., genre de plantes établi aux dépens des lichens.

CAPITULAIREMENT, adv. (*kapitulèreman*), en *chapitre* : *religieux assemblés capitulairement*.

CAPITULANT, E, adj. et subst. (*kapitulan, lante*), qui a voix en *chapitre* : *un chanoine capitulant*; *les capitulants sont assemblés*.

CAPITULATION, subst. fém. (*kapitulâcion*) (du lat. *capitulum*, chapitre; parce que des traités contiennent plusieurs *chapitres* ou articles), t. de guerre, traité des assiégeants avec les assiégés pour la reddition d'une place : *capitulation honorable, honteuse, subite, forcée*. On appelle aussi *capitulation* le traité en vertu duquel on abandonne un poste, ou l'on rend les armes. — Fam., convention tendant à rapprocher, à concilier des personnes en contestation : *je les ai enfin amenés à une capitulation*. — Fig. et fam., *capitulation de conscience*, composition avec notre propre conscience, quand elle nous fait des reproches. — On appelait autrefois *capitulation impériale*, la série des conditions imposées par les électeurs à chaque empereur récemment élu, qui n'était reconnu qu'après les avoir signées. — La convention qui réglait les droits et les devoirs des troupes suisses au service de France se nommait encore *capitulation*.

CAPITULE, subst. mas. (*kapitule*) (du lat. *capitulum*, diminutif de *caput*, chapitre, article, etc.), espèce de petite leçon qui se dit vers la fin de certains offices, après les hymnes. — T. de bot., assemblage plus ou moins globuleux et terminal de parties quelconques serrées les unes contre les autres, sans supports particuliers manifestes : *capitule de fruits*; *capitule de fleurs*.

CAPITULÉ, E, adj. (*kapitulé*), t. de bot., ramassé en *capitule* : *épi capitulé*; *ombellule capitulée*.

CAPITULER, v. neut. (*kapitulé*), parlementer; traiter de la reddition d'une place, d'un poste, etc. : *cette ville, ce poste a refusé long-temps de capituler*; *il est honteux de capituler en rase campagne*. — Fam., entrer en négociation, en accommodement : *il se disait certain de gagner son procès, et pourtant le voilà qui consent à capituler*; *il ne faut pas capituler avec les passions*; *il faut capituler avec l'ignorance et la sottise, comme avec des ennemis supérieurs en nombre*. — *Capituler avec sa conscience*, en s'avouant qu'on fait mal, se persuader qu'on ne saurait faire autrement. — Prov. et fig., *ville qui capitule est à demi rendue*, on est près d'adhérer aux conditions captieuses dont on écoute patiemment l'exposé.

CAPIVARD ou CAPIVERD, subst. mas. (*kapivar, kapivère*), t. d'hist. nat., quadrupède demi-amphibie qui se trouve dans toutes les terres basses de l'Amérique méridionale, ainsi qu'au Brésil, aux Amazones et à la Guyane. — On l'appelle aussi *cabiai*, ou *porc de rivière*. — On a encore donné ce nom à un quadrupède d'Afrique inconnu.

CAPIVI, subst. mas. (*kapivi*), baume de copahu.

CAPIYGOUA, subst. mas. (*kapi-iguoua*), t. d'hist. nat., nom du cabiai au Paraguay.

CAPLAN ou CAPELAN, subst. mas. (*kapelan*), t. d'hist. nat., petit poisson qu'on trouve en grande quantité sur les côtes de l'île de Terre-Neuve, où il sert d'appât pour prendre la morue.

CAPLANIER, subst. mas. (*kapelanié*), pêcheur envoyé par les terre-neuviers pour aller faire la pêche du *caplan*. — On dit aussi *capelanier*.

CAP-MORE, subst. mas. (*kapemore*), t. d'hist. nat., nom d'un troupiale du Sénégal.

CAP-MOUTON, subst. mas. (*kapemouton*), t. de mar., morceau de bois épais de forme à peu près ovale, percé de trois trous, entouré d'une bande de fer où passe un cordage, et qui sert à rider les haubans.

CAPNIAS, subst. mas. (*kapeniâce*), t. de minér., espèce de pierre précieuse.

CAPNIE, subst. fém. (*kapeni*), t. de bot., genre de plantes de la famille des algues, qui a été fait aux dépens des *lichens* de Linnée.

CAPNITE, subst. fém. (*kopenite*), t. de minér., espèce de pierre précieuse.

CAPNOÏDE, subst. fém. (*kapeno-ide*) (du grec καπνός, fumée, et εἶδος, forme), t. de bot., genre de plantes qui comprend quelques espèces de fumeterres.

CAP-NOIR, subst. mas. (*kapenoar*), t. d'hist. nat. On a donné ce nom à divers oiseaux, parce qu'ils ont la tête noire.

CAPNOMANCIE, subst. fém. (*kapenomanci*) (du grec καπνός, fumée, et μαντεία, divination), t. d'hist. anc., divination qui se faisait par la fumée des sacrifices.

CAPNOMANCIEN, subst. et adj. mas.; au fém. CAPNOMANCIENNE (*kapenomanciein, ciène*), celui ou celle qui exerçait la *capnomancie*

CAPNOPHYLLE, subst. fém. (*kapenofile*) (du grec καπνός, fumée, et φύλλον, feuille), t. de bot., plante d'Afrique que Linnée avait placée parmi les *ciguës*. Elle est annuelle, et répand la même odeur que le céleri. — *Boiste* s'est trompé en prétendant que *capnophylle* est un mot hybride, puisque son étymologie est toute grecque. Il est vrai que καπνός figure dans les *Dictionnaires* latins, mais il n'en est pas moins un mot tout-à-fait grec.

CAPO, subst. mas. (*kapô*), mot purement italien qui signifie *cap* : *Capo d'Istria*.

CAPOC, subst. mas. (*kapoke*), sorte d'ouate que l'on tire d'un arbre.

CAPOLIN, subst. mas. (*kapolein*), t. de bot., petit arbre fort voisin des cerisiers, qu'on cultive au Mexique pour son fruit.

CAPON, subst. mas.; au fém. CAPONNE (*kapon, pone*), homme souple et dissimulé, hypocrite. Fam. et peu usité. — Joueur rusé, et appliqué à prendre toujours l'avantage aux jeux d'adresse. Peu usité. — Poltron, lâche. — Il est pop. dans les deux derniers sens. — En t. d'écoliers, enfant rapporteur. — En t. de mar., crochet de fer qui sert à lever l'ancre.

CAPONNÉ, E, part. pass. de *caponner*.

CAPONNER, v. neut. (*kaponé*), faire le *capon*, chercher à se rendre agréable, par la souplesse et l'hypocrisie, aux gens dont on a besoin. — S'appliquer adroitement à prendre toujours l'avantage aux jeux d'adresse. Peu usité. — Laisser voir de la poltronnerie. Pop. dans ces trois acceptions. — En t. d'écoliers, rapporter. — *Caponner*, v. act., signifie, en t. de mar., haler l'ancre au bossoir, en faisant usage du *capon*. — SE CAPONNER, v. pron., t. de mar.

CAPONNIÈRE, subst. fém. (*kaponière*) (de l'italien *capponiera*, qui a la même signification), t. de fortification, logement couvert et creusé dans le fond d'un fossé sec, pour loger des soldats. — Espèce de double chemin couvert et palissadé des deux côtés, au fond d'un fossé sec, vis-à-vis le milieu des courtines, pour communiquer dans les ouvrages extérieurs. — Simple coupure dans le glacis du chemin couvert, pour communiquer avec les ouvrages qui sont au pied du glacis.

CAPOQUIER, subst. mas. (*kapokié*), t. de bot., arbre des Indes qui fournit le *capoc*.

CAPORAL, subst. mas. (*kaporale*) (de l'italien *caporale*, fait de *capo*, chef), soldat à haute paie dans une compagnie d'infanterie, immédiatement au-dessous du sergent. Il ne fait point partie des *sous-officiers* comme le prétend l'*Académie*, quoiqu'il en remplisse souvent les fonctions. Il commande une escouade, pose et lève les sentinelles, etc. — Au plur., *caporaux*.

CAPORAUX, subst. mas. plur. Voy. CAPORAL.

CAPOSER, v. neut. (*kapozé*), t. de mar., amarrer le gouvernail, mettre à la *cape*. Il a vieilli.

CAPOT, subst. mas. (*kapô*) (du grec κάππα. Voyez CAPE), espèce de *cape* ou de manteau d'étoffe grossière auquel est attaché un capuchon. Inus. — Petite *cape* qui faisait partie de l'habit de cérémonie des chevaliers du Saint-Esprit. On disait plus communément *capote*. — En t. de mar., espèce de capuchon en planches légères, qui couvre l'ouverture de l'escalier de l'arrière, à bord de certains navires de commerce. Sur les grands bâtiments, on le nomme dôme. On dit d'un petit bâtiment qui chavire : *il fait capot*. — Adj. des deux genres et des deux nombres, t. du jeu de piquet : *être capot*, n'avoir pas pu faire une seule levée; *faire quelqu'un capot*, ne pas lui laisser faire une seule levée : *j'ai fait monsieur un tel capot*; *elle a été capot*; *ils ont été capot*. — Par extension, on dit aussi absolument *faire capot*, pour faire toutes les levées; et subst., *payer le capot*, pour : payer ce que les règles du jeu prescrivent de payer quand on est *capot*. — Fig. et fam., on dit d'une personne confuse, interdite, qu'*elle est*, *qu'elle demeure capot*; on le dit aussi d'une personne qui se trouve frustrée dans ses espérances.

CAPOTAGE, subst. mas. (*kapotaje*), t. de mar., partie de la science du pilote, qui consiste dans la connaissance du chemin que le vaisseau fait sur la surface de la mer.

CAPOTE, subst. fém. (*kapote*), espèce de *cape* ou de grand manteau d'étoffe grossière, auquel est attaché un capuchon et que portent particulièrement les soldats en hiver ou par le mauvais temps, lorsqu'ils sont en sentinelle. On appelle aussi *capote* une redingote à leur usage. — On donnait autrefois ce nom à une espèce de mante que les femmes mettaient par dessus leurs vêtements, quand elles sortaient. — Chapeau d'étoffe, de femme. — Le peuple et les étrangers appellent *capote* le vêtement connu sous le nom de redingote. — Couverture en cuir d'un cabriolet. — En t. d'art vétérinaire, on appelle *capote* une espèce de poche de toile, ouverte à ses deux extrémités, dans laquelle on passe la tête d'un cheval qu'on veut assujétir ou abattre.

CAPOTER, v. act. (*kapoté*), t. de mar., en parlant d'un vaisseau, chavirer sens dessus dessous.

CAPOUAN, E, subst. et adj. (*kapouan, ane*), qui est de *Capoue*, ou qui y a rapport.

CAPOUDAN, subst. mas. (*kapoudan*), gouverneur d'une ville dans les états du sultan.

CAPOUE, subst. propre fém. (*kapou*), ville du royaume de Naples, capitale de la Campanie.

CAPOULIÈRE, subst. fém. (*kapoulière*), nappe de filets à larges mailles.

CAPPA, subst. mas. (*kapepå*), t. d'hist. nat., quadrupède fort grand. C'est un animal féroce qui, comme le loup, se jette sur les troupeaux. On ne le trouve point en Europe.

CAPPADOCE, subst. propre fém. (*kapepadoce*), ancienne province de l'Asie-Mineure.

CAPPADOCIEN, subst. et adj. mas.; au fém. **CAPPADOCIENNE** (*kapepadocicin, ciène*), qui est de la *Cappadoce*, ou qui y a rapport.

CAPPADOX, subst. mas. (*kapadokce*), t. d'hist. nat. *Pline* a donné ce nom à un fossile qui présente la forme d'une éponge.

CAPPARIDÉES, subst. fém. plur. (*kapeparidé*), t. de bot., famille de plantes qui ont leurs tiges rarement herbacées, presque toujours frutescentes ou arborescentes, s'élevant le plus souvent dans une direction droite, et portant un fruit siliqueux ou bacciforme.

CAPPE, subst. fém. (*kape*), espèce de croûte qui se forme à la surface d'un cidre vigoureux.—Dans les sucreries, *cappe* se dit des morceaux de bois légers, minces, arrêtés ensemble par le bout d'en haut, et dont on couvre les formes cassées pour les mettre en état de servir encore. L'élévation que forme l'assemblage des morceaux de bois s'appelle la tête ou le crochet de la *cappe*.

CAPPELLINO, subst. mas. (*kapèlelinô*), petite monnaie de Modène, qui vaut la moitié du *cappellono*.

CAPPELLONO, subst. mas. (*kapèlelono*), monnaie d'argent de Modène de la valeur de cinq sous du pays, ou dix centimes de France.

CAPRA, subst. mas. (*kapra*), t. d'hist. nat., serpent des Indes.

CAPRAIRE, subst. fém. (*kaprère*), t. de bot., genre de plantes de la famille des personnées.

CAPRE, subst. mas. (*kapre*), sorte de vaisseau corsaire : *un capre hollandais*. Vieux. — *Capre à la part* se disait autrefois d'un matelot qui allait en course sans solde, et dans la seule espérance de prendre part au butin.

CÂPRE, subst. fém. ou **CÂPERON**, subst. mas. (*kâpre, kâperon*) (du grec καππαρις, dont la signification est la même), fruit du *câprier*, que l'on confit ordinairement dans le vinaigre pour l'employer dans les sauces et les ragoûts. Il ne se dit guère qu'au pluriel : *un baril de câpres; mettre des câpres dans une sauce*. — Capucine petite et ferme. — Grain de la capucine confit au vinaigre.

CAPRÉE, subst. propre fém. (*kapré*), île de la Méditerranée, sur les côtes du royaume de Naples, fameuse par la retraite et par les débauches de Tibère.

CAPRÉOLAIRE, adj. des deux genres (*kapréolère*), t. de bot., en forme de vrille. — T. d'anat., se dit des vaisseaux spermatiques.

CAPRÉOLÉ, E, adj. (*kapré-olé*), t. de bot., pourvu de vrilles.

CAPRICE, subst. mas. (*kaprice*) (du lat. *capra*, chèvre ; à cause des sauts brusques, de la marche inégale, irrégulière de cet animal), mouvement subit de l'âme qui fait désirer, vouloir, aimer, haïr, accueillir, rejeter, approuver, blâmer, etc., sans motif et sans raison, mais seulement par inconstance et légèreté de caractère : *avoir des caprices; suivre ses caprices; flotter de caprice en caprice; je sais que le public, qui est quelquefois indulgent au théâtre par caprice, est sévère à la lecture, par raison; il n'y a jamais ni mauvaise humeur, ni mutinerie dans l'obéissance, parce qu'il n'y a ni hauteur, ni caprice dans le commandement*. Il se prend presque toujours en mauvaise part. (Voy. HUMEUR.) On dit fig. : *les caprices de la mode, de l'usage, du sort, de la fortune, de la faveur, de l'amour, de la tyrannie*, etc.—Saillie d'esprit, d'imagination : *travailler, composer de caprice*. — Pièce de musique, de poésie, de peinture, etc., où l'auteur ne suit d'autre guide que l'inspiration. — *Caprice* se dit aussi pour : fantaisie amoureuse : *elle, l'aimer ! laissez donc, ce n'est qu'un caprice; je crois m'apercevoir que madame une telle a un caprice pour vous*.— En t. d'archit., on donne ce nom à une composition bizarre, mais ingénieuse, qui s'écarte des principes de l'art.

SE **CAPRICIER**, v. pron. (*cekapricié*), adopter par *caprice*. Inusité.

CAPRICIEUSE, adj. fém. Voy. CAPRICIEUX.

CAPRICIEUSEMENT, adv. (*kapricieuzeman*), par *caprice*.

CAPRICIEUX, adj. mas., au fém. **CAPRICIEUSE** (*kapricieu, cieuze*), fantasque, sujet aux *caprices*, aux changements. Il se dit au propre des personnes, et des choses qui ont rapport aux personnes : *homme capricieux; humeur capricieuse; nos coutumes capricieuses, qu'on n'a commencé à rédiger que depuis quatre cent cinquante ans, nous apprennent assez combien l'art d'écrire était rare alors*. On le dit fig. des choses inanimées : *les flots capricieux*, etc. — Subst. : *c'est un capricieux, une capricieuse*.

CAPRICORNE, subst. mas. (*kaprikorne*) (du lat. *capricornus*, fait de *capra*, chèvre, et de *cornu*, corne), t. d'astron., dixième signe du zodiaque, qu'on a coutume de représenter par la figure d'un bouc. On l'appelle aussi *le bouc, la chèvre Amalthée, le signe de l'hiver, les portes du soleil*. Le catalogue britannique y compte cinquante et une étoiles. Il y en a beaucoup plus dans ceux de *Mayer* et de *La Caille*. — *Le tropique du capricorne*, le tropique austral. — T. d'hist. nat., insecte de l'ordre des coléoptères. Il ressemble au cerf-volant, et ses antennes, plus longues que son corps, ont des inégalités ou des nœuds à peu près comme les *cornes du bouc*. — Myth., c'était le dieu Pan, qui, pour se soustraire aux regards du géant Typhon, se transforma en bouc; et Jupiter le mit au nombre des douze signes du zodiaque. On dit aussi que c'était la chèvre Amalthée, qui allaita Jupiter. Celui-ci, pour la récompenser, la plaça de même dans le zodiaque.

CÂPRIER, subst. mas. (*kâprié*) (en grec καππαρις, câprier, câpre), t. de bot., arbrisseau qui porte des baies connues sous le nom de *câpres*, dont on fait un grand usage en cuisine.

CAPRIFICAL, E, adj. (*kaprificale*), t. d'hist. anc., se dit du jour où les Athéniens offraient des pièces de monnaie à Vulcain. — Plur. mas., CAPRIFICAUX.

CAPRIFICALIES, subst. fém. plur. (*kaprifikali*), t. d'hist. anc., fêtes en l'honneur de Vulcain, à Athènes.

CAPRIFICATION, subst. fém. (*kaprifikâcion*) (en lat. *caprificatio*, fait de *caprificus*, figuier sauvage), méthode pour rendre les figues sauvages bonnes à manger. — Opération pratiquée anciennement, et encore aujourd'hui au Levant, dans la vue de hâter ou faciliter la maturité des figues. Elle consiste à placer sur un figuier, qui ne produit pas de figues-fleurs ou figues premières, quelques-unes de celles-ci enfilées par un fil. Les insectes qui en sortent chargés de poussière fécondante s'introduisent dans l'intérieur des secondes figues, fécondent par ce moyen toutes les graines, et provoquent la maturité du fruit. Cette opération prend sa source dans l'ignorance et les préjugés, et n'est d'aucune utilité.

CAPRIFIGUIER, subst. mas. (*kâprifiguié*), t. de bot., figuier sauvage, dont les fruits servent à la *caprification*.

CAPRIFOLIACÉE, subst. fém. (*kaprifoliacé*), t. de bot., famille de plantes qui ont des rapports avec le chèvre-feuille, nommé en latin *caprifolium*.

CAPRIMULGUE, subst. mas. (*kaprimulgue*), (du lat. *capra*, chèvre, et *mulgere*, traire), t. d'hist. nat., oiseau appelé aussi tette-chèvre, parce qu'on croyait qu'il tétait les chèvres.

CAPRIPÈDE, adj. des deux genres (*kapripède*) (du lat. *capra*, chèvre, et *pedis*, gén. de *pes*, pied), qui a des *pieds de chèvre*. — Myth., surnom des satyres.

CAPRISANT, E, adj. (*kaprizan*) (en lat. *caprisans* qui signifie la même chose, et qui est fait de *capra*, chèvre, à cause de la marche sautillante de cet animal), t. de médec., se dit d'un pouls dur, inégal, irrégulier, et aussi de la fièvre qui en est assez ordinairement la conséquence. — On le nomme aussi *pouls rebondissant*.

CAPRON, ou **CAPERON**, subst. mas. (*kapron*), t. de jardinier, grosse fraise. — Vêtement que portaient les novices capucins.

CAPRONIER, subst. mas. (*kapronié*), t. de jard., fraisier qui produit des *caprons*.

CAPROS, subst. mas. (*kaproce*), t. d'hist. nat., poisson de la division des thoraciques.

CAPROTINE, adj. propre fém. (*kaprotine*), myth., surnom de Junon, d'où les nones de juillet, qui lui étaient consacrées, furent appelées *caprotines*. C'était un jour de grande fête pour les servantes.

CAPROTINES, subst. fém. plur. (*kaprotine*), t. d'hist. anc., fêtes en l'honneur de Junon *Caprotine*.

CAP-ROUGE, subst. mas. (*kaperouje*), t. d'hist. nat., petit oiseau des Antilles.

CAPRUS. Voy. CABRUS.

CAPSA, subst. mas. (*kapeça*), t. d'hist. nat., oiseau d'Afrique qui ressemble au pigeon. Son chant est doux et harmonieux.

CAPSAIRE, subst. des deux genres (*kapecère*), on appelait ainsi chez les Grecs et chez les Romains ceux qui gardaient dans les bains publics les vêtements des baigneurs.

CAPSALE, subst. fém. (*kapepale*), t. d'hist. nat., animal sans pattes et à trompe.

CAPSE, subst. fém. (*kapece*) (en lat. *capsa*, du grec καψα), boîte servant au scrutin d'une compagnie, d'une société littéraire. Vieux. — En t. d'hist. nat., genre de coquilles bivalves.—Insecte de l'ordre des hémiptères.

CAPSELLE, subst. fém. (*kapecèle*), t. de bot., plante du genre *thlaspi* de Linnée.

CAPSIQUE, subst. mas. (*kapecike*), sorte de poivre.

CAPSICINE, subst. fém. (*kapecicine*), t. de chim., principe actif découvert dans le *capsicum*.

CAPSICUM, subst. mas. (*kapecikome*), t. de bot., genre de plantes de la famille des solanées.

CAPSULAIRE, adj. des deux genres (*kapeçulère*), t. de bot., qui appartient à une *capsule*, qui vient d'une *capsule*; qui a la forme d'une *capsule*. — T. d'anat. : *veine, artère capsulaire*.— Subst. mas., t. d'hist. nat., genre de vers intestinaux dont le caractère est d'être cylindriques, amincis à leur partie antérieure, obtus à leur extrémité, et renfermés dans une vésicule *capsulaire*. Ils diffèrent peu des dragonneaux ou des filaires. — On entend aussi par ce nom un genre établi dans la famille des zoophytes proprement dits, entre les sertulaires et les tubulaires. L'animal de ces *capsulaires* ressemble à celui des corynes. — On a aussi donné le nom de *capsulaire* à une térébratule fossile.

CAPSULE, subst. fém. (*kapeçule*) (en lat. *capsula*, dimin. de *capsa*, boîte), en t. de bot., il se dit des petites loges qui renferment les semences et les graines, et qui s'ouvrent spontanément en une ou plusieurs valves lorsque le fruit est parvenu à sa parfaite maturité : *capsule cylindrique, globuleuse, ovale, courbée, angulaire, torse; capsule univalve, bivalve, trivalve, quadrivalve*, etc.—En t. d'anat., on appelle *capsule de Glisson* une espèce de gaîne membraneuse qui sert comme d'étui à la veine-porte à son entrée dans le foie; elle se partage en autant de branches qu'elle, et l'accompagne dans toutes ses ramifications. Cette membrane se nomme aussi *capsule de la veine-porte* et *capsule commune*. On nomme *capsules atrabilaires* les deux glandes placées sur l'extrémité supérieure de chaque rein, position qui leur fait encore donner le nom de *capsules surrénales*. *Capsule du cœur* est la même chose que péricarde, et *capsules séminales* la même chose que vésicules séminales. On donne encore le nom de *capsules* à des membranes qui enveloppent les articulations.—On appelle *capsules*, en chimie, des vaisseaux en forme de calottes, qui servent aux évaporations et à d'autres usages : *capsule de verre, de grès, de crystal, de porcelaine, de tôle*, etc. — En t. d'armurier, c'est une composition de cuivre et de poudre fulminante qui sert d'amorce pour les fusils à piston.

CAPTA, subst. propre fém. (*kapeta*), myth., surnom de Minerve, sous lequel les Romains lui avaient consacré un temple.

CAPTAL, subst. mas. (*kapetale*) (du lat. *caput*, tête), titre aujourd'hui peu connu et qui signifiait chef : *le captal de Buch*.

CAPTATEUR, subst. mas., au fém. **CAPTATRICE** (*kapetateur, trice*) (en lat. *captator*), t. de jurispr., celui, celle qui, par flatterie et par artifice, tâche de surprendre des testaments, des donations. Le fém. de ce mot manque dans l'*Académie*.

CAPTATION, subst. fém. (*kapetâcion*) (en latin *captatio*), t. de jurispr., insinuation artificieuse et intéressée ; action de *capter*. — En général, action de celui qui s'empare de la volonté d'un autre, de manière à le dominer et à lui enlever sa liberté d'esprit. — Emploi d'artifices, de flatteries, pour surprendre des donations, des testaments.

CAPTATOIRE, adj. des deux genres (*kaptatoare*), t. de droit, se dit de toute disposition testamentaire provoquée par l'artifice d'un héritier ou légataire. Nous ferons remarquer que la définition de l'*Académie* est tout autre ; et la voici : l'*adj. captatoire* se dit, suivant elle, *de toute disposition testamentaire qu'on fait pour provoquer une libéralité en faveur de soi ou des siens*, *dans le testament d'une autre personne.* Cette définition est matériellement fausse; un testateur ne s'occupe guère du testament d'autrui.

CAPTATRICE, subst. fém. Voy. CAPTATEUR.

CAPTÉ, E, part. pass. de *capter.*

CAPTER, v. act. (*kapeté*) du latin *captare*, fréquentatif de *capere*, prendre, etc.), obtenir par voie d'insinuation : *capter la bienveillance, les suffrages de...* — On dit, dans un sens analogue, *capter quelqu'un.* — *se* CAPTER, v. pron.

CAPTEUR, subst. mas. (*kapeteur*), qui cherche à obtenir par voie d'insinuation. Inusité. — Adj. et subst. masc., se dit, en t. de mar., d'un vaisseau qui a fait une prise.

CAPTIEUSE, adj. fém. Voy. CAPTIEUX.

CAPTIEUSEMENT, adv. (*kapecieuzeman*), d'une manière *captieuse.*

CAPTIEUX, adj. mas., au fém. CAPTIEUSE (*kapecieu, cieuze*) (du latin *captiosus*, fait de *captare*, capter), qui tend à induire en erreur et à surprendre par quelque belle apparence; en parlant d'un raisonnement, d'un discours, d'une proposition, etc., *argument captieux; paroles captieuses; proposition, clause captieuse,* etc. : *on s'étudiait à l'embarrasser de questions captieuses, dont il était plus facile au crime impudent qu'à l'innocence troublée de se démêler.* Voy. INSIDIEUX. — On le dit aussi des personnes : *raisonneur, sophiste captieux; homme captieux.*

CAPTIEUX, subst. propre mas. (*kapecieu*), ville de France, chef-lieu de canton, arrond. de Bazas, dép. de la Gironde.

CAPTIF, adj. mas., au fém. CAPTIVE (*kapetife, tive*) (du lat. *captivus*, fait de *capere*, prendre, saisir), qui a été fait esclave à la guerre. On ne le dit en ce sens, dans le style ordinaire, que par rapport aux guerres anciennes. Aujourd'hui on se sert du mot *prisonnier.* — On a long-temps appelé *captifs* les chrétiens que les corsaires de Barbarie avaient pris dans leurs courses : *racheter des chrétiens captifs.* — Dans les deux sens on l'emploie souvent comme substantif : *la reine Zénobie était du nombre des captifs qui ornaient le triomphe d'Aurélien ; on allait en foule voir la procession des captifs rachetés.* — *Ordre de la rédemption des captifs*, ordre religieux qui fut institué pour le rachat des esclaves faits par les mahométans. — *Captif* se dit aussi de toute espèce de prisonniers, particulièrement dans le style soutenu : *un roi captif, un oiseau captif*, etc. — Par extension, contraint, assujéti : *vous avez obtenu un bel emploi, mais qui vous rendra captif; pourquoi tenir ainsi votre neveu captif?* — Fig. : *raison captive; âme captive; langue captive,* etc. — *Ballon captif*, par opposition à *ballon perdu*, aérostat retenu par une corde ou une ficelle. — Subst. *un captif, une captive : ce courageux captif n'a rien perdu de sa gaieté; la pauvre captive dépérit de jour en jour.* — Le mot *captif* substantif ne signifie pas toujours prisonnier proprement dit : il est encore synonyme d'esclave, surtout en parlant d'une femme : *le pacha idolâtrait sa jeune captive,* etc.

CAPTIVE, adj. fém. Voy. CAPTIF.

CAPTIVÉ, E, part. pass. de *captiver.*

CAPTIVER, v. act. (*kapetivé*), rendre *captif.* Il ne se dit qu'au figuré : *la beauté qui le captive; captiver l'attention; captiver les esprits, les cœurs; l'une des plus grandes inconséquences de l'esprit humain est de vouloir captiver l'admiration de ceux mêmes qu'il méprise.* — *Captiver la bienveillance de quelqu'un*, se rendre maître de sa bienveillance.— Assujétir : *vous aurez bien de la peine à captiver cet homme indépendant; espérez-vous captiver cet esprit léger sous le joug d'une doctrine?* — *se* CAPTIVER, v. pron., s'assujétir; se gêner beaucoup; s'attacher aux personnes ou aux choses avec une constance qui fait repousser tout ce qui pourrait en distraire, et sacrifier tout ce qui pourrait en détourner : *cette femme se captive dans sa maison, dans son ménage; c'est un homme qui ne saurait se captiver.*

CAPTIVERIE, subst. fém. (*kapetiveri*), au Sénégal, lieu où l'on renferme les Nègres dont on vient de traiter.

CAPTIVITÉ, subst. fém. (*kapetivité*) (en latin *captivitas*), esclavage : *être en captivité; tenir en captivité; sortir, délivrer, racheter de captivité.* — On le dit pour : détention : *sa longue captivité n'a pas abattu son courage.* — Fig., sujétion extrême : *c'est une maison où les enfants et les domestiques sont en captivité.* — Il se dit aussi des animaux : *dans tous les animaux retenus en domesticité, ou détenus en captivité, les couleurs naturelles et primitives ne s'exaltent jamais, et paraissent ne varier que pour se dégrader, se nuancer, s'adoucir.* (Buffon.)

CAPTURE, subst. fém. (*kapeture*) (en lat. *captura*, fait de *capere*, prendre), t. de mar., prise de bâtiments ennemis : *la capture d'un navire.* — Ce qu'on *prend* à l'ennemi, soit sur terre, soit sur mer. — Appréhension au corps d'un criminel ou d'un débiteur, d'une personne en général. — Saisie de marchandises prohibées.

CAPTURÉ, E, part. pass. de *capturer.*

CAPTURER, v. act. (*kapeturé*), faire *capture*; appréhender au corps, saisir une personne. — T. de mar., prendre un bâtiment. — *se* CAPTURER, v. pron.

CAPTUREUR, subst. mas. (*kapetureur*), qui fait *capture*, qui prend, saisit.—On pourrait dire au fém. *captureuse* si le mas. était plus usité, mais il l'est très-peu. — En t. de mar., on dit adj. *un navire capteur* : on dirait mieux *un navire captureur.*

CAPUCE, subst. mas. (*kapuce*) (en grec καππα. Voy. CAPE), partie de l'habit de certains religieux, qui couvre la tête et qui est plus étroite que le capuchon.

CAPUCHON, subst. mas. (*kapuchon*) (du grec καππα, cape), morceau d'étoffe disposé pour couvrir la tête et les épaules dans les mauvais temps. — La partie de l'habit de certains moines qui leur couvre la tête. On dit fam. *prendre le capuchon*, pour : se faire moine. — En t. de bot., certaine production creuse, conique et plus ou moins longue, qui se trouve à la partie postérieure de plusieurs fleurs. — En anat., nom donné au muscle trapèze.

CAPUCHONNÉ, E, adj. (*kapuchoné*), couvert d'un *capuchon.* Peu usité. — T. de bot., se dit des feuilles et des pétales dont les bords se rapprochent vers la base et s'écartent vers le sommet.

CAPUCHON-NOIR, subst. mas. (*kapuchon-noar*), t. d'hist. nat., sorte d'oiseau.

CAPUCIN, E, subst. (*kapucein, cine*), religieux, religieuse de l'un des ordres de saint François.— *Capucin* se dit fig., familièrement et par mépris, d'un homme qui affecte une dévotion outrée : *je ne blâmerais point sa dévotion si elle était douce, raisonnable; mais c'est un capucin.* — *Capucin de cartes*, carte pliée de manière à pouvoir se tenir droite; c'est un jeu qui amuse beaucoup les enfants. — En t. d'hist. nat., on a donné ce nom à un insecte du genre bostriche, à une coquille du genre cône, au sajou brun, espèce de singe de l'Amérique du genre sapajou, et à quelques autres singes : *capucin de l'Orénoque; capucin de Rio-Sinu.*

CAPUCINADE, subst. fém. (*kapucinade*), discours digne d'un *capucin*, discours plat et trivial sur la morale ou la dévotion. Cette expression ne date que du relâchement de l'ordre des *capucins*, qui eurent à une certaine époque une assez mauvaise réputation. — Fam.

CAPUCINAGE, subst. mas. (*kapucinaje*), condition de *capucin.* Inusité.

CAPUCINAL, E, adj. (*kapucinale*), de *capucin.* — Plur. mas. *capucinaux.* Inusité.

CAPUCINE, subst. fém. (*kapucine*), nom de religieuse.—T. de jard., sorte de fleur potagère, terminée par une production allongée en forme de *capuchon.* C'est une plante à fleur anomale, originaire du Mexique, et annuelle dans nos climats. Il y a la *grande capucine*, appelée aussi *grand cresson d'Inde* ou *du Pérou*, et la *petite capucine.*—*Câpres capucines*, boutons à fleurs de la *capucine*, confits au vinaigre. — Adj., on appelle *couleur capucine* la couleur qui ressemble à celle de cette fleur. — T. d'armurier, pièce d'un fusil servant à assujétir sur son bois le canon d'un fusil de munition.—En t. de potier, petite écuelle de terre qui a une queue.—En t. de mar., on nomme *capucines* des courbes en fer ou en bois qu'on ajoute intérieurement à un bâtiment qui a fatigué ou vieilli, pour lier ses murailles avec les ponts.

CAPUCINIÈRE, subst. fém. (*kapucinière*), maison de *capucins.* C'est un t. de dénigrement; on dit autrement, *couvent de capucins.*

CAPUK, subst. mas. (*kapuke*), t. de comm., espèce de coton très-fin, doux comme de la soie, mais si court qu'il est impossible de le filer. Il sert à faire des lits, des coussins, des matelas, etc.

CAPULI, subst. mas. (*kapuli*), t. de bot., sorte de plante du Pérou.

CAPULIQUE, subst. fém. (*kapulike*), sorte de bâtiment de mer. (*Raymond*). Inusité.

CAPURE, subst. mas. (*kapure*), t. de bot., arbre des Indes.

CAPURION, subst. mas. (*kapurion*), officier de paix. Il est inus.

CAPUT-MORTUUM, subst. mas. (*kapute-mortuome*), mots latins qui signifient *tête morte*, et que les chimistes ont introduits dans la langue française : ils désignent par cette expression le produit le plus fixe des analyses ordinaires, faites par le moyen de la distillation, ou la partie du corps analysé qui a été épuisée par le feu, et qui reste encore, après l'opération, au fond du vaisseau dans lequel les matières à distiller ont été exposées au plus haut degré du feu. On a banni ce terme de la chimie et l'on y a substitué celui de *résidu.* — En t. d'hist. nat., on donne ce nom, ou celui de tête-de-mort, ou celui de singe à queue de rat, à un quadrumane peu connu.

CAPU-UPÉBA, subst. fém. (*kapu-upéba*), t. de bot., plante du Brésil que l'on rapporte à une espèce du genre barbon.

CAPVERN, subst. propre mas. (*kapevèrene*), village du dép. des Hautes-Pyrénées, arrond. de Bagnères-de-Bigorre, connue par ses eaux minérales.

CAPYS, subst. propre mas. (*kapice*), myth., Troyen qui vint avec Énée en Italie, où il bâtit Capoue. — Il ne faut pas le confondre avec Capis.

CAQUAGE, subst. mas. (*kakaje*), action de *caquer* les harengs.

CAQUE, subst. fém. (*kake*) (du latin *cadus*, du grec καδος), t. de comm., espèce de baril ou de barrique, où l'on *encaque* ordinairement des harengs. — Fig. et prov. : *la caque sent toujours le hareng*, on se ressent toujours des premières impressions qu'on a reçues, de son éducation première, de son premier état. Cette expression se prend en mauvaise part. — *Être rangés, serrés, pressés, comme des harengs en caque*, être rangés, serrés et pressés l'un contre l'autre en parlant des personnes et des choses. — Il y a aussi des *caques* pour la poudre à canon et le salpêtre : *une caque de poudre.* — T. d'arts et mét., fourneau de cirier. — Tonneau de bois dont se servent les chandeliers pour mettre le suif fondu.

CAQUE-DENIER, subst. mas. (*kakedenié*), avare. Inus.

CAQUEPIRE, subst. mas. (*kakepire*), t. de bot., arbuste hermaphrodite.

CAQUEPIRIE, subst. mas. (*kakepiri*), t. de bot., nom que l'on a donné à une plante appelée aussi gardène.

CAQUÉ, E, part. pass. de *caquer.*

CAQUER, v. act. (*kaké*), arracher les entrailles du poisson, le préparer pour le mettre en *caque.* — Mettre le hareng en *caque.* On dit plus souvent et mieux *encaquer.* — *se* CAQUER, v. pron.

CAQUEROLLE, subst. fém. (*kakerole*) (de *caque*, dont il paraît être le diminutif), petit pot de cuivre à trois pieds, avec une longue queue, dans lequel on fait cuire diverses choses. Vieux mot inusité.

CAQUESANGUE, et non pas GAGUESANGUE, subst. fém. (*kakeçangue*) (en italien *cacasangue*, formé du latin *cacare*, aller à la selle, et de *sanguis*, sang), t. de médec., flux de sang; dyssenterie. Ce mot n'est d'usage que dans le style bas et populaire.

CAQUET, subst. mas. (*kakè*) (suivant *Caseneuve*, ce mot et celui de *caqueter*, qui en est formé, appartiennent à l'ancienne langue tudesque), intempérance de langue qui prend sa source dans la vanité, et qui est toujours accompagnée d'un air de prétention, de capacité, de supériorité, d'assurance : *avoir du caquet, le caquet bien affilé; il n'a que du caquet.* — Babil importun : *l'esprit et la grâce font excuser le caquet d'une jolie femme.* — Fig. et fam. : *rabattre* ou *rabaisser le caquet de quelqu'un*, lui fermer la bouche; rabattre son orgueil, sa pétulance, etc. — Fam. : *le caquet de l'accouchée*, la conversation frivole qui a lieu d'ordinaire auprès des femmes en couches. —*Caquet* se dit au plur., de propos futiles, et ordinairement mêlés de médisance, etc.

CAQUETAGE, subst. mas. (*kaketaje*), action de *caqueter* : *cette femme étourdit tout le monde par son caquetage.*—Il se dit aussi pour *caquets* : *tout cela n'est que du caquetage.*

CAQUET-BON-BEC, subst. fém. (*kakèbonbèke*), babillarde. Il se dit de la pie, et au fig., d'une femme bavarde et médisante.

CAQUETER, v. neut. (*kaketé*) (formé de *caquet*). Il se dit au propre du bruit que font les poules quand elles sont sur le point de pondre. — *Caqueter* signifie, par analogie, causer beaucoup sans utilité, babiller : *cette femme ne fait que caqueter du matin au soir ; les gens qui aiment à caqueter ne savent pas garder un secret.*

CAQUETERIE, mieux et plus conformément au génie de la langue, CAQUETTERIE, subst. fém. (*kakèteri*), action de *caqueter*. Il se dit principalement au pluriel, pour signifier *caquets* : *d'éternelles caquetteries.* Il est peu usité. On dit mieux *caquetage.*

CAQUETEUR, subst. mas., au fém. CAQUETEUSE (*kaketeur, teuze*), celui ou celle qui babille, qui *caquette.*

CAQUETEUSE, subst. fém. Voy. CAQUETEUR.

CAQUETOIRE, subst. fém. (*kaketoare*), chaise basse, qui a le dos fort haut et n'a point de bras. Hors d'usage.—Bâton de la charrue pour s'asseoir.

CAQUETTE (l'*Académie* écrit CAQUÈTE), subst. fém. (*kakète*), sorte de baquet où la harengère met des carpes.

CAQUEUR, subst. mas. (*kakeur*), t. de mar., matelot employé à *caquer* le hareng.

CAQUEUSE, subst. fém. (*kakeuse*), femme qui *caque* le poisson, qui lui ôte les ouïes et les entrailles.

CAQUEUX, subst. mas. (*kakeu*), t. de pêche, petit couteau avec lequel la *caqueuse* ôte les ouïes et les entrailles au poisson qu'on doit saler.

CAQUILLE, subst. fém. (*kakiie*), t. de bot., plante crucifère.

CAQUILLIER-MARITIME, subst. mas. (*kakiié-maritime*), t. de bot., plante annuelle à fleur cruciforme, qui croît en Languedoc, sur les bords de la mer. — On la nomme aussi roquette de mer.

CAQUIN, subst. mas. (*kakein*), classe de Bretons très-méprisée par les autres.

CAR, conj. (*kar*) (suivant *Ménage*, du latin *quarè*, c'est pourquoi. Nos anciens auteurs écrivaient *quar*), par la raison que, parce que. — On dit substantivement dans le style fam. : *voilà bien des si et des car*, pour : voilà bien des objections, des difficultés, etc.

CARA, subst. mas. (*kara*), t. de bot., espèce de liseron d'Afrique, dont on mange la racine en Guinée.

CARA-ANGOLAM, subst. mas. (*kara-anguolame*), t. de bot., sorte de plante des Indes orientales.

CARABA, subst. mas. (*karaba*), huile de la noix d'acajou.

CARABACCIUM, subst. mas. (*karabakeciome*), t. de bot., bois aromatique des Indes.

CARABAS, subst. mas. (*karaba*) (par corruption de *char-à-bancs*), vieille voiture très-longue, garnie de bancs. C'est un t. populaire et peu usité.

CARABE, subst. mas. (*karabe*), t. d'hist. nat., insecte de l'ordre des coléoptères. Voy. CARABÉ.

CARABÉ, subst. mas. (*karabé*) (du grec σκαραβεος, scarabé, avec lequel cet insecte a de la ressemblance par les étuis écailleux de ses ailes), t. d'hist. nat., insecte coléoptère de la famille des créophages, et dont le corselet est aplati. On dit aussi dans ce sens *carabe.*— Ambre jaune qui sert en médecine et à divers usages.

CARABIN, subst. mas. (*karabein*), cavalier du temps de Henri IV et de Louis XIII, nommé ainsi parce qu'il portait une arme à feu appelée *carabine.* On dit aujourd'hui *carabinier.* — Au fig., celui qui se contente de hasarder quelque chose au jeu, et se retire aussitôt, perte ou gain. Vieux.—Celui qui, dans une conversation ou dans une dispute, ne fait que jeter quelques mots vifs, et puis se tait ou s'en va. Vieux. — Étudiant en médecine et en chirurgie. Pop. — Dans quelques endroits, le blé noir qu'on appelle sarrasin.

CARABINADE, subst. fém. (*karabinade*), décharge de *carabines.* — Tour de *carabin.* Vieux.

CARABINE, subst. fém. (*karabine*), sorte de fusil à canon intérieurement rayé, et qui porte plus loin et plus juste que les autres.— Mousqueton propre à la cavalerie. — On appelle *carabine brisée*, une *carabine* faite de manière à pouvoir être mise à l'arçon d'une selle.

CARABINÉ, E, part. pass. de *carabiner.*— Adj., t. de mar. : *brise carabinée*, brise violente.

CARABINER, v. act. (*karabiné*), t. d'armurier, tracer en dedans d'un canon de fusil des lignes creuses, longitudinales ou circulaires. — V. neut., combattre à la façon des *carabins* ou *carabiniers.* Inusité. Voy. TIRAILLER.—Fig., jouer en *carabin.* Inusité.

CARABINEUR, subst. mas. (*karabineur*), au jeu du lansquenet, celui des pontes qui prend une carte après que la carte de celui qui a la main est tirée. Vieux. — T. d'armurier, celui qui *carabine* un canon de fusil. Peu usité.

CARABINIER, subst. mas. (*karabinié*), autrefois, soldat faisant partie d'un corps armé de *carabines*; aujourd'hui, soldat d'infanterie ou de cavalerie, appartenant à une compagnie ou à un régiment qui porte le nom de *carabiniers.*

CARABIQUES, subst. mas. plur. (*karabike*) (du lat. *scarabus*, scarabé), t. d'hist. nat., famille d'insectes de l'ordre des coléoptères, établie sur le genre *carabe* de Linnée.

CARABOU, subst. mas. (*karabou*), t. de bot., bel arbre de l'Inde qui a des rameaux lanugineux, et des feuilles ailées dont les folioles sont ovales, ont une odeur désagréable et une saveur acide et amère. Ses fleurs sont petites, viennent en panicules terminales, et ont une odeur forte. On retire de ses graines une huile par expression.

CARACA, subst. mas. (*karaka*), t. de bot., dolic bulbeux.

CARACAL, subst. mas. (*karakale*), t. d'hist. nat., mammifère carnassier et digitigrade, du genre des chats, et très-voisin du lynx.

CARACALE, subst. fém. (*karakale*), t. de bot., espèce de plante.

CARACALLA, subst. fém. (*karakalela*), t. d'hist. anc., vêtement des Gaulois, mis en usage chez les Romains par l'empereur Antonin *Caracalla.*

CARA-CANIRAM, subst. mas. (*kara-kanirame*), t. de bot., carmantine paniculée du Malabar.

CARACARA, subst. mas. (*karakara*), t. d'hist. nat., oiseau de la famille des vautours.

CARACH ou CARACHE, l'*Académie* renvoie à *caratch* qui ne se trouve nulle part ; subst. mas. (*karache*) (de l'arabe *karach*, tribut, imposition), capitation imposée par le grand-seigneur sur ceux de ses sujets qui ne sont pas musulmans.

CARACHÉRA, subst. fém. (*karachéra*), t. de bot., plante d'Arabie, qui est fort peu connue.

CARACHUPA, subst. mas. (*karachupa*), t. d'hist. nat., singe du Pérou qui paraît être un sarigue.

CARACO, subst. mas. (*karakó*), vêtement, camisole de femme dont la mode est passée. — T. d'hist. nat., mammifère rongeur du genre des rats.

CARACOL, subst. mas. (*karakole*) (de l'espagnol *caracol*, limaçon), t. d'architecture. Il n'est guère d'usage que dans cette phrase : *un escalier en caracol*, en limaçon.

CARACOLE, subst. fém. (*karakole*) (de l'espagnol *caracol*, limaçon, dont les mouvements du cheval imitent les contours ou les volutes), t. de mar., mouvement en rond ou en demi-rond qu'on fait faire à un cheval en changeant quelquefois de main. — Dans l'art militaire, mouvement de tous les cavaliers d'un même escadron, lorsque cet escadron tourne en même temps sur la droite ou sur la gauche.

CARACOLER, v. neut. (*karakolé*), faire des *caracoles.*

CARACOLI, subst. mas. (*karakoli*), ornement qui, chez les Caraïbes, distingue les chefs et leurs enfants des personnes du commun. Ce sont de larges médailles d'un cuivre très-fin et très-poli, faites en forme de croissant et enchâssées dans quelque bois précieux. — Sorte de tombac.

CARACOLLE, subst. fém. (*karakole*), t. d'hist. nat., genre de coquilles. — T. de bot., nom d'une espèce de dolic.

CARACON ou CARAQUON, subst. mas. (*karakon*), petite *caraque.*

CARACORE, subst. fém. (*karakore*), t. de mar., espèce de galère en usage dans les Indes, surtout aux îles Moluques et de Bornéo.

CARACOULER, v. neut. (*karakoulé*). Il s'est dit du cri des pigeons. La femelle *roucoule* et le mâle *caracoule.*

CARACTÈRE, subst. mas. (On devrait peut-être écrire *charactère*, comme autrefois) (*karaktère*) (du grec χαρακτηρ, empreinte, marque, figure tracée sur une matière quelconque, dérivé de χαρασσω, j'imprime, je grave). Ce mot, pris dans un sens général, signifie : une marque ou une figure tracée sur du papier, du métal, de la pierre, ou sur toute autre matière, avec la plume, le burin, le ciseau ou autre instrument, afin de faire connaître ou de désigner quelque chose. Il se dit particulièrement des figures dont on se sert dans l'écriture ou dans l'impression, pour former les mots et faire connaître les pensées : *les Chaldéens gravèrent leurs observations en caractères hiéroglyphiques, qui étaient des caractères parlants ; l'art de transmettre ses pensées par des caractères alphabétiques ne dut être inventé que très tard.* — On appelle *caractère littéral* une lettre de l'alphabet propre à indiquer un son articulé : c'est dans ce sens qu'on dit que les Chinois ont quatre-vingt mille *caractères.* Les *caractères littéraux* peuvent se diviser, eu égard à leur nature et à leur usage, en *caractères nominaux* ou lettres qui servent à écrire les noms des choses, et en *caractères emblématiques* ou *symboliques*, qui expriment les choses mêmes et représentent leurs formes : tels sont les hiéroglyphes des anciens Egyptiens : *caractères grecs, latins, chinois, allemands ; le caractère dont on se sert aujourd'hui communément en Europe est le caractère latin des anciens : caractère gothique.* —On a désigné quelquefois par le mot *caractère* le genre d'écriture particulier à une personne : *c'est bien son caractère ; je reconnais son caractère ;* mais dans ce sens *écriture* est le seul mot usité aujourd'hui. — On appelle *caractères numéraux* ceux dont on se sert pour exprimer les nombres; *caractères algébriques*, ceux que l'on emploie en algèbre; *caractères astronomiques*, ceux dont on se sert dans l'astronomie; *caractères chimiques*, ceux dont se servent les chimistes. — Lettres ou figures auxquelles on attribuait autrefois une certaine vertu, en conséquence d'un prétendu pacte fait avec le diable.—On nomme *caractères d'imprimerie*, ou simplement *caractères*, les types employés dans l'imprimerie : *graveur, fondeur en caractères ; caractères neufs ; beaux caractères*, etc.; et *caractère*, au singulier, sert à exprimer l'ensemble des types de même force de corps : *ce caractère ne me plaît point; ce caractère est bizarre; ce caractère fatigue la vue ; l'œil d'un caractère; la force de corps d'un caractère.* — *Caractère d'argent*, *caractère* qui n'a pas encore servi. — *Caractère romain*, caractère rond et perpendiculaire, inventé à Venise, en 1461, par un Français nommé *Nicolas Jenson*, et qui prit son nom des capitales latines ou romaines que l'inventeur y conserva. — *Caractère italique*, caractère penché, et d'une forme qui le rapproche de l'écriture. On le doit à *Alde Manuce*, célèbre imprimeur de Venise, qui le forma de l'écriture de la chancellerie romaine. Son nom lui vient de son origine *italienne.* Il a aussi été nommé *cursif, lettres vénitiennes, lettres aldines.* Voici les noms des différents *caractères* dont on se sert : *double-canon, gros-canon, trismégiste* ou *canon approché, petit-canon, gros-parangon, petit-parangon, gros-romain, gros-texte, saint-augustin, cicéro, philosophie, petit-romain, gaillarde, petit-texte, mignonne, nonpareille, sédanaise* ou *parisienne.* Presque toutes ces lettres ont leurs italiques, et leurs grandes et petites capitales.— *Caractère de musique* se dit des divers signes que l'on emploie pour représenter tous les sons de la mélodie, et toutes les valeurs des temps et de la mesure ; de sorte qu'à l'aide de ces *caractères*, on peut lire et exécuter la musique exactement comme elle a été composée. — Titre, dignité, qualité : *caractère d'ambassadeur, d'évêque*, etc. — Il se dit à peu près dans le même sens de l'effet des sacrements du baptême et de l'ordre. — Mission ; autorité : *c'est un particulier qui n'a point de caractère ; il parle sans caractère.*— — Ce qui distingue un homme d'un autre, à l'égard des mœurs, de l'âme, de l'esprit : *caractère vindicatif, doux.* — *C'est un bon caractère d'homme*, c'est un homme d'un commerce facile. — Constance, fermeté, courage : *homme à caractère; c'est un homme qui a du caractère.* On dit de même : *c'est un homme sans caractère; il manque de caractère; il n'a pas de caractère.* — Certains ouvrages dont l'objet est la peinture des mœurs, des caractères, portent pour titre : *Les Caractères de... ; les Caractères de Théophraste, de La Bruyère.*—On entend quelquefois par *caractère*, air expressif, en parlant des personnes, il se dit surtout des figures peintes, dessinées ou sculptées : *il y a beaucoup de caractère, un grand caractère dans la physionomie de cette femme; un beau caractère de tête ; cette tête est d'un grand caractère, a un grand caractère.* — *Caractère de dessin* se dit pour exprimer la bonne ou mauvaise manière dont le peintre dessine, ou dont une chose est rendue par le dessin. — Par extension, on dit aussi d'un morceau de musique qu'il *a* ou *n'a point de caractère*, etc. — *Danse de caractère*, danse exprimant tel ou tel sentiment, telle ou telle passion.— Ce qui est le propre d'une chose, ce qui la distingue d'une autre : *la douceur est le caractère de votre physionomie ; cet édifice a le caractère d'une prison, et non d'un palais ; cette pièce de vers a tout le caractère de l'élégie; la véhémence est le caractère de tous les discours de ce député; ce contrat n'a point un caractère légal; imprimer, donner à une chose son véritable caractère; chaque passion a son caractère particulier; toutes vos actions portent le caractère de l'insouciance; le caractère, les caractères de cette maladie sont inquiétants; l'affaire, la discussion a pris un caractère grave.* — *Caractère* se dit aussi des peuples, des nations. *Le caractère d'une nation* consiste dans une certaine disposition habituelle de l'âme qui est plus commune chez une nation que chez une autre, quoique cette disposition ne se rencontre pas dans tous les membres qui composent la nation. Ainsi l'on dit que le *caractère des Français est la légèreté, la gaieté, la sociabilité.*— En bot., on appelle *caractère d'une plante*, ce qui distingue si bien une plante de toutes celles qui ont du rapport avec elle, qu'on ne saurait la confondre avec ces plantes. On appelle *caractère factice* ou *artificiel* celui qui se tire d'un signe de convention; *caractère essentiel*, un signe remarquable et si approprié aux plantes qui le portent, qu'il ne convient à aucune autre et qu'au premier coup d'œil on les distingue facilement; *caractère naturel*, celui qui se tire de toutes les parties des plantes: il comprend le factice et l'essentiel, et sert à distinguer les classes, les genres et les espèces. *Caractère habituel* se dit de celui qui résulte de l'ensemble, de la conformation générale d'une plante, de la disposition de toutes les parties considérées suivant leur position, leur accroissement, leur grandeur respective, en un mot, suivant tous les rapports qui s'aperçoivent au premier coup d'œil. On appelle *caractères classiques* ceux qui servent à distinguer les classes; *caractères génériques*, ceux qui servent à former les genres. — On entend par *caractère d'un minéral* tout ce qui peut être le sujet d'une observation propre à le faire reconnaître. — *Caractère*, en t. de beaux-arts, se dit des traits par lesquels l'artiste désigne les objets visibles ou invisibles qu'il présente à notre esprit, de manière à nous faire reconnaître à quel genre ils appartiennent, et par quelle propriété ils se distinguent des autres objets: *le peintre doit donner à chaque partie visible de l'objet le caractère du genre.*

CARACTÉRISÉ, E, part. pass. de *caractériser*.

CARACTÉRISER, v. act. (*karaktérizé*), marquer, déterminer, faire connaître le *caractère* d'une personne, ou d'une chose: *un tel procédé vous caractérise suffisamment; cet historien a parfaitement caractérisé les mœurs de ce siècle*, etc. — On l'emploie aussi pour désigner ce qui constitue le *caractère* d'une personne ou d'une chose: *je sais mieux que vous apprécier l'indulgente bonté qui le caractérise; c'est là ce qui caractérise ce genre de poésie.* — On dit, en t. de peint., qu'*un peintre caractérise bien ses figures.* — *se* CARACTÉRISER, v. pron., se montrer tel qu'on est: *il s'est caractérisé dans cette démarche, dans ce discours.*

CARACTÉRISME, subst. mas. (*karaktériceme*), t. de bot., ressemblance et conformité des plantes avec quelques parties du corps humain. Presque inusité.

CARACTÉRISTIQUE, adj. des deux genres (*karaktéricetike*), qui *caractérise*: *signe caractéristique.* — En t. de grammaire, *lettre caractéristique d'un mot*, celle qui se conserve dans les divers changements que ce mot subit, dans la plupart de ses temps, de ses modes, de ses dérivés et composés, etc. — Dans la haute géométrie, on appelle *triangle caractéristique d'une courbe* un triangle rectiligne rectangle, dont l'hypothénuse fait une partie de la courbe, qui ne diffère pas sensiblement d'une ligne droite, parce que cette portion de courbe est supposée infiniment petite.

CARACTÉRISTIQUE, subst. fém. (*karaktéricetike*), t. de math., marque ou *caractère* par lequel on distingue quelque chose: il est surtout usité dans le calcul des infiniment petits. Suivant *Leibnitz*, *d* est la *caractéristique* des quantités différentielles; suivant *Newton*, la *caractéristique des fluxions* est un point.— *Caractéristique d'un logarithme*, son exposant, c'est-à-dire le nombre entier qu'il renferme; ou le premier chiffre d'un logarithme qui exprime des unités. — T. de grammaire, *telle lettre est la caractéristique de tel mot.* Voy. *caractéristique* adj.

CARÆUS, adj. propre mas. (*karé-uce*), t. de myth. Ce mot latin, qui signifie grand, élevé, est un des surnoms de Jupiter.

CARAFE, subst. fém. (*karafe*) (en italien *caraffa*), sorte de bouteille de verre ou de crystal, particulièrement destinée à contenir l'eau.— Contenance d'une *carafe*: *j'ai bu une carafe à mon repas.*

CARAFON, subst. mas. (*karafon*), petite *carafe*. — Quart de bouteille. — Petit vaisseau de bois ou de liège dans lequel on met rafraichir une *carafe*.

CARAG. Voy. **CARACH**, qui semble être le même.

CARAGACH, subst. mas. (*karaguake*), t. de comm., coton qui vient de Smyrne.

CARAGAN ou **CARAGOGNE**, subst. mas. (*karaguan, karaguognie*), t. de bot., genre de plantes de la famille des légumineuses, qui a beaucoup de rapport avec le robinier. Il comprend de petits arbres et des arbrisseaux ordinairement épineux, qui croissent presque tous dans le nord de l'Europe et qu'on peut cultiver en France en pleine terre.

CARAGATE, subst. fém. (*karaguate*), t. de bot., genre de plantes de la famille des broméloïdes.

CARAGI, subst. mas. (*karaji*), commis turc préposé à la douane.

CARAGIE, subst. fém. (*karaji*), droit d'entrée et de sortie dans les états du grand-seigneur.

CARAGNE, subst. fém. (*karagnie*), t. d'hist. nat., sorte de résine aromatique, produite par un grand arbre d'Amérique qu'on appelle l'*arbre de la folie.* Elle entre dans la composition du faux vernis de la Chine, et de quelques onguents.—On dit quelquefois adj.: *gomme caragne.*

CARAGROUCHI, subst. mas. (*karaguerouchi*), petite monnaie d'argent de Turquie, qui vaut environ trois francs.

CARAGUE ou **CARAQUE**, subst. mas. (*karague, karake*), t. d'hist. nat., animal quadrupède du Brésil, semblable au renard, mais plus petit.

CARAH, subst. mas. (*kara*), t. d'hist. nat., nom d'un faucon du Bengale.

CARAÏBE, subst. des deux genres (*kara-ïbe*), insulaire de l'Amérique, jadis anthropophage.

CARAÏPE, subst. mas. (*kara-ipe*), t. de bot., arbre de la Chine.

CARAÏSME, subst. mas. (*kara-iceme*), doctrine des Caraïtes. Voyez ce mot.

CARAÏTE, subst. mas. (*kara-ite*) (de l'hébreu *karaïm*), juif qui s'attache à la lettre de l'Écriture, et qui rejette les traditions, le Talmud, etc.

CARAMAN, subst. propre mas. (*karaman*), ville de France, chef-lieu de canton, arrond. de Villefranche, dép. de la Haute-Garonne.

CARAMBOLAGE, subst. mas. (*karanbolaje*), t. du jeu de billard, action de *caramboler*. — On dit aussi *carambole*.

CARAMBOLE, subst. fém. (*karanbole*), jeu au billard. — Bille rouge. — Action de *caramboler*.

CARAMBOLÉ, part. pass. de *caramboler*.

CARAMBOLER, v. neut. (*karanbolé*), t. du jeu de billard, toucher d'un même coup deux billes avec la sienne. — En style figuré, familier et plaisant, faire deux choses d'un même coup, ou à la fois.

CARAMBOLIER, subst. mas. (*karanbolié*), t. de bot., arbre et arbrisseau des Indes orientales, à fleurs monopétales, et à fruit charnu qui sert d'aliment.

CARAMBU, subst. mas. (*karanbu*), t. de bot., plante du Malabar.

CARAMEL, subst. mas. (*karamèle*) (de l'espagnol *caramelo*, pâte faite avec du sucre, de l'huile d'amandes douces, etc., etc.), sucre à demi brûlé et durci: *cerises au caramel.*

CARAMÉLISATION, subst. fém. (*karamélizâcion*), réduction en *caramel*.

CARAMÉLISÉ, E, part. pass. de *caraméliser*.

CARAMÉLISER, v. act. (*karamélizé*), réduire le sucre en *caramel*, le décomposer par l'action du feu. — *se* CARAMÉLISER, v. pron., se réduire en *caramel*.

CARAMOUSSAL, subst. mas. (*karamouçale*), vaisseau marchand de Turquie, dont la poupe est fort haute.

CARANATES, subst. fém. plur. (*karanate*), t. de pêche, petites crevettes dont on fait des appâts, et qu'on nomme aussi *sauterelles*.

CARANCRE, CARANCRO ou **CARANCROS**, subst. mas. (*karankre, karankrô*), t. d'hist. nat., vautour de la Louisiane.

CARANDIER, subst. mas. (*karandié*), t. de bot., genre de plantes de la famille des palmiers.

CARANGA, subst. mas. (*karangua*), t. de bot., plante rampante.

CARANGUE, subst. fém. (*karangue*), t. d'hist. nat., poisson de la Martinique.

CARANGUÉ, part. pass. de *caranguer*.

CARANGUER, v. neut. (*karangué*), aller et venir, t. de mar. usité parmi les matelots du pays d'Aunis.

CARANGUEUR, subst. mas. (*karangueur*), t. de mar., qui va et vient.

CARANX, subst. mas. (*karankce*), t. d'hist. nat., poisson du genre scombre.

CARANXOMORE, subst. mas. (*karankçomore*), t. d'hist. nat., poisson thoracique de la division des scombres.

CARAPA ou **CARAPAS**, subst. mas. (*karapa*), t. de bot., grand arbre de la Guyane, dont le fruit fournit une huile bonne à manger.

CARAPACE, subst. fém. (*karapace*), t. d'hist. nat., écaille de tortue.

CARAPAT, subst. mas. (*karapa*), huile du palma-christi.

CARAPATA, subst. mas. (*karapata*), t. d'hist. nat., sorte d'insecte.

CARAPATINE, subst. fém. (*karapatine*), t. d'hist. nat., dent fossile des poissons, dont la forme est arrondie.

CARAPE, subst. mas. (*karape*), t. d'hist. nat., sous-genre établi parmi les gymnotes.

CARAPHYLLOÏDE, subst. fém. (*karafilelo-ide*), feuille figurée.

CARAPICHE, subst. mas. (*karapiche*), t. de bot., petit arbrisseau qui croît dans les forêts de l'Amérique méridionale, dont le fruit est une capsule anguleuse biloculaire qui s'ouvre en deux parties, et contient une semence oblongue dans chaque loge.

CARAPOUCHA, subst. fém. (*karapoucha*), t. de bot., graminée du Pérou, dont les grains causent l'ivresse et le délire.

CARAQUE, subst. fém. (*karake*) (du portugais *carraca*, qui a la même signification), t. de mar., nom des vaisseaux que les Portugais envoient au Brésil. Il y en a du port de deux mille tonneaux. Les *caraques* servent également à la guerre et au commerce. — T. d'hist. nat. Voy. CARAGUE. — Subst. mas., cacao d'excellente qualité, de la côte de *Caraque*.

CARAQUON. Voy. CARACON.

CARARA, subst. mas. (*karara*), t. de comm., poids dont on se sert dans quelques contrées de l'Italie, et particulièrement à Livourne, pour la vente des laines. Il pèse cent soixante livres du pays, ce qui équivaut à 141 livres, poids de marc.

CARARAYADA, subst. mas. (*karara-iada*), t. d'hist. nat., espèce de singe de l'Amérique méridionale.

CARARU, subst. mas. (*kararu*), t. de bot., nom que l'on a donné à l'amarante verte.

CARASSIN, subst. mas. (*karacein*), t. d'hist. nat., poisson du genre cyprin. — On appelle le spare *carassin de mer.*

CARAT, subst. mas. (*kara*) (de l'arabe *kirat*, poids qui vaut à la Mecque la vingt-quatrième partie d'un denier), poids de pure convention, qui exprime le degré de pureté de l'or, et qui désigne toujours, quelle que soit la quantité de ce métal, la vingt-quatrième partie de sa masse: l'or, supposé parfaitement pur, serait de l'or à vingt-quatre *carats*; si l'alliage est d'un vingt-quatrième, il n'est plus qu'à vingt-trois *carats*; et ainsi successivement. Les orfèvres, monnayeurs, etc., distinguent *le carat de fin*, *le carat de prix*, et *le carat de poids*. On appelle *carat de fin*, un vingt-quatrième degré de bonté ou de perfection d'une pièce de pur or; et *carat de prix*, la vingt-quatrième partie de la valeur d'une once ou d'un marc d'or; le *carat de poids* est celui dont on se sert pour peser les diamants, les perles et les pierres précieuses: c'est un poids de quatre grains. Il se dit aussi des petits diamants qui se vendent au poids. — Prov. et fig., *être sot, orgueilleux à trente-six carats*, au plus haut point, au-delà même du possible, puisqu'il n'y a point d'or à trente-six *carats*.

CARATA, subst. mas. (*karata*), t. de bot., espèce d'aloès.

CARATAS, subst. mas. (*karatâce*), t. de bot. On donne ce nom, dans les colonies françaises de l'Amérique, à plusieurs plantes des genres *caragate*, *ananas*, *agave*, et *dragonnier*, dont les feuilles sont longues et épineuses.

CARATCH, est un mot que l'*Académie* semble à tort préférer à *carach* ou à *carache*.

CARATÉ, E, adj. (*karaté*), t. de médec., qui est attaqué de la *caratte*.

CARATTE, subst. mas. (*karate*), t. d'hist. nat., espèce de camphre provenant d'un végétal d'Amérique. — Subst. fém., t. de médec., maladie cutanée de certaines parties de l'Amérique. — Monnaie qui est la quatre-vingtième partie de la piastre de Moka, dans l'Arabie-Heureuse.

CARATURE, subst. fém. (*karature*), mélange d'or et d'argent, ou d'or, d'argent et de cuivre, avec lequel on fait les aiguilles d'essai pour l'or, l'argent, etc.

CARAUNA, subst. mas. (*karôna*), t. d'hist. nat., espèce de poisson des Indes.

CARAVANE, subst. fém. (*karavane*) (du persan *karaouan*, réunion de personnes qui voyagent ensemble), troupe de voyageurs, de marchands, de pèlerins qui, pour plus de sûreté, font route ensemble dans les déserts, et autres lieux infestés d'Arabes ou de voleurs : *marcher, aller en caravane*. — T. de mar., réunion de vaisseaux marchands qui vont de conserve dans le Levant, dans la crainte des corsaires : *caravane d'Alep, d'Alexandrie*, etc. — Il se dit fig. et fam. de plusieurs personnes marchant ensemble. — Au plur., campagne de mer que les chevaliers de Malte étaient obligés de faire contre les mahométans : *il a fait ses caravanes*. — Fig. et fam., *faire ses caravanes*, mener une vie dissipée. — *Faire la caravane*, se disait autrefois d'un bâtiment français qui prenait un congé de deux ans pour aller aux échelles du Levant, naviguer au compte des Turcs.

CARAVANEUR, subst. mas. (*karavaneur*), nom qu'on donne, à Marseille, aux vaisseaux qui vont porter des marchandises d'échelle en échelle dans le Levant. On le donne aussi à ceux qui les montent.

CARAVANIER, subst. mas. (*karavanié*), celui qui, dans les *caravanes*, conduit les bêtes de somme.

CARAVANSÉRAIL (l'*Académie* écrit **CARAVANSÉRAI**, elle est d'accord avec l'étym. Cependant, comme on ne dit pas *sérai*, mais *sérail*, nous sommes d'avis qu'on doit préférer *caravansérail* à *caravansérai*); subst. mas. (*karavancéra-ie*) (du persan *karvan*, voyageur, et *serai*, maison), grand bâtiment qui sert à loger les *caravanes*.

CARAVANSÉRASKIER, subst. mas. (*karavancéracekié*), gardien d'un *caravansérail*.—On dit aussi *caravansérakier*.

• **CARAVELLE**, subst. fém. (*karavèle*), t. de mar., nom que les Turcs donnent aux grands navires. — Les Portugais appellent *caravelles* de petits bâtiments gréés en voiles latines, qui naviguent bien.— On nomme aussi *caravelles*, sur quelques côtes de France, les bâtiments qui vont à la pêche du hareng sur les bancs : ils sont ordinairement de vingt-cinq à trente tonneaux.

CARBASES, subst. fém. plur. (*karbâze*), vieux mot qui a signifié voiles de navires.

CARBATINE, subst. fém. (*karbatine*), t. de boucher et de tanneur, peau de bête nouvellement écorchée.

CARBAZOTIQUE, adj. mas. (*karbazotike*), t. de chim., se dit d'un acide tiré de l'azote et du carbone.

CARBEQUI, subst. mas. (*karbeki*), monnaie de cuivre de Téflis en Géorgie, de la valeur d'un demi-chaouri (environ deux sous trois deniers tournois, ou dix centimes vingt-cinq millièmes).

CARBET, subst. mas. (*karbé*), grande case commune des sauvages des Antilles, au milieu de leurs habitations. — On donne aussi ce nom aux feuillées qui, dans diverses contrées de l'Amérique, servent d'habitation aux sauvages et d'abri aux voyageurs.

CARBO, subst. mas. (*karbo*), t. d'hist. nat., oiseau de Ceilan.

CARBONADE, et non pas **CARBONNADE**, puisqu'on n'écrit pas *carbonnate*, subst. fém. (*karbonade*), viande qu'on lève de dessus un porc frais pour la faire griller sur le *charbon*. — Toute espèce de viande grillée.

CARBONARA, subst. fém. (*karbonara*). Voy. **CARBONARO**.

CARBONARI, subst. mas. plur. (*karbonari*). Voy. **CARBONARO**.

CARBONARISME, subst. mas. (*karbonariceme*), système de la société des *carbonari*. — Cette société.

CARBONARO, subst. mas., au fém. **CARBONARA**, et au mas. plur. **CARBONARI** (*karbonaro, ra, ri*) (mot italien qui signifie *charbonnier*), partisan de la liberté. — Les *carbonari* forment en Italie une association mystérieuse contre le despotisme, opposée à celle des *caldérari*. — Société secrète animée du même esprit, qui existait en France sous la restauration. Ces mots manquent dans l'*Académie*.

CARBONATE, subst. mas. (*karbonate*), t. de chimie, nom générique des sels formés par l'union de l'acide *carbonique* avec différentes bases.

CARBON-BLANC (LE), subst. propre mas. (*lekarbonblan*), village de France, chef-lieu de canton, arrond. de Bordeaux, dép. de la Gironde.

CARBONCLE, subst. mas. (*karbonkle*) (du lat. *carbunculus*, qui a la même signification, fait de *carbo*, charbon), t. de médec., espèce de bubon enflammé et souvent pestilentiel. — En t. de lithologie, rubis.

CARBONE, subst. mas. (*karbone*) (du lat. *carbo*, charbon), dans la nouvelle nomenclature chimique, substance élémentaire qui, combinée avec l'oxygène, constitue l'acide *carbonique*. Elle est contenue en très-grande proportion dans les *charbons* végétaux et animaux.

CARBONÉ, E, adj. (*karboné*), t. de chimie, qui contient du *carbone* : *gaz hydrogène carboné*.

CARBONIQUE, subst. mas. et adj. des deux genres (*karbonike*), nom donné, dans la nouvelle chimie, au gaz qui résulte de l'union du *carbone* avec l'oxygène, que dans l'ancienne on appelait : *air fixe, air fixé, acide aérien, acide atmosphérique, acide méphitique, acide crayeux, acide charbonneux, gas silvestre*, etc.

CARBONISATION, subst. fém. (*karbonizâcion*), t. de chimie, action ou méthode de mettre le bois dans l'état de *charbon* : *carbonisation du bois*.

CARBONISÉ, E, part. pass. de *carboniser*.

CARBONISER, v. act. (*karbonizé*), t. de chim., réduire en *charbon*. — *se* **CARBONISER**, v. pron.

CARBONNADE, subst. fém. Voy. **CARBONADE**.

CARBONNE, subst. propre fém. (*karbone*), ville de France, chef-lieu de canton, arrond. de Muret, dép. de la Haute-Garonne.

CARBOUILLON, subst. mas. (*karbouion*), ancien droit sur les salines en Normandie.

CARBURE, subst. mas. (*karbure*), t. de chim., nom que les chimistes modernes ont donné à la combinaison du *carbone* non oxygéné avec différentes bases. Tel est, par exemple, le *carbone* combiné avec le fer ; combinaison connue sous le nom de *plombagine*, et que les modernes ont nommée *carbure* de fer.

CARBURÉ, E, adj. (*karburé*), qui tient du *carbure* : *fer carburé*, mine de plomb.

CARCADET et **CARCAILLOT**, subst. mas. (*karkadè* ; *karka-io*), t. d'hist. nat., nom vulgaire de la caille.

• **CARCAILLER**, v. neut. (*karka-ié*), crier, en parlant des *cailles*.

CARCAILLOT. Voy. **CARCADET**.

CARCAINE, subst. fém. (*karkène*), t. de bot., espèce de plante.

CARCAISE, subst. fém. (*karkèze*), t. de verrerie, fourneau où se préparent particulièrement les frittes destinées aux ouvrages en glace et en crystal.

CARCAISON, barbarisme, subst. fém. (*karkèzon*). Voy. **CARGAISON**.

CARCAJOU ou **CARCAJON**, subst. mas. (*karkajou, jon*), t. d'hist. nat., mammifère carnassier du Canada, qui paraît appartenir au genre glouton. On fait de la peau de cet animal une fourrure très-estimée, surtout en Allemagne, en Pologne et en Russie. — On a donné le même nom à une grande espèce de chat de l'Amérique méridionale.

CARCAN, subst. mas. (*karkan*) (suivant *Ménage*, du grec καρκίνος, cancre, écrevisse de mer dont les serres ressemblent à un *carcan*), collier de fer fixé à un poteau dans un lieu public, et avec lequel on attachait par le cou les criminels condamnés à ce genre de supplice, qui a été supprimé en 1832. — Espèce de chaîne ou de collier de pierreries.

CARCAPULLI-D'ACOSTA, subst. mas. (*karkapulelidakocela*), t. de bot., grand arbre des Indes orientales, dont on retire, par incision, un suc laiteux qui s'épaissit et forme la gomme-gutte.

CARCAROS, subst. mas. (*karkaroce*) (du grec καρκαίρω, je tremble, je résonne), t. de médec., fièvre dont le symptôme est un tremblement général.

CARCAS, subst. mas. plur. (*karkâce*), t. de fondeur, matières non fondues, après une coulée, dans les fours à réverbère.

CARCASSE, subst. fém. (*karkace*) (suivant *Ménage*, du latin *arca*, coffre, en y préposant un *c*), ossements du corps d'un animal mort, où il n'y a presque plus de chair, et qui tiennent encore ensemble. — *Carcasse de perdrix, de poularde*, etc., ce qui reste du corps après qu'on en a ôté les cuisses et les ailes. — Fig. et par mépris, personne extrêmement maigre ou vieille : *c'est une carcasse, une vieille carcasse*. — Il se dit aussi, en t. d'archit. et de charpente, de l'assemblage considéré indépendamment de ce qui sert à l'orner et à le finir ; et en t. de menuiserie, du châssis et des traverses qu'on destine à recevoir les carreaux d'un parquet. — Charpente d'un ustensile d'osier. — Ancienne machine de guerre qu'on remplissait de grenades et de bouts de canons de mousquets chargés de grenaille de fer. — En t. de mar., 1° bâtiment boisé, auquel il ne manque que son bordage ; 2° débris d'un navire qui a péri à la côte, etc. ; 3° espèce de cartouche pour le mortier des vaisseaux. — En t. de pêche, grande corbeille couverte, dans laquelle on met les grands poissons qu'on a pêchés. — En t. de marchandes de modes, branches de fil de fer couvertes d'un cordonnet, qui servent à monter les coiffures de femmes, les bonnets. — Chapeau qui n'est pas encore couvert de son étoffe.

CARCASSONNAIS, E, subst. (*karkaçonè, nèze*), qui est de *Carcassonne*.

CARCASSONNE, subst. propre fém. (*karkaçone*), ville de France, chef-lieu du dép. de l'Aude.

CARCER, subst. mas. (*karcère*), t. de médec., sorte de remède.

CARCÉRULAIRES, adj. plur. (*karcérulère*), t. de bot., se dit des fruits à péricarpe.

CARCÉRULE, subst. fém. (*karcérule*), t. de bot., sorte de fruit renfermé dans un péricarpe qui ne s'ouvre pas. — C'est aussi le nom de la graine qu'on en retire.

CARCHARIAS, subst. mas. (*karkariâce*), t. d'hist. nat., nom d'un poisson squale, d'un coléoptère et d'un hémiptère. — On a encore appelé ainsi un insecte ailé.

CARCHARIN, subst. mas. (*karcharein*), t. d'hist. nat., sous-genre introduit dans les squales.

CARCHÉSIEN, subst. mas. (*karchézicin*), t. de chirur., lacs, nœud pour remettre les luxations.

CARCHÉSION, subst. mas. (*karkézion*) (du grec καρχήσιον, tasse en forme de hune), t. d'antiquité, vase à deux anses dont on se servait fréquemment dans les sacrifices et les libations.

CARCIN, subst. mas. (*karcein*), t. d'hist. nat., genre de crustacés établi avec le crabe mœnas.

CARCINIAS, subst. mas. (*karciniâce*) (du grec καρκίνος, cancre), t. de lithol., sorte de pierre précieuse de la couleur du cancre marin.

CARCINITRON, subst. mas. (*karcinitron*), t. de bot., plante des anciens qui paraît être le sceau-de-Salomon.

CARCINOÏDES, subst. mas. plur. (*karcino-ide*), t. d'hist. nat., famille de crustacés. Voy. **CANCÉRIFORMES**.

CARCINOMATEUSE, adj. fém. Voy. **CARCINOMATEUX**.

CARCINOMATEUX, adj. mas., au fém. **CARCINOMATEUSE** (*karcinomateu, teuze*) (du grec καρκίνος, cancer), t. de médec., qui tient de la nature du cancer : *ulcère carcinomateux*.

CARCINOME, subst. mas. (*karcinome*), t. de médec. Les deux mots *carcinome* et *cancer* signifient la même chose ; cependant le premier présente quelque chose de plus vague, et il est douteux que toutes les tumeurs désignées par les auteurs sous le nom de *carcinome* ou *carcinomateuse* aient été de véritables *cancers*. Voy. **CANCER**.

CARCINOPODIUM, subst. mas. (*karcinopodiome*), t. d'hist. nat., patte de crustacé fossile.

CARCINUS, subst. mas. (*karcinuce*), t. de myth., constellation, la même que le *cancer*.

CARDA, CARDEA ou **CARDINEA**, subst. propre fém. (*karda, déa, dinéa*), myth., déesse des gonds des portes.

CARDAMINE, subst. fém. (*kardamine*) ou **CRESSON DES PRÉS**, subst. mas. (*krèçondèpré*), t. de bot., plante ainsi nommée, parce qu'elle approche du goût du *cresson*. — Elle est apéritive et antiscorbutique.

CARDAMOME, subst. mas. (*kardamome*), graine médicinale et très-aromatique. Elle vient dans des gousses qu'on nous apporte d'Arabie. Elle entre dans la thériaque.

CARDASSE, subst. fém. (*kardace*), t. de manuf. de soie, espèce de peigne à *carder* la bourre de la soie pour en faire du capiton. — En t. de bot., on donne ce nom à la raquette.

CARDE, subst. fém. (*karde*), t. de jard., côte au milieu des feuilles de certaines plantes, comme l'artichaut, la poirée, et qui est bonne à manger.— T. d'arts et mét., sorte de peigne pour *carder* la laine, la bourre ou la soie. — Machine garnie de chardons, qui sert à peigner le drap. — Les perruquiers appellent *cardes* des espèces de peignes composés de dix rangées de pointes de fer, qu'ils emploient dans la fabrication des perruques.

CARDÉ, E, part. pass. de *carder*, et adj.

CARDEA, myth. Voy. **CARDA**.

CARDÉE, subst. fém. (*kardé*), la quantité de laine ou de coton *cardé* qu'on lève de dessus les deux *cardes* après qu'on les a passées à plusieurs reprises l'une sur l'autre.

CARDE-POIRÉE, subst. fém. (*kardepoèré*), t. de jard., variété de la bette.

CARDER, v. act. (*kardé*), se dit de l'action de préparer la laine en la peignant avec des chardons, ou bien en la faisant passer entre les pointes de fer de deux instruments qu'on nomme *cardes*, pour la peigner, en démêler le poil, et la mettre en état d'être filée ou employée à divers ouvrages qu'on se propose d'en faire : *carder de la laine.*— On *carde* aussi du coton, de la soie, des cheveux, etc. Voy. **CARDE**. — *se* **CARDER**, v. pron., être *cardé* : *la soie se carde.*

CARDÈRE, subst. fém. (*kardère*), t. de bot., genre de plantes de la famille des dipsacées. Il comprend quatre à cinq plantes d'Europe à feuilles opposées, légèrement épineuses et à fleurs portées sur de longs pédoncules terminaux ou axillaires. Une espèce, la *cardère des bois*, est cultivée pour l'usage des drapiers, qui l'emploient à peigner leurs étoffes après qu'elles ont été foulées, ce qui lui a fait donner aussi les noms de *chardon à foulon*; *tête de cardère.*

CARDERIE, subst. fém. *karderi*), atelier où l'on *carde*. — Atelier où l'on fabrique des *cardes.*

CARDEUR, subst. mas., au fém. **CARDEUSE** (*kardeur, deuze*), celui ou celle qui *carde* de la laine, de la soie, du coton, etc. — Celui même qui fait *carder.*

CARDEUSE, subst. fém. Voy. **CARDEUR**.

CARDEUSES, subst. et adj. fém. plur. (*kardeuze*), sorte d'abeilles. Elles tiennent un milieu assez singulier entre les abeilles solitaires, et celles qui vivent en société. Elles passent successivement par ces deux états, et font leurs nids dans les prairies et dans les champs de sainfoin et de luzerne. Il y a trois espèces d'abeilles *cardeuses*, dont deux sont distinguées par la différence des sexes, et la troisième par un refus absolu de tout sexe. Leur cire n'est point propre à nos usages.

CARDIA, subst. mas. (*kardia*) (du grec καρδια, cœur), t. d'anat. Autrefois ce mot signifiait: le cœur et l'orifice supérieur de l'estomac; aujourd'hui il ne s'emploie plus que dans la dernière acception. — Myth., divinité qui présidait à la conservation des parties vitales de l'homme.

CARDIACÉS, subst. mas. plur. (*kardiacé*), t. d'hist. nat., famille de testacés dans la méthode de *Cuvier.*

CARDIÆTAPIE, subst. fém. (*kardiétapie*), t. de médec., accroissement du volume du cœur.

CARDIAGRAPHE, subst. mas. (*kardiaguerafe*), (du grec καρδια, cœur, et γραφω, je décris), qui anatomise ou décrit le cœur et sa région.

CARDIAGRAPHIE, subst. fém. (*kardiaguerafi*) (même étym. que celle du mot précédent), partie de l'anatomie qui a pour objet la *description du cœur.*

CARDIAGRAPHIQUE, adj. des deux genres (*kardiaguerafike*), qui concerne la *cardiagraphie.*

CARDIAIRE, subst. mas. (*kardière*), t. de bot., espèce de chardon à foulon. — Adj., des deux genres, t. de médec., qui a rapport au cœur : *ver cardiaire*, ver qui naît dans le cœur.

CARDIALGIE, subst. fém. (*kardialji*) (du grec καρδια, cœur, et αλγεω, je souffre), t. de médec., douleur violente qui se fait sentir à l'orifice supérieur de l'estomac.

CARDIALGIQUE, adj. des deux genres (*kardialjike*), qui concerne la *cardialgie.*

CARDIALOGIE, subst. fém. (*kardialoji*) (du grec καρδια, cœur, et λογος, discours), t. d'anat., partie de la somatologie qui traite des différentes parties du cœur.

CARDIALOGIQUE, adj. des deux genres (*kardialojike*), qui concerne la *cardialogie.*

CARDIANOSTROPHIE, subst. fém. (*kardianocetrofi*) (du grec καρδια, cœur, et στρεφω, je tourne), t. de médec., transposition du cœur.

CARDIAQUE, adj. des deux genres (*kardiake*) (du grec καρδια, qui signifie le cœur et l'orifice de l'estomac), t. d'anat. On donne ce nom aux vaisseaux qui se distribuent dans ces parties : *vaisseaux cardiaques; artères cardiaques.* — En t. de médec. et de pharm., on appelle *remèdes cardiaques* les remèdes propres à ranimer les forces abattues et languissantes. Il est synonyme de cordiaux, restaurants, fortifiants, analeptiques. — En ce sens on l'emploie aussi subst. au mas. : *administrer des cardiaques.*

CARDIAQUE, subst. fém. (*kardiake*), t. de bot. et de médec., plante bonne contre la *cardialgie* des enfants.

CARDIATOMIE, subst. fém. (*kardiatomi*) (du grec καρδια, cœur, et τεμνω, je coupe), t. d'anat., partie de la somatologie dans laquelle on enseigne la manière de préparer et de disséquer les différentes parties du cœur.

CARDIATOMIQUE, adj. des deux genres (*kardiatomike*), qui concerne la *cardiatomie.*

CARDIE, Myth. Voy. **CARDIA**.

CARDIER, subst. mas. (*kardié*), ouvrier qui fait des *cardes*. On dit plus souvent *cardeur.*

CARDIEURYSME, subst. mas. (*kardieuriceme*) (du grec καρδια, cœur, et ευρυσμος, étendue), t. de médec., dilatation anormale du cœur.

CARDIHELCOSE, subst. mas. (*kardiélekôze*) (du grec καρδια, cœur, et ελκος, ulcère), t. de médec., suppuration du cœur.

CARDINAL, subst. mas., au plur. mas. **CARDINAUX** (*kardinale*) (du latin *cardinalis*, formé de *cardo*, gond, ce sur quoi roule une chose, ce qu'il y a de principal, etc.) On donne ce nom à l'un des soixante-dix prélats de l'Église romaine qui, dans leur première institution, étaient les prêtres principaux ou les curés des paroisses de Rome, et qui sont devenus depuis des princes ecclésiastiques composant le conseil du pape, et ayant voix active et passive dans le conclave pour l'élection des papes: *cardinal évêque; cardinal prêtre; cardinal diacre; le pape a fait une promotion de cardinaux; le chapeau de cardinal.* — *Cardinal in petto*, prêtre que le pape a fait *cardinal*, mais en se réservant de ne l'instituer que par la suite.—T. d'hist. nat. On a donné ce nom à des oiseaux de divers genres, parce que la couleur rouge domine plus ou moins sur leur plumage. — Nom d'une coquille du genre cône. — On désigne sous le nom de *dents cardinales* les sortes de condyles ou d'apophyses qui servent de gonds pour réunir les battants des coquillages bivalves, et leur permettre le mouvement dans un seul sens.—On appelle *cardinales* deux plantes du genre lobécie. — Dans les manufactures de draps, *carde* remplie de bourre tontisse jusqu'à l'extrémité des pointes, dont se servent les tondeurs pour arranger la laine sur la superficie de l'étoffe.

CARDINAL, E, adj., au plur. mas. **CARDINAUX** (*kardinale*) (du lat. *cardinalis*, dérivé de *cardo*, qui signifie un gond, parce qu'en effet les choses que l'on appelle *cardinales* sont des espèces de points sur lesquels portent et tournent, pour ainsi dire, toutes les choses de même nature, comme une porte tourne sur ses gonds), premier, principal, plus considérable. — En termes de religion, on appelle la justice, la prudence, la tempérance et la force, *les quatre vertus cardinales*, parce qu'elles sont considérées comme la base de toutes les autres vertus. — En cosmographie, on nomme *points cardinaux* les quatre intersections de l'horizon avec le méridien et le premier vertical.— On appelle *vents cardinaux* les vents qui soufflent des points cardinaux. — En astronomie, les *points cardinaux* sont le sud, le nord, l'est et l'ouest; *signes cardinaux*, les signes du zodiaque qui sont les premiers où le soleil est censé entrer au commencement de chaque saison : *le bélier, le cancer, la balance et le capricorne sont les signes cardinaux.* — En t. de gramm., on nomme *adjectifs de nombre cardinaux* ceux qui servent à marquer la quantité des personnes ou des choses. On les appelle ainsi parce qu'ils sont le principe des autres genres de nombres, qu'ils forment. Ces adjectifs *cardinaux* sont : *un, deux, trois, quatre, cinq, six, sept, huit, neuf*, etc., *vingt, soixante*, etc., etc. Tous les nombres *ordinaux* se forment des *cardinaux.* Voy. au mot **ORDINAL**. On emploie les adjectifs de nombre *cardinaux*; 1° en parlant des heures et des années qui courent : *il est sept heures; nous sommes en mil huit cent trente-six;* 2° en parlant du jour du mois : *le trois juin.* On ne dirait pas le *un juin*; mais, avec le nombre *ordinal, le premier juin.* Voltaire a dit *le deux de juillet*, et Racine, *le deux juillet*; *deux* étant véritablement ici pour *deuxième*, la première construction devrait être préférée, parce qu'on dirait, en remplissant l'ellipse qui se trouve dans cette locution avec la préposition *de* : *le deuxième jour de juillet.* Ceci serait plus correct, plus conforme à la logique grammaticale; mais l'usage des deux manières est tellement universel, que l'on ne saurait pécher en employant l'une et l'autre. On se sert encore des *adjectifs de nombre cardinaux*, lorsqu'il est question de souverains ou de princes : *Henri quatre; Louis quatorze.* Cependant on ne dit point *François un, Napoléon un*, mais *François premier, Napoléon premier.* On dit *Charles cinq, Philippe cinq*, etc.; mais en parlant du célèbre empereur contemporain de *François premier* on dit *Charles-Quint* (Carolus-Quintus), et d'un pape contemporain de *Henri quatre, Sixte-Quint* (Sixtus-Quintus), et non pas *Sixte cinq* : c'est l'usage qui les a distingués ainsi à cause de leur célébrité.—Les *adjectifs de nombre cardinaux* s'emploient aussi quelquefois substantivement : *le sept, le dix de carreau; le trente et quarante* (jeu); *nous partirons le douze pour revenir le trente.* — *Vingt* et *cent* sont de tous les *nombres cardinaux* les seuls qui, précédés d'un autre adjectif de nombre par lequel ils sont multipliés, prennent un *s* au plur. : *quatre-vingts chevaux; deux cents hommes; quatre-vingts docteurs; cinq cents ans.* Dans *quatre-vingts docteurs*, dans *cinq cents ans*, et autres phrases de ce genre, *vingt* et *cent* sont de véritables substantifs, pris l'un pour *vingtaine* et l'autre pour *centaine.* Si l'on sous-entend le substantif après *vingt* et *cent* précédés d'un adjectif de nombre, c'est la même chose : ainsi écrivez *quatre-vingts, deux cents*, etc. Toutefois *vingt* et *cent* s'écrivent sans *s*, précédés d'un nombre, lorsqu'un autre nombre les suit : ainsi l'on doit écrire sans *s quatre-vingt-deux, deux cent vingt-cinq chevaux.* L'*Académie* cependant écrit, dans son édition de 1762, *neuf cents mille* : c'est une faute qui n'existe pas dans celle de 1835. S'il est question de dater les années, on écrit sans *s* : *l'an mil huit cent; l'an mil sept cent quatre-vingt*, parce qu'ici *cent* est pour *centième, quatre-vingt* pour *quatre-vingtième.* — De tous les nombres *cardinaux*, il n'y a que *un* qui change, quant au genre : *un livre, une image.* — On dit *vingt et un, trente et un*, etc.; mais il faut dire sans la conjonction *et* : *vingt-deux, trente-deux*, etc. La Fontaine cependant a dit :

> Enfin, quoique ignorante à *vingt et trois carats*,
> Elle passait pour un oracle.
>
> (LA DEVINERESSE, liv. VII, *Fable* XV.)

La Fontaine avait besoin d'une syllabe pour faire passer son vers. — Voy., pour ce qui ne se trouverait pas ici, le mot **NOMBRE**, et notre **GRAMMAIRE**.

CARDINALAT, subst. mas. (*kardinala*), dignité de *cardinal.*

CARDINALE, subst. fém. (*kardinale*), t. de bot., plante du genre des raiponces. — Plante cultivée dans les jardins, et qu'on nomme ainsi à cause de la beauté de sa fleur.

CARDINALICE, adj. mas. (*kardinalice*) : *poste cardinalice*, qui mène au *cardinalat.* Il n'est usité que dans cette seule phrase. Nous avons bien peur que ce mot ne soit un barbarisme forgé sous le bon plaisir de certains *dictionnaristes*, qui n'ont pas fait attention à l'étrangeté de la terminaison de cet adj. Nous ne le trouvons du reste que dans *Gattel* et dans *Boiste*, et encore dans *Raymond*, le copiste infatigable et intrépide de tout le monde.

CARDINALISÉ, E, part. pass. de *cardinaliser.*

CARDINALISER, v. act. (*kardinalizé*), t. de peint., rendre rouge. — Faire *cardinal.* Hors d'usage.

CARDINALISME, subst. mas. (*kardinaliceme*), le même mot que *cardinalat.*

CARDINALISTE, adj. des deux genres (*kardinalicete*) : *probité cardinaliste, de cardinal.* — *Titre cardinaliste*, titre donné à un *cardinal* par la bulle d'institution de Clément XIV. — Sous Richelieu et Mazarin, on désignait subst. ou adj. par ce mot les partisans de ces ministres : *il est, elle est cardinaliste; c'est un, c'est une cardinaliste.* Ce mot et le précédent manquent dans l'*Académie.*

CARDINAUX, subst. ou adj. mas. plur. Voy. les mots **CARDINAL**, subst. ou adj.

CARDINE, subst. fém. (*kardine*), t. d'hist. nat., variété de la sole, poisson.

CARDINEA, myth. Voy. **CARDA**.

CARDIOCÈLE, subst. fém. (*kardiocèle*) (du grec

καρδια, cœur, et *κηλη*, tumeur), t. de médec., hernie du cœur.

CARDIOGME, subst. mas. (*kardiogueme*), t. de médec. Quelques auteurs l'ont pris pour *cardialgie*; d'autres ont désigné sous ce nom les palpitations de cœur; d'autres enfin les anévrysmes du cœur et des gros vaisseaux. Il n'est plus usité.

CARDIOPALMIE, subst. fém. (*kardiopalemi*) (du grec *καρδια*, cœur, et *παλμα*, palpitation), t. de médec., mouvement violent et déréglé du cœur.

CARDIOPALMIQUE, adj. des deux genres (*kardiopalemike*), qui concerne la *cardiopalmie*.

CARDIORHEXIE, subst. fém. (*kardiorèkci*) (du grec *καρδια*, cœur, et *ρηξις*, rupture), t. de médec., déchirure du cœur.

CARDIOSPERME, subst. mas. (*kardiocepèreme*) (du grec *καρδια*, cœur, et *σπερμα*, semence). t. de bot. nom du souci des jardins dans plusieurs anciens auteurs.

CARDIOTRÔTE, adj. des deux genres (*kardiotrôte*) (du grec *καρδια*, cœur, et *τρωτος*, blessé), t. de médec., qui est blessé au cœur.

CARDIPÉRICARDITE, subst. fém. (*kardipérikardite*) (du grec *καρδια*, cœur, et *περικαρδιον*, péricarde), t. de médec., inflammation du cœur et du péricarde.

CARDISSA, subst. mas. (*kardiceça*), t. d'hist. nat., espèce de testacé.

CARDITE, subst. fém. (*kardite*) (du grec *καρδια*, cœur), t. d'hist. nat. On a donné ce nom à un genre de coquilles bivalves qu'on a prises dans celui des *cames* de Linnée. — T. de médec., inflammation du cœur.

CARDITIE, subst. fém. (*kardici*), t. de médec., inflammation du tissu propre du cœur.

CARDO, subst. propre mas. (*kardo*), village de France, chef-lieu de canton, arrond. de Bastia, dép. de la Corse.

CARDON, subst. mas. (*kardon*), t. de bot., plante vivace originaire de Crète; espèce d'artichaut qui ne diffère, de l'artichaut proprement dit, que par les épines dont les angles des feuilles et les écailles sont armés. Les côtes des feuilles servent d'aliment. On l'appelle aussi *cardon d'Espagne*, *artichaut cardon*. — En t. de pêche, nom que donnent les pêcheurs de Caen aux petites chevrettes ou crevettes.

CARDONCELLE, subst. fém. (*kardoncèle*), t. de bot., genre de plantes de la famille des cinarocéphales.

CARDONNETTE, subst. fém. (*kardonète*), t. de bot., fleur de l'artichaut sauvage à larges feuilles. L'*Académie* écrit CARDONNETTE, et renvoie à CHARDONNETTE; nous pensons qu'elle a tort: *cardonnette* est le vrai mot: le *cardon* n'est-il pas une plante potagère du genre de l'*artichaut?* si l'on écrit *chardonnette*, mot qu'elle semble préférer, on pourrait croire que cette plante a quelque rapport avec le *chardon*.

CARDOPAT, subst. mas. (*kardopa*), t. de bot., genre de plantes de la famille des cinarocéphales.

CARDOUZILE, subst. fém. (*kardousile*), sorte d'étoffe de laine. Inus.

CARDUACÉES, subst. fém. plur. (*kardu-acé*), t. de bot., famille de plantes.

CARE, subst. fém., barbarisme de *Boiste*, répété par *Raymond* (*kdre*). Voyez CARRE.

CAREAU. Voy. CARREAU.

CARÉBARIE, subst. fém. (*karébari*) (du grec *καρη*, tête, et *βαρος*, poids), t. de médec., pesanteur de tête.

CAREICHE ou **CARAICHE**, dit *Laveaux*, subst. fém. (*karéche*), t. de bot., nom de plantes du genre laiche.

CARELET, barbarisme de *Laveaux* répété par *Raymond*. Voy. CARRELET.

CARÊME, subst. mas. (*karême*) (du lat. *quadragesima*, qui, dans le style de l'Église, signifie la même chose. On écrivait autrefois *quaresme*, plus conformément à l'étymologie), les six semaines qui, dans les pays catholiques, précèdent la fête de Pâques, durant lesquelles l'Église ordonne aux fidèles de jeûner et de s'abstenir de viande, les dimanches exceptés. — *Provisions de carême*, *viandes de carême*, aliments dont on fait usage en *carême*, comme beurre, huile, fèves, pois, morue, etc. — Le jeûne même qui est prescrit pendant ce temps: *rompre*, *observer le carême*. — On dit que *le carême est bas*, quand il commence les premiers jours de février; et qu'*il est haut*, quand il ne commence qu'au mois de mars. — *Prêcher un carême*, prêcher pendant un *carême*. — Le recueil des sermons qu'un prédicateur prêche pendant un *carême*: *l'abbé un tel a trois carêmes*; *l'abbé un tel va mettre sous presse son carême*; *le carême du père Bourdaloue*; *le petit carême de Massillon*. — Prov. et fam., *face de carême*, visage pâle et défait. — *Donner*, ou plutôt *mettre le carême trop haut*, promettre une chose qui n'arrivera pas de long-temps, ou: exiger des choses trop difficiles. — *Prêcher sept ans pour un carême*, donner cent fois les mêmes avis fort inutilement: répéter toujours la même chose. — *J'y ai prêché sept ans pour un carême*, j'ai été long-temps dans cet endroit, il m'est bien connu. — On dit d'un homme qui se trouve toujours en un endroit à certaine heure, qu'*il n'y manque non plus que mars en carême*; et de celui qui arrive à propos, qu'*il arrive comme marée en carême*.

CARÊME-PRENANT, subst. mas. (*karêmeprenan*), les trois jours gras qui précèdent le mercredi des cendres: *nous avons fait bien des folies à carême-prenant*. — On dit en plaisantant, pour excuser certaines libertés qu'on se permet dans les jours gras: *tout est de carême-prenant*. Il se dit surtout du mardi-gras: *il ne s'est déguisé que le jour de carême-prenant*. — Prov., *il faut faire carême-prenant avec sa femme, et pâques avec son curé*. — Par extension, celui qui court les rues masqué pendant les trois derniers jours du carnaval; et fig., personne vêtue d'une manière extravagante: *c'est un vrai carême-prenant*. On dit aussi: *il a l'air d'un carême-prenant*. — On appelle *carême-prenant*, en quelques endroits, certains beignets que l'on fait pendant les jours gras. — Au plur., des *carême-prenant*: des hommes *prenant le carême*.

CARÉNA, subst. fém. (*karéna*), t. de pharm., la vingt-quatrième partie d'une goutte.

CARÉNAGE, subst. mas. (*karénaje*), t. de mar., lieu où l'on donne la *carène* à un vaisseau; ou: l'action de *caréner*; ou: l'effet de cette action.

CARENCE, subst. fém. (*karance*) (du lat. *carere*, manquer, être privé), t. de pratique, manque, défaut: *procès-verbal de carence*, procès-verbal qui constate qu'un défunt n'a laissé aucun bien, ou qu'un débiteur ne possède pas de quoi payer ce qu'il doit. Il ne s'emploie que dans cette phrase.

CARÈNE, subst. fém. (*karène*) (en lat. *carena*, dérivé du grec *καρηνον*, tête), t. de mar., quille et flanc d'un vaisseau jusqu'à fleur d'eau. — *Carène* signifie aussi: le travail que l'on fait pour calfater et radouber un vaisseau dans ses œuvres vives, c'est-à-dire: qui vont sous l'eau. On appelle *carène entière*, le travail de cette nature que l'on peut faire d'un côté entier jusqu'à la quille; et *demi-carène*, celui que l'on ne peut faire qu'à la moitié du fond, par dehors, et sans pouvoir joindre jusque vers la quille: *donner la carène*, *une carène*; *donner carène à un vaisseau*. — *Mettre*, *abattre un bâtiment en carène*, le coucher sur le côté, pour faire des réparations à ses œuvres vives. — En bot., le pétale inférieur des fleurs papilionacées. On dit qu'une feuille *est en carène* ou *carénée*, lorsqu'elle est relevée dans le milieu de sa longueur par une saillie anguleuse et tranchante.

CARÉNÉ, E, part. pass. de *caréner* et adj. (*karéné*): *vieux vaisseau caréné*. — En t. de bot., se dit des parties de plantes creusées dans le milieu, et d'un bout à l'autre, d'une gouttière profonde, dont les bords sont relevés, et dont la nervure majeure forme en dessous une saillie considérable: *feuilles carénées*. — Subst. mas., t. d'hist. nat., sorte de poisson du genre des silures. — Poisson à dos d'âne.

CARÉNER, v. act. (*karéné*), t. de mar., donner la *carène*, une *carène*; donner *carène* à un vaisseau. — *se* CARÉNER, v. pron.

CARENTAN, subst. propre mas. (*karantan*), ville de France, chef-lieu de canton, arrond. de Saint-Lô, dép. de la Manche.

CARENTOIR, subst. propre mas. (*karantoar*), ville de France, chef-lieu de canton, arrond. de Vannes, dép. du Morbihan.

CARESSANT, E, adj. (*karèçan, çante*), qui aime à *caresser*: *un homme caressant*; *une femme caressante*; *un enfant caressant*; *elle est douce et caressante*. — On dit aussi: *une humeur caressante*; *un caractère caressant*; *un air caressant*; *des manières caressantes*, etc. — Il se dit également des animaux: *un chien caressant*.

CARESSE, subst. fém. (*karèce*) (du lat. *carus*, cher), témoignage extérieur d'affection, d'amitié, d'amour, de bienveillance, soit en action, soit en paroles: *douces caresses*; *tendres caresses*; *grandes caresses*; *faire des caresses à quelqu'un*; *accabler quelqu'un des plus tendres caresses*; *être sensible*, *insensible aux caresses de quelqu'un*; *caresses feintes*, *trompeuses*, *perfides*; *combien de gens vous étouffent de caresses en particulier... qui sont embarrassés de vous dans le public! Philoclès, avec un air respectueux et modeste, recevait les caresses du peuple*. — On dit aussi *caresses* en parlant des animaux, et particulièrement du chien: *à mon retour, mon chien me fit beaucoup de caresses*. — On dit fig. qu'*il ne faut pas se fier aux caresses de la fortune*.

CARESSÉ, E, part. pass. de *caresser*, et adj.: en peinture, fig.: *tableau*, *ouvrage caressé*, remarquable par un beau fini.

CARESSER, v. act. (*karècé*) (suivant *Ménage*, du lat. barbare *cariseiare*, fait de *carus*, cher; suivant *Morin*, du grec *χαρρεζειν*, pour *χαταρεζειν*, qui se dit dans la même signification en ionien et en éolien. Les Italiens disent *careggiare*, *carezzare*), faire des *caresses*: *caresser un enfant*; *caresser ses amis*; *caresser un chien*. — Fig. et poétiq.: *le zéphyr caresse les fleurs*. — Fig., flatter, cajoler: *il ne vous caresse tant que parce qu'il a besoin de vous*; *quand le sort nous favorise, les hommes nous caressent*. On dit dans le sens moral, *caresser les passions de quelqu'un*; on dit aussi *caresser une idée*, *un espoir*, *une chimère*, pour: s'y complaire. — Fam. et vulgair., *caresser une femme*, en jouir. — En t. de peint., on dit *caresser le nu*, pour dire: travailler les draperies et les jeter de manière à faire, pour ainsi dire, apercevoir le nu au travers. — *se* CARESSER, v. pron., se donner des *caresses*. — CARESSER, FLATTER, CAJOLER, FLAGORNER. (*Syn.*) *Caresser*, c'est témoigner par des démonstrations que l'on chérit un objet; *flatter*, c'est dire des choses qui enflent la vanité, des louanges qui chatouillent l'amour-propre; *cajoler*, c'est dire des douceurs, affecter des propos obligeants et agréables, pour faire tomber quelqu'un dans le piège sans paraître le mener à ce but; *flagorner*, c'est flatter pour s'insinuer dans l'esprit d'un maître, d'un supérieur, en tâchant de nuire aux autres par de faux rapports. On *caresse* ses enfants, sa compagne, ses amis, des animaux, ceux que l'on aime ou que l'on feint d'aimer; on *flatte* tous ceux qui peuvent servir ou nuire, les grands surtout et les gens accrédités; on *cajole* des filles, des femmes, des vieillards, des gens faciles à tromper et à gagner; on *flagorne* des maîtres, des supérieurs, des gens faits pour être courtisés par des valets.

CARET, subst. mas., **CARRICHE**, subst. fém. (*karé*, *réche*), t. de bot., plante graminée dont les fleurs mâles sont séparées des fleurs femelles sur le même pied. Il y en a un grand nombre d'espèces.

CARET, subst. mas. (*karé*), t. d'hist. nat., sorte de tortue, dont on mange la chair et dont l'écaille sert à faire des peignes et d'autres ouvrages. — Dévidoir à l'usage des cordiers. — *Fil de caret*, t. de mar., gros fil tiré des vieux câbles ou autres cordages coupés par tronçons. Il doit avoir au moins une ligne de diamètre.

CARETTE, subst. fém. (*karète*), t. d'arts et mét., c'est, dans les manufactures de soieries, un cadre de deux pieds et demi de long et d'environ un pied et demi de large, qui fait partie du métier à fabriquer les étoffes.

CAREVAU, subst. mas. (*karevô*), t. de chasse, cri par lequel on indique que le cerf retourne dans son canton.

CAREYA, subst. mas. (*karéia*), t. de bot., plante des Indes orientales.

CARGADORS, subst. mas. plur. (*karguador*) (c'est un mot purement espagnol, formé du verbe *cargar*, charger), à Amsterdam, courtiers chargés de chercher du fret pour les navires en chargement.

CARGAISON, subst. fém. ((*karguèzon*) (de l'espagnol *cargazon*, dérivé, dans la même signification, du lat. *caricare*, charger, dont les Italiens ont fait aussi *carica*, charge, et *caricare*, charger), t. de mar., le chargement d'un vaisseau. Toutes les marchandises dont un vaisseau est chargé composent une *cargaison*: *nos navigateurs n'ont guère étendu leurs recherches au-delà des rades où ils formaient leurs cargaisons*; *compléter sa cargaison*; *assortir sa cargaison*. — On entend aussi quelquefois par ce mot la facture des marchandises qui sont chargées sur un vaisseau marchand. — On s'en sert aussi pour signifier: l'action de charger; ou: le temps propre à charger certaines marchandises. Dans ce dernier sens on dit: *ce mois est le temps de la cargaison des huiles*, etc.

CARGAMON, subst. mas. (*karguamon*), épice, ou aromate.

CARGILIE, subst. fém. (*karjili*) t. de bot.,

genre de plantes de la famille des plaqueminiers, qui réunit deux arbres de la Nouvelle-Hollande.

CARGUE, subst. fém. (*kargue*), t. de mar. On appelle ainsi toutes les sortes de manœuvres qui servent à faire approcher les voiles près des vergues pour les trousser et les relever, soit qu'on ait dessein de les laisser en cet état ou de les serror. — On appelle *cargues boulines*, les *cargues* qui, étant attachées au milieu de la voile, servent à en trousser les côtés; *cargues-fond*, les cordes amarrées au milieu du bas de la voile pour en relever ou en trousser le fond; *cargues-point*, les cordes attachées aux angles inférieurs de la voile, pour la retrousser vers la vergue, de manière qu'il n'y ait que le fond de la voile qui reçoive le vent; *cargue à vue*, une petite manœuvre passée dans une poulie sous la grande hune, et qui est frappée à la ralingue de la voile, pour la lever quand on veut voir par dessous; *cargues de dessous le vent*, les *cargues* qui sont du côté opposé à celui d'où vient le vent; *cargues du vent*, celles qui sont du côté du vent. — *Cargue* se dit aussi d'une espèce de petite embarcation hollandaise à fond plat, à un seul mât vertical, et sans beaupré.

CARGUÉ, E, part. pass. de *carguer*, et adj.

CARGUER, v. act. (*kargué*), t. de mar., trousser et accourcir les voiles par le moyen des *cargues* : *carguer les voiles*. Voy. BOURCER. — Il signifie aussi, neut., pencher d'un côté en naviguant : *on carguait à stribord*. En ce sens il est peu usité. — *se* CARGUER, v. pron.

CARGUERAS, subst. mas. (*karguera*). Voy. CALBAS.

CARGUETTE, subst. fém. (*karguète*), t. de mar., cordage qui sert à dresser l'antenne dans les galères, et à la faire passer d'un bord à l'autre.

CARGUEUR, subst. mas. (*kargueur*), t. de mar., poulie qui sert à amener et à hisser le perroquet. — Matelot occupé à *carguer*.

CARHAIX, subst. propre mas. (*karèkce*), ville de France, chef-lieu de canton, arrond. de Châteaulin, dép. du Finistère.

CARIA, subst. propre fém. (*karia*), myth., l'une des Heures, fille de Jupiter et de Thémis.

CARIACOU ou **CARIACU**, subst. mas. (*kariakou, ku*), t. d'hist. nat., animal ruminant de l'Amérique méridionale, qui appartient au genre des cerfs. — Le *cariacou* de *Buffon* est la femelle du cerf de la Louisiane et de la Virginie. — On appelle aussi *cariacou* d'autres cerfs de Cayenne à cheville osseuse très-longue, et dagues courtes et simples. — A Cayenne, on donne ce nom à une boisson fermentée composée de sirop de canne, de cassave et de patates.

CARIAMA, subst. mas. (*kariama*), t. d'hist. nat., genre de l'ordre des oiseaux échassiers et de la famille des uucirostres.

CARIAROU ou **CARÉAROU**, subst. mas. (*kariarou, karéarou*), t. de bot., liane des Antilles. Sa feuille donne une teinture cramoisie.

CARIATIDE et mieux **CARYATIDE**, subst. fém. (*kariatide*) (du grec χαρυατιδης, fait du nom de la ville de *Carye*, dans le Péloponèse, d'où les Grecs emmenèrent les femmes captives, et les représentèrent, dans leurs édifices, chargées de fardeaux, pour perpétuer la mémoire de leur esclavage), t. d'archit., figure de femme qui soutient une corniche sur sa tête. — Par extension, on donne le même nom à un ornement d'archit., représentant une tête d'homme.

CARIATIDIQUE, mieux **CARYATIDIQUE**, adj. des deux genres (*kariatidike*), de *caryatide* : *ornement, figure caryatidique*.

CARIATIQUE. Voy. CARYATIQUE.

CARIBOU, subst. mas. (*karibou*), t. d'hist. nat., cerf de l'Amérique septentrionale, qui a la plus grande ressemblance avec le renne, dans l'espèce duquel on l'a rangé.

CARICA, subst. fém. (*karika*), t. de bot., genre de plantes.

CARICATURE, subst. fém. (*karikature*) (de l'italien *caricatura*, qui a la même signification), t. de peint. C'est la même chose que *charge*. Ce mot s'applique principalement aux images grotesques qu'un peintre, un sculpteur, un dessinateur ou un graveur fait pour s'amuser, ou pour ridiculiser les personnes ou les choses : *Dantan excelle dans les caricatures; la caricature est en peinture ce que le burlesque est en poésie.* — On s'en sert souvent dans les arts pour déprécier un tableau, une figure : *ceci n'est qu'une caricature.* — Au fig., personne dont la tournure ou la mise est ridicule : *cet homme, cette femme que vous voyez là-bas, n'est-ce pas une véritable caricature?*

CARICATURÉ, E, part. pass. de *caricaturer*.

CARICATURER, v. act. (*karikaturé*), faire une ou des *caricatures*. — Fig., *caricaturer quelqu'un*, le tourner en ridicule.

CARICATURIEN, subst. mas. (*karicaturiein*), celui qui fait des *caricatures*. Il est aussi adj. — On pourrait dire *caricaturienne* au fém., si le masculin de ce mot était plus usité. — Ce mot, que nous ne trouvons que dans *Raymond*, est mal formé; *caricaturiste* vaut mieux pour les deux genres. Il est d'ailleurs généralement usité.

CARICATURISTE, subst. des deux genres (*karikaturicete*). Voy. CARICATURIEN.

CARICOÏDE, subst. mas. (*hariko-ide*), t. d'hist. nat., nom qu'on a donné à quelques madrépores fossiles de figure sphérique, ayant une cavité circulaire à leur partie supérieure. — Subst. fém., nom que les naturalistes donnent à une pierre du genre des coralloïdes et de l'espèce des fongites. — Masse cylindrique de tuyaux.

CARICUM, subst. mas. (*karikome*), t. de pharm., remède contre les ulcères.

CARIE, subst. fém. (*kari*) (du lat. *caries*, dont la signification est la même), t. de chirurgie, solution de continuité dans un os, accompagnée de perte de substance : *la carie des dents*, etc. — *Carie raboteuse*, celle qui forme des inégalités et des aspérités sur la surface de l'os. — *Carie vermoulue*, dans laquelle l'os est réduit en une espèce de poudre semblable à celle qu'on obtient du bois rongé par les vers. — En t. de jard., *carie* se dit aussi d'une maladie qui attaque les arbres, et fait qu'ils pourrissent et se réduisent en poussière. — Les blés ont aussi leur *carie*. — Myth., province de l'Asie-Mineure, entre la Lycie et l'Ionie, célèbre par les métamorphoses qui s'y firent, et appelée ainsi de Carius, fils de Jupiter et de la nymphe Torrébie.

CARIÉ, E, part. pass. de *carier*, et adj. : *os carié; dent cariée; arbre, bois, blé carié.*

CARIEN, subst. et adj. mas.; au fém. **CARIENNE** (*kariein, ène*), qui est de la *Carie*.

CARIER, v. act. (*karié*), gâter, pourrir les os, les arbres, les blés. Voy. CARIE. — *se* CARIER, v. pron., se gâter, se pourrir par l'effet de la *carie*.

CARIES, subst. fém. plur. (*karie*), t. d'hist. anc., fêtes, cérémonies de l'ancienne Grèce en l'honneur de Diane.

CARIEUSE, adj. fém. Voy. CARIEUX.

CARIEUX, adj. mas., au fém. **CARIEUSE** (*karieu, rieuze*), qui se *carie*. Inus.

CARIFET. Voy. CARISET.

CARIGNAN, subst. propre mas. (*karignian*), ville de France, chef-lieu de canton, arrond. de Sedan, dép. des Ardennes. — Petite ville du Piémont.

CARILLON, subst. mas. (*kari-ion*), battement de plusieurs cloches à coups précipités, avec une sorte de mesure et de cadence : *sonner le carillon; sonner le double carillon.* — *Carillon*, t. de mus., sorte d'air fait pour être exécuté par plusieurs cloches accordées à différents tons. — Réunion de ces mêmes cloches. — On appelle *horloge à carillon*, ou *pendule à carillon*, une horloge ou une pendule qui sonne un air à l'heure, à la demie et quelquefois aux quarts. — Fig., *carillon* signifie : crierie, reproches faits à quelqu'un avec bruit, avec éclat : *si votre mère savait votre conduite, elle ferait un beau carillon!* Il est fam. — Fig. et fam. : *à double, à triple carillon*, loc. adv., très-fort, excessivement : *cette comédie vient d'être sifflée à double carillon.* — *Carillon électrique*, en t. de physique, *carillon* composé de trois timbres suspendus à une tige de métal, celui du milieu par une soie, et les deux autres par une chaîne. Deux petites boules de métal sont suspendues par des soies entre le timbre du milieu et chacun des deux autres timbres. On fait communiquer la tige de métal avec le conducteur de la machine électrique; les deux timbres suspendus à des chaînes étant électrisés, les petites boules sont alternativement attirées et repoussées par les deux timbres et par celui du milieu, ce qui occasionne un petit *carillon* qui dure tant que l'électricité subsiste. — *Carillon*, fer en petites barres de huit à neuf lignes en carré.

CARILLONNÉ, E, part. pass. de *carillonner*, et adj. : *fête carillonnée*, grande fête. Fam.

CARILLONNEMENT, subst. mas. (*kâri-ioneman*), action de *carillonner*.

CARILLONNER, v. neut. (*kari-ioné*) (du latin barbare *quadrillonare*, fait de l'espagnol *quadrilla*, quadrille, lequel est un diminutif de *quadra*; parce qu'on *carillonnait* avec quatre cloches), sonner le *carillon* : *aujourd'hui, telle église ne fait que carillonner.* — Exécuter un *carillon*. — *se* CARILLONNER, v. pron.

CARILLONNEUR, subst. mas., au fém. **CARILLONNEUSE** (*kâri-ioneur, neuze*), celui, celle qui *carillonne*. — En t. d'hist. nat., au mas. seulement, petit oiseau de la Guyane, du genre des fourmilliers, des grives : plusieurs réunis ensemble imitent le *carillon* de trois cloches de tons différents.

CARIM-CURINI, subst. mas. (*karimekurini*), t. de bot., espèce de carmantine.

CARINAIRE, subst. fém. (*karinère*), t. d'hist. nat., coquille univalve très-mince, en cône, aplatie sur les côtés, à sommet en spirale involutée et très-petite, à dos garni d'une carène dentée, à ouverture ovale, oblongue, et rétrécie vers l'angle de la carène.

CARINDE, subst. mas. (*kareinde*), t. d'hist. nat., c'est l'ara bleu. Voy. ARA.

CARINE, subst. fém. (*karine*), t. d'hist. anc. On désignait par ce nom les femmes dont la profession était chez les anciens de pleurer les morts dans les cérémonies des funérailles. On les faisait venir de Carie, d'où elles étaient appelées *carines*.

CARINÉ, E, adj. (*kariné*), t. de bot., se dit d'une feuille en gouttière : *feuille carinée*.

CARINTHIE, subst. propre fém. (*kareinti*), province de l'empire d'Autriche.

CARIOSPE, subst. fém. (*kariocepe*), t. de bot., sorte de fruit monosperme.

CARIQUE, subst. fém. (*karike*), sorte de figue desséchée.

CARIQUEUSE, adj. fém. (*karikeuze*) (du latin *carica*, espèce de figue sauvage), t. de chirurgie, se dit d'une tumeur dont la figure ressemble à celle d'une figue.

CARISEL ou **CRÉSEAU**, subst. mas. (*karizèle, krézó*), t. de comm., grosse toile qui sert pour travailler en tapisserie.

CARISET, subst. mas. (*karizè*), t. de comm., étoffe de laine croisée, d'Angleterre et d'Écosse.

CARISSE, subst. fém. (*karice*), t. de bot., genre de plantes de la famille des jasminées.

CARISTADE, subst. fém. (*karicetade*), vieux mot inusité qui signifie fam. : aumône. En nous donnant ce mot, l'*Académie* aurait dû nous avertir, comme *Boiste* l'a fait, qu'il ne se dit qu'en *mauvais patois*.

CARISTIES, mieux **CHARISTIES**, subst. fém. plur. (*kariceti*) (du grec χαρις, grace), t. d'hist. anc., fêtes qui se célébraient à Rome en l'honneur de la Concorde.

CARISIE, subst. fém. (*karizi*), t. d'agric., sorte de poire à poiré.

CARIUS, subst. mas. (*kariuce*), myth., fils de Jupiter, à qui l'on attribue l'invention de la musique. — C'était aussi un surnom de Jupiter, pris du culte qu'on lui rendait dans la Carie.

CARL, subst. mas. (*karle*), monnaie d'or de Bavière qui, depuis 1766, vaut 10 florins 42 creutzers, (24 livres 9 sous tournois; 24 francs 15 centimes), les demi et les quarts de *carl* à proportion. — Monnaie d'or de Brunswick qui a cours pour 5 thalers (19 livres 6 sous; 18 francs 93 centimes). Il y a des doubles et des demi-*carls*.

CARLA, subst. mas. (*karla*), toile peinte des Indes orientales qui se fabrique dans un village du même nom, à trois lieues de Cananor, sur la côte de Malabar.

CARLET, *barbarisme*. Voy. CARRELET.

CARLETTE, subst. fém. (*karlète*), sorte d'ardoise qui se tire de l'Anjou.

CARLIEN, adj. et subst. mas. (*karliein*), pour Carlovingien. Inus.

CARLILLE, subst. propre fém. (*karlile*), ville d'Angleterre.

CARLIN ou **CAROLIN**, subst. mas. (*karlein, karolein*), monnaie d'or de Sardaigne, qui a cours pour 25 livres (48 livres 10 sous 4 deniers tournois; 47 francs 62 centimes.) — Monnaie d'or qui a cours en Piémont, valant 120 livres (132 livres tournois; 130 francs 37 centimes). — Monnaie de compte de Naples, qui est la dixième partie du ducat. Il y a en argent des monnaies effectives, sous le nom 1° de *pièces de douze carlins* ou *écu de Sicile* (5 livres tournois; 4 francs 94 centimes); 2° de *pièces de deux carlins* (16 sous 8 deniers tournois; 82 centimes). Il y a aussi de simples *carlins*. — Monnaie d'argent en Sicile, où elle vaut 10 grains. Le *carlin* se compte, à Palerme et à Messine, pour la soixantième partie de l'once de

Sicile (environ 8 sous tournois ; 39 centimes.) — Monnaie de billon de Rome qui a cours, sous le nom de *carolino*, pour sept baïoques et demie (7 sous 20 deniers tournois ; 39 centimes.) — C'est ainsi qu'on appelle encore souvent le doguin, petit chien autrefois fort à la mode. Son nez écrasé et son masque noir comme celui d'un arlequin lui firent donner le nom de *Carlin*, arlequin de l'ancienne Comédie-Italienne.

CARLINE ou **CAROLINE**, subst. fém. (*karline*), t. de bot., plante à fleur radiée, quelquefois sans tige, dont les feuilles sont chatoyantes comme la peau du caméléon, et qui croît sur les Alpes, les Pyrénées et le Mont-d'Or. — Ses racines sont alexitères, apéritives et hystériques. *Charlemagne*, de qui elle a pris son nom, les employa avec succès pour guérir les fièvres malignes de ses soldats. — On l'appelle aussi *chardonnerette* et *caméléon blanc*. — Nom d'une chienne.

CARLINÉES, subst. fém. plur. (*karliné*), t. de bot., tribu de plantes de la famille des cinarocéphales.

CARLINGUE, subst. fém. (*karleingue*), t. de mar. On appelle ainsi la plus longue et la plus grosse pièce de bois qui soit employée dans le fond de cale d'un vaisseau. Elle est ordinairement composée de plusieurs pièces mises bout à bout. La *carlingue* se pose sur toutes les varangues et sert à les lier avec la quille, ce qui lui a fait donner aussi le nom de *contre-quille*. — On appelle *carlingue de pied de mât*, la pièce de bois que l'on met au pied de chaque mât : *carlingue du mât de misène ; carlingue du mât d'artimon*. — On appelle *carlingue du cabestan* la pièce de bois sur laquelle tourne le *cabestan*.

CARLISME, subst. mas. (*karliceme*), opinion des *carlistes* français, parti légitimiste du roi Charles X et de sa famille.

CARLISTE, subst. et adj. des deux genres (*karlicete*), partisan du système gouvernemental de *Charles X*, en France, avant et depuis la révolution de 1830. — Partisan de don Carlos en Espagne.

CARLOCK, subst. mas. (*karloke*), t. de comm., nom que quelques-uns onnent à la colle de poisson venant d'Archangel.

CARLOSTAT ou **CARLSTAT**, subst. propre mas. (*karlocetate, karlecetate*), nom de plusieurs villes.

CARLOVINGIEN, subst. mas. ; au fém. **CARLOVINGIENNE** (*karloveinjiein, jiène*), t. d'hist. de France, qui vient de *Charlemagne* : nom que l'on donne aux rois de France de la seconde race. — Il est aussi adj. : *les rois carlovingiens ; la race carlovingienne*.

CARLSRUHE, subst. propre fém. (*karleceru*), ville capitale du grand-duché de Bade.

CARLUDOVIQUE, subst. mas. (*karludovike*), t. de bot., genre de plantes de la famille des palmiers. — Il comprend cinq espèces, toutes du Pérou.

CARLUS, subst. propre mas. (*karluce*), village de France, chef-lieu de canton, arrond. de Sarlat, dép. de la Dordogne.

CARMAGNOLE, subst. fém. (*karmagniole*), nom appliqué d'abord à une espèce d'air et de danse, ensuite à une sorte de veste. — Ville de la Savoie. — Nom donné aux soldats et aux partisans de la république française.

CARMANTINE, subst. fém. (*karmantine*), t. de bot., genre de plantes de la famille des acanthoïdes, renfermant un grand nombre d'espèces qui sont toutes étrangères : quelques-unes sont des espèces de noyers.

CARME, subst. mas. (*karme*) (du lat. *carmen*), vieux mot qui a signifié : un vers. — Espèce d'acier.

CARME, subst. et adj. mas., au fém. **CARMÉLITE** (*karme, karmélite*), religieux ou religieuse de l'ordre du mont Carmel : *un couvent de carmes ; un couvent de carmélites*. — *Carmes déchaussés ou déchaux*, *carmes* de la réforme de sainte Thérèse, qui n'ont point de bas, et portent des sandales au lieu de souliers. — *Eau des carmes*, eau spiritueuse attribuée à des *carmes*. — Voy. **CARMES**.

CARMELINE, subst. et adj. fém. (*karmeline*), t. de comm., se dit de la seconde espèce de laine qu'on tire de la vigogne.

CARMÉLITE, subst. et adj. fém. Voy. **CARME**.

CARMÉLUS, subst. propre mas. (*karméluce*), myth., mont de la Judée, que les Syriens adoraient comme un dieu.

CARMENTA, **CARMENTIS**, ou **NICOSTRATE**, subst. propre fém. (*karmeinta, tice*), myth., devineresse, mère d'Evandre. Elle fut honorée comme une déesse, et l'on célébrait en son honneur des fêtes nommées Carmentales.

CARMENTALES, subst. fém. plur. (*karmeintale*), t. d'hist. anc. On désigne par ce mot des fêtes qui, chez les anciens Romains, se célébraient tous les ans le 11 janvier en l'honneur de Carmente ou Carmentis, prophétesse d'Arcadie, mère d'Évandre, avec lequel elle vint en Italie soixante ans avant la guerre de Troie. Cette solennité se répétait aussi le 14 de janvier. C'étaient les dames qui la célébraient.

CARMENTES, subst. fém. plur. (*karmeinte*) (de *Carmenta*, prophétesse d'Arcadie, mère d'*Évandre*, avec qui elle vint en Italie. Son nom propre était *Nicostrate*, et celui de *Carmenta* lui fut donné, ou parce qu'elle rendait ses oracles en vers (en latin *carmen*), ou, selon *Vigenère*, des deux mots latins *carens mente*, hors de sens, à cause de l'enthousiasme qui souvent s'emparait d'elle), t. d'hist. anc., chez les Romains, déesses qui prédisaient l'avenir.

CARMES, subst. mas. plur. (*karme*) (du lat. *quaterni*, quatre à quatre), t. de jeu de trictrac, deux quatre : *amener carmes*. On a dit autrefois *quarmes* et *quadermes*, qui étaient plus conformes à l'étymologie.

CARMIN, subst. mas. (*karmein*) (de l'italien *carminio*, carmin), couleur faite de bois de Brésil et d'alun, de laquelle on se sert pour peindre en miniature. — On le tire aussi de la cochenille, et c'est le meilleur. — Fig. : *des lèvres de carmin*, d'un rouge très-vif.

CARMINATIF, adj. mas., au fém. **CARMINATIVE** (*karminatif, tive*) (du lat. *carminare*, carder la laine, et, par extension, tirer ce qu'il y a de grossier ; purger), t. de médec., se dit de certains médicaments qui ont la vertu d'expulser les vents retenus dans la cavité de l'estomac et des intestins. — Il est aussi subst. mas. : *un carminatif*.

CARMINATIVE, adj. fém. Voy. **CARMINATIF**.

CARMINE, subst. fém. (*karmine*), principe colorant de la cochenille.

CARMINOPHILE, adj. des deux genres (*karminofile*) (du lat. *carmen*, vers, et du grec φιλος, ami), qui aime les vers : *société carminophile*. Inusité.

CARMON, subst. mas. (*karmon*), t. d'hist. nat., sorte de gros poisson de la Côte-d'Or.

CARMONE, subst. mas. (*karmone*), t. de bot., genre d'arbrisseaux qui se rapprochent beaucoup des cabrillets.

CARN, subst. mas. (*karne*), monument anciennement consacré aux cérémonies religieuses dans les montagnes d'Écosse.

CARNA, **CARDÉA** ou **CARDINÉA**, subst. propre fém. (*karna, déa, dinéa*), myth., déesse qui présidait au cœur, au foie et aux entrailles du corps humain. *Ovide* lui donne la fonction d'ouvrir et de fermer les portes.

CARNAGE, subst. mas. (*karnaje*) (du lat. *caro, carnis*, chair), massacre, tuerie. Il se dit plus particulièrement par rapport aux hommes : *faire un grand carnage, un horrible carnage ; les deux armées étaient si animées l'une contre l'autre, qu'il y eut dans cette bataille un horrible carnage ; ce ne fut plus la gloire, ce fut le carnage qu'ils cherchèrent dans les combats ; le centre étant forcé, les deux ailes rompues, ceux qui avaient fait le plus grand carnage furent les vaincus*. — A la chasse, on le dit en parlant des animaux : *on a fait un grand carnage de cerfs, de sangliers*, etc. — On dit aussi, en parlant des bêtes carnassières, qu'*elles vivent de carnage*, de la chair des animaux qu'elles tuent.

CARNAL, subst. mas. (*karnale*), t. de mar., extrémité inférieure d'une antenne. — *Sur les galères*, palan frappé à l'extrémité de chaque mât, et qui sert à élever la tente à une hauteur convenable.

CARNALETTE, subst. fém. (*karnalète*), t. de mar., palan plus petit que le *carnal*.

CARNASSIER, subst. et adj. mas., au fém. **CARNASSIÈRE** (*karnacié, cière*) (du lat. *caro, carnis*, chair), en parlant des hommes, celui qui mange beaucoup de *chair* : *les Anglais sont carnassiers*. — En parlant des animaux, qui se repaît de *chair* crue, et qui en est fort avide : *les loups, les corbeaux, les vautours sont extrêmement carnassiers ; les bêtes carnassières, ayant plus d'instinct que les hommes, devraient couvrir la terre et dévorer une partie de l'espèce humaine*. — **CARNASSIER**, **CARNIVORE**. (*Syn.*) *Carnivore* signifie : qui mange de la *chair* ; et *carnassier* : qui en fait sa nourriture. Le premier énonce le fait, la coutume ; le second indique l'appétit naturel, l'habitude constante. *Carnassier* se dit proprement de l'animal que la nécessité de nature force à se nourrir de chair, et qui ne peut vivre d'autre chose ; l'animal *carnivore* se nourrit bien de chair, mais il n'est pas réduit à cet unique aliment. Le tigre, le lion, etc., sont des animaux *carnassiers* ; l'homme et le chien sont des animaux *carnivores*.

CARNASSIÈRE, subst. fém. (*karnacière*), espèce de petit sac où l'on met le menu gibier que l'on a tué à la chasse. — Adj. fém. Voy. **CARNASSIER**.

CARNASSIERS, subst. mas. plur. (*karnacié*), t. d'hist. nat., ordre d'animaux de la classe des mammifères. — Famille d'insectes de l'ordre des coléoptères.

CARNATEPY, subst. mas. (*karnatepi*), t. de comm., bois de Surinam, employé pour la menuiserie.

CARNATION, subst. fém. (*karnácion*) (du lat. *caro, carnis*, chair), la couleur de la chair sur le visage de l'homme vivant : *cette femme, cet enfant a une belle carnation*. — En t. de peint., la couleur des chairs ; et l'art même de rendre les chairs avec leurs couleurs naturelles : *Lairesse a donné des règles sur la carnation : belle carnation*. — En t. de blas., couleur de chair.

CARNAUBA, subst. mas. (*karnóba*), t. de bot., palmier du Brésil.

CARNAVAL, subst. mas. (*karnavale*) (de l'italien *carnovale* ou *carnasciale*, que *Politi*, et après lui *Du Cange*, dérivent de *carne*, chair, en lat. *caro, carnis*, et *vale*, adieu ; *adieu la chair*), temps consacré à des divertissements extraordinaires, lequel commence, en France, à la Purification, et finit le mercredi des cendres. Ces divertissements consistent principalement à se travestir et à se masquer. — Au plur., des *carnavals*.

CARNAVATEPY, subst. mas. (*karnavatepi*), t. de comm., bois de Surinam que l'on emploie dans la menuiserie. L'arbre qui le produit est inconnu.

CARNE, subst. fém. (*karne*), angle extérieur d'une pierre, d'une table, etc. Dans ce sens, ce mot pourrait bien être une corruption de *corne*. — Pop., de la mauvaise viande. Dans ce dernier sens, du lat. *caro, carnis*, qui signifie *chair*.

CARNÉ, E, adj. (*karné*), t. de fleuriste, qui est de couleur de chair vive. — Subst. propre fém., myth., mère de Britomarte.

CARNÉA, subst. propre fém. (*karnéa*), myth., déesse invoquée pour les enfants chez les Romains.

CARNÉADIEN, subst. et adj. mas., au fém. **CARNÉADIENNE** (*karnéadien, diène*), partisan de Carnéade, chef de la nouvelle Académie.

CARNÉATES, subst. propre mas. plur. (*karnéate*), t. d'hist. anc., ministres des fêtes *carnées* à Sparte.

CARNEAU, subst. mas. (*karnó*), t. de mar., nom de l'angle de la voile latine qui est vers la proue.

CARNÉEN, adj. propre mas. (*karnéein*), myth., surnom d'Apollon. — T. d'hist. anc. Il se dit, au plur., des airs que l'on chantait dans les fêtes dites *carnées*.

CARNÉES, subst. fém. plur. (*karné*), fêtes d'Apollon, à Sparte. Voy. **CARNUS**.

CARNELLE, subst. fém. (*karnèle*), t. de monnaie ; la bordure qui paraît autour du cordon d'une monnaie, et qui renferme la légende.

CARNELÉ, E, part. pass. de *carneler*, et adj.

CARNELER, v. act. (*karnelé*), t. de monnaie : faire la *carnelle* autour d'une pièce de monnaie.

CARNÉOLE, subst. fém. (*karnéole*), cornaline. Vieux.

CARNÉOLUS, subst. mas. (*karnéoluce*), t. de bot., genre de plantes qui se rapproche des calcédoines.

CARNER, v. neut. (*karné*), t. de fleuriste, devenir couleur de *chair*. — *se* **CARNER**, v. pron.

CARNET, subst. mas. (*karnè*) (du lat. *quaternio*, cahier. Il s'écrivait autrefois *quarnet*), liste que tient un négociant de toutes ses dettes actives et passives, et du jour où elles doivent être payées : *carnet d'échéances*. — Petit livre d'achats d'un marchand. — En général, petit cahier où l'on prend journellement des notes.

CARNI, subst. mas. (*karni*), t. de bot., espèce de plante.

CARNIER, subst. mas. (*karnié*). Voy. **CARNASSIÈRE**, qui a le même sens.

CARNIÈRE, subst. propre fém. (*karnière*), village de France, chef-lieu de canton, arrond. de Cambrai, dép. du Nord.

CARNIFICATION, subst. fém. (*karnifikâcion*), t. de médec., changement des os en *chair*.

CARNIFIÉ, E, part. pass. de *se carnifier*.

se **CARNIFIER**, v. pron. (*cekarnifié*) (du lat. *caro, carnis*, chair et *fieri*, être fait), se changer, se convertir en *chair*.

CARNIFORME, adj. des deux genres (*karniforme*), qui a la forme, l'apparence de la *chair*.

CARNILLET, subst. mas. (*karni-ié*), t. de bot., plante du genre des cucubales.

CARNIOLE, subst. propre fém. (*karniole*), province d'Allemagne.

CARNIVORE, adj. des deux genres (*karnivore*) (du latin *carnem*, accusatif de *caro*, chair, et *voro*, je mange, je dévore), se dit des animaux qui mangent de la *chair*, sans en faire exclusivement leur nourriture : *l'homme, le chien, sont carnivores.* — On dit aussi subst. : *un, une carnivore.* — En t. de médec., il se dit des médicaments caustiques propres à réduire les excroissances charnues.

CARNODE, subst. mas. (*karnode*), t. de médec., syn. de *carnosité*.

CARNOSITÉ, subst. fém. (*karnôzité*) (du lat. *carnis*, gén. de *caro*, chair), excroissance qui se forme dans le conduit de la verge des animaux, et empêche le passage de l'urine.

CARNUS, subst. propre mas. (*karnuce*), myth., fils de Jupiter et d'Europe. Ce fut un poète célèbre et un grand musicien. C'est de son nom que des combats poétiques en l'honneur d'Apollon furent appelés *Carnées*.

CARNUTES, subst. propre mas. plur. (*karnute*), anciens peuples des Gaules.

CAROBE, subst. fém. (*karobe*) sorte de poids étranger. — Fève de l'île de Chypre.

CAROCHO, subst. mas. (*karochô*), nom donné par les Espagnols et les Portugais à une espèce de mitre de papier ou de carton, sur laquelle sont peintes des flammes et des figures de démons, et qu'on mettait sur la tête de ceux qui avaient été condamnés à mort par le tribunal de l'inquisition.

CAROGNE, subst. fém. (*karognie*) (par corruption du mot *charogne*, ou, suivant *Mézeray*, de l'espagnol *cabrona*, vieille chèvre, nom injurieux donné, dans certaines parties de l'Espagne, aux vieilles femmes qui déplaisent), une femme débauchée, une méchante femme. Il est bas.—Voy. **CHAROGNE**, qui semble être le même mot.

CAROLE, subst. fém. (*karole*), t. d'antiq., partie qui formait le fond d'un temple ou d'une église. — Danse ancienne, en rond, accompagnée de chant. — Vieux et inusité.

CAROLER, v. neut. (*karolé*), danser en rond ; se réjouir, prendre part à une fête de village. Vieux et inusité.

CAROLIES, subst. fém. plur. (*karoli*), livres du temps de Charlemagne, sur le culte des images.

CAROLIN, subst. mas. (*karolein*), monnaie d'or de Cologne, qui vaut vingt-trois francs quatre-vingt-cinq centimes. On a dit aussi *carlin*.

CAROLIN, E, adj. (*karolein, line*), épithète qu'on a donnée à des livres qui furent composés par l'ordre de Charlemagne. Voy. **CAROLIES**.

CAROLINE, subst. fém. (*karoline*), monnaie d'argent de Suède, sans effigie, ayant pour légende : *si Deus pro nobis, quis contra?* Elle vaut quatre-vingt-cinq centimes. — En t. de bot., plante vivace des Alpes et des Pyrénées, qui est bonne à manger. — T. d'hist. nat., poisson du genre de l'argentine. — Voiture omnibus qui circule dans Paris.

CAROLINÉE, subst. fém. (*karoliné*), t. de bot., genre de plantes.

CAROLUS, subst. mas. (*karoluce*), ancienne monnaie d'or d'Angleterre. — Ancienne monnaie de billon de France. Le *carolus* valait dix deniers tournois, ou quatre centimes à peu près.

CARON, mieux **CHARON**, subst. propre mas. (*karon*) (du grec Χαρων, qui a le même sens), myth., fils de l'Érèbe et de la Nuit ; nautonnier des enfers, qui passait les ombres pour une pièce de monnaie qu'elles étaient obligées de lui donner. Il refusait de recevoir dans sa barque les âmes de ceux qui n'avaient pas été inhumés, et les laissait errer cent ans sur le rivage, sans se laisser toucher de leurs instances. — En t. de charcutier, bande de lard dont on a ôté la partie maigre.

CARONADE, subst. fém. (*karonade*) (de la ville de *Caron*, en Écosse, où furent fabriquées les premières *caronades*), grosse pièce d'artillerie courte et renflée par la culasse, qui originairement n'était en usage que dans la marine.

CARONCULE, subst. fém. (*karonkule*) (du lat. *caruncula*, dimin. de *caro*, chair), proprement, petite portion de chair.—T. d'anat. qui s'applique d'une manière spéciale à quelque partie du corps de l'homme ou des animaux. On appelle *caroncules myrtiformes* quatre petites éminences charnues situées aux parties génitales des femmes ; *caroncules lacrymales* deux petites éminences situées l'une à droite, l'autre à gauche, chacune au grand angle de l'œil, et qui séparent les deux points lacrymaux. — En t. d'art vétér., on appelle *caroncule lacrymale*, une masse menue, oblongue, noire et très-dure, qui occupe le grand angle de l'œil des bestiaux.— En t. de bot., appendice charnue sur certaines plantes. — En t. d'hist. nat., on nomme ainsi un étourneau de la Nouvelle-Zélande.

CARONCULÉS, adj. et subst. mas. plur (*karonkulé*), t. d'hist. nat., se dit d'une famille de l'ordre des oiseaux silvains.

CARONCULEUSE, adj. fém. Voyez **CARONCULEUX**.

CARONCULEUX, adj. mas., au fém. **CARONCULEUSE** (*karonkuleu, leuze*), t. d'anat., qui a rapport aux *caroncules*.

CARONPHYLLOÏDE, subst. fém. (*karonfileloide*), t. d'hist. nat., pierre qui a la forme du clou de girofle. — On dirait mieux **CARYOPHYLLOÏDE**, pour raison étymologique

CAROS, subst. mas. (*karoce*) (du grec καρος, sommeil), t. de médec., assoupissement léthargique.

CAROSSE, subst. mas. (*karoce*), t. de bot., fruit du *carossier*. — T. de mar., logement du capitaine d'une galère. — T. d'arts et mét., c'est aussi un instrument de cordier.

CAROSSIER, subst. mas. (*karocié*), t. de bot., espèce de palmier d'Afrique et d'Amérique.

CAROTIDAL, E, adj. (*karotidale*), t. d'anat., qui appartient aux *carotides*. On a dit aussi dans le même sens *carotide*.—Plur. mas., *carotidaux*.

CAROTIDE, subst. et adj. fém. (*karotide*) (en grec καρωτιδης, dérivé de καρος, assoupissement ; parce que les anciens regardaient les *carotides* comme le siège de l'assoupissement), t. d'anat., nom de deux artères qui conduisent le sang au cerveau. — On dit aussi adj., *les artères carotides*.

CAROTIDIEN, adj. mas.; au fém. **CAROTIDIENNE** (*karotidiein, diène*), synonyme de *carotidal*. Voy. ce mot.

CAROTIQUE, subst. mas. et adj. des deux genres (*karotike*), t. d'anat., trou de l'os temporal qui donne passage aux artères *carotides*. — Adj., qui a rapport au *caros*.

CAROTTE, subst. fém. (*karote*) (de l'italien *carota* qui a la même signification, et qui a été fait, suivant Ménage, de κροκωτος, de couleur de safran, à cause de la couleur ordinairement jaune de cette racine), t. de jard., plante à fleur rosacée, bisannuelle, dont la racine, douce et charnue, qui porte le même nom, est employée comme aliment, et fournit un véritable sucre. Il y en a de plusieurs espèces. — Fig. et fam. : *ne vivre que de carottes*, vivre mesquinement. — *Tirer une carotte à quelqu'un*, tirer de l'argent, etc., de quelqu'un. Pop. — Assemblage de feuilles de tabac roulées les unes sur les autres en forme de *carotte*.

CAROTTER, v. neut. (*karoté*), t. de jeu, jouer mesquinement, ne hasarder que peu. Fam. et presque bas. — Par extension, faire un commerce très-restreint, des affaires fort peu étendues, etc. : *il ne fait que carotter*.

CAROTTEUR, subst. mas., au fém. **CAROTTEUSE** (*karoteur, teuze*). Voy. **CAROTTIER**.

CAROTTEUSE, subst. fém. Voy. **CAROTTEUR**.

CAROTTIER, subst. mas., au fém. **CAROTTIÈRE** (*karotier, tière*), t. de jeu, celui ou celle qui joue mesquinement, qui risque peu. Fam. et presque bas. L'*Académie* ne donne pas ces deux mots.

CAROTTIÈRE, subst. fém. Voy. **CAROTTIER**.

CAROUACHI, subst. mas. (*karouachi*), t. de bot., plante de la Guyane.

CAROUBE, subst. mas., ou **CAROUGE**, dit l'*Académie* (*karoube*), t. de bot., fruit du *caroubier*. Ce sont des siliques ou gousses aplaties, longues de-puis un demi-pied jusqu'à quatorze pouces, sur un pouce et demi de large, contenant des semences plates qui ont de la ressemblance avec celles de la casse. Voy. **CAROUGE**.

CAROUBIER, subst. mas. (*karoubier*), t. de bot., arbre qui porte les *caroubes*. Il croît en Palestine, en Égypte et dans le midi de l'Europe. Son fruit est gros, long et aplati ; il sert d'aliment.

CAROUGE, subst. mas. (*karouge*), t. d'hist. nat., oiseau silvain de la famille des tisserands. On ne le trouve qu'en Amérique.—Une espèce de ce genre, que l'on trouve à Saint-Domingue, porte le nom de siffleur, à cause du son perçant de sa voix.— L'*Académie* ne donne point la définition de ce mot, et renvoie simplement à *caroube*. Nous avons cherché à vérifier si en effet *carouge*, outre la signification d'*oiseau*, a celle de *fruit du caroubier*, et nos recherches les plus minutieuses sont demeurées sans résultat, parce que tous les auteurs ont confondu ces deux mots ; nous dirons donc seulement que si l'*Académie* admet *carouge* dans la signification de *caroube*, elle aurait dû créer le mot *carougier*, comme elle a inséré celui de *caroubier*.

CAROUGES, subst. propre mas. (*karouge*), bourg de France, chef-lieu de canton, arrond. d'Alençon, dép. de l'Orne.

CAROUGIER, subst. mas. Voy. **CAROUGE**.

CAROULA, subst. mas. (*karoula*), t. d'hist. nat., serpent de l'île de Ceylan.

CAROXYLON, subst. mas. (*karokcilon*), t. de bot., plante qui croît sur les bords de la mer, au cap de Bonne-Espérance.

CARPADELLE, subst. fém. (*karpadèle*), t. de bot., espèce de fruit qui ressemble à celui des ombellifères.

CARPAIS, subst. mas. plur. (*karpè*), t. d'hist. nat., nom donné à un genre d'arachnides.

CARPANTHE, subs. mas. (*karpante*), t. de bot., genre de plantes cryptogames, de la famille des rhinospermes.

CARPAS, subst. mas. (*karpâce*), t. de bot., nom donné au cotonnier.

CARPAZE, subst. propre mas. (*karpâze*), nom d'une montagne des Alpes.

CARPASUM, subst. mas. (*karpâzome*), t. de bot., plante très-vénéneuse.

CARPAT, subst. mas. (*karpa*), bonnet des Grecs de l'Archipel.

CARPE, subst. fém. (*karpe*), t. d'hist. nat., poisson de lac et de rivière fort commun, de l'ordre des poissons osseux, abdominaux et holobranches, de la famille des gymnopomes et du genre des cyprins : *carpe mâle* ou *laitée* ; *carpe femelle* ou *œuvée* ; *carpe de rivière* ; *carpe d'étang*. — On appelle *carpe à miroir* une sorte de *carpe* à demi-nue, et dont le ventre et le dos sont les seuls endroits couverts de deux ou trois rangées d'écailles dorées, beaucoup plus grandes que celles des *carpes* ordinaires ; *carpe saumonnée*, une carpe commune dont la chair a contracté, par des circonstances locales, une teinte rougeâtre analogue à celle du saumon. — On dit fam. : *faire la carpe pâmée*, pour : feindre de se trouver mal. — *Saut de carpe*, t. de baladin, le saut qu'on fait horizontalement, étant à plat, sur le dos ou sur le ventre.

CARPE, subst. mas. (*karpe*) (en grec καρπος), t. d'anat., la partie qui est entre l'avant-bras et la paume de la main ; le poignet.

CARPEAU, subst. mas. (*karpô*), t. d'hist. nat., petite *carpe*. — Poisson de la Saône et du Rhône ressemblant à la *carpe*, et d'un goût fort délicat.

CARPENTRAS, subst. propre mas. (*karpantrâce*), ville de France, chef-lieu d'arrond., dép. de Vaucluse.

CARPÉSIE, subst. fém. (*karpézi*), t. de bot., genre de plantes de la famille des corymbifères. Il comprend deux espèces, dont la première à les fleurs terminales et recourbées, ce qui lui a fait donner le nom de *carpésie penchée* : elle se trouve en Europe. La seconde vient de la Chine, et a ses fleurs à l'aisselle des feuilles.

CARPESIUM, subst. mas. (*karpéziome*), t. d'hist. anc., sorte d'aromate chez les anciens.

CARPET, subst. mas. (*karpé*), t. d'hist. nat., poisson semblable à la *carpe*, mais plus court, qui se trouve dans le fleuve du Sénégal.

CARPETTE, subst fém. (*karpète*), t. de comm., gros drap nommé autrement *tapis d'emballage*. — Petite *carpe*.

CARPHA, subst. mas. (*karfa*), t. de bot., genre de plantes de la famille des souchets, propre à la Nouvelle-Hollande.

CARPHALE, subst. mas. (*karfale*), t. de bot., arbrisseau de Madagascar, de la famille des rubiacées.

CARPHÉPHORE, subst. mas. (*karféfore*), t. de bot., genre de plantes de la famille des corymbifères.

CARPHÉOTUM, subst. mas. (*karféotome*), encens d'Arabie.

CARPHOLOGIE, subst. fém. (*karfoloji*) (du grec καρφος, fétu, et λεγειν, recueillir, ramasser ; *action de ramasser des brins de paille*), t. de médec., espèce de convulsion ou de délire dans lequel on semble vouloir prendre à terre quelques petits objets. C'est un symptôme de la fièvre ataxique.

CARPHOLOGIQUE, adj. des deux genres (*karfolejike*), t. de médec., qui concerne la *carphologie*.

CARPHOS, subst. mas. (*karfoce*), t. de bot., genre de plantes.

CARPIE, subst. fém. (*karpi*), t. de cuisine, hachis de *carpe*.

CARPIEN, adj. mas.; au fém. **CARPIENNE**, (*karpiein, piène*), t. d'anat., qui appartient au *carpe*: *ligaments carpiens*.

CARPIER, subst. mas. (*karpié*), t. de pêche, petit étang à mettre des *carpes*, qu'on nomme aussi *alvier*.

CARPIÈRE, subst. fém. (*karpière*), lieu où l'on nourrit les *carpes*. Voy. **CARPIER**.

CARPILLON, subst. mas. (*karpiion*) (diminutif de *carpe*), petite *carpe*.

CARPION, subst. mas. (*karpion*), t. d'hist. nat., nom spécifique d'un poisson du genre salmone.

CARPOBALSAME, subst. mas. (*karpobaleçame*) (en lat. *carpobalsamum*, formé du grec χαρπος, fruit, et βαλσαμος, baume), t. de bot., arbre du genre balsamier, qui produit le baume de Judée. — On dit aussi *carpobalsamum*.

CARPOBLEPTE, subst. masc. (*karpoblèpete*), t. de bot., genre de plante établi aux dépens des varecs.

CARPOCRATIENS, et non pas **CARPOCRACIENS**, subst. mas. plur. (*karpokeraciein*), t. d'hist. eccl., hérétiques du deuxième siècle qui niaient la création par Dieu lui-même, l'attribuant à des anges; rejetaient la divinité de J.-C., admettaient la communauté des femmes, et se faisaient un devoir de céder à la concupiscence, afin que l'âme pût se purifier. Ils prirent ce nom de *Carpocrate*, leur chef.

CARPODET, subst. mas. (*karpodè*), t. de bot., plante des îles de la mer du Sud.

CARPODONTE, subst. mas. (*karpodonte*), t. de bot., arbre de la Nouvelle-Hollande.

CARPOGÉNETHLOS, adj. (*karpojénèteloce*) (du grec χαρπος, fruit, et γινομαι, je produis), myth., surnom d'Apollon.

CARPOLÉPIDE, subst. fém. (*karpolépide*), t. de bot., genre de plantes.

CARPOLITHE, subst. mas. (*karpolite*) (du grec χαρπος, fruit, et λιθος, pierre), t. d'hist. nat., fruit pétrifié.

CARPOLYSE, subst. fém. (*karpolize*), t. de bot., genre de plantes.

CARPO-MÉTACARPIEN, adj. et subst. mas.; au fém. **CARPO-MÉTACARPIENNE** (*karpométakarpiein, ène*), t. d'anat., qui a rapport ou qui appartient au *carpe* et au *métacarpe*. On appelle *muscles carpo-métacarpiens*, ou opposants, deux muscles situés à la paume de la main, qui rapprochent l'un de l'autre le pouce et le petit doigt, ou plutôt le premier et le cinquième os du *métacarpe*.

CARPOMORPHITES, subst. mas. plur. (*karpomorfite*) (du grec χαρπος, fruit, et μορφη, forme), t. d'hist. nat., fruits pétrifiés.

CARPOORA, subst. mas. (*karpoora*), t. de min., espèce de gypse dont la poudre s'emploie dans l'Inde contre les ulcères.

CARPOPHAGE, adj. et subst. des deux genres (*karpofaje*) (du grec χαρπος, fruit, et φαγω, je mange), t. d'hist. nat., frugivore; qui se nourrit de fruits.

CARPO-PHALANGIEN, adj. et subst. mas.; au fém. **CARPO-PHALANGIENNE** (*karpofalanjiein, ene*), t. d'anat., qui appartient au *carpe* et aux premières phalanges proprement dites. On appelle *muscles carpo-phalangiens* deux muscles dont l'un, qui est celui du pouce, est aussi appelé, *fléchisseur* du pouce, et l'autre, qui appartient au cinquième doigt, est aussi appelé: *abducteur* du petit doigt.

CARPOPHORE, adj. fém. (*karpofore*) (du grec χαρπος, fruit, et φερω, je porte) myth., nom donné à Cérès et à Proserpine, comme protectrices des récoltes et des fruits.

CARPOPHYLLE, subst. mas. (*karpofile*) (du grec χαρπος, fruit, et φυλλον, feuille), t. de bot., espèce de laurier.

CARPO-SUS-PHALANGIEN, adj. et subst. mas.; au fém. **CARPO-SUS-PHALANGIENNE** (*karpoçufalangiein, ène*), t. d'anat., qui s'étend du *carpe* à la face supérieure de la première phalange. On appelle *muscle carpo-sus-phalangien*, ou *court abducteur du pouce*, un petit muscle situé à la face externe de la main.

CARPOT, subst. mas. (*karpô*), t. de vieille coutume, quart de la vendange, qui était dû au propriétaire de la vigne.

CARPTEUR, subst. mas. (*karpeteur*), t. d'hist. anc., esclave, à Rome, chargé de couper les viandes.

CARQUEFOU, subst. propre mas. (*karkefou*), village de France, chef-lieu de canton, arrond. de Nantes, dép. de la Loire-Inférieure.

CARQUÈSE, subst. mas. (*karkèze*), t. de verrerie, le four de fritte, où l'on fait cuire les pots avant de les mettre dans le four de la verrerie.

CARQUOIS, subst. mas. (*karkoâ*) (de l'allemand *karkasse*, dont on a fait *carcax*, que *Ferrari* dérive du lat. *arca*, coffre, cassette), sorte d'étui à flèches: *carquois garni de flèches; tirer des flèches de son carquois; le carquois de l'Amour*. — Fig., *vider son carquois*, accabler une ou plusieurs personnes d'épigrammes, de sarcasmes. — Myth. Voy. **ACTÉON, AMAZONE, ARCAS, ATALANTE, CALISTO, CHIRON, CUPIDON, DIANE, HERCULE, HIPPOLYTE, MÉLÉAGRE, ORION.**

CARRARE, subst. mas. (*karare*), marbre de la côte de Gênes, qui tire son nom d'une ville de Toscane.

CARRE, subst. fém. (*kâre*). On ne le dit guère qu'en parlant de chapeau, habit et soulier: *la carre d'un chapeau*, le haut de la forme; *la carre d'un habit*, le haut de la taille; *la carre d'un soulier*, le bout. — *Avoir une bonne carre*, avoir les épaules bien larges et bien formées. C'est une expression basse et populaire. — Au jeu de bouillotte, mise avec laquelle on se *carre*: *je vois la carre*, je tiens ce que propose le joueur *carré*; *je double la carre*, etc.

CARRÉ, E, adj. (*kâré*) (du latin *quadratus, a, um*, dont la signification est la même), qui a quatre côtés et quatre angles droits: *figure carrée; plan carré; jardin carré; chambre carrée; table carrée*, etc. — *Bonnet carré*, bonnet à quatre ou trois cornes que portaient autrefois les docteurs, quelques gens de justice et les ecclésiastiques dans leurs fonctions; aujourd'hui bonnet pyramidal surmonté d'une houppe, à l'usage seulement des ecclésiastiques. — T. de guerre, *bataillon carré*, autrefois, bataillon offrant autant de profondeur que de front. Voy. **CARRÉ**, subst. — — *Pied carré, toise carrée, mètre carré*, surface *carrée* dont chaque côté est d'un pied, d'une toise, d'un mètre. On dit aussi *un pied*, etc. *en carré*. — T. de mathématiques, *nombre carré*, nombre qui résulte d'un autre multiplié par lui-même; *racine carrée*, nombre qui, multiplié par lui-même, produit un certain nombre *carré* assigné. — T. de rhét., *période carrée*, période de quatre membres, et par extension toute période nombreuse et bien soutenue. — T. de mar., *voiles carrées*, ou *voiles à trait carré*, voiles quadrangulaires, dont les vergues, hissées par le milieu, croisent le mât à angles droits; *poupe carrée*, poupe ordinaire, la *poupe ronde* étant particulière à quelques bâtiments. — *Jeu de paume carré*, jeu de paume où le dedans est remplacé par un petit trou et un ais. — T. de jeu, *brelan carré*, ou *brelan quatrième*, brelan de même sorte que la retourne. — Fam., *partie carrée*, partie de plaisir entre deux hommes et deux femmes. — *Personne carrée des épaules*, large des épaules. — Fig. et fam., *une tête carrée*, une personne d'un jugement plein de justesse et de solidité.

CARRÉ, subst. mas. (*kâre*) (du latin *quadratum*, qui a la même signification. On a écrit longtemps *quarré*), figure *carrée*: *grand carré; petit carré; carré long*, etc. — *Un carré de papier*, un morceau de papier *carré*: *je lui ai écrit deux mots sur un carré de papier*. — T. de jeu de paume, *un carré*. Voy. **CARRÉ**, adj. — T. de guerre, *carré d'infanterie*, corps, régiment d'infanterie disposé de telle sorte que, tant intérieurement qu'extérieurement, il puisse faire face de quatre côtés: *former le carré; enfoncer un carré*, etc. — *Carré de toilette*, petit coffre qui servait à la toilette d'une dame. — T. d'archit., membre *carré* qui termine certaines parties. — On appelle souvent *carré* un palier. — On nomme aussi *carré, carré simple, double, grand carré*, certaines dimensions de papier d'impression. Dans ce sens il est encore adj. — En t. de pêche, filet qu'on appelle aussi *carreau* et *carrelet*. Voy. ce dernier mot. — En t. de math., produit d'un nombre, etc., multiplié par lui-même. — *Carré-carré*, puissance immédiatement au-dessus du cube, ou: quatrième puissance; *carré-cube*, cinquième puissance; *carré du cube*, sixième puissance; *carré-cube-carré*, septième puissance; *carré-carré-cube*, huitième puissance; *carré-cube-cube*, neuvième puissance; *carre au sursolide*, nom donné par les Arabes à la dixième puissance. — *Carré-magique*, figure *carrée*, formée d'une suite de nombres en proportion arithmétique, disposés dans des lignes parallèles, ou en des rangs égaux, de telle sorte que les sommes de tous ceux qui se trouvent dans une même bande horizontale, verticale ou diagonale, soient toutes égales entre elles. — Particulièrement en géométrie, figure à quatre côtés et à angles droits, dont les côtés et les angles sont égaux. — On appelle *carré de mouton* la pièce du quartier de devant d'un mouton, lorsque le collet et l'épaule en sont enlevés. — Les jardiniers nomment *carré* un espace de terre en *carré* où l'on plante des légumes ou des fleurs. — Par analogie, *carré d'eau*, pièce d'eau *carrée*. — En t. de bijoutier, *carré* se dit du pilier qui fait l'angle d'une tabatière. — En t. de gravure et de monnayage, *carré* se disait autrefois d'un morceau d'acier fait en forme de dé, dans lequel on avait gravé en creux ce qui devait être en relief sur une médaille. On se sert maintenant du mot coin. — En t. de cordiers, bâti de charpente en forme de traîneau, sur le devant duquel s'élèvent deux montants qui portent une traverse où passent les manivelles servant à tordre les torons. — En t. de cordonniers, morceau de cuir fort, coupé en *carré*. — En t. d'anatomie, on a donné le nom de *carré* à plusieurs muscles, à cause de leur figure: *le carré des lèvres*, abaisseur de la lèvre inférieure; *le carré du menton*, houppe du menton; *le carré pronateur*, cubito-radial; *le carré des lombes*, ilio-costal; *le carré de la cuisse*, ischio-sous-trochantérien; *le carré du pied*, transversal des orteils, métatarso-sous-phalangien transversal du pouce, etc.

CARREAU, subst. mas. (*kârô*) (du latin *quadrellum*, diminutif de *quadratum*, carré, dont nous avons fait également *carreler, carrelage, carreleur*, etc.), pavé plat fait de terre cuite, de pierre, de marbre, etc., dont on pave le dedans des maisons. — On appelle aussi *carreau* le sol même ou le plancher pavé de *carreaux*: *raccommoder, laver le carreau*. — On dit familièrement: *coucher sur le carreau*, sur le plancher; *jeter, coucher quelqu'un sur le carreau*, l'étendre sur la place, mort ou très-blessé; *rester, demeurer sur le carreau*, être tué sur la place; *jeter des meubles sur le carreau*, dans la rue. — *Carreau* prend quelquefois le sens de *carré*, particulièrement quand il s'agit de plusieurs *carrés* rangés symétriquement: *étoffe à carreaux; dessin à carreaux; tracer des carreaux; plier du linge par petits carreaux*, etc. — Morceau de verre taillé en *carré* pour faire des châssis. — Fer dont les tailleurs se servent pour presser les coutures. — Une des couleurs du jeu de cartes, marquée par de petits *carreaux* rouges. On dit par mépris et bassement: *c'est un valet de carreau; il l'a traité comme un valet de carreau*. — Coussin *carré* dont on se sert pour s'asseoir ou se mettre à genoux. — En t. de potier, morceau de terre franche, fait en *carré* ou à pans. — Planche large d'un potager. — Grosse lime rude et *carrée*, qui sert à dégrossir le fer. Il y a aussi des *demi-carreaux*. — En t. de monnayage, lame ou morceau d'or ou d'argent qu'on coupe, qu'on arrondit et qu'on prépare pour en faire les flans. — En t. de menuiserie, on appelle *carreau* un petit ais *carré* et de bois de chêne, dont on se sert pour remplir la carcasse d'une feuille de parquet. — En t. de manège, c'est un grand *carreau* plombé qu'on place dans les écuries au-dessus des mangeoires des chevaux, afin de les empêcher de lécher le mur. — En t. de mar., on nomme *carreaux* toutes les ceintes d'un vaisseau, et les pièces de bois qui forment le haut des côtés d'une chaloupe. — *Carreau d'arbalète*, flèche dont le fer avait quatre pans. C'est de là qu'on a dit figurément: *les carreaux vengeurs de Jupiter; les carreaux de la foudre*. On l'appelait aussi *guarro*. Cette expression ne serait plus comprise aujourd'hui. — En archit., pierre qui a plus de largeur au parement que de queue dans le mur, et qui est posée alternativement avec la boutisse pour faire liaison. — *Carreau de pierre*, grosse pierre pour bâtir; *carreau de bossage*, pierres de refend qui composent une chaîne de pierres. — T. de physique, *carreau électrique*, *carreau* de verre garni, dans ses deux surfaces, d'une feuille de métal qui s'étend jusqu'à la distance de deux ou trois pouces du bord. Il sert à donner une commotion nommée *coup foudroyant*, et semblable à celle qu'on éprouve dans l'expérience de Leyde. — *Franc-carreau*, jeu qui consiste à jeter en l'air, dans une chambre *carrelée*, une pièce de monnaie qui ne doit tomber que sur un seul *carreau* ou franchement. Le joueur dont la pièce tombe le plus loin des bords du *carreau* gagne le coup. — *Réduire une estampe, un dessin aux carreaux*, le graticuler. Voy. ce mot.— *Brochet-carreau*, fort gros brochet. — *Carreau*, en t. d'hist. nat., est un genre de coquilles établi pour séparer quelques espèces de celui des *rochers*. C'est une coquille de quatre pouces de longueur, dont la spire est armée de grosses pointes. On l'appelle aussi : l'unique, le buccin unique, la guitare, la trompette-de-dragon. Elle vient des mers d'Amérique.—T. de médec., maladie qui consiste dans un gonflement et une dureté extraordinaire du ventre, et à laquelle les enfants sont particulièrement sujets.

CARREFOUR, subst. mas. (*kârefour*) (suivant *Huet*, du latin *quadratum forum*, place carrée), lieu où aboutissent plusieurs rues dans les villes, villages, etc., et plusieurs chemins dans la campagne.

CARRÉGER, v. neut. (*kâréjé*), t. de mar. usité dans la Méditerranée, louvoyer.

CARRELAGE, subst. mas. (*kârelaje*), action de *carreler*; ouvrage du *carreleur*; le *carreau* même.

CARRELÉ, subst. mas. (*kârelé*), t. de comm., étoffe de soie dont la chaîne et le poil sont de quarante portées et sont montés, comme le gros de Tours, sur quatre lices pour lever et quatre de rabat.

CARRELÉ, E, part. pass. de *carreler*, et adj.: *une chambre carrelée; des souliers carrelés*, raccommodés.

CARRELER, v. act. (*kârelé*), poser des *carreaux* dans une chambre; paver avec des *carreaux*. — Raccommoder de vieux souliers, de vieilles bottes, en parlant des savetiers ambulants.

CARRELET, subst. mas. (*kârelè*), t. d'hist. nat., poisson de mer de la classe des poissons plats, et qui a de petites taches rouges sur le corps. Il est du genre pleuronecte; on le pêche communément sur les côtes de France. Dans le Nord on le sale, on le fume, on le marine, et on le vend sous le nom de flétan. — En t. de pêche, filet d'environ six pieds carrés.— Filet pour prendre les oiseaux. — T. d'arts et mét., aiguille de forme angulaire du côté de la pointe, dont se servent les selliers, bourreliers, cordonniers, etc. : *il faut un carrelet pour coudre ces cuirs*.—Les cordonniers appellent *carrelet à renverser* une sorte d'aiguille un peu coudée, qui leur sert à faire la trépointe du derrière du soulier.— Les chapeliers donnent le nom de *carrelet* à une espèce de petite carde sans manche dont les dents sont de fil de fer très-fin, et avec laquelle ils donnent la façon qu'ils appellent *tirer le chapeau à poil*.—En t. de pharmacie, on appelle ainsi un instrument ou châssis destiné à retenir les coins du blanchet au travers duquel le pharmacien passe quelque liqueur.—T. de comm., petite étoffe en laine.

CARRELETTE, subst. fém. (*kârelète*), lime plate plus petite que le *carreau*, et dont se servent divers ouvriers en fer.

CARRELEUR, subst. mas. (*kâreleur*), celui qui pose le *carreau*. — Savetier qui court les rues pour trouver des souliers à raccommoder.

CARRELIER, subst. mas. (*kârelié*), celui qui façonne et cuit les *carreaux*.

CARRELURE, subst. fém. (*kârelure*), semelles neuves qu'on met à des souliers, à des bottes. — Prov. et bassement : *faire* ou *se donner une bonne carrelure de ventre*, faire un bon repas.

CARRÉMENT, adv. (*kâréman*), en *carré*; à angles droits : *couper, tracer, planter carrément*.

CARRER, v. act. (*kâré*) (on écrivait autrefois *quarrer*, du latin *quadrare* qui signifie la même chose), donner une figure *carrée* à... — En t. de géométrie, trouver un *carré* égal à une surface curviligne. — En arithm. et en algèbre, élever un nombre, une quantité au *carré*, les multiplier par eux-mêmes. — *Carrer*, t. des nouvelles mesures, faire l'opération appelée quadrature. Voy. ce mot. — **SE CARRER**, v. pron., marcher avec un air d'importance, d'arrogance. Il est familier. — Au jeu de bouillotte, s'assurer la priorité en doublant sa mise.

CARRET, subst. mas. (*kârè*), t. de cordier, gros fil propre à faire des cordages. — En t. de mar., fil tiré d'un des cordages de quelque vieux câble coupé par morceaux. On dit aussi *fil de carret*.

CARRI, subst. mas. (*kâri*), assaisonnement indien composé de piment en poudre, d'épices, etc. : *poule au carri*. On écrit aussi *carry*.

CARRIAGE, subst. mas. (*kâriage*), train de charrois.

CARRICK, et non pas **CARRIK**, ni **CARRIQUE**, subst. mas. (*karike*), redingote à collet ample, et à plusieurs collets. — On ne dit point *carrick* pour désigner un certain mets. Voy. **CARRI** et **CARRY**.— Léger cabriolet découvert.

CARRIER, subst. mas. (*kârié*), ouvrier qui travaille à tirer la pierre des carrières. — Entrepreneur qui ouvre une *carrière* pour en tirer la pierre.

CARRIÈRE, subst. fém. (*kârière*) (autrefois *quarrière*, du verbe latin *quadrare*, formé de *quatuor*, d'où vient notre mot *quartier*), masse d'une substance propre à être fendue ou débitée en *quartiers* pour faire de la marchandise.—Lieu d'où l'on tire de la pierre, du marbre, de l'ardoise, etc. : *creuser, fouiller une carrière*.—Endroit de certaines pierres où il y a plusieurs nœuds. — T. de bot., on appelle ainsi des tubercules ligneux qui se rencontrent quelquefois dans les fruits, surtout dans les poires, et qui ont l'apparence de petites pierres. — Pierres dans la vessie. — Lice, lieu fermé de barrières et disposé pour toutes sortes de courses. — Fig., cours de la vie; temps qu'on exerce un emploi, une charge, etc. : *finir, achever sa carrière; fournir sa carrière; ne faire que commencer sa carrière*. — Fig., l'état, la profession que l'on prend; les études dont on s'occupe; les entreprises où l'on s'engage : *la carrière du barreau; la carrière des armes; la carrière administrative; la carrière des lettres; la carrière des sciences; la carrière des arts; la carrière des honneurs, de la gloire; la carrière de l'ambition; suivre une carrière; toutes les carrières vous sont ouvertes; s'engager dans la carrière du vice; courir, parcourir une périlleuse carrière; c'est vous qui nous avez devancés dans la carrière*. — Poét., mouvement périodique des astres : *le soleil commence, achève sa carrière*, etc. — On dit dans le style soutenu, d'un homme qui a brillé plus qu'aucun autre dans un art créé par lui, qu'*il a ouvert et fermé la carrière*; on dit aussi : *il a fermé la carrière qu'il s'était ouverte*. — Fig., *ouvrir à quelqu'un une carrière, une belle carrière*, lui donner une occasion de paraître, d'exercer ses talents. — T. de manège, étendue de terrein où l'on peut pousser un cheval jusqu'à ce que l'haleine lui manque. — *Donner carrière à un cheval*, lui lâcher la bride.— Fig., *donner carrière* ou *libre carrière à ses idées, à son imagination, à ses passions*, etc., leur donner un libre essor.—*Se donner carrière*, se réjouir, ou : se laisser emporter à l'envie que l'on a de dire ou de faire quelque chose.—*Se donner carrière aux dépens de quelqu'un*, s'en divertir par des railleries.—On dit, en t. de guerre, *prendre carrière de tant de pas*, commencer à s'abandonner au galop à telle distance de l'ennemi qu'on charge.

CARRIK, barbarisme. Voy. **CARRICK**.

CARRIOLE, subst. fém. (*kâriole*), petite charrette couverte, qui est ordinairement suspendue.

CARRIQUE, barbarisme. Voy. **CARRICK**.

CARROSSABLE, adj. des deux genres (*kârocable*), fait pour les *carrosses*, pour les voitures de toute espèce : *route carrossable*. Inusité.

CARROSSE, subst. mas. (*kâroce*) (suivant *Ménage*, du lat. barbare *carruca* ou *carrucha*, employé dans le même sens par les écrivains de la basse latinité, et qui est formé de *currus*, char. Suivant le P. *Ménestrier*, de l'italien *carro rosso*, char rouge; parce que les Florentins, lorsqu'ils allaient à la guerre, en faisaient marcher à leur tête un de cette couleur, sur lequel était une croix), voiture à quatre roues fermée et suspendue : *prendre carrosse; aller en carrosse; rouler carrosse*. Aujourd'hui on substitue ordinairement le mot de voiture à celui de *carrosse*. — En t. de marine et sur les galères, logement du capitaine, formé, à l'arrière du bâtiment, par une couverture d'étoffe fixée sur des cerceaux. — En t. de pêche, espèce de petit parc, dont les côtés et le dessus sont couverts de filets. Quelques-uns le nomment *perd-temps*, parce que la pêche qu'on y fait est ordinairement peu abondante. — Instrument de corderie qui sert à porter le toupin ou couchoir, à l'aide duquel les câbles et autres cordes se tordent ou se commettent. — Prov. et fig. : *cheval de carrosse*, homme brutal et grossier.

CARROSSÉE, subst. fém. (*kârocé*), la quantité de personnes que contient un *carrosse* : *nous fûmes obligés de recevoir toute la carrossée*. Fam.

CARROSSIER, subst. mas.; au fém. **CARROSSIÈRE**, (*kârocié, cière*), faiseur de *carrosses*. — Cheval propre à tirer le *carrosse*.

CARROSSIÈRE, subst. fém. La femme d'un carrossier. Voy. ce mot.

CARROUSEL, subst. mas. (*kârouzèle*) (de l'italien *carro del sole*, en lat. *currus solis*, char du soleil, à cause de l'éclat et de la magnificence des chars qui en faisaient partie), espèce de tournoi qui consistait en courses de chariots, de bagues, de têtes, entre plusieurs cavaliers. — Le lieu, la place où se faisaient ces courses.

CARROUSSE, subst. fém. (*kârouce*) (de l'allemand *garaus*, fin ou fini, achevé). Ce mot, qui n'est plus usité aujourd'hui, ne l'a été que dans cette phrase : *faire carrousse*, faire la débauche, boire avec excès.

CARROY, subst. mas. (*kâroa*), grand chemin. Hors d'usage.

CARRURE, subst. fém. (*kârure*), largeur du dos, à l'endroit des épaules. — Il se dit aussi de la largeur d'un habit en cet endroit : *cet habit n'a pas assez de carrure*.

CARRY, subst. mas. (*kari*), assaisonnement anglais dans lequel on emploie la moutarde.

CARSAIE, subst. fém., ou **CARSEAU**, subst. mas. (*karcè, karçô*), t. de comm., étoffe croisée qui se fabrique en Angleterre. — On en fait aussi en France.

CARTAGÉ, E, part. pass. de *cartager*, et adj.

CARTAGER, v. act. (*kartajé*), t. d'agric., donner la quatrième façon à la vigne.

CARTAHU, subst. mas. (*karta-u*), t. de mar., manœuvre qu'on passe dans une poulie au haut du mât, pour aider à hisser les autres manœuvres.

CARTAM, subst. mas. (*kartame*), t. de bot., espèce principale de plantes de la famille des carduacées.

CARTAME, subst. mas. (*kartame*). Voy. **CARTHAME**.

CARTAUX, subst. mas. plur. (*kartô*), t. de mar., nom qu'on donne sur mer aux *cartes* marines.

CARTAYER, v. neut. (*kartèié*), mettre une ornière entre les deux chevaux et les deux roues d'une voiture : *ce cocher a fort bien cartayé*.

CARTE, subst. fém. (*karte*) (du lat. *charta*, dérivé du grec χάρτης, gros papier), assemblage de plusieurs papiers collés l'un sur l'autre. En ce sens, on dit plus souvent et mieux *carton*, *carton fin*. — Petit carton fin, coupé en carré long, ordinairement peint d'un côté de figures humaines ou autres, et dont on se sert pour jouer à divers jeux. — *Tirer les cartes*, chercher l'avenir dans la disposition fortuite des *cartes*. — *Les cartes*, ce que les joueurs laissent pour la dépense des *cartes* : *mettre aux cartes*. On dit plus communément aujourd'hui, *mettre au flambeau*. — Projection sur une feuille de papier de la surface du globe, ou d'une de ses parties, qui représente les figures et les dimensions, ou au moins les situations des villes, des rivières, montagnes, etc. On dit aussi *carte de géographie*, *carte géographique*. On appelle *cartes universelles*, les *cartes* qui représentent toute la surface de la terre, ou les deux hémisphères. On les nomme encore *mappemondes*.—On appelle *cartes particulières*, celles qui représentent quelque pays particulier, ou quelques parties de ce pays; *carte militaire*, la carte particulière d'un pays, d'une portion de pays, d'une frontière, des environs d'une place, d'un poste, et sur laquelle sont indiqués tous les objets qu'il est essentiel de connaître pour former et exécuter un projet de campagne : *on voit des essaims de nouvellistes tracer sur le terrein ou sur le mur la carte du pays où se trouve l'armée*.—On nomme *cartes terrestres* toutes les *cartes* dont on vient de parler; *cartes hydrographiques* ou *marines*, celles qui ne représentent que la mer, ses îles et ses côtes; *cartes planes*, celles où les méridiens et les parallèles sont représentés par des droites parallèles les unes aux autres; *cartes réduites* ou *cartes de réduction*, celles dans lesquelles les méridiens sont représentés par des droites convergentes vers les pôles, et les parallèles par des droites parallèles les unes aux autres, mais inégales; *cartes itinéraires*, celles sur lesquelles sont marquées les routes et les stations; *cartes de postes*, celles où sont marquées les routes et les stations des postes.—La construction des cartes : *bonne carte; mauvaise carte; carte exacte, inexacte, embrouillée*. — La connaissance géographique d'un pays : *apprendre la carte; savoir la carte*. — On appelle *carte astronomique* ou *céleste*, une carte qui représente les constellations et les étoiles qui les composent, dans la situation qu'elles ont les unes à l'égard des autres. — On appelle *carte généalogique* une carte qui représente toute la généalogie d'une maison. — En t. de mar., on dit *pointer la carte*, pour dire : trouver le point de la *carte* ou le cercle de latitude auquel le vaisseau est probablement arrivé, ou quelle aire de vent il faut faire pour arriver à un point déterminé. — *Carte* se dit, chez les restaurateurs, d'une liste des mets que l'on peut se faire servir sur-le-champ : *dîner à la carte ; demander la carte.* Il se dit aussi, chez les traiteurs et les restaurateurs, du mémoire de la dépense d'un repas : *apportez-moi la carte.* Cette *carte* s'appelle la *carte payante*, pour la distinguer de la *carte* des mets. — En t. de pêche, 1° fine de tramail; 2° filet en chausse, dont on se sert à Dunkerque. C'est une espèce de drague. — Prov. : *château de cartes*, maison bien enjolivée, mais bâtie peu solidement, par allusion aux petits châteaux que les enfants font avec des *cartes*. — On dit fam. à quelqu'un qui se plaint : *si vous n'êtes pas content, prenez des cartes.* — *Savoir le dessous des cartes*, connaître les mobiles, les ressorts secrets des affaires. — *Jouer cartes sur table*, agir franchement. — *Brouiller* ou *mêler les cartes*. Voy. BROUILLER. — *Donner carte blanche à quelqu'un*, lui donner plein pouvoir de faire ce qu'il jugera le plus expédient. — *Savoir la carte du pays*, ou *simplement savoir la carte*, connaître les intérêts, les intrigues d'une société, etc. — *Perdre la carte*, se troubler, se confondre dans ses idées. — Billet délivré à une personne pour constater sa qualité, ou pour qu'elle soit admise en quelque lieu : *carte d'étudiant; carte d'électeur; carte de sûreté; carte de présence; carte d'agent de police; carte d'entrée*, etc. — *Carte de visite*, ou simplement *carte*, petite *carte* sur laquelle on a écrit ou fait graver son nom, et qu'on laisse à la porte des personnes à qui l'on était venu rendre visite, quand on ne les trouve pas chez elles. — *Carte civique et de sûreté.* On appelait carte civique, l'extrait qui devait être délivré à tout citoyen âgé de 21 ans accomplis, de son inscription sur le registre civique ouvert dans les municipalités. Les formalités relatives aux *cartes civiques* sont tombées en désuétude; elles sont remplacées à Paris par les *cartes de sûreté* qui se délivrent à la préfecture de police. — *Carte d'électeur*, celle qui est délivrée à chaque citoyen porté sur la liste des électeurs qui doivent nommer les députés. — *Carte*, chez les artificiers, signifie en général : le carton dont ils se servent. Ils en désignent l'épaisseur par le nombre des feuilles de gros papier gris dont il est composé. Ainsi l'on dit *de la carte en deux, trois, quatre* ou *cinq*, sans y ajouter le mot feuille, qu'ils sous-entendent.

CARTE-GÉOGRAPHIQUE, subst. fém. (*karte-jéoguerafike*). Voy. CARTE. T. d'hist. nat., sorte de coquille du genre des porcelaines.

CARTEL, subst. mas. (*kartèle*) (en lat. *chartella*, diminutif de *charta*, papier), règlement fait entre deux états, ou deux partis ennemis, pour la rançon ou l'échange des prisonniers. — Défi par écrit pour un combat singulier : *envoyer un cartel, recevoir un cartel.* — Pendule qui s'attache contre un mur. — Ornement de ces sortes de pendules. — T. d'archit. On donne ce nom aux petits cartouches qui servent dans les décorations des frises ou panneaux de menuiserie, et généralement aux ornements qu'on emploie dans les bordures des tableaux, aux couronnements des trumeaux, des cheminées, des pilastres, etc. Voy. CARTOUCHE.

CARTELADE, subst. fém. (*kartelade*), sorte de mesure pour l'arpentage.

CARTELET, subst. mas. (*kartelé*), t. de comm., petite étoffe de laine.

CARTELETTE, adj. et subst. fém. (*kartelète*), t. de couvreurs, se dit d'une petite ardoise : *ardoise cartelette* ou simplement *cartelette*.

CARTELLE, subst. fém. (*kartèle*), grosse planche qui, dans les moulins, sert à porter les meules. — Manière de débiter certains bois qu'on divise par petites planches. — T. de mus., peau d'âne préparée, ou toile huilée et couverte de blanc de céruse, qui sert de brouillon pour écrire la musique et l'effacer après.

CARTERO, subst. mas. (*karterô*) (mot espagnol qui signifie porte-lettre), petit porte-feuille

CARTERON, subst. mas. (*karteron*). Voy QUARTERON. — T. de tisserand, lame de bois d'un pouce de largeur, plate, et d'environ cinq pieds de longueur, qui se place derrière les verges. Cette barre passe entre les fils de la chaîne qui se croisent sur elle, c'est-à-dire qui passent deux dessus et deux dessous. Son usage est de contenir les fils de la chaîne, et de les empêcher de se mêler.

CARTÉSIANISME, subst. mas. (*kartézianiceme*) (du lat. *Cartesius*, nom sous lequel *Descartes* est connu), système de philosophie de *René Descartes*, exposé dans ses ouvrages.

CARTÉSIEN, adj. et subst. mas., au fém. CARTÉSIENNE (*kartézièin, ziène*), partisan du système philosophique de *Descartes* : *Malebranche est de tous les cartésiens celui qui a le mieux aperçu les causes de nos erreurs ; la philosophie cartésienne.*

CARTHAGE, subst. propre fém. (*kartaje*), myth., fille de l'Hercule tyrien et d'Astérie, sœur de Latone, révérée par les Tyriens, qui donnèrent son nom à une ville d'Afrique. — Cette ville.

CARTHAGÈNE, subst. propre fém. (*kartajène*), ville d'Espagne dans le royaume de Murcie.

CARTHAGINOIS, E, adj. (*kartaginoâ, noâze*), de *Carthage*. — Subst. : *un Carthaginois, une Carthaginoise.*

CARTHAME, subst. mas. (*kartame*) (du grec καθαρσις, purgation, dérivé de καθαιρω, je purge, parce que la semence du *carthame* passe pour un violent purgatif), t. de bot., genre de plantes de la famille des cynarocéphales, qui a des rapports avec les carlines et les chardons. — *Le carthame officinal*, ou *safran bâtard*, est une plante annuelle, originaire d'Égypte, qui peut servir à orner les jardins. Ses fleurs, nommées dans le commerce *safran bâtard* ou *safran d'Allemagne*, sont principalement employées dans la teinture pour donner aux étoffes de soie les couleurs rose, cerise et ponceau. On prépare avec les étamines un beau rouge qui sert aux peintres et aux femmes, appelé *rouge végétal, vermillon d'Espagne*, ou *laque de carthame.* Ses graines, connues sous le nom de *graines à perroquet*, parce que les perroquets en sont très-friands, servent à nourrir la volaille; et les Égyptiens en retirent une huile dont ils font usage dans leurs cuisines.

CARTHAMITE, subst. fém. (*kartamite*), principe colorant du *carthame*.

CARTHEGON, subst. mas. (*karteguon*), t. d'hist. anc., graine du buis chez les anciens.

CARTICEYA, subst. propre mas. (*karticéïa*), myth., idole des Indiens.

CARTIER, subst. mas. (*kartié*), artisan qui fait des *cartes* à jouer, ou marchand qui en vend. — Il se dit aussi d'une sorte de papier destiné à couvrir et envelopper les sixains de *cartes* à jouer.

CARTIGUÉ, subst. mas. (*kartigué*), myth., huitième mois du calendrier indien.

CARTILAGE, subst. mas. (*kartilaje*) (en latin *cartilago*, dérivé de *caro*, chair), t. d'anat., une des parties des solides du corps des animaux, blanche, polie, uniforme, flexible et élastique, moins compacte qu'un os, mais plus dure qu'aucune autre partie; *les cartilages du nez, des oreilles.* — On appelle *cartilages ligamenteux* des cartilages plus mous que les autres, et qui tiennent quelque chose de la nature des ligaments.

CARTILAGINEUSE, adj. fém. Voy. CARTILAGINEUX.

CARTILAGINEUX, adj. mas., au fém. CARTILAGINEUSE (*kartilajineu, neuze*), t. d'anat., qui est de la nature du *cartilage*, qui est composé de *cartilages*. — En bot., *fleur cartilagineuse*, dont le bord est dur et sec. — Subst. mas. plur., t. d'hist. nat., division de poissons qui ont des *cartilages* au lieu d'arêtes.

CARTILAGINIFICATION, subst. fém. (*kartilajinifikâcion*), t. de médec., conversion en *cartilage*. Il se dit particulièrement du cœur.

CARTILAGINIFIÉ, E, part. pass. de *se cartilaginifier*, et adj. (*kartilajinifié*), t. de médec., converti en *cartilage*.

se CARTILAGINIFIER, v. pron. (*cekartilajinifié*), t. de médec., se convertir en *cartilage*.

CARTISANE, mieux **CARTISANNE**, subst. fém. (*kartizane*), t. de passementiers, ornement composé d'un fond de vélin ou de veau, recouvert de soie, d'or, d'argent, etc., qu'on met dans les dentelles et dans les broderies.

CARTOMANCIE, subst. fém. (*kartomanci*) (du grec χαρτης, papier, cartes, et μαντεια, divination), art de tirer les *cartes*, de prédire l'avenir par les *cartes*.

CARTOMANCIEN, adj. et subst.; au fém. CARTOMANCIENNE (*kartomancieìn, ène*), se dit de celui ou celle qui, en tirant les *cartes*, prétend lire dans l'avenir. Voy. CARTOMANCIE.

CARTON, subst. mas. (*karton*) (du lat. *charta*, dérivé du grec χαρτης, grand papier), *carte* grosse et forte, faite de papier broyé, battu et collé. — On appelle *carton fin*, ou *carton de pur collage*, du *carton* qui n'est fait que de feuilles de papier collées les unes sur les autres. — Les *cartons* portent ordinairement le nom des papiers qui servent à les composer : ainsi l'on dit : *carton de couronne, de raisin, de carte bulle*, etc. — On appelle *carton couvert* celui qui est couvert d'une feuille de papier blanc; *carton gauffré*, celui sur lequel on a fait des dessins en relief. — *Carton doré, argenté.* — Boîte faite de *carton*, dans laquelle un met des papiers, des dentelles, des rubans et autres marchandises de modes. — *Cette comédie, cette tragédie est restée long-temps dans les cartons* : elle n'a été jouée que long-temps après sa réception. — *Carton de dessins*, sorte de grand porte-feuille propre à recevoir des dessins. — Les imprimeurs appellent *carton* une maculature bien unie sur laquelle ils collent des hausses pour remédier à l'inégalité de foulage qui se rencontre à presque toutes les presses. — On appelle *carton*, en t. de librairie, de brochure et de reliure, un ou plusieurs feuillets détachés d'une feuille entière. On met des *cartons* dans les livres quand, à la fin de l'impression d'un ouvrage, il reste de la matière dont la quantité ne suffit pas pour remplir une demi-feuille ; le reste s'imprime sur un ou deux feuillets de papier séparés que l'on nomme *cartons*. On fait aussi des *cartons* lorsque dans l'impression d'un ouvrage il s'est glissé quelque faute grossière, ou quelque passage que l'on ne juge pas à propos d'y laisser : *je conseillerais, en général, à tous les éditeurs d'ouvrages instructifs, de faire des cartons au lieu d'errata.* — On nomme encore *carton* la pâte même dont se fait le *carton*, et qu'on emploie à plusieurs autres usages : *moulure de carton ; poupée de carton ; marque de carton*, etc. — *Carton cuir*, espèce de *carton* qui sert à fabriquer une foule d'objets. — *Carton lithographique*, espèce de *carton* qui équivaut au *carton-pierre*. — En t. de peinture, dessin qu'on fait sur du papier fort, pour le calquer ensuite sur l'enduit frais d'une muraille où l'on veut peindre à fresque. Il se dit aussi d'un dessin en grand et colorié, qui sert pour travailler en mosaïque ou en tapisserie. — En t. d'archit., contour chantourné sur une feuille de *carton ou de fer-blanc*, pour tracer les profils des corniches et pour lever les panneaux de dessus l'épure. — T. de rubaniers, partie du métier qui est attachée, d'une part à la barre de la poitrinière, et d'autre part au premier travers des lames, au moyen de deux ficelles qui le tiennent suspendu un peu au-dessus de l'ensuple de devant. Il sert à poser les navettes et les sabots lorsqu'il y en a plusieurs, pendant que l'ouvrier en fait travailler une.

CARTONNAGE, subst. mas. (*kartonaje*), action de *cartonner*; résultat de cette action.

CARTONNÉ, E, part. pass. de *cartonner* : *un livre cartonné.*

CARTONNER, v. act. (*kartoné*), faire un *carton*, mettre un *carton*, des *cartons* à un ouvrage. — Dans les manufactures, couvrir chaque pli d'une pièce d'étoffe d'un *carton* ou d'un vélin avant de la presser et de la catir. — Relier un livre en *carton*. — se CARTONNER, v. pron. : *un livre, quelque gros qu'il soit, se cartonne très-bien.*

CARTONNERIE, subst. fém. (*kartoneri*), manufacture où l'on fait du *carton*. — C'est aussi l'art ou les procédés de la manufacture.

CARTONNEUR, subst. mas., au fém. CARTONNEUSE (*kartonneur, neuze*), celui ou celle qui *cartonne*.

CARTONNEUSE, subst. fém. Voy. CARTONNEUR.

CARTONNIER, subst. mas.; au fém. CARTONNIÈRE (*kartonié, nière*), celui, celle qui fait et vend le *carton*.

CARTONNIÈRES, adj. des deux genres fém. plur. (*kartonière*), t. d'hist. nat., se dit de certaines guêpes dont le nid ressemble à une boîte de *carton*. Subst. fém. Voy. CARTONNIER.

CARTON-PIERRE, subst. mas. (*kartonpière*), espèce de *carton* fort dur qui sert à la décoration des édifices.

CARTOUCHE, subst. mas. (*kartouche*) (du latin du moyen-âge *chartuccia*, augmentatif de *charta*, papier, carte, dont les Italiens ont fait dans le même sens *cartoccio*), ornement de peinture ou de sculpture, en forme de *carte* avec enroulement, etc. Il produit un effet agréable autour des inscriptions, des armoiries et des chiffres : *voilà un beau cartouche.* — En t. de blason, espèce de boîte sur laquelle les Italiens posent l'écu de leurs armes. — T. de jardinage, ornement régulier en forme de tableau, avec des enroulements qui se répètent souvent aux deux côtés ou aux quatre coins d'un parterre, et dont le milieu se remplit d'une coquille de gazon, ou d'un fleuron de broderie.

CARTOUCHE, subst. fém. (*kartouche*), t. d'artillerie, espèce de boîte faite de parchemin ou d'un papier en plusieurs doubles, ou d'une feuille de fer-blanc, ou même de bois, qui renferme la charge de poudre et le boulet, et qui se met dans une pièce de canon pour la charger. On y met aussi, au lieu de boulet, des balles de plomb, des clous, des chaînes et de la mitraille de fer, afin que le coup écarte davantage : *cartouche à boulet, cartouche à mitraille; les cartouches leur manquent.* — Espèce de rouleau de papier ou de *carton* en forme d'étui, qui renferme la charge de poudre d'un fusil ou d'une autre arme à feu portative, avec la balle au bout, de sorte que le tireur n'a autre chose à faire, quand il veut charger, que de déchirer avec la dent cette *cartouche* par le bout qui doit répondre à la lumière et au bassinet du canon. — En t. d'artificier au masc., nom de toutes sortes de boîtes dans lesquelles on renferme les matières combustibles des artifices, pour en déterminer et varier les effets: *cartouche de bois, de toile, de parchemin, de carton, de papier; grand cartouche, petit cartouche.* — *Étrangler un cartouche,* c'est le comprimer si fort par un tour de ficelle, que le carton s'enfonce dans lui-même par de petits plis rentrants qui en bouchent l'orifice en tout ou en partie, selon ce qu'on en doit faire. — Autrefois, au fém., écrit délivré à un soldat, scellé du sceau du corps auquel il appartenait, et par lequel on lui donnait un congé absolu ou limité. On appelait *cartouche jaune*, une *cartouche* qui était en effet de cette couleur, et que l'on délivrait à un soldat dégradé ou renvoyé par punition.

CARTOUCHIEN, subst. mas. (*kartouchiein*) (du nom du fameux *Cartouche*, brigand célèbre), voleur. Il est pop. et bas.

CARTOUCHIER, subst. mas. (*kartouchié*), petit coffre où le soldat met ses *cartouches*. — Sur mer, on appelle *cartouchier* une petite giberne sans banderolle que les marins embarqués sur des bâtiments de guerre portent en ceinture et devant eux : il contient des *cartouches*.

CARTUDE, subst. mas. (*kartude*), t. d'hist. nat., espèce de labre de Norwège. *Boiste.*

CARTULAIRE, subst. mas., mieux **CHARTULAIRE** (*kartulère*) (en latin *chartularium* ou *chartarium*, archives, dérivé de *charta*, papier, charte), recueil des *chartes* d'une église, d'un monastère, etc., composé par ordre de temps ou de matières.

CARUBE, subst. fém. (*karube*), monnaie de Barbarie, de la valeur de quatorze aspres.

CARUDE, subst. mas. (*karude*), t. d'hist. nat., poisson du Nord, du genre des labres.

CARUS, subst. mas. (*karuce*). Ce mot semble être le même que *caros*; mais il est plus usité que ce dernier. T. de médec., maladie léthargique; affection soporeuse; profond assoupissement.

CARVE, subst. fém. (*karve*), t. de pêche, nom donné, à Dunkerque, à un filet en forme de chausse.

CARVELLE, subst. fém. (*karvèle*), t. de mar., clou en usage dans les ports et à bord des grands bâtiments. — Il y a des *doubles carvelles* et des *demi-carvelles*.

CARVI, subst. mas. (*karvi*), t. de bot., plante bisannuelle, ombellifère, qui croît dans tous les prés secs, et dont la semence est l'une des quatre semences chaudes. — On l'appelle aussi *cumin des prés*.

CARVI-FEUILLE, subst. mas. (*karvifeuie*), t. de bot., genre de plante.

CARVIN-ÉPINOY, subst. propre mas. (*karvein-épinoa*), bourg de France, chef-lieu de canton, arrond. de Béthune, dép. du Pas-de-Calais.

CARVITES, subst. fém. plur. (*karvite*), t. de bot., plante de *Dioscoride*, qui est rapportée aux euphorbes.

CARYATIDE, subst. fém. (*kariatide*) (en grec καρυατίδης). Voy. CARIATIDE, qui n'est pas la bonne orthographe.

CARYATIDIQUE, adj. des deux genres (*kariatidike*). Voy. CARIATIDIQUE.

CARYATIQUE, subst. fém. (*kariatike*), t. d'hist. anc., danse des anciens Spartiates, apportée de la ville de *Carye*, d'où lui vient son nom.

CARYATIS, subst. propre fém. (*kariatice*), myth., surnom de Diane. Voy. CARYENNES.

CARYBDE, subst. propre mas., mieux **CHARYBDE** (*karibede*) (du grec χαίνειν, s'ouvrir, et ρυδδην, avec violence), gouffre profond sur les côtes de Sicile. — En myth., on dit que *Charybde* était une femme qui ayant volé des bœufs à Hercule, fut foudroyée par Jupiter et changée en ce gouffre, lequel n'était pas loin d'un autre appelé Scylla, où l'on entendait des hurlements et des aboiements affreux. Ces gouffres se trouvaient si près l'un de l'autre, qu'il fallait voguer juste au milieu, pour ne pas tomber dans l'un ou dans l'autre. Voy. SCYLLA. — On dit fig., *éviter Charybde et tomber dans Scylla*, éviter un péril et tomber dans un autre. On dit aussi: *tomber de Charybde en Scylla.*

CARYBDÉE, subst. mas. (*karibedé*), t. d'hist. nat., genre établi dans la famille des méduses.

CARYCHION, subst. mas. (*karichion*), t. d'hist. nat., coquille de la famille des univalves.

CARYCTE, subst. fém. (*karikte*), t. de bot., espèce de plante de la famille des *tithymales*.

CARYENNES, subst. fém. plur. (*kariène*), t. d'hist. anc., fêtes qui se célébraient à *Caryum*, ville de la Laconie, en l'honneur de Diane, surnommée elle-même *Caryatis*, du nom de cette ville.

CARYOCAR, subst. mas. (*kariokar*), t. de bot., grand arbre de l'Amérique méridionale.

CARYOCATACTES, subst. mas. plur. (*kariokatakte*), t. d'hist. nat. C'est, dans Linnée, le nom spécifique du casse-noix. — On donne aussi ce nom à la sitelle, et au calao des Moluques.

CARYOCOSTINUM ou **CARYOCOSTIN**, subst. mas. (*kariokocetinome, kariokocetein*) (du grec καρυκεύω, j'assaisonne, et κοστος, costus), t. de bot., plante très-odorante. — En t. de pharm., on appelle adj. : *électuaire caryocostine* un électuaire purgatif.

CARYOO-CADDÉES, subst. mas. (*kario-o-guadedé*), t. de bot., espèce d'arbre de Sumatra.

CARYOPE, subst. mas. (*kariope*), t. de bot., arbrisseau de Syrie.

CARYOPHYLLATA, subst. fém. (*kariofilelata*), t. de bot., plante de la famille des benoites. — On dit aussi CARYOPHYLLATE.

CARYOPHYLLÉE, subst. et adj. fém. (*kariofilelé*) (en grec καρυοφυλλον, clou de girofle), t. de bot., famille de plantes herbacées pour la plupart, et originaires d'Europe. — On dit aussi adj. : *plante, fleur caryophyllée.*

CARYOPHYLLIE, subst. fém. (*kariofileli*), t. d'hist. nat., genre de polypiers.

CARYOPHYLLINE, subst. fém. (*kariofileline*), substance blanche et brillante, dans certains girofles.

CARYOPHYLLOÏDES, subst. fém. plur. (*kariofilelo-ide*) (du grec καρυοφυλλον, clou de girofle, et εἶδος, ressemblance, forme), t. d'hist. nat., espèces fossiles du genre des *caryophyllies*.

CARYOTE, subst. mas. (*kariote*), t. de bot., espèce de palmier des Indes, dont le fruit est extrêmement caustique.

CAS, subst. mas. (*kâ*, et devant une voyelle *kâze*) (du lat. *casus* qui a la même signification, et qui est fait de *cadere*, échoir, arriver, tomber), accident, aventure, conjoncture, occasion, fait : *cas fortuit, imprévu, extraordinaire, étrange; c'est le cas de faire, de dire telle chose; en ce cas; en pareil cas; dans ce cas; dans un cas semblable; dans le cas contraire; je suis dans le cas de l'article cité; ce cas est prévu par telle loi*, etc., etc., etc. — *Cas métaphysique*, supposition par impossible : *ce cas est bien métaphysique.* Inusité aujourd'hui. — *Être dans le cas de...*, 1° avoir occasion de... : *je suis souvent dans le cas de rencontrer les personnes dont vous venez de me parler;* 2° pouvoir : *il n'est pas dans le cas de subir cet examen.* — *En cas de* pour : en matière de, en fait de, n'est plus guère usité. — On appelle subst. *un en cas* une chose préparée pour servir au *cas* de besoin : *j'avais eu soin de me munir, à tout hasard, de cet en cas qui nous fut très-utile.* Vieux. — *Cas* signifiait autrefois en matière criminelle : fait, action : *il est accusé d'un fort vilain cas.* — On l'emploie aujourd'hui, en mauvaise part, dans le sens de *affaire* : *votre cas est sale, véreux; votre cas n'est pas net, votre cas va mal.* On dit dans le même sens, *il sent son cas véreux.* — Prov., *tout mauvais, tout vilain cas est niable*, qui a mal fait nie avoir fait. — On nommait autrefois *cas privilégiés* ou *cas royaux*, les crimes qui ne pouvaient être jugés que par les juges royaux; et particulièrement en droit canon, *cas privilégiés*, les cas dans lesquels, malgré le privilège clérical, le juge laïque était appelé à prendre part au jugement d'un ecclésiastique. — *Cas spéciaux* se dit des crimes déférés à la chambre des pairs. — En matière criminelle, les anciens jugements portaient la formule : *pour les cas résultants du procès*, quand ces jugements prononçaient à une peine moindre que celle qui eût été appliquée, si l'accusation se fût trouvée suffisamment prouvée. — T. de religion, *cas réservés*, péchés dont on ne peut recevoir l'absolution que du pape, ou de l'évêque, ou d'un prêtre tenant d'eux un pouvoir spécial. — *Cas de conscience*, difficulté, question sur un point de morale religieuse. — On dit par extension : *se faire un cas de conscience de telle chose*, ou *de faire telle chose*, pour : s'en faire scrupule. — *Faire cas de...*, estimer, soit en parlant des personnes, soit en parlant des choses : *je fais grand cas de cet homme; vous ne faites aucun cas de la poésie*, etc. — On dit bassement, *cas* pour : excrément : *faire son cas.* — *Cas rédhibitoires* les maladies ou les vices d'un animal domestique, qui donnent à celui qui l'a acheté le droit de faire annuler le marché; c'est-à-dire de rendre l'animal vendu et d'en reprendre le prix, ou de faire rectifier le marché, en gardant l'animal et en obtenant une réduction sur le prix. — En t. de grammaire, on appelle *cas* les différentes désinences des noms dans les langues où ils se déclinent. En français, et dans la plupart des autres langues modernes, les *cas* sont remplacés par les articles, par les prépositions *de* ou *à*, ou par la combinaison de ces articles avec ces prépositions. — T. d'algèbre, *cas irréductible*, celui où une équation du troisième degré a ses trois racines réelles, inégales et incommensurables. — En *tout cas*, loc. adv., quoi qu'il en soit. — *Au cas que*, conjonction qui signifie : si. — *Posez le cas que...* supposez *que....*

CAS, CASSE, adj. (*kâ, kâce*), (en lat. *cassus*, vide, creux, dérivé de *carere*, manquer), cassé : *cela sonne cas; voix casse* et *enrouée.* Vieux.

CASAN ou **CASAL**, subst. mas. (*kazan*), maison, logis. Vieux.

CASANIER, adj. mas., au fém. **CASANIÈRE** (*kazanié, nière*) (du latin *casa*, maison, etc.), qui aime à rester chez soi; *vous êtes trop casanier.* — On dit aussi : *mener une vie casanière; avoir l'humeur casanière.* — Subst. : *c'est un casanier, une casanière.*

CASANIÈRE, adj. et subst. fém. Voy. CASANIER.

CASAQUE, subst. fém. (*kazake*) (suivant *Guyet* et *Ménage*, par corruption de *cosaque*, peuple de qui nous vient cette sorte d'habillement), espèce de vêtement de dessus qui a les manches fort larges. — Prov., *tourner casaque*, changer de parti.

CASAQUIN, subst. mas. (*kazakein*) (diminutif de *casaque*), nom donné autrefois à une sorte de petite *casaque*, qu'on appelait aussi *apollon*. Il ne se dit guère aujourd'hui que d'un habillement de femme du peuple ou de la campagne, qui est une espèce de camisole. — On dit fig. et pop., : *donner sur le casaquin*, pour dire : battre, rosser.

CASCADE, subst. fém. (*kacekade*), chute d'eau, soit naturelle, soit artificielle, par nappes, ou par grandes ou petites masses : *la cascade de Tivoli; la cascade du Rhin.* — Les *cascades* naturelles occasionnées par l'inégalité du terrein se nomment *cataractes.* — Au fig., *discours plein de cascades*, discours sans liaison, et où l'on passe tout à coup d'une chose à l'autre. — On dit aussi fig. et fam., d'une nouvelle qui a passé par plusieurs bouches pour venir jusqu'à nous, qu'*on ne la sait que par cascades.* — On dit qu'*un homme est parvenu à une place par cascades*, pour dire qu'il y est arrivé par une suite d'évènements imprévus. — T. d'algèbre, *methode des cascades*, méthode par laquelle, dans la résolution d'une équation, on approche toujours de plus en plus de la valeur de l'inconnue, par des équations successives qui vont sans cesse en baissant ou en *tombant* d'un degré.

CASCALICA, subst. fém. (*kacekalika*), t. de bot., sorte de plante.

CASCANE, subst. fém. (*kacekane*), t. de fortification, trou ou cavité en forme de puits que l'on fait dans le terre-plein près d'un rempart, pour découvrir, éventer ou couper la mine des ennemis. — Ce terme n'est plus guère usité : on dit *puits* ou *écoute*.

CASCANOQUI, subst. mas. (*kacekanoki*), sorte d'écorce employée en médecine et en teinture.

CASCARILLE, subst. fém. (*kacekarie*), t. de bot., écorce d'un arbre du genre *croton*, employée en médecine : elle est tonique et astringente, et souvent réussit comme fébrifuge. Elle vient de l'Amérique méridionale. — On s'en sert aussi pour teindre en noir; elle se mêle au tabac.

CASCATÉLIE, subst. fém. (*kacekatéli*), t. d'hist. nat., poisson du Nil.

CASCATELLE, subst. fém. (*kacekatèle*) (de l'italien *cascatella*, qui a le même sens), petite *cascade* : *les cascatelles de Tivoli.*

CASCHIVE, subst. mas. (*kacechive*), t. d'hist. nat., espèce de poisson.

CASCOLYTHE, subst. mas. (*kacekolite*), t. de bot., genre de graminées.

CASE, subst. fém. (*kâze*) (du latin *casa*, loge), au jeu de trictrac, chacune de ces places qui sont marquées par une sorte de flèche : *faire une case*, remplir une *case* avec deux dames. *Case du diable*, celle de la seconde flèche du grand jeu, ordinairement la plus difficile de toutes, lorsqu'elle reste la seule à faire. *Demi-case*, *case* où il n'y a qu'une seule dame. — Au jeu des échecs et des dames, chacun des carrés de l'échiquier ou du damier. — Espace d'une armoire, d'une boîte, etc., pour y placer séparément quelques objets ; et par extension, chacune des divisions formées sur un registre par des lignes qui coupent les colonnes. — Caisse de moulin placée sous le bluteau. — Maison, ou plutôt cabane des nègres en Amérique. On dit fam. : *le patron de la case*, le maître de la maison ; ou par extension, celui qui a autant d'autorité dans la maison que s'il en était le maître. C'est une expression empruntée de l'italien : *padrone della casa*.

CASÉ, E, part. pass. de *caser*, et adj. : *le voilà casé ; il est casé pour la vie*, il a une place, une place assurée.

CASÉARIE, subst. fém. (*kazéarí*), t. de bot., genre de plantes établi aux dépens des samides, et fort voisin des anavingues, qui renferme une douzaine d'arbrisseaux à fleurs alternes.

CASÉATE, subst. mas. (*kazéate*), t. de chim., sel formé d'acide *caséique*.

CASÉATION, subst. fém. (*kazéacion*) (du lat. *caseus*, fromage), formation du fromage par la décomposition du lait. Inusité.

CASÉEUSE, adj. fém. Voy. **CASÉEUX**.

CASÉEUX, adj. mas., au fém. **CASÉEUSE**, et non pas **CASEUX**, **CASEUSE**, mot barbare qui n'est point en rapport avec l'étymologie (*kazé-eu, euze*) (du lat. *caseus*, fromage), qui est de la nature du fromage.

CASÉIFORME, adj. des deux genres (*caséiforme*), qui a la forme d'un fromage, et dont la substance ressemble à celle du fromage. Mot forgé ; peu en usage.

CASÉINE, subst. fém. (*kazéine*), substance blanche qui fait la base des fromages.

CASÉIQUE, adj. mas. (*kazéike*), t. de chim., se dit de l'acide provenant du *caséum*.

CASEMATE, subst. fém. (*kazemate*) (de l'espagnol *casamata*, formé, selon *Covarruvias*, de *casa*, maison, et *mata*, basse ; *maison basse*), t. de fortification, plate-forme à loger du canon, pratiquée dans la partie du flanc voisine de la courtine, et qui fait une retraite ou un enfoncement vers la capitale du bastion. — Lieux voûtés sous terre, pour défendre la courtine et les fossés. — Puits et rameaux qu'on fait dans les remparts d'un bastion pour les mines. — En t. de chasse, trou dans lequel les blaireaux et les renards font tête aux bassets.

CASEMATÉ, E, adj. (*kazematé*), se dit d'un bastion qui a des *casemates*.

CASER, v. neut. et act. (*kazé*), t. de trictrac, faire une *case*, remplir une *case* avec deux dames. — Mettre dans des *cases*. — Fig., *caser ses idées*, les mettre en ordre. — *Caser quelqu'un*, lui procurer une place. — **SE CASER**, v. pron., se dit fam. pour s'établir tant bien que mal en un endroit : *il faut bien se caser quelque part. Il est parvenu à se caser*, à obtenir une place.

CASERETTE, subst. fém. (*kazerète*) (du lat. *caseus*, fromage), moule de bois ou forme dans laquelle on fait des fromages.

CASERIE, subst. fém. (*kazeri*), nom que donnent les Arabes de la Terre-Sainte à ce qu'on appelle ailleurs caravansérail.

CASERNE, subst. fém. (*kazérene*) (du lat. *casa*, case, loge, etc.), bâtiment où logent les gens de guerre.

CASERNÉ, E, part. pass. de *caserner*, et adj.

CASERNEMENT, subst. mas. (*kazéreneman*), action de *caserner* : *le casernement des troupes ; les frais de casernement*. — Ameublement d'une *caserne*. — *Officier de casernement*, officier chargé de la surveillance d'une *caserne*.

CASERNER, v. neut. et act. (*kazérené*), loger dans des *casernes* : *le soldat ne logera plus chez les habitants, il casernera*. — Faire *caserner* : *caserner un régiment*. — **SE CASERNER**, v. pron.

CASERNET, subst. mas. (*kazérené*), t. de mar., cahier sur lequel on inscrit le nom des ouvriers qui se trouvent à l'appel dans les ports. — Il sert aussi à tenir des notes sur les divers travaux et sur les consommations.

CASERNIER, subst. mas., au fém. **CASERNIÈRE** (*kazèrenié, nière*), celui ou celle qui fournit les effets de *casernement*.

CASERNIÈRE, subst. fém. Voy. **CASERNIER**.

CASET, subst. mas. (*kazè*), t. de pêche. On donne ce nom aux larves qu'on emploie pour amorcer le poisson d'eau douce qu'on pêche à la ligne.

CASETIN. Voy. **CASSETIN**.

CASÉUM, subst. mas. (*kazéome*), principe immédiat des animaux, qui forme la base du fromage.

CASEUSE. Voy. **CASEUX**.

CASEUX, CASEUSE. Voy. **CASÉEUX**.

CASH, subst. mas. (*kach*), petite monnaie de cuivre des Tonquins : deux cents *cashs* valent à peu près vingt sous de France ou un franc.

CASI, subst. mas. (*kazi*), chef de la religion mahométane chez les Mogols.

CASIASQUIER, subst. mas. (*kaziaceki*é), surintendant de la justice chez les Turcs.

CASIER, subst. mas. (*kazié*) (rac. *case*), garniture de bureau divisée en plusieurs *cases*, pour y placer des papiers, etc. — T. de pêche, sorte d'engin pour la pêche du homard : *des casiers d'osier*.

CASIÈRE, subst. fém. (*kazière*), lieu où l'on conserve les fromages de parmesan.

CASILLEUX, adj. mas., au fém. **CASILLEUSE** (*kaziieu, ieuze*), se dit du verre qui se *casse* quand on y applique le diamant pour le couper. *L'Académie* dit aussi *casilleux* ; ne serait-ce pas *cassilleux* qu'il faudrait dire ?

CASIMIR, subst. mas. (*kazimir*), étoffe de laine croisée et légère, qui a pris le nom de son premier fabricant.

CASINO, subst. mas. (*kazino*) (mot italien), chambre chaude. — Société de jeu, de lecture, de conversation, dont les frais sont faits par abonnement en Italie.

CASIUS, subst. propre mas. (*kaziuce*), myth., surnom de Jupiter, pris du culte qu'on lui rendait sur deux montagnes de ce nom, l'une près de l'Euphrate, et l'autre dans la basse Égypte.

CASOAR, subst. mas. (*kazoar*), t. d'hist. nat., sorte d'oiseau de l'ordre des oiseaux échassiers. Cet animal, d'une nature équivoque, n'est proprement ni oiseau ni quadrupède ; il réunit l'estomac des granivores aux intestins des carnassiers. Il court très-vite, mais comme il est plus massif et plus lourd que l'autruche, son allure est bizarre et sa démarche a mauvaise grace. Il se trouve dans la partie orientale de l'Asie comprise sous la zône torride, ainsi qu'aux îles Moluques, à Banda, à Java et à Sumatra.

CASOLANA, subst. fém. (*kazolana*), t. de jard., pomme d'Italie qui paraît être une variété de notre pomme d'api.

CASPIA, subst. fém. (*kacepia*), t. de bot. On a donné ce nom à un arbuste qui diffère des millepertuis par son fruit, lequel est une baie et non une capsule.

CASPIEN, adj. mas., au fém. **CASPIENNE** (*kacepiein, iène*) ; on donne ce nom à tous les défilés qui conduisent à la mer Caspienne.

CASQUE, subst. mas. (*kaceke*) (du lat. *cassis*, *cassidis*, qui a la même signification, et dont on a fait successivement *cassicus* et *cascus*), armure de tête, ou coiffure pour la guerre. — Fig. et fam., la tête. — T. d'hist. nat., sorte de grosse coquille. — En t. de bot., la lèvre supérieure des corolles labiées, nommées *fleurs en casque* ou *fleurs en gueule*. — En t. de blas., il se dit de la représentation d'un *casque* ; timbre ou heaume. — Myth., *casque ayant pour cimier une tête de loup*. Voy. **AGE DE FER**. — Sur la tête d'une femme, voy. **MINERVE**.

CASQUÉ, E, adj. (*kacekė*), t. de médailliste, qui a un *casque* en tête.

CASQUETTE, subst. fém. (*kacekète*), espèce de coiffure faite de peau ou d'étoffe pour les hommes, ayant ordinairement une visière.

CASSADE, subst. fém. (*kaçade*), mensonge pour plaisanter, ou pour servir d'excuse, de défaite. Peu en usage. — Au brelan, renvi avec mauvais jeu.

CASSAGNES-BÉGOULIES, subst. propre fém. (*kaçaguiebégouli*), village de France, chef-lieu de canton, dép. de l'Aveyron.

CASSAILLE, subst. fém. (*kaça-ie*), t. de labourage, première façon donnée à la terre pour la rompre, la *casser*. Hors d'usage.

CASSANDRE, subst. propre fém. (*kaçandre*), myth., fille de Priam et d'Hécube. Cette princesse avait promis à Apollon de l'épouser s'il voulait lui donner la connaissance de l'avenir ; mais lorsque Apollon lui eut accordé ce qu'elle souhaitait, elle ne voulut plus tenir sa parole ; et ce dieu, pour s'en venger, lui déclara qu'on n'ajouterait pas foi à ses prédictions. Dès qu'elle en faisait, on se moquait d'elle. Elle n'était pas d'avis qu'on fit entrer le cheval de bois dans Troie ; mais on ne l'écouta pas. Ajax, fils d'Oïlée, l'insulta au pied d'un autel ; ensuite il la traîna hors du temple, regardant comme des outrages les malheurs qu'elle lui avait prédits. Après le sac de Troie, elle échut en partage à Agamemnon, à qui elle prédit que sa femme le ferait assassiner ; mais il ne la crut pas. Elle fut elle-même assassinée avec lui par Égisthe, en arrivant à Lacédémone.

CASSANT, E, adj. (*kaçan, çante*), fragile sujet à se *casser*. On le dit proprement des corps qui, quoique durs, ont de la fragilité, tels que le verre, la porcelaine, l'acier trempé, etc. : *cassant*, dans cette acception, est opposé à *ductile*, *malléable*. — *Poires cassantes*, *qui ont la chair cassante*, celles qui font une légère résistance sous la dent, à la différence des *poires fondantes*.

CASSATION, subst. fém. (*kaçácion*), t. de pratique, acte juridique par lequel on *casse* un jugement, une procédure, etc. — *Cour de cassation*, cour suprême établie à Paris pour la révision des procès jugés par les cours royales, et dans lesquels les formes légales n'auraient pas été observées. — *Moyens de cassation*, moyens allégués par ceux qui veulent faire *casser* un arrêt, un jugement. — *Se pourvoir en cassation*, se pourvoir pour faire *casser* un arrêt, un jugement. On dit aussi : *poursuivre la cassation d'un arrêt*, etc.

CASSAVE, subst. fém. ou **PAIN DE MADAGASCAR** (*kâçave*), farine faite de la racine de manioc séchée. — Pain fait avec cette farine.

CASSE, subst. fém. (*kâce*) (du grec κασσια, qui a la même signification), t. de bot., nom générique sous lequel on comprend des herbes, des arbrisseaux et des arbres à fleurs légumineuses, mais qui appartient plus spécialement à l'arbre dont on tire le purgatif doux qui porte ce nom. Cet arbre, appelé *cassier franc*, *canéficier*, a été transporté d'Afrique en Amérique, où les Caraïbes le nomment *kéléti*. Son fruit est long, dur, cylindrique et rempli d'une pulpe noire qu'on appelle *canéfice*. — On nomme *casse aromatique* l'écorce d'un arbre des Indes orientales qui ressemble à la cannelle et qui approche de son goût. — T. de comm., *casse en bâton*, *casse* encore en gousse. — En t. d'archit., l'entre-deux des modillons où il y a des rosaces. — En t. d'orfèvre, vase fait de cendres de lessive et d'os pilés, qui sert à affiner et à séparer l'or et l'argent. — En t. d'imprim., espèce de table en deux parties, formant ensemble un carré de deux pieds neuf à dix pouces de long, sur deux pieds cinq à six pouces de large. Chaque partie est divisée en divers petits carrés nommés cassetins, dans chacun desquels sont déposés tous les caractères d'une même lettre, afin que les compositeurs puissent les prendre plus aisément. La partie supérieure se nomme *haut de casse*, et contient les capitales ou majuscules, les petites capitales, les lettres accentuées ; la partie inférieure, nommée *bas de casse*, contient les voyelles et les consonnes minuscules, les espaces, les cadrats, les cadratins, etc. : *dresser une casse ; garnir une casse ; travailler à la casse ; casse italique ; casse romaine*. — En t. de fondeur, bassin qui reçoit le métal lorsqu'il coule du fourneau. — La partie d'une écritoire de poche où l'on met les plumes. — T. d'arts et mét., peigne d'acier à l'usage des rubaniers. — Sorte de petit bassin à queue, avec lequel on puise de l'eau dans un seau. — Poêlon de cuivre à l'usage des ouvriers savonniers, pour puiser le savon ou l'eau qui sert à arroser la chaux. — T. de comm., mousseline des Indes orientales, et particulièrement du Bengale. — En t. de gens de guerre : *craindre la casse*, craindre d'être *cassé* ; *lettre de casse*, autrefois, ordre pour *casser* un officier.

CASSÉ, E, part. pass. de *casser* et adj., brisé, rompu. — Au fig., vieux, infirme : *cet homme est bien cassé*. — Fig., affaibli, tremblant, en parlant de la voix : *il a la voix cassée*. — *Un arrêt cassé ; un officier cassé*, etc. — Prov. et fig., *payer les pots cassés*, payer le dommage, la perte ; ou : être rendu responsable de...

CASSEAU, subst. mas. (*kâçô*), t. d'imprim., la moitié de la *casse*, en la supposant partagée horizontalement dans sa longueur. Le *casseau* sert à mettre les lettres de deux-points ou les vignettes de fonte. On lui donne le nom du caractère qu'il renferme : il y a *le casseau de deux-points de gros-romain*, *celui de deux-points de saint-augustin*, etc. — En t. d'ouvrière en dentelles, c'est un petit morceau de corne fort mince, teint en rouge ou en autre couleur, épais d'une demi-ligne ou d'un quart de ligne, haut de cinq à six, large d'un pouce environ, et replié de manière que ses deux extrémités, rapprochées et arrêtées par un fil, forment une espèce de petit étui dans lequel on met le fuseau à faire la dentelle, quand il est chargé de fil, afin d'empêcher qu'il ne s'évente. — *Casseau*, ou *billot*, sorte de pince faite avec du sureau ou d'autre bois, et dont on se sert en guise de ligament, pour hongrer ou châtrer les chevaux.

CASSE-BOUTEILLE, subst. mas. (*kâceboutèie*), t. de phys., récipient de crystal ouvert, auquel on adapte une *bouteille* clissée que le poids de l'air *casse* lorsqu'on fait le vide sous le récipient.

CASSE-BURGOT, subst. mas. (*kâceburguô*), t. d'hist. nat., poisson de la Louisiane.

CASSE-COU, subst. mas. (*kâcekou*), espèce d'échelle double qui n'a qu'une queue pour la soutenir, au lieu d'une seconde échelle jointe à la première par un boulon. — On appelle ainsi un endroit où il est aisé de tomber si l'on n'y prend garde. — *Casse-cou* se dit, dans les manèges et chez les maquignons, des gens employés à monter les chevaux jeunes ou vicieux. On le dit par extension et fam. d'un cavalier plus hardi qu'habile; et fig., d'un individu sans importance, chargé d'une négociation hasardeuse. — Au jeu de colin-maillard, c'est un cri que l'on fait pour avertir celui qui a les yeux bandés qu'il approche d'un endroit où il pourrait se blesser. — Au plur., des *casse-cou*.

CASSE-CROÛTE, subst. mas. (*kâcekroute*), instrument d'acier ou de fer trempé, ayant des dents comme les limes, mais plus fortes : il sert à broyer les croûtes pour les vieillards qui ne peuvent les mâcher. — Au plur., des *casse-croûtes*, des instruments qui *cassent les croûtes*.

CASSE-CUL, subst. mas. (*kâceku*), chute sur le derrière. Pop. — Au plur., des *casse-cul*.

CASSE-FIL, subst. mas. (*kâcefil*), sorte d'instrument à l'usage des fabricants d'étoffes. — Au plur., des *casse-fils*.

CASSEL, subst. propre mas. (*kacèl*), ville de France, chef-lieu de canton, arrond. d'Hazebrouk, dép. du Nord. — Trois batailles célèbres furent livrées, à diverses époques, sous les murs de cette ville.

CASSE-LUNETTES, subst. mas. (*kâcelunète*). On donne ce nom au bluet, à cause de la propriété qu'on lui attribue de guérir les maux d'yeux. — Au plur., des *casse-lunettes*.

CASSEMENT, subst. mas. (*kâceman*), action de *casser*. Ce mot n'est point dans l'*Académie*; cependant on dit fort bien au fig. : *un cassement de tête*.

CASSE-MOTTES, subst. mas. (*kâcemote*), instrument dont on se sert pour *casser des mottes*. — Au plur., des *casse-mottes* : des instruments pour *casser des mottes*.

CASSE-MUSEAU, subst. mas. (*kâcemuzô*), coup ou choc sur le nez, sur le visage. Pop. et peu usité. — Sorte de pâtisserie molle et creuse qui est fort délicate. — Au plur., des *casse-museau*.

CASSE-NOISETTES, subst. mas. (*kâcenoèzète*), petit instrument pour *casser* les *noisettes*. — Au plur., des *casse-noisettes*, des instruments propres à *casser les noisettes*.

CASSE-NOIX, subst. mas. (*kâcenoâ*), t. d'hist. nat., oiseau, espèce de geai. — Petit instrument pour *casser les noix*. — Au plur., des *casse-noix* : des instruments propres à *casser les noix*.

CASSE-NOLE, subst. fém. (*kâcenole*), noix de galle dont on se sert pour la teinture en noir.

CASSE-PIERRES, subst. fém. (*kâcepière*), t. de bot., nom que l'on donne à la saxifrage. — Au plur., des *casse-pierres*.

CASSER, v. act. (*kâcé*) (du lat. *cassus*, vain, inutile, qui n'est bon à rien, d'où l'on a fait le verbe barbare *cassare*, *casser*, annuler, licencier, etc.; ou bien du lat. *quassare*, fréquentatif de *quatere*, qui signifie non-seulement *ébranler*, mais encore *rompre*, *briser*), mettre en divers morceaux un corps dont les parties sont si roides et si dépourvues d'élasticité, qu'elles se séparent les unes des autres plutôt que de ployer ou de se relâcher : *casser du verre, une glace, de la porcelaine, de la faïence, du marbre; casser le bras, la jambe, la tête à quelqu'un*, etc. — Il s'emploie aussi neut. : *la corde cassa; une poire qui casse sous la dent*. — Au fig., annuler une sentence, un acte, un testament, etc. — Licencier des troupes, un régiment, une compagnie. On dit à peu près dans le même sens : *casser une assemblée, un tribunal de justice*, etc. — Priver un officier de son emploi, le renvoyer du service. — Désarmer un soldat à la tête d'un régiment ou d'une compagnie, et le renvoyer. — Affaiblir, diminuer les forces, l'agilité : *les fatigues, le travail, les débauches l'ont fort cassé*. — *Casser aux gages*, renvoyer un commis, un domestique, etc.; et fig., lui retirer sa confiance. Fam. — Prov. et fam., *qui casse les verres les paie*, c'est à celui qui cause un dommage à le réparer; chacun est responsable de ses fautes. — Fig. et fam., *casser les vitres*, agir, parler sans aucun ménagement. — Fig. et fam., *casser la tête*, assourdir par un grand bruit. On dit aussi fig. de certains travaux d'esprit, *qu'ils cassent la tête*. — Fig. et fam., *cette liqueur casse la tête*, porte à la tête. — *Casser*, t. de mar., diminuer la vitesse d'une embarcation. — SE CASSER, v. pron., se rompre, se briser : *un verre, une corde*, etc., *qui se casse*. — *Se casser la tête*, se la briser, se la fendre, dans une chute ou par suite d'un choc contre un corps dur. — Fam. et par exagération, *se casser la tête et le nez*, heurter de la tête, du nez contre un corps dur. — Par exagération encore, *se casser le cou*, se blesser en tombant. — Fig., *se casser la tête*, s'occuper de quelque chose avec une grande application. — Fig., *se casser le nez*, échouer dans une entreprise quelconque. — Fig., *se casser le cou; casser le cou à quelqu'un*; se perdre, se ruiner; perdre, ruiner quelqu'un. — On dit encore au fig., qu'*une personne se casse*, pour dire que l'âge l'affaiblit visiblement. — On dit aussi dans le même sens que *la voix se casse*. — CASSER, BRISER, ROMPRE. (*Syn.*) *Casser*, c'est seulement détruire la continuité d'un corps, de manière que deux ou plusieurs de ses parties ne soient plus adhérentes les unes aux autres; *rompre*, c'est détruire la connexion de certaines parties, de manière qu'elles ne soient plus liées les unes aux autres; *briser*, c'est détruire la masse et la forme du corps, de manière que les différentes parties tombent en pièces, en morceaux. On *casse* en heurtant, en frappant; on *rompt* en faisant céder, fléchir, enfoncer, ployer sous le poids; on *brise* en frappant de grands coups, en écrasant, en divisant d'une manière violente, jusqu'à la destruction. Ce qui est *cassé* ne peut plus servir ou sert mal, tel qu'un pot *cassé*; ce qui est *rompu* peut servir ou ne pas servir : on *rompt* un gâteau pour le manger; ce qui est *brisé* est seulement mis en pièces, sans rapport à d'autres idées.

CASSEROLE, mieux **CASSEROLLE**, subst. fém., et non pas **CASTROLE** (*kacerole*) (du lat. *capsa*, cassette), ustensile de cuisine qui sert à divers usages : *casserolle de cuivre, de terre cuite*.

CASSERON, subst. mas. (*kâceron*), t. d'hist. nat., sorte de poisson volant.

CASSETÉE, subst. fém. (*kâceté*), plein une *casse*.

CASSE-TÊTE, subst. mas. (*kâcetête*), massue de bois ou de pierre qui sert d'arme offensive à plusieurs peuples sauvages. — Fig. et fam., vin fumeux qui porte à la *tête*. — Occupation qui cause une grande contention d'esprit. — Sorte de jeu chinois. Voy. ce mot. — Bruit qui fatigue, qui fait mal à la *tête*. — On appelle aussi *casse-tête* un grand filet de pêche. — Au plur., des *casse-tête*.

CASSE-TÊTE CHINOIS, subst. mas. (*kâcetête-chinoâ*), jeu composé de petits morceaux de bois triangulaires difficiles à agencer pour former certaines figures. — Au plur., des *casse-tête chinois*.

CASSETIN, subst. mas. (*kâcetein*), t. d'imprim., chacune des petites *casses* où l'on met les lettres.

CASSETTE, subst. fém. (*kâcète*) (du lat. *capsa*, pris du grec *καψα*, qui a la même signification), petit coffre où l'on serre ordinairement des choses de peu de volume. — On appelle *cassette du roi* son trésor particulier. — Les tailleurs appellent *cassette* une espèce de boîte divisée en quatre *cases*, dans lesquelles ils mettent le fil et le poil de chèvre dévidés sur des pelottes, afin de les avoir tout prêts, et de pouvoir s'en servir dans le besoin.

CASSEUR, subst. mas., au fém. **CASSEUSE** (*kâceur, ceuze*), celui, celle qui *casse*; celui ou celle qui *casse* souvent par maladresse, ou : qui aime à *casser*, ou : qui a l'air de vouloir tout *casser*. — *Un casseur de raquettes*, un homme robuste. — *Un casseur d'assiettes*, un fanfaron, un tapageur, un querelleur.

CASSEUSE, subst. fém. Voy. CASSEUR.

CASSE-VESSIE, subst. mas. (*kâcevèci*), t. de phys., récipient de crystal ouvert à ses deux extrémités. On ferme la supérieure avec un morceau de *vessie* mouillée qu'on laisse sécher; on fait le vide sous le récipient : le poids de la colonne d'air pèse sur la *vessie* et la crève.

CASSI-ASCHER, subst. mas. (*kaciachère*), grand-prévôt chez les Turcs.

CASSICAN, subst. mas. (*kacikan*), t. d'hist. nat., genre de l'ordre des oiseaux silvains et de la famille des coraces.

CASSIDAIRE, subst. fém. (*kacidère*), t. d'hist. nat., espèce de coquilles du genre des *casques*.

CASSIDE, subst. fém. (*kacide*) (du lat. *cassis*, *cassidis*, casque), t. d'hist. nat., genre d'insectes de l'ordre des coléoptères, section des tétramères, famille des cycliques. — Les *cassides*, que l'on appelle vulgairement *tortues*, sont des insectes plats en dessous, convexes en dessus, dont le contour du corps est presque circulaire, souvent ovale, et quelquefois approchant de la figure triangulaire. — On donne aussi ce nom aux coquilles du genre *casque*. — *Casside*, espèce d'idylle ou d'élégie arabe composée de distiques dont le nombre ne peut être au-dessus de cent ni au-dessous de vingt. Les deux vers du premier distique riment ensemble, et, dans tous les distiques suivants, la même rime doit revenir au second vers. On n'a point égard au premier, qui n'est considéré en quelque sorte que comme un hémistiche. Ces poèmes roulent ordinairement sur l'amour.

CASSIDOINE, subst. fém. (*kacidoène*), t. de lithol., pierre précieuse irisée, dont les anciens faisaient des vases.

CASSIDULE, subst. fém. (*kacidule*), t. d'hist. nat., genre fait aux dépens des oursins. Il est composé d'un petit nombre d'espèces, dont une seule n'est pas fossile; c'est la *cassidule* des îles Caraïbes.

CASSIE, subst. fém. (*kaci*), t. de bot., arbre qui nous a été apporté des Indes, et qui croît à présent dans nos contrées méridionales. — Ses fleurs ont une odeur agréable; les parfumeurs en font usage : c'est une espèce d'*acacia*.

CASSIER, subst. mas. (*kacié*), t. de bot., arbre qui porte la *casse*. On dit ordinairement *cassier franc*. — Dans l'imprimerie, armoire, rayon à recevoir des *casses*.

CASSIM-GHEURI, subst. mas. (*kacime-gueuri*), nom que les Turcs et les Grecs levantins donnent à la fête de Démétrius. Ce jour est très-redouté des matelots, qui n'osent jamais se hasarder à tenir la mer pendant cette fête, et font en sorte d'être dans le port dix jours avant qu'elle n'arrive.

CASSIN, subst. mas. (*kacein*), t. de fabrique, espèce de châssis élevé au-dessus du métier des ouvriers à la navette, dans lequel sont attachées plusieurs poulies pour porter les ficelles qui servent à faire les façons des étoffes. — Nom propre d'une montagne d'Italie.

CASSINE, subst. fém. (*kacine*) (de l'italien *cassina* ou plutôt *casino*, fait, dans la même signification, de *casa*, maison, dont il est un diminutif), petite maison de campagne. Ce nom a passé du Piémont dans le midi de la France. — T. de guerre, petite maison isolée en plein champ, propre à faire une embuscade, un retranchement. — Le peuple appelle *cassine* une mauvaise maison, une bicoque. — En bot., genre de plantes exotiques à fleurs polypétales, qui ont beaucoup de rapport avec les fusains.

CASSINIE, subst. fém. (*kacini*), t. de bot., plante de la Nouvelle-Hollande, qui seule constitue un genre.

CASSINIENNE, adj. fém. (*kaciniène*). Voy. CASSINOÏDE.

CASSINOÏDE, subst. fém. (*kacino-ide*), t. d'astron., courbe proposée par *Cassini* pour représenter le mouvement du soleil. Les géomètres la connaissent sous le nom d'ellipse *cassinienne*.

CASSIOPE ou **CASSIOPÉE**, subst. propre fém. (*kaciope, ciopé*), myth., femme de Céphée, roi d'Ethiopie, et mère d'Andromède, qui avait la vanité de se croire, avec sa fille, plus belle que Junon et les Néréides. Celles-ci prièrent Neptune de les venger. Ce dieu suscita un monstre qui fit des ravages épouvantables. Céphée ayant consulté l'oracle, on apprit que les malheurs ne finiraient qu'en livrant au monstre Andromède enchaînée sur un rocher. Mais Persée, monté sur le cheval Pégase, vint, avec la tête de Méduse, métamorphoser ce monstre en rocher, délivra Andromède, et obtint de Jupiter que Cassiope serait placée parmi les astres. Voy. CENCHRIS, CHIONÉ, PRETIDES, ANTIGONE. — T. d'astron., constellation N. de l'hémisphère septentrional, située près de Céphée.

CASSIPOURIER, subst. mas. (*kacipourié*), t. de bot., arbre de la Guyane qui croît dans les lieux aquatiques. — On donne aussi ce nom à un arbre du même genre que l'on a découvert à la Jamaïque.

CASSIQUE, subst. mas. (*kacike*), t. d'hist. nat., genre de l'ordre des oiseaux silvains et de la famille des tisserands.

CASSIRY, subst. mas. (*kaciri*). On appelle ainsi dans l'Amérique méridionale une liqueur vineuse qui se fabrique avec le maïs.

CASSIS, subst. mas. Voy. CACIS.

CASSITE, subst. fém. (*kacite*), t. de bot., genre de plantes comprenant deux espèces qui croissent sur les arbres de l'Inde : l'une s'appelle la *cassite filiforme*, parce que sa tige est mince ; l'autre la *cassite corniculée*, parce que ses rameaux sont gros et épineux.

CASSOLETTE, subst. fém. (*kaçolète*) (du latin *capsa*. Voy. CAISSE.) On donne ce nom à deux ustensiles d'une forme différente : l'un est une espèce de réchaud sur lequel on fait brûler des parfums ; l'autre une petite boîte d'or ou d'argent portative, dans laquelle on les renferme. — L'odeur même qui s'exhale de la *cassolette* : *oh! quelle suave cassolette!* On dit fam. et iron. d'une mauvaise odeur : *quelle cassolette! voilà une terrible cassolette!* — T. d'archit., espèce de vase isolé de peu de hauteur, et du sommet ou des côtés duquel sortent des figures de flammes ou de parfums. Les *cassolettes* servent souvent d'amortissement à l'extrémité supérieure d'une maison de plaisance, ou bien elles couronnent les rétables des autels, et on les emploie dans la décoration des catafalques, des arcs de triomphe, feux d'artifice, etc.

CASSOLLE, subst. fém. (*kaçole*), t. de papetiers, réchaud pour chauffer la colle.

CASSON, subst. mas. (*kaçon*), morceau de cacao rompu : *un casson de cacao*. — On appelle aussi *cassons*, des pains informes de sucre fin.

CASSONADE, et non pas **CASTONADE**, comme dit le peuple, subst. fém. (*kaçonade*) (du portugais *cassonada*, fait de *casson*, qui signifie *caisson*, et qui est dérivé du lat. *capsa*, lequel l'est lui-même du grec καψα, caisse), sorte de sucre qui n'a été raffiné qu'une fois, et qu'on apporte en Europe dans des *caissons*.

CASSONS. Voy. CASSON.

CASSOORWAN, subst. mas. (*kaçoorvan*), t. d'hist. nat., poisson des Indes.

CASSOT, subst. mas. (*kaçô*). Les papetiers donnent ce nom à des espèces de *caisses* ou compartiments, dans lesquels les trieuses mettent les différents lots de chiffons.

CASSOTIDE, subst. propre fém. (*kaçotide*), t. d'hist. anc., fontaine de Delphes à laquelle on attribuait une vertu prophétique.

CASSUMUNIAR ou **CASMINAR**, subst. mas. (*kaçumuniar, kaceminar*), t. de comm., racine que les Anglais nous apportent des Indes orientales, et dont ils vantent beaucoup les propriétés.

CASSURE, subst. fém. (*kâçure*) (rac. *casser*), solution de continuité complète, opérée dans un corps fragile. — Endroit où un objet est *cassé*. — Aspect que présente une substance qui a été *cassée*.

CASSUVIUM, subst. mas. (*kaçuviome*), t. de bot., genre de plantes de la famille des térébinthacées.

CASSYTHA, subst. fém. (*kacecita*), t. de bot., plante de l'Inde, de la famille des laurinées.

CASTAGNEAU, subst. mas. (*kacetagnio*), t. d'hist. nat., c'est le spare chromis, qui sert aujourd'hui de type au genre chromis.

CASTAGNETTE, subst. fém. (*kacetagniète*) (du lat. *castanea*, châtaigne, à cause de la ressemblance des *castagnettes* avec des châtaignes), instrument de percussion en usage chez les Maures, les Espagnols et les Bohémiens : il est composé de deux petits morceaux de bois creusés, que l'on tient de chaque main, et que l'on frappe en mesure l'un contre l'autre, du côté des cavités, pour accompagner des airs de danse. — T. de comm., étoffe de soie, de fil ou de laine, croisée des deux côtés.

CASTAGNEUX, subst. mas. (*kacetagnieu*), t. d'hist. nat., petit plongeon. — On donne aussi ce nom à divers petits oiseaux.

CASTAGNOLLE, subst. fém. (*kacetagniole*), t. de mar., morceau de bois percé de deux trous, et fixé sur les galères à chacune des ralingues de la tente. — T. d'hist. nat., genre de poissons qui se rapproche des cæsios. On les trouve dans la Méditerranée.

CASTAGNOLLO, subst. mas. (*kacetagniolelo*), t. d'hist. nat. Sur les côtes de Nice, on appelle ainsi une espèce de spare.

CASTAGNON. Voy. CHÂTAIGNIER.

CASTALIDES, subst. propre fém. plur. (*kacetalide*), myth. On appelait ainsi les Muses, du nom de Castalie, fontaine qui leur était consacrée.

CASTALIE, subst. propre fém. (*kacetali*), myth., nymphe qu'Apollon métamorphosa en fontaine. Il donna à ses eaux la vertu d'inspirer le génie de la poésie, et la consacra aux Muses.

CASTALIUS, subst. propre mas. (*kacetaliuce*), myth., roi des environs du Parnasse, père de *Castalie*. Voy. ce mot.

CASTAMOLIDES, subst. propre fém. plur. (*kacetamolide*), t. d'hist. anc., cérémonies religieuses, chez les vestales.

CASTANÉE, subst. fém. (*kacetané*), t. de bot., genre de plantes de la famille des amentacées.

CASTANÉIQUE, adj. des deux genres (*kacetanéike*), t. de bot., qui ressemble aux châtaignes.

CASTANET, subst. propre mas. (*kacetané*), bourg de France, chef-lieu de canton, arrond. de Toulouse, dép. de la Haute-Garonne.

CASTANITE, subst. fém. (*kacetanite*), t. de minér., pierre argileuse de la couleur ou de la forme d'une châtaigne.

CASTE, subst. fém. (*kacete*). On donne ce nom aux tribus ou familles des peuples indiens qui vivent distinguées les unes des autres par la naissance, les occupations, les usages, les opinions et les pratiques religieuses, et particulièrement par leur aversion réciproque : *les castes du Malabar ne se mêlent point ; les peuples chrétiens ont rarement observé leur religion, et les anciennes castes indiennes ont toujours pratiqué la leur.* — *Caste*, dans un sens plus étendu, se dit des différents ordres dans lesquels est divisée une nation : *les Malabares sont divisés en deux ordres ou castes, savoir : les nairos qui sont les nobles, et les poliars qui sont les artisans, les paysans, les pêcheurs.* — On a, depuis la révolution française de 1789, appliqué cette dénomination à certaines classes de la société : *la caste nobiliaire ; la caste sacerdotale*, etc.

CASTEL, subst. mas. (*kacetèle*) (en lat. *castellum*), château. Il ne se dit plus que dans le langage familier. — T. de bot., genre de plantes de la famille des nerpruns, qui comprend deux arbrisseaux épineux à feuilles alternes et à fleurs axillaires, originaires de l'Amérique méridionale.

CASTELANE, subst. fém. (*kacetelane*), espèce de prune verte.

CASTELET (LE), subst. propre mas. (*lekatelé*), bourg de France, chef-lieu de canton, arrond. de Saint-Quentin, dép. de l'Aisne.

CASTELIE, subst. fém. (*kaceteli*), t. de bot., genre de plantes.

CASTEL-JALOUX, subst. propre mas. (*kacetèljalou*), ville de France, chef-lieu de canton, arrond. de Nérac, dép. de Lot-et-Garonne.

CASTELLAN, subst. mas. (*kacetèlelan*) (du lat. *castellum*, château fort, camp retranché, etc.). On donnait ce nom, dans l'ancienne constitution de la Pologne, aux sénateurs qui étaient revêtus des premières dignités, après les palatins du royaume.

CASTELLANIE, subst. fém. (*kacetèlelani*), c'était, dans l'ancienne constitution de la Pologne, un territoire dont les *castellans* étaient comme les gouverneurs.

CASTELLANNE, subst. propre fém. (*kacetèlelane*), ville de France, chef-lieu d'arrond., dép. des Basses-Alpes.

CASTEL-MORON, subst. propre mas. (*kacetèlemoron*), village de France, chef-lieu de canton, arrond. de Marmande, dép. de Lot-et-Garonne.

CASTELNAUDARY, subst. propre mas. (*kacetèlenôdari*), ville de France, chef-lieu d'arrond., dép. de l'Aude.

CASTELNAU-DE-MÉDOC, subst. propre mas. (*kacetèlenôdemédok*), ville de France, chef-lieu de canton, arrond. de Bordeaux, dép. de la Gironde.

CASTELNAU-DE-MONTMIRAIL, subst. propre mas. (*kacetèlenôdemonmira-ie*), ville de France, chef-lieu de canton, arrond. de Gaillac, dép. du Tarn.

CASTELNAU-DE-MONTRALIER, subst. propre mas. (*kacetèlenôdemonralié*), ville de France, chef-lieu de canton, arrond. de Cahors, dép. du Lot.

CASTELNAU-DE-RIVIÈRE-BASSE, subst. propre mas. (*kacetèlenôderivièrebâce*), ville de France, chef-lieu de canton, arrond. de Tarbes, dép. des Hautes-Pyrénées.

CASTELOGNE, subst. fém. (*kacetelognie*), t. de comm., sorte de couverture de lit faite sur le métier des tisserands avec de la laine très-fine.

CASTEL-SARRAZIN, subst. propre mas. (*kacetèleçarazein*), ville de France, chef-lieu d'arrond. dép. de Tarn-et-Garonne.

CASTÉRA-VERDUZAN, subst. propre mas. (*kacetéra-vèreduzan*), village du dép. du Gers, assez célèbre pour ses eaux minérales.

CASTETS, subst. propre mas. (*kaceté*), bourg de France, chef-lieu de canton, arrond. de Dax, dép. des Landes.

CASTIANIRA, subst. propre fém. (*kacetianira*), myth., une des femmes de Priam.

CASTICE, subst. mas. (*kacetice*). On donne ce nom aux Indiens nés à Goa de mère et de père portugais.

CASTIGLIONE, subst. fém. (*kaceliguellone*) (ce mot est purement italien, et signifie *petit château*) ; t. de bot., arbrisseau du Pérou qui n'est autre chose que le médicinier cathartique.—Subst. propre, village de France, chef-lieu de canton, arrond. de Corte, dép. de la Corse.

CASTILÈGE, subst. fém. (*kacetilèje*), t. de bot., genre de plantes de la famille des rhinanthoïdes, qui renferme trois espèces : *la castilège à fleurs divisées*, celle *à fleurs entières*, et celle dite *corne de cerf*. Ce sont des plantes légèrement frutescentes, originaires de l'Amérique méridionale.

CASTILLAN, subst. et adj. mas., au fém. **CASTILLANE** (*kaceti-ian, iane*), qui est de *Castille* : *un Castillan ; une Castillane.*—*Le castillan*, la langue de *Castille*.—Il est aussi adj. : *cet homme est castillan ; femme castillane ; langue castillane.*—Monnaie d'or d'Espagne qui vaut 6 francs 42 centimes.

CASTILLE, subst. fém. (*kaceti-ie*) (*castille*, dérivé du lat. *castellum*, château, s'est dit anciennement de l'attaque d'un château, d'une tour, etc., et ensuite des jeux militaires qui représentaient de véritables combats), expression familière que l'on emploie quelquefois pour signifier : une petite querelle entre des gens qui vivent ensemble, qui se voient souvent : *le frère et la sœur sont toujours en castille.*—T. de bot., arbre qui forme un genre dans la famille des urticées. Cet arbre, dont les feuilles sont alternes, entières et velues, fournit une résine fort semblable au caoutchouc, que l'on récolte au Mexique pour le commerce.—Dans quelques endroits de la France, ce qu'on appelle vulgairement *groseille*.—Subst. propre, *nouvelle Castille, vieille Castille*, provinces du royaume d'Espagne.

CASTILLÉE, subst. fém. (*kaceti-ie*), t. de bot., espèce de pédiculaire.

CASTILLOÉ, subst. mas. (*kacetileloé*), t. de bot., genre de plantes de la famille des euphorbiacées.

CASTILLON, subst. propre mas. (*kaceti-ion*), ville de France, chef-lieu de canton, arrond. de Saint-Girons, dép. de l'Ariège.

CASTILLONÈS, subst. propre mas. (*kaceti-ionèce*), village de France, chef-lieu de canton, arrond. de Villeneuve, dép. de Lot-et-Garonne.

CASTILLON-SUR-DORDOGNE, subst. propre mas. (*kaceti-ionçurdordognie*), ville de France, chef-lieu de canton, arrond. de Libourne, dép. de la Gironde.

CASTINE, subst. fém. (*kacetine*) (de l'allemand *kalkstein*, pierre calcaire), t. de forge. C'est un mélange de différentes terres ajoutées au minerai de fer, qu'on jette sur le haut fourneau pour faciliter la fonte : on varie ce mélange suivant la nature du minerai : quand la terre calcaire y domine, on ajoute pour *castine* de la terre argileuse qu'on nomme herbue ; quand, au contraire, le minerai est argileux, la *castine* est composée de pierre calcaire et de cailloux quartzeux, suivant les proportions qu'indique l'expérience.

CASTNIE, subst. fém. (*kaceteni*), t. d'hist. nat., genre d'insectes de l'ordre des lépidoptères.

CASTOR, subst. mas. (*kacetor*) (de καστωρ, nom grec du même animal), t. d'hist. nat., animal quadrupède amphibie, de l'ordre des rongeurs, et remarquable par l'industrie avec laquelle il se construit des logements. — On appelle *castors-terriers*, ceux qui se creusent des terriers au bord de l'eau. — On appelle *castors neufs* les peaux des *castors* qui ont été tués à la chasse pendant l'hiver et avant la mue ; *castors secs* ou *castors maigres*, celles qui proviennent de la seconde chasse d'été; *castors gras*, celles que les sauvages ont portées sur leur corps, et qui sont imbibées de leur sueur. — Chapeau en poil de *castor*. — On appelle *chapeau demi-castor* celui qui est fait de poil de *castor* mêlé avec une partie d'autre poil. — Fig. et fam., on dit *c'est un demi-castor*, en parlant d'un homme dont la conduite est plus qu'équivoque. — T. de bot., plante sarmenteuse de Saint-Domingue.

CASTOR ET POLLUX, subst. mas. (*kacetorépolelukce*), frères d'Hélène et de Clytemnestre, enfants de Jupiter et de Léda. Ils suivirent Jason dans la Colchide, pour la conquête de la toison d'or. Ils s'aimaient si tendrement, qu'ils ne se quittaient point. Jupiter donna l'immortalité à Pollux, qui la partagea avec Castor, en sorte qu'ils vivaient et mouraient alternativement. On leur dédia plusieurs temples, mais plus souvent sous le nom de Castor. Ils furent métamorphosés en astres, et placés dans le zodiaque sous le nom de Gémeaux, l'un des douze signes. On les représente ayant chacun une étoile sur la tête. Voy. LÉDA. — Sorte de météore igné, feu en forme de gerbe, qu'on aperçoit au haut des mâts et des cordages d'un vaisseau après une grande tempête. Lorsqu'on ne voit qu'une de ces gerbes, on l'appelle ordinairement *Hélène* ; lorsqu'il y en a deux ou plus, on les nomme *Castor et Pollux*, ou *feu Saint-Elme*. — En hist. nat., on a donné le nom de *Castor et Pollux* à deux papillons que l'on a placés dans le genre des satyres.

CASTORÉUM, subst. mas. (*kacetoréome*), t. de pharmacie. On donne ce nom à une matière très-fétide, de consistance de sirop, d'une couleur jaune lorsqu'elle est fraîche, et brune lorsqu'elle est sèche. Cette substance est sécrétée par des organes piriformes et celluleux qui se trouvent près des parties génitales du *castor*. Elle est employée en médecine comme excitant la circulation, et comme sédatif du système nerveux.

CASTORIENNES, subst. fém. plur. (*kacetoriène*), t. d'hist. anc., fêtes qu'on célébrait dans l'ancienne Grèce en l'honneur de Castor et Pollux.

CASTORINE, subst. fém. (*kacetorine*), t. de comm., étoffe de laine, sorte de drap pelucheux. — T. de chim., principe actif du *castoréum*.

CASTOS, subst. mas. (*kacetoce*), droit d'entrée et de sortie des marchandises au Japon.—Présents que faisaient les Hollandais pour y être reçus.

CASTRAMÉTATION, subst. fém. (*kacetramétacion*) (du lat. *castrametatio* ; formé de *castra*, camps, et *metatio*, alignement), l'art d'établir un camp.

CASTRAT, subst. mas. (*kacetra*) (du latin *castratus*, part. pass. de *castrare*, châtrer), celui qu'on a mutilé pour lui conserver une voix semblable à celle des femmes et des enfants : *les Italiens étaient autrefois dans l'usage de faire des castrats qu'ils destinaient au théâtre*.

CASTRATION, subst. fém. (*kacetrâcion*) (du latin *castratio*, qui a la même signification), t. de chirur., amputation des testicules. — On le dit, par extension, de l'ablation d'un seul de ces organes. — En bot., opération par laquelle on ôte à une plante la faculté de féconder ses graines.

CASTRATURE, subst. fém. (*kacetrature*), t. d'agric. anc., action de nettoyer le blé en grains.

CASTRENSE, adj. latin des deux genres (*kacetreincé*) (du latin *castrensis*, de camp, qui concerne le camp, formé de *castra*, *castrorum*, camps), t. d'hist. anc. : *couronne castrense*, celle que les Romains donnaient à un soldat qui avait le premier pénétré dans le *camp* ennemi.

CASTRES, subst. propre fém. (*kacetre*), ville de France, chef-lieu d'arrond., dép. du Tarn. —Cette ville, qui embrassa une des premières les doctrines de Calvin, a été le théâtre de plusieurs guerres religieuses.

CASTRIES, subst. propre fém. (*kacetri*), bourg de France, chef-lieu de canton, arrond. de Montpellier, dép. de l'Hérault.

CASTROMÉTRIE, subst. fém. (*kacetrométri*) (du lat. *castra*, camps, et μετρον, mesure), art de juger le terrein pour y établir un camp.

CASTROMÉTRIQUE, adj. des deux genres (*kacetrométrike*), qui concerne la *castrométrie*.

CASUALITÉ, subst. fém. (*kazualité*) (rac. *casuel*), t. didactique, qualité de ce qui est *casuel* ou fortuit, de ce qui n'a rien d'assuré.

CASUARINE, subst. fém. (*kazuarine*), t. de bot., genre de plantes de la famille des conifères.

CASUEL, subst. mas. (*kazuèle*), revenu, gain *casuel*, que procure un emploi, etc. — Dans l'église, on appelle *casuel* les profits qui reviennent au prêtre des baptêmes, mariages, enterrements, etc.

CASUEL, adj. mas.; au fém. **CASUELLE** (*kazuèle*) (du latin *casus*, cas fortuit, hasard), fortuit, accidentel ; qui peut arriver ou n'arriver pas.— *Parties casuelles*, droits qui autrefois revenaient au roi pour les charges de judicature ou de finance, quand elles changeaient de titulaires ; bureau établi pour recevoir ces droits. On disait : *cette charge vaque aux parties casuelles*, au profit du roi. — *Charges casuelles*, se disait des charges non transmissibles dans les familles, et perdues pour elles à la mort de celui de leurs membres qui en était pourvu ; et *emplois casuels*, des emplois révocables. — *Droits casuels*, certains profits de fief qui arrivaient fortuitement. — *Casuel* ne s'emploie pas pour *fragile, cassant*.

CASUELLEMENT, adv. (*kazuèleman*), fortuitement, par hasard. Il est peu usité.

CASUISTE, subst. mas. (*kazuicete*), théologien qui écrit ou que l'on consulte sur les *cas* de conscience, qui en fait son étude. Ce mot ne pourrait guère être employé en parlant d'une femme.

CASUISTIQUE, subst. fém. (*kazuicetike*), la discussion des *casuistes*.

CASUISTIQUÉ, E, part. pass. de *casuistiquer*.

CASUISTIQUER, v. neut. (*kazuicetiké*), faire le *casuiste*, discuter des cas de conscience. Il est hors d'usage aujourd'hui. Il s'est dit en style ironique : *on ne s'amuse à casuistiquer qu'en théorie ; la pratique est plus libérale*.

CASYS, subst. mas. plur. (*kazi*), prêtres persans.

CATAAL, E, adj. (*kataal*) (du grec κατα, en bas), t. d'anat., se dit d'osselets qui se trouvent chez certaines espèces d'animaux dont les pièces sont vertébrées.

CATABALISTIQUE, adj. des deux genres (*katabalicetike*). Voy. au mot ARME.

CATABAPTISTES, subst. mas. plur. (*katabaticete*) (du grec κατα, contre, et βαπτισμος, baptême), t. d'hist. eccl., hérétiques qui niaient la nécessité du *baptême*, surtout pour les enfants.

CATABASIUS. Voy. CATÆBATÈS.

CATABAUCALÈZE, subst. fém. (*katabôkalèze*) (en grec καταβαυκαλησις, formé de κατα, bien, et βαυκαλαω, j'endors les enfants en chantant), t. d'hist. anc., chanson avec laquelle les nourrices endormaient les enfants.

CATABAUCALISE pour **CATABAUCALÈZE**, est vicieux.

CATABIBAZON ou **CATABIBAZONE**, subst. mas. (*katabibazon*, *zone*), t. d'astron., nœud descendant de la lune, appelé aussi *queue de dragon*.

CATABLÈME, subst. mas. (*katablème*) (du grec καταβλημα, toile qui sert d'enveloppe), t. de chir., bande destinée à serrer un bandage.

CATABROSE, subst. fém. (*katabrôze*), t. de bot., plante qui comprend la canche aquatique.

CATACAUSTIQUE, subst. fém. (*katakôcetike*) (en grec κατακαυστικον, dérivé de κατακαιω, je brûle par réflexion, lequel est formé de κατα, contre, et de καιω, je brûle), t. de math., courbe formée par des rayons réfléchis, à la différence de la *diacaustique*, qui est formée par réfraction. Voy. CAUSTIQUE.

CATACÉRASTIQUE, adj. des deux genres et subst. mas. (*katacéracetike*) (du grec κατακεραστικος, qui tempère), t. de médec., se dit des remèdes propres à tempérer la force d'une maladie.

CATACHASME, *Laveaux* écrit à tort ce mot *catachasmos*, subst. mas. (*katakaceme*) (du grec καταχασμα qui a le même sens), t. de médec., crevasse, scarification. Inus.

CATACHÉRIT, subst. mas. (*katachérite*), en Turquie, manifeste émané du sultan.

CATACHRÈSE, subst. fém. (*katakrèze*) (du grec καταχρησις, abus, formé de κατα, contre, et χραομαι, user; *user d'un mot contre sa signification propre*), t. de rhét., figure de discours dans laquelle, par un abus de termes, on se sert, pour exprimer une idée, d'un mot destiné primitivement à en désigner une autre qui a quelque relation à la première, comme *ferré d'argent ; aller à cheval sur un bâton*.— En musique, une dissonance dure et inusitée.

CATACHRISTON, subst. mas. (*katakricetone*)(du grec καταχριστος, oint, frotté), t. de pharm. et de médec., sorte de liniment.

CATACHYSE, subst. fém. (*katakize*) (dérivé du grec καταχυμαι, je répands), t. de médec., affusion d'eau froide.

CATACLASE, subst. fém. (*kataklâze*) (du grec κατακλασιν, briser), t. de médec., rupture. Quelques auteurs l'ont pris pour distorsion des yeux. Inusité.

CATACLYSME, subst. mas. (*katakliceme*) (en grec κατακλυσμος, fait de κατακλυζω, j'inonde), grande inondation, déluge.

CATACOI, subst. mas. (*katakoè*), t. de mar., sorte de petit mât. Voy. CACATOIS.

CATACOMBES, subst. fém. plur. (*katakonbe*) (du grec κατα, dessous, et κυμβος, cavité), grottes souterreines ou excavations d'anciennes carrières dans lesquelles les Romains enterraient leurs morts. — On le dit surtout de celles où ont été ensevelis un grand nombre de martyrs ; et à Paris et à Rome, d'un souterrein où l'on range symétriquement les ossements tirés des cimetières. — Suivant quelques-uns, on écrivait autrefois *catatombes* (du grec κατα, dessous, et τυμβος, tombeau ; *tombeau sous terre*).

CATACOUSTIQUE, subst. fém. (*katakoucetike*) (du grec κατα, contre, et ακουω, j'entends), t. de phys., branche des sciences physiques qui a pour objet les sons réfléchis, les échos. La *catacoustique* est à l'*acoustique* ce que la *catoptrique* est à l'*optique*. Il est aussi adj. des deux genres.

CATACTRIENS, subst. mas. plur., au fém. **CATACTRIENNES** (*kataktriein, ène*), t. d'hist. anc. On appelait ainsi les sacrificateurs et les prêtresses de plusieurs villes de la Grèce.

CATADÈMES, subst. mas. plur. (*katadème*) (du grec κατα, pour, et δημος, peuple), t. d'hist. anc., juges inférieurs à Athènes.

CATADIOPTRIQUE, adj. des deux genres et subst. fém. (*katadiopetrike*) (du grec κατα, contre, δια, à travers, et οπτομαι, je vois), se dit de la science qui traite des effets réunis de la lumière, soit réfractée, soit réfléchie. — *Télescope catadioptrique*, qui réfléchit et réfracte en même temps les rayons.

CATADOUPE et non pas **CATADUPE**, subst. fém. (*katadoupe*, *dupe*) (en grec καταδουπα, nom plur., formé de καταδουπος, qui fait grand bruit en tombant, lequel est composé de κατα, en bas, et δουπος, bruit), t. de géogr., cataracte ; chute d'eau qui fait grand bruit. Inus.

CATADROME, subst. mas. (*katadrome*) (du grec κατα, sur, et δρομος, course), t. d'hist. anc., corde sur laquelle dansaient les sauteurs de corde des anciens.

CATÆBATÈS, subst. propre mas. (*katébatèce*), myth., surnom de Jupiter, à cause des prodiges par lesquels on croyait qu'il faisait connaître sa volonté. — C'est par la même raison qu'Apollon était appelé *Catabasius* ou *Prodigialis*.

CATAFALQUE, subst. mas. (*katafalke*) (de l'italien *catafalco*, mot hybride formé, suivant quelques-uns, de la préposition grecque κατα, et du terme arabe *falak*, élévation ; proprement la voûte céleste), estrade, décoration funèbre élevée dans une église pour y placer le cercueil ou la représentation d'un mort à qui l'on veut rendre les plus grands honneurs.

CATAGLOTTISME, subst. mas. (*katagueloteticeme*) (du grec καταγλωττισμα qui a le même sens), baiser sur la bouche en avançant la langue. Vieux et inus.

CATAGMATIQUE, adj. des deux genres (*kataguematike*) (du grec καταγμα, fracture, dérivé de καταγω, je brise, je romps), t. de médec., qui se dit des médicaments propres à souder les corps rompus, et à former plus promptement le calus. — Il est aussi subst. mas. : *les catagmatiques*.

CATAGME, subst. mas. (*katagueme*) (du grec καταγμα, fracture), t. de médec., fracture.

CATAGOGIES, subst. fém. plur. (*kataguoji*) (du grec καταγω, je ramène), t. d'hist. anc., fêtes siciliennes en l'honneur du retour de Vénus de son prétendu voyage en Libye.

CATAGRAPHE, subst. mas. (*katagueraphe*) (du grec κατα, par opposition, et γραφω, j'écris), celui qui peint de profil. Peu usité.

CATAGRAPHIE, subst. fém. (*katagueraphi*) (même étym. que celle du mot précédent), l'art de peindre de profil. Peu usité.

CATAGRAPHIQUE, adj. des deux genres (*kataguerafike*), qui concerne la *catagraphie*. Peu usité.

CATAIRE, mieux **CHATAIRE**, **HERBE-AU-CHAT**, subst. fém. (*katère*), t. de bot., plante à racine vivace, de la famille des labiées, d'une odeur aromatique, que les chats aiment beaucoup. — Les espèces en sont très-nombreuses.

CATAIBATÈS, adj. propre mas. (*kata-icbatèce*) (du grec καταιϐασις, descente), myth., surnom donné à Jupiter et à Apollon descendant sur la terre pour y visiter les déesses.

CATALAN, **E**, subst. et adj. (*katalan, lane*), celui ou celle qui est de *Catalogne*.

CATALANIQUE, adj. et subst. des deux genres (*katalanike*), Catalan. (*Boiste*). Il est inusité.

CATALECTE ou **CATALECTIQUE**, adj. des deux genres (*katalèkte*, *katalèktike*) (du grec καταληκτικος, formé de κατα, contre, et ληγω, je finis; *qui n'est pas terminé* ou *fini*), se disait, dans la poésie grecque et latine, des vers imparfaits, auxquels il manquait quelques pieds ou quelques syllabes, par opposition aux vers *acatalectiques*, auxquels il ne manquait rien de ce qui devait entrer dans leur structure.

CATALECTES, subst. mas. plur. (*katalèkete*) (du grec κατα, contre, et ληγω, je finis; c'est-à-dire: qui n'est pas fini, qui n'est pas terminé, qui est incomplet). On appelle ainsi des fragments d'ouvrages anciens qui n'ont pas été achevés ou que l'on n'a pas trouvés en entier.

CATALECTIQUE, adj. des deux genres. Voy. **CATALECTE**.

CATALEPSIE, subst. fém. (*katalèpeci*) (du grec καταληψις, détention, dérivé de καταλαμϐανω, j'arrête, je retiens; parce que toute espèce de mouvement est suspendu dans la *catalepsie*), t. de médec., maladie soporeuse qui saisit tout d'un coup un individu, le fait rester dans la situation où il était au moment de l'attaque, tout en laissant aux membres la faculté de conserver la position qu'on leur donne ensuite, et qui suspend complètement en lui les sensations et les mouvements volontaires. — Le nom de cette maladie a été transporté en botanique, et appliqué à un phénomène singulier qu'offrent certaines plantes: on appelle *catalepsie*, l'état d'une plante ou de quelques parties d'une plante qui sont privées d'élasticité et qui restent dans la situation où on les place.

CATALEPTIQUE, subst. des deux genres (*katalèpetike*), t. de médec., celui ou celle qui est attaquée de *catalepsie*. — Il est aussi adj. des deux genres et signifie: qui est attaqué de la *catalepsie* ou qui a rapport à la *catalepsie*. — T. de bot., *plantes cataleptiques*, plantes qui ne reprennent jamais la direction qu'elles avaient, quand une fois cette direction a été changée par une cause étrangère.

CATALOGNE, subst. propre fém. (*katalognie*), province du roy. d'Espagne.

CATALOGUE, subst. mas. (*katalogue*) (du grec καταλογος, recensement, état détaillé, formé de κατα, et de λεγω, je parle, dont on a fait καταλεγω, je raconte séparément, en détail), liste; dénombrement avec ordre: *catalogue de livres*, *de plantes*, *des saints*, etc.—T. d'astron., *catalogue d'étoiles*, table des positions des différentes étoiles par longitudes et latitudes, ascensions droites, déclinaisons, etc.

CATALOTIQUE, adj. des deux genres (*katalotike*) (du grec κατα, contre, et ουλοω, je cicatrise, dérivé de ουλη, cicatrice), t. de médec., se dit des remèdes propres à faire disparaître les marques grossières des cicatrices qui paraissent sur la peau. — Il se prend aussi subst. au mas.: *les catalotiques*; *un bon catalotique*. — Malgré l'opinion de *Boiste*, il n'y a pas de raison étymologique pour préférer *catulotique* à *catalotique*: celui-ci est même plus en rapport avec son origine. Voy. l'étymologie.

CATALPA, subst. mas. (*katalepa*), t. de bot., arbre de l'espèce des *bignones*.

CATAMARION, subst. mas. (*katamarion*), t. de mar., petit radeau en usage aux Indes orientales.

CATAMÉNIAL, **E**, adj. (*kataméniale*) (du grec καταμηνιος, menstruel), t. de médec., se dit du flux menstruel. — Au plur. mas. *cataméniaux*.

CATAMITE, subst. mas. (*katamite*), jeune libertin, efféminé. — Ce mot, aujourd'hui inusité, a pu devoir son origine à *Catamitus*, surnom de Ganymède, qui, ayant remplacé Hébé auprès de Jupiter, pouvait être soupçonné de libertinage, malgré le voile pudique de la fable.

CATAMITUS, subst. propre mas. (*katamituce*), myth., surnom de Ganymède. Voy. **CATAMITE**.

CATANANCE, subst. fém. (*katanance*), t. de bot., plante commune dans nos contrées méridionales.

CATANTLÈSE, subst. fém. (*katanteléze*) (du grec καταντλησις, action de bassiner, mouiller), t. de médec., ablution d'eau chaude exprimée d'une éponge.

CATAPACTAYME, subst. fém. (*katapaktéme*), fête que les peuples du Pérou célébraient avec une grande solennité au mois de décembre, qu'ils appelaient *Bayme*, et qui était le commencement de leur année. Elle était consacrée aux trois statues du soleil: *le soleil père*, *le soleil fils*, et *le soleil frère*.

CATAPAN, subst. mas. (*katapan*) (du grec κατα, auprès, et παν, tout; *officier préposé à tout*, *qui a la direction de tout*), gouverneur que les empereurs de Constantinople envoyaient dans la Pouille et dans la Calabre, au dixième et onzième siècle.

CATAPASME, subst. mas. (*katapaceme*) (du grec κατα, sur, et πασσειν, saupoudrer), t. de médec., médicament pulvérisé, dont les anciens faisaient des applications aux diverses parties du corps. Inus.

CATAPELTE, subst. fém. (*katapèlte*), instrument de supplice formé de deux planches pour serrer le criminel. Inusité.

CATAPEPSIENNE, subst. et adj. fém. (*katapèpeciène*), t. de médec., se dit d'une liqueur regardée comme un excellent stomachique.

CATAPÉTALE, adj. fém. (*katapétale*), t. de bot., se dit d'une corolle dont les *pétales* ne se détachent pas séparément après la floraison.

CATAPHÉALTE, subst. mas. (*kataféalte*), t. d'hist. nat., genre de poissons.

CATAPHONIQUE, subst. fém., et adj. des deux genres (*katafonike*) (du grec κατα, contre, et φωνη, voix), science des sons réfléchis. Voy. **CATACOUSTIQUE**, qui semble être plus usité.

CATAPHORE, subst. mas. (*katafore*) (du grec κατα, contre, et φερω, je porte), t. de médec., espèce d'assoupissement. Ce mot n'est point le synonyme de *côma*, comme le disent plusieurs lexicographes; mais le *cataphore* est une espèce dont le *côma* est le genre. Le *côma* est toujours accompagné de fièvre, ce qui n'arrive point dans le *cataphore*. Ce dernier se rapproche du *carus*, et indique un assoupissement moins profond. Il n'est plus usité.

CATAPHRACTAIRES ou **CATAPHRACTES**, subst. mas. plur. (*katafraktere*) (du grec καταφρασσω, j'arme de pied en cap, dérivé de φρασσω, j'enceins, je fortifie), t. d'hist. anc., cavaliers couverts de fer eux et leurs chevaux. — Les vêtements militaires de ces cavaliers portaient le même nom de *cataphractes*.

CATAPHRACTE, subst. mas. (*katafrakte*) (du grec καταφρακτος, fermé de toutes parts), t. de chir., espèce de bandage en forme de cuirasse, pour les luxations des côtes, des vertèbres, etc. — En t. d'hist. nat., genre de poissons qui comprend la famille des silures. Ils ont la tête couverte de plaques larges et dures, des barbillons, deux nageoires dorsales, des lames longitudinales et dures de chaque côté du corps. — On a aussi donné aux tatous le nom de *cataphractes*.

CATAPHRACTES, subst. mas. plur. (*katafrakte*) (du grec καταφρασσω, j'arme, je couvre, je ferme de tous côtés), t. d'hist. anc., vaisseaux de guerre des anciens, longs et pontés, à la différence des *aphractes*, qui n'avaient point de pont.—T. d'antiquité, armures des *cataphractaires*. Voy. ce mot.

CATAPLASME, subst. mas. (*kataplaceme*) (du grec καταπλασμα, fait de κατα, dessus, et de πλασσω, j'enduis), espèce d'emplâtre ou de médicament d'une consistance molle, que l'on applique sur quelque partie débilitée du corps: *cataplasme anodin*, etc. — En t. de jard., on appelle *cataplasme*, de la bouse de vache incorporée et bien mélangée avec du terreau, et dont on recouvre les plaies faites aux arbres en les taillant. On le nomme aussi *onguent de Saint-Fiacre*.

CATAPLEXE (nous ne lisons ce mot que dans *Boiste* et dans *Raymond*, qui l'y a copié. La terminaison de ce mot semble indiquer un adjectif. Nous préférerions cependant celui de *cataplexique*, qui ne se trouve nulle part), subst. fém. (*kataplèkce*), extase. Inus.

CATAPLEXIE, subst. fém. (*kataplèkci*) (du grec καταπλησσω, je frappe, je rends stupide ou hébété, dérivé de πλησσω, je frappe), engourdissement soudain dans une partie du corps.

CATAPLEXIQUE, adj. des deux genres, qui a rapport à la *cataplexie*.

CATAPPA, subst. fém. (*katapepa*), t. de bot., genre de plantes établi pour placer le badamier, dont le fruit diffère un peu de celui des autres espèces.

CATAPSYXIE, subst. fém. (*katapecikci*) (du grec καταψυχω, je rafraîchis), t. de médec., refroidissement du corps, sans tremblement et sans transpiration.

CATAPTOSE, subst. fém. (*katapetôze*) (du grec καταπιπτω, je tombe), t. de médec., chute subite, causée par une attaque d'apoplexie ou d'épilepsie.

CATAPUCE, subst. fém. (*katapuce*), t. de bot., c'est l'euphorbe ésule.

CATAPULTAIRE, subst. mas. (*katapultère*), t. d'hist. anc., celui qui était de service auprès des *catapultes*. — Il est aussi adj. des deux genres.

CATAPULTE, subst. fém. (*katapulte*) (du grec κατα, contre, et παλλω, je lance), t. d'hist. anc., machine dont les anciens se servaient à la guerre pour lancer de grosses pierres, et quelquefois des dards et des javelots de douze à quinze pieds de long.

CATARACTE, subst. fém. (*katarakte*) (du grec καταρρακτης, fait de καταρρασσω, je brise, je renverse avec force), saut, chute des eaux d'une grande rivière, lorsqu'elles se précipitent avec fracas d'un endroit très-élevé: *les cataractes du Nil*. — En parlant du déluge universel, l'Écriture dit que *les cataractes du ciel furent ouvertes*: *cataracte* dans cette phrase semble signifier un grand réservoir d'eau. — *Cataracte*, en t. d'hydraulique, exprime la différence de hauteur du niveau des eaux d'amont d'un pont au niveau d'aval des eaux du même pont. Plus la crue des eaux est forte, et plus la *cataracte* est grande.— **CATARACTE**, **CASCADE**, **CHUTE**. (*Syn.*) Quand les rivières ne tombent pas brusquement, mais qu'elles ont seulement un cours très-accéléré, on donne à ces accidents le simple nom de *chute*, comme la *chute du Rhin* à travers les rochers qui sont sous le château de Laufen, à une lieue au-dessous de Schaffouse. Quand les rivières sont peu considérables, quelle que soit la forme de leur *chute*, comme elle est toujours plus belle qu'effrayante, on lui donne le nom de *cascade*. Ainsi le Teverone forme à Tivoli l'une des plus belles *cascades* que l'on connaisse. Le nom de *cataracte* se donne aux *chutes* que font brusquement les grandes rivières. Les plus fameuses *cataractes* sont celles du Nil dans l'Abyssinie, où ce fleuve tombe, dit-on, de deux cents pieds de haut; et la *cataracte* dite *saut du Niagara*, qui s'échappe de cent quarante à cent cinquante pieds perpendiculaires. — Au fig., *lâcher les cataractes*, donner cours à sa colère, à son indignation. — T. d'oculiste et de médec., humeur qui, s'amassant sur le crystallin, le rend opaque et obscurcit ou ôte entièrement la vue. — On appelle *cataracte blanche* une variété de la *cataracte* crystalline, qui présente une couleur blanche; *branlante*, celle dans laquelle le crystallin est opaque et morbide; *brune*, celle dans laquelle le crystallin présente une couleur bleue; *caséeuse*, celle dans laquelle le crystallin présente l'apparence du caséum de lait; *crystalline*, celle dans laquelle le crystallin est opaque; *fixe*, celle dans laquelle le crystallin devenu opaque reste immobile; *grise*, celle dans laquelle le crystallin est d'une couleur grise; *jaune*, *laiteuse*, *noire*, *bigarrée*, *verte*, etc., celle dans laquelle le crystallin présente une couleur jaune, ou semblable à du lait, ou noire, ou verte, etc.; *membraneuse*, celle où la membrane crystalline est opaque; *perlée*, dans laquelle le crystallin présente l'apparence de la perle; *pierreuse*, dans laquelle le crystallin est dur comme de la pierre, etc. — T. d'hist. nat., oiseau marin qui ressemble au mouchet.

CATARACTÉ, **E**, part. pass. de *cataracter*. Il est aussi adj. et signifie affecté de la *cataracte*: *œil cataracté*.

se CATARACTER, v. pron. (*se katarakté*), t. d'oculiste, se dit en parlant des yeux sur lesquels il se forme une *cataracte*. — On dit plus souvent au part., *cataracté*, pour: affecté d'une *cataracte*.

CATARAGNE, subst. mas. (*kataragnie*), t. d'hist. nat., sorte d'oiseau de nuit.

CATARMATIQUE, adj. Voy. **CATHARTIQUE**.

CATARRHAL, **E**, adj. (*katârale*), qui tient du *catarrhe*, qui a rapport au *catarrhe*: *fièvre catarrhale*, fluxion accompagnée de fièvre. Le plur. mas. *catarrhaux* ne nous semblerait pas fort harmonieux ; cependant nous ne voyons pas pourquoi l'on ne s'en servirait pas. Voy. CATARRHEUX.

CATARRHE, subst. mas. (*katâre*) (du grec κατα, en bas, et ρεω, je coule), t. de médec., écoulement d'un liquide plus ou moins clair ou épais, résultant de l'inflammation ou simplement de l'irritation d'une membrane muqueuse quelconque.— Gros rhume. — *Boiste* a fait une faute grossière contre l'étymologie en écrivant *catarre, catarral* et *catarreux*, sans *h*.

CATARRHECTIQUE, subst.mas. et adj. des deux genres (*katâreréktike*), t. de médec., pénétrant, dissolvant.

CATARRHEUSE, adj. fém. Voy. CATARRHEUX.

CATARRHEUX, adj. mas., au fém. CATARRHEUSE (*katâreu, reuze*), t. de médec., qui est sujet aux *catarrhes*. — On a employé aussi quelquefois ce mot comme synonyme de *catarrhal*.

CATARRHEXIE, subst. fém. (*katâreréksi*) (du grec κατα, en bas, et ρεω, je coule), t. de médec., propriété des remèdes *catarrhectiques*.

CATARRHININS, subst. mas. plur. (*katâreri-nein*), t. d'hist. nat. On donne ce nom aux singes de l'ancien continent.

CATARRHOPIE, subst. fém. (*katâreropi*) (du grec κατα, en bas, et ρεπω, je penche), t. de médec., tendance du sang vers les parties inférieures du corps. Il est presque inusité.

CATARRHOPIQUE, subst. mas. et adj. des deux genres (*katâropike*), t. de médec., qui concerne la *catarrhopie*.

CATARTIQUE, adj. des deux g. et subst. mas. Voy. CATHARTIQUE.

CATASCOPE, subst. mas. (*katacekope*) (du grec κατασκοπη, action d'observer), t. de mar., bâtiment léger pour aller à la découverte.

CATASCOPIA, subst. propre fém. (*katacekopia*), myth., surnom de Vénus (pris du mot grec κατασκοπεω, qui signifie *considérer*), parce qu'on lui avait bâti un temple dans l'endroit d'où Phèdre admirait l'adresse d'Hippolyte à conduire un char.

CATASTALTIQUE, adj. des deux genres et subst. mas., (*katacétaletike*) (du grec κατασταλλειν, resserrer), t. de médecine. Il a eu la même signification qu'astringent. Inusité.

CATASTASE, subst. fém. (*katacetâze*) (du grec καταστασις, constitution, dérivé de καθιστημι, constituer, établir ; parce que la *catastase* constitue comme le corps de l'action théâtrale), t. de littérature ancienne. C'est, selon quelques-uns, la troisième partie du poëme dramatique chez les anciens, dans laquelle les intrigues, nouées dans l'épitase, se soutiennent, continuent, augmentent jusqu'à ce qu'elles se trouvent préparées pour le dénouement. — T. de médec., constitution atmosph. du corps humain ; caractère d'une maladie.

CATASTATIQUE, adj. des deux genres (*katacétatike*) (du grec καταστασις, constitution), t. de médec., qui dépend de la constitution, du tempérament.

CATASTE, subst. fém. (*katacete*), t. d'hist. anc. Ce terme a dans les anciens auteurs différentes acceptions : il signifie soit un escalier à degrés où l'on faisait les exécutions, soit les entraves qu'on mettait aux esclaves pour les empêcher de s'enfuir quand on les exposait en vente, ou bien encore un instrument de torture dont la forme est inconnue. Il y avait une sorte de *cataste* qu'on appelait aussi cyphon.

CATASTÉRISME, subst. mas. (*katacetériceme*) (du grec καταστεριζω, je distingue par des étoiles), marque, indice, renvoi par des étoiles.

CATASTOME, subst. mas. (*katacetome*), t. d'hist. anc. On désigne par ce mot, en parlant des anciens, l'embouchure ou la partie de la flûte que l'on met dans la bouche.

CATASTROPHE, subst. fém. (*katacetrofe*) (du grec καταστροφη, renversement, destruction, formé de κατα, sous, et στρεφω, je tourne) ; on entend par ce mot, en littérature, le changement ou la révolution qui arrive à la fin de l'action d'un ouvrage dramatique, et qui la termine : *catastrophe simple ; catastrophe compliquée ; catastrophe sanglante*. Voy. DÉNOUEMENT. — Il se dit aussi, par extension, de l'issue funeste d'un évènement quelconque : *lorsque cette fatale scène tendait à sa catastrophe en Angleterre, Louis XIV achevait ses conquêtes.* — *Catastrophe* se dit figurément de tout évènement considérable qui cause de grands changements et de grandes infortunes : *catastrophe imprévue*.

CATATASE, subst. fém. (*katatâze*) (du grec κατατασις, contention, effort), t. de médec., extension, réduction d'un membre fracturé.

CATATHÈSE, subst. fém. (*kataleze*) (du grec κατα, contre, et τιθημι, je pose), proposition, affirmation contradictoire.

CATATYPOSE, subst. fém. (*katatipôze*) (du grec κατα, en bas, et τυπος, modèle), copie, imitation.

CATAU, subst. fém. (*katô*), soubrette de comédie du temps de *Molière*. — Fille de ferme ou d'auberge. — Fille malpropre ou de mauvaise vie.

CATEAU-CAMBRÉSIS, subst. propre mas. (*katô-kanbrézice*), ville de France, chef-lieu de canton, arrond. de Cambrai, dép. du Nord.

CATÉCHÈSE, subst. fém. (*katékeze*) (dérivé du grec κατηχιζειν, enseigner de vive voix), instruction de vive voix. Inus.

CATÉCHÈTE, subst. mas. et fém. (*katéchète*), celui ou celle qui exerce la *catéchétique*.

CATÉCHÉTIQUE, subst. fém. (*katéchétike*), science de l'enseignement par la voie du dialogue. Mot nouveau dont l'étymologie est la même que celle de *catéchisme*.

CATÉCHISÉ, E, part. pass. de *catéchiser*.

CATÉCHISER, v. act. (*katéchizé*) (du grec κατηχιζειν, enseigner de vive voix), instruire des principaux points de la religion chrétienne. — Fig. et fam., tâcher de persuader ; remontrer ; exhorter ; ou : instruire, endoctriner, faire la leçon. Voy. CATÉCHISME. — *se* CATÉCHISER, v. pron., s'exhorter mutuellement.

CATÉCHISME, subst. mas. (*katéchiceme*) (du grec κατηχισμος, fait de κατηχιζειν, faire retentir aux oreilles, enseigner de vive voix, instruire par la voie du dialogue ; formé de κατα, et ηχος, son, retentissement), instruction sur les mystères et les principes de la foi : *faire le catéchisme ; savoir son catéchisme*. — Livre qui contient cette instruction. — En général, livre écrit par demandes et par réponses : *catéchisme d'économie politique*, etc. — Fig. et fam., *faire à quelqu'un son catéchisme*, lui dicter ce qu'il a à faire, l'endoctriner. On dit par analogie : *il sait son catéchisme*.

CATÉCHISTE, subst. mas. (*katéchicete*), celui qui fait le *catéchisme*. — Il est aussi adj. mas. : *prêtre catéchiste*. — S'il était question d'une femme, ce mot serait du fém.

CATÉCHISTIQUE, adj. des deux genres (*katéchicetike*), qui est en forme de *catéchisme*.

CATÉCHONTE, subst. mas. (*katékonte*) (dérivé du grec κατεχω, j'arrête), lieu qui rend la voix sourde, étouffe le son. Inusité.

CATÉCHUMÉNAT, subst. mas. (*katékuména*), le temps où l'on est au rang des *catéchumènes*.

CATÉCHUMÈNE, subst. mas. et fém. (*katékumène*) (du grec κατηχουμενος, participe passif de κατηχεω, j'instruis de vive voix), celui ou celle qu'on instruit pour le disposer au baptême. — Ce mot est aussi adjectif.

CATÉCHUMÉNIE, subst. fém. (*katékuméni*), galerie d'église. Vieux.

CATÉGORIE et non pas **CATHÉGORIE**, subst. fém. (*katéguori*) (du grec κατηγορια, formé de κατηγορεω, je montre, je déclare, je manifeste), t. de logique, sorte de classe dans laquelle les anciens philosophes rangeaient plusieurs choses qui sont de différentes espèces, mais qui appartiennent à un même genre : *les dix catégories d'Aristote ; la catégorie de la substance, de l'accident*, etc. — Se dit par extension de toute classe dans laquelle on range plusieurs objets de même nature : *établir des catégories* ; ou de même sorte : *ces deux choses ne sont pas de même catégorie*. — Fam. et fig., mais en mauvaise part, ce mot se dit des mœurs, du caractère, de la qualité : *ces gens-là sont de même catégorie*.

CATÉGORIQUE, adj. des deux genres (*katéguorike*), qui est rangé sous une même catégorie ; et aussi, qui est dans les règles, qui est selon la raison, qui est à propos : *une réponse catégorique*.

CATÉGORIQUEMENT, adv. (*katéguorikeman*), à propos, selon la raison, d'une manière précise : *répondre, parler catégoriquement*, en termes nets et précis.

CATÉGORISÉ, E, part. pass. de *catégoriser*.

CATÉGORISER, v. act. (*kateguorizé*), ranger, classer par catégories.

CATÉGORISEUR, subst. et adj. masc. (*katéguorizeur*), celui qui forme des catégories : *c'est un philosophe catégoriseur*. Néol.

CATÉ-INDIEN, subst. mas. (*katé-eindiein*), pâte faite de l'extrait d'un arbre, et employée en médecine.

CATELET (LE), subst. propre mas. (*lekatelé*), bourg de France, chef-lieu de canton, arrond. de Saint-Quentin, dép. de l'Aisne.

CATENIÈRE ou **CATONIÈRE**, subst. fém. (*katenière*), t. de pêche, haut de chaînes qui porte quantité de crocs et que les pêcheurs traînent au fond de la mer pour trouver leurs filets, etc.

CATÉNIPORE, subst. mas. (*katénipore*), t. d'hist. nat., genre de polypier établi aux dépens des millepores. — Ce genre renferme deux espèces qui se trouvent fossiles en Suède.

CATÉONÈSE, subst. fém. (*katéonèze*), t. de médec, syn. d'*ablution*, suivant *Raymond*. C'est un *barbarisme*.

CATERÈTES, subst. mas. plur. (*katerète*), t. d'hist. nat., nom que l'on a donné à un genre d'insectes dont on a fait le genre *cerque*.

CATERGI, subst. mas. (*katèreji*), voiturier turc.

CATÈROLES, subst. fém. plur. (*katérole*). Quelques chasseurs appellent ainsi les terriers où les lapines font leurs petits.

CATERRHEUX, adj., pour CATARRHEUX, est un barbarisme que l'on ne trouve que dans *Boiste* et dans *Raymond*.

CATERVE, subst. fém. (*katèreve*) (en lat. *caterva*, troupe). Ce mot n'est pas français ; mais on l'a mis dans quelques *Dictionnaires*, parce que *J.-J. Rousseau* l'a employé pour désigner une certaine quantité de personnes : *j'aurais mauvaise grace, ayant fait une recherche vaine, de vous faire valoir une herborisation que j'ai faite à Montmorency, l'été dernier, avec la caterve du Jardin du Roi.* (Extrait d'une lettre à M. de La Tourrette.)

CATESBÉE, subst. fém. (*katècebé*), t. de bot., arbrisseau épineux de la famille des rubiacées ; qui croît dans l'île de la Providence. Son fruit, de la grosseur d'un œuf de poule, est d'une agréable acidité et a une bonne odeur.

CATHA, subst. mas. (*kata*), t. de bot., arbre de l'Arabie que les habitants cultivent dans leurs jardins, et dont ils vantent beaucoup les propriétés contre la peste et autres maladies.

CATHARES, subst. mas. plur. (*katare*) (du grec καθαρος, pur), t. d'hist. ecclésiastique, nom que se sont donné plusieurs sectaires chrétiens en différents temps, parce qu'ils se croyaient plus purs que les autres chrétiens.

CATHARMES, subst. mas. plur. (*katarme*), t. de myth., sacrifices d'hommes pour se délivrer de la peste.

CATHARSE, subst. fém. (*katarce*) (du grec καθαρσις, purgation), t. de médec., action des purgatifs. C'est le même que *catharsie*.

CATHARSIE, subst. fém. (*katarcí*) (même étym. que celle du mot précédent), t. de médec., évacuation par quelque voie que ce soit.

CATHARTE, subst. mas. (*katarte*) t. de médec., action des purgatifs. *Raymond* n'a pas vu que c'est le même que *catharse*.

CATHARTES, subst. mas. plur. (*katarte*), t. d'hist. nat., nom générique des vautours de l'Amérique.

CATHARTINE, subst. fém. (*katartine*), t. de chim., principe particulier découvert dans le séné.

CATHARTIQUE, adj. des deux genres et subst. mas. (*katartike*) (du grec καθαιρω, je purge), t. de médec., se dit d'une sorte de purgatif qui agit plus fortement que les laxatifs et les minoratifs ; mais qui a moins d'action que les drastiques.

CATHAY, subst. propre masc. (*katé*), ancien nom des provinces septentrionales de la Chine.

CATHARTOCARPE, subst. mas. (*katartokarpe*), t. de bot., genre établi aux dépens des casses. Il renferme la casse des boutiques et trois autres, dont les légumes sont cylindriques, ligneux et formés de plusieurs loges où sont des semences entourées de pulpes.

Ex **CATHEDRÂ** (*èkce katédrâ*). Sorte de loc. adv. tirée du latin, et qui signifie, en français, *de la chaire*. On ne s'en sert en notre langue qu'en termes dogmatiques ; on dit souvent *ex cathedrâ*, quand on traite de l'infaillibilité du pape, ou de ses décrets. On dit que *le pape parle ex cathedrâ*, ou *ne parle pas ex cathedrâ*, du haut de son siége. Le pape n'est censé parler *ex cathedrâ*, que lorsqu'il fait un décret public, comme chef de l'Eglise universelle, et qu'il l'adresse à tous les fidèles, pour être la règle de leur foi ou de leurs mœurs.

CATHÉDRAL, E, adj. (*katédral*), principal : *remède cathédral*. — De maître : *morgue cathédrale*. (Boiste). Presque inusité.

CATHÉDRALE, subst. fém. (*katédrale*) (du lat. *cathedra*, fait du grec καθεδρα, siège), église principale de la ville où réside l'évêque, l'archevêque ; celle des églises de cette ville où il *siége*. — On dit aussi adjectivement et au fém. seulement : *église cathédrale*.

CATHÉDRALIQUE, adj. des deux genres (*katédralike*), se disait anciennement du droit dû aux évêques.

CATHÉDRANT, subst. mas. (*katédran*) (du lat. *cathedra*, en grec καθεδρα, siège), celui qui préside à un acte public, à une thèse. — En t. de théol., celui qui enseigne en chaire. Peu usité.

CATHEDRATIQUE, adj. des deux genres. Voy. CATHÉDRALIQUE.

CATHÉDRÉ, part. pass. de CATHÉDRER.

CATHÉDRER, v. neut. (*katédré*), présider à une thèse ; tenir la chaire. Il est peu usité. Voy. CATHÉDRANT.

CATHÉMÉRINE, adj. fém. (*katémérine*) (du grec κατα, selon, et ημερα, jour), t. de médec., synonyme d'*amphiméride*, auquel on donne la préférence : *fièvre cathémérine*. — On dit aussi subst. *une cathémérine*.

CATHÉRÈSE, subst. fém. (*katérèze*) (du grec καθαιρεω, soustraire, mettre dehors), t. de médec., exténuation, déperdition, ou évacuation indépendante de la saignée ou de l'action des purgatifs. Inusité.

CATHÉRÉTIQUE, adj. des deux genres (*kathérétike*) (du grec καθαιρεω, je détruis, j'enlève, formé de κατα. et αιρεω, j'ôte, j'emporte), t. de pharmacie, se dit des remèdes qui rongent les chairs surabondantes des plaies : *emplâtre cathérétique*.

CATHET, subst. mas. (*katé*), t. de bot., arbrisseau des montagnes de la Cochinchine.

CATHÈTE, subst. mas. à cause de l'étym. (*katète*) (du grec καθετος, plomb de maçon, dérivé de καθιημι, j'abaisse), t. d'archit., *ligne* perpendiculaire qu'on suppose traverser à plomb le milieu d'un corps cylindrique, comme une colonne, un balustre, etc. C'est ce qu'on nomme aussi *axe*. Il se dit encore de la ligne perpendiculaire qui passe par le milieu de l'œil de la volute, dans le chapiteau ionique. — Il se dit plus généralement, en t. de géométrie, d'une ligne qui tombe perpendiculairement sur une surface ou sur une autre ligne. On appelle *cathètes*, les deux petits côtés d'un triangle rectangle. — *Cathète* se dit particulièrement dans cette partie de l'optique qui considère les propriétés des rayons de lumière réfléchis, et que l'on appelle *catoptrique*. Elle se divise en *cathète d'incidence* et en *cathète de réflexion* : *le cathète d'incidence* est une ligne souvent imaginaire, qu'on suppose partir du corps qui envoie des rayons de lumière sur le miroir, et aboutir perpendiculairement à ce même miroir ; le *cathète de réflexion* est supposé partir du point où se rend le rayon réfléchi, et tomber perpendiculairement sur le miroir.

CATHÉTER, subst. mas. (*katétère*) (du grec καθιημι, faire descendre, faire couler de haut en bas), t. de chir., sonde creuse et courbe, ordinairement d'argent, qu'on introduit par l'urèthre dans la vessie, pour faciliter l'écoulement de l'urine, quand le passage est bouché par une pierre, par du gravier, des carnosités, etc.

CATHÉTÉRISME, subst. mas. (*katétériceme*), (même étym. que celle du mot précédent.), t. de chir., opération qui consiste à introduire une sonde dans la vessie, pour faciliter la sortie de l'urine ou pour y injecter quelque liqueur.

CATHIDRYSE, subst. fém. (*katidrize*) (du grec καθιδρυσις, fondation, établissement), t. de médec., réduction de parties, tendant à leur faire reprendre leur place naturelle. Inusité.

CATHIMIE, subst. fém. (*katimi*) (du grec καθιμησις, descente au moyen d'une corde), t. de minéralogie, qui se disait autrefois des veines minérales qui contenaient de l'or et de l'argent.

CATHOL., abréviation du mot *catholique*.

CATHOLCÈRE, subst. fém. (*katolecé*) (du grec καθολκη, action de tirer en bas), t. de chir., sorte de bandage appliqué autour de la tête.

CATHOLICISME, subst. mas. (*katoliciceme*) (du grec καθολικος, général, universel), formé de κατα, et de ολος, tout, *qui est répandu partout*), la religion *catholique* : *c'est ainsi que le gouvernement d'Angleterre admet toutes les sectes et tolère à peine le catholicisme qu'il redoute*.

CATHOLICITÉ, subst. fém. (*katolicité*) (même étym.), se dit, soit du caractère de l'Église *catholique* qui consiste dans son universalité, soit de la doctrine même de cette Eglise, soit encore de l'attachement à cette doctrine : *la catholicité d'une opinion ; il a donné des preuves certaines de sa catholicité*. — On s'en sert aussi pour désigner les pays qui professent la religion *catholique* : *c'est un usage reçu dans la catholicité, dans toute la catholicité*.

CATHOLICON, subst. mas. (*katolikon*) (du grec καθολικος, universel), t. de pharm., sorte de remède ainsi appelé ou de la multitude des ingrédients qui le composent, ou de ce que, suivant les anciens, il était propre à purger toutes les humeurs. —Sorte de carton. Inus. dans cette dernière acception.

CATHOLIQUE, subst. des deux genres (*katolike*), (même étym.) celui ou celle qui professe la religion *catholique*. — On appelle proverbialement *catholique à gros grains*, celui qui ne se fait pas de scrupule de bien des choses défendues par la religion.

CATHOLIQUE, adj. des deux genres (*katolike*) (même étym). qui est universel, qui est répandu partout. Il se dit principalement de la religion romaine et de ce qui lui appartient : *religion, église, doctrine catholique*. — *Remède catholique*, auquel on attribue toutes les propriétés de guérison. — *Fourneau catholique*, fourneau de chimie où l'on peut faire toute sorte d'opérations. — *Cadran catholique*, celui dont on peut se servir pour connaître les heures à toute élévation du pôle. — *Le roi catholique*, le roi d'Espagne. — *Les Cantons, les Pays-Bas catholiques*, les cantons suisses, les Bays-bas, où l'on professe la religion *catholique*. — Fig. et fam., on dit : *cela n'est pas catholique ; cela n'est pas trop catholique*, pour dire : cela n'est pas trop conforme à la morale. — On appelle *ligue catholique*, celle des catholiques d'Allemagne en 1610, pour s'opposer à l'*union évangélique* des protestants.

CATHOLIQUEMENT, adv. (*katolikeman*), conformément à la doctrine de l'Église *catholique*.

CATHOLISATION, subst. fém. (*katolizâcion*), action de devenir *catholique*. Inusité.

CATHOLISÉ, part. pass. de *catholiser*.

CATHOLISER, v. neut. (*katolizé*), fréquenter les *catholiques*. — *se* CATHOLISER, v. pron., se faire *catholique*. Inusité.

CATHROPOLOGIE, subst. fém. (*katropoloji*) (du grec κατα, sur, ανθρωπος, homme, et λογος, discours), t. de médec., discours sur la structure de l'homme.

CATHROPOLOGIQUE, adj. des deux genres (*katropolojike*), qui appartient, qui est relatif à la *cathropologie*.

CATHURUS, ou **CATHUSUS**, subst. mas. (*katuruce, zuce*), t. de bot., genre de plantes de la famille des euphorbiacées.

CATI, subst. mas. (*kati*), t. de tondeur, sorte d'apprêt que l'on donne, sous une presse, aux étoffes de laine pour les rendre plus fermes, plus lustrées et plus agréables à l'œil : *donner le cati à un drap*.

CATI, E, part. pass. de *catir*.

CATIANG, subst. mas. (*katiangue*), t. de bot., espèce de dolic de l'Inde, dont on mange les graines.

CATIAS, subst. mas. (*katiâce*), t. de chir., instrument tranchant dont on se servait autrefois pour extraire de la matrice un fœtus mort.

CATICHE, subst. fém. (*katiche*), trou pratiqué au bord ou au fond des eaux par la loutre.

CATILINAIRE, subst. fém. (*katilinère*), t. de littérature ancienne. On donne ce nom aux *oraisons* que Cicéron prononça à Rome contre *Catilina*, et dont la première commence par cette phrase tant affectionnée des citateurs : *Quousque tandem abutere, Catilina, patientiâ nostrâ?* Jusques à quand, Catilina, abuseras-tu de notre patience? — On dit aussi adj., des deux genres, *faction catilinaire*.

CATILINETTE, subst. fém. (*katilinète*), t. de jard., fleur qu'on appelle aussi *marguerite*.

CATILLAC, subst. mas. (*kati-iak*), t. de jard., sorte de poire qui a la forme de calebasse.

CATILLUS, subst. propre mas. (*katileluce*), myth., fils d'Alcméon, qui a bâti la ville de Tibur en Italie.

CATIMARAN, subst. mas. (*katimaran*) t. de pêche, sorte de radeau formé par trois pièces de bois assemblées en triangle, et auxquelles sont attachées des lignes. On s'en sert sur la côte du Malabar pour prendre des raies. — Selon *Boiste*, on dit *catimaron*.

CATI-MARUS, subst. mas. (*katimaruce*), t. de bot., arbre qui croît à Java, à Amboine et aux Philippines.

CATIMBAM ou **CATIMBION**, subst. mas. (*katein bame, kateinbion*), t. de bot., genre de plante qui ne diffère que fort peu des globbas.

CATIMINI (EN), loc. adv. (*ankatimini*), en cachette : *faire quelque chose, s'approcher en catimini*. Il est familier et peu usité.

CATIN, subst. fém. (*katein*), expression libre et populaire que l'on emploie pour désigner non-seulement une prostituée, mais aussi une fille ou une femme, de quelque état qu'elle soit, qui est déréglée dans sa conduite. — On nomme aussi une poupée *catin*. — Il se dit, dans quelques provinces, pour Catherine. — Subst. mas., t. de chimie, espèce de bassin placé au pied du fourneau où l'on fond les mines. On appelle *grand catin* celui qui reçoit d'abord la mine en fusion coulant du fourneau, et *petit catin* celui qui communique avec le grand par une rigole, et en reçoit ce même métal fondu.

CATINENSIS, adj. propre latin fém. (*katineincice*), myth., se dit de Cérès, ainsi surnommée de la ville de *Catane* en Sicile, où elle avait un temple dans lequel il n'était pas permis aux hommes d'entrer.

CATINGUE, subst. mas. (*kateingue*), t. de bot., arbre de la Guyane qui produit des noix globuleuses dont le brou est épais et parsemé de vésicules remplies d'une huile essentielle aromatique ou musquée.

CATIR, v. act. (*katir*), t. de tondeur, donner à une étoffe de laine, sous une presse, une sorte d'apprêt qui la rend plus agréable à l'œil : *catir à froid, catir à chaud*. — *Catir*, en termes de doreur, c'est appliquer l'or dans les filets par le moyen du *catissoir*. — *se* CATIR, v. pron.

CATISSEUR, subst. mas., au fém. CATISSEUSE (*katiceur, ceuze*), celui ou celle qui donne le *cati* aux étoffes.

CATISSEUSE, subst. fém. Voy. CATISSEUR.

CATISSOIR, subst. mas. (*katiçoar*), t. de doreur, petit couteau sans tranche, par le moyen duquel on enfonce l'or dans les filets avec du coton ou du linge très-fin.

CATISSOIRE, subst. fém. (*katiçoare*). Les bonnetiers et d'autres ouvriers en laine désignent par ce mot une petite poêle dans laquelle ils mettent du feu.

CATIUS, subst. propre mas. (*kaciuce*), myth., dieu de la prudence et de la subtilité.

CATNIER, subst. mas. (*katenié*), chien fabuleux des *sept dormants*. (*Contes orientaux*).

CATOBLÉPAS, subst. mas. (*katoblépâce*), animal fabuleux, dont le regard était mortel.

CATOCATHARTIQUE ou **CATOTÉRIQUE**, subst. mas. et adj. des deux genres (*katokatartike, katotérike*) (du grec κατω, par bas, et καθαιρω, je purge), t. de médec., qui purge par en bas.

CATOCHÉ ou **CATOCHUS**, subst. mas., ou **CATOCHE**, subst. fém. (*katoché, kuce, toche*) (de κατεχω, je retiens), t. de médec., maladie dans laquelle il y a propension au sommeil sans sommeil et sans fièvre. Inusité.

CATOCHITE, subst. fém. (*katochite*) (du grec κατεχω, je retiens), t. de minér., pierre visqueuse de Corse.

CATOCLÉSIE, subst. fém. (*katoklézi*), t. de bot., se dit de certains fruits dont le péricarpe est recouvert par le calice.

CATODON, subst. mas. (*katodon*) (de κατω, en bas, et οδους, dent), t. d'hist. nat., sorte de baleine qui n'a que la mâchoire inférieure.

CATOGAN. Voy. CADOGAN.

CATOMIDIAIRE, subst. mas. (*katomidière*), t. d'hist. anc., jour des Lupercales chez les Romains.

CATOMISME, subst. mas. (*katomiceme*) (du grec κατωμισμος, qui a le même sens), t. de chir., manière de réduire la luxation de l'humérus.

CATON, subst. mas. (*katon*), t. d'hist. anc., nom de deux fameux Romains remarquables par la sévérité de leurs mœurs. — On le dit familièrement d'un homme sage ou qui affecte de l'être : *c'est un Caton ; il fait le Caton*. — T. d'arts et de mét., anneau pour étirer le fil de fer. — Subst. mas. plur., tringles de fer.

CATONIE, subst. fém. (*katoni*), t. de bot., arbuste de la Jamaïque peu connu.

CATONIEN, adj. mas. ; au fém. **CATONIENNE**, (*katonien, niène*), rude, sévère, inflexible, du caractère de *Caton*. Inusité.

CATONIÈRE, subst. fém. (*hatonière*), t. de pêche. Voy. CATENIÈRE.

CATOPES, subst. fém. plur. (*katope*), t. d'hist. nat., nageoires abdominales des poissons.

CATOPS, subst. mas (*katopece*), t. d'hist. nat., genre de coléoptères.

CATOPTRIQUE, subst. fém. (*katopetrike*) (du grec κατοπτρον, miroir, d'où l'on a fait κατοπτριζω, je réfléchis comme un miroir, dérivé de κατα, contre, et οπτομαι, voir), t. de phys., partie de l'optique qui enseigne les lois que suit la lumière réfléchie par les miroirs: *traité de catoptrique; leçon de catoptrique.* — Il est aussi adj. des deux genres. On appelle *télescope catoptrique*, un télescope qui représente les objets par réflexion; *cadran catoptrique*, un cadran qui marque les heures par des rayons réfléchis; *caisse catoptrique*, une machine propre à grossir les objets.

CATOPTRIQUEMENT, adv. (*katopetrikeman*), d'une manière *catoptrique*.

CATOPTROMANCIE, subst. fém. (*katopetromanci*)(du grec κατοπτρον, miroir, et μαντεια, divination), sorte de divination que l'on faisait en présentant un miroir derrière la tête d'un enfant qui avait les yeux bandés.

CATOPTROMANCIEN, adj. et subst. mas., au fém. **CATOPTROMANCIENNE** (*katopetromanciein. ciène*), se dit de celui ou celle qui exerçait la *catoptromancie.*

CATOPYRITE, subst. fém. (*katopirite*), t. de lithol., nom d'une pierre précieuse.

CATOQUE, subst. mas. (*katoke*), t. de médec., tétanos tonique et de longue durée.

CATORCHITE, subst. mas. (*katorchite*) (du grec κατορχιτης, qui a le même sens), espèce de vin de figues sèches.

CATORTHOME, subst. mas. (*katortôme*) (du grec κατορθωμα, qui a le même sens), t. de théologie, action pleine de vertu, de courage, de droiture.

CATORTHOSE, subst. fém. (*katortôze*) (du grec κατορθωσις, rectitude d'esprit, droiture de cœur), t. de théologie, inclination à la pratique des vertus; droiture d'esprit et de cœur.

CATOTÉRIQUE, subst. mas. et adj. des deux genres (*katotérike*) (du grec κατωτερικος, formé de κατω, en bas, et τερεω, je perce), t. de médec., purgatif : *remède catotérique.*

CATOTOL, subst. mas. (*katotole*), t. d'hist. nat., nom d'un petit oiseau du Mexique, que Buffon a rangé parmi ceux qui ont du rapport avec le tarin.

CATRACA ou **CATACRA**, subst. mas. (*katraka, katakra*), t. d'hist. nat., nom et cri d'un oiseau des rivages du golfe du Mexique, gros comme un faisan, dont les jambes sont plus hautes, et qui a le plumage gris et ardoisé.

CATRIGHONDAO, subst. fém. (*katriguonda-o*), sorte de gomme-résine de l'Inde.

CATS-JOPIRI, subst. mas. (*katcejopiri*), t. de bot., nom que l'on donne, à Amboine, à un arbrisseau qui croît dans toute l'Inde, et que l'on y cultive dans les jardins, à cause de la beauté de son feuillage et de l'odeur agréable de ses fleurs. — C'est le *gardenia florida* de Linnée.

CATTENOM, subst. propre mas. (*katenon*), village de France, chef-lieu de canton, arrond. de Thionville, dép. de la Moselle.

CATTI, subst. mas. (*kateti*), monnaie de compte de Siam, qui se divise en vingt *taels*, ou en quatre-vingts *ticals*, ou en trois cent vingt *mayons.*

CATTICHE, subst. fém. (*katiche*), t. de chasse. Voy. **CATICHE**, qui semble être le même.

CATTU-TÆKKA, subst. mas. (*katetutékeka*), t. de bot., arbre du Malabar, de la famille des chèvrefeuilles.

CATULLI-PÉLA, subst. mas. (*katulelipéla*), t. de bot., plante du Malabar: espèce de liliacée du genre pancrace.

CATULAIRE, adj. et subst. fém. (*katulère*) (du lat. *catulus*, petit chien), t. d'hist. anc., porte de Rome où l'on immolait des chiennes pendant la canicule.

CATULIANA, adj. propre fém. (*katuliana*), myth., surnom de Minerve.

CATTU-TAGERA, subst. mas. (*katetutajéra*), t. de bot., indigotier du Malabar, selon quelques botanistes.

CATULOTIQUE, adj. des deux genres (*katuloti-ke*), t. de médec. : *remède catulotique*, cicatrisant. — Mieux **CATALOTIQUE**. Voy. ce mot.

CATU-MULLA, subst. mas. (*katumulela*), t. de bot., arbrisseau du Malabar qui paraît être une espèce de jasmin, voisin du jasmin des Açores.

CATUR, subst. mas. (*katur*), t. de mar., vaisseau de guerre du royaume de Bantam, en Asie, dont la proue est recourbée et pointue, et dont les voiles sont faites d'herbes et de feuillages entrelacés.

CATURAÉ, subst. mas. (*katura-é*), t. de bot., arbrisseau des Indes orientales, et de la famille des euphorbes.

CATURE, subst. mas. (*kature*), t. de bot., arbrisseau des Indes qui a été réuni aux procris.

CATUS, subst. propre mas. (*katuce*), ville de France, chef-lieu de canton, arrond. de Cahors, dép. du Lot.

CATU-TRITAVA, subst. mas. (*katutritava*), t. de bot., espèce de basilic qui croît dans la presqu'île de l'Inde, et que l'on y cultive à cause de sa bonne odeur. C'est un sous-arbrisseau.

CATU-TSJÈREGAM-MULLA, subst. mas. (*katutejéreguamemulela*), t. de bot., arbrisseau du Malabar que l'on rapporte au jasmin d'Arabie.

CATU-TSJETTI-PU, subst. mas. (*katutejétetipu*), t. de bot., espèce d'armoise qui croît dans l'Inde.

CATU-UREN, subst. mas. (*katu-urène*), t. de bot., plante du Malabar.

CATYGE, subst. mas. (*katije*), t. d'hist. nat., espèce de zoophyte.

CAUCAFON, subst. mas. (*kôkafon*), t. de bot., espèce d'ail des Indes.

CAUCALIDE, subst. fém., **CAUCALIER**, **CAUCALIS**, subst. mas. (*kôkalide*) t. de bot., genre de plantes de la famille des ombellifères qu'on appelle *girouille* dans quelques cantons de la France. — Les espèces de ce genre sont pour la plupart des plantes annuelles propres à l'Europe.

CAUCALIER, subst. mas. Voy. **CAUCALIDE.**

CAUCALIS, subst. mas. (*kôkalice*), t. d'hist. anc. Les anciens donnaient ce nom à une espèce d'amyris. On dit aussi *caucalier*. Voy. **CAUCALIDE.**

CAUCANTHE, subst. fém. (*kôkante*), t. de bot., arbrisseau de l'Arabie, de la famille des polypétales.

CAUCASE, subst. propre mas. (*kôkaze*), myth., montagne fameuse dans la Colchide : ce fut sur son sommet que Prométhée fut enchaîné par l'ordre de Jupiter. Voy. **PROMÉTHÉE.**

CAUCHEMAR, subst. mas. (*kôchemar*) (par corruption du latin *calca mala*, dit dans la basse latinité pour *mala oppressio*, oppression fâcheuse, pénible, etc.), nom populaire que l'on a donné à une sorte d'oppression ou d'étouffement qui survient quelquefois pendant le sommeil, à ceux dont l'estomac se trouve chargé d'aliments lourds et difficiles à digérer. Cet état cesse dès qu'on vient à se réveiller : *avoir le cauchemar.* — On dit fig. et fam., d'un homme ennuyeux et incommode : *il me donne le cauchemar, c'est mon cauchemar.*—On disait autrefois au fém. *cauchemare.*

CAUCHER, subst. mas. (*kôché*), assemblage de feuillets de vélin pour y enfermer l'or battu. — On distingue le *petit* et le *grand caucher.*

CAUCHOIS, adj. mas. (*kôchoa*), se dit d'un gros pigeon, ainsi nommé du pays de *Caux*, en Normandie.

CAUCHOIS, E, subst. et adj. (*kôchoa, choaze*), qui est du pays de *Caux.*

CAUCON, subst. mas. (*kôkon*), t. de bot., plante mentionnée sous ce nom par *Pline*, et que les uns ont rapprochée de l'éphère et les autres de la prêle.

CAUDA-CANCRI, subst. fém. (*kôdakankri*), t. d'hist. nat. On a quelquefois donné ce nom à des fragments d'ammonites ou autres coquilles cloisonnées qui, ne présentant que quatre ou cinq cloisons ou articulations, ont une ressemblance grossière avec une queue d'écrevisse pétrifiée. — Le même nom a été donné aux hippurites.

CAUDATAIRE, subst. mas. (*kôdatère*) (du latin *cauda*, queue), celui qui porte la *queue* de la robe d'un cardinal. Il se prend aussi adj. et dans les deux genres : *gentilhomme caudataire.*

CAUDATION, subst. fém. (*kôdâcion*), t. de médec., allongement insolite du clitoris. Inusité.

CAUDÉ, E, adj. (*kôdé*) (du lat. *cauda*, queue), se dit des comètes et des étoiles qui ont une queue. — En bot., *graine caudée*, terminée par un filet provenant de l'accroissement du style après la fécondation.

CAUDEBEC, subst. propre mas. (*kôdebèke*), ville de France, chef-lieu de canton, arrond. d'Yvetot, dép. de la Seine-Inférieure. — Sorte de chapeau fait de laine d'agnelet, de poil et de duvet d'autruche ou de poil de chameau. On le nomme ainsi du nom de la ville de *Caudebec*, la première où il s'en fabriqua : *acheter un caudebec.* Vieux et inusité.

CAUDEC, subst. mas. (*kôdèke*), t. d'hist. nat., espèce de gobe-mouches.

CAUDEX, subst. mas. (*kodèkce*) (le mot *caudex* est purement latin, et signifie *tige, tronc*), t. de bot., racine élevée, continue, sous la forme de colonne cylindrique, et couronnée d'une touffe de feuilles rangées circulairement et par étages, comme dans les palmiers. — Quelques naturalistes ont employé parfois aussi ce mot en français seulement pour désigner toute la partie d'un arbre qui n'est point ramifiée. Ils ont distingué le *caudex ascendant*, qui est le tronc proprement dit, et le *caudex descendant*, qui est la racine, en tant qu'elle ne se divise point.

CAUDICIFORME, adj. des deux genres (*kôdiciforme*) (du latin *caudex*, génitif *caudicis*, tronc, qui a la *forme* du *caudex*, tige, et *forma*, forme)

CAUDIMANE, adj. des deux genres pris subst. (*kôdimane*) (du lat. *cauda*, queue, *manus*, main), t. d'hist. nat. Quelques naturalistes désignent par ce nom les animaux qui ont la queue flexible, musculeuse et prenante, c'est-à-dire : capable de saisir.

CAUDINES (FOURCHES), adj. fém. plur. (*kôdine*), t. d'hist. anc., trois fourches ou lances en forme de potence, sous lesquelles les Samnites firent passer les Romains vaincus.

CAUDRETTE, subst. fém. (*kôdrète*), t. de pêche, truble sans manche qui, suspendue comme le plateau d'une balance, se relève au moyen d'une petite fourche de bois.

CAULÉDON, subst. mas. (*kôlédon*), t. de chir., sorte de fracture transversale d'un os long, dans laquelle les extrémités sont remplies de filets osseux semblables aux fils que présente la fracture d'un chou ou d'une tige ligneuse.

CAULERPE, subst. fém. (*kôlèrpe*), t. de bot., genre de plantes établi aux dépens des *ulves* de *Linnée.*

CAULESCENT, E, adj. (*kôlèceçan, çante*) (du lat. *caulescere*, monter en tige, fait de *caulis*, en grec καυλος, tige), t. de bot., qui sert à désigner les plantes qui ont des tiges, par opposition à celles qui n'en ont point, et que l'on nomme *plantes acaules.*

CAULÉSIE, subst. fém. (*kôlézi*) t. de bot., espèce de plante.

CAULICOLES, subst. et adj. fém. plur. (*kôlikole*) (du lat. *cauliculus*, petite tige, et, dans *Vitruve*, fût de colonne), t. d'archit., tiges qui sont roulées en volutes sous le tailloir du chapiteau corinthien. — On les nomme aussi *tigettes.*

CAULIFÈRE. Voy. **CAULESCENT.**

CAULINAIRE, adj. des deux genres (*kôlinère*), t. de bot., qui appartient à la tige; qui naît immédiatement sur la tige : *pédoncules caulinaires; feuilles caulinaires.*

CAULINIE, subst. fém. (*kôlini*), t. de bot., plante qui se trouve assez fréquemment dans la Seine, et fleurit en été. — On l'a aussi appelée *fluviale.*

CAULOPHYLLE, subst. fém. (*kôlofile*), t. de bot., genre de plantes de l'Amérique septentrionale.

CAUMAS, subst. propre mas. (*kômâce*), myth., centaure fameux.

CAUMONT, subst. propre mas. (*kômon*), bourg de France, chef-lieu de canton, arrond. de Bayeux, dép. du Calvados.

CAUMOUN, subst. mas. (*kômoune*), t. de bot., espèce de palmier du genre *aroira*, qui croît à Caïenne, et dont on emploie les fruits pour faire une liqueur agréable et une huile bonne à manger.

CAUNE (LA), subst. propre fém. (*lakône*), ville de France, chef-lieu de canton, arrond. de Castres, dép. du Tarn.

CAUNIUS, subst. propre mas. (*kôniuce*), myth., surnom de Cupidon.

CAUNUS, subst. propre mas. (*kônuce*), myth., fils de Milet et de Cyanée. Voyant que sa sœur Biblis brûlait pour lui d'une flamme criminelle, il abandonna sa patrie, et alla bâtir une ville dans la Carie.

CAURADE ou **CAURALE**, subst. mas. (*kôrade, rale*), t. d'hist. nat., genre d'oiseaux de l'ordre des échassiers et de la famille des hélonomes.

CAURI, part. pass. de *caurir.*

CAURIOLE, subst. mas. (*kôriole*), t. d'archit. (*Boiste.*) C'est proprement ce qu'on nomme *postes* en architecture.

CAURIR, v. neut. (*korire*), gémir, hurler en parlant de la panthère en amour. Inus.

CAURIS, CORIS ou **ZIMBI**, subst. mas. (*kôrice, zeinbi*), petite coquille qu'on pêche dans les mers d'Asie, et qu'on emploie comme monnaie sur la côte de Guinée et dans les royaumes de Congo et d'Angola.

CAURUDE, subst. mas. (*korude*), t. d'hist. nat., espèce de râle de la Guyane.

CAURUS, subst. mas. (*kôruce*), vent du nord-ouest. — L'un des principaux vents selon la Myth. — On écrit aussi CORUS.

CAUSAGE, subst. mas. (*kôzaje*), action de *causer*; babil, bavardage. Fam.

CAUSAL, E. Sans plur. mas. Voy. CAUSATIF.

CAUSALITÉ, subst. fém. (*kôzalité*), qualité, manière d'agir d'une *cause*.

CAUSANT, E, adj. (*kôzan, zante*), qui aime à *causer*. Fam.

CAUSATIF, adj. mas., au fém. CAUSATIVE (*kôzatif, tive*) (du lat. *causa*, cause, raison), t. de gramm. : *particule, conjonction causative*, celle dont on se sert pour rendre raison de ce qui a été dit, comme : *car, parce que, vu que*, etc. — On dit aussi, dans le même sens, *causale*.

CAUSATIVE, adj. fém. Voy. CAUSATIF.

CAUSATIVEMENT, adv. (*kôzativeman*). Ce mot, que l'on trouve dans quelques *Dictionnaires*, n'est point usité. On lui fait signifier : en litige; par la *cause*.

CAUSE, subst. fém. (*kôze*) (du lat. *causa* qui a la même signification), principe; ce qui fait qu'une chose est : *cause morale, cause physique*. — *Cause première*, celle qui agit par elle-même, par sa propre vertu; *cause seconde*, celle qui n'agit que par l'impulsion et la direction que lui donne la *cause* première; *cause finale*, ce qu'on se propose pour but. *Cause finale* s'emploie plus souvent dans le sens de : la fin pour laquelle chaque chose a été faite, a été créée. — Motif, sujet, occasion, raison : *je ne l'ai point fait sans cause; c'est à juste cause; ce n'est pas sans cause que je l'ai fait*. — *Cause*, par extension, signifie aussi : intérêt : *la cause de Dieu, de la religion; la cause du peuple; la cause des pauvres*. Ce mot se dit, dans le même sens, par rapport aux êtres métaphysiques personnifiés : *la cause de la vertu, de la justice, de l'innocence, de la vérité*. — Toujours par extension, *cause* signifie encore : parti : *la bonne ou la mauvaise cause; il a pris fait et cause pour lui*. — *Être cause, être la cause*, occasioner : *cela a été la cause innocente de sa mort; ces sortes de changements sont cause* (et non pas *causes*) *d'une infinité d'erreurs*. Comme on le voit, dans ces expressions, *cause* est indéclinable. — — *Parler, agir avec connaissance de cause*, parler d'une affaire, agir dans une affaire dont on connait bien tous les détails, toutes les circonstances. — *Faire cause commune*, unir ses intérêts. — *Cause* se dit particulièrement en jurisprudence du motif pour lequel une personne se détermine à contracter : *la cause licite d'une obligation; il est inutile d'exprimer la cause*. — En t. de pratique, *cause* signifie un procès qui se juge à l'audience : *plaider une cause; perdre* ou *gagner sa cause*. — On nomme *cause d'appel* les moyens qu'un appelant entend alléguer pour soutenir la légitimité de son appel. — *Être en cause*, être partie dans un procès. — *En tout état de cause*, se dit pour exprimer : quelque soit l'état du procès. On emploie aussi quelquefois cette phrase dans le sens ordinaire. — *Mettre quelqu'un hors de cause*, l'exclure de la contestation, du procès; déclarer qu'il n'y est plus intéressé. On dit dans le même sens : *être hors de cause*. — On appelle *avocat sans cause*, un avocat qui n'a pas de clients. Il est fam. — On dit : *ses héritiers ou ayant cause*, pour dire : ses héritiers ou ceux auxquels il a cédé ou transmis ses droits. — *Cause grasse*, *cause* que les clercs choisissaient ou inventaient pour plaider entre eux aux jours gras, et dont le sujet était plaisant. — Fig. et fam. : *avoir* ou *donner cause gagnée*, l'emporter dans une dispute, ou céder à l'adversaire. On dit plus ordinairement *donner gain de cause*. — *A ces causes*, etc., en style de chancellerie, conclusions d'édits, de mandements, etc. : en considération de ce qu'on vient de dire. — En t. de médec., on distingue diverses *causes* dans les maladies : on appelle *causes internes* celles qui existent au-dedans du corps, antérieurement à la maladie; *causes externes*, celles qui proviennent des objets extérieurs; *causes prochaines* ou *continentes*, celles qui constituent la maladie; *causes éloignées*, celles qui mettent le corps dans une disposition propre à contracter une maladie; *causes essentielles*, celles qui sont propres par elles-mêmes à produire telle ou telle maladie : *causes accidentelles*, celles qui n'agissent que dans certaines conditions données; *causes matérielles*, celles qui sont communes à un genre, à un ordre, à une classe de maladies; *causes formelles* ou *spécifiques*, celles qui déterminent la forme ou l'espèce de maladie : *causes fébriles*, celles qui produisent des symptômes de fièvre, etc. — *A cause de..., à cause que...*, loc. conj., en raison de..., parce que... — *Pour cause*, loc. adv., pour bonnes raisons. Il est fam.

CAUSÉ, E, part. pass. de *causer*.

CAUSER, v. act. (*kôzé*), être *cause* de quelque chose. — *se* CAUSER, v. pron. : *se causer des peines*, être soi-même la *cause* des peines que l'on éprouve.

CAUSER, v. neut. (*kôzé*) (suivant *Ménage*, de *causare*, qui, dans la basse latinité, a signifié *plaider*, et qu'on a fait de *causa*, cause, procès. Selon *Wachter*, de l'allemand *kosen*, parler, discourir), s'entretenir familièrement avec quelqu'un : *ils causent volontiers ensemble; il y a du plaisir à causer avec lui; causer de choses et d'autres*. — On dit : *causer musique, littérature*, pour : *causer* de musique, de littérature. — *Causer de la pluie et du beau temps*, de choses indifférentes. — Employé seul et sans régime, il se prend ordinairement en mauvaise part : *cet homme ne fait que causer*, dire des riens, des balivernes. — Parler trop et inconsidérément : *ne lui dites pas votre secret, infailliblement il causerait*. — Parler avec malignité, blâmer, critiquer : *votre conduite est indiscrète, déjà partout on en cause*.

CAUSERIE, subst. fém. (*kôzeri*), action de *causer*; babil. Il est fam. — *Causeries*, au plur., propos indiscrets.

CAUSEUR, subst. mas., au fém. CAUSEUSE (*kôzeur, zeuze*), qui aime à *causer*, qui parle beaucoup. — Qui ne sait pas garder un secret. — On dit aussi adjectivement : *il est plus causeur qu'une femme; l'amour est causeur; la joie est causeuse*.

CAUSEUSE, subst. fém. (*kôzeuze*), petit canapé pour deux personnes. — Subst. et adj. fém. Voy. CAUSEUR.

CAUSICORUM, subst. mas. (*kôzikôrome*), sorte de métal découvert en Corse.

CAUSIMANCIE, subst. fém. (*kôzimanci*) (du grec καυσις, chaleur brûlante, et de μαντεια, divination), divination des mages par le moyen du feu.

CAUSIMANCIEN, subst. mas.; au fém. CAUSIMANCIENNE (*kôzimanciein, ciène*), celui ou celle qui exerçait la *causimancie*. — Il était aussi adj.

CAUSOS ou **CAUSUS**, subst. mas. (*kôzoce, zuce*). (du grec καιω, je brûle), t. de médec. On s'est servi de ce mot pour désigner une espèce de fièvre caractérisée par une chaleur et une soif excessives. C'est ce qu'on nomme aujourd'hui fièvre ardente.

CAUSSADE, subst. propre fém. (*kôçade*), ville de France, chef-lieu de canton, arrond. de Montauban, dép. de Tarn-et-Garonne.

CAUSSE, subst. fém. (*kôce*), t. d'agric. On appelle ainsi, dans les Cévennes, une terre marneuse, blanche et très-peu fertile.

CAUSSIDOS, subst. mas. (*kôcidôce*), t. de bot., espèce de chardon

CAUSSINÉ, adj. mas. (*kôciné*) : *bois caussiné*, déjeté après avoir été travaillé. Inus.

CAUSTICITÉ, subst. fém. (*kôceticité*) (du grec καιω, je brûle), t. de médec., qualité, propriété qu'ont certaines substances de désorganiser par leur action chimique les matières animales, et de les brûler. — Fig. et fam., il se dit de l'inclination à dire ou à écrire des choses mordantes, piquantes. Voy. CAUSTIQUE. — On l'emploie aussi pour désigner ces choses mêmes : *il y a de la causticité dans cette réponse*.

CAUSTIQUE, adj. des deux genres (*kôcetike*) (du grec καυστικος, brûlant, fait de καιω, je brûle), brûlant, corrosif : *sel, herbe, remède caustique*. — On dit subst., dans le sens propre seulement et au mas. : *la pierre infernale est un caustique; appliquer un caustique; employer les caustiques*. — *Caustique perpétuel*, la pierre infernale. — Fig., mordant, satirique : *cet homme est caustique; il a l'humeur caustique*.

CAUSTIQUE, subst. fém. (*kôcetike*) (du grec καιω, je brûle, parce que les rayons rassemblés sur une courbe ont une force brûlante), t. de dioptrique, courbe que viennent toucher les rayons réfléchis ou réfractés par quelque autre courbe. — Lorsque la *caustique* est formée par réflexion, elle s'appelle *catacaustique*; et *diacaustique*, si elle est formée par réfraction.

CAUSUS, subst. mas. Voy. CAUSOS.

CAUSTIS, subst. mas. (*kôcetice*), t. de bot., genre de plantes de la Nouvelle-Hollande.

CAUT, E, adj. (*kô, kôte*) (du lat. *cautus*, qui a la même signification), prudent, rusé. Inus.

CAUTÈLE, subst. fém. (*kôtèle*) (en lat. *cautela*), finesse, ruse. Vieux. — Il signifie, en t. de droit canon, précaution, et il n'est presque d'usage qu'en cette phrase : *absolution à cautèle*, c'est-à-dire : absolution de précaution.

CAUTELÉE, adj. fém. (*kôtelé*), se dit d'une femme pleine d'artifice et de ruse. Inus.

CAUTELEUSE, adj. fém. Voy. CAUTELEUX.

CAUTELEUSEMENT, adv. (*kôteleuzeman*), avec ruse, avec finesse. Il se prend toujours en mauvaise part : *il s'est conduit cauteleusement*.

CAUTELEUX, adj. mas., au fém. CAUTELEUSE (*kôteleu, leuze*), fin, rusé, mais dont la finesse est déguisée sous une apparence de simplicité, de franchise, de bonhomie naturelle : *ce paysan est grossier, mais il n'en est pas moins cauteleux*. Ce mot se prend toujours en mauvaise part.

CAUTEMENT, adv. (*kôteman*), d'une manière *caute*, rusée. Vieux et inusité.

CAUTÈRE, subst. mas. (*kôtère*) (du grec καυτηριον, dérivé de καιω, je brûle), t. de chir., médicament que l'on applique sur des parties vivantes pour les désorganiser et les brûler, afin de produire un petit ulcère : *pierre à cautère; appliquer un cautère*. — *Cautère actuel*, chaleur très-vive concentrée sur quelque partie au moyen d'un instrument rougi au feu. On se sert aussi de cette expression pour désigner l'instrument même. — *Cautère potentiel*, une composition qui a constamment et par elle-même la propriété de corroder. — *Cautère* se dit aussi du petit ulcère fait volontairement à une partie extérieure du corps, par le moyen d'un *caustique*, pour opérer une révulsion énergique : *panser un cautère; pois à cautère*. — Prov., fig. et pop., on dit en parlant d'un remède qui ne peut servir à rien : *c'est un cautère sur une jambe de bois*.

CAUTÉRÉTIQUE, adj. des deux genres (*kôtérétike*) (du grec καυτηριον, *cautère*. Voy ce mot.), qui brûle, consume les chairs. — On dit aussi subst. : *un cautérétique*.

CAUTERETS, subst. propre mas. (*kôteré*), village de France, dép. des Hautes-Pyrénées.

CAUTÉRISATION, subst. fém. (*kôtérizâcion*), action de *cautériser* ou de faire un *cautère*. — Par *cautérisation*, on désigne aussi : l'effet d'un *caustique* : *la cautérisation est très-bonne contre la rage*.

CAUTÉRISÉ, E, part. pass. de *cautériser*, et adj. — On dit fig. et en t. de spiritualité : *conscience cautérisée*, profondément corrompue, endurcie. Il commence à vieillir en ce sens.

CAUTÉRISER, v. act. (*kôtérizé*) (du grec καυτηριον, cautère), brûler de la même manière que font les *caustiques* : *ce poison lui avait cautérisé l'estomac*. — Appliquer un *cautère*, brûler au moyen d'un *cautère* : *cautériser une morsure de chien enragé*. — *se* CAUTÉRISER, v. pron.

CAUTIBAN, adj. mas. (*kôtiban*) : *bois cautiban*, qui n'a des flaches que d'un côté.

CAUTION, subst. fém. (*kôcion*) (du lat. *cautio*, fait dans la même signification de *cavere*, être ou se tenir sur ses gardes, prendre ses mesures, ses précautions, etc.), personne qui répond, qui s'oblige pour une autre : *donner caution; servir de caution; être caution de...; se rendre caution; caution solidaire*, etc. — *Caution bourgeoise* se disait autrefois d'une *caution* bonne, valable. — Sûreté qu'on donne pour l'exécution de quelque engagement : *il a fourni une bonne caution*. — On dit : *élargir quelqu'un à la caution d'un autre*, pour dire : rendre la liberté à une personne arrêtée, sous la *caution* d'une autre personne. — On dit aussi : *élargir quelqu'un à sa caution juratoire*, c'est-à-dire, en lui faisant promettre avec serment de se représenter quand la justice l'ordonnera. — *Caution judicatum solvi* (du lat. *judicatum solvere*, payer le jugement), la *caution* qu'on peut obliger un étranger à fournir, lorsqu'il veut intenter une action devant les tribunaux de France contre un Français : *la caution judicatum solvi est exigée pour assurer le paiement des frais et dommages-intérêts auxquels le procès pourrait donner lieu*. — Fig. : *être* ou *se rendre caution de...*, assurer, garantir qu'une nouvelle est vraie, qu'une chose est arrivée ou arrivera. — Prov. et fig., on dit : *cet homme, cette nouvelle est sujet, sujette à caution*, n'est pas tel ou telle qu'on puisse s'y fier. — CAUTION, GARANT, RÉPONDANT. (*Syn.*) Le premier énonce l'effet de la prévoyance et de la prudence; le second marque l'autorité, la force, l'obligation; le troisième a trait à la bonne volonté, à la promesse libre, à l'engagement volontaire. Le premier engage envers, avec et pour autrui; le second, envers et contre; le troisième, envers et pour. La *caution* s'oblige, envers celui qu'elle *cautionne*, à satisfaire à un engagement, ou à indemniser des malversations de celui qu'elle *cautionne*, si celui-ci manque de foi ou de fidélité; *le garant* s'oblige, envers celui à qui il garantit la chose vendue, cédée, transportée, à l'en faire, à ses risques et périls, jouir contre ceux qui le troubleraient dans sa possession, ou à l'indemniser; le *répondant* s'oblige, envers celui de qui il répond, à réparer les torts ou à l'indemniser des pertes qu'il pourrait essuyer de la part de celui dont il répond. Les associés d'une compagnie sont *cautions* les uns des autres; les rois sont les *garants* nécessaires des propriétés de leurs sujets; les pères et les mères sont des *répondants* naturels de leurs enfants mineurs et non émancipés. La *caution* s'engage pour des intérêts ou sous des peines pécuniaires; le *garant*, pour des possessions; le *répondant*, pour des dommages. Le premier s'engage à payer; le second à poursuivre; le troisième à dédommager. Celui-là engage sa fortune et sa personne; celui-ci, ses soins et ses facultés; le dernier, sa foi et ses biens. La *caution* donne un second débiteur; le *garant*, un défenseur; le *répondant*, un recours. Le premier prend la même charge que son *cautionné*, il le représente; le second prend fait et cause pour l'acquéreur, il se fait fort contre tout opposant; le dernier prend sur lui la peine ou le dommage pécuniaire de son client, il supplée à son impuissance. On demande une *caution* à celui qui ne paraît pas solvable ou assez sûr; un *garant* ou la *garantie*, à celui qui n'offre pas assez de sûretés; un *répondant*, à celui qui par lui-même n'inspire pas la confiance. La confiance à l'égard de la *caution* est fondée sur la richesse; la confiance à l'égard du *garant*, sur sa fidélité et ses forces; la confiance à l'égard du *répondant*, sur sa probité et ses moyens. La *caution* a lieu en matière civile; le *garant*, en matière civile ou politique; le *répondant*, en matière de police. On est *caution* d'une personne; on est *garant* d'un fait; on *répond* d'un évènement. Un homme accoutumé à mentir, à tromper, est sujet à *caution*, il a besoin d'une *caution*; un fait extraordinaire, peu vraisemblable, demande des *garants*, les *garants* les plus dignes de foi; il faut avoir des motifs très-puissants pour *répondre* d'un évènement futur, casuel, incertain.

CAUTIONNAGE, subst. mas. (*kócionaje*) (du lat. *cavere*, prendre garde), action de *cautionner*. — *Boiste* n'est pas conséquent avec lui-même, en écrivant *cautionage*, puisqu'il met deux *n* aux autres dérivés de *caution*.

CAUTIONNÉ, E, part. pass. de *cautionner*, et adj. — Subst., celui qui a été *cautionné*, qu'on *cautionne*.

CAUTIONNEMENT, subst. mas. (*kócioneman*), ce que l'on engage pour sûreté d'une promesse, pour garantie de responsabilité : *un cautionnement de vingt mille francs*. — Il se dit aussi du contrat par lequel on *cautionne* : *j'ai signé le cautionnement*. — Action qui constate l'existence de ce contrat.

CAUTIONNER, v. act. (*kócioné*), s'obliger ou se rendre *caution* pour quelqu'un. — **se CAUTIONNER**, v. pron. : *les intrigants se cautionnent*.

CAUTIUS, le même que **CATIUS**. Voy. ce mot.

CAUX, subst. propre mas. (*kô*), pays de France, qui fait partie de la Normandie.

CAVADAS ou **CAVADO**, subst. mas. (*kavadâce*, *do*), t. de comm., mesure dont on se sert en Portugal pour les huiles.

CAVADIE, subst. fém. (*kavadi*), t. de bot., plante de la Nouvelle-Hollande.

CAVADO, subst. mas. Voy. **CAVADAS**.

CAVAGE, subst. mas. (*kavaje*), action d'*encaver* une marchandise; le salaire qui en provient.

CAVAGNOLE, subst. mas. (*kavagniole*), sorte de jeu de hasard qui se jouait avec des boules : *le cavagnole ne se joue plus*.

CAVAILLON, subst. propre mas. (*kavaion*), ville de France, chef-lieu de canton, arrond. d'Avignon, dép. de Vaucluse.

CAVALAGE, subst. mas. (*kavalaje*). On a désigné sous ce nom l'accouplement de deux tortues. Inusité.

CAVALCADE, subst. fém. (*kavalkade*) (de l'italien *cavalcata*, fait, dans le même sens, de *cavalcare*, monter, aller à cheval), marche pompeuse de gens à *cheval* dans les grandes cérémonies. — Fam., promenade à *cheval* que font plusieurs personnes par partie de plaisir.

CAVALCADOUR, adj. mas. (*kavalkadour*) (de l'italien *cavalcatore*, écuyer, fait de *cavalcare*, monter à cheval, dérivé de *cavallo*, cheval) : *écuyer cavalcadour*, celui qui, chez les rois et les princes, veille sur les *chevaux* et tous les équipages de l'écurie.

CAVALE, subst. fém. (*kavale*), la femelle du cheval, jument : *belle cavale, grande cavale*.

CAVALERIE, subst. fém. (*kavaleri*) (de l'italien *cavalleria*, fait, avec la même signification, de *cavallo*, cheval), nom collectif qui désigne les différentes troupes de gens de guerre à *cheval*. — *Grosse cavalerie* s'emploie pour désigner celle qui est pesamment armée, par opposition à *cavalerie légère*. — On dit d'un officier qu'*il entend bien la cavalerie*, quand il sait bien la mener, la faire manœuvrer.

CAVALET, subst. mas. (*kavalè*), t. de verrerie, ce qui couvre la lunette et fait baisser la flamme pour échauffer l'arche du four.

CAVALETO, subst. mas. (*kavaléto*), monnaie de billon à Florence.

CAVALIER, subst. mas.; au fém. **CAVALIÈRE** (*kavalié, lière*) (de l'italien *cavaliere*, fait, dans la même acception, de *cavallo*, cheval), homme qui est à cheval. — *Être bon cavalier*, se bien tenir à cheval, savoir bien conduire un cheval; *être beau cavalier*, avoir bonne grace à cheval. On dit d'une femme : *bonne cavalière; jolie cavalière*. — Homme de guerre dans une compagnie de gens à cheval. — Autrefois, gentilhomme faisant profession des armes. — On a donné ce nom à quelques auteurs ou artistes italiens, dans le sens de *chevalier : le cavalier Marin; le cavalier Bernin*. — On le dit aussi pour : homme, par opposition à dame ou demoiselle : *nous étions dix femmes, et nous n'avions pas un seul cavalier*. — En t. de fortification, élévation de terre pratiquée sur un rempart pour y mettre de l'artillerie : *élever un cavalier; dresser un cavalier*. — Dans l'attaque des places, on appelle *cavalier de tranchée*, une élévation de gabions, de fascines et de terre, que l'assiégeant pratique à la moitié ou aux deux tiers du glacis, vers ses angles saillants, pour découvrir et enfiler le chemin couvert. — En t. de jeu, pièce du jeu des échecs. — En t. de papetier, adj. et quelquefois subst., on nomme : *cavalier*, une sorte de papier d'impression dont le format est intermédiaire entre le *carré* et le *grand-raisin*.

CAVALIER, adj. mas., au fém. **CAVALIÈRE** (*kavalié, lière*), aisé, libre, dégagé, à la manière des gens de guerre : *avoir l'air cavalier, la mine cavalière*. On se sert de cet adjectif le plus souvent en mauvaise part. — Par extension, *propos cavalier*, trop libre; *réponse cavalière*, un peu brusque et hautaine. On dit aussi, en ce dernier sens : *traiter quelqu'un d'une manière cavalière; cela est un peu cavalier*. — *A la cavalière*, loc. adv., librement, d'un air *cavalier*, libre et aisé. Elle a vieilli.

CAVALIÈREMENT, adv. (*kavalièreman*), de bonne grace; plus en homme du monde qu'en maître de l'art : *il danse, il écrit cavalièrement*. Ce sens est devenu vieux. — D'une manière brusque, hautaine, sans égard : *traiter cavalièrement*. C'est en ce sens qu'il est le plus usité. — Hardiment, témérairement : *juger cavalièrement de toute chose*.

CAVALINE, subst. fém. (*kavaline*), t. de mar. On donne ce nom à des pièces de bois placées dans les galères pour former le premier plan du bâtiment.

CAVALLO, subst. mas. (*kavalelo*), monnaie du royaume de Naples, qui est la moitié d'un *picciolo*, et la douze-centième partie, c'est-à-dire la dernière subdivision, du *ducato del regno*.

CAVALLOS, subst. mas. (*kavaleloce*), t. d'hist. nat., poisson de la mer d'Afrique.

CAVALOT, subst. mas. (*kavalô*), monnaie fabriquée sous Louis XII et qui valait six deniers.

CAVALQUET, subst. mas. (*kavalkè*), t. de guerre, manière de sonner la trompette lorsqu'une troupe approche des villes ou les traverse.

CAVANILLE, subst. fém. (*kavanile*), t. de bot., arbuste grimpant, à feuilles alternes, qui croît au cap de Bonne-Espérance.

CAVANILLÉE, subst. fém. (*kavanilé*), t. de bot., genre de plantes.

CAVATINE, subst. fém. (*kavatine*) (en italien *cavatina*), t. de mus., sorte de chant pour l'ordinaire assez court, qui n'a ni reprise ni seconde partie, et qui se trouve souvent dans les récitatifs obligés : *chanter une cavatine*.

CAVE, subst. fém. (*kave*) (du latin *cavea*, formé dans la même signification, de *cavus*, creux, lequel vient du grec κόος, en éolique κόϝος, vide), lieu souterrein qui sert à mettre du vin, du bois, etc. — Par extension, *cave* signifie : la quantité et le choix des vins qu'on a dans sa *cave* : *cet homme a une cave bien montée; il a une excellente cave*. — En t. de confiseur, espèce de caisse pour glacer les crèmes. — Sorte de bouteilles d'argent ou de vermeil qu'on met sur la toilette des dames, et qui contiennent diverses choses. — Coffret en bois de prix dans lequel on place des flacons de liqueur. — *Cave* se dit aussi du coffre pratiqué au-dessous de la caisse d'une voiture, et dans lequel on renferme ordinairement les provisions de voyage. — Prov. et fig., on dit : *aller de la cave au grenier, du grenier à la cave*, pour dire : tenir des propos sans liaison, sans ordre; ne pas écrire droit. — Fig. et fam., *rat de cave*, espèce de bougie mince et roulée sur elle-même, dont on se sert pour descendre à la *cave*. — Fig., pop. et par injure, *rats de cave* se dit de certains commis des contributions indirectes, qui visitent les boissons dans les *caves*. — A certains jeux, le fonds d'argent que chaque joueur met devant soi, comme au brelan, à la grande prime et à la bouillotte : *j'ai perdu trois caves de suite*.

CAVE, adj. des deux genres (du latin *cavus*, creux), creux : *avoir les yeux caves*, les avoir creusés par le chagrin ou par la maladie. — En anatomie, on appelle *veine cave*, chacune des deux grosses veines qui se décharge dans l'oreillette droite du cœur. On dit en général *la veine cave*, et alors on considère ces deux veines comme une seule. On nomme *veine cave ascendante* celle qui vient des parties inférieures, et *veine cave descendante*, celle qui vient des parties supérieures. On appelle aussi quelquefois la première *veine cave inférieure*, et la seconde *veine cave supérieure*. — En t. de chronologie, *cave* est opposé à *plein*. Le mois lunaire ou synodique est alternativement de vingt-neuf jours, ou *cave*, c'est-à-dire : creux ou diminué; et de trente jours, ou *plein*. De même l'année lunaire est quelquefois de trois cent cinquante-trois jours, ou *cave*; et ordinairement de trois cent cinquante-quatre, ou *pleine*.

CAVÉ, E, part. pass. de *caver*, et adj., creusé.

CAVEAU, subst. mas. (*kavô*), petite *cave*. — Lieu souterrein dans les églises, dans les cimetières, où l'on dépose les corps morts. — Autrefois *caveau* s'est dit d'une espèce de cabaret et de café où des gens de lettres se réunissaient : *aller souper au Caveau; les habitués du Caveau*.

CAVECÉ, E, adj. (*kavecé*), ne se dit que dans ces phrases : *un cheval rouan cavecé de noir*, c'est-à-dire : qui a la tête noire.

CAVEÇON, subst. mas. (*kaveçon*), t. de manège, espèce de bride ou de muserolle que l'on met sur le nez du cheval, qui le serre, le contraint, et sert à le dresser, à le dompter, à le gouverner : *caveçon de corde, de cuir, de fer*. — Prov. et fig., on dit d'un homme qui, naturellement fougueux et emporté, a besoin d'être retenu : *il a besoin de caveçon*.

CAVÉE, subst. fém. (*kavé*) (du latin *cavus*, creux) t. de chasse. On désigne par ce mot un endroit de montagne creux et entouré d'une forêt.

CAVÉHANE, subst. fém. (*kavéane*), mot qui, chez les Turcs, correspond à notre mot : *café*, dans le sens de lieu où on le prend.

CAVEL, subst. fém. (*kavèl*), t. de bot., sorte de plante d'Afrique.

CAVELÉE, subst. fém. (*kavelé*), t. de tanneur, mesure de tan. La *cavelée d'écorce* est composée de cinq paquets qui ont chacun cinq pieds de longueur, et autant de circonférence.

CAVELIN, subst. mas. (*kavelein*), nom qu'on donne à Amsterdam, dans les ventes, à ce qu'on appelle *lot de marchandises* en France.

CAVELS, subst. mas. plur. (*kavèl*), myth., temples de l'île de Ceylan.

CAVER, v. act. (*kavé*) (du latin *cavare* qui a la même signification), creuser, miner : *l'eau a cavé cette pierre*. On dit aussi quelquefois absolument : *la rivière a cavé sous la pile de ce pont*. — *Caver*, v. neut., en terme de maître d'armes, retirer le corps, en portant une botte et en avançant la tête. — *Caver*, v. act., au jeu, faire fonds d'une certaine quantité d'argent : *caver dix francs*. Il s'emploie souvent au neutre dans ce sens. *Caver au plus fort*, faire bon, à chaque coup de jeu, d'autant d'argent qu'en joue dans ce moment-là celui des joueurs qui en joue le plus : et fig., porter tout à l'extrême. — En t. de doreur, c'est imprimer un cuir. — **se CAVER**, v. pron. : *les joues se cavent*. — Au jeu, mettre une *cave*.

CAVERNE, subst. fém. (*kavèrene*) (du latin *caverna*, fait, avec la même signification, de *cavus*, creux), antre, lieu creux dans les rochers, dans les montagnes, sous terre : *caverne profonde*.—Fig., *caverne* s'emploie pour signifier une retraite de voleurs, de brigands, le lieu où ils se donnent rendez-vous : *cette maison est une caverne, est une caverne de brigands, de voleurs*. — Pour la myth. Voy. ÉOLE, SIBYLLES, TROPHONIUS.

CAVERNEUSE, adj. fém. Voy. CAVERNEUX.

CAVERNEUX, adj. mas., au fém. CAVERNEUSE (*kavèreneu, neuze*), plein de *cavernes* : *pays caverneux, montagne caverneuse*. — On dit figurément *une voix caverneuse*, pour exprimer l'idée d'une voix creuse et sourde. — En anatomie, *caverneux* signifie : qui a de petites cavités, de petites cellules : *tissu caverneux; le corps caverneux de la verge; les sinus caverneux de la dure-mère*.

CAVERNOSITÉ, subst. fém. (*kavèrenôzité*), espace vide d'un corps *caverneux*.

CAVESSINE, subst. fém. (*kavècine*), t. de manufacture, sorte de *caveçon*.

CAVESSON, subst. mas. (*kavèçon*) (de l'espagnol *cabezon*, dont la signification est la même, et qui est fait de *cabeza*, tête. On prononce *cavezon* et *caveza*), t. de man., fer sur le nez des chevaux pour les dompter. — Licou à têtière et muserolle. Voy. CAVEÇON qui semble être le même mot.

CAVET, subst. mas. (*kavè*) (du latin *cavus*, creux), t. d'archit., moulure concave faisant l'effet contraire du quart de rond.

CAVIA, subst. mas. (*kavia*) t. d'hist. nat., genre de quadrupèdes de la famille des rongeurs.

CAVIAIRE, adj. des deux genres (*kavière*), t. d'hist. anc., se disait de la partie du corps de certains animaux qu'on offrait à une divinité dans certains sacrifices. — *Hosties caviaires*, celles dont on sacrifiait la longe ou la partie prenant depuis les reins jusqu'à la queue; cette partie de l'animal.

CAVIAR ou **CAVIAT**, subst. mas. (*kaviar, via*) (du grec vulgaire χαυιαρι qui a la même signification), nom qu'on donne à des œufs d'esturgeon salés que l'on prépare en Russie : *manger du caviar*.

CAVICORNES, subst. fém. plur. (*kavikorne*), t. d'hist. nat., famille de mammifères, de l'ordre des bisulces.

CAVIDOS, subst. mas. (*kavidôce*), mesure de longueur usitée en Portugal.

CAVIER, subst. mas. (*kavié*) (formé de *caballarius*, chevalier), vieux t. de coutume, qui signifiait *chevalier*. Vassal servant *avec ses chevaux* un seigneur. — Ce mot de la langue romane avait pour synonymes *caver* et *cavalier*. Ni l'*Académie* ni *Laveaux* ne l'ont inséré, et quant à *Boiste*, il s'est contenté de mettre à la suite : *t. de coutume*. Nous nous étonnons que M. Charles Nodier, dans la dernière édition du *Dictionnaire de Boiste*, qui porte son nom, n'ait pas rempli cette lacune. Juge-t-on un mot trop vieux pour être utile, il ne faut point l'admettre; l'a-t-on admis, il faut le définir.

CAVILLATION, subst. fém. (*kavileldcion*) (du latin *cavillatio*, dont la signification est la même), raisonnement captieux, fausses subtilités : *à des raisons solides vous répondez par des cavillations*. — Il signifie aussi : dérision, moquerie, mais il ne se trouve guère que dans les écrits de chicane ou de controverse. — Vieux et peu usité aujourd'hui.

CAVILLEMENT, subst. mas. (*kavileman*), vieux mot inusité qui signifiait ruse, finesse, détour, fraude.

CAVILLONNE, subst. fém. (*kavilelone*), t. d'hist. nat., poisson du genre trigle.

CAVIN, subst. mas. (*kavein*) (du latin *cavum*, creux, trou, fossé), t. de guerre, lieu creux propre à couvrir un corps de troupes et à favoriser les approches d'une place : *les cavins qui se trouvent auprès d'une place assiégée sont d'un grand avantage pour les assiégeants*.

CAVINION, subst. mas. (*kavinion*), t. de bot., arbrisseau de Madagascar.

CAVISTE, subst. mas. (*kavicete*). On donnait ce nom, dans les communautés religieuses, à une personne qui était chargée du soin de la *cave*. Inus.

CAVITAIRE, subst. mas. (*kavitère*), t. d'hist. nat., genre de vers qui se tiennent dans les plis des intestins.

CAVITÉ, subst. fém. (*kavité*) (du latin *cavitas*, fait, dans le même sens, de *cavus*, creux), creux, vide dans un corps solide : *les cavités d'un rocher; la cavité du cœur, du cerveau, d'un ulcère*.

CAVOIRS, subst. mas. plur. (*kavoar*), t. de vitrier, petits outils qui servent à rogner les contours et les angles du verre.

CAVOLLINE, subst. fém. (*kavoleline*), t. d'hist. nat., genre de mollusques.

CAYAMBOUC, subst. mas. (*ka-ianbouke*), t. de mar., petit navire de très-peu de valeur et de capacité.

CAYAS, subst. mas. (*ka-iâce*), petite monnaie de cuivre des Indes, d'une très-petite valeur.

CAYASSE, subst. fém. (*ka-iace*), t. de mar., sorte de barque égyptienne à voiles et à rames.

CAYENNE, subst. fém. (*ka-iène*), t. de mar. On appelle ainsi un lieu à terre où les matelots, à bord d'un vaisseau dans un port, viennent faire bouillir leur chaudière. —On donne aussi ce nom à un lieu de dépôt dans les ports, où l'on caserne les matelots de levée à mesure qu'ils arrivent.—Subst. propre, ville capitale de la Guyane française.

CAYES, subst. fém. plur. (*ka-ie*), t. de mar., nom qu'on donne dans quelques parages aux roches qui se trouvent dans la mer à si peu de profondeur que les vaisseaux peuvent y toucher. – Petites îles des Indes orientales.

CAYEU. Voy. CAÏEU et BULBE.

CAYLAR, subst. propre mas. (*kélare*), village de France, chef-lieu de canton, arrond. de Lodève, dép. de l'Hérault.

CAYLUS, subst. propre mas. (*kéluce*), ville de France, chef-lieu de canton, arrond. de Montauban, dép. de Tarn-et-Garonne.

CAYMAN, subst. mas. (*ka-i-man*), t. d'hist. nat., espèce de crocodile.

CAYMIRI ou **SAYMIRI**, subst. mas. (*ka-i-miri*), t. d'hist. nat., espèce de singe d'Amérique du genre sagouin.

CAYOLISAN. Voy. CAMARA.

CAYOLOCKA, subst. mas. (*ka-i-olokeka*), t. de bot., sorte de bois propre à la teinture.

CAYOPOLLIN, subst. mas. (*ka-i-opolelein*), t. d'hist. nat., mammifère de l'ordre des marsupiaux.

CAYOPOLLISE, subst. fém. (*ka-iopolelize*), t. de bot., sorte de plante.

CAYRES, subst. propre fém. (*kère*), village de France, chef-lieu de canton, arrond. du Puy, dép. de la Haute-Loire.

CAYSTRIUS, subst. propre mas. (*ka-icetriuce*), myth., héros à qui on rendait des honneurs divins dans l'Asie-Mineure, où il avait des autels sur les rives du *Caystre*, petit fleuve proche d'Éphèse.

CAZALS, subst. propre mas. (*kazal*), bourg de France, chef-lieu de canton, arrond. de Cahors, dép. du Lot.

CAZAN, subst. mas. (*kazan*), juif qui entonne les prières dans les synagogues.

CAZAUBON, subst. propre mas. (*kazôbon*), ville de France, chef-lieu de canton, arrond. de Condom, dép. du Gers.

CAZELLE, subst. fém. (*kazèle*), t. de fileur d'or, espèce de bobine sur laquelle l'ouvrage se dévide après que l'on a filé.

CAZÈRES, subst. propre fém. (*kazère*), ville de France, chef-lieu de canton, arrond. de Muret, dép. de la Haute-Garonne.

CAZERETTE, subst. fem. (*kazerète*), panier d'osier.

CAZIASQUER ou **CAZIASKER**, subst. mas. (*kaziaceké*), intendant de justice militaire chez les Turcs; cadi de la cour; juge d'armes.

CAZIER, subst. mas. (*kazié*), t. de pêche, espèce de nasse. (*Boiste*.)

CAZOU, subst. mas. (*kazou*), t. d'hist. nat., mammifère de la côte de Guinée qui paraît se rapprocher du blaireau. Les nègres font un fétiche de sa queue.

CE, CET, mas.; **CETTE**, fém.; au plur. mas. et fém., **CES**, adj. démonstratif, qui sert à indiquer les personnes et les choses. — On met *ce* devant une consonne ou un *h* aspiré, et *cet* devant une voyelle ou un *h* muet : *ce guerrier; ce héros; cet ami; cet homme*. Dans ce dernier cas, on prononce l'*e* muet : (*cè tami, cè tome*).— Devant les noms féminins, on met *cette*, soit que le nom commence par une voyelle ou une consonne : *cette femme, cette amie*. — Souvent, pour plus d'énergie, on ajoute aux substantifs qui l'accompagnent les particules *ci* ou *là* : *ce chevalier-ci, ce capitaine-là, ces gens-ci*. *Ci* fait connaître en outre que l'objet est proche, et *là* qu'il est éloigné ou moins proche. — *Ce* est quelquefois pronom démonstratif remplaçant *cela*, et par conséquent invariable : *ce que vous voyez; ce qu'il m'a dit; ce me semble; à ce que je crois; je voulais qu'il m'obéît, et pour ce....* — Devant le verbe *être*, également invariable et synonyme de *cela*, il entre dans un grand nombre de phrases qui sont pour la plupart des gallicismes : *c'est bien hardi; c'est bien fort; c'est cela; il aime à jouer, c'est de son âge; c'est juste; c'est ce dont je voulais vous parler; c'est peine perdue; je ne sais ce que c'est que de céder*, etc. — Dans certaines phrases où *ce*, suivi du verbe *être*, se rapporte à un substantif ou à un pronom au pluriel, on met ce verbe tantôt au singulier, tantôt au pluriel, selon les cas; ainsi on dit indifféremment : *c'est eux, ce sont eux; c'est elles, ce sont elles*; mais en style noble on ne dit que *ce sont eux, ce sont elles*; lorsqu'on parle au passé, on ne peut employer que le pluriel : *ce furent les Phéniciens qui inventèrent l'art d'écrire*; avec les pronoms de la première et de la seconde personne, que le singulier : *c'est nous, c'est moi, c'est vous*. — *Ce*, devant le même verbe *être*, et suivi de la conjonction *que* ou du pronom *qui*, forme une locution particulière à la langue française, et très-usitée : *ce fut Socrate qui fit connaître le premier la philosophie morale aux Grecs. Ce fut* indique d'une manière plus sensible Socrate, comme le créateur de la philosophie morale parmi les Grecs, que si l'on disait : *Socrate fut le premier qui*, etc. En effet, *ce fut* fixe l'attention sur Socrate, et le montre au doigt pour ainsi dire; au lieu qu'en disant *Socrate fut*, on ne fait que le nommer. — Dans les interrogations, on le met après le verbe *être* : *qui est-ce qui vous l'a dit? qu'est-ce que je vois là? qu'est-ce? hé bien, qu'est-ce? est-ce là votre voiture? oui, ce l'est; sont-ce vos livres? oui, ce les sont*. Grammaticalement ces réponses sont correctes; mais parce qu'elles ont quelque chose de bizarre et d'affecté, on évite de les employer; on dit simplement : *oui*; ou : *oui, c'est ma voiture; oui, ce sont mes livres*. — *Ce dit-il, ce dit-on*, phrases employées dans le discours familier, mais qui ont beaucoup vieilli. — *Ce peu*, ce peu de chose. Il est familier. — *C'est à dire, c'est à savoir*. Voy. DIRE, SAVOIR. — *C'est pourquoi*, telle est la raison, la cause, le motif pour lequel, etc. — Fam., *quand ce vint à*, quand il fut question de : *quand ce vint à payer, il se trouva sans argent*, cette expression est surannée. — On dit en style de pratique et de chancellerie : *et ce, conformément à....; et en vertu de ce que dessus; nonobstant lettres à ce contraires*.

CÉADE, subst. propre mas. (*céade*), myth., père d'Euphème, qui conduisit un secours considérable de Thraces aux Troyens assiégés par les Grecs.

CÉANOTHE, subst. fém. (*céanote*), t. de bot., genre de plantes de la famille des rhamnoïdes.

CÉANS, adv. (*céan*), ici dedans, en ce logis. Il ne se dit que de la maison où l'on est au moment qu'on parle : *il dînera céans; le maître de céans*. Il n'est plus guère usité.

CÉAUSTE, subst. mas. (*céocete*), t. de bot., genre de plantes exotiques à fleurs polypétales, de la famille des nerpruns.

CEB, CÉBUS, CÉPUS, CÉPHUS, subst. propre mas. (*cèbe, buce, puce, fuce*), myth., monstre adoré à Memphis : c'était une espèce de satyre ou de gros singe.

CÉBATHE, subst. fém. (*cébate*), t. de bot., plante d'Arabie dont les tiges sont ligneuses, et s'entortillent autour des objets qu'elles rencontrent.

CÉBI-PIRA, subst. mas. (*cébipira*), t. de bot., arbre du Brésil dont l'écorce amère et astringente entre dans la composition des fomentations ordonnées pour la guérison des maladies de reins.

CÉBLÉPYRIS, subst. mas. (*céblépirice*), t. d'hist nat., nom grec d'un oiseau inconnu que l'on a fait entrer dans une des divisions des dentirostres.

CÉBRION, subst. mas. (*cébrion*), t. d'hist. nat., genre d'insectes de l'ordre des coléoptères. — Subst. propre, myth., géant qui fit la guerre aux dieux, et qui fut tué par Vénus.— Il y eut un autre *Cébrion*, fils naturel de Priam, qui fut tué par Patrocle.

CÉBRIONATES ou **CÉBRIONITES**, subst. mas. plur. (*cébrionate, nite*), t. d'hist. nat., tribu d'insectes de l'ordre des coléoptères.

CÉBUS, subst. mas. (*cébuce*), t. d'hist. nat., genre de singes du nouveau continent renfermant ceux qui portent maintenant le nom de sapajou. — Myth. Voy. CEB.

CÉCAL ou mieux **COECAL**, E, adj. (*cékale*), t.

d'anat., qui appartient au *cœcum*.—On appelle *appendice cœcale* ou *vermiforme*, une petite cavité qui dépend du *cœcum*; *artères* et *veines cœcales*, les rameaux des artères et de la veine du colon droite inférieure.

CÉCALYPHE, subst. mas. (*cécalife*), t. de bot., genre de plantes de la famille des mousses.

CECI, CELA, pronoms démonstratifs (*ceci*, *cela*). La particule *ci* et la particule *la*, ajoutées à *ce*, ont formé *ceci*, *cela*, qui, dans la même phrase, s'emploient par opposition l'un à l'autre pour indiquer, de deux choses, le premier la plus proche, et le second la plus éloignée de celui qui parle : *je préfère ceci à cela; j'aime ceci, mais cela me déplaît; si cela est plus gracieux, ceci est plus commode*, etc. S'il n'est question que d'un seul objet, on emploie indifféremment *ceci* ou *cela* : *ceci* ou *cela me regarde*. — *Cela* signifie quelquefois les personnes : *voilà de mes gens, cela ne flatte point, cela ne fait que jurer*. Il est familier. — On lit dans *La Bruyère* (chap. 5) : *goûtez bien cela, il est de Léandre, et il ne me coûte qu'un grand merci*. Il y a faute, parce qu'un pronom (*il*) ne peut représenter un autre pronom (*cela*). On peut adresser le même reproche à J.-J. Rousseau, qui a dit (*Confessions*, liv. III) : *ceci n'est pas clair, mais il le deviendra dans la suite*. — Fam., *comme cela*, dans certains cas, signifie : ni bien ni mal, plutôt mal que bien : *comment vous portez-vous? Comme cela*. — Fam., *il est comme cela*, c'est son caractère, sa manière habituelle d'être ou d'agir. — Fam., *c'est cela, c'est bien cela*, se dit à une personne qui fait voir, par ses paroles ou par ses actions, qu'elle a bien compris ce qu'on lui a dit ou prescrit. — Fam., *c'est bien, cela!* se dit encore pour approuver ce qu'une personne a dit ou fait de son propre mouvement. — Fam., *n'est-ce que cela?* sert à indiquer que ce qu'on vous dit ou ce qu'on vous annonce est sans importance. — Fam., *comment cela?* annonce l'étonnement, et signifie : comment, de quelle manière? *Il dit que vous allez à la campagne, comment cela?* — Fam., et indéterminément, *ceci*, *cela* signifient : tantôt une chose, tantôt une autre : *c'est ceci, c'est cela; vous avez toujours quelque motif à alléguer*.

CÉCIDOMYIE, subst. fém., et **CÉCIDONIES**, subst. fém. plur. (*cecidomi*, *cécidoni*), t. d'hist. nat., genre d'insectes de l'ordre des diptères.

CÉCILE, subst. fém. (*cécile*), t. d'hist. nat. On a donné ce nom à une espèce de libellule.

CÉCILIE, subst. fém. (*cécili*), t. d'hist. nat., genre de poissons établi dans la division des apodes. — Genre de reptiles de la famille des serpents. Ces animaux vivent dans les parties les plus chaudes de l'Amérique et de l'Inde.

CÉCITÉ, subst. fém. (*cécité*) (du lat. *cæcitas*, fait de *cæcus*, aveugle), privation de la vue, l'état d'une personne aveugle. — *Cécité* se dit au propre, et *aveuglement* au fig.

CÉCROPES, subst. propre mas. plur. (*cékrope*), myth., ceux qui aidèrent Jupiter dans la guerre contre les Titans.

CÉCROPIDES ou **CÉCROPIENS**, subst. propre mas. plur. (*cékropide*, *piein*), myth., les Athéniens, ainsi surnommés de Cécrops. Ovide désigne en particulier Thésée par *Cécropidès*.

CÉCROPIS, subst. propre fém. (*cékropice*), myth., Aglore, fille de Cécrops; et quelquefois Minerve, adorée à Athènes, ville qu'on surnommait *Cécropie*, du nom de Cécrops, un de ses premiers rois.

CÉCROPS, subst. propre mas. (*cékropece*), myth., Égyptien fort riche, qui quitta sa patrie, et vint dans l'Attique, où il épousa Aglaure, fille d'Actée, roi des Athéniens, à qui il succéda. Il fut surnommé *Diphues* ou *Biformis*, soit parce qu'il fit des lois pour l'union de l'homme et de la femme par le mariage, soit parce qu'étant Égyptien, il était Grec aussi par son établissement dans l'Attique.

CÉCULUS, subst. propre mas. (*cékuluce*), myth., fils de Vulcain.

CÉDANT, E, subst. et adj. (*cédan*, *dante*) (en lat. *cedens*, part. présent de *cedere*, qui a la même signification), t. de pratique, celui ou celle qui *cède*: *le cédant et le cessionnaire*. — En t. de comm., celui qui a passé son ordre en faveur d'un banquier, etc., à qui il cède et transporte tous les droits qu'il avait sur une lettre de change, etc. On dit plus ordinairement, dans le même sens, *endosseur*.

CÉDAR, subst. propre mas. (*cédare*), nom de lieu dont il est parlé dans l'Écriture-Sainte. On croit que c'est *Galaud*.

CÉDAVILLE, subst. mas. (*cédavile*), graine pour détruire la vermine de tête.

CÉDÉ, E, part. pass. de *céder*, et adj.

CÉDER, v. act. (*cédé*) (du lat. *cedere*, dont la signification est la même, et qui vient du grec χαδεῖν en ionique, pour χάζειν, qui a aussi le même sens), laisser, abandonner à... : *céder la victoire; céder sa place; céder le pas, le haut du pavé*. — En t. de comm. et de jurisprudence, transporter à... : *céder ses droits, ses prétentions, une dette, un bail*. — *Céder*, v. neut., plier, s'affaisser, se relâcher par l'effet d'une force ou d'un effet supérieur : *céder sous le poids; cette poutre commence à céder*. — Fig., tant au sens physique qu'au sens moral, cesser de résister, succomber : *il vaut mieux céder que de disputer; céder à la force, au temps, au mal, à la raison, à la douleur*; etc. — *Céder à...*, *le céder à....*, être inférieur à.... : *il lui cède en talent, en mérite; vous aurez beau faire, vous le céderez toujours à votre frère en activité*. — S'abandonner à .... : *céder à des préventions; céder à ses passions, à son penchant*. — On dit qu'*une chose cède à une autre*, pour dire que la dernière l'emporte sur la première, la fait disparaître, en affaiblit l'effet : *l'intérêt particulier doit céder à l'intérêt général*, etc. — *se* **CÉDER**, v. pron. : *il est impossible à deux personnes de vivre d'accord en ne se cédant jamais rien*.

CÉDÈS, subst. propre fém. (*cédèce*), nom d'une ville de la Terre-Sainte.

CÉDILLE, subst. fém. (*cédi-ie*) (de l'espagnol *cedilla* qui a la même signification), signe orthographique inventé par les Espagnols, espèce de petite virgule qu'on met au-dessous du *c* devant les voyelles *a*, *o*, *u*, lorsqu'il doit se prononcer, non comme *k*, mais comme *s* dur : ainsi, de *glace*, *glacer*, on écrit *glaçant*, *glaçon*; de *menace*, *menaçant*; de *France*, *Français*; de *recevoir*, *reçu*, etc.

CEDMA, subst. mas. (*cèdema*) (en grec κέδμα), t. de médec. On a donné ce nom à une espèce de goutte. Il n'est plus usité.

CEDO-NULLI, subst. mas. (*cédonuleli*), t. d'hist. nat., nom marchand d'une des plus belles coquilles du genre cône. — On l'a aussi donné à une coquille bivalve d'un genre voisin des cames.

CÉDON, subst. mas. (*cédon*), t. de bot., sorte de plante.—*Cédon arborescent*, sorte d'arbuste.

CÉDRAT, subst. mas. (*cédra*), t. de bot., espèce de citronnier qui produit un fruit odoriférant qu'on nomme aussi *cédrat*. — Essence que l'on en tire.

CÈDRE ou **CÈDRE DU LIBAN**, subst. mas. (*cèdre*) (du lat. *cedrus*, pris du grec κέδρος, avec la même signification), t. de bot., très-grand arbre conifère, toujours vert, qui autrefois croissait uniquement sur le mont Liban. Son bois, rougeâtre et odoriférant, passe pour incorruptible. Il en découle naturellement, pendant les grandes chaleurs de l'été, une résine qui devient dure et que l'on nomme *cédria* ou *cédrie*. — Le bois même de cet arbre. — Une espèce de citron. — Fig. : *depuis le cèdre jusqu'à l'hyssope*, depuis le plus grand jusqu'au plus petit. — *Il est haut comme un cèdre*, fort haut, fort grand. — *Petit cèdre*, *oxycèdre*, *cèdre de Lycie*, espèce de *cèdre* baccifère qui croît dans le midi de l'Europe. La baie charnue qu'il produit s'appelle *cédride*. — *Aigre de cèdre*, sorte de liqueur qui se fait avec le jus du citron nommé *cèdre*. — On a donné pour devise à un collège célèbre un *cèdre* chargé de fleurs et de fruits, avec ces vers du Tasse : *Mentre che spunta l'un, l'altro matura*. Et pour marquer la pureté du cardinal Horace Spinola, un *cèdre* avec ces mots : *A putredine tuta*. Le même arbre, et ce mot italien, *nel fiore il frutto*, est la devise qu'un Italien fit pour marquer la fécondité virginale de la Vierge.

CÉDRÉATIS, subst. propre fém. (*cédréatice*), myth., surnom donné à Diane, dont les images étaient suspendues aux cèdres.

CÉDREL, subst. mas. (*cédrèle*), t. de bot., très-grand et très-bel arbre de l'Amérique méridionale.

CÉDRELATE, subst. mas. (*cédrelate*), t. de bot., grand *cèdre* de Phénicie.

CÉDRELLÉES, subst. fém. plur. (*cédrèlelé*), t. de bot., famille de plantes.

CÉDRIA. Voy. **CÉDRIE**.

CÉDRIDE, subst. fém. (*cédride*), t. de bot., baie charnue du petit *cèdre*.

CÉDRIE, subst. fém. (*cédri*), t. d'hist. anc. Les anciens appelaient *cédria*, cédrie, la résine qui sort du *cèdre* en forme de larmes. On s'en servait pour embaumer et conserver les morts : de là le nom de *vie des morts*, qu'on a donné à cette résine.

CÉDRINO, subst. mas. (*cédrino*), t. de bot., nom de plusieurs variétés du limon. — Espèce du genre citronnier, cultivée en Italie.

CÉDRIS, subst. mas. (*cédrice*), t. de bot., fruit du *cèdre*.

CÉDRITE, subst. fém. (*cédrite*), vin de *cèdre*.

CÉDRO, subst. mas. (*cédro*), t. de bot. On a donné ce nom à l'acajou à planches.

CÉDROÉLÉON, subst. mas. (*cédroéléon*), huile essentielle tirée du *cèdre*.

CÉDRON, subst. propre mas. (*cédron*), torrent ou ruisseau dont il est parlé dans l'Écriture-Sainte. Il était situé au pied de la ville de Jérusalem.

CÉDROSTE, subst. fém. (*cédrocete*), t. de bot., la couleuvrée blanche, sorte de plante.

CÉDULE, subst. fém. (*cédule*) (du lat. *schedula*, petit billet, dérivé du grec σχέδη, feuille de papier, de parchemin, etc.), autrefois billet sous seing privé, par lequel on reconnaît devoir quelque somme : *on lui a prêté dix mille livres sur sa simple cédule*. On ne dit plus aujourd'hui que *billet*. — On dit prov. et fig. : *plaider contre sa cédule*, pour dire : former une mauvaise contestation, sur laquelle on peut être convaincu par son propre fait. — En t. de pratique ancienne, *cédule évocatoire*, signification faite à sa partie adverse, pour lui déclarer qu'on allait se pourvoir au conseil, afin d'être renvoyé à un autre parlement. Dans la pratique actuelle, la *cédule de citation* est un acte par lequel un juge de paix permet, dans les cas urgents, d'abréger les délais.

CÉE ou **CÉOS**, subst. propre fém. (*cé*, *céoce*), t. de myth., l'une des Cyclades, dans la mer Égée, célèbre par la naissance de Simonide.

CEIBA ou **SEIBA**, subst. mas. (*céba*), t. de bot., grand arbre épineux, de la famille des mauves.

DU VERBE IRRÉGULIER CEINDRE :

Ceignaient, 3e pers. plur. imparf. indic.
Ceignais, précédé de *je*, 1re pers. sing. imparf. indic.
Ceignais, précédé de *tu*, 2e pers. sing. imparf. indic.
Ceignait, 3e pers. sing. imparf. indic.
Ceignant, part. prés.

CEIGNANT, E, adj. (*cègnian*, *gniante*), qui *ceint*.

CEIGNANTE, subst. fém. (*cègniante*), t. d'anat., la douzième vertèbre du dos, placée à l'endroit où l'on porte la *ceinture*.

DU VERBE IRRÉGULIER CEINDRE :

Ceigne, précédé de *que je*, 1re pers. sing. prés. subj.
Ceigne, précédé de *qu'il* ou *qu'elle*, 3e pers. sing. prés. subj.
Ceignent, précédé de *ils* ou *elles*, 3e pers. plur. prés. indic.
Ceignent, précédé de *qu'ils* ou *qu'elles*, 3e pers. plur. prés. subj.
Ceignes, 2e pers. sing. prés. subj.
Ceignez, 2e pers. plur. impér.
Ceignez, précédé de *vous*, 2e pers. plur. prés. indic.
Ceigniez, précédé de *vous*, 2e pers. plur. imparf. indic.
Ceigniez, précédé de *que vous*, 2e pers. plur. prés. subj.
Ceignîmes, 1re pers. plur. prét. déf.
Ceignions, précédé de *nous*, 1re pers. plur. imparf. indic.
Ceignions, précédé de *que nous*, 1re pers. plur. prés. subj.
Ceignirent, 3e pers. plur. prét. déf.
Ceignis, précédé de *je*, 1re pers. sing. prét. déf.
Ceignis, précédé de *tu*, 2e pers. sing. prét. déf.
Ceignisse, 1re pers. sing. imparf. subj.
Ceignissent, 3e pers. plur. imparf. subj.
Ceignisses, 2e pers. sing. imparf. subj.
Ceignissiez, 2e pers. plur. imparf. subj.
Ceignissions, 1re pers. plur. imparf. subj.
Ceignit, précédé de *il* ou *elle*, 3e pers. sing. prét. déf.
Ceignît, précédé de *qu'il* ou *qu'elle*, 3e pers. sing. imparf. subj.
Ceignîtes, 2e pers. plur. prét. déf.
Ceignons, 1re pers. plur. impér.
Ceignons, précédé de *nous*, 1re pers. plur. prés. indic.
Ceindra, 3e pers. sing. fut. indic.
Ceindrai, 1re pers. sing. fut. indic.
Ceindraient, 3e pers. plur. prés. cond.

Ceindrais, précédé de *je*, 1re pers. sing. prés. cond.
Ceindrais, précédé de *tu*, 2e pers. sing. prés. cond.
Ceindrait, 3e pers. sing. prés. cond.
Ceindras, 2e pers. sing. fut. indic.

CEINDRE, v. act. (*ceindre*) (du lat. *cingere* qui a la même signification), entourer, environner : *ceindre une ville de murailles*. — *Ceindre* se dit dans un sens particulier des choses qui serrent et entourent quelque partie du corps : *une corde lui ceignait les reins ; la tiare qui ceint la tête des papes ; les bandelettes qui ceignaient le front de la victime* :

Et ton front cette fois
Sera ceint de lauriers qu'on ne vit jamais luire
Sur la tête des rois.
(MALHERBE.)

— *Ceindre quelqu'un d'une chose*, mettre une chose autour du corps de quelqu'un. — *Ceindre de quelque chose le corps, la tête, de quelqu'un*, mettre à quelqu'un une chose autour du corps, autour de la tête. — *Ceindre l'épée à quelqu'un*, lui mettre l'épée au côté. — Fig., *ceindre le diadème, ceindre la tiare*, devenir roi ou reine, devenir pape. On dit quelquefois dans le style soutenu : *la victoire lui a ceint le front de lauriers*. — SE CEINDRE, v. pron. : *se ceindre les reins, le corps, de quelque chose*, ou simplement *se ceindre de quelque chose*, se mettre quelque chose autour des reins, du corps. — *Se ceindre les reins, le corps*, se dit absol. pour : se serrer les reins, le corps, avec une chose quelconque. — On dit aussi *se ceindre le front, la tête*. — Fig., *se ceindre le front d'un diadème*, devenir roi ou reine.

DU VERBE IRRÉGULIER CEINDRE :

Ceindrez, 2e pers. plur. fut. indic.
Ceindriez, 2e pers. plur. prés. cond.
Ceindrions, 1re pers. plur. prés. cond.
Ceindrons, 1re pers. plur. fut. indic.
Ceindront, 3e pers. plur. fut. indic.
Ceins, 2e pers. sing. impér.
Ceins, précédé de *je*, 1re pers. sing. prés. indic.
Ceins, précédé de *tu*, 2e pers. sing. prés. indic.
Ceint, précédé de *il* ou *elle*, 3e pers. sing. prés. ind.

CEINT, E, part. pass. de *ceindre*, et adj., entouré : *une place ceinte de bastions ; une ville ceinte de murailles ; le front ceint d'un diadème*.

CEINTES, subst. fém. plur. (*ceinte*), t. de mar., longues pièces de bois qui règnent au-dessus l'une de l'autre, et parallèlement entre elles au-dessus d'un navire, et qui servent non-seulement à l'orner et à marquer la division des ponts ou des tillacs, mais encore à le fortifier en formant la liaison des membres.

CEINTRAGE, subst. mas. (*ceintraje*), t. de mar., se dit des cordages qui servent à *ceindre* un navire lorsqu'il menace de s'ouvrir.

CEINTRE, subst. mas. (*ceintre*), t. de mar., gros bourrelet formé avec des cordages.

CEINTRÉ, E, part. pass. de *ceintrer*.

CEINTRER, v. act. (*ceintré*), t. de mar., faire le *ceintrage*. — *se ceintrer*, v. pron.

CEINTURE, subst. fém. (*ceinture*) (du lat. *cinctura*, fait, dans la même signification, de *cinctus*, part. pass. de *cingere*, ceindre), ruban, cordon, etc., avec lequel on se *ceint* par le milieu du corps : *il a une ceinture à franges d'or*. — Bord d'en haut d'un pantalon, etc., d'une jupe. — L'endroit du corps où l'on attache une *ceinture*. — Prov. : *être pendu à la ceinture de quelqu'un*, être sans cesse avec lui, ne le quitter jamais. — *Bonne renommée vaut mieux que ceinture dorée*, la considération publique vaut mieux que les richesses. — Fam., *il ne lui va pas à la ceinture*, se dit par exagération, en comparant un petit homme à un grand. — *Ceinture de la reine*, droit qui se levait autrefois pendant un certain temps sur les marchandises venant à Paris par la Seine. — *Ceinture funèbre* ou *de deuil*, large bande noire qu'on tend, à une certaine élévation, dans l'intérieur et à l'extérieur d'une église, aux funérailles d'un grand personnage, et sur laquelle, d'espace en espace, on place les armoiries du défunt. On dit aussi *litre*. — En t. d'archit., petite moulure carrée, au bas et au haut du fût d'une colonne. On l'appelle aussi *filet*. — En t. de mar., pièces de charpente qui entourent les vaisseaux, et servent à leur liaison ; ce sont les préceintes. — *La ceinture d'une embarcation* est un cordage garni de bourlets de défense, qui entoure le haut des canots et chaloupes. — On nomme *ceinture de carène*, un rang de petites planches clouées momentanément autour d'un bâtiment, dans le sens de sa longueur et au-dessus de sa carène, pour garantir les hauts des flammes pendant que l'on chauffe ses fonds. — Dans les galères, haubans et palans frappés aux deux tiers du mât, en comptant de bas en haut, pour le soutenir quand on vire la galère en quille. — *Ceinture à l'anglaise*, sangle fort juste qui sert à porter l'épée. — *Ceinture de muraille*, cordon de pierres qui environne les murailles des villes, des forteresses. — *Ceinture du chœur d'une église*, etc. — *Ceinture de chasteté*, sorte de bandage au moyen duquel on a prétendu conserver la chasteté des femmes : cette infame précaution que la jalousie avait suggérée à quelques peuples du Midi, fut employée pour la première fois par François de Carrara, viguier de Padoue, dans le troisième siècle. — *Ceinture de Vénus* ; les poètes attribuaient à Vénus une espèce de *ceinture* qu'ils appelaient *ceste* (*cestus*). Ils y attachaient le pouvoir d'inspirer de l'amour, et de charmer les cœurs : c'est dans ce sens que Boileau a dit :

On dirait que pour plaire, instruit par la nature,
Homère ait à Vénus dérobé sa *ceinture*.

En t. d'astrol., ligne de la main qui commence entre le deuxième et le troisième doigt, et s'étend jusqu'au petit, en faisant une espèce de demi-cercle. — *Ceinture d'argent*, t. d'hist. nat., sorte de poisson.

CEINTURÉ, E, adj. (*ceinturé*), qui porte une *ceinture* ou une écharpe : *le comte de Guiche était ceinturé comme son esprit*. (Madame de Sévigné.) Ce mot a eu peu de succès.

CEINTURETTE, subst. fém. (*ceinturète*), petite bande de cuir qui entoure le cor de chasse. — En t. de mar. et sur les galères, ligature des haubans du haut du mât, au-dessous du calcet.

CEINTURIER, subst. mas. (*ceinturié*), celui qui fait ou vend des *ceintures*, des *ceinturons*, des baudriers, etc. — Si le mot était plus usité, on pourrait dire au fém. *ceinturière*.

CEINTURON, subst. mas. (*ceinturon*), sorte de *ceinture* de cuir, etc., à laquelle sont attachés et pendants l'épée, le sabre, le couteau de chasse, etc.

CEINTURONNIER, subst. mas. (*ceinturonié*), celui qui fait ou vend des *ceinturons*. — On pourrait dire *ceinturonnière* au fém., si le mot était plus en usage.

CÉIX ou **CÉYX**, subst. propre mas. (*cé-ikce*), myth., fils de Lucifer, et roi de Trachine, ville de Thessalie. Il fut si inquiet du sort de son frère Dédalion, que, malgré sa tendresse pour sa femme Alcyone, qui cherchait à le retenir, il voulut aller consulter l'oracle d'Apollon à Claros ; mais il périt dans ce voyage. Voy. ALCYONE.

CEKUPÈRE, subst. mas. (*cèkçupère*), t. d'hist. nat., espèce de poisson du Brésil.

CELA, pronom démonstratif. Voy. CECI.

CÉLACNÉE, subst. fém. (*célakné*), t. de bot., petite plante de la Nouvelle-Hollande qui forme seule, dans la famille des graminées, un genre voisin des bellies.

CÉLADON, subst. mas. (*céladon*), vert pâle. — Il est aussi adj. : *taffetas, ruban céladon*. On dit également : *vert céladon*. — Fig., par raillerie et en matière de galanterie, homme à beaux sentiments, par allusion à l'un des principaux héros de l'*Astrée*, roman célèbre de d'*Urfé*, lequel personnage a également donné son nom à la couleur mentionnée ci-dessus. — Myth., un de ceux qui furent tués aux noces de Persée et d'Andromède. Ce fut aussi le nom d'un Lapithe.

CÉLADONISME, subst. mas. (*céladoniceme*), style de *Céladon*.

CELÆNA, subst. propre fém. (*céléna*), myth., lieu de la Campanie consacré à Junon. — Il y a aussi dans l'Asie une montagne de ce nom, auprès de laquelle Apollon punit le satyre Marsyas. — *Celænea dea*, Cybèle, ainsi surnommée de Célènes, ville de Phrygie, où elle était adorée.

CELANTES, subst. mas. plur. (*célantèce*) (mot lat.), vieux nom technique que l'on donnait en logique au second mode indirect de la première figure des syllogismes. Les syllogismes en *celantes* ne diffèrent des syllogismes en *celarent*, qu'en ce que dans ceux-là la conclusion est renversée, et que l'attribut en est le véritable sujet. Exemple d'un syllogisme en *celantes* : *tous les maux passagers ne sont point à craindre ; tous les maux de la vie présente sont passagers ; donc nul des maux qui sont à craindre n'est un mal de cette vie*.

CELARENT, subst. mas. plur. (*célàreinte*) (mot latin). Vieux nom que l'on donnait en logique au second mode direct de la première figure. Un argument en *celarent* a la majeure universelle négative, la mineure universelle affirmative, et la conclusion comme la majeure : le moyen terme est le sujet dans la majeure, et l'attribut dans la mineure. Exemple d'un syllogisme en *celarent* : *nul voleur impénitent ne doit s'attendre à être sauvé ; tous ceux qui meurent après s'être enrichis des biens de l'Eglise, sans les avoir restitués, sont des voleurs impénitents ; donc nul d'eux ne doit s'attendre d'être sauvé*. Voy. CELANTES.

CÉLASTRE, subst. mas. (*célacetre*), t. de bot., genre de plantes de la famille des rhamnoïdes.

CÉLASTRINÉES, subst. fém. plur. (*célacetriné*), t. de bot., famille de plantes.

CÉLATE, subst. fém. (*célate*). Nos ancêtres désignaient par ce mot le devant du casque dont ils se couvraient la tête, et quelquefois le casque entier.

CÉLATION, subst. fém. (*célâcion*), t. de médec. légale, action de *celer* : *célation de la grossesse ; célation de l'accouchement*.

CÉLÉBRANT, subst. mas. (*célébran*), prêtre qui officie, qui dit, qui *célèbre* la messe ou l'office.

CÉLÉBRATION, subst. fém. (*célébrâcion*), action de *célébrer* : *célébration de la messe, des saints mystères, de l'office divin ; célébration d'une fête, d'un mariage, d'un concile*. Il ne se dit que dans ces phrases.

CÉLÈBRE, adj. des deux genres (*célèbre*) (du lat. *celeber* ou *celebris* qui a la même signification), fameux, renommé : *rien de si célèbre que Pythagore, rien de si peu connu que les détails de sa vie* ; etc. ; *une ville célèbre ; une journée célèbre ; des vins célèbres*, etc. *Aurélien ruina de fond en comble cette cité célèbre. Non loin des bords charmants du Biblinus, mûrissent en paix et ces figues excellentes que Bacchus fit connaître aux habitants de l'île, et ces vins célèbres qu'on préfère à tous les autres vins*. — Il ne se prend qu'en bonne part, à moins que la contexture de la phrase ne lui donne un sens contraire. — Il dit moins qu'*illustre*, et il est plus noble que *fameux*.

CÉLÉBRÉ, E, part. pass. de *célébrer*, et adj. : *combien d'actions célébrées par l'histoire révoltent l'homme juste et sensible !*

CÉLÉBRER, v. act. (*célébré*) (du latin *celebrare*, dont la signification est la même), exalter, louer avec éclat : *célébrer les grandes actions, les exploits d'un héros*. — Publier avec éloge : *célébrer les louanges de...* — Solenniser : *célébrer une fête, le jour de la naissance de...* ; et, dans un sens analogue, *célébrer la venue de...* — *Célébrer un mariage*, le bénir. — *Célébrer des noces*, les faire avec éclat. — *Célébrer un concile*, le tenir. — *Célébrer la messe*, la dire. En ce sens, on dit aussi neutralement : *il n'a pas encore célébré*. — *Célébrer pontificalement*, célébrer la messe en habits pontificaux. — *Célébrer les funérailles, les obsèques d'une personne*, lui faire des funérailles, des obsèques pompeuses. — SE CÉLÉBRER, v. pron. : *là se célébraient ces fameux combats...*

CÉLÉBRITÉ, subst. fém. (*célébrité*) (en latin *celebritas*, fait de *celeber, celebris*, célèbre), solennité : *la célébrité de ce jour, de cette fête*. Vieux. — Grande réputation : *la célébrité de son nom, de sa gloire, d'un ouvrage, d'un événement*.

CELÉ, E, part. pass. de *celer*, et adj.

CÉLÉHUTÉE, adj. propre fém. (*célé-uté*), myth., surnom donné à Minerve, à laquelle Ulysse consacra une statue en reconnaissance de sa victoire sur les amants de Pénélope.

CÉLÉNO, subst. propre fém. (*céléno*), myth., fameuse Harpie. Voy. HARPIES.

CÉLEP, subst. mas. (*célèpe*), liqueur, breuvage chez les Orientaux.

CELER, v. act. (*celé*) (en lat. *celare*), taire, cacher : *celer un dessein*. — *Se faire celer*, faire dire qu'on n'est pas chez soi. — SE CELER, v. pron., se cacher, s'enfermer, ne voir personne.

CÉLÈRE, adj. (*célère*) (en latin *celer*), très-prompt, très-actif. Inusité.

CÉLÈRES, subst. mas. plur. (*célère*), t. d'hist. anc., cavaliers qui gardaient Romulus.

CELERES (DEÆ), subst. propre fém. plur. (*célérecedé*), myth., mots latins qui signifient *les déesses célères*, les Heures.

CÉLERET, subst. mas. (*céleré*), t. de pêche, sorte de filet en usage sur les côtes de Normandie.

CÈLERI, et non pas **CÉLERI**, subst. mas. (*cèleri*), t. de jard. Mot italien que l'usage a rendu français. *Ache* est le véritable nom de cette plante bisannuelle ombellifère qu'on cultive dans nos jardins, et dont la racine est comptée parmi les cinq grandes racines apéritives. —Quelques-uns l'appellent *persil de Macédoine* et *persil des marais*. — On appelle *cèleri-rave*, ou *cèleri-navet*, une sorte de *cèleri* dont la racine ressemble à celle d'un navet, se mange comme le *cèleri* ordinaire et a le même goût.

CÉLÉRIFÈRE, subst. mas. (*célérifère*) (du latin *celer*, vif, rapide, et *fero*, je porte), *qui porte rapidement*). — Sorte de voiture publique.

CÉLÉRIGRADE, subst. mas. (*célériguerade*) (du lat. *celer*, rapide, et *gradus*, pas, marche), t. d'hist. nat. On a donné ce nom aux animaux de la famille des rongeurs. — On l'a appliqué aussi à quelques animaux dont on a formé une division de la famille des carabiques.

CÈLERIN, subst. mas. (*cèlerein*), t. d'hist. nat., petit poisson de mer; espèce de sardine.

CÉLÉRIPÈDE, adj. des deux genres (*céléripède*) (du lat. *celer*, rapide, et *pes, pedis*, pied), qui marche vite. Peu usité.

CÉLÉRITÉ, subst. fém. (*célérité*) (en lat. *celeritas*, fait de *celer*, rapide, que *Vossius* dérive du grec κελης, en éolique, pour κελης, celui qui, n'ayant qu'un cheval, dans les jeux publics, était obligé de le faire courir plus vite), promptitude, diligence. C'est proprement la vitesse d'un corps en mouvement: *la célérité d'un éclair*. — Il s'emploie fréquemment au fig. : *une affaire qui demande une grande célérité; malgré la célérité de sa retraite, on eut le temps d'entamer son arrière-garde*. Voy. PROMPTITUDE.

CÉLESTE, adj. des deux genres (*célècete*) (du latin *cœlestis*, fait, avec la même signification, de *cœlum*, ciel), qui appartient au ciel : *globes, sphères, corps célestes; thème* ou *figure céleste*. — On dit poét. : *les flambeaux célestes, les célestes flambeaux*, ce sont les astres. — Qui appartient au séjour des bienheureux : *les esprits, les intelligences célestes*.— *Le Père céleste*, Dieu; *la céleste patrie*, le ciel considéré comme le séjour des bienheureux.—Divin, qui vient de Dieu : *don, bonté, courroux céleste*. — *Les âmes sont d'origine céleste*, elles ont été créées par Dieu.—Par exagération, excellent, extraordinaire : *beauté, esprit céleste*.— *Bleu céleste*, couleur bleue qui approche de celle du *ciel* quand le temps est serein.— Subst. propre fém., myth., la même qu'Asera, divinité des Phéniciens et des Carthaginois. Les Grecs l'appelaient Uranie. On pense que c'est la Lune, et la même qu'Astarté. Quelques-uns croient que c'est Vénus. Quand on considérait cette divinité comme déesse, on la nommait *Cœlestis*; et quand on la regardait comme un dieu, on lui donnait le nom de *Cœlestus*. Ces deux mots latins signifient *céleste* : le premier est fém., le second mas.

CÉLESTIN, subst. mas. (*célècetein*), ordre religieux, fondé par le pape *Célestin V*. — On dit prov. d'un homme qui n'a pas le sens tout-à-fait droit, que *c'est un plaisant célestin*. Ce proverbe vient, selon l'auteur des *Matinées Sénonaises*, de ce qu'autrefois, à Rouen, un frère *célestin* qui conduisait à son couvent des charrettes de vin sauta d'un air si bouffon devant la maison du gouverneur, conformément à la condition à laquelle s'étaient soumis ces religieux pour être exempts du droit d'entrée, que celui-ci ne put s'empêcher de s'écrier : *Voilà un plaisant célestin*.

à la **CÉLESTINE**, loc. adv. (*alacélècetine*), à la manière des *célestins*. Inusité.

CÉLÈTE, subst. mas. (*célète*), t. d'hist. anc., navire léger garni de rames.

CÉLÉUS, subst. propre mas. (*célé-uce*), myth., roi d'Éleusine, et père de Triptolème. Cérès, touchée de reconnaissance pour l'hospitalité qu'elle en avait reçue, lui enseigna l'agriculture.

CÉLEUSME, subst. mas. (*céleuceme*), t. de mar., cri des rameurs pour s'encourager mutuellement. — Signal qu'on donne aux matelots pour passer d'une manœuvre à une autre.

CÉLEUSTE, subst. mas. (*céleucete*), t. de mar., celui qui donne des ordres aux matelots, aux rameurs et aux autres employés d'un bâtiment.

CÉLIAQUE, mieux **CŒLIAQUE**, subst. fém. (*céliake*) (du grec κοιλια, le ventre), t. de médec., espèce de flux de ventre dans lequel les aliments sortent à demi digérés. Il est aussi adj. des deux genres : *un flux céliaque*.—Il se dit encore, en t. d'anat., d'une des artères du bas-ventre : *l'artère céliaque*.

CÉLIBAT, subst. mas. (*céliba*) (du latin *cœlibatus*, formé de *cœlebs*, célibataire, que *Scaliger* dérive du grec κοιτη, lit, et λειπομαι, manquer, être privé de, dont on a fait κοιλιψ, celui qui est privé de lit nuptial ou qui n'est pas marié), état d'une personne qui n'a jamais été mariée. L'*Académie*, sans tenir compte de la distinction qu'offre le mot *veuvage*, met : CÉLIBAT, *état d'une personne qui n'est point mariée*; et *Laveaux* a copié l'*Académie*.— Il se dit par rapport aux deux sexes : *demeurer dans le célibat; l'homme n'est pas fait pour le célibat; et il est bien difficile qu'un état si contraire à la nature n'amène pas quelque désordre public ou caché; il faut être égoïste ou misanthrope pour aimer le célibat*. — En myth., le *célibat* est représenté par un jeune homme qui fuit l'amour, et foule aux pieds son flambeau.

CÉLIBATAIRE, subst. mas., dit l'*Académie*; nous enchérissons sur elle, en déclarant qu'il est des deux genres (*célibatère*) (du lat. *cœlebs*. Voy. CÉLIBAT.), celui, celle qui vit dans le *célibat*, quoique d'âge et d'état à pouvoir être marié : *Lycurgue nota d'infamie les célibataires*. Selon Gattel, on dit d'une fille qu'*elle garde le célibat*, qu'*elle vit dans le célibat*, mais non pas qu'*elle est célibataire*; et pourquoi?

CÉLIBE, subst. fém. (*célibe*), t. d'hist. nat., genre de coquilles qui se trouve dans l'Adriatique.

CÉLICOLE, subst. et adj. des deux genres (*célikole*) (du lat. *cœlum*, ciel, et *colere*, vénérer, adorer), t. d'hist. eccl., adorateur du *ciel*; nom de quelques sectes chrétiennes ou juives qui adoraient les astres ou les anges. — Habitant du ciel, ange, bienheureux. Inusité.

CÉLIDÉE, subst. fém. (*célidé*), t. de fleuriste, anémone à peluche couleur de rose, avec de grandes fleurs blanches mêlées d'incarnat.

CÉLIDOGRAPHE, subst. mas. (*célidoguerafe*), qui se livre à la *célidographie*.

CÉLIDOGRAPHIE, subst. fém. (*célidoguerafi*) (du grec κηλις, κηλιδος, tache, et γραφω, je décris), t. d'astron., nom donné par *Bianchini* à la description des taches de *Vénus*.

CÉLIDOGRAPHIQUE, adj. des deux genres (*célidoguerafike*), qui concerne la *célidographie*.

CÉLIE, subst. fém. (*céli*), sorte de boisson faite de grains.

CÉLINE, subst. fém. (*céline*), t. de bot. On a donné ce nom à la mélisse.

CÉLIQUE, adj. des deux genres (*célike*), on trouve ce mot dans de vieux auteurs pour *céleste*.

CELLAIRES, subst. mas. plur. (*cèlelère*), t. d'hist. nat., polypiers qui avaient reçu d'abord le nom de cellulaires.

CELLE, subst. fém. (*cèle*), cabane. Inusité.

CELLE, pronom démonstr. fém. Voy. CELUI.

CELLE-CI. Voy. CELUI-CI.

CELLE-LÀ. Voy. CELUI-LÀ.

CELLÉPORE, subst. fém. (*cèlelépore*), t. d'hist. nat., genre de polypiers fort voisin de celui des millepores.

CELLÉRAGE, subst. mas. (*cèleléraje*), droit seigneurial qui se levait sur le vin lorsqu'il était dans le *cellier*.

CELLÉRERIE, subst. fém. (*cèléreri*), emploi ou bénéfice du *cellérier*.

CELLÉRIER, subst. mas., au fém. **CELLÉRIÈRE** (*cèlelérié, rière*) (du lat. *cellarius*, fait, dans la même acception, de *cella*, cellier), titre d'office qu'on donnait dans certains monastères au religieux qui avait soin de la dépense de la bouche. — Les religieuses avaient aussi leur *cellérière*. — Titre d'un bénéfice claustral sans fonctions.

CELLES, subst. propre fém. (*cèle*), bourg de France, chef-lieu de canton, arrond. de Melle, dép. des Deux-Sèvres.

CELLIER, subst. mas. (on doit prononcer *cèlié*, et non pas *célié*, comme l'indique l'*Académie*) (du latin *cella* qui signifie la même chose), lieu au rez-de-chaussée d'une maison, où l'on serre les vins et autres provisions : *mettre des pièces de vin dans le cellier*, etc.

CELLITE, subst. mas. (*cèlelite*), nom de religieux établis en Allemagne et dans les Pays-Bas. Leur fondateur était un Romain nommé *Meccio* : c'est pourquoi les Italiens les appellent Mecciens.

CELLULAIRE, adj. des deux genres (*cèlelulère*), t. d'anat., qui a des *cellules*. Il se dit d'un tissu composé de plusieurs loges plus ou moins distinctes, qui paraît séparer toutes les parties du corps humain jusque dans leurs plus petits éléments : *tissu cellulaire; membrane cellulaire*. —En t. de bot., on appelle *enveloppe cellulaire*, ou *tissu cellulaire*, la première couche ou peau que l'on rencontre sous l'épiderme d'une plante.

CELLULE, subst. fém. (*cèlelule*) (du latin *cellula*, diminutif de *cella*, chambre, loge, etc.), petite chambre d'un religieux ou d'une religieuse. — Petit logement d'un cardinal pendant le conclave. — Fig., petit appartement; petit lieu où l'on se plaît : *venez voir ma cellule; il m'est bien permis d'orner ma cellule*. — Dans les ruches, il se dit des petites alvéoles où les abeilles font leur miel. — En anat., on appelle *cellules*, les petites cavités formées par les lames du tissu *cellulaire*; *cellules adipeuses*, les petites loges ou capsules qui contiennent la graisse. — Petite cavité du cerveau. — En t. de bot., on entend par *cellules* les petites cavités des fruits, séparées entre elles par des cloisons.

CELLULEUSE, adj. fém. Voy. CELLULEUX.

CELLULEUX, adj. mas., au fém. **CELLULEUSE** (l'*Académie* n'indique pas ce féminin) (*cèleluleu, leuze*), t. d'anat. et de bot., dont l'intérieur est divisé en plusieurs *cellules* ou petites cavités inégales, dans lesquelles se trouvent des graines ou quelque autre substance : *fruit celluleux; tissu celluleux*.

CELLULIE, subst. fém. (*celeluli*), t. d'hist. nat., genre de coquilles.

CELME, subst. propre mas. (*cèleme*), myth., père nourricier de Jupiter, qui l'aima beaucoup; mais dans la suite, ayant osé dire que Jupiter était mortel, il fut changé par lui en diamant.

CELMIS, subst. mas. (*cèlemice*), myth., un des Curètes, qui fut chassé par ses frères pour avoir manqué de respect à la mère des dieux.

CÉLOCE, subst. mas. (*céloce*) (du lat. *celox*, fait, dans la même acception, du grec κελης, cheval de main, et fig., esquif, chaloupe), t. d'antiq., vaisseau sans pont, ou plutôt petite barque qui n'avait point d'éperon à la proue.

CÉLONITE, subst. fém. (*célonite*), t. d'hist. nat., genre d'insectes de l'ordre des hyménoptères. Cet insecte se trouve en Italie et dans les départements les plus méridionaux de la France.

CÉLOSIE, subst. fém. (*célozi*), t. de bot. On a donné ce nom à plusieurs espèces d'amarantes.

CÉLOTOMIE, subst. fém. (*célotomi*) (du grec κηλη, tumeur, hernie, et τεμνω, je coupe), t. de chirurgie, opération employée autrefois pour obtenir la cure radicale de la hernie inguinale ou sous-pubienne, et qui consiste à lier le sac herniaire avec les vaisseaux spermatiques.

CÉLOTOMIQUE, adj. des deux genres (*célotomike*), t. de chir., qui concerne la *célotomie*.

CELSA, subst. mas. (*cèleça*), t. de médec. Les Allemands ont désigné sous ce nom le sentiment douloureux, superficiel et momentané que le vulgaire rapporte à la présence d'un vent placé entre cuir et chair.

CELSIE, subst. fém. (*cèleci*), t. de bot., genre de plantes de la famille des solanées, qui croissent naturellement dans la Turquie d'Asie et les contrées voisines.

CELSITUDE, subst. fém. (*cèlecitude*) (en latin *celsitudo*), titre de dignité qui se donnait autrefois, comme aujourd'hui ceux de majesté, altesse, grandeur, hautesse, etc.

CELT., abréviation du mot celtique.

CELTE, subst. des deux genres (*cèlete*), nom d'un peuple de l'ancienne Gaule.

CELTIBÉRIE, subst. propre fém. (*cèletibéri*), pays des *Celtibériens*.

CELTIBÉRIEN, subst. mas. (*cèletibériein*), nom des Celtes qui s'établirent en Aragon.

CELTIQUE, adj. des deux genres (*cèletike*), qui appartient aux *Celtes*, anciens peuples de la Gaule : *langue celtique; religion celtique*.—On dit aussi subst. *le celtique*, pour : la langue des *Celtes*.

CELUI, mas. **CELLE**, fém. pron. démonstr. : au plur. mas. **CEUX**, fém. **CELLES** (du lat. *ille, illa*), ce mot indique une personne ou une chose dont on a déjà parlé ou dont on va parler : *celui qui me suit; le meilleur acier dont on se sert en France est celui d'Allemagne*. —On ajoute quelquefois à *celui, celle, ceux, celles*, les particules *ci* et *là*, et ces particules produisent à l'égard de ces mots le même effet que nous avons observé à l'égard de ce : *celui-ci, celui-là; celle-ci, celle-là*. Seulement on remarquera que *celui, celle* a besoin d'être déterminé par ce qui suit, et qu'il n'en est point ainsi de *celui-ci*, *celle-ci*. Voy. CE et CECI.

CELUI-CI, CELLE-CI, CEUX-CI, CELLES CI, CELUI-LÀ, CELLE-LÀ, pronoms démonstratifs. Voy. CELUI.

CELUI-LÀ. Voy. CELUI.

CÉLUINE, subst. mas. (*céluiné*), t. de bot., genre de plantes de la famille des corymbifères.

CÉMENT, subst. mas. (*ceman*) (du lat. *cæmentum*, blocaille, blocage), t. de chim., substance en poudre, dans laquelle on renferme exactement certains corps que l'on veut soumettre à l'action de cette substance. Voyez CÉMENTATION. — On l'appelle aussi : poudre *cémentatoire*.

CÉMENTATION, subst. fém. (*cémantâcion*), dans l'ancienne alchimie, calcination. — Dans la chimie moderne, espèce de stratification qui a pour objet de faire réagir sur l'or, etc., qu'on veut affiner, une portion du *cément*, c'est-à-dire de la poussière quelconque qui enveloppe ce métal de toute part.

CÉMENTATOIRE, adj. des deux genres (*cémantatoare*), qui est relatif à la *cémentation*. — *Cuivre cémentatoire*, cuivre qui a été précipité de certaines eaux vitrioliques, par le moyen du fer.

CÉMENTÉ, E, part. pass. de *cémenter*.

CÉMENTER, v. act. (*cémanté*), faire la *cémentation*. — SE CÉMENTER, v. pron.

CÉMÉTÉRIAL, E, adj., au mas. plur. CÉMÉTÉRIAUX (*cémétérial*), qui concerne le *cimetière*; qui est situé dans un *cimetière*. Inusité. — Quoique *cémétérial* ait pour étymologie *cœmeterium*, il serait mieux d'écrire *cimétérial*, qui a plus de rapport avec le substantif *cimetière*, qui est le mot francisé.

CÉNACLE, subst. mas. (*cénakle*) (du lat. *cœnaculum*, fait, dans la même signification, de *cœna*, souper), salle à manger. Il n'a d'usage qu'en parlant de la salle où le Sauveur fit la *cène*, et où les apôtres reçurent le Saint-Esprit : *Jésus-Christ lava les pieds des apôtres dans le cénacle*.

CÉNARRHÈNE, subst. mas. (*cénarerène*), t. de bot., arbre médiocre de la Nouvelle-Hollande, qui forme un genre dans la famille des laurinées.

CENCHRÉE, subst. propre fém. (*çankré*), myth., fille de la nymphe Pirène. Ayant été tuée, par accident, d'un dard que Diane lançait à une bête sauvage, sa mère en fut si affligée et versa tant de larmes, qu'elle fut changée en une fontaine appelée depuis Pirène.

CENCHRIS, subst. propre fém. (*çankrice*), myth., femme de Cinyre, et mère de Myrrha. Elle osait se vanter d'avoir une fille beaucoup plus belle que Vénus : cette déesse, pour se venger, inspira à cette fille une passion criminelle qui la rendit abominable à son propre père.

CENCHRIAS ou CENCHRIS, subst. mas. (*cenkriâce, krice*), t. d'hist. nat., genre de serpent qui revient au boa.

CENCHRITE, subst. fém. (*çankrite*) (du grec κεγχρος, millet), t. de minér., pierre composée d'un assemblage de petits grains pétrifiés qui ressemblent à des grains de millet.

CENCHRIUS, subst. propre mas. (*çankriuce*), myth., fleuve d'Ionie dans lequel Latone fut lavée par sa nourrice aussitôt après sa naissance.

CENCHROS, subst. mas. (*çankroce*), t. d'hist. anc., les anciens donnaient ce nom grec, qui signifie *millet*, aux diamants dont la grosseur ne dépassait pas celle d'un grain de millet.

CENCO, subst. mas. (*çankó*), t. d'hist. nat., sorte de serpent.

CENDAL, subst. mas. ou CENDALE, subst. fém. (*çandale*), t. de comm., sorte d'étoffe dont on se servait autrefois pour faire des bannières.

CENDRE, subst. fém. (*çandre*) (du lat. *cinere*, ablatif de *cinis*, fait probablement, dit *M. Morin*, du grec κονις, poussière, cendre), poudre qui reste du bois, ou autre matière combustible entièrement consumée par le feu. — *Cendres*, au plur., se dit, en t. d'église, d'une cérémonie qui s'observe le premier jour du carême, et dans laquelle le prêtre met, en forme de croix, sur le front des fidèles, des *cendres* faites de branches de buis bénites ou des linges qui ont servi à l'autel. — Les *cendres* dont on se sert dans cette cérémonie. — Les chrétiens disent fig. : *faire pénitence avec le sac et la cendre, dans le sac et la cendre*, pour dire : s'imposer une rigoureuse pénitence; faisant par là allusion à l'usage où l'on était autrefois, dans certaines églises, de se vêtir d'un sac et de se couvrir de *cendres* pour faire pénitence de ses péchés. — Fig., *feu caché* ou *qui couve sous la cendre*, passion qui n'est pas bien éteinte. — Fig., *renaître de ses cendres*, prendre une existence nouvelle, en parlant des choses. — Fig., *réduire* ou *mettre en cendres*, ravager, désoler, mettre à feu et à sang. — *La cendre, les cendres d'une ville*, les restes d'une ville incendiée et ravagée. — *La cendre, les cendres d'une personne*, ses restes, ou : ses mânes, sa mémoire. — Fig., *il ne faut pas remuer, troubler les cendres des morts*, il ne faut pas rechercher leurs actions pour les blâmer ou pour flétrir leur mémoire. — *Venger les cendres* ou *la cendre de quelqu'un*, venger sa mort. — Fig., en parlant d'un bon mari, d'une bonne femme, on dit : *il faudrait les brûler pour en avoir la cendre*, afin de faire entendre que l'un et l'autre sont rares. — *Le supplice de la cendre*, ancien supplice particulier à la Perse, pour les grands criminels. On remplissait de *cendre*, jusqu'à une certaine hauteur, une tour des plus élevées. Du haut de cette tour on y jetait le criminel la tête la première; et ensuite avec une roue on remuait sans cesse cette *cendre* autour de lui, jusqu'à ce qu'enfin elle l'étouffât. — *Cendre gravelée*, celle dont on se sert pour faire des pierres à cautère. — *Cendre d'azur*, azur broyé, lavé et réduit en poudre. — T. de peint., *cendre bleue*, couleur formée de terre chargée d'une certaine quantité de chaux naturelle de cuivre. — *Cendre verte*, couleur formée d'une espèce d'ocre ou de rouille de cuivre, très-riche en métal. — *Cendre bleue native*, le bleu de montagne pulvérulent, qui est ordinairement mêlé d'argile et de terre calcaire, et que l'on emploie dans la peinture. — *Cendre de plomb*, plomb en menus grains. — On appelle *cendres de mer* des *cendres* de houille ou de tourbe et de charbon de terre. — *Cendre d'or*, la dorure qui se fait avec de la *cendre* de chiffon imbibée d'or dissous dans l'eau régale. — *Cendre d'étain*, la chaux grise de l'étain calciné dont se servent les potiers. — *Cendre du Levant*, ou *cendre de Saint-Jean-d'Acre*, une *cendre* provenant de la roquette, qui se brûle à Saint-Jean-d'Acre et à Tripoli en Syrie, et qui s'emploie à la fabrication du savon et du crystal. — *Cendre de fougère*, celle qui est le produit de la fougère, et qui sert à faire le verre blanc. — *Cendre de varec*, *cendre* obtenue de différentes herbes croissant sur le bord de la mer, et qui s'emploie dans les fabriques de savon et dans les verreries. — *Cendres* ou *sables volcaniques*, matières pulvérulentes qui s'élèvent des cratères des volcans avec des torrents de fumée, soit avant l'éruption de la lave, soit après que cette éruption est finie.

CENDRÉ, E, part. pass. de *cendrer* et adj. (*çandré*), qui est de couleur de *cendre* : *couleur cendrée; des cheveux d'un beau blond cendré*, etc. — En anat., la substance corticale du cerveau s'appelle *la substance cendrée du cerveau*. — On appelle *lumière cendrée* la clarté que répand la lune lorsqu'elle est nouvelle. — Subst. mas., t. d'hist. nat., serpent *cendré*.

CENDRÉE, subst. fém. (*çandré*). On nomme ainsi la *cendre* que l'on emploie pour la formation des coupelles. On distingue la *grande cendrée*, qui s'emploie pour les essais en grand, et la *petite cendrée*, qui sert pour les autres essais. — T. de fondeur, l'écume de plomb. — Menu plomb dont on se sert à la chasse du menu gibier : *son fusil était chargé de cendrée*. — *Cendrée de Tournay*, poudre qui, mêlée avec de la chaux, fait un excellent mortier pour bâtir dans l'eau. Elle n'est en usage qu'à Tournay et dans les environs. — *Cendrée bleue* se dit d'une pierre bleue, tendre, grenelée, qui se trouve dans les mines de cuivre, et qu'on emploie dans la peinture en détrempe.

CENDRER, v. act. (*çandré*), en t. de peinture, donner la couleur de la *cendre*. — En t. d'arts et métiers, mêler avec de la *cendre*; couvrir de *cendres*. — SE CENDRER, v. pron., se couvrir de *cendres*.

CENDREUSE, adj. fém. Voy. CENDREUX.

CENDREUX, adj. mas., au fém. CENDREUSE (*çandreu, dreuze*), couvert de *cendre*; sali par la *cendre*; *habit tout cendreux*; *un rôti cendreux*. — On appelle *fer cendreux*, celui qui prend mal le poli.

CENDRIER, subst. mas. (*çandrié*), la partie du fourneau ou du réchaud dans laquelle tombent les *cendres* du bois ou du charbon. — Bassin *à cendres*. — Marchand de *cendres*.

CENDRIETTE, subst. fém. (*çandriète*), t. de bot., genre de plantes exotiques à fleurs composées, qui ont beaucoup de rapport avec les senecons, les tussilages et les cacalias. — On dit aussi *cinéraire*.

CENDRILLARD, subst. mas. (*çandriiar*), t. d'hist. nat., coucou d'Amérique, et coulicou.

CENDRILLE, subst. fém. (*çandriie*), t. d'hist. nat., espèce d'alouette.

CENDRURES, subst. fém. plur. (*çandrure*), petites veines, défaut qui se trouve dans l'acier.

CÈNE, subst. fém. (*cène*) (du lat. *cœna*, souper, repas commun, dérivé du grec κοινος, commun, parce que les anciens mangeaient en commun), le souper que Jésus-Christ fit avec ses apôtres la veille de la Passion. — Cérémonie religieuse qui se fait le Jeudi-Saint, pour renouveler et perpétuer le souvenir du souper pendant lequel Jésus-Christ institua le sacrement de l'eucharistie; elle consiste à laver les pieds à treize pauvres ou enfants, et à leur donner du pain bénit à manger. — Communion que font les protestants.

CÉNELLE, subst. fém. (*cénèle*), t. de bot., fruit du houx.

CÉNIE, subst. fém. (*céni*), t. de bot., plante de la famille des corymbifères.

CENIS, subst. propre mas. (*ceni*), nom d'une montagne des Alpes.

CÉNISME, subs. mas. (*céniceme*), (du grec κοινος, commun), vice d'élocution chez les Grecs, qui consistait à employer confusément tous les dialectes : l'attique, le dorique, l'ionique, l'éolique, etc.

CÉNOBIARQUE, subst. mas. (*cénobiarke*) (du grec κοινος, commun, βιος, vie, et αρχη, commandement), supérieur d'un monastère de *cénobites*.

CÉNOBIE, subst. fém. (*cénobi*), chez les chrétiens grecs, les maisons qu'habitaient les *cénobites*.

CÉNOBION, subst. mas. (*cénobion*), t. de bot., sorte de fruit.

CÉNOBIONAIRE ou CÉNOBIONIEN, adj. mas.; au fém. CÉNOBIENNE. *Barbarismes* qui n'ont jamais existé que dans le cerveau de *Raymond*.

CÉNOBITE, subst. mas. (*cénobite*) (du grec κοινος, commun, et βιος, vie; *qui mène une vie commune*), religieux qui vit en communauté sous une certaine règle. On ne le dit guère que des anciens moines qui vivaient en commun, par opposition aux ermites ou anachorètes, qui vivaient seuls.

CÉNOBITIQUE, adj. des deux genres (*cénobitike*), qui appartient au *cénobite*, et par exclusion à tous les moines vivant en communauté.

CÉNOBITOPHILE, adj. des deux genres (*cénobitofile*), mot forgé par quelques lexicographes pour signifier : ami des *cénobites*, ou de leur genre de vie.

CÉNOBRION, subst. mas. (*cénobrion*), t. de bot., le même que CÉNOBION. Voy. ce mot.

CÉNOGASTRE, subst. mas. (*cénoguacetre*) (du grec κενος, vide, et γαστηρ, ventre), t. d'hist. nat., insecte de l'ordre des diptères.

CÉNOMAN, E, subst. et adj. (*cénoman, mane*), nom d'un ancien peuple de la Gaule celtique.

CÉNOMYCÉES, subst. fém. pl. (*cénomicée*), t. de bot., famille de lichens.

CÉNOPTÈRE, subst. mas. (*cénopetère*), t. de bot., genre de fougère.

CÉNORAMPHES ou LÉVIROSTRES, subst. mas. plur. (*cénoranfe*), t. d'hist. nat., famille d'oiseaux grimpeurs.

CÉNOSE, subst. fém. (*cénôze*) (du grec κενος, vide), t. de médec., évacuation qui, comme les saignées, diminue à la fois toutes les humeurs du corps. Ce mot n'est point usité.

CÉNOTAPHE, subst. mas. (*cénotafe*) (du grec κενος, vide, et ταφος, tombeau), tombeau vide, dressé à la mémoire d'un mort : *on lui a élevé un magnifique cénotaphe*.

CÉNOTIQUE, adj. des deux genres (*cénotike*) (du grec κενος vide), t. de médec., qui est très-purgatif. Inusité.

CENS, subst. mas. (*çance*) (en latin *census*), t. d'hist. anc., dénombrement des citoyens romains; déclaration authentique qu'ils faisaient de leurs noms, résidence, etc., par-devant des magistrats préposés pour l'enregistrer, et qu'on nommait *censeurs*. — T. de jurispr. féod., rente foncière due en argent, en grains, etc., au seigneur, pour des héritages tenus en roture. — Fig., *abandonner la terre pour le cens*, abandonner une chose parce qu'elle est plus onéreuse que profitable. — La quotité d'imposition qui donne le droit d'être électeur ou éligible. — En Hollande, la *centième* partie du florin.

CENSAL, subst. mas. (*çançale*), t. de comm., nom donné à Marseille, et dans les échelles du Levant, aux courtiers et aux agents de change.

CENSE, subst. fém. (*çance*), métairie, ferme. Il n'est usité que dans certaines localités de la France et de la Belgique.

CENSÉ, E, adj. (*çancé*) (du latin *censere*, croire, estimer), réputé, regardé comme : *cela est censé bien fait ; une loi est censée abolie par le non-usage.*

CENSERIE, subst. fém. (*çanceri*), t. de comm. On appelle ainsi dans le Levant le courtage en général.

CENSEUR, subst. mas. (*çanceur*) (du latin *censor*, dont la signification est la même), t. d'hist. anc., magistrat de l'ancienne Rome qui tenait un registre des citoyens, de leurs biens, etc., et qui avait droit de fouiller dans leurs mœurs et leur conduite. — Par allusion, celui qui reprend et contrôle les actions d'autrui. Il se prend en bonne ou en mauvaise part, suivant l'épithète qui le modifie, et ordinairement en mauvaise part, quand il est employé seul : *c'est un censeur.* — Critique qui juge des ouvrages d'esprit. — Celui qui est commis par le gouvernement pour l'examen des livres, journaux, etc., avant la publication. — Dans l'ancienne université, officier chargé d'examiner la capacité des récipiendaires : *les censeurs de Sorbonne.* — On nomme *censeur*, dans les collèges universitaires, celui qui a la surveillance des études, de la discipline, etc. — Celui qui, dans les pensions et les collèges, est chargé quelquefois de surveiller ses camarades en l'absence du maître. Pourquoi, dans ce cas, ne dirait-on pas d'une jeune élève : *censeuse?* Il n'y a aucune bonne raison qui puisse empêcher de se servir de ce fém.

CENSIER, subst. mas., au fém. **CENSIÈRE** (*çancié, cière*), celui ou celle qui tenait autrefois une *cense* à ferme.

CENSIER, adj. mas. (*çancié*), t. de jurisp. féod. : *seigneur censier*, seigneur qui avait droit de *cens* sur les héritages tenus en roture. — *Livre censier*, où étaient écrits les *cens* et rentes.

CENSISTE, adj. des deux genres (*çanciccte*), sujet au *cens*. Voy. **CENSITAIRE**.

CENSITAIRE, subst. des deux genres (*çancitère*), t. de jurispr. féod., celui, celle qui devait *cens* et rente au seigneur d'un fief.

CENSITE n'est pas français. Voy. **CENSISTE**.

CENSIVE, subst. fém. (*çancive*), t. de jurispr. féod., redevance annuelle en argent ou en denrées à un seigneur de fief. — Étendue des terres qui devaient lods et ventes.

CENSIVEMENT, adv. (*çanciveman*), avec droit de *cens*. Hors d'usage. Voy. **CENSIVE**.

CENSORIAL, E, adj. ; au plur. mas. **CENSORIAUX** (*çançoriale*), relatif à la *censure* ; *règlements censoriaux.*

CENSUEL, adj. mas., au fém. **CENSUELLE**, (*çançuèle*), t. de jurisp. féod., qui a rapport au *cens* : *droit censuel ; rente censuelle.*

CENSURABLE, adj. des deux genres (*çançurable*), qui peut être *censuré*, qui mérite *censure* : *proposition censurable ; conduite censurable.*

CENSURE, subst. fém. (*çançure*) (en latin *censura*), t. d'hist. anc., dignité et fonction du *censeur* chez les anciens Romains. — Correction, répréhension : *soumettre ses écrits à la censure de... ; subir, souffrir la censure ; être exposé à la censure.* — En matière de dogme, jugement doctrinal qui porte condamnation. — Excommunication, interdiction, suspension, peine ecclésiastique : *encourir la censure, les censures ; absoudre des censures.* — Examen des livres, journaux, pièces de théâtre, etc., que font les *censeurs* nommés par le gouvernement avant la publication ou la représentation. — Le corps de ces *censeurs* : *la censure a permis, défendu*, etc. — Leur bureau. — Peine de discipline infligée à un magistrat, à un avocat, à un notaire, à un avoué, par un corps de magistrature, par l'ordre des avocats, par les chambres des notaires et des avoués.

CENSURÉ, E, part. pass. de *censurer*, et adj.

CENSURER, v. act. (*çançuré*), reprendre, blâmer ; critiquer, faire la *censure de...* — En matière de dogme, déclarer qu'un livre, une proposition contient des erreurs. — On l'emploie aussi par rapport aux peines disciplinaires que certains corps peuvent infliger à leurs membres : *ce magistrat, cet avocat, ce notaire, cet avoué a été censuré.* — **SE CENSURER**, v. pron. : *le sage se censure lui-même ; heureux les amis qui se censurent !*

CENT., abréviation du mot *centime*.

CENT, adj. numéral des deux genres (*çan*) (du latin *centum*, fait, dans la même signification, du grec ἑκατὸν, en mettant un *n* à la place de la lettre κ, et un *c* à la place de l'aspiration. *Morin.*), se dit d'un nombre qui contient dix fois dix. Devant un autre nombre, il s'écrit au plur. sans *s* : *deux cents soldats, deux cents hommes ; trois cent soixante vaches.* — Souvent on dit *onze cents, douze cents*, etc., *dix-neuf cents*, au lieu de *mille cent, mille deux cents*, etc., *mille neuf cents* ; mais on ne doit dire ni *dix cents*, ni *vingt cents*, ni *trente cents*, etc. — *Cent* signifie parfois indéterminément : un grand nombre : *vous m'avez déjà répété cent fois la même chose ; il m'a joué cent et cent fois le même tour*, etc. — *Je vous le donne en cent*, il vous est à peu près impossible de deviner cela. — Il remplace quelquefois *centième* : *page cent ; paragraphe cent ; vers cent.* — En t. de comm. et de finance, *cinq pour cent, dix pour cent, cent pour cent*, etc., profit, intérêt, escompte, qui se trouve dans une proportion de cinq, de dix, de cent francs pour cent francs, etc., avec la somme avancée ou le capital prêté : *gagner cinq, dix*, etc. *pour cent ; prêter à cinq, à dix*, etc. *pour cent d'intérêt*, ou simplement *pour cent ; rente à cinq, à trois pour cent.* — Par exagération, *il y a cent pour cent à gagner*, il y a beaucoup à gagner.

CENT, subst. mas. (*çan*), nombre contenant dix fois dix : *le produit de cent multiplié par....* — *Le nombre cent ; le numéro cent.* — Une *centaine* : *un cent d'œufs ; un demi-cent de noix ; vendre, acheter au cent.* — *Jouer un cent de piquet*, une partie en *cent* points. — On s'en sert aussi, lorsqu'il s'agit de poids, pour désigner : cent livres, un quintal : *le prix de la voiture de Lyon à Paris est de douze francs le cent pesant ; telle marchandise se vend à tant le cent.* — On dit encore *le grand cent*, pour : les marchandises vendues à pièces ou au poids, et dont le vendeur cède quelques pièces ou quelques livres au-dessus du *cent*, sans les faire entrer en compte : *en France, presque tous les cents de marchandises en pièces sont composés de cent quatre ; à Nantes, le cent de morue ou le grand cent est de cent vingt-quatre poissons ; en Angleterre, le grand cent pour la droguerie est de cent douze livres*, etc.

CENTAINE, subst. fém. coll. (*çantène*), nombre de *cent* ou à peu près : *une centaine d'années ; une centaine d'écus*, etc. — On dit adverbialement et fig. : *à centaines, par centaines*, en grande quantité. — Brin de fil ou de soie par lequel tous les fils d'un écheveau sont liés ensemble. — On appelle également *centaine*, dans la marine, la liure faite avec une même livarde, pour tenir en respect les paquets de petits cordages, etc. En ce dernier sens, on dit aussi *commande*.

CENTAURE, subst. mas. (*çantôre*) (du grec κένταυρος, formé de κεντεῖν, je pique, et de ταῦρος, taureau, parce que les *centaures*, très-habiles cavaliers thessaliens, prenaient les taureaux sauvages à la course), t. de myth. On nommait *centaures* les habitants d'une contrée de la Thessalie, enfants d'Ixion et de la Nue. C'étaient des monstres, moitié homme et moitié cheval. Ils étaient armés de massues, et se servaient adroitement de l'arc. Ils faisaient un bruit épouvantable avec leur voix, qui approchait du hennissement des chevaux. Hercule défit ces monstres, et les chassa de Thessalie. — *Le Centaure* proprement dit était regardé comme le plus célèbre des *Centaures* ; il était fils de Saturne et de Philyre. Il se nommait aussi Chiron. Voy. **CHIRON**. — En t. d'astron., *centaure*, une des constellations australes. Les Arabes, qui nomment cette constellation *Albèze*, y peignent un ours sur un cheval.

CENTAURÉE, subst. fém. (*çantôré*), t. de bot., genre de plantes de la famille des cinarocéphales, qui comprend des herbes vivaces ou annuelles à feuilles tantôt simples et tantôt ailées, et à fleurs composées et flosculeuses. — On appelle *petite centaurée* une plante que l'on emploie fréquemment en médecine ; *centaurée commune* ou *grande centaurée*, une plante d'un beau port, qui croît sur les montagnes élevées de l'Espagne et de l'Italie.

CENTAURELLE, subst. fém. (*çantôrèle*), femelle d'un *centaure*. — T. de bot., genre établi pour placer deux plantes de l'Amérique septentrionale, qui diffèrent des gentianes par le nombre des parties de la fleur et par l'ovaire.

CENTAURESSE, subst. fém. (*çantôrèce*), myth., monstre fabuleux, moitié femme et moitié cheval. *Fréret* a pensé que la première invention en était due au peintre *Zeuxis*.

CENTAURIUM, subst. mas. (*çantôriome*), t. de bot., nom donné à quelques espèces de gentianes et de gentianelles.

CENTELLE, subst. fém. (*çantèle*), t. de bot., sorte d'herbe du Chili.

CENTENAIRE, adj. des deux genres (*çantenère*), qui a *cent* ans ; qui contient *cent* ans : *homme, nombre, possession, prescription centenaire.* — On dit aussi substantivement d'une personne qui a *cent* ans : *un centenaire, une centenaire.*

CENTÈNE, subst. fém. (*çantène*), charge, dignité de *centenier*. Inusité.

CENTENIER, subst. mas. (*çantenié*), capitaine de *cent* hommes : *le centenier de l'Évangile.* — Chez les Romains c'était le *centurion*. — Dans l'ancienne milice française, officier subordonné au comte, et chargé de mener à la guerre les hommes libres de son canton, ou sa *centaine*. — Dans certaines villes de France, officier qui commandait *cent* hommes de garde bourgeoise.

CENTENILLE, subst. fém. (*çanteni-ie*), t. de bot., petite plante de la famille des primulacées.

CENTÉSIMAL, E, adj. ; au plur. mas. **CENTÉSIMAUX** (*çantézimale*) (rac. *cent*), t. d'arithm., se dit des différents nombres de 1 à 99 : 5 et 6 sont des valeurs *centésimales*. — *Division centésimale*, division en *cent* parties.

CENTÉSIMAUX, adj. mas. plur. Voy. **CENTÉSIMAL**.

CENTÉSIME, subst. fém. (*çantézime*), intérêt d'un pour *cent* par mois. — Impôt du centième.

CENTÈTES, subst. mas. plur. (*çantète*), t. d'hist. nat., genre tenrec, qui renferme trois espèces de mammifères carnassiers, insectivores, de Madagascar, dont le corps est couvert de piquants comme celui des hérissons, mais qui diffèrent de ces derniers par le nombre, la disposition et la forme des dents, par le manque de queue, et parce qu'ils n'ont pas la faculté de se rouler aussi facilement en boule.

CENTI, subst. mas. (*çanti*) (du latin *centum*), annexe ou prénom des mesures nouvelles, qui désigne une unité cent fois plus petite que l'unité génératrice.

CENTIARE, subst. mas. (*çantiare*) (du lat. *centum* et *area*, aire, superficie. Voy. **ARE**) ; centième partie de l'are, dans les nouvelles mesures. C'est un mètre carré, dont la surface en mesures anciennes est de neuf pieds carrés, quatre-vingt-trois mille soixante-deux cent-millièmes. — Dans le premier système de division, il valait cent mètres carrés.

CENTI-BAR, CENTI-CADE, CENTI-GRAVE, CENTI-GRAVET, subst. mas. (*çantibar, çantikade, çantiguerade, çantiguerave*), la *centième* partie du *bar*, du *cade*, du *grave*, du *gravet*.

CENTICEPS-BELLUA, subst. propre fém. (*cintiçèpcebèlelua*), t. de myth., (mots latins qui signifient *la bête aux cent têtes*) ; Cerbère, ainsi surnommé de la multitude de serpents dont ses trois têtes étaient chargées.

CENTIÈME, adj. des deux genres (*çantième*), nombre d'ordre, ou ordinal de *cent* : *il est le centième : la centième année* ; etc. — Fam., *vous n'êtes que le centième à qui cela soit arrivé*, cela est arrivé à plus de *cent* personnes avant vous. — *La centième partie*, chacune des parties d'un tout qui est divisé ou que l'on conçoit divisé en *cent* parties égales. Dans un sens analogue, on disait autrefois *le centième denier*. — Subst., *le centième*, la *centième* partie. — On dit adj. et subst., *un deux-centième, un trois-centième*, etc. : *la deux-centième partie ; je suis arrivé le trois-centième.* — *Quatre centièmes, six centièmes*, s'écrivent en chiffres : $\frac{4}{100}$, $\frac{6}{100}$; *un trois-centième*, $\frac{1}{300}$, etc.

CENTIGRADE, adj. des deux genres (*çantiguerade*) (du lat. *centum*, cent, et *gradus*, degré), divisé en *cent* degrés : *thermomètre centigrade.* Ce mot est nouveau.

CENTIGRAMME, subst. mas. (*çantiguerame*) (du latin *centum*, cent, et du grec γράμμα, gramme), *centième* partie du *gramme* dans les nouvelles mesures ; environ un cinquième de grain.

CENTIGRAVE. Voy. **CENTIBAR**.

CENTIGRAVET. Voy. **CENTIBAR**.

CENTILITRE, subst. mas. (*çantilitre*) (du latin *centum*, cent, et du grec λίτρα, litre), *centième* partie du litre : il contient environ un demi-pouce cube.

CENTIMANUS ou **CENTIMANE**, adj. (*centimanuce, mane*) (du latin *centum*, cent, et *manus*, main), *qui a cent mains*, myth., surnom de Briarée, et de plusieurs autres géants.

CENTIME, subst. mas. (*çantime*) (du latin *cen-*

tum, cent), t. de nouvelle monnaie, centième partie du franc, équivalant à deux deniers quarante-trois centièmes de la livre tournois.

CENTIMÈTRE, subst. mas. (*çantimètre*) (du lat. *centum*, cent, et du grec μετρον, mesure), t. de nouvelles mesures, centième partie du mètre : il équivaut à un peu plus du tiers du pouce.

CENTIMOLE, subst. fém. (*çantimole*), t. de bot., sorte de plante d'Europe.

CENTINODE, subst. fém. (*çantinode*) (en latin *centinodia*, fait de *centum*, cent, et de *nodus*, nœud), t. de bot., plante dont les tiges sont pleines de *nœuds*.

CENTIPÈDE, subst. mas. (*çantipède*) (du latin *centum*, cent, et *pedis*, génitif de *pes*, *pied*), t. d'hist. nat., sorte de ver.

CENTIPÈTE, subst. mas. (*çantipète*), t. d'hist. nat., espèce de poisson.

CENTISTÈRE, subst. mas. (*çanticetère*) (du latin *centum*, et du grec στερεος, solide), t. de nouvelles mesures ; mesure égale à la centième partie d'un stère.

CENT-JOURS, subst. mas. plur. (*çanjour*), nom donné en France à l'espace de temps compris entre le 21 mars 1815, époque du retour de *Napoléon* de l'île d'Elbe, et le 29 juin, celle de son abdication : *pendant les cent-jours.*

CENTON, subst. mas. (*çanton*) (du lat. *cento*, habit fait de divers morceaux, dérivé du grec κεντρων qui est fait de κεντεω, je pique, à cause de la multitude des points d'aiguille qu'il fallait pour coudre tous ces morceaux), t. d'hist. anc., nom général que les anciens donnaient à toute étoffe, tout habillement fait de plusieurs morceaux de différentes couleurs. — Couvertures sur lesquelles couchaient les pauvres et les soldats. — Habit des paysans. — Pièces de cuir et d'étoffe dont on couvrait les maisons, les machines de guerre. — Pièce de vers composée en entier de vers ou de passages pris de côté et d'autre, soit dans le même auteur, soit dans différents écrivains, et disposés seulement dans un nouvel ordre ; ce qui donne à ces lambeaux un sens tout différent de celui qu'ils ont dans l'original, et en forme un ouvrage. — On dit un *centon d'Homère*, *de Virgile*, pour dire : un ouvrage composé en entier de vers d'Homère, de Virgile : *Ausone a donné des règles pour la composition des centons.* — On appelle par extension *centon* un ouvrage rempli de morceaux pillés de côté et d'autre. *Cet ouvrage n'est qu'un centon.* — En t. de musique, *opéra* composé d'airs de plusieurs auteurs. Les Italiens disent *centone* ou *pasticcio*.

CENTONAIRE, subst. mas. (*çantonère*), t. d'hist. anc., artisan qui travaillait aux pièces de cuir et d'étoffe dont on couvrait les machines de guerre. Voy. CENTON.

CENTONISÉ, E, adj. et part. pass. de *centoniser*.

CENTONISER, v. neut. (*çantonizé*), t. de plain-chant, composer un air de traits recueillis et arrangés pour la mélodie qu'on a en vue. — En t. de guerre, faire des *centons*.

CENTOTHÈQUE, subst. fém. (*çantotèke*), t. de bot., genre des graminées.

CENT-PIEDS, subst. mas. (*çanpié*), t. d'hist. nat., serpent de Siam très-venimeux.

CENTRAL, E, adj. ; au plur. mas. CENTRAUX (*çantrale*), qui est au *centre*, qui a rapport au *centre*. —On appelle *point central* le point du *centre* ; *feu central*, un feu que quelques philosophes ont imaginé être au *centre* de la terre : *les provinces de la France sont la plupart arrosées par des rivières, ou coupées par des canaux qui assurent la communication de ses terres centrales avec ses ports, et de ses ports avec ses terres centrales.*— T. de mécanique, *forces centrales*, celles par lesquelles un corps mu tend vers un *centre* de mouvement, ou s'en éloigne ; elles se divisent en forces *centripètes*, et en forces *centrifuges*. — T. de géométrie, *règle centrale*, règle ou méthode pour trouver le *centre* et le rayon du cercle qui peut couper une parabole donnée dans des points dont les abscisses représentent les racines réelles d'une équation du troisième ou quatrième degré qu'on se propose de construire. Elle a été découverte par *Baker*, géomètre anglais. — *Central* se dit figurément pour principal : *administration centrale ; école centrale.* — *Central* se dit aussi par extension d'un pays ou d'un lieu quelconque situé au milieu d'un autre ou à peu près. *Province centrale de la France ; quartier central d'une ville.*

CENTRALISATION, subst. fém. (*çantralizâcion*), réunion au *centre*. — *Centralisation des pouvoirs*, réunion de l'autorité dans un petit nombre de mains. Mot nouveau.

CENTRALISÉ, E, part. pass. de *centraliser*.

CENTRALISER, v. act. (*çantralizé*), réunir dans un *centre* commun. — *se* CENTRALISER, v. pron.

CENTRANODON, subst. mas. (*çantranodon*), t. d'hist. nat., genre de poissons.

CENTRANTE, subst. fém. (*çantrante*), t. de bot., sorte de plante de la famille des valérianes rouges et à fleurs aiguës.

CENTRANTHÈRE, subst. fém. (*çantrantère*), t. de bot., petite plante de la Nouvelle-Hollande, de la famille des scrofulaires.

CENTRAPALE, subst. fém. (*çantrapale*), t. de bot., genre de plantes de la famille des synanthérées.

CENTRAUX, plur. mas. de l'adj. *central*.

CENTRE, subst. mas. (*çantre*) (du lat. *centrum*, fait du grec κεντρον qui a la même signification), le point du milieu d'un cercle, d'un globe, d'une sphère. — Par extension, dans les figures ovales, carrées et autres polygones, c'est le point où concourent tous les diamètres. — Il signifie encore, par extension, le milieu d'un espace quelconque : *le soleil est au centre de notre système planétaire ; le centre d'un empire, d'une province, d'une ville.* — *Centre* se dit quelquefois du lieu où les choses tendent naturellement, comme au but de leur repos : *chaque chose tend à son centre.* On dit fig. et fam., *être dans son centre*, être où l'on se plaît ; *être hors de son centre*, être loin de l'endroit où l'on se plaît. —Fig., *centre* se dit des lieux où se font, où se trouvent, où se pratiquent habituellement ou le plus ordinairement certaines choses : *Rome fut le seul centre des affaires et de la politesse, jusqu'au siècle de Louis XIV ; Paris est le centre des arts et du bon goût.* — Il se dit encore figurément des choses auxquelles plusieurs autres se rapportent ou sont subordonnées : *il fit de Paris le centre de sa domination.* On le dit quelquefois des personnes dans le même sens : *voyez cet égoïste, il se fait le centre de tout !* — En théologie, *le siège de Rome est le centre de l'unité de l'Église.* — T. de fortific., *centre d'un bastion*, le point où se rencontrent les deux demi-gorges, et par lequel passe la capitale du bastion. — *Centre d'un bataillon*, tout le vide qu'on y laisse dans le milieu pour y enfermer des drapeaux ou du bagage. — *Centre d'une armée*, partie d'une armée qui en forme le milieu : *le maréchal de Villars dégarnit un peu son centre, pour s'opposer à Marlborough ; et alors même le centre fut attaqué ; le centre étant forcé, les deux ailes coupées, ceux qui avaient fait le plus grand carnage furent les vaincus.*—T. de mécan., d'astron., de géom. et de phys. : *centre de la parabole*, le point où se rencontrent les rayons réfléchis.—*Centre de gravité*, le point par lequel un corps étant suspendu se trouve en équilibre de tous côtés.—*Centre commun de gravité*, point situé dans la ligne qui joint les *centres* de gravité de deux corps, de manière que, s'il était soutenu, le système des deux corps resterait en repos. — *Centre des corps pesants, centre des graves*, dans notre globe, le *centre* de la terre vers lequel tendent tous les corps graves. — *Centre d'équilibre*, point, dans un système de corps, autour duquel ces corps seraient en équilibre. — *Centre de mouvement*, point autour duquel un corps se meut. — *Centre d'oscillation*, point où se réunit, où se concentre la pesanteur d'un pendule. — *Centre de percussion*, point par lequel un corps mis en mouvement frappe un obstacle avec toute la force dont il est capable. — *Centre de rotation*, point où se concentre la pesanteur d'un corps qui tourne et qui se meut en rond. — *Centre spontané de rotation*, point autour duquel tourne un corps qui a été en liberté, et qui a été frappé suivant une direction qui ne passe pas par son *centre* de gravité. (*J. Bernouilli.*) — *Centre de conversion*, point autour duquel un corps circule ou tend à circuler, lorsqu'il est sollicité inégalement dans ses différents points, etc. — *Centre de gravitation*, ou *d'attraction*, point vers lequel une planète ou une comète est continuellement poussée ou attirée dans sa révolution par la force de la gravité. — T. d'acoustique, *centre phonique*, dans un écho, le lieu où se tient celui qui parle (du grec φωνη, voix). — *Centre phonocamptique*, l'endroit qui renvoie le son (du grec φωνη, voix, son, et καμπτω, j'infléchis, je réfléchis). — T. d'anat., *centre ovale*, espace dans le cerveau, à peu près elliptique, dont la circonférence est formée par les dix paires de nerfs que les anatomistes appellent *conjugaisons*. — En t. de mar., on appelle *centre de gravité*, le point d'un bâtiment flottant sur lequel il serait en repos ; *centre de voiture*, le point sur les voiles d'un bâtiment où se réunit l'action du vent. — *Le centre d'une assemblée ; le centre de la Chambre des députés.* On donne ce nom aux députés qui siègent au *centre* de la salle. Leur opinion est présumée tenir le milieu entre celle du côté droit et celle du côté gauche.

CENTRÉ, E, part. pass. de *centrer*.

CENTRER, v. act. (*çantré*), t. d'opticien : *centrer une lunette*, la rendre plus épaisse au *centre*, faire passer l'axe optique par le *centre* de l'objectif. — *se* CENTRER, v. pron.

CENTRIFUGE, adj. des deux genres (*çantrifuje*) (du grec κεντρον, en lat. *centrum*, centre, et φευγω, en lat. *fugio*, je fuis), t. de phys. et d'astron., qui tend à s'éloigner du *centre* : *il y a une force centrifuge dans un corps qui se meut en rond.*

CENTRINE, subst. fém. (*çantrine*), t. d'hist. nat., poisson de mer du genre squale.

CENTRIPÈTE, adj. des deux genres (*çantripète*) (du lat. *centrum*, centre, et *petere*, aller vers), t. de phys. : *force centripète*, celle par laquelle un mobile, poussé dans une droite, est continuellement détourné de son mouvement rectiligne, et sollicité à se mouvoir dans une courbe, en s'approchant d'un *centre* : *les planètes sont poussées vers le soleil par une force centripète.*

CENTRIPÉTENCE, subst. fém. (*çantripétance*) (même étym. que celle du mot précédent.) t. de phys., tendance au *centre*.

CENTRIS, subst. mas. (*çantrice*), t. d'hist. nat., insecte de l'ordre des hyménoptères, de l'Amérique méridionale.

CENTRISQUE, subst. mas. et adj. des deux genres (*çantriceke*) (du grec κεντρις, aiguillon, fait de κεντεω, je pique ; parce que la première nageoire dorsale du *centrisque* est composée de quatre rayons aiguillonnés), t. d'hist. nat., genre de poissons cartilagineux dont le corps est très-comprimé.

CENTROBARIQUE, adj. fém. (*çantrobarike*) (du grec κεντρον, centre, et βαρος, poids, gravité, pesanteur). On appelle *méthode centrobarique*, une méthode pour mesurer ou déterminer la quantité d'une surface ou d'un solide, en les considérant comme formés par le mouvement d'une ligne ou d'une surface, et multipliant la ligne ou la surface génératrice, par le chemin parcouru par son *centre* de gravité.

CENTROGASTÈRE, subst. mas. (*çantroguacetère*), t. d'hist. nat., poisson de la division des thoraciques.

CENTROLOPHE, subst. mas. (*çantrolofe*), t. d'hist. nat., genre de poissons de la division des thoraciques.

CENTRONOTE, subst. mas. (*çantronote*), t. d'hist. nat., poisson thoracique.

CENTROPHYLLE, subst. fém. (*çantrofile*), t. de bot., genre de plantes.

CENTROPODE, subst. mas. (*çantropode*), t. d'hist. nat. On a donné ce nom à un poisson réuni auparavant aux centrogastères de Linnée.

CENTROPOME, subst. mas. (*çantropome*), t. d'hist. nat., poisson tiré des perches de Linnée.

CENTROPUS, subst. mas. (*çantropuce*), t. d'hist. nat., espèce de coucou.

CENTROSCOPE, subst. mas. (*çantrocekope*) (du grec κεντρον, centre, et σκοπειν, découvrir), t. de géom., celui qui s'attache à découvrir les *centres* des grandeurs.

CENTROSCOPIE, subst. fém. (*çantroceokopi*) (même étym. que celle du mot précédent.), t. de géom., partie de la géométrie qui traite du *centre* des grandeurs.

CENTROSCOPIQUE, adj. des deux genres (*çantrocekopike*), qui concerne la *centroscopie*.

CENTROTE, subst. mas. (*çantrote*), t. d'hist. nat., genre d'insectes de l'ordre des hémiptères, établi aux dépens du genre *membracis*.

CENT-SUISSES, subst. mas. (*çançuice*), se disait d'une partie de la garde des rois de France avant 1830, qui était composée de Suisses, au nombre de cent d'abord, et plus tard de trois cents. *Le capitaine des Cent-Suisses.*— On disait à tort au singulier, *un Cent-Suisse*, pour désigner un des *Cent-Suisses* ; c'est *un Cent-Suisses* qu'il fallait dire.

CENTUMGEMINUS, adj. propre mas. (*çantomeguéminuce*) (du lat. *centum*, cent, et *geminus*, double), myth., se dit du géant Briarée, autrement appelé *Centimanus*. Voy. ce mot.

CENTUMPÈDE, subst. propre mas. (*çantomepède*) (du lat. *centum*, cent, et *pes*, pied; *qui a cent pieds*), myth., nom donné à Jupiter.

CENTUMVIR, subst. mas. (*çantomevir*) (mot latin formé de *centum*, cent, et *vir*, homme), t. d'hist. anc., officier de l'ancienne Rome établi pour juger de certaines affaires civiles. On les appelait *centumvirs*, parce que ces magistrats étaient au nombre de *cent*; mais bientôt il y en eut *cent cinq*, trois étant pris dans chacune des trente-cinq tribus.

CENTUMVIRAL, E, adj. : au plur. mas. **CENTUMVIRAUX** (*çantomevirale*), qui appartenait aux *centumvirs*; qui était de leur ressort.

CENTUMVIRAT, subst. mas. (*çantomevira*), t. d'hist. anc., dignité de *centumvir*. — Assemblée de *centumvirs*, composée des cent cinq juges des trente-cinq tribus romaines.

CENTUPLE, subst. mas. (*çantuple*) (du latin *centuplex*), qui vaut *cent* fois autant : *rendre le centuple de ce qu'on a reçu ; cette terre rend au centuple*, etc. — On dit aussi adjectivement aux deux genres : *nombre centuple d'un autre*.

CENTUPLÉ, E, part. pass. de *centupler*.

CENTUPLER, v. act. (*çantuplé*) (en lat. *centuplare* ou *centuplicare*), rendre *cent* fois plus grand ou plus fort. — *se* **CENTUPLER**, v. pron. : devenir *cent* fois plus grand ou plus fort : *les abus se centuplent chaque année*.

CENTURIATEUR, subst. mas. (*çanturiateur*) (en lat. *centuriator*). On a nommé ainsi des historiens allemands luthériens qui ont composé une histoire ecclésiastique divisée par siècles ou *centaines* d'années : *les centuriateurs de Magdebourg*.

CENTURIE, subst. fém. (*çanturi*) (du lat. *centuria*, fait de *centum*, cent), t. d'hist. anc., *centaine*, en parlant de la distribution du peuple romain par *centuries*. — Espace de *cent* ans. — *Les centuries de Nostradamus*, ses prédictions rangées par *centaines* de quatrains ou de sixains. — Chacun de ces quatrains ou sixains. — *Faire une centurie*, faire un quatrain, etc., à l'imitation de *Nostradamus*.

CENTURION, subst. mas. (*çanturion*) (en latin *centurio*), t. d'hist. anc., chef d'une compagnie de *cent* hommes chez les Romains.

CENTUSSE, subst. fém. (*çantuce*) (en lat. *centussis*, formé de *centum*, cent, et *assis*, sou), t. de monnaie anc., pièce de *cent* sous romains, ou quarante sesterces, équivalant à trente-cinq sous tournois ou un franc soixante-quinze centimes.

CÉNURE, subst. mas. (*cénure*), t. d'hist. nat., genre de ver intestinal qui se loge dans le cerveau des moutons et leur cause le tournis qui les fait mourir.

CÉOAN, subst. mas. (*cé-o-an*), t. d'hist. nat., oiseau des Indes un peu plus grand que la grive, et à plumage blanc, tacheté de jaune.

CÉODE, subst. fém. (*cé-ode*), t. de bot., genre de plante peu connu.

CÉOPHONE, subst. mas. (*céofone*), t. d'hist. nat., genre de coquilles établi aux dépens des nautiles de Linnée.

CÉORL, subst. mas. (*céorle*), nom donné jadis, par les lois anglo-saxonnes, à des colons tributaires.

CEP, subst. mas. (*cèpe*, seul ou à la fin d'une phrase, et *cè* dans le corps d'une proposition : *voilà de beaux ceps*, dites *cèpe ; voilà de beaux ceps de vigne*, prononcez *cè*) (suivant *Caseneuve*, du grec κυφος, tortu, courbé; selon d'autres, de l'italien *capo*, en lat. *caput*, *tête*, chef : les Latins en effet ont dit *caput vineæ*, pour racines de la vigne), pied de vigne : *cep tortu ; arracher le cep*. — Lien ou chaîne. En ce sens il ne se dit qu'au pluriel : *avoir les ceps aux pieds et aux mains*. Cette expression vieillit (du lat. *cippus* qui a la même signification). — Partie de la charrue qui porte le soc. — T. de mar., *cep de l'ancre*, en Provence et dans le Levant la même chose que *jas*.

CÉPÆA, CÉPÉA ou **CÉPÉE**, subst. fém. (*cépéa*, *cépé*), t. de bot., petite plante du genre orpin, et qui ressemble à la joubarbe.

CÈPE, subst. mas. (*cèpé*), t. de bot., excellente espèce de champignons.

CÉPEAU, subst. mas. (*cépo*), tronc ou souche de bois sur lequel on pose les pièces de monnaie qu'on veut frapper.

CÉPÉE, subst. fém. (*cépé*) (du lat. *cippus*, assemblage de pieux enfoncés en terre, etc.), touffe de plusieurs tiges de bois qui sortent d'une même souche. — Voy. **CÉPÆA**.

CEPENDANT, adv. (*cepandan*) (rac. *ce pendant*, pendant cela), *pendant* cela, *pendant* ce temps-là. — *Cependant que*, pour : *pendant que*, n'est plus français. — Conj., néanmoins, toutefois, nonobstant cela. Voy. **POURTANT**.

CÉPHALACANTHE, subst. mas. (*céfalakante*) (du grec κεφαλη, tête, et ακανθα, épine), t. d'hist. nat., poisson osseux de la division des thoraciques.

CÉPHALAGIE, que nous trouvons dans *Trévoux*, est un barbarisme. Voy. **CÉPHALALGIE**.

CÉPHALAGRAPHE, subst. mas. (*céfalaguerafe*) (du grec κεφαλη, tête, et γραφω, je décris), t. d'anat., celui qui fait un traité sur la tête ou sur le cerveau.

CÉPHALAGRAPHIE, subst. fém. (*céfalaguerafi*) (même étym. que celle du mot précéd.), t. d'anat., description du cerveau ou de la tête. Il est inus.

CÉPHALAGRAPHIQUE, adj. des deux genres (*céfalaguerafike*), t. d'anat., qui concerne la *céphalagraphie*.

CÉPHALAGRE, subst. fém. (*céfalaguere*) (du grec κεφαλη, tête, et αγρα, prise), t. de médec., irritation *céphalique*.

CÉPHALALGIE, subst. fém. (*céfalalejî*) (du grec κεφαλη, tête, et αλγος, douleur), t. de médec. ; il se dit en général de toute sorte de douleurs de tête.

CÉPHALALGIQUE, adj. des deux genres (*céfalalejike*), t. de médec., qui concerne la *céphalalgie*.

CÉPHALALOGIE, subst. fém. (*céfalaloji*) (du grec κεφαλη, tête, et λογος, discours), t. d'anat., partie de l'anatomie qui traite du cerveau ou de la tête. Il est inusité.

CÉPHALALOGIQUE, adj. des deux genres (*céfalalojike*), t. d'anat., qui concerne la *céphalalogie*.

CÉPHALANTHE, subst. fém. (*céfalante*) (du grec κεφαλη, tête, et ανθος, fleur), t. de bot., plante exotique, de la famille des rubiacées, et dont les fleurs rassemblées en boules forment une espèce de tête.

CÉPHALARTIQUE, adj. des deux genres (*céfalartike*) (du grec κεφαλη, tête, αρτιζω, je rends parfait, dérivé de αρτιος, parfait), t. de médec., remède propre à purger la tête. Il est inusité.

CÉPHALATOMIE, subst. fém. (*céfalatomî*) (du grec κεφαλη, tête, et τεμνω, je coupe), t. d'anat., dissection anatomique des parties de la tête.

CÉPHALATOMIQUE, adj. des deux genres (*céfalatomike*), t. de chir., qui concerne la *céphalatomie*.

CÉPHALE, subst. fém. (*céfale*), t. d'hist. nat., petit papillon de jour du genre des satyres. — Poisson du genre trétrodon de Linnée. — Subst. propre mas., myth., fils de Mercure et de Hersé, et mari de Procris, fille d'Érechthée. Aurore l'enleva. Cette déesse, outrée de ses refus, le menaça de s'en venger. Elle le laissa retourner auprès de Procris sa femme, qu'il aimait si passionnément, qu'ayant voulu éprouver sa fidélité, il se déguisa pour la surprendre : elle se laissa séduire, puis il se découvrit, et lui reprocha amèrement son crime. Procris alla se cacher de honte dans les bois, où Céphale l'alla chercher, ne pouvant vivre sans elle. A son retour, elle lui fit présent d'un javelot et d'un chien que Minos lui avait donnés, et elle se mit à aimer tellement son mari, qu'elle devint la plus jalouse des femmes, ce qui plaisait beaucoup à Céphale. Un jour elle se cacha dans un buisson pour l'épier; et Céphale, croyant que c'était une bête sauvage, la tua avec le dard qu'il avait reçu d'elle. Il reconnut son erreur, et se perça de désespoir avec le même dard. Jupiter les métamorphosa en astres.

CÉPHALÉ, E, adj. (*céfalé*) (du grec κεφαλη, tête), t. d'hist. nat., nom générique des animaux à vertèbres qui ont une tête distincte et séparée.

CÉPHALÉE, subst. fém. (*céfalé*) (du grec κεφαλαια, qui a la même signification, et qui est fait de κεφαλη, tête), douleur de tête invétérée.

CÉPHALINE, subst. fém. (*céfaline*) (du grec κεφαλινη, qui a le même sens), t. d'anat., partie de la langue où réside le goût.

CÉPHALIQUE, adj. des deux genres (*céfalike*) (en grec κεφαλικος, formé de κεφαλη, tête), t. de médec., qui appartient à la tête : *veine céphalique ; remède, poudre céphalique*, propre à guérir les maux de tête.

CÉPHALITE ou **CÉPHALITIS**, subst. fém. (*céphalite, tice*) (en lat. *cephalitis*, formé du grec κεφαλη, tête), t. de médec., inflammation du cerveau et de ses membranes.

CÉPHALOCLE, subst. mas. (*céfalokle*), t. d'hist. nat., crustacé de l'ordre des branchiopodes.

CÉPHALODE, subst. fém. (*céfalodé*), t. de bot., cupule ou conceptacle dans les lichens.

CÉPHALOGÉNÈSE, subst. fém. (*céfaloj-éněze*) (du grec κεφαλη, tête, et γενεσις, origine), t. d'anat., histoire du développement de la tête.

CÉPHALOÏDE, adj. (*céfalo-ide*) (du grec κεφαλη, tête, et ειδος, forme, ressemblance), t. de bot. : *plante céphaloïde*, dont le sommet est ramassé en forme de tête.

CÉPHALOMATOME, subst. mas (*céfalomatome*) (du grec κεφαλη, tête, et τεμνω, je coupe), t. de médec., tumeur sanguine du crâne des enfants nouvellement nés.

CÉPHALOTOMIE, subst. fém. (*céfalotomi*) (du grec κεφαλη, tête, et τεμνω, je coupe), t. de chir., opération qui consiste à ouvrir le crâne du fœtus, afin d'en extraire le cerveau, lorsqu'il est encore dans l'utérus et que le volume de la tête paraît être un obstacle à l'accouchement.

CÉPHALOMÈTRE, subst. mas. (*céfalomètre*) (du grec κεφαλη, tête, et μετρον, mesure), t. de chir., instrument propre à mesurer la tête du fœtus pendant le travail de l'accouchement.

CÉPHALOMÉTRIE, subst. fém. (*céfalométri*) (même étym. que celle du mot précédent), t. de chir., action de mesurer la tête du fœtus pendant l'accouchement.

CÉPHALOMÉTRIQUE, adj. des deux genres (*céfalométrike*), qui concerne le *céphalomètre* ou la *céphalométrie*.

CÉPHALONIE, subst. propre fém., (*céfalonie*), ancien nom de l'île et de la ville de *Samos*.

CÉPHALONOMANCIE, subst. fém. (*céfalonomanci*) (du grec κεφαλη, tête, ονος, âne, et μαντεια, divination), divination qui se pratiquait en faisant diverses cérémonies sur la tête cuite d'un âne.

CÉPHALONOMANCIEN, subst. mas.; au fém. **CÉPHALONOMANCIENNE**, (*céfalonomanciein, ciène*), celui ou celle qui exerce la *céphalonomancie*. Il est aussi adj.

CÉPHALONOSE, subst. fém. (*cefalonôze*), (du grec κεφαλη, tête, et νοσος, maladie), t. de médec., fièvre cérébrale.

CÉPHALOPHARYNGIEN, adj. mas. (*céfalofareinjiein*) (du grec κεφαλη, tête, et φαρυγξ, pharynx), t. d'anat., nom donné à la portion du muscle constricteur supérieur du pharynx, qui s'insère supérieurement à la face inférieure de l'apophyse basilaire.

CÉPHALOPHOLIS, subst. mas. (*céfalofolice*) (du grec κεφαλη, tête, et φολις, écaille), genre de poisson de l'ordre des acanthopomes.

CÉPHALOPHORE, subst. mas. (*céfalofore*), t. de bot., plante du Chili qui se rapproche des chrysocomes. — T. d'hist. nat., ordre et famille de mollusques, que l'on nomme aussi céphalopodes.

CÉPHALOPHYME, subst. mas. (*céfalofime*) (du grec κεφαλη, tête, et de φυμα, enflure), t. de méd., tumeur de la tête.

CÉPHALOPODES, subst. mas. plur. (*céfalopode*) (du grec κεφαλη, tête, et πους, gén. ποδος, pied ; qui a des pieds à la tête), t. d'hist. nat., ordre de mollusques ou vers à tête, dont la bouche est entourée d'appendices charnues qui leur servent de pieds.

CÉPHALOPONIE, subst. fém. (*céfaloponî*) (du grec κεφαλη, tête, et πονος, douleur, travail), t. de médec., douleur ou pesanteur de tête.

CÉPHALOPTÈRE, subst. mas. (*céfalopetère*) (du grec κεφαλη, tête, et πτερον, nageoire), t. d'hist. nat., nom générique d'un oiseau du Brésil nouvellement découvert, dont on a fait une division des dentirostres. — On a donné aussi ce nom à un genre de poissons, établi pour placer quelques raies qui n'ont pas les caractères des autres.

CÉPHALOPYOSE, subst. fém. (*céfalopiôze*) (du grec κεφαλη, tête, et πυον, pus), t. de médec., abcès à la tête.

CÉPHALOSCOPIE, subst. fém. (*céfalocekopî*) (du grec κεφαλη, tête, et σκοπειν, découvrir), t. de médec., inspection du cerveau ou du crâne.

CÉPHALOSCOPIQUE, adj. des deux genres (*céfalocekopike*) (même étym. que celle du mot précédent), t. de médec., se dit de crânes destinés à l'étude de la *céphaloscopie*. — Subst., art de juger les hommes par l'inspection du crâne, que l'on nomme autrement *cranologie*.

CÉPHALOSTOMES, subst. fém. plur. (*céfalocetome*), t. d'hist. nat., sous-classe d'arachnoïdes.

CÉPHALOTHORAX, subst. mas. (*céfalotorakce*) (du grec κεφαλη, tête, et θωραξ, poitrine), t. d'hist. nat., partie de la tête des scorpions qui se joint au thorax.

CÉPHALOTRIPTEUR, subst. mas. (*céfalotripeteur*), (du grec κεφαλη, tête, et τριβω, je broie), t. de chir., instrument employé pour l'extraction d'un fœtus mort dans le sein de sa mère. Il est aussi adj. : *le forceps céphalotripteur*.

CÉPHALOTRIPTIE, subst. fém. (*céfalotripeti*) (même étym. que celle du mot précédent), t. de chir., extraction du fœtus par le moyen du *céphalotripteur*.

CÉPHALOTRIPTIQUE, adj. des deux genres (*céfalotripetike*), t. de chir., qui concerne la *céphalotriptie*.

CÉPHALOTTE, subst. fém. (*céfalote*) (du grec κεφαλη, tête), t. d'hist. nat., genre de mammifères carnassiers de la famille des chéiroptères. Ils ressemblent aux roussettes par leurs parties essentielles. Des deux espèces qui composent ce genre, l'une habite les Moluques, et l'autre l'île de Timor. — On a aussi donné ce nom à un genre de la tribu des carabiques, à une plante vivace de la famille des rosacées, et à une famille de poissons établie parmi les osseux thoraciques. — T. de bot., plante vivace de la famille des rosacées.

CÉPHALOXE, subst. fém. (*céfalokce*), t. de bot., genre de plante établi pour placer le jonc rampant. — Plante de la famille des mousses.

CÉPHALOXIE, subst. fém. (*céfalokci*) (du grec κεφαλη, tête, et οξυς, les reins), t. de médec., renversement de la tête sur les épaules.

CÉPHAS, subst. propre mas. (*céface*), nom qui signifie *pierre* en hébreu, et que J.-C. donna à saint Pierre.

CÉPHÉE, subst. fém. (*céfé*), t. d'astron., constellation de l'hémisphère septentrional, composée de trente-quatre étoiles. — T. d'hist. nat., genre établi aux dépens des méduses. — Subst. propre mas., myth., roi d'Éthiopie, fils de Phénix, et père d'Andromède. Voy. CASSIOPE. — Il y eut un autre Céphée, prince d'Arcadie, aimé de Minerve. Cette déesse lui attacha sur la tête un cheveu de celle de Méduse, dont la vertu le rendait invisible.

CÉPHÉLIDES, subst. fém. plur. (*céfélide*), t. de bot., genre de rubiacées.

CÉPHÉLIS, subst. mas. (*céfélice*), t. de bot., sorte de plante.

CÉPHISE, subst. propre mas. (*céfize*), myth., fleuve de la Phocide. Il aima une infinité de nymphes.

CÉPHISIUS, subst. propre mas. (*céfiziuce*), myth., Narcisse, fils de Céphise.

CÉPHUS, subst. mas. (*céfuce*), t. d'hist. nat., singe du genre des guenons.— Oiseau de la famille des plongeurs. — Insecte de l'ordre des hyménoptères.

CÉPOLE, subst. mas. (*cépole*), t. d'hist. nat., poisson épineux.

CÉRACÉE, subst. fém. (*céracé*), sorte de laitage suisse.

CÉRACHATE, subst. fém. (*cérakate*), espèce d'agate.

CÉRACOLINE, subst. fém. (*cérakoline*), espèce de singe.

CÉRAÏNE, subst. fém. (*céra-ine*), t. de chim., principe extrait de certaines huiles volatiles.

CÉRAISTE ou **CÉRESTE**, subst. fém. (*cérécete*), t. de bot., plante de la famille des caryophyllées.

CÉRAITIS, subst. mas. (*cérétice*), t. de bot. ; on croit que c'est le fenu grec.

CÉRAJA, subst. mas. (*céraja*), t. de bot., arbrisseau de la Chine et de la Cochinchine, du genre angrec.

CÉRAMBYCINS, subst. mas. plur. (*céranbicein*), t. d'hist. nat., famille d'insectes de l'ordre des coléoptères.

CÉRAMBYX, subst. mas. (*céranbikce*), t. d'hist. nat., insecte de l'ordre des coléoptères.

CÉRAMES, subst. mas. plur. (*cérame*), t. d'hist. anc., vases de terre cuite dont les anciens Grecs se servaient dans leurs repas. Lorsque les vases furent d'or et d'argent, on leur conserva toujours le nom de *cérames*.

CÉRAMIANTHÈME, subst. mas. (*céramiantème*), t. d'hist. nat., genre de polypiers.

CÉRAMICIES. Voy. CÉRAMIQUE.

CÉRAMIE, subst. fém. (*cérami*), t. d'hist. nat., genre d'insectes de l'ordre des hyménoptères.

CÉRAMION, subst. mas. (*céramion*), t. de bot., genre de conferve appelé aussi polysperme. Il comprend les conferves dont les filaments, cloisonnés ou articulés, portent des tubercules remplis de globules, qui sont les bourgeons destinés à la reproduction.—On a donné aussi ce nom à un genre de plantes établi aux dépens des varecs de Linnée.

CÉRAMIQUE, subst. mas. (*céramike*) (du grec Κεραμεικος, tuilerie, fait de κεραμος, tuile, vase de terre; parce qu'on avait fabriqué des tuiles dans ce même lieu), t. d'hist. anc. Il y avait à Athènes deux endroits célèbres qui portaient ce nom. L'un s'appelait *céramique du dedans* : c'était une partie de la ville ornée de portiques, et une des principales promenades ; l'autre, le *céramique du dehors*, était un faubourg où l'on faisait des tuiles, et où Platon avait son académie. On a prétendu que ce dernier servait aussi de sépulture à ceux qui étaient morts pour la patrie. — Subst. fém. plur., CÉRAMIQUES ou CÉRAMICIES, t. d'hist. anc. ; c'était, chez les Grecs, des combats, ou plutôt des jeux établis en l'honneur de Prométhée, de Vulcain et de Minerve : ils consistaient à arriver en courant au bout d'une carrière, sans éteindre un flambeau qu'on portait. La lice s'appelait *céramique*.

CÉRAMITE, subst. fém. (*céramite*), t. d'hist. nat., pierre précieuse d'une couleur de brique.

CÉRAMIUM, subst. mas. (*céramiome*), t. de bot., genre de plante.

CÉRAMOGRAPHIQUE, adj. (*céramoguerafike*) (du grec κεραμος, tuile, et γραφω, j'écris), vase de terre cuite peint.

CÉRAMOPSE, subst. fém. (*céramopece*), t. de bot., plante de la famille des algues.

CÉRAMYNTHE, subst. propre mas. (*cérameinte*), myth., surnom d'Hercule.

CÉRANCOLINE, subst. fém. (*cérankoline*), t. d'hist. nat., sorte de coraline.

CÉRANITE, subst. mas. (*céranite*), t. de pharm., sorte de médicament du genre des trochisques.

CÉRANTHE, subst. fém. (*cérante*), t. de bot., plante qui ne peut pas être séparée des chionanthes.

CÉRANTHÈRES, subst. mas. (*cérantère*), t. de bot., nom de deux espèces d'arbrisseaux d'Afrique. — T. d'hist. nat., genre d'insectes de l'ordre des coléoptères.

CÉRAPHRON, subst. mas. (*cérafron*), t. d'hist. nat., genre d'insoctes de l'ordre des hyménoptères.

CÉRAPTÈRES, subst. mas. plur. (*cérapetère*), t. d'hist. nat., nom donné à un genre d'insectes de l'ordre des coléoptères.

CÉRASINE, subst. fém. (*cérazine*), gomme du cerisier.

CÉRASIOLE, subst. fém. (*céraziole*), t. de bot., sorte de plante dont les baies ont la forme de petites *cerises*.

CÉRASIOS, subst. mas. (*céraziôce*), t. de pharm., nom commun à plusieurs sortes d'onguents.

CÉRASITES, subst. fém. plur. (*cérazite*) (du lat. *cerasum*, cerise), t. d'hist. nat., pétrifications dont les formes approchent de celles de la *cerise*.

CÉRASME, subst. mas. (*céraceme*) (du grec κεραννυμι, je mêle), mélange d'eau et de cire chez les Grecs.

CÉRASTE, subst. mas. (*céracete*) (du grec κερας, corne), t. d'hist. nat., serpent d'Afrique qui a sur la tête deux éminences courbes en forme de cornes. — Genre de vers mollusques. — T. de bot., espèce de plante.

CÉRASTES, subst. propre mas. plur. (*céracete*) (du grec κερας, corne), myth., peuples de l'île de Chypre, que Vénus changea en taureaux, parce qu'ils sacrifiaient les étrangers à Jupiter.

CÉRASTOSTIDE, subst. fém. (*céracetide*), genre de papillons.

CÉRASUS, subst. mas. (*cérâzuce*), t. de bot., genre de plantes de la famille des rosacées.

CÉRAT, subst. mas. (*céra*) (du grec κηρος, en lat. *cera*, cire), t. de pharm., onguent ou pommade où il entre ordinairement de la *cire* et de l'huile ; ou sans *cire*, comme le diapalme.

CÉRATAULES, subst. mas. plur. (*cératôle*), joueurs de flûte chez les anciens.

CÉRATIAS, subst. fém. (*cératiace*), t. d'astron., nom d'une comète qui a deux queues.

CÉRATIE, subst. fém. (*céraci*), t. de bot., sous-genre établi dans les suerces.

CÉRATINE, subst. fém. (*cératine*), t. d'hist. nat., insecte de l'ordre des hyménoptères.

CÉRATIOLE, subst. fém. (*cératiole*), t. de bot., arbuste des cantons les plus sablonneux de la Caroline, et de la famille des bruyères. On l'a appelé aussi *bruyère d'Amérique*.

CÉRATION, subst. fém. (*céracion*) (du lat. *cera*, fait de κηρος, cire), disposition d'une matière pour la rendre propre à être fondue et liquéfiée. Vieux et inusité.

CÉRATITE, subst. fém. (*cératite*), t. de bot., sorte de pavot sauvage. — T. d'hist. nat., genre de fossiles.

CÉRATOCARPE, subst. fém. (*cératokarpe*) (du grec κερατος, gén. de κερας, corne, et καρπος, fruit), t. de bot., petite plante de la Turquie d'Europe.

CÉRATOCÈLE, subst. fém. (*cératocéle*) (du grec κερας, corne, et κηλη, tumeur), t. de chir., espèce de hernie de la cornée.

CÉRATOCÉPHALE, subst. fém. (*cératocéfale*) (du grec κερας, corne, et κεφαλη, tête), t. de bot., sorte de plantes dont les graines sont surmontées d'appendices, en forme de cornes.

CÉRATOGLOSSE, subst. mas. et adj. des deux genres (*cératogueloce*) (du grec κερας, corne, et γλωσσα, langue), t. d'anat., petit muscle qui s'attache à la grande corne de l'os hyoïde, et se termine à la langue.

CÉRATOHYAL, adj. (*cérato-ial*) (du grec κερας corne, et υοειδης, hyoïde), t. d'anat., se dit des branches styloïdiennes de *l'hyoïde*, chez certains animaux.

CÉRATOÏDE, adj. des deux genres (*cérato-ide*) (du grec κερας, corne, et ειδος, forme, ressemblance), t. d'anat., nom dont les Grecs se servaient pour désigner la cornée ou la première tunique de l'œil. Il est aussi subst. fém.

CÉRATOÏTES, subst. mas. plur. (*cérato-ite*), t. d'hist. nat., cornes d'ammon ou ammonites, nommées ainsi à cause de leur ressemblance avec les cornes du bélier.

CÉRATOLITHES, subst. fém. plur. (*cératolite*) (du grec κερατος, gén. de κερας, corne, et λιθος, pierre), t. d'hist. nat. On donne ce nom dans quelques ouvrages aux cornes d'animaux pétrifiées. C'est une erreur : on n'a jamais trouvé de corne ou de partie cornée quelconque à l'état de fossile. Les *céralolithes* sont le plus souvent des orthocératites ou des hippurites, qui appartiennent à la classe des mollusques.

CÉRATONÈME, subst. fém. (*cératonème*), t. de bot., plante du genre bysse de Linnée.

CÉRATONIE, subst. fém. (*cératoni*), t. de bot., genre de plantes de la famille des légumineuses.

CÉRATOPÉTALE, subst. fém. (*cératopétale*), t. de bot., sorte de plante.

CÉRATO-PHARYNGIEN, adj. mas. (*cératofareinjiein*) (du grec κερας, corne, et φαρυγξ, le pharynx), t. d'anat., se dit des petits faisceaux musculaires qui font partie de l'*hydro-pharyngien*. Il est aussi subst. mas.

CÉRATOPHYLLE, subst. fém. (*cératofile*) (du grec κερας, corne, et φυλλον, feuille), t. de bot., plante aquatique, ainsi nommée de la forme de ses feuilles.

CÉRATOPHYTE, subst. mas. (*cératofite*) (du grec φυτον, tige), t. d'hist. nat., nom donné par les anciens naturalistes aux productions polypeuses, actuellement connues sous les noms de gorgone, coraline, tubulaire, sertulaire, cellulaire, etc.

CÉRATOPOGON, subst. mas. (*cératopoguon*), t. d'hist. nat., genre d'insectes de l'ordre des diptères.

CÉRATOSANTHE, subst. mas. (*cératozante*) (du grec κερας, gén. κερατος, corne, et ανθος, fleur), t. de bot., genre de plantes à fleurs monopétales, dont les semences sont munies à leur sommet de deux pointes en forme de corne.

CÉRATOSPERME, subst. mas. (*cératocepèreme*) (du grec κερατος, gén. de κερας, corne, et σπερμα, semence), t. de bot., plante cryptogame de la famille des algues, et qui consiste en plusieurs verrues crustacées, orbiculaires et distinctes, qui naissent sur les écorces des arbres. — Quelques botanistes donnent le même nom au champignon vulgairement appelé coccigrue.

CÉRATOSTAPHYLIN, adj. mas. (*cératocetafilein*) (du grec κερατος, gén. de κερας, corne, et σταφυλη, la luette), se dit, en anat., d'un muscle qui s'attache à la corne de l'os hyoïde, et se termine à la luette. Il est aussi subst. mas.

CÉRATOSTÈME, subst. mas. (*cératocetème*), t. de bot., genre de plantes de la famille des campanulacées.

CÉRATOTOME, subst. mas. (*cératotome*) (du grec κερας, corne, et τεμνω, je coupe), t. de chir., espèce de scalpel dont on se sert pour inciser la *cornée* dans l'opération de la cataracte.

CÉRATOTOMIE, subst. fém. (*cératotomi*) (même étym. que celle du mot précédent), t. de chir., incision de la *cornée* dans l'opération de la cataracte.

CÉRATOTOMIQUE, adj. des deux genres (*cératotomike*), t. de chir., qui concerne la *cératotomie*.

CÉRAULOTOS, subst. mas. (*cérôloloce*), t. de bot. On a donné ce nom à un genre de plantes marines dont on ne connaît point les espèces.

CÉRAUNIA, subst. fém., ou **CÉRAUNIAS**, subst. mas. (*cérônia, cérônidce*) (du grec κεραυνος, foudre), t. d'hist. nat. Les anciens donnaient ce nom à la pyrite ou sulfure de fer radié, qu'ils regardaient, et que dans des temps plus modernes quelques personnes ont encore regardée comme une substance métallique, qui a la propriété de faire feu sous le briquet. — Ils donnaient aussi ce nom à certaines astéries et à des haches de pierre qu'ils appelaient aussi *céraunitas* et *céraunites*.

CÉRAUNION, subst. mas. (*cérônion*) (du latin *ceraunium*, qui a la même signification), t. de bibliologie ancienne, signe en forme de croix de Saint-André, et traversé par une ligne perpendiculaire, qui désignait, chez les anciens, plusieurs vers et un passage entier qu'on improuvait afin d'éviter de mettre à chaque livre des *obèles*.

CÉRAUNITA, subst. mas. Voy. CERAUNIA.

CÉRAUNITE, subst. fém. (*cérônite*), t. d'hist. nat., pétrification du genre des bélemnites.

CÉRAUNIUS ou **FULMINATOR**, subst. propre mas. (*cérôniuce*, *fulminator*), myth., qui lance la foudre, surnom de Jupiter.

CÉRAUNOCHRYSON, subst. mas. (*cérônokrizon*) du grec κεραυνος, foudre, et χρυσος, or), t. d'alch., nom donné par les alchimistes à l'or fulminant.

CÉRAUNOSCOPE, subst. mas. (*cénôrocekope*) (du grec κεραυνος, foudre, et σκοπεω, je regarde, j'observe), t. d'hist. anc., prêtre chargé d'observer les phénomènes du tonnerre.

CÉRAUNOSCOPIE, subst. fém. (*cérônocekopi*) (même étym. que celle du mot précédent), t. d'hist. anc., divination par les phénomènes du tonnerre.

CÉRAUNOSCOPION, subst. mas. (*cérônocekopion*) (même étym. que celle du mot précédent), t. d'hist. anc., machine de théâtre des anciens, consistant en une espèce de guérite ou de tour portative, d'où Jupiter lançait la foudre.

CÉRAUNOSCOPIQUE, adj. des deux genres (*cérônocekopike*), t. d'hist. anc., qui concerne la *céraunoscopie*.

CERBÉRA, subst. fém. (*cèrebéra*), plante du Mexique, de la famille des apocynées.

CERBÈRE, subst. propre mas. (*cèrebère*) (du lat. *cerberus*, dérivé, dans la même signification, du grec Κερβερος, dérivé de κρεοβορος, fait de κρεας, chair, et de βορος, dévorant; *qui dévore les chairs*), myth., chien à trois têtes, auquel, selon la fable, était commise la garde des enfers et du palais de Pluton. Il naquit du géant Typhon et du monstre Échydna. On dit qu'il caressait les âmes malheureuses qui descendaient dans les enfers, et dévorait celles qui en voulaient sortir. Orphée, allant chercher Eurydice, l'endormit au son de sa lyre; et lorsqu'Hercule y descendit pour en retirer Alceste, ce héros l'enchaîna, et s'en fit suivre. — Ce mot, étant un nom propre, ne doit point prendre d'article : *Delille* a donc eu tort de dire :

> Le *Cerbère* oublia d'épouvanter les ombres.
> (*Géorgiques*, livre VI.)

—Fig. et fam., gardien, portier dur, intraitable, etc. Marot appelle *Cerberus* (cerbère), le geôlier d'une prison :

> Si rencontrai *Cerberus* à la porte,
> Lequel dressa ses trois têtes en haut,
> A tout le moins une, qui trois en vault.

— T. de chimie, le salpêtre.

CERCAIRE, subst. mas. (*cèrekère*), t. d'hist. nat., genre de la classe des vers, et de la famille des animalcules infusoires. On les trouve dans les eaux croupissantes des marais.

CERCAPHUS, subst. propre mas. (*cèrekafuce*), myth., fils d'Éole et bisaïeul de Phénix.

CERCE, subst. fém. (*cèrece*), t. d'architecture, courbe d'une voussure; cintre d'une courbe. — T. de menuiserie, archure.

CERCEAU, subst. mas. (*cèreçô*), lame de fer mince, ou *cercle* de bois flexible qui sert à relier les tonneaux et les cuves. — On dit également *cerceau*, d'un cercle de bois léger que les enfants en courant poussent devant eux au moyen d'un petit bâton, et qu'ils font tourner comme une roue : *jouer au cerceau*. — On le dit aussi des lames de bois flexibles que l'on courbe pour soutenir la toile dont on couvre une voiture, une barque, ou pour former le cintre d'un cabinet de verdure. — Sorte d'instrument de musique dont le corps est un cercle de bronze de sept pouces deux lignes de diamètre, et de six lignes d'épaisseur vers le milieu. Dans sa circonférence roulent avec facilité huit anneaux d'un pouce d'ouverture, et de même matière que le grand cercle. Les Grecs et les Romains en faisaient usage dans leurs jeux. On l'agitait au moyen d'une baguette de fer à manche de bois; on l'élevait en l'air, et on le faisait tourner au-dessus de la tête. — Branche d'arbre pliée en arc dont les porteurs d'eau se servent pour porter plus facilement leurs seaux. — Espèce de filet à prendre des oiseaux, des écrevisses. — Les boutonniers appellent *cerceau* un fil d'or plié en cercle, dont ils se servent en travaillant les boutons façonnés. — Les ciriers nomment aussi *cerceau* un cercle garni de petits crochets ou de cordons auxquels ils suspendent les bougies de table qui ne sont pas encore couvertes. — Au plur., t. de faucon., qui se disait des plumes du bout de l'aile des oiseaux de proie : *les éperviers ont trois cerceaux*.

CERCÉIS, subst. propre fém. (*cèrecé-ice*), myth., nymphe de la mer, fille de l'Océan et de Téthys.

CERCELLE, subst. fém. (*cèrecèle*), oiseau aquatique qui ressemble au canard, mais qui est plus petit. — On le nomme aussi *cercerelle*. — Beaucoup de personnes disent, avec l'*Académie*, *sarcelle*; elles ont peut-être tort; et voici les motifs que nous leur opposons, motifs étymologiques : cet animal se nomme en latin *querquedula*, et aussi *cerceris*, qui vaut encore mieux, parce qu'il est imité du grec κερκερις, qui est plus ancien. La ressemblance de *cercelle* avec *cerceris* est donc des plus frappantes. Si l'on a dit *sarcelle*, c'est bien certainement par corruption.

CERCÉRIS, subst. mas. (*cèrecérice*), t. d'hist. nat., genre d'insectes de l'ordre des hyménoptères. Ils ont de grands rapports avec les guêpes, dont quelques naturalistes ne les ont pas distingués.

CERCHE, subst. fém. (*cèreche*), trait de quelque figure tracé par des points.

CERCIFI, barbarisme de *Raymond*, qui l'a probablement, suivant son habitude, copié dans *Gattel* et dans *Boiste*. Voy. SALSIFIS.

CERCIO, subst. mas. (*cèrecio*), t. d'hist. nat., oiseau des Indes, auquel on donne la grosseur d'un étourneau et un plumage de diverses couleurs.

CERCLAGE, subst. mas. (*cèreklaje*), bois sur les *cerceaux*. — Action de *cercler*. — Ce mot manque dans l'*Académie*.

CERCLE, subst. mas. (*cèrekle*) (du lat. *circulus*, dimin. de *circus*, pris du grec κιρκος, tour, cercle), t. de géom., figure plane formée par une seule ligne courbe nommée circonférence, dont toutes les parties sont également distantes d'un même point qu'on appelle *centre*. — *Quadrature du cercle*, détermination d'un carré à la surface duquel celle d'un cercle donné serait rigoureusement égale, chose impossible. — Fig., *chercher la quadrature du cercle*, tenter l'impossible. — Il se dit aussi, mais abusivement, de la ligne circulaire appelée proprement *circonférence* : *faire des cercles; tracer des cercles; un cercle; décrire un cercle*, etc. — *Cerceau*, et en général tout ce qui entoure un autre corps, et qui est de figure ronde ou à peu près : *cercle à tonneau; mettre un cercle de fer à une poutre, à une colonne; cercle de pompe, de cabestan; cercle d'écaille, d'ivoire*. — On appelle *cercles parallèles* ou *concentriques* ceux qui sont également éloignés les uns des autres dans toutes leurs parties, ou qui sont décrits d'un même centre; et *cercles excentriques* ceux qui sont décrits de centres différents. — On entend encore par *cercle* toute disposition de choses ou de personnes présentant quelque analogie avec une circonférence de cercle : *les sièges étaient rangés en cercle, en demi-cercle; nous formions un cercle, nous faisions cercle autour de lui; un cercle de personnes*, ou simplement *un cercle; resserrer, élargir le cercle; entrer dans le cercle*, etc. — Autrefois on nommait particulièrement et absolument *cercle*, la réunion des princesses et des duchesses assises autour de la reine : *la reine tient cercle; aller au cercle*, etc. — Par extension, réunion, dans une maison particulière, d'hommes et de femmes qui viennent y prendre le plaisir de la conversation : *il brille dans tous les cercles par les saillies les plus piquantes; un petit cercle d'amis*, etc. — Fig. au sens moral, sphère, étendue, limites : *un fonctionnaire doit se renfermer dans le cercle de ses attributions; pour peu qu'on vous fasse sortir du cercle de vos occupations journalières, vous ne faites rien qui vaille; le cercle de mes connaissances était encore bien étroit à cette époque, mais depuis l'étude, la méditation et l'expérience l'ont beaucoup agrandi, et le cercle de mes idées s'est étendu dans la même proportion*. — On l'emploie encore fig. par rapport aux choses qui reviennent sans cesse l'une après l'autre : *le cercle des saisons; son existence fut long-temps un cercle de tribulations*, etc. — En t. de logique, *cercle vicieux*, mauvais raisonnement consistant à donner pour preuve d'une proposition cette proposition même. — En t. de géographie, autrefois les divisions de l'empire d'Allemagne étaient dites *cercles* : *le cercle de Franconie; les cercles du Rhin; les troupes des cercles*. — T. de phys., *cercle galvanique*, communication qu'on établit entre deux points de contact plus ou moins distants entre eux, dans une suite d'organes nerveux et musculaires. Ce *cercle* est divisé en deux parties ou arcs dont les intersections sont aux deux points de contact : l'un se nomme *arc animal*, et l'autre *arc excitateur*. Voy. au mot ARC. — En t. d'astron., on appelle *cercles* les cerceaux qui entrent dans la composition de la sphère : *les grands, les petits cercles de la sphère*. On appelle *cercles de hauteur* les petits *cercles* de la sphère parallèles à l'horizon, depuis l'horizon jusqu'au zénith; *cercles polaires*, deux petits *cercles* immobiles parallèles à l'équateur, et situés à une distance des pôles, égale à la plus grande déclinaison de l'écliptique; *cercles de déclinaison*, tous les *cercles* qui, passant par les deux pôles du monde, sont perpendiculaires à l'équateur; *cercles de latitude*, de grands *cercles* perpendiculaires au plan de l'écliptique, qui passent par les pôles ainsi que par l'astre dont ils marquent la latitude; *cercles de longitude*, plusieurs petits *cercles* parallèles à l'écliptique, qui diminuent à proportion qu'ils s'en éloignent; *cercle d'apparition perpétuelle*, un petit *cercle* parallèle à l'équateur, décrit du point le plus septentrional de l'horizon, et que le mouvement diurne emporte avec lui; *cercle d'occultation perpétuelle*, un autre *cercle* parallèle à l'équateur, décrit du point le plus méridional de l'horizon, et comprenant des astres qui ne paraissent jamais sur notre hémisphère; *cercles diurnes*, des *cercles* immobiles qu'on suppose décrits par les astres ou autres points des cieux dans leur mouvement diurne autour de la terre; *cercles d'excursion*, des *cercles* parallèles à l'écliptique, qui ne s'étendent qu'à une distance suffisante pour renfermer toutes les excursions des planètes vers les pôles de l'écliptique. — *Cercle entier* ou *cercle répétiteur*, instrument nouveau composé d'un cercle entier de cuivre, divisé en trois cent soixante degrés, ou en quatre cents mètres suivant les nouvelles mesures décimales, et garni de lunettes, d'un micromètre, etc. Il sert à mesurer l'angle que forment deux objets terrestres, en répétant successivement ces observations sur toutes les parties de la circonférence du cercle : il s'emploie également dans les opérations astronomiques et géodesiques. On s'en est servi dans la mesure de l'arc du méridien, qui est la base du nouveau système des poids et mesures. — On appelle *cercle d'arpenteur* un instrument dont les arpenteurs se servent pour prendre des angles. — Les chimistes appellent *cercle*, un *cercle* de fer par le moyen duquel on coupe les cols de certains vases de verre, comme cornues, cucurbites, etc. — On dit, en t. de gnomonique, *cercles horaires* pour désigner les lignes qui marquent les heures sur un cadran, quoique ces lignes soient droites. — En t. de mar., on appelle *cercle d'étambraie* ou *de cabestan* un *cercle* de fer qui est autour de l'étambrai par où passe le cabestan; *cercles de boute-hors*, de doubles *cercles* placés au bout des vergues, et dans lesquels on passe les boute-hors qui servent à mettre les voiles d'étai; *cercles de hunes*, de grands *cercles* de bois placés autour des hunes, par le haut, pour empêcher les matelots de tomber en manœuvrant; *cercles de pompe*, deux *cercles* dont l'un embrasse l'extrémité de la pompe pour l'empêcher de se fendre, et l'autre sert à joindre la potence à la pompe. — En t. de maréchalerie, *cercle à la corne* se dit des bourlets de corne qui entourent le sabot, et par lesquels on remarque que le cheval a le pied trop sec, et que la corne, se desséchant, se retire, et serre le petit pied. — En t. d'artillerie, on appelle *cercles goudronnés* de vieilles mèches ou de vieux cordages poissés et trempés dans le goudron, que l'on plie en *cercle*, et que l'on met dans des réchauds pour éclairer dans une ville assiégée. — Dans les fabriques de porcelaine, on appelle *cercles* des vases d'argile sans fond qui servent d'étuis à des pièces de porcelaine plus ou moins garnies. — La superstition a donné ce nom à des traces circulaires qu'on observe quelquefois dans les prairies où l'herbe paraît desséchée. — *Cercle à calculer*, appareil qui donne, sans qu'on écrive, les résultats des calculs les plus compliqués. — En t. de manège, ligne circulaire décrite par le cheval ordinairement entre les deux murs.

CERCLÉ, E, part. pass. de *cercler* et adj.

CERCLER, v. act. (*cèreklé*), mettre des *cercles* ou des cerceaux à.... : *cercler un tonneau, une cuve.* — Entourer, environner. Vieux. — *se* CERCLER, v. pron.

CERCLIER, subst. mas. (*cèreklié*), ouvrier qui fait des *cercles* ou cerceaux. Peu en usage.

CERCOCÈRE, subst. mas. (*cèrekocère*), t. d'hist. nat., genre de mammifères dans lequel on a placé un assez grand nombre de singes.

CERCODÉE, subst. fém. (*cèrekodé*), t. de bot., plante de la Nouvelle-Zélande, que l'on a aussi appelée *zénale*.

CERCODIENNES, subst. fém. plur. (*cèrekodiène*) (du grec κερκος, queue), t. de bot., famille de plantes qui croissent en forme de queue.

CERCOLIPIE, subst. fém. (*cerkolipi*) (du grec κερκος, queue, et λειπω, je laisse), t. d'hist. nat., espèce de singe dépourvu de queue.

CERCOPE, subst. fém. (*cèrekope*), t. d'hist. nat., genre d'insecte de l'ordre des hémiptères et de la famille des cicadaires. — Subst. propre mas. plur., myth., habitants de Pithécuse, île voisine de la Sicile, que Jupiter changea en singes, parce qu'ils s'abandonnaient à toutes sortes de débauches.

CERCOPIS, subst. mas. (*cèrekopice*), t. d'hist. nat., hémiptère du genre des cigales.

CERCOPITHÈQUE, subst. mas. (*cèrekopitèke*) (du grec κερκος, queue, et πιθηξ, génitif πιθηκος, singe), t. d'hist. nat., espèce de singe à longue queue. — T. de myth., divinité égyptienne.

CERCOSIS, subst. fém. (*cèrekôzice*) (du grec κερκος, queue, à cause de sa forme), t. de chir., excroissance de chair qui sort de l'orifice de la matrice.

CERCUEIL, subst. mas. (*cèrekeuie*) (suivant quelques-uns, du grec σαρξ, génitif σαρκος, chair, d'où l'on aura fait dans la basse latinité *sarcolium*, et ensuite en français *sarcueil*, comme on écrivait autrefois; suivant d'autres, et surtout *Guyet* et *Ménage*, du lat. *arcula*, diminutif de *arca*, coffre, caisse, etc., en y préposant un *c*), bière, sorte de *caisse*, coffre où l'on met le corps d'une personne morte : *mettre un mort dans son cercueil.* — Fig. et dans le style élevé : *elle passa du berceau au cercueil; le chagrin l'a mis au cercueil*, elle est morte enfant; il est mort de chagrin. — On devrait se servir toujours du mot *cercueil*, de préférence à celui de *bière*; ce dernier mot s'écrivant de même, dans la double signification de *cercueil* et de *boisson brassée*.

CERCURE, subst. mas. (*cèrekure*), t. d'antiquité, vaisseau de charge des anciens habitants de l'Asie, à voiles et à rames.

CERCYON, subst. propre mas. (*cèrecion*), myth., fameux brigand, fléau de l'Attique, qui forçait les passants à lutter contre lui, et massacrait ceux qu'il avait vaincus. Il attachait un homme à deux gros arbres courbés et rapprochés par la cime, lesquels en se redressant le mettaient en lambeaux. Thésée le défit et le punit du même supplice qu'il avait fait souffrir aux voyageurs. Sa fille Alope s'étant abandonnée à Neptune, *Cercyon* en fut si irrité, qu'il la fit exposer avec son enfant dans les bois.

CERDAGNE, subst. propre fém. (*cèredagnie*), province des Pyrénées, qui appartient en partie à la France et en partie à l'Espagne.

CERDANE, subst. mas. (*cèredane*), t. de bot., grand arbre du Pérou, qui diffère peu des sébestiers. Lorsqu'on le coupe, il exhale une odeur très-fétide qui peut être comparée à celle du *renard*; mais quand il est sec son odeur est très-agréable.

CERDEMPORUS, subst. propre mas. (*cèrdeinporuce*) (du grec κερδος, gain, et πορος, trafic), t. de myth., c'est-à-dire *intéressé*, *avide de gain*; surnom de Mercure, dieu du trafic.

CERDOS, subst. propre mas. (*cèredoce*), mot grec; myth. Voy. CERDOÜS, qui est le même.

CERDOÜS, subst. propre mas. (*cèredo-uce*) (du grec κερδος, gain), myth., surnom donné à Mercure, comme dieu du gain, et à Apollon, à cause de la vénalité de ses oracles.

CÉRÉ (SAINT-), subst. propre mas. (*ceincéré*), ville de France, chef-lieu de canton, arrond. de Figeac, dép. du Lot.

CÉRÉAL, E, adj. (L'*Académie* n'emploie ce mot qu'au fém.) (*céréale*) (en lat. *cerealis*), qui appartient à *Cérès*; ce mot se dit des plantes qui produisent les grains dont on fait du pain. — Il s'emploie aussi au subst. fém. : *les céréales*, les plantes *céréales*. — On a quelquefois étendu ce mot aux plantes légumineuses, telles que haricots, etc. Nous croyons que l'*Académie*, en n'écrivant ce mot qu'au fém., a grand tort de se restreindre ainsi, parce qu'elle ne donne aucun motif plausible de cette restriction. Cependant, et nous devons l'avouer, cette acception unique du fém. est universellement admise, et rien qu'au fém. Nous demanderons, nous, pourquoi cela est ainsi : nous demanderons une raison quelconque; car nous ne pourrions nous soumettre à l'*Académie* sans exposer les motifs qui nous y auraient portés. Or, les Latins, de qui le mot *céréale* nous vient, disaient *cerealis* au mas. et au fém.; *cerealis sapor*, a dit Pline en parlant de *la saveur* du blé; nous lisons dans Virgile : *cereale papaver*, pour signifier *le pavot dont le grain se mêlait au froment.* Pourquoi ne dirions-nous pas, nous, puisque nous avons étendu l'acception de ce mot même aux plantes légumineuses; pourquoi ne dirions-nous pas que *le haricot est un céréal*, plutôt qu'*une céréale?* Rien n'empêche! nous nous trompons : l'*Académie* ne le permet pas. Quant à nous, si nous avions autorité, nous n'hésiterions pas même à dire au plur. mas. *céréaux*. — Subst. fém. plur., t. d'hist. nat., fêtes annuelles célébrées en Grèce et à Rome en l'honneur de Cérès.

CÉRÉALISTE, subst. mas. (*céré-alicete*) partisan de la non-importation en Angleterre des *céréales*; partisan de la loi sur les blés.

CÉRÉBELLEUSE, adj. fém. Voy. CÉRÉBELLEUX.

CÉRÉBELLEUX, adj. mas., au fém. CÉRÉBELLEUSE (*cérébèleleu, leuze*) (du lat. *cerebellum*, cervelet, qui a rapport au cervelet), t. d'anat. On a appelé *artères cérébelleuses* trois artères dont deux inférieures : la grande, inférieure du cervelet, qui naît de la cérébrale postérieure ou vertébrale; et la petite dont l'existence n'est pas constante, et qui doit venir de la méso-céphalique ou basilaire; la troisième, appelée supérieure, est également une branche méso-céphalique.

CÉRÉBELLITE, subst. fém. (*cérébèlelite*) (du lat. *cerebellum*, cervelet), t. de médec., inflammation du cervelet.

CÉRÉBRAL, E, adj.; au plur. mas. CÉRÉBRAUX (*cérébrale*) (du lat. *cerebrum*, cerveau), t. d'anat., qui appartient au cerveau : *les artères cérébrales.* — T. de médec., qui affecte le cerveau : *affections cérébrales; fièvre cérébrale.*

CÉRÉBREUSE, adj. fém. Voy. CÉRÉBREUX.

CÉRÉBREUX, adj. mas., au fém. CÉRÉBREUSE (*cérébreu, breuze*) (du lat. *cerebrum*, cerveau), t. de médec., se dit particulièrement des liqueurs qui échauffent le cerveau.

CÉRÉBRIFORME, adj. des deux genres (*cérébriforme*) (du lat. *cerebrum*, cerveau, et *forma*, forme), t. de médec. On a désigné sous le nom de *dégénérescence cérébriforme* une variété du cancer qui offre l'aspect de la substance *cérébrale*. On l'a nommée aussi : *substance encéphaloïde.*

CÉRÉBRISTES ou **CÉRÉBRITES**, subst. fém. (*cérébricete, brite*), nom que les anciens naturalistes ont donné à des madrépores fossiles qui ressemblent à une cervelle d'homme.

CÉRÉBRO-RACHIDIEN, adj. (*cérébrorachidiein*), t. d'anat., qui appartient au cerveau et à la moelle épinière.

CÉRÉIBA, CÉRÉIBUNA, subst. mas. (*céré-iba, buna*), t. de bot., arbres du Brésil qui paraissent être deux manguiers.

CÉRÉLÉON, subst. mas. (*céréléon*) (du grec κηρος, cire, ελαιον, huile), t. de pharm., mélange de cire et d'huile.

CÉRÉMANUM, subst. mas. (*cérémanome*), t. d'hist. anc., endroit où les eaux du Tibre entraînèrent le berceau de Romulus et de Rémus.

CÉRÉMONIAL, subst. mas. (*cérémoniale*), l'usage réglé de chaque cour, de chaque pays pour les *cérémonies* politiques; manière dont les souverains et leurs ambassadeurs ont coutume d'en user les uns envers les autres. — *Cérémonies* qui se pratiquent même entre particuliers. — *Être fort sur le cérémonial*, entendre les règles du *cérémonial*; ou : *être attaché au cérémonial*, être pointilleux et difficile sur les *cérémonies*, sur les formes; être formaliste. — On emploie aussi fig. cette locution en parlant d'un homme difficile sur les égards qu'il croit lui être dus. — *Cérémonial* signifie, par extension, le livre où sont contenus l'ordre et les règles des cérémonies tant ecclésiastiques que politiques et civiles. — Point de plur.

CÉRÉMONIAL, E, adj., au plur. mas. CÉRÉMONIAUX (*cérémoniale*), qui concerne les *cérémonies*. Ce mot manque dans l'*Académie*.

CÉRÉMONIAUX, adj. mas. plur. Voy. CÉRÉMONIAL, adj.

CÉRÉMONIE, subst. fém. (*cérémoni*) (suivant quelques-uns, du lat. *Cereris munia*, oblations faites à *Cérès*; parce que les gerbes offertes à cette déesse l'étaient avec une très-grande solennité; selon d'autres, d'après *Valère-Maxime*, des mots, également latins, *Cere*, ville d'Italie, et *munia*, offrandes. Cette ville, proche de Rome, est citée dans l'histoire par les offrandes qu'y firent les Romains avec une pompe extraordinaire, par la crainte qu'ils avaient alors des Gaulois : selon d'autres, enfin, des deux mêmes mots *Cere* et *munia*, parce que lors de la prise de Rome par les Gaulois, les Vestales fugitives furent conduites dans cette ville de *Cere* par *Albanius*, qui fit, en témoignage d'honneur et de respect, descendre de son chariot sa femme et ses enfants, pour y placer les Vestales), se dit des formalités qu'on observe dans les actions solennelles pour les rendre plus éclatantes. — Il y a des *cérémonies politiques*, telles que le couronnement d'un prince, l'introduction d'un ambassadeur, etc.; des *cérémonies religieuses*, telles que l'ordination d'un prêtre, le sacre d'un évêque, le baptême ou la bénédiction d'une cloche, etc.; des *cérémonies civiles et religieuses*, c'est-à-dire, où les usages du peuple se trouvent mêlés avec la discipline de l'Église, comme la *cérémonie* du mariage, celle des funérailles, etc. — *Suppléer les cérémonies d'un baptême*, présenter à l'église un enfant qui n'a été qu'ondoyé, pour que son baptême reçoive les formes omises dans l'administration du sacrement. — On appelle *grand-maître des cérémonies, maître des cérémonies, aide des cérémonies*, des officiers chargés d'ordonner, de régler, de diriger des *cérémonies*. — Façons civiles et respectueuses entre particuliers : *faire des visites de cérémonie.* — *Faire des cérémonies*, des civilités importunes : *c'est un grand faiseur de cérémonies.* — Fam., *sans cérémonie*, sans contrainte, sans façon, d'une manière franche et amicale. — *En cérémonie*, avec appareil : *donner à dîner en cérémonie.* — *Un habit de cérémonie*, qui ne se met que les jours de fêtes. — Au plur., fam. et fig., difficultés que l'on oppose avant de consentir à une chose, de commencer quelque chose de pénible ou de désagréable : *vous faites bien des cérémonies pour dîner avec nous; vous faites bien des cérémonies pour vous battre.* — *Il n'y fait pas tant de cérémonies*, il va droit au but. — Les ouvriers d'une glacerie appellent *cérémonie* le temps qu'on demeure sans tiser, après le curage. Ils disent *faire la cérémonie*, pour dire attendre que le verre soit parvenu à un certain degré de consistance.

CÉRÉMONIEUSE, adj. fém. Voy. CÉRÉMONIEUX.

CÉRÉMONIEUX, adj. mas., au fém. CÉRÉMONIEUSE (*cérémonieu, nieuze*), qui fait trop de *cérémonies*, qui a une politesse affectée et incommode : *rien de plus cérémonieux que la fausseté.*

CÉRÉOLITHE, subst. fém. (*céré-olite*) (du grec κηρος, cire, et λιθος, pierre), t. d'hist. nat., substance peu connue et qui tire son nom de sa ressemblance avec la *cire*, dont elle a l'apparence et souvent la mollesse. On l'a nommée aussi *stéatite des basaltes.*

CÉRÉOPSIS, subst. mas. (*céréopecice*), t. d'hist. nat., genre de l'ordre des échassiers, de la famille des uncirostres.

CÉRÉOXYLE, subst. mas. (*céréokcile*), t. de bot., genre de palmier. Ce qui distingue particulièrement cet arbre, c'est que les anneaux du tronc, les pétioles, ainsi que la partie inférieure de ses feuilles, sont couverts d'une matière blanchâtre qui est un mélange de deux tiers de résine et d'un tiers de cire. Cette cire, mêlée avec un tiers de suif, est employée à faire des cierges et des bougies.

CÉRÉRITE et **CÉRÉRIUM**. Voy. CÉRITE et CÉRIUM.

CÉRÈS, subst. propre fém. (*cérèce*), myth., fille de Saturne et de Cybèle, déesse de l'agriculture. Elle voyagea long-temps avec Bacchus, en enseignant l'agriculture aux hommes. Pluton lui ayant enlevé sa fille Proserpine, elle alluma deux flambeaux sur le mont Etna pour la chercher nuit et jour. Accueillie à la cour de Triptolème, elle enseigna à ce prince l'art de labourer la terre, et elle se chargea d'élever son fils, appelé Déiphon. Elle le nourrissait de son lait pour le rendre immortel; mais elle le laissa brûler par l'indiscrétion de Méganire. Elle continua bientôt son voyage, et rencontra Aréthuse, à qui elle demanda des nouvelles de sa fille Proserpine. Cette nymphe lui dit que Pluton l'avait enlevée. Cérès descendit aussitôt dans les enfers, où elle trouva sa fille, qui n'en voulut pas sortir. Voyant qu'elle ne pouvait la persuader, elle eut recours à Jupiter, qui s'engagea à la lui rendre pourvu que celle-ci n'eût rien mangé depuis qu'elle était entrée dans les Champs-Élysées. Ascalaphe soutint qu'elle avait cueilli une grenade et qu'elle en avait mangé sept grains. *Cérès* furieuse le métamorphosa en hibou. Jupiter, pour la consoler, ordonna que Proserpine passerait six mois de l'année avec elle, et les six autres avec son mari.—Cette déesse avait plusieurs temples fameux. Les prémices de tous les fruits lui étaient ordinairement offertes, et il en coûtait la vie à ceux qui troublaient ses mystères. On la représentait tenant une faucille, une poignée d'épis et une couronne de pavots. On lui immolait un porc, et on lui donnait des surnoms pris des lieux où elle avait ses temples. On la confond quelquefois avec Cybèle. — On dit en poésie : *les dons de Cérès*; *la blonde Cérès*, pour dire : le blé; *Cérès et Bacchus*; le blé et le vin. — Subst. fém., t. d'astron., planète découverte par *Piazzi*, à Palerme, en Sicile, le 1er janvier 1801. Elle est, par rapport à la terre, placée dans le ciel au-dessus de *Junon* et au-dessous de *Pallas*, entre *Mars* et *Jupiter*. Elle parcourt son orbite à peu près en quatre ans et sept mois. *Herschell* regarde cette planète comme un astre intermédiaire entre les comètes et les planètes.

CÉRÉSIE, subst. fém. (*cérézi*), t. de bot., genre de plantes.

CÉRET, subst. propre mas. (*céré*), ville de France, chef-lieu d'arrond., dép. des Pyrénées-Orientales.

CERF, subst. mas. (*cère*. L'*Académie* n'indique pas la prononciation du mot *cerf*; elle se contente de nous donner celle de *cerf-volant* (*cère-volan*). Mais au mot *serf*, nous lisons : *f* se prononce : *f* ne se prononce donc pas dans *cerf*; et nous sommes de cet avis; nous avons même donné nos motifs dans notre *Grammaire, résumé général de toutes les Grammaires françaises*, et voici notre dissertation à ce sujet : « D'après « l'*Académie*, le nom de l'animal se prononce « *cère*, et le nom de l'esclave *cèrefe*. *Cerf*, ve« nant du latin *cervus*, lequel a été formé du grec « κεραος, ou, en employant le digamma éolique, de « κεραυος, cornu, à cause de la *corne*, appelée *bois*, « qu'il porte sur la tête, pouvait fort bien se pro« noncer *cèrefe*; mais l'*Académie* (*5e édition*) « voulait qu'on prononçât *cère*. Passons au mot « *serf*, qui vient de *servus*. Pour former ces deux « mots français, nous considérons les deux lettres « *c* et *s*, qui les distinguent l'un de l'autre, par la « racine de chacun de ces mots : mais la finale ou « les lettres terminatives sont absolument les mê« mes. Pourquoi *cerf* se prononcerait-il *cère*, et « *serf*, *cèrefe*? Nous supposons que l'*Académie* « a ainsi envisagé la question : le mot *serf*, *es« clave*, n'a point de composés; celui de *cerf*, « *animal*, en a quelques-uns, tels que : *cerf-vo« lant*, *cerf-dix-cors*, etc. Il n'y avait, selon « nous, et comme elle l'a fait, qu'une manière de « distinguer ces deux acceptions, dont le sens est « si différent; c'était d'examiner leur emploi : du « moment qu'on était quelquefois obligé de ne pas « prononcer *cèrefe* dans les mots composés, on « pouvait établir comme règle que *serf* se pronon« cerait toujours *cèrefe*, et *cerf* toujours *cère*. Il « n'y a point de raison étymologique, mais il y a « ici la raison du bon sens; celle-ci vaut bien l'au« tre. ») (du latin *cervus* dont la signification est la même, et qui vient du grec κεραος, ou, avec le digamma éolique, κεραυος, cornu, à cause du bois qu'il porte sur la tête), t. d'hist. nat., animal du genre des bêtes fauves, habitant les forêts, ayant une forme élégante et légère, une taille svelte et bien prise, et portant sur la tête des cornes ramifiées qui se renouvellent chaque année. C'est un mammifère ruminant. — En t. de vènerie, on dit *jeune cerf*, pour dire un *cerf* qui est dans sa troisième, quatrième ou cinquième année; *cerf dix cors jeunement*, pour dire, *cerf* qui est dans sa sixième année; *cerf dix cors*, pour désigner un *cerf* qui est dans sa septième année; *vieux cerf*, celui qui a plus de sept ans. — *Détourner le cerf* signifie tourner tout autour de l'endroit où un *cerf* est entré, et s'assurer qu'il n'en est pas sorti; *lancer le cerf*, le faire partir; *courre le cerf*, chasser le *cerf* avec des chiens courants; *laisser courre un cerf*, le lancer avec le limier; *le cerf se méjuge*, le *cerf* met le pied de derrière hors de la trace de celui de devant; *le cerf est de bon temps* ou *de hautes erres*, le *cerf* va vite et loin; *le cerf est aux abois*, *tient les abois*, ses forces sont totalement épuisées. — *Bois de cerf*, cornes du cerf vivant, qu'on appelle simplement *cornes* lorsqu'elles en sont séparées après sa mort. — Quand un *cerf* crie, on dit qu'*il brame*. — Prov. : *on connaît le cerf à ses abattures*, on juge souvent du caractère d'un homme par ses discours, par ses actions.—*Parc aux cerfs*, sérail de Louis XV.— Sur les médailles le *cerf* marque Éphèse, et d'autres villes où Diane était singulièrement honorée. — Les revers qui ont pour inscription DIANÆ AUG. ont pour type un *cerf*. Un *cerf* qui de son souffle chasse un serpent, selon l'opinion des naturalistes, avec ces mots espagnols : *Con el soplo l'ahuyenta*, c'est-à-dire : *de son souffle il le met en fuite*, est dans Picinelli la devise d'un brave, d'un guerrier, devant lequel les ennemis ne sauraient tenir. Saint Charles Borromée, dans l'académie des *Affidati* de Pavie, prit un *cerf*, qui mordu d'un serpent court à une fontaine, avec ces mots : *una salus*.— On appelle dans les manèges *mal de cerf*, un rhumatisme qui tombe sur les mâchoires et sur le train de devant d'un cheval.—En termes de blason on entend par *cerf sommé*, un *cerf ramé* de 9, 10, 11 ou 13 *cors*; quelquefois sans nombre. (*Cervus cornua novem, decem, undecim aut tredecim palmitibus brachiata præferens.*) Quand on n'y met que la tête seule, elle doit montrer les yeux et les deux oreilles; et alors plusieurs l'appellent *massacre*. (*Obversum cervi caput.*)—Myth., emblème d'un homme qui se laisse toucher par les discours des flatteurs, parce que le *cerf* était réputé sensible aux accents de la flûte. — Voy. DIANE, ACTÉON, CYPARISSE. — *Une corne de cerf sur la tête d'une femme*. Voy. NÉMÉSIS.

CERF-COCHON, subst. mas. (*cèrekochon*), t. d'hist. nat., quadrupède d'Afrique qui a la forme du *cerf* et porte un groin de *cochon*.

CERFEUIL, subst. mas. (*cèrefeuie*) (du grec χαιρω, je me réjouis, et φυλλον, feuille), t. de bot., plante annuelle, potagère, à fleur en ombelle, à feuilles profondément découpées, et à feuilles presque semblables à celles du persil : *cueillir du cerfeuil*, *semer du cerfeuil*. — *Cerfeuil musqué*, plante médicinale dont les feuilles ressemblent à celles de la ciguë. Voy. MYRRHIS.

CERFOUETTE, subst. fém. (*cèrefouète*) (dérivé du latin *circum fodere*, creuser autour), t. de jard., instrument pour creuser autour des plantes.

CERF-VOLANT, subst. mas. (*cèrevolan*), t. d'hist. nat., sorte d'insecte à quatre ailes et remarquable surtout par deux grandes cornes mobiles, branchues, assez semblables à celles du *cerf*. On l'appelle aussi *escarbot*; son véritable nom est *lucane*. — Objet de jeu fait avec du papier étendu et collé sur des baguettes, et que les enfants font voler en l'air par le moyen d'une ficelle à laquelle il tient, et qu'on lâche plus ou moins selon le vent. — T. de phys., *cerf-volant électrique*, *cerf-volant* dont la corde, entourée d'un fil de métal, est propre à servir de conducteur à l'électricité. Lancé dans un temps d'orage, il est électrisé par les nuages dont il s'approche, et en l'isolant au moyen d'un cordon de soie attaché à l'extrémité de la corde, on peut à cette extrémité tirer des étincelles plus ou moins vives, selon la quantité de fluide électrique dont le *cerf-volant* sera chargé. — Au plur., des *cerfs-volants*. — Les tanneurs nomment *cerfs-volants* les cuirs tannés à forfait et dont le ventre a été ôté.

CÉRIACA, subst. mas. (*cériaka*), t. de bot., sorte d'arbre à fleurs blanches.

CÉRICES, subst. mas. plur. (*cérice*), myth. Voy. CÉRYCES.

CÉRIE, subst. fém. (*céri*), t. d'hist. nat., genre d'insectes de l'ordre des diptères. — On désigne aussi et plus communément par ce mot un autre genre d'insectes de la famille des athéricères, et de la division des syrphies.

CÉRIGO, subst. propre mas. (*cériguo*), île de la Méditerranée, située sur la côte de Morée.

CÉRILLY, subst. propre mas. (*cérie-i*), ville de France, chef-lieu de canton, arrond. de Montluçon, dép. de l'Allier.

CÉRINE, subst. fém. (*cérine*), t. de chim., substance nouvelle que l'on extrait du liège.

CÉRINTHE ou **CÉRINTHÉE**, subst. fém. (*céreinte*, *té*) (du lat. *cerintha*, *cerinthe* ou *cerinthus*, fait, dans la même signification, du grec κηρινθον, lequel est formé de κηρος, cire, et ανθος, fleur, parce qu'on a cru que les abeilles en tiraient la matière dont elles font la cire), t. de bot., plante fort agréable aux abeilles, et qu'on nomme aussi *mélinet*.

CÉRINTHOÏDES, subst. fém. plur. (*céreintoïde*), se dit du genre des *cérinthes*.

CÉRIOMYCE, et non pas **CÉRIOMICE**, subst. mas. (*cériomice*) (le mot grec μυκης, champignon, entre dans la composition de ce mot), t. de bot. On a décrit sous ce nom le champignon.

CÉRION, subst. mas. (*cérion*), t. de bot., plante annuelle de la Cochinchine, haute de cinq à six pieds, qui seule constitue un genre dans la famille des solanées. — T. de médec., variété de la teigne.

CÉRIQUE, subst. mas. (*cérike*), t. d'hist. nat., nom qu'on donne en Amérique à certains crustacés, dont les uns sont des portunes, et les autres des ocypodes.

CÉRIROSTRES, subst. mas. plur. (*cérirocetre*), t. d'hist. nat. On désigne par ce nom collectif les oiseaux dont le bec est garni d'une membrane à la base.

CERISAIE, subst. fém. (*cerizé*), lieu planté de cerisiers.

CERISAY, subst. propre mas. (*cerizé*), bourg de France, chef-lieu de canton, arrondissement de Bressuire, dép. des Deux-Sèvres.

CERISE, subst. fém. (*cerize*), espèce de petit fruit à noyau, dont la chair est fort aqueuse et dont la peau est très-mince.—Couleur semblable à celle de ce fruit. — *Rouge-cerise*, rouge très-vif et un peu clair. — En t. de maréchaux, mal qui survient à la fourchette d'un cheval.

CERISETTE, subst. fém. (*cerizète*), nom d'une petite prune rouge.

CERISIER, subst. mas. (*cerizié*) (suivant Pline, de *Cérasonte*, ville d'Asie, d'où Lucullus apporta le premier cet arbre en Italie), t. de bot., arbre de la famille des rosacées, qui porte la *cerise*. — *Cerisier capitaine* ou *bois capitaine*, arbrisseau à feuilles, à aiguillons et à baies rouges, d'Amérique.

CERISIERS, subst. propre mas. (*cérizié*), bourg de France, chef-lieu de canton, arrond. de Joigny, dép. de l'Yonne.

CÉRISOLES, subst. propre fém. (*cérizole*), village de Savoie.

CERISY-LA-SALLE, subst. propre fém. (*cerizilaçale*), bourg de France, chef-lieu de canton, arrond. de Coutances, dép. de la Manche.

CÉRITE, subst. mas. (*cérite*), t. d'hist. nat., genre de coquille univalve qui comprend les rochers, les strombes et les toupies à forme turriculée de Linnée. Il diffère des vis par le défaut d'échancrures à la base du canal.

CÉRITES, subst. mas. plur. (*cérite*), t. d'hist. anc., on donnait ce nom à Rome à ceux qui formaient la dernière classe du peuple, et qui avaient perdu le droit de suffrage. — Nom d'anciens peuples de l'Étrurie.

CÉRITHE. Voy. CÉRITE.

CÉRITIER, subst. mas. (*cérìtié*), t. d'hist. nat., animal du genre *cérite*.

CÉRIUM, subst. mas. (*cériome*), t. d'hist. nat., métal découvert dans un minéral de Bastnaès en Suède, et que sa pesanteur spécifique avait fait nommer *tungstène de Bastnaès*.

CÉRIUM-OXYDÉ, SILICIFÈRE NOIR, subst. mas. (*cériome-okcidé*, *ciliciférenoar*), t. d'hist. nat., minéral nommé aussi allanite. Il a été considéré d'abord comme une variété de la gadolinite, à laquelle il ressemble beaucoup, mais seulement à l'extérieur.

CÉRIX, subst. mas. (*cérikce*), t. d'hist. nat. Pline et plusieurs autres anciens naturalistes ont donné ce nom à des coquilles univalves qu'ils ne décrivent pas avec assez de précision pour qu'on puisse les rapporter aux genres admis dans nos méthodes de conchyliologie. On sait seulement que les animaux qui habitaient ces coquilles avaient beaucoup de ressemblance avec les muriciers et les pourpriers, qui forment et habitent les coquilles des genres murex et pourpre.

CÉRIZAI ou **CÉRISIN**, subst. mas. (*cérizè*, *cérizein*), t. d'hist. nat. On a donné ce nom au serin d'Italie.

CERMATIDES, subst. mas. plur. (*cèrematide*), t. d'hist. nat. On a donné ce nom à une famille d'insectes qui comprend le genre scutigère.

CERMOISE, subst. fém. (*cèremoaze*), t. de bot., espèce de tulipe.

CERNAY, subst. propre mas. (*cèrené*), village de France, chef-lieu de canton, arrond. de Belfort, dép. du Haut-Rhin.

CERNE, subst. mas. (*cèrene*) (du lat. *circinus*, compas. Voy. CERNER), rond tracé sur la terre ou sur le sable.—Rond livide qui se forme quelquefois autour d'une plaie ou autour des yeux quand ils sont ce que l'on appelle battus. Vieux dans ces deux premiers sens. On ne dit plus qu'*avoir les yeux cernés.* — En t. de bot., cercles concentriques que l'on voit en coupant un arbre, et qui marquent son accroissement annuel ; ou en trouve autant que l'arbre a d'années.

CERNÉ, E, part. pass. de *cerner*, et adj. : *avoir les yeux cernés*, avoir les yeux battus.

CERNEAU, subst. mas (*cérenô*), la moitié du dedans d'une noix, tirée de sa coque encore verte, en la *cernant.*—*Vin de cerneaux*, vin rosé qui est bon à boire dans la saison des *cerneaux.*

CERNER, v. act. (*cèrené*) (du latin *circinare*, fait dans le même sens de *circinus*, compas, qui dérive de *circus*, pris du grec κιρκος, tour, cercle), faire un *cerne* ou un rond autour d'une chose. — Par extension : *cerner une place, des troupes*, les envelopper de manière à leur ôter toute communication, tout moyen de secours extérieur. — *Cerner un homme*, au fig., l'entourer de certains conseils, de certains témoins, etc., pour s'assurer de lui. — *Cerner*, détacher, séparer une chose de ce qui l'environne : *cerner des noix*, tirer le *cerneau* hors de sa coque.— *Cerner un arbre au pied*, faire un creux autour d'un arbre pour l'enlever avec ses racines, ou pour l'entourer de bonne terre, de bon fumier.—*Cerner*, voir (du latin *cernere*, qui a le même sens). Vieux et inusité. — *se* **CERNER**, v. pron., s'entourer d'un cercle : *les yeux se cernent.*

CERNÈS, subst. mas. (*cernèce*) (du grec κερνος, vase), t. d'hist. anc., prêtre de Cybèle.

CERNIN (SAINT-), subst. propre mas. (*ceincèrenein*), village de France, chef-lieu de canton, arrond. d'Aurillac, dép. du Cantal.

CERNOPHORE, subst. mas. (*cérenofore*) du grec κερνοφορος, formé de κερνος, vase, et φερω, je porte), t. d'hist. anc., celui qui portait les vases dans certains sacrifices. —Subst. fém., sorte de danse chez les Grecs.

CERNUATEUR, subst. mas. (*cérenuateur*), t. d'hist. anc., espèce de sauteur chez les Romains.

CERNUNNOS, subst. mas. (*cernunenôce*), myth., divinité des Gaulois.

CÉROCHETTE, subst. mas. (*cérochète*), t. d'hist. nat., genre d'insectes de l'ordre des diptères, et composé des espèces de la famille des athéricères.

CÉROCOME, subst. mas. (*cérokome*), t. d'hist. nat., genre d'insectes de l'ordre des coléoptères, section des hétéromères, famille des trachélides. Ces insectes, qui ont des couleurs très-brillantes, s'enfoncent dans les fleurs pour en extraire le suc mielleux.

CÉROÈNE et non pas **CÉROUÈNE** ni **CIROUÈNE**, subst. fém. (*céroène*) (du grec κηρος, cire, et οινος, vin; parce qu'on détrempait avec du vin les drogues qui entraient dans ce médicament), t. de pharm., emplâtre où il entre de la cire et du safran, qu'on applique sur les membres foulés ou blessés par quelques contusions, sans qu'il y ait ouverture, et qui est propre à dissiper les douleurs.

CÉROFÉRAIRE, subst mas. (*céroférère*) (du latin *cera*, cire, en grec κηρος ; et *fero*, en grec φερω, je porte), t. de liturgie, l'acolyte ou celui qui porte un cierge dans les cérémonies ecclésiastiques.

CÉROGRAPHE, subst. mas. (*céroguerafe*) (du grec κηρος, cire, et γραφω, j'écris, j'imprime, *imprimer sur la cire*), t. d'hist. anc., cachet ou anneau qui servait à cacheter.

CÉROÏDE, adj. des deux genres (*céro-ide*) (du grec κηρος, cire, et ειδος, forme, ressemblance), t. de minér., qui a l'apparence de la *cire* jaune.

CÉROMANCIE, subst. fém. (*céromanci*) (du grec κηρος, cire, et μαντεια, divination), divination par le moyen des figures de *cire*. — *Boiste* a eu tort de lui donner pour synonyme *céromance*, qui est trop éloigné de l'étymologie.

CÉROMANCIEN, subst. mas., au fém. **CÉROMANCIENNE** (*céromancieìn, ène*), celui ou celle qui exerce la *céromancie*. Il est aussi adj.

CÉROMATIQUE, adj. des deux genres (*céromatike*) (du grec κηρωματικος qui a le même sens), t. de pharm., mêlé de cire et d'huile.

CÉROMEL, subst. mas. (*céromèle*) (du grec κηρος, cire, et μελι, miel), t. de pharm., onguent dont la *cire* et le *miel* forment la base.

CÉROMIMÈME, subst. mas. (*céromimème*) (du grec κηρος, cire, et μιμεομαι, je contrefais), sorte de substance qui peut remplacer la cire à cacheter.

CÉRON ou **SURON**, subst. mas. (*céron*), t. de comm., sorte de ballot de marchandises, couvert de peau de bœuf fraîche, dont le poil est en dedans. — Myth., rivière de Thessalie qui faisait devenir noires les brebis qui s'y abreuvaient.

CÉRONIA, subst. mas. (*céronia*), t. de bot., variété du caroubier.

CÉROPALES, subst. mas. plur. (*céropale*), t. d'hist. nat., genre d'insectes de l'ordre des hyménoptères, section des porte-aiguillons, famille des fouisseurs. Il est très-voisin de celui des pompiles.

CÉROPÈGE, subst. mas. (*céropèje*), t. de bot., genre de plantes de la famille des apocynées, qui comprend douze à quinze espèces, dont six sont de l'Inde.

CÉROPHORE, subst. mas. (*cérofore*), t. d'hist. nat. On a donné ce nom aux mammifères à cornes creuses et persistantes, et on les a subdivisés en douze sous-genres, dont huit se rapportent au genre antilope. Les quatre autres sont les genres chèvre, mouton, bœuf, et un autre nommé *ovibos*, qu'on a formé du buffle musqué du Canada. — En t. de bot., on donne aussi ce nom à un genre de plantes établi aux dépens des hydnes, dont il diffère par la fructification supérieure en forme de petites cornes ou points solides. Les deux espèces qui entrent dans ce genre croissent dans l'Amérique septentrionale.

CÉROPHYTE, subst. mas. (*cérofite*), t. d'hist. nat., genre d'insectes de l'ordre des coléoptères.

CÉROPISSE, subst. fém. (*céropice*) (du grec κηρος, cire, et πισσα, poix), t. de pharm., emplâtre fait avec de la poix et de la cire. Inus.

CÉROPLASTIQUE, subst. fém. (*céroplacetike*) (du grec κηρος, cire, et πλαστικη, art de modeler, de figurer), art de figurer en *cire* les parties du corps humain, etc.

CÉROPLATE, subst. mas. (*céroplate*), t. d'hist. nat., genre d'insectes de l'ordre des diptères, famille des némocères.

CÉROSTOME, subst. mas. (*cérocetome*), t. d'hist. nat., genre d'insectes de l'ordre des lépidoptères, réuni maintenant au genre alucite.

CÉROUÈNE, mieux **CÉROÈNE**. Voy. ce mot.

CÉROXYLINE, subst. fém. (*cérokcilìne*), t. de chim., sorte de résine extraite du céroxylon.

CÉROXYLON, subst. mas. (*cérokcilon*), t. de bot., arbre du Pérou.

CERQUE, subst. mas. (*cèreke*), t. d'hist. nat., genre d'insectes de l'ordre des coléoptères, section des pentamères.

CERQUEMANAGE, subst. mas. (*cèrekemanaje*), t. d'anc. jurispr., office de *cerquemaneur*. Vieux.

CERQUEMANÉ, E, part. pass. de *cerquemaner*.

CERQUEMANÉREMENT, subst. mas. (*cerkemanéreman*), t. d'anc. jurispr., action de *cerquemaner*. Vieux et inusité.

CERQUEMANER, v. act. (*cèrekemané*), t. d'anc. jurisprudence, régler l'arpentage; placer les bornes des héritages. Vieux et inusité.

CERQUEMANEUR, subst. mas. (*cèrekemaneur*) (du latin *circare*, tourner, tournoyer, faire le tour, et de *manerium*, mot de la basse latinité, qui signifie logement, demeure, manoir, fait de *manere*, demeurer, séjourner), t. de jurisprudence ancienne, expert ou maître arpenteur ; juré qu'on appelait pour planter des bornes d'héritage et pour les rasseoir. Inusité.

CERRE, subst. mas. (*cère*), t. de bot., espèce de chêne. La calotte de son gland sert à corroyer les cuirs.

CERRIS, subst. mas. (*cérice*), t. d'hist. nat., nom donné par Pline à une espèce de singe.

CERRITE, subst. mas. et adj. (*cérite*), myth., fou par l'influence de Cérès. Inusité.

CERROY, subst. propre mas. (*cèroé*), bourg de France, chef-lieu de canton, arrond. de Sens, dép. de l'Yonne.

CERSPÈGE, subst. fém. (*cèrcepèje*), t. de bot., plante exotique herbacée, de la famille des apocynées.

CERTAIN, E, adj. (*cèretein, tène*) (du latin *certus*, qui a la même signification), en ne parlant que des choses, sûr, indubitable, vrai : *le fait est certain ; ma nouvelle est certaine.* — Préfix, déterminé : *l'assemblée doit se tenir à jour certain.* — *Prix certain, taux certain*, prix, taux qui ne varie point. — En ne parlant que des personnes, assuré : *je suis certain de cela.* — *Certain* se dit souvent, dans un sens vague, de personnes ou de choses qu'on ne peut pas ou qu'on ne veut pas nommer, caractériser, déterminer; et alors il se met toujours devant le nom substantif auquel il se rapporte : *on m'a parlé d'un certain homme ; on m'a dit une certaine nouvelle*, etc. — On se sert aussi de *certain* pour atténuer le sens trop absolu d'une expression : *c'est un homme d'un certain mérite ; il ne manque pas d'une certaine adresse ; je ne pus me défendre d'une certaine crainte*, etc. — *Un certain quidam, certains quidams*, locutions d'anciens monitoires, procès-verbaux, qu'on emploie pour désigner les personnes dont on ignore ou dont on n'exprime pas le nom.— *Un certain* se place quelquefois devant un nom propre pour marquer le dédain : *je me suis laissé dire qu'un certain Gaullier se permet des propos sur mon compte.* — **CERTAIN, SÛR, ASSURÉ.** (*Syn.*) *Certain* semble mieux convenir à l'égard des choses de spéculation, et partout où la force de l'évidence a lieu : les principes sont *certains*, ce que la raison démontre est *certain*. *Sûr* paraît être à sa place dans les choses qui concernent la pratique, et dans tout ce qui sert à la conduite : les règles générales sont *sûres* ; ce que l'épreuve vérifie est *sûr*. *Assuré* a un rapport particulier à la durée des choses et au témoignage des hommes : les fortunes sont *assurées* ; des événements sont *assurés* par l'attestation de témoins oculaires ou par l'uniformité des relations.—On est *certain* d'un point de science ; on est *sûr* d'une maxime de morale ; on est *assuré* d'un fait ou d'un trait d'histoire. — Subst.mas. : *il ne faut pas quitter le certain pour l'incertain.* — En t. de banque, on nomme *certain* ou *prix certain*, un nombre fixe d'écus, de francs, de livres, de piastres, etc., qu'on donne dans une place de commerce, pour recevoir dans une autre une somme indéterminée dans la monnaie qui y a cours.

CERTAINÉ, E, part. pass. de *certainer*.

CERTAINEMENT, adv. (*cèreténeman*) (en latin *certè*), assurément, indubitablement. Voy. **CERTES**.

CERTAINER, v. act. (*cèreténé*), mot forgé et inusité, auquel on a fait signifier : faire savoir à quelqu'un.

CERTAINETÉ, subst. fém. (*cereténeté*) (du latin *certitudo*, et *certamen*), vieux mot inusité qui signifiait : certitude, chose assurée ; et aussi : débat, différend, querelle.

CERTEAU, subst. mas. (*certô*), t. de bot., espèce de poire. Il y en a deux espèces : le *certeau d'été* et le *certeau musqué*.

CERTES, adv. (*cérete*), assurément, certainement. Il se place ordinairement au commencement de la phrase, et il est quelquefois précédé par *et : et certes...* — **CERTES, CERTAINEMENT, AVEC CERTITUDE.** (*Syn.*) *Avec certitude* désigne principalement, par une simple assertion, que vous avez les motifs les plus puissants pour assurer, ou les plus fortes raisons de croire et de dire une chose comme *certaine* en soi, ou dont vous êtes *certain*; *certainement* est une affirmation qui désigne votre conviction, la persuasion où vous êtes, et l'autorité que vous voulez donner à votre discours par votre témoignage, plutôt que les raisons que vous pouvez avoir d'assurer ou d'affirmer; *certes* est une affirmation tranchante et absolue, qui annonce l'assurance fondée sur la *certitude* et la conviction la plus profonde, qui certifie la chose, emporte une sorte de défi, et vous défend, pour ainsi dire, d'élever un doute ou un soupçon contraire. *Avec certitude, certainement, certes*, suivent la même gradation que *avec vérité, vraiment, en vérité* ; mais ils ajoutent à l'idée de *vérité* celle de preuve : ici, vous annoncez avec confiance une chose *vraie* ou *comme vraie* ; là, vous annoncez avec assurance une vérité *certaine* ou *comme certaine*. Cette différence supposée, *en vérité* répond à *certes*, et se place de même dans le discours, en tête surtout, comme conjonction ; *vraiment* répond à *certainement*, et modifie comme ce mot le verbe ou l'action ; *avec vérité* répond à *avec certitude*, et marque également une circonstance de la chose.

CERTIFICAT, subst. mas. (*cèretifika*) (du latin *certum*, certain, et *facere*, faire), écrit faisant foi de quelque chose : *demander, donner, délivrer un certificat ; certificat de mariage.* — Nous extrayons encore du *Dictionnaire de législation usuelle*, par M. E. DE CHABROL-CHAMÉANE, l'article suivant que nous y lisons. Un *certificat*, dit ce magistrat, est un acte qui sert à rendre témoignage de la vérité d'un fait. Toute personne peut attester par *certificats* ce qui est à sa connaissance ; les fonctionnaires publics en délivrent soit officiellement, dans certains cas déterminés par les lois, soit officieusement lorsque, hors les cas prévus par la loi, ils attestent tel ou tel fait dans l'intérêt d'une personne. — *Certificat de capacité.*

celui qui se délivre à ceux qui, dans les écoles de droit, ont été examinés et trouvés capables sur la législation et la procédure civile et criminelle. — *Certificat de carence*, attestation du juge que tel individu ne peut payer l'amende encourue en matière d'eaux et forêts. — *Certificat de coutume*, celui qui est délivré par le magistrat d'un pays étranger pour faire immatriculer, au nom d'un nouveau propriétaire, une rente sur le grand-livre et qui provient de la succession d'un étranger. — *Certificat de décharge*; il indique l'entrée et le déchargement, ou la sortie des marchandises expédiées par acquit-à-caution.—*Certificat de déclaration de changement de domicile*. Lorsqu'une personne reçoit une pension ou des rentes, et que cette personne change de domicile et de notaire, elle ne peut obtenir un *certificat de vie* du dernier notaire, sans lui présenter le *certifiat* du premier notaire, attestant qu'il a reçu la déclaration de changement de domicile ou de demande de *certificat de vie*.—*Certificat de déclaration de changement de notaire-certificateur*. Il en est de ce *certificat* comme de celui qui précède : peu importe que le *notaire-certificateur* réside ou ne réside pas dans le canton où habite la personne qui reçoit des rentes ou une pension. — *Certificat d'individualité*. Ce certificat doit être rédigé comme un acte notarié et par un notaire. Il désigne les noms, prénoms, âge, profession et domicile de celui qui l'a demandé, et sert à attester l'identité de celui qui en est porteur, avec ses papiers. — *Certificat d'indigence*, acte qui atteste qu'une personne est dans un état d'indigence, et par conséquent dans l'impossibilité de payer telle ou telle somme. Il doit être délivré par le maire de la commune de son domicile ou l'adjoint, visé par le sous-préfet et approuvé par le préfet de son département. Celui qui présente un *certificat* portant qu'il ne possède aucune espèce de propriété remplit le vœu de la loi, qui exige un *certificat d'indigence*. — *Certificat de moralité et de capacité*. L'aspirant au notariat doit demander à la chambre de discipline du ressort dans lequel il doit exercer, un *certificat de moralité et de capacité*, qui atteste qu'il est capable de remplir l'emploi ou les fonctions qu'il sollicite, et que ses mœurs sont irreprochables. — *Certificat négatif*, attestation d'un conservateur des hypothèques par laquelle il déclare qu'il n'existe aucune inscription sur les biens de la personne dont on s'informe.— *Certificat d'origine*. Ce *certificat* indique l'espèce et la quantité de marchandises qui viennent de tel pays et atteste qu'elles ne sont pas prohibées. — *Certificat de propriété*, *certificat* par lequel un officier public atteste le droit de propriété d'une ou de plusieurs personnes sur le capital et les arrérages d'une rente sur l'état. — *Certificat de quinzaine*, *certificat* donné par le conservateur des hypothèques, qui atteste l'absence de toute inscription prise contre un propriétaire vendeur et contre les premiers propriétaires pendant les quinze jours qui ont suivi la transcription de l'acte d'aliénation. — *Certificat de radiation*, *certificat* du conservateur des hypothèques qui prouve la radiation ou la réduction d'une inscription. — *Certificats de transcription*. Les contrats translatifs de la propriété d'immeubles ou droits réels immobiliers, que les tiers détenteurs veulent purger de priviléges et hypothèques, sont transcrits en entier par le conservateur des hypothèques dans l'arrondissement duquel les biens sont situés. L'attestation du conservateur, qu'il a exécuté cette formalité, est un *certificat de transcription*. — *Certificat de vie*. Les *certificats de vie* servent à attester l'existence de quelqu'un. Ainsi le propriétaire d'une rente viagère n'en peut demander les arrérages qu'en justifiant de son existence ou de celle de la personne sur la tête de laquelle elle a été constituée.—En t. de comm., on appelle *certificat de franchise* un acte qui déclare certaines marchandises franches et exemptes de droits.

CERTIFICATEUR, subst. mas. (*cèretifikateur*), t. de pratique. On nomme ainsi celui qui *certifie* la solvabilité d'une caution, ou encore la légalité des criées. — On appelle adjectivement : *notaire certificateur*, celui qui fait ou donne des *certificats* de vie.

CERTIFICATION, subst. fém. (*cèretifikâcion*), t. de palais, attestation qu'un comptable, un financier, etc., met au bas d'un mémoire, d'un registre, d'un compte, pour affirmer la vérité du contenu. Vieux.

CERTIFIÉ, E, part. pass. de *certifier*, et adj.

CERTIFIER, v. act. (*cèretifié*) (du latin *certum facere*, faire ou rendre certain), assurer une chose, témoigner qu'elle est vraie.—*Certifier une caution*, répondre qu'elle est solvable. — *Certifier les criées*, attester que les criées ont été faites dans les formes. L'une et l'autre expression sont du style de pratique.—SE CERTIFIER, v. pron. : *beaucoup de faits sont susceptibles de se certifier*.

CERTITUDE, subst. fém. (*cèretitude*) (du latin *certitudo*, fait dans la même acception de *certus*, certain), adhésion forte et invincible de notre esprit à une chose qu'il a reconnue vraie; assurance pleine et entière : *j'ai la certitude de cet événement; la certitude que j'ai de cette proposition*... — Les scholastiques distinguent deux sortes de *certitudes* : l'une de spéculation, qui ressort de l'évidence de la chose, et l'autre d'adhésion, qui naît de l'importance de la chose, qui n'exclut point la *certitude* de spéculation, qui même la suppose toujours. — On dit : *savoir une chose de certitude*, avec *certitude* : *cela est de toute certitude*, très-certain. — Stabilité : *il n'y a nulle certitude dans les choses du monde*. — On appelle *certitude métaphysique* celle qui est fondée sur le jugement que l'esprit porte nécessairement en combinant entre elles certaines idées ; *certitude physique*, celle qui est fondée sur le rapport des sens ; *certitude morale*, celle qui est fondée sur le témoignage des autres hommes.

CÉRUANE, subst. fém. (*céruane*), t. de bot., genre de plantes de la famille des corymbifères.

CÉRUMEN, subst. mas. (*cérumène*) (du lat. *cerumen*, fait de *cera*, en grec κηρος, cire), t. de médec., matière jaunâtre et épaisse, espèce de *cire* qui se forme dans l'oreille.

CÉRUMINEUSE, adj. fém. Voy. CÉRUMINEUX.

CÉRUMINEUX, adj. mas., au fém. CÉRUMINEUSE (*cérumineu, neuze*), t. de médec., qui forme le *cérumen*, qui a rapport au *cérumen*, qui tient de la *cire* : *les glandes cérumineuses*; *l'humeur cérumineuse des oreilles*.

CERUS, subst. propre mas., myth. Voy. CÆRUS.

CÉRUSE, subst. fém. (*céruze*) (du lat. *cerussa*, dont la signification est la même, et qui vient de *cera*, en grec κηρος, cire, parce que la *céruse* ressemble à de la cire), t. de chim., oxyde blanc de plomb : *blanc de céruse*. — Au fig. faux brillant. En ce sens c'est un latinisme (du latin *cerussa*, fard). — *Céruse native*, nom donné par quelques minéralogistes au plomb blanc terreux.

CÉRUSIER, subst. mas. (*céruzié*), ouvrier qui travaille à la fabrication de la *céruse*.

CERVAISON, subst. fém. (*cèrevèzon*) (rac. *cerf*), t. de vènerie, le temps où le *cerf* est gras et bon à chasser.

CERVANTÈSE, subst. mas. (*cèrevantèze*), t. de bot., arbrisseau du Pérou qui forme un genre dans la famille des thymélées.

CERVARIA, subst. fém. (*cèrevaria*), t. de bot., nom d'une espèce d'athamante.

CERVEAU, subst. mas. (*cèrevô*) (du latin *cerebrum*, qui a la même signification), t. d'anat., substance molle enfermée dans la capacité osseuse du crâne, et qui est un des principaux organes de la vie : *le cerveau est l'organe de la pensée*.— *Cerveau* se dit aussi par rapport aux animaux. — Au fig. et fam., esprit : *avoir le cerveau timbré, creux*, être un peu fou. — Fig. et fam., *s'alambiquer le cerveau*, s'appliquer à quelque chose avec une trop grande contention d'esprit. — *Cerveau brûlé*, imagination ardente et déréglée. Il dit plus que *tête chaude*. — La partie de la cloche qui est au-dessous de l'anse.

CERVELAS, subst. mas. (*cèrevelâ*), petit saucisson rempli de chair hachée et fort épicée. — Instrument à manche et à vent qui n'est plus en usage.

CERVELET, subst. mas. (*cèrevelè*) (du lat. *cerebellum*, dimin. de *cerebrum*, cerveau ; *petit cerveau*), t. d'anat., la partie postérieure du *cerveau*. — En bot., on donne ce nom à un champignon d'Italie.

CERVELIÈRE, subst. fém. (*cèrevelière*), espèce de casque. Vieux et inusité.

CERVELLE, subst. fém. (*cèrevèle*) (du lat. *cerebellum*, dimin. de *cerebrum*, cerveau), nom vulgairement donné au *cerveau* : *il lui a fait sauter la cervelle d'un coup de pistolet*. — *Brûler la cervelle à quelqu'un*, c'est lui casser, à bout portant, la tête d'un coup d'arme à feu. On dit dans le même sens, avec le pronom personnel : *se brûler la cervelle*. — Par exagération, on dit d'un homme qui a été long-temps exposé à l'ardeur du soleil et qui s'en trouve incommodé, que *le soleil lui a fait bouillir la cervelle, lui a desséché la cervelle*. — Au fig., esprit, jugement : *cela lui a tourné la cervelle ; il a la cervelle renversée; s'alambiquer la cervelle*. — Fig. et fam. : *cela lui trotte depuis long-temps dans la cervelle*, il y a long-temps que cette idée l'occupe —Toujours fig. et fam. : *c'est une bonne cervelle*, c'est un homme de sens. On dit dans une acception contraire : *c'est une tête sans cervelle, une petite cervelle, une cervelle légère, une cervelle éventée, une cervelle évaporée*. — L'*Académie* nous donne encore prov. et fig. : *mettre quelqu'un en cervelle, le tenir en cervelle*, pour dire qu'on le met en inquiétude, qu'on lui tient l'esprit en suspens. Nous croyons cette expression plus que surannée. — On appelle prov. *cervelle de lièvre*, un homme qui a mauvaise mémoire. — T. de cuisine, *cervelle* se dit du *cerveau* des animaux morts dont on fait un mets : *une cervelle à la poulette*.—*Cervelle de palmier*, espèce de moelle douce qu'on trouve au haut du tronc de certains palmiers : *il y a des peuples qui vivent de la cervelle du palmier*.

CERVICAIRES, subst. fém. plur. (*cèrevikère*), t. de bot., nom de plusieurs espèces de plantes.

CERVICAL, E, adj. (*cèrevikale*) (du lat. *cervix*, cou), t. d'anat., qui a rapport au cou : *glandes cervicales*. Au plur. mas. *cervicaux* ; *nerfs cervicaux*.

CERVICAUX, adj. plur. Voy. CERVICAL.

CERVICINE, subst. fém. (*cèrevicine*), t. de bot., plante annuelle de l'Égypte.

CERVICO-ACROMIEN, adj. et subst. mas. (*cervikonkromiein*), t. d'anat., qui a rapport à la portion antérieure du trapèze.

CERVICO-AURICULAIRE, adj. et subst. mas. (*cerviko-ôrikulère*), t. d'anat., se dit des muscles de l'oreille.

CERVICO-BREGMATIQUE, adj. et subst. mas. (*cervikobrèguematike*), t. de chir., se dit du diamètre de la tête d'un enfant. Voy. BREGMA.

CERVICO-CONCHIEN, adj. et subst. mas. (*cervikokonchiein*), t. d'anat., se dit du muscle qui, de la ligne du ligament *cervical*, se dirige vers la face de la conque de l'oreille externe.

CERVICO-MASTOÏDIEN, adj. et subst. mas. (*cèrevikomaceto-idiein*), t. d'anat., qui appartient à la partie postérieure du cou et à l'apophyse *mastoïde*.

CERVICO-NASAL, adj. et subst. mas. (*cèrevikonâzale*) t. d'anat., se dit de la partie céphalique du muscle peaussier.

CERVICO-SCAPULAIRE, adj. et subst. mas. (*cèrevikocekapulère*) (du lat. *cervix*, partie postérieure du cou, et *scapulæ*, épaules), t. d'anat., se dit de l'artère et de la veine appelées aussi *cervicales* et *transverses*.

CERVICO-SCUTIEN, adj. et subst. mas. (*cèrevikocekuciein*), t. d'anat., se dit du muscle qui, de la ligne du ligament cervical, se porte au dehors et se termine au cartilage scutiforme de l'oreille.

CERVICO-SOUS-SCAPULAIRE, adj. et subst. mas. (*cèrevikoçoucekapulère*), t. d'anat., se dit du muscle releveur de l'épaule.

CERVICO-TUBIEN, adj. et subst. mas. (*cèrevikotubiein*), t. d'anat., se dit du muscle qui aboutit à la partie membraneuse du fond de la conque de l'oreille externe.

CERVIER, adj. mas. (*cèrevié*), t. d'hist. nat. On désigne par ce mot une espèce de loup : *loup-cervier*. Voy. LOUP-CERVIER.

CERVIONE, subst. propre mas. (*cèrevione*), bourg de France, chef lieu de canton, arrond. de Bastia, dép. de la Corse.

CERVOISE, subst. fém. (*cèrevoaze*) (en lat. *cervisia*), boisson faite avec du grain et des herbes : *la bière est une espèce de cervoise*. On ne le dit guère qu'en parlant de quelques breuvages anciens.

CERVOISIER ou **CERVISIER**, subst. mas. (*cèrevoâ ou vizié*), marchand de *cervoise*, brasseur. Ce mot est vieux et hors d'usage.

CÉRYCES, subst. mas. plur. (*cérice*) (du grec κηρυκος, gén. de κηρυξ, héraut d'armes, crieur), t. d'hist. anc., chez les Athéniens, ministres des sacrifices qui avaient du rapport avec nos crieurs publics, et dont les fonctions étaient d'annoncer au peuple les choses civiles et profanes.

CÉRYLON, subst. mas. (*cérilon*), t. d'hist. nat., nouveau genre d'insectes de la famille des xylophages.

CÉRYX, subst. propre mas. (*cérikce*), myth., fils de Mercure. — T. d'hist. anc., nom d'un des prêtres préposés aux mystères de Cérès,

CES, adj. démonst. plur., des deux genres. Voy. CE.

CÉSAR, subst. propre mas. (*cézar*), nom d'un fameux empereur, qui est devenu un nom commun, synonyme d'empereur, surtout dans le haut style. — Titre d'honneur que les empereurs donnaient quelquefois à leurs enfants ou successeurs. — On dit prov. d'un homme hardi et courageux, que *c'est un César*, qu'*il est brave comme un César*. — Prov. et fig., *il faut rendre à César ce qui appartient à César*, il faut rendre à chacun ce qui lui est dû. — Adj., né par l'opération *césarienne*. (*Boiste*). Inusité. — Quelques grammairiens ont prétendu que le nom de *César* vient du mot latin *cæsaries*, chevelure : ainsi *César* voudrait dire la même chose que *chevelu*, et le premier qui a porté ce nom ne l'aurait eu que parce qu'il avait de beaux cheveux longs : mais la plus commune opinion est que le nom de *César* vient : *à cæso matris utero*, de ce qu'il fallut ouvrir le ventre de la mère du grand *César* pour l'en faire sortir. Janus Bircherodius, dans son ouvrage sur l'*Ordre de l'éléphant*, prétend que le nom *César* vient de ce que celui qui le porta le premier tua un éléphant en guerre ; et *a cæso elephanto*; et il appuie ce sentiment sur une médaille critique, sur laquelle on voit un éléphant avec le mot : CÆSAR.

CÉSARÉE, subst. fém. (*cézaré*), t. d'antiq., nom donné à certaines églises chrétiennes. Il y avait une *césarée* célèbre à Alexandrie. — Nom propre de plusieurs villes anciennes.

CÉSARIEN, subst. et adj. mas.; au fém. **CÉSARIENNE** (*cézariein*, *riène*), qui appartient à *César*; qui a quelque rapport à l'un des *Césars* : *les troupes césariennes*, de *César*; *la Mauritanie césarienne*. — Subst., les *césariens* étaient des officiers de troupes des *Césars*. Voy. plus bas CÉSARIENS.

CÉSARIENNE, adj. fém. (*cézariène*) (du lat. *cæsus*, part. pass. de *cædere*, couper, inciser, fendre : *cæso matris utero*, le ventre de la mère étant incisé, ouvert. Les enfants nés de la sorte s'appellent en latin *cæsares* ou *cæsones*.), t. de chir. : *opération césarienne*, incision que l'on fait pour tirer un enfant de la matrice de sa mère.

CÉSARIENS, subst. mas. plur. (*cézariein*), t. d'hist. anc., gladiateurs destinés dans l'ancienne Rome pour les jeux auxquels l'empereur assistait.

CESBÉDIUM, subst. propre mas. (*cècebédiome*), t. d'antiq., nom d'un ancien temple de Jupiter.

CESLIE, subst. fém. (*céli*), t. de bot., genre de plantes de la famille des asphodélées.

CE SONT. Voy. C'EST.

CESSANT, E, adj. verbal (*cèçan*, *çante*), qui *cesse*. On n'emploie guère cet adjectif que dans ces phrases : *toute affaire cessante* ; *toutes affaires cessantes* ; *tous empêchements cessants*; *toutes choses cessantes*.

CESSATEUR, subst. et adj. mas., au fém. **CESSATRICE** (*cèceçateur*, *trice*), qui abandonne un ouvrage à défaut de patience ou d'affection pour son entreprise. (*Rabelais*.)

CESSATION, subst. fém. (*cèceçâcion*), intermission, discontinuation : *cessation d'armes*, *d'hostilités*, *de service*, *de travail*, etc.

CESSATRICE, subst. et adj. fém. Voy. CESSATEUR.

CESSE, subst. fém. (*cèce*), répit. Il s'emploie sans article, et il ne se dit que dans ces phrases : *sans cesse*, continuellement, sans interruption : *n'avoir point de cesse*, ne point cesser; *il n'a ni repos ni cesse*. Cette dernière expression est du style fam., mais elle est fort en usage.

CESSÉ, E, part. pass. de *cesser*.

CESSER, v. act. (*cécé*) (du lat. *cessare*, fait dans la même signification de *cessum*, supin de *cedere*, céder, quitter, abandonner), discontinuer, interrompre : *cessez vos plaintes*, *votre travail*, etc. Voy. FINIR. — *Cesser*, v. neut., discontinuer : *cesser de chanter*, *de pleurer*, etc. ; *il a cessé de pleuvoir*. — On dit : *sa fièvre a cessé*, au prétérit ; ou *est cessée*, au participe.

CESSIBLE, adj. des deux genres (*cèceeible*), t. de droit, qui peut être *cédé*.

CESSION, subst. fém. (*cèceeion*) (du lat. *cessio*, dont la signification est la même, fait de *cedere*, céder), acte de la personne qui *cède* ; transport, abandonnement : *faire cession de sa créance*, transporter à une autre personne les droits que donne une créance. — *Faire cession de biens*, ou simplement : *faire cession*, abandonner ses biens à ses créanciers, en vertu des lois et en justice, pour avoir sa liberté. — *Cession volontaire*, celle que les créanciers acceptent volontairement. — *Cession judiciaire*, celle que la justice permet à un débiteur de faire, et que les créanciers ne peuvent refuser : *être admis au bénéfice de cession*, être autorisé à faire *cession* : *les étrangers ne sont pas admis au bénéfice de cession*.

CESSIONNAIRE, subst. et adj. des deux genres (*cèceeionère*), celui ou celle qui *a cédé* son bien volontairement ou par ordre de justice. — Celui ou celle à qui on a *cédé* quelque chose. Ce mot est beaucoup plus usité dans ce dernier sens que dans le premier.

CESSITE, subst. fém. (*cèceeite*), t. d'hist. nat., pierre qui représente des feuilles de lierre.

C'EST, CE SONT, C'ÉTAIT, C'ÉTAIENT, etc., sortes de gallicismes extrêmement usités, qui donnent beaucoup de vivacité et de force à la phrase, et qui y ont différents emplois. *Ce*, joint au verbe *être*, est toujours pronom démonstratif. *Être*, joint à *ce*, régit *à* ou *de* devant un infinitif. Il faut préférer *de*, lorsque le verbe, qui est à l'infinitif, commence par une voyelle :

> *C'est à* moi d'obéir puisque vous commandez.
> CORNEILLE, *Polyeucte*, acte I, scène IV;

et non : *c'est à moi à obéir* ; ou lorsqu'il se rencontre plusieurs *à* : *c'est à lui de se conformer à ce qu'exigent les magistrats*, et non : *c'est à lui à se conformer à ce qu'exigent*, etc. *Ce*, devant *être*, offre des difficultés ; tâchons d'en aplanir quelques-unes. *Être*, lorsque le pronom *ce* le précède, et qu'il se trouve lié par une préposition à un plur., prend le sing. :

> Cruel ! *c'est* à ces dieux que vous sacrifiez !
> RACINE, *Iphigénie*, acte IV, scène IV.

La raison de ceci est l'inversion qui se trouve dans cette phrase : en effet, la prép. et le subst. plur. appartiennent au verbe *sacrifiez* qui est après. La phrase se décompose ainsi : *sacrifiez à des dieux*. *Ce*, se rapportant tout simplement à la prép. qui suit immédiatement le verbe *être*, est du nombre singulier, et force *être* à prendre ce nombre. — *Ce* veut ordinairement le verbe *être* au sing. ; on en excepte le cas où il est suivi de la troisième pers. du plur. :

> *C'est* Pyrrhus, *c'est* le fils et le rival d'Achille.
> RACINE, *Andromaque*, acte II, scène V.

C'est vous qui êtes chéris ; mais on dit : *ce sont les vices qui dégradent l'homme* ; *c'étaient eux qui ordonnaient la cérémonie* ; parce que dans ces deux derniers exemples le verbe *être* est suivi d'un plur. à la troisième personne. Ce n'est cependant point une règle absolument rigoureuse ; *Racine* dit dans Andromaque :

> *Ce n'est* pas les Troyens, *c'est* Hector qu'on poursuit.
> Acte I, scène II.

et *Voltaire* :

> *Ce n'était* plus ces jeux, ces festins et ces fêtes,
> Où de myrte et de rose ils couronnaient leurs têtes.
> *Henriade*, chant X.

Ce n'est souvent qu'un véritable gallicisme :

> *C'est* créer les talents que *de* les mettre en place.
> VOLTAIRE.

> . . . . . *C'est* imiter les dieux
> Que *de* remplir son cœur du soin des malheureux.
> CRÉBILLON, *Atrée et Thyeste*, acte IV, scène I.

L'omission du *de*, dans ces deux phrases, serait une faute ; ce n'est cependant que par euphonie que l'usage exige cette particule. — *C'est à lui*, *de lui que je parle*, et non pas, comme on le dit trop souvent : *c'est à lui à qui je parle*, *c'est de lui de qui* ou *dont je parle*, en mettant par une répétition très-vicieuse, et qui est un véritable solécisme, deux fois la préposition *à* ou *de*, où elle ne doit se trouver qu'une seule fois. Cette faute est échappée à nos plus célèbres écrivains, soit en vers, soit en prose. On la trouve dans *Boileau* (satire IX) :

> *C'est à* vous, mon esprit, *à* qui je veux parler;

dans *J.-B. Rousseau* (Ode à la Fortune) :

> Mais de quelque superbe titre
> *Dont* ces héros soient revêtus;

dans *Buffon* (Histoire naturelle, premier discours) : *c'est à la nature à qui l'on doit....*, et (deuxième discours) : *c'est du foyer de l'embrasement dont nous parlons* ; dans *La Bruyère* (Caractères, chap. XII) : *ce n'est pas d'un saint dont un dévot sait dire du bien*; dans *Voltaire* (Supplément au Siècle de Louis XIV) : *ce fut de lui et de lui seul dont je tins...*; dans *Massillon*, presque à chaque page, etc., etc. Le *Dictionnaire de l'Académie* (édition de Paris, chez les libraires associés, 1765 ; de Nîmes, P. Beaume, 1786, etc.) n'en était pas exempt ; on lisait à la dernière ligne de l'article *Histoire*, immédiatement avant le mot *Historial* : *ce n'est pas de cela dont il s'agit*. Cette faute grave a été corrigée dans l'édition imprimée chez Smitz, an VIII. — C'en est encore une du même genre, et non moins répréhensible, que de dire avec *Crébillon* (Rhadamiste) :

> . . . . . Était-ce dans mon âme
> Où devait s'allumer une coupable flamme?

avec *Marivaux* : *ce sera chez elle* où *nous nous verrons*, etc. Dans ces deux phrases et dans toutes celles du même genre, il faut absolument *que* à la place de *où*, qui, équivalant dans la première à *dans qui* ou *dans laquelle*, et dans la seconde à *chez qui*, fait répétition et solécisme comme dans les phrases citées plus haut. — On dit *c'est eux* et *ce sont eux*, mais mieux le dernier, l'autre n'étant guère que de l'usage familier. — Quand le verbe *être* est suivi d'un verbe, on répète le pronom *ce* : *ce que je crains, c'est d'être surpris*, et non *est d'être surpris*. — Il est des cas où l'on doit aussi employer *ce* au second membre d'une phrase, lors même qu'il ne se trouve pas dans le premier : *le vrai moyen de se faire aimer, c'est de faire du bien*, et non *est de faire*, etc. — Pourtant *ce*, suivi d'un adjectif, n'a pas besoin d'être répété : *ce qui est bon est bien* ; *c'est bien* serait une faute. — *Ce* avant *être* suivi d'un subst. sing. doit toujours se répéter : *ce que je préfère dans une femme, c'est la douceur*, et non pas : *est la douceur* ; *ce qu'une femme fait le plus volontiers, c'est sa toilette*, et non pas : *est sa toilette*; *ce qui me plaît en vous, c'est votre franchise*, et non pas : *est votre franchise* ; *ce que les hommes admirent avant tout, c'est le courage guerrier*, et non pas *est le courage guerrier*. Mais *ce* doit être indispensablement répété, si le verbe *être* est suivi d'un subst. plur. ou d'un pronom personnel : *ce qu'on supporte le moins, ce sont les perfidies* ; *ce qui m'arrache au sentiment qui m'accable, c'est vous*. — *C'est fait*, *c'en est fait*, façons de parler dont on se sert pour signifier qu'une chose est finie, résolue, déterminée. On dit aussi : *c'est fait de lui*, *c'est fait de moi*, il est perdu, je suis perdu ; ou : l'on a fini telle chose avec lui, avec moi.

CESTE, subst. mas. (*cècete*) (du grec κεστος, piqué, fait à l'aiguille, dérivé de κεντεω, je pique), t. d'hist. anc., gros gantelet de cuir garni de plomb, dont les anciens athlètes se servaient dans les combats du pugilat. — Myth., ceinture de Vénus, dans laquelle étaient renfermés les désirs, les grâces et les attraits : c'est ce que Junon emprunta à Vénus pour se faire aimer de Jupiter, et pour le gagner contre les Troyens. Vénus fut obligée d'ôter cette ceinture en présence de Pâris, au sujet de la pomme de Discorde. Voy. DISCORDE. — T. d'hist. nat., genre de poissons de la famille des radiaires. Ce genre ne renferme qu'une seule espèce, le *ceste de Vénus*, qui atteint environ deux mètres de longueur, sur huit centimètres de hauteur et un centimètre d'épaisseur. Il représente un grand ruban bleuâtre qui s'agite dans tous les sens, et qui produit, lorsque le soleil brille, un effet très-remarquable. On le trouve dans la Méditerranée. — Subst. fém., mouchoir. (*Boiste*.) Inusité dans cette dernière acception.

CESTIE, subst. fém. (*céceti*), t. de bot., genre de plantes de la famille des solanées.

CESTIPHORE, subst. mas. (*cècetifore*) (du grec κεστος, ceste, et φερω, je porte), t. d'hist. anc., athlète armé du *ceste*.

CESTOÏDES, subst. mas. plur. (*cèceto-ide*), t. d'hist. nat., ordre de la classe des vers intestinaux.

C'EST POURQUOI, loc. conj. (*cèpourkoé*), signifie *ainsi*; avec cette différence que *c'est pourquoi* renferme dans sa signification particulière un rapport de cause et d'effet, et qu'*ainsi* renferme simplement un rapport de prémisses et de conséquences. Le premier est plus propre à marquer la suite d'un évènement ou d'un fait, et le second à faire entendre la conclusion d'un raisonnement.

CESTRACION, subst. mas. (*cècetrâcion*), t. d'hist. nat., poisson de la Nouvelle-Hollande, de la famille des squales.

CESTREAU, subst. mas. (*cècetrô*), t. de bot., genre de plantes de la famille des solanées.

CESTRINUS, subst. propre mas. (*cècetrinuce*), myth., fils d'Hélénus et d'Andromaque.

CESTRON ou **CESTRUM**, subst. mas. (*cècetron*, *trome*), t. de bot., nom probablement donné chez les Grecs à la bétoine. Le *cestrum* de Linnée est un genre différent.

CESTRORHIN, subst. mas. (*cècetrorein*), t. d'hist. nat., sous-genre établi parmi les squales.

CÉSURE, subst. fém. (*cézure*) (du lat. *cæsura* qui a la même signification, et qui est fait de *cædere*, couper), t. de poésie, dans les vers latins et les vers grecs, la syllabe après laquelle se trouve le repos, et qui est la première du pied suivant. — En t. de poésie française, repos qui, dans les vers alexandrins, se fait après la sixième syllabe et après la quatrième, dans les vers de dix syllabes :

> Que toujours dans vos vers — le sens, coupant les mots,
> Suspende l'hémistiche, — en marque le repos.

CET, CETTE, adj. et pron. démonst. : *cet esprit; cette fille*. Voy. CE ; voyez aussi notre GRAMMAIRE.

CÉTACÉ, E, adj. (*cétacé*) (en latin *cetaceus*, fait du grec κητος, baleine ; *qui est du genre de la baleine*), t. d'hist. nat. Les naturalistes se servent de ce mot pour désigner de grands animaux de mer, mammifères, pisciformes, et qui ont des nageoires au lieu de pieds, tels que la baleine, le dauphin, etc. On dit aussi subst. au mas. : *les cétacés ; c'est un cétacé*.

C'ÉTAIT. Voy. C'EST.

C'ÉTAIENT. Voy. C'EST.

CÉTÉRAC, subst. mas. (*cétérak*), t. de bot., espèce de capillaire qui croît sur les masures.

CÉTHOSIE, subst. fém. (*cétozi*), t. d'hist. nat., insecte de l'ordre des lépidoptères.

CÉTHUIS, subst. mas. (*cétuice*), t. de bot., sorte d'arbre d'Arabie.

CÉTOCINE, subst. fém. (*cétocine*), t. d'hist. nat., genre de coquilles.

CÉTOINE, subst. mas. (*cétoène*), t. d'hist. nat., genre d'insectes de l'ordre des coléoptères.

CÉTOLOGIE, subst. fém. (*cétoloji*) (du grec κητος baleine, et λογος, discours), t. d'hist. nat., description des cétacés.

CÉTOLOGIQUE, adj. (*cétolojike*), t. d'hist. nat., qui concerne la *cétologie*.

CETRA, subst. mas. (*cétra*), ancien petit bouclier fait de cuir d'éléphant. Inusité.

CÉTRAIRE, subst. mas. (*cétrère*), t. de bot., plante de la famille des lichens.

CETTE. Voy. CE.

CETTE, subst. propre fém. (*cète*), ville forte de France, chef-lieu de canton, arrond. de Montpellier, dép. de l'Hérault.

CETTE-CI, pour *celle-ci*, n'est plus français ; pas plus que *cettui-ci*, pour *celui-ci*.

CETTUY, vieux mot inusité qui s'est dit autrefois pour *ce*, comme on a dit aussi *cettui-ci, cette-ci*, pour *celui-ci, celle-ci*.

CEUS, le même que CÆUS. Voy. ce mot.

CEUX, subst. mas. plur. (*ceu*). Voy. CELUI.

CEUX-CI. Voy. CELUI.

CÉVADATE, subst. mas. (*cévadate*), t. de chim., sel provenant de l'acide *cévadique*.

CÉVADILLE ou **SIBADILLE**, subst. fém. (*cévadile, cibadile*), t. de bot., plante du Sénégal.

CÉVADIQUE, adj. (*cévadike*), t. de chim., se dit de l'acide découvert dans la *cévadille*.

CÉVADITINE, subst. fém. (*cévaditine*), t. de chim., principe actif découvert dans la *cévadille*.

CÉVALCHICHILLE, subst. fém. (*cévalechichile*), t. de bot., espèce de vigne.

CÉVENNES, subst. fém. plur. (*cévène*), montagne du Languedoc, en France.

CEYLAN, subst. mas. (*célan*), île de l'océan Oriental.

CEYLANITE, subst. fém. (*célanite*), t. d'hist. nat., substance pierreuse de couleur noire.

CEYSERIAT, subst. propre mas. (*cézeria*), bourg de France, chef-lieu de canton, arrond. de Bourg, dép. de l'Ain.

CÉYX, subst. mas. (*cé-ikce*), t. d'hist. nat., sorte de martin-pêcheur. — Insecte de l'ordre des diptères. — Myth. Voy. CEIX.

CH. Ces deux lettres, dans les mots purement français ou qui viennent du latin, se prononcent *che*, comme dans *cheval, chapeau, chute*, etc., et *ke*, si la lettre *h* est étymologique, et ne sert qu'à indiquer que les mots radicaux avaient un *h* aspiré ; tels sont les mots tirés du grec et de l'hébreu, tels que *anachronisme, christ, chœur*, etc. — On ne peut guère poser ici de règles générales, car les exceptions sont trop nombreuses.

CHA, subst. mas. (*cha*), étoffe de soie ou taffetas simple et très-léger qui vient de la Chine. — T. de bot., les Chinois, qui appellent ainsi le thé, donnent aussi ce nom à une espèce de nerprun dont les pauvres emploient les feuilles en guise de thé.

CHABAN, subst. mas. (*chaban*), mois de mars chez les Turcs. — Prière de minuit, et lune pendant laquelle on fait cette prière chez les mahométans.

CHABANAIS, subst. propre mas. (*chabané*), ville de France, chef-lieu de canton, arrond. de Confolens, dép. de la Charente.

CHABAR, subst. propre mas. (*chabar*), myth., divinité des Arabes.

CHABASIE ou **CHABAZIE**, subst. fém. (*chabazi*), t. d'hist. nat. On a donné ce nom à un minéral de la classe des substances terreuses.

CHABEC, subst. mas. (*chabèk*), t. de mar., bâtiment de la Méditerranée, destiné pour la guerre, et portant de quatorze à vingt-deux et même vingt-six canons en une seule batterie. Ces bâtiments, très-légers, sont à voiles et à rames.

CHABEUIL, subst. propre mas. (*chabeuie*), ville de France, chef-lieu de canton, arrond. de Valence, dép. de la Drôme.

CHABIN, subst. mas. (*chabein*), t. d'hist. nat. On appelle ainsi dans quelques-unes de nos îles de l'Amérique le mulet produit par l'accouplement du bouc et de la brebis.

CHÂBLAGE, subst. mas. (*châblaje*), t. de rivière, par lequel on désigne le travail et la manœuvre du *châbleur*.

CHÂBLE, adj. mas. (*châble*), t. de charpentier, grosse corde qui passe sous la gorge d'une poulie.

CHÂBLÉ, E, part. pass. de *châbler*, et adj.

CHÂBLEAU, subst. mas. (*châblô*), t. de batelier, corde d'une moyenne grosseur, au moyen de laquelle on remonte les bateaux sur les rivières.

CHÂBLER, v. act. (*châblé*), attacher un *câble* à une pièce de bois pour la lever. — V. pron., *se* CHÂBLER.

CHÂBLEUR, subst. mas. (*châbleur*), officier préposé sur certaines rivières pour faciliter aux bateaux le passage des ponts et des autres endroits difficiles.

CHABLIS, subst. mas. (*chabli*), arbre de haute futaie abattu, renversé ou déraciné par les vents, les orages ou autres incidents : *il y a beaucoup de chablis dans cette forêt*. — Subst. propre mas., ville de France, chef-lieu de canton, arrond. d'Auxerre, dép. de l'Yonne. Ses vins sont très-renommés : *donnez-nous du chablis*.

CHABNAN, subst. mas. (*chabenon*), mousseline très-claire qui vient des Indes orientales.

CHABOT, subst. mas. (*chabô*) (de l'italien *capo*, en lat. *caput*, tête), t. d'hist. nat., petit poisson de rivière qui a quatre ou cinq pouces de longueur. Il a la tête plus grosse que le corps, c'est de là qu'il a pris son nom. On l'appelle aussi *meunier*. — Au plur., menus cordages avec lesquels les maçons attachent les échasses et les baliveaux qui leur servent à échafauder.

CHABRAQUE, subst. mas. (*chabrake*), sorte de caparaçon. On l'écrit plus souvent *schabraque*.

CHABRÉE, subst. fém. (*chabre*), t. de bot., genre de plantes.

CHABRILLOU, subst. mas. (*chabrilou*, sorte de petits fromages de lait de chèvre qui se font en Auvergne.

CHABUISSEAU, subst. mas. (*chabuiçô*), t. d'hist. nat. Les pêcheurs de la Rochelle donnent ce nom à un petit poisson qui a une ligne bleue assez large de chaque côté du corps.

CHAC, subst. mas. (*chak*), onomatopée du bruit d'un chien de fusil qui frappe la batterie sans découvrir le bassinet : *faire chac*. Entièrement inusité.

CHACABOUT ou **XACABOUT**, subst. mas. (*chakabou, keçakabou*), sorte de religion répandue en différentes contrées des Indes orientales, et dont l'auteur, nommé *Chaca* ou *Xaca*, a été, suivant la mythologie des Indiens, métamorphosé en éléphant blanc.

CHACAL, subst. mas. (*chakale*), t. d'hist. nat., animal carnassier des pays orientaux, dont la figure a quelque ressemblance avec celle du renard ; mais il est moins gros. — On appelle *chacal gris* une variété de l'espèce du *chacal* qui habite les environs du cap de Bonne-Espérance.

CHACAMEL, subst. mas. (*chakamèle*), t. d'hist. nat., oiseau d'Amérique.

CHACAR, subst. mas. (*chakare*), t. de comm., toile de coton à carreaux qui vient de Surate.

CHACARAS, subst. mas. plur. (*chakarâce*), prêtres du soleil, au Pérou.

CHACHA, subst. fém. (*chacha*), t. d'hist. nat., C'est un des noms que l'on donne en France à la litorne, espèce de grive ou de tourde.

CHACHA-VOTOTOLT, subst. mas. (*chachavototolete*), t. d'hist. nat., oiseau du Mexique, un peu plus gros que le chardonneret. Il a un petit bec noir, et le dos varié de bleu, de noir, et de cendré.

CHACHUCHA, subst. fém. (*cachucha*), sorte de danse espagnole fort vive et même lascive.

CHACONNE, subst. fém. (*chakone*) (de l'italien *ciaccona*, dont la signification est la même, et qui est fait de *ciecone*), augmentatif de *cieco*, aveugle; parce que le mouvement propre à la *chaconne* fut, dit-on, inventé par un aveugle), sorte de pièce de musique faite pour la danse, dont la mesure est bien marquée et le mouvement modéré : *faire une chaconne; jouer une chaconne*. — On appelle *chaconne chantante* des couplets faits sur l'air d'une *chaconne*. — *Chaconne* se dit aussi d'une danse sur un air de *chaconne*. — Ruban qui attache le col de la chemise, et dont on laisse pendre négligemment les deux bouts. Ces rubans furent mis à la mode par *Pécourt*, fameux danseur de l'Opéra, qui en porta un, pour la première fois, en dansant une *chaconne*.

CHACRAN, subst. mas. (*chakran*), myth., arme chez les Indiens.

CHACRILLE, subst. fém. (*chakrile*), t. de bot., seconde écorce des jeunes tiges du croton, ou cascarille.

CHACUN, CHACUNE, pron. indéfini, sans plur. (*chakun, kune*), collectif distributif qui désigne tous les individus de l'espèce nommée, pris distributivement, avec rapport à un sens affirmatif; au contraire d'*aucun, aucune*. Il s'emploie seul, avec relation à un nom appellatif connu, soit pour avoir été énoncé auparavant, soit pour etre suffisamment déterminé par les circonstances de l'énonciation. Ainsi, après avoir parlé de livres, on dira : *chacun coûte six francs* ; après avoir parlé de Pierre et de Paul : *chacun y consentit*; et dans cette phrase, *chacun* est en concordance avec le nom commun *homme*. Dans la phrase : *chacun se plaint du sort; chacun* signifie *chaque homme*. — Ce mot n'a point de pluriel : *on jugerait beaucoup mieux les visages, si chacun portait ses cheveux et les laissait flotter librement*. — On lit dans les prem. éditions de l'*Homme des champs* :

> Chacun de ses filets sont autant de Pactoles.

C'est un solécisme : il fallait *chacun.... est un Pactole*. — *Un chacun* n'est plus français. — Prov., *chacun le sien n'est pas trop ; chacun le sien*, il est juste que *chacun* ait ce qui lui appartient. — *Chacun* se prend quelquefois pour *on : chacun s'en plaint ; chacun en parle*.

CHACUNIÈRE, subst. fém. (*chakunière*), maison : *chacun en sa chacunière*. On l'a même dit dans le sens de *maîtresse*. Vieux et hors d'usage.

CHADARA, subst. fém. (*chadara*), t. d'hist. nat., espèce de corbeau du nord.

CHADARE, subst. mas. (*chadare*), t. de bot., genre de plantes qui n'est autre chose que le peuplier.

CHADEC, subst. mas. (*chadèk*), t. de bot., nom d'un citronnier.

CHADET, subst. mas. (*chadé*), t. d'hist. nat., nom qu'on a donné au *murex* de Linnée.

CHÆNORAMPHE, subst. mas. (*chénoranfe*), t. d'hist. nat., genre d'oiseaux à bec long.

CHÆROPHYLLOS, subst. mas. (*chérofileloce*), t. de bot., les Grecs donnaient ce nom à une plante que l'on croit être une espèce de cerfeuil.

CHÆROPHYLLUM, subst. mas. (*chérofilelome*), t. de bot. On a donné ce nom à différentes plantes.

CHÆTANTHÈRES, subst. fém. plur. (*chétantère*), t. de bot., plantes herbacées du Pérou, qui forment un genre dans la famille des corymbifères.

CHÆTARIE, subst. fém. (*chétari*), t. de bot., genre de graminées, établi aux dépens des aristides de Linnée.

CHÆTOCHYLE, subst. mas. (*chétochile*), t. de bot., genre de plantes.

CHÆTOCRATER, subst. mas. (*chétokratère*), t. de bot., arbre du Pérou.

CHÆTOSPORE, subst. mas. (*chétocepore*), t. de bot., genre de plantes.

CHÆTURE, subst. mas. (*chéture*), t. de bot., genre de graminées.

CHAFAUDEUR, subst. mas. (*chafôdeur*), t. de mar., on nomme ainsi l'homme embarqué sur un navire qui fait la pêche à Terre-Neuve, et qui est chargé de monter les échafauds. C'est aussi lui qui coupe la tête de la morue. (*Laveaux*.) Selon nous, *échafaudeur* vaudrait mieux.

CHAFAUDRIER, subst. mas. (*chafôdrié*), t. de mar., le même que *chafaudeur*. (*Boiste*.)

CHAFÉE, subst. fém. (*chafé*), écorce du grain qui reste dans les sacs lorsqu'on a exprimé toute la fleur du froment. Tout-à-fait hors d'usage.

CHAFERCONÉES, subst. fém. plur. (*chaférekone*), t. de comm., sorte de toiles peintes des Indes.

CHAFOUIN, E, subst. (*chafouein*, *fouine*) (suivant *Le Duchat*, des mots français *chat* et *foin*; parce que, dit-il, les *chats* font volontiers leurs petits dans le *foin*. D'après cette étym., qui n'est pas de plus mauvais aloi que tant d'autres, on devrait écrire *chatfoin, e*; mais l'*Académie* et tous les *dictionnaristes* écrivent *chafouin, e*), expression basse et populaire, par laquelle on désigne injurieusement une personne maigre, petite, et qui a une figure désagréable.—En t. d'hist. nat., c'est un quadrupède de l'Amérique. — Il est aussi adj. : *air chafouin*; *mine chafouine*. Fort peu usité.

CHAFOURÉ, E, part. pass. de *chafourer* et adj.

CHAFOURER, v. act. (*châfouré*), défigurer, barbouiller, griffonner. Inus.

CHAFOUREUR, subst. mas. (*châfoureur*), griffonneur. Inus.—On pourrait dire au fém. *chafoureuse*, si ce mot était usité.

CHAGRAIN. Voy. **CHAGRIN**.

CHAGNY, subst. propre mas. (*chagni*), bourg de France, chef-lieu de canton, arrond. de Châlons, dép. de Saône-et-Loire.

CHAGRIN, subst. mas. (*chaguerein*), peine, affliction : *noir chagrin*; *chagrin cuisant*; *grand, profond chagrin*; *chagrin mortel*; *avoir du chagrin*, *des chagrins*; *vivre dans le chagrin*; *mourir de chagrin*; *noyer son chagrin dans le vin*, etc. — Humeur, dépit, colère : *quiconque se permet de vous contredire excite votre chagrin.* — Déplaisir : *j'ai appris avec chagrin qu'il a quitté son état*; *c'est à mon grand chagrin que...*, etc. — Espèce de cuir qui a des *grains*, fait ordinairement de peau de mulet ou d'âne : *étui, peau de chagrin.* — Étoffe de soie. — *Chagrain*, dans ce sens, devrait donc être la véritable orthographe. On dit fig. et fam., d'une personne qui a la peau rude, qu'*elle a une peau de chagrin.* — — **CHAGRIN, TRISTESSE, MÉLANCOLIE.** (*Syn.*) Le *chagrin* vient du mécontentement et des tracasseries de la vie; l'humeur s'en ressent; la *tristesse* est ordinairement causée par les grandes afflictions; le goût des plaisirs en est émoussé; la *mélancolie* est l'effet du tempérament, les idées sombres y dominent et en éloignent celles qui sont réjouissantes. L'esprit devient inquiet dans le *chagrin*, lorsqu'il n'a pas assez de force et de sagesse pour le surmonter; le cœur est accablé dans la *tristesse*, lorsque par un excès de sensibilité il s'en laisse entièrement saisir; le sang s'altère dans la *mélancolie*, lorsqu'on n'a pas soin de se procurer des divertissements et des dissipations. Voy. **AFFLICTION** et **DOULEUR**.

CHAGRIN, E, adj. (*chaguerein*, *rine*), qui a du *chagrin*; qui est triste : *depuis la mort de sa femme, on le voit toujours chagrin.* On dit dans le même sens : *avoir l'âme chagrine.* — De fâcheuse, de mauvaise humeur; de mauvais caractère : *quoi qu'on fasse pour lui plaire, cet homme chagrin ne paraît jamais satisfait*; *il est né chagrin*; *il est naturellement chagrin.* On dit dans le même sens : *avoir l'esprit chagrin*, *un esprit chagrin*; *avoir le caractère chagrin*, *l'humeur chagrine*; *un caractère chagrin*; *une humeur chagrine*; *être d'un caractère chagrin*, *d'une humeur chagrine.* — On dit qu'une personne *a l'air chagrin*, pour dire, ou qu'elle a l'air triste, ou qu'elle a l'air de mauvaise humeur, ou enfin qu'elle semble avoir un mauvais caractère, une humeur fâcheuse.

CHAGRINANT, E, adj. (*chaguerinan*, *nante*), qui cause du *chagrin*, qui *chagrine*, qui afflige : *cela est chagrinant*; *cet homme-là est bien chagrinant.*

CHAGRINÉ, E, part. pass. de *chagriner* et adj. : *peau, étoffe chagrinée.* Voy. **CHAGRIN**.

CHAGRINEMENT, adv. (*chaguerineman*), avec *chagrin*. Inusité.

CHAGRINER, v. act. (*chaguerinė*), causer du *chagrin* : *cette affaire me chagrine.* — T. d'arts et mét., préparer une peau de telle sorte qu'elle se convertisse en *chagrin*, une étoffe de soie de manière à la rendre grenue comme le *chagrin*. Voy. **CHAGRIN**. — *se* **CHAGRINER**, v. pron. : *pourquoi vous chagrinez-vous d'avance?*

CHAGRINIER, et mieux **CHAGRAINIER** (voy. **CHAGRIN**), subst. mas. (*chaguerinié*), ouvrier qui, par les préparations qu'il donne aux peaux de chevaux, d'ânes et de mulets, les convertit en *chagrin*.

CHAH. Voy. **SCHAH**, qui est seul usité.

CHAHUAM, subst. mas. (*châ-uame*), t. de com., sorte de mousseline fine du Bengale.

CHAHUT, subst. fém. (*cha-u*) (Ce mot est peut-être une corruption de celui de *chat-huant*, oiseau de nuit), danse indécente que l'immoralité a introduite dans les guinguettes de Paris. — On donne le nom de *cancan* à une danse un peu moins indécente peut-être que la *chahut*.

CHAIDEUR, subst. mas. (*chèdeur*), nom que l'on donne, dans les mines, aux ouvriers qui pilent la mine à bras.

CHAIE, subst. fém. (*chè*), t. de mar., espèce de barque hollandaise.

CHAILLAND, subst. propre mas. (*chaïlan*), bourg de France, chef-lieu de canton, arrond. de Laval, dép. de la Mayenne.

CHAILLARD, subst. propre mas. (*cha-iar*), ville de France, chef-lieu de canton, arrond. de Tournon, dép. de l'Ardèche.

CHAILLETIE, subst. fém. (*cha-ieti*), t. de bot., genre de plantes de la famille des amentacées, qui est voisin des micocouliers, et renferme deux arbres de Cayenne.

CHAÎNE, subst. fém. (*chène*) (du lat. *catena* dont la signification est la même, et qui vient du grec *καθεμα*, collier, ou de *καθ' ενα*, un à un; parce que, dans une *chaîne*, les anneaux sont assemblés un à un), lien composé d'anneaux entrelacés les uns dans les autres : *chaîne de fer*, *d'or*, *d'argent*, etc. — On appelle *chaîne à la Catalogne*, une *chaîne* formée de plusieurs anneaux ronds ou elliptiques en fer, mis les uns dans les autres de manière que chaque anneau en renferme deux; *chaîne carrée*, celle dont les anneaux sont d'une figure elliptique, ployés en deux et entrelacés les uns dans les autres; *chaîne en gerbe*, celle dont les maillons sont courbés en 8 de chiffre, *chaîne en S*, celle dont les maillons ont la forme d'un S; *chaîne sans fin*, celle dont les chaînons, de même forme, se tiennent tous. — *Mettre à la chaîne*, enchaîner, mettre aux fers. On dit dans le même sens : *charger de chaînes*; et, en parlant d'un chien : *tenir à la chaîne.* —Autrefois la peine des galères se nommait, par extension, *la chaîne*; on disait : *il a été condamné à la chaîne*, etc. : aujourd'hui l'on n'applique plus cette expression qu'à une troupe d'individus condamnés aux travaux forcés : *le départ de la chaîne*; *la chaîne vient de passer par ici*, etc.—Fig., servitude, captivité : *ce peuple généreux a su briser ses chaînes*; *traîner sa chaîne*; *secouer sa chaîne*; *un amant qui se plaît dans ses chaînes, qui aime sa chaîne.* — En t. de dévotion, *les chaînes du péché.* — Profonde affection, attachement, amitié : *ils sont unis par une étroite chaîne*; *rien ne saurait briser la chaîne qui les lie.* — Enchaînement, continuité, succession : *la chaîne des êtres, des idées, des événements*; *une chaîne d'occupations.* — *Une chaîne de montagnes, de rochers*, etc., une suite non interrompue de montagnes, de rochers, etc.; *une chaîne d'étangs*, une suite d'étangs qui se communiquent. — On appelle également *chaîne* une suite de personnes qui se font passer rapidement de main en main un fardeau, des pierres, des seaux d'eau dans un incendie, etc. : *faire, former la chaîne.* — T. de danse, figure dans laquelle on se donne la main en passant, lorsqu'on traverse pour changer de place : *la chaîne anglaise.* — En t. de physique, *chaîne électrique*, suite de personnes disposées de manière à recevoir, toutes en même temps, la commotion électrique. — En t. de joaillier, *chaîne de diamants*, garnie de diamants. — En t. d'horloger, *chaîne d'une montre*, sorte de petite *chaîne d'acier* qui se roule sur la pièce nommée fusée, pour tendre le grand ressort.—On appelle *chaîne de charron* un outil composé de plusieurs *chaînons* carrés, dont les charrons se servent pour rapprocher les rais d'une roue et les faire entrer dans les mortaises des jantes. — En t. d'archit., il se dit, dans la construction des murs, de moellon, des jambes de pierre élevées à plomb, ou faites d'une pierre posée alternativement entre deux harpes. — T. de mar., *chaîne de port*, estacade à l'entrée d'un port, ou entourage de bois flottants solidement arrêté par des pilotis et des ancres. On y met des *chaînes* de fer; on la ferme avec des cadenas, et on l'ouvre pour laisser passer les bâtiments. — T. commun à tous les ouvriers qui ourdissent le fil, la laine, le lin, le coton, le crin, la soie, pour signifier : la partie de ces matières qui est tendue sur les ensuples ou ce qui en tient lieu, distribuée entre les dents du peigne, et divisée en portions qui se baissent, se lèvent, se croisent et embrassent une autre partie des matières qui entrent dans la fabrique des mêmes ouvrages, et qu'on appelle *trame*. — *Chaîne d'avaloir*, en t. de charretier, *chaîne* qui est accrochée au limon. — *Huissiers à la chaîne*, de *la chaîne*, huissiers du conseil qui portaient une *chaîne* d'or. — Petite *chaîne* de fer, propre à mesurer la taille d'un cheval. — Instrument d'arpentage, composé de plusieurs pièces de gros fil de fer ou de laiton, recourbées par les deux bouts, et qui sert à mesurer un terrain. — *Chaîne de Vaucanson*, *chaîne* qui tient lieu d'une crémaillère. — T. d'hist. nat., serpent noir bleuâtre. — Au plur., myth., voy. **CASSIOPE, ÉOLE, FUREUR, PROTÉE**.

CHAÎNÉ, E, adj. (*chéné*), t. de bot., formé de parties attachées bout à bout.

CHAÎNEAU, subst. mas. (*chénô*), canal de plomb ou de bois.

CHAÎNÉE, subst. fém. (*chéné*), mesure à la *chaîne*.

CHAÎNETIER, subst. mas. (*chénetier*), ouvrier qui fait des agrafes et toutes sortes de petites *chaînes*. Peu en usage.

CHAÎNETTE, subst. fém. (*chénète*), petite *chaîne*. — Les bourreliers appellent *chaînette* la partie du harnais des chevaux de carrosse qui sert à soutenir le timon du carrosse, et à le reculer; les rubaniers, une espèce de tissu de soie qu'on fait courir sur toute la tête de la frange. — Les tailleurs et les couturières appellent *points de chaînette*, des points dont l'assemblage imite une *chaînette*; les brodeurs, une espèce d'ornement courant qui forme une sorte de lacs continus; les éperonniers, de petites *chaînes* qu'on place au nombre de deux dans le bas d'un mors, pour en contenir les branches et les empêcher de s'écarter l'une de l'autre. — En géom., ligne courbe dont une *chaîne* ou une corde prend la figure par son propre poids, lorsqu'elle est suspendue librement par ses deux extrémités. — En archit., voûte dont le cintre est semblable à la courbe d'une *chaîne* suspendue par les deux bouts. — Dans l'art militaire, troupe circulaire de soldats pour garantir des attaques de l'ennemi ceux qui sont chargés de fourrager. — En t. d'imprim., on appelle *chaînette* une gouttière au bas d'un tympan.

CHAÎNON, subst. mas. (*chénon*), anneau d'une *chaîne*.

CHAIR, subst. fém. (*chère*) (du lat. *caro, carnis*, qui signifie la même chose), substance molle et sanguine qui est entre la peau et les os de l'animal : *chair humaine*; *chair de cheval*; *chair ferme*; *chair molle*; *chair fraîche*; *chair corrompue*, etc. —*Chairs baveuses*, les *chairs* spongieuses d'une plaie. — *Chair vive*, la chair saine; *chair morte*; la *chair* gangrenée et dépourvue de sentiment. — *Être en chair*, avoir de l'embonpoint, être gras. — *Avoir la chair fraîche*, avoir de la fraîcheur. — *Un animal qui est bien en chair*, qui est en bon état. — *Excroissance de chair*, tumeur de telle ou telle nature. — En parlant des personnes, on entend quelquefois par *chair* la peau : *avoir la chair douce, rude, blanche, noire*, etc. — *Chair*, considérée comme signifiant : aliment, se dit de toutes les parties musculaires des animaux terrestres et des oiseaux : *un morceau de chair*; *chair de bœuf*, *de mouton*, *de poulet*; *chair crue, cuite, rôtie, bouillie*; *chair dure, tendre, grasse, maigre, courte, longue salée, fraîche*, etc., etc. Il se dit aussi par rapport aux poissons : *la chair de ce turbot est ferme, molle*; et même par rapport aux fruits : *la chair d'un melon, d'une poire*, etc.; et de quelques plantes : *la chair d'un champignon.*—*Chair* ou *viande blanche*, celle des chapons, des poulardes, des dindons, etc.; *chair* ou *viande noire*, celle des lièvres, des bécasses, des pigeons, des chevreuils, etc. — T. de faucon. : *être bien à la chair*, chasser avec ardeur : *cet oiseau est bien à la chair.* — En t. de l'Écriture : 1° l'humanité, la nature humaine, un corps humain : *le Verbe s'est fait chair*; *la résurrection de la chair*; 2° l'homme terrestre et animal, par opposition à l'homme spirituel : *la prudence de la chair*; *écouter la chair et le sang*; 3° la concupiscence : *les désirs, les aiguillons, les révoltes, de la chair*; *le démon de la chair*; *la chair est faible*; *mortifier, mater, macérer sa chair.* — *L'œuvre de la chair*, *l'œuvre de chair*, la conjonction charnelle. — *Le péché de la chair*, le péché d'impureté. — Fam., *la chair nourrit la chair*, la viande est l'aliment qui convient le mieux à l'animal.— Fig. et fam., *faire venir la chair de poule*, faire frissonner, tressaillir. On dit dans le même sens : *j'en ai la chair de poule.* — Prov., fig. et fam., *pester entre cuir et chair*, être mécontent, contrarié, sans oser l'exprimer. — Prov. et fig., *il n'est ni chair ni poisson*; *on ne sait s'il est chair ou poisson*; il manque de caractère; on ne sait à quoi s'en tenir avec lui. — Prov., *hacher menu comme chair à pâté*, mettre en pièces, en morceaux. — Fam., *c'est une masse de chair, une grosse masse de chair*, 1° c'est une personne fort grosse, fort pesante; 2° c'est un esprit lourd; 3° c'est une personne qui a le corps et l'esprit également lourds. — *Chair*, en peinture, se dit des carnations, c'est-à-dire des imitations de la *chair* : *voilà de belles chairs; les chairs sont mal traitées dans ce tableau : des chairs vraies*, exprimées avec vérité. On dit qu'*une main est de belle chair*, pour dire que le coloris en imite très-bien celui de la *chair* humaine. — On appelle *couleur de chair*, certaine couleur rouge-pâle, qui approche de la couleur de la *chair* de l'homme. — Il se dit chez les tanneurs, corroyeurs, chamoiseurs et mégissiers, du côté de la peau qui touchait à la *chair* de l'animal; l'autre côté s'appelle *la fleur*. *Donner une façon de chair*, c'est travailler la peau du côté de la *chair*; *donner une façon de fleur*, c'est travailler la peau du côté du poil. *La chair ne s'unit jamais aussi parfaitement que la fleur*. Les corroyeurs appellent *vaches, veaux à chair grasse*, les peaux auxquelles ils ont donné le suif, tant de chair que de fleur; et *vaches et veaux à chair douce*, les peaux auxquelles ils ont donné du suif de fleur et de l'huile de *chair*. Les chamoiseurs disent *tenir de chair*, pour désigner l'opération par laquelle, avec le couteau, ils enlèvent sur le chevalet, du côté de la *chair*, tout ce qui peut être détaché, afin de rendre les peaux plus douces et plus maniables. *Ils tiennent de chair*, après avoir effleuré, et immédiatement avant de faire boire.

CHAIRE, subst. fém. (*chère*) (du lat. *cathedra*, fait dans la même signification du grec καθεδρα, dérivé de εδρα, selle ou siége pour s'asseoir), espèce de tribune, dans les églises, d'où le prêtre prêche ou fait à haute voix quelque lecture : *chaire de bois, de marbre*; etc.; *chaire de telle ou telle église; monter en chaire; descendre de chaire*, etc. — *La chaire de vérité, la chaire évangélique*, celle où se prêche l'Évangile. — *Vous êtes assis dans la chaire de mensonge, de pestilence*, etc., vous professez l'hérésie. — Fig. encore, la prédication : *avoir du talent pour la chaire*, etc. — Siège d'un évêque dans son église, au haut du chœur. On dit fig. dans ce sens : *la chaire apostolique, la chaire d'unité, la chaire de saint Pierre*, pour : le Saint-Siège. — Sorte de tribune, dans les écoles publiques, d'où un professeur parle à ses élèves; et fig. : place de professeur dans une école publique : *chaire de droit, de médecine, de mathématiques*, etc.; *remplir, occuper une chaire; être nommé à une chaire*, etc. — T. d'hist. anc., chez les Romains, on appelait *chaire curule*, une chaise d'ivoire sur laquelle se plaçaient les sénateurs.

CHAIRELLE, subst. fém. Voy. CROTON.

CHAISE, subst. fém. (*chèze*) (par corruption du mot *chaire*, en changeant *r* en *s*), espèce de meuble sur lequel on s'assied, qui est à dossier et ordinairement sans bras. — Sorte de siège fermé et couvert, dans lequel on se fait porter par deux hommes : *chaise à porteurs; porteurs de chaise*. — Voiture légère à deux ou quatre roues : *chaise roulante; chaise de poste*. — Siège pour faire ses nécessités naturelles : *chaise percée; aller à la chaise*. — *Chaise longue*, espèce de petit lit de repos. — *Chaise de moulin à vent*, pièces de bois au haut du pied du moulin, sur lesquelles il tourne. — *Chaise de roue*, le bâti en bois sur lequel est posée la roue des couteliers. — *Chaise de marine*, machine pour suspendre un observateur dans un vaisseau, par le moyen de deux axes, comme la lampe de *Cardan*. On appelle encore *chaise*, en t. de mar., une sorte de tresse ou de large sangle, disposée pour tenir un gabier ou voilier pendant que durent les travaux à faire le long d'un mât, d'une voile, etc. — On appelle *chaise chirurgicale*, une espèce de *chaise* particulière où l'on fait asseoir les personnes auxquelles on doit faire l'opération de la taille, ou quelque autre opération. — En t. d'archit., assemblage de charpentes sur lequel on établit la cage d'un clocher, d'un moulin à vent, etc. — *Chaise ancienne*, monnaie d'or de 1346 et de 1430. — *Chaise curule*. Voy. ce dernier mot. — *Chaise de chœur*. Voy. STALLE.

CHAISE-DIEU (LA), subst. propre fém. (*lachèze-dieu*), village de France, chef-lieu de canton, arrond. de Brioude, dép. de la Haute-Loire.

CHAITOSE, subst. fém. (*chètoze*), t. de médec., se dit des cheveux ou des poils épais et durs. C'est un mot forgé, sous le bon plaisir de *Raymond*.

CHAKO, subst. mas. Barbarisme de l'*Académie* qui, du reste, renvoie à SCHAKO.

CHALA, subst. mas. (*chala*), t. de bot., plante du Chili.

CHALABRE, subst. propre fém. (*chalabre*), ville de France, chef-lieu de canton, arrond. de Limoux, dép. de l'Aude.

CHALAIS, subst. propre mas. (*chalè*), ville de France, chef-lieu de canton, arrond. de Barbezieux, dép. de la Charente.

CHALAMIDE, subst. fém. (*chalamide*), t. de mar., pièce de chêne qui sert d'appui au mât d'une galère.

CHALAMONT, subst. propre mas. (*chalamon*), ville de France, chef-lieu de canton, arrond. de Trévoux, dép. de l'Ain.

CHALAN, subst. mas. (*chalan*), t. de mar., espèce d'allège servant dans les ports.

CHALAND, E, subst. (*chalan, lande*) suivant *Caseneuve*, du lat. *calo, calonis*, goujat, valet d'armée, employé par *Papias* dans le sens de *negociator*, négociant, commerçant; et suivant *Du Cange*, du lat. barbare *chalandum*, corrompu de *chelandum*, employé par les auteurs de la basse latinité dans le sens de *bateau*, et qui est dérivé du grec moderne χελανδιον, dont la signification est la même), celui qui a coutume d'acheter chez le même marchand. *Chaland* se dit à l'égard des marchands, comme *pratique* à l'égard des ouvriers. — Au fém., il n'est guère usité que dans cette phrase : *c'est une de ses chalandes*. — Il signifie aussi simplement acheteur : *attirer les chalands*. — On dit fig. et fam. d'un homme qui aime le plaisir, que *c'est un bon chaland*. — T. de rivière, espèce de bateau plat et carré servant aux transports. — Adj. mas., *pain chaland*, sorte de pain blanc et massif qui était apporté par les bateaux appelés *chalands*.

CHALANDEAU, subst. mas. (*chalandô*), nom sous lequel on désigne dans les ports de mer les marins de rivière, tous les mariniers qui conduisent des bateaux *chalands* dans l'intérieur.

CHALANDISE, subst. fém. (*chalandize*), habitude d'acheter chez un marchand. — *Chaland : ce marchand a de bonnes chalandises*. En ce sens, il est vieux. — Concours, nombre de personnes qui vont acheter dans une boutique : *ce marchand a une grande chalandise*. On dit plutôt aujourd'hui *achalandage*.

CHALASIE, subst. fém. (*kalazi*) (du grec χαλαζα, grêle), t. de chir., tumeur des paupières qui ressemble à un petit grain de grêle. — Relâchement des fibres de la cornée.

CHALASTIQUE, adj. des deux genres (*kalacetike*) (du grec χαλαω, je relâche), t. de médec.; il se dit des remèdes qui relâchent la fibre. — Il s'emploie aussi substantivement : *ce remède est un bon chalastique*.

CHALAZE, subst. fém. (*kalaze*), t. d'hist. nat. On a donné ce nom à chacun des deux ligaments qui maintiennent le jaune suspendu au dedans de l'œuf. — En bot., on a appelé *chalaze* le point qui correspond sur la tunique externe d'une graine, à l'insertion du cordon ombilical; ce que d'autres botanistes ont appelé ombilic interne.

CHALAZÉE, adj. fém. (*kalazé*), t. de bot., qui porte une *chalaze*. Inusité.

CHALAZOPHYLACES, subst. mas. plur. (*kalazofilace*) (du grec χαλαζα, grêle, φυλασσω, j'observe), t. d'hist. anc., prêtres chez les anciens Grecs, dont la fonction était de prévoir la grêle, les tempêtes, et de les détourner par le sacrifice d'un agneau et d'un poulet.

CHALCANTHUM, subst. mas. (*kalkantome*), t. d'hist. nat., sorte de sel dont il est parlé dans Pline, et que l'on croit être notre sulfate de cuivre.

CHALCAS, subst. mas. (*kalekdce*), t. de bot., genre de plantes. — Myth. Voy. CALCAS.

CHALCÉDOINE, subst. fém. Voy. CALCÉDOINE.

CHALCÉDONIEUX, adj. Voy. CALCEDOINEUX.

CHALCÉES ou **CHALCIES**, subst. fém. plur. (*kalcé, ci*) (du grec χαλκος, cuivre, parce que Vulcain passait pour avoir inventé l'art de façonner le cuivre), t. d'hist. anc., fêtes athéniennes en l'honneur de Vulcain. Suivant quelques-uns, ces fêtes étaient célébrées en l'honneur de Minerve, et appelées aussi *Athénées* de Αθηνη, nom de cette déesse.

CHALCIDE, subst. mas. (*kalcide*) (du grec χαλκις, espèce de petit serpent qui a sur le dos des taches de couleur d'airain, χαλκος), t. d'hist. nat., genre de reptile dont la tête ressemble à celle du lézard. — Nom d'une espèce d'insecte.

CHALCIDES, subst. fém. plur. (*kalcide*), t. d'hist. anc., certaines servantes à Lacédémone.

CHALCIDIQUE, subst. fém. (*kalcidike*) (du lat. *chalcidicum*, fait, selon *Festus*, de *Chalcis*, en grec Χαλκις, ville de l'Eubée, où sans doute avait été bâtie la première *chalcidique*, et dont le nom dérive de χαλκος, airain, parce que c'est le premier endroit où l'on ait trouvé ce métal), t. d'hist. anc., grande et magnifique salle qu'on ajoutait aux palais, et qui en faisait partie.

CHALCIDITES, subst. mas. plur. (*kalcidite*), t. d'hist. nat., tribu d'insectes de l'ordre des hyménoptères. Ces insectes sont petits, souvent ornés de couleurs métalliques très-brillantes, et ont la faculté de sauter.

CHALCIOECIES, subst. fém. plur. (*kalci-éci*), t. d'hist. anc., fêtes à Lacédémone dans lesquelles les jeunes gens venaient tout armés sacrifier à Minerve, surnommée *Chalciœkos*, parce que sa statue et son temple même étaient d'airain (en grec χαλκος).

CHALCIOPE, subst. propre fém. (*kalciope*), myth., fille d'Éétès, roi de la Colchide, sœur de Médée, et femme de Phryxus.

CHALCIS, subst. mas. (*kalcice*), t. d'hist. nat., genre d'insectes de l'ordre des hyménoptères.

CHALCITE, subst. mas. (*kalcite*) (du grec χαλκος) t. de chimie, sulfate de cuivre.

CHALCOGRAPHE, subst. des deux genres (*kalkoguerafe*) (du grec χαλκος, airain, et γραφω, je grave), graveur en airain, et par extension graveur sur toute sorte de métaux. Il est aussi adj.

CHALCOGRAPHIE, subst. fém. (*kalkoguerafi*), (même étym. que celle du mot précédent), art de graver sur les métaux. — A Rome, imprimerie du pape, où se publiaient ses ordonnances : *la chalcographie apostolique*.

CHALCOGRAPHIQUE, adj. des deux genres (*kalkoguerafike*), qui concerne la *chalcographie*.

CHALCOÏCHTHYOLITHE, subst. mas. (*kalko-iketiolite*) (du grec χαλκος, airain, ιχθυς, poisson, et λιθος, pierre), t. d'hist. nat., nom de certaines ardoises cuivreuses sur lesquelles on remarque des empreintes de poissons.

CHALCOLITHE, subst. mas. (*kalkolite*) (du grec χαλκος, airain, et λιθος, pierre), t. de chim., nom donné d'abord à l'urane oxydé.

CHALCOMÉDUSE, subst. propre fém. (*kalkoméduze*), myth., femme d'Arcésius, mère de Laërte et aïeule d'Ulysse.

CHALCOPHONE, subst. mas. (*kalkofone*) (du grec χαλκος, airain, et φωνη, voix), t. de minér., sorte de pierre noire qui rend le son de l'airain.

CHALCOPYRITE, subst. fém. (*kalkopirite*) (du grec χαλκος, airain, et πυριτης, pyrite), t. de minér., espèce de *pyrite* qui contient des parties cuivreuses.

CHALCOÜS, subst. mas. (*kalko-uce*) (du grec χαλκος, airain), t. de monnaie ancienne, petite pièce de monnaie grecque, la dixième ou la huitième partie de l'obole.

CHALDAÏQUE, adj. des deux genres (*kaldaïke*), qui appartient aux *Chaldéens* : *la langue chaldaïque*. On dit aussi : *la langue chaldéenne*; et subst. au mas. : *le chaldaïque, le chaldéen*, en sous-entendant le langage.

CHALDÉE, subst. propre fém. (*kaldé*), ancienne province d'Asie.

CHALDÉEN, adj. et subst. mas., au fém. CHALDÉENNE (*kaldéein, ène*). Voy. CHALDAÏQUE.

CHALE, subst. fém. (*chale*). On appelle ainsi dans les salines une pile de bois.

CHÂLE. Voy. SCHALL, véritable orthographe du mot, mais moins en usage.

CHALEF, subst. mas. (*chalèfe*), t. de bot., genre de plantes.

CHALÉMIE, subst. fém. (*chalémi*), espèce de cornemuse qui n'a point de petit bourdon. — Chalumeau de berger.

CHÂLET, subst. mas. (*châlè*), petit bâtiment dans les montagnes de Gruyère, destiné à y faire des fromages et à donner un asile aux vachers qui veulent y passer la nuit.

CHALEUR, subst. fém. (*chaleur*) (du lat. *calor*, fait, dans la même signification, de *calere*, être chaud, enflammé, etc.), qualité de ce qui est chaud : *chaleur naturelle; chaleur du feu, du soleil; il fait de grandes chaleurs*. — Dans un sens plus précis, sensation que nous éprouvons lorsque notre corps est pénétré par une nouvelle quantité de *calorique*, qui ordinairement nous gêne et nous incommode : *chaleur de tête; chaleur d'entrailles; chaleur de la fièvre*. — Au fig., ardeur, feu, véhémence, activité : *dans la chaleur de l'action, de la dispute, de la composition*, etc. — *Dans la chaleur du combat*, au fort du combat. *Chaleur de foie*, mouvement de colère prompt et passager : *il lui prit une chaleur de foie*. Vieux. — On dit des femelles de certains animaux, qu'*elles sont en chaleur*, pour dire qu'elles sont en amour, qu'elles appellent le mâle. — *Chaleur* se dit souvent dans un sens particulier, d'une température produite par l'action du soleil : *la chaleur a été grande cette année; durant les grandes chaleurs.*

CHALEUREUSE, adj. fém. Voy. CHALEUREUX.

CHALEUREUX, adj. mas., au fém. **CHALEUREUSE** (*chaleureu, reuze*), qui a beaucoup de *chaleur* naturelle. Il est peu usité et ne se dit que des personnes. *Boiste* et *Raymond*, en paraissant donner la préférence à *chaloureux*, ont adopté un barbarisme.

CHALIBÉ, et mieux **CHALYBÉ**, **E**, adj. (*kalibé*) (du lat. *chalybeatus*, dérivé du grec χαλυψ, acier), t. de médec., se dit des préparations où il entre de l'acier.

CHALINGUE, subst. fém. (*kaleingue*), t. de mar., petit bâtiment des Indes. *Raymond* a inventé qu'on disait aussi *calinge*.

CHALINISTE, adj. propre fém. (*kalinicete*), myth., surnom de Minerve, adorée à Corinthe.

CHÂLIT, subst. mas. (*châli*), vieux mot dont on se sert encore pour signifier un bois de lit : *un châlit de chêne.*

CHALKÉOKARDIOS, adj. mas. (*kalkéokardioce*) (du grec χαλκος, airain, et καρδια, cœur), t. de myth., qui a le cœur d'airain. Surnom d'Hercule.

CHALLANS, subst. propre mas. (*chalan*), ville de France, chef-lieu de canton, arrond. des Sables, dép. de la Vendée.

CHALLI, **E**, part. pass. de *challir*.

CHALLIR, v. act. (*chale-ir*), écorcer. (*Boiste.*) Vieux mot hors d'usage.

CHALMÉ, **E**, part. pass. de *chalmer*.

CHALMER, v. act. (*chalemé*), danser au son du chalumeau. (*Boiste.*) Inus.

CHALOIR, v. neut. et unipers. (*chaloar*) (du lat. *calere*, employé par les anciens à peu près dans la même signification. Voy. STACE, *Thébaïde*. liv. 4, vers 260 et 3361), importer; il ne se dit plus que dans cette phrase du style marotique ou burlesque : *peu m'en chaut; il ne m'en chaut*, peu m'importe.

CHALOMBE, subst. mas. (*chalonbe*), chef des prêtres du Congo.

CHALON, subst. mas. (*chalon*), t. de rivière, grand filet que les pêcheurs traînent dans les rivières, par le moyen de deux petits bateaux, au bout desquels sont attachés les côtés du filet. — Étoffe de laine.

CHALONNE, subst. propre fém. (*chalone*), ville de France, chef-lieu de canton, arrond. d'Angers, dép. de Maine-et-Loire.

CHÂLONS-SUR-MARNE, subst. propre mas. (*chalonçurmarne*), ville de France, chef-lieu du dép. de la Marne.

CHÂLONS-SUR-SAÔNE, subst. propre mas. (*chalonçurçône*), ville de France, chef-lieu d'arrond., dép. de Saône-et-Loire.

CHALOUPE, subst. fém. (*chaloupe*) (suivant *Le Duchat*, de l'allemand *schale*, qui signifie proprement : une coquille, une écaille; suivant d'autres, tout simplement de l'italien *scialuppa*, dont la signification est la même), petit bâtiment de mer fort léger, destiné au service des grands vaisseaux, et sur lequel on fait aussi de petites traversées. — Dans les grands ports, il y a quelques doubles *chaloupes* d'une grande capacité, qui sont pontées. — On dit qu'*une chaloupe est armée*, lorsqu'elle a des matelots suffisamment pour aller assez vite, et qu'elle porte des soldats pour faire une descente ou quelque autre expédition. — On appelle *chaloupe à la loue*, une *chaloupe* attachée au bord d'un vaisseau qui la traîne lorsqu'il est sous voiles; *chaloupe de bonne nage*, une *chaloupe* qui est facile à manier et qui sille bien avec les rames; *chaloupe en fagot*, toutes les pièces d'une *chaloupe* que l'on garde à bord d'un vaisseau pour les rassembler dans le besoin, et en former une *chaloupe*. — *Chaloupe canonnière*, petit navire à fond plat, armé d'un ou de plusieurs canons.

CHALOUPE-CANNELÉE, subst. fém. (*chaloupekanelé*), t. d'hist. nat., coquille du genre argonaute.

CHALOUPIER, subst. mas. (*chaloupié*), t. de mar., matelot qui fait partie de l'équipage d'une *chaloupe*.

CHALOUREUSE, adj. fém. Voy. CHALOUREUX.

CHALOUREUX, adj. mas., au fém. **CHALOUREUSE** (*chaloureu, reuze*), barbarisme employé par certains auteurs. Voy. CHALEUREUX.

CHALUMEAU, subst. mas. (*chalumô*) (du latin *calamellus*, dimin. de *calamus*, pris du grec καλαμος, roseau, tuyau de blé, flûte, etc.), tuyau de paille, de roseau, etc., qui sert à sucer quelque liqueur en aspirant. — Petit instrument à vent fait d'une écorce d'arbre, etc. — Espèce de flûte attachée sur la peau de la musette et de la cornemuse. — *Les sons bas de la clarinette.* — En poésie, flûte, flageolet, et tout instrument champêtre à vent : *au son des chalumeaux.* — *Chalumeau* ou *tuyau à souder*, tuyau de verre ou de cuivre dont se servent les orfèvres, les horlogers, les émailleurs, les metteurs en œuvre, etc., pour diriger la flamme de leur lampe sur la pièce qu'ils ont à souder. — On applique ce *chalumeau* à l'analyse des substances minérales, et alors il prend le nom de *chalumeau des chimistes.*

CHALUMÉ, **E**, part. pass. de *chalumer*.

* **CHALUMER**, v. act. (*chalumé*), boire à l'aide d'un *chalumeau*. (*Boiste.*) Inus.

CHALUMET, subst. mas. (*chalumé*), bout de pipe.

CHALUS ou **CHALUT**, subst. mas. (*chalu*), t. de pêche, filet en forme de chausse que l'on traîne.

CHALUS, subst. propre mas. (*chalu*), ville de France, chef-lieu de canton, arrond. de Saint-Yrieix, dép. de la Haute-Vienne.

CHALYBÉ, **E**, adj. Voy. CHALIBÉ, qui est moins bon.

CHALYBES, subst. propre fém. plur. (*kalibe*), myth., prêtresses du temple de Junon.

CHALYPHRON, adj. propre mas. (*kalifron*), myth., surnom de Bacchus.

CHAM, ou **CHAN**, ou **KAN**, subst. mas. (*kame, kan*), nom que donnent les Tartares à leurs princes régnants, de quelque médiocre étendue que soient leurs états. Il signifie prince ou souverain.

CHAMADE, subst. fém. (*chamade*) (de l'italien *chiamata*, fait dans le même sens que *chiamare*, appeler, lequel est dérivé du latin *clamare*, crier), t. de guerre, signal donné par les assiégés, avec la trompette, le tambour ou un drapeau blanc pour parlementer.

CHAMÆACTE, subst. mas. (*kaméakte*), t. de bot., sorte de plante.

CHAMÆBALANUS, subst. mas. (*kamébalanuce*), t. de bot., espèce d'arachnide qui croît dans l'Inde.

CHAMÆBUXUS, subst. mas. (*kamébukçuce*), t. de bot. On a donné ce nom à une espèce de polygale.

CHAMÆCALAMUS, subst. mas. (*kamékalamuce*) (du grec χαμαι, à terre, et καλαμος, chalumeau), t. de bot., sorte de plante rampante, de la famille des roseaux.

CHAMÆCÉDRIS, subst. fém. (*kamécédrice*), t. de bot., l'aurone femelle.

CHAMÆCÉRASUS, subst. mas. (*kamécérazuce*) (du grec χαμαι, à terre, et κερασος, cerisier), t. de bot., cerisier nain, humble ou couché.

CHAMÆCISSUS, subst. mas. Comment *Raymond*, qui a mis *chamécisse*, comme nous, n'a-t-il pas vu que ce dernier était le mot francisé ?

CHAMÆCYPARISSUS, subst. mas. (*kamécipariceçuce*) (du grec χαμαι, à terre, et κυπαρισσος, cyprès), t. de bot., espèce de santoline, qu'on appelle aussi petit cyprès.

CHAMÆDAPHNE, subst. fém. (*kamédafene*) (du grec χαμαι, à terre, et δαφνη, laurier), t. de bot., lauréole mâle, ou alexandrine. — Espèce de pervenche.

CHAMÆDAPHNOÏDE, subst. mas. (*kamédafenoïde*), t. de bot. On a donné ce nom à une espèce de daphné qui croît en Crète.

CHAMÆDORE, subst. mas. (*kamédore*), t. de bot., genre de plantes.

CHAMÆDRIFOLIA, subst. fém. (*kamédrifolia*), t. de bot., plante à feuilles de chamædrys.

CHAMÆDRITE, subst. mas. (*kamédrite*), vin dans lequel on a fait infuser de la germandrée.

CHAMÆDRYS, ou **CHAMÆDRYOS**, subst. mas. (*kamédrice, drioce*) du grec χαμαι, à terre, et δρυς, chêne), t. de bot., petit chêne. (*Raymond.*) Notre remarque sur *chamæcissus* s'applique aussi à ce mot. Voy. CHAMÉDRYS.

CHAMÆFICUS, subst. mas. (*kaméfikuce*), t. de bot. On désigne sous ce nom un figuier qui paraît être une variété du figuier ordinaire.

CHAMÆ-GELSEMINUM, subst. mas. (*kaméjèlecéminome*), t. de bot., sorte de jasmin de Catalogne.

CHAMÆGENISTA, subst. mas. (*kaméjéniceta*), t. de bot., petit genêt, ou genêt couché.

CHAMÆGLYCIMÉRIDE, subst. mas. (*kaméguelicimérıde*), t. d'hist. nat., espèce de poisson.

CHAMÆGROSTIDE, subst. fém. (*kaméguerocetide*). Voy. CHAMAGROSTIDE, qui, selon nous, est plus français.

CHAMÆ-IRIS, subst. mas. (*kamé-irice*), t. de bot., nom de quelques espèces d'*iris* cultivées en bordure dans nos jardins.

CHAMÆITEA, subst. mas. (*kamé-ité-a*), t. de bot., petit saule des Alpes.

CHAMÆJASME, subst. mas. (*kaméjaceme*), t. de bot. On a donné ce nom à trois jolies plantes.

CHAMÆLARIX, subst. mas. (*kamélarikce*), t. de bot., petit mélèze; c'est le nom d'une espèce d'aspalathe.

CHAMÆLÉOS, subst. mas. (*kamélé-oce*), t. d'hist. nat., sorte de crabe.

CHAMÆLINUM, subst. mas. (*kamélinome*), t. de bot., petit lin; on nomme de la sorte une espèce de lin qui constitue maintenant le rudiola.

CHAMÆLIRION, subst. mas. (*kaméliriome*), t. de bot., genre de plantes établi pour placer l'hélonias naine.

CHAMÆMELON, subst. mas. (*kamémelon*), t. de bot., nom donné par les Grecs et les Latins à une plante qui avait l'odeur de la pomme. On a pensé que ce pouvait être la camomille romaine, qui a en effet une odeur forte et balsamique, et se rapproche un peu de celle de la pomme de reinette.

CHAMÆMESPILUS, subst. mas. (*kamémècepiluce*), t. de bot., néflier nain. C'est ainsi qu'on nomme deux jolis arbrisseaux, le *mespilus cotoneaster*, et le *chamæmespilus* de Linnée.

CHAMÆMOLI, subst. mas. (*kamémoli*), t. de bot., petite espèce d'ail.

CHAMÆMORUS, subst. mas. (*kamémoruce*), t. de bot., petit mûrier; espèce de ronce.

CHAMÆMYRSINE, subst. fém. (*kamémirecine*), t. de bot. Les Grecs donnaient ce nom à la myrtille.

CHAMÉNÉRION, subst. mas. (*kaménérion*), t. de bot., petit laurose. Les Grecs nommaient ainsi l'herbe de Saint-Antoine.

CHAMÆODIS, subst. mas. (*kamé-odice*), t. de bot., sorte d'arbrisseau.

CHAMÆPÉRICLYMÉNUM, subst. mas. (*kamépériklíménome*), t. de bot., petit chèvre-feuille. On a donné ce nom au cornouiller herbacé

CHAMÆPITYS, subst. mas. Voy. CHAMÉPYTIS.

CHAMÆPLATANUS, subst. mas. (*kaméplatanuce*) (du grec χαμαι, à terre, et πλατυς, large), t. de bot., espèce de petit platane, chez les anciens.

CHAMÆRAPHIS, subst. mas. (*kamérafice*), t. de bot., plante de la famille des graminées, fort voisine des panics. Ce genre renferme quatre espèces originaires de la Nouvelle-Hollande.

CHAMÆRIPHE, subst. mas. (*kamérife*), t. d'hist. nat., espèce de polypier.

CHAMÆRHODODENDRON, subst. mas. (*kamérododeindrone*) (du grec χαμαι, à terre, ροδον, rose, et δενδρον, arbre), t. de bot., espèce de rosier qui croît à fleur de terre.

CHAMÆRUBUS, subst. mas. (*kamérubuce*), t. de bot., petite ronce de montagne.

CHAMÆSPARTIUM, subst. mas. (*kaméceparciome*), t. de bot., espèce de genêt.

CHAMÆSYCE, subst. fém. (*kamézice*). Voy. CHAMÉSYCE.

CHAMÆTRACHÉE, subst. fém. (*kametraché*), t. d'hist. nat., genre de poissons à coquille.

CHAMAGROSTIDE, subst. fém. (*kamaguerocetide*), t. de bot., genre de plantes établi pour placer l'agrostide minime, qui a le calice bivalve et la corolle univalve.

CHAMAILLÉ, **E**, part. pass. de *chamailler*.

CHAMAILLER, v. neut. (*chamâié*) (du vieux mot *camail*, armure de la tête et du cou, et sur lequel on frappait à grands coups d'épée dans les mêlées. On a dit d'abord *camailler*, et ensuite *chamailler*); il se dit d'une émeute où plusieurs personnes se battent confusément et avec grand bruit. — Au fig., disputer, contester avec beaucoup de bruit. — *se* CHAMAILLER, v. pron.

CHAMAILLIS, subst. mas. (*chamâiei*), mêlée, combat où l'on se *chamaille*. Il est fam., pop. et peu en usage. — Armure de tête. Inus. en ce dernier sens.

CHAMAIRE, subst. mas. (*chamère*), t. de bot., genre de plantes de la famille des labiées.

CHAMAIZELON, subst. mas. (*kamèzelon*), t. de bot., genre de palmier que *Dioscoride* mentionne, et qui semble être une variété du dattier.

CHAMAN, subst. mas. (*chaman*), t. de relation, sorte de prêtre, de sorcier, de médecin chez les Kamtschadales, en Sibérie. — Prêtre indien.

CHAMANIM, subst. mas. (*chamanime*), t. d'hist. anc., nom hébreu par lequel on désignait les feux sacrés, chez les Grecs. — Chapelle ardente. — Sorte d'idole des Indiens.

CHAMANISME, subst. mas. (*chamaniceme*), t. d'hist. mod., système religieux des prêtres connus aux Indes sous le nom de *chamans*.

CHAMARAIS, subst. mas. (*chamaré*), t. de bot., arbre des Indes dont le fruit en grappe est aigrelet, contient un noyau qui renferme une amande, et se mange vert ou mûr, et confit avec du sel, pour exciter l'appétit. On le met aussi dans les sauces.

CHAMARIM, subst. mas. (*chamarime*), myth., prêtres des idoles chez les anciens Hébreux, adorateurs du feu.

CHAMARIPHE, subst. mas. (*chamarife*), t. d'hist. nat., espèce de gorgone.

CHAMARRAS, subst. mas. (*chamarrâce*), t. de bot., nom vulgaire de la germandrée d'eau.

CHAMARRÉ, **E**, part. pass. de *chamarrer*, et adj. Quand il est sans régime, il se prend en mauvaise part. — Au fig. : *style chamarré*, bizarre. — *Chamarré de métaphores*, qui en est farci. Voy. **CHAMARRER**.

CHAMARRER, v. act. (*chamaré*) (suivant *Trévoux*, de *chamarré*, vieux mot gaulois qui signifiait : un habit de berger fait de peau de mouton ou de chèvre, et sur les coutures duquel il y avait des passements), garnir, orner un habit, un meuble, de passements, de dentelles, etc. Il ne se dit plus guère aujourd'hui qu'en parlant d'une parure de mauvais goût, d'un assemblage de couleurs mal assorties. — On dit fig., et en mauvaise part : *chamarrer un discours d'antithèses*. — Fig. et fam., *chamarrer quelqu'un de ridicules*, le charger, le couvrir de ridicules, etc. — *se* **CHAMARRER**, v. pron.

CHAMARRIER, subst. mas. (*chamarié*) : c'était autrefois une dignité dans l'église de Lyon.

CHAMARRURE, subst. fém. (*chamarure*), passements, galons dont on est *chamarré*. — Manière de *chamarrer*. — Il se dit au fig., dans le même sens que *chamarrer*.

CHAMAS, subst. mas. (*chamâ*), ancien t. de palais, droit de chauffage. Inusité.

CHAMBELLAGE, subst. mas. (*chanbèlelaje*), t. de jurispr. féod. ; droit que le vassal devait au seigneur féodal à l'occasion de certaines mutations. — Droit dû au premier huissier de la chambre des comptes par ceux qui y faisaient foi et hommage.

CHAMBELLAN, subst. mas. (*chanbèlelan*) (du mot *chambre* ; on a même dit autrefois *chamberlan*), officier de la *chambre* d'un roi, d'un prince, etc. — *Grand-chambellan*, le premier officier de la chambre du roi, celui qui le sert de préférence aux premiers gentilshommes. On disait : *aller dîner au chambellan*, c'était dîner chez le premier maître d'hôtel du roi, à une table dont le *grand-chambellan* faisait les honneurs.

CHAMBELLANIE, subst. fém. (*chanbèlelani*), office de *chambellan*. Il s'est dit quelquefois en plaisantant.

CHAMBÉRY, subst. propre mas. (*chanbéri*), ville capitale de Savoie.

CHAMBIATLON, subst. mas. (*chanbiatelon*), t. de bot., grand arbrisseau de la Cochinchine, dont l'écorce sert à faire de la filasse et des cordes. On l'a nommé aussi *restiaria*.

CHAMBON, subst. propre mas. (*chanbon*), ville de France, chef-lieu de canton, arrond. de Boussac, dép. de la Creuse. — Bourg de France, chef-lieu de canton, arrond. de Saint-Étienne, dép. de la Loire.

CHAMBORD, subst. propre mas. (*chanbor*), village de France, arrond. de Blois, dép. de Loir-et-Cher. — On y remarque le château bâti sous François Ier et achevé sous Louis XIV ; monument gothique, l'un des plus magnifiques de ce genre. Le maréchal de Saxe y termina sa carrière en 1750. Ce domaine, que Napoléon avait donné au maréchal Berthier, a été une propriété du duc de Bordeaux.

CHAMBOURIN, subst. mas. (*chanbourein*), espèce de pierre qui entre dans la composition du faux crystal.

CHAMBRAGE, subst. mas. (*chanbraje*), t. de mar., nom qu'on donne, dans quelques ports de construction, à l'assemblage des flasques et des montants formant la charpente qui garnit le pied du mât de beaupré d'un grand bâtiment.

CHAMBRANLE, subst. mas. (*chanbranle*), t. d'archit., espèce de cadre de pierre composé de deux montants et d'une traverse supérieure, qui sert à orner les portes et les croisées des façades extérieures des bâtiments. — On appelle aussi *chambranles* les cadres de menuiserie qu'on place dans les appartements autour des portes à placage. — On donne le même nom aux revêtements de marbre, de pierre de liais, ou de bois, qui servent à décorer les cheminées dans les appartements. — On appelle *chambranle à crossettes*, un *chambranle* qui a des orillons à ses encoignures ; et *chambranle à cru*, un *chambranle* qui porte sur l'aire du pavé ou sur un appui de croisée sans plinthe.

CHAMBRAY, subst. propre mas. (*chanbré*), bourg de France, chef-lieu de canton, arrond. de Bernay, dép. de l'Eure.

CHAMBRE, subst. fém. (*chanbre*) (du lat. *camera*, fait, dans la même signification, du grec καμαρα, voûte, parce que, dans l'origine, on ne donnait le nom de *chambre* qu'aux pièces voûtées), se dit de la plupart des pièces d'une maison, et principalement de celle où l'on couche : *chambre à coucher*, *chambre à feu* ; *chambre parquetée*, *planchéiée*, *carrelée*, *lambrissée*, *boisée* ; *chambre haute* ; *chambre basse* ; *jolie chambre* ; *belle chambre* ; *bonne chambre* ; *chambre chaude* ; *chambre de parade* ; *chambre meublée* ; *chambre garnie* ; *chambre à louer*, etc. ; *valet de chambre* ; *femme de chambre* ; *robe de chambre* ; *pot de chambre*, etc. — *Garder la chambre*, être trop indisposé pour pouvoir quitter sa *chambre*. — On dit d'un artisan, d'un ouvrier qui ne tient pas boutique, qu'*il travaille en chambre*. — *Mettre une fille en chambre*, louer un appartement et acheter ou louer des meubles pour une fille qu'on veut entretenir. — L'*Académie* (édition de 1835) donne la locution *mettre*, *tenir quelqu'un en chambre*, comme usitée encore aujourd'hui dans le sens de : obséder quelqu'un pour le faire jouer et le tromper au jeu. Nous croyons cette locution tout à fait hors d'usage. — Prov. et fig., *il a bien des chambres à louer dans la tête*, il a le cerveau creux, il a des visions, il est un peu fou. — On appelle *chambre noire*, dans les monastères, une chambre destinée aux pénitences volontaires ou forcées, et dans laquelle on ne laisse point pénétrer la lumière. — En t. d'opticien, *chambre noire*, *chambre obscure*, *chambre close* ; châssis portatif couvert d'une toile, dont l'extrémité supérieure porte un grand objectif surmonté d'un miroir qu'on incline à volonté, et par le moyen duquel les objets du dehors se peignent sur un carton placé dans l'intérieur du châssis. L'invention de cet appareil est attribuée à *J. B. Porta*. — On nomme *chambre claire*, une sorte de prisme en crystal qui, sans être privé de la lumière, réfléchit les objets sur un papier. C'est au docteur anglais *Wollaston* qu'est due l'invention de la *chambre claire*. — *Chambre du conseil*, celle où les membres d'un tribunal délibèrent, et où se rendent certaines décisions. — Absol., *la chambre*, 1° la *chambre* du roi : *huissier de la chambre*, etc. ; 2° par extension, les officiers mêmes de cette *chambre* : *la chambre n'est pas encore arrivée*. On dit de quelqu'un qui a le privilège d'entrer avec les officiers de la *chambre*, qu'*il a les entrées de la chambre*. — *Maître de chambre*, le premier officier de la maison du pape ou d'un cardinal. — En t. de mar., on nomme *chambres* des lieux pratiqués à la poupe pour coucher les principaux officiers et pour tenir conseil ; *chambre aux voiles*, l'endroit où l'on tient les voiles destinées à remplacer celles dont on se sert ; *chambre de port*, la partie du bassin d'un port de mer la plus retirée, et qui est disposée pour recevoir un vaisseau désarmé que l'on veut réparer. On appelle aussi *chambre d'écluse* une espèce de canal compris entre les deux portes d'une écluse. — Il se dit fig. de certaines assemblées législatives. Ainsi les états-généraux se divisaient en trois *chambres* : *chambre du clergé*, *chambre de la noblesse*, *chambre du tiers-état*. Il y a maintenant en France deux *chambres* : *la chambre des pairs et la chambre des députés des départements*, ou simplement *des députés* : *convoquer les chambres* ; *ouvrir*, *clore la session des chambres* ; *dissoudre la chambre* ; *présenter un projet de loi à la chambre des députés*, *à la chambre des pairs* ; *la droite*, *la gauche*, *le centre de la chambre* ; *la chambre adopte* ; *la chambre rejette* ; *la chambre passe à l'ordre du jour* ; *la majorité*, *la minorité de la chambre* ; etc., etc. Le parlement d'Angleterre se compose aussi de deux *chambres* : *la chambre haute* ou *chambre des pairs*, *la chambre basse* ou *des communes*. — Le mot *chambre* s'appliquait autrefois à diverses juridictions, dont la spécialité était désignée par un second titre : *chambres de l'édit* ou *chambres mi-parties*, *chambres* instituées par l'édit de Nantes dans quelques parlements, et composées par moitié de conseillers catholiques et de conseillers protestants ; *chambre des comptes*, cour supérieure connaissant en dernier ressort de tout ce qui concernait le maniement des finances, et remplacée aujourd'hui par la *cour des comptes* ; *chambre ecclésiastique*, tribunal où se jugeaient les affaires relatives aux décimes ; *chambre aux deniers*, bureau où se réglait tout ce qui avait rapport à la dépense de la bouche de la maison du roi (le chef de ce bureau se nommait *le maître de la chambre aux deniers*) ; *chambre ardente*, 1° tribunal qui jugeait anciennement les personnes d'une haute naissance accusées de crimes d'état ; le lieu des séances était tendu de noir et n'était éclairé que par des flambeaux) ; 2° tribunal particulier établi par François II dans chaque parlement, pour connaître des crimes d'hérésie, et qui condamnait les coupables au *feu* ; 3° tribunal institué spécialement contre les empoisonneurs en 1679, et dont les condamnations à mort étaient également exécutées par le supplice du feu ; 4° tribunal chargé, vers le commencement du dix-huitième siècle, des cas de malversations dans le maniement des deniers publics, et de quelques autres affaires (ce tribunal fut appelé aussi *chambre de justice*) ; *chambre impériale*, tribunal de l'empire germanique où se jugeaient les affaires des différents états d'Allemagne, et, par appel, celles des particuliers. — On appelle encore aujourd'hui *chambre apostolique* une sorte de tribunal qui est proprement le conseil des finances du pape. — On entend aussi par *chambres* les sections de certains tribunaux. Par exemple on disait autrefois, par rapport aux parlements : *la grand'chambre* ; *la chambre des requêtes* ; *la chambre des enquêtes*, etc. ; et l'on dit aujourd'hui : *la première*, *la seconde chambre de la cour royale* ; *président de chambre* ; *arrêt rendu les chambres assemblées* ; *chambre des appels de police correctionnelle* ; *deuxième chambre du tribunal de première instance*, etc. — *Chambre des vacations*, *chambre* composée de juges tirés des différentes *chambres*, et qui remplace ces *chambres* pendant les vacances. — Le mot *chambre* sert en outre à désigner certaines assemblées consacrées, 1° à des intérêts spéciaux : *chambre de commerce* ; *chambre d'assurance* ; *chambre d'agriculture* ; *chambre syndicale* ; etc. ; 2° au maintien de la discipline d'un corps : *chambre des notaires*, *chambre des avoués*, etc. — En t. de tisserand, fente de peigne par où passent deux fils. — En t. de vitrier, creux dans la verge de plomb où on loge le verre, lorsqu'on fait des panneaux de vitre. — En t. de sellier, petit creux qu'on fait dans la selle d'un cheval lorsqu'on tire la bourre. — Dans les canons ou mortiers, espace ovale qu'on pratique en les fondant, et où l'on met la poudre pour lui donner plus de force. — Dans une cloche et autres ouvrages de fonderie, vide qui s'est fait à la fonte. — Dans les mines, endroit où l'on met la poudre. — En t. de vènerie : *chambre du cerf*, son lit ou sa reposée pendant le jour. — Piège pour prendre les renards et les loups. — T. d'anat. : *chambres de l'œil*, deux parties du globe de l'œil, dont l'une, appelée *chambre antérieure*, sert à contenir l'humeur aqueuse ; et l'autre, la *chambre postérieure*, contient l'humeur crystalline et l'humeur vitrée.

CHAMBRÉ, **E**, part. pass. de *chambrer*, et adj., se dit des pièces d'artillerie au fond desquelles on pratique une cavité d'un moindre diamètre, et où aboutit le canal de la lumière.

CHAMBRÉE, subst. fém. (*chanbré*). Il se dit de soldats qui logent ensemble, dans la même *chambre*, ou sous la même tente. — Par extension et populairement, il se dit de plusieurs personnes du peuple qui couchent, qui logent dans une même *chambre* : *les Auvergnats ramoneurs logent presque toujours en chambrée*. — En t. de théâtre, *chambrée* se dit de la quantité des spectateurs et du produit de la recette d'une représentation : *bonne*, *faible chambrée*. — Dans les carrières d'ardoise, on appelle *chambrées* les différentes profondeurs auxquelles la carrière a été percée ; et l'on appelle *bonne chambrée*, celle où l'ardoise se trouve avoir les qualités qu'on désire.

CHAMBRELAN, subst. mas. (*chanbrelan*), artisan qui travaille en *chambre*. — Locataire qui n'occupe qu'une *chambre* dans une maison. — Il est populaire et peu usité.

CHAMBRER, v. neut. (*chanbré*), être dans la même *chambre* : *ces deux soldats chambrent ensemble*. Vieux et peu usité. — V. act., tenir quelqu'un enfermé malgré lui dans une *chambre*. — *Chambrer quelqu'un*, le retenir enfermé par une sorte de violence ou de séduction, pour le faire jouer, etc. — Le prendre en particulier dans une assemblée : *on l'a chambré pendant une heure, sans rien gagner sur lui*. Dans ces sens, il est presque inusité aujourd'hui. — En t. de sellier, faire de petits creux dans une selle et en tirer la bourre, quand le cheval est blessé.

CHAMBRERIE, subst. fém. (*chanbreri*), c'était anciennement une justice attachée à l'office de *chambrier* de France, et à la maison de Bourbon qui possédait cet office. Elle emportait la prérogative de la pairie. —On donnait aussi ce nom, dans certaines églises collégiales, à un office qui consistait à avoir soin des revenus communs.— Il y avait aussi un office semblable dans quelques monastères.

CHAMBRETTE, subst. fém. (*chanbrète*), petite *chambre*. Il est fam.

CHAMBREULE, subst. fém. (*chanbreule*), t. de bot., brûle-champs. — Espèce de galéope.

CHAMBRIE, subst. fém. (*chanbri*), chanvre. Vieux.

CHAMBRIER, subst. mas. (*chanbrié*), officier claustral dans quelques monastères et dans quelques chapitres, etc. — *Grand chambrier*. On appelait ainsi autrefois celui qui avait l'intendance de la *chambre* du roi de France. — Nom qu'on donnait, en plaisantant, à un conseiller de la *grand'-chambre du parlement*.

CHAMBRIÈRE, subst. fém. (*chanbrière*) (rac. *chambre*), servante. Suivant l'*Académie*, on ne le dit que des servantes de personnes de petite condition. — En t. de fileuse, petit ruban ou autre chose pliée et attachée au haut du sein, pour tenir la quenouille en état, lorsqu'on file. — Fouet dont on se sert dans les manèges pour châtier les chevaux. — *Chambrière* signifie aussi un bâton mobile, fixé au moyen d'un anneau à la queue ou sur le devant d'une charrette, pour la soutenir et soulager le limonier. Cette *chambrière* est quelquefois une pièce de fer ayant une tête relevée de chaque côté, et montée sur un pied que l'on peut hausser et baisser au moyen d'une crémaillère. — En t. de maréchal, *chambrière* est un outil qui sert à arranger ou le fer à cheval ou le charbon dans le feu de la forge. — En t. de mar., grosse tresse en fil de caret qu'on amarre aux bas-haubans d'en avant de chaque bas-mât pour soutenir le double des écoutes et amures des basses-voiles qui ne sont pas tournées. On l'appelle aussi *manchette*. —On a encore des *chambrières* pour serrer les voiles d'étai et d'artimon.

CHAMBRILLON, subst. mas. (*chanbrilon*), t. de mépris populaire et de dénigrement, qui signifie une petite servante. Inus.

CHAM-CHAN, subst. mas. (*chame-chan*), t. de bot. C'est le nom d'un arbrisseau de la Chine et de la Cochinchine dont les feuilles et les racines sont employées dans le pays comme fébrifuge.

CHAME, subst. fém. (*kame*), t. d'hist. nat., coquille; sorte de moule. L'*Académie* permet aussi d'écrire *came*.

CHAMEAU, subst. mas. (*chamô*) (du lat. *camelus*, fait dans le même sens du grec καμηλος), t. d'hist. nat., animal haut des jambes, qui a le *cou fort long*, *la tête petite*, et une ou plusieurs bosses sur le dos. C'est un mammifère ruminant. —Le poil du *chameau* filé en façon de laine très-déliée. — En t. d'hist. nat., on donne encore le nom de *chameau* à une coquille du genre strombe. —En t. de mar., espèce d'accon de cent vingt à cent quarante pieds de long, fait d'un côté de manière à pouvoir emboîter un vaisseau dans sa longueur. Mis deux à deux, ils servent à soulever un vaisseau pour le faire passer sur des endroits où il n'y a pas assez d'eau pour de gros bâtiments. Cette machine a été inventée à Amsterdam en 1688.

CHAMÉCISSE, subst. mas. (*kamécice*) (du grec χαμαι, à terre, et κισσος, lierre), t. de bot., nom du lierre terrestre.

CHAMÉDRYS, subst. mas. (*kamédrice*) (du grec χαμαι, à terre, et δρυς, chêne), t. de bot., plante amère et sudorifique, qui pousse des tiges rampantes, et dont les feuilles sont dentelées comme celles du chêne.

CHAMEK ou **CHAMECK**, subst. mas. (*chamèke*), t. d'hist. nat., genre de singe de l'Amérique méridionale, et de la famille des atèles.

CHAMÉLÉE, subst. fém. (*chamélé*), t. de bot., sorte de plante.

CHAMÉLÉON, subst. mas. (*kaméléon*), t. de bot., d'hist. nat. et d'astron., coquille, plante, animal, constellation. Voy. CAMÉLÉON, qui se dit généralement. — *Chaméléon minéral*, nom que les anciens donnaient au mercure.

CHAMELEUCÉE, subst. fém. (*kameleucé*) (du grec χαμαι, à terre, et λευκος, blanc, parce que ses feuilles sont blanches et touchent la terre), t. de bot., nom du tussilage ou pas-d'âne.

CHAMELIER, subst. mas. (*chamelié*), conducteur de *chameaux*; celui qui en prend soin. — On pourrait donner le nom de *chamelière* à une femme qui conduirait des *chameaux*.

CHAMELLE, subst. fém. (*chamèle*), t. d'hist. nat., femelle du *chameau*.

CHAMÉPYTIS, subst. mas. (*kamépitice*), t. de bot., l'ive muscade, *sorte de plante*.

CHAMÉSYCE, subst. fém. (*kamézice*) (du grec χαμαι, à terre, et συκη, figuier, *figuier nain*), t. de bot., plante laiteuse, qu'on nomme aussi *petite ésule*.

CHAMILLARDE, subst. fém. (*chamiiarde*), terme par lequel Voltaire a désigné un édit rendu contre les protestants, et assez semblable à ceux contre-signés en 1701 par M. de Chamillard, ministre secrétaire d'État de la guerre.

CHAMIRE, subst. fém. (*chamire*), t. de bot., plante voisine de la giroflée.

CHAMIS, subst. propre fém. (*chamice*), myth. ind., divinité des Japonais, invoquée dans les affaires importantes.

CHAMISIES, subst. propre fém. plur. (*chamizi*), fêtes japonaises en l'honneur de *Chamis*.

CHAMITE, subst. fém. (*chamite*), t. d'hist. nat., nom donné aux coquilles bivalves fossiles qui ont quelques rapports de forme avec les chames.

CHAMITES, subst. mas. plur. (*chamite*), t. d'hist. nat., chames pétrifiées.

CHAMITIS, subst. mas. (*chamitice*), t. de bot., genre de plantes qu'on a réuni aux azorelles. C'est le même que le holac.

CHAMLAGU, subst. mas. (*chamelagu*), t. d'hist. nat., nom d'un robinier de la Chine.

CHAM-LOS-LA, subst. mas. (*chamelonla*), t. de bot., nom d'une plante de la Chine et de la Cochinchine que l'on emploie pour teindre en un bleu qui ne le cède guère à celui de l'indigo.

CHAMOIS, subst. mas. (*chamoa*) (suivant *Belon*, du grec κεμας, chevreuil, faon de biche), mammifère ruminant du genre des antilopes, et dont la peau est d'un grand usage dans le commerce. Les *chamois* vivent en troupe sur les hautes montagnes. — Peau de cet animal corroyée et passée à l'huile : *gants de chamois*, gants faits de peau de *chamois*.—Adj.; on nomme *rubans chamois*, des rubans d'un jaune très-clair.

CHAMOISÉ, E, part. pass. de *chamoiser*.

CHAMOISER, v. act. (*chamoizé*), préparer de la peau en façon de peau de *chamois*. — *se* CHAMOISER, v. pron.

CHAMOISERIE, subst. fém. (*chamoazeri*), lieu où l'on prépare les peaux de *chamois*. —Peaux de *chamois* que prépare le *chamoiseur* : *faire le commerce de chamoiserie*.

CHAMOISEUR, subst. mas. (*chamoazeur*), celui qui prépare les peaux de *chamois*. — On dirait au fém. *chamoiseuse*, d'une femme qui exercerait la profession ou le métier de *chamoiseur*.

CHAMOND (SAINT-), subst. propre mas. (*ceinchamon*), ville de France, chef-lieu de canton, arrond. de Saint-Étienne, dép. de la Loire.

CHAMOS ou **CHAMOSH**, subst. propre mas. (*chamoce*), myth., dieu des Ammonites et des Moabites, qu'on croit être le même que Bacchus. Inusité.

CHAMOUNIER, subst. mas. (*chamounié*), paysan de la vallée de *Chamouni*, en Savoie. (*Boiste*.) Inus.

CHAMP, subst. mas. (*chan*) (du lat. *campus* qui a la même signification), pièce de terre labourable et qui d'ordinaire n'est pas fermée de murailles : *labourer, fumer, semer, cultiver un champ ; moissonner un champ ; champ fertile, champ stérile ; champ de tant d'arpents ; champ de blé ; champ d'orge ; champ d'avoine ; champ de luzerne*, etc., etc. — *En plein champ*, au milieu de la campagne. — Fig. : *cultiver, féconder le champ de l'histoire, le champ de l'avenir*.—*Le champ du repos*, un cimetière.—*Champ de Mars*, lieu consacré à des exercices militaires. — *Champ de mars*, et ensuite *champ de mai*; dans les premiers temps de la monarchie française, assemblée générale que les rois convoquaient tous les ans pour régler les affaires de l'état, etc. Le dernier *champ de mai* fut tenu par l'empereur Napoléon, en 1815. — *Champ de bataille*, endroit où se livre une bataille : *il est resté tant de morts sur le champ de bataille ; le champ de bataille nous est demeuré*, ou *nous sommes demeurés maîtres du champ de bataille*, etc. En poésie et dans le style élevé, on dit de même : *le champ* ou *les champs de Mars, le champ d'honneur*, etc. — Fig. et fam., *bien prendre, bien choisir son champ de bataille*, prendre habilement ses avantages. — On dit encore fig. et fam., en parlant d'une personne qui, dans une circonstance quelconque, l'a emporté sur une autre, que *le champ de bataille lui est demeuré*. — *Laisser quelqu'un maître du champ de bataille*, cesser de discuter, de disputer, de se défendre, etc. — *Champ clos*, anciennement, lieu clos de barrières pour les combats singuliers, les tournois, etc. Un cavalier qui se donnait de l'espace dans un *champ clos* afin de mieux fournir sa carrière, *prenait du champ* (terme consacré); mais on disait *juge du camp*, et non pas *du champ*. — Fig., 1° carrière : *un vaste champ s'ouvre devant ce jeune homme*, etc.; 2° sujet, occasion : *cette importante mission vous offre un champ superbe pour déployer vos rares talents*, etc. — *Laisser à quelqu'un le champ libre*, ne point contrarier sa volonté, ses prétentions, etc. — *Donner un champ libre à son imagination, à sa colère*, etc., s'y abandonner. — *Avoir le champ libre*, avoir la liberté de faire une chose.— *Champs*, au plur., s'entend de toutes sortes de terres, soit terres labourables, soit prés, bruyères, bois, etc., pris collectivement : *aller aux champs ; mener telles ou telles bêtes aux champs ; les fleurs des champs*, etc. — *A travers champs, à travers les champs*, hors des routes battues. — Prov. et fig., *se sauver à travers champs*, faire des réponses évasives. — *Courir les champs*, se promener, ou : errer dans les *champs*. — Prov., *être fou à courir les champs*, être un grand fou. — *Champs*, au plur., signifie aussi : la *campagne* en général, mot qui, du reste, est plus usité : *la vie des champs ; aller aux champs ; demeurer aux champs*.— *Maison des champs*, maison de campagne, avec cette différence que la *maison des champs* paraît plus relative aux vues économiques, et la *maison de campagne* aux vues d'agrément. — *Être aux champs et à la ville*, jouir, à la ville, d'un grand jardin, ou : demeurer à l'extrémité d'un faubourg. — Fig. et fam. : *être aux champs*, être fort inquiet, ou : être en colère. On dit aussi *se mettre aux champs* et *mettre quelqu'un aux champs*. — Fig. et fam., *donner la clef des champs*, mettre en liberté ; *avoir la clef des champs*, être mis en liberté; *prendre la clef des champs*, s'en aller, s'enfuir. — Prov. et fig. : *avoir un œil aux champs et l'autre à la ville*, être attentif à tout. — En t. milit., *battre aux champs*, donner, avec le tambour, le signal de la marche. On *bat* aussi *aux champs* pour rendre les honneurs. — *Champs-Élysées* : *Élysiens, Élyséens*. Voy. ÉLYSÉES.— *Champ d'asile*, partie de l'Amérique du nord où se retirèrent plusieurs Français, et notamment des militaires, à la seconde restauration, en 1815. — En t. d'opt., étendue qu'embrasse une lunette d'approche ; *cette lunette grossit beaucoup, mais elle a trop peu de champ*. — Fond sur lequel on peint, sur lequel on grave, etc. — En t. de blas., le fond de l'écu. — En t. de peignier, le milieu d'un peigne qui a des dents des deux côtés. — *Mettre de champ, poser de champ des briques, des pierres, des solives*, etc., les poser sur la face la moins large. — En t. de mécanique, *roue de champ*, roue dentée et horizontale, dont les dents sont perpendiculaires. —*A champ*, en t. de jard., à volée. — *Sur-le-champ*, loc. adv., sur l'heure même ; incontinent, sans délai. — *Prêcher, haranguer, parler sur-le-champ*, d'abondance. — *A chaque bout de champ, à tout bout de champ*, à tout moment, à tout propos. Il est fam.

CHAMPAC ou **CHAMPÉ**, subst. mas. (*chanpake, chanpé*), t. de bot., genre d'arbres exotiques.

CHAMPACAM, subst. mas. (*chanpakame*), t. de bot., grand arbre des Indes, qui donne une sorte de châtaigne d'un suc âcre.

CHAMPADA, subst. mas. (*chanpada*), t. de bot., grand arbre touffu de Malaca.

CHAMPAGNAC-DE-BEL-AIR, subst. propre mas. (*chanpagniakdebélère*), bourg de France, chef-lieu de canton, arrond. de Périgueux, dép. de la Dordogne.

CHAMPAGNE, subst. propre fém. (*chanpagnie*),

ancienne province de France, qui se trouve comprise aujourd'hui dans les départements de l'Aisne, de l'Aube, de la Haute-Marne, de la Marne et des Ardennes.—Subst. propre mas., bourg de France, chef-lieu de canton, arrond. de Belley, dép. de l'Ain.

CHAMPAGNE, subst. mas. (*chanpagnie*), vin renommé de la *Champagne*. — T. de mar., long bâtiment des Indes et du Japon qui n'a que des coursives, et dont les membres sont cousus avec des chevilles de bois, et les bordages emboîtés. — En t. de teinturier, réseau de corde, entouré d'un cercle de fer, dans lequel on suspend l'étoffe qu'on met en teinture, pour qu'elle ne touche ni le marc ni la pâtée. — Subst. fém., t. de blas. On nomme ainsi l'espace d'en bas qui occupe le tiers de l'écu vers la pointe. On le connaît aussi sous le nom de *plaine*.

CHAMPAGNE-MOUTON, subst. propre fém. (*chanpagniemouton*), village de France, chef-lieu de canton, arrond. de Confolens, dép. de la Charente.

CHAMPAGNEY, subst. propre mas. (*chanpagnié*), village de France, chef-lieu de canton, arrond. de Lure, dép. de la Haute-Saône.

CHAMPAGNOLE, subst. propre fém. (*chanpagniole*), bourg de France, chef-lieu de canton, arrond. de Poligny, dép. du Jura.

CHAMPAN, subst. mas. (*chanpan*), sorte d'embarcation chinoise et japonaise, peu propre à tenir la haute mer.

CHAMPART, subst. mas. (*chanpar*) (des deux mots latins *campi pars*, partie ou portion du champ), t. de jurispr. féod., droit qu'avaient, en quelques lieux, les seigneurs de fiefs, de lever une certaine quantité de gerbes sur les terres qui étaient en leur censive.

CHAMPARTÉ, part. pass. de *champarter*.

CHAMPARTEL, E, adj. (*chanpartèle*), sujet au *champart*.

CHAMPARTER, v. act. (*chanparté*), t. de jurispr. féod., lever le droit de *champart*.

CHAMPARTERESSE, subst. fém. (*chanparterèce*), la grange seigneuriale pour les *champarts*.

CHAMPARTEUR, subst. mas. (*chanparteur*), t. de jurispr. féod., toute personne que le seigneur avait commise pour le droit de *champart*.

CHAMP-DE-BOST, subst. propre mas. (*chandebocete*), village de France, chef-lieu de canton, arrond. de Mauriac, dép. du Cantal.

CHAMP-DENIERS, subst. mas. (*chandenié*), bourg de France, chef-lieu de canton, arrond. de Niort, dép. des Deux-Sèvres.

CHAMPÉ, subst. mas. (*chanpé*). Voy. CHAMPAC.

CHAMPÉ, E, part. pass. de *champer*, et adj., (*chanpé*), t. de blas. qui se dit du *champ* au fond de l'écu : *champé d'or, de gueules*, etc.

CHAMPEAUX, subst. mas. plur. (*chanpô*), prés, prairies. Vieux et inusité.

CHAMPENOIS, E, adj. et subst. (*chanpenoâ, noâze*), qui est de la *Champagne*.

CHAMPER, v. neut. (*chanpé*), t. de salines, jeter le bois sur la grille dans le travail du sel de fontaine.

CHAMPÊTRE, adj. des deux genres (*chanpêtre*) (du lat. *campestris*, fait, dans la même acception, de *campus*, champ), qui appartient aux *champs*, qui a rapport aux *champs* : *maison, lieu, musique champêtre*. — Solitaire, éloigné des villes : *vie champêtre*.—*Dieux champêtres*, ceux qui, selon la fable, présidaient aux biens de la terre, et qui étaient particulièrement adorés aux *champs*. — *Champêtre* s'est pris autrefois substantivement au mas. : *ce champêtre est agréable*. — *Garde-champêtre*. Voy. ce mot.

CHAMPEUR, subst. mas. (*chanpeur*), t. de salines, ouvrier qui tient le bois sur la grille et qui entretient le feu des poêles.

CHAMPFRAIN, horrible *barbarisme* de *Boiste*, copié religieusement par *Raymond*, suivant son habitude. Voy. CHANFREIN.

CHAMPI, subst. mas. (*chanpi*), espèce de papier propre pour les châssis.

CHAMPIE, subst. fém. (*chanpi*), t. de bot., genre de plantes. Il ne contient qu'une espèce, originaire du cap de Bonne-Espérance.

CHAMPIGNON, subst. mas. (*chanpignion*) (suivant *Ménage*, du latin barbare *campinio*, fait de *campus*, champ, parce que les *champignons* viennent dans les champs sans y être semés), t. de bot., nom générique d'une famille nombreuse de plantes cryptogames, dénuées, ainsi que les lichens, de branches, de tiges, de racines et de feuilles proprement dites, ordinairement composées d'un pédoncule d'une substance molle, et surmontées d'un *chapiteau* ou *chapeau* : *la pluie douce fait venir les champignons*.—*Blanc de champignon*, la partie du fumier adhérente aux pédicules des *champignons*.—On dit prov. et fam. d'un homme qui a fait fortune en peu de temps, qu'*il s'est élevé en une nuit comme un champignon*. — *Venir comme un champignon*, croître très-rapidement. — *Champignon marin*, t. d'hist. nat., anémone de mer.— *Champignon* se dit d'un support, le plus souvent de bois ou de fer, dont le haut ressemble au *chapeau* d'un *champignon*, et sur lequel on pose des bonnets de femme, des chapeaux, etc. — En t. de médec., excroissance de chair qui se forme en quelque partie du corps.—En t. d'archit., espèce de coupe renversée qui fait bouillonner l'eau d'un jet dans les fontaines jaillissantes; et l'on appelle *champignon d'eau*, le bouillon formé par l'effet de cette coupe. — *Champignon de lampe*, le bouton qui se forme au lumignon d'une lampe, d'une chandelle, quand on a négligé quelque temps de la moucher.

CHAMPIGNONNIÈRE, subst. fém. (*chanpignionière*), t. de jard., couche de fumier préparée pour y faire venir des *champignons*.

CHAMPIN, subst. mas. (*chanpein*), t. de bot., sorte d'arbre à fleur odoriférante.

CHAMPION, subst. mas. (*chanpion*) (suivant *Ménage*, du lat. *campio*, fait, dans la même signification, de *campus*, champ; ce mot très-ancien, quoiqu'il ne soit pas de la bonne latinité, se trouve dans *Grégoire* de Tours; selon *Du Cange*, de l'allemand *kampf*, qui signifie combat), celui qui combattait en *champ* clos pour sa cause ou celle d'un autre. — On dit par raillerie, d'un homme dont on estime peu le courage, que *c'est un vaillant champion*. — Dans la poésie, il s'emploie sérieusement, et en bonne part, pour brave guerrier, etc.— Fig., défenseur : *champion de la foi*, défenseur de la foi. — Au figuré, celui qui écrit ou parle pour un parti. Il se dit aussi, souvent, par ironie ou par mépris : *cet homme est le champion de toutes les mauvaises causes*. — *Champion du roi*, chevalier qui, après le couronnement du roi d'Angleterre, entre à cheval, armé de toutes pièces, dans la salle de Westminster, jette son gant par terre, et présente un cartel à quiconque oserait nier que le nouveau prince fût légitime roi d'Angleterre.

CHAMPIONNE, subst. fém. (*chanpione*), femme de courage; femme de moyenne vertu. Fam. et peu usité.

CHAMPLÉ, E, part. pass. de *champler*.

CHAMPLER, v. act. (*chanplé*), t. de marine et de galère, rabattre les deux côtés de la tente qui avaient été relevés pour un motif quelconque. *Boiste* écrit *champeler*. L'*Académie* ne donne ni l'un ni l'autre.

CHAMP-LEVÉ, E, part. pass. de *champ-lever*.

CHAMP-LEVER, v. act. et neut. (*chanlevé*), t. de bijoutier, surbaisser avec une chape le *champ* d'une pièce, et le réduire à la hauteur précise où il doit rester, soit pour y incruster quelques pierreries, soit pour y placer des émaux. — *Champ-lever un fond*, en t. de fourbisseur et de ciseleur, c'est creuser et découvrir au burin, sur un morceau d'acier, les figures qu'on y a dessinées et tracées, et qu'on doit mettre en bas-relief.

CHAMPLITTE, subst. propre fém. (*chanplite*), ville de France, chef-lieu de canton, arrond. de Gray, dép. de la Haute-Saône.

CHAMPLURE, subst. fém. (*chanplure*), t. de jardinage, maladie des arbres dont les jeunes pousses sont gelées.

CHAMPONIER, subst. mas. (*chanponié*). On donne ce nom à un cheval qui a les paturons longs, effilés et trop pleins.

CHAMPRE, subst. mas. (*chanpre*), nom du crocodile chez les Égyptiens.

CHAMPRICHE, subst. fém. (*chanpriche*), t. de jard., sorte de poire.

CHAMPS, subst. propre mas. plur. (*chan*), village de France, chef-lieu de canton, arrond. de Mauriac, dép. du Cantal.

CHAMSIES, subst. mas. plur. (*chamecì*), adorateurs du soleil dans le Levant.

CHAM-TI, subst. propre mas. (*chameti*), myth., dieu des Chinois.

CHAMPTOCEAUX, subst. mas. (*chantoçô*), bourg de France, chef-lieu de canton, arrond. de Beaupréau, dép. de Maine-et-Loire.

CHAMYNE, subst. propre fém. (*chamine*), myth., surnom qui fut donné à Cérès, parce qu'un tyran de Pise, après avoir fait périr un des principaux citoyens nommé Chamynus, voulut expier son crime en employant tous ses biens à élever un temple à cette déesse.

CHANAAN, subst. propre mas. (*kanaan*), fils de *Cham*, qui donna son nom à la terre que sa postérité eut en partage.

CHANAC, subst. propre mas. (*chanak*), village de France, chef-lieu de canton, arrond. de Marvejols, dép. de la Lozère.

CHANANÉEN, subst. mas.; au fém. **CHANANÉENNE** (*kananéein, ène*), qui est de *Chanaan*.

CHANCE, subst. fém. (*chance*) (du latin barbare *cadencia*, formé, dans la même acception, de *cadere*, tomber, échoir), ce qui doit ou peut arriver d'heureux ou de malheureux. — Probabilités pour ou contre : *avoir deux chances pour* ou *contre soi*. — *Courir la chance*, s'exposer au hasard. — Sorte de jeu de dés : *jouer à la chance*.— Le point qu'on livre à celui contre lequel on joue aux dés, et celui qu'on se livre à soi-même : *livrer chance; amener sa chance*. On a dit figurément *livrer chance à quelqu'un*, le défier, le provoquer à quelque discussion. — Encore au figuré, bonne fortune : *être en chance; cela m'a porté chance; la chance a tourné*. — *Conter sa chance*, ses aventures, ses déplaisirs, etc. — T. d'arts et métiers, pot d'épinglier en cucurbite.

CHANCEL ou **CHANCEAU**, subst. mas. (*chancèle, chançô*), t. d'archit., enceinte grillée.

CHANCELADE, subst. fém. (*chancelade*), sorte d'ancienne congrégation. Inusité.

CHANCELAGUE, subst. fém. (*chancelague*), t. de bot., plante du Pérou, qu'on regarde comme une espèce de petite centaurée, à fleur de couleur pourpre.

CHANCELANT, E, adj. et part. (*chancelan, lante*), qui *chancelle*, qui vacille, qui n'est pas ferme.— On dit fig., tant au sens physique qu'au sens moral : *esprit chancelant*, irrésolu; *fortune chancelante*, mal assurée; *foi chancelante; autorité chancelante*.

CHANCELÉ, part. pass. de *chanceler*.

CHANCELER, v. neut. (*chancelé*) (suivant *Ménage*, de *cadere*), tomber; *cadenti similem esse*, ressembler à un homme qui tombe), vaciller, n'être pas ferme, être mal assuré, au propre et au fig. : *il chancelait comme un ivrogne; il chancelle dans ses résolutions; sa fortune chancelle*. Il diffère de *vaciller*, en ce que *chanceler*, c'est, à la lettre, courir la *chance* de choir, pencher comme si on allait tomber; *vaciller*, c'est aller *de çà et de là*, comme un petit rameau, une baguette, en lat. *bacillum*.

CHANCELIER, subst. mas. (*chancelié*) (en latin *cancellarius*, formé de *cancelli*, treillis ou barres à claire-voie, qui environnaient le lieu où l'on rendait la justice), grand-officier de la couronne, chargé du soin des archives de l'état. Les reines et les fils de France avaient aussi leurs *chanceliers*; *le chancelier de l'ordre de Malte; le chancelier de l'ordre du Saint-Esprit; le grand-chancelier de la Légion-d'Honneur*. — Le chef suprême de la justice. — Le ministre, garde-des-sceaux de l'état. — Dans les universités, celui qui confère les degrés et délivre les diplômes.—Dans certains chapitres, chanoine chargé de la garde des sceaux. — Dans plusieurs échelles du Levant, celui qui a le sceau du consulat. — A l'Académie française, celui qui, en l'absence du directeur, en faisait autrefois les fonctions. — *Chancelier de l'échiquier*, un des juges de la *cour des finances* d'Angleterre, qu'on appelle aussi *cour de l'échiquier*. Le *chancelier* y siége après le grand-trésorier. — *Chancelier de justice*, titre du chef de la justice dans certains états de l'Allemagne. — T. de jardinage, variété du pêcher.

CHANCELIÈRE, subst. fém. (*chancelière*), femme du *chancelier*. — Petite caisse garnie de peau d'ours ou de mouton, qui sert à mettre les pieds pendant l'hiver.

CHANCELLEMENT, subst. mas. (*chancèleman*), mouvement de ce qui penche de côté et d'autre, et qui menace de tomber; action de *chanceler* : *dès que je m'aperçus de son chancellement, je courus pour le soutenir*.

CHANCELLERIE, subst. fém. (*chancèleri*), sorte de tribunal où l'on scelle les lettres avec le sceau du prince, de l'état : *des lettres expédiées en chancellerie; officier de la chancellerie; style de chancellerie*. On dit de même *la chancellerie* d'un consulat. — *La grande chancellerie*, le lieu où l'on scellait avec le grand sceau; et *la petite chancellerie*, celui où l'on scellait avec le petit sceau. *Grande chancellerie de la Légion-d'Honneur*, administration chargée de l'ordre de la Légion-d'Honneur. — Maison destinée pour la *chancellerie* : *hôtel de la chancellerie de France*. — *La chancellerie de Rome* se dit du bureau où se font les expéditions des brefs et des autres actes concernant le gouvernement de l'Église. — *Chancellerie de l'université*, lieu où l'on scellait les diplômes.

CHANCEUSE, adj. fém. Voy. CHANCEUX.

CHANCEUX, adj. mas., au fém. CHANCEUSE, (*chanceu, ceuze*), qui est en *chance*, qui est en bonheur : *il est chanceux ; je ne suis pas si chanceux*. Il est pop. — Iron., *voilà un homme bien chanceux*, c'est un homme à qui rien ne réussit. — *Trévoux* le dit en bonne ou mauvaise part, pour : être heureux ou malheureux. — Chose dont le résultat est incertain : *cette affaire est fort chanceuse*, il y a des risques à courir.

CHANCI, subst. mas. (*chanci*), t. de jardinier, fumier blanchi où se forment les filaments des champignons. — En t. de salines, charbon éteint.

CHANCI, E, part. pass. de *chancir*, et adj., qui est moisi : *pain chanci*.

CHANCIQUE, *Barbarisme*; voy. CHAUCIQUE. *Raymond* a copié ce barbarisme dans *Boiste*, qui du moins avertissait que *chaucique* vaut mieux.

CHANCIR, v. neut. (*chancir*), moisir; avec cette différence que *chancir* se dit des premiers signes de *chancissure* ou altération à la surface de certains corps, et *moisir* du changement entier. Il ne se dit guère que des choses qui se mangent, comme des confitures, des pâtés, des jambons : *ces jambons commencent à chancir*. Il est vieux. — SE CHANCIR, v. pron., *ces confitures se chancissent*.

CHANCISSURE, subst. fém. (*chancicure*), moisissure; filaments produits par la putréfaction.

CHANCRE, subst. mas. (*chankre*) (du latin *cancer*), t. de médec., espèce d'ulcère malin qui ronge la partie du corps sur laquelle il s'est formé. Il se dit particulièrement des ulcères vénériens. — Élevure qu'une fièvre ardente fait venir sur la langue, aux lèvres, dans le palais. — Crasse qui s'attache aux dents. — En t. de jardinier, maladie qui survient aux arbres et qui les ronge. — Prov. et fam., *manger comme un chancre*, excessivement. — *Chancre* se dit quelquefois au figuré d'un vice d'administration, d'un fléau public qui ruine et appauvrit l'État : *chancre politique*, nom qu'on donna en 1791 à la guerre de la Vendée, parce qu'elle dévorait des armées entières.

CHANCREUSE, adj. et subst. fém. Voy. CHANCREUX.

CHANCREUX, adj. et subst. mas., au fém. CHANCREUSE (*chankreu, kreuze*), qui tient de la malignité du *chancre* : *ulcère chancreux*. Il signifie aussi qui est attaqué du *chancre* : *arbre chancreux*.

CHANDELEUR, subst. fém. (*chandeleur*) (du latin *candelosa*, mot par lequel cette fête est désignée dans quelques auteurs, et qui vient de *candela*, chandelle, cierge, à cause des cierges qu'on porte à la procession de ce jour-là), dans l'Église romaine, la fête de la présentation de Notre-Seigneur au temple, et de la purification de la sainte Vierge : *le jour de la fête de la Chandeleur ; je vous paierai après la Chandeleur*.

CHANDELIER, subst. mas. (*chandelié*), celui qui fait et vend de la *chandelle*. — Adj. *maître chandelier*. — Instrument, ustensile qui sert à recevoir de la *chandelle*, de la bougie, des cierges : *chandelier d'argent ; grand chandelier ; chandelier d'église*. — Fig., *être placé sur le chandelier*, occuper une place éminente, surtout dans l'Église. — *Mettre quelqu'un sur le chandelier*, l'élever en dignité. — *Mettre le chandelier sous le boisseau*, laisser de grands talents dans l'obscurité. Cette expression est tirée de l'Écriture. — En t. de guerre, on nomme *chandeliers*, deux pièces de bois de cinq ou six pieds de haut, plantées debout sur une traverse, et dont on remplit l'entre-deux de fascines pour se couvrir dans les lieux enfilés. — En t. de vénerie, on dit d'un vieux cerf *qu'il porte le chandelier*, quand le haut de sa tête est large et creux. — Les faïenciers appellent *chandelier de jauge*, un bâton porté sur un pied, et traversé par deux branches, dont la longueur et la distance servent à jauger ou à mesurer la forme qu'il faut donner à un vase que l'on tourne. — Au plur., t. de mar., petites barres de fer arrondies, longues de quatre pieds pour les passavants, et de dix-huit pouces sur les vibords. Les premiers portent à leur tête des lisses en bois, sur des ouvertures en forme de fourche ; les autres ont des trous pour passer de grosses baguettes de fer. — Il y a des *chandeliers* pour les batayoles de hune, et d'autres pour les embarcations. — En t. de mar. encore, on donne le nom de *chandeliers* à des pièces de bois ou de fer faites en forme de fourche, ou seulement percées, pour recevoir et soutenir différentes choses. Elles varient suivant l'usage auquel on les destine. On appelle *chandeliers de pierres* des pièces de bois attachées ensemble et percées en long, où l'on pose le pivot de fer sur lequel le pierrier tourne ; *chandeliers de chaloupe*, deux fourches de fer qui servent à soutenir le mât lorsqu'on ne s'en sert pas et que la chaloupe va à la rame ; *chandeliers de petits bâtiments*, des appuis de bois que l'on voit sur le pont de quelques bâtiments, et qui servent à appuyer et soutenir le mât lorsqu'il est amené sur le pont ; *chandeliers d'échelle*, des *chandeliers* de fer à tête ronde qu'on met des deux côtés de l'échelle, auxquels on attache des cordes qu'on laisse traîner jusqu'à l'eau, et qui servent à soulager ceux qui en descendent ; *chandelier de fanal*, un grand fer avec un pivot sur lequel on pose un fanal à la poupe. — *Chandelier*, en hydraulique, est une espèce de bouillon qui ne diffère du champignon qu'en ce qu'il ne fait point nappe, et que son eau va former un autre *chandelier* plus bas.

CHANDELLE, subst. fém. (*chandèle*) (en latin *candela*), petit *flambeau* de suif, de *cire* ou de quelque autre matière grasse et combustible. Telle est la définition de l'*Académie*. Nous ne l'admettrons, nous, qu'en la modifiant. D'abord une *chandelle* pourrait tout au plus se traduire par *flambeau*, lorsqu'elle est allumée ; ensuite la *chandelle* n'est jamais faite entièrement de cire, et c'est ce qui la distingue de la bougie ; il entre bien, il est vrai, quelque peu de cire dans la *chandelle*, et dans la bougie souvent aussi beaucoup trop de suif ; mais il n'en est pas moins certain que *chandelle* serait mieux défini par ces quelques mots : *mèche recouverte de suif, ou tout à la fois de suif et de cire, et qui est propre à l'éclairage*. — Prov. et fam. : *donner une chandelle à Dieu et l'autre au diable*, avoir des intelligences dans deux partis contraires, ou : mener une vie mélangée de bien et de mal. — *Brûler la chandelle par les deux bouts ; se brûler à la chandelle*. Voy. BRÛLER. — *La chandelle brûle*, le temps presse. — *Chandelle des Rois*, *chandelle* peinte de différentes couleurs que l'on brûle le jour des rois dans certaines provinces. On dit pop. d'un habit de plusieurs couleurs, qu'*il est bariolé comme la chandelle des Rois*. — *A chaque saint sa chandelle*, il faut faire la cour à quiconque peut nous faire du bien ou du mal. — Prov. et pop., on dit d'un homme fort vieux que *la chandelle s'éteint* ; de celui qui est à l'agonie, qu'*il est réduit à la chandelle bénite* ; de celui qui a échappé à un grand danger, qu'*il doit une belle chandelle à Dieu* ; d'une femme dont la beauté ne soutient pas le grand jour, qu'*elle est belle à la chandelle* ; d'une chose qui ne mérite pas les soins qu'on prend, la dépense qu'on fait, que *le jeu n'en vaut pas la chandelle*. — On appelle *économie de bout de chandelle* une économie qui ne s'attache qu'aux petites choses. — Fig., *tenir la chandelle*, se prêter à d'infâmes complaisances, pour favoriser un commerce de galanterie honteuse. — *Voir mille chandelles*, avoir un éblouissement causé par un coup, une chute sur les yeux. — En jurispr. et en administration, on appelle *adjudications à l'extinction de la chandelle*, des adjudications pendant lesquelles on allume une *chandelle*, et qui durent jusqu'à ce que la *chandelle* soit éteinte. — Les charpentiers appellent *chandelle* un poteau placé debout et à plomb sur une solive ou autre pièce, pour la soutenir dans une situation horizontale. — Pièce de bois longue que l'on place debout sur le chapeau d'une presse d'imprimerie, et que l'on fixe au plateau supérieur pour empêcher la presse de varier. — T. d'artificier, *chandelle romaine*, pièce d'artifice, en forme de *chandelle*. — T. de bot., bois jaune des Antilles.

CHANDELIÈRE, subst. fém. (*chandelière*), la femme d'un marchand de *chandelles*.

CHANDELLERIE, subst. fém. (*chandèleri*), lieu où se fait, où se vend la *chandelle* ; commerce de *chandelles*. *Raymond* ne connaît pas ce mot.

CHANDRA, subst. fém. (*chandra*), myth., nom de la lune chez les Indous.

CHANÉE, subst. fém. (*chané*), t. de papet., gouttière qui conduit l'eau sur la roue du moulin.

CHANELETTE, subst. fém. (*chanelète*), t. de papet., gouttière d'une auge à l'autre.

CHANETTES, subst. fém. plur. (*chanète*), vieux mot inusité que l'on disait pour désigner ce qu'on appelle aujourd'hui *burettes*.

CHANFRÉ, E, part. passé de *chanfrer*. Voy. ce mot.

CHANFREIN, subst. mas. (*chanfrein*) (suivant *Ménage*, du latin *camus*, mors, muselière, et *frenum*, frein), partie de la tête du cheval qui se trouve entre les sourcils, depuis les oreilles jusqu'au nez : *cheval qui a le chanfrein blanc*. — On appelait ainsi autrefois la pièce de fer qui couvrait le devant de la tête d'un cheval armé. Il n'y a aucune raison pour écrire *chanfrain* dans ce dernier sens : *Boiste* a donc fait une faute contre l'étymologie. — Morceau d'étoffe noire qu'on met sur le nez des chevaux de deuil. — Panaches de plumes pour les chevaux. — En t. d'archit., on appelle *chanfrein* l'inclinaison pratiquée au-dessus d'une corniche en imposte, et qui se nomme plus communément *biseau*. — T. d'horl., creux en cône.

CHANFREINDRE, v. act. (*chanfreindre*). Ce mot, que nous lisons dans *Boiste*, nous paraît inutile, puisque l'on dit plus généralement *chanfreiner*.

CHANFREINÉ, E, part. pass. de *chanfreiner*.

CHANFREINER, v. act. (*chanfréné*), t. de menuisier, de maçon, etc., faire un *chanfrein* ; abattre les arêtes d'une pièce de bois ou d'une pierre ; y former des plans obliques, pour faire disparaître les angles droits en biaisant plus ou moins. — SE CHANFREINER, v. pron.

CHANFREINT, E, part. pass. de *chanfreindre*.

CHANFRER, v. act. (*chanfré*). Ce mot, que nous trouvons dans *Boiste* comme synonyme de *chanfreiner*, est tout-à-fait vicieux. Voy. CHANFREINER.

CHANGE, subst. mas. (*chanje*) (du latin *cambium* qui a la même signification, et dont les Italiens ont fait également *cambio*, change), troc d'une chose contre une autre : *gagner au change, perdre au change*. — En t. de chasse, ruse d'une bête fauve qui cherche à échapper aux chiens ou aux chasseurs, en leur donnant quelque autre bête à chasser ; *prendre le change*, suivre une nouvelle bête ; *garder le change*, se tenir à la bête qu'on a commencé de courir. — Fig., *donner ou faire prendre le change à quelqu'un*, le tromper, le détourner d'un dessein, en lui donnant lieu de croire une chose pour une autre. — T. de banque, commerce du changeur qui est autorisé à recevoir des monnaies anciennes, défectueuses ou étrangères, et à en donner la valeur en monnaie courante. — Lieu établi pour échanger les espèces. — Banque, profession de celui qui fait tenir de l'argent d'une ville à une autre, de place en place : *faire le change ; courtier, agent de change*. — *Lettre de change*. Voy. LETTRE. — Le prix que le banquier prend pour l'argent qu'il fait remettre : *le change est de tant pour cent ; le change est au pair*, etc. — *Coter le change*, marquer le taux du *change*. — Prov. et fig. : *rendre le change à quelqu'un*, lui rendre la pareille. — L'intérêt de l'argent qu'on prête selon le cours de la place : *prendre, donner à change*. — Le lieu où s'assemblent les banquiers et négociants dans quelques villes de commerce, et qu'on nomme aujourd'hui *bourse*. — *Payer comme au change*, payer comptant.

CHANGÉ, E, part. pass. de *changer*.

CHANGEANT, E, adj. (*chanjan, jante*), variable, qui *change* aisément : *il est d'une humeur changeante*. Voy. LÉGER. — On appelle *taffetas changeant* celui dont la trame est d'une couleur, et la chaîne d'une autre. — *Couleur changeante*, la couleur qui change selon les différentes expositions, comme la gorge de pigeon. — T. d'astron., *étoiles changeantes*, étoiles sujettes à des diminutions et à des augmentations alternatives de lumière. — Il est aussi subst. fém. : *la changeante de la baleine ; les changeantes du cygne*.

CHANGEANT, subst. mas. (*chanjan*), t. d'hist. nat., genre de reptiles établi sur une espèce trouvée en Égypte.

CHANGEMENT, subst. mas. (*chanjeman*), action de *changer* ; mutation : *changement de vie, de conduite, d'état*, etc. — *Être d'un grand changement*, que *Gattel* nous donne pour signifier *être fort changé*, en parlant du visage, n'est pas français. — CHANGEMENT, VARIATION, VARIÉTÉ. (*Syn.*) *Changement* marque le passage d'un état à un autre ; *variation*, le passage rapide par plusieurs états successifs ; *variété*, l'existence de plusieurs individus d'une même espèce, sous des états en partie semblables, en partie différents, ou d'un même individu sous plusieurs états différents. — Il n'y a point d'homme si constant dans ses principes, qu'il n'en ait *changé* quelquefois ; il n'y a point de gouvernement qui n'ait eu ses *variations*; il n'y a point d'espèce dans la nature qui n'ait une infinité de *variétes*.

CHANGEOTER, v neut. (*chanjoté*), *changer* légèrement et souvent.

CHANGER, v. act. (*chanjé*) (du latin *cambire*, dont la signification est la même, et qui a été conservé par les Italiens également dans le même sens), céder une chose pour une autre : *changer de la vaisselle pour* ou *contre des meubles; changer un chien pour* ou *contre un singe; changer une pièce d'argent, d'or, pour* ou *contre de la monnaie; changer un billet de banque pour* ou *contre de l'argent, de l'or*. On dit simplement aussi : *changer une pièce d'argent, une pièce d'or; changer un billet de banque*. — Remplacer un objet par un autre : *changer le papier d'une chambre; changer les draps d'un lit; changer un enfant en nourrice*. — Rendre une chose différente de ce qu'elle était : *changer sa chambre; changer un projet; changer ses habitudes*, etc. — Convertir une chose en une autre : *lors du triomphe de la religion chrétienne, on changea les temples en églises; cette circonstance imprévue changea mes soupçons en certitude*, etc. — Métamorphoser une chose en une autre : *la femme de Loth fut changée en statue de sel; Diane changea Actéon en cerf*, etc. — *Changer* signifie neutralement, 1° avec la préposition *de*, tant au propre qu'au fig., quitter une chose pour une autre : *changer de pays; changer de quartier; changer de maison; changer d'appartement; changer de place; changer d'habit; changer de chemise; changer de cheval; changer de nature, de forme; changer de couleur*; en parlant des personnes, des étoffes, etc. : *changer de visage; changer de sentiment, d'opinion; changer de religion, de parti; changer de vie, de conduite, de ton, de langage*, etc.; 2° elliptiquement, *changer* de linge : *cet exercice violent m'avait tellement mis en nage*, ou *cet orage m'avait tellement mouillé, que je fus forcé de changer* (on dit de même activement *changer quelqu'un*, pour : *changer* le linge que quelqu'un a sur lui) ; 3° absolument, *changer* d'état : *tout change ici-bas; la température a beaucoup changé depuis deux jours; le temps a changé; ses idées ont bien changé, sont bien changées; votre visage n'a point changé; les modes changent vite*; 4° figurément, *changer* de mœurs, de caractère, etc. : *changer en bien; changer en mal; quand je vous offris mon cœur vous étiez douce et bonne, mais combien vous avez changé! tel vous m'avez connu jadis, tel vous me verrez toujours; je n'ai jamais changé; jamais je ne changerai*. — On dit qu'*une société*, qu'*un corps change*, lorsque tous ses membres sont renouvelés; et que *les membres d'un corps changent*, lorsqu'ils se succèdent à certaines époques dans l'exercice de leurs fonctions : *comme le sénat change tous les ans, et que les officiers changent tous les jours, il n'y a ni assez de temps ni assez d'intérêt pour retenir une portion de l'autorité* (BARTHÉLEMY). — *Changer* s'emploie encore neutralement par rapport à la versatilité d'humeur, à l'inconstance : *vous ne compteriez pas tant sur ses promesses si vous saviez comme il change facilement; il a juré à sa belle de ne jamais changer; elle aime trop à changer*. — *Changer avec quelqu'un*, par ellipse, faire un échange avec quelqu'un : *il ne veut pas changer avec vous*. On dit elliptiquement aussi : *je ne voudrais pas changer avec lui*, pour dire : je ne voudrais pas être à sa place, être dans sa position, dans sa condition, etc. — Prov. et fig., *changer son cheval borgne contre un cheval aveugle*, *changer* un objet défectueux contre un autre qui l'est encore davantage. — Prov., *il faut qu'il ait été changé en nourrice*, se dit d'un enfant dont les traits, dont le caractère n'offrent aucune ressemblance avec ceux de ses parents; et l'on dit au contraire : *il n'a pas été changé en nourrice*, pour dire : c'est tout le portrait de son père, de sa mère, de ses parents, soit au physique, soit au moral. — Fig. et fam., *changer de batterie*, prendre d'autres moyens, un autre moyen. — Prov. et fig., *changer de note*, *changer* de façon de parler ou de façon d'agir. — *Changer du tout au tout, du blanc au noir*, *changer* entièrement. — *Cette personne est changée, bien changée, changée à ne pas la reconnaître, changée à vue d'œil*, elle a le visage *changé*, très-*changé* par la maladie, ou par l'âge. — En t. de manège, *changer un cheval, le changer de main*, ou neutralement, *changer de main*, tourner et porter la tête d'un cheval d'une main à l'autre, c'est-à-dire de droite à gauche ou de gauche à droite. — En t. de mar., *changer de bord*, c'est mettre un côté du navire au vent, au lieu de l'autre qui y était; *changer la barre*, mettre la barre du gouvernail du côté opposé à celui où elle était; *changer l'artimon*, faire passer la voile d'artimon avec sa vergue d'un côté du mât à l'autre; *changer le quart*, relever la garde, c'est-à-dire faire entrer une partie de l'équipage en service à la place de celle qui était de garde; *changer les voiles*, mettre au vent un autre côté de la voile que celui qui y était. — SE CHANGER, v. pron. : *l'eau se change en glace par l'action du froid; leurs joyeuses acclamations se changèrent en cris de douleur; mes soupçons se changèrent en certitude; tel est mon caractère, je ne saurais me changer*, etc., etc., etc.

CHANGEUR, subst. mas., au fém. CHANGEUSE (*chanjeur, jeuze*), celui ou celle qui fait le *change* des monnaies. — Prov. : *payer comme un changeur*, payer comptant. — *Riche comme un changeur*, fort riche. L'*Académie* ne donne pas le fém. de ce mot.

CHANGEUSE, subst. fém. Voy. CHANGEUR.

CHANG-KO, subst. propre fém. (*chanko*), myth. ind., déesse des Chinois.

CHANGOUN, subst. mas. (*changuoune*), t. d'hist. nat., vautour du Bengale.

CHANG-TI, subst. mas. (*chankti*), myth. ind., le ciel, chez les Chinois.

CHANLATTE, subst. fém. (*chanlate*), t. d'archit., petite pièce de bois semblable à une forte latte, qu'on attache vers l'extrémité des chevrons coyaux, et qui saillit hors de la corniche supérieure d'un bâtiment. Sa fonction est de soutenir deux ou trois rangées de tuiles pratiquées ainsi pour écarter la pluie d'un mur de face.

CHANNE, subst. fém. (*chane*), t. de bot., variété de l'hépate; sorte de poisson.

CHANOINE, subst. mas. (*chanoène*) (du latin *canonicus*; pris du grec κανονικος, régulier, dérivé de κανων, canon, règle, parce que tous les *chanoines*, dans leur première institution, étaient *réguliers*, c'est-à-dire observaient la règle de la vie commune, sans distinction), ecclésiastique qui possède un *canonicat*. Il y a des *chanoines séculiers* et des *réguliers*; ceux-ci sont des religieux qui ont le titre de *chanoines*. — Prov. : *mener une vie de chanoine*, une vie douce et tranquille.

CHANOINESSE, subst. fém. (*chanoènèce*) (du grec κανονικος. Voy. CHANOINE), celle qui possédait une prébende dans un chapitre de femmes. — Sorte de religieuses qui suivaient la règle de saint Augustin.

CHANOINIE, subst. fém. (*chanoèni*), canonicat. Ce dernier terme est plus usité. *Chanoinie* paraît être du style de pratique, quoique *Boileau* s'en soit servi dans une *lettre à Arnauld*.

CHANON, subst. mas. (*chanon*), t. d'hist. nat. On a donné ce nom à la moule hironde, qui fait aujourd'hui partie du genre des avicules.

CHANOS, subst. mas. (*chanôce*), t. d'hist. nat., genre de poissons établi pour placer le mugil.

CHANSON, subst. fém. (*chançon*) (du lat. *cantio*, fait, dans le même sens, de *cantus*, chant. Le troubadour *Giraut de Bornell*, qui florissait au commencement du treizième siècle, est, dit-on, le premier qui ait donné aux poésies galantes, appelées alors simplement *vers*, le titre de *chansons*, ou, en provençal, *canzo* ou *canzos*, qui signifiait *poésie chantée*, comme l'*ode* des Grecs. La *canzone* des Italiens a tiré et son nom et sa forme de ces *canzos* des anciens troubadours, auxquels elle ressemble bien plus qu'à nos *chansons* françaises. *Histoire littéraire d'Italie*, par *Ginguené*.), vers légers, souvent à refrain, qu'on chante, et dont chaque stance s'appelle couplet : *Béranger est le roi de la chanson*. — Fig., sornette, discours frivole : *ce qu'il vous dit là est une chanson; chanson que tout cela*; et par forme d'interjection : *chanson!* je n'en crois rien, je ne m'y fie pas. — On dit fam. : *voilà bien une autre chanson*, pour dire : voilà un embarras bien plus grand, un événement bien plus important, et auquel on ne s'attendait pas. — *Chanter* ou *redire toujours la même chanson; ne savoir qu'une chanson*, dire toujours la même chose. — *Je ne me paie pas de chansons*, je ne me paie pas de paroles, je veux des effets.

CHANSONNÉ, E, part. pass. de *chansonner*.

CHANSONNER, v. act. (*chançoné*), faire des *chansons* contre quelqu'un. — SE CHANSONNER, v. pron.

CHANSONNETTE, subst. fém. (*chançonète*), petite *chanson*. — On le dit des *chansons* tendres et des *chansons* pastorales : *l'air d'une chansonnette doit être facile et gracieux*.

CHANSONNIER, subst. mas., au fém. CHANSONNIÈRE (*chançonier, nière*), faiseur ou faiseuse de *chansons*. — Recueil de *chansons* : *le Chansonnier français*. Pourquoi ne dirait-on pas *chansonniste*, en parlant d'un auteur de *chansons*?

CHANSONNIÈRE, subst. fém. Voy. CHANSONNIER.

CHANT, subst. mas. (*chan*) (du lat. *cantus*, qui signifie la même chose, et dont les Italiens, les Espagnols, les Portugais ont fait *canto*, également dans la même acception), élévation et inflexion de la voix sur différents tons, avec modulation. — Manière particulière de *chanter*. — Air de *chanson*, etc. : *il a fait les paroles, un autre a fait le chant*. — *Chant* se dit quelquefois de la partie mélodieuse ou principale d'une musique quelconque, celle d'où dépend toute l'expression : *il a de très-beaux chants*. — On dit d'un morceau de musique qu'*il n'a point de chant ni d'agrément*, lorsqu'il manque de mélodie : *cette ouverture-là n'a point de chant*. — Il se dit aussi du ramage des oiseaux, du cri du coq et de celui de la cigale. — *Chant* se dit, par extension, de certains morceaux de poésie qui se *chantent* ou peuvent se *chanter* : *chant funèbre; chant guerrier; chant nuptial*. — *Chants*, au plur., se dit figurément et poétiquement de toute composition en vers : *mes chants ont redit ses exploits*. — Division de certains poèmes épiques espagnols, italiens, français, etc. Dans les anciens poèmes grecs et latins, cette même division s'appelle *livre*. — *Chant royal*, ancien poème français de six strophes de onze vers chacune, et dans lequel le onzième vers de la première strophe se répète à la fin de toutes les autres. — Dans l'Église, on appelle *chant royal* le ton sur lequel *se chante* la prière pour le souverain. On appelle *plain-chant, chant grégorien* ou *chant d'église*, le *chant* adopté par l'Église catholique. On lui donne le nom de grégorien, parce que saint Grégoire passe pour en être l'inventeur : *une messe en plain-chant*. — On appelle *chant musical* tout morceau composé en musique, et *chant sur livre* le *plain-chant* d'église avec un accompagnement musical. — *Chant figuré*, voy. CONTRE-POINT. — On dit du dernier ouvrage d'un homme célèbre, quand cet ouvrage est bon : *c'est le chant du cygne*. — Fig. : *un chant de sirène*, un langage trompeur.

CHANTABLE, adj. des deux genres (*chantable*) (de l'italien *cantabile* qui a le même sens), qui peut se *chanter*.

CHANTAGE, subst. mas. (*chantaje*), pêche dans laquelle on fait du bruit pour engager le poisson à donner dans les filets. — Adj. : *pêche, poisson chantage*.

CHANTANT, E, adj. et part. prés. (*chantan, tante*), qui se *chante* aisément : *air chantant; musique chantante*. — Qui est propre à être mis en *chant* : *vers chantants, paroles chantantes*. — On dit d'une langue fort accentuée et dont la prosodie a quelque chose de musical qu'*elle est chantante*.

CHANTÉ, E, part. pass. de *chanter*.

CHANTEAU, subst. mas. (*chantô*). Il se disait autrefois en jurisprudence d'une portion de biens possédée séparément. — Il se dit familièrement d'un morceau coupé d'un grand pain. — Il se dit parmi les catholiques, du morceau de pain bénit que l'on envoie à celui qui doit le rendre à sa paroisse le dimanche suivant. — Les tailleurs appellent *chanteau*, les espèces de pointes qu'ils sont obligés d'ajouter sur les côtés d'un manteau ou d'un autre vêtement semblable, tant pour lui donner l'ampleur nécessaire, que pour l'arrondir. — Les tonneliers appellent *chanteau*, la pièce du fond d'un tonneau, qui est seule de son espèce, et qui se termine par deux segments de cercles égaux.

CHANTELAGE, subst. mas. (*chantelaje*), t. de féod., droit qu'on payait aux seigneurs pour la vente du vin sur le chantier.

CHANTEL-LE-CHÂTEAU, subst. propre mas. (*chantèlechâtô*), village de France, chef-lieu de canton, arrond. de Gannat, dép. de l'Allier.

CHANTEPLEURE, subst. fém. (*chantepleure*) (du français *chanter*, à cause du bruit que le vin ou l'eau fait en tombant ou en passant par les petits trous de la *chantepleure*, et de *pleurer*; cette eau ou le vin imitant des espèces de pleurs. *Ménage*.), sorte d'entonnoir à longue queue qu'on met dans le bondon d'un tonneau pour le remplir, et qui est percé au bas de plusieurs petits trous, afin que rien de ce qui n'est pas liquide ne puisse passer. — Ouverture qu'on pratique dans les murs pour faciliter le passage des eaux.

CHANTER, v. neut. (*chanté*) (du lat. *cantare*, dont la signification est la même), former par le moyen de la voix une suite de sons, avec des inflexions différentes et une certaine modulation : *chanter bien, agréablement, juste, faux*, etc. : *chanter à pleine voix, à voix basse*, etc. — *Chanter* se dit quelquefois par extension des instruments qui exécutent la partie mélodieuse d'un morceau de musique, par opposition à ceux qui ne font qu'accompagner : *la basse seule chante dans ce morceau.* — Par extension encore, il signifie : réciter, déclamer ou lire d'une manière qui approche du *chant* : *ce comédien, ce prédicateur chante beaucoup trop.*—Il se dit aussi des oiseaux, de la cigale : *le coq a chanté trois fois; la cigale avait chanté tout l'été.* — *Chanter à livre ouvert, chanter*, à la première inspection des notes, un air qu'on n'avait jamais vu. — Fig. et fam. : *je le ferai bien chanter*, je le mettrai à la raison, je le rendrai plus traitable. — Et encore : *je le ferai chanter sur un autre ton*, je l'obligerai à parler, à se conduire autrement qu'il ne fait.—On dit aussi : *il faudra qu'il chante plus haut*, il faudra qu'il fasse des offres plus avantageuses. — Fam., on dit à quelqu'un : *c'est comme si vous chantiez*, pour lui témoigner qu'on ne fait aucune attention à ce qu'il dit, qu'on n'en fait aucun cas. — Prov., *envoyer quelqu'un chanter devant le myrte*, s'est dit d'un ignorant incapable de placer un mot dans la conversation de gens instruits, par allusion à la branche de laurier ou de *myrte* que les anciens, dans leurs festins, mettaient entre les mains d'un convive qui refusait de *chanter* ou de jouer de la lyre, parce qu'il ne possédait pas ce talent, et alors il fallait, bon gré mal gré, qu'il chantât devant ce rameau. — *Chanter*, v. act. : *chanter un air, une chanson, le dessus, la basse; chanter vêpres, la grand'messe.* — Louer, publier, célébrer : *chanter quelqu'un*, faire des vers sur lui; *chanter la gloire, les hauts faits de quelqu'un.* — Fam., raconter, dire : *que me chantez-vous là? voyons ce que ce livre, ce que cet auteur chante; il chante toujours la même chose.* — Fig. et fam. : *il chante toujours la même chanson, la même antienne*, il répète toujours la même chose. — Prov. et fig. : *chanter à quelqu'un sa gamme*, lui dire ses vérités, le réprimander comme il faut.— Fig et fam. : *chanter la palinodie*, se rétracter, se dédire de ce qu'on avait avancé. — Fig. et fam. : *chanter victoire*, se glorifier du succès : *il ne faut pas se hâter de chanter victoire*, il ne faut pas se vanter trop tôt du succès. — Fig. : *chanter les louanges de quelqu'un*, faire de grands éloges d'une personne. — On dit fam. et dans le sens contraire : *chanter des injures, chanter pouilles, chanter goguette à quelqu'un*, lui dire des choses offensantes. — *Pain à chanter*, pain rond et sans levain pour célébrer la messe. On le dit, abusivement, pour *pain à cacheter les lettres.* — **SE CHANTER**, v. pron., être *chanté* : *les cantiques se chantent à l'église.*

CHANTÈRE, subst. mas. (*chantère*), nom donné aux anciens *chanteurs* provençaux. On dit encore aujourd'hui, en provençal, *cantaire.*

CHANTERELLE, subst. fém. (*chanterèle*) (de l'italien *canterella* qui a la même signification), t. de musique, corde d'un luth, d'un violon, etc., qui est la plus déliée et qui a le son le plus aigu.—Bouteille de verre fort mince, dont on tire des sons très-agréables en soufflant dessus. — T. de chasse, oiseau qu'on met dans une cage, afin que, par son chant, il attire les autres oiseaux dans les filets. — T. de bot., sorte de champignon.— T. de chapellerie, cheville qui sert dans l'arçon des chapeliers à bander la corde.

CHANTERILLE ou **CHANTARILLE**, subst. fém. (*chanterile*), t. de tireur d'or, petite bobine qui reçoit l'or et l'argent battus au sortir du moulin.

CHANTEUR, subst. mas., au fém. **CHANTEUSE** (*chanteur, teuze*) (du lat. *cantor* dont la signification est la même), celui ou celle qui *chante*. Ce mot ne se dit que des *chanteurs* de théâtre; ceux qui chantent à l'église s'appellent *chantres.* Voy. ce mot et **CHORISTE.** — On donne aujourd'hui le nom de *cantatrices* aux *chanteuses* de haute renommée, et particulièrement à celles qui chantent dans les concerts, dans les opéra, et surtout dans les opéra italiens. — On appelle *chanteurs* et *chanteuses* les gens qui chantent des chansons dans les rues : *un chanteur des rues.* — T. d'hist. nat., sorte de petit oiseau qu'on nomme aussi *pouillot.* — Au plur., famille d'oiseaux de l'ordre des silvains. — On dit aussi adjectivement en termes d'hist. nat. : *oiseaux chanteurs*, en parlant des oiseaux qui *chantent.*

CHANTEUSE, subst. fém. Voy. **CHANTEUR.**

CHANTIER, subst. mas. (*chantié*) (suivant *Nicot*, du latin *cantherius*, employé par quelques auteurs dans la signification), grand emplacement où l'on arrange, où l'on entasse des piles de bois à brûler, ou de bois de charpente ou de charronnage : *ce marchand a son chantier bien garni.* — Lieu où les charpentiers travaillent, où l'on taille les pierres, etc. : *le bois est en chantier; les pierres sont au chantier.* — Il se dit particulièrement de l'endroit où l'on construit des vaisseaux : *les chantiers de Brest; les chantiers de Cherbourg.* — Pièces de bois sur lesquelles on construit les vaisseaux : *ce vaisseau est sur le chantier*; sur lesquelles on assujétit les barriques, les boucauts, les ballots, etc., à bord d'un navire; sur lesquelles on place des tonneaux dans la cave: *il a tant de pièces de vin en chantier* ou *sur le chantier*; sur lesquelles on pose les sacs de blé sur les ports de Paris. — On appelle aussi *chantier* les morceaux de bois ou de pierre dont se sert un maçon, un charpentier, pour maintenir dans une certaine position le bloc, la pièce de bois qu'il taille ou qu'il équarrit : *mettre une pièce de bois en chantier.* — On appelait encore *chantier*, la remise où les loueurs rangeaient leurs voitures.—Les diverses acceptions du mot *chantier* ont donné lieu à une façon de parler commune entre les artistes. Ils disent *qu'un ouvrage est sur le chantier*, pour dire qu'ils sont actuellement occupés à le faire. On dit aussi, dans le langage ordinaire, qu'*un auteur a un poëme, une comédie, une tragédie, une histoire sur le chantier*, pour dire qu'il y travaille actuellement. — Dans la construction des trains de bois, on appelle *chantiers*, des bûches, des perches auxquelles on a pratiqué des hoches, dans lesquelles passent les rouettes qui lient ensemble un certain nombre d'autres bûches. Les cordiers appellent *chantier à commettre* deux grosses pièces de bois qui supportent une forte traverse percée de quatre ou cinq trous, et dans lesquels passent les manivelles.

CHANTIGNOLLE (l'*Académie* écrit **CHANTIGNOLE**), subst. fém. (*chantigniole*), espèce de brique. — Petite pièce de bois qui soutient les pannes d'une charpente.

CHANTILLY, subst. mas. (*chantiliei*), bourg de France, situé à sept lieues de Paris, et distant d'une lieue de Senlis.

CHANTONAY, subst. propre mas. (*chantoné*), bourg de France, chef-lieu de canton, arrond. de Bourbon, dép. de la Vendée.

CHANTONNÉ, E, part. pass. de *chantonner.* — Adj., t. du papetier, se dit d'un papier défectueux.

CHANTONNER, v. act. (*chantoné*) (rac. *chant*), *chanter* à demi-voix et sans gêne. Fam.

CHANTOTOLT, subst. mas. (*chantotolete*), t. d'hist. nat., oiseau du Mexique.

CHANTOURNAGE, subst. mas. (*chantournaje*), t. de menuisier, action, art de *chantourner.*

CHANTOURNÉ, subst. mas. (*chantourné*), pièce de lit, en bois bien travaillé ou revêtu d'étoffe, qui se met entre le dossier et le chevet.

CHANTOURNÉ, E, part. pass. de *chantourner.*

CHANTOURNEMENT, subst. mas. (*chantournemen*); en t. de menuisier, sinuosité d'une pièce de bois façonnée en cintre.

CHANTOURNER, v. act. (*chantourné*), couper en dehors ou évider en dedans une pièce de bois, de fer, de plomb ou de marbre, etc., en suivant un profil ou un dessin. — **SE CHANTOURNER**, v. pron.

CHANTRANSIE, subst. fém. (*chantranci*), t. de bot., genre de plantes de la famille des algues.

CHANTRE, subst. mas. (*chantre*) (du latin *cantor* qui signifie la même chose), celui qui *chante* à l'église, qui entonne les psaumes et les antiennes. — Celui ou celle qui, dans un couvent, dirige le chœur. — Chanoine d'église cathédrale ou collégiale qui préside au *chant* : *grand-chantre, bâton de chantre.* — Il y avait autrefois dans les chapitres *un grand-chantre*, sous la dépendance duquel étaient les simples *chantres.*—Chez les protestants, on appelle *chantre* celui qui entonne et soutient le chant des psaumes dans les temples. — Fig. et poét., poëte : *le chantre de la Thrace*, Orphée; *le chantre thébain*, Pindare. — On appelle, dans le même style, *chantres des bois*, les rossignols et les autres oiseaux. — On dit aussi dans ce sens : *les chantres du printemps; les chantres ailés.* — **CHANTRE, CHANTEUR.** (*Syn.*) *Chanteur* ne se dit que pour le chant profane; et *chantre*, pour le *chant* d'église. — Un acteur de l'Opéra qui récite, exécute, joue les rôles, ou qui *chante* dans les chœurs des tragédies et des ballets mis en musique, est un *chanteur.* Un ecclésiastique ou un laïque revêtu dans ses fonctions de l'habit ecclésiastique, appointé par un chapitre pour chanter dans les offices les récits, les chœurs de musique, etc., et même pour chanter le plain-chant, est un *chantre.*

CHANTRERIE, subst. fém. (*chantreri*), la dignité, les fonctions ou le bénéfice du *chantre.*

CHANVRE, subst. mas. (*chanvre*) (du lat. *cannabis*, pris du grec κανναβις qui a la même signification), t. de bot., plante annuelle, à fleurs apétales, originaire des Indes, dont les fleurs mâles ou femelles croissent sur des pieds différents. L'écorce des tiges donne des filaments qui servent à faire de la toile. On disait autrefois, au fém., *la chanvre.* Voy. *La Fontaine*, liv. Ier, fable VIII.— Il se dit plus particulièrement de la filasse du *chanvre* : *du fil de chanvre; de la toile de chanvre.* — T. de mar., matière employée pour faire les cordages et les grosses toiles à voiles dans les marines de l'Europe.

CHANVRIER, subst. mas., au fém. **CHANVRIÈRE** (*chanvrié, vrière*), celui ou celle qui fait ou vend le *chanvre.*

CHANVRIÈRE, subst. fém. Voy. **CHANVRIER.**

CHAODINÉES. Ce mot, qui n'existe que dans *Raymond*, et qu'il croit avoir défini en nous disant que c'est un nom donné nouvellement à une classe *de maladie*, ne signifie absolument rien.

CHAOLOGIE, subst. fém. (*kaoloji*) (du grec χαος, abyme, et λογος, discours), description du *chaos.* Inus.

CHAOLOGIQUE, adj. des deux genres (*kaolojike*), qui concerne la *chaologie.*

CHAOMANCIE, subst. fém. (*kaomanci*) (du grec χαος, pris pour l'air dans *Aristophane*, et de μαντεια, divination), art de prédire l'avenir par le moyen des observations qu'on fait sur l'air.

CHAOMANCIEN, subst. et adj. mas.; au fém. **CHAOMANCIENNE**, (*kaomancien, ciène*), celui ou celle qui exerce la *chaomancie.*

CHAON, subst. propre mas. (*ka-on*), myth., fils de Priam, que son frère Hélénus tua par mégarde à la chasse. Hélénus le pleura beaucoup; et, pour honorer sa mémoire, il donna son nom à une contrée de l'Épire, qu'il appela *Chaonie.*

CHAONIE, subst. propre fém. (*ka-oni*), myth., partie de l'Épire, couverte de montagnes et de forêts, et célèbre par les glands dont se nourrissaient les hommes avant l'invention du pain, et par ses pigeons qui prédisaient l'avenir. Voy. *Chaon.*

CHAONIS ALES, (*ka-onice alès*), myth., mots latins qui signifient l'oiseau de *Chaon.* Cet oiseau est un pigeon.

CHAOR-BOOS, subst. propre mas. (*ka-orbooce*), myth., dieu des quatre vents chez les Indiens.

CHAOS, subst. mas. (*ka-ó*, et devant une voyelle *kaôze*) (ce mot est purement grec, χαος, et signifie *abyme*), confusion de toutes choses. Il se dit au propre de l'état où était la nature dans le moment de la création; et, au figuré, de ce qui est confus et embrouillé : *ses affaires sont dans un affreux chaos; sa bibliothèque est un chaos.*

CHA-OUAWE, subst. mas. (*cha-ouave*), t. de bot., sorte de plante de Chine.

CHAOURCE, subst. propre fém. (*cha-ource*), ville de France, chef-lieu de canton, arrond. de Bar-sur-Seine, dép. de l'Aube.

CHAOURI, subst. mas. (*cha-ouri*), monnaie d'argent de Téflis en Géorgie, valant deux corbequis (quatre sous sept deniers tournois, à peu près vingt-deux centimes un tiers).

CHAPAIRO, subst. mas. (*chapéro*), t. de bot., chêne d'Amérique.

CHAPE, subst. fém. (*chape*) (dans presque toutes ses acceptions, du lat. *capere*, contenir. Le mot de *chape*, en effet, à la place duquel on a dit longtemps *cape*, s'étendit de ce qui couvrait le corps à tout ce qui renfermait quelque chose : *le ciel* s'appelait *chape*, par rapport à la terre, etc.), sorte de long et ample manteau qui va jusqu'aux talons. Il se dit surtout : 1° de l'ornement d'église appelé autrement *pluvial*; 2° de l'habit de cérémonie des cardinaux; 3° de l'habit de chœur des chanoines pendant l'hiver; 4° du vêtement que certains religieux portent en ville, etc. (du grec καππα. Voyez **CAPE.**) — *Chape-Saint-Martin*, suivant l'historien *Daniel*, espèce de pavillon portatif où étaient déposées les reliques de plusieurs saints, entre autres celles de saint Martin, dans lesquelles nos rois avaient la plus grande confiance. Du mot *chape* adapté à cette espèce de reliquaire, on forma dans la suite ceux de *chapelle* et de *chapelain*, qui sont venus jusqu'à nous. — Prov. et fig. : *disputer* ou *se débattre de la chape à l'évêque*, contester sur une chose dans laquelle on n'a point d'intérêt. (De l'usage où était, de temps immémorial, le peuple de Bourges, lorsque l'archevêque entrait la première fois dans son église pour en prendre possession, de se jeter sur la *chape* de ce prélat, qui ne tenait qu'à un fil de soie, et de la mettre en pièces, chacun se battant à qui en aurait un morceau. — Prov. et fig. : *chercher chape-chute*, chercher l'occasion de profiter de la négligence ou du malheur de quelqu'un. On dit dans un sens analogue : *trouver chape-chute*. — On dit encore dans un sens différent : *chercher chape-chute*, se gouverner de façon qu'on s'attire quelque chose de fâcheux ; *trouver chape-chute*, trouver quelque chose de désagréable à la place de ce qu'on cherchait d'avantageux. (*Chape*, dans ces deux dernières phrases, se prend dans son ancienne signification de manteau ; *chape-chute*, manteau tombé ou perdu : *chercher* ou *trouver chape-chute*, chercher ou trouver une aventure où l'on court risque de perdre son manteau). — T. de bijoutier, il se dit de la partie d'une boucle qui sert à la faire tenir à l'endroit où l'on s'en sert. — C'est aussi le bout des mitaines des femmes, ce qui couvre le dos des doigts de la main. — *Chape*, en t. de pharm., se dit du couvercle d'un alambic. — En t. d'archit., *chape* se dit d'un enduit de mortier ou de ciment mis sur l'extrados d'une voûte ou d'une lunette gothique. — En t. de ceinturier, des morceaux de cuir qui soutiennent, dans un baudrier, les boucles du devant et celles du remontant. — Dans les cuisines, on appelle *chape*, un couvercle dont on couvre les plats pour les tenir chaudement et proprement. — En t. de fondeur, cette composition qui prend en creux la forme des cires, et qui la donne en relief au métal fondu. — En t. de fourbisseur, le morceau de cuivre ou d'argent arrondi sur le fourreau, et qui en borde l'extrémité supérieure. — Dans les monnaies, le dessus des fourneaux où l'on met les métaux en bain. — En t. de potier d'étain, les pièces des moules qui enveloppent les noyaux. — En mécan., des bandes de fer recourbées en demi-cercle, qui soutiennent le pivot sur lequel tourne une poulie. — Dans les manuf. de poudre, des barils dans lesquels on met ceux qui sont remplis de poudre. — En horlogerie, on appelle *chape de poulie*, la monture d'une ou de plusieurs poulies. — En t. de chimie, la pièce qui termine par en haut le fourneau de fusion. — En t. d'imprim., un petit calibre de tôle, taillé à l'extérieur comme une matrice de lettre, lequel est fermé par un bout, et a par en bas un petit rebord. — En t. de fondeur de cloche, un moule composé de terre, de fiente de cheval et de bourre, dont on couvre les cires des moules de modèles de cloches. — En t. de mar., on donne le nom de *chape* aux deux petits barreaux qui terminent l'avant et l'arrière des gabares et gabarets de Nantes et de Rochefort.

CHAPÉ, adj. mas. (*chapé*). Il se dit, en t. de blas., de l'écu qui s'ouvre en *chape*, ou en papillon, depuis le milieu du chef jusqu'au milieu des flancs.

CHAPEAU, subst. mas. (*chapó*) (de *capellum*, fait dans la basse latinité, et avec la même signification, du grec χαππα. Voy. CHAPE), coiffure à l'usage des hommes et des femmes : *chapeau de castor*, *de paille*, *de velours*, *de satin*, etc. — *Chapeau de soie*, *chapeau* de feutre recouvert d'une peluche de soie. — *Chapeau bordé*, *chapeau* dont on a orné les bords d'un galon. — *Chapeau de cardinal*, sorte de *chapeau rouge* dont se couvrent les cardinaux. — Fig., *chapeau de cardinal*, *chapeau rouge*, et absolument *chapeau*, dignité de cardinal : *aspirer au chapeau*. — *Chapeau de fleurs*, couronne de fleurs qu'on porte sur sa tête dans quelques cérémonies. — — *Chapeau de fleurs*, ou simplement *chapeau*, bouquet de fleurs qu'on met sur la tête d'une fille le jour de ses noces : *le chapeau de la mariée était un peu fané*. — *Chapeau* se dit encore de l'étoffe avec laquelle on fait ordinairement les *chapeaux* d'hommes : *j'ai mis dans mes souliers des semelles de chapeau*. — *Mettre chapeau bas*, se découvrir. — On dit par ellipse : *chapeau bas !* pour dire : découvrez-vous ! — *Oter son chapeau à une personne*, la saluer. — Fig. et fam., *un coup de chapeau* est une salutation qu'on fait en ôtant son *chapeau*. — Fig. et fam., *enfoncer son chapeau*, prendre dans un danger une résolution hardie. — Dans le langage familier, *chapeau* s'est dit quelquefois des hommes par opposition aux femmes : *j'y ai vu plusieurs femmes et pas un chapeau*. — On a dit encore familièrement : *il y a eu bien des chapeaux de reste*, en parlant d'une bataille où beaucoup d'hommes ont péri. — Fig. et fam. : *se donner un mauvais chapeau* se dit d'une femme qui fait tort à sa réputation. — Prov. et fig. : *cette charge, ce droit est la plus belle rose de son chapeau*, c'est ce qui lui fait le plus d'honneur, c'est l'avantage le plus considérable qu'il ait. — *Frère chapeau*, moine subalterne qui en accompagnait un autre et qui portait un *chapeau* au lieu de capuchon. — Fig. et fam., *frère chapeau*, vers oiseux qui n'est fait que pour la rime. — En t. de blas., marque de dignité ecclésiastique. — En t. d'archit., on appelle *chapeau* la dernière pièce qui termine un pan de bois, et qui porte un chanfrein destiné à recevoir une corniche de plâtre; *chapeau d'escalier*, une pièce qui sert d'appui au haut d'un escalier de bois: *chapeau de lucarne*, une pièce de bois qui fait la fermeture d'une lucarne. — En t. d'imprim. : *chapeau de la presse*, pièce de bois placée au-dessus des deux jumelles pour les assujétir. — En t. de mécan., assemblage de trois pièces de bois, dont deux, posées verticalement, et emmortaisées avec une troisième sur ses extrémités, tiennent cette troisième horizontale. — T. de batteur d'or, bobine sur laquelle les tireurs d'or roulent l'or qui n'est pas dégrossi. — En t. de pêche, sorte de truble dont on se sert à Calais pour prendre des chevrettes qu'on y nomme *grenades*. — En t. de mar., pièce de chêne qui couvre la tête des bittes. — *Chapeau du maître*, ce que le maître d'un vaisseau exige pour chaque tonneau de marchandises chargées sur son bord. — En mus., trait demi-circulaire dont on couvre plusieurs notes, pour indiquer que le son doit en être lié. On dit plus communément *liaison*. — *Chapeau chinois*, instrument de musique militaire en cuivre, qui a la forme d'un cul-de-lampe renversé, et qui est soutenu par un bâton qu'on tient à la main. Le cercle inférieur de ce cul-de-lampe est garni de sonnettes et de grelots qui résonnent toutes les fois qu'on l'agite de haut en bas en secouant le bâton. — T. d'hist. nat., *chapeau-roux*, espèce de moineau. — En t. de bot., la partie supérieure d'un champignon lorsqu'elle est évasée, et d'un diamètre plus grand que celui du pédicule qui la porte, prend le nom de *chapeau*. — On nomme encore en t. de bot., *chapeau d'évêque*, une plante vivace de la famille des crucifères.

CHAPEAU-CHINOIS, subst. mas. (*chapóchinoa*). Au plur., des *chapeaux-chinois*. Voy. CHAPEAU.

CHAPEL, subst. mas. (*chapéle*), vieux mot qui se disait autrefois pour *chapeau*.

CHAPELAIN, subst. mas. (*chapelein*) (voyez CHAPE-SAINT-MARTIN au mot *chape*. On a dit en lat. *capellanus* avec la même signification), bénéficier titulaire d'une *chapelle*. — Prêtre entretenu pour dire la messe chez quelques personnes, dans quelques communautés. On dit plus souvent *aumônier*. — Prêtre dont la fonction est de dire la messe au roi, à la reine. — On a dit autrefois *chapelaine* au fém. C'était le titre d'une abbesse.

CHAPELÉ, E, part. pass. de *chapeler*, et adj. : *du pain chapelé*.

CHAPELER, v. act. (*chapelé*), ôter la superficie de la croûte du pain. — *se* CHAPELER, v. pron.

CHAPELET, subst. mas. (*chapelè*) (de *chapel*, ou *chapeau* de roses, à cause de sa ressemblance avec le *chapelet*, cinq dizaines de petits grains enfilés, sur lesquels on dit des *Ave Maria*; à chaque dizaine, il y a un grain plus gros, sur lequel on dit le *Pater*. — Fig., *défiler son chapelet*, dire tout ce que l'on sait sur une matière. Cela signifie aussi : faire à quelqu'un tous les reproches qu'on peut avoir à lui faire. — On dit prov. que *le chapelet se défile*, lorsque des personnes qui étaient unies commencent à se séparer; lorsque plusieurs personnes d'une même famille meurent, etc. On dit aussi de celui qui cesse d'être dévot, *qu'il a défilé son chapelet*. — T. d'archit., c'est une baguette ornée de petits grains semblables à ceux d'un *chapelet*. — En t. d'hydraulique, machine à élever les eaux, composée de plusieurs godets ou petits seaux attachés de suite à une chaîne. — En t. de manége, couple d'étrivières, garnies chacune d'un étrier, et qui s'attachent au pommeau de la selle, pour monter à cheval. — En t. de médec., pustules, élevures qui viennent autour du front, et qu'on croit la marque d'une maladie honteuse. — Machine d'*Opéra*, composée de plusieurs petits châssis peints en nuages et enfilés à des cordes qu'on descend ou qu'on remonte. — Petit cercle de bulles d'air qui paraît à la surface de l'eau-de-vie, et qui en marque l'excellence. — C'est, en t. de fondeur, un morceau de fer rond et plat, armé de trois tenons qu'on met à l'extrémité de l'âme d'une pièce de canon, quand on en fait le moule, pour assembler la pièce avec la masse. — En t. de jard., une continuité de plusieurs dessins qui s'enfilent l'un sur l'autre.

CHAPELIER, subst. mas., au fém. CHAPELIÈRE (*chapelié, lière*), celui, celle qui fait ou qui vend des *chapeaux*.

CHAPELIÈRE, subst. fém., femme du *chapelier*. Voy. ce mot.

CHAPELINE, subst. fém. (*chapeline*), armure de tête des anciens, du temps de la chevalerie.

CHAPELLE, subst. fém. (*chapèle*) (du grec καπηλεια, petite tente, petit édifice consacré à une divinité, et en lat. *capella*), très-petite église; petit édifice consacré à Dieu. — Endroit dans une église, mis sous l'invocation de quelque saint et qui a un autel où l'on dit la messe. — Bénéfice simple, avec une chapelle, dans laquelle le titulaire était obligé de dire ou de faire dire la messe. — Lieu particulier pratiqué dans un palais, dans un château, dans une maison, pour y dire la messe. — *La chapelle du roi*, ou simplement *la chapelle*, le lieu où le roi entend ordinairement la messe. — *La chapelle du roi* se dit aussi du corps des ecclésiastiques attachés au service de la *chapelle* du roi. — Le corps des chantres et musiciens de quelque *chapelle* royale : *la messe a été chantée par la chapelle*. — *Maître de chapelle*, celui qui est chargé de diriger le chant dans une église, et de former les enfants de chœur. Il se dit quelquefois pour maître de musique; mais ce n'est qu'en parlant des orchestres d'Italie. — En France, quelques-unes des *chapelles* des maisons royales avaient le titre de *saintes chapelles*. — Toute l'argenterie dont on se sert dans une *chapelle* (quelques-uns y comprennent les ornements): *ce prélat a une belle*, *une riche chapelle*. — *Chapelle ardente*, appareil funèbre qui environne le corps ou la représentation d'un défunt. Elle est ainsi nommée du grand nombre de cierges allumés qui la décorent. — *Tenir chapelle*, se dit du pape, lorsque, accompagné des cardinaux, il assiste à l'office divin, ou dans sa *chapelle*, ou dans une église. On le dit aussi de l'empereur d'Autriche et du roi d'Espagne, lorsqu'ils assistent en cérémonie à l'office divin. — Au fig. : *jouer à la chapelle*, s'occuper sérieusement de choses inutiles et frivoles. — *Voltaire* a dit au fig. : *Newton est ici le dieu auquel je sacrifie, mais j'ai des chapelles pour d'autres divinités subalternes*. — En t. de mar. : *un vaisseau fait chapelle*, quand il prend vent devant par défaut de bien gouverner, etc., de manière que, ses voiles venant à coiffer, il vire malgré le manœuvrier, s'il n'est pas vif à contre-brasser devant. — Il se dit aussi d'un petit chapiteau en forme de cône concave, qui tient au milieu de l'aiguille aimantée, ou de la rose d'une boussole, et qui couvre le pivot sur lequel elle tourne. — Sur les vaisseaux, le coffre qui contient tous les ornements propres au service divin. — En t. d'imprimeur, sorte d'association entre les ouvriers d'une même imprimerie pour certains bénéfices ou certains frais : *voilà douze francs pour la chapelle*; et en parlant de quelques effets achetés à frais communs : *cette horloge appartient à la chapelle*. — En t. de boulanger et de pâtissier, le dedans et le haut du four qui est fait en arc. — En t. de luthiers, on appelle *chapelle de vielle*, la ceinture qui recouvre la roue d'une vielle. — En t. de chim., *chapelle* se dit d'une sorte d'alambic qui a son chapiteau conique et très-élevé, et sa cucurbite basse, cylindrique et à fond plat.

CHAPELLE-D'ANGILLON (LA SAINTE), subst. propre fém. (*laceintechapèledanjiion*), bourg de France, chef-lieu de canton, arrond. de Sancerre, dép. du Cher.

CHAPELLE-EN-VERCORS (LA), subst. propre fém. (*lachapèlanvèrekor*), ville de France, chef-lieu de canton, arrond. de Die, dép. de la Drôme.

CHAPELLE-LA-REINE (LA), subst. propre fém. (*lachapèlelarène*), bourg de France, chef-lieu de canton, arrond. de Fontainebleau, dép. de Seine-et-Marne.

CHAPELLENIE, subst. fém. (*chapèleni*), *chapelle*, bénéfice d'un *chapelain*. *Fléchier*, dans la *Vie du cardinal de Ximénès*, écrit *chapellainie*, orthographe conforme à l'étymologie; mais, pour rendre ce mot parfaitement régulier, il aurait fallu écrire *chapelainie*, et non *chapellainie*. Ce qu'il y a de certain, c'est que l'*Académie* écrit *chapellenie*.

CHAPELLERIE, subst. fém. (*chapèleri*), le commerce des *chapeaux*. — L'art de les fabriquer.

CHAPELLE-SUR-ERDRE (LA), subst. propre fém. (*lachapèleçurèredre*), bourg de France, chef-lieu de canton, arrond. de Nantes, dép. de la Loire-Inférieure.

CHAPELURE, subst. fém. (*chapelure*), ce que l'on a ôté de la croûte du pain en le *chapelant*.

CHAPERON, subst. mas. (on devrait peut-être écrire **CHAPPERON**, à cause de l'étymologie) (*chaperon*) (du latin *capparone*, ablatif de *capparo*, qui, dans la basse latinité, a eu la même signification, et qui était dérivé du grec κάππα), ancien habillement ou couverture de tête, commun aux hommes et aux femmes. — Bonnet de mailles qui emboîtait tout le heaume lorsque le chevalier combattait. Quand il voulait prendre l'air, il ôtait son casque et se couvrait du *chaperon*. Alors les lambrequins *voltigeaient* sur les épaules, d'où on les a quelquefois appelés *volets*. — Bande de velours, de satin ou de camelot, que les femmes et les filles attachaient autrefois sous leur bonnet. —Fig. : *grand chaperon*, ou simplement *chaperon*, personne âgée qui accompagne une jeune demoiselle pour la décence, etc. : *servir de chaperon*. — Ornement en forme d'ancien *chaperon* que portent sur l'épaule gauche les docteurs, etc. — Habit de religieux, espèce de camail qui couvre la tête, les épaules et l'estomac, et qui par derrière descend fort bas en pointe. — Ornement qui est au dos d'une chape. — T. de faucонn., dessus de la tête de certains oiseaux de proie. — Espèce de coiffe de cuir dont on couvrait les yeux des oiseaux de fauconnerie. On appelait *chaperon de rust*, celui qu'on mettait aux oiseaux qui n'étaient pas dressés. — T. d'archit., le haut d'une muraille de clôture, fait en forme de toit. — En t. d'imprimeur, feuilles que l'on ajoute au nombre déterminé pour l'impression de quelque ouvrage, en remplacement des feuilles gâtées, etc. : *quatre rames et deux mains de chaperon*. Vieux. — Dessus d'une presse à imprimer des estampes. — T. de sellier, couverture qui se renverse sur la poignée du pistolet pour la préserver de la pluie. — Partie de l'escache qui embrasse et lie le banquet de l'embouchure d'un cheval. — T. de charron, dessus d'une potence. — En t. de pêche, couverture de paille qu'on met sur les paniers de poisson. — Dans l'artillerie, espèce de petit toit que les canonniers mettent sur la lumière du canon. — En t. d'horlogers, plaque ronde qui a un canon, et qui se monte ordinairement sur l'extrémité du pivot d'une roue.

CHAPERONNÉ, E, adj. et part. pass. de *chaperonner*. Il s'est dit principalement en t. de blas., d'un oiseau de proie armé de son *chaperon*.

CHAPERONNER, v. act. (*chaperoné*), mettre un *chaperon*; couvrir d'un *chaperon*. Il n'est guère d'usage qu'en parlant d'une muraille et d'un oiseau de proie. — Fig., *chaperonner une demoiselle*, l'accompagner. Vieux et même inusité. — En t. d'archit., *chaperonner une muraille*, y faire un *chaperon*. En ce sens, on peut dire au pron., *se* CHAPERONNER.

CHAPERONNIER, subst. mas. (*chaperonié*), t. de fauconn., oiseau de proie qui portait patiemment le *chaperon*.

CHAPETONNADE, subst. fém. (*chapetonade*), t. de médec., maladie bilieuse, mortelle, épidémique; vomissement cruel avec délire furieux.

CHAPIER, subst. mas. (*chapié*), celui qui porte *chape*. On dit plus souvent *porte-chape*. — Il se dit surtout d'une grande armoire garnie de tiroirs de forme demi-circulaire par leur plan, et dans lesquels on serre les *chapes* et autres ornements d'église. On fait maintenant des *chapiers à bras*, des *chapiers à potence*, qui tournent sur deux pivots.

CHAPIFOU, subst. mas. (*chapifou*), jeu de cligne-musette, dans lequel on se couvrait le visage d'un linge ou d'une feuille de papier. Inus.

CHAPIN, subst. mas. (*chapein*), chaussure espagnole. Inus.

CHAPITEAU, subst. mas. (*chapitô*) (du lat. *capitellum*, diminutif de *caput*, tête), t. d'archit., la partie du haut de la colonne qui pose sur le fût. — *Chapiteau toscan*, le plus simple. Son tailloir est carré, et sans moulure. — *Chapiteau dorique*, son tailloir est couronné d'un talon; il a trois annelets sous l'ove. — Le *chapiteau composite* a deux rangs de feuilles du corinthien, et les volutes de l'ionique. — Le *chapiteau attique* a des feuilles de refend dans le gorgerin. — *Chapiteau symbolique*, orné d'attributs des divinités, comme les *chapiteaux* antiques, qui ont des foudres et des aigles pour Jupiter, des trophées pour Mars. — Ceux des modernes portent la devise ou les armes d'une maison. Le *chapiteau* corinthien est le plus riche de tous; il est orné de petites volutes, et de feuilles d'acanthe. Le *chapiteau* ionique est garni de volutes et d'oves. — *Chapiteau pilastre*, *chapiteau* carré par son plan, ou sur une ligne droite. — *Chapiteau angulaire*, *chapiteau* qui porte un retour d'entablement à l'encognure d'un avant-corps ou d'une façade. — *Chapiteau plié*, celui d'un pilastre, qui est dans un angle rentrant droit, ou obtus. — *Chapiteau écrasé*, trop bas, parce qu'il est hors de la proportion antique. — *Chapiteau mutilé*, qui a moins de saillie d'un côté que de l'autre. — *Chapiteau de triglyphe*, plate-bande sur le triglyphe; c'est aussi quelquefois un triglyphe qui fait l'office de *chapiteau* à un pilastre dorique. — *Chapiteau de niche*, espèce de petit dais à niche peu profonde, et qui couvre une statue portée sur un cul-de-lampe. — On appelle *chapiteaux de moulure*, le toscan et le dorique, qui n'ont point d'ornements; et *chapiteaux de sculpture*, tous ceux où il entre des feuilles et des ornements taillés. — On appelle *chapiteau de balustre*, la partie supérieure du balustre; *chapiteau de lanterne*, la couverture que l'on met pour terminer une lanterne de dôme; *chapiteau de moulin*, la couverture en forme de dôme, qui tourne verticalement sur la tour ronde d'un moulin, pour en exposer les ailes au vent. — Les botanistes nomment *chapiteau*, certaines parties des fleurs et des fruits qui ont des rapports avec le *chapiteau* de l'architecture. — Les menuisiers appellent *chapiteau*, les corniches et les autres couronnements qui se posent au-dessus des buffets, armoires et autres ouvrages. — Dans l'artillerie, on appelle *chapiteau*, deux petites planches de huit ou dix pouces de longueur, sur cinq ou six de largeur, qui forment ensemble une espèce de petit comble ou de dos d'âne. On s'en sert pour couvrir la lumière des pièces, et empêcher que le vent n'emporte l'amorce, ou qu'elle ne soit mouillée par la pluie. — En t. d'artificier, on appelle *chapiteau d'artifice*, une espèce de cornet ou de couvercle conique qu'on met sur le pot, au sommet d'une fusée volante, non-seulement pour le couvrir mais aussi pour percer plus aisément l'air, en s'élevant en pointe. — En t. de chim., le *chapiteau* est la pièce supérieure de l'alambic, qu'on place au-dessus de la cucurbite. C'est un vaisseau ordinairement de verre ou d'étain, de forme conique, ouvert par sa base, et muni intérieurement d'une gouttière circulaire. La gouttière est quelquefois continuée par un tuyau qui perce le vase, et qui se nomme le *bec du chapiteau*. On appelle *chapiteau aveugle* ou *borgne*, celui qui n'a point de bec. — *Chapiteau* s'est dit encore d'un morceau de carton qui a la forme d'un entonnoir, et qui se mettait au haut d'une torche pour recevoir les égouttures de la cire ou de la poix.

CHAPITRAL, E, adj. (*chapitrale*), qui tient, qui appartient au *chapitre* : *maison chapitrale*. —Plur. mas., *chapitraux*.

CHAPITRE, subst. mas. (*chapitre*) (en lat. *capitulum*, formé, dans la même acception, de *caput*, tête, chef), une des subdivisions d'un livre. — En t. de finances, on dit aussi en parlant des comptes : *chapitre de recette, de dépense*, etc. — On ne se sert plus du tout de ce mot pour signifier la petite leçon de l'Écriture, que l'officiant chante ou récite entre le dernier psaume et l'hymne. On ne dit plus que *capitule*. — Fig., la manière, le sujet dont on parle : *puisque nous sommes sur ce chapitre, je vous dirai que...; il est fort sur ce chapitre*; *on en était sur votre chapitre*, on parlait de vous. — Corps de chanoines d'une église cathédrale ou collégiale. — Assemblée de religieux ou de religieuses pour délibérer sur leurs affaires. — Lieu où se tient ordinairement cette assemblée (du même mot *capitulum*, parce que chaque jour les chanoines et les religieux allaient après prime lire un *chapitre* de la règle dans ce lieu, qui en prit le nom, et le donna au corps lui-même des chanoines, etc.). — Il se dit encore des assemblées des ordres royaux, des ordres militaires. — On dit fig. et fam. : *n'avoir pas voix au*, ou mieux, *en chapitre*, n'être pas consulté, n'avoir aucun crédit. — Fig. et fam., *chapitre* signifiait autrefois réprimande; l'*Académie* ne le met point en ce sens, quoiqu'elle dise *chapitrer* pour *réprimander* : il est vrai qu'on a conservé *chapitrer*, et que *chapitre* ne se dit plus en ce sens. — *Pain de chapitre*, pain qu'on distribuait chaque jour aux *chanoines* dans quelques *chapitres*.

CHAPITRÉ, E, part. pass. de *chapitrer*.

CHAPITRER, v. act. (*chapitré*), au propre, faire une correction fraternelle à un *chanoine* ou à un religieux en plein *chapitre*. En ce sens il n'est plus usité. — Fig. et fam., réprimander, tancer. — *se* CHAPITRER, v. pron.

CHAPON, subst. mas. (*chapon*) (en latin *capo*, gén. *caponis*), poulet mâle auquel on a ôté les testicules pour l'engraisser. — Au fig., morceau de pain qu'on a fait bouillir dans le pot et qu'on sert *sur les potages gras* et non pas *maigres* comme l'indique à tort l'*Académie*. — Morceau de pain frotté d'ail qu'on met dans la salade. — En t. de jurispr., *le vol du chapon* se disait autrefois d'une pièce de terre autour d'une maison noble, d'aussi grande étendue qu'en pourrait avoir le vol d'un *chapon*. — Prov. : *ce sont deux chapons de rente*, deux choses de la même espèce, mais différentes en valeur ou en bonté; ou deux personnes dont l'une est grasse et l'autre maigre. — Prov. et fig. : *il en porte le nom, mais n'en mange pas les chapons, un autre en mange les chapons*, se dit d'un homme qui porte le nom d'une terre sans en toucher les revenus. — Fam. : *il a les mains faites en chapon rôti*, se dit au propre d'un homme qui a les doigts crochus, et au figuré d'un homme qui a l'habitude de dérober. — Prov. et fig., *qui chapon mange, chapon lui vient*, le bien vient plutôt à ceux qui en ont déjà. Cette locution signifie encore : le bien vient plutôt à ceux qui en usent qu'à ceux qui l'épargnent. — Peau de bouc sans défaut. — T. de vigneron, sarment de l'année, détaché pour servir de plant.

CHAPONNEAU, subst. mas. (*chaponô*), jeune *chapon*.

CHAPONNÉ, E, part. pass. de *chaponner* et adj.

CHAPONNER, v. act. (*chaponé*), châtrer un jeune coq. — T. de tanneur, couper les oreilles à une peau d'animal. — *se* CHAPONNER, v. pron.

CHAPONNIÈRE, subst. fém. (*chaponière*), sorte de casserolle de cuivre étamé, pour mettre des *chapons* en ragoût.

CHAPOTÉ, part. pass. de *chapoter*.

CHAPOTER, v. act. (*chapoté*), t. de menuisier, dégrossir avec une plane.

CHAPPE, subst. fém. (*chape*), poignée d'un moule. On écrit aussi *chape*.

CHAPTALIE, subst. fém. (*chapetali*), t. de bot., plante de la famille des corymbifères; c'est une plante vivace qui croît dans la Caroline.

CHAPTE (SAINTE-), subst. propre fém. (*ceintechapete*), village de France, chef-lieu de canton, arrond. de Nîmes, dép. du Gard.

CHA-PUAW, subst. mas. (*chapuave*), t. de bot., sorte de plante aromatique de la Chine.

CHAPUIS, subst. mas. (*chapui*), vieux mot inusité qui signifiait charpentier.

CHAPUT, subst. mas. (*chapu*), billot pour tailler l'ardoise.

CHAQUE, adjectif distributif des deux genres et qui n'a point de plur. (*chake*), chacun. On le dit des personnes et des choses. Il précède toujours le subst., dont il ne peut être séparé que par un autre adj. : *chaque personne; chaque jour; à chaque nouvel avis*. Ne dites pas : *ces meubles coûtent dix francs chaque*, mais *dix francs chacun*. — Prov. : *chaque tête, chaque avis*, chacun a sa façon de penser.

CHAR, subst. mas. (*char*) (du vieux latin *carrum* ou *carrus* qui a la même signification, et qui a été formé du celtique *carr*, conservé encore aujourd'hui dans le bas-breton), sorte de voiture à deux roues dont les anciens se servaient dans les combats, dans les jeux, dans les triomphes, etc. — *Char de deuil*, charriot à quatre roues, couvert de draperies noires et dans lequel on transporte les corps des princes, des riches, etc. — Poét., *char funèbre*, toute espèce de corbillard. — Poét., carrosse magnifique. — On dit dans le même style : *le char du soleil, le char de la lune*. — *Char* se dit aussi quelquefois pour *charriot*. — *Char* se dit fig. dans le style élevé en parlant des personnes qui tiennent dans une dépendance volontaire ou forcée : *Alexandre voulut enchaîner et l'Europe et l'Asie à son char; le char de la victoire; s'attacher au char de quelqu'un*, à sa fortune. — *Char orthopédique*, partie d'une machine inventée pour remédier aux difformités de la taille. — Sur les médailles un *char traîné*, soit par des chevaux, soit par des lions, soit par des éléphants, signifie ou le triomphe, ou l'apothéose des princes. Pour le *char* couvert traîné par des mules, il ne marque que leur consécration, et l'honneur qu'on leur faisait de porter leur image aux jeux du cirque. Le *char* attelé de deux, quatre, ou de six chevaux, ne marque pas toujours la victoire, ou le triomphe. Il y a d'autres cérémonies où l'on se servait de *chars*; on y portait les images des dieux dans les supplications ; on y plaçait les images des familles illustres aux funérailles, et de ceux dont on célébrait l'apothéose. Enfin, les consuls qui entraient en charge étaient portés sur un *char* magnifique, comme nous l'apprenons par les médailles de Maxence et de Constantin. — *Char de Junon.* — Myth. Cette déesse avait deux *chars*, l'un pour traverser les airs, qui était tiré par des paons; et l'autre pour combattre sur la terre, et qui était attelé de deux chevaux.

CHARA, subst. fém. (*chara*), t. d'astron., constellation située sous la queue de la grande ourse.

CHARAB, subst. mas. (*charabe*), punch des Arabes. Inusité.

CHAR-À-BANCS, subst. mas. (*charaban*), voiture à deux ou à quatre roues, qui a plusieurs *bancs*, sur lesquels on s'assied de côté. — Au plur., des *chars-à-bancs*.

CHARAC ou **CHARAG**, subst. mas. (*charake, rague*), tribut que les chrétiens et les juifs paient au grand-seigneur.

CHARACÉES, subst. fém. plur. (*characé*), t. de bot., famille de plantes.

CHARACHER, subst. mas. (*charaché*), t. de bot., verveine d'Égypte.

CHARACHO ou **CARACO**, subst. mas. (*charako*), t. d'hist. nat., espèce de rat.

CHARACIAS, subst. mas. (*characiace*), t. de bot., euphorbe ligneuse qui croît en Espagne, en Italie, dans le midi de la France et en Afrique. Ce nom a été donné anciennement à plusieurs espèces d'euphorbes.

CHARACIN, subst. mas. (*characein*), t. d'hist. nat., genre de poissons, établi aux dépens des salmones de Linnée.

CHARADE, subst. fém. (*charade*), *espèce de logogriphe qui consiste à décomposer un mot de plusieurs syllabes en parties dont chacune fait un mot.* Telle est la définition de l'*Académie* : nous nous trouvons forcés de la condamner ; car la *charade* n'est point le *logogriphe* ; elle ne saurait donc avoir la même définition que ce dernier. La *charade*, selon nous, est une énigme de sens; et le *logogriphe* une énigme de mots. La *charade* consiste dans la simple division d'un mot en deux ou plusieurs parties, suivant l'ordre des syllabes, de manière que chaque partie soit un mot exprimant un sens complet. On propose de deviner le mot entier et ses parties, en définissant successivement les parties et le tout. Et pour prouver la justesse de notre définition, nous citerons l'exemple même que nous apporte l'*Académie* ; le voici : *mon premier* (ou *ma première partie*) *se sert de mon second* (ou *de ma seconde partie*), *pour manger mon entier*, ou (*mon tout*); et c'est *chiendent : chien et dent.* — *Charade en action*, espèce de divertissement, de jeu, dans lequel plusieurs personnes donnent à deviner à d'autres chaque partie d'un mot et le mot entier, en exécutant, par la pantomime quelquefois, des scènes qui en expriment la signification : *jouer aux charades ; jouer des charades.*

CHARADISTE, subst. des deux genres (*charadicete*), celui ou celle qui s'occupe à faire ou à deviner des *charades*. Peu usité.

CHARADRILLE, subst. mas. (*charadrile*), t. d'hist. nat., c'est, dans Linnée, le nom générique du pluvier.

CHARADRIOS, subst. mas. (*charadrioce*), oiseau de fauconnerie. Vieux.

CHARAG ou **CHARAC**, subst. mas. (*charague, charake*), tribut que les chrétiens et les juifs paient au grand-seigneur.

CHARAGNE, subst. fém. (*charagnie*), t. de bot., genre de plantes de la famille des fougères.

CHARAMAI ou **CHARAMAIS**, subst. mas. (*charamé*), t. de bot., arbre des Indes dont la racine laiteuse est un purgatif violent.

CHARANÇON, subst. mas. (*charançon*), t. d'hist. nat., genre d'insectes dont les espèces sont très-nombreuses. — On donne ce nom particulièrement à un insecte qui ronge les blés dans les greniers.

CHARANÇONITES, subst. mas. plur. (*charançonite*), t. d'hist. nat., famille d'insectes de l'ordre des coléoptères, composé du genre *charançon*, et de celui des attelabes.

CHARANÇONNÉ, E, adj. (*charançoné*), il se dit du grain attaqué par les *charançons*.

CHARAX, subst. mas. (*charakce*), t. d'hist. nat. On donne ce nom à un poisson du genre cyprin, et on l'a aussi appliqué à deux espèces de saumons.

CHARBON, subst. mas. (*charbon*) (en lat. *carbo*, dont la signification est la même, dérivé suivant quelques-uns du grec χαρφω, je fais sécher), morceau de bois embrasé et qui ne jette plus de flamme. — Braise éteinte. — Bois que l'on éteint avant son entière combustion et que l'on peut rallumer au besoin. — *Charbon* se dit aussi de matières animales noircies et calcinées par le feu : *cette viande a brûlé, elle est en charbon ; charbon animal.* — *Charbon de terre*, espèce de terre minérale fossile dont les forgerons, etc., se servent au lieu de *charbon* de bois. — *Charbon de saule*, celui dont les peintres et les graveurs se servent pour faire les esquisses de leurs dessins. — On appelle *charbon de pierre*, une autre sorte de *charbon* minéral, plus dur que le *charbon de terre*, et qui se trouve plus près de la surface du sol. — Au fig., dans le style de l'Écriture sainte, *amasser des charbons ardents sur la tête de son ennemi*, lui rendre le bien pour le mal, et par cette conduite attirer sur lui la colère de Dieu, en le rendant plus inexcusable. —Fig. et fam., *être sur les charbons*, éprouver une grande inquiétude, une vive impatience : *je suis sur les charbons.* — *Brûler comme un charbon en feu*, avoir une fièvre ardente.— T. de charbonnier. On appelle : *place à charbon, fosse à charbon*, un lieu où les charbonniers construisent leurs fourneaux. — *Cuire le charbon*, c'est brûler le bois au point où il doit l'être pour en faire du *charbon*.— *Charbon*, en t. de médec., est synonyme d'*anthrax*, mais il désigne plus particulièrement les inflammations gangréneuses de ce genre dues à une cause interne : *avoir le charbon.* — T. de vétér., tumeur inflammatoire et gangréneuse qui attaque les chevaux, les bœufs, les dindons, etc. —En t. d'agric., maladie vulgairement appelée *nielle*, qui s'attache aux graminées et surtout à l'avoine.

CHARBONNÉ, E, part. pass. de *charbonner*, attaqué du *charbon* : *blé charbonné.*

CHARBONNÉE, subst. mas. (*charboné*), morceau de chair de bœuf ou de porc sans graisse, qu'on fait ordinairement rôtir ou griller sur des *charbons*. —Petit aloyau ; côte de bœuf qu'on fait griller.

CHARBONNER, v. act. (*charboné*), réduire en *charbon* ; *former charbon ; votre lampe charbonne*, baissez-la donc. — Il signifie plus souvent ; noircir avec du *charbon* : *charbonner une muraille*, écrire dessus avec du *charbon*. —Fig., espuisser, peindre grossièrement. — *se* CHARBONNER, v. pron.

CHARBONNEUSE, adj. fém. Voy. CHARBONNEUX.

CHARBONNEUX, adj. mas., au fém. CHARBONNEUSE (*charboneu, neuze*), t. de médec., qui tient de la nature du *charbon* pestilentiel.

CHARBONNIER, subst. mas. (*charbonié*), faiseur, marchand ou porteur de charbon. — En quelques endroits, le lieu où on le serre.—Prov. : *la foi du charbonnier*, foi simple et aveugle, qui ne raisonne point. — *Le charbonnier est maître en sa maison*, chacun est maître chez soi. C'est le mot d'un *charbonnier* donnant asyle dans sa cabane au roi de France *François Ier*, qui s'était égaré à la chasse. Sans connaître ce prince, il le reçut à souper de son mieux ; mais il prit la première place à table, en lui disant qu'il ne la cédait à personne parce que le *charbonnier était maître chez lui.*— *Charbonnier*, membre d'une société secrète, ancienne et philanthropique ; synonyme de *carbonari*. — T. de métier, celui qui conduit le fourneau. — Four pour brûler la houille, pour retirer le soufre de la houille. — T. de mar., bâtiment de côte qui n'est employé qu'à transporter du *charbon de terre*. — T. d'hist. nat., rossignol de muraille ; oiseau de passage. — Serpent nageur ou à collier.

CHARBONNIÈRE, subst. fém. (*charbonière*), celle qui vend du *charbon*. — La femme du *charbonnier*. — Lieu où l'on fait le *charbon* dans les bois. T. de vènerie, terre glaise où les cerfs frottent leur bois pour le brunir.

CHARBOUGLION, subst. mas. (*charbouguelion*), t. de médec., espèce de fluxion catarrhale.

CHARBOUILLÉ, E, part. pass. de *charbouiller*.

CHARBOUILLER, v. act. (*charbouié*), t. d'agric. Il se dit de l'effet que la nielle produit dans les blés en les remplissant d'une poussière noire comme celle du *charbon*.— *se* CHARBOUILLER, v. pron.

CHARBUCLE ou **CHARBULLE**, subst. mas. (*charbukle* ou *bule*), t. d'agric., sorte de nielle qui gâte les blés. Voy. CHARBON.

CHARCANAS, subst. mas. (*charkanace*), étoffe des Indes faite de soie et de coton.

CHARCUTÉ, part. pass. de *charcuter*.

CHARCUTER, v. act. (*charkuté*), au propre découper de la chair et la mettre en pièces. Il n'est plus usité en ce sens.—Fig., 1° couper malproprement de la viande à table : *il a charcuté cette longe de veau*; 2° découper, taillader les chairs d'un malade, d'un blessé, en parlant d'un chirurgien inhabile.

CHARCUTERIE, et plus conformément au génie de la langue CHARCUTTERIE, subst. fém. (*charkuteri*), état, commerce du *charcutier*.

CHARCUTIER, subst. mas., au fém. CHARCUTIÈRE (*charkutié, tière*) (de *chair cuite*, vendeur de chair cuite. On écrivait autrefois *chaircuitier*), celui, celle qui fait tuer des cochons et en vend la *chair* crue ou cuite et salée, ou différemment accommodée. — Au fém. *femme d'un charcutier.*

CHARCUTIÈRE, subst. fém. Voy. CHARCUTIER.

CHARDON, subst. mas. (*chardon*) (en latin *carduus*), t. de bot., plante bisannuelle, agreste, et à fleur flosculeuse, qui vient dans les lieux incultes. On l'appelle aussi *épine blanche sauvage, pédane, chardon commun, chardon à feuilles d'acanthe*, etc. — *Chardon aux ânes*, plante bisannuelle, qui a les caractères du *chardon Marie.* — *Chardon bénit*, plante annuelle à fleur flosculeuse, originaire d'Espagne, sudorifique et fébrifuge. — *Chardon bénit des Parisiens*, plante annuelle, à fleur flosculeuse et à tige laineuse, que *Linnée* range parmi les carthames. — *Chardon bénit des Américains.* Voy. *pavot épineux*, au mot PAVOT. — *Chardon bonnetier, à foulon, à carder*, plante bisannuelle, sauvage et cultivée, à fleurons rassemblés en forme de tête ovale. Ces têtes, qu'on nomme *cardères*, servent aux bonnetiers pour draper les bas, et dans les fabriques de draps pour peigner les draps. — *Chardon de vignes* ou *hémorrhoïdal.* Voy. SARRIETTE. — *Chardon étoilé, chausse-trape, pignerole*, plante annuelle, agreste, à fleur flosculeuse, qu'on emploie comme fébrifuge. — *Chardon Marie, chardon marbré* ou *de Notre-Dame, chardon argentin*, plante annuelle à fleur flosculeuse, qui croît dans les lieux incultes. — *Chardon Roland, chardon à cent têtes, panicaut*, plante vivace, ombellifère, improprement appelée *chardon*, dont la racine est au nombre des cinq petites racines apéritives.— En t. d'hist. nat., espèce de raie ainsi nommée, parce que sa surface supérieure est hérissée de petites épines très-serrées entre elles.—T. d'archit., crochets et pointes de fer en forme de dards que l'on place au haut d'une grille ou sur le chaperon d'un mur, pour empêcher qu'on ne les franchisse.

CHARDONNÉ, E; part. pass. de *chardonner*.

CHARDONNER, v. act. (*chardoné*), refaire le poil d'un habit avec des *chardons*. — *se* CHARDONNER, v. pron.

CHARDONNERET, subst. mas. (*chardoneré*) (de *carduelis*, nom latin de cet oiseau, fait de *carduus*, chardon, parce qu'il en mange la graine), petit oiseau qui a la tête rouge, les ailes marquetées de jaune et de brun, et qui chante fort agréablement. C'est un passereau du genre des fringilles.

CHARDONNERETTE, subst. fém. (*chardonerète*), t. de cuisine, espèce de sauce.

CHARDONNET, subst. mas. (*chardoné*), t. d'archit., pièce de bois d'une porte de ferme, du côté des gonds, laquelle pose par le bas un pivot qui tourne dans une crapaudine, et par le haut est taillée en cylindre, pour entrer dans une bourdonnière.

CHARDONNETTE, mieux **CARDONNETTE**, subst. fém. (*char* ou *kardonète*), t. de bot., plante qui est une espèce d'artichaut sauvage à larges feuilles, et dont on cultive dans les jardins une variété sous le nom de *cardon d'Espagne*.

CHARDONNIÈRE, subst. fém. (*chardonière*), lieu où il y a beaucoup de *chardons*.

CHARENTE, subst. propre fém. (*charante*), dép. de la France, qui tire son nom de la rivière qui le traverse.

CHARENTE-INFÉRIEURE, subst. propre fém. (*charanteinférieure*), dép. de la France, qui tire son nom de la rivière qui le traverse.

CHARENTON, subst. propre mas. (*charanton*), village de France, chef-lieu de canton, arrond. de Saint-Amand, dép. du Cher.

CHARENTON-LE-PONT, subst. propre mas. (*charantonlepon*), bourg de France, chef-lieu de canton, arrond. de Sceaux, dép. de la Seine.

CHARGE, subst. fém. (*charje*) (Pour l'étymologie, voy. CHARGER), fardeau, faix : avec cette différence que la *charge* est ce qu'on doit ou ce qu'on peut porter : *la charge d'un baudet n'est pas celle d'un éléphant* ; le *fardeau* est ce que l'on porte : *lourd, pesant fardeau ; se décharger d'un fardeau sur...*; le *faix* joint à l'idée du *fardeau porté* celle d'une certaine impression sur celui qui porte : *plier sous le faix.* — *Payer les charges d'un mur*, indemniser le voisin, à raison de la nouvelle *charge* qu'on met sur un mur mitoyen, lorsqu'on le fait élever à une plus grande hauteur.—En t. de mar., chargement, cargaison : *on compte la charge des vaisseaux par tonneaux de deux mille livres pesant.* — On appelle *ligne de charge* ou *de flottaison*, celle du niveau de l'eau sur la carène d'un bâtiment, et qui marque le point de sa plus grande calaison.—Il signifie quelquefois dans la marine marchande, l'action de *charger* un bâtiment : *navire en charge pour le Havre.—Charge* signifie particulièrement une certaine mesure, une certaine quantité de certaines choses : *une charge de blé, de fagots*, etc. —Fig. et pop. : *une charge de coups de bâton*, plusieurs coups de bâton de suite. —Fig., ce qui met dans la nécessité de quelque dépense : *c'est une grande charge que beaucoup d'enfants ; il est à ma charge.* On dit à peu près dans le même sens, *être à charge à quelqu'un*, lui causer de la dépense ou de l'incommodité.—*Les charges de l'État*, sa dette et ses dépenses.—Imposition : *les charges publiques; les charges des villes*, etc.—Obligation, condition onéreuse : *les charges excèdent le revenu.*—Office : *charges de judicature, de finances; charge militaire.* Voy. OFFICE.—Prov. et fig. : *il faut prendre le bénéfice avec les charges*, il faut se résoudre à essuyer les incommodités d'une chose d'ailleurs avantageuse. — *Ce n'est pas un bénéfice sans charge*, se dit d'un bien, d'un avantage, qu'on n'a pas sans dépense, sans peine ou même sans danger.— *A la charge, à charge*, loc. conj., à condition, avec obligation : *je lui ai vendu ma ferme à la charge de payer... j'y consens à charge qu'il viendra.* —*A la charge d'autant*, loc. adv., à condition que vous en ferez autant pour moi. — *Bénéfice à charge d'âmes*, bénéfice qui obligeait à être prêtre.—*Faire à l'acquit de sa charge*, en remplir les devoirs. — *Aller au-delà de sa charge*, en excéder les devoirs et les droits.—Commission ; ordre : *donner charge à quelqu'un de...* Vieux. — Soin, garde : *cette chose est à ma charge.*—*Femme de charge*, domestique du premier degré qui a soin du linge, de la vaisselle d'argent, etc. — Preuve et indice contre un criminel, il se dit ordinairement au pluriel : *il y a contre lui de terribles charges.*—*Informer à charge et à décharge*, pour et contre l'accusé: *témoin à charge, à décharge.* Voy. TÉMOIN. — T. de guerre, choc de deux troupes qui en viennent aux mains : *sonner la charge; retourner à la charge.* Cette dernière expression signifie fig., faire une nouvelle tentative pour obtenir quelque chose. — Il se dit aussi de l'action de charger un fusil : *apprendre la charge.* — On le dit également de ce qu'on met de poudre et de plomb dans une arme à feu pour tirer un coup. — En t. de peinture, représentation exagérée de quelque objet, surtout d'une personne à qui le peintre conserve une ressemblance ridicule : *les charges de Dantan.* En ce sens on le dit fig. en littérature : *comédie dont les personnages sont autant de charges grossières*, etc. — En t. de maréchal, cataplasme fait de plusieurs drogues pour un cheval. — T. d'hydrodynamique, *charge d'eau*, hauteur verticale de l'eau au-dessus d'un orifice ou d'un point quelconque. — T. de physique, *charge d'une bouteille de Leyde, d'une batterie*, etc., quantité de fluide qui est accumulée sur une des surfaces de la bouteille, etc. — T. d'archit., *charge de plancher*, certaine épaisseur de maçonnerie qu'on met sur les solives et les ais d'entrevous, ou sur le hourdis, pour former l'aire sur laquelle on pose le carreau.

CHARGÉ, E, part. pass. de *charger*, et adj. : *acquit de marchandises chargées ; chargé de butin ; un canon, un fusil, un pistolet chargé.*— On dit pop. d'un homme excessivement *chargé*, qu'*il est chargé comme un baudet* ; et au figuré, *être chargé comme un baudet* signifie : être trop *chargé* de travail. — En t. de manège : *un cheval chargé de ganache, chargé d'encolure*, est un cheval qui a trop de ganache, qui a l'encolure trop grosse. Par extension, *une personne chargée de ganache* est une personne qui a de grosses mâchoires ; et fig., une personne dont le corps et l'esprit sont également épais.—On dit aussi d'une personne très-grasse qu'*elle est chargée de graisse.*—Prov., fig. et pop. : *être chargé de cuisine*, avoir un ventre fort gros; avoir trop mangé. — *Lettre chargée, paquet chargé*, lettre, paquet qui contient quelque valeur, et dont la poste se rend responsable. — Rempli de..., couvert de... : *des yeux chargés de pleurs ; un ciel chargé de nuages* (on dit aussi *un temps chargé*) ; *une vigne chargée de raisins ; un manuscrit chargé de ratures ; une épreuve chargée de corrections ; un habit chargé de broderies*, etc., etc. — *Avoir les yeux chargés*, enflés, ou remplis d'humeur. — *Couleur chargée*, trop forte. — *Dés chargés*, dés pipés. — Fig., qui a beaucoup de certaines choses : *être chargé d'honneurs*, etc. — Qui a trop de certaines choses : *être chargé d'enfants ; être chargé de crimes, d'opprobres.* — *Être chargé du mépris, de la haine, de la malédiction de quelqu'un*, inspirer à quelqu'un une haine violente, un profond mépris, avoir reçu la malédiction de quelqu'un. — *Être chargé de l'exécration publique*, être généralement détesté. — En t. de blason, on dit d'une pièce sur laquelle il y en a d'autres, qu'*elle est chargée de...* — En diplomatie, on appelle subst. au mas. *chargé d'affaires*, celui qui veille aux intérêts de son gouvernement dans une cour étrangère, en l'absence ou au défaut d'un ambassadeur ou d'un ministre plénipotentiaire. — En t. de peint., exagéré. Voy. CHARGE.

CHARGEAGE, subst. mas. (*charjaje*), action de *charger*; le résultat de cette action.

CHARGEANT, E, adj. (*charjan, jante*), qui *charge*, qui pèse.

CHARGEMENT, subst. mas. (*charjeman*), t. de mar., la *charge* entière d'un vaisseau, ou seulement la quantité de marchandises dont il est *chargé*, et qu'on appelle autrement *cargaison.*— L'acte qui constate qu'un marchand a *chargé* telle quantité de marchandises sur un vaisseau.—*Chargement d'une lettre à la poste*, déclaration qu'elle contient des valeurs.

CHARGEOIR, subst. mas. (*charjoar*), t. d'artillerie, cuiller à poudre dont on se sert pour *charger* les pièces d'artillerie. T. de jard., salle pour poser la hotte.

CHARGER, v. act. (*charjé*) (du lat. barbare *carricare*, fait de *carrus*, char, qui d'abord s'est dit seulement des *charges* ou fardeaux mis sur un char, et qu'on a étendu ensuite à toute espèce de *charge*), mettre une *charge* sur : *charger un crocheteur, un cheval, un âne ; charger une voiture, un bateau pour tel endroit ; charger une voiture, un bateau de vin, de bois, de charbon*, etc. C'est souvent au contraire le nom de la *charge* qui est son régime direct : *charger du vin, du bois, du charbon*, etc., *sur une voiture, sur un bateau*, etc. ; *charger une poutre, un fagot, un ballot sur ses épaules.* — Peser sur... : *tant de paquets chargeraient trop cette voiture ; ce gros meuble charge trop ce commissionnaire.*— En matière criminelle, déposer contre quelqu'un : *ce témoin l'a beaucoup chargé ; les aveux de son enfant le chargent beaucoup.*— Par exagération, mettre avec profusion sur, ou dans... : *charger une table de mets ; charger ses cheveux de diamants* ; et fig., *charger un poème, un roman d'épisodes ; charger une comédie de scènes à effet ; charger un discours de sentences déplacées ; charger un ouvrage de notes, de citations.* — Fig. encore, imposer une *charge*, des *charges*, des conditions dures, onéreuses : *charger le peuple ; charger le peuple d'impôts ; charger une terre d'une redevance, une succession d'un legs*, etc. — Donner commission, *charge de...* : *il m'a chargé de telle chose, de faire telle chose.* — Fondre sur l'ennemi : *nous les chargeâmes avec impétuosité, et, bien que supérieurs en nombre, ils ne tardèrent pas à prendre la fuite.* — Mettre dans une arme à feu la poudre, le plomb, etc., nécessaires pour tirer : *charger un canon, un fusil, un pistolet*, etc. ; *charger à boulet, à mitraille, à balle, à cartouche, à plomb.* On dit aussi dans un sens absolu *charger.* — *Charger une pipe*, l'emplir de tabac.—*Charger une plume d'encre, un pinceau de couleurs*, prendre avec une plume, avec un pinceau, autant d'encre, autant de couleur qu'ils en peuvent tenir. — Dans les arts et en littérature, *charger* signifie : ajouter à la vérité : *ce peintre a chargé votre portrait ; cet acteur charge ses rôles ; cet auteur charge ses descriptions, ses caractères.*—En peinture, en sculpture, en dessin, *charger* prend en outre le sens de : ridiculiser quelqu'un en représentant ses traits avec une exagération burlesque ; et, par analogie, il équivaut dans le langage ordinaire à : exagérer avec malignité les défauts de quelqu'un. — *Charger un récit, une histoire*, etc., l'amplifier. On dit aussi absol. *vous chargez*, pour : vous amplifiez. — Fig., *charger quelqu'un de coups*, l'accabler de coups; *charger quelqu'un d'injures, d'opprobres, de malédictions*, l'accabler d'injures, d'opprobres, etc. — Selon l'*Académie*, *charger quelqu'un de coups* signifie fam. : frapper quelqu'un. Selon nous, cette locution est surannée. — Fig., *charger sa conscience de quelque chose*, se rendre responsable de quelque chose devant Dieu. — Fig., *charger quelqu'un d'un crime, d'une faute, d'un tort*, etc., l'en accuser. —Fig., *charger sa mémoire de quelque chose*, mettre quelque chose dans sa mémoire. En ce sens, il se dit aussi absol. : *il ne faut pas trop charger la mémoire des enfants.*— En t. de banque, de comm., etc., *charger un registre de telle ou telle chose ; charger un compte d'une recette, d'une dépense*, marquer sur un registre telle ou telle chose, etc. On dit de même *charger un article sur un registre, sur un livre de compte.* — On entend encore dans le comm., par l'expression *charger un compte, un article* : exagérer le montant des frais dans un compte, dans un article. — *Charger un mot*, écrire un mot sur un autre qu'on n'a pas ou qu'on a mal effacé. — On dit d'une nourriture difficile à digérer qu'*elle charge l'estomac*, pour dire qu'elle pèse sur l'estomac. — En physique, *charger une bouteille de Leyde, une batterie électrique*, etc., y accumuler la quantité d'électricité nécessaire pour en rendre les effets sensibles. On dit aussi : *charger d'électricité.* — En t. d'archit., *charger une voûte*, y joindre le poids des matériaux nécessaires pour en contenir l'effort. — En t. de mar., on dit que *le vent charge à la côte, en côte*, ou qu'*un navire est chargé à la côte*, pour dire que le vent ou le gros temps pousse un navire vers la côte, sans qu'il puisse s'en éloigner pour gagner la pleine mer. — Un négociant qui embarque des marchandises sur un navire dit qu'il le *charge.* — *Charger en grenier*, placer des marchandises en tas, à fond de cale. — On dit *charger en cueillette*, lorsque le chargement est fait par plusieurs personnes. — *Charger à fret*, se dit d'un navire loué à des négociants qui le *chargent* pour leur compte. — *Charger une pompe*, c'est verser de l'eau dedans pour la faire manœuvrer. — On dit *charger à sec*, lorsqu'on arrime des marchandises quelconques dans un navire échoué, dans un port de marée, pendant la basse mer. — En t. de cuis., *charger les broches*, enfiler plusieurs pièces de viande avec les broches. — En t. d'horlogers, *charger*, c'est mettre du poids sur un balancier, afin d'empêcher que la pendule ou la montre n'avance. — En t. d'argenteur, *charger*, se dit de l'action de poser l'argent sur la pièce, et de l'appuyer avec du linge avant de brunir. — En t. d'ouvriers en blonde, *charger* se dit de l'action de dévider la soie apprêtée de dessus les bobines sur les fuseaux. — En t. de fileuse, mettre du chanvre, du lin, etc., autour d'une quenouille, pour les filer. — En t. de corroyeurs et de mégissiers, appliquer certains ingrédients sur les peaux, sur les cuirs. — En t. de salpêtriers mettre dans les cuviers l'eau, la cendre et le salpêtre nécessaires pour la préparation de cette dernière substance. — En t. de serruriers et de taillandiers, appliquer du fer sur une pièce trop déliée, afin de la fortifier. — Les chandeliers disent *charger les broches*, pour dire : arranger sur les baguettes à chandelles la quantité de mèches nécessaire. — Les brasseurs disent *charger la touraille*, pour dire : porter le grain germé sur la touraille, afin de l'y faire sécher. — Les miroitiers appellent *charger la glace* : placer des poids sur la surface d'une glace nouvellement mise au tain, afin d'en faire écouler le vif-argent superflu et d'occasionner partout un contact de parties. — Les ouvriers qui préparent la soie disent *charger le moulin*, pour : disposer la soie sur les fuseaux du moulin, afin qu'elle y reçoive les différents apprêts qu'elle y doit prendre. — Les teinturiers disent *charger une cuve*, pour : y mettre de l'eau et les autres ingrédients nécessaires. Ils disent aussi qu'une couleur est *chargée*, pour dire qu'elle est trop brune, trop foncée, et qu'elle manque d'éclat. —*se* CHARGER, v. pron., se mettre un fardeau sur la tête, sur les épaules, etc. — *Le temps se charge*, il se dispose à la pluie. —*Se charger d'un crime, d'une faute*, en prendre la responsabilité. — *Se charger l'estomac de trop de nourriture*, manger trop. — *Se charger la tête de fleurs, de perles, de diamants*, mettre sur sa tête des fleurs, etc., avec trop de profusion. — *Se charger de quelque chose*, prendre le soin, la conduite de quelque chose. — *Se charger de quelqu'un*, se *charger* de le nourrir, de l'élever, etc.—*Se charger de ganache*, etc. Voy. CHARGÉ, part. et adj. — T. de comm. : *se charger de marchandises*, en prendre beaucoup, ou trop.

CHARGEUR, subst. mas. (*charjeur*), celui qui *charge* des fardeaux, des marchandises. — Manœuvre dont l'emploi est de *charger* les autres ouvriers. — Celui dont l'état est de procurer aux rouliers des marchandises pour *charger* leurs voitures. En ce sens, on dit aussi adj. : *commissionnaire-chargeur.* — Celui qui sert à *charger* et à arranger le bois dans les membrures sur les ports. — En t. de comm. marit., celui à qui appartient tout ou partie d'une cargaison. — En t. d'artill., celui qui *charge* une pièce. Il n'est plus usité que dans la marine militaire. — Si l'on avait besoin de se servir de cette expression au fém., il ne faudrait pas hésiter à dire *chargeuse.*

CHARGEURE, subst. fém. (*charjure*), en t. de blason, pièces qui en *chargent* d'autres.

CHARIBE, subst. mas. (*karibe*), t. d'hist. nat., genre de coquilles établi aux dépens des polythalames.

CHARICLÉE et THÉAGÈNE, subst. propre mas. (*karikle, téajène*), myth., nom de deux personnages, de pure invention, dans Héliodore.

CHARICLO, subst. propre fém. (*kariklo*), myth., fille d'Apollon et femme de Chiron, le centaure.

CHARIDOTÈS, adj. mas. (*karidotèce*), (du grec χαρις, grace, et δοτης, qui donne), myth., qui accorde des graces, surnom donné à Mercure.

CHARIEN, subst. masc. (*karien*) (du grec χαριεις, agréable), plante dont l'application des feuilles sur le ventre de la malade faisait, selon les Grecs, sortir de la matrice le fœtus mort.

CHARIENTISME, subst. masc. (*karianticeme*), plaisanterie gaie, raillerie inoffensive. Vieux.

CHARILÉES, subst. propre fém. plur. (*karilé*), t. d'hist. anc., fêtes en l'honneur d'une jeune fille de Delphes, qui s'était pendue par honte d'un mauvais traitement qu'elle avait reçu du roi. La ville se trouvant bientôt après affligée de plusieurs calamités, l'oracle prononça qu'elles ne finiraient qu'après qu'on aurait apaisé les mânes de la jeune *Charilée*, ce qui donna lieu à l'institution de ces fêtes.

CHARIOT, et mieux **CHARRIOT**, conformément à l'étymologie, et par analogie avec les mots *charrette, charrue, charroi, charrier*, etc. Nous avons *Boiste* et la raison pour appuyer notre orthographe, subst. mas. (*chariô*) (du latin *currus*, char), voiture à deux ou quatre roues qui a deux ridelles, un limon ou un timon, et qui est propre pour charrier et voiturer diverses choses.—*Charriot* signifie quelquefois *char* : *des charriots armés de faulx.*—Sorte de petite voiture où l'on met les enfants pour les promener. — Mesure ou estimation à laquelle on vend à Paris la pierre de taille ordinaire. — T. de cordier, planche montée sur deux petites roues, servant au cordier pour assembler du cordage. — Dans les glaceries, on appelle *charriot à ferrasse*, une feuille de forte tôle portée sur des roues, et sur deux barres de fer qui se réunissent pour former la queue du *charriot*; *charriot à potence*, un levier de fer de sept pieds de long, monté sur des roulettes de fonte, et sur un essieu qui, dans l'action, sert de point d'appui; *charriot à tenailles*, un des principaux instruments du curage ou nettoyage des vases dans lesquels on verse le verre en fusion. Il sert à saisir les cuvettes, à les tirer hors du four et à les replacer. — En t. d'astron., on appelle *le grand charriot*, une constellation à laquelle on donne aussi le nom de *grande ourse*; et *petit charriot*, sept étoiles dans la constellation de la *petite ourse*. — En t. de phys. : *charriot électrique*, machine destinée à lancer en l'air le cerf-volant électrique, et à en développer la corde, même lorsque l'orage est le plus violent, sans que celui qui opère coure aucun risque.

CHARIS, subst. propre fém. (*karice*), myth., femme de Vulcain.

CHARISIES, subst. propre fém. plur. (*karizi*) (du grec χαρις, grace), t. d'hist. anc., fêtes grecques en l'honneur des Graces.

CHARISTÉRIES, subst. fém. plur. (*kariceléri*), t. d'hist. anc., fêtes qui se célébraient à Athènes en mémoire de la liberté que Thrasybule, en chassant les trente tyrans, avait rendue aux Athéniens.

CHARISTICAIRE, subst. des deux genres (*kariceтikère*) (du grec χαριστης, qui est gratifié, formé de χαριζομαι, je gratifie, dont la racine est χαρις, grace, bienfait, récompense), t. d'hist. du moyen âge, nom qu'on donnait, sous les empereurs grecs, à des espèces de donataires ou de commendataires qui jouissaient de tous les revenus des monastères et des hôpitaux, sans en rendre compte à personne.

CHARISTIES, subst. fém. plur. (*kariceti*) (en grec χαριστια, de χαρις, grace, amour), t. d'hist. anc., fêtes grecques et romaines, instituées pour établir la paix et l'union entre les familles divisées. Les parents s'y faisaient des présents, se traitaient et offraient de l'encens à leurs parents morts.

CHARISTOLOCHIA, subst. fém. (*kariceтolokia*), t. de bot., ancien nom de l'armoise.

CHARITABLE, adj. des deux genres (*charitable*), qui a de la *charité* pour son prochain : *il faut aimer son prochain et être charitable envers lui.* — Il signifie aussi particulièrement : qui aime à faire l'aumône, qui fait l'aumône : *cette femme est charitable.* — Il se dit aussi des choses et signifie : qui part d'un principe de *charité* : *discours, conseil, avis charitable.*

CHARITABLEMENT, adv. (*charitableman*), d'une manière *charitable*, avec ou par *charité.*

CHARITATIF, adj. mas. (*charitatif*), t. de droit canon, se disait du subside que les anciens canons permettaient aux évêques de lever sur leurs diocésains.

CHARITES, subst. propre fém. plur. (*karite*), myth. Voy. **GRACES**.

CHARITÉ, subst. fém. (*charité*) (en lat. *charitas* ou *caritas*, qui a la même signification), amour de Dieu. C'est la plus parfaite des trois vertus théologales. — L'amour, le zèle, la bienveillance qu'on a pour le prochain. — Il signifie plus particulièrement : aumône : *demander la charité, faire la charité.* En ce sens, on dit aussi au plur. : *faire des charités.* — Assemblée où l'on règle ce qui convient aux pauvres d'une paroisse, aux malades, etc. Il se dit aussi des secours qu'on leur accorde, des fonds qui y sont destinés, et des infortunés qui en sont l'objet : *médecin, dame de charité de telle paroisse.* —Nom qu'on donne à divers hôpitaux. — *Frères de la charité*, ou simplement *frères*, instituteurs des écoles des pauvres à Paris. — *Sœurs de la charité*, femmes qui se sont dévouées au service des pauvres malades. — On nomme *bureau de charité*, un bureau composé de personnes qui se dévouent au service des pauvres, qui sont chargées de recueillir les aumônes. Dans ce sens il signifie : 1° le lieu où l'on fait des distributions de secours aux indigents et où s'assemblent les commissaires des pauvres; 2° la réunion même de ces commissaires : *allez au bureau de charité*; *le bureau de charité est assemblé.* — *Dames de charité*, dames bienfaisantes qui secondent les bureaux de *charité.* — Il se dit par extension de certains hôpitaux où les malades sont soignés par des *sœurs de la charité*; *l'hospice de la Charité.* — On dit prov. : *charité bien ordonnée commence par soi-même*, il est juste, ou du moins il est naturel de songer à ses propres besoins avant de songer à ceux des autres.—Prov. et fig., on disait par contre-vérité : *prêter une charité, des charités à quelqu'un*, pour dire : vouloir faire croire, contre la vérité, qu'il a dit ou fait quelque chose qu'il n'a ni dit, ni fait : *je suis sûr qu'il n'a pas dit cela, c'est une charité qu'on lui prête*; et encore, en ce sens : *une charité de cour*, pour : une perfidie de courtisan.

CHARITÉ-SUR-LOIRE (LA), subst. propre fém. (*lacharitéçurloore*), ville de France, chef-lieu d'arrond., dép. de la Nièvre.

CHARITOBLÉPHARON, subst. mas. (*karitobléfaron*) (du grec χαρις, grace, et βλεφαρον, paupière), t. de bot., arbrisseau dont les anciens employaient le suc pour se teindre les paupières. Mot forgé et inusité.

CHARIVARI, subst. mas. (*charivari*) (*Nicot* dérive ce mot du grec καρηβαρια, qui signifie *pesanteur de tête*, provenant d'avoir trop bu, ou d'avoir entendu trop de bruit), bruit tumultueux de poêles, de casserolles, etc., accompagné de cris et de huées que l'on faisait devant la maison des femmes veuves et âgées qui se remariaient. — Aujourd'hui c'est un moyen pour témoigner à un homme public qu'on n'est pas content de la manière dont il gère. — Fig. : 1° mauvaise musique : *ce n'était pas un concert, mais un vrai charivari*; 2° bruit confus excité par des querelles domestiques entre petites gens. — Dans toutes ces acceptions, ce mot est familier. — Au jeu de l'hombre à trois, hasard qui consiste à porter les quatre dames dans la même main.

CHARIVARISÉ, E, part. pass. de *charivariser.*

CHARIVARISER, v. act. (*charivarizé*), donner un *charivari* à quelqu'un. — *se* **CHARIVARISER**, v. pron. — Mot trivial et nouveau.

CHARIVARISEUR, subst. mas., au fém. **CHARIVARISEUSE** (*charivarizeur, zeuze*), celui ou celle qui fait partie d'un *charivari.* Mot trivial et nouveau.—Dans le style élevé et dans un langage pur, le mot *charivariste*, pour les deux genres, nous paraît préférable à *charivariseur* et *charivariseuse.*

CHARIVARISEUSE, Voy. **CHARIVARISEUR.**

CHARIVARISTE, Voy. **CHARIVARISEUR.**

CHARLATAN, subst. mas., au fém. **CHARLATANNE** (l'*Académie* ne donne pas de fém. à ce mot.) (*charlatan, tane*) (de l'italien *ciarlatano*, formé de *ciarlare*, parler beaucoup), vendeur de drogues, d'orviétan, sur les places publiques. — Médecin hâbleur, qui se vante de guérir toute sorte de maladies. — Il se dit par extension de tous ceux qui se vantent de posséder quelque secret merveilleux, et qui tirent de l'argent des personnes crédules en promettant de le leur communiquer. — Fig., celui, celle qui tâche d'amadouer par de belles paroles, par des promesses spécieuses : *il y a des charlatans dans tous les états.*

CHARLATANÉ, E, part. pass. de *charlataner.*

CHARLATANER, v. act. et neut. (*charlatané*), tâcher d'amadouer, de tromper à force de cajoleries, de belles paroles. Il est fam. et fort peu usité.

CHARLATANERIE, et plus conformément au génie de la langue, **CHARLATANNERIE**, subst. fém. (*charlataneri*), hâblerie, flatterie, discours artificieux pour tromper quelqu'un. Il est fam. — On appelle aussi *charlatanerie* un trait de *charlatan. Scipion l'Africain faisait croire à ses soldats qu'il était inspiré par les dieux*; *cette grande charlatanerie était en usage dès long-temps.* (VOLTAIRE.)

CHARLATANESQUE, adj. des deux genres (*charlatanéceke*), de *charlatan.* Inus. ; utile cependant.

CHARLATANISME, subst. mas. (*charlataniceme*), caractère du *charlatan*; moyen de *charlatan*; affectation de mérite, etc.; hypocrisie de l'ignorance, de l'incapacité, de la faiblesse; tromperie astucieuse.

CHARLEROI, subst. propre mas. (*charleroê*), ville des Pays-Bas.

CHARLEMONT, subst. propre mas. (*charlemon*), ville des Pays-Bas.

CHARLEVILLE, subst. propre fém. (*charlevile*), ville de France, chef-lieu de canton, arrond. de Mézières, dép. des Ardennes.

CHARLIEU, subst. propre mas. (*charlieu*), ville de France, chef-lieu de canton, arrond. de Roanne, dép. de la Loire.

CHARLOT, subst. mas. (*charlô*), mot bas et populaire, diminutif du substantif propre *Charles.*

CHARLOTTE, subst. fém. (*charlote*), t. de cuisine, plat d'entremets fait de marmelade de pommes, qu'on entoure de morceaux de pain frits et grillés : *servir une charlotte.* — *Charlotte russe*, *charlotte* à la glace faite d'une sorte de crème fouettée et qu'on entoure de petits biscuits.

CHARLY, subst. propre mas. (*charli*), bourg de France, chef-lieu de canton, arrond. de Château-Thierry, dép. de l'Aisne.

CHARMANT, E, adj. (*charman, mante*), agréable, qui plaît extrêmement, qui ravit. Voy. **CHARME.**

CHARMAY, subst. mas. (*charmé*), t. de com., satin des Indes.

CHARME, subst. mas. (*charme*) (en lat. *carmen*, enchantement), ce qu'on suppose fait par art magique pour produire un effet extraordinaire; enchantement, sort : avec cette différence que le mot *charme*, dans sa signification propre, arrête les effets ordinaires et naturels des causes : l'*enchantement* regarde plus particulièrement l'illusion des sens, et le *sort* ce qui nuit ou ce qui trouble la raison : *faire un charme, des charmes*; *user de charmes*; *le charme est levé.* — Fig. : *le charme est rompu*, l'illusion est détruite.— Au fig., 1° ce qui plaît extrêmement, ce qui touche d'une manière sensible : *charme puissant, invincible*; *il fait la douceur et le charme de ma vie.* — *Voltaire* a dit (*Adélaïde du Guesclin*) :

> Digne sang des Guesclin, vous qu'on voit aujourd'hui
> Le *charme* des Français dont il était l'appui.

C'est une faute : *le charme*, en ce sens, ne se dit que des choses, et non des personnes. 2° Attraits, appas : son plus grand usage est au plur. : *on ne peut se défendre de ses charmes*; *la musique a pour moi des charmes*; *la mélancolie a des charmes.* Voy. **ATTRAITS.**— *Racine* (*Bajazet*) fait dire à Acomat qu'il vanta à Roxane les *charmes de Bajazet.* Cette expression, dans notre langue, est absolument réservée aux femmes; mais *La Harpe* prétend qu'elle est ici autorisée par les mœurs du sérail. — Myth., *charme de l'amour*, emblème qui représente Vénus nue, ailée, et pinçant de la harpe.—T. de bot., arbre à fleurs amentacées, mâles et femelles sur le même pied, qui pousse des branches dès sa racine, et qui fournit de très-bon bois de chauffage. (De *carpinus*, nom lat. de cet arbre.)

CHARMÉ, E, part. pass. de *charmer*. — En t. d'eaux et forêts, on appelle *arbres charmés*, des arbres que l'on a cernés ou creusés, ou auxquels on a fait quelque autre chose pour les faire périr. —*Fusil charmé*, dont on arrête l'effet par quelque moyen secret.

CHARMER, v. act. (*charmé*), produire un effet extraordinaire sur une personne, sur une chose, par *charme*, par un prétendu pouvoir magique. — Il se dit quelquefois pour *fasciner* : *le serpent charme et attire le rossignol*. — Fig., il signifie : plaire extrêmement à...; ravir en admiration... : *cette femme charme tous ceux qui la voient*. Voy. ENCHANTER. — Causer une vive satisfaction: *je suis charmé*, etc. — En parlant des douleurs, de l'ennui, en suspendre le sentiment : *par son récit, il a charmé mes peines*. — *Charmer les loisirs de quelqu'un*, les lui faire passer d'une manière agréable : *la lecture charme tous mes loisirs*. — *se* CHARMER, v. pron.

CHARMERESSE, subst. fém. inus. Voy. CHARMEUSE.

CHARMES-SUR-MOSELLE, subst. propre fém. (*charmeçurmozèle*), village de France, chef-lieu de canton, arrond. de Nirecourt, dép. des Vosges.

CHARMEUR, subst. mas., au fém. CHARMEUSE (*charmeur*, *meuze*), il s'est dit de celui, de celle qui se servait de *charmes* ou de paroles superstitieuses; sorcier, sorcière.

CHARMEUSE, subst. fém. (*charmeuze*), on l'a dit d'une fille ou d'une femme qui cherchait à se faire aimer. — On a dit aussi *charmeresse*. Voy. CHARMEUR.

CHARMILLE, subst. fém. (*charmiie*), plant de petits *charmes*. — T. de jard., haie, palissade.

CHARMOIE, subst. fém. (*charmoé*), lieu planté de *charmes*.

CHARMON, adj. propre mas. (*karmon*), myth., surnom sous lequel les Arcadiens adoraient Jupiter.

CHARMOSYNES, subst. propre fém. plur. (*karmozine*), t. d'hist. anc., fêtes en l'honneur de Jupiter *Charmon*.

CHARMUTH, subst. mas. (*charmute*), t. d'hist. nat., poisson du genre silure.

CHARNAGE, subst. mas. (*charnaje*) (du latin *caro*, génitif *carnis*, chair), vieux mot inusité qui s'est dit parmi le bas peuple, pour signifier le temps où l'on mange de la viande.

CHARNAIGRE, subst. mas. (*charnéguere*), t. de chasse, chien métis ou chien courant.

CHARNEL, adj. mas., au fém. CHARNELLE (*charnèle*) (en lat. *carnalis*), de *chair*, qui concerne la *chair*, sensuel, voluptueux, qui aime le plaisir des sens : *commerce charnel*; *appétit charnel*; *plaisir charnel*. — *Homme charnel*, par opposition à *homme spirituel*.

CHARNELLEMENT, adv. (*charnèleman*), selon la *chair* : *connaître une femme charnellement*. Il ne se dit guère que dans cette phrase.

CHARNEUSE, adj. fém. Voy. CHARNEUX.

CHARNEUX, adj. mas., au fém. CHARNEUSE (*charneu*, *neuze*), t. de médec., qui se dit des parties du corps où il y a beaucoup de *chair* : *les joues sont des parties charneuses*. Il est vieux. On dit plus souvent *charnu*.

CHARNIER, subst. mas. (*charnié*) (en lat. *carnarium*, de *caro*, chair), lieu dans un cimetière où l'on met en pile les ossements des morts. — La pile même de ces ossements de morts. — Galeries autour des églises paroissiales, où l'on donnait la communion les jours de grandes fêtes. Ce mot, dans ce sens, n'est guère d'usage qu'à Paris. — Lieu destiné à garder les *chairs* salées. — En t. de mar., on désigne par ce mot l'espèce de tonneau de la forme d'un cône tronqué qui contient l'eau pour la consommation journalière de l'équipage. —T. de vigneron, botte d'échalas pour les vignes.

CHARNIÈRE, subst. fém. (*charnière*) (suivant *Ménage*, de *cardinis*, génitif de *cardo*, gond), deux pièces de métal qui s'enclavent l'une dans l'autre, et se joignent avec une broche, un clou ou une goupille. — Dans la gravure en pierres fines, outil qui sert à faire des trous, et à enlever les parties grossières. — T. de fauconnerie, endroit où le fauconnier postait son leurre et la *chair* dont il acharnait l'oiseau. — T. de conchyliologie, point d'appui d'ouverture dans les coquilles bivalves. — Les faiseurs d'instruments de mathématiques donnent ce nom à l'endroit par lequel les jambes d'un compas, les parties d'une équerre, etc., sont assemblées, soit que l'assemblage soit à une fente ou à deux fentes.

CHARNON, subst. mas. (*charnon*), t. de bijoutier, petit anneau des deux pièces d'une fiche à nœuds, d'une *charnière*, d'un couplet, dans lequel on fait entrer une goupille, et qui, par sa réunion avec un autre, forme la *charnière*, etc.

CHARNU, E, adj. (*charnu*) (en lat. *carnosus*, fait de *caro*, *carnis*, chair), bien fourni de *chair*: *corps charnu*; *main charnue*.—Il signifie aussi : formé de *chair* : *une masse charnue*. — On le dit même des feuilles, des plantes et des fruits quand ils sont pulpeux, succulents : *des prunes bien charnues*.

CHARNURE, subst. fém. (*charnure*), qualité de la *chair* des personnes : *charnure belle*, *vive*, *molle*, etc. Il se prend le plus souvent pour la peau.

CHARNY, subst. propre mas. (*charni*), village de France, chef-lieu de canton, arrond. de Verdun, dép. de la Meuse. — Bourg de France, chef-lieu de canton, arrond. d'Isigny, dép. de l'Yonne.

CHAROGNE, subst. fém. (*chârognie*) (du latin *caro*, chair), corps de bête morte, exposé et corrompu. — Se dit aussi pop., fig., fam. et par ironie, de l'homme; d'un corps usé, corrompu par la maladie, ou par la débauche.

CHAROI. *Boiste* et son copiste *Raymond* n'ont pas vu que ce mot est le même que CHARROI.

CHAROLLES, subst. propre fém. (*charole*), ville de France, chef-lieu d'arrond., dép. de Saône-et-Loire.

CHAROLAIS, subst. propre mas. (*charolè*), pays de l'ancien duché de Bourgogne, en France.

CHARON, subst. propre mas. (*karon*). Voy. CARON.

CHAROPOS ou CHAROPS, adj. propre mas. (*charopoce*, *ropece*), t. de myth. qui signifient *farouche*, *furieux*, et qui étaient les surnoms d'Hercule.

CHAROT, subst. propre mas. (*charó*), bourg de France, chef-lieu de canton, arrond. de Bourges, dép. du Cher.

CHAROTTE, subst. fém. (*charote*), t. de chasse, hotte en forme de panier dans laquelle certains chasseurs portent leur harnais.

CHARP., abréviation du mot CHARPENTERIE.

CHARPENTAIRE, subst. fém. (*charpantère*), t. de bot. Voy. SCILLE.

CHARPENTE, subst. fém. (*charpante*) (pour l'étymologie, voy. CHARPENTIER), ouvrage de grosses pièces de bois taillées et équarries. Il se dit surtout de celles qui servent à la construction d'un édifice, et plus particulièrement encore du toit.—On appelle : *bois de charpente*, du bois préparé pour être employé à la construction des bâtiments. — Au fig., assemblage et disposition des os du corps des animaux, et surtout de l'homme. — *Charpente* se dit figurément des parties principales d'un ouvrage d'esprit qui servent d'appui, de soutien à tout le reste, comme une *charpente* sert de soutien à une couverture : *la charpente d'un poëme*.

CHARPENTÉ, E, part. pass. de *charpenter*. Il ne s'emploie guère qu'avec une épithète : *bien*, *mal charpenté*, bien taillé ou taillé grossièrement.

CHARPENTER, v. act. (*charpanté*), tailler du bois de *charpente* pour le mettre en état d'être assemblé. — Fig. et fam., couper, tailler d'une manière maladroite : *le chirurgien lui a charpenté la jambe*. — *se* CHARPENTER, v. pron.

CHARPENTERIE, subst. fém. (*charpanteri*), l'art de travailler en *charpente*. — La *charpente* elle-même : *la charpenterie de ce bâtiment me semble fort belle*.

CHARPENTIER, subst. mas. (*charpantié*) (en lat. *carpentarius*, fait de *carpentum*, chariot), artisan qui travaille en *charpente* pour la construction des maisons ou pour celle des vaisseaux. On dirait bien *charpentière* en parlant de la femme d'un *charpentier*.

CHARPI, subst. mas. (*charpi*), billot sur lequel le tonnelier taille les douves.

CHARPIE, subst. fém. (*charpi*) (du lat. barbare *carpia*, qui se trouve avec la même signification dans les écrivains de la basse latinité, et que *Saumaise* dérive de *carpere*, amasser, recueillir, etc.), t. de chir., amas de petits fils tirés d'une toile usée et dépecée qu'on met dans les plaies, dans les ulcères, etc.—On appelle *charpie brute* celle que l'on emploie sans lui donner aucune forme. — Fam. et fig., il se dit d'une viande bouillie et trop cuite.

CHARQUE, subst. fém. (*charke*), viande que l'on dessèche à l'étuve et que l'on enduit de blanc d'œuf pour la conserver; c'est du moins ce qu'avance *Raymond*.

CHARRÉE, subst. fém. (*charé*) (du lat. barbare *cinerata*, fait de *cinis*, *cineris*, cendre. *Ménage* dit qu'autrefois on disait *cherrée*), cendres qui restent dans le cuvier et sur le *charrier*, après qu'on a coulé la lessive. — T. d'hist. nat., sorte d'insecte aquatique.

CHARRETÉE, subst. fém. (*chârete*), la charge d'une *charrette*; plein une *charrette* : *charretée de bois*; *demi-charretée*.

CHARRETIER, subst. mas., au fém. CHARRETIÈRE (*chârelié*, *tiere*) (autrefois *chartier*), celui, celle qui conduit une *charrette*. — Personne qui gagne sa vie à voiturer diverses choses dans une *charrette* ou un *charriot*. — L'*Académie* appelle aussi *charretier* celui qui conduit une charrue. — Prov. : *jurer comme un charretier embourbé*, jurer sans retenue, avec emportement. — *Il n'est si bon charretier qui ne verse quelquefois*, il n'y a point d'homme si habile qu'il ne soit sujet à faire quelque faute. — T. d'astron., au mas., nom d'une constellation.

CHARRETIER, adj. mas.; au fém. CHARRETIÈRE (*chârelié*, *tière*), se dit d'une porte, d'une voie faite de manière que les *charrettes* y peuvent passer : *porte charretière*; *chemin charretier*. On dit qu'une *charrette a la voie charretière*, lorsque l'espace compris entre ses roues est celui qu'exigent les règlements de police.

CHARRETIN, subst. mas. (*chârelein*), espèce de *charrette* sans ridelles.

CHARRETTE, subst. fém. (*chârète*) (du latin *currus*, char), sorte de *charriot* fait de planches, à deux roues, qui a deux limons et ordinairement deux ridelles : *charger une charrette*; *conduire une charrette*. — *Charrette à bras*, petite *charrette* traînée par un ou deux hommes, et propre seulement à transporter de légers fardeaux. — Prov. et fig., on appelle *avaleur de charrettes ferrées*, un fanfaron.

CHARRIAGE, subst. mas. (*châriaje*), l'action de *charrier*, de voiturer dans une *charrette*, dans un *charriot*. — Salaire qu'on donne pour *charrier* ou voiturer quelque chose.

CHARRIÉ, E, part. pass. de *charrier*.

CHARRIER, subst. mas. (*chârié*), grosse toile qu'on étend sur le linge rangé dans le cuvier, et qu'on charge ensuite de cendres quand on fait la lessive. Voy. CHARRÉE. — T. de faucon. Les fauconniers appelaient ainsi un oiseau de vol qui emportait la proie qu'il avait saisie, ou qui se laissait emporter lui-même dans la poursuite de cette proie.

CHARRIER, v. act. (*charié*), voiturer dans un *charriot* ou dans une *charrette*. — Entraîner : *les rivières charrient du sable*; *les urines charrient du gravier*. En ce sens, on dit neutralement et par ellipse : *la rivière charrie*, entraîne des glaçons; *l'urine charrie*. T. de faucon. : emporter le gibier. — Fig. et fam., *charrier droit*, se bien conduire. Dans cette phrase, *charrier* est neutre. — *se* CHARRIER, v. pron.

CHARRIOT. Voy. CHARIOT.

CHARROI, subst. mas. (*charoé*), charriage; action de voiturer par *charriot*, *charrette*, fourgon, etc.—Salaire du charretier. — En t. d'artil., il se dit des corps destinés à transporter les bagages ou l'artillerie d'une armée : *il sert dans les charrois*; *capitaine de charroi*. —En t. de mar., grande chaloupe qui sert, sur le banc de Terre-Neuve, à transporter la morue après la pêche.

CHARRON, subst. mas., au fém. CHARRONNE (*châron*, *rone*), artisan qui façonne le bois des *charriots*, des *charrettes*, des *charrues*, des trains de carrosse, etc. — Au fém., la femme d'un *charron*.

CHARRONAGE, l'*Académie* écrit CHARRONNAGE, subst. mas. (*châronaje*), art du *charron*; travail et ouvrage de *charron*. — *Bois de charronage*, bois propre pour le travail des *charrons*.

CHARROUX, subst. propre mas. (*chârou*), bourg de France, chef-lieu de canton, arrond. de Civray, dép. de la Vienne.

CHARROYÉ, E, part. pass. de *charroyer*.

CHARROYER, v. act. (*châroèié*), transporter sur des *charriots*, *charrettes*, tombereaux, etc. — *se* CHARROYER, v. pron.

CHARROYEUR, subst. mas. (*charoèieur*), celui qui *charroie*. — Une femme qui se livrerait à ce métier pourrait être appelée *charroyeuse*.

CHARRUAGE, subst. mas. (*châruaje*), t. de coutume, étendue de terre qui peut être labourée pendant un an avec une seule *charrue*.

CHARRUE, subst. fém. (*chdru*) (du bas lat. *carruca*, qui se trouve en ce sens dans *Grégoire de Tours*, etc., et qui est fait de *currus*, char), instrument d'agriculture propre à labourer la terre, et traînée par des bœufs ou des chevaux. Il est composé d'un train, monté ordinairement sur deux roues, qui porte un soc pour ouvrir la terre, et quelquefois un fer tranchant nommé *coutre*, pour la couper. — Fig. et fam. : *tirer la charrue*, avoir beaucoup de peine, faire un travail rude et pénible. — *Cheval de charrue*, homme stupide et grossier. — *Charrue mal attelée*, *charrue à chiens*, société de personnes qui s'accordent mal ensemble. — *Mettre la charrue devant les bœufs*, commencer par où il faut finir. — *Charrue*, état du cultivateur : *les Romains tiraient quelquefois leurs généraux de la charrue*. — Étendue de terre qu'on peut labourer par an avec une *charrue* : *cette ferme est de trois, de quatre charrues*. — T. de jard., instrument de jardinier qui sert à nettoyer les allées d'un jardin. — En t. de pêche, filet en forme de poche, dont on se sert dans la Basse-Bretagne, et qui est une espèce de *chalus*.

CHART., t. de médec., abréviation employée pour formuler *charta* ou *chartula*, qui signifient une carte, un papier.

CHARTAGNE, subst. fém. (*chartagnie*), retranchement caché dans les bois.

CHARTE, autrefois **CHARTRE**, subst. fém. (*charte*, *chartre*) (du lat. *charta*, papier, formé du grec χαρτης, gros papier, ou plusieurs feuilles collées ensemble, sur lesquelles on écrivait autrefois tous les actes d'importance : l'usage faisait dire *chartre* ; mais la raison veut aujourd'hui qu'on écrive et dise *charte*, conformément à l'étymologie ; cependant le barreau a conservé le mot de *chartre*. Voy. ce mot). On donne ce nom aux lois constitutionnelles d'un état, d'un pays : *les chartes ne sont bonnes que quand on les fait marcher*. (NAPOLEON.) — On dit toujours *charte*, quand on entend par ce mot constitution. — Les Français appellent *charte constitutionnelle*, ou simplement *charte*, l'acte solennel qui fait la base de leur constitution. Ils entendent principalement, par le mot *charte*, l'acte par lequel le roi de France Louis XVIII a fixé la constitution du royaume en 1814 : *je vois qu'en France la liberté est dans la charte, et l'esclavage dans la loi* (NAPOLEON.) — *La charte de* 1830 ; *maintenir la charte*. — *Grande charte d'Angleterre*, patente accordée par le roi d'Angleterre Henri III, qui contient les privilèges de la nation. — Voy. CHARTRE.

CHARTE-PARTIE, et par corruption **CHARTRE-PARTIE**, subst. fém. (*charteparti*) (du lat. *charta*, papier, et *partita*, part. féminin de *partiri*, diviser, partager), acte double entre deux parties intéressées, qu'on écrivait sur la même pièce de vélin, de manière qu'entre les deux copies se trouvait un symbole, une inscription, une peinture, etc., que l'on coupait ensuite ou en ligne droite ou en ligne dentelée. Chacune des parties emportait son *duplicata*, à la représentation duquel, dans la suite, on reconnaissait la vérité de l'acte par la rencontre des lettres ou des traits coupés. Ce symbole ainsi partagé en deux moitiés s'appelait *cyrographe*. Voy. ce mot. — En t. de marine, 1° écrit qu'on fait, contenant la convention stipulée pour l'affrètement, la facture et la cargaison d'un vaisseau ; 2° acte par lequel plusieurs personnes se joignent et s'associent pour naviguer de compagnie et faire quelque entreprise ; 3° acte par lequel le propriétaire d'un vaisseau s'engage vis-à-vis d'un marchand pour se charger de ses marchandises et les transporter dans le lieu de leur destination, sauf les risques de la mer.

CHARTIL, subst. mas. (*chartile*), le corps de la *charrette*. — *Charrette* plus longue que les *charrettes* ordinaires, qui sert à transporter les gerbes dans la grange. — Lieu couvert sous lequel on serre les *charriots*, *charrettes*, *charrues*, etc., pour les garantir des injures de l'air.

CHARTOGRAPHE, subst. des deux genres (*kartoguerafe*) (du lat. *charta*, charte, et du grec γραφω, j'écris), auteur de *chartes*, qui écrit sur les *chartes*, qui fait des *chartes*. Inusité.

CHARTOGRAPHIE, subst. fém. (*kartoguerafi*), art de faire des *chartes* ; description des *chartes*. Inus.

CHARTOGRAPHIQUE, adj. des deux genres (*kartoguerafike*), qui concerne la *chartographie*. Inus.

CHARTOLOGIE, subst. fém. (*chartoloji*) (du lat. *charta*, charte, et du grec λογος, discours), traité, discours sur l'art de faire des *chartes*. Inus.

CHARTOLOGIQUE, adj. (*chartolojike*), qui concerne la *chartologie*. Inus.

CHARTOPHYLAX, subst. mas. (*chartofilakece*) (du lat. *charta*, fait du grec χαρτης, papier, charte, et φυλαξ, gardien, dérivé de φυλασσω, je garde), t. d'hist. eccl. anc., officier de l'église de Constantinople, préposé à la garde des *chartres* et des actes.

CHARTRAIN, E, adj. et subst. (*chartrein, trène*), de *Chartres* ; habitant de *Chartres*.

CHARTRE, subst. fém. (*chartre*) (du grec χαρτης, en lat. *charta*, gros papier sur lequel on écrivait autrefois les actes d'importance), anciens titres et papiers soit relatifs à l'histoire, au droit public, etc., soit appartenant à une ville, à une communauté, etc. — *Chartre normande*, les lettres de conservation des privilèges accordés à la Normandie par le roi Philippe Ier ; d'autres disent par le roi Louis-le-Hutin, en 1315 ; on dit aussi *charte normande*. — Prison : *Saint-Denis de la Chartre*. En ce sens, il est vieux. On dit cependant encore au palais *tenir en chartre privée*, tenir en prison sans autorité de justice. (Du lat. *carcer*, prison.) Voy. CHARTE. — En t. de médec., maladie de langueur qui produit une sécheresse sur tout le corps. Il ne se dit guère que des enfants : *cet enfant est en chartre, est tombé en chartre*.

CHARTRE (LA), subst. propre fém. (*lachartre*), bourg de France, chef-lieu de canton, arrond. de Saint-Calais, dép. de la Sarthe.

CHARTRES, subst. propre fém. (*chartre*), ville de France, chef-lieu du dép. d'Eure-et-Loir. — La cathédrale de cette ville est très-remarquable. — Patrie de Brissot, de Pétion, et du général Marceau.

CHARTREUSE, subst. fém. (*chartreuze*), couvent de *chartreux*. — Fig., petite maison isolée dans la campagne. — Montagne du Dauphiné. — En t. d'hist. nat., coquille du genre des hélices.

CHARTREUX, subst. mas., au fém. **CHARTREUSE** (*chartreu, treuze*) (de la montagne de *Chartreuse* en Dauphiné, où *saint Bruno* bâtit son premier monastère), religieux et religieuses de l'ordre fondé par *saint Bruno*. On a dit aussi au fém. *chartreusine*. — En t. d'hist. nat., subst. mas., race de chats dont le poil est gris bleuâtre. — On dit aussi adj. : *un chat chartreux*. — En t. de bot., genre de champignons.

CHARTRIER, subst. mas. (*chartrié*), lieu où l'on conserve les *chartres* d'une abbaye, etc. — Celui qui garde les *chartres*. — Recueil des *chartres*.

CHARTULAIRE, subst. mas. (*kartulère*), livre sur lequel sont inscrites les *chartres* d'une abbaye ou d'une seigneurie.

CHARYBDE, seule orthographe admissible, subst. mas. (*karibde*), t. de myth. Voy. CARYBDE.

CHAS., abréviation du mot CHASSE.

CHAS, subst. mas. (*chá*), trou d'une aiguille. — T. d'archit., pièce carrée de fer, d'acier ou de cuivre, percée dans son milieu d'un petit trou par où passe le fil, auquel un plomb est suspendu, et dont le côté est égal au diamètre du cercle qui forme la base du plomb, afin qu'en posant le *chas* contre un mur, etc., le plomb se trouve aussi contre le mur, si celui-ci est d'aplomb. — Colle d'amydon qu'on tire du grain par expression. — Les tisserands appellent *chas*, la colle dont ils se servent pour enduire les fils de la chaîne, afin de les rendre un peu moins flexibles.

CHASCOLYTRE, subst. mas. (*chacekolitre*), t. de bot., genre de graminées.

CHASERET, subst. mas. (*chazeré*), petit châssis pour faire des fromages.

CHASSE, subst. fém. (*chace*) (de l'italien *caccia*, formé, dans la même signification, du lat. barbare *cacciare*, qui se trouve dans les capitulaires de *Charlemagne*). Ce terme, pris dans un sens général, peut désigner toutes ces sortes de guerres que nous faisons aux animaux, aux oiseaux dans l'air, aux quadrupèdes sur la terre, et aux poissons dans l'eau ; mais son acception se restreint à la poursuite de toute sorte d'animaux sauvages, soit bêtes féroces, comme lions, tigres, ours, loups, renards, etc. ; soit bêtes fauves, comme cerfs, biches, daims, chevreuils ; soit enfin menu gibier, tant quadrupèdes que volatiles, tels que lièvres, lapins, perdrix, bécasses et autres : *chasse au tir* ou *au tiré* ; *chasse au vol* ou *du vol* ; *chasse à courre* ; *la chasse au* ou *du cerf*, *au* ou *du loup*, *au* ou *du sanglier*, *au* ou *du renard* ; *chasse à la grande bête* ; *aller à la chasse* ; *entrer en chasse* ; *se mettre en chasse* ; *mettre son cheval, son chien, ses chiens en chasse* ; *droit de chasse* ; *pays de chasse* ; *partie de chasse* ; *rendez-vous de chasse* ; *maison de chasse* ; *équipage de chasse* ; *cor de chasse* ; *fusil de chasse* ; *couteau de chasse* ; *chien de chasse* ; *veste de chasse*, etc., etc. — *Chasse aux chiens courants*, *au lévrier*, *au furet*, *à l'oiseau*, etc., *chasse* dans laquelle on emploie les chiens courants, etc. — *Chasse aux toiles*, celle qui consiste à prendre vivants, au moyen de filets, les cerfs, les sangliers, etc. — *Rompre la chasse*, *l'ordre de la chasse*, troubler, ou interrompre la *chasse*. — *Habit de chasse*, sorte d'uniforme porté par les personnes qui prennent part aux chasses royales, aux chasses des princes, et même à celles de quelques riches particuliers. — On entend aussi par *chasse* un espace plus ou moins considérable de terrein consacré à la *chasse*, ou propre à la *chasse* : *les chasses royales* ; *capitaine, lieutenant des chasses* ; *ce propriétaire a une chasse superbe*, etc. — Il signifie en outre : les chasseurs, les chiens et tout l'équipage de *chasse* : *la chasse est loin, est près* ; *la chasse a passé par là*. — Le gibier que l'on prend : *faire bonne chasse* ; *je vous enverrai de ma chasse*. — *Donner la chasse*, poursuivre : *dès que l'avant-garde ennemie se montra, notre cavalerie lui donna la chasse* ; *nous donnâmes la chasse à une bande d'écoliers qui avait fait une descente dans notre verger* ; *s'il ose se présenter ici, on lui donnera la chasse*, etc. — En t. de mar., *donner la chasse*, ou mieux *donner chasse*, poursuivre un bâtiment, soit pour le reconnaître, soit pour s'en emparer ; *appuyer une chasse*, ou *appuyer chasse*, poursuivre avec ardeur ; *prendre chasse*, s'enfuir ; *soutenir chasse*, 1° seconder le bâtiment qui donne *chasse* ; 2° fuir à égalité de marche. On dit de même : *maintenir*, *continuer*, *lever*, *abandonner chasse*, ou *la chasse*, etc. — On appelle *pièces de chasse* les canons de l'avant d'un vaisseau, qui servent plus particulièrement à *donner chasse*. — *Ecluses de chasse*, écluses destinées au nettoyage d'un port, d'un chenal, d'un bassin. — On appele *huîtres de chasse*, les huîtres que les chasse-marée apportent à Paris. — *Chasse couverte*, en t. de pêche, verveux auquel on ajoute un filet horizontal tendu d'une aile à l'autre. — En t. de musique, on appelle *chasse* certains airs ou certaines fanfares de cors qui imitent les airs que l'on joue ordinairement à la *chasse* sur ces instruments. — Les artificiers appellent *chasse* une charge de poudre grossièrement écrasée et mise au fond d'une cartouche, pour *chasser* et faire partir l'artifice dont elle est remplie. — En mécanique, c'est un espace libre donné, soit à la machine entière, soit à quelqu'une de ses parties, pour en faciliter ou augmenter l'action : *une scie doit avoir, pour scier du marbre, douze à dix-huit pouces de chasse*, c'est-à-dire douze à dix-huit pouces au-delà du bloc que l'on doit scier. — *Avoir plus ou moins de chasse*, avoir plus ou moins de disposition à se porter en avant, en parlant d'une chaise de poste, d'un carrosse et de diverses autres machines. — Les charrons donnent ce nom à un marteau carré d'un côté et rond de l'autre, avec lequel ils *chassent* et enfoncent les cercles de fer qui entourent les moyeux des roues, pour empêcher qu'ils ne se fendent ; les tisserands, à la partie du métier par le moyen de laquelle ils frappent les fils de la trame, pour les serrer après avoir passé la navette entre les fils de la chaîne. — Dans les verreries, *chasse* se dit d'une légère maçonnerie attachée d'un côté au corps du four, et dont une autre partie est soutenue en l'air par une barre de fer circulaire, et qui sert à garantir l'ouvrier de la trop grande ardeur du feu. — En imprimerie, augmentation de lignes lorsqu'on compose sur une copie dont le caractère est fin. — Dans la fabrique des ancres, c'est un outil de fer emmanché, dont la tête a un côté carré pour *chasser*, et l'autre aplati pour recevoir les coups de marteau. — Au jeu de paume, la distance qu'il y a entre le mur du côté où l'on sert, et l'endroit où tombe la balle du second bond : *marquer une chasse* ; *il y a chasse* ; *gagner la chasse*, etc. On appelle *chasse morte*, un coup perdu ; et fig., une affaire commencée que l'on ne poursuit pas. — Fig. aussi : *marquer une chasse*, c'est : 1° relever une parole ; 2° remarquer quelque circonstance qu'on veut faire tourner à son avantage.

CHÂSSE, subst. fém. (*châce*) (en lat. *capsa*, fait du grec καψα, caisse, dérivé de καπτειν, cacher), sorte de coffre dont le haut est fait en cercueil ou en toit d'église, et dans lequel sont les os de quelque saint ou sainte. — En t. d'orfèvre, etc., la partie de la boucle où est le bouton. — Dans une balance, la partie perpendiculaire au fléau, et à laquelle on soutient la balance quand on veut s'en servir. — Dans une lunette, la monture dans laquelle les verres sont embrassés. — *La châsse d'une lancette*, est un manche composé de deux pièces mobiles qui se réunissent l'une à l'autre seulement vers la partie qui tient à la lame de l'instrument. — Chez plusieurs autres artisans, c'est en général tout ce qui sert à tenir une chose *enchâssée*.

CHASSÉ, subst. mas. (*chacé*), pas de danse qui se fait en allant de côté, soit à droite, soit à gauche.

CHASSÉ, E, part. pass. de *chasser*.

CHASSE-AVANT, subst. mas. (*chaçavan*), celui qui, dans les grands ateliers, conduit et fait marcher les ouvriers. — Au plur., des *chasse-avant*.

CHASSE-BONDIEU, subst. mas. (*chacebondieu*), sorte de morceau de bois à l'usage des scieurs de long, pour *chasser* le coin appelé *bondieu*.

CHASSE-BOSSE, subst. fém. (*chaceboce*), t. de bot., plante vivace qui croît sur le bord des étangs. Elle est renommée pour les hémorrhagies. On l'appelle aussi *perce-bosse*, *corneille*, *lysimachie*. — Au plur., des *chasse-bosses*.

CHASSE-CARRÉE, subst. fém. (*chacekâré*), marteau à deux têtes *carrées*, à l'usage de certains ouvriers. — Au plur, des *chasse-carrées*.

CHASSE-CHIENS, subst. mas. (*chacechiein*), espèce de portier. C'est aussi le nom que l'on donne ironiquement aux gardes des jardins publics. — Au plur., des *chasse-chiens*, des gens chargés de *chasser les chiens*.

CHASSE-COQUINS, subst. mas. (*chacekokein*), bedeau qui *chasse* dans les églises les mendiants et les chiens. — Au plur., des *chasse-coquins*, des gens chargés de *chasser les coquins*.

CHASSE-COUSIN, subst. mas. (*chacekouzein*), fleuret fermé et qui ne plie pas, propre à bourrer ceux qui font assaut.—Mauvais vin.—Au fig., tout ce qui peut éloigner les importuns. Il est fam. — Au plur., des *chasse-cousins*.

CHASSE-DIABLE, subst. mas. (*chacediable*), nom vulgaire du millepertuis. — Au plur., des *chasse-diable*.

CHASSE-FIENTE, subst. mas. (*chacefiante*), t. d'hist. nat., vautour de l'Afrique. — Au plur., des *chasse-fiente*.

CHASSE-FLEURÉE, subst. fém. (*chacefleuré*), t. de teinturier, planche de bois pour écarter l'écume qui pourrait tacher les étoffes. — Au plur., des *chasse-fleurée*.

CHASSELAS, subst. mas. (*chacelá*), sorte de raisin de table, dont il y a plusieurs variétés : *chasselas doré*, *rouge*, etc., *chasselas de Fontainebleau*.

CHASSE-MARÉE, subst. mas. (*chacemaré*), voituriers qui apportent la *marée*.— On donne aussi ce nom à la voiture qui la transporte. — Fig. et fam. : *aller un train de chasse-marée*, aller fort vite. — Bâtiment ponté de la côte de Basse-Bretagne. — Au plur., des *chasse-marée*; des voituriers qui *chassent la marée* devant eux. L'*Académie* a cependant écrit : *les huîtres que les chasse-marées apportent*; c'est une faute : quel que soit le nombre des voituriers, c'est toujours de la *marée* qu'ils apportent, et non pas *des marées*. L'*Académie* de 1835 a conservé cette faute, dans l'article *chasse*.

CHASSE-MERDE, subst. mas. (*chacemèrede*), t. d'hist. nat. Dénomination aussi impropre que dégoûtante que l'on a appliquée au labre, oiseau de mer aussi appelé *stercoraire*, qui poursuit sans relâche une petite espèce de mouette, pour lui faire rejeter le poisson qu'elle a avalé, et non pour se nourrir de sa fiente, ainsi que l'avaient imaginé quelques navigateurs. — Au plur., des *chasse-merde*.

CHASSE-MOUCHES, et non pas, avec l'*Académie*, **CHASSE-MOUCHE**, subst. mas. (*chace-mouche*), petit balai servant à *chasser les mouches*. — Filet que l'on jette sur le dos des chevaux pour les en garantir.—Au plur., des *chasse-mouches*.

CHASSE-MULET, subst. mas. (*chacemulé*), valet de meunier. — Au plur., des *chasse-mulets*.

CHASSE-POIGNÉE, subst. fém. (*chacepogné*), outil de bois rond dont les fourbisseurs se servent pour *chasser* et pousser la *poignée* d'une épée sur la lame. On dit aussi *chasse-pommeau*.—Au plur., des *chasse-poignée*, des outils qui *chassent la poignée*.

CHASSE-POINTE, subst. mas. (*chacepoeinte*), outil de certains ouvriers pour *chasser les pointes* des goupilles. — Au plur., des *chasse-pointes*, des outils qui *chassent les pointes*.

CHASSE-POMMEAU, subst. mas. (*chacepomô*). — Au plur., des *chasse-pommeau*. Voy. **CHASSE-POIGNÉE**.

CHASSE-PUNAISE, subst. fém. (*chacepunèze*), t. de bot., plante de Sibérie, de la famille des renoncules. Son odeur est d'une fétidité insupportable. — Au plur, des *chasse-punaises*, des plantes qui *chassent* les *punaises*.

CHASSER, v act. (*chacé*) (en lat. barbare *caciare*, que les Italiens ont conservé dans leur langue), mettre dehors avec violence; faire sortir de quelque lieu : *il l'a chassé comme un coquin; chasser les chiens, les mouches; chasser l'ennemi d'une ville, d'un pays*. — Il se dit quelquefois fam. par exagération : *les peintres*, etc., *me chassent de chez moi; pardon, mais j'ai à sortir, et il faut que je vous chasse*. —On l'emploie fréquemment au fig., dans le sens physique et dans le sens moral : *ce bruit importun nous chassa bientôt de ce site délicieux; la nuit vint enfin me chasser; chasser l'ennui, le chagrin; chasser les mauvaises pensées; cette idée subite chassa mes inquiétudes*. — Par extension, renvoyer une personne pour cause de mécontentement : *vous avez bien fait de chasser ce domestique; ce commis vient d'être chassé de cette maison de banque; ce soldat a été chassé de son corps*. — Faire marcher devant soi : *chasser un troupeau; chasser les vaches aux champs*, etc.; et par extension, *chasser l'ennemi devant soi*, le pousser de poste en poste. —Pousser en avant : *chasser un clou, les cercles d'un tonneau; chasser une balle*, etc.; *le vent chasse les nuages, la pluie, la neige, la grêle, de tel côté; cette charge chassera bien la balle, le boulet*, ou simplement *chassera bien*. — Poursuivre avec des chiens certaines bêtes, telles que cerf, chèvreuil, sanglier, etc. : *chasser le cerf, le chevreuil*, etc. — *Chasser* sert aussi neutralement à exprimer : poursuivre toute sorte de gibier : *chasser au chevreuil, au loup, au sanglier*, etc.; *chasser aux perdrix, aux bécasses; chasser au fusil, au tir; chasser avec tels ou tels chiens; chasser dans la plaine, en fond de forêt; chasser à cor et à cri; les chiens ont bien chassé ce matin; il fait bon chasser; chasser sur les terres de quelqu'un; ce chien chasse de haut vent*, contre le vent. — Prov. et fig. : *la faim chasse le loup du bois*, la nécessité nous décide à faire les choses qui nous répugnent le plus. — *Chasser le mauvais air*, purifier l'air : *il faut avant tout chasser le mauvais air de la chambre de ce malade*; et en parlant des choses : *cette odeur*, etc., *chasse le mauvais air*. — Prov. et fig. : *un clou chasse l'autre*, un nouveau goût, une passion nouvelle, etc., fait oublier le goût, la passion, etc., qui a précédé : *chez vous, après la soif des plaisirs est venue la soif du gain, un clou chasse l'autre*; et, en parlant des personnes : *elle vient de quitter cet amant-là pour prendre celui-ci, un clou chasse l'autre*. — Fig. et fam., *cet homme chasse bien au plat*, il ne *chasse* point, mais il mange très-volontiers le gibier tué par les autres. — Prov. et fig., *bon chien chasse de race*, nous tenons ordinairement de nos parents. On dit de même en bonne ou en mauvaise part : *un tel chasse de race*; mais ce n'est jamais qu'en mauvaise part qu'on dit : *une telle chasse de race*. — Fig. et fam., *leurs chiens ne chassent pas ensemble*, ils sont en mauvaise intelligence. — Fig. et fam., *chasser sur les terres de quelqu'un*, entreprendre sur ses droits, etc. — En t. de mar., on dit qu'*un bâtiment chasse sur ses ancres*, quand, en les entraînant, il leur fait labourer le fond; et absol., qu'*une ancre chasse*, quand elle ne tient pas le fond. On dit encore d'un bâtiment qui, *chassant sur ses ancres*, va tomber sur un autre ou se jeter à la côte, qu'*il chasse sur un autre, qu'il chasse à la côte*. — *Chasser un vaisseau*, le poursuivre. — *Chasser la terre*, s'en approcher, la reconnaître. — *Les nuages chassent du nord, du sud*, etc., viennent du nord, du sud, etc. — *Cette voiture chasse bien*, son mouvement est commode et prompt.—En t. de manège: *chasser un cheval*, le porter en avant en serrant les jambes.— En t. d'imprim., on entend par *chasser* : remplir beaucoup d'espace avec peu de caractères. On dit aussi qu'*un caractère chasse*, qu'*il chasse beaucoup*, qu'*il chasse plus qu'un autre*, pour dire qu'il prend beaucoup d'espace, trop d'espace, plus d'espace qu'un autre. — En t. de danse, exécuter le pas nommé *chassé*. — Chez les batteurs d'or, commencer à étendre l'or et l'argent avec un marteau. — En t. de pêche, *chasser le poisson au loin*, le transporter d'un lieu dans un autre. — **SE CHASSER**, v. pron. : *le lapin se chasse au furet*.

CHASSE-RAGE, subst. fém. Voy. **PASSE-RAGE**.

CHASSERESSE, subst. et adj. fém. (*chacerèce*); son usage le plus ordinaire est dans la poésie : *Diane la chasseresse; Diane chasseresse*. Voy. **CHASSEUR**.

CHASSERET. Voy. **CASERETTE**.

CHASSE-RIVET, subst. mas. (*chacerivé*), t. de chaudronnier, morceau de fer à tête large et ayant un trou à l'autre bout, dans lequel se *rive* le clou de cuivre *chassé* avec un marteau. — Au plur., des *chasse-rivet*, des morceaux de fer qui *chassent le rivet*.

CHASSE-ROUE, subst. mas. (*chacerou*), instrument à l'usage des charrons. — Au plur., des *chasse-roue*; des instruments qui *chassent la roue*.

CHASSEUR, subst. mas., au fém. **CHASSEUSE** (*chaceur*, *ceuze*), celui qui *chasse* actuellement, ou qui aime à *chasser* : *je trouverai des chasseurs dans la plaine; il n'est point chasseur*. On dit en poésie *chasseresse*, au lieu de *chasseuse*: *Diane la chasseresse*. — Soldat armé à la légère : *chasseur à pied ou à cheval*. — Compagnie du centre dans la garde nationale.— Domestique dont la fonction était, dans un domaine, de *chasser* pour son maître. On l'a conservé dans les grandes maisons; il porte toujours un couteau de *chasse*, et monte derrière la voiture. — En t. de mar., au mas., bâtiment qui donne *chasse* : ce sont des vaisseaux légers construits ordinairement pour cet usage. — *Repas de chasseur*, repas prompt et léger. —*Messe de chasseur*, messe dite à la hâte. — *Être affamé comme un chasseur*, avoir grand appétit.

CHASSEUSE, subst. fém. Voy. **CHASSEUR**.

CHASSIE, subst. fém. (*chaci*) (du lat. *cæcare*), aveugler), humeur gluante ou séchée des yeux : *il a toujours de la chassie aux yeux*.

CHASSIEUSE, adj. fém. Voy. **CHASSIEUX**.

CHASSIEUX, adj. mas., au fém. **CHASSIEUSE** (*chacieu*, *euze*), qui a de la *chassie* aux yeux : *il est chassieux; elle est chassieuse*. On dit aussi subst. : *c'est un chassieux, une chassieuse*.

CHÂSSIS, subst. mas. (*châci*) (du lat. *capsicum*, formé de *capsum*, employé pour *capsa*), assemblage de fer ou de bois, ordinairement carré, destiné à environner un corps et à le contenir. — Il se dit plus particulièrement d'un ouvrage de menuiserie divisé en plusieurs carrés, où l'on met des pièces de verre ou de toile, ou du papier huilé, pour garantir du vent, des injures du temps. — Morceaux de bois sur lesquels on tend la toile d'un tableau. — Ouvrage de menuiserie qui supporte le dessus d'une table.—Il y a des *châssis pliants*. — *Châssis dormant*, celui qui ne se lève ni ne s'ouvre. — *Châssis d'osier*, clôture d'osier qu'on met devant certaines fenêtres. — *Châssis de paravent*, cadre sur lequel on pose de la toile et on colle du papier.—En t. d'imprim., grand carré ordinairement de fer, dans lequel les caractères sont retenus par des lingots creux qui les séparent, des biseaux et des coins qui les serrent. Cet instrument s'appelle ordinairement *châssis* quand il y a une barre au milieu; et quand il n'y en a point, on dit *ramette*.—*Châssis*, en archit., la partie immobile de la croisée qui reçoit le verre ou les glaces.—On donne aussi ce nom à une dalle de pierre percée en rond ou carrément pour recevoir une autre dalle en feuillure qui sert aux aquéducs, aux regards et aux fosses d'aisances, pour les vider.—On appelle *châssis d'une maison*, la carcasse de la charpente d'une maison. —En hydraulique, assemblage de bois ou de fer qui se place au bas d'une pompe, afin de pouvoir, au moyen de deux coulisses pratiquées dans un dormant de bois, la lever au besoin, et en visiter le corps. — Papier découpé de certaines manières, dont on se sert pour écrire en chiffres. — Les ciriers appellent *châssis* un petit coffre plus long que large, percé sur sa superficie pour recevoir la bassine sous laquelle on met le fourneau plein de feu. — Les plombiers appellent *châssis* la bordure d'une table à couler le plomb. — En musique, une des principales pièces de l'orgue, dans laquelle on enchâsse l'aire du sommier sur lequel on pose les tuyaux.—En t. de jard., ouvrage de menuiserie dans l'épaisseur duquel il y a des feuillures pour y loger, emboîter et enchâsser des panneaux de vitres, et en couvrir les plantes qu'on veut avancer l'hiver.

CHASSOIR, subst. mas. (*chaçoar*), t. d'arts et mét., morceau de bois que le tonnelier pose sur le cerceau, et qu'il frappe pour *chasser* le cerceau quand il lie des futailles.

CHASSOIRE, subst. fém. (*chaçoare*), t. de vieille fauconnerie, baguette que portaient les autoursiers.

CHASTE, adj. des deux genres (*chacete*) (en lat. *castus*), qui vit dans la continence, qui s'abstient des plaisirs de la chair, des plaisirs d'un amour illicite : *homme chaste*, *femme chaste*. — Pur, éloigné de tout ce qui blesse la pudeur, la modestie : *cœur chaste*; *oreilles chastes*; *style chaste*.

CHASTEMENT, adv. (*chaceteman*), d'une manière *chaste*.

CHASTETÉ, subst. fém. (*chaceteté*) (en lat. *castitas*), vertu par laquelle on est *chaste* : *cela blesse la chasteté*. — Abstinence des plaisirs illicites de la chair. — Continence perpétuelle : *faire vœu de chasteté*. — CHASTETÉ, CONTINENCE. (*Syn.*) La *chasteté* est une vertu morale, qui prescrit des règles à l'usage des plaisirs de la chair; la *continence* est une autre vertu qui fait qu'on s'en prive. La *chasteté* étend ses vues sur tout ce qui peut être relatif à l'objet qu'elle se propose de régler; la *continence* n'envisage que la privation actuelle des plaisirs de la chair. Tel est *chaste* qui n'est pas *continent*; tel est *continent* qui n'est pas *chaste*. La *chasteté* est de tous les temps, de tous les âges, de tous les états; la *continence* n'est que du célibat. L'âge rend les vieillards nécessairement *continents*; il est rare qu'il les rende *chastes*. — Voy. PURETÉ.

CHASUBLE, subst. fém. (*chazuble*) (du lat. *casula*, diminutif de *casa*, case, maisonnette), ornement d'église que le prêtre met par-dessus l'aube et l'étole, pour dire la messe.

CHASUBLIER, subst. mas., au fém. **CHASUBLIÈRE** (*chazublié, ère*), qui fait et vend des *chasubles* et autres ornements d'église.

CHASUBLIÈRE, subst. fém. Voy. CHASUBLIER.

CHAT, subst. mas., au fém. **CHATTE** (*cha, chate*) (du lat. *catus* dont la signification est la même; les Italiens en ont fait également *gatto*), animal domestique et privé qui a les pattes, les dents, les yeux et la langue semblables au lion, et qui prend les rats et les souris. C'est un mammifère digitigrade de la famille des tigres. — En parlant du cri du *chat*, on dit qu'il *miaule*. — *Chat sauvage*, *chat* qui vit dans les bois. — Fam. : *elle est friande comme une chatte*, et fig. : *c'est une chatte*, se dit d'une femme très friande. — Bass. : *elle est amoureuse comme une chatte*, se dit d'une femme de tempérament amoureux. — Prov. et fig. : *cette fille a laissé aller le chat au fromage*, elle s'est laissé abuser. — Prov. et fig. : *il n'y a pas un chat*, il n'y a absolument personne. — Prov. et fig. : *avoir un chat dans la gorge*, se dit d'un chanteur qui éprouve quelque embarras dans le gosier. — Prov. et fig. : *musique de chat*, musique dont les voix sont aigres et discordantes. — Prov. et fig. : *vendre chat en poche*, vendre une chose sans la montrer; *acheter chat en poche*, faire marché d'une chose sans la connaître, sans la voir. — Prov. et fig. : *éveiller le chat qui dort*, réveiller une querelle assoupie; chercher un danger qu'on pouvait éviter. — Fig. et fam. : *emporter le chat*, s'en aller sans rien dire, partir sans dire adieu; expression qui vient sans doute d'une espèce de jeu qu'on appelle le *chat*, et qui consiste à courir après une personne pour l'atteindre, dans le but de la faire courir à son tour après vous. On *emporte le chat*, lorsqu'on a été le dernier atteint. — Prov. et fig. : *à bon chat bon rat*, bien attaqué, bien défendu. — Prov. et fig. : *appeler un chat un chat*, etc., dire franchement les choses comme elles sont. — Prov. et fig., *jeter le chat aux jambes de quelqu'un*, jeter la faute sur lui, ou l'arrêter par quelque empêchement. — Prov. : *s'aimer comme chiens et chats*, vivre en ennemis. — Prov. et fig. : *chat échaudé craint l'eau froide*, quand on a échappé à un péril, on en craint jusqu'à la moindre apparence. — Prov. et fig., *se servir de la patte du chat pour tirer les marrons du feu*, profiter adroitement de la témérité ou de la simplicité de quelqu'un. — Prov. et fig. : *la nuit tous chats sont gris*, la nuit, tout le monde se ressemble. — Prov., fig. et fam. : *payer en chats et en rats*, payer en mauvais effets. Inus. — Prov. : *il n'y a pas là de quoi fouetter un chat*, l'affaire, la faute dont il s'agit n'est qu'une bagatelle. — Prov. et fig. : *bailler le chat par les pattes*, présenter une chose par l'endroit le plus difficile. — En t. d'artillerie, fer armé de griffes dont on se sert pour visiter le dedans d'un canon. — En t. de pêcheurs, espèce de grappin qui sert à retirer leur filet du fond de l'eau, lorsqu'il leur a échappé. — En t. de blason, *chat effarouché*, celui qui est rampant; et *chat hérissonné*, celui qui lève le train de derrière plus haut que la tête. — *Chat*, en t. de mar., se dit d'un gros vaisseau en usage dans le Nord, qui n'a ordinairement qu'un pont, et dont le fond est rond. — Dans les carrières d'ardoise, *chat* se dit de l'ardoise dure et fragile, dont on ne peut faire aucun usage pour la couverture des bâtiments. — Dans les monnaies, il se dit de la matière qui coule d'un creuset par accident. — En t. de charp., pièce de cuivre ou de fer, carrée ou ronde, et percée dans son milieu d'un trou où passe la corde de l'aplomb. Elle doit être d'un diamètre égal à celui du plomb. — Petit chevalet à l'usage des couvreurs. — *Chats*, au plur., folles fleurs des noyers, des coudriers, des saules, etc. Voy. CHATON.

CHAT (ŒIL DE), subst. mas. (*euiedecha*), t. de lapidaire, espèce d'agate. — Au plur. : *des œils de chats*, et non pas des *yeux*; *yeux* ne s'appliquant qu'aux êtres ayant l'organe de la vue.

CHÂTAIGNE, subst. fém. (*châtégnie*) (en latin *castanea*, dérivé du grec καστανον, qui vient de καστανα, *Catane*, ville de Thessalie, où il y avait beaucoup de *châtaigniers*), fruit du *châtaignier*, de substance farineuse : *châtaignes bouillies*; *pain de châtaignes*. — En t. d'art vétér., corne tendre et sans poil que les chevaux ont au-dessus du genou. *Châteigne* est un *barbarisme*. — En t. de bot. : *châtaigne d'eau*, plante aquatique dont le fruit ressemble à la *châtaigne* ordinaire. On l'appelle *macre* dans certains départements de France.

CHATAIGNE, E, adj. (*châtégnié*), châtain : *couleur châtaignée*. (*Boiste*). Inus.

CHÂTAIGNERAIE, subst. fém. (*châtégnieré*), lieu planté de *châtaigniers*.

CHÂTAIGNERAIE (LA), subst. propre fém. (*lachâtégnieré*), village de France, chef-lieu de canton, arrond. de Fontenay, dép. de la Vendée.

CHÂTAIGNIER, subst. mas. (*châtégnié*) (en lat. *castanea*), t. de bot., grand arbre de la famille des amentacées qui croît dans nos forêts, et donne des *châtaignes*. Lorsqu'il est cultivé et greffé, il prend le nom de *marronnier*, et son fruit celui de *marron*. — On nomme aussi *châtaignier* le bois de cet arbre.

CHÂTAIN, adj. mas. (*châtein*), de couleur de *châtaigne*. Il ne se dit adj. que du poil et des cheveux : *les châtains sont plus communs que les blonds*; *poil châtain*; *cheveux châtains*. — Suivant l'*Académie*, il est indéclinable quand il est suivi d'un autre adjectif qui le modifie : *des cheveux châtain clair*. Il n'a pas non plus de féminin. Ne dites donc pas avec le peuple : *cette femme est châtaine*, mais *cette femme a les cheveux châtains*. Nous ne saurions donner la raison d'une pareille bizarrerie; ce que nous devons dire, c'est que l'usage a sanctionné cette règle, peut-être parce que l'*Académie* n'a rien osé décréter à son égard. Une exception aussi extraordinaire que celle-ci est inconcevable : pourquoi ne dirait-on pas : *une femme châtaine*, comme l'on dit : *une femme blonde* ou *brune* ? En tous cas, on doit respecter la loi de cette exception, jusqu'à ce que l'usage en ait fait justice.

CHATAIRE, subst. fém. (*chatère*), t. de bot., genre de plantes de la famille des labiées. On dit moins bien *cataire*, mot que l'*Académie* semble cependant préférer.

CHAT-BISAAM, subst. mas. (*chabizaame*), t. d'hist. nat., quadrupède d'Afrique, du genre du *chat*.

CHAT-CERVIER, subst. mas. (*chacèrevié*), t. d'hist. nat., animal sauvage que l'on trouve au Canada.

CHÂTEAU, subst. mas. (*châtô*) (en lat. *castellum*), forteresse environnée de fossés et de gros murs flanqués de tours et de bastions. — Maison où demeurait le seigneur d'un lieu. — Il se dit par extension de toute maison de plaisance vaste et magnifique : *on rencontre aux environs de Paris un grand nombre de beaux châteaux*. — Palais : *le château des Tuileries*; *le château de Saint-Cloud*. — Prov. : *ville prise, château rendu*, la forteresse est bientôt prise quand la ville est rendue. — *Château de cartes*, jeu d'enfants qui consiste à élever des *cartes* les unes sur les autres. — Fig., petite maison peu solidement bâtie. — Prov. : *faire des châteaux en Espagne*, se repaître d'idées, de projets agréables, mais chimériques. — *Château d'eau*, en t. d'hydraulique, bâtiment ou pavillon qui diffère du *regard*, en ce qu'il contient un réservoir, et peut être décoré extérieurement. — On donne aussi ce nom à un bâtiment qui, dans un parc, est situé sur un lieu éminent, décoré avec magnificence, et dans lequel sont pratiquées plusieurs pièces pour prendre le frais. Il sert aussi à conduire de l'eau qui, après s'être élevée en l'air, se distribue dans un lieu moins élevé, et forme des cascades, des jets, des bouillons et des nappes. — En t. de mar., on appelle *château d'avant* ou *château de proue*, l'élévation ou l'exhaussement qui est au-dessus du dernier pont, à l'avant du vaisseau; et *château d'arrière* ou *château de poupe*, toute la partie de l'arrière du vaisseau où sont la sainte-barbe, le timon, le gaillard, la chambre du conseil, etc.

CHÂTEAUBOURG, subst. propre mas. (*châtôbour*), bourg de France, chef-lieu de canton, arrond. de Vitré, dép. d'Ille-et-Vilaine.

CHÂTEAUBRIANT, subst. propre mas. (*châtôbrian*), ville de France, chef-lieu d'arrond., dép. de la Loire-Inférieure.

CHÂTEAU-CHINON, subst. propre mas. (*châtôchinon*), ville de France, chef-lieu d'arrond., dép. de la Nièvre.

CHÂTEAU-DU-LOIR, subst. propre mas. (*châtôduloar*), bourg de France, chef-lieu de canton, arrond. de Saint-Calais, dép. de la Sarthe.

CHÂTEAUDUN, subst. propre mas. (*châtôdeun*), ville de France, chef-lieu d'arrond., dép. d'Eure-et-Loir.

CHÂTEAUGIRON, subst. propre mas. (*châtôjiron*), bourg de France, chef-lieu de canton, arrond. de Rennes, dép. d'Ille-et-Vilaine.

CHÂTEAU-GONTHIER, subst. propre mas. (*châtôguontié*), ville de France, chef-lieu d'arrond., dép. de la Mayenne.

CHÂTEAU-ILE-D'OLERON, subst. propre mas. (*châtô-iled'oleron*), ville forte de France, chef-lieu de canton, arrond. de Marennes, dép. de la Charente-Inférieure.

CHÂTEAU-LANDON, subst. propre mas. (*châtôlandon*), bourg de France, chef-lieu de canton, arrond. de Fontainebleau, dép. de Seine-et-Marne.

CHÂTEAU-LA-VALLIÈRE, subst. propre mas. (*châtôlavalière*), bourg de France, chef-lieu de canton, arrond. de Tours, dép. d'Indre-et-Loire.

CHÂTEAULIN, subst. propre mas. (*châtôlein*), ville de France, chef-lieu de canton, arrond. de Saint-Amand, dép. du Cher.

CHÂTEAUMEILLANT, subst. propre mas. (*châtômèian*), ville de France, chef-lieu de canton, arrond. de Saint-Amand, dép. du Cher.

CHÂTEAUNEUF, subst. propre mas. (*châtôneufe*), bourg de France, chef-lieu de canton, arrond. de Saint-Malo, dép. d'Ille-et-Vilaine. — Chef-lieu de canton, arrond. de Limoges, dép. de la Haute-Vienne.

CHÂTEAUNEUF-CHARENTE, subst. propre mas. (*châtôneufecharante*), ville de France, chef-lieu de canton, arrond. de Cognac, dép. de la Charente.

CHÂTEAUNEUF-DU-FAON, subst. propre mas. (*châtôneufedufan*), bourg de France, chef-lieu de canton, arrond. de Châteaulin, dép. du Finistère.

CHÂTEAUNEUF-EN-THIMERAIS, subst. propre mas. (*châtôneufantimeré*), bourg de France, chef-lieu de canton, arrond. de Dreux, département d'Eure-et-Loir.

CHÂTEAUNEUF-RANDON, subst. propre mas. (*châtôneuferandon*), bourg de France, chef-lieu de canton, arrond. de Mende, dép. de la Lozère.

CHÂTEAUNEUF-SUR-CHER, subst. propre mas. (*châtôneufeçurchère*), ville de France, chef-lieu de canton, arrond. de Saint-Amand, dép. du Cher.

CHÂTEAUNEUF-SUR-LOIRE, subst. propre mas. (*châtôneufeçurloare*), bourg de France, chef-lieu de canton, arrond. d'Orléans, dép. du Loiret.

CHÂTEAUNEUF-SUR-SARTHE, subst. propre mas. (*châtôneufeçurçarte*), bourg de France, chef-lieu de canton, arrond. de Segré, dép. de Maine-et-Loire.

CHÂTEAU-PONSAC, subst. propre mas. (*châtôponçak*), bourg de France, chef-lieu de canton, arrond. de Bellac, dép. de la Haute-Vienne.

CHÂTEAU-PORCIEN, subst. propre mas. (*châtôporciein*), ville de France, chef-lieu de canton, arrond. de Rhetel, dép. des Ardennes.

CHÂTEAU-RENARD, subst. propre mas. (*châtôrenar*), bourg de France, chef-lieu de canton, arrond. d'Arles, dép. des Bouches-du-Rhône. — Chef-lieu de canton, arrond. de Montargis, dép. du Loiret.

CHÂTEAU-REGNAUD, subst. propre mas. (*châtôrenô*), ville de France, chef-lieu de canton, arrond. de Tours, dép. d'Indre-et-Loire.

CHÂTEAUROUX, subst. propre mas. (*châtôrou*), ville de France, chef-lieu du dép. de l'Indre.

CHÂTEAU-SALINS, subst. propre mas. (*châtôçalein*), ville de France, chef-lieu d'arrond., dép. de la Meurthe.

CHÂTEAU-THIERRY, subst. propre mas. (*châtôtièri*), ville de France, chef-lieu d'arrond., dép. de l'Aisne. — Patrie de La Fontaine.

CHÂTEAU-VILAIN, subst. propre mas. (*chátô-vilein*), bourg de France, chef-lieu de canton, arrond. de Chaumont, dép. de la Haute-Marne.

CHATÉE, subst. fém. (*chaté*), portée d'une *chatte*.

CHÂTEIGNE, barbarisme. (*Boiste*.) Voy. **CHÂTAIGNE**.

CHÂTELAIN, E, subst. et adj. (*chátelein, lène*), celui, celle qui commandait anciennement dans un *château*. En ce sens, il est vieux. — Seigneur qui avait terre et maison avec droit de justice. — Adj. : *seigneur châtelain; dame châtelaine*. — Juge ou officier qui rendait la justice dans la terre d'un seigneur *châtelain*.

CHÂTELDON, subst. propre mas. (*chátèledon*), ville de France, chef-lieu de canton, arrond. de Thiers, dép. du Puy-de-Dôme.

CHÂTELDRIN, subst. propre mas. (*chátèle-drein*), bourg de France, chef-lieu de canton, arrond. de Saint-Brieuc, dép. des Côtes-du-Nord.

CHÂTELÉ, E, adj. (*chátelé*), se dit, en t. de blas., de pièces chargées de plusieurs *châteaux*.

CHÂTELET, subst. mas. (*chátelè*), petit *château*. Il n'est plus en usage qu'en parlant de deux anciens *châteaux* de Paris, dont l'un, nommé *le Grand-Châtelet*, était un lieu où l'on rendait la justice; et l'autre, appelé *le Petit-Châtelet*, ne servait plus que de prison. — Juridiction ou tribunal où se jugeaient à Paris les affaires civiles et criminelles en première instance : *notaire au châtelet; conseiller au châtelet; la procédure du châtelet*. On le disait, dans un sens analogue, des juridictions d'Orléans, de Montpellier, et de quelques autres villes.—T. d'arts et métiers, petite partie du métier de rubanier, qui soutient les hautes-lices.

CHÂTELET (LE), subst. propre mas. (*lechátelé*), bourg de France, chef-lieu de canton, arrond. de Saint-Amand, dép. du Cher. — Chef-lieu de canton, arrond. de Melun, dép. de Seine-et-Marne.

CHÂTELLENIE, subst. fém. (*chátèleni*), anciennement seigneurie et juridiction du seigneur *châtelain*. — Certaine étendue de pays sous cette juridiction ou sous celle d'une ville. Vieux mot qui n'est plus en usage.

CHÂTELLÉRAULT, subst. propre mas. (*chátèleró*), ville de France, chef-lieu d'arrond., dép. de la Vienne.

CHÂTEL-SUR-MOSELLE, subst. propre mas. (*chátèleçurmozèle*), ville de France, chef-lieu de canton, arrond. d'Épinal, dép. des Vosges.

CHÂTELUS, subst. propre mas. (*cháteluce*), bourg de France, chef-lieu de canton, arrond. de Boussac, dép. de la Creuse.

CHÂTENOIS, subst. propre mas. (*chátenoa*), bourg de France, chef-lieu de canton, arrond. de Neufchâteau, dép. des Vosges.

CHATEPELEUSE, subst. fém. (*chatepeleuze*), nom vulgaire du charançon, espèce d'insecte de l'ordre des coléoptères.

CHAT-HUANÉ, E, adj. (*cha-uané*), t. de vieille faucon., qui avait le pennage du *chat-huant*.

CHAT-HUANT, subst. mas. (*cha-uan*; *h* est aspiré dans ce mot) (du latin *catus ululans*, parce que cet oiseau a une tête de *chat*, et crie fort haut la nuit; ce qu'on appelait autrefois *huer*), t. d'hist. nat., sorte de hibou qui mange les souris et les petits oiseaux, ainsi nommé à cause de ses yeux qui ressemblent à ceux du *chat*, et du cri qu'il fait entendre la nuit. C'est un oiseau rapace. — Au plur., des *chats-huants*, des *chats* qui sont *huants*.

CHÂTIABLE, adj. des deux genres (*chátiable*), qui doit être *châtié*.

CHATIBE, subst. mas. (*chatibe*), ministre musulman.

CHÂTIÉ, E, part. pass. de *châtier*, et adj. En littér., *style châtié*, style dans lequel on ne s'est permis aucune licence, aucune répétition de mots trop voisine : *dites-lui combien j'estime sa précision, sa netteté, sa force, son tour heureux, naturel, son style châtié*. (Voltaire.)

CHÂTIER, v. act. (*chátié*) (en lat. *castigare*), corriger, punir. — Prov. : *qui bien aime, bien châtie*; reprendre quelqu'un de ses fautes, c'est l'aimer véritablement.—En t. de manège, *châtier un cheval*, lui donner des coups de cravache lorsqu'il résiste à ce qu'on demande de lui.— Fig. et en parlant du style, polir, retoucher, rendre plus correct. — **SE CHÂTIER**, v. pron. : *pour éviter les châtiments, châtiez-vous vous-même*. (Boileau.) — **CHÂTIER, PUNIR**. (*Syn.*) On *châtie* celui qui a fait une faute, afin de l'empêcher d'y retomber : on veut le rendre meilleur. On *punit* celui qui a commis un crime, pour le lui faire expier : on veut qu'il serve d'exemple. — Les pères *châtient* leurs enfants; les juges font *punir* les malfaiteurs. — Le *châtiment* dit une correction; mais la *punition* ne dit précisément qu'une mortification faite à celui qu'on punit. — Le mot de *châtier* porte toujours avec lui une idée de subordination qui marque l'autorité ou la supériorité de celui qui *châtie* sur celui qui est *châtié*; mais le mot de *punir* ne renferme point cette idée dans sa signification. On n'est pas toujours *puni* par ses supérieurs; on l'est quelquefois par ses égaux, par soi-même, par ses inférieurs, par le seul événement des choses, par le hasard ou par les suites mêmes de la faute qu'on a commise. — Les parents que la tendresse empêche de *châtier* leurs enfants sont souvent *punis* de leur folle amitié par l'ingratitude et le mauvais naturel de ces mêmes enfants.

CHATIÈRE, subst. fém. (*chatière*), trou qu'on pratique aux portes, etc., pour laisser passer les *chats*. — *Un fripon de la lie du peuple et de la lie des êtres pensants..., patelin et fourbe, voilà ce qui réussit, parce qu'il entre par la chatière*. — Piège qui sert à prendre les *chats*. — En t. d'hydraulique, longueur de maçonnerie dans les terres pour conduire les eaux d'une source dans un réservoir, etc. Elle est moins grande que la *pierrée*, et bâtie seulement de pierres sèches, posées de champ des deux côtés, et recouverte de pierres plates appelées *couvertures*.

CHÂTIEUR, subst. mas. (*chátieur*), qui *châtie* : *les châtieurs des nations sont les fléaux de Dieu*. (Saint-Simon.) Inusité, mais utile.

CHÂTILLON, subst. propre mas. (*chátiion*), bourg de France, chef-lieu de canton, arrond. de Die, dép. de la Drôme.

CHÂTILLON-DE-MICHAILLE, subst. propre mas. (*chátiiondemikâ-ie*), bourg de France, chef-lieu de canton, arrond. de Nantua, dép. de l'Ain.

CHÂTILLON-EN-BAZOIS, subst. propre mas. (*chátiion-anbázoè*), bourg de France, chef-lieu de canton, arrond. de Château-Chinon, dép. de la Nièvre.

CHÂTILLON-SUR-CHALARONNE, subst. propre mas. (*chátiionçurchalarone*), ville de France, chef-lieu de canton, arrond. de Trévoux, dép. de l'Ain.

CHÂTILLON-SUR-INDRE, subst. propre mas. (*chátiionçureindre*), ville de France, chef-lieu de canton, arrond. de Châteauroux, dép. de l'Indre.

CHÂTILLON-SUR-LOING, subst. propre mas. (*chátiionçurloein*), ville de France, chef-lieu de canton, arrond. de Montargis, dép. du Loiret.

CHÂTILLON-SUR-LOIRE, subst. propre mas. (*chátiionçurloare*), ville de France, chef-lieu de canton, arrond. de Gien, dép. du Loiret.

CHÂTILLON-SUR-MARNE, subst. propre mas. (*chátiionçurmarne*), ville de France, chef-lieu de canton, arrond. de Reims, dép. de la Marne.

CHÂTILLON-SUR-SEINE, subst. propre mas. (*chátiionçurcène*), ville de France, chef-lieu d'arrond., dép. de la Côte-d'Or.

CHÂTILLON-SUR-SÈVRES, subst. propre mas. (*chátiionçurcèvre*), ville de France, chef-lieu de canton, arrond. de Bressuire, dép. des Deux-Sèvres.

CHÂTIMENT, subst. mas. (*chátiman*), peine qu'on fait souffrir pour quelque faute commise. On entend généralement par ce mot, tous les moyens de sévérité que des supérieurs emploient, soit pour faire expier les fautes commises par leurs inférieurs, soit pour les ramener à leur devoir et les y contenir.

CHAT-MARIN, subst. mas. (*chamarein*), t. d'hist. nat., poisson du genre squale. — Au plur., des *chats-marins*.

CHATOIEMENT, subst. mas. (*chatoèman*), t. de minéralogie. Expression tirée de l'œil du *chat*, qui présente différentes couleurs, selon le côté par où la lumière le frappe, et qui se dit d'un reflet, tantôt blanc, tantôt coloré. On dit d'une pierre qui offre ces sortes de reflets qu'elle est *chatoyante*, et on appelle *chatoiement* l'effet qui en résulte. Ce mot manque dans l'*Académie*.

CHATON, subst. mas. (*chaton*), petit *chat*. — T. de bijoutier, la partie d'une bague dans laquelle une pierre précieuse est enchâssée. — La pierre même. — En t. de bot., réceptacle commun à un grand nombre de petites fleurs incomplètes, comme on peut l'observer sur le saule, sur le peuplier, le noyer, etc., à cause de la ressemblance de ces fleurs avec la queue d'un *chat*.—En t. de médec., on a aussi appelé *chaton* une cavité particulière qui se forme quelquefois dans la matrice, et où se trouve retenu le placenta après l'expulsion du fœtus.

CHATONNÉ, E, adj. (*chatoné*), t. de bijoutier, retenu dans un *chaton*.

CHATONNEMENT, subst. mas. (*chatoneman*), t. de médec. : *le chatonnement du placenta* : la rétention du placenta dans la matrice. Voy. **CHATON**.

CHATOUILLE, subst. fém. (*chatouie*), t. de pêche, petite lamproie qu'on emploie pour appât.

CHATOUILLÉ, E, part. pass. de *chatouiller*.

CHATOUILLEMENT, subst. mas. (*chatouieman*), action de *chatouiller*. — Sensation qui naît de cette action. — Il se dit par extension de certaine impression agréable qu'on ressent : *le chatouillement des sens*.

CHATOUILLER, v. act. (*chatouié*) (du lat. *catulire*, qui exprime proprement le prurit et la démangeaison des chiens lorsqu'ils sont en chaleur, et dont on a étendu la signification à toute sorte d'animaux), causer, par un léger attouchement sur quelque partie du corps, un tressaillement qui provoque ordinairement à rire. — Au fig., dire des choses qui plaisent, qui flattent : *chatouiller les oreilles de...* — Fig., flatter agréablement les sens : *le bon vin chatouille le palais, le gosier*.— En t. de manège, *chatouiller un cheval de l'éperon*, le toucher légèrement avec l'éperon. — En t. de monnayage, *chatouiller le remède*, c'est approcher du remède de loi, de si près, que la différence en est infiniment petite. — *se* **CHATOUILLER**, v. pron. — Fig. et prov. : *se chatouiller pour se faire rire*, s'exciter soi-même à rire; tâcher de se donner un air joyeux, sans en avoir sujet.

CHATOUILLEUSE, adj. fém. Voy. **CHATOUILLEUX**.

CHATOUILLEUX, adj. mas., au fém. **CHATOUILLEUSE** (*chatouieu, ieuze*), qui est fort sensible au *chatouillement*. — Au fig. et fam., en parlant des personnes : délicat sur le point d'honneur, ou susceptible : qui s'offense, qui se fâche aisément. — Fig., en parlant des choses, délicat, critique : *dans des matières si chatouilleuses et si délicates*. — *Affaire chatouilleuse*, où il est difficile de se bien gouverner. — T. de manège : *cheval chatouilleux*, celui qui est trop sensible à l'éperon, qui en a peur, et n'y obéit pas d'abord.

CHATOYANT, E, adj. (*chatoèian, iante*), dont la couleur varie suivant la réflexion de la lumière : *pierre chatoyante*.

CHATOYÉ, E, part. pass. de *chatoyer*.

CHATOYEMENT, orthographe surannée (*chatoèman*). Voy. **CHATOIEMENT**.

CHATOYER, v. neut. (*chatoèié*) (rac. *chat*), t. de lapidaire, rayonner comme les yeux du *chat* dans l'obscurité; changer de couleur selon les différents aspects.

CHAT-PARD, subst. mas. (*chápar*), t. d'hist. nat., quadrupède féroce d'Amérique, qui a tous les caractères du *chat* par rapport au corps.

CHÂTRE (LA), subst. propre fém. (*lachâtre*), ville de France, chef-lieu de canton, arrond. de Châteauroux, dép. de l'Indre.

CHÂTRÉ, E, part. pass. de *châtrer*, et adj. mas., celui à qui on a ôté les testicules. — Il est aussi subst. mas. : *un châtré; voix de châtré*.

CHÂTRER, v. act. (*châtré*) (en lat. *castrare*), ôter les testicules, et rendre par là inhabile à la génération : *châtrer un taureau, un cheval, un bélier*, etc. Il signifie aussi : faire aux femelles de ces animaux une opération qui les met hors d'état d'avoir des petits : *châtrer une truie, une chienne*. — En parlant des hommes, rendre eunuque, ou faire sur lui l'opération de la castration. — Au fig., retrancher le superflu, ce qui pourrait choquer la morale, le gouvernement : *on a châtré ce livre en plusieurs endroits*. — *Châtrer une roue*, ôter une faible partie des jantes pour en resserrer les rais. — En t. de jardinier, tailler les melons, les concombres, ou ôter du plant enraciné auprès d'une plante. — *Châtrer des fagots*, en ôter quelques bâtons. — *Châtrer une vigne*, en couper les rejetons qui poussent vers le pied. — *Châtrer des ruches d'abeilles*, en ôter une partie des gaufres où est le miel. — **SE CHÂTRER**, v. pron.

CHÂTREUR, subst. mas.; au fém. **CHÂTREUSE** (*châtreur, treuze*), t. d'art vétér., celui, celle qui *châtre* des animaux : *une châtreuse de chats*.

CHAT-ROCHIER, subst. mas. (*charochié*), t. d'hist. nat., poisson du genre squale.

CHÂTRURE, subst. fém. (*châtrure*), castration par le caustique, dans les animaux.

CHATS, subst. mas. plur. (*cha*), t. de bot., folles fleurs des noyers, des coudriers, des saules, etc. Voy. CHATON.

CHATTE, subst. fém. (*chate*) la femelle du *chat*. Voy. ce mot. — En t. de mar., 1° espèce de gabarre propre à charger et décharger les vaisseaux; c'est une allége; 2° sorte de grapin à émerillon, entalingué à un filin que l'on passe dans une poulie, sous le beaupré, lorsqu'on veut s'en servir.

CHATTÉ, part. pass. de *chatter*.

CHATTEMENT, adv. (*chateman*), à la manière des petits *chats*. Tout-à-fait inusité.

CHATTEMITE, subst. fém. (*chatemite*) (du bas latin *cata*, chatte, fait de *catus*, et de *mitis*, doux, *cata mitis*; *chatte* qui fait patte de velours, etc.), qui affecte une contenance humble, douce et flatteuse pour tromper quelqu'un. Il ne s'emploie guère que dans cette phrase du style familier : *faire la chattemite*.

CHATTER, v. neut. (*chaté*), faire ses petits, en parlant de la *chatte*.

CHATTERIE, subst. fém. (*chateri*), friandise, bonbon. — Fausses caresses.

CHATTON, est un barbarisme de *Boiste* que *Raymond*, suivant son habitude, n'a pas manqué de copier. Voy. CHATON.

CHATY, subst. mas. (*chati*), t. de comm., étoffe en poil de chèvre d'Angora.

CHAUCIGUE, subst. fém. (*chôcike*), langue autrefois en usage dans la Frise orientale.

CHAUD, E, adj. (*chô, chôde*) (en lat. *calidus*), qui a, qui donne de la chaleur : *le soleil est plus ou moins chaud selon les saisons; climat chaud; eau chaude; ce bouillon est trop chaud; j'ai les mains chaudes; vous avez les pieds chauds.* —Qui entretient ou qui augmente la chaleur naturelle du corps, en parlant des vêtements : *cette redingote, cette pelisse est chaude*, etc. — Qui augmente la chaleur intérieure du corps : *le vin est chaud sur l'estomac; les épiceries sont chaudes*, etc. — Fig., 1° ardent, passionné : *être chaud en amitié*, ou *être un ami chaud; il est le chaud partisan de telle personne, de telle chose; comme vous êtes chaud sur cette question!* etc.; 2° prompt, facile à irriter : *il est chaud et emporté*. On dit, dans le même sens : *avoir la tête chaude, le sang chaud.* — Précédé du mot *tout*, il prend quelquefois fam. la signification de récent : *cette nouvelle est encore toute chaude; c'est un événement encore tout chaud*, etc. — *Pleurer à chaudes larmes*, pleurer beaucoup. — *Tempérament chaud*, ardent. — Prov. et fig., *il faut battre le fer pendant qu'il est chaud*, il faut savoir mettre à profit les circonstances favorables. — Fig. et fam., *cet ouvrage sort tout chaud de la forge*, l'auteur vient de l'achever.— Fig. et fam., *avoir les pieds chauds*, se trouver dans une agréable, dans une heureuse position. — Prov., *froides mains, chaudes amours*, la fraîcheur des mains est l'indice ordinaire d'un tempérament chaud. — A certains jeux où le gagnant fait toujours, on dit fig. du joueur qui gagne plusieurs parties de suite *qu'il a la main chaude*. — On dit fig. aussi d'un homme avide, toujours disposé à recevoir ou à prendre, *qu'il ne trouve rien de trop chaud ni de trop froid*, ou *qu'il n'y a rien de trop chaud ni de trop froid pour lui*. — On dit encore fig., à une personne qui a conçu quelque espérance mal fondée : *si vous n'avez rien de plus chaud, vous n'avez que faire de souffler*.— Prov. et fig., *le rendre tout chaud; le rendre chaud comme braise*, se venger promptement, ou : faire à un propos piquant une réplique vive et prompte. — *Être chaude*, être en chaleur, en parlant des femelles de certains animaux.—*Fièvre chaude*, dans le langage ordinaire : fièvre ardente avec délire. — Prov. et fig., *tomber de fièvre en chaud mal*, après avoir éprouvé quelque chose de fâcheux, d'affligeant, de désastreux, etc., éprouver quelque chose de plus fâcheux, de plus affligeant, de plus désastreux encore. — On dit fam. d'un homme qui montre de l'irrésolution : *il n'est ni chaud ni froid*.— A la guerre, *qu'attaque chaude, action, affaire chaude*, attaque, action, affaire meurtrière. On dit par extension : *une discussion, une dispute, une querelle chaude*. — *Être chaud de vin*, avoir bu un peu trop. — *Alarme chaude*, violente et subite alarme.—Fig. et fam., *la donner bien chaude*, donner une violente alarme, en exagérant le mal. —En littérature : *style chaud*, animé. — En peinture : *ton, coloris chaud*, plein de vigueur. On dit d'un tableau, dans le même sens, *qu'il est chaud de couleur*. — *Jeu de la main chaude*, jeu où l'un des joueurs, courbé sur les genoux d'un autre, tend sur son dos la paume de sa main afin que quelqu'un y frappe, et est obligé, pour se délivrer, de deviner celui qui l'a frappé : *jouer à la main chaude*. —*Chaud*, pris subst. : chaleur : *il fait chaud; j'ai chaud; supporter, souffrir le chaud et le froid; étouffer de chaud, crever de chaud, mourir de chaud*. — Prov. et fig., *souffler le chaud et le froid*, se conduire avec duplicité. — Fig. et fam., *cela ne lui fait ni chaud ni froid*, cela lui est fort indifférent. — Fig. et fam., *cela ne fait ni chaud ni froid*, cela est indifférent. —Adverb., on dit des vêtements qui garantissent du froid ou augmentent la chaleur naturelle du corps, *qu'ils tiennent chaud*. — Fig. et fam., *il faisait chaud à cette attaque, à cette action, à cette affaire*, on y courait de grands dangers. — LE CHAUD, LA CHALEUR. (*Syn.*) Nous disons *le chaud* pour désigner la température de l'air, d'un lieu, d'un corps : *la chaleur* à un certain degré produit cette température; *la chaleur* fait *le chaud*. Vous avez *chaud*, lorsque vous éprouvez une *chaleur* assez forte; mais quoique vous sentiez la *chaleur*, vous n'avez pas pour cela toujours *chaud*. Selon la manière commune de parler, le *chaud* veut dire une *chaleur* bien sensible. Vous direz dans le discours ordinaire : un *chaud* lourd, étouffant, etc.; et : une *chaleur* ardente, brûlante. Le *chaud* est un air qui vous accable · la *chaleur*, un feu qui vous dévore.

CHAUD, adv. (*chô*) : *boire chaud*, boire une liqueur qui est *chaude*. — En t. de docimasie, *donner chaud*, c'est animer le feu dans un fourneau d'essai rempli de charbons allumés, en ouvrant le soupirail ou la porte du cendrier, et en mettant un ou plusieurs gros charbons embrasés à l'embouchure du moufle.

CHAUDE, subst. fém. (*chôde*). Il se dit, dans les forges, de la double action de faire chauffer le fer suffisamment pour être forgé, et de le forger : *il faut deux ou trois chaudes pour forger cette pièce de fer*. — On appelle *chaude grasse* ou *suante*, celle dans laquelle le fer sortant de la forge est bouillonnant et presque en fusion. — Les orfèvres en vaisselle plate emploient le mot *chaude* dans le même sens que les forgerons : *il faut plusieurs chaudes pour forger un plat, une assiette*, etc. On donne plus ou moins de *chaudes*, suivant l'étendue de la pièce. — *Chaude* se dit en t. de verreries, du point de cuisson que l'on donne à la matière propre à faire du verre : *cette chaude doit produire un millier de verres*. — *A la chaude*, expression adverbiale propre à plusieurs actes mécaniques, pendant qu'une chose est *chaude*. — *Souder à la chaude*, c'est souder quand le métal est *en chaude*, c'est-à-dire en état de fusion. — On dit fam. et fig. : *faire une chose à la chaude*, pour dire, la faire dès que l'occasion s'en présente, la faire sans délai, sans retard : *je reçois lundi une de vos lettres, j'y fais un commencement de réponse à la chaude*. Vieux.

CHAUDÉ, E, part. pass. de *chauder*.

CHAUDEAU, subst. mas. (*chôdô*), sorte de brouet ou de bouillon *chaud*, que l'on portait anciennement aux mariés, le matin du lendemain de leurs noces. — Lait de poule.

CHAUDE-BRANCHE, subst. fém. (*chôdebranche*), espèce de levier. Inusité.

CHAUDELAIT, subst. mas. (*chôdelè*), sorte de gâteau composé de lait, de farine et d'anis.

CHAUDEMENT, adv. (*chôdeman*), au propre : de manière que la chaleur puisse se conserver : *se vêtir, se tenir chaudement*.— Au fig. : avec ardeur, avec zèle, avec vivacité : *prendre, poursuivre une affaire chaudement*.

CHAUDE-PISSE, subst. fém. (*chôdepice*), t. de médec., blennorrhagie, ainsi nommée vulgairement à cause de la chaleur et de la douleur que l'urine occasionne, dans cette maladie, en traversant le canal de l'urèthre.—Au plur. *des chaudes-pisses*.

CHAUDER, v. act. (*chôdé*), t. d'agric., mêler de la chaux avec les terres d'un champ : *chauder un champ*.

CHAUDERET, subst. mas. (*chôderè*), t. de batteur d'or, moule qui sert à étendre l'or et l'argent.

CHAUDERIE, subst. fém. (*chôderi*). C'est le nom donné aux caravansérails bâtis dans l'Inde sur les grandes routes pour recevoir les voyageurs, à quelque caste qu'ils appartiennent.

CHAUDES-AIGUES, subst. propre fém. plur. (*chôdezègue*), ville de France, chef-lieu de canton, arrond. de Saint-Flour, dép. du Cantal.

CHAUDIÉ, part. pass. de *chaudier*.

CHAUDIER, v. neut. (*chôdié*). Il se dit, en t. de chasse, des lices ou des levrettes qui entrent en *chaleur*.

CHAUDIÈRE, subst. fém. (*chôdière*) (en latin *caldaria*). C'est, en général, un grand vase de cuivre ou d'airain destiné à faire cuire, bouillir ou chauffer quelque chose. — *Chaudière bouillante*, celle où il y a un liquide bouillant. — *Chaudière à vapeur*, vase de cuivre, de fonte ou de tôle, dans lequel l'eau se transforme en vapeur. — Chez les argenteurs, c'est un vase de fonte, peu profond, sur lequel ils placent les mandrins ou porte-mouchettes, parce qu'il faut toujours les entretenir très-chauds; ce qui se fait par le moyen du feu dont la *chaudière* est pleine. — Les marins appellent *chaudière* un vase de cuivre dont on se sert dans les navires pour faire cuire les viandes et autres vivres de l'équipage. — On dit : *faire chaudière*, pour dire faire à manger pour l'équipage. — Ils appellent *chaudière d'étuve*, une grande *chaudière* de cuivre maçonnée, dans laquelle on fait chauffer le goudron.— Les raffineurs de sucre ont : *la chaudière à cuire, la chaudière à clarifier, la chaudière à éclairer, la chaudière à écumer*.

CHAUDRÉE, subst. fém. (*chôdré*), t. de teinturier, quantité de soie destinée à être teinte à la fois.

CHAUDRET, subst mas. (*chôdrè*), t. de batteurs d'or, livre de 850 feuilles de baudruche pour battre l'or.

CHAUDRETTE, subst. fém. (*chôdrète*), t. de pêche. Voy. CAUDRETTE, qui est plus en usage.

CHAUDRON, subst. mas. (*chôdron*) (en lat. *caldarium*), vase de cuivre ou d'airain plus petit que la chaudière, et d'un usage très-fréquent, soit dans les arts, soit dans la vie domestique. — Ustensile de cuisine qui est ordinairement de cuivre ou de fer, et qui a une anse de fer mobile qui sert à le suspendre sur le feu à une crémaillère. — Les bottiers appellent *chaudron*, une genouillère aussi haute en dedans qu'en dehors. — En t. de mar., *chaudron* se dit d'une pièce de cuivre, ayant à peu près la forme d'un *chaudron*, percée de plusieurs trous, et qui sert à entourer le bas de la pompe d'un navire, pour empêcher les ordures d'entrer avec l'eau dans le corps de la pompe. — *Chaudron d'habitude*, t. de mécan., pièce de plomb de figure hémisphérique, percée de trous et placée au-dessus de la lampe pour lui donner de l'air et servir de cheminée. — Les boyaudiers appellent *chaudron*, une espèce de baquet ou tonneau coupé, dans lequel ils font tremper les boyaux.

CHAUDRONNÉE, on devrait écrire CHAUDRONÉE, subst. fém. (*chôdroné*), ce qu'un *chaudron* peut contenir.

CHAUDRONNERIE, subst. fém. (*chôdroneri*), fabrique de *chaudrons*. — Marchandise de *chaudronnier*. — Le métier de *chaudronnier*.

CHAUDRONNIER, subst. mas., au fém. CHAUDRONNIÈRE, on devrait écrire CHAUDRONIER et CHAUDRONIÈRE (*chôdronié, nière*), celui ou celle qui fait et vend des *chaudrons*, des marmites, et autres ustensiles de cuisine en fer ou en cuivre.— On appelle *chaudronnier planeur*, celui qui ne fait que planer, polir et brunir des planches de cuivre pour la gravure; *chaudronnier faiseur d'instruments*, celui qui fait des instruments de cuivre, comme : trompettes, cors de chasse, etc. — *Chaudronniers au sifflet*, des *chaudronniers* qui viennent de l'Auvergne et courent les provinces et les grandes villes, achetant et revendant du vieux cuivre. —*Chaudronnier grossier*, celui qui fabrique différents ustensiles de ménage et d'un usage ordinaire.

CHAUDRONNIÈRE, subst. fém. La femme d'un *chaudronnier*. Voy. CHAUDRONNIER.

CHAUF, CHOUF, subst. mas., **CHAUFETTE**, fém. (*chôfe, choufe, chôfète*), t. de comm., soie de Perse.

CHAUFFAGE, subst. mas. (*chôfaje*), la quantité de bois que l'on consomme dans une année pour se *chauffer* : *il m'en coûte tant pour mon chauffage*. — Droit de couper dans une forêt une certaine quantité de bois pour se *chauffer* : *droit de chauffage; il a tant de cordes de bois pour son chauffage*.

CHAUFFAILLES, subst. propre fém. (*chôfâ-ie*), bourg de France, chef-lieu de canton, arrond. de Charolles, dép. de Saône-et-Loire.

CHAUFFE, subst. fém. (*chôfe*), t. de fonderie, lieu où se jette et se brûle le bois qu'on emploie à la fonte des pièces.

CHAUFFÉ, E, part. pass. de *chauffer*.

CHAUFFE-CHEMISE ou **CHAUFFE-LINGE**, subst. mas. (*chôfechemize, leinje*), machine en osier dont le dessus est fait en dôme, et sur laquelle on étend la chemise ou le linge qu'on veut faire *chauffer* au moyen d'un petit poêle placé dans l'intérieur. — Au plur., des *chauffe-chemises*, des *chauffe-linge*, des machines qui *chauffent* les *chemises*, le *linge*.

CHAUFFE-CIRE, subst. mas. (*chôfecire*), officier de chancellerie qui était anciennement chargé du soin d'amollir et de préparer la *cire* pour sceller. — Au plur., des *chauffe-cire*, des officiers qui *chauffent la cire*.

CHAUFFE-DOUBLE, subst. fém. (*chôfedouble*), cuisson de l'eau-de-vie seconde avec de nouveau vin.

CHAUFFE-LIT, subst. mas. (*chôfeli*), ce qui sert à *chauffer un lit*. — Au plur., des *chauffe-lit*, des choses qui servent à *chauffer* un *lit*.

CHAUFFE-PIEDS, subst. mas. (*chôfepié*). Voy. CHAUFFERETTE. — Au plur., des *chauffe-pieds*, ce qui sert à *chauffer* les *pieds*.

CHAUFFER, v. act. (*chôfé*) (du lat. *calefacere*, fait, dans la même signification, de *calidus*, chaud, et *facere*, faire; *calidum facere*, rendre chaud), donner de la *chaleur* en approchant du feu, en mettant sur le feu ou dans le feu, en mettant du feu dedans, etc.; *chauffer un four, une chemise*. — *Chauffer* signifie quelquefois fig. et fam. : exécuter une chose avec promptitude : *il faut chauffer cette affaire, si vous voulez qu'elle réussisse*. — On dit absolument : *ce bois chauffe plus que tel autre*, il donne plus de chaleur, il brûle mieux. — En t. de guerre : *chauffer un poste*, faire tirer vivement l'artillerie sur ce poste; et fig. : *chauffer quelqu'un*, l'attaquer vivement par des raisonnements ou par des plaisanteries. L'*Académie* ne donne que ce sens, mais *chauffer quelqu'un* signifie surtout, *faire la cour à quelqu'un*, l'accabler de bonnes raisons, le circonvenir de manière à lui faire faire ce que nous voulons. — En t. d'ouvriers de forge, *chauffer* se dit de l'action de tirer le soufflet tandis que le fer est au feu. — En t. de mar., *chauffer un vaisseau*, c'est *chauffer* le fond d'un vaisseau lorsqu'il est hors de l'eau, afin d'en découvrir les défectuosités, s'il y en a quelqu'une, et de le bien nettoyer; *chauffer un bordage*, c'est le *chauffer* à la vapeur, ou avec du menu bois, afin de lui donner la courbure nécessaire et de lui faire prendre la forme qu'on veut lui donner en le construisant; *chauffer les soutes*, c'est les sécher, afin que le biscuit se conserve bien. — V. neut., recevoir la *chaleur* : *le four chauffe; le bain chauffe*. — Prov. : *ce n'est pas pour vous que le four chauffe*; ce n'est pas à votre intention, en votre faveur que cela se fait, que cette chose se prépare. — Fam. et fig., on dit d'un gros nuage éclairé du soleil, pendant un temps chaud, que *c'est un bain qui chauffe*. — *se* CHAUFFER, v. pron., se tenir auprès du feu pour en recevoir de la chaleur. On voit, dans la phrase suivante, la différence qui se trouve entre *se chauffer* et *s'échauffer* : *il ne se chauffait point, même dans le plus grand froid de l'hiver; mais quelquefois il portait du bois pour s'échauffer*. — Prov. : *on verra de quel bois cet homme se chauffe*, quel homme il est, de quoi il est capable. — Fam., on dit à un homme qui profère quelque chose de méprisant ou d'offensant contre un autre : *allez lui dire cela et vous chauffer au coin de son feu*, pour dire qu'on ne serait pas bien venu à aller lui tenir ce langage en un lieu où il serait le maître. — Prov. et fig. : *nous ne nous chauffons pas du même bois*, nous n'avons pas les mêmes opinions.

CHAUFFERETTE, subst. fém. (*chôferéte*), sorte de boîte doublée de fer-blanc, et percée de plusieurs trous par le haut, dans laquelle on met un peu de feu couvert de cendres pour se tenir les pieds chauds. — Il y a aussi des *chaufferettes* en terre cuite. — Il se dit aussi d'un petit réchaud que l'on met sur la table pour tenir les viandes chaudes. — Les ouvriers en soie appellent *chaufferette*, un coffret de bois garni de tôle en dedans, dans lequel ils allument du feu, et au-dessus duquel ils font passer le velours pour en redresser le poil, lorsqu'il a été froissé.

CHAUFFERIE, subst. fém. (*chôferi*), t. d'arts et mét., forge destinée à *chauffer* le fer qu'on veut réduire en barres.

CHAUFFEUR, subst. et adj. mas. (*chôfeur*), t. de forge, celui qui tire la branloire et fait aller les soufflets dans une forge; celui qui entretient le feu sous la chaudière d'une machine à vapeur. On dit aussi un *ouvrier chauffeur*. — Nom qu'on a donné à des brigands qui *chauffaient*, jusqu'à les brûler, les pieds de leurs victimes, pour les forcer à déclarer le lieu où était leur argent.

CHAUFFOIR, subst. mas. (*chôfoar*), lieu dans un couvent, une communauté, un hôpital, une prison, où l'on se *chauffe*. — Lieu derrière le théâtre où les comédiens et les spectateurs allaient se *chauffer*. On dit *foyer* aujourd'hui. — On nomme *chauffoirs*, au plur., des linges *chauds* avec lesquels on essuie une personne en sueur ou malade, avec lesquels on la couvre. — Linge de propreté pour les femmes. — Les cartiers appellent *chauffoir*, une espèce de poêle de fer qui contient du charbon allumé, et sur laquelle sont des grilles de fer où l'on pose les feuilles de cartes, pour les faire sécher quand elles sont collées.

CHAUFFURE, subst. fém. (*chôfure*), t. de forges, défaut du fer qui s'écaille pour avoir été exposé à l'action d'un feu trop violent ou pour être resté trop long-temps au feu.

CHAUFOUR, subst. mas. (*chôfour*), grand four à cuire la *chaux*. — Lieu où l'on tient le bois et la pierre à *chaux*.

CHAUFOURNIER, subst. mas. (*chôfournié*), ouvrier qui fait la *chaux*. On dit aussi CHAULIER.

CHAUGOUN, subst. mas. (*chôguoune*), t. d'hist. nat., espèce de vautour d'Afrique.

CHAULAGE, subst. mas. (*chôlaje*), t. d'agric., action de *chauler* du blé.

CHAULÉ, E, part. pass. de *chauler*.

CHAULER, v. act. (*chôlé*), passer du blé à l'eau de *chaux* avant de le semer. — *se* CHAULER, v. pron.

CHAULIER, subst. mas. (*chôlié*). Voy. CHAUFOURNIER.

CHAULIODE, subst. mas. (*chôliode*), t. d'hist. nat., poisson regardé comme un sous-genre des ésoces. — Insecte de l'ordre des névroptères.

CHAULIODONTE, adj. des deux genres (*kôliodonte*) (du grec χαυλιοδων, qui a les dents saillantes), t. d'hist. nat., se dit des animaux dont les dents sortent de la bouche, comme l'éléphant, etc.

CHAULNES, subst. propre fém. (*chône*), bourg de France, chef-lieu de canton, arrond. de Péronne, dép. de la Somme.

CHAUMAGE, subst. mas. (*chômaje*), t. d'agric., action de couper le *chaume*. — Le temps pendant lequel on le coupe.

CHAUMARD, subst. mas. (*chômar*), t. de mar., gros montant en bois pour recevoir les garants des drisses de basses vergues et des guinderesses du mât de hune. — Bloc en bois percé de plusieurs clamps.

CHAUME, subst. mas. (*chôme*) (en lat. *calamus*, pris du grec καλαμος, tuyau de blé), tige herbacée, fistuleuse, simple et garnie de plusieurs nœuds, telle que celle des graminées. — En agric., la partie du tuyau des blés qui demeure dans les champs après qu'on les a coupés. On dit vulgairement *paille*. — Il se prend quelquefois pour le tuyau tout entier du blé. — Le champ même où le *chaume* est encore sur pied : *il y avait trois lièvres dans ce chaume*. — La paille dont on couvre une maison, une habitation au village : *maison couverte de chaume*. — Poét. et par extension, il se dit en parlant d'une chaumière quelconque, d'une habitation de paysans : *naître sous le chaume*.

CHAUMÉ, E, part. pass. de *chaumer*.

CHAUMER, v. act. (*chômé*), couper ou arracher le *chaume* : *chaumer un champ*. — On dit aussi neut. : *chaumer dans un champ; elle est allée chaumer*. — *se* CHAUMER, v. pron.

CHAUMERGY, subst. propre mas. (*chômèreji*), village de France, chef-lieu de canton, arrond. de Dôle, dép. du Jura.

CHAUMIER, subst. mas. (*chômié*), monticule de *chaume*. Inus. — Celui qui couvre de *chaume* les habitations des villages. Peu usité.

CHAUMIÈRE, subst. fém. (*chômière*), maison couverte de *chaume*. Voy. CABANE.

CHAUMINE, subst. fém. (*chômine*), petite *chaumière*.

CHAUMONT-EN-BASSIGNY, subst. propre mas. (*chômon-anbacigni*), ville de France, chef-lieu du dép. de la Haute-Marne.

CHAUMONT-EN-VEXIN, subst. propre mas. (*chômon-anvèkcein*), bourg de France, chef-lieu de canton, arrond. de Beauvais, dép. de l'Oise.

CHAUMONT-PORCIEN, subst. propre mas. (*chômonporcicin*), bourg de France, chef-lieu de canton, arrond. de Rhetel, dép. des Ardennes.

CHAUNA, subst. mas. (*chôna*), t. d'hist. nat., genre d'oiseau de rivage.

CHAUNY, subst. propre mas. (*chôni*), ville de France, chef-lieu de canton, arrond. de Laon, dép. de l'Aisne.

CHAUSSAGE, subst. mas. (*chôçaje*), vieux mot qui signifiait : *chaussure*. — Entretien de la *chaussure*. — T. de féod., droit de péage pour l'entretien d'une *chaussée*. — Droit de passage. Dans ces deux derniers sens CHAUSSÉAGE vaudrait mieux. Inusité aujourd'hui.

CHAUSSANT, E, adj. (*chôçan, çante*), qui se *chausse* aisément. Il ne se dit guère que des bas : *un bas de soie est plus chaussant qu'un bas de laine*.

CHAUSSE, subst. fém. (*chôce*), bas qui couvre la jambe et les pieds. T. de pêche, filet fait en forme de *chausses*. — Chaperon que les docteurs de l'Université portent sur l'épaule dans les cérémonies : *porter la chausse*. — T. de distil., *chausse d'hypocras*, long capuchon de drap serré, pour filtrer, passer et clarifier les liqueurs, sirops, etc. — *Chausse d'aisances*, tuyau de latrines ordinairement en poterie. — Voy. CHAUSSES.

CHAUSSÉ, E, part. pass. de *chausser*, et adj., qui a mis ses bas et ses souliers. — Prov. et fig. : *les cordonniers ne sont pas les mieux chaussés*, on néglige ordinairement les avantages qu'on est le plus à portée de se procurer. — Prov. : *sortir un pied chaussé et l'autre nu*, se sauver avec précipitation. — Fig. et fam. : *elle est des mieux chaussées*, des plus jolies, des plus recherchées. — Fig. et fam. : *avoir son bonnet chaussé, sa tête chaussée*, être obstiné dans son opinion. — En t. de manège : *cheval chaussé trop haut*, dont les balzanes montent jusque vers le genou et vers le jarret. — *Écu chaussé*, se dit, en t. de blason, lorsque le sommet de l'angle est à la pointe d'en bas et au milieu de l'écu, et que la ligne d'en haut forme la mesure de cet angle; de manière que le second émail garnit d'en bas, comme, dans le *chapé*, il garnit d'en haut.

CHAUSSÉAGE, subst. mas. (*chôcéaje*). Voy. CHAUSSAGE.

CHAUSSÉE, subst. fém. (*chôcé*) (du lat. *calcare*, marcher sur..., fouler aux pieds; d'où l'on a fait, dans la basse latinité, *calcata*, chemin battu, etc.), levée de terre que l'on fait au bord d'une rivière, d'un étang, pour contenir l'eau. — Levée qui se fait dans les lieux bas pour servir de chemin. — *Chaussée de pavé* : 1° le pavé d'un grand chemin avec bordures de pierres rustiques; 2° l'espace cambré qui, dans une large rue, se trouve entre deux ruisseaux. — *Ponts et chaussées*. Dénomination sous laquelle on comprend tout ce qui tient à l'administration publique des routes, des canaux, des ponts, etc. : *travailler dans les ponts et chaussées; être dans les ponts et chaussées*. — — *École des ponts et chaussées*, école spéciale de l'administration des *ponts et chaussées*. — *Le rez-de-chaussée*, le niveau du terrein. Et on dit qu'*un appartement est au rez-de-chaussée*, pour dire qu'il est au niveau du terrein. Plus ordinairement on appelle *rez-de-chaussée*, le logement situé de cette manière : *je demeure au rez-de-chaussée; j'habite le rez-de-chaussée*. — T. d'horloger, pièce de la quadrature d'une montre, dans laquelle on distingue le canon et le pignon.

CHAUSSE-PIEDS, et non pas **CHAUSSE-PIED**, car cet objet ne sert pas seulement à *chausser un pied*, mais *les deux pieds*, subst. mas. (*chôcepié*), long morceau de cuir, ou corne façonnée exprès, et dont on se sert pour *chausser* plus aisément des souliers. — Fig. et prov., moyen qui facilite les affaires : *une charge est un chausse-pieds pour le mariage*. — *Nous voilà dedans sans chausse-pieds*, nous avons réussi sans le secours de personne. — Au plur., des *chausse-pieds*, des instruments propres à *chausser* les *pieds*.

CHAUSSER, v. act. (*chôcé*) (en lat. *calceare*), mettre des bas ou des souliers à quelqu'un. — Faire des souliers pour... : *ce cordonnier chausse toute la ville*; ou sans régime : *ce cordonnier chausse bien, chausse mal*. — *Chausser* avec un nom de personne pour régime signifie : mettre une *chaussure* à quelqu'un : *chaussez cet enfant*. — *Cette personne n'est pas aisée à chausser*, il est difficile de lui faire des *chaussures* qui lui aillent bien. — *Chausser les éperons à quelqu'un*, lui mettre les éperons; et fig., *chausser de près quelqu'un*, poursuivre de près quelqu'un qui s'enfuit. — T. de manège, *chausser les étriers*, enfoncer son pied dedans, jusqu'à ce que le bas des étriers touche aux talons.—Prov. : *chausser une opinion*, se la mettre fortement dans la tête. On dit, dans le même sens : *se chausser de...* — Fig.: *chausser le brodequin*, se mettre à composer des comédies. Il se dit également de l'acteur qui s'essaie dans la comédie. — Fig. : *chausser le cothurne*, composer des tragédies ; s'essayer à jouer dans la tragédie. Il signifie aussi : enfler son style. — *Chaussez mieux vos lunettes*, regardez-y mieux. — *N'être pas aisé à chausser*, à persuader. — V. neut. : *ce bas, ce soulier chausse bien*, va bien sur la jambe, sur le pied. — *Chausser à tant de points*, porter des souliers d'une telle longueur. — Prov. et fig. : *chausser au même point*, être de la même humeur, du même génie, etc. — En t. de faucon. : *chausser la grande serre de l'oiseau*, entraver l'ongle du gros doigt avec un petit morceau de peau.— En t. de jard. : *chausser une plante*, c'est buter la terre au pied. — *se* CHAUSSER, v. pron., mettre ses *chausses*, ses bas, ses souliers.

CHAUSSES, subst. fém. plur. (*chôce*) (suivant *Ménage*, du lat. *caliga*, bottine de cuir, etc.), la partie du vêtement de l'homme depuis la ceinture jusqu'aux genoux : *prendre, mettre ses chausses ; attacher, boutonner ses chausses*. On dit, sans article : *mettre chausses bas*. Le vieux mot *chausses* a été remplacé par celui de *culottes*, qui se dit aujourd'hui dans toutes ses acceptions. — Vêtement qui couvre les jambes et les pieds. En ce sens il est vieux, et l'on dit *des bas*. On dit fort bien aujourd'hui familièrement, au sing. : *donnez-moi donc ma chausse*, pour : *mon bas*. On dit bien, d'après l'*Académie*, qui refuse un sing. à *chausse*, on dit bien *une chaussette* ; pourquoi ne pas dire *une chausse ?* — *Chausses de page*, chausses courtes et plissées que portaient autrefois les pages, et qu'on appelait autrement *trousses*. En ce sens, on disait fig. : *quitter les chausses*, sortir des pages. — Prov. : *tirer ses chausses*, s'enfuir. Il st bas.—*Porter les chausses*, se disait d'une femme qui gouverne son mari et toute la maison. On dit aujourd'hui : *porter la culotte*. — *Avoir la clef de ses chausses*, n'être plus dans l'âge d'être châtié. — *N'avoir pas de chausses*, être extrêmement pauvre. — Fig. et pop. : *tenir quelqu'un au cul et aux chausses*, le tenir serré de si près, qu'il ne peut s'empêcher de faire ce qu'on veut de lui. Il signifie encore : s'occuper de quelqu'un pour censurer sa conduite, son caractère.—Prov., fig. et triv. : *prendre son cul pour ses chausses*, se méprendre grossièrement. — Prov. et fig. : *faire dans ses chausses*, avoir une grande peur.

CHAUSSETIER, subst. mas. (*chôcetié*), marchand qui fait et vend des bas, et ordinairement des bonnets, etc. : *chaussetier bonnetier*, ou simplement *bonnetier*. — On pourrait dire au fém. : *chaussetière*, s'il en était besoin.

CHAUSSE-TRAPE, subst. fém. (*chôcetrape*) (du latin barbare *calcitrapa*, formé de *calx*, *calcis*, plante des pieds, et de *attrapare*, attraper. *Ménage*.), instrument garni de quatre pointes de fer, dont trois portent à terre et une demeure en haut. On sème ces instruments sur les lieux où l'on croit que passera la cavalerie ennemie. — Piége pour prendre les renards, les blaireaux, etc. — Au plur., des *chausse-trapes*. — T. de bot., espèce de chardon qu'on appelle autrement chardon *étoilé*. — En t. d'hist. nat., coquille du genre des rochers.

CHAUSSETTE, subst. fém. (*chôcète*), bas de toile, de fil ou de peau, qui n'a point de pied, et qu'on met sur la chair sous le bas. — Sorte de *demi-bas*. Ce mot s'emploie plus fréquemment au plur. qu'au sing.

CHAUSSIN, subst. propre mas. (*chôcein*), bourg de France, chef-lieu de canton, arrond. de Dôle, dép. du Jura.

CHAUSSON, subst. mas. (*chôçon*) (du lat. *calceus*, chaussure, soulier), chaussure qu'on met aux pieds par-dessus ou par-dessous des bas. Il s'emploie ordinairement au plur. — On dit en plaisantant, d'un homme qui n'a guère de hardes, que *tout son équipage tiendrait dans un chausson*. — Espèce de soulier plat à semelles de feutre, de buffle, etc., dont on se sert pour jouer à la paume, pour faire des armes, pour danser, etc. — Sorte de pâtisserie faite avec des pommes ou des confitures, etc.

CHAUSSURE, subst. fém. (*chôçure*) (du lat. *calceus* ou *calcearium*, dont la signification est la même), ce que l'on met aux pieds pour se *chausser*, comme souliers, pantoufles, bottes, etc.— Prov. : *trouver chaussure à son pied*, trouver ce qui nous convient ; ou, dans un sens contraire et plus usité, trouver à qui parler et qui saura nous riposter.

CHAUT (*chô*), 3e pers. sing. prés. indic. du v. unipersonnel, irrégulier et défectif, CHALOIR. Voy. ce mot.

CHAUTU, subst. mas. (*chôtu*), t. de bot., espèce d'orange douce des environs de Canton, en Chine.

CHAUVE, adj. des deux genres (*chôve*) (en lat. *calvus*), qui n'a plus de cheveux ou qui n'en a guère : *homme chauve*. — Prov. et fig. : *l'occasion est chauve*, il ne faut pas la laisser échapper quand elle se présente. Bien peu usité. — En bot., nom donné aux semences nues, qui ne sont ni aigretées, ni chevelues.

CHAUVE-SOURIS, subst. fém. (*chôveçouri*) (des mots français *chauve*, parce que cet animal n'a point de plumes aux ailes, et *souris*, parce que c'est une espèce de *souris* volante), t. d'hist. nat., animal qui n'est, dit *Buffon*, qu'imparfaitement quadrupède, et encore plus imparfaitement oiseau. C'est un mammifère qui a des ailes pour voler pendant la nuit. — On donne aussi ce nom à plusieurs autres animaux qui sont pourvus d'ailes membraneuses comme la *chauve-souris*. — Au plur., des *chauves-souris* ; des oiseaux qui ressemblent à des *souris chauves* ou qui ont des ailes *chauves*.

CHAUVÉE, subst. fém. (*chôvée*). On nommait ainsi dans certaines provinces anciennes une laine de médiocre qualité.

CHAUVETÉ, subst. fém. (*chôveté*) (en lat. *calvitas* ou *calvities*), état d'une tête *chauve*. Vieux et inus. L'*Académie* a tort de ne donner ce mot que comme vieilli. — Les médecins disent *calvitie*.

CHAUVI, part. pass. de *chauvir*.

CHAUVIGNY, subst. propre mas. (*chôvigni*), ville de France, chef-lieu de canton, arrond. de Montmorillon, dép. de la Vienne.

CHAUVIR, v. neut. (*chôvir*) : *chauvir des oreilles*, dresser les oreilles, en parlant des chevaux, des mulets et des ânes.

CHAUX, subst. fém. (*chô*) (en lat. *calx, calcis*, fait de *calere*, être *chaud*, être brûlant), t. de *minér.*, une des terres élémentaires ; on l'appelait auparavant *terre calcaire*. Cette terre, très-répandue dans la nature, et qui entre dans la plupart des corps, est la seule qui ait une saveur âcre, chaude et presque caustique. — Dans une acception plus vulgaire, pierre calcinée par le feu, qui entre dans la composition du mortier pour bâtir : *chaux vive*, celle qui sort du fourneau ; *chaux éteinte*, celle qui a été mêlée avec de l'eau ou qui a perdu ses propriétés à l'air. On la nomme aussi *pierre de chaux*. — On appelle *lait de chaux*, de la *chaux* délayée dans de l'eau ; *eau de chaux*, de la *chaux* dissoute dans l'eau. — Les chimistes appelaient aussi *chaux*, les métaux calcinés auxquels l'action du feu fait perdre leur liaison et leur forme métalliques, et que cette action change en une substance semblable à de la terre. C'est ce que les chimistes modernes appellent *oxyde*. — Espèce de cendre ou de poudre très-menue, qui reste des métaux ou des minéraux qui ont été long-temps exposés à un feu violent. — Fig. et fam., *être à chaux et à sable, être à chaux et à ciment*, se dit des affaires solides, et pour lesquelles on a pris toutes les précautions nécessaires.

CHAUX-FLUORÉE, subst. fém. (*chôfluoré*), t. d'hist. nat., minéral peu soluble, combiné de terre calcaire et d'acide sulfurique.

CHAVANA, subst. mas. (*chavana*), t. d'hist. nat., oiseau d'Amérique.

CHAVANGES, subst. propre fém. (*chavanje*), bourg de France, chef-lieu de canton, arrond. d'Arcis-sur-Aube, dép. de l'Aube.

CHAVARIA, subst. mas. (*chavaria*), t. d'hist. nat., oiseau d'Amérique, de la famille des uncirostres. Il défend les volailles contre les oiseaux de proie.

CHAVAYER, subst. mas. (*chavéié*), t. de bot., plante de la famille des rubiacées employée aux Indes pour la teinture des cotons.

CHAVERI, subst. mas. (*chaveri*), halle aux Indes.

CHAVIRÉ, E, part. pass. de *chavirer*.

CHAVIRER v. act. (*chaviré*), t. de mar. : *chavirer une manœuvre*, mettre dessus ce qui était dessous. — Tourner sens dessus dessous, faire capot. En ce sens, *chavirer* est communément neutre : *le vaisseau, le bateau a chaviré*. — *se* CHAVIRER, v. pron.

CHAVONIS, subst. mas. (*chavoni*), t. de comm. toile de coton ; mousseline des Indes fabriquée au Bengale et à la côte de Coromandel.

CHAY, subst. mas. (*ché*), t. de bot., plante dont la racine sert pour la teinture.

CHAYE, subst. fém. (*chè-ié*), t. de comm., la plus petite monnaie d'argent qui ait cours en Perse. Elle vaut vingt-deux centimes vingt-deux millièmes de France.

CHAYGUE ou **CHAYQUE**, subst. fém. (*chègue, chèque*), t. d'hist. nat., serpent gris ; vipère d'Asie.

CHAYLARD (LE), subst. propre mas (*lechèlar*), bourg de France, chef-lieu de canton, arrond. de Tournon, dép. de l'Ardèche.

CHAZAN, subst. mas. (*chazan*), ministre de la synagogue, chez les juifs.

CHAZNA, subst. mas. (*chazena*), trésor, endroit où sont renfermées à Constantinople les pierreries du grand-seigneur.

CHAZNADAR-BACHI ou **HASNADAR-BACHI**, subst. mas. (*chazenadare, hacenadarebachi*), en Turquie, le grand-trésorier du sérail.

CHÉ, subst. mas. (*ché*), t. de mus., instrument chinois qui a vingt-cinq cordes.

CHÉABLE, adj. des deux genres (*chéable*), vieux mot qui signifiait caduc, sujet à tomber. Inusité.

CHÉANCE, subst. fém. (*chéance*), utilité, avantage. Ce mot est vieux et entièrement inusité.

CHÉAUS, subst. mas. plur. (*chéôce*), t. de chasse. (*Boiste*.) Il se disait des petits de la louve.

CHEBEC, subst. mas. (*chebèke*). Bâtiment à voiles et à rames, sur la Méditerranée.

CHÉCAYA, subst. mas. (*chéka-ia*), officier des janissaires, en Turquie.

CHÉDA, subst. mas. (*chéda*), monnaie d'étain des environs du Mogol. Elle vaut un peu plus de dix centimes.

CHÉ-D'EAU, subst. mas. (*chédô*), t. de bot., sorte d'arbre de la Cochinchine.

CHÉDIÆTROS, subst. mas. (*chédiétroce*), t. d'astron., l'un des chiens d'Actéon.

CHEF, subst. mas. (*chèfe*) (du grec κεφαλη, en lat. *caput*), au propre, tête : *le chef de saint Denis, de saint Jean*. Il n'est plus d'usage qu'en poésie : *le chef ceint de lauriers*. Voy. TÊTE. — Au fig., celui qui est à la tête d'un corps, d'une assemblée : *les chefs de l'armée, les chefs d'une ambassade, d'une députation*. — *Chef du nom et des armes* ; autrefois on nommait ainsi celui qui était le premier de la branche aînée d'une maison. — *Abbaye chef d'ordre*, principale maison de l'ordre, et celle dont les autres dépendaient. — *Chef*, commandant : *un bon chef doit tout prévoir*. — *Chef d'escadron*, officier de cavalerie qui commande un escadron. — *Chef de bataillon*, officier d'infanterie qui commande un bataillon. — *Chef de poste*, officier, ou sous-officier, caporal même, qui commande un poste. — *Chef de peloton*, celui qui dirige les mouvements d'un peloton. — *Chef de pièce*, le canonnier qui pointe et celui qui commande la manœuvre d'un canon. — *Chef de division*, dans les administrations, celui qui dirige tous les employés d'une division sous ses ordres.—*Chef d'orchestre*, celui qui conduit un orchestre. — *Chef d'emploi*, t. de théâtre, qui s'applique au plus ancien des acteurs, ou à ceux qui remplissent les premiers rôles ; on appelle *doubles* ceux qui les remplacent au besoin. — *Chef d'atelier*, celui qui dirige les travaux d'un atelier ou d'une fabrique. — *Chef de file, de demi-file*, dans la troupe, l'homme qui est le premier d'une file, d'une demi-file, soit à pied, soit à cheval ; en t. de mar., le vaisseau qui est le premier en ligne. —*Chef d'escadre*, officier de marine qui est au-dessous des lieutenants-généraux, et au-dessus des capitaines de vaisseau. — *Chef de cuisine, chef d'office*, le principal officier de la cuisine ou de l'office. — Anciennement, chez le roi, *chef du gobelet, chef de fruiterie, chef de panneterie*, le principal officier du gobelet, de la fruiterie, etc. — *Greffier en chef*, le premier greffier dans quelque juridiction que ce soit. — En t. de jurispr., on appelle *chefs d'une loi*, les principaux objets qu'elle règle : *ces lois avaient plusieurs chefs, et l'on en connaît trente-cinq. Je commencerai par le chef qui regarde les honneurs et les récompenses accordés par cette loi*. — On appelle *chef d'accusation*, l'un des principaux objets d'une plainte. On compte autant de *chefs d'accusation* que la plainte contient d'objets ou de délits différents imputés à l'accusé. — *Crime de lèse-majesté au premier chef*, attentat, conspiration contre la personne du roi. — *Crime de lèse-majesté au se-*

cond chef; attentat contre l'autorité du roi ou l'intérêt de l'état.—On appelle *chef de contestation*, ce qui fait un des objets principaux d'une contestation; *chef d'une demande*, un des objets d'une demande déjà formée en justice, ou bien que l'on se propose de former.—En t. d'économie domestique, on dit: *cent chefs de volaille, cent chefs de bêtes à cornes, cent chefs de bêtes à laine*, pour: cent pièces de *volaille*, etc. Ce mot ne s'emploie que quand la collection est un peu considérable, et l'on ne dirait pas: *deux chefs de bêtes à cornes*. On se sert plus souvent du mot tête aujourd'hui. — En t. de rivière, on appelle *chef* la partie du devant d'un bateau. — Dans les manufactures en soie, en laine, en toile, on nomme *chef* la première partie ourdie, celle qui s'enveloppe immédiatement sur l'ensuple de devant, et qui doit servir de manteau à la pièce entière quand elle est finie. Les pièces de toile, de laine et de soie s'entament par la queue; le *chef* est toujours le dernier morceau que l'on vend. — Les chirurgiens appellent *chef* le rouleau d'une bande. On dit: *une bande roulée à deux chefs*, ou à deux globes. On nomme *bandage à dix-huit chefs*, celui qui est composé de trois pièces de toile appliquées les unes sur les autres, et coupées par les côtés en trois endroits, pour faire dix-huit *chefs*. — En t. de mar., on appelle *chef* un bout de câble amarré à l'arrière d'un vaisseau qu'on veut lancer à l'eau, et qui sert à le retenir pendant les manœuvres qui précèdent l'action de le lancer. — Les boulangers appellent *chef* le morceau de levain pris sur celui de la dernière fournée, pour servir à la fournée suivante. — On appelle aussi *chef* le côté d'une carrière coupé presque à pic. — Chez les layetiers, *chef* est synonyme de *brin* et de *bout*: *coudre les ourlets et les trépointes des malles à deux chefs de ficelle neuve et poissée*, c'est les coudre à deux bouts, ou à deux brins de ficelle. Ainsi le *chef* n'est ni la ficelle simple, ni la double ficelle, c'est un brin ou un bout de la ficelle double. — En t. de blas., pièce honorable qui occupe la partie supérieure de l'écu, et qui a pour hauteur le tiers ou les deux septièmes de celle de l'écu. — *Chef abaissé*, placé sous un autre *chef*. — *Chef bandé*, divisé en six parties par cinq lignes diagonales. — *Chef chargé*, sur lequel on voit un ou plusieurs meubles.—*Chef cousu*, celui qui se rencontre métal sur métal ou couleur sur couleur, ce qui est contraire à la règle. — *Chef denté*, dont le bord inférieur est coupé par des *dents*, comme celles d'une scie. — *Chef échiqueté*, divisé en deux ou trois rangs de carreaux. — *Chef émanché* ou *emmanché*, celui qui, dans sa partie inférieure, a de grandes dents en pointes, qui entrent les unes dans les autres, ou dont la partie inférieure se termine en plusieurs angles très-aigus. — *Chef engrêlé*, qui a en haut et en bas de petites dents plus fines que celles du *chef denté*, et dont les cavités ou entre-deux sont arrondies.—*Chef losangé*, divisé en losanges. — *Chef retrait*, qui n'a en hauteur que la moitié de sa proportion ordinaire. — *Chef soutenu*, chef abaissé sous un autre, qui n'a que la moitié de sa proportion ordinaire, et qui est coupé par une espèce de second *chef* appelé *divisé*, et par lequel il semble *soutenu*. — *Chef surmonté*, qui en a un autre au-dessus de lui. — *Chef-seigneur*, celui de qui plusieurs fiefs relevaient. — — *Chef-cens*, le premier cens établi par le bail emphytéotique. — *Chef de péage*, le lieu où le péage est établi. — *Chef de famille*, celui qui tient le premier rang dans une famille. — En t. d'astron., *chef de l'épicycle* ou *apogée de l'épicycle*, la partie la plus éloignée de la terre. — *De son chef*, loc. adv., de sa propre tête, de sa propre autorité. — De son côté, s'il est question d'héritage: *cette terre vient de son chef*. —*Du chef de quelqu'un*, comme exerçant ses droits. — *Venir a chef*, à bout. — *Gouverneur en chef*, le premier gouverneur. — *En chef*, en qualité de *chef*: *commander une armée en chef*. — *Être, travailler en chef*; dans une affaire, en avoir la principale direction. — *Être en chef dans une entreprise*, en avoir l'administration.

CHEF-BOUTONNE, subst. propre mas. (*chèfeboutone*), bourg de France, chef-lieu de canton, arrond. de Melle, dép. des Deux-Sèvres.

CHEF-D'ŒUVRE, subst. mas. (*chèdeuvre*), ouvrage que confectionnait autrefois un ouvrier pour faire preuve de sa capacité dans le métier où il voulait être reçu. — Au fig., ouvrage parfait en son genre: *c'est un chef-d'œuvre*.—On dit aussi fig. et avec un régime: *c'est un chef-d'œuvre d'habileté, un chef-d'œuvre de malice*.—*Chef-d'œuvre* s'emploie aussi par ironie: *vous avez fait là un beau chef-d'œuvre!* vous avez fait là une grande sottise. — Dans ce mot, *œuvre* est indéclinable; on écrit au plur. *chefs-d'œuvre*, et non pas *chef-d'œuvres*, ni moins encore *chefs-d'œuvres*. —Des *chefs-d'œuvre*, c'est-à-dire des *chefs* ou des pièces remarquables par le fini de leur exécution, des ouvrages parfaits. Peut-être cette expression vient-elle des Italiens, qui disent *capi d'opera*, sans jamais employer le pluriel pour le dernier mot.

CHEFFECIER, et non pas **CHEFECIER**, subst. mas. (*chefecié*). Voy. **CHÈVECIER**.

CHEF-LIEU, subst. mas. (*chèfelieu*), lieu principal: *chef-lieu de préfecture*. Il y a des *chefs-lieux* de département, d'arrondissement et de canton. — On l'a dit autrefois du principal manoir d'un seigneur *chef* d'ordre. — Au plur., des *chefs-lieux*.

CHEGOS, subst. mas. (*cheguóce*), poids dont se servent les Portugais pour peser les perles.

CHÈGROS, subst. mas. (*chégueró*), t. de cordonnier, bouts de fils cirés que l'on emploie à la couture des ouvrages en cuir.

CHEIDA, subst. mas. (*chèda*), t. d'hist. nat., faucon des Indes.

CHEIK, subst. mas. (*chèke*) (tiré de l'arabe *schaïkh*, qui signifie *vieillard*), chef de tribu arabe. — Abbé, supérieur d'un monastère turc. — Titre que prennent en Egypte les aînés de la famille et les gens de loi.

CHÉILA, subst. mas. (*chéla*), t. d'hist. nat., espèce de poisson de l'ordre des thoraciques.

CHÉILALGIE, subst. fém. (*ké-ilaleji*) (du grec χειλος, lèvre, et αλγος, douleur), t. de médec., douleur des lèvres.

CHÉILALGIQUE, adj. (*ké-ilalejike*), t. de médec., qui concerne la *chéilalgie*.

CHÉILANTHE, subst. fém. (*ké-ilante*), t. de bot., genre de plantes qui renferme une vingtaine d'espèces.

CHÉILINE, subst. fém. (*ké-iline*), t. d'hist. nat., poisson du genre thoracique.

CHÉILION, subst. mas. (*ké-ilion*), t. d'hist. nat., poisson très-long, de la division des thoraciques.

CHÉILOCACE, subst. fém. (*ké-ilokace*) (du grec χειλος, lèvre, et κακος, mal), t. de médec., gonflement, endurcissement ou crevasse des lèvres.

CHÉILODACTYLE, subst. mas. (*ké-ilodaktile*), t. d'hist. nat., poisson de la division des abdominaux.

CHÉILODIPTÈRES, subst. mas. plur. (*ké-ilodipetère*), t. d'hist. nat., poisson qui réunit quelques espèces du genre labre.

CHÉILORRHAGIE, subst. fém. (*ké-iloraji*) (du grec χειλος, lèvre, et ρεω, je coule), t. de médec., écoulement de sang qui a lieu par les lèvres.

CHÉILORRHAGIQUE, adj. (*ké-ilorajike*), t. de médec., qui concerne la *chéilorrhagie*.

CHÉIRANTHOÏDES, subst. et adj. fém. plur. (*ké-iranto-ide*), t. de bot., se dit d'une division de la famille des plantes crucifères.

CHÉIRAPSIE, subst. fém. (*ké-irapeci*) (du grec χειρ, main, et αψις, attouchement), t. de médec., action de se gratter dans certaines maladies.

CHÉIRISME, subst. mas. (*ké-iriceme*) (du grec χειρισμα, traitement chirurgical dans lequel il faut le concours de la main), t. de médec., action de toucher avec soin; emploi mesuré de la main.

CHÉIROGALÉUS, subst. mas. (*ké-irogualé-uce*) (du grec χειρ, main, et γαλη, chat), t. d'hist. nat., mammifère quadrumane qui ressemble beaucoup au chat.

CHÉIROMYS, subst. mas. (*ké-iromice*), t. d'hist. nat., nom grec qui signifie *rat à main*.

CHÉIROPTÈRE, subst. et adj. des deux genres (*ké-iropetère*) (du grec χειρ, main, et πτερον, aile, *qui a des mains ailées*), t. d'hist. nat., famille de mammifères carnassiers qui comprend les animaux vulgairement connus sous le nom de *chauves-souris*.

CHÉIROSTÉMON, subst. mas. (*ké-irocetémon*), t. de bot., arbre d'Amérique de la famille des malvacées.

CHÉKAO, subst. mas. (*chékao*), t. d'hist. nat., spath de la Chine, qui entre dans la fabrication de la porcelaine de Chine.

CHÉKEN, subst. mas. (*chékène*) t. de bot., plante du Chili.

CHÉLA, subst. mas. (*chéla*), espèce de sonde dont on se servait pour extraire les polypes du nez.

CHÉLEM, subst. mas. (*chélème*), t. de jeu: *faire chélem*, emporter toutes les levées de cartes au boston.

CHÉLÉNACÉES, subst. fém. plur. (*chélénacé*), t. de bot., famille de plantes d'Amérique.

CHÉLIDE, subst. fém. (*kélide*), t. d'hist. nat., genre de tortues.

CHÉLIDOINE, subst. fém. (*kélidoéne*) (du grec χελιδων, hirondelle, *parce que cette plante fleurit au retour des hirondelles*), t. de bot., genre de plantes de la famille des papavéracées. L'espèce la plus commune est la *grande chélidoine*, connue vulgairement sous le nom d'*éclaire*. La *chélidoine glauque*, que l'on appelle vulgairement *pavot cornu*, est moins commune.

CHÉLIDONS, subst. mas. plur. (*kélidon*), t. d'hist. nat., famille de l'ordre des oiseaux silvains.

CHÉLIFÈRE, subst. mas. et adj. des deux genres (*kélifère*) (du grec χηλη, pince, et φερω, je porte), t. d'hist. nat., insecte de la famille des acères, qui ont des mandibules fendues comme des tenailles. Il ressemble au scorpion. On l'appelle aussi *porte-pince*.

CHÉLINGUE, subst. fém. (*chélcingue*), t. de mar., bateau à fond plat, de la côte de Coromandel.

CHELINOTTE, subst. fém. (*chelinote*), t. d'hist. nat., pierre d'hirondelle.

CHELLEN, subst. mas. (*chèlelein*), t. de comm., toile de coton des Indes.

CHELLES, subst. fém. (*chèle*), t. de comm., toile de coton à carreaux de Surate. — Bourg de France, situé sur la Marne, à quatre lieues de Paris.

CHÉLODONTES, subst. et adj. mas. plur. (*chélodonte*), t. d'hist. nat., insectes de la classe des arachnides.

CHÉLONAIRE, subst. et adj. mas. (*chélonère*), t. d'hist. nat., insecte de l'ordre des coléoptères.

CHÉLONE, subst. mas. (*kélone*) (en grec χελωνη), t. d'hist. nat., nom de certaines tortues

CHÉLONÉE, subst. fém. (*kéloné*) (en grec χελωνη, qui a le même sens), t. d'hist. nat., tortue de mer. — Dans la myth., nymphe qui fut changée en tortue pour n'avoir pas assisté aux noces de Jupiter, et condamnée à un silence éternel, en punition de ses railleries.

CHÉLONIENS, subst. mas. plur. (*kélonien*) (en grec χελωνιος, fait de χελωνη, tortue), t. d'hist. nat., classe de reptiles du genre des tortues.

CHÉLONITE, subst. fém. (*kélonite*) (en grec χελωνιτις, fait de χελωνη, tortue), t. d'hist. nat., pierre figurée représentant une tortue sans tête.

CHÉLONOPHAGE, subst. et adj. des deux genres (*kélonofaje*) (du grec χελωνη, tortue, et φαγω, je mange), t. d'hist. moderne, peuple qui se nourrit de tortues.

CHÉLOSTOME, subst. mas. (*kéloсetome*), t. d'hist. nat., insecte de l'ordre des hyménoptères.

CHÉLY (SAINT-), subst. propre mas. (*ceinchéli*), ville de France, chef-lieu de canton, arrond. de Marvejols, dép. de la Lozère.

CHÉLY-D'AUBRAC (SAINT-), subst. propre mas. (*ceinchelidobrak*), bourg de France, chef-lieu de canton, arrond. d'Espalion, dép. de l'Aveyron.

CHÉLYDRE, subst. mas. (*kélidre*) (du grec χελυδρος qui a le même sens), t. d'hist. nat., espèce de serpent qui se tient ordinairement dans l'eau.

CHÉLYS, subst. fém. (*kélice*) (du grec χελυς qui a le même sens), t. d'hist. nat., espèce de tortue.

CHEMAGE, subst. mas. (*chemaje*) (rac. *chemin*), droit qu'on payait aux seigneurs pour passer avec des charrettes dans certains *chemins*. Vieux.

CHEMBALIS, subst. mas. (*chanbali*), t. de comm., cuir qui vient du Levant.

CHÊME, subst. mas. (*kème*) (en grec χημη), ancienne mesure grecque pour les liquides. Elle contenait la dixième partie du *cyathe*.

CHÊMÉ, E, part. pass. de *se chémer*.

CHÉMENS, subst. mas. plur. (*chèmain*), nom qu'on donne aux génies dans les îles Caraïbes.

se **CHÊMER**, v. pron. (*chémé*) (de l'italien *scemare*, diminuer), vieux mot qui signifiait: maigrir beaucoup, tomber en chartre: *voilà un enfant qui se chême*. Tout à fait inusité aujourd'hui.

CHEMIER, subst. mas. (*chemié*), vieux t. de coutume. On appelait ainsi l'aîné d'une famille noble. Ce mot a bien l'air d'être une abréviation de *chef premier*.

CHEMILLÉ, subst. propre mas. (*chemiié*), ville de France, chef-lieu de canton, arrond. de Beaupréau, dép. de Maine-et-Loire.

CHEMIN, subst. mas. (*chemein*) (de l'ital. *cammino*), voie, route, espace par où l'on va d'un lieu à un autre: *chemin de Lyon à Paris; aller, passer son chemin: rebrousser chemin*. Il ne faut pas confondre les *chemins publics* avec la *voie publique*; car ce sont deux choses tout-à-fait distinctes. Par *voie publique*, on doit entendre les rues, places et carrefours des villes et villages; les *chemins publics* s'entendent des communications qui conduisent de ville en ville, de commune à commune, ou qui servent, hors l'enceinte des communes, à l'exploitation des propriétés rurales. Voyez ROUTE. — *Chemin public*, chemin établi pour l'usage de tous, à la différence des *chemins privés*, qui ne le sont que pour certaines personnes.— Au fig., moyen, conduit qui mène à quelque fin, à quelque terme : *le chemin du ciel; la vertu est le vrai chemin de la gloire et du bonheur.*—On nomme *chemin des écoliers* le chemin le plus long, parce que c'est celui qu'ils prennent ordinairement pour aller à l'*école*. — On appelle *chemin de halage* un espace d'environ vingt-quatre pieds de large que les riverains des rivières navigables sont obligés de laisser sur les bords, pour le passage des chevaux qui halent ou tirent les bateaux. — *Chemin double*, anciennement chemin à deux chaussées, l'une pour aller, et l'autre pour venir. C'était probablement ce que nous appelons aujourd'hui *trottoirs*.—*Chemin fourchu*, celui qui se divise pour aller en deux endroits. — *Chemin ferré*, chemin pavé d'une pierre extrêmement dure; et, dans une acception plus moderne, *chemin* dont le sol est de vive roche ou formé d'une aire de cailloutage. — *Chemin de fer*, chemin formé de barres de fonte parallèles, placées et scellées dans des soubassements de pierre, en laissant entre ces barres parallèles une voie de quatre pieds deux pouces (1 mètre 34 centimètres) de large. Ces *chemins*, destinés au transport des minerais et des charbons, doivent avoir au moins une pente d'un pouce par toise (ou 2 mètres 70 centimètres). — *Chemin couvert*, en t. de fortific., espace de quatre ou cinq toises de largeur qui règne autour des fossés d'une place et des demi-lunes.—*Chemin de rondes*, espace qu'on laisse pour le passage des rondes, entre le rempart et la muraille.—*Chemin de Saint-Jacques*, ce que les astronomes appellent *la voie lactée*. Cette dénomination de *Saint-Jacques* vient de ce que, selon la chronique miraculeuse de l'archevêque *Turpin*, saint *Jacques* apparut à *Charlemagne* dans la voie lactée que ce prince considérait alors, et lui indiqua cette direction pour se transporter en Espagne, et y découvrir son tombeau. — Les marins entendent par *chemin*, la vitesse plus ou moins grande d'un bâtiment sous voiles. Ils disent qu'*il fait beaucoup de chemin*, quand il fait un grand sillage. — Prov. et fam. : *aller son droit* ou *son grand chemin*, ou simplement *aller son chemin*, agir avec droiture, simplement, sans façon. — *Trouver quelqu'un dans* ou *sur son chemin*, le trouver toujours opposé à ses projets. On le dit aussi dans le sens contraire et par forme de menace : *je le trouverai en mon chemin*, je trouverai l'occasion de lui nuire. — *Trouver une pierre en son chemin*, trouver un obstacle dans son entreprise. — *Mener quelqu'un par un chemin où il n'y a pas de pierres*, le faire marcher et agir comme l'on veut. — *Faire voir du chemin à quelqu'un*, lui donner de l'embarras. — *Avoir du chemin à faire avant de...*, avoir du temps à passer, des difficultés à surmonter avant de... — *Faire son chemin*, s'avancer dans la voie de la fortune, des grades, des honneurs. — *N'aller pas par deux chemins*, parler et agir franchement et rondement. — *Aller son petit bon-homme de chemin*, faire ses affaires tranquillement et lentement.—*Aller par le grand chemin* ou *par le chemin battu*, suivre les principes communs dans la doctrine ou dans la conduite. — *Suivre le chemin battu*, les usages établis. — *Le chemin des vaches*, l'usage commun et ordinaire. — *Barrer* ou *croiser le chemin à quelqu'un*, former opposition à ses desseins, lui susciter des obstacles. —*Couper chemin à la maladie*, etc., l'arrêter; on dit aussi, au propre : *couper le chemin*. — *Fermer le chemin à quelqu'un*, l'empêcher de faire ce qu'il voulait.—*Montrer le chemin à quelqu'un*, lui donner l'exemple. — *Trouver le chemin d'un cœur*, savoir se faire aimer d'une personne. —*Demeurer en beau chemin*, quitter, se rebuter lorsqu'il n'y a plus d'obstacles. — *Tous chemins mènent à Rome*, divers chemins conduisent au même endroit. — *Couper chemin à quelque chose*, en interrompre le cours, les progrès. *On coupe chemin à un incendie*, en abattant une ou plusieurs maisons auxquelles on craint que le feu ne se communique. *On coupe chemin à un procès*, en faisant un accommodement. *On coupe chemin à la gangrène* en faisant l'amputation d'une partie gangrenée. — *Chemin de velours*, chemin facile et agréable sur une pelouse, etc., style fig. et fam. — *Bonne terre, mauvais chemin*, les chemins sont mauvais dans une terre grasse. — *Vieux comme les chemins*, très-vieux. — *Sur un chemin battu il ne croît point d'herbe*, quand il y a trop de gens d'une même profession, il y a peu de profit pour chacun. — En t. d'archit., on appelle *chemin*, le puits par où l'on descend dans une carrière pour la fouiller, ou l'ouverture qu'on fait à la côte d'une montagne pour en tirer la pierre ou le marbre. — *Chemin*, en t. de chorégraphie, se dit des lignes qui, tracées sur le papier, représentent la figure qu'un ou plusieurs danseurs décrivent sur le plancher pendant tout le cours d'une danse.—*Chemin*, en t. de lapidaire, se dit de la trace que fait un diamant sur la meule de fer où on le taille. — Les tonneliers appellent *chemin*, des pièces de bois qui portent d'un bout sur les bateaux chargés de vin, de l'autre à terre, où elles servent à conduire les tonneaux sans accident. — *Chemin faisant*, sorte de loc. adv. qui signifie, par occasion, en même temps.

CHEMINAUX, subst. mas. plur. (*chemind*), *cheminée* portative en terre cuite. Ce mot se trouve dans la plupart des *Dictionnaires*. Il est assez extraordinaire qu'on ne lui ait pas donné de singulier avec l'acception qu'on lui applique.

CHEMINÉ, part. pass. de *cheminer*.

CHEMINÉE, subst. fém. (*cheminé*) (du latin barbare *caminata*, fait de *caminus*, dérivé du grec καμινος, fourneau), endroit où l'on fait du feu dans les maisons, et où il y a un tuyau par où passe la fumée.— La partie de la cheminée qui avance dans la chambre. — La partie du tuyau qui sort du toit. — En t. de luthier, on appelle *cheminée*, dans les orgues, un tuyau de plomb ouvert par les deux bouts.—Prov. : *faire quelque chose sous la cheminée*, en cachette, sans remplir les formalités requises. — On dit aussi prov. et pop., quand on voit un homme entrer dans une maison où il y a long-temps qu'il n'a paru, qu'*il faut faire une croix à la cheminée*.

CHEMINEL, subst. mas. (*cheminèl*), t. de bot., sorte de poire à cidre.

CHEMINER, v. neut. (*cheminé*) (rac. *chemin*), aller, marcher.—Au fig., *cheminer droit*, ne point faire de faute. On dit plus souvent et mieux *marcher*. — On dit aussi fig. et fam., d'une affaire qui va son train, qu'*elle chemine*; d'un discours uni et coulant : *cela chemine bien*, etc. — *Cheminer* se dit aussi en parlant d'une personne : *un tel sait cheminer*, il sait ce qu'il faut faire pour avancer.

CHEMINEUSE, adj. fém. Voy. CHEMINEUX.

CHEMINEUX, adj. mas., au fém. CHEMINEUSE, (*chemineu, neuze*), qui fait beaucoup de *chemin*. (BOISTE.) Ce mot est inusité.

CHEMISE, subst. fém. (*chemize*) (du lat. barbare *camisia*, employé dans cette signification par divers écrivains de la basse latinité), vêtement de toile ou de coton qui a un corps et des manches, et qu'on porte sur la peau. — En Égypte, etc., habit de cérémonie exclusivement réservé aux femmes, et qui couvre les autres vêtements.—En t. de bot., voy. BOURSE et VOLVE. — En t. de fondeur, enduit de plâtre qui sert dans les grandes fontes à envelopper le moule de portée après son recuit.—En t. de comm., toile qui enveloppe immédiatement les soies et autres marchandises précieuses qu'on emballe pour les pays éloignés. — Enveloppe des rames de papier. — Feuille de papier dans laquelle on met des mémoires ou autres diverses pièces qu'on veut réunir et conserver. — En t. de fortification, muraille de maçonnerie qui revêt le rempart. On dit plus souvent et mieux *revêtement*. — Les maçons appellent *chemise* une espèce de maçonnerie faite de cailloutage, avec mortier de chaux et ciment, ou de chaux et sable seulement, pour entourer des tuyaux de grès; et ils donnent aussi ce nom au mastic de chaux et ciment qui sert à retenir les eaux, tant sur le côté que dans le fond des bassins de ciment. — En t. de métallurgie et de fonderie, c'est la partie inférieure du fourneau à manche, dans lequel on fait fondre les mines, pour en séparer les métaux : *mettre la chemise du fourneau; renouveler la chemise du fourneau*. — En t. de verrerie, on appelle *chemise* ou *demi-chemise*, le vêtement de la couronne. — Les arquebusiers appellent *chemise* un canon ébauché pour un fusil. — Un navire qui charge en grenier a ordinairement des voiles ou nattes qui tapissent l'intérieur de sa cale, et cette enveloppe est, par plusieurs caboteurs, nommée *chemise de chargement*. — En t. d'art militaire, *chemise à feu* se dit de morceaux de toile trempés dans une composition d'huile de pétrole, de camphre, et d'autres matières combustibles, dont on se sert sur mer pour mettre le feu à un vaisseau ennemi. — Les maîtres d'écriture appellent *lettres en chemise* ou *à la duchesse*, une espèce d'écriture tracée tout au rebours de l'écriture ordinaire. Les pleins y tiennent la place des déliés, et les déliés celle des pleins. — *Chemise de maille*, corps de chemise qui était fait de petits annelets d'acier, et dont on se servait comme d'arme défensive. — *Chemise ardente* ou *de soufre*, sorte de *chemise* frottée de soufre, qu'on faisait vêtir aux criminels condamnés à être brûlés vifs. — *Être en chemise, se sauver en chemise*, avec sa seule *chemise* sur le corps. — *Jouer jusqu'à sa chemise*, jusqu'à son dernier sou. — Fig., *mettre quelqu'un en chemise*, le ruiner. — *N'avoir pas de chemise*, être fort pauvre.—*Vendre, engager, manger jusqu'à sa chemise*, tout ce qu'on a. — *Cacher, mettre quelqu'un dans sa chemise*, tout faire pour servir une personne, ou pour la mettre en sûreté. — *Il faut cacher ce qu'on fait entre chair et chemise*, il faut agir avec discrétion.—*J'y mangerai jusqu'à ma chemise*, je me ruinerai, plutôt que d'abandonner cette affaire. — Prov. : *notre peau nous est plus près que notre chemise*, nous devons préférer nos intérêts à ceux des autres. — Myth. Voy. NESSUS et DÉJANIRE.

CHEMISETTE, subst. fém. (*chemizète*) (rac. *chemise*), vêtement qui se met sur la *chemise*, qui n'a point de manches, et qui prend d'ordinaire depuis les épaules jusqu'aux hanches. — Sorte de camisole que portent les gens du peuple. En ce sens, *camisole* est plus usité.

CHÉMOSIS, subst. mas., ou CHÉMOSIE et non pas CHÉMOISIE, subst. fém. (*kémozice, kémozî*) (en grec χημωσις), t. de médec., maladie de l'œil dans laquelle le blanc s'élève au-dessus du noir.

CHEN, subst. mas. (*chène*), t. de monnaie, monnaie de cuivre en Chine.

CHÊNAIE, subst. fém. (*chêné*), lieu planté de *chênes*.

CHENAL, subst. mas., au plur. CHENAUX (*chenal*) (en lat. *canalis*, canal), courant d'eau en forme de canal, bordé le plus souvent des deux côtés de terres coupées en talus, et quelquefois revêtu de murs. — Courant d'eau pratiqué pour l'usage d'un moulin et d'une forge.—En t. de mar., petit canal souvent tortueux pour faire entrer un bâtiment dans le bassin d'une écluse. — En archit., petit canal pratiqué le long d'un toit pour l'écoulement des eaux de pluie. Dans ce dernier sens, on dit aussi *cheneau* et non pas *chêneau*, comme le prétend l'*Académie*, qui écrit cependant *chenal*.

CHENALÉ, part. pass. de *chenaler*.

CHENALER, v. neut. (*chenalé*), t. de mar., chercher un passage dans un lieu où il y a peu d'eau, en suivant les sinuosités d'un canal.

CHENALOPEX, subst. mas. (*chenalopèkece*), oie ou canard que les anciens Égyptiens vénéraient à cause de son attachement pour ses petits.

CHENAPAN, subst. mas. (*chenapan*) (mot tiré de l'allemand *schnappan*, brigand des montagnes Noires), vaurien, bandit, mauvais garnement. Pop.

CHENAR, subst. mas. (*chenar*), t. de bot., arbre que l'on cultive beaucoup en Perse.

CHENAUX, subst. plur. mas. Voy. CHENAL.

CHENAY, subst. propre mas. (*chené*), village de France, chef-lieu de canton, arrond. de Melle, dép. des Deux-Sèvres.

CHÊNE, subst. mas. (*chène*), grand arbre de nos forêts. Son bois sert à toutes sortes d'usages. Son fruit, nommé *gland*, est enfermé dans une capsule ligneuse qu'on nomme *calice* ou *cupule*. Il y en a plusieurs espèces; on nomme *chêne robre* ou *rouvre* celui dont les feuilles sont cotonneuses en dessous. — *Chêne noir à silique*, espèce de bignone qui croît à Saint-Domingue. — *Chêne-vert*. Voy. ce mot et YEUSE. — *Chêne vert à feuilles de houx*, espèce de *chêne* dont les feuilles imitent celles du houx, et sont persistantes pendant l'hiver. On connaît le *petit chêne-vert* qui croît en Languedoc, et qui nourrit le kermès. — En t. d'astron., *chêne de Charles II*, constellation méridionale, introduite par *Halley*, en mémoire du *chêne royal* qui servit de retraite à *Charles II*, roi d'Angleterre, après la bataille de Worcester, le 3 septembre 1651.—Le *chêne* a été fort honoré chez les anciens : il était consacré à Jupiter Capitolin, qui en était couronné pour avoir conservé les citoyens. On en tressait des couronnes civiques pour servir de témoignage à la bravoure des soldats; on en faisait aussi des statues de dieux. On couronnait de *chêne* ceux qui avaient conservé la vie à des citoyens. De là ces revers de médailles dans Auguste, dans Claude, dans Galba, qui ont une couronne de *chêne* avec ces mots : *ob cives servatos*. — Prov., *payer en feuilles de chêne*, en effets de nulle valeur. Ce proverbe vient sans doute d'un autre encore plus ancien, et qui disait que la *monnaie du diable est de feuilles de chêne*, parce qu'il les faisait paraître d'or.

CHENEAU, subst. mas. (*chenó*). Voy. CHENAL.

CHÊNEAU, subst. mas. (*chênó*), jeune *chêne*.

CHÊNE-LE-POUILLEUX, subst. propre mas. (*chênelepouieu*), nom d'une petite ville ou bourg de la Champagne, en France. *Chêne-le-Pouilleux* avait le privilège d'envoyer au sacre de nos rois une compagnie d'environ quatre-vingts de ses habitants en armes, lesquels, tambour battant et enseigne déployée, précédaient le prieur de l'abbaye de Saint-Remy, lorsqu'il apportait la sainte ampoule à la cathédrale, accompagné de quatre barons de la sainte ampoule. Ce privilège leur avait été accordé parce qu'autrefois, dit-on, pendant les guerres des Anglais, ils avaient retiré la sainte ampoule de leurs mains.

CHENÈRE, subst. fém. (*chenère*), espèce d'oie sauvage.

CHENET, subst. mas. (*chené*) (du mot *chien*, parce qu'on lui donnait autrefois la forme d'un chien ; on a même dit *chiennet*), ustensile de cheminée dont on se sert par paire, et sur lequel on élève le bois dans la cheminée. — En t. de mar., machine de fer disposée à peu près en forme de *chenet* ordinaire, pour servir, dans les ports où il n'y a pas d'étuves, à donner le pli aux bordages.

CHÊNETEAU, subst. mas. (*chênetó*), jeune *chêne* en baliveau, au-dessous de quarante ans.

CHENETTE, subst. fém. (*chenète*), t. de bot., espèce de plante.

CHÊNEVEAU, subst. mas. (*chênevó*), sorte de filet pour la pêche.

CHÊNE-VERT, subst. mas. (*chênevère*), espèce de *chêne* qu'on appelle autrement *yeuse*. — Au plur., des *chênes-verts*.

CHÈNEVIÈRE, subst. fém. (*chènevière*), champ semé de *chènevis*. — Prov., *épouvantail à*, ou *de chènevière*, haillon pour effaroucher les oiseaux. — Au fig., personne laide et mal habillée. Chose qui paraît terrible à d'autres, et dont on se moque.

CHÈNEVIS, subst. mas. (*chènevi*) (du grec κανναβις, chanvre), graine de chanvre

CHÈNEVOTTE, subst. fém. (*chènevote*), tuyau de plante de *chènevis*, quand il est sec et qu'il a été dépouillé de son chanvre. — Petite parcelle de ce tuyau.

CHÈNEVOTTÉ, E, part. pass. de *chènevotter*.

CHÈNEVOTTER, v. neut. (*chènevoté*), en t. d'agric., se dit de la vigne qui pousse du bois faible comme des *chènevottes*.

CHENG, subst. mas. (*changue*), t. de musique, instrument chinois, à vent.

CHÉNICE, subst. fém. (*chenice*), t. d'hist. anc., mesure grecque pour les solides, qui valait la huitième partie du boisseau romain.

CHÉNIER, subst. mas. (*chénié*), t. de bot., sorte de champignon.

CHENIL, subst. mas. (*cheni*, sans prononcer jamais *l*), lieu où l'on met les chiens de chasse. — Logement des équipages et des gens d'une vènerie. — Fig., logement fort sale et fort vilain : *c'est un vrai chenil*.

CHENILLE, subst. fém. (*chenile*) (du lat. *canicula*, diminutif de *canis*, chien, à cause, dit *Ménage*, de la ressemblance qu'ont certaines *chenilles* avec de *petits chiens*; aussi est-elle appelée en grec κυων, *chien*), t. d'hist. nat., insecte rampant et qui a le corps allongé et partagé en douze anneaux. Il ronge les feuilles des arbres et se change en papillon. — On dit fam. : *c'est une méchante chenille*, d'une personne qui se plaît à mal faire. — — *Être laid comme une chenille*, fort laid. — T. de fabricant, tissu de soie qui ressemble à la *chenille*, et dont on se sert dans la broderie. — Vêtement négligé que portaient les hommes autrefois. Inus. — En t. de bot., plante aussi nommée *chenillette*.

CHENILLETTE, subst. fém. (*cheniiète*), t. de bot., plante annuelle, rampante, de la famille des légumineuses.

CHÉNISQUE ou **CHOENISQUE**, subst. mas. (*chénicke*) (en grec χηνισκος, dérivé de χηνος, gén. de χην, oie), t. d'hist. anc., ornement en forme de cou d'oie, par lequel était ordinairement terminée la proue des navires.

CHENNIE, subst. fém. (*chèneni*), t. d'hist. nat., insecte de l'ordre des coléoptères.

CHENOLITHE ou **PIERRE DE FOUDRE**, subst. fém. (*chenolite*). Voy. BRONTIAS.

CHENOLLE, subst. fém. (*chenole*), t. de bot., genre de plante du cap de Bonne-Espérance.

CHÊNON, et mieux **CHAÎNON**, subst. mas. (*chênon*), pièce de verre de figure oblongue et arrondie par un de ses quatre angles, qui paraissent engagées et liées les unes dans les autres, comme les anneaux d'une *chaîne*, et forment différents carrés.

CHÉNOPODÉES, subst. fém. plur. (*chénopodé*) (du grec χηνος, gén. de χην, oie, et ποδος, gén. de πους, pied), t. de bot., famille de plantes dont la feuille a la forme du pied d'une oie.

CHÉNOPODIUM, subst. mas. (*chénopodiome*) t. de bot., nom générique des ansérines. — Plante de la famille des *chénopodées*.

CHÉNOSIRIS, subst. mas. (*chénozirice*), myth., lierre consacré à Osiris, chez les Égyptiens.

CHENU, E, adj. (*chenu*) (du lat. *canus*, blanchi de vieillesse), blanc de vieillesse : *tête, barbe chenue*. — *Arbre chenu*, dépouillé par la cime. — Au fig. et poét. : *les Alpes chenues*, couvertes de neige. Vieux, mais poétique.

CHEOIR, ancienne orthographe du v. neut. CHOIR.

CHEPTEL, **CHEPTEIL** ou **CHETEL**, subst. mas. (*chetèle, chetèie*, sans faire sonner le *p* ; c'est bizarre, mais cela est ainsi), t. de jurispr., bail de bestiaux dont le profit doit se partager entre le preneur et le bailleur. — On le dit même des bestiaux : *veiller à la conservation du cheptel*. — Nous extrayons du savant *Dictionnaire de Législation usuelle*, par *M. E. de Chabrol Chaméane*, les excellentes explications qu'il nous donne sur ce mot, à l'article BAIL. C'est, dit ce magistrat, un contrat par lequel une partie donne à l'autre des animaux susceptibles de croît ou de profit, pour l'agriculture ou le commerce, à l'effet de les garder, nourrir et soigner sous les conditions convenues entre elles. Il y a plusieurs sortes de *cheptels* : 1° le *cheptel* simple ou ordinaire; 2° le *cheptel* à moitié ; 3° le *cheptel* donné au fermier ou au colon partiaire, aussi appelé *cheptel de fer* ; 4° le *cheptel de vaches*. Ces diverses sortes de *cheptels* diffèrent principalement, en ce que dans le *cheptel simple*, dans le *cheptel de fer* et dans celui de *vaches*, le bailleur fournit seul les bestiaux; tandis qu'ils sont communs dans le *cheptel à moitié*. 1° *Cheptel simple*. Dans ce bail, la tonte et le croît seulement se divisent par moitié entre le bailleur et le preneur. Quant au laitage, au fumier et au travail des animaux, ils appartiennent en entier au preneur. La perte doit toujours être supportée en commun. Il se fait ordinairement, soit dans le bail, soit par acte séparé, une prisée du bétail afin de fixer la perte ou le profit qui pourra se trouver à la fin du bail. Cette prisée ne transfère aucun droit de propriété au preneur sur le fonds de *cheptel*. Le preneur n'étant pas propriétaire des animaux, ne répond pas (au-delà de sa moitié, bien entendu.) des cas fortuits, à moins qu'il n'y ait donné lieu par sa faute. La preuve du cas fortuit est de droit à la charge du preneur, et celle de la faute de ce dernier à la charge du bailleur. Dans tous les cas, le preneur, déchargé par cas fortuit, est tenu de rendre compte des peaux ; c'est-à-dire, tenu non pas de les payer, mais de faire connaître ce qu'elles sont devenues; par exemple, si elles ont péri avec les bêtes, comme dans les maladies contagieuses ou la police s'oppose à ce qu'on dépouille les bêtes mortes, etc. Il est à remarquer que si l'accident était tel que le *cheptel* eût péri totalement, la perte ne serait pas même supportée par moitié par le preneur ; elle le serait en entier par le bailleur. Pour éviter que le propriétaire de la ferme qu'exploite le preneur n'exerce son privilège sur le *cheptel*, on doit avoir soin de lui notifier le bail, et cela au moment même de l'introduction du *cheptel* dans la ferme. Plus tard, cette notification du *cheptel* n'empêcherait pas l'exercice du privilège. Tant que dure la société résultant du *bail à cheptel*, il est évident qu'il faut le consentement des deux parties pour disposer des bêtes ou même du croît; mais la faculté qu'accordaient quelques coutumes, au bailleur, de saisir et de revendiquer le bétail vendu par le *cheptélier* n'a point été maintenue par le Code. De même le *cheptélier* qui vendrait, sans le concours du bailleur, les bestiaux donnés à *cheptel*, serait passible d'une simple action civile. Il ne pourrait plus, comme autrefois, être poursuivi par voie criminelle. S'il y avait nécessité de vendre de vieilles bêtes, par exemple, et que le bailleur s'y refusât, le preneur devrait se *faire autoriser par justice*. La tonte se partage au moment où elle a lieu. Le preneur doit à cet effet prévenir le bailleur. À la fin du bail, qui doit durer trois ans, à moins de conventions particulières ou de résiliation, on procède au partage, après une nouvelle estimation du *cheptel*. Si cette estimation est inférieure à la première, le bailleur prend tout ce qui existe, et la perte se partage; si elle est égale, le bailleur prend également tout, et il n'y a pas lieu par conséquent au partage. Si elle est supérieure, le bailleur prélève des bêtes de chaque espèce jusqu'à concurrence de la première estimation, et le surplus se partage. Les époques les plus favorables pour le partage des *cheptels* sont la Saint-Jean et la Saint-Martin ; quant au croît, on peut convenir d'époques déterminées pour en opérer le partage. — 2° *Cheptel à moitié*. Véritable société dans laquelle chacune des parties fournit la moitié des bestiaux qui demeurent en commun pour la perte et pour certains profits. Nous disons *certains profits*, parce que le preneur retient à lui seul, et nonobstant toute stipulation contraire, le profit du laitage et du travail des bestiaux. Toutes les autres règles du *cheptel simple* s'appliquent au *cheptel à moitié*. — 3° *Cheptel donné par le propriétaire à son fermier* ou *colon partiaire*. Le *cheptel* donné au fermier, qu'on appelle aussi *cheptel de fer*, parce qu'il est comme enchaîné à la métairie, a lieu lorsque le propriétaire d'un bien rural le donne à ferme avec les bestiaux dont il est garni. Il est de règle : 1° que tous les profits des bestiaux, sans exception, appartiennent au fermier pour toute la durée du bail, sauf néanmoins l'obligation d'employer exclusivement les fumiers à l'amélioration de la ferme ; 2° que le fermier, recueillant tous les profits, est tenu même de la perte totale survenue par cas fortuit. Les deux dispositions qui précèdent peuvent toutefois être modifiées par des conventions particulières ; 3° que lors de la résiliation du bail, le fermier est tenu, même par corps, de laisser des bestiaux d'une valeur égale à celle qu'il a reçue. Il doit par conséquent être fait estimation du *cheptel* au commencement et à la fin du bail; mais cette estimation, quoiqu'elle mette le *cheptel* aux risques du fermier, ne lui en transfère pas la propriété. Aussi n'a-t-il pas le droit de retenir le *cheptel* à la fin du bail, même en payant l'estimation ; il garde seulement l'excédant de la seconde estimation sur la première, comme il est tenu de suppléer au déficit, s'il en existe. Bien que le preneur ne soit pas propriétaire du fonds du *cheptel* il n'en a pas moins été jugé que le fermier ou ses créanciers peuvent, pendant la durée du bail, vendre ou faire vendre des bestiaux provenant du *cheptel*, pourvu que le *cheptel* reste à peu près complet. D'où il faut conclure que le fonds de *cheptel* qui est entre les mains du preneur, immeuble par destination, ne saurait être, en thèse générale, démembré, au préjudice du propriétaire. Le *cheptel donné au colon partiaire* est soumis, en général, aux règles et clauses établies pour le *cheptel simple*, sauf les modifications suivantes : On peut y stipuler : 1° que le bailleur aura une partie des laitages ; au plus la moitié; 2° qu'il aura une plus grande part que le preneur dans les autres profits; 3° qu'il aura droit de prendre la part du colon dans la tonte, à un prix inférieur à la valeur ordinaire. Si la loi permet aussi au bailleur de faire sa condition meilleure, c'est qu'il contribue à la nourriture du *cheptel*, qui est prise sur les produits de la métairie dont il reçoit une partie en nature, et que, de droit, c'est le preneur qui doit nourrir les bestiaux. Ce bail finit avec celui de la ferme, et le colon partiaire peut être contraint par corps à la représentation du *cheptel*. — 4° *Cheptel de vaches*. Il a lieu, lorsqu'une ou plusieurs vaches sont données à quelqu'un qui se charge de les loger et de les nourrir, sous la condition d'en avoir tous les profits qui appartiennent au bailleur, lequel conserve également la propriété des vaches. Le bailleur peut retirer sa vache quand bon lui semble, pourvu néanmoins que ce soit *en temps opportun*, c'est-à-dire pourvu que ce ne soit pas à la sortie de l'hiver, ou peu de temps après que son veau lui a été retiré. De même, le preneur peut toujours la rendre, excepté à l'entrée de l'hiver, ou au moment où elle va mettre bas. — *Enregistrement*. Il est dû pour le *cheptel simple* et pour le *cheptel de vaches* 20 centimes pour 100 fr., et moitié de ce droit pour le cautionnement. (Loi du 16 juin 1824, art. 1er.)

CHEPTÉLIER, subst. mas., au fém. **CHEPTÉLIÈRE** (*chetélié, lière*), t. de jurispr., qui prend à *cheptel*.

CHer., abréviation du titre de *chevalier*. Voy. ce mot.

CHER, adj. mas., au fém. **CHÈRE** (*chère*). C'est à tort que nos anciens poètes, et même *Racine*, ont fait rimer *cher* avec *rechercher*, *tâcher*, et les autres mots de ce genre :

> Eh bien ! brave Acomat, si je leur suis si *cher*,
> Que des mains de Roxane ils viennent m'*arracher*.

(En lat. *carus*.) Qui est tendrement aimé. — Qui coûte beaucoup. — On entend par *chère année*, une année où le blé est beaucoup plus *cher* qu'à l'ordinaire. — *Le temps, les moments sont chers*, sont précieux. — Qui vend à plus haut prix que les autres : *ce marchand, cet ouvrier est cher*. — *Chère épice*, marchandise trop *chère*. — Subst. : *mon cher, ma chère*, t. d'intime amitié, et quelquefois aussi d'orgueil et de protection. — Adv., à haut prix : *cela coûte cher, fort cher ; ce marchand vend cher*. — Au fig., *vendre bien cher sa vie*, se bien défendre. — Prov. et fig. : *il me le paiera plus cher qu'au marché*, je me vengerai de lui.

CHER, subst. propre mas. (*chère*), dép. de la France, qui tire son nom de la rivière qui le traverse.

CHÉRA, adj. propre fém. (*kèra*) (du grec χηρα, veuve), myth., surnom grec donné à Junon souvent délaissée par Jupiter.

CHÉRAFI, subst. mas. (*chérafi*), médaille ou monnaie d'or qu'on frappe à l'avènement d'un prince au trône de Perse.

CHÉRAFS, subst. mas. plur. (*chérafe*), nom qu'on donne aux changeurs banians établis en Perse.

CHÉRAMBOHIR, subst. mas. (*chéranbo-ir*), t. de bot., arbrisseau des Indes.

CHÉRAMELER, subst. mas. (*cheramelère*), t. de bot., genre de plantes de la famille des euphorbiacées.

CHÉRAMIDE, subst. fém. (*chéramide*), t. d'hist. nat., espèce de coquille. — T. de lapid., sorte de pierre précieuse.

CHERBOURG, subst. propre mas. (*chèrebour*), ville de France, chef-lieu d'arrond., dép. de la Manche. — Cette place de guerre soutint, à diverses époques, plusieurs sièges contre les Anglais.

CHERCHE ou mieux **CERCHE**, subst. fém. (*chèreche, cèreche*), t. d'archit., 1° courbe selon laquelle on pratique ce renflement léger qui contribue si fort à l'élégance des colonnes ; 2° trait d'un arc surbaissé ou rampant, déterminé par plusieurs points ou intersections de cercles ou d'autres courbures ; en ce sens, l'*Académie* disait *cerce* dans son ancien *Dictionnaire*, quoique *cerche* soit plus conforme à l'étymologie de l'italien *cerchio*, cercle, et au sens du mot, que du reste elle a tout à fait supprimé ; 3° profil d'un contour courbe, découpé sur une planche, pour diriger le relief ou le creux d'une pierre qui doit être taillée. — En géom., 1° développement de plusieurs circonférences, fait selon quelque ligne verticale ; 2° nom générique de toute courbe qu'on ne peut décrire d'un seul trait de compas, mais par différents centres ou points *recherchés*.

CHERCHE, subst. fém. (*chèreche*), action de *chercher*. Ce mot est fort peu usité. On dit cependant encore : *être en cherche de*... être occupé à *chercher*. Ce mot n'est pas dans l'*Académie*.

CHERCHÉ, E, part. pass. de *chercher*.

CHERCHÉE, adj. fém. (*chèreché*), en algèbre et en géom., la quantité qu'il s'agit de découvrir dans la solution d'un problème. On dit plus souvent et mieux : *inconnue*.

CHERCHE-FICHE ou **CHERCHE-POINTE**, subst. mas. (*chèrechefiche, chèrechepoeinte*), t. de serrurier, sorte de pointe acérée dont la tête forme un tour d'équerre, et qui est ronde comme le reste du corps. L'usage de cet outil est de *chercher* dans le bois le trou qui est dans l'aile de la *fiche*, lorsque cette aile est dans la mortaise, afin d'y pouvoir placer la pointe qui doit arrêter la fiche.

CHERCHER, v. act. (*chèreché*) (du lat. barbare *circare*, formé de *circus*, en grec κιρκος, tour, cercle, parce que *ceux qui cherchent* quelque chose tournent autour du lieu où ils croient le trouver. Les Italiens en ont fait également *cercare*, qui a la même signification), se donner du mouvement, du soin, de la peine pour trouver : *chercher quelqu'un, quelque chose, du secours*, etc. : *chercher un domestique, un remède à ses maux*. Il n'est point usité au passif et l'on ne dit pas : *je suis cherché* ; mais : *on me cherche*. — On dit sans article : *chercher retraite, malheur, fortune*. Il s'emploie quelquefois neutralement : *il cherche à se faire aimer*. — Prov. : *chercher quelqu'un par mer et par terre, à pied et à cheval*, avec le plus grand soin et partout où l'on peut croire qu'il sera. — *Chercher une aiguille dans une botte de foin*, chercher une chose qu'il est presque impossible de trouver. — *Chercher midi à quatorze heures*, dire des choses qui ne reviennent pas au sujet, ou plutôt subtiliser, faire de mauvaises difficultés sur des choses où il n'y en a point à faire. — *Chercher l'ennemi*, aller au-devant de lui. — *Chercher son pain*, mendier. — *Le bien cherche le bien*, le bien vient à celui qui en a déjà. — *Chercher querelle, chercher noise à quelqu'un*, attaquer quelqu'un de paroles, de manière à élever une querelle avec lui. — On dit : *chercher son malheur*, pour dire : faire, de propos délibéré, des choses qui conduisent au malheur. — *Chercher femme*, chercher à se marier. — *Chercher de l'argent*, tâcher de se procurer de l'argent. — *Aller chercher*, aller trouver. — *Aller chercher quelqu'un*, aller trouver une personne pour la conduire quelque part, ou pour l'avertir de s'y rendre. — *Aller* ou *venir chercher quelque chose*, aller, venir prendre ou recevoir quelque chose dans un lieu quelconque. — *Chercher* régit la prép. *à*, quand il signifie *s'efforcer de* : *chercher à plaire*. — *Chercher* se dit aussi des choses inanimées qui, par leur nature, tendent à quelque fin : *l'aiguille aimantée cherche le nord ; l'eau cherche à se faire un passage*. — *se* **CHERCHER**, v. pron.

CHERCHEUR, subst. mas., au fém. **CHERCHEUSE** (*chèrecheur, cheuze*), celui, celle qui *cherche*. — Il se prend ordinairement en mauvaise part : *chercheur de trésors, de franches lippées, de pierre philosophale ; chercheuse d'esprit*. — En astron., au mas. seulement, petite lunette adaptée aux télescopes dont le champ est trop petit, et qui sert à trouver facilement un astre : *le chercheur a un très-grand champ*.

CHERCHEUSE, subst. fém. Voy. **CHERCHEUR**.

CHERCONÉE, subst. fém. (*chèrekoné*), t. de comm., étoffe en soie et en coton des Indes.

CHÈRE, subst. fém. (*chère*) (du latin *cara*, qui a signifié visage, et qui vient du grec χαρα, ou καρη, tête), régal, bon repas : *faire bonne chère*. On dit aussi en sens contraire : *maigre chère, petite chère*. — Accueil, réception. En ce sens, il n'est plus d'usage que dans cette phrase : *il ne sait quelle chère lui faire*. — *Chère entière*, grand repas suivi de plusieurs divertissements. — *Chère de commissaire*, repas où l'on sert chair et poisson. Il nous semble qu'on devrait dire *chair entière*. — *Homme de bonne chère*, qui vit avec les gens riches. — *Il n'est chère que de vilain* : quand un avare se décide à donner à boire et à manger, il n'épargne rien. — On dit chez les cabaretiers : *tant pour la bonne chère*, tant pour le couvert et les autres menus frais qui ne se comptent pas dans le détail. — *Chère lie*. Voy. **LIE**.

CHÉRÉ, E, part. pass. de *chérer*.

CHÉREM, subst. mas. (*kérème*), excommunication, anathème chez les Juifs.

CHÈREMENT, adv. (*chèreman*), tendrement : *conserver chèrement le souvenir de quelqu'un*. — A haut prix : *vendre* ou *faire acheter chèrement sa vie*, ou (bassement) *sa peau*, tuer beaucoup d'ennemis avant de se laisser tuer.

CHÉRÉMOCRATE, subst. mas. (*kérémokrate*) (de l'hébreu *chérem*, et du grec κρατος, pouvoir), chef de synagogue qui, chez les Juifs, est chargé de punir ceux qui ont manqué aux devoirs de leur religion.

CHÉRÉMOCRATIQUE, adj. des deux genres (*kérémokratike*), qui est du ressort du *chérémocrate*.

CHÉRER, v. act. (*chéré*), traiter avec bonté, avec douceur. (*Marot*.) Ce mot est entièrement inusité.

CHÉRI, E, part. pass. de *chérir*, et adj., aimé : *mortel chéri des dieux*. Lors même qu'il est sans régime, il suit toujours le subst. : *c'est un enfant chéri*.

CHÉRIC, subst. mas. (*chérik*), t. de bot., petit figuier.

CHÉRIF, mieux **SCHÉRIF** ou **SHÉRIF**, subst. mas. (*chérif*) (de l'arabe *scherif* ou *schurif*, noble, illustre, formé du verbe *scharafa*, exceller en gloire), nom que les musulmans donnent à tous les descendants de Mahomet par Fatime ; ils sont distingués par un turban vert. — Chez les Arabes et les Maures, il signifie *prince* : *schérif de la Mecque ; schérif de Médine*. — *Le schérif des shérifs*, titre que prend l'empereur de Maroc. — T. de monnaie, pièce d'or d'Égypte de la valeur de six francs soixante-dix-huit centimes.

CHÉRINE, subst. fém. (*chérine*), t. de bot., plante de la famille des corymbifères.

CHÉRIR, v. act. (*chérir*) (du mot français *cher*, fait du lat. *carus*), aimer tendrement, avec prédilection : *chérir les enfants, la gloire*. — *se* **CHÉRIR**, v. pron.

CHÉRISSABLE, adj. des deux genres (*chériçable*), qui mérite d'être *chéri*. Quoiqu'on trouve ce mot dans *J.-B. Rousseau* (liv. IV, ode 2), et dans l'*Académie*, on dit plus souvent et mieux *aimable*.

CHERLERIE, subst. fém. (*chèreleri*), t. de bot., plante de la famille des caryophyllées.

CHERLESKER, subst. mas. (*chèrelèceké*), lieutenant-général des armées ottomanes.

CHERLITE, subst. mas. (*chèrelite*), t. d'hist. nat., genre d'oiseaux de l'ordre des silvains.

CHERME, subst. mas. (*chèreme*), t. d'hist. nat., insecte de l'ordre des hémiptères.

CHERNITE, subst. mas. (*chèrenite*), t. d'hist. nat., marbre qui ressemble à l'ivoire par sa blancheur.

CHÉROCRILLE ou mieux **CHÉROGRYLLE**, subst. mas. (*chérokrile, guerile*) (du grec χοιρος, porc, et γρυλλη, grognement), t. d'hist. nat., espèce de hérisson.

CHÉRON, subst. propre mas. (*chéron*), myth., fils d'Apollon, qui donna son nom à la ville de Chéronée, qui avant lui se nommait Arné.

CHÉRONÉE, subst. propre fém. (*chéroné*), ville d'Asie. Voy. **CHERON**.

CHÉROPONIES, subst. fém. plur. (*chéroponi*), t. d'hist. anc., sorte de fêtes chez les anciens Grecs.

CHÉROY, subst. propre mas. (*chéroé*), bourg de France, chef-lieu de canton arrond. de Sens, dép. de l'Yonne.

CHERPILLE, subst. fém. (*chèrepiie*), usage fort singulier dans la banlieue de Villefranche, capitale de l'ancien Beaujolais. Lorsque le bas peuple croyait que les grains étaient mûrs, il allait les couper sans la permission du propriétaire. Il les liait, et se payait lui-même de ses peines en s'appropriant la dixième gerbe. Cette manière de moissonner s'appelait : *la cherpille*.

CHERQUEMOLLE, subst. fém. (*chèrekemole*), t. de comm., étoffe de soie des Indes qui vient en Europe par Alep et Smyrne.

CHERRÉE, subst. fém. (*chèré*), anciennement, on nommait ainsi la cendre qui avait servi à la lessive.

CHERSÉA, subst. fém. (*kèrecéa*), t. d'hist. nat., nom d'une espèce de vipère.

CHERSINE, subst. fém. (*kèrecine*), t. d'hist. nat., tortue d'Afrique. — Espèce de limace.

CHERSONÈSE, subst. fém. (*kèreçonèze*) (en grec χερσονησος, formé de χερσος, terre, et νησος, île), t. de géog. Ce mot signifiait autrefois *presqu'île*, mais il s'appliquait particulièrement à quatre *presqu'îles* : *la Chersonèse cimbrique, la Chersonèse de Thrace, la Chersonèse taurique* et *la Chersonèse d'or*, qui comprenait la presqu'île de Malaca, entre les golfes de Bengale et de Siam, une partie de la côte occidentale de Siam, et peut-être quelque chose de celle du Pégu.

CHERSYDRE, subst. mas. (*kèrecidre*) (en grec χερσυδρος, formé de χερσος, terre, et υδωρ, eau), t. d'hist. nat., serpent amphibie, qui habite tour à tour la terre et la mer.

CHERTÉ, subst. fém. (*chèreté*) (en lat. *caritas*), haut prix des choses qui sont à vendre : *mettre la cherté aux vivres*, en causer la *cherté* ; *la cherté y est*, tout le monde veut en avoir ; *je n'y mettrai pas la cherté*, je n'en achetterai pas.

CHÉRUB, subst. mas. (*chérube*), myth., figure symbolique que les Égyptiens regardaient comme l'emblème de la piété et de la religion.

CHÉRUBIN, subst. mas. (*chérubein*) de l'hébreu *khéroub*, dont le pluriel est *khéroubim*), ange du second chœur de la première hiérarchie. — T. de peint., tête d'enfant avec des ailes, et qui figure un ange. — *Avoir une face de chérubin*, un visage jeune, rond, frais et coloré. — On dit prov. : *rouge comme un chérubin*, rouge et enflammé.

CHÉRUBIQUE, subst. fém. (*chérubike*), dans l'Église grecque, hymne en l'honneur des *chérubins*.

CHERVIS, subst. mas. (*chèrevi*), t. de bot., plante dont la racine, qui porte le même nom, est très-bonne à manger.

CHESAL, subst. mas. (*chezal*) (du lat. *casa*, maison), nom qui signifiait autrefois, maison ou église.

CHESLEN, subst. mas. (*chècelein*), t. de bot., genre de plantes.

CHESNÉE, *barbarisme* de *Boiste*, répété par *Raymond*, ne se dit pas pour *chaînée*. Voy. ce mot.

CHESTER, subst. propre mas. (*chècetère*), ville d'Angleterre, située dans le comté du même nom, sur la Dée. — Fromage renommé des environs de cette ville.

CHESVAN, subst. mas. (*chèsevan*), mois hébreu, qui correspond à notre mois de novembre.

CHETEL. Voy. CHEPTEL.

CHÉTIF, adj. mas., au fém. **CHÉTIVE** (*chétife, chétive*) (du lat. *captivus*, captif, qui était autrefois la signification de *chétif*), vil, méprisable : *chétive créature.* — Mauvais dans son espèce : *moutons fort chétifs ; faire une chétive récolte*, etc. — *Avoir chétive mine*, la mine grêle ou l'air malade. Ce mot est plutôt du style familier que du beau style. — CHÉTIF, MAUVAIS (*Syn.*). L'inutilité et le peu de valeur rendent une chose *chétive ;* les défauts et la perte de son mérite la rendent *mauvaise.* Un *chétif* sujet est celui qui, n'étant propre à rien, ne peut rendre aucun service à son pays ; un *mauvais* sujet est celui qui, se laissant aller à un penchant vicieux, ne veut pas travailler au bien. — Qui est *chétif* est inutile, et devient le rebut de tout le monde ; qui est *mauvais* est condamnable, et s'attire la haine des honnêtes gens. — En fait de choses d'usage, comme habits, linges, etc., *chétif* enchérit sur *mauvais.* Ce qui est usé, mais qu'on peut encore porter au besoin, est *mauvais ;* ce qui ne peut plus servir, et ne saurait être mis, est *chétif.*

CHÉTIVE, subst. fém. Voy. CHÉTIF.

CHÉTIVEMENT, adv. (*chétiveman*), d'une manière *chétive : Vivre chétivement*, à peu de frais.

CHÉTIVETÉ, subst. fém. (*chétiveté*), état, qualité de ce qui est *chétif*, mesquin, misérable. Inusité, mais utile.

CHÉTOCÈRE ou **SÉTICORNE**, subst. mas. et adj. des deux genres (*chétocère, cétikorne*), t. d'hist. nat., insecte de l'ordre des lépidoptères.

CHÉTOCHILE, subst. mas. (*chétochile*), t. de bot., arbrisseau du Brésil.

CHÉTODIPTÈRE, subst. mas. et adj. des deux genres (*chétodipetère*), t. d'hist. nat., poisson thoracique.

CHÉTODON, subst. mas. (*chétodon*) (du grec χεω, je contiens, et οδοντος, gén. de οδους, dent), t. d'hist. nat., poisson osseux et thoracique, à petite bouche ornée de *dents* nombreuses.

CHÉTOLIER, ne se dit plus pour **CHEPTÉLIER**, subst. mas. (*chétolié*), fermier qui prend des bestiaux à *cheptel.* Voy. CHEPTÉLIER.

CHÉTRON, subst. mas. (*chétron*), petite case en forme de tiroir.

CHEU, subst. mas. (*cheu*), monnaie de cuivre de la Chine.

CHEUQUE, subst. mas. (*cheuke*), t. d'hist. nat., espèce d'autruche d'Amérique.

CHEVAGE, subst. mas. (*chevaje*), droit qu'on levait autrefois sur les étrangers et les bâtards qui voulaient séjourner dans le royaume.

CHEVAGNE, subst. propre fém. (*chevagnie*), village de France, chef-lieu de canton, arrond. de Moulins, dép. de l'Allier.

CHEVAL, subst. mas. ; au plur. **CHEVAUX** (*cheval, chevó*) (du lat. *caballus*, fait du grec καβαλλης, qui n'a signifié d'abord qu'un *cheval* de bagage, et a été ensuite appliqué à toutes sortes de chevaux), animal à quatre pieds, propre à porter et à tirer ; c'est, dans la langue des naturalistes, un mammifère solipède. — On appelle *cheval camus*, celui qui a le chanfrein enfoncé ; *chaussé trop haut*, celui dont les balzanes montent jusque vers les genoux et les jarrets ; *chevillé*, celui dont les épaules sont serrées et paraissent se toucher ; *portant au vent*, celui qui porte la tête en avant, en tendant le cou ; *pris des épaules*, celui qui fait mouvoir d'une seule pièce ses jambes de devant, sans fléchir les articulations ; *siffleur*, celui dont la respiration est accompagnée d'un sifflement produit par l'air qui traverse les narines ; *cornard*, celui qui siffle des narines, et dont la respiration est courte ; *entier*, celui à qui on n'a point enlevé les testicules ; *hongre*, celui qui est châtré ; *huché sur son derrière*, le cheval usé, qui porte le boulet en avant et se soutient sur la pince ; *tiqueux*, celui qui exécute habituellement un mouvement vicieux avec la tête : on dit qu'il a le *tic en l'air*, quand il fait ce mouvement sans l'appuyer sur rien ; et le *tic d'appui*, lorsqu'il porte ses dents incisives sur sa mangeoire. — En parlant du cri du *cheval*, on dit qu'il *hennit.* — *Bon homme de cheval* ou *cavalier*, celui qui sait bien manier un *cheval.* Peu usité. — *Bel homme de cheval* ou *beau cavalier*, celui qui a bonne grace à *cheval.* — *Monter à cheval*, signifie quelquefois : apprendre à y monter. — *Mettre quelqu'un à cheval*, lui donner les premiers principes d'équitation. — *Loger à pied et à cheval*, recevoir les voyageurs qui sont à pied et ceux qui sont à *cheval.* — *Après bon vin, bon cheval*, on est plus hardi quand on a le cerveau quelque peu échauffé. — *Il n'est pour engraisser le cheval que l'œil du maître ;* voulez-vous qu'on ait soin de votre écurie, visitez-la souvent ; et fig. : il n'est tel que soi-même pour veiller à ses intérêts. — *Jamais cheval ni méchant homme n'amenda pour aller à Rome*, vieux proverbe tout à fait tombé en désuétude, et dont le sens était que : ce n'est pas en courant les pays qu'on se corrige de ses vices. — *Chercher quelqu'un à pied et à cheval*, faire tout pour le trouver. — *Il n'est si bon cheval qui ne devienne rosse ;* et dans un sens opposé : *jamais un bon cheval ne devient rosse ;* il n'y a point de bonne tête qui ne s'affaiblisse et ne s'use ; cependant ce qui est bon et beau a plus de chances de rester bon et beau, et de là le second proverbe. — *C'est un cheval pour le travail*, se dit d'une personne qui travaille tant, qu'on la compare son travail à celui d'un cheval ; un cheval ayant une force extraordinaire, eu égard à celle de l'homme. — On dit fig., d'un jeune homme qui se livre à tout le feu de ses passions, que *c'est un cheval, un vrai cheval échappé.* — *Qui aura de beaux chevaux si ce n'est le roi?* Les grands et les riches ont indubitablement ce qu'il y a de plus beau. — *Il fait toujours bon tenir son cheval par la bride ;* il ne faut pas abandonner à eux-mêmes ceux que vous avez chargés de vos affaires. — *Être mal à cheval*, mal dans ses affaires. — *Être à cheval sur...* être à califourchon sur.... — *Être à cheval sur quelque chose*, vouloir absolument que cette chose soit ou se fasse. — *Tirer à quatre chevaux*, écarteler. — *A cheval donné, on ne regarde point à la bouche, à la bride*, on ne doit pas déprécier les présents que l'on reçoit. — Prov. et fig. : *il n'y a si bon cheval qui ne bronche*, les plus habiles font des fautes. — *Faire le cheval échappé*, être libertin ou s'emporter. — *Cheval de carrosse*, homme brutal et très-sot. — *Monter sur ses grands chevaux*, parler avec hauteur ou avec colère. (Des *chevaux* de bataille, c'est-à-dire d'une taille élevée, que, dans les temps de la chevalerie, les écuyers, au moment du combat, donnaient à leurs maîtres, qui *montaient alors sur leurs grands chevaux.*) — *Changer son cheval borgne contre un aveugle.* Voy. CHANGER. — *Brider son cheval par la queue*, commencer une affaire par où l'on devrait la finir. — *Son cheval n'est qu'une bête*, il se trompe lourdement. — *Être bon cheval de trompette*, ne pas s'étonner du bruit, des reproches, des remontrances ; aller toujours son train. — *C'est son cheval de bataille*, c'est un raisonnement auquel il revient sans cesse. — *Fermer l'écurie quand les chevaux sont dehors*, prendre des précautions quand le mal est arrivé. — *Écrire à quelqu'un une lettre à cheval*, lui écrire avec force, avec menace. — *Fièvre de cheval*, fièvre violente. — *Médecine de cheval*, médecine forte. — *Cheval de bois*, t. de manège, figure de bois faite à peu près à la ressemblance d'un *cheval*, sur laquelle on apprend à voltiger pour rendre le corps souple. C'était aussi autrefois une punition militaire. Voy. CHEVALET. — T. de charpentier, *cheval de frise*, solive carrée, traversée par trois rangs de pieux en bois qui se croisent et sont armés de pointes de fer par les bouts : on en met aux barrières et autres lieux pour empêcher le passage. — *Cheval fondu*, jeu d'enfants, dans lequel les uns s'élancent sur le dos des autres, qui se tiennent courbés. — Les marbriers appellent *cheval*, un espace rempli de terre, qui se trouve quelquefois avec le solide d'un bloc ; les ardoisiers, un siége sur lequel l'ouvrier façonne l'ardoise. — En t. d'archit. et de peint., on appelle *cheval marin* une figure qui a le devant d'un *cheval* et le derrière d'un poisson, comme on en voit sur des médailles, et dans quelques antiques. — En astron., on appelle *petit cheval* une des constellations de la partie septentrionale du ciel, qui est placée entre le Dauphin et Pégase. — *Chevaux*, au plur., cavaliers, soldats à *cheval : escadron de deux cents chevaux ; armée de vingt mille hommes de pied et de six mille chevaux.* — *Chevaux-légers*, sorte d'ancienne cavalerie française. Voy. CHEVAUX-LÉGERS. — Myth., *cheval de bois.* Voy. TROIE.

CHEVAL-CERF, subst. mas. (*chevalcère*), t. d'hist. nat., cerf de la Chine.

CHEVAL-DU-BON-DIEU, subst. mas. (*chevaldubondieu*), t. d'hist. nat., nom vulgaire du grillon des champs.

CHEVALEMENT, subst. mas. (*chevaleman*), t. de bâtiment, espèce d'étai fait d'une ou de deux pièces de bois, couvertes d'une tête et en arc-boutant sur une couche, pour retenir en l'air les encoignures, jambages, trumeaux, etc.

CHEVALÉ, part. pass. de CHEVALER.

CHEVALER, v. neut. (*chevalé*), se servir de l'instrument qu'on nomme *chevalet*, pour donner quelque apprêt ou façon à certaines marchandises, ou pour faire quelque autre ouvrage. — Autrefois, faire plusieurs allées et venues pour une affaire. Presque inus. — Se dit, en t. de manège, d'un *cheval* qui passage sur les voltes, en croisant, à tous les seconds temps, les jambes de devant. — V. act., étayer, soutenir un édifice, un mur, etc., avec des *chevalements.* — *se* CHEVALER, v. pron.

CHEVALERESQUE, adj. des deux genres (*chevaleréceke*), qui appartient à la *chevalerie*, qui tient de la *chevalerie : courage, franchise chevaleresque.*

CHEVALERIE, subst. fém. (*chevaleri*), ordre, honneur militaire, marque ou degré d'ancienne noblesse, ou récompense de quelque mérite personnel. — Institution, ordre, corps des *chevaliers.* Il y a quatre sortes de *chevalerie. La chevalerie militaire* est celle des anciens chevaliers, qui s'acquérait par de hauts faits d'armes. *La chevalerie régulière* était celle des ordres militaires, où l'on faisait profession de prendre un certain habit, de porter les armes contre les infidèles, de favoriser les pèlerins allant aux lieux saints, et de servir dans les hôpitaux où ils devaient être reçus. Tels étaient jadis les templiers, et les *chevaliers* de Malte. *La chevalerie honoraire* est celle que les princes confèrent aux autres princes, aux premières personnes de leur cour et à leurs favoris. Telle est celle des *chevaliers* de Saint-Louis, des *chevaliers* d'Honneur en France, des *chevaliers* de la Jarretière en Angleterre, etc. *La chevalerie sociale* est celle qui n'est pas fixée, c'est-à-dire qui n'a été ni confirmée par une institution formelle, ni réglée par des statuts durables. Plusieurs *chevaleries* de cette espèce ont été faites pour des factions, des tournois, des mascarades, etc. — On s'est aussi servi de ce mot pour désigner une partie de plaisir dont les *cavaliers* font les frais : *un bal de chevalerie.* — *Chevalerie errante*, ou plus souvent *chevaliers errants.* Voy. au mot CHEVALIER. — On a appelé, dans le temps : *fine fleur de la chevalerie*, l'élite des *chevaliers*, un *chevalier* accompli. — On compte au nombre *des ordres de la chevalerie* toutes les associations militaires et autres créées par les souverains : *les ordres de la Jarretière, de la Toison-d'Or, du Saint-Esprit, sont des ordres de chevalerie.*

CHEVALET, subst. mas. (*chevalé*) (du lat. *caballetus*, diminutif de *caballus*, cheval), nom que l'on donne à un très-grand nombre d'instruments de métiers. — *Le chevalet ordinaire* est une longue pièce de bois soutenue horizontalement par quatre pieds, dont deux sont assemblés entre eux avec la pièce. — Pièce de bois établie sur des tréteaux dont le dos était fait en talus, et sur laquelle on mettait un soldat qu'on voulait punir, en lui attachant quelque chose de pesant aux pieds. — Sorte de supplice usité parmi les anciens ; on n'en parle qu'à l'occasion des martyrs. C'était un instrument de tortures inouïes : *il fut condamné à être mis sur le chevalet.* — Le *chevalet* des tonneliers est un banc à quatre pieds, qui a à son extrémité deux morceaux de bois qui se serrent l'un sur l'autre, et entre lesquels on pose les douves que l'on veut travailler avec la plane plate. — En t. de mar., le *chevalet* est une machine avec un rouleau mobile, qui sert à passer les câbles d'un lieu à un autre. — En t. d'artificier, c'est un poteau que l'on plante en terre, ou qui est soutenu sur terre par trois ou quatre arcs-boutants. Il est traversé tout en haut par une barre de fer plate sur laquelle on place les fusées l'une après l'autre, pour les tirer. — Les arquebusiers appellent *chevalet* un instrument de fer ou d'acier propre à recevoir une fraise. L'ouvrier le place dans l'étau, et fait tourner la fraise dans le bassinet, par le moyen de la boîte et de l'archet, à peu près comme les forets. — En t. de peint., le *chevalet* est un instrument sur lequel le tableau est soutenu pendant que l'artiste travaille. On appelle *tableau de chevalet* un petit tableau, ou un tableau de moyenne grandeur, qu'on a travaillé et fini avec grand soin : *c'est surtout dans les tableaux de chevalet que cet artiste excelle.* — En t. d'astronomie, on appelle *chevalet du peintre*, une constellation méridionale qui contient vingt-cinq étoiles. — Les serruriers appellent *chevalet* ou machine à forer, un instrument qui leur sert à forer les pièces. — En t. de rubanier, c'est une planchette étroite et percée de quatre petits trous, pour être suspendue par deux ficelles aux grandes traverses d'en haut du métier, entre le bandage et le battant. Il sert à tenir l'ouvrage stable. — Dans les instruments de musique, c'est une pièce de bois qu'on pose à plomb au bas de la table des instruments, pour en soutenir les cordes et leur donner plus de son en les tenant élevées en l'air. — Les imprimeurs appellent *chevalet du tympan* une petite barre de bois aussi longue que le tympan est large; elle est assemblée en travers sur deux petites barres de bois qui sont enchâssées à plomb dans des mortaises derrière le tympan, sur la planche du coffre. — En t. d'hydraulique, c'est un tréteau qui sert à échafauder, scier de long, et porter des tringles. — En t. de doreur sur bois, c'est une espèce d'échelle sur laquelle ils posent leurs cadres pour les dorer. — Les couvreurs donnent ce nom à une machine dont ils se servent pour soutenir leurs échafauds lorsqu'ils font des entablements aux édifices couverts en ardoise, et pour continuer de couvrir le reste du comble. Ils donnent aussi le même nom à des paquets de nattes de paille qu'ils mettent sur leurs échelles lorsqu'ils se couchent sur les comhles. — Les corroyeurs appellent *chevalet* un instrument de bois sur lequel ils étendent leurs cuirs pour les drager.—Les cordiers ont le *chevalet d'espadeur*, qui est une simple planche assemblée verticalement au bout d'une pièce de bois couchée par terre, qui lui sert de pied; et le *chevalet de commetteur*, qui est un tréteau sur lequel il y a des chevilles de bois. Le dernier sert à supporter les torons et les cordons, pour les empêcher de porter à terre. — En t. de chaudronnier, c'est un banc garni de deux gros anneaux à chaque bout, dans lesquels passe et est retenue une sorte de bigorne à table et à boule. — En t. de passementier, c'est une pièce de bois d'environ quatre pieds de hauteur, enfoncée en terre, qui a à son extrémité supérieure une poulie, à laquelle est attaché un petit morceau de bois en forme de sifflet, et qui, à chacun de ses bouts, a un crochet de fer tournant. — En t. de charpenterie, c'est une pièce de bois couchée en travers sur deux autres pièces auxquelles elle est perpendiculaire.—En t. de chamoiseur, c'est un instrument composé de deux montants de bois, de cinq pieds de haut, sur lesquels est assemblée une traverse de même longueur. Cette traverse a une gouttière dans toute sa longueur, pour recevoir une règle de bois aussi longue, qui s'y ajuste parfaitement. C'est entre cette règle qui est mobile, et la pièce de bois à gouttière fine, qu'on fait passer une peau pour la travailler. — En t. de cardeur, c'est une espèce de prie-dieu qui porte une grosse droussette sur laquelle l'ouvrier brise la laine ou le coton. — En t. de pêche, instrument de faiseur de haims, qui fait partie du *barbelet*. On le nomme quelquefois *rencontre du barbelet*. — En t. de bot., on donne ce nom au gouet commun.

CHEVALIER, subst. mas. (*chevalié*) (du latin barbare *caballarius* ou *caballaris*, formé dans la même signification de *caballus*, cheval. Les Italiens ont fait aussi dans le même sens *cavaliere*, et les Espagnols *caballero*), autrefois, sorte d'honneur militaire du premier degré: *François Ier fut reçu chevalier par le chevalier Bayard.* — *Armer quelqu'un chevalier*, le créer *chevalier*, l'élever au titre de *chevalier*.—Aujourd'hui, membre d'un ordre de *chevalerie*: *chevalier de la Légion-d'Honneur, de Saint-Louis.* — On nomme *chevalier d'honneur* l'officier principal qui accompagne une princesse.—Autrefois, conseiller qui portait l'épée et qui siégeait, avec voix délibérative, dans les cours souveraines.— Quand on disait tout court *chevalier de l'ordre du Roi*, cela désignait un *chevalier* de l'ordre de Saint-Michel; quand on disait *des ordres du Roi*, on entendait un *chevalier* de l'ordre du Saint-Esprit, parce qu'il l'était dès lors et en même temps de Saint-Michel.— *Chevalier de l'ordre*, chevalier du Saint-Esprit.— Chez les anciens Romains, l'*ordre des chevaliers* avait le second rang dans la république. — Titre que prennent les nobles qui sont au-dessus des écuyers, en Angleterre: *les femmes des chevaliers portent, en Angleterre, le titre de lady.* — Une des pièces du jeu des échecs. Dans cette acception, on ne dit plus que *cavalier*. — *Chevalier errant*, *chevalier* qui allait par le monde cherchant les aventures, châtiant les méchants, protégeant les opprimés, et faisant profession de soutenir envers et contre tous l'honneur et la beauté de sa dame. — *Chevalier ès-lois*, titre honorable, qui ne s'accordait autrefois qu'au chancelier et au premier président du parlement de Paris. — *Chevalier de justice*, dans l'ordre de Malte, etc., *chevalier* obligé de faire les preuves de noblesse exigées, à la différence des *chevaliers servants*, qui en étaient dispensés. — *Chevalier du guet*, commandant des anciens archers du guet. — *Chevalier de l'arquebuse*, celui qui était reçu dans la compagnie des *chevaliers* de l'arquebuse.—Fam., *chevalier d'industrie*, homme qui, sans biens, sans emploi, sans métier, vit bien, mais aux dépens d'autrui.—Fam., *être le chevalier d'une dame*, lui être attaché, ou lui faire la cour.—Fam., *se déclarer*, *se faire le chevalier de quelqu'un*, prendre sa défense avec chaleur. — *Chevaliers du poignard*. On appela ainsi par dérision les jeunes seigneurs de la cour qui en 1791, avaient, dit-on, formé l'entreprise de délivrer Louis XVI, et qui avaient en conséquence caché dans les armoires du château des Tuileries des pistolets, de courtes épées, et jusqu'à des *poignards*. — T. d'hist. nat., genre de l'ordre des oiseaux échassiers, de la famille des hélonomes.— On désigne aussi, sous le nom de *chevaliers*, un genre de poisson de la division des thoraciques, qui ne comprend qu'une espèce: *le chevalier américain*, que Linnée avait placé parmi les chétodons, et qui vit dans les mers de l'Amérique. C'est un très-beau poisson, dont le fond de la couleur est d'un jaune d'or, avec le dos brun et trois bandes noires bordées de blanc.

CHEVALIÈRE, subst. fém. (*chevalière*), des chanoinesses ont porté le titre de *chevalières*. — Anneau épais orné d'un chaton de même métal.

CHEVALINE, adj. fém. (*chevaline*), t. de pratique: *bête chevaline*, cheval, jument.

CHEVALIS, subst. mas. (*chevali*), t. de rivière, passage pratiqué dans une rivière lorsque les eaux sont trop basses.

CHEVAL-MARIN, subst. mas. (*chevalmarein*), t. d'hist. nat., nom vulgaire de poissons.—Au plur., des *chevaux-marins*.

CHEVALORIFÈRE, subst. mas. et adj. des deux genres (*chevalorifère*), cheval mécanique pour apprendre l'équitation. Mot ridiculement forgé et fort peu en usage.

CHEVANCE, subst. fém. (*chevance*) (suivant plusieurs auteurs, du vieux mot franc *chevir*, venir à bout), vieux mot qui signifiait, tout le bien qu'on peut avoir. Peu usité aujourd'hui.

CHEVANNE ou **CHEVESNE**, subst. fém. (*chevane*, *vène*), t. d'hist. nat., poisson, espèce de cyprin.

• **CHEVAUCHABLE**, adj. (*chevóchable*), nubile. Bas et indécent. — *Cheval* sur lequel on peut *chevaucher*. (*Boiste*.)

CHEVAUCHANTES, adj. fém. plur. (*chevóchante*) (rac. *cheval*), se dit, en t. de bot., des feuilles qui, renfermées dans le bouton, sont en recouvrement les unes sur les autres, de manière que les deux bords de la feuille inférieure sont embrassés par celle qui la recouvre. Bien peu usité, si ce mot est même usité.

CHEVAUCHÉ, part. pass. de *chevaucher*.

CHEVAUCHÉE, subst. fém. (*chevóché*), t. de palais, tournée que certains officiers de justice faisaient à cheval dans l'étendue de leur ressort. Peu en usage aujourd'hui.

CHEVAUCHEMENT, subst. mas. (*chevócheman*), état des feuilles *chevauchantes*. — En t. de chir., déplacement des fragments d'un os fracturé et remis. — En t. d'imprimerie, action de *chevaucher*.

CHEVAUCHER, v. neut. (*chevóché*) (du latin barbare *caballicare*, formé dans le même sens de *caballus*, cheval, et dont les Italiens ont fait *cavalcare*, et les Espagnols *cabalgar*), aller à *cheval*. Il est vieux, et n'a plus d'usage que dans cette expression: *chevaucher court* ou *long*, se servir d'étriers courts ou longs. — Il se dit, 1° en t. d'imprim., des lettres ou des mots qui ne sont pas en ligne; 2° en t. de faucon., de l'oiseau qui s'élève par secousses au-dessus d'un vent dont la direction est contraire à son vol; 3° en t. de couvreur, des ardoises qui croisent l'une sur l'autre. — En t. de manège, on dit *chevaler*.

CHEVAUCHEUR, subst. mas. (*chevócheur*), autrefois postillon. Inusité.

• **À CHEVAUCHONS**, loc. adv. (*achevóchon*), se dit de la situation d'une personne qui est assise jambe de çà, jambe de là, sur quelque animal à quatre pieds, ou sur un banc, une pièce de bois, un mur, etc. Expression inusitée.

CHEVAUX, subst. plur. mas. Voy. **CHEVAL**.

CHEVAUX-LÉGERS et non point **CHEVAU-LÉGERS**, qui est un horrible *barbarisme* encouragé par l'*Académie*. subst. mas. plur. (*chevôléjé*), compagnie de cavalerie légère de la maison du roi. — L'usage a été jusqu'ici d'écrire au sing. **CHEVAU-LÉGER**, et **CHEVAU-LEGERS** au plur. L'usage ne doit pas faire règle lorsque la raison de l'usage est absurde. Nous croyons, avec le savant *Lemare*, qu'on doit écrire au sing. comme au plur.: *chevaux-légers*, parce que, comme lui, nous sommes d'avis que, disant *mille chevaux* pour *mille cavaliers*, d'après la même analogie on a dit: *être dans les chevaux-légers*, et par une abréviation des plus grandes, des plus hardies, un *chevaux-légers*, un homme des *chevaux-légers*. Disons, si l'on veut, un *cheval-léger*, en prenant *le cheval* pour *le cavalier*; mais ne faisons pas un aussi épouvantable barbarisme que celui de *chevau*. Nous savons bien que l'on viendra nous objecter, comme M. *Boniface*, que *chevau-léger* est une expression consacrée: consacrée peut-être par l'usage, mais par l'usage tout-à-fait en désaccord avec la logique; et l'usage, hors du bon sens, ne doit jamais imposer sa loi.

CHEVÉ, E, part. pass. de *chever*.

CHÈVEÇAILLE, subst. fém. (*chèveçâ-ie*), monture, cheval, âne. Inusité.

CHÈVECERIE, subst. fém. (*chèveceri*), dignité de *chèvecier*.

CHEVÊCHE, subst. fém. (*chevèche*), t. d'hist. nat., nom donné quelquefois à la chouette.

CHEVÊCHETTE, subst. fém. (*chevèchète*), t. d'hist. nat., espèce de chouette.

CHÈVECIER, subst. mas. (*chèvecié*) (rac. *chef*), dans certains chapitres ecclésiastiques, qui a soin de la cire. — On dit aussi *cheffecier*.

CHEVELÉ, E, adj. (*chevelé*), t. de blas., se dit d'une tête dont les *cheveux* sont d'un autre émail. — En t. de jardinier, boutures ou marcottes garnies de racines.

CHEVELU, subst. mas. (*chevelu*); il se dit des filaments attachés aux racines des arbres ou des plantes.

CHEVELU, E, adj. (*chevelu*) (rac. *cheveux*), qui porte de longs *cheveux*: *les peuples du Nord sont plus chevelus que ceux du Midi.* — Il se dit particulièrement, au propre, en parlant ou du roi Clodion, qui a été surnommé *le Chevelu*, ou de la division ancienne des Gaules, dont une partie, suivant la distribution qu'en faisaient les Romains, a été appelée *Gaule chevelue*. —On le dit encore: 1° des racines qui poussent plusieurs petits brins; 2° des comètes qui répandent beaucoup de rayons autour d'elles. — C'est de la première de ces acceptions qu'on appelle en anat.: *cuir chevelu*, la peau qui couvre le crâne et qui donne naissance aux cheveux. — *Graine chevelue*, qui a des poils longs et déliés. — *Racine chevelue*, qui a des filaments. Voy. **CHEVELU**.

CHEVELURE, subst. fém. (*chevelure*), l'ensemble de tous les *cheveux* dont la tête est couverte. — Au fig., rayons d'une comète. — En t. de bot., 1° les poils qui naissent de l'enveloppe extérieure de la semence: la *chevelure* diffère de l'*aigrette* en ce que celle-ci naît du sommet de l'ovaire, et non pas du tégument de la graine; 2° la touffe de feuilles qui termine le fruit de l'ananas et la tige de la couronne impériale; 3° toutes les feuilles d'un arbre.—*Chevelure de Bérénice*, t. d'astron., constellation de l'hémisphère septentrional, appelée par les Arabes *Huzimeth* ou *Gerbe de blé*. Elle est composée des étoiles informes qui sont près de la queue du Lion.

CHEVER, v. act. (*chevé*), t. de joaillier, cerner ou creuser une pierre par dessous, pour lui ôter la couleur quand elle est trop forte. — En t. d'orfèvre, de chaudronnier, etc., commencer à rendre concave une pièce qui n'est que forgée. — En t. de coutume, empiéter sur un chemin, sur un héritage. — **SE CHEVER**, v. pron.

CHEVESNE. Voy. **CHEVANNE**.

CHEVET, subst. mas. (*chevè*) (du lat. barbare *capetium*, diminutif de *caput*, qu'on a dit pour *caput*, tête, chef; *le lieu où repose le chef*. Ménage.), traversin, long oreiller de lit sur lequel pose la tête de celui qui est couché: *entretenir quelqu'un au chevet de son lit.* — Par extension, tout ce qui sert à appuyer la tête quand on dort. — Partie d'une église qui est derrière le maître-autel, et qui est plus élevée que le reste. — Gros billot de bois qui, étant mis sous le derrière de l'affût d'un canon, en soutient la culasse. — En t. de mar., fourrure ou garniture de bitte;

c'est une pièce de sapin arrondie que l'on met sous l'arrière du traversin des grandes bittes. — *Droit de chevet*, certaine somme qu'un officier de compagnies supérieures payait à ses confrères en se mariant. — Prov. et fig. : *c'est son épée de chevet*, sa ressource en toute occasion. — On dit de quelqu'un qui débite des histoires fabriquées sans preuve, qu'*il a trouvé cela sous son chevet*.

CHÈVETAIN, subst. mas. (*chèvetein*); ce mot est vieux et inusité : il signifiait capitaine, connétable.

CHÈVETEAU, subst. mas. (*chèvetô*), grosse pièce de bois en travers, dans laquelle est engravée la conette, sur laquelle tourne le tourillon d'un arbre de moulin.

CHEVÊTRE, subst. mas. (*chevêtre*) (en lat. *capistrum*), licou ; il est vieux en ce sens. — Pièce de bois dans laquelle on emboîte les soliveaux d'un plancher. — En t. de serrurier, barre de fer qui sert à soutenir les solives coupées à l'endroit de la cheminée pour donner passage au tuyau. — En t. de chir., bandage employé pour la fracture ou la luxation de la mâchoire inférieure.

CHEVÊTRIER, subst. mas. (*chevêtrié*), t. de charp., pièce qui sert de support à un tourillon.

CHEVEU, subst. mas. (*cheveu*) (du lat. *capillus*, contraction de *capitis pilus*, poil de la tête), poil de la tête. Il ne se dit qu'en parlant de l'homme. — *Faux cheveux*, *cheveux* qui ne tiennent pas à la tête, comme sont ceux des perruques. — *Avoir des cheveux d'ébène*, les avoir très-noirs. — *Une femme coiffée en cheveux*, est une femme dont les cheveux sont bien arrangés, et qui est nu-tête. — *Se prendre aux cheveux*, se tirer par les *cheveux*; fig., se quereller, se disputer. — *Tirer par les cheveux*, prendre quelqu'un aux *cheveux* et les lui tirer. Au fig., alléguer un passage, une preuve qui ne tiennent pas naturellement au sujet et qui sont amenés de force. — Prov. : *prendre l'occasion aux* ou *par les cheveux*, la saisir dès qu'elle se présente. — *Fendre un cheveu en deux* ou *en quatre*, raffiner, subtiliser. — *Nos cheveux sont comptés*, Dieu prend soin de tout ce qui nous regarde. — Fig. : *cette nouvelle fait dresser les cheveux, fait dresser les cheveux à la tête*, ou *sur la tête*, elle fait horreur. — Fig. et fam. : *il ne s'en faut pas de l'épaisseur d'un cheveu que*... il s'en faut bien peu que...

CHEVI, part. pass. de *chevir*.

CHEVILLAGE, subst. mas. (*cheviiaje*), t. de mar., art, action de *cheviller* un bâtiment.

CHEVILLE, subst. fém. (*cheviie*) (du latin *clavicula*, diminutif de *clavus, clavi*, clou ; *petit clou, cheville*), morceau de bois ou de métal façonné de manière à boucher un trou. — Prov. : *autant de trous que de chevilles*, autant d'excuses que de reproches, etc. — Fig., mot qui, dans un vers, n'est mis que pour la mesure ou pour la rime, et qui ne sert de rien pour la pensée. — On appelle *cheville ouvrière*, le clou à tête grosse et aplatie, au moyen duquel on unit un avant-train au corps d'une voiture ou de l'affût d'une pièce de canon ; au fig., on appelle de même le principal agent, le principal mobile d'une affaire. — On appelle *chevilles*, en parlant des instruments à cordes, des morceaux de bois ou de métal sur lesquels les cordes sont roulées, et qui servent à les tendre ou à les détendre. — Au jeu de l'hombre, du quadrille, du tri, on dit *être en cheville*, pour dire, n'être ni le premier ni le dernier en cartes. — On appelle *cheville à tourniquet*, un bâton passé dans une corde, et qui fait une espèce de tourniquet, pour serrer la corde qui assure la charge d'une charrette. — En t. de mar., on appelle *cheville de pompe*, une cheville de fer mobile, qui sert à assembler la bringueballe avec la verge de pompe ; *chevilles de potence de pompe*, certaines chevilles de fer qui passent par les deux branches de la pompe, et dont l'usage est de tenir les bringueballes ; *chevilles à boule*, des chevilles de fer à la tête desquelles il y a une boule ; *chevilles à croc*, celles qui ont des crocs, et qui sont aux côtés des sabords pour y amarrer les canons ; *chevilles à tête de diamant*, ou *à tête ronde*, des chevilles de fer dont la tête est assez grosse pour ne pas pouvoir entrer dans le bois du vaisseau ; *chevilles à tête perdue*, celles dont la tête entre dans le bois. — On dit, en t. de manège, qu'*un cheval n'est propre qu'à mettre en cheville*, pour dire qu'il n'est propre qu'à tirer et à être mis devant un limonier. — En t. de vénerie, on appelle *chevilles* les andouillers qui sortent des perches de la tête du cerf, du daim ou du chevreuil. — Les bijoutiers nomment *cheville*, un fil d'or ou d'argent qui passe dans l'ouverture des compartiments dont une charnière est composée. — En t. de relieurs, *chevilles* se dit d'un boulon de fer qui a une tête, et dont l'usage est de serrer et de desserrer la presse à endosser ou à rogner. — On appelait *chevilles de presse*, deux morceaux de bois ronds, chassés dans l'épaisseur d'une des jumelles de l'ancienne presse d'imprimerie, et qui servaient à soutenir les balles montées, quand l'ouvrier cessait d'en faire usage. — On appelle *cheville-coulisse*, dans les ouvrages de menuiserie et de charpenterie, une *cheville* qui peut se déplacer, et qui sert dans l'assemblage des machines, qu'on ne laisse pas toujours montées ; *chevilles rances*, celles qui ne sont pas à fleur de bois, qui traversent les pièces, et forment des échelons de part et d'autre. *Cheville à quatre pointes*, se dit d'une cheville de cinq ou six pouces de longueur et dont le bout est édenté, afin qu'étant chassée avec force dans le bois, on ne puisse l'en tirer. — On appelle *cheville, cheville du pied*, la partie de l'os de la jambe qui s'élève en bosse aux deux côtés du pied. — *Aller à la cheville du pied de quelqu'un*, être fort petit comparativement à cette personne. — On dit prov. d'un homme très-inférieur à un autre, qu'*il ne lui viendrait pas à la cheville du pied*.

CHEVILLÉ, E, part. pass. et adj. Voy. **CHEVILLER**. *Vers chevillés*, chargés de mots inutiles. — Prov. et fig. : *avoir l'âme chevillée dans le corps*, résister à de grandes maladies, à des blessures dangereuses. — Il se dit, en t. de blason, du cerf qui porte plusieurs dards ou rameaux à la sommité de son bois, en forme de couronne. — En t. de vénerie, *tête de cerf bien chevillée*, qui a beaucoup d'andouillers bien rangés.

CHEVILLER, subst. mas. (*cheviié*), dans un instrument de musique à cordes, la partie où sont fixées les *chevilles*.

CHEVILLER, v. act. (*cheviié*), attacher des *chevilles*. Peu usité. — *Cheviller la soie*, la tordre. — *Cheviller*, en parlant d'un mauvais versificateur, mettre dans la poésie des mots inutiles et qui ne sont pas poétiques. — **se CHEVILLER**, v. pron.

CHEVILLETTE, subst. fém. (*cheviiète*), petite *cheville*. — Clef de bois très-simple des anciennes fermetures. — T. de relieur, petit morceau de cuivre plat et troué qu'on met sous le cousoir, et auquel on attache les nerfs des livres que l'on coud. — Morceau de fer rond ou à pans, terminé en pointe par un bout et aplati par l'autre, qui sert aux charpentiers pour l'assemblage des bois, etc.

CHEVILLOIR, subst. mas. (*cheviioar*), instrument garni de *chevilles* pour mettre la soie en main.

CHEVILLON, subst. mas. (*cheviion*), petit bâton tourné au dos des chaises de paille. — Bâton de deux pieds de long, sur lequel le ferrandinier lève la soie de dessus l'ourdissoir. — Petits morceaux de bois tournés qui servent à lancer les manœuvres le long des côtés d'un vaisseau.

CHEVILLON, subst. propre mas. (*cheviion*), village de France, chef-lieu de canton, arrond. de Vassy, dép. de la Haute-Marne.

CHEVILLOT, ou **TOLET DE TOURNAGE**, subst. mas. (*cheviiô*), t. de mar., grosse *cheville* en bois dur tourné, que l'on plante à dix ou douze pouces l'une de l'autre sur des tablettes de chêne, pour former ce que l'on nomme un râtelier.

CHEVILLOTS. Voy. **CABILLOTS**.

CHEVILLURES, subst. fém. plur. (*cheviiure*), t. de vénerie, *chevilles* ou andouillers de cerf.

CHEVIR, v. neut. (*chevir*) (de *chef*, en latin *caput*), venir à chef ; d'où est venu aussi *achever* ; vieux t. de palais, qui signifiait : traiter, composer, transiger. Inusité.

CHEVISSANCE, subst. fém., ou **CHEVISSEMENT**, subst. mas. (*cheviçance*), vieux t. de palais, traité, accord avec quelqu'un. Inus.

CHÈVRE, subst. fém. (*chèvre*) (du latin *capra*, fait, suivant *Varron*, de *carpere*, brouter), la femelle du bouc. — Machine propre à élever des fardeaux, des poutres, etc. — En astron., étoile brillante et de la première grandeur, dans la constellation du cocher. — On donne quelquefois ce nom à la constellation du capricorne. — *Chèvre dansante*, nom donné par les anciens à un météore igné qu'on aperçoit quelquefois dans l'atmosphère. C'est une espèce de lumière à laquelle le vent fait prendre diverses figures, et qui paraît tantôt rompue et tantôt en son entier. — *Pied de chèvre*, levier de fer dont la forme ressemble à un *pied de chèvre* par un bout. — *Barbe de chèvre*, homme qui n'a de la barbe qu'au menton. — En bot., sorte de spirée. — *Sauver* ou *ménager la chèvre et le chou*, pourvoir à deux inconvénients contraires. — Prov., *prendre la chèvre*, se fâcher, s'irriter, se dépiter sans sujet. — *Où la chèvre est attachée il faut qu'elle broute*, il faut s'en tenir à la condition, à la profession où l'on se trouve engagé. — On dit de celui qui n'est pas difficile en amour, qu'*il aimerait une chèvre coiffée* ; et d'un homme qui en veut tromper un autre, et qui se trouve lui-même dupé, que *la chèvre a pris le loup*. — *Vin qui fait danser les chèvres*, vin plat, sans feu, etc. (D'un riche habitant de Brétigny, près Paris, nommé *Chèvre*, pour qui le vin de son crû, quelque mauvais qu'il fût, avait beaucoup d'attrait, et dont la grande passion, lorsqu'il avait bien bu, était de faire danser sa femme et ses enfants. *Matinées Sénonaises*). — Les charrons appellent *chèvre* un outil composé de deux croix de saint André, sur lesquelles ils posent les pièces de bois qu'ils veulent scier. — En t. d'économie rurale, *chèvre* est une table sur laquelle on fait des fromages, et d'où le petit-lait s'écoule par une rigole faite exprès.

CHEVREAU, subst. mas. (*chevrô*), le petit de la *chèvre*. On l'appelle aussi *cabri*.

CHÈVRE-BLEUE, subst. fém. (*chèvrebleu*) t. d'astron., corps lumineux, composé d'ondes, qui forment les accidents de l'aurore boréale. — T. d'hist. nat., espèce d'antilope.

CHÈVRE-FEUILLE, subst. mas. (*chèvrefeuie*) (*feuille de chèvre*, en latin *caprifolium*), arbrisseau sarmenteux, grimpant, à fleur monopétale, d'une odeur agréable, et dont les espèces sont très-nombreuses. On nomme *dierville* le *chèvre-feuille* d'Arcadie, à fleurs jaunes et en grappes. *Boileau*, dans son *Epître* à son jardinier, a écrit *chèvre-feuil* :

> Antoine, gouverneur de mon jardin d'Auteuil,
> Qui diriges chez moi l'if et le *chèvre-feuil*.

Chèvre-feuille est seul conforme à l'usage et à l'étymologie. — N'écrivons pas au plur., comme le veulent *MM. Noël* et *Chapsal*, des *chèvres-feuilles*, mais des *chèvre-feuilles*, des *feuilles de chèvre*, des *feuilles* qui ont quelque analogie avec *la chèvre*. Il y en a même qui écrivent au sing. *chèvre-feuilles* : le bon sens n'est nullement contraire à cette orthographe ; car on peut aussi bien s'expliquer le mot *par des feuilles de chèvre* que par *une feuille de chèvre*.

CHÈVRE-PIEDS, et non pas *un chèvre-pied* comme l'écrit l'*Académie*, car ce mot signifie un satyre qui a *des pieds de chèvre*, et non pas seulement *un pied*. On conçoit que, d'après cette explication, on doit de même écrire au plur. des *chèvre-pieds*, adj. mas. (*chèvrepié*), qui a *des pieds de chèvre*. Il n'est usité qu'en parlant des faunes et des satyres : *les dieux chèvre-pieds*. — On a dit aussi subst. au mas. : *ces divins chèvre-pieds*.

CHEVRETTE, subst. fém. (*chevrète*), la femelle du *chevreuil*. — Petite écrevisse de mer qu'on appelle aussi *crevette*. — En t. de pharm., pot de faïence avec un goulot dans lequel on met des sirops. — En t. d'artillerie, machine qui sert à hausser et à baisser les fardeaux qui se posent dessus. — Sorte de petit chenet qui sert à soutenir le bois du feu. — Les plombiers donnent ce nom à un chenet de fer un peu haut, qu'ils mettent dans leur fourneau pour élever le bois et faciliter le passage de l'air. — Les paumiers-raquetiers appellent *chevrette*, une espèce de crochet de fer évasé par un bout, et de onze pouces de long. Le bout évasé sert à embrasser le collet de la raquette ; le crochet de l'autre bout dépasse la raquette de quelques pouces. — Les serruriers nomment *chevrette* un trépied de fer qui sert à poser sur le feu les marmites, casseroles, poêles, etc.

CHEVREUIL, subst. mas. (*chevreuie*) (en latin *capreolus*, qui est un diminutif de *caper*, bouc), bête fauve plus petite que le cerf, et qui a quelque ressemblance avec la *chèvre*.

CHEVREULIA, subst. fém. (*chevreulia*), t. de bot., genre de plantes de la famille des corymbifères.

CHEVREUSE, subst. fém. (*chevreuze*), t. de jardinier, sorte de pêche.

CHEVREUSE, subst. propre fém. (*chevreuze*), ville de France, chef-lieu de canton, arrond. de Rambouillet, dép. de Seine-et-Oise.

CHEVRIER, subst. mas., au fém. **CHEVRIÈRE** (*chevrié, ière*), celui ou celle qui mène paître les *chèvres*. L'*Académie* ne donne pas le fém. de ce mot.

CHEVRIÈRE, subst. fém. Voy. **CHEVRIER**.

CHEVRILLARD, subst. mas. (*chevriiar*), petit *chevreuil* ; faon de *chevrette*. Peu usité.

CHEVROLLE, subst. fém. (*chevrole*), t. d'hist. nat., genre de crustacés.

CHEVRON, subst. mas. (*chevron*) (du latin barbare *capro, capronis*, employé avec cette acception dans la basse latinité. *Du Cange.—Capro*, suivant *Le Duchat*, a été fait de *capra*, chèvre, par opposition à *pullitra*, qui, dans la basse latinité, signifie tout à la fois et *poutre* et *jument*; parce que, dit-il, le *chevron* ne peut supporter que des poids moindres que celui que supporte la *poutre*, de même que la *chèvre* ne peut porter que des fardeaux moins pesants que ceux que portent la *jument* ou le *cheval*.), bois équarri qui a moins de six pouces d'équarrissage. — Bois qui porte les tuiles, et qui sert pour la couverture des bâtiments : *chevrons de long pan ; chevrons de croupe; chevrons cintrés ; chevrons de remplage.* — Sorte de laine qu'on tire du Levant.—On appelle *chevron*, ou *chevron brisé*, dans l'état militaire, deux galons en laine posés en angles sur le bras gauche, et qui marquent les années ou l'ancienneté de service. — En t. de blas., pièce de l'écu composée de deux bandes plates attachées en haut par la tête, s'élargissant en bas et en forme de compas à demi ouvert : *chevron abaissé*, dont la tête ou la pointe se termine au centre de l'écu. — *Chevron alaisé*, dans lequel les extrémités des branches ne touchent point les bords de l'écu. — *Chevron brisé*, celui dont la pointe paraît fendue par le haut, sans que les branches soient entièrement détachées. — *Chevron chargé d'un autre*, composé de deux émaux. — *Chevron couché*, dont la pointe est tournée vers un flanc de l'écu. — *Chevron écimé*, dont la pointe est coupée. — *Chevron failli* ou *rompu*, dont une branche est séparée en deux. — *Chevron ondé*, dont les branches sont en onde. — *Chevron parti*, qui a ses branches de deux émaux différents. — *Chevron ployé*, dont les branches ont leur superficie creusée en portion de cercle. — *Chevron renversé*, celui qui a sa pointe ou au bas ou au cœur de l'écu, et ses branches vers les angles du chef.

CHEVRONNAGE, subst. mas. (*chevronaje*), action de placer des *chevrons*. — Ouvrage fait en *chevrons*.

CHEVRONNÉ, E, part. pass. de *chevronner*, et adj., t. de blas. : *être chevronné*, rempli de *chevrons* alternatifs de métal et de couleur, en nombre égal. *Pièce chevronnée*, chargée de *chevrons*.

CHEVRONNER, v. act. (*chevroné*), placer, faire des *chevrons*. Presque inusité.

CHEVROTAGE, subst. mas. (*chevrotaje*), anciennement, droit dû aux seigneurs par ceux qui nourrissaient des *chèvres*.

CHEVROTAIN, subst. mas. (*chevrotein*), t. d'hist. nat., genre de mammifères de l'ordre des ruminants.

CHEVROTANT, E, adj. (*chevrotan, tante*), qui chante, qui parle en tremblotant : *voix chevrotante*.

CHEVROTÉ, E, part. pass. de *chevroter*.

CHEVROTEMENT. Voy. CHEVROTTEMENT.

CHEVROTER, v. neut. (*chevroté*), en parlant des *chèvres*, faire des *chevreaux*. — Fig. et fam., 1° perdre patience, se dépiter; 2° aller par sauts et par bonds : *il chevrotte en marchant*; 3° chanter par secousses et en tremblotant. On dit, en ce dernier sens : *des cadences chevrotées*.

CHEVROTIN, subst. mas. (*chevrotein*), peau de *chevreau* corroyée.

CHEVROTINE, subst. fém. (*chevrotine*), gros plomb à tirer le *chevreuil* : *mon fusil est chargé de chevrotines*.

CHEVROTTEMENT, subst. mas. (*chevroteman*), t. de mus., cadence formée par secousses et en tremblotant. — Action de *chevroter*.

CHEYLÈTE, subst. fém. (*chélète*), t. d'hist. nat., genre d'arachnides.

CHEYLÉTIDES, subst. fém. plur. (*chélétide*), t. d'hist. nat., famille d'arachnides.

CHEYLOGLOTTE, subst. fém. (*chéloguelote*), t. de bot., genre de plantes de la famille des orchidées.

CHEZ, prép. (*ché*, et devant les voyelles *chéze*) (suivant *Ménage*, du lat. *apud*, qui a la même signification, et dont les Italiens ont fait *appo*, auprès, *chez*, et les Espagnols leur vieux mot *cabe*, auprès, en y préposant comme nous un *c*), dans la maison de..., au logis de... : *chez moi, chez vous, chez M. un tel.* — Il s'entend quelquefois même du pays natal : *il part demain pour chez lui.* —Il est quelquefois précédé : 1° de la prép. *de* : *je sors de chez lui ; ils l'ont chassé de chez eux ;* 2° de la prép. *par* : *j'ai passé par chez vous.* — Parmi : *chez les Athéniens, chez les Grecs.* En ce sens, il n'est guère du style noble. — *Chez* s'emploie encore pour les prép. *en*, *dans* : *c'est chez lui une habitude.* — Au service de... : *ce domestique est chez...* — *Chez*, avec les pronoms personnels, forme quelquefois un subst. : *avoir un chez soi ; quand j'aurai un chez moi, vous viendrez me voir.* — Prov. : *il n'est pas de petit chez soi*, on est toujours bien chez soi. — Nous ne sommes point de l'avis de l'*Académie* qui veut qu'on lie la prép. *chez* et le pron. pers. ainsi : *chez-lui, chez-soi, chez-moi*, etc. Cette orthographe inouïe ne nous semble pas fondée sur la raison.

CHEZANANCE, subst. fém. (*chezanance*), nécessité pressante d'aller à la selle. Vieux et inus.

CHÈZE (LA), subst. propre fém. (*lachèze*), bourg de France, chef-lieu de canton, arrond. de Loudéac, dép. des Côtes-du-Nord.

CHÉZONOMIE, subst. fém. (*chézonomi*), art prétendu de l'excrémentation. Burlesque et grossier. (*Boiste.*)

CHIAÏ-CATAI, subst. mas. (*chia-ikatè*), t. de bot., genre de plantes de la famille des champignons.

CHIANT-LIT. *Barbarisme.* Voy. CHIE-EN-LIT.

CHIANTOTOLT, subst. mas. (*chiantotolete*), t. d'hist. nat., oiseau du Mexique, de la taille de l'étourneau.

CHIANTZOLLI, subst. mas. (*chiantezoleli*), t. de bot., herbe du nouveau Mexique; on en fait des potions rafraîchissantes.

CHIAOUX, subst. mas. (*chi-a-ou*), huissier chez les Turcs.

CHIAOUX-BACHI, subst. mas. (*chi-a-oubachi*), maître des requêtes chez les Turcs, qui, en l'absence du grand-visir, préside le tribunal suprême et rend la justice au peuple.

CHIARTES, subst. mas. (*kiarte*), t. de chir., sorte de bandage ainsi nommé parce qu'il ressemble à la lettre χ des Grecs. Inusité.

CHIARVATAR, subst. mas. (*chiarvatar*), officier public en Perse, chargé de lever un droit sur les marchandises et les personnes.

CHIAS, subst. mas. (*kiace*), sectateur d'Ali, dans le Levant.

CHIASMOS, subst. mas. (*kiacemoce*) (du grec χιασμος, croisement), t. d'anat., rencontre de deux nerfs optiques qui se croisent.

CHIASSE, subst. fém. (*chiace*), écume des métaux : *chiasse de fer, de cuivre*, etc. — Excréments des mouches, des vers. — On dit fig. et bass. : *c'est de la chiasse, ce n'est que de la chiasse*, pour dire : c'est tout ce qu'il y a de plus vil, de plus méprisable.

CHIBADOS, subst. mas. (*kibadoce*), espèce de sorcier à Angola, toujours habillé en femme.

CHIBOU, subst. mas. (*chibou*), t. de bot., sorte de plante.

CHIBOUT, subst. mas. (*chibou*), résine blanche et résolutive d'un arbre de l'Amérique.

CHIC, subst. mas. (*chike*), t. d'hist. nat., nom que l'on donne en Provence à presque tous les oiseaux du genre *bruant*. — En t. de peint., on dit d'un tableau à effet, ou d'un tableau exécuté rapidement et avec facilité, qu'*il a du chic*, qu'*il y a du chic*. On le dit aussi d'un dessin ; et l'on dit en outre, dans un sens analogue, que *tel artiste a du chic*. — *Boiste* donne de plus à ce mot l'acception pop. de subtilité, finesse : il ajoute que, dans cette acception et comme t. de peint., il s'écrit encore *chique*. Il serait donc alors subst. fém. : cependant on ne dit point : *ce tableau, ce dessin*, etc., *a de la chique*, etc.

CHICA, subst. mas. (*chika*), espèce de boisson des peuples américains, que l'on fait avec diverses sortes de plantes. — Subst. fém. nom donné à une danse lascive des nègres, qui ressemble assez au fandango des Espagnols.

CHICABAUT ou **CHICAMBAULT**, subst. mas. (*chicabô*), t. de mar., longue et forte pièce de bois placée vers l'avant d'un petit vaisseau, pour lui servir d'éperon.

CHICAL. Voy. CHACAL.

CHICALY ou **CHICALY-CHICALY**, subst. mas. (*chikali*), t. d'hist. nat., bel oiseau fort commun dans les bois de l'isthme de Panama.

CHICAMBAULT, subst. mas. (*chikanbô*). Voy. CHICABAUT.

CHICANE, subst. fém. (*chikane*), abus des moyens qu'offre la procédure : *les ruses, les détours de la chicane.* — Subtilité captieuse en matière de procès : *voilà une étrange chicane ; ceci est une pure chicane ; ils nous font, ils nous cherchent des chicanes.* — Par dénigrement, les procès en général : *aimer, redouter la chicane.* —*Gens de chicane* se dit fam. et par dénigrement des praticiens subalternes : *les avoués, les huissiers, tous ces gens de chicane*, etc. — Par extension, 1° argutie qu'on oppose à quelqu'un dans la conversation, dans la discussion, etc. : *vos meilleures raisons, vos plus fortes objections ne sont, au bout du compte, que des chicanes, que de pures chicanes ;* 2° contestation sans fondement, mauvaise querelle : *dans ses relations avec moi, combien de fois ne m'a-t-il pas cherché chicane ! vous faites toujours des chicanes au jeu*, etc. — Au billard, à la paume et au mail, certaine manière de jouer : *jouer à la chicane.* — *Guerre de chicane*, guerre où l'on se dispute le terrein pied à pied, en marches et en contre-marches. — Myth., figure allégorique, représentée sous les traits d'une femme vieille et hideuse.

CHICANÉ, E, part. pass. de *chicaner*.

CHICANER, v. neut. (*chikané*), user de *chicane* en procès. — Par extension, se servir de détours, de subtilités captieuses ; faire des contestations mal fondées : *vous chicanez sur tout.* — V. act., intenter un procès à quelqu'un mal à propos : *cet homme chicane tous ses voisins.* — Reprendre, critiquer sans raison et sur des bagatelles.—On dit fig. d'un accusé qui se défend bien, qu'*il chicane sa vie.* — Fig., fâcher, chagriner, en parlant d'une chose peu importante : *cela me chicane ; il a un rhumatisme qui le chicane depuis longtemps.* — En t. de guerre, *chicaner le terrein*, c'est le défendre ou le disputer pied à pied. — En t. de mar., *chicaner le vent*, c'est prendre le vent en louvoyant, en faisant plusieurs bordées, tantôt d'un côté, tantôt de l'autre. — *se* CHICANER, v. pron.

CHICANERIE, et plus conformément au génie de la langue, **CHICANNERIE**, subst. fém. (*chikaneri*), tour de *chicane* ; mauvaise difficulté.

CHICANEUR, subst. mas., au fém. **CHICANEUSE** (*chikaneur, neuze*) (suivant *Ménage* et *Huet*, du grec δικανικος, qui aime les procès ; selon d'autres, du grec σικανος, qui a d'abord signifié un *Sicilien*, et ensuite *fourbe, rusé, trompeur*, parce que les Siciliens passaient pour tels), celui ou celle qui *chicane*, particulièrement en affaires. Il est fam. On s'en sert aussi adj. : *homme chicaneur, esprit chicaneur*.

CHICANEUSE, subst. fém. Voy. CHICANEUR.

CHICANIER, subst. mas., au fém. **CHICANIÈRE** (*chikanié, nière*), celui ou celle qui *chicane*, qui conteste sur des vétilles. — On dit aussi adj. : *il a l'humeur chicanière, il est chicanier.* — *Cela est chicanier*, embarrassant, difficile, ou : vétilleux. Vieux.

CHICANIÈRE, subst. fém. Voy. CHICANIER.

CHICAR, subst. mas. (*chikar*), ancienne monnaie qui valait un *talent*.

CHICHE, adj. des deux genres (*chiche*) (du latin *siccus*, sec, aride. On écrivait autrefois *siche*), trop ménager, avare.—Fam., *il n'est festin que de gens chiches*, les gens qui vivent le plus *chichement* sont ceux qui aiment à étaler le plus de magnificence dans les grandes occasions. — On dit fig. et fam. : *être chiche de ses paroles, de ses pas* ou *de ses peines, de louanges*, etc., n'aimer guère à parler, à agir pour autrui, à louer, etc. — Chétif, mesquin : *il nous donna un repas bien chiche.* — On donne aussi le nom de *chiche* à une sorte de pois de la famille des légumineuses.

CHICHE-FACE, subst. mas. (*chicheface*). On désigne par ce nom, en style burlesque, un homme maigre et chagrin, dont l'avarice perce sur le visage.—Au plur., des *chiches-faces*, des *faces chiches* : des hommes qui ont une *face chiche*.

CHICHEMENT, adv. (*chicheman*), d'une manière *chiche*, avec avarice.

CHICHESTER, subst. propre mas. (*chicècetre*), ville d'Angleterre.

CHICHETÉ, subst. fém. (*chicheté*), mot forgé qui est synonyme d'avarice.

CHICHIN, subst. mas. (*chichein*), dans les Indes, nom de la graine de casse.

CHICON, subst. mas. (*chikon*), t. de jard., laitue, romaine, plante potagère. — Cœur de la laitue.

CHICORACÉ, E, adj. (*chikoracé*), t. de bot., qui tient de la nature de la *chicorée*, comme le pissenlit.

CHICORACÉES, subst. fém. plur. (*chikoracé*), t. d'hist. nat., genre de coquilles établi aux dépens des *rochers* de Linnée. On le pêche sur les côtes septentrionales d'Afrique et d'Amérique. On l'appelle vulgairement *chicorée frisée, chausse-trape, cheval de frise, pourpre feuilletée.* - T.

de bot., famille de plantes herbacées. — On dit adj. *les plantes chicoracées*.

CHICORÉE, subst. fém. (*chikoré*) (en grec κιχώρη ou κιχώριον, qui, au rapport de *Pline*, est formé de l'égyptien), t. de jard., plante potagère, et servant d'aliment. — Il se dit aussi d'une préparation de cette plante que l'on ajoute au café pour le rendre rafraîchissant, ou pour en augmenter la dose. — *Chicorée sauvage*, plante médicinale. — Sorte d'application en broderie; genre d'ornement adopté pour la décoration des appartements sous Louis XV.

CHICOT, subst. mas. (*chikô*) (suivant quelques-uns, de l'arabe *schikkah*, morceau de bois fendu, éclat, etc., fait du verbe *schakka*, fendre, éclater), reste d'arbre qui sort un peu de terre. — En t. de jard., branche morte ou mourante. — Petit fragment de bois rompu : *son cheval s'est mis un chicot dans le pied*.—Morceau de dent qui reste dans la gencive.—Nom d'une maladie qui survient aux chevaux. — On le dit, en t. de blas., d'un bois noueux, d'un rejeton d'arbre.

CHICOT-DU-CANADA, subst. mas. (*chikôdukanada*), t. de bot., arbre du Canada à fleur monopétale et légumineuse.

CHICOTÉ, part. pass. de *chicoter*.

CHICOTER, v. neut. (*chikoté*), contester sur des choses de peu d'importance. Il est pop., et peu usité; on dit plutôt *chicaner*. Voy. ce mot.

CHICOTIN, subst. mas. (*chikotein*) (par corruption de *socotrin*, nom donné à l'aloès qui nous vient de *Socotara*, île de l'Asie, et qui est réputé le meilleur de tous), t. de bot., herbe d'un goût âcre et amer. — Chair d'une courge sauvage fort amère. — Il se dit surtout du suc amer de la coloquinte dont on frotte le bout des mamelles des nourrices, pour empêcher les enfants de téter quand on veut les sevrer. —*Dragées de chicotin*, ou simplement *chicotins*, dragées amères auxquelles on a mêlé du *chicotin*. — Fig. : *amer comme chicotin*, extrêmement amer.

CHICOTTER, v. neut. (*Boiste*.) Vicieux. Voy. CHICOTER.

CHIE-EN-LIT, et non pas **CHIANT-LIT**, subst. des deux genres (*chianli*), masque malpropre qui court les rues dans le temps du carnaval. Cette expression est basse et pop. — Au plur., des *chie-en-lit*. — *A la chie-en-lit!* sorte d'exclamation de carnaval, qui n'est qu'une corruption de : *il a chié au lit*.

CHIEFTAIN, subst. mas. (*chiéftein*), chef d'un clan écossais.

CHIEN, subst. mas., au fém. **CHIENNE** (*chiein, ène*) (en grec κυων, en lat. *canis*. Les Picards et les Normands prononcent *kiein*), quadrupède domestique, qui aboie; très-docile, très-intelligent; de beaucoup d'espèces. Nous empruntons au *Dictionnaire des Ménages* l'intéressant article qu'il donne sur les différentes espèces de *chiens*. — *Chiens de chasse*. Ceux qui servent pour la chasse. A neuf ou dix mois, on les fait rapporter, aller à l'eau, arrêter. Si ce sont des *chiens courants*, on les accouple, on les promène, on les fait obéir au fouet; mais en les récompensant et les traitant avec douceur. A un an, ils vont à la chasse avec de vieux *chiens*. A dix-huit mois, ils vont aux grandes chasses. — *Chiens courants*. C'est surtout en Angleterre qu'on a perfectionné la race des *chiens courants*. Un bon *chien* distingue la piste d'un animal qu'il poursuit d'avec celle d'un autre qui vient à croiser la première trace. Il peut abandonner la piste pour la reprendre plus loin. Il y a plusieurs espèces de *chiens courants*, à oreilles pendantes, ayant la jambe forte, le poil court, la queue relevée. Ils sont blancs, noirs, fauves ou tachetés. Ils suivent à la piste le gibier, le lièvre, le chevreuil, le sanglier, etc. — *Chien basset*. Il a les oreilles larges, longues et pendantes, les jambes très-courtes, quelquefois droites, et souvent torses. Il est utile dans la chasse au *chien courant*. — *Chien braque*. Il diffère du précédent par la moindre longueur du museau et des oreilles, par les jambes plus allongées et un corps plus épais.—*Chien terrier anglais*. On l'emploie en meutes pour chasser le renard, le lièvre et le lapin. Il a le poil court et lisse, les yeux, le dessous du corps et les pattes d'un jaune roux foncé. Il s'attache à son maître exclusivement. Il est très-alerte et très-intelligent. — *Chien terrier d'Écosse*. Il a l'extrémité des oreilles recourbée, le poil blanc ou brun, long et touffu; son odorat est excellent. Il poursuit avec acharnement les renards, les lièvres, les lapins, les putois, les fouines, les rats, les hérissons. — *Chien épagneul anglais* ou *blood-dog*. Ce *chien*, dont la race est presque perdue, était destiné à aller sur la piste des voleurs, et à rechercher les objets volés. Son nom de *blood-dog, chien de sang*, vient de ce qu'il suivait les traces des animaux blessés. Une loi avait levé une taxe pour l'entretien de ces *chiens*, et il était ordonné à tout propriétaire de leur ouvrir la porte quand ils se présentaient, sous peine d'être considéré comme complice d'un vol. — *Chien épagneul*. C'est un très-bon *chien d'arrêt*; il est couvert de poils longs et soyeux; ses oreilles sont pendantes comme celles du *chien courant*, et ses jambes plus élevées; il est blanc ou marron, ou tacheté de ces deux couleurs, et de noir. On en fait également un *chien de garde* et de compagnie.— *Chien couchant ordinaire*. Il n'a pas le poil aussi long que l'épagneul; sa queue est plus droite. En alliant les individus qui tiennent long-temps le gibier en arrêt avec l'épagneul qui découvre facilement un gîte, on a obtenu des races plus parfaites pour la chasse.—*Chien de garde*. La légèreté du sommeil du *chien* en fait un excellent gardien. Il est très-vigilant, et, au moindre bruit, avertit la maison par ses aboiements. On lui confie avec sécurité la garde des maisons, des boutiques, des fermes, des troupeaux, des marchandises laissées dans les lieux ouverts. Il est d'autant plus redoutable la nuit, s'il a été enfermé tout le jour. Les meilleures races pour *chiens de garde* sont le *dogue* et le *mâtin*. On leur fait mettre un collier garni de pointes de fer, fermé à cadenas. On les attache pendant le jour à la chaîne, et dans des niches grandes, spacieuses, bien garnies de paille, et à côté desquelles on place à l'ombre une auge pleine d'eau très-propre. La captivité du *chien* pendant le jour est indispensable, pour l'empêcher de se familiariser avec les étrangers, et lui conserver son activité pendant la nuit; on le lâche le soir. — *Mâtin*. Le *mâtin* a la queue retroussée en haut, les oreilles à demi pendantes; il y en a de gris, de blancs, de bruns et de noirs; ils sont grands, vigoureux et légers; avec des soins et une bonne nourriture, ils acquièrent une taille énorme. C'est à l'aide de ce *chien* que les Anglais ont détruit tous les loups de leur île. — *Dogue de forte race*. Ce *dogue* a le corps ample et musculeux, le museau raccourci, la tête et le corps gros, les oreilles petites et à demi pendantes, des lèvres épaisses en abajoue, les jambes courtes et fortes, le poil ras, blanc et noir. Telle est la description sommaire de la race de *chiens* la plus vigoureuse, mais la moins intelligente. Le *dogue* est féroce, hardi, disposé à attaquer tous les animaux. — *Le bull-dog anglais* (*chien de taureau*) est employé dans les combats d'animaux qui se pratiquent en Angleterre depuis un temps immémorial. Le *bull-dog* s'attache à son adversaire et ne le lâche pas.—*Dogue ordinaire*. Il est de plus petite taille que le précédent. Il a les narines séparées par une fente profonde. — *Doguin* ou *carlin*. Il a les lèvres moins pendantes, et la taille plus petite. -- *Chien barbet*. Ce *chien barbet* est le plus susceptible d'éducation. C'est un *chien barbet* que choisissent les Savoyards pour monture à leurs singes. Ces *chiens* ont de longs poils bouclés, de couleur noire, blanche ou mêlée. Ils aiment beaucoup aller à l'eau. — *Chien de Malte*. Il est petit, il a les poils longs et soyeux. C'est un *chien* de salon. — *Chien de berger*. Sa taille est moyenne, ses oreilles courtes et droites; il est couvert de longs poils sur tout le corps, excepté sur le museau; il est de couleur noire ou brun foncé.—*Chien-loup*. C'est une variété du *chien de berger*. Sa tête est couverte de poils; sa queue est très-élevée, il est blanc, noir ou fauve. — *Chien de Terre-Neuve*. Ce beau *chien*, originaire de l'île de Terre-Neuve, a le corps à peu près semblable, pour les proportions, à celui du *chien de berger*. Il est allongé, blanc, tacheté de noir et d'une taille élevée. Il est couvert de longs poils soyeux, et sa queue est touffue et retroussée. Il est très-agile, et doué d'une grande force musculaire. Il est fidèle à son maître, et peu familier avec les étrangers. Le *chien de Terre-Neuve* court mal, mais nage très-bien. Il a entre les pieds une membrane semblable à celle des oiseaux palmipèdes. En Angleterre, on s'en sert dans le sauvetage des naufragés. On lui attache une corde au cou, et on le met à l'eau : après qu'il a atteint le vaisseau près d'échouer, cette corde établit une communication entre la terre et le navire. La grande taille et la force de ces *chiens* les rendent très-propres au trait. Trois de ces *chiens* peuvent traîner à une lieue et demie de distance un poids de 150 à 200 livres. Le *chien de Terre-Neuve* est très-vigilant pour la garde, mais il aboie rarement. Les Anglais l'ont dressé à la chasse; il arrête très-bien. Le *chien de Terre-Neuve* remplit exactement les commissions qu'on lui donne. —*Chien turc lévrier*. Il est sans poil, et n'a qu'une touffe sur le front. — *Danois*. Le *danois* a le corps dégagé. Il est blanc et porte des taches noires. Son poil est ras et sa queue relevée. Il aime à courir avec les chevaux et au-devant des voitures. C'est un *chien* de luxe. — *Lévrier commun*. Ce *chien* gracieux a les formes sveltes et allongées, le museau effilé, les jambes longues et très-minces, le corps arqué, la queue longue, le poil ras, blanc, noir, gris, et de diverses couleurs. Il court avec une rapidité incroyable, et atteint bientôt les lièvres les plus agiles.—*Chiens du Saint-Bernard*. Ces *chiens* rôdent la nuit, pendant qu'il neige. Ils ont l'odorat très-fin, et découvrent, même sous plusieurs pieds de neige, les malheureux voyageurs. Alors ils aboient, ils grattent avec leurs pattes, et avertissent les moines de l'hospice. Ils portent au cou une gourde pleine d'eau-de-vie. Un de ces *chiens*, ayant sauvé vingt-deux personnes, fut décoré d'une médaille. — *Chien de trait*. C'est un usage en Hollande, en Allemagne, en Sibérie, et dans tout le nord de la France, d'employer les *chiens* au tirage des fardeaux, à la conduite de petites voitures. Les *chiens* du Nord surtout sont propres à cet attelage. — On employait autrefois les *chiens* à tourner la broche. —En parlant du cri du *chien*, on dit qu'*il aboie*. — *Chien traître*, *chien* qui mord avant d'avoir aboyé. — *Chien savant*, *chien* dressé à certains exercices. — On appelle particulièrement, en t. de chasse, *chiens allants*, de gros *chiens* employés à détourner le gibier; *chiens trouvants*, ceux qui ont un odorat excellent, et qui reconnaissent bien le gibier; *chiens batteurs*, ceux qui parcourent beaucoup de terrein en peu de temps; *chiens babillards*, ceux qui crient hors la voie; *chiens menteurs*, ceux qui cèlent la voie pour gagner le devant; *chiens vicieux*, ceux qui s'écartent en chassant tout; *chiens sages*, ceux qui partent juste; *chiens de tête et d'entreprise*, ceux qui sont vigoureux et hardis; *chiens corneaux*, les métis d'un *chien* courant et d'une mâtine, ou d'un mâtin et d'une lice courante; *chiens clabauds*, ceux à qui les oreilles passent le nez de beaucoup; *chien de change*, celui qui maintient et garde le change; *chien d'agail*, celui qui chasse bien le matin seulement. — Au fig., on le dit par injure et par mépris : 1° des personnes : *quel chien de musicien, de poète!* etc.; 2° des choses inanimées : *voilà une chienne de comédie, de musique*, etc. Il est fam. — Fig. : *cela n'est pas tant chien*, cela n'est pas tant à dédaigner, cela n'est pas si mauvais. Bas. Dans ce sens, *chien* est adv.—*Querelle de chien ; bruit de chien ; train de chien*, grande querelle, grand bruit.— *C'est un métier de chien*, c'est un métier, un travail très-fatigant et peu lucratif. — Prov. : *faire le chien couchant*, flatter bassement pour tromper.— *Être comme le chien du jardinier*, ne vouloir ni faire ni laisser faire.—*Il n'est chasse que de vieux chiens*, il n'y a pas d'hommes plus propres aux affaires que les vieillards, à cause de leur expérience. — *Faire comme le chien de Jean de Nivelle, qui s'enfuit quand on l'appelle*. Ce prov. vient de Jean de Montmorency, seigneur de Nivelle, qui, cité au parlement pour avoir donné un soufflet à son père, fuyait du côté de Flandre avec d'autant plus de vitesse que les sommations devenaient plus pressantes. On le traitait de *chien*, à cause de l'horreur qu'on avait de son crime. (*Trévoux*). — *Leurs chiens ne chassent pas ensemble*. Voy. CHASSER. — *Être fou comme un jeune chien*, être folâtre, étourdi. — *S'aimer, s'accorder comme chiens et chats*, être toujours en dispute. — *Saint Roch et son chien*, expression par laquelle on désigne deux personnes qui ne se quittent pas. — *Bon chien chasse de race*, les enfants tiennent de leurs parents, leur ressemblent. — *Quand on veut noyer son chien, on dit qu'il a la rage*, quand on veut quereller ou perdre quelqu'un, on lui impute quelque faute. — *Il vaut autant être mordu d'un chien que d'une chienne*, de deux personnes également méchantes, il importe peu d'être attaqué par l'une ou par l'autre; ou : de deux choses également nuisibles, il importe peu d'être atteint par l'une ou par l'autre. — Lorsqu'un homme méchant et inutile est réchappé d'une maladie, on dit qu'*il mourrait plutôt quelque bon chien de berger*. — *Venir là comme un chien dans un jeu de quilles*, arriver à contre-temps au milieu de gens qu'on gêne; *recevoir quelqu'un comme un chien dans un jeu de quilles*, le recevoir très-mal. — *Vouloir faire comme les grands chiens, pisser contre la muraille*, n'être que petit ou faible, ou pauvre, et s'efforcer de faire comme les grands, les forts ou les riches. — *Être comme un chien à l'attache*, être dans une continuelle sujétion. — *Ne pas donner sa part aux chiens*, avoir des prétentions sur quelque chose. — On dit, en style de l'Écriture, d'un pécheur qui retombe dans le crime, que *c'est un chien qui retourne à son vomissement*; d'un homme qui a le crédit principal dans une compagnie, ou dans une maison, que *c'est un chien au grand collier*. — *Entre chien et loup*, sur le soir. —*Être deux chiens après un os*, être deux à viser au même but. — *Il y a trop de chiens après l'os*, dans telle entreprise, dans telle spéculation, les associés sont trop nombreux pour qu'il puisse revenir beaucoup à chacun. — *Jamais à un bon chien il ne vient un bon os*, ceux qui ont bonne envie de travailler n'en trouvent pas l'occasion. — *Qui m'aime aime mon chien*; quand on aime quelqu'un, on s'intéresse à tout ce qui le touche, à tout ce qui lui appartient. —*Rompre les chiens*, les empêcher de suivre une voie; et au fig., arrêter un discours, une conversation qui peut avoir de mauvaises suites.—*Mener une vie de chien*, mener une vie misérable. — *Vivre comme un chien*, vivre dans la débauche, sans mœurs, etc. — *Mourir comme un chien*, en refusant de manifester du repentir de ce qu'on a fait de mal. — *Tous les chiens qui aboient ne mordent pas*, tous ceux qui menacent ne font pas de mal. — *Un chien hargneux a toujours l'oreille déchirée*, il arrive toujours quelque chose de fâcheux à une personne querelleuse. — *Battre le chien devant le loup*. Voy. BATTRE. — *S'il faisait cela, il ne serait pas bon à jeter aux chiens*, tout le monde le blâmerait, crierait après lui. — *Il est fait à cela comme un chien à aller à pieds, à aller nu-tête*, c'est une habitude qui est devenue pour lui une seconde nature. — *Battre quelqu'un comme un chien*, *l'étriller en chien courtaud*, le battre excessivement. — *Traiter quelqu'un comme un chien*, le traiter fort mal. — *Laisser quelqu'un comme un chien*, le négliger beaucoup. — *Être las comme un chien*, *comme un vieux chien*, être accablé de lassitude. — *Il fait un temps à ne pas mettre un chien dehors*, il fait un temps horrible. — On dit, en parlant d'associés qui ne savent pas s'entendre, que *c'est une charrue à chiens*. — *Pendant que le chien pisse, le loup s'en va*, si l'on veut profiter d'une occasion favorable, il ne faut pas se permettre le moindre retardement.—*Jeter sa langue aux chiens*, renoncer à deviner quelque chose. — *Il ne faut point se moquer des chiens qu'on ne soit hors du village*, avant de se moquer du danger, il faut s'y soustraire. — *C'est un beau chien s'il voulait mordre*, avec une belle prestance et tous les dehors d'un brave, c'est un poltron.— On dit d'une personne qui déblatère contre une autre plus puissante qu'elle : *c'est un chien qui aboie à la lune*. — En hist. nat., le genre de mammifères auquel appartient le *chien* prend le nom de cet animal : *le loup*, *le renard*, etc., *sont du genre chien*. — Subst. mas., pièce qui, dans le fusil, le pistolet, etc., tient la pierre, et s'abat sur le bassinet au moment où l'on fait jouer la détente. — En astron., on donne le nom de *grand* et de *petit chien* à deux constellations : la première, de l'hémisphère méridional, placée sous les pieds d'Orion, un peu vers l'occident; et la seconde, de l'hémisphère septentrional, située entre l'hydre et Orion. C'est dans la constellation du *grand chien* que se trouve la belle étoile que nous nommons *canicule*, et que les Grecs appelaient Σειριος, Sirius. Voy. CANICULE. — *Le chien de chasse* est une autre constellation de l'hémisphère septentrional. — Les tonneliers appellent *chien*, l'instrument que les menuisiers appellent *sergent*, par le moyen duquel ils tiennent assujéties les pièces qu'ils travaillent. — Espèce de caisse roulante traînée par des hommes, et qui sert dans l'exploitation des mines. — Brosse très-rude à l'usage des blanchisseuses.

CHIEN-D'EAU, subst. mas (*chieindô*), t. d'hist. nat., animal de l'espèce du cabiai. Au plur., *chiens-d'eau*.

CHIEN-DE-MER, subst. mas. (*chieindemère*), t. d'hist. nat., nom vulgaire des différentes espèces de poissons du genre squale, et particulièrement du requin. — La peau d'une espèce de *chien-de-mer*. — Au plur., des *chiens-de-mer*.

CHIENDENT, subst. mas. (*chieindan*), t. de bot., plante vivace de l'ordre des graminées, qui jette quantité de racines longues et déliées, et qui tire son nom de ce que les *chiens* la mangent pour se purger. On se sert des racines pour faire de la tisane. — *Chiendent-pied-de-poule*, espèce de *chiendent* dont la graine est connue sous le nom de *manne de Pologne*.

CHIENDENT-FOSSILE, subst. mas. (*chieindanfocile*), t. d'hist. nat., nom donné par quelques auteurs à l'amiante.

CHIEN-DES-BOIS, subst. mas. (*chieindèboa*), t. d'hist. nat., quadrupède de la Guyane.

CHIEN-DE-TERRE, subst. mas. (*chieindetère*), t. de vén.. *chien basset*.

CHIEN-DU-MEXIQUE, subst. mas. (*chieindumèkecike*), t. d'hist. nat., petit animal domestique qui ressemble à nos petits *chiens*.

CHIEN-LOUP, subst. mas. (*chieinlou*), *chien* qui tient du *loup*. — Au plur., des *chiens-loups* : des animaux qui sont à la fois *chien* et *loup*.

CHIEN-MARIN, subst. mas. (*chieinmarein*), t. d'hist. nat., *chien* de mer, espèce de poisson. Voy. REQUIN. — Au plur., des *chiens-marins*.

CHIENNE, subst. fém. Voy. CHIEN.

CHIENNÉ, part. pass. de *chienner*.

CHIENNER, v. neut. (*chiéné*), faire des *chiens*, se dit des *chiennes* quand elles mettent bas. Peu usité.

CHIENNINE, adj. fém. (*chiénine*), se dit de ce qui a rapport aux *chiens*. Peu usité.

CHIENNOT, subst. mas. (*chiénô*), petit *chien*. (*Boiste*). Peu usité.

CHIEN-RAT, subst. mas. (*chieinra*), t. d'hist. nat., nom de la mangouste au cap de Bonne-Espérance. — Au plur., des *chiens-rats*.

CHIEN-VOLANT, subst. mas. (*chieinvolan*), t. d'hist. nat. Quelques naturalistes ont donné ce nom aux roussettes, mammifères de l'ordre des carnassiers. —Au plur., des *chiens-volants*.

CHIÉ, E, part. pass. de *chier*.

CHIER, v. neut. (*chié*), (suivant *Ménage*, du latin *cacare*, fait du verbe κακκαω, dérivé de κακκη, excrément, *caca*), se décharger le ventre des gros excréments. Cette expression est basse et populaire. — On l'emploie quelquefois act. : *chier du musc*, trivialement, sentir on ne peut plus mauvais. — Prov. et fig. : *chier de peur*, avoir excessivement peur. — *Cet homme a chié dans mes bottes*, il m'a trompé; je ne m'y fierai plus.

CHIERMÉE, subst. fém. (*chièremé*), t. de bot., sorte de colchique.

CHIESQUE, subst. mas. (*chiéceque*), t. de bot., espèce de bambou.

CHIETOTALT, subst. mas. (*chitotalte*), t. d'hist. nat., nom d'un oiseau du Mexique que l'on dit être un étourneau.

CHIEUR, subst. mas., au fém. **CHIEUSE** (*chieur*, *chieuse*), celui ou celle qui *chie*. Bas.

CHIEUSE, subst. fém. Voy. CHIEUR.

CHIFFE, subst. fém. (*chife*) (de l'arabe *schaffoun*), linge mince et usé; t. de mépris, étoffe faible et mauvaise : *ce n'est que de la chiffe*. — *Papier de chiffe*, papier fabriqué avec des *chiffons*, que quelquefois aussi on appelle *chiffe*. — Fig., on dit d'un homme sans caractère que *c'est une vraie chiffe*.— *Balle de chiffe*, balle à jouer, très-molle.

CHIFFLÉ, E, part. pas. de *chiffler*.

CHIFFLER, v. neut. et act. (*chiflé*), vieux mot qui s'est dit autrefois pour *siffler*.—Le peuple s'en est servi long-temps pour signifier : boire largement, mais il dit aujourd'hui *flûter*.

CHIFFON, subst. mas. (*chifon*) (de l'arabe *schaffoun*, toile légère, linge mince et usé), morceau de linge, de drap, etc., usé : *chercher*, *vendre, acheter des chiffons*. — *Il n'est vêtu que de chiffons*, il est fort mal vêtu. — *Un chiffon de papier* : 1° un morceau de papier froissé; 2° fig., un petit morceau de papier; 3° fig. encore, un écrit sans importance, sans valeur : *cette pièce n'est point en règle, ce n'est qu'un chiffon de papier*. — Fig., ajustement de femme destiné seulement à la parure : *elle dépense en chiffons tout ce que gagne son mari*.—Fig., chose sans valeur. — Personne ayant de l'enfantillage dans le caractère, dans les manières, ou des traits peu réguliers.

CHIFFON, E, adj. (*chifon, fone*), t. de jard., se dit des branches inutiles.

CHIFFONNADE, subst. fém. (*chifonade*), t. de cuisine, sorte de potage.

CHIFFONNÉ, E, part. pass. de *chiffonner* et adj. : *étoffe chiffonnée*, froissée.—*Avoir la mine chiffonnée*, avoir les traits petits et peu réguliers, mais fins et agréables.

CHIFFONNER, v. act. (*chifoné*), bouchonner, froisser : *chiffonner du linge*, *un habit*, etc. — On dit aussi *chiffonner quelqu'un*, pour : déranger l'ajustement de quelqu'un : *on m'a tout chiffonné dans la foule*; *madame, le vent vous a chiffonnée*.—Fig. et fam., *chiffonner une femme*, prendre des libertés avec elle. — Fig. et fam., inquiéter, contrarier : *ce qu'il vient de m'apprendre me chiffonne*. — *se* CHIFFONNER, v. pron.

CHIFFONNIER, subst. mas., au fém. **CHIFFONNIÈRE**, (*chifonié, nière*), celui, celle qui ramasse des *chiffons* par la ville. — Fig., 1° celui, celle qui débite sans choix les nouvelles qui courent les rues; 2° personne vétilleuse et tracassière. Voy. CHIFFONNIÈRE.

CHIFFONNIÈRE, subst. fém. (*chifonière*). Voy. CHIFFONNIER. — Meuble à tiroirs, où les femmes renferment leurs *chiffons* et les petits objets dont elles se servent pour leurs ouvrages. *L'Académie* appelle ce meuble *chiffonnier*, au mas.; cependant tous les *Dictionnaires*, à l'exception de celui de *Boiste*, qui donne *chiffonnier* et *chiffonnière*, ne disent que *chiffonnière*, et c'est en effet le plus en usage.

CHIFFRATURE, subst. fém. (*chifrature*), l'action de marquer par des *chiffres* l'ordre des feuillets, des pages d'un manuscrit, d'un livre. (*Boiste*.)

CHIFFRE, subst. mas. (*chifre*) (de l'italien *cifera* ou *cifra*, dont la signification est la même. Les Italiens ont emprunté ce mot des Espagnols, qui l'ont reçu des Arabes, et ceux-ci l'ont pris de l'hébreu *siphr*, dont la racine est *saphar*, nombrer), caractère dont on se sert pour marquer les nombres. — On connaît dans le système de la numération trois sortes de *chiffres* : les *chiffres* arabes, dont on se sert communément, les romains, et les financiers. Les premiers, au nombre de sept, sont les suivants : I, qui vaut un; V, qui vaut cinq; X, qui vaut dix; L, cinquante; C, cent; D, cinq cents, et M, mille. Qu'on se souvienne que tout *chiffre* placé à la gauche d'un autre plus grand que lui diminue celui-ci de la valeur du premier, ainsi IV ne vaut que 4; XL ne vaut que 40; XC ne vaut que 90, etc.

Valeur des chiffres romains.

I.	1	XX.	20	DC.	600
II.	2	XXX.	30	DCLXX. . .	670
III.	3	XL.	40	CM.	900
IV.	4	LX.	60	M.	1000
V.	5	LXIV.	64	MC.	1100
VI.	6	LXX.	70	MCL.	1150
VII.	7	XC.	90	MCD.	1400
VIII.	8	C.	100	MD.	1500
IX.	9	CC.	200	MDCCCXXV.	1825
X.	10	CCC.	300	MM.	2000
XI.	11	CD.	400	MMIX.	2009
XII.	12	D.	500	MMD.	2500

On exprime les *chiffres* financiers en lettres italiques de la manière suivante :

Valeur des chiffres financiers.

i ou *j*. . .	1	*x*.	10	*lxxx*. . . .	80
ij.	2	*xij*.	12	*xc*.	90
iij.	3	*xb*.	15	*c*.	100
ib.	4	*xx*.	20	*ijc*.	200
b.	5	*xxb*.	25	*ibc*.	400
bj.	6	*xl*.	40	*bic*.	600
bij.	7	*l*.	50	*bijc*.	700
biij.	8	*lxb*.	65	*g*.	1000
ix.	9	*lxx*	70	*gbc*.	1500

(*Dict. des Ménages*). — On disait autrefois abs. *le chiffre* pour : les chiffres en général : *apprendre le chiffre*; *se tromper au chiffre*, etc. — Quelquefois on entend par *le chiffre* la somme totale : *le chiffre de cette dépense m'épouvante*; *faites-moi connaître le chiffre de ce que je vous dois*, etc. — Prov. et fig., *c'est un zéro en chiffre*, c'est un homme nul; ou : c'est un homme qui n'a aucune importance. — Il se dit de certains caractères inconnus, déguisés ou variés, dont on se sert pour écrire les lettres contenant quelque secret, et qui ne peuvent être entendus que par ceux qui en ont la clef. On appelle *chiffre à simple clef*, la circonstance dans laquelle on se sert toujours d'une même figure pour faire une même lettre; et *chiffre à double clef*, celle dans laquelle on change d'alphabet à chaque mot, ou bien on emploie des mots sans signification : *écrire en chiffres*; *faire un chiffre*; *la clef d'un chiffre*. — Les marchands, particulièrement ceux qui font le détail, appellent *chiffres* ou *marques*, des *chiffres* ou autres caractères qu'ils mettent sur de petites étiquettes de papier ou de parchemin qu'ils attachent aux marchandises, et qui désignent le véritable prix qu'elles leur coûtent, afin de pouvoir en régler la vente. —Fig., certaines façons de parler que quelques personnes ont entre elles, et qui ne sont point entendues des autres. — Arrangement de deux ou de plusieurs lettres capitales entrelacées l'une dans l'autre pour exprimer un nom en abrégé : *graver un chiffre sur un cachet*; *le peindre dans un écusson*, etc. — Les *chiffres*, exprimés en lettres, ne prennent point la marque du pluriel; on écrit : *les un, les quatre ; trois un de suite font centonze en chiffres arabes.*

CHIFFRÉ, E, part. pass. de *chiffrer.*

CHIFFRÉE (BASSE), subst. fém. (*bâcechifré*), accompagnement d'un maître de musique pour prévenir une faute que fait son élève en chantant. (*Raymond.*) Inusité.

CHIFFRER, v neut. (*chifré*), compter avec la plume au moyen de *chiffres* ; *il ne sait pas chiffrer.* — Pop., compter en général. — Il est aussi v. actif, et signifie : 1° numéroter : *chiffrer les pages d'un livre* ; 2° écrire en *chiffres* : *chiffrer une dépêche* ; 3° en musique, indiquer par des *chiffres* écrits sur les notes de la basse, les accords dont elles doivent être accompagnées.— *se* CHIFFRER, v. pron.

* **CHIFFREUR**, subst. mas., au fém. **CHIFFREUSE** (*chifreur, freuze*), celui ou celle qui compte bien avec la plume. L'*Académie* ne donne pas le fém.

CHIFFREUSE, subst. fém. Voy. CHIFFREUR.

CHIGNOLLE, subst. fém. (*chigniole*) t. de passementiers-boutonniers, espèce de dévidoir à trois ailes, distantes d'une demi-aune l'une de l'autre, et sur lequel on dévide les matières pour les mesurer.

CHIGNON, subst. mas. (*chignion*) (du mot français *chaîne* ; on a fait d'abord *chaignon*, et ensuite *chignon*), le derrière du cou.— Autrefois les femmes nommaient *chignon* les cheveux retroussés qui couvraient leur *chignon.*

CHIGOMIER, subst. mas. (*chiguomié*), t. de bot., genre de plantes de la famille des myrtoïdes, qui renferme huit à dix arbrisseaux exotiques.

CHII, subst. mas. (*chi-i*), t. d'hist. nat., nom d'une espèce de pipi du Paraguay.

CHILCAO, subst. mas. (*chilkao*), t. de bot., espèce d'arbre du Pérou.

CHILI, subst. propre mas. (*chili*), nom de contrée ; république de l'Amérique méridionale.

CHILIADE, subst. fém. (*kiliade*) (du grec χιλιας, millier), choses mises ensemble par mille : *les Chiliades d'Érasme.* Inusité.

CHILIARCHIE, subst. fém. (*kiliarchi*) (du grec χιλιοι, mille, et αρχη, commandement), t. d'hist. anc., titre, commandement du *chiliarque.*

CHILIARQUE, subst. mas. (*kiliarke*) (du grec χιλιοι, mille, et αρχος, chef, de αρχη, commandement), t. d'hist. anc., officier qui commandait un corps de mille hommes.

CHILIASTE, subst. des deux genres (*kiliacete*). Voy. MILLÉNAIRE.

CHILIEN, adj. et subst. mas.; au fém. **CHILIENNE**, (*chilien, liène*), qui est du *Chili* ; qui y a rapport : *république chilienne* ; *c'est un Chilien.*

CHILIENNE, adj. et subst. fém. Voy. CHILIEN.

CHILIODYNAME, subst. fém. (*kiliodiname*) du grec χιλιοι, mille, et δυναμις, force), t. de bot., genre de plantes de la famille des narcisses.

CHILIOGONE, et non pas **KILIOGONE**, subst. mas. (*kilioguone*) (du grec χιλιοι, mille, et γωνια, angle), t. de géom., figure plane et régulière à mille angles et mille côtés.

CHILIOMBE, subst. mas. (*kilionbe*) (du grec χιλιοι, mille, et βους, bœuf), t. d'hist. anc., sacrifice de mille bœufs.

CHILIOTRIQUE, subst. fém. (*kiliotrike*), t. de bot., genre de plantes de la famille des corymbifères.

CHILLAS, subst. mas. (*chilelace*), t. de comm., toile de coton à carreaux, qui vient du Bengale et de quelques autres contrées des Indes.

CHILLÉ, E, part. pass. de CHILLER.

CHILLER, v. act. (*chilelé*), t. de fauconnerie. *Boiste* nous donne ce mot sans définition. Nous lisons dans *Trévoux* que *chiller l'épervier*, c'était lui coudre les paupières de manière à ce qu'il ne vît que par derrière.

CHILOCHLOÉ, subst. mas. (*chilokio-é*), t. de bot., genre de plantes de la famille des graminées, établi aux dépens des *alpistes* de Linnée.

CHILODIE, subst. fém. (*chilodi*), t. de bot., arbrisseau de la Nouvelle-Hollande qui constitue seul un genre dans la famille des labiées.

CHILOÉ, subst. propre fém. (*chilo-é*), groupe d'îles du grand Océan austral, sur la côte du Chili.

CHILOGNATES, subst. mas. plur. (*chiloguenate*), t. d'hist. nat., insectes de la famille des myriapodes.

CHILON, subst. mas. (*chilon*) (du grec χειλος, lèvre), t. de médec. On a donné ce nom à une tuméfaction inflammatoire des lèvres. — Subst. propre mas., t. de myth., fameux athlète que les Grecs eurent en grande vénération après sa mort.

CHILONE, adj. des deux genres (*chilone*), à grosses lèvres. Inus. Voy. CHILON.

CHILOPODES, subst. mas. plur. (*kilopode*) (du grec χιλιοι, mille, et πους, pied), t. d'hist. nat., famille d'insectes connus ordinairement sous le nom de *mille-pieds*, et de l'ordre des myriapodes.

CHIM., abréviation du mot *chimie.*

CHIME, subst. mas. (*chime*), t. d'hist. nat., nid d'oiseau en Chine.

CHIMAPHILE, subst. fém. (*chimafile*), t. de bot., genre de plantes de l'Amérique septentrionale, établi pour placer les pyroses, dont le stygmate est sessile et épais.

CHIMARRHIS, subst. mas. (*chimarerice*), t. de bot., genre de plantes de la famille des rubiacées. Il ne renferme qu'une espèce, qui est un arbre de l'Amérique méridionale qu'on appelle à la Martinique *bois de rivière.*

CHIM-CHIM-NHA, subst. mas. (*chimechimena*) t. de bot., arbre de la Cochinchine.

CHIM-CHIM-RUNG, subst. mas. (*chimechimereungue*), t. de bot., arbre de la Cochinchine, avec lequel les tourneurs font des vases et d'autres ouvrages que l'on recouvre de vernis.

CHIMÈRE, subst. fém., (*chimère*) (du grec χιμαιρα, nom de la montagne et de l'animal, et qui signifie aussi *chèvre*), myth., monstre fabuleux qui avait le devant d'un lion, le milieu du corps d'une chèvre, et le derrière d'un dragon. La fable de la *chimère* doit son origine à une montagne de Lycie du même nom, dont le sommet désert était habité par des lions; le milieu, abondant en pâturages, nourrissait des chèvres, et le bas, marécageux, était rempli de serpents.—En t. d'antiq., masque réuni à différentes parties d'animaux. On l'appelle aussi *grylle.*— Au fig., imagination vaine et sans fondement : *avoir, se mettre des chimères dans la tête* ; *c'est là sa chimère.* Voy. ILLUSION. — T. d'hist. nat., genre de poissons. Il renferme deux espèces : la *chimère arctique*, qui a des plis poreux sur le museau, et se trouve dans la mer du Nord, où elle est connue sous le nom de *singe de mer* et de *roi des harengs* ; et la *chimère antarctique*, qui a le museau garni d'une longue appendice, et qu'on nomme aussi *poisson-coq* ou *poisson-éléphant.* Cette espèce constitue aujourd'hui le genre *callorhinque.*—On désigne aussi par ce nom un genre de vers mollusques et testacés.

CHIMÉRIQUE, adj des deux genres (*chimérike*), visionnaire, plein de *chimères* : *esprit chimérique.* — Sans fondement : *prétention, dessein, espérance, crainte chimérique.*

CHIMÉRIQUEMENT, adv. (*chimérikeman*), d'une manière *chimérique.*

CHIMÉRISÉ, E, part. pass. de *chimériser.*

CHIMÉRISER, v. neut. (*chimérizé*), se repaître de *chimères.* (*Boiste*), qui le donne avec raison comme inus.

* **CHIMIÂTRE**, subst. mas. (*chimiâtre*) (du grec χημεια, chimie, et ιατρος, médecin), médecin-chimiste.—C'est un terme inusité.

* **CHIMIÂTRIE**, subst. fém. (*chimiâtri*) (du grec χημεια, chimie, et ιατρεια, guérison), t. de médec., art de guérir les maladies par des remèdes *chimiques.* Inusité.

CHIMIE, subst. fém. (*chimi*) (en grec χημεια, formé de χεω, je fonds), science au moyen de laquelle on analyse et décompose les corps mixtes, afin de découvrir l'action intime et réciproque qu'ils exercent les uns sur les autres. Les corps sont solides, liquides, aériformes; ils sont élémentaires ou composés. Ils sont formés d'une multitude de petits atomes liés ensemble par la force de cohésion, force plus grande dans les solides que dans les liquides. Les corps dits élémentaires sont les suivants : *Fluides impondérables* : Calorique. — Lumière.—Fluide électrique.—*Corps pondérables non métalliques* : Oxygène. — Hydrogène. Bore. — Carbone. — Phosphore. — Soufre. — Sélénium. — Iode. — Brome. — Chlore. — Azote. — Phtore. —Silicium.—Zirconium.—*Substances simples métalliques* : Magnésium. — Calcium. — Strontium. — Baryum. — Sodium. — Potassium. — Lithium.— Manganèse.—Zinc.— Fer.—Étain. — Cadmium.— Aluminium. — Glucynium. — Yttrium. — Thorium. — Arsenic. — Molybdène. — Chrôme. — Tungstène.—Columbium. — Antimoine. — Urane. — Cérium. — Cobalt. — Titane. — Bismuth. — Cuivre.—Tellure. — Plomb. — Mercure. — Nickel. — Osmium. — Rhodium. — Iridium. — Argent. — Or. — Platine. — Palladium.—On appelle oxydes, les composés formés d'oxygène et d'un corps simple, qui sont en général insipides, ne rougissent pas l'infusion du tournesol, et n'ont pas une saveur aigre. On appelle acides, les composés d'oxygène et de corps simples qui ont les qualités contraires. Il y a au reste quelques acides qui ne contiennent pas d'oxygène. — L'oxygène se combinant et s'unissant dans diverses proportions, on appelle un corps, selon qu'il est plus ou moins oxygéné, péroxyde, tritoxyde, deutoxyde, protoxyde ou simplement oxyde, si la substance simple ne peut former avec l'oxygène qu'un seul oxyde. Quand l'oxyde est combiné avec l'eau, on l'appelle hydrate. Si l'oxygène en se combinant avec un corps simple forme *un seul acide*, on ajoute la terminaison *ique* au nom du corps ; ainsi l'on dit : *acide carbonique.* S'il y a deux acides, le moins oxygéné est désigné par la terminaison *eux* ; ainsi l'on dit : *acide sulfureux.* S'il y en a trois, le nom du moins oxygéné est précédé du mot *hypo* (c'est-à-dire au-dessous) ; ainsi l'on dit : *acide hypophosphorique.* Cette nomenclature créée par Guyton-Morveau, modifiée de concert avec l'auteur par Lavoisier, Fourcroy et Berthollet, est d'un usage général. Thomson adopta les dénominations de protoxyde, de deutoxyde, etc. Le célèbre Suédois, M. Berzélius, a proposé des modifications : il distingue trois sortes d'oxydes : ceux qui ne sont pas assez oxydés pour s'unir aux acides (*suboxydum*); ceux qui le sont trop (*superoxydum*) ; ceux qui le sont suffisamment, désignés par la terminaison latine *cum* (*oxydum ferricum*). Les oxydes métalliques, selon qu'ils sont plus ou moins oxydés, sont terminés en *osum, eum, icum.* Ainsi : *oxydum aurosum, aureum, auricum.* Il en est de même des sels. Ces modifications n'ont pas encore généralement été adoptées. La chimie tend tellement à se populariser ; les mots chimiques reviennent si souvent dans les moindres recettes, qu'il est presque indispensable de connaître au moins la nomenclature chimique, afin d'avoir quelques notions sur des substances employées journellement, qu'on voit partout, et dont le nom est écrit dans les livres les plus élémentaires.—Quand un corps est mêlé avec de l'hydrogène, on ajoute le mot *hydro* ; ainsi : *acide hydro-chlorique.* Les produits non acides formés d'hydrogène et d'une substance simple, sont appelés *hydrures.* — Quand deux corps simples se combinent ensemble, le nom du composé est terminé en *ure.* Exemple : *chlorure d'argent.* Selon les proportions, on dit *protochlorure, deutochlorure, tritochlorure.* Ce principe ne s'applique pas aux métaux, aux composés desquels on donne le nom d'alliage, et celui d'amalgame quand le mercure en fait partie. Les sels composés d'un acide et d'une ou de deux bases reçoivent des noms qui expriment leur nature. Si l'acide est terminé en *ique*, on change sa terminaison en *ate* ; et en *ite*, s'il est terminé en *eux.* Ainsi on dit *carbonate de chaux, tartrite de potasse, hypophosphate, hypophosphyte, protosulfate, deutosulfate, hydrochlorate, protohydrochlorate.* Les sels avec excès d'acide s'appellent sur-sels ; on dit : *sulfate de protoxyde de potassium.* Les sels avec excès de la base sont des sous-sels. Pour les combinaisons des corps, leurs usages dans les arts, les sciences, la médecine, l'industrie domestique, nous renvoyons aux *Éléments de chimie* de M. Orfila (in-8°, 1831) ; et pour la partie de la chimie qui se rapporte à la culture, aux *Éléments de chimie agricole* par sir Humphray Davy (in-12), traduit de l'anglais. Cette partie de la *chimie* est très-importante. En effet, l'action des engrais et des composts est une action complètement chimique, et il est rare que, dans le même lieu, il ne se trouve des terres dépourvues d'un principe qui se rencontre en abondance dans une terre voisine. Il ne s'agit donc que d'opérer des mélanges avec intelligence. (*Extrait du Dict. des Ménages.*) — On appelle *chimie philosophique*, celle qui établit les principes et fonde toute la doctrine de la science ; *chimie météorique*, celle qui s'occupe spécialement de tous les phénomènes qui se passent dans l'air, et que l'on connaît sous le nom de *météores* ; *chimie minérale*, celle qui a pour objet l'analyse ou l'examen de tous les fossiles, des eaux, des terres, des pierres, des métaux, des bitumes, etc. ; *chimie végétale*, celle qui traite de l'analyse des plantes et de leurs produits ; *chimie animale*, celle qui s'occupe des corps des animaux ; *chimie pharmacologique*, celle qui a pour objet tout ce qui tient à la connaissance, à la préparation et à l'administration des médicaments ; *chimie manufacturière*, celle qui s'applique à découvrir, à rectifier, à étendre, à perfectionner ou à simplifier les procédés *chimiques* des manufactures ; *chimie économique*, celle qui a pour but d'éclairer, de simplifier et de régulariser une foule de procédés économiques qu'on exécute sans cesse dans toutes nos demeures, pour les assainir, les chauffer, les éclairer; pour préparer les vêtements, la nourriture, les boissons, etc.

CHIMIFICATION, subst. fém. (*chimifikacion*), principe qui transmet à une substance une consistance *chimique*.

CHIMIQUE, adj. des deux genres (*chimike*), qui appartient à la *chimie*.

CHIMIQUEMENT, adv. (*chimikeman*), selon les principes de la *chimie*; d'une manière *chimique*. — Ce mot, si usuel, manque dans l'*Académie*.

CHIMISTE, subst. des deux genres (*chimicete*), qui sait bien la *chimie*, qui en fait les opérations.

CHIMMIVU, subst. mas. (*chimemivu*), t. de bot., espèce de gouet qui croît dans les environs de Canton, en Chine.

CHIMOINE, subst. mas. (*chimoène*), ciment de pierre calcaire. — T. d'hist. nat., coquille imitant la blancheur et le poli du marbre.

CHIMPANZÉE ou **CHINPANZÉE**, subst. mas. (*cheinpanzé*), t. d'hist. nat., sorte de singe.

CHINA, subst. fém. (*china*), t. de bot., nom d'une espèce de salsepareille qui croît en Chine.

CHINCAPIN ou **CHÂTAIGNIER NAIN DE VIRGINIE**, subst. mas. (*cheinkapein*), t. de bot., arbrisseau de Virginie dont les feuilles sont assez semblables à celles du châtaignier, et dont le fruit est une amande renfermée dans une capsule épineuse.

CHINCHE, subst. mas. (*cheinche*), t. d'hist. nat., nom de deux animaux de l'Amérique qui exhalent une mauvaise odeur.

CHINCHILLA, l'*Académie* écrit aussi **CHINCILLA**, mais tout le monde dit **CHINCHILLA**, subst. mas. (*cheinchilela*), t. d'hist. nat., animal du Pérou de la grosseur de l'écureuil. Il est fort estimé pour la beauté de son poil, dont on fait des fourrures.

CHINCOU, subst. mas. (*cheinkou*), t. d'hist. nat., nom que l'on donne au vautour noir dans sa première année.

CHINE, subst. propre fém. (*chine*), grand empire de l'Asie.

CHINE, subst. mas. (*chine*), t. de bot., serpentin, espèce de bois dur, rougeâtre et à taches noires.

CHINÉ, E, part. pass. de *chiner* et adj. : *des bas chinés*.

CHINER, v. act. (*chiné*), t. de manufacture de soie : donner aux fils de la chaîne de l'étoffe des couleurs différentes, et tellement disposées que l'étoffe achevée présente un dessin dont le trait, quoique tremblant, soit reconnaissable. On *chine* particulièrement les taffetas. — **SE CHINER**, v. pron.

CHINER, mieux **CHINÉ**, subst. mas. (*chiné*), l'art de *chiner*.

CHINES, subst. fém. plur. (*chine*), idoles des *Chinois*.

CHINFRENEAU, subst. mas. (*cheinfrenô*), pop., coup d'épée, de bâton à travers le visage. Inusité.

CHIN-HOAN, subst. mas. (*chein-oan*), génie gardien des villes et des provinces, chez les *Chinois*.

CHINIAN (SAINT-), subst. propre mas. (*ceinchinian*), ville de France, chef-lieu de canton, arrond. de Saint-Pons, dép. de l'Hérault.

CHINIOÏDINE, subst. fém. (*chini-o-idine*), t. de pharm., substance nouvellement découverte dans le quinquina.

CHINOIS, E, subst. et adj. (*chinoa, chinoaze*), celui ou celle qui est de la *Chine* : *un Chinois*; *une Chinoise*. — Qui vient de la *Chine* : *étoffe chinoise*. — Qui est dans le goût *chinois* : *maison chinoise*. — *Ombres chinoises*, spectacle d'enfants consistant en figures découpées qu'on fait passer derrière un transparent. — Subst. mas. plur., petites oranges vertes conservées dans une liqueur spiritueuse.

CHINOISE, subst. fém. (*chinoaze*), petite orange de la Chine. Voy. **CHINOIS**.

CHINON, subst. propre mas. (*chinon*), ville de France, chef-lieu d'arrond., dép. d'Indre-et-Loire. — C'est la patrie de Rabelais.

CHINORRHODON, subst. mas. (*chinòrodon*) (du grec κυων, chien, et ροδον, rose), t. de bot., nom du rosier églantier dans les anciens ouvrages de médecine. — On donne aussi ce nom à une collection de roses sauvages.

CHINQUAPIN, subst. mas. (*cheinkapein*). Voy. **CHINCAPIN**.

CHINQUÉ, part. pass. de *chinquer*.

CHINQUER, v. neut. (*cheinké*), boire du vin dans une débauche : *ils ont chinqué ensemble*. Il est inusité.

CHINQUIS, subst. mas. (*cheinki*), t. d'hist. nat., paon du Thibet.

CHINT, subst. mas. (*chein*), t. de comm., toile des Indes propre à être imprimée. Il y en a de plusieurs sortes qui se distinguent par les noms des lieux où elles se fabriquent ou par leurs dimensions : on appelle *chint-séronges* des toiles de coton blanches propres à être imprimées et mises en couleur, qui se fabriquent aux Indes orientales, et dont les pièces n'ont que six aunes de long sur trois quarts de large; *chint-mamodès*, celles qui ont sept aunes et demie de long sur demi-aune de large; *chint-broad*, celles qui ont la même longueur sur trois quarts de large; *chint-surat*, celles qui ont huit aunes de long sur trois quarts de large.

CHINURE, subst. fém. (*chinure*), dessin *chiné*.

CHIO, subst. mas. (*chi-o*), t. de manuf. de glaces, pièce que l'on fixe avec du mortier au devant du bas de la glace, ou à l'ouverture du four de glacerie. — Subst. propre mas., île de l'Archipel.

CHIOCOQUE, subst. fém. (*chi-okoke*), t. de bot., genre de plantes exotiques, de la famille des rubiacées.

CHIODÉCON, subst. mas. (*chi-odékon*), t. de bot., genre de plantes de la famille des lichens.

CHIO-HAU, subst. mas. (*chi-o-o*), t. de bot., arbre de la Chine.

CHIONANTHE, subst. mas. (*chi-onante*) (du grec χιων, neige, et ανθος, fleur), t. de bot., genre de plantes de la famille des jasminées.

CHIONÉ, subst. propre fém. (*chioné*), myth., fille de Dédalion. Elle fut fort aimée d'Apollon et de Mercure : elle les épousa l'un et l'autre en même temps, et eut du premier Philammon, grand joueur de luth, et du second, Autolique, célèbre filou, comme son père. *Chioné* fut si orgueilleuse de sa beauté, qu'elle osa se préférer à Diane, qui, pour la punir, lui perça la langue avec une flèche.

CHIONIS, subst. mas. (*chi-onice*), t. d'hist. nat., genre d'oiseaux de l'ordre des échassiers. Il vit sur les rivages des mers australes. — Poisson de la Méditerranée.

CHIONOMEL, subst. mas. (*chi-onomèl*) (du grec χιων, neige, et μελι, miel), t. d'hist. anc., mélange de miel et de neige.

CHIOURME, subst. collect. fém. (*chiourme*) (de l'italien *ciurma*, fait, dans la même signification, du latin *turma*, foule, multitude), se disait de tous les forçats et autres qui ramaient sur une galère; et se dit aujourd'hui de tous les forçats d'un bagne. — *Garde-chiourme*, voy. ce mot.

CHIPAGE, subst. mas. (*chipaje*), t. d'arts et métiers, apprêt que les tanneurs donnent à certaines peaux.

CHIPEAU, subst. mas. (*chipô*), t. d'hist. nat., espèce de canard de l'Amérique.

CHIPÉ, E, part. pass. de *chiper*, et adj. : *basane chipée*.

CHIPER, v. act. (*chipé*), t. de tanneur, donner aux peaux l'apprêt que l'on appelle *chipage*. — En t. populaire, voler, dérober. — **SE CHIPER**, v. pron.

CHIPOLIN, subst. mas. (*chipolein*), nom que l'on donne à la détrempe vernie et polie.

CHIPOTÉ, E, part. pass. de *chipoter*.

CHIPOTER, v. neut. (*chipoté*), faire peu à peu et lentement ce qu'on fait; lanterner, barguigner. — Vétiller, chicaner. — Il est familier dans les deux acceptions. — **SE CHIPOTER**, v. pron.

CHIPOTIER, subst. mas., au fém. **CHIPOTIÈRE** (*chipotié, tière*), barguigneur. — Vétilleur. Voy. **CHIPOTER**. Il est familier.

CHIPOTIÈRE, subst. fém. Voy. **CHIPOTIER**.

CHIPUR, subst. mas. (*chipur*), jour de pardon chez les juifs.

CHIQUE, subst. fém. (*chike*), t. d'hist. nat., espèce de ciron qui entre dans la chair. Il saute comme la puce, à laquelle il ressemble assez par la couleur. La *chique* s'attache de préférence aux orteils et aux talons. — Très-petite tasse à café. — Tabac à mâcher ou mâché. — Petite boule de marbre ou de terre cuite pour des jeux d'enfants. — Mauvais cocon de soie dans lequel le ver est mort.

CHIQUÉ, E, part. pass. de *chiquer*.

CHIQUÉ, subst. mas. (*chiké*), t. de bot., espèce de palmier.

CHIQUENAUDE, subst. fém. (*chikenôde*) (du bas-breton *chiquenaden* qui a la même signification), coup que l'on donne du doigt du milieu, lorsqu'après l'avoir plié et roidi contre le pouce, on le lâche sur le visage, sur le nez, etc.

CHIQUENAUDÉ, E, part. pass. de *chiquenauder*.

CHIQUENAUDER, v. act. (*chikenôdé*), donner des *chiquenaudes*. (*Boiste*.) Cette expression n'est point usitée.

CHIQUER, v. act. et neut. (*chiké*), mâcher du tabac. — Pop., manger, boire. — T. de peinture, faire habilement. — **SE CHIQUER**, v. pron.

CHIQUET, subst. mas. (*chikè*) (de l'espagnol *chico*, petit), petite partie d'un tout : *payer chiquet à chiquet*, peu à peu, par petites parcelles; *un chiquet de vin*, un petit coup de vin. Il est familier.

CHIQUETÉ, E, part. pass. de *chiqueter*.

CHIQUETER, v. act. (*chiketé*), t. de cardeur, déchirer la laine et la démêler en l'allongeant. — T. de pâtissier, faire des raies sur la pâte.

CHIQUI-CHIQUI, subst. mas. (*chikichiki*), t. de bot., palmier de l'Amérique méridionale qu'on ne peut rapporter à aucun genre.

CHIR., abréviation du mot **CHIRURGIE**.

CHIRAC, subst. propre mas. (*chirak*), ville de France, chef-lieu de canton, arrond. de Marvejols, dép. de la Lozère.

CHIRAGRE, subst. fém. (*kiraguère*) (du grec χειρ, main, et αγρα, prise, capture), t. de médec., goutte qui attaque les mains. — Il est encore subst. et adj. des deux genres, dans le sens de : qui est attaqué de la *chiragre* : *c'est un chiragre, une chiragre*; *il est, elle est chiragre*. Peu usité.

CHIRAGRIQUE, adj. des deux genres (*kiraguerike*), t. de médec., qui a rapport à la *chiragre*.

CHIRARTHROCACE, subst. fém. (*kirartrokace*) (du grec χειρ, main, et αρθρον, articulation), t. de médec., carie de l'articulation radio-carpienne.

CHIRAYTA, subst. fém. (*chiréta*), t. de bot., espèce de gentiane que les sauvages de l'Amérique emploient comme stomachique et fébrifuge.

CHIRIÂTRE, subst. mas. (*kiriâtre*) (du grec χειρ, main, et ιατρος, qui guérit), ancien nom des médecins qui guérissaient par le secours de la main; synonyme de chirurgien. — Inus.

CHIRIÂTRIE, subst. fém. (*kiriâtri*) (voy. **CHIRIÂTRE**), synonyme de chirurgie. Inusité.

CHIRICOTTE, subst. mas. (*chirikote*), t. d'hist. nat., sorte de râle du Paraguay.

CHIRIDOCE, subst. fém. (*chiridoce*), espèce de robe que les femmes portaient anciennement.

CHIRIPA, subst. mas. (*chiripa*), t. de bot., palmier des bords de l'Orénoque dont le tronc est épineux, les feuilles tronquées à leur extrémité et argentées en dessous.

CHIRITE, subst. fém. (*kirite*) (du grec χειρ, main), t. d'hist. nat. On a donné ce nom aux stalactites qui ont la forme d'une main.

CHIROCENTRE, subst. mas. (*kiroçantre*), t. d'hist. nat., genre de poissons établi pour placer l'ésoce.

CHIROCÈRE, subst. mas. (*kirocère*), t. d'hist. nat., insecte de l'espèce des hyménoptères, très-voisin du genre chalcis.

CHIROGRAPHAIRE, adj. des deux genres (*kiroguerafère*) (du grec χειρ, main, et γραφω, j'écris), t. de jurispr. Il se dit des dettes et des créances qui ne sont fondées que sur un billet ou une promesse sous signature privée et non reconnue en justice, et qui par conséquent n'emportent point d'hypothèque, à la différence des dettes et créances fondées sur des actes passés devant notaire ou reconnus en justice : *dette chirographaire*. — On dit aussi *créancier chirographaire*.

CHIROGRAPHE, subst. des deux genres (*kiroguerafe*) (du grec χειρ, main, et γραφω, je décris), celui ou celle qui exprime ses pensées par le mouvement des mains.

CHIROGRAPHIE, subst. fém. (*kiroguerafi*), l'art du *chirographe*, qui consiste à exprimer ses pensées par le mouvement des mains.

CHIROGRAPHIQUE, adj. des deux genres (*kiroguerafike*), qui concerne la *chirographie*.

CHIROLE, subst. fém. (*kirole*), petit dôme au milieu d'un bateau.

CHIROLOGIE, subst. fém. (*kiroloji*) (du grec χειρ, main, et λογος, discours), art d'exprimer ses pensées par des mouvements et des figures qu'on fait avec les doigts.

CHIROLOGIQUE, adj. des deux genres (*kirolojike*), qui concerne la *chirologie*.

CHIROMANCIE, subst. fém. (*kiromanci*) (du grec χειρ, main, et μαντεια, divination), l'art prétendu de deviner, de prédire par l'inspection de la main. — Selon l'*Académie*, quelques-uns disent *chiromance* : ce dernier est un barbarisme.

CHIROMANCIEN, subst. et adj. mas.; au fém. **CHIROMANCIENNE** (*kiromanciein, ciène*), qui exerce la *chiromancie* : *le chiromancien est un fourbe qui attrape les sots.*

CHIROMANCIENNE, subst. fém. Voy. CHIROMANCIEN.

CHIROMANE, subst. des deux genres (*kiromane*) (du grec χειρ, main, et μανια, folie), t. de médec., celui ou celle qui se masturbe. (*Raymond.*) Barbarisme.

CHIROMANIE, subst. fém. (*kiromani*), t. de médec., syn. de masturbation. (*Raymond.*) Barbarisme.

CHIRON, subst. mas. (*chiron*), t. d'hist. nat., sorte de ver qui attaque les olives. — Myth., centaure, fils de Saturne et de Philyre. Saturne, craignant d'être surpris par Rhée, sa femme, se transforma en cheval pour aller voir Philyre, de laquelle il eut *Chiron*, moitié homme et moitié cheval, qu'Ovide caractérise par les épithètes : *geminus, biformis, semifer.* Ce monstre vivait dans les montagnes, toujours armé d'un arc ; et il devint, par la connaissance des simples, le plus grand médecin de son temps. Il enseigna la médecine à Esculape, l'astronomie à Hercule, et fut gouverneur d'Achille. Comme il souffrait beaucoup d'une blessure que lui fit en tombant sur le pied une flèche d'Hercule trempée dans le sang de l'hydre, il désirait de mourir ; mais il était immortel. Enfin il demanda la mort avec tant d'instances, que les dieux le placèrent dans les douze signes du zodiaque : c'est le Sagittaire.

CHIRONE, subst. fém. (*chirone*), t. de bot., genre de plantes exotiques qui comprend des herbes et des sous-arbrisseaux de la famille des gentianes.

CHIRONECTE, subst. mas. (*kironèkte*) (du grec χειρ, main, et νεω, je nage), t. d'hist. nat., genre de poissons établi aux dépens des lophies. — Espèce de mammifères carnassiers de la famille des marsupiaux.

CHIRONIE, subst. fém. (*chironi*), t. de bot., espèce de centaurée.

CHIRONIEN, adj. mas. (*kironiein*), t. de médec., *ulcère chironien*, ulcère malin et invétéré, tel que celui que *Chiron* eut au pied à la suite de la blessure qu'il s'était faite avec une des flèches d'Hercule.

CHIRONIS, subst. fém. (*chironice*), t. de bot., espèce de plante.

CHIRONOME, subst. mas. (*chironome*), t. d'hist. nat., genre d'insectes de l'ordre des diptères, famille des némocères. Ils ont les pattes de devant fort longues, éloignées des autres et très-rapprochées de la tête ; ils les tiennent en l'air et les agitent comme des antennes lorsqu'ils sont posés.

CHIRONOMIE, subst. fém. (*kironomi*) (du grec χειρ, main, et νομος, règle), t. d'hist. anc., mouvement du corps, mais surtout des mains, fort usité de la part des comédiens anciens, et par lequel, sans le secours de la parole, ils désignaient aux spectateurs les êtres pensants, dieux ou hommes, soit qu'il fût question d'exciter le rire à leurs dépens, soit qu'il s'agit de leur attribuer des idées avantageuses. — On donne aussi ce nom à un signe dont on usait avec les enfants pour les avertir de prendre une posture de corps convenable. — On appelait aussi *chironomie* un des exercices de la gymnastique.

CHIRONOMIQUE, adj. des deux genres (*kironomike*), qui concerne la *chironomie*.

CHIRONOMISTE, subst. mas. (*kironomicete*), t. d'hist. anc., celui qui enseignait la *chironomie*. Voy. ce mot.

CHIRONOMONTES, subst. mas. plur. (*kironomonte*) (du grec χειρ, main, et νομος, règle), t. d'hist. anc., écuyers tranchants qui, chez les Grecs et chez les Romains, découpaient les viandes en cadence, au son des instruments.

CHIROPLASTE, subst. mas. (*kiroplacete*) (du grec χειρ, main, et πλασσω, je frappe), instrument pour aplanir les difficultés du forte-piano. (*Boiste.*)

CHIROPONIES, subst. fém. plur. (*kiroponi*), t. d'hist. anc., fêtes des Rhodiens, pendant lesquelles les enfants mendiaient en imitant le chant des hirondelles. (*Raymond.*) Inusité.

CHIROPTÈRE, subst. mas. et adj. des deux genres (*kiroptère*) (du grec χειρ, main, et πτερον, aile), t. d'hist. nat., famille de mammifères, à membranes aux doigts des extrémités antérieures.

CHIROSCÈLE, subst. mas. (*kirocecèle*), t. d'hist. nat., genre d'insectes de l'ordre des coléoptères.

CHIROTONIE, subst. fém. (*kirotoni*) (du grec χειρ, main, et τεινω, je tends, j'étends), t. de théol., imposition des mains, qui se pratique en conférant les ordres sacrés. L'origine de ce terme vient de ce que les anciens donnaient leurs suffrages en étendant les mains, de sorte que l'élection des magistrats s'appelait *chirotonie*. Dans les écrits des apôtres ce mot ne signifie quelquefois qu'une simple élection qui n'emporte aucun caractère, ce qui a engagé les réformés à choisir les prêtres en étendant la main au milieu de la multitude, comme ils prétendaient que faisaient les apôtres, et à peu près comme les Athéniens et les Romains choisissaient leurs magistrats. Mais les théologiens catholiques soutiennent que le mot *chirotonia*, *chirotonie*, signifie dans les auteurs ecclésiastiques une consécration particulière qui imprime ce caractère, et non pas une simple députation à un ministère extérieur, faite par le simple suffrage du peuple et révocable à sa volonté.

CHIROUTE, subst. fém. (*chiroute*), les marins n'emploient que ce mot pour désigner le cigarre.

CHIRURGICAL, E, adj. (*chirurjikal*), qui appartient à la *chirurgie*. — Au plur. mas. *chirurgicaux.*

CHIRURGIE, subst. fém. (*chirurji*) (du grec χειρουργια, opération manuelle, formé de χειρ, main, et εργον, ouvrage, travail), science qui fait partie de la médecine, et qui enseigne à faire diverses opérations de la main sur le corps de l'homme, pour la guérison des blessures, des plaies, des fractures, des abcès, etc.

CHIRURGIEN, subst. mas. (*chirurjien*), celui qui exerce la *chirurgie*. — *Chirurgien major*, celui qui est préposé dans les armées, dans les villes de guerre, sur les vaisseaux du roi, pour préparer les médicaments, panser, traiter les malades, faire les opérations, les visites, les rapports, etc. — En t. d'hist. nat., poisson de mer qui, à côté des ouïes, a deux arêtes fort tranchantes et plates comme des lancettes. — Genre d'oiseaux échassiers de la famille des pressirostres.

CHIRURGIQUE, adj. des deux genres (*chirurjike*), qui appartient à la *chirurgie*. Moins usité que *chirurgical.*

CHISE, subst. fém. (*chize*), t. de bot., poivre du Mexique.

CHISECCO, subst. mas. (*chizèkeko*), t. de bot., espèce d'arbre du Congo.

CHISLEU, subst. mas. (*kicelène*), mois du calendrier des Hébreux, correspondant à décembre.

CHISMOBRANCHES, subst. mas. plur. (*chicemobranche*), t. d'hist. nat., nom donné à un ordre que l'on a établi parmi les mollusques céphalopodes non symétriques.

CHISMOPNÉS, subst. mas. plur. (*kicemopené*) (du grec χισμη, fente, et πνεω, je respire), t. d'hist. nat., famille de poissons comprenant ceux qui sont cartilagineux sans opercules, mais à membrane aux branchies, dont l'ouverture est en fente sur les côtés du cou, et qui ont quatre nageoires paires.

CHISTE, subst. mas. (*kicete*), t. de chir., l'*Académie* préfère *kyste*.

CHITARONNE, subst. fém. (*kitarone*), espèce de théorbe. Vieux et inus.

CHITE, subst. fém. (*chite*), t. de comm., sorte de toile des Indes orientales, imprimée et peinte avec des planches de bois, et dont les couleurs, sans rien perdre de leur éclat, durent autant que la toile même. Il y a des *chites* imprimées des deux côtés.

CHITERDE, subst. fém. (*chitèrede*), guitare à cinq rangs de cordes. Vieux et inus.

CHITINE, subst. fém. (*chitine*), t. d'hist. nat., nom que les anciens donnaient à une pierre qui était la même que leur chrysolithe.

CHITOME, subst. mas. (*chitome*), chef de religion chez certains Nègres.

CHITON, subst. mas. (*chiton*), t. d'hist. nat., sorte de coquille.

CHITONE, adj. fém. (*chitone*) (du grec χιτων, habit), myth., surnom de Diane, qu'on lui donnait à cause du culte qu'on lui rendait dans un petit bourg de l'Attique nommé *Chitone* ; ou parce qu'on lui consacrait les premiers habits des enfants.

CHITONÉE, subst. fém. (*chitoné*), t. d'hist. anc., nom d'un air et d'une danse particulière consacrés à Diane chez les Syracusains. Voy. CHITONE.

CHITONIER, subst. mas. (*chitonié*), t. d'hist. nat., sorte d'animal de la famille des dermobranches.

CHITONIES, subst. fém. plur. (*chitoni*), t. d'hist. anc., fêtes instituées en l'honneur de Diane de *Chitone*, village de l'Attique. Voy. CHITONE.

CHITONISQUE, subst. fém. (*chitonicеke*), t. d'hist. anc., tunique de laine que les Grecs portaient sur la peau, et qui leur servait de chemise. C'est ce que les Romains appelaient *subucula*.

CHIT-SE, subst. mas. (*chitece*), t. de bot., arbre de la Chine très-estimé pour la bonté de son fruit. On pense que c'est une espèce de plaqueminier.

CHIURE, subst. fém. (*chiure*), ne se dit guère que des excréments des mouches. On dit aussi *chiasse*. — T. d'hist. nat., coquille du genre auricule.

CHIVAFOU, subst. mas. (*chivafou*), t. de bot., autrefois l'épine-vinette.

CHIVEF, subst. mas. (*chivèfe*), t. de bot., arbre des Indes dont le fruit, de la grosseur d'un melon, est d'un goût exquis.

CHLÆNIE, subst. fém. (*klèni*), t. d'hist. nat., genre d'insectes coléoptères.

CHLAINE, subst. fém. (*klène*) (du grec χλιαινειν, échauffer), t. d'hist. anc., vêtement que les Grecs et les Romains portaient sur leur tunique.

CHLAMYDE, subst. fém. (*klamide*) (en lat. *chlamys*, fait du grec χλαμυδος, gén. de χλαμυς, dont la signification est la même), t. d'hist. anc., espèce de manteau des anciens, qu'on retroussait sur l'épaule droite. La *chlamyde* était l'habit militaire des patriciens ; la *toge* était l'habit qu'ils portaient dans Rome. — T. d'hist. nat., genre d'insectes de l'ordre des coléoptères.

CHLAMYDIE, subst. fém. (*klamidi*), t. de bot. On a donné ce nom au phormion.

CHLAMYS, subst. t. d'hist. nat. Voy. CHLAMYDE.

CHLANIDION, subst. mas. (*klanidion*), t. d'hist. anc., espèce de manteau à l'usage des femmes grecques, qu'on appelait aussi *himation*. — Le *chlanidion* aussi faisait partie de l'habillement des Babyloniens. Il se mettait sur la dernière tunique, enveloppait les épaules, mais ne descendait pas si bas aux Babyloniens qu'aux femmes grecques.

CHLANIS, subst. fém. (*klanice*), t. d'hist. anc., espèce de *chlaine*, mais d'une étoffe plus légère et plus claire, et qui servait également aux femmes et aux hommes.

CHLÉDRISTOME, subst. mas. (*klédricetome*), t. d'hist. nat., genre de mollusques acéphales.

CHLÉNACÉES, subst. fém. plur. (*klénacé*), t. de bot., famille de plantes voisine de celle des malvacées.

CHLÉNASME, subst. mas. que nous trouvons dans *Raymond* et *Laveaux*, est un mot vicieux. Voy. CHLEUASME.

CHLÈNE, subst. fém. (*klène*), *Raymond*, qui écrit *chlène* et *chlaine*, n'a pas vu que ces deux mots sont le même.

CHLEUASME, subst. mas. (*kleuaceme*) (du grec χλευασμα, moquerie), t. de rhét., ironie par laquelle on paraît se charger de ce qui doit retomber sur l'adversaire. Ce mot est très-peu connu ; il est même inusité.

CHLEUMANCIE, subst. fém. (*kleumanci*) (du grec χλευη, rire, et μαντεια, prédiction), divination par le rire. (*Boiste.*) Inus.

CHLEUMANCIEN, adj. et subst. mas. ; au fém. **CHLEUMANCIENNE** (*kleumanciein, ciène*), qui prédit par le rire. Inus.

CHLOANTHES, subst. mas. plur. (*kloante*), t. de bot., genre de plantes de la famille des personnées.

CHLOASME, subst. mas. (*kloaceme*) (du grec χλοασμα, qui pâlit comme l'herbe), t. de médec., état de la peau lorsqu'elle se couvre de teintes jaunâtres.

CHLOÉ, subst. propre fém. (*klo-é*), myth., surnom de Cérès.

CHLOÉIES ou **CHLOÉIENNES**, subst. fém. plur. (*klo-é-i, iène*) (du grec χλοη, verdure), t. d'hist. anc., fêtes qu'on célébrait à Athènes, et dans lesquelles on immolait un bélier à Cérès.

CHLORACIDES, subst. fém. plur. (*kloracide*), t. de chim., nom générique des acides dont le *chlore* est la base.

CHLORANTHE, subst. mas. (*klorante*) (du grec χλωρος, vert, et ανθος, fleur), t. de bot., genre de plantes de la famille des rubiacées.

CHLORATE, subst. mas. (*klorate*), t. de chim., combinaison d'acide chlorique avec les bases salifiables. — On appelle *chlorate d'argent* un sel composé d'acide chlorique et d'argent ; *de baryte*, un composé d'acide chlorique et de baryte ; *de cuivre*, un composé d'acide chlorique et de cuivre ; *de fer*, un composé d'oxyde de fer et d'acide chlorique ; *de potasse*, un composé de potasse et d'acide chlorique; *de soude*, un composé d'acide chlorique et de soude; *de strontiane*, un composé d'acide chlorique et de strontiane; *de mercure*, un composé de protoxyde de mercure et d'acide chlorique; *de plomb*, un composé d'acide chlorique et de protoxyde de plomb.

CHLORE, subst. mas. (*klore*) (du grec χλωρος, vert jaunâtre), t. de chim., nom donné à l'acide muriatique oxygéné. — T. de bot., genre de plantes de la famille des gentianées.

CHLORÉTIQUE, adj. des deux genres (*kloré-tike*), qui a la *chlorose*. On dit mieux *chlorotique*, à cause de l'étymologie. Voy. CHLORE.

CHLORÉUS, subst. propre mas. (*kloré-uce*), myth., prêtre de Cybèle.

CHLOREUSE, adj. fém. Voy. CHLOREUX.

CHLOREUX, adj. mas.; au fém. CHLOREUSE (*kloreu, reuze*), t. de chim., se dit de certains acides gazeux.

CHLORIDION, subst. mas. (*kloridion*), t. de bot., genre de plantes de la famille des champignons.

CHLORINE, subst. fém. (*klorine*), substance chimique, acide chimique.

CHLORIODATE, subst. mas. (*kloriodate*), t. de chim., sel provenant de l'acide *chlorique* combiné avec une base salifiable.

CHLORIODIQUE, adj. des deux genres (*klorio-dike*), t. de chim., se dit de la dissolution du *chlorure* d'iode.

CHLORION, subst. mas. (*klorion*) (du grec χλωρος, vert), t. d'hist. nat., genre d'insectes hyménoptères.—On a donné ce nom au loriot d'Europe.

CHLORIQUE, adj. des deux genres (*klorike*), t. de chim., produit par le *chlore*.

CHLORIS, subst. mas. (*klorice*) (du grec χλωρος, vert), t. d'hist. nat., oiseau qui est une espèce de pinson d'un vert mêlé de jaune. — T. de bot., genre de plantes de la famille des graminées. — Subst. propre fém., myth., fille d'Amphion et de Niobé. Elle épousa Nélée, et fut mère de Nestor. Apollon et Diane la tuèrent, parce qu'elle avait osé se vanter de mieux chanter que l'un, et d'être plus belle que l'autre.—*Chloris* fut aussi le nom d'une nymphe que Zéphyre épousa, et à laquelle il donna pour dot un souverain empire sur les fleurs; ce qui la fit révérer comme déesse sous le nom de Flore.

CHLORITE, subst. fém. (*klorite*) (du grec χλωρος, vert), t. de minér., espèce de talc de couleur verte. On en a aussi trouvé d'un beau blanc d'argent.

CHLOROCYANATE, subst. mas. (*klorocianate*) (du grec χλωρος, vert, et κυανος, azur), t. de chim., sel provenant de l'acide *chlorocyanique* combiné avec un principe salifiable.

CHLOROCYANIQUE, adj. des deux genres (*klorocianike*) (du grec χλωρος, vert, et κυανος, azur), t. de chim., se dit d'un acide provenant de la combinaison du *chlore* avec le *cyanogène*, autrefois l'acide prussique oxygéné.

CHLOROMÈTRE, subst. mas. (*kloromètre*) (du grec χλωρος, vert, et μετρον, mesure), t. de chim., sorte d'instrument qui détermine la quantité de *chlore* combiné avec une base.

CHLOROMÉTRIE, subst. fém. (*klorométri*), t. de chim., art d'employer le *chloromètre*.

CHLOROMÉTRIQUE, adj. des deux genres (*klorométrike*), t. de chim., qui concerne le *chloromètre*.

CHLOROPHANE, subst. fém. (*klorofane*) (du grec χλωρος, vert, et φαινω, je luis, je brille), t. de minér., substance minérale qui, mise sur un charbon ardent, répand une lumière verte.

CHLOROPHYLLE, subst. fém. (*klorofile*) (du grec χλωρος, vert, et φυλλον, feuille), t. d'hist. nat., substance peu connue à laquelle paraît être due la couleur des feuilles et des jeunes tiges des végétaux.

CHLOROPHYTE, subst. fém. (*klorofite*), t. de bot., nom de deux plantes vivaces; la première de la Nouvelle-Hollande, et la seconde des Indes.

CHLOROSE, subst. fém. (*kloróze*) (du grec χλωρος, vert, verdâtre, parce que les filles attaquées de cette maladie ont le teint pâle et livide), t. de médec., maladie vulgairement dite des pâles couleurs.—En t. de bot., on appelle *chlorose* une maladie des plantes produite par l'absence de la lumière, et dans laquelle les tiges et les feuilles sont blanches, fades, sans saveur, odeur ni couleur prononcées, et n'offrent plus les principes immédiats des végétaux en état de santé.

CHLOROSPHATE, subst. mas. (*klorocefate*) (du grec χλωρος, vert, et φαω, je brille), t. de chim., sel résultant de l'acide *chlorosphorique* combiné avec un principe salifiable.

CHLOROSPHORIQUE, adj. des deux genres (*kloroceforike*) (du grec χλωρος, vert, et φερω, je porte), t. de chim., se dit des acides qui résultent d'une combinaison de *chlore* et de *phosphore*.

CHLOROTIQUE, adj. des deux genres (*klorotike*), qui est affecté de la *chlorose*; qui appartient à la *chlorose*.

CHLOROXICARBONATE, subst. mas. (*klorokcikarbonate*), t. de chim., sel résultant de l'acide *chloroxicarbonique* combiné avec un principe salifiable.

CHLOROXICARBONIQUE, adj. des deux genres (*klorokcikarbonike*), t. de chim., se dit de l'acide provenant du *chlore* combiné avec le gaz oxyde de carbone.

CHLOROXYLON, subst. mas. (*klorokcilone*) (du grec χλωρος, vert, et ξυλον, bois), t. de bot., genre de plante.—Arbre de l'Inde dont le bois est jaune.

CHLOROXYLON-DUPADA, subst. mas. (*klorokcilonedupada*), t. de bot., arbre de l'Inde dont le bois est vert, et qui laisse fluer une résine que les brames emploient dans leurs pagodes en guise d'encens.

CHLORURE, subst. mas. (*klorure*) (en latin *chloruretum*), t. de chim., combinaison du *chlore* pur avec une base. —*Chlorure d'argent*, acide provenant du *chlore* combiné avec de l'*argent*. — *Chlorure d'arsenic*, acide composé de *chlore* et d'*arsenic*.—*Chlorure d'azote*, composé de *chlore* et d'*azote*.—*Chlorure de baryum*, composé de *baryum* et de *chlore*.—*Chlorure de bismuth*, composé de *chlore* et de *bismuth*. — *Chlorure de calcium*, composé de *chlore* et de *calcium*. — *Chlorure de cobalt*, composé de *chlore* et de *cobalt*. — *Chlorure de cuivre*, composé de *chlore* et de *cuivre*. —*Chlorure d'étain*, composé de *chlore* et d'*étain*. — *Chlorure de fer*, composé de *chlore* et de *fer*. —*Chlorure d'iode*, composé de *chlore* et d'*iode*. — *Chlorure de mercure*, composé de *chlore* et de *mercure*. — *Chlorure de phosphore*, composé de *chlore* et de *phosphore*. —*Chlorure de plomb*, composé de *chlore* et de *plomb*. — *Chlorure de potassium*, composé de *chlore* et de *potassium*. — *Chlorure de sodium*, composé de *chlore* et de *sodium*. — *Chlorure de soufre*, composé de *chlore* et de *soufre*. — *Chlorure de strontium*, composé de *chlore* et de *strontium*. — *Chlorure de zinc*, composé de *chlore* et de *zinc*.

CHNYZA, subst. fém. (*kniza*), t. d'hist. anc., plante à laquelle on attribuait la propriété de conserver les femmes dans l'esprit de chasteté que la religion exigeait d'elles pendant la célébration des mystères de Cérès.

CHOANOÏDE, adj. des deux genres (*ko-ano-ide*), t. d'hist. nat., se dit d'un muscle qui entoure le nerf optique dans les mammifères.—Il est aussi subst. mas.

CHOANORRHAGIE, subst. fém. (*koanoraji*) (du grec χοανος, cavité, et ρεω, je coule), t. de médec., émission de sang par les narines. Inus.

CHOANORRHAGIQUE, adj. des deux genres (*koanorajike*), t. de médec., qui concerne la *choanorrhagie*. Inus.

CHOASPITE, subst. fém. (*koacepite*), t. de lithol., sorte de pierre précieuse.

CHOB, subst. mas. (*chobe*), t. d'hist. nat., poisson de la famille des cyprins.

CHOC, subst. mas. (*choke*) (du teuton *schocken*), heurt d'un corps contre un autre; rencontre de deux corps qui se heurtent avec violence. — Rencontre et combat de deux troupes de gens de guerre: *les ennemis furent renversés au premier choc* ou *du premier choc*. — Fig., conflit, opposition: *le choc des passions; le choc des intérêts*, etc. — Fig. encore, malheur, disgrace dans la fortune, atteinte à la santé, etc.: *il a reçu un rude choc*. — En minéralogie, *choc* signifie la même chose que puits. — En t. de chapelier, instrument de cuivre pour mettre la ficelle ou lien du chapeau. Voy. CHOQUER.

CHOCAILLÉ, E, part. pass. de *chocailler*.

CHOCAILLER, v. neut. (*choka-ié*), s'enivrer sur le cul d'un tonneau en *choquant* le verre. (*Boiste*.) Bas et inus.

CHOCAILLON, subst. fém. (*choka-ion*), ivrognesse, femme adonnée au vin. (*Boiste*.) Bas et inus.

CHOCARD, subst. mas. (*chokar*), t. d'hist. nat., sorte de corbeau des Alpes.

CHOC-EN-RETOUR, subst. mas. (*chokanretour*), t. de phys., choc éprouvé par celui qui sent la foudre éclater. Expression forgée par *Raymond*.

CHOCHÉEN, adj. mas. (*chochéein*), myth., surnom d'Apollon, adoré à *Choche*, en Séleucie.

CHOCOLAT, subst. mas. (*chokola*) (mot indien que nous avons reçu des Espagnols, qui nous ont donné à la fois et le nom et la chose), sorte de pâte solide, composée principalement de cacao, de sucre, de vanille et de cannelle, et qu'on dissout ordinairement dans de l'eau ou dans du lait pour en faire une boisson. — Cette boisson même: *prendre une tasse de chocolat*. — *Couleur chocolat*, brun-rouge foncé.

CHOCOLATIER, subst. mas., au fém. CHOCOLATIÈRE (*chokolatié, tière*), celui ou celle qui fait et vend du *chocolat*.

CHOCOLATIÈRE, subst. fém. Voy. CHOCOLATIER.

CHOCOLATIÈRE, subst. fém. (*chokolatière*), vase dans lequel on fait fondre et bouillir du *chocolat*, lorsqu'on veut le prendre en boisson: *une chocolatière d'argent*.

CHODABENDE, subst. fém. (*chodabande*), monnaie de billon de Perse.

CHŒLOPUS ou **CHŒLOPE**, subst. mas. (*chélopuce*), t. d'hist. nat., genre de mammifères.

CHŒNISQUE. Voy. CHÉNISQUE.

CHŒNIX, subst. mas. (*chénikce*), le même que *chénice*. Voy. ce mot.

CHOÈS, subst. mas. (*ko-èce*), t. d'hist. anc., sorte de mesure pour les liquides, chez les Grecs.

CHOÈS, subst. propre fém. (*koèce*), t. d'hist. anc., fête en l'honneur de Bacchus, chez les Athéniens.

CHŒUR, subst. mas. (*keur*) (en lat. *chorus*, pris du grec χορος qui a la même signification), troupe de musiciens qui chantent ensemble: *les chœurs de l'Opera*.—*En chœur*, en chantant tous ensemble. — Morceau d'harmonie complète, à quatre parties ou plus, chanté à la fois par toutes les voix et joué par tout l'orchestre: *un beau chœur est le chef-d'œuvre d'un habile compositeur*.—Le *chœur* dans la musique française s'appelle quelquefois *grand chœur*, par opposition au *petit chœur* qui est seulement composé de trois parties, savoir: deux dessus et la haute-contre qui leur sert de basse.—Dans les tragédies des anciens, certain nombre de personnages intéressés à l'action, qui chantaient, soit dans le cours de la pièce, soit entre les actes, ou même qui parlaient quelquefois comme acteurs: *chœurs de captifs; chœurs de vieillards*. — Les passages mêmes chantés par le *chœur*: *je lui ai expliqué tels vers des chœurs de telle tragédie*. — Par analogie, on appelle *chœurs* certains intermèdes lyriques chantés dans les entr'actes de certaines tragédies modernes: *les chœurs d'Athalie, d'Esther*, etc. — Ordre des esprits célestes: *les neuf chœurs des anges*. — Partie de l'église où l'on chante l'office divin: *entrer dans le chœur, sortir du chœur*.— Les prêtres, etc., qui y chantent ensemble: *le chœur répond au célébrant*. — *Habit de chœur*, celui que portent les religieuses, ainsi que les ecclésiastiques séculiers et réguliers, quand ils vont au *chœur*. — *Enfant de chœur*, jeune enfant qui chante au *chœur*.— *Religieuses* ou *dames du chœur*, toutes les religieuses qui ne sont pas sœurs domestiques ou converses.

CHOGRAMME, subst. mas. (*koguerame*), sorte de serrure mécanique à combinaison. (*Boiste*.) Inus.

CHOI-DUC, subst. mas. (*choéduke*), t. de bot., arbrisseau de la Cochinchine dont on a fait un genre particulier.

CHOIL-FLORIS, subst. mas. (*choélflorice*), autrefois le chou-fleur. Inusité.

CHOIN, subst. mas. (*choein*), t. de bot., genre de plantes de la famille des cypéroïdes, dont les espèces sont fort nombreuses.—*Pierre de choin*, t. de minér., espèce de marbre de couleur d'ardoise. On en fait des colonnes, des tables, etc. Il se trouve aux environs de Lyon.

CHOINE, subst. mas. (*choène*), t. de bot., arbre d'Amérique dont les fruits, d'une belle apparence, ne sont pas mangeables.

CHOIR, v. neut. (*choar*) (en lat. *cadere*, toucher), tomber. Il n'a d'usage qu'à l'infinitif et au participe *chu*, plutôt en vers qu'en prose, et particulièrement dans le style familier et badin. — On écrivait autrefois *cheoir*, qui serait un barbarisme aujourd'hui.

CHOIROPSALÈS, adj. et subst. propre mas. (*ko i-ropçalèce*), myth., surnom donné à Bacchus par les Sicyoniens.

CHOISI, E, part. pass. de *choisir*, et adj.: *gens choisis; société choisie; termes choisis; morceaux choisis; œuvres choisies*, etc. — Subst. et fam.: *c'est du choisi*, c'est ce qu'il y a de mieux, de meilleur. Peu usité.

CHOISIR, v. act. (*choézir*) (suivant *Ménage*, du lat. *excolligire*, dit par métaplasme pour *excolligere*, dans le sens d'*eligere*, *seligere*, *choisir*, dont les Espagnols ont fait *escoger* dans la même signification), élire, préférer une chose ou une personne à une autre ou à plusieurs autres. — CHOISIR, ÉLIRE, FAIRE CHOIX, PRÉFÉRER. (*Syn.*) *Choisir* diffère d'*élire*, en ce que *choisir* c'est se déterminer, par la comparaison qu'on fait des choses, en faveur de ce qu'on juge être le mieux, et qu'*élire*, c'est nommer, par un concours de suffrages, à une dignité, etc.; il diffère de *faire choix*, en ce que *choisir* se dit ordinairement des choses dont on veut faire usage, et *faire choix*, des personnes qu'on veut élever à quelque dignité, charge ou emploi. Voy. OPTER. Il diffère encore de *préférer*, en ce que *préférer* c'est se déterminer pour une chose par quelque motif que ce soit; et *choisir*, se déterminer en faveur de la chose par le mérite réel qu'elle a ou par l'estime qu'on en fait. L'esprit fait le *choix*, le cœur donne la *préférence*. On *choisit* ce que l'on connaît; on *préfère* ce que l'on aime. — *Choisir* s'emploie souvent comme neutre: *choisissez des deux...; je vous donne à choisir; il y a de quoi choisir; il n'y a point à choisir.* — SE CHOISIR, v. pron., *choisir* pour soi: *se choisir un mari.*

CHOIX, subst. mas. (*choa*), action de *choisir* entre deux ou plusieurs choses, entre deux ou plusieurs personnes; résultat de cette action: *faire choix de quelque chose; faire choix de quelqu'un; son choix est tombé sur vous; c'est la femme de mon choix; je laisse, je remets cela à votre choix; je m'en rapporte à votre choix; vous avez fait un bon, un mauvais choix; vous pouvez, à votre choix, faire telle ou telle chose*, etc., etc. — Faculté de *choisir*: *il a demandé le choix, on le lui a accordé; on vous a laissé le choix; vous avez le choix.* — Différence entre plusieurs choses, d'où il résulte que les unes sont préférables aux autres: *il y a un choix dans les choses que l'on doit enseigner, ainsi que dans le temps propre à les apprendre* (J.-J. Rousseau). — Variété: *il n'y a pas de choix dans les étoffes de ce marchand.* — Élite: *choix de poésies; un choix de livres; je lui ai vendu le choix de mes mousselines, il en a eu le choix; marchandises de choix; objets de choix; livres de choix*, etc., etc.

CHOLAGOGUE, adj. des deux genres et subst. mas. (*kolaguogue*) (du grec χολη, bile, et αγω, je chasse, j'évacue), t. de médec., se dit d'un remède pour évacuer la bile.

CHOLAS, subst. mas. (*kolace*), t. d'anat., cavité des hypochondres. — T. d'hist. anc., fêtes en l'honneur de Bacchus, chez les Grecs.

CHOLÉCYSTE, subst. fém. (*kolécicete*) (du grec χολη, bile, et κυστις, vessie), t. d'anat., poche membraneuse placée sous le lobe droit du foie.

CHOLÉCYSTITE, subst. fém. (*kolécicetite*) (du grec χολη, bile, et κυστις, vessie), t. de médec., inflammation de la vésicule du foie.

CHOLÉDOGRAPHE, subst. mas. (*kolédoguerafe*) (du grec χολη, bile, et γραφω, j'écris), t. de médec., celui qui s'occupe particulièrement de ce qui a rapport à la bile. Inusité.

CHOLÉDOGRAPHIE, subst. fém. (*kolédoguerafi*), (même étym. que celle du mot précédent), t. de médec., traité sur la bile. Inusité.

CHOLÉDOGRAPHIQUE, adj. des deux genres (*kolédoguerafike*), t. de médec., qui a rapport à la *cholédographie*.

CHOLÉDOLOGIE, subst. fém. (*kolédoloji*) (du grec χολη, bile, et λογος, discours), t. de médec., partie de la médecine qui traite de la bile.

CHOLÉDOLOGIQUE, adj. des deux genres (*kolédolojike*), t. de médec., qui concerne la *cholédologie*.

CHOLÉDOQUE, adj. des deux genres (*kolédoke*) (en grec χοληδοχος, formé de χολη, bile, et de δεχομαι, recevoir), t. d'anat., se dit du canal qui conduit la bile du foie dans l'intestin duodénum.

CHOLÉRA-MORBUS, ou simplement **CHOLÉRA**, subst. mas. (*koléramorbuce*) (du grec χολη, bile, ρεω, je coule, et du lat. *morbus*, maladie: cette étymologie hybride est vicieuse), t. de médec., trousse-galant, colique de *miserere*, épanchement subit de la bile par les alvines et les vomissements, avec prostration.—*Choléra sporadique*, non épidémique.—*Choléra asiatique*, aigu, épidémique, presque toujours suivi de mort.

CHOLÉRINE, subst. fém. (*kolérine*), t. de médec., affection analogue au *choléra*, mais moins intense, moins dangereuse.

CHOLÉRIQUE, adj. des deux genres (*kolérike*), t. de médec., qui appartient au *choléra*; qui est atteint du *choléra*. Dans ce dernier sens on s'en sert ordinairement subst.: *un cholérique; une cholérique.* — On l'emploie aussi pour bilieux: *tempérament cholérique.*

CHOLÉRITE, subst. fém. (*kolérite*), t. de médec., choléra-morbus. Inus. Meilleur, selon *Boiste*.

CHOLERRHAGIE, subst. fém. (*kolèreraji*) (du grec χολη, bile, et ρεω, je coule), t. de médec., synonyme de *choléra-morbus*, selon le docteur *Alibert*.

CHOLERRHAGIQUE, adj. des deux genres (*kolèrerajike*), t. de médec., qui a rapport à la *cholerrhagie*.

CHOLESTÉRATE, subst. fém. (*kolècetérate*) (du grec χολη, bile, et τερεω, je broie), t. de chim., espèce d'acide résultant de la *cholestérine* combinée avec une base.

CHOLESTÉRINE, subst. fém. (*kolècetérine*) (même étym. que celle du mot précédent), t. de chim., substance formée des calculs biliaires dans l'homme.

CHOLESTÉRIQUE, adj. des deux genres (*kolècetérike*) (même étym. que celle du mot précédent), t. de chim., se dit d'un acide obtenu par la réaction de la *cholestérine* sur l'acide nitrique.

CHOLET, subst. propre mas. (*cholé*), ville de France, chef-lieu de canton, arrond. de Beaupréau, dép. de Maine-et-Loire.

CHOLÈVE, subst. fém. (*cholève*), t. d'hist. nat., genre d'insectes de l'ordre des coléoptères. Ces insectes vivent dans les champignons pourris et sous l'écorce des arbres morts.

CHOLIAMBE, subst. mas. (*kolianbe*) (du grec χωλος, boiteux, et ιαμβος, pied de vers), t. de littér. anc., vers qui a un ïambe au cinquième pied et un spondée au sixième.

CHOLIAMBIQUE, adj. des deux genres (*kolianbike*), t. de littér. anc., se dit de certaines compositions faites en *choliambes*.

CHOLOMA, subst. mas. (*koloma*) (du grec χωλωμα, action de boiter), t. d'anat., distorsion d'un membre, ou inaptitude d'un membre au mouvement.

CHOLOSE, subst. fém. (*koloze*) (en grec χωλος, boiteux), t. de médec., claudication. — *Cholore*, qui est substitué à *cholose* dans *Raymond*, ne peut être appuyé d'aucune étymologie, et nous paraît un barbarisme.

CHÔMABLE, adj. des deux genres (*chômable*), qui doit se *chômer*. Il ne se dit que des jours de fêtes.

CHÔMAGE, subst. mas. (*chômaje*), l'espace de temps qu'on est sans travailler. — On dit par analogie *le chômage d'un canal*.

CHOMAR, subst. mas. (*chomar*), ceps de drisse.

CHÔMÉ, E, part. pass. de *chômer* et adj.

CHOMEL, subst. mas. (*chômèl*), t. de bot., arbrisseau très-rameux des montagnes du Mexique.

CHOMÉLIE, subst. fém. (*chomèli*), t. de bot., genre de plantes de la famille des rubiacées.

CHÔMER, v. neut. (*chômé*) (de l'allemand *saümen*, tarder, s'arrêter, négliger), ne rien faire, faute d'avoir à travailler. C'est proprement aux ouvriers, aux artisans qu'il s'applique: *un bon ouvrier ne chôme jamais.* — Par extension, *les terres chôment*, on les laisse reposer. —*Le moulin chôme*, il ne va point. On dit par analogie: *ce canal chôme de telle époque à telle autre.* — Lorsque, la matière venant à manquer, on interrompt les travaux à la Monnaie, on dit aussi que *la Monnaie chôme.* — *Chômer d'une chose*, en manquer. Il est fam. — V. act., solenniser les dimanches, les fêtes, en ne travaillant pas. Il est fam. On dit plutôt et mieux: *célébrer un jour de fête.* — Prov. et fig.: *il ne faut pas chômer les fêtes avant qu'elles ne soient venues*, il ne faut point se réjouir ni s'affliger d'avance. On dit dans le même sens: *quand la fête sera venue, nous la chômerons.*—Prov. et fig., *c'est un saint qu'on ne chôme plus*, c'est un homme disgracié et oublié. — SE CHÔMER, v. pron.

CHOMERAC, subst. propre mas. (*chomerak*), bourg de France, chef-lieu de canton, arrond. de Privas, dép. de l'Ardèche.

CHOMET, subst. mas. (*chomé*), t. d'hist. nat., oiseau fort gros qui se trouve en Normandie.

CHOMÉTIE, subst. fém. (*chomeci*), t. de bot., espèce de plante des Indes.

CHON, subst. propre mas. (*chon*), myth., nom que les Egyptiens donnaient à Hercule.

CHONCAR ou **CHUNGAR**, subst. mas. (*chonkar*, *guar*), t. d'hist. nat., oiseau de proie qui tient du butor et du héron.

CHONDODENDRON, subst. mas. (*kondodandron*), t. de bot., arbre du Pérou.

CHONDRACANTHE, subst. mas. (*kondrakante*), t. d'hist. nat., genre de vers qui se rapproche des lernées et des catyges.

CHONDRACHNE, subst. masc. (*chondrakne*) (du grec χονδρος, grumeau, et χνοος, duvet), t. de bot., genre de plantes qui se rapproche des crisites.

CHONDRE, subst. mas. (*chondre*) (du grec χονδρος, grain, grumeau), t. de bot., genre de plantes établi aux dépens des *varecs* de Linnée.

CHONDRILLE, subst. fém. (*kondrile*) (du grec χονδρος, grumeau, parce que le lait de cette plante se grumelle facilement), plante chicoracée et rafraîchissante.

CHONDRIS et non pas **CHONDRYS**, subst. fém. (*chondrice*) (du grec χονδρος, grumeau), t. de bot., selon quelques-uns, le *faux dyctame*.

CHONDROGLOSSE, adj. et subst. mas. (*kondroguéloce*) (du grec χονδρος, cartilage, et γλωσσα, langue), t. d'anat., se dit du muscle hyoglosse attaché à la petite corne de l'os hyoïde.

CHONDROGRAPHE, subst. mas. (*kondroguerafe*) (du grec χονδρος, cartilage, et γραφω, j'écris), t. d'anat., celui qui écrit sur l'anatomie des cartilages.

CHONDROGRAPHIE, subst. fém. (*kondroguerafi*), (même étymologie que celle du mot précédent), t. d'anat., description des cartilages.

CHONDROGRAPHIQUE, adj. des deux genres (*kondroguerafike*), t. d'anat., qui concerne la *chondrographie*.

CHONDROLOGIE, subst. fém. (*kondroloji*) (du grec χονδρος, cartilage, et λογος, discours), t. d'anat., traité des cartilages.

CHONDROLOGIQUE, adj. des deux genres (*kondrolojike*), t. d'anat., qui concerne la *chondrologie*.

CHONDROPÉTALON, subst. mas. (*kondropétalone*) (du grec χονδρος, grain, grumeau, et πεταλον, feuille), t. de bot., sorte de plante.

CHONDROPTÉRYGIEN, subst. mas. (*kondropetérijiein*) (du grec χονδρος, cartilage, et πτερυγος, gén. de πτερυξ, aile, nageoire), t. d'hist. nat., poisson du genre des amphibies nageants. Ses nageoires sont soutenues par des espèces de cartilages.

CHONDROS, subst. mas. (*kondroce*) (en grec χονδρος), t. d'anat., intestin abdominal.—Nom d'un cartilage.

CHONDROSION, subst. mas. (*kondrozion*) (du grec χονδρος, grain, grumeau), t. de bot., plante de la famille des graminées.

CHONDROSYNDÈME, subst. mas. (*kondroceindème*) (du grec χονδρος, cartilage, et συνδεσμος, ligament), t. d'anat., union des os par le moyen du cartilage.

CHONDROTOMIE, subst. fém. (*kondrotomi*) (du grec χονδρος, cartilage, et τεμνω, je coupe), t. d'anat., dissection, préparation anatomique des cartilages.

CHONDROTOMIQUE, adj. des deux genres (*kondrotomike*), t. d'anat., qui concerne la *chondrotomie*.

CHONG, subst. mas. (*chongue*), sorte de boisson qui se fait avec du riz, au Thibet.

CHON-KUI, subst. mas. (*chon-kui*), t. d'hist. nat., bel oiseau de la Tartarie, présenté à Gengiskan par les ambassadeurs du Cadjak.

CHONNIDÈS, subst. mas. (*konenidèce*), t. d'hist. anc., fête célébrée à Athènes, et dans laquelle on immolait un bélier à la mémoire de Thésée.

CHOPINE, subst. fém. (*chopine*) (de l'allemand *schoppen*, certaine mesure de vin, fait du verbe *schopfen*, puiser. *Le Duchat.*), mesure de liquide qui contient la moitié d'une pinte. — Quantité de liquide que contient cette mesure: *il boit chopine à son repas.* — *Mettre pinte sur chopine*, faire une débauche de vin.

CHOPINÉ, part. pass. de *chopiner*.

CHOPINER, v. neut. (*chopiné*), boire du vin fréquemment; boire *chopine à chopine*: *il s'amuse à chopiner avec ses amis.* Il est pop. et peu usité.

CHOPINETTE, subst. fém. (*chopinète*), petit cylindre fixé dans le corps d'une pompe. — Contenu d'une *chopine*.— On dit vulgairement: *aller à la chopinette*, pour désigner l'habitude contractée par certaines classes du peuple de se rendre à la guinguette pour boire du vin.

CHOPPEMENT, subst. mas. (*chopeman*), action de celui qui *choppe*.

CHOPPER, v. neut. (*chopé*) (suivant *Lancelot*, du grec κοπειν, second aoriste de κοπτειν, pousser, heurter, frapper; et, suivant *Ménage*, du lat. barbare *cippare*, fait de *cippus*, petite colonne qu'on mettait, avec une inscription, auprès des tombeaux, le long des chemins publics, et contre laquelle les chevaux *choppaient* en passant), faire un faux pas en heurtant du pied contre quelque chose. Vieux. — Au fig., faire une faute grossière.

CHOQUANT, E, adj. (*chokan, kante*), offensant, déplaisant, désagréable.

CHOQUART, subst. mas. (*chokar*), t. d'hist. nat., genre d'oiseaux de l'ordre des silvains et de la famille des coraces.

CHOQUE, subst. fém. (*choke*), t. d'arts et mét., outil de cuivre des chapeliers destiné à donner au feutre la forme d'un chapeau. — Soulier fourré de femme, à pointe relevée. Inusité.

CHOQUÉ, E, part. pass. de *choquer*.

CHOQUER, v. act. (*choké*) (du teuton *schucken*, dont les Anglais ont fait, dans la même signification, *shake*, et les Espagnols *chocar*), donner un *choc*, heurter : avec cette différence que *heurter*, c'est *choquer* rudement, lourdement, violemment : *vous choquez par mégarde votre voisin; un crocheteur qui va brutalement vous heurte*. — On dit : *choquer le verre à table*, et, sans régime, *choquer*, pour trinquer : *buvons, choquons*.— Au fig. : 1° offenser : *il a fait cela pour me choquer*; 2° blesser, déplaire : *choquer la vue, l'oreille; cette expression me choque*; 3° être contraire à... : *cette chose choque le bon sens, la bienséance, l'honneur*, etc.— SE CHOQUER, v. pron. : se heurter : *se choquer la tête contre une armoire*.—On dit que *deux armées se choquent* lorsqu'elles commencent à se battre. — *Se choquer de quelque chose*, s'en offenser : *c'est un homme qui se choque de la moindre chose*.

CHOQUEUR, subst. mas. (*chokeur*), navire qui en *choque* un autre.—Ce mot, qui se trouve dans plusieurs *Dictionnaires*, est bien peu usité.

CHORAGES, subst. mas. plur. (*koraje*) (rac. *chœur*), t. d'hist. anc., parties du théâtre des anciens qui formaient le fond des coulisses.

CHORAGIES, subst. fém. plur. (*koraji*), t. d'hist. anc., cérémonies funèbres des jeunes filles; leurs *chœurs*.

CHORAÏQUE, adj. des deux genres (*kora-ike*), t. de littér. anc., se dit d'un vers grec ou latin dans lequel il y a des *chorées*.

CHORAL, subst. mas. (*koral*) (racine *chœur*). Ce mot se disait autrefois pour *enfant de chœur*. Les Allemands appellent *choral* ce que nous nommons *chœur* en musique.—Au plur., *choraux*.

CHORAS, subst. mas. (*chorâce*), t. d'hist. nat., singe très-féroce de l'ancien continent.

CHORAULE, subst. mas. (*korôle*) (du grec χορος, chœur, et αυλος, flûte), t. d'hist. anc., celui qui jouait de la flûte dans les *chœurs*.

CHORAUX, subst. mas. plur. (*korô*). Voyez CHORAL.

CHORDA, subst. fém. (*korda*), t. de bot., genre de plantes.

CHORDAPSE, subst. mas. (*kordapece*) (du grec χορδη, corde, et απτομαι, toucher, lier), t. de médec., maladie dans laquelle l'intestin est tendu comme une *corde*. C'est la colique appelée *miserere* ou *passion iliaque*.

CHORÉAS, subst. propre mas. (*koréâ-ce*) (du grec χοιρος, porc), myth., nom que les Troyens donnaient à Vénus en lui immolant un porc.

CHORÉE, subst. mas. (*koré*) (en grec χορειος, fait de χορος, chœur, danse), t. de littér. anc., pied composé d'une longue et d'une brève, dans la poésie grecque et latine. — Subst. fém., t. de médecine, danse de Saint-Wit ou de Saint-Guy; maladie qui occasionne des mouvements et des grimaces involontaires.

CHORÈGE, subst. mas. (*koréje*) (du grec χορος, chœur, et αγω, je conduis), t. d'hist. anc., directeur de spectacle chez les Grecs. — Celui qui conduisait les *chœurs*, qui dirigeait la musique.

CHORÉGIE, subst. fém. (*koréji*) (même étym. que celle du mot précédent), t. d'hist. anc., action de diriger les *chœurs*.

CHORÉGRAPHE, subst. des deux genres (*koréguerafe*) (du grec χορεια, danse, et γραφω, je décris), qui s'occupe de *chorégraphie*.

CHORÉGRAPHIE, subst. fém. (*koréguerafi*) (même étym. que celle du mot précédent), l'art de noter les pas et les figures de danse, de composer des ballets.

CHORÉGRAPHIQUE, adj. des deux genres (*koréguerafike*), qui concerne la *chorégraphie*.

CHORÉION, subst. mas. (*koréion*) (en grec χορειον), t. d'hist. anc., air de danse chez les anciens.

CHORÈTRE, subst. mas. (*korètre*), t. de bot., sorte de plante.

CHORÉVÊQUE, subst. mas. (*korévêke*) (du grec χωρα, région, contrée, et επισκοπος, évêque, surveillant), t. d'hist. anc., évêque qui remplissait quelques fonctions épiscopales à la campagne. Les doyens ruraux ont succédé aux *chorévêques*. — C'est encore, dans quelques chapitres d'Allemagne, le titre d'une certaine dignité.

CHORGES, subst. propre mas. (*chorje*), bourg de France, chef-lieu de canton, arrond. d'Embrun, dép. des Hautes-Alpes.

CHORIAMBE, subst. mas. (*korianbe*) (du grec χορειος, chorée, et ιαμβος, iambe), t. de littér. anc., pied de la poésie grecque ou latine composé d'un *chorée* et d'un *iambe*, c'est-à-dire de deux syllabes brèves entre deux longues.

CHORIAMBIQUE, adj. des deux genres (*korianbike*), se dit de certaines compositions littéraires faites en *choriambes*.

CHORION, subst. mas. (*korion*) (du grec χοριον, fait de χωρειν, contenir, renfermer), t. d'hist. anc., nom de la musique grecque qui se chantait en l'honneur de la mère des dieux, et qui, disait-on, avait été inventée par Olympe, phrygien. — T. d'anat., membrane extérieure qui enveloppe tout le fœtus. — Partie la plus épaisse du tissu de la peau.

CHORIQUE, subst. fém. (*korike*), t. d'hist. anc., espèce de flûte avec laquelle on accompagnait les dithyrambes. — Se dit aussi de certaines compositions faites en *chorées*. Il est alors adj. des deux genres.

CHORISOLÉPIDE, adj. des deux genres (*korizolépide*), t. d'hist. nat. et de bot., formé de squammes entièrement libres.

CHORISTE, subst. mas. (*koricete*), t. d'église, celui qui, revêtu de la chape, fait toutes les intonations. — Celui qui chante dans les *chœurs* à l'église ou au théâtre. En ce sens il est mas. et fém. : *un choriste; une choriste*. — Petit instrument destiné à donner le ton pour accorder les autres.

CHORIZANDRE, subst. fém. (*korizandre*), t. de bot., plante de la famille des cypéracées.

CHORIZÈME, subst. mas. (*korizème*), t. de bot., arbuste légumineux.

CHORIZIE, subst. fém. (*korizi*), t. de bot., espèce de plante d'Amérique.

CHORLITE, subst. fém. (*korlite*), t. d'hist. nat., genre d'oiseaux de l'ordre des échassiers.

CHORMO, subst. mas. (*kormo*), titre d'honneur donné aux nouveau-nés, chez les bramines.

CHOROBATE, subst. mas. (*korobate*) (en grec χωροβατης, fait de χωροβατεω, parcourir un pays pour en connaître la situation), t. d'hist. anc., niveau composé d'une double équerre faite comme un T. Il avait dans sa partie supérieure un canal qu'on remplissait d'eau, et de petits plombs qui pendaient aux côtés.

CHOROCITHARISTE, subst. mas. (*korocitaricete*) (du grec χορος, chœur, et κιθαριστης, joueur de harpe), t. d'hist. anc., joueur d'instrument à cordes dans les *chœurs*.

CHOROCK, subst. mas. (*korok*), t. d'hist. nat., martre de Sibérie.

CHORODIDASCALE, subst. mas. (*korodidacekale*) (du grec χορος, chœur, et διδασκαλος, maître), t. d'hist. anc., maître de *chœur* qui battait la mesure, qui conduisait la danse et le chant.

CHORODIE, subst. fém. (*korodi*) (du grec χορος, chœur, et ωδη, chant), t. d'hist. anc., musique exécutée par le *chœur*, par opposition à la monodie, qui était le chant à une seule voix.

CHOROEBUS, subst. mas. (*korébuce*), myth. Voy. COROEBUS.

CHOROGRAPHE, subst. des deux genres (*koroguerafe*), qui écrit sur la *chorographie*.

CHOROGRAPHIE, subst. fém. (*koroguerafi*) (du grec χωρα, contrée, région, et γραφω, je décris), description d'un pays, d'une province.

CHOROGRAPHIQUE, adj. des deux genres (*koroguerafike*), qui appartient à la *chorographie* : *carte chorographique*.

CHOROÏDE, subst. fém. (*koro-ide*) (du grec χοριον, le chorion, et ειδος, forme, ressemblance), t. d'anat., se dit de diverses parties du corps qui ont quelque ressemblance avec le *chorion*, et en particulier de la seconde tunique de l'œil, dans laquelle est la prunelle, et qu'on nomme aussi adj. : *membrane choroïde*. — T. d'hist. anc., poésie qui se chantait en chœur. (Dans ce dernier sens, ce mot est dérivé de χορος, chœur, et ωδη, ode, chant.)

CHOROÏDIEN, adj. mas. ; au fém. **CHOROÏDIENNE** (*koro-idiein, diène*), t. d'anat., qui a des rapports avec les plexus *choroïdes*. — *Toile choroïdienne*, membrane mince composée de deux feuillets qui sont le prolongement de la pie-mère. — *Veines choroïdiennes*, veines qui traversent la toile du même nom.—*Sinus choroïdien*, sinus qui occupe le bord inférieur de la faulx du cerveau. — T. d'hist. nat., *glande choroïdienne*, corps qui sépare certaines membranes des poissons.

CHOROLOGIE, subst. fém. (*koroloji*) (du grec χωρα, contrée, région, et λογος, discours), description topographique.

CHOROLOGIQUE, adj. des deux genres (*korolojike*), qui concerne la *chorologie*.

CHORORO, subst. mas. (*chororo*), t. d'hist. nat., oiseau de l'Amérique méridionale.

CHOROZÈNE, subst. mas. (*chorozène*), t. de bot., genre de plantes de la famille des légumineuses.

CHORTINON, subst. mas. (*chortinon*), ancien nom de l'huile qu'on exprimait de la graine de raifort.

CHORUS, subst. mas., tout latin (*koruce*) (en grec χορος, en lat. *chorus*, chœur) : *faire chorus*, répéter en *chœur* et à l'unisson ce qui vient d'être chanté par quelqu'un; et fig., en parlant de plusieurs personnes, témoigner qu'on partage une opinion, etc. : *c'est ainsi que je m'exprimai sur son compte, et tout le monde fit chorus*.

CHORYZÈME, subst. mas. (*korizème*), t. de bot., Voy. CHORIZÈME.

CHOSE, subst. fém. (*chôze*) (du lat. *causa*, dit, dans la basse latinité, pour *res*, chose). Ce mot, celui peut-être de la langue française qui est le plus souvent employé, se dit indifféremment de tout, sa signification se déterminant par la matière dont on traite; il a la même extension que le *negotium* des Latins : *Dieu a créé toutes choses; il manque des choses les plus nécessaires à la vie; les choses nécessaires au bonheur; un ami véritable est une chose bien rare; la chose du monde que je désire le plus, c'est...; elle m'a dit cent choses obligeantes; une pareille conduite est une chose sans exemple; oh! la belle chose! j'ai trouvé dans ce roman beaucoup de jolies choses; les choses sont dans tel état; dans cet état de choses; l'état des choses; l'ordre des choses; la force des choses; le cours naturel des choses; la chose a changé de face; les choses ont changé de face; la chose, les choses vont bien, vont mal; les choses humaines; les choses de ce monde; entre autres choses; toutes choses égales; toutes choses cessantes; vous avez bien pris, vous avez mal pris la chose; c'est la même chose; le bon de la chose; le bien de la chose; quelque chose, quelques choses que vous fassiez, que vous disiez...; c'est autre chose; c'est bien autre chose; voici bien autre chose; ce n'est pas chose facile; c'est une chose toute simple, toute naturelle; vous ne faites autre chose que...; la première chose à faire, que nous aurons à faire, c'est, ce sera...; de deux choses l'une, ou vous lui plaisez ou vous ne lui plaisez point*, etc., etc., etc.—*Sur toute chose, sur toutes choses*, avant toute chose, avant toutes choses.—*Peu de chose*. —Voy. PEU. *La chose publique*, l'état. Il se dit en parlant de tous les genres de gouvernements, au lieu que *république* n'est usité qu'en parlant des gouvernements démocratiques ou aristocratiques.—Prov., *à chose faite conseil pris*, une fois la chose faite il n'est plus temps de demander conseil. — *Aller au fond des choses*, les approfondir. — On emploie quelquefois *chose* par opposition, 1° à personne : *cet adjectif se dit également des personnes et des choses*; 2° à mot, nom : *le mot et la chose; dans votre entretien avec lui, attachez-vous aux choses et ne vous amusez point à disputer sur les mots; le nom est plus effrayant que la chose*. — *Ouvrage, style fort de choses, vide de choses*, où abondent les faits, les idées, dénué de faits, d'idées.— Fam., bien, possession : *soigner sa chose; améliorer sa chose; défendre sa chose*. — *Quelque chose*, employé comme un seul mot, est masculin : *on m'a dit quelque chose qui est très-plaisant*. En l'absence du relatif, il faut faire précéder l'adjectif de la préposition *de* : *on m'a dit quelque chose de très-plaisant*. — *Grande*, placé devant *chose* avec la négative et sans article, remplace absolument l'e muet final par l'apostrophe : *ce n'est pas grand'chose*. — *Être tout chose*, mal à son aise, ou mal disposé. — On s'en sert souvent pour désigner ce qu'on ne sait comment nommer, soit parce qu'il n'y a point de nom connu, soit parce qu'on ne se le rappelle pas. C'est ordinairement une négligence dans le langage, qu'il faut éviter avec soin. Ceux qui ont cette mauvaise habitude le disent des personnes comme des choses : *va dire à chose d'aller chercher la petite chose qui est sur la grande chose.* — En t. de mar., *choses du crû de la mer*, ce qui est venu du sein de la mer, et qu'elle roule sur ses bords; *chose de la mer*, tout ce que la mer jette sur ses bords, soit de son propre crû, soit des débris d'un naufrage, etc. — *Les choses*, en t. de jurispr., sont un des trois objets du droit : *les personnes, les choses et les actions.* On entend par le mot *choses* tout ce qui est distinct des personnes et des actions. On appelle *choses corporelles* celles qui ont un corps matériel animé ou inanimé : tels sont les fruits, les grains, les bestiaux; *choses incorporelles*, celles qui ne tombent point sous les sens : les droits et actions, les servitudes, etc.; *choses douteuses*, celles dont l'évènement est incertain, ou qui dépendent de l'interprétation d'une clause, d'un testament, ou de quelque autre acte; *choses communes*, celles dont l'usage est commun à tous les hommes, telles que l'air, l'eau des fleuves, etc.; *choses religieuses*, les lieux qui servent à la sépulture des fidèles; *choses sacrées*, celles qui ont été consacrées à Dieu avec les solennités requises, comme les églises, les vases sacrés, etc. — *Chose jugée*, point décidé par les tribunaux : *l'autorité de la chose jugée*, etc. — *Jugement passé en force de chose jugée*, jugement légalement inattaquable. — *Quelque chose.* Voy. QUELQUE.

CHOSÉ, E, part. pass. de *choser.*

CHOSER, v. act. (*chôzé*), se divertir avec une femme. Ce mot, qui se trouve dans *Boiste* indiqué comme vieux, est tout-à-fait inusité.

CHOSETTE, subst. fém. (*chozète*), petite *chose* : petits propos. Il est fam. et peu usité. Il pourrait être fort utile.

CHOTÉ, E, part. pass. de *choter.*

CHOTER, v. neut. (*choté*), chauler. (*Boiste.*) Inusité et barbare.

CHOU, subst. mas. (*chou*) (en lat. *caulis*, fait du grec καυλος, chou, tige de cette plante), t. de jard., plante alimentaire, oléracée, de la famille des crucifères, annuelle et fort connue, dont on distingue plusieurs espèces : *le chou pommé blanc; le chou frisé, pommé rouge; le chou-fleur; le chou de Savoie; le chou brocoli; le chou rave ou chou de Siam; le chou navet; le chou colza; le chou cabus*, etc. Le nom de *chou* a même été donné à des plantes qui n'appartiennent pas à cette famille, telles que le *chou caraïbe*, espèce d'arum; le *chou de chien*, qui est la *mercuriale sauvage*; le *chou de mer* ou *soldanelle*, qui est un liseron, etc. — *Chou de chien.* Voy. MERCURIALE. — *Chou de Laponie.* Voy. TURNEPS. — *Chou marin.* Voy. SOLDANELLE. — *Chou marin sauvage*, plante vivace, à fleur cruciforme, qui croît sur les bords de l'Océan septentrional. — Prov. et fam., *faire ses choux gras d'une chose*, en profiter, s'en régaler, en faire ses délices. — *Faire des choux, des raves de quelque chose*, en disposer à sa volonté. — *Aller tout à travers les choux, à travers choux, au travers des choux*, agir en étourdi. — *Il s'y entend, il s'y prend comme à ramer des choux*, il ne s'y entend point du tout, il s'y prend fort mal. — *Planter ses choux*, vivre retiré à la campagne, après avoir mené une vie active dans le monde. — *On l'a envoyé planter ses choux*, se dit en ce sens pour : on lui a ôté sa place, son emploi, sa dignité, etc. — *Chou pour chou*, sorte de comparaison : *chou pour chou, cette personne-là, cette chose-là, vaut bien cette personne-ci, cette chose-ci; chou pour chou, Aubervilliers vaut bien Paris*; chaque chose a son prix. — *Faire d'une chose comme des choux de notre jardin*, en disposer comme si elle nous appartenait. — *Il a été trouvé sous un chou*, on ne connaît point son origine, sa naissance. — *Cela ne vaut pas un trognon de chou*, cela ne vaut rien. — *Ménager la chèvre et le chou*, ménager également deux partis, deux ennemis, deux adversaires, etc. — *Mon chou, mon petit chou, mon chou-chou*, mots de tendresse en parlant à un enfant. — *Petit chou*, espèce de pâtisserie ou de gâteau : *chou à la crème; petits-choux.* — *Chou, chou-là!* termes de chasse, pour exciter un chien à quêter. — *Chou-pille!* autre terme pour exciter un chien à se jeter sur le gibier. On appelle en outre subst. *chou-pille*, un chien qui ne quête que sous le fusil.

CHOUAN, subst. mas. (*chouan*), t. de comm., semence apportée du Levant, dont le goût est légèrement aigrelet.

CHOUAN, subst. mas. (*chouan*) (suivant quelques-uns, de deux frères appelés *Chouan*, qui furent les premiers chefs des *chouans*; suivant d'autres, du mot *chouant* ou *chat-huant*, nom que les Bretons donnent au hibou, parce que ces partisans ne marchaient d'abord que la nuit), nom donné aux insurgés royalistes qui, dans la guerre de la Vendée, parcouraient les villages, etc., pour lever des soldats, et attaquaient les diligences pour enlever l'argent du gouvernement. — Après la révolution de 1830, on a donné ce nom aux insurgés légitimistes. On appelle *chouanne*, la femme d'un *chouan.*

CHOUANÉ, part. pass. de *chouaner.*

CHOUANER, v. neut. (*chouané*), faire la guerre comme ou avec les *chouans.*

CHOUANISME, subst. mas. (*chouaniceme*), esprit politique des *chouans.*

CHOUANNERIE, subst. fém. (*chouaneri*), organisation militaire des *chouans.*

CHOU-BLANC, subst. mas. (*choublan*), t. de jeu. On appelle ainsi, particulièrement au jeu de quilles, un coup qui ne produit rien : *faire chou-blanc*, ne rien faire. — Au fig., *faire chou-blanc*, échouer dans une affaire, dans une entreprise. Au plur. *des choux-blancs.*

CHOUBRET, subst. mas. (*choubré*), fête mahométane célébrée dans les Grandes-Indes en l'honneur des morts.

CHOUC, subst. mas. (*chouke*), t. d'hist. nat., espèce de corbeau.

CHOUCADOR, subst. mas. (*choukador*), t. d'hist. nat., sorte d'étourneau.

CHOUCARI, subst. mas. (*choukari*), t. d'hist. nat., *choucas* de la Nouvelle-Guinée.

CHOUCAS, subst. mas. (*chouca*), t. d'hist. nat., corneille grise qui a les pattes rouges.

CHOU-CHOU, subst. mas. (*chou-chou*), mot de tendresse en parlant à un enfant. Au plur. *choux-choux.*

CHOUCOU, subst. mas. (*chou-kou*), t. d'hist. nat., genre de chat-huant du Cap.

CHOUCOUHOU, subst. mas. (*choukou-ou*), t. d'hist. nat., chouette de jour du cap de Bonne-Espérance.

CHOUCROUTE, subst. fém. (*choukroute*) (de l'allemand *sauërkraut*, légume acide), *chou* fermenté et assaisonné dont on fait un grand usage en Allemagne et en Suisse.

CHOU-DE-BRUXELLES, subst. mas. (*choudebrucèle*), t. de jard., petit rejeton de *choux.*

CHOU-DE-MILAN, subst. mas. (*choudemilan*), t. de jard., espèce de *chou* dont la fleur est blanche, et qui est recherché parce qu'il est plus délicat que le *chou* commun. — Au plur. *des choux-de-Milan* : des *choux* qui proviennent du *Milanais*, de *Milan.*

CHOUETTE, subst. fém. (*chouète*), t. d'hist. nat., oiseau de nuit qui tient beaucoup du hibou et du chat-huant. C'est un oiseau rapace de l'ordre des nyctériens. — On dit, en parlant du cri de la *chouette*, qu'*elle hue.* — *Chouette-épervier*, celle qui a la queue très-longue et étagée, à la différence des *chouettes* ordinaires, dont la queue est courte et serrée. — *Faire la chouette*, c'est, à certains jeux, jouer seul contre deux ou contre plusieurs. — Fig. et fam. : *être la chouette d'une société*, être l'objet ordinaire des railleries de ceux qui la composent. — On dit prov., *larron comme une chouette*, habile et rapace comme la *chouette.*

CHOU-FLEUR, subst. mas. (*choufleur*), t. de jard., sorte de *chou* dont on mange la graine, qui est blanche et ferme. Sa semence vient d'Italie. — On disait autrefois *chou flory*, dont on a fait *chou-fleur.* — Au plur. des *choux-fleurs* : des *fleurs* qui sont *choux* et des *choux* qui sont *fleurs.* — T. de médec., excroissance qui se développe en certaines parties du corps.

CHOU-KING, subst. mas. (*choukein*), ancien livre sacré des Chinois.

CHOUMAULARIE, subst. propre fém. (*choumôlari*), myth., montagne du Thibet, adorée des Indiens.

CHOUN, subst. propre mas. (*choune*), divinité adorée dans la Perse.

CHOU-NAVET, subst. mas. (*chounavé*), t. de jard., espèce de *chou* qui tient du *navet* par sa nature et par sa qualité. — Au plur., des *choux-navets* : des *choux* qui sont *navets.*

CHOU-PALMISTE, subst. mas. (*choupalemicete*), fruit d'une sorte de *palmier.* — Au plur., des *choux-palmistes.*

CHOU-PILLE, subst. mas. (*choupile*), t. de chasse, chien pour la chasse au vol. Voy. CHOU.

CHOUQUET, subst. mas. (*chouké*), t. de mar., gros billot de bois qui se met à chaque brisure des mâts, au-dessus des barres des hunes, pour emboiter les mâts les uns dans les autres. — Petit billot dont les bourreaux se servaient pour achever de couper avec la hache une tête qu'ils avaient manquée avec le sabre.

CHOU-RAVE, subst. mas. (*chourave*), t. de jard., espèce de *chou* qui tient de la *rave.* — Au plur., des *choux-raves* : des *choux* qui sont *raves.*

CHOURILLE, subst. mas. (*chouriie*), t. de chasse, chien pour la chasse au tir.

CHOUSSET, subst. mas. (*choucé*), sorte de boisson en usage chez les Turcs.

CHOUTRES, subst. mas. plur. (*choutre*), sectaires indiens dont la doctrine se rapproche de celle des brames.

CHOYÉ, E, part. pass. de *choyer.*

CHOYER, v. act. (*choéié*) (du lat. *cavere*, prendre garde, avoir grand soin de... *Ménage*), conserver, avoir soin, avoir grand soin de... : *choyer ses enfants; choyer ses meubles.* — *Choyer quelqu'un*, le ménager, avoir soin de ne rien dire, de ne rien faire qui puisse le choquer. — *se* CHOYER, v. pron., avoir soin de soi. — *Se choyer trop, ne se choyer pas assez*, avoir trop ou trop peu d'attention à ce qui regarde la santé et les aises de la vie.

CHOYNE, subst. mas. (*choène*), t. de bot., arbre du Brésil qui ressemble au laurier.

CHRÉMATOLOGIE, subst. fém. (*krématoloji*) (du grec χρημα, richesse, et λογος, discours), traité sur les richesses; discours sur ce sujet. Inusité.

CHRÉMATOLOGIQUE, adj. des deux genres (*krématolojike*), qui a rapport à la *chrématologie.* Inusité.

CHRÉMATONOMIE, subst. fém. (*krematonomi*) (du grec χρημα, richesse, et νομος, loi), règles sur l'emploi des richesses. Inusité.

CHRÉMATONOMIQUE, adj. des deux genres (*krématonomike*), qui a rapport à la *chrématonomie.* Inusité.

CHRÊME, subst. mas. (*krême*) (en grec χρισμα, dérivé de χριω, j'oins, je frotte), dans l'Église romaine, huile sacrée pour la confirmation, l'extrême-onction, etc. — Dans le style sérieux, on dit toujours le *saint-chrême.* — Prov. : *il ferait renier chrême et baptême*, il pousse la patience à bout.

CHRÊMEAU, subst. mas. (*krêmô*), petit bonnet qu'on met sur la tête des enfants après l'onction du *saint chrême.* On en coiffait autrefois les catéchumènes après leur baptême.

CHRESMAGORÈS, subst. propre mas. (*krècemaguorèce*) (du grec χρησμηγορης, celui qui rend des oracles), myth., surnom donné à Apollon, qui rendait des oracles.

CHRESMELÉ, E, part. pass. de *chresmeler.*

CHRESMELER, v. act. (*chrècemelé*), oindre de *chrême.* (*Boiste.*) Inus.

CHRESMON, subst. mas. (*krècemon*) (du grec χρησμος, oracle), t. d'hist. anc., oracle exprimé en vers chez les Grecs.

CHRESMOTHÈTES, subst. mas. plur. (*krècemotète*) (du grec χρησμος, oracle, et τιθημι, j'établis), t. d'hist. anc., ministres des temples qui faisaient tirer les sorts chez les Grecs.

CHRESTE, subst. fém. (*krècete*), t. de bot., genre de plantes de la famille des chicoracées.

CHRESTOLOGIE, subst. fém. (*krècetoloji*) (du grec χρηστος, agréable, et λογος, discours), douceur, aménité dans le langage. Inusité.

CHRESTOLOGIQUE, adj. des deux genres (*krècetolojike*), qui a rapport à la *chrestologie.* Inus.

CHRESTOMATHIE, subst. fém. (*krècetomati*) (du grec χρηστος, bon, utile, agréable, et μαθη, science, doctrine, instruction), recueils et autres écrits publiés sur divers objets d'instruction.

CHRÉTIEN, subst. mas. (*krétiein*), pièce d'or danoise qui vaut environ vingt et un francs.

CHRÉTIEN, subst. et adj. mas., au fém. CHRÉTIENNE (*krétiein, tiène*) (du grec χριστος, oint ou christ, dérivé de χριω, j'oins), qui est baptisé et qui fait profession de la foi de *Jésus-Christ* : *c'est un bon chrétien, une bonne chrétienne; les chrétiens sont obligés à...; le peuple chrétien; le monde chrétien.* — Ce fut à Antioche, vers l'an 41, que l'on commença à donner le nom de *chrétiens* à ceux qui professaient la doctrine enseignée par *Jésus-Christ* : avant cette époque, on les appelait simplement *disciples*, ou *nazaréens*, parce que *Jésus-Christ* était de Nazareth. — *Le roi très-chrétien*, *sa majesté très-chrétienne*, le roi de France. — Qui appartient aux *chrétiens* : *la religion, la foi, la loi, la morale chrétienne; mener une vie chrétienne*. — Pop. : *cela n'est pas chrétien*, n'est pas suivant la bonne morale et la justice.—*Parlez chrétien*, ne dites que des choses qu'on entende. Vieux. — T. de jard., *bon-chrétien*, sorte de grosse poire : *bon-chrétien d'été; bon-chrétien d'hiver*.

CHRÉTIENNEMENT, adv. (*krétiéneman*), d'une manière *chrétienne*.

CHRÉTIENTÉ, subst. fém. (*krétieinté*, et non pas *krétiéneté*, ainsi que prononcent beaucoup de personnes. Le son *ène* n'a lieu ordinairement (car il y a quelques exceptions) que lorsqu'il se trouve deux *n* de suite : *chrétien, païen*, prononcez *krétiein, pa-iein ; chrétienne, païenne*, dites : *krétiène, pa-iène*), tous les pays où le culte de *Jésus-Christ* est le culte dominant. — Tous les *chrétiens* dispersés par le monde.—Prov., fig. et pop. : *marcher sur la chrétienté*, marcher avec des souliers et des bas dont la semelle est trouée.

CHRIE, subst. fém. (*kri*) (du grec χρεια, qui signifie *fait notable*), t. de rhét., narration, amplification qu'on donne à faire aux écoliers.

CHRISMAL, subst. mas. (*kricemale*), vase dans lequel on porte l'huile des malades.

CHRISMATION, subst. fém. (*kricemâcion*), action d'imposer le saint *chrême*.

CHRISME, subst. mas. (*kriceme*), dans les anciens manuscrits, etc., monogramme de *Jésus-Christ*. Il est formé d'un P dont la queue porte sur une croix de saint *André*.

CHRIST, subst. mas. (quand ce mot est seul on prononce toujours *kricete*; mais lorsqu'il est joint au mot *Jésus*, on prononce *kri* : *jézukri*) (du grec χριστος, oint), oint, qui a reçu quelque onction. On ne s'en sert plus que pour désigner le Messie : *le Christ*. Il est le plus souvent précédé du nom de *Jésus*, sans article. — Figure peinte, sculptée, gravée, de notre Seigneur, attaché à la croix. — *Ordre du Christ*, ordre militaire fondé en 1318 par *Daniel I*[er], roi de Portugal, pour animer sa noblesse contre les Maures.

CHRISTE-MARINE, subst. fém. (*kricetemarine*), t. de bot., nom vulgaire de la salicorne herbacée. — Inule maritime. — La bacille.

CHRISTIADE, subst. fém. (*kricetiade*), nom d'un poëme sur la vie du *Christ*.

CHRISTIADIER, subst. mas. (*kricetiadié*), nom donné à l'auteur de la *Christiade* et aux sectateurs du *Christ*. (Mot inutile forgé par *Voltaire*.)

CHRISTIANISÉ, E, part. pass. de *christianiser*.

CHRISTIANISER, v. act. (*kricetianizé*), rendre *chrétien*. — *Christianiser un auteur païen*, lui attribuer des sentiments *chrétiens*. Il est peu usité. — **se CHRISTIANISER**, v. pron., devenir *chrétien*.

CHRISTIANISME, subst. mas. (*kricetianiceme*), religion *chrétienne*. — Maximes, esprit de la religion de *Jésus-Christ*.

CHRISTIAQUE, adj. des deux genres (*kricetiake*), *chrétien*. (*Voltaire*.) Il est ironique et inusité.

CHRISTICOLE, subst. et adj. des deux genres (*kricetikole*) (du grec χριστος, christ, et du latin *colere*, adorer), se dit d'un adorateur du *Christ*, dans un sens de dénigrement. (*Voltaire*.)

CHRISTIE, subst. fém. (*kriceti*), t. de bot., sorte de plante. — T. d'hist. nat., sorte de petite coquille.

CHRISTIENS, subst. mas. plur. (*kricetiein*), t. d'hist. ecclés., partisans d'un faux prophète nommé *Christ*. (*Boiste*.)

CHRISTINE, subst. fém. (*kricetine*), monnaie d'argent de Suède, de la valeur de soixante-quinze centimes.

CHRISTINOS, subst. mas. (*kricetinôce*), mot espagnol qui signifie : partisan de la reine *Christine*.

CHRISTODIN, E, subst. (*kricetodein, dine*), calviniste ; nouveau *chrétien* ; pauvre, simple *chrétien*. — Ce mot se trouve dans plusieurs *Dictionnaires*; il est aujourd'hui inusité.

CHRISTOLYTE, subst. des deux genres (*kricetolite*) (du grec χριστος, oint, christ, et λυω, je résous, je dissous), t. d'hist. ecclés., hérétiques qui prétendaient que le Christ, après sa mort, n'avait emporté au ciel que sa nature divine.

CHRISTOMAQUES, subst. mas. plur. (*kricetomake*) (du grec χριστος, oint, christ, et μαχομαι, combattre), t. d'hist. ecclés., en général tous les hérétiques qui ont erré sur la nature de *Jésus-Christ*.

CHRISTOPHE (SAINT), subst. propre mas. (*ceinkricetofe*), bourg de France, chef-lieu de canton, arrond. d'Issoudun, dép. de l'Indre.

CHROMATE, subst. mas. (*krômate*) (du grec χρωμα, couleur), t. de chimie, sel formé par l'union de l'acide *chromique* avec une base.

CHROMATIQUE, adj. des deux genres (*krômatike*) (du grec χρωμα, couleur, parce que les Grecs distinguaient le genre *chromatique* par des couleurs), t. de mus., qui procède par plusieurs semi-tons consécutifs : *le genre chromatique*.— On dit aussi subst. au mas. : *il y a du chromatique dans ce morceau*. — En t. d'opticien, coloré.

CHROMATIQUEMENT, adv. (*krômatikeman*), t. de mus., par semi-tons, dans l'ordre *chromatique*.

CHROMATISME, subst. mas. (*krômaticeme*) (du grec χρωμα, couleur), t. de médec., coloration du sang.

CHROME, subst. mas. (*krôme*), raison spécieuse. (*Boiste*.) Inusité.

CHROME, subst. mas. (*krôme*) (en grec χρωμα), t. de chim., substance métallique nouvellement découverte, ainsi nommée parce que toutes ses combinaisons sont colorées. — En t. de mus., *dièze*. — Adj., t. de médec., coloré : *sang chrome*.

CHROMIQUE, adj. des deux genres (*krômike*), t. de chim. : *acide chromique*, acide obtenu par l'oxygénation du *chrome*.

CHROMIS, subst. propre mas. (*kromice*), myth., fils d'Hercule, qui nourrissait ses chevaux de chair humaine. Jupiter le foudroya. — *Chromis* était aussi le nom d'un satyre.

CHROMIS, subst. mas. (*krômice*), t. d'hist. nat., poisson qui ressemble au labre.

CHROMIUS, subst. propre mas. (*kromi-uce*), myth., l'un des fils de Priam. Il fut tué par Diomède au siége de Troie. — Ce fut aussi le nom d'un des fils de Nélée et de Chloris, qui fut tué par Hercule.

CHROMMYOMANCIE, subst. fém. (*kromemiomanci*) (du grec κρομμυον, ognon, et μαντεια, divination), divination par les ognons, dans l'ancienne Germanie.

CHROMMYOMANCIEN, subst. et adj. mas. ; au fém. **CHROMMYOMANCIENNE** (*kromemiomanciein, ciène*), celui ou celle qui exerçait la *chrommyomancie*.

CHROMURGIE, subst. fém. (*krômurejì*) (du grec χρωμα, couleur, et εργον, travail), t. de phys., partie de la physique qui traite des couleurs.

CHROMURGIQUE, adj. des deux genres (*krômurjike*), t. de phys., qui concerne la *chromurgie*.

CHRON., abréviation du mot *chronologie*.

CHRONHYOMÈTRE, subst. mas. (*kroniomètre*) (du grec χρονος, temps, année, υω, pleuvoir, et μετρον, mesure), instrument de météorologie dont on se sert pour connaître la quantité de pluie tombée dans une année. C'est le synonyme de *hyétomètre*.

CHRONHYOMÉTRIQUE, adj. des deux genres (*kroniométrique*), qui a rapport au *chronhyomètre*.

CHRONICITÉ, subst. fém. (*kronicité*), t. de médec., qualité de ce qui est *chronique*.

CHRONIES, subst. fém. plur. (*kroni*), t. d'hist. anc., fêtes en l'honneur de Saturne, que les Grecs appelaient χρονος (*chronos*), c'est-à-dire *le temps*.

CHRONIQUE, subst. fém. et adj. des deux genres (*kronike*) (en grec χρονικος, qui appartient au temps, dérivé de χρονος, temps, année), histoire dressée suivant l'ordre des temps. Il ne se dit plus que de certaines histoires anciennes : *les chroniques de Saint-Denis ; la chronique de Froissard*. — Au fig. et prov. : *la chronique scandaleuse*, les mauvais bruits, les discours médisants. — Adj., t. de médec. : *maladie chronique*, qui dure longtemps, par opposition à *maladie aiguë*.

CHRONIQUER, v. neut. (*kroniké*), critiquer. Peu usité.

CHRONIQUEUR, subst. mas. (*kronikeur*), auteur de *chroniques*. — On pourrait dire au fém. *chroniqueuse*, si l'on en avait besoin.

CHRONISÉ, E, part. pass. de *chroniser*.

CHRONISER, v. act. (*kronizé*), écrire ou faire des *chroniques*. (*Boiste*.) Ce verbe est inusité.

CHRONOGRAMME et **CHRONOGRAPHE**, subst. mas. (*kronoguerame, rafe*) (du grec χρονος, temps, année, et γραμμα, lettre, caractère, dérivé de γραφω, j'écris), inscription dans laquelle les lettres numérales forment la date de l'évènement dont il s'agit. Voy. au mot ANAGRAMME.

CHRONOGRAMMIQUE, adj. des deux genres (*kronoguerameмike*), qui a rapport à un *chronogramme*.

CHRONOGRAPHE, subst. mas. (*kronoguerafe*), employé comme adj., se dit des auteurs qui ont écrit sur la chronologie, tels que : *Eusèbe, le Syncelle, Scaliger, Pétau*, etc. Voy. CHRONOGRAMME.

CHRONOGRAPHIE, subst. fém. (*kronoguerafi*) (du grec χρονος, temps, année, et γραφω, j'écris), t. de rhét., espèce de description qui caractérise vivement le temps d'un évènement, ou par les conjonctures du moment, ou par le concours des circonstances qui s'y réunissent.

CHRONOGRAPHIQUE, adj. des deux genres (*kronoguerafike*), qui a rapport à la *chronographie*.

CHRONOGYNÉE, subst. fém. (*kronogyné*) (du grec χρονος, temps, et γυνη, femme; *maladie qui vient aux femmes à des temps marqués*), t. de médec., purgation menstruelle des femmes. Presque inusité.

CHRONOLOGIE, subst. fém. (*kronoloji*) (du grec χρονος, temps, année, et λογος, discours), science des temps : *cela ne s'accorde pas avec la bonne chronologie*.

CHRONOLOGIQUE, adj. des deux genres (*kronolojike*), qui appartient à la *chronologie*.

CHRONOLOGIQUEMENT, adv. (*kronologikement*), d'après la *chronologie*.

CHRONOLOGISTE, subst. des deux genres (*kronolojicete*), celui ou celle qui sait ou qui enseigne la *chronologie* ; qui écrit sur la *chronologie*.

CHRONOLOGUE, subst. des deux genres (*kronologue*), synonyme de *chronologiste*.

CHRONOMÉRISTE, subst. mas. (*kronoméricete*) (du grec χρονος, temps, et μερις, part), t. de musique, tableau contenant toutes les décompositions possibles de la mesure.—L'un des deux principaux moyens de la méthode *dite* du méloplaste.

CHRONOMÈTRE, subst. mas. (*kronomètre*) (du grec χρονος, temps, et μετρον, mesure), nom générique des instruments qui servent à mesurer le temps, et particulièrement de ceux qui sont mus par un ressort, comme les montres. — En t. de mus., sorte de pendule destiné à déterminer exactement les mouvements en musique.

CHRONOMÉTRIQUE, adj. des deux genres (*kronométrike*), qui a rapport au *chronomètre*.

CHRONOS, subst. mas. (*kronoce*), myth. Voy. CHRONIES.

CHRONOSCOPE, subst. mas. (*kronocekope*) (du grec χρονος temps, et σκοπεω, je vois, j'observe), synonyme de *chronomètre*. — *Chronoscope solaire*, instrument nouvellement inventé, que l'on expose au soleil pour connaître l'heure du jour.

CHRONOSCOPIQUE, adj. des deux genres (*kronocekopike*), qui a rapport au *chronoscope*.

CHRONOSTICHE, subst. mas. (*kronoceticbe*), vers dans lesquels les lettres numérales marquent l'année.

CHRONYOMÈTRE, subst. mas. (*Gattel*.) Voy. CHRONHYOMÈTRE.

CHRYPHIOSPERME, subst. mas. (*krifiocepèreme*), t. de bot., plante annuelle de la côte occidentale d'Afrique, et de la famille des chicoracées.

CHRYSALIDE, subst. fém. (*kryzalide*) (du grec χρυσαλις, formé de χρυσος, or, à cause de la couleur jaunâtre ou dorée de la plupart des *chrysalides*). Ce mot exprime communément l'état d'un insecte renfermé dans sa coque, et sous la forme d'une espèce de fève, avant de se transformer en papillon. — On ne doit pas confondre le mot *chrysalide* avec celui de *nymphe*, car ils diffèrent à certains égards. — On dit aussi *aurélie*.

CHRYSALIDÉ, E, part. pass. de *se chrysalider*.

se CHRYSALIDER, v. pron. (*cekrizalidé*), se changer en *chrysalide*.

CHRYSALITHE, subst. fém. (*krizalite*) (du grec χρυσος, or, et λιθος, pierre), t. d'hist. nat., corne d'ammon dont la surface ressemble à celle d'une *chrysalide*.

CHRYSANTELLE, subst. fém. (*krizantèle*), t. de bot., genre de plantes de la famille des corymbifères.

CHRYSANTHÈME, subst. mas. (*krizantème*) (du grec χρυσος, or, et ανθος, fleur), t. de bot., plante que l'on cultive dans les jardins à cause de la beauté de sa fleur, qui est d'un jaune doré.

CHRYSANTHÉMOÏDE, subst. mas. (du grec χρυσος, or, ανθος, fleur, et ειδος, forme, ressemblance), t. de bot., nom de deux espèces d'ostéospermes.

CHRYSANTHÉMON, subst. mas. (*krisantémon*), Voy. CHRYSANTHÈME.

CHRYSANTINE, subst. fém. (*krizantine*), sorte de bourre de soie.

CHRYSAOPIS, subst. fém. (*kriza-opice*) (du grec χρυσος, or, et οψις, vue), t. de lithol., pierre précieuse de couleur d'or.

CHRYSAOR, subst. propre mas. (*kriza-ore*), myth., fils de Neptune et de Méduse. Il épousa Callirhoé, dont il eut Géryon.

CHRYSAORE, subst. fém. (*kriza-ore*), t. d'hist. nat., genre établi aux dépens des méduses.

CHRYSAORÉUS, adj. propre mas. (*kriza-oré-uce*), myth., surnom de Jupiter, pris du culte qu'on lui rendait à *Chrysaoris*, ville de Carie.

CHRYSARGYRE, subst. mas. (*krizarjire*) (du grec χρυσος, or, et αργυρος, argent), t. d'hist. anc., tribut qui se levait sur les femmes de mauvaise vie. Il se payait tous les quatre ans. — Capitation qui, sous quelques empereurs grecs, se levait tous les cinq ans sur les hommes et sur les animaux. Anastase Ier l'abolit.

CHRYSASPIDES, subst. mas. plur. (*krizacepide*) (du grec χρυσος, or, et ασπις, bouclier), t. d'hist. anc., soldats armés de boucliers enrichis d'or.

CHRYSE, subst. fém. (*krize*) (du grec χρυσος qui a le même sens), t. de pharm., espèce d'emplâtre. — T. d'hist. nat., sorte de dorade. — Subst. propre, myth., ville de la Troade, célèbre par un temple d'Apollon-Sminthéus.

CHRYSÉGIS, adj. propre fém. (*krizéjice*) (du grec χρυσος, or, et αιγις, peau de chèvre), myth., qui a une égide d'or, surnom de Minerve.

CHRYSÉIS, subst. propre fém. (*krizé-ice*), myth. Astynomée, fille de Chrysès, prêtre d'Apollon, était ainsi surnommée du nom de son père. Elle échut en partage à Agamemnon après la prise de Thèbes en Cilicie. Il la préférait, dit-on, à Clytemnestre, à cause de sa beauté et de son adresse à travailler la toile, et il l'emmena avec lui au siège de Troie. Chrysès vint, revêtu des ornements sacerdotaux, redemander sa fille, qui lui fut refusée; mais il obtint d'Apollon que l'armée des Grecs fût frappée de la peste. Agamemnon, contraint de rendre sa captive, enleva Briséis à Achille, ce qui causa une si grande querelle entre ces deux guerriers, que celui-ci ne voulut plus combattre, et rentra sous sa tente jusqu'à la mort de Patrocle. Cette colère d'Achille est le sujet de l'*Iliade*.

CHRYSÉLECTRE, subst. fém. (*krizéléktre*) (du grec χρυσηλεκτρον, ambre qui a la couleur de l'or), t. de lithol., pierre jaune qui se rapproche de l'ambre.

CHRYSÉNIN, adj. propre mas. (*krizénein*) du grec χρυσηνιος, dont les rênes sont d'or), myth., qui a des rênes d'or, surnom donné à Pluton.

CHRYSÉOCYCLOS, adj. des deux genres (*krizéocikloce*) (du grec χρυσος, or, et κυκλος, cercle), t. d'astron., qui a un cercle d'or. Il se dit du soleil et de la lune.

CHRYSÉOMITRÈS, adj. propre mas. (*krizéomitrèce*) (du grec χρυσος, or, et μιτρα, mitre), myth., qui porte une mitre d'or, surnom de Bacchus.

CHRYSÉOTARSOS, subst. propre mas. (*krizéotarçoce*) (du grec χρυσειοταρσος, qui a des talonnières d'or), myth., qui a des talonnières d'or, surnom de Mercure.

CHRYSÈS, subst. propre mas. (*krizèce*), myth., père d'Astynomée. Voy. CHRYSÉIS. — Il y eut un autre *Chrysès*, petit-fils du précédent, et né de *Chryséis* et d'Apollon selon les uns, de *Chryséis* et d'Agamemnon selon les autres. Lorsque Oreste et Iphigénie se sauvèrent dans la Chersonèse Taurique, en passant par la Cilicie, ils se rencontrèrent chez *Chrysès*, qui avait succédé à son aïeul dans la charge de grand-prêtre d'Apollon; ils se reconnurent, et allèrent à Mycène prendre possession de l'héritage de leur père.

CHRYSIDE, subst. fém. (*krizide*) (du grec χρυσιδος, gén. de χρυσις, dérivé de χρυσος, toute chose qui est d'or), t. d'hist. nat., famille d'insectes hyménoptères, dont le corps a le brillant du métal.

CHRYSIDIDES, subst. fém. (*krizidide*). Voy. CHRYSIDE.

CHRYSIPPE, subst. propre mas. (*krizipe*), myth., fils naturel de Pélops, roi de Phrygie, et de la nymphe Danaïs. Hippodamie, femme de Pélops, craignant qu'un jour cet enfant ne régnât au préjudice des siens propres, le traita fort mal, et conseilla à ses fils, Atrée et Thyeste, de le tuer; mais ceux-ci ayant refusé de le faire, Hippodamie prit la résolution de l'égorger elle-même: et, s'étant saisie de l'épée de Pélops, elle en perça *Chrysippe*, et la lui laissa dans le corps. Il vécut encore assez long-temps pour empêcher qu'on ne soupçonnât les jeunes princes de ce crime; ce qui détermina Hippodamie à se tuer elle-même.

CHRYSIS, subst. mas. (*krizice*) (du grec χρυσος, or), t. d'hist. nat., genre d'insectes de l'ordre des hyménoptères. On le nomme ainsi à cause de la beauté et du brillant de ses couleurs. — Subst. propre fém., myth., prêtresse de Junon à Argos. S'étant endormie, elle laissa prendre le feu aux ornements sacrés, puis au temple, et fut enfin brûlée elle-même.

CHRYSISTICE, subst. fém. (*krizicetice*), t. de bot., plante de la famille des graminées.

CHRYSITE, subst. fém. (*krizite*) (du grec χρυσος, or), t. d'hist. nat., substance minérale contenant quelques parcelles d'or. — Espèce d'insectes lépidoptères.

CHRYSITIS, subst. mas. (*krizitice*) (du grec χρυσος, or), t. d'hist. anc., plante des anciens que l'on a rapportée au genre *chrysocome*.

CHRYSITRICE, subst. fém. (*barbarisme*). Voy. CHRYSISTICE.

CHRYSOBALANUS, subst. mas. (*krizobalanuce*), (du grec χρυσος, or, et βαλανος, gland), t. de bot., nom générique donné à l'arbrisseau d'Amérique.

CHRYSOBATE, subst. fém. (*krizobate*), t. de chim., végétation d'or opérée par le feu.

CHRYSOBÉLEMNOS, adj. propre masc. (*krizobélèmenoce*) (du grec χρυσος, or, et βελεμνον, flèche), myth., qui porte des flèches d'or, surnom d'Apollon.

CHRYSOBÉRIL, subst. mas. (*krizobérile*) (du grec χρυσος, or, et βηρυλλος, béril), t. d'hist. anc., *béril* des anciens, qui avait une teinte jaunâtre. — Espèce de *béril* d'un vert pâle; substance plus connue sous le nom de *cymophan*.

CHRYSOBOLAN, subst. mas. (*krizobolan*), t. de bot., arbrisseau.

CHRYSOCALE, subst. mas. (*krizokale*). Ce mot, d'un usage général, que *Boiste* a voulu justifier par l'étymologie χρυσος, or, et καλος, beau, est loin de valoir le mot *chrysochalque*, dont l'origine χρυσος, or, et χαλκος, cuivre, est tout-à-fait en rapport avec la composition de l'objet qu'exprime ce mot. Voy. CHRYSOCHALQUE.

CHRYSOCARPOS, subst. mas. (*krizokarpoce*) (du grec χρυσος, or, et καρπος, fruit), t. de bot., variété de lierre des environs de Constantinople.

CHRYSOCÈRE, subst. mas. (*krizocère*) (du grec χρυσος, or, et κερας, corne), t. d'hist. anc., nom donné aux bœufs choisis pour les sacrifices, parce qu'ils avaient les cornes dorées.

CHRYSOCÉROS, adj. propre mas. (*krizocéroce*) (du grec χρυσοκερατος, qui a des cornes d'or), myth., aux cornes d'or, surnom donné à Bacchus.

CHRYSOCHALQUE, subst. mas. (*krizokalke*) (du grec χρυσος, or, et χαλκος, cuivre), similor, composition qui ressemble à l'or.

CHRYSOCHLORE, subst. fém. (*krizokhlore*) (du grec χρυσος, or, et χλωρος, vert), t. d'hist. nat., taupe du Cap, dont les poils sont d'un beau vert doré changeant.

CHRYSOCHROOS, adj. propre mas. (*krizokro-oce*) (du grec χρυσοχρους, resplendissant d'or), myth., de couleur d'or, surnom donné à Apollon.

CHRYSOCOLLE, subst. fém. (*krizokole*) (du grec χρυσος, or, et κολλα, colle), t. d'hist. nat. C'est le nom que les anciens naturalistes donnaient au borax, et même au vert de montagne, qui est un carbonate de cuivre. Il paraît, d'après ce que dit *Pline*, qu'on donnait le nom de *chrysocolle* à tous les guhrs, qu'on regardait comme les générateurs des métaux. — On a appliqué ce nom à un minéral cuivreux qui a été reconnu pour un cuivre hydraté. — Les anciens appelaient aussi *chrysocolle* (colle d'or) une substance verte qu'ils employaient pour souder l'or, de même que nous employons le borax.

CHRYSOCOME, subst. fém. (*krizocome*) (du grec χρυσος, or, et κομη, chevelure), t. de bot., genre de plantes exotiques de la famille des corymbifères.

CHRYSODON, subst. mas. (*krizodon*), t. d'hist. nat., tuyau cylindrique d'un jaune sale, qui paraît loger un animal voisin des amphitrites.

CHRYSOGASTRE, subst. mas. (*krizoguacetre*) (du grec χρυσος, or, et γαστηρ, ventre), t. d'hist. nat., genre d'insectes de l'ordre des diptères.

CHRYSOGON, subst. mas. (*krizoguon*) (en grec χρυσογονος, né de l'or, fait de χρυσος, or, et γονος, fils, rejeton, dérivé de γονευω, j'engendre), financier. Inus.

CHRYSOGONE, subst. fém. (*krizoguone*) (même étym. que celle du mot précéd.), t. de bot., plante dont les feuilles sont opposées et portées par de longs pétioles. Ses fleurs sont jaunes.

CHRYSOGRAPHE, subst. mas. (*krizoguerafe*), (du grec χρυσος, or, et γραφω, j'écris), mot par lequel on désignait, aux quatrième et cinquième siècles, ceux qui écrivaient en lettres d'or.

CHRYSOGRAPHIE, subst. fém. (*krizoguerafi*) (même étym. que celle du mot précédent), art d'écrire avec de l'or.

CHRYSOGRAPHIQUE, adj. des deux genres (*krizoguerafike*), qui a rapport à la *chrysographie*.

CHRYSOLACHE, subst. fém. (*krizolache*) (du grec χρυσολαχανον, arroche), t. de bot., genre de plantes de la famille des arroches.

CHRYSOLAMPE, subst. fém. (*krizolampe*) (du grec χρυσος, or, et λαμπω, je luis), t. de lithol., pierre précieuse qui brille la nuit.

CHRYSOLE, subst. fém. (*krizole*), t. d'hist. nat. coquille de la Méditerranée, aux environs de Livourne.

CHRYSOLITHE, subst. fém. (*krizolite*) (du grec χρυσος, or, et λιθος, pierre), t. de lithol. Les minéralogistes n'ont point été d'accord sur la substance qu'ils ont appelée *chrysolithe*; et les joailliers le sont encore moins, car ils donnent ce nom à toute espèce de gemme d'une couleur jaune verdâtre qui jouit d'un certain éclat, et ils appellent *péridot* une gemme d'un vert faible. — On a restreint le nom de *chrysolithe* à la substance déjà connue sous le nom de *chrysolithe des volcans*, et qui n'a rien de commun avec les différentes gemmes auxquelles on avait donné ce nom. Mais on a cru devoir assigner spécialement cette dénomination à celle qui se présente sous une forme régulière et crystallisée. On a donné le nom d'*olivine* à la matière vitreuse d'une couleur jaune olivâtre qui se trouve en masses irrégulières d'un volume considérable, ou sous la forme de petits grains, disséminés dans la lave ou le basalte. Enfin on a réuni ces deux substances sous la dénomination de *péridot*. — On a décrit sous le nom de *chrysolithe ordinaire* une substance jaune verdâtre qu'on trouve en Espagne, et dont la forme crystalline ressemble beaucoup à celle du crystal de roche. Mais l'analyse a fait voir que cette *chrysolithe* n'était qu'une apatite phosphatée ou chaux. — On a donné le nom de *chrysolithe de Saxe* à une variété verdâtre de la topaze; celui de *chrysolithe orientale* à la topaze d'Orient d'une teinte verdâtre; celui de *chrysolithe du Brésil* et *de Sibérie* à des variétés d'émeraudes et d'aigues-marines d'une teinte jaune plus ou moins foncée.

CHRYSOLOGUE, adj. mas. (*krizologue*) (du grec χρυσος, or, et λογος, discours), s'est dit d'un orateur éloquent. C'est le surnom de saint *Pierre*, archevêque de Ravenne. Hors d'usage.

CHRYSOMALLON, subst. propre mas. (*krizomalelon*), myth., nom que les Grecs donnaient au fameux bélier à la toison d'or.

CHRYSOMÈLE, subst. mas. (*krizomèle*) (en grec χρυσομηλον, pomme d'or, fait de χρυσος, or, et de μηλον, pomme), t. d'hist. nat., insecte coléoptère d'un vert doré.

CHRYSOMÉLINES, subst. fém. plur. (*krizoméline*) (même étym. que celle du mot précédent), t. d'hist. nat., famille d'insectes de l'ordre des coléoptères, du genre *chrysomèle* de *Linnée*.

CHRYSOPÉE, subst. fém. (*krizopé*) (du grec χρυσος, or, et ποιεω, je fais), t. de chim., science, art de faire de l'or.

CHRYSOPHYLLE, subst. mas. (*krizofile*) (du grec χρυσος, or, et φυλλον, feuille), t. de bot., genre d'arbrisseau.

CHRYSOPHYTE, subst. fém. (*krizofite*), sorte de pierre précieuse.

CHRYSOPIS, subst. fém. (*krizopi*), t. de bot., arbre de Madagascar.

CHRYSOPRASE, subst. fém. (*krizopraze*) (du grec χρυσος, or, et πρασον, poireau), t. de lithol., pierre précieuse d'un vert de porreau, tirant sur la couleur d'or.

CHRYSOPRASIN, subst. mas. (*krizoprazein*), t. de lithol., pierre précieuse verdâtre.

CHRYSOPS, subst. mas. (*krizopece*) (du grec χρυσος, or, et οψις, vue), t. d'hist. nat., insecte de l'ordre des diptères.

CHRYSOPSIDE, subst. mas. (*krizopecide*), t. d'hist. nat., insecte de l'ordre des diptères.

CHRYSOPTÈRE, subst. fém. (*krizopetère*) (en grec χρυσοπτερος, formé de χρυσος, or, et πτερον, aile; *qui a des ailes d'or*), t. d'hist. anc., nom que les anciens donnaient à la *chrysolithe*.

CHRYSOPTOSE, subst. fém. (*krisopetoze*), t. de lithol., sorte de pierre précieuse.

CHRYSOR, subst. propre mas. (*krizor*), myth., une des divinités des anciens peuples orientaux. On croit que c'est le même que Vulcain.

CHRYSORRAPIS, adj. propre mas. (*krizoreraprice*) (du grec χρυσος, or, et ραπις, verge), myth., qui a une verge d'or, surnom de Mercure.

CHRYSORRHOÉA, subst. fém. (*krizorero-é-a*), t. d'hist. nat., nom spécifique d'un lépidoptère nocturne.

CHRYSOSPLÉNIUM, subst. mas. (*krizoceplé-niome*) (du grec χρυσος, or, et σπλην, la rate), t. de bot., plante à fleur de couleur d'or, de la famille des saxifrages, propre à guérir les maladies de la rate.

CHRYSOSTOME, subst. propre mas. (*krizocetôme*) (du grec χρυσος, or, et στομα, bouche), surnom de saint *Jean*, patriarche de Constantinople, si célèbre par son éloquence.

CHRYSOSTOSE, subst. mas. (*krizocetoze*), t. d'hist. nat., poisson du genre thoracique.

CHRYSOSTROME, subst. mas. (*krizocetrome*), t. d'hist. nat., poisson de la Méditerranée, de la famille des jugulaires.

CHRYSOTHÉMIS, subst. prop. fém. (*krizotémice*), myth., fille d'Agamemnon et de Clytemnestre.

CHRYSOTOSE, subst. mas. (*krizotoze*). Voy. CHRYSOTOXE.

CHRYSOTOXE, subst. mas. (*krizotokce*), t. d'hist. nat., insecte de l'ordre des diptères.

CHRYSOTRIÉNÈS, adj. propre mas. (*krizo-triénèce*) (du grec χρυσος, or, et τριαινα, trident), myth., qui porte un trident d'or, surnom de Neptune.

CHRYSULÉE, subst. fém. (*krizulé*) (du grec χρυσος, or, et υλιζω, je purifie, j'épure), t. de chim., eau régale qui dissout l'or. — C'est aujourd'hui l'*acide nitrique muriatique*.

CHRYSURE, subst. fém. (*krizure*), t. de bot., genre de plantes de la famille des graminées.

CHTHONIA, myth. Voy. CHTHONIES.

CHTHONIENS, subst. propre mas. plur. (*ktoniein*) (du grec χθονιος, terrestre, formé de χθων, terre), myth., dieux terrestres ou infernaux.

CHTHONIES, subst. propre fém. plur. (*ktoni*) (du grec χθων, terre), t. d'hist. anc., fêtes grecques en l'honneur de Cérès, surnommée *Chthonia*, terrestre, parce qu'elle présidait aux productions de la terre.

CHU, **E**, part. pass. de *choir*, tombé. On écrivait autrefois *chut*, *chute*; le fém. s'est conservé dans l'expression proverbiale : *trouver chape-chute*. Voy. CHAPE.

CHUCHETÉ, part. pass. de *chucheter*.

• **CHUCHETER**, v. neut. (*chucheté*), crier, en parlant du moineau : *le moineau chuchette*.

CHUCHOTÉ, part. pass. de *chuchoter*.

CHUCHOTEMENT, orthographe de l'*Académie*, voy. CHUCHOTTEMENT, orthographe qui est plus conforme au génie de notre langue.

CHUCHOTER, v. neut. (*chuchoté*) (par onomatopée, du *chuchu* qu'on entend lorsqu'on est près de deux personnes qui se parlent à l'oreille. *Le Duchat*), parler tout bas à l'oreille de quelqu'un : *ces gens ne font que chuchoter*. — On l'emploie quelquefois act. : *il m'a chuchoté cela à l'oreille*. Fam.

CHUCHOTERIE, orthographe de *l'Académie*. Voy. CHUCHOTTERIE, et CHUCHOTEMENT pour notre observation.

CHUCHOTTEMENT, subst. mas. (*chuchoteman*), bruit que font des personnes qui *chuchottent* : *j'entends un chuchottement continuel*.

CHUCHOTTERIE, subst. fém. (*chuchoteri*), action de *chuchoter*. Il est familier.

CHUCHOTEUR, subst. mas., au fém. CHUCHOTEUSE (*chuchoteur*, *teuze*), celui, celle qui a coutume de *chuchoter*.

CHUCHOTEUSE, subst. fém. Voy. CHUCHOTEUR.

CHUCHU, subst. mas. (*chuchu*), t. de bot., plante du Pérou, du genre des lupins.

CHUINTANT, **E**, adj. (*chueintan*, *tante*), t. de gramm. : *articulation chuintante*, celle dont le son est, dans notre langue écrite, représenté par les consonnes *J* et *CH*, et qu'on entend à la tête des mots *jamais*, *château*. C'est un mot formé par onomatopée, et de la création de l'abbé *Sicard*.

CHUINTÉ, part. pass. de *chuinter*.

• **CHUINTER**, v. neut. (*chueinté*), imiter le cri, le soufflement *chuintant* de la chouette, au moyen d'une feuille d'arbre, à la pipée. Peu en usage.

CHULAN, subst. mas. (*chulan*), t. de comm., sorte de thé odoriférant.

CHULON ou **GHELASON**, subst. mas. (*chulon*, *guelazon*), t. d'hist. nat., quadrupède fort commun en Tartarie.

CHUNCO, subst. mas. (*chonko*), t. de bot., plante qui se rapproche du genre des badamiers.

CHONGAR, subst. mas. (*chonguar*). Voy. CHONCAR.

CHONGER, subst. mas. (*chonjé*), t. d'hist. nat., oiseau peu connu, des plaines de la Grande-Tartarie.

CHUPALULONE, subst. mas. (*chupalulone*), t. de bot., arbuste qui croît au Pérou, et dont le fruit sert d'aliment.

CHUPIRI, subst. mas. (*chupiri*), t. de bot., arbrisseau du Mexique.

CHUPMENACHITE, subst. mas. (*Boiste*.) Voy. CHUPMESSAHITE.

CHUPMESSAHITE, subst. mas. (*chupemèceçaite*), secte de mahométans qui croient à la divinité de *Jesus-Christ*, mais qui n'osent lui rendre un culte public.

CHUQUELAS, subst. mas. plur. (*chukelace*), t. de comm., étoffe de soie et coton fabriquée aux Indes orientales.

CHUQUIRAGA, subst. mas. (*chukiragua*), t. de bot., plante de la famille des corymbifères.

CHURAH, subst. mas. (*chura*), t. d'hist. nat., pie-grièche rousse du Bengale.

CHURGE, subst. mas. (*churje*), t. d'hist. nat., oiseau peu connu des Indes. On croit que c'est l'outarde.

CHURI, subst. mas. (*churi*), t. d'hist. nat., autruche de Magellan dans l'Amérique.

CHURLE, subst. mas. (*churle*). Voy. ORNITHOGALE.

CHURLEAU, subst. mas. (*churlô*), t. de bot., nom vulgaire du panais sauvage.

CHUS, subst. mas. (*chuce*), t. d'hist. anc., mesure attique pour les liquides, qui contenait huit hémines. Les Romains la confondaient avec le *conge*.

CHUSITE, subst. fém. (*chusite*), t. d'hist. nat., substance à laquelle on a donné ce nom à cause de sa fusibilité.

CHUSQUE, subst. mas. (*chuceke*), t. de bot., espèce de bambou d'Amérique.

CHUT (*chute*), sorte d'interj. qui signifie *paix! silence!* Fam. — On s'en sert aussi pour recommander le secret.

CHUTE, subst. fém. (*chute*) (de *chu*, part. pass. du v. *choir*. Voy. CHOIR), suivant l'*Académie*, c'est *le mouvement d'une chose qui tombe*; nous aimons mieux la définition suivante : c'est l'action de la personne ou de la chose qui tombe : *la chute d'un homme, d'une femme, d'un enfant; la chute d'une maison; la chute des eaux*. — *La chute des feuilles*, la saison où les feuilles tombent. — *La chute du jour*, le moment où le jour tombe : *je les vis arriver à la chute du jour*. — Au théâtre, on appelle *chute du rideau* le mouvement du rideau quand il tombe. — On se sert encore du mot *chute* par rapport aux parties du corps qui s'en détachent : *la chute d'un ongle; la chute des dents; la chute des cheveux*. — T. de médec., *chute d'humeurs*, débordement des humeurs qui tombent du cerveau. — Les chirurgiens donnent ce nom aux accidents qui arrivent lorsqu'on tombe de haut, et au relâchement de certaines parties molles, telles que la luette, la paupière supérieure, le vagin, le fondement, la matrice. — Au fig., 1° passage subit des personnes ou des choses d'un état supérieur à un état inférieur et mauvais : *Charles XII détermina sa chute en formant des desseins qui ne pouvaient être exécutés que par une longue guerre; la chute d'un empire; la chute d'un trône*, etc. (Le mauvais succès d'une pièce de théâtre se nomme aussi *chute*); 2° faute envers Dieu : *la chute du premier homme, des anges; être une occasion de chute et de scandale*; et en morale, action de commettre une faute par faiblesse : *si l'ivresse ou quelque autre passion m'eût fait vaciller encore, j'aurais fait autant de chutes que de faux pas; se relever d'une chute*, etc.; 3° en parlant d'un sonnet, d'un madrigal, d'une épigramme, etc., la pensée qui les termine; en parlant d'une période, la cadence et l'harmonie avec laquelle cette période finit. — En musique, agrément du chant qui consiste à passer d'un son fort à un petit son plus bas. La marque de cet agrément n'est plus d'usage. — En t. de pêche, hauteur d'un filet lorsqu'il est tendu. — En t. de chasse, on appelle *chute* les lieux où les canards, les bécasses, etc., viennent se rassembler à l'entrée de la nuit. — En t. de mar., *chute* se dit de la hauteur verticale d'une voile quand elle est déployée, c'est-à-dire, hissée, amurée, bordée. On dit qu'*une voile a trop de chute*, qu'*elle manque de chute*, quand elle pèche par trop ou par trop peu de guindant ou hauteur. — En t. d'astron. : *chute d'une planète*, le signe où elle a le moins d'influence. On l'appelle aussi *déjection*; c'est le contraire de l'*exaltation*. — En t. d'archit., *chute* se dit d'un ornement de bouquets pendants, composés de fleurs ou de fruits, que l'on place ordinairement dans les ravalements des arrière-corps de chambranles, de pilastres de pierre, ou de panneaux de menuiserie. — En t. de jard., on appelle *chute* le raccordement de deux terreins inégaux, lequel se fait par des perrons ou des gazons en glacis. — On appelle *chute d'eau*, en t. d'hydraul., la pente d'une conduite, depuis son réservoir jusqu'à l'élancement d'un jet d'eau dans un bassin. On dit aussi qu'un ruisseau va former *une chute d'eau* sur une roue de moulin. — Les horlogers appellent *chute* le petit arc parcouru par la roue, quand l'une de ses dents quitte l'aile du pignon dans lequel elle engrène, et qu'une autre tombe sur la suivante.

CHUTÉ, part. pass. de *chuter*.

• **CHUTER**, v. neut. (*chuté*), se dit d'un ouvrage d'esprit, et surtout d'un ouvrage dramatique qui tombe dans l'opinion. — Il se dit encore en parlant d'une pièce de théâtre, d'un acteur qu'on accueille par des *chut*; qu'on siffle.

CHYDÉE, subst. fém. (*chidé*), t. de bot., plante de la famille des dattiers.

CHYDRÉE, subst. fém. (*chidré*), t. de bot., espèce de palmier.

CHYLAIRE, adj. des deux genres (*chilère*) (du grec χυλος, humeur épaisse), t. de médec., qui a rapport au *chyle*.

CHYLE, subst. mas. (*chile*) (du grec χυλος, humeur épaisse), t. de médec., suc blanc qui se forme de la partie la plus subtile des aliments digérés, et qui se convertit en sang.

CHYLEUSE, adj. fém. Voy. CHYLEUX.

CHYLEUX, adj. mas., au fém. CHYLEUSE (*chileu*, *leuze*), t. de médec., qui appartient au *chyle*, qui a les qualités du *chyle*.

CHYLIDOQUE, adj. des deux genres (*chilidoke*) (du grec χυλος, chyle, et δεχομαι, je reçois). Voy. CHYLIFÈRE.

CHYLIFÈRE, adj. des deux genres (*chilifère*) (du grec χυλος, chyle, et φερω, je porte), t. d'anat., se dit des vaisseaux qui portent le *chyle* dans les différentes parties du corps.

CHYLIFICATION, subst. fém. (*chilifikâcion*) (du grec χυλος, chyle, et du lat. *facere*, faire), t. d'anat., opération par laquelle les aliments sont convertis en *chyle*.

CHYLIFIÉ, **E**, adj. et part. pass. (*chilifié*), t. de médec., converti en *chyle*.

se **CHYLIFIER**, v. pron. (*cechilifié*), t. de médec., se convertir en *chyle*.

CHYLOPOÏÈSE, subst. fém. (*chilopo-ièze*) (du grec χυλος, chyle, et ποιησις, action de faire), t. de médec., formation du *chyle*.

CHYLOPOÏÉTIQUE, adj. des deux genres (*chilopo-iétike*), t. de médec., se dit des conduits qui communiquent le *chyle* à toutes les parties du corps.

CHYLOSE, subst. fém. (*chiloze*) (en grec χυλωσις). Voy. CHYLIFICATION, qui signifie la même chose et qui paraît être plus usité.

CHYME, subst. mas. (*chime*) (en grec χυμος), t. de médec., bouillie grisâtre et homogène, formée par la masse élémentaire des aliments après qu'elle a été soumise à la digestion stomacale. C'est de cette masse que provient le chyle.

CHYMIE, et ses dérivés. Voy. CHIMIE, orthographe plus moderne.

CHYMIFICATION, subst. fém. (*chimifikâcion*), (du grec χυμος chyme, et du lat. *facere*, faire), t. de médec., formation du *chyme*.

CHYMIFIÉ, **E**, part. pass. et adj. (*chimifié*), t. de médec., converti en *chyme*.

se **CHYMIFIER**, v. pron. (*cechimifié*), t. de médec., se convertir en *chyme*.

CHYMÔSE, subst. fém. (*chimôze*) (en grec χυμωσις, fait de χυμος, humeur, le chyle au moment qu'il se forme en sang), t. de médec., inflammation des paupières qui les fait retourner. — La seconde des décoctions qui se fait dans le corps.

CHYNLEN, subst. mas. (*chinelein*), t. de bot., racine de Chine.

CHYPRE ou **CYPRE**, le premier vaut mieux, subst. propre fém., l'une des plus grandes îles de la mer Méditerranée.

CHYPRIOT, subst. et adj. mas., au fém. **CHYPRIOTTE** (*chiprió, ote*) de *Chypre*; habitant de cette île. Quelques personnes affectent d'appeler *cypriot*, et *cypriotte*, ce qui a rapport à l'île de *Chypre*. Redressons cette contradiction: ceux qui disent *Cypre* doivent dire *cypriot* et *cypriotte*; et ceux qui n'admettent que *Chypre*, comme étant le nom le plus répandu, doivent se servir des mots *chypriot* et *chypriotte*.

CHYTLA, subst. mas. (*kitela*) (du grec χυτλον, qui a le même sens), t. d'hist. anc., infusion d'eau et d'huile employée dans certains sacrifices. Inus.

CHYTLON, subst. mas. (*kitelone*) (du grec χυτλον, qui a le même sens), t. de médec., fomentation d'huile et d'eau pour certaines maladies. Inusité.

CHYTRE, subst. mas. (*kitre*) (en grec χυτρα), t. d'hist. anc., marmite chez les Athéniens. Inusité.

CHYTRES (**FÊTE DES**), subst. fém. (*kitre*) (du grec χυτρα, marmite), t. d'hist. anc., fête célébrée le troisième jour des *anthestéries*. On y faisait cuire dans des marmites, en l'honneur de Bacchus et de Mercure, toutes sortes de légumes qu'on leur offrait. Inusité.

CHYTROPODE, subst. mas. (*kitropode*) (en grec χυτροπους, formé de χυτρος, marmite, et ποδος, gén. de πους, pied), t. d'hist. anc., marmite à pieds des anciens. Inusité.

CI, adv. de lieu, qui ne s'emploie jamais seul. C'est une abréviation de *ici*. Joint aux pronoms démonstratifs, aux noms précédés du démonstratif *ce* ou *celle*, aux adjectifs, aux adverbes ou aux prépositions, il désigne que les choses ou les personnes sont proches ou du moins présentes: *celui-ci, celle-ci; cet homme-ci, cette femme-ci; le mémoire ci-joint; les témoins ci-présents; ci-contre; ci-devant; ci-après; ci-dessus; ci-dessous*, etc. — *Ci* est souvent opposé à *là* dans le discours; alors *ci* marque l'objet le plus proche, et *là* l'objet le plus éloigné: *cet homme-ci, cet homme-là*. — On voit par ces exemples qu'avec les pronoms et les noms, *ci* se met après, et qu'il se met devant avec les adjectifs, les adverbes et les prépositions; excepté avec les prépositions *par* et *entre*: *par ci, par là; entre ci et là, entre ci et demain*, etc. Dans les deux dernières locutions, qui ont vieilli, il est adverbe de temps. — *Par ci, par là*, prend aussi le sens de: *à diverses reprises et sans aucune suite: nous nous en sommes occupés par ci, par là*. — *Ci-gît* se lit dans les épitaphes pour: *ici repose, est enterré*. — Ne dites pas avec ceux qui parlent mal: *cet homme-ici, dans ce moment-ici*; mais *cet homme-ci, dans ce moment-ci*; *ci* ne doit jamais être remplacé par *ici*. — Dans les livres de commerce, etc., il se met à la suite de l'article d'un compte, pour marquer qu'on va exprimer en chiffres la somme qui y est portée en toutes lettres. — *Ci-dessus, ci-devant, ci-après*, sont des loc. adv. servant à désigner ce qui précède ou ce qui suit. — *Ci-devant* signifie aussi particulièrement autrefois: *un tel, ci-devant militaire, est maintenant magistrat*; et en ce sens on en fait quelquefois un adj.: *le ci-devant maire du pays*. Pendant la révolution de 1789, on lui donnait par ellipse la signification subst. de gentilhomme: *les ci-devant; c'est un ci-devant*. — *Ci-dessous*, 1° désigne le *dessous* de l'endroit où l'on se trouve; 2° signifie: plus bas dans la même page: *le paragraphe ci dessous*. — *Ci-contre* indique la page, la colonne, etc., vis-à-vis, à côté. En comptabilité on l'emploie pour exprimer qu'une somme sera rapportée en addition.

CIACALE, subst. mas. (*ciakale*), t. d'hist. nat., animal qui tient du loup et du renard.

CIBAGA, mieux **CIBAJE**, subst. mas. (*cibagua*), t. de bot., arbre des Indes orientales, qui ressemble au pin.

CIBATION, subst. fém. (*cibâcion*) (en latin *cibatio*, fait de *cibare*, nourrir), t. de chim., action de donner de la solidité à une substance qui en manque.

CIBAUDIÈRE, subst. fém. (*cibôdière*), t. de pêche, nom donné, sur la côte de Dunkerque, aux filets de l'espèce des folles.

CIBLE, subst. fém. (*cible*) du lat. *cippus*, tertre), t. de jeu, but qui a un petit noir au milieu, dans lequel on tire: *tirer à la cible*.

CIBOA, subst. mas. (*ciboa*), t. de bot., espèce de palmier d'Afrique.

CIBOIRE, subst. mas. (*ciboare*) (en lat. *ciborium*, pris du grec κιβωριον, sorte de vase chez les Egyptiens), vase dans lequel l'on conserve les hosties consacrées. On le fait ordinairement précéder de l'adj. *saint*: *le saint-ciboire*. — En archit., baldaquin en voûte d'ogive, au-dessus d'un autel.

CIBOLAS, subst. mas. (*ciboláce*), t. d'hist. nat., espèce de bœuf sauvage d'Amérique.

CIBOULE, subst. fém. (*ciboule*) (en lat. *cæpula*), t. de jard., petit ognon bon à manger en salade et en ragoût. — Prov. et pop., *marchand d'ognons se connaît en ciboule*, on est rarement trompé sur les choses qui concernent son métier.

CIBOULETTE, subst. fém. (*ciboulète*) (diminutif de *ciboule*), t. de jard., petite *ciboule*, nom vulgaire de la *civette*.

CICADAIRE, subst. mas. (*cikadère*), t. d'hist. nat., insecte de l'ordre des hémiptères.

CICADELLE, subst. fém. (*cikadèle*), t. d'hist. nat., genre d'insectes hémiptères qui comprend des cigales et des cercopes. — Nom d'une division de la famille des cicadaires.

CICATRICE, subst. fém. (*cikatrice*) (en latin *cicatrix*), marque d'une blessure, d'une plaie, d'un ulcère, qui reste après la guérison: *grande, honorable, glorieuse cicatrice*. — Nouveau tissu qui réunit les parties divisées: *la cicatrice commence à se former*. — On dit au fig., en parlant d'un affront, d'une atteinte à l'honneur, etc., que *la cicatrice reste*, que *telle chose a laissé une cicatrice, des cicatrices*, a affecté profondément notre âme.

CICATRICÉ, adj. employé au mas. par *Boileau*. Voy. CICATRISER.

CICATRICULE, subst. fém. (*cikatrikule*) (diminutif de *cicatrice*) petite *cicatrice*. Il est de peu d'usage. — Petite tache blanche de la membrane qui enveloppe le jaune d'un œuf.

CICATRISANT, E, adj. (*cikatrizan*), t. de médec., qui *cicatrise*: *remède cicatrisant; liqueur cicatrisante*. Subst. mas.: *un cicatrisant*.

CICATRISATIF, adj. mas., au fém. **CICATRISATIVE** (*cikatrizatif, tive*), t. de médec., qui opère la *cicatrisation*. — Subst. mas.: *un cicatrisatif*.

CICATRISATION, subst. fém. (*cicatrizâcion*), t. de médec., opération, action par laquelle la nature forme la *cicatrice*. — Dans un sens plus étendu, réunion naturelle des parties du corps vivant qui ont éprouvé quelque solution de continuité. — Il se dit aussi des arbres.

CICATRISATIVE, adj. fém. Voy. CICATRISATIF.

CICATRISÉ, E, part. pass. de *cicatriser*, couvert de *cicatrices*: *un front cicatrisé*.

CICATRISER, v. act. (*cikatrizé*), fermer, en parlant d'une plaie: *ce remède cicatrisera votre plaie*. — Faire des *cicatrices*: *la petite vérole lui a cicatrisé le visage*. — On lit dans *Boileau* (épître IV):

Son front *cicatricé* rend son air furieux,

couvert de *cicatrices*; à la différence, dit son commentateur *Brossette*, de *cicatrisé*, qui ne s'emploie qu'en parlant d'une plaie qui commence à se fermer. L'usage n'a point sanctionné le verbe *cicatricer*, et c'est à tort. — **SE CICATRISER**, v. pron., se former en *cicatrice*; commencer à se fermer, en parlant d'une plaie.

CICCA, subst. fém. (*cikeka*), t. de bot., genre de plantes qui comprend trois arbres de l'Inde.

CICCUS, subst. mas. (*cikekuce*), t. d'hist. nat., petite sauterelle. — Espèce d'oie sauvage.

CICENDÈLE, subst. fém. (*ciceindèle*). Voy. CICINDÈLE.

CICER, subst. mas. (*cicère*), t. de bot., chiche ou pois-chiche.

CICÉRO, subst. mas. (*cicéro*), caractère d'imprim., qui vient entre le saint-augustin et la philosophie, ainsi nommé de l'édition de *Cicéron* faite à Rome en 1458, par *Ulbertus Gallus*.

CICÉROLE, et plus conformément au génie de notre langue: **CICÉROLLE**. Subst. fém. (*cicérole*), t. de bot., pois-chiche.

CICERONE, subst. mas. (*chichérone*) (de l'italien *cicerone*), nom donné en Italie, et surtout à Rome, à ceux qui font voir aux étrangers les curiosités d'une ville. Au plur. CICERONI.

CICÉRONIANISME, subst. mas. (*cicéronianiceme*), système, manière de *Cicéron*. (Mot forgé par *Boiste*.)

CICÉRONIEN, adj. mas.; au fém. **CICÉRONIENNE** (*cicéroniein, niène*) (du nom de l'auteur latin *Cicero*): *style cicéronien, éloquence cicéronienne*, qui a rapport, qui ressemble au style, à l'éloquence de *Cicéron*.

CICÉRONISÉ, part. pass. de *cicéroniser*.

CICÉRONISER, v. neut. (*cicéronizé*), imiter le style de *Cicéron*. Ce mot n'est point en usage.

CICHE, subst. mas. (*ciche*), t. de bot., plante légumineuse. Voy. CHICHE, qui seul se dit.

CICHLE, subst. mas. (*cikle*), t. d'hist. nat., genre de poisson.

CICINDÈLE, subst. fém. (*ciceindèle*), t. d'hist. nat., insecte de l'ordre des coléoptères.

CICINDELÈTES, subst. fém. plur. (*ciceindelète*), t. d'hist. nat., nom d'une tribu de la famille des carnassiers.

CICINNIA, subst. propre fém. (*cicinenia*), myth., déesse de l'infamie.

CICISBÉE, pour **SIGISBÉE**, est un *barbarisme* de l'*Académie*.

CICLADES. Voy. CYCLADES.

CICLAMEN ne s'écrit pas pour **CYCLAMEN**.

CICLAMINOS. Voy. CYCLAMINOS.

CICLAMOR. Voy. CYCLAMOR.

CICNUS. Voy. CYCNUS.

CICOMORE, pour **SYCOMORE**, est un barbarisme.

CICOGNE, ne se dit plus pour **CIGOGNE**.

CICONES, subst. mas. plur. (*cikone*), myth., peuples de Thrace qui habitaient les bords de l'Èbre. Ulysse ayant été jeté sur leurs côtes par une tempête, en revenant de Troie, leur fit la guerre, les vainquit, et pilla Ismare, leur ville capitale. — On dit que les femmes des *Cicones* mirent Orphée en pièces, parce qu'il les avait méprisées.

CICUTA, subst. fém. (*cikuta*), t. de bot., nom de plusieurs plantes de la famille des ombellifères.

CICUTAIRE, subst. fém. et adj. des deux genres (*cikutère*), t. de bot., genre de plantes de la famille des ombellifères. — Ciguë aquatique.

CICUTÉ, E, adj. (*cikuté*) (du lat. *cicuta*), se dit d'une chose dans laquelle il entre de la *ciguë*.

CICUTINE, subst. fém. (*cikutine*), t. de chim., alcali récemment découvert dans la *ciguë*.

CID, subst. mas. (*cide*) (de l'arabe *saïd* ou *sei*), commandant, chef: *tragédie du Cid*.

CIDARE, subst. fém. (*cidare*), tiare des rois de Perse. — Sorte de petit navire.

CIDARIS, subst. mas. (*cidarice*), t. d'hist. anc., tiare au grand-prêtre chez les Hébreux. — Bonnet pointu des anciens Perses. Celui du roi était orné d'un ruban bleu et blanc. On écrit aussi *citaris*.

CIDARITE, subst. fém. (*cidarite*), t. d'hist. nat., genre établi aux dépens des oursins.

CIDAROLLE, subst. fém. (*cidarole*), t. d'hist. nat., genre de coquilles établi aux dépens des polythalames.

CIDRAILLÉ, part. pass. de *cidrailler*.

CIDRAILLER, v. act. (*cidra-ié*), boire souvent et long-temps du *cidre*. Vieux mot hors d'usage.

CIDRE, subst. mas. (cidre) (de σικερα, liqueur enivrante, qu'on croit dérivé de l'hébreu *shacar*, s'enivrer. *Mézerai* le fait dériver du latin *citreus*, citron, par rapport à la couleur du *cidre*; c'est peut-être à cause de cette ancienne étym. qu'on dit à tort, dans certains pays, *du citre*), boisson faite de jus de pommes pressurées.

CIE, abréviation du mot *compagnie*: *monsieur un tel et c^e*, monsieur un tel et *compagnie*, c'est-à-dire: *et ses associés*.

CIE, subst. fém. (*ci*) gomme de la Chine.

CIÉCA, subst. fém. (*ciéka*), t. de bot., genre établi aux dépens du crelon.

CIÉCÉE-ÊTE, subst. mas. (*ci-écé-ête*), t. d'hist. nat., crustacé des rivières salées de l'Amérique. On en fait usage au Brésil pour guérir une maladie nommée *mia*.

CIEL, subst. mas., au plur. **CIEUX** (en parlant d'un tableau, d'un lit, d'une carrière, on dit au plur. *ciels*, et non pas *cieux*. Les voyageurs disent de même *nous perdîmes de vue ces beaux ciels*.) (*ciéle, cieu*) (en latin *cœlum*, dont la signification est la même, et qui est pris du grec κοιλον, dérivé de κοιλος, creux, concave, parce que le *ciel* paraît aux yeux comme une grande voûte, une immense concavité). L'espace indéfini qui contient les astres; la partie de ce même espace que nous voyons au-dessus de nous: *le ciel est étoilé; une noire tempête déroba le ciel à nos yeux; l'immensité des cieux; on ne voyait plus que le ciel et l'eau*, etc. — Dans l'astron. anc., un *orbe* ou une région circulaire du *ciel éthéré*. On en a compté jusqu'à douze: sept pour les sept planètes; le *firmament* pour les étoiles fixes, d'où l'expression proverbiale, *être ravi jusqu'au hui-*

tième ciel, jusqu'aux étoiles, éprouver une grande joie; le *premier mobile*, qui donnait le branle à tous les autres; les *deux crystallins*; et enfin le *ciel empyrée*, où Dieu résidait. — Fig. et fam., *élever quelqu'un jusqu'au ciel*, le louer excessivement. — *La voûte du ciel*, le ciel. —*Ces deux choses sont éloignées comme le ciel et la terre*, il y a une grande différence entre ces deux choses. — *Remuer ciel et terre pour.....*, employer tous les moyens possibles pour..... — Prov., *si le ciel tombait, il y aurait bien des alouettes prises*, réponse ironique à une supposition absurde.—L'air: *le ciel est serein, clair, obscur; la rosée, les oiseaux du ciel.* — *Couleur bleu de ciel*, couleur d'un bleu tendre. — Fig., en t. de l'Écriture, *un ciel, des cieux d'airain*, une température sèche et aride. — Il se dit aussi pour : *astres : les influences du ciel.* —Climat, pays : *un ciel tempéré; le ciel de l'Italie; changer de ciel*, etc.—Le séjour des bienheureux : *le bonheur, le chemin du ciel; le royaume des cieux.* — PARADIS, CIEL. (*Syn.*) On emploie figurément ces deux termes dans le style religieux, pour désigner le lieu où les justes se réunissent à Dieu dans l'autre vie. Le *ciel* est le séjour propre de la gloire; le *paradis*, celui de la béatitude. Le *ciel* est le tabernacle, le temple, le trône de la Divinité : là les saints voient Dieu face à face, le contemplent, l'adorent et le glorifient; le *paradis* est l'héritage, la patrie, la cité des bienheureux : là, Dieu verse sur les élus des torrents intarissables de biens, de plaisirs, de voluptés, de délices ineffables. C'est Dieu qui fait le *ciel*; c'est le bonheur céleste qui fait le *paradis*; le *paradis* est dans le *ciel*. Il faut combattre pour gagner le *ciel*, la couronne de gloire y attend le vainqueur; il faut vivre saintement pour obtenir le *paradis*, la récompense des bonnes œuvres y est toute préparée. —Fig., *voir les cieux ouverts*, éprouver une joie très-vive. — Félicité suprême : *une telle union, c'est le ciel.*— Dieu lui-même : *le courroux du ciel; ciel irrité; grace au ciel; le ciel l'a voulu; ciel! ô ciel! ô juste ciel!* dans ce dernier sens, on emploie aussi le pluriel en poésie.—*Les mariages sont faits au ciel*, ils sont l'effet de la volonté de Dieu : *cela était écrit au ciel*, Dieu avait résolu cela : *la destinée des hommes est écrite au ciel*, est fixée par Dieu. — Anciennement, le dais sous lequel on portait le Saint-Sacrement : *porter le ciel.* On ne dit plus aujourd'hui que *porter le dais.* — On appelle *ciel d'un lit* la partie supérieure d'un lit. — *Ciel de carrière*, le premier banc qui se trouve au-dessous du trou, et qui sert de plafond à une carrière qu'on exploite. — *Travailler à ciel ouvert*, enlever les terres de l'endroit où l'on veut ouvrir une carrière. — En t. de peinture, la partie du tableau qui représente l'air. — Il se dit aussi d'une décoration quelconque imitant *le ciel.*

CIERGE, subst. mas. (*ciéreje*) (du latin *cerius*, pour *cereus*, de cire, dont on a fait ensuite *cerjus*, formé du lat. *cera*, lequel est dérivé du grec κηρος, cire; κηριον, bougie ou chandelle de cire), longue chandelle de cire trouée par le bout inférieur, et à l'usage de l'église. — *Cierge pascal*, celui qu'on allume pendant les fêtes de Pâques.— On dit prov., d'un homme qui est ou qui se tient extrêmement droit, qu'*il est droit comme un cierge.* — T. d'hist. nat., coquillage de mer appelé autrement *onyx.* — En bot., *cierge du Pérou, flambeau du Pérou*, plante originaire du Pérou, où elle croît dans les rochers voisins de la mer. Elle est ainsi nommée à cause de sa ressemblance avec un *cierge.* — En t. d'hydraulique, on appelle *cierges d'eau* plusieurs jets d'eau élevés et perpendiculaires, fournis sur la même ligne par le même tuyau, à la tête d'un canal, d'une cascade, ou d'une autre manière. On les appelle *grilles d'eau* quand ils sont près les uns des autres.

CIERGÉ, E, adj. (*ciéreje*), expression que les marins emploient quelquefois pour indiquer une continuité de mâts tenus très-droits : *la mâture de ce bâtiment est bien ciergée.*

CIERGE-DU-PÉROU ou **FLAMBEAU-DU-PÉROU**, subst. mas. (*ciérejedupérou.*) Voy. CIERGE.

CIERGE-PASCAL, subst. mas. (*ciérejepacekale*), t. d'hist. nat., coquille du genre des cônes. Voy. CIERGE.

CIERGIER, subst. mas. (*ciérejié*), ouvrier qui fait et vend des *cierges.* On dit plutôt *cirier.*

CIERS-LA-LANDE (SAINT-), subst. propre mas. (*ceincièrelalande*), bourg de France, chef-lieu de canton, arrond. de Blaye, dép. de la Gironde.

CIEUX, subst. mas. plur. Voy. CIEL.

CIGALE, subst. fém. (*ciguale*), t. d'hist. nat., insecte de l'ordre des hémiptères, section des homoptères, famille des cicadaires. En parlant du cri de la *cigale*, on dit qu'*elle claquette* ou *frissonne.* — Myth. Cet insecte, qui était consacré à Apollon, était le symbole des mauvais poètes, comme le cygne était celui des bons. — En t. de mar., organeau d'une ancre ou d'un grappin.

CIGALÉ, part. pass. de *cigaler.*

• **CIGALER**, v. neut. (*ciguale*), chanter comme la *cigale.* Ce verbe est tout-à-fait inusité; il ne se trouve que dans *Boiste* et dans *Raymond*, le copiste.

CIGARRE, et non pas **CIGARE**, comme l'écrit l'*Académie*, subst. mas. (*ciguare*) (en espagnol *cigarro*), petit rouleau fait avec une feuille de tabac, et que l'on fume. Quelques personnes disent *une cigare* : c'est un double solécisme, le mot espagnol d'où il dérive étant masculin et écrit par deux *r.* — Tabac à fumer de l'île de Cuba.

CIGOGNE, subst. fém. (*ciguognie*) (en lat. *ciconia*), t. d'hist. nat., gros oiseau de passage qui a un long bec rouge, et qui fait son nid sur le haut des maisons. C'est un échassier du genre des cultrirostres.— Prov., *conte de, à la cigogne*, conte fabuleux, inventé à plaisir. Hors d'usage.—En parlant du cri de la *cigogne*, on dit qu'elle *craquette.*

CIGOGNEAU, subst. mas. (*cigognió*), petit de la *cigogne.*

CIGUË, subst. fém. (*cigu*), t. de bot., plante vénéneuse de la famille des ombellifères. Elle croît dans les lieux humides, et est célèbre par l'usage qu'on en faisait à Athènes pour faire périr ceux que l'aréopage avait condamnés à mort. — Suc de cette herbe : *les Athéniens firent prendre de la ciguë à Socrate.* — On connaît plusieurs espèces de cette plante.

CIHUATOTOLIN, subst. mas. (*ciuatotolein*), t. d'hist. nat., dindon femelle. *Barbarisme.* (*Raymond.*)

CI-JOINT (*cijoein*), locution abrégée, pour : *ici joint, à cela joint.* On doit écrire *ci-joint copie de votre mémoire*; et *ci-jointe la copie de votre mémoire* : *joint*, précédé de *ci*, et mis avant un nom pris dans un sens vague, s'accorde avec *ceci* sous-entendu : c'est comme s'il y avait *à ceci est joint* copie de ma lettre; mais si l'énonciation est déterminée et précise, comme *la copie*, c'est-à-dire *la copie* que vous connaissez, l'accord a lieu, et l'on dit *ci-jointe la copie*, etc. Si le verbe être se trouve exprimé, il n'y a aucune difficulté, l'accord doit avoir lieu : ainsi écrivez *copie* ou *la copie de votre lettre est ci-jointe.*

CIL, subst. mas. (*cile*, et non pas *ci-ie*, comme le voudrait l'*Académie.* L'étymologie et l'usage s'opposent à cette dernière prononciation) (en latin *cilium*), le poil des paupières. Il se dit ordinairement au plur.—T. de bot., *cils*, poils soyeux et parallèles qui bordent une partie quelconque d'une plante.

CILADIN, subst. mas. (*ciladein*), t. de bot., genre de plantes de la famille des graminées. — T. de médec., excroissance qui se forme à l'anus ou au périnée dans certaines maladies vénériennes.

CILÉNO, subst. propre fém. (*ciléno*), myth., l'une des Pléiades.

CILIAIRE, adj. des deux genres (*cilière*), t. d'anat., qui appartient, qui a rapport aux *cils.* — Il se dit aussi de certains ligaments et de nerfs qui se trouvent dans le globe de l'œil.

CILIAIRE, subst. fém. (*cilière*), t. de bot., genre de plantes de la famille des mousses.

CILICE, subst. mas. (*cilice*) (du lat. *cilicium*, tissu de poil de chèvre, fabriqué originairement en *Cilicie*), tissu de crin, rude et piquant, que l'on porte sur la chair par esprit de pénitence : *se revêtir d'un cilice; porter le cilice.* — Gros drap très-dur. — Matelas de crin.

CILICIE, subst. propre fém. (*cilici*), ancienne province de l'Asie-Mineure.

CILICIEN, subst. et adj. mas.; au fém. **CILICIENNE** (*cilicien*, *ciène*), de la *Cilicie*; qui est de la *Cilicie.*

CILIÉ, E, adj. (*cilié*), bien garni de cils. — T. de bot., dont les parties sont garnies de *cils.*

CILIÉE, subst. fém. (*cilié*), t. d'hist. nat., poisson d'Amérique du genre des centronotes.

CILIER, subst. mas. (*cilié*), t. d'hist. nat., poisson du genre chétodon.

CILINDRE, pour **CYLINDRE**, est un barbarisme.

CILIX, subst. propre mas. (*cilikece*), myth., un des fils de Phénix, qui se fixa dans cette partie de l'Asie-Mineure depuis nommée *Cilicie*, de son nom. — Il y en eut un autre, fils d'Agénor.

CILLÆUS, subst. propre mas. (*cilelé-uce*), myth., surnom d'Apollon, pris de *Cilla*, ville de Béotie, où il avait un temple célèbre.

CILLÉ, E, part. pass. de *ciller.*

CILLEMENT, subst. mas. (*cileman*), action de *ciller* les yeux, les paupières.

CILLER, v. act. (*cilé*) (suivant *Nicot*, de l'ancien verbe latin *cillere*, qui, au rapport de *Servius*, signifie *mouvoir*), fermer les yeux, les paupières, et les rouvrir dans l'instant. — Il est aussi neut. : *personne n'ose ciller devant lui*, n'ose remuer.— *se* CILLER, v. pron. Il se dit des chevaux quand ils commencent à avoir quelques poils blancs de vieillesse aux paupières, au-dessus des yeux. — En t. de vieille faucon., coudre les paupières de l'oiseau, afin que, ne voyant point, il ne s'abatte pas.

CILLIBANTE, subst. mas. (*cilelibante*), t. d'hist. anc., sorte de machine de guerre.

CILLO, subst. mas. (*cilelo*), t. de médec., celui dont la paupière supérieure est affectée de tremblement.

CILLOSE, subst. fém. (*ciloze*), t. de médec., tremblement chronique de la paupière supérieure.

CILLUS, subst. propre mas. (*cileluce*), myth., cocher de Pélops, qui lui était si cher, qu'après sa mort il bâtit une ville qu'il appela Cilla, du nom de ce cocher. Voy. CILLÆUS.

CIMAISE ne s'écrit pas pour **CYMAISE.** L'*Académie* a tort de nomenclaturer le premier.

CIMARE, pour **SIMARRE**, est un barbarisme de *Raymond.*

CIMBALAIRE, voy. **CYMBALAIRE**, seule orthographe qui puisse être admise.

CIMBALÉE. Barbarisme de *Raymond.* Voy. CYMBALÉE.

CIMBEX, subst. mas. (*ceinbèkece*), t. d'hist. nat., insecte de l'ordre des hyménoptères.

CIMBRE, subst. mas. (*ceinbre*), t. d'hist. nat., poisson qui habite les mers du nord.

CIMBRE, subst. des deux genres (*ceinbre*), t. d'hist. anc., anciens peuples d'Allemagne. Les Grecs ont souvent confondu les *Cimbres* avec les *Cimmériens.*

CIMBRIQUE, adj. des deux genres (*ceinbrike*), qui appartient aux *Cimbres.*

CIME, d'après l'usage universel; mais on devrait écrire **CYME**, subst. fém. (*cime*) (du lat. *cyma*, beaucoup plus usité que *cima*, et qui s'est dit particulièrement de l'extrémité de la tige, de la pointe la plus tendre des herbes, et ensuite de toutes sortes de *sommités*), le sommet, la partie la plus haute d'une montagne, d'un rocher, d'un arbre, etc. Voy. SOMMET. — En langage poétique, on appelle *le Parnasse : la double cime.*—En t. de bot., certaine disposition des fleurs. Dans ce dernier cas, l'*Académie* permet d'écrire *cime* ou *cyme.* Pardon, messieurs de l'*Académie*; mais cette dernière orthographe vous trahit; elle vient ici vous accuser d'avoir eu tort de repousser le bienfait de l'étymologie, auquel cependant vous êtes trop souvent obligés de rendre graces. D'ailleurs, pourquoi tolérer *cyme* en bot., et n'admettre que *cime* dans le langage usuel? Ce mot n'a été transporté dans notre langue, bien certainement, que du sens propre au sens figuré, et le véritable sens propre est le terme de botanique.

CIMÉLIARCHIE, subst. fém. (*ciméliarchi*) (du grec κειμηλιον, trésor, et αρχη, commandement), fonctions du *ciméliarque.* Hors d'usage.

CIMÉLIARCHIQUE, adj. des deux genres (*ciméliarchike*), qui concerne le *ciméliarque.* Hors d'usage.

CIMÉLIARQUE, subst. mas. (*ciméliarke*), ancien t. d'église, sacristain. Hors d'usage.

CIMENT, subst. mas. (*ciman*) (du latin *cæmentum*, fait, avec la même acception, du verbe *cædere*, dans le sens de casser, rompre, parce que c'est avec des pierres brisées et broyées que se fait le *ciment*), brique ou tuile battue et pilée, qui, mêlée avec la chaux, forme une espèce de mortier propre à lier et faire tenir ensemble des pierres, des briques, etc. Les verriers, les faïenciers, les orfèvres, etc., ont des *ciments* qui leur sont propres. — Au figuré, lien d'amitié, etc. En ce sens il est peu usité. — Fig., *à chaux et à ciment*, très-solidement, irrévocablement.

CIMENTE, subst. fém. (*cimante*), terre qui est propre à faire du *ciment.* Peu en usage.

CIMENTÉ, E, part. pass. de *cimenter.*

CIMENTER, v. act. (*cimenté*) (voy. CIMENT pour l'étymologie), joindre, lier, faire tenir ensemble par le moyen du *ciment*, en parlant d'un ouvrage de maçonnerie. — Au fig., confirmer, affermir : *cimenter une alliance; les amitiés les mieux cimentées s'altèrent quelquefois.* — *se* CIMENTER, v. pron.

CIMENTIER, subst. mas. (*cimantié*), artisan qui bat et fait le *ciment.* Presque inusité.

CIMETERRE, subst. mas. (*cimetère*) (suivant *Ménage*, fait du turc et du persan *chimchir*, dont la signification est la même), large sabre recourbé qui ne tranche que d'un côté : *être armé d'un cimeterre.*

CIMETIÈRE (on a dit autrefois *cemetière*), subst. mas. (*cimetière*) (en latin *cœmeterium*, pris, avec la même signification, du grec κοιμητηριον, dortoir, dérivé de κοιμαω, je dors), lieu clos et découvert destiné à enterrer les morts. — Fig. : *ce pays est le cimetière des étrangers*, les étrangers n'y vivent pas long-temps; l'air du pays est mortel pour eux.

CIMETTE, subst. fém. (*cimète*), t. de jardinier, rejeton du chou. Barbarisme de *Raymond.*

CIMEUSE, adj. fém. Voy. CIMEUX.

CIMEUX, adj. mas., au fém. CIMEUSE (*cimeu, meuze*), t. de bot., disposé en *cime*, ou : qui porte des parties ainsi disposées : *plante cimeuse; fleur cimeuse.*

CIMEX, subst. mas. (*cimèkece*), t. d'hist. nat., genre d'insectes de l'ordre des hémiptères. — Punaise.

CIMICAIRE, subst. fém. (*cimikère*), t. de bot., plante de la famille des renonculacées.

CIMICIDES, subst. fém. plur. (*cimicide*), t. d'hist. nat., famille d'insectes de l'ordre des hémiptères.

CIMIER (si l'on adoptait l'orthographe de *cyme*, il faudrait écrire *cymier*), subst. mas. (*cimié*) (du lat. *cima*, cime), ornement formant la partie supérieure d'un casque. — En t. de blas., figure d'un animal, etc., au-dessus du timbre. — En t. de boucherie, la chair qui est sur la croupe du bœuf et que l'on coupe en rond. — En t. de vén., la croupe des bêtes fauves.

CIMIFUGA, subst. fém. (*cimifugua*) (en latin *cimifuga*, qui chasse les punaises), t. de bot., plante de la famille des renonculacées.

CIMMÉRIEN, adj. mas. ; au fém. CIMMÉRIENNE (*cimemériein, riène*), le même que *cimmérique.* Voy. ce mot.

CIMMÉRIENS, subst. propre mas. plur. (*cimemériein*), myth., peuples d'Italie aux environs de Baies. C'est chez eux que les poëtes plaçaient l'antre par lequel on pouvait descendre aux enfers. — Il y avait, vers le Bosphore, d'autres *Cimmériens* chez qui, selon Ovide, était le palais du Sommeil.

CIMMÉRIQUE, adj. des deux genres (*cimemérike*), se dit des ténèbres profondes, perpétuelles, par allusion aux sombres habitations des *Cimmériens.* Inusité.

CIMMÉRIS, subst. propre fém. (*cimemérice*), myth., surnom de Cybèle.

CIMOLÉE, adj. et non pas subst. fém. (*cimolé*), se dit du dépôt qui se trouve sur les meules à aiguiser : *matière cimolée.*

CIMOLIE ou **CIMOLITHE**, subst. fém. (*cimoli, cimolite*), terre bolaire trouvée dans une île de l'Archipel nommée autrefois *Cimolis*, et aujourd'hui *Argentière.*

CIMOLITHE, ou **PIERRE CIMOLÉE**, subst. fém. Voy. CIMOLIE.

CIMOSSE, subst. fém. (*cimoce*), lisière d'un taffetas de Gênes.

CINABRE, subst. mas. (*cinabre*) (en grec κιννάβαρι, que plusieurs autres ont fait de κιναβρα, mauvaise odeur), minéral rouge qui résulte d'une combinaison de soufre et de mercure : *cinabre naturel; cinabre artificiel.*

CINANCHINE, subst. fém. (*cinanchine*), t. de bot., plante du genre des aspérules; herbe bonne contre l'esquinancie.

CINARADAS, subst. propre mas. (*cinaradâce*), myth., grand sacrificateur de la Vénus de Paphos.

CINARE ou **CINYRAS**, myth., le même que *Cinyre.* Voy. ce mot.

CINAROCÉPHALE, subst. fém. (*cinarocéfale*), t. de bot., famille de plantes dont la fructification est composée de fleurs flosculeuses, tantôt parfaitement hermaphrodites, tantôt femelles plus prononcées parmi les hermaphrodites.

CINAROÏDE, subst. fém. (*cinaro-ide*), t. de bot., arbrisseau très-petit du cap de Bonne-Espérance.

CINCENELLE, subst. fém. (*ceincenèle*), t. de rivière, corde qui sert à remonter les bateaux sur les rivières. — Il se dit aussi, en t. de mar., des longs cordages qui servent à l'artillerie d'un vaisseau. Dans ce dernier sens, on dit aussi *cinquenelle.*

CINCHONINE, subst. fém. (*ceinkonine*), t. de pharm., espèce de quinine, substance extraite du quinquina.

CINCHONIQUE, adj. des deux genres (*ceinkonike*), t. de pharm., qui est relatif à la *cinchonine.*

CINCINALE, subst. fém. (*ceincinale*), t. de bot., genre de fougère établi aux dépens des acrostiques.

CINCLE, subst. fém. (*ceinkle*), t. d'hist. nat., alouette de mer.

CINCLÈSE, subst. fém. (*ceinklèze*) (du grec κιγκλισμος, agitation, mouvement fréquent), t. de médec., mouvement précipité de la poitrine. Ce mot est inus.

CINCLIDA, subst. mas. (*ceinklida*), t. d'hist. nat., petit oiseau d'Amérique.

CINCLIDIE, subst. fém. (*ceinklidi*), t. de bot., genre de plantes de la famille des mousses.

CINCLUS, subst. mas. (*ceinkluce*), t. d'hist. nat., mot latin employé par quelques naturalistes pour désigner différentes espèces d'oiseaux.

CINDRE, subst. mas. (*ceindre*), t. d'arts et mét., instrument de charpentier. Peu connu.

CINE, subst. mas. (*cine*), nom donné autrefois au cygne.

CINÉFACTION, subst. fém. (*cinéfakcion*) (en lat. *cinefactio*, de *cinis*, cendre, et *facio*, je fais), action de réduire en cendres. Il est inusité. Voyez CINÉRATION.

CINÉFIÉ, E, part. pass. de *cinéfier.*

CINÉFIER, v. act. (*cinéfié*), réduire en *cendres.* Il est inus. Il pourrait être utile; car on ne dit pas *cinérer.*

CINÈLE, subst. fém. (*cinèle*). (*Boiste.*) Voy. CINCLE.

CINERAIRE, adj. des deux genres, car il ne se dit pas seulement d'une *urne*, comme le prétend l'*Académie*, mais de tout vase qui peut contenir des cendres de mort (*cinérère*) (du lat. *cinis*, cendre), qui renferme des *cendres* : *urne cinéraire.*

CINÉRAIRE, subst. fém. (*cinérère*), t. de bot., plante de la famille des corymbifères.

CINÉRARIA, subst. fém. (*cineraria*) (du lat. *cinis*, cendre), t. de bot., plante qui croît sur les bords de la Méditerranée, et qui est remarquable par le duvet cendré dont elle est couverte.

CINÉRATION, subst. fém. (*cinerâcion*) (en lat. *cineratio*, formé, dans le même sens, de *cinis*, gén. *cineris*, cendre, et *ago*, je fais), réduction du bois ou des autres corps combustibles en *cendres* par la violence du feu. Ce mot n'est en usage que parmi les savants. — On trouve aussi *cinéfaction* dans quelques *Dictionnaires.*

CINÉRIFORME, adj. des deux genres (*cinériforme*), qui a l'aspect, la consistance de la cendre.

CINÈTE, subst. fém. (*cinète*), t. d'hist. nat., genre d'insectes de l'ordre des hyménoptères.

CINETHMIQUE, subst. fém. (*cinètemike*) (en grec κινηθμος, mouvement, dérivé de κινεω, je meus), t. didactique, la science du mouvement en général.

CINGLAGE, subst. mas. (*ceinguelaje*), t. de mar., le chemin qu'un vaisseau peut faire en vingt-quatre heures. On dit plus souvent *sillage* aujourd'hui.

CINGLÉ, E, part. pass. de *cingler.*

CINGLE, subst. mas. (*ceinguele*), t. d'hist. nat., poisson d'eau douce du genre des perches et des diptérodons.

CINGLEAU, subst. mas. (*ceingueló*), t. d'archit., cordeau qui sert pour trouver et décrire la diminution des colonnes.

CINGLEMENT, subst. mas. (*ceingueleman*), action de *cingler*, dans toutes les acceptions du verbe.

CINGLER, v. neut. (*ceinguelé*) (suivant *Ménage*, d'après *Wachter*, de l'allemand *segelen*, ou plutôt *segeln*, naviguer, fait de *segel*, voile), t. de mar., naviguer à pleines voiles. — V. act. (du lat. *cingulum*, ceinture, parce que le fouet, la houssine, etc., servent alors comme de ceinture au visage, etc.), frapper avec quelque chose de délié et de pliant : *cingler le visage d'un coup de fouet, d'une houssine.* — On dit d'un vent froid et perçant qu'*il cingle le visage*, ou simplement qu'*il cingle.* On le dit aussi, dans le même sens, de la grêle, de la neige, de la pluie. — Dans l'archit., etc. : 1° tracer des lignes avec un cordeau tendu, et qu'on a blanchi ou noirci auparavant; 2° prendre avec un cordeau le contour d'une voûte, le développement des marches d'un escalier, etc. Voy. CINGLEAU. — *se* CINGLER, v. pron.

CINGULATA, subst. fém. (*ceingulata*), t. d'hist. nat., famille de mammifères, qui correspond au genre *tatou.*

CINGULUM, subst. mas. (*ceingulome*), t. de bot., mot latin par lequel on désigne quelquefois le *baudrier.*

CINIA, **CINXIA** ou **CINCTA**, subst. propre fém. lat. (*cinia, ceinkcia, ceinkta*), myth., surnom de Junon, pris de la cérémonie religieuse dans laquelle on ôtait la ceinture à la nouvelle mariée le jour des noces.

CINIPHE, subst. mas. (*cinife*), t. d'hist. nat., sorte d'insecte ailé.

CINNA, subst. mas. (*cinena*), t. de bot., plante graminée du Canada, dont la panicule imite celle du roseau.

CINNAMOME, subst. mas. (*cinenamome*) (du grec κινναμωμον), sorte d'aromate en usage parmi les anciens, et qu'on croit être la cannelle.

CINOSARCE, subst. mas. (*cinozarce*), t. d'hist. anc., école de philosophie à Athènes.

CINQ, adj. numéral des deux genres (lorsque *cinq* est immédiatement suivi d'un substantif commençant par une consonne, *q* ne se fait point sentir : *cinq cavaliers* (*ceinkavalié*); mais on le prononce dans tous les autres cas (en latin *quinque*), nombre impair entre quatre et six. — Il remplace quelquefois *cinquième* : *livre cinq; chapitre cinq; Charles cinq*, etc. — On l'emploie en outre subst. au mas. : *quarante est le produit de cinq multiplié par huit; le nombre cinq; le numéro cinq; le chiffre cinq; un cinq, deux cinq; le cinq de tel mois*, ou seulement *le cinq.* — Subst. encore, au jeu, carte qui porte cinq marques : *un cinq de cœur, de pique*, etc.; le côté du dé marqué de *cinq* points : *amener cinq.*

CINQ-CENTS, subst. mas. plur. (*ceinçan*), conseil qui, réuni à celui des anciens, formait le corps législatif sous la constitution de l'an *III.*

CINQ-EPINES, subst. mas. (*ceinképine*), t. d'hist. nat., poisson du genre labre.

CINQ-LIGNES, subst. mas. (*cein-lignie*), t. d'hist. nat., poisson du genre des perches.

CINQ-PARTS, subst. mas. (*ceinpar*), t. de bot., champignon à lobes.

CINQ-TACHES, subst. mas. (*ceintache*), t. d'hist. nat., sorte de poisson.

CINQUAIN, subst. mas. (*ceinkein*), anc. t. de guerre, ordre de bataille de *cinq* bataillons.

CINQUANTAINE, subst. fém. (*ceinkantène*), nombre de *cinquante* ou à peu près : *une cinquantaine d'écus, de fois*, etc. — *La cinquantaine, cinquante ans* accomplis : *avoir la cinquantaine.* — *Célébrer la cinquantaine*, renouveler la cérémonie des noces, de la prêtrise, etc., après cinquante ans de mariage, d'ordination, etc.

CINQUANTE, adj. numéral des deux genres (*ceinkante*), cinq fois dix : *cinquante fois; cinquante francs*, etc. — Quelquefois il remplace *cinquantième* : *article, page*, etc. *cinquante.* — On l'emploie aussi subst. au mas. : *le nombre, le numéro cinquante; cinquante multiplié par...*

CINQUANTENIER, subst. mas. (*ceinkantenié*), celui qui commande *cinquante* hommes. Il s'est dit autrefois en parlant de la milice et de la police de certaines villes.

CINQUANTIÈME, adj. numéral des deux genres (*ceinkantième*), nombre ordinal de *cinquante* : *le cinquantième chapitre, l'article cinquantième.* — On dit subst. : *il a un cinquantième d'intérêt dans cette entreprise; il est le cinquantième de la file*, la *cinquantième*, etc.

CINQUENELLE, subst. fém. (*ceinkenèle*). Voy. CINCENELLE.

CINQUIÈME, adj. de nombre ordinal et des deux genres (*ceinkième*); il a rapport à *cinq* : *la cinquième fois; le cinquième étage.* — Subst. mas., la *cinquième* partie d'un tout : *Il a donné un cinquième de son bien.* — On dit absolument, *la cinquième*, pour désigner *la cinquième* classe d'un collège : *Cet écolier est en cinquième.* — On dit aussi d'un écolier qui étudie dans la *cinquième* classe, que *c'est un cinquième.*

CINQUIÈMEMENT (*ceinkièmeman*), adv., en *cinquième* lieu.

CINQUIN, subst. mas. (*ceinkein*) en italien *cinquino*), t. de monnaie, le quart du carlin, la quarantième partie du ducat *del regno*, à Naples; environ dix centimes.

CINTEGABELLE, subst. propre fém. (*ceintegabele*), ville de France. chef-lieu de canton, arrond. de Muret, dép. de la Haute-Garonne.

CINTRAGE, subst. mas. (*ceintraje*), t. de mar., appareil de cordage qui lie un vaisseau que l'on a *cintré*. Ce mot manque dans l'*Académie*.

CINTRE, subst. mas. (*ceintre*) (du latin *cinctura*, ceinture, entourage, formé du grec κεντρον, pointe), forme qu'on donne à une voûte ou à une arcade. — Arcade de bois sur laquelle on bâtit une voûte, un arc, et qui en soutient les pierres, en attendant que les clefs y soient mises pour les fermer. — Au théâtre, la galerie ou les loges les plus élevées, qui sont immédiatement sous le plafond de la salle.

CINTRÉ, E, part. pass. de *cintrer*, et adj., t. de blas.; il se dit du globe impérial, entouré d'un cercle ou d'un demi-cercle en forme de *cintre*.

CINTRER, v. act. (*ceintré*), faire un *cintre*; bâtir en *cintre* : *cintrer une porte*. — En t. de mar., *cintrer un vaisseau*, l'entourer de plusieurs tours de câbles ou grelins, afin de le lier lorsqu'on craint qu'il ne s'entr'ouvre. On *cintre un bâtiment*, lorsque des bordages ou leurs écarts ont largué en passant par-dessous la carène. — En t. de charpentier, établir la charpente sur laquelle on doit bâtir une voûte.

CINXIE, subst. propre fém. (*ceinkci*), myth., divinité romaine qui présidait aux noces.

CINYRA, subst. fém. (*cinira*), nom d'une lyre ancienne, à laquelle *Cinyre*, roi de Chypre, avait donné son nom.

CINYRADES, subst. mas. plur. (*cinirade*), descendants de *Cinyre*, ancien roi de Chypre.

CINYRE, subst. propre mas. (*cinire*), myth., fils de Cilix, roi de Chypre. Il fut fort aimé de sa fille Myrrha, avec laquelle il eut commerce sans la connaître, et en eut Adonis. — Voy. MYRRHA. — Cinyre avait été prêtre de Vénus, et il eut cinquante filles, que Jupiter changea en alcyons.

CINZILLA, subst. fém. (*ceinzilela*), t. de médec., dartre qui ronge les chairs. Hors d'usage.

CIOCOQUE, subst. fém. (*ciokoke*), t. de bot. plante de la famille des rubiacées.

CION, subst. mas. (*cion*), t. d'anat., corps solide suspendu au palais entre les amygdales; état de la luette enflée. — Excroissance caronculeuse dans les parties naturelles de la femme.

CIONE, subst. mas. (*cione*), t. d'hist. nat., insecte de l'ordre des coléoptères.

CIONES, subst. fém. plur. (*cione*) (du grec κιονιον, petite colonne), idoles de l'ancienne Grèce qui ne consistaient qu'en pierres oblongues, en forme de colonne.

CIONIS, subst. fém. (*cionice*) (du grec κιονις, luette du gosier), t. de médec. Voy. CION, qui est le même mot et plus en usage.

CIOTAT (LA), subst. propre fém. (*laciota*), ville maritime de France, chef-lieu de canton, arrond. de Marseille, dép. des Bouches-du-Rhône.

CIOTAT, et non pas **CIOUTAT**, comme le dit l'*Académie*; car *cioutat* n'est que le mot patois, subst. mas. (*ciota*) (de la ville de la *Ciotat*, en Provence), sorte de raisin blanc, de chasselas de table, remarquable par les feuilles palmées et laciniées du cep qui le produit.

CIPAYE, subst. mas. (*cipé*) (du persan *sepahy*, soldat), soldat indien, soldé par la compagnie des Indes orientales.

CIPIPA, subst. mas. (*cipipa*), fécule que l'on obtient de la racine du manioc.

CIPO-CUNANAM, subst. mas. (*cipokunaname*), t. de bot., espèce de plante de la famille des euphorbiacées.

CIPOLLIN, **CIPOLIN**, **CIPOLINI**, subst. et adj. mas. (*cipolein, cipolini*) (de l'italien *cippoline*, ciboules), t. d'hist. nat., marbre rayé par grandes bandes de vert et de gris bleuâtre : *cipolin antique; cipolin du Dauphiné*. Il est aussi adj. : du *marbre cipolin*.

CIPONE, subst. mas. (*cipone*), t. de bot., arbre de la Guiane.

CIPORÈME, subst. fém. (*ciporème*), t. de bot., arbre du Brésil. — Espèce d'ail.

CIPPE, subst. mas. (*cipe*) (en lat. *cippus*), t. d'archit., demi-colonne sans chapiteau; colonne tronquée. — Chez les anciens, instrument de bois pour tourmenter les coupables et les esclaves. C'était une espèce d'entraves ou de ceps qu'on leur mettait aux jambes.

CIPRIER, subst. mas. (*ciprié*), t. de bot., palmier du Sénégal.

CIPURE, subst. fém. (*cipure*), t. de bot., plante qui croît dans les savanes humides de la Guiane. Elle est de la famille des iridées.

CIQUE, subst. fém. (*cike*), t. de bot., genre de plante.

CIRAGE, subst. mas. (*ciraje*), action de *cirer*, ou l'effet de cette action. — Composition de *cire*, de suif, de noir de fumée et d'autres ingrédients qu'on fait ébullir pour *cirer* les bottes, les gros souliers, etc., toute composition enfin qui sert à faire luire la chaussure d'un beau noir. — Il se dit aussi pour *cirure* ou *cire* fondue, appliquée sur le cuir. — Peinture en camaïeu, tirant sur la couleur de *cire* jaune. — Il se dit encore de la cire mise sur les parquets.

CIRCAÈTE, subst. mas. (*cirka-ète*), t. d'hist. nat., oiseau de la famille des accipitrins.

CIRCASSIE, subst. propre fém. (*cirkaci*), contrée de la Russie d'Europe.

CIRCASSIEN, adj. et subst. mas., au fém. **CIRCASSIENNE** (*cirkacicin, ciène*), qui est de la *Circassie*.

CIRCASSIENNE, subst. fém. (*cirkaciène*), étoffe légère, tissue de coton et de laine. — Voy. CIRCASSIEN.

CIRCATEUR, subst. mas. (*cirkateur*), anciennement, inspecteur dans les couvents. Inusité.

CIRCÉ, subst. propre fém. (*circé*), myth., fameuse magicienne, fille du Jour et de la Nuit, ou, selon d'autres, du Soleil et de la nymphe Persa. Elle fut chassée de son pays pour avoir empoisonné son mari, le roi des Sarmates, et alla habiter l'île d'*Ææa*; quelques-uns disent un promontoire de la Campanie, appelé depuis de son nom *Circæum*, où elle changea Scylla en monstre marin, parce que Glaucus lui avait préféré cette nymphe. Elle reçut Ulysse dans son île, et, pour le retenir, changea ses compagnons en loups, en ours et en autres bêtes sauvages, au moyen d'une certaine liqueur qu'elle leur fit boire, et dont Ulysse refusa de goûter. On dit cependant qu'il en but, mais que Minerve lui fit connaître une racine qui lui servit de contre-poison.

CIRCÉE ou **HERBE DE SAINT-ÉTIENNE**, subst. fém. (*circé*), t. de bot., plante qu'on appelle aussi *herbe des magiciens*, ou *herbe enchanteresse*, parce qu'elle s'attache fortement aux habits, au point d'arrêter les hommes, de même que la *Circé* de la fable les attirait par ses enchantements.

CIRCENSES, subst. mas. plur. (*circeincèce*), mot latin sous lequel on comprenait tous les jeux du *cirque*. — Grands jeux du *cirque* qui duraient cinq jours. — Nom de ceux qui figuraient dans ces jeux.

CIRCINAL, E, adj.; au plur. mas. **CIRCINAUX** (*circinal*), t. de bot., roulé, recoquillé.

CIRCINAUX, adj. mas. plur. (*circinô*). Voy. CIRCINAL.

CIRCINÉ, E, adj. (*circiné*) (du grec κιρκος, cercle, anneau), t. de bot., le même que *circinal*.

CIRCIO, subst. mas. (*circio*), t. d'hist. nat., oiseau des Indes, auquel on apprend à parler comme au perroquet.

CIRCIUS, subst. propre mas. (*circiuce*), myth., nom d'un vent impétueux.

CIRCOMPOLAIRE, adj. des deux genres (*cirkonpolère*) (du lat. *circum*, autour, et *polus*, pôle), t. d'astr., qui environne les *pôles* terrestres et célestes. Il se dit des constellations et des étoiles qui sont visibles à l'œil nu au moyen d'instruments d'optique. Par rapport à l'Europe, *la petite Ourse est une constellation circompolaire*.

CIRCONCELLIONS ou **SCOTOPITES**, subst. mas. plur., t. d'hist. eccl. (*cirkoncèlelion, cekotopite*), sectaires chrétiens du sixième siècle : ils erraient de côté et d'autre pour étendre leur doctrine.

DU VERBE IRRÉGULIER CIRCONCIRE :

Circoncîmes, 1re pers. plur. prét. déf.
Circoncira, 3e pers. sing. fut. indic.
Circoncirai, 1re pers. sing. fut. indic.
Circonciraient, 3e pers. plur. prés. cond.
Circoncirais, précédé de *je*, 1re pers. sing. prés. cond.
Circoncirais, précédé de *tu*, 2e pers. sing. prés. cond.
Circoncirait, 3e pers. sing. prés. cond.
Circonciras, 2e pers. sing. fut. indic.

CIRCONCIRE, v. act. (*cirkoncire*) (du lat. *circumcidere*, fait, dans la même signification, de *circum*, autour, et *cædere*, couper, trancher), couper la peau du prépuce. — Fig., retrancher tout autour.

DU VERBE IRRÉGULIER CIRCONCIRE :

Circoncirent, 3e pers. plur. prét. déf.
Circoncirez, 2e pers. plur. fut. indic.
Circonciriez, 2e pers. plur. prés. cond.
Circoncirions, 1re pers. plur. prés. cond.
Circoncirons, 1re pers. plur. fut. abs.
Circonciront, 3e pers. plur. fut. abs.
Circoncis, 2e pers. sing. impér.
Circoncis, précédé de *je*, 1re pers. sing. prés. indic.
Circoncis, précédé de *tu*, 2e pers. sing. prés. indic.
Circoncis, précédé de *je*, 1re pers. sing. prét. déf.
Circoncis, précédé de *tu*, 2e pers. sing. prét. déf.

CIRCONCIS, E, subst. (*cirkonci, cize*), juif ou mahométan qui a le prépuce coupé. — Nous donnons un fém. à ce mot, parce que la *circoncision* s'opérait même sur les femmes. Voy. CIRCONCISION.

CIRCONCIS, E, part. pass. de *circoncire*, et adj.

DU VERBE IRRÉGULIER CIRCONCIRE :

Circoncisaient, 3e pers. plur. imparf. indic.
Circoncisais, précédé de *je*, 1re pers. sing. imparf. indic.
Circoncisais, précédé de *tu*, 2e pers. sing. imparf. indic.
Circoncisait, 3e pers. sing. imparf. indic.
Circoncisant, part. prés.
Circoncise, précédé de *que je*, 1re pers. sing. prés. subj.
Circoncise, précédé de *qu'il* ou *qu'elle*, 3e pers. sing. prés. subj.
Circoncisent, précédé de *ils* ou *elles*, 3e pers. plur. prés. indic.
Circoncisent, précédé de *qu'ils* ou *qu'elles*, 3e pers. plur. prés. subj.
Circoncises, 2e pers. sing. prés. subj.

CIRCONCISEUR, subst. mas. (*cirkoncizeur*), celui qui *circoncit*. On devrait aussi dire au fém. *circonciseuse*, car il y avait des femmes qui pratiquaient cette opération sur les enfants des juifs et des mahométans.

DU VERBE IRRÉGULIER CIRCONCIRE :

Circoncisez, 2e pers. plur. impér.
Circoncisez, précédé de *vous*, 2e pers. plur. imparf. indic.
Circoncisiez, précédé de *vous*, 2e pers. plur. imparf. indic.
Circoncisiez, précédé de *que vous*, 2e pers. plur. prés. subj.

CIRCONCISION, subst. fém. (*cirkoncizion*), action de *circoncire*. Cette opération, d'après le rapport des auteurs, et de *Strabon* en particulier, se pratiquait même sur les femmes. On leur coupait un morceau des parties naturelles qu'on appelle nymphes. — Le père est obligé, chez les juifs, de faire *circoncire* son fils au huitième jour : on ne le peut faire avant ce temps-là; mais si l'enfant est faible ou infirme, on peut différer jusqu'à ce qu'il se porte bien. Il y a un parrain pour tenir l'enfant pendant qu'on le *circoncit*, et une marraine qui le porte de la maison à la synagogue, et qui le rapporte. Celui qui *circoncit* s'appelle en hébreu *mohel*, et on choisit indifféremment qui l'on veut pour cela. Il suffit qu'on soit capable de cette fonction, qui est un titre d'un grand mérite parmi les juifs. Le père peut *circoncire* son propre fils. Voici de quelle manière cette cérémonie se fait, comme le rapporte Léon de Modène. On tient prêts dès le matin dans la synagogue, ou même dans la maison, si l'on veut y faire la cérémonie, deux sièges avec des coussins de luxe. L'un des sièges est pour le parrain qui tient l'enfant, et l'autre est mis là, à ce que disent quelques-uns, pour le prophète Élie, qui, dans leur croyance, assiste invisiblement à toutes les *circoncisions*. Celui qui *circoncit* apporte un plat dans lequel sont les instruments et les choses nécessaires, comme le rasoir, les poudres astringentes, du linge, de la charpie, et de l'huile rosat; il y en a même qui ajoutent une écuelle avec du sable, pour y mettre le prépuce que l'on coupe. On chante quelque cantique, en attendant la marraine, qui apporte l'enfant sur ses bras, et qui est accompagnée d'une troupe de femmes; mais pas une ne passe la porte de la synagogue. Là elle donne l'enfant au parrain, et aussitôt tous les assistants crient : *Baruch haba!* c'est-à-dire : *Sois le bien venu*. Le parrain s'assied sur son siège, et ajuste l'enfant sur ses genoux; puis celui qui *circoncit* développe les langes. Il y en a qui se servent d'une pincette d'argent pour prendre du prépuce ce qu'ils en veulent couper. Celui qui *circoncit*, prenant le rasoir, dit : *Béni* *soyez-vous, Seigneur, qui nous avez commandé la circoncision*; et en disant cela, il coupe la grosse peau du prépuce; puis, avec les ongles des doigts, il déchire une autre peau plus délicate qui reste; il suce deux ou trois fois le sang qui abonde, et le rend dans une tasse pleine de vin. Ensuite il met sur la coupure du sang-de-dragon, de la poudre de corail, et d'autres choses pour étancher le sang; et il enveloppe le tout de compresses d'huile rosat. Cela fait, il prend une tasse pleine de vin, et après l'avoir bénit, il prononce une autre bénédiction pour l'enfant, en lui imposant le nom que le père souhaite, et il prononce ces paroles du chap. 16 d'Ézéchiel: *Et j'ai dit : Vis en ton sang*, etc. En même temps il lui mouille les lèvres de ce vin dans lequel il a rendu le sang sucé, après quoi on récite le psaume 128 en entier: *Bienheureux tout homme qui craint le Seigneur*. Le parrain rend ensuite l'enfant à la marraine, qui le porte à la maison, et le remet entre les mains de sa mère. Tous ceux qui ont assisté à la cérémonie disent au père en s'en allant: *Puissiez-vous ainsi assister à ses noces!* Voy. *Léon de Modène*, et le livre *de la Synagogue de Buxtorf*. La manière de *circoncire* dont les juifs se servent est différente de celle des Turcs. Ceux-ci après avoir coupé la peau n'y touchent plus, tandis que les juifs déchirent en plusieurs endroits le bord de la peau qui reste après la *circoncision*; et c'est pour cette raison que les juifs *circoncis* guérissent bien plus facilement que les Turcs. On reconnaît parmi les juifs ceux qui se mêlent du métier de *circoncire*, parce qu'ils ont l'ongle du pouce fort grand. Chez les Turcs, on ne *circoncit* pas les enfants aussitôt qu'ils sont nés, et on les consacre seulement par la cérémonie suivante. D'abord on leur met quelques grains de sel dans la bouche, en disant : *Plaise à Dieu que son nom soit toujours aussi savoureux que le sel que j'ai mis à ta bouche, et qu'il t'empêche de goûter les choses de la terre!* Quand ils ont sept ans, un médecin vient les *circoncire* dans la maison du père. La *circoncision* se fait toujours avec une grande cérémonie. Entre les parents et les amis qui y assistent, il y en a un qui sert de parrain à l'enfant, et tous ensemble ils sont régalés d'un superbe festin. Ils ne s'y présentent point sans présents; les hommes donnent des vestes de précieuse étoffe, des chevaux, des armes ou des bijoux, et les femmes quelques gentils ouvrages de leurs mains. — *La* fête de la *Circoncision* de N.-S.—Tableau, estampe qui représente la *Circoncision*. — On dit au fig., et dans le langage de l'Écriture: *la circoncision du cœur, des lèvres*, le retranchement des mauvais désirs, des mauvais discours.

DU VERBE IRRÉGULIER CIRCONCIRE :

Circoncisions, précédé de *nous*, 1re pers. plur. imparf. indic.
Circoncisions, précédé de *que nous*, 1re pers. plur. prés. subj.
Circoncisons, 1re pers. plur. impér.
Circoncisons, précédé de *nous*, 1re pers. plur. prés. indic.
Circoncisse, 1re pers. sing. imparf. subj.

CIRCONCISSE, adj. Vicieux. Voy. CIRCONSCISSE.

DU VERBE IRRÉGULIER CIRCONCIRE :

Circoncissent, 3e pers. plur. imparf. subj.
Circoncisses, 2e pers. sing. imparf. subj.
Circoncissiez, 2e pers. plur. imparf. subj.
Circoncissions, 1re pers. plur. imparf. subj.
Circoncit, précédé de *il* ou *elle*, 3e pers. sing prét. déf.
Circoncit, précédé de *il* ou *elle*, 3e pers. sing. prés. indic.
Circoncît, précédé de *qu'il* ou *qu'elle*, 3e pers. sing. imparf. subj.
Circoncîtes, 2e pers. plur. prét. déf.

CIRCONDUIRE, v. act. (*cirkonduire*), arrondir en parlant d'une période. Quelques personnes se servent de ce mot dans le sens d'*éconduire*; c'est un solécisme. Du reste, *circonduire* est peu usité : nous ne le trouvons que dans *Boiste*, et avec le seul sens que nous présentons.

CIRCONDUIT, E, part. pass. de *circonduire*.

CIRCONFÉRENCE, subst. fém. (*cirkonférance*) (en lat. *circumferentia*, formé de *circum*, environ, autour, et *fero*, je porte ; les racines grecques dites de *périphérie*, περὶ et φέρω, ont la même signification), en géom., la ligne courbe qui renferme un cercle ou un espace circulaire, et qu'on nomme aussi *périphérie*. — Le contour d'une courbe ou d'une figure quelconque, quoiqu'elle ne soit pas absolument ronde : *la circonférence d'un polygone, d'une ville*, etc. — Enceinte : *cette ville a plusieurs palais dans sa circonférence*.— L'*Académie* ajoute à ces différents sens, qu'en médec. il se dit de *la surface extérieure du corps*. Cette nouvelle définition n'ajoute rien à celles qui ont été données. Il aurait fallu exposer tout simplement : qu'on dit en médec., que *le sang circule de la circonférence au centre*, pour exprimer qu'il va des extrémités du corps au cœur. C'était là un exemple à citer, et nullement une nouvelle acception à nous apprendre.

CIRCONFLEXE, adj. des deux genres (*cirkonflèkce*) (en latin *circumflexus*, fait, dans le même sens, de *circumflectere*, fléchir); il se dit, en t. de gramm., de celui des trois accents qui rend la syllabe longue; ou, mieux encore, qui avertit qu'une ou plusieurs lettres *ont été* retranchées de l'orthographe du mot. Il a la figure d'un *v* renversé (^). L'*Académie* dit que bien des personnes écrivent *gaîté, dévoûment*, etc., pour *gaieté, dévouement*, etc. Nous lui demanderons pourquoi cela est ainsi, et si cela doit être ainsi? Eh quoi! toujours deux orthographes pour un même mot! Que nous, qui sommes en tutelle, nous donnions les deux orthographes de l'*Académie*; nous sommes forcés à cause d'elle, et par cela seul qu'elle les a enregistrées, de les mettre sous les yeux de nos lecteurs. Mais elle, elle, *l'autorité!* devrait-elle tolérer de pareilles bigarrures? Non, et c'est un crime de n'en avoir pas fait raison. Que faire en matière de langues, quand on se trouve ainsi bâillonné? Que faire? Désespérer de pouvoir réussir à produire quelque bien. — On dit aussi d'une lettre qui porte l'accent dont nous parlons : *un â, un ê circonflexe*; et même : *une lettre circonflexe*, en parlant de celles qui sont ou qui peuvent être couronnées de cet accent. Mais on ne dit guère, à propos de l'accent: *un circonflexe*. Nous ne le condamnons pas cependant; nous proclamons seulement que son usage est rare. — On appelle, en grammaire grecque, *verbes circonflexes*, les verbes contractés. Voy. ACCENT.

CIRCONJACENT, E, adj. (*cirkonjaçan, çante*), qui environne : *pays circonjacent*.—Cet adj. est inus.; il faut dire: *pays environnant*.

CIRCONLOCUTION, subst. fém. (*cirkonlokucion*) (du lat. *circumlocutio*, dont la signification est la même, et qui est formé de *circum*, autour, et de *loqui*, parler), périphrase, circuit de paroles prononcées ou écrites, pour désigner une chose qu'on ne veut pas nommer : *la circonlocution sert souvent à l'orateur*.

CIRCONSCISSE, adj. des deux genres (*cirkoncice*) (en lat. *circumscissus*, fait, dans le même acception, de *circumscindere*, composé de *circum*, autour, et de *scindere*, couper, fendre), se dit, en bot., d'un fruit, d'une capsule, qui s'ouvre transversalement en deux.

CIRCONSCRIPTION, subst. fém. (*cirkoncekripcion*) (du lat. *circumscriptio*, formé avec la même signification de *circumscribere*. Voy. CIRCONSCRIRE.), *ce qui* borne la circonférence des corps. — Ce qui limite une division, soit administrative, soit militaire ou ecclésiastique : *la circonscription d'un arrondissement, d'un département, d'un diocèse*.— En géom., l'action de *circonscrire* un cercle à un polygone ou un polygone à un cercle, etc. — En bot., contour des feuilles, abstraction faite des sinus et des angles. On dit aussi *périphérie*.

DU VERBE IRRÉGULIER CIRCONSCRIRE :

Circonscrira, 3e pers. sing. fut. indic.
Circonscrirai, 1re pers. sing. fut. indic.
Circonscriraient, 3e pers. plur. prés. cond.
Circonscrirais, précédé de *je*, 1re pers. sing. prés. cond.
Circonscrirais, précédé de *tu*, 2e pers. sing. prés. cond.
Circonscrirait, 3e pers. sing. prés. cond.
Circonscriras, 2e pers. sing. fut. indic.

CIRCONSCRIRE, v. act. (*cirkoncekrire*) (du lat. *circumscribere*, formé de *circum*, autour, et *scribere*, tracer), mettre des limites, des bornes à l'entour. Il est surtout usité au passif : *Dieu ne peut être circonscrit*. — On dit en géom., *circonscrire une figure à un cercle*, tracer une figure dont les côtés touchent le cercle. — *se* CIRCONSCRIRE, v. pron.

DU VERBE IRRÉGULIER CIRCONSCRIRE :

Circonscrirez, 2e pers. plur. fut. indic.
Circonscririez, 2e pers. plur. prés. cond.
Circonscririons, 1re pers. plur. prés. cond.
Circonscriront, 3e pers. plur. fut. indic.
Circonscris, 2e pers. sing. impér.
Circonscris, précédé de *je*, 1re pers. sing. prés. indic.
Circonscris, précédé de *tu*, 2e pers. sing. prés. indic.

CIRCONSCRIT, E, part. pass. de *circonscrire*, et adj., resserré, peu étendu. — En géom., *polygone circonscrit à un cercle*, dont les côtés sont des tangentes au cercle.—*Cercle circonscrit à un polygone*, dont la circonférence passe par tous les sommets des angles du polygone. — *Hyperbole circonscrite*, hyperbole du troisième ordre qui coupe ses asymptotes, et dont les branches renferment au-dedans d'elles les parties coupées de ces asymptotes.—En t. de médec., on appelle *tumeur circonscrite*, celle dont les limites sont bien prononcées, par opposition à celles qui s'élèvent insensiblement au-dessus des parties voisines.

DU VERBE IRRÉGULIER CIRCONSCRIRE :

Circonscrit, précédé de *il* ou *elle*, 3e pers. sing. prés. indic.
Circonscrivaient, 3e pers. plur. imparf. indic.
Circonscrivais, précédé de *je*, 1re pers. sing. imparf. indic.
Circonscrivais, précédé de *tu*, 2e pers. sing. imparf. indic.
Circonscrivait, 3e pers. sing. imparf. indic.
Circonscrivant, part. prés.
Circonscrive, précédé de *que je*, 1re pers. sing. prés. subj.
Circonscrive, précédé de *qu'il* ou *qu'elle*, 3e pers. sing. prés. subj.
Circonscrivent, précédé de *ils* ou *elles*, 3e pers. plur. prés. indic.
Circonscrivent, précédé de *qu'ils* ou *qu'elles*, 3e pers. plur. prés. subj.
Circonscrives, 2e pers. sing. prés. subj.
Circonscrivez, 2e pers. plur. impér.
Circonscrivez, précédé de *vous*, 2e pers. plur. prés. indic.
Circonscriviez, précédé de *vous*, 2e pers. plur. imparf. indic.
Circonscriviez, précédé de *que vous*, 2e pers. plur. prés. subj.
Circonscrivîmes, 1re pers. plur. prét. déf.
Circonscrivions, précédé de *nous*, 1re pers. plur. imparf. indic.
Circonscrivions, précédé de *que nous*, 1re pers. plur. prés. subj.
Circonscrivirent, 3e pers. plur. prét. déf.
Circonscrivis, précédé de *je*, 1re pers. sing. prét. déf.
Circonscrivis, précédé de *tu*, 2e pers. sing. prét. déf.
Circonscrivisse, précédé de *que je*, 1re pers. sing. imparf. subj.
Circonscrivissent, 3e pers. plur. imparf. subj.
Circonscrivisses, 2e pers. sing. imparf. subj.
Circonscrivissiez, 2e pers. plur. imparf. subj.
Circonscrivissions, 1re pers. plur. imparf. subj.
Circonscrivit, précédé de *il* ou *elle*, 3e pers. sing. prét. déf.
Circonscrivît, précédé de *qu'il* ou *qu'elle*, 3e pers. sing. imparf. subj.
Circonscrivîtes, 2e pers. plur. prét. déf.
Circonscrivons, 1re pers. plur. impér.
Circonscrivons, précédé de *nous*, 1re pers. plur. prés. indic.

CIRCONSPECT, E, adj. (*cirkoncepèk*, au mas., *cirkoncepèkte*, au fém.), discret, prudent, retenu; qui prend garde à ce qu'il dit, à ce qu'il fait. Il se dit même des choses qui annoncent de la *circonspection*. Voy. CIRCONSPECTION et AVISÉ.

CIRCONSPECTION, subst. fém. (*cirkoncepèkcion*) (du lat. *circumspectio*, fait, dans le même sens, de *circumspectare*, composé de *circum*, autour, et *spectare*, regarder, observer; *action de regarder autour de soi*, etc.), prudence, retenue, discrétion dans les discours et dans les actions.—CIRCONSPECTION, CONSIDÉRATION, ÉGARDS, MÉNAGEMENTS. (*Syn.*) La *circonspection* a principalement lieu dans le discours, pour ne parler qu'à propos, et ne rien laisser échapper qui puisse nuire ou déplaire ; elle est l'effet d'une prudence qui ne risque rien. La *considération* naît des relations personnelles, et se trouve particulièrement dans la manière de traiter les gens, pour témoigner, dans les différentes occasions qui se présentent, la distinction ou le cas qu'on en fait; elle est une suite de l'estime ou du devoir. Les *égards* ont plus de rapport à l'état ou à la situation des personnes, pour ne manquer à rien de ce que la bienséance ou la politesse exige; ils sont le fruit d'une belle éducation. Les *ménagements* regardent proprement l'humeur et les inclinations, pour éviter de choquer ou de faire de la peine, et pour tirer avantage de la société, soit par le profit, soit par le plaisir; la sagesse les met en œuvre. Voy. ÉGARD.

CIRCONSPECTISSIME, adj. des deux genres (*cirkoncepèkticecime*), *très-circonspect*. (Boiste.) Fort peu usité.

CIRCONSTANCE, subst. fém. (*cirkoncetance*) (du lat. *circumstantia*, fait dans la même signification, de *circumstare*, être autour, accompagner, lequel est composé de *circum*, autour, et de *stare*, être, se tenir), particularité qui accompagne un fait, une nouvelle, etc. : *les circonstances des personnes, du lieu, du temps, de la manière*, etc. — Toutes les diverses *circonstances* dans lesquelles les hommes peuvent se trouver sont exprimées dans ce vers latin :

Quis? quid? ubi? quibus auxiliis? cur? quomodo? quando?
Qui? quoi? où? par quels secours? pourquoi? comment? quand?

— *Circonstances aggravantes*. Ce sont les faits qui, joints à une action principale, viennent en *aggraver* le caractère; ainsi, *l'effraction, l'escalade, la nuit, la maison habitée, le chemin public, la violence*, etc., etc., sont des *circonstances aggravantes* du vol. — La préméditation est une *circonstance aggravante* du *meurtre*, et constitue l'assassinat. — *Circonstances atténuantes*. Ce sont les faits favorables à un accusé, tout ce qui peut lui mériter quelque indulgence. On a dit en parlant des personnes : *dans mes circonstances; mes circonstances ne m'ont pas permis*. C'est un anglicisme qui ne passerait plus aujourd'hui dans notre langue. — Conjonctures présentes; état actuel des choses : *la circonstance n'est guère favorable*. — On nomme *loi de circonstance*, une loi que des évènements fortuits ont exigée. — *Pièce, livre de circonstance*, suivant le goût du jour, inspiré par les évènements du moment. — En style de pratique, on dit, en parlant d'une maison, d'une affaire, d'un procès : *les circonstances et dépendances*, pour signifier tout ce qui en dépend. — CIRCONSTANCE, CONJONCTURE, OCCURRENCE. (*Syn.*) La *conjoncture* est un ordre de choses, une disposition de *circonstances* générales et les moins prochaines, favorables ou contraires à la chose. La *circonstance* est la disposition particulière d'une chose qui favorise ou contrarie actuellement le succès. L'*occurrence* est ce qui se présente sans qu'on le cherche, et qui a du rapport à la chose. — Les *conjonctures* préparent et présagent le succès d'une guerre; une *circonstance* imprévue fait quelquefois perdre une bataille; l'*occurrence* décide souvent le moment d'une entreprise. — Il faut consulter les *conjonctures*, prévoir les *circonstances*, profiter de l'*occurrence*. Voy. OCCASION.

CIRCONSTANCIÉ, E, part. pass. de *circonstancier*, et adj., bien détaillé : *un fait bien circonstancié; une relation bien circonstanciée*.

CIRCONSTANCIEL, adj. mas., au fém. **CIRCONSTANCIELLE** (*cirkoncelanciéle*) (du lat. *circum*, autour, et *stare*, être, exister); il se dit, en t. de gramm., des mots qui, dans la construction d'une phrase, marquent les *circonstances* et les modifications différentes qui peuvent plus ou moins influer sur la signification d'un mot.

CIRCONSTANCIER, v. act. (*cirkoncetancié*), dire, détailler, marquer les *circonstances*. — *se* CIRCONSTANCIER, v. pron.

CIRCONVALLATION, subst. fém. (*circonvaleldcion*) (du lat. *circumvallare*, fortifier autour, formé de *circum*, autour, et *vallare*, fortifier, etc.), ligne ou fossé pour défendre un camp et le garantir des attaques du dehors. Il s'emploie ordinairement avec le mot *ligne*. — On dit au plur., des *lignes de circonvallation*, et non pas *de circonvallations*.

DU VERBE IRRÉGULIER CIRCONVENIR :

Circonvenaient, 3e pers. plur. imparf. indic.
Circonvenais, précédé de *je*, 1re pers. sing. imparf. indic.
Circonvenais, précédé de *tu*, 2e pers. sing. imparf. indic.
Circonvenait, 3e pers. sing. imparf. indic.
Circonvenant, part. prés.
Circonvenez, 2e pers. plur. impér.
Circonvenez, précédé de *vous*, 2e pers. plur. prés. indic.
Circonveniez, précédé de *vous*, 2e pers. plur. imparf. indic.
Circonveniez, précédé de *que vous*, 2e pers. plur. prés. subj.
Circonvenions, précédé de *nous*, 1re pers. plur. imparf. indic.
Circonvenions, précédé de *que nous*, 1re pers. prés. subj.

CIRCONVENIR, v. act. (*cirkonvenir*) (en latin *circumvenire*, dont la signification est la même, et qui est formé de *circum*, autour, et *venire*, venir, entourer, envelopper, etc.), t. de palais, tromper artificieusement quelqu'un, le surprendre, l'abuser, etc. : *circonvenir les juges*. — *Voltaire* l'a dit dans le sens d'entourer : *je n'ai pas un moment, je suis circonvenu d'affaires, d'ouvriers, d'embarras et de maladies*. — *se* CIRCONVENIR, v. pron.

DU VERBE IRRÉGULIER CIRCONVENIR :

Circonvenons, précédé de *nous*, 1re pers. plur. prés. indic.
Circonvenons, 1re pers. plur. impér.

CIRCONVENTION, subst. fém. (*cirkonvancion*) (en latin *circumventio*), tromperie artificieuse. Il est peu usité; et quand on s'en sert, ce n'est qu'au plur. : *user de circonventions*.

CIRCONVENU, E, part. pass. de *circonvenir*.

DU VERBE IRRÉGULIER CIRCONVENIR :

Circonviendra, 3e pers. sing. fut. indic.
Circonviendrai, 1re pers. sing. fut. indic.
Circonviendraient, 3e pers. plur. prés. cond.
Circonviendrais, précédé de *je*, 1re pers. sing. prés. cond.
Circonviendrais, précédé de *tu*, 2e pers. sing. prés. cond.
Circonviendrait, 3e pers. sing. prés. cond.
Circonviendras, 2e pers. sing. fut. indic.
Circonviendrez, 2e pers. plur. fut. indic.
Circonviendriez, 2e pers. plur. prés. cond.
Circonviendrions, 1re pers. plur. prés. cond.
Circonviendrons, 1re pers. plur. fut. indic.
Circonviendront, 3e pers. plur. fut. indic.
Circonvienne, précédé de *que je*, 1re pers. sing. prés. subj.
Circonvienne, précédé de *qu'il* ou *qu'elle*, 3e pers. sing. prés. subj.
Circonviennent, précédé de *ils* ou *elles*, 3e pers. plur. prés. indic.
Circonviennent, précédé de *qu'ils* ou *qu'elles*, 3e pers. plur. prés. subj.
Circonviennes, 2e pers. sing. prés. subj.
Circonviens, 2e pers. sing. impér.
Circonviens, précédé de *je*, 1re pers. sing. prés. indic.
Circonviens, précédé de *tu*, 2e pers. sing. prés. indic.
Circonvient, 3e pers. sing. prés. indic.
Circonvînmes, 1re pers. plur. prét. déf.
Circonvinrent, 3e pers. plur. prét. déf.
Circonvins, précédé de *je*, 1re pers. sing. prét. déf.
Circonvins, précédé de *tu*, 2e pers. sing. prét. déf.
Circonvinsse, 1re pers. sing. imparf. subj.
Circonvinssent, 3e pers. sing. imparf. subj.
Circonvinsses, 2e pers. sing. imparf. subj.
Circonvinssiez, 2e pers. plur. imparf. subj.
Circonvinssions, 1re pers. plur. imparf. subj.
Circonvint, précédé de *il* ou *elle*, 3e pers. sing. prét. déf.
Circonvînt, précédé de *qu'il* ou *qu'elle*, 3e pers. sing. imparf. subj.
Circonvîntes, 2e pers. plur. prét. déf.

CIRCONVOISIN, E, adj. (*cirkonvoèzein, zine*), (du lat. *circum*, autour, et du français *voisin*), environnant; qui est autour, auprès : *lieux, peuples circonvoisins; provinces, nations, paroisses circonvoisines*. On ne s'en sert guère qu'avec des subst. plur.

CIRCONVOLANT, E, adj. (*cirkonvolan, lante*) (de *circum*, autour, et *volare*, voler), qui *vole autour*. Ce mot est vieux et presque inus. Il manque d'ailleurs dans l'*Académie*.

CIRCONVOLER, v. neut. (*cirkonvolé*) (même étym. que celle du mot précédent), *voler* autour; faire le tour en *volant*. — Peu en usage. Il fait du reste défaut dans l'*Académie*.

CIRCONVOLUTION, subst. fém. (*cirkonvolucion*) (du lat. *circumvolvere*, rouler autour, formé de *circum*, autour, et *volutum*, supin de *volvere*, rouler), plusieurs tours faits autour d'un centre commun. — En géom., révolution : *surface produite par la circonvolution d'une ligne; solide produit par la circonvolution d'une surface*. — En archit., ligne spirale de la volute ionique, et de la ligne courbe que décrit l'hélice de la colonne torse. — En t. d'anat., on appelle *circonvolutions*, les contours que décrivent les intestins dans l'abdomen; les saillies sinueuses de la surface du cerveau et du cervelet.

CIRCUIRE, v. act. (*cirkuire*) (du lat. *circumire*). Mot sans autorité que l'on trouve dans quelques *Dictionnaires* où on lui fait signifier *tourner autour*.

CIRCUIT, subst. mas. (*cirkui*) (en lat. *circuitus*, fait, dans la même acception, de *circumire*, aller autour, tournoyer, qui est composé de *circum*, autour, et *ire*, aller), tout le tour de quelque lieu; enceinte, etc. : *le circuit d'une ville*. — Détour : *il a fait un grand circuit pour venir*. — Fig., préambule : *circuit de paroles*, ce qu'on dit avant de venir au fait. — En géom., contour ou périmètre d'une figure.

CIRCUITION, subst. fém. (*cirkuicion*), contour, action de tourner autour. — Inusité; cependant *Boiste* dit que *Montaigne* l'a employé. Voy. CIRCUIRE.

CIRCULAIRE, adj. des deux genres (*cirkulère*) (du lat. *circulus*, cercle), qui est décrit ou qui se meut en rond : *figure circulaire, mouvement circulaire*. — Qui est en forme de *cercle* : *arc circulaire*, portion de la circonférence d'un *cercle*. — *Mouvement circulaire*, mouvement d'un corps dans la circonférence d'un *cercle*. — En t. d'arithm., *nombres circulaires*, ceux dont les diverses puissances finissent par le caractère même qui marque la racine, comme 5, dont le carré est 25, et le cube 125. Voy. le mot suivant.

CIRCULAIRE, subst. fém. (*cirkulère*); *circulaire*, ou *lettre circulaire*, lettre par laquelle on informe diverses personnes d'une même chose.

CIRCULAIREMENT, adv. (*cirkulèreman*), en rond, d'une manière *circulaire*.

CIRCULANT, E, adj. (*cirkulan, lante*), mot fort en usage dans le commerce, où il signifie : qui *circule*, qui est en *circulation* : *richesses, espèces circulantes; billets circulants*.

CIRCULATEUR, subst. mas. (*cirkulateur*), autrefois charlatan, bateleur. — On l'a dit aussi pour partisan de la *circulation* du sang. — Si ce mot avait encore un sens aujourd'hui, on pourrait dire au fém. CIRCULATRICE.

CIRCULATION, subst. fém. (*cirkuldcion*), mouvement de ce qui *circule*, ou peut *circuler* : *la circulation du sang*, le mouvement par lequel il est porté des artères dans les veines et reporté des veines dans les artères : *la circulation de la sève dans les arbres*. — En t. de finances, le transfert, le transport de capitaux, d'effets de commerce, etc., qui passent d'une main à l'autre : *la circulation de l'argent, des espèces, des effets de commerce, des papiers publics*, etc. — Par extension, facilité d'aller et de venir sur la voie publique : *la circulation des passants, des voitures*. — *Mettre un écrit, des nouvelles en circulation*, les répandre dans le public. — En chim., distillation réitérée plusieurs fois. — En t. de géom., *voie de circulation*, ligne droite ou courbe décrite par le centre de gravité d'une ligne ou d'une surface, et qui, par son mouvement, produit elle-même une surface ou un solide. On s'en servait utilement, avant la découverte du calcul intégral, pour déterminer les surfaces et les solides, tant rectilignes que curvilignes.

CIRCULATOIRE, adj. des deux genres (*cirkulatoare*), qui a rapport à la *circulation du sang*. — T. de chim. Il se dit des ustensiles qui servent à faire la distillation par la *circulation*. — *Mouvement, vitesse circulatoire*, mouvement ou vitesse d'un corps qui tourne autour d'un point.

CIRCULÉ, E, part. pass. de *circuler*.

CIRCULER, v. neut. (*cirkulé*) (en latin *circulari*, formé de *circulus*, cercle; *se mouvoir en cercle* ou *comme dans un cercle*), se mouvoir *circulairement*. — Il se dit surtout du sang en physiologie; et dans ce cas, on s'en sert même fig. : *une fièvre dévorante circule dans mes veines*; et en astronomie, du mouvement des planètes, quoiqu'elles ne décrivent point, autour du soleil, des cercles, mais des ellipses. — On le dit aussi de l'argent, des effets de commerce, etc.; et alors il signifie : passer d'une main à une autre. — Aller à travers les rues, çà et là, où l'on a besoin de se transporter : *les voitures circulent*. — Se répandre, s'ébruiter : *telle nouvelle circule depuis ce matin; faire circuler une anecdote, un fait*. — V. act., t. de chim., distiller plusieurs fois. — *se* CIRCULER, v. pron.

CIRCUM-AMBIANT, E, adj. (*cirkomanbian, biante*) (du lat. *circum*, autour, et *ambiens*, part. pass. de *ambire*, environner, aller autour), t. de phys. Voy. AMBIANT, E, qui a la même signification et qui est plus usité.

CIRCUM-CIRCA, adv. (*cirkomecirka*), pléonasme latin qui a signifié environ, à peu près, llors d'usage; cependant cette expression est énergique.

CIRCUMDUCTION, subst. fém. (*cirkomedukcion*) (du latin *circum*, autour, et *ducere*, conduire), t. d'anat., mouvement dans lequel on os décrit une sorte de cône. Mot inusité. Nous ne le trouvons du reste que dans *Raymond*, qui ne fait nullement autorité. Il aurait d'ailleurs dû écrire *circum-duction*, afin de marquer l'origine du mot.

CIRCUM-FUSA (*cirkomefuza*) (mots latins devant lesquels on sous-entend *corpora*, corps, et qui signifient *répandus autour*), t. de médec., nom collectif qui s'appliquait à tous les objets qui exercent une influence générale sur l'homme.—Ce mot, qui ne se lit que dans *Raymond*, est trop mal forgé pour obtenir jamais ses lettres de naturalisation.

CIRCUM-INCESSION, subst. fém. (*cirkomeincécecion*) (du latin *circum*, autour, et *incedere*, aller), t. de théol., par lequel on exprime, dans le mystère de la Trinité, l'existence des personnes divines les unes dans les autres.

CIRCUM-NAVIGATION, subst. fém. (*cirkomenaviguacion*) (du latin *circum*, autour, et *navigatio*, navigation), t. de mar., *navigation* pratiquée autour d'un archipel ou d'un continent.—Ce mot, tout à la fois latin et français, est entièrement inusité, quoiqu'on le lise dans *Boiste*.

CIRCUM-POLAIRE, adj. des deux genres. L'*Académie* a francisé ce mot en écrivant CIRCOMPOLAIRE. Voy. ce dernier mot.

CIRCUS, subst. mas. (*cirkuce*), t. d'hist. nat., oiseau de proie qui vole rapidement et en rond.

CIRE, subst. fém. (*cire*) (en latin *cera*, fait du grec κηρος, avec la même signification), matière molle et jaunâtre qui reste du travail des abeilles, après qu'on en a exprimé le miel : *cire vierge*, la *cire* qu'on tire des ruches avant qu'elle ait été fondue. — Bougie : *dans cette maison, on ne brûle que de la cire.* — Cierge qu'on brûle à l'église, etc. : *la cire appartient au curé.*—Son prix. — *Droit de cire*, droit qui se payait autrefois dans la maison du roi, en chancellerie et ailleurs. Certains officiers subalternes avaient *droit de cire*; on devait leur donner tant de bougies, ou de livres de bougie.—Humeur épaisse et jaune qui se forme dans les oreilles. Pop., mieux *cerumen*. — En t. d'hist. nat., membrane du bec du vautour. — *Cire d'Espagne, cire à cacheter*, sorte de composition faite de laque et d'autres matières, qu'on façonne en petits bâtons, et qui sert à cacheter les lettres. — Sceau de la chancellerie. — Prov. : *être mou comme de la cire, être de la cire molle*, être doux, docile; recevoir facilement toute sorte d'impressions. On compare assez souvent l'esprit des enfants et des gens sans caractère à *une cire molle*; on entend par là que les enfants et les gens sans caractère reçoivent facilement toutes sortes d'impressions. — *Être égaux comme de la cire*, avoir les mêmes inclinations, les mêmes humeurs. L'*Académie* donne cette même citation, mais rédigée ainsi : *ils sont égaux comme de cire*; nous pensons que cette locution *comme de cire* est plus que surannée; il faudrait dire aujourd'hui : *comme de la cire*.— *Venir, aller comme de cire*, venir à propos; aller bien, en parlant d'un habit, etc. (Même observation, par rapport à l'*Académie*, que celle que nous avons faite pour la locution : *être égaux comme de cire*. Nous ajouterons même que : *cet habit lui va comme de cire*, pour : aller bien, que nous lisons encore dans l'*Académie*, ne serait compris par personne aujourd'hui.) — *Être jaune comme une cire*, paraître extrêmement jaune. — On nomme encore *cire*, ou mieux *cirage*, une composition noire et luisante qu'on étend sur le cuir ou sur un parquet. Voy. CIRAGE.

CIRÉ, E, part. pass. de *cirer*, et adj.

CIRER, v. act. (*ciré*), enduire de *cire*. — Appliquer un *cirage* sur du cuir; le faire briller par le frottement. — Enduire de *cire* un parquet, un meuble, etc. — SE CIRER, v. pron.

CIRIER, subst. mas., au fém. CIRIÈRE (*cirié, rière*), celui ou celle qui travaille en *cire*, qui fait ou vend toute sorte de cierges et de bougies. L'*Académie* ne donne pas de fém. à ce mot. — Voy. *arbre de cire*, au mot ARBRE.

CIRIÈRE, subst. fém. Voy. CIRIER.

CIRIS, subst. fém. (*cirice*), t. d'hist. nat., espèce d'alouette. — Myth., nom donné à la fille de Nisus, qui fut changée en cet oiseau.

CIRITA, subst. mas. (*cirita*), t. de bot., petit arbrisseau du Malabar.

CIROÈNE, subst. mas. (*ciro-ène*), t. de pharm., sorte d'emplâtre dans lequel il entre de la *cire* et du vin. Voy. CÉROÈNE, qui est le même mot et tout aussi usité.

CIROGRAPHE, subst. mas. (*ciroguerafe*), écrit, papier coupé en deux parties pour être rapprochées. Mot risqué par *Boiste* et qui ne signifie pas grand'chose.

CIRON, subst. mas. (*ciron*) (du grec χειρ, main, parce que le *ciron* s'y attache plus particulièrement, ou de κειρω, je coupe, je ronge, parce qu'il ronge ce à quoi il s'attache), un des insectes les plus petits, de la famille des parasites.—Petite ampoule que forme le *ciron*. — Au fig., point de comparaison, chose extrêmement petite, presque imperceptible : *n'être pas plus gros qu'un ciron*, être excessivement petit.

CIRQUE, subst. mas. (*cirke*) (en latin *circus*, fait, dans la même signification, du grec κιρκος, cercle, à cause de la forme *circulaire* d'un *cirque*), t. d'hist. anc., lieu destiné chez les anciens Romains aux jeux publics, et particulièrement aux courses de chevaux et de chars. — Chez nous, théâtre à couvert, où il y a un *cirque* pour l'exercice des chevaux. — Enceinte de rochers abruptes, de montagnes escarpées. — Les jeux du *cirque*, que quelques auteurs appellent *jeux circenses*, étaient des combats que les Romains célébraient dans le *cirque*, dont ils avaient pris leur nom, et non pas de *Circée*, comme l'a cru le traducteur d'une harangue de Cicéron contre Verrès, qui traduit *circenses ludi*, par *jeux de Circée*. Ils se célébraient en l'honneur de *Consus*, dieu des *conseils*. On les appelait encore *jeux romains*, parce qu'ils étaient aussi anciens que Rome, et avaient été institués, ou plutôt rétablis par *Romulus*; et *grands jeux*, parce qu'ils avaient lieu avec plus de magnificence que tous les autres. Ceux qui disent qu'ils furent institués en l'honneur du soleil confondent la pompe du *cirque* avec les jeux ou les courses du *cirque*. Les jeux du *cirque* furent consacrés par Évandre à Neptune, et rétablis par Romulus, parce que ce fut par le conseil de ce dieu qu'il fit faire l'enlèvement des Sabines. La pompe du *cirque* n'était qu'une partie et le prélude des jeux du *cirque*, et par où on les commençait. C'était une simple *cavalcade*; tandis que dans les jeux du *cirque*, il y avait des courses de chevaux et sept sortes d'exercices. Le premier était la lutte, les combats avec l'épée, ou des bâtons, ou des piques, le second était la course; le troisième, la danse; le quatrième, le palet, ou le disque, les flèches, les dards, et toute autre sorte d'armes semblables : tous ceux-ci se faisaient à pied; le cinquième était la course à cheval; le sixième, la course des chars, soit à deux, soit à quatre chevaux; dans cet exercice on divisait les combattants d'abord en deux quadrilles, et puis en quatre, et elles portaient les noms des couleurs dont elles étaient revêtues. Il n'y avait d'abord que la blanche et la rouge; on y ajouta ensuite la verte et la bleue. Ce fut un certain Œnomaüs qui inventa la distinction des couleurs pour les diverses quadrilles des combattants dans les jeux du *cirque*; le vert pour ceux qui représentaient la terre, et le bleu pour ceux qui représentaient la mer. Domitien ajouta encore deux nouvelles couleurs à ces quatre; le jaune et le violet; mais elles n'ont pas duré.

CIRQUINÇON, subst. mas. (*cirkeinçon*), t. d'hist. nat., tatou à dix-huit bandes de la Nouvelle-Espagne.

CIRRHA, subst. propre fém. (*cirera*), myth., ville de la Phocide, près de laquelle il y avait une caverne d'où sortaient des vents qui inspiraient une fureur divine, et faisaient rendre des oracles : de là *Cirrhæus*, surnom d'Apollon.

CIRRHÆUS, subst. propre mas. (*cireré-uce*), myth., surnom d'Apollon. Voy. CIRRHA.

CIRRHE, subst. mas. (*cirere*) (en latin *cirrhus*, boucle de cheveux, frange; d'après cette étymologie l'*Académie* ne devrait pas écrire CIRRE, que nous ne lisons que chez elle et chez *Raymond*), t. de bot., filament diversement recourbé, roulé et tortillé, au moyen duquel certaines plantes s'attachent à d'autres corps. C'est ce qu'on nomme communément *vrille*. — T. d'hist. nat., appendice qui paraît aux mâchoires des poissons, aux tentacules des zoophytes.

CIRRHÉ, E, adj. (*cireré*), t. de bot., qui a la forme ou remplit les fonctions du *cirrhe*.

CIRRHEUSE, adj. Voy. CIRRHEUX.

CIRRHEUX, adj. mas., au fém. CIRRHEUSE, (*cirereu, reuze*), t. de bot., terminé en véritable *cirrhe*.

CIRRHIFÈRE, adj. des deux genres (*cirerifère*), t de bot., qui porte un ou plusieurs *cirrhes*.

CIRRHIFORME, adj des deux genres (*cireriforme*), t. de bot., qui a la forme des *cirrhes*.

CIRRHINE, subst. mas. (*cirerine*), t. d'hist. nat. sous-genre de poisson.

CIRRHIPODE ou CIRRHIPÈDE, subst. mas. (*cireripode, cireripède*), groupe d'animaux intermédiaires entre les mollusques et les insectes. — Il est aussi adj. des deux genres.

CIRRHITE, subst. mas. (*cirerite*), nom que donnaient les anciens à des pierres qu'on trouvait dans l'estomac de l'épervier. — En t. d'hist. nat., espèce de poisson.

CIRSAKAS, l'*Académie* renvoie à SIRSACAS, subst. mas. (*cirçakace*), t. de comm., étoffe en coton et en soie des Indes.

CIRSE, subst. mas. (*circe*), t. de bot., plante qui croît dans les prés, et que quelques botanistes rangent parmi les chardons.

CIRSÈLE, subst. mas. (*circèle*), t. de bot., sorte de plante.

CIRSION ou CIRCIUM, subst. mas. (*circion, circiome*) (du grec κιρσος, varice), t. de bot., chardon propre à calmer les douleurs des varices.

CIRSOCÈLE, subst. fém. (*cirçocèle*) (en grec κιρσοκηλη; formé de κιρσος, varice, et κηλη, tumeur, hernie), t. de médec., dilatation des veines spermatiques, causée par un sang grossier et épais.

CIRSOMPHALE, subst. mas. (*cirçonfale*) (du grec κιρσος, varice, et ομφαλος, nombril), t. de médec., dilatation anévrysmale des artères du nombril. Il est presque inusité.

CIRSOPHTHALMIE, subst. fém. (*cirçofetalemi*) (du grec κιρσος, varice, et οφθαλμος, œil), t. de médec., ophthalmie variqueuse.

CIRSOPHTHALMIQUE, adj. des deux genres (*cirçofetalemike*), t. de médec., qui concerne la *cirsophthalmie*.

CIRSOTOMIE, subst. fém. (*cirçotomi*) (du grec κιρσος, varice, et τομη, coupure), t. de chir., extirpation des varices.

CIRSOTOMIQUE, adj. des deux genres (*cirçotomique*), t. de chir., qui concerne la *cirsotomie*.

CIRTE, subst. propre fém. (*cirte*), capitale de l'ancienne Numidie. C'est Constantine.

CIRURE, subst. fém. (*cirure*), enduit de *cire* préparée. On devrait dire *cirure* pour les parquets des appartements, et *cirage* pour les bottes et les souliers, et conserver le mot *cire* pour la production des abeilles, pour la bougie, etc.

CIS, subst. mas. (*cice*), t. d'hist. nat., insecte de l'ordre des coléoptères.

CISAILLE, subst. fém. (*cizâ-ie*). Voy. CISAILLES.

CISAILLÉ, E, part. pass. de *cisailler*, et adj.

CISAILLEMENT, subst. mas. (*cizâ-ieman*), t. de métier, morcellement, état d'une chose coupée par morceaux.

CISAILLER, v. act. (*cizâ-ié*), couper avec des *cisailles*, morceler : il se dit particulièrement, en t. de monnaie, des pièces fausses ou légères.—SE CISAILLER, v. pron.

CISAILLES, subst. fém. plur. (*cizâ-ie*), gros *ciseaux* pour couper des plaques de métal. — Restes de lames d'or, d'argent ou de cuivre. En ce sens, on dit au sing. de *la cisaille*. — Croissant de jardinier, espèce de grande faux.

CISALPIN, E, adj. (*cizalpein, pine*) (du latin *cis*, en deçà, et *Alpes*, Alpes), qui est en-deçà des *Alpes* : *la Gaule cisalpine*. Les Romains divisaient la *Gaule* en *cisalpine* et en *transalpine*. La *Gaule transalpine* ou *au-delà des Alpes*, par rapport à Rome, était la *Gaule* proprement dite, l'ancienne *Gaule*; et la *Gaule cisalpine*, ou *en-deçà des Alpes*, comprenait ce que nous nommons le *Piémont*, la *Ligurie*, la *Lombardie*. Les Romains subdivisaient la *Gaule cisalpine* en *cispadane* et *transpadane*, c'est-à-dire : *en-deçà* et *au-delà du Pô*. Ce qui était *cisalpin* à l'égard de Rome, est *transalpin* à notre égard. Il faut observer que le mot d'*Alpes* s'est dit de toutes sortes de hautes montagnes. Ausone a dit : les *alpes des Pyrénées*; les *alpes de l'Apennin*.

CISAMPELOS, subst. mas. (*ciçanpéloce*) (mot formé du grec), plante plus grimpante que la vigne. — Genre de la famille des ménispermes.

CISEAU, subst. mas. (*cizô*), instrument plat, tranchant par le bout, et qui sert à couper le bois, la pierre, les métaux : *ciseau de sculpteur, de maçon, de menuisier, d'orfèvre*, etc. — *Ouvrage de ciseau*, de sculpture. — On dit d'un habile sculpteur, qu'*il a le ciseau savant, délicat*, etc. Voy. CISEAUX.

CISEAUX, subst. mas. plur. (*cizô*) (des mots latins *sicilum* ou *sicila*, employés par les écrivains du moyen-âge dans le sens de *ciseaux* de tailleurs d'habits ou de pierres, et qui viennent de l'ancien verbe *sicilire*, couper, retrancher. *Caseneuve*. Cette etymologie est commune à l'article précédent.), instrument composé de deux branches tranchantes en dedans, et jointes au milieu par un clou : *une paire de ciseaux; ciseaux de tailleur, de jardinier*, etc. En ce sens, on dit quelquefois, mais rarement, *ciseau* au singulier : *on n'a pas encore mis le ciseau à cette étoffe; le chirurgien lui a donné trois coups de ciseau*. Les poëtes disent aussi : *le ciseau de la Parque, le fatal ciseau*. Voy. PARQUE. — Au fig., *faire un livre à coups de ciseaux*, en coupant d'autres livres. — *Ciseaux de la censure*, se dit de l'action du censeur qui retranche ou mutile l'expression écrite de la pensée qui peut blesser les mœurs ou la politique. — En t. de mar., on dit qu'*une embarcation a ses voiles en ciseaux*, lorsque, le vent venant droit de l'arrière, sa misaine et sa grande voile sont bordées, l'une sur tribord et l'autre sur bas-bord.

CISELÉ, E, part. pass. de *ciseler*, et adj. : *argent ciselé; vaisselle ciselée*. — *Velours ciselé*, à fleurs, à ramages.

CISELER, v. act. (*cizelé*) (de l'ancien verbe latin *sicilire*, couper, retrancher), travailler sur le métal pour y faire des ornements et des figures avec le marteau et le *ciselet*. — Repasser au *ciseau* des pièces moulées imparfaitement. — *Ciseler une étoffe*, y faire des ornements, ou simplement en rabattre le poil avec un fer chaud. — *Se* CISELER, v. pron.

CISELET, subst. mas. (*cizelé*) (du bas latin *sicilum* ou *sicila*. Voy. CISEAU), petit outil de fer délié, dont on se sert pour *ciseler*.

CISELEUR, subst. mas. (*cizeleur*), ouvrier qui *cisèle*. — Si l'on avait besoin de se servir de ce mot en parlant d'une femme, il ne faudrait pas hésiter à dire *ciseleuse* au fém.

CISELURE, subst. fém. (*cizelure*), ouvrage du *ciseleur*. — Chose *ciselée*. — Ce qui est fait sur la pierre avec le *ciseau* et le maillet. — Ce mot se dit encore en archit., selon l'*Académie*, *d'un petit bord qu'on fait avec le ciseau, au parement d'une pierre, pour la dresser*. Cette acception ne se comprend guère, mais nous en trouvons une explication plus claire dans *Trévoux*, où nous lisons, que *ce bord* sert à distinguer les compartiments du genre rustique.

CISERON, subst. mas. (*cizeron*), t. de bot., espèce de pois, variété de pois-chiche.

CISHMÉ, subst. mas. (*cichemé*), t. de bot., nom qu'on donne en Amérique à la graine de casse.

CISJURANE, adj. fém. (*cicejurane*), t. dont se sont servis les géographes pour exprimer cette partie de la Bourgogne qui est en-deçà du *mont Jura*, comme ils ont employé celui de *transjurane* pour exprimer l'autre partie de cette même province qui est au-delà du *mont Jura*. La *Bourgogne cisjurane* s'appelait autrement le royaume d'Arles. Elle comprenait le pays qui se trouve entre la Saône, les Alpes et la mer.

CISMONTAIN, E, adj. (*cicemontein*), d'en-deçà les *monts*.

CISOIR, subst. mas. (*cizoar*), t. d'orfèvre, espèce de *ciseau* pour couper l'or et l'argent.

CISOIRE, subst. fém. (*cizoare*), outil pour graver les poinçons et les carrés avec lesquels on fabrique les monnaies.

CISPADANE, adj. des deux genres (*cicepadane*) (du lat. *cis*, en-deçà, et *Padum*, Pô). Voy. CISALPIN.

CISSAMPELOS, mot mal orthographié par *Laveaux*. Voy. CISAMPELOS.

CISSANTHÈME, subst. mas. (*cicepantème*), t. de bot., sorte de plante, variété du cyclamen.

CISSÉIS, subst. propre fém. (*ciceceice*), myth., Hécube, femme de Priam, fille de Cisséus, roi de Thrace.

CISSÉUS, subst. propre mas. (*ciceceuce*), myth. Voy. CISSÉIS.

CISSITE, subst. fém., et non pas mas. comme le prétend *Raymond* (*cicecite*) (du grec κισσος, lierre), t. d'hist. nat., pierre blanche qui représente les feuilles du lierre. — Subst. mas., sorte d'insecte.

CISSITIS, subst. fém. (*cicecitice*), le même que CISSITE.

CISSOÏDAL, E, adj. (*ciceço-idal*), t. de géom., qui appartient à la *cissoïde*. — Au plur. mas., CISSOÏDAUX.

CISSOÏDE, subst. fém. (*ciceço-ide*) (du grec κισσος, lierre, et ειδος, forme, apparence), t. de math., ligne courbe qui, en s'approchant de son asymptote, représente une feuille de lierre. — Il est aussi adj. des deux genres.

CISSOSTÉPHANOS, subst. propre mas. (*ciceçocetéfanoce*) (du grec κισσοστεφανος qui a le même sens), myth., mot qui signifie couronné de lierre; C'est un surnom de Bacchus.

CISSOTOMIES, subst. fém. plur. (*cicecotomi*) (du grec κισσος, lierre, et τεμνω, je coupe), t. d'hist. anc., fêtes qu'on célébrait en l'honneur d'Hébé, déesse de la jeunesse, et dans lesquelles les jeunes gens étaient couronnés de lierre.

CISSUS, subst. propre mas. (*ciceçuce*), myth., jeune homme qui, étant mort d'une chute qu'il fit en dansant devant Bacchus, fut changé en lierre. — T. de bot., genre de plantes de la famille des vignes.

CISSYBIUM, subst. mas. (*cicecibiome*) (du grec κισσυβιον, coupe de lierre), sorte de tasse en bois de lierre, en usage chez les anciens Grecs.

CISTA, subst. fém. (*ciceta*) (du grec κιστη, corbeille), t. d'antiq., boîte ou coffre renfermant des hardes, des médicaments, ou de la nourriture. — Petite boîte où les juges mettaient leurs avis.

CISTE, subst. mas. (*cicete*) (en grec κιστος), t. de bot., arbrisseau du midi de l'Europe et des îles de l'Archipel, d'espèces très-nombreuses. C'est sur celles de Candie et de la Grèce qu'on recueille la substance appelée *laudanum*. — *Ciste hélianthème* (du grec κιστος, ciste, et ηλιανθεμη, formé de ηλιος, soleil, et de ανθος, fleur), t. de bot., plante vivace, à fleur rosacée, qui croît dans les bois, en Europe. On la nomme aussi *fleur du soleil*. — *Ciste mystique* (du grec κιστη, corbeille, et du latin *mysticus*, mystique), t. d'hist. anc., corbeille que l'on portait en grande pompe dans les orgies, dans les mystères de Cybèle, de Cérès, et dans plusieurs autres cérémonies religieuses.

CISTÈLE, subst. fém. (*cicetèle*), t. d'hist. nat., insecte de l'ordre des coléoptères.

CISTÉLÉNIES, subst. fém. plur. (*cicetéléni*), t. d'hist. nat., insectes coléoptères.

CISTERCIEN, subst. mas. (*cicetèrecient*), bernardin, moine de Cîteaux. *Raymond* fait un barbarisme en écrivant CISTÉRIENS. — Il y a eu aussi des *cisterciennes*.

CISTERNE-LOMBAIRE, subst. fém. (*cicetèrenelonbère*), t. d'anat., vésicule du chyle.

CISTÉROCÈLE, subst. mas. Voy. CYSTOCÈLE.

CISTICAPNOS, subst. mas. (*ciceticapenoce*), t. de bot., plante de la famille des fumeterres.

CISTIFÈRE. Voy. CISTOPHORE.

CISTINÉES, subst. fém. plur. (*cicetiné*), t. de bot., famille de plantes dicotylédones.

CISTOÏDE, subst. fém. (*ciceto-ide*), t. de bot., arbrisseau du cap de Bonne-Espérance.

CISTOÏDES, subst. fém. plur. (*ciceto-ide*), t. de bot., famille de plantes.

CISTOPHORE, subst. des deux genres (*cicetofore*) (du grec κιστη, corbeille, et φερω, je porte), t. d'hist. anc., jeune fille, jeune garçon d'une condition distinguée, qui, chez les Grecs, portait dans les pompes publiques les corbeilles sacrées. — Mas., médaille antique sur laquelle on voyait une figure d'homme, portant une corbeille sur sa tête. — C'était aussi une monnaie asiatique. — *Canéphore* se disait seulement des jeunes filles.

CISTRE, pour SISTRE, est un barbarisme.

CISTROLE, et plus conformément au génie de notre langue CISTROLLE, subst. mas. (*cicetrole*), t. de bot., tubercule creux qui naît sur les lichens.

CISTULE, subst. fém., barbarisme de *Raymond* qui, non-seulement ne s'est pas aperçu que ce mot est le même que *cistrole*, mais qui l'a fait du fém., tandis qu'il avait copié le genre mas. de *cistrole* dans tous les *Dictionnaires*.

CITADELLE, subst. fém. (*citadèle*) (suivant *Ménage*, de l'ablatif latin *civitate* qui a produit *civitatella*, dont les Italiens ont fait *cittadella*, et nous *citadelle*), forteresse qui commande à une ville. — En général, tout lieu particulier d'une place fortifiée du côté de la ville ou de la campagne, et qui est principalement destiné à mettre des soldats pour contenir dans le devoir les habitants de la place : *forte citadelle; le gouverneur de la citadelle; la garnison s'est retirée dans la citadelle*.

CITADIN, E, subst. et adj. (*citadein, dine*), bourgeois, habitant d'une *cité*; par opposition à habitant des villes. — Il n'a d'abord été en usage qu'en parlant des habitants de certaines villes d'Italie, pour signifier ceux qui n'étaient pas du corps de la noblesse.

CITADINANCE, subst. fém. (*citadinance*), droit, qualité de *citadin*. Inusité aujourd'hui.

CITADINE, subst. fém. (*citadine*), voiture de fiacre *omnibus* qui circule dans Paris.

CITATEUR, subst. mas.; au fém. CITATRICE (*citateur, trice*), celui, celle qui fait des *citations*. — Un journal de la révolution française de 89 a porté le nom de *Citateur*.

CITATION, subst. fém. (*citâcion*), allégation d'un passage pour preuve d'un fait, d'un raisonnement, etc. — Ajournement, assignation devant un juge. Autrefois on ne l'employait qu'en matière ecclésiastique. — Aujourd'hui, l'exploit même qui mentionne la *citation*. — Ordre que le grand-maître de Malte envoyait à tous les chevaliers de se rendre à Malte en certaines occasions.

CITATOIRE, adj. des deux genres (*citatoare*), t. de palais ; qui concerne la *citation* ou l'assignation devant un juge.

CITATRICE, subst. fém. Voy. CITATEUR.

CITÉ, subst. fém. (*cité*) (en lat. *civitas*), ville qui renferme une immense quantité de maisons. On ne s'en sert guère qu'en parlant des capitales. Il ne se dit, en parlant des petites villes, qu'en poésie, et dans le style oratoire. — Grand nombre de maisons enfermées de murailles. — Dans quelques villes, on le dit de la partie de la ville où se trouve bâtie l'église cathédrale ou du moins l'église principale. — On a appelé aussi *cité*, l'endroit principal où siégeait l'assemblée générale ou représentative d'un peuple. C'était ordinairement une vaste contrée, une grande portion de territoire, dont les habitants étaient gouvernés par des lois particulières. C'est de là que nous nommons encore *cités* les quartiers les plus anciens de nos villes capitales. Il y a à Paris et à Londres un quartier que l'on nomme *la Cité*. — On appelle *droit de cité*, la qualité de citoyen ou de bourgeois d'une ville, et le droit de participer aux priviléges qui sont communs à tous les citoyens nés dans cette ville : *donner le droit de cité*. — La collection des citoyens d'une ville *dite* libre. — Dans le langage de l'Écriture : *la céleste, la sainte cité*, le ciel. — *La Cité de Dieu*, titre d'un ouvrage composé par saint Augustin. — CITÉ, VILLE. (*Syn.*) La *ville* est l'enclave des murailles, ou encore la population renfermée dans cette enclave. La *cité* est le peuple d'une contrée, ou la contrée même, gouvernée par les mêmes lois. La *ville* a des maisons et des habitants ; la *cité*, des citoyens. La *ville* est à la *cité* ce que la maison est à la famille, dans le sens propre et naturel. La *cité* peut être répandue comme la famille ; la *ville* est renfermée comme la maison. Un Lacédémonien célèbre disait : *A Sparte, la cité sert de murs à la ville*.

CITÉ, E, part. pass. de *citer*.

CÎTEAUX, subst. propre mas. (*cîtô*), bourg de France, situé dans l'ancien duché de Bourgogne, où se trouvait une abbaye fameuse.

CITER, v. act. (*cité*) (en latin *citare*), alléguer, apporter en preuve quelque auteur ou quelque passage d'auteur. — Rapporter : *citer des faits, un exemple*. — *Citer son auteur*, celui de qui on tient ce qu'on raconte. — Signaler comme digne d'être remarqué : *on cite ce fait; on cite les plus grands noms pour avoir brillé dans cette affaire*. — Ajourner, appeler pour comparaître devant un magistrat, un tribunal, comme témoin ou prévenu. — *se* CITER, v. pron. — CITER, ALLÉGUER. (*Syn.*) *Citer* diffère d'*alléguer* en ce qu'on *cite* les auteurs, et qu'on *allègue* les faits et les raisons. C'est pour nous autoriser et nous appuyer que nous *citons*; mais c'est pour nous maintenir et nous défendre que nous *alléguons*. A peu près dans ce sens : *citer son auteur*, c'est nommer celui de qui on tient une nouvelle : *ne me citez pas; profitez de l'avis sans citer personne*.

CITÉRIE, subst. fém. (*citéri*) (en latin *citeria*, formé du grec κιττα, pie, et ερειν, parler), t. d'antiq., petite figure grotesque que l'on montrait chez les Romains dans certaines fêtes publiques et que l'on faisait mouvoir et parler comme nos marionnettes, pour amuser le peuple.

CITÉRIEUR, E, adj. (*citérieure*) (du latin *citerior*, fait dans le même sens de *citra*, en-deçà), t. de géographie ; qui est en-deçà, de notre côté, plus près de nous, par opposition à ce qui est au-delà : *les Alpes citérieures*. L'*Inde citérieure* est celle qui est en-deçà du Gange ; l'*ultérieure*, celle qui est au-delà. *La Gaule citérieure* est la partie de l'Italie qu'on a depuis appelée *Lombardie*, et où les Gaulois s'établirent ; elle était *en-deçà des Alpes* par rapport aux Romains. L'Espagne, après que les Romains en eurent fait la conquête, fut divisée en deux provinces, l'une *en-deçà*, et l'autre *au-delà* de l'Èbre. La province d'*en-deçà* de l'*Èbre* s'appelait *Espagne citérieure*, et celle d'*au-delà*, *Espagne ultérieure*.

CITERNE, subst. fém. (*citèrene*) (du lat. *cisterna*, fait, dans la même signification, de *cista*, panier, corbeille, lequel vient du grec κιστη, coffre à serrer des habits, des provisions, etc., la *citerne* servant de même, dit *Morin*, à conserver la provision d'eau. Suivant d'autres, *cisterna* a été fait du lat. *cis terrena*, ou *cis terram*, sous terre. Cette dernière étymologie est beaucoup plus vraisemblable.), réservoir souterrain d'eau de pluie.— En t. de mar., *citernes flottantes*, barques sur lesquelles sont pratiquées des plates-formes et de forts cloisons bien calfatées et brayées : elles forment des puits ou *citernes* qu'on remplit d'eau douce. — T. d'anat., *citerne de Pecquet*, renflement de la partie inférieure du canal thoracique.

CITERNEAU, subst. mas. (*citèrenô*), petite *citerne* avant la grande, où l'eau s'épure, et passe ensuite dans la *citerne* proprement dite.

CITEUR, subst. mas. (*citeur*). Barbarisme de *Boiste* copié sans scrupule par *Raymond*. Voy. CITATEUR.

CITHARE, subst. fém. (*citare*) (en grec κιθαρα, dont on a fait en lat. *cithara*), instrument de musique à sept ou neuf cordes, qui a été commun aux Hébreux et aux Grecs. Chez ceux-ci c'était une petite lyre appelée aussi χελυς, qui différait de la grande lyre ou βαρβιτος, en ce qu'on en pinçait les cordes avec les doigts, sans se servir du *plectrum*. La *cithare* était surtout employée dans les jeux pythiens. — Instrument des Italiens modernes, qui ne diffère en rien de l'ancien *sistre*. Voy. ce mot.

CITHAREXYLUM, subst. mas. (*citarékcilome*) (du grec κιθαρα, guitare, et ξυλον, bois), nom du bois de guitare, en grec. Inusité.

CITHARINE, subst. fém. (*citarine*) (en grec κιθαρα, dont on a fait en lat. *cithara*, dimin. de *cithare*), t. d'hist. nat., poisson du genre des saumones.

CITHARISTÉRIENNE, subst. fém. (*citaricetériène*), t. d'hist. anc., flûte des Grecs, nommée ainsi, si l'on en croit quelques auteurs, parce qu'elle s'accordait bien avec la *cithare*.

CITHARISTIQUE, adj. des deux genres (*citaricetike*), t. d'hist. anc., se disait de la musique et de la poésie appropriées à l'accompagnement de la *cithare*. Ce genre, inventé par Amphion, a pris depuis le nom de *lyrique*. — Il a été aussi subst. fém. On a dit : *la citharistique*, en parlant de ce genre.

CITHAROEDIQUE, subst. fém. (*citarédike*) (du grec κιθαρα, cithare, et ωδη, ode, chant), t. d'hist. anc., art d'accompagner la voix avec la *cithare*. — Il était aussi adj. des deux genres.

CITHAROÏDE, subst. fém. (*citaro-ide*) (même étym. que celle du mot précédent.), t. d'hist. anc., air, musique propre à la *cithare*. — Chanson faite pour être chantée avec accompagnement de *cithare*.

CITHÈRE, voy. CYTHÈRE.
CITHÉRÉE, voy. CYTHÉRÉE.
CITHÉRÉEN, voy. CYTHÉRÉEN.
CITHÉRÉIQUE, voy. CYTHÉRÉIQUE.
CITHÉRIADES, voy. CYTHÉRIADES.
CITHÉRODICE, voy. CYTHÉRODICE.
CITHÉRON, subst. mas., myth. Voy. CYTHÉRON.
CITHÉRONIDES, voy. CYTHÉRONIDES.
CITISE, voy. CYTISE.

CITOLE, subst. fém. (*citole*), instrument de musique en usage au treizième siècle.

CITOYEN, subst. mas. ; au fém. **CITOYENNE** (*citoèien, iène*), habitant d'une ville, d'une *cité* : *sage, riche citoyen; c'est un bon citoyen*, zélé pour la patrie, pour le bien général. — Membre d'une ville, d'un pays, d'une société jouissant de la liberté politique. On n'accorde ce titre aux femmes et aux enfants que comme à des membres de la famille d'un *citoyen* proprement dit : *citoyen originaire ; citoyen naturalisé; la qualité de citoyen*.—Depuis quelque temps on l'a employé comme adjectif : *il est trop citoyen pour... le pouvoir d'un roi citoyen est aussi étendu et bien plus agréable que celui du monarque le plus absolu*. (Bolingbroke). — Pendant la première révolution française, on avait substitué cette qualification à celle de *monsieur* et de *madame*. — *Citoyen actif*, celui qui réunit les qualités prescrites pour exercer les droits de *citoyen*.— *Citoyen français*. Dans l'état de notre législation, dit M. DE CHABROL-CHAMÉANE dans son *Dictionnaire de Législation usuelle*, il est assez difficile de définir ce qu'on doit entendre par le mot *citoyen*. La manière la plus certaine d'en déterminer la valeur est de rechercher quels sont les effets attachés à la *qualité de citoyen*. C'est ce que nous ferons sous le mot *droits civiques*. — Remarquons toutefois que la qualité de *citoyen* est essentiellement distincte de celle de *Français*. La qualité de Français confère la jouissance des *droits civils*; et la jouissance ou la privation de ces droits sont réglés par le Code civil. — Voy. *droits civils*, au mot DROIT. Quant à la qualité de *citoyen*, elle s'acquiert et se conserve conformément à la loi constitutionnelle, et confère l'exercice des *droits civiques*. En principe, on peut *être Français sans être citoyen*, si l'on n'a pas rempli les formalités voulues par la loi constitutionnelle. Mais la qualité de *citoyen* ne peut pas être conférée à des étrangers; elle suppose celle de *Français*. — Dans l'ancienne Rome, on appelait *citoyen romain*, non-seulement celui qui était né à Rome même, mais aussi celui qui avait obtenu le droit de bourgeoisie.

CITRAGON, subst. mas. (*citraguon*), t. de bot., nom donné à la mélisse.

CITRATE, subst. mas. *Boiste* est le seul qui fasse ce mot fém. (*citrate*), t. de chim., sel formé par l'union de l'acide *citrique* avec une base.

CITRE, pour SISTRE, est un barbarisme de *Laveaux*. — *Citre* ne se dit pas non plus pour *cidre*.

CITRÉ, E, adj. (*citré*), t. de chim., mélangé de *citron*, combiné avec le *citron*.

* **CITRIN, E**, adj. (*citrein, trine*), qui est de la couleur du *citron*. — Subst. mas., *citrin* se dit d'une espèce de crystal, ainsi appelée à cause de sa couleur *citrine*.

CITRINE, subst. fém. (*citrine*), essence de *citron*.

CITRIQUE, adj. des deux genres (*citrike*), t. de chim., se dit de l'acide tiré des *citrons* et autres fruits acides. —L'*Académie* semble vouloir ne lui donner que le genre mas., en n'indiquant pas qu'il est des deux genres, et en ne citant qu'un exemple mas.

CITRON, subst. mas. (*citron*) en lat. *citrum* pour *citreum*, dérivé du grec κιτριον), fruit du *citronnier*. On ne se sert plus de *citron*, en parlant du bois de son arbre ; il faut dire du *citronnier*, ou : du *bois de citron*. —Couleur de *citron*, *jaune pâle*. On dit aussi adjectivement : *taffetas citron*. — En t. d'hist. nat., papillon de jour.

CITRONNAT, subst. mas. (*citrona*), confiture faite d'écorces de *citron*.

CITRONNÉ, E, part. pass. de *citronner*, et adj., qui sent le *citron*; où il entre du *citron*.

CITRONNELLE, subst. fém. (*citronèle*), liqueur faite avec de l'eau-de-vie et du *citron*. — T. de bot., herbe fine et odoriférante; sorte de *mélisse*. — Espèce d'absinthe.

CITRONNER, v. act. (*citroné*), imbiber de *citron*. — *se* CITRONNER, v. pron.

CITRONNIEN, adj. mas. ; au fém. **CITRONNIENNE** (*citroniein, niène*), t. de chim. On a employé ce mot pour *citrique* : *acide citronnien*. Il n'est plus usité.

CITRONNIER, subst. mas. (*citronié*) (en grec κιτρια), arbre originaire de la Médie et de l'Afrique, transporté d'abord en Grèce et de là dans le midi de l'Europe. Il a les caractères de l'oranger, mais son fruit diffère par sa forme ovale, sa pointe obtuse et les pétioles, qui sont nus et simples, tandis que dans l'oranger ils sont ailés et cordiformes.

CITROSINES, subst. fém. plur. (*citrozine*), t. de bot., plantes campanulées.

CITROSME, subst. mas. (*citroceme*), t. de bot., plante qui comprend sept arbrisseaux du Pérou, lesquels exhalent une odeur de *citron*.

CITROUILLE, subst. fém. (*citrou-ie*), t. de jard., plante rampante, annuelle et potagère, très-connue, et qui porte un fruit fort gros, nommé aussi *citrouille*. — En style bas et pop., on appelle une femme trop grasse : *une grosse citrouille*; quelques-uns disent même *une grosse trouille*; ces expressions sont du dernier étage.

CITTA, subst. fém. (*citeta*), t. de médec. Voy. PICA, qui est seul usité. — Cependant *citta* est en italien l'abrégé du mot *civita*. Il signifie *ville, cité*. Nous donnons ce mot, quoique étranger, parce que nous l'avons conservé en français dans quelques noms de lieux d'Italie : *citta vecchia*, ville vieille; *citta nuova*, ville nouvelle, etc.

CITTARIS, subst. mas. (*citetarice*). VOY CIDARIS.

CITULE, subst. fém. (*citule*), t. d'hist. nat., poisson de la Méditerranée, formant un sous-genre parmi les carangues.

CIVADE, subst. fém. (*civade*), t. d'hist. nat., crangon vulgaire — Subst. mas., espèce de petite squille.

CIVADIER, subst. mas. (*civadié*), mesure d'arpentage en usage dans l'ancien Dauphiné.

CIVADIÈRE, subst. fém. (*civadière*), t. de mar., la voile du mât de beaupré, qui est sur la proue.

CIVE ou **CIVETTE**, subst. fém. (*cive, civète*) (du lat. *cæpa* ou *cepe*, ognon), t. de jard., plante potagère, à fleurs purpurines, dont la racine est composée de petites bulbes comme l'échalotte.

CIVET, subst. mas. (*civé*) (de la *cive* dont on assaisonne ce ragoût), ragoût composé de lièvre ou de lapin.

CIVETTE, subst. fém. (*civète*) de l'arabe *zebed* ou *zobad*, écume, ou plus particulièrement la liqueur tirée de la *civette*), petite *cive*. — T. d'hist. nat., animal qui ressemble à une grosse fouine, et dont on tire une liqueur épaisse et odoriférante. — La liqueur qu'on tire de cet animal.

CIVIÈRE, subst. fém. (*civière*) (du lat. barbare *cœnovectorium*, qui, dans les auteurs du moyen-âge, signifie la même chose, et qui est fait de *cœnum*, fumier, et de *veho*, je transporte), espèce de brancard sur lequel on porte à bras de la pierre, du fumier, etc. — Le proverbe : *cent ans bannière, cent ans civière*, qui se disait en parlant *des changements de fortune qui arrivent dans les familles*, nous paraît trop surranné pour être conservé aujourd'hui, quoique notre *Académie* le cite encore. — En t. de mar., cordage qui tient lieu de racage à la vergue de civadière sur le beaupré.

CIVIL, E, adj. (*civile*) (en lat. *civilis*), qui concerne les citoyens : *la vie civile ; société civile ; guerre civile*. — *État civil*, c'est la condition des personnes en ce qui touche les relations de famille, la minorité ou majorité, l'interdiction, les mariages, la mort civile ou naturelle, etc. — *Officier de l'état civil*, fonctionnaire qui, dans chaque commune, est chargé de la tenue des registres de l'état civil. Les *officiers de l'état civil* ont été institués pour constater tout ce qui se rattache aux mariages, naissances, décès, etc. —*Actes* ou *registres de l'état civil*. Les *actes de l'état civil* sont destinés à constater les naissances, adoptions, mariages, décès. Ces actes sont soumis à des règles générales et spéciales à chacun d'eux. — *Civil* se dit aussi par opposition de *bourgeois* à *militaire*, et même de *laïque* à *ecclésiastique* : *avoir un emploi civil; les autorités civiles, militaires, ecclésiastiques*. — On dit même subst., au mas., *le civil et le militaire*. — Il se dit au palais par opposition à *criminel* : *procès civil; matière, affaire, partie civile*. Voy. PROCÉDURE, PARTIE. — *Droit civil*. Voy. DROIT. — *Intérêts civils*, dédommagement qui est dû à quelqu'un sur les biens d'un condamné, pour le tort qu'il a souffert par le crime commis. — On dit aussi subst., au mas. : *le civil et le criminel*. — En parlant des personnes, honnête, poli. Voy. HONNÊTE.— On dit : *civil envers* ou *à l'égard de quelqu'un*, et non pas : *civil à quelqu'un*, quoique *Fléchier* ait dit : *civil à ceux à qui il ne pouvait être que favorable*. Ce régime à serait aujourd'hui un véritable solécisme. — *Requête civile, mort civile*. Voy. REQUÊTE, MORT.

CIVILEMENT, adv. (*civileman*), d'une manière *civile*, avec *civilité*. — En matière *civile* ; *procéder, poursuivre, juger civilement ; être mort civilement*, être frappé de *mort civile*. — *Être civilement responsable*, être responsable du dommage commis par une personne sur laquelle on a autorité.

CIVILISABLE, adj. des deux genres (*civilizable*), qui peut être *civilisé*.

CIVILISATEUR, adj. mas. ; au fém. **CIVILISATRICE** (*civilisateur, trice*), qui *civilise* : *principe civilisateur*.

CIVILISATION, subst. fém. (*civilizâcion*), action de *civiliser*, ou état de ce qui est *civilisé*.

CIVILISÉ, E, part. pass. de *civiliser*.

CIVILISER, v. act. (*civilizé*), rendre *civil* et sociable ; polir les mœurs. — T. de palais, rendre *civile* une affaire criminelle. Peu usité aujourd'hui dans cette dernière acception. — *se* CIVILISER, v. pron. : *les peuples se civilisent lentement*. — On dit d'un homme qui prend des manières affables, qui prend plus d'à-plomb, *qu'il se civilise*. — S'apaiser, devenir moins grave, en parlant d'une querelle, d'une affaire, d'une nouvelle fâcheuse, d'une contestation. Nous pensons cependant que *se civiliser* ne se dit plus guère dans ces deux derniers sens, et les exemples suivants, que nous puisons dans l'*Académie* : *la querelle se civilise, cette affaire se civilise*, ne nous paraissent pas appartenir à un langage français bien pur et bien moderne.

CIVILITÉ, subst. fém. (*civilité*) (du latin *civilitas*, conduite sage, *civile*, telle que doit être celle d'un citoyen), honnêteté, courtoisie, délicatesse dans la manière honnête et *civile* de vivre et de converser dans le monde. — Livre qui enseigne les règles de la *civilité*. — *N'avoir pas lu la Civilité puérile et honnête*, se dit d'un homme qui manque aux devoirs les plus essentiels de la politesse. Cette expression est tirée d'un vieux livre fait pour apprendre la *civilité* aux enfants, et qui portait pour titre : *la Civilité puérile et honnête*. Il était même écrit en caractères gothiques. — Au plur., paroles *civiles*, formule de compliment : *faites-lui mes civilités*. — CIVILITÉ, POLITESSE. (*Syn.*) La *civilité* est, par rapport aux hommes, ce qu'est le culte public par rapport à Dieu, un témoignage extérieur et sensible des sentiments intérieurs et cachés. La *politesse* ajoute à la *civilité* ce que la dévotion ajoute à l'exercice du culte public, les marques d'une humanité plus affectueuse, plus occupée des autres, plus recherchée. — La *civilité* est un cérémonial qui a ses règles, mais de convention ; elles sont différentes selon les temps et les lieux, selon les conditions des personnes avec qui l'on traite. La *politesse* consiste à ne rien faire, à ne rien dire qui puisse déplaire aux autres, et à faire et à dire tout ce qui peut leur plaire ; et cela avec des manières et une façon de s'exprimer qui ait quelque chose de noble, d'aisé, de délicat. — Un homme du peuple, un simple paysan, peuvent être *civils* ; il n'y a qu'un homme du monde qui puisse se montrer *poli*. — La *civilité* n'est point incompatible avec une mauvaise éducation ; la *politesse*, au contraire, suppose une éducation excellente, du moins à bien des égards. — La *civilité* trop cérémonieuse est fatigante et inutile, l'affectation la rend suspecte de fausseté, et les gens éclairés l'ont entièrement bannie ; la *politesse* est exempte de cet excès. Plus on est *poli*, plus on est aimable ; mais il arrive souvent aussi que cette *politesse* si aimable n'est que l'art de se passer des vertus sociales qu'elle affecte faussement d'imiter.

CIVIQUE, adj. des deux genres (*civike*) (en lat. *civicus*), du *citoyen* ; qui concerne le *citoyen* : *inscription, serment civique*. — *Dégradation civique*. Voy. DÉGRADATION. — *Couronne civique*, celle qu'obtenait, chez les Romains, le soldat qui avait sauvé un *citoyen* dans une bataille.

CIVISME, subst. mas. (*civiceme*), zèle qui anime le *citoyen*, et qui se manifeste dans son empressement à remplir tous les devoirs attachés à cette qualité. — Caractère du vrai *citoyen*, qui se dévoue à ses concitoyens à ses propres risques et périls. — CIVISME, PATRIOTISME. (*Syn.*) Par le *patriotisme*, on aime, on fait profession d'aimer sa *patrie*. Par le *civisme*, on se consacre à sa patrie, à ses concitoyens ; on les sert par tous les moyens que l'on a en son pouvoir. Le *civisme* réside dans la conduite d'un bon citoyen, dans le zèle à en remplir tous les devoirs : le *patriotisme* est le sentiment dont tout bon citoyen est animé pour les avantages et le bonheur de sa patrie.

CIVITA, subst. fém. (*civita*), mot purement italien et qui veut dire *ville*. — Nom propre d'une petite ville dans l'état de Venise.

CIVRAY, subst. propre mas. (*civré*), ville de France, chef-lieu d'arrond., dép. de la Vienne.

CLABAUD, subst. mas. (*klabô*) (suivant *Nicot*, de l'hébreu *kaleb* ou de l'arabe *ketb*, chien), chien de chasse qui a les oreilles pendantes, et qui crie mal à propos sur les voies. — Fig. et fam., on l'a dit d'un homme stupide et grossier, qui parlait beaucoup et mal à propos. — On a dit aussi fig. et fam., d'une forme de chapeau à bords pendants, qu'il *est clabaud*, qu'il *fait le clabaud*. Presque inusité.

CLABAUDAGE, subst. mas. (*klabôdaje*), bruit que font plusieurs chiens qui *clabaudent*. — Fig. et fam., criailleries vaines et incommodes ou faites pour des riens. — Nous ne lisons pas *clabaudement* dans l'*Académie* ; mais elle nous donne *clabaudage* et *clabauderie*, qui se disent tous deux, on ne peut le contester. Mais ne devrait-on pas conserver *clabaudage* pour le sens propre, et *clabauderie* pour le sens figuré ? Nous ne pouvons, nous, que proposer les améliorations ; c'est à l'*Académie* qu'il appartient de trancher la question, et c'est ce qu'elle ne fait pas assez souvent.

CLABAUDÉ, part. pass. de *clabauder*.

CLABAUDEMENT, subst. mas. (*klabôdeman*), pour *clabauderie*, criaillerie importune, se trouve dans la *Satire Ménippée*, page 80 de l'édition in-8°. *Vous n'oyez plus aux classes ce clabaudement latin des regens qui obtondoient les oreilles de tout le monde.* Voy. CLABAUDAGE.

CLABAUDER, v. neut. (*klabôdé*), au propre, aboyer fréquemment. Voy. CLABAUD. — Fig. et fam., 1° crier, faire du bruit mal à propos et sans sujet : *cet homme ne fait que clabauder* ; 2° crier contre quelqu'un : *il clabaude sans cesse contre les gens de bien, contre ses supérieurs.*

CLABAUDERIE, subst. fém. (*klabôderi*), criaillerie importune et dont le sujet est dénué de fondement. Voy. CLABAUDAGE.

CLABAUDEUR, subst. mas., au fém. CLABAUDEUSE (*klabôdeur, deuze*), celui, celle qui crie beaucoup et sans sujet, qui invective, etc. Voy. CLABAUDER.

CLABAUDEUSE, subst. fém. Voy. CLABAUDEUR.

CLABAUDIER, subst. mas. (*klabôdié*), s'est dit autrefois pour *clabaudeur*.

CLADANTHE, subst. fém. (*kladante*), t. de bot., genre de plantes de la famille des corymbifères.

CLADÉE, subst. propre mas. (*kladé*), myth., fleuve de l'Élide, dont les Grecs avaient fait une divinité.

CLADEUTÉRIES, subst. fém. (*kladeutéri*) (du grec χλαδευτηριον, serpette, dérivé de χλαδος, rameau, t. d'hist. anc., fêtes qui se célébraient à l'époque de la taille des vignes.

CLADION, subst. mas. (*kladion*), t. de bot., sorte de marisque.

CLADIUM, subst. mas. (*kladiome*), t. de bot., genre de plantes de la famille des corymbifères.

CLADOBATE, subst. mas. (*kladobate*), t. d'hist. nat., espèce d'oiseaux de la famille des grimpeurs.

CLADODE, subst. mas. (*kladode*), t. de bot., arbrisseau de la famille des euphorbes.

CLADONIE, subst. fém. (*kladoni*), t. de bot., sorte de plantes.

CLADOSTYLE, subst. fém. (*kladocetile*), t. de bot., plante annuelle de l'Amérique.

CLADOTÉRIES, subst. fém. plur. (*kladotéri*). Voy. CLADEUTERIES.

CLAIE, subst. fém. (*klé*) (du grec χλαδος, haie, clôture, dérivé de χλειω, je ferme), ouvrage de vannier, formé de plusieurs bâtons menus et parallèles, plus ou moins espacés, et fixés par une chaîne d'osier et d'autres bâtons menus et flexibles : *on se sert de claies dans les jardins pour passer des terres, du sable. Passer à la claie*, jeter avec une pelle de la terre pierreuse pour faire passer la bonne terre au travers. — *Traîner sur la claie*, traîner publiquement un cadavre sur une *claie* que le bourreau faisait anciennement tirer par un cheval. — T. d'orfèvre, espèce de faux plancher en bois, divisé en petites chambrettes, et mobile à volonté, que les orfèvres mettent sous l'établi où ils travaillent, pour recevoir les paillettes d'or ou d'argent qui se détachent de leur ouvrage. — En t. de fortif., ouvrage fait avec des branches d'arbres, étroitement enlacées les unes dans les autres, et dont on se sert pour passer un fossé qui vient d'être saigné, en les jetant sur la boue qui reste au fond. On s'en sert aussi pour couvrir un logement, et alors on les charge de terre pour se garantir des feux d'artifice et des pierres que l'ennemi pourrait jeter dessus. — En t. de pêche. Voy. CAGE.

CLAIM, subst. mas. (*klein*) (en lat. *clamor*), cri, clameur, prière, poursuite, plainte, demande, etc. — En t. d'anc. jurispr., clameur, ajournement ou demande. Ce mot est vieux et inus.

CLAIMÉ, E, part. pass. de *claimer*.

CLAIMER, v. act. (*klémé*) (du lat. *clamare*), autrefois demander, prier, invoquer. Ce mot est inus. aujourd'hui.

CLAIN, subst. mas. (*klein*), morceau de bois taillé en biseau, à l'usage des tonneliers.

CLAIR, E, adj. (*klère*) (en lat. *clarus*), éclatant, lumineux ; qui jette, qui répand de la lumière : *le feu est clair de sa nature ; la lune est claire*. — Qui reçoit beaucoup de jour : *ce cabinet est bien clair ; salon, chambre fort claire*. — Luisant, poli : *vaisselle fort claire*. — En parlant de couleurs, moins foncé : *vert clair, rouge clair*, etc. — Transparent : *clair comme du crystal de roche*. — Qui n'est point trouble : *vin clair, eau claire, fontaine claire ; lait clair*, petit lait, ou lait qui n'est pas épaissi. — En parlant du temps, pur et serein : *temps clair*. — *Teint clair*, vif, uni, de bonne mine. — Qui a trop peu de consistance : *ce sirop est trop clair*. — Qui n'est pas assez serré : *toile claire*. — En parlant de la voix et des sons, net et aigu : *voix claire*. — Intelligible, aisé à comprendre : *discours clair ; idée, expression claire*. — Évident, manifeste : *son droit est clair*. — Net : *esprit clair, jugement clair*. — En parlant de l'argent, qu'on peut toucher quand on veut : *c'est de l'argent clair*. — *Bois clair*, dont les arbres ne sont pas près les uns des autres. — Prov. : *il n'y fera que de l'eau claire*, il n'y réussira pas. — *Il n'y a pas d'eau claire à boire*, il n'y a aucun profit à espérer de telle affaire.

CLAIR, subst. mas. (*klère*), clarté, lumière : *un beau clair de lune*. — En peint., *un clair de lune* est la représentation d'un tableau offrant un effet de *lune*, ou une vue prise au *clair de la lune*. — *Au clair de la lune*, à la belle étoile. — Au plur., t. de peint., parties éclairées d'un tableau : *il y a dans ce tableau des clairs d'un fini admirable*. — T. de tapissier, *clairs* se dit des soies et des laines *claires* qui servent à rehausser l'effet du travail.

CLAIR, adv. (*klère*), clairement, distinctement, nettement : *voir clair, entendre clair*. — *Il fait clair*, il fait jour, ou bien il fait peu nuit ; *il fait clair* signifie même encore que la lune reluit. — Il se dit surtout au fig. : *voir clair dans une affaire ; il voit fort clair*, il a l'esprit pénétrant ; *il entend fort clair*, il entend à demi-mot. — *Parler clair*, d'une voix haute et aiguë. — On dit fig. : *parler clair et net*, ou *haut et clair*, franchement, sans adoucissement et sans détour. — *Prouver clair comme le jour que....* — *A clair*, loc. adv., sans rien laisser de trouble : *tirer à clair* ou *au clair*. — *Tirer du vin au clair*, le mettre en bouteilles quand il a bien reposé. — Au fig., on dit toujours *au clair* : *tirer une affaire au clair*. — En style de diplomatie, *écrire des lettres en clair*, des lettres qui ne sont pas chiffrées. — On dit *semer clair*, pour dire répandre de loin en loin, et en moindre quantité qu'on ne le fait ordinairement. De cette expression, on a fait l'adjectif *clair-semé*, qui se dit des choses qui ne se trouvent que de loin en loin, dans un endroit où elles se trouvent ordinairement près les unes des autres : *les arbres y étaient clair-semés*. Voy. CLAIR-SEMÉ.

CLAIR (SAINT-), subst. propre mas. (*ceinklère*), bourg de France, chef-lieu de canton, arrond. de Saint-Lô, dép. de la Manche.

CLAIRAN, subst. mas. (*kléran*), sonnette que l'on pend au cou des chevaux. Voy. CLARINE, seul mot que donne l'*Académie*, et qui est en effet plus usité.

CLAIR-BRUN, subst. mas. (*klèrebrun*), se dit des cheveux ou du teint d'une personne, par comparaison ; cet effet a lieu sur une personne qui a le teint fort blanc et les cheveux très-noirs. — On dit au fém. *clair-brune* : *cette jeune fille est clair-brune*, a les cheveux *clairs-bruns*.

CLAIR-DE-LUNE, subst. mas. (*klèredelune*), lumière de la lune. *Vanière* a dit : *la demi-science est un clair-de-lune qui cache un précipice et en éclaire un autre*. — Au plur., des *clairs-de-lune*.

CLAIRE, subst. fém. (*klère*), cendres lavées ou os calcinés, dont on se sert dans l'affinage.

CLAIRÉE, subst. fém. (*klère*), sucre clarifié et prêt à être cuit. — En t. de salines et au plur., les réservoirs des marais salants.

CLAIREMENT, adv. (*klèreman*), d'une manière *claire* ; nettement, sans obscurité, distinctement.

CLAIRE-SOUDURE, subst. fém. (*klèreçoudure*), sorte d'étain.

CLAIRET, adj. mas., au fém. CLAIRETTE (*klèré, rète*), qui est un peu *clair* ; le masculin se dit proprement du vin rouge, à la différence du blanc : *vin blanc* et *vin clairet*, ou substantivement du *blanc* et du *clairet*. — On le dit aussi d'un vin rouge *clair*, par opposition à un autre plus foncé. — Le féminin se dit d'une liqueur faite avec de l'eau-de-vie, du sucre, etc., qu'on appelle *eau clairette*.

CLAIRET, subst. mas. (*klèré*), vin léger et *clair*. — Les Anglais appellent *clairet* le vin de Bordeaux. — T. de joaillier, pierre dont la couleur est trop faible. — En t. de pharm., infusion de poudres aromatiques dans du vin, qu'on édulcore ensuite avec du sucre ou du miel.

CLAIRETTE, adj. fém. Voy. CLAIRET, adj. — Subst. fém., t. de bot., sorte de plante. Voy. MÂCHE. — *Clairettes*, subst. fém. plur., religieuses de Cîteaux.

CLAIRE-VOIE, subst. fém. (*klèrevoé*), ouverture dans le mur d'un jardin, d'un parc, qui n'est fermé que par une grille ou une espèce de fossé appelé saut-de-loup. — Espace trop large des solives d'un plancher, des poteaux d'une cloison, etc. — Au plur., des *claires-voies*, des *voies* qui sont *claires*. — *A claire-voie*, loc. adv. : *semer à claire-voie*, semer la graine en la dispersant sur la terre qu'on ensemence. — *Ouvrage de charpente, de menuiserie, d'osier à claire-voie*, dont les diverses parties laissent du jour entre elles. — On le dit aussi de tous les tissus qui ne sont pas serrés.

CLAIRIER, subst. mas. (*klèrié*), levain couvert de mousses.

CLAIRIÈRE, subst. fém. (*klérière*), endroit dans une forêt tout-à-fait dégarni d'arbres. — T. de lingère, endroit d'une toile mal ou inégalement ourdie. — Défaut dans le drap mal tissu.

CLAIR-OBSCUR, subst. mas. (*klèrobcekure*), t. de peint., l'art de combiner avantageusement les lumières et les ombres qui doivent se trouver dans un tableau, tant pour le repos et la satisfaction des yeux, que pour l'effet de l'ensemble. Il s'entend plus particulièrement des grandes lumières et des grandes ombres ramassées avec un talent qui en cache l'artifice : *Rembrandt a tout sacrifié à la magie du clair-obscur*. — *Clair-obscur* se dit encore des effets mêmes produits par le bel accord et par la bonne distribution du jour et des ombres. — On appelle dessin de *clair-obscur*, un dessin qui est lavé d'une seule couleur brune, et dont les lumières sont rehaussées de blanc. — On nomme *tableau de clair-obscur*, un tableau qui n'est que de deux couleurs. — Les planches gravées à la manière noire portent aussi le nom générique de *clair-obscur*. — Fig., *clair-obscur* se dit d'un mélange de science et d'ignorance, de lumières et de ténèbres.—Au plur., des *clairs-obscurs*, des *clairs* qui sont *obscurs*.

CLAIRON, subst. mas. (*klèron*) (du lat. *clarus*, clair, parce que le son du *clairon* est fort clair), sorte de trompette dont le son est plus aigu et plus perçant que le son de la trompette ordinaire. Cependant on dit quelquefois, et surtout en poésie, *clairon* pour *trompette*. — Jeu d'orgue harmonieux qui imite cet instrument. — C'est aussi un t. de blason, mais on ne s'accorde pas sur ce qui doit le représenter. Quelques-uns disent que ces *clairons* sont une espèce d'ancienne trompette; d'autres pensent qu'ils représentent plutôt le gouvernail d'un navire, et d'autres enfin l'arrêt d'une lance. (*Harris*.) — En t. de mar., endroit du ciel qui paraît *clair* dans une nuit obscure. — T. d'hist. nat., genre d'insecte de l'ordre des coléoptères.

CLAIRONADE, subst. fém. (*klèronade*), scène pathétique bien rendue par l'acteur. *Voltaire* a créé ce mot du nom de *Clairon*, célèbre actrice de son temps. Ce mot est tout-à-fait hors d'usage.

CLAIRONNES, subst. fém. plur. (*klèrone*), t. d'hist. nat., tribu d'insectes de l'ordre des coléoptères, formé du genre *clairon*.

CLAIRS, subst. mas. plur. (*klère*), t. de peint., les couleurs hautes que représentent les jours, les parties éclairées : *les clairs sont bien entendus dans ce tableau*. — Dans les ouvrages de tapisserie, les laines et les soies *claires*.

CLAIR-SEMÉ, E, adj. (*klèreceme*), qui n'est pas mis, ou qui ne se trouve pas près à près. Il se dit de choses éloignées les unes des autres, ou qui se rencontrent seulement de loin en loin. — Rare : *l'argent est chez lui fort clair-semé*. Dans ce composé, *clair* est adv. et par conséquent indéclinable. On dit *clair-semée* au fém., et *clair-semés*, au plur. : *du blé clair-semé; les arbres sont clair-semés dans ce verger*. — Fig., en parlant des ouvrages d'esprit : *les beautés sont clair-semées dans ce poème*.

CLAIRVAUX, subst. propre mas. (*klèrevô*), petite ville de l'ancienne province de Champagne, et célèbre par une abbaye qui y fut fondée en 1115.

CLAIRVAUX-LES-VAUX-DAIN, subst. propre mas. (*klèrevôlèvodein*), ville de France, chef-lieu de canton, arrond. de Lons-le-Saulnier, dép. du Jura.

CLAIRVOIR, subst. mas. (*klèrevoar*), sculpture à jour dans les buffets d'orgue. Peu usité.

CLAIR-VOYANCE, subst. fém. (*klèrevoèiance*), (formé du latin *clare*, clairement, et *videre*, voir), sagacité, pénétration dans les affaires : *rien ne peut échapper à sa clair-voyance*.—L'*Académie* écrit *clairvoyance* et *clairvoyant* sans trait de séparation. Nous préférons, nous, écrire *clair-voyance* et *clair-voyant*, avec *Gattel* et *Boiste*, parce que cette orthographe fait mieux comprendre que dans ces deux mots *clair* est adv. et indéclinable. Nous ne craindrons pas encore d'avancer que l'*Académie*, en écrivant *clairvoyance* par un seul mot, devrait écrire *clairevoyance*, car ici *clair* cesse d'être adv., et devient un véritable adj. qui doit s'accorder avec le vieux mot *voyance*, qui s'est dit autrefois pour *prévision*.

CLAIR-VOYANT, E, adj. (*klèrevoèian, iante*), qui a l'esprit fin et pénétrant dans les affaires, qui découvre les choses obscures : *la haine est clair-voyante et l'amour ne l'est pas*. Voy. CLAIR-VOYANCE.

CLAMART, subst. propre mas. (*klamar*), nom d'un cimetière situé aux portes de Paris.

CLAMÉ, E, part. pass. de *clamer*.

CLAMEAU, subst. mas. (*klamô*), t. de guerre, espèce de crampon servant à lier les poutrelles des ponts en bois.

CLAMECI, et non pas **CLAMECY**, subst. propre mas. (*klameci*) (en lat. *clameciacum*), ville de France, chef-lieu d'arrond., dép. de la Nièvre.

CLAMER, v. act. (*klâmé*) (en lat. *clamare*), appeler, nommer.—Ce mot est vieux et presque inusité.

CLAMESI, subst. mas. (*klamezi*), acier qui vient du Limousin.

CLAMEUR, subst. fém. (*klâmeur*) (en lat. *clamor*), grand cri; cri public, souvent tumultueux et sans fondement. *Clameur* ajoute au mot *cri* une idée de ridicule, par son objet ou par son excès : *le sage respecte le cri public et méprise les clameurs des sots*. Le plus grand usage de ce mot est au pluriel; quand on l'emploie au sing., on le dit de plusieurs et jamais d'une seule personne. — *Clameur publique*, soulèvement du peuple contre quelque crime connu. — *Clameur de haro*, vieux t. de pratique; c'était autrefois la sommation de comparaître au seul cri de *haro* devant le juge ou les magistrats. (C'est un terme de l'ancienne coutume de Normandie, qui vient de ce que, sous l'un des premiers chefs normands établis en France, nommé *Roll* ou *Rollon*, et connu par son amour extrême pour la justice, invoquer ce prince par la seule exclamation *ah! Roll*, c'était se procurer une protection assurée contre les vexations et les rapines.—*Clameur au ciel*, autrefois plainte contre les usurpateurs du bien d'autrui. Quelquefois ceux qui usurpaient le bien des particuliers étaient des seigneurs si puissants, qu'il était inutile d'user contre eux des voies ordinaires de la justice : alors on se contentait de les citer devant Dieu, avec des cérémonies qui ne manquaient guère de leur inspirer de la terreur, et de les engager à la restitution. Ce fut ainsi que Thomas de Saint-Jean ayant usurpé quelques terres du Mont-Saint-Michel, les moines firent une litanie contre lui, et la chantèrent publiquement pendant la messe, jusqu'à ce que l'usurpateur effrayé vînt se jeter à leurs pieds, pour leur demander miséricorde.

CLAMEUSE, adj. fém. (*klâmeuze*), usité seulement dans *chasse clameuse*, sorte de chasse qui se fait avec grand bruit. L'*Académie* a tort de ne pas donner cet adj. fém.

CLAMIDE, subst. fém. (*klamide*). Barbarisme. Voy. CHLAMYDE.

CLAMOUR, subst. fém. (*klamour*), vieux mot qui s'est dit pour *clameur*.

CLAMP, subst. mas. (*klan*), t. de mar., pièce de bois qu'on applique contre un mât ou contre une vergue pour les fortifier et pour empêcher que le bois n'éclate. — Ouverture longitudinale pratiquée dans le bord du vaisseau, et dans laquelle on place un rouet de poulie avec un essieu. Dans ce sens on dit aussi *clan*.

CLAMPIN, E, subst. (*klanpein, pine*), boiteux. — Fig. et fam., lent : *est-il clampin! c'est une clampine*. Voy. CLANPIN. — Nous ne lisons ni *clampin* ni *clanpin* dans l'*Académie*.

CLAMPONIER ou **CLAPONIER**, subst. et adj. mas. (*klanponié, klaponié*), t. de manège, *cheval clamponier*, qui a les paturons longs, effilés et trop pliants. — *Raymond*, qui a copié ces deux mots dans *Gattel* ou dans *Laveaux*, n'aurait pas dû faire une faute d'orthographe en écrivant *clamponier*, par un *n* et *claponnier* par deux *n*. Il est inexcusable, lui surtout, dont le seul titre se réduit à celui de copiste.

CLAN, subst. mas. (*klan*) (de l'écossais *klaan*, enfant), tribu en Écosse et en Irlande. — T. d'hist. anc., diverses tribus des anciens Calédoniens. — T. de mépris, secte, association. — En t. de mar. Voy. CLAMP.

CLAN ou **CLAND**, subst. mas. (*klan*), t. de parcheminier, morceau de bois qui sert à arrêter sur la herse les peaux qu'on veut travailler.

CLANCULAIRES ou **OCCULTES**, subst. mas. plur. (*klankulère*) (du lat. *clanculò*, clandestinement), secte particulière d'anabaptistes qui se réunissaient secrètement, et qui prétendaient pouvoir sans crime déguiser leur religion quand ils étaient interrogés, croyant qu'il suffisait d'y rester attaché dans le fond de sa conscience.

CLANDESTIN, E, adj. (*klandècetein, tine*) (en lat. *clandestinus*, formé dans la même signification de *clàm*, en secret), qui se fait en cachette, contre les lois ou la morale : *assemblée clandestine*. — Autrefois on appelait *clandestin* tout *mariage* qu'on ne pouvait prouver par témoin avoir été célébré, quoiqu'il l'eût été en présence d'un prêtre. On appelle aujourd'hui *mariage clandestin* celui qui se fait sans les solennités prescrites par les canons et par les lois civiles, et on réduit ces solennités à quatre choses. La première, c'est d'obtenir, avant le mariage, le consentement des parents; la seconde, la publication des bans; la troisième, la bénédiction nuptiale; la quatrième, la présence d'un prêtre et de témoins. Selon l'esprit du concile de Trente, il n'y a que les mariages que l'on contracte hors de la présence du curé, ou de quelque autre prêtre commis par lui ou par l'évêque diocésain, et de deux ou trois témoins, qu'on puisse appeler proprement *clandestins*; car la *clandestinité* dont le concile a fait un empêchement dirimant ne convient qu'à ces sortes de mariages.— Au fig., caché, secret : *démarches, intrigues clandestines*.

CLANDESTINE ou **HERBE CACHÉE**, subst. fém. (*klandècetine*), t. de bot., petite plante qui croît sous la mousse, et à la racine des arbres, dont elle tire sa nourriture; sa fleur, d'un beau pourpre, est monopétale. C'est un prétendu spécifique contre la stérilité.

CLANDESTINEMENT, adv. (*klandècetineman*), d'une manière *clandestine*, c'est-à-dire en cachette.

CLANDESTINITÉ, subst. fém. (*klandècetinité*, t. de jurispr., le défaut de formalités nécessaire, qui rend une chose *clandestine*.

CLANGOR, subst. mas. (*klanguor*), mot tout latin qui signifie *bruit aigu*. — T. de médec., bruit qui est produit par une voix aigre et perçante. Peu usité.

CLANPIN, E, adj. que nous trouvons dans *Boiste* pour CLAMPIN, est moins usité que ce dernier.

CLANS, subst. mas. plur. Voy. CLAN et CLAMP.

CLAPÉ, part. pass. de *claper*.

CLAPER, et non pas **CLAPPER**, comme l'écrit *Boiste*, v. neut. (*klapé*), frapper la langue contre le palais avec un bruit aigu et net. Il se dit des oiseaux de proie. —Articuler du gosier comme les Hottentots.

CLAPET, subst. mas. (*klapè*), pièce de pompe qui bouche et qui débouche alternativement le passage de l'eau. — Dans les instruments de musique, petite soupape garnie de cuir, qui se lève et se baisse comme une simple charnière. — Le cuir même qui recouvre quelquefois deux plaques de métal.

CLAPI, E, part. pass. de *clapir*.

CLAPIER, subst. mas. (*klapié*) (suivant *Henri Estienne* et *Lancelot*, du grec κλεπτειν, dérober; le *clapier* étant un lieu où le lapin se cache et se dérobe à la vue), certains petits trous creusés pour les lapins et quelquefois par eux-mêmes, où ils se retirent. — Cage de bois où l'on nourrit les lapins domestiques. — Lapin élevé dans ces sortes de cages, et, par extension, un mauvais lapin. — T. de chir., sinus des fistules.

CLAPIR, v. neut. (*klapir*); il se dit du cri naturel du lapin. — *se* CLAPIR, v. pron., se tapir, se cacher dans un trou. Il ne se dit guère au propre que des lapins. — Au fig., se blottir, se cacher.

CLAPOTAGE (l'*Académie* dit aussi **CLAPOTIS**, toujours deux mots avec des acceptions semblables, où il ne devrait y en avoir qu'un), subst. mas. (*klapotaje*), t. de mar., effet de la mer *clapoteuse*. — Mouvement de l'eau, peu sensible sur le bâtiment, mais assez fort pour empêcher de reconnaître facilement son tirant d'eau aux marques accoutumées.

CLAPOTÉ, E, part. pass. de *clapoter*.

CLAPOTER, v. neut. (*klapoté*), t. de mar., être dans un état d'agitation, de *clapotage*, en parlant de la mer et des flots.

CLAPOTEUSE, adj. fém. Voy. CLAPOTEUX.

CLAPOTEUX, adj. mas., au fém. **CLAPOTEUSE** (*klapoteu, teuze*), t. de mar. Il se dit de la mer lorsqu'elle s'élève par petites lames courtes et serrées les unes contre les autres, de sorte qu'elles se succèdent rapidement en venant de plusieurs côtés : *mer claboteuse*. — L'*Académie* et *Gattel* ne donnent pas le mas. *clapoteux;* ne dirait-on donc pas bien : *des flots clapoteux ?*

CLAPOTIS, subst. mas. (*klapoti*), t. de mar. Voy. CLAPOTAGE, qui nous semble moins extraordinairement formé, si nous faisons attention au génie de notre langue.

CLAPPEMENT, subst. mas. (*klapeman*), t. d'anat., action de *claper*, son effet; c'est le bruit aigu et net de la langue contre le palais.

CLAQUADE, subst. fém. (*klakade*), mot populaire qui signifie coups répétés. Il est fâcheux que nous ne trouvions pas ce mot dans l'*Académie*, car il exprime bien et dit plus que *claque*.

CLAQUE, subst. fém. (*klake*), coup du plat de la main, qui fait du bruit. Ce mot est une pure onomatopée. — Applaudissements à coups réitérés du plat des mains. — La troupe, la réunion des *claqueurs* gagés pour applaudir les acteurs et les auteurs : *chef de claque*, celui qui dirige les *claqueurs*. Voy. CLAQUES.

CLAQUE, subst. mas. (*klake*), t. d'hist. nat., petit oiseau. — Espèce de chapeau aplati ou brisé, ou qui peut se briser, qu'on porte sous le bras.

CLAQUÉ, E, part. pass. de *claquer*.

CLAQUEBOIS, subst. mas. (*klakeboa*), t. de mus., instrument composé de dix-sept bâtons dont la dégradation est telle qu'ils donnent autant de degrés diatoniques. On les fait résonner en frappant dessus avec deux baguettes.

CLAQUE-DENTS, et non pas CLAQUE-DENT, comme écrit l'*Académie*, car on ne fait pas de bruit avec une seule dent, subst. mas. (*klakedan*), t. d'injure et de mépris.—Bruit des *dents* lorsqu'elles s'entrechoquent.—Pauvre misérable qui tremble de froid; gueux.—Braillard, qui ne sait ce qu'il dit, ou bien qui parle de lui avec jactance: *ce n'est qu'un misérable claque-dents.*

CLAQUEMENT, subst. mas. (*klakeman*), bruit que font les dents, les mains, lorsqu'elles s'entrechoquent; le fouet, lorsqu'il frappe l'air.

CLAQUEMURÉ, E, part. pass. de *claquemurer*.

CLAQUEMURER, v. act. (*klakemuré*), renfermer, resserrer dans une étroite prison. — *se* CLAQUEMURER, v. pron., se resserrer, se tenir renfermé.

CLAQUE-OREILLES, et non pas CLAQUE-OREILLE, comme l'écrivent *Boiste*, *Laveaux* et *Raymond*, qui a copié les deux premiers, subst. mas. (*klakoré-ie*), vieux mot qui a signifié un chapeau dont les bords étaient pendants. — Celui qui le porte. — Au plur., des *claque-oreilles*, des chapeaux qui *claquent sur les oreilles*. Mot hors d'usage.

CLAQUER, v. neut. (*klaké*) (par onomatopée) faire un certain bruit aigu et éclatant : *claquer des mains; un fouet qui claque bien.* — On dit fig. et fam., *faire claquer son fouet*, faire valoir son autorité, son crédit, dit l'*Académie* : nous préférerions traduire cette expression par *avoir de la jactance*, etc. — V. act., donner une *claque*; et fig. : applaudir. — *se* CLAQUER, v. pron.

CLAQUES, subst. fém. plur. (*klake*) (onomatopée du bruit que font ces sortes de *sandales*); espèce de sandales fort larges que l'on met pardessus les souliers pour les garantir de l'humidité et de la crotte.

CLAQUET ou **CLIQUET**; comme l'*Académie* nous préférerions *claquet* à *cliquet*, deux mots que donnent tous les *dictionnaristes*. Nous ne pouvons guère raisonner contre l'acception de ces deux mots, quoiqu'ils signifient une même chose, et cela parce qu'ils peuvent produire tous deux également l'effet d'une onomatopée; mais nous trouverons mauvais que l'*Académie* n'ait pas fait mention de *cliquet*, elle qui dit *cliqueter* pour *le bruit qui imite le cliquet d'un moulin*; nous copions l'*Académie*. En admettant *claquet* pour explication de *claqueter*, c'est *claqueter* qu'elle aurait dû approuver; mais le bienfait de l'étymologie est nié par elle; subst. mas. (*klakè, klikè*), petite latte qui est sur la trémie d'un moulin, et qui, battant sur la meule, *claque* et fait un bruit continuel.— On dit : de personnes babillardes, que *leur langue va comme un claquet de moulin.*

CLAQUET-DE-SAINT-LAZARE, subst. mas. (*klakèdeceinlazare*), t. d'hist. nat., sorte de coquille.

CLAQUETÉ, part. pass. de *claqueter*.

CLAQUETER, v. neut. (*klaketé*). Il se dit du cri de la cigale : *la cigale claquette.*—Ceux qui adoptent *claquet*, en parlant du bruit que fait un moulin, devraient dire *claqueter*, dans le sens de faire un bruit qui imite celui du *claquet* d'un moulin quand il est en mouvement.

CLAQUETTE, subst. fém. (*klakète*), instrument de bois garni d'une poignée mobile en fer, laquelle frappe sur le bois lorsqu'on l'agite. Les employés de la poste s'en servent pour annoncer au public la levée des lettres. — Livre de bois pour *claquer*.

CLAQUEUR, subst. mas., au fém. CLAQUEUSE (*klakeur, keuze*), celui, celle qui applaudit en *claquant*; qui fait métier d'applaudir. — L'*Académie* a tort de restreindre ce mot au dernier sens. Ceux qui *claquent* dans la salle sont tout aussi bien appelés *claqueurs* que ceux qui sont payés pour *claquer*.

CLAQUEUSE, subst. fém. Voy. CLAQUEUR.

CLARAC-PRÈS-NAY, subst. propre mas. (*klarakprènè*), village de France, chef-lieu de canton, arrond. de Pau, dép. des Basses-Pyrénées.

CLARCÉTAIRE, subst. mas. (*klarcétère*), vieux mot forgé par *Boiste*, et copié certainement par *Raymond*. Il signifiait, dit le premier, un paquet de clefs attachées avec une chaîne.

CLAR-DE-LOMAGNE (SAINT-), subst. propre mas. (*ceinklardelomagnie*), petite ville de France, chef-lieu de canton, arrond. de Lectoure, dép. du Gers.

CLARENCIEUX, subst. mas. (*klarancieu*), deuxième héraut d'armes anglais. C'est du moins ce que nous dit *Boiste*, et son perpétuel copiste *Raymond*. A quoi bon nous donner des termes anglais? si toutefois même *clarencieux* est anglais.

CLAREQUET, subst. mas. (*klarekè*), t. de confiseurs, pâte transparente : *clarcquet de pommes, de coings, de groseilles, de prunes.* Mot inusité, donné cependant par *Boiste*, *Laveaux*, et copié par *Raymond*.

CLARET, subst. propre mas. (*klarè*), village de France, chef-lieu de canton, arrond. de Montpellier, dép. de l'Hérault.

CLARETTE, subst. fém. (*klarète*) (du lat. *clarus*, clair), vin blanc mousseux : *clarette de Die.* —Quelques-uns disent *clairette* et même *clairet*.

CLARICORDE, subst. mas. (*klarikorde*), t. de mus., instrument à cordes et à touches, appelé aussi *manicorde* ou *manichordion*. Il n'est plus en usage.

CLARIÈRE, subst. fém. (*klarière*), t. de mar., passage, ouverture, jour entre les banquises et les gros amas de glaces. Ce mot, donné par *Laveaux*, est peut-être le même que *clairière*, qui serait plus conforme au génie de notre langue.

CLARIFICATION, subst. fém. (*klarifikâcion*), action de *clarifier* une liqueur.

CLARIFIÉ, E, part. pass. de *clarifier*, *eau clarifiée*, qui a été épurée.

CLARIFIER, v. act. (*klarifié*) (du lat. *clarum facere*, rendre clair), rendre *clair* ce qui est trouble. — Purifier une substance liquide, ou qui est susceptible de venir à l'état de liquide : *clarifier un sirop; clarifier du sucre.* — *se* CLARIFIER, v. pron., devenir *clair*, en parlant des liquides : *notre vin commence à se clarifier.*

CLARINE, subst. fém. (*klarine*), sorte de clochette à son clair et aigu, qu'on suspend au cou des animaux qui paissent dans les forêts.

CLARINÉ, E, adj. (*klariné*), se dit, en t. de blas., des animaux qui portent au cou une *clarine* ou clochette.

CLARINETTE, subst. fém. (*klarinète*) (du latin *clarus*, clair, aigu, à cause de la nature du son qu'il rend : les Espagnols en ont fait, dans le même sens, *clarinete*), t. de mus., instrument à anche, de la longueur à peu près du hautbois, mais d'un diamètre beaucoup plus fort, et égal à lui dans toute son étendue. — Le musicien qui en joue : *c'est une bonne clarinette.* — Fig., le peuple appelle *clarinette de cinq pieds*, un fusil de munition.

CLARINETTISTE, subst. mas. (*klarinèteticete*), joueur de *clarinette*. Nous ne voyons pas pourquoi l'on refuserait d'admettre ce mot, qui aiderait à distinguer l'instrument de l'instrumentiste.

CLARIONIE, subst. fém. (*klarioni*), t. de bot., plante à laquelle sert de type la perdicie de Magellan.

CLARISIE, subst. fém. (*klarizi*), t. de bot., plante de la famille des amentacées.

CLARISSIMAT, subst. mas. (*klaricecima*), titre de *clarissime*.

CLARISSIME, subst. et adj. des deux genres (*klaricecime*) (en lat. *clarissimus*, superlatif de *clarus*, illustre), titre d'honneur anciennement très-usité dans le Bas-Empire.

CLARIUS ou **CLARIEN**, subst. propre et plus souvent adj. mas. (*klariuce, riein*), t. de myth., surnom d'Apollon, pris de la ville de *Clarium*, dans l'Ionie; ou de l'île de *Claros*, où il était particulièrement révéré.

CLARKIE, subst. fém. (*klarki*), t. de bot., plante vivace de l'Amérique.

CLAROS, subst. propre mas. (*klarôce*), myth., île de la mer Egée, qu'il ne faut pas confondre avec un autre *Claros*, ou plutôt *Clarium*, ville d'Ionie, célèbre par les oracles d'Apollon.

CLARTÉ, subst. fém. (*klarté*) (en lat. *claritas*), lumière : *la clarté du jour, du soleil*, etc.; *lire à la clarté du feu, d'une lampe, d'un flambeau; fuir la clarté.* — *Jouir de la clarté du jour*, vivre, ou : jouir de la liberté. — Transparence : *la clarté du verre.* — Fig., netteté de l'esprit, perspicuité : avec cette différence, suivant *Beauzée*, que la *clarté* tient aux choses mêmes que l'on traite; elle naît de la distinction des idées; la *perspicuité* dépend de la manière dont on s'exprime, elle naît des bonnes qualités du style : *avoir de la clarté dans l'esprit*, avoir les idées *claires*. — On se sert quelquefois de ce mot au plur., dans le sens de *lumière*, mais seulement en poésie :

> C'est à nous de chanter, nous à qui tu révèles
> Tes *clartés* immortelles.
> (RACINE, *Athalie*, acte II, scène IX.)

CLARY, subst. propre mas. (*klari*), village de France, chef-lieu de canton, arrond. de Cambrai, dép. du Nord.

CLÂS, subst. mas. (*klâ*) (suivant *Ménage*, du lat. *classicum*, employé dans ce sens par plusieurs écrivains du moyen-âge, et qui signifie proprement le son de la trompette ou du clairon. Suivant *Borel*, du grec κλαίω, je pleure), le son d'une cloche que l'on tinte pour une personne morte, ou qui vient d'expirer : *sonner le clâs.* L'*Académie* écrit *glas*; *clâs* paraît plus conforme à l'étymologie. Voy. *Glas*.

CLASSE, subst. fém. (*klâce*) (en lat. *classis*, fait du grec κλῆσις, en dorique κλᾶσις, dérivé de καλέω, j'appelle, je convoque), ordre suivant lequel on range diverses personnes, ou l'on distribue diverses choses. — Fig., rang, ordre dans lequel l'estime publique met les individus; diversité des rangs et des ordres que l'inégalité des conditions établit dans la société : *la classe élevée, les classes moyennes, la basse classe de la société.* — *Classe* se dit encore des auteurs ou des ouvrages de certains auteurs, etc. : *peintre, poète, théologien, prédicateur de première classe.* — Et par extension, des personnes et des choses qui ont de la conformité, ou qui sont de même nature : *ce livre convient à toutes les classes de lecteurs.* C'est *un imposteur de première classe*, un grand imposteur, etc. — *Classe* se dit des différentes salles d'un collége, dans chacune desquelles s'assemblent les écoliers qui prennent une même leçon sous un même maître : *il y a six classes dans ce collége-là; le régent de la classe; ces deux enfants étudient dans la même classe; au sortir de la classe.* Dans ce sens-là, en parlant des *classes*, on dit : *la seconde, la troisième*, etc., sans ajouter *classe* : *il est en seconde, il est en quatrième.* Et, au lieu de dire *la première*, on dit *la rhétorique*. — On le dit aussi : 1° des écoliers : *le régent y est allé avec toute sa classe;* 2° du temps que les écoliers sont rassemblés pour prendre la leçon : *au commencement ou à la fin de la classe.* — On appelle *basses classes*, celles dans lesquelles on commence à faire ses études; *hautes classes*, le temps des humanités; *ouverture ou rentrée des classes*, l'époque à laquelle les écoliers rentrent dans les *classes* après les vacances : *je serai de retour pour l'ouverture des classes.* — On dit qu'un *professeur ouvre une classe*, quand il commence à donner des leçons dans un lieu où l'on n'en donnait pas auparavant : *faire ses classes*, faire ses études; *nous avons fait nos classes ensemble*, nous avons étudié ensemble au même collége: *pendant mes classes*, pendant que j'étais au collége. Quelques établissements où l'instruction est publique portent aussi ce nom : *les classes de l'Institut, du Conservatoire*, etc. — L'endroit où s'assemblent ordinairement les crocheteurs d'un quartier pour attendre qu'on les emploie. — En t. d'hist. nat. et de bot., *classe* est un terme relatif à ceux de règne et de genre. On divise et on subdivise tous les objets qu'embrasse cette science; on en fait, pour ainsi dire, plusieurs collections que l'on désigne par les noms de règnes, de *classes*, de genres et d'espèces, selon que les rapports sous lesquels on les considère sont plus ou moins généraux. Chaque règne est divisé en plusieurs parties que l'on appelle *classes*. La *classe* est un terme moyen entre le règne et un genre. — *Classe*, en t. de mar., se dit de l'ordre établi en France, sur les côtes et dans les départements maritimes, pour régler le service des matelots et autres gens de mer qui sont enrôlés pour le service de l'État, et distribués par parties, dont chacune s'appelle *classe*. — *Bureau des classes*, dans lequel se fait l'inscription maritime.

CLASSÉ, E, part. pass. de *classer*.

CLASSEMENT, subst. mas. (*kláceman*), action de *classer*; état de ce qui est *classé* : *classement des matières*.

CLASSER, v. act. (*klácé*), ranger, distribuer par *classes*, suivant un certain ordre. — Indiquer, assigner la *classe* à laquelle une chose appartient. — Juger, apprécier. — En t. de mar., porter sur l'inscription maritime. — SE CLASSER, v. pron.

CLASSEUR, subst. mas. (*kláceur*), sorte de serre-papiers qui consiste dans une suite de portefeuilles réunis. Peu en usage.

CLASSIAIRE, subst. mas. (*klacecière*) (du lat. *classis*, flotte), anciennement, soldat d'une armée navale. Inusité.

CLASSICISME, subst. mas. (*kláciciceme*), opinion des *classiques* en littérature, dans les arts, etc.

CLASSIFICATION, subst. fém. (*klácifikácion*), action de *classer*, de ranger par *classes*. Ce mot est employé dans les matières d'administration et d'hist. nat. : *classification des lois; classification des minéraux, des végétaux*, etc.

CLASSIFIÉ, E, part. pass. de *classifier*.

CLASSIFIER, v. act. (*klácifié*), distribuer en *classes*. — SE CLASSIFIER, v. pron.

CLASSIQUE, subst. mas. (*klacecike*) (voy. pour l'étymologie CLASSIQUE, adj.), partisan du genre *classique*. — On entend encore par *classique* les ouvrages de haute littérature conformes aux règles posées par les anciens, et les auteurs mêmes de ces ouvrages : *les œuvres de Cicéron, de Virgile, de Démosthène*, etc., *sont des classiques; Boileau est un de nos premiers classiques*. Il se dit depuis quelques années des littérateurs qui cherchent à imiter les grands modèles et spécialement les auteurs du siècle de Louis XIV, qui sont eux-mêmes imitateurs des anciens. — *Classique* ou *ancien* est opposé à *romantique* ou *novateur*; *les classiques et les romantiques*; la manière des écrivains *classiques*; les partisans du genre *classique* et du genre romantique.

CLASSIQUE, adj. des deux genres (*klacecike*) (du lat. *classici*, par lequel on désignait chez les Romains ceux qui étaient compris dans la première des cinq *classes* ou ordres de citoyens. Ceux des classes inférieures étaient appelés *infra classem*), *auteurs* ou *livres classiques*, les auteurs ou les livres anciens généralement approuvés, et qui font autorité dans la matière qu'ils traitent. — Employé dans les *classes* des colléges; qui a rapport aux *classes* : *livre classique*. — *Terre classique*, l'Italie, la Grèce, contrées célèbres, dans les temps anciens, par leur littérature et leurs arts qui nous servent encore de modèles.—*La terre classique des beaux-arts*, le pays où les beaux-arts ont été ou sont le plus en honneur : *la terre classique de la liberté*, le pays que l'histoire nous présente comme possédant le plus d'éléments de liberté dans son gouvernement et dans ses lois. —*Format classique*, format in-12.—Dans les arts, *classique* s'entend de tout ce qui se rapproche de la manière antique, ou de ce qui est strictement conforme aux règles les plus sévères de l'art.

CLASTIQUE, adj. des deux genres (*klacetike*), t. de géol. : *terrein clastique*, où sont déposés des ossements. (*Boiste.*) Inusité.

CLASTOCÈRE, subst. mas. (*klacetocère*), t. de bot., genre de plantes dont les racines sont en forme de fuseau.

CLÂTHRE, subst. mas. (*klâtre*) (en lat. *clathrus*, pris du grec κλῆθρον, grille), t. de bot., plante exotique de la famille des champignons.

CLATI, part. pass. de *clatir*.

CLATIR, v. neut. (*klatir*), t. de chasse. Il se dit d'un chien qui redouble son cri.

CLATULE, subst. fém. (*klatule*), t. d'hist. nat., sorte de mollusque.

CLAUDE, subst. et adj. mas. (*klôde*, et non pas *guelôde*), t. de mépris, sot qui ressemble par sa stupidité à l'empereur romain qui portait le nom de *Claude* : *c'est un claude; il n'est pas si claude qu'il le paraît*.

CLAUDÉE, subst. fém. (*klôdé*), t. de bot., plante voisine des varecs.

CLAUDE (SAINT-), subst. propre mas. (*ceinklôde*), ville de France, chef-lieu d'arrond., dép. du Jura.

CLAUDIA, subst. propre fém. (*klôdia*), myth., vestale. *Elle fut soupçonnée de libertinage; mais Vesta fit*, dit-on, un miracle en sa faveur, pour manifester sa sagesse.

CLAUDIANISTE, subst. des deux genres (*klôdianicete*), nom de sectaires; branche de donatistes qui fit bande à part, et prit son nom d'un certain *Claude*, qui fut apparemment leur chef.

CLAUDICATION, subst. fém. (*klôdikácion*) (en lat. *claudicatio*), terme qui n'est guère usité que parmi les savants; il signifie : action de boiter.

CLAUDIEN, adj. mas. (*klôdiein*) : *papier claudien*, d'Égypte. (*Boiste.*) Inusité.

CLAUSE, subst. fém. (*klôze*) (du lat. *clausula*, conclusion, trait, sentence qui termine un passage, etc.; parce que la *clause* est un résumé clair et précis de conditions convenues), disposition particulière, faisant partie d'un traité, d'un édit, d'un contrat, etc. *Clause* se dit plutôt des contrats entre particuliers, et *condition* des traités entre souverains. — Article d'une convention. — On appelle *clause codicillaire*, une *clause* apposée dans un testament, par laquelle le testateur déclare que si son testament ne peut valoir comme testament, il entend qu'il vaille comme *codicille*; *clause dérogatoire*, celle qui déroge à quelque acte précédent; *clause comminatoire*, peine stipulée dans certains actes et contrats, contre ceux qui viendraient à ne pas exécuter leurs engagements; *clause irritante*, celle qui annulle tout ce qui serait fait au préjudice d'une loi ou d'une convention, comme lorsqu'on emploie les termes : *à peine de nullité*; *clause pénale*, celle qui impose une peine à quelqu'un, au cas qu'il ne fasse pas quelque chose, ou qu'il ne le fasse pas dans un certain temps; *clause résolutoire*, celle par laquelle on convient qu'un acte demeurera nul et résolu, dans le cas où l'une des parties n'exécuterait point ce qu'elle a promis; *clause de six mois*, celle que l'on appose dans quelques baux à loyer pour la résiliation d'un bail, en avertissant six mois d'avance.

CLAUSÈNE, subst. fém. (*klôzène*), t. de bot., plante de la famille des hespéridées.

CLAUSILIE, subst. fém. (*klôzili*), t. d'hist. nat., coquille de la division des univalves.

CLAUSION, subst. fém. (*klôzion*), t. de droit ancien, appointement de cause. Hors d'usage.

CLAUSOIR, subst. mas. (*klôzoar*), t. de maçon, petit carreau ou boutisse qui ferme une assise dans un mur continu.

CLAUSTRAL, E, adj., au plur. mas. CLAUSTRAUX (*klôcetral*) (du lat. *claustrum*, cloître), qui appartient au *cloître* ou monastère : *discipline claustrale; biens claustraux*. — On appelait autrefois *offices claustraux*, les bénéfices qui étaient attachés à une abbaye, à un prieuré; le supérieur d'un prieuré avait le titre de : *prieur claustral*.

CLAUSULIE, subst. fém. (*klôzuli*), t. d'hist. nat., coquille qui a la forme d'un melon.

CLAUSUS, subst. propre mas. (*klôzuce*), myth., roi des Sabins, qui donna du secours à Turnus contre Énée.

CLAVA, subst. mas. (*klava*), t. de pêche, perche qu'on ajuste au bout d'un filet pour le tenir tendu.

CLAVAIRE, subst. fém. (*klavère*), t. de bot., genre de plantes de la famille des champignons. — On désigne aussi par ce nom, un genre de plantes établi aux dépens des varecs de Linnée. — Subst. mas., anciennement gardien des titres de la chambre des comptes. — On a aussi appelé *clavaire* celui qui avait la garde des *clefs* d'une ville.

CLAVALIER, subst. mas. (*klavalié*), t. de bot., genre de plantes de la famille des térébinthacées.

CLAVATULE, subst. fém. (*klavatule*), t. d'hist. nat., coquille qui se trouve sur les côtes d'Afrique.

CLAVE, subst. mas. (*klave*), chez les anciens Romains, *ornement de pourpre fait en forme de clou*.—*Raymond*, qui nous donne ce barbarisme, aurait bien dû nous expliquer ce qu'il entend par *un ornement de pourpre fait en forme de clou*.

CLAVÉ, E, adj. (*klavé*), t. de bot. Voy. CLAVIFORME.

CLAVEAU, subst. mas. (*klavô*) (du lat. *clavus*, clou, à cause de la forme des boutons qui se forment dans le *claveau*), t. de vétér., maladie contagieuse qui s'attaque aux moutons, aux brebis; elle se manifeste par de petits boutons. On l'appelle aussi *clavelée*. — En t. de pêche, nom donné aux haims par les Bas-Bretons. — En archit., toute pierre taillée en forme de coin ou de pyramide tronquée, oblique ou droite, dont le plan est carré, et qui sert à construire une plate-bande, une architrave, etc. *Claveau à crossette*, celui dont la tête est retournée avec les assises de niveau.

CLAVECIN, subst. mas. (*klavecein*) (en lat. *clavicymbalum*), t. de mus., instrument composé d'une caisse de bois de six pieds et demi de long environ, et dans laquelle sont tendues des cordes de métal. Le piano n'est que le *clavecin* perfectionné. On ne fait plus guère de *clavecins*. — *Clavecin organisé*, qui participe de l'orgue au moyen de soufflets et d'un porte-vent qui y sont adaptés. — *Clavecin à ravallement*, qui a quelques touches de plus que les *clavecins* ordinaires. —On a appelé *clavecin électrique*, un *clavecin* dont on fait mouvoir les touches par le moyen de l'électricité. — En t. d'opt. : *clavecin oculaire*, instrument à clavier et à touches analogues à celles du *clavecin auriculaire* : le premier est composé d'autant d'octaves de couleur, par tons et demi-tons, que le *clavecin auriculaire* a d'octaves de sons. Il est destiné à donner à l'âme par les yeux les mêmes sensations de mélodie et d'harmonie de couleurs, que celles de mélodie et d'harmonie de sons que le *clavecin* ordinaire lui communique par l'oreille. Il a été inventé par le *P. Castel*, jésuite.

CLAVECINISTE, subst. des deux genres (*klavecinicete*), musicien qui joue du *clavecin*. Ce mot est devenu rare à mesure que le terme de *clavecin* l'est devenu lui-même. On dit aujourd'hui *pianiste*.—On ne dit nulle part *clavicin*; *claviciniste*, indiqué par *Boiste* et *Gattel*, doit donc être considéré comme un barbarisme.

CLAVEL, subst. mas. (*klavèl*), t. de chim., soude d'une qualité inférieure.

CLAVELÉ, E, adj. (*klavelé*) (du latin *clavus*, clou), t. de vétér. Il se dit des bêtes à laine qui ont le *claveau* ou la *clavelée*.

CLAVELÉE, subst. fém. (*klavelé*). Tous les *Dictionnaires*, sans en excepter celui de l'*Académie*, renvoient de *clavelée* subst. fém. à *claveau* subst. mas.; il faut nécessairement qu'on dise les deux; mais, bien certainement, les deux ne se disent pas dans le même pays; ce serait trop bizarre et trop déraisonnable. Voy. CLAVEAU.

CLAVELISATION, subst. fém. (*klavelizâcion*), t. de vétér., inoculation du *claveau*. (*Boiste* donne lui-même ce mot comme *inusité*.)

CLAVELISÉ, E, part. pass. de *claveliser*.

CLAVELISER, v. act. (*klavelizé*), inoculer la *clavelée*. — *Raymond* s'est probablement senti encouragé à créer ce barbarisme par le mot *clavelisation*, forgé par *Boiste*. Il n'a pas vu que *Boiste* le donnait comme *inusité*.

CLAVELLAIRE, subst. mas. (*klavèlelère*), t. de bot., insecte hyménoptère.

CLAVELLE, subst. fém. (*klavèle*), espèce de vers à sang rouge.

CLAVERIE, subst. mas. (*klaveri*), sorte de raisin noir.

CLAVESIN, subst. mas. (*klavezin*), t. de mar., désignation des logements sous les dunettes. (*Laveaux*.) Fort peu usité.

CLAVET, subst. mas. (*klavé*), t. de mar., fer de calfat. (*Laveaux*.)

CLAVETTE, subst. fém. (*klavète*) (du latin *clavis*, clef), clou plat que l'on passe dans l'ouverture faite au bout d'une cheville, d'un bâton, pour les arrêter.—En t. d'imprim., ce qui, dans les anciennes presses, servait à monter et à descendre le grand sommier. — Divers instruments d'ouvriers portent le nom de *clavette*. — *Boiste* a donné à *clavette* toutes les acceptions du mot *clavicule*. Nous pensons que c'est l'effet d'une erreur typographique.

CLAVICORDE, subst. mas. (*klavikorde*) (en italien *clavicordio*), t. de mus., *clavecin* carré dont la touche est armée d'une baguette de cuivre pour faire résonner les *cordes*. Son usage s'est conservé en Allemagne.

CLAVICORNE, subst. mas. et adj. des deux genres (*klavikorne* (du lat. *clavus*, clou, et *cornu*, corne, antenne), t. d'hist. nat., famille d'insectes de l'ordre des coléoptères, appelés aussi *hélocères*.

CLAVICULAIRE, adj. des deux genres (*klavikulère*), qui a rapport à la *clavicule* : *glandes claviculaires*.

CLAVICULE, subst. fém. (*klavikule*) (en latin *clavicula*, dimin. de *clavis*, clef, dérivé du grec κλεὶς), t. d'anat., chacun des deux os qui ferment la poitrine par en haut, et qui l'attachent aux deux épaules; ils en sont comme la *clef*, en latin *clavis*, d'où vient son nom. — Petite *clef*; il n'a d'usage en ce sens, qu'en parlant du livre intitulé : *la Clavicule de Salomon*.

CLAVICULÉ, E, adj. (*klavikulé*), t. de zool., qui a des *clavicules* : *animaux claviculés*.

CLAVI-CYLINDRE, subst. mas. (*klavicileindre*), t. de musique, *clavecin* garni d'un *cylindre* de verre, qui frotte les cordes et prolonge le son. Il fut inventé, en 1808, par *Chladni*, de Wittemberg.

CLAVIER, subst. mas. (*klavié*) (du lat. *clavis*, fait du grec κλεὶς, clef), petite chaîne ou cercle d'acier ou d'argent, servant à tenir plusieurs *clefs* ensemble. En ce sens, il n'est plus guère en usage que comme t. de métiers.— La rangée des touches d'un piano, d'un clavecin, d'un jeu d'orgues : *tel instrument a un clavier fort étendu*; il a un grand nombre de touches, il fournit beaucoup d'accords. — On dit, d'une personne à qui l'on commence à enseigner le *forte-piano*, qu'*on la présente au clavier*; *qu'elle possède déjà son clavier*, c'est-à-dire, qu'elle est familiarisée avec son instrument. — En t. d'épinglier, morceau de fil de fer ou de laiton plié de manière qu'un brin forme vers le milieu une espèce d'anneau qui lui sert d'attache.

CLAVIÈRE, subst. fém. (*klavière*), t. d'hist. nat., sorte de labre.

CLAVIFORME, adj. des deux genres (*klaviforme*) (du lat. *clava*, massue, et *forma*, forme), t. de bot., *clavé*; qui est en forme de massue.

CLAVIGE, subst. fém. (*klavije*), t. de bot., plante qui contient quatre arbrisseaux du Pérou.

CLAVIGER, subst. propre mas. et latin (*klavijère*), myth., c'est-à-dire, *porte-clef* et *porte-massue*; surnom de Janus et d'Hercule.

CLAVIGÈRE, subst. mas. et adj. des deux genres (*klavijère*), t. d'hist. nat., insecte de l'ordre des coléoptères.

CLAVI-HARPE, subst. mas. (*klavi-harpe*), instrument qui a la forme d'une *harpe*, en rend le son, et se joue avec un *clavier*, comme le piano. Peu connu.

CLAVIPALPE, subst. mas. et adj. des deux genres (*klavipalpe*), t. d'hist. nat., insecte de l'ordre des coléoptères.

CLAVIS, subst. mas. (*klàvice*), t. de chim., sorte de menstrue propre à dissoudre les métaux. — Ensemble des précautions qu'il faut prendre pour exécuter les diverses opérations chimiques. Presque inusité; nous craignons même que ce mot n'ait été, comme c'est l'ordinaire, forgé par *Raymond*.

CLAVISE, subst. fém. (*klavize*), t. de bot., sorte d'arbrisseau du Pérou.

CLAVI-STERNAL, adj. et subst. mas., au plur. **CLAVI-STERNAUX** (*klavicetèrenal. nó*), t. d'anat., qui a rapport à la *clavicule* et au *sternum*.

CLAVUS, subst. mas. (*klàvuce*), ce mot, tout latin qu'il est, n'a pas laissé d'être employé par quelques-uns de nos auteurs. C'était une bande de pourpre plus ou moins large, selon la dignité des gens, et qui était en usage chez les Romains, d'où est venue la différence de la tunique *angusticlavia*, et *laticlavia*. C'est le sentiment de Cuper. Cet ornement était appelé *clavus*, clou, parce qu'il était semé de petites plaques rondes d'or ou d'argent, semblables à des têtes de clou. Le P. Cantel soutient que le *clavus* ne consistait qu'en des espèces de fleurs de couleur de pourpre cousues ou appliquées sur l'étoffe. C'est le fameux *clave* de *Raymond*. — T. d'hist. nat., nom des coquilles du genre *clavatule*. — T. de chir., tumeur dure et calleuse qui survient aux pieds, sous le nom d'ognon; tumeur calleuse qui a la forme d'un clou.

CLAYDAS, subst. mas. (*klèddce*). barrière ou porte treillissée.

CLAYE (on devrait écrire *Claie*), subst. propre fém. (*klè*), bourg de France, chef-lieu de canton, arrond. de Meaux, dép. de Seine-et-Marne.

CLAYER, subst. mas. (*klèié*), grosse *claie*.

CLAYETTE (LA), subst. propre fém. (*laklèiète*), bourg de France, chef-lieu de canton, arrond. de Charolles, dép. de Saône-et-Loire.

CLAYMORE, subst. fém. (*klèmore*), longue épée écossaise. — Cri de guerre des soldats écossais.

CLAYON, subst. mas. (*klèion*), petite *claie* sur laquelle on fait égoutter les fromages, sur laquelle on fait sécher les fruits confits. — *Claie* ronde pour porter la pâtisserie.

CLAYONNAGE, subst. mas. (*klèionaje*), assemblage de pieux et de branches d'arbres pour soutenir des terres. — *Faire un clayonnage*, assurer sur des *claies* faites de menues perches la terre d'un gazon en glacis.

CLAYTONE, subst. fém. (*klètone*), t. de bot., plante de la famille des portulacées.

CLAZOMÈNE, subst. propre fém. (*klazomène*), ancienne ville d'Ionie, dans l'Asie-Mineure.

CLECHDA, subst. mas. (*klèkeda*), t. d'hist. anc., vieille coutume des Calédoniens qui leur servait de lois.

CLÉCHÉ, E, adj. (*kléché*), t. de blas. Il se dit d'une pièce ouverte à jour, et qui laisse voir le champ de l'écu par des ouvertures semblables à des anneaux de *clefs*.

CLÉDOMANCE, subst. fém. Voy. CLEIDOMANCIE.

CLÉDOMANCIE, subst. fém. Voy. CLEIDOMANCIE.

CLÉDOMANCIEN, adj. Voy. CLEIDOMANCIEN.

CLÉDONISMANCIE, subst. fém. (*klédonicemanci*) (du grec κληδὼν, voix publique, et μαντεία, divination), myth., sorte de divination qu'on tirait de certaines paroles qui, entendues ou prononcées dans certaines circonstances, étaient regardées comme un bon ou mauvais augure.

CLEF, subst. fém. (*klé*); telle est la loi de l'usage, même devant une voyelle) (en latin *clavis*, pris du grec κλεὶς), instrument de fer ou d'acier pour ouvrir et fermer une serrure.—*Remise des clefs* : avant de quitter les lieux, le locataire fait à son propriétaire la *remise de ses clefs*. Si ce dernier les accepte, c'est un aveu tacite que le locataire a rempli toutes ses obligations. — On appelle *fausse clef* une *clef* contrefaite pour ouvrir à l'insu du maître, et *clef fausse* ou *forcée* celle qu'on a rompue ou dont on a gâté quelque partie en la tournant avec trop de force. — Au figuré, 1° place forte de la frontière d'un état : *Calais est une des clefs de la France*; 2° ce qui sert d'introduction, ce qui donne une grande ouverture pour les sciences : *la logique est la clef de la philosophie*; 3° ce qui est nécessaire pour avoir l'intelligence d'un ouvrage, d'un système; *c'est là la clef de tel traité*, etc.; 4° à l'égard de certains ouvrages dont les noms sont déguisés ou qui sont écrits d'une manière énigmatique, l'explication des noms supposés ou des termes obscurs : *on a fait beaucoup de clefs différentes des Caractères de La Bruyère, du Télémaque*, etc. — *La clef d'un système*, ce qu'il est nécessaire d'apprendre pour le connaître. — *La clef d'une affaire*, ce qu'il faut pour en pénétrer le secret, ou pour arriver au succès. On appelle, dans le même sens, *clef d'un chiffre*, l'alphabet dont on est convenu, et qui sert à chiffrer et à déchiffrer des dépêches. — En t. de musique; 1° certaine marque mise au commencement d'un air pour faire connaître l'intonation des notes par rapport à leur position. Caractère qui donne le nom de toutes les notes assises sur l'échelle musicale qu'on appelle *gamme*. Il y a trois *clefs*, qui sont : *G, re, sol*; *C, sol, ut*; *F, ut, fa*. Ces trois lettres, *g*, *c*, et *f*, sont appelées *clefs*, parce que dans les notes qui suivent ces lettres, se rencontrent les *ut*, commençant et ouvrant le chant, qui n'est répété que trois fois dans toute l'étendue de la gamme : c'est pour cela qu'on n'admet que *trois clefs* en musique. Dans le plain-chant, la *clef* de *C, sol, ut*, ne peut être située que sur la 1re, ou sur la 2e, ou sur la 3e ligne, et jamais sur la 4e ou très-rarement. La *clef* de *F, ut, fa*, n'est jamais située que sur la 2e ligne, ou très-rarement sur la première. Chaque *clef* donne son nom aux notes qui se rencontrent sur la ligne où elle est posée. Des trois *clefs* du système moderne, celle de G est affectée aux dessus, ou voix aiguës : celle de F, aux voix graves, ou basses : celle de C, aux voix ou parties de taille. On appelait autrefois *petite clef*, la *clef de fa* sur la troisième ligne; quand elle était sur la quatrième, on la nommait *grande clef*; 2° nom qu'on donnait anciennement à ce qu'on appelle aujourd'hui *touche* dans un piano ou un orgue. — *Clef d'épinette, de piano, de harpe*, etc., outil de fer avec lequel on tourne les chevilles pour tendre ou relâcher les cordes.— On nomme *clef*, en parlant d'un instrument à vent, les diverses pièces adaptées par le perfectionnement à tel ou tel instrument, et qui servent à modifier les sons.—*Clef de voiture*, instrument avec lequel on monte ou démonte les roues d'une voiture. — *Clef anglaise*, sorte de marteau composé de deux pièces, appelées *mâchoires*, dont l'une se meut par le moyen d'une vis, et sert à serrer ou à desserrer. — En hydraulique, grosses barres de fer cintrées dont on fourre la boîte dans le fer d'un regard, pour tourner les robinets. Petit tourniquet mobile qui ouvre ou ferme le passage de l'eau. — En t. de mar., petit billot taillé un peu en coin qu'on enfonce entre les varangues des bâtiments en construction. Les *clefs* qui sont mises aux extrémités des varangues sont dites *clefs d'empâture*; celles qu'on place au milieu, *clefs de varangues*. — En t. de pêche, sorte de nœud qui sert à attacher les hains aux empiles, les cailloux aux cordes, et les cordes aux piquets. Il y a des *doubles-clefs* et des *demi-clefs*. — T. d'archit., *clef de voûte*, la pierre du milieu qui ferme la voûte. Fig.: *c'est la clef de la voûte*, c'est le point essentiel d'une affaire.—*Clef saillante* ou *en bossage*, celle qui a plus de saillie que les claveaux ou voussoirs.— *Clef passante*, celle qui, traversant l'architrave, fait un bossage qui en interrompt la continuité. Il y a encore d'autres espèces de *clefs* dans l'architecture. — *Clef de pressoir*, la vis qui le serre et qui le tient ferme. —En t. de charpenterie, *clef* se dit de la pièce de bois qui est arc-boutée par deux décharges, pour fortifier une poutre.—En termes de menuiserie, *clef* se dit d'un tenon qui entre dans deux mortaises, pour l'assemblage des panneaux, etc. — *Clef de mousquet*, morceau de fer servant à faire aller le serpentin du mousquet. — *Clef de pistolet*, pièce de fer servant à bander le pistolet. — *Clef de montre, de pendule*, la pièce par le moyen de laquelle on bande le ressort d'une montre, d'une pendule. — *Clef de forme*, morceau de bois que le cordonnier fourre dans une forme brisée pour élargir le soulier. — *Clef d'embouchoir*, morceau de bois que le cordonnier met dans l'embouchoir pour élargir les bottes. Les formiers, un morceau de bois que l'on introduit dans la forme brisée, pour l'ouvrir autant qu'on le juge à propos. — *Clef d'étau*, morceau de fer avec lequel on serre l'étau. — *Clef de viole*, morceau de fer au moyen duquel on tend les cordes. — *Clef à vis*, morceau de fer qu'on tire dans la tête des vis pour les serrer quand on monte un bois de lit, une armoire, etc. Ce n'est pas autre chose qu'un *tournevis*. — *Clef d'un poêle*, petite bascule placée au milieu du tuyau, qu'on tourne à volonté pour conserver la chaleur dans le poêle. — Les selliers et carrossiers appellent *clef*, une manivelle dont ils se servent pour démonter les écrous des essieux à vis, ou pour tourner les roues et pignons à crémaillère, sur lesquels ils bandent les soupentes qui portent le corps des carrosses. — Les tourneurs donnent ce nom à un coin de bois placé sous les jumelles et dans la mortaise pratiquée à la queue des poupées, qu'il tient fermes et solides; les orfèvres-bijoutiers, à un morceau de bois plat qui arrête les poupées sur le banc en passant dans leurs tenons; les relieurs, à un instrument de fer avec lequel ils serrent et desserrent leur couteau. — Prov., *avoir* ou *donner la clef des champs*, la liberté de sortir. — *Prendre la clef des champs*, se sauver; s'échapper. — *Mettre la clef sous la porte*, s'en aller sans rien dire, pour cause de mauvaises affaires.— Fig., *jeter les clefs sur la fosse*, renoncer à la succession de quelqu'un qui est mort chargé de dettes. Fig., *clefs*, au plur., l'autorité de l'Église: *la puissance des clefs*, le pouvoir de lier et de délier, de condamner et d'absoudre. — En fauconnerie, on entendait par *clefs* les ongles des doigts de derrière de la main d'un oiseau de proie.— En t. de vén., *clefs de meute*, les meilleurs chiens, les plus sûrs de la meute. — On l'a dit, au singulier, d'une personne qui entraîne ordinairement les autres dans son avis. Ce mot a différents sens figurés. La Fontaine a dit :

> La *clef* du coffre-fort et des cœurs, c'est la même:
> Que si ce n'est celle des cœurs,
> C'est du moins celle des faveurs.

Gentilshommes de la Clef-d'Or, grands-officiers de la cour d'Autriche ou de celle d'Espagne qui portent à la ceinture une *clef* d'or, en signe du droit qu'ils ont d'entrer dans la chambre de l'empereur ou du roi : les *chambellans*, ou gentilshommes de la chambre du roi, sont décorés de cet ordre. — En t. de blas., on dit des *clefs en pal*, ou *en sautoir*, *couchées*, ou *adossées*, selon la disposition des panetons. — *A clef*, loc. adv., avec la *clef*: *fermer à clef*.— *Sous clef*, dans un endroit fermé à *clef* : *cela est sous clef*.

CLEFMONT, subst. propre mas. (*klémon*), village de France, chef-lieu de canton, arrond. de Chaumont, département de la Haute-Marne.

CLÉGUEREC, subst. propre mas. (*kléguerék*), bourg de France, chef-lieu de canton, arrond. de Pontivy, dép. du Morbihan.

CLEIDO-COSTAL, adj. des deux genres et subst. mas., au plur. mas. **CLEIDO-COSTAUX** (*klédoko-*

cetal), t. d'anat., se dit d'un ligament qui se porte du cartilage de la première côte à la face inférieure de la clavicule.

CLEIDOMANCIE, subst. fém. (*klèdômanci*) (du grec κλειδος, gen. de κλεις, clef, et μαντεία, divination), t. d'hist. anc., divination qui se faisait par le moyen des *clefs*.—*Clédomance*, que nous trouvons dans *Boiste*, est moins en rapport avec l'étymologie.

CLEIDOMANCIEN, adj. et subst. mas.; au fém. **CLEIDOMANCIENNE** (*klèdômancicin*, *ciène*), celui ou celle qui exerce la *cleidomancie*.

CLEIDO-SCAPULAIRE, adj. des deux genres et subst. mas. (*klèdôcekapulère*), t. d'anat., se dit de l'articulation de la clavicule avec l'omoplate.

CLEIDO-STERNAL, adj. des deux genres et subst. mas.; au plur. mas. **CLEIDOSTERNAUX** (*klèdocetèrenal*), t. d'anat.; se dit du ligament de l'articulation qui appartient aux arthrodies.

CLEISAGRE, subst. mas. (*klèzaguere*) (du grec κλεις, clef, et αγρα, prise, capture), t. de médec., goutte à l'articulation de la clavicule avec le sternum.

CLELLES-EN-TRIÈVES, subst. propre fém. (*klèlezantrièvea*), village de France, chef-lieu de canton, arrond. de Grenoble, dép. de l'Isère.

CLÉMATÈRE, subst. mas. (*klématère*) (du grec κλημα, sarment), t. d'hist. anc., vase à boire, petit, creux, sans pieds et sans oreilles. Ces sortes de vases etaient décorés de *sarments*.

CLÉMATIS, subst. fém. (*klématice*). *Boiste*, et *Raymond* qui l'a copié, nous donnent ce mot pour *clématite*. *Gattel* le donne bien aussi; mais *Gattel* a soin de ne pas faire mas. un mot d'origine toute féminine. *Clématite* est seul indiqué par l'*Académie*; et *Boiste* et *Raymond* ont tort de marquer *clématis* du mas.

CLÉMATITE, subst. fém. (*klématite*) (du grec κληματιτις, fait de κλημα, branche de vigne), t. de bot., plante de la famille des renonculacées, qui croît dans les haies. Le suc de ses feuilles sert aux mendiants pour se faire des ulcères apparents, surtout aux jambes. C'est ce qui l'a fait nommer *herbe aux gueux*, *viorne des pauvres*.

CLÈME, subst. fém. (*klème*), t. de bot., variété de renouée. Mot que nous soupçonnons fortement d'être un barbarisme, parce que nous ne le lisons que dans *Raymond*.

CLÉMENCE, subst. fém. (*klémance*) (en latin *clementia*), vertu par laquelle un supérieur est porté à pardonner les offenses de ses inférieurs, ou à en modérer le châtiment : *la clémence divine*; *la clémence d'un souverain*; *un fils qui implore la clémence de son père*; *la clémence du vainqueur*. — Il se prend familièrement dans un sens moins rigoureux : *je me flatte que votre clémence diminuera un peu les peines que vous m'imposez*. La *clémence* suppose en général une supériorité bien établie de la part de celui qui l'exerce. — En droit politique, c'est une vertu du souverain qui s'engage à exempter entièrement les coupables des peines qu'ils ont méritées, ou à les modérer. Dans ce dernier état, cette vertu s'appelle plus communément *modération* : *la clémence est la qualité distinctive des monarques*. — Les anciens faisaient une divinité de cette vertu. On la représente tenant à la main une branche de laurier ou d'olivier.

CLÉMENT, E, adj. (*kléman, mante*) (en latin *clemens*), qui est porté à la *clémence*.

CLÉMENTIN, subst. mas. (*klémantein*). Les augustins appelaient *clémentin* le religieux qui, après avoir été neuf ans supérieur, cessait de l'être, et rentrait, comme particulier, dans la soumission du supérieur, son remplaçant.

CLÉMENTIN, E, adj. (*klémantein, tine*), formé du nom propre *Clément*). *Le collége Clémentin* fut fondé à Rome en 1595, par *Clément* VIII, pour les esclavons. Ils furent transférés à Lorette, en 1627, par Urbain VIII; mais *le collége Clémentin*, ainsi nommé à cause de son fondateur, n'a pas laissé de subsister. L'on n'y reçoit que des nobles. Voy. **CLÉMENTINE**, subst.

CLÉMENTINE, subst. fém. (*klémantine*), chez les *augustins*, ordre de religieux; on disait de celui qui rentrait dans la classe inférieure des simples religieux, après avoir été pendant neuf ans supérieur de l'ordre, *qu'il gardait la clémentine*. — Nom qu'on donne encore dans l'ordre de Citeaux à une bulle de *Clément* IV, de l'an 1265, portant des règlements pour cet ordre. — Au plur., recueil des décrétales du pape *Clément* V, fait par Jean XXII, son successeur. — Collection de pièces apocryphes faussement attribuées à saint *Clément*, évêque de Rome.

CLENCHE, ou **CLINCHE** (nous n'osons pas trop nous prononcer sur ces deux mots. Tous les *dictionnaristes* renvoient de l'un à l'autre, sans désigner de préférence. L'*Académie* s'est abstenue des deux mots; c'est le moyen de ne pas se compromettre. Nous, nous ferons venir le mot *clenche* ou *clinche* du grec κλειω, fermer à clef; et nous avancerons que nous penchons beaucoup plus pour *clinche* que pour *clenche*, non pas à cause du son du mot, mais à cause de *l'usage*, qui emploie *clinche* plus souvent que *clenche*), subst. fém. (*klanche, kleinche*), loquet d'une porte. — Partie extérieure du loquet sur laquelle on pose le pouce pour l'élever.

CLÉOBIS et **BITON**, subst. propres mas. (*klé-obicébiton*), myth., deux frères inséparables qui se rendirent célèbres par leur piété envers leur mère, prêtresse de Junon. Comme il fallait, pour un sacrifice qu'elle devait faire, qu'elle fût menée au temple sur un char, ils suppléèrent les bœufs qui devaient la tirer. Leur mère, touchée de cette marque de tendresse pour elle, pria Junon de leur accorder le plus grand bien que les hommes pussent recevoir des dieux. Ces jeunes gens après avoir soupé avec leur mère allèrent se coucher, et le lendemain ils furent trouvés morts dans leur lit.

CLÉODÉE, subst. propre mas. (*klé-odé*), myth., fils d'Hyllus, et petit-fils d'Hercule.

CLÉODICE, subst. propre fém. (*klé-odice*), myth., fille de Priam et d'Hécube.

CLÉODORE, subst. mas. (*klé-odore*), t. d'hist. nat., sorte de mollusque. — Myth., subst. propre fém., nymphe, mère de Parnassus.

CLÉODOXE, subst. propre fém. (*klé-odokce*), myth., une des filles de Niobé.

CLÉOMÈDE, subst. mas. (*kléo-mède*), fameux athlète. Il était si fort, que, pour avoir été privé du prix de la victoire qu'il avait remportée à la lutte sur un habitant d'Epidaure, il renversa et brisa une colonne d'une maison publique. Il se sauva dans un sépulcre, où l'on ne put le découvrir. L'oracle de Delphes, consulté sur cet événement, répondit qu'il était le dernier des demi-dieux. — T. d'astron. anc., l'une des taches de la lune.

CLÉONE, subst. propre mas. (*klé-one*), myth., bourg proche de la forêt de Némée, célèbre par le lion tué par Hercule, d'où ce lion a été désigné dans les poètes par le mot de *Cleonæus*.

CLÉONIE, subst. fém. (*klé-oni*), t. de bot., plante de la famille des labiées.

CLÉONYME, subst. mas. (*kléo-nime*), t. d'hist. nat., insecte de l'ordre des hyménoptères.

CLÉOPÂTRE, subst. propre fém. (*klé-opâtre*), myth., une des Danaïdes. — Il y en a eu une autre, fille de Borée et femme de Phinée.

CLÉOPHORE, subst. mas. (*klé-ofore*), t. de bot., palmier de l'île Bourbon, qui ne contient qu'une espèce.

CLEPHTE, subst. mas., barbarisme de l'*Académie* qui prétend même qu'on écrit aussi *klephte*. Voy. **CLEPTE**, seul mot conforme à l'étymologie.

CLEPHTINE, subst. fém. (*klèfeline*), sorte de petit bâtiment grec, armé en course.

CLEPSAMMIE, subst. fém. (*klèpeçamemi*) (en latin *clepsammidius*), horloge de sable. Inus.

CLEPSYDRE, subst. fém. (*klèpecidre*) (du grec κλεπτω, je cache, je dérobe, et ὕδωρ, eau), t. d'hist. anc., horloge qui mesurait le temps par la chute d'une certaine quantité d'eau. On y a aussi employé le mercure. Les Egyptiens s'en servaient à mesurer le cours des astres. — Nom de plusieurs machines hydrauliques des anciens. — Vase dont on se sert en chimie. — Nous ferons remarquer que *Raymond* confond ce mot avec le suivant, en les faisant tous deux du genre mas.

CLEPSYDRE ou **HYDRAULICON**, subst. mas. (*klèpecidre, idrôlikon*) (du grec κλεπτω, je cache, et ὕδωρ, eau; le second de ὕδωρ, eau, et αυλος, flûte), t. d'hist. anc., instrument de *musique* à *tuyaux*, qui était un véritable orgue hydraulique. L'invention en est due à *Ctésibius*.

CLEPTE, subst. mas. (*klèpete*) (en grec κλεπτης, voleur), nom propre de montagnards de la Grèce, qui vivent de rapines. — T. d'hist. nat., insecte hyménoptère qui va déposer ses œufs dans le corps des larves d'autres insectes.

CLEPTIOSE, subst. fém. (*klèpetioze*), t. d'hist. nat., famille d'insectes de l'ordre des hyménoptères.

CLÉRAC, subst. propre mas. (*klérak*), ville de France, que traverse la rivière du Lot. Le vin de *Clérac* est estimé. Henri IV donna l'abbaye de *Clérac*, qui avait été fondée par saint Benoît, aux chanoines de Saint-Jean-de-Latran. — *Clérac* s'est dit aussi du tabac qu'on cultivait et qu'on fabriquait sur son territoire.

CLÉRAGRE, subst. fém. (*kléraguere*), t. de vieille fauconnerie, espèce de goutte qui attaque les ailes des oiseaux de proie.

CLERC, subst. mas. (*klère*, le *c* final ne se prononce jamais) (en lat. *clericus*, fait du grec κληρος, sort, partage, héritage), dans l'Ancien Testament, on donne ce nom à la tribu de Lévi, parce que cette tribu était consacrée au service de Dieu; et l'on appelle *clerc*, dans l'Eglise catholique, celui qui s'est consacré au service des autels en prenant la tonsure : *un clerc tonsuré*. Un *clerc* qui n'a pris que les *ordres mineurs* peut se marier; mais son mariage l'exclut des priviléges et des fonctions de la *cléricature*. On peut prendre la tonsure et être *clerc* à sept ans et même à six, par dispense du pape. — Dans un sens plus étendu, on appelle *clercs* ou *ecclésiastiques* tous ceux qui, par état, sont consacrés au service divin, depuis le simple tonsuré jusqu'au prélat du premier ordre. — On entendait anciennement par *clerc*, un jeune gentilhomme qui apprenait les exercices militaires et qui était un novice de chevalerie. C'est en ce sens qu'on dit : *il en parle comme un clerc d'armes*, comme un homme qui n'est pas expérimenté dans la guerre. — On appelait autrefois dans les parlements, *conseiller-clerc*, un conseiller pourvu d'une charge affectée aux ecclésiastiques. — *Clerc du secret*, nom qu'on donnait anciennement à ceux que nous appelons aujourd'hui *secrétaires d'état*. — *Clerc de chapelle*, ecclésiastique attaché à la chapelle du roi. — *Clerc de la chambre*, prélat officier de la chambre apostolique. — *Clerc de l'œuvre*, *de confrérie*, etc., celui qui, dans une paroisse, a soin de certaines choses relatives à l'œuvre; qui, dans une confrérie, etc., est chargé de porter les billets, etc. — *Clerc d'office*, officier attaché au service de la table du roi; il suivait les plats qu'on servait, et avait soin des choses qui se faisaient à l'office. — Celui qui écrit ou qui travaille sous un homme de loi : *clerc d'avocat*, *de procureur* ou *d'avoué*, *de notaire*, etc. — *Maître clerc*, le premier des *clercs* d'une étude; celui qui est plus spécialement chargé de répondre aux clients en l'absence du maître. — On dit prov., *faire un pas de clerc*, une fausse démarche par ignorance. — *Vice de clerc*, faute dans un acte provenant de l'ignorance ou de l'inadvertance d'un *clerc*. — *Compter de clerc à maître*, rendre compte en détail de ce qu'on a reçu et déboursé. L'*Académie* veut que le *c* final se fasse sentir dans cette phrase. Nous ne comprenons guère la raison d'une pareille exception; cette consonnance d'ailleurs n'est rien moins qu'harmonieuse : pourquoi ne dirait-on pas de *clèr à maître?* Ce qu'on pourrait objecter, c'est que la consonnance est consacrée : consacrée, par qui? Peut-être depuis qu'un vieux procureur, qui ne savait pas bien son français, aura voulu faire de la prononciation en face d'un *mauclerc*, comme on disait autrefois, ou d'un client qu'il était utile d'étonner, d'éblouir. — *Clerc du guet*, celui qui a soin d'assembler le guet sur les ports de mer et sur les côtes. — *Grand-clerc*, épithète qu'on donnait autrefois à un homme savant, les ecclésiastiques ayant, pendant long-temps, été les seuls en France à faire profession des lettres. — On appelait *mauclerc* celui qu'on tenait pour ignorant ou inepte. — On le dit aujourd'hui, en style prov., et dans le sens de *savant*, de *capable* :

> N'en déplaise aux docteurs, cordeliers, jacobins,
> Ma foi, les plus grands *clercs* ne sont pas les plus fins.
> (REGNIER.)

> Un loup quelque peu *clerc* prouva, par sa harangue,
> Qu'il fallait dévouer ce maudit animal.
> (LA FONTAINE.)

> En prose, hélas! les plus grands *clercs*
> Disent souvent maimte sottise;
> Comment n'en dire pas en vers ?
> (P. DE CERCEAU.)

Ronsard dans son vieux langage a dit *clergesse* pour *savante* :

> Mais trop plus est à craindre une femme *clergesse*.

On a même dit aussi *clergeresse*; mais il n'est plus en usage aujourd'hui; c'est tout au plus si on le dit encore chez les lingères, pour désigner celle d'entre elles qui a soin de la communauté.

CLÈRES, subst. propre fém. (*klère*), bourg de France, chef-lieu de canton, arrond. de Rouen, dép. de la Seine-Inférieure.

CLERGÉ, subst. mas. (*klèrejé*) (du latin *clerus* fait du grec κληρος, sort, partage, héritage, parce que le *clergé* est le partage, et comme une portion de l'héritage du Seigneur), le corps des ecclésiastiques d'un état, d'une ville, d'une paroisse: *rentes du clergé*, rentes constituées pour le clergé. — Le *clergé* était autrefois divisé en trois ordres; les prêtres, les diacres, et tous les *clercs* inférieurs, qui formaient le troisième. Chaque ordre avait un chef: l'archiprêtre était chef du premier ordre; l'archidiacre du second, et le primicier du troisième. C'est encore à peu près la même chose aujourd'hui; seulement, le *clergé* ne dépend immédiatement que de son évêque ou de son archevêque. Autrefois sous le nom de *clergé*, on comprenait tous les officiers de justice qui étaient gens lettrés; parce que le nom de *clerc* se donnait à tous ceux qui avaient de la littérature, comme on le lit dans l'ordonnance de Charles V, de l'an 1356. Bayle s'est servi du mot *clergé* en parlant des prêtres païens: *il abandonna les fidèles à la merci de son clergé*. (BAYLE au mot ABDAS.) *J'appelle ainsi les mages, qui avaient entre autres choses le soin de la religion*. (LE MÊME.) C'est un abus du mot *clergé*, qui ne doit se dire que des ministres destinés aux fonctions de la religion catholique, et tout au plus dans l'Eglise anglicane, parce qu'elle a conservé une espèce de hiérarchie.

CLERGEOT, subst. mas. (*klèrejô*), vieux mot qui signifiait *petit clerc*. Inus.

CLERGERESSE, subst. fém. (*klèrejerèce*), lingère dans une communauté.

CLERGESSE, subst. fém. (*klèrejèce*), vieux mot qui a signifié femme savante. Voy. CLERC.

CLERGIE, subst. fém. (*klèreji*), vieux mot qui signifiait science, doctrine.—Privilèges accordés autrefois aux hommes lettrés.

CLÉRICAL, E, adj. (*klérikale*), appartenant au *clerc*, à l'ecclésiastique: *titre clérical, tonsure cléricale, vie cléricale*. — Cet adj. n'a nulle part de plur. mas. indiqué; mais, puisque l'on dit *un titre clérical*, pourquoi ne dirait-on pas des *titres cléricaux?*

CLÉRICALEMENT, adv. (*klérikaleman*), à la manière et selon le devoir des *clercs*.

CLÉRICAT, subst. mas. (*klérika*), office de *clerc* de la chambre apostolique. Il est peu usité.

CLÉRICATURE, subst. fém. (*klérikature*), état de celui qui est *clerc* tonsuré, ou fait partie du *clergé*. — On dit même *cléricature* en parlant des *clercs* qui travaillent dans les études des hommes de loi.

CLÉRION, subst. mas. (*klérion*), ancien t. de mépris et de dénigrement, qui signifie *un méchant petit clerc*, soit de l'église, soit de l'étude d'un homme de loi. On s'en sert même quelquefois encore aujourd'hui.—C'est à tort que l'on dit *clériot*, puisque nous trouvons *clérion* dans nos vieux livres.

CLERMONT, subst. propre mas. (*klèremon*), ville de France, chef-lieu d'arrond., dép. de l'Oise. — Ville de France, chef-lieu de canton, arrond. de Lodève, dép. de l'Hérault.

CLERMONT-EN-ARGONNE, subst. propre mas. (*klèremon-annarguone*), ville de France, chef-lieu de canton, arrond. de Verdun, dép. de la Meuse. Ancienne place de guerre dont les fortifications furent rasées sous Louis XIV.

CLERMONT-FERRAND, subst. propre mas. (*klèremonféran*), ville de France, chef-lieu de dép. du Puy-de-Dôme. Patrie de Pascal et de plusieurs savants.

CLERMONTOIS, E, subst. (*klère-montoa, toaze*), qui est de *Clermont*.

CLÉRODENDRON ou **CLERODENDRUM**, subst. mas. (*klérodendron, drome*) (du grec κληρος, sort, δενδρον, arbre), t. d'hist. nat., arbre du genre péragu.

CLÉROMANCIE, subst. fém. (*kléromanci*) (du grec κληρος, sort, et μαντεια, divination), divination par le sort, au moyen des dés ou des osselets.

CLÉROMANCIEN, subst. mas.; au fém. **CLÉROMANCIENNE**, (*kléromancieín, ciène*), qui exerce la *cléromancie*.

CLÉRONOMIE, subst. fém. (*kléronomi*) (du grec κληρος, sort, et νεμω, je partage), partage des biens par le sort.

CLERVAL, subst. propre mas. (*klèreval*), ville de France, chef-lieu de canton, arrond. de Baume-les-Dames, dép. du Doubs.

CLÉRY-SUR-LOIRE (NOTRE-DAME-DE), subst. propre fém. (*notredamedekléricurloar*), village de France, chef-lieu de canton, arrond. d'Orléans dép. du Loiret.

CLÉTA, subst. propre fém. (*kléta*), myth., l'une des Grâces, chez les Lacédémoniens.

CLÉTHRA, subst. fém. (*klètra*), t. de bot., plante de la famille des bicornes.

CLÉTHRAS, subst. mas. plur. (*kletra*) (du grec κληθρα), t. de bot., espèce de bruyère.

CLÉTRITE, subst. fém. (*klètrite*), t. d'hist. nat., anciennement, bois pétrifié qu'on croyait être celui de l'aune. — Pierre qui présentait des empreintes de feuilles d'aune.

CLÈVES, subst. propre fém. (*klève*), ville de Westphalie, en Allemagne.

CLÉVOIS, E, subst. (*klévoa, voaze*), qui est de *Clèves*.

CLEYÈRE, subst. fém. (*klèière*), t. de bot., arbrisseau du Japon qui forme un genre.

CLIBADE et **CLIBADIE**, subst. fém. (*klibade, di*), t. de bot., plante de la famille des corymbifères.

CLIBANAIRE, subst. mas. et adj. (*klibanère*) (en latin *clibanus*, pris du grec κλιβανος, four), nom d'une ancienne milice et cavalerie persane. Les *clibanaires* étaient armés d'une cuirasse recourbée en voûte et faite en forme de four.

CLIC-CLAC, subst. mas. (*klikeklak*), mimologisme d'un coup de fouet, du brisement d'un corps sonore.

CLICHAGE, subst. mas. (*klichaje*), t. d'imprim., action de *clicher*. Voy. ce mot. Le *clichage* opéré par les machines que l'on emploie aujourd'hui est le point capital de la stéréotypie.

CLICHÉ, et non pas **CLICHET**, subst. mas. (*kliché*), format, matrice, planche d'imprimerie obtenue par le *clichage*.

CLICHÉ, E, part. pass. de *clicher*.

CLICHEMENT, subst. mas. (*klicheman*), embarras vicieux de la langue dans la prononciation des lettres chuintantes.

CLICHER, v. act. (*kliché*), t. d'imprim., faire tomber perpendiculairement, subitement et avec force, une matrice sur du métal en fusion, pour retirer l'empreinte de la matrice. — Couler de la matière sur une composition de caractères mobiles ordinaires pour en former une matrice, dans laquelle on coule aussi la même matière, ce qui fait le *cliché*. — Prononcer avec un embarras désagréable de la langue les lettres chuintantes. — *se* CLICHER, v. pron.

CLICHEUR, subst. et adj. mas. (*klicheur*), ouvrier qui *cliche*: *un ouvrier clicheur, un habile clicheur*. On pourrait se servir du mot *clicheuse*.

CLICHIEN, subst. mas. (*klichiien*) membre d'un club qui se tenait au jardin de Clichi, en 1794 et 1795. (*Boiste*.) Hors d'usage.

CLIDE, subst. fém. (*klide*), espèce de machine de guerre au moyen de laquelle on lançait autrefois des pierres dans les forteresses.

CLIDOMANCIE, subst. fém. (*clidomanci*). Voy. CLEIDOMANCIE.

CLIENT, E, subst. (*klian, ante*) (du lat. *cluens*, fait, dans la même acception, du verbe *clueo*, qui, dans le principe, signifiait *j'écoute*, et qui ensuite n'a plus été employé que dans le sens d'*être*, signification qu'on a aussi donnée quelquefois au verbe *audio*. *Clueo* vient du grec κλυω, j'écoute), chez les anciens Romains, celui qui s'était mis sous la protection d'un des plus puissants citoyens. — Aujourd'hui, celui ou celle qui a chargé un avocat de sa cause, un notaire de la conservation de ses droits, etc.: *c'est mon client; je suis sa cliente*. —Pratiques: *les clients d'un* homme de loi; on le dit même quelquefois d'un médecin. — *Client* ne se dit cependant pas pour *chaland*; nous ne trouvons d'ailleurs cette bévue que dans *Raymond*.

CLIENTÈLE, orthographe de l'*Académie*. *Laveaux* écrit **CLIENTELLE**, qui nous semble être plus conforme au génie de notre langue, subst. fém. (*kliantèle*) (en latin *clientela*), chez les anciens Romains, les *clients* d'un patron.—Cette protection même: *il est sous votre clientèle*. —Protégés pris collectivement: *ce seigneur avait assemblé toute sa clientèle*. — Tous les *clients* d'un avocat, d'un avoué, d'un notaire, d'un médecin, etc.

CLIFOIRE, subst. fém. (*klifoare*) (en latin *oclifera*, corruption de *oculiferia*, formé de *oculus*, œil, et *ferio*, je frappe, parce que les enfants jettent de l'eau au visage des passants avec la *clifoire*), espèce de seringue faite d'un morceau de sureau.

CLIFORTE, subst. fém. (*kliforte*), t. de bot., plante de la famille des rosacées.

CLIGNÉ, E, part. pass. de *cligner*.

CLIGNEMENT, subst. mas. (*kligneman*), mouvement involontaire de la paupière qui se ferme à demi. — Mauvaise habitude de *cligner*.

CLIGNE-MUSETTE, subst. fém. (*klignemuzète*), jeu d'enfants dans lequel l'un d'eux ferme les yeux, tandis que les autres se cachent. Au cri de *fait!* cri qui avertit que tout le monde est bien caché, le premier se met en cherche, tâche de toucher quelqu'un, comme dans le jeu du *chat*, et s'il y réussit, celui qui a été atteint prend sa place et va se cacher à son tour: *jouer à la cligne-musette*.

CLIGNER, v. act. (*klignié*) (en latin *clinare*, inusité sous cette forme, mais qui se trouve comme primitif dans *inclinare*, incliner, baisser, et qui a été fait du grec κλινειν, baisser), fermer les paupières, fermer l'œil à demi par un mouvement involontaire: *cligner les yeux; cligner l'œil; tenir les yeux clignés*.

CLIGNOT, subst. mas. (*cliguió*), t. d'hist. nat., oiseau d'Amérique.

CLIGNOTANT, E, adj. (*kligniotan, tante*), qui *clignotte*.— T. d'hist. nat. Il se dit au fém., d'une membrane qui, chez les oiseaux et les poissons, se trouve entre le globe de l'œil et les paupières. L'animal la tire à volonté pour se préserver de l'impression et de l'éclat de la lumière.

CLIGNOTÉ, part. pass. de *clignoter*.

CLIGNOTEMENT, orthographe de l'*Académie*; mieux et plus conformément au génie de la langue, **CLIGNOTTEMENT**, subst. mas. (*kligniotéman*), mouvement involontaire et continuel des paupières. Voy. CLIGNOTER.

CLIGNOTER, v. neut. (*kligniotè*) (de *cligner*, dont *clignoter* est un fréquentatif), faire jouer les paupières en les ouvrant et les fermant fréquemment, coup sur coup: *il ne fait que clignoter*. On dit aussi: *clignoter des yeux*.

CLIMAQUE, subst. propre mas. (*klimake*) (du grec κλιμαξ, échelle ou degré), surnom de saint Jean, auteur d'un livre intitulé: *l'Échelle Sainte*.

CLIMAT, subst. mas. (*klima*) (en grec κλιμα, formé de κλινω, incliner, pencher), espace de terre entre deux cercles parallèles à l'équateur et d'une longueur telle que le plus long jour dans le parallèle le plus proche du pôle surpasse d'une certaine quantité, par exemple d'une demi-heure, le plus long jour dans le parallèle le plus proche de l'équateur. Les *climats* se comptent depuis l'équateur jusqu'aux pôles, et sont comme autant de bandes ou zônes parallèles à l'équateur: *climat méridional, climat septentrional*. Dans l'ancienne géographie, on comptait vingt-quatre *climats* d'heure, distingués l'un de l'autre par la longueur du plus long jour d'été, qui, dans le premier, était de douze heures et demie, dans le suivant de treize heures, et ainsi de suite. Il y avait aussi six *climats* de mois, dans chacun desquels la longueur du plus long jour différait d'un mois de celle du plus long jour des *climats* entre lesquels il était placé. — Plus ordinairement, région, pays, par rapport à la température: *climat chaud* ou *froid; changer de climat*.

CLIMATÉRIQUE (telle est du moins l'unique orthographe de l'*Académie*, qui francise le mot en le formant de *climat*. Mais *Boiste* donne aussi *climactérique*, et le *Dictionnaire de Trévoux* n'indique que *climactérique*, qui est conforme à l'étymologie que nous donnons; mais il a le tort d'avancer qu'on doit prononcer *klimatérike* le mot qu'il écrit *climactérique*. Résumons-nous: *climactérique* serait plus conforme à l'étymologie; mais il est certain qu'en français, la racine de *climatérique* est *climat*. Écrivons donc **CLIMATÉRIQUE**), adj. des deux genres (*klimatérike*) (du grec κλιμακτηρικος, par échelons, dérivé de κλιμαξ, degré ou échelle, parce qu'on monte par degrés ou échelons de sept en sept pour arriver à l'année *climatérique*), qui tient du *climat*. — Se dit de chaque septième année de la vie humaine. *Les années* 14, 21, 28, 35, 42, 49, 56, 63, 70, 77 et 84 *sont les années climatériques*; et les *années* 63 et 84 sont nommées *grandes climatériques: des rêveurs ont cru que les années climatériques apportent quelque changement à la santé, à la vie ou à la fortune*. — On a même employé ce mot comme subst. fém. On dit *la climatérique*, en parlant de la septième année. C'est un reste des aberrations de l'astrologie. — En médec., on le dit de certaines époques critiques de l'âge, où il survient de graves changements: *l'époque de la puberté est une époque climatérique*. On se sert plus souvent du mot *critique*.

CLIMATURE, subst. fém. (*klimature*), nature, influence du *climat*: *climature des plantes*.

CLIMAX, subst. mas. (*klimakee*) (du grec κλιμαξ, degré, échelle), figure de rhétorique par laquelle le discours s'élève ou descend comme par dégrés; espèce de gradation. — En t. de musique ancienne : 1° trait dans lequel deux parties sont à la tierce en montant et en descendant diatoniquement; 2° trait de chant qui est répété plusieurs fois de suite, et toujours sur un ton plus haut; c'est une espèce de canon.

CLIMÈNE, subst. propre fém. (*klimène*), myth., l'une des filles de Minée.

CLIN, subst. mas. (*klein*), t. de mar., construction de bateau dans laquelle on pose les unes sur les autres les planches qu'on emploie : *border à clin*, faire des bordages à recouvrement. Voy. CLIN-D'ŒIL.

CLINANTHE, subst. mas. (*klinante*), t. de bot., nom que l'on a donné depuis peu aux réceptacles coniques des fleurs composées et autres qu'on considère comme une continuité du pédoncule.

CLINCAILLE, **CLINCAILLERIE**, **CLINCAILLIER**. Voy. QUINCAILLE, QUINCAILLERIE, QUINCAILLIER, double orthographe donné par l'*Académie*.

CLINCART, subst. mas. (*klinkar*), t. de mar. On appelle ainsi certains bateaux plats qui sont en usage en Suède et en Danemark.

CLINCHE, subst. fém. (*kleinche*), t. de serrurier, petite pièce de fer en dehors d'une porte, et qui sert à l'ouvrir en mettant le pouce sur cette pièce. Voy. CLENCHE pour nos observations.

CLIN-D'ŒIL, (l'*Académie*, qui annonce que le mot *clin se joint toujours à œil*, aurait dû peut-être en faire un subst. composé), subst. mas. (*kleindeuie*) (du grec κλίνω, fermer, et du latin *oculus*, œil), prompt mouvement de la paupière qu'on baisse et qu'on relève en même temps : *faire un clin-d'œil à quelqu'un*, lui faire un signe de *l'œil*; *c'est l'affaire d'un clin-d'œil*, c'est une chose qui se fait ou qui peut se faire très-vivement. — Le *Dictionnaire* de MM. *Noël* et *Chapsal* veut qu'on dise au plur. des *clins-d'œil*. Il n'en donne point d'exemple. *Trévoux* l'exige aussi par cette phrase qu'il cite, tirée de *Balzac* : *Je connais des personnes qui trafiquent de civilités, et dont les clins-d'œil ont quelque dessein.* Pourquoi ne dirait-on pas des *clins-d'yeux*? On peut, il est vrai, ne *cligner* que d'un *œil*; mais tout naturellement on *cligne* aussi *des yeux*. L'*Académie* n'emploie cette expression qu'au sing. Si l'on ne veut pas dire des *clins-d'yeux*, nous sommes d'avis que des *clins-d'œil* choque par la difficulté exceptionnelle et inutile qu'il offre. — *En un clin-d'œil*, loc. adv., en un moment, en fort peu de temps.

CLINE, subst. fém. (*kline*), t. d'hist. nat., sous-genre de poissons, établi aux dépens des blennies.

CLINFOC, subst. mas. (*klinfoke*), t. de mar., foc léger qui se grée au mât de ce nom.

CLINIQUE, subst. et adj. des deux genres (*klinike*) (en grec κλινικός, fait de κλίνη, lit), qui appartient au lit. Il s'est d'abord dit de celui ou de celle qui recevait le baptême au lit de la mort. — *Clinique* se trouve encore dans l'antiquité en deux sens différents : 1° pour *malade*; 2° pour *médecin*, parce que les *médecins* étaient toujours auprès du lit des malades. C'étaient principalement les médecins des empereurs qu'on appelait ainsi. —*Médecine clinique*, qui se pratique auprès du lit des malades. — *Médecin clinique*, celui qui visite les malades alités, par opposition aux médecins que l'on consulte et à ceux qui écrivent.—Il se prend aussi substantivement au fém. : *la clinique*; *professeur de clinique*.

CLINOCÈRE, subst. mas. (*klinocère*), t. d'hist. nat. On a donné ce nom à un genre d'insectes de l'ordre des diptères.

CLINOÏDES, adj. fém. plur. (*klino-ide*) (en grec κλίνη, lit, et εἶδος, forme, ressemblance, parce que les *clinoïdes* ressemblent aux pieds du lit), t. d'anat., qui se dit des quatre apophyses et de l'os sphénoïde du crâne.

CLINOPODE, subst. mas. (*klinopode*) (du grec κλίνη, lit, et ποδός, gén. de πούς, pied), basilic sauvage, plante dont les feuilles ont, pour ainsi dire, la forme du pied d'un lit.

CLINOPODIUM, subst. mas., le même que *clinopode*. Voy. ce mot.

CLINQUANT, subst. mas. (*kleinkan*), petite lame d'or ou d'argent qu'on met dans les broderies. — Lames ou feuilles de cuivre qui brillent beaucoup. — Fig., en parlant des ouvrages d'esprit, faux brillant.

CLINQUANTÉ, **E**, part. pass. de *clinquanter*.

CLINQUANTER, v. act. (*kleinkanté*), charger de *clinquant*. Ce mot, que nous lisons dans tous les *Dictionnaires*, à l'exception de celui de l'*Académie*, n'est point usité.

CLIO, subst. propre fém. (*klió*) (du grec κλέος, gloire, ou κλέω, je célèbre), myth. l'une des neuf Muses, et fille de Jupiter et de Mnémosyne. Elle présidait à l'histoire, et elle est toujours représentée sous la figure d'une jeune fille couronnée de lauriers, tenant en sa main droite une trompette, et un livre dans la gauche. — T. d'hist. nat., genre de la classe des vers mollusques.

CLIQUART, subst. mas. (*klikar*), pierre à bâtir dont on faisait grand cas à Paris.

CLIQUE, subst. fém. (*klike*), société de mauvais ton réunie pour cabaler, dire ou faire du mal : *une clique d'intrigants*. Style familier.

CLIQUET, subst. mas. (*kliké*), t. d'horlogerie, sorte de petit levier dont on se sert ordinairement pour faire tourner une roue dans un certain sens, de manière qu'elle ne puisse se mouvoir dans un sens contraire. — En t. d'orfèvres-bijoutiers, c'est la partie supérieure de la brisure qui entre dans la charnière et en sort. — C'est aussi une pièce du moulin à grain qui tient à la trémie, d'où elle fait descendre peu à peu le grain sur les meules. On dit aussi *claquet*. Voy. ce mot.

CLIQUETÉ, part. pass. de *cliqueter*.

CLIQUETER, v. neut. (*kliketé*), faire un bruit qui imite celui d'un *claquet* ou *cliquet* de moulin. Voy. CLAQUET.

CLIQUETIS, subst. mas. (*kliketi*) (mot fait par onomatopée), bruit que font les armes en se choquant les unes contre les autres, et par extension le bruit de tout corps sonore qui se heurte contre un autre corps également sonore. — En t. de chir., craquement des os : *le cliquetis de l'os*. Peu en usage. — Fig., le *cliquetis* des mots, des syllabes : *l'esprit de* PARTI *vend sa* PATRIE *pour la* PATRIE *qu'il adopte*. Il faut éviter ce genre de phrase, qui choque l'oreille et le bon goût. — On dit encore *cliquetis d'antithèses*, lorsqu'elles sont tellement accumulées les unes sur les autres qu'elles laissent voir le travail de l'esprit.

CLIQUETTE, subst. fém. (*klikète*) (fait par onomatopée), instrument fait de deux os, de deux tessons, ou de deux morceaux de bois qu'on tient entre les doigts, et dont on tire quelques sons mesurés en les battant l'un contre l'autre : *jouer des cliquettes*. — *Castagnette* est préférable à ce mot populaire. — En t. de pêche, on appelle *cliquettes* certaines pierres trouées que l'on attache au verveux pour le faire plonger.

CLIQUEUR, subst. mas. (*klikeur*), filou, bretteur. Inusité.

CLISÉOMÈTRE, subst. mas. (*klizé-omètre*) (du grec κλίσις, pente, inclinaison, et μέτρον, mesure), t. de médec., instrument destiné à mesurer le degré d'inclinaison du bassin.

CLISÉOMÉTRIQUE, adj. (*klizé-omètrike*), qui a rapport au *cliséomètre*.

CLISIPHONTE, subst. mas. (*clizifonte*), t. d'hist. nat., genre de coquilles qui renferme plusieurs espèces.

CLISSE, subst. fém. (*klice*), petite claie d'osier ou de jonc propre à faire égoutter les fromages, etc. —T. de chir., petites planches de bois ou tranches de carton qui servent à maintenir les os fracturés.

CLISSÉ, **E**, adj. et part. pass. de *clisser*, garni de *clisses* : *bouteille clissée*.

CLISSER, v. act. (*klicé*), garnir de *clisses*.— *se* CLISSER, v. pron. (*Boiste*.) Presque inusité.

CLISSON, subst. propre mas. (*kliçon*), ville de France, chef-lieu de canton, arrond. de Nantes, dép. de la Loire-Inférieure.

CLISSON, subst. mas. (*kliçon*), t. de comm., toile de lin qui se fabrique en Bretagne.

CLISSONNAIS, subst. propre mas. (*kliçoné*), ancien pays situé aux environs de *Clisson*.

CLISSUS-DE-NITRE, subst. mas. (*kliceçucedenitre*), t. de chim., potasse chargée d'acide carbonique.

CLISTÉ, **E**, part. pass. de *clister*.

CLISTER, v. act. (*klicelé*), t. de salines : *clister un fourneau*, fermer les joints des platines avec des étoupes, enduire le fond de chaux détrempée.

CLITA, subst. propre fém. (*klita*), myth., fille de Mérope. Elle s'étrangla pour ne pas survivre à son mari.

CLITHON, subst. mas. (*kliton*), t. d'hist. nat., genre de coquilles.

CLITIE, subst. fém. (*kliti*), t. de bot., anémone pelucheé.

CLITORE, subst. fém. (*klitore*), t. de bot., genre de plantes de la famille des légumineuses.

CLITORIDIEN, adj. mas.; au fém. CLITORIDIENNE, (*klitoridiein*, *diène*), t. d'anat., qui appartient qui a rapport au *clitoris*.

CLITORIS, subst. mas. (*klitorice*) du grec κλείω, je ferme), t. d'anat., organe charnu et saillant qui se trouve au haut de la vulve, dans les parties naturelles de la femme et des femelles des quadrupèdes.

CLITORISME, subst. mas. (*klitoriceme*), t. de médec., maladie dont le siège est au *clitoris*. — C'est, chez la femme, ce qu'on appelle *priapisme* chez l'homme. Abus du *clitoris*.

CLIVAGE, subst. mas. (*klivaje*) (du saxon *kléoven*, fendre), t. de lapid., l'action de *cliver* un diamant. Voy. CLIVER.

CLIVÉ, **E**, part. pass. de *cliver*.

CLIVER, v. act. (*klivé*), t. de lapid. : *cliver un diamant*, le fendre avec adresse au lieu de le scier. — *se* CLIVER, v. pron.

CLIVINE, subst. mas. (*klivine*), t. d'hist. nat., genre d'insectes de l'ordre des coléoptères.

CLOACINE, subst. propre fém. (*kloacine*), myth., déesse des égouts.—C'était un surnom de Vénus.

CLOAQUE (nous ne comprenons pas la raison qui a pu décider l'*Académie* à donner deux genres, le mas. et le fém., à ce mot. Ce qu'il y a de certain, c'est que l'usage général dit, dans toutes les acceptions : *un* et non pas *une cloaque*. Cependant, si nous consultons l'étymologie latine, nous devrions dire, dans tous les sens, *une cloaque*, car ce mot n'est que fém. en latin; mais comme il pourrait être, même en latin, tout aussi bien mas. que fém., nous nous conformerons à l'usage, et nous trancherons la question en disant que l'usage fait toujours ce mot mas.) (*kloake*) (du grec κλύζω, je lave, dont le primitif κλύω s'est conservé dans l'ancien mot latin *cluo*, qui a la même signification, et d'où était venu *cluaca*, changé depuis en *cloaca*, cloaque), aqueduc souterrein; égout dans lequel s'écoulent les immondices d'une ville. En ce sens, il ne se dit guère que des ouvrages des anciens : *les cloaques des Romains*; pour ceux des modernes, on dit *égouts*. — Lieu destiné à recevoir les immondices. — T. d'hist. nat., dans les serpents, ouverture pour rendre le résidu des aliments solides et liquides, et qui sert également aux organes de la génération; dans les oiseaux, canal qui sert à conduire l'œuf depuis l'ovaire jusqu'à son issue. — Fig., 1° maison sale et infecte; 2° personne sale et qui sent mauvais. (Nous ne donnons cette seconde acception que pour avertir qu'elle se trouve dans l'*Académie*, et qu'elle est pour le moins surannée, ce que l'*Académie* a tort de ne pas dire. — On dit aussi fig. et fam., *cloaque d'impuretés, de toutes sortes de vices*, etc. : *l'athéisme arrête l'âme dans son élan vers les cieux, et la jette dans le cloaque de la matière*.

CLOCHE, subst. fém. (*kloche*) (en latin barbare *cloca*, qui se trouve en ce sens dans les *Constitutions de Charlemagne*, et qui peut venir de l'ancien teutonique *keloken*, frapper, dont les Allemands ont fait *kloke*, cloche, et les Anglais *clok*, horloge), instrument de métal fait en forme de poire ouverte par le bas, et dont on tire du son au moyen d'un battant suspendu. On fait une cérémonie pour le baptême ou pour la bénédiction des *cloches*. Cette cérémonie est très-ancienne, aussi bien que le nom de *baptême* qu'on lui donne, car on dit : *le baptême d'une cloche*; *baptiser une cloche*; comme Yves de Chartres rapporte qu'on baptisait autrefois les églises, au lieu de dire qu'on les bénissait. — Verre en forme de *cloche* pour couvrir les melons, les concombres, etc., afin de les préserver des injures du temps. — Vessie pleine de sérosités qui vient aux mains, aux pieds, etc. Quelques personnes disent à tort *cloque* pour *cloche*.—Sorte de vase où l'on fait cuire du fruit, etc. — Vase de bois en forme de *cloche*. — Calice d'une fleur en forme de *cloche*. Voy. les mots CAMPANULÉ et CAMPANIFORME. — *Cloche banale*, *la cloche* du beffroi. — *Cloche de plongeur*, machine en forme de *cloche* qui s'enfonce au fond de la mer au moyen de gros boulets suspendus tout autour, et dans laquelle un homme peut rester quelque temps sous l'eau, surtout en y renouvelant l'air par les procédés de *Halley*, etc.— *Cloche*, en t. de physique, se dit d'un vase de crystal cylindrique qui sert de récipient dans les expériences que l'on fait au moyen de la machine pneumatique. Cette espèce de vase est aussi d'un grand usage en chimie pour les expériences sur les différentes espèces d'air. — On appelle *cloche* un ornement de monture de chandeliers qui se place ordinairement sous le vase, et qui a à peu près la forme d'une *cloche*.— On donne encore ce nom à une sorte de couvre-plat qui a la forme d'une *cloche*, et dont on couvre les plats pour tenir les mets chauds.— Prov., *fondre la cloche*, se déterminer à approfondir une affaire; prendre une dernière résolution, etc. — *Être étonné comme un fondeur de cloches*, être surpris, demeurer muet à la vue d'un malheur imprévu, en apprenant une nouvelle fâcheuse, etc. — *N'être pas sujet à un coup de cloche*, n'être pas à l'heure, être libre de son temps. — *Faire sonner la grosse cloche*, faire parler ou agir le maître, celui qui a le plus d'autorité; se vanter beaucoup.—*Entendre deux cloches*, deux parties, le pour et le contre. *Qui n'entend qu'une cloche n'entend qu'un son*, celui qui n'entend qu'une des parties ne peut juger sainement d'une affaire. — On dit de celui qui varie dans ses discours, suivant différentes insinuations, qu'*il est comme les cloches, qu'on lui fait dire tout ce qu'on veut.*—On appelait *gentilshommes de la cloche* les descendants de magistrats municipaux de différentes villes où l'élection conférait la noblesse : ce nom, qui était pris ironiquement par opposition à la noblesse de race, leur venait de ce que les élections des officiers municipaux étaient annoncées au son de la *cloche*.

CLOCHÉ, **E**, part. pass. de *clocher*, et adj., t. de jard., garni de *cloches* de verre.

CLOCHEMAN, subst. mas. (*klocheman*) (de l'allemand *klockmann*, qui sonne la *cloche*), bélier qui conduit le troupeau. Voy. SONNEUR.

CLOCHEMENT, subst. mas. (*klocheman*), action de *clocher*, de boiter.

CLOCHE-PIED, subst. mas. (*klochepié*), espèce d'organsin qui n'a que trois brins de soie, dont deux sont moulinés ensemble séparément, puis moulinés une seconde fois avec le troisième. — *A cloche-pied*, loc. adv., sur un seul pied : *aller, sauter à cloche-pied*, et non pas *à cloche-pieds*, car on ne saurait *clocher* sur deux pieds.

CLOCHER, subst. mas. (*kloché*), bâtiment de maçonnerie et de charpente, ordinairement élevé sur l'église, et où les *cloches* sont suspendues. Ce mot se prend aussi pour paroisse : *il y a tant de clochers en France.* — Prov., *Il faut mettre le clocher au milieu de la paroisse*, il faut mettre au milieu une chose unique dont tout le monde a besoin. — *N'avoir pas perdu de vue le clocher de son village*, n'être jamais sorti de son pays natal. —*Se battre des pierres du clocher*, plaider pour un bénéfice dont on jouit par provision. Vieux.— *Tirer du clocher*, employer de son mieux la dernière ressource qui reste. Vieux —*Course au clocher*, course à travers champs et en droite ligne, comme si l'on se dirigeait *à vue de clocher*, en franchissant tout ce qui se rencontre devant soi.

CLOCHER, v. neut. (*kloché*), boiter en marchant. Voy. BOITER. On disait autrefois *cloper*. Voy. ce mot. — Au fig. : *ce raisonnement, cette comparaison cloche*, a quelque chose de défectueux. — *Ce vers cloche*, la mesure n'y est pas. — Prov. : *il ne faut pas clocher devant les boiteux;* 1° il ne faut contrefaire personne; 2° il ne faut pas parler de choses désagréables devant les personnes intéressées; 3° il ne faut pas faire le capable devant un plus habile. — V. act., t. de jard., mettre une planche sous *cloches* : *je vais clocher mes melons.* — Dans une communauté, appeler un religieux au son de la *cloche*. En ce dernier sens, il n'est plus usité.

CLOCHER-CHINOIS, subst. mas. (*klochéchinoa*), t. d'hist. nat., petit coquillage univalve, de la famille des vis.

CLOCHETON, subst. mas. (*klocheton*), petite *cloche*.

CLOCHETTE, subst. fém. (*klochète*) petite *cloche* portative. — T. d'archit., ornement en forme de *cloche*. — T. de bot., nom d'une fleur d'un jaune clair.

CLODONES, subst. fém. plur. (*klodone*), myth., synonyme de *bacchantes* chez les Macédoniens.

CLOFYS, subst. mas. (*klofice*), t. d'hist. nat., oiseau tout noir et de la grosseur d'un étourneau, qui se trouve en Amérique et se nourrit de fourmis.

CLOISON, subst. fém. (*kloèzon*) (du lat. *claudere*, fermer), séparation en bois ou en maçonnerie, que l'on pratique dans une maison ou dans tout autre lieu. — On appelle *cloison de serrure*, une espèce de boîte mince qui renferme la garniture d'une serrure. — En t. d'anat., *cloison* se dit d'une membrane qui sépare une cavité en deux parties : *la cloison du palais, du nez, du gosier*. — En bot., membrane plus ou moins épaisse qui coupe ou traverse la cavité du péricarpe. — En t. d'hydraul., séparation de cuivre, de plomb, etc., dans les cuvettes des fontaines et des jauges. Il y a la *cloison de calme*, appelée aussi *languette*, qui se place près de l'endroit où tombe l'eau, et qui en rompt le flot, sans interrompre sa communication; et la *cloison du bord*, où s'arrêtent les bassinets pour la distribution de l'eau.

CLOISONNAGE, subst. mas. (*kloèzonaje*), ouvrage de *cloison* : *la toise de cloisonnage vaut tant.*

CLOISONNÉ, **E**, part. pass. de *cloisonner*, et adj., t. d'hist. nat. : *un coquillage cloisonné*, qui a une séparation dans son intérieur.

CLOISONNER, v. act. (*kloèzoné*), séparer par une *cloison*. — *se* CLOISONNER, v. pron.

CLOÎTRE, subst. mas. (*kloètre*) (du lat. *claustrum*, fait dans la même signification de *claudere*, fermer), habitation religieuse, ordinairement fermée de murs. — Galerie carrée, pratiquée dans un monastère, sous laquelle sont situées les cellules, et dont le milieu est occupé par une cour ou par un jardin. — Le monastère lui-même : *vivre dans un cloître.* Dans cette acception, *cloître* diffère de *couvent* et de *monastère*, en ce que l'idée propre de *cloître* est celle de clôture; l'idée propre de *couvent*, celle de communauté; l'idée propre de *monastère*, celle de solitude : on s'enferme dans un *cloître*; on se met dans un *couvent*; on se retire dans un *monastère*. — Enceinte des maisons où logent assez ordinairement les chanoines de cathédrales : *le cloître Notre-Dame.*

CLOÎTRÉ, **E**, part. pass. de *cloîtrer*, et adj. : *religieuse cloîtrée*, qui garde la clôture.

CLOÎTRER, v. act. (*kloètré*), enfermer dans un *cloître*, contraindre à entrer dans un monastère, et à y prendre l'habit. —Au fig. et fam., enfermer. —*se* CLOÎTRER, v. pron., prendre l'état religieux; entrer dans un *cloître*. — S'enfermer.

CLOÎTRIER, subst. mas., au fém. CLOÎTRIÈRE (*kloètrié, trière*), religieux, religieuse qui vit dans un monastère; à la différence de ceux qui ne font que passer, ou qui résident ailleurs.

CLOÎTRIÈRE, subst. fém. Voy. CLOÎTRIER.

CLOMÉNA, subst. fém. (*kloména*), t. de bot., genre de plantes de la famille des graminées.

CLOMPAN, subst. mas. (*klonpan*), t. de bot., arbrisseau sarmenteux de la famille des légumineuses.

CLONIQUE, adj. des deux genres et subst. mas. (*klonike*) (du grec κλονος, tumulte), t. de médec. On l'a employé pour *spasmodique*.

CLONISME, subst. mas. (*kloniceme*) (même étym. que celle du mot précédent), t. de médec. On a désigné par ce mot les maladies qu'on rapportait autrefois au spasme *clonique*.

CLONISSE, subst. fém. (*klonice*), t. d'hist. nat., nom d'une coquille bivalve.

CLONIUS, subst. propre mas. (*klôni-uce*), myth., l'un des capitaines béotiens qui allèrent au siége de Troie.

CLOPÉ, part. pass. de *cloper*.

CLOPER, v. neut. (*klopé*) (en lat. barbare *clopare*, fait de *clopus*, qui est dérivé du grec χωλοπους, boiteux, formé de χωλος, boiteux, et πους, pied), vieux mot qui s'est dit dans le sens de *clocher*, boiter en marchant, et s'est conservé dans son part. prés. *clopant* : *aller clopin-clopant*. *Clopiner* en est le diminutif. —C'est à tort que *Boiste* laisse le choix entre *cloper* et *clopper* : cette dernière orthographe, qui s'éloigne de l'étymologie, est vicieuse, en ce qu'elle n'est pas conforme au génie de notre langue.

CLOPEUX, subst. mas. (*klopeu*), t. de raffineur de sucre; petit battoir qui sert à frapper sur le cercle appelé *cacheux*.

CLOPIN-CLOPANT, loc. adv. (*klopin, pan*), en *clopinant* : *aller clopin-clopant*. Il est fam. Voy. CLOPER.

CLOPINÉ, part. pass. de *clopiner*.

CLOPINER, v. neut. (*klopiné*), marcher avec peine et en *clopant*, en clochant un peu : *il a été blessé au pied, il va en clopinant.* Il est fam. Ce verbe est le dimin. de *cloper*.

CLOPORTE, subst. mas. (*kloporte*) (formé de *clore* et de *porte*), t. d'hist. nat., sorte d'insecte à plusieurs pattes qui se trouve dans les lieux humides. C'est un aptère.

CLOPORTIDE, subst. mas. (*kloportide*), t. d'hist. nat., crustacé de l'ordre des isopodes.

CLOPOTEUX, adj. mas.; au fém. CLOPOTEUSE (*klopoteu, teuze*), très-agité : *mer clopoteuse.* Double barbarisme, que nous lisons chez tous les *dictionnaristes*. L'*Académie* dit *clapoteux, clapoteuse* et *clapoter*; et nous, ne trouvant pas d'étymologie raisonnable à ce mot autre que la raison d'*onomatopée*, nous n'acceptons que l'*Académie*. Voy. CLAPOTEUX.

CLOPOTEUSE, adj. fém. Voy. CLOPOTEUX.

CLOQUE, subst. fém. (*kloke*), t. de jard., maladie commune aux feuilles des arbres, et plus particulièrement à celles du pêcher.—*Cloque* ne se dit pas pour *cloche*. Voy. ce dernier mot. — T. de blanchisserie de cire, ruban de cire qui se noue, pour ainsi dire, et se forme en bouton, quand le cylindre n'est pas partout également chargé d'eau.

CLOQUÉ, **E**, adj. (*kloké*), t. de jard. ; il se dit des feuilles attaquées de la *cloque*.

CLOQUETIER, subst. mas. (*kloketié*), t. de briquetier, morceau de bois auquel le mouleur de briques attache l'archet de fil de fer avec lequel il coupe la terre.

DU VERBE IRRÉGULIER ET DÉFECTIF CLORE :

Clora, 3e pers. sing. fut. abs.
Clorai, 1re pers. sing. fut. abs.
Cloraient, 3e pers. plur. prés. cond.
Clorais, précédé de *je*, 1re pers. sing. prés. cond.
Clorais, précédé de *tu*, 2e pers. sing. prés. cond.
Clorait, 3e pers. sing. prés. cond.
Cloras, 2e pers. sing. fut. abs.

CLORE, v. act. *Trévoux*, *Laveaux*, *Boiste* et *Rivarol* écrivent CLORRE. En écrivant *clore*, nous avons pour appui la raison étymologique, et de plus l'*Académie*. Cependant ce mot écrit par deux *r* serait plus conforme au génie de notre langue, qui double assez ordinairement la consonne qui précède une voyelle muette. (*klore*) (en lat. *claudere*, fait du grec κλειω, je clos, je ferme, qui a pour racine κλεις, clef), part. *clos, close*. *Je clos, tu clos, il clôt.* Fut., *je clorai*. Cond., *je clorais*, etc. Les autres temps sont hors d'usage, à l'exception des composés, comme : *j'ai clos, j'avais clos*, etc. Fermer, faire que ce qui était ouvert ne le soit plus : *clore un passage.* — Enfermer, entourer, environner de murailles, de haies, de fossés. Il est plus usité dans cette acception que dans la précédente : *clore un jardin, un parc*, etc. —On dit fig. : *clore la bouche à quelqu'un*, l'empêcher de parler ou le forcer à se taire.— *Clore l'œil*, dormir.— *Clore* est quelquefois neutre à la troisième personne : *une porte, une fenêtre qui ne clôt pas bien; quand vous y aurez fait telle chose, elle clora mieux, elle clora juste.*—Achever, terminer : *clore un marché, un compte, un inventaire, un traité, un testament*, etc. — *Clore la session du parlement ou des chambres; clore une discussion.* —On disait autrefois : *clore le pas; ouvrir le pas*, pour signifier : terminer les joûtes, les tournois, comme on disait *ouvrir le pas*, pour le commencer.—En t. de vannier, serrer l'osier avec le fer à *clore*.— *se* CLORE, v. pron., se fermer. — CLORE, FERMER. (*Syn.*) *Clore* indique quelque chose de plus vaste, de plus rigoureux, de plus stable que *fermer*. Une ville est *close* de murailles; un jardin est *clos* de murs; un champ est *clos* de haies; un passage est *fermé*; des portes sont *fermées*; une trappe est *fermée*. Le théâtre d'escrime de la chevalerie, fermé ou plutôt renfermé par trois barrières, s'appelait *champ clos*. On *ferme* ce qui est couvert ou creux; on *clôt* ce qui était tout découvert et sans enceinte. — *Clore* indique quelque chose de plus rigoureux. Une fenêtre *fermée* peut n'être pas bien *close*. Il n'y a point de jour, d'issue, de passage, dans ce qui est *clos*. Le propriétaire d'une maison est obligé de tenir le locataire *clos* et couvert, c'est-à-dire, bien fermé de toutes parts. La nuit *close* est tout-à-fait fermée. Quand on *ferme* la bouche à quelqu'un, il ne dit plus rien; quand on la lui *clôt*, il n'a plus rien à dire, il ne peut plus rien dire. — *Clore* indique quelque chose de plus stable; ce qui est *clos* est fermé à demeure, ce qui se *ferme* s'ouvre. On ouvre et on *ferme* les portes, les fenêtres, un coffre, les boutiques, les spectacles; mais les places *closes* et les choses employées pour la clôture, telles que les murs, les palissades, les haies, les cloisons, etc., ne s'ouvrent point, ou ne sont point faites pour s'ouvrir et se fermer alternativement. Vous *fermez* votre lettre, qui doit être ouverte; mais ce qui ne doit pas être su, c'est : *lettre close*. La main qui se *ferme* et s'ouvre ne se *clôt* pas : elle se ferme.

Clorez, 2e pers. plur. fut. indic. du v. irrégulier CLORE.

CLORIAU, subst. mas. (*klorió*), t. d'hist. nat., espèce d'oiseau.

DU VERBE IRRÉGULIER ET DÉFECTIF CLORE :

Cloriez, 2e pers. plur. prés. cond.
Clorions, 1re pers. plur. prés. cond.
Clorons, 1re pers. plur. fut. indic.
Cloront, 3e pers. plur. fut. indic.

CLOROPHANE, barbarisme qui ne se trouve que dans *Raymond*. Voy. CHLOROPHANE.

CLOS, subst. mas. (*kló*), enclos, espace de terre cultivé et fermé de murs, de haies, etc.

DU VERBE IRRÉGULIER ET DÉFECTIF CLORE :

Clos, précédé de *je*, 1re pers. sing. prés. indic.
Clos, précédé de *tu*, 2e pers. sing. prés. indic.

CLOS, E, part. pass. de *clore*, et adj. (*kló, klóze*), fermé : *jardin clos de murailles* ; *ville close*. — *Pâques closes*, le dimanche de Quasimodo, celui qui suit immédiatement le dimanche de Pâques. — *Champ clos*. Voy. CHAMP. — *Il a les yeux clos*, il est mort. — *Nuit close*, est l'instant où il fait entièrement nuit. — *A huis clos*, à portes fermées. Les tribunaux ordonnent en certains cas que le jugement d'une affaire aura lieu *à huis clos*. — *A yeux clos*, aveuglément et sans examiner. On dit plus souvent et mieux : *les yeux fermés*. — Fig. et fam. : 1° *bouche close !* n'en parlez pas ; tenez cela secret ; 2° *ce sont lettres closes*, c'est une chose secrète et cachée ; 3° *se tenir clos et coi*, tranquille et sans mouvement ; 4° *se tenir clos et couvert*, en lieu de sûreté, de peur d'être pris ; ou plus fig. encore, cacher ses pensées et ses desseins. *Trouver porte close*, ne rencontrer personne. — *Lettre close*, lettre du roi adressée en diverses occasions aux membres des assemblées nationales.

CLOSEAU, subst. mas. (*klózó*), petit jardin de paysan clos de haies.

CLOSERIE, subst. fém. Voy. CLOSEAU.

CLOSET ou, moins bien, **CAHOSSET**, subst. mas. (*klozé*) (du part. *clos*.), t. de pêche, petit parc formé par des filets qui ressemblent à des manets, et qui sont tendus sur des perches dans une position verticale.

CLOSIER, subst. mas. (*klózié*), autrefois petit métayer.

CLOSOIR, subst. mas. (*klózoar*), t. de vannier, planche qui soutient les branches d'un ouvrage de vannier.

CLOSSÉ, part. pass. de *closser*.

CLOSSEMENT, subst. mas. (*klóceman*), cri de la poule (fait par onomatopée). On dit mieux *gloussement*.

CLOSSER, v. neut. (*klócé*), crier, en parlant de la poule, surtout lorsqu'elle a des poussins. On dit mieux *glousser*.

CLOSTÉROCÈRES ou **FUSICORNES**, subst. mas. plur. (*klocctérocère*), t. d'hist. nat., famille d'insectes de l'ordre des lépidoptères, qui comprend le genre sphinx de Linnée.

CLOSTRE, subst. mas. (*klocetre*), t. d'archit., tuile formant un demi-cylindre creux, qui tient lieu de balustre et sert d'ornement aux galeries.

Clôt, 3e pers. sing. prés. indic. du verbe irrégulier et défectif CLORE.

CLOTHO, subst. propre fém. (*klotó*) (formé du grec κλωθειν, filer), myth., fille de Jupiter et de Thémis, l'une des trois Parques ; c'est celle qui tient la quenouille, et qui est censée filer la vie des hommes. Voy. PARQUES. On la représente vêtue d'une longue robe de diverses couleurs, avec une couronne ornée de sept étoiles sur la tête. — T. d'hist. nat., genre d'arachnides de l'ordre des pulmonaires, et de la famille des aranéides ou fileuses. — Genre de coquilles.

CLOTHONIEN, adj. propre mas. (*klotoniein*), myth., surnom de Pluton, comme dieu des ténèbres, dans l'*hymne d'Orphée aux Euménides*.

CLOTHONIES, subst. fém. plur. (*klotoni*), t. d'hist. nat., espèce de reptiles.

CLÔTOIR, subst. mas. (*klótoar*), outil de vannier. Nous demanderons à *Raymond* si ce mot ne serait pas le même que *closoir*.

CLÔTURE, subst. fém. (*klóture*) (en lat. *claustrum*), enceinte de murailles, de haies : *la clôture de ce jardin est en bon état ; un mur de clôture*, etc. — Tout le circuit d'une maison religieuse. — Fig., obligation imposée aux religieuses de ne point sortir de leur monastère : *garder la clôture ; rompre, violer la clôture*. — Dans les assemblées représentatives ; fin d'une séance, d'une délibération, d'une discussion, etc. : *la clôture ! la clôture !* — La dernière séance d'une session parlementaire, d'une assemblée, des débats dans une affaire civile ou criminelle. — Dans les spectacles, la dernière représentation avant la fermeture : *on donnera le Cid pour la clôture*. — Arrêté d'un compte, d'un inventaire. — Pancarte, surmontée du mot *clôture* que les buralistes de la loterie mettaient à leur porte au moment où le tirage devait avoir lieu, pour annoncer qu'on ne pouvait plus recevoir de mise.

CLÔTURÉ, E, part. pass. de *clôturer*.

CLÔTURER, v. act. (*klóturé*) (du lat. *claudere*, enclore, enfermer) ; il ne se dit qu'en parlant d'un compte, d'un inventaire, et n'est d'usage qu'au palais. — Il se disait aussi des mises à la loterie.

CLÔTURIER, subst. mas. ; au fém. **CLÔTURIÈRE** (*kloturié, rière*), vannier qui ne fait que de la besogne battue. — Commis qui travaillait, dans les jours de *clôture*, chez les buralistes de loterie.

CLOU, subst. mas. (*klou*) (en lat. *clavus*), petit morceau de fer ou d'autre métal qui a une tête et une pointe, et sert à attacher ou à suspendre quelque chose. — *Clous à river*, *clous* qui n'ont pas de pointe, et dont se servent les chaudronniers. — *Clous de cheval*, *clous* pour attacher les fers qu'on met sous les pieds des chevaux. — *Clou d'épingle*, petit morceau de laiton ou de fil de fer, aiguisé en pointe par un bout, et refoulé par l'autre bout. — Les sculpteurs et les marbriers appellent *clous*, des nœuds ou parties dures qui se rencontrent dans les blocs de marbre. — *Clou*, en t. de tapissier de basse-lice, se dit d'une cheville ou pince de fer qui sert à faire tourner les ensuples. — Prov. : *un clou chasse l'autre*, les choses nouvelles font oublier les anciennes. — *River les clous à quelqu'un*, lui dire son fait, lui répondre vertement, avec fermeté : *s'il est vrai qu'il ait dit cela, un tel lui rivera son clou*. — *Compter tous les clous de la porte*, s'ennuyer, s'impatienter en attendant quelqu'un. — *Ne tenir ni à fer ni à clou*, être peu solide au propre et au figuré. — On dit qu'*il ne manque pas un clou à un bâtiment, à une maison*, pour dire : qu'il n'y manque rien. — On dit aussi d'une chose dont on ne se soucie pas ou qu'on méprise, qu'*on n'en donnerait pas un clou à soufflet*, et d'un homme fort maigre, qu'*il est gras comme un cent de clous*. — T. de chir., tumeur ronde qui s'engendre sous la peau et dans la graisse, et qui est accompagnée de chaleur et de douleurs très-vives. — Douleur lancinante, au-dessus des orbites ou au sommet de la tête ; c'est ce qu'on nomme *clou hystérique*. — *Clou de l'œil*, excroissance de l'œil, charnue et solide, accompagnée d'une espèce de cicatrice légère et blanchâtre. Son siége est ordinairement sur le blanc de l'œil, et tient au noir. — Le *clou* est aussi une tumeur dure, de la grosseur d'une noix, qui paraît sur les téguments des bêtes à laine, et qui grossit jusqu'au temps où la suppuration commence à se former.

CLOUCOURDE, subst. fém. (*kloukourde*), t. de bot., herbe gris de lin qui croît dans les blés.

CLOUD (SAINT-), subst. propre mas. (*ceinklou*), bourg de France, sur la Seine, à deux lieues de Paris.

CLOU-DE-GIROFLE, subst. mas. (*kloudejirofle*), sorte d'épicerie qui vient dans les îles Moluques, et qui a la forme d'un *clou*. L'arbre qui porte cette espèce de fruit s'appelle *giroflier*. — Au plur., des *clous-de-girofle*, des *clous* qui proviennent du *giroflier*.

CLOU-DE-RUE ou **CHICOT**, subst. mas. (*klouderu*), t. de médec. vétér., nom que l'on donne à un *clou* ou à un morceau de bois que les chevaux et autres gros bestiaux rencontrent en marchant, et qui pénètre dans la sole de la corne : *ce cheval a pris un clou-de-rue qui le rend boiteux*.

CLOUÉ, E, part. pass. de *clouer*, et adj. Il se dit, en t. de blason, d'une pièce quelconque dans laquelle il y a des *clous* d'un autre émail que celui de la pièce.

CLOUER, v. act. (*klou-é*), attacher avec des *clous*. — On dit fig., au passif, *être cloué*, être fortement attaché à quelqu'un, à quelque chose. — *Etre cloué, rester cloué chez soi*, être sédentaire, assidu, empêché. — *Être cloué sur son cheval*, s'y tenir ferme. — *se* CLOUER, v. pron.

CLOUÈRE, subst. fém. (*klou-ère*), petite enclume.

CLOUET, subst. mas. (*klou-è*), petit ciseau de tonnelier.

CLOUTÉ, E, part. pass. de *clouter* : *une montre cloutée d'or ; un carrosse clouté*.

CLOUTER, v. act. (*klouté*) (rac. *clou*), garnir de *clous* : *clouter un étui ; clouter un carrosse*, garnir l'impériale de gros *clous* bronzés ; pour un deuil de cour. C'était un privilége réservé au roi et à la famille royale. — *se* CLOUTER, v. pron.

CLOUTERIE, subst. fém. (*klouteri*), commerce de *clous*. — Lieu où l'on fabrique les *clous*.

CLOUTIER, subst. mas., au fém. **CLOUTIÈRE**, (*kloutié, tière*), qui fait et vend des *clous* : *marchand cloutier*. Dans ce sens il est même adj.

CLOUTIÈRE, subst. fém. (*kloutière*), petite enclume percée sur laquelle on façonne des têtes de *clous*. Voy. CLOUTIER.

CLOUVA, subst. mas. (*klouva*), t. d'hist. nat., espèce d'oiseau de la famille des cormorans, que les Chinois dressent à prendre le poisson.

CLOWN, subst. mas. (*kloune*) (de l'anglais *clown*, paysan, rustaut), personnage burlesque de la comédie anglaise.

CLOYÈRE, subst. fém. (*klo-ière*), petit panier de forme spéciale dans lequel on met un assortiment de poisson pour la provision d'une maison, etc. — Plus particulièrement, panier à mettre des huîtres, qui contient vingt-cinq douzaines. — Fig., le contenu même de ce panier : *il mangerait à lui seul une cloyère d'huîtres*.

CLOYES, subst. propre fém. (*kloé*), village de France, chef-lieu de canton, arrond. de Châteaudun, dép. d'Eure-et-Loir.

CLOZET, barbarisme de *Raymond*. Voy. CLOSET.

CLUACINA, subst. propre fém. (*kluacina*), myth., la même que *Cloacine*.

CLUB, subst. mas. *klube* et non pas *kloube* ni *klobe*, comme l'*Académie* semble le tolérer) (mot emprunté à l'anglais), réunion, assemblée de plusieurs personnes, à certains jours fixes, pour s'entretenir des affaires publiques et politiques. Voy. SOCIÉTÉ. — Il y a eu à Paris, dans la révolution de 89, plusieurs *clubs* plus ou moins fameux, plus ou moins puissants, et qui presque tous avaient pris leur nom des lieux où leurs membres se réunissaient : *club des Jacobins, des Cordeliers, des Feuillants*.

CLUBIONE, subst. fém. (*klubione*), t. d'hist. nat., genre d'arachnides.

CLUBISTE, subst. des deux genres (*klubicete*), celui ou celle qui est membre d'un *club*.

CLUDIFORME, adj. des deux genres (*kludiforme*) (du mot français *clou*, et du lat. *forma*, forme, ressemblance), qui a la forme du *clou*.

CLUNCH, subst. mas. (*klonche*), t. d'hist. nat., schiste argileux contenant du minerai de fer en rognons, qui accompagne ordinairement la houille en Angleterre.

CLUNÉSIE, subst. fém. (*klunézi*), t. d'anat., phlegmon de l'anus.

CLUNIPÈDE, subst. mas. (*klunipède*), t. d'hist. nat. On appelle ainsi les oiseaux qui ont les pieds placés près de l'anus et en partie cachés dans l'abdomen.

CLUNY, subst. propre mas. (*kluni*), ville de France, chef-lieu de canton, arrond. de Mâcon, dép. de Saône-et-Loire.

CLUPANODON, subst. mas. (*klupanodon*), t. d'hist. nat., genre de poissons établi aux dépens des clupés de Linnée.

CLUPE ou **CLUPÉ**, subst. mas. (*klupe, klupé*) (de *clupea*, nom latin de l'alose, qui appartient à ce genre, de même que le hareng, la sardine, l'anchois, etc.), t. d'hist. nat., genre de poisson osseux.

CLUPÉE-MYSTE, subst. fém. (*klupémicete*), t. d'hist. nat., sorte de poisson.

CLUPPÉ, part. pass. de *clupper*.

CLUPPEMENT, subst. mas. (*klupeman*), cri de la poule. (*Boiste*). Inusité.

CLUPPER, mieux **CLUPER**, v. neut. (*klupé*), crier comme la poule. (*Boiste*.) Inusité.

CLUSEAU, subst. mas. (*kluzó*), t. de bot., nom vulgaire de l'agaric.

CLUSE, subst. fém. (*kluze*), le cri par lequel le fauconnier se faisait entendre à ses chiens, lorsque le faucon avait remisé la perdrix dans le buisson.

CLUSÉ, E, part. pass. de *cluser*.

CLUSER, v. act. (*kluzé*), t. de vén., on dit encore *cluser la perdrix*, pour dire : exciter les chiens à faire sortir la perdrix du buisson où elle s'est remisée.

CLUSIER, subst. mas. (*kluzié*), t. de bot., genre de plante exotique à fleur rosacée.

CLUSIUS, CLUSINUS ou **CLUSIVIUS**, subst. propre mas. (*kluzi-uce, zi-nuce, zivluce*), myth., surnom de Janus, formé du mot latin *claudere*, parce que les portes de son temple étaient fermées pendant la guerre, ou plutôt, comme le dit *Ovide*, parce que, présidant aux révolutions du temps, soit de l'année, soit du jour, il semblait, à la fin d'une révolution, la fermer; comme, au commencement d'une autre révolution, il semblait l'ouvrir.

CLUTE, subst. fém. (*klute*), houille de qualité inférieure.

CLUTELLE, subst. fém. (*klutèle*), t. de bot., genre de plantes de la famille des tithymaloïdes.

CLUYTIE, subst. fém. (*klu-iti*), t. de bot., genre de plantes de la famille des euphorbes.

CLYMÈNE, subst. fém. (*kliméne*) (en grec κλυμενον), t. de bot., plante qui, par sa tige, ses fleurs et son fruit, approche de l'épurge. —Myth., subst. propre fém., nymphe, fille de l'Océan et de Thétys. Apollon l'aima et l'épousa. Elle eut de lui Phaéton, Lampétie, Phaétuse et Lampétuse. — Il y a eu une autre Clymène, amie et confidente de la fameuse Hélène.

CLYMÉNÉIDES, subst. propre fém. plur. (*kliméné-ide*), myth., filles de Clymène, sœurs de Phaéton.

CLYMÉNUS, subst. propre mas. (*kliménuce*), myth., surnom de Pluton.

CLYPÉACÉ, subst. mas. (*klipéacé*) (du lat. *clypeus*, bouclier), t. d'hist. nat., famille des crustacés, qu'on nomme aussi aspidiotes. Voyez ASPIDIOTES.

CLYPÉARIA, subst. mas. (*klipé-ari-a*), t. de bot. On a donné ce nom à trois arbres de l'Inde.

CLYPÉASTRE, subst. mas. (*klipé-acetre*), t. d'hist. nat., genre d'insectes. — Genre de la classe des vers échinodermes.

CLYPÉIFORME, adj. des deux genres (*klipé-iforme*) (de *clypeus*, bouclier, et *forma*, forme), qui a la *forme* d'un *bouclier*.

CLYPÉOLE, subst. fém. (*klipé-ole*), t. de bot., genre de plantes de la famille des crucifères.

CLYSMIEN, adj. mas.; au fém. **CLYSMIENNE** (*klicemiein, miéne*), se dit dans la période saturnienne, d'un terrein formé par alluvion. (*Boiste.*) Inusité.

CLYSOIR, subst. mas. (*klizoar*, et non pas *kliçoar*) (du grec κλυζω, je lave), sorte de tube long et flexible ordinairement en toile imperméable, dont on se sert en guise de seringue. Mot nouveau.

CLYSO-POMPE, subst. mas. (*klizoponpe*), espèce de *clysoir à pompe*.

CLYSSE, subst. fém. (*klice*), t. de chim., esprit acide qu'on tire par distillation de l'antimoine, du nitre et du soufre mêlés ensemble.

CLYSTÈRE, subst. mas. (*klicetère*) (en grec κλυστηρ, fait de κλυζω, je lave, je nettoie), lavement, médicament liquide qu'on introduit dans le corps par l'anus au moyen d'une seringue, d'un *clysoir*. On ne se sert plus guère de ce mot que dans le style burlesque; celui même de *lavement* n'est employé que dans les livres de médecine. On dit aujourd'hui *remède*.

CLYSTÉRISÉ, E, part. pass. de *clystériser*.

CLYSTÉRISER, v. act. (*klicetérizé*), donner des *clystères*. Il ne se dit qu'en plaisantant. Dans l'usage ordinaire on dit : donner un remède. — *se* CLYSTÉRISER, v. pron.

CLYTEMNESTRE, subst. propre fém. (*klitèmenècetre*), myth., fille de Tyndare et de Léda, sœur de Castor, et femme d'Agamemnon. Voy. LEDA. Pendant qu'Agamemnon était au siége de Troie, elle aima Égisthe, qui, pour l'épouser, assassina, de concert avec elle, ce prince à son retour de Troie, et s'empara de ses états. Oreste, étant devenu grand, vengea son père en poignardant sa mère Clytemnestre et Egisthe, à la sollicitation de sa sœur Électre.

CLYTIE, subst. fém. (*kliti*), t. d'hist. nat., genre de polypiers établi aux dépens des sertulaires. — Myth., subst. propre fém., fille de l'Océan et de Thétys. Elle fut aimée d'Apollon, et conçut une telle jalousie de se voir abandonnée pour Leucothoé, sa sœur, qu'elle se laissa mourir de faim; mais Apollon la métamorphosa en une fleur appelée héliotrope ou tournesol. Voy. LEUCOTHOÉ. —Il y eut deux autres Clytie; l'une femme de Tantale, et l'autre d'Amyntor.

CLYTIUS, subst. propre mas. (*klitiuce*), myth., fils de Laomédon, et frère de Priam.

CLYTOTECHNÈS, adj. propre et subst. mas. (*klitotèkenèce*) (du grec κλυτοτεχνης, habile artiste), myth., surnom donné à Vulcain.

CLYTRE, subst. mas. (*klitre*), t. d'hist. nat., genre d'insectes de l'ordre des coléoptères.

CLYTUS, subst. propre mas. (*klituce*), myth., un des centaures.

CNÈCE, subst. mas. (*knèce*), t. de bot., espèce de chardon.

CNÉMODACTYLÉ, adj. mas. (*knémodaktilé*) (du grec κνημη, jambe, et δακτυλος, doigt), t. d'anat. Se disait autrefois d'un muscle extenseur des orteils.

CNÉORUM, subst. mas. (*kné-orome*), t. de bot., genre de plantes de la famille des euphorbiacées.

CNEPH, subst. propre mas. (*knéfe*), myth., divinité des Égyptiens.

CNÉPHAGÉNÈTE, subst. propre mas. (*knéfajénète*), myth., le même que *Cneph*.

CNESME, subst. mas. (*kneme*) (du grec κνησμος, démangeaison), t. de médec., prurit, démangeaison. Presque inus.

CNÉTIS, subst. mas. (*knétice*), t. de bot., genre de plantes de la famille des térébinthacées.

CNICELÉE, subst. fém. (*knicelé*), sorte d'huile extraite des semences du carthame.

CNICUS, subst. mas. (*knikuce*), t. de bot., nom latin du carthame.

CNIDE ou **GNIDE**, subst. propre fém. (*knide, guenide*), myth., promontoire et ville de la Carie, où Vénus avait un temple fameux.

CNIDÉE, subst. fém. (*knidé*), t. de bot., ancien nom des baies du mézéréon. Inus.

CNIDELÉE, subst. fém. (*knidelé*), sorte d'huile extraite des baies du mézéréon. Inus.

CNIDIE, subst. propre fém. et adj. (*knidi*), myth., surnom de Vénus, adorée à *Cnide*.

CNIDIEN, subst. et adj. mas.; au fém. **CNIDIENNE** (*knidiein, diéne*), qui est de la ville de *Cnide*.

CNIDOSE, subst. fém. (*knidoze*) (du grec κνιδωσις, démangeaison), t. de pathol., prurit pongitif, comparé au prurit causé par la piqûre de l'*urtica major*.

CNIQUE, subst. mas. (*knike*), t. de bot., genre de plantes de la famille des cinarocéphales.

CNISME, subst. mas. (*kniceme*), sorte de danse chez les anciens.

CNODALON, subst. mas. (*knodalon*), t. d'hist. nat., genre d'insectes de l'ordre des coléoptères.

CNODULON, subst. mas. (*knodulon*), t. d'hist. nat., genre d'insectes qui ne paraît pas différer essentiellement de celui des hélops. Ce mot et le précédent se ressemblent trop pour ne pas être les mêmes.

CNOPODION, subst. mas. (*knopodion*), t. de bot., nom donné par *Dioscoride* à la renouée.

CNUPHIS, subst. propre mas., le même que *Cneph*

CO, subst. mas. (*ko*), herbe de la Chine dont on fait une toile appelée *copou*.

CO, ou **COS**, subst. propre fém. (*kô, kôce*), nom d'une île de la mer Égée, ou de l'Archipel, sur les côtes de l'ancienne Carie.

COA, subst. fém. (*ko-a*), t. de bot., plante de l'Amérique qui est toujours verte.

COAC, sorte d'interjection (*kouke*), vieux t. burlesque que nous lisons dans *Trévoux*, et qui signifie : *c'en est fait* :

Coac! elles tombent à l'envers.
(MAROT.)

COACCUSÉ, E, subst. (*ko-akuzé*) (du lat. *accusatus*, accusé, et *cum*, ensemble), celui ou celle qui est *accusé* avec un ou plusieurs autres.

COACTEUR, subst. mas. (*ko-akteur*), anciennement commis de la douane. Hors d'usage.

COACTIF, adj. mas., au fém. **COACTIVE** (*ko-aktife, tive*), qui a le droit de contraindre : *pouvoir coactif, puissance coactive*.

COACTION, subst. fém. (*ko-akcion*) (en lat. *coactio*, formé de *coactare*, forcer, contraindre), t. de jurisprudence, contrainte, force qui contraint de faire quelque chose, ou qui en empêche.

COACTIVE, adj. fém. Voy. **COACTIF**.

COACTIVITÉ, subst. fém. (*ko-aktivité*), qualité d'une puissance, d'une loi *coactive*.

COADJUTEUR, subst. mas., au fém. **COADJUTRICE** (*ko-adjuteur, trice*) (du latin *cum*, avec, et *adjutor*, celui qui aide, qui assiste, etc.), qui est adjoint à un prélat, à une abbesse, pour l'aider dans ses fonctions, et qui est ordinairement destiné à lui succéder après sa mort : *le coadjuteur de Paris; le coadjuteur de l'archevêché de....; être fait coadjuteur; recevoir les bulles de coadjuteur*. — En général, celui, celle qu'on nomme ou qu'on choisit pour en aider un autre et succéder à sa place.

COADJUTORERIE, subst. fém. (*ko-adjutoreri*), la charge et dignité de *coadjuteur* ou de *coadjutrice*.

COADJUTRICE, subst. fém. Voy. COADJUTEUR.

COADNÉES, adj. fém. plur. (*ko-adené*), t. de bot., il se dit des feuilles qui naissent plusieurs ensemble, sans se toucher, à leur insertion sur la tige.

COAÉRICO, subst. mas. (*ko-a-ériko*), t. d'hist. nat., nom d'une variété du faisan.

COAGIS, subst. mas. (*ko-ajice*), nom qu'on donnait dans le Levant à celui qui fait le commerce par commission, pour le compte d'un autre. Inusité.

COAGULANT, E, adj. (*ko-agulan, lante*), se dit des substances qui ont la vertu d'épaissir les fluides avec lesquels on les mêle.

COAGULATION, subst. fém. (*ko-aguldcion*) (en latin *coagulatio*), t. de physique, action par laquelle un corps liquide passe, en tout ou en partie, à l'état de solide; de sorte que ses parties, en acquérant plus d'adhérence qu'elles n'en avaient auparavant, perdent leur mobilité respective. — Effet de cette action.

COAGULÉ, E, part. pass. de *coaguler*.

COAGULER, v. act. (*ko-agulé*) (du latin *coagulare*), cailler, figer : *la présure coagule le lait; le venin de la vipère coagule le sang*. — *se* COAGULER, v. pron. : *le sang se coagule*.

COAGULUM, subst. mas. (*ko-agulome*), t. de chim., *coagulation* qui résulte du mélange de quelques liqueurs.—Moyen de *coaguler* : *la présure est un coagulum*.

COAGY, subst. mas. (*ko-aji*), officier turc, qui approche le plus près du cadi.

COAILLE, mieux **QUOAILLE**, subst. fém. (*koa-ie*, laine grossière qui se tire de la *queue* des brebis.

COAILLÉ, part. pass. de *coailler*.

COAILLER, mieux **QUOAILLER**, v. neut. (*koa-ié*). (suivant *Borel*, du vieux mot français *quoue*, qui s'écrivait autrefois pour *queue*), t. de chasse. On dit, en parlant des chiens qui quêtent, la *queue* haute, sur les vieilles et nouvelles voies, qu'*ils coaillent*.

COAÏTA, COUATA, CUOATA, subst. mas. (*ko-a-ita, kou-ata, ku-o-ata*), t. d'hist. nat., singe d'Amérique du genre attèle.

COAK, subst. mas. (*koak*) (de l'anglais *kôk*), poussière de houille coagulée en masse spongieuse, et privée de bitume et d'hydrogène par l'action du feu; houille qui a servi à la production du gaz pour l'éclairage.

COALÉMUS, subst. propre mas. (*ko-alémuce*) (du grec κοαλεμος, fou, insensé), myth., divinité tutélaire de la folie.

COALESCENCE, subst. fém. (*ko-alèceçance*) (du latin *coalescere*, s'unir), t. de médec., adhérence de parties auparavant séparées. — T. de phys., coalition.

COALISÉ, E, part. pass. de *coaliser* : *les puissances coalisées*.

COALISER, v. act. (*ko-alizé*) (du latin *coalescere*, croître, se fortifier, se confondre ensemble, formé de *cum*, avec, et *alescere*, prendre croissance, s'augmenter), réunir des puissances dans un but offensif ou défensif. — *se* COALISER, v. pron., se réunir, se liguer pour défendre une cause, pour former un parti, etc. : *toutes les factions se coalisèrent contre lui*.

COALITION, subst. fém. (*ko-alicion*) (même étym. que celle du mot précédent), en t. de phys., union intime de plusieurs substances qui étaient auparavant séparées. Voy. COALESCENCE, employé dans le même sens.—Dans une acception plus moderne et plus usitée, alliance, confédération de plusieurs puissances contre une seule : *les coalitions les plus intimes sont promptement divisées par les intérêts particuliers*. —Accord illégal de plusieurs individus pour porter préjudice à d'autres : *les ouvriers charbonniers avaient formé une coalition pour faire augmenter leur salaire*.

COALITIONNÉ, E, part. pass. de *coalitionner*.

COALITIONNER, v. act. (*ko-alitioné*), former une *coalition*. — *se* COALITIONNER, v. pron. (*Mirabeau*.)

COAPTATION, subst. fém. (*ko-apetâcion*) (du lat. *aptare*, ajuster, et *cum*, avec), t. de chir., l'action d'adapter l'un à l'autre les deux bouts d'un os fracturé, ou de remettre à sa place un os luxé.

COARCTATION, subst. fém. (*koarketâcion*) (du latin *coarctare*, retenir), t. de médec., le resserrement de l'urèthre. — On l'a employé aussi pour signifier la petitesse du pouls. Inusité.

COASE, subst. mas. (*ko-aze*), t. d'hist. nat., mouffette qui ne vit que d'insectes et d'oiseaux.

COASSÉ, part. pass. de *coasser*.

COASSEMENT, subst. mas. (*ko-âceman*) (fait par onomatopée), cri des grenouilles.

COASSER, v. neut. (*ko-acé*) (du latin *coaxare*), mot qui exprime le cri que font les grenouilles : *les grenouilles coassent.*

COASSOCIÉ, **E**, adj. et subst. (*ko-açocié*) (rac. *société*), qui est *associé* avec un ou plusieurs autres.— L'*Académie* ne donne pas de fém. à ce mot.

COATI, subst. mas. (*ko-ati*), t. d'hist. nat., genre de mammifères plantigrades qui ont le museau excessivement prolongé et mobile. Ils habitent l'Amérique, et ont à peu près les mêmes mœurs que les blaireaux. — *Coatimondi*, autre espèce de *coati*.

COATLI, subst. mas. (*ko-ateli*), t. de bot., grand arbrisseau de la Nouvelle-Espagne ; son bois se nomme *bois nephrétique*.

COBÆA, subst. fém. Voy. **COBÉE**.

COBAILLES, subst. mas. pl. (*kobâie*), nom qu'on donne, à Alger, à des Maures libres qui sont au service de différents consuls.

COBALE, subst. mas. (*kobale*) (du grec κόβαλος, malicieux), génie de la suite de Bacchus. On appelait aussi *cobales* des bouffons qui, par leur babil et leurs ruses, dérobaient tout ce qu'ils pouvaient.

COBALT ou **COBOLT**, subst. mas. (*koballe* ou *bolte*), t. de minér., blanc d'argent qui a l'odeur d'arsenic.—Le cobalt natif colore le verre en bleu.

COBAN ou **COUPANG**, subst. mas. (*koban*), monnaie d'or du Japon, au titre de vingt-deux carats, valant cinquante-deux livres quinze sous tournois (cinquante-deux francs neuf centimes).

COBAYE, subst. mas. (*kobè*), t. d'hist. nat., genre de mammifères rongeurs, démembré du genre cabiai ou cavia de Linnée.

COBBAN, subst. mas. (*kobeban*), t. de bot., arbre de Sumatra.

COBE, subst. fém. (*kobe*), t. de mar., bouts de corde joints à la ralingue de la voile d'un navire.

COBÉE, subst. fém. (*kobé*), t. de bot., plante grimpante à feuilles alternes. — L'*Académie* écrit *cobœa*, qui est le mot latin ; mais, ce qu'il y a de particulier, c'est qu'elle permet aussi *cobée*, en donnant à chacun un genre différent.

COBELLE, subst. fém. (*kobèle*), t. d'hist. nat., couleuvre d'Amérique.

COBIE, subst. fém. (*kobi*), t. de bot., genre de plantes de la famille des tithymaloïdes.

COBIT, subst. mas. (*kobi*), mesure de longueur, en usage dans plusieurs endroits des Indes orientales.

COBITE, subst. mas. (*kobite*) (du grec κωβιός), t. d'hist. nat., genre de poissons de la famille des abdominaux.

COBLENTZ, subst. propre mas. (*koblance*), ville du cercle électoral du Rhin, en Allemagne.

COBOURGEOIS, subst. mas. (*ko-bourjoá*), nom donné dans certains ports de mer à ceux qui sont intéressés sur un même vaisseau marchand.

COBRA-CAPELLO, subst. mas. (*kobrakapélelo*), t. d'hist. nat., serpent des Indes très-venimeux.

COBRE, subst. mas. (*kobre*), t. de papetier, pâte effiloquée. — Mesure indienne de dix-sept pouces.

COBRÉSIE, subst. fém. (*kobrézi*), t. de bot., genre de plantes établi aux dépens des laiches.

COBRISSO, subst. mas. (*kobriço*), mine d'argent du Pérou.

COCA, subst. mas. (*koka*), t. de bot., arbrisseau fort rameux du Pérou, dont les feuilles sont très-odoriférantes. Ces feuilles desséchées servent de petite monnaie dans le pays. Cet arbrisseau reçoit encore le nom de *cuca*.

COCAGNE, subst. fém. (*kokagnie*) (de *cocagne*, pain de pastel, parce que le pastel ne vient que dans des terres fertiles, et enrichit les cultivateurs, et particulièrement dans le Haut-Languedoc, où l'on en fait cinq ou six récoltes par an), nom qu'on donne aux petits pains de pastel qu'on emploie en teinture. — Fête, divertissement donné au peuple, dans lequel il y a des distributions de viande et de vin ; on disait autrefois : *donner une cocagne*. — *Mât de cocagne*, mât fort élevé, très-lisse, enduit de savon ou de graisse, au haut duquel sont suspendus des prix, qu'il faut aller y arracher en grimpant le long du mât. — *Pays de cocagne*, pays abondant en toutes sortes de choses, et où l'on fait bonne chère. *Boileau* a dit avec assez de vérité :

Paris est pour un riche un pays de *Cocagne*.

Ce mot est d'un usage familier.

COCALIDES, subst. fém. plur. (*kokalide*), myth., filles de *Cocalus*, qui fût roi de Sicile, après l'extinction des Cyclopes.

COCALUS, subst. propre mas. (*kokaluce*), myth., roi de Sicile.

COCAOTE, subst. fém. (*koka-ote*), t. d'hist. nat., pierre des Indes qui produit un bruit semblable à celui du tonnerre, lorsqu'elle est échauffée.

COCARDE, subst. fém. (*kokarde*) (par corruption de *coquarde*, touffe de plumes de *coq* que les soldats croates, hongrois, polonais, etc., portaient sur leurs bonnets), nœud de ruban qui se mettait autrefois au retroussis du chapeau : *on reconnut à leur cocarde qu'ils étaient de l'armée de France*. — Signe distinctif que les militaires et les fonctionnaires civils en costume officiel portent maintenant sur leur coiffure. C'est un morceau d'étoffe rond et plissé, ou une plaque de métal peinte, ou un simple ruban, qui diffère de couleur dans chaque nation, ou qui distingue un parti. — *Cocarde nationale*, signe de trois couleurs, rouge, bleu et blanc, que, pendant la révolution française, on obligeait tous les Français, et même les femmes, de porter à leur coiffure. La couleur de la *cocarde tricolore*, celle de l'empire et du gouvernement actuel, est bleu, blanc et rouge. — *Prendre la cocarde*, entrer au service militaire, se faire soldat. — Par extension, *cocarde* est synonyme de parti : *il a pris la cocarde orange* ; il s'est déclaré pour le parti qui a adopté cette *cocarde*. — Nœud de rubans dans la parure des femmes. — T. d'hist. nat., gonflement des vésicules dans les malachies.

COCARDEAU, subst. mas. (*kokardô*), t. de bot., variété de julienne à larges fleurs.

COCASSE, adj. des deux genres (*kokace*), plaisant, ridicule : *il* ou *elle est cocasse*, il ou elle fait ou dit des choses plaisantes et risibles. Il est pop. : on n'en connaît pas l'étym. — On le dit aussi des choses : *il nous a raconté des choses bien cocasses*.

COCÂTRE, subst. mas. (*kokâtre*). On appelle ainsi un demi-chapon, c'est-à-dire un coq auquel on n'a ôté qu'un testicule, et qui a conservé un reste de voix grêle.

COCATRIX, subst. mas. (*kokatrikce*), espèce de basilic ou d'animal fabuleux que le vulgaire croit né d'un coq.

COCCÉIENS, subst. mas. plur. (*kokecé-ien*), sectateurs de *Jean Cox*, né à Brême en 1603. Ils croyaient que Jésus-Christ aurait un règne visible sur la terre, qui serait postérieur à celui de l'antechrist, qu'il abolirait, et antérieur à la conversion des Juifs et de toutes les nations.

COCCICÉPHALE. Voy. **COCCYCÉPHALE**.

COCCIGÉ est un barbarisme. Voy. **COCCYGÉ**.

COCCIGIEN. Voy. **COCCYGIEN**.

COCCIGIO-ANAL. Voy. **COCCYGIO-ANAL**.

COCCIGRUE, subst. fém. (*kokeciguerù*) (du lat. *coccigria*, fruit gros comme une lentille), t. de bot., lenticulaire. — Au plur., c'est un terme bas et pop., qui signifie : bagatelles, niaiseries, contes en l'air, choses frivoles, chimériques : *vous n'êtes pas homme à vous repaître de coccigrues*. — Personne grande et mal bâtie.—Style fam. et prov. —*A la venue des coccigrues*, jamais.—*Trévoux*, *Boiste* et *Rivarol* écrivent *coquesigrue*, l'*Académie* et *Raymond*, *coquecigrue*. Tous, selon nous, se sont éloignés de notre étymologie, qui est cependant bien en rapport avec le sens de *bagatelles*, *niaiseries*.

COCCINE, subst. fém. (*kokecine*), substance animale séparée de la cochenille et du kermès animal.

COCCINELLE, subst. fém. (*kokecinèle*), t. d'hist. nat., petit scarabé fort commun et très-connu du peuple sous le nom de *bête à Dieu* ou de *vache à Dieu*.

COCCIS, subst. mas. (*kokecice*), t. de bot. On donne ce nom, à Saint-Domingue, à trois plantes dont les racines excitent le vomissement. Elles appartiennent au genre custolle.

COCCIX. Voy. **COCCYX**.

COCCOCA, subst. propre fém. (*kokekoka*), myth., un des surnoms de Diane.

COCCODÉE, subst. fém. (*kokekodé*), t. de bot., genre de plantes de la famille des algues. La *coccodée sanguine* et la *coccodée verte* sont les plus communes.

COCCOLITHE, subst. fém. (*kokekolite*) (du grec κόκκος, grain, et λίθος, pierre), t. d'hist. nat., substance minérale formée de grains peu adhérents entre eux.

COCCOLABA, subst. fém. (*kokekolaba*), t. de bot., genre de plante de la famille des polygonées.

COCCOLOBIS, subst. mas. (*kokekolobice*), t. de bot. On a donné ce nom à un genre de plantes de la Jamaïque.

COCCOON, subst. mas. (*kokeko-on*), t. de bot., espèce de sensitive qui croît à la Jamaïque.

COCCOTHRAUSTE, subst. mas. (*kokekotrôcete*) (du grec κόκκος, grain, et θραύω, je brise), t. d'hist. nat., oiseau qu'on appelle vulgairement *gros-bec*.

COCCULUS, subst. mas. (*kokekuluce*), t. de bot. On a donné ce nom à la *coque* du Levant.

COCCUS, subst. mas. (*kokekuce*), t. d'hist. nat., nom latin donné aux insectes du genre cochenille. —Chêne vert qui produit la graine d'écarlate ; la graine même ou le kermès.

COCCYCÉPHALE, subst. mas., adj. des deux genres (*kokecicéfale*) (du grec κόκκυξ, coucou, et κεφαλή, tête), monstre sans tête et sans extrémités.

COCCYGÉ, adj. mas. (*kokecijé*) (du grec κόκκυξ, coucou), t. d'anat. Se disait autrefois du muscle ischio-*coccygien*.

COCCYGIEN, adj. mas. ; au fém. **COCCYGIENNE** (*kokecijiein*, *jiène*) (même étym. que celle du mot précédent), t. d'anat., qui a rapport au *coccyx* : *ligaments coccygiens*.

COCCYGIO-ANAL, adj. mas. (*kokecijio-anal*) (du grec κόκκυξ, coucou, et de *anal*, mot francisé de *anus*), t. d'anat. Se dit du sphincter externe de l'anus.

COCCYX, subst. mas. (*kokecice*) (du grec κόκκυξ, coucou), t. d'anat., petit os à l'extrémité de l'os sacrum, dont il est comme l'appendice. Il est semblable au bec du coucou. — On trouve ce mot écrit *coccix* dans *Raymond*. C'est une faute grossière que rien ne saurait justifier.

COCHE, subst. mas. (*koche*) (du mot hongrois *kotschi* ou *kotsi*, chariot couvert, dérivé de *Kotsée*, aujourd'hui *Kitsée*, ville de Hongrie, où cette sorte de voiture a été inventée), espèce de charriot couvert non suspendu, dans lequel on voyageait autrefois : c'était, avant l'invention des diligences, le seul moyen de transport d'un lieu à un autre.— Sorte de grand bateau couvert qui sert au même usage. — Les personnes qui sont dans le *coche* : *le coche dîne à Poissy*. — Prov. : *avoir donné des arrhes au coche*, avoir déjà pris quelque engagement dans une affaire. — *Faire, être la mouche du coche* ; se montrer empressé, faire l'important.

COCHE, subst. fém. (*koche*) en italien *cocca*), entaille faite dans un corps solide : *faire une coche à une flèche*. — *La coche d'une arbalète*, petite cavité dans laquelle on arrête la corde quand on bande l'arbalète. — Entaille que l'on fait à un morceau de bois pour marquer les quantités de marchandises que l'on prend en détail et à crédit chez un marchand, par exemple sur *la taille des* boulangers. — Truie : *grosse coche, vieille coche*. Voy. **COCHON**. En ce sens, on dit fig. et bassement d'une femme extrêmement grosse et grasse, que c'est *une coche, une grosse coche*. — *Porter les hunes en coche*, en t. de mar. hisser au plus haut du mât. — Les chapeliers appellent *coche* un morceau de bois avec lequel ils font mouvoir l'arçon.

COCHÉ, **E**, adj. (*koché*) : *ombre, trait coché*, trop profond. (*Boiste*.)

COCHÉ, **E**, part. pass. de *cocher*.

COCHÉE, subst. fém. (*koché*) (du grec κόκκος, grain), t. de pharmacie, nom d'une espèce de pilules officinales.

COCHELITHE, subst. fém. (*kochelite*) (du grec κόχλος, coquille, et λίθος, pierre), t. d'hist. nat., pierre figurée en cuiller.

COCHELIVIER ou **COCHELIVIEU**, subst. mas. (*kochelivié*, *livieu*), t. d'hist. nat., nom que l'on donne en Pologne à l'alouette des bois.

COCHEMAR. Barbarisme. Voy. **CAUCHEMAR**.

COCHÈNE, subst. mas. (*kochène*), t. de bot., cormier sauvage.

COCHENILINE, subst. fém. (*kocheniline*), t. de chim., principe colorant rouge, extrait de la *cochenille*.

COCHENILLAGE, subst. mas. (*kocheniiaje*), t. de teinturier ; décoction faite avec de la *cochenille* pour teindre en cramoisi ou en écarlate.

COCHENILLE, subst. fém. (*kochenie*) (de l'espagnol *cochinilla*, fait, avec la même signification, de *cochino*, cochon, parce que, disent les auteurs du *Dictionnaire de l'Acad. Roy. Esp.*, cet insecte a, en petit, quelque ressemblance avec le cochon), t. d'hist. nat., petit insecte d'Amérique, de l'ordre des hyménoptères et de la famille des plantisuges.—Le suc de cet insecte s'appelle aussi *cochenille*, et produit la plus belle écarlate. — Graine d'une espèce de chêne-vert.

COCHENILLÉ, **E**, part. pass. de *cocheniller*.

COCHENILLER, v. act. (*kochenié*), mettre une étoffe dans un bain fait avec de la *cochenille*. — *se* **COCHENILLER**, v. pron. Peu usité.

COCHENILLIER, subst. mas. (*kocheniié*), t. de

bot., arbre sur lequel croît la *cochenille* (graine), et se nourrit la *cochenille* (ver).

COCHER, subst. mas. (*koché*), celui qui mène un *coche*, un carrosse ou toute autre voiture servant au transport des personnes : *un cocher de fiacre : cocher de grande maison*, celui qui est au service particulier d'une maison riche. *Un cocher de voiture publique, d'omnibus, de cabriolet*, celui qui conduit une voiture, etc. — On appelait autrefois *cocher du corps*, le *cocher* qui menait le carrosse du roi, de la reine, etc. — T. d'astron., *le cocher* ou *le charretier*, constellation de l'hémisphère septentrional, composée, dans le Catalogue britannique, de soixante-six étoiles, dont la plus brillante est *la chèvre*. Les Égyptiens l'ont appelée *Orus*; Homère, *Erichthonius*, et d'autres *Phaéton*, *Bellérophon*, etc. — Les batteurs d'or appellent *cocher* un livre de vélin très-fin, apprêté avec un fond, et bien desséché sous une presse. On dit *le premier* et *le second cocher*, quoique le premier ne diffère du second que par le nombre de ses feuilles, qui est double. Ils servent l'un et l'autre à dégrossir l'or.

COCHER, v. act. (*koché*), il se dit proprement du *coq* qui couvre la poule, et par extension des autres oiseaux mâles qui couvrent leurs femelles. Peu usité. — *se* COCHER, v. pron.

COCHÈRE, adj. fém. (*kochère*), il ne s'emploie qu'avec le subst. *porte*. Voy. ce mot.

COCHET, subst. mas. (*koché*), jeune *coq* qui ne fait que commencer à chanter. Presque inusité. — Sorte de robinet.

COCHEVIS, subst. mas. (*kochevi*), t. d'hist. nat., oiseau plus gros que l'alouette ordinaire, dont le bec est aussi plus gros et plus long, et qui a une huppe sur la tête.

COCHICAT, subst. mas. (*kochika*), t. d'hist. nat., toucan du Mexique.

COCHILITHE, subst. fém. (*kochilite*). Voy. COCHLITE.

COCHIN, subst. mas. (*kochein*), t. d'hist. nat., variété de chats de l'île de Sumatra, remarquable par la forme de la queue, dont l'extrémité porte un bouquet de poil en forme de houppe. — Nom du fondateur d'un hospice de Paris: *hospice Cochin*.

COCHINCHINE, subst. propre fém. (*kocheinchine*), contrée d'Asie.

COCHINCHINOIS, E, subst. et adj. (*kocheinchinoa, noaze*), qui est de la *Cochinchine*, ou qui y a rapport.

COCHITOTOLT, subst. mas. (*kochitotolete*), t. d'hist. nat., oiseau du Mexique.

COCHLE, subst. mas. (*kokle*), t. d'hist. nat., genre de vers intestinaux.

COCHLÉAIRE, adj. des deux genres (*koklé-ère*) (du grec κοχλιας, limaçon), t. d'anat., se dit principalement du cartilage extérieur et tortueux de l'oreille.

COCHLÉAR, subst. mas. (*kokléar*), mesure de liquides chez les anciens Romains, qui contenait un peu plus de trois de nos gros.

COCHLÉARIA, subst. mas. (*koklé-aria*) (du grec κοχλιαριον, cuiller, parce que ses feuilles ont la forme d'un cuilleron), t. de bot., plante très-âcre, dont on se sert en médecine comme d'un puissant stimulant et d'un des meilleurs antiscorbutiques.

COCHLÉIFORME, adj. (*koklé-iforme*) (du grec κοχλιας, limaçon, et du lat. *forma*, forme), t. de bot. : *feuilles cochléiformes*, celles qui s'enveloppent en spirale comme les fougères.

COCHLÉOSPERMUM, subst. mas. (*koklé-ocepèrenome*), t. de bot., espèce de plante du Brésil.

COCHLIARION, subst. mas. (*kokliarion*), t. d'hist. anc., mesure de liqueurs chez les Grecs, qui contenait la moitié du petit chème, environ le poids d'un gros et quelques grains.

COCHLITE, subst. fém. (*koklite*) (du grec κοχλιας, en lat. *cochlea*, limaçon), t. d'hist. nat., coquillage fossile, à bouche demi-ronde, qui ressemble au limaçon.

COCHO, subst. mas. (*kocho*), t. d'hist. nat., perruche à gorge rouge; variété du perroquet à tête bleue. — On a aussi appliqué cette dénomination à une perruche jaune.

COCHOCHATL ou **COCOCHATL**, subst. mas. (*kochokatle, kokokatle*), t. d'hist. nat., oiseau du Mexique, un peu plus gros que le chardonneret.

COCHOIR, subst. mas. (*kochoar*), t. de tonnelier, petite hache pour former les *coches* ou entailles sur les cercles à l'endroit où ils doivent recevoir l'osier. — En t. de mar., morceau de bois d'orme, travaillé dans la forme d'un cône plein, dont la circonférence est creusée en autant de cannelures profondes qu'il y a de cordons pour former le cordage. On s'en sert pour le commettage de toute espèce de cordages.

COCHOIS, subst. mas. (*kochoa*), outil de bois, dont les ciriers se servent pour équarrir.

COCHON, subst. mas. (*kochon*), animal domestique, à pied fourchu. C'est un mammifère pachyderme. On l'appelle aussi *porc* ou *pourceau*, avec cette différence; 1° que cet animal porte à tout âge le nom de *cochon*, et ne prend celui de *pourceau* que lorsqu'il est grand. On dit *un gros cochon; la truie a fait de petits cochons*, et non pas *de petits pourceaux*, ni *un pourceau de lait*; 2° en parlant de la chair de cet animal en général, on dit plus ordinairement *du porc : du porc frais, de bon porc*. Dans le commerce de détail, on dit plutôt *cochon : groin de cochon; langue, oreilles de cochon*; et dans le commerce de gros on dit *pourceau*, et non pas *pourciau : marchand de pourceaux, acheter des pourceaux*. — On dit, en parlant du cri du *cochon*, *qu'il grogne*. — *Cochon de lait*, qui tette encore ou qu'on ne nourrit que de lait. — Il y a plusieurs races de *cochons : cochon d'Amérique*, le pécari; *cochon bas*, une race particulière de *cochons*, et quelquefois aussi le *cochon* de Siam; *cochon des bois*, le pécari de la Guyane; *cochon de Chine* ou *cochon de Siam*, une race particulière de *cochons* de ces pays; *cochon cornu*, une race imaginaire; *cochon marin*, un quadrupède du genre des phoques, qui se montre, mais rarement, sur la côte du Chili; *cochon marron*, le *cochon* transporté d'Europe en Amérique, et qui y est devenu sauvage; *cochon de terre*, un mammifère de l'ordre des édentés, qui habite l'Afrique méridionale, et qui ressemble beaucoup aux fourmiliers; *cochon cuirassé*, le tatou d'Amérique; *cochon d'eau*, le cabiai; *cochon de fer*, le porc-épic du cap de Bonne-Espérance; *cochon de Guinée*, une race de *cochons* particulière à ce pays, et aussi le *cochon d'Inde* ou cobaye. — Le *cochon d'Inde* est une sorte d'animal un peu plus petit que le lapin, et qui grogne comme un *cochon*. — Il y a aussi des *cochons de mer*. — *Cochon cerf*, espèce de *cochon* ainsi nommé parce que ses laniaires supérieures sont recourbées sur le front, et ressemblent en quelque manière au bois du cerf. — Fig. et triv., homme glouton, chargé d'embonpoint, sale, malpropre, fainéant, bas, grossier, ordurier, infame, avare. — Ouvrier paresseux, maladroit. — *Sale comme un cochon*, affreusement sale. — *On dirait que nous avons gardé les cochons ensemble*, se dit à des gens au-dessous de nous qui oublient la distance qui les en sépare, ou qui se familiarisent trop. — *Mener une vie de cochon, être un vilain, un gros cochon*, ne faire que manger, boire et dormir. — *Gras comme cochon*, fort gras, gras à lard. — *Il a des yeux de cochon*, de petits yeux. — *Être camarades comme cochons*, vivre ensemble dans une grande familiarité, et surtout avoir fait la débanche ensemble. — T. de métallurgie, mélange impur de métal et de scories. *Le cochon*, dans l'affinage, est un gonflement ou un soulèvement des cendres dans la coupelle.

COCHONNÉE, subst. fém. (*kochoné*) tous les *cochons* de la portée d'une truie.

COCHONNÉ, E, part pass. de *cochonner*.

COCHONNER, v. neut. (*kochoné*). Il se dit d'une truie qui met bas : *une truie qui vient de cochonner*. — V. act., expression familière employée quelquefois pour signifier faire un ouvrage salement, grossièrement : *vous avez cochonné cet ouvrage*. — *se* COCHONNER, v. pron.

COCHONNERIE, subst. fém. (*kochoneri*), malpropreté. Il est pop. — On dit fam., d'un ouvrage mal fait : *c'est une cochonnerie*; et de choses gâtées ou de peu de valeur, que *ce sont des cochonneries*. — Chose indécente et contraire aux mœurs, à la délicatesse, à la politesse.

COCHONNET, subst. mas. (*kochoné*), t. de jeu, espèce de dé en forme de boule, à douze faces pentagones, marquées de points depuis un jusqu'à douze : *jouer au cochonnet*. — La petite boule que l'on jette pour servir de but au jeu de boules. On la nomme aussi *but* ou *petit*.

COCIPSILE, subst. mas. (*kocipecile*), t. de bot., plante herbacée des Antilles et de la Guyane.

COCKIEN, subst. mas. (*kokekiein*), monnaie du Japon de la valeur d'environ huit francs.

COCO, subst. mas. (*koko*), fruit du cocotier : il est de la grosseur d'un melon : avant sa maturité, il renferme une eau claire, odorante et fort agréable au goût, qui se nomme aussi *coco*. — Pop., boisson de racine de réglisse, qu'on vend dans les rues.

COCOCHATL, subst. mas. (*kokochatle*), t. d'hist. nat. Voy. COCHOCHATL.

COCODASTE, subst. mas. (*kokodacete*), onomatopée du cri de la poule (*Boiste*.)

COCO-DES-MALDIVES, subst. mas. (*kokodèmaldive*), t. de bot., fruit du rondier.

COCOIS, subst. mas. (*kokoé*), t. de bot., nom d'une espèce de raisin d'Espagne.

COCOLT, subst. mas. (*kokolte*), t. d'hist. nat., espèce d'oiseau d'Amérique.

COCOMBRE, subst. mas. (*kokonbre*), t. de bot., arbre de Madagascar dont les fleurs et le bois ont une odeur agréable.

COCON, subst. mas. (*kokon*), tissu filamenteux dans lequel le ver à soie s'enveloppe, et dont on obtient la soie en le dévidant : *dévider des cocons*.

COCONIÈRE, subst. fém. (*kokonière*), lieu où l'on élève des vers à soie.

COCOSATES, subst. mas. plur. (*kokozate*), anciens peuples de la dépendance d'Acqs, en Biscaye.

COCOTIER, subst. mas. (*kokotié*), t. de bot., palmier des Indes, qui s'élève à trente ou quarante pieds de hauteur, dont les feuilles ailées sont longues de dix à quinze pieds, et servent à couvrir les maisons, à faire des parasols. Le chou ou bourgeon principal de cet arbre se mange, son bois est propre à la construction; il en découle une liqueur dont on fait de l'arak, et son fruit s'emploie à des usages très-variés. La coque ligneuse du noyau sert à mesurer les liquides, et à faire plusieurs ustensiles; de son amande on tire de l'huile, et de son enveloppe une bourre qu'on file.

COCOTZIN, subst. mas. (*kokotezein*), t. d'hist. nat., petite tourterelle du Mexique.

COCRÈTE, COCKISTE, CRÊTE-DE-COQ, subst. fém. (*kokrète, kricete, krètedekoke*), t. de bot., plante de la famille des rhinanthoïdes.

COC-SIGRUE, subst. fém. (*kokciguéru*), t. d'hist. nat., sauterelle aquatique. Voy. COCCIGRUE.

COCTANA, subst. fém. (*koktana*), t. de bot., variété de figues.

COCTION, subst. fém. (*kokcion*) (en lat. *coctio*, fait de *coquere*, cuire), action de faire cuire dans de l'eau bouillante ou dans une autre liqueur. — Plus ordinairement, la digestion des aliments dans l'estomac. — On entend en médec. par : *coction des humeurs*, l'élaboration des humeurs se séparant de la masse du sang. — On appelle *période de coction* la période d'une maladie dans laquelle s'opère la *coction des humeurs*. — En t. de chimie, *faire la coction*, donner le feu propre aux matières sur lesquelles on travaille. — Formation des métaux dans le sein de la terre. — Ce mot est un terme scientifique, dont on ne se sert point dans le discours ordinaire : on dit *cuisson*. — COCTION, CUISSON. (*Syn.*) *Coction* se dit des matières soumises à l'action du feu comme objet d'expérience; *cuisson*, des substances alimentaires ou autres soumises à cette même action.

COCU, subst. mas. (*koku*) (par antiphrase, du *coucou* qui va pondre, dit-on, dans le nid des autres oiseaux), t. de dérision et fort libre. Il se dit de celui dont la femme manque ou a manqué à la fidélité conjugale. — *Cocu en herbe*, qui est fait pour l'être; qui épouse une fille peu sage.

COCUAGE, subst. mas. (*koku-aje*), état de celui qu'on appelle *cocu*. Ce terme, relégué dans la classe des expressions triviales, n'est plus guère en usage.

COCUFIÉ, E, part. pass. de *cocufier*.

COCUFIER, v. act. (*kokufié*) (de *cocu*, et du latin *fieri*, être fait, passif de *facere*, faire), faire quelqu'un *cocu*. Terme libre et populaire, qu'on ne souffre plus ni dans le langage décent ni même sur le théâtre. — *se* COCUFIER, v. récipr.

COCYTE, subst. propre mas. (*kocite*) (du grec κωκυτος, pleurs, larmes, fait de κωκυω, je pleure, je me lamente), un des fleuves de l'enfer, selon la fable. Il entoure le Tartare, et ne se grossit que des larmes des méchants. Il se prend poétiquement pour l'enfer même. — Un disciple de Chiron se nommait aussi *Cocyte*. — Douleur causée par un animalcule venimeux appelé *furie infernale*, et qui se loge dans une partie du corps.

COCYTIA, subst. propre fém. (*kocicia*), on sous-entend *virgo*; mots latins qui veulent dire *fille du Cocyte*), myth., surnom d'Alecton, l'une des Furies.

COCYTIDE, adj. des deux genres (*kocitide*) (du grec κωκυτος, pleurs), du *Cocyte*, et, par extension, féroce, diabolique : *homme cocytide*. Inus. et barbare.

COCYTIES, subst. propre fém. plur. (*kociti*), myth., fêtes célébrées en l'honneur de Proserpine.

CODAGA-PALE ou **CODAGO-PALE**, subst. mas. (*kodagua* ou *guopale*), t. de bot., arbrisseau du Malabar et de Ceylan; ses feuilles sont employées comme fébrifuges.

CODARI, subst. mas. (*kodari*), t. de bot., arbre de la Guinée, dont le genre a été fort souvent confondu.

CODE, subst. mas. (*kode*) (du lat. *codex*, tablette de cire, fait de *caudex*, tronc d'arbre), recueil des lois, des constitutions, des rescrits des douze empereurs romains. C'est ce qu'on appelle *le code*, absolument et sans addition.—Par imitation on a dit: *le code Théodosien* ou *de Théodose*; et en France, *le code Henri*, *le code Louis*, *le Code civil*, *le Code pénal*, *le Code de commerce*, *le Code criminel*, *le code Napoléon*, *etc.* — Un *code* est en général un recueil, une compilation de lois; mais dans l'usage moderne, on nomme particulièrement ainsi l'ensemble systématique de dispositions légales, se rapportant à une matière spéciale. Nous avons en France huit *Codes*, qui sont: 1° le *Code civil*, 2° le *Code de procédure*, 3° le *Code de commerce*, 4° le *Code d'instruction criminelle*, 5° le *Code pénal*, 6° le *Code forestier*, 7° le *Code de la pêche fluviale*, 8° le *Code rural*. Le *Code civil* a été décrété le 5 et promulgué le 15 mars 1803. Le *Code de procédure* a été décrété le 14 avril 1806, et promulgué le 24 du même mois. Les sept premiers titres du *Code de commerce* ont été décrétés le 10 septembre 1807, et promulgués le 20; le titre huit a été décrété le 11, et promulgué le 21. Le *Code d'instruction criminelle* a été décrété le 17 novembre 1808, et promulgué le 27. Le *Code pénal* a été décrété le 12 février 1810, et promulgué le 22. Le *Code forestier* a été sanctionné le 21 mai 1827, et promulgué le 31 juillet. Le *Code de la pêche fluviale* a été sanctionné le 15 avril 1829, et promulgué le 24. Enfin le *Code rural* a été décrété le 28 septembre 1791, et promulgué le 6 octobre. Outre ces *Codes*, la France possède un grand nombre de lois et ordonnances, qui composent avec ses *Codes* l'ensemble du droit français. Il se dit aussi de quelques recueils d'ordonnances: *le Code des eaux et forêts*. (*Dict. de Législation usuelle*).—Tout ce qui sert de règle: *code de la politesse, du bon goût*.— *Le code de la morale*, les préceptes de la morale. — On dit d'un ouvrage qui contient un recueil de bons préceptes ou de bons exemples, que c'est un code de morale.—En pharmacie, *code* se dit du recueil de formules médicales approuvées et reçues; mais on se sert plus souvent du mot *codex*.

CODÉBITEUR, subst. mas., au fém. **CODÉBITRICE** (*kodébiteur, trice*), t. de jurispr., celui ou celle qui a contracté une dette conjointement avec une ou plusieurs personnes. — *L'Académie* ne donne pas le fém. de ce mot; elle dit cependant *débitrice*.

CODÉBITRICE, subst. fém. Voy. CODÉBITEUR.

CODÉCIMATEUR, subst. mas. (*kodécimateur*) (formé du lat. *decimare*, partager, *cum*, avec), t. d'anc. jurispr., celui qui percevait les dîmes avec un autre seigneur.

CODÉINE, subst. fém. (*kodé-ine*), principe élémentaire extrait de l'opium.

CODÉIQUE, adj. des deux genres (*kodé-ike*), t. de chim., se dit d'un acide provenant de l'opium.

CODÉPUTÉ, subst. mas. (*kodéputé*), *député* avec un autre, avec d'autres. Presque inusité.

CODÉTENTEUR, subst. mas., au fém. **CODÉTENTRICE** (*kodétenteur, trice*), t. de jurispr., qui est *détenteur* avec une autre personne *L'Académie* ne donne pas le fém. de ce mot; elle dit cependant *détentrice*.

CODÉTENTRICE, subst. fém. Voy. CODÉTENTEUR.

CODEX, subst. mas. (*kodèkce*), mot latin adopté en français; il signifie livres, tablettes, collection de lois. On l'emploie surtout en médecine, pour désigner une collection de remèdes ou de formules qui doivent servir de règle pour la préparation des médicaments. Il est synonyme de *dispensaire*, *antidotaire* et *pharmacopée*. Voy. CODE.

CODICILLAIRE, adj. des deux genres (*kodicilelère*), qui est contenu dans un *codicille*. —*Clause codicillaire*. Voy. au mot CLAUSE.

CODICILLE, subst. mas. (*kodicile*) (du latin *codicilli, orum*, qui a la même signification), disposition écrite par laquelle un testateur change ou ajoute quelque chose à son testament.

CODIE, subst. fém. (*kodi*), t. de bot., plante exotique.

CODIFICATION, subst. fém. (*kodifikacion*), manière d'établir un recueil de *codes*.

CODIGI, subst. mas. (*kodiji*), t. de bot., plante des terres sablonneuses du Malabar.

CODILLE, subst. mas. (*kodiie*), t. du jeu de l'hombre, du tri et du quadrille, celui qui, sans faire jouer, fait le plus de mains, et gagne ainsi la mise et la bête: *faire codille*, gagner sans avoir fait jouer.

CODION, subst. mas. (*kodion*), t. de bot., plante de la famille des algues: elle a pour caractère une substance filamenteuse.

CODLINGUE, subst. fém. (*kodeleingue*), t. d'hist. nat., nom de petites morues.

CODOCK, subst. mas. (*kodoke*), t. d'hist. nat., nom d'un coquillage bivalve.

CODON, subst. mas. (*kodon*), t. de bot., plante à tige cylindrique, de la famille des solanées.

CODONATAIRE, adj. et subst. des deux genres (*kodonatère*), associé conjoint avec un autre dans une même *donation*.

CODONION, subst. mas. (*kodonion*), t. de bot., genre de plante.

CODONOPHORE, subst. mas. (*kodonofore*) (du grec κωδων, cloche, et φερω, je porte), porte-cloche. Inusité. On ne dit plus aujourd'hui que *porte-sonnette*.

CODOPAIL, subst. mas. (*kodopa-ie*), t. de bot., plante fort voisine des aristoloches.

CODOT, subst. mas. (*kodô*), t. d'hist. nat., coquille bivalve du genre vénus.

CODRE-FEUILLARS, subst. mas. plur. (*kodrefeuiar*), nom donné à Bordeaux, et dans les environs, aux cercles qui servent à relier les tonneaux. C'est un mot bien risqué.

CODRUS, subst. propre mas. (*kòdruce*), fils de Mélanthus, dernier roi d'Athènes. Les Athéniens, pour honorer la mémoire de *Codrus*, qui s'était dévoué à la mort pour eux, voulurent qu'il fût leur dernier roi: après lui, ils changèrent la forme de leur gouvernement.

CODUE, subst. fém. (*kodu*), t. de bot., plante de la famille des renonculacées.

COECALE, mieux **CÆCALE**, adj. fém. (*cékale*), t. d'anat. Il se dit de la veine qui reporte le sang de l'intestin *cœcum* au rameau mésentérique.

COECILIE, subst. fém. (*cécili*), t. d'hist. nat., reptile de la famille des serpents.

COECOGRAPHE, mieux **CÆCOGRAPHE**, subst. mas. (*cékoguerafe*) (du lat. *cœcitas*, obscurité, et du grec γραφω, j'écris), machine au moyen de laquelle on peut écrire au milieu de la plus grande obscurité. Mot forgé par *Raymond*.

COECOGRAPHIE, mieux **CÆCOGRAPHIE**, subst. fém. (*cékoguerafi*) (mot puisé à la source du précédent), art d'écrire au milieu de l'obscurité.

COECOGRAPHIQUE, mieux **CÆCOGRAPHIQUE**, adj. (*cékoguerafike*), qui concerne la *cœcographie*. (*Raymond*.) Voy. CÆCOGRAPHE et CÆCOGRAPHIE.

COECOLOGIE, mieux **CÆCOLOGIE**, subst. fém. (*cékoloji*) (du lat. *cœcitas*, obscurité, et du grec λογος, discours), traité sur l'art d'écrire au milieu de l'obscurité. (Barbarisme de *Raymond*.)

COECOLOGIQUE, mieux **CÆCOLOGIQUE**, adj. (*cékolojike*), qui concerne la *cœcologie*. (*Raymond*.)

COECUM, mieux **CÆCUM**. (Nous ne donnons cette double orthographe que parce que la première est celle de l'*Académie*.) Subst. mas. (*cékome*) (du latin *cœcus*, aveugle), t. d'anat., le premier des gros intestins, qui n'a qu'une ouverture.

COEFFICIENT, subst. mas. (*ko-éfician*) (du latin *coefficiens*, fait, dans la même acception, de *cum*, avec, et *efficere*, faire, *qui fait un même terme avec la quantité algébrique*), t. d'algèbre, le nombre ou la quantité connue quelconque placée devant une quantité algébrique, et qui la multiplie: *lorsqu'une lettre n'est précédée d'aucun nombre, elle est toujours censée avoir 1 pour coefficient*.

COEFFICIENT, E, adj. (*ko-éfician, ante*), qui est de la nature d'un *coefficient*: *quantité coefficiente*. — Cet adjectif manque dans tous les bons *Dictionnaires*.

COÉGAL, E, adj. (*koéguale*), qui a une pareille égalité avec un autre. — Plur. mas., *coégaux*.

COÉGAUX, adj. plur. mas. Voy. COÉGAL.

COELESTINE, subst. fém. (*célècetine*), t. d'hist. nat., sulfate de strontiane de couleur bleu-céleste.

COELIAQUE, subst. fem. (*céliake*) (du grec κοιλια, ventre), t. de médec., flux de ventre fréquent dans lequel on rend du chyle avec les aliments digérés.—*L'Académie* ne donne pas ce subst.; mais elle nomenclature ici *cœliaque*, adj. des deux genres, en renvoyant à *céliaque*. Pourquoi indiquer toujours deux manières d'écrire un même mot?

COELICOLE, subst. et adj. des deux genres (*célikole*) (du lat. *cœlum*, ciel, et *colere*, adorer), celui ou celle qui adore le ciel, le soleil, les astres. —Habitant du ciel. Il ne s'emploie guère dans cette dernière acception qu'en poésie. — *L'Académie* a omis ce mot fort usité, surtout en poésie.

COELIOXYDE, subst. fém. (*céliokcide*), t. d'hist. nat., insecte de l'ordre des hyménoptères.

COELIUS, subst. propre mas. (*céli-uce*), mot purement latin; on appelait ainsi l'une des sept montagnes de Rome, du nom d'un chef des Etruriens qui secourut Romulus.

COELOMA, subst. mas. (*céloma*) (du grec κοιλος, creux), t. de médec., espèce d'ulcère de la cornée. Presque inusité.

COELORACHIS, subst. mas. (*célorachice*), t. de bot., espèce de graminée.

COELOSTOMIE, subst. fém. (*célocetomi*) (du grec κοιλος, creux, et στομα, bouche), vice de la voix qui devient sourde et comme étouffée. (*Raymond*.) Inus.

COELUS, subst. propre mas. (*céluce*), myth., père de Saturne. Il est regardé comme le plus ancien des dieux. Saturne le détrôna et régna à sa place. Voy. SATURNE. — L'un des Titans se nommait aussi *Cœlus*.

COEMPTION, subst. fém. (*ko-anpecion*) (du latin *cum*, avec, et *emptio*, achat), t. de droit romain; achat réciproque.

COENDAU ou **COENDOU**, subst. mas. (*koando, dou*), t. d'hist. nat., porc-épic du Brésil, dont la queue, qui est très-longue, lui sert pour s'accrocher aux branches des arbres.

COENOLOGIE, subst. fém. (*cénoloji*) (du grec κοινος, commun, et λογος, discours), t. de médec., consultation de plusieurs médecins. (*Boiste*.)

COENOLOGIQUE, adj. (*cénolojike*), t. de médec., qui a rapport à la *cœnologie*.

COENOMYIE, subst. fém. (*cénomi-i*), t. d'hist. nat., insecte de l'ordre des diptères.

COENOPTÈRE ou **COENOPTÉRIS**, subst. fém. (*cénopetère, térice*) (du grec κοινος, commun, et πτερις, fougère), t. de bot., genre de plantes de la famille des fougères.

COENURE, subst. fém. (*cénure*), t. d'hist. nat., insecte hydatide qui vit dans le cerveau des moutons et cause le tournis; c'est une vésicule remplie de lymphe, autour de laquelle sont fixés, de manière à ne faire qu'un seul animal vivant d'une vie commune, de petits vers susceptibles de contraction et de rétraction dans l'intérieur.

COEPHORE, subst. des deux genres (*céfore*), t. d'hist. anc., celui, celle qui portait des libations sur un tombeau.

COÈRCE, subst. fém. (*koèrece*), t. d'anat., croûte blanche dont le sang est quelquefois recouvert après la saignée dans le vase où il a été reçu.

COÈRCÉ, E, part. pass. de *coërcer*.

COÈRCER, v. act. (*ko-èrecé*) (en lat. *coercere*), forcer. Ce verbe, plus latin que français, est inus.

COÈRCIBLE, adj. des deux genres (*ko-èrecible*), t. de phys., qui peut être rassemblé et retenu dans un certain espace: *la vapeur de l'eau est coërcible*.

COÈRCITIF, adj. mas., au fém. **COÈRCITIVE** (*ko-èrecitife, tive*), t. de palais, qui a le pouvoir de contraindre. Voy. COÈRCITION.

COÈRCITION, subst. fém. (*koèrecicion*) (en lat. *coercitio*, fait dans le même sens de *coercere*, réprimer, mettre un frein, etc.), t. de palais, pouvoir, droit, action de contraindre, de corriger, de retenir dans le devoir.

COÈRCITIVE, adj. fém. Voy. COÈRCITIF.

COESCOËS ou **CUSOS**, subst. mas. (*ko-èceko èce, kuzoce*), t. d'hist. nat., genre entier des phalangers.

COËSDOËS, subst. mas. (*ko-ècedo-èce*), t. d'hist. nat., mammifère ruminant du genre des antilopes. Buffon le nomme *condoma*.

COESIOMORE, subst. mas. (*céziomore*), t. d'hist. nat., sorte de poisson.

COESION, subst. mas. (*cézion*), t. d'hist. nat., sorte de poisson.

COËSRE (LE GRAND), subst. mas. (*leguerankoècere*), titre du roi des ribauds, du chef des gueux de Paris, au quinzième siècle.

COÉTAT, subst. mas. (*ko-éta*), *état* qui partage la souveraineté avec un autre. — Au plur., des *coétats*.

COËTBO, subst. propre mas. (*ko-ètebo*), gros bourg de France.

COËTE, subst. fém. (*ko-ète*), t. de manuf., chantier sur lequel on pose une glace au sortir du four de cuisson.

COÉTERNEL, adj. mas.; au fém. **COÉTERNELLE**

(*ko-élérenèle*) (du lat. *cum*, avec, et *æternus*, éternel), qui est de toute *éternité* avec un autre.

COÉTERNITÉ, subst. fém. (*koétèrnité*), t. de dogme. *Éternité* commune à plusieurs choses semblables. —Ce mot manque dans l'*Académie*.

CŒUR, subst. mas. (*kieur*) (en lat. *cor*, fait avec la même signification du grec κεαρ ou κηρ), corps musculeux situé dans la cavité de la poitrine de l'animal, où toutes les veines aboutissent, d'où toutes les artères sortent, et qui, par sa contraction et sa dilatation alternatives, est le moteur de la circulation du sang, et le principe de la vie : *le cœur bat, palpite, tressaille de plaisir, de peine, de crainte, d'espérance; les mouvements du cœur.*—*Anévrysme du cœur*, lésion des veines et des artères du cœur. —*Avoir des palpitations de cœur, un polype au cœur*, affections de cet organe. — On considère souvent le cœur comme le siège des passions : *cœur oppressé, serré de douleur, de tristesse, navré, outré, transi*, etc. — Il se dit quelquefois par opposition à l'*esprit* : *ce discours, ce sermon plaît à l'esprit, et ne touche pas le cœur.* — Affection : *il a le cœur des peuples, des soldats; élever son cœur à Dieu; donner son cœur à...* — *Cœur* se dit principalement de la passion de l'amour et de ce qui y a rapport : *un cœur brûlant d'amour.* — *Un amant tâche d'obtenir le cœur de celle qu'il aime*; c'est-à-dire qu'il tâche de s'en faire aimer : *on donne, on reprend son cœur; on engage son cœur.* — On dit d'une jeune personne qui éprouve les premiers sentiments de tendresse, de préférence pour quelqu'un, que *son cœur commence à parler*, ou que *son cœur a parlé.*— *Mon cœur, mon petit cœur, mon cher cœur*, terme de tendresse et de caresse.—*Loin des yeux, loin du cœur*, l'absence détruit ou refroidit les affections. — *L'ami, l'amie du cœur*, celui, celle qu'on aime avec le plus d'affection. — *Ces deux personnes ne sont qu'un cœur; ce n'est qu'un cœur*, elles s'aiment beaucoup. — *Affaire de cœur*, commerce de galanterie. — On dit : *un cœur de père, de mère, d'époux, d'épouse, de frère, d'ami*, etc., pour indiquer les diverses classes d'affections qui caractérisent un bon père, une bonne mère, etc. — L'intérieur, les dispositions de l'âme : *Dieu sonde les cœurs; le cœur des rois est entre les mains de Dieu*, il les dirige selon son puissant arbitre. — *Parler à cœur ouvert*, parler franchement, sincèrement, sans dissimulation. —*Avoir le cœur sur la main* ou *sur les lèvres*, être franc, n'être point dissimulé. — *Ouvrir son cœur à quelqu'un*, lui faire lire tout ce qu'on a dans la pensée. — On dit prov. : *de l'abondance du cœur la bouche parle*, pour dire qu'on aime à parler des personnes ou des choses dont le *cœur* est plein —*Avoir à cœur*, désirer ardemment. — *Prendre une affaire à cœur*, l'entreprendre avec zèle, avec chaleur. — *Prendre une chose à cœur*, s'en affecter, y être vivement sensible. — *Avoir quelque chose sur le cœur*, en avoir du ressentiment. — *Se ronger le cœur*, s'affliger, se tourmenter. — *Avoir le cœur gros*, triste, affligé. —*Agir contre son cœur*, contre son inclination. — *Ce discours ne touche point le cœur*, ne l'émeut point. — *J'en aurai le cœur net*, je veux en être éclairci. — *Si le cœur vous en dit, nous sortirons, nous irons à...*, si vous êtes d'humeur à sortir, etc. — *Cela lui pèse sur le cœur*, il en est fâché. — *Se décharger le cœur*, se soulager, en disant ce qui oppresse ou ce qui fâche. — *Le cœur me le disait*, j'en avais le pressentiment. — Fig., courage : *il a du cœur, il n'a point de cœur*. Dans cette acception, le *cœur* qui bannit la crainte et la surmonte, qui ne permet pas de reculer, et tient ferme dans l'occasion, diffère, 1° du *courage* qui, impatient d'attaquer, ne s'embarrasse pas de la difficulté, et entreprend hardiment; 2° de la *valeur*, qui agit avec vigueur, ne cède pas à la résistance, et continue l'entreprise malgré les oppositions et les efforts contraires; 3° de la *bravoure*, qui, ne connaissant pas la peur, court au danger de bonne grace, et préfère l'honneur au soin de la vie; 4° de l'*intrépidité*, qui affronte et voit de sang-froid le péril le plus évident, et n'est pas même effrayée d'une mort présente. — *Un cœur de lion* est un homme d'un grand courage. — *Un cœur de poule* est un homme d'une poltronnerie extrême. — *Mettre le cœur au ventre*, encourager. — *N'avoir point le cœur à la besogne*, travailler mollement et à regret. Dans un sens contraire : *avoir le cœur au métier*, affectionner fort ce qu'on fait ou ce qu'on doit faire. — *Faire contre fortune bon cœur*, s'armer de constance dans les adversités.— *Ce malade a le cœur bon*, ses forces physiques le soutiennent; il n'a pas ce que nous appelons le *mal de cœur.* — *Avoir le cœur faible*, se sentir très-faible, épuisé, abattu. — Il se prend pour les inclinations de l'âme : *c'est un bon, un mauvais cœur; cœur franc, généreux, droit*; ou *dissimulé, gâté, corrompu.* — *C'est un cœur d'or*, c'est un excellent *cœur.* — *Avoir un cœur d'homme*, être doué de sensibilité. — *N'avoir point de cœur*, être dépourvu de toute sensibilité, n'avoir aucune noblesse, aucune générosité dans l'âme. — *Être de tout cœur*, être très-généreux. — *Avoir un cœur de tigre*, être d'une extrême cruauté. — *Il a un cœur de roche, de marbre*, il ne peut être touché ni de pitié, ni d'amour. — *Prendre son cœur par autrui*, se mettre en la place de quelqu'un, agir à son égard comme nous voudrions qu'on agît au nôtre. — On a divisé l'âme en deux parties, l'une que l'on a nommée *esprit* ou *entendement*, où les sensations se changent en idées; l'autre, que l'on appelle le *cœur* ou la *volonté*, où les besoins deviennent des passions : *que ne puis-je vous décrire cet esprit si solide et si délicat tout ensemble, ce jugement si éclairé et si incapable d'être surpris, cette âme si noble et si généreuse, ce cœur si sensible à l'honneur et à la véritable gloire!* (FLÉCHIER.)—*Cœur* se prend quelquefois abusivement pour estomac : *avoir mal au cœur, avoir son dîné sur le cœur.* — *Avoir le cœur noyé d'eau*, être incommodé pour en avoir trop bu. — On dit d'une liqueur agréable, qu'*elle va au cœur*, qu'elle réjouit, qu'elle flatte le goût. — Fig. et fam. : *faire mal au cœur*, inspirer du dégoût. — *S'en donner à cœur joie*, s'en rassasier. — *Cœur* se dit d'un bijou qui a à peu près la forme d'un *cœur.* —Par analogie, on dit en bot. : *feuille en cœur*, etc. — *Bouche en cœur*, bouche dont la forme paraît sans doute à peu près semblable à un *cœur.* — *Faire la bouche en cœur*, donner à sa bouche une forme affectée. — Milieu : *il est logé au cœur de la ville.* On dit en ce sens : *au cœur de l'hiver, de l'été*, au plus fort du froid, du chaud : *le cœur de la cheminée; le cœur d'une laitue, d'un fruit; une table faite de cœur de noyer, de chêne, de poirier.* — En t. de blas., le milieu de l'écu.— On appelle en astron. : *cœur du Scorpion, cœur du Lion*, deux étoiles qui sont dans ces deux signes. — En géom., solide que formerait une demi-ellipse en tournant, non autour de son axe, mais autour d'un de ses diamètres. — En t. de vitrier, le milieu de la verge de plomb qui a deux côtés appelés *ailes.* — Une des quatre couleurs du jeu de cartes, marquée par de petits *cœurs* rouges.— T. d'hist. nat., espèce de coquillage.—T. de man.: *cheval de deux cœurs*, qui ne manie que par contrainte, qui n'obéit pas volontiers aux aides du cavalier. — *De grand cœur* : loc. adv., volontiers. —*A contre-cœur*, contre son inclination.— *Cœur à cœur*, franchement et sans réserve : *se parler cœur à cœur.* —*De gaieté de cœur*, de propos délibéré et sans sujet. — *Par cœur*, par mémoire; de mémoire : *apprendre, savoir, réciter des vers, une oraison, etc., par cœur.* — *Faire dîner quelqu'un par cœur*, ne lui rien garder à manger; ou : lui susciter quelque affaire qui l'empêche de dîner.

CŒUR-DE-BŒUF, subst. mas. (*kieurdebeufe*), t. de bot., nom qu'on donne au fruit du corossolier vulgaire et réticulé, à cause de sa forme; on le donne également au fruit jaune du petit corossolier de la Guyane.

CŒUR-DE-SAINT-THOMAS, subst. mas. (*kieur de cein tomâ*), t. de bot., fruit de l'acacia à grande gousse, qu'on appelle en Amérique *liane-à-bœuf.* Ce fruit est le plus grand des légumes que l'on connaisse.

CŒUR-DE-VIPÈRE, subst. mas. (*keurdevipère*), t. de pharm., sorte de bézoard; animal qui est produit par le cœur et par le foie de la vipère.

CŒURET, subst. mas. (*kieurè*), t. de bot., espèce de cerisier.

CŒURS-UNIS, subst. mas. plur. (*kieurzuni*), t. d'hist. nat., se dit d'un groupe de deux animaux marins qui ressemblent à deux *cœurs unis.*

COÉVÊQUE, subst. mas. (*ko-évêke*) (du latin *cum*, avec, et du français *évêque*), *évêque* avec un autre. Les prélats d'Allemagne ont encore des *coévêques.*

COEX, subst. mas. (*ko-èkce*), t. de bot., sorte de plante.

COEXISTANT, E, adj. (*ko-èguezicetan, tante*), qui *existe* ensemble : *causes coexistantes.*

COEXISTÉ, part. pass. de *coexister.*

COEXISTENCE, subst. fém. (*koèguezicetance*), *existence* simultanée de plusieurs choses.

COEXISTER, v. neut. (*koèguezicetê*), *exister* en même temps qu'un autre : *lorsque votre esprit embrasse à la fois plusieurs idées et plusieurs opérations qui coexistent, c'est-à-dire qui existent en lui toutes ensemble.* (Condillac.)

COFFIN, subst. mas. (*kofein*) (en lat. *cophinus*, dérivé du grec κοφινος, panier d'osier, corbeille), t. de vannier, petit panier d'osier avec anse et couvercle. Vieux et presque inusité.

COFFINE, subst. et adj. fém. (*kofine*) (même étym. que celle du mot précédent), il se dit d'une ardoise un peu voûtée qui sert à couvrir les édifices dont la couverture se tourne en rond.

se **COFFINER**, v. pron. (*cekofiné*), il se dit des œillets dont les feuilles se frisent au lieu de demeurer étendues. — En t. de menuisier, se courber, se voûter en forme de *coffin.* Presque inusité dans les deux acceptions.

COFFRE, subst. mas. (*kofre*) (de l'allemand *kuffer* qui a la même signification, et qui, suivant *Wachter*, est, ainsi que l'anglais *coffer*, le gallois *coffr*, et le lat. barbare *cofferum*, dérivé du verbe celtique *cau*, fermer, usité encore aujourd'hui dans le pays de Galles), meuble en forme de caisse, ordinairement couvert en cuir, propre à serrer des hardes, de l'argent, etc., et qui s'ouvre en levant un couvercle. — On appelle *coffre-fort*, un *coffre* de fer ou d'un bois épais, armé de bandes de fer, où l'on serre de l'argent. *L'argent profite mieux dans le coffre des peuples que dans ceux des rois.* (Louis XII.)— Fig., *les coffres du roi, les coffres de l'état*, le trésor où entrent les recettes des domaines, le produit des revenus publics, etc. — Fam., l'espace, la capacité du corps humain, qui est enfermée sous les côtes : *il a le coffre percé; il a reçu un coup d'épée dans le coffre.* — Fig., *il a le coffre bon*, il a un bon estomac, une bonne constitution. — On le dit aussi des animaux : *cette cavale a un beau coffre, un grand coffre*, elle a les flancs fort larges. —Prov. : *piquer le coffre*, attendre assis sur un *coffre.* — *Il s'y entend comme à faire un coffre*, il ne s'y entend point du tout. — *Riche comme un coffre*, extrêmement riche. — *Belle au coffre*, laide, mais riche. — *Raisonner comme un coffre*, fort mal. — *Rire comme un coffre*, à gorge déployée. —On appelle les grands chevaux, *coffres à avoine*, parce qu'il leur faut beaucoup de nourriture. — En t. de chasse, le corps du cerf, du daim, ou du chevreuil, lorsqu'on en fait la curée. — En t. d'archit., table d'autel avec l'armoire qu'on pratique au-dessous. — La partie d'un carrosse sur laquelle on met les coussins pour s'asseoir, et qui a un couvercle qui s'élève et s'abaisse comme celui d'un *coffre.* — En t. de luthier, le corps et l'assemblage des parties du clavecin ou de l'épinette. — En t. de guerre, logement creusé dans un fossé sec, élevé de deux pieds au-dessus du fond du fossé, et où il y a des embrasures pour tirer sur les assiégeants. — *Coffre de bord*, se dit, en t. de mar., d'un *coffre* dont le fond est plus large que le haut, et où les gens de marine mettent ce qu'ils portent sur mer pour leur usage. — *Coffre à feu*, se dit d'un *coffre* rempli d'artifices et de matières combustibles, et qui est destiné à repousser l'ennemi qui vient à l'abordage; *coffre à gargousses*, des retranchements de planches faits dans la soute aux poudres, et où l'on met les gargousses quand on les a remplies. — Dans l'imprimerie, on appelle *coffre de presse*, l'espèce de caisse où est enchâssé le marbre.

COFFRÉ, E, part. pass. de *coffrer.*

COFFRE-FORT, subst. mas. (*kofrefor*), au plur., des *coffres-forts.* Voy. COFFRE.

COFFRER, v. act. (*kofré*), mettre dans un *coffre.* Il n'est point usité dans ce sens. — Mettre en prison. Il est fam.

COFFRET, subst. mas. (*kofrè*), petit *coffre.* — Les confiseurs donnent ce nom à des boîtes de bois de différentes grandeurs, dans lesquelles ils serrent leurs confitures. — Les cordonniers appellent *coffret*, un rond de bois sur lequel ils coupent les empeignes des souliers.

COFFRETIER, subst. mas. (*kofretié*), celui qui fait des *coffres*, des malles, des valises. — On dit plus communément *layetier.*

COFIDÉJUSSEUR, subst. mas. (*kofidéjuceceur*), t. de jurispr., il se dit de celui qui avec d'autres a cautionné un même débiteur pour la même dette.

COGGIA, subst. mas. (*koguejia*), t. de relation, ministre des affaires intérieures et extérieures à Tunis.

COGITATION, subst. fém. (*kojitâcion*) (en latin *cogitatio*, formé de *cogitare*, penser), méditation. (*Montaigne.*) Inus.

COGNAC, subst. propre mas. (*kogniak*), ville de France, chef-lieu d'arrond., dép. de la Charente. — Cette ville a donné son nom à l'eau-de-vie qu'on y fabrique. — C'est la patrie de François Ier.

COGNASSE, subst. fém. (*kogniace*), coing sauvage.

COGNASSIER, subst. mas. (*kogniacié*), t. de bot., arbre tortueux, à feuilles blanchâtres, qui a les caractères du poirier, mais dont le fruit, nommé *coing*, est plus rond et a une odeur très-forte — On nomme *cotignac* la gelée qu'on fait du fruit. — L'arbre s'appelle aussi *coignier*; et en Provence *coudonnier*.

COGNAT, subst. mas. (*koguena*) (du lat. *cognatus*, formé dans le même sens de *cum*, avec, et de *natus*, né), t. de jurispr., celui qui est uni à quelqu'un par des liens de parenté. — Plus particulièrement, celui qui est parent du côté des femmes. Ce mot est inusité dans le langage ordinaire.

COGNATION, subst. fém. (*koguenâcion*) (en lat. *cognatio*, qui a les mêmes racines que *cognatus*. Voy. au mot COGNAT.), t. de jurispr., lien de parenté entre tous les descendants d'une même souche. — On appelle *cognation naturelle* celle qui est formée par les seuls liens du sang; telle est la parenté de ceux qui sont procréés de quelque conjonction illégitime, soit relativement à leurs père et mère et autres ascendants, soit relativement à leurs frères et sœurs et autres collatéraux: *cognation civile*, celle qui procède des seuls liens de famille; telle que la parenté qui est établie entre le père adoptif et le fils adopté: *cognation mixte*, celle qui réunit à la fois les liens du sang et les liens de famille; telle est celle qui se trouve entre deux frères procréés d'un légitime mariage. — On appelle *cognation* ou *affinité spirituelle*, celle que contractent par le baptême le père, la mère et l'enfant, avec les parrains et marraines. — Ce terme de droit n'est point usité dans le langage ordinaire.

COGNATIQUE, adj. des deux genres (*koguenatike*), t. de jurispr.; qui a rapport ou qui appartient à la *cognation*. — *Succession cognatique*, celle dans laquelle les parents collatéraux par les femelles parviennent à défaut des mâles. — Ce mot est un terme de droit, qui n'est point en usage dans le discours ordinaire. Du reste, il ne se trouve pas dans l'*Académie*.

COGNÉ, E, part. pass. de *cogner*.

COGNÉE, subst. fém. (*kognié*) (de *coin*, en lat. *cuneus*; parce que la *cognée* fend le bois, comme un *coin* qu'on y enfonce), outil de fer acéré, plat et tranchant, en forme de hache, et qui sert à fendre du bois. — Fig. et prov.: *mettre la cognée à l'arbre*, commencer une entreprise. — *Aller au bois sans cognée*, entreprendre quelque chose sans avoir les moyens nécessaires pour l'achever. — *Jeter le manche après la cognée*, se dépiter; abandonner tout dans un malheur, au lieu de songer à y remédier.

COGNE-FÉTU, subst. mas. (*kogniefétu*), prov., celui qui se donne bien de la peine pour ne rien faire. — Au plur., des *cogne-fétu*, des gens qui *cognent* un *fétu*.

COGNER, v. act. (*kognié*), frapper pour faire entrer ou pour faire joindre; enfoncer, comme un *coin* dans du bois: *cogner un clou, une cheville*. — V. neut., frapper; heurter; battre; rosser; avertir; appeler en *cognant*. Fam. — *se* COGNER, v. pron., se heurter contre quelque chose. — On dit fig. et fam.: *se cogner la tête contre un mur*, entreprendre une chose impossible ou dont on n'est pas capable. — Pop., s'entre-battre: *ils se sont cognés proprement*.

COGNET, subst. mas. (*kognié*), espèce de rôle de tabac fait en pain de sucre.

COGNEUX, subst. mas. (*kognieu*), petit bâton de fondeurs en métaux pour frapper le sable dont ils forment les moules.

COGNITIF, adj. mas., au fém. COGNITIVE (*koguenitife, tive*) (en lat. *cognitivus*, formé de *cognoscere*, connaître), qui est capable de *connaître* les choses. — Ce mot est inus. Cependant nous le lisons dans *Boiste* et dans *Laveaux*. Il est inutile d'avertir que *Raymond* a copié l'un ou l'autre.

COGNITION, subst. fém. (*koguenicion*) (en latin *cognitio*), faculté de *connaître*. — On le trouve dans quelques auteurs; il pourrait être utile.

COGNITIVE, adj. fém. Voy. COGNITIF.

COGNOIR, subst. mas. (*kognioar*), instrument de bois dur, fait en glacis, qui sert aux imprimeurs pour chasser les *coins* qui assujétissent les caractères dans un châssis: *ce cognoir est trop usé, on ne peut s'en servir*. — Cet outil s'appelle *décognoir* quand il sert à déchasser les *coins* d'une forme et à en dégager les caractères: *prenez le marteau et un décognoir pour desserrer cette forme*.

COGNOM, subst. mas. (*koguenom*) (en lat. *cognomen*), t. d'hist. anc., surnom. (*Boiste*.) Mot qui n'est que latin.

COGNOMMÉ, E, part. pass. de *cognommer*.

COGNOMMER, v. act. (*koguenomé*) (en lat. *cognominare*), surnommer quelqu'un. (*Boiste*.) Mot qui n'est que latin.

COGRAIN, subst. mas. (*koguerein*), t. de métier, grain arrêté à la filière. *Boiste* donne seul ce mot, qui n'est répété que par *Raymond*.

COGUENOSCO, subst. mas. (*koguenocekô*), t. de mar., mastic composé de brai gras, de goudron ou d'huile, avec de la résine ou du suif. — Nous ne lisons ce mot que dans *Laveaux*.

COHABITATION, subst. fém. (*ko-abitâcion*) (en lat. *cohabitatio*), t. de jurispr., état de deux personnes, et plus particulièrement du mari et de la femme qui vivent ensemble. — On entend quelquefois par *cohabitation entre conjoints* la consommation du mariage; et par *cohabitation entre deux personnes de sexe différent*, l'union charnelle et illicite de ces personnes.

COHABITÉ, E, part. pass. de *cohabiter*.

COHABITER, v. neut. (*ko-abité*) (du lat. *cohabitare*, fait, dans le même sens, de *cum*, avec, et *habitare*, habiter), t. de jurispr., vivre ensemble comme mari et femme. — Occuper la même demeure.

COHEL, subst. mas. (*ko-èl*), préparation d'étain brûlé avec de la noix de galle, dont les femmes turques se servent pour se noircir les sourcils, et les faire paraître plus longs.

COHERCION, subst. fém. (*ko-èrecion*), droit de punir. — Barbarisme qu'on trouve dans *Boiste*. Voy. COËRCITION.

COHÉREMMENT, adv. (*ko-éraman*), avec *cohérence*. (*Boiste*.) Inus.

COHÉRENCE, subst. fém. (*ko-érance*) (du latin *cohærentia*, qui signifie la même chose), t. didactique; liaison, connexion d'une chose avec une autre; union entre les parties.

COHÉRENT, E, adj. (*ko-éran, rante*); qui a de la *cohérence*; il se dit des parties d'un tout qui sont liées entre elles, et du tout lui-même relativement à la liaison de ses parties: *ce raisonnement est cohérent dans toutes ses parties*. — En t. de bot., il se dit de certaines parties lorsqu'elles sont totalement appliquées ou collées sur une autre: *pétiole cohérent*.

COHÉRITÉ, part. pass. de *cohériter*.

COHÉRITER, v. neut. (*ko-érité*), *hériter* ensemble.

COHÉRITIER, subst. mas., au fém. COHÉRITIÈRE (*ko-éritié, tière*) (en lat. *cohæres*, fait dans le même sens de *cum*, avec, et *hæres*, héritier), la personne qui est *héritière* avec une autre.

COHÉRITIÈRE, subst. fém. Voy. COHÉRITIER.

COHÉSION, subst. fém. (*ko-ézion*) (du lat. *cohærere*, être uni, adhérent, formé de *cum*, avec, et *hærere*, être joint, attaché; tenir à...), t. de phys., adhérence, force par laquelle des corps sont unis entre eux. — En t. de phys., *cohésion électrique*, puissance par laquelle des corps électrisés adhèrent les uns aux autres, de façon qu'on ne peut les séparer sans effort, comme des fragments de feuilles de métal à la cire d'Espagne, au soufre, etc.

COHÉSIONNÉ, E, part. pass. de *cohésionner*.

COHÉSIONNER, v. act. (*ko-ézioné*), causer, opérer la *cohésion*; rendre *cohérent*. — Absolument inusité; cependant nous le lisons dans *Boiste*.

COHIBITION, subst. fém. (*ko-ibicion*) (en lat. *cohibitio*, fait de *cohibeo*, j'empêche), empêchement, cessation d'une action contre la volonté. Ce mot manque dans l'*Académie*.

COHIER, subst. mas. (*ko-ié*), t. de bot., espèce de chêne.

COHINE, subst. fém. (*ko-ine*), t. de bot., sorte de calebassier.

COHIRCINATION, subst. fém. (*ko-ircinâcion*), amour du bouc pour la chèvre. (*Boiste*.) Inus.

COHOBATION, subst. fém. (*ko-obâcion*), t. de chim., distillation réitérée de la même matière ou d'une matière semblable renouvelée. Voy. COHOBER.

COHOBÉ, E, part. pass. de *cohober*.

COHOBER, v. act. (*ko-obé*) (de l'arabe *coloph*, dont on a fait *cohob*, *cohobium*, *cohobatio*), t. d'hist. nat., distiller plusieurs fois une même chose, en remettant la liqueur distillée sur la matière restante, et la distillant de nouveau. — *se* COHOBER, v. pron.

COHOL, subst. mas. (*ko-ol*), synonyme d'*alcohol*. Barbarisme de *Raymond*.

COHORTE, subst. fém. (*ko-orte*) (en lat. *cohors*, gén. *cohortis*), corps d'infanterie chez les Romains: il était de cinq cents hommes. — En poésie, il se dit des gens de guerre en général: *les vaillantes cohortes*. — Par extension, troupe de gens, quels qu'ils soient: *il est venu avec toute sa cohorte*. — Il se dit par extension de toute réunion, le plus souvent malveillante.

COHUE, subst. fém. (*ko-u*), assemblée tumultueuse où tout le monde parle confusément. — On appelait ainsi dans quelques provinces, et surtout en Normandie, l'auditoire des juges de seigneurs: c'était l'auditoire des petites justices; et c'est de là que *Coppin*, dans son ouvrage *sur la coutume d'Anjou*, dérive le mot de *cohue*: *à coeunte illic*, dit-il, *litigatorum multitudine*.

COI, COITE, adj. (*koé, koéte*) (par corruption du lat. *quietus*, calme, paisible). Il n'a d'usage qu'en ces phrases familières: *se tenir coi, demeurer coi*, tranquille, paisible. — *Chambre coite*, chambre fermée et chaude. — En t. de halage, on dit que *les chevaux font coi*, pour dire qu'ils s'arrêtent un moment pour reprendre haleine dans des passages difficiles. — Il n'est guère usité qu'au mas.

COÏ, subst. mas. (*ko-i*), instrument pour vider et nettoyer les marais salants.

COIANG, subst. mas. (*ko-ian*), sorte de poids et mesure. Inus.

COIAUX, subst. mas. plur. (*koiô*), t. de charpentiers, pièces de bois qui se placent aux pieds des chevrons d'un comble.

COÏER, subst. mas. (*ko-ié*), t. de charpentier, pièce de bois qui va du poinçon à l'arbalétier.

COIFFE, subst. fém. (*koéfe*) (du latin barbare *cufa* ou *cuphia*, mot employé à peu près dans le même sens par divers auteurs de la basse latinité), couverture de tête à l'usage des femmes. — *Coiffe de nuit*, *coiffe* de toile que les hommes mettent aussi dans le bonnet de nuit. — *Coiffe de chapeau*, toile en forme de *coiffe* dont on garnit le chapeau en dedans. — *Coiffe de perruque*, léger réseau de soie qui sert pour attacher et étager les tresses des cheveux dont la perruque est composée. — Fig.: *il est triste comme un bonnet de nuit sans coiffe*, il est triste et mélancolique. Vieux proverbe qui se réduit aujourd'hui à celui-ci: *être triste comme un bonnet de nuit*. — Certaine membrane que quelques enfants apportent sur la tête en venant au monde. — *Coiffe de ventre*, ce qui couvre les boyaux. — En t. de bot., espèce de membrane qui recouvre l'urne des mousses, et qui a la forme d'un éteignoir. — En t. de pêche, filet à grandes mailles et évasé qu'on met à l'embouchure d'un filet en manche pour déterminer le poisson à y entrer. — T. de mar., petit morceau de toile goudronnée qu'on fait tenir au bout des haubans ou autres gros dormants, pour les garantir des eaux. — *Coiffe de sûreté*, sorte de *coiffe* au moyen de laquelle on peut rester, sans être incommodé, dans un lieu dont l'air est vicié.

COIFFÉ, E, part. pass. de *coiffer*, et adj.: *coiffé en demoiselle, en paysanne, en cheveux*, etc. — *Cet homme est bien coiffé*, a une belle tête, a une perruque qui lui sied bien: dans le sens figuré, cette phrase ne serait plus admise. — *Du vin coiffé, de la bière coiffée*, du vin, de la bière où l'on a mêlé quelque autre liqueur. — *Une bouteille coiffée*, une bouteille bien bouchée avec quelque chose par dessus. — *Un chien est bien coiffé*, quand il a les oreilles longues et pendantes. — *Un cheval est bien coiffé*, quand il a les oreilles petites et bien placées au haut de la tête; et *il est mal coiffé*, quand il a les oreilles longues, pendantes et placées trop à côté de la tête. — On dit, en t. de manuf., qu'une pièce de drap est bien ou mal *coiffée*, selon que la lisière est bien ou mal faite. — Aux échecs: *un pion coiffé* est celui auquel on attache un signe, lequel, d'après les règles du jeu, a un but particulier. — Prov.: *être né coiffé*, être fort heureux, par allusion aux enfants qui naissent avec la membrane appelée *coiffe*, et que le peuple regarde comme un présage de bonheur. — *Il aimerait une chèvre coiffée*, c'est un homme qui se rend amoureux de toute espèce de femme, belle ou laide.

COIFFE-JAUNE, subst. mas. (*koéfe-jône*), t. d'hist. nat., oiseau qui porte sur la tête une sorte de *coiffe jaune*. — Au plur., des *coiffe-jaune*, sans *s*; c'est-à-dire des oiseaux qui ont la *coiffe jaune*.

COIFFER, v. act. (*koéfé*), couvrir la tête; orner, parer la tête, en peignant et accommodant les cheveux. — Arranger bien ou mal la *coiffure*, etc. — *Coiffer quelqu'un*, le faire cocu. Pop. — *Coiffer quelqu'un de quelque chose*, l'en couvrir en le lui jetant, en le lui répandant sur la tête: *on l'a coiffé d'un seau d'eau au sortir de chez lui*. — *Coiffer une bouteille*, mettre une enveloppe par dessus le bouchon pour empêcher que le vin ne s'évente. — *Coiffer une liqueur*, la mêler avec une autre. — *Coiffer un livre*, en arranger la tranche-file. — En t. de mar.: *coiffer un hunier*, etc., mettre le vent sur les voiles. Dans cette acception, on dit aussi neutralement: *mettre tout à coiffer, à culer*. — En t. de chasse, *coiffer un lièvre*, le prendre aux oreilles. — V. neut., aller bien ou mal à l'air du visage, en parlant d'une perruque, d'un chapeau, etc. — *Coiffer bien*, arranger bien les cheveux. — *Une perruque, un chapeau coiffent bien*, quand ils vont bien à l'air du visage. — SE COIFFER, v. pron., se couvrir la tête: *les Turcs se coiffent d'un turban, les Français d'un chapeau, les moines d'un froc*, etc. — Orner, parer sa tête de ce qui sert à la couvrir, ou de ses propres cheveux: *se coiffer avec un bonnet, se coiffer avec ses cheveux* ou *en cheveux*. — Fig. et fam.: *se coiffer* ou *être coiffé d'une personne, d'une opinion*, en être entêté, s'en préoccuper, s'en engouer. En ce sens, on dit aussi act.: *je ne sais qui l'a coiffé d'une opinion si extravagante*. — On dit encore fig. et fam. qu'*un homme se coiffe*, qu'*il est aisé à coiffer*, qu'*on l'a coiffé*, pour dire qu'il boit trop ou qu'on l'a trop fait boire.

COIFFEUR, subst. mas., au fém. COIFFEUSE (*koéfeur, feuze*), celui, celle qui fait métier de *coiffer* les femmes, les hommes; qui coupe, arrange ou frise les cheveux. — Adj.: *perruquier-coiffeur*.

COIFFEUSE, subst. fém. Voy. COIFFEUR.

COIFFURE, subst. fém. (*koéfure*), couverture et ornement de tête. — Manière dont une femme est *coiffée*. — L'assortiment de ce qui sert à *coiffer* une femme.

COIGNAGE, subst. mas. (*koègnïaje*), portion de la maçonnerie d'un fourneau de grosses forges.

COIGNASSIER, subst. mas. Voy. COGNASSIER.

COILLE, subst. mas. (*koéle*), tabac en poudre tamisé. Ce mot n'est point usité.

COÏMBRE, subst. propre fém. (*ko-inbre*), ville de Portugal, capit. de la prov. de Beira.

COIMENT, adv. (*koéman*), tranquillement. (*Montaigne*.) (*Dict. de Trévoux*.) Inusité.

COIN, subst. mas. (*koein*) (du grec γωνια, angle), angle, endroit où se fait la rencontre des deux côtés de quelque chose: *le coin d'une rue, d'une maison, d'une cheminée*, etc. — *Le coin du feu*, l'un des deux côtés de la cheminée où l'on s'assied pour se chauffer. — Il se dit fam. et absol. pour le *coin* de la rue: *le marchand du coin*. — *Les coins de la bouche, de l'œil*, les extrémités de la bouche, de l'œil. — *Regarder du coin de l'œil*, regarder à la dérobée et sans faire semblant de rien. — *Mourir au coin d'un bois, d'une haie*, mourir sans assistance. — On dit: d'un mendiant d'une physionomie sinistre, qu'*il a la mine de demander l'aumône au coin d'un bois*. — On dit d'un homme qui n'a pas vu le monde, qu'*il n'a pas bougé du coin de son feu*; et de celui qui aime la vie retirée, qu'*il n'aime que le coin de son feu*. — *Cela ne se fait, ne se dit qu'au coin du feu*, c'est-à-dire qu'en famille, qu'entre amis. — On dit: *les quatre coins de la terre, du monde, d'une ville*, les extrémités de ... — Petite portion d'un logis: *il est logé dans un coin*. — Endroit qui n'est pas exposé à la vue: *jetez cela dans un coin*. — *Jeu des quatre coins*, jeu dans lequel quatre personnes vont d'un *coin* à un autre d'un espace carré, pendant qu'un cinquième, qui occupe le milieu, et qu'on appelle communément pot *de chambre*, tâche de prendre la place de l'une des quatre personnes, qui à son tour remplace la cinquième. — *Tenir son coin*, se dit, au jeu de paume, d'un joueur qui, dans une partie de deux contre deux, défend son côté, sans aider son compagnon ni sans s'en faire aider. — Fig. et fam.: *tenir bien son coin dans une compagnie*, s'y faire estimer, s'y faire remarquer. — Au jeu de trictrac, la onzième case: *coin bourgeois*, la cinquième flèche, en ne comptant pas celle où est la pile des dames. — En t. de menuisiers, certains meubles en forme de petites armoires, qui se placent dans les angles des appartements. — *Coin* (du lat. *cuneus* qui a la même signification), pièce de fer ou de bois qui se termine en angle aigu, et qui est propre à fendre du bois et des pierres. — *Faire coin du même bois*, se servir pour une chose d'une partie de cette chose. — Le *coin* en mécanique est la dernière des cinq puissances ou machines simples. — Chez les anciens, *coin* se disait de fantassins formant un bataillon triangulaire, dont une pointe était tournée vers l'ennemi. — *Coin* se dit aussi de la partie d'un bas de fil, de coton, etc., qui est dessinée en pointe et qui correspond à la cheville du pied; c'est l'endroit où le tissu se divise. — En t. de monnaie, morceau de fer trempé et gravé en creux dont on se sert pour marquer la monnaie et les médailles: *médaille à fleur de coin*, bien conservée. — Il se dit aussi du poinçon qui sert à marquer de la vaisselle: *de la vaisselle marquée au coin de Paris*. — En ce sens, on dit fig.: *marqué au coin de ...*, qui porte l'empreinte, qui a le caractère de ...: *cette chose est marquée au bon coin*, elle est des meilleures de son espèce. — *Il est frappé à ce coin-là*, il est entêté de cette opinion. — En t. d'imprim., petit morceau de bois de forme angulaire dont on fait usage pour serrer les caractères dans le châssis: *ce coin est trop faible; voilà un coin bien mal fait*. — En t. de relieur, petit ornement autour des bouquets qui sont sur le dos des livres reliés en peau. — En t. de doreur de livres, petit fer figuré avec un manche de bois, qui sert à pousser les *coins* sur le dos des livres. — En t. de lapidaire, on donne le nom de *coins* à des faces angulaires qui séparent les biseaux, et font du brillant, carré par ses quatre biseaux, un carré arrondi. — On appelle, en artill., *coin de mire*, un coin de bois qu'on met sous la culasse d'un canon pour le pointer. — En t. de coiffeur d'autrefois: 1° cheveux attachés avec un ruban autour de la tête; 2° cheveux que les dames mettaient au-dessus des oreilles. — On nomme *coins* ou *crochets* les dents canines des quadrupèdes. — En t. de maréchal, on appelle *coins* les quatre dents du cheval situées entre les moyennes et les crocs, et qui lui poussent à l'âge de quatre ans et demi. — En t. de manège, angles, extrémités ou lignes de la volte, lorsque le cheval travaille en carré. — En t. de cordonniers, petit morceau de bois qui sert à hausser le coude-pied d'un soulier qui est sur la forme. — Les jardiniers appellent *coin*, un instrument qui sert à ouvrir la fente de la greffe que le couteau n'a fait que commencer. — En t. de fauconnerie, on donnait ce nom aux plumes latérales de la queue des oiseaux de proie. On disait: *les deux premières, les deux secondes* de chaque *coin*. Les deux plumes intermédiaires s'appelaient *couvertes*. — En t. de mar., on appelle *coin* un morceau de bois en forme de prisme, qu'on place autour des mâts et des pompes. — *Coin de beurre*, pièce de beurre. — Myth. Voy. NÉCESSITÉ. — *Coin* pour fruit du *cognassier* est un barbarisme endossé par *Raymond*. Voy. COING.

COINCÉ, E, part. pass. de *coincer*.

COINCER, mieux COINSER, mot qui se trouve forgé tout naturellement du plur. *coins*. Voy. COINSER.

COÏNCIDÉ, E, part. pass. de *coïncider*.

COÏNCIDENCE, subst. fém. (*ko-eincidance*), état de deux choses qui *coïncident*, qui se font ou qui arrivent en même temps: *la coïncidence de deux lignes, de deux surfaces*.

COÏNCIDENT, E, adj. (*ko-eincidan, dante*), t. d'optique, qui tombe en un même point, ou tout à la fois et en même temps, sur une même surface: *rayons de lumière coïncidents*. — On appelle en médec.: *symptômes coïncidents*, ceux qui se montrent simultanément.

COÏNCIDER, v. neut. (*ko-eincidé*) (du latin *coincidere*, formé de *cum*, avec, et *incidere*, tomber), t. de géom. s'ajuster parfaitement l'un sur l'autre, et se confondre: *ces deux lignes, ces deux faces coïncident*. — Arriver en même temps, se rapporter: *ces événements coïncident*.

COÏNDICANT, E, adj. (*ko-eindikan, kante*) (en lat. *coindicans*, formé de *cum*, avec, et *indicans*, part. d'*indicare*, indiquer, désigner, faire connaître), t. de médec.: *signes coïndicants*, qui concourent avec les signes particuliers à la maladie.

COÏNDICATION, subst. fém. (*ko-eindikâcion*) (en lat. *coindicatio*. Voy. COINDICANT), t. de médec., connaissance de certains signes qui autorise l'indication qu'on a prise; concurrence des signes *coindicants*.

COING, et non pas COIN, subst. mas. (*koein*, sans jamais faire sentir le *g* final, même devant une voyelle), fruit du *cognassier*. — On en fait le *cotignac*, des liqueurs, un sirop acide. — Fam.: *être jaune comme un coing*, avoir le teint très-jaune. — On doit écrire *coing* préférablement à *coin*, parce que c'est le seul moyen de distinguer ce fruit du mot *coin* signifiant *angle*. D'ailleurs le mot *cognassier*, nom de l'arbre qui le produit, indique assez qu'il doit s'écrire avec un *g* final.

COÏNQUINATION, subst. fém. (*ko-einku-inâcion*), (du latin *coinquinatio* qui a la même signification), action de polluer, de souiller. — Au fig., action de diffamer. Presque hors d'usage.

COÏNQUINÉ, E, adj. (*koeinkuiné*), pollué, souillé. — Diffamé. Mot tout latin.

COINSÉ, E, part. pass. de *coinser*.

COINSER, v. act. (*koeincé*), t. de mar., mettre des *coins* quelque part que ce soit: *coinser les mâts*. — SE COINSER, v. pron.

COINT, E, adj. (*koein, koeinte*), prévenant, agréable, affable. Vieux mot tout-à-fait hors d'usage.

COÏNTÉRESSÉ, E, subst. (*ko-eintérécé*), celui, celle qui a avec un autre quelque intérêt commun dans quelque affaire ou quelque entreprise.

COINTERIE, subst. fém. (*koeinteri*), vieux mot inusité, qui signifiait gentillesse, manières élégantes et polies. — On a dit aussi *cointise*.

COINTIE, subst. fém. (*koeinti*), agrément, élégance, goût. Vieux mot hors d'usage.

COINTISE, subst. fém. (*koeintize*), gentillesse, mignardise, parure, afféterie. Vieux. — On a dit aussi *cointerie*.

COINTISÉ, E, part. pass. de *se cointiser*.

SE COINTISER, v. pron. (*cekoeintizé*), vieux mot employé pour: s'ajuster, se parer comme une coquette. Inusité.

COÏON, subst. mas., au fém. COÏONNE (*ko-ion, ione*) (de l'italien *coglione* qui a le même sens), poltron, lâche, qui a le cœur bas, l'âme servile, et capable de souffrir lâchement des indignités. Style libre et même indécent.

COÏONNADE, subst. fém. (*ko-ionade*), le même que *coïonnerie*.

COÏONNÉ, E, part. pass. de *coïonner*.

COÏONNER, v. act. (*ko-ioné*), traiter quelqu'un en *coïon*, lui faire quelque indignité. — On dit aussi neutralement: *il ne fait que coïonner*. — SE COÏONNER, v. pron. Style libre et plus que familier.

COÏONNERIE, subst. fém. (*ko-ioneri*), bassesse de cœur; lâcheté, indignité. — Sottises, pauvretés qu'on dit aux gens. Style libre et du dernier familier.

COÏRE, subst. propre fém. (*ko-ire*), ville capitale des Grisons.

COÏT, subst. mas. (*ko-ite*) (en lat. *coitus*, fait, dans la même signification, de *coire*, aller ensemble, formé de *cum*, avec, et *ire*, aller), l'accouplement du mâle et de la femelle pour la génération; de l'homme et de la femme.

COITE, adj. fém. Voy. COI.

COITE et non pas COUETTE, subst. fém. (*koéte, kouète*) (du grec κοιτος, lit), lit de plume.

COITEMENT, adv. (*koéteman*). Voy. COIMENT.

COÏTION, subst. fém. (*ko-icion*) (du latin *cum*, avec, et *ire*, aller), jonction de plusieurs personnes pour une même action. Inusité.

COIX, subst. mas. (*koikece*), t. de bot., plante graminée; on l'appelle aussi *larme de Job*.

COJOUISSANCE, subst. fém. (*kojouïçance*), t. de jurispr.: se dit d'une chose dont la jouissance est commune à plusieurs personnes.

COKE, subst. mas. (*koke*) (mot anglais dérivé du lat. *cœtus*, cuit), charbon de terre, dégagé de son gaz par une première combustion.

COL, subst. mas. (*kole*), partie du corps qui joint la tête aux épaules. Il est vieux en ce sens. On écrit aujourd'hui *cou*. Voy. ce mot. — *Col de chemise, de rabat*, partie supérieure d'une chemise, d'un rabat qui entoure le *cou*. — *Faux-col*, *col* que l'on rapporte à la chemise et à laquelle il se trouve fixé sur le devant par un bouton ou maintenu par des cordons. — *Col*, espèce de cravate en soie, en velours, en crinoline, etc., qui s'attache derrière le *cou* avec une boucle. — *Col de cravate*, ce que l'on met dans l'intérieur d'une cravate pour la rendre ferme. — Goulot: *le col d'une bouteille*. — Passage étroit entre deux montagnes: *le col de Pertus; le col de Tende; le col d'Argentière*. — T. d'anat., *le col de la vessie, de la matrice*, ce qui est comme l'embouchure de ces parties. — *Le col d'un os*, le rétrécissement qui se remarque au-dessous de la tête ou de quelque autre partie de certains os: *le col du radius, du péroné, de l'omoplate, de la mâchoire inférieure, de l'humérus, du grand os, du fémur, des côtes, des dents*, etc. — *Col de cygne*, parties courbes en fer de la flèche d'un carrosse; le dessus et la forme de la clef d'un robinet.

COLA, subst. mas. (*kola*), t. d'hist. nat., nom donné à l'alose.

COLABRISME, subst. mas. (*kolabriceme*), t. d'hist. anc., danse que les Grecs avaient apprise des Thraces.

COLACHON, subst. mas. (*kolachon*), t. de musique, sorte de luth à long manche, fort commun en Italie.

COLAO, subst. mas. (*kola-o*), t. de relation, ministre d'état à la Chine.

COLAPHISÉ, **E**, part. pass. de *colaphiser*.

COLAPHISER, v. act. (*kolafizé*) (du grec κολαφιζειν, dérivé de κολαφος, en lat. *colaphus*, soufflet), souffleter, donner des soufflets. Mot plus grec que français, et qui n'a été employé que dans le style burlesque. — *se* **COLAPHISER**, v. pron. Presque inusité.

COLARIN, subst. mas. (*kolarein*), t. d'archit., frise du chapiteau de la colonne toscane et dorique.

COLARIS, subst. mas. (*kolarice*), t. d'hist. nat., nom donné à la division des oiseaux silvains.

COLAS, subst. propre mas. (*kolâ*), nom vulgaire du corbeau, parce qu'il apprend facilement à prononcer ce mot. — On dit vulgairement d'un homme simple qu'*il a l'air d'un Colas*.

COLASPE, subst. mas. (*kolacepe*), t. d'hist. nat., insecte de l'ordre des coléoptères.

COLASTRE. Vicieux. Voy. **COLOSTRE**.

COLASTRATION. Vicieux. Voy. **COLOSTRATION**.

COLATURE, subst. fém. (*kolature*), t. de pharm., séparation d'une liqueur d'avec quelque impureté ou matière grossière; filtration qui se fait avec une *couloire*. — Nom de la liqueur ainsi filtrée : *colature de sirop de chicorée*.

COLAXÈS, subst. propre mas. (*kolakcèce*) (du grec κολαξ, flatteur), myth., fils de Jupiter et de la nymphe Ora.

COLBACK, subst. mas. (*kolebake*), bonnet à poil, dont la partie supérieure est plate : *les hussards portent des colbacks*.

COLBERTIE, subst. fém. (*kolebèreti*), t. de bot., arbre qui croît sur la côte de Coromandel.

COLCAQUAHUITL, subst. mas. (*kolckakoua-uitle*), t. de bot., plante d'Amérique.

COLCAS, subst. mas. (*kolkâce*). Voy. **COLOCASIE**.

COLCHICACÉES, subst. et adj. fém. plur. (*kolechikacé*), t. de bot., famille de plantes voisine de celle des mélanthacées.

COLCHICINE, subst. fém. (*kolchicine*), t. de chim., principe actif qui se trouve dans les plantes *colchicacées*.

COLCHICON, subst. mas. (*kolechikon*) (du grec Κολχις, la Colchide), t. de bot., bulbe sauvage. — Plante ainsi appelée par les anciens parce qu'elle croissait abondamment en Colchide.

COLCHIDE, subst. propre fém. (*kolechide*) (en grec Κολχις), myth., royaume d'Asie, renommé par la Toison d'or ; Cyta en était la capitale. Quelques-uns croient que c'était la ville d'Æa. Les habitants de cette contrée, qu'on appelait en latin *Colchi*, ont donné lieu à la fausse supposition d'une prétendue ville de Colchos, qui n'a jamais existé.

COLCHIQUE, subst. mas. (*kolechike*) (en grec κολχικον, fait de Κολχις, la Colchide, d'où cette plante est originaire), t. de bot., plante de la famille des *colchicacées*. Sa racine, prise intérieurement, est un poison très-actif, surtout pour les chiens. On l'appelle aussi *tue-chien*, *mort aux chiens*.

COLCHIS, subst. propre fém. (*kolekice*), myth., Médée, qui était de la *Colchide*.

COLCHOS, subst. propre fém. (*kolekoce*), myth. Voy. **COLCHIDE**.

COLCOTAR, subst. mas. (*kolekotar*), t. de chim., substance terreuse, rouge, qui reste au fond de la cornue qui a servi à distiller l'huile de vitriol; c'est un oxyde de fer.

COLDÈNE, subst. fém. (*koledène*), t. de bot., plante des Indes, de la famille des borraginées.

COLDOR, subst. mas. (*koledor*), t. d'hist. nat., fauvette d'Afrique.

COLÉ, subst. mas. (*kolé*), t. de bot., plante herbacée de la famille des labiées.

COLEBROOKIE, subst. fém. (*kolebro-oki*), t. de bot., genre établi pour placer deux globées.

COLÉGATAIRE, subst. des deux genres (*ko-léguatère*), celui, celle qui a part, avec un ou plusieurs autres, aux *legs* d'un testament.

COLENICUI, subst. mas. (*kolenikui*), t. d'hist. nat., gallinacée du Mexique.

COLÉOPTÈRE, subst. mas. et adj. des deux genres (*kolé-opetère*) (du grec κολεος, étui, et πτερον, aile), t. d'hist. nat., nom générique des insectes dont les ailes sont renfermées sous des étuis solides et écailleux.

COLÉOPTILE, subst. fém. (*kolé-opetile*), t. de bot., cavité dans laquelle est logée la plumule.

COLÉOPTILÉ, **E**, adj. (*kolé-opetilé*), t. de bot., qui est muni d'une *coléoptile*.

COLÉORAMPHES, subst. mas. plur. (*kolé-oranfe*), t. d'hist. nat., famille d'oiseaux de l'ordre des échassiers.

COLÉORRHIZE, subst. fém. (*ko-léorerize*) (du grec κολεος, étui, et ριζω, je prends racine), t. de bot., cavité dans laquelle se loge quelquefois la radicule.

COLÉORRHIZÉ, **E**, adj. (*kolé-orerizé*), t. de bot., pourvu d'une *coléorrhize*.

COLÉRA-MORBUS, subst. mas. (*koléramorbuce*). Voy. **CHOLÉRA-MORBUS**, orthographe bien plus conforme à la véritable étymologie.

COLÈRE, subst. fém. (*kolère*) (du grec χολη, bile, parce que les anciens attribuaient la colère à l'agitation de la bile. Les Grecs appelaient χολερα un violent débordement de bile, c'est-à-dire la maladie nommée par nous *choléra-morbus*), passion par laquelle l'âme se sent vivement émouvoir contre ce qui la blesse. Ce mot diffère de *courroux* et d'*emportement* en ce que la *colère* dit une passion plus intérieure et de plus de durée ; le *courroux* enferme dans son idée quelque chose qui tient de la supériorité ; l'*emportement* n'exprime proprement qu'un mouvement extérieur, aussi passager que violent. — On dit fig., *la colère de Dieu*, *la colère du ciel*. — Il se dit quelquefois, 1° des animaux : *chien en colère ; la colère du lion*; 2° de la mer : *la mer est en colère*, elle est fort agitée. — On a dit au plur. :

> Pressé de toutes parts des *colères* célestes.
>
> CORNEILLE, *Pompée*, acte I, scène I.

Cependant on ne dirait pas bien avec *Molière* :

> . . . . On m'accable; et les astres sévères
> Ont contre mon amour redoublé leurs *colères*.
>
> *Les Fâcheux*, acte III, scène I.

On l'emploie quelquefois cependant dans le langage familier : *je l'ai vu dans ses colères ; il a d'affreuses colères*. *Colères* est ici employé pour *accès de colère*. — Adj. des deux genres, qui est sujet à se mettre en *colère* : *il* ou *elle est colère*. Ce subst. ne devrait peut-être pas être employé adj., puisque l'on dit *colérique* ; mais l'*Académie* donne les deux. L'étymologie exigerait aussi qu'on écrivît *cholère*.

COLÉRÉ, **E**, part. pass. de *se colérer*.

se **COLÉRER**, v. pron. (*cekoléré*), s'emporter contre quelqu'un. Vieux.

COLERET, subst. mas. (*koleré*), t. de pêche, filet étroit par les bouts et traîné par deux pêcheurs.

COLERETTES, subst. fém. plur. (*kolerète*), t. de bot., folioles qui accompagnent souvent les ombelles et les ombellules. — T. de pêche, courtines volantes.

COLÉREUSE, subst. et adj. fém. Voy. **COLÉREUX**.

COLÉREUX, subst. et adj. mas. ; au fém. **COLÉREUSE** (*koléreu, reuze*). Ce mot a le même sens que *colérique*, et paraît moins usité.

COLÉRINE, ou mieux **CHOLÉRINE**, subst. fém. (*kolérine*) (rac. *choléra*), maladie qui présente quelques faibles symptômes du *choléra-morbus* ; elle est peu dangereuse.

COLÉRIQUE, adj. des deux genres (*kolérike*), enclin à la *colère* : *être d'humeur colérique*. — *Colère*, adj., se dit plus proprement des personnes, et *colérique* de ce qui a rapport aux choses. — Subst. des deux genres : celui ou celle qui est atteint du *choléra-morbus* ; c'est par abus ; dans ce cas on écrit mieux *cholérique*. Voy. ce dernier mot.

COLÉRITE ou **COLÉTITE**, subst. mas. (*kolérite, tite*), liqueur préparée de la partie corrosive des métaux, qui sert à éprouver l'or. S'il est allié, cette épreuve le fait changer de couleur.

COLÉTANT, subst. mas. (*kolétan*), t. d'hist. eccl., on a donné ce nom aux moines franciscains réformés, ainsi nommés de la bienheureuse *Colette*, dont ils embrassèrent la réforme.

COLÈTES, subst. fém. plur. (*kolète*), t. de comm., toile de Hollande et de Hambourg.

COLÉTITE, subst. mas. (*kolétite*). Voy. **COLÉRITE**.

COLI ou **COLIR**, subst. mas. (*koli*, *kolir*), t. de relation, inspecteur à la Chine chargé de voir ce qui se passe dans chaque tribunal, et même dans les maisons des particuliers.

COLIA, subst. mas. (*kolia*), t. d'hist. nat., poisson qui ressemble beaucoup au maquereau.

COLIADE, subst. mas. (*koliade*), t. d'hist. nat., insecte de l'ordre des lépidoptères.

COLIART, subst. mas. (*koliar*), t. d'hist. nat., nom vulgaire de la raie ondée.

COLIAS, subst. mas. (*kolidce*), t. d'hist. nat., nom d'un genre de scombre. — Myth., subst. propre fém., surnom de Vénus.

COLIBRI, subst. mas. (*kolibri*), t. d'hist. nat., petit oiseau de l'Amérique, remarquable par la beauté de son plumage, et dont l'éclat métallique changeant ne peut être comparé qu'à celui des pierres précieuses. C'est un passereau de la famille des ténuirostres. — On dit fig. et fam. d'un petit homme frivole : *c'est un colibri*.

COLICITANT, **E**, subst. (*kolicitan, tante*), t. de prat. Il s'emploie surtout au plur. en parlant de deux ou de plusieurs copropriétaires au nom de qui se fait une vente par licitation. — L'*Académie* ne donne pas le fém. de ce mot. — On dit encore adj. : *avoué colicitant*.

COLIFICHET, subst. mas. (*kolifichè*) (suivant *La Piquetière*, des deux mots *coller* et *ficher* ; sans doute à cause des pièces *fichées*, mises, ajustées ensemble et *collées* les unes contre les autres), babiole, bagatelle, comme des marmousets, des petits vases de crystal, etc.; petits meubles : *il n'a dans son cabinet que des colifichets*. — Menus ajustements de femme. — T. d'arts, ornements mesquins, déplacés, futiles. — On dit au figuré : *ces traits d'esprit*, etc., *ne sont que des colifichets*. On voit par ces exemples que ce mot s'emploie le plus souvent au plur. — En t. de monnaies, machine servant à réduire les espèces au poids légal. — Pâtisserie pour les oiseaux.

COLIGNY, subst. propre mas. (*koligni*), bourg de France, chef-lieu de canton, arrond. de Bourg, dép. de l'Ain.

COLIMAÇON, subst. mas. (*kolimaçon*), en lat., *cochlo-limax*, formé du grec κοχλος, coquille, et du lat. *limax*, limaçon), t. d'hist. nat., *limaçon* à coquille.

COLIMB, **COLIMBE** ou **COLIN**, subst. mas. (*koleinbe, kolein*), t. d'hist. nat., gallinacé d'Amérique qui ressemble à la perdrix et à la caille. — Morue noire. — Poule d'eau appelée vulgairement *colin-noire*.

COLIN, subst. propre mas. (*kolein*), nom qu'on a donné anciennement parmi les paysans, et qui est une abréviation de celui de *Nicolas*. On appelle *rôles des Colins*, au théâtre, ceux de jardiniers jeunes et amoureux. — Voy. **COLIMB**.

COLINÉE, subst. propre fém. (*koliné*), village de France, chef-lieu de canton, arrond. de Loudéac, dép. des Côtes-du-Nord.

COLINIL, subst. mas. (*kolinile*), t. de bot., plante d'Amérique.

COLIN-MAILLARD, subst. propre mas. (*kolein-ma-iar*), sorte de jeu où l'un des joueurs, qui s'appelle lui-même *colin-maillard*, et qui a un bandeau sur les yeux, poursuit les autres jusqu'à ce qu'il en ait saisi un qu'il est obligé de nommer : *jouer à colin-maillard*. — Ce mot ne nous semble pas avoir de plur. ; *Girault-Duvivier* dit qu'on doit écrire au plur. des *colin-maillard*, parce que, ajoute-t-il, dans ce jeu, *Colin cherche, poursuit Maillard*. Voilà une étymologie fort raisonnable : mais nous ne l'avons trouvée nulle part. L'*Académie*, il est vrai, écrit dans son ancien *Dictionnaire Colin-Maillard* par deux majuscules ; cela donnerait quelque fondement à l'explication de la *Grammaire des Grammaires* ; cependant nous ne conseillons pas d'employer au plur. ce subst. composé, d'autant plus que l'*Académie* l'écrit aujourd'hui sans lettres majuscules.

COLIN-TAMPON, subst. mas. (*koleintampon*) (ce mot est, suivant *Le Duchat*, un surnom injurieux donné aux Suisses, sans doute après la bataille de Marignan. Il représente le son d'un tambour battant la marche des Suisses), son de tambour des Suisses. — On dit prov., d'une chose qu'on méprise, qu'*on s'en soucie comme de colin-tampon*, comme de rien.

COLIOU, subst. mas. (*koliou*), t. d'hist. nat., oiseau silvain de la famille des granivores.

COLIQUE, subst. fém. (*kolike*) (du grec κωλικος, sous-entendu οδυνη, douleur, dérivé de κωλον, l'intestin appelé *colon* ; *douleur du colon* ; parce que cet intestin est le siège principal de la *colique*), t. de médec., maladie qui cause des tranchées dans le ventre. — Il se dit aussi de l'estomac : *une colique d'estomac*. — En t. d'hist. nat., sorte de petite coquille.

COLIR, subst. mas. (*kolir*). Voy. **COLI**.

COLIS, subst. mas. (*koli*), ballot, caisse, balle de marchandises. Il est surtout usité dans les manufactures de tabac.

COLISÉE, subst. mas. (*kolizé*) (par corruption de *colossée*, comme on l'appelait autrefois, à cause de la statue *colossale* de *Néron*, qui était près de cet endroit), célèbre amphithéâtre de Rome, dont il subsiste encore de beaux restes. — Spectacle qui existait autrefois à Paris.

COLISMARDE, subst. fém. (*kolicemarde*), épée longue.

COLISSE, subst. fém. (*kolice*), t. de manuf. de soie, maille entre laquelle on passe les fils de la chaîne pour les faire lever ou baisser.

COLITE, subst. fém. (*kolite*), t. de médec., inflammation de la membrane muqueuse du *colon*.

COLIXAT, subst. mas. (*kolikeça*), t. de bot., grande liane des Philippines.

COLLA, subst. fém. (*kolela*), t. de bot., gomme qu'on extrait dans le Levant de plantes de la famille des composées.

COLLABESCENCE, subst. fém. (*kolelabéceçance*), affaissement. Inus.

COLLABESCENT, E, adj. (*kolelabèceban, çante*), qui s'affaisse, tombe en défaillance.

COLLABORATEUR, subst. mas., au fém. **COLLABORATRICE**, (*kolelaborateur, trice*) (du latin *collaborare*, travailler de concert, fait de *cum*, avec, et *laborare*, travailler), auteur, etc., qui travaille conjointement avec un autre à un même ouvrage. — Celui qui travaille à quoi que ce soit avec un autre. — On devrait peut-être dire *coopérateur* pour les affaires, les fonctions, et *collaborateur* pour les ouvrages. L'*Académie* ne donne pas le fém. de ce mot.

COLLABORATION, subst. fém. (*kolelaborâcion*), aide du *collaborateur*; travail des *collaborateurs*.

COLLABORATRICE, subst. fém. Voy. **COLLABORATEUR**.

COLLADOA, subst. mas. (*kolelado-a*), t. de bot., plante graminée.

COLLAGE, subst. mas. (*kolaje*), t. de papetiers; dernière préparation donnée au papier, qui consiste à imprégner de colle le papier, et qui le met en état de recevoir l'écriture. — Action de coller du papier de tenture dans les appartements.

COLLANT, E, adj. (*kolan, lante*), qui *colle*. — *Pantalon collant*, pantalon juste, qui dessine les formes.

COLLAPSUS, subst. mas. (*kolelapeçuce*), mot latin dont on se sert pour signifier *chute*. — En t. de médec., diminution subite de l'énergie du cerveau et des forces nerveuses.

COLLATAIRE, subst. des deux genres (*kolelatère*). On donnait autrefois ce nom à ceux à qui on avait conféré un bénéfice.

COLLATÉRAL, E, subst. et adj., au plur. mas. **COLLATÉRAUX**, (*kolelatérale, rô*) (en latin *collateralis*, formé de *cum*, avec, et *latus*, côté), t. de jurispr.; qui concerne la parenté ou la succession hors de la ligne directe, soit descendante, soit ascendante; qui n'est pas héritier en droite ligne. Dans ce dernier sens, on dit : *c'est un collatéral, une collatérale; les oncles, frères, sœurs, cousins germains sont des collatéraux.* — On entend par *ligne collatérale*, celle des parents *collatéraux*. — On est *héritier collatéral d'une succession collatérale*, quand on vient en ligne *collatérale* à la succession. — En géogr., on appelle *points collatéraux* ceux qui se trouvent au milieu des points cardinaux, comme le nord-est, le sud-ouest, le nord-ouest, le sud-est. — En archit., on appelle *nef collatérale d'une église*, les bas-côtés ou les ailes de cette église.

COLLATÉRAUX, subst. mas. plur. (*kolelatéro*). On nomme, en droit, *collatéraux*, ceux qui, sans descendre les uns des autres, descendent d'un auteur commun. — Il est aussi adj. Voy **COLLATÉRAL**.

COLLATEUR, subst. mas. (*kolelateur*) (en latin *collator*), anciennement, celui qui avait le droit de conférer un bénéfice vacant. — L'*Académie* cite encore le terme de *collateur ordinaire*, en ajoutant qu'on dit simplement encore *ordinaire* dans le sens de : *celui qui de droit commun conférait un bénéfice*; ces deux expressions nous paraissent plus que surannées.

COLLATIE, subst. propre fém. (*kolelacie*), ancienne ville d'Italie, sur le Tévérone.

COLLATIF, adj. mas., au fém. **COLLATIVE** (en latin *collativus*), qui se confère.

COLLATIN, E, adj. (*kollelatein, tine*) (en lat. *collatinus*), de *Collatie*. *Mont Collatin*, une des sept collines de l'ancienne Rome. — Il y avait aussi *la porte Collatine*, par laquelle on sortait de Rome pour se rendre à *Collatie*. — Subst. propre fém., myth., nom d'une déesse qui présidait aux *collines*.

COLLATION, subst. fém. (*koleldcion*) (en latin *collatio*, fait de *collatus*, part. passé de *conferre*, dans le sens de conférer, donner), l'action ou le droit de conférer un bénéfice : *collation libre*, celle qui se fait du propre mouvement et par le choix du *collateur*; *collation forcée*, celle que le *collateur* ne peut pas refuser quand on lui demande le bénéfice. — T. de pratique, action de *collationner* la copie d'un écrit avec l'original, ou deux écrits ensemble, pour savoir s'ils sont conformes.

COLLATION, subst. fém. (*kôlâcion*) du latin *collatio*, fait de *collatus*, part. pass. de *conferre* dans le sens de conférer, s'entretenir, parce que ce repas se faisait autrefois dans les monastères, à l'issue des *conférences* qui avaient lieu après les vêpres), repas léger qu'on fait au lieu de souper, particulièrement les jours de jeûne : *il ne mange à sa collation qu'un morceau de pain.* — Léger repas entre le dîner et le souper. — Ample repas au milieu de l'après-dînée ou la nuit : *il y aura au palais spectacle, bal et collation.*

COLLATIONNAGE, subst. mas. (*kolelacionaje*), t. d'imprim. et de librairie, action de *collationner* un livre.

COLLATIONNÉ, E, part. pass. de *collationner*. On met au bas de certains actes : *collationné à l'original par...*, etc., expression qui a le sens de : *pour copie conforme.*

COLLATIONNER, v. act. (*kolelacioné*), t. de pratique, conférer une copie avec l'original pour voir si elle y est conforme. — En t. de relieur et de libraire, vérifier, par série des signatures ou des pages, si un ouvrage est complet, s'il n'y manque point de feuille, etc. — En t. d'imprim., conférer la première feuille qui sort de sous presse avec l'épreuve, afin de vérifier si les fautes sont bien corrigées. — *se* **COLLATIONNER**, v. pron.

COLLATIONNER (*kolacioné*), v. neut., faire le repas appelé *collation*. Voy. pour l'étymologie, **COLLATION**.

COLLATIVE, adj. Voy. **COLLATIF**.

COLLAUDÉ, E, part. pas. de *collauder*.

COLLAUDER, v. act. (*koleiôdé*) (en latin *collaudare*), vieux mot qui signifiait congratuler.

COLLE, subst. fém. (*kole*) (en grec κολλα), matière gluante et tenace dont on se sert pour joindre deux choses et faire qu'elles tiennent ensemble. — *Colle-forte*, celle qui est faite avec des pieds, des peaux, des nerfs, des cartilages de bœuf. — *Colle de poisson*, colle faite avec la vessie natatoire de l'esturgeon, qui, séchée et roulée, se vend dans le commerce sous ce nom et sous celui d'*ichthyocolle*. — *Colle pour le papier*. Dans la fabrication du papier, le chiffon battu et transformé en pâte est perméable. On le *colle* avec une *colle* de gélatine alunée, ou d'empois, ou avec une *colle* composée de cent kilogrammes de pâte sèche, de dix-huit seaux d'eau, de douze kilogrammes d'amydon, et d'un kilogramme de résine dissoute dans cinq cents grammes de carbonate de soude. — Bassement et pop., bourde, menterie : *il lui a donné une colle.* (Suivant *Le Duchat*, du latin *cavilla*, raillerie, moquerie, etc.)

COLLÉ, E, part. pass. de *coller* et adj. — *Avoir les yeux collés sur quelque chose*, le regarder attentivement. — *Avoir les lèvres collées sur quelque chose*, les y tenir attachées. — T. de chasse, *chien collé à la voie*, qui ne s'écarte pas de la piste de l'animal.

COLLECTAIRE, subst. mas. (*kolèktère*), t. d'église, livre qui renferme toutes les oraisons appelées *collectes* et *capitules*. — On le dit même, dans le cérémonial ecclésiastique, de celui qui porte ce livre.

COLLECT., abréviation des mots *collectif* ou *collective*.

COLLECTE, subst. fém. (*kolelèkte*) (du latin *collecta*, qui se trouve dans *Varron* avec la même signification, et qui est fait de *colligere*, ramasser, recueillir), levée des deniers des impositions qui se fait par assiette. — L'*Académie* veut encore qu'on dise *collecte*, du temps pendant lequel un *collecteur* a exercé. Cet emploi nous paraît hors d'usage. — Quête pour quelque œuvre de bienfaisance : *faire une collecte.* — Oraison que le prêtre dit à la messe avant l'épître (en latin *collecta*). — En général, toutes les oraisons qu'on dit à la messe ou à l'office s'appellent *collectes*, soit parce que le prêtre parle au nom de tout le peuple, dont il réunit tous les sentiments et les désirs par ce mot : *Oremus* (*prions*), comme le remarque le pape Innocent III, soit parce que ces prières se font lorsque le peuple est assemblé, comme dit Pamelius sur Tertullien. On a même appelé autrefois *collecte* le sacrifice de la messe, par la raison seule que le peuple était assemblé pour l'entendre.

COLLECTÉ, E, part. pass. de *collecter*.

COLLECTER, v. act. (*kolelèkté*), mot inusité employé par quelques auteurs pour signifier *recueillir*.

COLLECTEUR, subst. mas. (*kolelèkteur*) (en latin *collector*, fait de *colligere*, recueillir), celui qui fait la levée des impositions par assiette. — En t. de physique, on appelle *collecteur d'électricité*, un instrument qui sert à recueillir une petite partie de l'électricité et à la condenser.

COLLECTIF, adj. mas., au fém. **COLLECTIVE** (*kolelèktife, tive*) (en latin *collectivus*, fait de *colligere*, recueillir, réunir); il se dit en grammaire d'un nom substantif sing. qui présente à l'esprit l'idée d'un tout, d'un ensemble, formé par l'assemblage de plusieurs individus de même espèce : tels sont *peuple, armée, forêt*, etc. On dit substantivement au mas. : *un collectif, les collectifs.* Le *collectif* se divise en *collectif général*, et en *collectif partitif* : *le collectif général* représente une collection entière; le *collectif partitif*, une collection partielle : *une foule de soldats* est un *collectif partitif*; on ne parle ici que d'une partie, que d'un certain nombre de soldats : *la foule de soldats* est un *collectif général*, parce qu'on ne veut pas seulement parler de soldats, mais de tous les soldats. — *Collectif* signifie aussi qui renferme, qui embrasse plusieurs choses, plusieurs personnes : *un être collectif, une substance collective.* — *Sens collectif, valeur collective*, sens, valeur que prend en grammaire un mot singulier qui n'est point *collectif* de sa propre nature, mais qui sert à désigner une classe d'objets : *le chien est fidèle*, dans cette phrase, le mot *chien* a une *valeur collective*, parce qu'on comprend qu'il est question de toute espèce de chiens. — *D'une manière collective*, en considérant les objets comme ne faisant qu'un tout.

COLLECTION, subst. fém. (*kolelèkcion*) (en lat. *collectio*, fait, dans la même acception, de *colligere*, ramasser, recueillir), recueil de plusieurs choses qui ont quelque rapport ensemble : *collection des conciles, des canons; collection d'antiques, de médailles, de plantes, de coquilles*, etc. — Recueil de plusieurs passages sur une ou plusieurs matières, tirés d'un ou de plusieurs auteurs. En ce sens, il s'emploie fréquemment au pluriel : *faire des collections.*

COLLECTIVE, adj. fém. Voy. **COLLECTIF**.

COLLECTIVEMENT, adv. (*kolelèktiveman*), dans un sens *collectif* : *l'homme* pour : *les hommes.*

COLLÉGATAIRE, subst. des deux genres (*koléguataire*), Voy. **COLEGATAIRE**.

COLLÈGE, et non pas **COLLÉGE**, comme l'écrit l'*Académie*; le génie de la langue française exigeant généralement qu'une syllabe muette soit précédée d'une syllabe retentissante; subst. mas. (*kolèje*) (en latin *collegium*, fait dans le même sens que *colligere*, assembler, réunir, qui a pour racines *cum*, avec, et *legere*, choisir : *choisir ensemble.* Ce verbe latin dérive du grec συλλεγω, qui a la même signification et les mêmes racines.), compagnie de personnes notables qui ont la même dignité : *le collège des cardinaux, des électeurs, des princes et des villes de l'Empire*, etc. — Les Romains appelaient *collège* tout assemblage de plusieurs personnes occupées aux mêmes fonctions, et comme liées, c'est-à-dire, unies ensemble pour y travailler de concert : et ils disaient ce mot non-seulement des personnes qui travaillaient aux fonctions de la religion, du gouvernement, ou des arts libéraux; mais encore de celles qui s'occupaient aux arts mécaniques. Ainsi ce nom signifiait ce que nous nommons un corps, une compagnie, un corps de métier, un métier. Il y avait dans l'empire romain non-seulement le *collège* des augures, le *collège* des capitolins, c'est-à-dire, ceux qui avaient l'intendance des jeux capitolins; mais aussi le *collège* des artisans, le *collège* des charpentiers, le *collège* des potiers, le *collège* des fondeurs, le *collège* des serruriers, le *collège* des ingénieurs, ou des gens qui travaillaient aux machines de guerre, c'est-à-dire des charpentiers de l'armée; des dendrophores, des centonaires, des faiseurs de casaques militaires, des faiseurs de tentes, des entrepreneurs des fourrages; le *collège* des boulangers, des joueurs d'instruments, etc. *Plutarque* dit que ce fut *Numa* qui divisa le peuple romain en différents corps, qu'il appela *colléges*; il le fit, afin que les particuliers, songeant aux intérêts de leur *collège* respectif, qui les distinguait des citoyens des autres *colléges*, ne pussent s'unir pour troubler le repos public. Les *colléges* étaient encore séparés des autres sociétés qui n'étaient pas établies en forme de *collège* par l'autorité publique. Ceux qui composaient un *collège* pouvaient traiter des affaires communes de leur *collège*, parce qu'ils formaient un corps dans l'état, et par cela seul qu'ils avaient une bourse commune, un agent pour vaquer à leurs affaires, comme en ont aujourd'hui les syndics de nos communautés : de plus, ils envoyaient des députés aux magistrats quand ils avaient à traiter avec eux, et ils pouvaient faire des règlements et des statuts pour leur *collège*, pourvu qu'ils ne fussent point contraires aux lois de l'état. — Lieu destiné pour enseigner les lettres, les sciences, les langues, etc.—Il signifie par extension la réunion des écoliers qui fréquentent un *collège*. — Prov. : *cela sent le collège*, la pédanterie. — *Sentir encore le collège*, n'être pas encore fort avancé dans le monde, avoir conservé les manières des écoliers de *collège*. — *Amitié de collège*, amitié qui s'est formée au *collège* et s'est continuée dans un âge avancé. — *Collège de France*, institution fondée à Paris par François Ier pour l'enseignement public et gratuit des langues, de l'éloquence, de la poésie, et des hautes sciences mathématiques et physiques. — *Collège des marchands*, nom donné dans les villes anséatiques au lieu où s'assemblent les négociants. — On nomme aussi en Hollande *colléges*, les différentes chambres de l'amirauté, établies à Amsterdam, Rotterdam, Horn, Midelbourg et Harlingen. — *Colléges électoraux*, assemblées créées par la constitution de l'an VIII, tant dans chaque département que dans les divers arrondissements dont il est formé. Les *colléges électoraux* d'arrondissement étaient composés d'un membre pour cinq cents habitants domiciliés dans l'arrondissement; ceux de département, d'un membre pour mille habitants, de telle sorte qu'il n'y avait ni plus de huit cents électeurs, ni moins de deux cents. Tous étaient nommés à vie. Les *colléges électoraux* d'arrondissement présentaient des candidats pour le corps-législatif, et aussi pour le tribunat avant sa suppression; ceux de département nommaient les candidats au sénat conservateur, au corps-législatif et au conseil-général du département. — Aujourd'hui, assemblées d'électeurs convoqués pour élire les membres de la chambre des députés. Il y a encore des *colléges électoraux* d'arrondissement, qui nomment d'abord les candidats éligibles.

COLLÉGIAL, **E**, adj., au plur. mas. **COLLÉGIAUX** (*kolèléjiale*) (en latin *collegialis*. Voy. **COLLÉGE**). Il n'est guère en usage qu'au féminin et dans cette phrase : *église collégiale*, chapitre de chanoines sans siége épiscopal. — *Poète collégial*, *production collégiale*, qui sent le *collége*. En ce sens, c'est un terme de mépris.—On dit aussi substantivement : *une collégiale*.

COLLÉGIALE, subst. fém. (*kolèléjiale*). Ce mot a le même sens que *église collégiale*. Voy. l'adj. **COLLÉGIAL**.

COLLÉGIALEMENT, adv. (*kolèléjialeman*), d'une manière propre au *collège*.

COLLÉGIAT, subst. mas. (*kolèléjia*), autrefois boursier dans un *collège*. Hors d'usage.

COLLÉGIAUX, adj. mas. plur. Voy. **COLLÉGIAL**.

COLLÉGIEN, subst. mas. (*kolèléjiein*), élève d'un *collège*.

COLLÈGUE, subst. des deux genres (*kolèlègue*) (en latin *collega*, composé des mêmes éléments que *collegium*. Voy. **COLLÈGE**), qui remplit les mêmes fonctions qu'un autre. Il se dit de ceux qui sont en petit nombre, comme *confrères* se dit de ceux qui sont d'une compagnie nombreuse.—Au fém. : *une telle est sa collègue* et non pas *son collègue*. Voy. **CONFRÈRE**. Les consuls romains se donnaient entre eux le nom de *collègues*; les professeurs d'une même université, les ministres d'une même église, les magistrats d'un même tribunal, etc., emploient le même terme pour se désigner mutuellement.

COLLÉMA, subst. mas. (*koleléma*), t. de bot., plante de la famille des algues.

COLLEMENT, subst. mas. (*koleman*), t. de médec., état de ce qui est *collé* l'un contre l'autre.

COLLER, v. act. (*kolé*) (en grec κολλαω), joindre et faire tenir avec de la *colle* : *coller du papier*, *des planches*, *une image contre ou à la muraille*, *sur du bois*, *sur du carton*. — Enduire de *colle* : *coller une toile avant de l'imprimer*. — Passer à la *colle* ou dans la *colle* : *coller du papier*, pour qu'il ne boive pas. — *Coller du vin*, y mettre de la *colle* de poisson pour l'éclaircir. — *Coller quelqu'un contre un mur*, l'y tenir avec force. — *Coller une bille*, au jeu de billard, la pousser de manière qu'elle soit tout près de la bande, ou même qu'elle y touche. —On dit fig. et fam., d'un habit qui est juste à la mesure du corps, *qu'il est collé*, ou *qu'il semble collé sur le corps*; d'un homme qui est ferme et droit à cheval, *qu'il est collé sur son cheval* ou *sur la selle*; de celui qui est attaché à l'étude, *qu'il est collé sur ses livres*. — *Avoir les yeux collés sur*..... regarder attentivement. — On dit *qu'une personne a la bouche* ou *les lèvres collées sur quelque chose* quand elle les y tient long-temps attachées : *elle demeura long-temps sa bouche collée sur le visage de sa mère morte*.—se **COLLER**, v. pron. —Fig. et fam., se mettre, se joindre si près de quelque chose, qu'on y soit comme attaché, *collé* : *se coller contre un mur*.

COLLÉRAGE, subst. mas. (*koléraje*), t. de féod., droit qu'on était obligé de payer pour mettre du vin en perce. Hors d'usage.

COLLERET, subst. mas. (*koleré*). Voy. **COLERET**.

COLLERETTE, subst. fém. (*kolerète*), petit *collet* de linge qui entoure la gorge et souvent les épaules : *collerette de gaze*, *de batiste*. — T. de bot., enveloppe des fleurs en ombelle. — T. de pêche, courtine volante dont les mailles sont de différentes grandeurs.

COLLET, subst. mas. (*kolé*) (en lat. *collum*, col ou cou), partie de l'habillement qui est autour du *cou* : *collet d'habit*, *de manteau*. — *Collet de buffle*, sorte de pourpoint fait de peau de buffle, qui était à grandes basques et sans manches. — Ornement de toile qu'on met autour du *cou* dans le costume ecclésiastique et judiciaire, et qu'on appelle aussi *rabat*. On appelle fam. les jeunes ecclésiastiques : *petits collets*, *gens à petits collets*. — *Collet monté*, *collet* dans lequel il y avait de la carte ou du fil de fer pour le soutenir. Aujourd'hui on dit : *du temps des collets montés*, pour dire : dans le vieux temps.—Fig. et fam. : *cela est collet monté*, cela a un air contraint et guindé; *un collet monté*, un homme ou une femme qui affecte une gravité outrée. — Fam. : *sauter au collet de quelqu'un*, *le prendre*, *le saisir au collet*, lui sauter dessus pour lui faire violence; et, par extension, l'arrêter et le faire prisonnier. — On dit prov. d'un profit inopiné, *qu'il nous saute au collet* : *voilà mille écus de rente qui lui sautent au collet*. — *Prêter le collet à quelqu'un*, se présenter pour lutter ou combattre contre lui; et fig., lui tenir tête dans une affaire, dans une dispute, dans toute espèce de défi : *quand vous voudrez, je vous prêterai le collet au trictrac, aux échecs, au jeu de paume*, etc. — En t. de chasse, on appelle *collet*, un petit filet de corde ou de fil de laiton, tendu dans des haies ou des passages étroits, avec un nœud coulant dans lequel les lièvres, les lapins, etc., se prennent et s'étranglent. On donne aussi ce nom à un filet composé de trois crins de cheval en nœud coulant, que l'on tend dans les haies, et dans lequel se prennent les oiseaux. C'est encore un nœud coulant de grosse corde ou de gros fil de fer, qu'on tend sur la passée d'un cerf, d'un loup, d'un sanglier, ou de quelque autre gros animal, pour les y prendre. — Dans l'imprimerie, bandes de fer plates qui entourent la boite de la vis.—*Collet de hotte*, la partie la plus haute du dos de la hotte. — *Collet de forme de soulier*, la partie de la forme qui répond immédiatement au talon. — *Collet de tombereau*, la partie du devant du tombereau qui s'élève au-dessus des gisants. — *Collet de chandelier*, la partie du chandelier qui s'élève sur le pied du chandelier. —*Collet de violon*, la partie de cet instrument qui est au bout du manche. — *Collet de canon*, la partie du canon où le métal est le moins épais. — En t. d'archit., *collet d'escalier*, la partie la plus étroite d'une marche tournante, dans un escalier à vis, etc. — En t. de mar., *collet de courbe*, l'endroit le plus fort d'une courbe, où se réunissent les deux branches. On appelle *collet* un arrêt angulaire qu'on fait aux quatre faces du haut d'un mât, pour supporter les barres de hune, de perroquet, de cacatois, et les chouquets. — *Le collet d'une ancre*, ou la croisée, est le gros bout de la verge d'où partent les deux bras. — *Collet de veau*, *de mouton*, la partie de ces animaux qui est au haut des côtes, et de dessus laquelle on lève l'épaule. — En t. de serrurier, l'endroit d'une penture le plus voisin du repli où le gond est reçu. — Dans les verreries, on appelle *collet*, la portion de verre qui reste attachée aux cannes, après qu'on a travaillé. — En t. de cirier et de chandelier, la partie de coton qui paraît à l'extrémité des flambeaux, des bougies, des chandelles. — En anat., on appelle *collet d'une dent*, la partie de la dent qui est entre la couronne et l'alvéole. — En bot. : 1° petite couronne qui termine intérieurement la gaîne des feuilles des graminées, observée particulièrement par *Adanson*; 2° espèce de couronne membraneuse, attachée à la partie supérieure du pied des agarics; 3° sorte d'étranglement ou de rebord qui sépare une tige d'avec sa racine. — *Collet de plante*, le haut de la plante. — *Collet d'arbre*, la partie basse de la tige d'un arbre, cachée dans la superficie de la terre. — *Collet blanc*, agaric des environs de Paris. — *Collet de Notre-Dame*, poivre en ombelle, de Saint-Domingue. — *Collet doré*, agaric à chapeau d'un jaune clair avec des lames rousses. — *Collet jaune*, agaric jaunissant, bon à manger. — *Collet roux*, agaric des environs de Paris. — *Collets en famille*, agaric qui croît en touffe aux pieds des arbres. — *Collets solitaires*, sorte de champignons.

COLLÈTE, subst. fém. (*kolète*), t. d'hist. nat., insecte de l'ordre des hyménoptères.

COLLETÉ, **E**, part. pass. de *colleter*, et adj.— On le dit, en t. de blas., des animaux qui ont des *colliers* d'un émail différent.

COLLETER, v. act. (*koleté*) (pour l'étymologie, voy. **COL**) : *colleter quelqu'un*, le saisir au *collet* pour le renverser. — V. neut., tendre des *collets* pour prendre du gibier. Peu en usage. — se **COLLETER**, v. pron., se prendre au *collet* : *ils se colletèrent*, *ils se sont colletés*. Il est fam.

COLLETEUR, subst. mas. (*koleteur*), ancien t. de chasse, celui qui est habile à tendre des *collets*. Hors d'usage.

COLLETIER, subst. mas. (*koletié*), celui qui fait et vend des *collets*. Hors d'usage.

COLLETIN, subst. mas. (*koletein*), pourpoint sans manches.—On donnait aussi ce nom à une espèce de *collet* orné de coquilles, que portaient les pèlerins.

COLLÉTIQUE, subst. mas. et adj. des deux genres (*kolétike*) (du grec κολλα, colle), t. de médec., médicaments qui ont la vertu de *coller*, de réunir deux choses séparées : *il a réuni les lèvres de cette plaie au moyen de collétiques*. Inus.

COLLETTIER, subst. mas. (*kolètié*), t. de bot., plante de la famille des rhamnoïdes.

COLLEUR, subst. mas. : au fém. **COLLEUSE** (*koleur*, *leuze*), celui qui *colle* le papier de tenture. — Celui qui fabrique des cartons. — Celui qui *colle* ou empèse les chaînes des draps avant de les monter sur le métier. — Pop. et triv., *colleur* signifie au fig. menteur. C'est un t. d'école.

COLLEUSE, subst. fém. Voy. **COLLEUR**.

COLLIBRANCHE, subst. mas. (*kolibranche*), t. d'hist. nat., sorte de poisson à long bec.

COLLIER, subst. mas. (*kolié*) (du lat. *collare*, fait, dans la même signification, de *collum*, cou), rang de perles ou d'autres choses de même nature, que les femmes portent au *cou* pour se parer.— Cercle de fer, d'argent ou de cuivre, etc., qu'on met au *cou* des malfaiteurs ou des chiens.—*Collier de force*, collier garni de clous, dont les pointes sont en dedans, pour dresser les chiens de plaine. — On dit prov. et fig., *être franc du collier*, être sans reproche, procéder franchement en toutes choses; en parlant d'un militaire : aller au feu de bonne grace et sans se faire prier. — Fig. et fam. : *donner un coup de collier*, faire un nouvel effort pour réussir dans une entreprise. — *Reprendre le collier de misère*, reprendre une occupation pénible et laborieuse.— Prov. : *chien à grand collier*, homme qui domine dans un corps. — Chaîne d'or que les membres d'un ordre de chevalerie portent dans les jours de cérémonie : *le collier du St-Esprit*. — *C'est un des grands colliers*, *des gros colliers de la compagnie*, c'est un de ceux qui ont le plus de crédit et d'autorité. —Marque naturelle, en forme de cer cle, qui se voit au cou de certains animaux. — Corde qui tient le *col* du verveux, et qui l'arrête au pieu fiché dans l'endroit où on veut le tendre. —Partie du harnais qu'on met au cou des chevaux de charrette ou de labour : *cheval de collier*, cheval propre à tirer ; *cheval franc du collier*, cheval qui tire de lui-même. — Les bouchers appellent *collier de bœuf* un morceau qui comprend le premier et le second travers avec la joue. —En t. de médec., on appelle *collier*, une éruption dartreuse qui fait le tour du *cou* comme un *collier*. — En archit., 1° pièces de bois, posées au-dessus du pan de bois du premier et du second étage d'un moulin à vent, par devant et par derrière, et assemblées dans les poteaux corniers ; 2° astragale d'un chapiteau de colonne, taillée en perles, en olives ou en patenôtres. — Dans les machines hydrauliques, un cercle de fer ou de bronze qui embrasse et retient le pivot supérieur des vantaux des portes d'écluse. —En t. de mar., on appelle *collier d'étai*, un bout de grosse corde semblable à l'étai, dont l'usage est d'embrasser le haut de l'étrave et d'aller se joindre au grand étai, où il est retenu par une ride ; *collier de défense*, plusieurs cordes tortillées en rond, qu'on met à l'avant et sur le côté des chaloupes ou d'autres petits bâtiments, pour leur servir de défense, et les garantir du choc des autres bâtiments ; *collier du ton*, un lien de fer fait en demi-cercle, qui, conjointement avec le ton et le chouquet, sert à tenir les mâts de perroquet et de hune. — T. de bot., sorte de cordon qui se trouve dans quelques anémones doubles, etc.

COLLIÈRES, subst. fém. plur. (*kolière*), t. de comm. de bois, chantiers qui servent de fondements aux trains de bois.

COLLIGENCE, subst. fém. (*kolelijance*), vieux mot employé pour union, association. Inus.

COLLIGÉ, E, part. pass. de *colliger*.

COLLIGER, v. act. (*kolelijé*) (en lat. *colligere*, ramasser, recueillir), faire des *collections*, des recueils des passages les plus remarquables d'un livre : *il a colligé les meilleurs morceaux de cet ouvrage*. Il est plus latin que français. — *se* COLLIGER, v. pron.

COLLIGUAY, subst. mas. (*koleligué*), t. de bot., arbrisseau du Chili. — Genre de plantes de la famille des euphorbiacées.

COLLIMATION, subst. fém. (*kolelimâcion*) (du lat. *collimare*, viser, mirer), t. d'astron., ligne suivant laquelle on vise à un objet par les deux pinnules d'un graphomètre. — Dans une lunette, c'est la ligne qui passe par le centre des verres ou par l'axe optique de la lunette. Elle doit être parallèle à celle qui passe par le centre et par le point qui marque la division.

COLLINA, subst. propre fém. (*kolelina*) (mot tout latin), myth., déesse des *collines*.

COLLINE, subst. fém. (*koline*) (en lat. *collis*, et en grec κολωνη), petite montagne ; éminence de terre en pente douce : *le penchant, le pied, le haut d'une colline ; monter, descendre une colline*. — On dit prov. d'un homme qui a pris la fuite, *qu'il a gagné la colline*. — Dans le style poétique, *la double colline* ou *la double cime*, c'est le Parnasse.

COLLINHON, subst. mas. (*kolinon*), vin ou plutôt verjus du pays de Caux, en Normandie.

COLLINIENS, subst. mas. plur. (*koleliniein*), t. d'hist. anc., prêtres saliens qui avaient un temple sur le mont Quirinal, à Rome.

COLLINSONE, subst. fém. (*koleleinçone*), t. de bot., plante de la famille des labiées.

COLLIOURE, subst. propre fém. (*kolioure*), ville maritime de France, située dans l'ancien Roussillon.

COLLIQUATIF, adj. mas., au fém. **COLLIQUATIVE** (*kolelikouatif, tive*), t. de médec. Il se dit des maladies ou des venins dont l'effet est de décomposer, de résoudre le sang ou les humeurs du corps : *poisons colliquatifs*. Peu en usage.

COLLIQUATION, subst. fém. (*kolelikouâcion*) (en lat. *colliquatio*), t. de médec., décomposition, dissolution presque totale des humeurs du corps par l'effet de quelque poison. — Union de deux substances solides qui peuvent se liquéfier.

COLLIQUATIVE, adj. fém. Voy. COLLIQUATIF.

COLLIROSTRE, subst. mas. et adj. des deux genres (*kolelirocetre*) (du lat. *collum*, cou, et *rostrum*, bec), t. d'hist. nat., insecte de la famille des hémiptères, dont le bec paraît sortir du cou.

COLLISION, subst. fém. (*kolelizion*) (du latin *collisio*, fait de *collidere*, composé de *cum*, avec, et *ludere*, jouer, *jouer avec, frotter contre, choquer*, etc.), t. de phys., choc de deux corps. — Fig., choc des factions politiques ; lutte, combat.

COLLITIGANT, E, subst. (*kolelitiguan, guante*), (du lat. *cum*, avec, *litigare*, plaider), celui, celle qui plaide contre un autre.

COLLIURE, subst. mas. (*koleli-ure*), t. d'hist. nat., insecte de l'ordre des coléoptères.

COLLOBE, subst. fém. (*kolelobe*), tunique antique des moines en Égypte. Hors d'usage.

COLLOCATION, subst. fém. (*kolelokâcion*) (en lat. *collocatio*, fait dans le même sens de *collocare*, mettre, placer, ranger), t. de pratique, action par laquelle on range les créanciers dans l'ordre suivant lequel ils doivent être payés. — *Collocation utile*, celle pour le paiement de laquelle il y a des deniers suffisants. — L'ordre et le rang même dans lequel chaque créancier se trouve *colloqué* : *bordereau de collocation*. — La somme qu'un créancier dûment *colloqué* a le droit de toucher. — On entend par *collocation d'argent*, l'emploi qu'on fait de son argent en le plaçant.

COLLOCUTEURS, subst. mas. plur. (*kolelocuteur*), gens assemblés qui *colloquent*, qui discourent ensemble. Vieux mot peu usité.

COLLONGE, subst. propre fém. (*kolonje*), village de France, chef-lieu de canton, arrond. de Gex, dép. de l'Ain.

COLLOQUE, subst. mas. (*koleloke*) (en lat. *colloquium*, fait avec la même acception de *colloqui*, s'entretenir, converser, formé de *cum*, avec, et *loqui*, parler), entretien. Il ne se dit, dans le sérieux, que des *colloques* d'*Érasme*, de *Cordier*, de *Vives*, etc., c'est-à-dire des dialogues latins qui ont été composés par ces auteurs, et du *colloque* ou de la conférence qui fut tenue à Poissy entre les catholiques et les réformés. — Hors de là, on ne s'en sert pas sérieusement : *ils ont entre eux de fréquents colloques ; ils ont tenu un long colloque*.

COLLOQUÉ, E, part. pass. de *colloquer*.

COLLOQUER, v. act. (*kolelokė*) (en lat. *collocare*, placer, mettre, ranger), t. de pratique, ranger des créanciers dans l'ordre suivant lequel ils doivent être payés : *il a été colloqué par préférence*. — Triv., mettre quelqu'un en place : *j'ai colloqué ce jeune homme*. — Fam. et iron., donner : *colloquer un soufflet*. — *se* COLLOQUER, v. pron., se placer.

COLLUDANT, E, adj. (*koleludan, dante*), qui a *colludé* ou qui *collude*. Voy. COLLUDER.

COLLUDÉ, E, part. pass. de *colluder*.

COLLUDER, v. neut. et act. (*koleludé*) (en lat. *colludere*), t. de palais, s'entendre avec sa partie adverse, au préjudice d'un tiers. — Tromper un tiers par *collusion*.

COLLUMELLE, subst. fém. Vicieux. Voy. COLUMELLE.

COLLUMELLÉ, adj. Vicieux. Voy. COLUMELLÉ.

COLLURIEN, subst. mas. (*koleluriein*), t. d'hist. nat., nom d'un oiseau du genre des tangaras.

COLLURION, subst. mas. (*kolelurion*), t. d'hist. nat., famille d'oiseaux du genre des silvains.

COLLUSION, subst. fém. (*koleluzion*) (en latin *collusio*), t. de palais, intelligence de deux parties qui plaident et qui s'accordent à tromper un tiers : *c'est une collusion manifeste*.

COLLUSOIRE, adj. des deux genres (*koleluzoar*), qui se fait par *collusion* : *procédure, sentence collusoire*.

COLLUSOIREMENT, adv. (*koleluzoareman*), d'une manière *collusoire* : *jugement rendu collusoirement*.

COLLUTOIRE, subst. mas. (*kolelutoare*) (du lat. *colluere, laver*), t. de médec., espèce de gargarisme. Presque inus.

COLLYBE, subst. mas. (*kolelibe*) (du grec κολλυβος, petite pièce de monnaie), ancienne pièce de monnaie qui portait l'effigie d'un bœuf. Inus.

COLLYBISTIQUE, adj. des deux genres (*kolelibicetike*) (en grec κολλυβιστικος, fait de κολλυβος, change de monnaies) : *contrat collybistique*, action par laquelle, chez les anciens, une personne transportait à une autre, pour un prix convenu, les fonds ou l'argent qu'elle avait dans un autre pays. C'est ce qu'on appelle aujourd'hui *change* ou *banque*. Hors d'usage.

COLLYPTIQUE, subst. mas. et adj. des deux genres (*kolelipetike*), agglutinatif. Inus.

COLLYRE, subst. mas. (*kolelire*) (du grec κολλυριον, fait de κωλυω, j'empêche, et de ρεω, je coule), t. de médec., remède externe contre la fluxion des yeux.

COLLYRIDIEN, subst. mas. ; au fém. **COLLYRIDIENNE** (*koleliridiein, diène*) (du grec ancien κολλυρα, gâteau, en grec moderne κολλουρι), t. d'hist. ecclés., nom qu'on donnait à des hérétiques qui rendaient à la sainte Vierge un culte superstitieux en lui offrant des gâteaux.

COLMA, subst. mas. (*kolema*), t. d'hist. nat., sorte d'oiseau ; nom donné par *Buffon* à un des fourmiliers de la Guyane.

COLMAR, subst. propre mas. (*kolemar*), ville de France, chef-lieu du dép. du Haut-Rhin.

COLNUD, subst. mas. (*kolenude*), t. d'hist. nat., sorte d'oiseau.

COLOBE, subst. mas. (*kolobe*), t. d'hist. nat., mammifère de la famille des singes.

COLOBION, subst. mas. (*kolobion*), t. de bot., genre de plantes.

COLOBIQUE, subst. mas. (*kolobike*), t. d'hist. nat., insecte de l'ordre des coléoptères.

COLOBOME, subst. mas. (*kolobome*) (en grec κολοβωμα), t. de médec., plaie des paupières, mutilation. Ce mot est inus.

COLOBOMÉ, E, adj. (*kolobomé*), qui est raccourci par une mutilation.

COLOBRACHNE, subst. fém. (*kolobrakne*), t. de bot., plante graminée.

COLOBRITGEN, subst. mas. (*kolobritejein*), t. d'hist. nat., espèce de colibri de Surinam, dont les prêtres du pays font, dit-on, leur nourriture.

COLOCASIE, subst. fém. (*kolokazi*), t. de bot., genre d'arum qui croît en Égypte. On l'appelle aussi *colcas* ou *culcas*. — Myth., surnom de Minerve chez les Sicyoniens.

COLOCYNTHINE, subst. fém. (*koloceintine*), t. de chim., principe actif extrait du fruit de la coloquinte.

COLOGLIS ou **COLOGLÈS**, subst. mas. (*kologuelice, kologuelèce*), t. d'hist. moderne, habitant de Tripoli, fils d'un Turc et d'une Mauresque.

COLOGNE, subst. propre fém. (*kolognie*), grande ville des états prussiens. — Ville de France, chef-lieu de canton, arrond. de Lombez, dép. du Gers.

COLOMBACÉ, E, adj. (*kolonbacé*), terme d'hist. nat., qui tient de la *colombe* : *genre colombacé*.

COLOMBAGE, subst. mas. (*kolonbaje*), t. de charpentier, rang de solives posées à plomb dans une cloison faite de charpente.

COLOMBAIRE. Voy. COLUMBAIRE.

COLOMBAR, subst. mas. (*kolonbar*), t. d'hist. nat., nom d'une division de pigeons qui correspond à un genre.

COLOMBASSE, subst. fém. (*kolonbace*), t. d'hist. nat., un des noms vulgaires de la grive.

COLOMBATE, subst. mas. (*kolonbate*), t. de chim., genre de sels composés d'acide *colombique* avec une base salifiable.

COLOMBE, subst. fém. (*kolonbe*) (en latin *columba*), femelle du pigeon. — En parlant du cri de la *colombe*, on dit qu'elle *gémit*. — Le pigeon même. Il ne se dit qu'en poésie et dans le style soutenu : *la fidèle colombe ; la simplicité de la colombe ; le Saint-Esprit descendit en forme de colombe sur N. S. J. C.* — *Colombes blanches*, oiseaux de mauvais augure chez les Perses, adorateurs du soleil, qui croyaient que cet astre les avait en horreur. — En t. d'astron., constellation de la partie méridionale du ciel. — En t. de blas. ; une *colombe* dont le soleil fait briller les plumes de différentes couleurs, avec ces mots en italien : *dal tuo lume i miei fregi*, ou *per te m'adorno et splendo*, est la devise d'un homme reconnaissant du lustre qu'il reçoit d'un autre. — *Ordre de la Colombe*, ordre de chevalerie fondé en 1379, par Jean Ier, roi de Castille. Il fut aboli après la mort du fondateur. — En t. de tonnelier, pièce de bois carrée, montée sur quatre pieds, au milieu de laquelle il y a un fer qui sert à raboter les douves afin de pouvoir les joindre. — En t. de charpentier, solives posées à plomb dans une sablière pour faire une cloison. — En t. de layetier, instrument percé à jour comme le rabot.

COLOMBE, subst. propre mas. (*kolombe*), village à deux lieues de Paris.

COLOMBE (SAINTE-), subst. propre fém. (*ceintekolonbe*), ville de France, chef-lieu de canton, arrond. de Lyon, dép. du Rhône.

COLOMBEAU, subst. mas. (*kolonbô*), petit pigeon.

COLOMBÉE, subst. fém. (*kolonbé*), t. de bot., genre de plantes.

COLOMBELLE, subst. fém. (*kolonbèle*), jeune *colombe*. Dans ce sens il est vieux. — En t. d'hist.

nat., coquille univalve. — En t. d'imprimeur, filet entre deux colonnes pour les distinguer.

COLOMBEY-AUX-BELLES-FEMMES, subst. propre mas. (*kolonbé-óbèlefame*), bourg de France, chef-lieu de canton, arrond. de Toul, dép. de la Meurthe.

COLOMBIE, subst. propre fém. (*kolonbi*) grand pays et république de l'Amérique méridionale. — T. de bot., genre de plantes de la famille des liliacées.

COLOMBIEN, adj. et subst. mas.; au fém. **COLOMBIENNE** (*kolonblein, biène*), qui est de la *Colombie* : *république colombienne*.

COLOMBIER, subst. mas. (rac. *colombe*) (*kolonbié*), pigeonnier; bâtiment où l'on nourrit les pigeons. — Sorte de papier d'un grand format. — Prov. et fig. : *attirer les pigeons au colombier*, attirer les chalands dans une boutique, les passants dans une hôtellerie. — *Chasser les pigeons du colombier*, éloigner les uns ou les autres par de mauvaises manières. — Au plur., t. d'imprim., trop grand espace qu'un compositeur laisse entre les mots; on dit encore *nids à rats* : *cette épreuve est remplie de colombiers*. — En t. de mar., *colombier* se dit de deux longues pièces de bois endentées, qui servent à contenir un navire, quand on veut le lancer à l'eau. Elles diffèrent des couets, en ce qu'elles vont à l'eau avec le navire, et que les couets restent à leur place.

COLOMBIN, subst. mas. (*kolonbein*), t. d'hist. nat., sorte de pigeons de la famille des silvains.

COLOMBIN, subst. mas. (*kolonbein*), t. d'hist. nat., pierre minérale d'où l'on tire le plomb pur, et sans mélange d'aucun autre métal.

COLOMBIN, E, adj. (*kolonbein, bine*), qui est d'une couleur qui approche du gris-de-lin, et qu'on appelle plus souvent et mieux *gorge de pigeon*.

COLOMBINE, subst. fém. (*kolonbine*), fiente de pigeon, et, par extension, celle des volailles : *la colombine sert pour les engrais*. — En bot., on donne ce nom à l'ancolie vulgaire et à une variété d'anémone.

COLOMBIQUE, adj. des deux genres (*kolonbike*), t. de chim., se dit d'un acide combiné avec quelques oxydes métalliques.

COLOMBITE, subst. mas. (*kolonbite*), t. d'hist. nat., sorte de minéral qui est le même que le *tantalium* ou *tantale*, découvert par le chimiste Hatchett en 1801.

COLOMBIUM ou **COLUMBIUM**, subst. mas. (*kolonbiome*), t. d'hist. nat. Voy. COLOMBITE.

COLOMBO, subst. mas. (*kolonbó*), t. de bot., plante à racine tubéreuse de la famille des ménispermes.

COLOMNAIRE, adj. des deux genres (*kolomenère*), t. d'archit., qui est formé de *colonnes* : *péristyle colomnaire*. — T. de bot., qui représente une *colonne*.

COLOMNÉE, subst. fém. (*kolomené*), t. de bot., plante de la famille des personnées.

COLOMNIFÈRE, adj. des deux genres (*kolomenifère*). Voy. COLUMNIFÈRE

COLON, subst. mas. (*kolon*), (du lat. *colonus*, fait, dans le même sens, de *colo*, je cultive), cultivateur. — Pris absolument, il se dit de celui qui fait valoir une terre pour son propre compte : *le colon cultive son champ, et le fermier cultive celui d'un autre*. — *Colon* se dit principalement de l'habitant d'une *colonie* : *les colons de Saint-Domingue, de la Martinique*, etc. — T. de jurispr. : *colon partiaire*, cultivateur qui donne au propriétaire une portion convenue des récoltes et des autres produits de sa ferme. — T. d'hist. nat., au mas., nom d'une moucherolle du Paraguay.

CÔLON, subst. mas. (*kôlon*) (en grec κωλον, fait, suivant les uns, de κωλυω, j'arrête, je retarde, parce que les excréments s'arrêtent long-temps dans ses replis, et, selon d'autres, de κοιλον, creux, à cause de la grande cavité de cet intestin), t. d'anat., le deuxième et le plus ample des gros intestins, qui va se terminer au rectum.

COLONAGE, subst. mas. (*kolonaje*), exploitation d'un *colon*. Inus.

COLONEL, subst. mas. (*kolonèle*) (de l'italien *colonnello*; fait dans la même signification de *colonna*, colonne, parce que le *colonel*, à la tête de son corps, doit être ferme et stable comme une *colonne*), officier qui commande en chef un régiment. — *Lieutenant-colonel*, officier qui est le lieutenant du *colonel*. — *Colonel-lieutenant*, officier qui était établi, dans les régiments des princes du sang, pour commander en leur place. — *Colonel-général*, officier-général sous le commandement supérieur auquel est placée une arme particulière : *colonel-général de l'infanterie, des hussards*, etc.

COLONEL, adj. mas., au fém. **COLONELLE** (*kolonèle*). Il ne se dit qu'au fém. et dans cette phrase : *la compagnie colonelle*, la première compagnie d'un régiment, qui n'a point d'autre capitaine que le *colonel*. On l'appelle aussi subst. au fém., *la colonelle*.

COLONELLE, subst. fém. (*kolonèle*), la femme d'un *colonel* : *madame la colonelle*. Peu usité. Voy. COLONEL.

COLONIAL, E, adj., au plur. mas. **COLONIAUX** (*koloniale, nió*), qui concerne la *colonie* : *assemblée coloniale*.

COLONIE, subst. fém. (*koloni*) (du lat. *colonia* qui a la même signification, et qui vient de *colo*, je cultive), nombre considérable de personnes de l'un et de l'autre sexe qui ont passé d'un pays à un autre dans le dessein de l'habiter et de le cultiver : *établir, fonder, envoyer au loin des colonies*. — Les lieux où l'on envoie des habitants. — Il se dit aussi d'un lieu, d'un pays habité par une *colonie* : *les Antilles sont des colonies françaises; la Jamaïque est une colonie anglaise*. — On dit aussi absol., *les colonies*, pour désigner les pays situés au-delà des tropiques. *Il est parti pour les colonies*.

COLONISATION, subst. fém. (*kolonizâcion*), action d'établir ou d'organiser une *colonie*, des *colonies*.

COLONISÉ, E, part. pass. de *coloniser*.

COLONISER, v. act. (*kolonizé*), établir une *colonie* ou des *colonies*. — *se* COLONISER, v. pron.

COLONNADE, subst. fém. (*kolonade*), espèce de galerie ouverte, formée par un grand nombre de *colonnes* et qui sert d'ornement à un grand édifice, à une place, à un jardin, etc. : *la colonnade du Louvre*.

COLONNAILLE, subst. fém. (*kolonâ-ie*), t. de vanier, brin d'osier ou d'autre bois plus gros que ceux du reste de l'ouvrage.

COLONNAISON, subst. fém. (*kolonèzon*), façade ornée de *colonnes*. Inus. — Ordonnance, disposition des *colonnes*. Voy. COLONNADE.

COLONNATION, subst. fém. (*kolonâcion*), mot inusité que l'on a employé pour signifier façade ornée de *colonnes*. C'est ce que l'on nomme *colonnade*.

COLONNE, subst. fém. (*kolone*) (en lat. *columna*, dont la signification est la même, et qui est fait, suivant les uns, de *columen*, faîtage d'un comble, et, suivant d'autres, du grec κωλον, os de la jambe, parce que les *colonnes* sont le soutien d'un édifice, comme les jambes celui du corps), pilier de forme ronde pour soutenir ou pour orner un bâtiment, ordinairement composé d'une base ou piédestal, d'un fût et d'un chapiteau : *une colonne de marbre, de pierre, de bois, de bronze*. — Il y a des *colonnes* qui ne servent point à soutenir un édifice, mais qui ont été élevées comme monument historique. Telle est à Paris la *colonne* (*pris dans un sens absolu*) érigée place Vendôme en mémoire des victoires de Napoléon; telles étaient à Rome la *colonne Trajane*, la *colonne Antonine*; telles sont celles que les Perses, les Grecs élevaient pour marquer les limites de leurs provinces. — *Colonne toscane, dorique, composite*, etc., celle qui est propre aux divers ordres d'archit. — *Colonne de table*, pièce de bois tournée ou torse, qui aide à porter le dessus de la table. — *Colonnes de lit*, les piliers d'un lit. — On appelle fig. : *colonnes de l'Église, colonnes de l'état*, les grands personnages qui soutiennent l'Église et l'état par leur vertu, par leur capacité, par leur courage. — On appelle *colonne itinéraire*, une *colonne* à pans, et posée dans le carrefour d'un grand chemin, et qui sert à indiquer les différentes routes par des inscriptions gravées sur chacun de ses pans. — *Colonnes milliaires*, bornes en forme de petites *colonnes*, placées de distance en distance sur les grandes routes pour indiquer les lieues. — En t. de charpent., pièce de bois qui se pose à plomb, et qui soutient le faîtage d'un édifice. — En t. d'anat., on appelle *colonnes charnues*, plusieurs petits muscles des ventricules du cœur, qui sont comme détachés de leurs parois, et joints par des extrémités tendineuses aux valvules du cœur. — *Colonne vertébrale*, l'épine du dos. — En t. de phys., on nomme *colonne d'air*, une quantité d'air de figure cylindrique, qui pèse sur les corps au-dessus desquels elle s'élève; *colonne d'eau*, le contenu d'un tuyau qui monte l'eau d'une rivière ou d'un puits dans un réservoir, par le moyen d'une machine hydraulique. On donne le même nom au volume d'eau du tuyau qui descend d'un réservoir, et qui, à la sortie de l'ajutage, tend à regagner la hauteur d'où il est parti, en formant un jet d'eau. Ce même jet d'eau est une véritable *colonne d'eau*, qui résiste à la *colonne d'air* dont il est environné. — En t. de guerre, on appelle *colonne*, un corps de troupes rangé sur beaucoup de hauteur, sur peu de front, et qui marche d'un même mouvement, en laissant assez d'intervalle entre les rangs et les files pour éviter la confusion. — *Mettre une armée en colonnes*, c'est la diviser en plusieurs portions ou parties; qui prennent des chemins différents, pour aller se rassembler à un lieu convenu. — Une *colonne* est aussi un corps d'infanterie rangé sur un carré long dont le front est beaucoup moindre que la hauteur : *la colonne était attaquée à la fois de front et par les deux flancs*. — *Colonne mobile*, corps de troupes destiné à parcourir un pays pour y maintenir la tranquillité. — En t. de mar., on dit qu'une armée navale marche en *colonnes*, quand elle marche par deux ou trois lignes, et que les vaisseaux de chaque ligne se suivent les uns derrière les autres. — On dit en t. d'imprim., qu'*un livre est imprimé par colonnes*, lorsque les lignes ne sont pas de la largeur de la page, et que celle-ci est divisée en deux ou plusieurs parties : *ce Dictionnaire est à trois colonnes*. — *Colonnes d'un registre, d'un tableau*, les divisions d'un registre, d'un tableau, indiquées par des lignes tracées de haut en bas. — *Colonne de chiffres*, plusieurs chiffres placés les uns au-dessous des autres. — Myth. au plur., *les Colonnes d'Hercule*, les deux montagnes du détroit de Gibraltar.

COLONNES-ARTICULÉES, subst. fém. plur. (*kolonezartikulé*), t. d'hist. nat., pétrifications placées parmi les orthocératites.

COLONNE-TORSE, subst. fém. (*kolonetorce*), t. d'hist. nat., sorte de coquille.

COLONOS, subst. propre fém. (*kolonôce*), myth., montagne consacrée à *Neptune*, dans le voisinage d'Athènes, et sur laquelle Œdipe se retira, après avoir reconnu sa mère dans sa femme : c'est du nom de cette montagne que Sophocle a donné à son *Œdipe* le surnom de *Colonéen*.

COLOPHANE, subst. fém. (*kolofane*) (en grec κολοφωνια, fait de κολοφων, Colophon), ville d'Ionie d'où la *colophane* fut d'abord apportée), résine dont on se sert pour frotter l'archet de certains instruments de musique.

COLOPHERME, subst. fém. (*kolofèreme*), t. de bot., plante de la famille des conferves.

COLOPHON, subst. mas. (*kolofon*), t. d'hist. nat., gros oiseau aquatique du Pérou. — Subst. propre mas., ville d'Ionie, célèbre par l'oracle d'Apollon, qu'on y allait consulter.

COLOPHONIE, subst. fém. (*kolofoni*), t. de bot., espèce de scammonée, ainsi nommée parce qu'elle venait de *Colophon*, ville d'Ionie.

COLOPHONIEN, subst. et adj. mas.; au fém. **COLOPHONIENNE** (*kolofoniein, niène*), de *Colophon*, ville d'Ionie.

COLOPHONITE, subst. fém. (*kolofonite*), t. d'hist. nat., variété de grenat d'un jaune roussâtre ou brun.

COLOQUINELLE, subst. fém. (*kolokinèle*), t. de bot., fausse *coloquinte*. Voy. COURGE.

COLOQUINTE, subst. fém. (*kolokeinte*) (du grec κολοκυνθη, en attique κολοκυντη), t. de bot., plante annuelle, originaire de Syrie, dont le fruit extrêmement amer fournit à la médecine un violent purgatif. Voy. COURGE. — Prov. : *amer comme une coloquinte*, extrêmement amer.

COLORANT, E, adj. (*koloran, rante*), qui donne de la *couleur*.

COLORATION, subst. fém. (*kolorâcion*). Nous lisons dans *Trévoux* que ce mot s'est dit pour *colorisation*, qui est certainement plus en usage.

COLORÉ, E, part. pass. de *colorer*, et adj., qui a de la *couleur* : *vin coloré; teint coloré*. — Se dit, en bot., d'une partie d'un végétal qui a une couleur différente de celle qui lui appartient ordinairement. — Fig., apparent, spécieux. *Il n'a pas même de titre coloré*.

COLORER, v. act. (*koloré*), donner de la *couleur*. Voy. COLORIER. — Au fig., donner une belle apparence à quelque chose de mauvais : *il a su colorer son injustice; il colorait sa révolte du prétexte du bien public*. — *Marmontel* a dit, dans sa tragédie de *Cléopâtre* :

> Et le fourbe, en respect *colorant* sa réponse;

colorer, pris fig., ne peut s'employer avec la prép. *en*; il demande à être suivi par *de* :

> L'ingrat, d'un faux respect *colorant* son injure,

a dit *Racine*. — *se* COLORER, v. pron., prendre de la *couleur* : *les fruits se colorent*.

COLORIÉ, E, part. pass. de *colorier* : *tableau bien colorié*.

COLORIER, v. act. (*kolorié*) (du lat. *color*, couleur), donner, mettre les *couleurs* à une estampe, à un dessin; employer les *couleurs* dans un tableau : *ce peintre colorie bien; ce tableau est bien colorié*.—On voit en quoi *colorier* diffère de *colorer*. Le second verbe se dit des *couleurs* naturelles, et le premier de celles qui sont artificielles : *c'est la lumière qui colore tous les corps; le Titien coloriait parfaitement ses tableaux*. — *se* COLORIER, v. pron.

COLORIFIQUE, adj. des deux genres (*kolorifike*), qui produit de la *couleur*. Cette expression est peu usitée.

COLORIGRADE, subst. mas. (*koloriguerade*), t. de phys., instrument qui rend et fixe d'une manière invariable les nuances de *couleurs* des corps.

COLORIS, subst. mas. (*kolori*), effet qui résulte du mélange et de l'emploi des *couleurs* dans un tableau : *la fraîcheur, l'éclat, la perfection du coloris*. Voy. COULEUR. — Le mot *coloris* ne s'applique guère qu'aux objets agréables à la vue : on ne dit point le *coloris d'un désert, d'une vieille, d'un malade*. — Il se dit, 1° d'un teint frais et vermeil : *voilà un beau coloris*; 2° des fruits : *des pêches d'un beau coloris*. — Fig., *le coloris du style*, l'heureux emploi des ornements du discours : *c'est à l'imagination à fournir des tours qui donnent un coloris vrai à chaque pensée*. (Condillac.)

COLORISATION, subst. fém. (*kolorizácion*), en t. de peint., manière de *colorier*, de distribuer, de ménager les peintures d'un tableau. (*Trévoux*.) —T. de pharm., qui se dit des divers changements de *couleurs* qui arrivent aux substances dans certaines opérations.

COLORISTE, subst. des deux genres (*koloricete*), t. de peint., peintre qui entend bien le *coloris* ; *c'est un bon, un grand coloriste*.—Il se dit aussi de celui qui *colorie* des estampes, des gravures. — Fig., celui qui fait un heureux emploi des ornements du discours : *cet écrivain est coloriste*.

COLOSSAL, E, adj. (*kolocecale*), qui surpasse de beaucoup les proportions ordinaires, qui est de grandeur démesurée : *une statue colossale, un monument colossal*. Point de plur. mas. — Il s'emploie au fig. : *grandeur colossale*.

COLOSSE, subst. mas. (*koloce*) (en lat. *colossus*, pris du grec κολοσσος qui a la même signification), statue d'une grandeur démesurée. — Fig. et fam., personne extraordinairement grande et forte : *cet homme est un colosse*. — Dans le style relevé, on dit fig. et avec un régime : *colosse d'orgueil, de puissance*, etc.— Myth., statue d'airain d'une hauteur extraordinaire. Il y avait un *colosse* de Jupiter et de plusieurs autres; le plus fameux était celui de Rhodes représentant Apollon. Il avait cent six pieds de haut, était placé sur deux rochers, à l'entrée du port, et les vaisseaux passaient à pleines voiles entre ses jambes. — Subst. propre fém., ancienne ville de la Phrygie, dans l'Asie Mineure.

COLOSSÉE, subst. fém. (*kolocé*). Voy. COLISÉE.

COLOSSIEN, subst. et adj. mas.; au fém. COLOSSIENNE (*kolociein, ciène*), qui est de la ville de *Colosse*.

COLOSTIS, subst. mas. (*kolocetice*), t. de bot., plante des anciens rapportée au pyrèthre.

COLOSTRATION, subst. fém. (*kolocetrácion*), t. de médec., maladie qui survient aux enfants pour avoir tété le premier lait ou *colostre*.

COLOSTRE ou COLOSTRUM, subst. mas. (*kolocetre, trome*) (en lat. *colostra, æ*, ou *colostrum*), t. de médec., premier lait aqueux des femmes, après leur délivrance. Ce lait, lorsqu'il se caille, cause une maladie qu'on appelle également *colostre*. —En t. de pharm., émulsion préparée avec de la térébenthine dissoute dans un jaune d'œuf.

COLPITE, subst. fém. (*kolepite*) (dérivé du grec κολπος, sinus d'une plaie), t. de médec., inflammation du vagin.

COLPOCÈLE, subst. fém. (*kolepocèle*) (du grec κολπος, sinus, et κηλη, tumeur), t. de chir., hernie qui vient au vagin.

COLPOON, subst. mas. (*kolepo-on*), t. de bot., arbre du cap de Bonne-Espérance. — Il y a encore dans le genre fusain un arbrisseau du Cap qui porte le nom de *colpoon*.

COLPOPTOSE, subst. fém. (*kolepopetôze*) (du grec κολπος, sinus, et πιπτω, je tombe), t. de chir., chute du vagin.

COLPORRHAGIE, subst. fém. (*koleporaji*) (du grec κολπος, sinus, et ρηγνυν, couler), t. de médec., écoulement de sang par le vagin.

COLPORRHAGIQUE, adj. (*koleporajike*), t. de médec., qui a rapport à la *colporrhagie*.

COLPORTAGE, subst. mas. (*koleportaje*), emploi, fonction du *colporteur*; action de *colporter*.

COLPORTÉ, E, part. pass. de *colporter*.

COLPORTER, v. act. (*koleporté*), faire le métier de *colporteur*; porter dans les rues, dans les campagnes, des marchandises, des livres, des papiers publics pour les vendre. — Au fig. : *colporter de fausses nouvelles*, les répandre partout. — *se* COLPORTER, v. pron.

COLPORTEUR, subst. mas., au fém. COLPORTEUSE (*koleporteur, teuze*) (de *col* et *porter*, parce que les *colporteurs* portaient souvent et portent encore leurs marchandises sur un crochet suspendu à leur *cou*), celui ou celle qui *colporte* des marchandises. — Plus particulièrement, celui qui crie par les rues des relations, des papiers publics, etc. — Celui qui va vendre des livres dans les maisons.

COLPORTEUSE, subst. fém. Voy. COLPORTEUR.

COLPOSE, subst. fém. (*kolepoze*), t. de médec., synonyme de *colpite*.

COLPOSTEGNOSE, subst. fém. (*kolepocetéguenoze*) (du grec κολπος, sinus, et στεγνοω, je resserre), t. de médec., oblitération du vagin.

COLSA. Barbarisme. Inus. Voy. COLZA.

COLTI ou COLTIC, subst. mas. (*koleti, tike*), t. de mar., retranchement au bout du château d'avant d'un vaisseau, qui descend jusqu'à la plate-forme. — Petit cabinet au bout d'un édifice. Barbarisme. Inus.

COLUBRIN, subst. mas. (*kolubrein*), t. d'hist. nat., serpent panaché de blanc et de roux.

COLUBRINE, subst. fém. (*kolubrine*), t. d'hist. nat., poisson de la division des abdominaux. — T. de bot., bryone blanche dont les fleurs sont blanchâtres et les fruits noirs.

COLUCHIOLE, subst. fém. (*koluchiole*), t. de bot., genre de plantes.

COLUMBAIRE, subst. mas. (*kolonbère*) (en latin *columbarium*), t. d'hist. anc., mausolée ou tombeau destiné à renfermer les cendres de quelques familles illustres. Il prenait son nom de sa ressemblance intérieure avec un *colombier*. — Puisque nous avons francisé le mot *colombier*, nous devrions écrire *colombère*; mais nous ne lisons pourtant que *columbaire* et même *columbarium*; peut-être parce qu'on s'est fort peu servi de ce mot chez nous.

COLUMBÉE, subst. fém. (*kolonbé*), t. de bot., c'est le même mot que *colombée*.

COLUMBELLIER, subst. mas. (*kolonbélié*), t. d'hist. nat., animal qui vit dans la coquille appelée *colombelle*.

COLUMBIUM, subst. mas. (*kolonbiome*). Voy. COLOMBIUM.

COLUMELLA ou COLUMELLE, subst. fém. (*kolumèlela*), t. d'hist. nat.; ce mot est latin et désigne l'axe intérieur d'une coquille, depuis le haut jusqu'au bas.

COLUMELLAIRE, adj. des deux genres (*kolumèlelaire*), t. d'hist. nat., qui tient à la *columelle* d'une coquille.

COLUMELLE, subst. fém. (*kolumèle*) (du latin *columella*), t. de bot., corps ordinairement cylindrique, creux, rempli de poussière séminale, et contenu dans l'urne des mousses. — Arbrisseau grimpant de la Cochinchine. — Axe vertical matériel de quelques fruits. — Voy. COLUMELLA.

COLUMELLÉ, E, adj. (*kolumèlelé*), t. de bot. : *fruit columellé*, pourvu d'une *columelle*.

COLUMELLÉE, subst. fém. (*kolumèlelé*), t. de bot., plante du cap de Bonne-Espérance, de la famille des corymbifères.

COLUMNIFÈRE, adj. (*kolomenifère*) (du lat. *columna*, colonne, et *fero*, je porte), t. de bot., qui porte des colonnes.

COLURE, subst. mas. (*kolure*) (du grec κολουρος, mutilé, écourté, dérivé de κολουω, je coupe, et de ουρα, queue, parce que, ne se montrant jamais entiers sur l'horizon, les *colures* semblent en quelque sorte avoir la *queue coupée*), t. de géogr. et d'astron.; il se dit, dans la sphère, de deux grands cercles qui s'entrecoupent à angles droits aux pôles du monde. L'un passe par les points des solstices, et l'autre par ceux des équinoxes. Ils servent à marquer les quatre saisons de l'année : *colure des équinoxes; colure des solstices*.

COLUTE, subst. fém. (*kolute*), mesure des corps solides, en usage en Angleterre.

COLUTÉA, et non pas COLUTHÉA, comme l'écrit *Boiste*, subst. mas. (*koluté a*) (en grec κολυτεα fait du verbe κολουω, je mutile), t. de bot., petit arbrisseau nommé plus ordinairement *baguenaudier*, qui périt quand on le mutile. — Petit arbrisseau dont parle *Théophraste*, et que quelques-uns croient être une espèce d'épine-vinette, et d'autres le sureau des montagnes.

COLUTÉE, subst. fém. (*koluté*) (du grec κολυτεα, baguenaudier), t. de bot., gousse de baguenaudier.

COLUVRINE-DE-VIRGINIE, subst. fém. (*koluvrine*), t. de bot., racine apportée de la Nouvelle-Angleterre, qu'on croit être celle d'une espèce d'aristoloche.

COLYBES, subst. mas. plur. (*kolibe*) (du grec κολλυβα, froment cuit), pâte composée de légumes et de grains qu'on offre dans l'Eglise grecque en l'honneur des saints et en mémoire des morts.

COLYDIE, subst. fém. (*kolidi*) t., d'hist. nat., insecte de l'ordre des coléoptères, qui se tient sous les écorces des vieux arbres.

COLYMBADE, subst. fém. (*koleinbade*), (du grec κολυμβας, qui a le même sens), t. de médec., espèce d'olive qui, broyée, est employée contre les brûlures.

COLYMBUS, subst. mas. (*koleinbuce*), t. d'hist. nat. Selon Linnée, nom générique des grèbes, des plongeons et des guillemots; selon d'autres, celui des plongeons seulement; selon d'autres enfin, celui des grèbes. — Espèce d'oiseau aquatique.

COLZA, subst. mas. (*kolza*) (du lat. *caulis*, chou, et *satus*, semé), chou sauvage qui ne pomme pas; on tire de sa graine une huile bonne à brûler et à d'autres usages : *huile de colza*.

CÔMA, subst. mas. (*kôma*) en grec κωμα, fait de κοιμαω, j'assoupis), t. de médec., maladie soporeuse qui ressemble beaucoup à la léthargie, mais dans laquelle l'assoupissement est moins profond.

COMÆUS, subst. propre mas. (*komé-uce*), myth., surnom d'Apollon, pris du culte qu'on lui rendait à *Hiera Come*, bourg de la Carie.

COMALE, subst. fém. (*komale*), se dit des plaques de fer qui servent à faire cuire les gâteaux de maïs.

COMANDISE, subst. fém. (*komandize*), vieux mot inusité qui signifiait dépôt.

COMANE, subst. mas. (*komane*), myth., ministre subalterne des sacrifices qu'on faisait à Bellone dans la ville de *Comana* en Cappadoce, où elle avait un temple célèbre du même nom.

CÔMARCHIE, subst. fém. (*kômarchi*) (du grec κωμη, village, et αρχη, commandement), t. d'hist. anc., charge, dignité de celui qui commandait dans un village.

CÔMARCHIOS, subst. mas. (*kômarkioce*), myth., air de flûte que l'on jouait dans les festins et les réunions de débauches auxquels présidait le dieu *Comus*.

CÔMARCHIQUE, adj. des deux genres (*kômarchike*), qui a rapport à la *cômarchie*.

COMARET, subst. mas. (*komaré*), t. de bot., plante de la famille des rosacées. Elle ne comprend qu'une espèce.

COMAROÏDE, subst. fém. (*komaro-ide*), t. de bot., genre de potentille.

CÔMARQUE, subst. mas. (*kômarke*) (du grec κωμαρχης, chef d'un village), justicier subalterne en Portugal.

COMASIE, subst. propre fém. (*komazi*) (dérivé du grec κομη, chevelure soignée), l'une des trois Grâces.

COMASSIR, subst. mas. (*komacecir*), ancienne monnaie de billon, de la valeur d'environ trois sous deux deniers tournois ou seize centimes.

CÔMASTE, subst. mas. (*kômacete*) (du grec κωμος, festin), t. d'hist. anc., nom de celui qui, chez les anciens, présidait aux repas sacrés.

CÔMATEUSE, adj. fém. Voy. CÔMATEUX.

CÔMATEUX, adj. mas., au fém. CÔMATEUSE (*komateu, teuze*), t. de médec., qui annonce ou produit le *côma*.

COMATULE, subst. fém. (*komatule*), t. d'hist. nat., radiaire établi aux dépens des astéries.

CO-MAY, subst. mas. (*komé*), t. de bot., graminée commune à la Chine et à la Cochinchine.

COMBASOU, subst. mas. (*konbazou*), t. d'hist. nat., oiseau de l'espèce du moineau.

COMBAT, subst. mas. (*konba*), action de plusieurs personnes qui se battent.—Voy. au mot BATAILLE la différence qui se trouve entre ces deux termes. On dit *bataille* entre les armées de terre, et plus souvent *combat* entre celles de mer. — *Combat judiciaire*, celui qui consistait autrefois, en matière de justice, à soutenir son droit en se battant contre son adversaire. — En ce sens, on disait aussi simplement *combat* : *ordonner, permettre le combat*. — On dit aussi : *le combat des taureaux; le combat des chiens; combat à outrance; combat à mort; combat singulier*, d'homme à homme, duel. — *Combat naval*, action, bataille sur mer entre bâtiments ennemis qui se rencontrent, et parviennent, en s'approchant, à se battre à coups de canon ou même à s'aborder, etc. — Au fig., 1° état de trouble, d'agitation et de souffrance : *la vie est un combat perpétuel; elle était dans de cruels combats*; 2° efforts contre les tentations, etc. : *il faut livrer de grands combats pour vaincre ses passions*; 3° contention et dispute : *combat de civilité, d'esprit, d'érudition*; 4° contrariété de certaines choses entre elles : *le combat des humeurs dans le corps; le combat des éléments, des vents*, etc. — On appelle *combats*, certains jeux publics des anciens, comme les jeux olympiques, les jeux du cirque, etc. — *Combat sur l'eau*, course ou joûte sur l'eau. — *Être hors de combat*, n'être plus en état de *combattre*, au propre et au figuré. — Prov., *le combat finit faute de combattants*, se dit d'une chose qui finit par l'impossibilité d'aller plus loin. Voy. pour l'étymologie le mot COMBATTRE.

DU VERBE IRRÉGULIER COMBATTRE :

Combat, 3ᵉ pers. sing. prés. indic.
Combats, 2ᵉ pers. sing. impér.
Combats, précédé de *je*, 1ʳᵉ pers. sing. prés. indic.
Combats, précédé de *tu*, 2ᵉ pers. sing. prés. indic.

COMBATTABLE, adj. des deux genres (*konbatable*), qui peut être *combattu*.

DU VERBE IRRÉGULIER COMBATTRE :

Combattaient, 3ᵉ pers. plur. imparf. indic.
Combattais, 1ʳᵉ pers. sing. imparf. indic.
Combattais, 2ᵉ pers. sing. imparf. indic.
Combattait, 3ᵉ pers. sing. imparf. indic.
Combattant, e, part. prés.

COMBATTANT, E, subst. (*konbatan, tante*), celui, celle qui *combat*, ou qui va *combattre*. — Au mas., homme de guerre marchant en campagne sous les ordres d'un général. Il se dit non-seulement des soldats occupés à *combattre*, mais encore de ceux qui sont prêts à le faire : *une armée de vingt mille combattants*. — Les soutenants et les assaillants d'un tournoi : *quand les deux combattants furent en présence*. — En t. de blason, on appelle *combattants* deux animaux en attitude de *combattre*. — T. d'hist. nat., paon de mer, espèce de vanneau. Ce nom lui vient peut-être de l'acharnement avec lequel les mâles disputent, au printemps, la possession des femelles.

DU VERBE IRRÉGULIER COMBATTRE :

Combatte, précédé de *que je*, 1ʳᵉ pers. sing. prés. subj.
Combatte, précédé de *qu'il* ou *qu'elle*, 3ᵉ pers. sing. prés. subj.
Combattent, précédé de *ils* ou *elles*, 3ᵉ pers. plur. prés. indic.
Combattent, précédé de *qu'ils* ou *qu'elles*, 3ᵉ pers. plur. prés. subj.
Combattes, précédé de *que tu*, 2ᵉ pers. sing. prés. subj.
Combattez, 2ᵉ pers. plur. impér.
Combattez, précédé de *vous*, 2ᵉ pers. plur. prés. indic.
Combattiez, précédé de *vous*, 2ᵉ pers. plur. imparf. indic.
Combattiez, précédé de *que vous*, 2ᵉ pers. plur. prés. subj.
Combattîmes, 1ʳᵉ pers. plur. prét. déf.
Combattions, précédé de *nous*, 1ʳᵉ pers. plur. imparf. ind.
Combattions, précédé de *que nous*, 1ʳᵉ pers. plur. prés. subj.
Combattirent, 3ᵉ pers. plur. prét. déf.
Combattis, précédé de *je*, 1ʳᵉ pers. sing. prét. déf.
Combattis, précédé de *tu*, 2ᵉ pers. sing. prét. déf.
Combattisse, 1ʳᵉ pers. sing. imparf. subj.
Combattissent, 3ᵉ pers. plur. imparf. subj.
Combattisses, 2ᵉ pers. sing. imparf. subj.
Combattissiez, 2ᵉ pers. plur. imparf. subj.
Combattissions, 1ʳᵉ pers. plur. imparf. subj.
Combattit, précédé de *il* ou *elle*, 3ᵉ pers. sing. prét. déf.
Combattît, précédé de *qu'il* ou *qu'elle*, 3ᵉ pers. sing. imparf. subj.
Combattîtes, 2ᵉ pers. plur. prét. déf.
Combattons, 1ʳᵉ pers. plur. impér.
Combattons, précédé de *nous*, 1ʳᵉ pers. plur. prés. indic.
Combattra, 3ᵉ pers. sing. fut. indic.
Combattrai, 1ʳᵉ pers. sing. fut. indic.
Combattraient, 3ᵉ pers. plur. prés. cond.
Combattrais, précédé de *je* 1ʳᵉ pers. sing. prés. cond.
Combattrais, précédé de *tu*, 2ᵉ pers. sing. prés. cond.
Combattrait, 3ᵉ pers. sing. prés. cond.
Combattras, 2ᵉ pers. sing. fut. indic.

COMBATTRE, v. act. (*konbatre*) (de l'italien *combattere*, fait, dans la même acception, du latin *cum*, avec, et du verbe barbare *battuere*, battre, *se battre avec*), attaquer son ennemi, ou en soutenir, en repousser l'attaque. — Faire la guerre : *Combattre les ennemis de son pays*. — On dit fig. : *combattre les difficultés, les tentations; combattre les raisons, les sentiments, les opinions d'autrui; combattre ses passions, sa colère, les vices*, etc. — *Ce remède combat le mal*, agit fortement contre lui. — *Combattre* s'emploie souvent neutralement et sans régime : *allons combattre; il faut combattre; on a toute sa vie à combattre contre ses mauvais penchants*. — *Combattre contre la faim, la soif, les vents*; dans un style soutenu, on dit activement : *combattre les vents, la faim, la soif*. — *Combattre avec quelqu'un de civilité, de politesse*, etc., disputer à qui sera plus poli. — *Combattre en soi-même*, être extrêmement embarrassé à se déterminer. — *se* COMBATTRE, v. pron. : *les passions se combattent*.

DU VERBE IRRÉGULIER COMBATTRE :

Combattrez, 2ᵉ pers. plur. fut. indic.
Combattriez, 2ᵉ pers. plur. prés. cond.
Combattrions, 1ʳᵉ pers. plur. prés. cond.
Combattrons, 1ʳᵉ pers. plur. fut. indic.
Combattront, 3ᵉ pers. plur. fut. ind.

COMBATTU, E, part. pass. de *combattre*, et adj. : *opinion combattue; sentiments combattus; passions combattues; hérésie combattue; il se sentait combattu en lui-même*. L'emploi de cet adjectif ne s'étend guère au-delà de ces phrases.

COMBE, subst. fém. (*konbe*) (en grec κυμβος, enfoncement), vieux mot qui signifiait grotte, vallée. — Mesure de grains en Angleterre.

COMBÉ, subst. propre mas. (*konbé*), myth., surnommé *Ophias*, du nom de son père Ophius. On lui attribue l'invention des armures d'airain.

COMBEAU-FONTAINE, subst. propre mas. (*konbôfontène*), village de France, chef-lieu de canton, arrond. de Vesoul, dép. de la Haute-Saône.

COMBIEN, adv. de quantité (*konbiein*) (du lat. *quantum bene*. Nicot.) : *il y a je ne sais combien de gens qui*, etc., il y a un grand nombre de gens qui, etc. — *Si vous saviez combien cette erreur est pernicieuse!* si vous saviez à quel point cette erreur, etc. — *Combien vaut ce livre?* de quel prix est ce livre? — *En combien de temps a-t-il achevé?* en quel espace de temps? — *Combien de fois est-t-il venu?* quel nombre de fois est-il venu? — Il signifie aussi : quel degré : *combien d'attachement ne m'a-t-il pas montré?* Il est aussi adverbe d'interrogation : *cet objet est à vendre : combien?* — *Combien* s'emploie substantivement : *il veut me vendre son pré; nous en sommes sur le combien; la physique donne le combien, et la métaphysique le comment*. Fam. — *Combien que*, loc. conj., encore que, bien que, quoique. Vieux.

COMBINABLE, adj. des deux genres (*kombinable*), qui peut être *combiné*. Cet adjectif est peu usité.

COMBINAISON, subst. fém. (*konbinèzon*) (en latin *combinatio*, fait de *combinare*, lequel est formé de *cum*, avec, et *binare*, accoupler), proprement, l'assemblage et la disposition de deux ou de plusieurs choses d'après un plan : *faire des combinaisons de lettres, de chiffres*. — Dans un sens plus étendu et plus usité, toutes les manières possibles de prendre un nombre de quantités données. — Il se dit au fig. des calculs que l'on fait pour le succès de quelque affaire : *de savantes, de profondes combinaisons*. — T. d'algèb., manière de prendre des quantités représentées par des lettres, deux à deux, trois à trois. — En t. de chim., l'union intime par laquelle les parties de deux corps se pénètrent et se joignent pour former un nouveau corps.

COMBINANT, E, adj. (*konbinan, nante*), qui *combine*.

COMBINATEUR, subst. mas., au fém. COMBINATRICE (*konbinateur, trice*), celui, celle qui *combine*. Mot nouveau employé par *Delille* (*Trois Règnes de la Nature*, chant sixième) :

Des éléments divers puissants *combinateurs*.

COMBINATOIRE, subst. des deux genres (*konbinatoare*), l'art, la science des *combinaisons*. (*Trévoux*.) — Adj. des deux genres, qui est relatif aux *combinaisons*.

COMBINATRICE, subst. fém. Voy. COMBINATEUR.

COMBINÉ, subst. mas. (*konbiné*), t. de chim., mélange : *il y a dans l'esprit-de-vin un combiné d'eau, d'huile et de sel*.

COMBINÉ, E, part. pass. de *combiner* : *armée combinée*, composée de différentes nations.

COMBINER, v. act. (*konbiné*) (en lat. *combinare*. Voy. COMBINAISON), proprement, assembler les choses de deux en deux. — Par extension, les assembler et les disposer entre elles : *combiner des nombres, des raisonnements, des preuves*, etc. — Il se dit au fig. des calculs, des dispositions que l'on fait pour arriver à un résultat : *tous les êtres ont été combinés pour former un ensemble duquel naît la beauté de l'univers*. (*Marc-Aurèle*.) — En t. de chim., mélanger, unir intimement des substances diverses pour en former un mixte. — *se* COMBINER, v. pron. : *l'honneur et la vertu peuvent fort bien se combiner*.

COMBIRD, subst. mas. (*konbirde*), t. d'hist. nat., oiseau du Sénégal qui a la taille du coq-d'Inde, et que l'on croit être une outarde. On le nomme aussi *oiseau peigne*.

COMBLAN ou **COMBLEAU**, subst. mas. (*konblan, blô*), cordage propre à traîner un canon.

COMBLE, subst. mas. (*konble*) (en lat. *cumulus*), ce qui peut tenir au-dessus des bords d'une mesure, d'un vase plein de solides : *le comble d'un boisseau, d'un minot*. — *Comble de foin, de fagots*, plusieurs cents de bottes de foin, de fagots élevés en hauteur sur un bateau. — Le faîte d'une maison. *Comble* est plus du style simple, *faîte* est du style relevé. Voy. SOMMET. — Fig., le dernier surcroît, le plus haut degré de quelque chose : *le comble des honneurs* ou *de l'infortune*, etc. — *Être au comble de... mettre le comble à...* — *Pour comble*, pour surcroît : *il a perdu son bien, et, pour comble de malheur, il s'est cassé la jambe*. — *De fond en comble*, loc. adv., entièrement, depuis le fond jusqu'au *comble* : *ce palais est ruiné de fond en comble*. — Fig., *cet homme est ruiné de fond en comble*, est entièrement ruiné.

COMBLE, adj. des deux genres (*konble*); il ne se dit que des mesures et des choses sèches seulement; on ne le dit donc point des liquides : *mesure comble; boisseau, minot comble; tout comble*. — Fig. : *la mesure est comble*, les crimes sont montés à l'excès; on a tout à craindre des vengeances célestes, etc. — Il se dit, en t. de blason, d'un chef rétréci, et, en t. de manège, lorsqu'un cheval a la sole arrondie par-dessous, en sorte qu'elle est plus haute que la corne.

COMBLÉ, E, part. pass. de *combler* : *comblé de biens, de gloire, de faveurs*. — On l'emploie aujourd'hui comme adjectif, sans régime, et dans le sens de ravi, enchanté : *vous m'avez comblé*.

COMBLEAU, subst. mas. (*konblô*). Voy. COMBLAN.

COMBLEMENT, subst. mas. (*konbleman*), action de *combler*, de remplir jusqu'au bord. Très-peu en usage.

COMBLER, v. act. (*konblé*), remplir un vaisseau, une mesure jusque par-dessus les bords. En ce sens, il est peu usité, excepté dans cette expression du style figuré : *combler la mesure*, faire quelque nouvelle faute, après laquelle il n'y a plus de pardon à espérer. On ne dit pas au passif *la mesure est comblée*, mais *comble*. Voy. COMBLE. — Remplir un creux, un vide : *combler un fossé, des vallées, la tranchée*. — Au fig., *combler les désirs, les vœux*, les satisfaire, les remplir. — *Combler de biens*, faire de grands biens à... On dit, dans le même sens, *combler de graces, de faveurs, de gloire*, etc. — En t. de finances, *combler un déficit*, faire qu'il cesse d'exister. — *Combler quelqu'un*, le bien traiter, le bien accueillir. — *se* COMBLER, v. pron.

COMBLES, subst. propre fém. (*konble*), village de France, chef-lieu de canton, arrond. de Péronne, dép. de la Somme.

COMBLETTE (l'*Académie* écrit *comblète*, qui est moins conforme au génie de la langue), subst. fém. (*konblète*), t. de vén., fente qui est au milieu du pied du cerf.

COMBOURG, subst. propre mas. (*konbour*), bourg de France, chef-lieu de canton, arrond. de Saint-Malo, dép. d'Ille-et-Vilaine.

COMBOURGEOIS, subst. mas. (*konbourjoa*), t. de mar., copropriétaire d'un navire. On dit plus souvent et mieux *cobourgeois*. — Dignité en Suisse.

COMBRECELLE, subst. fém. (*konbrecèle*), l'action de tendre le dos à quelqu'un pour l'aider à monter sur un mur. Il est vieux et inusité.

COMBRETACÉE, subst. fém. (*konbretacé*); t. de bot., sorte de plante.

COMBRIÈRE, subst. fém. (*konbrièré*), t. de pêche, filet pour prendre des thons et autres grands poissons.

COMBRONDE, subst. propre fém. (*konbronde*), bourg de France, chef-lieu de canton, arrond. de Riom, dép. du Puy-de-Dôme.

COMBUGÉ, E, part. pass. de *combuger*.

COMBUGER, v. act. (*konbujé*), remplir d'eau des futailles pour les imbiber avant de les employer

COMBURANT, E, adj. (*konburan, rante*) (du latin *comburens*, part. prés. de *comburere*, brûler), t. de chim., qui a la propriété de brûler les corps *combustibles* : *l'oxygène est le seul principe comburant qui existe dans la nature.* — Ce mot ne se lit point dans l'*Académie*.

COMBUSTIBILITÉ, subst. fém. (*konbucetibilité*), dans la chimie moderne, propriété qu'ont les corps de s'unir à l'oxygène atmosphérique. Voy. COMBUSTION dans sa première acception.

COMBUSTIBLE, adj. des deux genres (*konbucetible*), qui a la propriété de brûler; qui est disposé à brûler aisément, et, dans la nouvelle nomenclature chimique, à s'unir à l'oxygène.

COMBUSTIBLE, subst. mas. (*konbucetible*), tout ce qui est susceptible de brûler, d'entretenir le feu : *les meilleurs combustibles sont le bois et le charbon.*

COMBUSTION, subst. fém. (*konbucetion*) (du latin *combustio*, fait, dans le même sens, de *comburere*, brûler), action de brûler; décomposition d'une chose par le feu. — Par extension, on le dit d'un vaste incendie qui dévore tout un édifice. — Dans la nouvelle chimie, fixation de l'oxygène sur un corps *combustible*, accompagnée, pour l'ordinaire, d'un dégagement de calorique et de lumière. — *Combustion humaine* ou *spontanée*, état dans lequel le corps humain se réduit en cendres spontanément ou par l'effet d'un feu peu considérable qui n'a point été en contact avec le corps, ou destruction rapide du corps humain par l'effet d'un corps interne. — Au fig., grand désordre et grand trouble excité dans un état, dans une ville, dans une assemblée, etc. On l'emploie toujours avec la préposition *en* : *toute la ville était en combustion.* — Dans l'ancienne astronomie, une planète était dite *en combustion*, lorsqu'elle était en conjonction avec le soleil, parce qu'elle paraissait alors passer par le disque de cet astre ou derrière, et en être comme brûlée.

COME ou **COMME**, subst. mas. (*kome*), t. de marine, officier de galère qui commande la chiourme; il est, à l'égard des forçats, ce qu'est le maître d'équipage à l'égard des matelots. Ce mot est plus usité dans les ports que celui de *comite*; c'est même sous le nom de *come* que cette fonction est désignée dans les règlements et ordonnances.

CÔME, subst. propre mas. (*kôme*), ville du duché de Milan, en Italie : *le lac de Côme est le plus grand de toute l'Italie.*

COMÉDIATEUR, subst. mas., au fém. **COMÉDIATRICE**, (*komédiateur, trice*), *médiateur* avec une ou plusieurs personnes.

COMÉDIATRICE, subst. fém. Voy. COMÉDIATEUR.

COMÉDIE, subst. fém. (*komédi*) (en grec κωμῳδία, formé, dans la même acception, de κώμη, bourg, village, et ᾄδω, je chante, parce que les poètes allaient autrefois de village en village chanter leurs *comédies*), œuvre, et non pas seulement *poëme*, comme le dit l'*Académie*, œuvre dramatique, pièce de théâtre dans laquelle on représente quelque action de la vie commune, que l'on suppose s'être passée entre des personnes d'une condition privée, et qui peint les mœurs, les ridicules, les caractères de la société. En ce sens, il se dit par opposition à *tragédie*. — Les critiques divisaient autrefois l'art de la *comédie* des anciens en trois périodes : la *comédie ancienne, moyenne et nouvelle.— Les comédies de Molière*, les *comédies* composées par cet auteur : *la comédie du Misanthrope*, la *comédie* dont un *misanthrope* est le principal personnage. — *Comédie de mœurs*, celle dont le but principal est la peinture des mœurs. — *Comédie de caractère*, celle qui a surtout pour objet le développement d'un caractère : *le Tartufe est une comédie de caractère.*— *Comédie d'intrigue*, celle où l'on cherche à plaire par une action fortement intriguée : *les Fourberies de Scapin* sont une *comédie* de ce genre. — *Comédie-ballet*, se disait des *comédies* où il y avait entre chaque acte un divertissement de danse. — *Haute comédie*, se dit des hautes conceptions comiques. — *Comédie héroïque*, celle qui représente une action sérieuse entre des personnages de haut rang. — *Comédie larmoyante*, autrefois celle dans laquelle il y a beaucoup de situations fortes et pathétiques. On se sert aujourd'hui du mot *drame*. — *Comédie pastorale*, celle dont l'action se passe entre des bergers. — *Comédie historique*, celle dont le sujet est puisé dans l'histoire. — *Comédie anecdotique*, celle dont le fond est une anecdote. — *Comédie épisodique*, celle dont les scènes n'ont entre elles aucune liaison nécessaire.—L'art de composer des *comédies* : *il entend bien la comédie.* — En général, toute sorte de pièces de théâtre, comme la *comédie*, la tragédie, le drame, le vaudeville, etc. : *jouer la comédie ; voir la comédie ; aller à la comédie.* Aujourd'hui on dit, en ce dernier sens : *aller au spectacle.* — Lieu où l'on joue la *comédie* : *il est logé à côté de la comédie.* Cette locution et les deux suivantes ne sont plus guère usitées que dans les provinces. — La troupe même des *comédiens*. — *Portier de comédie*, se disait de celui qui se tenait à la porte d'un théâtre pour recevoir l'argent de ceux qui voulaient voir le spectacle.—Fig. : 1° actions qui ont quelque chose de plaisant ou de ridicule : *ces messieurs nous donnent la comédie; partout où il va, il donne la comédie ; donner la comédie au public*, se faire moquer de soi par des manières extravagantes, ou par une conduite scandaleuse; 2° feinte : *tout cela n'est qu'une pure comédie.* Dans le même sens : *jouer la comédie*, manifester des sentiments, des opinions, des mœurs qu'on n'a pas. — Prov., *c'est le secret de la comédie;* tout le monde en est instruit. — Myth., la *comédie* est personnifiée par une figure allégorique représentant une vieille femme chaussée de brodequins et tenant à la main un masque grotesque.

COMÉDIEN, subst. mas.; au fém. **COMÉDIENNE** (*komédiein, diène*), celui ou celle qui joue la *comédie* ou quelque autre œuvre dramatique, sur un théâtre public : *les comédiens français; les comédiens ordinaires du roi*, ceux qui font partie du *théâtre Français*, à Paris. On dit aujourd'hui *acteur* et *actrice* : *c'est un acteur, une actrice*, de tous ceux qui se montrent sur la scène, quel que soit leur genre particulier.— Celui ou celle qui ne joue que des rôles comiques, par opposition au tragédien.— Au fig., celui, celle qui feint avec succès des passions et des sentiments qu'ils n'ont point : *c'est un grand comédien*, un grand hypocrite.

COMÉDIENNE, subst. fém. Voy. COMÉDIEN.

COMÉPHORE, subst. mas. (*koméfore*), t. d'hist. nat., poisson de la division des apodes.

COMÉPHORE-BAÏKAL, subst. mas. (*koméfore-ba-ikal*), t. d'hist. nat., espèce de poisson volant, qui se tient sur le lac Baïkal.

COMESPERME, subst. mas. (*komècepérème*), t. de bot., plante de la famille des rhinanthoïdes.

COMESSATION, subst. fém. (*komèceçâcion*) (du grec συν, avec, et ἔδω, je mange), débauche, festin, collation après souper. Ce mot est vieux et hors d'usage.

COMESTEUR, subst. mas. (*komèceteur*), mangeur, gros mangeur. — T. de jurispr., gardien d'effets saisis; garnisaire de l'impôt. Hors d'usage.

COMESTIBLE, adj. des deux genres (*komècetible*) (du latin *comedo*, je mange), qui peut se manger. Il ne se dit que des aliments propres à l'homme : *denrées, viandes comestibles.* Il est plus usité comme subst. mas. : *le comestible ; des comestibles : les comestibles devinrent fort rares.*

COMÉTAIRE, adj. des deux genres (*komètère*), qui a rapport aux *comètes*. Inus.

COMÈTE, subst. fém. (*komète*) (en grec κομήτης fait, dans le même sens, de κόμη, chevelure), corps céleste, lumineux seulement par réflexion, ainsi que les planètes, et qui paraît dans le ciel à des intervalles inégaux avec un mouvement qui lui est propre, et accompagné d'une traînée de lumière, qu'on appelle tantôt *chevelure*, tantôt *barbe*, et tantôt *queue*. Les *comètes* situées au-dessus de la lune, et dans la région des planètes, sont elles-mêmes une espèce de planètes qui décrivent des orbes par un mouvement perpétuel. Leur corps est solide, et elles tirent leur splendeur de la lumière du soleil qu'elles réfléchissent. (*Newton*). La *comète* a cela de particulier, qu'elle est accompagnée d'une longue traînée, ou de certains rayons de lumière, qui est toujours opposée au soleil, et qui s'affaiblit en s'éloignant : ces rayons sont apparemment réfléchis par le corps de la *comète* : c'est ce qui fait qu'on en distingue trois sortes. La *comète barbue* est celle qui est orientale par rapport au soleil, et qui se lève devant lui; car alors cette lumière marche devant le corps de la *comète*, comme une sorte de barbe. La *comète caudée*, ou *à grande queue*, est celle qui est occidentale, et qui paraît après le soleil couché; et alors le corps de la *comète* précède cette traînée. La troisième est la *comète à la rose*, autrement nommée *chevelue*, qui paraît lorsque le soleil et la *comète* sont diamétralement opposés, et que la terre se trouve entre les deux; alors cette traînée est cachée derrière le corps de la *comète*, et il ne paraît que quelque peu de rayons autour d'elle en forme de chevelure. Un peu avant que la *comète* cesse de paraître, sa grandeur apparente et sa lumière diminuent peu à peu. Les *comètes* tournent d'orient en occident autour de la terre, et semblent décrire un cercle parallèle à l'équateur. *Descartes*, dans son système, est le premier qui ait bien expliqué la nature des *comètes*, en disant que ce sont des astres qui roulent autour d'un autre soleil dans un autre tourbillon du monde. *Bertinus* croit que la *comète* n'est qu'un amas de petites étoiles, comme celles qui forment la voie lactée. *D'Harrouys* a soutenu la même opinion, et dit que ce sont des planètes qui, ayant des mouvements inégaux, doivent se joindre de temps en temps, et se rendre visibles par leur union. Les *comètes* en effet sont assez fréquentes. Ce n'est pas une chose fort rare que d'en voir deux dans une même année. On en vit quatre ensemble en 1529 et on en remarqua huit ou neuf pour la seule année 1618. Il y a une autre sorte de *comète* qui est *sublunaire*, et qui n'est qu'un météore, et une inflammation des exhalaisons de l'air grossier.—C'est une erreur populaire de croire que les *comètes* soient des causes ou des présages de malheurs. L'apparition des *comètes* ne doit épouvanter personne. Ceux qui avaient besoin de faire peur de la colère de Dieu ne manquaient pas de soutenir que les *comètes* présageaient de grands malheurs. Voyez sur cela les *Pensées diverses* de *Bayle* sur la *comète* de 1680, où il est dit que les *comètes sont regardées comme des hérauts qui viennent, de la part de Dieu, déclarer la guerre au genre humain.*—La mort des grands est un des principaux événements dont le peuple s'imagine que les *comètes* sont des présages, et ce qui a donné lieu à cette devise, où l'on représente une *comète*, avec ces mots, pour servir d'âme : *in ortu signat occasum* (*en paraissant elle prédit la mort*). Quelques-uns prétendent que si les *comètes* ne sont pas les présages des événements, elles en peuvent être des causes physiques. La raison est que les *comètes*, occupant une si vaste partie du ciel, communiquent à la matière qu'elles rencontrent des mouvements fort différents de ceux qu'elle avait auparavant : or, il peut arriver des changements dans le monde par les agitations et les altérations que produit l'influence de la *comète*. Au Mexique et en plusieurs endroits des Indes, les peuples faisaient grand bruit avec des cornets et tambours, quand ils voyaient des *comètes*, s'imaginant par leurs cris les faire fuir et les dissiper. (*Herrera.*) — Ruban étroit, espèce de faveur. — En t. d'artificier, fusée volante.— Sorte de jeu de cartes dont une porte le nom de *comète*. — En t. de blas., étoile à queue flamboyante. — T. de bot., sorte de petite plante.

COMÉTÉ, E, adj. (*komété*), t. de blas., qui a des rayons ondoyants comme ceux de la *comète* à longue queue.

COMÉTÈS, subst. propre mas. (*komètèce*), myth., père d'Astérion, un des Argonautes.

COMÉTHO, subst. propre fém., (*kométo*), myth. Voy. AMPHITRYON.

COMÉTI, subst. propre mas. (*kométi*), philosophe ou docteur indien. Inus.

COMÉTITE, subst. fém. (*kométite*), t. d'hist. nat., portion détachée d'une espèce d'encrinite fossile.

COMÉTOGRAPHE, subst. mas. (*kométoguerafe*) (du grec κομήτης, comète, et γράφω, je décris), celui qui observe les *comètes*, qui décrit leur marche ou leur dimension.

COMÉTOGRAPHIE, subst. fém. (*kométoguerafi*) (même étym. que celle du mot précédent), traité sur les *comètes*.

COMÉTOGRAPHIQUE, adj. des deux genres (*kométoguerafike*), qui a rapport à la *cométographie*.

COMÉTOLOGIE, subst. fém. (*kometoloji*) (du grec κομήτης, comète, et λόγος, discours), dissertation sur les *comètes*, sur leur marche, sur leur nature.

COMÉTOLOGIQUE, adj. (*kométolojike*), qui a rapport à la *cométologie*.

COMICE, subst. mas. (*komice*) (du lat. *comitia*, formé de *cum*, avec, et *ire*, aller, s'assembler), t. d'hist. anc., assemblée du peuple romain au champ de Mars pour élire des magistrats ou pour traiter des affaires de la république. En ce sens on ne l'emploie qu'au plur. : *tenir les comices*. — On disait *le comice* en parlant du lieu où se tenaient les *comices*.

COMICIAL, E, adj. des deux genres (*komiciale*) : dans l'ancienne constitution d'Allemagne, on appelait *délibération comiciale, arrêt comicial*, les délibérations, les arrêts de la diète de Ratisbonne.

COMICILES, subst. mas. plur. (*komicile*), assemblées particulières du peuple romain, qui différaient des *comices* en ce que tous les citoyens devaient être présents ou représentés.

COMIFICIEN, subst. mas. (*komificiein*), ancien sectaire dont la doctrine avait pour but de s'opposer à la marche progressive de la raison humaine.

COMINES, subst. propre fém. (*komine*), petite ville de Flandre, entre Lille et Ypres.

COMINGES, et non pas **COMINGE** ni **COMMINGES**, subst. fém. (*komeinje*), bombe d'une grosseur considérable, ainsi appelée du nom de son auteur. Louis XIV, au siége de Mons et de Namur, qu'il fit en personne, fit un grand usage de ces bombes. M. le comte de *Cominges* y était un de ses aides-de-camp, et le roi l'honorait de sa bienveillance, et même de sa familiarité. Comme M. de *Cominges* avait près de six pieds de hauteur, et environ autant de circonférence, le roi dit un jour : *ces bombes prodigieuses ressemblent bien à Cominges; il faut leur donner son nom; mais il ne me le pardonnera jamais, s'il vient à savoir que je les lui ai comparées*. De là ce nom leur resta, et telle en est l'étymologie. (*Jugement sur quelques ouvrages nouveaux*, tome IV.) — Nom de la capitale de l'ancien comté de *Cominges*, situé en Gascogne.

COMIQUE, adj. des deux genres (*komike*), qui appartient à la *comédie* proprement dite : *pièce, poëte, sujet, style comique*. — On appelle *force comique*, ces grands traits qui, dans une *comédie*, approfondissent les caractères, et vont chercher le vice jusque dans les replis de l'âme, pour les exposer à la risée des spectateurs. — *Comique* se prend aussi substantivement pour signifier le genre de la *comédie*, le genre *comique*. — On appelle *comique noble* ou *haut comique*, celui qui peint les mœurs des grands; *comique bourgeois*, celui qui peint les mœurs de la classe moyenne de la société; *comique bas*, ou *bas comique*, celui qui imite les mœurs du bas peuple. On appelle *comique grossier*, celui qui s'éloigne de la délicatesse et du bon goût; *comique de caractère*, celui qui peint le vice dans le dessein de le rendre méprisable; *comique de situation*, celui au moyen duquel les hommes sont placés dans des situations ridicules qui les rendent le jouet des événements; *comique attendrissant*, celui où les vertus communes sont représentées avec des traits qui les font aimer, et dans des périls ou des malheurs qui les rendent intéressantes. C'est aussi ce qu'on appelle, par détraction : *le comique larmoyant*. — Plaisant; propre à faire rire : *visage, aventure, histoire comique*; *cette intrigue est tout-à-fait comique*. — *Avoir le masque comique*, en parlant d'un acteur, c'est avoir un visage qui exprime tous les jeux de physionomie nécessaires pour remplir un rôle plaisant. — *Avoir du comique dans les manières*, des manières plaisantes. — *Avoir la mine comique*, risible.

COMIQUE, subst. mas. (*komike*), le genre, le style *comique* : *Molière est un comique incomparable*. — Acteur qui joue les personnages *comiques* : *c'est un bon comique; jouer les comiques*. En ce sens ce substantif est des deux genres. — Fig. et fam., *c'est le comique de la troupe*, se dit d'une personne qui amuse les autres par ses bouffonneries.

COMIQUEMENT, adv. (*komikeman*), d'une manière *comique*.

COMIR, subst. mas. (*komir*), farceur, qui allait jouant des instruments et chantant les ouvrages des *troubadours*. — Les *comirs* succédèrent aux *histrions*. On les appela successivement *conteurs, jongleurs, plaisantins, pantomimes*, etc.; ils étaient pour la plupart Provençaux.

COMITAL, E, adj. (*komitale*), épileptique. Se trouve dans *Boiste*. C'est un barbarisme. Voyez **COMITIAL**.

COMITE, subst. mas. (*komite*), bas officier de galère. Voy. **COME**, qui semble être le même.

COMITÉ, subst. mas. (*komité*) (de l'anglais *committee*, fait, dans la même signification, du lat. *committo*, je commets, je confie), bureau composé de plusieurs membres d'une assemblée, qu'on *commet* pour l'examen de quelque affaire : *le comité fera son rapport à la prochaine séance*. — *Comité secret*, se dit des assemblées qui excluent le public de leur salle pour délibérer en secret. — Nom que les comédiens donnent à leurs réunions. — *Comité de lecture*, assemblée des comédiens chargée d'entendre les pièces nouvelles. — *Petit comité*, réunion de personnes intimes. — *Comité d'insurrection*, comité formé en 1792 par les jacobins à Paris.

COMITIAL, subst. mas. (*komicial*), épilepsie. Ce mal, chez les Latins, s'appelait *comitialis morbus*, des assemblées du peuple romain dites *comitia*; parce que, si quelqu'un y tombait du *haut-mal*, cela était regardé comme un mauvais présage, et l'on rompait l'assemblée. Ce mot n'est plus en usage, dit le *Dict. de Trévoux*, qui nous a fourni cette savante étymologie.

COMITRICULE, subst. mas. (*komitricule*), mot inus. employé pour signifier *petit comité*.

* **COMITIUM**, subst. mas. (*komiciome*), mot latin. Partie du *forum* où se tenaient les assemblées du peuple romain avant leur translation au champ de Mars.

COMITIVE, adj. fém. (*komitive*) : *noblesse comitive*, de comtes. On appelait ainsi autrefois la noblesse des comtes du palais. Nous n'avons trouvé nulle part le mas. *comitif*. Nous ne conseillerions pas de s'en servir, parce que le fém. que nous donnons n'est pas lui-même assez usité.

COMM., abréviation du mot *commerce*.

COMMA, subst. mas. (*koma*) (du grec κόμμα, membre de phrase, incise), en t. d'imprim., espèce de ponctuation qui se marque avec deux points placés l'un sur l'autre (:). — En t. de mus., différence du ton majeur au ton mineur. C'est un neuvième de ton, ou le plus petit des intervalles sensibles. — T. d'hist. nat., oiseau d'Afrique qui a le cou vert, les ailes rouges et la queue noire.

COMMAGÈNUM, subst. mas. (*komemajénome*), t. de pharm., espèce d'onguent connu aussi sous le nom de *syriacum unguentum*.

COMMAND, subst. mas. (*koman*), t. de jurispr., celui qui a chargé un autre d'acheter pour lui. Peu usité.

COMMANDANT, subst. mas., au fém. **COMMANDANTE** (*komandan, dante*) (du lat. *cum*, avec, *mandare*, ordonner), celui qui *commande* des troupes, ou dans une place : *le commandant du fort, de la citadelle, du régiment*, etc. — *Commandant de place*, chef de bataillon ou d'escadron; lieutenant de roi qui *commande* dans une place. — On dit quelquefois adj., *officier commandant*. — On appelle *commandante* la femme du *commandant*.

COMMANDANTE, subst. fém. Voy. **COMMANDANT**.

COMMANDASSÉ, E, part. pass. de *commandasser*.

COMMANDASSER, v. act. (*komandacé*), mot employé ironiquement et qui signifie *commander* à tort et à travers. Peu en usage.

COMMANDE, subst. fém. (*komande*), ordre, commission donnée à un fabricant ou à un ouvrier de livrer un ouvrage : *c'est de la besogne de commande*. — On dit fig. et fam., *maladie, larmes, louanges de commande*, pour dire : qu'elles sont feintes. — En t. de négoce, procuration, commission d'acheter ou de négocier pour autrui. — T. de mar. Voy. **CENTAINE**.

COMMANDÉ, E, part. pass. de *commander*.

COMMANDEMENT, subst. mas. (*komandeman*), ordre que donne celui qui *commande*, qui a pouvoir de *commander* : *commandement juste, exprès, absolu*. — Les princes ont des *secrétaires des commandements*, dont les fonctions sont de contre-signer et de sceller leurs ordonnances, mandements, commissions, etc. — En t. de palais, exploit par lequel un huissier *commande*, au nom de la justice, de payer, de vider les lieux, etc. — Loi, précepte. En ce sens, on dit, par excellence : *les commandements de Dieu, de l'Église*. — Autorité, pouvoir de *commander* : *avoir commandement sur quelqu'un; il a le commandement sur les troupes; il a pris le commandement des provinces conquises*. — *Avoir le commandement beau* ou *rude*, *commander* de bonne grace ou d'un air impérieux et altier. — *Avoir à son commandement*, en sa disposition. — *Avoir à commandement*, avoir la faculté de faire une chose quand on le veut : *il a la langue anglaise à son commandement*, il la parle comme sa langue naturelle. — *Bâton de commandement*, celui que portent divers officiers pour marque de leur autorité. — En t. de fortification, se dit d'une éminence ou élévation de terre qui a la vue sur quelque poste, ou sur quelque place forte. — On appelle *commandement de revers*, celui qui peut battre un poste ou une place par derrière; *commandement de front*, une hauteur opposée à la face du poste qu'elle bat par le front; *commandement de courtine*, une hauteur qui peut battre d'un seul coup toute la longueur d'une ligne droite : *commandement d'enfilade*, celui qui bat et nettoie d'un seul coup toute une ligne droite, comme tout un boyau de tranchée, toute une courtine. — **COMMANDEMENT, ORDRE, PRÉCEPTE, INJONCTION, JUSSION.** (*Syn.*) *Commandement* exprime avec plus de force l'exercice de l'autorité, et *ordre* a plus de rapport à l'instruction du subalterne : on *commande* pour être obéi; on donne des *ordres* afin qu'ils soient exécutés. *Précepte* indique plus précisément l'empire sur les consciences. *Injonction* désigne plus proprement le pouvoir dans le gouvernement; on s'en sert lorsqu'il est question de statuer, à l'égard de quelque objet particulier, une règle indispensable de conduite. *Jussion* marque plus positivement l'arbitraire; il renferme une idée de despotisme qui force le magistrat à se conformer à la volonté de la loi.

COMMANDER, v. act. (*komandé*) (du latin barbare *commandare*, fait, dans la basse latinité, de *cum*, avec, et *mandare*, ordonner, etc.), prescrire, ordonner, enjoindre quelque chose à quelqu'un. — Donner ordre à un artisan de faire quelque ouvrage. Être chef, conduire : *commander une armée*. — On dit *commander à quelqu'un*, mais on ne dit pas *commander quelqu'un*, si ce n'est en termes de guerre. *On commande une armée, un régiment, un bataillon, une flotte, un vaisseau*, dit *Voltaire*, *on commande à une nation; on ne commande point un homme*, excepté lorsqu'à la guerre un homme *est commandé* par un autre pour être de tranchée, pour aller reconnaître, pour attaquer, etc. — En t. de mar., *commander une route*, c'est prescrire la route que doivent tenir les vaisseaux : *dans une armée navale, c'est l'amiral qui commande la route qu'il faut tenir*. — Avoir autorité et pouvoir : *commander dans une place*. — Gouverner : *les Romains commandaient à plusieurs états*. Dans ces deux dernières expressions, il est employé neutralement. — Fig., *ce sentiment ne se commande pas*, ne dépend pas de nous. — Il se dit aussi des lois, de la religion : *la religion commande le respect et la soumission aux lois*. — Fig., *commander le respect, l'estime, l'admiration*, inspirer un respect, une estime, une admiration dont on ne peut se défendre. — Fig., donner sur... *il gardait les hauteurs qui commandaient la ville*. — Fam., *commander à la baguette*; *commander* avec hauteur, avec fierté, avec un empire absolu. — Prov. : *commandez à vos valets*, se dit à une personne qui donne trop impérieusement des ordres à des gens qui ne dépendent point d'elle. — Fig., *commander à ses passions*, les maîtriser. — *se* **COMMANDER**, v. pron., avoir de l'empire sur soi : *il faut savoir se commander à soi-même*.

COMMANDERIE, subst. fém. (*komanderi*) (du lat. *commendare*, confier, parce que les biens dépendant des bénéfices n'étaient que confiés au chevalier, que déposés entre ses mains, etc.), espèce de bénéfice donné anciennement à titre de récompense, etc., à un chevalier d'ordre militaire : *commanderie de Malte*.

COMMANDEUR, subst. mas. (*komandeur*), t. d'hist. nat., nom donné à un oiseau d'Amérique, sans doute parce qu'il a sur la partie antérieure de l'aile une belle marque rouge.

COMMANDEUR, subst. mas. (*komandeur*), chevalier qui a une *commanderie*. — On nommait *grand-commandeur*, celui qui, dans l'ordre de Malte, avait la première dignité après le *grand-maître*. — On appelait autrefois *commandeurs de* *l'ordre*, ceux qui étaient décorés de l'ordre du Saint-Esprit. — *Commandeur des croyants*, titre que prenaient les califes. — Dans l'ordre de la Légion-d'Honneur, c'est le troisième grade honorifique. — Nom donné par les Hollandais 1° aux chefs de leurs comptoirs dans les Grandes-Indes; 2° aux commandants de vaisseaux, à ceux surtout qui avaient ce poste à vie, et qui étaient pensionnés, soit qu'ils servissent ou non. — Dans les îles françaises de l'Amérique, celui qui a inspection sur le détail d'une habitation, d'une sucrerie. — *Baume de commandeur*, t. de pharm., composition de substances balsamiques, que l'on doit à un *commandeur* de Malte.

COMMANDITAIRE, subst. des deux genres (*komanditère*), qui n'est que bailleur de fonds dans une société en *commandite*, et qui ne prend aucune part à la gestion. — Il est aussi adj. des deux genres: *associé commanditaire*.

COMMANDITE, subst. fém. (*komandite*) (du lat. *commendare*, confier, à cause des fonds confiés par celui qui entre dans *une commandite*), société de commerce dans laquelle un ou plusieurs associés qui ne sont point dénommés pour la raison ou la signature sociale, ne sont engagés solidairement que jusqu'à la concurrence d'une certaine somme qu'ils fournissent et qui est portée par l'acte. C'est en d'autres termes, une société composée de personnes dont les unes fournissent de l'argent et dont les autres donnent leur travail en compensation de l'argent qu'elles ne mettent pas en fonds: *société en commandite*.

COMMANIPULARIS, subst. mas. (*komemanipulârice*), mot tout latin. Soldat romain qui ne devait vivre que sous la tente d'une centurie, et ne combattre que sous son étendard.

COMME, adv. de comparaison et conj. (*kome*) (du lat. *quomodo*, dont les Espagnols ont fait *como*, les Italiens *come*, et les Français *comme* et *comment*. *Ménage* observe que *Nicot* écrit *quomment* et *comment* indifféremment.), ainsi que, de la manière que: *il sera puni comme les autres*. — Prov. et fig., *comme on fait son lit on se couche*, il faut s'attendre au bien ou au mal qu'on s'est préparé. — *Un homme comme lui*, un homme de son rang. — *Comme cela*, ni bien ni mal. — De même que: *comme l'humilité est le fondement de toutes les vertus, ainsi l'orgueil est la source de tous les vices*. — *Comme si*, de même que si: *il me traite comme si j'étais un enfant*. — *Comme* sert aussi à indiquer les différents rapports sous lesquels une chose, une personne peut être considérée: *comme militaire, il a eu tort; car il devait obéir; comme homme, il serait excusable; car il aurait cédé à la voix de l'humanité*. — Dans le temps que: *comme il arrivait, son frère parut*. — Par exemple: *on aime les vertus douces, comme la clémence, la bonté*, etc. — A cause que: *comme il ne voulait pas obéir, on le mit en prison*. — Presque: *on le trouva comme mort*. — En quelque-sorte: *il est comme le grand ressort de cette entreprise*. — *Comme quoi*, pour *comment*. Il est hors d'usage. — A quel point, combien: *comme il vous maltraite!* — *Comme aussi*, et pareillement, et de plus: *cet acte renferme telle clause, comme aussi que*... Il n'est d'usage qu'en t. de pratique. — L'*Académie* a tort de citer encore en 1835 la locution suivante, qui certainement n'est plus française: *obtenez un ordre comme il faut que je parte*; on dirait aujourd'hui: *obtenez un ordre qui m'autorise à partir*. — *Comme en effet*, façon de parler pour confirmer ce que l'on a dit. — Tant que, autant que: *rien n'anime les soldats comme l'exemple des chefs*. — En qualité de: *le pape doit être considéré comme chef de l'Eglise*.

COMMEATUS, subst. mas. (*komemé-âtuce*), mot latin. Chez les Romains, c'était un congé accordé par un tribun à un soldat, pour s'absenter de l'armée. — Ce nom se donnait aussi aux provisions de bouche des soldats.

COMMELINE, subst. fém. (*komeline*), t. de bot., plante exotique de la famille des joncs.

COMMELINÉE, subst. fém. (*komeliné*), t. de bot., sorte de plante.

COMMÉMORAISON et **COMMÉMORATION**, subst. fém. (*komemémorèzon, râcion*) (en lat. *commemoratio*), mémoire. Ces deux mots ont le même sens, mais non le même emploi. Le premier se dit, dans l'Eglise romaine, de la mémoire qu'on fait d'un saint dans l'office divin et à la messe, le jour qu'on fait l'office en entier d'un autre saint. On fait aussi la *commémoraison* des dimanches et des fêtes. *Commémoration* ne se dit proprement que du jour des Morts: *la commémoration des morts*. — On dit fam. et en plaisantant: *nous avons fait commémoration de vous*, mention de vous.

COMMÉMORATIF, adj. mas., au fém. **COMMÉMORATIVE** (*komemémoratife, tive*) (du latin *commemorare*, faire ressouvenir, rappeler), qui rappelle le souvenir. — T. de médec., *signe commémoratif*; cette expression sert à désigner les accidents qui ont eu lieu avant une maladie, et qui contribuent beaucoup à éclairer le médecin sur sa nature.

COMMÉMORATION, subst. fém. Voy. **COMMÉMORAISON**.

COMMÉMORATIVE, adj. fém. Voy. **COMMÉMORATIF**.

COMMÉMORÉ, E, part. pass. de *commémorer*.

COMMÉMORER, v. act. (*komemémoré*), se souvenir de... avoir souvenir, mémoire de quelque chose. Peu en usage.

COMMENÇAILLE, subst. fém. (*komança-ie*), vieux mot inusité qui s'est dit pour *commencement*. (*Dict. de Trévoux*.)

COMMENÇANT, E, subst. (*komançan, çante*), celui ou celle qui est encore aux premiers éléments d'un art, d'une science: *livre fait pour les commençants*.

COMMENCÉ, E, part. pass. de *commencer*.

COMMENCEMENT, subst. mas. (*komanceman*), la première partie de quelque chose: *le commencement d'un discours, de l'année, d'une session parlementaire, d'une négociation*. — Temps où une chose *commence* ou a *commencé*: *Dieu n'a pas eu de commencement et il n'aura pas de fin*. — Moment où l'on entreprend de faire quelque chose. — Fondement, principe. — Cause première. — Il se dit au plur. des premières instructions dans un art, dans une science: *il a de bons commencements dans la peinture*. — On appelle en termes de palais, *commencement de preuve par écrit* un écrit qui prouve seulement un fait préparatoire à la conviction, sans l'établir encore d'une manière certaine, de sorte qu'il ne forme pas seul une preuve complète, mais de fortes présomptions. — **AU COMMENCEMENT**, loc. adv., avant tout le temps: *au commencement Dieu créa le ciel et la terre*.

COMMENCER, v. act. (*komancé*) (de l'italien *cominciare*, fait dans le même sens du latin *cum*, et *initiare*, commencer, donner les premiers éléments à...), donner *commencement* à... — Se mettre à dire ou à faire: *commencer un discours, un ouvrage; commencer à bâtir; j'avais commencé d'écrire ma lettre*. — On dit souvent abs. et sans régime: *quand commencez-vous? Ce jeune homme a mal commencé*. — *Commencer l'année, la journée*, être au commencement de l'année, de la journée. — *Commencer par*: *ne savoir par où commencer*; être embarrassé de ce qu'on fera en premier lieu. — Eprouver quelque chose au *commencement*: *la révolution française commença par des revers, et finit par d'éclatantes victoires*. — *Commencer la journée par*... se dit de la première chose qu'on fait dans la journée. — *Commencer un écolier, un cheval*, lui donner les premières leçons. — On dit qu'*un homme commence par où les autres finissent*, pour dire que les premières choses qu'il fait égalent les actions, les progrès de ceux qui travaillent depuis longtemps; et quelquefois aussi fam. et iron., pour dire qu'il fait tout à rebours. — V. neut., prendre *commencement*: *le carême commence tel jour*. — *Commencer* s'emploie aussi unipersonnellement: *il commençait à faire jour*. — **COMMENCER DE, COMMENCER À**. (*Syn.*) *Commencer de*, désigne une action qui aura de la durée. *Commencer à*, désigne une action qui aura du progrès, de l'accroissement. Un orateur *commence de* parler, lorsqu'il prononce les premiers mots de son discours. Un enfant *commence à parler*, lorsqu'il ne prononce que quelques mots, d'une manière imparfaite.

COMMENDATAIRE, subst. et adj. des deux genres (*komandatère*); il s'est dit de qui possédait un bénéfice en *commende*.

COMMENDATRICE, subst. fém. (*komandatrice*) (en latin *commendatrix*), nom et titre que l'on donne, en Espagne, aux religieuses de Calatrava.

COMMENDE, subst. fém. (*komande*) (du latin *commendare*, confier. Voy. **COMMANDERIE**), titre donné par le pape à un ecclésiastique séculier pour posséder un bénéfice régulier, avec permission au *commendataire* de disposer des fruits pendant sa vie: *posséder un bénéfice en commende*. — En t. de pêche, bout de corde qui sert à retenir un corps dans une situation convenable et fixe. On l'appelle aussi *œillère*.

COMMENSAL, E, subst. et adj.; au plur. **COMMENSAUX** (*komançale*) (du lat. *cum*, avec, et *mensa*, table), celui, celle qui mange à une même table avec un autre. — *Être le commensal d'une maison*, y être continuellement reçu. — Il s'est dit autrefois de certains officiers de la maison du roi qui avaient, comme on disait anciennement, *bouche en cour*.

COMMENSALITÉ, subst. fém. (*komançalité*), droit des *commensaux* du roi.

COMMENSAUX, subst. mas. plur. (*komancô*), officiers domestiques de la maison du roi ou d'autres maisons royales qui avaient bouche à la cour, c'est-à-dire qui étaient nourris par le roi. — Adj. plur. mas. Voy. **COMMENSAL**.

COMMENSURABILITÉ, subst. fém. (*komançurabilité*), t. de géométrie, rapport de nombre à nombre entre deux grandeurs qui ont une mesure commune.

COMMENSURABLE, adj. des deux genres (*komançurable*) (du lat. barbare *commensurabilis*, formé de *cum*, avec, et *mensura*, mesure), qui peut être mesuré. — On appelle en termes de mathématiques, *quantités commensurables*, celles qui ont quelque partie aliquote commune, ou qui peuvent être mesurées par quelque mesure commune, sans laisser aucun reste dans l'une ni dans l'autre. — *Les nombres commensurables* sont ceux qui ont quelque autre nombre qui les mesure ou qui les divise, sans aucun reste. — On dit que *des lignes droites sont commensurables en puissance*, quand leurs carrés sont mesurés exactement par un même espace ou une même surface.

COMMENSURATION, subst. fém. (*komançuracion*), action de mesurer deux choses ensemble. Ce mot est peu usité.

COMMENT, adv. (*koman*) (du lat. *quomodo*; voy. **COMME**), de quelle sorte, de quelle manière? — On dit quelquefois substantivement *le comment*, pour: la manière: *le fait est sûr; mais le comment, je l'ignore*. Il est familier. — Il est aussi interjection; *comment! vous voilà!*.... Il se dit encore dans le sens de *pourquoi*: *comment vous êtes-vous avisé de venir ici?*

COMMENTAIRE, subst. mas. (*komantère*) (du latin *commentarium* ou *commentarius*, qui a la même signification), suite d'éclaircissements, d'observations et de remarques sur un livre, pour en faciliter l'intelligence: *des commentaires sur la Bible, sur Racine, sur Corneille*. — Fig. et fam., 1° addition qu'on fait à plaisir à une histoire, à un conte; 2° interprétation maligne qu'on donne aux discours ou aux actions de quelqu'un: *sa conduite donne lieu à bien des commentaires*. — *Cela n'a pas besoin de commentaire*, n'a pas besoin d'être expliqué. — *Allons, point de commentaires!* point de raisons, taisez-vous. — **COMMENTAIRE, GLOSE**. (*Syn.*) La *glose* se fait presque mot à mot; le *commentaire*, plus libre, s'écarte de la lettre.

COMMENTAIRES, subst. mas. plur. (*komantère*), histoire; il ne se dit que du livre de *César* et de celui de *Montluc*, qu'on appelle *les Commentaires de César, les Commentaires de Montluc*. En ce sens, il n'a point de singulier.

COMMENTATEUR, subst. mas., au fém. **COMMENTATRICE** (*komantateur, trice*), celui ou celle qui fait un *commentaire*.

COMMENTATRICE, subst. fém. Voy. **COMMENTATEUR**.

COMMENTÉ, E, part. pass. de *commenter*.

COMMENTER, v. act. (*komanté*), faire un *commentaire*: *plusieurs savants ont commenté Homère, Virgile*. — Fig. et fam., ajouter quelque chose à un récit, à une nouvelle. — V. neut., tourner en mauvaise part: *il commente sur tout; il n'y a point à commenter là-dessus*. — *Il commente un peu*, il dit plus qu'il n'y en a. Style figuré et familier. — **SE COMMENTER**, v. pron., être *commenté*: *toute loi en projet peut se commenter*.

COMMER, v. neut. (*komé*) (de *comme*, mot employé dans les comparaisons), faire des comparaisons: *vous avez commé fort désobligeamment*. Peu usité.

COMMÉRAGE, subst. mas. (*komeraje*), propos et conduite de *commère*. Il est fam. et très-usité, surtout dans le style badin et critique.

COMMERÇABLE, adj. des deux genres (*komèreçable*), qui peut être facilement mis dans le *commerce*, négociable; *c'est un effet commerçable*. On dit plus souvent *négociable*.

COMMERÇANT, E, adj. (*komèreçan, çante*), qui trafique : *peuple commerçant, nations commerçantes*; où l'on fait du *commerce* : *ville commerçante*.

COMMERÇANT, E, subst. (*komèreçan, çante*), nom générique qui désigne ceux qui se livrent au *commerce*, et qu'on applique particulièrement à ceux qui font le *commerce* de spéculation. — Nom générique comprenant les négociants, marchands, fabricants, enfin tous ceux qui font *habituellement* des actes de *commerce*. — On donne le nom de *marchand* à celui qui ne fait le *commerce* que d'un seul objet : *marchand de vin, de blé, de bois, de soie*, etc. Le *négociant* spécule de diverses manières sur toutes les marchandises qui peuvent lui présenter quelque bénéfice. Le *banquier* s'occupe principalement du *commerce* de change de place en place. Le *fabricant* entretient des métiers de soie, de laine, de coton, etc. Le *boutiquier* achette de la première main pour revendre dans son magasin, tant en gros qu'en détail. Le *détaillant* achette de la seconde main pour ne revendre qu'en détail.

COMMERCE, subst. mas. (*komèrece*) (du latin *commercium*, fait, par contraction, de *mercium, commutatio*, échange de marchandises), négoce, trafic de marchandises. Voy. NÉGOCE. — Ce qui en constitue la science : *cet homme n'entend pas le commerce*. — Tout le corps des *commerçants*. — On appelle *conseil de commerce*, un conseil établi dans une ville pour les affaires du *commerce*; et *chambre de commerce*, une réunion de *commerçants* chargés de donner leur avis aux autorités locales sur les affaires du *commerce*. — *Code de commerce*, livre dans lequel sont établis les règlements et lois sur tout ce qui concerne les transactions *commerciales*. — Fréquentation. — Correspondance, entretien qu'on a par lettres avec quelqu'un. — *Il est d'un agréable commerce*, sa société est agréable. — *Avoir un commerce honteux*; des intrigues déshonnêtes. — *Avoir commerce avec quelqu'un*, se dit d'une liaison illicite entre deux personnes de sexe différent. — *Il est d'un commerce sûr*, on peut se fier à lui, lui conter ses secrets. — *Commerce extérieur*. Il renferme toutes les espèces de *commerce*, ou prochains, ou lointains, par terre ou par mer, que les sujets d'un même état ont coutume de faire à l'étranger. — *Commerce intérieur*. C'est celui que les sujets d'un même prince font entre eux, dans l'étendue seulement de l'état dont ils sont sujets. — *Commerce précaire*. C'est celui qui se fait par une nation avec une autre qui est son ennemie, par le moyen d'une troisième, qui est neutre, et qui veut bien souffrir qu'on emprunte ses terres et son nom pour le faire. — *Jeu du commerce*, jeu de cartes. On joue dix ou douze à ce jeu; l'as y vaut onze. Les joueurs s'y appellent *commerçants*. Chacun d'eux reçoit trois cartes, et met au jeu des jetons. Le donneur ou banquier dit : *Qui veut commercer?* Le premier en cartes et les autres joueurs successivement, s'ils ne veulent pas *commercer*, disent : *Pour argent*. C'est demander une carte du talon à la place d'une des leurs, en payant un jeton. Ils peuvent dire aussi : *Troc pour troc*. C'est demander à changer une carte avec son voisin de droite. Les coups à ce jeu sont le *point*, la *séquence* et le *tricon*. Si le premier joueur se tient à son jeu, il arrête le *commerce*. Alors celui qui a le point, la séquence ou le tricon le plus fort, gagne. S'il n'y a ni séquence, ni tricon, et plusieurs points égaux, le banquier gagne de préférence aux *commerçants*. Le banquier *commerce* ou troque comme les autres; mais il ne donne pas de jeton pour *commercer*. Quand il ne gagne pas la poule, il doit un jeton au *commerçant*; il en doit un aussi s'il ne gagne pas, ayant point, séquence ou tricon. — COMMERCE, NÉGOCE, TRAFIC. (*Syn.*) Le *commerce* est l'échange de valeurs, pour des valeurs. Le *négoce* est la partie du *commerce* exercée par des gens voués aux entreprises. Le *trafic* est cette espèce de négoce qui fait passer les marchandises de mains en mains; c'est le service particulier du *négoce*. Le *commerce* embrasse toutes les espèces d'échanges; le *négoce*, toutes les espèces d'opérations qui effectuent ces échanges; le *trafic*, plus borné, achette dans un endroit pour vendre plus cher dans un autre. — Une nation fait le *commerce*, une maison fait un *négoce*; un revendeur fait le *trafic*.

COMMERCÉ, E, part. pass. de *commercer*.

COMMERCER, v. neut. (*komèrecé*), trafiquer, négocier. — Au fig., *commercer de ses charmes*, les vendre ou plutôt les louer.

COMMERCIAL, E, adj.; au plur. mas. COMMERCIAUX (*komèreciale, cio*), qui appartient au *commerce* : *règlements commerciaux*.

COMMERCIALEMENT, adv. (*komèrecialeman*), d'une manière *commerciale*; qui a rapport aux matières de *commerce*.

COMMERCIAUX, adj. mas. plur. Voy. COMMERCIAL.

COMMERCY, mieux COMMERCI, à cause du lat. *Commercium* et *Commerciacum*), subst. propre mas. (*komèreci*), ville de France, chef-lieu d'arrond., dép. de la Meuse. On y remarque un ancien château construit par le roi Stanislas, et converti aujourd'hui en un quartier de cavalerie.

COMMÈRE, subst. fém. (*komère*) (du lat. *cum*, en grec συν, avec, et *mater*, en grec μητηρ, en dorique ματηρ, mère, (*mère avec une autre*), celle qui tient notre enfant sur les fonts de baptême. — Celle qui a tenu un enfant avec nous. — Fig. et fam., *bonne commère*, maîtresse femme, qui est hardie et rusée, qui va à ses fins sans s'embarrasser du qu'en-dira-t-on, qui veut tout savoir, et avoir le droit de tout dire. — Ce mot, comme celui de *compère*, se dit, dans les apologues, des animaux entre lesquels on suppose de l'union et de l'amitié.

> L'onde était transparente;
> Ma *commère* la carpe y faisait mille tours
> Avec le brochet son *compère*.
> (LA FONTAINE.)

On a même souvent appliqué ce mot aux hommes qui ont les mêmes défauts : on dit d'un bavard, que *c'est une vraie commère*, que *c'est la commère du quartier*. — On dit proverbialement et figurément que *tout va par compère et par commère*, pour dire que tout se fait par faveur et par recommandation. — *Commère, accommodez-moi*, jeu de cartes ainsi nommé, parce que toute l'habileté du joueur consiste à *accommoder* son jeu. Il a beaucoup de rapport avec le jeu du *commerce*.

COMMÉRÉ, part. pass. de *commérer*.

COMMÉRER, v. neut. (*koméré*), faire la *commère*, faire des *commérages*.

COMMERSONIE, subst. fém. (*komèreçonie*), bot., arbre des Moluques et d'Otaïti, de la famille des buttnériacées.

COMMESTURE, subst. fém. (*komèceture*), mot inusité qui a signifié inoculation par le moyen des aliments.

DU VERBE IRRÉGULIER COMMETTRE :

Commet, 3ᵉ pers. sing. prés. indic.
Commets, 2ᵉ pers. sing. impér.
Commets, précédé de *je*, 1ʳᵉ pers. sing. prés. indic.
Commets, précédé de *tu*, 2ᵉ pers. sing. prés. indic.

COMMETTAGE, subst. mas. (*komètaje*), t. de mar., art de *commettre*, de réunir par le tortillement plusieurs fils, plusieurs torons ou cordons.

DU VERBE IRRÉGULIER COMMETTRE :

Commettaient, 3ᵉ pers. plur. imparf. indic.
Commettais, précédé de *je*, 1ʳᵉ pers. sing. imparf. indic.
Commettais, précédé de *tu*, 2ᵉ pers. sing. imparf. indic.
Commettait, 3ᵉ pers. sing. imparf. indic.

COMMETTANT, E, subst. (*komètan, tante*), celui, celle qui charge un autre d'une affaire, qui lui confie ses intérêts privés ou politiques.

DU VERBE IRRÉGULIER COMMETTRE :

Commettant, part. prés.
Commette, précédé de *que je*, 1ʳᵉ pers. sing. prés. subj.
Commette, précédé de *qu'il* ou *qu'elle*, 3ᵉ pers. sing. prés. subj.
Commettent, précédé de *ils* ou *elles*, 3ᵉ pers plur. prés. indic.
Commettent, précédé de *qu'ils* ou *qu'elles*, 3ᵉ pers. plur. prés. subj.
Commettes, 2ᵉ pers. sing. prés. subj.

COMMETTEUR, subst. mas.; au fém. COMMETTEUSE (*komèteur, teuse*), t. de cordier, ouvrier, ouvrière qui *commet* les fils, etc. Voy. COMMETTRE.

COMMETTEUSE, subst. fém. Voy. COMMETTEUR.

DU VERBE IRRÉGULIER COMMETTRE :

Commettez, 2ᵉ pers. plur. impér.
Commettez, précédé de *vous*, 2ᵉ pers. plur. prés. indic.
Commettiez, précédé de *vous*, 2ᵉ pers. plur. imparf. indic.
Commettiez, précédé de *que vous*, 2ᵉ pers. plur. prés. subj.
Commettions, précédé de *nous*, 1ʳᵉ pers. plur. imparf. indic.
Commettions, précédé de *que nous*, 1ʳᵉ pers. plur. prés. subj.
Commettons, 1ʳᵉ pers. plur. impér.
Commettons, précédé de *nous*, 1ʳᵉ pers. plur. prés. indic.
Commettra, 3ᵉ pers. sing. fut. indic.
Commettrai, 1ʳᵉ pers. sing. fut. indic.
Commettraient, 3ᵉ pers. plur. prés. cond.
Commettrais, précédé de *je*, 1ʳᵉ pers. sing. prés. cond.
Commettrais, précédé de *tu*, 2ᵉ pers. sing. prés. cond.
Commettrait, 3ᵉ pers. sing. prés. cond.
Commettras, 2ᵉ pers. sing. fut. indic.

COMMETTRE, v. act. (*komètre*) (en lat. *committere*), faire des péchés, des crimes, des fautes. — Employer : *on l'a commis à cette charge*. — *Commettre un rapporteur*, nommer un juge pour être rapporteur dans une affaire. — Confier : *je commets cela à vos soins, je vous en ai commis le soin*. — Compromettre, exposer : *je ne veux pas que vous me commettiez là-dedans; je ne vous commettrai point*. — *Commettre deux personnes l'une avec l'autre*, les mettre dans le cas de se brouiller ensemble. — Chez les cordiers, réunir plusieurs fils par le tortillement pour faire des ficelles; des torons pour faire des aussières; des cordons pour faire des grelins. — En t. de mar., *commettre un câble*, c'est en réunir les torons par la force du tortillement. — SE COMMETTRE, v. pron., s'accomplir, s'exécuter : *il se commet tous les jours des crimes*. — S'exposer à recevoir quelque déplaisir, quelque disgrace. Il s'emploie absolument et sans régime; et quoique *Racine* ait dit (*Iphigénie*) :

> Aux affronts d'un refus craignant de vous *commettre*,

c'est une faute. — Se mesurer avec... : *ils craignaient de se commettre avec un si grand capitaine*.

DU VERBE IRRÉGULIER COMMETTRE :

Commettrez, 2ᵉ pers. plur. fut indic.
Commettriez, 2ᵉ pers. plur. prés. cond.
Commettrons, 1ʳᵉ pers. plur. fut. indic.
Commettront, 3ᵉ pers. plur. fut. indic.

COMMIER, subst. mas. (*komié*), arbre de la Cochinchine dont l'écorce fournit une gomme purgative.

Commîmes, 1ʳᵉ pers. plur. prét. déf. du v. irrég. COMMETTRE.

COMMINATION, subst. fém. (*kominâcion*) (en lat. *comminatio*), menace. — T. de rhét., figure de pensée, dont l'objet est d'intimider ceux à qui l'on parle, par la peinture des maux qui les menacent. — On s'en sert aussi en style de pratique. Peu usité.

COMMINATOIRE, adj. des deux genres (*kominatoare*) (en lat. *comminatorius*, fait de *comminari*, menacer), t. de prat., qui contient quelque menace, dans le cas de contravention : *clause, jugement, sentence, peine comminatoire*. Clause ou peine apposée dans une loi, dans un arrêt, dans une lettre de chancellerie, qui porte une peine dont on menace les contrevenants, mais qu'on n'exécute pas à la rigueur. Quand on enjoignait à un banni de garder son ban à peine de la hart, c'était *une peine comminatoire*, on ne le pendait pas pour cela quand il l'avait rompu, mais on lui faisait une nouvelle injonction de le garder, et le temps de son ban n'était compté que du jour du second arrêt. — *Comminatoire* est encore d'usage dans la théologie morale, et se dit de toutes les choses où il y a des menaces attachées. — *Un serment comminatoire* est celui par lequel on jure que l'on punira quelqu'un, qu'on lui fera quelque mal.

COMMINÉ, E, part. pass. de *comminer*.

COMMINER, v. act. (*kominé*) (en lat. *comminari*), menacer, censurer. Vieux terme de casuiste, qui se disait en parlant des *censures comminatoires*. Il signifiait plus que *menacer*. Les conférences d'Angers se servent de ce mot en parlant de l'*excommunication comminatoire*. — Il est encore en usage chez les canonistes pour les censures qu'on appelle *ferendæ sententiæ*.

COMMINGES. Voy. COMINGES.

COMMINUTIF, adj. mas., au fém. COMMINUTIVE (*komeminutif, tive*), t. de chirurgie. On nomme *fracture comminutive*, celle qui a lieu avec écrasement des os.

COMMINUTION, subst. fém. (*komeminucion*) (du lat. *comminutio*, fait de *comminuere*, briser, diviser, mettre en pièces), t. de pharm., action de réduire un corps solide en particules extrêmement petites. — T. de chir., réduction d'un os en plusieurs esquilles, par un écrasement.

COMMINUTIVE, adj. fém. Voy. COMMINUTIF.

COMMIPHORE, subst. mas. (*komemifore*), t. de bot., arbre de Madagascar.

Commirent, 3e pers. plur. prét. déf. du v. irrég. COMMETTRE.

COMMIS, subst. mas. (*komi*) (du lat. *commissus*, part. pass. de *committere*, commettre, employer), aide subalterne chez un négociant, un banquier : *commis de bureau, de magasin*, etc. — On appelle *commis ambulant*, un *commis* chargé de parcourir certain nombre de bureaux, d'y voir et examiner les registres des receveurs et des contrôleurs, et d'en faire son rapport. — Les négociants appellent *commis voyageurs*, des *commis* qu'ils font voyager pour les affaires de leur commerce. — *Commis marchand*, celui qui est chez un marchand et qui n'est propre qu'au *commerce*. — On nomme *commis de barrière*, celui qui y est préposé. — *Commis* se dit aussi, dans les administrations, des employés du troisième ordre ; *un commis de bureau ; un simple commis*. — *Commis-greffiers*, officiers chargés de suppléer le greffier en chef auprès des cours et tribunaux ; ces officiers sont nommés près les tribunaux sur la présentation du greffier en chef. Leurs attributions et leurs fonctions sont les mêmes que celles de leur chef. — COMMIS, EMPLOYÉ. (*Syn.*), *commis* a une mission, une *commission* ; *l'employé* a une fonction, un *emploi* ; le *commis* répond à un *commettant*, *l'employé* à un chef. Le *commis* a ses instructions et les suit ; *l'employé* a des ordres, il les exécute.

COMMIS, E, part. pass. de *commettre*, et adj. On disait autrefois : *il a ses causes commises aux requêtes du palais*, etc., il a droit d'y plaider en première instance, et d'y attirer les procès qu'on lui aurait intentés dans d'autres juridictions.

DU VERBE IRRÉGULIER COMMETTRE :

Commis, précédé de *je*, 1re pers. sing. prét. déf.
Commis, précédé de *tu*, 2e pers. sing. prét. déf.

COMMISE, subst. fém. (*komize*), confiscation d'un fief, faute de devoirs rendus par le vassal. — *Tomber en commise*, sous-entendez *faute* : *tomber en faute commise*. Vieux et hors d'usage.

COMMISÉRATION, subst. fém. (*komizéracion*) (du lat. *commiseratio*, fait dans la même signification de *commiserari*, avoir pitié), vif intérêt que l'on prend au sort des malheureux ; charitable : *tendre commisération*. — Pitié, compassion. Voy. PITIÉ.

COMMISSAIRE, subst. mas. (*komicère*) (du latin barbare *commisserarius*, fait de *commissus*, part. pass. de *committere*, commettre, employer. Voy. COMMETTRE), envoyé extraordinaire pour examiner une affaire, en discuter : *Thémistocle recommanda aux Athéniens de retenir les commissaires spartiates jusqu'à son retour*. — Juge *commis* pour informer, interroger et examiner un coupable. — Magistrat. — *Commissaire de police*, officier civil, qui informe des choses qui se font contre les règlements, qui fait observer les ordonnances des juges de police, qui met à l'amende, et va prendre par la ville ceux qu'il a ordre d'arrêter. — *Commissaire ordonnateur*, celui sans lequel ne peut avoir lieu une inhumation ; on le nomme aussi *commissaire des morts*. — *Commissaire des pauvres*, celui qui, dans une paroisse, recueille la taxe qu'on y a faite pour les pauvres. — *Commissaire d'un bal*, *d'une fête*, celui ou celle qui est chargé d'en diriger les apprêts, d'en faire les honneurs. En ce dernier sens, *commissaire* est des deux genres. — *Commissaire aux saisies réelles*, officier préposé pour veiller sur les biens dont on a opéré la saisie. — *Commissaire-priseur*, officier qui met le prix aux effets mobiliers dont la vente se fait au plus offrant et dernier enchérisseur. — Dans les villes où il existe des monts-de-piété, les *commissaires-priseurs*, choisis parmi ceux qui résident dans ces villes, sont exclusivement chargés de toutes les opérations de prisées et de ventes, ainsi que cela est établi pour les *commissaires-priseurs* de Paris, par le règlement du 8 thermidor an XIII. La désignation de *commissaires-priseurs près les monts-de-piété* est faite par les administrateurs de ces établissements, qui fixent le nombre de ces officiers nécessaires pour le service. On nomme encore *commissaire*, celui qui est établi par autorité de justice pour gouverner, pour régir des biens saisis et mis en séquestre. — *Chère de commissaire*, repas dans lequel on sert chair et poisson, parce que les juges *commis* se font bien traiter quand ils sont en voyage. — *Commissaire de marine*, officier préposé pour avoir soin de ce qui concerne les vaisseaux, et pour passer en revue les officiers et les troupes de la marine. — *Commissaire des guerres*, officier préposé pour avoir soin de la police des troupes dans la marche, et les faire payer. — *Commissaire des vivres*, officier préposé ou *commis* pour avoir soin des vivres d'une armée ou d'une place de guerre. Il n'y a plus aujourd'hui de *commissaires des guerres ni de vivres*. Ce sont les *intendants militaires* qui remplissent leurs fonctions. — *Commissaire d'artillerie*, officier commis pour servir dans l'artillerie, et pour avoir soin de tout ce qui en regarde l'attirail et l'équipage. — *Commissaire général de la cavalerie*, officier principal qui commandait la cavalerie légère, sous les ordres du colonel-général. — Dans les parlements, on appelait *commissaire de la cour*, un *commissaire* de parlement ou de quelque autre cour supérieure. — On nomme *commissaire du gouvernement*, tout officier délégué par le ministère public. — On appelait *travail de grands commissaires*, celui qu'un certain nombre de conseillers et leur président faisaient extraordinairement, dans le palais même, pour l'examen et la discussion d'une affaire ; et : *travail de petits commissaires*, celui qui se faisait chez le président, où les conseillers s'assemblaient pour travailler. — *Commissaire auditeur des guerres*, officier chargé spécialement de poursuivre, auprès de la cour martiale, la punition des délits militaires commis dans son arrondissement particulier. (*Constitution de 1791.*) — *Commissaire du directoire exécutif*, agent nommé par le directoire pour assurer l'exécution des lois. (*Constitution de 1795.*) — *Commissaire du roi*, officier de justice, sous la constitution de 1791, chargé du ministère public près des tribunaux. — *Commissaires de la comptabilité nationale*, officiers au nombre de cinq élus par le corps législatif aux mêmes époques et selon les mêmes formes que les *commissaires* de la trésorerie, dont ils étaient chargés de vérifier et d'arrêter les comptes. (*Constitution de 1795.*) — *Commissaires de la trésorerie nationale*, officiers, au nombre de cinq, élus par le conseil des anciens, pour administrer les fonds publics. (*Constitution de 1795.*)

COMMISSARIAT, subst. mas. (*komiçaria*), l'emploi, la qualité de *commissaire* ; la durée de ses fonctions. — Le bureau du *commissaire*.

DU VERBE IRRÉGULIER COMMETTRE :

Commisse, 1re pers. sing. imparf. subj.
Commissent, 3e pers. plur. imparf. subj.
Commisses, 2e pers. sing. imparf. subj.
Commissiez, 2e pers. plur. imparf. subj.

COMMISSION, subst. fém. (*komicion*) (en latin *commissio*, fait du verbe *committere*, commettre. Voy. ce mot), faute *commise*. En ce sens, il ne se dit que dans cette phrase : *péché de commission*, par opposition à *péché d'omission*. Pour avoir une idée juste du *péché* de *commission* opposé au *péché d'omission*, il faut savoir qu'il y a deux sortes de *préceptes* qui nous sont imposés ; les uns qu'on appelle *préceptes affirmatifs*, qui nous ordonnent de faire quelque chose, et les autres *négatifs*, qui nous défendent de faire certaines choses. Le péché de *commission* est une transgression d'un *précepte négatif*, par laquelle nous faisons ce qu'il nous est défendu de faire ; et le péché d'*omission* est la transgression d'un *précepte affirmatif*, quand nous ne faisons point ce qui nous est commandé. — Charge qu'on donne à quelqu'un de faire quelque chose. Ce terme a plusieurs acceptions. Il signifie : 1° un acte par lequel celui qui ne peut vaquer par lui-même à ses affaires donne pouvoir à un autre de le faire pour lui ; et c'est ce qu'on appelle *mandat, procuration* ; 2° un acte par lequel un négociant charge d'autres négociants d'acheter et de vendre des marchandises pour son compte, moyennant un certain bénéfice qu'il leur accorde ; c'est dans ce sens que l'on dit *faire la commission* ; 3° la réunion de plusieurs personnes chargées, soit de préparer des projets de loi, des règlements d'administration publique, de vérifier des faits, d'examiner des pièces et d'en faire un rapport ; 4° la délégation qui est faite d'un juge pour faire quelque instruction de procédure ; c'est ainsi que l'on dit *commission rogatoire* ; 5° le brevet ou l'acte de nomination d'un employé du gouvernement ou d'un officier public. — *Aller en commission*, aller faire une *commission* dont on est chargé. — On dit d'un laquais qui fait bien les messages dont on le charge, qu'*il fait bien les commissions*. — En t. de comm., on appelle *commerce de commission*, le commerce du *commissionnaire* : *faire la commission*, faire le courtage. — *Commission* se dit aussi du droit qu'un *commissionnaire* reçoit pour son salaire. Dans les affaires de banque, on dit plus ordinairement *provision* : *il m'en a coûté demi pour cent de commission, pour les marchandises que je fais venir de Lyon*. — Lettre de marque. — En t. de mar., *être en commission*, en armements. — Mandement, ordonnance d'une personne ayant autorité, qui *commet*, qui députe : *expédier, décerner, obtenir une commission* ; *une commission de débit de tabac*. — Réunion de personnes *commises* pour remplir des fonctions spéciales, ou chargées de l'examen d'une affaire ou d'un travail préparatoire : *la chambre a nommé la commission qui doit être chargée de l'examen du projet de loi*. — *Commission militaire*, tribunal composé de tous grades, pour examiner et juger les délits graves. — Emploi qu'on exerce, comme y ayant été *commis* pour un temps, à la différence des offices ou charges qui sont à vie : *il a la commission générale des vivres*, etc. ; *exercer une charge par commission*.

COMMISSIONNAIRE, subst. des deux genres (*komicionère*) (du verbe latin *committere*, commettre, charger), celui qui est chargé d'une *commission* pour quelqu'un qui achette ou qui débite par *commission*, pour le compte d'un autre. — Celui qui fait les *commissions*, les messages d'une communauté ou même des particuliers. — *Commissionnaire au mont-de-piété*. A Paris et dans les grandes villes, il y a des *commissionnaires* nommés par le mont-de-piété ; ils se chargent de servir d'intermédiaires entre les emprunteurs et l'administration, afin d'éviter les courses et l'ennui des formalités à remplir. Ces *commissionnaires* peuvent seuls faire ce genre de *commission*. Les droits qui leur sont dus sont : 1° pour les engagements : 2 centimes par franc de la somme prêtée ; 2° pour les renouvellements, 2 centimes par franc ; 3° pour les dégagements, 1 centime par franc ; 4° pour la perception du boni, 1 pour cent du montant du boni. Les *commissionnaires* ne peuvent prétendre ni exiger d'avance, sous prétexte d'intérêts ou d'indemnité, et pour quelque autre cause que ce puisse être, d'autres droits que ceux indiqués ci-dessus. Les *commissionnaires* doivent représenter leurs registres au directeur et aux officiers de police à toute réquisition. — On appelle *commissionnaires*, des gens qui se tiennent au coin des rues pour attendre qu'on leur donne quelque *commission*. — En t. de comm., on nomme *commissionnaire*, celui qui est chargé de *commissions*. Si la *commission* consiste à acheter des marchandises pour le compte d'un autre à qui on les envoie, moyennant tant pour cent, le *commissionnaire* s'appelle *commissionnaire d'achat* ; si elle consiste à vendre des marchandises pour le compte d'un autre de qui on les reçoit, le *commissionnaire* s'appelle *commissionnaire de vente* ; si elle consiste à recevoir de correspondants, négociants ou banquiers, des lettres de change pour en procurer l'acceptation et le paiement, et pour en faire passer la valeur en des lieux indiqués, moyennant un salaire, le *commissionnaire* s'appelle *commissionnaire de banque* ; si elle consiste à recevoir, dans des magasins, des marchandises pour les envoyer de là à leur destination, moyennant un salaire, le *commissionnaire* s'appelle *commissionnaire d'entrepôt* ou *de roulage* ; si elle consiste à prendre des voituriers les marchandises dont ils sont chargés, et à les distribuer dans une ville aux personnes à qui elles sont adressées, le *commissionnaire* s'appelle *commissionnaire de voituriers*, etc. — *Commissionnaire chargeur*, celui qui se charge de l'expédition des marchandises par bateau.

COMMISSIONNÉ, E, part. pass. de *commissionner*.

COMMISSIONNER, v. act. (*komicioné*), délivrer à quelqu'un une *commission* par laquelle on l'autorise à faire quelque chose. — *se* COMMISSIONNER, v. pron.

Commissions, 1re pers. plur. imparf. subj. du verbe irrégulier COMMETTRE.

COMMISSOIRE, adj. des deux genres (*komiçoare*), (en latin *commissorius*), t. de jurispr. ;

se dit d'une clause dont l'inexécution annulle un contrat.

COMMISSURE, subst. fém. (*komiçure*) (du lat. *commissura*, jointure, emboîtement, assemblage), en anat. et en chir., l'endroit où se joignent certaines parties du corps : *la commissure des lèvres, des paupières.* — En archit., joint des pierres. Vieux dans les deux sens.

DU VERBE IRRÉGULIER COMMETTRE.

Commit, précédé de *il* ou *elle*, 3e pers. sing. prét. déf.

Commît, précédé de *qu'il* ou *qu'elle*, 3e pers. sing. imparf. subj.

Commîtes, 2e pers. plur. prét. déf.

COMMITTANT, E, adj. et subst. (*komitetan, tante*) (en lat. *committens*), qui envoie. Quelques auteurs ont donné ce nom à celui ou à celle qui dépêchait un ambassadeur. Il est aujourd'hui entièrement *inusité*, quoique nous le lisions encore dans *Trévoux*.

COMMITTIMUS, subst. mas. (*komemitetimuce*), emprunté du latin où il signifie *nous commettons : lettres de committimus*, lettres que le roi donnait à ceux qui avaient leurs causes *commises* aux requêtes du palais : *avoir droit de committimus.* — On appelait *committimus du grand sceau*, les lettres qu'on obtenait pour les causes qui étaient hors du ressort du parlement de Paris, et *committimus du petit sceau*, celles qui n'étaient valables que dans l'étendue d'un parlement. — Droit autrefois en usage dans certaines communautés.

COMMITTITUR, subst. mas. (*komemitetiture*), pris du lat. où il signifie *il est commis*. Ordonnance du conseil qui *commettait* un rapporteur : *adresser une requête au conseil pour avoir un committitur ; requête de committitur*, par laquelle on demandait qu'un rapporteur fût *commis*.

COMMODAT, subst. mas. (*komoda*) (du lat. *commodare* prêter à la charge de rendre en nature, etc.), t. de jurispr., concession gratuite de l'usage d'une chose, soit meuble, soit immeuble, que l'on fait à quelqu'un pour un certain temps, à la charge de restituer la même chose en espèce après le temps marqué : c'est une sorte de prêt et de contrat (*commodatum*). Il y a pourtant cette différence entre le prêt et le *commodat*, que le *commodat* se fait gratuitement, et ne transfère point de propriété. Il faut rendre la chose en essence, et sans la détériorer : en sorte que les choses qui se consument par l'usage ne peuvent être la matière d'un *commodat*, mais d'un prêt ; parce qu'on ne peut les rendre en individu, quoiqu'on puisse les rendre en espèce. Il y a deux sortes de *commodats*, l'un *gratuit*, l'autre *utile* : le *commodat gratuit* est purement au profit du *commodataire* ; le *commodat gratuit* a lieu lorsqu'on prête quelque chose que le *commodataire* est obligé de rendre en essence et en individu, mais sans rien donner pour l'emprunt : le *commodat utile*, est celui dans lequel on retire quelque chose pour le prêt, et alors c'est une espèce de location.

COMMODATAIRE, subst. des deux genres (*komodatère*), t. de jurispr., celui ou celle qui emprunte quelque chose à titre de *commodat*.

COMMODE, subst. fém. (*komode*) (du latin *commodum*, avantage, commodité), espèce d'armoire à tiroirs où l'on serre du linge, des habits, etc., dont l'usage est extrêmement *commode* : *commode à deux, à trois tiroirs.* — Femme qui est la complaisante d'une autre en intrigue galante. (*Boiste.*) Inusité. — T. de mar., barque à fond plat, en usage particulièrement dans le port de Rochefort.

COMMODE, adj. des deux genres (*komode*) (en lat. *commodus*), en parlant des choses, qui est d'un usage utile et facile : *habit, maison, voiture commode ; cela est commode pour* ou *à telle chose.* — En parlant des personnes, 1° d'un bon commerce, d'une société douce et aisée ; 2° trop indulgent, trop facile : *mari commode*, qui ferme les yeux sur la mauvaise conduite de sa femme ; *mère commode*, qui donne trop de liberté à sa fille. On dit à peu près, dans le même sens : *morale commode*, relâchée ; *dévotion, philosophie commode*, trop aisée. — *Commode*, dans le sens de *riche*, qui est à son aise, n'est plus français. — On dit fam., de quelqu'un qui prend ses aises, *c'est l'empereur Commode*, par allusion à l'empereur romain qui a porté ce nom.

COMMODÉMENT, adv. (*komodéman*), avec *commodité*, d'une manière *commode* : *être logé, vêtu commodément ; vous pouvez faire cela commodément.*

COMMODITÉ, subst. fém. (*komodité*) (du latin *commoditas*), chose, état, situation, moyen *commode* : *une voiture est d'une grande commodité.* — *Faire une chose à sa commodité* ; quand on juge à propos, convenable, *commode* de la faire. — *Prendre sa commodité pour faire une chose*, prendre le temps qui paraît le plus *commode*. — Occasion *commode* pour voyager, pour envoyer des paquets : *profiter de la commodité du coche, du messager, d'un ami, pour...* — Opportunité, proximité, voisinage : *j'ai fait bâtir dans ce lieu à cause de la commodité des eaux.* — *Chaise* ou *fauteuil de commodité*, grande chaise à bras, bien rembourrée, dont le dos est un peu renversé, et dans laquelle l'on est fort à son aise.

COMMODITÉS, subst. fém. plur. (*komodité*), toutes les petites choses qu'il faut pour être à son aise ; tous les avantages qui servent à rendre la vie plus commode, plus douce, plus agréable. — *Lieux d'aisances d'une maison.*

COMMODORE, subst. mas. (*komemodore*), chef d'escadre anglaise.

COMMON, subst. mas. (*komèmon*), t. de bot., espèce de palmier.

COMMORIENTES, subst. mas. plur. (*komemorientèce*), c.-à-d. *mourant ensemble* ; mot latin par lequel on désignait des individus étroitement unis, qui juraient de ne pas se survivre l'un à l'autre.

COMMOSE, subst. fém. (*komemoze*) (dérivé du grec κομμος, fard), t. de médec., l'art de cacher les imperfections du corps. Vieux. Ce mot a été remplacé par celui de *cosmétique*.

COMMOTION, subst. fém. (*komocion*) (en latin *commotio*), secousse, agitation. — T. de médec. ébranlement violent au dedans du corps ordinairement occasionné par une chute ou par un coup : *commotion dans le cerveau ; commotion générale dans tout le corps.* — *Commotion électrique*, secousse violente qu'on ressent en différentes parties du corps, en faisant l'expérience de Leyde. Voy. ce mot. — *Commotion* se dit au fig. d'une agitation vive et soudaine causée dans les esprits ; *cette nouvelle causa une grande commotion.*

COMMOTIQUE, adj. fém. (*komotike*) (du grec κομμος, fard), art de donner à la laideur l'apparence de la beauté. Inus. On dit maintenant *cosmétique*.

COMMUABILITÉ, subst. fém. (*komemuabilité*), qualité de ce qui est *commuable*.

COMMUABLE, adj. des deux genres (*komuable*) (en latin *commutabilis*), t. didactique, qui peut être changé, adouci : *peine commuable.*

COMMUÉ, E, part. pass. de *commuer*.

COMMUER, v. act. (*comu-é*) (en lat. *commutare*, changer), échanger. Il ne se dit qu'avec les mots *peine* et *vœu* : *commuer la peine des galères en celle du bannissement ; commuer un vœu.* — SE COMMUER, v. pron.

COMMUN, E, adj. (*komeun, mune*) (en lat. *communis*), ce à quoi tout le monde participe ou a droit de participer : *la lumière est commune à tous les hommes.* — Ce dont l'usage appartient à plusieurs : *puits, escalier, passage commun.* — Propre à différents sujets : *intérêt, péril commun.* — *Maison commune*, la mairie. Voy. COMMUNE. — Il se dit en philosophie, des genres qui sont *communs* à leurs espèces. — Lorsque cet adjectif est employé sans régime, il a un sens différent de celui qu'on lui donne lorsqu'il régit la préposition *à*. Des *disgraces communes* sont des disgraces peu considérables ; mais des *disgraces communes à tous les hommes* sont des disgraces auxquelles tous les hommes peuvent être sujets, et qui peuvent être considérables. — Ne confondez pas *une voix commune* avec *une commune voix* : *une voix commune* est une voix qui n'a rien de remarquable dans le chant ; *une commune voix* est la réunion unanime des suffrages dans une assemblée quelconque. — En gramm., il se dit du genre qui convient aux deux sexes. Un nom est du genre *commun* lorsqu'il a une terminaison qui convient également au masculin et au féminin ; *auteur* est du *genre commun* ; on dit *un homme auteur, une femme auteur.* On appelle aussi ces noms *noms communs.* — Une *syllabe commune* est une syllabe qui est tantôt brève et tantôt longue. — En géom., on le dit d'une ligne, d'un côté, d'une base, d'un angle, qui appartiennent à deux figures. — En bot., du calice, s'il renferme plusieurs fleurs ; du pétiole, s'il soutient plusieurs feuilles ; du pédoncule ou du réceptacle, s'ils portent plusieurs fleurs. — Général, universel : *le bruit commun, l'intérêt commun, l'opinion commune.* — *Le droit commun*, la loi reçue dans un état, l'usage qui y est généralement établi. — *Délit commun*, anciennement, délit commis par un ecclésiastique, et qui était de la compétence d'un juge ecclésiastique : il est opposé à *cas privilégié.* — Ordinaire : *chose commune ; il n'y a rien de si commun.* Voy. TRIVIAL. — Qui se trouve aisément et en abondance. Opposé à rare : *rien n'est plus commun que le nom, rien n'est plus rare que la chose* (La Fontaine.) — Qui est de peu de valeur dans son espèce : *une nourriture commune, une étoffe commune.* — *Manières communes*, celles qui sont dépourvues de noblesse, de dignité. — *Lieux communs*, en rhét., sources générales qui fournissent à l'orateur ses arguments et ses moyens ; recueil de ce que l'on trouve le plus ordinairement dans les auteurs, et que l'on range sous certains titres généraux ; dans une acception plus usitée, choses triviales et rebattues dans les ouvrages d'esprit : *ses livres, ses sermons, ses vers ne sont remplis que de lieux communs.* — *Lieux communs*, lieux d'aisances. — *Sens commun*, le bon sens ordinaire par lequel la plupart des hommes jugent des choses. — *Faire bourse commune*, se dit de ceux qui ont mis leur argent ensemble pour la dépense. — *Faire vie commune*, vivre à frais *communs.* — *La vie commune*, se dit des religieux qui vivent en communauté ; au fig., de la condition ordinaire des hommes, par opposition à celle des princes. — En t. de jurispr., *être commun en biens avec quelqu'un*, c'est avoir des biens en *commun* avec lui : *ces deux époux sont communs en biens.* — Encore en t. de palais et en généalogie, *le père commun des parties*, le père de deux frères ou sœurs qui plaident ensemble. — On dit qu'un *arrêt ou un jugement est déclaré commun avec un tel, qui n'avait pas été partie, ou avec le défaillant* ; pour dire qu'il sera aussi bien exécutoire contre lui que contre ceux avec qui il a été rendu. — On dit aussi, qu'*une chose est du droit commun*, par opposition aux privilèges qui en exemptent. — *Faire preuve suivant la commune estimation, suivant la commune renommée*, c'est-à-dire, par experts, par témoins. — En cas d'estimation de fruits, on dit, *faire une année commune* ; pour dire, prendre le milieu entre une année fertile où les denrées sont à bon marché, et une année stérile, où elles sont chères, pour en faire un prix *commun* et mitoyen, et compenser l'un avec l'autre ; ce qu'on appelle autrement *bon an, mal an : cette terre vaut douze mille livres, année commune.* — *En commun*, loc. adv., à frais *communs* : *vivre en commun ; tout était en commun chez les premiers chrétiens.*

COMMUN, subst. mas. (*komeun*) ; il se dit d'une société entre deux ou plusieurs personnes : *on prendra cette dépense sur le commun ; cet homme vit sur le commun*, aux dépens d'une société, du tiers et du quart. — Prov. et fig. : *il n'y a point d'âne si mal bâté que celui du commun*, les affaires d'une communauté sont souvent négligées, parce qu'on ne les regarde pas comme siennes. — *Le commun des hommes, des philosophes*, le plus grand nombre des hommes, etc. — *Le commun des apôtres, des martyrs*, etc. ; c'est, dans l'office ecclésiastique, l'office général des apôtres, des martyrs, etc. — On dit que quelqu'un *est du commun des martyrs*, lorsqu'il n'excelle en rien. — *Un homme du commun* est un homme de la basse classe. — *Commun* s'est dit autrefois, dans les grandes maisons, des domestiques : *la salle, la table, le dîner, le pain, le vin du commun.* — On appelait, chez le roi, le *grand-commun* : 1° les offices destinés à la nourriture de la plupart des officiers de sa maison ; 2° le lieu où ces officiers travaillaient et où ils étaient logés. — On donnait le nom de *petit-commun* à des officiers détachés du *grand-commun* pour le service des officiers privilégiés. — Pop. au plur., les *communs* ; les lieux d'aisances. On ne se sert plus de cette expression pour exprimer les différentes parties d'un bâtiment affectées aux gens de service.

COMMUNAL, E, adj. ; au mas. plur. **COMMUNAUX** (*komunale, nó*), qui est *commun* aux habitants d'un ou de plusieurs villages : *revenu communal, propriétés communales.*

COMMUNALEMENT, adv. (*komunaleman*), vieux mot qui voulait dire *ensemble*. On ne s'en sert plus, dit *Trévoux*.

COMMUNALISTE, subst. mas. (*komunalicete*), membre de quelque société particulière. Peu usité.

COMMUNAUTÉ, subst. fém. (*komunôté*) (du lat. *communitas* ou *communio*). Corps des habitants des villes, et surtout des bourgs et villages. —

Société de plusieurs personnes qui vivent ensemble sous certaines règles : *communauté de prêtres, de religieux, de religieuses, d'hommes, de filles.*—Les *communautés* sont de deux sortes : *ecclésiastiques* ou *laïques* : les *communautés ecclésiastiques* sont, ou séculières, comme les chapitres des églises cathédrales ou collégiales ; ou régulières, comme les couvents, les monastères, etc. Les *communautés laïques* sont de plusieurs sortes ; les unes se contractent par la demeure fixe d'un an et d'un jour dans un même lieu ; les autres se forment par l'exercice d'une même charge, la profession d'un même art, certain lien de religion, comme celles des paroisses et des confréries, etc. Ainsi *communauté* se dit des maisons pieuses, fondées pour entretenir et faire vivre plusieurs personnes sous un certain genre de vie régulière, ou séculière : tels sont les couvents, abbayes, prieurés conventuels, les séminaires, hospices, et toutes sortes de maisons religieuses. Saint Augustin fit *une communauté* de son clergé, et vivait *en communauté* avec tous les autres. Il exhorte quelquefois à ne rien donner aux particuliers, mais tout *à la communauté : que personne,* dit-il, *ne donne ni habit ni chemise que pour la communauté, d'où j'en prends moi-même.*—On le disait aussi de quelques corps laïques : *la communauté des procureurs, des notaires.* — Société de biens entre deux ou plusieurs personnes. — *Communauté* se dit des choses qui appartiennent également à tous les membres de la société. Platon et Lycurgue avaient établi la *communauté* des femmes, et regardaient même comme une délicatesse ridicule la jalousie des maris qui ne peuvent souffrir de partage ; mais il était difficile d'empêcher les désordres d'une *communauté* si délicate. — La *communauté continuée* est une *communauté* qui a lieu entre le survivant des deux conjoints par mariage, et les enfants mineurs issus de ce mariage, lorsque le survivant n'a point fait inventaire des biens qui étaient durant le mariage. — La *communauté tacite* est une *communauté* contractée entre plusieurs personnes par le seul mélange de leurs biens, pourvu qu'elles soient demeurées ensemble un an et un jour. La *communauté tacite,* parce qu'elle est odieuse, a été abolie dans plusieurs de nos coutumes : elle n'a plus lieu qu'entre les enfants et leur père ou leur mère, qui survit, lorsqu'ils n'ont point fait d'inventaire. — *Communauté de mariage,* ce qui est *commun* entre le mari et la femme. C'est une société de biens qui se forme entre époux. Cette société est en quelque sorte un être moral, qui, dans l'association conjugale, a une existence à part, et dont les intérêts, souvent en contact avec ceux des époux, s'en distinguent cependant. La *communauté de biens* est la conséquence la plus naturelle et la plus légitime du mariage ; aussi la loi déclare-t-elle qu'elle est l'état de tous ceux qui n'ont pas pris soin de régler leurs conventions matrimoniales par écrit. Mais le législateur, d'un autre côté, a compris qu un principe ne peut être absolu, lorsqu'il s'applique aux conventions humaines ; que ce serait anéantir la liberté des contrats que de leur imposer des règles inflexibles ; en conséquence, le principe de la *communauté* sera soumis à de nombreuses modifications suivant la volonté des parties, et la loi reconnaîtra : 1° *la communauté légale ;* 2° *la communauté conventionnelle.* Elles ont cependant un point de commun, en ce qu'elles commencent l'une et l'autre au moment de la célébration du mariage devant l'officier de l'état civil, et qu'elles se dissolvent au même temps. — La *communauté légale* est celle qui est établie et régie par la loi. Elle a lieu seulement dans le cas où les époux n'ont pas fait de contrat, ou bien lorsque, sans aucune modification, ils ont simplement déclaré qu'ils se mariaient sous le régime de la *communauté.* La *communauté* étant, ainsi que nous l'avons vu, une sorte de personne morale, il en résulte que, comme toute autre personne, il lui faut des ressources pour se soutenir, et que, d'un autre côté, elle a de nombreux besoins ; la loi a donc dû s'occuper de lui créer des revenus, comme aussi de déterminer les besoins légitimes auxquels ils doivent être appliqués. En conséquence, la *communauté* se compose d'un *actif* et d'un *passif.* L'*actif de la communauté* se compose : 1° de tout le mobilier que les époux possédaient au jour de la célébration du mariage, ensemble de tout le mobilier qui leur échoit pendant le mariage à titre de succession ou même de donation, si le donateur n'a exprimé le contraire ; 2° de tous les fruits, revenus, intérêts, arrérages, de quelque nature qu'ils soient, échus ou perçus pendant le mariage, et provenant des biens qui appartenaient aux époux lors de la célébration, ou de ceux qui leur sont échus pendant le mariage, à quelque titre que ce soit ; 3° de tous les immeubles qui sont acquis pendant le mariage. L'immeuble acquis par l'un des époux dans le temps intermédiaire entre le contrat et la célébration du mariage entre en *communauté.* Au surplus, en cette matière, le principe général est que : tout immeuble est réputé acquêt de *communauté,* s'il n'est prouvé que l'un des époux en avait la propriété ou la possession légale avant le mariage, ou qu'il lui est advenu, pendant sa durée, par succession, legs ou donation. Nous venons de voir les choses qui font partie de l'*actif de la communauté ;* nous devons maintenant mentionner celles qui n'y entrent pas. Or, sont exclus de la *communauté :* 1° tous les immeubles qu'avaient les conjoints au moment de leur mariage, et tous ceux qui leur adviennent pendant sa durée, par succession ou donation ; 2° l'immeuble abandonné à l'un des époux par ses père, mère ou autres ascendants, soit pour le remplir de ce qu'ils lui doivent, soit à la charge de payer leurs dettes, sauf récompense ou indemnité, pour raison des sommes qui pourraient être tirées de la *communauté* à cette occasion ; 3° l'immeuble acquis par l'un des conjoints en échange de ses immeubles, sauf récompense à la *communauté* s'il y a soulte ou plus-value ; 4° l'acquisition faite pendant le mariage, à titre de licitation ou autrement, de portion d'un immeuble dont l'un des époux était propriétaire par indivis, sauf à indemniser la *communauté* de la somme qu'elle a fournie pour cette acquisition. Le *passif de la communauté* suit une marche parallèle à la composition de l'actif, en sorte que toutes les choses qui entreraient dans l'actif de la *communauté,* si elles appartenaient à l'un des époux, entrent dans le *passif,* si elles sont dues par lui ; en conséquence le *passif de la communauté* se compose : 1° de toutes les dettes mobilières dont les époux étaient grevés au jour de la célébration de leur mariage, ou dont se trouvent chargées les successions qui leur échoient durant le mariage, sauf la récompense pour celles relatives aux immeubles propres à l'un ou à l'autre des époux ; 2° des dettes, tant en capitaux qu'arrérages ou intérêts contractés par le mari pendant la *communauté,* ou par la femme, du consentement du mari, sauf la récompense dans le cas où elle a lieu ; 3° des arrérages et intérêts seulement des rentes ou dettes passives qui sont personnelles aux deux époux ; 4° des réparations usufructuaires des immeubles qui n'entrent point en *communauté ;* 5° des aliments des époux, de l'éducation et entretien des enfants, et de toute autre charge du mariage. A défaut d'inventaire, la femme ou ses héritiers peuvent faire procéder à la dissolution de la *communauté,* tant par titres que par témoins et même par commune renommée, à la constatation de la valeur du mobilier non inventorié ; le mari n'est jamais admis à faire cette preuve. Le mari est chef de la *communauté,* c'est lui qui l'administre ; on peut même dire qu'il en est propriétaire pendant tout le temps qu'elle subsiste, car il a le droit de vendre, d'aliéner et d'hypothéquer les biens qui la composent sans le concours de sa femme. La femme, au contraire, n'a qu'un droit éventuel, que l'espérance de partager les bénéfices que la dissolution peut réaliser un jour ; elle ne peut disposer, sans le concours de son mari, d'aucun effet de la *communauté.* Toutefois, le mari, que l'on peut considérer comme propriétaire à certains égards des biens de la *communauté,* n'a pas cependant un droit de propriété absolu. Ainsi, il ne peut disposer entre-vifs, à titre gratuit, des immeubles de la *communauté,* ni de l'universalité ou d'une quotité du mobilier, si ce n'est pour l'établissement des enfants communs. Il peut néanmoins disposer des *effets mobiliers* à titre gratuit et particulier, au profit de toutes personnes, pourvu qu'il ne s'en réserve pas l'usufruit. Mais il ne peut disposer par *testament* des choses de la *communauté* que jusqu'à concurrence de la part qui doit lui revenir. Le mari n'est pas seulement administrateur de la *communauté,* son administration s'étend même sur les biens personnels de sa femme ; mais ici son droit d'administration est plus restreint, parce que la femme en conserve la propriété exclusive ; aussi, ne pourra-t-il ni les vendre ni les aliéner sans le consentement de la femme, et sera-t-il responsable de tout dépérissement des biens de celle-ci, causé par défaut d'actes conservatoires. Tous les droits du mari cessent à la dissolution de la *communauté ;* mais il arrive souvent aussi qu'il peut se trouver dans une position telle, pendant la durée de la *communauté,* qu'il ne peut les exercer ; par exemple, s'il vient à être frappé d'interdiction, s'il est condamné à une peine afflictive ou infamante. Dans ces cas, le mari ne perd pas son droit d'administration, l'exercice en est seulement suspendu tant que dure la cause qui lui fait obstacle. Le mari, en contractant pour la *communauté,* contracte pour lui et pour sa femme, et l'oblige à l'exécution des engagements qu'il a pris jusqu'à concurrence de ses droits dans la *communauté.* Nous avons vu plus haut que la femme n'a sur les biens de la *communauté* qu'un droit *éventuel,* qui ne s'ouvre qu'à la dissolution ; il résulte de là qu'elle ne peut engager les biens de la *communauté* sans le consentement de son mari, si ce n'est lorsqu'elle est marchande publique, et c'est la seule exception au principe ; car la loi ne permet même pas à la femme de s'obliger et d'engager les biens de la *communauté,* pour tirer son mari de prison, ou pour l'établissement de ses enfants, en cas d'absence du mari, sans y être autorisée par justice. Et tandis que le mari engage la *communauté* à raison des amendes prononcées contre lui par suite d'un délit, la loi déclare que ces amendes appliquées à la femme ne peuvent s'exécuter que sur la nu-propriété de ses biens personnels. Mais si les condamnations prononcées contre les époux emportent *mort civile,* elles frappent également la part de chacun d'eux dans la *communauté* et ses biens personnels. D'un autre côté, la femme qui s'oblige solidairement avec son mari, soit pour les affaires de la *communauté,* soit pour les affaires personnelles du mari, est réputée, vis-à-vis de lui, ne s'être obligée que comme caution, et a droit à être indemnisée soit par lui, soit par ses héritiers, de l'obligation qu'elle a contractée. Toutefois, vis-à-vis des tiers, son obligation subsiste, et elle ne pourrait s'en faire décharger. De même lorsque le mari a garanti la vente d'un immeuble de sa femme, il a son recours même contre les biens personnels de celle-ci. Les immeubles personnels des époux n'entrent en *communauté,* ainsi que nous l'avons vu plus haut, que relativement à leur produit ; de là il résulte que lorsqu'un immeuble appartenant à l'un ou à l'autre des époux a été vendu pendant le mariage, et le prix versé dans la *communauté,* sans qu'il y ait eu remploi, c'est-à-dire sans que cet immeuble ait été remplacé soit par un autre immeuble, soit par un placement, la *communauté* est débitrice de ce prix vis-à-vis de l'époux qui était propriétaire de l'immeuble vendu, et cet époux est en droit, à la dissolution de la *communauté,* de prélever, avant le partage, le montant de ce prix. Le remploi est censé fait à l'égard du mari toutes les fois que, lors d'une acquisition, il a déclaré qu'elle était faite des deniers provenus de l'aliénation de l'immeuble qui lui était personnel, et pour lui tenir lieu de remploi. Relativement aux immeubles de la femme, cette déclaration de la part du mari ne suffit point, si ce remploi n'a été formellement accepté par la femme : si elle ne l'a pas accepté, elle a simplement droit, lors de la dissolution de la *communauté,* à la récompense du prix de son immeuble vendu. Mais les prélèvements ne s'exercent pas de la même manière, et ici les droits de la femme sont plus étendus que ceux du mari. En effet, le mari ne peut exercer les siens que sur les biens de la *communauté,* tandis que la femme peut exercer les siens même sur les biens du mari, si ceux de la *communauté* sont insuffisants. Cette différence s'explique en ce que le mari, administrant et pouvant aliéner les biens de la *communauté* sans le secours de sa femme, est responsable indéfiniment des dettes de la *communauté,* même sur ses biens personnels, et que la femme, qui ne prend aucune part à l'administration, n'est obligée que jusqu'à concurrence de ses droits. Les rapports des époux avec la *communauté* donnent lieu en outre à une sorte de compte qui a pour but de déterminer leurs relations pécuniaires ; il est possible que l'un des époux se soit enrichi aux dépens de la *communauté ;* dès-lors il lui doit une indemnité qui, dans le style légal, prend le nom de *récompense.* 1° Toutes les fois que l'un ou l'autre des conjoints s'est enrichi aux dépens de la *communauté,* il lui en doit récompense. 2° La récompense n'est pas toujours de ce qu'il en a coûté pour l'affaire particulière de l'un des conjoints ; elle n'est due que jusqu'à concurrence de ce dont il a profité. 3° La récompense n'excède pas ce qu'il en a coûté à la *communauté,* quelque grand qu'ait été le profit que le conjoint en a retiré. Si le père et la mère ont doté conjointement l'enfant commun, sans exprimer la portion pour laquelle ils entendaient y contribuer, ils sont censés avoir doté chacun pour moitié, soit que la dot ait été fournie ou promise en effets de la *communauté*, soit qu'elle l'ait été en biens personnels à l'un des deux époux. Dans le second cas, l'époux dont l'immeuble ou l'effet personnel a été constitué en dot a, sur les biens de l'autre, une action en indemnité pour la moitié de ladite dot, eu égard à la valeur de l'effet donné, au temps de la donation. La dot constituée par le mari seul à l'enfant commun, en effets de la *communauté*, est à la charge de la *communauté*; et, dans le cas où la *communauté* est acceptée par la femme, celle-ci doit supporter la moitié de la dot, à moins que le mari n'ait déclaré expressément qu'il s'en chargeait pour le tout, ou pour une portion plus forte que la moitié. Il y a d'ailleurs en cette matière un principe qu'il ne faut pas perdre de vue, c'est que la garantie de la dot est due par toute personne qui l'a constituée.—*Dissolution*. La *communauté* se dissout : 1° par la mort naturelle; 2° par la mort civile; 3° par le divorce; 4° par la séparation de corps; 5° par la séparation de biens. Nous renvoyons au mot SÉPARATION l'article qui concerne le mode particulier de la séparation de biens. Lorsque la dissolution a lieu par la mort naturelle ou civile de l'un des époux, le premier soin du survivant doit être de faire procéder à un inventaire, et s'il ne remplit pas cette obligation, il perd la jouissance des revenus de ses enfants mineurs. Le subrogé-tuteur lui-même, qui n'a pas obligé le tuteur à faire un inventaire, est solidairement responsable des condamnations qui peuvent être prononcées au profit des mineurs. Néanmoins, le défaut d'inventaire ne donne point lieu à la continuation de la *communauté*, mais il autorise les parties intéressées à faire preuve de la consistance des biens et des effets communs, tant par titres que par commune renommée. La *communauté*, dissoute par la séparation soit de corps et de biens, soit de biens seulement, peut être rétablie du consentement des deux parties. En ce cas, la *communauté* rétablie reprend son effet du jour du mariage; les choses sont remises au même état que s'il n'y avait point eu de séparation, sans préjudice néanmoins de l'exécution des actes qui, dans cet intervalle, auraient pu être faits légalement par la femme. La dissolution de la *communauté* opérée par la séparation, soit de corps, soit de biens, ne donne point ouverture aux gains de survie de la femme, c'est-à-dire des avantages qui ont pu être stipulés dans le contrat de mariage au profit du survivant; la femme conserve seulement ses droits, pour les faire valoir après la mort naturelle ou civile du mari. — *Communauté conventionnelle*. Nous avons dit que la loi n'avait pas voulu imposer aux parties qui contractent mariage un système de *communauté* absolue, et qu'en cette matière, comme dans tous les autres contrats, elle n'assigne aux conventions humaines d'autres limites que celles que prescrivent l'ordre public et les bonnes mœurs. Cependant il est certaines modifications dont l'usage est plus habituel et que le législateur, dans sa sollicitude, a voulu déterminer, non pour les imposer aux parties, mais pour servir de base à leurs conventions. Ainsi, aux termes de l'art. 1467 du Code civil, on peut modifier le régime de la *communauté légale* en convenant : 1° que la *communauté* n'embrassera que les acquêts; 2° que le mobilier présent ou futur n'entrera point en *communauté*, ou n'y entrera que pour une partie; 3° qu'on y comprendra tout ou partie des immeubles présents ou futurs, par la voie de l'ameublissement; 4° que les époux paieront séparément leurs dettes antérieures au mariage; 5° qu'en cas de renonciation, la femme pourra reprendre ses apports francs et quittes; 6° que le survivant aura un préciput; 7° que les époux auront des parts inégales; 8° qu'il y aura entre eux *communauté* à titre universel. Il ne faut pas oublier que toutes ces modifications se rattachent à la *communauté* légale, et que les principes généraux de cette *communauté*, son mode d'administration, de dissolution, de liquidation et de partage, s'appliquent également à la *communauté* conventionnelle. — *De la communauté réduite aux acquêts*. Lorsque la *communauté* est réduite aux acquêts, elle ne se compose que des acquisitions à titre onéreux, mobilières et immobilières, faites par les époux ensemble ou séparément durant le mariage, et provenant tant de l'industrie commune que des économies faites sur les fruits et revenus des biens des époux. Par cette clause, les époux sont censés exclure de la *communauté* les dettes de chacun d'eux, actuelles et futures. Le mobilier existant au moment du mariage ou échu depuis à l'un des époux, qui n'a pas été constaté par un inventaire ou par un état en bonne forme, est réputé acquêt. — *De la clause qui exclut le mobilier, soit en totalité, soit en partie*. Les époux peuvent stipuler dans le contrat de mariage, que tout ou partie de leur mobilier présent ou futur sera exclu de la *communauté*. Cette clause a pour effet; 1° de rendre l'époux débiteur, envers la *communauté*, de la somme qu'il a promis d'y verser, et de l'obliger d'en justifier; 2° d'autoriser chaque époux à la dissolution de la *communauté*, à reprendre et à prélever la valeur du mobilier qu'il a entendu en exclure. Pour faciliter la liquidation, il est donc nécessaire de constater le mobilier que chacun des époux a apporté lors de son mariage, ou qui lui est échu pendant la durée de la *communauté*. Or, l'apport du mobilier au moment du mariage se justifie, à l'égard du mari, par la déclaration qu'il fait au contrat que son mobilier est de telle valeur, et à l'égard de la femme, par la quittance que lui donne le mari. Le mobilier échu pendant le mariage se constate par un inventaire, en observant que le mari, à défaut d'inventaire ou d'un titre suffisant, ne pourrait en exercer la reprise, tandis que la femme ou ses héritiers peuvent toujours établir la valeur du mobilier échu par titres, par témoins ou même par commune renommée. Cette différence de position est fondée sur ce que le mari étant l'administrateur de la *communauté* doit être responsable de sa négligence, tandis que la femme ne doit pas souffrir d'une mauvaise administration à laquelle elle n'a pris aucune part. — *De la clause d'ameublissement*. Le fonds de la *communauté*, en général, se compose principalement du mobilier, en sorte que lorsque les époux stipulent que tout ou partie de leurs immeubles présents ou futurs entreront en *communauté*, ils les *ameublissent*. La loi distingue deux sortes d'*ameublissement* : il est déterminé, quand l'époux a déclaré ameublir et mettre en *communauté* un tel immeuble en totalité, ou jusqu'à concurrence d'une certaine somme. Il est indéterminé, quand l'époux a simplement déclaré apporter en *communauté* ses immeubles, jusqu'à concurrence d'une certaine somme. Chacun de ces ameublissements produit des effets différents. Ainsi l'effet de l'ameublissement déterminé est de rendre l'immeuble ou les immeubles qui en sont frappés, biens de la *communauté* comme les meubles mêmes. Lorsque l'immeuble ou les immeubles de la femme sont ameublis en totalité, le mari en peut disposer comme des autres effets de la *communauté*, et les aliéner en totalité. Si l'immeuble n'est ameubli que pour une certaine somme, il ne peut l'aliéner qu'avec le consentement de la femme; mais il peut l'hypothéquer sans son consentement, jusqu'à concurrence seulement de la portion ameublie. L'ameublissement indéterminé, au contraire, ne rend point la *communauté* propriétaire des immeubles qui en sont frappés; son effet se réduit à obliger l'époux qui l'a consenti à comprendre dans la masse, lors de la dissolution de la *communauté*, quelques-uns de ces immeubles jusqu'à concurrence de la somme par lui promise; et par suite de ce principe, le mari ne peut, comme l'article 1507 l'y autorise, aliéner en tout ou en partie, sans le consentement de sa femme, les immeubles sur lesquels est établi l'ameublissement indéterminé; mais il peut les hypothéquer jusqu'à concurrence de cet ameublissement. Lors de la dissolution de la *communauté*, l'époux qui a ameubli un héritage a la faculté de le retenir en le précomptant sur sa part pour le prix qu'il vaut alors; et ses héritiers ont le même droit. — *De la clause de séparation des dettes*. Par cette clause, les époux excluent de la *communauté* leurs dettes personnelles antérieures au mariage; en sorte que la *communauté* à sa dissolution, devient créancière de chacun des époux, à raison de dettes qu'elle aurait acquittées pour eux. Mais il n'est pas toujours indispensable que cette clause soit formellement énoncée dans un contrat, car elle peut en résulter tacitement toutes les fois que les époux apportent dans la *communauté* une somme déterminée ou un corps certain. Dans ce cas, ils sont censés promettre que cette somme ou cet objet ne sont point grevés de dettes antérieures. Il faut observer cependant que la clause de séparation de dettes n'a d'effet qu'à l'égard des capitaux dus, et que les intérêts ou arrérages de ces capitaux qui ont couru depuis le mariage sont une charge de la *communauté*. La séparation de dettes a son effet entre les époux, soit qu'il y ait eu ou non inventaire du mobilier, mis ou tombé en *communauté*. Mais il faut faire une distinction à l'égard des créanciers; cette clause ne peut leur être opposée qu'autant qu'il y a eu un inventaire. Lorsqu'il n'en a pas été fait, les créanciers de l'un et de l'autre des époux peuvent poursuivre leur paiement sur le mobilier non inventorié, comme sur tous les autres biens de la *communauté*. Les créanciers ont le même droit sur le mobilier qui serait échu aux époux pendant la *communauté*, s'il n'a pas été pareillement constaté par un inventaire ou état authentique. — *De la faculté accordée à la femme de reprendre son apport franc et quitte*. C'est une convention très-usitée dans les contrats de mariage, par laquelle la femme stipule qu'en cas de renonciation à la *communauté*, lors de sa dissolution, elle reprendra tout ou partie de ce qu'elle aura apporté, franc et quitte de toutes dettes, charges et hypothèques. Cette convention accorde à la femme une portion dans les bénéfices de la *communauté* si elle prospère, sans l'exposer aux pertes. Une pareille convention, qui se trouve si contraire aux règles des sociétés ordinaires, n'a pu être introduite qu'à raison de la faveur que la loi accorde au mariage. Aussi tout, dans une stipulation semblable, est-il de droit strict, et la loi déclare-t-elle : 1° que cette stipulation ne peut s'étendre au-delà des choses formellement exprimées, ni au profit de personnes autres que celles désignées; 2° que la faculté de reprendre le mobilier que la femme a apporté lors du mariage ne s'étend point à celui qui serait échu pendant le mariage; 3° que la faculté accordée à la femme ne s'étend point aux enfants, que celle accordée à la femme et aux enfants ne s'étend point aux héritiers ascendants ou collatéraux. Dans tous les cas, les apports ne peuvent être repris que déduction faite des dettes personnelles à la femme, et que la *communauté* aurait acquittées. — *Du préciput conventionnel*. Cette clause est très-usitée dans les contrats de mariage; c'est la convention par laquelle il est accordé au survivant des époux le droit de prélever, avant partage, sur les biens de la *communauté*, une somme d'argent déterminée ou une certaine quantité d'effets mobiliers en nature. Plusieurs coutumes accordaient de plein droit ce préciput à l'époux survivant; aujourd'hui il ne peut être établi qu'en vertu d'une convention formelle. Ce préciput, d'après la loi, a plutôt les caractères d'une convention que d'un avantage, et dès lors il n'est pas soumis aux formalités des donations. Ce droit prend ouverture par la mort naturelle et par la mort civile des parties. Mais la dissolution de la *communauté* par la séparation de corps ou de biens ne donne pas lieu à la délivrance actuelle du préciput. Si c'est la femme qui a obtenu la séparation, elle peut exiger, dans l'intérêt de son droit, que son mari donne caution pour garantie de sa gestion. La renonciation faite par la femme à la *communauté* lui fait perdre son droit au préciput, à moins de conventions contraires. — *Des clauses par lesquelles on assigne à chacun des époux des parts inégales dans la communauté*. Dans toute société, on peut stipuler que les sociétaires pourront avoir dans la société des portions inégales, pourvu que la portion à supporter dans les pertes soit correspondante à la portion à recueillir dans les bénéfices. On peut stipuler, par exemple, que les époux ne pourront prétendre qu'à une somme déterminée pour tout droit de *communauté*; cette clause se nomme *forfait de communauté*, et ce forfait oblige l'autre époux ou ses héritiers à payer la somme convenue, que la *communauté* soit bonne ou mauvaise, suffisante ou non pour acquitter la somme. Ce forfait est considéré comme étant de droit étroit; par conséquent s'il n'a été stipulé qu'en faveur des héritiers de l'époux, celui-ci, s'il survit, a droit au partage légal par moitié. Il existe cependant une différence entre le mari ou ses héritiers, et la femme ou ses héritiers exerçant le forfait de *communauté*, en vertu de la même clause; c'est que le mari ou ses héritiers sont tenus d'acquitter toutes les dettes de la *communauté*, tandis que la femme ou ses héritiers peuvent s'en dispenser en abandonnant les biens et les charges. Les époux peuvent aussi stipuler que la totalité de la *communauté* appartiendra au survivant ou à l'un d'eux seulement, sauf aux héritiers de l'autre à faire la reprise des apports et capitaux tombés dans la *communauté*, du chef de leur auteur. Cette stipulation n'est point réputée un avantage sujet aux règles relatives aux donations, soit quant au fond, soit quant à la forme, mais simplement une convention de mariage et entre associés. — *De la communauté à titre universel*. Les époux peuvent établir par leur contrat de mariage une *communauté* universelle de leurs biens tant meubles qu'immeubles, présents et à venir, ou de tous leurs biens présents seulement, ou de tous leurs biens à venir seulement. C'est une dérogation à l'article 1834 du Code civil, qui défend de comprendre dans les sociétés universelles la propriété des biens soit mobiliers soit immobiliers, qui peuvent advenir aux associés pendant la durée de la société. La faveur que le législateur accorde au mariage commandait cette dérogation. Toutefois la faculté que la loi accorde aux époux se trouve restreinte, dans le cas où ils auraient des enfants issus d'un précédent mariage. Telles sont, dans leur ensemble, les règles relatives à la *communauté légale* et à la *communauté conventionnelle*. — Nous avons cru faire plaisir à nos lecteurs, en mettant sous leurs yeux le scientifique article de M. E. DE CHABROL-CHAMÉANE, que nous lisons dans son *Dictionnaire de Législation usuelle*. On ne regrettera sans doute qu'une chose, c'est que nous n'ayons pu le reproduire en entier; les bornes d'un *Dictionnaire* spécial s'y opposaient. — Il s'emploie quelquefois en parlant de deux ou de plusieurs personnes auxquelles certaines choses sont *communes* : *communauté de biens et de maux; communauté de sentiments*. — *Communautés religieuses*. Les *communautés* ou congrégations religieuses remontent jusqu'aux premiers temps du christianisme, à l'époque où les fidèles étaient obligés de s'associer pour fuir les persécutions et se livrer aux pratiques de leur religion.

COMMUNAUTIER, subst. mas. (*komunôtié*), t. qui était en usage parmi les augustins déchaussés pour signifier celui qui avait soin de faire les habits des religieux. (*Trévoux*.) Inusité.

COMMUNAUX, subst. mas. plur. (*komunô*), pâturages dans lesquels un ou plusieurs villages ont droit d'envoyer leurs troupeaux. — Biens appartenant à une même *commune*. — Adj. plur. Voy. COMMUNAL.

COMMUNE, subst. fém. (*komune*), division de territoire administrée par un maire. — Le corps des habitants d'une ville, d'un bourg ou d'un village. — Maison où s'assemblent les autorités d'une *commune*. — Les citoyens français considérés sous le rapport des relations locales qui naissent de leur réunion dans les villes, et dans certains arrondissements du territoire des campagnes, forment les *communes*. Telle est la définition que donne de ce mot la loi du 14 septembre 1791, titre 11, art. 8. Ce n'est qu'à partir de cette loi que les *communes* en France ont été constituées d'une manière ferme et solide, car jusqu'à cette époque elles avaient suivi toutes les phases et pour ainsi dire tous les caprices des différents régimes qui s'étaient succédé. Considérées comme des associations de citoyens, elles font partie de l'administration générale et publique; comme agrégations de familles, les *communes* sont considérées comme personnes civiles et ont une existence qui leur est propre. Il est important de bien retenir ce double caractère de la constitution de la *commune*, car il donne la clef de toute la législation sur cette matière, et chaque habitant de la *commune* a des droits à exercer et des devoirs à remplir sous le double rapport de membre de l'association générale de l'état, et de membre de l'association municipale. — *Commune renommée*, t. de palais, enquête où les témoins sont appelés pour déposer sur la valeur des biens qu'une personne possédait à une époque déterminée, d'après ce qu'ils ont vu par eux-mêmes et ont entendu dire. Les articles 1404, 1415, 1442 du Code civil autorisent la preuve par *commune renommée*, de la valeur des biens meubles qui ne doivent pas entrer en communauté, et que le mari aurait négligé de faire inventorier, ainsi que de la valeur des biens qui dépendent de la *communauté*, lorsque l'époux survivant n'a pas fait faire inventaire à sa dissolution. Lorsque la loi, dans le cas qu'elle détermine, dit que la preuve par *commune renommée* pourra être faite, la loi s'en réfère au pouvoir discrétionnaire des juges pour autoriser ou refuser la preuve d'après les faits articulés. — Au plur., héritages qui ont été donnés aux habitants d'un lieu pour leur usage. — Autrefois, les milices bourgeoises et les milices de la campagne. — Les *communes* ou *chambre des communes*, la seconde chambre du parlement d'Angleterre, appelée aussi *chambre-basse*. Elle est composée des députés des provinces, des comtés, des villes et des bourgs.

COMMUNÉMENT, adj. (*komunéman*), ordinairement. — Généralement. — *Communément parlant*, suivant la façon de parler ordinaire.

COMMUNIANT, E, subst. (*komunian, ante*), celui ou celle qui *communie* : *il y a eu tant de communiants à Pâques dans cette paroisse*. — Celui qui est en âge de *communier* : *il y a tel nombre de communiants*. — *Premiers communiants, premières communiantes*, ceux, celles qui vont ou viennent de faire leur première *communion*.

COMMUNIBUS LOCIS (*komemunibuce lôcice*), mots latins employés en physique. Ils signifient une espèce de milieu ou un rapport moyen qui résulte de la combinaison de plusieurs rapports : *l'Océan a un quart de mille de profondeur communibus locis*; c'est-à-dire *dans les lieux moyens* ou *communs*, en prenant un milieu entre les profondeurs de différents endroits de l'Océan.

COMMUNICABILITÉ, subst. fém. (*komunikabilité*), disposition à *communiquer*; qualité de ce qui est *communicable*. Peu usité.

COMMUNICABLE, adj. des deux genres (*komunikable*), qui peut se *communiquer*, de quoi on peut faire part à d'autres. — On dit d'une personne de facile accès, qu'*elle est communicable*; et qu'*elle n'est point communicable*, quand on ne peut l'approcher qu'avec peine. — *Rivières communicables*, qui peuvent être jointes par un canal; *appartements communicables*, qu'on peut faire *communiquer* de l'un à l'autre.

COMMUNICANT, E, adj. (*komunikan, kante*), t. d'anat., qui *communique*, qui établit une *communication* : *artères communicantes*. — En t. de phys., *tubes communicants*. — Il faut bien se garder d'employer ce mot comme participe présent de *communiquer*; *communiquant* est le seul mot qui puisse être admis.

COMMUNICANT, E, subst. (*komunikan, kante*) t. d'hist. ecclés., secte d'anabaptistes du treizième siècle, ainsi appelés, parce qu'à l'exemple des nicolaïtes, ils avaient établi parmi eux une *communauté* de femmes et d'enfants.

COMMUNICATIF, adj. mas., au fém. COMMUNICATIVE (*komunikatife, tive*), en parlant des choses, qui se *communique* : *le bien, de soi, est communicatif*. — En parlant des personnes, qui se *communique* aisément, qui fait part de ses pensées, de ses connaissances, de ses lumières, de ses secrets.

COMMUNICATION, subst. fém. (*komunikâcion*) (en lat. *communicatio*), action de *communiquer*, ou effet de cette action : *communication de biens, de maux*, etc. — *Donner communication à...*, faire part d'une affaire, etc. *Avoir communication d'un traité*, etc. — Commerce, familiarité, correspondance : *rompre toutes communications*; *rétablir toutes les communications*. — Moyen par lequel deux choses se *communiquent* : *communication d'un appartement à un autre*; *porte, degré de communication*. — En t. de palais, récit court que les avocats des parties font devant les gens du roi de l'affaire qu'on va plaider. — On appelle *communication de pièces*, l'exhibition et même quelquefois la remise qui est faite d'une pièce à la partie intéressée, pour qu'elle l'examine. — On appelle *communication sans déplacer*, celle qui se fait en exhibant seulement les pièces pour les examiner en présence du juge ou du greffier, sans qu'il soit permis d'emporter les pièces pour les examiner ailleurs. — *Communication au ministère public*, remise que l'on fait au parquet de toutes les pièces du procès dans les causes où le ministère public doit être entendu. — *Communication avec les accusés*, celle qui se fait, après leur interrogatoire, avec leurs défenseurs, leurs parents, etc. — En t. de rhétorique, figure par raisonnement, dont l'objet est de tirer, des principes de ceux à qui on parle, l'aveu des vérités qu'on veut établir contre leurs prétentions : *qu'auriez-vous fait à leur place?* — *Communication de paroles*, espèce de trope qui consiste à rendre commun à une ou plusieurs personnes ce qui ne se dit que pour d'autres. Quand un maître dit à des élèves : *qu'avons-nous fait?* au lieu de : *qu'avez-vous fait?* c'est une *communication* de paroles. — En t. de phys. : *communication du mouvement*, action par laquelle un corps qui en frappe un autre met celui-ci en mouvement. — En t. de guerre, *lignes de communications*, fossés ou tranchées qui communiquent d'un quartier, d'une attaque à l'autre. — *Communication de l'aimant*, propriété qu'a l'aimant de *communiquer* sa vertu au fer et à l'acier. — *Communication d'électricité*, procédé par lequel on donne la vertu électrique à un corps sans le frotter ni l'échauffer.

COMMUNICATIVE, adj. fém. Voy. COMMUNICATIF.

COMMUNICATIVEMENT, adv. (*komunikativeman*), mot employé pour signifier : *avec communication*.

COMMUNIÉ, E, part. pass. de *communier*, et adj.; il ne se dit comme adj. que dans cette phrase familière : *il est mort bien confessé et communié*.

COMMUNIER, v. act. (*komunié*) (du lat. *communicare*, qui signifie proprement *communiquer*, donner part à, rendre participant de, parce qu'en administrant ce sacrement on *communique* à celui qui le reçoit dignement les grâces qui y sont attachées), administrer le sacrement de l'eucharistie. — V. neut., recevoir le sacrement de l'eucharistie. — *Communier en esprit*, élever son cœur à Dieu, et lui témoigner le désir qu'on aurait de participer à la *communion*.

COMMUNIER, subst. mas. (*komunié*), habitant copropriétaire de communes. (*Voltaire*.) Inusité.

COMMUNION, subst. fém. (*komunion*) (en latin *communio*), union de plusieurs personnes dans une même croyance religieuse : *la communion des fidèles*; *la communion des saints*, un des articles du symbole; *être dans la communion* ou *hors de la communion de l'Eglise*; *lettres de communion*. — La *communion* de l'Eglise catholique est l'unité d'une même foi, la réunion des fidèles dans la même croyance, la croyance des mêmes dogmes ou des mêmes articles de foi sous un même chef, qui est le pape. Les luthériens et les calvinistes ne sont point de *notre communion*. Le Saint-Siége est le centre de notre *communion*. On est schismatique, dès-lors qu'on se sépare de la *communion* de l'Eglise. Il n'est jamais permis de rompre la *communion* avec l'Eglise, pour quelque raison que ce puisse être. Le juste que l'on condamne injustement est séparé de la *communion* externe, mais non pas de la *communion* des biens spirituels. (*Port-Royal*.) Outre cette *communion générale* de l'Eglise universelle, dont on ne peut se séparer sans être au moins schismatique, ce mot se disait encore dans les premiers siècles de l'Eglise, pour signifier l'union et le commerce que les églises particulières entretenaient entre elles. Mais comme l'Eglise est répandue dans tout le monde, il était difficile qu'elles eussent toutes immédiatement et par elles-mêmes un commerce régulier. Que faisaient-elles donc? Elles s'unissaient avec les principales églises, surtout les églises apostoliques, c'est-à-dire fondées par les apôtres. C'était là une *communion immédiate*. Par l'union qu'elles avaient avec ces églises apostoliques, elles étaient en *communion* avec toutes celles qui étaient unies à ces mêmes églises, et cela s'appelait *communion médiate*. Il a toujours été permis aux évêques de refuser leur *communion* à ceux qu'ils en jugeaient pas dignes. Les papes ont quelquefois ainsi refusé la *communion*. Ce refus de *communion* ne doit point se confondre avec l'excommunication. L'excommunication emporte la privation de tous les biens spirituels de l'Eglise; tandis que ce refus de *communion* n'est que la privation du commerce que l'on avait ou que l'on pourrait avoir avec une ou quelques églises particulières. Le pape même pourrait pour de bonnes raisons s'abstenir de *communiquer* avec un évêque, sans pour cela l'*excommunier*. — *Communion des saints*. C'est l'union, la *communication*, les relations qu'ont entre elles l'*Eglise triomphante*, l'*Eglise militante* et l'*Eglise souffrante*; c'est-à-dire entre les bienheureux qui sont dans le ciel, les âmes qui sont dans le purgatoire, et les fidèles qui composent ici-bas la véritable Eglise. La *communion des saints* consiste respectivement dans les devoirs, les services, les secours que se rendent et que reçoivent mutuellement les uns des autres ces trois parties de la totalité des fidèles, morts et vivants. Elle consiste pour nous qui sommes sur la terre, dans l'honneur que nous leur rendons, les prières que nous faisons pour obtenir leur protection auprès de Dieu, la participation qui nous est donnée à leurs mérites, et l'application qui nous en est faite. Elle repose pour les âmes du purgatoire, dans les prières et les sacrifices que nous offrons pour elles, et en conséquence desquels l'application des mérites des saints leur est faite par manière de suffrages, pour obtenir leur délivrance. Eu égard aux saints, c'est la protection qu'ils nous accordent auprès de Dieu, par leur intercession, par les prières qu'ils font pour nous, par l'application qui est faite de leurs mérites à nous, et aux âmes du purgatoire. La *communion des saints* est un dogme de foi; c'est un article du symbole des Apôtres : *Je crois la communion des saints.* D'après ce dogme, l'Église est un corps, les fidèles en sont les membres; J.-C. en est le chef invisible, et le pape, vicaire de J.-C., en est le chef visible. Dans tout corps, il doit y avoir des rapports mutuels, de la correspondance, de l'union entre tous les membres, ou ce ne serait plus un corps : ils doivent concourir chacun en sa manière, et s'entr'aider pour la même fin. Cette correspondance et cette union consiste en ce que nous avons dit ci-dessus. L'Écriture et la tradition, l'usage constant de l'Église sont pleins de preuves de cette correspondance et de cette *communion*, comme on peut le voir dans les controversistes. Combien de graces Dieu n'accorda-t-il pas à son peuple en considération d'Abraham, d'Isaac et de Jacob! Judas Machabée ne fit-il pas des oblations pour les juifs morts dans la guerre contre les infidèles? L'Église n'a-t-elle pas de tout temps honoré, prié les saints? Et dans l'histoire ecclésiastique, combien de faveurs manifestement obtenues par l'intercession des saints?—Les pères donnent différents noms à la *communion des saints.* Saint Cyprien, dans sa xxxe lettre, l'appelle : *privilegium societatis*, le *privilége de la société*; dans le livre de l'Oraison dominicale, il la nomme : *Jus communicationis*, le *droit de la communication*. Saint Augustin, dans sa lettre L^e^, lui donne le nom de *societas catholica*; saint Léon, dans sa lettre LXXXIXe, (anciennes éditions), l'appelle *gratia communitatis*. — Réception du corps de N.-S. dans le sacrement de l'eucharistie sous les deux espèces, si c'est un prêtre, et sous une seule espèce, si ce sont des laïques; *communion ecclésiastique*, *communion laïque*. — *Communion sous les deux espèces*, sous l'espèce du pain et sous l'espèce du vin. L'Église a retranché pour de grandes raisons la *communion sous les deux espèces.* Dans la primitive Église, on administrait souvent la *communion* sous une seule espèce; et on n'a jamais cru que la *communion sous les deux espèces* fût nécessaire aux laïques, ou ordonnée par J.-C. — *La communion paschale* est celle qui doit se faire à Pâques; elle est d'obligation rigoureuse dans l'Église catholique. — En t. de jurispr., on entend par *communion* l'état d'indivision.—Antienne ou verset que chante le chœur pendant la *communion* du prêtre, et que, dans les messes basses, le prêtre récite avant les dernières oraisons appelées : *post-communion.*

COMMUNIQUANT, E, adj. (*komunikan, kante*), qui *communique*. Voy. COMMUNICANT.

COMMUNIQUÉ, part. pass. de *communiquer.*— Il ne se dit que des choses : *note communiquée; lettres communiquées.*

COMMUNIQUER, v. act. (*komuniké*) (en latin *communicare*), rendre *commun à... : le soleil communique sa lumière à toute la terre; un corps qui en rencontre un autre, lui communique son mouvement.* — Faire part de..., *communiquer sa science.* — Donner *communication de...: communiquer les pièces d'un procès; communiquer une affaire à ceux qui doivent en être instruits*, etc. — *Communiquer au parquet*, se dit, en t. de palais, de l'action d'instruire sommairement la partie publique des moyens dont on veut faire usage dans un procès où elle doit porter la parole. — V. neut., avoir commerce, relation : *communiquer avec les savants, avec les ennemis.* — Avoir *communication*, en parlant de deux appartements, etc., de l'un desquels on passe dans l'autre. On dit dans ce sens et pronominalement que *deux chambres se communiquent par un corridor*, etc. — *se* COMMUNIQUER, v. pron., être *communicatif*, familier, populaire. — *Se communiquer à quelqu'un*, se découvrir à quelqu'un : *Dieu s'est communiqué aux hommes.*

COMMUNISTE, subst. et adj. des deux genres (*comunicète*), t. de jurispr., celui, celle qui possède en *commun*, et qui est par conséquent copropriétaire.

COMMUTATIF, adj. mas., au fém. **COMMUTATIVE** (*komutatife, tive*) (du latin *commutare*, changer), qui peut être changé ou fait par échange: *justice commutative*, celle où il s'agit de l'échange d'une chose contre une autre en rendant autant que l'on reçoit. — *Contrat commutatif*, celui par lequel chacune des parties s'engage à donner une chose équivalente à ce qu'elle reçoit.

COMMUTATION, subst. fém. (*komutâcion*) (en latin *commutatio*, fait, dans le même sens, de *commutare*, changer, échanger), t. de palais, usité dans cette seule phrase : *commutation de peine*, changement de peine. — En t. de gramm., figure de diction, espèce de métaplasme qui change le matériel d'un mot, en y substituant un élément à la place d'un autre, comme lorsque *Virgile* a dit *olli* pour *illi*. — En t. d'astron., 1° distance entre le lieu de la terre vu du soleil et le lieu d'une planète réduit à l'écliptique; 2° suivant *Copernic*, différence qui sert à trouver le lieu d'une planète ou de la terre par le moyen du lieu vu du soleil : c'est ce qu'on appelle aujourd'hui *parallaxe annuel.* — En t. d'astron., *anomalie de commutation*, suivant *Képler*, la différence entre le lieu de la planète vu du soleil et le lieu moyen de la terre.

COMMUTATIVE, adj. fém. Voy. COMMUTATIF.

COMOCLADE, subst. fém. (*komoklade*), t. de bot., plante de la famille des térébinthacées.

COMON, subst. mas. (*komon*), t. de bot., plante de la Guyane.

COMOSPERME, subst. mas. (*komocepèrème*), t. de bot., genre de plantes.

COMP., abréviation du mot *composé.*

COMPACITÉ, subst. fém. (*konpacité*) (du latin *cum*, avec, et *pango*, je lie), t. de phys., qualité de ce qui est *compacte*, condensé.

COMPACT, subst. mas. (*konpakte*), t. de droit. On donne ce nom à certaines conventions faites avec le pape, ou confirmées par lui.— On a appelé *compact*, un accord fait avec les cardinaux avant l'élection de Paul IV, qui portait que celui qui serait élu ne pourrait déroger aux indults des cardinaux par quelques paroles et en quelque manière que ce fût. Paul IV, après son élection, ratifia cet accord par une bulle fameuse appelée *la bulle du compact.* — On appelle *compact de l'alternative*, un accord qui fut fait entre Martin V et Charles VI, pour user en France de la règle de chancellerie dite de l'*alternative*, qui établit l'alternative pour la collation des bénéfices entre le pape et les évêques. — On appelle *compact breton*, un accord fait entre le pape et le saint-siége d'une part, et tous les collateurs de la nation bretonne d'autre part, pour la répartition des mois par rapport à la collation des bénéfices.

COMPACTE, adj. des deux genres (*konpakte*) (en latin *compactus*, dérivé du grec συμπηκτος, en dorique συμπακτος qui a la même signification), qui est serré ou condensé, qui a peu de pores et beaucoup de poids. — *Édition compacte.*

COMPACTURE ou **COMPACTION**, subst. fém. (*konpakture, cion*), liaison, assemblage de parties séparées pour en composer un tout. (*Rabelais.*)

COMPAGNE, subst. fém. (*konpagnie*) (pour l'étymologie, voy. COMPAGNON), femme ou fille qui *accompagne* une autre personne, ou qui a avec elle quelque liaison d'amitié, de familiarité. — Celle qui travaille avec une autre. — Femme mariée, par rapport à son mari : *Dieu donna Eve à Adam pour lui servir de compagne.* — On le dit aussi des tourterelles : *les tourterelles gémissent quand elles ont perdu leurs compagnes.* — On dit également au figuré : *la justice et l'abondance sont les compagnes de la paix :*

> Ma foi seule, aussi pure et belle
> Comme le sujet en est beau,
> Sera ma *compagne* éternelle,
> Et me suivra dans le tombeau.
> (MALHERBE.)

— En t. de mar., chambre du majordome d'une galère.—En t. de géom., *compagne de la cycloïde.* Voy. TROCHOÏDE.—Adj., *sœurs compagnes; sœurs converses* de la congrégation de Notre-Dame.

COMPAGNIE, subst. fém. (*konpagni*) (pour l'étymologie, voy. COMPAGNON), une ou plusieurs personnes qui sont avec une autre et qui l'*accompagnent* : *tenir* ou *faire compagnie à quelqu'un.* — Gens qui sont ensemble pour se réjouir, se visiter, ou pour quelque affaire.—*Être de bonne compagnie*, être de bonne et agréable humeur en *compagnie.* — *Bonne compagnie*, société composée de personnes distinguées par leur éducation, leur bon ton. — *Dame, demoiselle de compagnie*, dame, demoiselle placée auprès d'une personne pour lui tenir *compagnie.* — *Être en compagnie*, être occupé avec quelques personnes. — Fig. et fam., *fausser compagnie à...* manquer de se trouver dans une *compagnie* après l'avoir promis. —*Prendre congé de la compagnie*, sortir; mourir. Fam.—Société de marchands ou de gens d'affaires : *la compagnie des Indes, des aides, des gabelles.*—Corps de magistrats : *assembler la compagnie.*—*Compagnie* se dit d'un corps ou d'une société de personnes établies pour certain but, pour certaines fonctions : *compagnie de gens de lettres.*—Nombre de gens de guerre sous un capitaine : *compagnie de cavalerie, d'infanterie, de dragons.* — On appelait *compagnie franche*, une *compagnie* qui n'était incorporée dans aucun régiment.—*Compagnies d'ordonnances*, des *compagnies franches* qui n'entraient jamais dans les corps de régiment.—*Compagnies des gardes*, les quatre *compagnies* de gardes à cheval qui servaient la personne du roi sous le nom de *gardes-du-corps.*—*Compagnies aux gardes*, les *compagnies* d'infanterie qui composaient le régiment des *gardes françaises.* — En t. de chasse, *compagnie de perdrix*, plusieurs perdrix ensemble. — *Bête de compagnie*, sanglier jusqu'à l'âge de deux ou trois ans. On dit prov. et en badinant : *cet homme est bête de compagnie*, aime la société. — En t. de math., *règle de compagnie*, opération par laquelle plusieurs associés, ayant mis des fonds pour un même objet, partagent le gain ou la perte, proportionnellement à leur mise. — *De compagnie*, loc. adv., ensemble. — On dit, en t. de mar., que *plusieurs vaisseaux font route de compagnie* sans y être obligés, lorsqu'ils ont une marche à peu près égale. On dit qu'*ils vont de compagnie* ou *de conserve*, quand ils naviguent ensemble. — On nomme *bâtiments de compagnie* ceux qui sont armés par une société privilégiée pour les Indes orientales et occidentales. — COMPAGNIE, SOCIÉTÉ. (*Syn.*) La *compagnie* a plus de rapport aux habitudes de la vie privée; elle se compose de personnes qui conversent familièrement, se promènent, vivent, travaillent, mangent ensemble : *la société* tient davantage de l'étiquette : elle se compose de gens qui font cercle, qui se voient en cérémonie. L'une est chez le bourgeois, l'autre dans les salons; dans l'une on s'amuse, dans l'autre on cherche à briller; l'une est un moyen de se distraire, l'autre un moyen de parvenir. Il semble aussi que *compagnie* ait plus d'analogie avec les individus, et *société* avec la chose : on se réunit en *compagnie* pour jouir des agréments de la *société.*

COMPAGNON, subst. mas. (*konpagnion*) (du lat. *cum*, avec, et *panis*, pain, *qui mange le pain avec un autre*, ou *du même pain qu'un autre. Ménage*), celui qui nous fréquente, que nous fréquentons souvent, qui est notre ami.—Celui qui *accompagne* quelqu'un, qui est habituellement avec lui. En ce sens, il se dit également au fig. : *la vengeance, le deuil, l'horreur, compagnons de la mort*, etc.—Égal : *traiter de pair à compagnon; il ne peut souffrir ni compagnon ni maître.* — Gaillard, drôle, éveillé : *c'est un compagnon, un bon compagnon.* — Dans les arts et métiers, celui qui a fait son apprentissage et qui est chez un maître; celui même qui exerce un métier pour son maître. — Fig. et fam. : *travailler à dépêche compagnon*, travailler vite et négligemment. — Se dit surtout des artisans qui font partie d'une société de gens de métier : *les compagnons du devoir.* — *La mère des compagnons*, femme chargée d'héberger, aux frais d'une société de *compagnons*, les membres de cette société sans ouvrage. — Fam., *faire le compagnon*, faire l'entendu. — Homme d'exécution, déterminé : *gentil compagnon, hardi compagnon.* — Capable de faire de mauvais tours : *défiez-vous-en, c'est un compagnon, un dangereux compagnon.* — Pauvre et de bas lieu : *petit compagnon.* — En t. de mar., matelot. Il est peu usité. — On dit prov. : *qui a compagnon a maître*, de toutes les personnes qui vivent ensemble en société, et principalement d'un mari et d'une femme.—On appelait autrefois *compagnons d'armes*, les chevaliers qui avaient fait ensemble amitié particulière, avec protestation de ne se quitter jamais. — En t. de bot., fleur rouge ou blanche en forme de gros œillet.

COMPAGNONNAGE, subst. mas. (*konpagnionaje*), le temps qu'on est *compagnon* dans un métier. — Assemblée de *compagnons* du même métier.

COMPAIN ou **COMPAING**, subst. mas. (*konpein*) (du lat. *cum*, avec, et *panis*, pain, qui mange du même pain qu'un autre), vieux mot qui signifiait *compagnon.*—Les enfants entre eux disent encore, par corruption, *mon copain*, pour : *mon camarade.*

COMPAIR, E, adj. (*konpère*) (en latin *compar*, fait de *cum*, avec, et *par*, pareil, égal, semblable), t. de mus., corrélatif, correspondant. — *Tons compairs*, dans le plain-chant, le ton authentique, et le plagal qui lui correspond.—Ainsi le premier ton est pair avec le second, le troisième avec le quatrième. Chaque ton pair est *compair* avec celui qui le précède.

COMPAN, subst. mas. (*konpan*), petite monnaie d'argent des Indes orientales, qui vaut environ neuf sous de France ou quarante-cinq centimes.

COMPAR., abréviation de *comparatif* ou *comparaison*.

COMPARABILITÉ, subst. fém. (*konparabilité*), qualité de ce qui est *comparable*.

COMPARABLE, adj. des deux genres (*konparable*) (en latin *comparabilis*, dérivé, dans le même sens, de *comparare*, comparer), qui peut se *comparer*, qui peut être mis en *comparaison*. Il prend *à* ou *avec* pour régime.

COMPARABLEMENT, adv. (*konparableman*), d'une manière *comparable*.

COMPARAGÉ, E, part. pas. de *comparager*.

COMPARAGER, v. act. (*konparajé*), vieux mot qui signifiait *comparer*. Inus.

DU VERBE IRRÉGULIER COMPARAÎTRE :

Comparais, 2e pers. sing. impér.
Comparais, précédé de *je*, 1re pers. sing. prés. indic.
Comparais, précédé de *tu*, 2e pers. sing. prés. indic.

COMPARAISON, subst. fém. (*konparèzon*) (en latin *comparatio*), action de *comparer*; ce qui en résulte. — Discours par lequel on marque la ressemblance d'une chose ou d'une personne avec une autre. — En t. de rhét., similitude : *Homère est riche et abondant en comparaisons*. — Parallèle : *faire comparaison de deux personnes*, ou *entre deux personnes*, ou *d'une personne* ou *d'une chose avec une autre*. — T. de grammaire, *degrés de comparaison*, le positif, le comparatif, le superlatif. — *Adverbes de comparaison*, ceux qui servent à indiquer un rapport de supériorité, d'égalité ou d'infériorité, comme *plus, autant, aussi, moins*. On dit dans un sens analogue : *comparaison de supériorité, d'égalité, d'infériorité*. — *Comparaisons d'écritures*, confrontation de deux écritures l'une avec l'autre, pour juger si elles sont de la même main. — *Pièces de comparaison*, pièces reconnues que l'on confronte avec d'autres qui sont contestées. — *Une chose est sans comparaison, hors de comparaison*, lorsqu'elle est excellente et sans pareille. — Prov., *comparaison n'est pas raison*, une *comparaison* ne prouve pas grand'chose. — On dit *trève de comparaison*, ou *point de comparaison*, pour faire sentir à un inférieur qu'il a tort de traiter de pair à compagnon avec ceux qui sont au-dessus de lui, ou qu'il ne doit pas s'autoriser de leur exemple. — COMPARAISON, MÉTAPHORE. (*Syn.*) Quand Homère dit qu'*Achille est tel qu'un lion*, c'est une *comparaison*; mais quand il dit du même héros : *ce lion s'élançait*, c'est une *métaphore*. — *En comparaison*, loc. adv. — *Sans comparaison*, *par comparaison*, au prix, à l'égard.

DU VERBE IRRÉGULIER COMPARAÎTRE :

Comparaissaient, 3e pers. plur. imparf. indic.
Comparaissais, précédé de *je*, 1re pers. sing. imparf. indic.
Comparaissais, précédé de *tu*, 2e pers. sing. imparf. indic.
Comparaissait, 3e pers. imparf. indic.
Comparaissant, part. prés.
Comparaisse, précédé de *que je*, 1re pers. sing. prés. subj.
Comparaisse, précédé de *qu'il* ou *qu'elle*, 3e pers. sing. prés. subj.
Comparaissent, précédé de *ils* ou *elles*, 3e pers. plur. prés. indic.
Comparaissent, précédé de *qu'ils* ou *qu'elles*, 3e pers. plur. prés. subj.
Comparaisses, 2e pers. sing. prés. subj.
Comparaissez, 2e pers. plur. impér.
Comparaissez, précédé de *vous*, 2e pers. plur. prés. indic.
Comparaissiez, précédé de *vous*, 2e pers. plur. imparf. indic.
Comparaissiez, précédé de *que vous*, 2e pers. plur. prés. subj.
Comparaissions, précédé de *nous*, 1re pers. plur. imparf. indic.
Comparaissions, précédé de *que nous*, 1re pers. plur. prés. subj.
Comparaissons, 1re pers. plur. impér.
Comparaissons, précédé de *nous*, 1re pers. plur. prés. indic.
Comparaît, 3e pers. sing. prés. indic.
Comparaîtra, 3e pers. sing. fut. indic.
Comparaîtrai, 1re pers. sing. fut. indic.
Comparaîtraient, 3e pers. plur. prés. cond.
Comparaîtrais, précédé de *je*, 1re pers. sing. prés. cond.
Comparaîtrais, précédé de *tu*, 2e pers. sing. prés. cond.
Comparaîtrait, 3e pers. sing. prés. cond.
Comparaîtras, 2e pers. sing. fut. indic.

COMPARAÎTRE, v. neut. (*konparétre*) (en latin *comparere*), paraître devant un juge, se présenter en justice. Il prend pour auxiliaire *avoir* et quelquefois *être* : *il a comparu*; *il est comparu*.

DU VERBE IRRÉGULIER COMPARAÎTRE :

Comparaîtrez, 2e pers. plur. fut. indic.
Comparaîtriez, 2e pers. plur. prés. cond.
Comparaîtrions, 1re pers. plur. prés. cond.
Comparaîtrons, 1re pers. plur. fut. indic.
Comparaîtront, 3e pers. plur. fut. indic.

COMPARANT, subst. mas. (*konparan*), acte extra-judiciaire par lequel on fait une représentation ou une demande pour des choses qui sont de juridiction volontaire.

COMPARANT, E, adj. (*konparan, rante*) (en lat. *comparens*, part. prés. de *comparere*, comparaître); du verbe *comparoir*, usité seulement en t. de prat.; il se dit au palais pour *comparaissant* devant un juge, devant un notaire : *un tel comparant en personne*; *une telle comparante par procureur*. — On dit aussi substantivement : *ledit comparant, ladite comparante*, etc. — On appelle *non comparant* celui qui ne se présente pas devant un tribunal, quoiqu'il y ait été cité.

COMPARATIF, subst. mas. (*konparatif*) (en lat. *comparativus*. Voy. notre *Grammaire*), inflexion d'un adjectif ou d'un adverbe, laquelle tient le milieu entre le premier degré, qui est le *positif*, et l'état de la plus grande supériorité, qui est le *superlatif*. *Grand* est au positif; *plus grand*, *moins grand* est au comparatif, *très-grand* au superlatif. Les *comparatifs* se mettent aussi devant les adverbes : *plus heureusement, moins fortement* sont des *comparatifs*. *Meilleur, pire, moindre*, sont des *comparatifs* exprimés par un seul mot. Il n'y en a pas d'autres de cette espèce.

COMPARATIF, adj. mas., au fém. COMPARATIVE, (*konparatif, tive*) (en lat. *comparativus*), qui marque *comparaison*, qui met en *comparaison* : *cadre comparatif des forces des nations*. — Il se dit en t. de grammaire : 1° de certaines conjonctions qui servent à marquer rapport, convenance, parité; tels sont *comme, de même, ainsi que, autant que*; 2° des adverbes qui expriment le degré entre le positif et le superlatif.

COMPARATIVE, adj. fém. Voy. COMPARATIF.

COMPARATIVEMENT, adv. (*konparativeman*), par *comparaison* à...

COMPARÉ, E, part. pass. de *comparer* et adj. — *Anatomie comparée*, science qui établit les rapports et les différences que l'on découvre dans la structure de l'homme et celle des animaux.

COMPARER, v. act. (*konparé*) (en latin *comparare*), examiner le rapport qu'il y a entre deux personnes ou deux choses. — Égaler : *il n'y a point d'église qu'on puisse comparer à Saint-Pierre de Rome*. — Faire une *comparaison*, une similitude. — En t. de math. : *comparer des équations*, réduire plusieurs équations à une seule. — — *Comparer des écritures*. Voy. COMPARAISON. — Doit-on dire *comparer à* ou *avec* ? Comme nous n'avons nulle part trouvé un plus parfait éclaircissement de cette question que dans le *Dictionnaire* de *Laveaux*, nous copions sa dissertation, bien persuadés qu'on nous en saura gré. Quand on *compare deux choses*, dit ce lexicographe, on suppose qu'il y a entre l'une et l'autre des rapports qu'on ne connaît point, et qu'on cherche à découvrir. *Comparer deux pièces de toile*, *comparer une chose à une autre*, c'est examiner si les qualités de l'une conviennent aux qualités de l'autre. Dans les deux cas, on suppose que les objets comparés ont quelque chose de commun qui est le fondement de la *comparaison*. — On ne saurait *comparer* l'une à l'autre deux choses qui n'ont rien de commun. *On ne compare pas une pièce de toile à une barre de fer*; cependant on peut établir une *comparaison* entre une pièce de toile et une barre de fer, non pour appliquer à l'une l'idée des qualités de l'autre d'après une base commune, mais, au contraire, pour établir la différence de leurs qualités, d'après la différence de leur nature. Mais alors je dirai : *comparer une pièce de toile avec une barre de fer*, et non *à une barre de fer*. *On compare la vertu avec le vice*, mais *on ne compare pas la vertu au vice*. *Comparer à*, suppose donc une analogie, un rapport commun de ressemblance entre deux termes : *comparer avec*, éloigne l'idée de ce rapport. *Comparons les œuvres de la nature aux ouvrages de l'art*. (Buffon.) *Que l'on compare la docilité du chien avec la fierté du tigre*. — SE COMPARER, v. pron. : *se comparer à quelqu'un*.

COMPARITION, subst. fém. (*konparicion*); ce mot se trouve dans quelques auteurs de droit. C'est le même que *comparution*, qui est plus régulier, puisqu'il dérive du part. pass. *comparu*.

COMPAROIR, v. neut. (*konparoar*) (du latin *comparere*, comparaître), t. de palais, *comparaître* en justice. Il ne se dit qu'au palais et dans ces phrases : *assignation à comparoir*; *être assigné à comparoir*.

COMPARSE, subst. fém. (*konparce*) (du latin *comparere*, composé de *cum*, avec, et de *parere*, paraître, *paraître ensemble*), l'entrée des quadrilles dans le carrousel. — Figurant ou figurante au théâtre; dans ce dernier sens, il est aussi mas.

COMPARTAGEANT, E, et plus souvent COPARTAGEANT, E, adj., celui qui *partage* avec un autre. Nous ne le citons que parce que *La Fontaine* s'en est servi :

> Le pauvre diable était prêt à se pendre,
> Et s'en alla chez son *compartageant*.

COMPARTI, E, part. pass. de *compartir*.

COMPARTIMENT, subst. mas. (*konpartiman*) (du latin *compartiri*, formé de *cum*, avec, et *partiri*, partager, diviser), assemblage de plusieurs figures disposées avec symétrie. — Se dit de certaines dorures à petits fers, qui se mettent sur le plat ou sur le dos des livres. — On appelle *compartiments polygones*, ceux qui sont formés de figures régulières et répétées, et qui peuvent être compris dans un cercle. — *Compartiment des tuiles*, l'arrangement symétrique des tuiles blanches, rouges et vernissées, pour la décoration des couvertures et des combles; *compartiment de vitres*, les différentes figures que forment les panneaux de vitres blanches ou peintes; *compartiment de parterre*, les différentes pièces qui donnent la forme à un parterre dans un jardin. — On appelle *compartiment des rues*, la distribution régulière des rues, îles et quartiers. — Ce qui divise un coffre, un tiroir. — *Compartiments de feux*, en t. de mineurs, disposition des saucissons pour porter le feu aux fourneaux au même moment.

COMPARTIR, v. act. (*konpartir*), faire décrire des compartiments. Inusité.

COMPARTITEUR, subst. mas. (*konpartiteur*) (du latin *compartiri*, partager), t. de palais, celui des juges qui a ouvert un avis contraire à celui du rapporteur, et sur l'avis de qui le tribunal s'est *partagé*. Vieux.

COMPARU, E, part. pass. de *comparaître*.

COMPARUIT, subst. mas. (*konparuite*), vieux mot latin usité au palais, et qui signifie *il a comparu* : *un comparuit*, un acte qui certifie la *comparution* d'une partie.

DU VERBE IRRÉGULIER COMPARAÎTRE :

Comparûmes, 1re pers. plur. prét. déf.
Comparurent, 3e pers. plur. prét. déf.
Comparus, précédé de *je*, 1re pers. sing. prét. déf.
Comparus, précédé de *tu*, 2e pers. sing. prét. déf.
Comparusse, 1re pers. sing. imparf. subj.
Comparussent, 3e pers. plur. imparf. subj.
Comparussiez, 2e pers. plur. imparf. subj.
Comparussions, 1re pers. plur. imparf. subj.
Comparut, précédé de *il* ou *elle*, 3e pers. sing. prét. déf.
Comparût, précédé de *qu'il* ou *qu'elle*, 3e pers. sing. imparf. subj.
Comparûtes, 2e pers. plur. prét. déf.

COMPARUTION, subst. fém. (*konparucion*), action de *comparaître*, de se présenter en justice : *faire, demander acte de comparution*; *comparution personnelle*.

COMPAS, subst. mas. (*konpâ*) (du lat. barbare *compassus*, formé, à cause de l'égalité de ses pas, de *cum*, avec, et *passus*, part. pass. Les Italiens en ont fait également *compasso*, et les Espagnols *compar*. *Ménage*), instrument de mathématiques composé de deux *branches* ou *jambes* jointes en haut par une charnière, et qui sert à décrire des cercles et à prendre des distances entre deux points ou deux lignes. — Il y a des *compas* à trois branches. — *Le compas de proportion* est un autre instrument de mathématiques composé de deux règles plates, mobiles dans une charnière; il sert à prendre des distances et des angles. — *Compas à pointes changeantes*, *compas* qui a différentes pointes que l'on peut ôter et remettre selon le besoin. — *Compas à verge*, longue règle de bois ou de fer qui porte deux poupées, dont chacune a sa pointe, et dont l'une est mobile le long de la règle. — *Compas de réduction* ou *à coulisse, compas* qui sert à réduire des figures. — *Compas à ressort*, celui qui s'ouvre de lui-même par le moyen d'un ressort. — *Compas à pointes tournantes*, celui auquel on apporte deux pointes dont l'une porte un crayon, et l'autre sert de plume, et qui sont ajustées de manière qu'on peut les tourner au besoin. — Il y a aussi des *compas* de tourneur, de tonnelier et de cordonnier, des *compas* brisés, etc. — En t. de manuf., *faire une étoffe sur le compas d'un autre*, la faire de la même largeur, avec le même nombre de fils et la même quantité de portées que celle que l'on prend pour modèle. — Les fondeurs de cloches appellent *compas*, une règle de bois terminée d'un bout par un talon du crochet, dans lequel on fait entrer un des bords de la cloche, tandis que l'on frotte l'autre bout de la règle, qui est divisée en pieds et pouces, contre le bord de la cloche diamétralement opposé. Ils appellent *compas de construction*, un arbre de fer qui a deux bras, et destiné à retenir la planche sur laquelle est tracé le profil ou échantillon de la cloche, laquelle sert à former le noyau, le modèle et la châsse. — Les bijoutiers appellent *compas*, un instrument avec lequel ils mesurent les pièces quand ils les taillent. — Les cordonniers, un instrument composé de deux coulisses qui vont l'une dans l'autre, et dont ils se servent pour prendre la mesure des pieds qu'ils ont à chausser. — En astron., constellation méridionale, l'une des quatorze formées par *La Caille*. Elle est placée presque entièrement dans la voie lactée, au-dessus du triangle austral, et sous les pieds de devant du Centaure. Elle ne paraît jamais sur notre horizon. — *Compas* ou *compas de mer*, en t. de mar., se dit de la boussole; et dans cette acception on dit : *observer, regarder le compas. Le vent a fait le tour du compas.* — On appelle *compas azimutal*, une espèce de boussole avec laquelle on connaît la variation de l'aiguille aimantée par les azimuts, c'est-à-dire par les cercles perpendiculaires à l'horizon. — *Compas de variation*, une boussole préparée pour connaître la variation de l'aiguille aimantée. — Prov. : *faire toute chose par règle et par compas*, ou *par compas et par mesure*, avec une grande exactitude, une grande circonspection. — *Avoir le compas dans l'œil*, mesurer à l'œil aussi juste qu'on pourrait le faire avec un *compas*.

COMPASCUITÉ, subst. fém. (*konpaceku-ité*), t. de droit; synonyme de vaine pâture, de droit de pacage.

COMPASSAGE, subst. mas. (*konpâçaje*), action de *compasser*. — Règle pour espacer les fourneaux des mines. Voy. COMPASSEMENT.

COMPASSÉ, E, part. pass. de *compasser* et adj.; il se prend en mauvaise part : *il est bien compassé dans ses discours, dans ses manières, dans son style*, ou simplement, *il est compassé, extrêmement compassé*, il est exact jusqu'à l'affectation.— *Un homme compassé* est un homme radicalement pointilleux dans ses discours, dans ses actions, dans ses démarches. — *Une démarche compassée* est une démarche affectée.

COMPASSEMENT, subst. mas. (*konpâceman*), action de *compasser*. — Règle pour espacer les fourneaux des mines. — Au fig., régularité froide et affectée : *il y a du compassement dans ses paroles, dans ses actions.*

COMPASSER, v. act. (*konpâcé*), mesurer avec un *compas*.— En ce sens, il est peu usité. — Bien proportionner une chose : *compasser une allée, un parterre.* — Fig., régler : *compasser ses actions, ses démarches.* — *Compasser des mots*, les arranger avec trop de symétrie. — T. de guerre, *compasser les feux*, les disposer de manière qu'ils fassent tout leur effet au même moment. — *se* COMPASSER, v. pron.

COMPASSEUR, subst. mas. (*konpâçeur*), qui *compasse*, qui mesure avec un *compas*.

COMPASSION, subst. fém. (*konpâcion*) (du lat. *compassio*, fait, dans le même sens, de *compati*, composé de *cum*, avec, et *pati*, souffrir), pitié, affliction qu'on ressent pour le mal d'autrui ou pour celui qu'on craint de lui voir arriver : *avoir compassion de..., avoir de la compassion pour...* *Faire compassion*, c'est exciter la pitié. Voy. PITIÉ. — Fig. : *faire compassion*, se dit aussi d'une chose qu'on désapprouve avec mépris.

COMPASSIONNAIRE, adj. (*konpâcionère*) (du lat. *cum*, avec, et *pati*, souffrir), celui ou celle qui a de la *compassion*, qui est compatissant. (*Boiste.*) Inusité. Voy. COMPATISSANT.

se **COMPASSIONNER**, v. pron. (*cekonpâcioné*), prendre en pitié, en *compassion*.

COMPASSURE, subst. fém. (*konpâçure*), enclos d'une maison. Vieux mot hors d'usage.

COMPATERNITÉ, subst. fém. (*konpatèrenité*) (du lat. *cum*, avec, et *paternitas*, paternité), t. de droit, alliance spirituelle qui se contracte entre le parrain et la marraine, entre ceux-ci et le père et la mère de l'enfant. C'est ce qu'on appelle communément *compérage*.

COMPATIBILITÉ, subst. fém. (*konpatibilité*) (du lat. *cum*, avec, et *pati*, souffrir), qualité, état de ce qui est *compatible* : *il y a une grande compatibilité d'humeurs entre ces deux personnes*, etc. *Compatibilité* se dit en parlant des charges et des bénéfices, pour marquer que deux charges, deux bénéfices sont de nature à pouvoir être possédés en même temps par la même personne : *il n'y a pas de compatibilité dans ces deux bénéfices.* — On appelait autrefois *lettres de compatibilité*, des lettres patentes par lesquelles le souverain permettait à un homme de posséder en même temps deux charges qui ne pouvaient pas être exercées par une même personne : *obtenir des lettres de compatibilité.*

COMPATIBLE, adj. des deux genres (*konpatible*) (du lat. *cum*, avec, et *pati*, souffrir), qui peut *compatir* avec un autre : *son humeur n'est pas compatible avec la mienne; nos humeurs ne sont pas compatibles.* — En parlant d'un bénéfice, d'une charge qui peut être possédée, exercée avec un autre : *ces deux bénéfices sont compatibles; ces deux charges ne sont pas compatibles.* — *Compatible* régit la prép. *avec* : *le bonheur n'est compatible qu'avec la vertu.*

COMPATIR, v. neut. (*konpatir*) (en lat. *compati*, formé de *cum*, avec, en grec συν, et *pati*, souffrir, fait du grec παθειν, *souffrir avec un autre, partager sa douleur*), être touché de *compassion*; être affligé du mal qu'un autre souffre : *compatir à la douleur, à la peine de quelqu'un.* — Avoir de l'indulgence pour les défauts d'autrui : *il faut compatir à la faiblesse humaine.* — En parlant des choses, être *compatible* avec. Voyez COMPATIBLE. — En parlant des personnes, convenir ensemble par l'humeur, le caractère : *personne ne peut compatir avec lui.* — Il se dit ordinairement avec la négative : *l'esprit de Dieu ne peut compatir avec l'esprit du monde.*

COMPATISSANCE, subst. fém. (*konpatiçance*), humanité; intérêt sympathique, plus tendre que la compassion, qu'on porte aux peines d'autrui et qui fait qu'on en souffre soi-même. (*Boiste.*) Vieux mot hors d'usage.

COMPATISSANT, E, adj. (*konpatiçan, çante*), porté à la *compassion*; humain, sensible : *un cœur compatissant, une âme compatissante.* — On dit : *compatissant aux besoins des pauvres.*

COMPATRIOTE, subst. des deux genres (*konpatriote*) (du lat. *cum*, avec, ensemble, et du grec πατριωτης, qui a le même sens que *compatriote*, et qui est dérivé de πατρις, patrie), celui, celle qui est de la *même patrie*, du même pays. — Le peuple dit : *mon pays, ma payse.*

COMPÈDES, subst. mas. plur. (*konpède*), t. d'hist. nat., nom des oiseaux à pieds palmés.

COMPELLÉ, E, part. pass. de *compeller*.

COMPELLER ou **COMPELLIR**, v. act. (*konpèlelé, lire*) (de *compellare*, forcer, solliciter, appeler) vieux mot qui signifiait contraindre, forcer, examiner, rechercher, compulser. Hors d'usage.

COMPENDIAIRE, subst. mas. (*konpeindière*) (du lat. *compendium*, abrégé), auteur d'abrégés; faiseur d'abrégés. Plus latin que français.

COMPENDIEUSE, adj. fém. Voy. COMPENDIEUX.

COMPENDIEUSEMENT, adv. (*konpandieuzeman*), en abrégé. Peu usité.

COMPENDIEUX, adj. mas., au fém. COMPENDIEUSE (*konpandieu, dieuze*), abrégé. Peu usité.

COMPENDIUM, subst. mas. (*konpeindiome*), mot tout latin qui signifie *abrégé*. On ne l'emploie guère qu'en terme didactique : *un compendium de logique, de philosophie.*

COMPÉNÉTRATION, subst. fém. (*konpénétracion*), t. de log., faculté de raisonner avec pénétration. — Action d'approfondir une proposition avec une autre. Peu en usage.

COMPÉNÉTRÉ, E, part. pass. de *compénétrer*.

COMPÉNÉTRER, v. act. (*konpénétré*), pénétrer dans les parties les plus petites des choses. — Fig., se dit de la faculté de l'esprit de pénétrer les parties d'un système, d'un raisonnement. Inus.

COMPENSABLE, adj. des deux genres (*konpançable*), qui peut ou doit être *compensé*.

COMPENSANT, E, adj. (*konpançan, çante*), qui *compense*.

COMPENSATEUR, subst. mas., au fém. COMPENSATRICE (*konpançateur, trice*), mot peu usité, qui *compense*, qui donne des *compensations*. — T. d'horl., mécanisme de compensation : *le compensateur sert à corriger les variations atmosphériques sur la longueur du pendule.*

COMPENSATION, subst. fém. (*konpançacion*) (en lat. *compensatio*), action de *compenser* : *faire compensation d'une chose avec une autre; cela mérite, demande compensation*, un dédommagement : *je vous cède cela en compensation.* — En t. de jurispr. et d'administration, confusion qui se fait d'une dette mobiliaire liquide avec une autre de même nature. Elle tient lieu de paiement, ou plutôt c'est un paiement réciproque, mais qui se fait sans bourse délier de part ni d'autre. — *Compensation de dépens*, se dit au palais quand chacune des parties supporte les dépens qui ont été faits. — *Système de compensation*, système d'après lequel les biens et les maux se trouvent répartis en proportion égale : *l'existence ne serait peut-être pas supportable sans le chapitre des compensations.* — T. d'horl., mécanisme applicable aux horloges marines, composé d'un châssis formé en partie par des barres d'acier et en partie par des barres de cuivre, dont l'effet est tel, qu'à mesure que la chaleur tend à affaiblir la spirale, la même chaleur agissant sur ce mécanisme rend la spirale plus courte et lui restitue l'élasticité qu'elle a perdue, en sorte que, malgré les variations de température, l'horloge demeure sensiblement réglée. On fait aussi des *pendules de compensation*, d'après le même principe.

COMPENSATOIRE, adj. (*konpençatoare*), qui fait *compensation*.

COMPENSATRICE, subst. fém. Voy. COMPENSATEUR.

COMPENSÉ, E, part. pass. de *compenser* et adj. : *dépens compensés.*

COMPENSER, v. act. (*konpancé*) (du lat. *compensare*, formé, avec la même signification, de *cum*, avec, et *pensare*, fréquentatif de *pendere*, peser), faire une estimation par laquelle une chose tienne lieu du prix d'une autre : *il a compensé ce qu'il me devait avec ce que je lui dois.* — Balancer, réparer; *le gain de cette année compense la perte de la précédente.* — *Compenser les dépens*, ordonner d'après le jugement que chaque partie supportera les frais qu'elle a faits dans la poursuite d'un procès. — *se* COMPENSER, v. pron. : *cela se compense.* — T. de jurispr. Voy. COMPENSATION.

COMPÉRAGE, subst. mas. (*konpéraje*), qualité de *compère*. Il est fam. — En t. de droit, on dit *compaternité*.

COMPÈRE, subst. mas. (*konpère*) (du lat. *cum*, avec, et *pater*, père, fait du grec πατηρ, père, *père avec un autre*), celui qui a tenu notre enfant sur les fonts de baptême. — Celui qui a tenu avec nous un enfant. — Fig. et fam. : 1° homme fin, adroit, qui veille à ses intérêts, et duquel on doit se défier; 2° gaillard éveillé, bon compagnon : *c'est un compère.* — Celui qui est d'intelligence avec un faiseur de tours. — Prov. : *tout se fait par compère et par commère*, la faveur et la protection décident de tout. — *Compère* et *commère* se disent aussi des animaux, et ils signifient *ami* :

> Compère le renard se mit un jour en frais,
> Et retint à dîner *commère* la cigogne.
>
> (LA FONTAINE.)

COMPÉRENDINATION, subst. fém. (*konpéreindindcion*), chez les anciens, assignation qu'un plaideur donnait à sa partie adverse pour le lendemain de la signification. Inus.

COMPERNE, adj. fém. (*konpèrene*); il se dit d'une statue dont les pieds étaient joints. Inus.

COMPERSONNIER, subst. mas. (*konpèreçonié*) (du lat. *cum*, avec, et *persona*, personne), t. de vieille féodalité, celui qui tenait en commun avec d'autres une même terre, à la charge de payer au seigneur une redevance pour laquelle il était solidairement obligé. — On appelait *compersonniers*, ceux qui vivaient en commun dans une famille, dans un corps, etc. Inus.

COMPÈTEMMENT, adv. (*konpétaman*), d'une

manière *compétente;* suffisamment, convenablement. Il est peu usité.

COMPÉTENCE, subst. fém. (*konpétance*) (en lat. *competentia*), t. de jurispr., le pouvoir qu'un tribunal, qu'un juge a de connaître de telle ou telle affaire. — Faculté de juger. — Concurrence : *n'entrez pas en compétence avec lui.* — Fig. : *cela n'est pas de sa compétence*, il n'est pas capable de juger de cet ouvrage, de cette matière, etc.

COMPÉTENT, E, adj. (*konpétan, tante*) (en lat. *competens*), t. de prat., qui appartient, qui est dû : *portion compétente.* — Qui a droit de juger, de connaître d'une affaire : *juge compétent.* Cette expression se dit fig. d'un homme qui a toute la connaissance qu'il faut pour juger d'une chose. — Suffisant : *âge compétent; temps compétent pour délibérer.* — *Partie compétente*, capable de contester en justice. —Subst., dans l'histoire ecclésiastique, c'est le nom d'un degré ou ordre de catéchumènes. Il y en avait deux ordres : ceux qui étaient moins instruits, qui n'étaient que dans des dispositions éloignées pour le baptême, et seulement catéchumènes depuis peu, formaient le premier ordre, et s'appelaient *auditeurs*, parce qu'ils s'instruisaient en écoutant les instructions qu'on leur faisait. Ceux du second ordre étaient instruits et demandaient le baptême, et on les nommait *compétents* (du latin *competens*, de *competere*, qui signifie *demander plusieurs ensemble, demander de compagnie*), parce qu'ils étaient plusieurs qui demandaient ensemble le baptême : *les compétents étaient admis aux prières qui précèdent le sacrifice.*

COMPÉTER, v. neut. (*konpété*) (en lat. *competere*), vieux t. de prat., appartenir en vertu de certains droits : *ce qui peut compéter et appartenir dans la succession d'un père.* — Être de la *compétence* : *cette affaire ne compète point à tel tribunal.* Inus.

COMPÉTITEUR, subst. mas., au fém. **COMPÉTITRICE**, selon *Trévoux*, qui l'a recueilli de *Lamothe-Levayer* (*konpétiteur, trice*) (du lat. *competitor*, fait, dans la même signification, de *cum*, avec, et *petere*, demander, poursuivre, *qui demande avec un autre*), concurrent, celui qui prétend aux mêmes honneurs, aux mêmes dignités ou emplois qu'un autre. — Dans la primitive Église, la même chose que *compétent.*

COMPÉTITION, subst. fém. (*konpéticion*), t. de jurispr., droit du juge pour connaître d'une affaire.

COMPÉTITRICE, subst. fém. Voy. **COMPÉTITEUR.**

COMPIÈGNE, subst. propre fém. (*konpiègnie*), ville de France, chef-lieu d'arrond., dép. de l'Oise. C'est une résidence royale.

COMPILANT, E, adj. (*konpilan, lante*), qui *compile.* — Part. prés. du verbe *compiler.*

COMPILATEUR, subst. mas., au fém. **COMPILATRICE** (*konpilateur, trice*) (en lat. *compilator*, fait de *compilare*), celui ou celle qui *compile.* — **COMPILATEUR, PLAGIAIRE.** (*Syn.*). Le *compilateur* fait un choix utile des ouvrages des autres qu'il donne pour ce qu'ils sont; le *plagiaire* reproduit les pensées des autres ou des parties entières de leurs ouvrages, en les donnant comme tirées de son propre fonds. Le premier peut être un littérateur estimable, le second ne mérite que le mépris.

COMPILATION, subst. fém. (*konpilácion*) (en lat. *compilatio*), recueil de diverses choses mises en corps d'ouvrage.

COMPILÉ, E, part. pass. de *compiler.*

COMPILER, v. act. (*konpilé*) (en lat. *compilare*, dérivé du grec συμπιλέω, je condense, je foule ensemble), faire un recueil, un choix, un amas de diverses choses qu'on a lues dans les auteurs : *il a compilé les anciens et les modernes.*—*Compiler* est neutre aussi : *il compilait, compilait.* (VOLTAIRE.) — *se* **COMPILER**, v. pron.

COMPISSÉ, E, part. pass. de *compisser.*

COMPISSER, v. act. (*konpicé*), pisser partout comme un chien. (*Boiste.*) Peu usité.

COMPITALES, subst. fém. plur. (*konpitale*) (du lat. *compitum*, carrefour), t. d'hist. anc., fêtes des anciens Romains en l'honneur des dieux lares, ou pénates, qui se célébraient dans les places publiques.—On dit aussi adj. : *fêtes compitales, jeux compitaux.*

COMPITALICE, adj. des deux genres (*konpitalice*), t. d'hist. anc., qui appartient aux fêtes *compitales* : *les jeux compitalices.*

COMPL., abréviation du mot *complément* ou *complétif.*

COMPLAIGNANT, E, subst. et adj. (*konplègnian, gniante*) celui ou celle qui se *plaint* en justice.

se **COMPLAINDRE**, v. pron. (*cekonpleindre*), se *plaindre* à quelqu'un, se lamenter ensemble. Inus.

COMPLAINTE, subst. fém. (*konpleinte*), t. de jurispr. qu'on employait autrefois dans les matières bénéficiales. — C'est aujourd'hui une action par laquelle on demande à être maintenu dans la possession annale d'un immeuble ou d'un droit réel immobilier, lorsqu'on y est troublé. Les principes relatifs à cette matière se trouvent développés sous le mot **POSSESSOIRE.**—*Plainte* en justice. — Chanson plaintive, romance populaire sur quelque événement tragique. — Au plur., lamentations : *toutes vos complaintes sont inutiles.*

COMPLAIRE, v. neut. (*konplère*) (en latin *complacere*), s'accommoder au goût, au sentiment, à l'humeur de quelqu'un pour lui *plaire* : *il cherche à lui complaire en tout.* — *Complaire* ajoute au sens de *plaire* la volonté, l'envie d'y réussir. On peut *plaire* sans le vouloir; on *complaît* en conformant sa volonté à celle d'autrui. — *se* **COMPLAIRE**, v. pron., s'admirer, se plaire, se délecter en soi-même, en ses productions, en ses ouvrages : *il se complait dans tout ce qu'il fait; elle se complaît en sa beauté.*

COMPLAISAMMENT, adv. (*konplèzaman*), avec *complaisance.* —Écouter quelqu'un *complaisamment*; entrer *complaisamment* dans les vues, dans les goûts de quelqu'un.

COMPLAISANCE, subst. fém. (*konplèzance*), douceur et facilité d'esprit qui fait que l'on *complaît*, qu'on défère aux autres : *avoir de la complaisance, une grande complaisance.* — Avec le régime, il signifie l'effet de cette vertu : *ayez cette complaisance pour lui; avoir pour quelqu'un une complaisance aveugle*, etc. — Plaisir qu'on goûte dans la contemplation de ses qualités, de ses ouvrages : *elle se regarde avec complaisance ; il a une grande complaisance pour tout ce qu'il fait.* — Au plur., effets et marques d'une extrême *complaisance* : *elle a de trop grandes complaisances pour ses enfants.* — *Dieu a mis toutes ses complaisances en son fils*, le Sauveur est l'objet de l'amour de Dieu. — **COMPLAISANCE, DÉFÉRENCE, CONDESCENDANCE.** (*Syn.*) La *complaisance* est le soin de faire ce qui plaît aux autres. La *déférence* est disposée à acquiescer aux sentiments, aux volontés de quelqu'un. La *condescendance* nous fait descendre de notre supériorité pour nous prêter à la satisfaction des autres. — Avec de la *complaisance*, on est d'un commerce doux ; avec de la *déférence*, on est d'un commerce honnête; avec de la *condescendance*, on est d'un commerce commode. — Il faut de la *complaisance* pour tous; de la *déférence* pour ceux à qui l'âge ou d'autres convenances donnent une sorte de supériorité ; de la *condescendance* pour les faibles, pour les infortunés, pour les gens que l'on emploie.

COMPLAISANT, subst. mas. Voy. **COMPLAISANT**, adj.

COMPLAISANT, E, adj. (*konplèzan, zante*), qui a de la *complaisance* pour les autres. — On dit substantivement, qu'*un homme est le complaisant d'un autre*, lorsque c'est un homme qui se prête à tout ce qu'on veut par un vil intérêt ; et, dans le même sens, qu'*une femme est la complaisante d'une autre* : *c'est la complaisante, une des complaisantes de telle dame.* — On le dit aussi d'une personne qui trafique d'intrigues amoureuses.

COMPLANT, subst. mas. (*konplan*), t. d'agric., plusieurs pièces de terre *plantées* en vignes, en arbres : *de vignes de nouveau, de bon complant.*

COMPLANTÉ, E, part. pass. de *complanter.*

COMPLANTER, v. act. (*konplanté*), t. d'agric., planter des vignes, des arbres, etc. Il se dit surtout des vignes et du lieu où on les plante : *j'ai complanté tout nouvellement une grande pièce de terre.* Inusité.

COMPLANTERIE, subst. fém. (*konplanteri*), t. de coutume, ancien droit du seigneur sur les vignes qu'il avait données à *complanter*, à cultiver. Inus.

COMPLANTIER, subst. mas. (*konplantié*), celui qui peut planter des arbres sur les terres d'un autre. Inus.

COMPLÉMENT, subst. mas. (*konpléman*) (en lat. *complementum*), ce qui s'ajoute à une chose pour la rendre complète.—En général, partie qui, ajoutée à une autre, formerait un tout naturel ou artificiel : *le complément d'une somme ; le complément d'une dot.* — En t. de gramm., ce qu'on ajoute à un mot ou à une préposition pour en déterminer la signification. C'est la même chose que le *régime* : *les adverbes sont les compléments des verbes et des adjectifs.* Voy. **RÉGIME.** — En t. d'arithm., *complément arithmétique d'un logarithme*, ce qui manque à un logarithme pour être égal à cent millions, en supposant les logarithmes de neuf caractères. — En t. de géom., *complément d'un angle* ou *d'un arc*, la quantité dont un arc ou un angle est moindre que le quart de la circonférence ou quatre-vingt-dix degrés. — *Complément d'un angle à cent quatre-vingts degrés*, l'excès de cent quatre-vingts degrés sur cet angle. — *Complément d'un parallélogramme*, deux parallélogrammes que la diagonale ne traverse pas, et qui résultent de la division de ce parallélogramme par deux lignes tirées d'un point quelconque de la diagonale parallèlement à chacun de ses côtés. — *Complément de la hauteur d'une étoile*, se dit, en termes d'astronomie, de la distance d'une étoile au zénith, ou de l'arc compris entre le lieu de l'étoile au-dessus de l'horizon et le zénith. — En t. de fortification, *complément de la ligne de défense*, ce qui reste de la ligne de défense après qu'on a ôté l'angle du flanc. — *Complément de la courtine*, ce qui reste de la courtine après qu'on a ôté son flanc jusqu'à l'angle de la gorge. — En t. de mar., *complément de route, complément* de l'angle que la route ou le rumb que l'on suit fait avec le méridien du lieu où l'on est, c'est-à-dire, la différence de cet angle à quatre-vingt-dix degrés. — En t. de mus., *complément d'intervalle*, ce qu'il faut lui ajouter pour arriver à l'octave : *la seconde et la septième, la tierce et la sixte, la quarte et la quinte, sont compléments l'une de l'autre.* — En théol., *complément de béatitude*, le comble de la béatitude.

COMPLÉMENTAIRE, adj. des deux genres (*konplémantère*), qui sert à *complémenter* : *une somme complémentaire.* — *Jours complémentaires*, les cinq jours ajoutés pendant la révolution française aux douze mois de l'année républicaine pour compléter les trois cent soixante-cinq jours de l'année solaire ; ils étaient placés à la fin du dernier mois de l'année, et dans les années bissextiles il y en avait six. Ces *jours complémentaires* répondaient aux cinq jours *épagomènes* des anciens Égyptiens et Chaldéens. Il est aussi subst.

COMPLET, adj. mas., au fém. **COMPLÈTE**, orthographe de l'*Académie*; on devrait, selon nous, écrire *complette* comme on écrit *sujette*, *nette*, etc. (*konplè, plète*) (en latin *completus*, part. pass. de *complere*, compléter), entier, achevé, parfait : *habit complet ; nombre complet ; œuvre, histoire complète ; un appartement complet; jamais victoire ne fut plus complète.* (*Voltaire.*) Voy. **ENTIER.** — Se dit, en bot., des fleurs dont les organes sont *complets*, c'est-à-dire qui, étant hermaphrodites, sont munies d'un calice et d'une corolle. Celles qui sont privées de quelqu'un de ces organes sont dites *incomplètes.* — *Complet* s'emploie substantivement : *le complet d'un régiment ; il est à son complet.*

COMPLÉTÉ, E, part. pass. de *compléter.*

COMPLÈTEMENT, orthographe vicieuse de l'*Académie*, qui devrait au moins écrire *complétement*, et mieux encore *complettement*, conformément à la règle générale qui veut que les lettres *l, n, t*, se redoublent devant les voyelles muettes, subst. mas. (*konplèteman*), action de rendre *complet.*

COMPLÈTEMENT, adv. (même observation, relativement à l'orthographe, que pour l'adv. que pour le subst. (*konplèteman*), entièrement; tout-à-fait; d'une manière *complète.*

COMPLÉTER, v. act (*konplété*) (du latin *complere*, remplir, compléter, combler, fait de *cum*, avec, et de l'inusité *plere*, *pleo*, remplir), rendre *complet* ; *compléter une somme* ; *compléter un régiment.*— *se* **COMPLÉTER**, v. pron.

COMPLÉTIF, adj. mas., au fém. **COMPLÉTIVE** (*konplétife, tive*), t. de gramm., qui sert à *compléter* ou à caractériser un *complément* : *cas complétif, phrase complétive.*

COMPLÉTIVE, adj. fém. Voy. **COMPLÉTIF.**

COMPLEXE, adj. des deux genres (*konplèkce*) (en lat. *complexus*, fait, dans le même sens, de *complecti*, embrasser, *qui embrasse plusieurs choses à la fois*), composé; qui embrasse plusieurs choses, par opposition à *simple* : *le sujet de cette tragédie est complexe.* — *Idée complexe*, celle qu'on forme de plusieurs idées simples. — *Termes complexes*, termes qui, joints ensemble, composent une idée totale.—T. de gramm. : *sujet, attribut complexe*, qui ont des *compléments.* Il se dit d'une proposition et des différents termes d'une proposition. Les termes d'une proposition sont simples quand ils ne présentent qu'une seule idée; ils sont *complexes* quand ils en comprennent plusieurs. On appelle donc *proposition complexe* une proposition qui a plusieurs membres. — En arithm., on appelle *nombres complexes* ceux qui sont composés de différentes espèces d'unités, tels que 6 pieds 4 pouces 2 lignes; 20 francs 50 centimes.—En t. d'algèbre, *quantité complexe*, quantité de plusieurs parties jointes ensemble.

COMPLEXION, subst. fém. (*konplèkcion*) (en lat. *complexio*, concours de plusieurs choses qui se joignent), tempérament, constitution du corps: *être d'une forte, d'une faible complexion.* — Humeur, inclination: *complexion amoureuse, joviale.*—Figure de rhétoriq., qu'on nomme aussi *épistrophe.*

COMPLEXIONNÉ, E, part. pass. de *complexionner*, et adj. (*conplèkcioné*), qui est d'une certaine *complexion*, d'un certain tempérament: *bien complexionné.* Il n'est guère d'usage que parmi les médecins.

COMPLEXIONNER, v. act. (*konplèkcioné*), former le tempérament, donner une *complexion*: *la nourriture agreste complexionne mieux le tempérament que la nourriture délicate.*

COMPLEXITÉ, subst. fém. (*konplèkcité*), qualité de ce qui est *complexe*: *complexité d'idées.* C'est un terme didactique.

COMPLEXUS, subst. mas. (*konplèkçuce*), t. d'anat., muscle qui est situé à la partie postérieure du cou. Il y a le *petit* et le *grand complexus.*

COMPLICATION, subst. fém. (*konplikâcion*) (en lat. *complicatio*, fait de *complicare*, lequel est formé de *cum*, avec, et de *plicare*, plier; *plier, envelopper plusieurs choses ensemble*), concours ou assemblage de choses de différente nature: *complication de crimes, de maux, de malheurs, de circonstances; complication de circonstances toutes particulières.* — Il se dit aussi en parlant d'un tout dont les parties ont entre elles des rapports multipliés et difficiles à saisir: *il y a dans cette machine une grande complication de rouages.* — *Complication* se dit particulièrement en médecine: *complication de maladies, de symptômes; une complication de maladies douloureuses le conduisit au tombeau.* (VOLTAIRE.)

COMPLICE, adj. et subst. des deux genres (*konplice*) (du lat. *complice*, ablatif de *complex* qui signifie également *complice*, et qui est fait de *complicare*, envelopper dans un même crime, etc.), qui a part au crime d'un autre. C'est à ce sens qu'il est borné comme subst.; comme adj., il se dit de toute sorte de désordres, et même de malheurs. Il s'applique aussi à des choses inanimées: *la vanité est complice de l'ignorance; le fanatisme rend la science même sa complice et étouffe la raison.* — *Complice.* L'article 59 du Code pénal consacre en principe que les *complices* d'un crime ou d'un délit sont punis des mêmes peines que l'auteur principal. La loi considère comme *complices*: 1° tous ceux qui par dons, promesses, menaces, abus d'autorité ou de pouvoir, machinations ou artifices coupables, auront provoqué à une action criminelle ou donné des instructions pour la commettre; 2° ceux qui auront procuré des armes, des instruments, ou tout autre moyen qui aura servi à l'action, *sachant qu'ils devaient y servir*; 3° ceux qui auront *avec connaissance* aidé ou assisté l'auteur ou les auteurs de l'action dans les faits qui l'auront préparée, facilitée ou consommée; 4° ceux qui auront *sciemment* recelé tout ou partie des choses enlevées, détournées ou obtenues à l'aide d'un crime ou d'un délit; 5° ceux qui, connaissant la conduite criminelle des malfaiteurs exerçant des brigandages ou des violences contre la sûreté de l'état ou la paix publique, les personnes ou les propriétés, leur fournissent *habituellement* logement, lieu de retraite ou de réunion. (*Dict. de Législ. usuelle.*)—COMPLICE, ADHÉRENT. (*Syn.*) *Complice* est celui qui a part à un crime quel qu'il soit; *adhérent* est celui qui a trempé dans une rébellion, dans une trahison, enfin dans un crime d'état.

COMPLICITÉ, subst. fém. (*konplicité*), participation au crime d'un autre. Voy. COMPLICE.

COMPLIES, subst. fém. plur. (*konpli*) (du latin *completæ*, sous entendu *horæ*, *heures achevées*), la dernière des sept heures canoniales, laquelle se récite après vêpres.

COMPLIMENT, subst. mas. (*konpliman*) (du lat. *complire*, dit par métaplasme pour *complere*, remplir, accomplir, compléter, parce que, suivant *Ménage*, le compliment est un discours obligeant, *complet*, c'est-à-dire plus poli que les discours ordinaires; et, suivant *Bourdelot*, parce que c'est *accomplissement* de vœux et de services. Les Italiens disent de même *complimento*), paroles civiles, obligeantes, pleines d'affection ou de respect, selon les diverses personnes et les diverses rencontres.—Fam.: *compliment bien troussé*, court et bien tourné. — *Rengainer son compliment*, s'abstenir de le faire, parce qu'il est inutile et hors de propos. — *Faire compliment* ou *un compliment à...* faire une harangue courte et flatteuse.— Discours d'apparat adressé à un prince, à une personne revêtue d'autorité; on adresse au roi des *compliments* à l'occasion du jour de l'an, de sa fête, etc. — Petit discours en vers ou en prose qu'un petit enfant récite aux fêtes de famille. — *Compliment* se prend aussi pour cérémonie, civilités: *laissons là les compliments; agissons sans compliment; trêve de compliments!* — Sentiment opposé aux promesses effectives, ou à l'intention réelle. *Il vous fait des offres de service, mais c'est par pur compliment.*— Le même mot, avec une épithète, signifie quelquefois discours fâcheux, désobligeant: *lui parler ainsi, c'est lui faire un mauvais compliment.* Fam. — *Sans compliment*, loc. adv. qui signifie franchement, sans détours.

COMPLIMENTAIRE, subst. des deux genres (*konplimantère*), celui sous le nom duquel on fait toutes les opérations de commerce d'une société marchande. Peu usité.

COMPLIMENTÉ, E, part. pass. de *complimenter.*

COMPLIMENTER, v. act. (*konplimanté*), faire *compliment.* Il ne se dit guère que des *compliments* d'apparat, et se prend toujours en bonne part: *le magistrat alla complimenter le nouveau gouverneur*, etc. Pour les particuliers, on dit: *je suis allé faire compliment* ou *mon compliment à ...* — SE COMPLIMENTER, v. pron., s'adresser des *compliments.*

COMPLIMENTEUR, subst. mas., au fém. COMPLIMENTEUSE (*konplimanteur, teuze*), il se dit de ceux qui se rendent importuns, ridicules, par l'habitude qu'ils ont de faire des compliments mérités ou non: *un grand complimenteur; une complimenteuse insupportable.*

COMPLIMENTEUSE, subst. fém. Voy. COMPLIMENTEUR.

COMPLIQUÉ, E, part. pass. de *compliquer*, et adj. (du lat. *complicatus*, part. pass. de *complicare.* Voy. COMPLICATION.), *affaire compliquée*, mêlée avec d'autres, ou embrouillée en elle-même. — *Maladie compliquée*, dans laquelle il y a plusieurs maladies mêlées ensemble. — *Le sujet de cette pièce est compliqué*, n'est pas assez simple, embrasse trop d'événements. — *Machine compliquée*, composée d'un grand nombre de parties, de beaucoup de rouages. — COMPLIQUÉ, IMPLIQUÉ. (*Syn.*) Des faits sont *compliqués* les uns avec les autres par leur mélange et leur dépendance. Des personnes sont *impliquées* dans une affaire, lorsqu'elles y ont quelque part. Les choses extrêmement *compliquées* deviennent obscures à ceux qui n'ont ni assez d'étendue, ni assez de justesse d'esprit pour les démêler. Quand on est souvent dans la compagnie des étourdis, on est exposé à se voir *impliqué* dans quelque fâcheuse aventure. — *Compliqué* a un substantif qui est d'usage, *implique* n'en a point. On dit *complication*, mais on ne dit pas *implication.*

COMPLIQUER, v. act. (*konpliké*) (en lat. *complicare*), mêler, réunir ensemble plusieurs choses de manière à en former un tout, dont on distingue difficilement les parties. — Au fig., compliquer une affaire, y mêler des circonstances, des incidents, qui empêchent d'en bien saisir le fil. — SE COMPLIQUER, v. pron.: *sa maladie se complique.*

COMPLOT, subst. mas. (*konplô*), mauvais dessein formé secrètement entre deux ou plusieurs personnes: *il faisait dans ce complot son apprentissage des conspirations; complot hardi, téméraire, horrible; faire, former un complot; le complot fut déconcerté.* — Aux termes du Code pénal, le *complot* est la résolution d'agir, concertée et arrêtée entre deux ou plusieurs personnes dans le but d'attenter à la vie du roi, des membres de la famille royale, de changer le gouvernement, l'ordre de successibilité au trône, ou d'exciter les citoyens ou habitants à s'armer contre l'autorité royale. L'exécution ou la tentative d'exécution du complot constitue l'*attentat.* Ces crimes sont punis de la peine du parricide s'ils ont été commis contre la vie du roi, et de la peine de mort dans les autres cas.

COMPLOTÉ, E, part. pass. de *comploter.*

COMPLOTER, v. act. (*konploté*) (suivant le P. *Labbe* et *Ménage*, du lat. *cum*, avec, et du français *peloter*, jouer à la paume; *se donner la pelote, la balle, de concert et par accord.* Ce sont leurs termes), machiner un *complot.* — *Comploter la ruine de quelqu'un*, faire un complot contre sa vie. — Il s'emploie abs.: *ils ont comploté entre eux.*

COMPON, subst. mas. (*konpon*), t. de blas., chacune des parties égales, carrées et alternatives qui forment le terme de blason *componé.* Voy. ce mot.

COMPONANE, subst. fém. (*konponane*), t. d'antiq., monnaie qui avait cours chez les Romains.

COMPONCTION, subst. fém. (*konponkcion*) (en lat. *compunctio*, fait, dans le même sens, de *compungere*, lequel est formé de *cum*, avec, et de *pungere*, piquer), douleur vive et poignante causée par le regret d'avoir offensé Dieu: *grande componction; componction sincère; vive componction; sentiments de componction; larmes de componction.*

COMPONÉ, E, adj. (*konponé*) (du lat. *componere*, composer), t. de blas., se dit des bordures, bandes, sautoirs, etc., qui sont *composés* de pièces carrées d'émaux alternés: *bande componée d'argent et d'azur.*

COMPONENDE, subst. fém. (*konponande*) (du lat. *componere*, composer), on appelait ainsi la *composition* sur les droits de la cour de Rome, pour l'obtention d'une dispense ou les provisions d'un bénéfice. Il se dit aussi du bureau établi pour ces droits.

COMPONIUM, subst. mas. (*konpôniome*), nom d'un nouvel instrument composé de cent vingt tuyaux, avec un cylindre et une sorte de mécanique par le moyen de laquelle on peut jouer toutes sortes d'airs. Ce bel instrument est tellement varié dans sa composition mécanique, qu'il faudrait un grand nombre d'années pour entendre tous les airs qu'il peut jouer.

COMPORTE, subst. mas. (*konporte*), grand vaisseau de bois, dans lequel on mettait la dixième partie de la vendange, donnée, à titre de dîme, aux seigneurs et aux curés.

COMPORTÉ, E, part. pass. de *comporter.*

COMPORTEMENT, subst. mas. (*konporteman*) conduite, bonne ou mauvaise. Il est vieux et inusité.

COMPORTER, v. act. (*konporté*) (du lat. *comportare*, formé de *cum*, avec, ensemble, et *portare*, porter: *porter ensemble*), permettre, souffrir: *la médiocrité de son revenu ne comporte pas la dépense qu'il fait.* — On dit aussi neutr. *la dignité du magistrat ne comporte pas que...* Il s'emploie ordinairement avec la négative. — SE COMPORTER, v. pron., se conduire bien ou mal en quelque chose. — En t. de prat.: *acheter une maison telle qu'elle se comporte*, telle qu'elle est. — En t. de mar., on dit qu'*un bâtiment se comporte bien à la mer*, lorsque ses mouvements sont doux.

COMPOSANT, E, adj. (*konpôzan, zante*), t. de chim., qui *compose*: *corps composant.*— Subst. mas.: *un composant.*

COMPOSÉ, subst. mas. (*konpôzé*) (en lat. *compositum*), un tout formé de plusieurs choses ou de plusieurs parties de nature différente: *l'homme est un composé de grandeur et de faiblesse; toute faction est composée de dupes et de fripons.* — T. de chim., corps composé par l'union de mixtes. — Résultat de l'union de deux ou de plusieurs corps: *la thériaque est un composé d'un grand nombre de drogues.* — T. d'archit., ordre de caprice.

COMPOSÉ, E, part. pass. de *composer*, et adj. (en lat. *compositus*, part. pass. de *componere*, composer), formé de plusieurs parties: *mot composé*, formé de deux ou plusieurs mots joints ensemble, comme *passe-temps, justaucorps*, qui est pour *juste-au-corps.* Les mots peuvent être composés de deux subst., comme *hôtel-Dieu*; d'un adj. et d'un subst., comme *petit-maître*; d'un verbe et d'un subst., comme *passe-droit*; d'un verbe ou d'un adv., ou de deux verbes, ou de deux mots invariables, comme dans *passe-partout, après-midi*; d'une prép. ou d'un adv. et d'un subst. ou d'un adj., comme dans *pie-grièche, franc-alleu*; de plusieurs mots étrangers, comme *Te Deum, mezzo-termine, auto-da-fé*; de deux subst. liés par une prép., comme *chef-d'œuvre, arc-en-ciel.* — Dans les mots composés de deux subst., ordinairement il y a ellipse. Dans *hôtel-Dieu*, *fête-*

Dieu, la prép. *de* est évidemment sous-entendue ; c'est pour *hôtel de Dieu*, *fête de Dieu*. Dans ces phrases, le second subst. ne prend point le signe du plur. : *des Hôtels-Dieu*, *des fêtes-Dieu*. — Quelquefois l'ellipse consiste non-seulement dans la suppression de la prép., mais aussi dans celle d'un subst. sur lequel seul doit tomber la pluralité. Quand on dit des *reine-claude*, c'est comme si l'on disait : *des prunes de la reine Claude*. On sent que, dans ce cas et tout autre semblable, la pluralité doit tomber sur le subst. sous-entendu.— Il en est de même des subst. composés *tête-à-tête*, *pied-à-terre*, etc. — Quand un subst. est composé d'un subst. et d'un adj., il faut examiner si la phrase est pleine ou si elle est elliptique : dans le premier cas, le subst. et l'adj. sont susceptibles de recevoir la marque du plur. : de *petits-maîtres*, des *bas-reliefs*, etc. Mais lorsque la phrase est elliptique, de manière que le subst. sur lequel tombe la pluralité est sous-entendu, il ne faut donner la marque du plur. ni au subst. exprimé, ni à l'adj. qui y est joint : des *blanc-bec*, *des rouge-gorge*. — Les mots composés de plusieurs mots étrangers ne prennent point la marque que nous donnons à nos plur. : des *Te Deum*. (LAVEAUX.) — *Composé* se dit en bot., de toute partie du végétal qui a un plus ou moins grand nombre de divisions. — En mus., il se dit d'un intervalle musical qui passe l'étendue de l'octave : *la neuvième*, *la dixième*, *la douzième*, *sont des intervalles composés*. On donne aussi ce nom à tout intervalle qu'on peut diviser musicalement en deux intervalles. *La pointe est un intervalle composé*, parce qu'on peut la diviser en deux tierces. On appelle *mesures composées*, toutes celles qui sont désignées par deux chiffres. —En t. de philosophie scholastique, on appelle *sens composé*, le sens qui résulte de tous les termes d'une proposition prise selon la liaison qu'ils ont ensemble ; et on l'appelle ainsi par opposition à *sens divisé*, qui se dit d'une proposition dont on prend séparément les termes. Ainsi, quand on dit que *ce qui se meut ne peut pas être en repos*, cette proposition est vraie dans le *sens composé*, parce qu'une même chose ne peut pas se mouvoir et être en repos en même temps ; mais elle est fausse dans le *sens divisé*, parce qu'une chose qui se meut a pu être en repos auparavant, et y peut être ensuite. — En t. d'arithm. : *nombre composé*, qui peut être mesuré ou divisé exactement et sans reste par quelque nombre différent de l'unité. — *Raison composée*, celle qui résulte du produit des antécédents de deux ou plusieurs raisons, et de celui de leurs conséquents. — En t. d'alg. : *quantité composée*, assemblage de plusieurs quantités jointes par les signes + ou—. On dit aussi en ce sens : *quantité complexe* et *multinôme*.— En t. de mécan. : *mouvement composé*, mouvement résultant de l'action de plusieurs puissances concourantes ou conspirantes : *tout mouvement dans une ligne courbe est composé*.— *Pendule composé*, celui qui consiste en plusieurs poids, conservant constamment la même position entre eux, et la même distance au centre du mouvement autour duquel ils font leurs vibrations. — En pharm., *un médicament composé* est un médicament à la *composition* duquel on a employé plusieurs drogues ; et l'on emploie ce mot par opposition à *simple*, pour désigner une préparation pharmaceutique qui porte le nom d'une des drogues qui entrent dans sa *composition*, lorsqu'il existe dans l'art une autre préparation dont la même drogue fait l'unique ingrédient médicamenteux ; c'est ainsi qu'on distingue le sirop de guimauve *composé*, du sirop de guimauve *simple*. On n'ajoute point le mot *composé* au nom d'une préparation, lorsque cette préparation n'est jamais *simple* dans l'art.—*Société bien composée*, choisie. — *Être composé*, affecter un air grave et sérieux.

COMPOSÉE, subst. fém. (*konpôzé*), t. de bot., grande famille de plantes subdivisée en plusieurs autres.

COMPOSER, v. act. (*konpôzé*) (du latin *componere*, fait, dans les mêmes significations, de *cum*, avec, ensemble, et *ponere*, mettre), faire un tout par la réunion de plusieurs parties : *cinq pièces composent cette machine* ; *des hommes du premier mérite composent cette commission*.—Faire quelque ouvrage d'esprit : *composer un livre*, *des vers*, *un panégyrique*. En ce sens, on dit neut. : *composer bien* ou *mal*, *avec soin*, *avec négligence* ; et en parlant des écoliers : *composer en prose*, *en vers*, *en grec*, etc. ; *composer pour les prix*. — En mus., inventer de la musique nouvelle, selon les règles de l'art : *composer un air*, *un chant*, *une ariette*, etc.— *Composer sur le piano*, *composer* de la musique en se servant du piano. — En t. d'impr., assembler les caractères pour en former des mots, des lignes, ensuite des pages : *composer une feuille*. — Les fondeurs en caractères disent aussi *composer*, pour arranger toutes les lettres les unes à côté des autres, toujours dans un même sens, sur des espèces de composteurs en bois, et les porter ensuite en cet état au coupoir pour y recevoir d'autres façons. — Accommoder son visage, ses manières à l'état où l'on veut paraître : *composer sa mine*, *son geste*, *sa contenance* ; *composer son visage à la joie*, etc. En ce sens il s'emploie souvent au pronominal : *il faut savoir se composer suivant les occasions*.

> Mais ceux qui de la cour ont un plus long usage,
> Sur celui de César composent leur visage.
>
> (RACINE.)

— V. neut., s'accorder sur quelque différend, en traiter à l'amiable : *composer avec ses créanciers* ; *composer de ses intérêts*, *de ses droits*, etc. *La Bruyère* a dit (chap. 11 : *composer ensemble de se traiter tous avec une mutuelle bonté* ; ce verbe, donné pour régime à *composé de*, est une construction irrégulière. — On dit élégamment au fig. : *composer avec sa conscience*, *avec ses remords*, etc. — En t. de guerre, capituler, qui, dans ce sens, est beaucoup plus en usage. — *se* COMPOSER, v. pron., prendre un air grave, modeste et honnête.

COMPOSEUR, subst. mas., au fém. **COMPOSEUSE** (*konpôzeur*, *zeuze*), mot ironique, celui ou celle qui *compose* : *un composeur de chansons*, *de mauvais vers*.

COMPOSEUSE, subst. fém. Voy. COMPOSEUR.

COMPOSITE, adj. des deux genres (*konpôzite*) (en lat. *compositus*, part. pass. de *componere*, composer), se dit de l'un des cinq ordres d'architect. : *ordre*, *colonne composite*. — On dit aussi subst. : *le composite participe du corinthien et de l'ionique*. — T. d'algèb. : *nombre composite* ou *composé*, exactement divisible ; *raison composite* ou *composée*, résultant du produit des antécédents de plusieurs raisons, et de leurs conséquents ; *quantité composite* ou *composée*, formée de quantités jointes par les signes + ou —. V. COMPLEXE. — Il est aussi substantif : *le composite*.

COMPOSITEUR, subst. mas. (*konpôziteur*) (en latin *compositor*, fait de *componere*, composer), celui qui, dans une imprimerie, *compose* et arrange les lettres dans le composteur. On nomme *compositeur aux pièces*, celui qu'on paie à raison du travail qu'il fait ; et *compositeur en conscience*, celui qui est payé à raison d'un prix convenu par jour. On a dit aussi *compositeur* pour *composteur*, mais ce dernier est seul usité aujourd'hui. — Celui qui *compose* en musique : *bon*, *savant*, *habile compositeur*. — *Amiable compositeur*. Voy. ARBITRATEUR, qui a le même sens. — *Compositeur* a signifié aussi auteur ; on le trouve même dans *Boileau*, mais il est inusité.

COMPOSITION, subst. fém. (*konpôzicion*) (en latin *compositio*, fait de *componere*, composer. Voy. ce mot,), action de *composer* quelque chose : *la composition d'une machine*, etc. — Ouvrage qui en résulte : *la composition du corps humain est merveilleuse*. — Mélange et incorporation de certaines drogues : *composition d'un remède*, *d'un parfum*. — Dans ce sens on appelle *compositions*, des préparations faites pour imiter certaines choses, telles que l'or, l'argent, les pierreries : *ce bijou n'est pas d'or*, *c'est une composition*..— Action de *composer* un ouvrage comme écrivain ou comme artiste : *il nous a montré une pièce de sa composition*. — Le thème que fait un écolier sur le sujet qui lui est donné par son professeur : *cette composition est pleine de solécismes*. — En t. de mus., l'art d'unir les différentes parties suivant les règles ; il se dit sans régime : *entendre*, *apprendre*, *savoir la composition*. — Partie de la peinture qui consiste à exécuter le dessin qu'on s'est formé. *La composition d'un tableau* se dit plus particulièrement de la manière dont un peintre traite son sujet. — On appelle *compositions extravagantes*, celles où les figures ont des formes et des mouvements hors de la nature ; *compositions forcées*, celles où les mouvements et les passions pèchent par excès ; *compositions confuses*, celles où la multitude des objets et des incidents éclipse le sujet principal ; *compositions froides*, celles où les figures manquent de passion et de mouvement ; *compositions maigres*, celles où le peintre n'a pas su tirer parti de son sujet, ou dont le sujet est ingrat ; *compositions chargées*, celles où le peintre a montré trop d'objets, etc. — En t. d'imprim., arrangement des lettres, ou les lettres tout arrangées : *voilà une page de composition à distribuer*. — Accommodement, dans lequel une des parties ou toutes les deux se relâchent d'une portion de leurs prétentions : *venir à composition*, *à une amiable composition*. — En t. de jurispr., le mot *composition* exprime une idée analogue à celle de transaction. *Deux personnes composent*, lorsqu'elles terminent par un accommodement une affaire contestée. — Convention que fait une place qui se rend : *recevoir à composition*. En ce sens, le subst. est plus usité que le verbe *composer*. — En t. d'arithm. : *composition de raison*, c'est lorsque, dans deux rapports arithmétiques, la somme de l'antécédent et du conséquent du premier est à la somme de l'antécédent et du conséquent du second comme un antécédent est à son conséquent, etc. — En t. de mécan. : *composition de mouvement*, réduction de plusieurs mouvements en un seul, ce qui a lieu lorsqu'un corps est poussé ou tiré par plusieurs puissances à la fois. — *Être de bonne*, *de facile composition*, facile à gagner, à séduire, en parlant d'une femme. — *Homme de composition*, *de bonne composition*, homme d'accommodement, facile à contenter. On le dit aussi fig. des choses qui ont rapport aux personnes : *son amour-propre est de bonne composition*. — Fig. : *faire bonne composition d'une marchandise*, la donner à un prix honnête, à bon marché.

COMPOST, subst. mas. (*konpocete*), science de compter les temps. Voy. COMPUT. — T. d'agricul., mélange de diverses sortes d'engrais. — Il signifiait autrefois recueil.

COMPOSTELLE, subst. prop. fém. (*konpocetèle*), ville capitale du royaume de Galice, en Espagne.

COMPOSTÉ, E, part. pass. de *composter*.

COMPOSTER, v. act. (*konpoceté*), vieux t. d'agric., qui signifiait mettre une terre en *compost*.

COMPOSTEUR, subst. mas. (*konpoceteur*), instrument d'imprimerie, formé d'une lame de fer, de cuivre, d'acier ou de bois, coudée en équerre dans toute sa longueur, dont un bout est terminé par un talon fixe, tandis que, sur la longueur de l'instrument, il en existe un semblable mobile, mais qu'on fixe au moyen d'une vis et d'un écrou, selon la justification, ou largeur des pages, de l'ouvrage auquel on travaille. — Dans les manufactures de soie, petite baguette de bois sur laquelle on passe les portées de la chaîne d'une étoffe de soie pour la plier.

COMPOTATEUR, subst. mas. (*konpotâteur*) (du latin *cum*, avec, et *potare*, boire), mot employé par *Chaulieu* pour signifier celui qui boit, qui se réjouit avec d'autres. Inus.

COMPOTATION, subst. fém. (*konpotacion*) (même étym. que celle du mot précédent) ; ce mot s'est dit anciennement parmi le peuple, des repas qui se font pour se divertir. On a même traduit par ce mot le titre des *Symposiaques* de *Plutarque* : *compotation* est en effet plus intelligible pour nous.

COMPOTE, subst. fém. (*konpote*) (par contraction, du latin *composita*, *composée*, à cause des divers ingrédients dont ce mets est assaisonné. (*Ménage*.), fruits qu'on fait cuire doucement avec du sucre. — Certaine manière d'accommoder les pigeonneaux. — Prov. et pop. : *avoir la tête*, *les yeux en compote*, tout meurtris. — *Viande en compote*, trop bouillie.

COMPOTIER, subst. mas. (*konpotié*), vase un peu profond dans lequel on sert les fruits mis en *compote*.

COMPOU, subst. mas. (*konpou*), t. de relation, cour souveraine dans l'empire de la Chine.

COMPRÉHENSEUR, subst. mas. (*konpré-anceur*), t. de théol. dogmatique. On a entendu par ce mot, l'état du bonheur éternel d'une créature raisonnable qui jouit de la vision béatifique, et de la vue claire et intuitive de Dieu.

COMPRÉHENSIBILITÉ, subst. fém. (*konpré-ancibilité*), aptitude à être compris.

COMPRÉHENSIBLE, adj. des deux genres (*konpré-ancible*) (du lat. *comprehensibilis*, fait, dans le même sens, de *comprehendere*, comprendre), qui peut être *compris*, conçu, entendu : *cela est bien compréhensible* ; *rendez-nous votre idée compréhensible* ; *ce raisonnement n'est pas compréhensible*.— L'*Académie* ne met ce mot qu'avec la négative ; cependant, si l'on dit *cela n'est pas compréhensible*, on peut dire aussi *cela est compréhensible*.

COMPRÉHENSIF, adj. mas., au fém. **COMPRÉHENSIVE** (*konpré-ancif*, *cive*), qui est propre, destiné, appelé à *comprendre* ; qui a de la *com-*

préhension, qui en comprend d'autres; idée composée. (*Boiste.*)

COMPRÉHENSION, subst. fém. (*konpré-ancion*) (en lat. *comprehensio*, fait de *comprehendere*, comprendre), faculté de *comprendre*, de concevoir: *cet homme a la compréhension bien dure.* — En style didactique, connaissance parfaite: *la compréhension des mystères.* — Totalité des idées renfermées sous un nom appellatif ou générique. — Trope qui prend la partie pour le tout, et réciproquement.

COMPRÉHENSIVE, adj. fém. Voyez COMPRÉHENSIF.

COMPRÉHENSIVITÉ, subst. fém. (*konpré-ancivité*), aptitude à comprendre; organe de la *compréhension*. (*Boiste.*)

DU VERBE IRRÉGULIER COMPRENDRE:

Comprenaient, 3e pers. plur. impart. indic.
Comprenais, précédé de *je*, 1re pers. sing. imparf. indic.
Comprenais, précédé de *tu*, 2e pers. sing. imparf. indic.
Comprenait, 3e pers. sing. imparf. indic.
Comprenant, part. prés.
Comprend, 3e pers. sing. prés. indic.
Comprendra, 3e pers. sing. fut. indic.
Comprendrai, 1re pers. sing. fut. indic.
Comprendraient, 3e pers. plur. prés. cond.
Comprendrais, précédé de *je*, 1re pers. sing. prés. cond.
Comprendrais, précédé de *tu*, 2e pers. sing. prés. cond.
Comprendrait, 3e pers. sing. prés. cond.
Comprendras, 2e pers. sing. fut. indic.

COMPRENDRE, v. act. (*konprandre*) (en latin *comprehendere*, fait, avec les mêmes significations, de *cum*, avec, ensemble, et *prehendere*, prendre), contenir, renfermer en soi: *la France comprend un grand nombre de départements.* — Faire entrer comme partie dans un tout: *dans cet état j'ai compris toutes mes dettes actives et passives; dans ce tableau de la population de Paris, je n'ai pas compris les étrangers.* — Faire mention: *on l'a compris dans la liste.* — Se faire d'une chose une idée conforme à sa nature: *on reconnaît un Dieu, mais on ne peut le comprendre.* — Fig., concevoir; avoir l'intelligence de..., saisir: *je comprends ce que vous me dites; comprendre une langue*, en posséder le langage. — On dit, absolument, à quelqu'un: *comprenez-vous?* Voy. ENTENDRE. — *Comprendre quelqu'un*, saisir et concevoir les explications que ce quelqu'un donne; la langue qu'il parle. — On dit d'un homme qui a une conduite extraordinaire, bizarre, etc., qu'*on ne le comprend pas.* — SE COMPRENDRE, v. pron.: *les hommes ont souvent bien de la peine à se comprendre les uns les autres*, à s'entendre.

DU VERBE IRRÉGULIER COMPRENDRE:

Comprendrez, 2e pers. plur. fut. indic.
Comprendriez, 2e pers. plur. prés. cond.
Comprendrions, 1re pers. plur. prés. cond.
Comprendrons, 1re pers. plur. fut. indic.
Comprendront, 3e pers. plur. fut. indic.
Comprends, 2e pers. sing. impér.
Comprends, précédé de *je*, 1re pers. sing. prés. indic.
Comprends, précédé de *tu*, 2e pers. sing. prés. indic.
Comprenez, 2e pers. plur. impér.
Comprenez, précédé de *vous*, 2e pers. plur. prés. indic.
Compreniez, précédé de *vous*, 2e pers. plur. imparf. indic.
Compreniez, précédé de *que vous*, 2e pers. plur. prés. subj.
Comprenions, précédé de *nous*, 1re pers. plur. imparf. indic.
Comprenions, précédé de *que nous*, 1re pers. plur. prés. subj.
Comprenne, précédé de *que je*, 1re pers. sing. prés. subj.
Comprenne, précédé de *qu'il* ou *qu'elle*, 3e pers. sing. prés. subj.
Comprennent, précédé de *ils* ou *elles*, 3e pers. plur. prés. indic.
Comprennent, précédé de *qu'ils* ou *qu'elles*, 3e pers. plur. prés. subj.
Comprennes, 2e pers. sing. prés. subj.
Comprenons, 1re pers. plur. impér.
Comprenons, précédé de *nous*, 1re pers. plur. prés. indic.

COMPRESSE, subst. fém. (*konprèce*) (rac. *presse*), linge en plusieurs doubles que les chirurgiens mettent sur l'ouverture de la veine, sur une plaie, etc.

COMPRESSEUR, subst. mas. (*konprèceceur*), t. d'anat. On appelle *compresseur de la prostate*, le muscle prostatique supérieur de l'homme. — *Compresseur de nuck*, t. de chir., sorte d'instrument propre à *comprimer* le canal de l'urèthre, pour s'opposer à l'écoulement involontaire de l'urine.

COMPRESSIBILITÉ, subst. fém. (*konprècecibilité*), t. de physique, qualité de ce qui est *compressible*.

COMPRESSIBLE, adj. des deux genres (*konprèceclble*), t. de physique, qui peut être *comprimé*.

COMPRESSIF, adj. mas., au fém. COMPRESSIVE (*konprècecif, cive*), t. de chir., ce qui sert à *comprimer*: *bandage, appareil compressif.*

COMPRESSION, subst. fém. (*konprècecion*) (en lat. *compressio*, fait, dans le même sens, de *comprimere*, comprimer), action de *comprimer*, de presser ou de serrer un corps, de manière qu'il occupe ou tende à occuper un moindre volume, à la différence de la *condensation*, qui suppose toujours le corps réduit par une cause quelconque à un volume moindre qu'auparavant. — En chir., forte pression employée pour arrêter une hémorrhagie, pour remettre ou contenir les parties dans leur état naturel, etc.: *la compression est le meilleur moyen d'arrêter le sang.* — En médec., état de gêne dans lequel un viscère quelconque perd sa force et son ressort, ne pouvant surmonter la résistance qu'il éprouve, etc.

COMPRESSIVE, adj. fém. Voy. COMPRESSIF.

COMPRIMABLE, adj. des deux genres (*konprimable*), ce qui peut être *comprimé*. Moins bon que *compressible*, et moins scientifique. Gallicisme. (*Boiste.*)

COMPRIMÉ, E, part. pass. de *comprimer*, et adj. — En t. de bot., plus ou moins aplati sur les côtés.

COMPRIMER, v. act. (*konprimé*) (en lat. *comprimere*, formé, avec la même signification, de *cum*, avec, ensemble, et de *primere*, presser, serrer), presser avec violence, resserrer, réduire à un moindre volume. Voy. COMPRESSION: *comprimer l'air dans un fusil à vent; comprimer un ressort.* — Empêcher d'éclater: *comprimer un parti, une révolution.* — SE COMPRIMER, v. pron.: *les factions se compriment aisément.*

Comprîmes, 1re pers. plur. prét. déf. du verbe irrég. COMPRENDRE.

COMPRIMEUR, subst. mas. (*konprimeur*), qui *comprime*, qui resserre, qui oppresse, qui aplatit. (*Boiste*). Inus.

Comprirent, 3e pers. plur. prét. déf. du verbe irrég. COMPRENDRE.

COMPRINS, E, part. pass., vieux mot inusité qui s'est dit pour *compris*.

COMPRIS, E, part. pass. de *comprendre*, et adj. (*konpri, prize*), contenu, etc. — On dit adverbialement: *y compris*, en *y comprenant*; *non compris*, sans y *comprendre*. Dans ces phrases, *compris* est indéclinable: *y compris deux compagnies*, et non pas *y comprises*. Ce mot est invariable quand il précède le mot auquel il se rapporte; mais on le fait accorder: *dans cette somme y comprise; ces fautes non comprises*, parce que les mots *somme* et *faute* sont exprimés auparavant.

DU VERBE IRRÉGULIER COMPRENDRE:

Compris, précédé de *je*, 1re pers. sing. prét. déf.
Compris, précédé de *tu*, 2e pers. sing. prét. déf.
Comprisse, 1re pers. sing. imparf. subj.
Comprissent, 3e pers. plur. imparf. subj.
Comprisses, 2e pers. sing. imparf. subj.
Comprissiez, 2e pers. plur. imparf. subj.
Comprissions, 1re pers. plur. imparf. subj.
Comprit, précédé de *il* ou *elle*, 3e pers. sing. prét. déf.
Comprît, précédé de *qu'il* ou *qu'elle*, 3e pers. sing. imparf. subj.
Comprîtes, 2e pers. plur. prét. déf.

DU VERBE IRRÉGULIER COMPROMETTRE:

Compromet, 3e pers. sing. prés. indic.
Compromets, 2e pers. sing. impér.
Compromets, précédé de *je*, 1re pers. sing. prés. indic.
Compromets, précédé de *tu*, 2e pers. sing. prés. indic.
Compromettaient, 3e pers. plur. imparf. indic.
Compromettais, précédé de *je*, 1re pers. sing. imparf. indic.
Compromettais, précédé de *tu*, 2e pers. sing. imparf. indic.
Compromettait, 3e pers. sing. imparf. indic.
Compromettant, part. prés.
Compromette, précédé de *que je*, 1re pers. sing. prés. subj.
Compromette, précédé de *qu'il* ou *qu'elle*, 3e pers. sing. prés. subj.
Compromettent, précédé de *ils* ou *elles*, 3e pers. plur. prés. indic.
Compromettent, précédé de *qu'ils* ou *qu'elles*, 3e pers. plur. prés. subj.
Compromettes, 2e pers. sing. prés. subj.
Compromettez, 2e pers. plur. impér.
Compromettez, précédé de *vous*, 2e pers. plur. prés. indic.
Compromettiez, précédé de *vous*, 2e pers. plur. imparf. indic.
Compromettiez, précédé de *que vous*, 2e pers. plur. prés. subj.
Compromettions, précédé de *nous*, 1re pers. plur. imparf. indic.
Compromettions, précédé de *que nous*, 1re pers. plur. prés. subj.
Compromettons, 1re pers. plur. impér.
Compromettons, précédé de *nous*, 1re pers. plur. prés. indic.
Compromettra, 3e pers. sing. fut. indic.
Compromettrai, 1re pers. sing. fut. indic.
Compromettraient, 3e pers. plur. prés. cond.
Compromettrais, précédé de *je*, 1re pers. sing. prés. cond.
Compromettrais, précédé de *tu*, 2e pers. sing. prés. cond.
Compromettrait, 3e pers. sing. prés. cond.
Compromettras, 2e pers. sing. fut. indic.

COMPROMETTRE, v. neut. (*konprométre*) (en lat. *compromittere*, fait, dans le même sens, de *cum*, ensemble, et *promittere*, promettre), convenir d'arbitres pour en passer par leur jugement: *ils ont compromis de ou sur toutes leurs affaires entre les mains de...* Très-peu usité, comme suranné. — V. act., *compromettre quelqu'un*, l'exposer à recevoir quelque chagrin, quelque embarras, quelque désagrément, soit en se servant de son nom sans son aveu, soit en le mêlant dans des démêlés, dans des affaires, etc. — — *Compromettre son autorité, sa dignité, son crédit, sa fortune*, exposer son autorité, sa dignité, son crédit, sa fortune à recevoir quelque atteinte, quelque diminution. — SE COMPROMETTRE, v. pron., mettre en *compromis* son crédit, son honneur, etc., en se commettant et s'engageant mal-à-propos.

DU VERBE IRRÉGULIER COMPROMETTRE:

Compromettrez, 2e pers. plur. fut. indic.
Compromettriez, 2e pers. plur. cond.
Compromettrions, 1re pers. plur. prés. cond.
Compromettrons, 1re pers. plur. fut. indic.
Compromettront, 3e pers. plur. fut. indic.
Compromîmes, 1re pers. plur. prét. déf.
Compromirent, 3e pers. plur. prét. déf.

COMPROMIS, E, part. pass. de *compromettre*, et adj.

COMPROMIS, subst. mas. (*konpromi*) (du latin *compromissum* dont la signification est la même, et qui est fait de *compromissus*, part. passé de *compromittere*, compromettre), acte par lequel on convient, de part et d'autre, de faire une chose, sous quelque peine à celui qui contreviendra au traité: *faire passer, dresser, signer un compromis.* — En t. de jurispr.: c'est l'acte par lequel on nomme des arbitres auxquels on soumet la décision d'une contestation. Il ne faut pas confondre le *compromis* avec les transactions. *Transiger*, c'est éteindre une contestation par des concessions mutuelles: *compromettre*, c'est donner une contestation à décider à des tiers qu'on choisit et auxquels on s'en rapporte. — Fig., 1° *mettre ses affaires en compromis*, les exposer à quelque hasard, à quelque événement fâcheux; 2° *mettre quelqu'un en compromis*, le compromettre, le commettre. On dit dans le même sens: *mettre la dignité, l'autorité de quelqu'un en compromis.* — État d'une personne ou d'une chose compromise.

DU VERBE IRRÉGULIER COMPROMETTRE:

Compromis, précédé de *je*, 1re pers. sing. prét. déf.
Compromis, précédé de *tu*, 2e pers. sing. prét. déf.

COMPROMISSAIRE, subst. mas. (*konpromicère*), celui qui est choisi par *compromis* pour terminer une affaire litigieuse, etc. On dit plus souvent *arbitre*.

DU VERBE IRRÉGULIER COMPROMETTRE :

Compromisse, 1re pers. sing. imparf. subj.
Compromissent, 3e pers. plur. imparf. subj.
Compromisses, 2e pers. sing. imparf. subj.
Compromissiez, 2e pers. plur. imparf. subj.

COMPROMISSIONNAIRE, adj. mas. (*konpromicionère*) : *arbitre compromissionnaire*, par *compromis*. Peu usité.

DU VERBE IRRÉGULIER COMPROMETTRE :

Compromissions, 1re pers. plur. imparf. subj.
Compromit, précédé de *il* ou *elle*, 3e pers. sing. prét. déf.
Compromît, précédé de *qu'il* ou *qu'elle*, 3e pers. sing. imparf. subj.
Compromîtes, 2e pers. plur. prét. déf.

COMPROTECTEUR, subst. mas., au fém. **COMPROTECTRICE** (*konprotèkteur, trice*) (du latin *cum*, avec, et *protector*, protecteur), *protecteur* avec un autre. (*Trévoux*.) Peu usité.

COMPROTECTRICE, subst. fém. Voy. COMPROTECTEUR.

COMPROVINCIAL, E, adj. (*konproveincial*), qui est de la même *province*. Peu usité.

COMPS, subst. propre mas. (*konpece*), bourg de France, chef-lieu de canton, arrond. de Draguignan, dép. du Var.

COMPTABILITÉ, subst. fém. (*kontabilité*), obligation de rendre *compte*, état du *comptable*. — Art d'établir, de rendre des *comptes* : *il entend bien la comptabilité; c'est lui qui est chargé de la comptabilité de cette administration; bureau de comptabilité*.

COMPTABLE, adj. et subst. des deux genres (*kontable*) (rac. *compte*), celui qui est assujéti à rendre compte : *agent comptable*. — On dit élégamment au figuré : *tout citoyen est comptable à* ou *envers la patrie de ses talents*, etc.— *Pièces, quittances comptables*, qui peuvent être reçues dans un compte, pour en justifier la dépense. — Subst., celui, celle qui rend *compte* : *on a appelé tous les comptables; c'est un bon comptable*.

COMPTABLIE, subst. fém. (*kontabli*), droit qui se percevait pour le roi dans la sénéchaussée de Bordeaux, à l'entrée et à la sortie de certaines marchandises et denrées.

COMPTANT, adv. (*kontan*) (rac. *compte*), mot qui signifie l'argent à la main : *payer comptant, vendre comptant*.—Prov. et fig., *payer comptant*, rendre sur-le-champ les bons ou les mauvais offices qu'on a reçus.

COMPTANT, adj. mas. (*kontan*) (rac. *compte*), *argent comptant*, de l'argent, ou quelque chose qui ne peut manquer. — *Prendre quelque chose pour argent comptant*, croire trop aveuglément ce qu'on nous dit; faire fond sur de fragiles espérances. — *Avoir de l'esprit argent comptant* nous paraît être une locution vicieuse, quoique nous le lisions dans l'*Académie*; il faudrait : *avoir de l'esprit comme argent comptant*, avoir la repartie vive et prompte. Beaumarchais a dit : *argent compté*, pour : *comptant*.

COMPTANT, subst. mas. (*kontan*) (rac. *compte*), argent réel, effectif, qui se trouve chez un négociant, etc. : *voilà tout mon comptant*. — *Acheter* ou *vendre au comptant*, acheter ou vendre au même prix que *comptant*, avec un court délai pour le paiement. — On a appelé anciennement, au trésor royal, *petit comptant*, le bureau où l'on payait au-dessous de mille francs; et *grand comptant* le bureau où l'on payait les sommes au-dessus.

COMPTE, subst. mas. (*konte*) (en lat. *computum*, comput, calcul, nombre total des choses qui ont été ou doivent avoir été *comptées* : *j'ai trouvé le compte de mon argent, de mon linge*. — État de la dépense ou de la recette : *vous avez dépensé cent francs à l'auberge, voilà votre compte ; j'ai dépensé pour vous deux cents francs, en voilà le compte ; faites-moi le compte de ce que je vous dois*. — Il se dit aussi de ce que l'on doit recevoir : *voilà le compte de ce que vous me devez*. — On dit, en parlant d'un domestique, qu'*on lui a donné son compte*, pour dire qu'on lui a payé ce qu'on lui devait et qu'on l'a renvoyé. — T. de droit : *compte d'administration légale*; le père est, durant le mariage, administrateur des biens personnels de ses enfants mineurs; il est *comptable*, quant à la propriété et aux revenus, des biens dont il n'a pas la jouissance ; et, quant à la propriété seulement, de ceux des biens dont la loi lui donne l'usufruit. — *Arrêté de compte*, c'est l'approbation donnée à un *compte* par un acte qui décharge le *comptable*. *Un arrêté de compte* peut servir de commencement de preuve par écrit, à l'effet de prouver par témoins que dans cet arrêté les parties ont entendu comprendre des billets souscrits antérieurement. — *Compte de bénéfice d'inventaire*. C'est le *compte* fait par *l'héritier bénéficiaire* de l'administration des biens d'une succession. On doit observer, pour la reddition du *compte du bénéfice d'inventaire*, les formes prescrites pour les redditions de *comptes*. — — *Compte de communauté*. C'est le *compte* que rend aux héritiers celui des deux époux qui a eu l'administration de la communauté, depuis sa dissolution jusqu'au partage. Ce *compte* a pour but de faire la liquidation de l'actif et du passif, et de déterminer ce qui revient à chacun, de telle sorte que le partage puisse facilement s'ensuivre. Pour faire ce *compte*, il est nécessaire de réunir la masse des biens et d'en faire inventaire. La recette et la dépense doivent être constatées. Il faut distinguer le *compte de communauté* du partage : le *compte* est seulement un détail de gestion. Le *compte* suit quelquefois le partage, lorsque la veuve, ayant accepté la communauté, en fait la reddition aux créanciers. Le *compte de communauté* se fait devant notaire ou sous seing privé. Lorsqu'il est rendu judiciairement, on suit les formes du partage des successions.—*Compte courant*. On nomme *compte courant* celui que deux négociants en relation d'affaires tiennent de leur *doit et avoir* mutuels. Quoique en général les *comptes courants* se composent d'affaires commerciales, cependant les négociants y comprennent souvent des sommes dont la dette a une cause étrangère au commerce. Mais en entrant dans le *compte courant*, elles perdent leur qualité étrangère. Les *comptes courants*, établissant un mandat réciproque entre les parties, portent intérêt de plein droit, et le solde d'un *compte courant* est productif d'intérêts comme la créance originaire. Le débiteur par *compte courant* qui a déposé les fonds de son correspondant chez un notaire peut, par cela seul, être réputé ne les avoir pas tenus à la disposition de son commettant, et être condamné comme rétentionnaire. Entre deux banquiers, pour qu'il y ait *compte courant*, il suffit que les fonds soient tenus par le débiteur à la disposition du créancier. La circonstance que le créancier a expressément consenti à les garder n'a pas fait qu'il y eût placement et non *compte courant*. Le débiteur de fonds, ainsi accepté pour être à la disposition du créancier, n'est pas devenu rétentionnaire par son propre fait; il est resté débiteur par *compte courant*, quoiqu'il ait négligé de déposer les fonds de son créancier frappé de séquestre. Le solde d'un *compte courant* se prescrit par trente ans, lors même qu'il se compose d'effets de commerce, qui se prescrivent par cinq ans. L'acte par lequel un négociant ouvre un crédit ou un *compte courant* à un autre négociant renferme, de la part de celui-ci, l'obligation d'en payer le solde. Cette obligation est valable, et emporte la constitution d'une hypothèque éventuelle. — *Compte d'exécution testamentaire* ; c'est celui de l'administration des biens d'une succession, rendu par la personne chargée de l'exécution d'un testament. — *Compte de faillite* ; c'est celui que rendent les agents, syndics ou séquestres de la faillite.—*Compte de retour*; c'est celui qui accompagne la *retraite* d'une lettre de change protestée, et qui contient l'état des frais légitimes dont le remboursement doit être fait par le tireur ou l'un des endosseurs. Le *compte de retour* comprend : le principal de la lettre de change protestée; les frais de protêt et autres frais légitimes, tels que commission de banque, courtage, timbre et ports de lettres. Il énonce le nom de celui sur qui la retraite est faite, et le prix du change auquel elle est négociée; il est certifié par un agent de change. Dans les lieux où il n'y a pas d'agent de change, il est certifié par deux commerçants. Il est accompagné de la lettre de change protestée, du protêt, et d'une expédition de l'acte de protêt. Dans le cas où la retraite est faite sur l'un des endosseurs, elle est accompagnée, en outre, d'un certificat qui constate le cours du change du lieu où la lettre de change était payable sur le lieu d'où elle a été tirée. Il ne peut être fait plusieurs *comptes de retour* sur la même lettre de change. Ce *compte de retour* est remboursé d'endosseur à endosseur respectivement, et définitivement par le tireur. — *Compte de tutelle* ; c'est le *compte* que rend le *tuteur* d'un mineur ou d'un interdit, lorsque sa gestion a cessé. — *Compte de tuteur à tuteur* ; c'est le *compte* de la gestion d'un premier *tuteur*, rendu par lui ou par ses héritiers à un nouveau *tuteur*. Les règles relatives au compte de tutelle s'appliquent à cette espèce de compte. (*Dict. de Législation usuelle*.) — En t. de comm., 1° état calculé ou non calculé d'effets possédés, administrés, acquis, reçus, dus ou dépensés; 2° état de marchandises ou d'effets fournis par le vendeur. Si ce sont des marchandises fournies entre marchands, le *compte* s'appelle *facture*; si ce sont des fournitures d'ouvriers, il prend le nom de *mémoire*; on l'appelle *note* lorsqu'il s'agit d'effets à ordre ou de lettres de change qu'on remet, et *bordereau* lorsqu'il contient l'état des diverses espèces dont on fait un paiement. — En parlant des toiles, nombre de cent fils : *toile en compte de vingt*, celle qui contient vingt *comptes* ou deux mille fils de chaîne. — Raison de l'administration de quelque bien. — Profit, avantage; *il y trouve son compte*. — *A bon compte*, à bon marché. — Rapport, récit : *rendre compte de ce que l'on a fait*. *Rendre compte* ne forme, pour ainsi dire, qu'une expression qu'on ne saurait entrecouper ; *Racine* a donc eu tort de dire dans *Britannicus* :

De mille autres secrets j'aurais compte à vous rendre.

Cette inversion n'est ni noble ni harmonieuse. Il fallait : *j'aurais à vous rendre compte*.—*Compte de clerc à maître*, celui où le comptable porte en recette et en dépense tout le bénéfice, tous les frais et toutes les pertes qu'il a pu faire.— Se dit particulièrement de l'état de recette et de dépense des biens dont on a eu l'administration : *rendre compte de sa gestion; toute personne qui a géré le bien d'autrui doit en rendre compte lorsque sa gestion est finie*. — *Se rendre compte de quelque chose*, se l'expliquer, s'en rendre raison. — *Rendre bon compte de quelqu'un, de quelque chose*, dire que sa conduite est bonne, qu'une affaire est avantageuse. — *Compte par colonne*, celui dans lequel la recette et la dépense, quoique liquidées à la fin de chaque année, ne sont composées qu'à la fin de la troisième année, ou de trois ans en trois ans. — *Compte par échelette*, celui dans lequel l'imputation de la dépense se fait sur la recette année par année. — On dit par extension, *rendre compte d'une affaire ; rendre compte de sa conduite ; je ne vous dois aucun compte de ma conduite; rendre compte d'un dépôt*. — *Compte de capital*, celui qui renferme tous les effets d'un négociant, tant meubles qu'immeubles, déchargés de toutes dettes et hypothèques. — *Compte de fonds* ou *de mises de fonds*, *compte* de ce qu'a fourni dans une société chacun des associés, etc. — *Compte courant*, *compte* d'un associé composé des sommes qu'il a fournies dans le commerce au-delà des fonds qu'il s'est engagé à y porter. — On appelle au plur. *comptes courants*, les comptes que les négociants se rendent entre eux, et par extraits, des articles qu'ils se sont réciproquement fournis, d'après des états particuliers et détaillés donnés antérieurement.—*Comptes de profits et pertes*, le *compte* des profits et des pertes qu'un négociant a pu faire dans son négoce.—*Compte de bilan*, celui qui ne s'ouvre au grand livre que pour la clôture des livres. Quand il s'agit de la sortie des livres, on l'appelle *compte de bilan de sortie*, et lorsqu'il est question de prendre de nouveaux livres, on le nomme *compte de bilan d'entrée*. — En t. de comm., *ouvrir un compte*, le placer pour la première fois dans un livre. — *Vérifier un compte*, l'examiner. — *Apostiller un compte*, mettre des notes et des apostilles à côté de chaque article, aux uns pour les allouer, aux autres pour les débattre. — *Coucher une somme sur un compte*, enregistrer sur un grand livre, soit en débit, soit en crédit, les parties dont les particuliers deviennent débiteurs ou créditeurs. — *Pointer les parties d'un compte*, mettre un point à côté de chaque partie que le teneur de *compte* vérifie, pour justifier que la rencontre est juste. — *Ordre d'un compte*, la division en chapitre, de recette, de dépense et reprise. — *Ligne de compte*, la somme qu'on tire à la marge blanche qu'on laisse à côté d'un compte, sur la droite. Elle contient en chiffres la somme couchée en toutes lettres dans le corps ou le texte de l'article qui y répond. — *Affirmer un compte*, jurer et assurer qu'il est véritable. — *Débattre un compte*, faire des remarques sur divers articles d'un *compte*, soit pour augmenter la recette, soit pour en faire diminuer la dépense. — *Solder un compte*, le calculer, le régler, l'arrêter, en faire la balance. — *Clore un compte*, en fixer le solde.—*Passer en compte*, porter au débit ou au crédit de quelqu'un. — *Mettre en ligne de compte*, écrire qu'on a reçu ce dont il s'agit.—*Recevoir à compte*, recevoir à la charge de déduire sur ce qui est dû à fin de *compte*. —*Rendre compte*, fournir l'état de sa recette et de sa dépense. — *Assurer un compte*, en juger tous les débats et en faire lever toutes les souffrances et apostilles mises en marge.— *Bordereau de compte*, extrait d'un *compte* dans lequel on comprend toutes les sommes d'un *compte* tirées hors de ligne, tant de la recette que de la dépense. — *Débet de compte*, la somme dont la recette excède la dépense. — *Solde de compte*, excédant du crédit ou du débit. — *Livres de compte*, registres sur lesquels les marchands, les négociants et les banquiers écrivent par ordre les affaires de leur commerce. — *Avoir un compte en banque*, 1° se faire créditer dans une banque ou s'y faire débiter, selon qu'on veut faire des paiements à des créanciers ou en recevoir de ses débiteurs, en billets ou en écritures de banque; 2° y porter des fonds pour la première fois. — *En avoir pour son compte*, être attrapé, pris, trompé. Il est familier.—*Faire compte sur quelqu'un*, compter sur lui. — *Faites votre compte que...* comptez que...—*Faire compte de...* estimer, faire cas : *je fais compte de cet homme*. On dit, dans le sens contraire, *n'en tenir compte* ou *aucun compte*, n'y avoir aucun égard, n'y faire aucune attention : *il ne fait aucun compte de ce que vous lui dites*. — *Cela ne fait pas mon compte*, je n'ai pas lieu d'en être satisfait. — *Être loin de son compte*, être loin du succès qu'on s'était promis. — *Faire bon compte de....* faire bon marché. — Fig., *être de bon compte*, être facile, accommodant, de bonne foi : *soyez de bon compte, avouez que vous n'y pensiez pas*.— *Prendre sur son compte*, se charger de faire, d'exécuter quelque chose, en prendre la responsabilité. — *Être alarmé sur le compte de quelqu'un*, être alarmé d'un danger auquel on le croit exposé. — *A bon compte*, sorte d'expression familière qui signifie : sans se mettre en peine de ce qu'il en coûtera, de ce qui en arrivera : *manger et boire à bon compte; rire, se divertir à bon compte*. — Gain, profit, avantage, bon marché: *je n'ai pas trouvé mon compte à ce marché-là*, je n'y ai pas trouvé de gain, de profit. *J'ai eu cette marchandise à bon compte*, à bon marché. — Risque et périls : *travailler, se mettre à son compte; faire le commerce pour son compte.—On jase sur votre compte*, sur ce qui vous concerne. —*Mettre un ouvrage sur le compte de quelqu'un*, c'est-à-dire, répandre le bruit qu'il est de lui. *Mettre une aventure, faire une historiette sur le compte de quelqu'un*, c'est faire accroire qu'elle lui est arrivée. — *Parler sur le compte de quelqu'un*, en parler en bien ou en mal. — *Avoir bon compte*, obtenir satisfaction. —*Faire bon compte*, faire satisfaction. — *Au bout du compte*, après tout, tout considéré. — *A votre compte*, suivant votre manière de voir, de calculer : *à votre compte, je devrais agir ainsi; à votre compte, il aurait eu raison d'agir ainsi*. — On dit prov., *compter sans son hôte : qui compte sans son hôte compte deux fois*, pour dire qu'on se trompe quand on compte sans celui qui a intérêt à l'affaire, ou qu'on espère ou promet une chose qui ne dépend pas absolument de soi.—En t. d'horl., roue attachée en dehors et dont les dents sont en dedans. — *Cour des comptes*, cour supérieure à laquelle tous les comptables qui ont manié les deniers de l'état rendent *compte* de la recette et de la dépense des sommes qui ont passé entre leurs mains.—*A-compte*, subst. mas., somme en déduction d'une autre : *donner, recevoir un à-compte*. Il se prend adverbialement aussi : *j'ai mille francs à-compte*. On l'écrit sans *s* au plur.: *deux à-compte*.

COMPTÉ, E, part. pass. de *compter : aller à pas comptés*, lentement et gravement. — Prov., *tout compté, tout rebattu*, tout étant bien considéré et pesé.—*Brebis comptées, le loup les mange*, redoublez de précautions, car une précaution simple n'empêche pas d'être trompé.

COMPTE-FILS, subst. mas. (*kontefile*), instrument à l'aide duquel on connaît le degré de finesse d'une étoffe.

COMPTE-PAS, subst. mas. (*kontepâ*), instrument qui sert à mesurer le chemin qu'on fait à pied et même en voiture. On le nomme aussi *odomètre*; mot auquel l'*Académie* renvoie, comme n'admettant plus sans doute celui de *compte-pas*.

COMPTER, v. act. (*konté*) (du lat. *computare*, dont la signification est la même, et qui vient du grec συν, avec, et πυθω, mot inusité, dont les dérivés πυνθανομαι, πευθομαι, etc., sont restés dans la langue, et signifient : *chercher, demander, s'enquérir, apprendre, s'assurer*), nombrer, supputer, calculer. — Payer : *compter de l'argent, cent écus à un créancier*. — Estimer, réputer, regarder comme : *il faut le compter pour mort*. —Avoir au nombre de... *compter parmi ses aïeux des princes*, etc. — *Compter ses pas*, marcher lentement; et au fig., agir avec circonspection. —*On compte ses pas*, on l'observe de fort près.— *Compter les heures, les moments*, attendre avec impatience. — *Compter dix années de services*, avoir été au service militaire pendant dix années. — *Compter les morceaux à quelqu'un*, s'impatienter de ce qu'il mange long-temps, ou lui reprocher la nourriture qu'on lui donne. — *Compter pour quelque chose, compter pour beaucoup*, attacher du prix à... estimer. On dit dans le sens contraire : *compter pour peu de chose, compter pour rien*. Boileau a dit, satire III :

Moi qui ne compte rien ni le vin ni la chère.

au lieu de : *moi qui compte pour rien et le vin et...* La seconde manière est la seule usitée aujourd'hui. —V. neut., venir à *compte : il faut compter; j'ai compté avec lui*. — Croire, se proposer : *il compte partir; je compte que vous le ferez*. — *Compter avec soi-même*, calculer ses dépenses et ses revenus, et examiner si les derniers peuvent suffire aux premières. — *Compter sur une chose*, être persuadé qu'une chose aura lieu, qu'elle ne cessera pas, qu'elle aura l'effet, le succès qu'on désire. — *Compter sur quelqu'un*, faire fond sur lui. On dit dans le même sens, *compter sur ses forces*. — Prov., *qui compte sans son hôte compte deux fois*, il faut régler ses comptes avec celui qui doit en connaître. — *SE COMPTER*, v. pron.

COMPTEREAU, subst. mas. (*konterô*), petit calcul, petit dénombrement de plusieurs choses.

COMPTE-RENDU, subst. mas. (*konterandu*), rapport sur une situation, sur un fait.

COMPTEUR, subst. mas., au fém. **COMPTEUSE** (*konteur, teuze*), celui ou celle qui *compte*. En ce sens, il est peu usité. — En t. d'horlogerie, détente d'une sonnerie qui entre dans les entailles de la *roue de compte*, ou petite horloge qui bat les secondes. — Instrument indicateur et qui remplace un ouvrier pour avertir dans un temps déterminé. — Partie de l'orgue. — Instrument destiné à évaluer les fractions des secondes dans les observations astronomiques.

COMPTEUSE, subst. fém. (*konteuze*), celle qui, dans les magasins de certaines administrations, *compte* et arrange les mains de papier. Voy. COMPTEUR.

COMPTOIR, subst. mas. (*kontoar*), table sur laquelle un marchand *compte* son argent et où il le serre; sur laquelle il étale la marchandise qu'on lui demande.—Chambre où travaillent les commis d'un négociant. — Bureau général de commerce d'une nation en pays étranger. — *Comptoir d'escompte*, société de négociants ou autres personnes réunies dans le but d'*escompter* les effets de commerce.

COMPTONIE, subst. fém. (*kontoni*), t. de bot., arbrisseau rameux qui croît dans les lieux humides et ombragés de l'Amérique, genre de plantes de la famille des amentacées.

COMPTORISTE, subst. mas. (*kontoricete*), mot inusité, employé anciennement pour signifier habile teneur de livres.

COMPULSÉ, E, part. pass. de *compulser*.

COMPULSER, v. act. (*konpulecé*) (du lat. *compellere*, au supin *compulsum*, contraindre, forcer *de donner communication*), t. de pratique, parcourir un registre, en prendre communication en justice. — Prendre connaissance de registres, de livres, de papiers. — *SE COMPULSER*, v. pron.

COMPULSEUR, subst. mas. (*konpulceur*), qui *compulse*. Peu usité. On donnait ce nom, sous les empereurs romains, à des gens envoyés dans les provinces pour faire payer ce qui ne l'avait pas été dans le temps prescrit.

COMPULSEUSE, subst. fém. Voy. COMPULSEUR.

COMPULSION, subst. fém. (*konpulecion*), action de *compulser*. Ce mot ne se trouve dans aucun *Dictionnaire*.

COMPULSOIRE, subst. mas. (*konpuleçoare*), acte par lequel un juge donne permission de *compulser* des pièces qui sont chez une personne publique. Il se prend quelquefois adjectivement : *acte compulsoire*.

COMPURGATEUR, subst. mas. (*konpurguateur*), t. de palais, témoin à décharge. (*Boiste*.) Tout-à-fait inusité.

COMPUT, subst. mas. (*konpute*) (du latin *computum*, compte, calcul), supputation de temps qui sert à régler le calendrier ecclésiastique.

COMPUTATION, subst. fém. (*konputâcion*), t. de chronologie, supputation de temps relative au calendrier.

COMPUTISTE, subst. mas. (*konputicete*), celui qui travaille au *comput* et à la composition du calendrier. — Officier qui reçoit les revenus du sacré collége à Rome.

COMTADIN, E, subst. et adj. (*kontadein, dine*), qui est du *comtat*. Vieux et presque inusité.

COMTAL, E, adj.; au plur. mas. **COMTAUX** (*kontale*), qui appartient à un *comte* : *une couronne comtale*.

COMTAT, subst. mas. (*konta*), comté : *comtat Venaissin*, nom qu'on donnait à un démembrement de la Provence, dont Carpentras était la capitale, et qui appartenait au pape. *Comtat* n'a d'emploi que dans cette dénomination; partout ailleurs on dit *comté*.

COMTE, subst. mas. (*konte*) (du latin *comes*, fait, dans la même signification, de *comitari*, accompagner, parce que les *comtes* étaient primitivement, à la cour, des seigneurs à la suite du roi), troisième ordre dans la noblesse. — Seigneur revêtu d'une dignité au-dessus du baron.— Les conseillers des empereurs étaient véritablement *comtes*, c'est-à-dire compagnons du prince, et ils en prenaient quelquefois le titre, mais en y ajoutant le nom du prince qu'ils accompagnaient. Ainsi c'était plutôt une marque de leur emploi, qu'un titre de dignité. Constantin en fit une dignité, et c'est sous lui qu'on commença à le donner absolument au comte Denys et à divers autres; cet usage étant une fois établi, on le donna indifféremment, non-seulement à ceux qui suivaient la cour et qui accompagnaient l'empereur, mais généralement à toute sorte d'officiers, comme on peut le voir par la longue liste qu'en a faite Du Cange. Ainsi quoique le titre ou le nom de *comte* fût en usage avant Constantin, ce n'était point encore le nom d'une dignité particulière et déterminée. C'est cet empereur qui en fit une dignité, et qui divisa les *comtes* en trois ordres, ainsi que nous l'apprend Eusèbe dans la vie de ce prince. Les premiers portaient le titre d'*illustres* (*illustres*); les seconds, celui de *clarissimes* (*clarissimi*), et ensuite *spectabiles*; les troisièmes se nommaient *très-parfaits* (*perfectissimi*). Le sénat était composé des deux premiers ordres; ceux du dernier n'y avaient pas entrée, mais ils jouissaient de plusieurs des priviléges des sénateurs. Il y avait plusieurs espèces de *comtes*, qui servaient ou sur terre ou sur mer. Le premier de tous s'appela, dans le Bas-Empire, *protocomte* (*protocomes*). A l'imitation de l'Empire, les Français, les Espagnols et les Allemands appelèrent *comtes* les courtisans, les seigneurs qui étaient à la cour des rois. Comme on envoyait de ces courtisans dans les villes pour les gouverner, ils s'en sont rendus les maîtres; ce qui a fait les *comtes* d'aujourd'hui, qu'on appelle *comtes palatins*. Il y a eu aussi des *comtes palatins* en France, sous la deuxième et la troisième race. Il y a eu pareillement des *comtes palatins* en Angleterre, en Aquitaine, en Sicile, en Toscane, et chez les rois goths d'Espagne. Les papes même ont eu leurs *comtes palatins*. (Voy. *Du Cange*.) C'est de là que les Italiens ont appelé *comites* les gens qui sont à la suite des seigneurs, et qui les accompagnent quand ils parcourent les pays. Ces comtes n'étaient point inférieurs aux ducs : *on a remarqué même que les comtes avaient des ducs sous eux*. En France, il y a eu des *comtes* de Champagne, de Provence, etc., qui étaient gouverneurs de provinces, tout comme les ducs; mais il y avait des *comtes* inférieurs qui étaient simplement juges et gouverneurs des villes. Chez les empereurs, le nom de *comte* était un titre qu'on donnait à plusieurs officiers; il y avait le *comes ærarii; comes sacrarum largitionum; comes sacri consistorii; comes curiæ; comes capellæ; comes archiatrorum; comes commerciorum; comes vestiarius; comes horreorum; comes opsoniorum, aut annonæ; comes domesticorum; comes equorum regiorum, aut comes stabuli; comes domorum; comes excubitorum; comes notariorum : comes legum, seu professor in jure; comes limitum, aut marcarum; comes maritimæ; comes portus Romæ; comes patrimonii*. C'étaient des officiers en chef dont il est fait mention en plusieurs endroits du droit romain. On donnait aussi le titre de *comte* pour honorer ceux qui avaient bien servi le public; cette qualité a été donnée pendant long-temps aux avocats et aux professeurs en jurisprudence qui avaient servi vingt ans. Les Français, lorsqu'ils passèrent dans les Gaules, n'abolirent point la forme du gouvernement des Romains. Comme les gouverneurs des villes et des provinces s'appelaient *comtes* et ducs, ils ne voulurent point y apporter de changement. Ces gouverneurs commandaient à la guerre, et rendaient la justice pendant la paix. Ainsi les *comtes* du temps de Charlemagne n'étaient autre chose que les juges ordinaires et, en même temps, les gouverneurs des villes; ils étaient au-dessus des ducs et des *comtes* qui étaient gouverneurs de province. Ces derniers avaient sous eux des *comtes* constitués dans les villes particulières, et ne cédaient point aux ducs, qui, comme les *comtes*, se trouvaient dans la position de simples gouverneurs de province. Ces *comtes* rendirent leur dignité héréditaire sous les derniers rois de la deuxième race. Ils usurpèrent même la souveraineté, lorsque Hugues Capet parvint à la couronne; son autorité n'était ni assez reconnue, ni assez affermie pour s'opposer à ces usurpations. C'est de là qu'est venu le privilège des *comtes* de porter une couronne sur leurs armes; ils la prirent alors parce qu'ils jouissaient de tous les droits des souverains; mais peu à peu les rois ont remis ces *comtés* sous leur obéissance, et les ont réunis à leur couronne. Ainsi la qualité de *comte* aujourd'hui est bien différente de ce qu'elle était autrefois : ce n'est plus qu'un titre que le roi accorde en érigeant une terre en *comté*, avec la réserve du ressort et de la souveraineté. — *Comte consistorial*, nom d'une dignité dans l'empire romain : c'étaient les conseillers d'état de l'empereur. On envoya à saint Ambroise des *comtes consistoriaux*, qui étaient comme des conseillers d'état, afin qu'il donnât la basilique. (*Fleury.*) C'est de là que nous appelons aujourd'hui, en France, un conseiller d'état *comes consistorialis*, en écrivant en latin. — *Comte de Constantinople*, titre d'honneur que les empereurs d'Orient donnaient aux personnes illustres par leur savoir, comme les empereurs d'Occident ont accordé, dans les derniers siècles, le titre de *comte palatin*. — *Comte des domestiques*, nom d'un officier de la cour des empereurs de Constantinople, commandant de la cavalerie ou de l'infanterie prétorienne. Ammien Marcellin parle souvent de cet officier. Dioclétien et Justinien avaient été *comtes des domestiques* avant de parvenir à l'empire. *Magnifique* était le titre ou la qualité que l'on donnait à cet officier : *le magnifique comte des domestiques*. — *Comte des largesses*, nom de dignité chez les empereurs grecs de Constantinople : grand trésorier de l'empire, surintendant des finances : *la mort d'Ursule, comte des largesses, c'est-à-dire grand trésorier, fut la plus odieuse* (Fleury); *le comte Julien exécuta cet ordre avec Félix, comte des largesses ou grand trésorier*. (Le même.) — *Comte du palais*, ancien officier de nos rois : il était *comte-juge*, et connaissait de toute affaire qui regardait le roi, l'état, le public. On trouve dans Grégoire de Tours un *Goncilion, comte du palais*, sous Sigebert, roi d'Austrasie; un *Trudulphe*, sous Childebert II; *Tassillon*, sous Dagobert; *Aigulphe*, sous Clovis II. Ces *comtes* avaient pour conseillers des gens d'épée qu'on nommait échevins du palais. Quand le roi, assisté d'évêques, d'abbés et de ducs, présidait à ce tribunal, le *comte* faisait le rapport, et le roi recueillait les voix. — On donnait le même titre aux chanoines de quelques chapitres nobles : *les comtes de Saint-Jean de Lyon*. — *Comtes palatins*, ceux qui étaient toujours au *palais*, aux côtés du prince, et que, par cette raison, on appelait aussi *comites à latere*. — *Comtes des libéralités impériales*, le distributeur des graces du prince, et qui avait aussi, assure-t-on, le soin de frapper les monnaies. — *Comte des revenus privés*, celui qui, chez les anciens, avait l'administration des domaines particuliers de l'empire.

COMTÉ, subst. mas. (*konté*), terre dont le seigneur porte le titre de *comte*. — *Comté* est fém. dans *Franche-Comté*.

COMTESSE, subst. fém. (*kontèce*), la femme d'un *comte*. — Dame d'une seigneurie qui a le titre de *comté*.

COMTOIS, E, subst. et adj. (*kontoa, toaze*), de la Franche-Comté.

COMUS, subst. propre mas. (*kômuce*), myth., dieu de la joie, de la bonne chère, et de la jeunesse libertine. — Air de danse dans les festins, chez les anciens.

CON, particule ou préposition qui signifie *avec*. Elle ne s'emploie jamais seule, mais se met au commencement des dictions, et signifie une action faite avec une autre, ou reçue en deux sujets ensemble, ou une qualité possédée de pair avec une autre, selon les dictions auxquelles elle est jointe : *concourir, confondre, concerter, converser, consulter, conduire, congrégation, consubstantiel, consonne, consentement; consanguinité, consistoire*, etc. Quelquefois on change *n* dans la lettre suivante, ou en une autre qui lui convienne : *collatif, collatérale, colliger, collectif, correspondance, corrival, corroborer, corrompre, corruption, commémoration, commotion, commune, commutation, compatir, compatriote, compassion, comparer*. Quelquefois on retranche *n*, et l'on met seulement *co*; *cohabiter, cohéritier, coopérer, coopération, coobligé, cohérence, cotuteur*. Souvent cette particule n'exprime point d'action, ou de qualité, ou de rapport avec une autre, comme : *convertir, connaître, convoitise, convoiter, contrainte, contraindre, contempler, construire, consommer, considérer, conserver, consacrer*, etc. Cette particule, *com*, ou *con*, vient de *cum*, qui en latin signifie la même chose, et a les mêmes usages.

CONAMI, subst. mas. (*konami*), t. de bot., arbuste de Cayenne, du genre des phyllanthes.

CONANA, subst. mas. (*konana*), t. de bot., palmiste de Cayenne dont la tige et le fruit sont si remplis de piquants qu'on ne peut en approcher. On l'appelle aussi *palmiste épineux*.

CONANI-FRANC, subst. mas. (*konanifran*), t. de bot., arbrisseau de Cayenne dont on emploie la feuille pour enivrer le poisson.

CONANTHÈRE, subst. fém. (*konantère*), t. de bot., plante de la famille des narcisses.

CONARION ou **CONARIUM**, subst. mas. (*konarion*), t. d'anat., nom donné par Galien au corps pinéal.

CONASSIÈRE, subst. fém. (*konacière*), t. de mar., penture qu'on attache sur le gouvernail, dans l'œil de laquelle entre le gond ou croc fixé sur l'étambot.

CONCAMÉRATION, subst. fém. (*konkamérâcion*), t. d'hist. nat., cloison détachée des nautiles (*Boiste.*) — T. d'archit., courbure d'une voûte.

CONCANAUTTLI, subst. mas. (*konkanôtli*), t. d'hist. nat., genre de canard du Mexique.

CONCAPITAINE, subst. mas. (*konkapitène*) (du lat. *cum*, avec, et du mot français *capitaine*), capitaine avec un autre. (*Boiste.*) Tout-à-fait inusité.

CONCARNEAU, subst. propre mas. (*konkarnô*), ville de France, chef-lieu de canton, arrond. de Quimper, dép. du Finistère.

CONCASSÉ, subst. mas. (*konkâcé*), poivre qui n'est pas pilé, mais seulement brisé par morceaux.

CONCASSÉ, E, part. pass. de *concasser*.

CONCASSER, v. act. (*konkâcé*) (du latin *conquassare*, briser, *casser*, mettre en pièces), briser et réduire en petites parties avec le marteau ou le pilon : *concasser du poivre, de la cannelle, du sucre*, etc. — *se* CONCASSER, v. pron.

CONCATÉNATION, subst. fém. (*konkaténâcion*) (du lat. *concatenatio*, enchaînement), t. de philosophie, enchaînement, liaison. C'est un latinisme inventé par *Malebranche*, et peu usité. — *Beauzée*, donne le même nom à une figure de rhétorique qui est une espèce de *gradation*.

CONCAVATION, subst. fém. (*konkavâcion*), t. de pathol., gibbosité antérieure de la poitrine.

CONCAVE, adj. des deux genres (*konkave*), (en lat. *concavus*, fait, dans la même signification, du grec συν, avec, et χαος, en éolique χαϐος, vide), qui est creux et rond en dedans. — Se dit, en t. de bot., d'une feuille dont le disque est enfoncé, tandis que ses bords sont relevés. — En t. de géométrie, il se dit des lignes et des surfaces : *une ligne ou surface courbe, concave vers un côté, et convexe du côté opposé*. — *Concave* se dit particulièrement en optique des miroirs et des verres. Il est aussi subst. mas. : *le concave d'un globe*.

CONCAVITÉ, subst. fém. (*konkavité*) (en latin *concavitas*. Voy. CONCAVE), le dedans d'un corps rond et creux : *la concavité d'un globe, les concavités du cerveau, du crâne, de la terre*, etc.

CONCAVO-CONCAVE, adj. (*konkavô-konkave*), t. de phys., se dit des verres *concaves* des deux côtés.

CONCAVO-CONVEXE, adj. (*konkavô-konvèkce*), t. de phys., qui est *concave* d'un côté et *convexe* de l'autre.

CONCÉDÉ, part. pass. de *concéder*, et adj. : *terreins concédés dans une nouvelle colonie*, etc. Voy. CONCESSION.

CONCÉDER, v. act. (*koncédé*) (en lat. *concedere*), accorder, octroyer des droits, des privilèges. — *se* CONCÉDER, v. pron.

CONCÉDON, subst. mas. (*koncédon*), t. de pêche, seconde chambre des bourdigues.

CONCÉLÉBRÉ, E, part. pass. de *concélébrer*.

CONCÉLÉBRER, v. act. (*koncélébré*) (en latin *concelebrare*, fait, dans le même sens, de *cum*, avec, ensemble, et *celebrare*, célébrer), *célébrer* conjointement avec un autre. Mot usité seulement dans l'ordination des prêtres, où l'évêque consacrant dit la messe, et tous les nouveaux prêtres *concélèbrent* avec lui. — *se* CONCÉLÉBRER, v. pron.

CONCENTRATION, subst. fém. (*konçantrâcion*), action de *concentrer* ou effet de cette action. — En chimie, opération par laquelle on réunit sous un moindre volume les parties d'un corps. — T. de médec., *la concentration du pouls*, qualité du pouls quand il se fait peu sentir.

CONCENTRÉ, E, part. pass. de *concentrer*, et adj. — En t. de chim., *acide concentré*, extrêmement fort. — En t. de médec., *pouls concentré*, qui se fait peu sentir. — On dit qu'*un homme est concentré*, qu'*il est concentré en lui-même*, pour dire : qu'il ne se communique point, qu'il ne laisse rien apercevoir de ce qui se passe dans son âme.

CONCENTRER, v. act. (*konçantré*) (du lat. *cum*, en grec συν, avec, et *centrum*, en grec κεντρον, centre), réunir au *centre*, rapprocher du *centre* : *le grand froid concentre la chaleur naturelle*. — Réduire à un moindre volume : *concentrer une liqueur*. — Fig., *concentrer sa vivacité, sa colère*, les retenir, ne point les faire paraître. — Réunir sur un seul point : *concentrer ses forces. César avait concentré dans ses mains tous les pouvoirs; je concentre toutes mes affections sur cet enfant*. — *se* CONCENTRER, v. pron., se réunir : *les rayons du soleil se concentrent*. — Au fig., *se concentrer* ou *être concentré en soi-même*, se dit d'un homme triste et mélancolique ou méditatif.

CONCENTRIQUE, adj. des deux genres (*konçantrike*) (en latin *concentricus*, fait, dans la même acception, de *cum*, avec, ensemble, et *centrum*, centre), t. de géom., qui a un *centre commun*. Il se dit presque toujours au pluriel : *ces deux cercles sont concentriques*. Il est opposé à *excentrique*.

CONCENTRIQUEMENT, adv. (*konçantrikeman*), d'une manière *concentrique*.

CONCEPT, subst. mas. (*koncèpete*) (en lat. *conceptus*), vieux mot scholastique et tout latin, en usage encore parmi quelques savants. — Idée, simple vue de l'esprit.

CONCEPTACLE, subst. mas. (*koncèpetakle*), t. de bot., espèce de fruit. — C'est aussi le synonyme de cupule, ou organe de la reproduction des lichens.

CONCEPTIBILITÉ, subst. fém. (*koncèpetibilité*), aptitude à se faire concevoir.

CONCEPTIBLE, adj. des deux genres (*koncèpetible*), qui est propre à être conçu : *fait conceptible*.

CONCEPTIF, adj. mas., au fém. CONCEPTIVE (*koncèpetife, tive*), t. didactique, qui fait concevoir, par lequel on conçoit : *faculté conceptive*, qui est propre à concevoir : *esprit conceptif*. Fort peu en usage.

CONCEPTION, subst. fém. (*koncèpecion*) (du lat. *conceptio*, fait, dans le même sens, de *concipere*, concevoir), action par laquelle un fœtus est *conçu* dans le ventre de sa mère. Il se dit des hommes et des animaux. Ce mot a un sens passif : il se dit de l'enfant qui est *conçu*, et non pas de la mère qui le *conçoit* : *au moment de la conception; depuis la conception jusqu'à l'accouchement*. — Fête célébrée par l'Église catholique en mémoire de la *conception* de la sainte Vierge. — Opération de l'entendement par laquelle il lie les idées des choses en les considérant sous certaines faces, en saisit les différentes branches, les rapports, l'enchaînement : *avoir la conception prompte, tardive, lente; cet enfant n'a pas de conception*. — Se dit aussi du résultat de l'opération de l'intelligence humaine, surtout lorsqu'il est question de choses d'une grande utilité pour la société ou le genre humain : *cette peinture est une belle conception, cette autre est une conception ridicule; l'invention des chiffres est une belle conception; l'invention des caractères alphabétiques est une des plus belles conceptions de l'esprit humain*. (Voltaire.) — Nom propre d'une ville de l'Amérique méridionale.

CONCEPTIONNAIRE, subst. des deux genres (*koncèpecionère*), t. d'hist. ecclés., celui, celle qui soutenait qu'il était de foi que la sainte Vierge a été *conçue* sans péché.

CONCEPTISTE, subst. mas. (*koncèpeticete*), s'est dit de poëtes espagnols qui enchérissaient sur l'école de Gongosa, et qui n'admettaient dans la poésie que des figures inusitées.

CONCEPTIVE, adj. fém. Voy. CONCEPTIF.

CONCEPTUALISME, subst. mas. (*koncèpetualiceme*), système, doctrine d'Abeilard sur les idées abstraites; sorte de moyen terme entre la théorie des réalistes et celle des nominaux.

CONCEPTUALISTE, subst. des deux genres (*koncèpetualicete*), partisan du *conceptualisme*. — Ancien philosophe qui n'admettait que la *conception*.

CONCERNANT, part. indéclinable ou plutôt prép. (*koncèrenan*), qui *concerne*. Il s'emploie dans le sens de *sur*, *touchant*, avec cette différence que *concernant* a toujours rapport à un substantif qui précède : *une sentence, des avis concernant tel objet*; au lieu que *touchant* se met également après un verbe ou un substantif : *il m'a parlé touchant cette affaire; nous avons eu une conversation touchant ce projet*, etc.

CONCERNÉ, E, part. pass. de *concerner*.

CONCERNER, v. act. (*koncèrené*) (du lat. *concernere*, fait, dans la même signification, de *cernere*, voir, regarder, lequel vient du grec κρινω, je juge, je sépare, je distingue), regarder, appartenir, avoir rapport à... : *cela vous concerne, concerne vos intérêts, votre charge*, etc. — *Concerner* ne peut pas s'employer passivement, mais il prend le genre et le nombre. Une femme dira : *cette affaire m'aurait concernée, s'il était venu*. On ne dit pas : *les choses dont nous nous sommes concernés*, mais *qui nous ont concernés*.

CONCERT, subst. mas. (*koncère*, le *t* ne doit jamais sonner) (du lat. *concentus*, fait de *concinere*, chanter ensemble, lequel est formé de *cum*, avec, ensemble, et de *canere*, chanter. Le savant *Huet* le dérive de *concertus*, part. de *conserere*, entrelacer, entremêler, parce qu'un *concert*, dit-il, résulte de divers sons harmonieusement entremêlés, et combinés les uns avec les autres), harmonie de voix, d'instruments de musique : *beau, grand, agréable concert; concert discordant, détestable*. — Ce mot se dit 1° du lieu où se donne le *concert* : *allons au concert*; 2° des musiciens qui le composent : *le concert Musart n'a pas encore exécuté cette ouverture*. — *Concert spirituel*, dans les pays catholiques, celui dans lequel on exécute des motets, des oratorio, etc., dont on bannit les chants profanes, et qui tient lieu de tout spectacle dans les temps consacrés plus particulièrement à la piété. — On dit fig., *un concert de louanges*, et poétiquement, *le concert des oiseaux*. — Intelligence de personnes, union de choses qui concourent avec ordre et précision à une même fin; *le concert de deux puissances pour les opérations d'une campagne; telle fut la fin désastreuse d'une conspiration ourdie avec beaucoup de concert, d'art et de secret*. — *De concert*, loc. adv., d'intelligence, d'accord : *agir de concert*. — *Être de concert* est plus de la poésie, et *être d'accord* de la prose.

CONCERTANT, E, subst. (*koncèretan, tante*), celui ou celle qui chante ou joue sa partie dans un *concert* : *ils étaient dix concertants*.

CONCERTANT, E, adj. (*koncèretan, tante*), *parties concertantes*, celles qui, dans un *concert* ou même dans un opera, ont quelque chant à exécuter. — *Symphonie concertante*, celle dont toutes les parties récitent ou chantent à leur tour.

CONCERTÉ, E, part. pass. de *concerter*, et adj., résolu par le commun accord de deux ou de plusieurs personnes. — Au fig., étudié, affecté dans ses gestes, dans ses paroles, dans ses manières.

CONCERTER, v. act. (*koncèreté*) (du mot français *concert*); il ne se dit pas dans le sens propre de *faire un concert*, de répéter ensemble une pièce de musique; *c'est un morceau qu'ils ont concerté ensemble*. En ce sens, il est plus souvent employé comme neutre : *ils concertent ensemble; on concerte souvent chez...* Du reste, peu usité. — Ce verbe ne s'emploie qu'au fig., et il signifie conférer ensemble pour exécuter un dessein : *concerter une entreprise, les opérations de la campagne*, etc. Dans cette acception, on dit souvent au pron., *se concerter sur...*, *avec*. — SE CONCERTER, v. pron., s'entendre : *ils se concertèrent avant d'agir*.

CONCERTO, subst. mas. (*koncèreto*), mot pris de l'italien), pièce de symphonie exécutée par tout l'orchestre, à l'exception de quelques passages que joue un instrument seul, avec un simple accompagnement. — Il ne prend pas *s* au plur. : *des concerto*.

CONCESSION, subst. fém. (*koncèceçion*) (du lat. *concessio*, fait, dans le même sens, de *concedere*, accorder), action de *céder*, chose *cédée*; *concession à perpétuité d'un terrein; je vous fais concession de tous mes droits*. — Don, octroi fait par le souverain, etc., de quelque privilége, de quelque droit, de quelque grace. — Il se dit des terres concédées dans une nouvelle colonie, à condition de les défricher et de les cultiver. — Fig., *la tolérance est une concession adroite faite à l'amour de la liberté d'opinion; faire des concessions à l'exigence d'un parti*. — Figure de rhétorique par laquelle on accorde quelque chose à son adverse partie pour en tirer ensuite un plus grand avantage.

CONCESSIONNAIRE, subst. et adj. des deux genres (*koncèceçionère*), celui ou celle qui a obtenu une *concession* dans une colonie. Il se prend aussi adj. : *bail concessionnaire*. Voy. CONCESSION.

CONCETTI, subst. mas. plur. (*koncèteti*) (formé de l'italien *concetto*), il se dit abusivement au sing. d'une pensée ingénieuse, délicate, brillante. — Il ne prend point *s* au plur. : *des concetti*.

CONCEVABLE, adj. des deux genres (*koncevable*), qui peut se *concevoir* : *cela est très-concevable*.

CONCEVEIBE, subst. mas. (*koncevèbe*), t. de bot., arbre de la Guyane.

CONCEVOIR, v. act. (*koncevoar*) (du lat. *concipere* qui a les mêmes significations, et qui est formé de *cum*, avec, et *capere*, prendre), en parlant d'une femme, devenir grosse d'enfant. — *Conception* se dit de l'enfant, et *concevoir* de la mère. Voy. CONCEPTION. Il ne s'emploie guere comme actif qu'en parlant de la *sainte Vierge, qui conçut N. S. dans ses chastes entrailles*. Son usage le plus ordinaire est au neutre et sans régime : *dès l'instant qu'une femme a conçu; elle est hors d'âge de concevoir*. — Il se dit aussi des femelles des animaux, surtout en parlant de l'espèce en général. — Au fig., recevoir dans l'âme des idées, des impressions desquelles il résulte quelque affection, quelque passion durable : *concevoir de la jalousie, des soupçons, des désirs, des espérances, ou de l'espérance; concevoir de la haine, de l'amour, des alarmes; concevoir une bonne, une mauvaise opinion de quelqu'un*. — Entendre bien quelque chose, en avoir une juste idée, comprendre : *je conçois ce que vous me dites*. En ce sens, il est aussi neutre : *il conçoit facilement, il a de la peine à concevoir*. Voy. ENTENDRE. — Inventer : *concevoir un beau plan*. — Exprimer : *cette lettre est bien conçue*. — Ce verbe se conjugue comme *recevoir*. — SE CONCEVOIR, v. pron., être compris : *cela peut se concevoir; cela ne se conçoit pas*, ne se comprend pas.

CONCHA, subst. fém. (*koncha*), t. d'antiq., sorte de mesure d'une demi-once chez les Athéniens.

CONCHE, subst. fém. (*konche*) (du lat. barbare *comptitia*, fait de *comptus*, ajusté, attifé. (*Ménage*). Les Italiens disent aussi à peu près dans le même sens *concia, conciatura*, etc.), second réservoir des marais salants. — Autrefois, bon ou mauvais état d'une personne à l'égard de ses habits ou de son équipage: bonne ou mauvaise fortune. Il n'est plus usité que dans la première acception.

CONCHES, subst. propre fém. (*konche*), ville de France, chef-lieu de canton, arrond. d'Evreux, dép. de l'Eure.

CONCHI, subst. mas. (*konchi*), espèce de cannelle.

CONCHIFÈRE, subst. mas. (*konchifère*) (du grec κογχος, coquille, et φερω, je porte), t. d'hist. nat., nom donné à de nombreux animaux testacés que l'on ne distinguait pas des mollusques, et que l'on appelait *mollusques acéphales*, c'est-à-dire, sans tête, parce que cette partie de leur corps n'est pas apparente.

CONCHILE, subst. fém. et adj. des deux genres (*konchile*), t. de géom., se dit d'une ligne courbe qui s'approche toujours d'une ligne droite, sur laquelle elle est inclinée sans la couper.

CONCHITE, subst. fém. (*konchite*) (du lat. *concha*), t. d'hist. nat., pétrification qui ressemble à une *coquille*. — L'*Académie* commet un barbarisme en écrivant ce mot par un *y* (*conchyte*), les *y* ne devant se placer en français (et c'est ici une règle générale) que pour remplacer un *upsilon* (lettre grecque). Nous ne voyons pas en outre pourquoi elle veut qu'on prononce *konkite*; car elle est souvent forcée de donner la prononciation, elle qui en a pourtant si savamment récusé le bienfait dans sa *préface de* 1835.

CONCHO-ANTHÉLICIEN, adj. et subst. mas. (*konko-antélicien*), t. d'anat., se dit d'un petit muscle qui tient à l'anthélix et à la conque de l'oreille.

CONCHO-ANTHÉLIX, subst. mas. (*konko-antélikce*), t. d'anat., muscle qui traverse l'oreille.

CONCHO-HÉLICIEN, adj. et subst. mas. (*konko-élicien*), t. d'anat., se dit d'un petit muscle qui tient à l'hélix et à la conque de l'oreille.

CONCHO-HÉLIX, subst. mas. (*konko-élikce*), t. d'anat., muscle du petit hélix.

CONCHOÏDAL, E, adj.; au plur. mas. CONCHOÏDAUX (*konko-idale, dô*), t. de géom., qui appartient à la *conchoïde*.

CONCHOÏDE, subst. fém. (*konko-ide*) (du grec κογχος, coquille, et ειδος, forme, ressemblance, à cause de sa ressemblance avec une certaine coquille), t. de géom., sorte de ligne courbe à asymptotes, dont *Nicomède* est l'inventeur.

CONCHOLÉPAS, subst. mas. (*konkolépâce*), t. d'hist. nat., coquille univalve de la famille des buccins; elle avait d'abord été placée parmi les patelles.

CONCHYLE, subst. mas. (*konkile*) (en grec κογχυλη), t. d'hist. nat., coquille qui donne la pourpre.

CONCHYLIEN, adj. mas.; au fém. CONCHYLIENNE, (*konkilicin, liène*), t. d'hist. nat., qui a rapport aux coquilles.

CONCHYLIFÈRE, subst. mas. et adj. des deux genres (*konkilifère*) (du grec κογχυλιον, coquille, et φερω, je porte), t. d'hist. nat., nom donné aux animaux testacés, à cause de l'enveloppe osseuse dont ils sont couverts, et qu'on appelle *coquille*.

CONCHYLIOÏDE, adj. (*konkilio-ide*) (du grec κογχυλιον, coquille, et ειδος, forme, ressemblance), t. d'hist. nat., qui ressemble à une *coquille*.

CONCHYLIOLOGIE, subst. fém. (*konkiliolojî*) (du grec κογχυλιον, coquille, et λογος, discours), t. d'hist. nat., science qui traite des coquillages.

CONCHYLIOLOGIQUE, adj. des deux genres (*konkiliolojike*), t. d'hist. nat., de la *conchyliologie*.

CONCHYLIOLOGISTE, subst. des deux genres (*konkiliolojicete*), t. d'hist. nat., celui qui s'adonne à la *conchyliologie*.

CONCHYLIOTYPOLITHE, subst. fém. (*konkiliotipolite*) (du grec κογχυλιον, coquillage, τυπος, type, empreinte, et λιθος, pierre), t. d'hist. nat., pierre qui porte l'empreinte de la figure extérieure des coquilles de mer.

CONCHYTE, barbarisme de l'*Académie*, de *Laveaux* et de *Raymond*, qui a copié ce dernier. Voy. CONCHITE.

CONCIERGE, subst. des deux genres (*koncièreje*) (suivant *Ménage*, qui observe qu'on écrivait autrefois *consierge*, du lat. barbare *conservus*, fait, dans ce sens, de *conservare*, garder, conserver), qui a la garde d'un monument, d'un hôtel, d'un palais, d'un château : *le concierge, la concierge*. — Qui a soin d'ouvrir et de fermer la porte. — Geôlier qui a la garde d'une prison.

CONCIERGERIE, subst. fém. (*koncièrejeri*), charge ou commission de *concierge*. — La demeure ou l'appartement d'un *concierge*. — Le lieu où les parlements tenaient leurs prisonniers: pour les justices inférieures on disait simplement *prison*. C'est encore aujourd'hui la prison du Palais-de-Justice à Paris.

CONCILE, subst. mas. (*koncile*) (du lat. *concilium*, assemblée, dérivé du grec καγχυλιον, en lat. *concalare*, convoquer, assembler, dont les racines sont απο, ensemble, et καλεω, j'appelle), assemblée légale de prélats catholiques pour délibérer et décider sur des questions de doctrine et de discipline : *convoquer, assembler un concile; tenir un concile; ouvrir, clore un concile; congédier, dissoudre, rompre un concile; les canons, les décrets, les sessions du concile de Nicée, de Trente*, etc. — Synode, assemblée de prélats et de docteurs, pour régler les affaires qui regardent la foi, la religion et la discipline. — *Concile provincial*, assemblée des évêques d'une province, sous leur métropolitain. *Concile national*, assemblée des prélats d'une nation sous un patriarche ou un primat. — *Concile général*, assemblée de tous les prélats de la chrétienté. Pour que le *concile* soit *général* ou *œcuménique*, il n'est pas nécessaire que tous les évêques de la chrétienté y soient effectivement présents, il suffit qu'ils puissent s'y trouver, qu'ils y soient appelés. Les *conciles généraux* sont quelquefois appelés par les auteurs ecclésiastiques *conciles pléniers*. On compte dix-huit *conciles généraux* : *deux* de Nicée, *quatre* de Constantinople, *un* d'Ephèse, *un* de Chalcédoine, *cinq* de Latran, *deux* de Lyon, *un* de Vienne, *un* de Florence, le *dernier* de Trente, tenu depuis 1545 jusqu'en 1563. Ammien Marcellin reproche à l'empereur Constance *d'avoir été insatiable de conciles*. Les quatre premiers *conciles généraux* et *œcuméniques* sont approuvés par les protestants. Les *conciles* nationaux ou particuliers ont procuré de grands avantages à l'Eglise pour sa discipline. Quoique le *concile* de Trente ait ordonné d'assembler des *conciles* provinciaux tous les trois ans, on n'en a pas tenu en France depuis celui de 1624. — Les actions d'un *concile* sont différentes des sessions, car dans une seule session il peut y avoir plusieurs actions, et une action pourrait occuper plusieurs sessions. Au *concile* de Chalcédoine, les six premières sessions contiennent autant d'actions : mais la session VII comprend trois actions. L'action est l'examen et le jugement d'une cause. On a appelé quelquefois des ordonnances du pape au *concile* futur. — Lieu où sont assemblés ceux qui forment le *concile*. — Les décrets ou canons qui en émanent ; *recueil* ou *collection des conciles*.

CONCILIABLE, adj. des deux genres (*konciliable*), qui peut se *concilier* avec... : *ces deux versions ne sont pas conciliables*.

CONCILIABULE, subst. mas. (*konciliabule*), *concile* où l'on agit contre les règles, ou qui n'a pas été légitimement assemblé, ou qui s'est tenu par des hérétiques. — Il se dit, dans le style badin et satirique, de plusieurs personnes assemblées pour quelque complot. — T. d'antiq., lieu où les préteurs rendaient la justice au peuple.

CONCILIAIRE, adj. des deux genres (*koncilière*), du *concile*, qui a rapport aux *conciles*, à un *concile* : *les discussions conciliaires*. Ce mot, qui se trouve dans *Bossuet*, est peu usité.

CONCILIAIREMENT, adv. (*konciliêreman*), en *concile*. Ce mot se trouve dans *Bossuet*.

CONCILIANT, E, adj. (*koncilian, ante*), qui est propre à la *conciliation* : *esprit conciliant ; humeur conciliante*.

CONCILIATEUR, subst. mas., au fém. **CONCILIATRICE** (*konciliateur, trice*), celui ou celle qui *concilie* des personnes ensemble. — Adj. : *esprit conciliateur ; éloquence conciliatrice*.

CONCILIATION, subst. fém. (*konciliâcion*) (en lat. *conciliatio*, dérivé, dans le même sens, de *conciliare*), action de *concilier*, de réunir les personnes divisées. — *Bureau de conciliation*, tribunal du juge de paix qui doit *concilier* les plaideurs. — *Appel en conciliation*. — *Procès-verbal de conciliation, de non-conciliation*, acte qui constate que le juge de paix a ou n'a pas *concilié* les plaideurs. — Concordance des textes et des lois : *conciliation des passages de l'Écriture, des Pères, d'un auteur*.

CONCILIATRICE, subst. fém. Voy. **CONCILIATEUR**.

CONCILIÉ, E, part. pass. de *concilier*.

CONCILIER, v. act. (*koncilié*) (en lat. *conciliare*), accorder ensemble des personnes ou des choses qui sont ou qui semblent être contraires l'une à l'autre. Voy. **ACCORDER** : *concilier les esprits ; concilier des auteurs, concilier des lois, des passages ; ces deux frères avaient quelques différends, on est parvenu à les concilier*. — Attirer, gagner : *cette action lui a concilié l'affection de ses concitoyens, l'estime des honnêtes gens*, etc. — *se* **CONCILIER**, v. pron., se gagner, s'acquérir à soi-même : *se concilier les esprits, se concilier les bonnes graces de...*

CONCILIUM, subst. mas. (*konciliome*), t. de bot., plante des anciens.

CONCION, subst. fém. (*koncion*) (en lat. *concio*), assemblée. — Discours. Mot plus latin que français ; il est même inus.

CONCIS, E, adj. (*konci, cize*) (en lat. *concisus*, part. pass. de *concidere*, couper, trancher), court, resserré ; qui fait entendre beaucoup de choses en peu de mots : *style concis ; auteur concis*. Voy. **LACONIQUE** et **PRÉCIS**.

CONCISION, subst. fém. (*koncizion*) (du latin *concisio*, fait, dans le même sens, de *concidere*, couper, trancher), qualité de ce qui est *concis* : *la concision du style*.

CONCITOYEN, subst. mas. ; au fém. **CONCITOYENNE** (*koncitoé-iein, iène*) (du lat. *cum*, avec, et du français *citoyen*), *citoyen* d'un même pays libre, et plus souvent d'une même ville.

CONCLAMATION, subst. fém. (*konklamâcion*) (en latin *conclamatio*, fait de *conclamare*, crier plusieurs ensemble, formé de *cum*, avec, ensemble, et *clamare*, crier), chez les anciens Romains, action de sonner de la trompette, et d'appeler à grands cris un mort par son nom. Ce mot ne se dit pas pour *acclamation*. — La cérémonie même dans laquelle se faisait cet appel. — Chez les Grecs, chez les Romains et beaucoup d'autres nations, cri spontané que faisaient tous les soldats d'une armée, aussitôt qu'ils entendaient le troisième signal du combat.

CONCLAVE, subst. mas. (*konklave*) (du lat. *conclave*, chambre, appartement séparé, formé de *cum*, avec, et de *clavis*, clef, *appartement fermé à clef*), lieu où s'assemblent les cardinaux pour l'élection d'un pape. — L'assemblée des cardinaux réunis pour cet objet : *ce conclave dura longtemps*. — On dit aussi *le conclave d'un tel pape*, le conclave où ce pape a été élu. — Les *conclaves* n'ont commencé qu'en 1270. Clément IV étant mort à Viterbe en 1268, les cardinaux furent deux ans sans pouvoir convenir de l'élection d'un pape. Les choses allèrent si loin, qu'ils furent sur le point de se retirer sans vouloir rien conclure. Les habitants de Viterbe ayant eu connaissance de ce dessein par le conseil de saint Bonaventure, qui était alors à Viterbe, fermèrent les portes de leur ville, et enfermèrent les cardinaux dans le palais pontifical, qui était près de l'église cathédrale. De là est venue la coutume d'enfermer les cardinaux en un seul palais, jusqu'à ce qu'ils aient élu le pape ; et tels furent les commencements et l'origine du *conclave*, rapportés par *Onuphrius Panvinus*, par *Ciaconius*, et par le P. *Papebroch*. C'est à Saint-Pierre de Rome, au Vatican, que se fait l'élection du pape, quoique Grégoire X et Clément V aient ordonné qu'elle se ferait où le dernier pape serait décédé. On en mure toutes les portes et les fenêtres en hiver, excepté un panneau pour les éclairer, ou pour y porter une lumière fort sombre. En été on ne les ferme point ; on laisse seulement la première porte de la salle fermée de quatre serrures et quatre verrous, et là se trouve une ouverture par où l'on sert à manger aux prélats enfermés. On dresse dans les salles, qui sont très-vastes, des cellules pour autant de cardinaux qu'il y en a de présents à l'élection, et elles ne sont séparées que par des planches de sapin. Elles sont marquées par des lettres de l'alphabet, et distribuées aux cardinaux par la voie du sort. Chaque cardinal fait mettre ses armes sur sa cellule. Après trois jours d'assemblée, on ne sert plus que d'une viande, et après cinq autres jours, que du pain et du vin. Cette règle ne s'observe pas à la rigueur. Voy. *Coringius*, *Vavre*, en son *Histoire de la cour romaine*. *Matthieu Paris* dit que le mot *conclave* signifiait autrefois la garde-robe du pape. C'est un proverbe assez commun en Italie, que *qui entre pape au conclave, en sort cardinal*, (*chi entra papa, esse cardinale*), pour dire, que *celui qui, suivant le bruit commun, sera élu pape, pour l'ordinaire ne l'est pas*.

CONCLAVISTE, subst. mas. (*konklavicete*), t. d'hist. eccl., ecclésiastique qui s'enferme dans le *conclave* avec un cardinal. — Domestique que le cardinal enferme avec lui pour le servir, jusqu'à ce que le pape soit élu.

CONCLU, E, part. pass. de *conclure*.

DU VERBE IRRÉGULIER CONCLURE :

Concluaient, 3e pers. plur. impar. indic.
Concluais, précédé de *je*, 1re pers. sing. imparf. indic.
Concluais, précédé de *tu*, 2e pers. sing. imparf. indic.
Concluait, 3e pers. sing. imparf. indic.
Concluant, part. prés.

CONCLUANT, E, adj. (*konklu-an, ante*), qui *conclut*, qui prouve bien ce qu'on veut prouver : *argument concluant ; passage, raison concluante*.

DU VERBE IRRÉGULIER CONCLURE :

Conclue, précédé de *que je*, 1re pers. sing. prés. subj.
Conclue, précédé de *qu'il* ou *qu'elle*, 3e pers. sing. prés. subj.
Concluent, précédé de *ils* ou *elles*, 3e pers. plur. prés. indic.
Concluent, précédé de *qu'ils* ou *qu'elles*, 3e pers. plur. prés. subj.
Conclues, 2e pers. sing. prés. subj.
Concluez, 2e pers. plur. impér.
Concluez, précédé de *vous*, 2e pers. plur. prés. indic.
Concluiez, précédé de *vous*, 2e pers. plur. imparf. indic.
Concluiez, précédé de *que vous*, 2e pers. plur. prés. subj.
Concluions, précédé de *nous*, 1re pers. plur. imparf. indic.
Concluions, précédé de *que nous*, 1re pers. plur. prés. subj.
Conclûmes, 1re pers. plur. prét. déf.
Concluons, 1re pers. plur. impér.
Concluons, précédé de *nous*, 1re pers. plur. prés. indic.
Conclura, 3e pers. sing. fut. indic.
Conclurai, 1re pers. sing. fut. indic.
Concluraient, 3e pers. plur. prés. cond.
Conclurais, précédé de *je*, 1re pers. sing. prés. cond.
Conclurais, précédé de *tu*, 2e pers. sing. prés. cond.
Conclurait, 3e pers. sing. prés. cond.
Concluras, 2e pers. sing. fut. indic.

CONCLURE, v. act. (*konklure*) (en lat. *concludere*, fait, dans le même sens, de *cum*, avec, et de *cludere*, fermer), achever, terminer : *conclure une affaire, un mariage, un marché ; il conclut son discours par dire que...* — V. neut., venir à la *conclusion* : *c'est assez délibérer, il faut conclure*. — Tirer une conséquence, inférer une chose d'une autre : *il conclut de là que...* — En parlant d'un passage, d'un fait, d'un raisonnement, etc., prouver bien ce qu'on veut prouver : *cet argument conclut bien ; cette preuve, ce texte ne conclut pas*. — En t. de prat., proposer les fins de sa demande, après avoir déduit le fait et les raisons : *l'avocat conclut à ce que... ; on a conclu contre lui au bannissement, à la mort*, etc. — *se* **CONCLURE**, v. pron., être *conclu* : *en même temps que cette paix se conclut*. (Bossuet).

DU VERBE IRRÉGULIER CONCLURE :

Conclurent, 3e pers. plur. prét. déf.
Conclurez, 2e pers. plur. fut. indic.
Concluriez, 2e pers. plur. prés. cond.
Conclurions, 1re pers. plur. prés. cond.
Conclurons, 1re pers. plur. fut. indic.
Concluront, 3e pers. plur. fut. indic.
Conclus, 2e pers. sing. impér.
Conclus, précédé de *je*, 1re pers. sing. prés. indic.
Conclus, précédé de *tu*, 2e pers. sing. prés. indic.
Conclus, précédé de *je*, 1re pers. sing. prét. déf.
Conclus, précédé de *tu*, 2e pers. sing. prét. déf.

CONCLUSIF, adj. mas., au fém. **CONCLUSIVE** (*konkluzif, zive*), qui termine, *conclut* et finit : *acte conclusif*. — En t. de gramm., *car, or, donc, ainsi*, sont des conjonctions *conclusives*, c'est-à-dire qui marquent qu'on tire une *conclusion*, une induction, une conséquence de quelque proposition précédente.

CONCLUSION, subst. fém. (*konkluzion*) (en lat. *conclusio*, fait, dans le même sens, de *concludere*, dérivé de *cum*, avec, ensemble, et de *cludere*, fermer), la fin d'une affaire, d'un discours. En ce sens, on dit fam., qu'*un homme est ennemi de la conclusion*, pour dire qu'il est malaisé de *conclure*, de finir une affaire avec lui. — La dernière proposition d'un syllogisme par laquelle on infère quelque chose de ce qu'on a avancé dans les propositions précédentes. — Sentiment d'un professeur sur les matières qu'il enseigne. — Au plur., en t. de palais, ce que les parties demandent dans leurs requêtes : *on lui a adjugé ses fins et conclusions*. — *Les conclusions du procureur-général*, ce à quoi il *conclut*. — On appelle *conclusions alternatives*, celles où l'on donne à la partie adverse l'option de deux choses qu'on lui demande ; *conclusions conditionnelles*, celles que l'on ne comprend que relativement aux conditions et aux cas qui y sont exprimés ; *conclusions principales*, celles que prend d'abord une partie, et qu'elle demande lui être adjugées par préférence aux *conclusions* qu'elle prend subsidiairement ; *conclusions subsidiaires*, celles que prend une partie pour le cas où le juge refuserait de lui accorder ses *conclusions* principales. — *Conclusion*, ou *pour conclusion*, enfin, bref, etc. : *conclusion! je n'en ferai rien*. Il est familier.

CONCLUSIVE, adj. fém. Voy. CONCLUSIF.

DU VERBE IRRÉGULIER CONCLURE :

Conclusse, 1re pers. sing. imparf. subj.
Conclussent, 3e pers. plur. imparf. subj.
Conclusses, 2e pers. sing. imparf. subj.
Conclussiez, 2e pers. plur. imparf. subj.
Conclussions, 1re pers. plur. imparf. subj.
Conclut, précédé de *il* ou *elle*, 3e pers. sing. prés. indic.
Conclut, précédé de *il* ou *elle*, 3e pers. sing. prét. déf.
Conclût, précédé de *qu'il* ou *qu'elle*, 3e pers. sing. imparf. subj.
Conclûtes, précédé de *vous*, 2e pers. plur. prét. déf.

CONCLUSUM, subst. mas. (*konkluzome*) (du lat. *conclusus*, part. pass. de *concludere*, conclure), dans l'ancienne constitution de l'empire d'Allemagne, décret de la diète germanique ou du conseil aulique.

CONCOCTION, subst. fém. (*konkokcion*) (en lat. *concoctio*, dérivé, dans la même acception, de *coquere*, cuire), première digestion des aliments. On dit plus souvent *coction*.

CONCOCTRICE, adj. fém. (*konkoktrice*), t. de médec., se dit des boissons qui facilitent la *coction* des aliments dans l'estomac.

CONCOMBRE, subst. mas. (*konkonbre*) (en latin *cucumis*), t. de bot., plante annuelle et potagère très-connue, dont la semence est l'une des quatre semences froides majeures; son fruit, de forme longue et de nature froide et aqueuse, porte le même nom. Une des variétés de cette plante donne le cornichon. — *Concombre sauvage* ou *concombre d'âne*, plante annuelle cucurbitacée, très-velue, dont la graine s'emploie contre l'hydropisie, et dont le suc épaissi dans l'*élaterium* était employé jadis comme un purgatif violent. Voy. ÉLATÈRE. — T. d'hist. nat., serpent. (*Boiste*.)

CONCOMITANCE, subst. fém. (*konkomilance*) (du lat. *concomitari*, fait de *cum*, avec, et *comitari*, suivre, accompagner), t. de didactique, accompagnement, union, simultanéité d'une chose accessoire avec la principale. Il ne se dit guère que dans cette phrase adverbiale : *par concomitance*. *Le sang de Jésus-Christ est sous l'espèce du vin, et le corps sous l'espèce du pain, par concomitance*, parce qu'ils sont inséparables.

CONCOMITANT, E, adj. (*konkomitan, tante*), t. dogmatique, qui accompagne. On appelle *grace concomitante*, une grace qui non-seulement nous prévient, mais nous accompagne. — En t. de médec., on appelle *symptômes*, *signes concomitants*, ceux qui accompagnent une maladie.

CONCON, subst. mas. (*konkon*), t. de bot., plante de Guinée.

CONCORDANCE, subst. fém. (*konkordance*) (du lat. *concordare*, être d'accord, s'accorder. Voyez CONCORDE.), convenance, rapport : *la concordance des Écritures, des évangiles*. — En t. de gramm., l'accord des mots les uns avec les autres, suivant le génie de chaque langue : *la concordance de l'adjectif avec le substantif*; *la concordance du relatif avec l'antécédent*; *la concordance du nominatif avec son verbe*. — En t. de théol., on appelle *concordance de la Bible*, un dictionnaire de la Bible où l'on a mis par ordre alphabétique tous les mots de la Bible, afin de les pouvoir conférer ensemble, et voir, par ce moyen, s'ils ont la même signification partout où ils sont employés. Ces sortes de *Dictionnaires* ont encore un autre usage, qui est d'indiquer les passages dont on a besoin, lorsqu'on ne les sait qu'en partie.

CONCORDANT, subst. mas. (*konkordan*), t. de musique, voix dont l'étendue se forme des sons hauts de la basse et des sons graves de la taille. Voy. BARYTON.

CONCORDANT, E, adj. (*konkordan, dante*) (en lat. *concordans*, part. prés. de *concordare*, s'accorder), qui *concorde*, t. de rhét. : *vers concordants*, vers qui ont quelques mots communs, et qui renferment un sens opposé ou différent, formé par d'autres mots.

Et { canis / lupus } in silvi { venetur / nutritur } et omnia { servat. / vastat. }

On trouve dans les opera beaucoup de vers *concordants* :

Je m'abandonne à { ma surprise. / ma fureur. }

Quel trouble me saisit? { ma surprise / ma fureur } est extrême.

{ Chantez / Chantons } tant de vertus.

Il faut { mourir / périr } pour satisfaire
A cette loi sévère.

CONCORDANTIEL, adj. mas. au fém. **CONCORDANTIELLE**, (*konkordancièle*), qui comprend des *concordances*; qui est fait à *la manière des concordances*. On se sert quelquefois de ce mot pour désigner certains ouvrages de grammaire qui comprennent des *concordances*, c'est-à-dire, toutes les significations des mots et tous les endroits où ces mots se trouvent. *Guillaume Robertson* a fait un *Trésor de la Langue sainte*, qu'il intitule aussi *Lexicon concordantiel de la Bible, hébreu et latin*. Le *Dictionnaire syriaque* de *Martin Trostius* est aussi un *Dictionnaire concordantiel*, car il y marque tous les endroits, au moins tous les principaux, où un mot se trouve dans le Nouveau-Testament syriaque. Ces *lexiques* ou *dictionnaires concordantiels* sont bons et utiles.

CONCORDAT, subst. mas. (*konkorda*) (du lat. *concordare*, s'accorder, être d'accord, dont le part. pass. *concordatus* a fourni le mot *concordatum*), transaction, accord, convention. — *Concordat militaire*, traité fait autrefois entre des militaires d'un même corps, pour faire un fonds à celui qui le quittait. — En t. de jurispr. commerciale, on nomme ainsi l'arrangement qu'un débiteur, hors d'état de remplir ses obligations fait avec la masse de ses créanciers. Il est toujours plus avantageux à un créancier de prendre des arrangements avec son débiteur, que d'éprouver les lenteurs et les frais auxquels sont assujéties les procédures de faillites. C'est pour cela que la loi a dû favoriser les traités qui pourraient intervenir entre un débiteur et ses créanciers. Mais comme les traités de cette nature sont une faveur que la loi accorde au débiteur de bonne foi, l'art. 521 du Code de commerce déclare *qu'il ne peut y avoir de concordat* dans le cas où il s'élèverait, contre le failli, quelques présomptions de banqueroute. Le *concordat* doit en outre être précédé des formalités suivantes : 1° dans les trois jours qui suivent l'expiration des délais prescrits pour l'affirmation des créanciers connus, les syndics provisoires convoquent par lettres, affiches et insertions aux journaux, pour les jours et heures fixés par le juge-commissaire de la faillite, ceux d'entre les créanciers dont les créances ont été admises. Le failli doit s'y présenter en personne, s'il a obtenu un sauf-conduit; il ne peut s'y faire représenter que pour des motifs reconnus valables par le juge-commissaire, qui assiste aux opérations du *concordat*. L'assemblée se réunit sous la présidence du juge-commissaire, qui vérifie les pouvoirs de ceux qui se présentent comme fondés de procuration; les syndics rendent compte ensuite de l'état de la faillite et des opérations qui ont eu lieu; le tout en présence du failli, qui doit être entendu. Le commissaire tient procès-verbal de tout ce qui est dit et décidé dans cette assemblée. Ce n'est qu'après ces formalités remplies qu'il peut intervenir un *concordat*. Il n'est valable qu'autant qu'il a été consenti et signé, *séance tenante*, par la majorité des créanciers, représentant, par leurs créances, les trois quarts des sommes dues par le failli. (Voyez, pour plus de détails, le *Dict. de Législation usuelle*.) — On appelle *concordat* un traité entre un souverain et le pape, concernant des affaires relatives à la religion. On connaît le *concordat* fait entre François Ier et le pape Léon X, touchant la nomination aux bénéfices et l'accord des provisions pour lesdits bénéfices; ce *concordat* a ôté la liberté des élections. Il y a eu depuis, en France, un *concordat* fait à Paris entre l'empereur Napoléon et le pape Pie VII, qui a réglé toutes les affaires ecclésiastiques, et un à Rome entre le roi Louis XVIII et le même souverain pontife.

CONCORDE, subst. fém. (*konkorde*) (en lat. *concordia*, fait de *cum*, avec, ensemble, en grec *συν*, et de *cor*, au gén. *cordis*, cœur, en grec *καρδια* : *union de cœur, de volontés*), conformité de volonté, union, paix et bonne intelligence, de plusieurs personnes ensemble : *établir*, *rétablir*, *maintenir*, *entretenir la concorde*. — Myth., divinité que les Romains adoraient, et en l'honneur de laquelle ils avaient élevé un temple superbe. Elle était fille de Jupiter et de Thémis : on la représente comme la Paix. Voy. PAIX.

CONCORDÉ, part. pass. de *concorder*.

CONCORDER, v. neut. (*konkordé*) (en lat. *concordare*), être d'*accord*, vivre en bonne intelligence : *ces gens concordent bien ensemble*. — Tendre naturellement au même but, au même effet. — Se dit très-bien des choses : *les moyens qu'ils emploient concordent parfaitement entre eux*.

DU VERBE IRRÉGULIER CONCOURIR :

Concouraient, 3e pers. plur. imparf. indic.
Concourais, précédé de *je*, 1re pers. sing. imparf. indic.
Concourais, précédé de *tu*, 2e pers. sing. imparf. indic.
Concourait, 3e pers. sing. imparf. indic.
Concourant, part. prés.

CONCOURANT, E, adj. (*konkouran, rante*) (en lat. *concurrens*, part. pass. de *concurrere*, concourir), t. de mécanique. On nomme *puissances concourantes*, 1° celles dont les directions, n'étant pas parallèles, *concourent*, c'est-à-dire tendent à se rencontrer; 2° celles qui *concourent* à produire un effet, à la différence des *puissances opposées*, qui tendent à produire des effets contraires.

DU VERBE IRRÉGULIER CONCOURIR :

Concoure, précédé de *que je*, 1re pers. sing. prés subj.
Concoure, précédé de *qu'il* ou *qu'elle*, 3e pers. sing. prés. subj.
Concourent, précédé de *ils* ou *elles*, 3e pers. plur. prés. indic.
Concourent, précédé de *qu'ils* ou *qu'elles*, 3e pers. plur. prés. subj.
Concoures, 2e pers. sing. prés. subj.
Concourez, 2e pers. plur. impér.
Concourez, précédé de *vous*, 2e pers. plur. prés. indic.
Concouriez, précédé de *vous*, 2e pers. plur. imparf. indic.
Concouriez, précédé de *que vous*, 2e pers. plur. prés. subj.
Concourions, précédé de *nous*, 1re pers. plur. imparf. indic.
Concourions, précédé de *que nous*, 1re pers. plur. prés. subj.

CONCOURIR, v. neut. (*konkourir*) (en lat. *concurrere*, fait, dans le même sens, de *cum*, avec, ensemble, et de *currere*, courir), produire un effet conjointement avec un autre agent, une autre cause; coopérer, s'unir pour une fin : *je concourrai volontiers à cette bonne œuvre*; *vous avez concouru à ma fortune, à mon élévation*; *le mal concourt avec le bien pour l'harmonie de l'univers*. — Entrer en concurrence pour disputer quelque chose : *ces deux pièces ont concouru pour le prix*. — En t. de phys. et de géom., se rencontrer : *deux lignes qui concourent en un point*. — En parlant de bénéfices, deux provisions *concouraient* quand elles étaient de même date.

CONCOURME, subst. fém. (*konkourme*), drogue propre à teindre en jaune.

DU VERBE IRRÉGULIER CONCOURIR :

Concourons, 1re pers. plur. impér.
Concourons, précédé de *nous*, 1re pers. plur. prés. indic.
Concourra, 3e pers. sing. fut. indic.
Concourrai, 1re pers. sing. fut. indic.
Concourraient, 3e pers. plur. prés. cond.
Concourrais, précédé de *je*, 1re pers. sing. prés. cond.
Concourrais, précédé de *tu*, 2e pers. sing. prés. cond.
Concourrait, 3e pers. sing. prés. cond.
Concourras, 2e pers. sing. fut. indic.
Concourrez, 2e pers. plur. fut. indic.
Concourriez, 2e pers. plur. prés. cond.
Concourrions, 1re pers. plur. prés. cond.
Concourrons, 1re pers. plur. fut. indic.
Concourront, 3e pers. plur. fut. indic.
Concours, 2e pers. sing. impér.
Concours, précédé de *je*, 1re pers. sing. prés. indic.
Concours, précédé de *tu*, 2e pers. sing. prés. indic.

CONCOURS, subst. mas. (*konkour*) (en lat. *concursus*, fait, dans la même signification, de *concurrere*, concourir), action par laquelle on *concourt* : *le concours de Dieu avec ses créatures*; *du soleil, des astres, avec les causes inférieures*.

— Dispute pour une chaire, pour un bénéfice, pour un prix : *mettre au concours une place de professeur.* — On appelle à Paris *grand concours*, ou *concours* général, la réunion de l'élite des élèves des collèges royaux pour *concourir* aux prix d'honneur : *élève admis au concours.*— Affluence de monde : *grand concours de peuple.* — En phys. et en géom., rencontre : *le concours des atomes ; le point de concours de deux lignes, de plusieurs rayons*, etc. —On dit également en grammaire : *le concours des voyelles.*

Concourt, 3ᵉ pers. sing. prés. indic. du verbe irrégulier *concourir.*

CONCOURU, E, part. pass. de *concourir.*

DU VERBE IRRÉGULIER CONCOURIR :

Concourûmes, 1ʳᵉ pers. plur. prét. déf.
Concoururent, 3ᵉ pers. plur. prét. déf.
Concourus, précédé de *je*, 1ʳᵉ pers. sing. prét. déf.
Concourus, précédé de *tu*, 2ᵉ pers. sing. prét. déf.
Concourusse, 1ʳᵉ pers. sing. imparf. subj.
Concourussent, 3ᵉ pers. plur. imparf. subj.
Concourusses, 2ᵉ pers. sing. imparf. subj.
Concourussiez, 2ᵉ pers. plur. imparf. subj.
Concourussions, 1ʳᵉ pers. plur. imparf. subj.
Concourut, précédé de *il* ou *elle*, 3ᵉ pers. sing. prét. déf.
Concourût, précédé de *qu'il* ou *qu'elle*, 3ᵉ pers. sing. imparf. subj.
Concourûtes, 2ᵉ pers. plur. prét. déf.

CONCRÉÉ, E, part. pass. de *concréer.*

CONCRÉER, v. act. (*konkréé*) (du lat. *cum*, avec, ensemble, et *creare*, créer, produire ; *produire ensemble*), faire, créer, composer deux choses en même temps. Ce mot, qui se trouve dans quelques *Dictionnaires*, est inusité.

CONCRÉFIÉ, E, part. pass. de *concréfier.*

CONCRÉFIER, v. act. (*konkréfié*) (du lat. *concretus*, part. pass. de *concrescere*, se coaguler, s'épaissir, et de *fieri*, être fait, infinitif passif de *facere*, faire), rendre *concret.* (*Boiste*) —*se* CONCRÉFIER, v. pron., *la matière se concréfie.*

CONCRESCIBLE, adj. des deux genres (*konkrècecible*), qui peut devenir *concret.*

CONCRET, E, on devrait écrire au fém. CONCRETTE, orthographe plus conforme au génie de la langue (*konkrè, krète*) (en lat. *concretus*, part. pass. de *concrescere*, se condenser, s'épaissir), t. didactique qui se dit pour exprimer la qualité unie au sujet, comme *pieux*, *savant*, etc. Il est opposé au t. *abstrait*, qui exprime des qualités considérées absolument et comme étant séparées de leur sujet : *la piété, la science.*—T. de chim., corps composé de différents principes ; coagulé, fixé : *sel volatil concret*, sel fixé par un acide. —En arithm., les nombres *concrets* sont ceux qui expriment quelque sujet particulier, comme *deux hommes, trois francs*, *cinq centimes* ; mais si rien n'est joint au nombre, ce nombre se nomme *abstrait* : 2, 3, sont des nombres *abstraits* dans lesquels l'espèce d'unité n'est pas déterminée.

CONCRÉTATION, subst. fém. (*konkrétâcion*), condensation, coagulation, concrétion. Ce mot n'est point usité. (*Boiste.*) Voy. CONCRÉTION.

CONCRÉTION, subst. fém. (*konkrécion*) (en lat. *concretio*, fait, avec les mêmes significations, de *concrescere*, s'épaissir, se coaguler, se réunir, etc. formé de *cum*, avec, ensemble, et *crescere*, croître), t. de phys. : 1° action par laquelle des corps mous ou fluides deviennent solides. En ce sens, on dit plus souvent *condensation, coagulation* ; 2° amas de plusieurs parties qui se réunissent en une masse : *concrétion saline, pierreuse, calcaire*, etc. — Adhésion de parties qui naturellement doivent être séparées : *la concrétion de deux doigts du pied.* — En t. d'art vétér., dépôt de matière calcaire qui se fait dans le tissu du foie, du poumon des bêtes bovines.

CONÇU, E, part. pass. de *concevoir.*

CONCUBINAGE, subst. mas. (*konkubinaje*) (du lat. *concubinatus*, dont la signification est la même, et qui est formé de *cum*, avec, ensemble, et de *cubare*, se coucher, être couché), commerce illégitime d'un homme et d'une femme qui, n'étant pas mariés, vivent ensemble comme s'ils l'étaient : *vivre en concubinage.* Il ne se dit guère qu'en style de jurisprudence ou de morale religieuse. — Dans l'antiquité, *concubinage* signifiait un mariage fait avec moins de solennité qu'un mariage contracté avec une femme d'une condition trop basse, et à laquelle le mari ne donnait point son rang ; c'était *un mariage de la main gauche.* Cujas dit que le *concubinage* était une conjonction si légitime, que la *concubine* pouvait être accusée d'adultère, comme la femme ; que les lois permettaient d'épouser à titre de *concubines* certaines personnes que l'on considérait comme inégales, par le défaut de quelques qualités qu'il fallait avoir pour soutenir le plein honneur du mariage. Quoique le *concubinage* fût au-dessous du mariage pour la dignité et pour les effets civils, le nom de *concubine* était pourtant un nom d'honneur, bien différent de celui de maîtresse ; enfin en France on a confondu ces deux noms, faute d'entendre ce que c'était que le *concubinage.* C'était donc un vrai mariage, mais qui se faisait sans solennité, et par lequel la femme portait le nom de concubine, et non pas celui d'épouse, faute de dot ou de naissance.

CONCUBINAIRE, subst. mas. (*konkubinère*), celui qui a une *concubine*, qui vit en *concubinage.*

CONCUBINE, subst. fém. (*konkubine*) (du lat. *concubina* qui a la même signification. Voy. CONCUBINAGE), celle qui, sans être mariée, vit avec un homme comme si elle était sa femme. On a dit anciennement *concubin*, au mas. ; mais *concubinaire* seul est reçu aujourd'hui.—Dans l'antiquité, femme véritable, légitime et unique, mais de moindre condition que celui qui l'épouse, ou d'une condition trop basse pour lui et peu sortable ; et à cause de cela épousée par un de ces mariages que nous appelons mariages de conscience, lesquels enferment les mêmes obligations que les autres, et n'en diffèrent que par le nom et la qualité de femme qu'on ne donne point à la *concubine.* Les Romains ont prohibé la pluralité des *concubines*, et n'ont considéré comme héritiers que les enfants sortis d'une seule et même *concubine*, parce qu'elle pouvait devenir une femme légitime. Autrefois le nom de *concubine* n'était point infamant, surtout quand elle n'avait commerce qu'avec un seul homme. Salomon avait sept cents femmes et trois cents *concubines.* L'empereur de la Chine a quelquefois jusqu'à deux ou trois mille *concubines* dans son palais. Darius se fit suivre à l'armée par trois cent soixante-cinq *concubines*, et toutes en équipage de reines. Alexandre eut tant d'affection pour Apelle, qui était son peintre, qu'il lui donna Pancaste, la plus belle et la plus chérie de ses *concubines*, parce qu'il avait remarqué qu'Apelle en était devenu amoureux.—*Du Cange* dit qu'on peut recueillir en plusieurs endroits des épîtres des papes, que les *concubines* ont été autrefois tolérées ; ce qui se doit entendre des mariages de conscience, dont on vient de parler. Le dix-septième canon du premier concile de Tolède porte que celui qui, ayant une femme fidèle, prend une *concubine*, est excommunié ; mais que si la *concubine* lui tient lieu d'épouse, en sorte qu'il n'ait qu'une seule femme à titre d'épouse ou de *concubine*, à son choix, il ne sera point rejeté de la communion.— En t. de bot., sorte de tulipe colombine et blanche.

* **CONCUBIUM**, subst. mas. (*konkubiome*) (du lat. *cum*, avec, et *cubare*, se coucher), nom que les Romains donnaient au temps de la nuit où l'on était couché.

CONCULQUÉ, E, part. pass. de *conculquer.*

CONCULQUER, v. act. (*konkulké*) (du lat. *cum*, avec, et *calcare*, fouler, presser), mot employé par *Rabelais* pour signifier fouler aux pieds, terrasser, anéantir. Il est vieux et tout latin.

CONCUPISCENCE, subst. fém. (*konkupiceçance*) (du lat. *concupiscentia*, fait, dans le même sens, de *concupiscere*, désirer ardemment), pente au mal, aux plaisirs illicites et sensuels ; désir déréglé : *la concupiscence de la chair ; regarder un objet avec des yeux de concupiscence.*— Dans un sens plus général, la *concupiscence* est la disposition habituelle de l'âme à désirer les biens et les plaisirs sensibles ; la *cupidité* en est le désir violent, l'*avidité* en est un désir insatiable ; la *convoitise* en est un désir illicite.

CONCUPISCENT, E, adj. et subst. (*konkupiceçan, çante*), qui a de la *concupiscence.*

CONCUPISCIBLE, adj. des deux genres (*konkupicecible*), t. de la vieille philosophie : *appétit concupiscible*, qui nous porte à désirer un bien sensible, un objet qui nous plaît.

CONCURATEUR, subst. mas., au fém. CONCURATRICE (*konkurateur, trice*) (du lat. *curare*, avoir soin, et *cum*, avec), t. de jurispr., qui a soin conjointement avec un autre.

CONCURREMMENT, adv. (*konkureraman*), avec ou par *concurrence.* — Conjointement : *agir concurremment avec quelqu'un ; briguer une place concurremment avec un autre.*—T. de jurispr., avec égalité de droit, d'hypothèque ou de privilége sur une même chose : *ses créanciers viennent en ordre concurremment.*

CONCURRENCE, subst. fém. (*konkureranee*) (du lat. *concurrere*, concourir. Voy. CONCOURIR), tendance de plusieurs personnes ou de plusieurs choses au même but, à la même fin : *entrer en concurrence, être en concurrence avec quelqu'un.* — En t. de comm., ce mot présente l'idée de plusieurs personnes qui aspirent à une préférence, principe opposé à l'association ; ainsi il y a concurrence entre divers particuliers qui vendent une même denrée, et dont chacun s'efforce de la donner à plus bas prix pour obtenir la préférence de l'acheteur : *la concurrence est l'âme et l'aiguillon de l'industrie.* — T. de jurispr., exercice de la prétention que plusieurs personnes ont sur un même objet. Il y a *concurrence d'hypothèque* entre deux créanciers, lorsque leur titre est de la même date, et qu'on ne peut reconnaître lequel est le plus ancien. — *La concurrence de privilége* a lieu entre deux créanciers qui ont saisi en même temps les meubles de leur débiteur, ou lorsque leurs créances sont de même nature, ou également favorables. — Il se dit, en t. de liturgie, lorsqu'aux secondes vêpres d'une fête double il se trouve un autre office de fête double qui se doit célébrer le jour suivant. — *Jusqu'à concurrence, jusqu'à la concurrence de ...*, jusqu'à la valeur de ...

CONCURRENT, E, subst. (*konkureran, rante*) (en lat. *concurrens*, part. prés. de *concurrere*, concourir), celui, celle qui *concourt* pour avoir le même honneur, la même place, le même emploi, etc. : *il l'a emporté sur tous ses concurrents.* — Nom qu'on donne, en chronologie, au jour à ajouter à cinquante-deux semaines pour former l'année commune, et aux jours qu'on ajoute à ces mêmes cinquante-deux semaines dans les années bissextiles. Ce jour ou ces deux jours sont ainsi appelés parce qu'ils *concourent* avec le cycle solaire, ou qu'ils en suivent le cours.

CONCUSSION, subst. fém. (*konkucecion*) (du lat. *concussio*, fait, dans le même sens, de *concussum*, supin de *concutere*, ébranler, secouer, vexer), action par laquelle un magistrat, un officier public exige plus qu'il ne lui est dû : *commettre des concussions ; coupable, accusé, convaincu de concussion.* Il ne se dit que des hommes publics.

CONCUSSIONNAIRE, subst. et adj. des deux genres (*konkucecionère*), celui qui commet ou qui a commis des *concussions.*

COND., abréviation du mot *conditionnel.*

CONDAGA, subst. fém. (*kondagua*), t. d'hist. nat., coquille du genre porcelaine.

CONDALIE, subst. fém. (*kondali*), t. de bot., genre établi sur un arbre du Chili.

CONDAMNABLE, adj. des deux genres (*kondanable*) (en lat. *condemnabilis*), qui mérite d'être *condamné* à quelque peine. — Blâmable : *opinion, action, conduite condamnable.*

CONDAMNATION, subst. fém. (*kondanâcion*) (en lat. *condemnatio*), jugement par lequel on *condamne* ou l'on est *condamné* : *prononcer condamnation ; il n'attend que sa condamnation.* — *Condamnation solidaire*, celle qui s'exécute solidairement contre plusieurs condamnés. — *Condamnation contradictoire*, celle que l'on a prononcée soit contre un défendeur qui a été ouï par lui ou par son défenseur ou avoué, soit, en matière criminelle, contre un accusé présent.—*Condamnation par corps*, celle qui emporte la contrainte par corps. — *Condamnation par défaut*, celle qu'on prononce en matière civile contre le défendeur qui ne paraît pas en justice, ou qui ne fournit point de défenses sur l'assignation qu'on lui a donnée. — *Condamnation par contumace*, celle qui est prononcée contre un accusé absent. — *Passer condamnation*, consentir à ce que la partie adverse obtienne un jugement à son avantage ; et fig., convenir qu'on a tort. — *Subir condamnation*, acquiescer à une sentence de laquelle on pourrait appeler.

CONDAMNATOIRE, adj. des deux genres (*kondanatoare*) (du lat. *cum*, avec, et *damnatorius*, qui *condamne*, dérivé de *damnum*, tort), qui *condamne*, qui entraîne *condamnation.*

CONDAMNÉ, E, subst. (*kondané*), qui a subi une *condamnation* : *un condamné à mort.* Voy. CONDAMNER.

CONDAMNÉ, E, part. pass. de *condamner.*

CONDAMNER, v. act. (*kondané*) (du lat. *condemnare*, dont la signification est la même, et qui vient de *damnum*, perte, dommage), prononcer une sentence, rendre un jugement contre quelqu'un. — Blâmer, désapprouver, rejeter. — Fig., fermer une porte, une fenêtre, de manière qu'on ne puisse plus l'ouvrir ; en interdire l'usage. — En t. de mar., *condamner un vaisseau*, le juger hors d'état de naviguer et d'être radoubé. — *se* CONDAMNER, v. pron., avouer sa faute. — S'imposer l'obligation de faire ou de ne pas faire quelque chose.

CONDAT ou **CONDÉ**, subst. mas. (*konda, dé*), confluent, embouchure de deux rivières. Ces deux mots ne sont plus en usage.

CONDÉ, subst. propre mas. (*kondé*), ville de France, chef-lieu de canton, arrond. de Valenciennes, dép. du Nord. Cette ville a soutenu à diverses époques un grand nombre de siéges. — Chef-lieu de canton, arrond. de Château-Thierry, dép. de l'Aisne.

CONDEA, subst. mas. (*kondéa*), t. de bot., genre de plantes.

CONDÉISTE, subst. des deux genres (*kondéicete*), se disait, sous la Fronde, des partisans du prince de *Condé*. Il a été aussi employé comme adj. : *le parti condéiste*.

CONDEMNADE, subst. fém. (*kondanade*), ancien jeu de cartes à trois personnes. Inusité et même barbare ; ce serait *condamnade* qu'il faudrait dire.

CONDEMNATOIRE, adj. des deux genres (*kondémenatoare*) (du lat. *cum*, avec, et *damnum*, tort), qui *condamne*, qui entraîne *condamnation*. Vieux.

CONDENSABILITÉ, subst. fém. (*kondançabilité*), t. de physique, propriété qu'ont les corps de pouvoir être *condensés* ou réduits à un moindre volume par le refroidissement, etc.

CONDENSABLE, adj. (*kondançable*), t. de phys., susceptible de *condensation*, qui peut être *condensé*.

CONDENSANT, E, adj. (*kondançan, çante*), t. de médec., se dit de certains remèdes propres à épaissir les humeurs. — Il est aussi subst. mas. : *les condensants sont souvent nécessaires*. — Part. prés. du verbe *condenser*.

CONDENSATEUR, subst. mas. ; au fém. **CONDENSATRICE** (*kondançateur, trice*) (en lat. *cum*, avec, et *densus*, épais), t. de phys., machine propre à *condenser* l'air dans un espace donné. — *Condensateur électrique*, instrument qui, en déterminant à s'accumuler sur sa surface de très-petites quantités d'électricité, parvient à les rendre sensibles. Il a été inventé par *Volta*. — En Suède, appareil qui remplace le serpentin de l'alambic, qui a sur celui-ci l'avantage d'exposer une assez grande surface à l'eau, pour que la vapeur puisse lui abandonner le calorique combiné avec elle, et le *condenser* immédiatement. — *Condensateur de forces*, mécanisme dont le but est de tirer le plus grand avantage possible d'un moteur dont l'énergie est sujette à augmenter ou à diminuer : inventé par M. de Prony en 1804.

CONDENSATION, subst. fém. (*kondançacion*), t. de phys., action de rendre un corps plus *dense*, plus compacte. Elle consiste à rapprocher les parties d'un corps les unes des autres et à augmenter leur contact.

CONDENSÉ, E, part. pass. de *condenser*.

CONDENSER, v. act. (*kondancé*) (du lat. *condensare*, fait, avec la même signification, de *densus*, *dense*, serré, épais, lequel vient du grec δασύς, pris dans le même sens), rendre plus *dense*, plus serré, plus compacte : *le froid condense les corps*. — *se* CONDENSER, v. pron., devenir *dense* : *l'air se condense aisément ; l'eau ne se condense jamais*.

CONDENSEUR, subst. mas. (*kondanceur*), t. de pharm., vase qui fait partie d'un appareil distillatoire. On le nomme aussi *réfrigérant*.

CONDESCENDANCE, subst. fém. (*kondéçandance*), complaisance qui fait qu'on se rend aux sentiments, aux volontés d'autrui, ou que l'on compatit à ses faiblesses : *lâche, molle, sage, coupable condescendance*.

CONDESCENDANT, E, adj. (*kondèçandan, dante*), qui a de la *condescendance* : *esprit condescendant*.

CONDESCENDRE, v. neut. (*kondèçandre*) (du latin *cum*, avec, ensemble, et *descendere*, descendre : *descendre avec un autre*, *descendre ou s'abaisser jusqu'à lui*), se rendre aux sentiments, aux volontés d'autrui, ou compatir à ses faiblesses : *je ne puis condescendre à ce que vous voulez ; condescendre aux faiblesses, aux besoins de quelqu'un*.

CONDESCENTE, subst. fém. (*kondèçante*), t. de pratique, action de se décharger sur un autre d'une tutelle.

CONDÉ-SUR-NOIREAU, subst. propre mas. (*kondésurnoarô*), ville de France, chef-lieu de canton, arrond. de Vire, dép. du Calvados.

CONDICTION, subst. fém. (*kondikecion*) (en lat. *condictio*, fait, dans le même sens, de *condicere*, redemander, assigner, appeler en justice), t. de jurispr., action que le propriétaire d'une chose volée ou usurpée a pour la revendiquer et la retirer des mains de ceux qui en jouissent injustement. — Action de répéter une somme qu'on ne devait pas.

CONDIGNE, adj. des deux genres (*kondignie*) (en lat. *condignus*, fait de *cum*, avec, ensemble, et *dignus*, digne), on appelle en théologie *satisfaction condigne*, celle qui est parfaitement égale à la faute pour laquelle on satisfait.

CONDIGNEMENT, adv. (*kondignieman*), d'une manière *condigne*.

CONDIGNITÉ, subst. fém. (*kondignité*), qualité de ce qui est *condigne*.

CONDIMENT, subst. mas. (*kondiman*) (en latin *condimentum*), mot employé par *Montaigne* pour signifier *assaisonnement*. — Ce n'est plus qu'un terme de pharmacie.

CONDISCIPLE, subst. mas. seulement, d'après l'*Académie* : pourquoi ce substantif ne serait-il pas des deux genres ? (*kondiciple*) (en lat. *condiscipulus*, formé, avec la même signification, de *cum*, avec, ensemble, et *discipulus*, disciple), compagnon d'étude : qui étudie avec quelqu'un sous le même maître : *c'est mon, ma condisciple*.

CONDIT, subst. mas. (*kondi*) (en lat. *conditum*, fait de *conditus*, part. pass. de *condire*, assaisonner), t. de pharm., toutes sortes de confitures tant au miel qu'au sucre.

CONDITION, subst. fém. (*kondicion*) (en latin *conditio*, dont la signification est la même, et qui vient de *conditus*, part. pass. de *condere*, établir, fonder), la nature, l'état, la qualité d'une chose ou d'une personne : *la condition des choses d'ici-bas est sujette à beaucoup de vicissitudes ; marchandise qui n'est pas de la condition, qui n'a pas les conditions requises ; la condition des princes est souvent plus triste que celle des particuliers ; améliorer sa condition ; condition servile ; condition d'affranchi ; les lois d'Égypte, en distinguant les conditions, n'en avilissaient aucune*. — État de vie : avec cette différence que, dans les gouvernements où l'économie de la république admet des ordres divers ou inégaux, la *condition* a plus de rapport au rang qu'on tient dans ces différents ordres, et l'*état*, à l'occupation ou au genre de vie dont on fait profession : *quelques personnes font valoir leur condition, faute de bien connaître le juste mérite de leur état*. — *Chacun doit vivre suivant sa condition*, suivant son état, sa profession. — Domesticité, place de domestique : *bonne condition, mauvaise condition ; il est en condition ; il cherche condition ; je lui ai trouvé condition ; il a changé de condition ; ce domestique est hors de condition*. — *Homme de condition*, qui, par son rang, son éducation, appartient à une classe distinguée dans la société. Il dit moins qu'*homme de qualité*. — *Personne de condition*, d'une naissance nobiliaire. — *N'être pas de pire condition qu'un autre*, valoir celui qu'on semble nous préférer ; mériter d'être traité aussi favorablement que lui. — Clause dont on convient de part et d'autre dans quelque traité. Voy. CLAUSE. — En t. de jurispr., cette expression a plusieurs acceptions ; dans son sens le plus étendu, elle est synonyme des mots *clause* et *charge* ; ainsi l'on dit *les conditions d'un marché ; les clauses et conditions d'un contrat, d'une vente*, etc... Mais dans le sens purement légal, on nomme *condition* un évènement futur et incertain, duquel on fait dépendre une disposition ou une obligation, soit en la suspendant jusqu'à ce que l'évènement arrive, soit en la résiliant selon que l'évènement arrivera ou n'arrivera pas. Telle est la définition que donne l'article 1168 du Code civil. De cette définition, il résulte que les *conditions* peuvent se ranger sous deux catégories bien distinctes ; les unes sont *suspensives*, c'est-à-dire qu'elles ont pour effet de suspendre l'exécution d'une obligation jusqu'à l'évènement auquel elle est subordonnée ; les autres sont *résolutoires*, c'est-à-dire qu'elles révoquent une disposition, ou une obligation déjà exécutée, et qu'elles replacent les choses dans le même état que si l'obligation n'eût pas existé. La *condition résolutoire* a donc un effet rétroactif. Sous chacune de ces deux catégories viennent encore se ranger trois autres sortes de conditions que la loi a pris soin de définir. Ainsi elle reconnaît la *condition casuelle*, la *condition potestative* et la *condition mixte*. Ces trois sortes de *conditions* ne forment pas une troisième division distincte des deux premières catégories, mais elles forment en quelque sorte autant de sections particulières de chacune de ces catégories, sans appartenir exclusivement à l'une ou à l'autre. — La *condition casuelle* est celle qui dépend du hasard, et qui n'est nullement au pouvoir du créancier ni du débiteur ; par exemple : *je vous paierai telle somme, si la récolte est abondante l'année prochaine*. Voilà une *condition casuelle*. — La *condition potestative* est celle qui fait dépendre l'exécution de la convention d'un évènement qu'il est au pouvoir de l'une ou de l'autre des parties contractantes de faire arriver ou d'empêcher ; par exemple : *j'ai stipulé que vous me donneriez une certaine somme, si je renonçais à telle servitude, si j'allais à Rome*. Il dépend en effet de ma volonté de renoncer à tel droit ou à tel voyage. — Enfin, la *condition mixte* est celle qui dépend tout à la fois de la volonté d'une des parties contractantes et de la volonté d'un tiers ; par exemple : *je m'engage à vous donner tel objet si vous épousez telle personne*. — Ce qui caractérise la *condition*, c'est l'*incertitude* de son évènement, et il faut bien la distinguer du *terme*. Ainsi, *je vous paierai telle somme lorsque je mourrai*, ou *lorsque vous mourrez*, ce n'est pas là une *condition*, car il n'y a pas d'incertitude sur l'évènement en lui-même, il n'y a d'incertain que l'époque à laquelle cet évènement se réalisera. — La règle générale est qu'on peut stipuler dans les contrats telles *conditions* que les parties jugent nécessaires. — Une *condition* est réputée accomplie, lorsque c'est le débiteur obligé sous cette *condition* qui en a empêché l'accomplissement. Et lorsque la *condition* stipulée est accomplie, elle a un effet rétroactif au jour auquel l'engagement a été contracté ; de telle sorte que si le créancier est mort avant l'évènement de la *condition*, ses droits passent à ses héritiers, car l'obligation en elle-même est indépendante de la *condition* ; elle existe, il est vrai, sans ses effets, mais enfin elle existe. — *La condition suspensive* est celle qui dépend d'un évènement futur et incertain, ou d'un évènement actuellement arrivé, mais encore inconnu des parties. Dans le premier cas, l'obligation ne peut être exécutée qu'après l'évènement ; dans le second cas, elle a son effet du jour où elle a été contractée. — *La condition résolutoire* est celle qui, lorsqu'elle s'accomplit, opère la révocation de l'obligation, et qui remet les choses au même état que si l'obligation n'avait pas existé. Elle ne suspend point l'exécution de l'obligation ; elle oblige seulement le créancier à restituer ce qu'il a reçu, dans le cas où l'évènement prévu par la *condition* arrive. (Voy., pour plus de détails, le *Dict. de Législation usuelle*, par M. *de Chabrol-Chaméane*, d'où nous avons tiré ce fragment.) — Chose à observer, afin qu'un écrit soit valable et dans les formes ; afin qu'une action soit de telle et telle façon. — Parti avantageux ou désavantageux qu'on fait à quelqu'un : *on lui a fait de bonnes conditions*. — *Mettre un ballot de soie à la condition*, étendre et exposer la soie à l'air, pour en faire évaporer l'humidité. — *Sous condition* : *vendre une chose sous condition, donner une chose sous condition*, vendre, donner une chose, en s'engageant à la reprendre si elle ne convient pas. — *Baptiser sous condition*, administrer le baptême à un enfant lorsqu'on doute qu'il ait été baptisé, ou à un être animé, né du sein d'une femme, mais qui est d'une figure si monstrueuse, qu'on doute s'il est de la nature de l'homme. — *Il a été baptisé sous condition*, expression figurée que nous lisons dans l'*Académie*, et qui se dit d'un homme fort laid. Nous doutons que ce proverbe soit aujourd'hui en usage. — *Condition sine quâ non*, formule presque latine adoptée en français pour signifier une *condition* dont rien ne peut dispenser, une *condition sans laquelle* rien n'est fait ni ne se peut faire. — *A condition que*, loc. conj., à la charge que... — *A condition de*, loc. prép., à la charge de...

CONDITIONNÉ, E, part. pass. de *conditionner*, et adj., qui a les *conditions* requises. Il ne s'emploie guère qu'avec *bien* ou *mal* : *des vins, des draps bien* ou *mal conditionnés*. — Fig. et fam. : *cet homme est bien conditionné*, est plein de vin et de bonne chère. — *Voilà une sottise bien conditionnée*, une sottise des plus lourdes.

CONDITIONNEL, subst. mas. (*kondicionèle*), t. de gramm., mode dans les verbes, dont les *temps passés* et *présents* expriment l'affirmation dans la dépendance d'une *condition*. Le *conditionnel présent* marque qu'une chose serait ou se ferait dans un *temps présent*, moyennant une *condition* : *il viendrait si je voulais*; le *conditionnel passé* marque qu'une chose aurait été faite dans un *temps passé*, si la *condition* dont elle pouvait dépendre avait eu lieu : *il serait venu si j'avais voulu. Ce verbe est au conditionnel; on emploie le conditionnel.*

CONDITIONNEL, adj. mas.; au fém. **CONDITIONNELLE** (*kondicionèle*), qui renferme quelque *condition* ou clause pour l'exécution d'une chose qui y est subordonnée : *promesse conditionnelle; contrat conditionnel.* — En t. de gramm. : *temps conditionnel*, qui exprime l'affirmation, mais avec l'idée accessoire d'une *condition*, et qui ne s'emploie qu'avec une conjonction.

CONDITIONNELLEMENT, adv. (*kondicionèleman*), avec ou sous *condition* : *il fut conditionnellement institué héritier.*

CONDITIONNER, v. act. (*kondicioné*) fabriquer avec les *conditions* requises : *conditionner une étoffe, une fourniture.* — Apposer des *conditions* à un contrat, à un marché. Ce dernier sens est moins usité que le premier. — *se* **CONDITIONNER**, v. pron. : *une marchandise se conditionne.* — Iron. et fam., se donner pour un homme de *condition*, pour noble (*Boiste.*) Peu usité.

CONDOLÉANCE, subst. fém. (*kondolé-ance*) (du lat. *condolere*, partager la douleur, formé de *cum*, avec, ensemble, et *dolere*, avoir de la douleur), témoignage de douleur, d'affliction : *compliment, lettre de condoléance.* Il ne se dit guère qu'avec ces deux mots.

CONDOM, subst. propre mas. (*kondon*), ville de France, chef-lieu d'arrond., dép. du Gers.

CONDOM, subst. mas. (*kondon*), préservatif contre le virus vénérien. C'est le *cæcum* du mouton convenablement préparé, et que l'on nomme plus communément *redingote* ou *capote anglaise*. Ce nom lui vient de son inventeur, le docteur *Condom*.

CONDOMA ou **CONDOUS**, subst. mas. (*kondoma, douce*), t. d'hist. nat., nom donné au coësdoës, genre d'antilope d'Afrique, et quadrupède à cornes, très-grand, brun, marqué de grandes lignes blanches.

CONDOMOIS, E, subst. (*kondomoé, oèse*), qui est de la ville de *Condom*.

CONDONAT, subst. mas. (*kondona*), t. d'hist. ecclés., nom d'anciens religieux de la congrégation de Saint-Sulpice, près Rennes, en Bretagne. Ils étaient soumis à un monastère de filles, comme dans l'ordre de Fontevrault. — Ancienne monnaie de France, et qui ne s'écrit pas *condona*, comme le prétend *Raymond*.

CONDOR, subst. mas. (*kondor*), t. d'hist. nat., oiseau du Pérou, le plus grand des volatiles.

CONDORI ou **CONDOUMANI**, subst. mas. (*kondori, kondoumani*), t. de bot., arbre du Malabar à fleurs légumineuses, dont le bois est extrêmement dur.

CONDORINE, subst. fém. (*kondorine*), monnaie de compte de la Chine, qui est la dixième partie du *mas*. — A Batavia, c'est aussi la dixième partie du *mas* ou la centième du *tael*.

CONDORMANT, E, subst. (*kondorman, mante*) du lat. *cum*, avec ensemble, et *dormiens*, part. prés. de *dormire*, dormir), t. d'hist. ecclés. On a donné ce nom à deux sectes de chrétiens. Les premiers parurent au treizième siècle, les autres au seizième; ceux-ci étaient une branche des anabaptistes. Les uns et les autres ont reçu leur nom de l'usage où ils étaient de coucher et de faire coucher dans une même chambre plusieurs personnes de différent sexe, sous prétexte de charité évangélique.

CONDORTES, subst. fém. plur. (*kondorte*), t. de pêche, faisceaux de cannes disposés pour la construction des bourdigues.

CONDOTICKS ou **CONDOTIKS**, subst. mas. (*kondotike*), t. de relat., troupe albanaise.

CONDOTTIER, subst. mas. (*kondotetié*), chef d'un service de mules ou de voitures, en Italie. — Bandit des Apennins, au dix-septième siècle. — Au plur. *condottieri*, qui a aussi une autre signification. On appelait, au moyen-âge, *condottieri*, des soldats mercenaires qui vendaient leurs services à quelque prince ou à quelque état de l'Italie, comme les *condottieri* de Venise. Ces troupes indisciplinées ressemblaient fort à ce qu'on appelait autrefois en France *compagnies franches* :

> La solde que l'armée attend depuis deux mois,
> Si d'autres, la payant, tentent par ce salaire
> De nos *condottieri* la bande mercenaire,
> Puis-je l'empêcher, moi?
>
> (CASIMIR DELAVIGNE, *Marino Faliero.*)

CONDOULOIR, v. neut., ou *se* **CONDOULOIR**, v. pron. (*cekondouloar*), prendre part à la *douleur* de quelqu'un. Il est vieux et ne s'emploie qu'à l'infinitif.

CONDOUMANI, subst. mas. Voy. **CONDORI**.

CONDOUS, subst. mas. Voy. **CONDOMA**.

CONDRIEU, subst. mas. (*kondrieu*), sorte de vin du canton de *Condrieu*, ville de France dans le Lyonnais, à trois lieues de Vienne : *du vin de Condrieu*; et absolument : *du condrieu*.

CONDRILLE, subst. fém. (*kondrile*), t. de bot., plante de la famille des chicoracées.

CONDUCTEUR, subst. mas., au fém. **CONDUCTRICE** (*kondukteur, trice*), celui, celle qui *conduit*. Il se dit au propre et au figuré : *conducteur d'une voiture, d'un voyageur, d'une barque, d'un troupeau; conductrice de la jeunesse*, etc. — Guide : *soyez mon conducteur*. — Un livre qui sert de guide : *le Conducteur des étrangers dans Paris et ses environs*. — En t. d'imprim. : *points conducteurs*, voy. **POINT**. — En phys., 1° tout corps électrisable par communication : *l'eau, les métaux, sont d'excellents conducteurs*; 2° plus particulièrement, corps isolé, électrisable par communication, qui reçoit la vertu électrique immédiatement d'un globe, d'un plateau de verre, etc., pour faire différentes expériences; 3° substance qui, lorsque le calorique la traverse, lui donne aisément passage ou en retient une quantité plus ou moins considérable. Dans le premier cas, ce corps est un *bon conducteur de calorique*, tels sont surtout les métaux; dans le second, il est *mauvais conducteur*, comme le charbon, la soie, la laine, le verre. — *Conducteur de la foudre*, verge pointue de métal élevée et isolée sur un édifice, afin de le garantir de la foudre. On l'appelle plus souvent *paratonnerre*. — Nom d'un instrument de chirurgie, pour l'opération de la taille.

CONDUCTIBILITÉ, subst. fém. (*konduktibilité*), t. de phys., propriété des corps *conductibles*.

CONDUCTIBLE, adj. des deux genres (*konduktible*) (rac. *conduire*), t. de chimie. Il se dit des corps qui ont la propriété de transmettre le calorique, l'électricité, le magnétisme et le galvanisme.

CONDUCTION, subst. fém. (*kondukcion*) (du lat. *conducere*, louer), t. de jurispr., action de prendre à loyer. Vieux.

CONDUCTRICE, subst. fém. Voy. **CONDUCTEUR**.

CONDUIRE, v. act. (*konduire*) (en latin *conducere*, formé, dans le même sens, de *cum*, avec, ensemble, et *ducere*, mener), mener, guider : *conduire un aveugle, des voyageurs, des mulets, un troupeau.* Par extension, *conduire du vin, des marchandises*, etc. — On dit qu'*un chemin*, qu'*une route conduit à un endroit*, pour dire qu'on arrive à cet endroit en suivant ce chemin, cette route. — On dit de même qu'*une galerie conduit à un appartement*, qu'*une avenue conduit à un château*. — Fig., *la vertu conduit au bonheur*, etc. — *Conduire l'eau*, la faire aller d'un endroit à un autre par des rigoles, des canaux. — *Conduire une ligne*, la faire passer par différents points. — Suivant l'abbé *Girard*, dans le sens littéral, c'est la tête qui *conduit*, l'œil qui *guide*, la main qui *mène*. Les deux premiers supposent plus de lumières, et le dernier plus d'ascendant. — Diriger, avoir la direction de... : *conduire un bâtiment, un travail, une tranchée; conduire une chose à sa perfection*, la rendre parfaite, achevée; et, en parlant des choses spirituelles et morales : *conduire un dessein, une entreprise, une affaire, une intrigue*, etc. — *Conduire la main de quelqu'un*, lui tenir la main pour lui faire tracer des dessins, de l'écriture, etc. — Servir de chef, régir, gouverner : *conduire une armée, des troupes, l'avant-garde; ce peuple-là est difficile à conduire*. — Accompagner quelqu'un par honneur, par civilité, par occasion ou pour sa sûreté. — En t. de manuf. de soie, présenter l'étoffe le long de l'aune sans la tirer. On dit aussi en ce sens : *conduire bois à bois*. — *Se laisser conduire à quelqu'un*, c'est se laisser *conduire* auprès de quelqu'un; *se laisser conduire par quelqu'un*, c'est se laisser conduire par ses avis, par ses conseils. — *Conduire une femme à l'autel*, la prendre pour légitime épouse. — Fig. et fam. : *conduire la barque*, être à la tête d'une administration, d'une affaire. — *Conduire bien sa barque*, être habile dans son commerce, dans ses affaires, etc. — *Conduire un arbre*, le tailler, l'émonder suivant son espèce. — En t. de man. : *conduire son cheval étroit* ou *large*, le conduire en s'approchant, ou du centre du manége ou de la muraille. — *se* **CONDUIRE**, v. pron., aller sans que personne nous *conduise*. — Se gouverner soi-même. — Se comporter : *il se conduit bien ou mal*; *cette femme s'est toujours bien conduite*. — **CONDUIRE, GUIDER, MENER**. (*Syn.*) Les deux premiers de ces mots supposent, dans leur propre valeur, une supériorité de lumières que le dernier n'exprime pas; mais en récompense, celui-ci renferme une idée de crédit et d'ascendant tout-à-fait étrangère aux deux autres. On *conduit* et l'on *guide* ceux qui ne savent pas les chemins; on *mène* ceux qui ne peuvent ou ne veulent pas aller seuls. — Dans le sens littéral, c'est proprement la tête qui *conduit*, l'œil qui *guide*, et la main qui *mène*. — On *conduit* un procès, on *guide* un voyageur, on *mène* un enfant. — L'intelligence doit *conduire* dans les affaires; la politesse doit *guider* dans les procédés; le goût peut *mener* dans les plaisirs. — On nous *conduit* dans les démarches, afin que nous fassions précisément ce qu'il convient de faire; on nous *guide* dans les routes, pour nous empêcher de nous égarer; on nous *mène* chez les gens, pour nous en procurer la connaissance. — Le sage ne *se conduit* par les lumières d'autrui qu'autant qu'il se les est rendues propres. Une lecture attentive de l'Évangile suffit pour nous *guider* dans la voie du salut. Il y a de l'imbécillité à se laisser *mener* dans toutes ses actions par la volonté d'un autre.

CONDUISEUR, subst. mas. (*konduizeur*), t. de comm., commis préposé par le marchand de bois pour tenir un état des bois qu'on enlève des ventes. Vieux mot inusité.

CONDUISOIR, subst. mas. (*konduizoar*), t. de cordier, long bâton qui est percé à l'une de ses extrémités, d'un trou par lequel passe un fil de caret.

CONDUIT, E, part. pass. de *conduire*, et adj. (*kondui, duite*) : *une intrigue bien, mal conduite; une pièce de théâtre bien, mal conduite*. — En t. de peint., *des jours bien conduits*, bien ménagés, bien distribués.

CONDUIT, subst. mas. (*kondui*), tuyau, canal par lequel passe quelque chose de liquide, comme de l'eau, ou de fluide, comme de l'air, etc. : *conduit de pierre, de plomb; conduit d'eau; les conduits de l'urine*. — Les médecins appellent *conduit de la pudeur*, le col de la matrice de la femme. On le nomme plus ordinairement vagin. — En t. de mus., ancien synonyme de *motet*, qui désignait plus particulièrement ceux dans lesquels le musicien s'affranchissait de la gêne imposée à la musique d'église de ne travailler de l'harmonie que sur le plain-chant. — Ce mot paraît aussi avoir été employé dans le sens de *conduite*.

> Son cri fini, se fit mener par l'air
> Dedans son char, avec ses graces belles,
> Sous le conduit de douze colombelles.
>
> MAROT.

CONDUITE, subst. fém. (*konduite*), action de *conduire* : *la conduite d'un aveugle, d'un troupeau, d'un convoi*. — Direction d'une entreprise, d'un ouvrage, d'un poëme : *il a la conduite des bâtiments de la ville; il a réussi dans la conduite de cet opera*. — On dit en t. de peint., en parlant d'un tableau, qu'*il y a une belle conduite dans la distribution des objets* que les objets en sont distribués avec intelligence, avec discernement, etc. — Maniement d'une affaire. — Gouvernement : *la conduite d'un état, d'une armée*, etc. — Manière d'agir, de *se conduire*. C'est l'emploi le plus usité de ce mot : *avoir de la conduite*, se conduire sagement. — Inspection sur les mœurs : *veiller à la conduite* d'une jeune personne. — Dans les grosses horloges, machine qui sert à transmettre le mouvement, à une certaine distance. — En hydraulique, suite de tuyaux ou d'aquéducs qui portent les eaux d'un lieu à un autre : *conduite de fer, de plomb, de poterie, de bois*. — *Conduite* n'a de pluriel que dans ce dernier sens : *grandes conduites d'eau*. — Dans la mar., sommes payées aux officiers pour leurs frais de voyage par terre, aux matelots pour rejoindre leur quartier, etc. — *Conduite*, dans le sens que les compagnons de divers métiers attachent à ce mot, signifie l'action d'accompagner hors de la ville un ouvrier qui la quitte pour aller travailler ailleurs : *ses camarades lui ont fait la conduite*. On fait aussi la *conduite* aux conscrits qui partent.

CONDUPLICATION, subst. fém. (*konduplikacion*), figure de rhétorique qui consiste à répéter un mot au commencement ou à la fin de la phrase.

CONDUPLIQUÉE, subst. et adj. fém. (*kondupliké*) (en lat. *conduplicatus*, plié en deux), se dit, en t. de bot., des feuilles qui, étant renfermées dans le bouton, ont leurs bords rapprochés parallèlement l'un de l'autre.

CONDURDUM, subst. mas. (*kondurdome*), plante des anciens, inconnue des modernes. Elle portait des fleurs rouges, et l'on croyait qu'elle guérissait les écrouelles.

CONDYLE, subst. mas. (*kondile*) (du grec κονδυλος, nœud, jointure), t. d'anat., petite éminence ronde de l'os, comme est celle de la mâchoire inférieure. — On donne aussi ce nom aux nœuds ou jointures des doigts, du fémur, du tibia et de l'humérus.

CONDYLIEN, adj. mas.; au fém. **CONDYLIENNE**, (*kondiliein, ène*), t. d'anatomie, qui a rapport au *condyle*.

CONDYLOÏDE, adj. (*kondilo-ide*) (du grec κονδυλος, condyle, et ειδος, forme, ressemblance), t. d'anat., qui a la forme, la figure d'un *condyle*.

CONDYLOÏDIEN, adj. mas., au fém. **CONDYLOÏDIENNE** (*kondilo-idiein, diène*), t. d'anat., qui a rapport aux *condyles*.

CONDYLOÏDIENNE, adj. fém. Voy. CONDYLOÏDIEN.

CONDYLOME, subst. mas. (*kondilome*) (du grec κονδυλος, éminence des os aux articulations, parce que le *condylome* forme une petite éminence sur la chair), excroissance de chair ridée, molle, indolente, provenant le plus souvent du virus vénérien, et dont le siége est ordinairement à l'intérieur de l'anus.

CONDYLURE, subst. mas. (*kondilure*), t. d'hist. nat., genre de mammifères d'Amérique.

CÔNE, subst. mas. (*kône*) (en lat. *conum* ou *conus*, pris du grec κωνος qui a la même signification), t. de géom., corps solide dont la base est un cercle, et qui se termine en haut par une pointe que l'on nomme *sommet*. — On appelle *axe du cône*, la droite tirée de son sommet au centre de la base. — *Cône droit*, celui dont l'axe est perpendiculaire à sa base. — *Cône circulaire*, courbe dont la circonférence est un cercle. — *Cône oblique*, celui dont l'axe est *oblique* sur la base. — *Cône scalène*, dont l'axe est incliné ou oblique. — *Cône acutangle*, dont l'axe est plus grand que le rayon de sa base. — *Cône obtusangle*, dont l'axe est plus petit que ce rayon. — *Cône rectangle*, dont l'axe est égal à ce même rayon. — *Cône tronqué*, celui dont on a retranché le sommet. — En optique, on appelle *cône de lumière* un assemblage ou faisceau de rayons qui partent d'un point lumineux quelconque, et tombent sur la prunelle, ou sur la surface d'un verre ou d'un miroir. — En astron., *cône d'ombre*, ombre qui produit un *cône*, et qui est naturellement projetée par le côté d'une planète qui n'est pas éclairé. — T. d'hist. nat., genre de coquilles univalves qui renferme un grand nombre d'espèces. — En t. de bot., espèce de péricarpe composé d'écailles ligneuses, appliquées les unes contre les autres, et fixées par leur base sur un axe commun, comme dans le pin. — Moule de fer fondu en forme conique.

CONEPATE, subst. mas. (*konepate*), t. d'hist. nat., moufette dont le dos présente six raies blanches.

CONESSI, subst. mas. (*konèceci*), sorte d'écorce.

CONFABULATEUR, subst. mas. (*konfabulateur*), celui qui s'entretient familièrement et plaisamment. — Conteur de *fables*. Presque hors d'usage.

CONFABULATION, subst. fém. (*konfabulâcion*) (en lat. *confabulatio*), entretien familier et plaisant.

CONFABULÉ, part. pass. de *confabuler*.

CONFABULER, v. neut. (*konfabulé*) (du latin *confabulari*, fait, dans le même sens, de *cum*, avec, ensemble, et de *fabulari*, causer, converser), s'entretenir ensemble. Ce mot et les deux précédents ne sont plus guère en usage.

CONFALON, subst. mas. (*konfalon*), confrérie établie par quelques citoyens romains, ou, selon d'autres, par Clément IV en 1264 ou 1267. Le but principal de cette sainte association fut de délivrer les chrétiens captifs chez les Sarrasins. Elle prit son nom du mot italien *confalone*, qui signifie un étendard, une bannière, à cause de la bannière qu'elle portait, et sur laquelle était représentée la sainte Vierge, sous la protection de laquelle cette confrérie se mit. Saint Bonaventure régla les prières que les confrères devaient réciter. Grégoire XIII la confirma en 1576.

CONFARRÉATION, subst. fém. (*konfareré-âcion*) (en lat. *confarreatio*, formé, avec la même signification, de *cum*, avec, ensemble, et *far, faris*, sorte de blé ou de farine), t. d'hist. anc., cérémonie romaine qui consistait à faire manger, dans les mariages, d'un même gâteau de pur froment au mari et à la femme; ce qui, dans la suite, n'eut plus lieu qu'au mariage des prêtres. La *confarréation* était la plus sacrée des trois manières de contracter le mariage usitées chez les anciens Romains. Le grand pontife et le *flamen dialis* unissaient, joignaient, mariaient l'homme et la femme avec du froment et un gâteau salé. C'est ce qu'en dit *Servius* sur le premier livre des *Géorgiques*. *Ulpien* (cap. 9, *Instit.*) nous apprend qu'on y offrait un pain de pur froment, et que l'on prononçait une certaine formule en présence de dix témoins. *Denys d'Halicarnasse* ajoute que le mari et la femme mangeaient du même pain de froment, et qu'on en jetait sur les victimes. (Voy. *Vigenère*, *Tite-Live*, tome 1, page 968.)

CONFECTEUR, subst. mas. (*confèkteur*) (du lat. *confector*, fait dans le sens de *conficere bestias*, tuer les bêtes), dans l'ancienne Rome, gladiateur qui combattait contre les bêtes dans l'amphithéâtre. On le nommait aussi *bestiaire*. — Celui qui achève, qui termine, qui met fin à une chose. Tout-à-fait inusité dans ce second sens, quoiqu'il se trouve dans *Boiste*, et dans *Raymond*, son fidèle copiste.

CONFECTION, subst. fém. (*konfèkcion*) (en lat. *confectio*), action de *confectionner*. — Achèvement: *la confection d'un chemin; jusqu'à parfaite et entière confection*. — En t. de pratique, action de faire: *confection d'un papier terrier, d'un inventaire*. — Administrativement parlant: *la confection des listes électorales*, leur composition achevée. — En t. de pharm., composition faite de plusieurs drogues: *confection d'hyacinthe, d'alkermès*.

CONFECTIONNAIRE, adj. des deux genres (*konfèkcionère*), qui *confectionne*.

CONFECTIONNÉ, part. pass. de *confectionner*.

CONFECTIONNER, v. act. (*konfèkcioné*), former; faire; achever. — *Confectionner un habit*, tailler et coudre un habit, le rendre prêt à être mis, à être porté: *dans ce magasin on confectionne un habillement en trente heures*. — *se* CONFECTIONNER, v. pron.

CONFECTIONNEUR, subst. mas.; au fém. **CONFECTIONNEUSE** (*konfèkcioneur, neuze*), celui, celle qui *confectionne*: *confectionneur d'habits*, etc.

CONFECTIONNEUSE, subst. fém. Voy. CONFECTIONNEUR.

CONFÉDÉRATEUR, subst. mas.; au fém. **CONFÉDÉRATRICE** (*konfédérateur, trice*), celui, celle qui forme ou établit une *confédération*.

CONFÉDÉRATIF, adj. mas., au fém. **CONFÉDÉRATIVE** (*konfédératife, tive*), qui appartient à la *confédération*; où il y a *confédération*: *traité confédératif; forme de gouvernement confédérative*.

CONFÉDÉRATION, subst. fém. (*konfédérâcion*) (en lat. *confœderatio*, fait, dans la même acception, de *fœdus, fœderis*, traité, alliance), alliance, ligue. Voy. ALLIANCE. — Union d'intérêt et d'appui contractée avec des conventions particulières entre des états, des peuples, des villes, des citoyens libres; telle est *la confédération suisse, la confédération germanique; confédération redoutable; s'unir par une confédération; renouveler, rompre, dissoudre une confédération*. — Autrefois on a appelé *confédérations*, certaines ligues que formaient entre eux quelques sujets mécontents, comme celle de la Pologne.

CONFÉDÉRATIVE, adj. fém. Voy. CONFÉDÉRATIF.

CONFÉDÉRÉ, E, part. pass. de se *confédérer*, et adj., *peuples, états confédérés*. — Il est aussi substantif: *abandonner ses confédérés*.

se **CONFÉDÉRER**, v. pron. (*cekonfédéré*), se liguer, se joindre ensemble: *l'armée de Pologne se confédéra*. Voy. CONFÉDÉRATION.

CONFÉRÉ, E, part. pass. de *conférer*.

CONFÉRENCE, subst. fém. (*konférance*) (du lat. *conferre, confero*, pris dans le sens de *comparer, mettre en parallèle*, et de *s'entretenir*), comparaison de deux choses pour voir en quoi elles conviennent et en quoi elles diffèrent: *conférence des costumes, des textes, des ordonnances*, etc. En ce sens, il ne se dit guère qu'au palais, et en quelques occasions parmi les savants. — Réunion d'avocats et d'étudiants dans laquelle on discute des questions de droit, etc. — Entretien de deux ou de plusieurs personnes sur quelque affaire ou matière sérieuse: *entrer en conférence; les conférences pour la paix; grande, longue conférence; nouer, renouer, tenir, rompre une conférence*. — Assemblée d'étudiants sous la présidence d'un maître, ou même de l'un d'eux, pour repasser ce qu'ils ont appris: *maître de conférences*. — Assemblée dans laquelle on traite des affaires ecclésiastiques. On donne le même nom aux discours en forme de dissertation, qui en sont le résultat: *conférence d'Angers, de Paris*, etc. — Instruction religieuse, le plus souvent dogmatique, qui se fait à deux, et dans laquelle celui qui pose les objections s'appelle l'*avocat du diable*.

CONFÉRENCIAIRE, adj. des deux genres (*konférancière*), mot nouveau écrit *conférentiaire* dans *Boiste*, mais à tort; translatif, attributif de propriété.

CONFÉRENCIER, subst. mas. (*konférancié*), celui qui préside à une *conférence*, qui propose les matières et qui les explique. Peu usité.

CONFERENTES, subst. propre mas. plur. (*konféreintèce*), myth., dieux incubes qui paraissaient en forme de phallus. Mot tout latin.

CONFÉRER, v. act. (*konféré*) (du lat. *conferre*), comparer: *conférer des lois, des coutumes, des manuscrits, des passages; conférer un auteur avec un autre*. En ce sens, il ne se dit guère qu'au palais et parmi les savants. — En t. d'imprim., voy. COLLATIONNER. — Donner, en parlant d'un bénéfice, d'une dignité ecclésiastique: *conférer un bénéfice; les rois de la race mérovingienne conféraient, de leur seule autorité, les évêchés; il a droit de conférer ce bénéfice*. — En t. de théologie chrétienne, donner, accorder: *les sacrements confèrent la grace*. — V. neut. (du lat. *conferre*, s'entretenir), parler, raisonner ensemble de quelque affaire, de quelque point de doctrine: *nous avons conféré ensemble; ils ont conféré de leurs affaires communes; on a longtemps conféré sur la paix, sur cette matière*. — CONFÉRER, DÉFÉRER. (*Syn.*) On dit l'un et l'autre en parlant des dignités et des honneurs que l'on donne. *Conférer* est un acte d'autorité: c'est l'exercice du droit dont on jouit: *conférer les ordres sacrés; conférer l'autorité royale, une autorité paternelle à quelqu'un*. *Déférer* est un acte d'honnêteté: c'est une préférence que l'on accorde au mérite. Quand la conjuration de Catilina fut éventée, les Romains, convaincus du mérite de Cicéron, et du besoin qu'ils avaient alors de ses lumières et de son zèle, lui *déférèrent* unanimement le consulat; ils ne firent que le *conférer* à Antoine.

CONFÉREUR, subst. mas. (*konféreur*). Ce terme manque dans l'imprimerie. Ce que nous entendons ici par *conféreur*, c'est le correcteur chargé dans une imprimerie de *conférer*, de *collationner* les dernières épreuves avec le manuscrit original, ou avec les épreuves qui ont précédé, afin de vérifier si les corrections indiquées ont été scrupuleusement, exactement exécutées. C'est le dernier travail, du moins relatif à la composition, qui doit précéder le tirage.

CONFERVE, subst. fém. (*konfèreve*), t. de bot., production végétale qui croît dans les eaux. Elle est composée de filets verts dont l'entrelacement forme un réseau. Les botanistes la rangent dans la famille des algues. Anciennement, on a regardé les *conferves* comme des végétaux vivant dans les eaux douces ou salées, tels que les ulves et les varecs; depuis, quelques naturalistes ont cru qu'on pouvait en considérer quelques espèces comme des animaux imparfaits, voisins des polypes, c'est-à-dire, comme des êtres qui liaient les animaux aux végétaux; enfin l'on s'est assuré, par des expériences certaines, que les *conferves* appartiennent au règne végétal.

CONFESSE (À) (*akonfèce*), loc. adv., et non pas subst. sans aucun genre, comme l'indique faussement l'*Académie*. Ce qui nous choque, ce n'est pas qu'on en ait fait un *subst.*, mais de voir déclarer qu'*il n'a point de genre*, et qu'il ne s'emploie que précédé de l'une des prépositions *à* ou *de*. Disons donc que l'expression *à confesse* est une véritable loc. adv., afin de ne point tomber dans le défaut mille fois déjà trop commun des créations de difficultés inutiles: *aller à confesse*, c'est moins *aller à la confession* qu'*aller se confesser*; il y a une grande différence, selon nous, entre l'acte et le but; et c'est ce que nous tenions à éclaircir.

CONFESSÉ, E, part. pass. de *confesser*. — Prov., *une faute confessée est à demi pardonnée*, une faute qu'on avoue en devient plus pardonnable. — *Un homme est mort bien confessé*, quand, avant de mourir, il s'est *confessé*, et a reçu les sacrements dans les dispositions d'un bon chrétien.

CONFESSER, v. act. (*konfécé*) (en lat. *confiteri*), avouer : *confesser la vérité, sa faute ; se confesser vaincu; je confesse avoir reçu de...; je vous confesse que j'ai tort.* — Déclarer ses péchés à un prêtre : *confesser ses péchés.* — Entendre en *confession* : *il confesse un grand nombre de personnes* ; et absolument : *il confesse bien.* — *Confesser Jésus-Christ*, faire profession publique de la foi en *Jésus-Christ*. — Prov., *confesser la dette*, avouer qu'on a tort. — *C'est le diable à confesser*, ce qui reste à faire d'une chose est le plus difficile. — *se* CONFESSER, v. pron., dire ses péchés à un prêtre qui a le pouvoir de les ouïr et de les absoudre. — Prov., *se confesser au renard*, faire confidence d'une affaire à un homme qui a intérêt de la traverser.

CONFESSEUR, subst. mas. (*konféceur*) (en lat. *confessor*), prêtre qui *confesse*, qui a le pouvoir de *confesser* : *confesseur indulgent, sévère ; les confesseurs des rois ont souvent gouverné les états.* — Celui qui *confesse* le nom de *Jésus-Christ* malgré les tourments : *ce saint n'est pas martyr ; il n'est que confesseur.* On pourrait, selon nous, en ce sens, dire *confesseuse* au fém.

CONFESSION, subst. fém. (*konfécion*) (en lat. *confessio*), aveu, déclaration qu'on fait de quelque chose : *vous demeurez d'accord par votre propre confession que...* — *La confession d'un criminel*, ce qu'il *confesse* devant le juge. Voy. AVEU. — On appelle *confession judicielle*, la *confession* faite en jugement, et *confession extra-judicielle*, celle qui est faite hors jugement, comme, par exemple, devant notaire. — *Diviser la confession*, c'est, en t. de jurispr., n'admettre dans l'aveu d'un coupable que ce qu'il est convenable d'en admettre. — Déclaration de ses péchés à un prêtre approuvé, ou même à Dieu seul. C'est une des parties du sacrement de pénitence. — *Confession publique*, celle qui se faisait à haute voix ; et *confession auriculaire*, celle que l'on fait à l'oreille d'un prêtre : on entend par *confession générale*, la *confession* de tous les péchés de la vie. — *Billet de confession*, attestation qu'un prêtre a entendu le porteur en *confession*. — Nom d'une figure de rhétorique. — *Confession de foi*, déclaration de ce que l'on croit en matière de religion. On dit plutôt *profession de foi*. — Différents auteurs ont donné à des *mémoires* sur leur propre vie le titre de *confession* : *les Confessions de saint Augustins, de J.-J. Rousseau.* — *Confier une chose à quelqu'un sous le sceau de la confession*, à condition qu'il gardera le secret aussi inviolablement qu'un *confesseur*. — *On lui donnerait le bon Dieu sans confession*, il a l'air si bon, la mine si prévenante, qu'on ne saurait soupçonner qu'il y ait chez lui le moindre germe d'hypocrisie. — *Confession d'Augsbourg*, les vingt-huit articles de croyance rédigés par le luthérien *Mélanchton*, et présentés à l'empereur *Charles-Quint*, à Augsbourg, en 1530.

CONFESSIONNAL, subst. mas. ; au plur. CONFESSIONNAUX (*konfécional, nô*), siège en menuiserie où se met le prêtre pour entendre les *confessions*. Les convenances auraient dû, ce nous semble, empêcher l'*Académie* de définir ce siège par le mot *niche*.

CONFESSIONNAUX, subst. mas. plur. Voy. CONFESSIONNAL.

CONFESSIONNISTE, subst. des deux genres (*konfécionicete*), t. de religion catholique, nom qu'on donne aux luthériens qui suivent la *confession* d'Augsbourg.

CONFIANCE, subst. fém. (*konfiance*) (en lat. *confidentia*), espérance qu'on a, soit en Dieu, soit en ses saints. — Espérance qu'on a en une personne, en une chose. — Assurance qu'on a en quelque chose qui peut nous servir et nous aider. — Assurance qu'on a de la discrétion, de la probité, du zèle, de l'amitié de quelqu'un, et qui fait qu'on se *fie* à lui, qu'on se repose sur lui. — Liberté honnête qu'on prend en certaines occasions : *aborder quelqu'un avec confiance.* — Hardiesse, assurance : *aller au combat, parler en public, braver les dangers avec confiance.* — Présomption : *cet homme a des airs de confiance ; il est plein de confiance ; la confiance de plaire est souvent un moyen de déplaire.* — On dit activement : *j'ai de la confiance en cette personne*, je me *confie* à elle ; et passivement : *j'ai la confiance de cette personne* ; elle a *confiance* en moi. — *Homme, personne de confiance*, en qui l'on se *confie*. — *Abus de confiance*, voy. ABUS. — *Fénelon* a dit (*Télémaque*, liv. XIV) : *bientôt Mentor et lui* (Philoclès) *furent dans la même confiance que s'ils avaient passé leur vie ensemble*, pour : *eurent l'un en l'autre la même confiance.* Cette expression est peu régulière.

CONFIANT, E, adj. (*konfian, fiante*) (en lat. *confidens*), qui espère aisément, qui prend aisément *confiance* : *si vous êtes si confiant, vous serez souvent dupe.* — Présomptueux : *il a l'air confiant ; l'ignorance est confiante et crédule à la fois.*

CONFIDEMMENT, adv. (*konfidaman*), en *confidence*.

CONFIDENCE, subst. fém. (*konfidance*), communication qu'on donne ou qu'on reçoit d'un secret : *être dans la confidence de quelqu'un, entrer dans sa confidence ; parler en confidence ; faire une confidence à quelqu'un.* — *J.-B. Rousseau* (ode 6, liv. 1) a employé ce mot dans le sens de *confiance* ; c'est un sacrifice qu'il a fait à la richesse de la rime. *Rollin*, dans son *Histoire ancienne*, a fait la même faute, sans avoir la même excuse. — On appelle *fausse confidence* une chose fausse que l'on dit en secret à quelqu'un dans le dessein de le tromper. — Possession d'un bénéfice sous le nom d'un autre, lequel a le titre sans jouir des fruits. — *En confidence*, loc. adv., secrètement, sous le secret ; on dit aussi *par confidence*.

CONFIDENT, E, subst. (*konfidan, dante*), celui, celle à qui on découvre ses secrets. On trouve dans *Racine* (Britannicus) *confident* employé pour *interprète* :

D'un geste *confident* de notre intelligence.

— *Confident, confidente* se dit, au théâtre, de certains personnages subalternes des tragédies, auxquels le poëte donne plus ou moins de part à l'action et au dialogue, et qui communément sont chargés des récits : *jouer les confidents.* — Fig. : en parlant des bois : *ces confidents de mes plaisirs ; la nature a, comme les rois, beaucoup d'observateurs et peu de confidents.*

CONFIDENTIAIRE, subst. des deux genres (*konfidencière*), celui, celle qui garde un bénéfice pour un autre. — On l'employait aussi adjectivement : *un ecclésiastique confidentiaire.*

CONFIDENTIEL, adj. mas., au fém. CONFIDENTIELLE, (*konfidancièle*), qui se dit en *confidence*, par opposition à ce qui se dit officiellement : *note, lettre confidentielle.*

CONFIDENTIELLEMENT, adv. (*konfidancièleman*), d'une manière *confidentielle*.

CONFIDENTISSIME, subst. mas. (*konfidanticecime*), mot employé par le cardinal de Retz pour exprimer *confident* intime. Hors d'usage.

CONFIÉ, E, part. pass. de *confier*.

CONFIER, v. act. (*konfié*) (en lat. *confidere*), commettre quelque chose à la fidélité, à la discrétion ou aux soins de quelqu'un : *confier un dépôt, un secret, une place, l'éducation de son fils*, etc. — Fig., se dit des choses que l'on expose à des chances heureuses ou malheureuses : *confier la semence à la terre : c'est un secret qu'il serait dangereux de confier au papier : confier sa fortune au hasard.* — *se* CONFIER, v. pron., s'assurer, prendre confiance en..., faire fond sur....., *se confier en Dieu, en ses amis...* — *Se fier à ...*, avec cette différence que *se confier* ne désigne guère que faire une *confidence*, et que *se fier*, c'est proprement avoir de la confiance : *les jeunes gens se confient leurs intrigues sans s'estimer ; on estime toujours ceux à qui l'on se fie.*

CONFIGURATION, subst. fém. (*konfiguracion*) en lat. *configuratio*, fait de *configurare*, donner, faire prendre la figure), forme extérieure des corps, qui leur donne une figure particulière : *la différente configuration de la terre, des corps ; la configuration des crystaux salins.* — Il se dit surtout en physique et en chimie des parties insensibles qui, par leur ténuité, échappent à la vue ordinaire. — En astron., situation des planètes les unes par rapport aux autres.

CONFIGURÉ, E, part. pass. de *configurer*.

CONFIGURER, v. act. (*konfiguré*) (rac. *figure*), *figurer* ensemble. — *se* CONFIGURER, v. pron. Très-peu usité.

Confîmes, 1re pers. plur. prét. déf. du verbe irrégulier CONFIRE.

CONFIN. Voy. CONFINS.

CONFINÉ, E, part. pass. de *confiner*.

CONFINER, v. neut. (*konfiné*) (du lat. *confinis*, limitrophe, sur les *confins*), avoir des *confins*, des bornes qui tiennent et aboutissent à quelque terre ou contrée : *la France confine avec ou à l'Espagne.* — V. act., reléguer dans un certain lieu : le donner pour *confins*, pour limites : *confiner dans une prison, dans un désert, parmi les bêtes sauvages.* — *se* CONFINER, v. pron., se retirer en quelque lieu éloigné, dans une solitude.

CONFINS, subst. mas. plur. (*konfein*) (en lat. *confine* ou *confinum*, qui est fait de *cum*, avec, ensemble, et *finis*, fin, borne, limite), limites, extrémités d'un pays ; et fig., *les confins d'une juridiction.* — *Dans les confins de la terre*, dans les lieux les plus reculés du monde.

DU VERBE IRRÉGULIER CONFIRE :

Confira, 3e pers. sing. fut. abs.
Confirai, 1re pers. sing. fut. abs.
Confiraient. 3e pers. plur. prés. cond.
Confirais, précédé de *je* 1re pers. sing. prés. cond.
Confirais, précédé de *tu*, 2e pers. sing. prés. cond.
Confirait, 3e pers. sing. prés. cond.
Confiras, 2e pers. sing. fut. abs.

CONFIRE, v. act. (*konfire*) (du lat. *conficere*, faire avec, fabriquer, préparer, formé de *cum*, avec, et *facere*, faire. *Ménage, Caseneuve*, etc.), accommoder des fruits avec du sucre et du miel, etc., ou avec du sel et du vinaigre. — En t. de pelleterie, accommoder les peaux avec de l'eau, du sel et de la farine. L'imparf. du subj. de ce verbe n'est guère en usage ; c'est pour cela qu'on ne le trouve pas dans notre nomenclature ; au lieu de dire : *je voudrais que vous confissiez ces fruits*, on dit mieux : *que vous fissiez confire.* — *se* CONFIRE, v. pron.

DU VERBE IRRÉGULIER CONFIRE :

Confirent, 3e pers. plur. prét. déf.
Confirez, 2e pers. plur. fut. abs.
Confiriez, 2e pers. plur. prés. cond.
Confirions, 1re pers. plur. prés. cond.

CONFIRMATIF, adj. mas., au fém. CONFIRMATIVE (*konfirmatif, tive*), qui *confirme* : *arrêt confirmatif, sentence confirmative.*

CONFIRMATION, subst. fém. (*konfirmacion*) (en lat. *confirmatio*), ce qui rend une chose *ferme* et stable : *confirmation d'une sentence, d'une promesse*, etc. — C'est l'acte par lequel on *confirme* un acte précédemment passé, et par lequel on consent à son exécution. — Nouvelle et plus expresse assurance d'une chose déjà débitée comme vraie : *cette nouvelle mérite confirmation.* — Celui des sacrements de l'Église qui nous communique le Saint-Esprit, et nous *confirme* dans la foi. — T. de rhét., la partie d'un discours dans laquelle on déduit les preuves de ce que l'on a avancé, en les présentant dans l'ordre et sous le point de vue les plus capables de persuader.

CONFIRMATIVE, adj. fém. Voy. CONFIRMATIF.

CONFIRMÉ, E, part. pass. de *confirmer*.

CONFIRMER, v. act. (*konfirmé*) (du lat. *confirmare* qui a les mêmes significations, dérivé de *firmus*, ferme), rendre plus *ferme*, plus stable, affermir : *confirmer un droit, un privilège ; je l'ai confirmé dans sa résolution ; ce miracle le confirma dans la foi.* — T. de jurispr., déclarer qu'un acte est valable : *une donation, un testament sont confirmés* par l'acquiescement que l'on donne à leur exécution. Lorsqu'il y a appel d'un jugement, le juge supérieur le *confirme* ou l'*infirme*. — En t. de man., achever de dresser un cheval aux airs du manège. — Donner de nouvelles assurances d'une chose : *confirmer une nouvelle.* — Apporter de nouvelles preuves : *il a confirmé cette vérité par de grandes autorités.* — Administrer le sacrement de *confirmation*. — Trivialement : *confirmer quelqu'un*, lui donner un soufflet. — *se* CONFIRMER, v. pron., se rendre plus certain, plus assuré, plus ferme : *cette nouvelle se confirme.*

DU VERBE IRRÉGULIER CONFIRE :

Confirons, 1re pers. plur. fut. abs.
Confiront, 3e pers. plur. fut. abs.
Confis, précédé de *je*, 1re pers. sing. prés. indic.
Confis, précédé de *tu*, 2e pers. sing. prés. indic.
Confis, précédé de *je*, 1re pers. sing. prét. déf.
Confis, précédé de *tu*, 2e pers. sing. prét. déf.
Confisaient, 3e pers. plur. imparf. indic.
Confisais, précédé de *je*, 1re pers. sing. imparf. indic.
Confisais, précédé de *tu*, 2e pers. sing. imparf. indic.
Confisait, 3e pers. sing. imparf. indic.
Confisant, part. prés.

CONFISCABLE, adj. des deux genres (*konficekable*), qui peut être *confisqué*.

CONFISCANT, adj. mas. (*konficekan*), t. de palais, sur qui il peut échoir *confiscation*. Vieux et même suranné.

CONFISCATION, subst. fém. (*konficecâcion*), action de *confisquer*. Les effets de cette action : *biens confisqués*.

DU VERBE IRRÉGULIER CONFIRE :

Confise, précédé de *que je*, 1re pers. sing. prés. subj.
Confise, précédé de *qu'il* ou *qu'elle*, 3e pers. sing. prés. subj.
Confisent, précédé de *ils* ou *elles*, 3e pers. plur. prés. indic.
Confisent, précédé de *qu'ils* ou *qu'elles*, 3e pers. plur. prés. subj.

CONFISERIE, subst. fém. (*konfizeri*), état, profession, magasin d'un *confiseur*. Ce terme est peu usité.

Confises, 2e pers. sing. prés. subj. du verbe irrégulier CONFIRE.

CONFISEUR, subst. mas., au fém. CONFISEUSE (*konfizeur, zeuze*), celui, celle qui fait et vend des choses *confites*.

CONFISEUSE, subst. fém. Voy. CONFISEUR.

DU VERBE IRRÉGULIER CONFIRE :

Confisez, 2e pers. plur. impér.
Confisez, précédé de *vous*, 2e pers. plur. prés. indic.
Confisiez, précédé de *vous*, 2e pers. plur. imparf. indic.
Confisiez, précédé de *que vous*, 2e pers. plur. prés. subj.
Confisions, précédé de *nous*, 1re pers. plur. imparf. indic.
Confisions, précédé de *que nous*, 1re pers. plur. prés. subj
Confisons, 1re pers. plur. impér.
Confisons, précédé de *nous*, 1re pers. plur. prés. indic.

CONFISQUÉ, E, part. pass. de *confisquer*, et adj. — Fig. et fam. : *c'est un homme confisqué*, dont la santé est désespérée ou la fortune ruinée.

CONFISQUER, v. act. (*konficeké*), adjuger au *fisc* pour cause de crimes, de contravention, etc. — S'emparer, en parlant des particuliers. — *se* CONFISQUER, v. pron.

CONFIT, subst. mas. (*konfi*), cuve dans laquelle on met *confire* les peaux. — Excrément du chien délayé dans de l'eau tiède.

CONFIT, E, part. pass. de *confire*, et adj. : *abricot confit ; poire confite*. — *Fruits confits sur l'arbre*, extrêmement mûrs et cuits par le soleil.— Fig. et fam. : *confit en dévotion, confit en malice*, rempli de dévotion, de malice. — Fam. : *c'est un homme confit*, il est perdu, ruiné.

DU VERBE IRRÉGULIER CONFIRE :

Confit, précédé de *il* ou *elle*, 3e pers. sing. prés. indic.
Confit, précédé de *il* ou *elle*, 3e pers. sing. prét. déf.

CONFITEOR, subst. mas. (*konfitéor*), mot purement latin ; c'est la prière qu'on fait avant de se *confesser*, à la messe et en d'autres occasions, et dans laquelle on *confesse* qu'on a péché : *dire son confiteor*.—Au plur., des *confiteor*.

CONFITURE, subst. fém. (*konfiture*), fruits *confits ;* racines *confites*. Le pluriel est le plus usité : *des confitures de poires, d'abricots*, etc.

CONFITURERIE, subst. fém. (*konfitureri*), art du *confiseur*. — Lieu où l'on fait, où l'on conserve les *confitures*.

CONFITURIER, subst. mas., au fém. CONFITURIÈRE (*konfiturié, rière*), celui, celle qui vend des *confitures*. On dit plus généralement *confiseur*.

CONFITURIÈRE, subst. fém. Voy. CONFITURIER.

CONFLAGRATION, subst. fém. (*konflaguerâcion*) (en lat. *conflagratio*), t. didactique, embrasement général. Il est peu usité, et ne se dit guère que dans ces phrases : *la conflagration d'une planète, du globe terrestre*, etc. — Fig., *conflagration politique*, commotion générale.

CONFLAN et **CONFLANT**, subst. mas. (*konflan*), confluent. Ce mot est vieux. Il est resté comme nom propre à quelques villes, bourgs et villages, situés sur le confluent de deux rivières. Voy. le mot suivant, dont l'orthographe est la plus usitée.

CONFLANS, subst. propre mas. (*konflan*), ville de France, chef-lieu de canton, arrond. de Briey, dép. de la Moselle. — Il y a deux villages de ce nom près Paris, l'un sur la Seine et l'autre sur la Marne.

CONFLE, subst. mas. (*konfle*), t. de comm., nom qu'on donne dans quelques endroits à une balle de poivre lourd.

CONFLIT, subst. mas. (*konfli*) (du lat. *conflictus*, fait, dans le même sens, de *confligere*, se choquer, heurter), combat, choc. En ce sens il est vieux : *le conflit des deux armées fut terrible*. — Fig. : *le conflit des passions*. — En t. de droit, c'est, dit le *Dict. de Législation usuelle*, par M. DE CHABROL-CHAMÉANE, une contestation élevée entre plusieurs autorités dont chacune veut s'attribuer la connaissance d'une affaire. On a aussi donné ce nom à la difficulté qui se présente lorsque deux autorités se sont déclarées incompétentes pour connaître d'une affaire. Dans le premier cas, le *conflit est positif ;* dans le second, il est *négatif*. Le *conflit positif* ou *négatif* entre deux tribunaux s'appelle *conflit de juridiction*, Il est porté devant un tribunal supérieur.

CONFLUÉ, part. pass. de *confluer*.

CONFLUENT, subst. mas. (*konflu-an*) (du latin *confluens*, fait, avec la même signification, de *confluere*, couler ensemble, lequel est formé de *cum*, avec, ensemble, et de *fluere*, couler), jonction de deux rivières.

CONFLUENT, E, adj. (*konflu-an, ante*), se dit en bot. des feuilles qui se joignent ensemble par leur base. — En t. de médec. : *petite vérole confluente*, extrêmement abondante, et dont les grains se touchent.

CONFLUER, v. neut. (*konflu-é*) (en latin *confluere*), couler ensemble. Il se dit de deux rivières qui, après s'être réunies dans le même lit, confondent leurs eaux de manière qu'elles coulent ensemble sans qu'on puisse les distinguer : *la Seine conflue avec la Marne*.

CONFOLENS, subst. propre mas. (*konfolan*), ville de France, chef-lieu d'arrond., dép. de la Charente.

CONFONDRE, v. act. (*konfondre*) (en lat. *confundere*), mêler ensemble, brouiller de telle sorte qu'on ne reconnaisse plus. — Ne pas faire distinction entre une personne et une autre : *il ne faut pas confondre l'innocent avec le coupable*. — Se méprendre, prendre l'un pour l'autre : *vous confondez un nom avec un autre : vous confondez Aristote avec Platon*. — Convaincre en causant de la honte : *cette preuve a de quoi le confondre*. —Troubler, abattre, couvrir de honte : *Dieu se plaît à confondre l'orgueil des superbes*. — *Vos louanges me confondent*, sont excessives et outrées. — *se* CONFONDRE, v. pron., se nuancer. — *Se confondre en excuses, en remercîments*, les multiplier à l'excès. Fam.

CONFONDU, E, part. pass. de *confondre*.

CONFORMALISTE, subst. des deux genres (*konformalicete*). Voy. CONFORMISTE, qui seul se dit.

CONFORMATION, subst. fém. (*konformâcion*) (en latin *conformatio*, dérivé, dans le même sens, de *forma*, forme. Voy. CONFORME.), constitution et proportion naturelle des parties d'un corps. — Manière dont une chose est formée. — En t. de chir., *vice de conformation*, ce qu'il y a de défectueux dans la disposition des parties du corps ; et *maladie de conformation*, une maladie qui provient du mauvais arrangement de ces parties. — Établissement, réduction des os fracturés.

CONFORME, adj. des deux genres (*konforme*) (en latin *conformis*, dérivé du grec συμμορφος, qui signifie la même chose, et qui est composé de συν, avec, et de μορφη, en dorique μορφα, dont on a fait en latin *forma*, forme, par métathèse), qui a la même forme, qui est semblable, qui ressemble : *copie conforme à l'original*. — *Pour copie conforme*, formule qui se met au bas d'un acte certifié véritable, et *conforme* à l'original. — Qui a de la *conformité*, du rapport : *son habit n'est pas conforme à sa profession, ses mœurs le sont encore moins*. Il ne se dit que des choses, et non des personnes. C'est une faute qu'a souvent faite *Pascal* dans les *Lettres Provinciales*, si purement écrites d'ailleurs : *dites-moi, je vous prie, mon père, en quoi vous êtes conforme aux jésuites*. (Lettre deuxième.)

CONFORMÉ, E, part. pass. de *conformer*, et adj. — *Corps bien* ou *mal conformé*, dont la *conformation* naturelle est bonne ou mauvaise.

CONFORMÉMENT, adv. (*konforméman*), d'une manière *conforme* : *vivre conformément à son état ; j'ai agi conformément à vos intentions*.

CONFORMER, v. act. (*konformé*) (en lat. *conformare*), rendre *conforme*. — *se* CONFORMER, v. pron., se rendre *conforme* : *se conformer aux inclinations, à la manière de vivre de quelqu'un*. — Se soumettre : *se conformer aux ordres de la Providence*.

CONFORMISTE, subst. des deux genres (*konformicete*), celui qui fait profession de la religion dominante en Angleterre. On appelle *non-conformistes* tous ceux qui sont d'une autre communion.

CONFORMITÉ, subst. fém. (*konformité*) (en lat. *conformitas*), rapport entre les choses *conformes ; conformité d'humeurs, de sentiments, d'inclinations*. — Soumission : *conformité à la volonté de Dieu*. Il ne se dit que dans cette phrase. — En Angleterre on appelle *non-conformité*, une différence dans le culte de la religion, un refus de se soumettre à la discipline et aux cérémonies de l'Eglise anglicane. — *en* CONFORMITÉ, loc. adv., *conformément à... : j'ai agi en conformité de ce que vous m'avez mandé ;* ou, absolument et sans régime, mais en vieux style : *j'ai agi en conformité*.

CONFORT, subst. mas. (*konfor*), vieux mot qui signifiait consolation, secours, assistance.

CONFORTABLE, adj. des deux genres (*konfortable*), qui *conforte*, *confortatif*. — Bon, convenable, satisfaisant : *nourriture, habitation confortable*. Ce mot est emprunté de l'anglais.

CONFORTANT, E, adj. (*konfortan, tante*), même signification que *confortatif*, comme adj. et comme subst. Voy. CONFORTATIF.

CONFORTATIF, adj. et subst. mas. ; au fém. adj. seulement CONFORTATIVE (*konfortatif, tive*), qui *fortifie*, qui donne de la vigueur : *remède confortatif ;* ou substantivement, au mas. : *un confortatif*.

CONFORTATION, subst. fém. (*konfortâcion*) (du lat. *confortare*, corroborer, *conforter*), corroboration : *un estomac affaibli a besoin de confortation*.

CONFORTATIVE, adj. fém. Voy. CONFORTATIF.

CONFORTÉ, E, part. pass. de *conforter*.

CONFORTER, v. act. (*konforté*) (en lat. *confortare*, fait, dans la même signification, de *fortis*, fort), *fortifier*, rendre plus *fort* : *conforter les nerfs, l'estomac, le cœur*. Inus. — Encourager : en ce sens, il est vieux, et ne s'emploie plus que dans le style badin ou critique. — *se* CONFORTER, v. pron. Peu en usage ; on dit plus souvent *se reconforter*.

CONFRATERNEL, adj. mas. ; au fém. CONFRATERNELLE (*konfratèrenèle*) (du lat. *cum*, avec, et *fraternus*, de frère), t. de palais, de *confrère* : *sentiments confraternels*. L'*Académie* ne donne pas cet adj.

CONFRATERNITÉ, subst. fém. (*konfratèrenité*) (du lat. *cum*, avec, ensemble, et *fraternitas*, fraternité), relation entre *confrères ;* qualité de *confrère*.

CONFRÈRE, subst. des deux genres, quoique l'*Académie* ne donne à ce mot que le genre mas. (*konfrère*) (du lat. *cum*, avec, et du grec φρατρια, compagnie, association), membre d'un même corps, d'une même compagnie. Il se dit plus particulièrement de personnes associées pour quelque œuvre de piété. Voy. CONFRÉRIE. — CONFRÈRE, COLLÈGUE, ASSOCIÉ. (*Syn.*) Les *confrères* sont les membres d'un même corps, soit politique, soit religieux ; les *collègues* travaillent à la même opération ; les *associés* ont un objet commun d'intérêt. Voy. COLLÈGUE.

CONFRÉRIE, subst. fém. (*konfréri*), compagnie de personnes associées pour quelque exercice de piété : *la confrérie du Saint-Sacrement, de Saint-Joseph*, etc.

CONFRICATION, subst. fém. (*konfrikâcion*) (en lat. *confricatio*, fait de *confricare*, frotter contre, lequel est formé de *cum*, avec, ensemble, et de *fricare*, frotter), t. de pharmacie, action de pulvériser, d'exprimer le jus, en frottant avec les doigts, etc.

CONFRONTATION, subst. fém. (*konfrontâcion*), action de *confronter*, de mettre en présence des témoins et un accusé. Il y a aussi la *confrontation* d'accusés les uns avec les autres. — Examen qu'on fait de deux écritures en les comparant ensemble, ou de deux passages que l'on confère l'un avec l'autre.

CONFRONTÉ, E, part. pass. de *confronter*.

CONFRONTER, v. act. (*konfronté*) (du lat. *cum*, avec, et *frons*, gén. *frontis*, front ; *mettre front à front*, en présence), comparer une chose avec une autre pour voir si elle est semblable : *confronter deux écritures, deux étoffes*. — Présenter à un accusé les témoins qui ont déposé contre lui ; leur faire faire lecture de leurs dépositions en présence de l'accusé, pour savoir s'ils y persistent, et prendre les défenses que l'accusé peut y opposer. — En t. de droit, confiner : *tel bois confronte à tel autre.* Vieux dans ce sens. — SE CONFRONTER, v. pron.

CONFUS, E, adj. (*konfu, fuze*) (en lat. *confusus*, part. pass. de *confundere*, confondre), confondu, brouillé, mêlé, que l'on n'entend pas bien distinctement : *assemblage confus, cris confus, amas confus.* — Obscur, embrouillé : *esprit confus, discours confus.* — Honteux, embarrassé, déconcerté, interdit. Il diffère de ces deux derniers mots en ce qu'un homme *confus* reconnaît son tort, ou donne de mauvaises raisons; un homme *déconcerté* en cherche et n'en trouve pas; un homme *interdit* garde le silence. — Incertain, dont on ne sait aucune particularité : *il court un bruit confus.* — En t. de jurispr., *droit confus*, confondu. Voy. CONFUSION.

CONFUSÉMENT, adv. (*konfuzéman*), d'une manière *confuse.*

CONFUSION, subst. fém. (*konfuzion*) (en latin *confusio*, fait, dans le même sens, de *confundere*, confondre), mélange *confus.* — Grande abondance de choses ou de personnes. — Désordre, trouble dans les choses morales : *la confusion des mots entraîne la confusion des idées.* — Ignominie; *on lui a fait une grande confusion.* — Honte, pudeur : *j'ai de la confusion de la peine que vous prenez.* — En jurisprudence, on appelle *confusion*, la réunion en une même personne des droits actifs et passifs qui concernent un même objet. — *Confusion de part*, s'est dit d'une femme remariée sur la fin du troisième mois de sa viduité, et qui accouche six mois et un jour après son second mariage : on ne peut en effet établir dans ce cas lequel du premier ou du second mari est le père de l'enfant. — EN CONFUSION, loc. adv., sans ordre : *ils marchaient en confusion.* — En abondance : *vous y trouverez de tout en confusion.* — À MA CONFUSION, À SA CONFUSION, loc. adv., à ma honte, à sa honte.

CONFUTATION, subst. fém. (*konfutâcion*). Inusité. Voy. RÉFUTATION.

CONFUTÉ, E, part. pass. de *confuter.*

CONFUTER, v. act. (*konfuté*) (en lat. *confutare*), détruire les arguments de son adversaire. Inusité. Voy. RÉFUTER.

CONGE, subst. mas. (*konje*) (en lat. *congius*), ancienne mesure grecque et romaine pour les liquides, contenant dix livres pesant. — En t. de forges, panier qui sert à transporter la mine.

CONGÉ, subst. mas. (*konjé*) (du lat. *comniatus*, dit, dans le moyen âge, pour *commeatus*, passeport, sauf-conduit, congé. *Ménage, Du Cange, Le Duchat*, etc.), permission de se retirer, de s'absenter : *donner, demander, avoir, prendre congé.* — Avec les pronoms possessifs *mon, son, leur*, il signifie l'action de renvoyer ou de s'en aller : *on lui a donné son congé; il a demandé, il a eu, il a pris son congé.* — On dit qu'*un domestique a demandé son congé*, pour dire qu'il a demandé à se retirer du service de son maître; qu'*un maître a donné à un domestique son congé*, pour dire qu'il l'a renvoyé. — Il se dit de la permission que l'on donne à quelqu'un de s'absenter pendant quelque temps : *il a obtenu de son maître un congé de huit jours.* — Dans le militaire, on appelle *congé* une permission donnée à un soldat de s'absenter de l'armée ou de quitter tout-à-fait le service : *demander, obtenir un congé; congé absolu, congé de semestre.* — *Congé*, en parlant de location, se dit d'une déclaration que le propriétaire ou le principal locataire d'une maison, d'une ferme, etc., fait à un locataire, à un fermier, etc., pour qu'il ait à vider les lieux au terme indiqué par ladite déclaration. — On appelle aussi *congé*, la déclaration que celui qui occupe les lieux fait au propriétaire ou principal locataire, pour le prévenir qu'il sortira à un tel terme : *donner congé verbalement; donner congé par écrit.* — Permission que doivent prendre les vaisseaux qui sortent des ports. — Anciennement, permission donnée à un marchand de faire un commerce exclusivement à d'autres : *congé pour la traite des castors.* — Permission que donnent les commis des barrières des villes pour enlever et laisser passer des marchandises dont on a payé les droits. — Exemption donnée aux écoliers d'aller certains jours en classe : *jour de congé.* — En t. de palais, règlement et ordonnance du juge qui renvoie absous le défendeur, lorsque le demandeur ne comparaît pas à l'assignation qu'il a fait donner au défendeur. — *Congé*, en termes de marine, se dit d'une permission de l'amiral ou de ses préposés de mettre des vaisseaux et autres bâtiments de mer à la voile, après que la visite en a été faite, et qu'il ne s'y est rien trouvé en contravention. — En t. d'archit., quart de rond qui va d'un petit filet ou carré, en se retirant pour gagner le nu d'une colonne, d'un mur ou d'une face. — *Congé d'encavement*, permission de mettre du vin dans une cave. — *Congé au mince*, permission que donnaient à Bordeaux les commis des fermes pour faire charger sur les vaisseaux les marchandises de détail. — *Prendre congé*, aller saluer, avant de partir, les personnes à qui l'on doit du respect; aller prendre leurs ordres. — *Audience de congé*, dernière audience publique donnée à un ambassadeur, ou à tout autre, avant son départ.

CONGÉABLE, adj. des deux genres (*konjé-able*), t. de coutume; *domaine congéable*, celui dans lequel le seigneur pouvait toujours rentrer. Et par extension, domaine affermé pour un temps illimité, mais dont le propriétaire peut réclamer la jouissance quand il lui plaît.

CONGÉDIÉ, E, part. pass. de *congédier.*

CONGÉDIER, v. act. (*konjédié*), licencier, donner *congé*, donner permission ou ordre de se retirer : *congédier un domestique, des troupes, un ambassadeur, un amoureux.* — SE CONGÉDIER, v. pron.

CONGÉÉ, E, part. pass. de *congéer.*

CONGÉER, v. act. (*konjé-é*), donner *congé.* Inus.

CONGÉLABLE, adj. (*konjélable*), t. de phys., qui peut être *congelé.*

CONGELANT, E, adj. et part. prés. (*konjelan, te*), qui *congèle.*

CONGÉLATION, subst. fém. (*konjélacion*) (en latin *congelatio*), t. de physique, passage de l'état de fluidité d'une substance à l'état de fixité ou de solidité par le refroidissement : *congélation de l'eau.* — État des liquides frappés de *congélation.* — En t. de médec., catalepsie, maladie dans laquelle les membres sont roides et immobiles comme s'ils étaient gelés. — *Congélations pierreuses*, t. d'hist. nat., dépôt d'albâtre calcaire ou gypseux, confusément crystallisé.

CONGELÉ, E, part. pass. de *congeler.*

CONGELER, v. act. (*konjelé*) (en lat. *congelare*, fait, dans le même sens, de *gela*, gelée), durcir les liquides, en parlant du froid. — *Congeler des fruits*, les mettre à la glace; *congeler un sirop*, le laisser épaissir en se refroidissant. — Fig., coaguler : *il y a des poisons qui congèlent le sang.* — SE CONGELER, v. pron. : *l'eau se congèle par le froid; le bouillon de jarret de veau se congèle aisément.*

CONGÉMENT, subst. mas. (*konjéman*), mot employé en matière de domaine *congéable*, pour signifier le remboursement que le propriétaire fait au domanier ou colon, de ses droits convenanciers, c'est-à-dire de la valeur des édifices et superficies. Il se prend aussi quelquefois pour la faculté qu'a le propriétaire d'exercer ce droit. (*Dict. de Législation usuelle.*)

CONGÉMINATION, subst. fém. (*konjémindcion*) (du lat. *cum*, avec, et *geminare*, doubler), t. de phys., formation double et simultanée. — Redoublement, suivant *Raymond*; mais c'est à tort.

CONGÉNÈRE, adj. des deux genres (*konjénère*) (en lat. *congener*, fait, avec la même signification, de *cum*, en grec συν, avec, et de *genus*, dérivé du grec γενος, genre), qui est du même genre et de la même espèce. — On dit, en t. d'hist. nat., que *deux espèces sont congénères*, quand elles appartiennent au même genre, ou seulement à des genres voisins. — En t. de bot., *plantes congénères.* — En anat., *les muscles congénères* sont ceux qui concourent à un même mouvement, par opposition aux *muscles antagonistes*, qui agissent en sens contraire. — *Congénères* s'est dit aussi, mais abusivement, de personnes qui se réunissent pour disserter ensemble sur un même sujet. Il est peu usité.

CONGÉNIAL, E, OU CONGÉNITAL, E, adj. (*konjéniale, tale*) (formé du lat. *cum*, avec, ensemble, et *genitus*, né), t. de médec. Il se dit de certaines affections qui dépendent de l'organisation primitive d'un individu. — On appelle *adhérences congéniales* celles qui existent au moment de la naissance; *hernie congéniale*, celle qu'on apporte en naissant. — Au plur. mas. : *congéniaux* et *congénitaux.*

CONGÉNITAL, E, adj. Voy. CONGÉNIAL.

CONGESTION, subst. fém. (*konjècetion*) (en lat. *congestio*, fait de *congerere*, amasser, entasser), t. de médec., amas progressif d'humeurs qui se jettent sur quelque partie solide du corps, et y forment des tumeurs contre nature : *congestion cérébrale.*

CONGIAIRE, subst. mas., et adj. des deux genres (*konjière*) (du lat. *congiarium*, dérivé, avec la même signification, de *congius, conge*, sans doute parce que cette mesure était employée dans les distributions *congiaires*), t. d'hist. anc., distribution extraordinaire que les empereurs romains faisaient en argent et en denrées.

CONGLACIATION, subst. fém. (*konguelacidcion*), conversion en *glace.*

CONGLOBATION, subst. fém. (*konguelobâcion*) (du lat. *conglobatio*, peloton, monceau ou tas en rond), figure de rhétorique, par laquelle on entasse plusieurs preuves, plusieurs arguments les uns sur les autres. Peu usité.

CONGLOBÉ, E, adj. (*konguelobé*) (en lat. *conglobatus*, part. pass. de *conglobare*, ramasser, former en rond, en boule, de *globus*, globe, boule), en anat., *glandes conglobées*, plusieurs glandes réunies et qui n'en font qu'une, dont la surface est unie. — En bot., *fleurs, feuilles conglobées*, ramassées en boule.

CONGLOMÉRATION, subst. fém. (*kongueloméracion*) du latin *cum*, avec, et *glomus, glomeris*, pelote), objets *conglomérés*; leur état.

CONGLOMÉRÉ, E, adj. (*kongueloméré*) (en latin *conglomeratus*, part. pass. de *conglomerare*, réunir en peloton, fait de *glomus*, gén. *glomeris*, peloton, pelote), t. d'anat. : *glandes conglomérées*, amassées en pelotons et réunies sous une même membrane.

CONGLOMÉRER, v. act. (*kongueloméré*) (en lat. *conglomerare*, amasser), t. de phys., mettre ensemble; amasser. — SE CONGLOMÉRER, v. pron., se réunir, s'amasser, se mettre ensemble : *en Espagne la noblesse et le clergé se sont conglomérés avec le peuple.* (*Bernardin de Saint-Pierre.*) On dit mieux *s'agglomérer.* Voy. ce mot.

CONGLUATIF, adj. mas., au fém. CONGLUATIVE (*konguelu-atif, tive*), t. de médec., qui rend visqueux, gluant.

CONGLUTINANT, E, adj. (*konguelutinan, nante*), se dit en médecine des remèdes qui ont la vertu d'*agglutiner*, de consolider les plaies.

CONGLUTINATIF, adj. mas., au fém. CONGLUTINATIVE (*konguelutinatif, tive*), qui rend visqueux.

CONGLUTINATION, subst. fém. (*konguelutinâcion*) (en lat. *conglutinatio*, action par laquelle une chose est rendue *gluante* et visqueuse.

CONGLUTINATIVE, adj. fém. Voy. CONGLUTINATIF.

CONGLUTINÉ, E, part. pass. de *conglutiner.*

CONGLUTINER, v. act. (*konguelutiné*) (en lat. *conglutinare*, coller, fait de *gluten*, colle), rendre une liqueur visqueuse et gluante : *ce poison conglutine le sang.* — SE CONGLUTINER, v. pron.

CONGNETTE, subst. fém. (*kongniète*), sorte de raisin noir, qui croît dans le département de la Meuse.

CONGO, subst. mas. (*konguô*), nom d'une espèce de thé qu'on recueille en Afrique. — Grand pays d'Afrique, que l'on nomme aussi *Basse-Guinée.*

CONGRATULATION, subst. fém. (*kongueratulâcion*) (en latin *congratulatio*), félicitation; l'opposé de condoléance : *compliment de congratulation.* Pédantesque et peu usité, surtout au sing. Voy. FÉLICITATION.

CONGRATULATOIRE, adj. des deux genres (*kongueratulatoère*), de *congratulations.*

CONGRATULÉ, E, part. pass. de *congratuler.*

CONGRATULER, v. act. (*kongueratulé*) (en latin *congratulari*, fait de *cum*, avec, ensemble, et *gratulari*, féliciter, complimenter), se réjouir avec quelqu'un d'un événement heureux qui lui est arrivé, lui en faire compliment. On dit plus souvent et mieux *féliciter.* — SE CONGRATULER, v. pron.

CONGRE, subst. mas. (*konguere*) (en grec γογγρος), t. d'hist. nat., grosse espèce d'anguille de mer.

CONGRÉAGE, subst. mas. (*kongueré-aje*), t. de mar., ligne que l'on tourne en hélice entre les torons d'un étai, d'un hauban, etc., pour le fortifier et le garnir en le soutenant par des guirlandes, et à distance. On dit aussi *congréure.*

CONGRÉÉ, E, part. pass. de *congréer.*

CONGRÉER, v. act. (*kongueré-é*), t. de mar., faire le *congréage* d'une manœuvre en plaçant un cordage de proportion entre ses torons pour remplir le vide qu'ils laissent extérieurement entre eux. — SE CONGRÉER, v. pron.

CONGRÉGANDINE, subst. propre fém. (*kongueréguandine*), on appelait ainsi, en Bourgogne, les religieuses de la *congrégation* de Notre-Dame.

CONGRÉGANISME, subst. mas. (*konguerégnaniceme*), esprit, système des *congrégations*. (*Boiste.*)

CONGRÉGANISTE, subst. des deux genres (*konguerégnanicete*), celui ou celle qui est d'une *congrégation*, de quelque assemblée religieuse ou laïque dirigée par des prêtres.

CONGRÉGATION, subst. fém. (*kongueréguâcion*) (du latin *congregatio*, fait, dans le même sens, de *congregare*, assembler, dérivé de *grex*, *gregis*, troupeau), corps de plusieurs personnes réunies sous une même règle. — Espèce de confrérie de la sainte Vierge.—Salle, chapelle où s'assemblent des *congréganistes*. — A Rome, assemblée de cardinaux et de prélats qui s'occupent d'objets importants : *congrégation des Rites*, *du Saint-Office*, *de la Propagande*, etc. — *La congrégation des fidèles*, tous les membres qui composent l'Eglise romaine.

CONGRÉGATIONALISTE, subst. des deux genres (*kongueréguacionalicete*). On a désigné sous ce nom les membres d'une *congrégation* ou secte religieuse aux États-Unis.

CONGRÈS, subst. mas. (*konguerè*) (du latin *congressus* ou *congressio*, fait, avec la même signification, de *congredi*, s'assembler dans le même lieu, lequel est formé de *cum*, avec, ensemble, et *gradiri*, marcher, aller), t. de jurispr., épreuve de la puissance ou impuissance de gens mariés, qui était ordonnée autrefois par justice, en certaines occasions, et qui a été supprimée : *subir le congrès*.—Assemblée de plénipotentiaires ou députés de souverains pour traiter des intérêts divers des états, de la paix, etc.—*Congrès* se dit aussi de l'assemblée des représentants des États-Unis d'Amérique.

CONGRÉURE, subst. fém. (*konguerè-ure*). Voy. CONGRÉAGE.

CONGRU, E, adj. (*kongueru*) (du lat. *congruus*, convenable), qui est correct en matière de langage : *réponse*, *diction congrue*. En ce sens, il n'est presque plus usité. — Suffisant, convenable : *grace congrue*, propre à produire son effet. — *Portion congrue*, ou subst., au fém. : *la congrue*, somme que les gros décimateurs payaient aux curés. Hors d'usage.

CONGRUAIRE, subst. mas. (*kongueruère*), curé ou vicaire perpétuel qui n'avait qu'une portion *congrue*.—Hors d'usage.

CONGRUENT, E, adj. (*kongueru-an, ante*) (en latin *congruens*, part. prés. de *congruere*, avoir de la proportion, de la convenance, s'accorder), t. de médec., convenable : *digestion congruente*. Inusité.

CONGRUISME, subst. mas. (*kongueru-iceme*), opinion de ceux qui expliquent l'efficacité de la grace par sa *congruité*.

CONGRUISTE, subst. des deux genres (*kongueru-icete*), ceux qui soutiennent l'opinion du *congruisme*.

CONGRUITÉ, subst. fém. (*konguerulté*) (en lat. *congruitas* ou *congruentia*), t. de théol. Efficacité de la grace de Dieu, sans qu'elle gène le libre arbitre. Les théologiens distinguent deux sortes de *congruités* : l'une *intrinsèque*, qui vient de la force et de l'énergie intérieure de la grace, et de son aptitude à incliner le consentement de la volonté : cette congruité est l'efficacité de la grace par elle-même ; l'autre, qu'ils appellent *extrinsèque*, vient de la convenance, de la proportion de la grace avec le génie, le caractère, le penchant de la créature, conjointement avec la volonté de laquelle la grace doit agir, et suppose telles ou telles circonstances prévues par la science moyenne, et dans lesquelles Dieu accordera telle ou telle grace, afin qu'elle ait son effet.

CONGRÛMENT, mieux **CONGRUEMENT**, adv. (*konguerumân*), d'une manière *congrue* : *parler sa langue congrûment*, purement, correctement. On se sert plus souvent et mieux de ces derniers termes.—*Parler d'une affaire congrûment*, avec netteté, avec capacité. Burlesque.

CONIDE, subst. mas. (*konide*), t. de bot., corpuscule arrondi, solitaire, qui naît sur certains lichens.

CONIE, subst. fém. (*koni*), t. de bot., genre d'algue.

CÔNIER, subst. mas. (*kônié*), t. d'hist. nat., animal qui vit dans les coquilles appelées *cônes*.

CONIFÈRE, adj. des deux genres (*konifère*) (du grec κῶνος, cône, et φέρω, je porte), t. de bot., *arbre conifère*, dont les fleurs et le fruit sont en *cône*.

CONIFÈRES, subst. fém. plur. (*konifère*), t. de bot., famille de plantes à étamines séparées du pistil.

CONILE, subst. fém. (*konile*), t. de bot., sorte de plante.

CONILLE, subst. fém. (*konile*), espace aux côtés d'une galère.

CONIN, subst. mas. (*konin*), lapin. On dit aussi *connille*, *conil* et *connil*. (*Boiste.*)

CONIOCARPE, subst. mas. (*koniokarpe*), t. de bot., sorte de lichen.

CONIOPHORE, subst. mas. (*koniofore*), t. d'hist. nat., champignon trouvé en France sur une poutre, et qui a servi pour établir un genre.

CONIQUE, adj. des deux genres (*konike*), qui a la figure d'un *cône*, ou qui appartient au *cône* : *miroir conique*, *cadran conique*. — T. de géom., *sections coniques*, lignes courbes que donnent les sections d'un *cône* par un plan, ou perpendiculaire, ou parallèle, ou oblique.

CONIROSTRE, subst. mas. (*konirocetre*) (du lat. *conum* ou *conus*, cône, et *rostrum*, bec), t. d'hist. nat., famille d'oiseaux passereaux, à bec court et de forme *conique*.

CONISALUS ou **CONISALTUS**, subst. propre mas., (*konizaluce*), myth., le même que Priape.

CONISAS, subst. propre mas. (*konizâce*), myth., gouverneur de Thésée, à qui les Athéniens décernèrent les honneurs divins.

CONISE, subst. fém. (*konize*) (du grec κονίζειν, remplir de poussière, dont la racine est κονις, poussière, parce que la poussière s'attache facilement à ses feuilles), t. de bot., plante bisannuelle, à fleur composée flosculeuse, qui croît dans les terreins secs, et dont l'odeur, dit-on, chasse les puces et les moucherons ; ce qui l'a fait nommer aussi *herbe aux puces*, *herbe aux moucherons*. On en connaît un grand nombre d'espèces.—*Conise des prés*, plante vivace, à fleur radiée, qui croît sur les bords des ruisseaux, et dont les espèces sont très-nombreuses.

CONISTÈRE, subst. mas. (*konicetère*), t. d'hist. anc., partie du gymnase où les lutteurs se frottaient de poussière.

CONITE, subst. fém. (*konite*), t. d'hist. nat., minéral en masse compacte d'un blanc grisâtre ou gris.

CONIVALVE, adj. des deux genres (*konivalve*), t. d'hist. nat. On a donné le nom de *mollusques gastéropodes conivalves* à plusieurs genres.

CONJ., abréviation du mot *conjonction*.

CONJECTURAL, E, adj. (*konjèkturale*), qui n'est fondé que sur des *conjectures* : *art conjectural*, *science conjecturale*, *preuve conjecturale*. —Le plur. mas. est peu usité. Si l'on avait à s'en servir, il ne faudrait pas hésiter à écrire et à dire *conjecturaux*.

CONJECTURALEMENT, adv. (*konjèkturaleman*), par *conjecture*. Peu usité.

CONJECTURAUX, adj. mas. plur. Voy. CONJECTURAL.

CONJECTURE, subst. fém. (*konjèkture*) (en latin *conjectura*), jugement probable qui n'est fondé que sur des vraisemblances. Voy. PRÉSOMPTION.

CONJECTURÉ, E, part. pas. de *conjecturer*.

CONJECTURER, v. act. (*konjèkturé*) en latin *conjecturare*), juger par *conjecture*. — *se* CONJECTURER, v. pron.

CONJECTUREUR, subst. mas., au fém. CONJECTUREUSE, (*konjèktureur, reuze*), celui ou celle qui *conjecture*. Fam. et peu usité.

CONJECTUREUSE, subst. fém. Voy. CONJECTUREUR.

DU VERBE IRRÉGULIER CONJOINDRE :

Conjoignaient, 3e pers. plur. imparf. indic.
Conjoignais, précédé de *je*, 1re pers. sing. imparf. indic.
Conjoignais, précédé de *tu*, 2e pers. sing. imparf. indic.
Conjoignait, 3e pers. sing. imparf. indic.
Conjoignant, part. prés.
Conjoigne, précédé de *que je*, 1re pers. sing. prés. subj.
Conjoigne, précédé de *qu'il* ou *qu'elle*, 3e pers. sing. prés. subj.
Conjoignent, précédé de *ils* ou *elles*, 3e pers. plur. prés. indic.
Conjoignent, précédé de *qu'ils* ou *qu'elles*, 3e pers. plur. prés. subj.
Conjoignes, 2e pers. prés. subj.
Conjoignez, 2e pers. plur. impér.
Conjoignez, précédé de *vous*, 2e pers. plur. prés. indic.
Conjoigniez, précédé de *vous*, 2e pers plur. imparf. indic.
Conjoigniez, précédé de *que vous*, 2e pers. plur. prés. subj.
Conjoignîmes, 1re pers. plur. prét. déf.
Conjoignions, précédé de *nous*, 1re pers. plur. imparf. indic.
Conjoignions, précédé de *que nous*, 1re pers. plur. prés. subj.
Conjoignirent, 3e pers. plur. prét. déf.
Conjoignis, précédé de *je*, 1re pers. sing. prét. déf.
Conjoignis, précédé de *tu*, 2e pers sing. prét. déf.
Conjoignisse, 1re pers. sing. imparf. subj.
Conjoignissent. 3e pers. plur. imparf. subj.
Conjoignisses, 2e pers. sing. imparf. subj.
Conjoignissiez, 2e pers. plur. imparf. subj.
Conjoignissions, 1re pers. plur. imparf. subj.
Conjoignit, précédé de *il* ou *elle*, 3e pers. sing. prét. déf.
Conjoignît, précédé de *qu'il* ou *qu'elle*, 3e pers. sing. imparf. subj.
Conjoignîtes, 2e pers. plur. prét. déf.
Conjoignons, 1re pers. plur. impér.
Conjoignons, précédé de *nous*, 1re pers. plur. prés. indic.
Conjoindra, 3e pers. sing. fut. indic.
Conjoindrai, 1re pers. sing. fut. indic.
Conjoindraient, 3e pers. plur. prés. cond.
Conjoindrais, précédé de *je*, 1re pers. sing. prés. cond.
Conjoindrais, précédé de *tu*, 2e pers. sing. prés. cond.
Conjoindrait, 3e pers. sing. prés. cond.
Conjoindras, 2e pers. sing. fut. indic.

CONJOINDRE, v. act. (*konjoeindre*) (en lat. *conjungere*, fait, dans le même sens, de *cum*, avec, et *jungere*, joindre), unir, joindre ensemble. Il ne se dit que du mariage.

DU VERBE IRRÉGULIER CONJOINDRE :

Conjoindrez, 2e pers. plur. fut. abs.
Conjoindriez, 2e pers. plur. prés. cond.
Conjoindrions, 1re pers. plur. prés. cond.
Conjoindrons, 1re pers. plur. fut. abs.
Conjoindront, 3e pers. plur. fut abs.
Conjoins, 2e pers. sing. impér.
Conjoins, précédé de *je*, 1re pers. sing. prés. indic.
Conjoins, précédé de *tu*, 2e pers. sing. prés. indic.

CONJOINT, E, part. pass. de *conjoindre*, et adj. (en lat. *conjunctus*, part. pass. de *conjungere*, conjoindre), uni, joint.—On dit subst., et en style de pratique, *les conjoints*, le mari et la femme ; *les futurs conjoints* ; *l'un des conjoints*, et non pas *un conjoint*. — En t. de mus., on appelle *degrés conjoints* deux notes qui se suivent immédiatement dans l'échelle diatonique, soit en montant, soit en descendant, comme *ut*, *ré*

DU VERBE IRRÉGULIER CONJOINDRE :

Conjoint, précédé de *il* ou *elle*, 3e pers. sing. pres. indic.

CONJOINTEMENT, adv. (*konjoeinteman*), ensemble, de concert, l'un avec l'autre : *agissons conjointement dans cette affaire*.—On entend par *conjointement*, en matière civile, la disposition testamentaire qui appelle plusieurs colégataires à recueillir une somme ou un objet spécial, sans que le testateur ait assigné la part de chacun d'eux, ou sans que cet objet soit susceptible d'être divisé sans détérioration. Il est fort important de déterminer si un legs a été fait *conjointement*, car il y a lieu à un accroissement au profit d'un des autres légataires, si l'un d'eux vient à décéder avant l'ouverture du legs, ou vient à y renoncer.—En matière criminelle, on se sert du mot *conjointement* pour exprimer la participation simultanée de deux ou plusieurs personnes à une même action. Il est synonyme du mot *coopération*, qui est, dans certains cas, une circonstance aggravante. (*Dict. de Législation usuelle.*)

CONJONCTIF, subst. mas. (*konjonktife*), un des modes du verbe, qui est d'ordinaire accompagné d'une *conjonction*. Voy. notre *Grammaire*.

CONJONCTIF, adj. mas., au fém. CONJONCTIVE (*konjonktife, tive*), t. de gramm., qui sert à lier, à joindre une chose avec une autre : *nom*, *pronom conjonctif* ; *particule conjonctive* ; *phrase conjonctive*.

CONJONCTION, subst. fém. (*konjonkcion*) (en

lat. *conjunctio*, fait, dans la même signification, de *conjungere*, joindre, conjoindre). union : *conjonction par mariage ; conjonction civile, légale, illicite*. Il ne se dit en ce sens que dans ces phrases. — Rencontre apparente de deux planètes, à notre égard, dans le même point de quelque signe : *Saturne et Vénus étaient en conjonction*. Quand on dit absolument *la conjonction de la lune*, on entend la rencontre de la lune avec le soleil dans le même point du zodiaque. La *conjonction apparente* diffère de la *conjonction vraie* à raison de la parallaxe. — En t. de gramm., partie d'oraison qui joint les membres d'un discours. La valeur de la *conjonction* consiste à lier des mots par une nouvelle modification ou une idée accessoire ajoutée à l'une par rapport à l'autre : *il y a autant de sortes de conjonctions qu'il y a de différences dans les points de vue sous lesquels notre esprit observe un rapport entre un mot et un autre mot, ou une pensée et une autre pensée : conjonction simple, conjonction composée. J'appelle conjonction tout mot employé à indiquer un passage d'une partie du discours à l'autre*. (Condillac.) Il y a des *conjonctions copulatives*, comme *et, ni; augmentatives*, comme *de plus, d'ailleurs; alternatives*, comme *ou, sinon, tantôt; hypothétiques*, comme *si, pourvu que, à moins que; adversatives*, comme *mais, quoique*, etc. Voy. notre *Grammaire*. — Figure de rhétorique, qui consiste dans la répétition de la même *conjonction* qui lie tous les membres ou incises d'une période. En accumulant les objets, cette figure semble les multiplier.

CONJONCTIONNEL, adj. mas.; au fém. **CONJONCTIONNELLE** (*konjonkcionèle*), qui tient de la *conjonction*.

CONJONCTIONNELLEMENT, adv. (*konjonkcionèlement*), d'une manière *conjonctionnelle*; se dit en parlant de l'emploi des mots à valeur mobile qui peuvent être *conjonctifs* ou simplement particulaires.

CONJONCTIVE, adj. fém. Voy. CONJONCTIF.

CONJONCTIVE, subst. fém. (*konjonktive*) (du lat. *conjunctiva*, qui sert à rejoindre, à lier, parce que la *conjonctive* attache l'œil dans l'orbite, et qu'elle renferme toutes les autres membranes ou tuniques de l'œil), t. d'anat., la tunique extérieure de l'œil, le blanc de l'œil, qu'on appelle aussi *albuginée*; elle couvre tout le globe de l'œil, excepté la partie antérieure, qu'on nomme la cornée.

CONJONCTURE, subst. fém. (*konjonkture*) (du lat. *conjungere*, joindre, parce que la *conjoncture* est un état de choses déterminé par la réunion et le concours de plusieurs causes et effets, etc.), occasion, rencontre d'affaires ; circonstance, disposition où se trouvent *plusieurs choses* en même temps : *heureuse, favorable*, ou *fatale, funeste conjoncture ; profiter de la conjoncture*. Voy. CIRCONSTANCE, OCCASION.

se **CONJOUIR**, v. pron. (*cekonjouir*), se réjouir avec quelqu'un de quelque bonheur qui lui est arrivé, l'en féliciter. Vieux et même hors d'usage.

CONJOUISSANCE, subst. fém. (*konjouiçance*), congratulation, félicitation : *compliment de conjouissance*. Il ne se dit plus guère.

CONJOUISSEMENT, subst. mas. (*konjouiceman*), congratulation, félicitation mutuelle. Ce mot est hors d'usage.

CONJOYÉ, E, part. pass. de *conjoyer*.

CONJOYER, v. pron. (*konjoèié*), vieux mot qui signifiait se réjouir; fêter quelqu'un. Hors d'usage.

CONJUG., abréviation du mot *conjugaison*.

CONJUGABLE, adj. (*konjugable*), qui peut être *conjugué*. Peu usité ; il serait utile.

CONJUGAISON, subst. fém. (*konjuguèzon*) (en lat. *conjugatio*), série complète des inflexions et terminaisons d'un verbe. Le mot *conjugaison* signifie *sous un même joug* : *conjuguer* un verbe, c'est le faire passer par tous les nombres, les modes, les temps et les personnes dont il est susceptible. Il y a en français quatre espèces de *conjugaisons*; elles se divisent en verbes *réguliers, irréguliers*, et *défectifs*. Voy. notre *Grammaire*. — En anat., on entend par *conjugaison des nerfs*, la conjonction de certaines parties des nerfs. — *Trous de conjugaison*, trous situés aux côtés de la colonne vertébrale, et qui donnent passage aux nerfs.

CONJUGAL, E, adj., au plur. mas. **CONJUGAUX** (*konjugale, gô*) (du lat. *conjugalis*, fait, dans le même sens, de *conjugium*, mariage, lequel est formé de *cum*, avec, et *jugum*, joug : *joug qu'on porte avec un autre*), qui concerne l'union de l'homme et de la femme par un légitime mariage : *lien conjugal ; amour conjugal ; foi conjugale ; devoir conjugal : félicité conjugale*, etc.

CONJUGALEMENT, adv. (*konjugualeman*), *vivre conjugalement*. Voy. MARITALEMENT.

CONJUGATIF, adj. mas., au fém. **CONJUGATIVE** (*konjuguatife, tive*), de la *conjugaison*.

CONJUGATIVE, adj. fém. Voy. CONJUGATIF.

CONJUGAUX, adj. mas. plur. Voy. CONJUGAL.

CONJUGUÉ, E, part. pass. de *conjuguer* et adj. (*konjugué*), t. de bot. : *feuille conjuguée*, dont le pétiole porte sur les côtés, et presque à son sommet, une paire de folioles. — En anat., *nerfs conjugués*, qui servent à la même opération, à la même sensation. — Dans les pierres gravées, on appelle *conjuguées* les têtes représentées sur le même profil. — T. de géom., *axe conjugué*, le petit axe ou le plus petit de deux diamètres de l'ellipse. — *Diamètres conjugués*, dans les sections coniques, ceux qui sont réciproquement parallèles à leurs tangentes au sommet. — *Hyperboles conjuguées*, deux hyperboles opposées, qu'on décrit dans l'angle vide des asymptotes à deux autres hyperboles, et qui ont le même axe et les mêmes asymptotes que celles-ci. — *Ovale conjugué*, ovale qui appartient à une courbe sur le plan de laquelle il se trouve placé, de manière qu'il est comme isolé et séparé des autres branches ou portions de la courbe.

CONJUGUÉE, subst. fém. (*konjugué*), t. de bot., genre de plantes établi aux dépens des conferves.

CONJUGUER, v. act. (*konjugué*) (du lat. *conjugare*, employé dans la même acception, et qui signifie littéralement mettre sous un même joug, accoupler, formé de *cum*, avec, et *jugum*, joug), donner à un verbe les différentes inflexions et terminaisons qu'il doit avoir, selon les temps, les modes et les personnes. — *se* **CONJUGUER**, v. pron., être assujéti à un mode de *conjugaison* : *ce verbe se conjugue ainsi*.

CONJUNGO, subst. mas. (*konjonguô*), mot pris du latin : *faire un conjungo*, écrire de suite ce qui devrait être séparé, en omettant ce qui est entre deux. Il est fam. — En plaisantant, mariage.

CONJURATEUR, subst. mas., au fém. **CONJURATRICE** (*konjurateur, trice*), celui, celle qui forme ou conduit une *conjuration*. — Magicien prétendu qui *conjure* les démons, les tempêtes, etc.

CONJURATION, subst. fém. (*konjurâcion*) (en lat. *conjuratio*), conspiration, complot contre l'état, contre le souverain : *faire, former, tramer une conjuration ; découvrir une conjuration ; dissiper une conjuration ; une grande conjuration; une horrible conjuration*. — Paroles dont on se sert pour *conjurer* le démon, la tempête, etc. — Au plur., prières instantes, dit l'*Académie*. Le verbe *conjurer* se prend en ce sens, mais il n'en est pas de même du substantif. On ne dit pas : *je me rendis à ses conjurations*.

CONJURATRICE, subst. fém. Voy. CONJURATEUR.

CONJURE, subst. fém. (*konjure*), mot que nous trouvons dans *Boiste* et qu'il qualifie de t. de coutume, sans ajouter aucune définition. *Trévoux* dit qu'anciennement on entendait par *semonce* et *conjure*, la manière dont un seigneur faisait prendre des engagements à ses vassaux, qu'il obligeait à se déclarer pour les intérêts de quelqu'un.

CONJURÉ, subst. mas. (*konjuré*), celui qui est entré dans une *conjuration*.

CONJURÉ, E, part. pass. de *conjurer*.

CONJURER, v. act. (*konjuré*) (en lat. *conjurare* employé dans la même acception, et qui signifie proprement *jurer ensemble*, formé de *cum*, avec, ensemble, et *jurare*, jurer), former un complot contre l'état : *conjurer la ruine de sa patrie*. Il s'emploie plus ordinairement comme neutre : *Catilina conjura contre la république, Cinna contre Auguste*. On dit par extension : *conjurer contre quelqu'un, conjurer* sa perte. — Prier instamment : *je vous conjure de..., je vous en conjure*. — Chasser, avec certaines paroles ou certains charmes, la tempête, la peste, la fièvre. C'est un terme introduit par la superstition. En ce sens, on dit également au fig. : *conjurer la tempête*, détourner par sa prudence un malheur dont on est menacé. — *se* **CONJURER**, v. pron.

CONLIE, subst. propre fém. (*konli*), bourg de France, chef-lieu de canton, arrond. du Mans, dép. de la Sarthe.

CONNAC, subst. mas. (*konak*), t. de relat., en Arabie, repos que les voyageurs prennent sous les arbres, pendant la chaleur. — Endroit où l'on prend ce repos.

DU VERBE IRRÉGULIER CONNAÎTRE :

Connais, 2e pers. sing. impér.

Connais, précédé de *je*, 1re pers. sing. prés. indic.

Connais, précédé de *tu*, 2e pers. sing. prés. indic.

CONNAISSABLE, adj. des deux genres (*konèçable*), qui est aisé à *connaître*. Il s'emploie ordinairement avec la négative : *il n'est pas connaissable*.

DU VERBE IRRÉGULIER CONNAÎTRE :

Connaissaient, 3e pers. plur. imparf. indic.

Connaissais, précédé de *je*, 1re pers. sing. imparf. indic.

Connaissais, précédé de *tu*, 2e pers. sing. imparf. indic.

Connaissait, 3e pers. sing. imparf. indic.

CONNAISSANCE, subst. fém. (*konèçance*) (en lat. *cognitio*, fait de *cognoscere*, connaître), idée, notion qu'on a de quelque chose : *n'avoir aucune connaissance d'une affaire ; cela est de ma connaissance, est venu à ma connaissance ; la connaissance du cœur humain n'est pas une science d'un jour*. — On dit, en t. d'art militaire, *avoir connaissance du pays*, pour dire : connaître la situation, l'étendue, la division et toutes les circonstances locales d'un pays. *La connaissance du pays est nécessaire pour former le plan d'une campagne, et pour en conduire les opérations*. — En t. de jurispr., on dit qu'*un juge*, qu'*un tribunal a la connaissance de certaines causes*, pour dire qu'elles sont de sa compétence : *la connaissance de ce crime appartient à tel tribunal*. — En parlant d'un magistrat suprême, d'un ministre, d'un souverain, qui se fait rendre compte d'une affaire jugée ou traitée par un tribunal ou une administration inférieure, et qui examine lui-même cette affaire pour porter une décision, on dit qu'*il a pris connaissance de l'affaire. Le ministre a pris connaissance de cette affaire*. — Dans la langue des arts, la faculté de s'y *connaître*. On distingue en ce sens la *connaissance intellectuelle*, par laquelle on aperçoit si l'ouvrage est bon, et la *connaissance matérielle*, par laquelle on découvre ou l'on croit découvrir quel en est l'auteur. — Fonction des facultés de l'âme qui *connaît*, distingue les objets : *il a perdu toute connaissance.... Être sans connaissance*, privé de ses sens. — Habitude qu'on a avec quelqu'un : *il est de ma connaissance; ce n'est pas un ami, ce n'est qu'une connaissance; faire de nouvelles connaissances; les vieilles connaissances valent mieux que les nouveaux amis*. — *Avoir de grandes, de profondes connaissances*, être fort savant. — *Avoir des connaissances auprès de quelqu'un*, c'est *connaître* des personnes qui sont en relation habituelle avec lui. — *Être en pays de connaissance*, être dans un lieu où l'on *connaît* ceux qui y sont, où l'on est *connu*. On dit fig. d'un homme universel que, *dans quelque société de savants qu'il se trouve, il est en pays de connaissance*. — *Figure de connaissance*, personne que l'on *connaît*. — *Connaissance des temps*, titre de l'Éphéméride des mouvements célestes ou de l'almanach publié en France, chaque année, depuis 1679, pour l'usage des astronomes et des navigateurs.

CONNAISSANCES, subst. fém. plur. (*konèçance*), t. de chasse, indices de l'âge et de la force du cerf par la tête, le pied, les fumées, etc.

Connaissant, part. prés. du v. irrég. *connaître*.

CONNAISSANT, adj. mas. (*konèçan*), nous ne donnons ce mot que parce que nous le lisons dans l'*Académie*, où on lui fait signifier : *qui se connaît à quelque chose*. Elle ajoute bien qu'on ne l'emploie qu'au plur. et dans cette phrase de pratique : *gens à ce connaissants*. Nous ne craindrons pas d'avancer que ce mot est aujourd'hui entièrement inusité, même en formule de palais.

DU VERBE IRRÉGULIER CONNAÎTRE :

Connaisse, précédé de *que je*, 1re pers. plur. prés subj.

Connaisse, précédé de *qu'il* ou *qu'elle*, 3e pers. sing. prés. subj

CONNAISSEMENT, subst. mas. (*konèceman*), acte qu'un maître de navire donne à un marchand de la quantité et qualité des marchandises chargées sur son vaisseau, avec la commission de les porter au lieu de leur destination. L'acte qui porte ce nom sur l'Océan s'appelle sur la Méditerranée *police de chargement*.

DU VERBE IRRÉGULIER CONNAÎTRE :

Connaissent, précédé de *ils* ou *elles*, 3e pers plur. prés. indic.

Connaissent, précédé de *qu'ils* ou *qu'elles*, 3e pers. plur. prés. subj.

Connaisses, 2e pers. sing. prés. subj

CONNAISSEUR, subst. mas., au fém. CONNAIS-

SEUSE (*konèceur, ceuze*), celui ou celle qui s'entend ou *se connaît à...* ou en quelque chose : *connaisseur en diamants, en tableaux, en peinture, en musique, en chevaux*, etc. : *montrez ce diamant-là à mon frère, il est connaisseur ; on n'est jamais parfait connaisseur en peinture, sans être peintre.* — Faire le connaisseur. Iron. — Il se prend aussi adj. : *examiner un tableau, une gravure d'un œil exercé et connaisseur.*

CONNAISSEUSE, subst. fém. Voy. CONNAISSEUR.

DU VERBE IRRÉGULIER CONNAÎTRE :

Connaissez, 2ᵉ pers. plur. impér.
Connaissez, précédé de *vous*, 2ᵉ pers. plur. prés. indic.
Connaissiez, précédé de *vous*, 2ᵉ pers. plur. imparf. indic.
Connaissiez, précédé de *que vous*, 2ᵉ pers. plur. prés. subj.
Connaissions, précédé de *nous*, 1ʳᵉ pers. plur. imparf. indic.
Connaissions, précédé de *que nous*, 1ʳᵉ pers. plur. prés. subj.
Connaissons, 1ʳᵉ pers. plur. impér.
Connaissons, précédé de *nous*, 1ʳᵉ pers. plur. prés. indic.
Connaît, 3ᵉ pers. sing. prés. indic.
Connaîtra, 3ᵉ pers. sing. fut. abs.
Connaîtrai, 1ʳᵉ pers. sing. fut. abs.
Connaîtraient, 3ᵉ pers. plur. prés. cond.
Connaîtrais, précédé de *je*, 1ʳᵉ pers. sing. prés. cond.
Connaîtrais, précédé de *tu*, 2ᵉ pers. sing. prés. cond.
Connaîtrait, 3ᵉ pers. sing. prés. cond.
Connaîtras, 2ᵉ pers. sing. fut. abs.

CONNAÎTRE, v. act. (*konètre*) (en lat. *cognoscere*, formé, dans le même sens, de *cum*, avec, et *noscere*, savoir, entendre, discerner, et qui est formé du grec συγγιγνώσκω, ou plutôt de συν et de γνώσκω, primitif de γιγνώσκω), avoir *notion* d'une chose ou d'une personne : *connaître le bien et le mal ; je connais bien cet homme ; je connais que...* — En parlant des choses, s'y entendre, en avoir une grande pratique : *connaître le monde, la mer, la cour ; connaître les tableaux, les pierreries* ; et souvent avec le pronom personnel, *se connaître en tableaux*, etc. ; *s'y connaître.* — En parlant des personnes, avoir quelque liaison, quelque habitude avec... *Je ne connais aucun de vos juges.* — Discerner : *je le connaîtrais entre mille.* — Sentir, éprouver. Il ne se dit guère qu'avec la négative : *je ne connais point la migraine ; je ne connaissais pas l'amour.* — Juger, apprécier : *j'ai mal connu cet homme.* — En style de l'Écriture sainte, avoir habitation avec une femme : *Adam connut Ève.* On dit aussi : *connaître charnellement.* — *Faire connaître quelqu'un*, le démasquer, le dévoiler, ou, dans une autre acception, lui donner de la réputation, de la célébrité. — *Ne connaître personne*, n'avoir ni égard, ni considération pour qui que ce soit. — *Ne connaître point de supérieur, de maître*, n'en avoir point ou n'en point reconnaître. On dit prov. et fam., dans le même sens, d'un libertin : *qu'il ne connaît ni Dieu ni diable.* — *Ne connaître que son devoir, que ses intérêts*, ne jamais s'écarter de son devoir, n'avoir en vue que ses intérêts. — *Il ne connaît que cela*, c'est ce qu'il sait le mieux. — *Ne connaître plus rien*, être tellement dominé par la passion, que rien n'est plus capable de la modérer. — En t. de manége, *un cheval connaît la bride, les éperons, les talons*, etc., lorsqu'il sent avec justesse ce que le cavalier demande, quand il tire ou rend la bride, et qu'il approche les éperons, les talons, etc. — V. neut., avoir autorité de juger de certaines matières : *ce juge connaît des affaires civiles et criminelles.* — *SE CONNAÎTRE*, v. pron., savoir qui on est ; *connaître ses défauts, ses inclinations, son caractère*, etc. : *je me connais bien ; cet homme ne se connaît pas*, l'orgueil lui fait oublier ce qu'il est ; ou il ne se possède pas, la passion le met hors de lui. — S'apprécier mutuellement, avoir ensemble des relations amicales ou de commerce. — Avoir des lumières sur quelque chose : *il se connaît en livres, en tableaux*, etc. — *Se faire connaître*, c'est dire son nom, sa qualité, à des personnes auxquelles on est inconnu : *il a été obligé de se faire connaître pour être admis dans cette assemblée.* — Il signifie aussi faire quelque chose qui indique des qualités bonnes ou mauvaises qui étaient inconnues jusqu'alors à ceux qui en sont témoins, ou qui en sont informés : *il s'est fait connaître dans cette circonstance ; se faire connaître par ses ouvrages.*

DU VERBE IRRÉGULIER CONNAÎTRE :

Connaîtrez, 2ᵉ pers. plur. fut. indic.
Connaîtriez, 2ᵉ pers. plur. prés. cond.
Connaîtrions, 1ʳᵉ pers. plur. prés. cond.
Connaîtrons, 1ʳᵉ pers. plur. fut. indic.
Connaîtront, 3ᵉ pers. plur. fut. indic.

CONNARE, subst. fém. (*konare*), t. de bot., plante de la famille des balsamiers.

CONNARIACÉES, subst. fém. plur. (*konariacé*), t. de bot., nom d'une nouvelle famille de plantes de l'espèce du jujubier.

CONNARUS, subst. mas. (*konâruce*), t. de bot., nom donné au jujubier.

CONNÉ, E, adj. (*konené*) (du lat. *cum*, avec, et *natus*, né), se dit, en t. de bot., des parties qui font immédiatement corps entre elles, en parlant des feuilles, des anthères, des étamines.

CONNECTÉ, E, part. pass. de *connecter.*

CONNECTER, v. neut. (*konenèkté*), être en *connexion.* — *SE CONNECTER*, v. pron., avoir de la *connexité.*

CONNECTIF, subst. mas. (*konenèktif*), t. de bot., partie charnue qui réunit quelquefois les deux lobes des anthères.

CONNÉTABLE, subst. mas. (*konétable*) (par corruption du lat. *comes stabuli*, parce que, anciennement, le *connétable* était un grand officier de la couronne qui avait la surintendance des écuries du roi, attribuée depuis au grand-écuyer), autrefois premier officier militaire en France, dont la charge a été supprimée en 1627. On écrivait autrefois *connestable : grand-connétable de France ; de Lesdiguières fut le dernier connétable de France.* — Titre de dignité héréditaire qui se donne encore en quelques états : *le connétable de Castille ; le connétable Colonne.* — Il y a eu, sous l'empire de *Napoléon*, *un grand-connétable.*

CONNÉTABLE, subst. fém. (*konétable*), la femme d'un *connétable : madame la connétable.*

CONNÉTABLIE, subst. fém. (*konétabli*), juridiction du *connétable* et des maréchaux de France, qu'on appelait d'ordinaire *la table de marbre*, pour les affaires qui regardaient le point d'honneur. — Charge, fonctions, titre d'un *connétable.* — Lieu, bâtiment, où résidait le *connétable.* — Durée de cette dignité : *pendant sa connétablie, il a fait beaucoup de bien.*

CONNEXE, adj. des deux genres (*konenèkce*) (du lat. *connexus*, part. pass. de *connectere*, lier, attacher ensemble, fait de *cum*, avec, ensemble, et *nectere*, nouer, lier), qui a de la *connexion*, de la liaison et du rapport avec une autre chose : *matières connexes.* Il ne se dit qu'au palais.

CONNEXION, subst. fém. (*konenèkcion*) (en lat. *connexio*, fait, dans le même sens, de *connectere.* Voy. CONNEXE.), liaison, rapport que certaines choses ont les unes avec les autres, entre le principe et la conséquence : *ces deux idées, ces deux propositions ont entre elles une connexion bien sensible.* — On dit aussi *connexité*, avec cette différence que *connexion* exprime plus proprement l'action de lier ensemble des choses qui ont entre elles un certain rapport, une certaine dépendance, et *connexité* la qualité des choses faites pour être ainsi liées : *la connexité d'un certain nombre de vérités demande que leur connexion forme la chaîne qu'on appelle la science.* Ces mots, usités parmi les savants, ne sont pas du discours ordinaire. — En t. de jurispr., *connexité* ou *connexion*, est le rapport et la liaison qui se trouvent entre plusieurs affaires, et qui demandent à être décidées par un seul et même jugement. (*Dict. de Législation usuelle.*) — En t. d'anat., *connexion* se dit de l'assemblage, de l'union, de l'articulation des os.

CONNEXITÉ, subst. fém. (*konenèkcité*). Voy. CONNEXION.

CONNIFLE, subst. mas. (*konifle*), t. d'hist. nat., poisson bon à manger. Il est recouvert de coquilles.

CONNIL, subst. mas. (*konile*), vieux mot employé autrefois pour signifier *lapin.* Inus.

CONNILLÉ, part. pass. de *conniller.*

CONNILLER, v. neut. (*koniié*) (du vieux mot *connil*, lapin), t. vieux et pop., chercher des subterfuges, des détours pour s'esquiver dans les disputes, les procès. (*Boiste.*) Inus.

• **CONNILLIÈRE**, subst. fém. (*koniière*), garenne, terrier. — Fig., subterfuge, détours. Ce terme est aujourd'hui inusité.

CONNINA, subst. mas. (*konina*), t. de bot., auserine fétide.

CONNIVÉ, part. pass. de *conniver.*

CONNIVENCE, subst. fém. (*konenivance*) (en lat. *conniventia*, complicité, par tolérance et dissimulation, d'un mal qu'on peut et qu'on doit empêcher) ; complicité : *connivence manifeste ; agir de connivence ; sans la connivence des chefs, les subalternes n'auraient pas osé tenir cette conduite coupable.* — On dit *que deux voleurs étaient de connivence*, pour dire qu'ils étaient d'intelligence, qu'ils agissaient de concert.

CONNIVENT, E, adj. (*konenivan, vante*), t. de bot., rapproché sans adhésion réciproque : *feuilles conniventes*, qui paraissent unies entre elles, principalement au sommet.

CONNIVER, v. neut. (*konenivé*) (en lat. *conniveo*, en grec συννεύω, qui signifie littéralement : je fais signe de la tête ou des yeux), participer, en dissimulant, à un mal qu'on peut et qu'on doit empêcher : *cette mère connive au libertinage de sa fille.* Fort peu usité.

CONNOSPERME, subst. mas. (*konenocepèreme*) (du grec κωνος, barbe, et σπέρμα, semence), t. de bot., espèce d'arbrisseau à semence qu'une aigrette couronne.

CONNOTATIF, adj. mas., au fém. CONNOTATIVE (*konenotatife, tive*), qui sert à marquer avec, en même temps. Voy. CONNOTATION.

CONNOTATION, subst. fém. (*konenotácion*), signification peu claire d'un mot, outre sa signification distincte. (*Trévoux*, d'après la *Grammaire générale et raisonnée de Port-Royal.*) Peu usité.

CONNOTATIVE, adj. fém. Voy. CONNOTATIF.

CONNU, E, part. pass. de *connaître*, et adj. : *homme connu, femme connue.* — Prov., *il est connu comme le loup blanc*, on ne peut plus *connu.*

DU VERBE IRRÉGULIER CONNAÎTRE :

Connûmes, 1ʳᵉ pers. plur. prét. déf.
Connurent, 3ᵉ pers. plur. prét. déf.
Connus, précédé de *je*, 1ʳᵉ pers. sing. prét. déf.
Connus, précédé de *tu*, 2ᵉ pers. sing. prét. déf.
Connusse, 1ʳᵉ pers. sing. imparf. subj.
Connussent, 3ᵉ pers. plur. imparf. subj.
Connusses, 2ᵉ pers. sing. imparf. subj.
Connussiez, 2ᵉ pers. plur. imparf. subj.
Connussions, 1ʳᵉ pers. plur. imparf. subj.
Connut, précédé de *il* ou *elle*, 3ᵉ pers. sing. prét. déf.
Connût, précédé de *qu'il* ou *qu'elle*, 3ᵉ pers. sing. imparf. subj.
Connûtes, 2ᵉ pers. plur. prét. déf.

CONOBE, subst. fém. (*konobe*), t. de bot., plante de la Guyane, de la famille des personnées.

CONOCARPE, subst. fém. (*konokarpe*), t. de bot., sorte de plante qui comprend trois espèces.

CONOCARPODENDRON, subst. mas. (*konokarpodeindron*) (du grec κωνος, cône, καρπός, fruit, et δένδρον, arbre ; *arbre dont le fruit est en forme de cône*), t. de bot., nom de quelques espèces du genre protée.

CONODIS, subst. mas. (*konodice*), petite monnaie de billon, du royaume de Cochin, de la valeur de sept deniers tournois (à peu près trois centimes).

CONOHORIE, subst. fém. (*kono-ori*), t. de bot., genre de plantes.

CONOÏDAL, E, adj. ; au plur. mas. CONOÏDAUX (*kono-idale, dô*), qui appartient au *conoïde.* — Se dit, en bot., d'une partie dont la forme, sans être précisément *conique*, approche de celle du *cône.*

CONOÏDAUX, adj. plur. mas. Voy. CONOÏDAL.

CONOÏDE, subst. mas. (*kono-ide*) (du grec κωνος, cône, et εἶδος, forme, ressemblance : *qui a la figure d'un cône*), t. de géom. : corps solide formé par la révolution d'une courbe quelconque autour de son axe. Il prend son nom de la courbe génératrice : *conoïde elliptique, parabolique*, etc. — On appelle quelquefois du même nom d'autres solides qui, au lieu d'être composés, comme le *conoïde* proprement dit, de tranches circulaires et perpendiculaires à l'axe, sont composés d'autres espèces de tranches. — En physiologie, glande en forme de pomme de pin qui se trouve vers le troisième ventricule du cerveau, et qu'on nomme aussi *glande pinéale.*

CONOMINATION, subst. fém. (*konomināción*), indication simultanée de plusieurs personnes qui ont pris part à la même chose, de plusieurs êtres, de plusieurs espèces, et qui se rangent sous le même nom.

CONOMON, subst. mas. (*konomon*), t. de bot., arbre du Japon, dont le fruit sert à faire de la bière.

CONOPÉE, subst. fém. (*konopé*) (du grec κωνωψ, moucheron), pavillon pour se garantir des cousins.

CONOPHAGE, subst. mas. (*konofaje*), t. d'hist. nat., genre d'oiseaux de l'ordre des chanteurs.

CONOPHORE, subst. fém. (*konofore*), t. d'hist. nat., genre d'insectes.

CONOPHOROS, subst. mas. (*konoforoce*), t. de bot., plante du genre protée.

CONOPHTHALMIE, subst. mas. (*konofetaleme*) (du grec κωνος, cône, et οφθαλμος, œil), nom qu'on a donné à une partie de l'œil, à cause de sa forme conique.

CONOPLÉE, subst. fém. (*konopelé*), t. de bot., plante de la famille des champignons.

CONOPS, subst. mas. (*konopece*) (du grec κωνωψ, moucheron, cousin), t. d'hist. nat., insecte à deux ailes et à grosse tête, qui suce le sang de l'homme et celui des animaux, comme les cousins, etc.

CONOPSAIRE, subst. mas. et adj. des deux genres (*konopecère*), t. d'hist. nat., insecte de l'ordre des diptères, qui forme une division dans la famille des athéricères.

CONORI, subst. mas. (*konori*), t. de bot., arbrisseau de la Guyane.

CONORIUM, subst. mas. (*konoriome*), t. de bot., genre de plantes de la famille des ombellifères.

CONOSTOME, subst. mas. (*konocetome*), t. de bot., plante de la famille des mousses. Elle comprend deux espèces.

CONOSTYLE, subst. mas. (*konocetile*), t. de bot., plante de la famille des iridées. On l'a aussi appelée *ophiose*.

CONOTZQUI, subst. mas. (*konotezeki*), t. d'hist. nat., oiseau très-peu connu, des montagnes du Brésil.

CONOVULE, subst. fém. (*konovule*), t. d'hist. nat., sorte de coquille.

CONQUASSANTES, adj. fém. plur. (*konkouacecante*) (du lat. *cum*, avec, et *quassare*, ébranler), t. de médec., se dit des douleurs vraies de l'enfantement, lorsqu'elles sont parvenues au dernier degré d'intensité.

CONQUASSATION, subst. fém. (*konkouacecácion*) (en lat. *conquassatio*), action de *concasser*, de réduire en pulpe par le broiement.

CONQUE, subst. fém. (*konke*) (du grec κογχος), grande coquille concave : *on voyait dans ce tableau Vénus portée dans une conque.* Hors de là, peu usité. — Coquille en spirale qui, suivant la fable, servait de trompette aux Tritons. — Ancienne mesure de liquides chez les Grecs. — T. d'anat., cavité de l'oreille la plus voisine de la partie extérieure. — T. d'hist. nat. Autrefois les naturalistes français employaient ce mot pour désigner les coquilles de la classe des bivalves, lorsqu'on voulait les considérer en général. Aujourd'hui on n'en fait plus usage, et l'on dit en ce sens : *coquilles bivalves.*— On appelle *conque anatifère*, le test des animaux du genre anatife, qui porte un canard ; on croit que les oiseaux aquatiques y pondent leurs œufs ; *conque exotique*, une coquille bivalve que l'on a rarement avec ses deux valves, et qui tire de là son prix ; *conque persique*, une coquille univalve qui fait partie d'un genre que l'on a appelé pourpre ; *conque sphérique*, une espèce de coquille univalve ; *conque de Vénus*, coquille bivalve, came tronquée, représentant une vulve. — En t. de bot., *conque marine*, tremelle coriace qui croît sur les saules ; *conque oreille*, famille de champignons caractérisée par une forme contournée et relevée en manière d'oreille ; *conque oreille frisée*, espèce de tremelle qui croît sur le frêne et le noyer, et qui n'a pas plus d'une demi-ligne d'épaisseur.

DU VERBE IRRÉGULIER CONQUÉRIR :

Conquéraient, 3e pers. plur. imparf. indic.
Conquérais, précédé de *je*, 1re pers. sing. imparf. indic.
Conquérais, précédé de *tu*, 2e pers. sing. imparf. indic.
Conquérait, 3e pers. sing. imparf. indic.
Conquérant, part. prés.

CONQUÉRANT, E, subst. (*konkiéran, rante*), au mas., celui qui a *conquis* beaucoup de pays, qui a fait de grandes *conquêtes* : *tout ce qu'on peut assurer de Cyrus, c'est qu'il fut un grand conquérant.* (Voltaire). *Ces grands conquérants qu'on nous dépeint avec tant de gloire.* (Fénelon).—Au fém., personne qui sait se soumettre des cœurs. — On dit fig. et fam. d'un homme, d'une femme, qui ont plus d'agrément, qui sont plus parés qu'à l'ordinaire, qu'*ils ont l'air conquérant* ou *de conquérants.* — Il s'emploie aussi adjectivement : *un roi conquérant ; des nations conquérantes.*

DU VERBE IRRÉGULIER CONQUÉRIR :

Conquérez, 2e pers. plur. impér.
Conquérez, précédé de *vous*, 2e pers. plur. prés. indic.
Conquériez, précédé de *vous*, 2e pers. plur. imparf. indic.
Conquériez, précédé de *que vous*, 2e pers. plur. prés. subj.

CONQUÉRILLE, subst. mas. (*konkiérerille*), t. de bot., nom d'une sorte d'écorce étrangère.

DU VERBE IRRÉGULIER CONQUÉRIR :

Conquérions, précédé de *nous*, 1re pers. plur. imparf. indic.
Conquérions, précédé de *que nous*, 1re pers. plur. prés. subj.

CONQUÉRIR, v. act. (*konkiérir*) (en latin *conquirere*, chercher ensemble avec soin, faire des perquisitions, formé de *cum*, avec, ensemble, et de *quærere*, chercher, parce que, dans les premiers temps, des colonies sortaient de leur patrie pour aller *chercher ensemble* de nouveaux pays pour y habiter et s'y établir), acquérir par les armes : *conquérir une ville, un pays*, etc. — Fig., gagner les cœurs, les inclinations, l'estime, etc.

DU VERBE IRRÉGULIER CONQUÉRIR :

Conquérons, 1re pers. plur. impér.
Conquérons, précédé de *nous*, 1re pers. plur. prés. indic.
Conquerra, 3e pers. sing. fut. abs.
Conquerrai, 1re pers. sing. fut. abs.
Conquerraient, 3e pers. plur. prés. cond.
Conquerrais, précédé de *je*, 1re pers. sing. prés. cond.
Conquerrais, précédé de *tu*, 2e pers. sing. prés. cond.
Conquerrait, 3e pers. sing. prés. cond.
Conquerras, 2e pers. sing. fut. abs
Conquerrez, 2e pers. plur. fut. abs.
Conquerriez, 2e pers. plur. prés. cond.
Conquerrions, 1re pers. plur. prés. cond.
Conquerrons, 1re pers. plur. fut. abs.
Conquerront, 3e pers. plur. fut. abs.

CONQUES, subst. propre fém. (*konke*), bourg de France, chef-lieu de canton, arrond. de Carcassonne, dép. de l'Aude. — Chef-lieu de canton, arrond. de Rodez, dép. de l'Aveyron.

CONQUÊT, subst. mas. (*konkiè*), t. de pratique, tout ce qu'on *acquiert* par son industrie, par son travail, et qui ne vient point de succession.— Bien acquis en communauté par plusieurs personnes.— Il se dit particulièrement des *acquêts* faits par le mari et la femme pendant la communauté.

CONQUÊTE, subst. fém. (*konkiéte*), l'action de *conquérir*. — La chose *conquise*. — *Faire une conquête, des conquêtes ; conserver ses conquêtes ; étendre ses conquêtes ; rien n'affermit plus une conquête que l'union qui se fait de deux peuples par les mariages ; Mahomet marchait de conquêtes en conquêtes.—Vivre comme dans un pays de conquête*, à discrétion. — *Faire la conquête de quelqu'un*, s'en faire aimer.—*Avoir un air de conquête*, un air de *conquérant*.— On dit fig. : *la conquête des cœurs ; cette beauté fait tous les jours de nouvelles conquêtes.*

CONQUÊTÉ, E, part. pass. de *conquêter*.

CONQUÊTER, v. act. (*konkiété*), conquérir. Il est vieux et hors d'usage.

CONQUETTE, subst. fém. (*konkiète*), t. de jard., nom de plusieurs espèces d'œillets.

DU VERBE IRRÉGULIER CONQUÉRIR :

Conquière, précédé de *que je*, 1re pers. sing. prés. subj.
Conquière, précédé de *qu'il* ou *qu'elle*, 3e pers. sing. prés. subj.
Conquièrent, précédé de *ils* ou *elles*, 3e pers. plur. prés. indic.
Conquièrent, précédé de *qu'ils* ou *qu'elles*, 3e pers. plur. prés. subj.
Conquières, 2e pers. sing. prés. subj.
Conquiers, 2e pers. sing. impér.
Conquiers, précédé de *je*, 1re pers. sing. prés. indic.
Conquiers, précédé de *tu*, 2e pers. sing. prés. indic.
Conquiert, 3e pers. sing. prés. indic.
Conquîmes, 1re pers. plur. prét. déf.
Conquirent, 3e pers. plur. prét. déf.

CONQUIS, E, part. pass. de *conquérir*, et adj.

DU VERBE IRRÉGULIER CONQUÉRIR :

Conquis, précédé de *je*, 1re pers. sing. prét. déf.
Conquis, précédé de *tu*, 2e pers. sing. prét. déf.

CONQUISITEUR, subst. mas. (*konkiziteur*) (en lat. *conquisitor*), t. d'hist. anc., recruteur romain, ou commissaire chargé de lever des troupes. Hors d'usage.

DU VERBE IRRÉGULIER CONQUÉRIR :

Conquisse, 1re pers. sing. imparf. subj.
Conquissent, 3e pers. plur. imparf. subj.
Conquisses, 2e pers. sing. imparf. subj.
Conquissiez, 2e pers. plur. imparf. subj.
Conquissions, 1re pers. plur. imparf. subj.
Conquit, précédé de *il* ou *elle*, 3e pers. sing. prét. déf.
Conquît, précédé de *qu'il* ou *qu'elle*, 3e pers. sing. imparf. subj.
Conquîtes, 2e pers. plur. prét. déf.

CONROI, subst. mas. (*konroé*), vieux mot inus. qui signifiait *soin, détour*.

CONROYÉ, E, part. pass. de *conroyer*.

CONROYER, v. act. (*konroéié*), régaler quelqu'un, lui faire du bien. (*Boiste.*) Ce verbe est vieux et inusité.

CONS., abréviation du mot *consonne*.

CONSACRANT, adj. et subst. mas. (*konçakran*), évêque qui en *sacre* un autre : *l'évêque consacrant ; le consacrant.*

CONSACRÉ, E, part. pass. de *consacrer* et adj. : *hostie consacrée*, hostie qui a reçu la consécration. — *Termes consacrés*, expressions, termes qui ne sont bons qu'en certains endroits et en certaines occasions. — On dit qu'*un mot est consacré*, pour dire qu'il est affecté à une certaine signification, hors de laquelle il n'est point en usage. On dit aussi que *l'usage a consacré une phrase, une façon de parler*, pour dire que l'usage l'a établie, quoiqu'elle soit quelquefois contre les règles de la langue. Tels sont beaucoup de proverbes.

CONSACRER, v. act. (*konçakré*) (du lat. *consecrare*, qui a la même signification, et qui est fait de *cum* et de *sacrare*, lequel vient de *sacer, sacra, sacrum*, sacré), dédier à Dieu avec certaines cérémonies : *consacrer une église ; elle consacra sa virginité à Jésus-Christ.* — On dit au fig. : *consacrer des lois, des usages*, les rendre sacrés, respectables, inviolables : *cette solitude est consacrée à la douleur*, etc. — Donner, dévouer à Dieu, sans aucune cérémonie : *il a consacré à Dieu le reste de sa vie.* — Dévouer, destiner : *consacrer sa jeunesse, sa vie à l'étude, à la guerre*, etc. ; *consacrer à quelqu'un son temps, ses veilles, ses soins.* — Prononcer les paroles sacramentelles sur le pain et le vin. — *L'usage a consacré cette façon de parler*, il l'a établie, il n'y a rien à changer, quoiqu'elle soit contre les règles. — *se* **CONSACRER**, v. pron., se dévouer, se donner tout entier à... : *se consacrer au bien de ses semblables.*

CONSANA, subst. fém. (*konçana*), t. de bot. plante crucifère.

CONSANGUIN, E, adj. (*konçanguiein, guine*) (du latin *consanguineus*, formé, dans le même sens, de *cum*, avec, ensemble, et de *sanguis*, sang, *qui est du même sang*). Il se dit des frères et des sœurs qui ont le même père, par opposition aux *utérins*, qui sont de la même mère et d'un père différent.

CONSANGUINITÉ, subst. fém. (*konçanguinité*) en lat. *consanguinitas*), parenté du côté du père. Voy. **CONSANGUIN**.

CONSCIENCE, subst. fém. (*konciance*) (du latin *conscientia*, fait, dans les mêmes significations, de *conscire*, lequel est formé de *cum*, avec, et de *scire*, savoir), t. métaphorique, sentiment que donne à l'âme la connaissance des perceptions qui sont en elle : *j'appelle* perception, *l'impression qui se produit en nous à la présence des objets ;* sensation, *cette même impression en tant qu'elle vient par les sens ;* conscience, *la connaissance qu'on en prend. Les hommes ont la conscience de leur liberté.* (Condillac.) — Par extension, lumière intérieure, sentiment intérieur, par lequel l'homme se rend témoignage à lui-même du bien et du mal qu'il fait : *bonne conscience; conscience erronée; remords de conscience; les reproches d'une conscience épouvantée.* (J.-J. Rousseau.) — *Une conscience coupable; une conscience agitée; la terreur, le cri de la conscience; le tribunal de la conscience; agir, parler selon sa conscience, contre sa conscience.* — *La conscience du juste lui tient lieu des louanges de l'univers.* (J.-J. Rousseau.) — Scrupule ou difficulté qu'on sent à dire ou à faire quelque chose : *faire conscience de...* Il est familier. — *Liberté de conscience*, celle des opinions religieuses. — *Avoir de la conscience; être homme de conscience*, être attentif à ne rien faire qui blesse la *conscience*. On dit, dans le sens contraire : *n'avoir point de conscience; être sans conscience.* — *Conseil de conscience*, anciennement établi pour régler les affaires ecclésiastiques. — *Cas de conscience*, ce que la religion permet ou défend dans certains cas réservés. — *Se faire un cas de conscience*, avoir des scrupules de délicatesse. — *Avoir la conscience nette*, être irréprochable. — *Mettre la main sur la conscience* s'examiner pour voir si les intentions du cœur correspondent aux paroles. — *Avoir la conscience large*, ne pas regarder de trop près à ce qui concerne le devoir. — *Dire tout ce qu'on avait sur la conscience*, sur le cœur. — *Se mettre quelque chose sur la conscience*, sur l'estomac. Toutes ces expressions sont du style familier. — En t. d'imprim., *être en conscience*; c'est travailler à tant par jour ou à tant par semaine : *il y a dans telle imprimerie deux compositeurs en conscience.* — *en* CONSCIENCE, adv., en vérité, selon les règles de la *conscience*. — *Vendre en conscience*, vendre sans surfaire : *les quakers en Angleterre*, etc., *vendent, disent-ils, en conscience.*

CONSCIENCIEUSE, adj. fém. Voy. CONSCIENCIEUX.

CONSCIENCIEUSEMENT, adv. (*konciancieuzeman*), d'une manière *consciencieuse*; en *conscience*.

CONSCIENCIEUX, adj. mas., au fém. CONSCIENCIEUSE, (*konciancieu, cieuze*), qui a la *conscience* délicate; qui annonce de la *conscience*.

CONSCRIPTEUR, subst. mas. (*koncekripeteur*) (en latin *conscriptor*, fait de *conscribere*, écrire), anciennement, dans la faculté de théologie de Paris, docteur chargé de vérifier les avis après les délibérations.

CONSCRIPTION, subst. fém. (*koncekripecion*) (du latin *conscriptio*, enregistrement, fait de *conscribere*, lequel est formé de *cum*, avec, ensemble, et de *scribere*, écrire), enrôlement fixé par la loi, inscription sur un registre des noms des citoyens qui sont appelés par leur âge au service militaire : *conscription militaire; être de la conscription.* — Levée de ces mêmes hommes. On dit aujourd'hui *recrutement*.

CONSCRIPTIONNEL, adj. mas.; au fém. CONSCRIPTIONNELLE (*koncekripecionèle*), qui a rapport à la *conscription*.

CONSCRIT, subst. mas. (*koncekri*) (en latin *conscriptus*, part. pass. de *conscribere*, écrire), celui qui est soumis à la *conscription militaire*. — Soldat nouvellement incorporé et qui n'a point encore les habitudes de son métier. — Fig. et fam. : *on me prend pour un conscrit*, pour un homme sans expérience.

CONSCRIT, adj. mas. (*koncekri*), il n'a d'usage qu'en parlant des anciens sénateurs romains : *les pères conscrits*, ceux qui étaient ou avaient été sénateurs.

CONSÉCRATEUR, subst. mas. (*koncékrateur*), celui qui *consacre*. Voy. CONSACRANT, qui a la même signification, et qui est plus usité.

CONSÉCRATION, subst. fém. (*koncékrâcion*) (du latin *consecratio*, fait, dans le même sens, de *consecrare*, consacrer. Voy. ce mot.), action par laquelle une chose est *consacrée* : *consécration d'une église, d'un autel, de l'hostie.* — Absolument et sans régime, le moment où le prêtre *consacre* à la messe : *avant, après la consécration.*

CONSECTION, subst. fém. (*koncèkcion*), action de mettre en pièces. Cette expression n'est guère usitée.

CONSÉCUTIF, adj. mas., au fém. CONSÉCUTIVE, (du latin *consequi*, suivre, aller après). Il se dit des choses et des actions qui se suivent immédiatement : *trois jours, trois dimanches consécutifs.* Il s'emploie le plus souvent au plur. — On appelle *phénomènes consécutifs des maladies*, certains dérangements des fonctions, qui persistent après la terminaison des maladies, ou qui se montrent vers leur déclin.

CONSÉCUTION, subst. fém. (*koncékucion*) (en latin *consecutio*). On appelle en astronomie *mois de consécution*, un espace de vingt-neuf jours et demi entre deux conjonctions de la lune avec le soleil.

CONSÉCUTIVE, adj. fém. Voy. CONSÉCUTIF.

CONSÉCUTIVEMENT, adv. (*koncékutiveman*), tout de suite; à peu d'intervalle : *il a eu consécutivement trois grandes maladies; il a exercé consécutivement trois grandes charges.*

CONSEIGLE, subst. mas. (*koncèguele*), mélange de froment et de seigle. Inusité.

CONSEIL, subst. mas. (*koncèie*) (en lat. *consilium*, fait, dans le même sens, de *consulere*, délibérer, discuter, examiner), avis donné ou demandé à quelqu'un sur ce qu'on doit faire ou ne pas faire : *bon conseil; mauvais conseil; conseil sage, judicieux, sincère; conseil dangereux, pernicieux, funeste; conseil intéressé, désintéressé; conseil doux, violent; demander, donner, prendre conseil; je suivrai le conseil de votre amitié.* — Le mot *conseil* s'emploie aussi comme synonyme de défenseur. — Résolution : *le conseil en est pris; je ne sais quel conseil prendre.* En ce sens, il ne se dit guère que dans ces deux phrases. — *Conseil* est aussi un nom qui se donne généralement à certaines assemblées établies par l'autorité du prince, soit pour les affaires importantes de l'état, soit pour l'administration de la justice. Ainsi, en France, il y a divers *conseils* de cette nature, comme : *le conseil d'état*, autrefois *le conseil d'en haut; le conseil des dépêches; le conseil des finances; le conseil du commerce; le conseil privé*, ou *le conseil des parties.* — *Conseil d'état* : réunion de magistrats choisis par le roi pour donner leur avis sur tout ce qui intéresse l'administration générale du royaume, et particulièrement sur les affaires *contentieuses*, dont la connaissance est attribuée par les lois à l'autorité administrative. Dans ce dernier cas, l'avis du *conseil d'état* devient un jugement par l'autorisation qui est donnée par le roi, sous forme d'ordonnance. — *Conseil de cabinet*, *conseil* institué par ordonnance du 19 avril 1817, pour discuter les questions de gouvernement, les matières de haute administration ou de législation, qui lui étaient renvoyées par le roi. Il était présidé par le roi ou par le président du *conseil des ministres*, et composé des ministres secrétaires d'état, de quatre ministres d'état et de deux *conseillers* d'état désignés par le roi pour chaque réunion. Il n'était pas permanent, et il n'était tenu aucun registre des délibérations. Ce *conseil* n'existe plus aujourd'hui. — On appelle aussi *conseil*, la réunion habituelle d'un certain nombre de gens de loi, que des princes du sang ou des grands seigneurs choisissent pour diriger leurs affaires : *le conseil de M. le prince de Conti; le conseil de la maison de Bouillon*, etc. — Quand on dit : *avocat au conseil; greffier du conseil; huissier du conseil; plaider au conseil; se pourvoir devant le conseil; être à la suite du conseil*; on entend parler du *conseil* des parties; et quand on dit qu'*un tel est entré au conseil*, cela ne s'entend que du *conseil d'état*. — On appelle *conseil judiciaire*, l'avocat que la justice donne à une personne pour l'éclairer et la diriger dans ses affaires, et sans l'assistance duquel cette personne ne peut ni traiter, ni s'engager, ni intenter un procès. — *Conseil d'office*, celui que la justice nomme pour défendre une partie qui n'a choisi personne, ou qui manquait des moyens de le faire. — On appelle *conseil de famille*, une réunion de parents présidée par le juge de paix, pour délibérer sur la nomination ou destitution des tuteurs ou subrogés tuteurs, régler les comptes de tutelle; pour autoriser les emprunts faits par les mineurs, etc. Le *conseil de famille* s'assemble aussi pour prononcer sur l'interdiction d'une personne affectée d'aliénation mentale, dans l'administration de ses biens. — *Conseil de fabrique*, assemblée de notables qui se forme pour délibérer sur les intérêts des fabriques des églises. — *Conseil officieux*, trois personnes probes et éclairées nommées, d'après la loi du 6 brumaire an V, par les tribunaux, et qui étaient chargées de consulter et de défendre gratuitement, sur la demande du fondé de pouvoir, les affaires des défenseurs de la patrie et des autres citoyens absents pour le service des armées de terre et de mer. — *Conseil général et d'arrondissement* : *conseils* qui, dans notre organisation administrative, représentent des intérêts locaux; ils appartiennent à cette partie de l'administration qui est nommée *consultative*. — *Conseil d'instruction publique* : c'est une assemblée composée de douze membres choisis parmi les personnes les plus recommandables dans l'instruction publique, et qui est chargée de juger toutes les questions relatives à la police, à la comptabilité et à l'administration générale des facultés et des collèges. — *Conseil de guerre*, assemblée d'officiers pour l'exercice de la justice militaire. — Lieu où s'assemble le *conseil*. — *Conseil des cinq-cents*, section du corps législatif pendant la révolution française (*constitution* de 1795), invariablement fixée au nombre de cinq cents, et à laquelle appartenait exclusivement la proposition des lois; aujourd'hui cette section porte le nom de *chambre des députés*. — *Conseil des anciens* (même année), autre section du même corps législatif, composée de deux cent cinquante membres, et à laquelle il appartenait exclusivement d'approuver ou de rejeter les résolutions du *conseil* des cinq-cents; c'est ce qu'on appelle aujourd'hui *la chambre des pairs*. — En 1791, divers *conseils* furent établis : celui *de justice*, tribunal pour les officiers et soldats de la marine; *conseil martial*, tribunal pour les officiers-généraux de la marine. — *Conseil de discipline*, sorte de tribunal domestique institué dans le sein des avocats de chaque ressort. — On donne aussi ce nom à une juridiction spéciale à la garde nationale, laquelle est chargée d'appliquer aux infractions à l'ordre du service, les peines disciplinaires déterminées par la loi. — *Conseil de recensement*, sorte de tribunal chargé de la formation du contrôle de réserve pour la garde nationale. — *Conseil de révision*. On donne ce nom à deux juridictions différentes : il sert d'abord à désigner le *conseil* chargé des opérations du tirage (voy. RECRUTEMENT); la loi du 22 mars 1831 sur la garde nationale nomme aussi *conseil de révision* un tribunal spécial chargé de juger l'aptitude au service des corps détachés. — *Conseil général de la commune*, réunion des officiers municipaux et des notables d'une commune. — *Conseil général du commerce*, assemblée de négociants nommés par le roi pour donner au ministre de l'intérieur tous les renseignements et les avis qu'ils croient utiles de lui adresser pour la sûreté et les progrès du commerce. — *Conseil du département* ou *de préfecture*, réunion des membres de l'administration d'un département, au nombre de vingt-huit. — *Conseil municipal*, assemblée de membres formant le *conseil* d'une commune, etc. — *Conseils évangéliques*, les *conseils* que donne l'Evangile pour parvenir à une plus grande perfection. En ce sens, *conseil* est opposé à *précepte*. — *Les conseils de Dieu*, les décrets de la Providence. — *Conseil* se dit de la personne dont on prend *conseil* : *c'est mon frère qui est son conseil*; en t. de palais, *cet avocat, ce jurisconsulte est son conseil.* — On dit : *demander conseil à*, et *prendre conseil de*, sans article; mais on ne dit pas *suivre conseil*. — *Prendre conseil* se dit figurément et élégamment des choses mêmes : *je prendrai conseil des circonstances.* — Prov. : *ne prendre conseil que de sa tête*, ne consulter personne. — *La nuit porte conseil*, il ne faut pas prendre son parti à la hâte; il faut se donner le loisir d'y réfléchir. — *A nouvelles affaires nouveaux conseils*; il faut régler ses résolutions suivant les occurrences, les conjonctures. — On dit qu'*une femme prend conseil de son miroir*, pour signifier qu'elle s'occupe à se parer.

CONSEILLÉ, E, part. pass. de *conseiller*.

CONSEILLER, subst. mas., au fém. CONSEILLÈRE, (*koncéié, ière*), celui, celle qui donne *conseil* : *bon, sage* ou *mauvais conseiller*; et fig. : *le désespoir est un mauvais conseiller.* — *Conseiller d'état*, membre du conseil des ministres. *Les conseillers d'état* sont en *service ordinaire* ou *extraordinaire*. Les *conseillers en service extraordinaire* ne reçoivent aucun traitement et ne participent aux travaux du conseil que dans certains cas; les *conseillers en service ordinaire* reçoivent un traitement de 10,000 francs qui est porté à 15,000 francs pour ceux qui sont employés aux travaux intérieurs et habituels des comités, lesquels sont au nombre de vingt-quatre. Le traitement de ceux qui exercent d'autres fonctions publiques et rétribuées est combiné de manière à atteindre toujours 20,000 francs : si un traitement plus élevé est attaché à ces fonctions publiques, ils n'en reçoivent aucun comme *conseillers d'état*. Il y a en outre des *conseillers d'état honoraires*. Ce titre appartient aux *conseillers d'état* qui sortent d'activité. Ils ne peuvent en être privés qu'en vertu d'une ordonnance rendue sur le rapport du garde-des-sceaux. — Juge dans les cours souveraines et dans certaines juridictions particulières : *ils ont été nommés, l'un conseiller à la cour des comptes, l'autre à la cour royale.* — On appelait autrefois *conseillers d'honneur*, ceux qui avaient droit de séance et voix délibérative, quoiqu'ils n'eussent point de charges ; et *conseillers honoraires*, ceux qui, après vingt ans d'exercice, vendaient leurs charges et obtenaient des lettres de vétérance. — Le *conseiller-né* avait droit de séance en vertu de sa dignité. — On dit aussi au féminin, d'une femme qui a donné un bon ou mauvais conseil, qu'*elle est une bonne* ou *mauvaise conseillère* ; et plus fréquemment, au figuré, que *la faim, la passion, la colère*, etc., *sont de mauvaises conseillères.* — On a même dit *madame la conseillère*, de la femme d'un *conseiller.*

CONSEILLER, v. act. (*koncéié*), donner un *conseil à quelqu'un. Conseiller* régit la prép. *de* : *je vous conseille de le suivre.* — *se* CONSEILLER, v. pron.

CONSEILLÈRE, subst. fém. Voy. CONSEILLER, subst.

CONSEILLEUR, subst. mas. ; au fém. CONSEILLEUSE (*koncéieur, ieuze*), fam., qui donne des *conseils.* — Prov. : *les conseilleurs ne sont pas les payeurs*, ceux qui donnent des *conseils* ne risquent pas d'en essuyer les mauvais effets.

CONSÉMINÉ, E, adj. (*koncéminé*), ensemencé de plusieurs choses : *terre conséminée.* Vieux et même hors d'usage.

CONSENS, subst. mas. (*konçance*) (du lat. *consensus*, consentement), t. d'anc. jurispr. bénéficiale : *le jour du consens*, celui où la résignation d'un bénéfice était admise en cour de Rome.

CONSENSUEL, adj. mas. ; au fém. CONSENSUELLE (*konçançuèle*), formé par le seul *consentement* des parties : *contrat consensuel.*

CONSENTANT, E, adj. (*konçantan, tante*), t. de pratique, qui *consent*, qui acquiesce : *il est consentant.*

CONSENTEMENT, subst. mas. (*konçanteman*) (en latin *consensus*), action de *consentir*, d'acquiescer : *consentement commun, tacite, mutuel, forcé ; donner, refuser son consentement ; obtenir, arracher un consentement.* — Nom d'une figure de rhétorique. — *Consentement de parties*, t. de médec. On s'est servi de cette expression pour signifier une espèce de relation entre toutes les parties du corps. Elle n'est point usitée. On dit *sympathie*, qui signifie la même chose. — En terme de jurisprudence, *consentement exprès*, celui qui est formellement exprimé, comme dans une donation entre vifs, où l'acceptation doit être formelle. — CONSENTEMENT, PERMISSION, AGRÉMENT. (*Syn.*) Le *consentement* se demande aux personnes intéressées dans une affaire. La *permission* se donne par les supérieurs qui ont droit de régler la conduite, ou de disposer des occupations. Il faut avoir l'*agrément* de ceux qui ont quelque autorité ou quelque inspection sur la chose dont il s'agit. Voy. APPROBATION. — CONSENTEMENT, CONVENTION, ACCORD. (*Syn.*) Le premier de ces mots désigne la cause et le principe du second, et le troisième en désigne l'effet. Ces deux particuliers, d'un commun *consentement*, ont fait ensemble une *convention*, au moyen de laquelle ils sont d'*accord*. — Le *consentement* suppose un droit et de la liberté, et fait disparaître l'opposition ; la *convention* vient de l'intelligence entre les parties, et détruit l'éloignement ; l'*accord* produit la satisfaction réciproque, et fait cesser les contestations.

CONSENTES (DIEUX), subst. mas. et adj. plur. (*konçante*) (du latin *consentiens*, part. prés. de *consentire*, s'accorder, être d'accord. *Dii consentientes*, dieux qui, dans les délibérations, sont d'accord avec *Jupiter.*), myth., nom que les anciens Romains donnaient à leurs douze grands dieux, qui formaient le conseil de *Jupiter*. Ces dieux étaient ceux du premier ordre, les dieux des grandes nations, par opposition aux autres. De ce nombre étaient six dieux : *Jupiter, Neptune, Mars, Apollon, Mercure* et *Vulcain* ; et six déesses : *Junon, Vesta, Minerve, Diane, Cérès et Vénus.*

CONSENTI, E, part. pass. de *consentir.*

CONSENTIES ou CONSENTIENNES, subst. et adj. fém. plur. (*konçanti, tiène*), fêtes en l'honneur des dieux *consentes*. Voy. CONSENTES.

CONSENTIR, v. neut. (*konçantir*) (en latin *consentire*, fait, dans la même signification, de *cum*, avec, ensemble, et *sentire*, être d'avis, penser, juger), acquiescer, adhérer, tomber d'accord. — Devant un infinitif, le verbe *consentir* prend *à* ou *de*. On emploie *à*, lorsqu'il s'agit d'une action que l'on *consent* à faire ; mais *de* est préféré, lorsqu'il est seulement question de ne pas défendre, de ne pas empêcher, de ne pas s'opposer : *je consens de l'entendre, je consens à vous suivre.* — En t. de palais, on dit act. : *consentir une société, consentir une clause ; appointement consenti par les parties.* — En t. de mar., obéir à un effort : *ce mât a consenti*, il a plié et reste forcé dans une mauvaise situation, sans se redresser : *un vaisseau a consenti dans toutes ses parties pendant son échouage*, quand toutes ses liaisons sont larguées. — Prov., *qui ne dit mot consent*, se taire, c'est parler comme on le désire. — CONSENTIR, ACQUIESCER, ADHÉRER, TOMBER D'ACCORD. (*Syn.*) Nous *consentons* à ce que les autres veulent, en l'agréant et en le permettant. Nous *acquiesçons* à ce qu'on nous propose, en l'acceptant et en nous y conformant. Nous *adhérons* à ce qui est fait et conclu par d'autres, en l'autorisant et en nous y joignant. Nous *tombons d'accord* de ce qu'on nous dit, en l'avouant et en l'approuvant. — Les parents *consentent* à l'établissement de leurs enfants ; les parties *acquiescent* au jugement d'un arbitre ; les amants *adhèrent* aux caprices de leurs maîtresses ; les bonnes gens *tombent d'accord* de tout.

CONSÉQUEMMENT, adv. (*koncékaman*) (en lat. *consequenter*, fait, dans le même sens, de *consequi*), d'une manière juste et raisonnée, relativement aux principes qu'on s'est formés : *parler, agir, raisonner conséquemment.* — Par une suite raisonnable et naturelle : *conséquemment à ce que nous avions réglé.* — *Conséquemment* régit la préposition seulement lorsqu'il signifie *en conséquence* ; quand il signifie *d'une manière conséquente*, il ne prend point de régime, parce qu'il se place toujours après le verbe.

CONSÉQUENCE, subst. fém. (*koncékance*) (en lat. *consequentia*, fait, avec la même signification, de *consequi*, s'ensuivre, naître d'une chose, résulter), conclusion tirée d'une ou de plusieurs propositions : *tirer une conséquence ; la conséquence est juste, fausse ; les conséquences naturelles des faux principes sont des malheurs.* — La *conséquence*, dans un raisonnement, est plus proprement la liaison de la *conclusion* avec les prémisses : ainsi la *conclusion* peut être vraie, quoique la *conséquence* soit fausse. — Suite qu'une action ou quelque autre chose peut avoir : *exemple de dangereuse conséquence ; cela peut avoir de terribles conséquences.* On dit, dans le même sens : *tirer à conséquence ; sans tirer à conséquence.* — Importance. Il ne se dit, en ce sens, qu'avec la prép. *de* : *homme, affaire, place, emploi de conséquence.* — *sans* CONSÉQUENCE, adv. : *tout ce qu'il dit est sans conséquence*, on n'y fait nulle attention. — *On vous accorde cette grace, mais sans conséquence*, sans que d'autres puissent s'en prévaloir. — *Homme sans conséquence*, homme méprisable, aux discours duquel il ne faut pas prendre garde ; et en matière de galanterie, homme d'une réputation et d'un âge qui le mettent à couvert de tout soupçon. — *en* CONSÉQUENCE, loc. adv., *conséquemment.* — Les astronomes, pour dire qu'une planète se meut et paraît se mouvoir suivant l'ordre des signes, ou, ce qui est la même chose, d'occident en orient, disent que *son mouvement est en conséquence* ; et ils disent qu'*il est en antécédence*, pour dire qu'il est en sens contraire.

CONSÉQUENT, subst. mas. (*koncékan*) (du latin *consequens*, fait de *consequi*, s'ensuivre, résulter de...), en t. de logique, la seconde proposition d'un *enthymème*, dont la première s'appelle l'antécédent. — En t. de math., le second terme d'une raison ou d'un rapport. — *Par* CONSÉQUENT, conj., donc, par une suite naturelle et nécessaire.

CONSÉQUENT, E, adj. (*koncékan, kante*), qui agit, qui raisonne *conséquemment.* — *Un homme est conséquent*, lorsqu'il accorde sa conduite avec ses principes ; *en politique et en religion, peu d'hommes sont conséquents* ; et dans le même sens on dit : *raisonnement conséquent, conduite conséquente.* — Pop., et quelquefois dans le style mercantile, on l'emploie pour *important, considérable* : *marché conséquent, somme conséquente* ; c'est en ce sens une faute grave ; dites : *marché considérable, somme importante.*

CONSÉQUENTE, subst. fém. (*koncékante*), t. de musique, la deuxième partie d'une fugue.

CONSERVATEUR, subst. mas., au fém. CONSERVATRICE (*koncèrevateur, trice*), celui, celle qui *conserve*, qui protège, qui défend : *Dieu est le créateur et le conservateur de l'univers.* — Celui dont les fonctions sont de *conserver* des titres, etc. : *conservateur des hypothèques, des eaux et forêts, d'une bibliothèque, des médailles.* — Il se dit quelquefois adj., en parlant des choses : *cette loi conservatrice des propriétés.* — T. de comm. : *juges conservateurs*, juges établis pour la *conservation* des franchises et privilèges des foires, et pour connaître des contestations qui y surviennent. — *Sénat conservateur*, premier corps de l'état sous l'empire français.

CONSERVATIFS, subst. mas. plur. (*koncèrevatif*), parti de torys anglais opposés aux whighs réformistes.

CONSERVATION, subst. fém. (*koncèrevâcion*) (en lat. *conservatio*), ce mot a un sens passif et n'exprime point l'action de celui qui *conserve*, mais l'état de la personne ou de la chose *conservée* : *la conservation des fruits, de la santé, de ses droits*, etc. ; *songer, veiller à sa conservation ; prendre soin, s'occuper de sa conservation ; devoir sa conservation à sa prudence.* — En t. d'antiq. : *médaille d'une belle, d'une grande conservation*, bien entière, bien *conservée.* — Siège de juridiction établi pour *conserver* certains privilèges accordés à quelques communautés. — Lieu où l'on *conserve* les titres, les hypothèques. — *Conservation de Lyon*, juridiction qui était établie à Lyon, pour la *conservation* des privilèges des foires, etc. — Voy. CONSERVATEURS (JUGES). — *Conservation des forêts*, administration des forêts. — *Conservation des hypothèques*, registres publics sur lesquels s'inscrivent les hypothèques.

CONSERVATOIRE, subst. mas. (*koncèrevatoare*), anciennement, maison où l'on retirait des filles et des femmes, pour les préserver de la débauche. — Ecole gratuite où l'on élève à Paris des jeunes gens pour la musique et la déclamation. — Musée des arts et métiers.

CONSERVATOIRE, adj. des deux genres (*koncèrevatoare*), t. de palais : *acte conservatoire.* — *Cour conservatoire*, siège d'un *conservateur* des droits de quelque corps.

CONSERVATRICE, subst. fém. Voy. CONSERVATEUR.

CONSERVE, subst. fém. (*koncèreve*), espèce de confitures sèches : *conserve de violettes, de fleurs d'oranger, de fruits.* — En t. de mar., vaisseau qui fait route avec un autre pour le secourir ou en être secouru dans l'occasion : *ce vaisseau avait perdu sa conserve.* On dit en ce sens : *aller de conserve.* — Réservoir dans lequel on garde l'eau pour la distribuer par des aqueducs ou canaux. — *Conserves*, espèces de lunettes qui ne grossissent point les objets, et dont on se sert seulement pour se *conserver* la vue. — En t. de fortification, pièces triangulaires parallèles aux bastions qu'elles couvrent au-delà de la contrescarpe.

CONSERVÉ, E, part. pass. de *conserver*, et adj. : *tableau, monument antique bien conservé, médaille bien conservée*, qui ont encore toute leur beauté, toute leur fraîcheur ; *être bien conservé*, avoir toujours de la bonne mine, de la fraîcheur.

CONSERVER, v. act. (*koncèrevé*) (en lat. *conservare*, fait de *cum*, avec, et de *servare*, garder, conserver), garder avec soin ; veiller attentivement à ce qu'on a : *conserver des fruits, des meubles, des habits.* — On dit au fig., et à peu près dans le même sens : *conserver sa santé, sa réputation, ses droits*, etc. — *Conservez-moi vos bonnes graces, votre amitié*, etc. — Ne pas renvoyer, ne pas se défaire de : *j'ai conservé ce seul domestique.* — En t. de mar., garder en vue un vaisseau que l'on veut joindre et reconnaître de près, pour le combattre s'il est ennemi. — *Conserver l'avantage du vent*, c'est lutter de manœuvre avec le bâtiment qui veut s'élever au vent du sien. — *Conserver sa tête*, son jugement. — *se* CONSERVER, v. pron., se garder, ne point se gâter. — Avoir soin de soi, de sa santé : *conservez-vous.* On dit qu'une personne *se conserve* bien, pour signifier qu'elle ne paraît pas vieillir : *un vieillard bien conservé* ; vert et bien portant. — *Un usage se conserve dans un pays*, c'est-à-dire : il s'y maintient, il continue d'y être pratiqué. — *Les fruits de l'été ne se conservent pas*, ils se gâtent bientôt ; *les vins fumeux se conservent long-temps*, ils ne dépérissent pas si vite que les autres.

CONSÉVIUS ou CONSURIUS, subst. propre mas. (*koncéri-uce, konçuri-uce*), myth., surnoms de Janus.

CONSIDENCE, subst. fém. (*koncidance*) (du lat. *considere*, s'affaisser, aller au fond, etc., formé de *cum*, avec ou contre, et *sedere*, s'asseoir, être assis), abaissement et affaissement des choses appuyées les unes sur les autres. Peu usité.

CONSIDÉRABLE, adj. des deux genres (*koncidérable*), qui mérite d'être *considéré*: remarquable, important, grand, nombreux; qui donne de la *considération*, de l'importance; qui jouit d'une grande *considération*, d'un grand crédit, d'un grand pouvoir : *un ouvrage considérable; une armée considérable; une somme considérable; un homme considérable.*

CONSIDÉRABLEMENT, adv. (*koncidérableman*), d'une manière *considérable*; beaucoup.

CONSIDÉRANT, subst. mas. (*koncidéran*), exposé, remarques, réflexions, motifs qui précèdent le dispositif d'une loi, d'un décret, d'un jugement, etc. : *le considérant de cette loi est fort bien fait.*

CONSIDÉRANT, E, adj. (*koncidéran, rante*) qui est circonspect, qui prend garde à toutes les circonstances, à toutes les bienséances d'une chose. (*Boiste.*) Vieux et inusité.

CONSIDÉRATION, subst. fém. (*koncidérácion*) (en latin *consideratio*), action par laquelle on *considère*, on examine : *il a fait cela sans considération; cela mérite considération.* — Circonspection, prudence (en latin *considerantia*).— Motif : *je l'ai fait par telle et telle considération; agir sans considération.* Il n'a guère de pluriel qu'en ce sens : *il y a été obligé par de grandes considérations; des considérations d'honneur, d'intérêt.* Cependant *considération* se dit encore au plur. de réflexions profondes et étendues sur un objet envisagé sous ses différentes faces : *il a écrit des Considérations sur l'histoire de France; les Considérations de Montesquieu sur les causes de la grandeur et de la décadence des Romains; les Considérations de Duclos sur les mœurs de son siècle.* — Importance : *chose de peu de considération.* — Réputation, estime qu'attirent les talents, les dignités, etc. : *c'est un homme de grande considération; il n'a nulle considération dans le monde*, etc. — Égards qu'on a pour quelqu'un : *c'est à votre considération qu'un tel a fait cela.* — Formule d'usage à la fin d'une lettre : *je suis avec une entière, une parfaite, une haute considération*, etc. — CONSIDÉRATION, RÉPUTATION. (*Syn.*) La *réputation* est en général le fruit des talents ou du savoir-faire; la *considération* est attachée à la place, au crédit, aux richesses, ou, en général, au besoin qu'on a de ceux à qui on l'accorde. L'absence ou l'éloignement, loin d'affaiblir la *réputation*, lui est souvent utile; la *considération*, au contraire, est tout extérieure, et semble attachée à la présence. — La *considération* vient aussi de l'effet que nos qualités personnelles font sur les autres. On jouit mieux de la *considération* que de la *réputation*; l'une est plus près de nous, et l'autre s'en éloigne; celle-ci, quoique plus grande, se fait moins sentir et se convertit rarement en une possession réelle. Nous obtenons la *considération* de ceux qui nous approchent; et la *réputation*, de ceux qui ne nous connaissent pas. — La *considération* est le revenu du mérite de toute la vie; et la *réputation* est souvent donnée à une action faite au hasard; elle est plus dépendante de la fortune.— La *considération* qui tient aux qualités personnelles est moins étendue; mais comme elle porte sur tout ce qui nous entoure, la jouissance en est plus sensible et plus répétée; elle tient plus aux mœurs que la *réputation*, laquelle souvent n'est due qu'à des vices d'usage bien placés et bien préparés, ou d'autres fois même à des crimes heureux et illustres.— La *considération* rend moins, parce qu'elle tient à des qualités moins brillantes; mais aussi la *réputation* s'use et a besoin d'être renouvelée. — CONSIDÉRATIONS, OBSERVATIONS, RÉFLEXIONS, PENSÉES. (*Syn.*) Le terme de *considérations* est d'une signification plus étendue; il exprime cette action de l'esprit qui envisage un objet sous les différentes faces dont il est composé. Celui d'*observations* sert à exprimer les remarques que l'on fait dans la société ou sur les ouvrages. Le terme de *réflexions* désigne plus particulièrement ce qui regarde les mœurs et la conduite de la vie. Celui de *pensées* offre une expression plus vague, qui marque indistinctement les jugements de l'esprit. *En considération de....*, loc. adv., qui signifie *eu égard à...*

CONSIDÉRÉ, E, part. pass. de *considérer* et adj. On dit à la tête de la phrase : *tout considéré, tout bien considéré*, après avoir tout examiné. — *Ce considéré*, plaise au tribunal... locution de pratique qui équivaut à celles-ci : *ces choses examinées, qu'il plaise au tribunal...*

CONSIDÉRÉMENT, adv. (*koncidéréman*), avec prudence, avec circonspection, discrètement : *agir considérément dans une affaire*, agir avec prudence.

CONSIDÉRER, v. act. (*koncidéré*) (du lat. *considerare*, formé, dans les mêmes acceptions, de *sidus, sideris*, astre; *regarder avec la même attention qu'on met à examiner la position et la hauteur des astres pour se guider sur mer, dans une forêt*, etc.), regarder attentivement : *plus je le considère, plus je suis certain que c'est lui.* — Examiner avec attention, peser, apprécier : *considérez la position où je me trouve.* — Avoir égard : *un juge ne doit considérer ni les personnes ni les recommandations.* — Estimer, faire cas : *il est fort considéré dans la ville.* — Joint à l'adj. *comme*, il signifie : juger, réputer : *je la considère comme ma mère.* — se CONSIDÉRER, v. pron., se regarder : *l'âme se mire, pour ainsi dire, et se considère dans le corps.* — Avoir de l'estime l'un pour l'autre : *ils se considèrent beaucoup.*

CONSIGNATAIRE, subst. des deux genres (*koncigniatère*), dépositaire d'une somme *consignée.*

CONSIGNATION, subst. fém. (*koncigniácion*), action de *consigner* : *après consignation de la somme contestée.* — Dépôt qu'on remet entre les mains de quelqu'un commis par justice pour cela, ou d'une personne dont on convient de part et d'autre, pour recevoir ce que l'on *consigne*. Voy. CONSIGNER. — *Consignation d'amende*, paiement que l'on fait d'avance d'une amende qui, par l'évènement, peut être encourue.— *Caisse des dépôts* ou *le bureau des consignations*, bureau public à Paris, où l'on porte l'argent qu'on doit ou qu'on veut déposer. — Enregistrement de marchandises sur le livre des messagers ou d'autres voituriers; effets de cette action.

CONSIGNE, subst. fém. (*koncignie*), ordre donné à une sentinelle par celui qui la pose. — Punition militaire, défense de sortir. — Homme qui se tient à la porte d'une ville de guerre pour tenir un registre des étrangers qui entrent dans la place. Dans cette dernière acception, plusieurs l'emploient comme mas. Voy. CONSIGNER. — Crochet en fer qui, dans les corps-de-garde, sert à attiser le feu.

CONSIGNE, adj. des deux genres (*koncignie*) (du lat. *cum*, avec, ensemble, et *signum*, signe), en algèbre, qui a les mêmes *signes*, qui est dans la même disposition.

CONSIGNÉ, E, part. pass. de *consigner.*

CONSIGNER, v. act. (*koncignié*) (du lat. *consignare*, employé dans la même acception, et qui signifie littéralement : signer, cacheter, sceller; de *signum*, seing, sceau, etc.), déposer de l'argent entre les mains de la justice ou de quelque particulier pour être délivré, en temps et lieu, à qui il appartiendra. — *Consigner une amende*, déposer une amende qui, par l'évènement, peut être encourue. — On dit *consigner en papier*, pour dire déposer aux *consignations* des billets au lieu d'argent.— Ne pouvoir sortir : *la troupe est consignée.* — *Consigner un fait, une action dans un livre*, les citer, les rapporter. — Donner les ordres à une sentinelle. Dans cette acception, il est neutre : *on lui a consigné de ne laisser entrer personne, d'empêcher les voitures de passer.* — On dit fig. et fam. : *je l'ai consigné à ma porte*, j'ai défendu de le laisser entrer; et quelquefois, mais plus rarement, j'ai donné ordre qu'on le laissât entrer. — *Consigner*, t. de comm., signifie remettre, adresser. On dit, dans cette acception : *je vous consigne cinquante pièces de toile.* — On dit aussi *consigner un navire*, pour dire le remettre entre les mains du marchand qui doit en faire le chargement. — *Consigner* signifie encore enregistrer des marchandises sur les livres des messagers, maîtres de coches, et autres voituriers publics. — *se* CONSIGNER, v. pron.

CONSIMILITUDE, subst. fém. (*koncimilitude*) (du lat. *cum*, avec, et *similitudo*, ressemblance), concurrence, égalité, convenance mutuelle.

CONSIRE ou **CONSYRE**, subst. fém. (*koncire*), grande consoude. Voy. CONSOUDE.

CONSISTANCE, subst. fém. (*koncicetance*) (du lat. *consistere*, se soutenir, être ferme), état des choses fluides lorsqu'elles deviennent épaisses et solides : *cette gelée a peu de consistance.* — État de stabilité, au physique et au moral : *ce terrein n'a point de consistance.* — Au fig. : *homme sans consistance*, sans gravité, sans stabilité.— Ce qu'une terre contient dans son étendue, tant pour le sol que pour les droits qui lui appartiennent : *il m'a donné un état de la consistance de sa terre.* — En t. de jurispr., ce qui compose une chose, son contenu : *la consistance d'une succession.* — T. de phys., état de perfection où les choses susceptibles d'accroissement ou de décroissement demeurent pendant quelque temps sans augmenter ni diminuer. Il se dit particulièrement des arbres, pour signifier l'âge au-delà duquel ils ne croissent plus, et où cependant ils ne commencent pas encore à décliner : *on distingue trois états dans un arbre : la crûe, la consistance et le retour.* — T. de médec., degré de liaison ou de rapprochement des molécules d'un corps.

CONSISTANT, E, adj. (*koncicetan, tante*), t. de jurispr., qui *consiste* en ... : *domaine consistant en bois, prés*, etc.; *maison consistante en trois étages, deux caves*, etc. — Phys., qui a quelque degré de solidité.

CONSISTER, v. neut. (*koncicetó*) (du lat. *consistere*, fait, dans les mêmes significations, de *cum*, avec, ensemble, et *sistere*, être, subsister. Les hellénistes dérivent le même verbe *consistere* du grec συν, avec, et ἵσταμαι, être debout, en changeant l'esprit rude en *s*, ce qui arrive souvent aux Latins). Il se dit de l'état d'une chose considérée en son être ou en ses propriétés : *la beauté consiste dans la proportion des parties.* Il régit *dans* devant un subst., ainsi qu'on le voit dans l'exemple précédent, et *à* devant un infinitif : *la véritable libéralité consiste moins à donner beaucoup qu'à donner à propos : le bonheur consiste à faire le bien.* — *Le tout consiste à savoir...*; ce qu'il y a d'important, c'est de connaître... (*La Bruyère.*)—Être composé de ... : *cette flotte consiste en tant de vaisseaux.* Dans ce dernier cas, il régit la prép. *en.*

CONSISTOIRE, subst. mas. (*koncicetoare*) (en lat. *consistorium*, qui signifie proprement le conseil du prince, et le lieu où il s'assemble), assemblée du pape et des cardinaux pour les affaires de l'Eglise. C'ést le premier tribunal de Rome, et la juridiction la plus majestueuse de la cour du pape. Le *consistoire* ne s'assemble que quand il plaît au pape de le convoquer. Le pape y préside sous un trône fort élevé tendu d'écarlate, et sur un siège de drap d'or. Il a à sa droite les cardinaux prêtres et évêques, et à sa gauche les cardinaux diacres. Le *consistoire public* s'assemble dans la grande salle du palais apostolique de Saint-Pierre, où l'on reçoit les princes et ambassadeurs des rois. Le pape y est toujours revêtu de ses habits pontificaux. — Assemblée des ministres et des anciens pour les affaires ou la police des églises réformistes. — Conseil qui dirige, parmi les juifs, les affaires relatives à leur religion. — Lieu où se tiennent ces assemblées.—*Consistoire de la Bourse*, nom qu'on donnait à Toulouse au lieu où s'assemblaient le prieur et les consuls des marchands de cette ville.

CONSISTORIAL, E, adj. (*koncicetoriale*), qui appartient au *consistoire* : *jugement consistorial.* — *Bénéfice consistorial*, celui dont les bulles sont demandées et expédiées par voie de *consistoire.* — *Consistorial* se dit encore de ce qui a rapport aux protestants ou aux juifs.— Au plur. mas., *consistoriaux.*

CONSISTORIALEMENT, adv. (*koncicetorialeman*), en *consistoire*; selon les formes *consistoriales.*

CONSISTORIALITÉ, subst. fém. (*koncicetorialité*), qualité de ce qui est *consistorial.* Peu usité.

CONSISTORIAUX, adj. mas. plur. Voy. CONSISTORIAL.

CONSISTORIÉ, E, part. pass. de *consistorier.*

CONSISTORIER, v. act. (*koncicetorié*), considérer, conférer, donner en *consistoire.* Inusité.

CONSIVE ou **CONSIVA**, subst. propre fém. (*koncive, va*) (dérivé du mot latin *conserere*, planter), myth., déesse protectrice des biens de la terre.

CONSIVIES, subst. fém. plur. (*honsivi*), fêtes célébrées chez les anciens Romains, au mois d'août, en l'honneur de la déesse Consive.

CONSOEUR, subst. fém. (*konçeur*), sœur d'une même confrérie. Peu usité.

CONSOLABLE, adj. des deux genres (*konçolable*) (en lat. *consolabilis*), qui peut être *consolé.* Il ne se dit guère que des personnes, et avec une négative : *il n'est pas consolable de cette perte.* Peu usité; on dit bien mieux : *il est inconsolable de cette perte.*

CONSOLANT, E, adj. (*konçolan, lante*) (en lat. *consolans*, part. prés. de *consolare*, consoler), qui *console* : *une nouvelle consolante; la mort du sage est une grande et consolante leçon.* (Boufflers.) — On le dit par ironie des personnes : *vous n'êtes pas consolant*; vous ne dites pas là des choses bien *consolantes.*

CONSOLATEUR, subst. mas., au fém. **CONSOLATRICE** (*konçolateur, trice*) (en lat. *consolator*), celui, celle qui *console*.—L'Église appelle le Saint-Esprit *le consolateur, l'Esprit consolateur;* et la sainte Vierge, *la consolatrice des affligés*.—Il se prend aussi adj. : *un espoir consolateur; l'éloquence consolatrice est la plus salutaire.*

CONSOLATIF, adj. mas.; au fém. **CONSOLATIVE** (*konçolatif, tive*), propre à *consoler*. Ce mot, que nous lisons dans l'*Académie*, est bien peu usité; on ne dit guère *un homme consolatif;* on dit plutôt : *un homme consolant.*

CONSOLATION, subst. fém. (*konçolâcion*) (en lat. *consolatio*), adoucissement donné à l'affliction, à la douleur, au déplaisir; paroles qu'on emploie pour *consoler* quelqu'un : *la foi est la consolation des misérables.* — Véritable sujet de satisfaction : *c'est une grande consolation pour un père de voir ses enfants se porter au bien*, et non point : *c'est une grande consolation à un père*, etc. — Chose ou personne qui *console* : *la philosophie est sa consolation, sa seule consolation; Dieu doit être toute notre consolation.* — Espèce de tribut que, dans plusieurs jeux, on paie soit à ceux qui ne jouent point, soit à ceux qu'on fait perdre, soit même à ceux qui gagnent ou font perdre les autres. — Fig., on appelle *fiche de consolation*, le dédommagement de quelque perte, l'adoucissement dans quelque disgrace, etc.

CONSOLATIVE, adj. fém. Voy. **CONSOLATIF**.

CONSOLATOIRE, adj. des deux genres (*konçolatoare*) (en latin *consolatorius*), *consolant*, destiné à *consoler* : *discours consolatoire.* Vieux et peu usité.

CONSOLATRICE, adj. et subst. fém. Voy. **CONSOLATEUR**.

CONSOLE, subst. fém. (*konçole*) (du lat. *consolidare*, consolider, rendre solide et stable), pièce d'architecture en saillie, et qui sert à soutenir une corniche, un fronton de croisée, etc. On appelle *console avec enroulements*, celle qui a des volutes en haut et en bas; *console arrasée*, celle dont les enroulements affleurent les côtés; *console gravée*, celle qui a des glyphes ou gravures; *console avec encorbellement*, toute *console* qui sert à porter les balcons, et qui a des enroulements, des nervures ou d'autres ornements, par lesquels elle diffère du corbeau; *console coudée*, celle dont le contour est interrompu par quelque angle ou partie droite; *console plate*, celle qui est en forme de corbeau, avec des glyphes et des larmes; *console rampante*, celle qui suit la pente d'un fronton pointu ou circulaire, pour en soutenir les corniches; *console renversée*, toute *console* dont le plus grand enroulement est en bas, et sert d'adoucissement aux ornements. — Étagère élégante destinée à l'ameublement d'un salon, et sur laquelle on pose des bronzes, des statuettes, etc. — Saillie dans une carrière. — Dans une harpe, la partie qui renferme le mécanisme.

CONSOLÉ, E, part. pass. de *consoler*.

CONSOLEMENT, subst. mas. (*konçoleman*), mot inusité que nous lisons dans *Trévoux* pour *consolation.*

CONSOLER, v. act. (*konçolé*) (en lat. *consolare* ou *consolari*), adoucir, soulager, diminuer l'affliction, la douleur, le déplaisir, par des discours, des soins, des réflexions, des exemples, etc. : *consoler les malheureux par l'espoir d'un meilleur avenir.*—Il se dit aussi des choses: *la philosophie ne peut consoler du malheur de ceux que l'on aime; la bêtise et la vanité consolent de tout.* Absol. : *Dieu seul sait consoler.* —*se* **CONSOLER**, v. pron., modérer, bannir son affliction : *il faut se consoler; cette veuve commence à se consoler : les malheureux se consolent ensemble.*

CONSOLEUR, subst. mas. (*konçoleur*), consolateur. (*Marot.*) Inusité.

CONSOLIDA, subst. fém. (*konçolida*). Voy. **CONSOUDE**.

CONSOLIDANT, E, adj. (*konçolidan, dante*), t. de chir., remède propre à réunir les plaies et à en faciliter la cicatrice. — Subst. mas. : *un consolidant.*

CONSOLIDATION, subst. fém. (*konçolidâcion*), en t. de chir., état d'une plaie dont les lèvres se réunissent, qui commence à se cicatriser. — En t. de jurispr., réunion de l'usufruit à la propriété que l'on avait déjà d'un héritage. — L'action par laquelle une dette publique est *consolidée*; le résultat de cette action.

CONSOLIDE, subst. fém. (*konçolide*), ancien nom de la *consoude*. (*Dict. de Trévoux.*)

CONSOLIDÉ, E, part. pass. de *consolider*, et adj. : *le tiers consolidé.*

CONSOLIDÉ, subst. mas. (*konçolidé*), rente sur l'état réduite et garantie. — Au plur., *les consolidés*, sorte de fonds constitués à la manière anglaise.

CONSOLIDEMENT, subst. mas. (*konçolideman*), action de *consolider*; son effet; état de ce qui est *consolidé*. (*Saint-Simon.*)

CONSOLIDER, v. act. (*konçolidé*) (en lat. *consolidare*), rendre ferme et *solide* : *consolider un édifice; consolider une plaie.*—On dit, en t. de droit, *consolider* (c'est réunir) *l'usufruit à la propriété.* — Assigner un fonds pour assurer le paiement d'une dette publique : *le gouvernement a consolidé ces sortes de rentes.* — Au fig., affermir : *consolider une union, un traité.* — *se* **CONSOLIDER**, v. pron., devenir *solide*, s'affermir : *sa santé se consolide.*

CONSOMMATEUR, subst. et adj. mas., au fém. **CONSOMMATRICE** (*konçomateur, trice*) (en lat. *consumptor*, fait, dans le même sens, de *consumere*, consumer), celui qui *consomme* les denrées que d'autres produisent par la culture. — C'est proprement, en économie politique, celui qui achète pour son usage et non pas pour revendre : *les consommateurs et les cultivateurs. Consommateur* est opposé à *producteur.* — *L'accroissement des classes consommatrices n'est un avantage ni pour l'état ni pour elles.* (Bentham.) — Celui qui perfectionne; il ne se dit, en ce sens, que dans cette phrase consacrée : *Jésus-Christ est l'auteur et le consommateur de notre foi* (du lat. *consummator*, fait de *consummare*, accomplir, perfectionner).

CONSOMMATION, subst. fém. (*konçomâcion*) (en lat. *consumptio*, fait de *consumere*, consumer), action de *consommer* : *grande consommation de bois, de blés*, etc. — Action de se servir de choses que l'usage peut détruire : *c'est en raison de la consommation que s'accroît la production.* — Vente, débit : *il n'y a pas de consommation*, le commerce ne va pas. — Autrefois, en matières bénéficiales, l'action par laquelle on *consommait* le droit qu'on avait de nommer à un bénéfice. — Achèvement, accomplissement, perfection : *la consommation d'un ouvrage, des prophéties, d'une affaire; le triomphe de soi est la consommation de toute philosophie* (du latin *consummatio*, fait de *consummare*, achever, perfectionner). — *La consommation des siècles*, la fin du monde.—*La consommation du mariage*, l'union charnelle des époux après le mariage. — T. de jurispr., *prêt de consommation*, contrat par lequel l'une des parties livre à l'autre une certaine quantité de choses qui *se consomment* par l'usage, à la charge par cette dernière de lui en rendre autant de même espèce et qualité.

CONSOMMATRICE, subst. et adj. fém. Voyez **CONSOMMATEUR**.

CONSOMMÉ, subst. mas. (*konçomé*), bouillon gélatineux fait de viandes succulentes et extrêmement cuites : *il ne vit que de consommés.*

CONSOMMÉ, E, part. pass. de *consommer*, et adj. : *sagesse, vertu consommée*, parfaite. — *Il est consommé en science*, il est très-savant.

CONSOMMER, v. act. (*konçomé*) (du lat. *consummare*, formé, avec la même signification, de *cum*, avec, ensemble, et *summa*, somme; littéralement, *faire une somme, un total*), achever, accomplir, mettre en sa perfection : *consommer un mariage, une affaire, un crime, un sacrifice.* — Détruire, par l'usage, les denrées. En ce sens, il vaudrait mieux dire *consumer*, dont la signification propre est : *achever en détruisant*; comme celle de *consommer* est : *achever en perfectionnant* (du latin *consumere*, consumer, détruire). — Absol. : *on consomme beaucoup dans ce café*, on y débite beaucoup de liqueurs, etc. — *Ces friandises consomment beaucoup de sucre*, en exigent une quantité considérable pour être bien faites. — *Faire consommer de la viande*, la faire tellement cuire, que presque tout le suc, toute la substance soit dans le bouillon. — **CONSOMMER, CONSUMER.** (*Syn.*) Ces deux mots emportent l'un et l'autre la signification d'*achever*; mais *consumer* achève en détruisant et en anéantissant le sujet, et *consommer* achève en le mettant dans la dernière perfection et dans son accomplissement entier : *un homme consommé dans les sciences n'a certainement pas consumé tout son temps dans l'inaction. Quand on commence par consumer son patrimoine dans la débauche, on ne doit pas espérer de consommer jamais un établissement honorable.* — *se* **CONSOMMER**, v. pron.

CONSOMPTIF, adj. mas., au fém. **CONSOMPTIVE** (*konçonpetife, tive*) (du lat. *consumere*, consumer, miner, détruire), t. de médec., qui *consume* les humeurs, les chairs.— On dit aussi subst. au mas. : *il faut appliquer un consomptif.*

CONSOMPTION, subst. fém. (*konçonpecion*) (en lat. *consumptio*, fait de *consumere*, consumer, détruire). Il se dit de certaines choses qui *se consument* : *il se fait une grande consomption de bois dans ce fourneau; la victime fut brûlée jusqu'à entière consomption; la consomption des espèces sacramentelles dans l'eucharistie.* — Pour les denrées, on dit *consommation.* — Espèce de phthisie pulmonaire fort commune qui *consume* et dessèche tout le corps. — On dit aussi d'une personne qui dépérit, qu'*elle est malade de consomption.*

CONSOMPTIVE, adj. fém. (*konçonpetive*). Voy. **CONSOMPTIF**.

CONSONNANCE, on devrait peut-être écrire **CONSONANCE** (voyez **ASSONNANCE** pour notre dissertation orthographique), subst. fém. (*konçonance*) (en lat. *consonantia*, fait, avec la même acception, de *cum*, avec, ensemble, et de *sonare*, rendre un *son*, *résonner*), en t. de mus., accord de deux *sons* dont l'union plaît à l'oreille.—On appelle *consonnances parfaites* ou *justes* celles dont l'intervalle ne varie point, telles que l'octave, la quinte et la quarte; *consonnances imparfaites*, celles qui peuvent être majeures ou mineures, telles que les tierces et les sixtes : *la théorie des consonnances.* — En t. de gramm., ressemblance de *son* dans la terminaison des mots.

CONSONNANT, E, adj. (*konçonan, nante*), t. de mus. : *accord consonnant*, formé par des *consonnances.* — En gramm., on appelle *mots consonnants*, ceux qui ont une terminaison semblable ou à peu près.

CONSONNANTE, subst. fém. (*konçonante*), t. de mus., grand instrument qui tient du clavecin et de la harpe. (*Boiste.*) Hors d'usage.

CONSONNANTES, subst. fém. plur. (*konçonante*), t. de gramm., lettres qui s'articulent par le secours des lettres vocales. Peu usité.

CONSONNE, subst. fém. (*konçone*) (du lat. *consona*, fait, dans la même signification, de *cum*, avec, ensemble, et *sonare*, rendre un *son*; *qui n'a de son qu'avec une voyelle*), t. de gramm., lettre qui n'a nul *son* sans le secours de quelque voyelle, comme *b, c, d, f, g*, etc. (Voy. notre *Grammaire.*) Il s'emploie quelquefois adj., et alors il est des deux genres : *une lettre consonne.*

CONSONNÉ, E, part. pass. de *consonner*. (*Boiste.*) Inusité.

CONSONNER, v. act. (*konçoné*), former une *consonne.* (*Boiste.*) Inusité.

CONSORT, subst. mas. (*konçor*), terre vague qui se trouve sur les confins de deux pays. (*Boiste.*) Presque inus.

CONSORTS, subst. mas. plur. (*konçor*) (en lat. *consors*, formé de *cum*, avec, ensemble, et *sors*, gén. *sortis*, sort; *qui a, qui partage le même sort*), ceux qui ont intérêt avec quelqu'un dans un procès, dans une affaire civile, etc. : *on l'a condamné lui et ses consorts.* — En mauvaise part, le chef d'un parti, d'une cabale, et ceux qui sont ses affidés.

CONSOU, subst. mas. (*konçou*), t. de relation, nom qu'on donne à la grande salle des marchands, à Canton, en Chine. Inusité.

CONSOUDE, subst. fém. (*konçeude*) (en latin *consolida*, fait de *consolidare*, consolider, affermir, à cause de ses vertus en médecine), t. de bot., plante agreste et vivace, de la famille des borraginées, et employée en médecine contre les crachements de sang et la dyssenterie. On la nomme aussi *consoude officinale, consolida, consire, oreille-d'âne*, etc. — *Consoude royale*, le pied d'alouette des jardins. — *Petite consoude*; voy. **BUGLE**.

CONSPIRANT, E, adj. (*koncepiran, rante*), qui *conspire*. C'est un mot nouveau adopté en phys. *Puissances* ou *forces conspirantes*, qui concourent au même effet, agissent dans la même direction.— *Raymond* lui donne la même signification que celle de *conspirateur*; c'est un tort.

CONSPIRATEUR, subst. mas., au fém. **CONSPIRATRICE** (*koncepirateur, trice*) (en lat. *conspiratt, orum*, dérivé de *conspirare*, conspirer), celui, celle qui *conspire*, ou qui a *conspiré*. On ne l'emploie guère qu'en parlant de ceux qui trament des complots contre l'état, le prince, ou les personnes publiques. — *L'Académie* ne donne pas le fém. de ce mot.

CONSPIRATION, subst. fém. (*koncepirâcion*) (en lat. *conspiratio*) conjuration, entreprise contre l'état, contre les puissances légitimes. — Il se dit aussi entre particuliers : *il y a une conspiration contre vous.* Voy. COMPLOT.

CONSPIRATRICE, subst. fém. Voy. CONSPIRATEUR.

CONSPIRÉ, E, part. pass. de *conspirer.*

CONSPIRER, v. neut. (*koncepiré*) (du latin *conspirare*, fait, dans le même sens, de *cum*, avec, ensemble, et de *spirare*, aspirer à, désirer. Suivant quelques hellénistes qui le dérivent du grec συν, ensemble, et σπεῖρα, cohorte, troupe de soldats, il signifie littéralement *se réunir en troupe*), être uni d'esprit et de volonté pour quelque dessein bon ou mauvais : *conspirer au bien public; conspirer contre l'état.*—Quand il est employé absolument, il signifie toujours faire une *conspiration* contre l'état, contre les puissances légitimes, et cette acception est la plus générale.— On dit aussi activement : *conspirer la ruine de la patrie ; ils ont conspiré ma perte.* — Fig., contribuer, concourir à... : *tout conspirait à son avancement.*

CONSPUÉ, E, part. pass. de *conspuer* : *le Christ fut raillé, conspué, battu de verges et attaché à une croix.*

CONSPUER, v. act. (*koncepué*) (du latin *conspuere*, couvrir de crachats, formé de *cum*, avec, ensemble, et *spuere*, cracher), cracher sur... En ce sens il est inusité. — Fig. et fam., mépriser d'une façon marquée : *la fortune a souvent réduit les grands de la terre à implorer le secours de cette populace qu'ils conspuaient.*

CONSTABLE, subst. mas. (*koncetable*), officier public en Angleterre, dont les fonctions sont celles de nos commissaires de police. — Le pouvoir des *constables.*

CONSTABULAIRE, subst. mas. (*koncetabulère*) (du lat. *comes*, comte, *stabulum*, logis), vieux mot qui signifiait châtelain, gouverneur d'un château. Inus.

CONSTAMMENT, adv. (*koncetaman*), avec *constance* et fermeté : *souffrir constamment.* — Avec persévérance, toujours : *suivre constamment un dessein.*—Invariablement : *aimer constamment.* — Certainement, assurément : *cette nouvelle est constamment vraie.* Fort peu usité dans cette dernière acception.

CONSTANCE, subst. fém. (*koncetance*) (en latin *constantia*, qui vient primitivement du grec συν, ensemble, et σταω, primitif de ιστημι, se tenir debout, être ferme), fermeté d'âme contre l'adversité, la douleur, les tourments, etc. Voy. FERMETÉ.— Persévérance dans le bien, dans la vertu, dans les résolutions qu'on a prises : *grande, belle, héroïque constance.* — État d'une personne qui supporte un désagrément sans se plaindre : *il faut de la constance pour supporter tous les caprices.* — Se dit surtout d'un amour durable pour une personne : *ces deux amants sont un modèle d'une rare constance.*—Cette vertu est représentée sur les médailles sous la figure d'une femme en habit militaire, le casque en tête, une pique à la main gauche, et portant la droite jusqu'à la hauteur du visage, en élevant un doigt; ou bien elle tient la pique de la main droite, et une corne d'abondance de la gauche. — C'est aussi un nom de femme. —Ville de la Souabe en Allemagne.

CONSTANT, E, adj. (*koncetan, tante*) (en lat. *constans*, fait de *constare*, lequel est formé de *cum*, avec, et *stare*, être debout, ferme, stable), en parlant des personnes; 1° qui a de la fermeté et de la *constance* dans les maux, les adversités : *le philosophe est constant dans le malheur;* 2° qui a de la fidélité : *amant constant;* 3° persévérant, qui ne change pas : *cet homme est constant dans ses opinions, dans ses affections.* — En parlant des choses : 1° ferme, solide ; 2° indubitable, certain : *il est constant que telle chose est arrivée.* — En t. de math., *quantité constante*, quantité qui ne varie point, par rapport à d'autres quantités qui varient, et que par cette raison on nomme *variables.* — *Vents constants*, qui soufflent toujours dans la même direction. — *Pour* CONSTANT, loc. adv., *cela passe pour constant*, pour positif, réel.—CONSTANT, FERME, INÉBRANLABLE, INFLEXIBLE. (*Syn.*) Les trois derniers ajoutent au premier une idée de courage, avec ces nuances différentes, que *ferme* désigne un courage qui ne s'abat point ; *inébranlable*, un courage qui résiste aux obstacles ; *inflexible*, un courage qui ne s'amollit point. — Un homme de bien est *constant* dans l'amitié, *ferme* dans les malheurs, et, lorsqu'il s'agit de la justice, *inébranlable* aux menaces et *inflexible* aux prières.

CONSTANTE, subst. fém. (*koncetante*), t. de géom. et d'algèb., qui se dit de quantités qui demeurent toujours les mêmes, tandis que d'autres croissent et décroissent toujours. Presque inusité.

CONSTANTINE, subst. propre fém. (*koncetantine*), ancienne ville capitale de la Numidie. — Province et ville du territoire d'Alger, en Afrique.

CONSTANTINOPLE, subst. propre fém. (*koncetantinople*), capitale de l'empire turc.

CONSTATÉ, E, part. pass. de *constater.*

CONSTATER, v. act. (*koncetaté*), établir un fait par des preuves convaincantes; le rendre *constant* et certain : *constater un délit, un décès*, etc. — *se* CONSTATER, v. pron.

CONSTÉ, part. pass. de *conster.*

CONSTELLATION, subst. fém. (*koncetèlelácion*) (du lat. *constellatio*, formé, dans le même sens, de *cum*, ensemble, et *stella*, étoile : *étoiles ensemble, assemblage d'étoiles*; ou, suivant *Morin*, du grec συν, ensemble, et de τελλω, se lever, verbe inusité dont le composé συνανατελλω, signifie *se lever en haut*, et s'applique particulièrement au lever du soleil ; συντελλω, se lever ensemble : *étoiles qui se lèvent ensemble*), assemblage de plusieurs étoiles voisines, exprimées et représentées sous la figure d'un homme, d'un animal ou de quelque autre objet ; on l'appelle aussi un *astérisme* : *la constellation du taureau : la constellation de la Vierge.* — On dit : *être né sous une heureuse, sous une malheureuse constellation*, pour dire : être heureux, être malheureux.

CONSTELLÉ, E, adj. (*koncetèlelé*), t. d'astrologie, qui est fait sous certaine *constellation* et couvert de signes astrologiques : *anneau constellé, pierre constellée*, qui a la forme d'une étoile.

CONSTER, v. neut. et unipers. (*koncelé*) (en lat. *constare*), t. de pal., être *constant*, certain : *il conste que...* Ce mot vieillit.

CONSTERNATION, subst. fém. (*koncetèrenácion*) (en lat. *consternatio*), étonnement qui produit l'abattement du courage, la stupeur : *toute la ville est plongée dans la consternation.* Voy. ÉTONNEMENT.

CONSTERNÉ, E, part. pass. de *consterner.*

CONSTERNER, v. act. (*koncetèrené*) (du latin *consternare*, fait, dans la même signification, de *cum*, et de *sternere*, renverser, jeter par terre), frapper d'étonnement et abattre le courage : *cette nouvelle inattendue a consterné tout le monde.* —On ne dit guère *se* CONSTERNER, au pron.

CONSTIPANT, E, adj. (*koncetipan, pante*), qui cause la *constipation.*

CONSTIPATION, subst. fém. (*koncetipácion*), état de celui qui est *constipé*; difficulté qu'on éprouve à rendre les gros excréments.

CONSTIPÉ, E, part. pass. de *constiper* et adj., qui n'a pas le ventre libre. — On dit aussi subst. : *il a la mine d'un constipé, d'une constipée.*

CONSTIPER, v. act. (*koncetipé*) (du lat. *constipare*, serrer, presser, condenser, dérivé du grec συν, avec, et στειβω, je serre), resserrer le ventre de telle sorte qu'on ne puisse aller librement à la selle. — *se* CONSTIPER, v. pron.

CONSTITUANT, E, adj. (*koncetituan, ante*), qui *constitue* : *pouvoir constituant.* — En t. de prat., qui *constitue* un avoué : *ledit sieur constituant; ladite dame constituante*, etc. —En t. de phys., qui *constitue* les corps : *les molécules constituantes du soufre.* En ce sens on dit plus souvent *constitutives.* — *Assemblée constituante*, états-généraux qui furent convoqués en France en 1789.

CONSTITUANT, subst. mas. (*koncetituan*), celui qui *constitue* une rente au profit d'une autre personne : *il est son constituant.* — On nommait *constituants* les membres de l'*assemblée constituante*

CONSTITUANTE, subst. fém. (*koncetituante*), première chambre législative de la révolution française. Voy. CONSTITUANT, adj.

CONSTITUÉ, E, part. pass. de *constituer* et adj. — *Homme bien* ou *mal constitué*, de bonne ou de mauvaise complexion. Il se dit plutôt de la complexion que de la formation. — On nomme *autorités constituées* celles qui sont établies par la *constitution* ou par les lois du pays.— Fig. : *gouvernement bien constitué*, établi sur de bonnes lois qui lui assurent la stabilité.

CONSTITUER, v. act. (*koncetitué*) (en lat. *constituere*, formé, dans le même sens, de *cum*, ensemble, et de *statuere*, poser, établir, fonder, de *status*, état, situation), composer un tout : *la matière et la forme constituent le corps physique; ce qui constitue le poème dramatique, c'est...* — Faire consister en : *les philosophes ont constitué le souverain bien dans la vertu.* En ce sens c'est un t. didactique qui paraît être hors d'usage. — Mettre, établir : *je l'ai constitué mon avoué, mon légataire universel; il est constitué en dignité; qui vous a constitué juge?*— *Constituer prisonnier*, mettre en prison, style de palais. — *Constituer en frais, en dépense*, être cause que quelqu'un fait des frais, etc. — *Constituer une dot, une telle somme, un tel héritage en dot*, établir une dot, assigner une dot sur tels deniers, sur tel héritage. —*Constituer une rente*, la créer, l'établir : cela ne se dit guère que des rentes créées à prix d'argent, ou de rentes de libéralité, et non de rentes véritablement foncières. — *Constituer une servitude sur son bien*, l'imposer sur son bien. — *se* CONSTITUER, v. pron., se mettre, s'établir : *on se constitue homme d'esprit, sans avoir d'esprit, avec beaucoup d'art et de hardiesse ; les députés se constituèrent en assemblée permanente.* —Se donner une *constitution* *Un vieux peuple se constitue difficilement. Quand des factieux parviennent à se constituer, ils se partagent la tyrannie.*

CONSTITUT, subst. mas. (*koncetitu*), t. de jurispr. ; *clause de constitut.* On appelait ainsi, dans l'ancien droit, une *clause* qui s'insérait dans les donations ou les ventes et produisait deux effets : l'un qui consistait en ce que le donateur et le vendeur se réservaient l'usufruit de la chose donnée ou vendue, et en jouissaient réellement ; l'autre qui transférait au donataire ou à l'acquéreur une possession feinte, en vertu de laquelle il avait le même droit de propriété qu'on lui avait transmis, une possession réelle et actuelle. Le droit résultant du Code civil n'admet plus la *clause de constitut.* (*Dict. de Législation usuelle.*)

CONSTITUTIF, adj. mas., au fém. CONSTITUTIVE (*koncetitutife, tive*), qui *constitue* essentiellement une chose : *les parties constitutives.* — En t. de jurispr., il signifie qui sert à établir un droit : *le titre constitutif de cette propriété.*

CONSTITUTION, subst. fém. (*koncetitucion*) (en lat. *constitutio*), composition : *la forme et la matière forment la constitution du corps naturel.* — Corps de lois fondamentales qui *constituent* le gouvernement d'un peuple : *les constitutions de 1789, 1791, 1793.* Quand il est employé seul, il s'applique habituellement à l'acte qui renferme la loi fondamentale de l'état, la loi des lois. *Constitution* est à peu près synonyme de *charte constitutionnelle.* Néanmoins, la *charte* ne comprend pas toute la *constitution* française. Il y a des lacunes qu'il faut remplir en ayant recours aux *constitutions* antérieures, dont quelques dispositions reçoivent ou doivent recevoir encore leur application et qui contiennent d'ailleurs souvent des principes clairement formulés et encore applicables. Les différents actes *constitutionnels* publiés depuis 1789 sont : Révolution de 1789 : *Constitution* du 3 septembre 1791 (monarchie *constitutionnelle*); du 24 juin 1793 (république); — du 19 vendémiaire et 14 frimaire an II (gouvernement révolutionnaire) ; — du 5 fructidor an III (directoire, conseil des anciens, conseil des cinq-cents) : — du 22 frimaire an VIII (consulat, sénat, corps législatif, tribunat, conseil d'état). — *Constitution civile du clergé*, organisation du clergé français que décréta l'assemblée *constituante* le 12 juillet 1790. Chaque département formait un seul diocèse, et le nombre des évêques était réduit à quatre-vingt-trois. Dans ce nombre il y avait dix métropolitains, de chacun desquels dépendaient à peu près huit suffragants. Tous les évêques étaient élus par le peuple.—Empire : sénatus-consultes organiques des 14 et 16 thermidor an X (consulat à vie); — sénatus-consulte organique du 28 floréal an XII. — Restauration : *Constitution* du sénat des 6 et 9 avril 1814 (monarchie *constitutionnelle* ; gouvernement provisoire) ; — déclaration de Saint-Ouen, du 2 mai 1814; —charte du 4 juin 1814 (monarchie *constitutionnelle.*) — Cent-jours (empire) : Acte aditionnel aux *constitutions* de l'empire, 22-23 avril 1815;—projet de *constitution* de la chambre des représentants, du 29 juin 1815. — Seconde restauration : Proclamation des 25 et 28 juin 1815; ordonnance du 7 juillet suivant.—Révolution de juillet 1830 : Charte *constitutionnelle* (amendée) des 7-14 août. — Ordonnance, loi, règlement : *constitutions impériales, catholiques, pontificales.* — Établissement, création d'une rente, d'une pension : *contrat de constitution ; argent placé à constitution de rente.* — Tempérament : *il est de bonne, de mauvaise constitution.* — *Constitution médicale*, histoire de toutes les maladies qui se sont succédé dans un pays pendant une ou plusieurs saisons.—Construction : *la constitution du corps* *humain; la constitution du monde.* — En t. de jurispr., on appelle *constitution de dot*, un acte ou la clause d'un acte qui établit ce que les futurs époux apportent en dot; *constitution d'avoué*, l'acte ou la clause d'un exploit par lequel on déclare que tel avoué occupera.—*Constitution de pension*, c'est l'acte par lequel des parents, ou même un étranger, s'obligent de payer à quelqu'un une somme pour son entretien et sa nourriture.

CONSTITUTIONNAIRE, adj. des deux genres (*koncetitutionère*). Il est même souvent pris subst. Soumis à une *constitution*.—On appelait aussi *constitutionnaires*, sous le règne de Louis XV, ceux qui adhéraient à la *constitution Unigenitus*.

CONSTITUTIONNALITÉ, subst. fém. (*koncetitutionalité*), qualité, état de ce qui est *constitutionnel*: *attaquer, vicier la constitutionnalité d'une loi, d'une ordonnance*.

CONSTITUTIONNEL, adj. mas., au fém. **CONSTITUTIONNELLE** (*koncetitucionèle*), conforme à la *constitution de l'état*: *gouvernement constitutionnel; charte constitutionnelle.* — On désigne aussi par ce mot un partisan de cette *constitution*; alors il se prend subst.: *c'est un bon constitutionnel.* —En médec., *constitutionnel* sedit des affections qui tiennent à la *constitution*, au tempérament de l'individu. — Subst. mas., nom d'un journal.

CONSTITUTIONNELLEMENT, adv. (*koncetitucionèleman*), conformément à la *constitution* d'un état: *agir, régner constitutionnellement*.

CONSTITUTIVE, adj. fém. Voy. **CONSTITUTIF**.

CONSTRICTEUR, subst. et adj. mas. (*koncetrikteur*) (en lat. *constrictor*, fait, avec le même significat., de *constringere*, lequel est formé de *cum*, avec, et de *stringere*, serrer fortement), t. d'anat., qui serre, qui resserre: *muscle constricteur*: *le constricteur des paupières.* — *Constricteurs du pharynx*, muscles qui constituent le plan musculeux du pharynx. Il y en a trois: *le supérieur, le moyen* et *l'inférieur*.—*Constricteur du vagin*, anneau circulaire qui entoure l'orifice du vagin, au-dessus des grandes lèvres.

CONSTRICTION, subst. fém. (*koncetrikcion*) (du lat. *constrictio*, fait, avec la même signification, de *constringere*, lequel est formé de *cum*, avec, et de *stringere*, serrer étroitement, fortement), t. de phys. et de médec., resserrement des parties du corps.

CONSTRINGENT, E, adj. (*koncetrein an, jante*) (du lat. *constringens*, part. prés. de *constringere*. Voy. **CONSTRICTION**.), t. de phys., qui resserre les parties d'un corps.

CONSTRUCT., abréviation du mot *construction*.

CONSTRUCTEUR, subst. mas. (*koncetrukteur*), celui qui *construit*; *cet architecte est un habile constructeur*. Son plus grand usage est dans l'architecture navale: *constructeur de vaisseaux; ingénieur constructeur*.

CONSTRUCTION, subst. fém. (*koncetrukcion*) (en lat. *constructio*, fait, dans le même sens, de *construere*, construire), action de *construire*. —Arrangement, disposition des parties d'un bâtiment, d'une machine, ou d'un vaisseau. Dans ce dernier emploi, on dit absolument: *les règles de la construction; il entend bien la construction.* — Il se dit fig. des ouvrages d'esprit: *la construction de ce poème est régulière, bien entendue, bizarre.* — En gramm., l'arrangement des mots, suivant l'usage de la langue. — *Faire la construction d'une phrase*, établir dans l'ordre direct les mots que l'inversion naturelle à une langue a pu déranger. On dit qu'*une construction est grecque* ou *latine*, lorsque les mots sont arrangés dans un ordre conforme à l'usage, au tour, au génie de la langue grecque ou latine. — *Une construction est louche*, lorsque les mots sont placés de façon qu'ils semblent d'abord avoir rapport à ce qui précède, tandis qu'ils se rapportent réellement à ce qui suit. — On appelle *construction pleine* celle dans laquelle sont exprimés tous les mots dont les rapports successifs forment le sens que l'on veut énoncer; et *construction elliptique*, celle dans laquelle quelqu'un de ces mots est sous-entendu. — *Construction d'une équation*, moyen d'en trouver les racines par des opérations faites avec la règle et le compas, ou, en général, par la description de quelque courbe. — **CONSTRUCTION, SYNTAXE.** (*Syn.*) La *syntaxe* ne consiste que dans des termes choisis pour marquer les rapports, et la *construction* consiste dans les différents arrangements que nous pouvons nous permettre, en observant les règles de la *syntaxe*. —En géom., 1° les opérations qu'il faut faire pour exécuter la solution d'un problème; 2° les lignes qu'on tire, soit pour parvenir à la solution d'un problème, soit pour démontrer quelque proposition.

CONSTRUIRE, v. act. (*koncetruire*) (en lat. *construere*, fait, dans le même sens, de *cum*, avec, et *struere*, former, élever, construire, dérivé de *strues*, amas, monceau), bâtir, avec ces différences: 1° que *construire* signifie proprement réunir des matériaux pour en faire une *construction* quelconque, soit édifice, soit machine, etc., et que *bâtir* ne se dit que des maisons ou des édifices en maçonnerie; 2° que *bâtir* ne se dit même ordinairement que des simples maisons et des édifices de peu d'importance. On dit: *construire un temple*.—On dit cependant, mais par extension, suivant la remarque de Dumarsais, *construire un vaisseau, une barque.* — Au fig., *construire un poème*, en arranger, en disposer toutes les parties. — En t. de gramm., arranger les mots suivant les règles et l'usage de la *construction*. Voy. ce mot. — On dit encore en mathématiques: *construire une figure, un problème*, etc.—*se* **CONSTRUIRE**, v. pron.

CONSTRUIT, E, part. pass. de *construire*.

CONSTUPRATION, subst. fém. (*koncetuprâcion*), viol.(*Boiste*.) Ce mot est inusité. Voy. **CONSTUPRER**.

CONSTUPRÉ, E, part. pass. de *constuprer*.

CONSTUPRER, v. act. (*koncetupré*) (en lat. *constuprare*), violer, débaucher, déflorer. (*Boiste*.) Cette expression est inus.

CONSUALES, subst. fém. plur. (*konçuale*), fêtes romaines qui étaient célébrées par des cavalcades en l'honneur de Neptune.

CONSUBSTANTIALITÉ, subst. fém. (*konçubcecetancialité*), t. de théol., unité et identité de *substance*: *la consubstantialité du Verbe, du Fils de Dieu avec le Père.*

CONSUBSTANTIATEUR, subst. mas.; au fém. **CONSUBSTANTIATRICE** (*konçubcecetantiateur, trice*), t. dogmatique. On entendait par ce mot celui ou celle qui croit le Verbe, le fils de Dieu, *consubstantiel à son Père*.

CONSUBSTANTIATRICE, subst. fém. Voy. **CONSUBSTANTIATEUR**.

CONSUBSTANTIEL, adj. mas.; au fém. **CONSUBSTANTIELLE**, (*konçubcetancièle*) (du lat. *consubstantialis*, formé de *cum*, avec, ensemble, et *substantia*, substance), qui est de même *substance*.

CONSUBSTANTIELLEMENT, adv. (*konçubcetancièleman*), d'une manière *consubstantielle*. Ce mot et les précédents ne sont usités qu'en théologie.

CONSUÉTUDINAIRE, subst. et adj. des deux genres (*konçuétudinère*) (en lat. *consuetudinarius*, ordinaire), qui a pour *coutume*. (*Boiste*.) Inus.

CONSUL, subst. mas. (*konçul*) (en lat. *consul*, fait, dans la même signification, de *consulere*, prendre soin, veiller), nom de deux magistrats qui, dans la république romaine, exerçaient la principale autorité, et dont les fonctions ne duraient qu'un an: *créer, faire, élire un consul.* — Depuis, on a nommé ainsi, dans quelques villes: 1° les anciens échevins; 2° les juges qui connaissaient des contestations entre négociants. — Officier envoyé dans divers ports, échelles, etc., pour protéger le commerce, et juger des affaires de négoce entre ceux de sa nation. Les *consuls* sont spécialement chargés de veiller aux intérêts du commerce français. Ils ont une juridiction illimitée sur leurs concitoyens établis dans le lieu de leur résidence, ou qui s'y trouvent momentanément; mais leur juridiction ne s'étend pas aux contestations qui s'élèvent entre les nationaux et les étrangers. Au surplus, l'étendue de leurs attributions résulte de traités faits avec la nation chez laquelle ils sont établis, et tout dépend à cet égard des conventions intervenues entre cette nation et celle qui les envoie. Les *consuls* sont assistés d'un chancelier du *consulat*, qui est chargé de la garde du sceau et des archives, et des registres de l'état civil. Les *consuls*, qui font partie du corps diplomatique, ne jouissent cependant pas de tous les priviléges accordés aux ambassadeurs. Ainsi ils ne sont pas, comme les ambassadeurs, indépendants des juges locaux, et s'ils commettent un délit, c'est à ces juges qu'en appartient la connaissance. De même, ils pourraient être poursuivis devant ces mêmes juges, pour les dettes contractées envers les habitants du lieu où ils exercent leurs fonctions. Toutefois, nous le répétons, il n'existe sur cette matière aucun texte de loi; tous les rapports des *consuls* avec les gouvernements près desquels ils sont accrédités résultent des traités. (*Dict. de Législation usuelle*.) — Il y a aussi des *vice-consuls*. — Pendant la révolution française, on désigna par ce nom les premiers magistrats de la république, au nombre de trois, à qui le gouvernement avait été confié par la constitution de l'an VIII. Ils étaient nommés pour dix ans et indéfiniment rééligibles. Le premier *consul* avait des fonctions et des attributions particulières; il promulguait les lois, nommait les membres du conseil d'état, les ministres, les ambassadeurs, etc. Par le sénatus-consulte du 16 thermidor an X, les *consuls* furent nommés à vie; par celui du 28 floréal an XII, le *consulat* fut aboli, et Bonaparte, alors premier *consul*, fut proclamé empereur.

CONSULAIRE, adj. des deux genres (*konçulère*) (en lat. *consularis*), qui appartient au *consul*: *homme consulaire*, qui avait été *consul*: *dignité consulaire, jugement consulaire.* — *Province consulaire*, gouvernée par un *homme consulaire*, c'est-à-dire qui avait été *consul*. — *Famille consulaire*, dans laquelle il y avait eu un ou plusieurs *consuls*.—*Age consulaire*, celui où l'on pouvait parvenir au *consulat*. — *Médailles consulaires*, celles qui ont été frappées dans la république romaine, et sur lesquelles on ne trouve point le nom de quelque famille. Celles qui en portent un, s'appellent *médailles de famille*. On dit burlesquement d'un débiteur retenu chez lui par la crainte d'être arrêté en vertu d'une sentence des *consuls*, qu'*il a la goutte consulaire.* — *Gouvernement consulaire*, celui qui fut établi en France par la *constitution* de l'an VIII, qui créait trois *consuls*.

CONSULAIREMENT, adv. (*konçulèreman*) (en lat. *consulariter*), à la manière des *consuls*: *juger consulairement*, juger avec le pouvoir d'un *consul*, d'un juge-*consul*.

CONSULAIRES, subst. et adj. mas. plur. (*konçulère*), ceux qui avaient été *consuls* romains.

CONSULARITÉ, subst. fém. (*konçularité*), dignité de *consul* honoraire. (*Boiste*.) Peu usité.

CONSULAT, subst. mas. (*konçula*) (en lat. *consulatus*), dignité, charge, office de *consul*: *demander, briguer, obtenir le consulat.* — Le temps pendant lequel on exerce la dignité de *consul*. En ce sens, il se dit surtout des *consuls* romains: *sous le consulat de Cicéron.* — Résidence d'un *consul*: *les consulats étrangers étaient pavoisés; je vais au consulat*, etc.

CONSULTANT, subst. et adj. mas. (*konçultan*), celui que l'on *consulte* et qui donne des *consultations*: *avocat consultant; médecin consultant.* —Substantivement: *il n'était pas du nombre des consultants*. C'est aussi quelquefois celui qui *consulte*, et dans ce sens il a le fém. *consultante*.

CONSULTAT, subst. mas. (*konçuleta*) (du latin *consultator*, conseiller), conseiller-commissaire du pape. — Compte que l'on rend tous les vendredis au roi d'Espagne du travail de ses *conseils* pendant la semaine.

CONSULTATIF, adj. mas., au fém. **CONSULTATIVE** (*konçuletatife, tive*), que l'on *consulte*: *comité consultatif.* — *Avoir voix consultative*, avoir le droit de dire son avis, sans que cet avis soit compté dans les délibérations.

CONSULTATION, subst. fém. (*konçuletâcion*) (en lat. *consultatio*, fait, dans le même sens, de *consultare*, consulter), conférence que l'on tient pour *consulter* sur quelque affaire, sur quelque maladie. — Avis par écrit des avocats, des médecins, touchant l'affaire, la maladie sur laquelle on les *consulte*. — Au plur., les chambres du palais où se tenaient les avocats *consultants* lorsqu'on les *consultait* sur quelque affaire.

CONSULTATIVE, adj. fém. Voy. **CONSULTATIF**.

CONSULTÉ, E, part. pass. de *consulter*.

CONSULTER, v. act. (*konçuleté*) (du lat. *consultare*, demander avis, prendre conseil, consulter), prendre avis, conseil ou instruction de quelqu'un: *consulter l'oracle, les devins, les avocats, un médecin, un ami*, etc.—Absol.: *on m'a conseillé de consulter pour cette affaire.* — *Consulter des auteurs, des livres, des monuments*, etc., c'est y chercher des éclaircissements dont on a besoin. — *Consulter les astres*, chercher à y distinguer quelques particularités, ou à en tirer un horoscope. —Montesquieu a dit: *consulter les intérêts des autres*; et cette expression, qui n'est point indiquée dans le *Dictionnaire de l'Académie*, est très-juste. — Autrefois on disait *consulter de*, *en consulter*; aujourd'hui on ne dit plus que *consulter sur*. On ne dit pas non plus, avec l'*Académie*, *consulter une affaire aux avocats*; on *consulte* les avocats sur une affaire. — Fig.: *consulter sa conscience, son devoir, ses forces*, examiner s'ils permettent de faire ce qu'on se propose. On dit dans le même sens: *consulter ses intérêts, son goût.* — *Consulter son miroir* ou *le miroir*, se parer en se regardant dans un miroir, etc. — Fam., *consulter son chevet*, se donner le temps de délibérer; passer la nuit avant de se déterminer. — *On consulte les yeux de quelqu'un* pour tâcher d'y découvrir les mouvements de son âme. — V. neut., conférer ensemble, délibérer. — *se* CONSULTER, v. pron., examiner ce que l'on a à faire avant de s'y déterminer : *il s'est consulté long-temps avant de prendre cette résolution.* — V. n., conférer ensemble, délibérer : *les médecins ont consulté sur sa maladie.*

CONSULTEUR, subst. mas. (*konçuleteur*) (en lat. *consultor*), docteur commis par le pape pour donner son avis sur quelque point de doctrine ou de discipline. — Chez les capucins, celui qui donne son avis au général.—*Consulteur du saint-office*; à Venise, on donnait ce nom à des jurisconsultes dont la république prenait les avis dans des cas difficiles, tant en matière ecclésiastique qu'en matière civile.

CONSULTRICE, subst. fém. (*konçuletrice*), celle qui conseille. Inus.

CONSUMANT, E, adj. (*konçuman*, *mante*) (en lat. *consumens*, part. prés. de *consumere*, consumer), qui *consume* : *un feu consumant.*

CONSUMÉ, E, part. pass. de *consumer.*

CONSUMER, v. act. (*konçumé*) (du lat. *consumere*, formé, dans la même signification, de *cum*, avec, ensemble, et *sumere*, prendre) dissiper, détruire, user, réduire à rien : *le feu a consumé cet édifice en deux heures*; *consumer son bien en débauches*, etc. Voy. CONSOMMER. — Perdre, employer à... *J'ai consumé beaucoup de temps à cet ouvrage.* — *se* CONSUMER, v. pron., s'excéder : *se consumer d'ennui*; *se consumer en regrets.* — *Se consumer sur un ouvrage*, donner son temps et des veilles continuelles à un ouvrage. — On dit aussi sans régime : *il se consume*, il dépérit.

CONSUS, subst. propre mas. (*konçuce*), myth., le dieu du *conseil*, chez les anciens Romains.

CONTABESCENCE, subst. fém. (*kontabèceçance*) (du lat. *contabescere*, se dessécher), t. de médec., synonyme de *marasme*, de *consomption.* Peu usité. Voy. ces mots.

CONTACT, subst. mas. (*kontakte*) (du lat. *contactus* qui signifie la même chose, et qui est fait de *cum*, avec, ensemble, et *tactus*, tact, attouchement, dérivé de *tangere*, toucher), t. de phys., attouchement de deux corps : *cette substance se dissout par le contact de telle autre.* — Proximité, fréquentation : *la peste se communique par le contact.*—T. de géom., *point de contact*, point où une ligne droite touche une ligne courbe, ou dans lequel deux courbes se touchent.—*Angle de contact.* Voy. *angle de contingence*, au mot CONTINGENCE.

CONTACTS, subst. mas. plur. (*kontakte*), t. de phys., deux parallélipipèdes de fer doux, par le moyen desquels on réunit deux barreaux magnétiques pour conserver plus long-temps leur vertu.

CONTADIN, E, subst. (*kontadein*, *dine*) (de l'italien *contadino* qui a la même signification, et qui vient de *contado*, villages et campagnes autour d'une ville), paysan, habitant de la campagne. Inus.

CONTAGIÉ, E, adj. (*kontajié*), être affligé d'une maladie par le *contact.* Ce terme est inusité.

CONTAGIEUSE, adj. fém. Voy. CONTAGIEUX.

CONTAGIEUX, adj. mas., au fém. CONTAGIEUSE (*kontajieu*, *jieuze*) (en lat. *contagiosus*, formé de *tangere*, toucher), qui se répand, se communique par la proximité et par la fréquentation. Il se dit proprement en médecine : *maladie contagieuse*; *le choléra n'est pas contagieux.*—Fig., qui gâte, qui corrompt les mœurs ou l'esprit : *rien n'est plus contagieux que le mauvais exemple.*

CONTAGION, subst. fém. (*kontajion*) (du latin *contagio*, formé, dans la même signification, de *cum*, avec, ensemble, et *tago*, pour *tango*, je touche; parce que c'est par le contact immédiat ou médiat que la *contagion* se communique et s'étend), communication d'une maladie par des corpuscules malins, âcres et volatils. — Peste. — Fig.: *contagion*, *communication de l'hérésie*, *de l'erreur*, *du vice*, *de la révolte*, *des mauvaises mœurs.*

CONTAGIONAIRE, subst. et adj. des deux genres. Voy. CONTAGIONISTE.

CONTAGIONISTE, subst. et adj. des deux genres (*kontajioniste*), médecin qui regarde une maladie comme *contagieuse*, lorsque d'autres ne la regardent pas comme telle. — Partisan de cette opinion.—On a dit dans le même sens *contagionaire.*

CONTAGIUM, subst. mas. (*kontajiome*), t. de médec., principe de la *contagion*, germe reproducteur et propagateur des maladies *contagieuses.*

CONTAILLES, adj. fém. plur. (*konta-ie*), les *soies contailles* sont du nombre des bourres de soie qu'on appelle aussi strasses ou rondelettes.

CONTAMINATION, subst. fém. (*kontaminàcion*), souillure. Plus latin que français.

CONTAMINÉ, E, part. pass. de *contaminer.*

CONTAMINER, v. act. (*kontaminé*) (en lat. *contaminare*), souiller. Ce mot est vieux et tout latin.

CONTANT ou CONTAUR, subst. mas. (*kontan*, *tor*), t. de mar., pièce de bois placée dans les galères au-dessus de l'enceinte ou du cordon.

CONTE, subst. mas. (*konte*) (du grec barbare κοντον, abrégé, parce que le principal mérite des *contes* consiste dans la brièveté), narration; récit de quelque aventure ordinairement fabuleuse ou plaisante : *il fait joliment un conte*; *les Contes de Bocace*; *les Contes de La Fontaine*; *bon conte*; *conte agréable*, *plaisant*; *un vieux conte*; *c'est à qui fera le meilleur conte.* — On donne plusieurs noms aux *contes* dont on amuse les enfants : *conte de vieille*; *conte de fée*; *conte de ma mère l'Oie*; *conte de Peau-d'Ane*; *conte borgne*; *conte bleu.* — Fig., vision chimérique.—On dit d'une nouvelle, d'une aventure que l'on débite comme vraie, que *c'est un conte*, *un conte fait à plaisir*, pour signifier qu'elle n'est point vraie; et fam., pour marquer le mépris que l'on a pour les aventures fabuleuses et invraisemblables que l'on répand dans le public : *ce sont des contes*, *des contes de vieilles*, *des contes d'enfants*, *des contes à dormir debout*, *des contes borgnes*, *des contes en l'air*; — et encore : *voilà un beau conte*; *vous nous faites là de beaux contes.* — Pop. : *conte ton conte*, mens à ton aise, on ne t'écoute pas. — *Conte gras*, conte licencieux. — CONTE, FABLE, ROMAN. (*Syn.*) *Conte* est une aventure feinte et narrée par un auteur connu; une *fable* est une aventure fausse divulguée dans le public, et dont on ignore l'origine; un *roman* est un composé et une suite de plusieurs aventures supposées. *Conte* convient mieux aux aventures de la vie privée : *le conte de la Matrone d'Ephèse*; *fable*, aux évènements de la vie publique : *la fable de la papesse Jeanne*; *roman*, à la description d'une vie illustre ou extraordinaire : *le roman de Cléopâtre.* Les *contes* doivent être bien narrés; les *fables*, bien inventées; les *romans*, bien suivis.

CONTÉ, E, part. pass. de *conter.*

CONTEMNÉ, E, part. pass. de *contemner.*

CONTEMNER, v. act. (*kontèmené*) (en lat. *contemnere*), vieux mot plus latin que français, et qui signifiait *mépriser.*

CONTEMPLANT, E, adj. et part. prés. (*kontanplan*, *plante*), qui *contemple.*

CONTEMPLATEUR, subst. mas., au fém. CONTEMPLATRICE (*kontanplateur*, *trice*) (en lat. *contemplator*), celui, celle qui *contemple.* Il se dit principalement de celui qui *contemple* par la pensée.

CONTEMPLATIF, adj. mas., au fém. CONTEMPLATIVE (*kontanplatif*, *tive*) (en lat. *contemplativus*), adonné à la *contemplation* : *homme contemplatif.*— *Philosophie contemplative*, celle qui se passe presque toute dans la méditation. — En t. de mysticité, *vie contemplative* se dit par opposition à *vie active.*

CONTEMPLATIF, subst. mas. (*kontanplatife*), homme dévoué à la vie d'oraison et de méditation : *tous les sages contemplatifs ont passé leur vie à l'étude du cœur humain.* (J.-J. Rousseau.)

CONTEMPLATION, subst. fém. (*kontanplàcion*) (en lat. *contemplatio*, fait de *contemplari*, contempler), action de *contempler*, soit des yeux du corps, soit de ceux de l'esprit : *la contemplation des astres*, *des choses divines.* — On a quelquefois en médec. donné ce nom à la *catalepsie*, parce que ceux qui en sont attaqués paraissent immobiles et *contemplatifs.* — *En* CONTEMPLATION, loc. adv., se dit, dans les anciens traités et contrats, pour dire, en considération : *les deux princes*, *en contemplation de la paix*, *se sont relâchés de leurs prétentions.*

CONTEMPLATIVE, adj. fém. Voy. CONTEMPLATIF.

CONTEMPLATRICE, subst. fém. Voy. CONTEMPLATEUR.

CONTEMPLÉ, E, part. pass. de *contempler.*

CONTEMPLER, v. act. (*kontanplé*) (du lat. *contemplari* dont la signification est la même, et qui est formé de *cum*, ensemble, et de *templum*, étendue du ciel que les augures déterminaient avec leur bâton augural; littéralement : *regarder à la fois une certaine étendue du ciel*, etc.), considérer attentivement, soit avec les yeux du corps, soit avec ceux de l'esprit : *contempler le ciel*, *un tableau*; *contempler la grandeur et les perfections de Dieu.* — V. neut., méditer : *il passe sa vie à contempler.* — *se* CONTEMPLER, v. pron. : *la vanité se contemple.*

CONTEMPORAIN, E, adj. (*kontanporein*, *rène*) (du lat. *contemporaneus*, formé, avec la même signification, de *cum*, avec, ensemble, et *tempus*, *temporis*, temps), qui est du même *temps* : *auteurs contemporains*; *histoire contemporaine.*—*Historiens contemporains*, ceux qui ont écrit les choses arrivées de leur temps.

CONTEMPORAIN, E, subst. (*kontanporein*, *rène*), celui, celle qui est du même temps qu'un autre : *c'est ma contemporaine*; *nous sommes contemporains.*

CONTEMPORANÉITÉ, subst. fém. (*kontanporané-ité*), existence de deux ou de plusieurs personnes dans le même temps : *établir*, *mettre en doute la contemporanéité de deux auteurs.*

CONTEMPTEUR, subst. mas., au fém. CONTEMPTRICE (*kontanpeteur*, *trice*) formé de *contemnere*, mépriser), celui, celle qui *méprise.* Il n'est d'usage que dans le style soutenu ou critique. On dit : *contempteur des dieux*, *contempteur de la vertu.* Il ne s'emploie guère au féminin.

CONTEMPTIBLE, adj. des deux genres (*kontanpetible*) (en lat. *contemptibilis*), méprisable. Cette expression est vieillie.

DU VERBE IRRÉGULIER CONTENIR :

Contenaient, 3e pers. plur. imparf. indic.
Contenais, précédé de *je*, 1re pers. sing. imparf. indic.
Contenais, précédé de *tu*, 2e pers. sing. imparf. indic.
Contenait, 3e pers. sing. imparf. indic.

CONTENANCE, subst. fém. (*kontenance*) (du lat. *continentia*, fait, avec la même acception, de *continere*, contenir, embrasser, comprendre), capacité : *vaisseau de la contenance de douze tonneaux.* — Etendue : *terre de la contenance de cent arpents.* — Maintien, posture, manière de se tenir : *contenance ferme*, *grave*, *modeste*, *recueillie*, *sérieuse*; *contenance fière*, *délibérée*; *contenance forcée*, *embarrassée*; *personne qui ne sait quelle contenance tenir*, *quelle contenance faire*, qui est embarrassée et ne sait comment se tenir.—*Elle n'a point de contenance*, elle ne sait pas se tenir d'une manière convenable à son état, ou aux circonstances dans lesquelles elle se trouve.—*Elle perd contenance*, pour dire que quelque circonstance embarrassante lui fait quitter sa *contenance* naturelle (du lat. *continere*, dans le sens de *contenir*, renfermer dans de certaines bornes, ses gestes, ses mouvements, l'expression de son visage, etc.) — *Faire bonne contenance*, témoigner de la fermeté. — *Porter une chose par contenance*, non par nécessité, mais par bon air, pour la bonne grace. On dit de certaines choses, d'un éventail, par exemple, qu'*elles servent de contenance.*

CONTENANT, subst. mas. (*kontenan*), ce qui *contient* : *le contenant est plus grand que le contenu.*

CONTENANT, E, adj. (*kontenan*, *nante*), qui contient : *la partie contenante.*

Contenant, part. prés. du verbe irrégulier CONTENIR.

CONTENDANT, E, subst. et adj. (*kontandan*, *dante*) (du lat. *contendens*, part. prés. de *contendere*, briguer, solliciter, en concurrence avec un autre; formé de *cum*, avec, ensemble, et *tendere*, tendre; *tendre*, *étendre la main*, *ses vues*, etc., *vers le même objet*), concurrent, compétiteur. Il s'emploie plus souvent et mieux au plur. : *il y a plusieurs contendants.*—Adj. : *les princes contendants*; *les parties contendantes.* Il vieillit.

CONTENDRE, v. neut. (*kontandre*) (rac. *tendre*), disputer, être en concurrence. Vieux mot fort peu en usage.

DU VERBE IRRÉGULIER CONTENIR :

Contenez, 2e pers. plur. impér.
Contenez, précédé de *vous*, 2e pers. plur. prés. indic.
Conteniez, précédé de *vous*, 2e pers. plur. imparf. indic.
Conteniez, précédé de *que vous*, 2e pers. plur. prés. subj.

Contenions, précédé de *nous*, 1re pers. plur. imparf. indic.
Contenions, précédé de *que nous*, 1re pers. plur. prés. subj.

CONTENIR, v. act. (*kontenir*) (du latin *continere*, dont la signification est la même, et qui est formé de *cum*, avec, ensemble, et *tenere*, tenir), renfermer, comprendre dans un certain espace : *ce muid contient tant de pintes; ce bois contient tant d'arpents; le Symbole des apôtres contient douze articles*, etc. — Retenir dans de certaines bornes : *contenir la rivière dans son lit par des digues*; et fig., *contenir quelqu'un dans le devoir*, ou simplement : *le contenir; contenir sa colère, sa haine, ses passions.* — *se* CONTENIR, v. pron., s'empêcher de faire quelque chose.— Se modérer : *contenir sa colère.*

DU VERBE IRRÉGULIER CONTENIR :

Contenons, 1re pers. plur. impér.
Contenons, précédé de *nous*, 1re pers. plur. prés. indic.

CONTENS, subst. mas. (*kontan*), vieux mot inusité qui signifiait *procès.*

CONTENT, E, adj. (*kontan, tante*) (en latin *contentus*), satisfait, avec cette différence que *content* exprime une satisfaction plus réfléchie, plus profonde, plus durable. On est *satisfait* quand on a obtenu ce qu'on souhaitait ; on est *content* quand on ne souhaite plus.—*Avoir l'air content*, paraître, se montrer gai et satisfait. — *On est content de quelqu'un*, lorsqu'il fait ou qu'il a fait tout ce qu'on désire ou qu'on désirait de lui.— *On est content de soi*, lorsqu'on s'est conduit sans faiblesse, d'une manière conforme au plan que l'on avait formé; lorsqu'on a fait tout ce qu'on désirait faire.—On dit ironiquement qu'*un homme est content de lui-même*, qu'*il est content de sa personne, de sa petite personne*, pour faire sentir qu'il a bonne opinion, trop bonne opinion de lui-même. —*Content* s'emploie aussi sans régime, ou avec *de* : *il vit content ; il est content de votre procédé.* — *Il est riche, qui est content*, est un prov. que nous donne l'*Académie*, et que nous pouvons certifier n'avoir jamais été français. Il faut : *qui est content est riche.*

CONTENTÉ, E, part. pass. de *contenter.*

CONTENTEMENT, subst. mas. (*kontanteman*), état d'un esprit, d'un cœur *content.*—Prov. : *contentement passe richesse*, la satisfaction de l'esprit est le premier des biens. — *Ce n'est pas contentement* est une expression surannée qui ne devrait plus se trouver dans l'*Académie.* — CONTENTEMENT, JOIE, SATISFACTION, PLAISIR. (*Syn.*) *Contentement* regarde proprement l'intérieur du cœur; la *joie*, la démonstration extérieure; la *satisfaction*, les projets, les désirs couronnés par le succès; le *plaisir*, le bon goût.

CONTENTER, v. act. (*kontanté*), donner du *contentement*, de la satisfaction à... : *cet enfant contente ses parents, ses maîtres.*—Apaiser quelqu'un en lui donnant quelque chose. — En parlant des choses, satisfaire, 1° l'esprit : *ces raisons ne me contentent pas*; 2° les passions, les sens : *cette musique contente les oreilles ; ces objets contentent les yeux.*—*se* CONTENTER, v. pron., se satisfaire.—*Se contenter de quelque chose*, la trouver suffisante. — On dit : *il ne s'est pas contenté de...* pour dire : il ne s'est pas borné à... : *il ne s'est pas contenté de me faire des réprimandes, mais il m'a dit aussi des injures.*

CONTENTIEUSE, adj. fém. Voy. CONTENTIEUX.

CONTENTIEUSEMENT, adv. (*kontancieuzeman*) (en latin *contentiosè*), avec grande *contention* et opiniâtreté; avec dispute, débat.

CONTENTIEUX, adj. mas., au fém. CONTENTIEUSE (*kontancieu, cieuze*) (en lat. *contentiosus*, fait de *contentio*. Voy. CONTENTION.), en parlant des choses, qui est ou qui peut être disputé : *droit contentieux; affaire contentieuse; c'est un point contentieux.* — En administration, on l'emploie quelquefois subst. au mas. : *il est chargé du contentieux*; des affaires *contentieuses.*—En parlant des personnes, qui aime à disputer, à contester : *un esprit contentieux; une humeur contentieuse.* Fort peu en usage dans ce sens. — *Juridiction contentieuse*, celle des juges ordinaires qui décidaient autrefois des procès.

CONTENTIF, adj. mas., au fém. CONTENTIVE (*kontantif, tive*) (du lat. *continere*, contenir, retenir, arrêter), t. de chirurgie : *bandage contentif*, qui ne sert qu'à retenir les topiques sur une partie malade.

CONTENTION, subst. fém. (*kontancion*) (en lat. *contentio*, qui a la même signification, et qui est fait de *contendere*, tendre, roidir ou combattre, disputer), dispute, débat. — Chaleur, véhémence dans la dispute : *il fuit les contentions.*—Grande, extrême application d'esprit : *contention pénible, fatigante, continuelle; la contention d'esprit altéra sa santé.* — *Contention*, en t. de chir., s'emploie dans la même acception que l'adj. *contentif.* C'est proprement l'ensemble de tout ce qui sert à maintenir des parties lésées ou fracturées.

CONTENTIVE, adj. fém. Voy. CONTENTIF.

CONTENU, subst. mas. (*kontenu*), ce qui est renfermé dans quelque chose : *le contenu est plus petit que le contenant.*—Ce que renferme un écrit, un discours : *le contenu d'une lettre, d'un arrêt, d'un mémoire*, etc.

CONTENU, E, part. pass. de *contenir.*

CONTER, v. act. (*konté*) (voy. CONTE pour l'étymologie), narrer, raconter : *conter une histoire, des fables; conter comment une chose s'est passée.* Il est moins noble que *raconter.* Voy. NARRER. — Fam., dire : *que me contez-vous là ?* — Prov. : *conter des fagots*, dire des bagatelles, des choses frivoles.—*Un homme conte bien*, lorsqu'il narre bien, qu'il fait agréablement un récit. — On dit fam. qu'*un homme en conte*, qu'*il en conte de belles*, qu'*il conte des sornettes*, pour signifier qu'il dit des choses qui ne sont pas vraies, ou des choses vaines et futiles. —*En conter à une femme*, lui faire la cour. — *Conter fleurettes*, cajoler une femme. — *S'en faire conter*, se faire cajoler, se faire faire l'amour. Toutes ces expressions sont du style familier.

CONTERIE, subst. fém. (*konteri*), grosse verroterie qui se fait à Venise.

CONTESTABLE, adj. des deux genres (*kontècetable*), qui peut être *contesté* : *maxime, opinion contestable.*

CONTESTABLEMENT, adv. (*kontècetableman*), avec *contestation.* Ce mot est peu en usage.

CONTESTANT, E, adj. (*kontècetan, tante*), qui *conteste*, qui aime à *contester* : *les parties contestantes.* — On dit aussi subst. au mas. : *les deux contestants.*

CONTESTATION, subst. fém. (*kontècetâcion*) (en lat. *contestatio*, fait de *contestari*, contester), débat, dispute. — En t. de palais, on appelle *contestation en cause*, le règlement ou l'appointement sur les demandes ou défenses en matière civile et la confrontation en matière criminelle. Voy. DISPUTE. — Dans l'ancienne liturgie gallicane, c'était la partie qui répondait à ce que nous appelons aujourd'hui *préface.* Elle se nommait encore : *illation* et *immolation.* La *contestation* contenait en abrégé l'explication du mystère, ou la vie du saint que l'on honorait, et elle changeait à chaque messe, comme les autres oraisons. Elle commençait comme notre préface, par ces paroles : *sursùm corda*, c'est-à-dire, *élevez vos cœurs*, et finissait par le *trisagion*, c'est-à-dire, par le *sanctus*, répété trois fois : *saint, saint, saint.*

CONTESTE, subst. fém. (*kontècete*), vieux mot employé par *Molière*, où il signifie procès, *contestation* :

La maison à présent, comme savez de reste,
Au bon monsieur Tartuffe appartient sans conteste.

CONTESTÉ, E, part. pass. de *contester.*

CONTESTER, v. act. (*kontèceté*) (du latin *contestari*, prendre à témoin, protester, attester, affirmer en justice), refuser de reconnaître. — Nier : *contester un fait, la justesse d'une proposition; contester un testament.* — Il est aussi neutre, et signifie débattre, disputer :

A l'égard de la dent, il fallut contester,

a dit *La Fontaine.* — *se* CONTESTER, v. pron.

CONTEUR, subst. mas., au fém. CONTEUSE (*konteur, teuze*), celui, celle qui fait un *conte*, qui aime à faire des *contes.* Il est fam.

Si l'on voulait à chaque pas
Arrêter un conteur d'histoire,
Il n'aurait jamais fait.
(LA FONTAINE.)

— *Conteur agréable*, celui qui raconte d'une manière agréable. — On dit fam. qu'*un homme est un conteur, un conteur de sornettes*, pour dire qu'il a l'habitude de raconter des choses ridicules et ennuyeuses. — *Conteur de fleurettes*, qui a l'habitude de tenir des propos galants aux femmes. Quand il est sans épithète, il se prend en mauvaise part. — *Conteur de fagots*, de menteries.

CONTEUSE, subst. fém. Voy. CONTEUR.

CONTEXTE, subst. mas. (*kontèkcete*), *texte* de l'Ecriture ; ce qui précède ou suit un passage de *texte.* — T. de jurispr. Un acte est fait d'un seul *contexte*, lorsqu'il est fait de suite et sans contredire à d'autres actes. C'est du moins dans ce sens qu'il est employé pour désigner les formes d'un testament mystique. Quelquefois il a une acception plus restreinte, et il veut dire seulement que les dispositions doivent être rédigées sans lacune. Ainsi, par exemple, les actes des notaires doivent être écrits en un seul et même *contexte*, lisiblement, sans abréviation, blanc, lacune ni intervalle.

CONTEXTURE, subst. fém. (*kontèkceture*) (en latin *contextura*, fait, dans le même sens, de *contexere*, faire un tissu), tissu, enchaînement de parties qui forment un tout : *la contexture des fibres, des muscles*; et fig., *la contexture d'un discours, d'un ouvrage d'esprit.*

CONTI, subst. propre mas. (*konti*), bourg de France en Picardie. C'est de ce bourg que les princes de *Conti* ont pris leur nom.

CONTICINIE, subst. fém. (*konticini*) (du lat. *cum*, ensemble, et *tacere*, se taire), temps calme, doux pendant la nuit. (*Boiste.*) Vieux et même inus.

DU VERBE IRRÉGULIER CONTENIR :

Contiendra, 3e pers. sing. fut. indic.
Contiendrai, 1re pers. sing. fut. indic.
Contiendraient, 3e pers. plur. prés. cond.
Contiendrais, précédé de *je*, 1re pers. sing. prés. cond.
Contiendrais, précédé de *tu*, 2e pers. sing. prés. cond.
Contiendrait, 3e pers. sing. prés. cond.
Contiendras, 2e pers. sing. fut. indic.
Contiendrez, 2e pers. plur. fut. indic.
Contiendriez, 2e pers. plur. prés. cond.
Contiendrions, 1re pers. plur. prés. cond.
Contiendrons, 1re pers. plur. fut. indic.
Contiendront, 3e pers. plur. fut. indic.
Contienne, précédé de *que je*, 1re pers. sing. prés. subj.
Contiennent, précédé de *ils* ou *elles*, 3e pers. plur. prés. indic.
Contiennent, précédé de *qu'ils* ou *qu'elles*, 3e pers. plur. prés. subj.
Contiennes, 2e pers. sing. prés. subj.
Contiens, 2e pers. sing. impér.
Contiens, précédé de *je*, 1re pers. sing. prés. indic.
Contiens, précédé de *tu*, 2e pers. sing. prés. indic.
Contient, 3e pers. sing. prés. indic.

CONTIGNATION, subst. fém. (*kontigniâcion*), assemblage de bois pour soutenir les planchers. Ce mot déjà vieux n'a pas fait fortune.

CONTIGU, Ë, adj. (*kontigu*) (en lat. *contiguus*, fait de *cum*, avec, et *tango*, je touche), qui touche immédiatement une autre chose : *deux jardins contigus.* — En t. de géom., *angles contigus*, ceux qui ont un côté commun. On les appelle aussi *angles adjacents.*—En t. de phys., *contigu* s'entend des choses placées si près l'une de l'autre que leurs surfaces se joignent ou se touchent. — En botanique, il se dit de deux choses qui se touchent, mais qui ne se tiennent pas, ou qui, si elles se tiennent, sont susceptibles d'être désunies sans déchirement sensible : *les aiguillons sont contigus avec les tiges.* — CONTIGU, PROCHE. (*Syn.*) Ces mots désignent en général le voisinage; mais le premier s'applique principalement au voisinage d'objets considérables, et désigne de plus un voisinage immédiat : *ces deux terres sont contiguës ; ces deux arbres sont proches l'un de l'autre.*

CONTIGUÏTÉ, subst. fém. (*kontigu-ité*) (en latin *contiguitas*), état de deux choses qui se touchent. — En bot., état de deux choses qui se touchent sans tenir l'une à l'autre, et qui peuvent être désunies sans déchirement.

CONTINENCE, subst. fém. (*kontinance*) (en latin *continentia*, fait de *continere*, contenir, embrasser, comprendre), vertu qui fait qu'on s'abstient des plaisirs de la chair. — Empire qu'on a sur soi-même relativement aux plaisirs de l'amour. — Capacité, étendue : *mesurer la continence d'un champ.* (*Acad.*, édit. de *Smits.*) En ce sens, on dit plus souvent et mieux *contenance.*

CONTINENT, subst. mas. (*kontinan, nante*) (en latin *continens*), terre ferme *contenant* plusieurs régions qui ne sont point séparées les unes des autres par la mer. On nomme principalement *continent*, l'une des cinq grandes parties de la terre : *ancien*, *nouveau*, *vaste continent*. L'ancien *continent* est celui que nous habitons, et qui comprend l'Asie, l'Europe et l'Afrique. Le nouveau *continent* renferme l'Amérique et les terres nouvellement découvertes. Il est néanmoins assez probable que l'Amérique n'a pas été inconnue aux anciens. On ne sait point encore si l'Amérique n'est pas jointe à l'Asie par le nord, et si ce n'est pas un seul *continent*. Quelques géographes font encore deux *continents* des terres australes et des terres septentrionales; cela est sans raison, car les terres australes sont manifestement des îles, ou une île; quant aux terres septentrionales, si ce ne sont pas des îles, c'est la jonction de l'Asie et de l'Amérique, et loin d'être un nouveau *continent*, elles n'en font qu'un de l'Amérique et de l'Asie. On appelle l'ancien *continent*, le *continent supérieur*, parce que, selon l'opinion vulgaire, il occupe la partie supérieure du globe. L'Afrique est un grand *continent* qui n'est attaché à l'Asie que par un isthme. Les Espagnols ont conquis les îles avant que d'entrer dans le *continent*. On n'est pas encore certain que le Japon soit une île ou un *continent*. — Grand espace de terre ferme qui n'est pas entouré de tous les côtés par la mer : *la Morée se joint par un isthme au continent*. — On dit souvent d'une manière absolue : *passer sur le continent*; ce mot *continent* doit alors s'entendre du *continent européen*.

CONTINENT, E, adj. (*kontinan, nante*) (en lat. *continens*, part. prés. de *continere*), qui a la vertu de *continence*. Selon Aristote, celui qui n'a point de besoins n'est pas *continent* : il faut des combats contre la chair et contre les sens pour être censé *continent*. Il faut être *continent* même dans les libertés et dans l'usage du mariage. Il est peu usité, surtout au fém. — En t. de médec., *fièvre continente*, qui persiste depuis le commencement jusqu'à la fin, sans intermission ni rémission.

CONTINENTAL, E, adj. (*kontinantale*), qui est du *continent*, qui a rapport au *continent* européen.—*Système continental*, prohibition que l'empereur Napoléon avait promulguée, dans le but de fermer aux Anglais tous les ports du *continent*. —Plur. mas., *continentaux*.

CONTINGENCE, subst. fém. (*konteinjance*) (du verbe latin unipersonnel *contingit*, il arrive, il se rencontre), casualité : *la contingence des événements*. — *Selon la contingence des affaires* ou *des cas*, selon que les affaires tourneront, selon ce qui arrivera. — En t. de géom., *angle de contingence*, l'angle qu'un arc de cercle fait avec la *tangente*, au point où celle-ci *touche* le cercle. — En gnomonique, *ligne de contingence*, ligne qui coupe la soustylaire à angles droits. (Dans ces phrases, *contingence* est synonyme de *contact*, et vient du latin *cum*, avec, et *tangere*, toucher.)

CONTINGENT, subst. mas. (*konteinjan*), la part que chacun doit fournir ou recevoir dans une affaire en commun. — Le nombre d'hommes appelés par la conscription : *dans cette guerre, tous les états de l'Allemagne avaient fourni leur contingent; fournir son contingent en hommes, en argent*.—*Futur contingent*, ce qui peut arriver ou n'arriver pas.

CONTINGENT, E, adj. (*konteinjan, jante*) (du v. lat. unipers. *contingit*, il arrive, il se rencontre), casuel, incertain, qui peut arriver ou n'arriver pas. *Casuel* est plus usité. — *Propositions contingentes*, qui énoncent une chose qui peut être ou n'être pas. — En t. de palais, *portion contingente*, celle qui peut appartenir à quelqu'un dans un partage : *sa contingente part*. (La Fontaine.) (Dans cette dernière acception, *contingente* vient du latin *cum*, et *tangere*, toucher, concerner, appartenir)—Il se prend aussi substantivement : *le nécessaire et le contingent*.

DU VERBE IRRÉGULIER CONTENIR :

Contînmes, 1re pers. plur. prét. déf.
Continrent, 3e pers. plur. prét. déf.
Contins, précédé de *je*, 1re pers. sing. prét. déf.
Contins, précédé de *tu*, 2e pers. sing. prét. déf.
Continsse, 1re pers. sing. imparf. subj.
Continssent, 3e pers. plur. imparf. subj.
Continsses, 2e pers. sing. imparf. subj.
Continssiez, 2e pers. plur. imparf. subj.
Continssions, 1re pers. plur. imparf. subj.
Contint, précédé de *il* ou *elle*, 3e pers. sing. prét. déf.
Contînt, précédé de *qu'il* ou *qu'elle*, 3e pers. sing. imparf. subj.
Contîntes, 2e pers. plur. prét. déf.

CONTINU, subst. mas. (*kontinu*), corps étendu dont les parties ne sont point divisées, mais liées et unies ensemble. — Ce qui est divisible : *les parties du continu; le continu est divisible à l'infini*.

CONTINU, E, adj. (*kontinu*) (en lat. *continuus*), en parlant de la quantité dont les parties s'entretiennent, et ne sont pas divisées les unes d'avec les autres. —On dit que le *poli d'une glace est continu*, lorsqu'il n'est point interrompu. — Malgré l'avis de l'*Académie*, nous croyons qu'on ne parlerait pas purement en disant : *élégance, pureté continue du style*; cette épithète *continue* ne flatte pas le goût le moins du monde.— *L'étendue est une quantité continue*, parce qu'on ne remarque point d'intervalle entre ses parties. Il n'est usité qu'en philosophie, où on le dit aussi substantivement. Voy. CONTINU, subst. — En parlant du temps, non interrompu : *travail, bruit continu, étude continue*, etc. Voy. CONTINUEMENT. — En archit., on nomme *piédestal continu*, le soubassement d'une rangée de colonnes qui ont une base et une corniche. — En t. de math. : *proportion continue*. Voy. PROPORTION. On divise la quantité en *continue* et *discrète*. La *quantité continue* est pour les lignes, la *quantité discrète* est pour les nombres. — En t. de médec., *fièvre continue*, qui est accompagnée de redoublement et de légères rémissions, mais sans aucune intermission. — En t. de mus., *basse continue*, accompagnement du chant sur l'orgue, le piano, etc., qui se fait en remplissant les vides de la basse chantante. — Il se dit en bot. de deux parties de plantes qui sont si bien adhérentes entre elles, qu'on ne peut les désunir sans les rompre, à la différence de celles qui ne sont que contiguës. Voy. CONTIGUÏTÉ. *Les épines sont continues avec la tige, et les aiguillons sont contigus*. — CONTINU, CONTINUEL. (*Syn.*) Ce qui est *continu* n'est pas divisé; ce qui est *continuel* n'est pas interrompu. Ainsi la chose est *continue* par la tenue de sa constitution; elle est *continuelle* par la tenue de sa durée. Le cliquet d'un moulin en mouvement fait un bruit *continuel*, parce qu'il est le même sans interruption tant que le moulin tourne; mais ce bruit n'est pas *continu*, parce qu'il est composé de retours périodiques, et séparés par des intervalles de silence : il est divisé.

CONTINUATEUR, subst. mas. (*kontinu-ateur*), auteur qui *continue* l'ouvrage d'un autre : *Crévier est le continuateur de Rollin*.

CONTINUATION, subst. fém. (*kontinu-âcion*) (en lat. *continuatio*, fait, dans la même signification, de *continuare*, continuer), action de *continuer* : *continuation d'un ouvrage*. — Durée de la chose *continuée* : *la continuation de la guerre, des troubles*. — En t. de droit : *continuation de communauté*. C'était autrefois la prolongation de la *communauté* de deux époux entre les enfants et le survivant. Cette *continuation* avait lieu, lorsque celui-ci n'avait pas fait inventaire à la mort du prédécédé. Le Code civil a aboli cette *continuation* de communauté, par les dispositions de l'art. 1442. — La chose *continuée* : *la continuation de l'ouvrage de Fleury est bien inférieure à l'ouvrage de l'auteur*. — CONTINUATION, SUITE. (*Syn.*) On donne la *continuation* de l'ouvrage d'un autre, et la *suite* du sien. On dit : la *continuation* d'une vente, et la *suite* d'un procès. On *continue* ce qui n'est pas achevé; on donne une *suite* à ce qui l'est. — CONTINUATION, CONTINUITÉ. (*Syn.*) *Continuation* se dit de la durée; *continuité*, de l'étendue. On dit la *continuation* d'un travail et d'une action; la *continuité* d'un espace et d'une grandeur; la *continuation* d'une même conduite; la *continuité* d'un édifice.

CONTINUE, subst. fém. (*kontinu*), durée sans interruption. Il ne s'emploie que dans la loc. adv. : *à la continue*, à la longue, à force de *continuer* : *à la continue on se lasse*. Vieux, mais pop.

CONTINUÉ, E, part. pass. de *continuer*.

CONTINUEL, adj. mas.; au fém. CONTINUELLE (*kontinuèle*), qui est assidu, qui ne cesse point ou qui cesse très-peu : *attention continuelle; soins continuels; chaleur continuelle; crainte continuelle*. — *Continuel, continuellement*, se disent aussi des choses qui sont interrompues, mais qui recommencent souvent, et à peu d'intervalle.

CONTINUELLEMENT, adv. (*kontinuèleman*), sans interruption, toujours, sans relâche : *travailler continuellement*. Voy. CONTINUEL.

CONTINUEMENT. On écrit aussi CONTINÛMENT, et même l'*Académie*, qui donne ordinairement une double orthographe aux adv. de cette forme, n'indique pas qu'on puisse écrire *continuement*. (Voy. notre GRAMMAIRE.) adv. (*kontinuman*), sans interruption. — *Continu* et *continuement* se disent des choses qui ne sont ni divisées ni interrompues.

CONTINUER, v. act. (*kontinué*) (du lat. *continuare*, étendre ou prolonger une chose en y ajoutant, formé de *cum* et de *tendo*, pour lequel on a dit anciennement *tenno* ou *teno*, qui vient du grec τείνω, tendre ou étendre, d'où l'on a fait le composé συντείνω, pris dans le même sens), poursuivre une chose commencée, avec ces différences : 1° que l'on peut *continuer* l'ouvrage d'autrui, parce qu'il suffit d'y ajouter ce qui paraît y manquer, mais que celui-là seul qui l'a commencé peut le *poursuivre*, parce qu'un autre ne peut avoir ni toutes ses vues, ni les mêmes vues; 2° que *continuer* marque simplement la suite du premier travail, et que *poursuivre* marque, outre cette suite, une volonté déterminée et constante d'arriver à la fin. On dit : *continuer un bâtiment, ses études*, etc.; *continuer un bail, un fermier; continuez-lui vos bienfaits*; et neut., *continuer de, continuer à*. Le premier suppose que l'action n'est point interrompue, ou qu'au moins il y a une liaison réelle entre les actes répétés qui forment la *continuation*. Le second suppose une succession d'actions de même nature, mais distinctes, et qui n'ont d'autre liaison entre elles que celle de cette succession. Un homme qui marche et qui n'interrompt point sa marche *continue de marcher*. Un homme qui se remet en marche après s'être reposé *continue à marcher*. J'entre chez un homme qui lit, il ne m'aperçoit pas et *continue de lire*. Mais je dirai à un homme qui a la vue faible, *si vous continuez à lire à la lumière, vous perdrez la vue*. — Prolonger au-delà du terme ordinaire le temps d'un officier en charge : *on l'a continué maire, administrateur*, etc. — V. neut., durer, ne cesser pas : *le mauvais temps continue*. — Être en quelque état sans discontinuation. — *se* CONTINUER, v. pron., pris passivement : être *continué* : *cet ouvrage se continue*. — CONTINUER, PERSÉVÉRER, PERSISTER. (*Syn.*) *Continuer*, c'est simplement faire comme on a fait jusque là. *Persévérer*, c'est *continuer* sans vouloir changer. *Persister*, c'est persévérer avec constance ou opiniâtreté.— On *continue* par habitude; on *persévère* par réflexion; on *persiste* par attachement.

CONTINUITÉ, subst. fém. (*kontinuité*) (en lat. *continuitas*), liaison non interrompue de parties, soit en parlant de l'étendue, soit en parlant de la durée : *la continuité des parties, la continuité du travail, des maux*. — *Continuité*, en littérature, se dit de la liaison de toutes les parties d'un ouvrage. Dans une pièce de théâtre la *continuité* est observée lorsque les scènes qui composent un acte se succèdent immédiatement, sans vide, sans interruption, et sont tellement liées que la scène est toujours remplie. — En philosophie, on appelle *loi de continuité*, la loi suivant laquelle aucun être ne passe d'un état à un autre sans passer par des états intermédiaires. — Dans le premier sens, on appelle en médec. *solution de continuité*, la division qu'une plaie fait dans un corps. — En général, toute division de parties qui se trouvaient *continues* auparavant. — En bot., adhérence de deux organes. Voy. CONTINU.

CONTINÛMENT, adv. (*kontinuman*). Voy. CONTINUEMENT.

CONTO, subst. mas. (*kontô*), compte, somme qui équivaut, au Brésil, à 650,000 fr. de France.

CONTONDANT, E, adj. (*kontondan, dante*) (en lat. *contundens*, part. prés. de *contundere*, froisser, broyer, écraser), t. de chirurgie, qui blesse sans percer ni couper, mais en faisant des *contusions*, comme un marteau, une massue, un bâton, etc.

CONTOPÆTES, subst. mas. plur. (*kontopète*) (du grec κοντός, croc de batelier, perche, et de παῖς, gén. παιδός, enfant), t. d'antiquité, bateleurs qui faisaient tenir sur leur front une perche, et sur la pointe de cette perche une planche, etc., sur laquelle étaient deux enfants qui luttaient ensemble.

CONTORNIATE (presque tous les lexicographes écrivent aussi CONTOURNIATE; peut-être aurait-on eu raison de franciser ce mot), adj. et subst. fém. (*kontorniate*) (de l'italien *contorno*, contour, à cause du cercle qui les entoure : *medaglia contornata*, médaille contournée ou avec un con tour), t. d'art numismatique. On appelle *contorniates*, des médailles de cuivre, terminées dans leur circonférence par un cercle d'une ou de deux lignes de largeur, continu avec le métal, quoiqu'il semble en être détaché par une rainure assez profonde qui règne à l'extrémité du champ, de l'un et de l'autre côté de la médaille : *les antiquaires pensent que les médailles contorniates n'ont jamais servi de monnaie.*

CONTORSION, subst. fém. (*kontorcion*) (en lat. *contorsio*, fait de *contorquere*, tourner, tordre), mouvement violent qui tord les muscles, les membres d'un corps. — Grimaces et postures extraordinaires que font certaines personnes, en parlant avec véhémence : *cet homme fait des grimaces et des contorsions en parlant.* — On dit au fig. : *donner une contorsion à la vérité*, mentir. — En peint., etc., attitude outrée, quoique possible, soit du corps, soit du visage.

CONTOUR, subst. mas. (*kontour*) (de l'italien *contorno* qui a la même signification), ce qui entoure.—En t. de peint. et de sculpt., ce qui termine une figure ou ses parties, et leur donne la rondeur qu'elles doivent avoir. Il se dit le plus souvent au plur. : *de beaux contours; des contours hardis, bien entendus*, etc. — *Voiture* a employé ces mots *vaste contour* pour signifier le monde :

Dans ce grand et vaste contour,
Il n'est rien qui soit sans amour.

On le dit très-bien aujourd'hui de toute enceinte environnante : *les contours de Paris.*

CONTOURNABLE, adj. des deux genres (*kontournable*), qui se replie ou peut se replier sur soi-même; *âme contournable.* (Montaigne.) Inusité.

CONTOURNÉ, E, part. pass. de *contourner*, et adj. — *Taille contournée*, taille mal *tournée*, de travers. — En t. de peint. et de sculpt., affecté dans les *contours*. Il se prend toujours en mauvaise part. —On dit aussi *style contourné*, pour signifier une manière d'écrire pénible et embarrassée. — En t. de blas., *tourné* à gauche.

CONTOURNEMENT, subst. mas. (*kontourneman*), action de *contourner*.

CONTOURNER, v. act. (*kontourné*), t. de peint. et de sculpt., donner à une figure, etc., le *contour* qu'elle doit avoir : *il aurait fallu contourner ce bras autrement.* Fort peu usité dans ce sens, qui cependant est le sens véritablement propre. — En anat., on dit bien cependant qu'*un muscle contourne telle partie d'un membre*, pour signifier qu'il en fait le tour. — Il signifie plus souvent, dans le langage ordinaire, déformer, être de travers : *ce misérable, pour exciter la pitié, a réussi à contourner les jambes de son pauvre enfant.* — Fig. et fam., chercher à deviner une personne, à pénétrer son secret : *il m'a contourné, je l'ai contourné de toutes les façons.*—SE CONTOURNER, v. pron. : *sa taille s'est contournée*, s'est déformée.

CONTOURNIATE, voy. CONTORNIATE.

CONTRA, subst. mas. (*kontra*), t. d'hist. nat., oiseau du Bengale, qu'on dit être un étourneau. —T. de bot., armoise d'Égypte.

CONTRABOUT, subst. mas. (*kontrabou*), vieux mot inusité qui signifiait héritage d'un preneur à cens, hypothéqué au bailleur.

CONTRACT., abréviation du mot *contraction.*

CONTRACTANT, E, subst. et adj. (*kontraktan, tante*), celui, celle qui *contracte*, qui passe un *contrat* devant un notaire.—Le subst. ne s'emploie guère qu'au mas. et au plur. : *un des contractants*, et non pas *un contractant.*—L'adj. ne se dit guère également qu'au plur. et au fém. avec le mot *parties* : *les parties contractantes.*

CONTRACTATION, subst. fém. (*kontraktâcion*), tribunal en Espagne pour les affaires et le commerce des Indes occidentales, établi d'abord à Séville, et transféré ensuite à Cadix.

CONTRACTE, subst. mas. et adj. des deux genres (*kontrakte*) (du lat. *contractus*, part. pass. de *contrahere*, resserrer, abréger), t. de gramm. grecque, qui abrège quelque syllabe en réunissant, par exemple, deux voyelles en une : *verbe, substantif contracte ; les contractes.* Voy. CONTRACTION.

CONTRACTÉ, subst. mas. (*kontrakté*), variété de carbonate de chaux, dont les pentagones extrêmes se *contractent.*

CONTRACTÉ, E, part. pass. de *contracter.*

CONTRACTER, v. act. (*kontrakté*) (du lat. *contrahere*, formé, dans le même sens, de *cum*, avec, et de *trahere*, tirer), faire un *contrat*, une convention avec quelqu'un : *contracter un mariage, une alliance.* On dit quelquefois absolument : *contracter avec...; contracter par-devant un notaire*, etc. — *Contracter amitié*, se lier d'amitié.—Gagner une maladie : *les gens de ce métier sont sujets à contracter cette maladie ; il a contracté cette maladie dans les hôpitaux.* — — Acquérir par des actions réitérées une bonne ou mauvaise habitude : *je craignais de lui voir cette politesse maniérée, ces façons singeresses, qu'on ne manque jamais de contracter à Paris.* (J.-J. Rousseau.) — *Cette liqueur a contracté un goût désagréable*, est devenue accidentellement mauvaise. — *Contracter des dettes*, faire des dettes, s'endetter. — *Contracter une obligation*, demeurer redevable à quelqu'un d'un service rendu, etc. — Resserrer, diminuer les parties d'un corps qui avait plus de volume, par le rapprochement même de ces parties : *la colère lui contractait le visage.* — En t. de gramm., réunir deux voyelles ou deux syllabes en une seule; par exemple : *à le* en *au*, *de le* en *du.*—SE CONTRACTER, v. pron., se raccourcir, se resserrer : *les muscles se contractent.*

CONTRACTEUR, subst. mas. (*kontrakteur*), meuble de fer qui sert de chenet, pour faire cuire des viandes à la broche. (*Boiste.*) Peu usité.

CONTRACTIF, adj. mas., au fém. **CONTRACTIVE** (*kontraktife, tive*), astringent, qui fait *contracter* : *force contractive.* Voy. CONTRACTION.

CONTRACTILE, adj. des deux genres (*kontraktile*), qui a de la *contractilité*, qui est susceptible de se *contracter* : *la fibre musculaire est contractile.*

CONTRACTILITÉ, subst. fém. (*kontraktilité*), t. de médec., faculté de se *contracter*, de revenir sur soi-même lorsqu'on a été tendu : *contractilité musculaire.*

CONTRACTION, subst. fém. (*kontrakcion*) (en lat. *contractio*, fait de *contrahere*, resserrer, abréger), en t. de phys., mouvement des muscles, des nerfs qui se retirent. Il est opposé à *dilatation.* — On appelle *force de contraction*, ou *force contractive*, cette propriété, ou force inhérente à certains corps, par laquelle, lorsqu'ils sont étendus, ils peuvent se rétablir dans le premier état : telle est la force par laquelle une corde à boyau fortement tendue et allongée par les deux extrémités se rétablit dans sa longueur naturelle dès qu'on la relâche. — En t. de gramm., réduction de deux syllabes en une, comme *paon*, que l'on prononce *pan ; août, oût.* — *Contraction de la veine fluide*, resserrement qu'éprouve la colonne fluide qui sort d'un vase par un orifice.

CONTRACTIVE, adj. fém. Voy. CONTRACTIF.

CONTRACTUEL, adj. mas., au fém. **CONTRACTUELLE** (*kontraktuèle*), qui est stipulé par un *contrat* : *héritier contractuel; succession contractuelle.*

CONTRACTURE, subst. fém. (*kontrakture*) (du lat. *contractura*, employé par *Vitruve* dans le même sens, et qui vient de *contrahere*, resserrer), t. de médec., *contraction des membres* par la rétraction et le raccourcissement gradué des ligaments des tendons. — T. d'archit. Il se dit du rétrécissement des colonnes dans leurs parties supérieures.

CONTRADICTEUR, subst. mas. (*kontradikteur*), celui qui *contredit.* — En jurispr., *un acte est fait sans contradicteur*, lorsqu'il est fait par défaut, ou que l'on n'y a point appelé ceux qui auraient eu intérêt de le *contredire.* — On appelle *légitime contradicteur* celui qui a intérêt ou qualité pour *contredire.*

CONTRADICTION, subst. fém. (*kontradikcion*) (en lat. *contradictio*, fait, dans le même sens, de *contradicere*, contredire. Voy. CONTREDIRE.), action de *contredire*, de contester, de dire le contraire : *son avis fut adopté sans contradiction; c'est un homme plein d'amour-propre, qui ne peut souffrir la contradiction.* — Opposition de deux propositions qui ne peuvent être vraies l'une et l'autre en même temps : *il y a contradiction dans ces deux lois.* — *Esprit de contradiction*, personne qui ordinairement n'est pas de l'avis des autres : *faire une chose par esprit de contradiction*, pour le seul plaisir de *contrarier* quelqu'un. — *Tomber en contradiction*, se *contredire.* — *Impliquer contradiction*, t. de philosophie, renfermer, exprimer des idées dont l'une exclut et détruit l'autre. — T. de jurispr. La loi pose en principe que ceux qui possèdent à titre précaire, comme les fermiers, etc., ne peuvent prescrire le bien qu'ils détiennent à ce titre; mais si ces personnes ont opposé la *contradiction*, il s'opère une interversion de titre d'après laquelle elles peuvent prescrire. Exemple : je possède à titre de fermier une terre qui vous appartient; vous m'assignez en paiement des fermages, et je vous signifie que je ne vous en dois aucun, parce que la terre m'appartient; en d'autres termes, je *contredis* vos prétentions; si vous ne faites aucun acte de poursuite et que je cesse de vous payer les fermages, je pourrai prescrire depuis le moment où je vous ai *contredit*, parce que j'ai annoncé dès ce moment l'intention de posséder à titre de propriétaire. (M. E. DE CHABROL-CHAMÉANE, *Dict. de Législation usuelle.*)

CONTRADICTOIRE, adj. des deux genres (*kontradiktoare*), entièrement opposé. — *Une proposition contradictoire à une autre*, est une proposition qui affirme ce que l'autre nie.— *Oui* et *non*, *ouvert* et *fermé* sont des *termes contradictoires.* — En t. de palais, ce qui est prononcé par le juge à l'audience sur une affaire, en présence des parties qui plaident : *arrêt contradictoire.* — *Contradictoire* se dit de tout ce qui se fait en présence des parties intéressées, tels qu'un inventaire, un rapport d'experts, un procès-verbal de visite, de jugement, etc.; ce mot s'emploie par opposition à *défaut.*

CONTRADICTOIREMENT, adv. (*kontradiktoareman*), d'une manière *contradictoire.* — En présence des parties qui sont en contestation : *jugement rendu contradictoirement.*

CONTRAIGNABLE, adj. des deux genres (*kontrègniable*), t. de droit, qui peut être forcé, qui peut être *contraint*, le plus souvent à payer.

DU VERBE IRRÉGULIER CONTRAINDRE :

Contraignaient, 3e pers. plur. imparf. indic.
Contraignais, précédé de *je*, 1re pers. sing. imparf. indic.
Contraignais, précédé de *tu*, 2e pers. sing imparf. indic.
Contraignait, 3e pers. sing. imparf. indic.
Contraignant, part. prés.
Contraigne, précédé de *que je*, 1re pers. sing. prés. subj.
Contraigne, précédé de *qu'il* ou *qu'elle*, 3e pers. sing. prés. subj.
Contraignent, précédé de *ils* ou *elles*, 3e pers. plur. prés. indic.
Contraignent, précédé de *qu'ils* ou *qu'elles*, 3e pers. plur. prés. subj.
Contraignes, 2e pers. sing. prés. subj.
Contraignez, 2e pers. plur. impér.
Contraignez, précédé de *vous*, 2e pers. plur. prés. indic.
Contraigniez, précédé de *vous*, 2e pers. plur. imparf. indic.
Contraigniez, précédé de *que vous*, 2e pers. plur. prés. subj.
Contraignîmes, 1re pers. plur. prét. déf.
Contraignions, précédé de *nous*, 1re pers. plur. imparf. indic.
Contraignions, précédé de *que nous*, 1re pers. plur. prés. subj.
Contraignirent, 3e pers. plur. prét. déf.
Contraignis, précédé de *je*, 1re pers. sing. prét. déf.
Contraignis, précédé de *tu*, 2e pers. sing. prét. déf.
Contraignisse, 1re pers. sing. imparf. subj.
Contraignissent, 3e pers. plur. imparf. subj.
Contraignisses, 2e pers. sing. imparf. subj.
Contraignissiez, 2e pers. plur. imparf. subj.
Contraignissions, 1re pers. plur. imparf. subj.
Contraignit, précédé de *il* ou *elle*, 3e pers. sing. prét. déf.
Contraignît, précédé de *qu'il* ou *qu'elle*, 3e pers. sing. imparf. subj.
Contraignîtes, 2e pers. plur. prét. déf.
Contraignons, 1re pers. plur. impér.
Contraignons, précédé de *nous*, 1re pers. plur. prés. indic.
Contraindra, 3e pers. sing. fut. indic.
Contraindrai, 1re pers. sing. fut. indic.
Contraindraient, 3e pers. plur. prés. cond.
Contraindrais, précédé de *je*, 1re pers. sing. prés. cond.
Contraindrais, précédé de *tu*, 2e pers. sing. prés. cond.
Contraindrait, 3e pers. sing. prés. cond.
Contraindras, 2e pers. sing. fut. indic.

CONTRAINDRE, v. act. (*kontreindre*) (du lat.

constringere, employé dans les mêmes acceptions, et qui signifie proprement lier, serrer, presser ; formé de *cum*, avec, et de *stringere*, serrer fortement, étroitement), obliger quelqu'un par violence, ou par quelque autre considération qui en tient lieu, à faire quelque chose contre son gré : *il voulait sortir, on l'a contraint de rester dans sa chambre; mon dessein n'est pas de vous contraindre.—Nécessité contraint la loi*, sorte de proverbe qui signifie que la *nécessité* force souvent d'enfreindre certaines *lois*, parce que l'exécution s'en est rencontrée impossible. — En t. de pratique, obliger par justice de payer : *les huissiers sont allés chez lui pour le contraindre* à payer, etc.—Gêner, obliger à quelque sorte de retenue, qui empêche de faire ce que l'on voudrait. — Fig., serrer, presser, mettre à l'étroit, en parlant d'un habit, d'une chaussure. On ne dit plus que *gêner*.—*se* CONTRAINDRE, v. pron., se gêner, se forcer, se violenter : *il se contraint devant nous, mais il se dédommage ailleurs.* — CONTRAINDRE, FORCER, VIOLENTER. (*Syn.*) Le dernier de ces mots enchérit sur le second, comme celui-ci sur le premier. *Contraindre* semble mieux convenir pour marquer une atteinte à la liberté dans le temps de la délibération, par des oppositions gênantes, qui font qu'on se détermine contre sa propre inclination, qu'on suivrait si les moyens n'en étaient pas ôtés. *Forcer* paraît proprement exprimer une attaque portée à la liberté dans le temps de la détermination, par une autorité puissante, qui fait qu'on agit formellement contre sa volonté, dont on a grand regret de n'être pas le maître. *Violenter* donne l'idée d'un combat livré à la liberté, dans le temps de l'exécution même, par les efforts contraires d'une action vigoureuse, à laquelle on essaie en vain de résister. — CONTRAINDRE À, CONTRAINDRE DE. (*Syn.*) On *contraint à* faire une action; on *contraint de* cesser de faire une action, de subir l'effet d'une action : *on contraint un homme à se battre ; on le contraint de céder, de se rendre, de mettre bas les armes : la ville fut contrainte de se rendre : on contraint une fille à se marier; le père est contraint de consentir au mariage de sa fille.*

DU VERBE IRRÉGULIER CONTRAINDRE :

Contraindrez, 2e pers. plur. fut. indic.
Contraindriez, 2e pers. plur. prés. cond.
Contraindrions, 1re pers. plur. prés. cond.
Contraindrons, 1re pers. plur. fut. indic.
Contraindront, 3e pers. plur. fut. indic.
Contrains, 2e pers. sing. impér.
Contrains, précédé de *je*, 1re pers. sing. prés. indic.
Contrains, précédé de *tu*, 2e pers. sing. prés. indic.
Contraint, précédé de *il* ou *elle*, 3e pers. sing. prés. indic.

CONTRAINT, E, part. pass. de *contraindre*, et adj. (*kontrein, treinte*), gêné : *il a l'air contraint; postures, manières contraintes.*—Serré, mis à l'étroit, soit en parlant de personnes : *il est contraint dans son habit, dans ses bottes* ; soit en parlant de choses inanimées : *la mer est contrainte dans ce détroit, la rivière entre ces deux montagnes.* — On dit fig. : *une versification contrainte; un discours, un style contraint.* — Il se dit aussi de ce que l'on fait contre son gré : *des caresses contraintes.* — En t. de musique, on appelle *basse contrainte*, celle dont le sujet ou le chant, formé à un petit nombre de mesures, comme quatre ou huit, recommence sans cesse, tandis que les parties supérieures poursuivent leur chant et leur harmonie, et les varient de différentes manières.

CONTRAINTE, subst. fém. (*kontreinte*), violence qu'on exerce envers quelqu'un, pour le *contraindre* à faire quelque chose contre son gré : *la contrainte n'a jamais fait que des hypocrites et des ignorants ; grande, dure, pénible contrainte ; employer la contrainte ; user de contrainte.*—Retenue que le respect et la considération obligent d'avoir.—Gêne dans des habits trop étroits. — Acte en vertu duquel on peut *contraindre* un homme à payer. — En t. de jurispr., on se sert du mot *contrainte*, pour exprimer les différentes voies permises que l'on prend pour forcer quelqu'un à faire ce à quoi il est obligé ou condamné : *contrainte par saisie de biens; contrainte par corps.* — On nomme aussi *contrainte*, le titre même qui autorise à user de *contrainte*, tel qu'un jugement qui permet de saisir, de vendre ou d'emprisonner. —*Contrainte* s'est dit encore d'un mandement décerné par certains officiers publics préposés au recouvrement des deniers publics : *décerner une contrainte.* — On appelle *contrainte solidaire*, un mandement pour exécuter contre chacun de plusieurs débiteurs, ou l'exécution même qui est faite solidairement contre l'un d'eux.

CONTRAIRE, subst. mas. (*kontrère*), chose *contraire*, opposée : *le chaud est le contraire du froid; croire le contraire ; il écrit le contraire de ce qu'il pense*, etc.—*Aller au contraire d'une chose*, s'y opposer, y contredire. Style fam. — Au plur., choses diamétralement opposées, comme le froid et le chaud, etc. : *le bonheur et la fortune concilient les contraires.*

CONTRAIRE, adj. des deux genres (*kontrère*) (en latin *contrarius*), opposé, au physique et au moral : *avoir le vent contraire, la fortune contraire; dire à quelqu'un le contraire de ce qu'on pense*, ne pas lui dire la vérité. — *Deux propositions* sont dites *contraires* en logique, lorsqu'elles énoncent des choses évidemment opposées, lesquelles deux propositions peuvent être en même temps vraies ou fausses : *toute femme est bonne ; toute femme est méchante.* — *Contraire* se dit même des personnes : *être contraire à soi-même; cet individu m'a toujours été contraire.* — Nuisible : *remède contraire à la poitrine*, etc.— En t. de jurispr., on appelle *action contraire*, une action opposée à l'action directe; *faits contraires*, des faits opposés les uns aux autres. On dit que les parties sont *contraires*, lorsqu'elles allèguent *contradictoirement* l'une contre l'autre. — En t. de mar. : *le vent est contraire*, quand il oblige à orienter les voiles au plus près, à courir des bordées pour approcher le plus possible de la route qu'on voudrait suivre ; *une marée est contraire, des courants sont contraires*, quand ils s'opposent au sillage, qu'ils contrarient la route.— *Au* CONTRAIRE, loc. adv., bien loin de cela, tout autrement : *tant s'en faut que cela soit ainsi, qu'au contraire*, etc.

CONTRAIREMENT, adv. (*kontrèreman*), t. de prat., au *contraire*, en opposition.

CONTRALTO, subst. mas. (*kontralto*), mot emprunté de l'italien, t. de musique : la plus grave des voix chez la femme.—Au plur., des *contralto*, sans *s*.

CONTRAPONTISTE, subst. des deux genres (*kontraponticete*), t. de mus., compositeur qui connaît les règles du *contrepoint*, qui fait du *contrepoint*.

CONTRARIANT, E, adj. (*kontrarian, ante*), porté, enclin à *contrarier*. Il ne se dit que des personnes et de ce qui y a rapport : *esprit contrariant ; il est contrariant.*

CONTRARIÉ, E, part. pass. de *contrarier*.

CONTRARIER, v. act. (*kontrarié*), contredire quelqu'un sur ses sentiments : *il contrarie tout le monde.* — Faire le *contraire* de ce que les autres voudraient. — Il s'emploie quelquefois neutralement et sans régime : *il ne fait que contrarier.* — Faire obstacle, s'opposer à quelqu'un dans ses desseins.—*se* CONTRARIER, v. pron., être opposé : *des couleurs, des lignes qui se contrarient.*— Se contredire : *ces enfants se contrarient sans cesse.*

CONTRARIÉTÉ, subst. fém. (*kontrariété*), opposition entre deux choses *contraires* : *contrariété d'humeurs, d'opinions, de sentiments, de desseins ; il y a de la contrariété entre ces deux lois ; il y a de la contrariété entre le froid et le chaud.* — Obstacle, difficulté qu'on trouve dans la poursuite de quelque chose : *j'ai éprouvé bien des contrariétés dans cette affaire.* — *Contrariété d'arrêts*, se dit de deux arrêts rendus dans deux tribunaux différents, ou dans deux chambres du même tribunal, entre *les mêmes parties*, pour raison des mêmes faits, et dont les dispositions de l'un sont opposées à celles de l'autre. Cette *contrariété* donne ouverture à la requête civile et au recours en cassation.

CONTRASTANT, subst. mas. (*kontracetan*), t. d'hist. nat., crystal en forme de rhomboïde aigu, et se rapportant à un rhomboïde obtus.

CONTRASTANT, E, adj. (*kontracetan, tante*), qui *contraste* : *des figures contrastantes.*

CONTRASTE, subst. mas. (*kontracete*) (du latin *contrastare*, être opposé, formé de *contrà*, contre, et *stare*, être, se tenir), t. de peint., différence, opposition, soit entre le caractère des figures, soit dans leur attitude, soit entre les couleurs, etc. — Fig., opposition marquée entre les caractères, les passions, les sentiments, etc.—Il y a *contraste* en musique, lorsque le mouvement passe du vite au lent, ou du lent au vite, etc. : *il est très-ordinaire aux compositeurs qui manquent d'invention, d'abuser du contraste.* (J.-J. Rousseau). *L'art des contrastes consiste à imaginer des oppositions qui produisent un bon effet.*—En littérature, *contraste* se dit des idées et des caractères opposés : *le rôle de l'imposteur et celui d'Ariste font contraste dans le Tartufe.* (Voltaire.)

CONTRASTÉ, E, part. pass. de *contraster*.

CONTRASTER, v. act. (*kontracete*) (en lat. *contrastare.* Voy. CONTRASTE.) ; être en opposition, en *contraste.* — Faire un *contraste* : *ce peintre sait bien contraster ses têtes, ses figures.* Il s'emploie aussi neut. : *ces deux figures contrastent bien ensemble.* — On dit fig. : *ce poëte a bien contrasté ses personnages ; tels et tels caractères contrastent bien ensemble.*

CONTRAT, subst. mas. (*kontra*) (du lat. *contractus*, employé dans le même sens de *contrat*, marché, accord), acte qui se passe devant un notaire, entre deux ou plusieurs personnes qui s'obligent respectivement à quelque chose : *contrat de vente, d'acquisition, d'échange, de donation, de constitution, de mariage; faire, passer, signer, ratifier, valider, casser, exécuter un contrat ; dresser un contrat ; contrat solennel, authentique, en bonne forme; contrat de bonne foi; contrat simulé, faux, frauduleux; la minute, la grosse d'un contrat ; revenir contre un contrat; contrat passé par-devant notaire.* Les *contrats* et tous les actes volontaires, chez les Romains, étaient écrits par les parties mêmes, ou par quelqu'un des témoins, ou par un secrétaire ou écrivain de l'une des parties, que l'on nommait notaire, mais qui n'était point fonctionnaire public, comme aujourd'hui chez nous. Cet usage passa dans les Gaules avec la domination romaine, et continua sous nos premiers rois. Les anciennes formules de *Marculphe*, et celles qui ont depuis été recueillies par d'autres auteurs, nous en rendent un témoignage qui ne peut être suspect. Le magistrat auquel ces écritures étaient ensuite apportées, et qui leur donnait l'autorité publique en les recevant au nombre des actes de sa juridiction, en faisait ensuite délivrer aux parties des expéditions écrites et scellées de son sceau, par ses clercs ou greffiers. Nos rois appliquèrent à leur domaine ce qui était payé pour ces expéditions ; le magistrat était chargé d'en rendre compte. Saint Louis, voulant débarrasser le prévôt de Paris de tout ce qui pouvait avoir quelque rapport à la finance, créa soixante notaires en titre d'office, pour recevoir tous les actes volontaires de la juridiction.—Dans notre législation, le mot *contrat*, pris dans une acception particulière, est ordinairement considéré comme une convention revêtue des formes d'un acte public, ce qui le rend capable de certains effets qui lui sont propres, comme d'imprimer hypothèque, et d'emporter exécution. Pris dans le sens le plus étroit, un *contrat* est synonyme d'*acte notarié.* Mais dans l'acception la plus générale et suivant la définition qu'en donne l'article 1101 du Code civil : *le contrat est une convention par laquelle une ou plusieurs personnes s'obligent, envers une ou plusieurs autres, à donner, à faire ou ne pas faire quelque chose.* Le législateur emploie indistinctement les mots *contrat, obligation, engagement, pacte, traité* : c'est qu'il existe beaucoup de rapports avec chacun de ces divers termes. Ainsi lorsqu'on désigne une convention par le terme *d'obligation*, on prend l'effet pour la cause ; ce qui n'est pas impropre, lorsque l'un est inséparable de l'autre, puisqu'il naît une *obligation* de toute *convention*. Il en est de même de *l'engagement*, qui suppose, ainsi que l'*obligation* et la *convention*, une cause, des personnes et un objet. Il est synonyme de ces mots, puisque partout où il y a *convention* il y a *engagement*, et que de toute *convention* il résulte une *obligation*. On ne peut que dire les mêmes choses du *pacte*, du *traité* et du *contrat*. Nous devons faire observer néanmoins que le terme de *convention* est le plus général, le plus le terme de *convention* est le plus général, le plus expressif et le plus usité de ces synonymes. Ainsi, comme il comprend tous les autres, nous renverrons à ce mot le développement des divers engagements que les hommes *contractent* entre eux. Il est de l'essence du *contrat* qu'il y ait une *obligation ;* point *d'obligation*, point de *contrat ;* celui au profit duquel est *contractée* l'*obligation* se nomme créancier ; celui qui s'oblige s'appelle débiteur. On doit distinguer dans l'engagement qui naît du *contrat* deux choses très-différentes : 1° l'obligation de celui qui fait la promesse et qui remplit un devoir en l'exécutant ; 2° le droit de celui qui accepte la promesse. Le devoir et le droit sont deux corrélatifs qui ne peuvent exister l'un sans l'autre. On n'est point obligé si personne ne peut nous contraindre à remplir une *obligation*. Les *contrats* sont divisés par le Code : 1° en *unilatéraux* et *bilatéraux* ou *synallagmatiques* ; 2° en *commutatifs* ou *aléatoires* ; 3° en *contrats de bienfaisance* et *contrats à titre onéreux* ou *intéressés* de part et d'autre. Le *contrat* est *synallagmatique* ou *bilatéral*, lorsque les contractants s'obligent réciproquement les uns envers les autres. Ainsi, par exemple, les *contrats* de vente, de louage, de société, sont des *contrats bilatéraux*. Le *contrat* est *unilatéral*, lorsqu'une ou plusieurs personnes sont obligées envers une ou plusieurs autres, sans que de la part de ces dernières il y ait d'engagement, comme dans le prêt à usage, le commodat, le dépôt. Ces définitions paraissent d'abord manquer d'exactitude, et ne pas établir une distinction suffisante entre les *contrats synallagmatiques* et les *contrats unilatéraux*. Ainsi, par exemple, dans le dépôt, le dépositaire s'oblige à l'instant même de restituer la chose, et le déposant à indemniser le dépositaire des dépenses que ce dernier aura faites pour la conservation de cette chose ; cependant le *contrat* est *unilatéral*. Pour compléter les définitions données par le Code, il faudrait donc dire que le *contrat est bilatéral* ou *synallagmatique*, lorsque les parties *contractent* immédiatement les unes envers les autres des *obligations* réciproques et principales. Le *contrat* est *unilatéral*, lorsqu'une ou plusieurs personnes sont obligées envers une ou plusieurs autres, sans que, de la part de ces dernières, il y ait une obligation principale immédiate. Les *contrats synallagmatiques* ou *bilatéraux* se divisent encore en *contrats synallagmatiques parfaits* et *synallagmatiques imparfaits*. Le *contrat synallagmatique parfait* est celui dans lequel l'action appartenant à chacun des *contractants* est également principale et tient à l'essence du *contrat*, comme dans la vente, l'échéance et le louage. Le *contrat synallagmatique imparfait* est celui dans lequel l'action de l'une des parties est seule principale et essentielle au *contrat*; tandis que l'action de l'autre n'est qu'incidente et éventuelle, et par conséquent peut exister ou ne pas exister sans que l'essence du *contrat* en soit altérée, comme dans le mandat, le dépôt. Le *contrat* est *commutatif*, lorsque chacune des parties s'engage à donner ou à faire une chose qui est regardée comme l'équivalent de ce qu'on lui donne ou de ce qu'on fait pour elle. Ainsi dans la vente, le vendeur donne la chose et reçoit le prix ; l'acheteur donne le prix et reçoit la chose : chacune des parties reçoit donc l'équivalent de ce qu'elle donne. Le *contrat* est *aléatoire*, lorsque l'équivalent consiste dans une chance de gain ou de perte pour chacune des parties, d'après un évènement incertain, comme par exemple, dans le *contrat* de rente viagère, celui d'assurance, les jeux, les paris et le prêt à grosse aventure. Le *contrat de bienfaisance* est celui dans lequel l'une des parties procure à l'autre un avantage purement gratuit; tels sont les *contrats* de prêt, de commodat, de dépôt, de mandat, de cautionnement et de donation. On range dans cette classe tous ceux dans lesquels l'une des parties tire un avantage de la convention sans s'obliger à rien. Le *contrat à titre onéreux* est celui qui assujétit chacune des parties à donner ou à faire quelque chose. Le *contrat* sera donc à *titre onéreux*, toutes les fois qu'il sera intéressé de part et d'autre et qu'il offrira un intérêt à chacune des parties, comme dans la vente, le louage, la société, le prêt à intérêts. Outre la division qui se trouve dans le Code, on distingue encore les *contrats* en *consensuels* et *réels*, en *principaux* et *accessoires*, en *solennels* et *non solennels*. Les *contrats consensuels* se forment par le seul consentement des parties, sans que la tradition de la chose soit nécessaire, comme dans la vente, le louage, le mandat. Les *contrats réels* ne sont parfaits que par la délivrance de la chose. Tels sont les *contrats* de prêt d'argent, de dépôt, de nantissement. Les *contrats principaux* subsistent par eux-mêmes, indépendamment de toute autre convention, comme l'échange, la vente, le louage. Les *contrats accessoires* ne se forment que pour assurer l'exécution d'une convention. Tel est le cautionnement, le nantissement. Les *contrats non solennels* sont ceux qui ne sont assujétis à aucune forme particulière, mais seulement aux règles générales des *contrats*, comme la vente, le louage, le mandat. Les contrats *solennels* au contraire sont ceux dont l'existence est subordonnée à l'observation de certaines formalités sans lesquelles ils ne produisent aucun effet civil. On doit ranger dans cette classe, par exemple, l'hypothèque conventionnelle et le *contrat* de mariage. Tous les *contrats*, soit qu'ils aient une dénomination propre, soit qu'ils n'en aient pas, sont soumis à des règles générales et particulières. Voy. CONVENTION. — *Contrat de mariage*. On appelle ainsi les conventions particulières faites tant par les futurs époux que par des tiers en faveur et à l'occasion du mariage. Cet acte, dans lequel les futurs conjoints règlent les conventions relatives au *mariage* qu'ils vont *contracter*, est regardé avec raison comme l'acte le plus important de la société civile. (Nous renvoyons ici au *Dict. de Législation usuelle*, par M. E. de CHABROL-CHAMÉANE, d'où nous avons extrait toute la partie judiciaire de notre article.) —*Contrat social*, convention expresse ou tacite d'après laquelle sont naturellement réglés les droits et les devoirs respectifs du gouvernement et du peuple. — Dans une signification plus étendue, toute espèce de convention : *contrat verbal*, *contrat tacite*. — T. de mar. : *contrat à la grosse* ou *à la grosse aventure*, convention entre le prêteur et l'emprunteur à la grosse aventure. Voy. AVENTURE. —*Contrat-mohatra*, les casuistes ont donné ce nom au gain illicite que font les marchands, en vendant leurs marchandises à plus haut prix qu'elles ne valent, et en les faisant ensuite racheter pour leur compte, par des personnes interposées, à plus bas prix qu'ils ne les ont vendues.

CONTRA-TÉNOR, subst. mas. (*kontraténore*), t. de musique, pris de l'italien. Voy. HAUTE-CONTRE, qui a le même sens.

CONTRAVENTEUR, subst. mas. (*kontravanteur*), qui est en *contravention*. Peu usité ; cependant il serait utile. Ne pourrait-on pas dire aussi au fém. CONTRAVENTRICE?

CONTRAVENTION, subst. fém. (*kontravancion*) du lat. *contravenire*, fait de *contra*, contre, et *venire*, venir ; *aller contre*), action par laquelle on *contrevient* à une loi, à un contrat, à des règlements de police, etc. On dit : *infraction des lois, contravention aux lois : être en contravention, surprendre quelqu'un en contravention ; il y a contravention*. — CONTRAVENTION, DÉSOBÉISSANCE. (*Syn.*) La *contravention* s'applique aux choses ; la *désobéissance* aux personnes ; la *contravention* à une loi est une *désobéissance* au souverain.

CONTRA-YERVA, subst. fém. (*kontra-iéreva*), (mot composé en espagnol de *contrè*, contre, et de *yerva*, qui signifie proprement *herbe*), t. de bot., sorte de plante que les Espagnols ont nommée ainsi, parce qu'elle est un *contre-poison*. Elle se trouve dans l'Amérique méridionale. — Nom de deux espèces d'aristoloches de la Jamaïque.

CONTRE, subst. mas. (*kontre*), tout ce qui est *contraire* à quelque chose et qui la combat : *dire le pour et le contre*. — En t. de mar. : *être à contre*, tenir deux bordées différentes avec le même vent, et se croiser. — Instrument long et large avec lequel les formiers fendent leur bois.

CONTRE, préposition (*kontre*) (en lat. *contra*), elle sert à marquer : 1° opposition : *plaider contre quelqu'un*; *faire emprisonner contre les lois*; ou contrariété : *il a voulu partir contre mon avis*; 2° la situation du lieu, ou par proximité : *il est logé tout contre l'église*; ou par contiguïté : *attacher contre la muraille*. — Fig., *élever autel contre autel*, faire un schisme dans l'Église.—Fig. et fam. : *aller contre vent et marée*, s'embarquer dans une affaire malgré les difficultés. — Au jeu de la bête : *faire contre*, jouer *contre* celui qui fait jouer. A ce jeu, le *contre* ou celui qui *fait contre* perd double ; alors il est pris substantivement. — *Contre*, prép. inséparable du mot auquel elle est jointe. Elle conserve le sens d'opposition, qui est propre à cette prép. ; sa fonction dans les mots composés est de s'unir avec le substantif ou le verbe qui forme la composition du mot; alors *contre* doit toujours être lié à ce substantif ou à ce verbe par un trait d'union (-) : *contre-appel*, *contre-balancer*; les prépositions étant invariables de leur nature, jamais au plur. *contre* ne prend *s*. — CONTRE, MALGRÉ, NONOBSTANT. (*Syn.*) Ces trois prépositions indiquent, entre le sujet et le complément du rapport, des oppositions différemment caractérisées. — *Contre*, en marque une de *contrariété* formelle, à l'égard de la conduite : *L'honnête homme ne parle point contre la vérité, ni le politique contre les opinions communes* ; — *quoiqu'une action ne soit pas contre la loi, elle n'en est pas moins blâmable, si elle est contre la conscience*. *Malgré*, exprime une opposition de résistance soutenue, soit par voie de fait, soit par d'autres moyens, mais sans effet de la part de l'opposant énoncé par le complément de la préposition : *malgré ses soins et ses précautions, l'homme subit toujours sa destinée; l'âme du philosophe reste libre, malgré les assauts de la multitude; et la raison l'éclaire, malgré les ténèbres que la prévention répand autour de lui*. *Nonobstant*, ne fait comprendre qu'une opposition légère de la part du complément, et à laquelle on n'a point d'égard; *la force a fait et fera le droit des puissances, nonobstant les protestations des faibles; le scélérat ne respecte point les temples ; il y commet le crime nonobstant la sainteté du lieu*.—CONTRE, MALGRÉ. (*Syn.*) On agit *contre* la volonté ou *contre* la règle, et *malgré* les oppositions. L'homme de bien ne fait rien *contre* sa conscience ; le scélérat commet le crime, *malgré* la punition qui y est attachée. Les valets parlent souvent *contre* les intentions de leurs maîtres et *malgré* leurs défenses. La témérité fait entreprendre *contre* les apparences du succès ; et la fermeté fait poursuivre l'entreprise, *malgré* les obstacles qu'on y rencontre. Il est plus aisé de décider *contre* l'avis d'un sage ami, que d'exécuter *malgré* la force et la résistance d'un puissant ennemi. La vérité doit toujours être soutenue *contre* les raisonnements des faux savants, et *malgré* les persécutions des faux zélés.

CONTRE-ALLÉE, subst. fém. (*kontralé*), *allée latérale* parallèle à une allée principale.—Au plur., on dit des *contre-allées*.

CONTRE-AMIRAL, subst. mas. (*kontramiral*), le troisième officier supérieur d'une armée navale, subordonné à l'amiral et au vice-amiral. Il se dit aussi du vaisseau qu'il commande. — Au plur., des *contre-amiraux*.

CONTRE-APPEL, subst. mas. (*kontrapèle*), t. d'escrime, le *contraire* de l'*appel*, quand on oppose à l'ennemi finesse contre finesse, et qu'on fait un mouvement tout opposé — Second *appel* qui se fait dans les ateliers, dans les casernes, à diverses heures non prévues, pour s'assurer si les ouvriers, les soldats, ne se sont pas absentés après le premier *appel*. — Au plur., des *contre-appels*.

CONTRE-APPROCHE, subst. fém. (*kontraproche*), travaux que font les assiégés quand ils viennent par tranchées rencontrer les lignes d'attaque des assiégeants.—Au plur., des *contre-approches*.

CONTRE-AUGMENT, subst. mas. (*kontroguemen*), t. de jurispr., gain nuptial et de survie qui consiste en ce que le mari survivant retient une portion de la dot de la femme prédécédée. Sans plur.

CONTRE-BALANCÉ, E, part. pass. de *contrebalancer*.

CONTRE-BALANCER, v. act. (*kontrebalancé*), au propre, il se dit de deux forces opposées, dont l'une *balance* l'autre : *un poids qui en contre-balance un autre : ces deux poids se contre-balancent mutuellement*. — Au figuré, mettre de la proportion entre deux choses opposées : *ses raisons contre-balancent les vôtres : ses bonnes qualités contre-balancent ses défauts*. — *se* CONTRE-BALANCER, v. pron.

CONTREBANDE, subst. mas. (*kontrebande*) (de l'italien *contrabbando* qui signifie la même chose, et qui est formé de *contra*, contre, et *bando*, ban, mandement, publication de défense, etc.), en général, commerce qui se fait contre les lois d'un état. La *contrebande* diffère de la *fraude* en ce que la première consiste à introduire des marchandises dont l'entrée est prohibée, et la *fraude* à éviter de payer les droits établis sur des marchandises permises : *faire la contrebande; marchandise de contrebande*. — *Contrebande de guerre*, action par laquelle, en temps de guerre, un navire neutre introduit ou tente d'introduire dans le territoire de l'une des puissances belligérantes, des armes, des munitions, ou des effets destinés ou qui peuvent servir à des opérations hostiles. — On le dit encore fig. et fam. d'une personne importune ou suspecte, d'une chose incommode, etc. : *cela sent la contrebande*. — *Visage de contrebande*, visage d'une personne qui n'annonce rien de bon en sa faveur.

CONTRE-BANDE, subst. fém. (*kontrebande*), t. de blason, *bande* divisée en deux parties de différents émaux. On appelle la barre une *contre-bande*, parce qu'elle coupe l'écu dans un sens contraire et opposé : *Tæniæ à dextro latere ad* *sinistrum ductæ, æquè alternatim oppositæ*. On l'appelle aussi *contre-chevron*, *contre-pal*; on le dit même d'autres pièces honorables de l'écu, lorsqu'il y en a deux de même nature qui sont opposées l'une à l'autre, de telle sorte que le métal soit opposé à la couleur, et la couleur au métal; et on nomme écu *contre-palé, contre-fascé, contre-componé, contre-bretessé*, *contre-bandé* et *contre-barré*, celui qui a les divisions ci-dessus; et l'on dit *contre-écartelé*, quand un des quartiers de son écartelure est doublement écartelé. On dit de même *contre-fleuré, contre-potencé, contre-varié*, quand les figures sont alternées et opposées, et quand le métal répond à la couleur. On appelle les animaux *contre-passants*, lorsque l'un passe d'un côté et l'autre de l'autre.

CONTRE-BANDÉ, E, adj. (*kontrebandé*), t. de blason, se dit d'un écu également divisé en deux émaux dans le sens de la *bande*, et, de plus, taillé de manière que les portions de *bandes* qui se répondent soient d'émaux différents.

CONTREBANDIER, subst. mas., au fém. CONTREBANDIÈRE (*kontrebandié, dière*), celui, celle qui fait habituellement la *contrebande*.

CONTREBANDIÈRE, subst. fém. Voy. CONTREBANDIER.

CONTRE-BARRÉ, E, adj. (*kontrebâré*), t. de blason, se dit lorsque, l'écu étant tranché, les portions de *barres* qui se répondent sont d'émaux différents.

CONTRE-BAS (EN), loc. adv. (*kontrebâ*), t. de maçonnerie, de bas en haut.—On s'en sert, en t. de mar., pour exprimer la position relative de ce qui est en dessous. Ainsi l'on dit que *le faux-pont est en contre-bas du pont, de quatre, cinq, six pieds*, etc.

CONTRE-BASSE, subst. fém. (*kontrebâce*), t. de musique, grosse *basse* de violon, qui joue la même partie que la basse ordinaire, à un octave en dessous. — On n'appelle point *contre-basse*, mais *basse* ou *basse-contre*, la plus basse des voix : *cet homme est une bonne basse-contre*. — On dit au plur., des *contre-basses*.

CONTRE-BATTERIE, subst. fém. (*kontrebateri*), batterie opposée à une autre; batterie de brèche. —Fig., moyens opposés à ce qu'on médite contre nous. — On dit au plur., des *contre-batteries*.

À CONTRE-BIAIS, adv. (*a kontrebié*), à contresens : *couper une étoffe à contre-biais*.

CONTRE-BISEAU, subst. mas. (*kontrebizô*), t. de jeux d'orgues, pièce ajustée au bas d'un tuyau pour en fermer entièrement l'ouverture. — On dit au plur., des *contre-biseaux*.

CONTRE-BITTES, subst. fém. plur. (*kontrebite*), t. de mar., courbes placées sur l'avant des montants, et qui servent à les appuyer : ce sont proprement les taquets des bittes.

CONTRE-BOUQUE, subst. fém. (*kontrebouke*), t. de pêche, la même chose que *bouque*. Voy. ce mot. — On dit au plur., des *contre-bouques*.

CONTRE-BOUTANT, subst. mas. (*kontreboutan*), mur qui en *contre-boute* un autre. Voy. CONTRE-BOUTER.—On dit au plur., des *contre-boutants*.

CONTRE-BOUTÉ, part. pass. de *contre-bouter*.

CONTRE-BOUTER, v. act. (*kontrebouté*), appuyer un mur d'un autre mur posé à angles droits.

CONTRE-BRASSÉ, E, part. pass. de *contre-brasser*.

CONTRE-BRASSER, v. act. (*kontrebracé*), t. de marine, brasser au vent des voiles orientées au plus près lorsqu'elles ont vent dedans, et leur faire prendre vent dessus.

CONTRE-BRETESSE, subst. fém. (*kontrebretèce*), t. de blason, rangée de créneaux d'un émail différent sur une même face, bande, barre, etc. — On dit au plur., des *contre-bretesses*.

CONTRE-BRETESSÉ, E, adj. (*kontrebretècé*), t. de blason, qui a des *contre-bretesses*.

CONTRE-BRODE, subst. fém., ou CONTRE-BRODÉ, subst. mas. (*kontrebrode, brodé*), espèce de rassade blanche et noire.—On dit au plur., des *contre-brodes*, des *contre-brodés*.

CONTRE-CALQUÉ, E, part. pass. de *contre-calquer*.

CONTRE-CALQUER, v. act. (*kontrekalké*), c'est, après avoir *calqué* le trait d'un dessin sur du papier verni ou huilé, retourner ce papier pour le poser sur une planche de cuivre où on veut le *calquer* et le graver, afin que l'épreuve ou l'estampe vienne du même sens que le tableau ou l'original.

CONTRE-CANIVEAUX, subst. mas. plur. (*kontrekanivô*), pavés que l'on place à côté et sur la même ligne des caniveaux.

CONTRE-CAPION, subst. mas. (*kontrekapion*), t. de mar. et de charp., pièce de bois qui sert de doublage, soit au *capion* de proue, soit au *capion* de poupe. — On dit au plur., des *contre-capions*.

CONTRE-CARÈNE, subst. fém. (*kontrekarène*), t. de mar., pièce opposée à la *carène* dans la construction d'une galère, et qui y fait le même effet que la quille à un vaisseau. — On dit au plur., des *contre-carènes*.

CONTRE-CARRÉ, E, part. pass. de *contre-carrer*.

CONTRE-CARRER, v. act. (*kontrekâré*), s'opposer directement à quelqu'un, à ses projets, ou à ses opinions : *il m'a contre-carré dans cette affaire; il se plaît à me contre-carrer en tout*. — En t. de jeu, enchérir sur les *carres* faites. Voy. CARRER. — SE CONTRE-CARRER, v. pron., t. de jeu.

CONTRÉCART, subst. mas. (*kontrekar*), t. de blas. Inus. On écrit *contre-écart*. Voy. CONTRE-ÉCARTELER.

CONTRÉCARTELÉ, part. pass. de *contrécarteler*, et adj.

CONTRÉCARTELER, v. act. (*kontrékartelé*), t. de blas. Inus. On écrit CONTRE-ÉCARTELER. V. ce mot.

CONTRE-CHANGE, subst. mas. Vieux mot qui s'est dit pour *contre-échange*.

CONTRE-CHANGÉ, E, adj. (*kontrechanjé*), t. de blason qui se dit de l'écu, lorsque la couleur du champ et des pièces est interrompue et variée par des lignes de partition. Vieux. On écrit CONTRE-ÉCHANGÉ.

CONTRE-CHANT, subst. mas. (*kontrechan*), contre-point. — Fort peu usité; on dit plutôt *contre-point*. Au plur., des *contre-chants*.

CONTRE-CHARGE, subst. fém. (*kontrecharje*), t. de rubaniers, pierre que l'on met au bout de la corde des contre-poids. — On dit au plur., des *contre-charges*.

CONTRE-CHARME, subst. mas. (*kontrecharme*), *charme contraire*, qui détruit ou empêche un autre *charme* : *les contre-charmes pourraient bien n'être aux charmes que ce qu'une plus grande imposture est à une moindre*. Ce mot n'est point en usage. On dirait au plur., si le mot était usité, des *contre-charmes*.

CONTRE-CHÂSSIS, subst. mas. (*kontrechâci*), *châssis* qu'on met devant un autre.— *Châssis* de verre ou de papier, à l'usage de plusieurs artistes, et qu'on place au-devant des *châssis* ordinaires, pour rendre la lumière du jour plus douce et plus égale. — Au plur., des *contre-châssis*.

CONTRE-CHEVRON, subst. mas. (*kontrechevron*), t. de blas., *chevron opposé* à un autre *chevron* de différent émail.—On dit au plur., des *contre-chevrons*.

CONTRE-CHEVRONNÉ, E, adj. (*kontrechevroné*), à *contre-chevrons*.

CONTRE-CIVADIÈRE, subst. fém. (*kontrecivadière*), t. de mar., voile qui se hisse sur le boute-hors de beaupré, et se borde sur la vergue de *civadière*.—On dit au plur. des *contre-civadières*.

CONTRE-CLEF, subst. fém. (*kontreklé*), t. d'archit., voussoir joignant la *clef* d'une voûte à droite ou à gauche. —On dit au plur., des *contre-clefs*.

CONTRE-CŒUR, subst. mas. (*kontrekieur*), fond d'une cheminée entre les jambages, contre lequel on met le bois. On le revêt ordinairement d'une plaque de fer fondu, etc., qui conserve la maçonnerie, et réfléchit une plus grande quantité de chaleur.—Cette plaque elle-même. —On dit au pluriel des *contre-cœurs*. — À CONTRE-CŒUR, loc. adv., *contre son gré*, à son regret, avec répugnance : *il a fait cela à contre-cœur; on fait très-mal ce qu'on fait à contre-cœur*.

CONTRE-COMPONÉ, E, adj. (*kontrekonponé*), t. de blason; il se dit d'un écu dans lequel, le champ étant parti de deux émaux, la bordure l'est aussi des mêmes émaux, mais de manière que ses *compons* ne tombent pas sur la couleur du champ semblable à la leur.

CONTRE-COUP, subst. mas. (*kontrekou*), répercussion d'un corps sur un autre. — Impression d'un coup faite à une partie interne par le coup reçu dans une partie extérieure du corps. Il se dit surtout du cerveau. — Fig., suite, effet, influence qu'ont les évènements : *son ami a été ruiné, et il l'a été aussi par contre-coup* — On dit au plur. des *contre-coups*.

CONTRE-COURANT, subst. mas. (*kontrekouran*), t. de rivière, le *contre-courant* forme souvent une ligne de démarcation qui indique sa séparation du *courant* naturel. Des ondes, ou un certain bouillonnement, marquent aussi le *contre-courant*. En général, *courant* d'eau qui rentre ou s'enfonce dans le *courant* primitif. — On dit au plur. des *contre-courants*.

CONTREDANSE, subst. fém. (*kontredance*) (de l'anglais *country*, campagne, *dance*, danse), *danse* vive et légère, à figures, *dansée* par deux ou plusieurs couples ensemble : *danser des contredanses*. — On donne le même nom à l'air sur lequel on exécute cette danse : *jouer une contredanse*. — On dit aussi : *un air de contredanse*.

CONTRE-DATÉ, E, part. pass. de *contre-dater*.

CONTRE-DATER, v. act. (*kontredaté*), mettre une autre *date*. — *Raymond* donne *antidater* pour synonyme à *contre-dater*; c'est à tort : *antidater* a une tout autre signification.

CONTRE-DÉGAGÉ, E, part. pass. de *contre-dégager*.

CONTRE-DÉGAGEMENT, subst. mas. (*kontredéguajeman*), t. d'escrime, action de *contre-dégager*. —On dit au plur. des *contre-dégagements*.

CONTRE-DÉGAGER, v. act. (*kontredéguajé*), t. d'escrime, *dégager* en même temps que l'adversaire *dégage*. — SE CONTRE-DÉGAGER, v. pron.

CONTRE-DIAMÈTRE, subst. mas. (*kontrediamètre*), t. de géom.; c'est, dans une courbe, un arc des abscisses, tel, que les abscisses opposées égales aient des ordonnées opposées égales. On dit au plur. des *contre-diamètres*.

DU VERBE IRRÉGULIER CONTREDIRE :

Contredîmes, 1re pers. plur. prét. déf.
Contredira, 3e pers. sing. fut. indic.
Contredirai, 1re pers. sing. fut. indic.
Contrediraient, 3e pers. plur. prés. cond.
Contredirais, précédé de *je*, 1re pers. sing. prés. cond.
Contredirais, précédé de *tu*, 2e pers. sing. prés. cond.
Contredirait, 3e pers. sing. prés. cond.
Contrediras, 2e pers. sing. fut. indic.

CONTREDIRE, v. act. (*kontredire*) (en lat. *contradicere*, fait de *contra*, opposé, et *dicere*, dire) (ce verbe se conjugue comme *dire*, avec cette différence qu'à la seconde personne du pluriel du présent de l'indicatif on dit : *vous contredisez*, et non pas : *vous contredites*), dire le contraire; s'opposer à ce qu'un autre dit : *contredire quelqu'un; contredire une proposition*. — Dire une chose contraire à une autre chose qui a été dite par un autre : *ces deux auteurs contredisent votre assertion*. On dit qu'une chose *contredit* une autre chose, pour dire qu'elle est contraire, opposée à cette dernière : *tel règlement contredit trop la nature; on vit dans cette paix combien les évènements contredisent les projets*. *Racine* a dit (*Britannicus*) : *loin de leur contredire; les contredire* eût été plus régulier. — On dit absolument : *c'est un homme qui n'aime qu'à contredire, qui contredit sans cesse*. — En t. de palais, faire des écritures pour détruire les moyens et les raisons dont la partie adverse se sert. — SE CONTREDIRE, v. pron., dire ou écrire des choses opposées les unes aux autres : *cet auteur se contredit souvent ; vous vous contredisez; il n'y a que d'excellents cœurs qui puissent se contredire toujours sans se haïr ; l'esprit et le cœur se contredisent sans cesse ; il y a dans les hommes une humeur maligne qui les porte à se contredire les uns les autres*.

DU VERBE IRRÉGULIER CONTREDIRE :

Contredirent, 3e pers. plur. prét. déf.
Contredirez, 2e pers. plur. fut. indic.
Contrediriez, 2e pers. plur. prés. cond.
Contredirions, 1re pers. plur. prés. cond.
Contredirons, 1re pers. plur. fut. indic.
Contrediront, 3e pers. plur. fut. indic.
Contredis, 2e pers. sing. impér.
Contredis, précédé de *je*, 1re pers. sing. prés. indic.
Contredis, précédé de *tu*, 2e pers. sing. prés. indic.
Contredis, précédé de *je*, 1re pers. sing. prét. déf.
Contredis, précédé de *tu*, 2e pers. sing. prét. déf.
Contredisaient, 3e pers. plur. imparf. indic.
Contredisais, précédé de *je*, 1re pers. sing. imparf. indic.
Contredisais, précédé de *tu*, 2e pers. sing. imparf. indic.
Contredisait, 3e pers. sing. imparf. indic.
Contredisant, part. prés.

CONTREDISANT, E, subst. et adj. verbal (*kontredizan, zante*), t. de palais, celui qui fournit des *contredits*.

CONTREDISANT, E, adj. (*kontredizan, zante*), qui *contredit*; qui aime à *contredire*.

DU VERBE IRRÉGULIER CONTREDIRE :

Contredise, précédé de *que je*, 1re pers. sing. prés. subj.

Contredise, précédé de *qu'il* ou *qu'elle*, 3e pers. sing. prés. subj.

Contredisent, précédé de *ils* ou *elles*, 3e pers. plur. prés. indic.

Contredisent, précédé de *qu'ils* ou *qu'elles*, 3e pers. prés. subj.

Contredises, 2e pers. sing. prés. subj.

Contredisez, 2e pers. plur. impér.

Contredisez, précédé de *vous*, 2e pers. plur. prés. indic.

Contredisiez, précédé de *vous*, 2e pers. plur. imparf. indic.

Contredisiez, précédé de *que vous*, 2e pers. plur. prés. subj.

Contredisions, précédé de *nous*, 1re pers. plur. imparf. ind.

Contredisions, précédé de *que nous*, 1re pers. plur. prés. subj.

Contredisons, 1re pers. plur. impér.

Contredisons, précédé de *nous*, 1re pers. plur. prés. indic.

Contredisse, 1re pers. sing. imparf. subj.

Contredissent, 3e pers. plur. imparf. subj.

Contredisses, 2e pers. sing. imparf. subj.

Contredissiez, 2e pers. plur. imparf. subj.

Contredissions, 1re pers. plur. imparf. subj.

Contredit, précédé de *il* ou *elle*, 3e pers. sing. prés. indic.

Contredit, précédé de *il* ou *elle*, 3e pers. sing. prét. déf.

Contredît, précédé de *qu'il* ou *qu'elle*, 3e pers. sing. imparf. subj.

CONTREDIT, E, part. pass. de *contredire*.

CONTREDIT, subst. mas. (*kontredi*), réponse que l'on fait à ce qui a été dit : *cela est sans contredit*. — *sans* CONTREDIT, loc. adv., certainement, sans difficulté : *il est sans contredit le plus grand homme de son siècle*.

Contredites, 2e pers. plur. prét. déf. du verbe irrégulier CONTREDIRE.

CONTREDITS, subst. mas. plur. (*kontredi*), t. de palais, écritures par lesquelles on *contredit* les pièces produites par la partie adverse : *fournir des contredits*.

CONTRÉE, subst. fém. (*kontré*) (du lat. barbare *contrata*, employé avec la même signification dans le moyen âge pour *contracta*, en sous-entendant *regio*, pays resserré, renfermé dans certaines limites. Les Italiens et les Espagnols en ont fait également *contrada*, dans le même sens), certaine étendue de pays plus ou moins vaste, considérée sous quelque rapport physique qui en forme un tout distinct : *vaste contrée*; *petite contrée*; *contrée riche*, *fertile*, *stérile*, *peuplée*; *cette contrée est délicieuse pour la douceur du climat*; *cette belle et riche contrée tente l'avidité des conquérants du monde*; *ce sont les meilleures terres de la contrée*. — Dans une acception plus générale, région : *toutes les contrées de l'Asie*; *l'Amérique est une vaste contrée*, etc. — *De* CONTRÉE EN CONTRÉE, loc. adv., de région en région.

CONTRE-ÉCAILLE, subst. fém. (*kontrékâ-ie*), dessous, envers d'*écaille*.—On dit au plur. des *contre-écailles*.

CONTRE-ÉCART, subst. mas. (*kontrékar*), t. de blas., partition en quatre quartiers d'un quartier de l'écu. On dit au plur. des *contre-écarts*.

CONTRE-ÉCARTELÉ, E, part. pass. de *contre-écarteler*.

CONTRE-ÉCARTELER, v. act. (*kontrékartelé*), t. de blas., diviser en quatre quartiers un des quartiers d'un écu déjà *écartelé*, en sorte que cet écu ait seize quartiers.

CONTRE-ÉCARTELLEMENT, subst. mas. (*kontrékartèleman*), t. de blas., division en quatre parties d'un des quartiers de l'écu.

CONTRE-ÉCHANGE, subst. mas. (*kontréchanje*), *échange* mutuel. Cette expression est fréquemment employée dans les *échanges* d'immeubles pour exprimer l'abandon que l'on fait d'une chose au profit de celui qui en a cédé une autre à titre d'*échange*.—On dit au plur., des *contre-échanges*.

CONTRE-ÉCHANGÉ, adj. mas. (*kontréchanjé*), coupé de lignes.

CONTRE-ÉDIT, subst. mas. (*kontrédi*), second *édit* rendu pour empêcher l'effet du premier. (*Voltaire*.) — Au plur., des *contre-édits*.

CONTRE-ÉMAILLÉ, E, part. pass. de *contre-émailler*.

CONTRE-ÉMAILLER, v. act. (*kontrémâ-ié*), mettre de l'*émail* en dessous du métal.

CONTRE-ENQUÊTE, subst. fém. (*kontrankiète*), t. de palais, enquête opposée à celle de la partie adverse. —On dit au plur., des *contre-enquêtes*.

CONTRE-ÉPREUVE, subst. fém. (*kontrépreuve*), dessin ou estampe qu'on obtient en passant sous la presse une feuille de papier blanc mouillée, et appliquée ou sur un dessin également mouillé ou sur l'épreuve d'une gravure encore fraîche : *tirer une contre-épreuve*. La *contre-épreuve* est en sens contraire de l'original. —Au fig., pâle imitation d'un ouvrage. — Dans les assemblées délibérantes, on nomme *contre-épreuve* l'action de faire voter sur une proposition contrairement à celle qui a déjà été mise aux voix : *l'amendement de telle loi a passé à la contre-épreuve*. — On dit au plur., des *contre-épreuves*.

CONTRE-ÉPREUVÉ, E, part. pass. de *contre-épreuver*.

CONTRE-ÉPREUVER, v. act. (*kontrépreuvé*), tirer une *contre-épreuve*. — *se* CONTRE-ÉPREUVER, v. pron.

CONTRE-ESCARPE ou **CONTRESCARPE**, subst. fém. (*kontrècekarpe*), t. de fortification, pente du mur extérieur du fossé, celle qui regarde la place et qui est opposée à l'*escarpe* : *attaquer une contre-escarpe*.—Dans un sens plus étendu, le chemin couvert et son glacis : *se loger sur la contre-escarpe*; *insulter la contre-escarpe*. On dit au plur., des *contre-escarpes*.

CONTRE-ESCARPÉ, E, part. pass. de *contre-escarper*.

CONTRE-ESCARPER, v. act. (*kontrècekarpé*), faire une *contre-escarpe*.

CONTRE-ESPALIER, subst. mas (*kontrècepalié*), t. de jardinier, arbres fruitiers nains, en face et à quelques pas d'un espalier, qu'on taille en éventail, et dont on lie les branches à des treillages isolés et retenus par des pieux : *planter un contre-espalier*.—On dit au plur., des *contre-espaliers*.

CONTRE-ÉTAMBOT ou **CONTRE-ÉTAMBORD**, subst. mas. (*kontrétanbô, bor*), t. de mar., pièce de bois droite, semblable à l'étambot, auquel elle est appliquée par le dehors, quand le vaisseau est tout bordé, et sur laquelle est ferré le gouvernail. —On dit au plur., des *contre-étambots*, des *contre-étambords*.

CONTRE-ÉTRAVE, subst. fém. (*kontrétrave*), t. de mar., pièce de bois faite ordinairement de deux morceaux que l'on pose à placage sur l'*étrave* en dedans, en les liant l'un à l'autre avec des clous à tête perdue; elle sert à fortifier l'*étrave*, et à la lier avec la quille.— On dit au plur., des *contre-étraves*.

CONTRE-EXTENSION, subst. fém. (*kontrèkcetancion*), t. de chir., action de retenir une partie luxée ou fracturée *contre* l'*extension* qu'on fait pour la remettre à sa place. On dit au plur. des *contre-extensions*.

CONTREFAÇON, subst. fém. (*kontrefaçon*), t. de comm., fraude qui peut s'appliquer à divers objets, et qui prend, dans certains cas, des noms particuliers. La *contrefaçon* ou l'altération de la monnaie, celle des sceaux de l'état, des billets de banque, des effets publics, des poinçons, timbres et marques de l'état, des passe-ports, est rangée parmi les crimes de *faux*, et nous renvoyons à ce mot pour ces diverses matières. Dans son sens le plus usuel, et quand il est employé seul, le mot *contrefaçon* s'applique ordinairement à l'imitation frauduleuse des produits des arts ou de l'industrie, au préjudice des propriétaires ou inventeurs. En matière d'industrie, il n'y a *contrefaçon* qu'autant que la propriété d'un procédé industriel a été constituée en privilège, au moyen d'un brevet d'invention, d'importation ou de perfectionnement. Voy. CONTREFACTION, qui ne se dit presque plus.—*Contrefaçon* se dit surtout des livres, estampes et gravures : *faire*, *vendre*, *débiter une contrefaçon*. — Objet *contrefait* : *cette gravure n'est qu'une mauvaise contrefaçon*. — On dit aussi *la contrefaçon d'une écriture*, *d'un billet de banque*.

CONTREFACTEUR, subst. mas., au fém. **CONTREFACTRICE** (*kontrefakteur, trice*), t. de comm., libraire, auteur qui *contrefait* un livre.—Fabricant qui *contrefait* une étoffe : *il a été puni comme contrefacteur*.

CONTREFACTION, subst. fém. (*kontrefakcion*). Il ne se dit que des livres, dans le sens de *contrefaçon*, dont il diffère cependant en ce que la *contrefaçon* est rigoureusement l'action de *contrefaire*, et la *contrefaction* est l'effet de cette action ou la façon propre de la chose *contrefaite*. L'action est de l'ouvrier, la façon est dans l'ouvrage. (*Roubaud*.) — Imitation plaisante ou avec charge : *il a le talent de la contrefaction*. En ce sens, il est peu usité.

CONTREFAIRE, v. act. (*kontrefère*), représenter quelque chose, les manières de quelqu'un; imiter. Voy. ce dernier mot. — Imprimer furtivement un livre qu'on ne devait pas imprimer, parce qu'un autre en a la propriété. — *Contrefaire des draps*, *des étoffes*, en imiter la fabrication. — Déguiser : *contrefaire son écriture*, *sa voix*, *sa démarche*. — *Contrefaire* feindre ce qu'on n'est pas, des qualités qu'on n a pas · *contrefaire l'imbécille*, *le fou*, *l'insensé*; *il y a dans la véritable vertu une candeur et une ingénuité que rien ne peut contrefaire*. — Rendre difforme et défiguré : *les convulsions lui ont contrefait tout le visage*. — *se* CONTREFAIRE, v. pron., dissimuler, feindre : *on ne peut se contrefaire long-temps*.

DU VERBE IRRÉGULIER CONTREFAIRE :

Contrefais, 2e pers. sing. impér.

Contrefais, précédé de *je*, 1re pers. sing. prés. indic.

Contrefais, précédé de *tu*, 2e pers. sing. prés. indic.

Contrefaisaient, 3e pers. plur. imparf. indic.

Contrefaisais, précédé de *je*, 1re pers. sing. imparf. indic.

Contrefaisais, précédé de *tu*, 2e pers. sing. imparf. indic.

Contrefaisait, 3e pers. sing. imparf. indic.

Contrefaisant, part. prés.

CONTREFAISEUR, subst. mas.; au fém. **CONTREFAISEUSE** (*kontrefézeur, zeuze*), celui qui *contrefait* les gens, qui imite leurs paroles, leurs gestes et leurs actions. Style trivial.

CONTREFAISEUR, adj. mas., au fém. **CONTREFAISEUSE** (*kontrefézeur, zeuze*), qui *contrefait*. Voy. HYPOCRITE.

CONTREFAISEUSE, subst. et adj. fém. Voy. CONTREFAISEUR.

DU VERBE IRRÉGULIER CONTREFAIRE :

Contrefaisiez, 2e pers. plur. imparf. indic.

Contrefaisions, 1re pers. plur. imparf. indic.

Contrefaisons, 1re pers. plur. impér.

Contrefaisons, précédé de *nous*, 1re pers. plur. prés. indic.

Contrefait, 3e pers. sing. prés. indic.

CONTREFAIT, E, part. pass. de *contrefaire*, et adj. (*kontrefé, fète*), imité, etc. Il se dit surtout dans le sens de *défiguré*, *difforme*.

DU VERBE IRRÉGULIER CONTREFAIRE :

Contrefaites, 2e pers. plur. impér.

Contrefaites, précédé de *vous*, 2e pers. plur. prés. indic.

CONTRE-FANONS, subst. mas. plur. (*kontrefanon*), t. de mar., cordes amarrées au milieu de la vergue du côté opposé à la bouline.

CONTRE-FASCE, subst. fém. (*kontreface*), t. de blas., *fasce* divisée en deux demi-faces de deux émaux différents. — Au plur., des *contre-fasces*.

CONTRE-FASCÉ, E, adj. (*kontrefacé*), t. de blas.; il se dit d'un écu parti, dont les *demi-fasces* correspondantes sont d'un émail opposé.

CONTRE-FENDIS, subst. mas. (*kontrefandi*), nom donné par les ardoisiers à une des divisions des quartiers d'ardoises.

CONTRE-FENÊTRE, subst. fém. (*kontrefenêtre*), double *fenêtre* ou contrevent. — Au plur., des *contre-fenêtres*.

CONTRE-FENTE, subst. fém. (*kontrefante*), t. de chirurgie, *fente* qui se fait à la partie opposée à celle qui a été frappée. — Au plur., des *contre-fentes*.

CONTRE-FEU, subst. mas., syn. de CONTRE-COEUR. Voy. ce mot.

CONTRE-FICHES, subst. fém. plur. (*kontrefiche*), pièces d'un assemblage de charpente qui, posées obliquement contre d'autres, comme pour les étayer, servent à les lier ensemble. — Pièce de bois assemblée obliquement dans l'arêtier d'un comble. Au plur., des *contre-fiches*.

CONTRE-FINESSE, subst. fém. (*kontrefinèce*), *finesse* opposée à une autre *finesse* : *user de contre-finesse*. — Au plur., des *contre-finesses*.

CONTRE-FISSURE, subst. fém. (*kontrefiçure*), t. de chir., fracture des os du crâne par un contre-coup. — Au plur., des *contre-fissures*.

CONTRE-FLAMBANT, E, adj. (*kontreflanban, bante*), t. de blas., qui jette des *flammes* opposées.

CONTRE-FLEURÉ, E, adj. (*kontrefleuré*), t. de bot., à fleurs alternes opposées. — T. de blas.; il se dit d'un écu dont les *fleurons* sont alternes et opposés, en sorte que la couleur répond au métal, et le métal à la couleur.

CONTRE-FLEURONNÉ, E, adj. (*kontrefleuroné*). Voy. CONTRE-FLEURÉ.

CONTRE-FORCES, subst. fém. plur. (*kontreforce*), *forces* opposées.

CONTRE-FORGÉ, E, part. pass. de *contre-forger*.

CONTRE-FORGER, v. act. (*kontreforjé*), dresser le fer en le *forgeant* des deux côtés.—*se* CONTRE-FORGER, v. pron.

CONTRE-FORT, subst. mas. (*kontrefor*), mur contre-boutant servant d'appui à un mur chargé d'une terrasse, d'une voûte, etc., qui menacent ruine. On l'appelle aussi *éperon*. — Dans l'imprimerie, morceau de bois qui soutient le contre-sommier d'une presse, et porte sur le plancher. — Les bottiers appellent *contre-forts* des pièces que l'on coud à la tige pour rendre la botte plus solide. — Au plur., des *contre-forts*.

CONTRE-FOSSÉ, subst. mas. (*kontrefôcé*), avant-*fossé*. — Au plur., des *contre-fossés*.

CONTRE-FOULEMENT, subst. mas. (*kontrefouleman*), t. d'hydraulique, effort des eaux qui remontent dans un tuyau. Elles se trouvent alors *contre-foulées* et forcées si vivement, qu'il n'y a que les bons tuyaux qui puissent résister : *le contre-foulement d'une pompe*, etc. On dit aussi, dans le même sens, *contre-pente*.—Au plur., des *contre-foulements*.

CONTRE-FRASAGE, subst. mas. (*kontrefrazaje*), t. de boulanger, action de *contre-fraser* la pâte des pains. —Au plur., des *contre-frasages*.

CONTRE-FRASÉ, part. pass. de *contre-fraser*.

CONTRE-FRASER, v. act. (*kontrefrazé*), t. de boulanger, donner le troisième tour à la pâte.

CONTRE-FRUIT, subst. mas. (*kontrefrui*), t. d'archit., addition faite à un mur afin qu'il puisse porter plus de charge. — Au plur., des *contre-fruits*.

CONTRE-FUGUE, subst. fém. (*kontrefugue*), t. de mus., sorte de *fugue* dans laquelle les parties se répondent par des traits qui marchent en sens contraire; fugue renversée. — Au plur., des *contre-fugues*.

CONTRE-GAGE, subst. mas. (*kontreguaje*), ce qu'on donne à un créancier pour la sûreté de sa créance, etc. — Au plur., des *contre-gages*.

CONTRE-GAGÉ, E, part. pass. de *contre-gager*.

CONTRE-GAGER, v. act. (*kontreguajé*), prendre des *gages*, des sûretés de quelqu'un pour assurer sa créance.

CONTRE-GARDE, subst. mas. (*kontreguarde*), officier qui tient registre des matières qu'on apporte à la Monnaie pour les fondre. — Au plur., des *contre-gardes*.

CONTRE-GARDE, subst. fém. (*kontreguarde*), espèce de fortification au-devant d'un bastion, d'une demi-lune ou de tout autre ouvrage. — En archit., espèce de crèche faite de grands quartiers de pierre dure, et posés à sec au pourtour d'une pile de pont.—Au plur., des *contre-gardes*.

CONTRE-GOUVERNEMENT, subst. mas. (*kontreguouvèreneman*), projet, mesure qui tend à agir *contre* le *gouvernement*. — Action d'un corps qui veut se régir lui-même.

CONTRE-HACHÉ, E, part. pass. de *contre-hacher*.

CONTRE-HACHER, v. act. (*kontre-haché*), t. de dessinateur et de graveur, couper par de nouvelles *hachures* celles qu'on a déjà faites, et avec lesquelles les *contre-hachures* doivent tendre à former plutôt des losanges que des carrés. —*se* CONTRE-HACHER, v. pron.

CONTRE-HACHURE, subst. fém. (*kontre-hachure*), nouvelles *hachures* qui coupent celles qu'on a déjà faites. — Au plur., des *contre-hachures*.

CONTRE-HARMONIQUE, adj. des deux genres (*kontrarmonike*), t. de mus. et d'arithm., *proportion contre-harmonique*, celle de trois nombres dans lesquels la différence du premier et du second est à la différence du second et du troisième comme le troisième est au premier.

CONTRE-HÂTIER, subst. mas. (*kontre-hâtié*), grand chenet de cuisine qui a des crochets ou des chevilles de fer en dedans comme en dehors.

CONTRE-HAUT (EN), loc. adv. (*kontre-hô*), t. d'archit., de bas en haut.

CONTRE-HERMINE, subst. fém. (*kontrèremine*), en t. de blason, champ de sable moucheté d'argent, au contraire de l'*hermine*, qui est un champ d'argent moucheté de sable. — Au plur., des *contre-hermines*.

CONTRE-HERMINÉ, E, adj. (*kontrèreminé*), t. de blas., en *contre-hermine*, qui a une *contre-hermine*.

CONTRE-HEURTOIR, subst. mas. (*kontre-heurtoar*), morceau de fer qui accompagne le *heurtoir*. — Au plur., des *contre-heurtoirs*.

CONTRE-INDICATION, subst. fém. (*kontreindikâcion*), t. de médec., signes contraires aux précédents dans une maladie. — Circonstance qui empêche de faire ce que semble exiger la nature d'une maladie.—Au plur., des *contre-indications*.

CONTRE-INDIQUÉ, E, part. pass. de *contre-indiquer*.

CONTRE-INDIQUER, v. act. (*kontreindiké*), t. de médec., revenir sur une *indication* précédemment avancée; en présenter une nouvelle.

CONTRE-ISSANT, E, adj. (*kontre-iceçan, çante*), t. de blas.; il se dit d'animaux adossés, dont la tête et les pieds de devant sortent d'une pièce de l'écu.

CONTRE-JAUGÉ, E, part. pass. de *contre-jauger*.

CONTRE-JAUGER, v. act. (*kontrejôjé*), prendre la mesure d'une mortaise, et la transférer sur la pièce de bois où l'on doit faire le tenon : *contre-jauger les assemblages d'une charpente*. — *se* CONTRE-JAUGER, v. pron.

CONTRE-JET, subst. mas. (*kontrejè*), t. de potier d'étain, *jet* opposé. — Au plur., des *contre-jets*.

CONTRE-JOUR, subst. mas. (*kontrejour*), l'endroit opposé au grand *jour*, où le *jour* ne donne pas à plein : *les tableaux éclairés à contre-jour ne sont que des chefs-d'œuvre à contre-sens*. — *Jour* qui donne sur un tableau d'un autre côté que celui selon lequel il est peint : *un simple contre-jour suffit pour dérober la beauté d'un tableau*. — Dans l'une et l'autre acception, il s'emploie ordinairement adverbialement : *à contre-jour* : *se placer à contre-jour; vous voyez ce tableau, cette étoffe, à contre-jour*.—Au plur., des *contre-jours*.

CONTRE-JUMELLES, subst. fém. plur. (*kontrejumèle*), t. de paveur, pavés qui, dans les ruisseaux, se joignent deux à deux, et font liaison avec les caniveaux et les morces.

CONTRE-LAMES, subst. fém. plur. (*kontrelame*), chez les faiseurs de gaze, trois tringles de bois servant à tirer les lisses.

CONTRE-LATTE, subst. fém. (*kontrelate*), tringle de bois longue, large et mince, qu'on attache contre les *lattes*, entre les chevrons d'un comble. — On appelle *contre-lattes de fente*, celles qui sont fendues par éclats minces, et qui servent pour les tuiles; et *contre-lattes de sciage*, celles qui sont refendues à la scie, et qu'on emploie pour les ardoises. — Au plur., des *contre-lattes*.

CONTRE-LATTÉ, part. pass. de *contre-latter*.

CONTRE-LATTER, v. act. (*kontrelaté*), mettre des *contre-lattes* : *contre-latter une cloison*, c'est la *latter* devant et derrière, pour la couvrir de plâtre. — *se* CONTRE-LATTER, v. pron.

CONTRE-LATTOIR, subst. mas. (*kontrelatoar*), outil de fer qui sert pour soutenir les *lattes*. — Au plur., des *contre-lattoirs*.

CONTRE-LETTRE, subst. fém. (*kontrelètre*), acte secret par lequel on déroge en tout ou en partie à ce qui est porté sur un premier acte public : *le bail est de six mille francs, mais il y a une contre-lettre de cinq cents francs*. — Au plur., des *contre-lettres*.

CONTRE-LIGNE, subst. fém. Voy. CONTREVALLATION.

CONTRE-MAILLÉ, E, part pass. de *contre-mailler*.

CONTRE-MAILLER, v. act. (*kontremâ-ié*), faire des *mailles* doubles : *contre-mailler un filet*. — *se* CONTRE-MAILLER, v. pron.

CONTRE-MAILLES, subst. fém. plur. (*kontremâie*), t. de pêche, *mailles* du tramail opposées à d'autres *mailles*.

CONTRE-MAÎTRE, subst. mas. (*kontremètre*), officier marinier qui commande sous le *maître*. — Celui qui, dans une manufacture, dans un grand atelier, a l'inspection sur les ouvriers. — Au plur., des *contre-maîtres*.

CONTRE-MANCHÉ, E, adj. (*kontremanché*), en t. de blas., il se dit de l'écu dont les pointes sont opposées les unes aux autres.

CONTRE-MAND, subst. mas. (*kontreman*), t. de pal., raison proposée pour différer une assignation. — Au plur., des *contre-mands*.

CONTRE-MANDÉ, E, part. pass. de *contre-mander*.

CONTRE-MANDEMENT, subst. mas. (*kontremandeman*), ordre contraire à celui qu'on avait donné. — Au plur., des *contre-mandements*.

CONTRE-MANDER, v. act. (*kontremandé*), révoquer l'ordre qu'on a donné. Il se dit des personnes et des choses : *le roi avait mandé cet officier, il l'a contre-mandé; il avait commandé un dîner, il l'a contre-mandé*. — *se* CONTRE-MANDER, v. pron.

CONTRE-MARCHE, subst. fém. (*kontremarche*), *marche* d'une armée contraire à celle qu'elle paraissait vouloir faire, généralement dans l'intention de tromper l'ennemi : *au moyen de cette contre-marche, nous sommes tombés inopinément sur les derrières de l'ennemi*. — Changement de la face d'un bataillon, par lequel on fait placer à la tête les soldats qui étaient à la queue. — Hauteur de chaque *marche* d'un escalier, ainsi nommée par les charpentiers, parce qu'ordinairement c'est une pièce de bois assemblée à rainure et languette, sur le derrière du giron d'une marche et sous le devant de la marche supérieure. — En t. de mar., on dit qu'*une flotte fait la contre-marche* quand tous les vaisseaux qui sont en ligne vont derrière le dernier, jusqu'à un certain lieu, pour revirer ou changer de bord. — Au plur., des *contre-marches*.

CONTRE-MARÉE, subst. fém. (*kontremaré*), *marée* opposée à la *marée* ordinaire, qui a lieu dans certains endroits resserrés de la mer : *le bâtiment fut emporté par la contre-marée*. — Au plur., des *contre-marées*.

CONTRE-MARQUE, subst. fém. (*kontremarke*), seconde *marque* apposée à un ballot de marchandises, à de la vaisselle d'argent, etc. — Second billet pour rentrer au spectacle, après en être sorti. — En t. d'antiq., *marque* ajoutée à une médaille, long-temps après qu'elle a été frappée. Les *contre-marques* pourraient être prises pour des défauts, parce qu'elles paraissent au premier coup-d'œil l'effet d'accidents arrivés aux médailles, dont elles entament le champ, quelquefois du côté de la tête, d'autres fois du côté du revers, particulièrement dans le grand et dans le moyen bronze. Cependant ce sont des beautés pour les savants, qui recherchent ces sortes de médailles, dont ils reconnaissent le changement de prix, qui leur est indiqué par ces *contre-marques*, comme nous en voyons à nos sous que le peuple nomme *tapés*, à cause du coup qui fait l'enfonçure qui y demeure. — On appelle *contre-marque*, en t. de man., une fausse marque imitant le germe de la fève, qu'un maquignon fait adroitement dans une cavité qu'il a creusée lui-même à la dent d'un cheval qui ne marque plus, pour faire croire qu'il n'a que six ans. — Au plur., des *contre-marques*.

CONTRE-MARQUÉ, E, part. pass. de *contre-marquer* : *les médailles contre-marquées sont recherchées des antiquaires*. Voyez CONTRE-MARQUE.

CONTRE-MARQUER, v. act. (*kontremarké*), mettre une *contre-marque* à... : *contre-marquer des ballots*; *contre-marquer des chevaux*. Voy. CONTRE-MARQUE. — *se* CONTRE-MARQUER, v. pron.

CONTRE-MARQUEUR, subst. mas., au fém. CONTRE-MARQUEUSE (*kontremarkieur, kieuze*), celui, celle qui, dans les théâtres, distribue des *contre-marques*.

CONTRE-MINE, subst. fém. (*kontremine*), t. de guerre, ouvrage souterrain que l'on fait pour éventer la *mine* de l'ennemi, et pour en empêcher l'effet. — *Mine* pratiquée sous les bastions et sous les dehors d'une place, pour faire sauter les ennemis, en cas qu'ils viennent à s'y loger. — *Contre-mine*, au fig., se dit d'une ruse par laquelle on prévient l'effet d'une autre ruse. —Au plur., des *contre-mines*.

CONTRE-MINÉ, E, part. pass. de *contre-miner*.

CONTRE-MINER, v. act. (*kontreminé*), faire une *contre-mine*. — Fig., *contre-miner les menées de quelqu'un*, leur opposer d'autres menées, les déjouer. — *se* CONTRE-MINER, v. pron.

CONTRE-MINEUR, subst. mas. (*kontremineur*), celui qui travaille à des *contre-mines*, qui fait des *contre-mines*. — Au plur., des *contre-mineurs*.

CONTRE-MONT, adv. (*kontremon*), en haut. — *Gravir contre-mont*, monter une montagne. — *A contre-mont*, loc. adv. : *un bateau va à contre-mont*, lorsqu'il remonte la rivière; *ramer à contre-mont*. — Il se dit aussi de ce qui, étant en bas et renversé, se trouve en haut : *tomber à la renverse, les pieds contre-mont.* Il vieillit en ce dernier sens.

CONTRE-MOT, subst. mas. (*kontremó*), t. de guerre, second *mot* donné pour se reconnaître dans les temps d'alarmes, de peur que le premier ne vienne à être connu de l'ennemi. — Au plur., des *contre-mots.*

CONTRE-MOULE, subst. mas. (*kontremoule*), t. de fondeur, second *moule* pour servir au défaut du premier. — Cartons épais sur lesquels on dispose en relief ou en creux les dessins qu'on veut représenter. — Au plur., des *contre-moules.*

CONTRE-MUR, subst. mas. (*kontremur*), t. d'archit., *mur* double, petit *mur* qu'on fait *contre* un grand pour le fortifier ou le conserver. — — En t. de fortifications, *mur* extérieur bâti autour du *mur* principal d'une ville. — Au plur., des *contre-murs.*

CONTRE-MURÉ, E, part. pass. de *contre-murer.*

CONTRE-MURER, v. act. (*kontremuré*), faire un *contre-mur.* — *se* CONTRE-MURER, v. pron.

CONTRE-ONGLE, subst. mas. (*kontrongucle*), t. de chasse : *prendre le pied de la bête à contre-ongle,* voir le talon où est la pince. — Au plur., des *contre-ongles.*

CONTRE-OPPOSITION, subst. fém. (*kontropózicion*), dans une assemblée délibérante, partie de l'*opposition* qui se détache de la majorité *opposante,* dans certaines occasions, pour voter *contre* les principes généraux qui dirigent ordinairement cette majorité. Ce mot ne saurait guère s'employer au plur.

CONTRE-ORDRE, subst. mas. (*kontrordre*), révocation d'un *ordre* par un *ordre* postérieur : *il devait y avoir revue, mais on a donné contre-ordre.* — Au plur., des *contre-ordres.*

CONTRE-OUVERTURE, subst. fém. (*kontrouvèreture*), t. de chir., opération qu'on fait dans des plaies pour décharger la matière qu'elles contiennent, pour les nettoyer. — Au plur., des *contre-ouvertures.*

CONTRE-PAL, subst. mas. (*kontrepal*), t. de blason, *pal* divisé en deux parties. — Au plur., des *contre-pals.*

CONTRE-PALÉ, E, adj. (*kontrepalé*), t. de blason. Il se dit de l'écu où un *pal* est opposé à un autre *pal* d'émail différent, en sorte que la couleur réponde au métal, et le métal à la couleur.

CONTRE-PANNETON, subst. mas. (*kontrepaneton*), t. de serrurier, platine évidée, servant à recevoir les *pannetons* d'une espagnolette.

CONTRE-PARTIE, subst. fém. (*kontreparti*), partie de musique opposée à une autre. Il se dit plus particulièrement de chacune des deux parties d'un duo, par rapport à l'autre. Il se dit aussi de la partie qui sert de second dessus : *faire une contre-partie à un air; chanter la contre-partie.* — *Contre-partie* se dit aussi, dans le langage ordinaire, d'opinions, de sentiments contraires à ceux dont il est question : *il a pris la contre-partie, il a soutenu la contre-partie.* — *Contre-partie d'un compte,* registre sur lequel le contrôleur enregistre toutes les parties dont le teneur de livres ou le receveur charge le sien. — En t. de marquetterie, ce qui reste d'un dessin lorsqu'on l'a évidé sur les baquets de cuivre ou d'étain pour en faire des ouvrages de rapport et de placage. — Au plur., des *contre-parties.*

CONTRE-PASSANT, adj. mas. (*kontrepâçan*), t. de blason qui se dit de deux animaux l'un sur l'autre et qui *passent* l'un d'un côté, et l'autre de l'autre.

CONTRE-PASSATION, subst. fém. (*kontrepaçácion*) : *contre-passation d'ordre,* se dit, en t. de banque, d'un ordre qui a été *passé* au dos d'une lettre de change, au profit de quelqu'un qui la lui rétrocède ensuite, en passant l'ordre au nom de son cédant. — Au plur., des *contre-passations.*

CONTRE-PENSER, v. neut. (*kontrepancé*), changer d'opinion. Presque inusité.

CONTRE-PENTE, subst. fém. (*kontrepante*), *pente* qui en coupe une autre; interruption du niveau. Voy. CONTRE-FOULEMENT. — Au plur., des *contre-pentes.*

CONTRE-PERCÉ, E, part. pass. de *contre-percer.*

CONTRE-PERCER, v. act. (*kontrepèrecé*), *percer* dans un sens contraire. — *se* CONTRE-PERCER, v. pron.

CONTRE-PESÉ, part. pass. de *contre-peser.*

CONTRE-PESER, v. act. (*kontrepezé*). Voy. CONTRE-BALANCER, qui a la même signification, et qui est plus usité. — *se* CONTRE-PESER, v. pron.

CONTRE-PETTÉ, E, part. pass. de *contre-petter.*

CONTRE-PETTER, v. act. (*kontrepeté*), contrefaire. (*Boiste.*) Entièrement inusité.

CONTRE-PIED, subst. mas. (*kontrepié*). Il se dit, au propre et en terme de chasse, des chiens qui ont pris la voie que la bête a quittée, au lieu de celle qu'elle tient. — Au fig., ce qui est le contraire de... : *il fait le contre-pied de ce qu'on lui dit ; il prend le contre-pied de ce qu'il faudrait faire.* — Au plur., des CONTRE-PIEDS.

CONTRE-PILASTRE, subst. mas. (*kontrepilacetre*), t. d'archit., *pilastre* placé vis-à-vis d'un autre, au-dedans d'une galerie, d'un portique, etc., pour porter les arcs-doubleaux de la voûte. — Au plur., des *contre-pilastres.*

CONTRE-PLANCHE, subst. fém. (*kontreplanche*), t. de manuf., dans les fabriques de toiles peintes, *planche* qui, étant gravée sur le même dessin d'une autre *planche,* ne porte le mordant coloré que sur les endroits du dessin réservés pour les premières planches. — Au plur., des *contre-planches.*

CONTRE-PLATINE, subst. fém. (*kontreplatine*), t. d'arquebusier, pièce sur laquelle porte la tête des vis qui servent à fixer la *platine.* On l'appelle aussi *porte-vis.* — Au plur., des *contre-platines.*

CONTRE-PLEIGE, subst. mas. (*kontrepléje*), t. de pratique, certificateur pour la caution. — Au plur., des *contre-pleiges.*

CONTRE-PLEIGÉ, E, part. pass. de *contre-pleiger.*

CONTRE-PLEIGER, v. act. (*kontreplèjé*), certifier pour la caution. — *se* CONTRE-PLEIGER, v. pron.

CONTRE-POIDS, subst. mas. (*kontrepoa*), *poids* servant à contre-balancer d'autres *poids.* — Sorte de perche qu'un danseur de corde tient aux mains pour *contre-balancer* le *poids* de son corps. On dit plus souvent *balancier.* — Gros morceau de pierre qui, avec un balancier, sert à régler le tourne-broche. — Dans les fabriques de tisserands et de passementiers, gros poids qui sert à contenir les rouleaux sur lesquels sont les chaînes. — Poids qui relève les marches du métier, pour effectuer la levée en en-haut des fils de la chaîne des étoffes ou rubans que l'on fabrique. — Au fig., qualités qui servent à en *contre-balancer* d'autres : *les gouvernements à contre-poids ne sont bons qu'en temps de paix* (Napoléon); *la lâcheté sert de contre-poids à l'insolence; la crainte de Dieu est un contre-poids aux vices.* — Au plur., des *contre-poids.*

CONTRE-POIL, subst. mas. (*kontrepoèl*), le rebours du *poil,* sens contraire à celui dans lequel le *poil* est couché : *il prend le contre-poil.* — *à* CONTRE-POIL, loc. adv. : *vous faites la barbe à contre-poil ; vous brossez ce chapeau à contre-poil.* — Fig. et fam. : *prendre une affaire à contre-poil,* la prendre dans un sens contraire à celui dans lequel elle doit être prise ; *prendre une personne à contre-poil,* parler, agir de façon à la choquer, à la faire mettre en colère. — Le pluriel paraît être inusité.

CONTRE-POINÇON, subst. mas. (*kontrepoeinçon*), *poinçon* dont les ouvriers se servent pour contre-percer les trous, pour river les pièces. — En t. de fondeur de caractères, tige d'acier sur laquelle est taillée la figure intérieure d'une lettre dans le sens naturel, telle qu'on la voit représentée sur le papier. — Au plur., des *contre-poinçons.*

CONTRE-POINÇONNÉ, E, part. pass. de *contre-poinçonner.*

CONTRE-POINÇONNER, v. act. (*kontrepoeinçoné*), t. de graveurs, enfoncer le *contre-poinçon* dans le morceau d'acier destiné à faire le *poinçon.*

CONTRE-POINT, subst. mas. (*kontrepoein*), t. de mus., accords de deux ou plusieurs chants différents. Le *contre-point* est proprement la science de l'harmonie simultanée, dont la pratique ne remonte pas au delà de l'époque où l'on imagina d'écrire la musique sur des portées. Comme on y indiquait l'intonation par des *points,* les premiers harmonistes mettaient des *points contre des points.* — *Contre-point simple* ou *syllabique,* celui dans lequel les différents chants se suivent toujours, note pour note. — *Contre-point figuré,* celui dans lequel ils font des fugues, des contre-fugues, etc. — *Contre-point lié,* celui dans lequel une partie est syncopée. — *Contre-point double,* composition qu'on peut chanter de plusieurs manières, en changeant les parties graves en aiguës, et les aiguës en graves. — Aujourd'hui le mot *contre-point* s'applique spécialement aux parties ajoutées, sur un sujet donné, et pris ordinairement du plain-chant. Le sujet peut être à la taille ou à quelque autre partie supérieure, et l'on dit alors que le *contre-point* est sous le sujet. Mais il est ordinairement à la basse, ce qui met le sujet sous le *contre-point.* — En t. de mar., double de cordage merliné au *point* de la voile, pour opposer plus de résistance à l'effort qu'elle a à supporter dans cette partie. — Au plur., des *contre-points.*

CONTRE-POINTE, subst. fém. Voy. COURTE-POINTE, qui, quoique moins régulier, est consacré par l'usage.

CONTRE-POINTÉ, E, part. pass. de *contre-pointer* et adj. — En t. de blason, qui a *pointe* contre *pointe.*

CONTRE-POINTER, v. act. (*kontrepoeinté*), piquer de deux côtés certains ouvrages de toile ou d'autre étoffe. — Opposer une batterie à une autre : *contre-pointer du canon.* — Fig. et fam., contredire, contre-carrer. — T. de blas., mettre *pointe contre pointe* sur l'écu. — *se* CONTRE-POINTER, v. pron.

CONTRE-POINTISTE (l'*Académie*) ne dit que CONTRAPONTISTE ; *contre-pointiste* est le même mot francisé) subst. des deux genres (*kontrepoeintiste*), t. de mus., celui, celle qui compose le *contre-point.* — Au plur., des *contre-pointistes.*

CONTRE-POISON, subst. mas. (*kontrepoézon*), antidote, remède qui prévient ou détruit l'effet du *poison.* Il se dit au propre et au fig. — Au plur., des *contre-poisons.*

CONTRE-PORTE, subst. fém. (*kontreporte*), seconde *porte* devant une première. — Au plur., des *contre-portes.*

CONTRE-PORTÉ, E, part. pass. de *contre-porter.*

CONTRE-PORTER, v. act. (*kontreporté*), t. de comm., vendre des ouvrages ou marchandises en les *portant* dans les rues ou chez les particuliers. Aujourd'hui on dit plus souvent et mieux *colporter.*

CONTRE-PORTEUR, subst. mas. (*kontreporteur*), celui qui *contre-porte.* Voy. COLPORTEUR. — Corroyeur qui va *porter* et offrir sa marchandise chez les cordonniers. — Au plur., des *contre-porteurs.*

CONTRE-POSÉ, E, part. pass. de *contre-poser,* et adj. En t. de blason, *posé* l'un sur l'autre, de haut en bas, et dans un sens différent.

CONTRE-POSER, v. act. (*kontrepôze*), mal *poser* ou mal porter un article dans le grand-livre d'un marchand ; poser *en sens contraire.* — *se* CONTRE-POSER, v. pron.

CONTRE-POSEUR, subst. mas. (*kontrepôzeur*), l'ouvrier qui reçoit la pierre de la grue pour la mettre en alignement et en demeure. — Au plur., des *contre-poseurs.*

CONTRE-POSITION, subst. fém. (*kontrepôzicion*), t. de teneurs de livres, faute que l'on fait en *contre-posant.* — Au plur., des *contre-positions.*

CONTRE-POTENCE, subst. fém. (*kontrepotance*), t. d'horloger, petit pilier qui sert à porter le bouchon sur lequel roule le pivot de la roue de rencontre. On la nomme ainsi, parce qu'elle est opposée à la *potence.* — Au plur., des *contre-potences.*

CONTRE-POTENCÉ, E, adj. (*kontrepotancé*). Il se dit, en t. de blason, d'un écu chargé de plusieurs *potences* en différents sens, de manière que les unes aient la traverse en haut, et que les autres l'aient en bas.

CONTRE-POUCE, subst. mas. (*kontrepouce*), t. de métiers, levier. — Au plur., des *contre-pouces.*

CONTRE-PROFILÉ, E, part. pass. de *contre-profiler.*

CONTRE-PROFILER, v. act. (*kontreprofilé*), creuser des moulures qui entrent les unes dans les autres.

CONTRE-PROJET, subst. mas. (*kontreprojé*), *projet* qui tend à en faire échouer un autre.

CONTRE-PROJETÉ, E, part. pass. de *contre-projeter.*

CONTRE-PROJETER, v. act. (*kontreprojeté*), former un *contre-projet.* — *se* CONTRE-PROJETER, v. pron.

CONTRE-PROMESSE, subst. fém. (*kontrepromèce*), déclaration de celui au profit de qui une *promesse* est faite, portant qu'elle est simulée, ou qu'il n'entend pas en faire usage. — Au plur., des *contre-promesses.*

CONTRE-PROPOS, subst. mas. (*kontrepropo*), réponse à un *propos : propos* contraire à un autre. Peu usité. — Au plur., des *contre-propos.*

CONTRE-QUEUE-D'ARONDE, subst. fém. (*kon-*

trekieudaronde), t. de fortification, longs côtés ou branches d'un ouvrage à corne ou à couronne, qui s'écartent l'un de l'autre à mesure qu'ils approchent de la place. — Au plur., des *contre-queues-d'aronde*.

CONTRE-QUILLE, subst. fém. (*kontreki-ie*), t. de mar., suite de pièces de bois, empatées bout à bout, et posées sur la *quille* d'un vaisseau pour la fortifier et diminuer l'acculement des varangues. — Au plur., des *contre-quilles*.

CONTRE-RAMPANT, **E**, adj. (*kontreranpan, pante*), t. de blason. Il se dit de deux animaux *rampants* dont l'un est tourné vers l'autre.

CONTRE-REGARDÉ, **E**, part. pass. de *contre-regarder*.

CONTRE-REGARDER, v. act. (*kontrereguardé*), *regarder* du côté opposé. Ce verbe est inus.

CONTRE-REMONTRANT, subst. mas. (*kontreremontran*), nom donné en Hollande aux calvinistes du XVIIe siècle, qui se mirent en opposition avec les arminiens qu'on appelait *remontrants*.

CONTRE-RETABLE, subst. mas. (*kontrereta-ble*), t. d'archit. Voy. CONTRE-TABLE.

CONTRE-REVERS, subst. mas. (*kontrerevère*), côté du ruisseau opposé au plus large, dans une chaussée creuse.

CONTRE-RÉVOLUTION, subst. fém. (*kontrerévolucion*), retour à un gouvernement renversé ou suspendu par une *révolution*, mot nouveau, ainsi que les suivants : *une révolution se fait en un jour ; une contre-révolution ne peut se bien faire qu'en un siècle ; tout change dans les révolutions et les contre-révolutions*. — Au plur., des *contre-révolutions*.

CONTRE-RÉVOLUTIONNAIRE, subst. des deux genres (*kontrerévolucionère*), partisan d'une *contre-révolution*. — Au plur., des *contre-révolutionnaires*.

CONTRE-RÉVOLUTIONNAIRE, adj. des deux genres (*kontrerévolucionère*), qui tient de la *contre-révolution* ; *projet, système, opinion, discours contre-révolutionnaire*.

CONTRE-RÉVOLUTIONNAIREMENT, adv. (*kontrerévolucionèreman*), d'une manière *contre-révolutionnaire*.

CONTRE-RÉVOLUTIONNÉ, **E**, part. pass. de *contre-révolutionner*.

CONTRE-RÉVOLUTIONNER, v. act. (*kontrerévolucioné*), opérer, faire une *contre-révolution*. — SE CONTRE-RÉVOLUTIONNER, v. pron. Voy. CONTRE-RÉVOLUTIONNER.

CONTRE-RIVURE, subst. fém. (*kontrerivure*), petite plaque de fer mince, que l'on met entre le bois et une rivure.

CONTRE-RONDE, subst. fém. (*kontreronde*), seconde *ronde* qu'on fait autour des murailles d'une ville pour voir si les sentinelles font leur devoir. — Au plur., des *contre-rondes*.

CONTRE-RUSE, subst. fém. (*kontreruze*), *ruse* opposée à une autre. Voy. CONTRE-FINESSE. — Au plur., des *contre-ruses*.

CONTRES, subst. propre fém. (*kontre*), bourg de France, chef-lieu de canton, arrond. de Blois, dép. de Loir-et-Cher.

CONTRE-SABORD, subst. mas. (*kontreçabor*), t. de mar., fenêtre qui sert à fermer le *sabord*. *Mantelet* est plus usité. — Au plur., des *contre-sabords*.

CONTRE-SAILLANT, **E**, adj. (*kontreça-ian, iante*), t. de blas., se dit de deux animaux qui semblent sauter en s'écartant l'un de l'autre directement en sens contraire.

CONTRE-SAISON, subst. fém. (*kontrecèzon*), pousse hors de la *saison*. — Au plur., des *contre-saisons*.

CONTRE-SALUT, subst. mas. (*kontreçalu*), t. de mar., manière de rendre le *salut*, en faisant tirer quelques coups de canon. — Au plur., des *contre-saluts*.

CONTRE-SANGLE, subst. fém. (*kontreçanguele*), courroie assujétie avec des clous sur l'arçon de la selle pour y attacher les *sangles* d'un cheval ou autre bête de somme. — Au plur., des *contre-sangles*.

CONTRE-SANGLON, subst. mas. (*kontreçanguelon*). Voy. CONTRE-SANGLE, qui est le même. — Au plur., des *contre-sanglons*.

CONTRESCARPE. Voy. CONTRE-ESCARPE.

CONTRESCARPÉ. Voy. CONTRE-ESCARPÉ.

CONTRESCARPER. Voy. CONTRE-ESCARPER.

CONTRE-SCEL, subst. mas. (*kontrecel*), petit *sceau* apposé sur un nœud ou ruban, à côté du grand. — Au plur., des *contre-scels*.

CONTRE-SCELLÉ, **E**, part. pass. de *contre-sceller*.

CONTRE-SCELLER, v. act. (*kontrecèlé*), apposer le *contre-scel* : *contre-sceller une lettre, un brevet, un diplôme*, etc. — SE CONTRE-SCELLER, v. pron.

CONTRE-SEING, subst. mas. (*kontrecein*), petit *seing* mis à côté ou au-dessous d'un autre *seing*. — Signature de celui qui *contre-signe*. — *Avoir le contre-seing*, c'est avoir le droit de *contre-signer*. — Au plur., des *contre-seings*.

CONTRE-SEMPLER, v. neut. (*kontre-çanplé*), t. de manuf. de soie, transporter un dessin déjà lu sur un autre *semple* sur lequel il n'y a rien, sans se servir du ministère de la liseuse.

CONTRE-SENS, subst. mas. (*kontreçance*), *sens* qu'on donne à un mot, à un texte, à un discours, contraire à celui qu'il a ordinairement. Il y a une autre espèce de *contre-sens* qui s'appelle *contre-bon-sens*, *contre le bon sens* ; ce n'est autre chose qu'un *contre-sens* qui choque la raison. — *Contre-sens* se dit des étoffes, etc., lorsqu'elles ne sont pas dans le *sens* et du côté qu'elles doivent être : *cette pièce est mise à contre-sens*. — T. de mus., expression opposée à celle de l'air. — T. de gramm. et de prosodie, mauvais emploi d'un accent, des longues et des brèves, de la ponctuation, des expressions. — Fig., *prendre le contre-sens d'une affaire*, la prendre dans un autre *sens* qu'elle ne doit être prise. — *À* CONTRE-SENS, loc. adv., dans un *sens contraire* au véritable : *lire, coudre à contre-sens* ; et fig. : *agir, entendre, traduire à contre-sens*.

CONTRE-SIGNÉ, **E**, part. pass. de *contre-signer*.

CONTRE-SIGNER, v. act. (*kontrecignié*), *signer* en qualité de secrétaire, au-dessous de celui au nom duquel les lettres ont été expédiées : *contre-signer un brevet, des lettres-patentes, une ordonnance*. — Mettre sur une adresse le nom d'un ministre, etc., pour montrer que les paquets ou lettres viennent de son bureau : *le commis a contre-signé ce paquet, cette lettre*, etc. — SE CONTRE-SIGNER, v. pron.

CONTRE-SIGNEUR, subst. mas. (*kontrecignieur*), celui qui *contre-signe*. Peu usité. — Au plur., des *contre-signeurs*.

CONTRE-SOL, subst. mas. (*kontreçol*), sorte de vase destiné à la culture de certaines plantes qui craignent d'être exposées au soleil ou à certains vents. — Au plur., des *contre-sol*, sans *s*.

CONTRE-SOMMATION, subst. fém. (*kontreçomemacion*), t. de palais qui se dit, en matière de garantie, d'un acte opposé à la *sommation* ; c'est l'action d'un *garant* qui, *sommé* de prendre le fait et la cause de garantie, appelle en justice un autre garant comme obligé de le garantir. — Au plur., des *contre-sommations*.

CONTRE-SOMMÉ, **E**, part. pass. de *contre-sommer*.

CONTRE-SOMMER, v. act. (*kontreçomé*), dénoncer à son garant une demande en garantie.

CONTRE-SOMMIER, subst. mas. (*kontreçomié*), peau de parchemin en cosse que les parcheminiers mettent entre le *sommier* et le parchemin qu'ils raturent avec le fer. — Dans l'imprimerie, pièce de bois carrée qui soutient le *sommier*. — Au plur., des *contre-sommiers*.

CONTRE-STIMULANT, subst. mas. (*kontrecetimulan*), t. de médec., il se dit des puissances qui font languir et qui dépriment l'excitement, non par la soustraction du *stimulus*, mais en déprimant celui-ci de manière à produire sur la fibre un mouvement opposé. Voy. CONTRE-STIMULUS. — Au plur., des *contre-stimulants*.

CONTRE-STIMULISME, subst. mas. (*contrecetimulisme*), système, doctrine des *contre-stimulistes*.

CONTRE-STIMULISTE, subst. mas. (*kontrecetimuliste*), t. de médec., médecin qui professe la doctrine du *contre-stimulus*. Peu usité. — Au plur., des *contre-stimulistes*.

CONTRE-STIMULUS ou **CONTRO-STIMULUS**, subst. mas. (*kontre*, *kontrocetimuluce* (du latin *contra*, contre, et *stimulus*, aiguillon), t. de médec., effet contraire à celui du *stimulus* : *la doctrine du contre-stimulus*. — Au plur., des *contre-stimulus*.

CONTRE-TABLE, subst. mas. (*kontretable*), t. d'archit. C'est, dans la décoration d'un autel, le fond en forme de lambris où l'on met un tableau, ou un bas-relief, et contre lequel le tabernacle est adossé. Quelques-uns disent *contre-retable*. — Au plur., des *contre-tables*.

CONTRE-TAILLE, subst. fém. (*kontretâ-ie*), t. de graveur, *taille* qui en croise d'autres carrément ou en losange ; elle est également en usage dans la gravure à l'eau-forte, au burin et en bois ; c'est ce qu'on appelle aussi *contre-hachures, secondes et troisièmes tailles*. — T. de boulanger, seconde taille en bois pour marquer le pain fourni, et vérifier l'autre taille. — Au plur., des *contre-tailles*.

CONTRE-TAILLÉ, **E**, part. pass. de *contre-tailler*.

CONTRE-TAILLER, v. act. (*kontretâ-ié*), faire des *contre-tailles*. — SE CONTRE-TAILLER, v. pron.

CONTRE-TASSEAU, subst. mas. (*kontretâçó*), bois qui supporte le chevalet ; double *tasseau*. — Au plur., des *contre-tasseaux*.

CONTRE-TEMPS, subst. mas (*kontretan*), accident inopiné qui traverse le succès d'une affaire. — *Tomber dans un contre-temps*, prendre mal son temps ; faire quelque chose dans un temps peu favorable. — En t. de danse, saut joint à des pas mesurés. — En t. de man., mesure ou cadence interrompue en maniant, soit par la malice du cheval, soit par le peu de soin du cavalier. — En t. de mus., *mesure à contre-temps*, mesure où l'on pose sur le temps faible et où l'on glisse sur le temps fort, de manière que le chant semble former un contre-sens avec la mesure. *Air à contre-temps*, celui dans lequel les cadences sont préparées sur le frappé de la mesure, et effectuées sur le levé. — *À* CONTRE-TEMPS, loc. adv., mal à propos : *agir, parler à contre-temps* ; *cet homme fait tout à contre-temps*. — Au plur., des *contre-temps*.

CONTRE-TENANT, subst. mas. (*kontretenan*), t. d'ancienne chevalerie, champion qui dans un tournoi entrait en lice pour combattre le *tenant*. — Au plur., des *contre-tenants*.

CONTRE-TENIR, v. act. (*kontretenir*), t. de métiers, *soutenir* par derrière avec le marteau l'ouvrage sur lequel on frappe. — Soutenir par derrière en général. — SE CONTRE-TENIR, v. pron.

CONTRE-TENU, **E**, part. pass. de *contretenir*.

CONTRE-TERRASSE, subst. fém. (*kontretérace*), *terrasse* élevée à côté d'une autre. — Au plur., des *contre-terrasses*.

CONTRE-TIRÉ, **E**, part. pass. de *contre-tirer*.

CONTRE-TIRER, v. act. (*kontretiré*), copier trait pour trait un tableau, un plan, une carte, par le moyen d'une toile fine, d'un papier huilé, etc., qu'on met dessus ; calquer. — *Tirer* une estampe sur une autre fraîchement *tirée*. — SE CONTRE-TIRER, v. pron.

CONTRE-TOUR, subst. fém. (*kontretour*), t. de pêche, chambre de la bourdine, servant de décharge lorsque la pêche est abondante. — Au plur., des *contre-tours*.

CONTRE-TRANCHÉE, subst. fém. (*kontretranché*), t. de fortification, *tranchée* faite par les assiégés contre les assiégeants. — Au plur., des *contre-tranchées*.

CONTRE-UNIQUE, subst. fém. (*kontrunike*), t. d'hist. nat., coquille univalve qui d'ordinaire a l'ouverture tournée à gauche. — Au plur., des *contre-uniques*.

CONTRE-VAIR, subst. mas. (*kontrevère*), t. de blas., *vair* dans lequel le métal est opposé au métal, et la couleur à la couleur ; au contraire du vair proprement dit, dans lequel le métal est opposé à la couleur, et la couleur au métal. — Au plur., des *contre-vairs*.

CONTRE-VAIRÉ, **E**, adj. (*kontrevèré*), se dit en t. de blas., d'un écu *vairé*. Voy. CONTRE-VAIR.

CONTRE-VAL, subst. mas. (*kontreval*), descente. Vieux et inus. — *À* CONTRE-VAL, loc. adv., en descendant.

CONTREVALLATION, subst. fém. (*kontrevaleldcion*) (du lat. *contra* et *vallare*, fortifier), t. de fort., lignes, tranchées, retranchement autour d'une place assiégée pour empêcher les sorties de la garnison. Cette ligne diffère de la *circonvallation*, en ce que celle-ci est destinée à s'opposer aux entreprises de l'ennemi qui est hors de la place, et que *la contrevallation* a pour objet de fortifier le camp contre les attaques des assiégés.

CONTREVENANT, **E**, adj. (*kontrevenan, nante*), t. de prat., celui ou celle qui *contrevient* ; il n'est guère d'usage que comme substantif : *les contrevenants*.

CONTREVENIR, v. neut. (*kontrevenir*) (du lat. *contra*, contre, opposé, et *venire*, venir, *venir* ou plutôt *aller contre*), agir contre quelque loi, quelque ordonnance ou quelque obligation qu'on a contractée : *c'est contrevenir à une sentence, à un arrêt, à un engagement, que de ne pas les exécuter*.

CONTREVENT, subst. mas. (*kontrevan*) (du lat. *contra*, contre, et *ventus*, vent), volet que l'on place en dehors des fenêtres, et qui sert à garantir du *vent*. — Dans les grosses forges, l'une des pièces de fonte qui forment les parements du creuset. —Ce qui est opposé à l'action du vent des soufflets. — *Contrevents*, t. de charpentier, pièces de bois que l'on met aux grands combles en croix de Saint-André. — Au plur., des *contrevents*.

CONTREVENTER, v. neut. (*kontrevanté*), mettre des pièces de bois obliques dans les charpentes des bâtiments, pour résister à la fureur des *vents* ou de la pluie.

CONTREVENU, E, part. pass. de *contrevenir*.

CONTRE-VERGE, subst. fém. (*kontrevèreje*), t. de manuf. de soie, baguette ronde, qui sert à apprêter les *verges*. — Au plur., des *contre-verges*.

CONTRE-VÉRITÉ, subst. fém. (*kontrevérité*), proposition destinée à être entendue dans un sens contraire à celui que présentent les termes, comme lorsqu'on dit d'un homme reconnu pour brave que *c'est un poltron*. La *contre-vérité* a beaucoup de rapport avec l'ironie. — Au plur., des *contre-vérités*.

CONTRE-VISITE, subst. fém. (*kontrevizite*), t. de palais, seconde *visite* des lieux contentieux, à laquelle une partie fait procéder, quand elle prétend que la première visite faite à la requête de sa partie adverse est nulle ou vicieuse. — Au plur., des *contre-visites*.

CONTRE-VOILE, subst. fém. (*kontrevoèle*), t. de mar., *voile* quadrangulaire placée dans l'intervalle qui sépare le grand mât de celui de misaine.

CONTRE-VUE, subst. fém. (*kontrevu*), point de vue opposé dans l'optique. — Fable, écart d'imagination.

CONTRIBUABLE, subst. des deux genres; l'*Académie* ne donne à ce mot que le genre mas. (*kontribuable*), celui qui doit *contribuer* au paiement des impositions : *être inscrit sur le rôle des contribuables*.

CONTRIBUÉ, part. pass. de *contribuer*.

CONTRIBUER, v. neut. (*contribué*) (du lat. *contribuere*, dont la signification est la même, et qui vient de *tribus*, *ûs*, tribu, division du peuple; il signifie littéralement *payer par tribu*), aider d'une manière ou d'autre à l'exécution de quelque dessein, de quelque entreprise : *contribuer à un succès, à une victoire; contribuer de ses soins, de ou par son travail, à quelque chose.* — Payer extraordinairement quelques sommes pour les nécessités publiques. — En parlant des *contributions* qu'on paie aux ennemis, on dit absolument et sans régime : *cette ville a contribué; on a fait contribuer tout le pays.*

CONTRIBUTAIRE, subst. et adj. des deux genres (*kontributère*), qui paie sa part d'un *tribut*, d'une charge, d'un impôt commun.

CONTRIBUTE, adj. des deux genres (*kontribute*), mot employé par *Rollin* pour signifier *de la même tribu*. Il n'a point été adopté par l'usage.

CONTRIBUTIF, adj. mas., au fém. **CONTRIBUTIVE** (*kontributife, tive*), qui a rapport à la *contribution*, qui règle la *contribution*, qui *contribue*: *rôle contributif*.

CONTRIBUTION, subst. fém. (*kontribucion*) (en lat. *contributio*, fait, dans la même signification, de *contribuere*, contribuer), levée extraordinaire de deniers, faite par autorité publique.—*Les contributions directes* sont au nombre de quatre, savoir : la *contribution foncière*, la *contribution personnelle et mobilière*, la *contribution des portes et fenêtres* et les *patentes*.—*Contribution foncière*. La répartition de la *contribution foncière* est faite par égalité proportionnelle sur toutes les propriétés *foncières*, à raison du revenu net imposable, calculé sur un nombre d'années déterminé. — *Contribution personnelle et mobilière*. Elle doit être supportée par tout habitant de tout sexe, et résidant dans la commune. Ainsi que l'indique son nom, la *contribution personnelle* est attachée à la *personne* même du *contribuable*; en conséquence elle est la même pour tous : elle est fixée sur le prix de trois journées de travail déterminé par le préfet, et ne peut être au-dessous de 50 centimes ni au-dessus de 1 franc 50 centimes. — La *contribution mobilière* est établie d'après différentes catégories réglées par les répartiteurs, de manière à ne payer que dans la proportion de son loyer. — *Contribution des portes et fenêtres*. Cette *contribution* a été établie par la loi du 4 frimaire an VII, sur toutes les portes et fenêtres d'une maison, d'après leur nombre, leur situation et la population. Elle est exigible contre les propriétaires, usufruitiers, locataires principaux, sauf leur recours contre les locataires particuliers. Voy. PATENTE. — *Contributions indirectes*, ce sont : tous les impôts assis sur la fabrication, la vente, le transport et l'introduction de plusieurs objets de commerce et de consommation, impôt dont le produit, ordinairement avancé par le fabricant, le marchand ou le voiturier, est supporté et indirectement payé par le consommateur. L'administration des *contributions indirectes* a remplacé celle des *droits réunis*, supprimée par la loi du 17 mai 1814. Elle comprend dans ses attributions : la *perception* des droits de circulation, d'entrée, de détail, de consommation sur les boissons; de fabrication sur les bières; d'entrée sur les huiles; de fabrication des cartes à jouer; de garantie sur les matières d'or et d'argent; des licences nécessaires pour l'exercice de certaines professions; du dixième sur les voitures publiques et le transport des marchandises; le recouvrement de l'impôt sur les sels en dedans du rayon des *douanes*; celui des taxes de navigation intérieure et produits accessoires; celui du produit des bacs et passages d'eau, ponts, canaux, pêches, francs-bords, etc., etc.; la surveillance générale des octrois communaux et la perception du dixième de leurs produits. L'administration des *contributions indirectes* est, en outre, chargée (pour le compte du gouvernement qui a le monopole de la fabrication) de la vente des tabacs et des poudres à feu; de la surveillance sur la circulation et le commerce illicite de ces matières, et du prélèvement sur le revenu des communes, pour frais de casernement. — Les droits de *douanes*, perçus à l'entrée ou à la sortie du royaume sur certaines denrées et marchandises, sont aussi dans les attributions d'une direction spéciale, dépendante du ministère des finances, et séparée de celle des *contributions indirectes* par la loi du 24 mars 1815. Cependant leurs produits doivent être classés parmi ceux des *contributions indirectes*. Voy. DOUANE. — Si les *contributions publiques* sont réglées par la nation elle-même, ou par une assemblée provinciale, on les nomme *subsides* ou *don gratuit* : on les nomme *impôts* si elles sont imposées par le gouvernement. — Ce qu'on paie aux ennemis pour se rédimer des exécutions militaires : *contributions en argent, contributions en denrées*. — *Contribution au sou la livre*, en t. de prat., ce que chacun des cohéritiers paie à proportion de sa part à la succession. — *Contribution de deniers*, c'est la distribution entre les créanciers du prix des meubles saisis-arrêtés de leur débiteur. Cette distribution se fait proportionnellement aux créances. Si les *deniers* arrêtés ou le prix des ventes ne suffisent pas pour payer les créanciers, le saisi et le créancier sont tenus dans le mois de convenir de la distribution par *contribution*. — En t. de mar., *contribution au jet dans la mer*; la répartition des pertes et dommages qui se fait sur les effets, le navire et le fret, dans le cas de tempête ou de naufrage, où l'on est obligé de jeter à la mer une partie de ce qui constitue l'armement, l'équipage et le fret. — *Mettre à contribution*, faire payer extraordinairement par droit de conquête : *les ennemis ont mis ce pays à contribution*. — On le dit fig., d'un compilateur qui ramasse des matériaux çà et là, etc.

CONTRIBUTOIRE, adj. des deux genres (*kontributoare*), qui appartient à la *contribution* : *portion contributoire*, ce qui forme la part *contributive*.

CONTRIBUTOIREMENT, adv. (*kontributoarеman*), par *contribution*; par les formes des *contributions*.

CONTRISTÉ, E, part. pass. de *contrister*.

CONTRISTER, v. act. (*kontricеté*) (en lat. *contristare*, fait, dans le même sens, de *tristis*, triste), fâcher, donner du chagrin : *vos lettres contristent mon âme*. — *Contrister le Saint-Esprit*, en t. de l'Écriture sainte, retomber dans le péché après avoir reçu les graces, les dons du Saint-Esprit. — SE CONTRISTER, v. pron.

CONTRIT, E, adj. (*kontri, trite*) (en lat. *contristus*, qui signifie littéralement brisé, broyé, fait de *conterere*, broyer, écraser, dont il est le participe), t. de théol., qui a un grand regret de ses péchés : *cœur contrit*. — En plaisantant, qui est bien triste, bien affligé d'une faute, etc.

CONTRITION, subst. fém. (*kontricion*) (en lat. *contritio*, employé, dans la langue théologique, avec la même acception), douleur sincère de ses péchés, accompagnée d'un amour de Dieu pardessus toute chose : *faire un acte de contrition; des actes de contrition*. — Les théologiens appellent *contrition parfaite* celle qui a pour motif l'amour de Dieu, et *contrition imparfaite* ou *attrition*, celle qui est conçue par la considération de la laideur du péché, ou par la crainte des peines de l'enfer. — T. de pharm., synonyme de *broiement*.— CONTRITION, REPENTIR, REMORDS. (*Syn.*) La *contrition* regarde le péché; elle est dans le cœur; les motifs de la religion l'inspirent. Le *repentir* regarde toute espèce de mal ou d'action considérée comme mal : il est dans l'âme; la réflexion et l'expérience le suggèrent. Le *remords* regarde le crime, il est dans la conscience; il est produit par le crime même.

CONTRÔLE, subst. mas. (*kontrôle*) (par contraction de *contre-rôle*), *rôle* opposé à un autre; en général, registre que l'on tient pour la vérification d'un rôle, d'un autre registre. — Plus particulièrement, registre double qu'on tient des expéditions, des actes de finance ou de justice. — Le droit que l'on paie : *j'ai payé le contrôle de cet acte*. — Bureau où l'on *contrôle* les actes. — Marque qu'on met à l'argenterie et à la bijouterie d'or et d'argent, qui est au titre de l'ordonnance. — Bureau où l'on met cette marque. — *Contrôle général*, autrefois l'hôtel et les bureaux du *contrôleur* général.

CONTRÔLÉ, E, part pass. de *contrôler*.

CONTRÔLER, v. act. (*kontrôlé*), mettre sur le *contrôle* : *contrôler un acte, un exploit*. — Marquer l'argenterie : *il a fait contrôler sa vaisselle*. — *Contrôler la terre de pipe*, la couper par tranches avec un fil de fer, pour voir si sa couleur est égale partout. — Fig., critiquer, censurer : *il contrôle tout; il contrôle sur tout*. Dans ce dernier exemple il est neutre. — SE CONTRÔLER, v. pron.

CONTRÔLEUR, subst. mas., au fém. **CONTRÔLEUSE** (*kontrôleur, leuze*), celui, celle dont la charge est de tenir *contrôle* ou registre de.... — Celui, celle qui a la charge de vérifier quelque opération. — Fig., censeur malin : *c'est un contrôleur perpétuel*; et au fém., *une contrôleuse impitoyable*. Il est fam. — *Contrôleur général des finances*, autrefois chef de l'administration des finances en France. Il a été remplacé par le *ministre des finances*.

CONTRÔLEUSE, subst. fém. Voy. CONTRÔLEUR.

CONTROUVÉ, E, part. pass. de *controuver*.

CONTROUVER, v. act. (*kontrouvé*) (de *trouver*, pris dans le sens d'inventer, d'imaginer, etc.), inventer une fausseté pour nuire à quelqu'un : *on a controuvé ce crime pour perdre cet homme*; *c'est un fait controuvé*. — SE CONTROUVER, v. pron.

CONTROVERSE, subst. fém. (*kontrovèrece*) (en lat. *controversia*, formé, dans la même signification, de *contra*, contre, et *versare*, tourner, agir, examiner), en général, contestation sur des questions problématiques : *mettre en controverse; cela est hors de controverse* : *l'examen des controverses est propre à précipiter l'homme dans toutes sortes d'illusions*. (Nicole.)— *Dans les controverses on cherche plus à faire vaincre le parti que la vérité* (Bayle). — Plus particulièrement, dispute sur des points de foi entre les catholiques et les hérétiques : *étudier la controverse*.

CONTROVERSÉ, E, adj. (*kontrovèrecé*) (du lat. *controversus*, fait, avec les mêmes acceptions, des mêmes racines que *controversia*. Voy. CONTROVERSE.), qui est disputé, qui est contesté, débattu : *c'est là un point controversé; une matière controversée dans les écoles, parmi les docteurs*.

CONTROVERSISTE, subst. mas. (*kontrovèrciceте*), auteur qui a écrit sur des matières de *controverse*, qui a étudié la *controverse* : *fameux, zélé, ardent, éternel controversiste*. Il ne se dit guère qu'en matière de religion.

CONTUBERNALES, subst. fém. plur. (*kontubèrnale*), myth., divinités qu'on adorait dans un même temple, sous la même tente, ou dans la même chambre. — Subst. masc. plur., nom qu'on donnait à Rome à un mari et à une femme esclaves.

CONTUBERNALES, subst. mas. plur. (*kontubèrnalèce*), mot latin. T. d'hist. anc., se disait, chez les anciens Romains, de dix soldats qui vivaient sous une même tente. — Jeunes soldats destinés aux emplois civils et militaires, que les magistrats conduisaient avec eux dans leurs départements, pour être formés sous leurs yeux et dans leurs maisons.

CONTUBERNIUM, subst. mas. (*kontubèreniome*), t. d'hist. anc., chez les anciens Romains, tente qui contenait dix soldats avec leur chef.—Mariage des esclaves considéré comme une simple cohabitation.

CONTUMACE, subst. fém. (*kontumace*) (en latin

contumacia, résistance opiniâtre, désobéissance), le refus, le défaut que fait une partie de répondre, de comparaître au tribunal du juge par-devant lequel elle est appelée : *il a été condamné par contumace; juger par contumace; purger sa contumace.* — *Jugement par contumace*, en opposition avec le jugement contradictoire : celui-ci est prononcé en présence de l'accusé et après l'audition de sa défense. — En matière criminelle on appelle *contumace* ce qu'on appelle *défaut* en matière civile.

CONTUMACÉ, E, part. pass. de *contumacer*, et adj.

CONTUMACER, v. act. (*kontumacé*), juger, poursuivre, faire condamner par *contumace*. Ce mot et les précédents ne se disent qu'en matière criminelle. — Au civil, on dit : *juger*, *condamner par défaut.*

CONTUMAX et non **CONTUMACE** (qui n'est jamais synonyme du premier, quoique l'*Académie* dise le contraire. L'orthographe du mot *contumace* n'appartient qu'au subst. fém. désignant l'état d'un *contumax*.), subst. et adj. des deux genres (*kontumakce*) (du lat. *contumax*, opiniâtre, rebelle, formé de *cum*, avec, et de *tumere*, être bouffi d'orgueil, ou de *temnere*, mépriser), accusé qui ne comparaît point après avoir été cité en justice : *il a été déclaré contumax.* — Celui qui a refusé de comparaître en justice.

CONTUMÉLIE, subst. fém. (*kontuméli*) (en lat. *contumelia*), vieux mot entièrement inusité, et qui signifiait : affront, injure.

CONTUMÉLIEUSE. Voy. **CONTUMÉLIEUX.**

CONTUMÉLIEUSEMENT, adv. (*kontumélieuzeman*) (en lat. *contumeliosé*), vieux mot inusité qui signifiait : d'une manière injurieuse.

CONTUMÉLIEUX, adj. mas., au fém. **CONTUMÉLIEUSE** (*kontumélieu, lieuze*), outrageant, injurieux. Vieux mot inusité.

CONTUS, E, adj. (*kontu, tuze*) (du lat. *contusus*, part. pass. de *contundere*, froisser, écraser), t. de chir., meurtri par quelque coup reçu : *partie contuse.*

CONTUSION, subst. fém. (*kontuzion*) (en latin *contusio*, fait, dans le même sens, de *contundere*), t. de chir., meurtrissure, sans toutefois qu'il y ait solution de continuité sur la partie *contusionnée.*

CONTUSIONNÉ, E, part. pass. de *contusionner.*

CONTUSIONNER, v. act. (*kontuzioné*), faire une *contusion.* — *se* **CONTUSIONNER**, v. pron.

CONUS-FUSORIUS, subst. mas. (*konucefuzoriuce*) (mots latins), t. de chim., ancien nom d'un creuset de cuivre ou de fer qui avait la forme d'un cône renversé, et au moyen duquel on opérait l'extraction des métaux.

CONVAINCANT, E, adj. (*konveinkan, kante*), qui a la force de *convaincre*, ou toutes les qualités nécessaires pour *convaincre* : *cette raison est convaincante.*

DU VERBE IRRÉGULIER CONVAINCRE :

Convainc, 3ᵉ pers. sing. prés. indic.
Convaincra, 3ᵉ pers. sing. fut. indic.
Convaincrai, 1ʳᵉ pers. sing. fut. indic.
Convaincraient, 3ᵉ pers. plur. prés. cond.
Convaincrais, précédé de *je*, 1ʳᵉ pers. sing. prés. cond.
Convaincrais, précédé de *tu*, 2ᵉ pers. sing. prés. cond.
Convaincrait, 3ᵉ pers. sing. prés. cond.
Convaincras, 2ᵉ pers. sing. fut. indic.

CONVAINCRE, v. act. (*konveinkre*) (du lat. *convincere*, formé dans la même signification de *cum*, avec, et de *vincere*, vaincre : *vaincre avec des raisons*, *des arguments sans réplique*), persuader quelqu'un par des raisons fortes et démonstratives, par des preuves sans réplique ; le réduire à demeurer d'accord d'une vérité qu'il ne pouvait comprendre, d'un fait qu'il niait : *convaincre un accusé : êtes-vous convaincu que vous aviez tort?* Il ne se dit que des personnes, quoiqu'on lise dans *Racine* (Bajazet) :

Tout ce qui convaincra leurs perfides amours,

pour *tout ce qui me convaincra de leurs perfides amours.* Voy. **CONVICTION** ; voyez aussi **PERSUADER.** — *se* **CONVAINCRE**, v. pron., s'assurer par soi-même de la vérité d'une chose : *plus vous étudierez l'esprit humain, et plus vous vous convaincrez qu'il n'a qu'une manière de procéder.* (Condillac.)

DU VERBE IRRÉGULIER CONVAINCRE :

Convaincrez, 2ᵉ pers. plur. fut. indic.
Convaincriez, 2ᵉ pers. plur. prés. cond.
Convaincrions, 1ʳᵉ pers. plur. prés. cond.
Convaincrons, 1ʳᵉ pers. plur. fut. indic.
Convaincront, 3ᵉ pers. plur. fut. indic.
Convaincs, précédé de *je*, 1ʳᵉ pers. sing. prés. indic.
Convaincs, précédé de *tu*, 2ᵉ pers. sing. prés. indic.

CONVAINCU, E, part. pass. de *convaincre* : *atteint et convaincu de meurtre et de vol*, locution dont on se sert tous les jours, quoique l'*Académie* dise qu'on ne l'employait qu'autrefois, dans les jugements criminels, pour exprimer que l'accusé est reconnu et réputé coupable.

DU VERBE IRRÉGULIER CONVAINCRE :

Convainquaient, 3ᵉ pers. plur. imparf. indic.
Convainquais, précédé de *je*, 1ʳᵉ pers. sing. imparf. indic.
Convainquais, précédé de *tu*, 2ᵉ pers. sing. imparf. indic.
Convainquait, 3ᵉ pers. sing. imparf. indic.
Convainquant, part. prés.
Convainque, précédé de *que je*, 1ʳᵉ pers. sing. prés. subj.
Convainque, précédé de *qu'il* ou *qu'elle*, 3ᵉ pers. sing. prés. subj.
Convainquent, précédé de *ils* ou *elles*, 3ᵉ pers. plur. prés. indic.
Convainquent, précédé de *qu'ils* ou *qu'elles*, 3ᵉ pers. plur. prés. subj.
Convainques, 2ᵉ pers. sing. prés. subj.
Convainquez, 2ᵉ pers. plur. impér.
Convainquez, précédé de *vous*, 2ᵉ pers. plur. prés. indic.
Convainquiez, précédé de *vous*, 2ᵉ pers. plur. imparf. indic.
Convainquiez, précédé de *que vous*, 2ᵉ pers. plur. prés. subj.
Convainquîmes, 1ʳᵉ pers. plur. prét. déf.
Convainquions, précédé de *nous*, 1ʳᵉ pers. plur. imparf. indic.
Convainquions, précédé de *que nous*, 1ʳᵉ pers. plur. prés. subj.
Convainquirent, 3ᵉ pers. plur. prét. déf.
Convainquis, préc. de *je*, 1ʳᵉ pers. sing. prét. déf.
Convainquis, préc. de *tu*, 2ᵉ pers. sing. prét. déf.
Convainquisse, 1ʳᵉ pers. sing. imparf. subj.
Convainquissent, 3ᵉ pers. plur. imparf. subj.
Convainquisses, 2ᵉ pers. sing. imparf. subj.
Convainquissiez, 2ᵉ pers. plur. imparf. subj.
Convainquissions, 1ʳᵉ pers. plur. imparf. subj.
Convainquit, précédé de *il* ou *elle*, 3ᵉ pers. sing. prét. déf.
Convainquît, précédé de *qu'il* ou *qu'elle*, 3ᵉ pers. sing. imparf. subj.
Convainquîtes, 2ᵉ pers. plur. prét. déf.
Convainquons, 1ʳᵉ pers. plur. impér.
Convainquons, précédé de *nous*, 1ʳᵉ pers. plur. prés. indic.

CONVALESCENCE, subst. fém. (*konvalècecance*) (du lat. *convalescere*, se fortifier, recouvrer ses forces), recouvrement de la santé après une maladie. — État d'une personne qui relève de maladie : *voilà une bonne convalescence : être en convalescence.*—Le temps de la *convalescence* : *pendant sa convalescence.*

CONVALESCENT, E, subst. et adj. (*konvalècecan, çante*) (en lat. *convalescens*, part. prés. de *convalescere*, se fortifier), qui relève de maladie : *je suis aise de le voir convalescent ; elle est convalescente.*

CONVALLAIRES, subst. mas. plur. (*konvalelère*), t. de bot., genre de plantes qui comprend les muguets, les asperges, etc.

CONVECTEUR, subst. mas. (*konvèkteur*) (du lat. *convehere*, voiturer), myth., dieu qui présidait au transport des gerbes.

CONVENABLE, adj. des deux genres (*konvenable*), propre, sortable, qui est conforme, qui convient, qui est décent, qui est à propos : *c'est un parti convenable ; ces propos ne sont pas convenables.*

CONVENABLEMENT, adv. (*konvenableman*), d'une manière *convenable.*

DU VERBE IRRÉGULIER CONVENIR :

Convenaient, 3ᵉ pers. plur. imparf. indic.
Convenais, précédé de *je*, 1ʳᵉ pers. sing. imparf. indic.
Convenais, précédé de *tu*, 2ᵉ pers. sing. imparf. indic.
Convenait, 3ᵉ pers. sing. imparf. indic.

CONVENANCE, subst. fém. (*konvenance*) (en lat. *convenientia*, fait, dans le même sens, de *convenire*, convenir), rapport, conformité entre plusieurs choses : *il y a une grande convenance entre les goûts de ces deux personnes ; être à la convenance de quelqu'un*, à sa commodité. — Bienséance, décence. — Fam. : *faire une chose par des motifs de convenance*, la faire par rapport aux règles de la bienséance. — En parlant d'un mariage, on dit qu'*il y a de la convenance entre les parties*, lorsqu'il n'y a pas de disparate entre les âges, que les fortunes se rapprochent, que les naissances sont égales. *Mariage de convenance*, celui dans lequel les rapports de fortune ou de rang ont été plus consultés que les rapports d'inclination et de goût. —Autrefois, *convenance* signifiait *convention.* — Au plur., bienséances : *observer*, *ménager*, *sauver*, *respecter les convenances ; avoir le sentiment, le tact des convenances ; manquer de convenances.*—T. de rhétorique, rapport du langage du poëte ou de l'orateur, du ton de sa poésie ou de son éloquence au sujet qu'il choisit ou qui lui est donné, et aux circonstances actuelles du temps, du lieu et des personnes.—En t. d'arts, accord, harmonie entre les parties : *ce tableau, ce monument manque de convenances.*

CONVENANCÉ, E, part. pass. de *convenancer.*

CONVENANCER, v. neut. et act. (*convenancé*), convenir, demeurer d'accord ; fiancer, promettre. Vieux et même hors d'usage.

CONVENANCIER, subst. mas. (*konvenancié*), t. de féod., nom par lequel on désignait, en certains endroits, celui à qui le seigneur avait alloué une portion d'héritage. Hors d'usage.

CONVENANT, subst. mas. (*konvenan*) (de l'anglais *covenant*, qui a la même signification, et qui est fait du lat. *conventum*, convention, traité), ligue solennelle, confédération, profession de foi.—Dans une acception plus particulière et plus usitée, confédération qui fut faite en Écosse en 1638, pour changer les cérémonies de la religion. Le parlement d'Angleterre signa le *convenant* en 1643 : *signer, refuser, casser le convenant.* Dans ce sens, l'*Académie* renvoie à *covenant* ; c'est en effet le mot anglais, mais ce mot anglais vient nécessairement du lat. *conventum.*—Autrefois, bail d'un héritage donné à un colon par le seigneur, à condition que celui-ci pourra y rentrer lorsqu'il le voudra.—*Bail à convenant* ou *à domaine congéable*, sorte de *convention* tenant tout à la fois du bail à ferme et de la vente, par laquelle le propriétaire donne à ferme son fonds pour un temps déterminé, moyennant un fermage annuel et modique, et vend en même temps les édifices qui existent sur ce fonds sous la condition que le colon ne pourra être expulsé sans qu'on lui ait préalablement remboursé, à dire d'experts, les édifices et superficies qui existeront à l'époque de sa sortie et suivant la valeur qu'ils auront alors. De cette définition, il résulte que trois choses forment la substance du *bail à convenant* : 1° rétention de la propriété foncière ou directe de la part du propriétaire que l'on nomme pour cette raison *propriétaire foncier* ; 2° acquisition des édifices et superficies, avec faculté de jouir du fonds en payant une rente annuelle de la part du preneur que l'on nomme *douanier* ou *colon* ; 3° faculté de congédier ou d'expulser le colon en le remboursant des édifices et superficies, condition qui est propre et spéciale à ce genre d'acte et qui a fait donner à la chose le nom de *domaine congéable.* Ce contrat n'est guère en usage que dans les trois départements des Côtes-du-Nord, du Morbihan et du Finistère.

CONVENANT, E, adj. (*konvenan, nante*), sortable, bienséant. Fort peu usité.

DU VERBE IRRÉGULIER CONVENIR :

Convenant, part. prés.
Convenez, 2ᵉ pers. plur. impér.
Convenez, précédé de *vous*, 2ᵉ pers. plur. prés. indic.

CONVÉNIENT, subst. mas. (*konvénian*), mot forgé et inusité pour signifier l'opposé d'*inconvénient.*

DU VERBE IRRÉGULIER CONVENIR :

Conveniez, précédé de *vous*, 2ᵉ pers. plur. imparf. indic.
Conveniez, précédé de *que vous*, 2ᵉ pers. plur. prés. subj.
Convenions, précédé de *nous*, 1ʳᵉ pers. plur. imparf. indic.
Convenions, précédé de *que nous*, 1ʳᵉ pers. plur. prés. subj.

CONVENIR, v. neut. (*konvenir*) (en latin *convenire*, formé, dans les mêmes acceptions, de *cum*, avec, ensemble, et *venire*, venir, *venir ensemble*, *être d'accord*, etc.), être conforme, avoir du rapport : *ces deux choses conviennent parfaitement ensemble ; son humeur ne me convient pas.* — Demeurer d'accord. Dans ces deux sens, il prend pour auxiliaire *être*. *nous sommes convenus de.... sa déposition est convenue avec la vôtre.* — Être propre, *convenable*. Il prend pour auxiliaire *avoir* : *cette charge aurait convenu à votre fils.*

CONVENIR, v. unipers. (*konvenir*), être expédient, être à propos : *il convient de faire* ou *de ne pas faire telle chose.* — *se* **CONVENIR**, v. pron. avoir du rapport dans le caractère : *leurs goûts se conviennent.*

DU VERBE IRRÉGULIER CONVENIR :

Convenons, 1re pers. plur. impér.
Convenons, précédé de *nous*, 1re pers. plur. prés. indic.

CONVENT, subst. mas. (*konvan*), vieux mot inusité qui signifiait *couvent*, sauvegarde, *convention*.

CONVENTICULE, subst. mas. (*konvantikule*) (en latin *conventiculum*), petite assemblée secrète et illicite. Il se prend presque toujours en mauvaise part.

CONVENTION, subst. fém. (*konvancion*) (en lat. *conventio*, fait, dans le même sens, de *convenire*, convenir, s'accorder), accord, pacte que deux ou plusieurs personnes font ensemble : *convention tacite, verbale, par écrit ; faire, tenir une convention.* Quatre conditions sont essentielles pour la validité d'une *convention* : *le consentement de la partie qui s'oblige ; sa capacité de contracter ; un objet certain qui forme la matière de l'engagement ; une cause licite dans l'obligation.* — Ce dont on *convient* avec quelqu'un. — On dit fam. d'un homme difficile et intraitable : *il est de difficile convention.* — On appelle *conventions de mariage* toutes les clauses contenues dans un contrat de mariage, et *conventions matrimoniales* les avantages stipulés en faveur de la femme par le contrat de mariage. Voy. **CONSENTEMENT**. — *Convention nationale*, assemblée des représentants d'une nation pour se donner une constitution, pour changer ou modifier celle qui existe. — Dans une acception plus particulière, titre que prit en France l'assemblée qui, en 1792, succéda à l'assemblée dite *législative*, renversa la monarchie, et exerça tous les pouvoirs jusqu'en octobre 1795. — *De convention* a le même sens que l'adj. *conventionnel*, c'est-à-dire que ces mots expriment : qui n'a de valeur, de sens, de réalité, qu'en vertu de *conventions* arrêtées et stipulées d'avance : *des signes, des lettres, une orthographe de convention.* — *Monnaie de convention*, monnaie qui n'a cours que dans certains états, dans certaines villes.

CONVENTIONNEL, subst. mas. (*konvancionèl*), membre de la *convention nationale*.

CONVENTIONNEL, adj. mas., au fém. **CONVENTIONNELLE** (*konvancionèle*), qui suppose *convention* ; qui n'existe qu'en vertu d'une *convention* : *l'or n'a qu'une valeur conventionnelle.* — *Bail conventionnel*, qui se fait du consentement libre des parties, par opposition au *bail judiciaire*, qui se fait par autorité de justice. On dit dans le même sens : *fermier conventionnel ; fermier judiciaire.*

CONVENTIONNELLEMENT, adv. (*konvancionèleman*), par *convention*.

CONVENTRI, subst. propre mas. (*konvantri*), ville du nord de l'Angleterre.

CONVENTUALITÉ, subst. fém. (*konvantualité*) (de *couvent* qu'on disait autrefois *convent*, et qui est fait du latin *conventus*, assemblée), état d'une maison religieuse, dans laquelle on vit sous une règle.

CONVENTUEL, subst. mas. (*konvantuèl*), religieux qui a droit de demeurer toujours dans le *couvent*, à la différence de ceux qui n'y sont que pour peu de temps, par exemple, durant la convocation d'un chapitre, etc. Voy. **CONVENTUALITÉ**.

CONVENTUEL, adj. mas., au fém. **CONVENTUELLE** (*konvantuèle*), qui est de *couvent* ; on a dit autrefois *convent*. — Qui est composé de toute la communauté d'un *couvent* : *assemblée, messe conventuelle.* Voy. **CONVENTUALITÉ**. — *Mense conventuelle*, portion du revenu d'une abbaye, qui appartient aux religieux, par opposition à *mense abbatiale*, qui signifie la portion qui appartient à l'abbé. — *Prieuré conventuel*, prieuré où il y a des religieux.

CONVENTUELLEMENT, adv. (*konvantuèleman*), en communauté ; selon les règles et l'usage de la société religieuse : *vivre conventuellement.*

CONVENU, E, part. pass. de *convenir*.

CONVERGÉ, part. pass. du v. *converger*, et adj., rassemblé en un même point en se rapprochant.

CONVERGENCE, subst. fém. (*konvèrejance*) (du latin *cum*, avec, ensemble, et *vergere*, pencher vers, être tourné vers), t. de géométrie, état de deux ou plusieurs lignes qui, parties de différents points, tendent, en se rapprochant, à se réunir en un seul. — *Convergence électrique*, direction que prennent entre eux les rayons de la matière électrique affluente, qui partent des corps voisins d'un corps électrisé, et même de l'air qui l'environne.

CONVERGENT, E, adj. (*konvèrjan, jante*), se dit en géométrie des lignes qui vont en se rapprochant l'une de l'autre. Voy. **CONVERGENCE**. — En t. d'algèbre : *série convergente*, celle dont les termes vont toujours en diminuant. — En t. de géométrie : *lignes droites* ou *convergentes*, celles qui s'approchent continuellement, ou dont les distances diminuent de plus en plus, de manière qu'étant prolongées, elles se rencontrent en quelque point. — *Hyperbole convergente*, hyperbole du troisième degré, dont les branches tendent l'une vers l'autre, et vont toutes deux vers le même côté. — *Rayons convergents*, ceux qui, en passant d'un milieu dans un autre d'une densité différente, se rompent en se rapprochant l'un vers l'autre, et tendant à se réunir en un point.

CONVERGER, v. neut. (*konvèrejé*) en lat. *cum*, avec, ensemble, et *vergere*, être tourné vers. Voy. **CONVERGENCE**.), t. de dioptrique. Il se dit des rayons qui, après avoir subi la réfraction, s'approchent et vont se réunir en un même point. Il est opposé à *diverger*.

CONVERS, E, adj. (*konvère, vèrece*) (en latin *conversus*, part. pass. de *convertere*, tourner, retourner, changer : *changé de laïque en religieux*), religieux ou religieuse employée aux œuvres serviles du *couvent*. Il ne se dit qu'avec *frère* et *sœur* ; *frère convers* ; *sœur converse*. — En t. de logique, une *proposition est converse d'une autre*, quand de l'attribut de la première on fait le sujet de la seconde, comme : *ce qui est étendu est divisible ; ce qui est divisible est étendu.* — En géométrie, *proposition converse*, celle qui, après avoir été déduite d'une autre comme conclusion, sert à son tour de principe à celle-ci : *si deux côtés d'un triangle sont égaux, les deux angles opposés à ces côtés sont aussi égaux ; si deux angles d'un triangle sont égaux, les deux côtés opposés le sont également.* La *proposition converse* s'appelle aussi *inverse*.

CONVERSABLE, adj. des deux genres (*konvèreçable*), agréable dans la *conversation*. (*Boiste*.) Ce mot est vieux et inusité.

CONVERSATION, subst. fém. (*konvèreçácion*) (du latin *conversatio*, fait, dans le même sens, de *conversari*, converser, s'entretenir ; littéralement, vivre avec : *versari cum*), entretien familier avec une ou plusieurs personnes : *entrer en conversation ; lier une conversation ; lier conversation ; être en conversation ; rompre, interrompre une conversation ; la conversation s'échauffe, s'anime, languit, se soutient, se réchauffe ; changer de conversation.* — *Être à la conversation*, s'en occuper, écouter avec attention ce qu'on dit. — **CONVERSATION, ENTRETIEN**. (*Syn.*) *Conversation*, se dit en général de tout discours mutuel, quel qu'il soit ; et *entretien*, d'un discours mutuel qui roule sur quelque objet déterminé et sérieux.

CONVERSEAU, subst. mas. (*konvèreçô*), nom que donnent les charpentiers à quatre planches posées dans les moulins, au-dessus des archures, deux devant et deux derrière.

CONVERSER, v. neut. (*konvèrecé*) (en lat. *conversari*, être en *conversation*), s'entretenir familièrement avec une ou plusieurs personnes. — *Converser avec les livres, avec les morts*, s'appliquer à la lecture des auteurs absents ou morts.

CONVERSIBLE, adj. des deux genres (*konvèrecible*), qui peut être *converti*. Ce mot se trouve dans un *Dictionnaire* ; cependant il faut se garder de l'employer. Si l'on veut lui faire signifier : *qui peut être changé en une autre chose*, il faut dire *convertible* ; si l'on veut dire : *qui peut être ramené à la croyance de la religion et à l'observance de ses préceptes*, il n'est plus usité. On ne dit pas en latin *conversibilis*, mais *convertibilis*. Voy. **CONVERTIBLE**.

CONVERSION, subst. fém. (*konvèrecion*) (du lat. *conversio*, fait de *convertere*, tourner, changer, transformer, formé de *cum* et de *vertere*, tourner), changement, transmutation : *la conversion des métaux.* — Simple changement de forme : *conversion d'une rente du cinq au quatre pour cent.* — Il se disait, dans l'ancienne astronomie, de toutes les révolutions célestes. — Mouvement que l'on fait faire aux troupes : *conversion à droite, à gauche ; quart de conversion.* — Changement de croyance ou de mœurs, de mal en bien. — Dans tous ces sens, et surtout dans le dernier, *conversion* a un sens passif ; il se dit de celui qui est *converti*, et non de celui qui est à *convertir*. — En logique, on appelle *conversion de proposition*, le changement du sujet de la proposition en attribut, et de l'attribut en sujet, sans que la *proposition* cesse d'être vraie. — En arithm., on appelle *proposition par conversion de raison*, la comparaison de l'antécédent avec la différence de l'antécédent et du conséquent dans deux raisons égales. — En algèbre, *conversion des équations*, opération par laquelle une quantité inconnue étant sous la forme de fraction, on réduit le tout à un même dénominateur, pour ne conserver ensuite que les numérateurs dans l'équation. — En astronomie, *conversion de degrés*, opération par laquelle on convertit les degrés en temps, et les temps en degrés.

CONVERSO, subst. mas. (*konvèreçô*) (mot portugais), t. de mar., partie du tillac où l'on vient faire la *conversation*.

CONVERTI, E, part. pass. de *convertir*, et adj. (en latin *conversus*, échangé, part. pass. de *convertere*), qui a *changé* de vie pour parvenir au salut. — On dit aussi subst. : *les nouveaux convertis, les nouvelles converties.* — On appelait encore *nouveaux convertis*, les maisons et les communautés et congrégations tant d'hommes que de filles, où l'on recevait et instruisait ceux qui se présentaient pour quitter l'infidélité, se faire chrétiens et recevoir le baptême, ou les hérétiques qui voulaient se convertir et rentrer dans le sein de l'Église, et où on leur enseignait la doctrine catholique : *je viens des Nouveaux-Convertis, où j'ai vu deux juifs qui se font instruire et se disposent au baptême.*

CONVERTIBLE, adj. des deux genres (*konvèretible*) (en lat. *convertibilis*), il se dit, en t. de logique, de deux termes qui renferment réciproquement une même idée : *vivant* et *animal*, *étendu* et *divisible* ; ou d'une proposition susceptible d'être *converse* : *tout ce qui est matière est impénétrable.* — Qui peut être changé contre..., *converti* en un autre. *chose, proposition, billet convertible.* — Un *Dictionnaire* dit aussi *conversible*, mais ce terme est inusité.

CONVERTIE, subst. fém. (*konvèreti*), nom que l'on a donné à plusieurs communautés religieuses de filles, qui, après avoir vécu dans le dérèglement, s'étaient retirées dans le cloître pour faire pénitence.

CONVERTIR, v. act. (*konvèretir*) (du lat. *convertere*, changer, transformer, fait de *vertere*, tourner, retourner), changer une chose *en*, et non pas *contre* une autre : *les aliments sont convertis en chyle, en sang, en bile ; convertir ses meubles en argent comptant ; convertir un billet en argent ; convertir de l'argent en or.* — Fig., en matière de religion et de morale, faire changer de croyance, de sentiments et de mœurs, de mal en bien. — On dit fam. : *convertir quelqu'un*, le faire changer de résolution. — **SE CONVERTIR**, v. pron. : *les exhalaisons se convertissent en nuages ; plusieurs païens se sont convertis à la foi.*

CONVERTISSABLE, adj. des deux genres (*konvèretiçable*), qui peut être *converti*, changé en une autre chose. Peu usité.

CONVERTISSEMENT, subst. mas. (*konvèreticeman*), changement, en matière d'affaires et de monnaie : *le convertissement d'une obligation en contrat de constitution.*

CONVERTISSEUR, subst. mas. ; au fém. **CONVERTISSEUSE** (*konvèreticeur, ceuze*), qui réussit dans la *conversion* des âmes. Il est fam. — Qui se charge des *convertissements* en matière d'affaires et de monnaie. Peu usité.

CONVERTOR, subst. mas. (*konvèretor*), nouveau moteur, dont l'effet est de changer en mouvement de rotation le mouvement de deux lignes parallèles, et dont l'usage s'applique aujourd'hui à diverses machines.

CONVEXE, adj. des deux genres (*konvèkce*) (du lat. *convexus* qui a la même signification, et que quelques-uns prétendent fait de *convehere*, porer, par allusion à l'espèce de cintre ou éminence circulaire des corps destinés à en *porter* d'autres), e dit en géométrie de la surface extérieure d'un corps rond par rapport à la surface intérieure, laquelle est creuse ou concave. Son emploi le plus fréquent est dans la dioptrique et la catoptrique : *miroir, verre convexe.* — On le dit aussi en botanique des parties d'un végétal dont la surface extérieure est bombée.

CONVEXIROSTRE, adj. des deux genres (*konvèkirocetre*), t. d'hist. nat. Il se dit des oiseaux dont le bec est *convexe*.

CONVEXITÉ, subst. fém. (*konvèkcité*) (en latin *convexio* ou *convexitas*), rondeur extérieure d'un corps. Voy. CONVEXE.—*Convexe* et *convexité* sont opposés à *concave* et *concavité*.

CONVEXO-CONCAVE, adj. des deux genres (*konvèkçokonkave*), qui est *convexe* d'un côté et *concave* de l'autre.

CONVEXO-CONVEXE, adj. des deux genres (*konvèkçokonvèkce*), *convexe* des deux côtés.

CONVICTION, subst. fém. (*konvikcion*) (du lat. *convincere*, convaincre), preuve *convaincante* d'une chose.— Persuasion claire et évidente d'une vérité qu'on avait niée auparavant. La *conviction* tient plus à l'esprit, et la *persuasion* au cœur. La première suppose des preuves; la seconde n'en demande pas toujours.—*Conviction*, en style judiciaire, est la preuve d'un fait ou d'un point de droit controversé : *les juges dressent procès-verbal de tout ce qui peut servir pour la décharge ou la conviction de l'accusé; pièces de conviction.*

CONVICTIONNELLEMENT, adv. (*konvikcionèlemant*), en forme de *conviction*.

CONVIÉ, E, subst. (*konvié*), celui ou celle qui est invité à quelque repas. Voy. CONVIER.

CONVIÉ, E, part. pass. de *convier*, et adj., prié, invité.

DU VERBE IRRÉGULIER CONVENIR :

Conviendra, 3e pers. sing. fut. abs.
Conviendrai, 1re pers. sing. fut. abs.
Conviendraient, 3e pers. plur. prés. cond.
Conviendrais, précédé de *je*, 1re pers. sing. prés. cond.
Conviendrais, précédé de *tu*, 2e pers. sing. prés. cond.
Conviendrait, 3e pers. sing. prés. cond.
Conviendras, 2e pers. sing. fut. indic.
Conviendrez, 2e pers. plur. fut. indic.
Conviendriez, 2e pers. plur. prés. cond.
Conviendrions, 1re pers. plur. prés. cond.
Conviendrons, 1re pers. plur. fut. indic.
Conviendront, 3e pers. plur. fut. indic.
Convienne, précédé de *que je*, 1re pers. sing. prés. subj.
Convienne, précédé de *qu'il* ou *qu'elle*, 3e pers. sing. prés. subj.
Conviennent, précédé de *ils* ou *elles*, 3e pers. plur. prés. indic.
Conviennent, précédé de *qu'ils* ou *qu'elles*, 3e pers. prés. subj.
Conviennes, 2e pers. sing. prés. subj.
Conviens, 2e pers. sing. impér.
Conviens, précédé de *je*, 1re pers. sing. prés. indic.
Conviens, précédé de *tu*, 2e pers. sing. prés. indic.
Convient, 3e pers. sing. prés. indic.

CONVIER, v. act. (*konvié*) (suivant *Ménage*, du bas latin *coinvitare*, fait de *cum*, avec, ensemble, et de *invitare*, inviter. *Convier* s'est dit, par contraction, pour *coinviter*, *inviter* avec ou ensemble), prier de.... inviter à... : *convier à un festin; on l'a convié de s'y trouver* ou *à s'y trouver;*

> Soyons amis, Cinna, c'est moi qui t'en *convie*.
> (CORNEILLE.)

Il commence à vieillir.

DU VERBE IRRÉGULIER CONVENIR :

Convînmes, 1re pers. plur. prét. déf.
Convinrent, 3e pers. plur. prét. déf.
Convins, précédé de *je*, 1re pers. sing. prét. déf.
Convins, précédé de *tu*, 2e pers. sing. prét. déf.
Convinsse, 1re pers. sing. imparf. subj.
Convinssent, 3e pers. plur. imparf. subj.
Convinsses, 2e pers. sing. imparf. subj.
Convinssiez, 2e pers. plur. imparf. subj.
Convinssions, 1re pers. plur. imparf. subj.
Convint, précédé de *il* ou *elle*, 3e pers. sing. prét. déf.
Convînt, précédé de *qu'il* ou *qu'elle*, 3e pers. sing. imparf. subj.
Convîntes, 2e pers. plur. prét. déf.

CONVIS, subst. mas. (*konvi*) (en lat. *convivium*), vieux mot qui signifiait repas, festin.

CONVIVANE, subst. mas. (*konvivan*), qui *vit* avec d'autres. Presque inusité.

CONVIVE, subst. des deux genres (*konvive*) (du lat. *conviva*, fait, dans la même signification, de *convivium*, festin, repas, banquet, lequel a été formé de *cum*, avec, ensemble, et de *vivere*, vivre), celui qui se trouve à un même repas qu'un autre : *un bon convive*, un homme agréable à table.

CONVIVIALITÉ, subst. fém. (*konvivialité*), union des *convives*. Hors d'usage, mais utile.

CONVIVIUM-MILITARE, subst. mas. (*konviviomemilitaré*), mots latins. C'était le repas des soldats romains, lequel, comme objet particulier de la discipline militaire, était suivi et inspecté par les généraux eux-mêmes. Les soldats ne pouvaient manger seuls, mais par troupe, pour maintenir l'union entre eux. (*Hist. anc.*)

CONVOCABLE, adj. des deux genres (*konvokable*), qui peut, qui doit être *convoqué : l'assemblée est convocable.*—Il est aussi subst. mas. plur., *les convocables*. Fort peu en usage.

CONVOCATION, subst. fém. (*convokácion*) (en lat. *convocatio*, fait, dans le même sens, de *cum*, avec, ensemble, et de *vocare*, appeler), action de *convoquer : la convocation d'une assemblée.*

CONVOI, subst. mas. (*kon-voé*) (suivant *Caseneuve*, du latin barbare *conviare*, formé dans la basse latinité de *cum*, avec, ensemble, et de *via*, chemin, et qui signifiait: faire ensemble le même chemin; accompagner), transport d'un corps au lieu de sa sépulture; cortège qui l'accompagne. — Transport de munitions de guerre ou de bouche qu'on mène dans un camp, etc.; son escorte. —Plusieurs vaisseaux marchands allant de compagnie, escortés par des vaisseaux de guerre. — Nom donné en Hollande aux chambres des collèges de l'amirauté, où se distribuent les passeports. — *Convoi de Bordeaux*, droit qui se percevait au profit du roi dans la généralité de Bordeaux.

CONVOIEMENT, subst. mas. (*konvoèman*), t. de mar., escorte. Voy. CONVOI, qui est seul usité.

CONVOITABLE, adj. des deux genres (*konvoètable*), désirable. Ce mot est vieux.

CONVOITÉ, E, part. pas. de *convoiter*.

CONVOITER, v. act. (*konvoèté*) (suivant *Ménage*, du latin barbare *convolare*, fait de *cum*, avec, et de *votum*, vœu, comme si l'on disait, ajoute-t-il : *votum facere*), désirer avec avidité : *convoiter les richesses, convoiter le bien d'autrui.* — *se* CONVOITER, v. pron.

CONVOITEUR, subst. mas. (*konvoèteur*), qui *convoite*. Ce mot a été employé par *Napoléon*.

CONVOITEUSE, adj. fém. Voy. CONVOITEUX.

CONVOITEUX, adj. mas.; au fém. CONVOITEUSE (*konvoèteu, teuze*), désireux, qui désire ardemment. Ce mot est vieux.

CONVOITISE, subst. fém. (*konvoètize*), désir ardent, immodéré; cupidité : *regarder quelque chose d'un œil de convoitise.* — Ce mot et les précédents ont un sens plus énergique que *désir*, *désirer*, etc. Il serait bon de les rétablir. Voy. CONCUPISCENCE.

CONVOL, subst. mas. (*konvole*), mot forgé pour signifier : second mariage. Il ne s'emploie guère qu'en style de palais.

CONVOLER, v. neut. (*konvolé*) (en latin *convolare*, employé dans le *Code Justinien* avec l'acception que nous lui donnons, et qui signifie proprement *voler ensemble*, accourir, se rendre en diligence), se marier de nouveau. On l'emploie ou absolument, par une espèce d'ellipse, et fam. : *cette veuve ne sera pas long-temps sans convoler;* ou, plus souvent et mieux, avec un régime. On dit alors avec la préposition *en : convoler en secondes, en troisièmes noces*, se marier pour la seconde, pour la troisième fois; et, avec la préposition *à : convoler à un second, à un troisième mariage.*

CONVOLUTÉ, E, adj. (*konvoluté*), t. de bot.; il se dit des feuilles qui sont roulées en dedans par un côté, de manière à former un cornet.

CONVOLUTIVE, adj. fém. (*konvolutive*), t. de bot., syn. de *convolutée*.

CONVOLVULACÉES, subst. fém. plur. (*konvolevulacé*), t. de bot., famille de plantes dont les cotylédons sont contournés.

CONVOLVULOÏDES, subst. fém. plur. (*konvolvulo-ide*), t. de bot., genre de plantes qui comprend les liserons, dont les étamines sont velues à la base et dont le style a un stigmate.

CONVOLVULUS, subst. mas. (*konvolevuluce*), t. de bot., nom emprunté du latin, qu'on a donné au liseron.

CONVOQUÉ, E, part. pass. de *convoquer*.

CONVOQUER, v. act. (*konvokié*) (du latin *convocare*, formé, dans le même sens, de *cum*, avec, ensemble, et *vocare*, appeler), faire assembler, par autorité juridique. Il se dit de plusieurs et non pas d'un seul : *convoquer un concile, les membres d'une assemblée*, etc. — *se* CONVOQUER, v. pron.

CONVOYÉ, E, adj. (*konvoèié*), part. pass. de *convoyer*.

CONVOYER, v. act. (*konvoèié*) (du lat. barbare *conviare*. Voy. CONVOI.), t. de mar., accompagner, escorter : *convoyer des vaisseaux marchands; faire convoyer un train d'artillerie.* — *se* CONVOYER, v. pron.

CONVOYEUR, subst. et adj. mas. (*konvoèieur*), se dit d'un bâtiment qui en *convoie* d'autres : *navire convoyeur*.

CONVULSÉ, E, subst. et adj. (*konvulecé*), t. de médec., attaqué d'une *convulsion*, qui a des *convulsions : muscle convulsé.* — *Un convulsé*, un homme attaqué de *convulsions*.

se **CONVULSER**, v. pron. (*cekonvulecé*), s'agiter *convulsivement*. Peu en usage.

CONVULSIBILITÉ, subst. fém. (*konvulecibilité*), t. de médec., disposition à avoir des *convulsions*. — État d'un *convulsé*.

CONVULSIBLE, adj. des deux genres (*konvulecible*), t. de médec., qui est disposé aux *convulsions*; qui annonce des *convulsions*.

CONVULSIF, adj. mas., au fém. CONVULSIVE (*konvulecife, cive*), qui se fait avec *convulsion*; accompagné de *convulsions*; qui est *mouvement convulsif*. — Qui donne des *convulsions : l'émétique est convulsif.*—Subst. mas. : *un convulsif*, un remède *convulsif*.

CONVULSION, subst. fém. (*konvulecion*) (en lat. *convulsio*), mouvement irrégulier et involontaire des muscles, avec secousse et violence : *convulsion épileptique; être, tomber en convulsion.* — Au fig., effort, mouvement violent et forcé : *les convulsions de la nature; cette révolution s'opéra sans déchirements, sans convulsions; les convulsions de l'éloquence moderne.*

CONVULSIONNAIRE, subst. des deux genres (*konvulecionère*), qui a des *convulsions*. Peu usité. — Subst. et adj. des deux genres, nom donné à quelques fanatiques du dix-huitième siècle, qui apportaient en preuve de la vérité de leurs opinions, les *convulsions* qu'ils éprouvaient, ou plutôt qu'ils feignaient d'éprouver.

CONVULSIONNÉ, E, part. pass. de *convulsionner*.

CONVULSIONNER, v. act. (*konvulecioné*), donner des *convulsions*. — *se* CONVULSIONNER, v. pron.

CONVULSIONNISTE, subst. et adj. des deux genres (*konvulecioniceté*), partisan des *convulsions*. On donnait ce nom sous Louis XV à des fanatiques qui s'étaient déclarés partisans des *convulsions* que l'on faisait jouer sur le tombeau d'un prétendu saint, et qui les regardaient comme des miracles.

CONVULSIVEMENT, adv. (*konvuleciveman*), t. de médec., d'une manière *convulsive*; avec ou par des *convulsions*.

CONYSE, barbarisme. Voy. CONISE.

CONYZOÏDES, barbarisme; écrivez : CONIZOÏDES, subst. fém. plur. (*konizo-ide*), t. de bot., famille de plantes aquatiques dans laquelle se trouvent les *conises*.

CONZÉLATEUR, subst. mas. (*konzélateur*), arc-boutant d'un parti. (*Boiste.*) Ce mot est inus.

COOBLIGATION, subst. fém. (*ko-obliguácion*), *obligation* mutuelle, ou qui est commune entre plusieurs personnes.

COOBLIGÉ, E, subst. et adj. (*ko-oblijé*), celui qui est *obligé* avec un ou plusieurs autres, dans un contrat, dans une *obligation*, ou qu'on a *obligé* avec un ou plusieurs autres.

COOKIA, subst. fém. (*ko-okia*), t. de bot., genre de plantes de la famille des laurinées, laquelle ne comprend qu'une seule espèce.

COOLÉET-MANÉES, subst. mas. (*ko-olé-émané*), t. de bot., arbre de Sumatra dont l'écorce est une cannelle de médiocre qualite. — Genre de plantes de la famille des laurinées.

COOL-TUNKARDS, subst. mas. (*koulteunekeurdze*), sorte de boisson en Angleterre, à peu près comme celle de la réglisse en France.

COOPÉRATEUR, subst. mas., au fém. **COOPÉRATRICE** (*ko-opérateur*, *trice*) (en latin *cooperator*), celui ou celle qui *coopère*, qui concourt avec un ou plusieurs autres à la production d'un même effet. Il se dit principalement en matière de religion : *coopérateur de la grace.*

COOPÉRATION, subst. fém. (*ko-opérâcion*) (en lat. *cooperatio*). action de deux ou de plusieurs agents qui produisent un même effet : *la coopération de la grace.*

COOPÉRATRICE, subst. fém. Voy. COOPÉRATEUR.

COOPÉRÉ, E, part. pass. de *coopérer.*

COOPÉRER, v. act. (*ko-opéré*) (en lat. *cooperari*, formé, dans le même sens, de *cum*, avec, et de *operari*), *opérer* conjointement avec une ou plusieurs personnes. — *Coopérer à la grace*, y correspondre, en suivre les mouvements.

COOPTATION, subst. fém. (*ko-opetâcion*) (en lat. *cooptatio*), t. d'hist. anc., chez les anciens, manière extraordinaire dont certains corps pouvaient s'associer des membres qui n'y avaient pas été destinés dès leur jeunesse, ou qui n'avaient pas les conditions nécessaires à cette association. On le dit encore aujourd'hui à peu près dans le même sens : *les augures, les pontifes, se choisissaient anciennement des collègues par cooptation ; l'ancienne université conférait quelquefois des dignités par cooptation.*

COOPTÉ, E, part. pass. de *coopter.*

COOPTER, v. act. (*ko-opeté*) (du lat. *cooptare*, fait, par contraction, de *coadoptare*, formé de *cum*, avec, ensemble, et *adoptare*, adopter), admettre quelqu'un dans un corps d'une manière extraordinaire, et en le dispensant de certaines conditions exigées ordinairement pour y entrer ; associer, agréger.

COORDINATION, subst. fém. (*ko-ordinâcion*), action de *coordonner* ; état de choses *coordonnées.*

COORDONNÉ, E, part. pass. de *coordonner.*

COORDONNÉES, subst. et adj. fém. plur. (*ko-ordoné*), t. de géom., les abscisses et les *ordonnées* d'une courbe rapportées les unes aux autres. Celles qui font un angle droit sont appelées : *coordonnées rectangles. La nature d'une courbe se détermine par l'équation entre ses coordonnées.*

COORDONNER, v. act. (*ko-ordoné*) (du lat. *cum*, avec, ensemble, et *ordinare*, arranger, disposer), combiner l'arrangement, les rapports ; les disposer convenablement pour un but : *le hasard n'a pu coordonner les astres, séparés par des distances infinies ; il a sagement coordonné ses moyens.* — *se* COORDONNER, v. pron.

COORZA, subst. mas. (*ko-orza*), t. d'hist. nat., espèce de poisson que l'on dit voisin des maquereaux.

COPAGINAIRE, subst. mas. (*kopajinère*), tenancier d'un même héritage. Inus.

COPAHU, subst. mas. (*kopa-u*), t. de bot., arbre d'où s'écoule la térébenthine de *copahu*, connue sous le nom de *baume de copahu*, ou *copahu* simplement. On l'appelle aussi *copaïer* et *copaïba.*

COPAÏBA, subst. mas. (*kopa-iba*). Voy. COPAÏER.

COPAÏER, subst. mas. (*kopa-ié*), t. de bot., arbre du Brésil duquel on extrait, en été, par incision, un baume appelé *baume de copahu* ; son bois est propre à faire des meubles. — L'*Académie* a tort de sembler préférer *copayer*, parce que l'*a* se prononce isolé de l'*y*.

COPAJA, subst. mas. (*kopaja*), t. de bot., bignone de la Guyane, qui parvient à quatre-vingts pieds de hauteur.

COPAL, subst. mas. (*kopale*), gomme ou résine d'une odeur très-agréable qu'on tire par incision d'un grand arbre de la Nouvelle-Espagne ; elle entre dans le vernis.

COPALINE, subst. fém. (*kopaline*), gomme-résine qui découle du liquidambar d'Amérique. On l'emploie en médecine.

COPALME, subst. mas. (*kopalme*), t. de bot., espèce de liquidambar d'Amérique qui produit la gomme appelée *copalme* ou *copaline*. Voy. LIQUIDAMBAR.

COPALXOCOTI, subst. mas. (*kopalekçokoti*), t. de bot., petit arbre de la Nouvelle-Espagne ; son bois approche de la senteur et de la saveur du *copal.*

COPARTAGE, subst. mas. (*kopartaje*), t. de jurispr., *partage* avec une ou plusieurs personnes.

COPARTAGÉ, E, part. pass. de *copartager.*

COPARTAGEANT, E, adj. et subst. (*kopartajan, jante*), qui *partage* avec un autre : *des héritiers légataires universels deviennent copartageants, lorsqu'ils procèdent à un partage de quelque bien commun, qu'ils possédaient par indivis.* — On a dit adjectivement au fém. : *les puissances copartageantes.*

COPARTAGER, v. act. (*kopartajé*), *partager* avec un autre. — *se* COPARTAGER, v. pron.

COPEAU, subst. mas. (*kopô*) (rac. *couper* ; on disait autrefois *coupeau* : ou du grec κοπειον, morceau), tout ce qu'on ôte du bois avec la hache, le rabot ou quelque autre instrument tranchant. — *Copeau de bois*, morceau de bois pour faire un peigne. — Déchet des pierres dont on tire les ardoises. — *Vin de copeau*, vin nouveau que l'on fait passer sur des *copeaux.*

COPECK, COPEEK ou **KOPEICK**, subst. mas. (*kopèke, pèke*), monnaie de Russie, qui est la centième partie du rouble. — La quatre-vingtième partie de la reischsthâle de Revel en Estonie.

COPENHAGUE, subst. propre fém. (*kopènague*), ville d'Europe, capitale du royaume de Danemark.

COPERMUTANT, subst. mas. (*kopèremutan*), t. d'ancien droit canonique ; chacun de ceux qui *permutaient* ensemble un bénéfice.

COPERMUTATION, subst. fém. (*kopèremutâcion*), action des *copermutants.*

COPERMUTÉ, E, part. pass. de *copermuter.*

COPERMUTER, v. act. (*kopèremuté*), t. d'ancien droit canonique : opérer la *copermutation.*

COPERNIC, subst. mas. (*kopèrenik*), nom propre d'un célèbre astronome.—*Système de Copernic*, celui qui, conformément à la doctrine de cet astronome, suppose le soleil en repos au centre du monde, et toutes les planètes se mouvant autour de lui. — Une des taches de la lune, ainsi nommée du célèbre astronome *Copernic.* — Instrument astronomique proposé par *Whiston*, pour représenter et calculer le mouvement des planètes dans le système de *Copernic.*

COPERNICIEN, subst. mas. (*kopèrenicicin*), astronome qui soutient le système de *Copernic.*

COPHIN, subst. mas. (*kofein*), sorte de panier. Inusité. Voy. COFFIN.

COPHOSE, subst. fém. (*kofôze*) (en grec κωφωσις, fait, dans le même sens, de κωφος, sourd), t. de médec., surdité, maladie dans laquelle il y a paralysie du nerf acoustique. Inus.

COPHTE ou **COPTE**, subst. et adj. des deux genres (*kofete, kopete*), anciens habitants de l'Égypte, ainsi nommés, selon les uns, de *Cophtos*, ville autrefois célèbre dans la Thébaïde, que les Arabes nomment *Cobt*, et les Cophtes *Keft* ; et, selon les autres, du grec κοπτω, je coupe, parce qu'ils ont toujours conservé l'usage de la circoncision. Ceux de leurs descendants qui, en gardant le nom de *Cophtes*, ont embrassé le christianisme, sont la secte des jacobites. — *Langue cophte* ou *copte*, l'ancienne langue égyptienne, mêlée de beaucoup de grec. Les *Cophtes* modernes en font peu d'usage ; ils parlent habituellement l'arabe.

COPHTIQUE ou **COPTIQUE**, adj. des deux genres (*kofetike, kopetike*), qui a rapport aux *Cophtes.* Peu usité.

COPIATE, subst. mas. (*kopiate*), t. d'hist. eccl. On appelait ainsi, dans les premiers siècles de l'Église, ceux qui faisaient des fosses pour enterrer les morts. C'était ordinairement des clercs qui étaient chargés de ce travail. (*Fleury*). Ce mot est aujourd'hui hors d'usage.

COPIE, subst. fém. (*kopi*) (du lat. *copia* qui signifie proprement *abondance*, et qui, dit *Caseneuve*, a été employé dans le sens de *copie* ; parce qu'en faisant des *copies* d'un original, on multiplie une chose qui était unique en son espèce, ce qui est proprement, ajoute-t-il : *copiam rei alicujus facere*), écrit qui a été transcrit d'après un autre : *la copie d'un manuscrit ; copie fidèle, exacte, défigurée*, etc. — *Livre de copie de lettres*, celui dans lequel les négociants font transcrire les lettres qu'ils écrivent. Par abréviation on dit : *le copie de lettres*, ce qui change le genre du mot *copie.* C'est une bien forte licence.—En t. d'imprim., manuscrit ou imprimé sur lequel un compositeur travaille : *il n'y a pas assez de copie pour achever la feuille.*—*Copie de chapelle*, les deux exemplaires de chaque ouvrage qu'on abandonne aux ouvriers qui forment la *chapelle.* Voy. ce mot. — Imitation d'un original de peinture, sculpture ou gravure. *Copie* ne se dit proprement que pour la peinture ; pour la sculpture et le relief, on dit *modèle* : *les tableaux de Raphaël ont de l'agrément jusque dans les mauvaises copies ; les simples modèles de l'antique qui sont au Louvre n'y figurent pas moins bien que les originaux des sculpteurs modernes.* — *Copie* se dit aussi d'une traduction. Le *P. Bouhours*, en parlant de sa traduction du *Nouveau Testament*, faite sur la Vulgate, dit que *c'est une copie ressemblante, qui représente jusqu'aux défauts de l'original*, etc. —On dit fig. et fam., d'un homme qui ne réussit pas à en imiter un autre qui excelle dans son genre, que *c'est une mauvaise copie d'un fort bon original* ; et d'un homme singulièrement ridicule, que *c'est un original sans copie.*—T. de jurispr., transcription d'un acte. *Copie* est quelquefois opposé à *original.* On dit *l'original d'un exploit ; la copie d'un exploit.* Il est opposé à *minute*, lorsque la *copie* est tirée sur l'*original* d'un acte qui porte ce nom. *Copie* est quelquefois opposé à *grosse.* L'*original* d'une requête s'appelle *grosse*, et le double qu'on en fait est la *copie.* On distingue, dans certains actes, la *copie* de la *grosse* et de l'*expédition.* La *grosse* d'un acte devant notaire ou d'un jugement est bien une *copie* tirée sur la *minute*, mais c'est une *copie* revêtue de plus de formalités ; elle est en forme exécutoire ; et, pour la distinguer des autres *copies*, on l'appelle *grosse.* L'*expédition* est aussi une *copie* de l'acte, mais distinguée de la simple *copie*, parce qu'elle est ordinairement en parchemin. Il y a cependant aussi des *expéditions* en papier, mais elles sont encore distinguées des simples *copies*, soit parce qu'elles sont sur du papier différent, soit parce qu'elles sont tirées sur la *minute* ; au lieu qu'une *simple copie* d'un acte devant notaire n'est ordinairement tirée que sur une *expédition.*—*Copie collationnée*, qui a été relue et reconnue conforme à l'*original.*—*Copie figurée*, celle qui représente l'*original* tel qu'il est, mot pour mot, ligne pour ligne, avec ses renvois, ses ratures, etc. — *Copie signifiée*, celle que l'huissier laisse à une partie ou à son avoué.

COPIÉ, E, part. pass. de *copier.*

COPIER, v. act. (*kopié*), faire une *copie* : *copier un écrit, un tableau*, etc. Voy. TRANSCRIRE. — Imiter : *copier la nature, un ouvrage d'esprit, les mœurs de son siècle.* — Contrefaire : *cet homme avait un grand talent pour copier les gens.* Voy. IMITER. — *se* COPIER, v. pron., se répéter ; ne pas varier ses sujets, sa manière.

COPIEUSE, adj. fém. Voy. COPIEUX.

COPIEUSEMENT, adv. (*kopieuzeman*) (en latin *copiosè*), abondamment. Il ne s'emploie guère qu'en parlant des fonctions animales : *boire, manger copieusement.*

COPIEUX, adj. mas., au fém. **COPIEUSE** (*kopieu, pieuze*) (en lat. *copiosus*, fait, dans la même acception, de *copia*, abondance), abondant : *une évacuation de bile très-copieuse ; repas très-copieux.*

COPISCUS, subst. mas. (*kopicekuce*), nom ancien d'une espèce d'encens de qualité inférieure.

COPISTE, subst. des deux genres (*kopicete*), celui, celle qui *copie*, en quelque genre que ce soit. Voy. COPIER.

COPOU, subst. mas. (*kopou*), t. de comm., toile très-estimée à la Chine.

COPPAL, subst. propre mas. (*kopepal*), myth., idole adorée sur la côte de Coromandel.

COPRAGOGUM, subst. mas. (*kopraguôguome*), t. de pharm., nom d'un électuaire purgatif et très-doux. Peu usité.

COPRENEUR, subst. mas. ; au fém. **COPRENEUSE** (*kopreneur, neuze*), celui qui *prend* à loyer ou à ferme *avec* un autre des terres, une maison, des rentes, etc.

COPRIN, subst. mas. (*koprein*) t. de bot., genre de plantes de la famille des champignons.

COPROCRASIE, subst. fém. (*koprokrazi*) (du grec κοπρος, excrément, et ακρασια, incontinence, t. de médec., sortie involontaire des matières fécales.

COPROCRITIQUE, adj. et subst. mas. (*koprokritike*) (du grec κοπρος, excrément, et κρινω, je sépare), t. de médec., remède purgatif qui n'évacue que les excréments.

COPROÉMÈSE, subst. fém. (*kopro-émèze*) (du grec κοπρος, excrément, et εμεω, je vomis), t. de médec., vomissement des matières fécales.

COPRONYME, adj. des deux genres (*kopronime*) (du grec κοπρος, excrément, et ονυμα, nom), t. d'hist. anc., surnom de Constantin VI, empereur de Constantinople, qui lui fut donné parce que, dans la cérémonie de son baptême, lorsqu'on fit les immersions, il salit de ses ordures les fonts sacrés.

COPROPHAGE, subst. et adj. des deux genres

(*koprofaje*) (du grec κοπρος, excrément, et φαγω, je mange), t. d'hist. nat., famille d'insectes coléoptères qui vivent d'excréments et de fientes d'animaux.

COPROPHORIE, subst. fém. (*koprofori*) (du grec κοπρος, excrément, et φερω, je porte, je dégage), t. de médec., purgation, évacuation par les intestins. Presque hors d'usage.

COPROPRIÉTAIRE, subst. des deux genres (*koproprïétère*), celui ou celle qui possède une *propriété* avec un autre. Les *copropriétaires* possèdent par *indivis* ou *séparément*. Ils possèdent par *indivis* lorsque la chose commune n'est point partagée, et qu'aucun d'eux n'a sa part distinguée des autres.

COPRORRHÉE, subst. fém. (*koproreré*), syn. de *diarrhée*. Presque inus.

COPROSCLÉROSE, subst. fém. (*koprocekléróze*) (du grec κοπρος, excrément, et σκληρος, dur), t. de médec., endurcissement des matières fécales. Inus.

COPROSME, subst. mas. (*koproceme*), t. de bot., genre de plantes composé de trois espèces, qui croissent naturellement à la Nouvelle-Zélande.

COPROSTASIE, subst. fém. (*koprocetazi*) (du grec κοπρος, excrément, et στασις, action de s'arrêter, dérivé de ιστημι, s'arrêter), t. de médec., constipation. Presque hors d'usage.

COPTARION, subst. mas. (*kopetarion*) (du grec κοπταριον, petit gâteau), t. de pharm., préparation pharmaceutique végétale en forme de petits gâteaux, et employée autrefois dans les maladies de poitrine.

COPTE. Voy. COPHTE.

COPTÉ, E, part. pass. de *copter*.

COPTER, v. act. (*kopeté*) (du grec κοπτειν, frapper, battre), faire battre le battant de la cloche seulement d'un côté. Vieux et même inus.

COPTIS, subst. mas. (*kopetice*), t. de bot., genre de plantes établi pour placer l'ellébore à trois feuilles.

COPTOGRAPHE, subst. mas. (*kopetoguerafe*) (du grec κοπτω, je coupe), et γραφω, j'écris), celui qui fait un traité sur l'art de découper une carte. — Celui, celle qui découpe cette carte. Inus.

COPTOGRAPHIE, subst. fém. (*kopetoguerafi*) (même étym. que celle du mot précédent), art de découper une carte, laquelle, placée à la lumière, projette sur le mur un dessin qui produit l'effet de l'estampe.

COPTOGRAPHIQUE, adj. (*kopetoguerafike*), qui a rapport à la *coptographie* : *art coptographique*.

COPTOLOGIE, subst. fém. (*kopetoloji*) (du grec κοπτω, je coupe, et λογος, discours), traité sur l'art de découper une carte. Inus.

COPTOLOGIQUE, adj. (*kopetolojike*), qui concerne la *coptologie*. Inus.

COPTON, subst. mas. (*kopeton*), synonyme de *coptarion*. Inus.

COPULASSE, subst. fém. (*kopulace*), exercice entre les écoliers pour obtenir la première place. — Ce mot, qu'on trouve dans trois *Dictionnaires*, n'est pas usité.

COPULATIF, adj. mas., au fém. COPULATIVE (*kopulatife, tive*) (en lat. *copulativus*), en t. de gramm., qui sert à lier les mots, les membres des phrases, etc. — On appelle *conjonctions copulatives*, celles qui servent à lier les mots entre eux : *et*, est une *conjonction copulative*.

COPULATION, subst. fém. (*kopulácion*) (en lat. *copulatio*, fait de *copulare*, joindre, unir, lier), conjonction des deux sexes pour la génération. — En t. d'hist. nat., accouplement du mâle avec la femelle.

COPULATIVE, adj. et subst. fém. Voy. COPULATIF, adj., et COPULATIVE, subst.

COPULATIVE, subst. fém. (*kopulative*), conjonction : *la copulative et, mal placée, produit une équivoque*. Voy. notre *Grammaire*.

COPULE, subst. fém. (*kopule*) (du lat. *copula*, lien, attache), t. de logique, la partie d'une proposition qui joint l'attribut au sujet : dans cette phrase : *Dieu est juste*, le verbe *est* s'appelle *copule*. — En t. de jurispr., on appelle *copule charnelle*, l'union entre deux personnes de différent sexe.

COPULÉ, E, part. pass. de *copuler*.

COPULER, v. neut. (*kopulé*) (en lat. *copulare*, joindre, lier, unir), s'unir charnellement. — *se* COPULER, v. pron. Hors d'usage.

COQ, subst. mas. (*koke*) (mot fait par onomatopée du chant du *coq*), le mâle de la poule. C'est un gallinacé de la famille des alectrides. — On dit, en parlant du chant du *coq*, qu'*il coqueline*. — On donne aussi le nom de *coq* au mâle de la perdrix et à plusieurs autres volatiles : *coq de bruyère, coq-faisan, coq-d'Inde*, etc. — Figure de *coq* qu'on met souvent au haut d'un clocher. On met un *coq* sur un clocher d'église pour signifier, disent quelques auteurs, que le prêtre, à l'exemple du *coq*, doit veiller pour appeler à matines ceux qui dorment. L'usage de poser un *coq*, qui sert de girouette sur les clochers, est des plus anciens. — En t. d'horloger, la pièce qui, dans une montre, couvre et soutient le balancier. — Dans la serrurerie, espèce de crampon qui sert à assurer diverses pièces mobiles ou fixes. — Sorte de raisin. — T. d'hist. nat., espèce de poisson du genre zée. — On donne aussi ce nom à un autre poisson du genre *tétrodon*. — C'est aussi l'un des noms des coquilles fossiles du genre des térébratules, qu'on appelle plus communément poules ou poulettes. — En t. de mar., le cuisinier de l'équipage. Quelques-uns écrivent *coque* avec raison. (Du lat. *coquus*, ou de l'anglais *kook*, cuisinier.) — *Au chant du coq*, au point du jour : *ils se mettent à travailler au chant du coq*. — Prov., *être rouge comme un coq*, avoir le teint extrêmement rouge. — *C'est le coq du village* ou *de la paroisse*, le premier, le principal habitant. — *Être comme un coq en pâte*, avoir tout à souhait dans un lieu, ou être dans une situation commode et agréable. — *Coq*, est une abréviation usitée dans les formules, pour *coquatur* ou *coquantur*, signifiant : *que l'on fasse cuire*.

COQ-À-L'ÂNE, subst. mas. indéclinable (*kokaláne*.) Discours sans suite, sans liaison, et qui n'a aucun rapport au sujet dont on s'entretient : *il ne répond aux choses sérieuses que par des coq-à-l'âne*. — Espèce de poème français où l'on passait, sans aucune liaison, d'un sujet à un autre. — Sorte de jeu. — On dit au plur. : des *coq-à-l'âne*, et non pas *des coq-à-l'ânes* ou *aux ânes*, ni *des coqs-à-l'âne*.

COQ-DES-JARDINS, subst. mas. (*kokedèjardein*), t. de bot., plante vivace à fleur flosculeuse, aromatique, ayant l'odeur de la menthe, stomachique et carminative. On la nomme aussi *grand baume, herbe du coq, menthe de coq*.

COQ-D'INDE, subst. mas. (*kodeinde*). Voy. DINDON. — Au fig., imbécile : *c'est un grand coq-d'Inde*. — Au plur., des *coqs-d'Inde*.

COQ-MARRON, subst. mas. (*kokmaron*), t. d'hist. nat., espèce d'oiseau de l'île de France, de la grosseur du rouge-gorge.

COQ-SOURIS, subst. fém. (*kokeçouri*), t. de mar., voile ou bonnet en deux parties qui se lace entre le hunier et la vergue de fortune d'un sloop, pour remplir le vide que laisse l'échancrure du hunier.

COQUALLIN, subst. mas. (*kokalein*), t. d'hist. nat., animal quadrupède de l'Amérique méridionale. C'est une espèce d'écureuil.

COQUANTOTOLT ou **COQUANTOTOTE**, subst. mas. (*kokantototte, tote*), t. d'hist. nat., petit oiseau huppé d'Amérique. Il ressemble au moineau.

COQUARD, subst. mas. (*kokar*), t. d'hist. nat., oiseau métis produit du mélange du faisan avec la poule commune. Cet animal est très-rare ; on le nomme aussi *faisan bâtard*.

COQUARD ou **COQUARDEAU**, subst. mas. (*kokar, kokardô*) ; vieillard qui fait le galant, le *coquet*. — Sot, benêt, jaseur. Ce mot est inusité.

COQUÂTRE, subst. mas. (*kokâtre*), t. d'hist. nat., *coq* à demi châtré, à qui on a laissé un des testicules.

COQUE, subst. fém. (*koke*) (du grec κογχη, coquille), enveloppe extérieure de l'œuf : *manger des œufs à la coque*, des œufs cuits dans leur *coque*. — Écale de noix. — Enveloppe où se renferme le ver à soie, et où l'araignée renferme ses petits. — Enveloppe de certains fruits et de certaines semences. — En t. de bot., péricarpe formé de plusieurs enveloppes sèches, et élastiques. — En t. de mar., faux pli qui se fait à une corde qui est trop forte ou qu'on n'a pas pris soin de détordre. — Cuisinier d'un navire. — *Coque de navire*, le corps du vaisseau, sans mâts ni apparaux. — T. de bijoutier, espèce de perle dont on fait particulièrement des pendants d'oreilles. — *Coque de cheveux*, cheveux tournés en *coque*. — Sorte de garniture de robe, enjolivée par de gros nœuds formant la *coque*. — Enveloppe des poissons testacés. — Fig. : *ce jeune garçon ne fait que sortir de sa coque*, n'est encore qu'un enfant.

COQUECIGRUE, subst. fém. (*kokecigueru*), t. d'hist. nat., oiseau aquatique, qu'on dit avoir enseigné aux hommes à se donner des lavements, et que les anciens appelaient *clyster*. — Coquille de mer. Voy. COCCIGRUE.

COQUECULE, subst. fém. (*kokekule*), t. de bot., genre de plantes formé aux dépens des ménispermes de Linnée.

COQUEFREDOUILLE, subst. mas. (*kokefredouie*), vieux mot qui signifiait railleur, fat, sot, homme sans esprit. — Malheureux, pauvre hère, malotru. Hors d'usage.

COQUE-LEVANT ou **COQUE-DU-LEVANT**, subst. fém. (*kokelevan*), t. d'hist. nat., petits fruits ou petites baies sphériques d'un brun noirâtre, et de la grosseur d'un pois, qu'on apporte du Levant, sans qu'on sache à quelle plante elles appartiennent. On s'en sert contre les poux et pour enivrer le poisson.

COQUELICOT, subst. mas. (*kokelikô*), t. de bot., espèce de pavot rouge qui croît dans les blés. — Pavot de diverses couleurs qu'on cultive dans les jardins.

COQUELINER, v. neut. (*kokeliné*) ; il se dit du chant du *coq*. — Au fig. et pop., courir après les jeunes filles. Peu usité.

COQUELOURDE, subst. fém. (*kokelourde*), t. de bot., dans les livres anciens, espèce de narcisse. — Nom vulgaire des anémones, et particulièrement de l'anémone des jardins et de l'anémone pulsatille. — En t. de jard., deux agrostèmes cultivées dans les jardins.

COQUELUCHE, subst. fém. (*kokeluche*) (ce nom fut donné pour la première fois, en 1510, à un catarrhe épidémique qui s'emparait de la tête, des épaules, du dos, des reins, et les couvrait comme une *coqueluche* ou capuchon. D'autres dérivent simplement ce nom de la *coqueluche* que portaient les personnes attaquées de cette espèce de rhume, qui, suivant *Mézeray*, fut connu sous le même nom dès l'an 1414, sous Charles VI), capuchon. En ce sens, il est inusité. — Toux violente et convulsive qui attaque principalement les enfants, et qui est quelquefois épidémique : *cet enfant a la coqueluche*. — On dit fig. et fam., par allusion à la *coqueluche* qui souvent est fort répandue, qu'*une personne est la coqueluche de la ville, du quartier*, qu'elle est fort en vogue. — T. d'hist. nat., bruant, ortolan des roseaux mâle.

COQUELUCHÉ, part. pass. de *coqueluche*r.

COQUELUCHER, v. neut. (*kokeluché*), avoir la *coqueluche*. Vieux et inusité.

COQUELUCHIOLE, subst. fém. (*kokeluchiole*), t. de bot., plante de la famille des graminées.

COQUELUCHON, subst. mas. (*kokeluchon*), capuchon de femme. — Il ne se dit qu'en plaisantant : *il y a bien de la malice sous ce coqueluchon-là*.

COQUEMAR, subst. mas. (*kokemar*) (en latin *cocuma*, employé par *Martial* dans la même signification), vase de terre ou de métal, et ayant une anse, propre à faire chauffer ou bouillir de l'eau, etc. Peu en usage.

COQUEMOLLIER, subst. mas. (*kokemolié*), t. de bot., plante qui se rapproche de la famille des apocynées, et qui croît à Saint-Domingue.

COQUEREAU, subst. mas. (*kokerô*), sorte de petit navire.

COQUERELLES, subst. fém. plur. (*kokerèle*), t. de blas., espèce de noisettes vertes et en fourreau, qui sont jointes ensemble au nombre de trois.

COQUERET, subst. mas. (*kokeré*), t. de bot., plante à fleur monopétale, appelée aussi *alkékenge*. On en compte plusieurs espèces, parmi lesquelles les unes sont vivaces et les autres annuelles. *Elle est fort commune dans les haies*.

COQUERICO, subst. mas. (*kokerikô*) (par onomatopée), cri du *coq*.

COQUERIE, subst. fém. (*kokeri*), t. de mar., dans les ports de mer, emplacement où le *coq*, ou plutôt le *coque*, fait la cuisine pour l'équipage d'un bâtiment.

COQUERIQUER, v. neut. (*kokeriké*) (onomatopée), chanter, en parlant du *coq*. Peu usité.

COQUÉRON, subst. mas. (*kokiéron*), t. de mar., petite chambre pratiquée à l'avant des petits bâtiments, et qui sert de cuisine.

COQUES, subst. fém. plur. (*koke*), partie d'une serrure.

COQUESIGRUE, subst. fém. Voy. COQUECIGRUE.

COQUET, subst. mas. (*kokié*), petit bateau qui amène de Normandie à Paris. Peu usité.

COQUET, adj. mas., au fém. **COQUETTE** (*kokiè, kokiète*) (rac. *coq*), qui fait le galant, qui cherche à plaire, à donner de l'amour : *homme coquet, femme coquette ; avoir l'esprit coquet, les manières coquettes*. Il se dit même des choses : *meuble, ruban coquet*, frais et joli. — On dit substantivement au fém. : *c'est une vraie coquette* ; mais on ne dit pas un *coquet*.

COQUETER, selon nous **COQUÊTER** devrait être préféré, v. neut. (*kokieté*) (rac. *coquet*), être *coquet* ou *coquette* ; faire le *coquet*, la *coquette* : *cette femme passe son temps à coqueter*. Peu en usage. — En t. de mar., mener et faire aller un bateau en remuant son aviron par derrière. — S'accoupler avec la poule en parlant du *coq*.

COQUETIER, subst. mas. (*koketié*) (rac. *coq*), marchand d'œufs ou de volailles en gros. Peu en usage. — Petit vase où l'on met un œuf pour le manger à la *coque*.

COQUETON, subst. mas. (*koketon*), t. de bot., ancien nom du narcisse.

COQUETTE, adj. fém. Voy. **COQUET**.

COQUETTE, subst. fém. Voy. **COQUET**. — T. d'hist. nat., poisson du genre chétodon. — Petite alouette. — T. de bot., variété de la laitue cultivée.

COQUETTERIE, subst. fém. (*kokièteri*), afféterie, manège, agaceries d'une personne *coquette* ; parure soignée dans le désir de plaire ; dessein de plaire, soit qu'on éprouve, soit même qu'on n'éprouve pas ce qu'on cherche à inspirer : *la coquetterie est le bonheur des femmes ; la coquetterie est le mensonge de l'amour ; dire, faire des coquetteries*. — Fig., certaine manière de style qui plaît : *son style a de la coquetterie*. — **COQUETTERIE, GALANTERIE.** (*Syn.*) La *coquetterie* cherche à faire naître des désirs, et la *galanterie* à satisfaire les siens ; la première est toujours un déshonorant dérèglement de l'esprit ; la seconde est un vice.

COQUILLADE, subst. fém. (*kokiiade*), t. d'hist. nat., poisson du genre blenne. — Alouette huppée de Provence.

COQUILLAGE, subst. mas. (*kokiiaje*) (en grec κογχύλιον), t. qui exprime en général les petits poissons à *coquille* : *pêcher des coquillages ; vivre de coquillages* ; l'animal qui vit dans une *coquille* ; la *coquille* elle-même. — Amas de *coquilles* : *les marbres, les pierres à chaux ne sont composés que de débris de coquillages*. (Buffon.) — Il signifie quelquefois l'espèce d'une *coquille* : *coquillage marqueté*, etc.

COQUILLARDE, subst. fém. (*kokiiarde*), t. d'hist. nat. Voy. **COQUILLADE**, qui semble être le même.

COQUILLARD, l'*Académie* écrit *coquillart* ; nous croyons que la première orthographe est plus dans le génie de notre langue, subst. mas. (*kokiiar*), t. de carriers, lit de pierre de taille rempli de petits *coquillages*.

COQUILLE, subst. fém. (*kokiie*) (en grec κογχος), *coque* ou enveloppe dure des limaçons et des poissons appelés *testacés*, comme moules, huîtres, etc. — *Coque* d'œuf et de noix, surtout lorsqu'elle est cassée. — En archit., 1° espèce de voûte, formée d'un quart de sphère ouverte, pour couvrir une niche ; 2° ornement de sculpture par lequel on décore le fond d'une niche, etc., et qu'on appelle *double* lorsqu'il a deux lèvres ; 3° dans les escaliers de pierre, le débordement du dessous des marches ; et dans ceux en bois, le ravalement en latte et en plâtre du dessous de ces mêmes marches. — En t. d'art militaire, on appelle *coquilles à boulets*, les moules dont on se sert pour faire les boulets. — *Or de coquille* ou *en coquille*, pâte de miel et de feuilles d'or réduites en poudre, dont on se sert pour dorer. — En t. de serrurier, petit morceau de fer, en forme de *coquille*, sur laquelle on met le doigt pour ouvrir la porte : *coquille de loquet*. — Certains ouvriers nomment *coquilles*, deux moitiés de métal qui doivent être soudées ensemble. — Ornement de parterre fait en forme de conque marine. — Les diamantaires appellent *coquille*, un ustensile de cuivre dont ils se servent pour mettre les diamants en soudure. — Planchette sur laquelle s'appuient les pieds d'un cocher. — En t. de papetier, sorte de papier collé dont la marque est une *coquille*. On dit même adj. au mas. : *du papier coquille*. — En t. d'imprim., on appelle *coquille*, une lettre placée pour une autre dans la composition : *je n'ai trouvé qu'une coquille dans cette page ; il fait beaucoup de coquilles*. — On appelle aussi, en imprimerie, *coquille de la presse*, le petit vase plein d'huile au fond duquel fait effort la pointe du pivot de la vis qui donne le foulage. — En anat., partie interne de l'oreille. — Prov., *rentrer dans sa coquille*, baisser le ton, se taire, devenir modeste, quand quelqu'un a rabaissé notre caquet. Fam. — *Ne faire que sortir de sa coquille*, être jeune. Fam. — Au plur., toutes sortes de marchandises : *vendre bien cher ses coquilles*. — On dit prov. à quelqu'un qui veut nous en faire accroire : *à qui vendez-vous vos coquilles? portez vos coquilles à d'autres*, ou *portez-les ailleurs ; c'est vendre des coquilles à ceux qui viennent de Saint-Michel*.

• **COQUILLE-À-RÔTIR**, subst. fém. (*kokiiarôtir*), petit foyer portatif qui se met devant une *rôtissoire*.

COQUILLE-DU-NEZ, subst. fém. (*kokiiedunê*), t. d'anat., quelques auteurs ont donné ce nom aux cornets des fosses nasales.

COQUILLÉ, E, part. pass. de *coquiller*.

COQUILLER, v. neut. (*kokiié*), t. de pâtissier, se dit de la croûte qui se boursouffle.

COQUILLEUSE, adj. fém. Voy. **COQUILLEUX**.

* **COQUILLEUX**, adj. mas., au fém. **COQUILLEUSE** (*kokiieu, ieuze*), t. d'hist. nat., rempli de *coquilles* : *pierres coquilleuses*. (Buffon.) On dit aussi *coquillier, coquillière*. L'*Académie* ne donne même que ce mot.

COQUILLIER, subst. mas. (*kokiié*), collection de *coquilles*. — Lieu où on les rassemble. — Boîte pour les *coquilles* à couleurs.

COQUILLIER, subst. et adj. mas., au fém. **COQUILLIÈRE** (*kokiié, ère*). Voy. **COQUILLEUX**, dont la signification est la même.

COQUILLO, subst. mas. (*kokiio*), t. de bot., palmier du Brésil.

COQUILLON, subst. mas. (*kokiion*), t. de monnayage, petite *coquille*. — *Coquillon d'affinage d'argent*, l'argent qui s'attache au bout de la canne en forme de *coquille* quand on le retire de la coupelle.

COQUIN, E, subst. et adj., (*kokein, kine*) (du latin *coquinus*, de cuisine ; *grand amateur de la cuisine*, comme le sont les gueux, les mendiants, etc. *Coquinus*, diminutif de *coquus*, s'est dit originairement des plus bas officiers de cuisine, et ensuite des gens les plus vils et les plus méprisables), t. d'injure et de mépris, fripon, maraud. — Lâche, infâme, sans cœur et sans honneur. — *Une coquine*, femme de mauvaise vie : *grande, hardie, effrontée coquine*. — Qui trompe beaucoup d'amants : *c'est une rusée coquine*. — Il s'emploie quelquefois par plaisanterie, sans aucune idée d'injure ni de mépris : *ah! c'est un heureux coquin!* — Style fam., on dit adj. *métier coquin, vie coquine*, métier de fainéant, vie douce, molle, à laquelle on s'accoutume.

COQUINAILLE, subst fém. (*kokinâ-ie*), troupe de *coquins*, de gueux. Peu usité.

COQUINBAT, subst. mas. (*kokeinba*), sorte de jeu de dames à qui perd gagne.

COQUINE, subst. et adj. fém. Voy. **COQUIN**.

COQUINER, v. neut. (*kokiné*) (rac. *coquin*), gueuser, fainéantiser, faire le métier de gueux. Ce verbe est vieux.

COQUINERIE, subst. fém. (*kokineri*), action de *coquin* ; action vile, indigne d'un honnête homme : *il nous a fait une grande coquinerie*. — Il se dit aussi du caractère du *coquin* : *sa coquinerie est connue de tout le monde*. Il est fam.

COQUINET, subst. mas. (*kokinè*), mot employé par *Voltaire* pour signifier *petit voleur*. Il n'est point usité.

COQUIOLE, ou **COQUIOULE**, subst. fém. (*kokiole*), *oule*), t. de bot., avoine folle.

COR, subst. mas. (*kor*), sorte de durillon qui vient aux pieds. (Du lat. *cornu*, dans la signification de *cornet*, trompe, etc.), instrument à vent, dont le corps est de cuivre et tourné en spirale. Celui qui sert à la chasse, et que, par cette raison, on appelle *cor de chasse*, est de la même forme, mais plus grand que celui de concert. On dit *sonner* et *donner du cor*. — En t. d'hist. nat., *cor de mer*, coquille rude au-dehors, unie et blanche par dedans, assez grosse pour servir sur mer de porte-voix aux petits bâtiments. — *A cor et à cri*, adv. et non pas, ainsi qu'écrit le bas peuple, *à corps et à cri* : *chasser à cor et à cri*, avec grand bruit. — Fig. : *vouloir, demander, poursuivre à cor et à cri*, avec ardeur, avec instance, à toute force.

CORACE, subst. mas. (*korace*) (du grec κοραξ, corbeau), t. d'hist. nat., famille d'oiseaux silvains. Ils se rapprochent beaucoup des corbeaux, parmi lesquels on les a rangés.

CORACIAS, subst. mas. (*koracice*), t. d'hist. nat., oiseau moins gros qu'une corneille ; il a les mœurs de la *pie*. (*Boiste*.)

CORACIN, subst. mas. (*koracein*), t. d'hist. nat., espèce de poisson du Nil.

CORACINE, subst. fém. (*koracine*), t. d'hist. nat., genre d'oiseaux silvains de la famille des baccivores.

CORACIQUES, subst. masc. plur. (*koracike*). Voy. **CORACE**.

CORACITE, subst. fém. (*koracite*) (du grec κοραξ, corbeau), t. d'hist. nat., pierre figurée de la couleur de celle du corbeau.

CORACO-BOTANE, subst. fém. (*korakobotane*), t. de bot., espèce de plante.

CORACO-BRACHIAL, E, adj. et subst., au plur. mas. **CORACO-BRACHIAUX** (*korakobrakial*) (du grec κοραξ, corbeau, et du lat. *brachium*, bras), t. d'anat. Il se dit du muscle du bras qui s'attache à la pointe de l'apophyse *coracoïde*.

CORACO-CLAVICULAIRE, adj. des deux genres et subst. mas. (*korakoklavikulère*), t. d'anat., qui appartient à l'apophyse *coracoïde* et à la *clavicule*. — Nom d'un ligament appelé aussi *omo-claviculaire*.

CORACO-HUMÉRAL, adj. et subst. mas. ; au plur. mas., **CORACO-HUMÉRAUX** (*korako-uméral, rô*), t. d'anat., se dit du muscle qui tient à l'apophyse *coracoïde* et à l'*humérus*.

CORACO-HYOÏDIEN, adj. et subst. mas., au fém. **CORACO-HYOÏDIENNE** (*korako-i-o-idiein*), t. d'anat., qui appartient à l'apophyse *coracoïde* et à l'os *hyoïde*. On dit aussi *omo-hyoïdien* ou *omoplathyoïdien*.

CORACOÏDE, subst. fém. (*korako-ide*) (du grec κοραξ, corbeau, et εἶδος, forme, ressemblance), t. d'anat., apophyse de l'omoplate, qui ressemble au bec d'un corbeau.

CORACOÏDIEN, subst. et adj. mas., au fém. **CORACOÏDIENNE** (*korako-idiein, ène*), t. d'anat., nom d'un muscle qui prend son origine à l'apophyse *coracoïde*.

CORACO-RADIAL, E, adj., au plur. mas. **CORACO-RADIAUX** (*korakoradial*) (du grec κοραξ, corbeau, et du lat. *radius*, l'un des deux os de l'avant-bras), t. d'anat., nom d'un muscle qui tient à l'apophyse *coracoïde* et au *radius*.

CORAIGNES, subst. fém. plur., ou **CORS**, subst. mas. plur. (*korègnie*), petites boules de *corail*. Voy. **CORAIL**.

CORAIL, subst. mas. ; au plur. **CORAUX** (*kora-ie*) (en grec κοράλλιον, formé, dans le même sens, de κορεω, j'orne, et de ἁλς, mer : *l'ornement, la plus belle production de la mer*), sorte d'arbrisseau qui croît dans la mer, qui devient dur et pierreux en sortant de l'eau, et qui est ordinairement rouge ; ou plutôt, d'après les nouvelles observations des naturalistes, ruches que forment au fond de la mer certains insectes, dont la matière est du genre de celle des coquilles : *il y a de beaux coraux dans ce cabinet*. — On dit fig. et poét. d'une belle bouche, que *c'est une bouche de corail ; des lèvres de corail*, fraîches et bien colorées.

CORAIL-DE-JARDIN, subst. mas. (*kora-iedejardein*), t. de bot., piment ou poivre de Guinée.

• **CORAILLER**, v. neut. (*kora-ié*) ; il se dit du cri du corbeau. On dit plus souvent *croasser*.

CORAILLÈRE, subst. fém. (*kora-ière*), t. de mar., petit bâtiment provençal pour pêcher le *corail*.

CORAILLEUR, subst. mas. (*kora-ieur*), celui qui va à la pêche du *corail*. — Adjectivement : *des pêcheurs corailleurs ; bateau corailleur*, qui sert à la pêche du corail.

CORAILLOLIDE, subst. mas. (*kora-iélolide*), prétendue semence de *corail*.

CORAÏSCHITES, subst. prop. mas. pl. (*kora-icechite*), une des premières familles à la Mecque, et à laquelle appartenait Mahomet.

CORALLOÏDE, adj. des deux genres (*koralli-o-ide*), qui appartient au *corail*, qui est de la nature du *corail* : *substance coralloïde*.

CORALLACHATE ou **CORALLO-ACHATE**, subst. fém. (*koralelakate, koralelo-akate*), t. d'hist. nat., chez les anciens, agate qui avait la couleur du *corail* ; agate parsemée de points d'or, ou à gouttes dorées.

CORALLAIRE, subst. mas. (*koralelère*), t. de bot., sorte de condori ; il y a le *corallaire* à grandes feuilles, et le *corallaire* à petites feuilles.

CORALLAIRES, subst. mas. plur. (*koralelère*), t. d'hist. nat., ordre établi parmi les polypes composés, et dont le type est le genre *corail*.

CORALLE, subst. mas. (*korale*), t. d'hist. nat., genre de reptiles de la famille des serpents, établi aux dépens des boas de Linnée.

CORALLÉ, E, adj. (*koralelé*), t. de pharmacie; il se dit des remèdes où il entre du *corail*.

CORALLIGÈNES, adj. mas. plur. (*koralelijène*), t. d'hist. nat. Il se dit des polypes qui forment des *coraux*.

CORALLIN, subst. mas. (*koralelein*) t. d'hist. nat., sorte de productions marines, dont un petit nombre appartient au règne végétal, et l'autre au règne animal. *Jussieu* n'en a reconnu, dans la première classe, que sept espèces. — Serpent venimeux d'Asie, à seize bandes rouges.

CORALLIN, E, adj. (*koralelein, line*), qui a la couleur ou la vertu du *corail*. — On a dit en poésie: *bouche coralline; lèvres corallines*.

CORALLINAIRES, subst. fém. plur. (*koralelinère*), t. d'hist. nat., nom d'une classe établie parmi les vers appelés polypes.

CORALLINE, subst. fém. (*koraleline*), t. d'hist. nat., peigne sanguinolent. — Vipère. — Chaloupe en usage dans le Levant pour la pêche du *corail* et du poisson. — Genre de polypiers. — Les anciens naturalistes avaient pris les *corallines* pour des plantes, et ils les désignaient sous les noms de *mousse marine* ou de *fucus*. On connaît en France la *coralline officinale*, sous le nom de *mousse de Corse*, du lieu autour duquel on la ramasse en plus grande quantité. Elle passe pour un des plus puissants remèdes fébrifuges.

CORALLINÉES, subst. fém. plur. (*koraleliné*), t. d'hist. nat., c'est le synonyme de *corallinaires*.

CORALLINITES, subst. fém. plur. (*koralelinite*), t. d'hist. nat., polypiers fossiles.

CORALLIS, subst. fém. (*koralelice*), pierre des Indes dont Pline fait mention. On lui donne la couleur du minium, et elle était rangée au nombre des gemmes. Elle nous est inconnue; et néanmoins on l'a rapportée au genre des jaspes.

CORALLITHE, subst. fém. (*koralelite*) (du grec κοράλλιον, corail, et λίθος, pierre), sorte de *corail* fossile.

CORALLODENDRUM, subst. mas. (*koralelodeindrome*), t. de bot., plante exotique de plusieurs espèces.

CORALLOÏDE, subst. fém., et adj. des deux genres (*koralelo-ide*) (du grec κοράλλιον, corail, et εἶδος, forme), production marine qui ressemble au *corail*. — En t. de bot., genre établi aux dépens des lichens de Linnée. — Sorte de dentaire. — On a appelé *coralloïde pied d'oiseau*, une espèce de clavaire.

CORALLOPÈTRE, subst. mas. (*koralelopètre*), t. d'hist. nat., nom donné indistinctement à tous les *coraux pétrifiés*.

CORALLORHIZA, subst. fém., ou **CORALLORHIZON**, subst. mas. (*koraleloriza, zon*), t. de bot., ophrys dont on a fait un genre particulier

CORAL-RAG, subst. mas. (*koraleraque*), sorte de terre marneuse.

CORAN, subst. mas. (*koran*). Voy. **ALCORAN**.

CORASSIN, subst. mas. (*koracein*), t. d'hist. nat., poisson du genre des cyprins.

CORAYA, subst. mas. (*kora-ia*), t. d'hist. nat., oiseau fourmilier de la Guyane.

CORAZO-DE-JÉSU, subst. mas. (*korazôdejézu*), t. de bot., espèce d'aristoloche du Brésil, employée contre la morsure des serpents.

CORB, subst. mas. (*korbe*), t. d'hist. nat., poisson du genre sciène.

CORBAN, subst. mas. (*korban*), cérémonie que font chaque année les mahométans, au pied du mont Arafat, en Arabie, près de la Mecque. Elle consiste à immoler un grand nombre de brebis, dont ils distribuent la chair aux pauvres.

CORBEAU, subst. mas. (*korbô*) (en latin *corvus*, dérivé du grec κόραξ, par l'insertion du *v*, qui s'est ensuite changé en *b*), gros oiseau d'un plumage noir, qui vit ordinairement de charogne. C'est un passereau, de la famille des plénirostres. — En parlant du cri du *corbeau*, on dit qu'*il croasse*. — Prov.: *noir comme un corbeau*, entièrement noir. — On appelle fig. *corbeaux*, ceux qui enterrent les morts, surtout en temps de peste. Inus. — En t. d'archit., pierre ou pièce de bois ou de fer, mise en saillie, pour soutenir une poutre. — Main de fer pour accrocher les vaisseaux ennemis. On dit aujourd'hui *grappin*. — Machine pour soulever. — Pont mobile qui s'attachait à un mât de navire dans un combat naval. — Poisson de mer du genre sciène. — *Corbeau de nuit*, bihoreau, hulotte, crapaud-volant. Voy. ces mots. — Une des quinze constellations méridionales. — *Corbeau d'Archimède*. Voy. **POLYSPASTE**.

CORBEIL, subst. propre mas. (*korbèie*), ville de France, chef-lieu d'arrond., dép. de Seine-et-Oise.

CORBEILLE, subst. fém. (*korbè-ie*) (en latin *corbicula*, diminutif de *corbes*, qui a la même signification), ouvrage d'osier, évasé, et proprement travaillé, dans lequel on met du pain, etc. — Sorte de petit panier enjolivé de rubans, dans lequel on envoie un bouquet. — On nomme particulièrement *corbeille*, les bijoux et d'autres objets de parure que le futur époux envoie dans une *corbeille* à la personne qu'il doit épouser. — En t. de pêche, espèce de petit canot, en forme de *corbeille*, qui est fait d'osier et revêtu en dedans de cuir de cheval. — Ornement en architecture, en sculpture, en jardinage. — T. d'hist. nat., beau coquillage de la famille des cœurs. — *Corbeilles*, sorte de gabions remplis de terre, formant des embrasures.

CORBEILLE-D'OR, subst. fém. (*korbè-iedor*), t. de bot., alysse saxatile cultivé dans les parterres. — Au plur., des *corbeilles-d'or*.

CORBEILLÉE, subst. fém. (*korbè-ié*), une *corbeille* pleine de quelque chose: *une corbeillée de fruits*. Ce mot manque dans l'*Académie*.

CORBEILLIER, subst. mas. (*korbè-ié*), officier de l'église d'Angers dont la fonction était de distribuer le pain aux chanoines du chapitre.

CORBEJEAU ou **CORREJEAN**, double barbarisme de *Raymond*. Voy. **CORLIEU**.

CORBEQUI, subst. mas. (*korbeki*), petite monnaie qui a cours en Géorgie, et qui vaut environ douze centimes.

CORBI-CALAO, subst. mas. (*korbikala-ô*), t. d'hist. nat., oiseau de la Nouvelle-Hollande.

CORBIE, subst. propre fém. (*korbi*), ville de France, chef-lieu de canton, arrond. d'Amiens, dép. de la Somme.

CORBIEU, CORBLEU, interj. (*korbieu, bleu*), jurement adouci, pour dire: *par le corps de Dieu*. Fam. *Corbieu* ne se dit que chez les paysans.

CORBIJEAU, subst. mas. (*korbijô*), t. d'hist. nat., nom vulgaire du courlis. (*Boiste*.)

CORBIGNY, subst. propre mas. (*korbigni*), ville de France, chef-lieu de canton, arrond. de Clamecy, dép. de la Nièvre.

CORBILLARD, subst. mas. (*korbi-iar*), nom qui se donnait à un coche d'eau, établi pour aller de Paris à *Corbeil*, d'où il a tiré son nom. — Grand carrosse à huit personnes pour voiturer les gens de la suite des princes. — On ne s'en sert aujourd'hui que pour désigner le char qui transporte les corps morts au lieu de la sépulture.

CORBILLAT, subst. mas. (*korbi-ia*), petit du *corbeau*.

CORBILLON, subst. mas. (*korbi-ion*), espèce de petite *corbeille* ou de petit panier dans lequel on met les balles quand on joue à la paume. — Sorte de *corbeille* longue où les marchands d'oublies mettent des pâtisseries en forme de cornet. — En t. de mar., espèce de petite gamelle dans laquelle on sert le biscuit d'un repas pour sept hommes. — Joujou d'enfant. — Jeu dans lequel les joueurs sont obligés de répondre un mot terminé en *on*: *jouer au corbillon*.

CORBIN, subst. mas. (*korbein*), *corbeau*. Ce mot est vieux. — Sorte d'arme que portaient cent gentilshommes de la chambre du roi: *gentilshommes au bec-de-corbin*. — Nez crochu. — *Bec-de-corbin* se dit aussi de certaines cannes dont le bout est recourbé, au lieu d'être en pomme. — Dans les sucreries, on donne ce nom à un vaisseau de cuivre qui a deux anses et un bec, et dont on se sert pour verser le sirop tout chaud dans les formes. — Il n'est plus usité que dans *bec-de-corbin*. Voy. **BEC**.

CORBINE ou **CORNEILLE CORBINE**, subst. et adj. fém. (*korbine*), t. d'hist. nat., *corbeau* plus court et moins gros de moitié que le *corbeau ordinaire*, et qui a les plumes de la poitrine larges et arrondies par le bout.

CORBIVAU, subst. mas. (*korbivô*), t. d'hist. nat., espèce de *corbeau* d'Afrique.

CORBLEU, sorte d'interjection (*korbleu*), jurement. Voy. **CORBIEU**.

CORBULE, subst. fém. (*korbule*), t. d'hist. nat., coquille bivalve dont on ne connaît que des espèces de fossiles.

CORCELET. Voy. **CORSELET**, qui seul se dit.

CORCERON, subst. mas. (*korceron*), t. de pêche, petit morceau de liége qu'on attache aux empiles pour tenir les halms qui sont suspendus au-dessus du fond de l'eau.

CORCHORE, subst. fém. (*korkore*), t. de bot., plante potagère à fleur rosacée, qu'on cultive dans les jardins en Égypte, en Judée et dans l'Inde. On la nomme aussi *corette commune* et *mauve des Juifs*.

CORCIEUX, subst. propre mas. (*korcieu*), village de France, chef-lieu de canton, arrond. de Saint-Dié, dép. des Vosges.

CORCOVADA, subst. mas. (*korkovada*), t. d'hist. nat., poisson des Indes.

CORCYRE, subst. propre fém. (*korcire*), île de la mer Ionienne, sur les côtes de l'Épire.

CORCYRÉEN, subst. et adj. mas., au fém. **CORCYRÉENNE** (*korcirééin, réène*), de *Corcyre*.

CORDACE, subst. fém. (*kordace*) (en grec κόρδαξ), t. d'hist. anc., danse des anciens Grecs, vive, gaie, fort lascive, et qu'on ne dansait ordinairement que lorsqu'on était ivre. — Celui, celle qui exécutait cette danse; dans ce cas il serait des deux genres. — Il se dit aussi d'une sorte de vers, grec ou latin, composé d'une longue et d'une brève.

CORDAGE, subst. mas. (*kordaje*) (rac. *corde*), toutes les *cordes* qui servent à la manœuvre d'un vaisseau. — *Cordes* qu'on emploie aux trains d'artillerie, etc. — Il se dit quelquefois d'une seule *corde*: *ce cordage n'est pas assez fort*. — Manière de mesurer avec une *corde* le bois qu'on appelle *bois de corde*. — En t. de mar., on appelle *cordage blanc*, *le cordage* non goudronné.

CORDAGER, v. neut. (*kordajé*), faire du *cordage*. Hors d'usage.

CORDANTION, subst. mas. (*kordancion*), instrument de musique. Inus.

CORDAT, subst. mas. (*korda*), grosse serge de laine. — Grosse toile qui sert à emballer.

CORDE, subst. fém. (*korde*) (en lat. *chorda*, dérivé du grec χορδή, qui a signifié originairement intestin, ensuite *corde* d'instrument de musique; d'après l'étymologie, qui nous paraît indubitable, nous ne comprenons pas comment on n'a pas écrit *chorde*), tortis fait de chanvre ou d'autres matières flexibles que le *cordier* assemble et entrelace par le moyen de sa roue: *corde de chanvre, de lin, de coton, de roseau, d'écorce de tilleul, de laine, de soie*, etc. Les *cordes* de chanvre sont les plus communes. *Filer, tordre une corde; échelle de corde; couper une corde; lier, attacher quelqu'un avec une corde*. — Le supplice de la potence: *cela mérite la corde; il a échappé à la corde*. — Le fil dont un drap est tissu et qui en fait la chaîne: *habit usé jusqu'à la corde; habit qui montre la corde*. — Fig., ruse grossière: *cela montre la corde*. — Fig. encore: *cet homme montre la corde*, laisse voir qu'il en est aux expédients, à ses dernières ressources. — En mus., 1° la note ou le ton qu'il faut toucher et entonner; 2° intervalle musical: *la quinte a cinq cordes*; 3° accord: *cette pièce a de belles cordes*. — En chir., tension d'un muscle causée par un ulcère, etc. — En t. de médec. vétér., on appelle *corde de farcin*, la tension que le farcin cause chez les chevaux aux parties qui en sont attaquées. — Au jeu de paume, grosse *corde* qu'on attache en travers des deux côtés du jeu, dans le milieu de sa longueur, et à environ quatre pieds de hauteur; il faut que la balle passe par-dessus. — *Corde à peloton*, celle dont on entortille les balles de paume. — Au jeu de billard, deux clous fixés sur les bandes des côtés, en-deçà desquels le joueur qui commence à jouer doit placer sa bille. — En t. d'imprim., *corde de rouleau*, *corde* qui sert à faire mouvoir le train. — En t. d'artificiers, *corde à feu*, mèche de *corde* qui sert à conserver long-temps une petite quantité de feu. Ils donnent le même nom à une espèce d'étoupille qui porte le feu plus long-temps que les autres. — En t. de manége, on appelle *corde*, la grande longe que l'on tient autour du pilier auquel le cheval est attaché, pour le dégourdir, le dénouer, etc.; et l'on appelle *corde des deux piliers*, les longes du caveçon quand le cheval travaille entre deux piliers. — *Faire la corde*, se dit en t. de man. d'un cheval qui, en respirant, retire la peau du ventre au défaut des côtes. — En t. de mar., on appelle *cordes de défense*, des paquets de grosses *cordes* ou de bouts de vieux câbles que l'on fait pendre le long des côtés des chaloupes et autres petits bâtiments, pour rompre le choc et empêcher qu'ils ne se brisent contre de plus gros navires; et *corde de retenue*, une *corde* qui sert à retenir et à gouverner un fardeau. — *Corde de boyau* ou *à boyau*. Voy. **BOYAU**. — *Corde à puits*, en t. de passementier et de boutonnier grosse torsade d'épaulette, et enjolivement mis sur certains boutons. — *Corde de montre*, *corde* de boyau qu'on mettait autrefois aux montres. — T. d'anat., *corde d'Hippocrate*, nom qu'on donne quelquefois au tendon d'Achille. — *Corde du tambour* ou *du tympan*, filet nerveux qui s'introduit dans la caisse du tympan.—*Cordes vocales*, nom donné par *Ferrein* aux *cordons* tendineux qui forment les bords des deux lèvres de la glotte. *Corde de métal*, celle qu'on applique sur certains instruments de musique.—*Corde de bois*, quantité déterminée de bois à brûler.—T. de géom., *corde d'un arc*, ligne droite qui joint les deux extrémités d'un arc sans passer par le centre.— *Ligne de cordes*, une des lignes du compas de proportion. — *Corde du complément d'un arc*, celle qui sous-tend le complément de cet arc, c'est-à-dire ce dont il s'en faut que cet arc soit un demi-cercle. — *Corde sans fin*, *corde* dont les deux bouts sont joints ensemble, ou épissés comme les *cordiers* épissent bout à bout deux pièces de câble : telle est la *corde* qui entoure la roue des tourneurs, etc.— Dans les fabriques de soie, on appelle *corde de semple*, une *corde* de fil à trois bouts ; *corde de rame*, une *corde* plus grosse que celle du semple, où l'arcade est attachée ; *corde de volets*, une *corde* qui tend la chaîne ; *corde encordée*, une grosse *corde* qui roule double sur l'ensuple de derrière, et qui sert à tenir un bois garni de crochets qui arrêtent le composteur. — *Mettre en corde*, passer une *corde* dans les mateaux de soie pendant la cuite. — On nomme dans les fabriques, *tireuses de cordes*, celles qui font mouvoir les petits *cordages* du métier au premier avertissement de l'ouvrier, qui, par cette manœuvre, forme les dessins de l'étoffe. — T. de phys., *cordes vibrantes*, *cordes* élastiques, qui, étant tendues et pincées par un archet, etc., sont animées d'un mouvement de vibration. — On dit, en t. de pêche : 1° *pêcher aux cordes*, pêcher à l'aide d'une longue *corde*, à laquelle on attache, de distance en distance, des lignes ou empiles garnies d'haims ; cette *corde* principale s'appelle, sur l'Océan, *maîtresse corde* ou *bauffe* ; et, sur la Méditerranée, *maître de palangre* ; 2° *corde par fond*, maîtresse-*corde* chargée de plomb ou de cailloux qui l'assujétissent sur le fond ; 3° *corde flottante*, celle qui est soutenue par des corcerons de liége qui la font flotter. — Prov. : *traîner* ou *filer sa corde*, mener une vie de fripon qui conduit à la potence. — *Gens de sac et de corde*, fripons, scélérats.—*Se racheter de la corde*, avoir mérité la *corde*, et se faire renvoyer absous en corrompant ses juges, etc. — *Avoir de la corde de pendu*, être extrêmement heureux en tout.— *Friser la corde*, au propre et en t. de jeu de paume, toucher un peu la *corde* ; au fig., risquer d'être pendu. Il se dit plus fig. encore d'une doctrine qui sent l'erreur, d'une action qui est bien près d'être malhonnête, etc.— *Venir la corde au cou* ; se soumettre sans aucune condition.—*Mettre la corde au cou de quelqu'un*, être cause de sa ruine. — On dit d'une affaire dangereuse, mais où il n'y a point à craindre de peine afflictive, que *le fouet et la corde sont dehors*. — *Ne touchons pas cette corde*, ne parlons pas de cette chose, de cette affaire. — *Toucher la grosse corde*, parler de ce qu'il y a de principal et de plus essentiel.—Fig., *danser sur la corde*, être dans une situation périlleuse. — *Avoir plusieurs cordes à son arc*, avoir plusieurs ressources, plusieurs moyens de parvenir à ce qu'on souhaite. — *Trait de corde*, coup d'estrapade.

CORDÉ, E, part. pass. de *corder* et adj. Il se dit du bois, des ballots, des raves, etc. Voy. CORDER et SE CORDER.— En t. de blas. : 1° *croix cordée*, formée ou entortillée de *cordes* ; 2° *luth, violon*, etc., *cordé*, dont les *cordes* sont d'un autre émail que le corps de l'instrument. On le dit, dans le même sens, d'un arc. — T. de médec. Il se dit au fém. d'une variété de blennorrhagie dans laquelle l'urèthre forme une *corde* dans l'intérieur de la verge : *gonorrhée cordée*.

CORDEAU, subst. mas. (*kordô*), petite *corde* avec deux piquets dont se servent les maçons, les jardiniers, les ingénieurs, pour aligner. — Lisières de certaines étoffes de laine de dernière qualité.

CORDE-À-VIOLON, subst. fém. (*kordaviolon*), t. de bot., plante qui croît à Saint-Domingue. — Au plur., des *cordes-à-violon*.

CORDÉE, subst. fém. (*kordé*), ce qui peut être compris, contenu dans une *corde*.

CORDELAT, subst. mas. (*kordela*), t. de comm., petite étoffe de laine qui se fabrique à Alby et dans les environs.

CORDELÉ, E, part. pass. de *cordeler*.

CORDELER, v. act. (*kordelé*) (rac. *corde*), tresser en forme de *corde* : *cordeler les cheveux*. —SE CORDELER, v. pron.

CORDELETTE, subst. fém. (*kordelète*) (diminutif de *corde*), petite *corde* menue : *un paquet de cordelette*. — T. d'hist. nat., élévation longue et étroite qui règne le long d'une coquille, entre les stries et les cannelures.

CORDELETTES, subst. fém. plur. (*kordelète*), petites *cordes* employées par les Chinois avant qu'ils connussent l'écriture, lesquelles, au moyen de différents nœuds, servaient à marquer ce dont ils voulaient se souvenir. C'était à peu près la même chose que les *quipos* des Péruviens.

CORDELIER, subst. mas., au fém. **CORDELIÈRE** (*kordelié, lière*), religieux ou religieuse qui suit la règle de saint *François*, et qui porte par dessus sa robe une grosse ceinture de *corde* où il y a des nœuds. — Prov., *avoir la conscience large comme la manche d'un cordelier*, ne se faire scrupule de rien. — *Parler latin devant les cordeliers*, parler d'une chose devant ceux qui la savent mieux que nous. — *Aller sur la haquenée, sur la mule des cordeliers*, aller à pied, un bâton à la main. — *Etre gris comme un cordelier*, fort pris de vin. — Au mas. : espèce de raisin.

CORDELIER, subst. mas. (*kordelié*), membre du club de ce nom, établi aux *Cordeliers* de Paris, et où siégeaient, entre autres révolutionnaires ardents, *Danton, Camille Desmoulins*, etc.

CORDELIÈRE, subst. fém. (*kordelière*), *corde* à plusieurs nœuds. — Sorte de collier de soie noire ou même d'or, qu'on met au cou. — En t. de blason, filet plein de nœuds que les veuves et les filles portent en guise de *cordon* autour de l'écu de leurs armes.—En t. d'imprim., petit cadre de vignettes de fonte dont on forme un cadre pour entourer une page. — Espèce de serge rase qui se fabrique dans quelques endroits de la Champagne, et particulièrement à Reims. — En t. d'archit., petit ornement taillé en forme de *corde* sur les baguettes, ou petit liteau qui se met sur les patenôtres. — En t. de boutonniers, espèce de pilier fait de plusieurs rangs de bouillons, coupés de la même longueur, et qui soutient des amandes ou autres ornements de boutons.—Les marchands d'objets d'histoire naturelle donnent ce nom à quelques coquilles des genres buccin et rocher, dont la couleur est brune, et qui ont en outre des lignes blanches sur leurs sphères.

CORDELINE, subst. fém. (*kordeline*), fils de soie ou de fleuret, servant de lisière aux étoffes de soie. — Baguette de fer pour prendre le verre fondu, et former le goulot.

CORDELLE, subst. fém. (*kordèle*) (rac. *corde*), petite *corde*, cordeau. On ne le dit plus au propre. — Fig. et fam., *c'est un homme de sa cordelle*, de son parti, de sa cabale. — T. de mar., *aller à la cordelle*, se dit d'un bâtiment que des hommes à terre halent, avec des aussières ou grelins, le long d'une jetée.

CORDER, v. act. (*kordé*) (rac. *corde*), faire de la *corde* : *corder du chanvre*. — Lier avec des *cordes* : *corder un ballot*. —Mettre le tabac en *corde*, en roulant et en tordant les feuilles. — Mesurer du bois à la *corde*. — En t. de brossiers, lier les soies pour les contenir lorsqu'on veut les fixer dans les trous du montant de la brosse ou vergette. — SE CORDER, v. pron., se dit des raves, lorsque la saison commence à s'en passer, et qu'il se forme en dedans une espèce de *corde*.

CORDERIE, subst. fém. (*korderi*), lieu où l'on fait des *cordes*. — Art de faire de la *corde*. — Le commerce de *corderie*. — T. de mar., endroit d'un vaisseau où l'on met toutes les *cordes* et les câbles dont on peut avoir besoin pour le voyage. — Dans un arcenal de marine, grand bâtiment où l'on fait les *cordages* pour les vaisseaux. — Atelier où l'on fabrique les *cordes* nécessaires pour l'artillerie. — Magasin où l'on serre les *cordes*.

CORDES, subst. propre fém. (*korde*), ville de France, chef-lieu de canton, arrond. de Gaillac, dép. du Tarn.

CORDIA, subst. fém. (*kordia*), t. de bot., genre de plantes de la famille des borraginées.

CORDIAL, subst. mas. ; au plur. **CORDIAUX** (*kordial, diô*), potion propre à fortifier : *les cordiaux sont utiles dans la petite-vérole*.

CORDIAL, E, adj., au plur. mas. **CORDIAUX** (*kordial*) (du lat. *cor*, gén. *cordis*, dérivé du grec καρδία, *cœur*), qui est bon pour le *cœur*, qui le fortifie et le réjouit.—Au fig., qui est plein d'affection, qui procède du *cœur* : *des manières cordiales*.

CORDIALEMENT, adv. (*kordialeman*), tendrement, affectueusement, d'une manière *cordiale*. —On dit aussi : *haïr cordialement*, excessivement.

CORDIALITÉ, subst. fém. (*kordialité*), affection sincère, franche et tendre : *parler avec cordialité*.

CORDIAUX, subst. et adj. mas. plur. Voy. CORDIAL.

CORDICOLE, adj. des deux genres (*kordikole*) (du lat. *cor*, cœur, et *colere*, adorer, vénérer), qui adore le *cœur* de Jésus-Christ. — Il est aussi subst. : *un cordicole*.

CORDICOLISME, subst. mas. (*kordikoliceme*) (même étym. que celle du mot précédent), adoration du Sacré-Cœur. — Culte du Sacré-Cœur.

CORDIER, subst. mas. (*kordié*), ouvrier qui fait des *cordes*, ou marchand qui en vend. — Adj., *pêcheurs cordiers*, ceux qui pêchent avec des *cordes* garnies d'haims. On les appelle *palangriers* sur les côtes de la Méditerranée.

CORDIÈRE, subst. fém. (*kordière*), celle qui vend ou fabrique des *cordes*.

CORDIÉRITE, subst. fém. (*kordiérite*), t. d'hist. nat., nouvelle espèce de substance minérale de la classe des pierres, et découverte en Espagne, dans le royaume de Grenade, par un naturaliste qui lui a donné son nom.

CORDIFORME, adj. des deux genres (*kordiforme*) (du latin *cor*, gén. *cordis*, cœur, et *forma*, forme), t. de bot., qui est en *forme* de *cœur*.

CORDILLAS, subst. mas. (*kordi-iâce*), t. de comm., espèce de bure.

CORDILLE, subst. mas. (*kordi-ie*), t. d'hist. nat., jeune thon, au sortir de l'œuf.

CORDOANIER, subst. mas. (*kordo-anié*), vieux mot qui s'est dit pour *cordonnier*, sans doute à cause du *corduan*, espèce de cuir de *Cordoue*, en Espagne.

CORDON, subst. mas. (*kordon*) (rac. *corde*), une des petites *cordes* dont une plus grosse est composée : *une corde à trois cordons*. — Très-petite *corde* faite de fil, de coton ou de soie : *cordons de souliers*, *de montre*, etc. — Ce qui sert à serrer la forme d'un chapeau et quelquefois simplement à l'orner. — Petite *cordelette* bénite que portent les membres de certaines confréries : *le cordon de saint François* est la ceinture dont les religieux de saint François se ceignent.—Les cardinaux et les évêques portent un *cordon* d'or. — En archit., rang de pierres en saillie qui règne tout autour d'une muraille. — En hydraulique, tuyau que l'on fait tourner autour d'une fontaine pour fournir une suite de jets. — Petit bord façonné qui est autour d'une pièce de monnaie.— *Cordon ombilical* ou simplement *cordon*, boyau attaché à l'arrière-faix d'une femme, et qui est composé de plusieurs vaisseaux joints ensemble, qui servent à conduire le sang destiné à la nourriture de l'enfant. — En bot., on appelle *cordon ombilical*, une saillie formée par le réceptacle d'une graine qui porte et enveloppe celle-ci, en s'y attachant par un point que l'on nomme *hile*.—En t. de fleuriste, ce qui est autour de la peluche de l'anémone et au bas de ses grandes feuilles. — Bordure de gazon. — En t. de charron, sorte de lien de fer qui est à chaque moyeu de roue de carrosse, etc., ou près des rais de la roue. —En t. de pelletier, certain nombre de queues de martres-zibelines ou d'autres animaux enfilées ensemble. — En t. de guerre, suite de postes garnis de troupes qui peuvent s'entre-secourir. — On appelle *cordon sanitaire* une ligne militaire établie pour empêcher la propagation de la peste ou de quelque contagion de ce genre. — En général, on appelle *cordon* tout ce qui, ayant peu de largeur et quelque étendue en longueur, ressemble à un filet : *un cordon de lampions*, etc. — Ruban que portent les membres d'un ordre de chevalerie : *grand cordon de la Légion-d'Honneur*. — *Cordon-bleu*, grand ruban bleu que portaient les chevaliers de l'ordre du Saint-Esprit. Il se dit aussi des chevaliers eux-mêmes. On entend encore par *cordon bleu* une personne d'un mérite distingué et célèbre ; c'est ainsi qu'on a donné le nom de *cordon bleu* à une excellente cuisinière ; cela vient sans doute de ce qu'autrefois, dans les communautés, l'expression *cordon bleu* était un titre : *le père tel est cordon bleu de l'ordre*.—En t. d'hist. nat., on a donné le nom de *cordon-bleu* à un bengali et à une coquille du genre ampullaire.—*Cordon rouge*, large ruban moiré et à couleur de feu que portaient les commandeurs et grand'croix de l'ordre de Saint-Louis, auxquels on donnait aussi le même nom : *il a le cordon rouge* ; *il est cordon rouge*. On appelle encore *grand-cordon* la personne qui en est décorée. — Il y a eu aussi des chevaliers du *cordon jaune*. Cet ordre avait été institué par le duc de Nevers, sous le règne d'Henri IV, roi de France. Il fut aboli par ce même roi, à cause de ses statuts, qui étaient aussi ridicules qu'indécents, en l'an 1606. —*Monder* ou *envoyer le cordon*, chez les Turcs, envoyer un capidgi-bachi, avec des muets munis d'un firman impérial qui les autorise à étrangler la personne à qui il est adressé. — T. d'hist. nat., cotinga du Brésil, espèce de bengali. — Prov. : *tenir les cordons de la bourse*, avoir l'administration de l'argent. — *Tenir quelqu'un par les cordons*, le mener comme un enfant. — *Tirer le cordon*, ouvrir la porte.

CORDON-DE-CARDINAL, subst. mas. (*kordondekardinal*), t. de bot., nom de la persicaire.

CORDONNÉ, E, part. pass. de *cordonner*.

CORDONNER, v. act. (*kordoné*), tortiller en manière de *cordon* : *cordonner les cheveux*, les entourer d'un ruban. — *se* **CORDONNER**, v. pron.

CORDONNERIE, subst. fém. (*kordoneri*), métier, commerce de *cordonnier*. — Lieu où l'on ne fait et où l'on ne vend que des souliers, des bottes, pantoufles, etc. — Lieu où ils sont déposés.

CORDONNET, subst. mas. (*kordoné*) (rac. *cordon*), petit *cordon*, tresse ou ruban, pour attacher ou pour enfiler quelque chose.—Sorte de ganse.—Soie à coudre. — Petit cordon de broderie. — Marque pour la tranche des monnaies.—En t. d'épingliers, ganse de fil ou de soie ferrée par un bout.

CORDONNIER, CORDONNIÈRE, subst. mas., subst. fém. (*kordonié, nière*) (par corruption de *cordouanier*, fait de *cordouan*, espèce de cuir. Voy. **CORDOUAN**), ouvrier qui fait ou vend toutes sortes de souliers, de bottes, de pantoufles et autres espèces de chaussures : *cordonnier bottier*; *cordonnier pour homme*; *cordonnier pour femme*. — Prov. : *les cordonniers sont les plus mal chaussés*, ceux qui travaillent bien pour autrui sont négligents pour eux.

CORDONNIER, subst. mas. (*kordonié*), t. d'hist. nat., nom donné par quelques navigateurs à un goëland brun.

CORDONNIÈRE, subst. fém. Voy. **CORDONNIER**.

CORDOUAN, subst. mas. (*kordouan*), cuir de peau de bouc ou de chèvre passée au tan, et qui vient de *Cordoue*, en Espagne. — Adj. mas., qui est de *Cordoue*.

CORDOUANIER, subst. mas. (*kordouanié*), celui qui prépare et passe au tan les cuirs nommés *cordouans*.

CORDOUE, subst. propre fém. (*kordoue*), ville de l'Andalousie, en Espagne.

CORDYLE, subst. mas. (*kordile*) (en grec κορδύλος), t. d'hist. nat., lézard d'Égypte. — Espèce d'insectes de l'ordre des diptères.—T. de bot., grand arbre qui croît sur les côtes orientales d'Afrique.

CORDYLÉE, subst. fém. (*kordilé*), nom donné aux excréments du stellion du Levant, que l'on emploie dans certaines contrées comme remède contre les maladies cutanées.

CORDYLINE, subst. fém. (*kordiline*), t. de bot., plante de la famille des asperges.

CORDYLOCARPE, subst. fém. (*kordilokarpe*), t. de bot, plante qui comprend deux espèces, la *cordylocarpe épineuse*, et la *cordylocarpe unie*.

CORÉ, subst. mas. (*koré*), t. d'hist. nat., insecte de l'ordre des hémiptères.

CORE, subst. mas. (*kore*), t. de géogr., nom que l'on donne à des terrains vagues au sein des eaux. On les appelle aussi *îles flottantes*.

CORÉE, subst. propre fem. (*koré*), grande presqu'île d'Asie, qui tient à la Chine. — Comme subst. mas. l'*Académie* nous donne à tort *corée* pour *chorée*.

CORÉES, subst. fém. plur. (*koré*) (en grec κορη, vierge, surnom de Proserpine), t. d'hist. anc., fêtes en l'honneur de Proserpine.

CORÉGENCE, subst. fém. (*koréjance*), dignité de celui qui est *régent* avec un autre.

CORÉGENT, E, subst. (*koréjan, jante*), *régent* avec un autre.

CORÉGONE, subst. mas. (*korégone*) (du grec κορη, pupille, et γωνια, angle), t. d'hist. nat., poisson qui avait été confondu par Linnée avec les saumones.

CORELIGIONNAIRE, subst. des deux genres (*korelijionère*), terme qui se dit de tous ceux qui professent la même *religion*.

CORÉMATE, subst. mas. (*korémate*), t. de médec., s'est dit de certains remèdes que l'on regardait comme propres à nettoyer la peau. Inus.

CORÉOPE, subst. fém. (*koré-ope*), t. de bot., plante de la famille des corymbifères.

CORÉOPSOÏDES, subst. fém. plur. (*koré-opeço-ide*), t. de bot., genre de plantes établi pour placer la *coréope* lancéolée.

CORÉRIE, subst. fém. (*koréri*), nom qu'on donnait anciennement, dans la grande Chartreuse, à la maison occupée par les convers.

CORÉSIE, subst. propre fém. (*korézi*), myth., surnom donné à Minerve par les Arcadiens.

CORÉSIEN, subst. et adj. mas., au fém. **CORÉSIENNE** (*korézicin, ziène*), qui est de la *Corée*.

CORESSE, subst. fém. (*korèce*), t. de pêche, lieu où l'on fait saurer le hareng, à Calais et à Dunkerque.

CORÉSUS, subst. propre mas. (*korézuce*), myth., nom d'un prêtre de Bacchus. Voy. **CALLIRHOÉ**.

CORÈTHRE, subst. fém. (*korètre*), t. d'hist. nat., insecte de l'ordre des diptères.

CORETTE, subst. fém. (*korète*), t. de bot., plante de la famille des tiliacées. Voy. **CORCHORE**.

CORFIOT, subst. et adj. mas., au fém. **CORFIOTTE** (*korfio, fiote*), qui est de *Corfou*.

CORFOU, subst. propre fém. (*korfou*), île anciennement appelée *Corcyre*.

CORGE ou **COURGE**, subst. mas. (*korje, kourje*), dans le commerce des Indes, paquet de vingt pièces de toile de coton, etc.

CORI, subst. mas. (*kori*), t. d'hist. nat., petit quadrupède de l'Amérique.

CORIACE, adj. des deux genres (*koriace*) (du latin *coriaceus*, de cuir, fait de *corium*, cuir), dur comme du *cuir* : *cette viande est coriace*.— On dit fig. : *c'est un homme coriace* ; *il est coriace*, dur, difficile ; on a de la peine à en tirer quelque chose.—En t. de bot., il se dit des semences, feuilles et autres parties qui ont la dureté ou presque la dureté du cuir.

CORIACÉ, E, adj. (*koriacé*), t. d'hist. nat., qui a la consistance du *cuir* : *substance, plante coriacée*.—Au plur., genre d'insectes de l'ordre des diptères.

CORIACÉRIE, subst. fém. (*koriacéri*), t. de bot., espèce de plante.

CORIAIRE, adj. des deux genres (*korière*) (du latin *coriarius*, qui sert à préparer les *cuirs*), t. de bot., se dit des plantes ou des parties des plantes employées ou propres à être employées à la tannerie des cuirs : *écorce coriaire du chêne*, etc.

CORIAMBE, subst. mas. (*korianbe*), t. de litt. anc., pied d'un vers grec ou latin, composé de deux brèves entre deux longues. Il s'appelle *coriambe*, parce qu'il est composé d'un *chorée* et d'un ïambe. Il y a deux *coriambes* entre un spondée et un pyrrhique dans ce vers d'Horace (Od. lib. I, I):

Mæcenas atavis edite regibus.

Præcipites est encore un *coriambe*.—L'*Académie* écrit aussi *choriambe*; cette dernière orthographe est en effet préférable ; nous voudrions ne pas avoir rencontré l'autre.

CORIANDRE, subst. fém. (*koriandre*) (en latin *coriandrum*, pris du grec κορίαννον, qui a la même signification, et dont la racine est κορις, punaise), t. de bot., plante annuelle, ombellifère, originaire d'Italie, remarquable par l'odeur de ses semences qui sentent la punaise lorsqu'elles sont fraîches, et sont très-agréables au goût lorsqu'elles sont sèches. — *Dragées de coriandre*, faites avec la semence de *coriandre* : *de la coriandre*.

CORIDALE, subst. fém. (*koridale*), t. de bot., genre de plantes de la famille des fumeterres.

CORIDE, subst. fém. (*koride*), t. de bot., genre de plantes de la famille des primulacées.

CORIDON, subst. mas. (*koridon*), t. d'hist. nat., genre de papillon.

CORINDE, subst. mas. (*koreinde*), t. de bot., sorte de plante.

CORINDON, subst. mas. (*koreindon*), t. d'hist. nat., nom que porte en Chine le spath adamantin qui s'y trouve, ainsi qu'aux Indes, dans le granit. On prétend qu'on le réduit en poudre pour en polir les pierres précieuses.

CORINDUN, subst. mas. (*koreindeun*), t. de bot., nom d'une graine qui vient de l'Inde, connue autrement sous celui de *pois-de-merveille*.

CORINE ou **CORINNE**, subst. fém. (*korine*), t. d'hist. nat., quadrupède ruminant du genre des antilopes ; gazelle du Sénégal. — Polype à bras.

CORINOCARPE, subst. mas. (*korinokarpe*), t. de bot., plante ligneuse de la Nouvelle-Zélande.

CORINTHE, subst. propre fém. (*koreinte*), ville de l'ancienne Grèce.

CORINTHE-BLANC, subst. mas. (*koreinteblan*), sorte de raisin cultivé particulièrement dans l'île de Zanthe ; son grain, de la grosseur de nos groseilles, est sans pépin et de couleur mordorée.— On le nomme aussi *passe*, *raisin de passe*, et *passerille*.

CORINTHIE, subst. fém. (*koreinti*), t. de jard., nom d'une fleur.

CORINTHIEN, adj., au fém. **CORINTHIENNE** (*koreintiein, tiène*), t. d'archit., le quatrième et le plus riche des ordres d'architecture, inventé à *Corinthe* : *colonne corinthienne*. — Subst., celui ou celle qui est de *Corinthe*.

CORIOCLAVE, subst. mas. (*korioklave*), soulier cousu avec de petites pointes de fer, sans employer le fil en aucune manière dans la couture des semelles.

CORION, subst. mas. (*korion*), t. de bot., plante des anciens, genre d'esparcette.

CORIOPE ou **CORÉOPE**, subst. fém. (*kori-operé-ope*), t. de bot., plante exotique, corymbifère, à fleurs composées.

CORIOPHORA ou **CORIOSMITE**, subst. fém. (*koriofora, koriocemite*), t. de bot., noms donnés autrefois à un genre d'ophrys dont la fleur ressemblait à une punaise.

CORIOTRAGE-MOTODENDROS, subst. mas. (*koriotrajemotodeindrôce*), t. de bot., cirier à feuilles dentées ; cirier à feuilles de chêne, du cap de Bonne-Espérance.

CORIS, subst. mas. (*korice*), t. de bot., petite plante de la famille des lysimachies. On l'appelle aussi *coris de Montpellier*, parce qu'elle est commune près de cette ville. — Coquille très-blanche qui se pêche aux Philippines et qui sert de monnaie dans la plus grande partie des Indes orientales, dans le Grand-Mogol, et dans presque tous les pays où l'on fait la traite des noirs.—T. d'hist. nat., genre de poissons de la famille des girelles.— L'*Académie* écrit aussi *cauris*.

CORISANTHÉRIE, subst. fém. (*korizantéri*), t. de bot., famille de plantes de la division des monopétales.

CORISE, subst. fém. (*korize*), t. de bot., plante des anciens sur laquelle les opinions varient. Quelques-uns la prennent pour un millepertuis.

CORISE, subst. mas. (*korize*), t. d'hist. nat., insecte de l'ordre des hémiptères.

CORISIE, subst. fém. (*korizi*), t. d'hist. nat., insecte qui forme une division dans la famille des punaises terrestres.

CORISPERME, subst. mas. (*koricepèreme*), t. de bot., plante de la famille des arroches.

CORIZE, subst. mas. (*korize*), écoulement muqueux du nez. Il n'est guère usité. Voy. **CORYZA**.

CORLAY, subst. propre mas. (*korlé*), ville de France, chef-lieu de canton, arrond. de Loudéac, dép. des Côtes-du-Nord.

CORLIEU, subst. mas. (*korlieu*), t. d'hist. nat., oiseau qui se distingue du *courlis* en ce qu'il a le bec sillonné sur presque toute sa longueur.

CORME ou **SORBE**, subst. mas. (*korme, çorbe*), sorte de fruit très-acide qui croît sur le *cormier*; il a la forme de petites poires et sert à faire une boisson.

CORMÉ, subst. mas. (*kormé*), liqueur fermentée, sorte de cidre que l'on fait avec le fruit du *cormier*.

CORMEILLES, subst. propre fém. (*kormèie*), ville de France, chef-lieu de canton, arrond. de Pont-Audemer, dép. de l'Eure.

CORMERY, subst. propre fém. (*kormeri*), petite ville de France, sur l'Indre, à trois lieues de Tours.

CORMICI, subst. propre mas. (*kormici*), petite ville de France, dép. de la Marne.

CORMIER, subst. mas. (*kormié*), grand arbre fruitier très-dur qui porte des *cormes*. Voy. **SORBIER**.

CORMORAN, subst. mas. (*kormoran*), t. d'hist. nat., sorte d'oiseau aquatique de l'ordre des palmipèdes et de la famille des podoptères. — Sobriquet injurieux.

CORMO-VIDAM, subst. mas. (*kormovidame*), rituel brame. (*Pouqueville*.)

CORNAC, subst. mas. (*kornake*), conducteur d'éléphants.

CORNACHINE, subst. fém. (*kornachine*), t. de pharm. poudre purgative faite de crême de tartre, de scammonée et de diaphorétique minéral.

CORNADO, subst. mas. (*kornado*), petite monnaie du royaume de Navarre qui vaut la moitié d'un maravédis.

CORNAGE, subst. mas. (*kornage*), droit qui se payait autrefois pour les bêtes à *cornes*.— Sifflement d'un cheval *cornard*.

CORNAILLER, v. neut. (*kornaié*), t. de charpentier : *un tenon cornaille dans une mortaise*, lorsqu'il n'y entre pas carrément.

CORNALINE, subst. fém. (*kornaline*) (du lat. *caro*, gén. *carnis*, chair, ou du grec χοράλλιον, corail, à cause de sa couleur), sorte de pierre précieuse : c'est une variété du quartz-agate, dont la couleur approche quelquefois de celle de la chair, et plus souvent de celle du corail. Les anciens l'appelaient *sarda*, parce qu'elle avait d'abord été trouvée à Sardes, ou, selon d'autres, en Sardaigne. — *Cornaline de vieille roche*, qui approche du grenat par la couleur, et même en quelque sorte pour la transparence.

CORNARD, subst. mas. (*kornar*), t. injurieux; cocu. Il est bas. — Outil des fondeurs pour ouvrir le four à glaces.—T. de bot., genre de plantes de la famille des bignonées. Voy. CORNARET.

CORNARD, E, adj. (*kornar, narde*), se dit d'un cheval dont la respiration est bruyante : *cheval cornard ; jument cornarde.* — L'*Académie* dit *corneur*, et seulement au mas.

CORNARDISE, subst. fém. (*kornardize*), t. bas et pop., état du cocu. (*Montaigne.*) Voy. COCUAGE.

CORNARET, subst. mas. (*kornaré*), t. de bot., genre de plantes de la famille des bignonnées, à fleur monopétale, personnée, de l'Amérique méridionale. Ce sont des plantes annuelles, à feuilles opposées, et à fleurs disposées en épis terminaux ou axillaires. On l'appelle aussi *cornard*.

CORNE, subst. fém. (*korne*) (en lat. *cornu*), partie dure qui sort de la tête de quelques animaux, et qui leur sert de défense et d'ornement. — Partie dure qui est au bas du pied du cheval et de quelques autres animaux. En ce sens, il ne s'emploie qu'au sing. — On appelle *bêtes à cornes*, en t. d'agriculture, les vaches, les bœufs, les chèvres, pour les distinguer des brebis et des moutons : *un troupeau de bêtes à cornes.—Donner un coup de corne à un cheval*, le saigner à la mâchoire supérieure, ce qui se fait avec une *corne* de cerf ou de chevreuil dont le bout est bien affilé. — Au plur., on le dit de certaines pointes que les limaçons, quelques insectes et quelques serpents portent sur la tête. — Chausse-pied en *corne*. — Pli fait à un feuillet de livre pour servir de marque. Fam. — Raie blanche qui paraît à la tranche du cuir tanné lorsqu'on le fend, et qui est un défaut. — En t. de mar., vergue qui embrasse le mât par une de ses extrémités en appuyant dessus. — *Corne de cerf*, le bois du cerf mis en œuvre : *un manche de corne de cerf; la râclure de corne de cerf.* Lorsque le cerf est vivant ou que son bois est entier et non travaillé, on se sert du mot *bois*.—On appelle *corne de cerf* une plante nommée également *plantain*. Voy. ce dernier mot.—*Corne d'abondance*, attribut de Cérès. — *Corne de l'autel*, le coin de l'autel.—T. d'hist. nat., coquille fossile appelée *corne d'Ammon*; espèce de pierre roulée et recourbée en forme de *corne* de bélier. C'est, suivant l'opinion commune des naturalistes, une coquille fossile, dont l'analogue vivant n'est pas connu, et qui a été ainsi nommée de *Jupiter Ammon*, lequel, suivant la fable, invoqué par *Bacchus* prêt à mourir de soif dans les sables de la Libye, lui apparut sous la forme d'un *bélier*, et d'un coup de *corne* fit jaillir une source d'eau vive. On nomme aussi en anatomie *cornes d'Ammon* ou de *bélier* des éminences placées dans les ventricules du cerveau, et simplement *cornes*, les deux extrémités du fond de la matrice. — —*Corne de bélier*, t. d'archit., ornement qui sert de volute au chapiteau ionique composé. — Au plur., les parties du croissant tournées vers la partie du ciel opposée au soleil. — *Corne d'amorce*, *corne* de bœuf fermée par le gros bout, remplie de poudre fine, et dont les canonniers se servent pour amorcer les bouches à feu. — *Corne de vache*, trait de maçonnerie qui est un demi-biais passé. T. de fortification, flanc bas qui tient lieu de tenailles pour la défense d'un fossé. — T. de mar., *corne d'artimon*, vergue qui embrasse le mât. — *Ouvrage à cornes*, ouvrage extérieur, composé de deux flancs assez longs.—*Corne de daim* ou *char de Neptune*, nom marchand d'un madrépore. — *Corne de la peau*, t. de chir., excroissance en forme de *corne* d'animal, qui vient à la surface de la peau. — Sorte d'instrument rustique dont se servent les vachers. — *Corne-à-bouquin*. Voy. CORNET. — *Corne de narwal*, ou *licorne de mer*, dent conique, droite et longue de la mâchoire supérieure d'un cétacé.—Partie du bonnet, du chapeau à angles aigus; quelquefois souples et flexibles, etc. : *bonnet à trois cornes*, *à quatre cornes*. — *Faire les cornes à quelqu'un*, faire dérision avec deux doigts, un signe qui représente les *cornes*, et fig. : se moquer de lui. — Prov., *montrer les cornes*, se mettre en état de se défendre.— Fig. et pop., *avoir*, *porter des cornes*, avoir une femme infidèle. (Dans cette phrase, le mot *cornes* a conservé la signification qu'il avait au XVe siècle d'une sorte de coiffure de femme, ainsi nommée de deux grandes oreilles qu'elle avait de chaque côté. *Cornette* en est un diminutif. Ainsi *porter des cornes*, c'est *porter des cornettes*, ou en se laissant subjuguer, tromper par sa femme, jouer un rôle ridicule —, masc. V. CORNO.

CORNÉ, E, part. pass. de *corner*, et adj., t. d'anat., *tissu corné*, celui qui forme les ongles. —T. de pêche, *harengs cornés*, harengs prêts à frayer, dont la chair est molle, la laite petite, et qui deviennent coriaces dans le sel. — *Lune cornée* ou *argent corné*, nom qu'on donnait dans l'ancienne chimie à ce que dans la nouvelle on appelle : *muriate d'argent*. — En t. de bot., *plante, feuille cornée*, d'une substance dure, très-compacte, ni fibreuse, ni grenue. On le dit aussi pour désigner la couleur, la transparence d'une de ses parties.

CORNEAU, subst. mas. (*kornó*), t. de chasse, chien engendré d'un mâtin et d'une chienne courante.

CORNÉE, subst. fém. (*korné*) (du lat. *cornu*, corne, parce qu'elle ressemble à de la *corne* par sa couleur et sa dureté), t. d'anat., la tunique la plus externe, la plus épaisse et la plus forte du globe de l'œil, et qui renferme toutes les autres parties dont cet organe est composé. — T. d'hist. nat., substance pierreuse. — Espèce de jaspe. — Cuillerée de matière combustible pour l'artifice.

CORNÉENNE, adj. fém. (*kornéene*), t. d'hist. nat., mot appliqué à des rochers d'origine différente. L'*Académie* le donne à tort pour subst. fém. C'est *cornée* qui est le subst. fém.

CORNEILLARD, subst. mas. (*kornéiar*), jeune *corneille*.

CORNEILLE, subst. fém. (*korné-ie*) (du lat. *cornicula*, diminutif de *cornix*, dérivé du grec κορώνη qui a la même signification), oiseau du genre du corbeau, mais d'un tiers plus petit. Il est de l'ordre des passereaux et de la famille des plénirostres, se prive, et parle assez facilement. — On a appelé prov., *corneille d'Ésope*, *corneille de la fable*, un auteur qui a fait un ouvrage composé de morceaux pris dans d'autres ouvrages. C'est le *geai* se parant, dans *Phèdre* et *La Fontaine*, des plumes du paon. Peu usité. — En bot., plante dont il y a plusieurs espèces. Voy. CHASSE-BOSSE. — *Corneille emmantelée*, qui a une partie du corps noire et le reste grisâtre. — Prov. et bassement : *y aller de cul et de tête, comme une corneille qui abat des noix*, se porter à faire quelque chose avec chaleur, et avec plus de force que de circonspection et d'adresse. — *Bayer aux corneilles*. Prov. Voy. BAYER.

CORNÉITE, subst. fém. (*korné-ite*), t. de médec., inflammation et gonflement de la *cornée* transparente.

CORNÉLIE, subst. fém. (*kornéli*), t. de bot., sorte de plante.

CORNÉLIEN, adj. mas.; au fém. **CORNÉLIENNE** (*kornéliein, ène*); on le dit de la poésie et des vers qui sont faits dans le goût de ceux de *Corneille*. C'est un mot forgé, mais assez en usage.

CORNEMENT, subst. mas. (*korneman*), tintement d'oreille. — Bruit que fait un tuyau dont la soupape est ouverte.

CORNEMUSE, subst. fém. (*kornemuze*) (du lat. *cornu musæ*. Ménage.), instrument de musique à anche et à vent, composé de deux tuyaux et d'une peau de mouton qu'on enfle par le moyen du premier tuyau appelé *porte-vent* : *jouer de la cornemuse; enfler la cornemuse*.

CORNEMUSEUR, subst. mas. (*kornemuzeur*), mot employé par *Rabelais* pour signifier joueur de *cornemuse*.

CORNÉOLE ou **CORONÉOLE**, subst. fém. (*korné-ole*, *roné-ole*), t. de bot., genêt rampant dont on se sert pour la teinture.

CORNER, v. neut. (*korné*), sonner d'un *cornet* ou d'une *corne* : *le vacher a corné de grand matin*. — Par dérision, sonner mal du *cor* : *il ne fait que corner*. — Parler dans un *cornet* pour se faire entendre d'un sourd; crier de toute sa force à ses oreilles; et fig., répéter souvent une chose à quelqu'un : *on ne cesse de vous corner qu'il ne faut pas*... Pop. — Ce mot se dit aussi de la viande qui commence à sentir, à se corrompre.—*Les oreilles me cornent*, j'ai un bourdonnement dans les oreilles. — Fig., *les oreilles lui cornent*, il entend de travers ce qu'on lui dit. — Prov., *les oreilles doivent vous avoir bien corné*, on a beaucoup parlé de vous en votre absence. Toutes ces phrases sont du style familier.

CORNER, v. act. (*korné*), publier, en parlant de nouvelles : *il a corné cette nouvelle par toute la ville*. Il est fam. — On dit dans le même style : *corner aux oreilles de quelqu'un*, lui insinuer, lui suggérer avec importunité quelque chose. — Faire un pli, une *corne* à un feuillet, pour marquer un passage, etc. Ce mot, employé dans ce sens par *Beaumarchais* dans un de ses mémoires, est tout au plus du style fam.

CORNET, subst. mas. (*korné*) (du lat. *cornu*, corne, soit à cause de la forme, soit à cause de la matière du *cornet* pris dans ses diverses acceptions), sorte de petit *cor* ou de petite trompe : *cornet à piston*. — On appelle *cornet à bouquin* une espèce de flûte courbée qui est faite ordinairement de *corne*, pour appeler les vaches. — Instrument en forme d'entonnoir dont on se sert pour se faire entendre d'un sourd. On l'appelle aussi *cornet acoustique*. — Art milit., *cornet d'ouïe*, *cornet* en fer battu, dont les officiers qui font les rondes se servent pour écouter par dessus les parapets ce qui se passe dans les fossés d'une place, et même au-delà du chemin couvert. — Morceau de papier roulé en forme de *cornet*. — Petit vase de *corne*, etc., dans lequel on remue les dés. — Espèce d'oublie en forme de *cornet*. — La partie de l'écritoire où l'on met l'encre et le coton. — Instrument qui sert à donner des ventouses. — Un des principaux jeux de l'orgue. — Nom d'une classe de coquilles. — Produit d'un essai d'or tenant argent. — En t. de bot., partie d'une fleur qui offre une cavité élargie et ouverte d'un côté, et de l'autre terminée en pointe. — En t. de mar., entourage que l'on fait autour des pieds des mâts dans les embarcations.

CORNETIER, subst. mas. (*kornetié*), artisan qui refend les *cornes* des bœufs tués, les redresse et les vend pour en faire des peignes et autres ouvrages. Peu en usage.

CORNETTE, subst. fém. (*kornète*) (suivant *Ménage*, des deux bouts de cette coiffure, qui ressemblent à des *cornes*), sorte de coiffe que les femmes mettent sur leur tête : *cornette à dentelle; cornette de nuit*. Il se disait anciennement de toute sorte d'habillement de tête. — Étendard de cavalerie. En ce sens il est hors d'usage. On ne dit plus qu'*étendard* : *Cornette blanche* a longtemps signifié : 1° l'étendard du colonel-général de la cavalerie; 2° la première compagnie du régiment du colonel-général de la cavalerie; 3° ce même régiment tout entier. — Compagnie de chevaux-légers. En ce sens il est hors d'usage.—Dans la marine : 1° enseigne qui distingue les officiers et les vaisseaux ; 2° le pavillon du chef d'escadre, etc. (De l'italien *cornetta*, que les académiciens *della Crusca* disent avoir été fait dans le même sens de *corno*, lequel est dérivé du latin *cornu*, aile ou pointe d'une armée. De *cornette*, troupe, nous avons fait *cornette*, étendard, comme de *bande*, nous avons fait *banderolle*.) — Fleur sauvage qui vient parmi les blés murs. — Nom qu'on donne à la huppe ou au tiroir de dessus le chaperon d'un oiseau de proie. — Sorte de fer plat qui a trois pouces de largeur et quatre à cinq pouces d'épaisseur.

CORNETTE, subst. mas. (*kornète*), officier qui portait l'étendard dans une compagnie de cavalerie ou de dragons.— Officiers de certains corps de l'ancienne maison du roi.

CORNEUR, subst. et adj. mas. (*korneur*), celui qui *corne* ; *cheval corneur*. Voy. CORNARD.

CORNICEN, subst. mas. (*kornicène*), mot latin ; nom que les anciens Romains donnaient à une sorte de trompette, qui n'était autre chose que la corne d'un bœuf, et dont ils se servaient, dans les temps où la trompette proprement dite et la timbale leur étaient inconnues.

CORNICHE, subst. fém. (*korniche*) (du latin *coronis*, fait du grec κορωνίς, faîte, sommet, fin d'une chose, dérivé de κορώνη, sommet en général), ornement d'architecture en saillie, qui est au-dessus de la frise et sert de couronnement à toutes sortes d'ouvrages d'architecture. Il est composé de plusieurs petites moulures dont les plus hautes sont le plus avancées, et les plus basses le sont le moins : *corniche corinthienne, dorique, ionique, composite*. Ornement du même genre, qui règne dans une chambre, au-dessous du plafond, au haut d'une cheminée, d'une armoire, etc.

CORNICHON, subst. mas. (*kornichon*), petite *corne*. Peu usité en ce sens. —Se dit des extrémiès des ramifications du bois ou des andouillers du cerf.—Sorte de petit concombre qu'on fait confire dans le vinaigre : *une salade de cornichons; confire des cornichons.* — Raisin dont le grain imite la forme du concombre. — Pop. et bassement, on appelle *cornichon*, un homme d'un esprit borné. Dans ce sens, on dirait bien au fém. : *une cornichonne.* Il serait difficile de trouver l'origine de cette expression, qu'aucun document historique ne vient appuyer.

CORNICULAIRE, subst. mas. (*kornikulère*) (du lat. *corniculum*, petit *cor*), t. d'hist. anc., officier de guerre à Rome qui soulageait le tribun dans l'exercice de sa charge en qualité de lieutenant. —Nom donné chez les Romains à un huissier ou à un greffier dont l'office était d'accompagner partout le juge, de le servir, et d'écrire la sentence qu'il prononçait.

CORNICULAIRE, subst. fém. (*kornikulère*), t. de bot., plante cryptogame de la famille des algues.

CORNICULE, subst. fém. (*kornikule*), t. de pharm., espèce de ventouse en forme de *cornet*.

CORNICULUM, subst. mas. (*kornikulome*) (mot tout latin), espèce de *corne* en métal ajoutée au casque, comme ornement militaire, et que l'on accordait aux anciens Romains qui avaient donné des preuves particulières de bravoure.

CORNIDIE, subst. fém. (*kornidie*), t. de bot., arbre du Pérou de la famille de l'octandrie monogynie.

CORNIER, adj. mas.; au fém. **CORNIÈRE**. L'*Académie* a tort de ne pas donner de fém. à ce mot. (*kornié, nière*), qui est à la *corne* ou à l'angle de quelque chose. — En t. d'eaux et forêts : *pieds corniers*, gros arbres choisis pour marquer les bornes des coupes de bois. — Pris subst., au mas., il signifie la même chose que *cornouiller* : *un cornier*.

CORNIÈRE, subst. fém. (*kornière*), canal de tuiles ou de plomb qui est à la jointure de deux pentes de toit et qui en reçoit les eaux. — En t. de blason, anse de pot. — En t. de mar., dernières pièces de bois posées sur l'arrière du vaisseau. — Au plur., t. d'imprim. bandes de fer en forme d'équerre, fixées aux quatre angles de la presse. On dit aussi *cantonnières*.

CORNIERS, subst. mas. plur. (*kornié*), en t. de sellier, les quatre quenouilles de l'impériale d'un carrosse.

CORNIFLE, subst. fém. (*kornifle*), t. de bot., plante monoïque. Voy. HYDRE.— Sorte de coquille.

CORNIGÈRE, adj. propre mas. (*kornijère*), qui porte des *cornes*; myth., surnom donné à Bacchus.

CORNILLAS, subst. mas. (*kornilá*), le petit d'une *corneille*. On dit plus souvent et mieux *corneillard*.

CORNILLE, subst. fém. (*korniie*), t. de bot. On donne ce nom à différentes plantes.

CORNINE, subst. fém. (*kornine*), principe alcalin analogue à celui de la quinine.

CORNIOLE, subst. fém. (*korniole*), fruit de la macre. Voy. CORNOUILLER et TRIBULE.

CORNION ou **CORNILLON**, subst. mas. (*kornion*), t. de pêche, partie de la bire ou nasse qu'on ajuste à l'extrémité des digniaux.

CORNISTE, subst. mas. (*kornicete*), celui qui donne du *cor*. — Professeur de *cor*. Fort peu en usage.

CORNO ou **CORNE**, subst. mas. (*kornô, korne*), c'était le nom du bonnet ou de la toque du doge de Venise. Le doge n'ôtait jamais son *corno*, qu'au moment de l'élévation de l'hostie, ou lorsqu'il recevait la visite d'un prince du sang royal, ou d'un cardinal. En Italie nul ne mettait autrefois la couronne sur ses armes; le doge seul y plaçait la couronne ducale, qu'on appelait autrement le *corne*.

CORNOPIEN, adj. et subst. propre mas. (*kornopiein*) (du grec Κορνοπίων, formé de χορνόψ, sauterelle), myth., surnom donné à Hercule, comme destructeur des sauterelles, fléau contre lequel les anciens invoquaient ordinairement son secours.

CORNOUAILLE, subst. propre fém. (*kornouâie*), province d'Angleterre. Elle a été ainsi appelée, parce qu'elle a la forme d'une *corne* qui n'est pas recourbée. — En France, nous avons eu aussi un pays de la *cornouaille*. Il était situé sur la côte méridionale de Bretagne du côté de l'occident. Quimper-Corentin en était la capitale.

CORNOUILLE, subst. fém. (*kornouie*), fruit du *cornouiller*.

CORNOUILLER, subst. mas. (*kornouié*), arbre dur, de moyenne grandeur, nommé aussi *cornier* et *acurnier*, et qui porte un fruit rouge.

CORNU, subst. mas. (*kornu*), petite monnaie qui fut frappée en France sous Philippe-le-Bel. Il y en avait de deux sortes, l'une d'un denier tournois, l'autre d'un denier parisis.

CORNU, E, adj. (*kornu*) (en lat. *cornutus*), qui a des *cornes* : *bête cornue*. — Au fig., qui a plusieurs angles, plusieurs pointes : *un pain cornu*. *Blé cornu*, grain dégénéré ou altéré.—*Baleine cornue*, celle qui est extrêmement molle et pliante. — En t. de man. : *cheval cornu*, dont les os des hanches s'élèvent aussi haut que le haut de la croupe. — Fig. et fam. : *raisonnements cornus*, *raisons cornues*, raisonnements qui ne concluent pas, méchantes raisons. — *Visions cornues*, idées folles, extravagantes.

CORNUAU, subst. mas. (*kornuô*), t. d'hist. nat., sorte de poisson de mer qui ressemble à l'alose.

CORNUCHET, subst. mas. (*kornuché*), t. de jard., petit *cornet* : *entrer en cornuchet*; et non *enter un cornuchet*, comme on le trouve chez *Raymond*.

CORNUD, subst. mas. (*kornude*), broc de bois dont se servent les savonniers.

CORNUDE, subst. fém. (*kornude*), petit seau de bois dont le diminutif serait *cornudet*, mas.

CORNUE, subst. fém. (*kornu*) (du latin *cornu*, corne, à cause de sa forme), vase dont on se sert pour certaines distillations. On donne aussi à la *cornue* le nom de *retorte*, à cause, sans doute, de la courbure de son col.

CORNUE-DIGITALE, subst. fém. (*kornudijitale*), t. d'hist. nat., coquille du genre strombe.

CORNUELLE, subst. fém. (*kornuèle*), t. de bot., nom vulgaire de la macre.

CORNUET, subst. mas. (*kornuè*), sorte de pâtisserie qui a la figure de deux petites *cornes*.

CORNULAIRE, subst. mas. (*kornulère*), t. d'hist. nat., genre de polypier.

CORNULAQUE, subst. fém. (*kornulake*), t. de bot., genre de plantes.

CORNUPÈDE, subst. mas. (*kornupède*), t. d'hist. nat., nom de tous les quadrupèdes qui ont de la *corne* aux pieds. Il est peu usité.

CORNUS, subst. mas. (*kornuce*), t. de bot., nom du *cornouiller* et de quelques autres arbres. — Subst. propre mas., ville de France, chef-lieu de canton, arrond. de Sainte-Affrique, dép. de l'Aveiron.

CORNUTIA, subst. fém. (*kornutia*), t. de bot., sorte de plante.

CORO, subst. mas. (*korô*), droit levé par le roi d'Espagne sur l'or et l'argent provenant des mines du Chili et du Pérou.

COROCORO, subst. mas. (*korokoro*), t. d'hist. nat., espèce de poisson du Brésil qui paraît se rapprocher des perches.

COROEBUS, subst. propre masc. (*korèbuce*), myth., fils de Mygdon et d'Anaximène, et amant de Cassandre. Il y eut deux autres guerriers de ce nom.

COROGNE, subst. propre fém. (*korognie*), ville d'Espagne, en Galice.

COROLLACÉ, E, adj. (*korolelacé*), t. de bot., semblable à une *corolle* ou à un pétale, synonyme de *pétaloïde*.

COROLLACHATE, subst. fém. (*korolelakate*), sorte d'agate qui réunit plusieurs couleurs.

COROLLAIRE, subst. mas. (*korolelère*) (en lat. *corollarium*), proposition qui est déjà la suite d'une proposition précédemment avancée ou démontrée; ce qu'on ajoute par surabondance, pour fortifier davantage les raisons dont on s'est servi pour prouver une proposition : *à ce qui a été dit on peut ajouter, par corollaire.* — T. de math., conséquence qu'on tire d'une ou de plusieurs propositions déjà démontrées. Il est aussi adj. des deux genres; ce que ne dit pas l'*Académie*. — En t. de bot., qui dépend de la *corolle* : *vrille corollaire*, formée par un pétale ou par un tégument de la *corolle*.

COROLLE, subst. fém. (*korolle*) (du lat. *corolla*, petite couronne, contraction de *coronula*, dim. de *corona*, dérivé du grec χορωνη, qui signifie rondeur ou courbure), t. de bot., enveloppe ronde de la fleur, qui environne les étamines et le pistil.

COROLLÉE, adj. fém. (*korolelé*), t. de bot., se dit d'une fleur qui est pourvue d'une *corolle* et d'un calice.

COROLLIFÈRE, adj. des deux genres (*korolelifère*) (du lat. *corolla*, et *ferre*, porter), qui a, qui porte une *corolle*.

COROLLIFORME, adj. (*korolelilforme*), t. de bot., qui a la forme, l'apparence d'une *corolle*.

COROLLITIQUE, adj. des deux genres (*korolelitike*) en architecture, on appelle *colonne corollitique*, celle qui est ornée de feuillages, ou de fleurs tournées en ligne spirale à l'entour de son fût, ou par couronnes, ou par festons.

COROLLULE, subst. fém. (*korolelule*), t. de bot., petite *corolle* ou *corolle* d'un fleuron.

COROMANDEL, subst. propre mas. (*koromandèle*), côte orientale de la péninsule de l'Inde en deçà du Gange.

CORONAIRE, adj. des deux genres (*koronère*) (du grec χορωνη, courbure en général, couronne, d'où a été fait le latin *corona*, couronne); il se dit en anatomie de deux artères qui prennent leur origine de l'aorte, et qui portent le sang dans la substance du cœur.

CORONAL, E, adj., au plur. mas. **CORONAUX** (*koronale*) (du grec χορωνη, en lat. *corona*, couronne), t. d'anat. : *l'os coronal*, l'os du front. — *Suture coronale*, suture extérieure du crâne, qui répond à l'endroit où se porte une *couronne*.

CORONA-SOLIS, subst. fém. (*koronaçolice*) (mots latins qui signifient *couronne du soleil*), t. de bot., nom d'un groupe de plantes syngénèses. — Espèce de tournesol.

CORONA-TRIOMPHALIS, subst. fém. (*koronatrionfalice*), mots latins qui signifient *couronne triomphale*, *couronne* que l'armée romaine décernait au général qui avait remporté une victoire éclatante, et qui n'était d'abord qu'un simple laurier; ensuite elle fut faite en or, imitant les feuilles de laurier.

CORONAT, subst. mas. (*korona*), monnaie de billon qui avait cours sous Léon X.

CORONÉ, subst. mas. (*koroné*) (du lat. *corona*, dérivé du grec χορωνη, courbure, rondeur en général), t. d'anat., éminence pointue de l'os de la mâchoire inférieure.

CORONELLE, subst. fém. (*koronèle*), t. d'hist. nat., reptile de l'ordre des ophidiens. — Les peigniers donnent ce nom à un triangle de métal.

CORONER, subst. mas. (*koronère*), en Angleterre, officier de justice chargé de faire, au nom de la *couronne*, et avec l'assistance d'un jury, des informations sur les causes de toute espèce de mort violente.

CORONET, subst. mas. (*koroné*) (rac. *couronne*), petite *couronne* des pairs d'Angleterre.

CORONILLE, subst. fém. (*koroni-ie*), t. de bot., arbuste qui croît dans les pays chauds, et dont les fleurs ont la forme d'une petite *couronne*.— Genre de plante de la famille des légumineuses.

CORONOÏDE, adj. des deux genres (*korono-ide*) (du grec χορωνη, en lat. *corona*, couronne, et εἶδος, forme, ressemblance), t. d'anat., semblable à une *couronne*. — Il se dit de deux apophyses qui ont la forme du bec d'une corneille. Il est aussi subst. : *la coronoïde*.

CORONOÏDIEN, adj. mas., au fém. **CORONOÏDIENNE** (*korono-idiein, ène*), t. d'anat., se dit de l'une des pièces de la branche de la mâchoire; dans les oiseaux et les reptiles.

CORONOPE, subst. fém. (*koronope*), t. de bot., espèce de cranson, plante à tiges étalées sur la terre.

CORONOPIFEUILLE, subst. fém. (*koronopifeuie*), t. de bot., espèce de plante à laquelle on a donné aussi le nom de *coronopifeuille vulgaire*.

CORONULE, subst. fém. (*koronule*), t. d'hist. nat., sorte de mollusque.

COROPHIR, subst. fém. (*korofi*), t. d'hist. nat., crustacé de l'ordre des amphipodes.

COROSSOL ou **COROSSOLIER**, disent tous les *Dictionnaires*, à l'exception de celui de l'*Académie*, qui n'en fait pas mention. Pourquoi ne pas dire *corossol* pour le fruit, et *corossolier* pour l'arbre? Subst. mas. (*koroceçole, çolié*), t. de bot., genre nombreux d'arbrisseaux exotiques dont le fruit se mange, et qui a des rapports avec les magnoliers.

COROYÈRE, subst. fém. (*koroèière*), t. de bot., sumac employé pour *corroyer* les cuirs.

COROZO-DE-CARIPE, subst. mas. (*korozodekaripe*), t. de bot., nom vulgaire d'un palmier.

CORP, subst. mas. (*korpe*), t. d'hist. nat., poisson du genre sciène.

CORPON ou **CORPOU**, subst. mas. (*korpon, pou*), t. de pêche, cinquième chambre, à la tête de la madrague où se prennent les thons.

CORPORAL, subst. mas., au plur. **CORPORAUX** (*korporal*) (du latin *corporale*, que les théologiens ont formé dans la même signification de *corpus*, corps, à cause du *corps* de *Jésus-Christ* présent dans l'hostie après la consécration), linge carré bénit sur lequel on met le calice et l'hostie.

CORPORALIER, subst. mas. (*korporalié*), bourse plate dans laquelle on met le *corporal*. On dit plus communément *bourse*.

CORPORALITÉ, subst. fém. (*korporalité*). Inus. Voy. CORPORÉITÉ.

CORPORATION, subst. fém. (*korporácion*), mot emprunté des Anglais pour signifier les communautés municipales : *la corporation de Bristol.* — Communautés, congrégations, corps de métiers, toutes compagnies qui prennent le nom de *corps* : *former des corporations ; être en corporation.*

CORPORÉ, E, adj. (*korporé*), qui a du *corps* : *homme corporé.* Ce mot est nouveau.

CORPORÉITÉ, subst. fém. (*korporé-ité*), qualité de ce qui est *corporel* ; ce qui constitue un *corps.*

CORPOREL, adj. mas., au fém. **CORPORELLE** (*korporèle*) (en lat. *corporalis*), qui a un *corps.* —Qui appartient au *corps*, qui concerne le *corps* : *plaisirs corporels ; punition corporelle.*

CORPORELLEMENT, adv. (*korporèleman*) (en lat. *corporaliter*), d'une manière *corporelle* ; qui a rapport au *corps* : *punir corporellement.* — Il se dit par opposition à *spirituellement* : *dans l'eucharistie on reçoit le corps de notre seigneur Jésus-Christ corporellement et non pas spirituellement, comme le prétendent les calvinistes.*

CORPORENCE, subst. fém. (*korporance*), mot employé improprement par madame *Dunoyer* pour *corpulence.* C'est un barbarisme.

CORPORIFICATION, ou **CORPORISATION**, subst. fém. (*korporifikácion, zácion*), anc. chimie. Opération qui redonne aux esprits à peu près le même *corps* qu'ils avaient avant leur spiritualisation.

CORPORIFIÉ, E, part. pass. de *corporifier.*

CORPORIFIER, v. act. (*korporifié*), supposer un *corps* à ce qui n'en a point. Certains hérétiques *corporifiaient* les anges. — En t. de chimie, faire reprendre aux esprits le *corps* qu'ils avaient perdu en quittant les sels. — SE CORPORIFIER, v. pron., se former en *corps*, se faire un *corps* avec quelque composé.

CORPS, subst. mas. (*kor*; le *p* et le *s* ne se font jamais sentir) (en lat. *corpus*), partie de l'animal composée de chair, d'os, de muscles, de vaisseaux, de liquides, de nerfs, etc. — Il se dit particulièrement du corps humain : 1° eu égard à la taille et à la conformation : *corps informe, bien* ou *mal bâti*, etc.; 2° eu égard aux exercices : *corps souple, dénoué, agile*, etc.; 3° eu égard à la santé : *corps robuste, bon corps, corps de fer, corps fluet, délicat*, etc. ; *faire corps neuf*, se rétablir après une longue maladie. Par rapport à la lutte et aux combats : *se battre à bras le corps*; fig., *lutter corps à corps avec le malheur, les préjugés*, etc.; *prendre corps à corps.* — On dit en t. de pratique, *prise de corps ; condamnation, contrainte par corps ; être saisi, appréhendé au corps*; dans un sens moins étendu, la capacité du corps : *il lui passa l'épée au travers du corps.* On le dit de cette partie de certains habillements qui va depuis le cou jusqu'à la ceinture et prend la forme du *corps* : *corps de cuirasse; corps de jupe, de robe; corps de baleine*, etc. Il se dit de la personne du roi : *gardes-du-corps ; officiers du corps.* — *Corps* mort, se dit pour *cadavre* : *le corps de cet animal sent mauvais* ; et plus particulièrement, pour cadavre humain : *enlever le corps :*

> Que de *corps* entassés! que de membres épars,
> Privés de sépulture!
> Grand Dieu! tes saints sont la pâture
> Des tigres et des léopards. (RACINE.)

—*Mettre, porter un corps en terre; jeter de l'eau bénite sur le corps.—Corps saint; corps glorieux*, l'état d'un *corps* dans la gloire céleste.— On dit fam. d'une personne qui est long-temps sans éprouver les besoins *corporels*, que c'est un *corps glorieux.* — Par extension, la principale partie de certaines choses artificielles : *corps de navire, de carrosse, d'une place* ou *forteresse*, etc. — *Corps* se dit des lisses dont la maille contient une petite boule qui fait lever ou baisser le fil.—En t. d'imprim., *corps interrompu* ou *irrégulier*, nom donné autrefois aux caractères appelés aujourd'hui *philosophie, gaillarde* et *mignonne* ; *corps de galée*, la partie de la galée qui est couverte par la coulisse. — Au fig., 1° union de plusieurs personnes sous les mêmes lois : *corps politique ; le corps de l'état ; le corps mystique de l'Église; le corps de la noblesse; corps de métier*, etc. ; *se réunir en corps* : 2° compagnie de personnes unies ensemble; société de gens réunis sous un même chef: tous les gens d'une certaine profession ou d'un certain métier; 3° en t. de guerre, *corps d'armée, corps de bataille, corps de réserve, corps de deux mille hommes*, etc.; *vieux corps*, régiments anciens. Il se dit quelquefois par rapport à celui qui en fait partie : *il a rejoint son corps; se rendre au corps...* On appelle *esprit de corps* une façon de penser particulière à chaque *corps*, et d'après laquelle il se détermine et agit ordinairement : *ce qu'on appelle esprit de corps anime toutes les sociétés.* — *Corps de doctrine*, réunion méthodique des principes et des conséquences qui forment l'ensemble d'un système de doctrine. — *Un cheval a du corps*, lorsqu'il a le flanc rempli et les côtes évasées et arrondies ; *il n'a point de corps*, lorsqu'il a les côtes plates et que son *corps* va en diminuant vers les cuisses comme celui d'un lévrier. — Assemblage de plusieurs pièces de divers auteurs : *le corps du droit civil, du droit canon ; grand corps d'histoire*, etc.; épaisseur de certaines choses qui sont ordinairement un peu minces : *ce parchemin, ce papier n'a pas de corps ; cette étoffe a du corps.* En ce sens on dit fig. : *donner du corps aux choses spirituelles.* On dit aussi *ce vin a du corps, n'a pas de corps*, de vigueur. — En général, substance étendue et impénétrable, divisible, figurée. C'est dans cette acception que le mot *corps* est employé en géométrie dans le même sens que *solide.*—En t. d'archit., on appelle *corps de bâtiment* un bâtiment formant un tout, ou formant une partie distincte d'un édifice : *cette maison est composée de deux corps de bâtiment.* —*Corps-de-logis*, portion d'un bâtiment divisé en plusieurs parties. — *Corps* se dit encore de la figure d'une devise ; les paroles qui l'accompagnent s'appellent l'*âme.* — En t. d'imprimerie, la distance qui se trouve entre la ligne prise depuis le dessus des lettres d'une ligne jusqu'à celle de dessus de la ligne qui suit : les lettres qui ont tête ou queue, comme *b, d, q*, occupent les deux tiers du *corps*; celles qui n'ont ni tête ni queue, *m, n, o*, etc., n'occupent que le tiers du *corps*; c'est, en d'autres termes, l'épaisseur de la lettre prise dans le sens de la lettre même. — Chez les fondeurs, *corps* se prend pour une seule sorte de caractère. — *Le corps d'un livre*, livre sans la préface, les annotations, ni les tables. — *Le corps d'une lettre*, lettre sans les compliments de forme, la signature, etc. — *Le corps de la lettre*, en matière d'écriture, principal trait dont la lettre est formée. — *Le corps du soleil, de la lune*, etc., le globe ou le disque du soleil, de la lune, etc. — *Corps d'arbre*, la tige d'un arbre. — En t. de musique, *corps de voix*, le nombre des degrés de force et d'étendue que peut embrasser une voix; à la différence du volume de la voix, qui consiste dans la manière dont elle remplit l'oreille, dont elle se fait entendre à une distance plus ou moins grande, et qui est désigné par le simple nom de *corps.* — En t. d'hydraulique, *corps de pompe*, cylindre creux, d'un diamètre bien égal dans toute sa longueur, garni de soupapes et de clapets, et dans l'intérieur duquel on fait glisser le piston. — En t. de mar., *corps mort*, grosse pièce de bois qu'on enfonce fortement dans la terre, sur une direction un peu inclinée, et à laquelle tient une chaîne de fer qui sert à amarrer les vaisseaux. — Poutrelles que l'on enterre sur le bord d'une rivière où l'on construit un pont. — Chez les perruquiers, *corps de rang*, tresses qui sont au-dessous des tournants, en allant depuis les tempes jusqu'à la nuque. — Dans les ballets, *corps d'entrée*, chœurs de danse qui y figurent.—En t. de jurispr., on appelle *corps héréditaire*, les biens d'une succession, tels qu'ils sont en nature ; *corps de délit*, un objet sur lequel un délit a été commis, comme, par exemple, le *corps d'un homme assassiné; corps de preuves*, l'assemblage de plusieurs sortes de preuves qui, toutes ensemble, forment une preuve complète.— Un *corps céleste* est un *astre.*—*Répondre corps pour corps*, s'engager entièrement pour un autre. — *Perdre corps et biens*, perdre une personne chérie, et les avantages qu'on en retirait ou qu'on en espérait.—Les négociants-armateurs disent *perdre corps et cargaison*, quand tout périt, vaisseau et marchandises. — *Un pauvre corps* est un homme sans esprit ni vigueur; *un drôle de corps*, un original, un farceur. — Prov. *faire litière de son corps*, s'excéder de travail.— *Faire bon marché de son corps*, s'exposer aisément aux dangers.—*Avoir le diable au corps*, être très-méchant, ou avoir beaucoup d'esprit. — *Gagner quelque chose à la sueur de son corps*, en se donnant beaucoup de mal. — *A corps perdu*, loc. adv., sans ménagement, avec ardeur et impétuosité. Il se dit au propre, des combats, et au figuré, des ouvrages d'esprit : *il s'est jeté à corps perdu dans la littérature*, etc. — *A son corps défendant*, loc. adv., à ses risques et périls. — *Corps à corps*, en se tenant tous deux par le *corps.* — *Corps marins*, se dit des coquilles, des coraux, des madrépores, des poissons, etc., que l'on trouve enfouis dans le sein de la terre.

CORPS, subst. propre mas. (*cor*), bourg de France, chef-lieu de canton, arrond. de Grenoble, dép. de l'Isère.

CORPS-ADMINISTRATIFS, subst. mas. plur. (*koradminicetratife*), assemblées chargées de l'*administration.* La constitution de 1791 avait établi des administrations de département et des administrations de district; chacun de ces *corps* était divisé en *conseil* et en *directoire.* Depuis la constitution de 1795, il n'y eut plus d'administration de district; celle de chaque département portait le nom d'*administration centrale.* Voy. ce mot.

CORPS-DE-GARDE, subst. mas. (*kordeguarde*), certain nombre de soldats posés en un lieu pour être de là distribués en différentes gardes ; et le lieu où ils se tiennent.—Se dit aussi en t. de mar., de la partie d'un vaisseau qui se trouve sous le gaillard de l'arrière. — Au plur., des *corps-de-garde.*

CORPS-DE-LOGIS, subst. mas. (*kordeloji*). Voy. CORPS.

CORPS-LÉGISLATIF, subst. mas. (*korléjicelatife*), nom donné à l'assemblée nationale, comme exerçant le pouvoir que la nation lui avait délégué de faire des lois. Les constitutions de 1791 et 1793 avaient composé ce *corps* d'une chambre unique formée de sept cent quarante-cinq membres, laquelle était déclarée indivisible et permanente, et devait se renouveler en totalité de deux en deux ans. — Par celle de 1795, le *corps-législatif* fut composé de sept cent cinquante membres divisés en deux conseils, l'un appelé des *cinq-cents*, et l'autre des *anciens*; il se renouvelait par tiers, d'année en année. — Par la constitution de l'an VIII, le *corps-législatif* était composé de trois cents membres renouvelés par cinquième tous les ans. Celui qui en sortait ne pouvait y rentrer qu'après un an d'intervalle. Chaque session commençait le 1er frimaire, et ne durait que quatre mois. — Par le sénatus-consulte du 16 thermidor an X, tous les départements de la France furent, au moyen du renouvellement par cinquième des membres du *corps-législatif*, divisés en cinq séries, et chacun de ces départements dut avoir un nombre de députés proportionné à l'étendue de sa population. — Enfin, par le sénatus-consulte du 28 floréal an XII, les membres sortants du *corps-législatif* purent être réélus sans intervalle. Aujourd'hui, le *corps-législatif* est formé de la chambre des pairs et de la chambre des députés, tenant chacune leurs séances dans un local différent : la chambre des pairs au Luxembourg, et la chambre des députés à l'ancien palais Bourbon.

CORPULENCE, subst. fém. (*korpulance*) (en lat. *corpulentia*), volume du *corps* de l'homme, par rapport à sa taille ; grosseur ; obésité. Il est plus usité dans ce sens.

CORPULENT, E, adj. (*korpulan, lante*) (en lat. *corpulentus*), qui a de la *corpulence*; qui est gros et gras.

CORPUSCULAIRE, adj. des deux genres (*korpucekulère*), relatif aux *corpuscules*, aux atomes : *philosophie corpusculaire*, celle qui prétend rendre raison de tout par le mouvement des *corpuscules.* Voy. *Philosophie mécanique* au mot MÉCANIQUE.

CORPUSCULAIRE, subst. des deux genres (*korpucekulère*), partisan du système des *corpuscules*, des atomes.

CORPUSCULE, subst. mas. (*korpucekule*) (en lat. *corpusculum*, dimin. de *corpus*, corps), petit *corps* : *les atomes sont des corpuscules.*

CORPUSCULISTE, subst. des deux genres (*korpucekulicete*), partisan du système des *corpuscules*; celui qui explique tout par le mouvement des atomes.

CORRADOUX ou **COURADOUX**, subst. mas. (*kore, kouradou*), t. de mar., l'espace compris entre les deux ponts d'un vaisseau.

CORRE ou **CORRET**, subst. mas. (*korere, koreré*), rets de picots; espèce de filets à poche.

CORRÉ, subst. mas. (*koreré*), t. de bot., arbrisseau de l'espèce des rutacées.

CORRÉA, subst. mas. (*koreréa*), t. de bot., petit arbrisseau dont les feuilles ont été employées quelquefois pour remplacer le thé.

CORRECT, E, adj. (*korerékte*) (du lat. *correctus*, qui a la même signification), exempt de fautes, en parlant de l'écriture, du dessin et du langage : *écriture correcte, dessin correct*, selon les règles, conforme à la nature : *style correct.* — En parlant des auteurs, exact dans les faits, dans les dates ou dans le style. — En t. d'imprim., qui ne fait pas de fautes : *compositeur correct.*

CORRECTEMENT, adv. (*korerèkteman*), selon les règles; sans faute: *parler, écrire correctement.*

CORRECTEUR, subst. mas., au fém. **CORRECTRICE** (*korerèkteur, trice*) (en lat. *corrector*, fait de *corrigere*, corriger), celui qui *corrige*, qui reprend. Dans ce sens il est aujourd'hui peu usité.— En t. de collége, celui qui châtiait autrefois les écoliers. — Titre d'office ou de grade chez quelques religieux; et adj. : *le père correcteur.* — *Correcteur des comptes*, dans les anciennes chambres *des comptes*, officier chargé de vérifier les *comptes.* — *Correcteur d'imprimerie*, celui qui *corrige* les épreuves des livres qu'on imprime. — *Correcteurs*, chez les anciens Romains, magistrats qui étaient envoyés dans les provinces pour y remplir les fonctions de juges ordinaires.

CORRECTIF, adj. mas., au fém. **CORRECTIVE** (*korerèktife, tive*), qui adoucit, qui *corrige* : *remède correctif.*

CORRECTIF, subst. mas. (*korèktife*), ce qui a la vertu de *corriger*, de tempérer : *le sucre est le correctif du citron.*—Au fig., adoucissement qu'on emploie dans le discours pour faire passer quelque proposition ou quelque expression trop forte : *user de correctif; mettre, employer un correctif.*

CORRECTION, subst. fém. (*korerèkcion*) (en lat. *correctio*, fait de *corrigere*, qui a la même signification), action de *corriger* : *correction des abus, des mœurs, d'un ouvrage d'esprit, d'un morceau d'écriture*, etc. — Réprimande et admonition : *correction paternelle* ou *fraternelle*, *douce* ou *sévère*, etc.—Châtiment, peine : *châtier étant en colère, ce n'est pas correction, c'est vengeance.* (Montaigne.) — *Maison de correction*, maison où l'on enferme des délinquants, en vertu d'un jugement de police *correctionnelle*, ou des libertins sur la demande de leurs parents. — Il se prend quelquefois pour le pouvoir et l'autorité de punir : *les enfants sont sous la correction du père.* — En t. de rhétorique, une des principales qualités de l'oraison, laquelle consiste dans l'observation rigoureuse des règles de la grammaire et de l'usage des langues. — On appelle aussi *correction*, la figure de rhétorique par laquelle on condamne de premières expressions, et on les *corrige* comme trop faibles : *il est beau, que dis-je? il est magnifique!* — En t. d'imprimerie, 1° opération par laquelle on note sur l'épreuve les fautes échappées dans la composition; 2° celle par laquelle le compositeur les *corrige* sur la forme.—Bureau de *correction*, cabinet où les *correcteurs* lisent leurs épreuves. Anciennement bureau des *correcteurs* de la cour des comptes. — Ce qui est indiqué à la marge par l'auteur. — Qualité de ce qui est *correct* : *correction du style, du langage, d'un dessin.* — En pharm., mélange de substances. — T. d'astron., *correction du midi*, la quantité qu'il faut ôter du midi conclu des hauteurs correspondantes du soleil, ou y ajouter, pour avoir le midi vrai. — T. de mar., *corrections des routes*, corrections qu'on applique à la route et au rumb de vent, estimés pour avoir une détermination plus exacte du point d'arrivée. — SAUF CORRECTION OU SOUS-CORRECTION, loc. adv. employées comme *corrélatif*, pour adoucir ce qu'on peut dire de trop fort : *je maintiens, sauf ou sous correction, que cela est faux.* — *Sauf corrections*, sauf les *corrections* qui sont à faire.

CORRECTIONALISÉ, E, part. pass. de *correctionaliser.*

CORRECTIONALISER, v. act. (*korerèkcionalizé*), mot inusité qui signifie rendre *correctionnel*, en parlant d'une affaire susceptible d'être portée ou jugée à un tribunal de police *correctionnelle.*

CORRECTIONNEL, adj. mas., au fém. **CORRECTIONNELLE** (*korerèkcionèle*), qui appartient à la *correction* : *peine correctionnelle.* — On nomme *tribunal de police correctionnelle*, un tribunal qui connaît des délits réputés peu graves.

CORRECTIONNELLEMENT, adv. (*korerèkcionèleman*), d'une manière *correctionnelle* : *juger, condamner correctionnellement.*

CORRECTIVE, adj. fém. Voy. CORRECTIF, adj.

CORRECTOIRE, subst. mas. (*korerèktoare*), chez les minimes, livre qui contenait les pénitences qu'il faut imposer aux religieux.

CORRECTRICE, subst. fém. (*korerèktrice*), celle qui *corrige*, et, plus souvent, qui châtie. — Supérieure des religieuses minimes.

CORRÉE, subst. mas. (*koreré*), t. de bot., genre de plantes.

CORRÉGENCE, mot que nous lisons dans *Trévoux, Boiste, Gattel* et *Raymond*, qui n'a pas manqué de les copier; mais mot formé contre le génie de la langue. Il ne se trouve pas dans l'*Académie.* Voy. CORÉGENCE, qui est la seule orthographe rationnelle.

CORRÉGENT. Voy. notre observation sur le mot CORRÉGENCE.

CORRÉGIDOR, subst. mas. (*koreréjidor*), de l'espagnol *con*, avec, et *regir*, gouverner). On appelle ainsi, en Espagne, le premier magistrat d'une grande ville.

CORRÉLATIF, subst. mas. (*korerélatife*), t. de gramm., qui a une *relation* commune : *les corrélatifs d'une proposition.*

CORRÉLATIF, adj. mas., au fém. **CORRÉLATIVE** (*korerélatife, tive*) (en latin *correlativus*, qui marque une *relation* réciproque entre deux choses opposées : *vieux* et *jeunes*, en français; *tantùm* et *quantùm*, en latin, sont des termes *corrélatifs.*

CORRÉLATION, subst. fém. (*korerélâcion*) (du latin *cum*, avec, ensemble, et *relatio*, relation), *relation* réciproque entre deux choses. — En t. didactique : *les termes de* père *et de* fils *emportent corrélation.*

CORRÉLATIVE, adj. fém. Voy. CORRÉLATIF.

CORRÉSO, subst. mas. (*korerézô*), t. d'hist. nat., sorte d'oiseau d'Amérique bon à manger.

CORRESPONDANCE, subst. fém. (*korècepondance*) (pour l'étymologie, voy. CORRESPONDRE), action de *correspondre* : *correspondance à la grace*, etc. — Communication avec les personnes ou les lieux : *aller par correspondance*, d'un endroit qui vous mène à un autre, pour, de là, être transporté ailleurs.—*Service de correspondance*, à la poste, c'est l'enlèvement des lettres et paquets sur les routes où la malle ne passe pas. — Liaison, commerce de lettres : *être en correspondance; entretenir correspondance.* — Les lettres mêmes : *j'ai lu toute la correspondance.* En ce sens, il s'emploie absolument : *ce négociant a des correspondances dans toute l'Europe.* — Entre négociants, il se dit quelquefois pour *correspondant* : *mes correspondances me marquent...* — Conformité, rapport. — En t. de gramm., on entend par *correspondance* un rapport de détermination et de dépendance que les temps des verbes peuvent avoir entre eux : il y a la *correspondance* des temps de l'indicatif entre eux; la *correspondance* des temps du subjonctif avec ceux de l'indicatif, etc.

CORRESPONDANT, subst. mas. (*korècepondan*), celui qui est en commerce réglé d'affaires ou d'amitié avec un autre : *bon, fidèle correspondant.* — *Correspondant* se dit aussi de celui avec lequel on est en commerce de lettres pour affaires de politique, de littérature, d'intérêt : *j'ai un correspondant à Vienne qui m'apprend toutes les nouvelles politiques et littéraires de cette ville.*—Celui qui sert comme de père, de tuteur à un étranger. — On pourrait fort bien dire *correspondante* au fém.

CORRESPONDANT, E, adj. (*korècepondan, dante*), qui se *correspond* : *les angles correspondants des montagnes.*—En t. d'astron., hauteurs *correspondantes.*

CORRESPONDRE, v. neut. (*korècepondre*) (du latin *cum*, avec, ensemble, et *respondere*, répondre), convenir, être conforme : *la fortune correspond à mes vœux*; répondre par ses sentiments, par ses actions : *correspondre à l'action, aux soins de quelqu'un.* — Avoir une *correspondance* de lettres avec quelqu'un : *j'ai correspondu pendant deux ans avec lui.* — Communiquer. — *se* CORRESPONDRE, v. pron., se rapporter; avoir communication : *ces deux pavillons se correspondent.*

CORRÈZE, subst. propre fém. (*korèze*), l'un des départements de la France, qui tire son nom de la rivière qui le traverse. — Ville de France, chef-lieu de canton, arrond. de Tulle, dép. de la Corrèze.

CORRIDOR, subst. mas. (*koridor*) (de l'italien *corridore*, fait, dans le même sens, du verbe *correre*, dérivé du latin *currere*, courir), sorte de galerie qui tourne autour d'un bâtiment; passage entre des appartements : *beau, vaste, long corridor; corridor étroit, obscur.* — Dans les anciennes fortifications, *chemin couvert.*

CORRIGÉ, subst. mas. (*korijé*), t. d'art., ce qui est ou ce que l'on doit *corriger.*—T. de collége, devoir *corrigé* : *le corrigé d'un thème.*

CORRIGÉ, E, part. pass. de *corriger*, et adj. En t. de marine : *route corrigée, rumb corrigé*, route ou rumb résultant des *corrections* que l'on a faites.

CORRIGEANT, E, adj. (*korijan, jante*), mot employé par *Montesquieu* pour dire *qui corrige.*

CORRIGER, v. act. (*korijé*) (en lat. *corrigere*, formé, dans le même sens, de *cum*, avec, ensemble, et de *regere*, régler, gouverner), en parlant des choses, rendre *correct.*—En parlant des personnes, ôter un défaut, des défauts. — Réparer : *corriger l'injustice du sort.*—Châtier de paroles, ou de quelque punition; reprendre, réprimander; avec cette différence que *corriger* s'étend à toutes sortes de fautes, soit en fait de mœurs, soit en fait d'esprit et de langage; *reprendre* ne se dit guère que pour les fautes de langage et d'esprit; *réprimander* ne convient qu'aux mœurs. — Tempérer : *un peu de vin corrige la crudité de l'eau.* — En t. d'imprim., marquer les fautes à la marge d'une épreuve. — *Corriger sur le plomb*, c'est ôter des caractères pour en placer d'autres. —En t. de mar., *corriger la route* ou *le rumb*, faire les *corrections* d'après la latitude observée. — Prov. : *corriger son plaidoyer*, changer de langage, parler avec plus de circonspection, etc. — *Corriger la fortune*, tricher au jeu.—*se* CORRIGER, v. pron., s'amender, devenir meilleur, se défaire de quelque défaut.

CORRIGIBLE, adj. des deux genres (*korijible*), qui peut se *corriger*; qui est aisé à *corriger.*

CORRIGIOLE, subst. fém. (*korijiole*), t. de bot., plante de la famille des portulacées.

CORRIVAL, subst. mas., disent tous les *Dictionnaires* : ce serait au moins *corival*; et pourquoi, si on l'admettait, lui refuser un fém.? (*korivale*), compétiteur. Il est vieux, et l'on ne dit plus que *rival.* — Il se disait autrefois d'un homme qui tirait de l'eau du même puits ou d'une même source qu'un autre, et de celui qui avait la jouissance commune d'un ruisseau avec une autre personne.

CORROBORANT, E, adj. des deux genres et subst. mas. (*koreroboran, rante*), t. de médec., il se dit des remèdes qui fortifient et donnent du ton.

CORROBORATIF, adj. mas., au fém. **CORROBORATIVE** (*koreroboratife, tive*), qui donne ou augmente les forces : *remède, aliment corroboratif.* On dit aussi subst. mas. : *prendre un corroboratif.* Voy. CORROBORER.

CORROBORATION, subst. fém. (*koreroborâcion*), t. de médec., action de *corroborer*, de fortifier, de donner des forces; état de ce qui est *corroboré.*

CORROBORATIVE, adj. fém. Voy. CORROBORATIF.

CORROBORÉ, E, part. pass. de *corroborer.*

CORROBORER, v. act. (*korerobore*) (du latin *corroborare* qui signifie la même chose), fortifier, donner de nouvelles forces. Il se dit surtout en parlant des médicaments et des aliments : *le vin corrobore l'estomac; ce médicament est propre à corroborer le cerveau.* — Fig. : *ce que vous dites corrobore mon opinion.* — *se* CORROBORER, v. pron.

CORRODANT, E, adj. (*korerodan, dante*) (du latin *corrodere*, ronger), t. de médec., qui *corrode*, qui ronge, qui consume : *substance corrodante; la pierre infernale est corrodante.*

CORRODÉ, E, part. pass. de *corroder.*

CORRODER, v. act. (*korerodé*) (en latin *corrodere*, formé de *cum*, avec, ensemble, et *rodere*, ronger), ronger, percer, consumer. — *se* CORRODER, v. pron.

CORROI, subst. mas. (*koroé*), la dernière préparation qu'on donne au cuir. Voy. CORROYER. — Terre glaise bien battue et pétrie qui retient l'eau. —Instrument qui sert à étendre et à préparer les petites étoffes, soit à chaud, soit à froid.

CORROIERIE, subst. fém. (*koreroèri*), art, manière de *corroyer* les cuirs.—Lieu où l'on *corroie* les cuirs.

CORROMPRE, v. act. (*koronpre*) (en lat. *corrumpere*), gâter, altérer, changer en mal; soit au propre, dans le physique : *la grande chaleur corrompt la viande*; soit au figuré, dans le moral : *les mauvaises compagnies corrompent les mœurs, l'esprit des jeunes gens; la lecture des mauvais auteurs corrompt le style.*— Troubler, diminuer : *la crainte corrompt le plaisir.* — *Corrompre la vache*, faire venir le grain à un cuir de vache par le moyen de la pommelle. (*Trévoux.*)— *Corrompre une fille, une femme*, la débaucher.— *Corrompre un juge*, l'obliger à juger contre sa conscience, par l'appât de quelque intérêt.—*Cor-*

rompre des gardes, des témoins, les gagner à force d'argent. — *Corrompre un texte, un passage*, le tronquer, l'altérer. — SE CORROMPRE, v. pron., se gâter, s'altérer, au propre et au figuré, au physique et au moral.

CORROMPU, E, part. pass. de *corrompre* et adj. (*koronpu*), gâté, altéré : *des mœurs corrompues ; un langage corrompu*. — *Corrompu* est quelquefois subst. : *c'est un vieux corrompu*, un vieux débauché. Il est peu usité.

CORROSIF, adj. mas., au fém. CORROSIVE (*korerozife, zive*), qui ronge, qui *corrode* : *l'eau-forte est corrosive ; sublimé corrosif*. — On dit aussi subst. au mas. : *un corrosif ; un puissant corrosif ; employer des corrosifs* ; et au fig. : *l'ennui est un corrosif qui use le cœur et dépolit les mœurs*.

CORROSION, subst. fém. (*korerôzion*), action de ce qui *corrode*, de ce qui ronge.—État des choses *corrodées*.

CORROSIVE, adj. fém.Voy. CORROSIF.

CORROSIVETÉ, subst. fém. (*korerôzivelé*), *corrosion*, qualité des *corrosifs*. Peu usité.

CORROYÉ, E, part. pass. de *corroyer*.

CORROYER, v. act. (*koreroéié*) (du lat. *corium*, cuir, et *rodere*, ronger ; ronger le cuir, le parer, etc.), donner le dernier apprêt au cuir pris des mains du tanneur, afin que l'on puisse s'en servir.—En architecture : 1° battre et pétrir de la terre glaise, afin d'en faire une espèce de massif qui tienne l'eau ; 2° mêler le sable avec la chaux, en les remuant avec le rabot.—En t. de serrurier, de taillandier, etc., préparer le fer à la forge pour différents usages.—En t. de forgeron, souder ensemble plusieurs barres de fer, pour n'en faire qu'une. — En t. de menuisier, ôter la superficie grossière du bois.—*Corroyer un canal, un bassin de fontaine*, etc., y mettre un massif de terre *corroyée* pour retenir l'eau.—Ancien t. d'imprim., *corroyer un cuir de balle*, c'était l'adoucir et le rendre propre à prendre l'encre : *ce cuir n'a pas été assez corroyé*. — SE CORROYER, v. pron.

CORROYÈRE, subst. fém. (*koreroéière*), t. de bot., espèce de sumac dont on emploie les feuilles pour tanner les cuirs.

CORROYEUR, subst. mas. (*koreroéieur*), artisan qui donne au cuir sorti des mains du tanneur les façons nécessaires pour être en état de servir.—On appellerait fort bien *corroyeuse* la femme d'un *corroyeur*.

CORRUDE, subst. fém. (*korerude*), t. de bot., espèce d'asperge sauvage.

CORRUGATEUR, subst. mas. (*koreruguateur*) (du latin *corrugare*, rider, froncer, plisser, fait de *ruga*, ride), t. d'anat., muscle du front qui le fait *rider* entre les sourcils, pendant le mouvement appelé *froncement des sourcils*.

CORRUGATION, subst. fém. (*koreruguâcion*) (en latin *corrugatio*, fait de *corrugare*, rider, froncer), t. de physiol., *ride*, froncement de la peau, etc.

CORRUP., ou *par* CORRUP., abréviation de la locution adverbiale : *par corruption*.

CORRUPTEUR, subst. mas., au fém. CORRUPTRICE (*korerupteur, trice*) (en latin *corruptor, corruptrix*), celui, celle qui *corrompt* l'esprit, les mœurs, le goût : *vil, infâme corrupteur ; corrupteur de la jeunesse*. — Il s'emploie quelquefois adjectivement : *discours corrupteur ; maximes corruptrices*.

CORRUPTIBILITÉ, subst. fém. (*koreruptibilité*) (en latin *corruptibilitas*, fait, dans le même sens, de *corrumpere*, corrompre), t. de phys., qualité de ce qui est *corruptible*.

CORRUPTIBLE, adj. des deux genres (*korerupetible*) (en latin *corruptibilis*), qui peut être *corrompu*, altéré, gâté : *tous les corps sont corruptibles*. — Fig., qui a des dispositions à se laisser *corrompre* : *un juge corruptible*. Plus usité avec la négative.

CORRUPTICOLE, subst. des deux genres (*korerupetikole*), hérétique qui soutenait que le corps de Jésus-Christ était *corruptible*, et que le nier, c'était nier la vérité de sa *passion*.

CORRUPTIF, adj. mas., au fém. CORRUPTIVE (*korerupetif, tive*), qui cause ou engendre la *corruption*.

CORRUPTION, subst. fém. (*korerupecion*) (en latin *corruptio*, fait, dans le même sens, de *corrumpere*, corrompre), altération dans les qualités, soit physiques, soit morales : *corruption de l'air, de la viande, du sang, des humeurs ; corruption du goût, du style ; corruption du siècle, de la jeunesse, des mœurs*, etc. : *causer, amener, arrêter la corruption ; remédier à la corruption*. Voy. DÉPRAVATION. — Changement vicieux dans le texte d'un livre. Un mot se dit *par corruption* lorsqu'il a été altéré. — *Corruption du sang*, en Angleterre, tache imprimée sur tous les descendants d'un criminel de lèse-majesté.—*Corruptions*, au plur., exprime : 1° activement, l'action de *corrompre* : *séduire le peuple par ses libéralités et ses corruptions* ; 2° passivement, l'état de ce qui est *corrompu* : *le monde est plein de corruptions diverses*.

CORRUPTIVE, adj. fém. Voy. CORRUPTIF.

CORRUPTRICE, subst. fém. Voy. CORRUPTEUR.

CORS, subst. mas. plur. (*kor*), cornes qui sortent des perches du cerf.—En t. de vénerie : *cerf dix cors*, cerf de moyen âge ; *cerf dix cors jeunement*, qui est à sa cinquième tête ; *cerf dix cors vrai*, qui a passé six ans.—*Cors aux pieds*. Voy. COR.

CORSAC, subst. mas. (*korçak*), t. d'hist. nat., petit renard de Tartarie.

CORSAGE, subst. mas. (*korçaje*), la taille du *corps* humain depuis les épaules jusqu'aux hanches : *beau, joli corsage ; corsage délié*. Il désigne particulièrement la partie des vêtements de la femme qui embrasse la taille. — La partie d'une robe qui enveloppe le *corsage*. — Il se dit aussi : 1° des chevaux : *ce cheval a un beau corsage* ; 2° de la forme du corps du cerf et de celle de quelques autres animaux.

CORSAIRE, subst. mas. (*korcère*) (de l'italien *corsaro* ou *corsale*, fait, dans le même sens, de *corso*, course), celui qui commande un vaisseau armé en *course*. — Vaisseau monté par un *corsaire*. Dans ce sens, il est quelquefois adj. des deux genres : *un vaisseau corsaire*. — Pirate, écumeur de mer. — Au fig., méchant, dur, avide, impitoyable : *cet usurier est un vrai corsaire*. — Il y a à Paris un journal intitulé *le Corsaire*.

CORSAIRISÉ, E, part. pass. de *corsairiser*.

CORSAIRISER, v. act. (*korçèrizé*), verbe inusité qui veut dire traiter en *corsaire*. Burl. et inus.

CORSE, subst. propre fém. (*korce*), grande île de la Méditerranée qui a donné son nom à l'un des départements de la France.

CORSE, subst. et adj. des deux genres (*korce*), qui habite la *Corse*.

CORSECQUE, subst. mas. (*korcèke*), sorte de javelot à trois fers que l'on nommait aussi *angon*.

CORSELET, subst. mas. (*korcelé*), la principale partie de la cuirasse des anciens, celle qui couvrait la poitrine, l'estomac et le ventre. — Dans des temps plus modernes, corps de cuirasse que portaient les piquiers. — T. d'hist. nat., la seconde articulation du tronc des insectes. C'est la pièce qui supporte la première paire de pattes. En ce sens, plusieurs écrivent à tort *corcelet*. — Partie antérieure des coquilles. — Coquillage bivalve.

CORSES, subst. mas. plur. (*korce*), milice du pape, dont la principale fonction est de prêter main-forte aux exécutions de la justice.

CORSET, subst. mas. (*korcé*), sorte de corps de jupe. — Petit corps que les femmes mettent sous leur vêtement. — Garniture de baleines qui se lace et qui sert à soutenir la taille des femmes. — Nom qu'on donnait, au commencement de la révolution française, à des assignats de cent sous, ainsi nommés parce qu'ils étaient signés *Corset*, du nom de l'agent qui les fabriquait. — T. de chir., sorte de bandage qui servait autrefois à maintenir réduites les fractures de la clavicule.

CORSI, subst. mas. (*korci*), chez les mahométans, le deuxième des trônes de Dieu ; tribunal où il prend connaissance des choses d'ici-bas, et d'où il doit juger tous les hommes.

CORSOÏDE, subst. fém. (*korço-ide*) (du grec κορση, cheveux, et ειδος, forme, ressemblance), nom donné par Pline à une pierre figurée qui représente une chevelure humaine.

CORTALE, subst. fém. (*kortale*), t. d'hist. nat., genre de coquilles.

CORTEAU, subst. mas. (*korté*), ancienne machine de guerre dont l'usage est inconnu.

CORTE, subst. propre fém. (*korté*), ville de France, chef-lieu d'arrond., dép. de la Corse. Cette ville est isolée au milieu des montagnes. — Citadelle bâtie sur un rocher.

CORTÉGE, et non pas CORTÈGE, comme l'écrit l'*Académie*, contrairement au génie de la langue ; subst. mas. (*kortéje*) (de l'italien *corteggio*, fait de *corteggiare*, courtiser, faire sa cour, dérivé de *corte*, cour), suite des personnes qui accompagnent quelqu'un avec certaines cérémonies pour lui faire honneur : *grand, beau, nombreux cortége*. — Réunion quelconque : *un cortége d'enfants*. — Au fig. : *les ennuis sont souvent le cortége de la richesse*.

CORTÈS, subst. fém. plur. (*kortèce*) (mot emprunté de l'espagnol, où il signifie *cour*), assemblée des états en Espagne.

CORTÈS, subst. mas. (*kortèce*), membre de l'assemblée des *cortès* en Espagne. On dit mieux : *Un membre des cortès*.

CORTÉSIE, subst. fém. (*kortézî*), t. de bot., genre de plantes de la famille des borraginées.

CORTICAL, E, adj. (*kortikale*) (du lat. *corticis*, gén. de *cortex*, écorce), qui appartient à l'*écorce* ; *bouton cortical*. — Qui est de la nature de l'écorce : *substance, enveloppe corticale*.—En t. d'anat., *substance corticale*, la partie extérieure du cerveau et des reins. — Au plur. mas. *corticaux*.

CORTICAUX, Voy. CORTICAL.

CORTINAIRE, subst. mas. (*kortinère*) (du lat. *cortinarius*, fait, dans le même sens, de *cortina*, courtine, rideau) t. d'hist. anc., officier des empereurs de Constantinople qui se tenait près de la *courtine* ou portière de la chambre du souverain, prêt à recevoir ses ordres.

CORTINE, subst. fém. (*kortine*) (en lat. *cortina*, qui signifiait proprement le *tapis* dont la *cortine* était couverte, et, par extension, la *cortine* elle-même), t. d'hist. anc., nom qu'on donnait à Rome à un trépied d'airain consacré à Apollon. — Peau de Python. — Vase concave. — En t. de bot., membrane qui unit le chapeau des champignons à leur pédicule.

CORTIQUEUX, adj. mas. (*kortikieu*), t. de bot., se dit d'un fruit dur ou coriace à l'extérieur, et charnu ou pulpeux à l'intérieur.

CORTONE, subst. propre fém. (*kortone*), ancienne ville de Toscane, en Italie.

CORTUSE, subst. fém. (*kortuze*), t. de bot., espèce d'oreille d'ours.

CORU, subst. mas. (*koru*), t. de bot., sorte d'arbre du Malabar.

CORUSCATION, subst. fém. (*koruçekâcion*) (en lat. *coruscatio*, fait, dans le même sens, de *coruscare*, briller, reluire), t. de phys., éclat de lumière. — Il se dit surtout de la fulguration éblouissante que donne l'argent en bain lorsqu'il perd son état de fluidité.

CORVÉABLE, adj. des deux genres et subst. mas. (*korvé-able*), homme sujet à la *corvée* : *on a commandé les corvéables*. On disait autrefois : *un vassal corvéable*.

CORVÉE, subst. fém. (*korvé*) (suivant *Ménage*, du lat. barbare *corvada*, employé dans ce sens par les auteurs de la basse latinité, et dérivé de *curvatus*, part. de *curvare*, courber ; parce que c'est le corps courbé que les *corvéables* travaillent à la terre, etc.), travail et service gratuit ou forcé dû au seigneur par ses vassaux. — En t. d'archit. : 1° réparation de maçonnerie peu considérable, comme la réfection d'une jambe étrière, la reprise d'une partie de mur en sous-œuvre, etc. ; 2° nombre de coups de mouton que donnent les manœuvres qui battent des pieux ou pilotis. — Au fig., travail ingrat ; toutes sortes de fatigues. —Occupation de surcroît.

CORVÉIEUR, subst. mas. (*korvé-ieur*), ouvrier qui travaille à la *corvée*.

CORVETTE, subst. fém. (*korvète*), t. de mar., petit bâtiment de mer qui sert pour aller à la découverte, et qui vient après la frégate et avant le brick. — Bâtiment à trois mâts armé pour commencer la navigation des élèves de la marine. — Bâtiment de charge : *corvette de charge*.

CORVINAIRES, subst. mas. plur. (*korvinère*), autrefois soldats qui combattaient sur des chariots fort grands. On dit *mieux* COVINAIRES.

CORYBANTE, subst. mas. (*koribante*) (en grec κορυβας,αντος, fait, suivant *Strabon*, de κορυπτω, je secoue la tête, d'où l'on a fait aussi κορυβαντιαω, être fanatique ou inspiré), primitivement, espèce de jongleurs ou de devins très-renommés chez les anciens Phrygiens. — Nom qu'on donna ensuite aux prêtres de *Cybèle*, qui célébraient ses fêtes en dansant et en agitant leurs têtes avec des gestes frénétiques.

CORYBANTER, v. neut. (*koribanté*), imiter le chant et la danse des *corybantes*. (Boiste.) Inus.

CORYBANTIASME, subst. mas. (*koribantiaceme*), t. de médec., nom ancien d'une espèce de frénésie. Hors d'usage.

CORYBANTION, subst. mas. (*koribantion*), sorte de mitre que portaient les *Corybantes*.

CORYBANTIQUES, subst. fém. plur. (*koribantike*). On appelait ainsi quelquefois les mystères de *Cybèle* célébrés par les *corybantes*. (Voy. le *Dict. de Trévoux*). C'est une faute grossière de la part de *Raymond* de nous dire que les *Corybantiques* étaient des *fêtes que l'on célébrait en Crète en l'honneur des corybantes*; les *corybantes* n'étaient que des prêtres, et l'on ne célébrait point de fêtes en leur honneur.

CORYCÉE, subst. mas. (*koricé*) (du grec χωρυκος, sac de cuir, ballon), t. d'hist. anc., lieu dans les gymnases des anciens où l'on jouait au ballon, à la paume, etc.

CORYCÉES, subst. mas. plur. (*koricé*), brigands célèbres qui habitaient anciennement une montagne d'Ionie.

CORYCIDES, subst. propre fém. plur. (*koricide*), myth., nymphes qui habitaient un antre nommé *Corycium*, au pied du mont Parnasse.

CORYCION, subst. mas. (*koricion*), t. de bot., plante de la famille des orchidées.

CORYCOBOLIE ou **CORYCOMACHIE**, subst. fém. (*korikoboli, maki*) (du grec χωρυκος, sac, et βαλλω, je jette, je pousse, ou μαχη, combat), t. d'hist. anc., chez les anciens Grecs; jeu de ballon. Hors d'usage.

CORYCOBOLIQUE, adj. des deux genres (*korikobolike*), qui a rapport à la *corycobolie*. Hors d'usage.

CORYCOMACHIE, subst. fém. Voy. **CORYCOBOLIE**.

CORYDALE, subst. fém. (*koridale*) (en grec κορυδαλις), t. de bot., plante qui ressemble à la fumeterre. — T. d'hist. nat., insecte de l'ordre des névroptères.

CORYDORAS, subst. mas. (*koridorace*), t. d'hist. nat., poisson de la famille des silures.

CORYMBE, subst. mas. (*koreinbe*) (du grec κορυμβος, faîte, sommet, cime), t. de bot., disposition de fleurs telle que les pédoncules qui les portent, naissant de points différents, s'élèvent à peu près à la même hauteur. — En t. d'hist. anc., coiffure affectée à *Diane*, à la *Victoire*, aux *Muses*, et en général aux jeunes filles.

CORYMBEUSE, adj. fém. Voy. **CORYMBEUX**.

CORYMBEUX, adj. mas., au fém. **CORYMBEUSE** (*koreinbeu, beuze*), fait en forme de *corymbe*.

CORYMBIFÈRE, adj. des deux genres (*koreinbifère*) (du grec κορυμβος, corymbe, et φερω, je porte), t. de bot., qui porte des *corymbes*.

CORYMBIFÈRES, subst. fém. plur. (*koreinbifère*), t. de bot., plantes dont les fleurs forment au sommet des tiges ou des rameaux, des *corymbes* souvent très-ouverts.

CORYMBIOLE, subst. fém. (*koreinbiole*), t. de bot., genre d'armoselle d'Afrique.

CORYMBORCHIS, subst. mas. (*koreinborkice*), t. de bot., genre de plantes de la famille des orchidées.

CORYNE, subst. mas. (*korine*) (du grec κορυνη, massue), t. d'hist. nat., genre de polypes.

CORYNÉPHORE, subst. mas. (*korinéfore*), t. de bot., nom de deux espèces de canches.

CORYNÈTE, subst. fém. (*korinète*), t. d'hist. nat., sorte d'insecte.

CORYPHE, subst. mas. (*korife*), t. de bot., plante de la famille des palmiers.

CORYPHÉE, subst. mas. (*korifé*) (en grec κορυφαιος, chef, premier, principal, dérivé de κορυφη, le sommet de la tête), t. d'hist. anc., celui qui chez les Grecs était à la tête des chœurs dans une pièce de théâtre. Ce mot a conservé chez nous la même signification. Il se dit, dans nos opera, d'un choriste qui dirige le chant des morceaux dans les chœurs.—Fig., le chef d'une secte, d'un parti, etc.: *c'est le coryphée de la bande.* — Celui qui sait se distinguer le plus dans sa profession. — T. d'hist. anc., oiseau d'Afrique du genre de la fauvette.

CORYPHÈNE, subst. mas. (*koriféne*) (du grec κορυφη, le sommet de la tête), t. d'hist. nat., genre de poissons qui ont la tête tranchante et obtuse par-devant.

CORYPHÉNOÏDE, subst. mas. (*koriféno-ide*) (du grec κορυφη, le sommet de la tête, et ειδος, forme, ressemblance), t. d'hist. nat., genre de poissons.

CORYSANTHE, subst. mas. (*korizante*), t. de bot., plante de la famille des orchidées.

CORYSTES, subst. mas. plur. (*koriecte*), t. d'hist. nat., crustacés de la famille des brachiures.

CORYSTION, subst. mas. (*korietion*), t. d'hist. nat., poisson qui comprend trois genres.

CORYTE, subst. mas. (*korite*), carquois ou étui qui servait aux Scythes et aux Grecs, pour garantir leurs arcs de la pluie.

CORYTHÉE, subst. propre fém. (*korité*), myth., surnom de Cérès adorée dans un temple situé près d'Argos.

CORYZA, subst. mas. (*koriza*) (du grec κορυζα, rhume de cerveau), t. de médec., fluxion d'humeurs âcres et séreuses sur les narines, appelée vulgairement *rhume de cerveau*.

COSAQUE, subst. propre des deux genres (*kozake*), nom d'un peuple russe; milice tartare de l'Ukraine et du Don, établie sur les confins de la Pologne.—Fig., on dit d'un homme méchant et dur, que *c'est un vrai cosaque*. — Au fém., nom que l'on a donné à une sorte de danse imitée de celle des *Cosaques* : *danser la cosaque*.

COSCINOMANCIE, subst. fém. (*kocecinomanci*) (du grec κοσκινον, crible, et μαντεια, divination), divination par le moyen d'un crible. Hors d'usage.

COSCINOMANCIEN, subst. et adj. mas.; au fém. **COSCINOMANCIENNE**, (*kocecinomanciein, ène*), qui a rapport à la *coscinomancie*, celui ou celle qui exerce la *coscinomancie*. Hors d'usage.

COSCOMA, subst. mas. (*kocekoma*), t. de bot., arbre du Monomotapa.

COSCOROBA, subst. mas. (*kocekoroba*), t. d'hist. nat., grande espèce d'oie du Chili.

COSÉCANTE, subst. fém. (*kocékante*) t. de géom., *sécante* d'un arc ou d'un angle qui fait le complément d'un autre : *la cosécante de 30 degrés est la sécante de 60 degrés*.

COSEIGNEUR, subst. mas. (*kocègnieur*), celui qui est *seigneur*, qui possède une terre, etc., avec un autre.

COSINUS, subst. mas. (*kocinuce*) (par contraction des mots *sinus du complément*), t. de géom., le *sinus* droit d'un arc qui est le complément d'un autre : *le cosinus de 30 degrés est le sinus de 60 degrés*. — *Cosinus verse*, nom donné par quelques géomètres à la partie du diamètre qui reste, après en avoir retranché le *sinus verse*.

COSMES, subst. mas. plur. (*koceme*) (du grec κοσμος, ordre, discipline), t. d'hist. anc., magistrats souverains établis anciennement en Crète, au nombre de dix, pour maintenir le bon ordre dans la république.

COSMÉLIE, subst. fém. (*kocemeli*), t. de bot., arbrisseau de la Nouvelle-Hollande.

COSMET, subst. mas. (*kocemé*), nom que certains alchimistes donnent à l'antimoine.

COSMÈTE, subst. mas. (*kocemète*) (du grec κοσμητης, ordonnateur, gouverneur), magistrat à Athènes, qui veillait sur les mœurs des jeunes gens. — Myth., surnom de Jupiter sous lequel il était adoré à Lacédémone.

COSMÉTIQUE, adj. des deux genres (*kocemétike*) (du grec κοσμεω, j'embellis, j'orne, et dérivé de κοσμος, beauté, ornement), t. de pharm., qui sert à l'entretien, à l'embellissement de la peau. Il s'emploie aussi comme subst. mas. : *préparer des cosmétiques*. — Il est aussi subst. fém., et alors il signifie la partie de la médecine qui a pour objet l'entretien de la beauté naturelle, et la diminution de la laideur et des défauts du corps : *étudier la cosmétique*.

COSMIBUÈNE, subst. fém. (*kocemibuène*), t. de bot., sorte de plante.

COSMIMÉTRIE, subst. fém. (*kocemimétri*), science de la mesure du globe. Inus.

COSMIQUE, adj. des deux genres (*kocemike*) (du grec κοσμικος, qui a rapport au monde en général, dérivé de κοσμος, le monde ou le ciel), t. d'astron., qui se dit du lever ou du coucher d'un astre, au moment où le soleil se lève. *Le lever cosmique* d'une étoile a lieu quand elle se lève avec le soleil, ou avec le degré de l'écliptique où est le soleil; et *le coucher cosmique*, quand elle se couche dans le même temps que le soleil.

COSMIQUEMENT, adv. (*kocemikeman*), t. d'astron. : *cette étoile se lève cosmiquement* avec le soleil ou dans le degré de l'écliptique où est le soleil; *elle se couche cosmiquement* dans le même temps que le soleil se lève. — Selon *Képler* : *se lever* ou *se coucher cosmiquement*, c'est seulement s'élever sur l'horizon ou descendre dessous.

COSMOCRATE, subst. et adj. des deux genres (*kocemokrate*) (du grec κοσμος, monde, et κρατος, force, empire), partisan de la monarchie universelle, ou celui qui aspire à la monarchie universelle. Peu usité.

COSMOCRATIE, subst. fém. (*kocemokraci*) (même étym. que celle du mot précédent), monarchie universelle; système de monarchie universelle. Ce mot est peu usité.

COSMOCRATIQUE, adj. (*kocemokratike*), qui concerne la *cosmocratie*.

COSMOGONIE, subst. fém. (*kocemoguoni*) (du grec κοσμος, univers, et γονος, génération, ou de γεινομαι, être formé ou produit), science ou système de la formation de l'univers.

COSMOGONIQUE, adj. des deux genres (*kocemoguonike*), qui appartient à la *cosmogonie*.

COSMOGRAPHE, subst. des deux genres (*kocemoguerafe*) (voy. pour l'étymologie **COSMOGRAPHIE**), qui s'occupe de *cosmographie*; qui sait la *cosmographie*.

COSMOGRAPHIE, subst. fém. (*kocemoguerafi*) (du grec κοσμος, monde, univers, et γραφω, je décris), description du monde entier, ou science qui traite de la situation, de la grandeur et de la figure de l'univers.

COSMOGRAPHIQUE, adj. des deux genres (*kocemoguerafike*), qui appartient à la *cosmographie* : *table cosmographique*.

COSMOLABE, subst. mas. (*kocemolabe*) (du grec κοσμος, monde, univers, et de λαμβανω, je prends), ancien instrument de mathématiques, à peu près le même que l'*astrolabe*. Il servait à prendre des hauteurs, à représenter les cercles de la sphère, à prendre des mesures sur le globe du monde, etc.

COSMOLOGIE, subst. fém. (*kocemoloji*) (du grec κοσμος, monde, et λογος, discours), science des lois générales par lesquelles le monde physique est gouverné.

COSMOLOGIQUE, adj. des deux genres (*kocemolojike*) qui appartient à la *cosmologie*.

COSMOLOGISTE ou **COSMOLOGUE**, subst. des deux genres (*kocemolojicete, logue*), celui qui s'occupe de *cosmologie*.

COSMOPOLITAIN, E, (*kocemopolitein, tène*). Voy. **COSMOPOLITE**.

COSMOPOLITE, subst. mas. seulement, d'après l'*Académie* : pourquoi donc refuser les deux genres à ce mot? Ne dirait-on pas aussi bien *une cosmopolite* que *un cosmopolite*? (*kocemopolite*) (du grec κοσμος, monde, et πολιτης, citoyen), celui qui n'adopte point de patrie; citoyen de l'univers. Il se dit de certains philosophes qui affectent de s'occuper avec plus d'intérêt du bien de l'humanité en général que de celui du pays où ils sont nés, et des hommes au milieu desquels ils vivent. *Un ancien philosophe à qui l'on demandait de quel pays il était, répondit : Je suis cosmopolite.* — On le dit quelquefois en plaisantant, pour signifier un homme qui n'a point de demeure fixe, ou un homme qui n'est étranger nulle part.— Adj. des deux genres : *existence cosmopolite*; *vous voyez devant vous un philosophe cosmopolite*.

COSMOPOLITISME, subst. mas. (*kocemopoliticeme*), mœurs, système des *cosmopolites*. — *Cosmopolitisme littéraire*, goût, connaissance de toutes les littératures. (*Mercier*.) Ce mot, quelque bon qu'il soit, paraît pourtant un peu pédantesque.

COSMORAMA, subst. mas. (*kocemorama*) (du grec κοσμος, monde, et ορaω, je vois), tableau du monde. — Tableau qui représente une vaste étendue de pays et une grande multitude d'objets. — La salle même où il se voit.

COSMOS, subst. mas. (*kocemoce*), t. de bot., plante annuelle qui croît dans le Mexique.

COSNE, subst. propre fém. (*kône*), ville de France, chef-lieu d'arrond., dép. de la Nièvre.

COSSARTS-BRUNS, subst. mas. plur. (*kocecarbreun*), t. de comm., toiles de coton fabriquées aux Indes.

COSSE, subst. fém. (*koce*), enveloppe de certains légumes, tels que fèves, pois, lentilles, etc.— Fruit de quelques arbustes : *cosse de genêt*.— En t. de mar., anneau de fer cannelé, et garni dans sa circonférence extérieure d'une boucle de corde.— *Parchemin en cosse*, peau de mouton dont on a fait tomber seulement la laine.

COSSÉ-LE-VIVIEN, ou tout simplement **COSSÉ**, subst. propre mas. (*kocéleviviein*), bourg de France, chef-lieu de canton, arrond. de Château-Gonthier, dép. de la Mayenne.

COSSER, v. neut., et *se* **COSSER**, v. pron. (*koce*) (par contraction du lat. *coniscare* qui a la même signification); il se dit des béliers qui se heurtent de la tête les uns contre les autres.

COSSIGNI, subst. mas. (*kocigni*), t. de bot., plante de la famille des balsamiers.

COSSIQUE, adj. des deux genres (*kocike*) (de l'italien *cosa*, chose, nom que donnaient les mathématiciens d'Italie au coefficient linéaire), t. d'arithm. et d'algèbre : *nombres cossiques*, dans la plus ancienne acception, nombres qui désignaient les racines du second degré, et même les nombres incommensurables. Vieux et presque inus.

COSSON, subst. mas. (*koçon*), espèce de charançon qui attaque les fèves, les pois et même les blés. — En t. d'agric., le nouveau sarment qui croît sur le cep de la vigne lorsqu'elle a été taillée.

COSSU, E, adj. (*koçu*), qui a beaucoup de *cosse : pois cossus; fèves cossues.* — Fig., homme riche, qui est à son aise, bien dans ses affaires. On dit qu'*une maison est cossue*, pour dire qu'elle est opulente.

COSSUM, subst. mas. (*koceçome*), t. de médec. sorte d'ulcère qui se forme dans le nez. Ce terme, que nous ne lisons que dans *Raymond*, est inusité.

COSSUS, subst. mas. (*koceçuce*), t. d'hist. nat., race de chèvres d'Inde. — Insecte de l'ordre des lépidoptères.

COSSYPHE, subst. mas. (*kocecife*), t. d'hist. nat., insecte de l'ordre des coléoptères.

COSSYPHINS, subst. mas. plur. (*kocecifin*), t. d'hist. nat., famille d'insectes de l'ordre des coléoptères.

COSTAL, E, adj., au plur. mas. **COSTAUX** (*kocetale*) (du lat. *costa*, côte), t. d'anat., qui appartient aux *côtes*.

COSTALGIE, subst. fém. (*kocetaleji*) (du latin *costa*, côte, et du grec ἄλγος, douleur), t. de médec., névralgie qui a son siége sur le trajet des côtes ou des cartilages.

COSTALGIQUE, adj. des deux genres (*kocetaljike*), t. de médec., qui tient, qui est relatif à la *costalgie*.

COSTAUX, adj. plur. mas. Voy. COSTAL.

COSTIÈRE, subst. fém. (*kocetière*) (du lat. *costa*, côte), aux îles Antilles, *côte*, penchant de montagnes où l'on plante le café, le cacao, et surtout des légumes. On dit mieux *côtière*.

COSTO-ABDOMINAL, E, adj., au plur. mas., **COSTO-ABDOMINAUX** (*koceto-abdominale, nó*), t. d'anat., muscle qui tient aux *côtes* et à la clavicule. — Il est aussi subst. mas.

COSTO-CLAVICULAIRE, adj. des deux genres (*kocetoklavikulère*), t. d'anat., ligament qui tient aux *côtes* et à la *clavicule*. — Il est aussi subst. mas.

COSTO-CORACOÏDIEN, adj. mas.; au fém. **COSTO-CORACOÏDIENNE**, (*kocetokorako-idiein, diène*), t. d'anat., qui appartient aux *côtes* et à l'apophyse *coracoïde*.

COSTO-HYOÏDE, adj. des deux genres (*koceto-i-o-ide*), t. d'anat., se dit d'un muscle qui tient aux côtes et à l'omoplate. — Il est aussi subst. mas.

COSTON, subst. mas. (*koceton*), t. de mar., pièce de bois pour fortifier un mât.

COSTO-PUBIEN, adj. mas.; au fém. **COSTO-PUBIENNE** (*kocetopubiein, ène*), t. d'anat., se dit du muscle droit de l'abdomen. — Il s'emploie aussi subst. au mas.

COSTO-SCAPULAIRE, adj. des deux genres (*kocetocekapulère*), t. d'anat., qui appartient aux *côtes* et au *scapulum ou omoplate*. — Il est aussi subst. mas.

COSTO-STERNAL, E, adj.; au plur. mas. **COSTO-STERNAUX** (*koceto-ceternale*), t. d'anat., se dit d'un muscle qui avoisine le *sternum*. — Il est aussi subst. mas.

COSTO-THORACIQUE, adj. des deux genres (*koceto-toracike*), t. d'anat., qui appartient aux *côtes* et à la paroi antérieure du *thorax*.

COSTO-TRACHÉLIEN, adj. mas., au fém. **TRACHÉLIENNE** (*koceto-trachélieín, liène*), t. d'anat., qui appartient aux *côtes* et aux apophyses *trachéliennes* des vertèbres du cou.

COSTO-TRANSVERSAIRE, adj. des deux genres (*koceto-trancevèrecère*), t. d'anat., qui appartient aux *côtes* et aux apophyses *transverses* des vertèbres.

COSTO-VERTÉBRAL, E, adj.; au plur. mas., **COSTO-VERTÉBRAUX** (*koceto-vèretébrale*), t. d'anat., qui appartient aux *côtes* et aux *vertèbres*.

COSTO-XIPHOÏDIEN, adj. et subst. mas.; au fém. **COSTO-XIPHOÏDIENNE** (*kocetokcifo-idiein, diène*), t. d'anat., se dit d'un ligament qui unit le cartilage de la septième côte à l'apophyse *xiphoïde*. — Il est aussi subst. mas.

COSTUME, subst. mas. (*kocetume*) (de l'italien *costume*, fait dans la même signification de *costuma*, coutume, usage), usages des différents temps, des différents lieux, auxquels les historiens, les poètes et les peintres sont obligés de se conformer : *pécher contre le costume.* — *Costume* se dit de la manière de s'habiller selon les différentes classes de la société, ou selon certains caractères particuliers : *un costume bourgeois; elle était en costume de petite maîtresse.* — Il se dit aussi de l'habillement particulier et des signes distinctifs des personnes constituées en dignité, ou chargées de quelque fonction publique : *le costume de pair de France.* — On nomme encore tout simplement *costume*, un travestissement de carnaval, un habillement de théâtre.

COSTUMÉ, E, part. pass. de *costumer*.

COSTUMER, v. act. (*kocetumé*), habiller, vêtir selon le *costume* : *ce peintre costume bien ses personnages.* — *se* COSTUMER, v. pron., se vêtir d'un *costume* : *cet acteur se costume bien.*

COSTUMIER, subst. mas. (*kocetumié*), tailleur qui fait, ou marchand qui vend ou loue des habits de théâtre, de bal, de mascarade. — Gardien des *costumes* dans un théâtre. — Pourquoi ne dirait-on pas *costumière* au fém. en parlant d'une marchande ou d'une loueuse de *costumes* ? Nous l'avons, du reste, mille fois entendu dire.

COSTUMOMÈTRE, subst. mas. (*kocetumomètre*), instrument nouvellement inventé, au moyen duquel on peut proportionner à la taille toute espèce de vêtements.

COSTUS, subst. mas. (*kocetuce*) (en grec κόστος), t. de bot., racine aromatique de l'Arabie-Heureuse.

COTANGENTE, subst. fém. (*kotanjante*) t. de géom., *tangente* d'un arc qui est le complément d'un autre : *la cotangente de trente degrés est la tangente de soixante degrés.*

COTANTIN, subst. propre mas. (*kotantein*), ancienne province de la Basse-Normandie. On aurait dû peut-être dire *Coutantin*, puisque *Coutances* en était la capitale. Quelques personnes ont écrit *Cotentin*; on voit qu'on n'est point d'accord sur l'origine ni sur l'orthographe de ce mot.

COTARDIE, subst. fém. (*kotardi*), espèce de pourpoint ancien. Ce mot ne serait-il pas une abréviation de *cotte-hardie*, qui s'est dit autrefois dans cette acception ?

COTE, subst. fém. (*kote*) (du lat. *quota*, féminin de *quotus*, combien? quel?), marque en chiffre ou en lettres, pour mettre en ordre les pièces d'un procès, d'un inventaire, etc. : *cet écrit est sous la cote C.* — On comprend souvent sous une même *cote* toutes les pièces qui ont rapport au même objet, et alors la lettre ou le chiffre ne se met sur aucune des pièces en particulier, mais sur un dossier auquel elles sont attachées ensemble; et alors ce dossier se nomme aussi *cote* : *ces pièces sont sous la cote A, sous la cote B, sous la cote* 1, 2, 3, etc. — Part que chacun doit payer d'une dépense, d'une dette, d'une imposition commune. On la nomme aussi *cote-part* : *chacun sera obligé de payer sa cote-part.* Dans ce sens, *cote* doit être considéré comme adj. — Taux des effets de bourse, de change. — *Faire une cote mal taillée*, faire en gros une composition sur plusieurs prétentions, sur plusieurs sommes. — *Cote morte* se disait de la succession ou de l'argent, des habits ou des autres effets qu'un religieux laissait après sa mort. Voy. QUOTE.

CÔTE, subst. fém. (*kôte*) (en latin *costa*, nom donné à un os long, courbé, qui est placé sur les *côtés* du thorax dans une direction oblique. — On appelle *côtes vraies* ou *sternales*, les *côtes* qui s'articulent avec le *sternum*, et *côtes fausses*, *flottantes* ou *asternales*, les *côtes* libres et qui ne tiennent au *sternum* que par des cartilages fort minces : *les côtes d'un homme, d'un cheval, d'un bœuf, d'une baleine ; se rompre une côte.* — Fig., race : *il se croit issu de la côte de saint Louis ; nous provenons tous de la côte d'Adam.* — On dit, par extension : *côte de melon ; côte de citrouille*, etc. ; *côte de feuilles*, arête relevée qui est sur le dos des feuilles ; *côtes d'un vaisseau*, les pièces qui sont jointes à la quille ; *côtes d'une colonne, d'un pilastre*, la partie saillante qui sépare les cannelures du fût, etc. — Le penchant d'une montagne, d'une colline. — Terre et rivage qui s'étendent au loin le long du bord de la mer ou des grands fleuves. — On nomme *côte rôtie*, une sorte de vin. — T. de mar. : *côte accore*, *côte* élevée en précipice. — *Faire côte*, faire naufrage sur une *côte*. — *Côte saine*, celle dont un vaisseau peut approcher partout en sûreté. — *Côte de fer*, formée par des rochers escarpés et perpendiculaires. — *Côte basse*, qui s'élève peu à peu au-dessus du niveau de la mer, et qu'on n'aperçoit pas de loin. — *Côte de luth*, pièce du corps d'un luth. — *Côte rouge* et *côte blanche*, sortes de fromage. — On appelle *garde-côtes*, des vaisseaux destinés à garder les *côtes*, et l'on donne le même nom à une milice préposée à la garde d'un pays situé sur le bord de la mer : *un officier garde-côte.* — Prov. : *on lui compterait les côtes, tant il est maigre.* — *Serrer les côtes à quelqu'un*, le serrer de près, le presser vivement pour l'obliger à quelque chose. — *Lui mesurer les côtes*, le battre à coups de bâton, de nerf de bœuf, etc. — *Lui rompre les côtes*, le battre à outrance. Ces deux dernières expressions sont populaires. — *Mettre quelqu'un à la côte*, le fatiguer, le réduire à n'en pouvoir plus. — *Côte à côte*, loc. adv. : à *côté* l'un de l'autre : *aller, marcher côte à côte.* — *A mi-côte*, adv., au milieu du penchant d'une montagne, etc. : *cette maison est bâtie à mi-côte.*

CÔTÉ, subst. mas. (*kôté*), la partie droite ou gauche de l'animal depuis les aisselles jusqu'aux hanches. — En parlant des choses, la partie qui est entre le devant et le derrière : *les côtés d'un buffet, d'une armoire.* — La ligne de parenté : *ils sont parents du côté du père, du côté de la mère ; enfant du côté gauche*, bâtard. — Il se dit aussi des choses : *attaquer une place du côté le plus faible.* — *De quel côté vient le vent ?* — Parti : *le côté le plus juste ; le bon côté.* — En géom., 1° ligne droite qui fait partie du périmètre d'une figure; 2° chacune des deux lignes qui forment un angle : *toute ligne courbe peut être regardée comme un polygone d'une infinité de côtés.* — *Le côté d'une puissance* est ce qu'on nomme autrement racine. — En archit., on appelle *côté*, un des pans d'une superficie régulière ou irrégulière. — On appelle les *bas-côtés d'une église*, les ailes basses qui longent la nef. *Le côté droit* ou *gauche d'un bâtiment* doit s'entendre par rapport au bâtiment même, et non par rapport à la personne qui le regarde. — En parlant des étoffes : *le côté de l'envers* est celui qui se met en dessous, et *le côté de l'endroit*, celui qui doit s'établir par-dessus. — *Le bon, le mauvais côté*, d'une affaire, d'une personne. — *Le côté faible d'une chose*, ce qu'elle a de défectueux; *le côté faible d'une personne*, la passion habituelle qui la domine; et aussi, ce qu'une personne sait le moins. — En t. de manège : *porter un cheval de côté*, c'est le faire marcher par piste, dont l'une est marquée par les épaules, et l'autre par les hanches. — En t. de mar. : *côté d'un vaisseau*, son travers : *présenter le côté*, donner son travers. — *Côté du vent*, celui qui est exposé au vent : *nous étions tribord au vent*, tribord était le *côté* du vent. — *Côté de dessous le vent*, celui qui est opposé au cours du vent, et qui n'en est pas frappé. — *Côté en travers* : on dit d'un vaisseau qui met en panne, qu'*il met le côté en travers*, parce que, dans cette situation, le vent frappe sur le travers du navire. — En t. d'imprim. : *côté de première*, la forme où se trouve la première page de la feuille. On nomme *côté de seconde*, la forme qui contient la deuxième page, de quelque format qu'il s'agisse. — *Côté droit, côté gauche de la chambre des députés.* On donne ce nom aux députés qui siègent à la droite ou à la gauche de la salle, selon leurs opinions. — *Côté de l'épître*, le côté droit de l'autel; *côté de l'évangile*, le côté gauche. — Il y avait autrefois dans les théâtres royaux, *le côté du roi et le côté de la reine*, le premier désignait le *côté droit*, et le second le *côté gauche* du théâtre. — Fam. : *se tenir les côtés de rire*, ou simplement : *se tenir les côtés*, rire à gorge déployée, avec excès. — Fig. et fam. : *mettre quelque chose du côté de l'épée*, mettre quelque somme, quelques deniers à couvert. — Fig. : *être sur le côté*, n'avoir plus le même crédit, être presque disgracié. L'*Académie* se trompe quand elle nous dit que *être sur le côté*, signifie être blessé ou malade; dans ce cas, on dit : *être sur le flanc.* — *Mettre quelqu'un sur le côté*, le renverser par terre; ou fig., le supplanter. — *De l'autre côté*, dans la pièce voisine; dans l'appartement contigu. — Fig. et fam. : *ne savoir de quel côté se tourner*, être embarrassé pour vivre, pour réussir dans une affaire. — *Voir de quel côté vient le vent*, examiner l'état des choses pour prendre un parti. — *à* CÔTÉ, prép. et loc. adv., auprès : *à côté de vous* : *être, marcher à côté.* — *Donner à côté*, s'éloigner du but. — *Passer à côté d'une difficulté*, l'éluder pour ne pas la résoudre.—*de* **CÔTÉ**, *par* **CÔTÉ**, loc. adv., de biais, de travers, obliquement. — Fig. : *regarder de côté*, regarder avec dédain ou avec colère.—*Mettre une chose de côté*, la mettre en réserve ou en dérober la connaissance aux autres. Cette loc. peut encore signifier : ranger à droite ou à gauche pour faire de la place : *mettez cette table de côté*. — *Mettre quelqu'un de côté*, l'abandonner, le négliger.

COTÉ, E, part. pass. de *coter*.

COTEAU, subst. mas. (*kotô*), penchant d'une colline depuis le haut jusqu'en bas. — La colline même prise dans toute sa longueur.

CÔTE-D'OR, subst. propre fém. (*kôtedor*), l'un des dép. de la France, qui tire son nom d'une chaîne de montagnes couverte de riches vignobles, et qui se divise en deux parties : *vin de la Côte-d'Or*.

CÔTELÉ, E, adj. (*kôtelé*), t. de bot., à *côtes* : *fruit côtelé*. Très-peu usité.

COTELET, subst. mas. (*kotelè*), t. de bot., plante de la famille des pyrénacées.

CÔTELETTE, subst. fém. (*kôteléte*), petite *côte* avec une certaine quantité de chair de porc, de mouton, de veau, d'agneau, etc., qu'on met d'ordinaire cuire sur le gril.

COTE-PART, subst. fém. Voy. **COTE**.

COTER, v. act. (*koté*) (du latin barbare *quotare*, fait de *quota*, fém. de *quotus*, combien? quel?), marquer en suivant l'ordre des lettres ou des nombres : *coter les pièces d'un procès par* A, B, etc., ou *par* 1, 2, 3, etc. — Indiquer par un signe de convention le prix d'une chose, et par exemple, d'une marchandise. — Marquer à la marge le quantième d'un chapitre, d'un article, d'un verset, etc. — *Coter les fonds publics*, prendre note de leur taux. — *se* **COTER**, v. pron.

COTERAS ou **COTERAUX**, subst. mas. plur. (*koterâ, rô*), t. de pêche, pièces de cordage de dix-huit brasses de longueur environ, avec lesquelles on joint à cette distance les unes des autres des pièces de tramail qu'on tient flottantes entre deux eaux.

COTEREAUX, subst. mas. plur. (*koteró*), vieux mot qui servait à désigner des soldats aventuriers ou des paysans français qui s'étaient révoltés sous Louis VII. On les nommait aussi *cotarels* ou *costereaux*. Voy. **COTERIE**.

COTEREL, subst. mas. (*koterèl*), espèce de sabre court. Vieux et inus.

COTERIE, subst. fém. (*koteri*), société de plaisir, société qu'on fréquente souvent. — Réunion de gens intimes qui s'entendent entre eux. C'est un terme de dénigrement ; car il se dit presque toujours de personnes qui cabalent dans l'intérêt de ceux qui leur conviennent, ou contre ceux qui ne leur conviennent pas. — Vieux mot français qui signifiait compagnie et société de villageois, unis pour tenir d'un seigneur quelque héritage. — Il s'est dit dans les temps, de la réunion des paysans armés et révoltés qui, sous le nom de *cotereaux* (ainsi appelés des dagues courtes, *cultarelli*, dont ils étaient armés), infestèrent, au douzième siècle, sous Louis VII, le Languedoc et la Gascogne.

COTERON, subst. mas. (*koteron*), vieux mot, inusité, qui signifiait *cotillon*.

CÔTE-RÔTIE, subst. mas. (*kôterôti*), vin fort estimé d'une *côte* située sur les bords du Rhône. On dirait mieux : *du vin de côte rôtie* ; et dans ce cas, *côte-rôtie* serait tout naturellement fém.

CÔTE-SAINT-ANDRÉ, subst. propre fém. (*kôteceintandré*), bourg de France, chef-lieu de canton, arrond. de Vienne, dép. de l'Isère.

CÔTES-DU-NORD, subst. propre fém. plur. (*kôtedunor*), nom d'un dép. de la France.

COTHURNE, subst. mas. (*koturne*) (du latin *cothurnus*, pris dans le même sens du grec κοθορνος), sorte de chaussure élevée dont les acteurs se servaient anciennement pour jouer dans les tragédies. — *Chausser le cothurne*, faire, jouer des tragédies. — Fig., prendre sans nécessité un ton élevé, pathétique, etc. ; enfler mal-à-propos son style.

COTI, E, part. pass. de *cotir*, et adj., meurtri, en parlant des fruits. Voy. **COTIR**.

COTICE, subst. fém. (*kotice*), t. de blason, bande qui n'a que les deux tiers des bandes ordinaires

COTICÉ, E, adj. (*koticé*), se dit, en t. de blason d'un écu également rempli de dix bandes ou *cotices*, alternées de métal et de couleur.

CÔTIER, adj. et subst. mas. ; au fém. **CÔTIÈRE** (*kôtié, tière*) (rac. *côte*), t. de mar, on nomme *côtier*, celui qui connaît particulièrement les *côtes* et les entrées des ports : *pilote côtier*. — *Navigation côtière*, qui se fait le long des *côtes*.

CÔTIÈRE, subst. fém. (*kôtière*), suite des *côtes* de la mer. — Planche de jardinage qui va en talus, et qui est ordinairement adossée à une muraille. — Au plur., en t. de brasseurs, les rebords des planches qui soutiennent le grain, et qui environnent la touraille.

COTIGNAC, subst. propre mas. (*kotigniak* ; l'*Académie* veut qu'on ne fasse pas sentir le *c* : pour quel motif? Quelle différence y a-t-il donc entre *Cotignac* et *Cognac* ? Notre avis est que le temps est venu de fouler aux pieds les exceptions inutiles.) ville de France, chef-lieu de canton, arrond. de Brignolles, dép. du Var.— Subst. mas., sorte de confiture faite avec des *coings*.

COTILIER-OMBILIQUÉ, subst. mas. (*kotilié-onbiliké*), t. de bot., nom vulgaire du *nombril-de-vénus* ; sorte de plante.

COTILLON, subst. mas. (*kotiion*) (de *cotte*, dont *cotillon* est un diminutif), jupe de dessous. — On dit prov. qu'*un homme aime le cotillon*, pour dire qu'*il aime les femmes*.—Air d'une danse qui est une espèce de branle. — Cette danse elle-même.

COTIN, subst. mas. (*kotein*), t. de bot., espèce d'olivier sauvage.

COTINGA, subst. mas. (*koteingua*), t. d'hist. nat., genre d'oiseaux passereaux.

COTIQUE-BLANC, subst. mas. (*kotikeblan*), t. d'hist. nat., coquillage porcelaine.

COTIR, v. act. (*kotir*), meurtrir, en parlant des fruits. Il est pop. : *des fruits cotis par la pluie, par la grêle*. — Dans certains départements, on emploie *cotir* pour : sauter, jaillir : *l'eau m'en a coti à la figure*. — *se* **COTIR**, v. pron., se meurtrir.

COTIS, subst. mas. (*kotice*), t. d'anat., partie postérieure de la tête, selon quelques auteurs ; et, selon d'autres, partie postérieure du cou et de la nuque.

COTISATION, subst. fém. (*kotizâcion*), action de *cotiser* ou de *se cotiser*. C'est, proprement, la *cote-part* dont une personne est chargée dans une dette qui doit être payée par plusieurs. Impôt par *cote*. — Somme qui provient d'une *cotisation*.

COTISÉ, E, part. pass. de *cotiser*.

COTISER, v. act. (*kotizé*) (du lat. *quotus*, combien? quel?), régler la part que chacun doit donner. — *se* **COTISER**, v. pron., se taxer chacun selon ses facultés ou selon sa volonté. — Donner en commun.

COTISSES, subst. mas. plur. (*kotice*), t. de manuf., entailles entre lesquelles on prend les fils de la chaîne ou du poil de la lustrine, pour les faire baisser ou lever à discrétion.

COTISSURE, subst. fém. (*koticure*), meurtrissure qu'a reçue quelque fruit en tombant. — Pop., éclaboussure.

COTON, subst. mas. (*koton*) (de l'arabe *alkoton*, formé, avec la même signification, de l'article *ald*, et de *koton*, dont les Italiens ont fait *cotone*, et les Espagnols *algodon*, en conservant l'article), espèce de laine ou de duvet qui enveloppe les semences du *cotonnier*. — Duvet qui vient sur quelques fruits ou plantes. — Bourre qui enveloppe le bourgeon de la vigne et de quelques autres arbres. — Fig. et poét., poil follet qui vient au menton et aux joues des jeunes gens. — En t. de mar., on appelle *cotons*, des pièces de bois que l'on joint étroitement à un mât pour le fortifier. — *Jeter son coton* ou du *coton*, se dit d'une étoffe qui jette une espèce de bourre ou de duvet. — Prov. : *jeter un vilain coton*, et ironiquement : *un beau coton*, être perdu de réputation, ruiné dans sa fortune, etc. *Jeter un vilain coton*, signifie encore : dépérir par la maladie. — On dit d'un enfant trop mollement élevé qu'*il a été élevé dans du coton*. — On appelle trivialement *porte-coton*, un valet de garde-robe, un vil complaisant.

COTONA, subst. fém. (*kotona*), t. de bot., sorte de petite figue qui croît en Afrique.

COTONÉA, subst. mas. (*kotoné-a*), t. de bot., sorte de cognassier.

COTONÉASTER, subst. mas. (*kotoné-acetère*), t. de bot., espèce de néflier.

COTONNADE, subst. fém. (*kotonade*), t. de comm., étoffe de *coton* en général.

COTONNANT, E, adj. (*kotonan, nante*), se dit des lames de cuivre sur lesquelles on aperçoit quelques petits points blancs.

COTONNÉ, E, part. pass. de *cotonner*, et adj., *cheveux cotonnés*, cheveux très-courts et très-frisés, semblables en quelque sorte à du *coton*, tels que sont ceux des nègres.

COTONNER, v. act. (*kotoné*), garnir un vêtement de *coton* cardé. Presque inusité. — Neut., il se dit des étoffes qui se couvrent d'une espèce de bourre, ce qui provient d'une mauvaise fabrication : *ce drap cotonne*. — *se* **COTONNER**, v. pron., se couvrir d'un certain petit *coton* ou duvet : *ses joues commencent à se cotonner ; ce drap, cette toile, cette étoffe se cotonne*.—En parlant des fruits, artichauts, raves, etc., devenir mollasse et spongieux.

COTONNERIE, subst. fém. (*kotoneri*), terroir où l'on cultive l'arbuste qui produit le *coton*. — Lieu où se travaille le *coton*.

COTONNEUSE, adj. fém. Voy. **COTONNEUX**, adj.

COTONNEUX, subst. mas. (*kotoneu*), t. d'hist. nat., famille de champignons. Elle se distingue par un chapeau velouté ou *cotonneux*.

COTONNEUX, adj. mas., au fém. **COTONNEUSE** (*kotoneu, neuze*), qui est mollasse et spongieux, en parlant des fruits, des artichauts, etc. — On dit qu'*un fruit est cotonneux*, *lorsqu'il est pâteux et sans goût*.— T. de bot. : *tige cotonneuse*, celle qui est recouverte de duvet.

COTONNIER, subst. mas. (*kotonié*), t. de bot., arbuste qui porte le *coton*.

COTONNINE, subst. fém. (*kotonine*), grosse toile dont la chaîne est de *coton*. On en fait des voiles de navires. — Sorte de pierre précieuse.

COTONNIS, subst. mas. (*kotonice*), t. de comm., sorte de taffetas ou de satin qui vient des Indes orientales.

COTONNISÉ, E, part. pass. de *cotonniser*.

COTONNISER, v. act. (*kotonizé*), façonner comme le *coton*. — *se* **COTONNISER**, v. pron. Fort peu en usage.

CÔTOYÉ, E, part. pass. de *côtoyer*.

CÔTOYER, v. act. (*kôtoèié*) (rac. *côte*), aller *côte à côte*, tout le long de... : *côtoyer la rivière, la forêt*, *l'armée ennemie*. — Marcher à *côte* de... : *il me côtoyait*. Fort peu usité en ce sens ; on dirait mieux : *il me coudoyait*. — Il se dit absolument : *leurs vaisseaux ne faisaient que côtoyer*. — *se* **CÔTOYER**, v. pron.

COTPALIS ou **COTEPALIS**, subst. mas. (*kotepali*), étoffe mélangée de soie et d'écorce d'arbre.

COTRE, subst. mas. (*kotre*), t. de mar., petit bâtiment de mer à un mât. C'est le *cutter* des Anglais.

COTRET, subst. mas. (*kotrè*) (suivant *Ménage*, du latin barbare *costretum*, dit pour *constrictum*, lié, serré), petit faisceau, court, et lié par les deux bouts, de morceaux de bois à brûler : *cotret de bois de hêtre*. —*Châtrer des cotrets*, en ôter quelques bâtons. — *Sec comme un cotret*, maigre et décharné. — Fig. et pop., *de l'huile de cotret*, des coups de bâton.

COTTA, subst. mas. (*koteta*), t. de comm., mesure de contenance dont on se sert aux Maldives.

COTTABE, subst. mas. (*kotetabe*) (en grec κοττα-βος), jeu des anciens Siciliens, adopté par les Grecs, qui s'en divertissaient surtout dans les festins. Il consistait, ou à verser, de haut et avec bruit, le vin qui restait dans la coupe après avoir bu, ou à mettre plusieurs vases vides sur un bassin plein d'eau, et à y jeter le reste du vin ; de sorte que celui des joueurs qui précipitait le plus de ces vases au fond du bassin demeurait vainqueur. Les anciens poètes faisaient souvent mention de ce jeu dans leurs chansons.

COTTE, subst. fém. (*kote*) (suivant *Wachter*, du teuton *kutt*, sorte d'habillement de moine, fait du verbe *kutten*, couvrir, cacher, d'où sont venus également les mots *cotte d'armes*, *cotte de mailles* des Français, le *cotta*, *cotte* ou *surplis* des Italiens, etc.), jupe à l'usage des femmes du commun. — Prov. : *donner la cotte verte*, jeter en folâtrant une fille sur l'herbe. Nous ne donnons ce proverbe, qui nous semble être plus que suranné, que parce que nous le lisons encore dans l'*Académie*.— *Cotte d'armes*, espèce de casaque de drap très-fin, de brocart d'or ou d'argent, etc., en forme de dalmatique sans manches, qui se mettait sur le haubert, et s'attachait avec une ceinture ou écharpe. Elle remplaçait le *paludamentum* des Romains, et descendait jusqu'aux genoux.— *Cotte* ou *jacque de mailles*, chemise faite de mailles ou de petits anneaux de fer. Voy. **HAUBERT**. — *Cotte morte*, dépouille, tant en habits qu'en meuble d'un religieux après sa mort.

COTTE, subst. mas. (*kote*), t. d'hist. nat., poisson de la division des thoraciques, et qui comprend neuf espèces.— Coquillage fossile.

COTTÉE, subst. fém. (*koté*), espèce de canard femelle.

COTTERETS, subst. mas. plur. (*koteré*), madriers qui font partie du métier du tapissier haut-licier.

COTTERON, subst. mas. (*koteron*), petite *cotte* courte et étroite. Il s'est dit anciennement pour *cotillon*. Hors d'usage.

COTTIENNES, adj. fém. plur. (*kotetiène*), surnom d'une partie des Alpes qui séparent le Dauphiné du Piémont. Elles ont pris ce nom d'un seigneur de ce pays nommé *Cottus* ou *Cottius*, dont Suétone parle dans la vie de Tibère, et à qui Claude donna le titre de roi, l'an 44 de J.-C.

COTTIÈRE, subst. fém. (*kotière*), t. de forges, barre plus forte que les autres.

COTTIMO ou **COTTINEAU**, subst. mas. (*kotetimô*, *nô*), dans les échelles du Levant, droit imposé sur les vaisseaux par les consuls de France pour le paiement de quelques avances, ou pour les affaires communes de la nation.

COTTUS, subst. propre mas. (*kotetuce*), myth., nom de l'un des géants à cent bras.

COTTYTO, subst. propre fém. Voy. COTYTTO.

COTULE, subst. fém. (*kotule*), t. de bot., genre de plantes qui a des rapports avec la camomille.

COTUNNI ou mieux **COTUGNO**, subst. mas. (*kotuneni*, *gnio*), fluide transparent et visqueux, qui remplit les cavités de l'oreille interne.

COTUTEUR, subst. mas.; au fém. **COTUTRICE** (*kotuteur*, *trice*), t. de jurispr., qui est chargé d'une *tutelle* avec un autre. L'*Académie* ne donne pas le fém. de ce mot.

COTYLE, subst. fém. (*kotile*) (du grec κοτύλη, cavité, écuelle), ancienne mesure grecque pour les liquides, qui équivalait au demi-setier romain. — Mesure de capacité en usage dans l'Asie et dans l'Égypte. — Coupe ou vase à boire, avec une seule anse placée sur le côté. — En anat., subst. mas., cavité d'un os, dans laquelle un autre os s'articule.

COTYLÉAL, subst. et adj. mas. (*kotilé-al*), t. d'anat., l'un des os qui forment la voûte du crâne.

COTYLÉDON, subst. mas. (*kotilédon*) (du grec κοτυληδών, cavité, écuelle), t. d'anat., chacun des lobes du placenta. — Au plur., t. de bot., lobes charnus qu'on remarque sur la plupart des semences près de lever, lorsque leur tunique propre est enlevée.—Plante qui croît sur les rochers et sur les vieux murs. On la nomme aussi *nombril de Vénus*.

COTYLÉDONAIRE, adj. des deux genres (*kotilédonère*), t. d'hist. nat., qui a rapport aux *cotylédons*.

COTYLÉDONÉ, E, adj. (*kotilédoné*), t. de bot., nom qu'on donne aux végétaux pourvus de *cotylédons*.

COTYLÉDON-MARIN, subst. mas. (*kotilédon-marein*), t. d'hist. nat., espèce de polypier.

COTYLÉPHORE, subst. mas. (*kotiléfore*), t. d'hist. nat., sorte de poisson.

COTYLET ou **COTYLIER**, subst. mas. (*kotilé*, *lié*), t. de bot., plante de la famille des succulentes.

COTYLISQUE, subst. mas. (*kotiliceke*), t. de bot., genre de plantes.

COTYLOÏDE, adj. des deux genres (*kotilo-ide*) (du grec κοτύλη, cavité, écuelle, et εἶδος, forme, ressemblance), t. d'anat. : *cavité cotyloïde*, cavité profonde des os des îles qui reçoit la tête du fémur.

COTYLOÏDIEN, adj. mas.; au fém. **COTYLOÏDIENNE** (*kotilo-idiein*, *diène*), t. d'anat., qui a des rapports à la cavité *cotyloïde*. — Se dit du vaisseau fibro-cartilagineux qui garnit le contour de la cavité *cotyloïde*. — Il est aussi subst. mas.

COTYS, subst. propre fém. Voy. COTYTTO.

COTYTTÉES, subst. fém. plur. (*kotileté*), fêtes nocturnes qui se célébraient à Athènes, en l'honneur de la déesse *Cotys* ou *Cotytto*. Ces fêtes, auxquelles les femmes seules assistaient, ressemblaient fort aux bacchanales.

COTYTTO, ou **COTYS**, subst. propre fém. (*kotiteto*) myth., déesse de la débauche.

COU, subst. mas. (*kou*) (en latin *collum*), partie du corps de l'homme et des animaux qui joint la tête aux épaules. On écrivait et on prononçait autrefois *col*. (Voy. COL.)—*Avoir le cou d'une grue*, avoir le *cou* long et grêle.—*Sauter*, *se jeter au cou de quelqu'un*, l'embrasser avec tendresse.—On dit fig., d'un homme qui se lie facilement d'amitié, qui est familier dès la première visite, qu'*il se jette au cou de tout le monde*. — *Se pendre au cou de quelqu'un*, le tenir les bras passés autour du *cou* pour l'embrasser; et encore : s'attacher assidûment aux pas de quelqu'un. — *Couper le cou à quelqu'un*, au propre, le décapiter; au figuré, l'arrêter dans une affaire, le ruiner. — Prov. et fam. : 1° *mettre à quelqu'un la bride sur le cou*. Voy. BRIDE; 2° *se rompre* ou *se casser le cou*, ruiner son crédit, sa fortune par ses sottises; 3° *prendre ses jambes à son cou*, faire diligence pour faire quelque message; se sauver, s'enfuir; 4° *se mettre dans l'eau jusqu'au cou pour ses amis*, être ardent à rendre service, s'exposer à tous les dangers pour cela. — *Le cou d'une bouteille*, *d'un matras*, la partie longue et étroite par où l'on emplit et par où l'on vide ces vases. — *Un cou d'albâtre*, blanc et fin comme l'albâtre; *cou* s'entend même quelquefois de la gorge d'une femme.—*Cou de cygne*, avant-train recourbé d'une voiture. — Dans la poésie, pour éviter l'hiatus, on dit quelquefois *col* au lieu de *cou*.— *Col* se dit aussi dans ces deux phrases familières : *col tors*; *il a le col court*; afin d'éviter les mauvaises consonnances. Voy. COL.

COUA, subst. mas. (*koua*), t. d'hist. nat., coucou d'Afrique.

COUAC, subst. mas. (*kouak*), t. de bot., sorte de plante.

COUAGGA, subst. mas. (*kouaguegua*), t. d'hist. nat., mammifère étranger, du genre des chevaux.

COUALIOS, subst. mas. (*kou-aliôce*). Les magnaniers du midi appellent ainsi le couvain des vers à soie, ou les œufs tardifs à éclore. On donne aussi ce nom aux vers tardifs et de rebut.

COUANA, subst. mas. (*kouana*), t. de bot., l'un des avoiras de Cayenne.

COUARD, E, subst. et adj. (*kouar*, *arde*) (en lat. barbare *codardus*, formé de *cauda*, queue, parce que c'est une marque de timidité dans les animaux d'avoir la queue pendante entre les jambes), vieux mot qui signifie lâche, poltron. — Se dit en t. de blas. d'un lion qui porte sa queue retroussée en dessous des jambes.

COUARDEMENT, adv. (*kouardeman*), timidement, lâchement. Très-peu usité, mais expressif.

COUARDISE, subst. fém. (*kouardize*), lâcheté, poltronnerie. Il vieillit. Voy. COUARD.

COUAS, subst. mas. (*koud*), t. d'hist. nat., nom donné à une division de *coucous*. On appelle ainsi la corneille dans quelques départements de la France.

COUBAIS, subst. mas. (*koubé*), bâtiment à rames dont on se sert au Japon.

COU-BLANC, subst. mas. (*koublan*), t. d'hist. nat., nom donné au *cul-blanc*.

COUBLANDE, subst. fém. (*koublande*), t. de bot., arbrisseau de Cayenne qui est en fleurs presque toute l'année.

COUCHAGE, subst. mas. (*kouchaje*), literie; lieu où l'on *couche*, et ce qu'on paie pour la *couchée*.

COUCHANT, subst. mas. (*kouchan*), le côté du monde où le soleil paraît se coucher; la partie occidentale de la terre. — Endroit de l'horizon où le soleil semble se coucher. — Les astronomes disent plus souvent *occident*, les marins *ouest*; *couchant* est plus usité dans le discours ordinaire. On dit qu'*une personne est à son couchant*, pour dire, ou qu'elle est vieille, ou sur le point de finir sa carrière, ou que son génie baisse et est près de s'éteindre. On dit qu'*une chose est à son couchant*, pour dire qu'elle commence à perdre de sa splendeur, de son éclat.

COUCHANT, adj. mas. (*kouchan*) : *soleil couchant*, près de descendre sous l'horizon. — *Chien couchant*, sorte de chien de chasse qui se couche sur le ventre pour arrêter le gibier, etc. — Prov., *faire le chien couchant*, caresser, flatter, faire de basses soumissions pour réussir ou venir à ses fins.

COUCHE, subst. fém. (*kouche*) (suivant *Vossius*, du lat. barbare *culca*, dont *culcita*, lit, matelas, etc., est, dit-il, un diminutif; suivant *Ménage*, du lat. non moins barbare *calca*, fait de *calcare*, placer. Voy. COUCHER.), lit : on ne s'en sert, en ce sens, que dans le style poétique ou oratoire : *souiller la couche de...* ou *la couche nuptiale*, abuser d'une femme mariée. — Enfantement : *heureuse couche*.— *Fausse couche*, couche avant terme. Voy. AVORTEMENT. — *Dieu a béni leur couche*, il est provenu beaucoup d'enfants de leur mariage; et : *les fruits de sa couche*, les fruits de son mariage, ses enfants; sont deux expressions figurées qui nous paraissent être plus que surannées, quoique nous les lisions encore aujourd'hui dans l'*Académie*.—L'*Académie* dit encore que *couche* se prend dans l'acception de *bois de lit* : on ne se sert généralement que du mot *couchette*. On ne dit pas plus, quoique l'*Académie* prétende encore le contraire : *faire une fausse couche*, en langage figuré, pour dire qu'*un projet vient d'avorter*. Pareille expression serait, ce nous semble, trop ignoble. — Le temps qu'une femme demeure au lit après l'accouchement : *cette femme pendant ses couches*.... Dans cette acception, il ne s'emploie qu'au plur., excepté avec la préposition *en* : *elle est en couche*; et dans cette phrase : *relever de couche*. — Linge avec lequel on enveloppe un enfant au maillot. — Lit de fumier préparé pour faciliter la germination des graines, et hâter la végétation de certaines plantes : *couche de melons*, *de champignons*, etc. On divise les *couches* : 1° en *couches chaudes*, qui se composent avec du fumier de cheval, qui sort de l'écurie et est en fermentation : il fournit une chaleur élevée, mais qui baisse rapidement et demande bientôt des *réchauds*, c'est-à-dire de nouveau fumier chaud; 2° *en couches tièdes*, que l'on forme avec du fumier de cheval, de vache, mélangé de feuilles. Leur chaleur est moins forte, mais plus durable. Ces deux *couches* se recouvrent de terreau, si les plantes qu'on y sème n'y doivent pas rester. Dans le cas contraire, on mêle au terreau un quart, une moitié, ou les trois quarts de terre ordinaire; 3° *en couches sourdes*, qu'on fait en avril et en mai avec les mêmes matériaux que les autres, dans une tranchée, couverte, en dessus, de terre mélangée de terreau et ameublie, en forme bombée. Ces *couches* conviennent aux melons de deuxième et troisième saison, aux patates et aux plantes vigoureuses. — Morceau de grosse toile sur laquelle le boulanger *couche* le pain au lait. — Enduit avec des couleurs ou des métaux, pour peindre, bronzer ou dorer. — *Couche* se dit dans le même sens de diverses sortes d'enduits que les peintres en bâtiments et en meubles mettent sur les choses qu'ils veulent peindre : *une couche de blanc*; *une couche de bleu*. Ils appellent aussi *couches*, les couleurs de la même espèce qu'ils étendent à diverses reprises sur les objets; ainsi ils disent : *donner deux couches*, *trois couches de blanc à une porte*, *à une cloison*. —Les maçons disent : *une couche de mortier*. — Composition d'eau et de blanc d'œuf qu'on pose sur le cuir avant de le dorer. — En géologie, lit, amas de différentes matières : *couches primitives*, *secondaires*, *volcaniques*, etc.— Différentes espèces de lits qui composent un terroir : *une couche de sable*, *de grès*, etc. En général, ce mot se dit des lits de différentes matières qu'on couche ou qu'on étend sur quelque chose, les unes sur les autres, de manière que la seconde couvre la première, et ainsi de suite : *une couche de fraises et une couche de framboises*; *une couche de viande et une couche de fines herbes*; *une couche de fruits et une couche de sucre*. — En t. d'hist. nat., on appelle *couches ligneuses*, des *couches* concentriques que l'on remarque à l'endroit où l'on a scié un arbre horizontalement, qui se distinguent les unes des autres par un tissu plus ou moins serré, et par une couleur différente de celles des parties qui séparent ces zones : *couches ligneuses dures*; *couches ligneuses tendres*.—On appelle *couches corticales*, les différents feuillets qui composent l'épaisseur d'une écorce, feuillets qui sont extrêmement nombreux, et qu'on ne peut pas toujours séparer. — En t. d'arquebusier, la partie de fût du fusil ou du mousquet qui est au bout du canon, qu'on appuie contre l'épaule, et qu'on *couche* auprès de la joue, lorsqu'on veut tirer.— En archit., la pièce de bois qui se met sur un étai et qui sert de patin. — A certains jeux, ce que l'on met sur une carte.

COUCHÉ, subst. mas. (*kouché*), point de broderie par lequel on assujétit, avec de la soie, l'or ou l'argent sur l'étoffe que l'on brode.

COUCHÉ, E, part. pass. de *coucher*, et adj. : *tout le monde est couché*, est au lit. — Prov. : *on est plus couché que debout*, le temps de la vie réelle est bien court. — *A soleil couché*; *avant*, *après soleil couché*, sont des expressions trop vieillies pour que nous en tenions compte; on dirait aujourd'hui : *avant*, *après le soleil couché*; ou bien : *au coucher du soleil*. Se dit, en bot., d'une tige qui s'étend horizontalement sur la terre. —En t. de blas. : *chevron couché*, qui a sa pointe appuyée ou tournée au côté dextre de l'écu; c'est le contraire de *contourné*.

COUCHÉE, subst. fém. (*kouché*), lieu où l'on *couche* en voyageant. — Ce qu'on paie pour souper et *coucher* dans une auberge. Voy. COUCHAGE.

COUCHE-POINT, subst. mas. (*kouchepoein*), cuir taillé en talon étroit.—Au plur., des *couche-points*.

COUCHER, peut-être devrait-on écrire COU-CHÉ, subst. mas. (*kouché*), action de se coucher : *il était à son coucher*. — *Le coucher du roi*; *se trouver au coucher du roi*, à l'heure à laquelle le roi reçoit les intimes qui sont admis à lui faire leur cour, avant de se retirer. — *Le petit coucher du roi*, l'intervalle qui s'écoule depuis le moment où le roi a donné le bonsoir, jusqu'à ce qu'il *se couche*. — L'usage du lit, la façon dont on est *couché* : *il est très-délicat pour le coucher*. — Garniture de lit, comme matelas, lit de plume, etc. Il ne prend d'épithète que dans cette acception : *un bon, un mauvais coucher*. — *Le coucher du soleil, d'un astre*, le moment où il descend sous l'horizon.— Les astronomes distinguent trois sortes de *coucher* : le *cosmique*, l'*acronyque* et l'*héliaque*. Voy. chacun de ces mots. — En peint., tableau représentant *un effet de coucher du soleil*.

COUCHER, v. act. (*kouché*) (suivant *Ménage*, du lat. *collocare*, mettre, placer, poser, asseoir), mettre au lit ou dans un berceau : *coucher un malade, un enfant*. — Aider à quelqu'un à se déshabiller, à se *coucher* : *ce valet est allé coucher son maître*. — Étendre : *on le coucha sur la cendre*. — Renverser : *les vents, les pluies couchent les blés*. — Incliner : *couchez votre papier*. — Mettre par écrit : *coucher sur le papier, dans un acte*. *Boileau* a dit (épître II) : *coucher par écrit*. — Mettre au jeu : *coucher cent pistoles sur une carte*. — En peinture, appliquer les couleurs sur la toile, etc. — En t. de manuf. de laine, ranger le poil sur un drap tondu à fin, soit avec la brosse, soit avec le cardinal, etc. — *Coucher en joue*, mirer avec une arme à feu : et fig., avoir en vue quelque place, ou ne pas perdre de vue quelqu'un sur qui l'on a quelque dessein, etc.—*Coucher sur le carreau*, renverser, tuer.—V. neut., être *couché*: *coucher dans un lit, sur un matelas, sur la dure*. Passer la nuit en quelque lieu : *nous allâmes coucher à Lyon*. — *Coucher avec une femme*, avoir commerce avec elle. — Il prend l'auxiliaire *avoir*. C'est à tort que *Racine* a dit dans les *Plaideurs* :

Il *se serait couché* sans manger ni sans boire.

Il fallait *il y aurait couché*; mais c'eût été un hiatus intolérable. — Prov. : *coucher à la belle étoile*, coucher dehors. — *Coucher dans son fourreau*, coucher tout vêtu. — *Ce mouchoir couche bien*, prend un bon pli; s'ajuste bien. — *se* COUCHER, v. pron., se mettre au lit. — S'étendre tout de son long sur quelque chose. — En parlant des astres, descendre sous l'horizon. — T. de jeu, *coucher gros*, jouer gros jeu. — En t. de manége : *se coucher sur les voltes*, se dit d'un cheval qui a le cou plié en dehors, et qui porte la tête et la croupe hors de volte. — Prov. : *comme on fait son lit on se couche*, selon qu'on dispose ses affaires, on s'en trouve bien ou mal. — *Si vous n'en voulez pas, couchez-vous auprès*; vous n'en voulez pas, vous avez tort; car ce qu'on vous offre est *raisonnable*, et l'on ne peut rien faire de plus.

COUCHERIE, subst. fém. (*koucheri*), d'après *d'Alembert* et *Voltaire*, commerce amoureux des deux sexes. Ce mot s'emploie ironiquement : *presque tous les romans, même ceux d'un sentimentalisme transcendant, aboutissent à des coucheries*. (BOISTE.) Inusité.

COUCHES, subst. propre fém. (*kouche*), ville de France, chef-lieu de canton, arrond. d'Autun, dép. de Saône-et-Loire.

COUCHETTE, subst. fém. (*kouchète*), petit lit sans ciel, piliers ni rideaux. — Bois de petit lit.

COUCHEUR, subst. mas., **COUCHEUSE**, subst. fém. (*koucheur, cheuze*), celui ou celle qui *couche* avec un autre. Usité seulement dans ces phrases : *c'est un bon, un mauvais coucheur, une bonne, une mauvaise coucheuse*, commode ou incommode. — Au fig., personne avec laquelle il est facile ou difficile de vivre. — Ouvrier papetier ou briquetier.

COUCHEUSE, subst. fém. Voy. COUCHEUR.

COUCHIRA, subst. mas. Voy. CAA-CHIRA.

COUCHIS, subst. mas. (*kouchi*), poutre, sable et terre qui sont sous le pavé d'un pont. — Pièce de charpente qui repose, avec des coins ou tasseaux, sur les courbes d'un cintre de charpente, pour porter un cours de voussoirs d'une arche, pendant sa construction.

COUCHOIR, subst. mas. (*kouchoar*), t. de relieur, morceau de bois fort propre avec lequel on prend les feuilles d'or pour faire des bordures aux livres qu'on relie.

COUCHURE, subst. fém. (*kouchure*), t. de broderie au métier, point d'un fil cordonné ou simple, en soie, en or ou en argent, *couché* le long du dessin, et attaché par un fil qui l'embrasse de distance en distance.

COUCI, subst. propre mas. (*kouci*), bourg de l'île de France, situé entre Soissons et La Fère.

COUCI-COUCI, adv. (*koucikouci*) (en lat. *cosi cosi*), à peu près : *il se porte couci-couci*, à peu près bien ; ni bien ni mal.

COUCOU, subst. mas. (*koukou*), sorte d'oiseau. Le nom de *coucou* lui a été donné du cri qu'il fait en chantant. — On dit fig. qu'*un homme est coucou*, lorsque sa femme ne lui garde pas la fidélité conjugale. — Sorte de jeu de cartes appelé aussi : *as qui court*.— En t. de jard., fraisier qui fleurit beaucoup et ne produit point de fruits. — Petites voitures lourdes, dures, et à bas prix, qui transportent des promeneurs dans les environs des grandes villes. — *Pendule à coucou*, pendule de bois. — Jouet d'enfant qui imite le cri du *coucou*. — Au plur. des *coucous*.

COUCOUER, et même **COUCOULER**, v. neut. (*koukoué, koukoulé*), crier à la manière des *coucous*. (BOISTE.)

COUCOUMELLE, subst. fém. (*koukoumèle*), t. de bot., sorte de champignon du Languedoc, du genre des amanites.

COU-COUPÉ, subst. mas. (*koukoupé*), t. d'hist. nat., moineau de Java.

COUCOURDE, subst. fém. (*koukourde*), courge, citrouille. Peu usité.

COUCOURON, subst. propre mas. (*koukouron*), village de France, chef-lieu de canton, arrond. de l'Argentière, dép. de l'Ardèche.

COUCOUVIA, subst. mas. (*koukouvia*), t. de bot., gros arbre qui croît en Grèce, et dont le fruit est noir.

Coud, 3e pers. sing. prés. indic. du verbe irrégulier COUDRE.

COUDE, subst. mas. (*koude*) (en grec κυβιτον, d'où les Latins ont fait *cubitus* qui a la même signification), partie extérieure du bras, à l'endroit où il se plie. — Partie de la manche qui couvre le *coude*. — On dit prov. : *hausser le coude*, boire, s'enivrer. — Angle que fait en certains endroits un chemin, une muraille, une rivière. — En hydraulique, bout de tuyau de plomb *coudé*, pour raccorder ensemble les tuyaux de fer dans le tournant d'une conduite. On dit aussi *jarret*. — Les parties des outils et autres instruments qui forment des angles ou des retours par des lignes droites ou courbes.

COUDÉ, E, part. pass. de *couder*, et adj., qui forme un angle ou un *coude*.

COU-DE-CHAMEAU, subst. mas. (*kou-de-chamô*), t. de bot., nom vulgaire du narcisse des poëtes. — Au plur., des *cous-de-chameau*.

COU-DE-CIGOGNE, subst. mas. (*kou-de-ciguogne*), t. de bot., nom vulgaire d'une sorte de géranium. — Au plur., des *cous-de-cigogne*.

COUDE-DE-RIVIÈRE, subst. mas. (*koudederivière*), sinuosité d'une rivière qui va en serpentant, et que l'on nomme *coude* à l'endroit où elle est plus sensible, en prenant tout-à-coup sur la droite ou sur la gauche. — Au plur., des *coudes-de-rivières*.

COUDÉE, subst. fém. (*koudé*), mesure dont se servaient les anciens, et surtout les Hébreux; elle était prise sur la longueur ordinaire du bras de l'homme, depuis le *coude* jusqu'au bout de la main. Elle avait, en moyenne grandeur, un pied et dix pouces de roi. La plus petite n'avait qu'un pied et cinq pouces : et la plus grande, on la *coudée* géométrique, était de deux pieds et deux pouces de roi. Le père *Mersenne* fait la *coudée* hébraïque d'un pied quatre doigts et trois lignes, par rapport au pied du Capitole. *Héron* fait la *coudée* géométrique de vingt-quatre doigts; et *Vitruve* fait le pied des deux tiers de la *coudée*, c'est-à-dire de seize doigts : *l'arche de Noé avait trois cents coudées de long, cinquante de large, et trente de haut; et sa fenêtre était d'une coudée*.—Aujourd'hui, la *coudée* équivaut à la mesure d'un pied et demi.—Etendue des bras depuis le *coude* jusqu'au bout de la main. — *Avoir ses coudées franches*, être au large, à son aise. — Figur. et fam., avoir la liberté de faire ce qu'on veut.

COUDELATTES, subst. fém. pl. (*koudelate*), t. de marine, pièces de bois d'une galère, plus épaisses par les extrémités que par le milieu, et qui servent à recevoir la tapière.

COU-DE-PIED, et non pas **COUDE-PIED**, subst. mas. (*koude-pié*) (de l'italien *collo del piede*), la partie supérieure du pied qui se joint à la jambe. Si nous considérons le peu de ressemblance qu'il y a entre le *coude* proprement dit et le dessus du pied, il faut rejeter l'orthographe de *coude-pied*, que quelques-uns écrivent abusivement. Il y a des raisons puissantes d'écrire en trois mots : *cou-de-pied*; on ne saurait ne pas s'y conformer. Ce que nous appelons le *cou-de-pied*, n'est-ce pas la partie du pied qui *s'élève?* n'est-ce pas littéralement le *penchant du pied?* L'expression vient de l'italien *collo del piede*, *col* ou *cou de pied*. Le bon sens veut donc que l'on écrive *cou-de-pied* et non pas *coude-pied*, puisque le mot *cou*, qui s'écrit même souvent *col*, réveille l'idée d'*élévation*, de *pente* qui convient à la forme du dessus du pied, beaucoup mieux que celle d'un *coude*, avec lequel il n'a nulle analogie. — Au plur., des *coudes-pieds*.

COUDER, v. act. (*koudé*), plier en forme de *coude*; *couder une barre de fer*. — L'*Académie* veut qu'en t. de tailleur, on puisse dire : *couder une manche*. Les tailleurs peuvent bien le dire; mais c'est une expression particulière qu'il faut leur laisser, et que nous ne pouvons naturaliser. — *se* CODER, v. pron.

COUDERLO, subst. mas. (*kouderelo*), t. de bot., espèce de champignon qui croît en Languedoc.

COUDONNIER, subst. mas. (*koudonié*), t. de bot., espèce d'arbre de la famille des cognassiers.

COUDOU, ou **COUDOUS**, subst. mas. (*koudou*), t. d'hist. nat., antilope à grandes cornes lisses.

COUDOYÉ, E, part. pass. de *coudoyer*.

COUDOYER, v. act. (*kou-doè-ié*), pousser avec le *coude*; heurter quelqu'un du *coude* : *pourquoi m'avez-vous coudoyé?*— *se* COUDOYER, v. pron., se heurter du *coude*.

COUDRAIE, subst. fém. (*kou-drè*), vieux terme. Lieu planté de *coudriers* : *allons dans la coudraie*. On disait aussi *coudrette*.

DU VERBE IRRÉGULIER COUDRE :

Coudra, 3e pers. sing. fut. indic.
Coudrai, 1re pers. sing. fut. indic.
Coudraient, 3e pers. plur. prés. cond.
Coudrais, précédé de *je*, 1re pers. sing. prés. cond
Coudrais, précédé de *tu*, 2e pers. sing. prés. cond.
Coudrait, 3e pers. sing. prés. cond.

COUDRAN, subst. mas. (*koudran*) t. de rivière, goudron dont les bateliers enduisent leurs cordes pour empêcher qu'elles ne se pourrissent.

COUDRANNÉ, E, part. pass. de *coudranner*.

COUDRANNER, v. act. (*koudrané*), t. de rivière, tremper une corde dans le *coudran*.

COUDRANNEUR, subst. mas. (*koudraneur*), t. de rivière, ouvrier qui trempe les cordes dans le *coudran*.

Coudras, 2e pers. sing. fut. indic., du v. irrég. COUDRE.

COUDRAY-SAINT-GERMER (LE), subst. propre mas. (*lekoudrèceinjèremère*), bourg de France, chef-lieu de canton, arrond. de Beauvais, dép. de l'Oise.

COUDRE, v. act. (*koudre*) (du latin barbare *cusire* ou *cusare*, employés l'un et l'autre dans cette acception par les auteurs de la basse latinité, et dont les Espagnols ont fait *coser*, qui a la même signification. Il paraît que nous disions autrefois : *couser*, *je cous*, *je couserai*, etc.), joindre deux ou plusieurs choses ensemble avec du fil ou de la soie passée dans une aiguille, etc. : *coudre du linge, un habit*. On dit quelquefois neutralement : *il coud bien; elle coud proprement*, etc. — Fig., rassembler, mettre à la suite l'un de l'autre des textes, des passages.—Prov. : *on ne sait quelle pièce y coudre*, quel remède y apporter. Vieux.— *Coudre la peau du renard à celle du lion*, joindre la ruse à la force.

COUDRE, subst. mas. (*koudre*), coudrier, noisetier sauvage.

COUDRÉE, adj. fém. (*koudré*), se dit en certains endroits d'une terre desséchée.

COUDRÉ, E, part. pass. de *coudrer*.

COUDREMENT, subst. mas. (*koudreman*), t. de tanneur, l'action de *coudrer* les cuirs

COUDRER, v. act. (*koudré*), brasser les cuirs, les remuer dans la cuve avec le tan et l'eau chaude pour les rougir. — *se* COUDRER, v. pron.

COUDRETTE, subst. fém. (*koudrète*). Il est vieux Voy. COUDRAIE.

Coudrez, 2e pers. plur. fut. indic. du verbe irrég. COUDRE.

COUDRIER, subst. mas. (*koudrié*), t. de bot., arbrisseau à fleurs amentacées, mâles ou femelles sur le même pied, et dont le fruit, très-connu sous le nom de noisette, est une amande renfermée dans une noix presque ovale. On le nomme aussi *noisetier*. On appelle *coudre*, le noisetier sauvage. *Coudriez*, 2e pers. plur. prés. cond. de COUDRE.

COUDRIN, *subst. mas.* (*koudrein*), monnaie chinoise.

DU VERBE IRRÉGULIER COUDRE :

Coudrions, 1re pers. plur. prés. cond.
Coudrons, 1re pers. plur. fut. indic.
Coudront, 3e pers. plur. fut. indic.

COUDROT, subst. propre mas. (*koudrô*), ville de France qui était située dans l'ancienne Gascogne.

DU VERBE IRRÉGULIER COUDRE :

Couds, 2e pers. sing. impér.
Couds, précédé de *je*, 1re pers. sing. prés. indic.
Couds, précédé de *tu*, 2e pers. sing. prés. indic.

COUÉ, E, adj. (*kou-é*) (du latin *caudatus*, formé de *cauda*, queue), t. de chasse, qui se disait des animaux à qui l'on n'avait point coupé la queue.

COUENNE, subst. fém. (*kou-ène*) (suivant *Ménage*, du lat. *cutis*, peau, dont on a fait, par des altérations graduelles, *cutena*), la peau du pourceau et du marcassin : *couenne de lard*. — *Couenne* se dit aussi de la peau des marsouins. — En t. de médec., l'espèce de peau grisâtre qui se forme sur le sang tiré des veines.

COUENNEUSE, adj. fém. Voy. COUENNEUX.

COUENNEUX, adj. mas., au fém. COUENNEUSE (*kou-èneu, neuze*), qui est de la nature et de la couleur de la *couenne*. Il se dit surtout du sang : *un sang couenneux*.

COUET, subst. mas. (*kou-è*), t. de mar., quatre grosses cordes amarrées au bas des voiles d'un vaisseau.

COUÉTO, *subst. mas.* (*kou-éto*), t. de bot., sorte de plante.

COUETTE, subst. fém. (*kou-ète*) (du lat. *culcita*, matelas, ou peut-être, dit *Morin*, du grec κοίτη, lit), lit de plume. Il est vieux. Voy. COITE. — En t. de tourneur, morceau de fer ou de cuivre creusé en rond, et dans lequel tourne un pivot. On dit aussi *coite*.

COUFFE, subst. fém. (*koufe*), mesure égyptienne de 183 livres. — T. de pêche, nom qu'on donne en Provence à un panier fait avec la plante appelée *auffe* ou *sparte*, et rempli de pierres. On attache sur les bords de ce panier des pilos qui portent des haims, et on le descend au fond de la mer.

COUFFIN, subst. mas. (*koufein*), panier fait de feuilles de palmier nain.

COUFLE, subst. fém. (*koufle*), t. de comm., balle dans laquelle on apporte le séné du Levant.

COUGOURDE, subst. fém. (*kouguourde*), t. de bot., *courge* à calebasse, ou *courge-bouteille*.

COUGOURDETTE, subst. fém. (*kouguourdète*), t. de bot., courge à limbe droit.

COUGUARD, subst. mas. (*kouguar*), t. d'hist. nat. grande espèce de chat de l'Amérique.

COUHAGE, subst. fém. (*kou-aje*), t. de bot., fève puante ; fève des Indes.

COUHÉ, subst. propre mas. (*kou-é*), village de France, chef-lieu de canton, arrond. de Civray, dép. de la Vienne.

COUHYEH, subst. mas. (*kou-i-é*), t. d'hist. nat., genre d'oiseaux de la famille des accipitrins.

COUI, *subst. mas.* (*kou-i*), enveloppe solide du fruit du calebassier, lorsqu'elle est vidée.

COUIER, subst. mas. (*kou-ié*), t. de rivière, corde que l'on attache à terre pour empêcher que le derrière d'un bateau ne s'en éloigne.

COUILLARD, subst. mas. (*kouiar*), en t. de charpentier, deux pièces de bois qui entrent dans la construction d'un moulin. — Autrefois, machine de guerre qui servait à lancer des pierres. — En t. de mar., corde qui tient la grande voile au grand mât.

COUILLAUD, subst. mas. (*kouiiô*), vieux mot qui voulait dire : homme gai, gaillard, sans souci.

COUILLAUT, *subst.* mas. (*kouiiô*), vieux mot qui signifiait : valet de chanoine.

COUILLON, est un barbarisme. Voy. COÏON.

COUILLONNADE, est un barbarisme. Voy. COÏONNADE.

COUILLONNER, est un barbarisme. Voy. COÏONNER.

COUIN ou **COVIN**, subst. mas. (*kouein, kovein*), t. d'hist. anc., char armé de faulx et employé dans les combats par les Gaulois et les Anglais.

COUIZA, subst. propre mas. (*kouiza*), village de France, chef-lieu de canton, arrond. de Limoux, dép. de l'Aude.

COU-JAUNE, subst. mas. (*koujône*), t. d'hist. nat., fauvette de Saint-Domingue, ainsi appelée par Buffon. — Au plur., des *cous-jaunes*.

COUKEEL, subst. mas. (*kouke-él*), t. d'hist. nat., coucou des Indes.

COULACISSI, subst. mas. (*koulaciceci*), t. d'hist. nat., perruche des Philippines.

COULADOUX, subst. mas. plur. (*kouladou*), t. de mar., cordages qui, sur les galères, tiennent lieu des rides de haubans.

COULAGE, subst. mas. (*koulaje*), t. de comm., perte, diminution des liqueurs qui s'écoulent des tonneaux : *le coulage d'une pièce de vin*. — Au fig., perte en quoi que ce soit. — Action de *couler* la lessive.

COULAMMENT, adv. (*koulaman*), aisément, sans contrainte. Il ne se dit que du style et des écrits : *cela est écrit coulamment*.

COULANGE-LA-VINEUSE, subst. propre fém. (*koulanjelavineuze*), ville de France, chef-lieu de canton, arrond. d'Auxerre, dép. de l'Yonne.

COULANGE-SUR-YONNE, subst. propre fém. (*koulanjeçurione*), ville de France, chef-lieu de canton, arrond. d'Auxerre, dép. de l'Yonne.

COULANT, subst. mas. (*koulan*), t. de bijouterie, espèce d'anneau pour serrer ou desserrer quelque chose. — Diamant que les dames portent au cou, et qui est enfilé de manière qu'on peut le hausser et le baisser. — T. d'orfèvre et d'horloger, anneau de fer qui sert à faire joindre les mâchoires d'une tenaille : *tenaille à coulant*. — En t. de boutonnier, morceau de bois arrondi aux extrémités et percé en travers.

COULANT, E, adj. (*koulan, lante*), qui *coule* aisément ; au propre : *ruisseau coulant*. — *Coulant*, en t. de beaux-arts, se dit des ouvrages qui occupent l'esprit d'une manière soutenue et toujours également forte, sans embarras ni obscurité. On dit d'un morceau d'éloquence et de poésie, qu'*il est coulant*, quand toutes les parties se suivent d'une manière aisée, et que l'attention est doucement entraînée, sans être ni sensiblement interrompue, ni plus fortement excitée. — *Une pièce de musique est coulante*, quand les sons s'y succèdent sans contrainte, et qu'ils n'excitent point de surprise subite : *une mélodie coulante*. — *Un dessin est coulant*, quand les contours ne sont point interrompus, et que les sinuosités ne sont ni trop fortes ni trop brusques. — *Un style coulant*, est un style qui n'a rien de raboteux, de sautillant, rien de trop vif, de trop animé, de trop impétueux : *son style est peu coulant*. — *Sa veine est coulante*, aisée, facile. — *Nœud coulant*, nœud qui se serre et se desserre sans se dénouer. — *Homme coulant en affaires*, avec lequel il est facile de traiter. On dit aussi simplement *un homme coulant*.

COULAVAN, subst. mas. (*koulavan*), t. d'hist. nat., gros loriot des Indes.

COULDRE, v. act. (*kouledre*), couper, sabrer. Vieux.

COULE, subst. fém. (*koule*), ancienne robe monacale à l'usage des bernardins et des bernardines.

COULÉ, subst. mas. (*koulé*), en mus., passage léger d'une note à l'autre, en faisant une liaison entre ces deux notes. — Sorte de pas de danse fort léger. — En peinture, premières teintes que l'on met sur les ébauches. — Dans les salines, issues par lesquelles s'enfuit l'eau qui tombe dans les poêles. — En t. d'orfèvre, de fondeur, etc., tout ouvrage jeté au moule. — En t. de brodeur, assemblage de deux points faits séparément sur une même ligne.

[illegible] E, part. pass. de *couler*, et adj., t. de graveur : *taille coulée*, taille qui suit naturellement la direction qu'elle doit avoir pour exprimer un contour, etc.

COULÉE, subst. ou adj. fém. (*koulé*), sorte d'écriture libre et légère. — Caractère penché, lié de pied en tête, tracé avec plus ou moins de rapidité : *il écrit bien la coulée*. Adj. : *écriture coulée*. — En t. de mar., forme de la carène, depuis le gros du navire jusqu'à ses extrémités : *ce vaisseau a de belles coulées*, avantageuses pour diviser le fluide. — En t. de forges, espace de quelques pouces, par lequel s'écoule la fonte contenue dans le creuset.

COULEMELLE, subst. fém. (*koulemèle*), t. de bot., nom vulgaire d'un champignon très-abondant.

COULEMENT, subst. mas. (*kouleman*), flux d'une chose liquide. Il est peu usité. — En t. d'escrime, *faire un coulement d'épée*, glisser et avancer en même temps. On appelle *coulement de pied ferme et sans dégager*, celui qui se fait en mesure, sans quitter l'épée de l'adversaire.

COULEQUIN, subst. mas. (*koulekiein*), t. de bot., arbre dont le tronc est très-élevé. Les créoles le nomment *bois-trompette*.

COULER, v. neut. (*koulé*), se dit des choses liquides qui suivent leur pente : *rivière, ruisseau, fontaine qui coule*. — On le dit aussi des vases qui contiennent les liquides : *ce tonneau coule*, laisse échapper le vin, etc. — En parlant des choses solides, glisser : *l'échelle était mal assise; elle coula*. — On dit que *la vigne coule*, quand le raisin, commençant à se nouer, tombe ou se dessèche. La même expression s'applique aux figues et aux melons, etc. — *Une chandelle coule* lorsque le suif, fondant trop vite, se répand sur la surface. — *Le nez lui coule*, il a la roupie, ou bien : des humeurs découlent de son nez. — Au fig., 1° en parlant du temps, passer : *les jours, les années coulent*; 2° être écrit d'une manière aisée, naturelle, coulante : *ces vers coulent bien; cela coule de source*. Cette dernière expression se dit aussi de ce que chacun fait suivant son génie, son caractère. — *Le sang a coulé*, il y a eu des blessés. — Circuler, *le sang coule dans les veines*. — Passer sans faire de bruit : *ces troupes coulèrent le long de...* Dans le même sens, on dit, au réciproque, *se couler*. — T. de danse, glisser doucement, sans appuyer : *faites deux pas et coulez*. — Fig. : *couler sur un fait, sur une circonstance*, n'en parler que légèrement, et comme en passant. — *Couler bas, couler à fond*, s'enfoncer dans l'eau, en parlant d'un navire. — COULER, ROULER, GLISSER. (*Syn.*) *Couler* marque le mouvement de tous les fluides, et même de tous les corps solides réduits en poudre impalpable. *Rouler*, c'est se mouvoir en tournant sur soi-même. *Glisser*, c'est se mouvoir en conservant la même surface appliquée au corps sur lequel on se meut.

COULER, v. act. (*koulé*) (du lat. *colare*, passer par l'étamine, par la chausse, etc., fait de *colum*, couloir, passoire, etc.), passer une chose liquide à travers du linge, du drap, du sable, etc. — Mettre dans un cuvier le linge qu'on veut blanchir, et le couvrir d'un morceau de toile sur lequel on étend de la cendre et où l'on jette la lessive chaude. — Fondre pour jeter en moule : *couler une glace*, en faire couler la matière fondue sur une table préparée exprès. — On dit qu'*une statue*, qu'*une cloche a coulé*, lorsque, pendant qu'on la fondait, il s'est échappé du métal par quelque fente. — En t. de graveur, *couler* signifie conduire des coups de burin en lignes assez droites pour former des tailles : *couler une taille*. — Au fig., faire glisser adroitement; mettre doucement en quelque endroit ou parmi quelque chose. — On dit aussi fig., *couler ses jours, des jours heureux*, passer ses jours, etc. On dirait mal en ce sens : *couler le temps*, quoiqu'on dise au neutre, que *le temps coule*. — En musique, *couler une note, couler plusieurs notes*, les passer légèrement. — *Couler à fond*, faire aller à fond, submerger. — Fig., *couler quelqu'un à fond dans la dispute*, le réduire à ne pouvoir répondre. — *Couler une matière à fond*, c'est la discuter et l'éclaircir, dans tous ses détails, autant qu'il est possible. — *Couler un homme à fond*, ruiner son crédit, sa fortune. — *se* COULER, v. pron., se glisser doucement et sans bruit. — Au fig., se perdre de réputation, de fortune.

COULERESSE, subst. fém. (*koulerèce*), bassin de raffineur de sucre. Presque inusité.

COULE-SANG, subst. mas. (*kouleçan*), t. d'hist. nat., vipère de la Martinique, fort multipliée.

COULETTE, subst. fém. (*koulète*), t. de pêche, sorte de truble en usage dans la Garonne.

COULEUR, subst. fém. (*kouleur*) (en lat. *color*), modification des rayons de lumière, qui excite en nous les sensations qui nous font distinguer les choses et leur donner la détermination de *rouges, vertes, jaunes*, etc. — On dit au mas. : *le couleur de feu, de rose, de chair, de citron*, ce qui a *la couleur* du feu, de la rose, etc. — Il s'emploie également comme adj. aussi au *mas.* : *un ruban couleur de feu*. Ces sortes d'expressions qui ne forment qu'un seul mot composé désignent des *couleurs* particulières, et ce mot est mas., de même que *le rouge, le bleu*, etc., qui désignent des idées du même ordre : *sa robe est d'un beau couleur de rose; le couleur* *de feu dominait dans l'aurore boréale qui parut hier au soir.* — En parlant d'étoffes et d'habits, il se prend pour toute autre *couleur* que le noir et le blanc : *il est en habit de couleur.* — Drogue dont on se sert pour la peinture et la teinture : *broyer, mêler, préparer, appliquer des couleurs.* Dans cette acception, *couleur* diffère de *coloris* en ce que le premier exprime les impressions particulières que fait sur l'œil la lumière réfléchie par les diverses surfaces des corps, et que le *coloris* est l'effet qui résulte de l'ensemble et de l'assortiment des *couleurs* naturelles de chaque objet, relativement à sa position. — *Couleurs amies*, qui s'accordent bien ensemble, dont l'union produit un effet doux et agréable.—On appelle *couleurs rompues*, des *couleurs* dont on a diminué la force, et qui, par le mélange, sont mises en harmonie avec d'autres *couleurs.* — On dit que *les couleurs d'un tableau sont fondues*, pour dire que la touche en est moelleuse, soignée, et que les teintes sont tellement d'accord, qu'elles paraissent n'en faire qu'une. — *Peindre à pleines couleurs*, avec un pinceau lourdement chargé de *couleur.* — *Un tableau est chaud de couleur*, lorsque les *couleurs* en sont vives et animées ; *il est de bonne couleur*, lorsque les *couleurs* en sont habilement distribuées ; *il est de belle couleur*, lorsqu'il est bien colorié; ce qui se dit particulièrement en parlant des carnations. — On dit, presque dans le même sens, qu'*un style a de la couleur, qu'il a une couleur brillante, austère, antique, sombre, mélancolique ; qu'il est sans couleur.* — *Couleur locale*, celle qui est propre à bien traduire chaque objet. — Le teint du visage : *bonne* ou *mauvaise couleur ; il est haut en couleur.* — On dit qu'*une personne change de couleur*, lorsque, se trouvant mal, elle devient pâle. On le dit aussi de celle sur laquelle un mouvement subit de colère, de crainte ou de quelque autre passion violente, produit le même effet : *à cette nouvelle, il changea de couleur.* —On dit : *la couleur lui monte au visage*, en parlant de quelqu'un dont le visage devient subitement rouge, pour quelque cause que ce puisse être. — On appelle *hommes de couleur*, les mulâtres, les hommes qui proviennent de race noire et blanche tout à la fois. — Il se dit des viandes, du pain, des pâtisseries, des fruits : *donner de la couleur au rôti ; ce pain n'a point de couleur*, etc. — Fig., 1° apparence : *le mensonge se revêt de la couleur de la vérité* ; 2° prétexte : *sous couleur de protéger la liberté ; sous couleur que les lois ne permettaient pas*, etc.; cette locution a vieilli; 3° raison apparente dont on se sert pour pallier et couvrir quelque mensonge : *il nous donne là des couleurs.*—*Couleur* se dit du caractère et de l'opinion : *ses idées ont bien changé de couleur.* — Dans le blason, un des trois émaux employés dans les armoiries. Il y a cinq *couleurs* : le bleu que l'on nomme *azur* ; le rouge, *gueules* ; le noir, *sable* ; le vert, *simple* ; le violet, *pourpre.* Les deux autres émaux du blason sont les *métaux* et les *fourrures.* — Aux cartes, le pique, le trèfle, le cœur, le carreau. — On dit au lansquenet *prendre couleur* : c'est mettre au jeu et couper. La même expression signifie figurément rentrer en faveur, rétablir sa fortune. — *Couleur favorite* ou simplement *favorite* : à divers jeux de cartes, *couleur* à laquelle sont attachés certains privilèges. — T. de mar. On dit d'un bâtiment qu'on rencontre à la mer, qui hisse son pavillon de poupe, qu'*il a sa couleur*, qu'*il montre ses couleurs.* — Au plur., livrée : *il porte ses couleurs.* — *Porter les couleurs d'une dame*, la *couleur* des étoffes, des rubans qu'elle affectionne. — *Couleurs accidentelles*, celles qui ne paraissent jamais que lorsque l'organe est forcé, ou qu'il a été trop fortement ébranlé. — *Couleurs passantes*, celles qui se déchargent ou ne sont pas de longue durée, comme celles de l'arc-en-ciel, des nuages, avant ou après le coucher du soleil etc.. On les appelle aussi *fantastiques* ou *emphatiques.* — Dans une étoffe, *couleurs passantes*, celles qui changent promptement et se flétrissent à l'air. — *Monter des couleurs, faire voir des couleurs, en faire voir de toutes les couleurs à quelqu'un*, abuser de sa confiance par mille ruses, par mille fourberies; s'en jouer et s'en moquer de toutes les façons.—On dit qu'*un homme juge d'une chose, parle d'une chose comme un aveugle des couleurs*, pour dire qu'il en juge, qu'il en parle sans en avoir la moindre connaissance. — *Voir tout couleur de rose*, voir tout en beau et en bien. — On appelle *pâles couleurs*, une maladie des filles qui leur rend le teint pâle ou jaune. Voy. CHLOROSE.

COULEUVRE, subst. fém. (*kouleuvre*) (en latin *coluber*), sorte de reptile du genre des serpents, dont la tête est plate et la queue pointue. *La couleuvre* n'est point venimeuse. — Machine avec laquelle les Caraïbes expriment et séparent le suc du manioc, quand ils veulent préparer la *cassave.* — Prov., *faire avaler des couleuvres à quelqu'un*, lui faire endurer des choses dures et mortifiantes, sans qu'il ose s'en plaindre. *Boileau* (SATIRE X) a dit : *vivre de couleuvres*, essuyer continuellement des mortifications.

COULEUVREAU, subst. mas. (*kouleuvrô*), le petit de la *couleuvre.*

COULEUVRÉE, subst. fém. (*kouleuvré*) (de *couleuvre*, parce qu'elle rampe comme cet animal), t. de bot., plante vivace et sarmenteuse.

COULEUVRINE (l'*Académie* écrit COULEVRINE. Telle est à la vérité l'orthographe de ce mot dans presque tous les auteurs qui l'ont employé; mais l'étymologie qui est *couleuvre*, à cause de sa dimension allongée, nous fait pencher pour *couleuvrine.*), subst. fém. (*kouleuvrine*), pièce d'artillerie, plus longue que les canons ordinaires. — Fig. : *être sous la couleuvrine d'une place*, en être si près qu'on peut en être ou défendu ou incommodé. — On le dit fig. et fam., d'un homme de qui l'on dépend par sa charge, par son emploi.

COULEUVRINIER, subst. mas. (*kouleuvrinié*), soldat d'une milice du quinzième siècle. Hors d'usage.

COULIBOEUF, subst. propre mas. (*koulibeufe*), bourg de France, chef-lieu de canton, arrond. de Falaise, dép. du Calvados.

COULICOU, subst. mas. (*koulikou*), t. d'hist. nat., oiseau de l'ordre des silvains.

COULIÈRE, subst. fém. (*koulière*), t. de forges, fer aplati en verges.

COULIS, subst. mas. (*kouli*), suc d'une viande, etc., consommée à force de cuire, *coulé* ou passé par une étamine, par un linge, etc. : *un coulis de volaille.*—Plâtre gâché fort clair.— Nom qu'on a donné dans l'Inde aux porteurs de palanquins.

COULIS, adj. mas. (*kouli*) : *vent coulis*, vent qui *coule* et se glisse à travers les fentes et les trous. — On appelle aussi trivialement : *vent coulis*, un vent qui sort du corps de l'animal sans faire autant de bruit qu'un pet.

COULISSE, subst. fém. (*koulice*), longue rainure dans laquelle on fait *couler*, aller et venir un châssis, une fenêtre, etc. Il se dit aussi du volet qui va et vient dans cette rainure. — Tuyau plat dans une étoffe, dans un vêtement, par lequel on introduit un cordon, au moyen d'un *passe-lacet.* — Pièces de décorations qu'on fait avancer et reculer dans les changements de scène. — Le lieu où ces *coulisses* sont placées. — *Coulisses* se dit aussi pour les comédiens, le théâtre : *savoir ce qui se passe dans la coulisse*, dans le théâtre. — En t. de bourse, lieu hors du parquet des agents de change, où se font des négociations sur les effets publics. — En t. de blason, la même chose que *herse.* — *Coulisse de galée*; chez les imprimeurs, planche de bois amincie, ayant une poignée, qui va et vient dans la rainure de la galée, et dont on se sert pour glisser sur un ais, etc., des pages à grand format. — En anat., *mouvement de coulisse*, celui qui se fait lorsqu'un os glisse sur un autre.—Fig. : *faire les yeux en coulisse*, regarder en dessous et de côté.

COULISSÉ, E, adj. (*koulicé*), se dit, en t. de blas., d'un château, d'une tour, etc., qui ont une *coulisse* ou herse à la porte.

COULISSEAU, subst. mas. (*koulicô*), t. de menuisier, languette qui tient lieu de rainure, et qui est disposée pour placer des tiroirs.

COULISSEUR, subst. mas. (*kouliceur*), outil qui sert à faire des *coulisses.*

COULISSIER, subst. mas. (*koulicié*), celui qui fréquente les *coulisses* d'un théâtre. — Celui qui fait des affaires à la bourse, hors du parquet des agents de change, avant ou après l'heure des négociations sur les effets publics.

COULISSOIRE, subst. fém. (*koulicoare*), outil de facteur de musettes, qui sert à creuser les *coulisses* des bourdons.

• **COULOIR**, subst. mas. (*kouloar*), écuelle, ordinairement de bois, qui, au lieu de fond, a une pièce de linge par où l'on *coule* le lait en le tirant. — Passage de dégagement d'un appartement à un autre. — Dans un théâtre, passage tournant, derrière les loges. — On dit, en t. d'anat., *les couloirs de la bile.*

COULOIRE, subst. fém. (*kouloare*), petit vase de forme ovale qu'on met sous l'anse de la cuve lorsqu'on tire le vin. —Vaisseau troué pour y faire passer quelque liqueur. — Les épingliers appellent *couloire*, une espèce de filière dans laquelle on tire le laiton sortant de la première main, pour le réduire à la grosseur dont on veut que soient les épingles.

COULOMBE, subst. fém. (*koulonbe*), t. de charpentier, gros poteau dans les cloisons, ou pan de bois sur lequel porte une poutre.

COULOMMIERS, subst. propre mas. (*koulomié*), ville de France, chef-lieu d'arrond., dép. de Seine-et-Marne.

COULON, subst. mas. (*koulon*), vieux mot qui signifiait pigeon. — Oiseau de rivage

COULONGES-SUR-L'AUTIZE, subst. propre fém. (*koulonjeçurlautize*), village de France, chef-lieu de canton, arrond. de Niort, dép. des Deux-Sèvres.

COULOTTE, subst. fém. (*koulote*), t. de laminage, morceaux de bois inclinés pour enlever la laine.— En t. de scieur de long, pièce qui soutient le bois à refendre.

COULPE, subst. fém. (*koulepe*) (du lat. *culpa*, faute), vieux mot tout latin ; il signifiait la tache du péché, par distinction de la peine.—Fam., *j'en ai ma coulpe*, je me repens, j'en demande pardon. Hors d'usage, aussi bien que : *dire sa coulpe.*

COULT, subst. mas. (*koulete*), t. de bot., bois d'Amérique qu'on emploie en médecine.

COULURE, subst. fém. (*koulure*), le mouvement d'une chose qui *coule.* — Portion du métal qui s'échappe du moule : *la coulure du métal.* — Il se dit plus proprement de la vigne, lorsque la fleur *coule* à terre par quelque mauvais temps. Voy. COULER.—Au plur., t. de pêcheur, deux longues cordes de crin qui bordent le haut et le bas d'une *seine.*

COUMAILLES, subst. fém. plur. (*koumâ-ie*), roches des *mines* dans lesquelles la houille est divisée.

COUMARIN, subst. mas. (*koumarein*), principe neutre particulier, extrait de la fève de tonka.

COUMARON, subst. mas. (*koumaron*), t. de bot., arbre de la Guyane qui produit la fève tonka. — *Coumaron odorant*, arbre à fleur légumineuse de la Louisiane.

COUMÈNE, subst. mas. (*koumène*), t. de bot., nom d'une espèce de lycope d'Europe, de la famille des labiées.

COUMIA, subst. mas. (*koumia*), t. de bot., racine de Cayenne qui, dans les églises, tient souvent lieu d'encens.

COUMIE, subst. fém. (*koumi*), t. de bot., fruit du *coumier*, presque semblable à une poire.

COUMIER, subst. mas. (*koumié*), t. de bot., nom vulgaire du palmier.

COUP, subst. mas. (*kou*) (du lat. barbare *colpus*, fait par corruption de *colaphus*, en grec κόλαφος, soufflet, coup de main, dérivé de κολάπτω, je frappe), choc, mouvement, impression d'un corps sur un autre, en le frappant, le perçant, le divisant, etc. — Blessure que fait la chose qui a frappé, etc. — Marque des coups qu'on a reçus. — *Coup d'armes à feu*, la décharge de ces armes et le bruit qu'elle fait. — *Coup de feu*, la blessure faite par une arme à feu. — *Coup de foudre, de tonnerre*, éclat, bruit, choc du tonnerre. — En t. de phys., *coup foudroyant*, commotion violente que l'on ressent en faisant l'expérience de Leyde au moyen du *carreau électrique.*—On appelle, en t. d'art militaire, *coup perdu*, un coup de canon tiré de manière que la bouche du canon est élevée au-dessus de la ligne horizontale, et qu'il n'est pas pointé directement à un but.—En t. de mar., *coup de partance*, coup de canon que le commandant fait tirer sans être chargé à boulet, pour avertir les passagers ou autres gens de l'équipage qui sont encore à terre de se rendre à bord, et que le navire va partir; *coup de canon à l'eau*, coup de canon qu'un vaisseau reçoit dans la partie qui est enfoncée dans l'eau, c'est-à-dire au-dessous de la ligne de flottaison; *coup de canon en bois*, coup que reçoit le vaisseau dans la partie qui est hors de l'eau.—*Coup de foudre, de massue*, figurément, événement imprévu et accablant. — *Coup de Jarnac*, mauvais tour auquel on ne s'attend pas. (Par allusion au *coup* d'estramaçon que *Guy de Chabot*, seigneur de *Jarnac*, donna par surprise sur le jarret gauche de son adversaire, *François de Vivonne*, seigneur de *La Châtaigneraie*, dans le duel judiciaire qui eut lieu entre eux en 1547, sous le règne et en présence de *Henri II.*) — Au fig., *coup de bec, de dent*, ou *de langue*, médisance, raillerie piquante. — *Coup de désespoir* ou *de tête*, démarche désespérée, hasardée. — *Coup d'état*, action importante, bien ménagée et décisive; le *coup d'état* est proprement une action, une mesure politique qui paraît utile au bien de l'état, quoiqu'elle soit souvent contraire aux règles de l'humanité et de la justice : *faire un coup d'état.* On dit dans le même sens, *coup de parti.* — *Coup de main*, en t. de guerre, attaque brusque et subite; assistance passagère. — *Coup de maître*, beau *coup.* — *Coup de filet*, le jet du filet dans l'eau pour prendre du poisson. — *Coup de vent* ou *de mer*, mouvement impétueux du vent, de la mer; *coup* qu'un vaisseau reçoit d'une vague. — *Coup de fortune, de bonheur, de malheur, d'aventure, de hasard*, évènement extraordinaire et imprévu. On dit à peu près dans le même sens : *coup du ciel, d'en haut, de la Providence.* — *Coup monté*, projet, évènement préparé, arrangé, etc. — *Coup d'essai*, la première action, le premier ouvrage, par lequel on donne des marques de ce qu'on est capable de faire. — *Coup de chapeau*, action de saluer en ôtant son chapeau. — *Coup de pied*, fam., course fort courte. — *Coup de dés*, une des différentes combinaisons que les dés peuvent faire. — On se sert aussi du mot *coup*, à la paume et dans divers autres jeux. — Au jeu de mail, *coup d'ajustement*, le dernier des coups qu'on doit jouer avec le mail, pour *s'ajuster* et envoyer sa boule à portée d'être jouée à la passe avec la lève. — Au jeu de billard : *coup sec; jouer un coup sec*, frapper la bille avec la queue de billard, et la faire partir sans la suivre ni la conduire. — *Coup de niveau*, alignement entier pris entre deux stations d'un nivellement. — *Coup de sang*, épanchement du sang dans le cerveau : *il est mort d'un coup de sang.* — *Coup de soleil*, impression subite que fait un soleil ardent sur la tête. — *Coup de théâtre*, dans la poésie dramatique, évènement ou situation qui surprend, qui frappe les spectateurs. On le dit fig. dans l'usage de la vie. — *Coup orbe*, voy. ORBE. — *Coup dans l'eau, coup d'épée dans l'eau*, action, effort inutile; fam. — *Coup d'œil*, regard. — *Coup de pinceau*, trait de pinceau. On dit aussi *coup de plume, de peigne, de sifflet, de gouvernail*, etc. — *Coup de langue, coup d'archet, coup de poignet, coup de doigt*, se dit de l'articulation bien prononcée que l'on fait par ces moyens sur divers instruments de musique. — En t. de man., *coup de hache*, creux à la jonction du cou et du garrot du cheval. — *Coup de lance*, enfoncement comme une espèce de gouttière, qui va le long d'une partie du cou sur le côté. — *Porter coup* (sans régime), faire impression. — *Porter coup à...*, nuire. — *Porter un coup fourré*, rendre en secret un mauvais office. — *Détourner le coup, rompre un coup*, empêcher qu'une chose préjudiciable ne se fasse. — *Faire son coup*, réussir. — *Manquer son coup*, échouer. — *Faire un mauvais coup*, une action punissable. — *Rabattre les coups*, adoucir une affaire, calmer les esprits. — *Faire d'une pierre deux coups*, tirer deux avantages d'une même action, faire deux messages dans la même course, etc. — *Frapper les grands coups*, employer les grands moyens, les moyens décisifs. — Toutes ces expressions sont du style figuré ou proverbial. — Les maçons disent : *ce mur a pris* ou *donné coup*, il n'est plus à plomb, il fait ventre et menace ruine. — En t. de faucon., *prendre coup* se disait de l'oiseau quand il heurtait trop fortement contre sa proie. — On appelle *coup de grace* le dernier coup que l'on porte à quelqu'un pour le perdre. — *à* COUP SÛR, loc. adv., certainement.

COUP, subst. mas. (*kou*), une fois : *un coup, deux coups, trois coups; le premier, le second, le troisième coup*, etc.; *je vous le donne en trois coups; il n'a plus que trois coups à jouer; c'est à ce coup que*, etc.; *un coup de vin; boire un coup, deux coups.* — *Boire à petits coups*, en petite quantité chaque fois. — *Boire le petit coup*, être sujet à boire, à faire une petite débauche entre honnêtes gens. — *Boire un grand coup*, boire beaucoup en une seule fois. — *A tout coup* : 1° à tout propos : *il vient à tout coup me quereller*; 2° à tout instant, très-souvent : *tomber à tout coup.* — *Pour le coup, à ce coup*, pour cette fois-ci. — *Encore un coup* : 1° je vous le répète, je vous le dis de nouveau : *encore un coup, partez promptement*; 2° encore une fois, et c'est en ce sens que *Racine* a dit, dans *Andromaque* :

Mettons *encore un coup* toute la Grèce en flamme.

Il n'est guère que du style familier. — *Après coup*, quand il n'est plus temps. — *Tout d'un coup*, tout en une fois. — *Tout-à-coup*, soudainement, en un instant, sur-le-champ. Il faut prendre garde de confondre ces deux expressions : *tout d'un coup* veut dire tout en une fois; *tout-à-coup* signifie soudainement, en un instant, sur-le-champ. Ce qui se fait *tout d'un coup* ne se fait ni par degrés ni à plusieurs fois; ce qui se fait *tout-à-coup* n'est ni prévu, ni attendu. *Tout d'un coup* tient plus de l'universalité; *tout-à-coup* tient de la promptitude. — COUP SUR COUP, loc. adv., tout de suite, sans interruption.

COUPABLE, adj. des deux genres (*koupable*) (en lat. *culpabilis*, fait, dans le même sens, de *culpa*, faute), en parlant des personnes, qui a commis une *faute*, un crime. — Fig., et en parlant des choses, condamnable, criminel. — Il est aussi subst., celui qui a commis ou fait une *faute* : *le coupable a été puni.*

COUPAGE, subst. mas. (*koupaje*), action de *couper*, en parlant des vins et des liqueurs.

COUPAÏA, subst. mas. (*koupa-ia*), t. de bot., grand arbre de Cayenne employé en médecine.

COUPANG, subst. mas. (*koupan*), monnaie de compte du royaume d'Achem, qui vaut la soixante-quatrième partie du tael, et se divise lui-même en quatre cents caches.

COUPANT, E, adj. (*koupan, pante*), qui *coupe*; instrument *coupant.* — Il est aussi subst., au mas. : *le coupant d'un sabre.*

COUPANTS, subst. mas. plur. (*koupan*), les bords des deux côtés de l'ongle du sanglier.

COUP-DE-POING, subst. mas. (*koudepoein*), sorte de vrille avec laquelle on perce les tonneaux d'un seul coup. — Au plur. des *coups-de-poing.*

COUP-D'ŒIL, subst. mas. (*koudeuie*), jet de l'*œil*, rapide et prompt. (Ce mot ne se trouve nomenclaturé dans aucun *Dictionnaire.*) Au plur., *des coups-d'yeux*; voyez notre observation au mot clin-*d'œil.* (Voy. aussi l'article ŒIL.)

COUPE, subst. fém. (*koupe*), action de *couper* : *la coupe des bois; vendre un melon à la coupe; la coupe des cheveux, des pierres*, etc. — Manière de *couper*, de tailler : *ce tailleur, ce cordonnier a la coupe bonne* ou *mauvaise; la coupe d'un cintre, d'un dôme, d'un escalier.* — Dans la gravure, action et manière d'entamer la planche avec le burin : *ce graveur a une belle coupe; il y a dans cette estampe une belle coupe de burin.* — *Franchise de coupe*, liberté avec laquelle le burin a *coupé* le cuivre. — En t. d'eaux et forêts, 1° la quantité de terrein dans une forêt, désignée pour en abattre le bois; 2° le temps propre pour le *couper.* — Dans les manufactures de lainage, chaque tonture qu'on donne aux étoffes. — *Coupe*, en littérature, se dit de l'arrangement des diverses parties qui concourent à rendre les idées avec leurs accessoires. C'est ce qu'on appelle *la coupe du style. Bossuet connaissait parfaitement la coupe du style.* (Condillac.) — *Coupe* se dit aussi de l'arrangement des diverses parties d'un poëme, d'une pièce de théâtre. — On dit aussi *la coupe du vers, une coupe facile.* — Au jeu de cartes, séparation qu'un des joueurs fait d'un jeu de cartes en deux parties, après que celui qui donne a mêlé. *Avoir la coupe heureuse, malheureuse*, se dit de celui après *la coupe* duquel il vient ordinairement un beau ou un mauvais jeu à celui qui l'a fait *couper.* — *Faire sauter la coupe*, tricher au jeu. Dans cette signification, on dit fig. et fam., *être sous la coupe de quelqu'un*, avoir affaire à lui. Pour toutes ces acceptions, voyez le verbe COUPER.

COUPE, subst. fém. (*koupe*) en lat. *cupa* ou *cuppa*, fait, dans le même sens, du grec κυββα, qui se prend dans *Hésychius* pour une tasse, un vase à boire), sorte de vase, de tasse ordinairement plus large que profonde. — On dit fig., et dans le style relevé : *la coupe des délices, la coupe des maux, des afflictions.* — *Boire la coupe jusqu'à la lie*, essuyer une mortification, une adversité dans toute son étendue. — La partie du calice où l'on verse l'eau et le vin. — Dans le sens dogmatique, la communion sous l'espèce du vin. — En t. d'astron., constellation de l'hémisphère méridional, située au-dessous de la Vierge, sur le corps de l'Hydre femelle, à côté du Corbeau. C'est une des quarante-huit constellations trouvées par *Ptolémée.*

COUPÉ, subst. mas. (*koupé*), en t. de danse, mouvement par lequel on se jette sur un pied et l'on passe l'autre devant ou derrière. — Dans l'escrime, action de *couper* sur le poignet ou sur pointe. Voy. COUPER. — En t. de blas., l'une des quatre partitions de l'écu. Elle se forme d'une seule ligne horizontale, qui divise l'écu en deux parties égales, l'une supérieure et l'autre inférieure. — Voiture de luxe à deux personnes. — Places de devant dans les voitures publiques.

COUPÉ, E, part. pass. de *couper*, et adj., tranché, divisé, etc. — Traversé de haies, de fossés, de rivières, etc. : *pays coupé.* — Court, laconique : *style coupé.* — *Stances bien* ou *mal coupées*, où les repos sont bien ou mal observés. — *Lait coupé*, mêlé avec de l'eau. — En t. de blas., *bande, barre, chevron*, etc. *coupé*, qui ne touche point les bords de l'écu, et qui semble en avoir été séparé.

COUPEAU, subst. mas. (*koupô*), sommet, cime d'une montagne. — En t. de cartier, bande de carton contenant cinq cartes sur la longueur. — On dit aussi, dans ce sens, *coupon.*

COUPEAUX, subst. mas. plur. (*koupô*), t. de bot. On donne ce nom dans quelques campagnes aux têtes de la bardane.

COUPE-BOURGEON, subst. mas. (*koupebourjon*), t. d'hist. nat., insecte qui ronge les *bourgeons* des arbres fruitiers. On le nomme aussi *bêche* ou *lisette.* — Au plur., des *coupe-bourgeons.*

COUPE-CERCLE, subst. mas. (*koupecèrekle*), pointe tranchante d'un compas qui divise circulairement le papier, etc., sur lequel on l'appuie. — En menuiserie, vilebrequin armé à son extrémité d'une couronne tranchante propre à emporter une pièce circulaire. — Au plur., des *coupe-cercles.*

COUPE-CORS, subst. mas. (*koupekor*), t. de coutellerie, instrument dont la lame a un peu de courbure, et qui sert à *couper* les *cors.* — Au plur., des *coupe-cors.*

COUPE-CU, barbarisme de *Laveaux* et de *Gattel*, religieusement copié par *Raymond*; écrivez COUPE-CUL, subst. mas. (*koupeku*), se dit, au lansquenet, lorsque celui qui donne ne fait pas une seule carte, et amène la sienne la première. Il vieillit; on dit aujourd'hui *coupe-gorge.* — *Jouer à coupe-cul*, ne jouer qu'une partie sans donner de revanche. — Au plur., des *coupe-cul.*

COUPÉE, subst. fém. (*koupé*), t. de géom. Voy. ABSCISSE.

COUPE-GORGE, subst. mas. (*koupeguorje*), lieu où l'on vole, où l'on assassine les gens. — Fig., tout endroit où l'on friponne, où l'on rançonne, où l'on écorche le monde. — En t. de mar., on nomme ainsi les courbes de charpenterie qui forment la gorge du vaisseau, et qui s'élèvent insensiblement en arc vers l'étrave et sous l'éperon. — *Coupe-gorge*, au lansquenet, est ce qu'on appelait autrefois *coupe-cul.* Voy. ce mot. — Au plur., des *coupe-gorge.*

COUPEILLON, subst. mas. (*koupé-ion*), t. de pêche, petit truble pour retirer le poisson des trous d'une bourdigue.

COUPE-JARRET, subst. mas. (*koupejâré*), brigand, meurtrier, assassin de profession. — Au plur., des *coupe-jarrets.*

COUPELÉ, E, part. pass. de *coupeler.*

COUPE-LÉGUMES, subst. mas. (*koupe-légume*), instrument nouvellement inventé et au moyen duquel *les légumes*, placés dans une espèce d'auge, sont *coupés* en petits morceaux. — Au plur., des *coupe-légumes.*

COUPELER (et non pas COUPELLER, comme le veut l'*Académie*; les verbes en *eler* ne doublant la consonne *l* que devant une voyelle muette), v. act. (*koupelé*), passer l'or ou l'argent par la *coupelle.* — *se* COUPELER, v. pron.

COUPELLATION, subst. fém. (*koupèlelâcion*), t. de chim., affinage, purification des métaux parfaits au moyen de la *coupelle.*

COUPELLE, subst. fém. (*koupèle*) (rac. *coupe*), vase, dont *coupelle* est un diminutif), petit vaisseau en forme de *coupe*, fait de cendre de sarment et d'os de pied mouton. On s'en sert pour affiner l'or, etc. — On appelle *or de coupelle, argent de coupelle*, l'or et l'argent du plus haut titre. — Fig., *mettre à la coupelle, passer à la coupelle*, mettre à une rigoureuse épreuve, soumettre à un examen sévère et rigoureux. — *Être* ou *se trouver sous la coupelle de quelqu'un*, lui être assujéti, être soumis à sa censure. Il paraît que dans cette expression on a dit, par méprise, *sous la coupelle* au lieu de *sous la coupe.* Voyez COUPE. — En t. d'artillerie, pelle de fer-blanc ou de cuivre qui sert aux canonniers pour manier la poudre quand ils remplissent les gargousses.

COUPE-PAILLE, subst. mas. (*koupepâ-ie*), instrument qui sert à hacher la *paille* pour les chevaux. — Au plur., des *coupe-paille.*

COUPE-PÂTE, subst. mas. (*koupepâte*), instrument dont les boulangers se servent pour *couper la pâte.* — Au plur., des *coupe-pâte.*

COUPE-QUEUE, subst. mas. (*koupekieu*), t. de

mégisserie, instrument pour *couper les queues* des peaux qu'on veut passer en mégie. — Au plur., des *coupe-queues*.

COUPER, v. act. (*koupé*) (du grec κοπτειν, deuxième aoriste de κοπτειν, couper, fendre, séparer, diviser), trancher, diviser un corps continu. — On dit, en littérature, *couper un ouvrage dramatique, couper un poème*, pour dire : le distribuer en différentes parties : *il faut couper un opera bien différemment que tous les autres ouvrages dramatiques*. — En t. de mus., marquer un silence entre chaque son, dans les expressions de douleur, d'abattement ou d'admiration.— *On coupe une note*, lorsqu'au lieu de la soutenir durant toute sa valeur, on se contente de la frapper au moment où elle commence, passant en silence le reste de sa durée. Ce mot ne s'emploie que pour les notes qui ont une certaine longueur de temps; on se sert du mot *détacher* pour celles qui passent plus vite.- Tailler suivant les règles de l'art: *couper un habit*, etc. — Traverser, diviser : *des montagnes, des haies, des canaux coupent tout ce pays*. — Faire une incision, une entaille : *couper quelqu'un au doigt*. — *Couper l'eau*, fendre l'eau en nageant. — *Couper quelqu'un*, le traverser, le passer, le devancer. — *Couper le chemin à quelqu'un*, se mettre au-devant de lui sur son chemin pour l'empêcher de passer. — *Couper chemin à un mal*; fig., en arrêter le cours, empêcher qu'il ne dure. — *Couper les ennemis*, se mettre dans leurs différents corps d'armée, ou entre leur armée et la place qu'ils couvraient. On dit dans le même sens : *couper la communication d'une ville, d'un quartier*. — *Couper les vivres à une armée*, fermer les avenues pour empêcher qu'on ne lui porte des vivres. — Au fig., retrancher à quelqu'un l'argent, les moyens de subsister. — En t. de mar., *couper un vaisseau* : 1° le croiser de manière qu'on puisse être à portée de le combattre au point de section des deux routes; 2° le séparer de l'armée ou de sa flotte pour le combattre. *Couper terre à un vaisseau* ou *se mettre à terre de lui*, se poster entre la terre et le vaisseau qu'on chasse, pour l'empêcher de s'y réfugier. — *Couper la fièvre*, l'arrêter, empêcher que l'accès ne revienne. — *Couper la bourse*, voler adroitement à quelqu'un sa bourse, etc.; et fig. et fam., tirer de l'argent d'une personne qui n'a pas beaucoup d'envie d'en donner. — *Couper la gorge*, tuer, massacrer; et fig., causer à quelqu'un un grand dommage. — *Couper le sifflet*, fam., tuer. —*Couper bras et jambes à quelqu'un*, fig., lui faire une injustice énorme, criante. — *Couper la parole*, interrompre quelqu'un ou lui imposer silence. *Racine* (Phèdre) a dit dans le même sens : *si la voix ne m'eût été coupée*; ce qui est beaucoup moins usité.—*Couper pied à un abus*, en arrêter le cours. —. *Couper l'herbe sous les pieds à quelqu'un*, fig. et prov., le supplanter avec adresse.—*Couper du vin, des liquides*, mêler plusieurs sortes de vins, de liquides ensemble. — *Couper un cheval*, le châtrer. — *Couper dans le vif*, jusque dans la chair vive; et fig., toucher à ce qui est le plus sensible.—*Couper un coup*, au jeu de paume, pousser la balle de manière qu'elle ne bondisse point. — *Couper les dés*, leur donner, en retirant le cornet, une impulsion en arrière, qui compense celle qu'ils ont reçue pour aller en avant, de sorte qu'en tombant sur la table ils y restent immobiles. — *Couper l'or*, en t. de batteur d'or, partager une feuille en quatre parties, destinées à acquérir chacune sous le marteau la grandeur primitive de la feuille divisée. — En t. d'architecture, *couper du trait*, faire le modèle de quelque voûte ou pièce de trait en petit, avec de la craie, du plâtre, du bois, etc. — *Couper*, v. neut., séparer un jeu de cartes en deux, avant que celui qui a la main ne donne. — Au lansquenet, prendre carte et se mettre au nombre des joueurs. — En t. de danse, se jeter sur un pied et passer l'autre devant ou derrière. — En t. de chasse, abandonner la voie pour devancer la bête, ce qui, dans les chiens, est un défaut. — Passer le rouleau sur une mesure de sel ou de grain, quand elle est comble. — Fig. et fam. : *couper court*, abréger : *pour couper court, je vous dirai que... coupons court à toutes ces difficultés*. — *Couper par le plus court, par le plus court chemin, par un sentier*, aller par le chemin le plus court. — T. d'escrime, *couper sous le poignet*, dégager par-dessous le poignet de l'adversaire, au lieu de dégager par-dessous le talon de sa lame. — *Couper sa pointe*, porter une estocade à l'adversaire en dégageant par-dessus la pointe de son épée. — SE COUPER, v. pron., s'entamer la chair avec quelque instrument qui *coupe*. — En parlant des chevaux, s'entretailler; s'écorcher le boulet. — En t. de geom., se croiser, se traverser. — Au fig., se contredire, se démentir soi-même en parlant : *se couper dans ses réponses*.

COUPE-RACINE, subst. mas. (*kouperacine*), instrument fort usité chez les pharmaciens et chez les droguistes, et propre à couper et hacher par morceaux les racines.— Au plur., des *coupe-racines*.

COUPERAS, subst. mas. (*kouperá*), t. de pêche, nasse à l'aide de laquelle on prend le poisson dans les bas parcs nommés *courtines*.

COUPERET, subst. mas. (*kouperé*), sorte de couteau de boucherie et de cuisine, court et large. — Outil d'acier dont se servent les émailleurs pour *couper* les filets.

COUPEROSE, subst. fém. (*kouperôze*) (en lat. *cupri ros*, rosée ou eau de cuivre), dans l'ancienne chimie, vitriol formé par l'union de l'acide sulfurique avec le fer, le cuivre, le zinc. L'acide sulfurique donnait avec le fer la *couperose verte* ; avec le cuivre, la *couperose bleue*; avec le zinc, la *couperose blanche*. — Dans la nouvelle, ces substances portent le nom de *sulfate de fer, de cuivre, de zinc*. Voy. SULFATE. — En médec., éruption chronique au visage de taches rouges et irrégulières.

COUPEROSÉ, E, adj. (*kouperôzé*); il se dit d'un visage gâté par la *couperose* ou plein de rougeurs et de bourgeons.

COUPE-TÊTE, subst. mas. (*koupetête*), jeu où l'on saute de distance en distance les uns par-dessus les autres. — Au plur., des *coupe-tête*.

COUPEUR, subst. mas., **COUPEUSE**, subst. fém. (*koupeur, peuze*); il se dit: 1° de ceux ou de celles qui *coupent* les grappes en vendange; 2° au lansquenet, de ceux des pontes qui prennent carte, avant que le joueur qui a la main ne se donne la sienne. — *Coupeur de bourse*, filou qui dérobe subtilement l'argent ou les autres choses qu'on peut avoir sur soi. — *Coupeur de poil*, ouvrier qui *coupe le poil* des peaux employées à la fabrication des chapeaux.

COUPEUR-D'EAU, subst. mas. (*koupeurdô*), t. d'hist. nat., nom du bec-en-ciseaux et des pétrels des mers méridionales. — Au plur., des *coupeurs d'eau*.

COUPEUR-DE-RACINES, subst. mas. (*koupeur-deracine*), ancien nom qu'on donnait aux herboristes. Hors d'usage.

COUPEUSE, subst. fém. Voyez COUPEUR.

COUPI, subst. mas. (*koupi*), t. de bot., arbre de la Guinée.

COUPLAGE, subst. mas. (*kouplaje*), t. de comm., chacune des parties qui composent un train.

COUPLE, subst. fém. (*kouple*) (du lat. *copula*, lien, attache), attache de cuir ou de fer qui sert à assembler deux chiens. — Deux choses de même espèce. Lorsque ces choses vont nécessairement ensemble, on dit *paire* : *une couple d'œufs, de poires; une paire de bas, de gants*. Voy. COUPLE mas.

COUPLE, subst. mas. (*kouple*), deux personnes unies ensemble par amour ou par le mariage: *voilà un heureux couple ; un beau couple d'amants*. —*Couple*, dans les deux genres, est collectif: mais au masculin il est pris en général, parce que les deux suffisent pour la destination marquée par le mot; au féminin, il est partitif, parce qu'il désigne un nombre tiré d'un plus grand. *Un couple* de pigeons est suffisant pour peupler une volière : *une couple* de pigeons n'est pas suffisante pour le dîner de six personnes. — En t. de pêche, fil de fer un peu courbe, dont les bouts portent chacun une pile garnie d'hameçons, et qui est suspendue par le milieu à une longue ligne que les pêcheurs tiennent dans une barque qui va à la voile. — En t. de mar. : *être en couple d'un vaisseau, se mettre en couple*, se poster travers par travers à petite distance, ou de manière à se toucher l'un et l'autre, en s'amarrant ensemble. — Au plur., les côtes d'un navire.

COUPLÉ, E, part. pass. de *coupler*, et adj., attaché l'un avec l'autre. — Se dit, en t. de blas., 1° des lévriers, etc., attachés deux à deux par *une couple*; 2° des fruits et des fleurs d'espèces différentes, lorsqu'ils sont liés ensemble deux à deux.

COUPLER, v. act. (*kouplé*) (en lat. *copulare*, lier, unir, joindre), attacher ensemble. *Coupler des chiens*. — *Coupler du linge*, l'attacher en le cousant. — Fig., loger deux personnes ensemble. Peu usité.— SE COUPLER, v. pron.

COUPLET, subst. mas. (*kouplè*) (du lat. *copula*, qui se trouve, dit *Ménage*, pour *couplet de chanson*, dont on a fait par métaplasme *copulum*, et ensuite *copuletum*. Suivant *M. Ginguené*, du provençal *coblas* (fait peut-être du même mot lat. *copula*, lien, couple, assemblage), titre que les troubadours donnaient quelquefois aux strophes de leurs chansons, sans qu'il paraisse que ces strophes eussent rien de particulier. De ce mot les Italiens ont fait *cobola* ou *cobbola*, ancienne forme de poésie divisée aussi par strophes, et nous ensuite le mot *couplet*.), espèce de stance qui fait le tout ou la partie d'une chanson. *Couplet* se dit des chansons, et *stance* ou *strophe* des odes. — En t. de serrurier, deux pattes de fer à queue d'aronde, unies par deux charnières.

COUPLÉTÉ, E, part. pass. de *coupléter*.

COUPLÉTER, v. act. (*kouplété*), faire des chansons, des *couplets* contre une personne. — SE COUPLÉTER, v. pron. Fam. et peu usité.

COUPLÉTIER, subst. mas. (*koupl'étié*), celui qui fait des *couplets*.

COUPLIÈRE, subst. fém. (*kouplière*), assemblage de huit rouettes dans la construction des trains de bois.

COUPOIR, subst. mas. (*koupoar*), instrument pour *couper* en rond les pièces de monnaie. — Instrument dont le chandelier se sert pour rogner le bout des chandelles communes, etc. — En t. de fondeur de caractères, *coupoir* est un instrument propre à retenir et à serrer deux ou trois cents lettres à la fois, pour leur enlever, avec des rabots faits exprès, certaines parties du corps qui nuiraient à l'impression.

COUPOLE, subst. fém. (*koupole*) (de l'italien *cupola*, fait, dans la même signification, du grec κυπελλον, coupe, vase à boire), la partie concave, l'intérieur d'un dôme : *la coupole d'une église, d'une chapelle*.

COUPON, subst. mas. (*koupon*) (rac. *couper*), reste d'étoffe. — Certaine quantité de bûches liées ensemble avec des perches et des rouettes. — Papier mentionnant une portion d'action dans une affaire portant intérêts, et dont on *coupe* une partie à chaque échéance. — Billet de première place au spectacle.

COUPOUI, subst. mas. (*koupoui*), t. de bot., grand arbre de la Guyane.

COUPTRAIN, subst. propre mas. (*koupetrein*), bourg de France, chef-lieu de canton, arrond. de Mayenne, dép. de la Mayenne.

COUPURE, subst. fém. (*koupure*) (rac. *couper*), séparation, division faite par quelque chose de *coupant*. — Il se dit particulièrement d'une blessure faite avec un instrument tranchant : *coupure légère, considérable; j'ai une coupure à la main*. — En littérature, on nomme *coupures*, des changements ou retranchements que l'on fait à un ouvrage achevé.—En t. de guerre, retranchements, fossés, palissades, etc., qui sont dans un ouvrage derrière une brèche, pour s'y défendre.

COUQUES, subst. fém. plur. (*kouke*), sorte de pâtisserie faite de crème, d'œufs et de citrons.

COUR, subst. fém. (*kour*) (du latin *cors, cortis*, qui se trouve, avec la même signification, dans *Varron, Columelle*, etc., dérivé du grec χορτος, enclos, parc, enceinte), espace à découvert, enfermé de murs et de bâtiments, qui est ordinairement à l'entrée de la maison, et qui en fait partie. — On appelle *basse-cour*, la *cour* d'une ferme où sont les volailles et le fumier. — On appelle *servante de basse-cour*, une servante qui est chargée du soin de la volaille et des bestiaux. — Et fig. *une nouvelle de basse-cour*, une nouvelle débitée par des gens qui ne sont point à portée d'en avoir été bien informés.— Lieu où un roi, un prince fait sa résidence. (Du même mot *cors, cortis*, basse-cour; parce que, dans l'origine, la *cour* d'un prince était composée d'officiers domestiques attachés à sa *cour*, dans le sens propre, tels que le sénéchal, le maréchal, etc. — Les officiers, les principaux seigneurs qui l'accompagnent. En ce sens, on dit fig.: *la cour céleste*, le paradis.—Il se prend, par extension, pour la suite d'un prince, d'un grand seigneur, quoiqu'ils ne soient pas princes souverains. — Il désigne plus particulièrement le roi et son conseil : *les ordres de la cour; la cour de Madrid, de Berlin*, etc. — L'air et la manière de vivre de la *cour* : *il entend, il sait bien sa cour*. — Les respects, les assiduités qu'on rend à quelqu'un : *faire la cour* ou *sa cour à...* — *Homme de la cour*, courtisan ; homme attaché au prince par ses emplois, etc. *De cour* se prend toujours en mauvaise part : *abbé de cour*, homme du monde quoique *abbé*; *amis de cour*, sur qui on ne peut guère compter. — *Homme de cour*, homme souple et adroit, mais faux et artificieux. — *Eau bénite de cour*, vaines promesses, caresses trompeuses. — *Effronté comme un page de cour*, fort effronté. — *Avoir bouche à la cour* ou *en cour*. Voy. BOUCHE. —Prov. : *c'est la cour du roi Pétaud*, c'est un endroit où chacun veut commander. (De l'usage où étaient autrefois en France toutes les communautés, et même les mendiants, de se nommer un chef qu'on appelait *roi*. On donnait, par plaisanterie, à ce roi des gueux, le nom de *Pétaud*, du verbe *peto*, je demande. Sa *cour*, comme on le juge bien, ne devait pas être parfaitement réglée. *Matinées sénonnaises*. C'est également de là qu'est venu le mot *pétaudière*.) — Siége de justice où l'on plaide : *cour ecclésiastique*, *cour laïque*. (Dans cette acception, du lat. *curia*, sénat, barreau.) — Il se dit surtout des compagnies souveraines. — *Cour d'assises*, juridiction supérieure qui siége, par intervalle, dans chaque département pour juger les accusés que la *cour royale* lui a envoyés. — *Cour de cassation*, juridiction établie pour maintenir, dans tout le territoire français, l'unité de législation et de principes, et veiller à ce que les différentes juridictions restent dans les limites de compétence que la loi leur a tracées. On l'appelle aussi *cour suprême*. — *Cour des comptes*, *cour* instituée par la loi du 16 septembre 1807, pour exercer les fonctions de la comptabilité nationale, qui, en 1791, avait remplacé les anciennes chambres des comptes. La comptabilité nationale vérifiait tous les comptes des recettes et dépenses publiques. — *Cour des pairs*. Cette chambre exerce une juridiction criminelle dans plusieurs circonstances que la Charte constitutionnelle spécifie. — *Cour royale*, tribunal de premier ordre ayant pour attribution générale de connaître souverainement, en matière civile, des appels de jugements de première instance, rendus par des tribunaux d'arrondissement et de commerce de son ressort, et en matière criminelle, des appels de police correctionnelle, et de statuer sur les mises en accusation des prévenus contre lesquels les chambres du conseil des tribunaux de première instance ont rendu les ordonnances de prise de corps. Chaque *cour royale* se compose de vingt-quatre conseillers au moins, y compris un premier président et autant de présidents qu'il y a de chambres, à l'exception de la cour d'Ajaccio, qui n'en a que vingt. Celle de Rennes en a quarante, et celle de Paris cinquante-six. — *Mettre hors de cour et de procès*, renvoyer les parties comme n'y ayant pas sujet de plaider. Ce jugement s'appelle, subst., *un hors de cour*. — *Cour plénière*, assemblée solennelle de tous les grands corps de l'état. — *Cour martiale*, tribunal militaire établi pour appliquer les lois pénales sur les crimes et délits militaires, après que les jurés avaient prononcé sur le fait. (*Constitution de 1791*.)

COURABLE, adj. des deux genres (*kourable*), t. de chasse, qui peut être *couru*.

COURADOUX, subst. mas. (*kouradou*), t. de mar., espace qui, dans un vaisseau, est entre deux ponts. — Dans une galère, lieu où couchent les soldats.

COURAGE, subst. mas. (*kouraje*) (du latin *cor*, cœur, dont on a fait, dans la basse latinité, *coragium*, comme *homagium* de *homo*), valeur, fermeté dans le péril, résolution pleine de cœur. (Voy. COEUR et BRAVOURE.) Il se dit des animaux hardis, comme : les lions, les sangliers, les chiens, les chevaux, les aigles, etc. — Affection : *servir quelqu'un*, *faire quelque chose de bon courage*. — Sentiment, passion : *si j'en croyais mon courage...* — Dureté de cœur : *auriez-vous bien le courage de l'abandonner?* — *Courage* s'emploie bien au plur. en poésie. — Fam. : *tenir son courage*, persister dans son ressentiment, dans son dépit, dans sa haine, etc. — Prov. : *il n'y a plus que courage*, manière d'animer, d'encourager quand on approche de la fin de quelque chose.

COURAGE ! interj., ou, comme l'*Académie* l'appelle, sorte de particule exhortative : *courage ! mes amis ; courage ! soldats*.

COURAGEUSE, adj. fém. Voy. COURAGEUX.

COURAGEUSEMENT, adv. (*kourajeuzeman*), avec *courage*, avec hardiesse, avec fermeté.

COURAGEUX, adj. mas., au fém. COURAGEUSE (*kourajeu*, *jeuze*), qui a du *courage* et de la hardiesse, qui est ferme dans sa résolution.

COURAI, subst. mas. (*kouré*), t. de mar., mastic fait avec de l'huile et de la chaux, pour être appliqué très-chaud sur la carène d'un navire qu'on a bien nettoyé par un chauffage.

Couraient, 3ᵉ pers. plur. imparf. indic. du v. irrég. COURIR.

COURAILLER, v. neut. (*kourâ-ié*), fréquentatif de *courir*. Ce mot ne se trouve nulle part ; mais on s'en sert si souvent, que ce serait une grave omission de ne pas en faire mention. C'est, proprement, *courir* de côté et d'autre ; on le dit même des filles de mauvaise vie, ou bien des hommes de mœurs dépravées : *cette fille, ce garçon ne fait que courailler*.

DU VERBE IRRÉGULIER COURIR :

Courais, précédé de *je*, 1ʳᵉ pers. sing. imparf. indic.

Courais, précédé de *tu*, 2ᵉ pers. sing. imparf. indic.

Courait, 3ᵉ pers. sing. imparf. indic.

COURAMMENT, adv. (*kouraman*), rapidement, avec facilité.

Courant, part. prés. du verbe irrégulier COURIR.

COURANT, subst. mas. (*kouran*) : *le courant de l'eau*, le fil de l'eau. — *Un courant d'eau*, un canal ou un ruisseau qui coule. — Endroit de la mer où l'eau coule rapidement. — On dit : *le cinq*, *le six*, etc., *du courant*, pour dire le cinquième, le sixième jour du mois qui *court*. — *Le courant du marché*, le prix auquel se vendent les denrées. — *Le courant du monde*, la manière ordinaire du monde. — *Le courant des affaires*, les affaires ordinaires. — En matière de rentes, de loyer : *le courant*, c'est le terme qui *court*. — En t. de charpentier : *un courant de comble*, un comble considéré dans sa longueur. — En t. de phys. : *courants électriques*, *courants* que forme en même temps, et dans des directions opposées, la matière électrique, tant effluente qu'affluente, actuellement en mouvement. — *Courants magnétiques*, mouvement de la matière magnétique qui circule continuellement d'un pôle à l'autre autour d'un aimant.

COURANT, E, adj. (*kouran*, *rante*) (en latin *currens*, part. prés. de *currere*, courir), qui *court* : *chien courant ; eau courante*. — On dit fig. : *le terme*, *l'intérêt courant*, qui n'est pas échu, qui écherra bientôt. — *L'année*, *la monnaie courante*, l'année dans laquelle on est ; la monnaie qui a *cours*. — *Toise courante*, mesure par toise, en longueur. — *Prix courant*, celui auquel tous les marchands vendent une marchandise dont le prix est arrêté. — Dans l'imprimerie, on appelle *titre courant*, la ligne en capitales qui se met au haut de chaque page d'un livre, d'un chapitre, et qui indique la matière dont il est question. — *Tout* COURANT, loc. adv., sans hésiter ; aisément.

COURANTE, subst. fém. (*kourante*), sorte de danse. — Chant sur lequel on mesure les pas d'une *courante*. — Pop., dévoiement, diarrhée. — Écriture cursive et rapide qui se fait par abréviations.

COURANTILLE, subst. fém. (*kourantiie*), t. de pêche, sorte de petit filet propre à prendre des thons, qui, abandonné à lui-même, dérive au gré du *courant*.

COURANTIN, subst. mas. (*kourantein*), t. d'artificier, fusée qui *parcourt* une corde tendue et bandée en l'air.

COURAP ou COWRAP, subst. mas. (*kourape*), espèce de dartre lépreuse dont sont atteints quelquefois les habitants des Moluques, et de plusieurs autres îles.

COURATARI, subst. mas. (*kouratari*), t. de bot., grand arbre de la Guyane.

COURAU, subst. mas. (*kourô*), t. de pêche, petit bateau pour la pêche ; allége.

COURAYÉ, E, part. pass. de *courayer*.

COURAYER, v. act. (*koura-ié*), t. de mar., donner un *courai* à la carène d'un bâtiment qui n'est pas doublé en cuivre.

COURBAG, subst. mas. (*kourbâgue*). Chez les Orientaux, instrument de supplice avec lequel on frappe la plante des pieds de celui qui est en contravention aux lois et ordonnances. — Le supplice même.

COURBAN-BEIRAM, subst. mas. (*kourbanbérame*), fête des mahométans dans laquelle chaque père de famille doit offrir un sacrifice proportionné à ses facultés. Elle se célèbre six semaines après le radaman, et se rapporte à la pâque des juifs.

COURBARIL, subst. mas. (*kourbarile*), t. de bot., grand arbre à fleur légumineuse qui croît en Afrique et en Amérique.

COURBATON, subst. mas. (*kourbâton*), t. de mar., fortes pièces de bois attachées sous la fourniture d'une galère pour servir de contre-forts.

COURBATU, E, adj. (*kourbatu*), qui a la *courbature*.

COURBATURE, subst. fém. (*kourbature*) (du latin *curvatura*, courbe, parce que cette maladie fait *courber*), maladie du cheval ; battement dans les flancs occasionné par un travail excessif. — En parlant de l'homme, lassitude douloureuse : *sa maladie commença par une courbature*.

COURBATURÉ, E, adj. et part. pass. de *courbaturer*. Se dit des individus qui sont malades d'une *courbature*.

COURBATURER, v. act. (*kourbaturé*), donner, causer la *courbature* : *cela m'a tout courbaturé*. — *se* COURBATURER, v. pron.

COURBE, subst. fém. (*kourbe*), t. de géom., ligne *courbe*. — En t. de charpentiers, pièce de bois *courbe* qui sert à plusieurs ouvrages, et principalement à faire les côtes des vaisseaux. — Enflure qui vient aux jambes des chevaux. — Deux chevaux accouplés qui servent à remonter les bateaux sur les rivières. — T. de géom. : *courbes algébriques* ou *géométriques*, celles dans lesquelles la relation des abscisses aux ordonnées est ou peut être exprimée par une équation algébrique. — *Courbes transcendantes* ou *mécaniques*, celles qui ne peuvent être déterminées par une équation algébrique. — On appelle *point multiple d'une courbe*, celui qui est commun à plusieurs branches qui se coupent en ce point ; *courbe caustique*, *courbe* formée par des rayons de lumière réfléchis ou réfractés, en tombant sur une autre *courbe* ; *courbe à double courbure*, *courbe* dont tous les points ne sauraient être supposés dans un même plan, et qui, par conséquent, est doublement *courbe*, et par elle-même, et par la surface sur laquelle on peut la supposer appliquée ; *courbe polygone*, *courbe* considérée non comme rigoureusement *courbe*, mais comme un polygone d'une infinité de côtés ; *rectification d'une courbe*, opération qui consiste à trouver une ligne droite égale en longueur à cette *courbe* ; *quadrature d'une courbe*, opération qui consiste à trouver l'aire ou l'espace renfermé dans cette *courbe*. — *Famille de courbes*, assemblage de plusieurs *courbes* de différents genres, représentées toutes par la même équation d'un degré indéterminé, mais qui diffèrent selon la diversité des *courbes*. — En t. de musique, celle que forme une corde sonore, lorsque, dans ses vibrations, elle s'écarte de son état de repos, qui est la ligne droite : *cette courbe a été soumise par Taylor au calcul analytique*.

COURBE, adj. des deux genres (*kourbe*) (en latin *curvus*), qui n'est pas droit, qui approche de la forme d'un arc : *ligne courbe*.

COURBÉ, E, part. pass. de *courber*, et adj., qui est plié en arc. — Qui est penché, plié, un peu affaissé : *tout courbé de vieillesse*.

COURBEMENT, subst. mas. (*kourbeman*), l'action de *courber* ; état de ce qui est *courbé*. — Quoique l'*Académie* ne l'ait point admis dans son *Dictionnaire*, il nous a paru nécessaire.

COURBÉMENT, et non pas COURBEMENT, adv. (*kourbéman*), d'une manière *courbe* ou *courbée*. Peu usité, mais utile.

COURBER, v. act. (*kourbé*) (en latin *curvare*), rendre *courbe* une chose qui était droite. — On dit quelquefois neut. : *courber sous le faix*. *Plier* en ce sens est plus usité. — *se* COURBER, v. pron., devenir *courbé*, se plier. — Au fig., plier sous la volonté d'un autre.

COURBET, subst. mas. (*kourbè*), les parties du fût d'un bât qui sont élevées et faites en forme d'arcade.

COURBETTE, subst. fém. (*kourbète*) (rac. *courber*), t. de man., mouvement que fait le cheval en levant également les deux pieds de devant et se rabattant aussitôt. — Fig. et fam. : *faire des courbettes*, être rampant et bas devant quelqu'un.

COURBETTER, et plus conformément au génie de la langue, COURBÉTER, v. neut. (*kourbété*) (rac. *courber*), faire des *courbettes*.

COURBEVOIE, subst. propre fém. (*kourbevoé*) petit village à deux lieues de Paris.

COURBEVOISIENNE, subst. fém. (*kourbevoéziène*), sorte de voiture *omnibus* qui conduit au village de *Courbevoie*.

COURBINE, subst. fém. (*kourbine*), t. d'hist. nat., genre de poissons.

COURBOTTE, subst. fém. (*kourbote*), balancier pour les soufflets de forges.

COURBURE, subst. fém. (*kourbure*), inflexion, pli, état d'une chose *courbée*. — En géom., la quantité dont un arc infiniment petit d'une *courbe* quelconque s'écarte de la ligne droite.

COURCAILLET, subst. mas. (*kourkâ-ié*) (mot fait par onomatopée), le cri de la *caille*. — Appeau, petit sifflet qui imite le cri de la *caille* et sert à l'attirer.

COURCE, subst. mas. (*kource*), t. de vigneron, bois qu'on laisse à la taille de la vigne.

COURCELLE, subst. fém. (*kourcèle*) (rac. *cour*), petite *cour*, petit jardin. Il est vieux et même hors d'usage.

COURCET, subst. mas. (*kourcè*), grande serpe qui sert à tailler les arbres.

COURCIER, subst. mas. (*kourcié*), t. de mar., place à l'avant et au milieu d'une chaloupe, où l'on pointe une pièce de canon. Voy. COURSIER, qui est plus usité.

COURCIVE (l'*Académie* dit aussi COURSIVE, qui semble être plus usité et plus correct), subst. fém. (*kourcive*), t. de mar., demi-pont de l'avant à l'arrière de chaque côté dans certains petits bâtiments qui ne sont point pontés.

COURÇON, subst. propre mas. (*kourçon*), village de France, chef-lieu de canton, arrond. de La Rochelle, dép. de la Charente-Inférieure.

COURÇON, subst. mas. (*kourçon*), t. d'artillerie, tringle de fer qui sert à bander et à serrer les moules des pièces.

DU VERBE IRRÉGULIER COURIR :

Coure, précédé de *que je*, 1re pers. sing. prés. subj.

Coure, précédé de *qu'il* ou *qu'elle*, 3e pers. sing. prés. subj.

COURCOUÇOU, subst. mas. (*kourkouçou*), espèce de grosse semoule que les Maures font avec du blé de Barbarie.

COUREAU, subst. mas. (*kourô*), t. de mar., sorte de petit bateau dont on se sert sur la Garonne pour charger les grandes embarcations. — Passages, canaux, sinuosités qui sont au fond de l'eau, entre des bas-fonds, des basses et des roches.

COURÉE, subst. fém., ou **COURET**, subst. mas. (*kouré*), t. de mar., composition de suif, de soufre, de résine, etc., dont on frotte les vaisseaux pour les mettre en mer ou pour faire un long cours, afin de conserver le bordage.

DU VERBE IRRÉGULIER COURIR :

Courent, précédé de *ils* ou *elles*, 3e pers. plur. prés. indic.

Courent, précédé de *qu'ils* ou *qu'elles*, 3e pers. plur. prés. subj.

Coures, 2e pers. sing. prés. subj.

COURET, subst. mas. Voy. COURÉE.

COUREUR, subst. mas., au fém. **COUREUSE**, (*koureur, reuze*), celui qui est léger à la *course*.— Domestique qui *court* à pied, et dont on se sert pour faire des messages en grande diligence.—Celui qui va de côté et d'autre, et qui ne s'arrête pas longtemps en un lieu. — Jeune homme libertin. — Femme de mauvaise vie.— Cheval dégagé de taille, qui a la queue courte et coupée. — *Coureur de bagues, de fêtes*, celui qui court les bagues, les fêtes. Voy. BAGUE. — *Coureur de nuit*, celui qui se retire fort tard et fait de la nuit le jour.— *Coureur d'inventaires, de sermons*, celui qui a l'habitude d'aller aux inventaires, aux encans, aux sermons. — *Coureur de vin*, officier qui portait, partout où allait le roi, une valise contenant des serviettes, du pain, un couteau, une fourchette, quelques pièces de four. — T. d'hist. nat., genre d'oiseaux de l'ordre des palmipèdes. — Insecte de l'ordre des orthoptères. — Au plur., cavaliers détachés du gros de l'armée pour battre la campagne, aller à la découverte ou à la petite guerre. — *Coureurs de bois*, habitants du Canada qui trafiquent de pelleteries avec les sauvages les plus éloignés.

COUREUSE, subst. fém. (*koureuze*), qui *court* de côté et d'autre. Voy. COUREUR.—Fille ou femme prostituée de la plus vile espèce.

COURE-VITE, subst. mas. (*kourevite*), t. d'hist. nat., genre d'oiseaux de l'ordre des échassiers. — Au plur., des *coure-vite*.

DU VERBE IRRÉGULIER COURIR :

Courez, 2e pers. plur. impér.

Courez, précédé de *vous*, 2e pers. plur. prés. indic.

COURGE, subst. fém. (*kourje*) (en lat. *cucurbita*), t. de bot., genre de plantes annuelles dans nos climats, à fleur campaniforme, rampante, munie de vrilles, et dont le fruit charnu et succulent sert d'aliment. Il y en a quatre espèces principales, parmi lesquelles on distingue la *courge à fleur blanche* ou *calebasse*; *la coucourde, gourde de pèlerin* ou *courge-bouteille*; la *gourde* proprement dite; la *courge-trompette* ou longue; la *courge à gros fruits* ou le *potiron*; la *courge à limbe droit* ou le *pepon*; les *fausses coloquintes* ou *coloquinelles*; la *cougourdette*; la *barbarine* ou *barbaresque*; les *giraumons* et les *citrouilles*; les *patissons*, la *pastèque* ou *melon d'eau*.

COURICACA, subst. mas. (*kourikaka*), t. d'hist. nat., espèce d'oiseaux échassiers. — Corbeau de fer ou de pierre qui soutient le faux manteau d'une ancienne cheminée.

DU VERBE IRRÉGULIER COURIR :

Couriez, précédé de *vous*, 2e pers. plur. imparf. indic.

Couriez, précédé de *que vous*, 2e pers. plur. prés. subj.

• **COURIMARI**, subst. mas. (*kourimari*), t. de bot., grand arbre de la Guyane.

COURINGIA, subst. mas. (*koureinjia*), t. de bot., genre de plantes de la famille des crucifères.

DU VERBE IRRÉGULIER COURIR :

Courions, précédé de *nous*, 1re pers. plur. imparf. indic.

Courions, précédé de *que nous*, 1re pers. plur. prés. subj.

COURIR, v. neut. (*kourir*) (en latin *currere*) (*courant, couru, je cours, je courus, je courrai*, etc. Les autres temps sont formés de ceux-ci; dans certaines phrases, il y a un autre infinitif qui est *courre*. Voy. ce mot. — Il prend pour auxiliaire *avoir* : *j'ai couru*, *j'y ai couru*, et non pas : *j'y suis couru*, comme on le lit dans la *Thébaïde* et dans *Bérénice* de *Racine*), aller de vitesse et avec impétuosité : *courir de toute sa force*; *cet homme court comme un Basque*. — Aller plus vite que le pas : *courir au feu*, *au médecin*, *au remède*. — Errer, aller de côté et d'autre. — Faire trop vite quelque chose : *ne courez pas en lisant*. — Couler, s'écouler : *l'eau qui court*; et fig. : *le temps court*; *par le temps qui court*, dans les circonstances actuelles, au milieu des opinions qui dominent dans le temps actuel. — Être en vogue : *la mode qui court*. — Se répandre, circuler, en partant d'un bruit, d'une nouvelle, d'une maladie. — *Courir après quelqu'un*, le poursuivre. — *Courir après les honneurs*, *les dignités*, les rechercher avec ardeur. — *Courir aux armes*, s'empresser de prendre les armes, s'armer promptement. — *Courir à sa perte*, *à sa ruine*, se conduire de manière à se perdre, à se ruiner promptement.—*Courir à l'hôpital*, se ruiner, style fam. Il en est de même des phrases suivantes. — *Courir après son éteuf*, après un bien, un avantage qu'on a laissé perdre.—*Courir franc*, en t. d'agent de change, ne rien prendre pour salaire d'une négociation. — *Courir sur le marché de quelqu'un*, enchérir sur lui. — *Courir après des fantômes*, se livrer à des espérances sans fondement.— *Courir après son argent*, faire des démarches, des poursuites, pour recouvrer de l'argent qui est dû, et qu'on a de la peine à se faire rendre ou à se faire payer : *je l'ai obligé généreusement, et aujourd'hui je suis forcé de courir après mon argent*. — On dit qu'*une rente court*, que *des intérêts*, *des gages courent*, pour dire que la somme qui doit en être payée augmente avec le temps qui *court* : *ses appointements*, *ses gages courent depuis le commencement de l'année*. — *Courir à sa fin*, être près de s'épuiser, de finir : *mon argent court à sa fin*. — *Courir sur les brisées de quelqu'un*, vouloir emporter sur lui une chose à laquelle il a prétendu le premier. Cette dernière expression est d'un style plus noble. — *Courir sus à quelqu'un*, le poursuivre. Il est vieux et ne s'emploie plus dans le sérieux qu'en style d'ordonnances.—Fam. : *on y court comme au feu*, en foule. — *Faire courir un bruit*, *un manifeste*, etc., les répandre dans le public.

COURIR, v. act. (*kourir*) : *courir la même carrière*, avoir les mêmes prétentions; *courir* ou *courre la poste*; *courir quelqu'un pour le prendre*; *courir quelqu'un l'épée dans les reins*; *courir le daim*, *le cerf*, *le lièvre*. — En t. de mar. : *courir les bordées*, aller alternativement à droite, à gauche. — *Courir une bordée*, faire un bord; tenir le plus près du vent, pendant un certain temps. — *Courir la grande bordée*, faire le quart par moitié d'équipage. — *Courir la bouline*, passer entre deux rangs de matelots armés de garcettes ou courroies dont ils appliquent un coup au criminel à chaque tour qu'il fait. —*Courir un bénéfice*, *une charge*, les poursuivre.—*Courir même fortune*, être dans les mêmes intérêts, dans la même situation d'affaires.—*Courir une belle fortune*, être en passe de parvenir à quelque chose de grand.—*Courir fortune*, ou *risque*, ou *hasard de*..., être en péril de... — *Courir le plat pays*, la *mer*, ravager, pirater. — *Courir le pays*, *courir le monde*, voyager. En ce sens on dit aussi neut. : *il a bien couru*, il a beaucoup voyagé. — *Courir le bal*, aller d'un bal à l'autre. — *Courir les ruelles*, aller de visite en visite chez les dames.—Fam. : *courir la pretantaine*, aller çà et là, de côté et d'autre; *être fou à courir les rues* ou *les champs*.—*Courir les rues*, en parlant d'une nouvelle, être connue de tout le monde. — *Courir le guilledou*, aller en débauche. Bas. — *Courir sa vingtième*, *sa trentième année*, l'avoir commencée. — On dit d'un homme recherché par les dames, que *les dames le courent*.

COURLIRI ou **COURLAN**, subst. mas. (*kourliri*, *kourlan*), t. d'hist. nat., genre d'oiseaux de l'ordre des échassiers.

COURLI-ÉPINEUX, subst. mas. (*kourli-épineu*), t. d'hist. nat., sorte de coquille que l'on nomme vulgairement *massue d'Hercule*.

COURLIS ou **COURLIEU**, subst. mas. (*kourli*, *lieu*), t. d'hist. nat., espèce d'oiseaux échassiers.

COURMI, subst. mas. (*kourmi*), sorte de bière faite avec de l'orge fermenté.

COUROI, subst. mas. (*kouroè*), t. de mar., composition de soufre, de résine, de verre pilé et d'huile de baleine, dont on enduit la carène des vaisseaux pour les préserver des vers.

COUROIR, subst. mas. (*kouroar*), lieu destiné pour *courir*, pour passer d'un endroit à un autre. Vieux et presque hors d'usage.

COUROL, subst. mas. (*kourole*), t. d'hist. nat., division de coucous.

COURON ou **CURON**, subst. mas. (*kouron*, *kuron*), sorte de petite monnaie des Indes.

COURONDI, subst. mas. (*kourondi*), t. de bot., arbre très-élevé du Malabar.

COURONNE, subst. fém. (*kourone*) en latin *corona*, pris, dans le même sens, du grec κορωνη, couronne, et courbure en général), ornement de tête qu'on met pour marque d'honneur ou en signe de joie; *couronne de laurier*, *couronne de fleurs*. — *Couronne ovale*, chez les anciens Romains, *couronne* de myrte que portaient les généraux à qui l'on décernait les honneurs du petit triomphe ou de l'*ovation*. — *Couronne navale* ou *rostrale*, cercle d'or relevé de proues et de poupes de navire, qu'on donnait au capitaine ou soldat qui, le premier, avait sauté dans un vaisseau ennemi.—*Couronne vallaire*, cercle d'or relevé de pieux que le général donnait au guerrier qui, le premier, avait franchi le camp ennemi et forcé la palissade. — *Couronne murale*, cercle d'or surmonté de créneaux qu'on donnait à celui qui, dans un assaut, était monté le premier sur le rempart. C'est aussi sur les médailles l'ornement des génies et des déités qui protègent les villes. C'est pourquoi Cybèle, la déesse de la terre, et tous les génies particuliers des provinces et des villes, portent des *couronnes* tourelées. — *Couronne obsidionale*, couronne d'herbes décernée au général qui avait délivré un camp ou une ville assiégée.—*Couronne triomphale*, couronne faite d'abord de branches de laurier, et dans la suite d'or massif, décernée au général qui avait remporté une victoire éclatante ou conquis quelque province. — *Couronne civique*, couronne de chêne vert donnée au citoyen qui avait sauvé la vie à un autre dans un combat. Elle était fort estimée, et fut même donnée à Auguste : on en fit des monnaies sur lesquelles on mit cette devise : *ob cives servatos*. On la décerna à *Cicéron* lorsqu'il eut découvert la conjuration de *Catilina*.—Les Grecs donnaient une *couronne de laurier* aux lutteurs, et les Romains à ceux qui avaient ménagé ou confirmé la paix avec les ennemis : c'était la moins estimée.—Les *couronnes radiales* se donnaient aux princes lorsqu'ils étaient mis au rang des dieux, avant ou après leur mort; cette sorte de *couronne* n'appartenant qu'à des déités, dit *Casaubon*. Il est certain qu'aucun empereur vivant ne l'a prise avant *Néron*.—Les *couronnes athlétiques* étaient destinées à couronner ceux qui remportaient le prix dans les jeux publics. On voit la *couronne* d'ache des jeux Isthmiens sur une médaille de *Néron*. *Adrien*, en faveur d'*Antinoüs*, en fit faire une de lotus, à laquelle il donna son nom, *Antinoëia*, qui se trouve sur ses médailles.— Il y avait des *couronnes sacerdotales* ou *pontificales* pour les prêtres. — Les dieux avaient des *couronnes* particulières. Bacchus était *couronné* tantôt de pampre, tantôt de lierre; Hercule, d'un feuillage semblable au lierre; Cérès portait une *couronne* d'épis de blé; Flore en avait une de fleurs; Jupiter était *couronné* d'un diadème, ou de laurier. Enfin, chez les anciens, on *se couronnait* de fleurs, de roses, et surtout de myrte et de lierre, dans les festins et dans les divertissements. — *La couronne* est l'ornement de tête que portent les rois et les princes, les seigneurs, les grands, pour marque de leur dignité. — Fig., souveraineté : *aspirer à la couronne.* — *Mettre la couronne sur la tête de quelqu'un ;* le mettre sur le trône, lui donner la puissance souveraine. — *Officiers de la couronne*, officiers du roi. — *Domaine de la couronne*, qui appartient au roi. —État régi par un roi : *la couronne de France, les couronnes du Nord.* — On dit : *traiter de couronne à couronne*, pour dire : traiter de souverain à souverain. — *La couronne papale* est composée d'une tiare, et d'une triple *couronne* qui environne la tiare, laquelle a deux pendants, comme la mitre des évêques. Ces trois *couronnes* représentent le pape comme souverain sacrificateur, comme juge suprême, et comme le seul législateur des chrétiens. — *Boniface VIII* est le premier des papes qui a mis trois *couronnes* sur sa tiare. — Celle de l'empereur d'Allemagne était composée d'un bonnet ou tiare avec un demi-cercle d'or, qui portait la figure du monde, cintré et sommé d'une croix. Elle faisait voir son bonnet entr'ouvert sur les deux côtés de son cintre, et elle avait aussi par le bas deux fanons ou pendants, comme les mitres des évêques. — Celle des rois de France est un cercle de huit fleurs de lis, cintré de six diadèmes qui le ferment, et qui portent au-dessus une double fleur de lis, qui est le cimier de France. Le roi *Charles VII* est le premier qui l'ait portée fermée. *François Ier* l'a portée souvent ouverte. Mais depuis *Henri II* tous les rois de France, et même ceux des autres royaumes, l'ont portée aussi fermée : ce fut *Charles VII* qui le premier mit la *couronne* sur l'écusson des fleurs de lis.— Celle du roi d'Espagne est rehaussée de *hauts fleurons*, et couverte de diadèmes aboutissant à un globe surmonté d'une croix. *Philippe II* a été le premier des rois d'Espagne qui ait eu la *couronne* fermée en qualité de fils d'empereur. — Celle du roi d'Angleterre est rehaussée de quatre croix qui ressemblent aux croix de Malte, entre lesquelles il y a quatre fleurs de lis. Elle est couverte de quatre diadèmes, qui aboutissent à un petit globe supportant une croix toute semblable. —Celles de la plupart des autres rois sont composées de hauts fleurons, ou de grands trèfles, fermées aussi de quatre, six ou huit cintres ou diadèmes, et sommées d'un globe croisé.— Celle des dauphins de France était la même que celle du roi; seulement elle n'était fermée que de quatre diadèmes, formés par quatre dauphins. — Celles des enfants de France étaient ouvertes par le haut, et avaient seulement quatre fleurs de lis, entre lesquelles étaient des fleurons. Le duc de Savoie, qui se qualifie *roi de Chypre*, porte sa *couronne* fermée de deux demi-cercles couverts de perles, et au-dessus un globe surmonté de la croix de Saint-Maurice, qui est tréflée.—La *couronne* du duc de Florence est ouverte, et rehaussée de deux fleurs de lis épanouies, et de pointes et rayons aigus à la façon des *couronnes* antiques.—Celle des archiducs a un seul demi-cercle en *cintre garni* de perles, qui porte un globe croisé, et est relevée de huit hauts fleurons enfermant un bonnet rond d'écarlate. La *couronne* des électeurs de l'Empire est une espèce de bonnet d'écarlate, retroussé d'hermine, diadémé d'un demi-cercle d'or, tout couvert de perles, et sommé d'un globe surmonté d'une croix d'or, que quelques souverains d'Allemagne s'attribuent. — Les anciennes républiques de Venise et de Gênes avaient aussi des *couronnes* fermées, à cause des royaumes de Chypre et de Sardaigne. — Les seigneurs qui ont des terres en principauté portent la *couronne* à l'antique, un cercle d'or rehaussé de douze pointes ou rayons aigus. La *couronne* ducale est toute de fleurons à fleur d'ache, ou de persil. Celle des marquis est moitié fleurons et moitié perles, alternés. Celle des comtes est de perles sur un cercle d'or. On les appelle *perles de compte*, parce qu'on ne les vend pas au poids, ni à l'once, mais selon leur nombre. Celle des vicomtes est composée de neuf perles, de trois en trois, entassées l'une sur l'autre. Celle des barons est une espèce de bonnet avec tortil, ou de tours de perles en bandes sur le cercle. Les vidames portaient aussi autrefois des *couronnes* qui étaient d'or, garnies de perles, et rehaussées de quatre croix patées, qui marquaient qu'ils avaient été érigés pour être les appuis de l'Eglise.—*Couronne* est aussi un meuble dont on charge les écus des armoiries. L'écu de Suède est chargé de trois *couronnes*, pour marquer la Suède, la Norwège et le Danemarck. La ville de Cologne porte aussi trois *couronnes* en mémoire des trois rois qu'on prétend y avoir été enterrés. Plusieurs villes d'Espagne portent aussi des *couronnes* par concession de rois. — On appelle *fleurons de couronne* des ornements en forme de *fleurs* qui sont ordinairement les parties les plus riches et les plus brillantes d'une *couronne ;* et l'on dit figurément qu'*une personne a perdu le plus beau fleuron de sa couronne*, pour dire : ce qu'elle avait de plus précieux, de plus avantageux. — Tonsure cléricale. — En t. de jardinier, espèce de greffe; elle consiste à scier le sujet et à entourer la coupe de plusieurs greffes, entre bois et écorce.— La partie qui est immédiatement au-dessus du sabot du cheval. — En t. de vènerie, la tête du cerf, lorsque les andouillers supérieurs forment une sorte de *couronne.* — En t. de fauconnerie, le duvet qui est autour du bec de l'oiseau, à l'endroit où il se joint à la tête. — Sorte de papier qui a pour marque une *couronne.* — Sorte de chapelet qui n'a qu'une dizaine. — La partie d'une lampe d'église qui porte le verre. — En architecture, le plus fort membre carré d'une corniche. — En t. d'art militaire : *ouvrage à couronne.* Voy. au part. COURONNÉ, *ouvrage couronné.* — Le cercle de fer qui entoure la tête d'un pieu pour l'empêcher de se fendre quand on l'enfonce. — En anatomie, la partie des dents molaires qui paraît hors de la gencive. — En t. de médec., on nomme *couronne de Vénus* des pustules vénériennes qui viennent au front et aux tempes. —En géométrie, plan terminé ou enfermé dans deux circonférences parallèles de cercles inégaux et ayant un même centre. —En physique, météore formé par un ou plusieurs anneaux lumineux qui paraissent autour des autres. Il y a des *couronnes* sans couleur et des *couronnes* colorées. —En musique, nom qu'on donne quelquefois au point d'orgue, parce que ce signe est *couronné* d'un *C* renversé ainsi (Ɔ). — Ancienne monnaie de France, frappée sous le règne de *Philippe de Valois*, avec l'empreinte d'une *couronne.* — Monnaie d'argent d'Angleterre qui a cours pour cinq schillings. Voy. SCHILLING. Son nom anglais est *crown.* Il y a dans divers autres états des monnaies sous le même nom de *couronne* (à cause de leur empreinte), dont les valeurs sont différentes. — La superficie la plus éminente d'un diamant rose partagé en deux parties. — *Couronne boréale* et *couronne méridionale*, constellations de l'hémisphère septentrional et de l'hémisphère méridional. La première est, suivant le catalogue britannique, composée de vingt-une étoiles, et la seconde de treize. — En t. de bot., *couronne impériale*, plante bulbeuse, originaire de Perse, qu'on cultive pour l'agrément, et qui tire son nom de la disposition de ses fleurs en forme de *couronne.* — *Couronne du soleil*, sorte de plante. — En t. d'hist. nat., *couronne d'Éthiopie*, coquillage univalve. — En t. de phys., *couronne à tasses*, nom donné par *Volta* à un appareil composé d'une suite de verres remplis d'eau jusqu'à une certaine hauteur, et qui communiquent ensemble par des arcs métalliques, ayant à l'une de leurs extrémités une plaque d'argent ou de cuivre, et une plaque de zinc à l'autre.—*Couronne foudroyante*, *couronne* remplie d'artifice. — Fig., *couronne du martyre*, la gloire que donne le martyre. — *Couronne de justice, de gloire*, béatitude des saints dans le ciel. — On appelle aujourd'hui *couronnes*, les prix que l'on remporte dans les académies. — *Couronne d'épines*, la *couronne* que les Juifs mirent par dérision sur la tête de *Jésus-Christ* avant de le crucifier.—Les chrétiens, à l'imitation des païens, qui mettaient des *couronnes* sur la tête de leurs dieux, entourent d'une *couronne d'étoiles* la tête de la vierge Marie, et d'une *couronne de rayons*, celle des saints.

COURONNÉ, E, part. pass. de *couronner* et adj. : *les têtes couronnées*, les empereurs, les rois, les souverains. — *Plaine couronnée*, environnée de montagnes.— *Ouvrage couronné* ou *à couronne*, ouvrage de fortification, avancé vers la campagne, fait en forme de *couronne*, pour défendre les approches d'une place. — On appelle aussi *ouvrage couronné*, la composition qui a remporté un prix. — *Cheval couronné*, qui s'est souvent blessé au genou en tombant, et à qui le poil du genou est tombé.

COURONNÉE, subst. fém. (*kouroné*), rime ancienne, formée par la répétition des dernières syllabes du dernier mot de chaque vers. Exemple :

La blanche colombelle
Belle.

COURONNEMENT, subst. mas. (*kouroneman*), cérémonie dans laquelle on *couronne* un roi, etc. —Tableau, estampe représentant cette cérémonie. —En t. de blason, ornement qui se met au-dessus d'un écusson. — En t. d'anat., l'entrée extérieure de la matrice. — En architecture et en serrurerie, ce qui fait et termine le haut d'un ouvrage.—En t. de marine, la partie du vaisseau qui est au-dessus de la poupe. — Au fig., l'accomplissement, la perfection de quelque chose.—En t. de fortifications, *couronnement du chemin couvert*, logement qu'on fait sur le haut du glacis, lequel enferme, ou *couronne*, toutes les branches du chemin couvert du front de l'attaque.

COURONNER, v. act. (*kouroné*) (en latin *coronare*), mettre une *couronne* sur la tête : *couronner de fleurs une victime.* — *Couronner un souverain*, le revêtir solennellement de la *couronne* des souverains. — Fig., honorer, récompenser, en décernant un prix, une *couronne* de feuillage ou de fleurs. Il se dit même des choses : *son ouvrage vient d'être couronné par l'Académie ; couronner la vertu.* — *Couronner un tombeau*, y déposer une *couronne.* — Fig., environner en forme de *couronne : les montagnes qui couronnent cette vallée*, etc.— On dit également en style poétique : *les arbres qui couronnent la cime des montagnes, les fleurs dont le printemps se couronne*, etc.—*Les armoiries sont couronnées*, sont surmontées d'une *couronne.* — *Force batteries couronnaient les hauteurs*, dominaient sur tout le pays environnant. — *La fin couronne l'œuvre*, il faut bien commencer, mais surtout bien finir; et aussi : finir mieux ou plus mal, quand on a bien ou mal commencé. — *Voir couronner ses vœux*, les voir remplir selon ses espérances. — Dans un style plus simple et dans une acception différente : *des arbres se couronnent*, lorsqu'ils se dessèchent par la tête.—*se* COURONNER, v. pron.

COURONNURE, subst. fém. (*kouronure*), t. de vènerie; il se dit de sept ou huit menus cors ou du sommet de la tête du cerf, rangés en forme de *couronne.*

DU VERBE IRRÉGULIER COURIR :

Courons, 1re pers. plur. impér.
Courons, précédé de *nous*, 1re pers. plur. prés. indic.

COUROUCOU, subst. mas. (*kouroukou*), t. d'hist. nat., genre d'oiseaux de l'ordre des silvains.

COUROUCOUCOU, subst. mas. (*kouroukoukou*), t. d'hist. nat., oiseau du Brésil rangé parmi les coucous.

COUROU-MOELLI, subst. mas. (*kouroumoéleli*), t. de bot., sorte d'arbrisseau épineux qui croît au Malabar.

COUROUPITE, subst. mas. (*kouroupite*), t. de bot., arbrisseau de la Guyane.

COURPIERRE, subst. propre fém. (*kourpière*), ville de France, chef-lieu de canton, arrond. de Thiers, dép. du Puy-de-Dôme.

COUR-PLÉNIÈRE, subst. fém. (*kourplénière*), nom qu'on donnait autrefois à une assemblée de tous les grands. Voy. COUR.

DU VERBE IRRÉGULIER COURIR :

Courra, 3e pers. sing. fut. indic.
Courrai, 1re pers. sing. fut. indic.
Courraient, 3e pers. plur. prés. cond.
Courrais, précédé de *je*, 1re pers. sing. prés. cond.
Courrais, précédé de *tu*, 2e pers. sing. prés. cond.
Courrait, 3e pers. sing. prés. cond.
Courras, 2e pers. sing. fut. indic.

COURRE, subst. mas. (*koure*), t. de chasse, endroit où l'on place les lévriers, lorsqu'on chasse le loup, le sanglier ou le renard.— On dit : *c'est un beau courre*, en parlant d'un pays commode pour la chasse aux chiens *courants.*— *Laisser-courre*, subst. mas., le lieu où on découple les chiens. — *Sonner le laisser-courre*, l'air que le *cor* fait entendre pour découpler les chiens

COURRE, v. act. (*koure*) (en latin *currere*). Il a le même sens que *courir*, et il ne se dit que dans quelques phrases : *courre le cerf, le daim, le lièvre; courre la poste; courre la bague; courre*, et mieux *courir sus.*—*Courre un cheval*, le faire *courir* à toutes brides. Peu usité.— *Lais-*

ser courre, découpler les chiens. — *Donner à courre à quelqu'un*, le mettre dans la nécessité de faire bien des pas. — En t. de marine, *courre la bouline*. Voy. COURIR.

COURRETTE, subst. fém. (*kourète*), t. d'hist. nat., couleuvre de la Martinique.

Courrez, 2ᵉ pers. plur. fut. indic. du verbe irrégulier COURIR.

COURRIER (peut-être devrait-on avec les auteurs de *Trévoux* écrire COURIER, qui vient de *courir*); subst. mas. (*kourié*), celui qui *court* la poste pour porter les dépêches, les lettres.—On le dit aussi de tout homme qui *court* la poste à cheval, à franc-étrier. L'*Académie* prétend que *voyager par le courrier* s'entend, par extension, de la voiture même qui porte les dépêches; nous croyons que *voyager par le courrier*, signifie plutôt : *voyager avec le courrier*, et c'est toujours la même idée. — En t. de comm. : *faire son courrier*, c'est répondre à la totalité des lettres qui ont été apportées et qui doivent être remportées par le *courrier* de la poste. — Autrefois, procureur ou intendant d'un évêque, d'un abbé, d'un prieur ou d'une communauté ecclésiastique. Il faisait quelquefois les fonctions de juge ou de procureur fiscal. —*Courrier du cabinet, courrier* envoyé par le gouvernement pour différentes affaires.—*Courrier apostolique*, officier du pape dont les fonctions consistaient à avertir les cardinaux, les ambassadeurs, les princes du trône, de se trouver aux consistoires, aux cavalcades et aux chapelles que tenait le pape. — *Courrier de malheur*, se dit fig. d'une personne qui apporte une mauvaise nouvelle.

COURRIÈRE, subst. fém. (*kourière*). On le dit, en poésie, de l'aurore qui annonce le jour, et de la lune, appelée l'*inégale courrière* des mois, des nuits. (Voy. notre observation sur l'orthographe du mot *courrier*.)

DU VERBE IRRÉGULIER COURIR :

Courriez, 2ᵉ pers. plur. prés. cond.
Courrions, 1ʳᵉ pers. plur. prés. cond.

COURROI, subst. mas. (*kouroa*), rouleau sur lequel on étend les étoffes au sortir de la teinture, etc.

COURROIE, subst. fém. (*kouroé*) (en latin *corrigia*, fait, dans la même signification, de *corium*, cuir), lien de cuir : *attacher avec des courroies*. — Fig. : *serrer la courroie à quelqu'un*, diminuer ses moyens, ses ressources : *c'est un jeune homme qui aime la dépense, il faut lui serrer la courroie*. — Prov. : *faire du cuir d'autrui large courroie*, être libéral du bien d'autrui, ne pas l'économiser, le dépenser mal à propos. — *Étendre la courroie*, étendre ses droits, les permissions, les dispenses. — *Allonger la courroie* a le même sens que *étendre la courroie*, mais quelquefois il signifie de plus : savoir tirer parti d'un petit revenu à force d'user d'économies.

DU VERBE IRRÉGULIER COURIR :

Courrons, 1ʳᵉ pers. plur. fut. indic.
Courront, 3ᵉ pers. plur. fut. indic.

COURROUCÉ, E, part. pass. de *courroucer*.

COURROUCER, v. act. (*kourerouce*) (suivant *Caseneuve* et *Ménage*, du latin *coruscare*, éclairer, lancer des éclairs; l'homme en *courroux* faisant éclater par des paroles ou des actions violentes le feu de sa colère), irriter, mettre en grande colère : *cette conduite a courroucé son père contre lui*. — *Courroucer un ours*, le mettre en fureur. — *se* COURROUCER, v. pron., s'irriter, se mettre en violente colère, en *courroux*. — Au fig., être fortement agité : *la mer se courrouce*.

COURROUX, subst. mas. (*kourerou*) (du lat. *coruscatio* ou *coruscamen*, éclair. Voy. COURROUCER.), violente colère. Son plus grand usage est dans le style soutenu : *le courroux du ciel*. Voy. COLÈRE. — On dit fig. : *le courroux du lion, du taureau, de l'éléphant*. — *Le courroux de la mer, des flots*, leur agitation causée par les vents et la tempête. — COURROUX, COLÈRE. (*Syn.*) La *colère* est une passion intérieure et plus durable, qui se cache quelquefois; le *courroux* suppose quelque chose qui vient de la supériorité, et qui respire hautement la vengeance ou la punition.

COURROYÉ, E, part. pass. de *courroyer*.

COURROYER, v. act. (*kouroèié*), t. de teinturier passer au *courroi*.

COURROYEUR, subst. mas. (*kouroèieur*), dans les manufactures d'Amiens, ouvrier dont l'emploi est de tendre sur un rouleau les étoffes qui revienuent de la teinture, lorsqu'elles sont sèches.

DU VERBE IRRÉGULIER COURIR :

Cours, 2ᵉ pers. sing. impér.
Cours, précédé de *je*, 1ʳᵉ pers. sing. prés. indic.
Cours, précédé de *tu*, 2ᵉ pers. sing. prés. indic.

COURS, subst. mas. (*kour*) (du latin *cursus*), la course naturelle, le mouvement naturel de quelque chose : *le cours du soleil, le cours de la rivière*, etc. — Espace, durée : *le cours d'une maladie, le cours de la vie*. En ce dernier sens, *Boileau* (satire VII) a dit absolument, et contre l'usage, du moins actuel :

Soit que le ciel me garde un *cours* long et tranquille.

— Débit, vogue : *monnaie qui a cours, livre qui a cours, donner cours à*... *La Bruyère* (chap. v) a, dans cette dernière acception, dit très-heureusement au fig. : *les manières polies donnent cours au mérite*.—L'étendue, sans avoir égard à la hauteur : *tapisserie de six aunes de cours*.— Promenade formée ordinairement par de longues allées d'arbres : *demeurer au cours, se promener au cours*.—Les écrits d'un maître sur une science, depuis les éléments jusqu'à la fin.—Le temps qu'on met à apprendre une science : *cours de philosophie; cours de théologie; faire ses cours*, etc. — En t. d'architecture, on appelle *cours d'assise*, un rang continu de pierres de même hauteur, dans toute la longueur d'une façade, et qui n'est interrompu par aucune ouverture; *cours de plinthe*, la continuité d'une plinthe de pierre ou de plâtre dans les murs de face, pour marquer la continuation des étages. — *Cours de pannes* se dit, en t. de charpent., de toutes les pannes qui sont établies pour faire la longueur du comble. — *Cours de ventre*, dévoiement. — *Le cours du marché*, le prix auquel se vendent les choses au marché. — *Cours des intérêts*, le temps pendant lequel ils s'accumulent. — *Cours du change*, le prix courant que prennent les banquiers pour l'argent qu'ils font remettre, etc. — *Le cours de la Bourse*, le taux de la rente. — *Voyage de long cours*, de longue durée; et, en t. de négociant, voyage par mer pour le commerce. — On dit d'un marchand, *que son papier a cours* ou *n'a pas cours*, pour exprimer qu'il a du crédit ou qu'il n'en a pas.

COURSAC, subst. propre mas. (*kourçak*), village de France, chef-lieu de canton, arrond. de Narbonne, dép. de l'Aude.

COURSE, subst. fém. (*kource*), action, mouvement de celui qui *court* : *course légère*, etc.; *prendre les lièvres à la course; la course des chevaux, des charriots*. — Voyage que l'on fait pour quelqu'un, pour quelque affaire.—Ce qu'on donne à un *courrier*, à un commissionnaire, pour les frais de son voyage, pour sa peine.— Acte d'hostilité, en entrant dans le pays ennemi ou en courant les mers : *faire des courses dans les pays ennemis; vaisseau armé en course, qui est en course, qui fait la course*, vaisseau qui a une commission pour *courir* sur les ennemis de l'état et enlever les bâtiments marchands, etc. — Fig., le cours d'un emploi, d'un travail. — On le dit aussi de la durée de la vie, et alors il s'emploie absolument : *il a fini* ou *terminé sa course*, et non pas *la course de sa vie*, comme on dit *le cours de sa vie*. *Racine* a donc dit à tort (*Britannicus*) *la course des plaisirs*, pour : *le cours des plaisirs*; c'est ce dernier mot qu'il fallait.—On dit poétiquement : *la course du soleil, de la lune*.

COURSEGOULES, subst. propre fém. (*kourceguoule*), village de France, chef-lieu de canton, arrond. de Grasse, dép. du Var.

COURSIER, subst. mas. (*kourcié*), cheval de haute taille.—En poésie, on le dit pour cheval, quel qu'il soit. — En t. de mar., 1° passage de la proue à la poupe d'une galère, entre les bancs des forçats; 2° canon de chasse, qui est sous le *coursier*, et dont la bouche sort par la proue. — Dans l'hydraulique, chemin entre deux rangs de pilotis ou de planches, par où l'eau arrive aux aubes de la roue d'un moulin, et qu'on ferme, quand on veut, avec une vanne.

COURSIÈRE, subst. fém. (*kourcière*), t. de marine, pont mobile qui, pendant le combat, sert à communiquer d'une partie du vaisseau à l'autre.

COURSIVE, subst. fém. (*kourcive*), t. de mar., passage étroit que l'on pratique entre les soutes pour faciliter le service des poudres pendant un combat.—Passage étroit pratiqué quelque part que ce soit pour la commodité du service. — Plus particulièrement, l'espace sur le pont entre les gaillards.

COURSON, subst. propre mas. (*kourçon*), village de France, chef-lieu de canton, arrond. d'Auxerre, dép. de l'Yonne.

COURSON, subst. mas. (*kourçon*), branche de vigne taillée et raccourcie à trois ou quatre yeux. — Branche d'arbre de cinq ou six pouces, que le jardinier conserve lorsqu'il est obligé de couper les autres.

Court, 3ᵉ pers. sing. prés. indic. du v. irrégulier COURIR.

COURT, E, adj. (*kour, kourte*) (en lat. *curtus*), qui a peu de longueur : il est opposé à *long : cheveux courts, courte queue*, etc. — Qui ne dure guère : *la vie de l'homme est fort courte*. —*Monnaie courte*, qui n'a pas le poids requis. — *Court pli*, dans l'aunage des toiles à voile, tout pli qui a moins d'une aune.—*Être court d'argent*, en avoir peu ou n'en point avoir. — *Le plus court est de faire telle chose*, le plus expédient, le meilleur moyen est de... On dit dans le même sens : *c'est là votre plus court; c'est le plus court pour vous*. — *Couper court*, abréger, dire en peu de mots.— *Avoir la vue courte*, n'y voir pas de loin. — Au fig., *cet homme a la vue courte*, il a peu de prévoyance. — *Avoir l'esprit court*, borné. — Fam. : *il est revenu avec sa courte honte*, sans avoir réussi. — On dit dans le même sens : *ses bras ont été trop courts; son épée a été trop courte; il a été court d'un point*. — *Être court*, ne parler pas long-temps. Il se dit d'un prédicateur, d'un avocat, etc.—*Être court de mémoire*, ou *avoir la mémoire courte*, manquer de mémoire.—*Tirer au court bâton*, ne vouloir pas céder, le disputer à... — *Tirer à la courte paille*, au sort. — *Couper court à quelqu'un*, le quitter brusquement ou lui faire une réponse décisive qui le réduit au silence. — Fig., *se trouver court*, ne pouvoir parvenir à son but. — *Demeurer, rester court*, perdre ce qu'on voulait dire : *Il demeura court à cette objection*, il ne sut qu'y répondre. — *Tenir quelqu'un de court*, lui donner peu de liberté. — Fig., *prendre quelqu'un de court*, le presser sans lui donner assez de temps pour satisfaire. — *Tourner court*, se dit au propre d'un cocher qui détourne brusquement ses chevaux; et figur., d'un homme qui change brusquement de conversation. — En t. de mar., on dit qu'*un bâtiment est court*, lorsque sa longueur est moins grande, par rapport à sa largeur, que celle reçue par l'usage. — *Vent court*, celui qui ne permet au bâtiment de n'attraper qu'avec peine, à la bordée, le point qu'il se propose d'atteindre. — *Tout* COURT, loc. adv., sans addition, sans restriction : *monsieur tout court*, sans rien ajouter de plus. — *Être accueilli par un non tout court*, sans aucune explication. — Aussitôt, dans le même temps : *il s'en est retourné tout court*. Il est fam.

COURT, subst. et adj. mas. (*kour*), nom que les anatomistes donnent à cinq ou six muscles du corps humain. Le quatrième muscle du bras est appelé *le court*, parce qu'il est plus *court* que le troisième. Il prend son origine à la partie postérieure et supérieure de l'humerus. (*Dionis*.) Le troisième des extenseurs du carpe s'appelle aussi le *court*, parce qu'il est plus *court* que le second, qu'on nomme le long. Il prend son origine de la partie la plus basse de l'humerus, et étant couché le long du rayon, va passer sous le ligament annulaire, et se terminer à l'os du carpe qui soutient le doigt du milieu. Quelques-uns ne le distinguent pas du second, et les appellent tous deux *bicornis*, ou *radial externe*. Ceux qui les distinguent se fondent sur ce qu'ils ont deux origines et deux insertions, et que leurs corps peuvent se séparer. Le *court* est encore le troisième des muscles extenseurs du pouce, ainsi appelé par opposition au second. Ils ont tous deux la même origine, qui est la partie supérieure et externe de l'os du coude. De là celui-ci, passant sous le ligament annulaire, va s'insérer au troisième os du pouce, qui sert à étendre. Le second des muscles supinateurs du rayon est un autre muscle appelé *court*, encore pour le distinguer du premier, nommé le long. Il a son origine à la partie inférieure du condyle inférieur et externe de l'humerus, et tournant autour du rayon, il va de derrière en devant s'insérer dans sa partie supérieure et antérieure. Ce muscle avec le long fait tourner la main, de sorte que la paume regarde en haut. Le sixième et le septième des muscles péroniers de la jambe s'appellent aussi le long et le *court*. Celui-ci prend son origine à la partie inférieure du péroné, et va s'insérer à l'os du métatarse, qui soutient le petit doigt. Ces muscles servent à tirer le pied en arrière.

COURTAGE, subst. mas. (*kourtaje*), entremise, négociation de *courtier* : *faire le courtage des vins*.— *Droit de courtage*, ou *courtage* tout simplement : prime de tant pour cent sur une commission faite par un *courtier*. — *Courtage de roulage*, état que font certains commissionnaires, dans les villes de commerce. Ils reçoivent les marchandises et les font placer sur les voitures, après les avoir fait enregistrer aux douanes, et en avoir acquitté le droit pour le compte des négociants. — Droit établi particulièrement à Bordeaux sur les marchandises qui y entraient ou qui en sortaient par mer.

COURTAILLE, subst. fém. (*kourtâ-ie*), t. d'épinglier, épingle manquée.

COURTAUD, subst. mas., au fém. **COURTAUDE** (*kourtô, tôde*), celui, celle qui est de taille *courte* et ramassée. — Anciennement, garçon de boutique. C'est un terme injurieux, tiré des habits plus *courts* que ceux des personnes d'un rang distingué et que portaient autrefois les garçons de boutique et même les marchands, ainsi que tous les gens appartenant aux classes inférieures de la société. — Cheval auquel on a coupé la queue et les oreilles. —En t. de luthier, espèce de basson *raccourci* qui a la forme d'un gros bâton.

COURTAUD, E, adj. (rac. *court*), qui est de taille *courte* et ramassée.—*Chien courtaud*, chien auquel on a coupé la queue. — Prov., *étriller, frotter quelqu'un en chien courtaud*, le bien battre.

COURTAUDÉ, E, part. pass. de *courtauder*.

COURTAUDER, v. act. (*kourtôdé*) (en lat. *curtare*, écourter), couper la queue d'un cheval. Peu usité.

COURT-BÂTON, subst. mas. (*kourbâton*), t. de marine, se dit des courbes de charpenterie qui soutiennent les bouts des bancs et des barrots. — Au plur., des *courts-bâtons*.

COURT-BOUILLON, subst. mas. (*kourbouion*), mélange de vin, de laurier, de romarin, de sel, de poivre et d'orange, dans lequel on fait cuire le poisson. — Au plur., des *courts-bouillons*.

COURT-BOUTON, subst. mas. (*kourbouton*), cheville de bois qui attache les bœufs avec un anneau de bois tortillé au bout du timon. — Au plur., des *courts-boutons*.

COURTE-BOTTE, subst. fém. (Nous ne savons pourquoi l'*Académie* détruit l'analogie de ce mot, en le faisant mas.)(*kourtebote*), t. de style badin et populaire, petit individu.—Au plur., des *courtes-bottes*.

COURTE-BOULE, subst. fém. (*kourteboule*), jeu de *boule* dont l'espace est fort *court* et fort limité. — Au plur., des *courtes-boules*.

COURTE-ÉPINE, subst. fém. (*kourtépine*), t. d'hist. nat., sorte de poisson. — Au plur., des *courtes-épines*.

COURT-ÉPINEUX, adj. et subst. mas. (*kourtépineu*), t. d'anat., se dit du muscle *épineux*. — Au plur., *court-épineux ;* ici, *court* est adv.

COURTE-HALEINE, subst. fém. (*kourtalène*), maladie nommée *asthme*. — Au plur., des *courtes-haleines*.

COURTEMENT, adv. (*kourteman*), brièvement, d'une manière *courte* ; en peu de mots : *Termosiris racontait si bien les choses passées, qu'on croyait les voir; mais il les racontait courtement, et jamais ses histoires ne m'ont lassé*. (TÉLÉMAQUE.) Peu usité.

COURTENAY, subst. propre mas. (*kourtené*), bourg de France, chef-lieu de canton, arrond. de Montargis, dép. du Loiret.

COURTE-PAILLE, subst. fém. (*kourtepâ-ie*), manière de tirer au sort avec plusieurs pailles, dont l'une est plus *courte* que les autres : *tirer à la courte-paille*. — Au plur., des *courtes-pailles*.

COURTE-PAUME, subst. fém. (*kourtepôme*), jeu de balle avec des raquettes, et dans un endroit fermé de quatre murs. Sans plur.

COURTE-POINTE, subst. fém. (*kourtepoeinte*) (par corruption de *coulte-pointe*, fait, suivant *Ménage*, du latin *culcita puncta*, matelas piqué), couverture de parade, échancrée et ordinairement piquée avec ordre et symétrie. — Au plur., des *courtes-pointes*.

COURTE-POINTIER, subst. mas. (*kourtepoeintié*), celui qui fait et vend des *courtes-pointes*. Inusité.

COURTE-QUEUE, subst. fém. (*kourtekeu*), t. d'hist. nat., espèce de tortue à queue courte.

COURTER, v. act. (*kourté*), faire le *courtage*.— *Courter une chose, une marchandise*, chercher à la vendre. Ce mot est nouveau et n'est pas encore fort répandu.

COURTE-LETTRE, subst. fém. (*kourtelètre*), t. de fondeur en caractères; *lettre* dont le corps doit être coupé des deux côtés.—Au plur., *des courtes-lettres*.

COURTI, subst. mas. (*kourti*), t. de blas., tête de Maure avec un collier d'argent, placé autour du cou.

COURTIBAULT, subst. mas. (*kourtibô*) (ce mot, selon *Nicot*, vient de *curta tibena*, parce que ce fut un *Tibenus* d'Arcadie qui en fut l'inventeur. *Ménage* le dérive de *curtum tibiale*, et *Huet* de *curtus baltheus*), vieux mot qui signifiait autrefois une tunique, ou chasuble *courte* que portent les diacres et sous-diacres en officiant : on l'appelle encore de ce nom en Berri ; et il se trouve dans *Rabelais* et autres vieux auteurs, employé dans ce sens.

COURTIER, subst. mas., au fém. **COURTIÈRE** (*kourtié, tière*) (du latin *cursitarius*, fait de *cursitare*, courir çà et là, aller et venir en hâte; parce que le *courtier*, ou, comme on disait autrefois, le *courretier*, est sans cesse en course), celui qui s'entremet entre le vendeur et l'acheteur, qui se mêle de faire prêter de l'argent, etc. Le *grand Vocabulaire français* dit au fém. *courtière*, qu'on trouve également dans l'*Académie*, mais dans cette seule phrase de raillerie : *courtière de mariage*, désignant celle qui se mêle de faire des mariages. — *Courtier de chevaux*, celui qui fait vendre des chevaux ; ou celui qui bille les cordes, visite les coches et les bateaux, pour voir si le nombre des chevaux destinés à les remonter est suffisant.—*Courtier de vin* ou *courtier gourmet*, celui qui goûte le vin qui est en vente pour voir s'il n'est point gâté, et le fait goûter sur les ports à ceux qui viennent le marchander. — *Courtier de sel*, celui qui fournit les minots pour mesurer le sel, des toiles et des bannes pour mettre dessus et dessous les minots. — *Courtier de lard*, celui qui visite les graisses et le lard. — On distingue plus particulièrement aujourd'hui diverses sortes de *courtiers : les courtiers de marchandises*, qui ont seuls le droit de faire le *courtage* des marchandises, et d'en constater le *cours*. Ils exercent concurremment avec les agents de change le *courtage* des matières métalliques; *les courtiers d'assurance*, qui rédigent les contrats ou la police d'assurance concurremment avec les notaires, qui en attestent la vérité par leur signature, et certifient le taux des primes pour tous les voyages de mer et de rivière; *les courtiers interprètes et conducteurs de navires*, qui font le *courtage* des affrètements ; *les courtiers de transport par terre et par eau*, qui ont seuls, dans les lieux où ils sont établis, le droit de faire le *courtage* des transports par terre et par eau.—On appelle *courtier marron*, celui qui exerce sans brevet.— COURTIER, COMMISSIONNAIRE. (*Syn.*) Les *courtiers* ne sont pas cautions des achats qu'ils font, et tout trafic pour leur compte leur est interdit. Les *commissionnaires* sont cautions de leurs commettants envers ceux de qui ils achettent; et la commission n'exclut point un commerce particulier.

COURTIE ou **COURTIL**, subst. mas. (*kourti, tile*), champ propre à mettre du chanvre. Hors d'usage.

COURTIÈRE, subst. fém. Voy. COURTIER.

COURTIGE, subst. mas. (*kourtije*), t. de comm., ce dont une étoffe est *courte*; ce qui manque sur la longueur qu'elle doit avoir.

COURTILIÈRE, subst. fém. (*kourtilière*) (du vieux mot français *courtil*, ou, suivant le *Grand Vocabulaire français*, de *courtille*, jardin), t. d'hist. nat., insecte de la longueur et de la grosseur du petit doigt, qui, dans les jardins, ronge les pieds des melons, des laitues et des chicorées. — Cet insecte, en Anjou, s'appelle *jardinière*.

COURTILLE, subst. propre fém. (*kourtiie*), anciennement, jardin. On a même dit *courtil*, qui aujourd'hui est inusité. —Endroit aux environs de Paris où le peuple se rend pour boire et manger.

COURTINE, subst. fém. (*kourtine*) (suivant *Du Cange*, du lat. *cortina*, diminutif de *cors*, *cortis*, cour, comme qui dirait *petite cour entourée de murs*, par comparaison avec les murs d'une *cour*), rideau de lit. En ce sens il n'est plus usité.— En t. de fortification, la partie de la muraille ou du rempart qui est entre deux bastions, et qui en joint les flancs. — En t. de pêche, sorte de petit parc dont l'enceinte est formée par des filets tendus sur des piquets.—Au plur., t. de blas., la partie du pavillon royal qui forme le manteau, comme le comble sert de chapeau.

COURTISAN, subst. mas. (*kourtizan*), seigneur attaché à la *cour*. — Celui qui fait sa *cour* aux grands ou à d'autres personnes à qui il veut plaire ou de qui il espère quelque faveur. — *Courtisan* ne se dit plus pour *amant*.

COURTISANE (orthographe de l'*Académie*; et mieux COURTISANNE, parce qu'on écrit *paysanne*), subst. fém. (*kourtizane*), nom qu'on donnait aux femmes publiques qui vivaient chez les anciens Grecs et Romains, et qui joignaient au dérèglement de leurs mœurs des qualités brillantes et des connaissances solides : *les deux Aspasie ont été à Athènes des courtisannes célèbres*. — On le dit aujourd'hui des femmes qui mettent dans ce honteux métier une sorte d'agrément et de décence : *Ninon de Lenclos était une courtisanne célèbre du temps de Louis XIV*.— Dans la haute société, on dit assez généralement aujourd'hui *courtisanne* pour *fille publique*. — Femme ou fille de mauvaise vie en général.

COURTISANNERIE, et non pas **COURTISANERIE ;** (nous avons ici le droit de trancher la question, car l'*Académie* ne donne pas ce mot), subst. fém. (*kourtizaneri*), art de *courtiser*; art du *courtisan*. Il ne se dit point en parlant des femmes publiques.

COURTISANESQUE, adj. des deux genres (*kourtizanèceke*), de *courtisan*.

COURTISÉ, E, part. pass. de *courtiser*.

COURTISER, v. act. (*kourtizé*), faire la *cour* à quelqu'un, dans l'espérance d'en obtenir quelque chose. Il est fam. — *Courtiser les dames*, être assidu auprès d'elles pour leur plaire. — Fig., *courtiser les Muses*, être adonné aux belles-lettres, et surtout à la poésie.— *se* COURTISER, v. pron.

COURT-JOINTÉ, E, adj. (*kourjoeinté*), il se dit d'un cheval, d'une jument qui a le paturon *court*. — En fauconnerie : *oiseau court-jointé*, qui a les jambes d'une médiocre grandeur. — Au plur., des *chevaux court-jointés; court* est ici adv., *des chevaux jointés court*.

À COURTS-JOURS, sorte de loc. adv. (*akourjour*), t. de négociants; *une lettre de change à courts-jours*, est une lettre de change qui n'a plus que *quelques jours* à *courir* pour être échue. On dit *tirer* ou *remettre à courts-jours*, lorsqu'on veut tirer ou remettre une lettre de change qui soit bientôt échue.

COURT-MANCHÉ, E, part. pass. de *court-mancher*.

COURT-MANCHER, v. act. (*kourmanché*), t. de boucher; tenir avec une brochette de bois le *manche* d'une épaule de mouton pour le parer.

COURT-MONTÉ, E, adj. (*kouremonté*), se dit d'un cheval ou d'une jument qui a les reins bas.

COURTOIS, E, adj. (*kourtoa, toaze*) (de l'italien *cortese*, fait, dans le même sens, de *corte*, pris du latin *corte*, ablatif de *cors*, *cortis*, cour, parce que les gens de *cour* sont en général plus civils, plus polis que les autres), civil, affable, poli. Ce mot vieillit un peu. — *Armes courtoises*, celles dont la pointe et le tranchant étaient émoussés, et qui n'étaient point meurtrières. On ne s'en servait que dans les tournois. Pour les armes de guerre, on les appelait *armes émoulues*.

COURTOISEMENT, adv. (*kourtoazeman*), d'une manière *courtoise*. Il vieillit.

COURTOISIE, subst. fém. (*kourtoazi*), civilité, honnêteté, politesse. Il est fam. — En t. de vieille fauconn., *faire courtoisie à l'autour*, lui laisser plumer le gibier.

COURTON, subst. mas. (*kourton*), la troisième des quatre sortes de filasse qu'on tire du chanvre. Elle est ainsi appelée, parce qu'elle est *courte*.

COURT-PENDU, subst. mas. (*kourpandu*), t. de jard., sorte de pomme. Voy. CAPENDU, plus usité.

COURTRAY, subst. propre mas. (*kourtré*), grande ville des Pays-Bas, sur la Lys.

COURTRÉSIS, subst. propre mas. (*kourtrézi*), petit pays, territoire de *Courtray*.

COURTS-CÔTÉS, subst. mas. plur. (*kourkôté*), t. de bourrelier, les deux parties placées au portemors, et au-dessus de la tête.

COURT-VÊTU, E, adj. (*kourvêtu*), qui a des vêtements *courts* :

> Légère et *court-vêtue*, elle allait à grands pas.
> (LA FONTAINE.)

Court est invariable dans ce mot composé, parce qu'il est adverbe.

COURU, E, part. pass. de *courir*, et adj. : *cerf*,

lièvre, daim couru; voleur couru par les archers; pays couru par les ennemis. — Recherché, suivi, à la mode : *c'est un homme fort couru; ce prédicateur est fort couru; cette étoffe est fort courue.*

DU VERBE IRRÉGULIER COURIR :

Courûmes, 1re pers. plur. prét. déf.
Coururent, 3e pers. plur. prét. déf.
Courus, précédé de *je*, 1re pers. sing. prét. déf.
Courus, précédé de *tu*, 2e pers. sing. prét. déf.
Courusse, 1re pers. sing. imparf. subj.
Courussent, 3e pers. plur. imparf. subj.
Courusses, 2e pers. sing. imparf. subj.
Courussiez, 2e pers. plur. imparf. subj.
Courussions, 1re pers. plur. imparf. subj.
Courut, précédé de *il* ou *elle*, 3e pers. sing. prét. déf.
Courût, précédé de *qu'il* ou *qu'elle*, 3e pers. sing. imparf. subj.
Courûtes, 2e pers. plur. prét. déf.

COURVILLE, subst. propre fém. (*kourvile*), ville de France, chef-lieu de canton, arrond. de Chartres, dép. d'Eure-et-Loir.

COUS ou **COYER**, subst. mas. (*kou*, *koéié*) (en lat. *cos, cotis*), pierre à aiguiser. — T. d'hist. nat., nom d'un poisson du genre silure.

DU VERBE IRRÉGULIER COUDRE :

Cousaient, 3e pers. plur. imparf. indic.
Cousais, précédé de *je*, 1re pers. sing. imparf. indic.
Cousais, précédé de *tu*, 2e pers. sing. imparf. indic.
Cousait, 3e pers. sing. imparf. indic.

COUSAMBI, subst. mas. (*kouzanbi*), sorte de matière végétale, avec laquelle on fait des chandelles.

DU VERBE IRRÉGULIER COUDRE :

Cousant, part. prés.

COUSAPIER, subst. mas. (*kouzapié*), t. de bot., espèce de figuier qui croît à la Guyane.

DU VERBE IRRÉGULIER COUDRE :

Couse, précédé de *que je*, 1re pers. sing. prés. subj.
Couse, précédé de *qu'il* ou *qu'elle*, 3e pers. sing. prés. subj.
Cousent, précédé de *ils* ou *elles*, 3e pers. plur. prés. indic.
Cousent, précédé de *qu'ils* ou *qu'elles*, 3e pers. plur. prés. subj.
Couses, 2e pers. sing. prés. subj.

COUSEUSE, subst. fém. (*kouzeuze*), femme qui *coud*, qui fait métier de *coudre*; on dit plus souvent *couturière*. On l'emploie généralement pour désigner les femmes qui *cousent* les livres pour les brocher.

DU VERBE IRRÉGULIER COUDRE :

Cousez, 2e pers. plur. impér.
Cousez, précédé de *vous*, 2e pers. plur. prés. indic.
Cousiez, précédé de *vous*, 2e pers. plur. imparf. indic.
Cousiez, précédé de *que vous*, 2e pers. plur. prés. subj.
Cousîmes, 1re pers. plur. prét. déf.

COUSIN, subst. mas. (*kouzein*) (suivant *Ménage*, du lat. *culex*, dont cet étymologiste fait, par des altérations successives et graduelles, *culcinus, coucin*, et enfin *cousin*), t. d'hist. nat., insecte diptère, très-incommode par ses piqûres.

COUSIN, subst. mas., **COUSINE**, subst. fém. (*kouzein, zine*) (suivant *Nicot* et le *P. Labbé*, du lat. *consanguineus* qui a la même signification; suivant *Ménage*, de *congenuus*, mot forgé de *cum*, avec, ensemble, et de *genus*, extraction, lignée, comme qui dirait, ajoute-t-il, *ex eodem genere*, de la même race, de la même famille), il se dit de ceux qui sont issus ou de deux frères ou de deux sœurs, ou l'un du frère, l'autre de la sœur : *cousin germain; cousin issu de germain* (on disait autrefois, et l'on dit encore en quelques provinces, *remué de germain*); *cousin au troisième, au quatrième degré.* — Titre d'honneur donné par les rois aux princes de leur sang, à des princes étrangers, aux cardinaux, à quelques prélats. — On dit fam. : *si vous vous comportez mal, nous ne serons pas cousins*, nous ne serons pas bons amis.—*Cousin* se dit proverbialement dans ces phrases : *tous gentilshommes sont cousins, et tous vilains, compères.* — On appelle du mauvais vin, du *chasse-cousin.* — On dit dans le style fam. : *si telle fortune m'arrivait, le roi ne serait pas mon cousin*, pour dire : je m'estimerais plus heureux que le roi. —*Cousin* s'est dit des écornifleurs de campagne qui, sous prétexte de parenté ou d'amitié, venaient manger chez les gentilshommes du voisinage. Il s'est dit encore des gens qui, venant dans une ville pour y voir quelque cérémonie, se retirent chez quelque habitant de la ville, pour y vivre et loger pendant qu'ils seront à la ville. On leur donne ce nom, parce que pour se faire mieux recevoir, ils se disent les parents, les *cousins* de ceux chez qui ils vont descendre. Ainsi, à Bourges, on appelle *cousins de la Fête-Dieu*, ceux qui y viennent le jour de la Fête-Dieu, pour voir la procession générale qui s'y fait; et à Angers : *cousins du sacre*, ceux qui y viennent pour voir la même procession, qu'on nomme le *sacre.* —*Cousin* a signifié aussi un chanteau de pâtisserie qu'on fait faire, quand on rend le pain bénit, pour en envoyer des parts aux parents et aux amis, parce que le chanteau de l'église ne suffit pas, et n'est pas ordinairement si délicat.

COUSINAGE, subst. mas. (*kouzinaje*), parenté entre *cousins.* — Assemblée de tous les parents : *il a prié à ce repas tout le cousinage.* Il est fam.

COUSINÉ, E, part. pass. de *cousiner.*

COUSINER, v. act. (*kouziné*), appeler quelqu'un *cousin.* — V. neut., aller piquer les tables des parents vrais ou prétendus. Il est vieux et peu usité. — *Ils ne cousinent pas ensemble*, expression fig. et fam., que nous lisons encore dans l'*Académie*, n'est plus du tout usitée : on dit aujourd'hui : *ils ne sont pas cousins*, pour dire que les caractères, les opinions ne peuvent s'accorder. — *se* COUSINER, v. pron. : *ils se cousinent sans être parents.*

COUSINETTE ou **COUSINOTTE**, subst. fém. (*kouzinète, note*), t. de bot., variété de pomme nommée aussi *passe-pomme.*

COUSINIÈRE, subst. fém. (*kouzinière*), parenté nombreuse et à charge : *il m'a fallu régaler toute la cousinière.* Il est vieux et n'est plus guère usité.—Gaze ou mousseline dont on entoure un lit pour se garantir des *cousins*, en usage dans le Midi.

DU VERBE IRRÉGULIER COUDRE :

Cousions, précédé de *nous*, 1re pers. plur. imparf. indic.
Cousions, précédé de *que nous*, 1re pers. plur. prés. subj.
Cousirent, 3e pers. plur. prét. déf.
Cousis, précédé de *je*, 1re pers. sing. prét. déf.
Cousis, précédé de *tu*, 2e pers. sing. prét. déf.
Cousisse, 1re pers. sing. imparf. subj.
Cousissent, 3e pers. plur. imparf. subj.
Cousisses, 2e pers. sing. imparf. subj.
Cousissions, 1re pers. plur. imparf. subj.
Cousissiez, 2e pers. plur. imparf. subj.
Cousit, précédé de *il* ou *elle*, 3e pers. sing. prét. déf.
Cousît, précédé de *qu'il* ou *qu'elle*, 3e pers. sing. imparf. subj.
Cousîtes, 2e pers. plur. prét. déf.

COUSOIR, subst. mas. (*kouzoar*), espèce de petite table sur laquelle on *coud* les livres qu'on doit relier ou brocher. Peu usité.

DU VERBE IRRÉGULIER COUDRE :

Cousons, 1re pers. plur. impér.
Cousons, précédé de *nous*, 1re pers. plur. prés. indic.

COUSSARI, subst. mas. (*kouçari*), t. de bot., espèce d'arbrisseau de la Guyane française.

COUSSE-CAYE ou **COUSSE-CAILLE**, subst. fém. (*koucekâ-ie*), ragoût fait avec du manioc.

COUSSE-COUCHE ou **COUCHE-COUCHE**, subst. fém. (*kouce-kouche, kouche-kouche*), t. de bot., racine potagère des Antilles, de la forme du navet.

COUSSEY, subst. propre mas. (*koucé*), village de France, chef-lieu de canton, arrond. de Neufchâteau, dép. des Vosges.

COUSSIN, subst. mas. (*koucein*) (suivant *Wachter, Horman*, etc., de l'allemand *kussen* qui a la même signification, et dont les Italiens ont fait, dans le même sens, *cuscino*, et les Espagnols, *coxin*), sorte de sac cousu de tous les côtés, et rempli de plume, de crin ou de bourre, pour s'appuyer ou pour s'asseoir dessus. — En t. d'arts et métiers, tout ce qui a la forme d'un *coussin.*—Bloc de bois à l'affût d'un canon. — En t. de mar., bourre qui sert à garantir les voiles du frottement. — *Coussin de beaupré*, grosse pièce de bois entaillée et chevillée sur les baux du premier pont d'un vaisseau, en avant du mât de misaine, pour recevoir le pied du mât de beaupré.

COUSSINET, subst. mas. (*koucinè*), petit *coussin.* — En archit., le premier voussoir d'une voûte, dont le lit de dessous, posé sur l'imposte, est de niveau, mais dont le lit de dessus est en pente pour mieux recevoir le voussoir suivant. — En mécanique, morceau de bois ou de métal creusé en demi-cylindre. — En phys., petit *coussin* en cuir de buffle, etc., enduit d'un amalgame d'étain, et dont on se sert au lieu de la main pour frotter le globe électrique, ou le plateau circulaire de glace. — Dans le jeu des bombes, coin de bois sur lequel on appuie le ventre du mortier pour le pointer et le tirer. — Rouleau de paille nattée que les couvreurs attachent sous leurs échelles, pour les empêcher de glisser. — En astron., on appelle *coussinets*, des pièces de métal concaves qui supportent les axes d'une lunette ou d'un autre instrument. — *Coussinet des marais.* Voy. CANNEBERGE.

COUSSON, subst. mas. (*kouçon*) (du grec καυσος, chaleur ou ardeur), nom que donnent les paysans du Dauphiné à une vapeur chaude qui brûle les bourgeons des vignes, quand ils commencent à pousser.

COUSTEMENTS, subst. mas. plur. (*koucetéman*), vieux mot qui signifiait : frais, loyaux-coûts.

COUSTIÈRES, subst. fém. plur. (*koucetière*), t. de mar. Voy. COUTIÈRES.

COUSTILIER, subst. mas. (*kouceti-lié*), dans l'ancienne milice française, écuyer ou varlet à cheval, ainsi nommé du *couteau* ou poignard dont il était armé.

COUSTILLADE, subst. fém. Voy. COUTILLADE.

COUSTON, subst. mas. (*kouceton*), ou appelle ainsi des filamens courts qui restent après avoir passé le chanvre écru par l'échanvroir.

COUSU, E, part. pass. de *coudre*, et adj. (*kouzu*), attaché par une *couture* : *habit bien cousu.* Il s'emploie souvent au fig. : *bouche cousue*, silence! n'en parlez pas. — *Être cousu avec quelqu'un*, ne pas le quitter d'un instant. Presque hors d'usage. — *Finesses cousues de fil blanc*, aisées à reconnaître. — *Être cousu d'argent*, en avoir beaucoup. — *Visage cousu de petite vérole*, fort marqué. — On dit d'un cheval maigre et efflanqué, qu'*il a les flancs cousus*; d'un homme exténué, qu'*il a les joues cousues*, etc. — Se dit, dans le blason, d'un chef de métal sur un champ de métal, ou d'un chef de couleur sur un champ de couleur.

COUT. Abréviation du mot *coutume.*

COÛT, subst. mas. (*kou*), ce qu'une chose *coûte* : *les menus coûts*, les petites dépenses. Il est vieux et ne se dit plus qu'au palais dans cette phrase : *les frais et loyaux-coûts*; et dans cette autre qui est proverbiale : *le coût en fait perdre le goût.*

COUTANCES, subst. propre fém. (*koutance*), ville de France, chef-lieu d'arrond., dép. de la Manche.

COÛTANT, adj. mas. (*koutan*). Il ne se dit qu'avec le mot *prix* : *je vous le donnerai au prix coûtant*, au prix qu'il m'a *coûté.*

COUTARDE, subst. fém. (*koutarde*), t. de bot., plante de Cayenne.— Espèce de pâtisserie.

COUTARÉE, subst. fém. (*koutaré*), t. de bot., espèce d'arbre de Cayenne, de la famille des rubiacées.

COÛTÉ, E, part. pass. du verbe *coûter*, qui a *coûté.* Si *coûter* signifie : occasionner, causer, et que le régime direct précède le participe *coûté*, ce participe s'accorde : *les soins que vous m'avez coûtés*, que vous m'avez causés, occasionnés; mais il ne s'accorde point dans les autres cas, parce que le régime direct se trouve après le verbe : *ce plaisir lui a coûté bien des regrets.*

COUTEAU, subst. mas. (*kouto*) (en latin *cultellus*; on disait autrefois *coutel*), instrument composé d'un manche, avec une lame qui ne taille que d'un côté, et dont on se sert pour couper, surtout à table.—Sorte de petite épée qu'on portait autrefois pour parade. — *Couteau à deux tranchants*, qui coupe des deux côtés.—*Couteau de chasse*, courte épée que portent encore les chasseurs pour couper les branches, etc. — *Couteau de tripière*, couteau qui tranche des deux côtés. — *Couteau à couleur*, couteau dont le peintre se sert pour placer les teintes sur sa palette, etc. Sa lame, égale des deux bords, est peu tranchante, arrondie à son extrémité, et mince et ployante. — *Couteau de chaleur*, espèce de couteau qui ne coupe pas, et qui sert seulement à abattre la sueur des chevaux. — *Couteau de feu*, morceau de cuivre ou de fer qui sert à donner le feu aux jarrets des chevaux. — Fig. et fam., personne qui dit du bien et du mal de tout le monde. Presque inus. — Fig., *aiguiser ses couteaux* ou *les couteaux*, se préparer au combat, à la dispute.- *Jouer des couteaux*, se battre. — *Être sous le couteau*, être exposé aux coups, à la vengeance. — *Enfoncer le couteau dans le cœur*, poignarder; cette expression s'emploie aussi fort élégamment au fig. : *lui dire cela, c'est lui enfoncer le couteau dans le cœur.* — *En être aux couteaux tirés* ou *aux épées et aux couteaux*, être ennemis mortels et jurés. — *Donner des petits couteaux pour les perdre*, prov. : refuser quelque chose, à des enfants, par exemple. — *Mettre couteau sur table*, donner à manger. Presque inus.— *C'est son couteau pendant*, il l'accompagne et le suit partout; il est prêt à le servir en toute occasion. Toutes ces expressions sont du style familier. — *Premier couteau*, nom donné à Constantinople aux peaux de bœuf ou de vache qu'on lève depuis le mois de juin jusqu'au mois de novembre. — T. de mar., partie fine et saillante du faux étambot. — En t. d'hist. nat., poisson du genre cyprin.

COUTEL, subst. mas. (*koutèle*), t. de pêche, espèce de serpe pour couper les cannes employées à faire des bourdigues.

COUTELAS, subst. mas. (*koutelâ*) (du latin *cultellus*, couteau), épée large et courte qui ne tranche que d'un côté; espèce de cimeterre. — Outil de papetier. — En t. de mar., sorte de petite voile qu'on appelle aussi *bonnettes en étai*. — En t. d'hist. nat., espèce de poisson, le même que l'*espadon*.

COUTELETS, subst. mas. plur. (*koutelè*), t. de pêche, goulets formés par les traverses des bourdigues.

COUTELIER, subst. mas. (*koutelié*), celui dont le métier est de faire des *couteaux*, ciseaux, rasoirs, et autres instruments tranchants.— T. d'hist. nat., sur les côtes de France, nom vulgaire du solen. On l'appelle aussi *manche-de-couteau*.

COUTELIÈRE, subst. fém. (*koutelière*), femme qui vend de la *coutellerie*. — Étui où l'on met plusieurs *couteaux*. En ce sens il est peu usité. On dit un étui *à couteaux*.

COUTELINE, subst. fém. (*kouteline*), t. de comm., grosse toile de Surate.

COUTELLERIE, subst. fém. (*koutèleri*), métier du *coutelier*. — Ouvrage que font et débitent les *couteliers*. — Lieu où cet ouvrage se vend.

COUTELURE, subst. fém. (*koutelure*), défaut du parchemin entamé par le *couteau*.

COÛTER, v. act. (*kouté*) (en lat. *constare*), être acheté un certain prix : *ce bijou lui coûte cent écus.* — Fig., être cause de dépenses, de perte, de douleur, de soins : *les procès coûtent beaucoup d'argent*; c'est une faute grave de la part de l'*Académie*, de dire que le v. *coûter* est neutre seulement.

COÛTER, v. neut. (*kouté*) : *les procès, les voyages coûtent; jamais résolution ne m'a tant coûté à prendre.* — *Coûte que coûte*, à quelque prix que ce soit. — On dit fig. *qu'une chose ne coûte guère à un homme*, quand il ne la ménage pas, qu'il la prodigue; que *rien ne lui coûte pour se satisfaire, pour obliger ses amis*, qu'il n'épargne rien pour cela, ou qu'il ne trouve rien de difficile; et au contraire, que *tout lui coûte*, quand il a de la peine à le faire.

COÛTER, v. unipers. : *je ne puis vous dire ce qu'il me coûte d'argent, de soins*, etc., *pour réussir.* — *Il m'en coûte*, cela me peine; je le fais à regret : *il lui en coûte beaucoup de s'abaisser; il en coûte beaucoup pour parvenir.*

COÛTEUSE, adj. fém. Voy. COÛTEUX.

COÛTEUX, adj. mas., au fém. COÛTEUSE (*kouteu, teuze*), qui coûte beaucoup; qui engage à la dépense : *les voyages sont fort coûteux.*

COUTIER, subst. mas. (*koutié*), celui qui fait des *coutils*. On devrait écrire *coutilier*.

COUTIÈRES, subst. fém. plur. (*koutière*), t. de mar., gros cordages qui contiennent les mâts d'une galère, et qui lui servent de haubans.

COUTIL, sans prononcer L), subst. mas. (*kouti*) (suivant *Ménage*, du lat. *culcita*, matelas), espèce de toile faite de fil de chanvre ou de lin, propre à faire des matelas et surtout des lits de plume, des taies d'oreiller, des tentes, etc.

COUTILLADE, subst. fém. (*kouti-iade*), plaie ou balafre faite avec une *coutille*. Hors d'usage.

COUTILLE, subst. fém. (*kouti-ie*) (du lat. *cultellus*, couteau), sorte d'épée ou de dague qui était en usage en France vers le temps de Charles VII. Hors d'usage.

COUTILLIER, subst. mas. (*kouti-lié*). Voy. COUSTILLIER.

COUTIS, ne s'écrit pas pour COUTIL.

COUTISSÉES, subst. et adj. fém. plur. (*kouticé*), chez les brodeurs, se dit des ensubles garnies d'une bande de grosse toile, à laquelle on coud l'étoffe à broder.

COUTON, subst. mas. (*kouton*), t. de bot., arbre du Canada dont le suc a le goût du vin.

COUTOUBÉE, subst. fém. (*koutoubé*), t. de bot., genre de plantes de la famille des primulacées.

COUTRAS, subst. propre mas. (*koutrâ*), ville de France, chef-lieu de canton, arrond. de Libourne, dép. de la Gironde.

COUTRE, subst. mas. (*koutre*) (en lat. *culter*), fer tranchant qu'on adapte à la charrue, et qui sert à fendre la terre quand on laboure. — Outil tranchant pour fendre du bois. — En t. d'hist. eccl., officier des églises cathédrales, dont les fonctions consistaient dans la garde des choses appartenant à l'église.

COUTRERIE, subst. fém. (*koutreri*) (du mot *coutre*), t. d'hist. eccl., fonction de l'officier appelé *coutre*. Hors d'usage.

COUTRIE, subst. fém. (*koutri*), le même que *coutrerie*. Hors d'usage.

COUTRIER, subst. mas. (*koutrié*), espèce de charrue en usage dans le midi de la France.

COUTUMAT, adj. (*koutuma*), se disait en Guyenne des lieux où se payait le droit de *coutume*. — Pays où le droit de *coutume* était en vigueur.

COUTUME, subst. fém. (*koutume*) (de l'italien *costuma* ou *costume*, fait, suivant *Ménage*, avec la même signification, du lat. *consuetudine*, ablatif de *consuetudo*, coutume, usage), habitude contractée dans les mœurs, manières, discours, actions. — COUTUME, HABITUDE. (*Syn.*) La *coutume* regarde l'objet, elle le rend familier; l'*habitude* a rapport à l'action même, elle la rend facile. L'une se forme par l'uniformité; l'autre s'acquiert par la répétition. Un ouvrage auquel on est *accoutumé*, coûte moins de peine; ce qui est changé en *habitude* se fait presque naturellement, et quelquefois même involontairement. — *Avoir coutume* se dit des choses ordinaires, communes, et que l'on voit souvent : *il a coutume de se lever de bonne heure;* mais si l'on parle d'une chose bizarre, extraordinaire et singulière, on dit *avoir la coutume : il y a des pays où les femmes ont la coutume de se percer le nez pour y pendre des joyaux.* — Longue pratique qui devient une obligation, un engagement en quelque sorte : *il voudrait en faire coutume*, parce qu'il l'a fait une fois : et prov., dans le même sens : *une fois n'est pas coutume.*—Fig., ce qui arrive souvent aux choses inanimées : *cette cheminée a coutume de fumer.* — Usage : *c'est la coutume de tel pays de...* voy. USAGE. — Lois politiques non écrites. — Droit *coutumier*, autorisé par l'usage, par la commune pratique. — Livre qui contient ce droit. — La *coutume de Normandie* est appelée la *sage coutume*. La *coutume de Paris* sert de règle pour toutes les autres *coutumes*, quand elles n'ont point de dispositions contraires. — Certains droits ou impôts qui se paient en quelques passages, à l'entrée de certaines villes : *coutume de Bayonne, de Bordeaux.* — *Grande et petite coutume*, droit qui composait la recette de la comptablie de Bordeaux. — T. de pêche, *poissone de coutume*, ceux de redevance qu'on donnait au propriétaire du bateau et au maître-pêcheur. — *De coutume*, loc. adv., ordinairement.

COUTUMERIE, subst. fém. (*koutumeri*), levée des impôts. Hors d'usage.

COUTUMES, subst. fém. plur. (*koutume*), droits qui se paient en marchandises sur les côtes de Guinée pour obtenir des souverains la liberté de trafiquer dans leurs états.

COUTUMIER, subst. et adj. mas.; au fém. COUTUMIÈRE (*koutumié, ère*), subst., livre qui contient la *coutume* des lieux : *droit coutumier.* — Adj., qui se règle selon le droit *coutumier* : *pays coutumier.* — Qui a *coutume* de : *il est coutumier du fait; coutumier de mentir.* Il est fam.

COUTUMIÈREMENT, adv. (*koutumièreman*), par *coutume*, ou selon la *coutume*. Vieux.

COUTURE, subst. fém. (*kouture*), plusieurs points tirés de rang avec l'aiguille et faits avec du fil, de la soie, etc., qui servent à joindre deux choses. — Action de *coudre*. — L'art de *coudre* : *elle a quitté la couture.* — La façon dont une chose est *cousue* : *belle, vilaine couture.* — Cicatrice qui reste d'une plaie. — En t. de plombier, manière d'accommoder le plomb sur les couvertures des bâtiments sans y employer la soudure. — En t. de mar., distance entre les bordages d'un vaisseau qu'on remplit d'étoupe et de calfat. — Chez quelques religieux, le lieu où l'on fait les habits. — *Être battu* ou *défait à plate couture*, complètement. — *Rabattre les coutures à quelqu'un*, le remettre à sa place.

COUTURÉ, E, adj. (*kouturé*), qui porte des marques, des inégalités, résultant de plaies ou de blessures : *il est couturé de petite vérole.*

COUTURIER, subst. mas., au fém. COUTURIÈRE (*kouturié, rière*), celui, celle qui travaille en *couture*. Il est beaucoup plus d'usage au fém. — En t. d'anat., *couturier*, nom d'un muscle de la jambe, ainsi nommé parce qu'il sert à faire plier la jambe en dedans, comme le font les tailleurs lorsqu'ils travaillent. Dans ce dernier sens, il est aussi adj. mas. : *le muscle couturier*.

COUVAIN, subst. mas. (*kouvein*), œufs des punaises. — Partie du gâteau d'une ruche qui contient les vers destinés à reproduire les abeilles.

COUVAISON, subst. fém. (*kouvèzon*), saison où la volaille *couve*.

COUVÉ, E, part. pass. de *couver* et adj. : quelques-uns disent à tort *œuf couvé*, au lieu d'*œuf couvi*.

COUVÉE, subst. fém. (*kouvé*), tous les œufs qu'une poule ou autre femelle d'oiseau *couve* en même temps, ou ce qui en provient. — Fig. et fam., engeance, famille. Il ne se prend guère qu'en mauvaise part : *toute cette couvée ne vaut rien.*

COUVENT, subst. mas. (*kouvan*) (du lat. *conventus*, assemblée : on disait même autrefois *convent*), maison de religieux ou de religieuses qui vivent ensemble dans un cloître selon une certaine règle. Voy. CLOÎTRE. — Tous les religieux, toutes les religieuses du même monastère. — Par ironie, maison de prostitution.

COUVER, v. act. (*kouvé*)(du lat. *cubare*, se coucher, être couché), se dit des oiseaux qui se tiennent sur leurs œufs pour les faire éclore. — On dit quelquefois absolument : *mettre une poule couver.* — Mettre sous soi un *couvet* plein de charbon ou de cendre chaude. Presque hors d'usage. — Fig., tenir caché : *couver de mauvais desseins*, etc. On dit à peu près dans le même sens : *cet homme couve une grande maladie.* — Fig. et fam., *couver quelqu'un des yeux*, le regarder avec tendresse et affection.

COUVER, v. neut. (*kouvé*), être caché : *le feu couve sous la cendre.*— Fig. : *cette conspiration couvait depuis long-temps.*—*se* COUVER, v. pron. Il ne s'emploie guère qu'avec le pronom unipersonnel *il* : *il se couve quelque mauvais dessein.*

COUVERCLE, subst. mas. (*kouvèrekle*), ce qui bouche l'ouverture d'un vase, d'un pot, d'un coffre, etc. : *mettre, attacher un couvercle sur...* — Ce qui ferme l'ouverture ou la bouche d'un four. Ce mot diffère fort de *couverture*, qui exprime ce qui sert non à *boucher*, mais à *couvrir*.

COUVERSEAU, subst. mas. (*kouvèreçô*), t. de charpentier : planche au-dessous des archures d'un moulin.

COUVERT, subst. mas. (*kouvère*), toutes les choses dont on *couvre* une table, lorsque l'on veut manger. — Assiette, cuiller, fourchette et serviette que l'on met sur la table pour une personne. — Une cuiller et une fourchette. — Logement qu'on donne à quelqu'un : *avoir le vivre et le couvert.* — Le toit d'un bâtiment. — Lieu *couvert* d'arbres. — Enveloppe d'une lettre : *je lui ai écrit sous le couvert de l'ambassadeur.*

COUVERT, E, part. pass. de *couvrir* et adj. (*kouvère, vérete*), caché ou fermé par quelque chose qui *couvre*. — Qui a son chapeau sur la tête. — Vêtu : *il n'est couvert que de simple serge.* — Défendu : *cette porte est couverte par une demi-lune.* — Fig., *ennemi couvert*, dissimulé. — *Couvert de gloire*, qui a acquis beaucoup de gloire. — *Couvert de crimes*, chargé de crimes. — *Vin couvert*, d'une couleur chargée. — *Drap trop couvert*, qui n'a pas été tondu d'assez près. — *Pays couvert*, rempli de bois, d'arbres. — *Temps couvert*, obscur, plein de nuages. — *Chemin couvert*. Voy. CHEMIN. — *Mots couverts*, qui cachent un sens qu'on ne peut pas dévoiler.—Fig. et prov. : *servir quelqu'un à plats couverts*, 1° lui faire une confidence; 2° ne lui confier un secret qu'en partie; 3° lui rendre secrètement de mauvais offices. C'est en ce dernier sens qu'il est le plus usité.—*Se tenir clos et couvert*, se tenir en sûreté de peur d'être pris; ou cacher ses pensées, ses desseins. — *A couvert*, loc. adv., à l'abri : *être à couvert de la pluie.*

— À COUVERT, À L'ABRI. (*Syn.*) *A couvert*, désigne quelque chose qui cache ; *à l'abri*, quelque chose qui défend : et voilà pourquoi l'on dit, être *à couvert* du soleil, *à l'abri* du mauvais temps. Être *à couvert* des poursuites de ses créanciers, *à l'abri* des insultes de ses ennemis. On a beau s'enfoncer dans l'obscurité, rien ne met *à couvert* des poursuites de la méchanceté ; rien ne met *à l'abri* des traits de l'envie. — On dit fig. et dans le même sens : *à couvert de ses ennemis, de la nécessité ; mettre son honneur à couvert*, en sûreté. *Boileau* (ode sur la prise de Namur) a employé *à couvert* dans le sens de défendu, protégé par... *à couvert d'une rivière*. Cette acception n'est plus usitée.

COUVERTE, subst. fém. (*kouvérete*), dans quelques départements, on dit encore *couverte* pour *couverture de lit* ; c'est un tort. — En t. de mar. du Levant, pont ou tillac. — En t. de vieille faucon., 1° les deux grandes pennes du milieu de la queue ; 2° *vol à la couverte*, celui qui se fait lorsqu'on approche du gibier à la faveur de quelque haie. — Dans les manuf. de porcelaine, de faïence, l'émail dont est revêtue la terre mise en œuvre.

COUVERTEMENT, adv. (*kouvéreteman*), secrètement, en cachette. Inusité.

COUVERTURE, subst. fém. (*kouvéreture*), ce qui sert à *couvrir* certaines choses : *la couverture d'un lit ; la couverture d'un mulet ; la couverture d'un livre ; la couverture d'un toit*, etc. Voy. COUVERCLE. — *Couverture* se dit figurément en choses morales, et signifie : un beau prétexte pour *couvrir*, pour déguiser un dessein, pour excuser une faute. *La dévotion sert de couverture aux hypocrites pour faire bien des méchancetés. C'est pour servir de prétexte et de couverture à l'avarice et à l'ingratitude.* — Un mari sert de *couverture* à une femme adultère. — On dit qu'*on a mis un homme sous la couverture*, pour dire qu'*on l'a bien berné*, *et qu'on s'est bien moqué de lui*. — *Faire la couverture*, préparer le lit pour qu'on s'y couche. — Fig., *tirer à soi la couverture*, prendre plus que sa part dans une affaire. — T. de banque ; garanties données pour un paiement : *j'ai de bonnes couvertures, il ne peut rien m'arriver de fâcheux.* — T. de couvreur, *couverture à la mi-voie*, celle où l'on a tenu les tuiles moins serrées que dans la *couverture* ordinaire.

COUVERTURIER, subst. mas. (*kouvèreturié*), marchand ou artisan qui fait, qui vend des *couvertures* : *marchand couverturier*. Hors d'usage. On dit aujourd'hui marchand de *couvertures*, marchand de laine, et même marchand de fer.

COUVET, subst. mas. (*kouvé*), pot que certaines femmes remplissent de charbon de feu, et qu'elles mettent sous elles : *elle a un couvet bien fourni.* Hors d'usage ; on dit aujourd'hui *gueux*.

COUVEUSE, subst. fém. (*kouveuze*), poule qui *couve*, ou que l'on garde pour *couver*.

COUVI, adj. mas., (*kouvi*) : *œuf couvi*, œuf à demi *couvé*, ou gâté pour avoir été gardé trop long-temps.

DU VERBE IRRÉGULIER COUVRIR :

Couvraient, 3ᵉ pers. plur. imparf. indic.
Couvrais, précédé de *je*, 1ʳᵉ pers. sing. imparf. indic.
Couvrais, précédé de *tu*, 2ᵉ pers. sing. imparf. indic.
Couvrait, 3ᵉ pers. sing. imparf. indic.
Couvrant, part. prés.
Couvre, 2ᵉ pers. impér.
Couvre, précédé de *je*, 1ʳᵉ pers. sing. prés. indic.
Couvre, précédé de *il* ou *elle*, 3ᵉ pers. sing. prés. indic.
Couvre, précédé de *que je*, 1ʳᵉ pers. sing. prés. subj.
Couvre, précédé de *qu'il* ou *qu'elle*, 3ᵉ pers. sing. prés. subj.

COUVRE-CHEF, subst. mas. (*kouvrechèfe*), sorte de coiffure de toile que portent les paysannes. — Fam., tout ce qu'on met sur la tête et sur le visage pour les *couvrir*. — En t. de chir., bandage pour la tête. — Au plur., des *couvre-chefs*.

COUVRE-FACE, subst. mas. (*kouvreface*), contre-garde.

COUVRE-FEU, subst. mas. (*kouvrefeu*), ustensile de cuivre ou de fer qu'on met devant ou sur le feu pour empêcher que quelque charbon ne s'échappe au dehors, ou pour *couvrir le feu* et en conserver pendant la nuit. — Coup de cloche qui dans certains lieux marque l'heure de se retirer. — Au plur., des *couvre-feu*.

DU VERBE IRRÉGULIER COUVRIR :

Couvrent, précédé de *ils* ou *elles*, 3ᵉ pers. plur. prés. indic.
Couvrent, précédé de *qu'ils* ou *qu'elles*, 3ᵉ plur. prés. subj.

COUVRE-PIEDS et non pas COUVRE-PIED, car on ne *couvre* pas qu'un seul *pied*, subst. mas. (*kouvrepié*), petite couverture d'étoffe qui sert à *couvrir les pieds*. — Au plur., des *couvre-pieds*.

COUVRE-PLAT, subst. mas. (*kouvrepla*), ce qui *couvre* un *plat*. — Au plur., des *couvre-plats*.

DU VERBE IRRÉGULIER COUVRIR :

Couvres, précédé de *tu*, 2ᵉ pers. sing. prés. indic.
Couvres, précédé de *que tu*, 2ᵉ pers. sing. prés. subj.

COUVREUR, subst. mas. (*kouvreur*) artisan qui *couvre* les bâtiments de lattes, de tuiles et d'ardoises, et qui met le plomb sur les couvertures.

COUVREUSE, subst. fém. (*kouvreuze*), femme de *couvreur*. — Celle qui *couvre* de paille certaines chaises.

DU VERBE IRRÉGULIER COUVRIR :

Couvrez, 2ᵉ pers. plur. impér.
Couvrez, précédé de *vous*, 2ᵉ pers. plur. prés. indic.
Couvriez, précédé de *vous*, 2ᵉ pers. plur. imparf. indic.
Couvriez, précédé de *que vous*, 2ᵉ pers. plur. prés. subj.
Couvrîmes, 1ʳᵉ pers. plur. prét. déf.
Couvrions, précédé de *nous*, 1ʳᵉ pers. plur. imparf. indic.
Couvrions, précédé de *que nous*, 1ʳᵉ pers. plur. prés. subj.

COUVRIR, v. act. (*kouvrir*) (en lat. *cooperire*), mettre une chose sur une autre pour la cacher, la conserver, l'orner, etc. — C'est, en général, étendre une chose sur la surface entière ou partielle d'un objet. — *On couvre une chose*, dans le dessein de la cacher, de la dérober à la vue : *couvrir une statue ; couvrir un tableau ; couvrir son visage d'un voile.* — Fig. *couvrir ses desseins, couvrir son jeu, couvrir ses défauts*, cacher ses desseins, ses intentions, dissimuler ses défauts. — *On couvre une chose*, dans le dessein de la conserver, de la garantir, de la préserver de l'action des corps extérieurs : *couvrir une maison ; couvrir une serre avec des paillassons ; couvrir un livre ; couvrir des chaises ; couvrir le feu.* — *Couvrir une personne qui est au lit*, mettre sur elle une ou plusieurs couvertures, pour la garantir du froid, ou pour la faire suer. — Fig., en t. de guerre : *couvrir un siége*, prendre ses précautions pour que l'ennemi n'apporte aucun obstacle dans les opérations d'un siége. — Être, marcher à côté ; défendre, protéger : *ce régiment couvrait l'artillerie ; ce bastion couvre le rempart ; cette citadelle couvre la ville.* Une chose *couvre* une autre chose, lorsqu'étant étendue dessus, elle empêche qu'elle ne soit vue : *une partie des Alpes se nomme les glaciers, parce que d'énormes sommets de glace qui s'accroissent incessamment, la couvrent depuis le commencement du monde. Les ténèbres couvrent la terre.* — Fig., *les nuages que forment les passions se dissipent, et les voiles qui couvrent la vérité se lèvent insensiblement.* — On dit fig. : *couvrir de honte, d'opprobre, d'ignominie* ou *de gloire*, etc. *Couvrez-moi de votre protection.* — Mettre en grande quantité sur... *Couvrir la campagne de morts, la table de pistoles ; couvrir de sang, de poussière.* — En parlant de certains animaux, s'accoupler avec la femelle pour la génération. — En t. de raffineur de sucre, mettre sur la pâte du pain une couche de terre délayée en bouillie, pour entraîner le sirop avec l'eau qui sort de cette terre et filtre à travers le pain. — *Couvrir la table*, mettre sur la table la nappe, les serviettes, les couteaux, les cuillers, etc., qui doivent servir à un repas. — *Couvrir une carte*, mettre de l'argent dessus. — *Couvrir une dame*, au trictrac, placer une dame sur une dame qui était découverte ou seule. — *Couvrir une enchère*, enchérir au dessus de quelqu'un. — *Couvrir d'or un tableau*, en offrir un prix excessif. — T. de droit, *couvrir la prescription*, interrompre la prescription qui commençait à *courir*. — *Couvrir la péremption*, signifie, la couvrir de manière qu'elle ne puisse plus avoir lieu : *couvrir une fin de non-recevoir*, c'est la parer et l'écarter, de façon qu'on ne puisse plus l'opposer ; *couvrir une nullité*, c'est l'écarter par une fin de non-recevoir. — On dit : *couvrir les perles*, pour dire, enduire d'essence d'Orient l'intérieur des perles factices. — *Couvrir les frais*, faire une recette qui suffise aux dépenses. — *Couvrir la voix*, empêcher qu'elle n'arrive à l'oreille des auditeurs, ou interrompre l'orateur par des éclats bruyants. — Fam. : *couvrir la joue*, donner un soufflet. Fort peu usité, quoique nous le lisions dans l'*Académie*. — SE COUVRIR, v. pron., mettre son chapeau sur sa tête. — En parlant du temps, s'obscurcir, devenir moins clair et moins net. — Fig., *se couvrir de gloire*, acquérir beaucoup de gloire. — *Se couvrir de boue*, se déshonorer, s'avilir. — *Se couvrir de son épée*, savoir s'en servir habilement. — Fig. : *se couvrir d'un prétexte*, s'excuser sur...

DU VERBE IRRÉGULIER COUVRIR :

Couvrira, 3ᵉ pers. sing. fut. indic.
Couvrirai, 1ʳᵉ pers. sing. fut. indic.
Couvriraient, 3ᵉ pers. plur. prés. cond.
Couvrirais, précédé de *je*, 1ʳᵉ pers. sing. prés. cond.
Couvrirais, précédé de *tu*, 2ᵉ pers. sing. prés. cond.
Couvrirait, 3ᵉ pers. sing. prés. cond.
Couvriras, 2ᵉ pers. sing. fut. indic.
Couvrirent, 3ᵉ pers. plur. prét. déf.
Couvrirez, 2ᵉ pers. plur. fut. indic.
Couvririez, 2ᵉ pers. plur. prés. cond.
Couvririons, 1ʳᵉ pers. plur. prés. cond.
Couvriront, 3ᵉ pers. plur. fut. indic.
Couvris, précédé de *je*, 1ʳᵉ pers. sing. prét. déf.
Couvris, précédé de *tu*, 2ᵉ pers. sing. prét. déf.
Couvrisse, 1ʳᵉ pers. sing. imparf. subj.
Couvrissent, 3ᵉ pers. plur. imparf. subj.
Couvrisses, 2ᵉ pers. sing. imparf. subj.
Couvrissiez, 2ᵉ pers. plur. imparf. subj.
Couvrissions, 1ʳᵉ pers. plur. imparf. subj.
Couvrit, précédé de *il* ou *elle*, 3ᵉ pers. sing. prét. déf.
Couvrît, précédé de *qu'il* ou *qu'elle*, 3ᵉ pers. sing. imparf. subj.
Couvrîtes, 2ᵉ pers. plur. prét. déf.
Couvrons, 1ʳᵉ pers. plur. impér.
Couvrons, précédé de *nous*, 1ʳᵉ pers. plur. prés. indic.

COUXIO, subst. mas. (*koukcio*), t. d'hist. nat., espèce de singe d'Amérique, de la famille des sakis.

COUZOURI, subst. mas. (*kouzouri*), ancien caractère grégorien. Hors d'usage.

COVENANT, subst. mas. (*kovenan*), nom donné à une ligue célèbre en Angleterre. Voy. CONVENANT.

COVENANTAIRE, subst. des deux genres (*kovenantère*), membre d'une société de presbytériens. — Partisan du *covenant*. Il est aussi adj.

COVENDEUR, subst. mas., au fém. COVENDEUSE (*kovandeur, deuze*), celui, celle qui *vend* avec un autre une chose possédée en commun.

COVENDEUSE, subst. fém. Voy. COVENDEUR.

COVERSE, subst. mas. (*kovèrece*), t. de géogr., nom par lequel quelques géomètres désignent dans un cercle la partie du diamètre qui reste après qu'on en a ôté le *sinus verse*. Ils disent aussi adj. *sinus coverse*.

COVET, subst. mas. (*kové*), t. d'hist. nat., coquille du genre buccin.

COWALLAM, subst. mas. (*koualame*), t. de bot., grand arbre de Ceylan, dont le fruit ressemble à l'orange.

COWPOX, subst. mas. (*koupokce*) (mot anglais formé de *cow*, vache, et *pox*, vérole ou variole), t. de médec., éruption qui se manifeste sur le pis des vaches, et d'où l'on a pris le virus vaccin, qui est l'origine de la vaccine.

COXAGRE, subst. fém. (*kokçaguere*), t. de médecine, synonyme de *coxalgie*.

COXAL, E, adj. (*kokçale*), t. d'anat., os *coxal*, l'os de la hanche. Il est aussi subst. mas. : *le coxal*. Au plur. mas., COXAUX.

COXALGIE, subst. fém. (*kokçaleji*), t. de médec., affection qui est le symptôme d'un rhumatisme ou de toute autre inflammation.

COXARTHROCACE, subst. fém. (*kokçartrokace*), t. de médec., carie qui s'attache à l'articulation *coxo-fémorale*.

COXO-FÉMORAL, E, adj. (*kokçofémoral*), t. d'anat., articulation de l'os *coxal* avec le *fémur* ; au plur. mas., COXO-FÉMORAUX.

COY, subst. mas. (*koé*), t. d'hist. nat., quadrupède du genre des lièvres.

COYAU, subst. mas. (*koèiô*), morceau de bois que les charpentiers posent sur la partie inférieure des chevrons d'un comble, et sur la saillie de l'entablement, pour en former l'égout On l'appelle aussi *chanlatte.*

COYEMBOUC, subst. mas. (*koéianbouk*), calebasse vidée, dont les nègres se servent pour renfermer leurs aliments.

COYER, subst. mas. (*koéié*), pièce de bois faisant partie de l'enrayure d'un comble : elle est assemblée dans le poinçon et répond sur l'arêtier.

COZES, subst. propre mas. (*koze*), bourg de France, chef-lieu de canton, arroud. de Saintes, dép. de la Charente-Inférieure.

COZQUAUTHLI, subst. mas. (*kozekôteli*), t. d'hist. nat., gros oiseau du Mexique, à plumage roux, et à bec de perroquet.

COZRI, subst. mas. (*kozeri*), livre juif en dialogues. Inusité.

COZTOTOLT, subst. mas. (*kozetototte*), t. d'hist. nat., gros oiseau du Mexique, à plumage roux.

CRAB, subst. mas. (*krabe*), sorte de castagnettes des Siamois. Inusité.

CRABE, subst. mas. (*krabe*) (en grec χαραβος, ou du flamand *krab*), t. d'hist. nat., crustacé de l'ordre des décapodes. — T. de médec., excoriation de la plante des pieds ou de la paume des mains.

CRÂBE, subst. mas. (*krâbe*), bois d'Amérique.

CRABIER, subst. mas. (*krabié*), t. d'hist. nat., sorte de héron d'Amérique qui vit de *crabes*.

CRABITE, subst. mas. (*krabite*), t. d'hist. nat., *crabe* pétrifié.

CRABOTAGE, subst. mas. (*krabotaje*), commencement de l'ouverture, sous le ciel, d'une carrière d'ardoise.

CRABRON, subst. mas. (*krabron*), t. d'hist. nat., insecte hyménoptère.

CRABRONITES, subst. mas. plur. (*krabronite*), famille d'insectes hyménoptères.

CRABUS, subst. propre mas. (*krâbuce*), myth., nom d'un dieu des Égyptiens.

CRAC, sorte d'interj. (*krak*), bruit que font certains corps durs, secs et solides : *la solive fit crac.* Il est familier. — *Crac ! le voilà parti.* — On dit aussi *cric-crac*, pour exprimer un bruit du même genre, répété plusieurs fois.

CRAC, subst. fém. (*krak*), t. de faucon., maladie des oiseaux de proie, dont on ignore la nature et les causes : *ce faucon a la crac.*

CRACCA, subst. fém. (*krakka*), t. de bot., genre de plantes de la famille des légumineuses.

CRACHAT, subst. mas. (*kracha*), salive, etc., qu'on jette hors de la bouche en *crachant*. — Prov., *bâtir de boue et de crachat*, bâtir peu solidement. — On dit dans le même style d'un homme malheureux, qu'*il se noierait dans son crachat.* — Croix, étoile, ou autre signe brodé sur un habit, et que certains chevaliers de certains ordres ont le droit de porter.

CRACHÉ, part. pass. de *cracher*. Fig. et bassement : *c'est son père tout craché*, il lui ressemble trait pour trait.

CRACHEMENT, subst. mas. (*kracheman*), action de *cracher*, surtout fréquemment ou à cause de quelque incommodité : *crachement continuel; crachement de sang.*

CRACHER, v. act. (*kraché*) (suivant *Ménage*, d'après *Scaliger*, du lat. *screare*, qu'on trouve pour *screare*, cracher. D'autres pensent, et peut-être avec plus de fondement, que ce mot a été formé par onomatopée du son qu'on fait entendre en *crachant.*), pousser, jeter dehors la salive, le flegme ou autre matière qui incommode dans la gorge, dans la bouche ou dans les poumons.—On le dit fig. et fam. des choses qui sortent de la bouche mal à propos : *cracher du grec, du latin.* — Fig. et fam., *cracher au nez*, mépriser, insulter. —*Cracher des injures*, se répandre en invectives. — Prov. : 1° *cracher contre le ciel*, blasphémer; 2° *cracher au bassin*, contribuer à quelque chose, en donnant de l'argent. Pop. — *Cracher en l'air pour que cela retombe sur le nez*, dire ou faire une chose qui tourne contre nous. — *Cracher sur quelque chose*, n'en pas faire le moindre cas.—On dit qu'*une plume crache*, lorsqu'elle fait jaillir l'encre tout autour de l'écriture. — SE CRACHER, v. pron. : *se cracher des injures à la face.*

CRACHEUR, subst. mas., **CRACHEUSE**, subst. fém. (*kracheur, cheuze*), celui, celle qui *crache* souvent.

CRACHEUSE, subst. fém. Voy. CRACHEUR.

CRACHOIR, subst. mas. (*krachoar*), petit vase de faïence, etc., dans lequel on *crache* quand on est incommodé. — Vase dans lequel on *crache* pour ne pas salir une chambre, etc.

CRACHOTÉ, part. pass. de *crachoter*.

CRACHOTTEMENT, et non pas CRACHOTEMENT, par un seul *t*, subst. mas. (*krachoteman*), action de *crachoter*; *crachement* fréquent.

CRACHOTER, v. neut. (*krachoté*) (de *cracher*), *cracher* souvent et peu à la fois : *il ne fait que crachoter.*

CRACOVIE, subst. propre fém. (*krakovi*), ville de la Petite-Pologne, située sur la Vistule.

CRA-CRA, subst. mas. (*krakra*), t. d'hist. nat., fruit de l'arbousier.

CRADE, subst. mas. (*krade*) (du grec χραδη, qui signifie proprement le croc ou crochet qui tenait la corde à laquelle était attaché l'acteur qui représentait l'apparition d'une divinité), t. d'hist. anc., machine de théâtre qui servait pour les vols et les gloires. Hors d'usage.

CRADIAS, subst. mas. (*kradiâce*), air que l'on jouait pendant la marche des victimes expiatoires, dans les tragédies d'Athènes. Hors d'usage.

CRÆPALE, subst. mas. (*krépale*), t. de pathologie, dérangement des fonctions cérébrales, produit par le vin, ou par toute autre liqueur spiritueuse. Inusité.

CRAFFE, subst. mas. (*krafe*), banc de terre ou de pierre qui nuit à l'exploitation d'une carrière d'ardoise.

CRAGUS, subst. propre mas. (*kraguce*), myth., fils de Trémilète et de la nymphe Praxidice : il donna son nom, dans l'Asie mineure, à une montagne, où il y avait des autres consacrés aux dieux champêtres

CRAIE, subst. fém. (*kré*) (du lat. *creta* qui a la même signification, et qui est en même temps le nom de l'île de *Crète*, aujourd'hui *Candie*, où cette pierre se trouve en abondance), pierre tendre, et ordinairement blanche, propre à marquer. —Marque que fait le maréchal-des-logis sur la porte pour marquer les logements : *loger à la craie; cette maison n'est point sujette à la craie.* — En t. de faucon., maladie des oiseaux de proie. — *Craie de Briançon*, sorte de talc que les tailleurs d'habits emploient pour tracer des lignes dans la coupe des draps.

CRAIER, subst. mas. (*kra-ié*), t. de mar., petit bâtiment à trois mâts en usage sur la Baltique.

DU VERBE IRRÉGULIER CRAINDRE :

Craignaient, 3e pers. plur. imparf. indic.
Craignais, précédé de *je*, 1re pers. sing. imparf. indic.
Craignais, précédé de *tu*, 2e pers. sing. imparf. indic.
Craignait, 3e pers. sing. imparf. indic.

CRAIGNANT, part. prés. de *craindre* (*krégnian*); il n'est usité que dans cette phrase : *homme craignant Dieu*, homme pieux, religieux.

DU VERBE IRRÉGULIER CRAINDRE :

Craigne, précédé de *que je*, 1re pers. sing. prés. subj.
Craigne, précédé de *qu'il* ou *qu'elle*, 3 pers. sing. prés. subj.
Craignent, précédé de *ils* ou *elles*, 3e pers. plur. prés. indic.
Craignent, précédé de *qu'ils* ou *qu'elles*, 3e pers. plur. prés. subj.
Craignes, 2e pers. sing. prés. subj.
Craignez, 2e pers. plur. impér.
Craignez, précédé de *vous*, 2e pers. plur. prés. indic.
Craigniez, précédé de *vous*, 2e pers. plur. imparf. indic.
Craigniez, précédé de *que vous*, 2e pers. plur. prés. subj.
Craignîmes, 1re pers. plur. prét. déf.
Craignions, précédé de *nous*, 1re pers. plur. imparf. indic.
Craigniez, précédé de *vous*, 2e pers. plur. prés. indic.
Craignions, précédé de *que nous*, 1re pers. plur. prés. subj.
Craignirent, 3e pers. plur. prét. déf.
Craignis, précédé de *je*, 1re pers. sing. prét. déf.
Craignis, précédé de *tu*, 2e pers. sing. prét. déf.
Craignisse, 1re pers. sing. imparf. subj.
Craignissent, 3e pers. plur. imparf. subj.
Craignisses, 2e pers. sing. imparf. subj.
Craignissiez, 2e pers. plur. imparf. subj.
Craignissions, 1re pers. plur. imparf. subj.
Craignit, précédé de *il* ou *elle*, 3e pers. sing. prét. déf.
Craignît, précédé de *qu'il* ou *qu'elle*, 3e pers. sing. imparf. subj.
Craignîtes, 2e pers. plur. prét. déf.
Craignons, 1re pers. plur. impér.
Craignons, précédé de *nous*, 1re pers. plur. prés. indic.

CRAILLEMENT, subst. mas. (*krâieman*), mot énergique, véritable onomatopée qu'on trouve dans quelques *Dictionnaires*, pour *croassement*, et qui, selon nous, exprime quelque chose de plus *rauque* que ce mot.

CRAILLER, v. neut. (*krâié*), crier comme le corbeau ou la corneille.

DU VERBE IRRÉGULIER CRAINDRE :

Craindra, 3e pers. sing. fut. indic.
Craindrai, 1re pers. sing. fut. indic.
Craindraient, 3e pers. plur. prés. cond.
Craindrais, précédé de *je*, 1re pers. sing. prés. cond.
Craindrais, précédé de *tu*, 2e pers. sing. prés. cond.
Craindrait, 3e pers. sing. prés. cond.
Craindras, 2e pers. sing. fut. indic.

CRAINDRE, v. act. (*kreindre*) (nous disions autrefois *crémer*, ce qui donne lieu de croire, observe *Ménage*, que ce mot a été fait du lat. *tremere*, trembler, *craindre*, en changeant le *t* en *c*), redouter, appréhender, avoir peur que..., avec cette différence qu'on *craint* par un mouvement d'aversion pour le mal, dans l'idée qu'il peut arriver; on *appréhende* par un mouvement de désir pour le bien, dans l'idée qu'il peut manquer; on *redoute* par un mouvement d'estime pour l'adversaire, dans l'idée qu'il est supérieur; on a *peur* par un faible d'esprit pour le soin de sa conservation, dans l'idée qu'il y a du danger (telles sont du moins les distinctions un peu subtiles que pose *Girard*). —On le dit des choses inanimées : *l'oranger craint le froid*, le froid lui est contraire. — *Craindre Dieu*, appréhender sa justice, et avoir en même temps pour lui du respect, de la vénération et de l'amour : *craignons d'offenser Dieu*, abstenons-nous d'offenser Dieu. — *Ne craindre ni Dieu ni diable*, se moquer de tout. — Dans le cas où *craindre*, régissant un verbe, est suivi de *que ne*, lorsqu'on ne souhaite point la chose exprimée par le verbe régi, ou retranche *pas* : *je crains que sa maladie ne devienne mortelle*; mais si l'on souhaite cette chose, on met *que ne pas* : *je crains que mon frère ne puisse pas arriver ce soir.* — *Craindre*, se construit souvent avec la préposition *de* : *craindre de fâcher quelqu'un*; *il craint de vous déplaire.* — *Craindre pour* : *on craint pour soi; on craint pour les autres; on craint pour sa fortune, pour sa vie, pour sa tranquillité, pour son repos.* On dit, *il est à craindre*, pour : il y a lieu de *craindre* : *il est à craindre que de pareils guides ne nous entraînent dans leurs écarts.* — *Faire craindre*, donner sujet, occasion de *craindre* : *cette circonstance lui fit craindre un changement dans la disposition des esprits.* — *Se faire craindre*, inspirer, imprimer de la *crainte* : *se faire craindre de quelqu'un.* — SE CRAINDRE, v. pron., se redouter : *ils se craignent.*

DU VERBE IRRÉGULIER CRAINDRE :

Craindrez, 2e pers. plur. fut. indic.
Craindriez, 2e pers. plur. prés. cond.
Craindrions, 1re pers. plur. prés. cond.
Craindrons, 1re pers. plur. fut. indic.
Craindront, 3e pers. plur. fut. indic.
Crains, 2e pers. sing. impér.
Crains, précédé de *je*, 1re pers. sing. prés. indic.
Crains, précédé de *tu*, 3e pers. sing. prés. indic.
Craint, précédé de *il* ou *elle*, 3e pers. sing. prés. indic.

CRAINT, E, part. pass. de *craindre* (*krein, kreinte*), redouté, appréhendé. *Voltaire* a dit dans *Mariamne* :

En me rendant *plus craint* m'a fait plus méprisable.

Il fallait : *en me rendant plus à craindre. Craint*, étant un participe et non pas un adjectif proprement dit, ne saurait être régi par *rendre*, qui ne peut gouverner qu'un adj.

CRAINTE, subst. fém. (*kreinte*) (on disait autrefois *crémeur*, fait du lat. *tremor*, tremblement, par le changement du *t* en *c*), appréhension, peur, passion excitée dans l'âme par l'image d'un mal à venir. — *Crainte de Dieu*, vertu qui nous porte à l'aimer, à *craindre* sa justice, et qui nous engage à faire ce qu'il commande, pour trouver grace auprès de lui. — *Crainte servile*, crainte qui vient de la seule appréhension du châtiment. — *Crainte filiale*, celle qui naît de l'amour et du respect. — DE CRAINTE DE, DE CRAINTE QUE, loc. conj., de peur de, de peur que : *de crainte d'être trompé, de crainte de passer pour ingrat; de* crainte qu'il ne fût parti; de crainte qu'on ne vous vole :

..... Il faut que l'on sache
Que jamais la vieille ne crache,
De crainte de cracher ses dents.

— On dit aussi simplement : de crainte de, pour : dans la crainte de : de crainte d'accident ; de crainte de pis.

CRAINTIF, adj. mas., au fém. CRAINTIVE (kreintife, tive), timide, retenu, embarrassé par crainte de déplaire; peureux; sujet à la crainte.

CRAINTIVE, adj. fém. (kreintive). Voy. CRAINTIF.

CRAINTIVEMENT, adv. (kreintiveman), avec crainte.

CRAITONITE, subst. fém. (krètonite), sorte de minéral qui se trouve en lames sur certains minéraux crystallisés.

CRALE, subst. mas. (krale), titre des chefs de la Servie et de la Bosnie.

CRAMAILLER, barbarisme. Voy. CRÉMAILLÈRE, qui seul se dit.

CRAMANI, subst. mas. (kramani), aux Indes, juge d'une ville.

CRAMBÉ, subst. mas. (kranbé), t. de bot., plante de la famille des crucifères.

CRAMBITES, subst. mas. plur. (kranbite), t. d'hist. nat., famille de lépidoptères nocturnes.

CRAMBUS, subst. mas. (kranbuce), t. d'hist. nat., genre de lépidoptères.

CRAMINÉ, E, part. pass. de CRAMINER.

CRAMINER, v. act. (kraminé), t. de tanneur, étirer les peaux sur un chevalet.

CRAMOISI, subst. mas. (kramoèzi) (de l'arabe kermez, substance qui sert à teindre en écarlate. On a dit d'abord kermesi, ensuite cramoisi. Les Italiens ont fait, de la même racine, cremisi, et les Espagnols carmesi), rouge foncé : un beau cramoisi. — Sorte de teinture qui rend les couleurs pour lesquelles on l'emploie plus vives et plus durables. — Prov., sot ou laid en cramoisi, sot ou laid au dernier degré. (De cramoisi, pris dans la seconde acception, moins comme une couleur particulière que comme la perfection de quelque couleur que ce soit.)

CRAMOISI, E, adj. (kramoèzi), qui est teint en cramoisi : velours cramoisi. — Devenir cramoisi, devenir rouge comme cette couleur. — —Subst. fém., t. de fleuriste, anémone à peluches.

CRAMOISIÈRE, subst. fém. (kramoèzière), t. de bot., sorte de poire.

CRAMPE, subst. fém. (kranpe) (de l'allemand krampf qui a la même signification, et dont les Anglais ont fait également cramp), contraction convulsive et douloureuse, principalement à la jambe et au pied. — En t. de mar., espèce de clou de fer à deux pointes parallèles, plus ou moins écartées, et jointes à la tête par une traverse à angle droit ou arrondie de l'une à l'autre. — Goutte-crampe, espèce de goutte subite et qui dure peu. Crampe est ici pris adjectivement.

se CRAMPILLER, v. pron. (cekranpiié), se mêler, s'ébouriffer, en parlant des écheveaux. Inus.

CRAMPON, subst. mas. (kranpon) (de l'allemand kramme ou mieux krampf, qui a la même signification, et qui, suivant Wachter, a été formé du verbe krappen ou krapfen, saisir avec un croc), sorte de lien de fer dont on se sert dans les ouvrages de maçonnerie, de charpenterie ou de menuiserie, pour attacher fortement quelque chose. — Petit morceau de cuivre en forme d'anneau, qui est sur le devant d'une selle de cheval pour attacher les fourreaux des pistolets. — En t. de maréchal, bout de fer recourbé, qu'on adapte exprès aux fers d'un cheval quand on veut le ferrer à glace.— En t. d'orfèvre, morceau de fil de fer plié et élargi vers ses extrémités pour retenir ensemble deux pièces qu'on veut souder. — Morceau de fer attaché dans la pièce du milieu d'une croisée de fenêtre, dans laquelle on pousse les verrous des targettes. — En t. de blas., morceau de fer dont on armait les extrémités des échelles employées à l'escalade des villes. — Au plur., t. d'imprim., morceaux de cuivre formant un demi-cercle, qui sont cloués au coffre de la presse, et passent sur les bandes.

CRAMPONNÉ, E, part. pass. de cramponner, et adj.; en t. de blas., il se dit des pièces dont les extrémités sont recourbées comme celles d'un fer cramponné, ou qui ont une demi-potence. — Prov. et fig., avoir l'âme cramponnée dans le corps, avoir la vie dure.

CRAMPONNER, v. act. (kranponé), attacher avec des crampons. — Tourner et renverser sur les coins de l'enclume un morceau de fer et en faire le crampon à oreille de lièvre. — Ferrer un cheval avec des fers à crampons. — se CRAMPONNER, v. pron., s'attacher fortement à quelque chose pour n'en être point arraché. Il est fam.

CRAMPONNET, subst. mas. (kramponé), petit crampon. — Ce qui est attaché sur l'ovale d'une targette et qui en tient les verrous.

CRAN, subst. mas. (kran) (en lat. crena), coche ou entaille qui se fait dans un corps dur pour y faire entrer un autre corps et l'y arrêter. — On dit fig. et fam. : baisser d'un cran, diminuer, en parlant de la fortune, de la réputation, etc. — Dans l'imprimerie, petit vide demi-circulaire pratiqué au pied de la lettre par le fondeur pour indiquer au compositeur le sens dans lequel il doit la placer. — En t. de maréchal vétérinaire, sillons qui se voient dans le palais de la bouche d'un cheval. Voy. RAIFORT.

CRANCELIN, subst. mas. (krancelein), t. de blas., portion de couronne à fleurons posée en bande en travers d'un écu.

CRÂNE, subst. mas. (krâne) (en grec κρανιον), boîte osseuse qui renferme le cerveau, le cervelet et la moelle allongée. — Fig. on dit : cet homme est un crâne, un tapageur, un fier-à-bras, un fou, un écervelé. — Adj. : avoir l'air crâne.

CRANÉON, subst. mas. (krané-on), t. d'hist. anc.; le collége, le lieu des exercices publics, l'académie de Corinthe.

CRANEQUIN, subst. mas. (kranekiein) (ce mot, suivant Le Duchat, a été littéralement tiré de l'allemand, où il avait le même sens. C'est un diminutif de kran, qui, dans la même langue, signifie : grue à enlever des fardeaux), dans l'ancienne milice française, bandage de fer qui se portait à la ceinture, et dont on se servait pour tendre l'arc, ou plutôt l'arbalète.

CRANEQUINIER, subst. mas. (kranekinié), sorte d'arbalétier armé d'une arbalète légère qui se tendait avec le cranequin.

CRÂNERIE, subst. fém. (krâneri), caractère d'un crâne ; bravade qui expose celui qui la fait à des suites souvent désagréables.

CRANGON, subst. mas. (kranguon), t. d'hist. nat., crustacé de l'ordre des décapodes.

CRANICHIDE, sub. fém. (kranichide), t. de bot., genre de plantes de la famille des orchidées.

CRANIE, subst. fém. (krani), t. d'hist. nat., espèce de coquille du genre des bivalves.

CRÂNIEN, adj. mas.; au fém. CRÂNIENNE (krâniein, ène), t. d'anat., qui a rapport au crâne. — Tempérament crânien, constitution dans laquelle l'influence cérébrale prédomine. — Vertèbres crâniennes, analogues aux vertèbres rachidiennes, qui sont au nombre de quatre.

CRÂNIO-ABDOMINAL, E, adj. (krânio-abdominal), t. de pathologie, se dit de la constitution individuelle dans laquelle prédomine l'influence cérébrale et celle des viscères de l'abdomen. — Au plur. mas., crânio-abdominaux.

CRÂNIOGRAPHE, subst. mas. (krâniogue-rafe) (du grec κρανιον, crâne, et γραφω, je décris), auteur qui écrit sur le crâne, qui fait une description du crâne.

CRÂNIOGRAPHIE, subst. fém. (krânioguerafi), description du crâne.

CRÂNIOGRAPHIQUE, adj. (krânioguerafike), qui concerne la crâniographie.

CRÂNIOLAIRE, subst. fém. (krâniolère), t. d'hist. nat., coquille qui a la forme d'un crâne.

CRÂNIOLOGIE (l'Académie dit aussi CRÂNOLOGIE), subst. fém. (krânioloji) (du grec κρανιον, crâne, et λογος, discours), art prétendu de découvrir les bonnes ou mauvaises qualités de l'âme par l'inspection des éminences ou protubérances du crâne, inventé par le docteur Gall.

CRÂNIOLOGIQUE, adj. (krâniolojike), qui concerne la crâniologie.

CRÂNIOLOGUE, subst. mas. (krâniologue), celui qui étudie, qui sait, qui professe la crâniologie.

CRÂNIOMANCIE, subst. fém. (krâniomanci) (du grec κρανιον, crâne, et μαντεια, divination), art de deviner par l'inspection du crâne.

CRÂNIOMANCIEN, adj. et subst. mas., au fém. CRÂNIOMANCIENNE (krâniomanciein, ciène), qui devine par le crâne.

CRÂNIOMÉTRIE, subst. fém. (krâniométri) (du grec κρανιον, crâne, et μετρον, mesure), art d'employer certaines déterminations mathématiques, pour réduire les diverses gradations de la capacité du crâne à un petit nombre de formules simples.

CRÂNIOMÉTRIQUE, adj. (krâniométrike), qui est relatif à la crâniométrie.

CRÂNIOSCOPE, subst. mas. (krâniocekope), synonyme de crâniologue.

CRÂNIOSCOPIE, subst. fém. (krâniocekopi), synonyme de crâniologie.

CRÂNIOSCOPIQUE, adj. (krâniocekopike), synonyme de CRÂNIOLOGIQUE.

CRÂNOLOGIE, voy. CRÂNIOLOGIE.

CRANSON, subst. mas. (kranson), t. de bot., plante de la famille des crucifères.

CRANTÈRE, adj. et subst. fém. (krantère), t. d'anat., nom donné aux dernières molaires, ou dents de sagesse.

CRAON, subst. propre mas. (kra-on ; quelques-uns prononcent kran), ville de France, chef-lieu de canton, arrond. de Château-Gonthier, dép. de la Mayenne. Patrie de Volney.

CRAONNAIS, subst. mas., au fém. CRAONNAISE (kra-oné, nèze), celui ou celle qui est de la ville de Craon.

CRAONE, subst. propre fém. (kra-one), ville de France, chef-lieu de canton, arrond. de Laon, dép. de l'Aisne.

CRAPAUD, subst. mas. (krapó, le d final ne se fait jamais sentir) (suivant Bourdelot et plusieurs autres, du latin crepare, dans le sens de crever, se fendre; parce que, disent-ils, le crapaud s'enfle tellement, qu'il semble près de crever. Suivant Ménage, de repere, ramper, en y préposant un c; parce que, à la différence de la grenouille, qui saute, le crapaud se traîne et rampe.), animal qui ressemble à la grenouille : cependant les parties postérieures des crapauds sont plus courtes; ils ont des tubercules sur la peau, et ils sont aussi trapus que les grenouilles sont sveltes, et aussi lourds qu'elles sont légères. On dit, en parlant du cri du crapaud, qu'il coasse. — Espèce de coquille. — En t. de marine, barre de fer coudée qui sert à supporter la barre du gouvernail.—En t. d'artillerie, l'affût d'un mortier. — En t. de vétér., voy. FIC. — On dit prov., d'un homme fort laid, que c'est un vilain crapaud; qu'il est laid comme un crapaud ; de celui qui fait le dispos et qui ne l'est guère, qu'il saute comme un crapaud. — On dit ironiquement et proverbialement, qu'un homme est chargé d'argent comme un crapaud de plumes, pour dire, qu'il a peu d'argent.

CRAPAUD-AILÉ, subst. mas. (krapó-élé), t. d'hist. nat., nom d'une strombe.

CRAPAUDAILLE ou CRÊPAUDAILLE, et non pas CRÊPODAILLE, comme le prétendrait l'Académie, subst. fém. (krapódâ-ie), sorte de crêpe fort délié et fort clair.

CRAPAUD-DE-MER, subst. mas. (krapódemère), t. d'hist. nat., poisson du genre scorpène.

CRAPAUDIÈRE, subst. fém. (krapódière), lieu où il y a beaucoup de crapauds.—Au fig. et fam., lieu bas, sale, malpropre.

CRAPAUDIN, subst. mas. (krapódein), plaque de fer creuse dans laquelle tournent les fers à friser.

CRAPAUDINE, subst. fém. (krapódine), sorte de pierre qu'on croyait autrefois se trouver dans la tête du crapaud, et qui est une dent pétrifiée du poisson appelé loup marin. — Dans l'imprimerie, morceau de fer sur lequel est placée la grenouille, et dont les extrémités se dirigent vers les quatre angles de la platine. — Morceau de fer, de cuivre ou de bronze creux, dans lequel entre le gond coudé d'une porte, etc. — Feuille de tôle percée de plusieurs trous à l'entrée d'un tuyau de bassin, de réservoir, etc., pour empêcher les crapauds ou les ordures d'y pénétrer.—Soupape du tuyau de la décharge de fond d'un bassin, etc. — Sorte de maladie du cheval. — Plante de la famille des labiées. —En t. d'hist. nat., sorte d'anarrhique.—A la crapaudine, t. de cuisine : manger des pigeons à la crapaudine, les manger ouverts, aplatis et rôtis sur le gril.

CRAPELÉ, E, que nous lisons dans Boiste, ne nous paraît pas valoir CRAQUELÉ, E, du même auteur. Voy. CRAQUELÉ.

CRAPELET, subst. mas. (krapelé), jeune crapaud. Inusité.

CRAPONE, subst. fém. (krapone), t. d'horlogerie, lime bâtarde.

CRAPONNE, subst. propre fém. (krapone), ville de France, chef-lieu de canton, arrond. du Puy, dép. de la Haute-Loire.

CRAPOUSSIN, subst. mas., au fém. CRAPOUSSINE (krapoucein, cine) (rac. crapaud), petit homme contrefait, petite femme contrefaite. Style familier et burlesque. — Subst. mas., t. d'hist. nat., sorte de crustacé.

CRAPPE, subst. fém. (*krape*), graisse de la meule d'un moulin.

CRAPULE, subst. fém. (*krapule*) (en grec κραιπαλη, ivresse, fumées du vin, débauche), vilaine et continuelle débauche de vin et de liqueurs. — On appelle fam. *crapule*, ceux qui vivent dans la *crapule* : *tous ces gens-là sont de la crapule, qu'il faut éviter*. Ce mot et les trois suivants ne sont pas du style relevé.

CRAPULER, v. neut. (*krapulé*) (en grec κραιπαλαω ou κραιπαλιζω), vivre dans la *crapule*.

CRAPULEUSE, adj. fém. Voy. CRAPULEUX.

CRAPULEUSEMENT, adj. (*krapuleuzeman*), d'une manière *crapuleuse*.

CRAPULEUX, adj. mas., au fém. CRAPULEUSE (*krapuleu, leuze*), qui aime la *crapule*. Il est aussi subst.

CRAQUE, subst. fém. (*krake*), t. pop. et triv., menterie : *c'est une craque*, une hâblerie.

CRAQUÉ, part. pass. de *craquer*.

CRAQUELÉ, E, (rac. *craqué*) adj. (*krakelé*), se dit de la porcelaine qui a de petites fêlures. Voy. TRUITÉ.

CRAQUELIN, subst. mas. (*krakelein*), sorte de pâtisserie qui *craque* sous la dent.—En t. de pêche, crabes destinés à servir d'amorce lorsqu'ils ont quitté leur robe, et que leur enveloppe est encore tendre et membraneuse. En ce sens, on dit aussi *craquelot*. — Les marins donnent la dénomination de *craquelin* à des bâtiments ou à des embarcations de faibles échantillons ; on dit subst. : *c'est un craquelin*.

CRAQUELOT, subst. mas. (*krakelô*), hareng peu salé et peu fumé. Voy. CRAQUELIN.

CRAQUELOTIÈRE, subst. fém. (*krakelotière*), t. de pêche, femme qui prépare les harengs bouffis nommés *craquelots* ou *appétits*.

CRAQUEMENT, subst. mas. (*krakeman*), bruit que font certains corps en *craquant* : *le craquement d'une poutre*.

CRAQUER, v. neut. (*krakié*) (mot fait par onomatopée), il se dit du bruit que font certains corps en se heurtant violemment, ou en éclatant. — Pop., mentir ; hâbler ; se vanter faussement. — T. de faucon., se dit du bruit que fait la grue en fermant son bec.

CRAQUERIE, subst. fém. (*krakeri*), menterie, hâblerie. Il est fam.

CRAQUET, subst. mas. (*kraké*), t. de bot., espèce de varec léger, plante marine.

CRAQUÈTEMENT, orthographe de l'*Académie*; et plus conformément au génie de la langue, CRAQUETTEMENT, subst. mas. (*krakèteman*), convulsions des muscles des mâchoires, qui fait *craquer* les dents. — Bruit que fait la cigogne. — Voy. CRAQUEMENT, dont *craquettement* semble être le fréquentatif.

CRAQUETER, v. neut. (*kraketé*), *craquer* souvent et à petit bruit. — En t. de chasse, se dit du cri de la cigogne et de la grue.

CRAQUETTE, subst. fém. (*krakiète*), fer à rainures pour passer sur les boutonnières.

CRAQUEUR, subst. mas., au fém. CRAQUEUSE (*krakieur, kieuze*), celui qui ne fait que mentir, exagérer, se vanter faussement, etc. Il est populaire. — On dit plus burlesquement encore, et par un mauvais jeu de mots : *il est de Cracovie ; il vient de Cracovie ; nouvelles de Cracovie*.

CRAQUEUSE, subst. fém. Voy. CRAQUEUR.

CRÂSE, et non pas CRASE sans accent, comme l'écrit l'*Académie* ; subst. fém. (*krâze*) (en lat. *crasis*, fait du grec κρασις, mélange, dérivé de κεραννυμι, je mêle), figure de grammaire par laquelle on joint ensemble deux ou plusieurs voyelles, qui se confondent tellement qu'il en résulte un son différent : *l'amitié, l'homme*, pour : *la amitié, le homme*. La *crâse* a lieu surtout dans la langue grecque ; αληθη est la *crâse* de αληθεια. —T. de médec., état sain ou naturel du sang.

CRASPÈDE, subst. mas. (*kracepède*), t. de bot., grand arbre de la Cochinchine.

CRASPÉDIE, subst. fém. (*kracepédi*), t. de bot., genre de plantes de la famille des composées.

CRASPÉDON, subst. mas. (*kracepédon*) (en grec κρασπεδον), t. de médec., maladie de la luette, dans laquelle elle pend comme une membrane longue et faible.

CRASPÉDOSOME, subst. mas. (*kracepédozome*), t. d'hist. nat., genre d'insectes de la famille des myriapodes.

CRASSAMENTUM, subst. mas. (*kraceçameintome*), t. de médec., mot lat. employé pour marquer les parties proprement coagulables du sang

CRASSANE, subst. fém. (*kraçane*), poire d'hiver. Beaucoup disent *creusane* ou *cresane*; nous ne trouvons que le dernier de ces deux mots dans l'*Académie*, qui semble préférer *cresane*.

CRASSE, subst. fém. (*krace*) (du grec γρασος, ordure qui s'attache à la laine de brebis ; ou, selon quelques-uns, du latin *crassities*, épaisseur : parce que la *crasse* rend, en quelque sorte, plus épais les corps sur lesquels elle s'attache), ordure qui s'amasse sur la peau ou dans le poil de l'animal. — Par extension, saleté des habits, des meubles. — Au fig., 1° rusticité, défaut de politesse : *crasse du collège, de l'école* ; 2° avarice sordide : *vivre dans la crasse* ; 3° naissance obscure : *être né dans la crasse*. — Ordure qui sort des métaux quand on les fond.

CRASSE, adj. des deux genres ; malgré l'*Académie* qui prétend que cet adj. n'est d'usage qu'au fém. Ne serait-il donc plus permis de dire : *voilà un homme crasse ?* (*krace*), épaisse, grossière : *humeur crasse et visqueuse*.—Au fig., *ignorance crasse*, grossière et inexcusable.—Sordide, avare : *c'est une femme, un homme crasse. Crasse* est ici pour *crasseux*; mais on dit l'un et l'autre.

CRASSÉ, E, part. pass. de *crasser*.

CRASSEMENT, subst. mas. (*kraceman*), t. d'artillerie, action de *crasser*; état de ce qui est rempli de *crasse*.

CRASSER, v. act. (*kracé*), t. d'artillerie, remplir de *crasse*. *Il y a des poudres à feu qui crassent l'intérieur des armes*.—*se* CRASSER, v. pron., se remplir de *crasse*. L'*Académie* ne donne pas ce mot.

CRASSES, subst. fém. plur. (*krace*), écailles qui se séparent de certains métaux quand on les frappe à coups de marteau.

CRASSEUSE, adj. fém. Voy. CRASSEUX.

CRASSEUX, adj. mas., au fém. CRASSEUSE (*kraceu, ceuze*), plein de *crasse* ; couvert de *crasse*. —Au fig., sordidement avare.—On dit aussi subst. dans les deux sens : *c'est un crasseux, une crasseuse*.

CRASSINA, subst. fém. (*kraceeina*), t. de bot., sorte de plante.

CRASSOCEPHALUM, subst. mas. (*kraceçocéfalome*), t. de bot., plante des Indes, du genre séneçon.

CRASSULA et **CRASSULACÉE**, subst. fém. (*kraceçula*) (du lat. *crassus*). On s'en sert pour désigner un grand nombre de plantes à feuilles succulentes.

CRASSULE, subst. fém. (*kraceçule*), t. de bot., genre de plantes de la famille des joubarbes.

CRATÉE, subst. propre mas. (*kraté*), myth., fils de Minos et de Pasiphaé. Ayant consulté l'oracle sur sa destinée, il apprit qu'il serait tué par son fils Althémène. Ce jeune prince, effrayé du malheur qui menaçait son père, tua une de ses sœurs que Mercure avait outragée, maria les autres à des princes étrangers, et se bannit de sa patrie. *Cratée*, après cela, semblait être en sûreté ; mais, ne pouvant vivre sans son fils, il équipa une flotte pour aller le chercher. Il aborda dans l'île de Rhodes, où Althémène se trouvait. Les habitants prirent les armes pour s'opposer à *Cratée*, croyant que c'était un ennemi qui venait les surprendre. Althémène, dans le combat, décocha une flèche à *Cratée*. De la blessure qu'il reçut, ce malheureux prince mourut, avec le chagrin de voir l'accomplissement de l'oracle ; car son fils s'étant approché pour le dépouiller, ils se reconnurent. Althémène obtint des dieux que la terre s'entr'ouvrit sous ses pieds pour l'engloutir sur-le-champ.

CRATÉIS, subst. propre fém. (*kraté-ice*), myth., déesse des sorciers et des enchanteurs.

CRATE, subst. fém. (*krate*), machine de guerre des anciens, pour couvrir les travailleurs.

CRATÈRE, subst. mas. (*kratère*) (en lat. *crater*, fait du grec κρατηρ, dérivé de κεραννυμι, je mêle), chez les anciens, grande coupe dans laquelle on mêlait sur la table le vin avec l'eau, et où l'on puisait ensuite pour remplir les coupes des convives. — Par analogie, la partie supérieure d'un volcan, la bouche par laquelle il vomit du feu, des cendres, etc.

CRATICULAIRE, adj. des deux genres (*kratikulère*), t. d'optique. On appelle *prototype craticulaire*, le modèle d'une anamorphose, et l'anamorphose même.

CRATICULÉ, E, part. pass. de *craticuler*.

CRATICULER, v. act. (*kratikulé*), t. de dessin, dessiner aux petits carreaux ; diviser un dessin en plusieurs carreaux pour le copier de grand en petit, et de petit en grand. Nous n'insérons ce mot que parce que nous le lisons dans l'*Académie*; on se sert généralement du mot *graticuler*.

CRATIRITE, subst. fém. (*kratirite*), t. de bot., figue sauvage qui croît en Grèce.

CRAULER, v. neut. (*krôlé*), vieux mot inusité, qui a signifié *tomber*.

CRAVACHE, subst. fém. (*kravache*), sorte de fouet formant badine, et dont font un usage fréquent ceux qui montent à cheval.

CRAVAN, subst. mas. (*kravan*), t. d'hist. nat., oiseau aquatique. — Coquillage bivalve.

CRAVATE, subst. mas. (*kravate*), sorte de cheval fort et vigoureux de *la Croatie*. C'est une corruption du mot *croate*, qui est seul usité aujourd'hui. — — Adj. des deux genres : *cheval, jument cravate*. — Ancienne milice à cheval : *le régiment de Royal-cravate*. On ne dit plus à présent que *croate* dans tous les sens.

CRAVATE, subst. fém. (*kravate*) (des *Cravates*, aujourd'hui *Croates*, de qui les Français empruntèrent cette partie de l'habillement, pendant la guerre qu'ils eurent en 1636 avec l'empereur d'Allemagne), linge qui se met autour du cou, qui se noue par devant, et dont les deux bouts pendent sur la poitrine : *cravate de mousseline ; cravate de dentelle*.— Ornement assez ordinairement d'étoffe riche et précieuse qu'on attache au haut de la lance ou pique d'un drapeau. — En t. de mar., 1° franc-filin que l'on passe par dessus les bas mâts d'un vaisseau abattu en quille, un peu au-dessus des francs-filins de carène qu'elle doit soulager ; 2° filin ou franc-filin dont un bout passe dans une poulie au-dessus de l'appareil de bigues que l'on place dans les vaisseaux pour les démâter, lorsqu'il n'y a pas de mâture prête. — *Prendre une ancre en cravate*, la mettre en travers sur un cordage qui la tient suspendue derrière la chaloupe. — T. d'hist. nat., nom de plusieurs oiseaux de divers genres. — Au plur., sorte de mousseline des Indes.

CRAVATÉ, E, part. pass. de *cravater* : *comme il est cravaté !*

CRAVATER, v. act. (*kravaté*), mettre à quelqu'un une *cravate*. — V. neut., être *cravaté* ; avoir sa *cravate* mise. — *se* CRAVATER, v. pron., mettre, arranger sa *cravate*. Ces deux mots manquent dans l'*Académie*. Ils sont cependant bien usuels.

CRAVE, subst. mas. (*krave*), t. d'hist. nat., oiseau noir qui a beaucoup de ressemblance avec le corbeau.

CRAVO, subst. mas. (*kravô*) t. de jard., nom de plusieurs espèces d'œillets.

CRAYER, subst. mas. (*krèié*), t. de mar., bâtiment à trois mâts en usage dans la mer Baltique, chez les Danois et les Suédois. — T. de verrerie, cendre de charbon que la violence de la chaleur convertit en une espèce de verre.

CRAYEUSE, adj. fém. Voy. CRAYEUX.

CRAYEUX, adj. mas., au fém. CRAYEUSE (*krèieu, ieuze*), qui tient de la *craie*, qui en contient. — *Crayeux-acide* ; voy. CARBONIQUE.

CRAYON, subst. mas. (*krèion*) (de *craie*), nom générique qui désigne plusieurs substances minérales, colorées, et dont on se sert pour tracer des lignes, dessiner, etc. — Petit étui à coulisse, en bois ou en métal, qui renferme un *crayon* de mine de plomb ou autre, et dont on se sert pour dessiner, tracer, écrire, etc. : *mon crayon est cassé* ; il ne vaut plus rien. — Portrait d'une personne fait au *crayon*. Quoique nous trouvions encore ce mot sous cette acception dans l'*Académie*, nous pensons qu'on ne nous comprendrait plus, si nous disions encore avec elle : *il a fait le crayon d'un tel*, pour : il a fait son portrait. — Fig., la description qu'on en fait : *vous nous avez bien dépeint cet homme-là ; vous en avez fait un fidèle crayon*. — La première idée ou le premier dessin d'un tableau qu'on trace avec le *crayon*. — Il se dit fig. des ouvrages d'esprit : *cette pièce n'est encore qu'un crayon, un premier, un léger crayon*. Toutes ces acceptions figurées ont bien vieilli.

CRAYONNÉ, E, part. pass. de *crayonner*, et adj., se dit, en bot., des feuilles marquées de lignes longitudinales et peu saillantes.

CRAYONNER, v. act. (*krèioné*), dessiner avec un *crayon*. — Esquisser, faire au *crayon* la première ébauche d'un tableau, ou fig., d'un ouvrage d'esprit. — Dépeindre : *je vais vous crayonner mon individu*. — *se* CRAYONNER, v. pron.

CRAYONNEUR, subst. mas. ; au fém. CRAYONNEUSE (*krèioneur, neuze*), celui, celle qui *crayonne* : *ce n'est pas un peintre, c'est un crayonneur*. L'*Académie* refuse à tort un fém. à ce subst.

CRAYONNEUSE, adj. et subst. fém. Voy. CRAYONNEUR et CRAYONNEUX.

CRAYONNEUX, adj. mas., au fém. CRAYONNEUSE (*kréioneu, neuze*) : *terre crayonneuse*, qui est de la nature du *crayon*.

CRAZIE, subst. fém. (*krazi*) (emprunté de l'italien), monnaie de compte de Toscane, qui est la douzième partie de la livre (un sou cinq deniers de France, à peu près sept centimes). — Monnaie de billon du même duché.

CRÉADIER, subst. mas. (*kré-adié*), t. de pêche, filet qui a du rapport avec le tramail.

CRÉADION, subst. mas. (*kré-adion*), t. d'hist. nat., ordre d'oiseaux silvains.

CRÉANCE, subst. fém. (*kré-ance*) (du latin *credere*, croire), crédit sur l'esprit : *les choses les plus absurdes trouvent facilement créance parmi la populace.* — Assentiment ou adhésion de l'esprit à une opinion religieuse; croyance, foi : *la croyance des juifs, des chrétiens, des bramines.*—CRÉANCE, CROYANCE. (*Syn.*) La *croyance* est une opinion pure et simple; la *créance* est une *croyance* ferme, constante, entière. Vous donnez *croyance* à un fait qu'on vous rapporte sans autorité; vous n'accordez votre *créance*, une pleine *croyance*, qu'à des faits appuyés par des autorités puissantes. La *croyance* n'annonce pas la conviction, ou la persuasion qu'imprime la *créance*. Par la *croyance*, vous *croyez* peut-être sans savoir pourquoi vous *croyez*; par la *créance*, vous *croyez*, parce que vous pensez avoir raison de *croire*. Le peuple donne sa *croyance* à des choses indignes de *créance*. La *créance* a trait au crédit; la *croyance* en fait abstraction. Sur votre parole, vous trouverez de la *croyance*; avec une lettre de *créance* vous devez être cru. La *créance* porte sur des titres et des motifs dont la *croyance* peut se passer. — Tout ce qu'un souverain confie à son ministre pour en traiter avec un autre souverain; *lettres de créance*, lettres qui assurent qu'on peut ajouter foi à celui qui les porte. — On appelle aussi *lettre de créance*, une lettre qu'un banquier ou un marchand donne à une personne qui voyage, pour lui servir de lettre de change quand il aura besoin d'argent : *une lettre de créance sur Bordeaux, sur Amsterdam.* — Somme due par un débiteur à un *créancier*. — Titre qui donne une action à un *créancier* contre son débiteur. — On appelle *créance chirographaire*, celle qui est fondée sur un titre sous signature privée, qui n'emporte point d'hypothèque : *créance déléguée*, celle qu'un tiers est chargé de payer en l'acquit d'un autre; *créance douteuse*, celle dont le recouvrement est incertain, par rapport au peu de stabilité du débiteur; *créance hypothécaire*, celle qui résulte d'un titre authentique, tel qu'un jugement ou un acte passé devant notaire, et qui emporte, au profit du créancier, hypothèque sur les biens de l'obligé; *créance ordinaire*, celle qui n'est point privilégiée; *créance personnelle*, celle à laquelle la personne est principalement obligée, à la différence d'une *créance hypothécaire*, qui ne donne droit contre un tiers que comme détenteur d'un bien hypothéqué; *créance privilégiée*, celle à laquelle les lois accordent une faveur particulière et une préférence sur les *créances* ordinaires; *créance solidaire*, celle qui appartient en commun à plusieurs personnes qui sont chacune en droit d'en exiger la totalité, de manière néanmoins que, lorsque l'une d'elles exige cette totalité, les autres ne peuvent en exiger une seconde fois le paiement, sauf leur recours contre celle qui a reçu. — En t. de faucon., ficelle avec laquelle on retient l'oiseau qui n'est pas bien assuré : *oiseau de peu de créance*, sujet à s'essorer *ou* à se perdre. — En t. de vén. : *chien de créance*, auquel on peut se fier; *chien de bonne créance*, qui est aisé à conduire.

CRÉANCÉ, E, part. pass. du v. *créancer*.

CRÉANCER, v. act. (*kré-ancé*). Vieux mot qui s'est dit pour *assurer*, *garantir* quelqu'un ou quelque chose. Il pourrait être utile. — *se* CRÉANCER, v. pron.

CRÉANCIER, subst. mas. (*kré-ancié*), celui à qui une chose est due, et qui, à raison de sa *créance*, peut intenter une action en justice : *créancier privilégié, chirographaire, hypothécaire.* Voy. CRÉANCE.

CRÉANCIÈRE, subst. fém. (*kré-ancière*), celle à qui l'on doit. Voy. CRÉANCIER.

CRÉANTATION, subst. fém. (*kré-antâcion*), passation d'un acte quelconque chez un notaire. Il est vieux.

CRÉANTER, v. act. (*kré-anté*), cautionner, promettre, consentir, expédier un acte. Il est vieux et même hors d'usage.

CRÉAT, subst. mas. (*kré-a*) (de l'italien *creato*, créature, domestique, fait, ainsi que l'espagnol *criado*, domestique, serviteur, du latin *creatus*, part. pass. de *creare*, créer. Voy. CRÉATURE.), celui qui, dans un manège, enseigne à monter à cheval sous l'écuyer.

CRÉATEUR, subst. mas., au fém. CRÉATRICE (*kré-ateur, trice*) (en lat. *creator*), celui qui a *créé*; qui tire du néant. Dans le sens propre et rigoureux, il ne peut se dire que de Dieu. — Abusivement et par extension, celui qui invente en quelque genre que ce soit. Dans cette acception, on dit aussi adj. : *cet homme est créateur; il a le génie créateur.* — *Recevoir son créateur*, communier.

CRÉATION, subst. fém. (*kréâ-cion*) (en latin *creatio*), action du *créateur souverain*, par laquelle de rien il a fait quelque chose : *la création du monde; les merveilles de la création*, de l'univers, de tout ce qui a été *créé*. — Par extension, ce mot se dit même de ce que les hommes inventent, fondent ou établissent : *la création d'un mot, d'une académie.* — C'est encore l'action de former, de constituer des choses ou des fonctions nouvelles : *un pair de nouvelle création. Le pape a le droit de faire des créations de cardinaux.* — Nouvel établissement de charges, d'offices, de rentes, etc.

CRÉATRICE, subst. fém. Voy. CRÉATEUR.

CRÉATURE, subst. fém. (*kré-ature*) (en latin *creatura*, fait de *creare*, pris, ou dans sa signification propre *créer*, ou dans celle d'élire, choisir, etc.), tout être *créé*, spirituel ou matériel, animé ou inanimé. — Personne, soit homme, soit femme, et plus particulièrement même enfant. Quand on parle des femmes, il se prend ordinairement en mauvaise part : *cette créature le ruinera.* — Au fig., celui qui doit sa fortune, son élévation à un autre. En ce sens, il se dit particulièrement des cardinaux, par rapport au pape qui les a *créés* : *c'est une de ses créatures*, de ses protégés. — *C'était une créature de Pie VI.*

CRÉBÈBE, subst. mas. (*krébèbe*), arbre et fruit de Java.

CRÉCELLE, subst. fém. (*krécèle*) (par contraction de *crécerelle*, nom donné autrefois à cet instrument, à cause de la ressemblance du bruit qu'il fait avec le cri aigu de l'oiseau nommé *crécerelle*), moulinet de bois dont on se sert comme de cloche, le jeudi et le vendredi de la semaine sainte.

• **CRÉCERELLE**, subst. fém. (*krécerèle*) (du grec κρεκω; rendre un son aigu, désagréable. Ce n'est qu'une onomatopée.), oiseau de proie, dont la voix est aigre et très-aiguë.

CRÈCHE, subst. fém. (*krèche*) (suivant *Wachter*, dans son *Glossaire germanique*, du celtique et teutonique *krippe*, qui a d'abord signifié un *peigne*, ensuite un *râtelier*, à cause de sa ressemblance avec un *peigne*, et enfin une *crèche*, parce qu'elle est ordinairement sous le râtelier), mangeoire de bœufs, de vaches, d'ânes, de chèvres, de moutons, etc. — Le berceau de *Jésus-Christ*. — En archit., espèce d'éperon bordé d'une file de pieux et rempli de maçonnerie devant et derrière l'avant-bec de la pile d'un pont de pierre.

CRÉCISE, subst. fém. (*krécize*), instrument nouvellement inventé, et dont on se sert pour la fabrication des pierres factices et la construction des fourneaux.

CRÉCY, subst. propre mas. (*kréci*), ville de France, chef-lieu de canton, arrond. de Meaux, dép. de Seine-et-Marne.

CRÉCY-SUR-SERRE, subst. propre fém. (*krécicurcère*), bourg de France, chef-lieu de canton, arrond. de Laon, dép. de l'Aisne.

• **CRÉDENCE**, subst. fém. (*krédance*) (de l'allemand *kredents*, buffet, dont les Italiens ont fait également *credenza*, dans la même signification), petit buffet aux côtés de l'autel, sur lequel on met les burettes, etc.—L'*Académie* ajoute que ce mot désigne aussi dans certains établissements publics, tels que colléges, séminaires, etc., *l'endroit où l'on tient les provisions de bouche.* On s'est, il est vrai, autrefois servi de ce mot dans cette circonstance; mais il n'est plus guère en usage; on appelle *office*, comme dans toutes les grandes maisons, le lieu où l'on resserre les provisions.

CRÉDENCIER, subst. mas. (*krédancié*), panetier. (*Académie.*) Mot suranné, et presque inus.

CRÉDIBILITÉ, subst. fém. (*krédibilité*) (du lat. *credere*, croire), t. de dogmatique, *motifs de crédibilité*, raisons qu'on a de croire une chose. Quelques-uns ont dit aussi *degré de crédibilité.*

CRÉDIT, subst. mas. (*krédi*) (en lat. *creditum*, fait de *credere*, confier, livrer), réputation de solvabilité et d'exactitude à payer : *ce négociant a beaucoup de crédit; il trouverait un million sur son crédit.* — Ce qui est dû aux personnes auxquelles un négociant, etc., a ouvert un compte sur son grand-livre. On appelle *crédit personnel*, celui qui est fondé sur l'opinion que l'on a des qualités de celui qui emprunte; *crédit réel*, celui qui est fondé sur des sûretés réelles, des meubles, de l'argent, des revenus; et *crédit particulier*, celui dont jouit un simple particulier; *crédit général*, le résultat de la masse de tous les *crédits* particuliers; *crédit public*, le *crédit* de l'état. — Tous les articles qui doivent être portés en recette sur un compte. — En t. de teneur de livres, c'est la page à droite du grand-livre, sur laquelle il inscrit tous les articles reçus, tandis qu'il inscrit sur la page à gauche, qui porte le nom de *débit*, tous les articles fournis. Voy. CRÉDITEUR, pour la distinction à faire entre *crédit* et *créance*. —Autorité, pouvoir, considération, faveur dont on jouit auprès de quelqu'un. — CRÉDIT, FAVEUR. (*Syn.*) Le *crédit* est la facilité de déterminer la volonté de quelqu'un suivant nos désirs, en vertu de l'ascendant que nous avons sur son esprit, ou de la confiance qu'il a en nous. La *faveur* est la facilité que nous trouvons dans une personne disposée à faire tout ce qui nous est agréable, en vertu d'une faiblesse qu'elle a pour nous, ou d'une bienveillance qu'elle nous prodigue. Le *crédit* est une faculté, une force, une puissance que nous exerçons sur autrui, il est dans nos mains; la *faveur* est un sentiment, un penchant, une faiblesse de celui qui se livre à nous; elle est dans son cœur. On dit, *la faveur du prince, la faveur du peuple*, et non *le crédit du prince, le crédit du peuple*, parce que la *faveur* est la bienveillance même du prince, du peuple qui se porte vers nous, et que le *crédit* est l'ascendant que nous avons nous-mêmes, et dont nous usons sur le prince, sur le peuple. Le *crédit* s'acquiert, la *faveur* se gagne. Quelquefois le *crédit* se gagne et la *faveur* se donne. *Les lumières, les talents, les services, les vertus acquièrent le crédit, par la bonne opinion, l'estime, la considération, la confiance qu'ils inspirent : les complaisances, les flatteries, les adulations, le dévouement servile, gagnent la faveur, par une sorte de gratitude, par le retour, l'affection, l'attachement, le besoin de nous. Un bon ministre acquiert du crédit sur un roi sage : un courtisan, habile à satisfaire les goûts du prince, gagne sa faveur.* On gagne la *faveur* du peuple, qui aime sans raison; on acquiert du *crédit* dans une compagnie où la justice est consultée. *Le crédit de Sully triompha souvent de la faveur des maîtresses.* — On dit : *faire crédit à quelqu'un* ou *donner une marchandise à crédit*, la livrer sans en exiger sur l'heure le paiement. — *Donner crédit sur soi*, c'est se reconnaître débiteur envers quelqu'un. —*Prêter son crédit*, c'est prêter son nom et fournir son obligation pour emprunter des deniers qui doivent tourner au profit d'une autre personne.— En termes d'administration publique, *avoir un crédit* sur une caisse, c'est être autorisé à prendre une certaine somme à cette caisse. On dit, dans le même sens : *faire un crédit.* — Fig. et fam., *faire crédit à quelqu'un de quelque chose*, l'en dispenser. — *Donner crédit à quelqu'un*, le créditer. — *Avoir du crédit sur quelqu'un*, quelque pouvoir sur lui.— Prov., *faire crédit de la main jusqu'à la bourse*, ne faire aucun *crédit*. — *Crédit est mort*, on ne fait plus *crédit*. — *Lettre de crédit*, dont le porteur peut toucher de l'argent de ceux à qui elle est adressée. — *à* CRÉDIT, loc. adv. : *acheter à crédit*, sans payer sur-le-champ. — Inutilement, sans profit : *vous vous fatiguez à crédit.* — Sans preuve, sans fondement : *vous avancez cela à crédit.*

CRÉDITÉ, E, part. pass. de *créditer*. *Être crédité sur une ville*, signifie : avoir un *crédit*, des lettres de *crédit* sur cette ville : *je suis crédité sur Hambourg.*

CRÉDITER, v. act. (*crédité*), t. de comm. et de teneur de livres. Porter un article au *crédit* d'un compte. — *se* CRÉDITER, v. pron.

CRÉDITEUR, subst. mas. (*kréditeur*), t. de négoce, créancier; avec cette différence que le mot *créditeur*, particulièrement consacré au commerce, est relatif à la manière dont une *créance* doit être placée sur les livres, et que le mot *créan-*

cier, embrassant toutes les espèces de *créances*, a un rapport plus direct à l'action en justice contre le débiteur. La même distinction a lieu entre *crédit* et *créance*. Ce mot manque dans l'*Académie*. Synonyme de *créancier*, il est spécialement employé en matière de commerce, par opposition au mot *débiteur*.

CREDO, subst. mas. (*krédô*), le Symbole des apôtres, qui contient les articles principaux de notre foi, et qui commence par ce mot purement latin. Il signifie *je crois*.

CRÉDULE, adj. des deux genres (*krédule*) (en lat. *credulus*, fait de *credere*, croire), qui croit trop facilement : *homme, esprit crédule*.— On dit quelquefois subst. : *c'est un crédule*, pour : un homme *crédule*.

CRÉDULEMENT, adv. (*créduleman*), avec *crédulité*.

CRÉDULITÉ, subst. fém. (*krédulité*) (en latin *credulitas*), facilité à croire sur un fondement très-léger.

CRÉÉ, E, part. pass. de *créer* : *rente créée sur l'état*. — Il s'emploie aussi subst., mais seulement au mas. : *le créé doit rester dans la dépendance de son créateur*. Peu usité.

CRÉER, v. act. (*kré-é*) (en latin *creare*), donner l'être à..., tirer du néant, faire une chose de rien. Il ne se dit proprement que de Dieu. — Abusivement et par extension, établir de nouvelles charges, de nouvelles rentes, etc. — *Créer*, se dit des choses que l'on invente, de choses inconnues auparavant : *on créa des préteurs à qui l'on donna la puissance de juger les affaires privées*. — Contracter des dettes. — Constituer : *créer une rente*. — Faire, imaginer. — *se* **CRÉER**, v. pron. : *se créer des embarras*, aller chercher des difficultés où il n'y en a pas.

CREIL, subst. propre mas. (*kréie*), ville de France, chef-lieu de canton, arrond. de Senlis, dép. de l'Oise. On y remarque les ruines du château où Charles VI fut détenu pendant sa démence.

CRÉMAILLÈRE, subst. fém. (*krémâ-ière*) (suivant *H. Étienne*, du grec κρεμαω, je suspends; suivant *Huet*, du grec κρεμαθρα, corde, ce qui tient une chose suspendue), fer dentelé et recourbé à son extrémité inférieure, qu'on pend dans une cheminée, et dont on se sert pour élever sur le feu des chaudières et des marmites.—Fam., *pendre la crémaillère*, traiter pour la première fois dans un logement. —Fers dentelés qui se mettent à quelques chaises et lits de repos pour abaisser et relever le dossier.—En t. d'horl., pièce d'une montre ou pendule à répétition, que l'on pousse, ou que l'on tire avec le cordon quand on veut qu'elle répète.— En t. de fortification, disposition particulière d'une ligne de circonvallation en forme de dents de scie.—T. de mar., adents pratiqués dans deux pièces de bois qu'on veut réunir pour composer une vergue. — T. de bot., nom donné à la cuscute.

CRÉMAILLON, subst. mas. (*krémâ-ion*), petite *crémaillère* qui s'accroche à une plus grande.

CRÉMAÏOLE, subst. mas. (*kréma-iole*), sorte de bonnet antique.

CRÉMASTÈRE, adj. des deux genres (*krémacetère*) (du grec κρεμαστηρ, qui suspend quelque chose, fait de κρεμαω, je suspends), épithète qu'on donne en anatomie à deux muscles qui tiennent les testicules suspendus. Il est aussi subst. mas.

CRÉMASTOCHEILE, subst. mas. (*krémacetochèle*), t. d'hist. nat., sorte d'insecte de l'ordre des coléoptères.

CRÉMATION, subst. fém. (*krémâcion*) (du latin *cremare*, brûler), brûlement de cadavres. Peu usité.

CREMBALE, subst. fém. (*kreinbale*) (en grec κρεμβαλον), instrument de musique chez les anciens, qu'on faisait résonner avec les doigts. Suivant ce que dit *Athénée*, ce devait être une espèce de castagnettes, ou de tambour de basque.

CRÈME, subst. fém. (*krème*) (suivant *Scaliger*, *crème* est un ancien mot usité avec la même signification dans la Gaule cisalpine; et c'est de là, dit-il, que vient le nom de la ville de *Crémone*, ainsi appelée par les Gaulois à cause de la fertilité de son territoire), la partie la plus délicate et la plus grasse du lait, de laquelle on fait le beurre.—Mets composé de beurre et de jaunes d'œufs auxquels on joint quelquefois du café, du chocolat : *crème au café*. — *Crème* se dit aussi de certaines liqueurs, comme étant des extraits précieux des meilleurs fruits : *crème de menthe*.—Fig. et fam., ce qu'il y a de meilleur en quelque genre que ce soit : *c'est la crème des honnêtes gens ; il a extrait la crème de ce livre*. — *Crème fouettée*, celle qui, à force d'être battue, se change en écume. Au fig. ce qui paraît quelque chose et qui n'est rien au fond : *ce style n'est que de la vraie crème fouettée*, il n'y a que du brillant et rien de solide. — *Crème de tartre*, tartre purifié qui se forme en crystaux. — *Crème de chaux*, la partie de la chaux pierreuse la plus atténuée, la plus voisine de l'état salin, et qui se dissout dans l'eau lorsqu'on y éteint de la chaux vive.

CRÉMENT, subst. mas. (*kréman*) (en lat. *crementum*, fait de *crescere*, croître), en t. de gram., accroissement de syllabes qui survient à un mot considéré comme radical dans la formation des mots qui en dérivent grammaticalement. Il ne se dit guère que des langues anciennes. *Caput* fait au génitif *capitis*; τιταν fait τιτανος : ainsi il y a un *crément* aux génitifs de ces noms, parce qu'ils ont une syllabe de plus que le nominatif. — Accroissement de terrein qui se forme dans les rivières ou sur les rivages.

CRÉMER, v. neut. (*krémé*), se dit du lait quand il s'y forme de la *crème*. — *se* **CRÉMER**, v. pron., se former en *crème*.

CRÉMER, subst. mas. (*krémère*), maladie qu'on dit être endémique en Hongrie. (*Trévoux*.)

CRÉMEUSE. adj. Voy. **CRÉMEUX**.

CRÉMEUX, adj., au fém. **CRÉMEUSE** (*krémeu, meuze*), qui fournit, qui produit de la *crème*.

CRÉMIER, subst. mas., au fém. **CRÉMIÈRE**, (*krémié, mière*), celui ou celle qui vend de la *crème*. L'*Académie* ne donne pas le mas. de ce mot. Il est cependant fort usité.

CRÉMIEUX, subst. propre mas. (*krémieu*), ville de France, chef-lieu de canton, arrond. de La-Tour-du-Pin, dép. de l'Isère.

CRÉMILLÉE, subst. fém. (*krémiié*), t. de serrurier, garde de serrure.

CRÉMIOLE, subst. fém. (*krémiole*), nom qu'on donnait autrefois à certains bonnets à l'usage des hommes.

CREMNOBATE, subst. mas. (*krèmenobate*) (du grec κρεμαω, je suspends, je tiens en suspens, et βαινω, je monte), t. d'hist. anc., danseur de corde.

CREMNOMÈTRE, subst. mas. (*krèmenomètre*) (du grec κρεμαω, je tiens en suspens, et μετρον, mesure), instrument propre à peser les résidus des filtres, et en général tous les précipités légers et rares.

CREMNOMÉTRIQUE, adj. des deux genres (*krèmenométrike*), qui est relatif au *cremnomètre*.

CREMNONCOSE, subst. fém. (*krèmenonkôze*) (du grec κρημνος, lèvre d'une plaie, et ογκος, tumeur), t. de chir., tumeur qui survient aux lèvres de la vulve.

CRÉMOCARPE, subst. mas. (*krèmokarpe*), t. de bot., nom donné au fruit de certaines plantes ombellifères.

CRÉMONAIS, subst. propre mas. (*krémonè*), petit pays d'Italie qui prend son nom de la ville de *Crémone*, sa capitale.

CRÉMONAIS, E, subst. et adj. (*krémonè, nèze*), qui est de *Crémone*, ou qui y a rapport.

CRÉMONE, subst. propre fém. (*krémone*), ville capitale du duché de Milan.

CRÉMONE, subst. mas. (*krémone*), fichu frisé. (*Boiste*.) Inus.

CRÉNAGE, subst. mas. (*krénaje*), t. de fondeur de caractères, action de *créner*.

CRÉNAMON, subst. mas. (*krénamon*), t. de bot., genre de plantes de la famille des chicoracées.

CRÉNATULE, subst. fém. (*krénatule*), t. d'hist. nat., genre de coquilles bivalves.

CRÉNAU (nous ne trouvons ce mot que dans *Laveaux*, et nous craignons que ce ne soit un barbarisme; pourquoi ne pas écrire **CRÉNEAU**, puisque cette orthographe existe en français ?) subst. mas. (*krénô*), t. de mar., conduit qui sert de passage aux ordures des bouteilles et de la poulaine à la mer.

CRÉNÉ, E, part. pass. de *créner*, et adj. : *des lettres crenees*.—Les fondeurs le font subst. fém. : *Il y a beaucoup de crénées dans le caractère grec*. — En t. de bot., il se dit des parties dont le bord a des dents arrondies sans aucune pointe manifeste.

CRÉNEAU, subst. mas. (*krénô*) (du lat. *crena*, entaille, cran, fente), dentelure pratiquée au haut des murs des anciens châteaux, etc., pour voir au dehors et tirer sur l'ennemi sans être à découvert. — *Créneau*, en t. d'art milit., se dit encore, ajoute l'*Académie*, de l'intervalle que les pelotons laissent entre eux, lorsqu'ils sont en ordre de bataille. Cette acception nous semble être un peu risquée.

CRÉNÉE, subst. fém. (*kréné*), t. de bot., plante aquatique et à fruits. — Lettre *crénée*.

CRÉNÉES, subst. propre fém. plur. (*kréné*) (du grec κρηνη, fontaine), dans l'ancienne mythologie, nom donné aux Naïades, ou nymphes des fontaines.

CRÉNEL, subst. mas. (*krénel*), oiseau du lac de Genève.

CRÈNELAGE et non pas **CRÉNELAGE**, subst. mas. (*krènelaje*), t. de monnayeur, cordon fait dans l'épaisseur d'une pièce de monnaie.

CRÈNELÉ, E, part. pass. de *créneler*, et adj., fait en forme de *créneaux*. — En t. de blas., qui a des *créneaux* ; *pal, chef crènelé*. — En bot., *feuilles crènelées*, dont les bords sont garnis de dents arrondies qui ne sont tournées vers aucune de leurs deux extrémités.

CRÈNELÉE, subst. fém. (*krènelé*), t. d'hist. nat., poisson du genre des perches.

CRÈNELER et non pas **CRÉNELER**, v. act. (*krènelé*), faire des *créneaux*, façonner en forme de *créneaux* ; faire des dents, des entaillures à une roue de montre, de moulin ou autre chose. — Marquer la monnaie.— *se* **CRÈNELER**, v. pron.

CRÈNELURE, subst. fém. (*krèneture*), dentelure faite en *créneaux*, découpure en forme de dents.

CRÉNER, v. act. (*kréné*), t. de fondeur de caractères d'imprimerie; évider les traits saillants d'une lettre ou d'un filet. — *se* **CRENER**, v. pron.

CRÈNERIE, subst. fém. (*krèneri*), action de *créner*. Le mot **CRÉNAGE**, que donne l'*Académie*, nous paraît mieux formé. Du reste, elle ne dit pas *crènerie* ; nous n'insérons ce dernier que parce que nous le lisons dans tous les *Dictionnaires*.

CRÉNEUR, subst. mas., au fém. **CRÉNEUSE** (*kréneur, neuze*), t. de fonderie, celui, celle qui *crène*.

CRÉNEUSE, subst. fém. Voy. **CRÉNEUR**.

CRÉNILABRE, subst. mas. (*krénilabre*), t. d'hist. nat., sous-genre établi aux dépens des labres et des lutjans.

CRÉNIO, subst. mas. (*krénio*), t. de verrerie, auge employée dans les verreries en plat.

CRÉNIROSTRES, adj. et subst. mas. plur. (*krénirocetre*) (du lat. *crena*, fente, échancrure, et *rostrum*, bec; *bec échancré*), t. d'hist. nat., famille d'oiseaux passereaux, dont le *bec* supérieur porte sur ses bords des *crènelures* plus ou moins profondes.

CRÉNON, subst. mas. (*krénon*), nom des premières divisions du bloc d'ardoise, dans le fond de la carrière.

CRÉNOPHYLAGUE, subst. mas. (*krénofilague*) (du grec κρηνοφυλαξ, composé de κρηνη, fontaine), magistrat d'Athènes qui était préposé à la garde des fontaines. Hors d'usage.

CRÉNULÉ, E, adj. (*krénulé*), t. d'hist. nat., qui a de petites *crènelures*.

CRÉNURES, subst. fém. plur. (*krénure*), t. d'imprimerie, ouvertures oblongues et pratiquées dans les barres du châssis pour recevoir les ardillons des pointures.

CRÉOLE, subst. des deux genres (*kré-ole*) (en espagnol *criollo* ; on a même dit autrefois *criole*), nom qu'on donne à un Européen d'origine, qui est né dans les colonies : *un créole, une créole*.

CRÉOLISÉ, E, adj. (*kré-olizé*), acclimaté, habitué aux colonies. (*Boiste*.) Peu en usage.

CRÉON, subst. propre mas. (*kré-on*), bourg de France, chef-lieu de canton, arrond. de Bordeaux, dép. de la Gironde. — Myth., frère de Jocaste. Il s'empara du royaume de Thèbes après le désastre de la famille de Laïus, et fit mourir Antigone, parce qu'elle avait donné la sépulture à ses frères. On prétend que ce fut lui qui jeta et entretint la division entre Étéocle et Polynice, jusqu'à ce que ces deux princes se fussent tués dans un combat singulier.— Il y eut un autre *Créon*, roi de Corinthe, que Médée fit périr misérablement.

CRÉONTIADÈS, subst. propre mas. (*kré-onciadèce*), myth., fils d'Hercule et de Mégare, que son père en fureur tua à son retour des enfers.

CRÉOPHAGE, adj. et subst. mas. (*kré-ofaje*) (du grec κρεας, chair, et φαγω, je mange), t. d'hist. nat., famille d'insectes coléoptères, qui se nourrissent de petits animaux vivants.

CRÉOPHAGIE, subst. fém. (*kré-ofaji*), action de se nourrir habituellement de chair. Inus.

CRÊPAGE, subst. mas. (*krêpaje*), apprêt donné au *crêpe*.

CRÊPE, subst. mas. (*krêpe*) (du lat. *crispus*, frisé, ondé), sorte d'étoffe un peu frisée et fort claire, faite de laine fine ou de soie crue et gommée : *coiffe, bandeau, voile, ceinture de crêpe.*—*Crêpe lisse*, qui n'est pas frisé.—Pris absolument et sans addition, il se dit du *crêpe* noir qu'on met au chapeau ou au bras en signe de deuil. — *Le crêpe de la nuit*, en style poétique : *la nuit.*

CRÊPE, subst. fém. (*krêpe*), pâte fort délayée et qu'on fait cuire légèrement en l'étendant dans la poêle.

CRÊPÉ, subst. mas. (*krêpé*), sorte de frisure.

CRÊPÉ, E, part. pass. de *crêper*.

CRÉPELU, E, adj. (*krépelu*), nous lisons dans *Trévoux* que ce mot s'est dit pour *crépu*.

CRÊPER, v. act. (*krêpé*), friser en faisant bouffer : *crêper des cheveux.*—*Crêper une étoffe*, donner à une étoffe une façon qui fait qu'elle a quelque ressemblance avec le *crêpe*. — SE CRÊPER, v. pron., se friser : *se crêper les cheveux.*

CRÉPI, subst. mas. (*krépi*), enduit qui se fait sur une muraille avec du gros mortier, et quelquefois avec du plâtre.

CRÉPI, subst. propre mas. (*krépi*), ville de l'ancienne province de l'Ile de France, dans le comté de Valois; on l'appelle même assez souvent : *Crépi en Valois*. Elle se trouve entre *Meaux* et *Compiègne*.

CRÉPI, E, part. pass. de *crépir*, et adj.

CRÉPIDE, subst. fém. (*krépide*), t. de bot., genre de plantes qui a beaucoup de rapport avec les épervières.

CRÉPIDULE, subst. fém. (*krépidule*), t. d'hist. nat., genre de coquilles univalves.

CRÉPIDULIER, subst. mas. (*krépidulié*), t. d'hist. nat., animal de la coquille nommée *crépidule*.

CRÉPIN (SAINT-), subst. mas. (*krépein*), usité seulement dans cette phrase banale et populaire : *perdre* ou *porter tout son saint-crépin*, perdre ou porter tout ce qu'on a. *Saint Crépin* est le patron des cordonniers; et ceux qui courent le pays portent leurs outils dans un sac, qu'ils appellent *un saint-crépin*.

CRÉPINE, subst. fém. (*krépine*), sorte de frange tissue et ouvragée par le haut, et dont on orne les lits, les dais, etc. — Espèce de tissu de graisse qui couvre la panse de l'agneau, et que l'on étend sur les rognons lorsque l'agneau est habillé.

CRÉPINETTE, subst. fém. (*krépinète*), sorte de cervelas qu'on nomme aussi saucisse plate.

CRÉPINIÈRE, subst. fém. (*krépinière*), t. de bot., épine-vinette.

CRÉPIR, v. act. (*krépir*), enduire une muraille avec du gros mortier ou du plâtre. — *Crépir les cuirs*, donner aux cuirs, avant de les passer au suif, la façon qui fait sortir le grain du côté de la fleur.—*Crépir le crin*, en t. de cordier, faire bouillir le crin dans l'eau, après l'avoir cordé, pour le friser. — SE CRÉPIR, v. pron.

CRÉPIS, subst. mas. (*krépi*), t. de bot., plante de la famille des chicoracées. — Genre de plantes établi par Linnée.

CRÉPISSURE, subst. fém. (*krépiçure*), action de *crépir* : le *crépi* d'une muraille. *Crépi* est plus usité.

CRÉPITANT, E, adj. (*krépitan, tante*), t. de médec., qui *crépite*.—Se dit du bruit que fait entendre la respiration au premier degré de la pneumonie.

CRÉPITATION, subst. fém. (*krépitâcion*) (du lat. *crepitare*, craquer, pétiller), bruit d'une flamme qui pétille. — En t. de chir., bruit que font les os fracturés, quand les extrémités de la fracture viennent à frotter l'une contre l'autre.

CRÉPITER, v. act. (*krépité*) (en lat. *crepitare*), faire du bruit.—T. de médec., se dit en parlant de la respiration gênée qu'on éprouve au premier degré de la pneumonie : *sa poitrine crépite.*—Pour les autres sens, voy. DÉCRÉPITER.

CRÉPON, subst. mas. (*krépon*), t. de comm., étoffe qui ressemble au *crêpe*, et qui est tantôt de laine, tantôt de soie et de laine, et même de soie seule; elle n'est point croisée, et la chaîne en est plus torse que la trame.

CREPS, subst. mas. (*krèpece*), jeu anglais qui se joue avec des dés. — Sorte d'étoffe.

CRÉPU, E, adj. (*krépu*), *crêpé*, fort frisé : *des cheveux crépus*. — Se dit, en bot., des feuilles dont la circonférence se contracte en replis nombreux, irréguliers, chiffonnés, comme dans certaines mauves. On dit aussi *frisé*.

CRÉPUSCULAIRE, adj. des deux genres (*krépuceculère*), qui appartient au *crépuscule* : *cercle crépusculaire*, petit cercle parallèle à l'horizon, au-dessous duquel il est abaissé de dix-huit degrés. C'est le cercle qui termine les *crépuscules*.

CRÉPUSCULE, subst. mas. (*krépucekule*) (du latin *crepusculum*, formé de *creperus*, douteux, incertain, et *lux, lucis*, lumière; *lumière douteuse*), clarté qui précède le lever du soleil, et qu'on aperçoit aussi après le coucher de cet astre. — Fig. : *le crépuscule de la raison*, les premiers temps où un enfant commence à faire quelque usage de sa raison.

CRÉPUSCULIN, E, adj. (*krépucekulein, line*), du *crépuscule*; qui concerne le *crépuscule*. Peu usité.

CRÉQUI, subst. propre mas. (*kréki*), bourg ou village de l'ancien pays d'*Artois* en France.

CRÉQUIER, subst. mas. (*krékié*), t. de bot., espèce de prunier sauvage. — En blas., *le créquier* ressemble à un chandelier à sept branches.

CRÈS, subst. fém. (*krè*), t. de comm., toile fabriquée à Morlaix et dans ses environs.

CRESANE, subst. fém. (*krezane*). Voy. CRASSANE.

CRESCENDO, subst. mas. (*krècecheindô*), emprunté de l'italien, où il signifie *en croissant*. Il désigne, en musique, un renflement graduel de son. Au plur., des *crescendo*. — Il est aussi adv., et il signifie encore en croissant, en augmentant : *sa mauvaise humeur va crescendo*. Style fam.

CRÉSEAU, subst. mas. (*krézô*), t. de comm., grosse serge croisée, à deux envers.

CRESPHONTE, subst. propre mas. (*krècefonte*), myth., un des descendants d'Hercule, célèbre parmi les héros de la Grèce.

CRESPY, subst. propre mas. (*krèpi*), ville de France, chef-lieu de canton, arrond. de Senlis, dép. de l'Oise.

CRESSE, subst. fém. (*krèce*), t. de bot., plante de la famille des liserons.

CRESSERELLE, subst. fém. (*krècerèle*), t. d'hist. nat., oiseau du genre faucon.

CRESSON, subst. mas. (*krèçon*), t. de bot., genre de plantes crucifères, dont quelques espèces sont employées dans les cuisines. — On donne le nom de *cresson d'Inde* à la capucine. — *Cresson alénois*. Voy. ALÉNOIS.

CRESSONNIÈRE, subst. fém. (*krèçonière*), lieu où croît le *cresson*.

CREST, subst. propre mas. (*krècete*), ville de France, chef-lieu de canton, arrond. de Die, dép. de la Drôme.

CRÉSUS, subst. propre mas. (*krézuce*), nom d'un roi de Lydie qui possédait d'immenses richesses. C'est de là que l'on dit d'un homme très-riche : *c'est un Crésus ; riche comme un Crésus*.

CRÉTACÉ, E, adj. (*krétacé*) (en lat. *cretaceus*, fait de *creta*, craie), de la nature de la *craie*; qui en contient.

CRÈTE, subst. propre fém. (*krète*), ancien nom de l'île qu'on appelle aujourd'hui *Candie*. Elle est située à l'entrée de l'Archipel sur la mer Méditerranée.

CRÊTE, subst. fém. (*krète*) (en lat. *crista*), la huppe de chair, ordinairement dentelée, que certains oiseaux ont sur la tête : *la crête d'une alouette*. — La partie relevée qui se trouve sur la tête de certains serpents. — Rangée d'arêtes que quelques poissons ont vers la tête. — Pièce de fer élevée en forme de *crête* sur un habillement de tête : *la crête d'un casque*.—Le haut de la terre relevée sur le bord d'un fossé ou le long d'une platebande. — La cime d'une montagne, d'un rocher. — En t. de fortification, la partie la plus élevée du glacis qui forme le parapet du chemin couvert. — En t. de chir., excroissance charnue qui vient au fondement, et qui ressemble à une *crête* de poule. — En t. de marchand de blé, tas de blé élevé dans un bateau en forme pyramidale. — *Crête de morue*, morceau de morue du dessus du dos. — Fig. et fam. : *lever la crête*, s'enorgueillir, s'en faire accroire. — *Baisser la crête*, perdre de son orgueil, de son courage, de sa vigueur, etc. — *Rabaisser la crête à quelqu'un, lui donner sur la crête*, rabattre son orgueil, le mortifier. — Au plur., arêtières de plâtre dont on scelle les tuiles faîtières.

CRÊTÉ, E, adj., qui a une *crête* : *un coq bien crêté*. — On le dit, en t. de blason, de ce qui est, sur la tête d'un coq, d'une autre couleur que le corps entier, et en général de tous les oiseaux et poissons qui ont des *crêtes*.

CRÊTE-DE-COQ, subst. fém. (*krètedekoke*), voy. COQ. — T. de bot., sorte de plante. — En t. d'hist. nat., coquillage bivalve du genre des huîtres. — En anat., éminence de l'os ethmoïde qui avance dans la cavité du crâne. — Au plur., des *crêtes-de-coq*.

CRÉTÉE, subst. propre fém. (*krété*), myth., nymphe qui donna son nom à la fameuse île de la Méditerranée qu'on appelle *Crète*, et dont les habitants sacrifiaient des hommes à Jupiter et à Saturne. La plupart des dieux et des déesses ont pris naissance dans cette île.

CRÊTELER, v. neut. (*krêtelé*), cri de la poule lorsqu'elle a pondu. Voici ce que nous lisons dans le *Dictionnaire de Trévoux*, relativement à ce mot : *crêteler* est le terme dont on se sert pour exprimer la manière dont les poules crient quand elles ont pondu : *cette poule a pondu, car elle crêtelle*. Lorsqu'elles veulent pondre, elles *caquettent*, et lorsqu'elles couvent, elles *gloussent, glossent, glocissent*, ou *clocloquent*. Chacun de ces termes est une onomatopée, et c'est ce qui nous a déterminés à en faire mention.

CRETELLE, subst. fém. (*kretèle*), t. de bot., genre de plantes de la famille des graminées.

CRÊTE-MARINE, subst. fém. (*krètemarine*), sorte de plante baccile.—Au plur., des *crêtes-marines*.

CRÉTIDES, subst. fém. plur. (*krétide*), myth., nymphes de l'île de *Crète*.

CRÉTHON, subst. propre mas. (*kréton*), myth., fils de Dioclès. Il alla au siége de Troie avec son frère Orsiloque, où ils furent tués d'un seul coup par Énée. Ménélas eut bien de la peine à retirer leurs cadavres des mains des ennemis.

CRÉTIN, subst. mas. (l'*Académie* ne donne que le mas.; pourquoi ne dirait-on pas *crétine* aussi au fém.? Les filles sont affectées du *crétinisme* comme les garçons.) (*krétin*) (de *chrétien, bon chrétien, chrétien par excellence*; parce que, dit-on, les malheureux *crétins* sont incapables de commettre aucun péché), nom qu'on donne dans quelques contrées voisines des Alpes à des individus qui sont tout-à-fait stupides, et dans lesquels la dépravation de la nature humaine paraît portée à son plus haut point. C'est une sorte d'infirmité locale, à laquelle se trouvent ordinairement joints des goîtres énormes.

CRÉTINAGE, subst. mas. (*krétinaje*), état des *crétins*.

CRÉTINISME, subst. mas. (*krétiniceme*), t. de médec., sorte de maladie qui affecte particulièrement certains habitants des montagnes et surtout de celles du Valais. Voy. CRÉTIN.

CRÉTIQUE, adj. des deux genres et subst. mas. (*krétike*), pied de vers grec ou latin, nommé aussi amphimacre.

CRÉTISER, v. act. (*krétizé*), mentir et tromper comme les *Crétois*. (*Boiste*.) Inusité.

CRÉTOIS, E, subst. et adj. (*krétoa, toaze*), qui est de l'île de *Crète*, ou qui y a rapport.

CRETONIER (et non point **CRETONNIER** : ce mot n'existant pas dans l'*Académie*, nous le formons de la manière conforme au génie de la langue), subst. mas. (*kretonié*), celui qui fait du suif avec des *cretons*, qui fait et vend des *cretons*.

CRETONNE, subst. fém. (*kretone*), sorte de toile blanche qui se fabrique du côté de Lisieux, ainsi appelée du nom de celui qui en fabriqua le premier : *des chemises de cretonne*.

CRÉTONS, subst. mas. plur. (*kréton*), résidu des pellicules que renferme le suif avant d'être fondu.

CREUILLY, subst. propre mas. (*kreuiei*), bourg de France, chef-lieu de canton, arrond. de Caen, dép. du Calvados.

CREUSAGE, subst. mas. (*kreuzaje*), t. de graveur en bois, action de *creuser* le bois aux places nécessaires, avec la gouge, et de le polir avec le grattoir à *creuser*.

CREUSE, adj. fém. Voy. CREUX.

CREUSE, subst. propre fém. (*kreuze*), dép. de France, qui tire son nom de la rivière qui le traverse.

CRÉUSE, subst. propre fém. (*kré-uze*), myth., fille de Priam, et femme d'Enée. Elle disparut pendant l'embrasement de Troie, après avoir été enlevée par Cybèle, pour n'être point exposée aux insultes du vainqueur. Il y eut une autre *Créuse*, fille de Créon, roi de Corinthe, qui épousa Jason, après qu'il eut répudié Médée. Pour se venger de cet affront, celle-ci envoya en présent à *Créuse* une petite boîte, d'où sortit un feu qui embrasa le palais, et la fit périr avec son père. Euripide dit que le présent que Médée fit à *Créuse* consistait en ornements qui s'enflammèrent aussitôt que celle-ci s'en fut parée, et produisirent le même effet que le feu de la boîte. Hygin, et quelques autres, donnent à la fille de Créon le nom de Glaucée.

CREUSÉ, E, part. pass. de *creuser*.

CREUSEMENT, subst. mas. (*kreuzeman*), action de *creuser*. Peu usité, dit l'*Académie*.

CREUSER, v. act. (*kreuzé*), caver, rendre *creux*. — Dans la gravure, rentrer une taille pour qu'elle soit plus profonde. — Fig., approfondir, avec cette différence que *creuser* a plus de rapport au travail et à la progression lente des découvertes, et que *approfondir* tient plus du succès, et désigne mieux le terme du travail : *on doit d'autant moins creuser les mystères de la religion, qu'il est impossible de les approfondir.* — *Creuser son tombeau*, se rendre, par sa conduite et ses excès, la cause de sa mort. — *Creuser* s'emploie aussi comme verbe neutre : *creuser bien avant; creuser dans une matière, jusqu'au fond d'une affaire.* —*se* **CREUSER**, v. pron. : *se creuser le cerveau*, se fatiguer l'esprit.

CREUSET, subst. mas. (*kreuzé*) (du français *creux*. Les Italiens disent *crogiuolo*, et les Anglais *crucible*, faits, l'un et l'autre, du lat. barbare *crucibulum*, employé par les auteurs de la basse latinité dans le sens de vase qui sert à fondre des métaux, et dérivé de *crux*, parce qu'anciennement ce vase était marqué d'une croix.), vaisseau de terre pour faire fondre les métaux. — On dit fig. : *sa vertu a été mise au creuset*, elle a passé par toutes sortes d'épreuves. — T. d'hist. nat., espèce d'agaric.

CREUSISTE, subst. mas. (*kreuzicete*), fabricant de *creusets*. Mot inusité forgé par *Raymond*.

CREUSOIR, subst. mas. (*kreuzoar*) (rac. *creuse*), outil de luthiers sur lequel ils affermissent la table et l'instrument de musique pour le *creuser*.

CREUSON, subst. mas. (*kreuzon*), monnaie de la valeur d'une piastre à Milan.

CREUSURE, subst. fém. (*kreuzure*), t. d'horloger, qui sert à désigner les cavités.

CREUTZER, subst. mas. (*kreutezère*), nom donné à la soixantième partie du florin d'Allemagne, et à une petite monnaie de Suisse dont la valeur varie selon les lieux.

CREUX, subst. mas. (*kreu*), cavité : *faire un creux; tomber dans un creux.* — *Creux de la main*, cavité que l'on fait dans la paume de la main, en la pliant un peu. — *Le creux de l'estomac*, cavité extérieure qui est entre l'estomac et la poitrine. — Petit renfoncement qui se forme au visage de quelques personnes lorsqu'elles rient. — En t. de mar., 1° profondeur d'un vaisseau; 2° enfoncement que le vent fait dans la voile quand il l'enfle. — En t. d'archit., l'espace vide d'une colonne. — En t. de fondeur, moule pris sur un *modèle*, et qui doit servir à mouler quelque figure semblable à ce modèle. Il ne s'emploie que pour les moules en plâtre : on ne dit pas *un creux de potée*, mais *un moule de potée*. — Voix de basse-taille qui descend fort bas : *il a un beau, un grand creux;* ou : *c'est un beau, un bon creux.* — On dit qu'*un corps sonne le creux*, pour dire que le son qu'il rend, quand on le frappe, indique un espace vide dans l'intérieur.

CREUX, adj. mas., au fém. **CREUSE** (*kreu, kreuze*) (suivant *Ménage*, du lat. *scrobs, scrobis*, fosse pour planter les vignes), qui a une cavité intérieure; profond; vide : *cette statue, cette colonne est creuse; fossé bien creux; avoir le ventre creux.* — Fig., visionnaire, chimérique : *esprit creux; pensée creuse.* — *Drap creux*, mal fabriqué et tissu trop lâche. — *Avoir les yeux creux*, les avoir enfoncés dans la tête. — *C'est une tête creuse*, qui ne raisonne pas. — *Cerveau creux*, qui n'a rien appris, qui ne sait rien. — En t. de chasse, *trouver buisson creux*, ne plus trouver dans l'enceinte la bête qu'on avait détournée. — Fig. et fam., ne pas trouver la personne ou la chose qu'on cherchait. — On dit prov. d'un grand mangeur à qui l'on sert peu de chose, qu'*il n'en a pas pour sa dent creuse.* On le dit aussi fig. d'un petit gain en parlant d'un homme avide. — Fig. et fam. : *se repaître de viandes creuses*, de vaines espérances, d'imaginations chimériques.

CREUX, adv. (*kreu*) : *songer creux*, rêver profondément à des choses vaines et chimériques.

CREVALLE, subst. mas. (*krevale*), t. d'hist. nat., espèce de poisson.

CREVAILLE, subst. fém. (*krevâ-ie*), repas où l'on mange avec excès. Pop.

CREVASSE, subst. fém. (*krevace*), fente qui se fait à une chose qui s'entr'ouvre ou se *crève*. — Sorte de maladie qui vient au pli que le cheval porte au paturon.

CREVASSÉ, E, part. pass. de *crevasser* et adj. — En bot., plein de petites fentes ou *crevasses*, comme celles qu'on voit sur l'écorce des arbres.

CREVASSÉE, subst. fém. (*krevacé*), chose fendue; mur, plafond *crevassé*.

CREVASSER, v. act. (*krevacé*), faire des *crevasses*. — *se* **CREVASSER**, v. pron., se fendre, s'entr'ouvrir.

CREVÉ, E, part. pass. de *crever* et adj. — On dit subst. et par mépris d'un gros homme, d'une grosse femme, que *c'est un gros crevé, une grosse crevée.*

CRÈVE-CHIEN, subst. mas. (*krèvechiein*), t. de bot., l'un des noms vulgaires de la morelle noire.

CRÈVE-CŒUR, subst. mas. (*krèvekieur*), grand déplaisir, grande mortification, mêlés de dépit : *quel crève-cœur pour lui!* — Au plur., des *crève-cœurs*.

CRÈVE-CŒUR-LE-GRAND, subst. propre mas. (*krèvekieurlegueran*), bourg de France, chef-lieu de canton, arrond. de Clermont, dép. de l'Oise.

CREVELLE, subst. fém. (*krevèle*), espèce de bateau pêcheur, ponté fort bas, et qui porte deux mâts. On l'appelle aussi *caravelle*.

CREVER, v. neut. (*krevé*) (du lat. *crepare*, se fendre, éclater, crever), se rompre par un effort violent : *son fusil a crevé.* — Mourir, en parlant des animaux : *il avala du poison et en creva.* Fam. — Fig. et fam., *crever de graisse*, être excessivement gras. — *Crever de chaud*, être accablé de chaleur; *crever de rire*, rire avec excès : *crever de soif*, avoir une soif excessive. — *Crever d'orgueil, de dépit, de rage, d'envie*, être rempli d'orgueil, etc.

CREVER, v. act. (*krevé*), faire éclater, faire rompre avec un effort violent. — Fatiguer, harasser : *crever un cheval*, le fatiguer si fort qu'il en meure ou qu'il en soit fourbu. — Remplir à l'excès, soûler : *crever ses convives; les crever de bonne chère* ; on dirait mieux dans ce sens : *faire crever.* — Fig., *cela vous crève les yeux*; cela est devant vos yeux. — *Ce spectacle crève le cœur*, excite une grande compassion. — *se* **CREVER**, v. pron., *se crever de fatigue, de travail*, se fatiguer, travailler jusqu'à s'exténuer. — *Se crever de boire et de manger*, ou simplement *se crever*, manger et boire jusqu'à s'incommoder.

CREVET, subst. mas. (*krevé*), t. d'aiguilletier, lacet ferré par les deux bouts.

CREVETTE, subst. fém. (*krevète*), t. d'hist. nat., petite écrevisse de mer.

CRI, subst. mas. (*kri*) (mot d'origine celtique. Les Anglais disent *cry* pour crier, les Gallois *crio*, les Allemands *kræen*. En bas-breton, *crieur* se dit *crwr*. Wachter.) Voix haute et poussée avec effort : *grand cri, cri de joie, cri de douleur.* — Clameur, voy. ce mot. — Fig., plaintes et gémissements. — Voix de certains oiseaux : *le cri de la corneille, de la chouette.* On dit aussi *le cri du chien, du chat*, etc. — Proclamation de la part des magistrats : *il est défendu par cri public*, etc. — *Cri public*, opinion vivement prononcée dans le public pour ou contre une personne ou une chose : *le cri public est la plus infaillible des intrigues, et la meilleure des protections.* — Le ton dont on *crie* dans les rues plusieurs choses à vendre ou à acheter : *les cris de Paris*, etc. — Fig., vœu, désir : *le cri de la nature est d'être heureux.* — En t. de blas., certains mots qui servent de devise et qui étaient l'ancien *cri de guerre* ou *cri d'armes*. Autrefois nul n'était reconnu pour gentilhomme de nom, d'*armes* et de *cri*, que celui qui avait droit de lever bannière; l'un et l'autre servant à mener des gens à la guerre, à les rallier et à les rassembler près du drapeau. Il y avait quatre sortes de *cris*. Le premier servait à se rallier pendant ou après le combat; le second était un *cri* d'heureux présage, ou d'invocation, comme celui de Clovis lorsqu'il vit balancer la victoire à la bataille de Tolbiac. Le troisième était un défi, qui tenait de la rodomontade; et le quatrième servait à se reconnaître, et à se distinguer des ennemis. L'ancien *cri* des rois de France était : *Montjoie saint Denis.* Il y avait aussi des *cris* de défi, d'invocation, d'exhortation, de résolution, d'événement, de commandement, etc.; les *cris* servaient aussi aux hérauts dans les tournois pour appeler les chevaliers, parce que le *cri* de plusieurs était celui de leurs noms, de leurs maisons et de leurs villes. On a dit en proverbe, des maisons d'Ailly, Mailly et Créquy : *tel nom, telles armes et tel cri.* Dans les tournois, chaque chevalier avait son *cri*; mais dans les occasions de guerre, il n'y avait que les chefs qui en pouvaient avoir : *le cri servait à se rallier.* Aujourd'hui le *cri* de guerre n'est plus que le mot du guet. *Du Cange* a fait une *dissertation* curieuse sur le *cri d'armes.* — *Cri de la fête*, droit seigneurial qui se payait en quelques endroits, pour la permission d'annoncer la fête du lieu. — *N'avoir qu'un cri après...*, désirer ardemment. — *Il n'y a qu'un cri sur cet homme*, chacun en parle de la même manière. — *Chasser à cor et à cri*, avec le cor et les chiens. — Fig. et fam., *chercher quelqu'un à cor et à cri*, le chercher en demandant partout de ses nouvelles.

CRIAGE, subst. mas. (*kriaje*), office du *crieur* public. Vieux.

CRIAILLER, v. neut. (*kriâ-ié*), *crier* à plusieurs reprises et faire beaucoup de bruit. Fam.

CRIAILLERIE, subst. fém. (*kriâ-ieri*), *crierie* qui se renouvelle souvent. Fam. Voy. **CRIERIE**.

CRIAILLEUR, subst. mas., au fém. **CRIAILLEUSE** (*kriâ-ieur, ieuze*), fam., celui ou celle qui *criaille*.

CRIAILLEUSE, subst. fém. Voy. **CRIAILLEUR**.

CRIANT, E, adj. (*krian, ante*), qui excite à se plaindre hautement : *une injustice criante.*

CRIARD, subst. mas. (*kriar*), t. d'hist. nat., différents oiseaux de rivage. — Espèce de crapaud.

CRIARD, E, adj. (*kriar, arde*), qui *crie*, qui gronde souvent sans sujet : *il est fort criard de son naturel; il a l'humeur criarde;* et subst. : *c'est un grand criard, une criarde.* — *Oiseaux criards*, qui *crient* souvent, tels que le geai, la corneille, etc. — *Sons criards*, sons aigres et élevés que donnent les instruments et les voix. — Fig., *dettes criardes*, les petites sommes qui sont dues pour fourniture et qui font *crier* les créanciers.

CRIARDE, subst. fém. (*kriarde*), toile gommée qui ne se frotte point sans faire du bruit.

CRIBLE, subst. mas. (*krible*) (en lat. *cribrum*), instrument dont on se sert pour séparer le bon grain d'avec le mauvais, etc. — *Percé comme un crible*, d'outre en outre et de part en part.

CRIBLÉ, E, part. pass. de *cribler*. — On dit, en t. de mar., qu'*une voile est criblée*, qu'*un vaisseau est criblé*, lorsque, dans un combat, ils ont été percés par un grand nombre de boulets de l'ennemi. On dit aussi qu'*un bâtiment est criblé par les vers*, lorsqu'ils en ont percé le franc-bord au point de lui faire faire eau.

CRIBLER, v. act. (*kriblé*) (en lat. *cribrare*), passer du grain au travers d'un *crible*. — Fig. et fam., prendre toute la meilleure partie d'un négoce ou d'une ferme. — Fig., *être criblé de coups*, être couvert de blessures. — *se* **CRIBLER**, v. pron.

CRIBLEUR, subst. mas. (*kribleur*), celui qui *crible*.

CRIBLEUSE, adj. fém. Voy. **CRIBLEUX**.

CRIBLEUX, adj. mas., au fém. **CRIBLEUSE** (*kribleu, bleuze*), t. d'anat., os *cribleux*, petit os qui est au haut du nez, et qui est percé comme un *crible*.

CRIBLIER, subst. mas. (*kriblié*), celui qui fait ou vend des *cribles*. Hors d'usage.

CRIBLIFORME, adj. (*kribliforme*), en forme de *crible*, qui ressemble à un *crible*.

CRIBLURE, subst. fém. (*kriblure*), le mauvais grain et les parties étrangères qui sont séparées du bon grain par le moyen du *crible*.

CRIBRAIRE, subst. mas. (*kribrère*), t. de bot., genre de plantes établi aux dépens des *sphérocarpes*.

CRIBRATION, subst. fém. (*kribrâcion*) (du lat. *cribrare*, cribler), séparation qui se fait des parties les plus déliées des médicaments, tant secs qu'humides ou oléagineux, d'avec celles qui sont les plus grossières. C'est une opération chimique.

CRIBRIFORME, adj. mas. (*kribriforme*), t. d'anat., nom de l'os ethmoïde.

CRIC, subst. mas. (*kri*), instrument pour lever de terre toute sorte de fardeaux. Le principe de la force de cette machine est le même que celui des roues dentées. — Arme des insulaires de l'Inde, sorte de poignard. Dans cette dernière acception, l'*Académie* dit *crid* ; c'est peut-être à tort : nous ne trouvons ce mot nulle part.

CRIC-CRAC, subst. mas. (*krikekrake*), mot qu'on emploie par onomatopée, pour exprimer le bruit que fait une chose qu'on déchire ou que l'on casse. — Au plur., des *cric-crac*.

CRICÉAL, subst. mas. (*kricé-al*), t. d'anat., la quatrième paire d'os auxiliaires des arcs branchiaux, chez les poissons.

CRICET, subst. mas. (*kricé*), t. d'hist. nat., taupe du Cap.

CRICETINS, subst. mas. plur. (*kricetein*), famille d'animaux rongeurs.

CRICK, subst. mas. (*krike*), t. d'hist. nat., sorte de perroquet.

CRICO-ARYTÉNOÏDIEN, adj. mas. ; au fém. **CRICO-ARYTÉNOÏDIENNE** (*kriko-ariténo-idiein, idiène*), t. d'anat., nom de certains muscles communs aux cartilages *cricoïdes* et *aryténoïdes*.

CRICO-CRÉTI-ARYTÉNOÏDIEN, adj. mas. (*kriko-créti-ariténo-idiein*), t. d'anat., se dit du muscle *crico-aryténoïdien* postérieur. Il est aussi subst. mas.

CRICOÏDE, adj. des deux genres (*kriko-ide*) (du grec κρικος, anneau, et ειδος, forme, ressemblance), t. d'anat., se dit du cartilage en forme d'*anneau* qui environne le larynx. — Subst. mas. : *le cricoïde*.

CRICO-PHARYNGIEN, adj. et subst. mas. (*kriko-farinjiein*), t. d'anat., nom de deux petits muscles qui s'attachent au cartilage *cricoïde* et au pharynx.

CRICO-THYROÏDIEN, adj. et subst. mas. (*kriko-tiro-idiein*), t. d'anat., qui appartient à la fois aux cartilages *cricoïdes* et *thyroïdes*.

CRICO-THYRO-PHARYNGIEN, adj. et subst. mas. (*krikotirofareinjiein*), t. d'anat., nom du muscle constricteur inférieur du *pharynx*.

CRICO-TRACHÉAL, E, adj. (*krikotrachéal*), t. d'anat., se dit de la membrane qui unit le cartilage *cricoïde* au premier arceau de la trachée-artère.

CRI-CRI, subst. mas. (*krikri*) (onomatopée), grillon des maisons. — Au plur., des *cri-cri*.

CRID, subst. mas. (*kri*). Voy. **CRIC**.

CRIÉ, E, part. pass. de *crier*.

CRIÉE, subst. fém. (*crié*) (rac. *crier*), publication faite à diverses fois, et dans les formes juridiques, de quelques biens, meubles ou immeubles, saisis et exposés en vente au plus offrant et dernier enchérisseur.

CRIER, v. neut. (*kri-é*) (du grec κριζω, je crie), jeter un ou plusieurs *cris*. — Fig., il se dit d'une chose dure qui, en frottant rudement contre d'autres, rend un son aigre : *cette porte crie*. — On le dit des animaux : *une souris qui crie*. — Parler d'un ton plus élevé qu'à l'ordinaire : *il ne peut discuter sans crier*. — Demander à haute voix : *crier au secours, à l'aide ; crier miséricorde, crier merci*, etc. Dans ces deux dernières phrases, il est actif. — *Crier famine*, se plaindre de sa misère. — *Crier famine sur un tas de blé*, se plaindre quand on nage dans l'abondance. — *Crier vengeance*, faire appel à la vengeance. — Prov. : *on a tant crié Noël, qu'à la fin Noël est venu*, à force de désirer les choses, elles finissent par arriver. — Se plaindre hautement et avec aigreur ; il régit la prép. *contre* : *crier contre quelqu'un ; les prédicateurs crient contre le vice*. On dit dans le même sens et activement, *crier vengeance contre...*, et encore simplement *crier : le peuple crie*, témoigne son mécontentement. — *Crier sans cesse*, gronder continuellement. — En t. de mus., *crier*, c'est forcer la voix de manière que la mélodie ne ressemble plus qu'à des *cris*. — En parlant des chiens de chasse, aboyer en chassant. — *Crier après quelqu'un*, l'appeler, le désirer. — *Crier sur quelqu'un*, le poursuivre en *criant*, faire rumeur autour de lui. — *Crier haro sur quelqu'un, crier* qu'on l'arrête. Ces expressions sont du style fam. — V. act., *crier* dans les rues pour avertir que l'on vend quelque chose : *crier du beurre, des légumes*. — Proclamer à son de trompe ou de tambour : *crier un effet perdu ; crier* une vente publique qui doit se faire. — Inviter dans une vente publique à enchérir sur un objet. — **SE CRIER**, v. pron.

CRIERIE, subst. fém. (*kriri*), bruit que l'on fait en *criant*. Il se dit plus proprement du *cri* de ceux qui se plaignent ou qui demandent quelque chose avec importunité ; et *criaillerie*, du bruit et des *cris* que font des personnes qui se disputent ou qui se querellent.

CRIEUR, subst. mas., **CRIEUSE**, subst. fém. (*krieur, euze*), celui, celle qui *crie*, qui fait du bruit. — Celui qui va *criant* par la ville pour avertir qu'il a quelque chose à vendre, ou que l'on a perdu quelque chose. — *Juré-crieur* ou *crieur public*, celui qui publie des édits, etc. — Celui qui *crie* du fruit, de vieux chapeaux, de vieux habits, etc.

CRIEUSE, subst. fém. Voy. **CRIEUR**.

CRIM, subst. mas. (*krime*), nom ou titre que l'on donnait autrefois aux princes de la *Crimée*.

CRIME, subst. mas. (*krime*) (en lat. *crimen*, fait du grec κριμα, jugement, châtiment, condamnation), mauvaise action que les lois doivent punir correctionnellement. — Acte coupable qui blesse l'intérêt public ou les droits d'un citoyen. — Infraction aux lois de la morale ou de la religion. — Péché mortel : *c'est un crime devant Dieu que de...* — Dans la conversation ordinaire, on se sert du mot *crime* pour exagérer une *faute* légère, comme on dit *meurtre* pour *simple dommage : c'est un crime, c'est un meurtre d'abattre de si beaux arbres*. — *Crime de lèse-majesté*, contre la personne du souverain.

CRIMÉE, subst. propre fém. (*krimé*), grande presqu'île de la Russie d'Europe.

CRIMINALISÉ, E, part. pass. de *criminaliser*.

CRIMINALISER, v. act. (*kriminalizé*), t. de pratique, en parlant d'un procès civil, en faire un *criminel*. — **SE CRIMINALISER**, v. pron.

CRIMINALISTE, subst. mas. (*kriminaliccte*), auteur qui a écrit sur les matières *criminelles*. — Celui qui les connaît bien. Peu usité.

CRIMINALITÉ, subst. fém. (*kriminalité*), t. de jurispr., état de ce qui est *criminel*.

CRIMINATION, subst. fém. (*krimináción*), accusation. Peu usité.

CRIMINEL, subst. mas., **CRIMINELLE**, subst. fém. (*kriminèle*), celui, celle qui a commis un *crime*. — Celui simplement qui est prévenu de quelque délit. — Matière ou procédure *criminelle* ; il est opposé à *civil* : *traîner une affaire au criminel ; le grand, le petit criminel*. — Prov. et fig., *prendre une chose au criminel*, s'en tenir offensé. — *Il va d'abord au criminel*, il interprète mal ce qu'on dit.

CRIMINEL, adj. mas., au fém. **CRIMINELLE** (*kriminèle*), en parlant des personnes, coupable de quelque *crime*. — En parlant des actions, condamnable, qui mérite punition. — En termes de procédure, qui a rapport au *crime* : *procès, juge, code criminel ; affaire, matière criminelle*.

CRIMINELLEMENT, adv. (*kriminèleman*), d'une manière *criminelle* : *agir criminellement*. — Au *criminel* : *poursuivre criminellement*. — *Expliquer, juger criminellement* ; expliquer, interpréter en très-mauvaise part.

CRIMNON, subst. mas. (*krimenon*), farine du grain que *Dioscoride* appelle *zéa* ou *zée*.

CRIN, subst. mas. (*krein*) (en latin *crinis*, fait du grec κρινω, je sépare ; *poil séparé par touffes*), poil long et rude qui vient au cou et à la queue de plusieurs animaux. — On le dit par mépris des cheveux : *ce ne sont pas des cheveux, c'est du crin*. — Fam., *prendre quelqu'un au crin* ou *aux crins*, aux cheveux. — *Se prendre aux crins*, se battre. — En t. de minér., interruption de la mine ou du filon, causée par l'approche d'un banc de pierre. — *Crin d'archet*, crin qu'on frotte avec de la colophane, et dont on se sert pour faire résonner certains instruments de musique. — *Crin crêpi*, qui a été cordé, et qu'on a fait bouillir pour le friser.

CRINAL, subst. mas. (*krinal*) (nommé ainsi parce qu'il est fourré de *crin*), instrument de chir. pour la fistule lacrymale. — Au plur., des *crinaux*.

CRINANTENON, subst. mas. (*krinantenon*), plante des anciens rapportée au genre des lis.

CRIN-CRIN, subst. mas. (*kreinkrein*), violon de cabaret, de guinguette ; mauvais violon pour faire danser. Pop. — Au plur., des *crin-crin*.

CRIN-DE-CHEVAL, subst. mas. (*kreindecheval*), t. de bot., espèce de lichen.

CRIN-DE-MER ou **DE FONTAINE**, subst. mas. (*kreindemère*), t. d'hist. nat., ver filiforme du genre dragonneau.

CRINIER, subst. mas. (*krinié*), artisan qui met le *crin* en état d'être employé. Presque inus.

CRINIÈRE, subst. fém. (*krinière*), tous les *crins* qui sont sur le cou et entre les oreilles du cheval. — Le long poil qui couvre le cou d'un lion. — On le dit par mépris de la chevelure de l'homme et d'une perruque : *vilaine crinière*. — Toile ou treillis qui accompagne le caparaçon et qui couvre le cou et la tête du cheval.

CRINIFÈRE ou **CRINIGÈRE**, adj. des deux genres (*krinifère, jère*), se dit des animaux qui portent une *crinière*.

CRINIS, subst. propre mas. (*krinice*), myth., prêtre d'Apollon. Il négligea son devoir dans les sacrifices, et ce dieu le punit en remplissant ses champs de rats et de souris ; cependant il fit mieux dans la suite ; et Apollon, pour lui marquer sa satisfaction, tua tous ces animaux lui-même à coups de flèches. Cette expédition valut à Apollon le surnom de *Smintheus*, c'est-à-dire *destructeur de rats*.

CRINISE, subst. propre mas. (*krinize*), myth., prince troyen qui vivait du temps de Laomédon. Ce roi, que Neptune et Apollon avaient aidé à relever les murs de Troie, leur refusa le salaire qu'il leur avait promis. Neptune, pour se venger, suscita un monstre qui désola la Phrygie. On était obligé de donner à ce monstre, lorsqu'il paraissait, une jeune fille pour lui servir de pâture. Chaque fois qu'il se présentait, on assemblait toutes les jeunes personnes du canton, et on les tirait au sort. La fille de Crinise se trouva en âge de tirer pour être la proie de ce monstre, et Crinise aima mieux la mettre furtivement dans une barque sur la mer, et l'abandonner au hasard des vents et des flots, que de l'exposer avec ses compagnes. Lorsque le temps du passage du monstre fut expiré, Crinise alla chercher sa fille, et aborda en Sicile. N'ayant pu la retrouver, il pleura tant, qu'il fut métamorphosé en fleuve ; et les dieux, pour récompenser sa tendresse, lui donnèrent le pouvoir de se transformer en mille manières. Il usa souvent de cet avantage pour surprendre des nymphes, et combattit contre Achéloüs pour la nymphe Egeste, qu'il épousa, et dont il eut Aceste.

CRINITA, subst. fém. (*krinita*), t. de bot., sorte de plante.

CRINODENDRON, subst. mas. (*krinodeindron*), t. de bot., arbre du Chili.

CRINOLE, subst. fém. (*krinole*), t. de bot., genre de narcisses.

CRINOLINE, subst. fém. (*krinoline*), nouveau tissu de *crin* dont on fait des cols.

CRINON, subst. mas. (*krinon*) (du lat. *crinis*, crin, cheveu), sorte de ver délié comme un cheveu, qui s'engendre sous la peau des bras, des jambes, et surtout du dos des enfants à la mamelle.

CRINULE, subst. fém. (*krinule*). On a donné ce nom à des fils creux qu'on voit sur les mamelons des plantes hépatiques.

CRIOBOLE, subst. mas. (*kri-obole*) (en lat. *criobolium*, fait du grec κριος, bélier, et βολη, coup, action de frapper, dérivé de βαλλω, je frappe), t. d'hist. anc., sacrifice d'un bélier en l'honneur de Cybèle.

CRIOCÈRE, subst. fém. (*kri-ocère*) (du grec κριος, bélier, et κερας, corne), t. d'hist. nat., genre d'insectes coléoptères dont les antennes ont quelque ressemblance avec les *cornes du bélier*.

CRIOCÉRIDES, subst. fém. plur. (*kri-océride*), t. d'hist. nat., famille de chrysomélines.

CRIOGÈNE, subst. mas. (*kri-ojène*), se disait autrefois de certains trochisques propres à déterger les ulcères.

CRIOPE, subst. mas. (*kriope*), t. d'hist. nat., genre de mollusques.

CRIOPHAGE, adj. des deux genr. (*kri-ofaje*) (du grec κριος, bélier, et φαγω, je mange), myth., nom donné à certaines divinités, en raison du grand nombre de béliers qu'on leur immolait.

CRIOPHORE, subst. propre mas. (*kri-ofore*) (du grec κριος, bélier, et φερω, je porte), myth., porte-bélier, surnom de Mercure portant un bélier.

CRIOTÉON, subst. mas (*kri-oté-on*), t. de bot., plante des anciens que l'on croit être une espèce de férule.

CRIQUE, subst. fém. (*krike*) (du saxon *crecca*, dont les Suédois ont fait *krike*, et les Anglais *kreek*, avec la même signification), petit port le long des côtes, dans lequel les petits vaisseaux peuvent se retirer. Le *grand Vocabulaire français* le fait du masculin. — *Criques*, se dit aussi en t. de guerre de certains fossés que l'on fait quelquefois dans les environs des places, pour en couper le terrein de différents sens, et de façon que l'ennemi ne puisse y conduire de tranchées.

CRIQUET, subst. mas. (*krikiè*), (c'est, selon *Huet*, une comparaison du *criquet* avec un grillon, nommé en Normandie *criquet*), petit cheval faible et de vil prix : *il était monté sur un criquet*. — On dit aussi fam. d'un petit homme que c'est *un vrai criquet*. — En t. d'hist. nat., genre d'insectes orthoptères.

CRIQUETOT-LIMEVAL, subst. propre mas. (*kriketolimeval*), bourg de France, chef-lieu de canton, arrond. du Havre, dép. de la Seine-Inférieure.

CRISE, subst. fém. (*krize*) (du grec κρισις, jugement, fait de κρινω, je juge, je combats ; parce que *la crise* est une espèce de combat entre la nature et la cause morbifique qui fait juger de l'état et de l'issue de la maladie), effort que fait la nature dans les maladies, par la sueur, les évacuations, etc. — Il se dit également au fig. : *les affaires sont dans un état de crise violente.*

CRISIAQUE, subst. mas. (*kriziake*), sorte de visionnaire. Vieux terme entièrement inus.

CRISIE, subst. fém. (*krizi*), t. d'hist. nat., genre de polypier.

CRISITE, subst. fém. (*krizite*), t. de bot., plante du cap de Bonne-Espérance.

CRISPATION, subst. fém. (*kricepâcion*), resserrement des choses qui se replient sur elles-mêmes par l'approche du feu, ou par quelque autre circonstance. — En médec., effet à peu près pareil qu'on éprouve dans les entrailles, dans les nerfs, etc.

CRISPÉ, E, part. pass. de *crisper*.

CRISPER, v. act. (*kricepé*) (du lat. *crispare*, rider, crêper, resserrer), causer des *crispations*. — Au fig., inquiéter, tourmenter. — **se CRISPER**, v. pron., se contracter.

CRISSEMENT, subst. mas. (*kriceman*), action de *crisser* les dents.

CRISSER, v. neut. (*kricé*), mot fait par onomatopée), il se dit des dents quand elles font un bruit aigre, comme il arrive quand on les serre et qu'on les grince fortement.

CRISSURE, subst. fém. (*kriçure*), ride que l'on remarque quelquefois sur le fer.

CRISTA, subst. fém. (*kriceta*), mot latin, par lequel on désigne l'aigrette, le panache que l'on met sur le casque.

CRISTA-GALLI, subst. fém. (*kricetagaleli*), t. d'anat., nom qu'on donne à l'apophyse qui s'élève perpendiculairement au-dessus de la lame criblée de l'os ethmoïde.

CRISTAL. Voy. **CRYSTAL**, seule orthographe conforme à l'étymologie.

CRISTARIE, subst. fém. (*kricetari*), t. de bot., plante de la famille des malvacées.

CRISTATELLE, subst. fém. (*kricetatèle*), t. d'hist. nat., polypier d'eau douce.

CRISTÉ, E, adj. (*kriceté*), t. de bot., qui est garni d'une *crête*. On dit mieux et plus souvent *crêté*.

CRISTELLE, subst. fém. (*kricetèle*), instrument de faiseur de lisses.

CRISTE-MARINE, subst. fém. (*kricetemarine*), t. de bot., armarinte. Au plur., des *cristes-marines*.

CRITE, subst. mas. (*krite*), juge chez les anciens Grecs. Hors d'usage.

CRITERIUM, subst. mas. (*kritériome*) (du grec κριτηριον, ce qui sert à juger, ce qui sert de preuve), mot tout latin et usité seulement dans le style dogmatique. Marque à laquelle on reconnaît la vérité et d'autres objets intellectuels.

CRITHE, subst. mas. (*krite*) (du grec κριθη, orge), t. de médec., tumeur de la grosseur d'un grain d'*orge*, qui vient sur les paupières.

CRITHOMANCIE, subst. fém. (*kritomanci*) (du grec κριθη, orge, et μαντεια, divination), t. d'hist. anc., divination par l'inspection de la pâte ou des gâteaux offerts en sacrifice.

CRITHOMANCIEN, adj. et subst. mas. ; au fém. **CRITOMANCIENNE** (*kritomanciein, ciène*), celui ou celle qui exerce la *crithomancie*.

CRITHOPHAGE, subst. et adj. des deux genres (*kritofaje*) (du grec κριθη, orge, et φαγω, je mange), mangeur d'orge, celui qui se nourrit d'orge. Peu usité.

CRITIQUABLE, adj. des deux genres (*kritikable*), qui peut être *critiqué*.

CRITIQUE, subst. fém. (*kritike*) (en lat. *criticus*, pris du grec κριτικος, qui a la même signification, et qui vient de κρινω, je juge), le genre d'étude qui a pour objet la littérature ancienne ; le travail des commentateurs, des érudits, etc. — L'art, le goût, la capacité ordinaire pour juger d'un ouvrage d'esprit : *être habile, savant dans la critique.* — Dissertation qui consiste dans l'examen d'un ouvrage d'esprit : *il a fait la critique de tel poëme.* — Censure maligne de la conduite d'autrui ou de ses ouvrages.

CRITIQUE, subst. mas. (*kritike*), celui qui examine les ouvrages d'esprit pour en porter son jugement. — Censeur importun qui trouve à redire à tout. En parlant même d'une femme, on dit *un critique* et non pas *une critique*, parce qu'on en pourrait confondre le sens avec celui de *censure*.

CRITIQUE, adj. des deux genres (*kritike*), qui a rapport à la *critique* : *discours, dissertation critique.* — En t. de médec., il se dit des jours où il arrive ordinairement quelque crise dans les maladies : *le septième et le neuvième sont réputés des jours critiques* — *Age critique*, chez les femmes, celui où elles perdent la faculté d'engendrer. — On appelle aussi *jours critiques*, les jours pendant lesquels les femmes ont leurs règles. — On dit par extension : *une circonstance critique, un moment critique.* — Fig., dangereux : *occasion, situation critique.*

CRITIQUÉ, E, part. pass. de *critiquer*.

CRITIQUER, v. act. (*kritikié*), examiner quelque ouvrage. — Reprendre, trouver à redire. En ce sens on dit neutralement : *il critique sur tout.* — **se CRITIQUER**, v. pron. : *il y a peu de choses si parfaites qu'elles ne puissent se critiquer.*

CRITIQUEUR, subst. et adj. mas., au fém. **CRITIQUEUSE** (*kritikieur, kieuze*), qui *critique*. Ce terme, moins relevé que celui de *critique*, est très-usité dans le langage ordinaire et familier. Du reste, il se trouve dans *Richelet* et dans *Trévoux*.

CRIVÉ, subst. mas. (*krivé*), nom du grand-prêtre chez certains idolâtres.

CROARD, subst. m. (*kroar*), crochet de fondeur.

CROASSEMENT, subst. mas. (*kro-aceman*), le cri naturel du corbeau. — Il se dit fig. des mauvais poëtes et des mauvais musiciens : *faites-nous grace de vos croassements.* Voy. **CROASSER**.

CROASSER, v. neut. (*kro-acé*) (par onomatopée : on devrait peut-être écrire *croacer* ; cette seconde manière serait en effet plus naturelle, étant plus conforme à l'étymologie latine : *crocire* et *crocitare*, qui ont la même signification. Cependant l'*Académie* et l'usage veulent qu'on écrive *croasser*.), crier comme le corbeau. — Au fig., crier, criailler ; chanter mal, etc.

CROATE, subst. des deux genres (*kro-ate*), habitant de la *Croatie*. Voy. **CRAVATE**, subst. mas.

CROATIE, subst. propre fém. (*kro-aci*), contrée d'Europe, formant l'un des états de la monarchie autrichienne.

CROC, subst. mas. (*krô* ; le *c* final ne se prononce point. Ancien mot français que plusieurs croient dérivé du celtique.), instrument à une ou plusieurs pointes recourbées pour y pendre ou y attacher quelque chose. — Harpon ou main de fer. —Perche de batelier au bout de laquelle il y a une pointe de fer avec un *crochet*.—Certaines dents de quelques animaux : *les crocs d'un mâtin, d'un cheval*, etc. — Cheville ou toute autre chose semblable, à laquelle on pend quelque chose.—Nom de divers outils. — Fig. et pop., suppôt de jeux défendus, ou joueur qui cache une partie de son habileté pour gagner plus sûrement. — Fig. ou fam. : *mettre* ou *pendre les armes* ou *son épée au croc*, quitter le métier de la guerre. —*Son procès est au croc*, on ne le poursuit plus. — *Cela fait croc sous la dent*, cela fait du bruit sous la dent (par onomatopée ; dans cette dernière acception prononcez *kroke*). — Quelquefois, au plur., grandes moustaches recourbées en forme de *crochets*.

CROCALITHE, subst. mas. (*krokalite*), t. d'hist. nat., sorte de minéral.

CROC-DE-CHIEN, subst. mas. (*krôdechiein*), t. de bot., plante sarmenteuse de Saint-Domingue. —Au plur., des *crocs-de-chien*.

CROCÉ, E, adj. (*krocé*) (en lat. *croceus*), vieux mot aujourd'hui inusité, et qui a signifié : de couleur de safran.

CROC-EN-JAMBES, subst. mas., et non pas **CROC-EN-JAMBE** (*krokanjambe*), tour de lutte qui consiste à mettre son pied entre *les jambes* de quelqu'un pour le faire tomber : *il lui a donné un croc-en-jambes.*—Fig. et fam., adresse avec laquelle on supplante quelqu'un ou bien on le fait déchoir de sa place, des prétentions qu'il avait.— Au plur., des *crocs-en-jambes*, prononcez des *krokanjanbe*.

CROCHE, subst. fém. (*kroche*), note de musique qui a un petit *crochet* au bout de la queue, et qui vaut la moitié d'une noire. Il faut huit *croches* pour une ronde ou pour une mesure à quatre temps. On appelle *double croche* une note qui ne vaut que la moitié d'une *croche*. — Tenailles de forgeron.

CROCHE, adj. des deux genres (*kroche*) (rac. *croc*), courbe et tortu : *il a la main croche.*

CROCHÉ, E, part. pass. de *crocher*.

CROCHER, v. act. (*kroché*), tirer au burin les queues des notes, égaliser les boucles du tricot. Peu en usage.

CROCHET, subst. mas. (*kroché*) (rac. *croc*), petit *croc*.—En général tout instrument recourbé, destiné à retenir différents objets, à les tenir suspendus, à les enlever d'un lieu pour les mettre dans un autre.—Instrument à peser, qu'on nomme autrement *peson* et *romaine*.—Instrument de chirurgie. — Le *crochet*, quoique remplissant l'office de certaines *parenthèses* moins usitées que les *parenthèses* ordinaires, est une figure d'imprimerie qui s'emploie rarement dans l'orthographe. Il consiste en deux lignes verticales dont les extrémités sont recourbées à angle droit, ainsi [ ]. On met entre des *crochets* les mots d'un texte qui sont interposés, c'est-à-dire insérés comme hors d'œuvre dans le texte d'une copie manuscrite. Il se place quelquefois devant un mot à la fin d'un alinéa où il y a du blanc, pour marquer que ce mot appartient à la ligne qui est au-dessus ou à celle de dessous. — En mus., queue d'une *croche*. — *Crochet d'établi*, 1° outil de fer en équerre, dont un bout, aplati en queue d'aronde, est dentelé, et l'autre bout, en pointe, entre à l'extrémité de l'établi dans un morceau de bois carré, appelé *boîte*. Il sert à retenir l'ouvrage. 2° Morceau de bois attaché sur l'épaisseur et tout-à-fait au bout de la table de l'établi, qui sert à arrêter les planches qu'on veut dresser sur-le-champ, etc. — *Crochet de tuiles*, petite éminence à l'extrémité des tuiles, appelées par cette raison *tuiles à crochet*, pour les arrêter sur les lattes. — Au plur., petites boucles de cheveux que les femmes disposent sur les tempes.—Certaines dents aiguës et perçantes de quelques animaux. On dit plus souvent *crocs*.— En bot., divisions *crochues* au sommet des poils dans certaines plantes. Les *crochets* se nomment aussi *agrafes*.—*Crochets de porte-faix*, ou simplement *crochets*, instrument à deux grandes branches et à deux *crochetons* avec une sellette, que le *crocheteur* met derrière son dos pour porter diverses choses. — Fig. et prov. : *être aux crochets de quelqu'un*, vivre à ses dépens. — *Aller aux mûres sans crochets*, entreprendre quelque chose sans avoir tout ce qu'il faut pour l'exécuter.

CROCHETAGE, subst. mas. (*krochetaje*), action de *crocheter*.

CROCHET-DE-MATELOT, subst. mas. (*krochedematelô*), t. d'hist. nat., coquille aussi appelée autrefois *araignée*.

CROCHETÉ, E, part. pass. de *crocheter*.

CROCHETER, v. act. (*krocheté*), ouvrir une porte, un coffre avec un *crochet*. — **se CROCHETER**, v. pron., se battre comme les *crocheteurs* du dernier degré.

CROCHETEUR, subst. mas., **CROCHETEUSE**, subst. fém. (*krocheteur, teuze*), celui ou celle qui gagne sa vie à porter des fardeaux sur des *crochets*.—*Crocheteur de serrures, de portes*, celui qui *crochette* des portes, des serrures pour voler.

CROCHETEUSE, subst. fém. Voy. **CROCHETEUR**.

CROCHETIER, subst. mas. (*krochetié*), ouvrier qui fait des *crochets* pour les porte-faix. Peu usité.

CROCHETON, subst. mas. (*krocheton*), petit *crochet*. — Au plur., les deux petites branches du *crochet* d'un porte-faix.

CROCHETORAL, E, adj. (*krochetorale*), incivil, grossier, qui tient du *crocheteur*. — Burlesque et même inusité.

CROCHEU, subst. mas. (*krocheu*), instrument à l'usage des faiseurs de cordes.

CROCHU, E, adj. (*krochu*) (rac. *croc*), un peu recourbé. — Il se dit, en t. de manège, du cheval qui a les jarrets trop rapprochés l'un de l'autre ; et en bot., de toute partie de végétal dont l'extrémité est recourbée en hameçon.—Fig. et prov. : *il a les mains crochues*, il aime à voler.

CROCHUE, subst. fém. (*krochu*), ancien nom de la note de musique appelée *croche* aujourd'hui. Hors d'usage.

CROCHUER, v. act. (*krochué*), rendre *crochu*. Entièrement inusité.

CROCIDISME, subst. mas. (*krocidiceme*), t. de médec., mouvement automatique, par lequel les malades semblent tirer la laine des habits, ramasser des pailles, chasser aux mouches. On dit aussi *carphologie*. Voy. ce mot.

CROCINIUM, subst. mas. (*krociniome*), espèce d'huile épaisse, préparée avec du safran.

CROCISE, subst. fém. (*krocize*), t. d'hist. nat., genre de lézard.

CROCODILE, subst. mas. (*krokodile*) (suivant les uns, du grec κροκος, safran, et δειλος, craintif, parce que le *crocodile* de terre craint l'odeur et la vue du safran ; suivant les autres, de κροκη, rivage, et δειλος, craintif, parce que celui de mer craint les rivages, où les hommes lui tendent des pièges), t. d'hist. nat., reptile saurien ou animal amphibie à quatre pieds, de la forme d'un énorme lézard, et qui habite les bords de plusieurs rivières en Afrique, etc.—En parlant du cri du *crocodile*, on dit qu'*il lamente*. — En t. de rhétorique, sorte d'argumentation captieuse et sophistique, pour mettre en défaut un adversaire peu précautionné, et le faire tomber dans un piège; ainsi nommé du conte plus que fabuleux d'un *crocodile* qui, supplié par une mère au désespoir, de lui rendre son enfant qu'il avait enlevé, le lui promit, si elle répondait juste à la question qu'il lui proposerait: *Veux-je te rendre ton fils, ou non?* demanda l'animal. *Tu ne le veux pas*, répondit la mère, croyant avoir deviné bien juste, et réclamant en conséquence son enfant. *Point du tout*, répliqua le monstre, *car, si je te le rendais, tu n'aurais pas dit vrai.*—Prov.: *larmes de crocodile*, larmes feintes et hypocrites; larmes d'un traître qui cherche à nous tromper.

CROCODILIENS, subst. mas. plur. (*krokodilien*), t. d'hist. nat., famille de reptiles sauriens.

CROCODILIUM, subst. mas. (*krokodiliome*), t. de bot., sorte de plante.

CROCOMAGMA, subst. mas. (*krokomaguema*) (du grec κρoκoς, safran, et μαγμα, marc, lie, dérivé de μασσω, j'exprime, je pétris), t. de pharmacie, trochisque composé avec le safran, la myrrhe, les roses rouges, l'amydon et la gomme arabique.

CROCOTAIRE, subst. mas. (*krokotère*), chez les anciens, artisan dont la profession était de teindre en couleur de *safran* l'habillement appelé *crocote*.

CROCOTE, subst. fém. (*krokote*) (du grec κρoκoς, safran), habillement léger, de soie, et couleur de *safran*, dont se servaient, chez les anciens, les comédiennes, les prêtres de *Cybèle* et les femmes galantes.

CROCOTTE, subst. des deux genres; contrairement à tous les *dictionnaristes*, qui ne font ce mot que mas. (*krokote*), nom donné au métis né de l'accouplement d'une chienne et d'un loup.

CROCUS, subst. mas. (*krokuce*), t. de bot., nom que les anciens donnaient au *safran*.

CROCUTE, subst. fém. (*krokute*), t. d'hist. nat., hyène chez les anciens.

CROHOL, subst. mas. (*kro-ole*), monnaie de Berne, de la valeur de vingt-cinq batz.

CROIE, subst. fém. (*kroé*), t. de faucon., sorte de gravelle des oiseaux de proie.

DU VERBE IRRÉGULIER CROIRE:

Croie, précédé de *que je*, 1re pers. sing. prés. subj.
Croie, précédé de *qu'il* ou *qu'elle*, 3e pers. sing. prés. subj.
Croient, précédé de *ils* ou *elles*, 3e pers. plur. prés. indic.
Croient, précédé de *qu'ils* ou *qu'elles*, 3e pers. plur. prés. subj.
Croies, 2e pers. sing. prés. subj.

CROILER ou **CROLER**, v. neut. (*kroélé*, *krolé*), t. de vieille faucon., se vider par le bas. Nous demanderons à nos devanciers pourquoi ils ont employé deux termes pour une même signification, car *croiler* nous semble n'avoir aucune espèce d'analogie avec la chose que ce mot exprime; il n'a aucune espèce d'étymologie admissible; nous préférons le second, dont s'est servi *Marot* dans le sens de *crouler*; et ici *croler* a bien quelque analogie. Voy. CRÔLER.

DU VERBE IRRÉGULIER CROIRE:

Croira, 3e pers. sing. fut. indic.
Croirai, 1re pers. sing. fut. indic.
Croiraient, 3e pers. plur. prés. cond.
Croirais, précédé de *je*, 1re pers. sing. prés. cond.
Croirais, précédé de *tu*, 2e pers. sing. prés. cond.
Croirait, 3e pers. sing. prés. cond.
Croiras, 2e pers. sing. fut. indic.

CROIRE, v. act. (*kroare*) (en latin *credere*), estimer une chose véritable. — Ajouter foi à une personne. — *Croire quelqu'un*, donner croyance à ce qu'il dit. *Je vous crois*. — Estimer, penser, présumer, avoir opinion que... — *Croire quelqu'un sage, prudent*, être assuré qu'il est sage, prudent, ou présumer qu'il a ces qualités. — *En croire*, donner son assentiment sur des motifs tirés du caractère, des qualités, de la situation de la personne qui assure, ou de la nature même du témoignage: *c'est un honnête homme, vous pouvez l'en croire*.

CROIRE, v. neut. (*kroare*), avoir la foi: *croire en Dieu, en Jésus-Christ*. — *Croire à... Croire aux discours, à la parole, aux témoignages, au rapport, aux serments de quelqu'un*, donner son assentiment sur la confiance que l'on a dans ses discours, dans ses serments, etc., sans autre examen: *je ne puis croire au témoignage d'un si méchant homme*.—*Croire au paradis, à l'enfer; croire aux revenants, croire aux sorciers*, être persuadé qu'il existe des revenants, des sorciers. Ce verbe, employé sans négation, demande à l'indicatif le verbe de la proposition qui lui est subordonnée; et, employé avec la négation, il exige au subj. le verbe de la proposition subordonnée. — **SE CROIRE**, v. pron., *il se croit habile homme*.

DU VERBE IRRÉGULIER CROIRE:

Croirez, 2e pers. plur. fut. indic.
Croiriez, 2e pers. plur. prés. cond.
Croirions, 1re pers. plur. prés. cond.
Croirons, 1re pers. plur. fut. indic.
Croiront, 3e pers. plur. fut. indic.
Crois, 2e pers. sing. impér.
Crois, précédé de *je*, 1re pers. sing. prés. indic.
Crois, précédé de *tu*, 2e pers. sing. prés. indic.

DU VERBE IRRÉGULIER CROÎTRE:

Croîs, 2e pers. sing. impér.
Croîs, précédé de *je*, 1re pers. sing. prés. indic.
Croîs, précédé de *tu*, 2e pers. sing. prés. indic.

CROISADE, subst. fém. (*kroézade*), voyage et entreprise de guerre pour le recouvrement de la Terre-Sainte, ou pour attaquer les hérétiques par les armes. Ceux qui s'y engageaient portaient une *croix* sur leurs habits, et de là les noms de *croisades* et de *croisés*. — En t. de marine, sorte de constellation. — Monnaie de Portugal. Voy. CRUSADE.

CROISAT, subst. mas. (*kroéza*), monnaie d'argent de Gênes, de la valeur environ de quatre francs quarante-cinq centimes.

CROISÉ, subst. mas. (*kroézé*), celui qui prenait la *croix* pour la guerre sainte. On l'emploie ordinairement au plur. *L'armée des croisés était composée de...* — Pas de danse. — Étoffe *croisée*. Voy. CROISÉ, part.

CROISÉ, E, part. pass. de *croiser* et adj., chargé d'une *croix*.—Qui est en forme de *croix*.— *Étoffe croisée, serge croisée*, dont les fils sont entrelacés. On appelle en général *étoffes croisées*, toutes celles qui sont fabriquées à quatre marches, et dans lesquelles les fils de la chaîne sont plus serrés. Il se prend aussi substantivement: *acheter du croisé. Voilà un beau croisé*. — *Chassé croisé*, t. de danse, chassé que le danseur et la danseuse font en même temps l'un à droite, et l'autre à gauche.—En t. de guerre, on appelle *feu croisé* celui qui charge l'ennemi en tête ou en queue, et qui le bat de différents côtés. — En versification, *rimes croisées*, rimes alternées; *vers croisés*, vers dont les rimes sont *croisées*.—Fam.: *demeurer, avoir, se tenir les bras croisés*; demeurer oisif, ne point se remuer.

CROISEAU, subst. mas. (*kroézo*), t. d'hist. nat., variété de pigeon.

CROISÉE, subst. fém. (*kroézé*), bois ou pierre en forme de *croix* qu'on met dans les baies des murs où l'on veut pratiquer des fenêtres. Quoique les fenêtres n'aient plus aujourd'hui la même forme, elles ont cependant retenu ce nom, qui se dit et de l'ouverture de la fenêtre, et de la menuiserie garnie de verre qui sert à fermer cette ouverture.—Entrelacement de fils bien serrés ensemble. — Petits bâtons *croisés* en haut d'une ruche en dedans, autour desquels les abeilles font leur cire. — Quatre perches à distance les unes des autres, *croisées* vers le haut, et sur lesquelles on bande la grosse corde pour danser dessus avec un contre-poids. — En t. de marine, la partie d'une ancre qui s'attache au fond de la mer. — En horlogerie, rayons qui maintiennent le centre d'une roue. — En orfèvrerie, les trois branches d'une *croix*, aux extrémités desquelles on met des fleurons, etc., pour les terminer avec grace. — En t. de faiseur de *couvertures*, petite *croix* de bois qui porte les chardons propres à lainer les *couvertures*. Dans cette acception, on dit aussi *croix*.

CROISELLE et non pas **CROISETTE**, subst. fém. (*kroézèle, zèle*), sorte de papier et non pas de *panier*, comme le dit faussement *Raymond*.

CROISEMENT, subst. mas. (*kroézeman*), t. d'escrime, action de *croiser* avec son épée celle de son adversaire.—Dans le travail de la soie, action d'unir et de tordre les uns sur les autres les brins qui forment le fil et la soie. — *Croisement des races*. Voy. CROISER.

CROISER, v. act. (*kroézé*), disposer en forme de *croix*: *croiser les bras, les jambes*, etc. — Traverser: *croiser le chemin*.—*Croiser la baïonnette*, présenter la baïonnette en avant. — Fig., traverser quelqu'un dans ses desseins: *ils me croisent dans mes prétentions*. — Rayer, en passant la plume sur quelque écriture. Peu usité en ce sens. — Mettre une *croix* à côté de l'article d'un compte que l'on veut contester. — Serrer la toile. — T. de vannerie, mettre les osiers les uns sur les autres en travaillant. — En t. de graveur, couper une suite de tailles par d'autres tailles prises dans un sens différent. — Se dit en musique des parties d'harmonie qui procèdent par mouvements contraires, de telle manière que la partie la plus basse devienne la plus haute, et réciproquement. On ne fait guère *croiser* que les parties du même diapason. — En t. de chasse, *croiser les chiens*, traverser la voie de l'animal qu'ils chassent. — *Croiser la race des chiens*, faire couvrir une chienne d'une race par un chien d'une autre race. On le dit aussi de divers autres animaux.

CROISER, v. neut. (*kroézé*), se dit des robes, des habits dont les côtés passent l'un sur l'autre. — En t. de mar., aller, venir plusieurs fois en traversant un même espace, et sans s'écarter d'un parage déterminé. — **SE CROISER**, v. pron., en parlant des choses; se couper, se traverser: *nos deux lettres se sont croisées*, elles ont fait ensemble le même trajet. — En parlant des personnes; se rencontrer agissant en même temps, se nuire: *ils se sont croisés dans leurs desseins*. — S'engager dans une *croisade*.

CROISERIE, subst. fém. (*kroézeri*), t. de vannerie, ouvrage fait de brins d'osier *croisés* les uns sur les autres.

CROISETTE, subst. fém. (*kroézète*), t. de blas., petite *croix*. — En t. de mar., cheville qui joint le bâton du pavillon avec le mât qui est au-dessus.

CROISEUR, subst. mas. (*kroézeur*), capitaine de vaisseau qui *croise* sur une côte. On le dit aussi du vaisseau même.— En t. d'hist. nat., hirondelle de mer.

CROISIC (LE), subst. propre mas. (*lekroézik*), ville de France et port de mer, arrond. de Savenay, dép. de la Loire-Inférieure.

CROISIE, subst. fém. (*kroézi*), fait en forme de *croix*; il s'est dit autrefois pour *croisade*.

CROISIÈRE, subst. fém. (*kroézière*), action de *croiser*. — Certaine étendue de mer dans laquelle les vaisseaux *croisent*. — Vaisseau qui *croise*.

CROISIERS, subst. mas. plur. (*kroézié*), t. d'hist. eccl., anciennement congrégation de chanoines réguliers.

CROISILLES, subst. propre fém. (*kroézile*), village de France, chef-lieu de canton, arrond. d'Arras, dép. du Pas-de-Calais.

CROISILLON, subst. mas. (*kroézilon*), la traverse d'une *croix*, ou d'une *croisée*.

CROISOIRE, subst. fém. (*kroézoare*), instrument avec lequel on fait sur les biscuits de mer diverses façons en forme de *croix*.

DU VERBE IRRÉGULIER CROÎTRE:

Croissaient, 3e pers. plur. imparf. indic.
Croissais, précédé de *je*, 1re pers. sing. imparf. indic.
Croissais, précédé de *tu*, 2e pers. sing. imparf. indic.
Croissait, 3e pers. sing. imparf. indic.

CROISSANCE, subst. fém. (*kroéçance*), augmentation en grandeur, en parlant des personnes, des animaux et des arbres: *âge de croissance; il n'a pas encore toute sa croissance*.

Croissant, part. présent du verbe irrégulier CROÎTRE.

CROISSANT, subst. mas. (*kroéçan*) (du latin *crescens*, part. prés. de *crescere*, croître; parce que la lune, lorsqu'elle a cette forme, va toujours en *croissant* jusqu'à son plein), figure de la nouvelle lune jusqu'à son premier quartier: *la lune est à son croissant*. —Les pointes ou extrémités du *croissant* s'appellent *cornes*.—On nomme poétiquement *empire du Croissant*, l'empire turc, à cause du *croissant* qu'il a dans ses armes: *faire pâlir, abattre le Croissant*. — On compte dans le blason des *croissants montants, adossés, renversés, tournés*, etc. — Instrument de jardinier fait en forme de *croissant*, avec lequel on tond les palissades. — Branche de fer recourbée qu'on scelle dans les jambages de cheminées pour y mettre la pelle, etc.—En t. de luthier, ouverture pratiquée de chaque côté du chevalet dans le violon la viole, etc., et à laquelle on a quelquefois donné la forme d'un *croissant*.

CROISSANT, E, adj. (*kroéçan, çante*), qui *croît*, qui va en *croissant*. — On appelle en géom., *quantité croissante*, une quantité qui augmente à l'infini, ou jusqu'à un certain terme, par opposition à une quantité constante ou *décroissante*.

CROISSANTÉ, É, adj. (*kroéçanté*), se dit en t. de blason, d'une *croix* qui a un *croissant*, attaché à chacune de ses extrémités.

DU VERBE IRRÉGULIER CROÎTRE :

Croisse, précédé de *que je*, 1re pers. sing. prés. subj.

Croisse, précédé de *qu'il* ou *qu'elle*, 3e pers. sing. prés. subj.

Croissent, précédé de *ils* ou *elles*, 3e pers. plur. prés. indic.

Croissent, précédé de *qu'ils* ou *qu'elles*, 3e pers. plur. prés. subj.

Croisses, 2e pers. sing. prés. subj.

CROISSET, subst. propre mas. (*kroécé*), bourg de Normandie, situé à une lieue de Rouen, en France.

DU VERBE IRRÉGULIER CROÎTRE :

Croissez, 2e pers. plur. impér.

Croissez, précédé de *vous*, 2e pers. plur. prés. indic.

Croissiez, précédé de *vous*, 2e pers. plur. imparf. indic.

Croissiez, précédé de *que vous*, 2e pers. plur. prés. subj.

Croissions, précédé de *nous*, 1re pers. plur. imparf. indic.

Croissions, précédé de *que nous*, 1re pers. plur. prés. subj.

Croissons, 1re pers. plur. impér.

Croissons, précédé de *nous*, 1re pers. plur. prés. indic.

CROISURE, subst. fém. (*kroézure*), tissure d'une étoffe *croisée*.— Plusieurs auteurs l'ont dit en poésie de la manière dont les vers et les rimes sont entremêlés.

CROÎT, subst. mas. (*kroé*). On dit en parlant du bétail : *partager le croît* ou *l'accroît*, l'augmentation du bétail.—Le *Dict. de Législation usuelle*, par M. de CHABROL-CHAMÉANE, dit avec raison que ce mot signifie littéralement *accroissement*, et que de là on a nommé *croît* le produit des animaux ; et *bail à croît*, un bail de bétail à la charge d'en partager le produit ou l'augmentation : *on peut donner à cheptel toute espèce d'animaux susceptibles de croît ou de profit pour l'agriculture ou le commerce.*

DU VERBE IRRÉGULIER CROÎTRE :

Croît, 3e pers. sing. prés. indic.

Croîtra, 3e pers. sing. fut. indic.

Croîtrai, 1re pers. sing. fut. indic.

Croîtraient, 3e pers. plur. prés. cond.

Croîtrais, précédé de *je*, 1re pers. sing. prés. cond.

Croîtrais, précédé de *tu*, 2e pers. sing. prés. cond.

Croîtrait, 3e pers. sing. prés. cond.

Croîtras, 2e pers. sing. fut. indic.

CROÎTRE, v. neut. (*kroétre*) (en lat. *crescere*), devenir plus grand, en parlant des animaux et des végétaux.—Augmenter de quelque manière que ce soit : *la lune croît ; les rivières, les jours croissent ; croître en vertus, en grâces, en beauté.* Dans leur signification propre, *croître* et *augmenter* diffèrent, suivant *Girard*, en ce sens que les choses *croissent* par la nourriture qu'elles prennent, et qu'elles *augmentent* par l'addition qui s'y fait des choses de la même espèce : *les blés croissent ; la récolte augmente.* — *Ne faire que croître et embellir*, devenir plus grande et plus belle, en parlant d'une jeune fille. — Au fig., s'augmenter en bien ou en mal, en parlant des personnes.—Prov. : *la mauvaise herbe croît toujours*, les enfants que l'on dit méchants par plaisanterie grandissent toujours beaucoup, comme la mauvaise herbe qui dans un champ *croît* toujours trop. — Multiplier : *sa famille a crû* ou *est crûe de six enfants* (car ce verbe, dans toutes ses acceptions, prend *être* ou *avoir* pour auxiliaire.) — En parlant des herbes et des plantes, venir, être produit : *il ne croît dans ce pays ni blé, ni vin*, etc.

CROÎTRE, v. act. (*kroétre*), il ne s'emploie qu'en poésie dans le sens d'*accroître*, d'augmenter :

Je vois mes honneurs croître, et tomber mon crédit.
(RACINE.)

Puisse durer, puisse croître,
L'ardeur de mon jeune amant,
Comme feront sur ce hêtre
Ces marques de mon tourment !
(DESHOULIÈRES.)

DU VERBE IRRÉGULIER CROÎTRE :

Croîtrez, 2e pers. plur. fut. indic.

Croîtriez, 2e pers. plur. prés. cond.

Croîtrions, 1re pers. plur. prés. cond.

Croîtrons, 1re pers. plur. fut. indic.

Croîtront, 3e pers. plur. fut. indic.

CROIX, subst. fém. (*kroé*) (en latin *crux*), gibet composé de deux solives assemblées à angles droits, sur lequel on faisait anciennement mourir les criminels. La *croix* a été sanctifiée par *Jésus-Christ* mort *en croix* ou *sur la croix*. — Figure qui représente la *croix* du Sauveur.—On le dit aussi de deux pièces de bois, etc. disposées en *croix* ; de deux lignes qui se coupent, etc. : *faire une croix au bas d'un acte*, y figurer deux lignes droites transversales avec la plume ou un crayon, pour tenir lieu d'une signature qu'on ne sait pas tracer.— Peine, affliction, avec cette différence que le mot *croix*, qui appartient au style pieux, a une valeur plus étendue, et renferme dans son objet celle des deux autres : *chacun a sa croix dans ce monde ; porter sa croix.* — *Mettre ses peines, ses afflictions, ses humiliations au pied de la croix*, c'est s'y résigner, les souffrir avec patience et résignation, en considération des tourments que Jésus-Christ a soufferts sur la *croix*. — L'un des côtés d'une pièce de monnaie : *croix ou pile.* Cette dénomination vient d'une monnaie frappée sous saint Louis, laquelle avait d'un côté une *croix*, et de l'autre des *piliers* : *jouer à croix ou pile*, jeter en l'air une pièce de monnaie, et nommer l'un des deux côtés avant qu'elle ne soit tombée à terre. — Fig. et fam. : 1° *n'avoir ni croix ni pile*, être sans argent ; 2° *jeter à croix ou pile*, être indifférent sur le succès d'une affaire, etc. ; s'en soucier fort peu. — Morceau de bois sur lequel sont montées les têtes de chardon à carder. Voy. CROISER. — En astron., petite constellation méridionale située sous le ventre du Centaure, près de ses pieds de derrière, et au-dessus de l'Abeille ou de la Mouche ; l'une des onze nouvelles constellations formées par *Augustin Boyer*. — *Croix de chevalier*, marque, décoration d'un ordre de chevalerie faite, ou absolument ou à peu près, en forme de *croix*. On nomme *grand'croix*, celui qui a un des grades les plus élevés dans l'ordre de sa chevalerie.—*Croix d'honneur*, décoration accordée au mérite. — *Croix de Dieu* ou *de par Dieu*, alphabet marqué d'une *croix* au commencement, et qu'on donne aux enfants pour apprendre à connaître les lettres. —T. de vénerie, *croix-de-cerf*, espèce de petit os cruciforme qui se trouve dans le cœur du cerf. — *Croix de saint André*, celle dont les branches ne sont point à angle droit, mais se croisent diagonalement. C'est sur une *croix* de cette espèce que l'on rouait autrefois les grands criminels. — On appelle *croix de Lorraine* une *croix* qui a deux traverses.—On dit, en t. d'archit., qu'*une église est bâtie en croix grecque*, quand les branches de la *croix* qu'elle forme sont égales ; et qu'*elle est en croix latine*, quand la branche inférieure est plus longue. — *Invention de la Sainte-Croix*, fête célébrée dans l'Église romaine le 3 mai, en mémoire de ce que sainte *Hélène*, mère du grand *Constantin*, trouva, l'an 327, la *croix de Jésus-Christ* enfouie sous le mont Calvaire. — *Exaltation de la Sainte-Croix*, autre fête célébrée le 14 septembre, en mémoire du recouvrement que l'empereur *Héraclius* fit, en 627, sur les Perses, de la *croix de Jésus-Christ*, prise par eux, en 624, lorsqu'ils brûlèrent Jérusalem. — Les chrétiens disent : *le mystère de la croix, le sacrifice de la croix*, pour signifier le mystère de la rédemption par la mort que *Jésus-Christ* a soufferte sur la *croix*. — Les catholiques romains appellent *la vraie croix, la sainte croix*, ou absolument *la croix*, le bois de la *croix* sur lequel *Jésus-Christ* fut attaché. Un archevêque, un primat, fait porter une *croix* devant lui dans les cérémonies. Un patriarche porte une *croix* double, et le pape une *croix* triple, dans ses armes. Le pape fait porter la *croix* en tous lieux. Les grands patriarches la font aussi porter partout hors de Rome ; les primats, les métropolitains, et ceux qui ont droit de pallium, seulement dans leur juridiction. Grégoire XI a fait défense aux patriarches, prélats et évêques, de la faire porter en présence des cardinaux. — *Croix pectorale*, *croix* d'or que les évêques et les abbés réguliers portent au cou, même hors les cérémonies de l'église. — On appelle *signe de croix*, un signe que les chrétiens catholiques font avec la main, en forme de *croix* ; *faire le signe de la croix.* — Prov. : *le voilà ! il faut faire une croix*, se dit de quelqu'un qui nous rend rarement ou extraordinairement ses visites. —*Prendre la croix*, autrefois s'engager dans une croisade.—Fam. : *avoir les jambes en croix*, l'une sur l'autre ; *les bras en croix*, élevés et étendus comme ceux du Sauveur. — Fig. : *mettre ses injures au pied de la croix*, les oublier pour l'amour de *Jésus-Christ*.—*Aller au-devant de quelqu'un avec la croix et la bannière*, le recevoir avec grand appareil ou en faire le semblant. — T. de manège, *faire la croix à courbettes, à ballotades*, faire des sauts en avant, en arrière et aux côtés tout d'une haleine. — *Croix*, se dit en termes de blason, d'une *croix* toute seule dans un écu, et qui n'est ni accompagnée ni cantonnée. Elle doit en occuper justement le tiers, parce qu'elle est mise au rang des pièces honorables qui font la division de l'écu.—*Croix alésée*, ou *raccourcie*, celle qui ne s'étend pas jusqu'aux bords de l'écu. — *Croix ancrée*, qui a des *ancres*, dont les branches finissent et se terminent en *ancres* de navire. — *Croix de saint Antoine*, celle qui n'a que trois branches, celle de dessus étant retranchée.—*Croix bordée*, celle qui a tout autour un filet d'autre couleur ou d'autre métal que le corps de la *croix*. — *Croix bourdonnée*, celle qui a aux extrémités et au milieu des cercles qui représentent les pommes d'un bourdon. On l'appelle aussi *pommée*.—*Croix bretessée*, celle qui a les branches garnies de *bretesses*, et qui est composée de créneaux qui se rapportent les uns aux autres. — *Croix câblée*, *croix* qui est composée ou chargée de plusieurs tortils de *câbles*, de cordes, ou de cordons.—*Croix cantonnée*, celle qui a, aux *cantons*, quelques figures qui remplissent les vides de l'écu. — *Croix chargée*, celle qui a sur les branches des coquilles, des étoiles, ou autres meubles de l'écu. Il y a aussi des *croix* qui sont *chargées* d'une autre *croix* plus étroite. — *Croix cerclée*, celle dont les bouts se recourbent en demi-cercle, comme une volute. — *Croix chevelée*, celle qui est composée de bâtons tronçonnés, qui semblent être enclavés dans le bois principal de la *croix*. On l'appelle aussi *croix bâtonnée*. — *Croix componée*, celle qui est faite de divers émaux, dont les parties sont d'un métal ou d'une couleur différente. — *Croix croisée*, celle qui a de petites *croix* aux quatre extrémités. — *Croix à degrés*, *croix* haussée, dont le pied est posé sur une maçonnerie en forme de degrés. On l'appelle *croix enferrée de quatre degrés*, quand à chaque bout de ses branches il y a trois degrés figurés, comme à celui qui lui sert de marchepied. Quelques-uns nomment aussi cette *croix* ; *denchée, dentée, endenchée, endentée*, ou *dentelée*. Cette dernière a les *dents* plus petites. — *Croix double*. Le P. *Ménestrier*, dans son *Origine des Armoiries*, croit que l'origine des *croix doubles* vient de ce que la *croix* étant devenue le sceptre des empereurs chrétiens de Constantinople, quand ils étaient en même temps deux empereurs sur le trône ; au lieu de mettre deux *croix* d'un même côté de leurs monnaies, ils mettaient une seule *croix*, mais à double traverse, et chacun d'eux la tenait d'une main. — *Croix écartelée*, celle qui est divisée par une ligne tirée tant de haut en bas que de travers de droite à gauche, et dont les parties divisées sont de différents émaux, soit couleur, soit métal. — *Croix écotée*, est une *croix* dont le montant et les branches ont leurs chicots, nœuds, ou inégalités. — *Croix échiquetée*, chargée de carrés posés en *échiquier*.—*Croix fendue*, celle qui est entr'ouverte et séparée en deux.—*Croix florencée*, ou *fleuronnée*, ou *fleurdelisée*, celle qui a des *fleurs*, ou des *fleurs de lis* à ses extrémités.—*Croix tréflée*, qui a des *trèfles*.— *Croix fourchée*, celle dont les branches se terminent par trois pointes qui forment deux angles rentrants, etc. — *Croix fourchetée*, celle dont les branches se terminent en *fourchettes*, et dont on se servait pour porter un mousquet. — *Croix frétée*, composée ou plutôt chargée de cotices qui se traversent, et laissent un vide en forme de carrés posés en pointe comme des losanges. — *Croix givrée*, celle qui finit ses branches par des têtes de serpents recourbées de part et d'autre, de la manière des *croix* ancrées.—*Croix d'hermine*, celle qui est chargée d'*hermines*. Il y a aussi des *croix à quatre queues d'hermine*, et aboutées en *croix*, qui aboutissent à un centre et forment une *croix*.—*Croix losangée*, qui est composée ou chargée de *losanges* de métal ou de couleur, qui en font le plein et le vide. — *Croix nillée*, ou *de moulin* ; elle est faite de deux bandes séparées et crochées par le bout, telle qu'en porte la maison d'Aubusson. Elle est ancrée et fort déliée, comme est l'anille ou le fer de moulin.—*Croix ondée*, dont les branches se tournent en *ondes*. — *Croix partie*, divisée par une ligne qui sépare en bas les émaux différents de deux côtés. — *Croix patée*, celle qui s'élargit vers l'extrémité des branches, comme celle des mathurins, ou qui est un peu croisée en quart de voussure. — *Croix au pied fiché*, celle qui à l'extrémité d'en bas aiguisée en pointe, et qui est d'ordinaire un peu plus haute que large. Dans ce cas on l'appelle: *croix haussée*, ou *croix de calvaire*.— *Croix potencée*, celle dont les extrémités sont faites en *potence* double, ou qui ont la figure de la lettre T, comme celle de Jérusalem.—*Croix recroisetée*, *croix* divisée dans sa largeur par le moyen d'un filet d'un autre émail qui règne tout le long de ses bords.—*Croix de Toulouse*, *croix* vidée, treflée, et pommetée d'or.—*Croix de vair*, ou *vairée*, qui est chargée de *vair*, ou de pots ou de cloches *vairées*. (*Dictionnaire de Trévoux*.)

CROIX-DE-VOLVESTRE (SAINTE-), subst. propre fém. (*reintekroèdevolvecetre*), village de France, chef-lieu de canton, arrond. de Saint-Girons, dép. de l'Ariège.

CROIZAT, subst. mas. (*kroéza*), monnaie d'argent de Gènes.

CROKER, subst. mas. (*krokère*), t. d'hist. nat., perche de la Caroline.

CROLÉE, subst. fém. (*krolé*), fondrière. Vieux.

CROLER, v. neut. Voy. CROLLER.

CRÔLER, v. neut. (*krôlé*), vieux t. employé par *Marot*, et dont la basse classe se sert encore assez souvent aujourd'hui pour signifier *crouler*.

CROMORNE, subst. mas. (*kromorne*) (de l'allemand *krummhorn*, nom d'un instrument usité en Allemagne, et qui signifie *cor recourbé*), jeu d'orgues accordé à l'unisson de la trompette, dont il ne diffère que parce qu'il est d'un bout à l'autre du même diamètre.— Sorte d'instrument à vent, fermé par le bas, et d'où le son ne sort que par deux trous. L'anche est placée dans une boîte percée de deux trous, de sorte que celui qui en joue n'est pas toujours le maître de la gouverner.

CRON ou **CRAN**, subst. mas. (*kron*, *kran*), t. d'hist. nat., sable ou amas de petites coquilles qui se trouvent dans le sein de la terre.

CRONE, subst. mas. (*krone*), t. de mar., machine qui sert à enlever les marchandises des vaisseaux. — On appelle aussi *crones* certains endroits au fond de l'eau, remplis de racines, de grands herbages, etc., où se retire ordinairement le poisson.

CRONHYOMÈTRE, subst. mas. (*kroniomètre*) (du grec χρονος, temps, υειν, pleuvoir, et μετρον, mesure.) Voy. CHRONHYOMÈTRE, comme plus conforme à l'étymologie.

CRONHYOMÉTRIQUE, adj. (*kroniométrike*). Voy. CHRONHYOMÉTRIQUE.

CRONIES, subst. fém. plur. Voy. CHRONIES.

CRONOS, ou mieux **CHRONOS**, subst. propre mas. (*kronoce*), myth., nom donné par les Phéniciens et les Égyptiens à leur Saturne, fils du Ciel et de la Terre. Il était représenté avec deux ailes sur la tête, comme marque des deux principes qui nous conduisent, la raison et les passions.

CROPIOT, subst. mas. (*kropio*), t. de bot., petit fruit d'Amérique qui sert à fumer les semences.

CROQUANT, subst. mas. (*krokan*), homme de néant, un misérable : *c'est un croquant*. Il est fam. et peu usité, quoique *La Fontaine* ait dit :

> Elle se sauve; et là-dessus
> Passe un certain *croquant* qui marchait les pieds nus.
> Le souper du *croquant* avec elle s'envole :
> Point de pigeon pour une obole.

—On a appelé *croquants*, certains paysans qui se révoltèrent en Guyenne, sous Henri IV et sous Louis XIII : *la révolte des croquants*.

CROQUANT, E, adj. (*krokan, kante*), qui *croque* sous la dent. — On a dit subst. au fém. : *une croquante* pour *une tourte croquante*. Cela ne se comprendrait plus aujourd'hui.

CROQUE-ABEILLES, subst. mas. (*krokabè-ie*), t. d'hist. nat., nom vulgaire de la mésange ou de la charbonnière.

CROQUE, subst. fém. (*kroke*), arme des *croquants*. Vieux.

CROQUE-AU-SEL (*krokôcèle*), façon de parler familière ; espèce d'adverbe : *manger quelque chose à la croque-au-sel*, sans autre assaisonnement que du *sel*. — On dit prov. d'un homme beaucoup plus fort qu'un autre, *qu'il le mangerait à la croque-au-sel*.

CROQUE-LARDON, subst. mas. (*krokelardon*), écornifleur. Vieux et hors d'usage.

CROQUE-MORT, subst. mas. (*krokemore*), t. pop. qui se dit des porteurs chargés par l'administration municipale d'enlever les cadavres et de les transporter au cimetière. — Au plur., des *croque-morts*.

CROQUE-NOISETTE, subst. mas. (*krokenoèzète*), t. d'hist. nat., mammifère rongeur, du genre des rats. On le nomme aussi muscardin. Voy. ce mot. — Au plur., des *croque-noisettes*.

CROQUE-NOIX, subst. mas. (*krokenoa*), t. d'hist. nat., nom du muscardin. — Au plur., des *croque-noix*.

CROQUE-NOTE ou **CROQUE-SOL**, subst. mas. (*krokenote*), noms qu'on donne par dérision aux musiciens qui exécutent facilement, mais sans expression et sans goût. — Au plur., des *croque-notes*, des *croque-sols*.

CROQUÉ, part. pass. de *croquer*.

CROQUER, v. neut. (*krokié*) (par onomatopée); il se dit des choses qui font du bruit sous la dent lorsqu'on les mange.

CROQUER, v. act. (*krokié*), manger en faisant *croquer* sous la dent : *croquer des croutes*, *du craquelin*.—Fam., manger vite, avec avidité : *croquer un poulet*, etc. — Fig. et fam., prendre, attraper, dérober. — En mus., *croquer une note*, c'est la passer. — En t. de peint., dessiner grossièrement, en sorte que le dessin ne soit pas fini. — Esquisser un dessin. — On le dit au fig. et dans le même sens des ouvrages d'esprit. —Prov., *croquer le marmot*, attendre long-temps et avec impatience. — *Il n'en croquera que d'une dent*, il ne l'aura pas. — On dit d'une jeune personne fort jolie, qu'*elle est gentille à croquer*, qu'*elle est à croquer*.

CROQUE-SOL. Voy. CROQUE-NOTE.

CROQUET, subst. mas. (*krokié*), sorte de pâtisserie qui *croque* sous la dent quand on la mange.

CROQUETTE, subst. fém. (*krokiète*), nom qu'on donne à certaines parties de volailles grillées. — Filets de volaille qu'on fait frire. — Se dit encore du riz et des substances farineuses que l'on fait frire.

CROQUEUR, subst. mas., au fém. **CROQUEUSE** (*krokieur, kieuze*), qui prend, qui attrape, qui *croque*. Il n'est bon que dans le burlesque et le bas comique.

CROQUEUSE, subst. fém. Voy. CROQUEUR.

CROQUIGNOLE, subst. fém. (*krokigniole*) (suivant *Le Duchat*, du lat. barbare *curcinodula*, formé de *curvus*, courbé, et de *nodulus*, dimin. de *nodus*, nœud, jointure des doigts; *coup donné avec les doigts courbés*), coup qu'on donne sur la tête ou sur le nez avec le second ou le troisième doigt fermé. — Pâtisserie *croquante*.

CROQUIGNOLER, v. act. (*krokigniolé*), donner des *croquignoles* à quelqu'un. Vieux et hors d'usage.

CROQUIS, subst. mas. (*kroki*), t. de peint., esquisse *croquée*, faite à la hâte. — On le dit quelquefois au fig. des ouvrages d'esprit.

CROSSANDRE, subst. fém. (*kroçandre*), t. de bot., genre de plantes établi pour placer la carmantine infundibuliforme.

CROSSE, subst. fém. (*kroce*) (rac. *croc*, à cause de sa forme crochue), bâton pastoral d'un évêque, d'un ancien abbé.—Bâton recourbé par le bout, avec lequel on pousse une balle, une pierre, etc.—*Crosse de fusil*, *de mousquet*, la partie courbe du fût qu'on appuie contre l'épaule en tirant. — *Crosse d'aiguière*, anse d'aiguière en forme de *crosse*.— On appelle *couteau à crosse*, un couteau fermant, dont le manche se termine en s'arrondissant. — *Crosse* se dit encore de bâtons de huit à neuf pieds de longueur, dont on se sert pour soutenir les claies d'un parc.

CROSSÉ, E, part. pass. de *crosser*, et adj. (*kroçé*), qui porte, ou qui a le droit de porter la *crosse*: *abbé crossé et mitré*.

CROSSER, v. neut. (*kroçé*), pousser une balle, une pierre avec une *crosse*. — On dit fig. et fam. d'un homme très-méprisable, que *c'est un homme à crosser*. En ce sens, il est actif : *crosser quelqu'un*, c'est au propre le battre; au fig. le gronder fort. — *Aimer à crosser*, à médire contre quelqu'un, ou à se moquer de quelqu'un. — **SE CROSSER**, v. pron., se chamailler vivement, se battre : *ils se sont rudement crossés*. Pop.

CROSSETTE, subst. fém. (*krocète*) (de sa ressemblance avec une petite *crosse*), t. d'agric., branche de vigne taillée, et à laquelle il reste un peu de bois de l'année précédente. — En t. d'archit., 1° moulure d'un chambranle de porte ou de croisée, qu'on fait retourner à ses angles, au-delà de l'aplomb de sa base; 2° plâtre d'une couverture, à côté des lucarnes; 3° partie saillante d'un claveau de plate-bande, qui est posé en recouvrement sur le claveau voisin. — Au plur., dans une arche de pont, etc., les retours des voussoirs, dans lesquels la coupe des joints n'est pas suivie.

CROSSEUR, subst. mas., au fém. **CROSSEUSE** (*krocœur, ceuze*), celui qui *crosse* avec une balle, une pierre. Hors d'usage. — Médisant; moqueur,

CROSSILLON, subst. mas. (*kroci-ion*), t. d'orfèvre, l'extrémité recourbée d'une *crosse*, et des tours qu'elle fait en dedans.

CROSTYLE, subst. mas. (*krocetile*), t. de bot., plante des îles de la mer du Sud.

CROTALAIRE, subst. fém. (*krotalère*) (du grec κροταλον, crotale), t. de bot., plante de la famille des légumineuses. Les enfants des Indiens aiment à jouer avec ses rameaux chargés de fruits, à cause du bruit que font les gousses en s'entre-choquant.

CROTALE, subst. mas. (*krotale*) (du grec κροταλον, fait de κροταλιζω, frapper, faire du bruit), instrument de musique des anciens, qu'on voit sur les médailles des prêtres de *Cybèle*. C'étaient des espèces de castagnettes formées de deux lames d'airain, qu'on faisait choquer l'une contre l'autre. Les enfants, dans les départements du midi, se font des *crotales* avec des morceaux d'ardoise, d'os, de bois, etc. — T. d'hist. nat., serpent venimeux dont la queue est terminée par des anneaux osseux qui font du bruit quand il rampe. On le nomme aussi *serpent à sonnettes*.

CROTALISTRE, subst. fém. (*krotalicetre*), joueuse d'un instrument autrefois fort en usage dans la Mauritanie.

CROTAPHE, subst. mas. (*krotafe*) (du grec κροταφος, tempe), t. de médec., céphalalgie qui a son siége aux régions temporales.

CROTAPHITE, adj. des deux genres (*krotafite*) (du grec κροταφος, tempe), t. d'anat., muscle qui occupe la cavité des tempes et qui tire la mâchoire inférieure en haut.

CROTOI (LE), subst. propre mas. (*lekrotoa*), bourg situé à l'embouchure de la Somme en Picardie.

CROTON, subst. mas. (*kroton*), morceaux de sucre qui n'ont pu passer par l'éblichet. — T. de bot., genre de plantes de la famille des euphorbes.

CROTONE, subst. mas. (*krotone*), t. de bot., sorte de champignon qui croît sur les arbres. — T. de chir., tumeur fongueuse et développée sur les membranes des os.

CROTONE, subst. propre fém. (*krotone*), ancienne ville d'Italie, qu'on nomme aujourd'hui *Cortone*.

CROTONIATE, subst. des deux genres (*krotoniate*), originaire de *Crotone*, ou de *Crotone*.

CROTOPHAGE, subst. mas. (*krotofaje*), t. d'hist. nat., oiseau qui se nourrit du fruit du *croton*.

CROTOPIADES, subst. propre mas. plur. (*krotopiade*), myth., les fils ou descendants de Crotopus, roi d'Argos.

CROTTE, subst. fém. (*krote*) (suivant *Ménage*, du lat. *creta*, terre gluante et tenace, craie, etc.), la boue délayée des rues et des chemins quand il a plu : *il fait bien de la crotte dans les rues*, elles sont bien sales. — *Être dans la crotte*, dans la misère. — Fiente ronde, dure et sèche, de certains animaux : *crotte de brebis*, *de lapin*, etc.

CROTTÉ, E, part. pass. de *crotter*, et adj., couvert de *crotte*. — On dit prov. : *crotté comme un barbet*, *jusqu'à l'échine*, *jusqu'aux oreilles*. — Fig. et fam., *poète crotté*, méchant poète.

CROTTER, v. act. (*kroté*), salir avec de la boue délayée, couvrir de *crotte*. — **SE CROTTER**, v. pron., amasser les *crottes* des rues en marchant.

CROTTIFIÉ, E, part. pass. de *se crottifier*.

SE CROTTIFIER, v. neut. (*cekrotifié*), se couvrir de *crotte* dans les chemins. (*Scarron*.) Inusité.

CROTTIN, subst. mas. (*krotein*), excrément sec, dur et menu de plusieurs animaux : *crottin de cheval*, *de mouton*.

CROTU, E, adj. (*krotu*), marqué de petite-vérole. Inusité.

CROTUS, subst. propre mas. (*krotuce*), myth., fils de Pan et d'Euphème, fut métamorphosé en la constellation qu'on nomme le Sagittaire.

CROU, subst. mas. (*krou*), terre sablonneuse et argileuse en même temps, qui est propre seulement à la culture des arbres.

CROUCHANT, subst. mas. (*krouchan*), t. de charpentier, pièces de bois qui se portent sur le chef d'un bateau, et qui servent à faire la rondeur et la diminution du devant.

CROULANT, E, adj. (*kroulan, lante*), qui *croule*, qui touche à une *maison croulante*.

CROULÉ, E, part. pass. du v. *crouler*.

CROULEMENT, subst. mas. (*krouleman*), ébranlement, action de tomber en s'affaissant.

CROULER, v. neut. (*kroulé*) (de l'italien *crollare*, ébranler, secouer, fait du grec κρουειν, pousser, agiter, secouer), tomber en s'affaissant : *ce bâtiment croule ; la terre croula*. — **SE CROULER**,

v. pron.; cet homme *se croule* ou *croule*, il va succomber dans ses entreprises, se perdre dans l'estime publique.

CROULER, v. act. (*kroulé*), en t. de mar., *crouler un vaisseau*, le lancer. — En t. de chasse, *le cerf croule la queue*, le cerf fuit en remuant la queue.

CROULIER, adj. mas., au fém. **CROULIÈRE** (*kroulié, lière*), mouvant, qui n'est pas ferme sous les pieds, qui menace de *crouler* : *des prés crouliers*, *des terres croulières*. Peu en usage.

CROULIÈRE, subst. fém. (*kroulière*), lieu mouvant. Voy. CROULIER.

CROUP, subst. mas. (*kroupe*) (de l'écossais *roup*, qui n'est peut-être qu'une altération du français *roupie*), t. de médec., maladie dangereuse, propre à l'enfance, et qui consiste dans une inflammation particulière de la membrane muqueuse du canal de la respiration.

CROUPADE, subst. fém. (*kroupade*), t. de manège, saut relevé qui tient le devant et le derrière du cheval dans une égale hauteur, sans qu'il montre son fer.

CROUPAL, E, adj. des deux genres (*kroupale*), t. de médec., qui appartient au *croup* ; il se dit de la voix des personnes atteintes du *croup*. On ne dit guère *croupaux* au plur. mas.; cependant il ne faudrait pas hésiter à se servir de ce plur. si l'on en avait besoin.

CROUPE, subst. fém. (*kroupe*) (du latin barbare *cruppa*, qui se trouve en ce sens dans les *gloses*, et qui vient de l'allemand *grub*, ou plutôt *grob*, gros, épais. *Ménage*.), le haut ou le sommet d'une montagne. — En archit., 1° la partie d'un comble qui couvre le mur de pignon d'un édifice, et qui est terminée par deux arêtiers; 2° couverture de forme conique du chevet ou rond-point d'une église. — La partie du cheval qui prend depuis les rognons jusqu'à la queue, en y comprenant tout cet espace rond qui fait la beauté de la *croupe*. On appelle *croupe coupée*, celle qui, regardée de profil, paraît étroite et ne pas avoir sa rondeur et son étendue naturelle ; *croupe avalée*, celle qui tombe trop tôt, ce qui fait que l'origine de la queue est plus basse et par conséquent mal placée ; *croupe tranchante*, celle d'un cheval dont les cuisses sont très-aplaties. On dit qu'*un cheval tortille la croupe*, lorsque, par faiblesse, il fait aller, en marchant, sa *croupe* de côté et d'autre. — En t. de guerre : *gagner la croupe d'un ennemi*, c'est, lorsqu'on se trouve en présence d'un cavalier ennemi, faire un demi-tour pour le prendre en *croupe*. — *Croupe*, se dit aussi des autres bêtes de monture et de somme, comme le mulet, l'âne, etc. : *monter en croupe*, c'est se mettre à cheval sur la *croupe*, derrière un cavalier. — Fig. et fam. : *être chatouilleux sur la croupe*, être fort susceptible, se fâcher aisément et sans sujet.— Intérêt que l'on donne dans les bénéfices d'une place, d'une entreprise de finance, etc. Presque inusité dans ce sens.

CROUPÉ, E, adj. (*kroupé*), qui a une belle *croupe*. On dit : *un cheval bien* ou *mal croupé*.

à **CROUPETONS**, adv. (*akroupeton*), d'une manière *accroupie*.

CROUPI, E, part. pass. de *croupir* : *eau croupie*.

CROUPIADER, v. neut. (*kroupiadé*), t. de mar., mouiller en *croupière*. Voy. CROUPIÈRE.

CROUPIAT, subst. mas. (*kroupia*), t. de mar., nœud qu'on fait sur le câble.

CROUPIER, subst. mas. (*kroupié*), celui qui est associé au jeu avec quelqu'un qui tient la carte ou le dé. — A la bassette, au pharaon, etc., celui qui sert d'assistant au banquier, et qui l'avertit des cartes qui gagnent, etc. — Celui qui prête aux gens d'affaires et qui a part au profit.

CROUPIÈRE, subst. fém. (*kroupière*) (rac. *croupe*), longe de cuir attachée derrière la selle et qui, avec le culeron, embrasse la queue du cheval. — En t. de mar., câble qui arrête un vaisseau par son arrière : *mouiller en croupière* ou *de croupière* ou *en croupe* ; c'est mouiller à poupe, afin de maintenir les ancres de l'avant, et d'empêcher le vaisseau de se tourmenter, ou faire en sorte qu'il présente toujours le même côté. — En t. de rivière, on appelle *croupières*, des pièces de rouettes qui servent à tenir en état le devant ou le derrière d'un train. — Fig. et prov. : *tailler des croupières à quelqu'un*, le poursuivre vivement, lui donner bien de l'embarras, se targuer de lui.

CROUPION, subst. mas. (*kroupion*), l'extrémité du bas de l'échine proche du fondement.— Partie qui termine le corps ou le bas du dos des oiseaux, et qui soutient la queue.

CROUPIR, v. neut. (*kroupir*), ne couler pas : se corrompre faute de mouvement. — On le dit, par extension, d'un enfant au maillot, d'un malade, qu'on n'a pas soin de changer assez souvent de linge. — Au fig., demeurer nonchalamment en quelque état ou en quelque lieu : *croupir dans le vice*.

CROUPISSANT, E, adj. (*kroupiçan, çante*), qui *croupit*.

CROUPISSEMENT, subst. mas. (*kroupiceman*), t. de médec., état de différentes matières qui *croupissent* dans le corps humain.

CROUPON, subst. mas. (*kroupon*), t. de tanneur, cuir de bœuf ou de vache tanné qui n'a ni tête ni ventre.

CROUSILLES, subst. fém. (*krouzie*), t. de pêche, enceinte de filets, ou espèce de parc qu'on établit, en Provence, au bord des étangs.

CROUSTILLANT, E, adj. (*kroucetiian, iante*), se dit des aliments qui *croquent* sous la dent : *pâtisserie croustillante*.

CROUSTILLE, subst. fém. (*kroucetiie*), petite *croûte* de pain.— Anciennement, sorte d'agrément qu'on met aux coiffures des femmes.

CROUSTILLER, v. neut. (*kroucetiié*), manger de petites *croûtes* pour boire et être plus long-temps à table. Fam. et peu en usage.

CROUSTILLEUSE, adj. fém. Voyez CROUSTILLEUX.

CROUSTILLEUSEMENT, adv. (*kroucetiieuzeman*), d'une manière leste et plaisante. Pop. et peu usité.

CROUSTILLEUX, adj. mas., au fém. **CROUSTILLEUSE** (*kroucetiieu, ieuze*), bouffon, qui fait rire; plus ordinairement, qui est trop gaillard : *contes croustilleux*. Fam.

CROÛTE, subst. fém. (*kroute*) (en latin *crusta*), la partie dure et solide qui couvre la mie du pain. — Pâte cuite qui renferme la viande d'un pâté, d'une tourte, etc. — Morceau de pain où il y a plus de *croûte* que de mie, et qu'on a fait long-temps mitonner avec du bouillon. — *Casser la croûte*, manger sans cérémonie avec quelqu'un. — *Ne vivre que de croûtes*, vivre chichement. — Tout ce qui se durcit et s'attache à quelque chose : *croûte de tartre autour d'un tonneau*. — En chir., gale qui se forme sur les plaies ou blessures. — *Croûtes de lait*, celles qui surviennent sur le corps des enfants à la mamelle.—En t. de peint., 1° tableau ancien, noir et écaillé ; 2° par extension, et plus ordinairement, tout mauvais ouvrage de dessin ou de peinture. — *Croûte de garance*, superficie dure de la garance pulvérisée et mise en pipe ou en sac. — *Cuir en croûte*, se dit des cuirs planes, poudrés, tannés et séchés en sortant de la fosse au tan.

CROÛTE-À-CHARBON, subst. fém. (*kroutacharbon*), t. de bot., plante qui croît sur les places à charbon dans les forêts.

CROÛTELETTE, subst. fém. (*kroutelète*), petite *croûte*.

se **CROÛTER**, v. pron. (*cekrouté*), t. de métier, se couvrir de *croûte*; se durcir en *croûte*. Peu en usage.

CROÛTIER, subst. mas. (*kroutié*), brocanteur de mauvais tableaux, de *croûtes*. — Mauvais peintre. On dit plus souvent *croûton*.

CROÛTON, subst. mas. (*krouton*), petit morceau de pain qui est tout *croûte* extérieurement. — *Potage aux croûtons*, fait de *croûtes* de pain frites.— Fig., on dit d'un mauvais peintre : *c'est un vrai croûton*.

CROUY ou **CROY**, et mieux **CROÏ**, subst. propre mas. (*krou-i, kro-i*), bourg du vieux Soissonnais, en France.

CROVE, subst. fém. (*krove*), t. de bot., genre de plantes de la famille des crustacés.

CROWE, subst. fém. (*krove*), t. d'hist. nat., nom anglais de la corneille.

CROWN, subst. fém. (*kroune*), monnaie d'argent d'Angleterre.

CROWN-GLASS, subst. mas. (*krouneguelace*), verre à couronne anglais, blanc, et de la plus belle qualité, que l'on emploie pour les lunettes achromatiques.

CROWN-VOGEL, subst. mas. (*krounevojèl*), t. d'hist. nat., nom du grand pigeon huppé de Banda.

CROYABLE, adj. des deux genres (*kroéiable*), qui peut ou qui doit être *cru* ; il se dit plus souvent avec la négative ou en interrogeant. — Le *que*, après *croyable*, régit l'indicatif, si la phrase est affirmative : *il est croyable que cela est ainsi*. Il régit le subjonctif, si la phrase est négative ou interrogative : *il n'est pas croyable que cela soit ainsi*.

DU VERBE IRRÉGULIER CROIRE :

Croyaient, 3e pers. plur. imparf. indic.
Croyais, précédé de *je*, 1re pers. sing. imparf. indic.
Croyais, précédé de *tu*, 2e pers. sing. imparf. indic.
Croyait, 3e pers. sing. imparf. indic.

CROYANCE, subst. fém. (*kroéiance*), sentiment, opinion ; *créance*, avec cette différence que la *croyance* est une opinion pure et simple, et que la *créance* est une *croyance* ferme, constante, entière. Nous disons plutôt *croyance*, dans le cours ordinaire des choses, et *créance*, en matière grave, comme la religion; parce que la religion est ce qu'on croit le plus fermement. Malgré cette distinction établie par *Roubaud*, et dans le fond très-juste, l'usage a prévalu en faveur de *croyance*, qui se dit presque exclusivement, même pour exprimer ce qu'on *croit* dans une religion. — *Croyance* se dit, dans le sens moral et chez les théologiens, de cette sorte d'assentiment qui est fondé seulement sur l'autorité ou le témoignage de quelques personnes qui assurent la vérité d'un fait : *la croyance des juifs*, *la croyance des chrétiens* ; la collection des propositions qui font l'objet de la foi des juifs, des chrétiens. Voy. CRÉANCE.

Croyant, part. prés. du verbe irrégulier CROIRE.

CROYANT, E, subst. (*kroéian, iante*), celui, celle qui *croit* ce que la religion enseigne. Il n'est guère d'usage que dans ces phrases : *Abraham est le père des croyants*.—*Les Turcs se qualifient de vrais croyants* ; ils appelaient leurs anciens califes : *chefs* ou *commandeurs des croyants*.

DU VERBE IRRÉGULIER CROIRE :

Croyez, 2e pers. plur. impér.
Croyez, précédé de *vous*, 2e pers. plur. prés. indic.
Croyiez, précédé de *vous*, 2e pers. plur. imparf. indic.
Croyiez, précédé de *que vous*, 2e pers. plur. prés. subj.
Croyions, précédé de *nous*, 1re pers. plur. imparf. indic.
Croyions, précédé de *que nous*, 1re pers. plur. prés. subj.
Croyons, 1re pers. plur. impér.
Croyons, précédé de *nous*, 1re pers. plur. prés. indic.

CROZON, subst. propre mas. (*krozon*), bourg de France, chef-lieu de canton, arrond. de Châteaulin, dép. du Finistère.

CRÛ (et non pas CRU, comme écrit l'*Académie*. Voy. notre observation sur CRU, E, adj.), subst. mas. (*kru*), terroir qui produit quelque fruit : *ces denrées sont d'un bon crû*, *de mon crû*. — *Vin du crû*, vin de propriétaire. — Fig. et fam. : *cela est de votre crû*, vient de vous, vous avez inventé cela. — En t. de chasse, milieu d'un buisson où la perdrix se retire pour éviter les chiens. On dit aussi, et plus communément : *le creux du buisson*.

CRU, E, (on aurait dû conserver au mas. l'ancienne orthographe qui est *crud*, et qui servait à faire distinguer cet adj. des part. pass. de *croire* et de *croître*) adj. (*kru*) (en latin *crudus*), qui n'est point cuit : *un fruit cru*, *de la viande crue*. —*Cuir cru*, non préparé. — *Soie crue* ou *écrue*, ni lavée, ni teinte. — *Métal cru*, tel qu'il est sorti de la mine. — En t. de médec. : *les humeurs* que l'on dit *crues* sont celles qui ne sont pas assez cuites par la chaleur naturelle. — *Ce fruit est cru sur l'estomac*, est difficile à digérer. — *Eau crue*, sans mélange d'autres liqueurs ; et aussi, *eau* qui ne fait pas fondre le savon.—Fig. : *une parole bien crue*, *une nouvelle toute crue*, une parole, une nouvelle fâcheuse, dite sans adoucissement.— *Une pensée toute crue*, une pensée informe. — *Tenir des discours par trop crus*, tenir des discours indécents. — En t. de peint. : *ton cru*, qui ne se marie pas, qui ne se perd pas avec celui qui l'avoisine : *couleur crue*, tranchante, discordante, trop entière : c'est le contraire d'une couleur *rompue* ; *lumière*, *ombre crue*, lorsque les clairs ne sont pas séparés des grands bruns par des passages gradués. — *à* CRU, loc. adv., sur la peau nue : *monter un cheval à cru*, sans selle. Peu en usage.

CRU, E, part. pass. de *croire*, et adj., à quoi on ajoute foi : *tel homme mérite*, ou *ne mérite pas d'être cru*. Voy. CROIRE.

CRÛ, E, part. pass. de *croître*, et adj., grandi, augmenté. Voy. CROITRE.

CRUAUTÉ, subst. fém. (*kru-ôté*) (en lat. *crudelitas*), inhumanité, inclination à répandre le sang, à faire du mal aux autres : *leur cruauté n'a point de bornes.* — Action *cruelle*. Voy. BARBARIE. — Fig., rigueur : *la cruauté d'une maîtresse, de la fortune*, etc. — Par exagération, chose fâcheuse, désagréable : *c'est une cruauté de...*

CRUCHE, subst. fém. (*kruche*) (suivant le *Glossaire germanique* de *Wachter*, de l'allemand *krug*, qui a la même signification), vase de terre ou de grès, et à anse, qui a le ventre large et le col étroit. — Prov. : *tant va la cruche à l'eau, qu'à la fin elle se casse*, à force de s'exposer au danger, on y demeure, on y périt.—On dit fam., d'une personne stupide, qui n'a aucune intelligence, que *c'est une cruche, une vraie cruche.*

CRUCHÉE, subst. fém. (*kruché*), ce que contient une *cruche*.

CRUCHER, v. n. (*kruché*), se dit en parlant du son que l'on tire du cromorne.

CRUCHERIE, subst. fém. (*krucheri*); au fig. et au fém., folie, bêtise. Il est peu usité.

• **CRUCHETTE**, subst. fém. (*kruchète*), petite *cruche*.

CRUCHON, subst. mas. (*kruchon*), petite *cruche*.

CRUCIADE, subst. fém. (*kruciade*) (de l'espagnol *cruz*, pris du lat. *crux*, *crucis*, croix, parce que la demande des *cruciades* avait ordinairement pour motif la nécessité de faire la guerre aux infidèles, c'est-à-dire une espèce de *croisade*), bulle du pape au roi d'Espagne pour lever des décimes sur les revenus ecclésiastiques, etc.

CRUCIAL, E, adj. Au plur. mas. **CRUCIAUX** (*kruciale*), t. de chir., en forme de *croix* : *incision cruciale*.

CRUCIANELLE, subst. fém. (*krucianèle*), t. de bot., genre de plantes de la famille des rubiacées.

CRUCIFÈRE, adj. des deux genres (*krucifère*) (en lat. *crucifer*, fait de *crux*, gén. *crucis*, croix, et *fero*, je porte); il se dit : 1° des colonnes qui soutiennent une *croix* et qu'on met dans les cimetières ; 2° en t. de bot., des plantes dont la corolle est formée de quatre pétales disposés en *croix*. On dit aussi et plus souvent *cruciforme*. Les plantes *cruciformes* composent la cinquième classe de la méthode de *Tournefort*. — Subst. fém., *une crucifère; la famille des crucifères*.

CRUCIFIÉ, E, part. pass. de *crucifier*.—Subst., qui a été mis en *croix* et qui a souffert ce supplice.

CRUCIFIEMENT ou **CRUCIFÎMENT**, ajoute l'*Académie*; nous préférons l'orthographe du premier, parce qu'elle laisse mieux reconnaître que ce mot est formé du verbe *crucifier*, subst. mas. (*krucifiman*), action de *crucifier*. — Supplice de la *croix*. — Tableau, estampe qui représente le *crucifiement* de *Jésus-Christ*. — Fig., mortification des passions, de la chair.

CRUCIFIER, v. act. (*krucifié*) (du lat. *crucifigere*, fait, en ce sens, de *crux*, *crucis*, croix, et de *figere*, attacher), attacher à une *croix*. — Au fig., mortifier ses passions, sa chair. — *se* CRUCIFIER, v. pron. On dit fig. : *il se ferait crucifier pour ses amis*; il souffrirait tout pour eux.

CRUCIFIX, subst. mas. (*krucifi*) (du lat. *crucifixus*, formé de *crux*, *crucis*, croix, et de *fixus*, part. pass. de *figere*, attacher), figure ou représentation de *Jésus-Christ* attaché à la *croix*. — Tableau, estampe qui représente *Jésus-Christ* attaché à cette *croix* : *crucifix d'or, d'argent*, etc. — *Mettre les injures qu'on a reçues, mettre ses ressentiments aux pieds du crucifix* : les oublier pour l'amour de *Jésus-Christ*. — *Mangeur de crucifix*, cagot qui ne vit que dans les églises et au confessionnal. — T. d'hist. nat., huître marteau.

CRUCIFIXION, subst. fém. (*krucifikcion*), action de *crucifier*; manière de mettre sur la *croix*. Vieux et hors d'usage; cependant *Bayle* affecte de dire partout *crucifixion* pour *crucifiement*.

CRUCIFORME, adj. des deux genres (*kruciforme*) (du lat. *crux*, gén. *crucis*, croix, et *forma*, forme, ressemblance), qui a la *forme* d'une *croix*. — En bot., voy. CRUCIFÈRE. — En géom., *hyperbole cruciforme*, hyperbole du troisième ordre, dont les deux branches se coupent en *forme de croix*.

CRUDÉLITÉ, subst. fém. (*krudélité*), mot tout latin qui s'est dit autrefois pour *cruauté*.

CRUDITÉ, subst. fém. (*krudité*) (en lat. *cruditas*), qualité des choses crues : *la crudité des fruits, de l'eau.* — Indigestion. Il se dit souvent au pluriel : *ces viandes causent des crudités.* — Mauvaise qualité des humeurs qui ne sont pas digérées.—Au fig., discours peu obligeant. Dans cette acception, il est aujourd'hui peu usité.—En peinture, effet de ce qui est nu ou trop dur : *il y a des crudités dans ce tableau.* — Au plur., des légumes, des fruits *crus*, difficiles à digérer. — Gravelures, indécences.

CRUDIVORE, adj. des deux genres (*krudivore*), nom que l'on a donné aux peuples qui ne se nourrissent que d'aliments *crus*. Presque inusité.

CRÛE, et non pas **CRUE**, comme l'écrit l'*Académie*, subst. fém. (*krû*), augmentation : *la crûe des eaux.* — Croissance : *cet arbre, cet enfant n'a pas pris encore toute sa crûe.* — En t. de pratique, augmentation de prix qui était due, dans certains pays et en certains cas, outre le montant de la prisée des meubles, par ceux qui doivent en rendre la valeur.

CRUEL, adj. mas., au fém. **CRUELLE** (*kru-èle*) (en lat. *crudelis*), en parlant des personnes, inhumain, impitoyable, qui aime le sang. — Il se dit dans le même sens des animaux, et fig., du sort, du destin, de la fortune. — Sévère, peu complaisant : *vous êtes bien cruel à ou envers vous-même.*— En parlant des choses, fâcheux, douloureux, insupportable. — *Homme cruel, femme cruelle*, pleins de *cruauté*. — *Cruel homme, cruelle femme*, à qui l'on fait vainement les plus vives instances, ou qui en font eux-mêmes d'importunes. — Ne confondez pas *un cruel homme* avec *un homme cruel. Un cruel homme* est ennuyeux, importun, etc.; *un homme cruel* est inhumain et insensible, ne cherchant et ne voulant que le mal d'autrui. — Subst. : *vous êtes un cruel.* — *Elle fait la cruelle*, se dit d'une femme qui refuse de répondre à la passion qu'elle inspire. —*Ne pas rencontrer de cruelles*, être heureux en bonnes fortunes.

CRUÉLISÉ, E, part. pass. de *cruéliser*.

CRUÉLISER, v. act. (*kru-elizé*), agir en *cruel* à l'égard de quelqu'un; le traiter avec *cruauté*. (*Boiste*.) Inus.

CRUELLEMENT, adv. (*kruèleman*), avec *cruauté*, d'une manière *cruelle*.

CRUENTATION, subst. fém. (*kru-antâcion*), t. de médec., s'est dit du sang qui afflue à l'orifice d'une plaie; mais ce n'est nullement *un saignement qui s'opère, dit-on, par la plaie d'un cadavre, lorsque celui qui l'a faite se présente*; comme l'avance le dictionnaire *Raymond* !

CRUMÉNOPHTHALME, subst. mas. (*kruménofetalme*), t. d'hist. nat., poisson de mer du genre des scombres.

CRÛMENT; nous préférerions **CRUEMENT**, adv. (*kruman*), d'une manière *crue*, dure, sans ménagement.

Crûmes, 1re pers. plur. prét. déf. du verbe irrégulier CROIRE.

Crûmes, 1re pers. plur. prét. déf. du verbe irrégulier CROÎTRE.

CRUOR, subst. mas. (*kru-or*), mot latin; le sang, hors de ses vaisseaux.

CRUORIQUE, adj. des deux genres (*kru-orike*) (du lat. *cruor*, gén. *cruoris*, sang versé ou caillé), dans la nouvelle nomenclature chimique, acide tiré des caillots de sang.

CRUPELLAIRE, subst. mas. (*krupèlère*), gladiateur qui, chez les anciens Romains, était couvert d'une armure de fer. — Il s'est dit dans le même sens chez les Gaulois.

CRUPINE, subst. fém. (*krupine*), t. de bot., genre de plantes de la famille des cinarocéphales.

CRUPINIE, subst. fém. (*krupini*), t. de bot., genre de centaurée.

CRURAL, E, adj. (*krural*) (en lat. *cruralis*, fait de *crus*, gén. *cruris*, jambe), t. d'anat., qui appartient à la jambe : *veine crurale, muscle crural.* — Au plur. mas., *cruraux*.

Crurent, 3e pers. plur. prét. déf. du verbe irrégulier CROIRE.

Crûrent, 3e pers. plur. prét. déf. du verbe irrégulier CROÎTRE.

DU VERBE IRRÉGULIER CROIRE :

Crus, précédé de *je*, 1re pers. sing. prét. déf.

Crus, précédé de *tu*, 2e pers. sing. prét. déf.

DU VERBE IRRÉGULIER CROÎTRE :

Crûs, précédé de *je*, 1re pers. sing. prét. déf.

Crûs, précédé de *tu*, 2e pers. sing. prét. déf.

CRUSCA, subst. propre fém. (*kruceka*), ce mot est italien, et signifie le *son*, ou ce qui reste quand la farine est blutée. Il n'est en usage que dans cette phrase, *l'académie de la Crusca*. C'est une académie établie à Florence pour la perfection de la langue toscane. Elle a pris son nom de son emploi et de la fin qu'elle se propose, qui est d'épurer la langue toscane, et pour ainsi dire, d'en séparer le *son*. Sa devise est un bluteau, avec ces mots italiens : *Il più bel fior ne coglie*, qui veulent dire : *Il en recueille la plus belle fleur*. Dans la salle où se tient cette académie tout fait allusion à son nom et à sa devise. Les siéges ont la forme d'une hotte à porter du pain ; leur dossier, celle d'une pelle à remuer le blé ; les grandes chaises sont faites en façon de cuves d'osier, ou de paille, dans lesquelles on garde le blé ; les coussins des chaises sont de satin gris en forme de sacs; les étuis dans lesquels on met les flambeaux ressemblent aussi à des sacs. C'est ce que rapporte *Monconis* dans son premier *Voyage d'Italie*. Le *Dictionnaire de la Crusca* est un *dictionnaire* italien composé par cette académie.

CRUSCANTISME, subst. mas. (*kruceckanticeme*) (de l'académie *della Crusca*, à Florence, dont l'institution et les travaux ont pour objet spécial la perfection de la langue toscane), manière de parler et d'écrire la langue italienne avec pureté, accompagnée d'un peu de recherche et d'affectation. C'est un mot créé par *J.-J. Rousseau* dans ses *Confessions*. Le *cruscantisme* est à la langue italienne ce que le purisme est au langage en général.

Crusse, 1re pers. sing. imparf. subj. du verbe irrégulier CROIRE.

Crûsse, 1re pers. sing. imparf. subj. du verbe irrégulier CROÎTRE.

Crussent, 3e pers. plur. imparf. subj. du verbe irrégulier CROIRE.

Crûssent, 3e pers. plur. imparf. subj. du verbe irrégulier CROÎTRE.

Crusses, 2e pers. sing. imparf. subj. du verbe irrégulier CROIRE.

Crûsses, 2e pers. sing. imparf. subj. du verbe irrégulier CROÎTRE.

Crussiez, 2e pers. plur. imparf. subj. du verbe irrégulier CROIRE.

Crûssiez, 2e pers. plur. imparf. subj. du verbe irrégulier CROÎTRE.

Crussions, 1re pers. plur. imparf. subj. du verbe irrégulier CROIRE.

Crûssions, 1re pers. plur. imparf. subj. du verbe irrégulier CROÎTRE.

CRUSTACÉ, E, adj. (*krucetacé*) (du lat. *crusta*, écaille de poisson), couvert d'une écaille divisée par des jointures différentes : *l'écrevisse est crustacée.* — Dans la nouvelle division de l'histoire naturelle, les *crustacés* sont des animaux non vertébrés qui ont des vaisseaux, une moelle nerveuse composée d'une suite de renflements, et le corps muni de membres ou d'appendices formés de plusieurs articulations. — Il se dit, en bot., du péricarpe mince et fragile que l'eau ne peut ramollir.

CRUSTACÉ, subst. mas. (*krucetacé*), t. d'hist. nat., classe d'animaux sans vertèbres : *le homard, les crabes sont des crustacés.* — *Crustacés fossiles*, dépouilles ou empreintes des *crustacés* dans les couches de la terre.

CRUSTACITE, subst. mas. (*krucetacite*), t. d'hist. nat., nom des *crustacés* fossiles.

CRUSTA-OLLÆ, subst. fém. (*kruceta-olelé*), t. de bot., nom qu'on a donné à plusieurs plantes de l'Inde.

CRUSTODERMES, subst. mas. plur. (*krucetoderme*), t. d'hist. nat., tribu de poissons de l'ordre des poissons osseux.

CRUSTOLLE, subst. fém. (*krucetole*), t. de bot., plante de la famille des acanthoïdes.

DU VERBE IRRÉGULIER CROIRE :

Crut, précédé de *il* ou *elle*, 3e pers. sing. prét. déf.

Crût, précédé de *qu'il* ou *qu'elle*, 3e pers. sing. imparf. subj.

DU VERBE IRRÉGULIER CROÎTRE :

Crût, précédé de *il* ou *elle*, 3e pers. sing. prét. déf.

Crût, précédé de *qu'il* ou *qu'elle*, 3e pers. sing. imparf. subj.

Crûtes, 2e pers. plur. prét. déf. du verbe irrégulier CROIRE.

Crûtes, 2e pers. sing. prét. déf. du verbe irrégulier CROÎTRE.

CRUZADE, subst. fém. (*kruzade*), monnaie d'or de Portugal, de la valeur à peu près de trois francs trente centimes de France. Sa valeur varie suivant que la *cruzade* est vieille ou neuve.

CRUZÉIRO, subst. mas. (*kruzé-iro*), t. de bot., plante du Brésil.

CRYMODE, adj. des deux genres (*krimode*), t. de méd., qui se disait d'une fièvre continue et brûlante. Inus. et forgé par *Raymond*.

CRYMODYNIE, subst. fém. (*krimodini*) (du grec κρυμος, froid, et οδυνη, douleur), t. de médec., sorte de rhumatisme chronique. Inusité.

CRYMOSE, subst. fém. (*krimoze*) (du grec κρυμος, froid), t. de médec., nom d'une maladie causée par le froid.

CRYOLITHE, subst. fém. (*kriolite*) (du grec κρυος, froid, glace, et λιθος, pierre), t. d'hist. nat., spath du Groënland.

CRYPHIE, subst. fém. (*krifi*), t. de bot., genre de plantes de la famille des labiées.

CRYPHIENS, subst. mas. plur. (*krifiein*) (du grec κρυφιος, caché, obscur), t. de myth., prêtres de Mithras, qui se réunissaient dans des temples obscurs.

CRYPHIOSPERME, subst. mas. (*krifiocepèreme*) (du grec κρυφιος, caché, secret, et σπερμα, sperme), t. de bot., plante rampante, qui croît en Afrique sur le bord des eaux.

CRYPSIDE, subst. fém. (*kripecide*) (du grec κρυψις, dissimulation, action de cacher), t. de bot., genre de plantes de la famille des graminées.

CRYPTANDRE, subst. mas. (*kripetandre*), t. de bot., petit arbrisseau de la Nouvelle-Hollande.

CRYPTE, subst. fém. (*kripete*) (en grec κρυπτη, en lat. *crypta*, dérivé de κρυπτω, je cache), lieu souterrain dans une église où l'on enterrait les morts. — En anatomie, partie qui présente un orifice en forme de petite fosse. L'*Académie* déclare que dans ce sens il est plus ordinairement mas.

CRYPTE, subst. mas. (*kripte*), t. d'hist. nat., genre d'hyménoptères.

CRYPTIQUE, adj. des deux genres (*kripetike*), t. d'hist. nat., se dit d'insectes coléoptères.

CRYPTOBRANCHE, subst. mas. (*kripetobranche*) (du grec κρυπτω, je cache, et βραγχια, branchies), t. d'hist. nat., famille de poissons.

CRYPTOCARIE, subst. fém. (*kripetokari*), t. de bot., genre de plantes de la famille des lauriers.

CRYPTOCÉPHALUS, subst. mas. (*kripetocefaluce*) (du grec κρυπτω, je cache, et κεφαλη, tête), t. d'hist. nat., insecte dont la tête est cachée sous le corselet.

CRYPTOCÈRE, subst. mas. (*kripetocère*) (du grec κρυπτω, je cache, et κερας, corne), genre d'insectes hyménoptères, dont les cornes ou antennes sont cachées.

CRYPTODIBRANCHE, subst. mas. (*kripetodibranche*), t. d'hist. nat., ordre de mollusques céphalopodes.

CRYPTOGAME, adj. des deux genres (*kripetoguame*) (du grec κρυπτω, je cache, et γαμος, noces, mariage), t. de bot., se dit des plantes qui composent la classe appelée *cryptogamie*. — Subst. fém., *une cryptogame; famille des cryptogames*.

CRYPTOGAMIE, subst. fém. (*kripetoguami*) (même étym. que celle du mot précédent), t. de bot., classe de plantes dont la reproduction est cachée ou peu connue.

CRYPTOGAMISER, v. neut. (*kripetoguamize*), t. de bot., aller à la recherche des plantes *cryptogames*. Quoique nous lisions ce singulier verbe dans *Boiste*, dans *Laveaux* et dans *Raymond*, le copiste des deux premiers, nous n'oserions pas l'admettre dans notre nomenclature sans avertir que c'est un mot bizarrement et inutilement forgé, un barbarisme dans toute la force du terme.

CRYPTOGAMISTE, subst. des deux genres (*kripetoguamicete*), celui qui connaît ou étudie les plantes *cryptogames*. Presque inusité.

CRYPTOGRAPHE, subst. des deux genres (*kripetoguerafe*), celui qui se livre à la *cryptographie*.

CRYPTOGRAPHIE, subst. fém. (*kripetoguerafi*) (du grec κρυπτος, caché, secret, et γραφω, j'écris), l'art d'écrire d'une manière cachée à tout autre qu'à celui qu'on a mis dans le mystère. Peu usité.

CRYPTOGRAPHIQUE, adj. des deux genres (*kripetoguerafike*), qui appartient à la *cryptographie*.

CRYPTOLÉPIS, subst. mas. (*kripetolépice*), t. de bot., arbrisseau des Indes orientales.

CRYPTOMÉTALLIN, E, adj. (*kripetométalelein, line*) (du grec κρυπτος, caché, et μεταλλον, métal), t. d'hist. nat., se dit des fossiles qui contiennent *intérieurement* une grande quantité de *métal*.

CRYPTONYME, subst. et adj. des deux genres (*kripetonime*) (du grec κρυπτω, je cache, et ονυμα, nom), nom qu'on donne aux auteurs qui cachent ou déguisent leurs noms. Les auteurs *cryptonymes* sont de plusieurs sortes; les uns font imprimer leurs ouvrages sans y mettre leur nom, et on les appelle *anonymes*; les autres y mettent un nom factice et inventé à plaisir, et on les appelle *pseudonymes*; d'autres se cachent sous le nom véritable de quelque auteur de réputation, et cherchent à lui attribuer des ouvrages qu'il n'a pas écrits, comme a fait plusieurs fois le dominicain Annius de Viterbe, et on les appelle *allonymes* ou imposteurs; et d'autres ne font que transposer les lettres de leur nom et en former un autre dont ils se servent, et qui est l'anagramme du véritable. Ce sont ceux-là qui sont les véritables *cryptonymes*, et qui ont donné ce nom à tous les autres. Adrien Baillet avait commencé un ouvrage qui devait être un recueil de tous les *cryptonymes*, mais il n'en a fait imprimer que la première partie sous le titre d'*Auteurs déguisés*.

CRYPTONYX, subst. mas. (*kripetonikece*) (du grec κρυπτω, je cache, et ονυξ, ongle), t. d'hist. nat., espèce de gallinacé.

CRYPTOPHAGE, subst. mas. (*kripetofaje*) (du grec κρυπτως, secrètement, et φαγω, je mange), t. d'hist. nat., genre d'insectes de l'ordre des coléoptères.

CRYPTOPHTHALME, subst. mas. (*kripetofetalme*) (du grec κρυπτος, caché, et οφθαλμος, œil, paupière), t. d'hist. nat., nom d'une espèce de crustacé des mers de la Sicile.

CRYPTOPODES, subst. mas. plur. (*kripetopode*) (du grec κρυπτος, caché, et πους, ποδος, pied), t. d'hist. nat., nom d'une section de crustacés.

CRYPTO-PORTIQUE, subst. mas. (*kripetoportike*), t. d'archit., galerie souterreine; décoration de l'entrée d'une grotte. Peu en usage.

CRYPTOPYIQUE, adj. des deux genres (*hripetopi-ike*) (du grec κρυπτος, caché, et πυον, pus), t. de médec., il se dit de certaines affections produites par une quantité de pus caché dans quelques parties du corps.

CRYPTORHYNQUE, subst. mas. (*kripetoreinke*), t. d'hist. nat., genre d'insectes de l'ordre des coléoptères.

CRYPTOSPERME, subst. mas. (*kripetocepèreme*), synonyme de *cryphiosperme*. Voy. ce mot.

CRYPTOSTYLE, subst. mas. (*kripetocetile*), t. de bot., nom commun à plusieurs plantes de la Nouvelle-Hollande.

CRYSTAL, subst. mas., au plur. **CRYSTAUX** (*kricetal, tô*) (en lat. *crystallum* ou *crystallus*, fait du grec κρυσταλλος, glacé, dérivé de κρυος, froid), pierre transparente et vitrée dont les parties offrent souvent une figure régulière, telle que la pyramide hexagone, etc. Cette pierre se taille pour en faire divers objets de luxe. — On appelle *crystal de roche*, ou *crystal* par excellence, une pierre figurée, transparente, colorée, qui a la forme d'un prisme à six côtés, et qui est terminée à ses deux extrémités par une pyramide hexagone, quand la formation est parfaite. — On appelle aussi *crystal*, un *crystal* factice, qui n'est qu'un beau verre blanc : *des verres de crystal, lustre de crystal*. — On dit figur. et poét. : *le crystal des eaux, des fontaines*. — *Crystal de montre*, petit verre sur le cadran d'une montre. — *Crystal minéral*, composé de salpêtre purifié et de fleur de soufre. — *Crystal de tartre*, tartre purifié et réduit en *crystaux*.

CRYSTALLERIE, subst. fém. (*kricetaleri*), fabrication des *crystaux*. — Art de les fabriquer. — Lieu où on les fabrique.

CRYSTALLIER, subst. mas. (*kricetalié*), celui qui grave sur des crystaux artificiels. Peu en usage. — Collection de *crystaux*. — Endroit où on les range.

CRYSTALLIÈRE, subst. fém. (*kricetalière*), mine de *crystal*.

CRYSTALLIN, subst. mas. (*kricetalein*), l'une des trois humeurs de l'œil; c'est un petit corps lenticulaire, d'une consistance médiocrement ferme, et d'une transparence à peu près semblable à celle du *crystal*. — Ciel de *crystal*, imaginé par les anciens astronomes : *le premier crystallin; le deuxième crystallin*. En ce dernier sens, on dit aussi adjectivement : *ciel crystallin*.

CRYSTALLIN, E, adj. (*kricetalein, line*), qui appartient au *crystal* : *couleur crystalline*. — Clair et transparent comme du *crystal* : *eaux crystallines, humeur crystalline de l'œil*.

CRYSTALLINE, subst. fém. (*kricetaline*), t. de médec., pustule remplie d'une humeur aqueuse et transparente qui se forme au prépuce ou à l'anus.

CRYSTALLISABLE, adj. des deux genres (*kricetalizable*), qui peut se *crystalliser*; *substance crystallisable*.

CRYSTALLISANT, E, adj. (*kricetalizan, te*), qui *crystallise*.

CRYSTALLISATION, subst. fém. (*kricetalizácion*), action de *crystalliser*. — Chose *crystallisée*.

CRYSTALLISÉ, E, part. pass. de *crystalliser*.

CRYSTALLISER, v. act. (*kricetalizé*), réduire en *crystaux*. — Congeler comme du *crystal*. — Il s'emploie aussi comme neutre : *faire crystalliser des sels*; et comme pronominal : *cette substance se crystallise aisément*. — SE CRYSTALLISER, v. pron.

CRYSTALLOGRAPHE, subst. des deux genres (*kricetaleloguerafe*) (du grec κρυσταλλος, crystal, et γραφω, j'écris), qui sait la *crystallographie*.

CRYSTALLOGRAPHIE, subst. fém. (*kricetaleloguerafi*) (même étym. que celle du mot précédent), description des *crystaux*.

CRYSTALLOGRAPHIQUE, adj. des deux genres (*kricetaleloguerafike*), qui a rapport à la *crystallographie*.

CRYSTALLOÏDE, subst. fém. (*kricetalelo-ide*) (du grec κρυσταλλος, crystal, et ειδος, ressemblance), t. d'anat., membrane transparente, appelée autrement *arachnoïde*.

CRYSTALLOLOGIE, subst. fém. (*kricetaleloloji*) (du grec κρυσταλλος, crystal, et λογος, discours), traité sur les *crystaux*; art, science des *crystaux*.

CRYSTALLOLOGIQUE, adj. des deux genres (*kricetalelolojike*), qui a rapport à la *crystallologie*.

CRYSTALLOMANCIE, subst. fém. (*kricetalelomanci*) (du grec κρυσταλλος, crystal, et μαντεια, divination), divination par le moyen d'un miroir.

CRYSTALLOMANCIEN, adj. mas., au fém. **CRYSTALLOMANCIENNE** (*kricetalelomancien, ciène*), celui ou celle qui exerce la *crystallomancie*.

CRYSTALLOTECHNIE, subst. fém. (*kricetaleloтékni*) (du grec κρυσταλλος, crystal, et τεχνη, art), art d'obtenir les *crystaux* de chaque espèce de sel, etc.

CRYSTALLOTECHNIQUE, adj. des deux genres (*kricetaleloteknike*), qui a rapport à la *crystallotechnie*.

CRYSTALLOTOMIE, subst. fém. (*kricetalelotomi*) (du grec κρυσταλλος, crystal, et τομη, section, action de couper), division des *crystaux*; action de diviser les *crystaux*.

CRYSTALLOTOMIQUE, adj. des deux genres (*kricetalelotomike*), qui concerne la *crystallotomie*.

CRYSTAUX, subst. mas. plur. Voy. CRYSTAL.

CRYTOPS, subst. mas. (*kritopece*), t. d'hist. nat., genre d'insectes de la famille des chélopodes.

C-SOL-UT, subst. mas. (*cécol-ute*), t. de mus., par lequel on désigne la note et le ton de *ut*.

CTE, abréviation du titre de *comte*.

CTESSE, abréviation du titre de *comtesse*.

CTÉISION, subst. mas. (*ktéi-izion*), t. de bot., genre de plantes de la famille des fougères.

CTÈNE, subst. mas. (*ktène*), t. d'hist. nat., genre d'insectes.

CTÉNODE, subst. mas. (*kténode*), t. d'hist. nat., genre d'insectes de l'ordre des coléoptères.

CTÉNOPHORE, subst. mas. (*kténofore*), t. d'hist. nat., genre de diptères.

CTÉSIPHON, subst. propre fém. (*ktézifon*), ancienne ville d'Asie, sur le Tigre.

CUBA, subst. propre fém. (*kuba*), île d'Amérique, la plus grande des Antilles.

CUBAGE, subst. mas. (*kubaje*), dans les ports, action de *cuber* les bois, de réduire les solives à quelque mesure *cube* en usage. Voy. CUBATURE.

CUBATION, subst. fém. (*kubácion*), Voy. CUBATURE.

CUBATURE, subst. fém. (*kubature*), t. de géom., l'art ou l'action de *cuber* un solide. Voy. CUBER. On dit aussi *cubation*. L'*Académie* dit *cubature* et *cubage*.

CUBE, subst. mas. (*kube*) (du latin *cubus*, pris du grec κυβος, dé à jouer), t. de géom., produit d'un nombre carré multiplié par le nombre simple : le cube de 2 est 8. — Corps solide, régulier, qui a six faces carrées, égales, et dont les angles sont droits. On l'appelle aussi *hexaèdre*.

CUBE, adj. des deux genres (*kube*), *cubique* : *pied cube*. — En arithm., on appelle *nombre cube*, ou *cubique*, un nombre qui provient de la multiplication d'un nombre carré, par la racine. On appelle *racine cube* ou *cubique* un nombre qui, étant multiplié par lui-même, et étant de nouveau multiplié par le produit, donne un nombre *cube* : *extraire la racine cube*.

CUBÉ, E, part. pass. de *cuber*.

CUBÈBE, subst. fém. (*kubèbe*), t. de bot., sorte de plante médicinale. — Fruit de cette plante.

CUBE-DU-CUBE, subst. mas. (*kubedukube*), t. de géom., la neuvième puissance d'un nombre; le produit d'un nombre multiplié huit fois par lui-même. Très-vieux et peu usité.

CUBER, v. act. (*kubé*), en géom., réduire à un *cube* un autre solide, tel qu'un cône, un cylindre, une sphère; en mesurer la solidité. — En arithm., multiplier un nombre deux fois par lui-même, pour avoir le *cube* ou la troisième puissance. — *se* **CUBER**, v. pron.

CUBICULAIRE, subst. mas. (*kubikulère*), valet de chambre. Vieux et hors d'usage.

CUBICULUM PRINCIPIS, mots latins que nous lisons dans *Raymond* comme subst. mas. et qui signifiaient loge de l'empereur, suivant lui.

CUBIQUE, adj. des deux genres (*kubike*), qui appartient au *cube*, soit en géométrie, soit en arithmétique: *figure cubique, nombre cubique.*

CUBISTÉTAIRE, subst. mas. (*kubicetétère*), t. d'antiq., histrion qui dansait à Rome la danse appelée *cubistique*. Inus.

CUBISTIQUE, subst. fém. (*kubicetike*) (du grec κυβιστάω, je saute sur la tête, je fais la culbute), t. d'hist. anc., l'une des trois espèces de danse en usage chez les anciens Grecs. Elle consistait en sauts, en tours de force, et surtout à marcher sur les mains, les pieds en haut et la tête en bas. Les deux autres espèces étaient la *sphéristique* et l'*orchestique*.

CUBIT, subst. mas. (*kubite*), nous lisons dans *Trévoux* que ce mot s'est dit pour *coudée*.

CUBITAL, subst. mas. (*kubitale*) (du lat. *cubitus*), sorte de banquette sur laquelle on appuie les bras, les *coudes*. — Plur. mas., des *cubitaux*.

CUBITAL, E, adj. (*kubitale*), t. d'anat., qui appartient à l'avant-bras ou au *coude*: *muscle cubital; nerf cubital; artère cubitale.* — On appelle *os cubital* le troisième os de la rangée du carpe, plus connu sous le nom de pyramidal. Des deux *muscles cubitaux*: l'un, *antérieur* ou *interne*, est un fléchisseur de la main; l'autre, *postérieur* ou *externe*, est un extenseur. — Au plur. mas. *cubitaux*.

CUBITAUX, adj. et subst. plur. mas. Voy. **CUBITAL**.

CUBITO-CARPIEN, adj. et subst. mas., au fém. **CUBITO-CARPIENNE** (*kubitokarpiein, piène*), t. d'anat., qui appartient au *cubitus* et au *carpe*. On nomme ainsi le *muscle cubital* servant de fléchisseur à la main.

CUBITO-DIGITAL, E, adj. (*kubitodijital*), t. d'anat., qui appartient au *cubitus* et aux *doigts*. — Au plur. mas., *cubito-digitaux*.

CUBITO-PALMAIRE, adj. des deux genres (*kubitopalemère*), t. d'anat., qui appartient au *cubitus* et à la *paume* de la main.

CUBITO-PHALANGETTIEN, adj. et subst. mas., au fém. **CUBITO-PHALANGETTIENNE** (*kubitofalanjètetiein, tiène*), t. d'anat., qui appartient au *cubitus* et aux *phalangettes*, aux dernières *phalanges*.

CUBITO-RADIAL, E, subst. et adj. (*kubitoradiale*), t. d'anat., qui appartient au *cubitus* et au *radius*. — Au plur. mas., *cubito-radiaux*.

CUBITO-SUS-MÉTACARPIEN, adj. et subst. mas., au fém. **CUBITO-SUS-MÉTACARPIENNE** (*kubitocucemétakarpiein, piène*), t. d'anat., qui va du *cubitus* à la partie supérieure du *carpe*.

CUBITO-SUS-PALMAIRE, adj. des deux genres (*kubitocucepalemère*), t. d'anat., qui appartient au *cubitus* et à la face *sus-palmaire* ou au dos de la main.

CUBITO-SUS-PHALANGETTIEN, adj. et subst. mas., au fém. **CUBITO-SUS-PHALANGETTIENNE** (*kubitocucefalanjètetiein, tiène*), t. d'anat., qui s'étend du *cubitus* à la partie des troisièmes *phalanges* ou *phalangettes*.

CUBITO-SUS-PHALANGIEN, adj. et subst. mas., au fém. **CUBITO-SUS-PHALANGIENNE** (*kubitocucefalanjiein, jiène*), t. d'anat., qui appartient au *cubitus* et à la partie supérieure d'une *phalange*.

CUBITUS, subst. mas. (*kubituce*) (en lat. *cubitus*, fait dans le même sens de κυβιτον, coude), t. d'anat., os de l'avant-bras qui s'étend depuis le coude jusqu'au carpe.

CUBLA, subst. fém. (*kubla*), t. d'hist. nat., pie-grièche d'Afrique.

CUBO-CUBE ou **CUBE-CUBE**, subst. mas. (*kubokube, kubekube*), t. d'arithm., la sixième puissance d'un nombre, appelé *carré du cube*.

CUBOÏDE, subst. mas. (*kubo-ide*) (du grec κύβος, cube, et εἶδος, forme), t. d'anat., os du tarse qui a la *forme* d'un *cube*.

CUBOÏDO-CALCANIEN, adj. mas., au fém. **CUBOÏDO-CALCANIENNE** (*kubo-idokalkaniein, niène*), t. d'anat., qui appartient au *cuboïde* et au *calcanéum*.

CUBOÏDO-SCAPHOÏDIEN, adj. mas., au fém. **CUBOÏDO-SCAPHOÏDIENNE** (*kubo-idocekafo-idiein, diène*), t. d'anat., qui appartient au *cuboïde* et au *scaphoïde*.

CUBOMANCIE, subst. fém. (*kubomanci*). Voy. **ASTRAGALOMANCIE**, qui semble être le même mot.

CUBOMANCIEN, subst. mas. (*kubomanciein*). Voy. **ASTRAGALOMANCIEN**.

CUBO SAMA, subst. mas. (*kuboçama*), première dignité militaire chez les Japonais; capitaine général des armées.

CUCA, subst. mas. (*kuka*). Voy. **COCA**.

CUCERON, subst. mas. (*kuceron*), t. d'hist. nat., petit insecte qui s'attache aux légumes.

CUCI, subst. mas. (*kuci*), t. de bot., nom arabe d'un fruit.

CUCIFÈRE, CUCIOFÉRA, subst. mas. (*kucifère, ciofèra*), t. de bot., sorte de palmier des Indes, dont le fruit, bon à manger, est appelé *cuci*.

CUCIPATAS, subst. mas. (*kucipatace*), myth. indienne, nom sous lequel les anciens Péruviens adoraient le soleil.

CUCUBALE, subst. mas. (*kukubale*), t. de bot., genre de plantes, de la famille des œillets, dont les espèces sont très-multipliées.

CUCUJE, CUCUJUS et **COCOJUS**, subst. mas. (*kukuje, juce, kokojuce*), t. d'hist. nat., genre d'insectes de l'ordre des coléoptères.

CUCULLAIRE, adj. des deux genres (*kukulelère*) (du lat. *cucullus*, capuchon), t. d'anat. On le dit du muscle trapèze, parce qu'il a la forme d'un capuchon. Il est aussi subst., mais seulement mas.: *le cucullaire*.

CUCULLAN, subst. mas. (*kukulelan*), t. d'hist. nat., genre de vers intestinaux.

CUCULLE, subst. des deux genres, disent *Boiste* et *Gattel*. *Laveaux* et son copiste *Raymond* le font du fém.; mais *cuculle* est tiré du lat. *cucullus*, qui signifie *chaperon*. Pourquoi faire du fém. un mot qui est mas. d'origine latine? Nous donnerons, afin de nous montrer conséquents avec l'étymologie latine, le genre mas. à *cuculle* (*kukule*) (en lat. *cucullus*, capuchon, capuce), autrefois espèce de cape ou chape de voyageur, qu'on appelait aussi *coule* ou *goule* ou *gule*, et dont le nom a passé depuis aux moines, pour signifier *leur froc, leur scapulaire*.

CUCULLÉE, subst. fém. (*kukulelé*), t. d'hist. nat., sorte de coquille bombée.

CUCULLIFORME, adj. des deux genres (*kukulelиforme*), t. de bot., qui est roulé en cornet; se dit particulièrement des feuilles.

CUCULLUS, subst. mas. (*kukuleluce*), mot lat., synonyme de *cuculle*. C'est le même mot.

• **CUCUMELLE**, subst. fém. (*kukumèle*), sorte d'ancien vase de cuisine, qui avait la forme d'un concombre.

CUCUMÉRACÉ, E, adj. (*kukuméracé*), t. de bot., synonyme de *cucurbitacé, e*, adj.

CUCUPHE, subst. fém. (*kukufe*), calotte remplie de poudres céphaliques.

CUCUPHE, adj. des deux genres (*kukufe*), t. de médec., se dit de certains médicaments externes qu'on applique sur la tête du malade, entre deux toiles, en forme de bonnet.

CUCURBITACÉ, E, adj. (*kukurbitacé*) (du lat. *cucurbita*, courge), t. de bot. Il se dit des plantes dont les fruits approchent de ceux de la courge, du melon, etc. Nous croyons que l'*Académie* a tort de ne faire cet adj. que du genre fém.

CUCURBITACÉE, subst. fém. (*kukurbitacé*), t. de bot., famille de plantes nommées autrement *courges*.

CUCURBITAIN ou **CUCURBITAIRE**, subst. mas. (*kukurbitein, tère*), t. de médec., ver plat qui ressemble à des pepins de *courge*.

CUCURBITE, subst. fém. (*kukurbite*) (du lat. *cucurbita*, calebasse), t. de chim., vase dans lequel on met les substances que l'on veut distiller. — Sorte de pierre. Peu en usage.

CUCURBITULE, subst. fém. (*kukurbitule*), t. de chim., petite *cucurbite*. Peu en usage.

CUCURI, subst. mas. (*kukuri*), t. d'hist. nat., espèce de chien de mer.

CUCURUCU, subst. mas. (*kukuruku*), t. d'hist. nat., gros serpent du Brésil, dont le venin est corrosif et inflammatoire.

CUEILLAGE, subst. mas. (*kieu-iaje*), action, temps de *cueillir*. — Dans les verreries, portion de matière vitrifiée que le *cueilleur* a tirée successivement à quatre reprises, et qui est nécessaire pour faire un plat.

DU VERBE IRRÉGULIER CUEILLIR :

Cueillaient, 3e pers. plur. imparf. indic.

CUEILLAIRE, subst. fém. (*kieu-ière*), t. de bot., sorte de plante.

DU VERBE IRRÉGULIER CUEILLIR :

Cueillais, précédé de *je*, 1re pers. sing. imparf. indic.
Cueillais, précédé de *tu*, 2e pers. sing. imparf. indic.
Cueillait, 3e pers. sing. imparf. indic.
Cueillant, part. prés.

CUEILLE, subst. fém. (*kieu-ie*), t. de mar., lé de toile. Presque inusité.

DU VERBE IRRÉGULIER CUEILLIR :

Cueille, 2e pers. sing. impér.
Cueille, précédé de *je*, 1re pers. sing. prés. indic.
Cueille, précédé de *il* ou *elle*, 3e pers. sing. prés. indic.
Cueille, précédé de *que je*, 1re pers. sing. prés. subj.
Cueille, précédé de *qu'il* ou *qu'elle*, 3e pers. sing. prés. subj.

CUEILLÉE, subst. fém. (*kieu-ié*), t. d'épinglier, faisceau de fil de laiton. Presque inusité.

CUEILLEMENT, subst. mas. (*kieu-iеman*). Voy. **CUEILLAGE**, qui se dit plus souvent.

DU VERBE IRRÉGULIER CUEILLIR :

Cueillent, précédé de *ils* ou *elles*, 3e pers. plur. prés. indic.
Cueillent, précédé de *qu'ils* ou *qu'elles*, 3e pers. plur. prés. subj.
Cueillera, 3e pers. sing. fut. indic.
Cueillerai, 1re pers. sing. fut. indic.
Cueilleraient, 3e pers. plur. prés. cond.
Cueillerais, précédé de *je*, 1re pers. sing. prés. cond.
Cueillerais, précédé de *tu*, 2e pers. sing. prés. cond.
Cueillerait, 3e pers. sing. prés. cond.
Cueilleras, 2e pers. sing. fut. indic.

CUEILLERET, subst. mas. (*kieu-ieré*), t. de prat., état des cens et des rentes dus et reconnus par les tenanciers d'une seigneurie. Vieux et hors d'usage.

DU VERBE IRRÉGULIER CUEILLIR :

Cueillerez, 2e pers. plur. fut. indic.
Cueilleriez, 2e pers. plur. prés. cond.
Cueillerions, 1re pers. plur. prés. cond.
Cueillerons, 1re pers. plur. fut. indic.
Cueilleront, 3e pers. plur. fut. indic.
Cueilles, précédé de *tu*, 2e pers. sing. prés. indic.
Cueilles, précédé de *que tu*, 2e pers. sing. prés. subj.

CUEILLETTE, subst. fém. (*kieu-iète*), récolte annuelle des fruits d'une terre. — Produit d'une quête ou collecte pour les pauvres ou pour quelque œuvre pieuse. Vieux; on dit aujourd'hui *collecte*. — Action, manière de *recueillir* ces fruits, ou ce produit: *faire la cueillette*. — T. de comm. de mer, marchandises remises par diverses personnes pour former la cargaison d'un bâtiment. Ainsi l'on dit, qu'*on charge un vaisseau à cueillette*, lorsque divers particuliers concourent à en faire le chargement. Ce terme n'est plus en usage que sur l'Océan; sur la Méditerranée on dit: *charger au quintal*.

CUEILLEUR, subst. mas., au fém. **CUEILLEUSE** (*kieu-ieur, ieuze*), qui *cueille*. On ne le dit que dans cette phrase proverbiale: *il est fait en cueilleur de pommes; elle est faite comme une cueilleuse d'herbe*; il est mal vêtu; elle est mal vêtue. — Pièce du rouet d'un tireur d'or; une autre pièce a le nom de *porte-cueilleur*; on dit, *le cueilleur*, et *le porte-cueilleur*. Dans les verreries de verres à vitres, apprenti qui commence à travailler; c'est lui qui met la canne de fer dans le pot pour en tirer la matière vitrifiée. Voy. **CUEILLIR**.

CUEILLEUSE, subst. fém. Voy. **CUEILLEUR**

DU VERBE IRRÉGULIER CUEILLIR :

Cueillez, 2e pers. plur. impér.
Cueillez, précédé de *vous*, 2e pers. plur. prés. indic.

CUEILLI, E, part. pass. de *cueillir*.

CUEILLIE, subst. fém. (*kieu-ie*), arête de plâtre que les maçons font le long d'une règle dressée de niveau ou d'aplomb.

DU VERBE IRRÉGULIER CUEILLIR :

Cueilliez, précédé de *vous*, 2e pers. plur. imparf. indic.

Cueilliez, précédé de *que vous*, 2e pers. plur. prés. subj.
Cueillîmes, 1re pers. plur. prét. déf.
Cueillions, précédé de *nous*, 1re pers. plur. prés. indic.
Cueillions, précédé de *que nous*, 1re pers. plur. subj.

CUEILLIR, v. act. (*kieu-ieir*) (en lat. *colligere*, fait, dans le même sens, du grec συλλεγειν, dont les racines sont συν, avec, et λεγω, je cueille). *cueillant, cueilli, je cueille, je cueillis, je cueillerai*, etc. On a dit autrefois à l'infinitif *cueiller*, ce qui donnait aux temps dérivés *je cueillerai, je cueillerais*, une formation régulière. *Cueiller* est encore employé par le peuple et surtout par les gens de la campagne). Détacher des fruits, des fleurs, des légumes de leurs branches ou de leurs tiges. — On dit fig. : *cueillir des palmes, des lauriers*, remporter des victoires. — En t. de mar., *cueillir un cordage*, c'est le plier en rond sur lui-même. — Dans les verreries, prendre la matière vitrifiée dans le pot avec une canne ou une espèce de canne de fer creusée dans toute sa longueur. Dans ce dernier sens il est neutre. — *se* CUEILLIR, v. pron.

DU VERBE IRRÉGULIER CUEILLIR :

Cueillirent, 3e pers. plur. prét. déf.
Cueillis, précédé de *je*, 1re pers. sing. prét. déf.
Cueillis, précédé de *tu*, 2e pers. sing. prét. déf.

CUEILLISSAGE, subst. mas. (*kieute-içaje*), opération exécutée par le métier à bas, qui consiste à plier en feston le fil étendu sur les aiguilles

DU VERBE IRRÉGULIER CUEILLIR :

Cueillisse, 1re pers. sing. imparf. subj.
Cueillissent, 3e pers. plur. imparf. subj.
Cueillisses, 2e pers. sing. imparf. subj.
Cueillissiez, 2e pers. plur. imparf. subj.
Cueillissions, 1re pers. plur. imparf. subj.
Cueillit, précédé de *il* ou *elle*, 3e pers. sing. prét. déf.
Cueillît, précédé de *qu'il* ou *qu'elle*, 3e pers. sing. imparf. subj.
Cueillîtes, 2e pers. plur. prét. déf.

CUEILLOIR, subst. mas. (*kieui-eoar*), panier dans lequel on met ce que l'on *cueille*.

DU VERBE IRRÉGULIER CUEILLIR :

Cueillons, 1re pers. plur. impér.
Cueillons, précédé de *nous*, 1re pers. plur. prés. indic.

CUENÇA, subst. fém. (*kuieinça*), sorte de laine. — Subst. propre fém., ville de la Castille, en Espagne.

CUERS, subst. propre mas. (*kuère*), ville de France, chef-lieu de canton, arrond. de Toulon, dép. du Var.

CUIDER, subst. mas. (*kuidé*), panier long, dans lequel on cueillait et l'on apportait au marché des prunes, des cerises, etc. Hors d'usage.

CUIDER, v. act. (*kuidé*), penser, croire, s'imaginer. Vieux mot presque hors d'usage.

CUIÈTE, subst. fém. (*kuiète*), t. de bot., calebassier d'Amérique.

CUIL, subst. mas. (*kuil*), t. d'hist. nat., espèce de coucou.

CUILLER ou **CUILLÈRE** (du moins est-ce la double orthographe tolérée par l'*Académie*. Voy. une dissertation sur ce mot dans notre *Grammaire*.), subst. fém. (*ku-ière*) (du lat. *cochlear* ou *cochleare*, dérivé, dans le même sens, de κοχλιαριον, sorte de mesure ancienne), ustensile de table et de cuisine, pour manger le potage et autres mets liquides, pour puiser et servir les sauces, etc. : *cuiller à potage, à ragoût*.—*Biscuit à la cuiller*, mince, long et fort léger.—Morceau de fer qui embrasse le bout de l'essieu des roues de devant d'un carrosse. — T. de mar., grosse et longue gouge, sorte de foret acéré et coupant, servant à percer les pompes.— Pierre plate creusée en rond ou en ovale pour recevoir l'eau d'un tuyau de descente.—On donne encore ce nom à divers outils et à plusieurs instruments de chirurgie dont la forme se rapproche plus ou moins de celle d'une *cuiller*.—En t. d'hist. nat., espèce d'oiseau, nommé aussi *spatule*. — Sorte de poisson. —Coquille. —T. de bot., *pétales en cuiller; feuilles en cuiller*, etc., c'est-à-dire, ayant la forme d'une *cuiller*.

CUILLERÉE, subst. fém. (*kui-ieré*), plein la *cuiller* : *une cuillerée de potage*.

CUILLERON, subst. mas. (*ku-ieron*), la partie creuse de la *cuiller* qu'on met dans la bouche en mangeant.—T. de bot., pétale ou autre partie d'une fleur ou plante qui a la forme d'une *cuiller*.

CUILLIER, subst. mas. (*ku-ié*), , t. d'hist. nat., oiseau, espèce de héron. — Sorte de poisson à tête dure.—Coquille.—On dit aussi *cuiller*. Voy. ce mot.

CUINE, subst. fém. (*kuine*), t. de chim., espèce de cornue en terre cuite, qui sert à distiller l'eau-forte.

CUIPONA, subst. mas. (*kuipona*), t. de bot., arbre du Pérou.

CUIR, subst. mas. (*kuir*) (en lat. *corium*), en général, la peau des animaux. — Plus particulièrement, cette peau quand elle est séparée de la chair et corroyée. — En style prov., il se dit de la peau de l'homme : *jurer, enrager entre cuir et chair*, secrètement, sans oser éclater. On le dit aussi au propre, *du sable, des vers*, etc., *qui s'insinuent entre cuir et chair*.—*Cuir chevelu*, peau du crâne. — *Cuir bouilli*, *cuir* qui a été *bouilli* et préparé avec diverses gommes. On appelle pop., *visage de cuir bouilli*, un visage désagréable, dont la peau est rude et grossière. —*Cuir doré*, sorte de tapisserie de *cuir*, sur laquelle sont représentés en relief divers dessins relevés d'or, d'argent ou d'autres couleurs.— *Cuir à rasoir*, bande de *cuir* préparée pour donner le fil aux rasoirs. — *Cuir de laine*, étoffe de laine croisée et très-forte. — Prov., *du cuir d'autrui faire large courroie*, être libéral du bien d'autrui. — Dans le langage pop., *cuir* signifie une faute grossière de consonnance, qui consiste à lier faussement les mots entre eux dans la prononciation par l'introduction ou le mauvais emploi du *s* ou du *t* ou du *z* substitués l'un à l'autre, exemple : *il est sorti-zhier ; j'étai-tà la campagne*.

CUIRASSE, subst. fém. (*kuirace*) (du vieux mot latin *coriacea*; parce qu'anciennement les *cuirasses* étaient de cuir, *corium*), principale partie de l'armure qui couvre le corps du soldat depuis les épaules jusqu'à la ceinture, par-devant et par-derrière. — Chez les modernes, elle est de fer, et il n'y a plus que certaines armes de cavalerie qui la revêtent.— *Le défaut de la cuirasse*, l'endroit où elle finit; et fig., l'endroit faible d'un homme, d'un écrit. —*Prendre, endosser la cuirasse*, prendre le parti des armes :

> Il prit, quitta, reprit la *cuirasse* et la haire.
> (VOLTAIRE.)

— *Cuirasse marine* ou *flottante*, appareil destiné à soutenir sur l'eau, en laissant la facilité de nager et la liberté de tous les mouvements.

CUIRASSÉ, E, part. pass. de *cuirasser*, et adj., qui porte la *cuirasse*. — Être bien *cuirassé*, préparé à tout; *conscience cuirassée*, incapable de remords; *cuirassé d'impudence*, endurci aux affronts.

CUIRASSER, v. act. (*kuiracé*), revêtir d'une *cuirasse* : *cuirasser un régiment*. Peu en usage. — *se* CUIRASSER, v. pron., se revêtir d'une *cuirasse*. — Au fig., se fortifier, s'armer contre.

CUIRASSIER, subst. mas. (*kuiracié*), cavalier armé d'une *cuirasse*. — T. d'hist. nat., genre de poissons qui ont la queue et le corps couverts en entier de lames dures.

CUIRE, v. act. (*kuire*) (en lat. *coquere*), préparer les aliments par le moyen du feu, pour les rendre propres à être mangés : *cuire des viandes, du pain*, etc. — On le dit aussi : 1° de certaines matières que le feu rend propres à divers usages : *cuire du plâtre, de la chaux*, etc. ; 2° de l'action du soleil sur les fruits qu'il mûrit; 3° de l'action de la chaleur naturelle sur les aliments, les humeurs, etc.—*Cuire des cheveux*, en t. de perruquier, mettre des cheveux au four, après les avoir roulés autour des moules ou bilboquets, et enfermés dans une espèce de pâte de son. — En t. de peint. sur verre : *cuire le verre*, mettre les pièces peintes dans la poêle du fourneau, et les y laisser jusqu'à ce que les couleurs soient bien cuites et bien incorporées.—V. neut., être préparé par le moyen du feu : *la viande cuit*. — On dit fam. d'une viande bouillie, qu'*elle est pourrie de cuire*, pour dire : qu'elle est trop *cuite*; qu'à force d'être *cuite* elle n'a plus aucune consistance. — Faire *cuire* du pain : *ils sont obligés d'aller cuire au four banal*. — On dit prov. : *vous viendrez cuire à mon four*, vous aurez quelque jour affaire à moi. — Être facile ou difficile à *cuire* : *ces légumes cuisent bien* ou *ne cuisent pas bien*. —Causer une douleur âcre, piquante et cuisante : *la main me cuit, les yeux me cuisent*. — Prov. : *il vous en cuira*; vous vous en repentirez. —*Trop gratter cuit, trop parler nuit*. — *se* CUIRE, v. pron.

CUIRÉ, E, adj. (*kuiré*), se dit des malles dont les joints ont été radoubés.

CUIRET, subst. mas. (*kuiré*), t. de chapelier, *cuir* que l'on met entre la chanterelle et la monture de l'arçon.

CUISAGE, subst. mas. (*kuizaje*), cuisson. Inus.

CUISANT, E, adj. (*kuizan, zante*), âpre, piquant, aigu : *froid cuisant, douleur cuisante*. Il se dit aussi des peines de l'esprit : *remords, soucis cuisants*. — *Tiges cuisantes*, tiges parsemées de poils piquants qui excitent l'inflammation, comme dans l'ortie.

CUISEAUX, subst. propre mas. (*kuizô*), ville de France, chef-lieu de canton, arrond. de Louhans, dép. de Saône-et-Loire.

CUISERY, subst. propre mas. (*kuizeri*), ville de France, chef-lieu de canton, arrond. de Louhans, dép. de Saône-et-Loire.

CUISEUR, subst. mas., au fém. **CUISEUSE** (*kuizeur, zeuze*), celui qui dirige le feu d'un fourneau de briques ou de poterie. — Celui qui fait *cuire* le vin dans les vignobles où il y a des bouilleurs.

CUISEUSE, subst. fém. Voy. CUISEUR.

CUISINE, subst. fém. (*kuizine*) (du lat. barbare *cucina*, employé par les écrivains de la basse latinité pour *coquina*, cuisine, et que les Italiens ont conservé dans leur langue avec la même signification) partie du logis où l'on apprête les viandes que l'on doit servir sur la table. — Art d'apprêter les viandes.—Manière dont on les apprête.—Les officiers qui servent à la *cuisine*. — Longue boîte à plusieurs compartiments dans laquelle on met divers ingrédients propres pour les ragoûts, et que l'on peut porter en voyage. — *Bonne cuisine, maigre cuisine*, bonne chère, mauvaise chère. — Fig. et prov. : *être chargé de cuisine*, être fort gras, avoir un gros ventre. — Fam., *latin de cuisine*, mauvais latin. — *Faire la cuisine*, apprêter les mets : *savoir faire la cuisine*. — *Faire aller, faire rouler la cuisine*, avoir soin de fournir à la dépense de la table.

CUISINE-POÊLE, subst. fém. (*kuizinepoêle*), ustensile nouvellement inventé, propre à chauffer à la fois les appartements, et à faire *cuire* les mets. — Il y a aussi des *cuisines* portatives disposées de manière à économiser le combustible, avec la propriété d'améliorer les produits culinaires.

CUISINER, v. neut. (*kuiziné*), faire la *cuisine*. Il est fam.

CUISINERIE, subst. fém. (*kuizineri*), vieux mot qui signifie : art de faire la *cuisine*.

CUISINIER, subst. mas., **CUISINIÈRE**, subst. fém. (*kuizinié, nière*), celui ou celle qui fait la *cuisine*, qui apprête les viandes. — Personne à gages qui fait la *cuisine*. — On le dit aussi d'une personne qui sait la faire.

CUISINIÈRE, subst. fém. (*kuizinière*), ustensile de fer-blanc qui sert à faire rôtir la viande.—Voy. CUISINIER.

CUISSAGE, subst. mas. (*kuiçaje*), droit odieux que s'étaient arrogé les seigneurs dans les temps barbares de la féodalité. Il consistait à mettre la jambe et la cuisse dans le lit des nouveaux mariés. — On disait aussi *droit de prélibation*. Voy. ce dernier mot. L'*Académie* n'en parle pas.

CUISSARD, subst. mas. (*kuiçar*), partie de l'ancienne armure qui couvrait les *cuisses*.

CUISSE, subst. fém. (*kuice*) (du bas lat. *cossa*, dit dans le moyen-âge pour *coxa*, cuisse), partie du corps d'un animal depuis la hanche jusqu'au jarret.—*Cuisse artificielle*, sorte de machine substituée au membre amputé. — En archit., la côte qui est entre deux gravures ou canaux d'un triglyphe. — En t. de verrerie, matière vitrifiée qui a coulé des pots dans le fond du four. —*Cuisse de noix*, quartier de noix.

CUISSE-MADAME, subst. fém. (*kuicemadame*), poire qui est une espèce de rousselet. — Au plur., des *cuisses-madame*; des *cuisses* de *madame*.

CUISSETTE, subst. fém. (*kuicète*); dans les manufactures d'étoffes en laine, moitié des fils d'une portée.

CUISSON, subst. fém. (*kuiçon*), action de *cuire*; *la cuisson du pain, des viandes*. — La manière dont une viande se rôtit ou est rôtie. — La peine et le soin qu'on a pris de faire rôtir. — Douleur que l'on sent d'un mal qui *cuit*. —*Cuisson du caramel*, en t. de confiseur, sucre *cuit* au degré nécessaire pour se casser net sous la dent sans s'y attacher. — *Pain de cuisson*, le pain de ménage que l'on fait chez soi.

CUISSOT, subst. mas. (*kuiçô*), *cuisse* d'un cerf ou de quelque autre bête fauve. — En t. de cuisine et de boucherie, on le dit aussi, en parlant du bœuf : *un morceau de cuissot*.

CUISTRE, subst. mas. (*kuicetre*) (du lat. barbare *coquister*, fait de *coquus*, cuisinier; *valet de cuisine, marmiton*), valet de collège. — Pédant. —

Celui qui a l'air et l'humeur d'un pédant. C'est un t. trivial et injurieux.

CUIT, E, part. pass. de *cuire*, et adj. (*kui, kuite*), qui n'est pas cru : *de la viande cuite ; les humeurs cuites.* — Fig. et fam. : 1° *n'avoir pas la tête bien cuite*, être un peu fou ou encore jeune ; 2° *avoir son pain cuit*, avoir amassé du bien. — On dit qu'*un homme a du pain cuit*, lorsqu'il a tout ce qui lui est nécessaire. — Prov. : *avoir santé, liberté et pain cuit*, ou simplement, *liberté et pain cuit*, jouir de tous les biens nécessaires à la vie.

CUITE, subst. fém. (*kuite*), action de *cuire* le sucre, les briques, les tuiles, le plâtre, la chaux, le verre, etc. — Tout ce qu'on *cuit* ensemble : *la cuite a manqué.*

CUIVRE, subst. mas. (*kuivre*) (en lat. *cuprum*, fait du grec Κυπρος, nom de l'île de Chypre, d'où l'on tirait autrefois le *cuivre*), corps métallique, rougeâtre, fusible, et qui peut être étendu sous le marteau. On l'appelle aussi *cuivre rouge.*—*Cuivre vierge*, celui qui sort de la mine, et qui n'a point été fondu.—*Cuivre de rosette*, cuivre rouge très-pur auquel dans les fonderies on donne la forme de plaques rondes et raboteuses, qui ressemblent à des *rosettes*, par la manipulation qu'on emploie pour le figer promptement, aussitôt qu'il est raffiné. — *Cuivre jaune*, cuivre allié avec le zinc ou la calamine ; c'est ce qu'on nomme *laiton*. — *Cuivre blanc*, alliage de *cuivre* rouge avec du zinc et de l'arsenic, dans des proportions telles qu'il devient blanc comme de l'argent. Cet alliage est peu prisé, et c'est avec raison, à cause de sa qualité malfaisante. — *Cuivre noir*, celui qui n'a pas encore été parfaitement purifié. — *Cuivre de Corinthe*, alliage d'or, d'argent, et principalement de *cuivre.*

CUIVRÉ, E, part. pass. de *cuivrer*, et adj. : *ouvrage cuivré*, dorure faite avec du *cuivre* en feuilles. — *Fond cuivré*, fond de couleur de *cuivre* dans le teint du visage des Américains, etc. On dit : *un teint cuivré.*

CUIVRER, v. act. (*kuivré*), imiter la dorure avec du *cuivre* en feuilles. — SE CUIVRER, v. pron.

CUIVRETTE, subst. fém. (*kuivrète*), petite anche de *cuivre* qu'on applique sur quelques instruments à vent.

CUIVREUSE, adj. fém. Voy. CUIVREUX.

CUIVREUX, adj. mas., au fém. CUIVREUSE (*kuivreu, vreuze*), se dit, en t. de teinturier, de l'écume qu'on voit paraître à la surface du bain de la cuve.

CUIVROT, subst. mas. (*kuivrô*), t. d'horloger, petite poulie de laiton qui a un trou pour recevoir les tiges des différentes pièces que l'on veut tourner.

CUJA, subst. fém. (*kuja*), t. d'hist. nat., martre du Chili.

CUJELIER, subst. mas. (*kujelié*), t. d'hist. nat., alouette des bois.

CUJETA, subst. mas. (*kujeta*), t. de bot., espèce de calebassier.

CUL, subst. mas. (*ku ; l* ne se prononce jamais) (en lat. *culus*, dérivé, dans le même sens, de κουλεος, en ionique, pour κολεος, gaîne, fourreau), la partie de derrière sur laquelle on s'assied en y comprenant les deux fesses.—L'anus, le fondement par où l'animal se décharge le ventre. — Fig., le fond et le derrière d'une chose. On évite l'emploi de ce terme en se servant, pour les animaux, du mot *derrière*, ou, en style plaisant et fam., de *postérieur*, et du mot *fond* pour certains objets dont il désigne une partie. — En t. de chapelier : *cul de chapeau*, la partie du chapeau qui répond à l'ouverture. — En t. d'archit., *cul de four*, voûte sphérique, ou surhaussée, ou en plein-cintre, ou surbaissée. —*Cul de four, en pendentif*, voûte sphérique portée par quatre pendentifs. — T. de mar. : *cul de vaisseau*, l'arrière d'un vaisseau, la poupe. — *Cul de porc*, nœud qui se met au bout d'un cordage pour y former un bouton. — *Cul de chalans*, certains bateaux qui se construisent dans le port de Saint-Dizier, etc. — *Cul d'artichaut*, la partie la plus moelleuse de l'artichaut, et qui en fait le fond. — *Cul de verre*, espèce de brouillard verdâtre qui paraît au fond de l'œil de quelques chevaux, et qui dénote qu'ils ont la vue mauvaise. — *Cul d'une charrette ; mettre quelque chose au cul de la charrette ; mettre une charrette à cul*, c'est-à-dire les limons en l'air. — *Avoir le cul sur la selle*, être à cheval. — *Il y va de cul et de tête*, il se tourmente fort pour réussir. — *La tête a emporté le cul*, il est tombé la tête la première. On dit dans le même sens : *être renversé cul pardessus tête.* — *Ils se tiennent par le cul comme les hannetons*, ils s'entendent comme s'ils étaient de la même famille. — On dit d'un homme qui joue tout ce qu'il a, qu'*il perdrait son cul s'il ne tenait* ; et d'une personne qui a grand'peur, qu'*on lui boucherait le cul d'un grain de millet.* — Prov. : *se trouver entre deux selles le cul par terre*, ne réussir dans aucune des deux choses sur lesquelles on fondait son espérance. — *Être à cul*, n'avoir plus aucune ressource, par allusion aux anciennes écoles de philosophie qui se tenaient à Paris, rue du Fouare, et où il n'y avait d'autres sièges pour les écoliers que la paille dont elles étaient jonchées. Les répondants, que dans les actes publics on serrait de trop près, étaient *mis à cul*, c'est-à-dire obligés de se rasseoir sur leur paille. — *Jouer à cul levé*, jouer les uns après les autres, en sorte que celui qui ne joue pas prenne la place du perdant. — *Arrêter quelqu'un sur cul*, l'arrêter tout court. — Fig. et fam. : *c'est un cul de plomb*, en parlant d'un homme lourd et lent à se mouvoir ; il se dit aussi d'un homme sédentaire, qui travaille beaucoup dans son cabinet. — *Faire le cul de poule*, faire la moue en avançant les lèvres et en les pressant. — Prov. : *il ne faut pas péter plus haut que le cul*, il ne faut pas vouloir faire plus qu'on ne peut. — *Mettre un muid sur cul*, le mettre sur son fond ou le vider. — *Donner du pied au cul à quelqu'un*, le chasser, le mépriser. — *Faire une chose à écorche-cul*, à regret et en rechignant. — *Tirer le cul en arrière*, avoir de la peine à se résoudre. — *Baiser le cul à quelqu'un*, lui marquer une soumission basse et servile. — *Baiser le cul de la vieille*, être capot au jeu. — *Tenir quelqu'un au cul et aux chausses*, de manière qu'il ne puisse échapper. — *Prendre son cul pour ses chausses*, faire une lourde méprise. Presque toutes ces expressions sont du style familier, et plusieurs de style bas et indécent. — En t. d'hist. nat., *paille-en-cul*, oiseau de mer, autrement *paille-en-queue*, oiseau des tropiques.

CULAIGNON, subst. mas. (*kulègnion*), t. de pêche, partie de la manche des filets, qui en forme le fond.

CULART, subst. mas. (*kular*), bois de la queue du ressort d'un marteau de forge.

CULARO, subst. propre mas. (*kularo*) (ou GRATIANPOLIS, aujourd'hui *Grenoble*), ancienne ville de la Gaule, sur l'Isère.

CULASSE, subst. fém. (*kulace*), la partie de derrière d'un canon. On le dit, par extension, des mousquets, fusils, pistolets, etc. — Prov. et bas : *être renforcé sur la culasse, par la culasse*, avoir les hanches et le derrière fort larges. Vieux et hors d'usage. — T. de diamantaire, la partie inférieure d'un brillant qui est directement opposée à sa table.

CULATE, subst. fém. (*kulate*), partie qui est au-delà de la lumière ou du noyau du canon, et qui aboutit à un gros bouton de métal.

CULAVE, subst. fém. (*kulave*), vase de terre ou de tôle pour faire recuire les ouvrages de verre.

CUL-BAS, subst. mas. (*kubâ*), sorte de jeu de cartes.

CUL-BLANC, subst. mas. (*kublan*), t. d'hist. nat., nom de plusieurs oiseaux, et entre autres du motteux. — Au plur., des *culs-blancs.*

CULBUTE, subst. fém. (*kulebute*), saut qu'on fait en tournant le *cul* par-dessus la tête. Voy. CULBUTER, v. neut. — Chute dangereuse. — Fig. : *il a fait une grande culbute*, d'une grande fortune il est tombé dans la pauvreté.—*Au bout du fossé la culbute*, s'il faut périr nous périrons.

CULBUTÉ, E, part. pass. de *culbuter.*

CULBUTER, v. neut. (*kulebuté*) (des deux mots *cul* et *buter* : *buter du cul*. Ménage.) (Voy. BUTER, dans le sens de broncher), tomber en faisant la *culbute* : *il culbuta du haut en bas de l'escalier.* —Fig., être ruiné, perdre sa fortune.—V. act., faire tomber, renverser *cul* par-dessus tête ; vaincre, mettre en déroute : *il attaqua vivement l'aile droite et la culbuta.* — Au fig., ruiner quelqu'un, détruire sa fortune : *la baisse des fonds a culbuté plusieurs maisons très-riches.* — SE CULBUTER, v. pron., se renverser.

CULBUTIS, subst. mas. (*kulebuti*), amas confus de choses *culbutées*. Il est familier.

CULCAS, subst. mas. (*kulekâce*). Voy. COLOCASIE.

CULCITION, subst. fém. (*kulecicion*) t. de bot., genre de plantes de la famille des corymbifères.

CUL-DE-BASSE-FOSSE, subst. mas. (*kudebâcefôce*), cachot souterrain. — Au plur., des *culs-de-basse-fosse.*

CULDÉE, subst. mas. (*kuledé*) (mot purement anglais qui s'est dit, d'après le *Dictionnaire* de *Shéridan*, de moines ou religieux qui existaient autrefois en Écosse), nom qu'on donna aux premiers missionnaires chrétiens envoyés dans le nord de l'Écosse. Hors d'usage.

CUL-DE-JATTE, subst. mas. (*kudejate*), celui qui, ne pouvant se servir de ses jambes, est contraint de se traîner ayant le *cul* dans une espèce de *jatte*. — Au plur., des *culs-de-jatte.*

CUL-DE-LAMPE, subst. mas. (*kudelanpe*), t. d'archit., 1° espèce de pendentif en pyramide renversée, formé par encorbellement ou en trompe, pour soutenir une tourelle, etc. ; 2° ornement de sculpture qui pend des nervures des voûtes gothiques.—T. d'imprim., fleuron, ornement à la fin d'un chapitre, d'un livre, d'un chant, etc. On donne le même nom à une masse de lignes d'un chapitre ou d'un livre ordinairement terminée en pointe ; ornement gothique et souvent de mauvais goût admis quelquefois dans les anciennes éditions. — Au plur., des *culs-de-lampe.*

CUL-DE-POULE, subst. mas. (*kudepoule*), t. de médec. vétér., ulcère dont les bords sont saillants et renversés en dehors. — T. d'armurier, partie arrondie de la plaque de couche d'un fusil. — Au plur., des *culs-de-poule.*

CUL-DE-SAC, subst. mas. (*kudeçak*), rue sans issue. — Au fig., emploi sans espoir d'avancement. —Au plur., des *culs-de-sacs*. On dit mieux aujourd'hui au propre *impasse.*

CULÉE, subst. fém. (*kulé*), t. de maçonnerie, grosse masse de pierres qui soutient la voûte de la dernière arche d'un pont, et qui résiste à toute sa poussée. On l'appelle aussi *butée*. — La partie du cuir la plus proche de l'endroit où était la queue de l'animal. — En t. d'archit. : *culée d'arc-boutant*, pilier qui soutient la voûte d'un grand bâtiment. — On dit en t. de mar. : *ce navire donne des culées*, donne des coups de sa quille sur le sable.

CULEMBACH, subst. propre mas. (*kulanbake*), ville de Franconie, en Allemagne.

CULER, v. neut. (*kulé*), t. de mar. aller en arrière. — *Mettre à culer*, coiffer les voiles sur les mâts pour faire *culer* le vaisseau. — SE CULER, v. pron.

CULERON, subst. mas. (*kuleron*), t. de bourrelier et de sellier, partie de la croupière sur laquelle pose la queue du cheval.

CULEUS, subst. mas. (*kulé-uce*), t. d'antiq., la plus grande des mesures de liquide chez les anciens Romains ; elle contenait, dit-on, cinq cent dix-sept litres.

CULHAMIE, subst. fém. (*kulami*), t. de bot., sorte de plante.

CULICOÏDE, subst. mas. (*kuliko-ide*), t. d'hist. nat., genre d'insectes de l'ordre des diptères.

CULIER, subst. et adj. mas. (*kulié*) : *boyau culier*, ou *le culier* ; gros boyau placé entre le cæcum et le rectum, et qui se termine à l'anus.

CULIÈRE, subst. fém. (*kulière*), t. de sellier, sangle de cuir qu'on attache au *cul*, au derrière du cheval, pour empêcher la selle de couler en avant. — En archit., pierre plate, creusée en rond ou en ovale, avec une goulette, pour recevoir l'eau d'un tuyau de descente. On dit aussi, dans le même sens, *cuiller*. Voy. ce mot.

CULILABAN, subst. mas. (*kulilaban*), t. de bot., espèce de laurier dont l'écorce est très-aromatique.

CULINAIRE, adj. des deux genres (*kulinère*) (du lat. *culinarius*, fait, dans le même sens, de *culina*, cuisine), *ustensiles culinaires*, qui servent à la cuisine. — *Art culinaire*, celui de la cuisine.

CULINA-MARIANA, subst. fém. (*kulinamariana*), t. de bot., plante fébrifuge d'Amérique.

CULIT-API, subst. mas. (*kulitapi*), t. de bot., sorte de plante de la famille des rubiacées, dont l'écorce est aromatique et sert de parfum.

CULMIFÈRE, adj. des deux genres et subst. mas. (*kulemifère*) (du lat. *culmus*, paille, chaume, et *fero*, je porte), t. de bot. : *plante culmifère*, dont la tige est un chaume.

CULMINANT, E, adj. (*kuleminan, nante*), t. d'astron. : *le point culminant d'un astre*, le plus haut sur l'horizon. — On le dit aussi de la partie la plus élevée de certaines choses : *le point culminant d'une chaîne de montagnes.*

CULMINATION, subst. fém. (*kulemindcion*) (du lat. *culmen*, faîte), t. d'astron., passage d'un astre par le méridien, c'est-à-dire par le point où il est à la plus grande hauteur.

CULMINER, v. neut. (*kulemіné*), t. d'astron., passer par le méridien. Voy. CULMINATION.

CULOT, subst. mas. (*kulô*) (du lat. *culus*, qui signifie proprement le *cul*, le derrière, et par extension : l'extrémité d'une chose), l'oiseau le dernier éclos d'une couvée; l'animal qui arrive le dernier d'une portée.—Fig. et fam., 1° le dernier né d'une famille; 2° le dernier reçu ou le plus jeune dans quelque corps ou compagnie.—En archit., ornement de sculpture, employé dans le chapiteau corinthien, qui est supporté par les tigettes, et d'où sortent les volutes et les hélices qui en soutiennent le tailloir. — Tout ornement d'où sortent des rinceaux de feuillages, etc. — En t. d'artificier, la base mobile d'une fusée, sur laquelle on appuie la cartouche pour la charger. — La partie de la bombe diamétralement opposée à la fusée, et qui est la plus épaisse en métal. — Morceau d'or ou d'argent fondu dans un creuset. — Partie métallique qui reste au fond du creuset après la fusion, et qui s'est séparée des scories. — Petit plateau cylindrique de terre cuite, sur lequel on pose le creuset dans le fourneau, pour le garantir de l'action trop vive du feu. — La partie la plus basse d'une lampe d'église, d'un bénitier de chambre, et d'autres vaisseaux.—On dit *le culot d'une pipe*, en parlant d'un résidu épais et noirâtre qui se forme et s'amasse dans le foyer d'une pipe, lorsqu'elle sert long-temps.

CULOTTE, subst. fém. (*kulote*) (de *cul*, derrière, que couvre spécialement la *culotte*), partie du vêtement de l'homme, qui le couvre depuis la ceinture jusqu'au dessous des genoux : *culotte de drap; culotte de velours.* —En t. de botanique, la moitié inférieure des grandes feuilles de l'anémone, qui est la plus proche de la queue. — Fer délié, rond et creux en forme de petite *culotte*, que l'on attache au bout de la poignée d'un pistolet. On en fait aussi d'autres métaux.—*Culotte de pigeon*, le derrière d'un pigeon. — *Culotte de bœuf*, le derrière du cimier. — *Culotte de Suisse*, coquille de mer, variété de coq, ou *coq de Hambourg*, espèce de poire. — Fam. : *porter la culotte*, et plus souvent, *les culottes*, être la maîtresse, dominer son mari.

CULOTTÉ, E, part. pass. de *culotter*. — Adj., on appelle *pipe culottée*, une pipe dont le vase est bien garni de noir produit par le tabac brûlé.

CULOTTER, v. act. (*kuloté*), mettre en *culotte*. — Faire des *culottes* : *ce tailleur culotte bien*. — SE CULOTTER, v. pron., mettre sa *culotte*.

CULOTTIER, subst. mas., au fém. CULOTTIÈRE (*kulotié, tière*), celui ou celle qui fait des *culottes*. — Fabricant de *culottes*.

CULOTTIN, subst. mas. (*kulotein*), espèce de haut-de-chausses qui est étroit et juste sur la cuisse et qui serre par le bas. — Pop., petit enfant nouvellement en *culotte*. Hors d'usage.

CULPABILITÉ, subst. fém. (*kulepabilité*) (rac. *culpa*, faute), état réel ou supposé d'un *coupable* : *examiner la culpabilité de...*

CULPEU, subst. mas. (*kulepène*), t. d'hist. nat., mammifère du genre du chien.

CUL-ROND, subst. mas. (*kuron*), grand bateau de pêcheur, en forme de gondole. — Au plur., des *culs-ronds*.

CULTE, subst. mas. (*kulete*) (du lat. *cultus*, dérivé, dans cette signification, de *colere*, adorer, honorer, révérer), honneur qu'on rend à Dieu par des actes de religion. — Ensemble des cérémonies religieuses. — Il se dit aussi pour : religion, et même en parlant de l'idolâtrie. — Fig., extrême attachement qu'on a pour certaines personnes ou pour certaines choses dont on fait en quelque sorte sa divinité : *il avait voué à sa mère une espèce de culte.*—*Se vouer au culte des muses*, se consacrer à la poésie.—*Culte de latrie*, celui qu'on rend à Dieu par l'adoration. — *Culte d'hyperdulie*, celui que l'Église romaine rend à la sainte Vierge. — *Culte de dulie*, celui de vénération qu'on rend aux saints. — On appelle *culte extérieur*, les cérémonies qui se pratiquent hors des temples.

CULTELLAIRE, adj. (*kuletèlelère*) (du latin *cultellarius*), qui a la forme d'un couteau. Inusité.

CULTELLATION, subst. fém. (*kuletèleldcion*) (du lat. *cultellare*, mettre à-plomb, unir au niveau, etc.), t. de géom., manière de mesurer par le moyen de l'instrument universel.

CULTIVABLE, adj. des deux genres (*kuletivable*) propre à la *culture* : *ce terrein n'est pas cultivable.*

CULTIVATEUR, subst. mas., au fém. CULTIVATRICE (*kuletivateur, trice*) (en lat. *cultor*, fait de *colere*, labourer, cultiver), celui qui fait *cultiver* et celui qui *cultive* la terre : *cette province manque de cultivateurs.* Voy. AGRICULTEUR. — Subst. mas. seulement, nouvel instrument aratoire, qui fait à lui seul autant d'ouvrage que six charrues ordinaires. — *Cultivateur* et *cultivatrice* se disent même adjectivem. en parlant des peuples et des nations.

CULTIVATION, subst. fém. (*kuletivacion*), *culture*; le travail de la *culture* des terres. Peu usité. — Se dit plus particulièrement de la mise en état de *culture*, de l'exploitation d'un pays : *la cultivation des colonies.*

CULTIVATRICE, subst. fém. Voy. CULTIVATEUR.

CULTIVÉ, E, part. pass. de *cultiver*, et adj. ; il se dit au propre et au figuré : *terre bien cultivée; esprit cultivé.*

CULTIVER, v. act. (*kuletivé*) (en lat. *colere*, au supin *cultum*), faire les travaux nécessaires pour obtenir, augmenter ou améliorer les productions de la terre. — On dit figur. : *cultiver les sciences, les lettres*, s'y adonner, s'y perfectionner.—*Cultiver l'esprit, la mémoire*, les exercer.—*Cultiver la connaissance, l'amitié de quelqu'un*, etc., prendre les soins nécessaires pour conserver la connaissance de quelqu'un, pour entretenir et augmenter l'amitié qu'il a pour nous : *c'est un homme qu'il faut cultiver*, c'est un homme dont il faut ménager, entretenir la bienveillance. — SE CULTIVER, v. pron.

CUL-TOUT-NU, subst. mas. (*kutounu*), t. de bot., sorte de plante. — Nom que l'on donne quelquefois aux mendiants, aux vagabonds. Dans ce sens il est trivial. — Au plur., des *culs-tout-nus*.

CULTRAIRE, subst. mas. (*kuletrère*) (du lat. *culter*, couteau), t. d'hist. anc., celui qui immolait la victime. Hors d'usage.

CULTRIROSTRE, subst. mas. (*kuletrirocetre*) (du lat. *culter*, gén. *cultri*, couteau, et *rostrum*, bec), t. d'hist. nat., famille d'oiseaux échassiers, caractérisée par un bec très-long, avec les bords tranchants en forme de *couteau*.

CULTRIVORE, subst. mas. (*kuletrivore*) (du latin *culter*, couteau, et *vorare*, dévorer), nom absurde donné aux faiseurs de tours, qui font semblant d'avaler des couteaux. (*Boiste* et *Laveaux*.)

CULTURE, subst. fém. (*kuleture*) (en lat. *cultura*, dans le sens de *colere*, cultiver), l'art de cultiver la terre ou les plantes, pour leur faire produire du fruit; les façons qu'on leur donne, etc. —Figur., soin qu'on prend, travail qu'on fait pour perfectionner les arts, pour polir l'esprit : *la culture des arts; la culture de l'esprit.*

CULULLUS, subst. mas. (*kululeluce*), myth., vase de terre dont se servaient les pontifes dans les sacrifices.

CUMARUNA ou **CUMANA**, subst. mas. (*kumaruna, ana*), t. de bot., arbre de la Guyane, qui ressemble au mûrier.

CUMBERLAND, subst. propre mas. (*konbèrelan*), nom d'une province du nord de l'Angleterre.

CUMBIPISIN, subst. mas. (*konbipizein*), t. de bot., gomme résine des Indes, semblable à la myrrhe.

CUMÉEN, subst. et adj. mas., au fém. CUMÉENNE (*kumé-ein, ène*), qui est de *Cumes*, ou qui y a rapport.

CUMES, subst. propre fém. (*kume*), t. de géog. anc., ville de la Campanie au nord de Naples, célèbre par la prophétesse connue sous le nom de *sibylle de Cumes*.

CUMÈTE, subst. fém. (*kumète*), t. de bot., jambosier de la Guyane.

CUMIN, subst. mas. (*kumein*) (en lat. *cuminum*, pris du grec κυμινον, cumin), t. de bot., plante originaire de Crète, de la famille des ombellifères. — *Cumin bâtard*, le cuminoïde. — *Cumin cornu*, plante annuelle crucifère, originaire du midi de l'Europe. — *Cumin des prés*, le carvi. — *Cumin indien*, espèce de myrte de l'Inde. —*Cumin noir*, la nielle cultivée.

CUMINOÏDE, subst. mas. (*kumino-ide*), t. de bot., genre de plante de la famille des ombellifères.

CUMUL, subst. mas. (*kumule*), action de *cumuler*, d'exercer à la fois plusieurs emplois.

CUMULATIF, adj. mas., au fém. CUMULATIVE (*kumulatife, tive*), t. de jurispr., qui se fait par *accumulation*.

CUMULATION, subst. fém. (*kumuldcion*), t. de jurispr., amas, assemblage, entassement.

CUMULATIVE, adj. fém. Voy. CUMULATIF.

CUMULATIVEMENT, adv. (*kumulativeman*), d'une manière *cumulative*.

CUMULÉ, E, part. pass. de *cumuler*.

CUMULER, v. act. (*kumulé*) (du lat. *cumulare*, amasser, entasser, fait de *cumulus*, amas, monceau), t. de jurispr., assembler, réunir plusieurs droits pour fortifier une prétention. Il se dit aussi des preuves. — Exercer à la fois plusieurs emplois. Dans ce sens, on l'emploie aussi neutralement et d'une manière absolue : *les lois ne permettent plus de cumuler.* — SE CUMULER, v. pron.

CUNANE, subst. mas. (*kunane*) t. de bot., sorte de fruit de l'Inde, bon contre les maux de tête.

CUNAXA, subst. propre mas. (*kunakça*), t. de géog., ancienne ville d'Asie sur l'Euphrate, célèbre par la bataille dans laquelle mourut Cyrus le jeune, en combattant contre son frère Artaxerce.

CUNCTATEUR, subst. mas. ; au fém. CUNCTATRICE (*kieunktateur, trice*) (en lat. *cunctator*), temporiseur. Peu usité.

CUNCTATION, subst. fém. (*kieunktdcion*), temporisation. Inus.

CUNCTATRICE, subst. fém. Voy. CUNCTATEUR.

CUNCTER, v. neut. (*kieunkté*), t. burlesque, temporiser. Ce mot est tout latin.

CUNDOÉ ou **VAGA-CUNDOÉ**, subst. mas. (*kieundoé, vaguakundoé*), t. d'hist. nat., pic des Indes à tête et à queue noires.

CUNÉEN, adj. mas., au fém. CUNÉENNE (*kunéein, né-ène*), t. d'anat., qui appartient aux os *cunéiformes* : *articulations cunéennes*.

CUNÈGES, subst. propre fém. (*kunèje*), village de France, chef-lieu de canton, arrond. de Bergerac, dép. de la Dordogne.

CUNÉIFORME, adj. des deux genres (*kuné-iforme*) (du lat. *cuneus*, coin, et *forma*, forme), qui a la *forme* d'un *coin*. Il se dit, en anat., de trois os du tarse et d'un os du carpe. — En bot. : *feuilles cunéiformes*, feuilles plus longues que larges, qui se rétrécissent du sommet à la base.

CUNÉIROSTRE, adj. des deux genres, et subst. mas. (*kuné-irocetre*) (du latin *cuneus*, coin, et *rostrum*, bec), t. d'hist. nat., famille d'oiseaux grimpants qui ont le bec plus étroit que la tête, et en forme de *coin*. — En t. d'antiq., il s'est dit au fém. de certaines écritures trouvées dans les ruines de Babylone.

CUNÉO-CUBOÏDIEN, adj. mas., au fém. CUNÉO-CUBOÏDIENNE (*kuné-okubo-idiein, ène*), t. d'anat. qui appartient aux os *cunéiformes* et au *cuboïde*.

CUNÉO-SCAPHOÏDIEN, adj. mas., au fém. CUNÉO-SCAPHOÏDIENNE (*kuné-ocekafo-idiein, ène*), t. d'anat., qui appartient aux os *cunéiformes* et au *scaphoïde*.

CUNETTE et non point **CUVETTE**, subst. fém. (*kunète*), en t. de fort., fossé pratiqué dans le milieu d'un fossé sec.

CUNINA, subst. propre fém. (*kunina*), myth., déesse tutélaire des enfants au berceau.

CUNILE, subst. fém. (*kunile*), t. de bot., genre de labiées.

CUNLHAT, subst. propre mas. (*kunela*), bourg de France, chef-lieu de canton, arrond. d'Ambert, dép. du Puy-de-Dôme.

CUNOLITHE, subst. fém. (*kunolite*), sorte de pétrification.

CUNONE, subst. mas. (*kunone*), t. de bot., genre de plantes de la famille des saxifragées.

CUNONIACÉES, subst. fém. plur. (*kunoni-acé*), t. de bot., famille de plantes de l'ordre des polypétales.

CUNTUR, subst. mas. (*kontur*), t. d'hist. nat., oiseau que l'on adorait au Pérou, et que l'on nomme plus communément *condor*. Voy. ce mot.

CUPAMÉNI, subst. mas. (*kupaméni*), t. de bot., genre de plantes de la famille des acacias.

CUPANI ou **CUPANIA**, subst. mas. (*kupani, nia*), t. de bot., sorte de châtaignier que l'on trouve en Amérique.

CUPAYBA, mieux **CUPAÏBA**, parce qu'on prononce généralement l'*i* séparément de l'*a*, subst. mas. (*kupa-iba*), t. de bot., arbre qui fournit le baume de copahu.

CUPÈS, subst. mas. (*kupèce*), t. d'hist. nat., genre d'insectes de l'ordre des coléoptères.

CUPHÉE, subst. fém. (*kufé*), t. de bot., plante du Brésil du genre des salicaires.

CUPIDE, adj. des deux genres (*kupide*) (en lat. *cupidus*), plein de *cupidité*, de convoitise. Vieux mot rajeuni depuis quelque temps. On dit même quelquefois au mas. : *c'est un cupide*, un avare.

CUPIDIQUE, adj. des deux genres (*kupidike*) (du latin *cupere*, désirer), désireux. — De *Cupidon*; qui a rapport à la passion de l'amour.

CUPIDITÉ, subst. fém. (*kupidité*) (en latin *cupiditas*, fait de *cupere*, désirer, convoiter), désir ardent et immodéré. — Convoitise. Il s'emploie même sans régime. On dit bien : *la cupidité des hommes est insatiable*; mais on ne dit point : *la cupidité des richesses*, *la cupidité de régner*. — Anciennement ce mot a été employé pour *concupiscence*.

CUPIDON, subst. propre mas. (*kupidon*) (du latin *cupido*, fait de *cupere*, désirer, souhaiter avec ardeur), myth., l'Amour, dieu fabuleux qu'on peint avec des ailes, un arc et un carquois. — Au fig., joli enfant. Inus.

CUPIDONE, subst. fém. (*kupidone*), t. de bot., genre de plantes de la famille des chicoracées.

CUPIDONÉ, E, adj. (*kupidoné*), mignon, joli. Inus.

CUPRIFICATION, subst. fém. (*kuprifikâcion*) (du latin *cuprum*, cuivre, et *fieri*, être fait), conversion d'un corps en *cuivre*.

CUPULAIRE, adj. des deux genres (*kupulère*), t. de bot., en forme de *cupule*: *calice cupulaire*. — Subst. mas., t. de chir., sorte de cautère fait en forme de *cupule*, et au moyen duquel on cautérisait la peau du crâne dans certaines maladies.

CUPULE, subst. fém. (*kupule*) (en latin *cupula*, dimin. de *cupa*, coupe), t. de bot., partie orbiculaire, plane ou concave, qu'on trouve dans quelques lichens, et qu'on regarde comme un des organes de la fructification.— Espèce de petite coupe qui porte le gland du chêne.

CUPULÉ, E, adj. (*kupulé*), t. de bot., muni d'une *cupule*, comme les fleurs du coudrier, du chêne, etc.

CUPULIFÈRE, adj. (*kupulifère*), t. de bot., qui porte une *cupule*, qui est terminé par une glande en *cupule*. Les poils de certaines plantes sont *cupulifères*.

CUQ-TOULZA, subst. propre mas. (*kuktoulza*), village de France, chef-lieu de canton, arrond. de Lavaur, dép. du Tarn.

CURA, subst. propre fém. (*kura*) (mot tout latin qui veut dire soin, vigilance), myth., chez les anciens, déesse qui ne devait jamais quitter les côtés du général des armées.

CURABILITÉ, subst. fém. (*kurabilité*), t. de médec., qualité de ce qui est *curable*. Il est l'opposé d'*incurabilité*. Peu en usage.

CURABLE, adj. des deux genres (*kurable*) (du lat. *curare*, soigner, traiter une maladie), qui peut être guéri.

CURAÇAO, subst. propre mas. (*kuraçó*), île des Antilles, dans la mer du Sud.

CURAÇAO, subst. mas. (*kuraçó*), sorte de liqueur qui vient originairement de l'île de *Curaçao*.

CURAGE, subst. mas. (*kuraje*), action de *curer*, de nettoyer : *curage d'un puits*, *d'un canal*, *d'une rivière*, *d'un port*. Il ne se dit pas d'un égout.—T. de bot., plante qui est une espèce de persicaire. En ce sens, *Trévoux* le fait féminin, et l'*Académie* masculin.

CURAGUA, subst. mas. (*kuragua*), t. de bot., sorte de maïs du Chili.

CURANDIER, subst. mas. (*kurandié*), nom qu'on donne, en Normandie, aux blanchisseurs de toile.

CURANGUE, subst. fém. (*kurangue*), t. de bot., plante de Java, que l'on nomme aussi serratule amère.

CURARE, subst. mas. (*kurare*), t. d'hist. nat., poison mortel que les Indiens de la rivière Noire tirent par incision d'une espèce de liane nommée *maracury*.

CURATELLE, subst. fém. (*kuratèle*), t. de jurispr., le pouvoir, la charge et les fonctions de *curateur*. — T. de bot., arbre d'Amérique.

CURATEUR, subst. mas., au fém. **CURATRICE** (*kurateur*, *trice*) (du latin *curator*, fait, dans le même sens, de *curare*, avoir soin, gérer, administrer), celui ou celle qui est établi par justice pour administrer les biens d'un mineur émancipé ou d'un dissipateur interdit, ou d'un furieux, d'un imbécille. — On nomme aussi *un curateur* pour régir une succession vacante ou une chose abandonnée. — On dit au palais : *curateur aux causes*, et *curateur au cadavre*, *au mort*; celui que le juge nomme d'office pour défendre la cause d'un homme accusé de suicide. — *Curateur au ventre*, personne chargée par un conseil de famille de veiller aux intérêts de l'enfant dont une femme se trouve enceinte lors du décès de son mari. — *Curateur à la mémoire*, personne chargée par la cour de cassation de poursuivre la réhabilitation d'un condamné. — On dit fig., et dans le langage fam., d'un homme qui administre mal et dissipe ses biens : *il faudrait lui donner un curateur*.

CURATIF, adj. mas., au fém. **CURATIVE** (*kuratife*, *tive*), t. de médec. : *remèdes curatifs*, ceux qu'on applique pour guérir. On dit aussi subst. : *employer les curatifs*.

CURATION, subst. fém. (*kurâcion*) (en latin *curatio*), t. de médec., traitement d'une maladie, d'une plaie.

CURATIVE, adj. fém. Voy. **CURATIF**.

CURATRICE, subst. fém. Voy. **CURATEUR**.

CURBALIN, subst. mas. (*kurbalein*), t. d'hist. anc., quelques-uns croient que c'était un instrument de musique des Hébreux, le même que le κρεμβαλον des Grecs.

CURBAN, subst. mas. (*kurban*), sacrifice funèbre en usage chez les Circassiens, après la mort d'une personne de distinction.

CURCAS, subst. mas. (*kurkâce*), t. de bot., fruit d'Amérique qui a le goût d'une truffe.

CURCULIGINE, subst. fém. (*kurkulujine*), t. de bot., genre de plantes de la famille des narcisses.

CURCULIGO, subst. mas. (*kurkuliguo*), t. de bot., genre de plantes de la famille des liliacées.

CURCULIO-ANTI-ODONTALGICUS, subst. mas. (*kurkulio-anti-odontalejikuce*), t. d'hist. nat., genre d'insectes de l'ordre des coléoptères.

CURCUMA, subst. mas. (*kurkuma*), t. de bot., genre de plantes de la famille des balisiers.

CURCUMINE, subst. fém. (*kurkumine*), matière jaune, colorante, du *curcuma*, employée en teinture.

CURCURITO, subst. mas. (*kurkurito*), t. de bot., sorte de palmier des bords de l'Orénoque.

CURDE, subst. propre des deux genres (*kurde*), peuple de l'Arménie turque. Nom qu'on a donné à une secte qui s'était formée dans le Levant.

CURDISTAN, subst. propre mas. (*kurdicetan*), pays des *Curdes*, contrée d'Asie.

CURE, subst. fém. (*kure*) (du lat. *cura*, qui se trouve dans *Celse* avec la même acception, et qui signifie proprement *soin*), guérison de quelque maladie ou de quelque blessure. La *cure* a plus de rapport au mal et à l'action de celui qui traite le malade; la *guérison* en a davantage à l'état du malade qu'on traite : le premier n'a guère pour objet que les maux invétérés et d'habitude; le second regarde aussi les maladies légères et de peu de durée : *la cure de ce mal a été bien longue*; *la guérison de ce mal s'est opérée promptement*. — On dit qu'*un médecin a fait une belle cure*, lorsque, par l'événement, il est censé avoir réussi ou qu'il a réussi en effet à empêcher que la maladie n'ait été suivie de la mort, ou qu'elle ne reste incurable. — En t. de faucon., peloton de chanvre, de coton ou de plume, qu'on fait avaler à un oiseau pour dessécher son flegme. — Fonction, autorité du prêtre chargé de la direction spirituelle d'une paroisse; circonscription dans laquelle il exerce cette autorité. (Du latin *cura*, soin, gestion, administration.) — Logement du curé. — Il s'est dit autrefois pour souci : *n'en avoir cure*, ne pas s'en soucier :

> L'âne, qui goûtait fort l'autre façon d'aller,
> Se plaint en son patois; le meunier n'en a cure.
> (LA FONTAINE.)

— Prov., *à beau parler qui n'a cure de bien faire*; pour dire : à quoi servent les belles promesses d'un homme qui n'a pas l'intention de les tenir? (Du latin *cura*, peine, souci, sollicitude.)

CURÉ, subst. mas. (*kuré*) (du lat. barbare *curatus*, que les écrivains de la basse latinité ont dit pour *curator*, celui qui a le soin, la direction, la conduite), prêtre pourvu d'une *cure*. — Prov. : *avoir affaire au curé et aux paroissiens*, à plusieurs parties à la fois, et qui ont souvent des intérêts différents. — *C'est Gros-Jean qui remontre à son curé*, c'est un ignorant qui veut instruire un homme plus savant que lui.

CURÉ, subst. fém. (*kuré*), t. de bot., tulipe gris-de-lin fort pâle.

CUREAU, subst. mas. (*kuró*), espèce d'instrument de bois, que l'on nomme maillet lorsqu'il est emmanché.

CURÉ, E, part. pass. de *curer*.

CURE-DENTS, et non pas **CURE-DENT**, subst. mas. (*kuredan*), petit instrument avec lequel on se *cure les dents*. — On écrit le pluriel comme le singulier, des *cure-dents*.

CURE-DENT-D'ESPAGNE, subst. mas. (*kuredan-dècepagnie*), t. de bot., espèce de plante du genre de la carotte.

CURÉE, subst. fém. (*kuré*), ce que l'on donne du cerf ou de la bête fauve aux chiens qui ont chassé.—*Faire curée*, donner la *curée* aux chiens. — Se dit aussi des chiens qui, sans attendre le veneur, mangent la bête qu'ils ont prise.— *Mettre en curée*, donner plus d'ardeur aux chiens par la *curée* qu'on leur fait. — Au fig., animer une entreprise par le bénéfice qu'elle procure. — Butin : *âpre à la curée*; homme très-avide.

CURE-FEU, subst. mas. (*kurefeu*), t. de forgeron, morceau de fer long, aplati par un bout.

CURE-LANGUE ou **GRATTE-LANGUE**, subst. mas. (*kurelangue*, *gueratelangue*), sorte d'instrument de corne dont on se sert pour nettoyer la *langue*.

CURÉMA, subst. mas. (*kuréma*), t. d'hist. nat., poisson du Brésil qui ressemble à la truite.

CUREMENT, subst. mas. (*kureman*), action de *curer*. Ce mot est consacré par le Code civil.

CURE-MÔLE, subst. mas. (*kuremôle*), machine au moyen de laquelle on retire, avec facilité et à une grande distance, la vase du fond de l'eau. — Au plur., des *cure-môle*.

CUREN, subst. mas. (*kurènc*), ruines de l'ancienne Cirène, en Afrique.

CURE-OREILLE, subst. mas. (*kurorè-ie*), petit instrument propre à se *curer* les *oreilles*. — Au plur., des *cure-oreilles*.

CURÉOTIS, subst. mas. (*kuré-otice*), chez les anciens, troisième jour des fêtes appelées *apaturies*.

CURE-PIED, subst. mas. (*kurepié*), instrument de fer crochu pour nettoyer le dedans du pied des chevaux. — Au plur., des *cure-pieds*.

CURER, v. act. (*kuré*) (du lat. *curare*, avoir soin, et qui a été dit dans le même sens), nettoyer quelque chose de creux : *curer un puits*, *un fossé*. — Nettoyer la charrue, etc., avec le *curoir*. Voy. ce mot. — *Curer un oiseau de proie*, le purger par la *cure* qu'on lui fait prendre. — *Curer une vigne en pied*, ôter du cep tout le bois inutile. —*se* **CURER**, v. pron., *se curer les dents*, *les oreilles*, et non pas *curer ses dents*, *ses oreilles*.

CURET, subst. mas. (*kuré*), t. de fourbisseur, peau de buffle ou d'autre animal sur laquelle on frotte les pierres sanguines avec de la potée d'étain, lorsqu'on dore quelque pièce.

CURÈTES, subst. mas. pl. (*kurète*) (du grec κουρητες, fait de κουρα, action de couper, dérivé de κειρω, je tonds; parce que les *curètes* se coupaient les cheveux par-devant). On nommait ainsi les anciens prêtres de la partie de l'Europe voisine de l'Orient et de la Grèce, assez semblables aux druides des Celtes, aux saliens des Sabins, aux sorciers de Laponie, etc. — Chez les Grecs, prêtres de Cybèle, appelés aussi *corybantes*.

CURÉTICON, subst. mas. (*kurétikon*), air de flûte que jouaient les prêtres de Cybèle.

CURETTE, subst. fém. (*kurète*), instrument dont les fabricants de couvertures se servent pour *curer* les chardons qui sont remplis de laine. — Instrument de chirurgie pour tirer la pierre de la vessie, et tout ce qui peut y être demeuré après cette extraction.

CUREU, subst. mas. (*kureu*), t. d'hist. nat., sorte de merle du Chili.

CUREUR, subst. mas., au fém. **CUREUSE** (*kureur*, *reuze*), celui qui nettoie les fosses, les puits, les citernes. — Au fém., la femme d'un *cureur*.

CUREUSE, subst. fém. Voy. **CUREUR**.

CUREUX, subst. mas. (*kureu*), apprenti aplaigneur. — Manœuvre chez les fabricants de couvertures.

CURIA-CALABRA, subst. fém. (*kuriakalabra*), lieu où les anciens Romains ne traitaient que des matières de religion.

CURIAL, E, adj., au plur. mas. **CURIAUX** (*kuriale*) (en ce sens, du lat. *curia*, palais, sénat, barreau, etc.), qui concerne le *curé* : *fonction curiale*. — Se disait autrefois de ce qui avait rapport à une cour de justice : *dépens curiaux*, les frais de justice.

CURIALISTE, subst. mas. (*kurialicete*), courtisan. Vieux et même hors d'usage.

CURIAUX, adj. mas. plur. Voy. **CURIAL**.

CURIE, subst. fém. (*kuri*) (du latin *curia*, fait,

dans le même sens, de *curare*, avoir soin; parce que chaque *curie* était chargée de certains sacrifices particuliers auxquels présidait le *curion*), t. d'hist. anc., subdivision de la tribu chez les anciens Romains. Chaque tribu était partagée en dix *curies*.

CURIEUSE, subst. fém. Voy. CURIEUX.

CURIEUSEMENT, adv. (*kurieuzeman*) (en latin *curiosè*), avec *curiosité*. —Soigneusement, exactement.

CURIEUX, subst. et adj. mas., au fém. CURIEUSE (*kurieu, rieuze*) (en lat. *curiosus*), celui, celle qui a de la *curiosité*, qui recherche avec soin les choses *curieuses* et rares. — *Curieux* signifie aussi recherché, bien vêtu : *cet homme est fort curieux de sa personne, est curieux de ses livres*, etc.— En peint., etc., celui qui amasse des dessins, des tableaux, etc. On est *connaisseur* par étude, *amateur* par goût, et *curieux* par vanité. — Celui qui veut indiscrètement pénétrer les secrets d'autrui. — On dit d'une manière absolue : *les curieux ont été trompés dans leur attente; le curieux de l'affaire, c'est qu'un autre a obtenu la place; on attend son ouvrage, ce sera du curieux.*

CURIEUX, adj. mas., au fém. CURIEUSE (*kurieu, rieuze*), qui a de la *curiosité*. Voy. ce mot. — Qui mérite de la *curiosité*, rare, excellent, extraordinaire : *voilà qui est curieux; cette pièce est curieuse.*

CURIMATE, subst. mas. (*kurimate*), t. d'hist. nat., sorte de poisson du genre des salmones.

CURION, subst. mas. (*kurion*), t. d'hist. anc., prêtre institué par *Romulus*, pour avoir soin des fêtes et des sacrifices particuliers à chaque *curie*. Chaque *curie* choisissait son *curion* particulier, et toutes les *curies* assemblées choisissaient un *curion* général nommé *grand-curion*.

CURIONIES, subst. fém. plur. (*kurioni*), sacrifice fait anciennement par les *curies*, lequel était ordinairement suivi d'un festin.

CURIOSITÉ, subst. fém. (*kuriozité*) (en lat. *curiositas*), passion, empressement de voir, d'apprendre, de posséder des choses nouvelles ou rares, etc. — Il se prend, comme *curieux*, en mauvaise part, pour une trop grande envie de savoir les secrets, les affaires d'autrui. — Sorte de grande boîte d'optique, où l'on fait voir diverses choses. —Au plur., choses rares et *curieuses*; *il a un cabinet rempli de curiosités*. On dit aussi au sing. : *cet homme donne dans la curiosité*, cet homme recherche les choses rares et *curieuses*.

CURIS, adj. propre fém. (*kurice*), myth., surnom donné à Junon lorsqu'elle est armée d'une lance.

CURLANDE ou **COURLANDE**, subst. propre fém. (*kur, kourlande*), petite contrée d'Europe située sur la mer Baltique.

CURLE, subst. fém. (*kurle*), rouet dont les cordiers se servent pour faire le fil du caret.

CURMI, subst. mas. (*kurmi*) t. d'hist. anc., sorte de boisson qui se faisait avec de l'orge, et qui avait beaucoup de rapport avec la bière. Elle est encore en usage dans quelques pays du Nord.

CUROIR ou **CURON**, subst. mas. (*kuroar, ron*), bâton avec lequel le laboureur *cure* la charrue.

CUROTHALLIE, adj. propre fém. (*kurotaleli*), myth., surnom donné à Diane, en l'honneur de laquelle on célébrait une fête particulière, afin d'obtenir d'elle l'heureuse croissance des enfants.

CUROTROPHE, subst. propre mas. (*kurotrofe*), myth., surnom donné à Apollon, comme prenant soin de la jeunesse.

CURRICLE, subst. mas. (*kurerikle*) (du lat. *curriculus*, petit char), petit charriot; char moyen; sorte de voiture anglaise.

CURRICULE, subst. mas. (*kurerikule*), synonyme de *curricle*. Peu usité.

CURRUCA, subst. mas. (*kureruka*), t. d'hist. nat., nom qu'on a donné à diverses espèces d'oiseaux.

CURRUS-FALCATUS, subst. mas. (*kurerucefalkâtuce*) (mots latins), chez les anciens, char armé de faulx dont on se servait à la guerre.

CURSEUR, subst. mas. (*kurceur*) (en lat. *cursor*, fait, dans le même sens, de *currere*, courir), t. de mar., bois qui traverse la flèche de l'arbalète. —En math., petit corps qui glisse dans une fente ou coulisse pratiquée au milieu d'une règle ou d'un compas. — En astron., fil mobile par le moyen d'une vis, qui, dans un micromètre, sert à renfermer les deux bords d'un astre, pour mesurer son diamètre apparent.

CURSIF, adj. mas., au fém. CURSIVE (*kurcife, cive*), t. de calligraphie, se dit d'écritures et de caractères tracés avec rapidité : *caractères cursifs, lettres cursives*.—Subst. au fém. : *la cursive française*, l'écriture d'usage en France dans le seizième siècle et reprise de nos jours; *la cursive allemande; la cursive anglaise.*

CURSIVEMENT, adv. (*kurciveman*), d'une manière *cursive*.

CURSORIPÈDE, adj. des deux genres (*kurçoripède*), t. d'hist. nat., se dit des oiseaux qui ont trois doigts devant, et qui n'en ont point derrière.

CURTATION, subst. fém. (*kurtâcion*) (du latin *curtare*, accourcir), t. d'astron., accourcissement de la distance, ou différence entre la distance réelle d'une planète au soleil, et sa distance réduite au plan de l'écliptique. *Lalande* l'appelle *réduction de la distance*.

CURTICÔNE, subst. mas. (*kurtikône*) (du latin *curtus*, raccourci, tronqué, et *conus*, cône), t. de géom., *cône* dont le sommet a été retranché par un plan parallèle à sa base. On l'appelle aussi et plus communément : *cône tronqué*.

CURTIS, subst. mas. (*kurtice*), t. de bot., arbre qui croît au cap de Bonne-Espérance.

CURTOPOGON, subst. mas. (*kurtopoguon*), t. de bot., genre de plantes établi aux dépens des aristides.

CURUCAU, subst. mas. (*kurukô*), t. d'hist. nat., nom générique des ibis et des courlis dans le Paraguay.

CURUCI, CURÉGI, CABAGI, CABÉGI, subst. mas. (*kuruci, kuréji, kabaci, kabéji*), t. d'hist. nat., noms différents donnés à la perdrix bartavelle.

CURUCU ou **CURURU**, subst. mas. (*kuruku, ruru*), t. d'hist. nat., nom d'un crapaud, que l'on appelle aussi le *crapaud pipa*.

CURUCUCU, subst. mas. (*kurukuku*), nom donné à une maladie causée par la morsure du serpent nommé *hémorrhoüs* par les anciens.

CURUCUI, subst. mas. (*kurukui*), t. d'hist. nat., pic du Brésil; c'est le même oiseau que le couroucou à ventre rouge.

CURUIRI, subst. mas. (*kuruiri*), t. de bot., arbre du Brésil, dont la baie est plus petite que la groseille à maquereau.

CURULE, adj. des deux genres (*kurule*) (en lat. *curulis*) : *chaise curule*, siége d'ivoire sur lequel certains magistrats de Rome avaient droit de s'asseoir. C'était particulièrement celui des sénateurs.

CURUPICAÏBA, subst. mas. (*kurupika-iba*), t. de bot., sorte d'arbre du Brésil dont la fleur est employée en médecine.

CURURE, subst. fém. (*kurure*), ce qu'on trouve au fond d'un égout, d'une mare qu'on dessèche, d'une cour qu'on nettoie, etc.

CURURUCA, subst. mas. (*kururuka*), t. d'hist. nat., poisson des rivières du Brésil.

CURURYVA, subst. mas. (*kururiva*), t. d'hist. nat., grand serpent du Brésil.

CURUTZETI, subst. mas. (*kurutezeti*), t. de bot., plante dont la racine réduite en poudre apaise les douleurs néphrétiques.

CURVATEUR, subst. et adj. mas. (*kurvateur*) (en lat. *curvare*, courber; qui courbe), t. d'anat., nom d'un muscle du *coccyx*.

CURVATIF, adj. mas., au fém. CURVATIVE (*kurvatif, tive*), t. de bot., *feuilles curvatives*, feuilles dont le roulement est à peine sensible, à cause de leur peu de largeur.

CURVATIVE, adj. fém. Voy. CURVATIF.

CURVATURE, subst. fém. (*kurvature*), courbure. Vieux mot inusité aujourd'hui.

CURVIGRAPHE, subst. mas. (*kurviguerafe*) (du lat. *curvus*, courbe, et du grec γραφω, je décris), instrument nouvellement inventé, qui facilite la trace de toute espèce de lignes courbes.

CURVIGRAPHIE, subst. fém. (*kurviguerafi*) (même étym. que celle du mot précéd.), connaissance du *curvigraphe*.

CURVIGRAPHIQUE, adj. des deux genres (*kurviguerafike*), qui a rapport à la *curvigraphie*.

CURVILIGNE, adj. des deux genres (*kurvilignie*) (du lat. *curvus*, courbe, et *linea*, ligne), qui est terminé ou formé par des lignes *courbes* : *figure curviligne, angle curviligne.*

CURVILOGIE, subst. fém. (*kurviloji*) (du latin *curvus*, courbe, et du grec λογος, discours, traité), discours, traité sur la science de tracer des lignes *courbes*.

CURVILOGIQUE, adj. (*kurvilojike*), qui a rapport à la *curvilogie*.

CURVINERVE, adj. des deux genres (*kurvinèreve*) (du lat. *curvus*, courbe, et *nervus*, nervure), t. de bot., se dit des feuilles dont les *nervures* sont *courbes* et à peu près parallèles au bord de la feuille.

CURVIROSTRE, adj. des deux genres (*kurvirocetre*), t. d'hist. nat.; il se dit d'un oiseau qui a le bec *courbé* à la pointe. — Subst. au mas. : *un curvirostre*.

CURVITÉ, subst. fém. (*kurvité*). Voy. COURBURE, qui est plus usité.

CUSCO, subst. propre mas. (*kuceko*), ville du Pérou.

CUSCUTE, subst. fém. (*kucekute*), t. de bot., herbe annuelle et parasite.

CUSE-FORNE, subst. fém. (*kuzeforne*), sorte de navire usité au Japon, long, à rames, et sans pont.

CUSOS, subst. mas. (*kuzoce*) t. d'hist. nat., quadrupède des Moluques, à queue prenante, et de la figure d'un lapin.

CUSPAIRE, subst. mas. (*kucepère*), t. de bot., sorte d'arbre qui croît en Amérique.

CUSPARIE, subst. fém. (*kucepari*), t. de bot., nom d'une plante qu'on croit être l'angusture fébrifuge.

CUSPIDE, subst. fém. (*kucepide*) (du latin *cuspis*, pointe), il se dit d'une pointe filiforme et terminale.

CUSPIDÉ, E, adj. (*kucepidé*) (du lat. *cuspis*, pointe), t. de bot., *feuille cuspidée*, terminée par une pointe un peu roide.

CUSPIDIE, subst. fém. (*kucepidi*), t. de bot., genre de plantes.

CUSSAMBI, subst. mas. (*kuceçanbi*), t. de bot., arbre des Moluques dont le fruit produit une huile agréable.

CUSSET, subst. propre mas. (*kucé*), ville de France, chef-lieu de canton, arrond. de La Palisse, dép. de l'Allier.

CUSSO, subst. mas. (*kuceço*), t. de bot., plante vermifuge, de l'Abyssinie.

CUSSON ou **COSSON**, subst. mas. (*kuce, koceçon*), t. d'hist. nat., sorte de vers.

CUSSONE, subst. fém. (*kuceçone*), t. de bot., genre de plantes.

CUSSONÉ, E, adj. (*kuceçoné*), se dit du bois rongé de vers appelés *cussons* ou *cossons*.

CUSSU-D'AMBOINE, subst. mas. (*kuceçudanboène*), t. de bot., genre de plantes de la famille des graminées.

CUSTODE, subst. mas. (*kucetode*) (du lat. *custos*, garde, gardien, surveillant), religieux récollet ou capucin qui faisait l'office du provincial en l'absence de celui-ci. — Nom de dignité dans quelques églises. — Président de l'Académie des Arcades à Rome.

CUSTODE, subst. fém. (*kucetode*), la partie recourbée qui est à chaque côté du fond d'une voiture et sur laquelle on appuie la tête et le corps. — La couverture ou le pavillon qu'on met sur le ciboire qui contient les hosties consacrées. — On le disait autrefois des rideaux de lit; on ne le dit guère maintenant que des rideaux qui sont dans quelques églises pour la décoration du grand autel. —Chaperon qui couvre les fourreaux des pistolets. — Prov. et figur., *donner le fouet sous la custode*, châtier en secret.

CUSTODIAL, E, adj. (*hucetodiale*), qui appartient à une *custodie*. — Au plur. mas., *custodiaux*.

CUSTODIA-MILITARIS, subst. fém. (*kucetodia-militârice*) (mots latins), chez les anciens Romains, garde d'un prisonnier militaire.

CUSTODIAUX, adj. mas. Voy. CUSTODIAL.

CUSTODIE, subst. fém. (*kucetodi*), subdivision d'une province de capucins, de cordeliers ou autres religieux, etc., sous la direction d'un *custode*.

CUSTODI-NOS, subst. mas. (*kucetodinôce*) (formé des deux mots latins *custodi* et *nos*, garde ou conserve-nous), c'est la même chose que *confidentiaire*. Voy. ce mot. — On le dit aussi de celui qui garde pour un autre une charge, un office, un emploi; espèce de prête-nom. Dans ce sens il est familier.

CUSTOLLE, subst. fém. Voy. COCCYX.

CUSTOS-LATERI-SACRI, subst. mas. (*kucetocelatériçakri*) (mots latins), c'était chez les anciens Romains ce que nous appelons en France capitaine des gardes du corps du roi.

CUTAMBULE, adj. des deux genres (*kutanbule*) (du lat. *cutis*, peau, et *ambulare*, marcher), t.

e médec.; il se dit: 1° de certains vers qui rampent ır ou sous la peau; 2° de certaines douleurs scor- ıtiques errantes.

CUTANÉ, E, adj. (*kutané*) (en lat. *cutaneus*, ıit de *cutis*, peau), qui appartient à la peau : *la ıle est une maladie cutanée.*

CUTICULE, subst. fém. (*kutikule*) (en lat. *cuti ıla*, dim. de *cutis*, peau), t. de médec., la petite eau qui couvre le cuir et qu'on appelle plus com- ıunément *epiderme.*—Il se dit également en bo- ınique de l'épiderme.

CUTIDURE, subst. fém. (*kutidure*), t. de médec. étér., bourlet du cheval.

CUTIGÉRALE, subst. fém. (*kutijérale*), t. de ıaçon., biseau de la muraille.

CUTITE, subst. fém. (*kutite*), t. de médec., hlegmasie éruptive, ou inflammation de la peau.

CUTTER, subst. mas. (*kutetère* ; l'*Académie* vance qu'on prononce *kotre* et que plusieurs crivent *cotre;* pourquoi parler anglais en fran- ais ?) bâtiment anglais à une voile, bon voilier arce qu'il sort peu de l'eau. C'est un mot anglais ait du verbe *cut*, couper; à cause de la vitesse vec laquelle il fend l'eau.

CUTUBUTH, subst. mas. (*kutubute*), nom donné ar les médecins arabes à une espèce de mélan- olie.

CUURDO, subst. mas. (*ku-urdo*), t. de bot., va- iété du cannelier, qui croît communément dans es Indes.

CUVAGE, subst. mas. (*kuvaje*), lieu où l'on met es *cuves*. — Action de *cuver* le vin.

CUVE, subst. fém. (*kuve*) (en lat. *cupa*, fait, lans le même sens, du grec κυπη, sorte de navire), ;rand vaisseau qui n'a qu'un fond, et dont on se ert ordinairement pour fouler la vendange, faire le la bière, etc.—En t. de teinturier, *cuve d'inde*, *le cochenille*, etc., la teinture contenue dans la :uve.—*Cuve pneumato-chimique*, caisse de bois loublée de plomb laminé, etc., couverte à l'une le ses extrémités par une tablette, laquelle est dans on milieu percée d'un trou évasé intérieurement n forme d'entonnoir. Cette cuve, remplie d'eau usqu'à un pouce au-dessus de la tablette, sert à ecueillir dans des cloches les divers fluides aéri- ormes.—*Cuve au mercure* ou *hydrargiro-pneu- natique*, *cuve* en marbre remplie de mercure, oour les fluides aériformes susceptibles d'être ab- orbés par l'eau : elle ne diffère pas d'ailleurs le la précédente.—*Fosses à fond de cuve*, fossés l'un château, d'une ville, quand ils sont revêtus les deux côtés à pied droit.—Prov. et bassement, *léjeuner, dîner à fond de cuve*, déjeuner, dîner amplement. Presque hors d'usage.

CUVÉ, E, part. pass. de *cuver*.

CUVEAU, subst. mas. (*kuvô*), petite *cuve*.

CUVE-DE-VÉNUS, subst. fém. (*kuvedevénuce*), t. de bot., la cardère, jolie plante. —On donne aussi ce nom au charbon à foulon, à cause de la cavité que forment ses feuilles connées.

CUVÉE, subst. fém.(*kuvé*), ce qui se met de rai- sin, ce qui se fait de vin à la fois dans une *cuve*.

CUVELAGE, subst. mas. (*kuvelaje*), action de *cuveler* le puits d'une mine.—L'effet qui résulte de cette action.

CUVELÉ, E, part. pass. de *cuveler*.

CUVELER, v. act. (*kuvelé*), revêtir de planches ou de solives les puits qui descendent dans les mines pour empêcher l'éboulement des terres, etc., en former des espèces de *cuves*. — SE CUVELER, v. pron.

CUVER, v. neut. (*kuvé*), fermenter dans la *cuve*. Il se dit du vin qui demeure quelque temps dans la *cuve* pour se faire : *ce vin n'a pas assez cuvé.*

CUVER, v. act. (*kuvé*), usité dans cette seule ex- pression : *cuver son vin*, dormir après avoir trop bu. — Fig. et fam., *laisser cuver son vin à quelqu'un*, attendre que sa colère soit passée. — Les écrivains ont dit par extension de métaphore: *cuver ses chagrins;* et même, en parlant d'un homme vilain, enflé de ses richesses : *cuver son or*. Ces expressions ne manquent pas d'énergie.—SE CUVER, v. pron.

CUVERIE, subst. fém. (*kuveri*), endroit séparé du cellier où sont placées les *cuves*. — L'art de faire *cuver la vendange*.

CUVETTE, subst. fém. (*kuvète*) (rac. *cuve*), pe- tite *cuve;* vase dont on se sert pour se laver les mains ou pour d'autres usages. — *Cuvette de baromètre*, espèce de petit vase qui est à la partie inférieure du tube d'un baromètre. — Petit vais- seau en forme de *cuve*, qu'on met dans les salles à manger pour y jeter l'eau dont on s'est lavé les mains ou dans laquelle on a rincé les verres.—Es- pèce d'entonnoir qui se met au-dessus de la descente des plombs, pour recevoir l'eau qui coule le long des canaux d'un toit.—On appelle *marbre à cu- vette*, un marbre formant le dessus d'un guéridon ou d'une toilette, que l'on a légèrement creusé, en laissant subsister un petit rebord pour préser- ver des accidents les objets précieux et fragiles qu'on y pose.—On appelle aussi *cuvette*, la pièce de recouvrement d'une montre.—En t. de forti- fication, voy. CUNETTE, qui seul se dit aujourd'hui.

CUVIER, subst. mas. (*kuvié*), *cuve* dans laquelle on fait la lessive : *grand, petit cuvier*.

CUVIÈRE, subst. fém. (*kuvière*), t. de bot., genre de plantes de la famille des graminées.

CUVIÉRIE, subst. fém. (*kuviéri*), t. d'hist. nat., sorte de zoophyte.

CUY, subst. mas. (*kui*), t. d'hist. nat., animal domestique du Brésil, que le savant *Cuvier* re- gardait comme intermédiaire entre le lièvre et le cochon d'Inde.

CY, voy. CI, qui seul est en usage aujourd'hui.

CYAME, subst. mas. (*ciame*) (en grec κυαμος, fève), t. d'hist. nat., genre de crustacés.

CYAMÉE, subst. fém. (*ciamé*), t. de minéralo- gie, sorte de perle noire.

CYAMITE, subst. fém. (*ciamite*), t. de min., pierre noire qui, étant rompue, représente une fève.

CYANA, subst. fém. (*ciana*), t. de bot., espèce de plante de la famille des gentianées.

CYANATE, subst. mas. (*cianate*), t. de chim., sel produit par la combinaison de l'acide cyanique avec une base salifiable.

CYANÉE, subst. fém. (*ciané*), t. de min., pierre bleue ; pierre d'azur ; pierre d'Arménie.—Sorte de méduse.

CYANÉES, subst. fém. plur. (*ciané*), écueils à l'entrée du Pont-Euxin ; amas de rochers.

CYANELLE, subst. fém. (*cianèle*), t. de bot., genre de plantes de la famille des liliacées.

CYANIQUE, adj. des deux genres (*cianike*), t. de chim., se dit d'un acide composé de cyano- gène et d'oxygène.

CYANITE, subst. fém. (*cianite*) (du grec κυανος, bleu), pierre bleuâtre, nommée autrement *schorl bleu* ou *disthène*.

CYANODERMIE, subst. fém. (*cianodèremi*) (du grec κυανος, bleu, et δερμα, peau), t. de path., coloration de la peau en bleu. C'était un indice de l'invasion du choléra-morbus.

CYANODERMIQUE, adj. des deux genres (*cia- nodèremike*), qui est relatif à la *cyanodermie : apparence cyanodermique*.

CYANOGÈNE, subst. mas. (*cianojène*), t. d'hist. nat., gaz inflammable.

CYANOÏDE, adj. des deux genres (*ciano-ide*) (du grec κυανος, bleu, et ειδος, ressemblance), qui ressemble au bluet, qui a la couleur et la forme du bluet.

CYANOMÈTRE, subst. mas. (*cianomètre*) (du grec κυανος, bleu, et μετρον, mesure), instrument de physique, pour mesurer l'intensité du bleu du ciel, laquelle varie en raison de l'élévation où l'on se trouve.

CYANOMÉTRIQUE, adj. des deux genres (*cia- nométrike*), qui est relatif au *cyanomètre*.

CYANOPATHIE, subst. fém. (*cianopati*) (du grec κυανος, bleu, et παθος, maladie), t. de médec., maladie bleue ; affection dont le nom indique le phénomène.

CYANOPATHIQUE, adj. des deux genres (*cia- nopatike*), t. de médec., qui concerne la *cyano- pathie*.

CYANOPSIS, subst. fém. (*cianopecice*), t. de bot., sorte de plante de la famille des centaurées.

CYANOPTÈRE, subst. mas. (*cianopetère*), t. d'hist. nat., sorte de poisson.

CYANORKIS, subst. mas. (*cianorkice*), t. de bot., genre de plantes de la famille des orchi- dées.

CYANOSE, subst. fém. (*cianôze*) (du grec κυανωσις, teinte bleue), t. de médec., maladie qui se manifeste par des taches bleues sur la peau.

CYANURE, subst. fém. (*cianure*), t. de chim., combinaison du *cyanogène*, soit avec des bases, soit avec les corps simples.

CYANURINE, subst. fém. (*cianurine*), t. de médec., matière bleue que l'on trouve dans cer- taines urines humaines.

CYATHE, subst. mas. (*ciate*) (en lat. *cyathus*, fait du grec κυαθος), ancienne mesure grecque et romaine pour les liqueurs : c'était un petit gobelet qui servait à verser le vin et l'eau dans les coupes.

CYATHÉE, subst. fém. (*ciaté*), t. de bot., es- pèce d'arbre de la famille des fougères.

CYATHIFORME, adj. des deux genres (*ciati- forme*), t. d'anat., qui a la forme d'un gobelet.

CYATHISCUS, subst. mas. (*ciaticekuce*), con- cavité d'une sonde faite en forme de cuiller.

CYATHODE, subst. fém. (*ciatode*), t. de bot., genre de plantes de la famille des bicornes.

CYATHOPHORE, subst. mas. (*ciatofore*), t. de bot., genre établi aux dépens des hypnes.

CYATHULE, subst. fém. (*ciatule*), t. de bot., espèce de plante du genre des cadélaris de *Linnée*.

CYBÈLE, subst. propre fém. (*cibèle*), t. de myth., la mère de *Jupiter*, de *Junon*, de *Neptune*, et de la plupart des dieux du premier ordre, selon la fable.—Déesse de la terre, prise pour la terre elle-même dans les anciens poètes.—Nom donné par *Poinsinet* à la planète d'Herschell ou *Uranus*, parce que, disait-il, *Cybèle* est la *mère des dieux*, et que les deux planètes les plus éloignées de nous après celle d'Herschell portent le nom des *pères des dieux*, Saturne et Jupiter.

CYBERNÉSIES, subst. fém. plur. (*cibèrenézi*), t. d'hist. anc., fêtes en l'honneur des pilotes qui servirent Thésée dans son expédition de Crète.

CYBISTE, subst. mas. (*cibicete*). Voy. CUBIS- TÉTAIRE.

CYBYSTIQUE, subst. fém. (*cibicetike*). Voy. CUBISTIQUE.

CYCADÉES, subst. fém. plur. (*cikadé*), t. de bot., famille de plantes de l'ordre des polypé- tales.

CYCAS, subst. mas. (*cikâce*), t. de bot. espèce de plantes de la famille des fougères

CYCÉON, subst. mas. (*cicé-on*) (du grec κυκαω, je mêle), t. d'hist. anc., composition célèbre chez les Grecs, faite de vin, de miel, de fleur de fa- rine, d'orge, d'eau, de fromage, etc., et réduite en bouillie.

CYCHRAME, subst. mas. (*cikrame*), t. d'hist. nat., genre d'insectes de l'ordre des coléoptères.

CYCHRE, subst. mas. (*cikre*), t. d'hist. nat., insecte de l'ordre des coléoptères.

CYCINNIS, subst. fém. (*cicinenice*), danse des anciens Grecs, moitié grave et moitié gaie, à peu près comme nos chaconnes.

CYCLADE, subst. fém. (*ciklade*) (du grec κυκλος, cercle), t. d'hist. anc., espèce de mantelet rond que les femmes portaient par-dessus la robe.— T. d'hist. nat., sorte de coquille bivalve de forme ronde.—Au plur., et subst. propre, t. de géog., îles de l'Archipel, ainsi nommées parce qu'elles sont disposées en *cercle* autour de l'île de Délos.

CYCLAMEN, subst. mas. (*ciklamène*) (en lat. *cy- clamen*, fait du grec κυκλαμινος, dérivé de κυκλος, cercle), t. de bot., genre de plantes de la fa- mille des orobranchoïdes.

CYCLAMOR, subst. mas. (*ciklamore*), t. de blas., espèce de bordure que d'autres appellent *orle rond;* ainsi nommée parce qu'elle repré- sente la bordure d'or d'une robe appelée κυκλας chez les Grecs, et *cyclas* chez les Latins, à cause de sa forme ronde. Voy. CYCLADE, pour l'étym.

CYCLE, subst. mas. (*cikle*) (en grec κυκλος), t. d'astron., certaine période ou suite de nombres qui procèdent par ordre jusqu'à un certain terme, et qui reviennent ensuite les mêmes sans inter- ruption.—*Cycle de l'indiction romaine*, *cycle* ou révolution de quinze années. Il est purement arbitraire, et fut introduit, dit-on, par *Constan- tin*, en l'année 312, pour qu'on ne comptât plus par olympiades.—*Cycle lunaire*, période de dix- neuf années lunaires, à la fin desquelles les nou- velles et pleines lunes reviennent aux mêmes jours auxquels elles étaient arrivées dix-neuf ans auparavant, mais à des heures différentes. Il a été inventé par *Méton*, célèbre astronome d'A- thènes.—*Cycle solaire*, révolution ou période de vingt-huit années solaires, au bout desquelles l'année commence et finit précisément par les mêmes jours auxquels a commencé et fini la pre- mière année du *cycle* Si l'on multiplie le *cycle so- laire* par le *cycle lunaire*, c'est-à-dire dix-neuf par vingt-huit, il en résultera une période de cinq cent trente-deux années, appelée *cycle pascal*.

CYCLÉAL, subst. mas. (*ciklé-al*) (du grec κυκλος, cercle), t. d'anat., os vertébral disposé en an- neau, et tubulaire dans les insectes.— Au plur., *cycléaux*.

CYCLIDE, subst. mas. (*ciklide*) t. d'hist. nat., genre de vers de la division des infusoires, qui comprend dix espèces.

CYCLIQUE, adj. des deux genres (*ciklike*), qui

concerne les *cycles*. — Subst. mas., nom des anciens poètes grecs qui avaient écrit l'histoire fabuleuse, et dont les ouvrages faisaient partie d'une collection de divers poèmes épiques, appelée ἐπικος, épique, et κυκλος, cercle, qui désignait l'ordre et l'enchaînement des matières contenues dans ce recueil. — L'*Académie* ajoute qu'on le dit par extension de petits ouvrages de poésie, tels que chansons, etc., et de poètes qui le composent. En ce sens, il est peu usité.

CYCLISQUE, subst. mas. (*cikliceke*), sorte de scalpel autrefois en usage.

CYCLOBRANCHE, subst. mas. (*ciklobranche*), t. d'hist. nat., nom d'un genre de mollusques.—Adj. des deux genres, qui a les branchies formées en cercle.

CYCLOGASTRE, subst. mas. (*cikloguacetre*) (du grec κυκλος, cercle, et γαστηρ, ventre), t. d'hist. nat., genre de poissons dont les nageoires ventrales sont réunies en cercle.

CYCLOÏDAL, E, adj. (*ciklo-idal*), qui appartient à la *cycloïde* : *arc cycloïdal*. — *Espace cycloïdal*, l'espace renfermé par la *cicloïde* et sa base. — Au plur. mas., *cycloïdaux*.

CYCLOÏDAUX, adj. mas. plur. Voy. CYCLOÏDAL.

CYCLOÏDE, subst. fém. (*ciklo-ide*) (du grec κυκλος, cercle, et ειδος, forme, *qui a une forme circulaire*), t. de géom., courbe mécanique ou transcendante, décrite par le mouvement d'un point de la circonférence d'un cercle, tandis que le cercle fait une révolution sur une ligne droite. On l'appelle aussi *trochoïde* et *roulette*. Elle a été découverte par le P. *Mersenne*. Ce mot est aussi adj. des deux genres.

CYCLOLITHE, subst. mas. (*ciklolite*), t. d'hist. nat., sorte de polypier ou madrépore.

CYCLOMÉTRIE, subst. fém. (*ciklométri*) (du grec κυκλος, cercle ou cycle, et μετρον, mesure), t. de géom., l'art de mesurer des cercles ou *cycles*.

CYCLOMÉTRIQUE, adj. des deux genres (*ciklométrike*), qui est relatif à la *cyclométrie*.

CYCLO-PARAAL, subst. mas. (*cikloparа-al*), t. d'anat., os *paraal* qui touche au *cycléal*, dans certains animaux.

CYCLOPE, subst. propre mas. (*ciklope*) (du grec κυκλος, cercle, et ωψ, œil), myth. Suivant la fable, homme d'une taille gigantesque qui avait un *œil rond* au milieu du front. Cet œil était, dit-on, tout simplement une petite lanterne qu'ils portaient au-dessus du front pour s'éclairer dans les entrailles de la terre où ils travaillaient. On les a dits forgerons de *Vulcain*, parce qu'ils habitaient près du mont Etna, où ce dieu avait ses principales forges.—T. d'hist. nat., genre de crustacés de l'ordre des branchiopodes.

CYCLOPÉE, subst. fém. (*ciklopé*), t. d'hist. anc., danse pantomime des anciens, dont le sujet était un *cyclope* ou plutôt un Polyphème aveugle et ivre.

CYCLOPÉEN, adj. mas., au fém. CYCLOPÉENNE (*ciklopé-ein, ène*), t. d'antiq., qui a rapport aux *cyclopes*. Il se dit de monuments fort anciens, que leur grandeur et leur solidité ont fait nommer ainsi et attribuer aux *cyclopes*, et dont on retrouve encore des ruines en Grèce et en Italie.— Architecture des anciens Grecs, des Scythes, des Pélasges et des Phéaciens.

CYCLOPHORE, subst. mas. (*ciklofore*), t. de bot., genre de fougère.

CYCLOPIE, subst. fém. (*ciklopi*), t. de médec., fusion plus ou moins complète des deux yeux.

CYCLOPION, subst. mas. (*ciklopion*) (du grec κυκλωπιον, le blanc de l'œil), t. de médec., la partie de la sclérotique qui se voit à l'extérieur, et qu'on nomme vulgairement le blanc de l'œil.

CYCLOPIQUE, adj. des deux genres (*ciklopike*) (du grec κυκλωπικος, de *cyclope*, parce que les *cyclopes* n'avaient qu'un œil), qui n'a qu'un œil. — Qui tient du *cyclope*; en ce sens il veut dire cruel, barbare, furieux. (*Boiste*.) Inus.

CYCLOPTÈRE, subst. mas. (*ciklopetère*) (du grec κυκλος, cercle, et πτερον, aile, nageoire), t. d'hist. nat., genre de poissons de la division des branchiostèges.

CYCLOSTOMES, subst. mas. plur. (*ciklocetôme*) (du grec κυκλος, cercle, et στομα, bouche), t. d'hist. nat., famille de poissons ou plutôt d'animaux intermédiaires entre les poissons et les vers.

CYCLOTOME, subst. mas. (*ciklotôme*) (du grec κυκλος, et τεμνω, je coupe), t. de chir., instrument composé d'un cercle d'or, à l'aide duquel on peut à la fois fixer le globe de l'œil et inciser la cornée.

CYCLOTOMIQUE, adj. des deux genres (*ciklotomike*), qui est relatif au *cyclotome*.

CYCNUS, subst. propre mas. (*cikenuce*), myth., roi des Liguriens, qui pleura tant la mort de Phaéton son ami, qu'il fut changé en cygne. La fable parle d'autres personnages qui ont subi la même métamorphose.

CYDIPPE, subst. propre fém. (*cidipe*), myth., prêtresse de Junon, et mère de *Cléobis* et *Biton*.

CYDNE, subst. mas. (*cidene*), t. d'hist. nat., genre d'insectes de l'ordre des hémiptères.

CYDONITE, subst. fém. (*cidonite*) (du grec κυδωνιτης, cidre de coings), liqueur de coings. — T. de minér., pierre blanche et friable qui a l'odeur du coing.

CYÉSOLOGIE, subst. fém. (*ciézoloji*) (du grec κυησις, grossesse, et λογος, discours), t. de médec., histoire des phénomènes qui concernent la grossesse. Peu connu.

CYÉSOLOGIQUE, adj. des deux genres (*ciézolojike*), t. de médec., qui a rapport à la *cyésologie*.

CYGNE, subst. mas. (*cignie*), oiseau aquatique qui a le cou fort long et le plumage d'une blancheur extrême. C'est un palmipède de la famille des serrirostres.—On dit prov. d'une personne qui a les cheveux fort blancs, le teint fort blanc, qu'*elle est blanche comme un cygne*.—Au fig., écrivain dont le style est surtout harmonieux : *le cygne de Mantoue*, Virgile; *le cygne thébain*, Pindare, parce qu'on croyait le ramage de cet oiseau très-mélodieux, mais seulement quand il était près de mourir. De là, *le chant du cygne*; les derniers vers, etc., qu'un homme a faits peu de temps avant sa mort. On dit aussi en parlant de *Fénelon* : *le cygne de Cambrai*. — En astron., constellation septentrionale de la voie lactée, à côté de la lyre. — Myth., le *cygne* était consacré à Apollon à cause de l'harmonie de son chant, et à Vénus à cause de sa beauté. Jupiter se métamorphosa en *cygne* pour séduire Léda.

CYLAS, subst. mas. (*cilace*), t. d'hist. nat., genre d'insectes de l'ordre des coléoptères.

CYLIDRE, subst. mas. (*cilidre*), t. d'hist. nat., genre d'insectes de l'ordre des coléoptères.

CYLINDRACÉ, E, adj. (*cyleindracé*), qui approche de la forme d'un *cylindre*.

CYLINDRE, subst. mas. (*cileindre*) (en lat. *cylindrus*, pris du grec κυλινδρος, dérivé de κυλιω ou κυλινδω, je roule, ce qui l'a fait nommer quelquefois *rouleau*), solide géométrique qui est une espèce de prisme rond, en forme de colonne, et dont les deux bases, supérieure et inférieure, sont des cercles égaux. — *Cylindre* se dit d'un gros rouleau de pierre, de bois ou de fonte, dont les laboureurs se servent pour écraser les mottes d'une terre labourée. — On se sert aussi de *cylindres* pour aplanir les allées d'un jardin ou l'aire d'une grange : *passer le cylindre sur une allée*. — En t. de papetiers, rouleau armé de lames de fer, qui sert à broyer les chiffons. — Vaisseau de cuivre ou de tôle, en forme de grand marabout, qu'on remplit de braise et qu'on tient plongé dans l'eau d'un bain pour la chauffer. — T. d'hist. nat., nom d'une classe de coquillages appelés aussi *rouleaux*, et plus souvent *volutes*.

CYLINDRÉ, E, part. pass. de *cylindrer*.

CYLINDRER, v. act. (*cileindré*), la même chose que *calendrer*. Voy. ce mot. — SE CYLINDRER, v. pron.

CYLINDRIE, subst. fém. (*cileindri*), t. de bot., espèce d'arbre qui croît dans la Cochinchine.

CYLINDRIFORME, subst. mas., synonyme de *cylindroïde*. Voy. ce mot.

CYLINDRIMÈTRE, subst. mas. (*cileindrimètre*) (du grec κυλινδρος, et de μετρον, mesure), instrument au moyen duquel on fabrique avec précision les pivots employés dans l'horlogerie.

CYLINDRIMÉTRIQUE, adj. des deux genres (*cileindrimétrike*), qui a rapport au *cylindrimètre*.

CYLINDRIQUE, adj. des deux genres (*cileindrike*), qui a la forme d'un *cylindre*, ou qui a quelque rapport au *cylindre* : *miroir cylindrique*.

CYLINDRITE, subst. fém. (*cileindrite*), t. d'hist. nat., *cylindre* ou rouleau fossile.

CYLINDROCLINE, subst. fém. (*cileindrokline*), t. de bot., genre de plantes de la famille des corymbifères.

CYLINDROÏDE, subst. mas. (*cileindro-ide*) (du grec κυλινδρος, cylindre, et ειδος, forme, ressemblance), solide semblable au *cylindre*, mais dont les bases opposées et parallèles sont elliptiques. — Solide formé par la révolution d'une hyperbole autour de son second axe. (Ainsi nommé par *Parent*, d'après *Wren*.) — En t. d'anat., *protubérances cylindroïdes*, les corps cylindriques et contournés sur eux-mêmes que l'on voit à la partie postérieure des ventricules latéraux du cerveau, que l'on nomme communément *cornes d'Ammon*.

CYLINDROSOMES, subst. mas. plur. (*cileindroçome*), t. d'hist. nat., famille de poissons établie parmi les poissons osseux abdominaux.

CYLISTE, subst. mas. (*cilicete*), t. de bot., sorte d'arbrisseau grimpant de la côte de Coromandel.

CYLLÈNE, subst. propre fém. (*cilelène*), t. de géogr. anc., montagne d'Arcadie. — Lieu de naissance de Mercure.

CYLLÉNIE, subst. fém. (*cileléni*), t. d'hist. nat., genre d'insectes.

CYLLESTIS, subst. mas. (*cilelécetice*), sorte de pain que faisaient les Égyptiens avec une espèce d'épeautre.

CYLLO, subst. propre mas. (*cilelo*), myth., l'un des chiens d'Actéon.

CYLLODIUM, subst. mas. (*cilelodiome*), t. d'hist. nat., sorte d'insecte.

CYLLOPODE, adj. des deux genres et subst. propre mas. (*cilelopode*) (du grec κυλλοπους), qui a les jambes courbes, myth., surnom donné à Vulcain.

CYLLOSE, subst. fém. (*ciloloze*) (du grec κυλλωσις, formé de κυλλος, boiteux), t. de médec., claudication par vice de conformation ou par mutilation.

CYMAISE, subst. fém. (*cimèze*) (du lat. *cyma*, cime, parce qu'elle est comme à la *cime* de la corniche), t. d'archit., moulure moitié concave et moitié convexe qui est à l'extrémité d'une corniche.

CYMATODE, adj. des deux genres (*cimatode*) (de κυματωδης, formé de κυμα, flot), t. de médec., se dit des vacillations du pouls chez les personnes faibles.

CYMBAIRE, subst. fém. (*ceinbère*), t. de bot., plante vivace.

CYMBALAIRE, subst. fém. (*ceinbalère*) (du grec κυμβαλον, cymbale), t. de bot., espèce de muflier.

CYMBALE, subst. fém. (*ceinbale*) (en lat. *cymbalum*, fait du grec κυμβαλον, dérivé de κυμβος, cavité), chez les anciens, instrument de musique fait en métal, creux et fixé à un manche. On frappait les *cymbales* l'une contre l'autre, et on en tirait un son très-aigu. On s'en servait aux fêtes de *Cybèle*, à qui l'on en attribuait l'invention. *Saint Paul* a dit : *airain sonnant*, *cymbales retentissantes*. — Aujourd'hui, deux bassins de métal creux, mais accompagnés d'un bord plat; on en tient un dans chaque main, par l'extérieur, à l'aide d'une courroie, et on les frappe l'un contre l'autre. Dans ce sens, on dit : *jouer des cymbales* et non *de la cymbale*.—Jeu d'orgue qui se divise en *grande cymbale* et en *seconde cymbale*.—T. de bot., plante qui croît comme le lierre contre les murailles.

CYMBALÉE, subst. fém. (*ceinbalée*), la partie du plein jeu de l'orgue.

CYMBALIER, subst. mas. (*ceinbalié*), qui joue des *cymbales*.

CYMBE, subst. fém. (*ceinbe*) (du grec κυμβη, coupe, vase creux), t. d'hist. nat., espèce de coquille.

CYMBIDION, subst. mas. (*ceinbidion*), t. de bot., genre de plantes de la famille des orchidées.

CYMBIFORME, adj. des deux genres (*ceinbiforme*), t. de bot., se dit des parties des plantes semblables à une nacelle.

CYMBRACHNÉE, subst. fém. (*ceinbrakné*), t. de bot., genre de plantes de la famille des graminées.

CYMBULIE, subst. fém. (*ceinbuli*), t. d'hist. nat., sorte de mollusque.

CYME, subst. fém. (*cime*) (du grec κυμα, tige, germe ou rejeton de plantes), t. de bot., disposition de fleurs, dans laquelle les pédoncules communs, partant d'un même point, ont leurs dernières divisions qui naissent de points différents, comme dans le sureau. Voy. CIME.

CYMINDE, subst. mas. (*cimeinde*) t. d'hist. nat., sorte d'insecte de l'ordre des coléoptères.

CYMINOSME, subst. fém. (*ciminoceme*), t. de bot., plante à odeur de cumin.

CYMODICE, subst. mas. (*cimodice*), t. d'hist. nat., genre de crustacés de l'ordre des isopodes.

CYMODOCE, subst. propre fém. (*cimodoce*), myth., nymphe de la mer, fille de Nérée et de Doris.

CYMODOCÉE, subst. fém. (*cimodocé*), t. d'hist. nat., sorte de polypier.

CYMOPHANE, subst. fém. (*cimofane*) (du grec κυμα, flot, et φαινω, je luis), t. de chimie, pierre transparente dont les reflets, d'une couleur laiteuse et bleuâtre, semblent quelquefois flotter dans l'intérieur de ses crystaux.

CYMOTHOÈS, subst. mas. (*cimotoèce*), t. d'hist. nat., cloporte marin.

CYNAÈDE, subst. mas. (*cina-ède*), t. d'hist. nat., espèce de poisson.

CYNAMOGE, subst. mas. (*cinamoje*), t. d'hist. nat., oiseau d'Arabie.

CYNANCHE, subst. fém. (*cinanche*), t. de bot., espèce de plante de la famille des scammonées.

CYNANCHE ou **CYNANCHIE**, l'*Académie* écrit **CYNANCIE**, subst. fém. (*cinanche, nanchi*) (du grec κυων, chien, et αγχω, je serre, je suffoque), t. de médec., espèce d'*esquinancie* inflammatoire qui fait tirer la langue comme les chiens quand ils ont chaud.

CYNANCHIQUE, adj. des deux genres (*cinanchike*), se dit des remèdes contre la *cynanchie*. — Subst. mas. : *un cynanchique.*

CYNANQUE, subst. fém. (*cinanke*), t. de bot., genre de plantes de la famille des apocynées.

CYNANTHÉMIS, subst. fém. (*cinantémice*), t. de bot., nom donné à la marouette, à cause de son odeur fétide.

CYNANTHROPIE, subst. fém. (*cinantropi*) (du grec κυων, chien, et ανθρωπος, homme), t. de médec., espèce de manie dans laquelle le malade s'imagine être changé en chien, et en imite les actions. C'est aussi un symptôme de la rage.

CYNANTHROPIQUE, adj. des deux genres (*cinantropike*), t. de médec., qui concerne la *cynanthropie.*

CYNAROCÉPHALE, adj. des deux genres (*cinarocéfale*) (en grec κυναρος, artichaut, et κεφαλη, tête), t. de bot., qui se dit des plantes dont le fruit ressemble à une tête d'artichaut.

CYNÉGÉTIQUE, adj. des deux genres (*cinéjétike*) (du grec κυνηγεω, je chasse, dérivé de κυων, chien, et de ηγεομαι, je conduis), qui a rapport à la chasse. Il se dit particulièrement des poèmes de *Grotius* et de *Némésien* sur la chasse. *Calpurnius* et *Oppien* ont fait aussi des *poèmes cynégétiques.*

CYNÉUM, subst. propre mas. (*ciné-ome*), myth., lieu d'où Hécube, changée en chienne, fut jetée dans la mer.

CYNIPS, subst. mas. (*cinipece*), t. d'hist. nat., insecte hyménoptère qui forme la noix de galle.

CYNIQUE, adj. des deux genres (*cinike*) (en grec κυνικος, fait de κυων, chien : *qui n'a pas plus de honte qu'un chien.* Batteux dérive ce nom, dans un sens moins odieux, de ce qu'*Antisthène*, chef des *cyniques*, se retira dans un lieu écarté, près d'un temple nommé le *temple du Chien-Blanc*; en grec Κυνοσαργες), en parlant des personnes, nom d'une secte de philosophes grecs, fondée par *Antisthène*, et qui faisaient consister la sagesse à braver tous les préjugés, et souvent toutes les bienséances : *Diogène fut un philosophe cynique.* — On l'emploie aussi subst. : *un cynique ; la cynique ; les cyniques.*—En parlant des choses, impudent, obscène. On applique ce mot aux ouvrages où la pudeur et les bienséances sont violées :

> .... Si du son hardi de *ses rimes cyniques*
> Il n'alarmait souvent les oreilles pudiques.
> (BOILEAU.)

—En t. de médec. : *spasme* ou *convulsion cynique*, convulsion des muscles maxillaires qui tirent de côté la moitié du visage; ainsi nommée parce qu'elle imite la contorsion de gueule que font les *chiens* lorsqu'ils sont irrités.

CYNISME, subst. mas. (*ciniceme*), impudence *cynique.* — La philosophie, le système, le caractère des *cyniques.*

CYNITE, subst. fém. (*cinite*), pierre qui représente un chien. — T. d'hist. nat., nom d'un poisson de mer.

CYNOCÉPHALE, subst. mas. (*cinocéfale*) (du grec κυων, chien, et κεφαλη, tête), parce que la tête du *cynocéphale* approche de celle du chien; c'est le *babouin* des modernes), espèce de singe à longue queue qui, au rapport des anciens Égyptiens, dans le temps de la conjonction de la lune et du soleil, refusait toute nourriture, et semblait s'affliger de l'enlèvement de la lune. — Divinité égyptienne, la même qu'Anubis. — T. de géogr. anc., subst. propre mas., ville de Thessalie.

CYNOCRAMBE, subst. mas. (*cinokrambe*) (du grec κυνοκραμβη, chou de chien), t. de bot., chou de chien, nom vulgaire de la plante appelée plus communément *ansérine.*

CYNODE, subst. mas. (*cinode*) du grec κυνωδης, semblable à un chien), t. de bot., sorte de digitaire.

CYNODECTE, adj. (*cinodékte*) (du grec κυνοδηκτος, formé de κυων, chien, et δακνω, je mords), t. de médec., qui a été mordu par un chien.

CYNODINE, subst. fém. (*cinodine*), t. de chim., principe crystallin nouvellement découvert dans les chiendents.

CYNODON, subst. mas. (*cinodon*), t. d'hist. nat., poisson du genre spare.

CYNOGLOSSE, subst. fém. (*cinogueloce*) (du grec κυνος, gén. de κυων, chien, et γλωσσα, langue), t. de bot., genre de plantes de la famille des borraginées.

CYNOGLOSSOÏDE, subst. mas. (*cinogueloceço-ide*), syn. de **CYNOGLOSSE**.

CYNOGLOSSON, subst. mas. (*cinogueloceçon*) (du grec κυνογλωσσον, cynoglosse), t. de bot., plante des anciens qui est notre *cynoglosse* officinale.

CYNOMÈTRE, subst. mas. (*cinomètre*), t. de bot., genre de plantes de la famille des légumineuses.

CYNOMOIR, subst. mas. (*cinomoar*), t. de bot., sorte de plante parasite qui croît dans l'île de Malte et à la Jamaïque.

CYNOMYIE, subst. fém. (*cinomi-i*), t. de bot., espèce de plante.—T. d'hist. nat., sorte d'insecte.

CYNONTODE, subst. fém. (*cinontode*), t. de bot., genre de plantes de la famille des mousses.

CYNOPHALLOPHORUS, subst. mas. (*cinofalelo-foruce*), t. de bot., nom d'une espèce de câprier.

CYNOPHONTIS, subst. fém. (*cinofontice*) (du grec κυνοφοντις), fête dans laquelle on tuait des chiens, à Argos.

CYNOPOLIS, subst. propre fém. (*cinopolice*), t. de géog. anc., ville d'Égypte, dans l'Heptanomide.

CYNOPS, subst. mas. (*cinopece*), t. de bot., genre de plantes de la famille des graminées.

CYNOREXIE, subst. fém. (*cinorékci*) (du grec κυων, chien, et ορεξις, faim, appétit), t. de médec., appétit insatiable, faim canine.

CYNORHÆSTE, subst. fém. (*cinorècete*), t. d'hist. nat., sorte d'arachnide du genre des ixodes.

CYNORKIS, subst. mas. (*cinorkice*), t. de bot., plante bulbeuse, nom donné à l'orchis de Linnée.

CYNORHINCHIUM, subst. mas. (*cinoreinkiome*), t. d'hist. nat., espèce de tortue.

CYNORRHODE, subst. mas. (*cinorerode*), t. de bot., fruit pseudo-carpien, formé de plusieurs ovaires à péricarpe.

CYNORRHODON, subst. mas. (*cinorerodon*) (du grec κυνος, gén. de κυων, chien, et ροδον, rose), rosier sauvage, appelé aussi *rose de chien.* — T. de pharm., conserve dont la *rose de chien* est la base.

CYNOSBATOS, subst. mas. (*cinocebatoce*), t. de bot., espèce d'arbrisseau épineux que l'on croit être l'aubépine.

CYNOSIENS, subst. mas. plur. (*cinozicin*), t. d'hist. nat., espèce d'animaux carnassiers qui ressemblent aux chiens.

CYNOSORCHIS, subst. mas. (*cinozorkice*), t. de bot., nom donné à plusieurs plantes du genre des orchidées.

CYNOSURE, subst. fém. (*cinozure*) (du grec κυνος, gén. de κυων, chien, et ουρα, queue), t. d'astron. anc., nom que les Grecs ont donné à la petite ourse, une des constellations septentrionales. — T. de bot., plante graminée.

CYPARISSE, subst. propre mas. (*ciparice*) (du grec κυπαρισσος, cyprès), myth., fils d'Amyclée; il montra tant de regret d'avoir tué involontairement un cerf auquel il était fort attaché, qu'Apollon, dont il était aimé, le changea en *cyprès*, d'où son nom paraît avoir été formé, et fit de cet arbre le symbole de la douleur.

CYPARISSES, subst. propre fém. plur. (*ciparice*) (du grec κυπαρισσος, cyprès), myth., nom des filles d'Etéocle, qui, dansant ensemble, tombèrent dans une fontaine et y périrent. La Terre eut pitié d'elles et les changea en cyprès.

CYPÉROÏDE, subst. fém. (*cipéro-ide*) (du grec κυπειρος, souchet, jonc carré, et ειδος, forme, apparence), t. de bot., famille de plantes marécageuses.

CYPHELLE, subst. fém. (*cifèle*) (du grec κυφος, creux, courbé), t. de bot.; il se dit d'une fossette orbiculaire que présentent certaines plantes.

CYPHÉOS, subst. mas. (*cifé-oce*) (du grec κυφι, gén. κυφεως, pastille, parfum), t. de pharm., composition aromatique, trochisque.

CYPHI, subst. mas. (*cifi*), mot arabe, ou plutôt égyptien, qui signifie une espèce de parfum fortifiant, et proprement la résine de cèdre. *Mithridate* donna ce nom à des trochisques dont les prêtres égyptiens parfumaient leurs dieux et il les fit entrer dans la composition du *mithridate*, parce qu'ils sont excellents contre les venins, etc.

CYPHIE, subst. fém. (*cifi*), t. de bot., sorte de plantes qui a souvent été confondue avec les lobélies.

CYPHONISME, subst. mas. (*cifoniceme*) (du grec κυφων, qui signifie, selon les uns, le poteau auquel on attachait le criminel; ou, selon d'autres, une cage de bois dans laquelle il était obligé de tenir son corps courbé; dans ce dernier sens, il vient de κυπτω, je me courbe), sorte de supplice chez les anciens, qui consistait à frotter de miel le patient, et à l'exposer au soleil à la piqûre des mouches.

CYPHOSE ou **CYPHOME**, subst. fém. (*cifôze, fôme*) (du grec κυφος, courbé, dérivé de κυπτω, je me courbe), t. de médec., courbure contre nature de l'épine du dos.

CYPRE. Voy. **CHYPRE**.

CYPRÈS, subst. mas. (*cipré*) (en grec κυπαρισσος, en latin *cupressus*), arbre résineux toujours vert. Les anciens en avaient fait le symbole de la mort; il se dit encore dans ce sens en poésie. — *Changer les lauriers en cyprès*, changer la victoire en deuil. — *Changer les myrtes en cyprès*, faire succéder le deuil aux plaisirs.

CYPRÈS-DE-MER, subst. mas. (*ciprèdemère*), t. d'hist. nat., nom de deux productions animales marines.

CYPRIEN-LUSSAC (SAINT-), subst. propre mas. (*ceinciprieinluçak*), ville de France, chef-lieu de canton, arrond. de Sarlat, dép. de la Dordogne.

CYPRIÈRE, subst. fém. (*ciprière*), bois, forêt de *cyprès.*

CYPRIN, subst. mas. (*ciprein*) (en lat. *cyprinus*, fait du grec κυπρινος, carpe), t. d'hist. nat., genre de poissons abdominaux.

CYPRINE ou **CYPRIS**, subst. propre fém. (*ciprine, price*), myth., surnom de Vénus.

CYPRINIER, subst. mas. (*ciprinié*), t. d'hist. nat., genre de coquilles.

CYPRINODON, subst. mas. (*ciprinodon*), t. d'hist. nat., genre de poissons de l'ordre des abdominaux.

CYPRINOÏDE, subst. mas. (*ciprino-ide*), t. d'hist. nat., sorte de poisson.

CYPRIOT, subst. et adj. mas., au fém. **CYPRIOTTE** (*ciprió, ote*), qui est de l'île de *Cypre* ou *Chypre*. Voy. **CHYPRIOT**.

CYPRIPÈDE, subst. mas. (*cipripède*), t. de bot., genre de plantes de la famille des orchidées.

CYPRIS, subst. mas. (*ciprice*), t. d'hist. nat., genre de crustacés. — Myth., subst. propre fém. surnom de Vénus, qui était adorée dans l'île de *Cypre.*

CYPRIUS, subst. propre mas. (*cipri-uce*), myth., l'un des chiens d'Actéon.

CYPROYER, subst. mas. (*ciproè-ié*), t. de bot., sorte d'arbre d'Amérique qui produit une résine jaune, d'une bonne odeur.

CYPSÈLE, subst. mas. (*cipecèle*) (du grec κυψελη, petit creux, petite ouverture), t. de bot., genre de plantes de la famille des portulacées.

CYR (SAINT-), subst. propre mas. (*ceincire*), village de France, situé près du parc de Versailles, et célèbre par une école militaire.

CYRBASIE, subst. fém. (*cirbazi*) (du grec κυρβασια, chapeau pointu), ancienne coiffure, bonnet pointu que portaient les anciens Perses.

CYRBES, subst. mas. plur. (*cirbe*) (du grec κυρβεις, table triangulaire), t. d'hist. anc. Voyez **AXONES**.

CYRÉNAÏQUE, adj. des deux genres (*ciréna-ike*), t. d'hist. anc., secte qui sortait de l'école de Socrate. — T. de géog. anc., subst. propre fém., province d'Afrique.

CYRÈNE, subst. propre fém. (*cirène*), ville d'Afrique.

CYRÉNÉEN, subst. et adj. mas., au fém. **CYRÉNÉENNE** (*ciréné-ein, ène*), qui est de *Cyrène.*

CYRILLE, subst. fém. (*cirile*), t. de bot., espèce de bruyère du genre des colomnées.

CYRNOS, subst. propre mas. (*cirenoce*), t. de géogr. anc., nom grec de l'île de Corse.

CYRNUS, subst. propre mas. (*cirenuce*), myth., fils de Jupiter et de *Cyrno*, qui donna son nom à l'île depuis appelée Corse.

CYROGRAPHE, subst. mas. (*ciroguerafe*) (en lat. du moyen-âge *cyrographum*, fait du grec κνοος, garantie, gage assuré, et γραφω, j'écris). symbole, etc., qui séparait, dans les chartes-parties, les deux doubles du même acte, et qu'on coupait ensuite en ligne droite ou dentelée. Voy. CHARTE-PARTIE.

CYROGRAPHIE, subst. fém. (*ciroguerafi*), charte-partie. Voy. ce mot.

CYROGRAPHIQUE, adj. (*ciroguerafike*), qui a rapport à la *cyrographie*.

CYROPÉDIE, subst. fém. (*ciropédi*) (du grec Κυρος, Cyrus, et παιδεια, instruction, éducation), ouvrage de *Xénophon*, contenant l'histoire de la jeunesse et de l'éducation du grand *Cyrus*.

CYROPÉDIQUE, adj. des deux genres (*ciropédike*), qui est relatif, qui tient à la *Cyropédie*.

CYROYER, subst. mas. (*ciroéié*), t. de bot., arbre de Saint-Domingue, de la grosseur et du port d'un pommier ordinaire.

CYRTA, subst. mas. (*cirta*), t. de bot., arbrisseau des Indes.

CYRTANDRE, subst. mas. (*cirtandre*), t. de bot., sorte de plante.

CYRTANTHE, sub. mas. (*cirtante*), t. de bot., plante bulbeuse du cap de Bonne-Espérance.

CYRTE, subst. mas. (*cirte*), t. d'hist. nat., genre d'insectes diptères. — T. de bot., petit arbre de la Cochinchine.

CYRTOCHILE, subst. mas. (*ciretochile*), t. de bot., genre de plantes de la famille des orchidées.

CYRTOSTYLE, subst. mas. (*cirtocetile*), t. de bot., arbre des Indes.

CYSSOTIS, subst. mas. (*ciceloçice*) (du grec κυσος, anus), t. de médec., inflammation au fondement.

CYSTALGIE, subst. fém. (*cicetalji*) (du grec κυστις, vessie, et αλγος, douleur), t. de médec., douleur de la vessie.

CYSTALGIQUE, adj. des deux genres (*cicetalejike*), t. de médec., qui a rapport à la *cystalgie*.

CYSTANATROPHIE, subst. fém. (*cicetanatrofi*) (du grec κυστις, vessie, et αναστροφη, subversion, renversement), t. de médec., inversion, exstrophie de la vessie, vice primitif de la conformation.

CYSTANTHE, subst. mas. (*cicetante*), t. de bot., arbrisseau des Indes.

CYSTENCÉPHALE, subst. mas. (*cicetancéfale*) (du grec κυστις, vessie, et κεφαλη, tête), t. de path., monstre dont les hémisphères se présentent sous la forme d'une vessie mamelonnée dans sa partie supérieure, et qui a le crâne ouvert.

CYSTÉOLITHE, subst. fém. (*ciceté-olite*) (du grec κυστις, vessie, et λιθος, pierre), pierre marine qu'on trouve dans les *grosses éponges*. — T. de médec., médicament propre à dissoudre les pierres de la vessie.

CYSTHÉPATIQUE, adj. des deux genres (*cicetépatike*) (du grec κυστις, vessie, vésicule du fiel, et ηπατος, gén. de ηπαρ, foie), t. d'anat. : *conduit cysthépatique*, qui porte la bile du foie dans la vésicule du fiel.

CYSTHÉPATHOLITHIASE, subst. fém. (*cicetépatolitiaze*), t. de médec., appareil d'accidents causés par la présence de calculs biliaires.

CYSTIBRANCHES, subst. mas. plur. (*cicetibranche*), t. d'hist. nat., section de crustacés, de l'ordre des isopodes.

CYSTICAPNOS, subst. mas. (*cicetikapenoce*), t. de bot., sorte de fumeterre à capsule vésiculeuse. — Genre de plantes de la famille des papavéracées.

CYSTICERQUE, subst. mas. (*ciceticèreke*), t. d'hist. nat., genre de vers de l'ordre des abdominaux.

CYSTIDICOLE, subst. mas. (*cicetidikole*), t. d'hist. nat., genre de vers intestins.

CYSTIDOTOME, subst. mas. (*cicetidotome*) (du grec κυστις, vessie, et τεμνω, je coupe), instrument de chirurgie qui sert à couper la vessie, dans l'opération de la taille.

CYSTIDOTOMIE, subst. fém. (*cicetidotomi*), t. de chir., opération qui consiste à couper la vessie pour en extraire la pierre. Voy. CYSTOTOMIE.

CYSTIDOTOMIQUE, adj. des deux genres (*cicetidotomike*), t. de médec., qui concerne la *cystidotomie*.

CYSTIDOTOMISTE, subst. mas. (*cicetidotomicete*), t. de chir., celui qui s'applique, qui s'adonne à la *cystidotomie*.

CYSTIOTOME, subst. mas. (*ceciotiome*). Voy. CYSTOTOME.

CYSTIPHLOGIE, subst. fém. (*cicetifloji*) (du grec κυστις, vessie, et φλεγω, je brûle), t. de médecine, inflammation de la vessie.

CYSTIQUE, adj. des deux genres (*cicetike*) (du grec κυστις, vessie, vésicule du fiel), t. d'anat., il se dit du canal, des artères et des veines de la vésicule du foie.

CYSTIRRHAGIE, subst. fém. (*cicetiraji*) (du grec κυστις, vessie, et ρηγνυμι, rompre), t. de méd., maladie dans laquelle le sang sort de la vessie avec douleur, à la suite de la rupture d'un vaisseau.

CYSTIRRHAGIQUE, adj. des deux genres (*cicetirajike*), t. de médec., qui concerne la *cystirrhagie*.

CYSTIRRHÉE, subst. fém. (*cicetiré*), t. de médec., synonyme de *cystirrhagie*.

CYSTIRRHÉIQUE, adj. des deux genres (*ciceti-réike*), t. de médec., synonyme de *cystirrhagique*.

CYSTITE ou **CYSTITIS**, subst. fém. (*cicetite, titice*) du grec κυστις, vessie), t. de médec., inflammation de la vessie.

CYSTITOME, subst. mas. (*cicetitome*), le même que *cystotome* et *cystidotome*. Voy. ces mots. — Se dit encore d'un instrument pour ouvrir la capsule du crystallin de l'œil.

CYSTOBUBONOCÈLE, subst. fém. (*cicetobubonocèle*) (du grec κυστις, vessie, βουβων, bubon, et κηλη, tumeur), t. de médec., descente ou hernie inguinale de la vessie.

CYSTOCÈLE, subst. mas. (*cicetocèle*) (du grec κυστις, vessie, et κηλη, tumeur, hernie), t. de médec., hernie de la vessie.

CYSTODYNIE, subst. fém. (*cicetodini*) (du grec κυστις, vessie, et οδυνη, douleur), t. de médec., douleur qui a son siège dans la vessie urinaire.

CYSTOLITHIQUE, adj. des deux genres (*cicetolitike*) (du grec κυστις, vessie, et λιθος, pierre), t. de médec. ; se dit des affections causées par la pierre ; qui concerne le calcul vésical.

CYSTOMÉROCÈLE, subst. mas. (*cicetomérocèle*) (du grec κυστις, vessie, μηρος, cuisse, et κηλη, tumeur), t. de médec., hernie crurale de la vessie.

CYSTOPHLEGMATIQUE, adj. des deux genres (*cicetoflèguematike*) (du grec κυστις, vessie, et φλεγμα, mucosité), t. de médec., se dit des affections causées par du mucus retenu dans la vessie.

CYSTOPHLEXIE, subst. fém. (*cicetoflèkci*) (du grec κυστις, vessie, et φλεξις, brûlement, ardeur), t. de médec., inflammation de la vessie.

CYSTOPHLEXIQUE, adj. des deux genres (*cicetoflèkcike*), t. de médec., qui concerne la *cystophlexie*.

CYSTOPHLOGIE, subst. fém. (*cicetofloji*) (du grec κυστις, vessie, et φλοξ, gén. φλογος, flamme), t. de médec., phlogose qui affecte la vessie.

CYSTOPHLOGIQUE, adj. des deux genres (*cicetoflojike*), t. de médec., qui a rapport à la *cystophlogie*.

CYSTOPLÉGIE, subst. fém. (*cicetopléji*) (du grec κυστις, vessie, et πλησσω, je frappe), paralysie de la vessie.

CYSTOPLÉGIQUE, adj. des deux genres (*cicetopléjike*), qui tient à la *cystoplégie*.

CYSTOPTOSE, subst. fém. (*cicetopetôze*) (du grec κυστις, vessie, et πιπτειν, tomber), t. de médec., certain relâchement de la membrane interne de la vessie.

CYSTOPYIQUE, adj. des deux genres (*cicetopi-ike*) (du grec κυστις, vessie, et πυον, pus, sang corrompu), t. de médec., qui a rapport à la suppuration de la vessie.

CYSTOSOMATOTOMIE, subst. fém. (*cicetozomatotomi*) (du grec κυστις, vessie, σωμα, corps, et τομη, action de couper, section, formé de τεμνω, je coupe), t. de chirur., incision du corps de la vessie.

CYSTOSPASTIQUE, adj. des deux genres (*cicetocepacetike*) (du grec κυστις, vessie, et σπαστικος, spastique, sujet à des convulsions, formé du verbe σπαω, je tire), t. de médec., qui tient au spasme du sphincter de la vessie.

CYSTOSTÉNOCHORIE, subst. fém. (*cicetocelénokori*) (du grec κυστις, vessie, et στενοχωρεω, resserrer, comprimer), t. de médec., épaisissement de la vessie, qui en diminue la capacité.

CYSTOTHROMBOÏDE, subst. fém. (*cicetotronbo-ide*) (du grec κυστις, vessie, et θρομβος, grumeau, caillot), t. de médec.; se dit d'une affection causée par le sang qui s'est grumelé dans la vessie.

CYSTOTOME, subst. mas. (*cicetotome*) (du grec κυστις, vessie, et τεμνω, je coupe), t. de chir., instrument dont on se sert pour inciser la vessie.

CYSTOTOMIE, subst. fém. (*cicetotomi*) (du grec κυστις, vessie, et τομη, incision), t. de chir., opération qui consiste à inciser la vessie.

CYSTOTRACHÉLOTOMIE, subst. fém. (*cicetotrachélotomi*) (du grec κυστις, vessie, τραχηλος, col, et τομη, coupure, incision), t. de chir., incision du col de la vessie.

CYTHARE, subst. fém. (*citare*), ancien nom d'un instrument de musique. Il était de forme triangulaire, et à cordes.

CYTHÈRE, subst. propre fém. (*citère*), myth. et t. de géog. anc., île de la Méditerranée, célèbre par le culte de Vénus.

CYTHÉRÉE, subst. et adj. fém. (*citéré*), surnom de Vénus appelée ainsi de Cythère, qui était son séjour le plus habituel.

CYTHÉRÉEN, adj. mas., au fém. **CYTHÉRÉENNE** (*citéréein, ène*), myth., surnom de Cupidon adoré à l'île de Cythère.

CYTHÉRÉIQUE, adj. des deux genres (*citéré-ike*), qui concerne *Cythère*.

CYTHÉRIADES ou **CYTHÉRIDES**, subst. et adj. propre fém. plur. (*citériade, ride*), myth., surnom des Muses et des Graces, qui attendirent Vénus à son arrivée dans l'île de Cythère.

CYTHÉRODICE, subst. mas. (*citérodice*), magistrat de Cythère.

CYTHÉRON, subst. propre mas. (*citéron*), t. de géogr. anc., montagne de la Béotie. Elle était consacrée à Bacchus *et aux Muses*.

CYTHÉRONIDES, subst. propre fém. plur. (*citéronide*), surnom donné aux nymphes du mont *Cythéron*.

CYTISE, subst. mas. (*citize*) (en lat. *cytisus*, fait du grec κυτισος), t. de bot., chez les anciens, nom de la plante appelée aujourd'hui luzerne en arbre. — Un grand nombre de plantes portent le nom de *cytise*.

CYTISINE, subst. fém. (*citizine*), t. de chim., principe actif, incrystallisable, qu'on a trouvé dans les graines du faux ébénier.

CYTINEL, subst. mas. (*citenèl*), t. de bot., genre de plantes de la famille des aristoloches.

CYZICÈNE, subst. mas. (*cizicène*) (de *Cysiane* ou *Cysique*, ville d'Asie, célèbre par la magnificence de ses bâtiments), autrefois chez les Grecs, *grande et belle salle à manger*.

CYZIQUE, subst. propre mas. (*cizike*), myth., héros qui donna son nom à une ville de la Propontide, et fit un accueil hospitalier aux Argonautes qui allaient à la conquête de la toison d'or.

CYZIQUE, subst. propre fém. (*cizike*), t. de géog., ancienne ville de l'Asie-Mineure, dans la Mysie.

CZAR, subst. mas. (*kzar*), titre d'honneur qu'on donne au souverain de Russie, nommé aujourd'hui plus communément *empereur*. Quelques-uns écrivent *tzar*.

CZARAFIS, subst. mas. (*kzarafice*), fils du *czar* des Tartares.

CZARÉE, adj. fém. (*kzaré*). Potenkin, ambassadeur de Moscovie, demanda, en 1681, que Louis XIV traitât le *czar* de *majesté czarée*. Le *czar* prenait lui-même cette qualité dans la lettre de créance de son ambassadeur. Le roi ne voulut pas lui accorder sa demande. Ce mot nous semble être inutile, puisque nous disons *czarien* et *czarienne*. Cette dernière formation a même l'avantage d'avoir un mas. et un fém.

CZARIEN, adj. mas., au fém. **CZARIENNE** (*kzarien, riène*), du *czar* : *sa majesté czarienne*.

CZARINE, subst. fém. (*kzarine*), nom de la femme du *czar*, ou de la princesse qui est souveraine de la Russie.

CZAROWITZ, subst. mas. (*kzarouitze*), fils du *czar* ou héritier présomptif de la souveraineté.

CZIGITAI, subst. mas. (*kaijité*), t. d'hist. nat., espèce de mammifère du genre du cheval.

D, subst. mas. (prononcez *de* et non pas *dé*). Quatrième lettre de l'alphabet, et la troisième des consonnes. C'est une des consonnes que l'on appelle *dentales*, parce qu'elle se prononce par un mouvement de langue vers les dents. Ce mouvement est à peu près semblable dans la prononciation du *d* et du *t*; toute la différence consiste en ce que le premier est un peu plus faible que le second. — *D initial* ou dans le corps d'un mot a le son qui lui est propre, comme dans : *Dieu, douleur, admirable*. — D *final* se prononce presque toujours comme un *t*, quand le mot suivant commence par une voyelle ou un *h* non aspiré : *grand honneur; le froid est rude; de fond en comble*; au lieu de dire *gueran-doneur, le froèdérude, de fon-dankonble*, on prononce *guerantoneur, le froé-té-rude, de fon-tan-konble*. Il en est de même dans tous les verbes qui prennent le *d* final à la 3ᵉ pers. du sing. de l'indic. prés. On appuie également sur le *d final* dans les mots *pied-à-terre, de pied-en-cap*; mais on ne le fait pas sentir dans le mot *pied* employé autrement : *pié-à-pié, pié étroit, pié élégant*, ni dans les mots *chaud, gond, fond* (subst.), *courtaud, crapaud, échafaud, bord, accord, abord, lourdaud, muid, nid*; il y a donc quelque chose d'irrégulier dans ce vers de *Boileau* :

De ce *nid* à l'instant sortirent tous les vices;

puisqu'il faut ou violer les règles de la poésie en faisant un hiatus, ou blesser plus fortement l'oreille en prononçant le *d*. — *D final* sonne dans les mots : *David, Joad, sud*, prononcez *Davide, Joade, sude*; dans les cas où le mot finissant par *d* est un adjectif immédiatement suivi de son substantif, ainsi que nous venons de le voir dans *grand honneur* (*gueran-toneur*); dans ceux encore où il se trouve à la fin des verbes, suivi des pronoms *il, elle, on* : *apprend-il? entend-elle? répond-on?* (*a-pran-tile? an-tan-tèle? ré-pon-ton?*) — Il y a quelques mots seulement dans lesquels les deux *d* doivent sonner : tels sont *adducteur, addition, additionnel, reddition* : dites : *adedukteur, adedicion, adedicionéle, rédedicion*; dans les autres cas on n'en prononce qu'un seul. — *D*, lettre numérale, signifie 500 en chiffres romains, et 4, lorsqu'il est mis au bas d'une feuille d'impression; CD signifie 400; DC. 600; DCC, 700; DCCC, 800; M, 1,000; DCCCCM, 900,000. — C'est aussi la quatrième lettre dominicale. — En musique, elle est la deuxième note de la gamme diatonique. D LA RÉ, D SOL RÉ, ou simplement D. On l'appelle autrement RÉ. *D* majuscule, dans les basses continues, marque le *dessus* ou le *bas-dessus*. — Le *d* et le *t* se changent souvent l'un en l'autre, ce qu'il importe de remarquer pour les étymologies. — *D* seul signifie quelquefois *don* : *le roi don Pèdre*; mis après N; il veut dire *dame* : N.D., *notre dame*. — On distinguait autrefois par *d* la monnaie de Lyon. — Dans l'alphabet chimique, D. dénote le vitriol. — D. M. signifie *docteur-médecin*.

D', abréviation de la prép. *de*; on dit : *d'abord* pour *de abord*.

DA (suivant *Cochart*, du grec Δια, accusatif de Ζευς, Jupiter : Νη Δια, par Jupiter! espèce de jurement affirmatif), sorte d'interjection qui n'est que du style familier; elle sert à affirmer : *oui-da, nenni-da*. Anciennement il s'écrivait *dea*.

DAALDER, subst. mas. (*daaldère*), monnaie de Hollande de la valeur de trois francs vingt-cinq centimes.

DABAÏBA, subst. fém. (*daba-iba*), idole des habitants de l'île de Panama.

DABBAT, subst. mas. (*dabeba*), le même que *daggiad*. Voy. ce mot.

DABIR, subst. mas. (*dabir*), selon les Hébreux, oracle de Dieu. — T. de géog. anc., villes de la Terre-Sainte, dans les tribus de Juda et de Gad.

DABIS, subst. mas. (*dabice*), idole monstrueuse d'airain honorée parmi les Japonais, qui lui offrent tous les ans une jeune vierge.

DABOËCIE, subst. fém. (*dabo-éci*), t. de bot., plante de la famille des bruyères.

DABOIE, subst. fém. (*daboè*), t. d'hist. nat., nom spécifique d'une espèce de couleuvre.

D'ABONDANT, loc. adv. (*dabondan*), pour *de abondant*. Vieux mot qui se disait autrefois pour : *de plus, outre cela*.

D'ABORD, loc. adv. (*dabor*) pour *de abord*. Voy. ABORD.

DABOUIS, subst. mas. (*daboui*), t. de comm., toile de coton des Indes.

DABOUS, subst. mas. (*dabouce*), t. de relat., bâton gros par un bout, en forme de massue, dont quelques Tunisiens se servent dans les combats.

DABURI, subst. mas. (*daburi*), t. de bot., fruit du *daburier*.

DABURIER, subst. mas. (*daburié*), t. de bot., arbre d'Amérique.

DACALO-TANDALO, subst. mas. (*dakalotandalo*), t. de bot., plante des Indes dont les feuilles sont employées en médecine.

DA-CAPO (*dakapô*) (expression italienne), sorte de loc. adv., t. de mus. que l'on trouve fréquemment écrit à la fin des airs en rondeau, et qui marque qu'ayant fini la seconde partie de l'air, il en faut reprendre le commencement jusqu'au point final.

D'ACCORD, loc. adv. (*dakor*), pour de *accord*. Voy. ACCORD.

DACE, subst. propre des deux genres (*dace*), habitant de la *Dacie*.

DACHNÉ, subst. mas. (*dakné*), t. d'hist. nat., genre d'insectes de l'ordre des coléoptères.

DACHNIS, subst. mas. (*daknice*), t. d'hist. nat., sorte d'oiseau.

DACIE, subst. propre fém. (*daci*), myth., figure allégorique représentée sur des médailles anciennes, avec une tête d'âne, symbole du courage et de l'opiniâtreté. — La médaille sur laquelle est empreinte cette figure. — Ancienne province de la Transilvanie européenne.

DACIQUE, subst. et adj. propre mas. (*dacike*), surnom donné à l'empereur Trajan après la soumission des *Daces*.

DACKA ou **DAKKA**, subst. mas. (*dakcka*), t. de bot., nom d'une espèce de chanvre dans le pays des Hottentots.

DACNADES, subst. mas. plur. (*daknade*) (du grec δακνω, je mords), t. d'antiq., oiseaux attachés aux couronnes de banquets des Egyptiens, et qui, par leurs coups de bec et leurs cris, les empêchaient de s'endormir.

DACRYCYSTALGIE, subst. fém. (*dakricicetalji*) (du grec δακρυον, larme, κυστις, sac, vessie, et αλγος, douleur), t. de médec., douleur qui se fait sentir au sac lacrymal.

DACRYCYSTALGIQUE, adj. des deux genres (*dakricicetaljike*), t. de médec., qui a rapport à la *dacrycystalgie*.

DACRYDION, subst. mas. (*dakridion*) (du grec δακρυδιον, petite larme), t. de bot., ancien nom que l'on donnait à la scammonée.

DACRYNOME, subst. mas. (*dakrinome*) (du grec δακρυω, je pleure), t. de médec., nom donné à la coalescence des points lacrymaux.

DACRYOADÉNALGIE, subst. fém. (*dakrio-adénalji*) (du grec δακρυον, larme, αδην, glande, et αλγος, douleur) t. de médec., douleur qui se fait sentir à la glande lacrymale.

DACRYOADÉNALGIQUE, adj. des deux genres (*dakrio-adénaljike*), t. de médec., qui a rapport à la *dacryoadénalgie*.

DACRYOADÉNITE, subst. fém. (*dakrio-adénite*) (du grec δακρυον, larme, et αδην, glande) t. de médec., inflammation de la glande lacrymale.

DACRYOBLENNORRHÉE, subst. fém. (*dakrioblénnoré*) (du grec δακρυον, larme, βλεννα, mucosité, et ρειν, couler), t. de médec., écoulement de larmes mêlé de mucosités.

DACRYOBLENNORRHÉIQUE, adj. des deux genres (*dakrioblénenoréike*), t. de médec., qui a rapport à la *dacryoblennorrhée*.

DACRYOCYSTE, subst. mas. (*dakriocicete*) (du grec δακρυον, larme, et κυστις, sac, vessie), t. de médec., sac lacrymal.

DACRYOCYSTITE, subst. fém. (*dakriocicetite*) (même étym. que celle du mot précédent), t. de médec., inflammation du sac lacrymal.

DACRYODE, adj. des deux genres (*dakriode*) (du grec δακρυω, je pleure), larmoyant, qui pleure. — *Ulcère dacryode*, humide et sanieux.

DACRYOHÆMORRHYSE, subst. fém. (*dakrioémorize*) (du grec δακρυον, larme, αιμα, sang, et ρειν, couler), t. de médec., écoulement de larmes mêlé de sang. Inus.

DACRYOLITHE, subst. fém. (*dakriolite*) (du grec δακρυον, larme, et λιθος, pierre), t. de médec., calcul lacrymal.

DACRYON, subst. mas. (*dakrion*) (du grec δακρυω, je pleure), t. de médec., excrétion lymphatique des yeux ; larme. Inus.

DACRYOPIE, subst. fém. (*dakriopi*) (du grec δακρυω, je pleure, et οψ, œil), substance qui détermine le larmoiement.

DACRYOPYORRHÉE, subst. fém. (*dakriopioré*) (du grec δακρυον, larme, πυον, pus, et ρειν, couler), t. de médec., écoulement de larmes mêlé de pus.

DACRYOPYORRHÉIQUE, adj. des deux genres (*dakriopioréike*), t. de médec., qui concerne la *dacryopyorrhée*.

DACRYORRHÉE, subst. fém. (*dakrioré*) (du grec δακρυον, larme, et ρειν, couler), t. de médec., larmoiement. Hors d'usage.

DACRYORRHÉIQUE, adj. (*dakrioréike*), t. de médec., qui a rapport à la *dacryorrhée*.

DACTYLE, subst. mas. (*daktile*) (en grec δακτυλος, qui signifie proprement *doigt*, parce que le doigt, comme le *dactyle*, est composé d'une partie longue et de deux brèves), pied de vers grec ou latin, composé d'une longue et de deux brèves. — Mesure linéaire usitée chez les anciens Grecs, ayant à peu près un *travers de doigt*, un peu plus de huit lignes. — T. de bot., plante graminée dont on distingue plusieurs espèces. Dans cette acception, quelques-uns le font féminin. — T. d'hist. nat., sur les bords de la Méditerranée, moule. — Au plur., espèce de prêtres phrygiens qui, semblables aux jongleurs de l'Amérique, etc., cherchèrent d'abord à se rendre nécessaires en exerçant la médecine. Ils y étaient devenus si habiles, que ce nom désigna pendant long-temps en Grèce ceux qui professaient cet art. Ils étaient ainsi nommés de ce que leur nombre était égal à celui des *doigts* des deux mains.

DACTYLE, subst. fém. (*daktile*), t. d'hist. anc., espèce de danse grecque fort en usage parmi les athlètes.

DACTYLE, subst. propre mas. (*daktile*), myth., nom d'un ancien héros, honoré à Olympie. On l'appelait aussi Hercule, mais il vivait environ deux siècles avant le fils d'Alcmène.

DACTYLES, subst. mas. plur. (*daktile*), t. d'hist. nat., famille de poissons de la division des osseux thoraciques.

DACTYLIDE, subst. fém. (*daktilide*), t. d'hist. nat., datte marine fossile.

DACTYLIOGLYPHE, subst. mas. (*daktilioguelife*) (du grec δακτυλιος, anneau, et γλυφω, je grave), chez les anciens, celui qui gravait sur les anneaux.

DACTYLIOGLYPHIE, subst. fém. (*daktilioguelifi*) (même étym. que celle du mot précédent), art de graver sur les anneaux.

DACTYLIOGLYPHIQUE, adj. des deux genres (*daktilioguelifike*), qui concerne la *dactylioglyphie*.

DACTYLIOGRAPHE, subst. mas. (*daktiliographe*) (du grec δακτυλιος, anneau, et γραφω, je décris), auteur d'une description des pierres, des anneaux gravés.

DACTYLIOGRAPHIE, subst. fém. (*daktiliogue-rafi*) (même étym. que celle du mot précédent), description des pierres, des anneaux.

DACTYLIOGRAPHIQUE, adj. des deux genres (*daktiliograftke*), qui est relatif à la *dactyliographie*.

DACTYLIOLOGIE, subst. fém. (*daktiliologi*) (du grec δακτυλιος, anneau, et λογος, discours, traité), discours, traité sur les anneaux gravés.

DACTYLIOLOGIQUE, adj. des deux genres (*daktiliolojike*), qui est relatif à la *dactyliologie*.

DACTYLIOMANCIE, subst. fém. (*daktiliomanci*) (du grec δακτυλιος, anneau, et μαντεια, divination), divination par le moyen d'anneaux fondus sous certaines constellations. Ces anneaux avaient en outre la vertu de rendre invisible.

DACTYLIOMANCIEN, adj. et subst. mas., au fém. **DACTYLIOMANCIENNE** (*daktiliomanciein, ène*), qui tient à la *dactyliomancie*; celui ou celle qui exerce la *dactyliomancie*.

DACTYLION, subst. mas. (*daktilion*), instrument à ressort, inventé en 1836, et destiné à délier et à fortifier les *doigts*. Il donne en outre au jeu l'égalité nécessaire pour obtenir une belle exécution sur le piano. — T. de bot., plante du genre des liserons. — T. d'anat., nom qu'on donne quelquefois à l'intestin appelé rectum. — Réunion congéniale des *doigts* entre eux.

DACTYLIOTHÈQUE, subst. fém. (*daktiliotéke*) (du grec δακτυλιος, bague, anneau, et θηκη, coffre, boîte), boîte à bijoux dans laquelle on renferme les bagues. — Collection de pierres ou d'anneaux gravés.

DACTYLIQUE, adj. des deux genres (*daktilike*), qui a rapport au *dactyle*. — T. de musique ancienne : *mesure dactylique*, mesure dont les temps imitaient la quantité du *dactyle*. Il y avait aussi un *nome dactylique*, dans lequel ce rhythme était fréquemment employé.

DACTYLIS, subst. fém. (*daktilice*), t. de bot., nom latin d'un genre de plantes de la famille des graminées.

DACTYLITE, subst. fém. (*daktilite*) (du grec δακτυλος, doigt), t. de médec., inflammation du *doigt*; panaris.

DACTYLOGRAPHE, subst. mas. (*daktiloguerafe*) (du grec δακτυλος, doigt, et γραφω, je décris), clavier destiné à transmettre, au moyen du toucher, les signes de la parole. C'est un précieux moyen de correspondance entre les aveugles et les sourds-muets. — Auteur qui étudie ou décrit l'art de la *dactylographie*.

DACTYLOGRAPHIE, subst. fém. (*daktiloguerafi*) (même étym. que celle du mot précéd.), description sur l'art de converser par des signes faits avec les *doigts*.

DACTYLOGRAPHIQUE, adj. des deux genres (*daktiloguerafike*), qui a rapport à la *dactylographie*.

DACTYLOLOGIE, subst. fém. (*daktiloloji*) (du grec δακτυλος, doigt, et λογος, discours), discours sur l'art de converser par des signes faits avec les *doigts*.

DACTYLOLOGIQUE, adj. des deux genres (*daktilolojike*), qui concerne la *dactylologie*.

DACTYLON, subst. mas. (*daktilon*), plante que les anciens employaient pour détruire certaines excroissances qui surviennent aux *doigts* et sous les ongles.

DACTYLONOME, subst. mas. (*daktilonome*) (du grec δακτυλος, doigt, et νομος, règle), celui qui compte par les *doigts*, calculateur par les *doigts*.

DACTYLONOMIE, subst. fém. (*daktilonomi*) (même étym. que celle du mot précédent), art de compter par les *doigts*.

DACTYLONOMIQUE, adj. des deux genres (*daktilonomike*), qui concerne la *dactylonomie*.

DACTYLOPORE, subst. mas. (*daktilopore*), t. d'hist. nat., genre de polypier.

DACTYOLOGIE, subst. fém. (*daktioloji*) (du grec δακτυλος, doigt, et λογος, discours), l'art de parler avec les *doigts*; c'est la langue des sourds-muets. DACTYLOLOGIE vaut mieux. Voy. ce mot.

DACTYLOPTÈRE, subst. mas. (*daktilopetère*), t. d'hist. nat., genre de poissons de la famille des *dactyles*.

DACTYLOTHÈCE, subst. mas. (*daktilotèce*) (du grec δακτυλος, doigt, et θηκη, boîte), instrument de chirurgie propre à maintenir le pouce et les autres doigts dans l'extension.

DACTYLOTECHNION, subst. mas. (*daktilotéknion*), t. de bot., le chloris mucroné.

DACUS, subst. mas. (*dakuce*), t. d'hist. nat., genre d'insectes de l'ordre des coléoptères. — T. de bot., petite plante herbacée.

DADA, subst. mas. (*dada*) (suivant *Ménage*, par onomatopée, du cri *da, da, da*, ordinaire aux petits enfants qui ne savent pas encore parler, lorsqu'ils demandent une chose, ou qu'ils veulent la nommer), mot burlesque ou enfantin : *un petit dada*, un petit cheval ; *aller à dada*, aller à cheval. — Il se dit fig. et fam., d'une idée favorite à laquelle on revient sans cesse : *c'est son dada ; il est sur son dada.*

DADAIS, subst. mas. (*dadè*), niais, nigaud, homme décontenancé : *c'est un dadais, un grand dadais*. Fam.

DADES ou **DADÉSIES**, subst. fém. plur. (*dade, dadézi*), fêtes célébrées, dans l'Attique, en l'honneur d'Apollon, de Latone, de Glycon et de Podalirius.

DADOUCHE, subst. propre mas. (*dadouche*), myth., grand-prêtre sacrificateur dans les fêtes herculéennes.

DADUQUE ou **DADOUQUE**, subst. propre mas. (*daduke, douke*) (du grec δαδουχος, porte-flambeau, formé de δας, torche, flambeau de bois résineux, et de εχω, j'ai, je tiens, je porte), myth., prêtre de *Cérès*, qui courait dans son temple avec une torche à la main, en mémoire de ce que cette déesse avait autrefois cherché *Proserpine*, sa fille, avec un flambeau.

DÆDALÉE, subst. fém. (*dédalé*), t. de bot., sorte de plante qui a beaucoup de rapport avec les bolets.

DÆDALION, subst. mas. (*dédalion*), t. d'hist. nat., espèce d'épervier.

DAÉZAGE, subst. fém. (*da-ézaje*), monnaie d'argent en Perse.

DAGEBOD, subst. propre mas. (*dajebode*), myth., divinité que l'on adorait autrefois à Kiew.

DAGHESTAN, subst. propre mas. (*daguiècetan*), province d'Asie, située entre la mer Caspienne et le mont Caucase.

DAGGIAD, subst. propre mas. (*dajiade*), myth., l'ante-christ des musulmans, qui doit faire, selon eux, son apparition sur un âne, comme le vrai Messie.

DAGON, subst. propre mas. (*daguon*), myth., divinité révérée chez les Phéniciens, qui lui avaient élevé un temple magnifique à Gaza.

DAGORNE, subst. fém. (*daguorne*) (suivant *Huet*, *dagorne* n'est qu'une corruption de *dragone*), vache à qui l'on a rompu une corne. — Fig. et bassement, femme vieille, laide et chagrine : *une vieille dagorne*. Hors d'usage.

DAGUE, subst. fém. (*dague*) (de l'allemand *dagen*, glaive, épée), sorte d'épée courte et large, ou plutôt espèce de poignard, qui n'est plus en usage. — On dit d'un homme qui a l'esprit lourd et qui veut paraître fin : *il est fin comme une dague de plomb*. Ce prov. est suranné. — Espèce de hache de charretier, de traits de bateaux. — Corde pour corriger les matelots. — Au plur., premier bois du cerf pendant sa seconde année.

DAGUER, v. act. (*daguié*), frapper à coups de *dague*. Il est vieux. — En t. de faucon., se dit d'un oiseau de proie qui vole de toute sa force. — En t. de vènerie, on dit *daguer*, en parlant du cerf qui s'accouple avec la biche.

DAGUERRÉOTYPE, s. m. (*daguérotipe*), procédé qui consiste dans la reproduction spontanée, en clair obscur, des images de la nature reçues dans la chambre noire. — On donne aussi le nom de *daguerréotype* à l'instrument destiné à reproduire cet effet.

DAGUET, subst. masc. (*daguié*), jeune cerf qui est à sa première tête, à son premier bois.

DAHI, subst. masc. (*da-i*), t. de bot., câprier d'Égypte.

DAHLER, subst. masc. Voy. **THALER**.

DAHLIA, s. m. (*dalia*), t. de bot., genre de plante que l'on croyait ne renfermer que deux espèces, l'une à gr. fleurs rouges, et l'autre à petites fleurs jaunes ; mais, par leur fécondation réciproque, elles ont donné dans nos jardins des variétés très-nombreuses dans les nuances de ces deux couleurs. On dit : *semer des dahlias*.

DAHLINE, subst. fém. (*daline*), t. de chim., principe actif que l'on retire des tubercules du *dahlia*.

DAHMAN, subst. propre mas. (*daman*), chez les Indiens, nom de l'ange qui reçoit les âmes des saints pour les conduire au ciel.

DAIE, subst. fém. (*dé*), t. d'hist. nat., espèce d'oiseau du Mexique.

DAIGNÉ, part. pass. de *daigner*.

DAIGNER, v. neut. (*dégnié*) (en lat. *dignari*, fait, dans le même sens, de *dignus*, digne), avoir pour agréable, s'abaisser jusqu'à vouloir bien. Il est toujours suivi de l'infinitif : *daignez m'écouter*, etc.

DAIKOKU, subst. propre mas. (*dékoku*). Au Japon, dieu particulièrement invoqué par les artisans.

DAIL, subst. mas. (*da-ie*), t. d'hist. nat., espèce de pholade qui vit dans l'intérieur des pierres.

D'AILLEURS, loc. adv. Voy. **AILLEURS**.

DAILLOTS, subst. mas. plur. (*da-iô*), t. de mar., anneaux qui servent à amarrer les voiles qu'on met dans un beau temps sur le grand étai.

DAIM, subst. mas. (*dein*) (en lat. *dama*), bête fauve qui a quelque rapport avec le cerf, mais qui est moins grosse et dont le poil est plus blanc : *les daims ont le bois plat et palmé*. — Sa femelle se nomme *daine*. Pourquoi ne dirait-on pas *daime* au fém., ou *dain* au mas.?

DAIMONOGIMI, subst. propre mas. (*démonojini*), nom d'une divinité révérée chez les Japonais.

DAINE, subst. fém. (*dêne*, les chasseurs prononcent *dine*). Voy. **DAIM**.

DAINTIERS, subst. mas. plur. (*deintié*), t. de vènerie, testicules du cerf.

DAÏRAH, subst. propre mas. (*da-ira*), lieu de prière et de dévotion chez les Indiens.

DAIRI ou **DAIRO**, subst. mas. (*déri*, *ro*), le souverain pontife des Japonais, qui est empereur héréditaire, mais sans autorité et sans fonction.

DAIS, subst. mas. (*dè*) (suivant *Ménage*, du lat. barbare *dossium*, fait de *dossum*, qui se trouve dans les gloses pour *dorsum*, dos ; suivant *Caseneuve*, de l'allemand *decken*, couvrir, voiler, ombrager), espèce de poêle fait en forme de ciel de lit, avec un dossier pendant, que l'on tend dans l'appartement d'un prince, etc. — Poêle que l'on tend dans l'église, sur le grand-autel. — Poêle soutenu par deux ou quatre petites colonnes, sous lequel on porte le saint-sacrement : *porter le dais* ; *marcher sous le dais* ; *tenir les cordons du dais*. — *Être sous le dais*, signifie poét. et fig. être sur le trône, au sein des grandeurs. — T. de bot., genre de plantes de la famille des thymélées.

DAIS-OCTANDRA, subst. mas. (*dèzoktandra*), t. de bot., arbrisseau du Japon, de la famille des rubiacées.

DAITÈS, subst. propre mas. (*détèce*), myth., dieu bienfaisant que les Troyens regardaient comme l'inventeur des festins parmi les hommes.

DAÏX, subst. propre mas. (*da-ikce*), t. de géog. anc., grand fleuve de la Scythie septentrionale.

DAIX, subst. propre fém. (*dèkce*), petite rivière de France qui se jette dans la Loire. (Dép. de la Loire.)

DAKHMÉ, subst. propre mas. (*dakmé*), lieu de sépulture chez les Indiens.

DAKKINS, subst. mas. plur. (*dakein*), sorciers ou devins qui se montrent chez certains noirs de l'Afrique.

DALAI-LAMA ou **LAMA-SEM**, subst. propre mas. (*dalèlama*, *lamacème*), myth. païenne, grand lama, chef de la religion de tous les Tartares idolâtres, ou plutôt leur dieu vivant.

DALAT, subst. mas. (*dala*), t. d'hist. nat., sorte de toupie, coquillage de l'ordre des univalves.

DALATIAS-SPAROFAGUS, subst. mas. (*dalatiaceceparofaguce*), t. d'hist. nat., poisson des mers de Sicile, de l'ordre des cartilagineux et du genre des squales.

DALBERGARIA, subst. mas. (*dalbèreguaria*), t. de bot., genre de plantes didynames, voisin de celui des beslères.

DALBERGE, subst. mas. (*dalbèreje*), t. de bot., genre de plantes légumineuses.

DALBUD, subst. propre mas. (*dalbude*), divinité des Japonais.

DALE, subst. fém. (*dale*), monnaie d'argent de Hollande, de la valeur de trois francs quinze centimes de France.

DALEAU, subst. mas. (*dalô*), ouverture faite à une cuve d'indigo pour l'écoulement de l'eau.

DALÉCARLIE, subst. propre fém. (*dalékarli*), province de la Suède.

DALÉCHAMPE, subst. fém. (*daléchanpe*), t. de bot., genre de plantes de la famille des tithymaloïdes.

DALÉE, subst. fém. (*dalé*), t. de bot., genre de plante de la famille des légumineuses.

DALEM, subst. propre mas. (*dalème*), petite ville des Pays Bas.

DALÈME, subst. fém. (*dalème*), t. de fumiste, machine qui sert à empêcher la fumée. Peu connu.

DALER, subst. mas. (*dalère*), monnaie d'Allemagne de la valeur de cinq francs cinquante centimes. Voy. **THALER**.

DALIE, subst. propre fém. (*dali*), province de Suède.

DALLE, subst. fém. (*dale*), morceau ou tranche de poisson : *une dalle de saumon*, *une dalle d'alose*. En ce sens on dit plus souvent et mieux *darne*. — Tablette de pierre dure dont on couvre les trottoirs, les terrasses, etc. — T. de mar., petit canal placé sur le pont pour recevoir l'eau. — *Dalle de feu*, conduit qui sert à porter le feu aux poudres et aux autres matières combustibles dans les brûlots.

DALLÉ, **E**, part. pass. de *daller*.

DALLER, v. act. (*dalé*), garnir de *dalles* ; paver avec des *dalles*. — *se* **DALLER**, v. pron.

DALMATE, subst. propre et adj. des deux genres (*dalemate*), habitant de la *Dalmatie*.

DALMATIE, subst. propre fém. (*dalemaci*), l'une des treize provinces de l'empire d'Autriche.

DALMATIQUE, subst. fém. (*dalematike*) (les *dalmatiques* étaient anciennement des tuniques garnies de longues manches, et dont l'usage venait originairement de *Dalmatie*), vêtement des diacres et des sous-diacres quand ils servent le prêtre à l'autel.

DALON, subst. mas. (*dalon*), gouttière pour l'écoulement des eaux sales des cuves, chez les papetiers.

DALOT, subst. mas. (*dalô*), t. de mar., morceaux de bois percés et disposés en pente le long du tillac d'un vaisseau, qui passent au travers du bordage, et servent à faire sortir et écouler l'eau des pompes et des gouttières.

DAM, subst. mas. (*dan*) (du lat. *damnum*, dommage, préjudice), on ne l'emploie que dans ces phrases adverbiales : *à votre dam*, *à son dam*, *à leur dam* ; à votre dommage, etc. — *La peine du dam*, en parlant des *damnés*, la privation de la vision béatifique de Dieu. — Vieux mot qui signifiait autrefois *seigneur*. On disait *dam Dieu*, *dam chevalier*, pour seigneur Dieu, seigneur chevalier (par corruption du lat. *dominus*, seigneur).

DAMA, subst. mas. (*dama*), t. d'hist. nat., espèce de mammifère que l'on croit être l'antilope nanguer.

DAMAGE, subst. mas. (*damaje*), action de battre les terres avec un bloc de bois appelé *dame*.

DAMALIDE, subst. mas. (*damalide*), t. d'hist. nat., genre d'insectes diptères.

DAMAN, subst. mas. (*daman*), t. d'hist. nat., petit genre de mammifères.

DAMANTILOPE, subst. mas. (*damantilope*), t. d'hist. nat., nom qu'on a donné quelquefois à l'antilope nanguer.

DAMAS, subst. propre mas. (*damâ*), ville de Syrie, où l'on remarque des palais ou des mosquées magnifiques. Son commerce consiste principalement en armes blanches qui sont très-recherchées. — Sorte d'étoffe de soie à fleurs, apportée de Damas par les Génois. — Espèce de prune dont le plant est venu de la même ville. — Sabre d'un acier très-fin, très-bien trempé et très-tranchant. Les premiers ont été fabriqués à *Damas*. — *Acier de Damas*, acier d'une trempe excellente. — Sorte de linge ouvré qui se fabrique en Basse-Normandie.

DAMASCÈNE, adj. des deux genres (*damacecène*), qui est de la ville de *Damas*. — Subst. propre fém., partie de la Syrie dont *Damas* était la capitale.

DAMASICHTHON, subst. propre mas. (*damacikton*), myth., un des fils de Niobé et d'Amphion, qui fut tué par Apollon et Diane.

DAMASONIE, subst. fém. (*damazoni*), t. de bot., genre de plantes aquatiques qui croissent dans les Indes.

DAMASONIUM, subst. mas. (*damazoniome*), t. de bot., espèce de renoncule qui croît dans les lieux aquatiques.

DAMASONIUM-STELLATUM, subst. mas. (*damazoniomecètèlelatome*), t. de bot., nom qu'on donne à l'étoile de mer.

DAMASQUETTE, subst. fém. (*damacekiète*), sorte d'étoffe à fleurs d'or, d'argent ou de soie, qui se vend particulièrement à Constantinople.

DAMASQUIN, subst. mas. (*damacekein*), espèce de poids en usage principalement dans les échelles du Levant. Il pèse trente-huit livres, poids de marc.

DAMASQUINE, subst. fém. (*damacekine*), ce qui est *damasquiné*.

DAMASQUINÉ, **E**, part. pass. de *damasquiner*, et adj. : *épée*, *cuirasse damasquinée* ; *pistolets damasquinés*.

DAMASQUINER, v. act. (*damacekiné*), enchâsser de petits filets d'or ou d'argent dans du fer ou de l'acier taillé et travaillé exprès pour cela. Ce genre d'ouvrage vient primitivement de la ville de *Damas*. — *se* **DAMASQUINER**, v. pron.

DAMASQUINERIE, subst. fém. (*damacekineri*), l'art de *damasquiner*.

DAMASQUINEUR, subst. mas., au fém. **DAMASQUINEUSE** (*damacekineur*, *neuze*), celui qui *damasquine*.

DAMASQUINURE, subst. fém. (*damacekinure*), le travail d'un ouvrage *damasquiné*.

DAMASSÉ, **E**, part. pass. de *damasser*, et adj., fabriqué en façon de *Damas* : *serviette damassée*, *camelot damassé*.

DAMASSÉ, subst. mas. (*damacé*), linge *damassé* : *du damassé*. On dit : *un service de damassé*.

DAMASSER, v. act. (*damacé*), fabriquer une étoffe ou du linge en façon de *Damas*. — *se* **DAMASSER**, v. pron.

DAMASSERIE, subst. fém. (*damaceri*), fabrique de linge *damassé*.

DAMASSEUR, subst. mas., au fém. **DAMASSEUSE** (*damaceur*, *ceuze*), ouvrier, ouvrière, qui fait du linge *damassé*.

DAMASSIN, subst. mas. (*damacein*), petit *damas* moins garni de chaîne et de trame que les *damas* ordinaires.

DAMASSURE, subst. fém. (*damaçure*), ouvrage ou linge *damassé*.

DAMASTE, subst. propre mas. (*damacete*), myth., le même que Procuste. Voy. ce mot.

DAMASTOR, subst. propre mas. (*damacetor*), myth., l'un des géants qui escaladèrent le ciel.

DAMATRIS, subst. mas. (*damatrice*), t. de bot., genre de plantes de la famille des corymbifères. — Subst. propre fém., myth., nom d'une prêtresse du temple de Cérès.

DAMATRIUS, subst. mas. (*damatri-uce*), dans le calendrier grec, dixième mois qui répondait à peu près à notre mois de juillet. C'était le temps de la moisson.

DAMAZAN, subst. propre mas. (*damazan*), ville de France, chef-lieu de canton, arrond. de Nérac, dép. de Lot-et-Garonne.

DAME, subst. fém. (*dame*) (en lat. *domina*), celle qui possède une seigneurie. — Titre qu'on donne aux femmes de qualité, aux religieuses, et en général à toutes les femmes mariées. Il s'applique le plus ordinairement aux femmes qui sont au-dessus de la dernière classe du peuple. On le dit bien aussi des femmes de basse extraction, mais alors ce titre se joint toujours à leur nom : *bonjour, dame Marguerite; allez appeler dame Thérèse.* — *Elle fait la dame, elle fait la grande dame*, se dit ironiquement d'une femme qui cherche à paraître au-dessus de sa condition. — *Dames du chœur*, religieuses qui ont le privilège, à l'exclusion des autres, de siéger dans les hautes stalles du chœur. — *Dames de France*, autrefois les filles du roi. — *Dames de charité*, *dames* qui, dans l'étendue de leur arrondissement, sont autorisées à faire des quêtes domiciliaires pour les pauvres. — *Les dames de la halle*, les marchandes de la halle, quand elles sont admises chez le roi. — *Dame* se prend aussi dans un sens général et absolu : *civil avec les dames, dévoué à sa dame.* — Au jeu de trictrac et au jeu de *dames*, petit morceau de bois ou d'ivoire rond, plat, blanc ou noir, dont on se sert pour jouer : *aller à dame*, pousser une *dame ou un pion* jusqu'aux dernières cases du côté contraire : *dame damée*, pièce qui est allée à *dame* et sur laquelle on en a mis une autre. — *Dames rabattues*, sorte de jeu différent du trictrac, mais qui se joue avec les mêmes pièces. — Au jeu de cartes, la seconde figure du jeu, celle qui vient après le roi. — Au jeu des échecs, seconde pièce du jeu. — Aux jeux de paume et de balle, le premier coup qui se sert sur le toit et n'est compté pour rien : il ne se dit en ce sens qu'au pluriel : *vous avez eu vos dames; ce coup est pour les dames.* — Aux courses de bague, on appelle de même la première course, *course pour les dames;* elle ne compte point pour le prix. — En t. de ponts-et-chaussées, 1° digue de terre qu'on laisse de distance en distance, dans un canal qu'on creuse, pour retenir l'eau ; 2° petite pyramide ou cône de terre qu'on laisse de distance en distance, dans les fouilles de terre, pour servir de témoin. — En t. de bot., *dame d'onze heures*, plante liliacée à fleurs blanches, qui ont l'extérieur des pétales vert et qui s'épanouissent à cette heure de la journée.

DAME! sorte d'adv. ou d'interj. (*dame*) (abrégé de l'ancien serment familier à nos pères : *par Notre-Dame!*), expression qui sert à affirmer, ou à marquer de la surprise : *dame! vous m'en direz tant que...* Il est pop.

DAME-BLANCHE, subst. propre fém. (*dame-blanche*), sorte d'*omnibus.* — Au plur., des *dames-blanches.*

DAMÉ, E, part. pass. de *damer.*

DAME-JEANNE, subst. fém. (*damejâne*), grande bouteille recouverte de nattes. — Dans le langage familier, on appelle *dame-jeanne* une grosse bouteille de la même espèce qui sert à garder et à transporter du vin ou d'autres liqueurs. — Au plur., des *dames-jeannes.*

DAMEL, subst. mas. (*damèl*) (du lat. *dominus*, maître, seigneur), prince souverain du Cuyor, ancienne province d'Afrique.

DAME-LOPRE, subst. mas. (*damelopre*), sorte de bâtiment dont on se sert en Hollande sur les canaux.

DAMER, v. act. (*damé*), au jeu de *dames*, mettre deux *dames* l'une sur l'autre, les doubler. — Donner le titre de *dame*. Autrefois le roi, sur la demande des parents, *damait* de jeunes personnes de qualité non *mariées*, c'est-à-dire leur donnait un *brevet de dame*, et alors seulement elles étaient présentées et allaient à la cour. — En archit., donner un demi-pied de pente. — Battre les terres avec un bloc de bois appelé *dame.* — Prov. : *damer le pion à quelqu'un*, le supplanter. — *se* DAMER, v. pron., prendre le titre de *dame* en parlant d'une fille.

DAMERET, subst. mas. (*dameré*), *damoiseau*, efféminé : homme qui fait le beau et qui s'attache à plaire aux *dames.* Il est peu usité maintenant. *Boileau* a dit :

Peindre Caton galant et Brutus *dameret.*

DAMES, subst. fém. plur. (*dame*), t. de mar., deux chevilles de fer qu'on plante sur l'arrière d'une embarcation, pour empêcher les cordages de tomber de côté. — Sorte de jeu. Voy. DAME et DAMIER.

DAMIA, subst. propre fém. (*damia*), myth., surnom de Cybèle. — C'était aussi une divinité particulière d'Épidaure.

DAMIER, subst. mas. (*damié*), échiquier, tablier distingué par des carrés noirs et blancs, sur lequel on joue aux *dames.* — En t. d'hist. nat., nom donné au pétrel blanc et noir, à cause de son plumage. — Coquillage marqueté de carrés de diverses couleurs, comme un *damier.*

DAMIES, subst. propre fém. plur. (*dami*), myth., fêtes que l'on célébrait secrètement en l'honneur de la déesse *Damia.*

DAMIETTE, subst. propre fém. (*damiète*), ville de la Basse-Égypte, chef-lieu de la province du même nom. C'est près de cette ville que saint Louis fut fait prisonnier par les Sarrasins, en 1249.

DAMIUM, subst. mas. (*damiome*), myth., sacrifice auquel, chez les anciens, tout le peuple avait part.

DAMMAR, DAMMARA ou DAMMARSÉLAN, subst. mas. (*damemar, mara, marcélan*), t. de bot., sorte d'arbre résineux qui croît dans les Indes.

DAMMARTIN, subst. propre mas. (*damemartein*), ville de France, chef-lieu de canton, arrond. de Meaux, dép. de Seine-et-Marne.

DAMMER, subst. mas. (*damemère*), t. de bot., résine du *dammara* qui sert d'éclairage aux habitants des Moluques.

DAMNABLE, adj. des deux genres (*danable*), pernicieux, méchant; qui peut attirer la *damnation* éternelle.

DAMNABLEMENT, adv. (*danableman*), d'une manière *damnable.* Peu usité.

DAMNATION, subst. fém. (*danâcion*) (en latin *damnatio*), *condamnation* aux peines de l'enfer. — Etat d'un *damné.* — Espèce de jurement, exclamation dont quelques auteurs contemporains font un usage fréquent, et qui est empruntée à la littérature étrangère : *damnation!*

DAMNÉ, E, part. pass. de *damner*, et adj., qui est aux enfers. — On dit aussi substantivement : *les damnés ; souffrir comme un damné.* — Fig. et fam. : *c'est son âme damnée*, c'est un homme dévoué à toutes ses volontés, capable de tout faire pour le servir.

DAMNER, v. act. (*dané*) (en lat. *damnare*, condamner, fait de *damnum*, dommage, perte, préjudice), punir des peines de l'enfer : *Dieu damnera les méchants.* — Causer la *damnation* : *damner son âme; cette action le damnera.* — Croire ou déclarer quelqu'un digne de la *damnation* : *les fanatiques damnent tous ceux qui n'ont pas leur croyance.* — Causer la *damnation.* — *Faire damner*, importuner, tourmenter à l'excès : *il a une femme qui le fait damner.* — *se* DAMNER, v. pron., s'exposer à être *damné;* mériter la *damnation.*

DAMOISEAU, subst. mas. (*damoèzô*), autrefois jeune gentilhomme qui n'avait pas encore été armé chevalier. On disait aussi, et même plus communément, *damoisel.* — Aujourd'hui, homme efféminé, qui fait le beau, qui affecte une propreté trop recherchée.

DAMOISEL. Voy. DAMOISEAU.

DAMOISELLE, subst. fém. (*damoèzèle*). On l'a dit autrefois, et on le dit encore au palais, pour *demoiselle.*

DAMPIERRE, subst. fém. (*danpière*), t. de bot., genre de plantes de la famille des campanulées.

DAMPIERRE-LES-FRAISANS, subst. propre mas. (*danpièrelèfrèzan*), ville de France, chef-lieu de canton, arrond. de Dôle, dép. du Jura.

DAMPIERRE-SUR-SAOLON, subst. propre mas. (*danpièreçurçolon*), bourg de France, chef-lieu de canton, arrond. de Gray, dép. de la Haute-Saône.

DAMPS, subst. propre mas. plur. (*dan*), bourg de France, arrondissement de Louviers, dép. de l'Eure.

DAMPVALLÉE, subst. propre fém. (*danva[illegible]*), bourg de France, canton et arrond. de Vesoul, dép. de la Haute-Saône.

DAMVILLE, subst. propre fém. (*danvile*), bourg de France, chef-lieu de canton, arrond. d'Evreux, dép. de l'Eure.

DAMVILLERS, subst. propre mas. (*danvilère*), ville de France, chef-lieu de canton, arrond. de Montmédy, dép. de la Meuse.

DAMYSE, subst. propre mas. (*damize*), myth., l'un des géants qui escaladèrent le ciel.

DANAA, subst. fém. (*dana-a*), t. de bot., genre de plantes qui a été réuni aux livèches. — T. de géog. anc., l'une des douze tribus d'Israël.

DANACÉ, subst. mas. (*danacé*), myth., petite pièce de monnaie que Caron exigeait de ceux qu'il recevait dans sa barque.

DANAÉ, subst. propre fém. (*danaé*), t. de bot., plante sarmenteuse du genre fragon. — Myth., fille d'Acrise, roi d'Argos, et d'Eurydice. Acrise ayant appris qu'il mourrait de la main de son petit-fils, on enferma par son ordre Danaé, sa fille unique, dans une tour d'airain, pour la soustraire à la connaissance des hommes; mais Jupiter descendit dans cette tour, transformé en pluie d'or. Acrise, se voyant trompé, fit exposer Danaé sur la mer. Elle aborda dans l'une des Cyclades, où Polydecte l'épousa, et éleva Persée, dont Danaé était devenue enceinte. L'oracle fut accompli dans la suite.

DANAÉE, subst. fém. (*dana-é*), t. de bot., genre de plantes de la famille des fougères.

DANAEÏCS-HEROS, adj. mas. (*danaé-iuzérôce*) (mots adj. et latins). Myth., surnom de Persée, fils de Jupiter et de Danaé.

DANAÏDE, subst. fém. (*dana-ide*), t. de bot., genre de rubiacées. — T. d'hist. nat., genre de papillons. — Nom d'une roue hydraulique nouvellement inventée, au moyen de laquelle on peut changer le mouvement rectiligne d'un courant d'eau. — Sorte de pressoir de nouvelle invention. — Au plur., propre, myth., les cinquante sœurs, filles de Danaüs, qui épousèrent leurs cinquante cousins germains, enfants d'Égyptus. Danaüs, averti par l'oracle que ses gendres le détrôneraient, ordonna à ses filles d'égorger leurs maris dans la première nuit de leurs noces. Hypermnestre sauva le sien, appelé Lyncée. Ses sœurs, en punition de leur cruauté, furent condamnées dans les enfers à jeter éternellement de l'eau dans un tonneau percé. On les appelait aussi *Bélides*, du nom de Bel ou Bélus, leur aïeul.

DANAÏS, subst. fém. (*dana-ice*), t. de bot., sorte de plante du genre des *danaïdes.*

DANAÜS, subst. propre mas. (*dana-uce*), myth., fils de Bel, frère d'Égyptus, roi d'Argos, et père des Danaïdes. C'est de son nom que les Grecs, qui étaient appelés *Pelasgi*, furent aussi nommés *Danai.* Voy. DANAÏDES.

DANBIK, subst. mas. (*danbik*), t. d'hist. nat., sorte d'oiseau d'Abyssinie.

DANDARIQUE, subst. fém. (*dandarike*) t. de géog. anc., province de la Colchide.

DANCHÉ, E, adj. (*danché*), t. de blas., qui se dit des pièces honorables de l'écu et terminées par des pointes en forme de *dents.*

DANDÉLION, subst. mas. (*dandélion*), t. de bot., plante de Virginie, de l'ordre des trapogons.

DANDIN, subst. mas.; au fém. DANDINE (*dandein, dine*), niais, décontenancé. Il est fam. — Il se dit aussi d'un homme qui porte nonchalamment son corps de côté et d'autre : *c'est un grand dandin tout décontenancé; une dandine.*

DANDINÉ, part. pass. de *dandiner.*

DANDINEMENT, subst. mas. (*dandineman*), mouvement, balancement de celui qui *dandine* ou se *dandine.*

DANDINER, v. neut. (*dandiné*) (de *din, din*, ou *dan, din*, son de cloches en branle, dont l'homme qui se *dandine* imite le mouvement. *Le Duchat.*), branler le corps comme font ordinairement ceux qui n'ont point de contenance. — S'occuper à des bagatelles : *au lieu de faire son ouvrage, il se dandine.* — *se* DANDINER, v. pron.

DANDY, subst. mas. (*dandi*), mot emprunté à la langue anglaise; il se dit d'un homme épris de sa toilette et de sa tournure, et qui affecte de se conformer exactement à toutes les modes : *faire le dandy; avoir les manières d'un dandy.*

DANDYSME, subst. mas. (*dandiceme*), affectation des modes et de manières les plus recherchées et les plus nouvelles. — Fatuité.

DANE, subst. fém. (*dane*), t. de mar., cabane au pied du grand mât des gondoles qui servent pour la pêche.

DANÉA, subst. fém. (*dané-a*), t. de bot., l'un des noms de la tanaisie.

DANEK, subst. mas. (*danèk*), t. de comm., petite monnaie d'argent de Perse.

DANEMARCK, subst. propre mas. (*danemarke*), royaume du nord de l'Europe.

DANEQ, subst. mas. (*danék*), sorte de poids arabe.

DANGÉ, subst. propre mas. (*danjé*), bourg de France, chef-lieu de canton, arrond. de Châtellerault, dép. de la Vienne.

DANGEAU, subst. propre mas. (*danjó*), bourg de France, arrondissement de Châteaudun, département d'Eure-et-Loir.

DANGER, subst. mas. (*danjé*) (du lat. *damnum*, dommage, dont on a fait dans la basse latinité *domniarium*, et successivement *damjarium*. *Ménage* et *Huet*), péril, risque; avec cette différence que *danger* a rapport au mal qui peut arriver; et *péril* et *risque*, au bien qu'on peut perdre. — Inconvénient : *quel danger y a-t-il de l'avertir?*

DANGEREUSE, adj. fém. Voy. DANGEREUX.

DANGEREUSEMENT, adv. (*danjereuzeman*), d'une manière *dangereuse* : *dangereusement blessé*.

DANGEREUX, adj. mas., au fém. DANGEREUSE (*danjereu, reuze*). En parlant des choses, qui mettent en *danger*; en parlant des personnes, 1° à qui l'on ne peut se fier sans *danger*; 2° il se dit d'un homme qu'on croit propre à se faire aimer des dames.

DANIME, subst. fém. (*danime*), monnaie de cuivre en usage dans la Perse.

DANNEBERG, subst. propre mas. (*danebèrgue*), ville d'Allemagne dans la basse Saxe.

DANNEMARIE, subst. propre fém. (*danemari*), bourg de France, chef-lieu de canton, arrond. de Belfort, dép. du Haut-Rhin.

DANNEMOINE, subst. propre mas. (*danemoène*), village de France avec un beau château, canton et arrond. de Tonnerre, dép. de l'Yonne.

DANOIS, E, subst. et adj. (*danoa, noaze*), celui ou celle qui est de Danemarck.— T. d'hist. nat., subst. mas., différentes espèces de chiens. Voy. CHIEN.

DANOUVANDRI, subst. mas. (*danouvandri*), chez les Indiens, image qui représente un savant qui lit dans le temple de Wisthnou.

DANS, prép. (*dan*) (du lat. *deintùs*, qu'on a dit pour *intùs*), le lieu où est une chose : *il est dans la chambre; il arrivera dans peu*. — Il marque aussi l'état, la disposition du corps, de l'esprit, etc. : *il est dans l'accès de sa fièvre; dans sa colère, il ne connaît personne*. — Il s'emploie pour *avec*, *selon* : *il agit dans de bonnes vues; cela est vrai dans les principes de saint Thomas*. — Il y a une distinction marquée à faire pour l'emploi des propositions *en*, *dans*, *à*, qui ont quelque ressemblance de rapports. — *Être en ville*, c'est n'être pas chez soi; *être dans la ville*, c'est ne pas être hors de la ville; *être à la ville*, c'est être à la ville pour y séjourner. — *Il arrivera en trois jours*, il emploiera trois jours pour faire sa route; *il arrivera dans trois jours*, il s'écoulera trois jours avant qu'il n'arrive. — *Dans le temps que* signifie *comme*, et veut l'indicatif.

DANSE, subst. fém. (*dance*) (de l'italien *danza*, fait, dans la même signification, de l'allemand *dantzen*, danser), mouvement du corps en cadence au son des instruments ou de la voix. — Air à danser. — Manière de danser. — Réunion de *danseurs*. — *Danse de corde*, celle qui s'exécute sur une corde lâche ou tendue. — T. de médec., *danse de Saint-Witt* ou *de Saint-Guy*, sorte de convulsion qui se manifestait d'abord par une espèce de boitement, et qui affectait ensuite la main, qu'on ne pouvait plus tenir dans une situation fixe. Ceux qui étaient attaqués de cette maladie, dit *Horstius*, se rendaient une fois l'an à la chapelle de *Saint-Witt* près d'Ulm, et là ils se mettaient à danser nuit et jour jusqu'à ce qu'ils tombassent en extase. — *Avoir l'air à la danse*, avoir des dispositions pour la *danse*. — Fig. et fam., avoir une grande disposition à la chose dont on parle. — *N'avoir pas le cœur à la danse*, être préoccupé, inquiet, triste. — Prov. et fig., *commencer*, *mener la danse*, être le premier à faire ou à souffrir quelque chose. — *Entrer en danse*, s'engager dans une affaire, dans une intrigue, dans une guerre à laquelle on n'avait pris d'abord aucune part. — Myth., déesse que les anciens représentaient sous la figure d'une bacchante, avec tous les attributs, les emblèmes et les différentes attitudes qui pouvaient caractériser la *danse*.

DANSÉ, E, part. pass. de *danser*.

DANSER, v. neut. (*dancé*), mouvoir le corps en cadence, à pas mesurés, et au son de la voix et des instruments. On dit activement : *il danse toutes sortes de danses; danser une courante, un branle*, etc. — Fig. et prov., *danser sur la corde*, être dans une situation délicate et périlleuse. — *Ne savoir plus sur quel pied danser*, ne savoir plus que faire. — *On lui a fait danser un branle de sortie*, on l'a chassé. — *Il paie les violons, et les autres dansent*, il fait tous les frais, et les autres ont l'honneur et le profit. — *Faire danser quelqu'un*, lui donner de l'exercice et des embarras pour l'amener à ses fins. — *Toujours va qui danse*, se dit d'une personne qui fait son possible et agit péniblement. — On dit d'un vin très-vert, qu'*il ferait danser les chèvres*. — *Danser sur rien*, être pendu. Cette dernière expression est basse et même hors d'usage. — SE DANSER, v. pron. : *cet air peut fort bien se danser*.

DANSEUR, subst. mas., au fém. DANSEUSE (*danceur, ceuze*), celui ou celle qui *danse* ou qui fait le métier de *danser*. — *Danseurs, danseuses de corde*, qui *dansent* sur une corde tendue et élevée de terre. — T. de vènerie, *chien danseur*, chien qui voltige au lieu de suivre la voie. Voy. DANSE.

DANSEUSE, subst. fém. Voy. DANSEUR.

DANSOMANE, subst. et adj. des deux genres (*dançomane*) (du français *danse*, et μανια, manie, passion), celui ou celle qui a la *manie* de la *danse*.

DANSOMANIE, subst. fém. (*dançomani*) (même étym. que celle du mot précédent), passion, manie de la *danse*.

DANSO-MUSICOMANE, adj. des deux genres (*dançomuzikomane*), s'est dit de certaines petites figures qui, placées sur la table d'harmonie d'un instrument de musique, se meuvent en mesure, et tournent comme en valsant l'une sur l'autre.

DANSOYÉ, part. pass. de *dansoyer*.

DANSOYER, v. neut. (*dançoéié*), *danser* mal, ou peu; *danser* sans grâce. Hors d'usage.

DANTE, subst. mas. (*dante*), t. d'hist. nat., tapir; animal d'Afrique, qui a, au milieu de la tête, une corne recourbée en anneau. — Subst. propre mas., célèbre poète créateur de la poésie italienne.

DANTÉLITES, subst. mas. plur. (*dantélite*), t. de géogr. anc., peuple de Thrace, des environs du mont Hémus.

DANTESQUE, adj. des deux genres (*dantèceke*), qui a rapport au style du *Dante* : *style, image dantesque*.

DANTHONIE, subst. fém. (*dantoni*), t. de bot., genre de plantes de la famille des graminées.

DANTIA, subst. fém. (*dantia*), t. de bot., espèce de plante.

DANTONISME, subst. mas. (*dantoniceme*), système, opinion des *dantonistes*.

DANTONISTE, subst. mas. (*dantonicete*), partisan de *Danton*. Voy. CORDELIER.

DANTZICK, subst. propre mas. (*dantezik*), ville des états prussiens, défendue par une forte citadelle. Son port reçoit des navires de toutes les parties du monde.

DANTZICKOIS, E, subst. et adj. (*dantezikoa, koaze*), celui ou celle qui est de *Dantzick*.

DANUBE, subst. propre mas. (*danube*), le plus grand fleuve de l'Europe après le Volga; il prend sa source dans la forêt Noire, au grand-duché de Bade, et se jette dans la mer Noire.

DANUBIS, DANUBIUS ou **DANUSIS**, subst. mas. (*danubice, biuce, zice*), myth., le Danube, le plus grand fleuve de l'Europe, qui a été révéré comme une divinité par les Gètes, les Daces, les Thraces, et beaucoup d'autres peuples. — Médaille qui le représente appuyé sur une urne, et la tête couverte d'un voile pour faire entendre que sa source est inconnue.

DANZÉ, subst. mas. (*danzé*), outil de fer dont on se sert dans les manufactures de glaces.

DAOCAGAY, subst. mas. (*da-okaguié*), t. de bot., plante des Philippines, dont la racine est bonne contre les blessures.

DAOLA, subst. propre fém. (*da-ola*), chez les Indiens, idole protectrice des voyageurs. On la nomme aussi *daolo*.

DAONES, subst. propre mas. plur. (*da-óne*), t. de géogr. anc., peuples de l'Inde au-delà du Gange.

DAOS, subst. propre mas. (*da-oce*), myth., l'un des dieux des Chaldéens, auquel ils sacrifiaient.

DAPALIS, subst. propre mas. (*dapalice*) (du lat. *dapes*, mets, festins), myth. Jupiter fut ainsi surnommé à l'occasion des grands festins qu'on faisait en son honneur.

DAPHNÆUS, subst. propre mas. (*dafné-uce*) (du grec δαφνη, laurier), myth., surnom d'Apollon. Diane était aussi surnommée *Daphnœa* ou *Daphnaia*. Voy. DAPHNÉ.

DAPHNÉ, subst. mas. (*dafené*) (du grec δαφνη, laurier), t. de bot., arbrisseau toujours vert, appelé autrement *lauréole*. — Subst. propre fém., myth., fille du fleuve Pénée, qui fut changée en laurier par Jupiter, pour la soustraire aux poursuites d'Apollon. Ce dieu voulut que cet arbrisseau lui fût consacré, et il s'en fit une couronne qu'il porta toujours depuis. Il y eut une autre *Daphné* nommée aussi Artémis, fille de Tyrésias, et qui rendait à Delphes des oracles en vers si excellents, qu'on prétend qu'*Homère* en avait inséré plusieurs dans ses poèmes. — Nom d'un faubourg d'Antioche fameux par les fêtes licencieuses qu'on y célébrait. — Un des ports du canal de Constantinople.

DAPHNÉLÉON, subst. mas. (*dafnélé-on*) (du grec δαφνη, laurier, et ελαιον, huile), huile de baies de laurier, en usage chez les anciens Grecs.

DAPHNÉPHAGES, subst. et adj. mas. plur. (*dafenéfaje*) (du grec δαφνη, laurier, et φαγω, je mange), myth., mangeurs de laurier. On donnait ce nom à des devins qui, avant que de rendre leurs réponses, mangeaient des feuilles de laurier, parce que, cet arbrisseau étant consacré à Apollon, ils voulaient par là faire croire qu'ils étaient inspirés.

DAPHNÉPHORE, subst. mas. (*dafenéfore*) (du grec δαφνη, laurier, et φερω, je porte), t. d'hist. anc., jeune garçon qui, une branche de laurier à la main, une couronne d'or sur la tête, et vêtu d'une longue robe éclatante, jouait le principal rôle dans les *daphnéphories*.

DAPHNÉPHORIES, subst. propre fém. plur. (*dafenéfori*) (même étym. que celle du mot précédent), t. d'hist. anc., fêtes grecques que l'on célébrait en l'honneur d'Apollon, et dans lesquelles on portait des branches de *laurier*. Voy. DAPHNÉPHORE.

DAPHNÉPHORIQUE, adj. des deux genres (*dafenéforike*), t. d'hist. anc.; il se dit d'un hymne que les vierges chantaient dans les *daphnéphories*, pendant que les prêtres portaient des branches de laurier.

DAPHNÉS, subst. mas. plur. (*dafené*), t. d'hist. nat., genre de testacés, établi parmi les animaux à coquilles bivalves.

DAPHNIA, subst. fém. (*dafnia*), t. de bot., plante à laquelle on attribuait la propriété de guérir l'épilepsie.

DAPHNIE, subst. fém. (*dafni*), t. d'hist. nat., genre de crustacés de l'ordre des branchiopodes.

DAPHNINE, subst. fém. (*dafnine*), t. de chim., substance végétale nouvellement découverte dans le *daphné alpina*.

DAPHNIS, subst. propre mas. (*dafnice*), myth., jeune berger de Sicile, et fils de Mercure. Il aima une nymphe, et ensemble ils obtinrent du ciel que celui des deux qui violerait le premier la foi conjugale deviendrait aveugle. *Daphnis*, ayant oublié son serment, et s'étant attaché à une autre nymphe, fut privé de la vue sur-le-champ.

DAPHNITE, subst. fém. (*dafenite*) (du grec δαφνη, laurier), t. d'hist. nat., pierre figurée en forme de laurier.

DAPHNOÏDE, subst. fém. (*dafeno-ide*) (du grec δαφνη, laurier, et ειδος, forme, ressemblance), t. de bot., famille de plantes semblables au garou; autrement lauréole.

DAPHNOMANCIE, subst. fém. (*dafenomanci*) (du grec δαφνη, laurier, et μαντεια, divination), divination par le laurier consacré à Apollon.

DAPHNOMANCIEN, adj. et subst. mas.; au fém. DAPHNOMANCIENNE (*dafnomanciein, ène*), celui ou celle qui exerce la *daphnomancie*.

DAPHNOT, subst. mas. (*dafno*), t. de bot., arbre des Antilles toujours vert, et de la famille des solanées.

DAPICHÉ, subst. mas. (*dapiché*), sorte de caoutchouc blanc provenant d'un arbre d'Amérique.

DAPIFER, subst. mas. (*dapifère*) (du lat. *dapis*, mets, viande qui doit être servie sur la table, et de *fero*, je porte), nom de dignité et d'office dans la maison des empereurs de Constantinople, en France, en Angleterre et en Allemagne.

DAPIFÉRAT, subst. mas. (*dapiféra*), l'office de *dapifer*, qui fut institué en France par Charlemagne sous le nom de *dapiférat* et *sénéchaussée*.

D'APRÈS, loc. adv. et prép. (*dapré*). Voy. APRÈS.

DARA, subst. propre fém. (*dara*), t. de géogr. anc., grande ville septentrionale de la Mésopotamie.

DARAISES, subst. fém. plur. (*darèze*), déchargeoir des étangs.

DARARIENS, subst. mas. plur. (*dararicin*), sectaires mahométans de la Perse.

DARCE, subst. fém. (*darce*). L'*Académie* renvoie à *darse*.

DARCINE, subst. fém. (*darcine*), t. de mar., la partie d'un port de mer dans laquelle les bâtiments sont le plus en sûreté.

DARD, subst. mas. (*dar*) (du grec αρδις, pointe d'une flèche; suivant d'autres, du lat. barbare *dardus*, fait du celtique *dar*, qui signifie pointe), sorte de trait de bois dur qui est ferré au bout et propre à être lancé. — Aiguillon des reptiles, de certains animaux. — Espèce de demi-pique que portent les pèlerins de Saint-Michel. — Espèce de petit mamelon en forme de *dard* qui est au milieu du calice de certaines fleurs. — Ornement d'architecture qui a la forme d'un bout de flèche. — T. d'hist. nat., sorte de poisson qui, dit *Rondelet*, se lance comme un *dard*. — Au fig., trait rempli de malignité, qui cause beaucoup de mal. — Myth. Voy. DIANE, CUPIDON, CÉPHALE, ADRASTE, PHILOCTÈTE, ACHILLE, ACTÉON, ORION.

DARDANAIRE, subst. mas. (*dardanère*), nom qu'on donnait autrefois à un monopoleur, à un usurier.

DARDANELLES, subst. propre fém. plur. (*dardanele*), détroit fameux qui a reçu son nom de *Dardanus*, ancien roi de Phrygie, Canal de la mer Méditerranée qui joint celle de Marmara à l'Archipel.

DARDANIDES, subst. mas. plur. (*dardanide*), myth., descendants de *Dardanus*. — Nom patronymique des Troyens, pris de Dardanus, fondateur de leur ville.

DARDANIE, subst. propre fém. (*dardani*), myth., Troie fut d'abord appelée ainsi de *Dardanus*, son fondateur, et premier roi de cette contrée.

DARDANIEN, subst. et adj. propre mas., au fém. DARDANIENNE (*dardaniein, niène*), qui a rapport aux *Dardaniens*, ancien peuple de l'Illyrie.

DARDANIENS, subst. propre mas. plur. (*dardaniein*), myth., anciens peuples de Troie qui ont donné leur nom aux *Dardanelles*.

DARDANUS, subst. propre mas. (*dardanuce*), myth., fils de Jupiter et d'Électre, fille d'Atlas. Ayant tué son frère Jasius, il fut obligé de fuir de l'île de Crète, d'autres disent d'Italie; et il vint en Asie, où il bâtit une ville qu'il appela, de son nom, Dardanie, et qui depuis fut nommée Troie.

DARDAROT, subst. mas. (*dardaro*), myth., enfer des Égyptiens.

DARDÉ, E, part. pass. de *darder*.

DARDELLE, subst. fém. (*dardèle*), petit *dard* pour l'arbalète.

DARDENNE, subst. fém. (*dardène*), monnaie de cuivre, de billon, qui se fabriquait à Aix.

DARDER, v. act. (*dardé*), frapper, blesser avec un *dard* : *darder une baleine*. — Lancer une arme comme on lancerait un *dard* : *darder un poignard, un bâton*. — On dit figur. : *le soleil darde ses rayons; darder un regard.*

DARDEUR, subst. mas. (*dardeur*), celui qui *darde*, qui lance une flèche, un trait. Autrefois il y avait des compagnies de *dardeurs*.

DARDILLE, subst. fém. (*dardi-ie*), t. de fleuriste, la queue d'un œillet.

DARDILLÉ, E, part. pass. de *dardiller*.

• **DARDILLER**, v. act. (*dardi-ié*), *darder* vite et souvent; se dit en parlant d'une langue médisante.

DARDILLER, v. neut. (*dardi-ié*), t. de fleuriste, se dit de certaines fleurs, et signifie pousser son *dard*.

• **DARDILLON**, subst. mas. (*dardi-ion*), languette piquante de l'hameçon.

DARÉE, subst. fém. (*daré*), t. de bot., genre de plantes de la famille des fougères.

DARIABADIS, subst. mas. (*dari-abadice*), toile de coton qui vient de Surate.

DARIANGO, subst. mas. (*dari-anguo*), t. de bot., arbre des Philippines, qui produit une gomme résine.

DARIDAS, subst. mas. (*daridâce*), étoffe fabriquée dans les Indes avec les filaments d'une plante.

DARIEN, subst. propre mas. (*dariein*), nom d'un isthme de l'Amérique, appelé plus souvent *isthme de Panama*.

DARINS, subst. mas. plur. (*darein*), t. de comm., sorte de toile fabriquée en Champagne.

DARIOLE, subst. fém. (*dariole*), sorte de flan fait de farine, de beurre, d'œufs et de lait.

DARIOLETTE, subst. fém. (*dariolète*), autrefois confidente d'une héroïne de roman. C'est un nom propre, devenu appellatif. Voy. le roman d'*Amadis de Gaule*.

DARIQUE, subst. fém. (*darike*), ancienne monnaie d'or des Perses, frappée originairement au nom de Darius-le-Mède. Elle valait vingt drachmes, c'est-à-dire environ 18 francs 54 centimes de notre monnaie.

DARIVETTE, subst. fém. (*darivète*), t. de rivière, perches employées pour la construction des trains de bois flotté.

DARMA, subst. mas. (*darma*), chez les Indiens, l'un des chefs de la secte de Budsdo, très-répandue au Japon.

DARMADEVÉ, subst. mas. (*darmadevé*), chez les Indiens, dieu de la vertu, représenté sous la figure d'un bœuf.

DARMAS-COLLETTÉ, subst. mas. (*darmacekolété*), t. de bot., sorte d'agaric du midi de la France.

DARMSALLAH, subst. mas. (*darmeçalela*), lieu de dévotion chez les Indiens.

DARMSTADT, subst. propre mas. (*darmecetade*), ville capitale du grand-duché de Hesse-Darmstadt. Cette ville possède plusieurs établissements du premier ordre, parmi lesquels on distingue surtout l'école militaire et la bibliothèque.

DARNAMAS, subst. mas. (*darnamâce*), t. de comm., coton de Smyrne.

DARNAVOU, subst. mas. (*darnavou*), t. de bot., sorte d'arbrisseau.

DARNE, subst. fém. (*darne*) (en bas-breton *darn*), tranche d'un poisson, tel que le saumon, l'alose. Pour le thon, on dit *rouelle*. Voy. DALLE.

DARNEL, subst. mas. (*darnèl*), t. de bot., nom de l'ivraie annuelle.

DARNETAL, subst. propre mas. (*darnetal*), bourg de France, chef-lieu de canton, arrond. de Rouen, dép. de la Seine-Inférieure.

DARNEY, subst. propre mas. (*darné*), ville de France, chef-lieu de canton, arrond. de Mirecourt, dép. des Vosges.

DARNIS, subst. propre fém. (*darnice*), t. de géog. anc., ville d'Afrique.

DARON, subst. mas. (*daron*), vieux mot qui se disait d'un vieillard rusé. — Pop., le maître de la maison, le maître d'une fabrique. Inusité.

DAROUS, subst. mas. plur. (*darou*), chez les Indiens, prêtres des Parsis.

DARPANGAO, subst. mas. (*darpangua-o*), t. de bot., arbre des Philippines dont la gomme est employée comme parfum.

DARPENON, subst. mas. (*darpenon*), cérémonie en l'honneur des morts, chez les Indiens.

DARSE, subst. fém. (*darce*), la partie d'un port la plus avancée dans la ville : *la darse de Marseille*.

DARSIS, subst. mas. (*darcice*) (du grec δαρσις), t. de médec. Les Grecs employaient ce mot pour désigner l'action par laquelle les anatomistes dégagent différents organes de la peau, du tissu cellulaire ou aponévrotique qui les recouvre.

DARTÉ, subst. mas. (*darté*), t. de bot., arbrisseau des Indes dont la racine est aromatique.

DARTOS, subst. mas. (*dartoce*) (en grec δαρτος, qui signifie au propre *écorché*), t. d'anat., membrane cellulaire du scrotum, que les anciens croyaient charnue, et regardaient comme un véritable muscle.

DARTRE, subst. fém. (*dartre*) (du grec δαρτος, écorché, fait de δερω, j'écorche, parce que la *dartre* rend la peau rouge et comme enflammée), t. de médec., maladie de la peau en forme de gratelle, dont on distingue deux espèces, l'une simple et l'autre vive.

DARTREUSE, adj. fém. Voy. DARTREUX.

DARTREUX, adj. mas., au fém. DARTREUSE (*dartreu, treuze*), t. de médec., qui est de la nature des *dartres* : *une humeur dartreuse*. On dit aussi subst. : *un dartreux, une dartreuse.*

DARTRIER, subst. mas. (*dartrié*), t. de bot., arbre de la Guyane, à fleur légumineuse.

DARUGA ou **DAROGA**, subst. mas. (*darugua*), juge criminel en Perse; il y en a un dans chaque ville.

DASCILLÆ, subst. mas. (*dacecilélé*), t. d'hist. nat., genre d'insectes de l'ordre des coléoptères.

DASSERI, subst. mas. (*daceri*), ministre de la religion dans les Indes.

DASU, subst. mas. (*dazu*), t. de bot., arbre qui croît dans les déserts de la Cochinchine.

DASYBATE, subst. mas. (*dazibate*), t. d'hist. nat., genre de poissons qui comprend plusieurs espèces de raies.

DASYCÈRE, subst. mas. (*dazicère*) (du grec δασυς, épais, et κηρας, corne, antenne), t. d'hist. nat., genre d'insecte coléoptère dont les antennes sont plus longues que le corselet, et qui sont en forme de massue.

DASYME, subst. mas. (*dazime*) (du grec δασυς), t. de médec., dartre qui survient quelquefois aux paupières.

DASYMÈTRE, subst. mas. (*dazimètre*) (du grec δασυς, épais, et μετρον, mesure), instrument propre à mesurer la densité de chaque couche de l'atmosphère.

DASYMÉTRIE, subst. fém. (*dazimétri*) (même étym. que celle du mot précédent), art de mesurer la densité des couches de l'atmosphère.

DASYMÉTRIQUE, adj. des deux genres (*dazimétrike*), qui a rapport à la *dasymétrie*.

DASYPA-CANNABINA, subst. mas. (*dazipakanénabina*), t. de bot., chanvre de Chypre, de la famille des urticées.

DASYPODE, subst. mas. (*dazipode*) (du grec δασυς, épais, et ποδος, gén. de πους, pied), t. d'hist. nat., genre d'insectes hyménoptères dont les pattes sont garnies d'un poil très-épais.

DASYPOGON, subst. mas. (*dazipoguon*), t. d'hist. nat., genre d'insectes de l'ordre des diptères.

DASYPROCTA, subst. mas. (*daziprokta*), t. d'hist. nat., nom que l'on donne en certains endroits à l'agouti.

DASYTE, subst. mas. (*dazite*), t. d'hist. nat., genre d'insectes de l'ordre des coléoptères.

DASYURE, subst. fém. (*dazi-ure*) (du grec δασυς, épais, et ουρα, queue), t. d'hist. nat., genre de quadrupèdes qui ont la queue très-velue.

DAT., abreviation du mot *datif*.

DATAIRE, subst. mas. (*datère*), officier de la cour de Rome qui préside à la *daterie*.

DATE, subst. fém. (*date*) (de *datum* ou *data*, sous-entendant *epistola*: ce mot vient proprement de ce qu'au bas d'une lettre ou d'un acte latin on mettait *datum* ou *data tali loco* ou *die*; c'est-à-dire donné en tel lieu, tel jour : *donné* à Saint-Germain-en-Laye, à Versailles, le... du mois... de l'an de...), chiffre qui marque l'an, le mois, le jour qu'une chose a été faite : *de fraîche date*. — *Lettre de change à vingt jours de date*, dont le paiement n'est exigible que dans vingt jours après celui de sa date. — *Être colloqué en ordre de date parmi des créanciers*, y être placé suivant la date des contrats. — *Retenir une date chez un notaire*, retenir le jour auquel on veut passer un contrat. — On disait en matière bénéficiale, *prendre date d'un tel jour*, faire enregistrer ce jour-là une supplique. — *Prendre date*, signifie aussi constater l'époque où l'on fait, où l'on dit une chose pour la reproduire plus tard avec plus d'avantage. — Fig., *notre amitié est d'ancienne date*, il y a longtemps que nous sommes amis.

DATÉ, E, part. pass. de *dater*.

DATER, v. act. (*daté*), mettre la *date* à quelque écrit. — Il est neutre aussi : *cet homme date de loin*, il est vieux. — *se* DATER, v. pron.

DATERIE, subst. fém. (*dateri*), lieu et tribunal à Rome, où s'expédient les actes pour les bénéfices non consistoriaux, les dispenses, etc.; espèce de chancellerie; *obtenir des lettres de la daterie*. — Office du *dataire* : *le pape a donné la daterie au cardinal un tel.*

DATHIALUM, subst. mas. (*dati-alome*), encens très-pur qu'on retirait d'un arbre inconnu.

DATIF, subst. mas. (*datife*) (du lat. *dare*), le troisième cas dans les langues où les noms se déclinent. Il est désigné en français par les particules : *à, au, à l', à la, aux.*

DATIF, adj. mas., au fém. DATIVE (*datife, tive*), t. de jurispr., épithète donnée aux tutelles quand le testateur n'a pas nommé par son testament un tuteur à ses enfants. Le juge alors en *donne* ou en nomme un d'office.

DATION, subst. fém. (*dâcion*) (en lat. *datio*, fait de *dare*, donner), t. de droit, action de *donner* non gratuite. La *donation* diffère de la *dation*, en ce que la première est une libéralité, et que la seconde ne porte point ce caractère. L'acte par lequel on donne quelque chose en paiement de ce qu'on doit n'est pas une *donation*, mais une *dation*. Voy. DONATION. — On appelle *dation* de tuteur ou de curateur, l'acte par lequel un juge nomme un tuteur, un curateur.

DATISCA, subst. fém. (*daticeka*), t. de bot., sorte de plante.

DATISCINE, subst. fém. (*daticecine*), t. de chim., principe particulier, nouvellement découvert dans la *datisca*.

DATISME, subst. mas. (*daticeme*) (en grec δατισμος), manière de parler ennuyeuse, dans laquelle on entasse plusieurs synonymes pour exprimer une même chose.

DATIVE, adj. fém. Voy. DATIF.

DA-TKAI, subst. mas. (*datekd*), t. de bot., sorte de pourpier, commun en Cafrerie.

DATTE, subst. fém. (*date*) (du latin *dactylus*, pris avec la même acception du grec δακτυλος, qui signifie également *doigt*; parce que les *dattes*, autrefois *dactes*, ressemblent au bout des doigts par leur forme ronde et oblongue), fruit du palmier.—Espèce de prune longue.

DATTIER, subst. mas. (*datié*), palmier qui porte les *dattes*. — T. d'hist. nat., fringille de la Barbarie qui ravage les *dattiers*.

DATURA, subst. mas. (*datura*), t. de bot., sorte de plante de la famille des solanées, espèce de stramonium.

DATURINE, subst. fém. (*daturine*), t. de chim., substance alcaline que l'on a retirée de la graine du *datura*.

DAUBE, subst. fém. (*dôbe*) (de *dauber*, dans le sens de battre; parce que, dans cet apprêt, la viande, après avoir été *battue*, se macère dans la sauce), certaine manière d'apprêter la viande avec des choses qui en relèvent le goût. — La viande ainsi apprêtée.

DAUBÉ, E, part. pass. de *dauber*.

DAUBER, v. act. (*dôbé*) (du teutonique *dubba*, frapper, dérivé du grec τυπτω ou τυπτω, je frappe, je bats). Battre quelqu'un sur le dos, à coups de poing. Pop. — *Fig.* et fam., railler *quelqu'un* ou mal parler de lui. — *se* DAUBER, v. pron.

DAUBEUR, subst. mas., au fém. **DAUBEUSE** (*dôbeur, beuze*), railleur ou médisant. Il est familier.

DAUBIÈRE, subst. fém. (*dôbière*), ustensile pour cuire une *daube*.

DAUCOÏDE, subst. fém. (*dôko-ide*), t. de bot., genre de plantes de la famille des ombellifères.

DAUCUS, subst. mas. (*dôkuce*), t. de bot., sorte de carotte sauvage.

DAUCUS-DE-CANDIE, subst. mas. (*dôkucedekandi*), t. de bot., espèce de plante du genre des panais.

DAUGREBOT ou **DOGREBOT**, subst. mas. (*dôguerebô*), sorte d'embarcation hollandaise.

DAUL, subst. mas. (*dôle*), gros tambour en usage dans la cavalerie turque.

DAULIAS, subst. propre fém. (*dôlidce*), myth., surnom de Philomène, parce que ce fut, selon la fable, à Daulie, ville de la Phocide, qu'elle fut changée en oiseau.

DAULIE, subst. propre fém. (*dôli*), t. de géog. anc., ville de la Macédoine, de la Phocide.

DAULIES, subst. propre fém. plur. (*dôli*), myth., fêtes argiennes en mémoire de la métamorphose de Jupiter en pluie d'or pour séduire Danaé.

DAULIS, subst. propre fém. (*dôlice*), myth., fête que les Argiens célébraient en mémoire du combat singulier de Prætus contre Acrise. — Nymphe qui donna son nom à la ville de Daulie dans la Phocide.

DAULLONTE, subst. mas. (*dôlonte*), t. de bot., arbre d'Amérique dont les baies sont bonnes contre la colique.

DAUMUR, subst. mas. (*dômur*), t. d'hist. nat., espèce de serpent qui entre dans plusieurs compositions pharmaceutiques.

DAUMÉ, subst. propre fém. (*dômé*), petite île de la Méditerranée près du dép. des Bouches-du-Rhône.

DAUNIA-DÉA, subst. propre fém. (*dôniadé-a*) (mots lat.), myth., surnom de Juturne, sœur de Turnus, et fille de Daunus.

DAUNIENS, subst. propre mas. plur. (*dôniein*), anciens peuples du territoire de Naples.

DAUNIUS, subst. propre mas. (*dôniuce*), myth., fils de Pilumnus et de Danaé. Il eut un fils qui épousa Vénilie, de laquelle il eut Turnus.

DAUNIUS HÉROS, subst. propre mas. (*dônincéroce*) (mots lat.), myth., surnom de Turnus, fils de Daunus.

DAUNUS, subst. mas. (*dônuce*), t. d'hist. nat., le même que le *daumur*.

DAUPHIN, subst. mas. (*dôfein*) (en grec δελφιν, dont les Latins ont fait *delphinus*), t. d'hist. nat., poisson de mer qui a de la ressemblance avec le marsouin.—Constellation septentrionale, composée de dix étoiles selon *Ptolémée* et *Ticho-Brahé*, et de dix-huit selon le catalogue britannique. — Le fils aîné du roi de France; sa femme était appelée *dauphine* (à cause du *Dauphiné* donné à cette condition par *Humbert, dauphin de Viennois*, en 1343, sous le règne de *Philippe de Valois*.) — C'est le nom d'une constellation en laquelle fut changé celui qui sauva Arion. Voy. ARION, AMPHITRITE, TÉTHYS.

DAUPHINS, subst. et adj. mas. plur. (*dôfein*), en t. de bibliothèque et de librairie, on a appelé *critiques dauphins* ou *scholiastes dauphins*, les commentaires sur les anciens auteurs latins, qui furent entrepris par l'ordre du roi Louis XIV, pour l'usage du *dauphin*, par le conseil de M. le duc de Montausier, son gouverneur, et sous la direction de Bossuet et Huet, ses précepteurs. Les *critiques dauphins* sont d'une grande utilité pour ceux qui commencent à entrer dans la carrière des belles-lettres. On nomme quelquefois absolument ces ouvrages, *les dauphins*, et alors le mot *dauphin* est subst. : *j'ai tous les dauphins dans mon cabinet; il ne me manque qu'un des dauphins; la dépense des dauphins coûta quatre cent mille livres au roi.*

DAUPHINE, subst. fém. (*dôfine*), petit droguet de laine qu'on fabrique à Reims au métier à deux marches.— Sorte d'étoffe de soie.— Femme d'un *dauphin*. Voy. DAUPHIN.

DAUPHINÉ, subst. propre mas. (*dôfiné*), nom d'une ancienne province de France qui comprenait des départements de l'Isère et de la Drôme.

DAUPHINELLE, subst. fém. (*dôfinèle*), t. de bot., plante de la famille des renonculacées.

DAUPHINOIS, E, adj. et subst. (*dôfinoa, noaze*), du *Dauphiné*.

DAUPHINULES, subst. mas. plur. (*dôfinule*), t. d'hist. nat., genre de mollusques gastéropodes.

* **DAURADE**, subst. fém. (*dôrade*), t. d'hist. nat., poisson de mer qu'il ne faut pas confondre avec la *dorade* de la Chine, ni avec la *dorade-dauphin*. L'*Académie* renvoie à *dorade*.

D'AUTANT, loc. adv. Voy. AUTANT.

DAVALIE, subst. fém. (*davali*), t. de bot., genre de plantes de la famille des fougères.

DAVANTAGE, adv. (*davantaje*), plus : *il est riche, mais son frère l'est davantage.* — Au commencement d'une période il signifiait *de plus*. En ce sens, il est vieux et hors d'usage.—*Davantage* ne doit point être suivi de *que* et ne saurait modifier un adjectif. On ne doit donc pas dire *davantage de, davantage que* : *il a davantage d'esprit*, mais *plus d'esprit*; ni *il a davantage que vous*, mais *plus que vous*. Ne dites pas non plus : *cette fleur est celle que j'aime davantage*, mais, *celle que j'aime le plus*.

DAVÉRIDION, subst. mas. (*davéridion*), huile d'aspic.

DAVIDIQUES, subst. mas. plur. (*davidike*), sectaires qui rejetaient le mariage et la résurrection.

DAVIER, subst. mas. (*davié*) (de l'allemand *taube*, pigeon, parce que la pince de cet instrument est faite comme le bec d'un pigeon. *Le Duchat.*), instrument de dentiste pour arracher les dents. — Outil de tonnelier pour faire entrer les cerceaux autour du tonneau.—Dans l'imprimerie, petite patte de fer ou de bois qui, placée entre les deux couplets, sert, au moyen d'une vis, à maintenir le petit tympan dans l'enchâssure du grand.

DAVIÉSIE, subst. fém. (*davi-ézi*), t. de bot., genre de plantes de la famille des légumineuses.

DAVILLA, subst. mas. (*davila*), t. de bot., arbre du Brésil.

DAVIRINTI, subst. mas. (*davireinti*), t. de bot., nom que les brames donnent à une sorte d'arbrisseau du Malabar.

DAVIS, subst. mas. (*davi*), instrument astronomique pour prendre les hauteurs, et inventé sur la fin du XVIe siècle par Jean *Davis*, célèbre navigateur anglais.

DAVISIES, subst. fém. plur. (*davizi*), t. d'hist. anc., fêtes que l'on célébrait autrefois à Athènes.

DAWSONIE, subst. fém. (*dôzoni*), t. de bot., genre de plantes de la famille des mousses.

DAX, subst. propre fém. (*dakce*), ville de France, chef-lieu d'arrond., dép. des Landes. Elle possède un pont remarquable sur l'Adour, et des eaux thermales. C'est à Dony, près de Dax, que naquit saint Vincent de Paul.

DE (du latin *de*), préposition qui sert à marquer différents rapports : *une table de marbre*, *un verre d'eau*, *la maison de mon père*. Elle se trouve comprise dans les mots *du* et *des*, que l'on emploie par contraction pour *de le*, *de les*, comme quand on dit : *du pain*, *des armes*, etc. — *Du*, *de la*, *des*, se mettent devant les substantifs communs employés dans un sens partitif, c'est-à-dire pour désigner une partie, une portion des personnes ou des choses dont on parle : *il a du papier*, c'est-à-dire *quelque papier*; *vous avez de l'encre*, c'est-à-dire *quelque encre*; *nous avons acheté des plumes*, c'est-à-dire *quelques plumes*; cela n'a pas lieu quand le substantif, dans un sens partitif, est précédé d'un adjectif; alors on emploie simplement *de* : *il a de bon papier*; *vous avez de bonne encre*; *nous avons acheté d'excellentes plumes*. Souvent le substantif partitif et l'adjectif placé auparavant sont liés par le sens d'une manière inséparable, comme *petits pois*, *petit pâté*, *petit maître*, *bon mot*, *jeunes gens*, *grand homme*; alors ils sont considérés comme ne faisant qu'un seul mot, et sont précédés de la préposition *de*, contractée avec l'article *les* : *j'ai mangé des petits pâtés*, *des petits pois*. Cette préposition se répète devant chaque substantif et chaque infinitif qui en est le régime : *l'éloquence de Démosthènes et de Cicéron*; *tâcher de bien vivre, de bien entendre la vie*. — *De* s'emploie aussi pour *pendant* : *il partira de nuit*; pour *sur* : *parlons de votre affaire*; pour *à cause* : *je suis content de votre politesse*; pour *depuis* : *de Paris à Lyon, il y a cent vingt lieues*, etc.— *De par*, double préposition qui signifie par ordre, par autorité : *de par le roi et justice*, au nom du roi et de la justice.— *De* entre dans la composition de plusieurs mots, et indique ordinairement privation, retranchement, extraction. Ainsi *débarrasser*, c'est ôter l'*embarras*; *débourser*, c'est tirer de sa *bourse*. Quelquefois aussi il marque *le* contraire de la signification du mot auquel il est joint; et c'est particulièrement dans les expressions familières que l'on compose ainsi à volonté des mots qui sont tolérés quand ils sont plaisants ou bien placés, mais qui ne passent point dans l'usage général de la langue : tels sont les mots : *débarbariser*, *débrutaliser*, etc. — La préposition *de*, placée devant un nom, établit divers rapports d'appartenance et de dépendance, ex. : rapport d'un objet à son auteur : *œuvres de Voltaire*; d'un objet à son origine, sa source : *Denis d'Halycarnasse*, *du vin de Bourgogne*; rapport au temps, à l'époque : *les hommes du siècle*, *les fictions de l'antiquité*; à l'instrument : *coup de bâton*, *trait de plume*; à la cause : *trait de courage*, *cri de douleur*; d'une personne à une autre : *les disciples de Platon*, *les ministres du roi*; à la fin, au but : *le commerce des grains*, *le droit de chasse*; à un sujet traité, expliqué : *cours de droit*, *livre de jurisprudence*; à la distraction : *salle de spectacle*, *habit de cérémonie*; à la profession : *femme de ménage*, *homme de cabinet*; à la condition : *un homme de peu*, *une personne de condition*; à une qualité ou distinction particulière : *homme de génie*, *affaire d'importance*; à la valeur, à la dimension, etc. : *une pièce de cinq francs*, *une armée de vingt mille hommes*; au contenu : *une tasse de café*; de la partie au tout : *le pied d'une montagne*, *les colonnes d'un temple*; rapport d'une chose à celle dont elle est formée ou composée : *une somme d'argent*, *une paire de poulets*; à la matière dont elle est faite : *une barre de fer*, *un collier de perles*; rapport d'une portion ou fraction à la totalité : *il a perdu une partie de sa fortune*, etc.

DE CE QUE, loc. conjonctive (du latin *ex eo quod*) : *de ce que nous voyons, il résulte*, etc.

DÉ, DÉS. Prépositions inséparables, qui s'ajoutent aux verbes simples pour en former des verbes composés, et par le moyen desquelles ces verbes ont différentes significations. (*Restaut.*) *Vaugelas* a fait une remarque curieuse sur les composés où la préposition *dé* emporte le contraire de la signification du simple. Il en produit pour exemple *débrutaliser*, qu'avait fait madame de Rambouillet. Le *décatoniser* de *Scarron* n'est pas moins heureux, pour dire, rendre capable de rire un homme grave; et l'on n'a pas désapprouvé dans *Molière* l'endroit où *Sosie* dit à *Amphitryon* :

> La rigueur d'un pareil destin,
> Monsieur, aujourd'hui nous talonne;
> Et l'on me *dé-Sosie* enfin,
> Comme on vous *dés-Amphitryonne*.

DÉ, subst. mas. (*dé*) (du lat. *digitale*, fait, à peu près dans le même sens, de *digitus*, doigt; nos anciens Français disaient *deil*, et les habitants du midi disent encore aujourd'hui *didal*), petit morceau de métal, arrondi, et couvert de petits trous creusés à mi-épaisseur, dont on se garnit le bout du doigt, quelquefois le milieu, pour pousser l'aiguille quand on coud. — Petit morceau d'os ou d'ivoire, de figure cubique, à six faces, dont chacune est marquée d'un différent nombre de points, depuis un jusqu'à six, et qui sert à jouer. On appelle ce *dé*, *dé à jouer*, pour le distinguer de *dé à coudre*. — *Piper des dés*, préparer des *dés*, afin de tromper au jeu : *dés pi-*

pés ou *dés chargés*. On écrivait autrefois *dez*, et l'auteur du poëme de l'*Homme des champs* a conservé cette orthographe dans ce vers :

> Le *dez* avec fracas part, rentre, part encore ;

elle est aujourd'hui hors d'usage. (Du lat. *dati*, donnés ou jetés, pour lequel on a dit par corruption *dadi*, qui se trouve dans les constitutions napolitaines, et d'où les Italiens ont fait, dans le même sens, *dadi* au plur.; et les Espagnols, *dados*.) — Dans les presses d'imprimerie, morceau d'acier de forme carrée, qui se place dans la grenouille, et reçoit le pivot de la vis. — En archit., la partie lisse d'un piédestal comprise entre la corniche et la plinthe. — *Avoir le dé*, jouer le premier. — *Flatter le dé*, le pousser doucement. Fig. et fam., adoucir par son expression quelque chose de fâcheux. — *Rompre le dé*, arrêter les *dés* pour rendre le coup nul. — Fig., *tenir le dé dans une compagnie*, s'y rendre maître de la conversation :

> Car madame à parler tient le *dé* tout le jour.
> (Molière.)

— *Faire quitter le dé à quelqu'un*, l'obliger à céder. Fam. — *A vous le dé*, c'est à vous à parler, à répondre, etc. — *Dé de fer*, morceau de fer carré dont on remplit les cartouches.

DÉA, subst. propre fém. (*dé-a*), t. de géog. anc., ville de la Gaule, sur la Druna, dans la Viennaise, aujourd'hui le territoire de *Die*.

DÉALBATION, subst. fém. (*dé-alebâcion*) (en lat. *dealbatio*, formé de *albus*, blanc), t. de chim., changement de couleur noire en couleur blanche par l'action du feu.—Action de donner de la blancheur aux dents et aux cicatrices, ou d'entretenir cette blancheur. Dans ce dernier sens, on dirait mieux *albation* ou *albification*.

DÉAMBULATION, subst. fém. (*dé-anbulation*), promenade. Vieux.

DÉARTICULATION, subst. fém. (*dé-articuldkion*), synonyme de *abarticulation*. Voy. ce mot.

DÉAURATION, subst. fém. (*dé-ôracion*), art de donner la couleur d'or à certains métaux, en les associant à d'autres.

DÉBÂCHÉ, E, part. pass. de *débâcher*.

DÉBÂCHER, v. act. (*débâché*), ôter la *bâche*. Voy. BÂCHE.

DÉBÂCLAGE, subst. mas. (*débâklaje*), t. de mar., travail pour débarrasser les ports et les rivières des vaisseaux vides, afin d'en laisser l'entrée libre aux vaisseaux chargés.

DÉBÂCLE, subst. fém. (*débâkle*), action de débarrasser les ports des vaisseaux vides, pour en faciliter l'entrée aux vaisseaux chargés. — Rupture des glaces, qui arrive tout-à-coup quand une rivière a été prise par le froid. — Fig. et fam., révolution qui se fait tout d'un coup dans les affaires. — On dit fam. et fig. : *belle débâcle!* en parlant d'une personne qui se retire, et dont on est bien aise d'être débarrassé : *les huissiers ont quitté ce matin cette maison, belle débâcle!* — Se dit aussi quelquefois pour *débâclage*.

DÉBÂCLÉ, E, part. pass. de *débâcler*.

DÉBÂCLEMENT, subst. mas. (*débâkleman*), action de *débâcler* des vaisseaux, des bateaux. *Trévoux* a dit *débâclage*. — Moment de la *débâcle* des glaces.

DÉBÂCLER, v. act. (*débâklé*), débarrasser une porte, une fenêtre condamnée, et l'ouvrir.

DÉBÂCLER, v. neut. (*débâclé*) (voy. BÂCLER), se dit des rivières dont les glaces viennent à se rompre tout d'un coup. — *se* DÉBÂCLER, v. pron.

DÉBÂCLEUR, subst. mas. (*débâkleur*), officier sur les ports de Paris, qui s'occupe de les faire débarrasser.

DÉBADINÉ, part. pass. de *débadiner*.

DÉBADINER, v. neut. (*débadiné*), t. de jeu de l'impériale, démarquer les points qu'on avait amassés, quand l'adversaire a une impériale en main.

DÉBAGOULÉ, E, part. pass. de *débagouler*.

DÉBAGOULER, v. act. et neut. (*débaguoulé*), vomir, dégueuler. Il est très-bas. — Fig. et bassement, dire indiscrètement tout ce qui vient à la bouche.

DÉBAGOULEUR, subst. mas., au fém. **DÉBAGOULEUSE** (*débagouleur, leuze*), celui, celle qui parle indiscrètement. Il est bas.

DÉBAIGNÉE, subst. fém. (*débègnié*), t. de médec., deuxième gradation des bains à Barèges.

DÉBALLAGE, subst. mas. (*débalaje*), action de *déballer*.

DÉBALLÉ, E, part. pass. de *déballer*.

DÉBALLER, v. act. (*débalé*), ouvrir, défaire une *balle*; en tirer des marchandises, etc.—*se* DÉBALLER, v. pron.

DÉBANDADE, subst. fém. (*débandade*), l'action de *se débander*; désordre; confusion : *c'était une vraie débandade*. L'*Académie* ne donne pas ce mot comme subst. — *à la* DÉBANDADE, loc. adv., confusément et sans ordre.—Fig., *mettre ou laisser tout à la débandade*, abandonner le soin de son bien ou de quelque affaire qu'on regarde comme désespérée.

DÉBANDÉ, E, part. pass. de *débander*.

DÉBANDEMENT, subst. mas. (*débandeman*), action de *se débander* : *il y eut dans l'armée un débandement général*.

DÉBANDER, v. act. (*débandé*), détendre : *débander un arc, un pistolet*. — Oter une *bande*, un *bandeau*, un *bandage*. — *se* DÉBANDER, v. pron., se détendre : *son fusil se débanda*.—En t. de guerre, se dit de soldats qui se séparent d'un escadron ou d'un bataillon confusément. On le dit aussi d'un corps de troupes qui se disperse sans ordre pour s'enfuir et se retirer.—Fig., *se débander l'esprit*, se donner un peu de relâche.—*Le temps se débande*, commence à s'adoucir après une forte gelée. Cette dernière loc. est plus que vieillie.

DÉBANQUÉ, part. pass. de *débanquer*.

DÉBANQUER, v. act. (*débanké*), t. de jeu, gagner tout l'argent qu'un *banquier* avait devant lui.

> Plus Cléon risque et tient, plus le malheur le suit.
> D'un sang-froid merveilleux ma prudente maîtresse
> Pour le mettre au néant épuise son adresse.
> Enfin elle a gagné tout ce qu'elle a risqué,
> Et jusqu'à quatre fois elle l'a *débanqué*.
> (Destouches. *Le Dissipateur*.)

—*se* DÉBANQUER, perdre tout l'argent qu'on avait sur soi.

DÉBAPTISÉ, E, part. pass. de *débaptiser*.

DÉBAPTISER, v. act. (*débatizé*). Il n'a guère d'usage que dans cette phrase familière : *il se serait plutôt débaptisé que de faire cela*, il renoncerait plutôt à son *baptême*. — *Molière* s'en est servi dans un autre sens, pour signifier : *changer de nom*, quand il dit dans son *École des Femmes* :

> Qui diable vous a fait aussi vous aviser,
> A quarante et deux ans, de vous *débaptiser*?

—*se* DÉBAPTISER, v. pron.

DÉBARBARISÉ, E, part. pass. de *débarbariser*.

DÉBARBARISER, v. act. (*débarbarizé*), retirer de la *barbarie*. — *se* DÉBARBARISER, v. pron.

DÉBARBOUILLÉ, E, part. pass. de *débarbouiller*.

DÉBARBOUILLER, v. act. (*débarbou-ié*), nettoyer le visage d'une personne *barbouillée*. — *se* DÉBARBOUILLER, v. pron., se nettoyer le visage.

DÉBARBOUILLEUR, subst. mas., au fém. **DÉBARBOUILLEUSE** (*débarbou-ieur, ieuze*), celui, celle qui *débarbouille*. Peu en usage.

DÉBARBOUILLEUSE, subst. fém. Voy. DÉBARBOUILLEUR.

DÉBARCADÈRE, subst. mas. (*débarkadère*), t. de mar., cale faite en pierres brutes pour faciliter les chargements et déchargements des accons et des autres embarcations. On dit aussi *embarcadère*. Ce dernier, toutefois, ne doit se dire que des *chargements*, et *débarcadère*, des *déchargements*.

DÉBARCADOUR, subst. mas. (*débarkadour*) (en espagnol *desembarcadero*), lieu marqué pour le débarquement d'un vaisseau. On dit aussi, et plus conformément à l'étymologie, *débarcadère*.

DÉBARDAGE, subst. mas. (*débardaje*), action de *débarder*.

DÉBARDÉ, E, part. pass. de *débarder*.

DÉBARDER, v. act. (*débardé*), tirer du bois de dessus les bateaux ou de la rivière, et le porter sur le bord. Il se dit aussi d'autres marchandises qu'on débarque. — Transporter du bois d'un endroit à un autre, par exemple, hors du taillis où on l'a coupé, jusqu'à l'endroit où les voitures peuvent aborder pour le prendre. — *se* DÉBARDER, v. pron., se décharger d'un fardeau.

DÉBARDEUR, subst. mas. (*débardeur*), celui qui *débarde*.

DÉBARQUÉ, E, subst. (*débarkié*) : *nouveau débarqué*, nouvellement arrivé de la province : *c'est une nouvelle débarquée*.

DÉBARQUÉ, E, part. pass. de *débarquer*.

DÉBARQUEMENT, subst. mas. (*débarkeman*), action par laquelle on *débarque*. — L'action d'une personne qui *débarque*. — *Troupes de débarquement*, troupes destinées à faire une descente chez l'ennemi.

DÉBARQUER, v. act. et neut. (*débarkié*), ôter du vaisseau les marchandises pour les mettre à terre; ou mettre du monde à terre : *débarquer des marchandises ; débarquer des troupes*. — Il signifie aussi, quitter le vaisseau après avoir fait la traversée qu'on voulait faire : *nous débarquâmes à Toulon*. — *se* DÉBARQUER, v. pron.

DÉBARQUER (selon nous DÉBARQUÉ vaudrait mieux, parce qu'on ne le confondrait pas avec le verbe *débarquer*), subst. mas. (*débarkié*), moment du *débarquement* : *surprendre quelqu'un au débarquer*.

DÉBARRAS, subst. mas. (*débarâ*), cessation d'*embarras*; délivrance de ce qui *embarrassait*.

DÉBARRASSÉ, E, part. pass. de *débarrasser*.

DÉBARRASSEMENT, subst. mas. (*débaraceman*), action de *débarrasser*. Peu en usage.

DÉBARRASSER, v. act. (*débaracé*), tirer d'*embarras*; ôter l'*embarras*. — Délivrer de quelque chose ou de quelqu'un qui nuit, qui empêche, qui *embarrasse*. — Dégager de quelque chose qui attache; il se dit au propre et au fig. — *se* DÉBARRASSER, v. pron., se tirer d'*embarras*, se dégager, se délivrer de ce qui *embarrassait* l'esprit.

DÉBARRÉ, E, part. pass. de *débarrer*.

DÉBARRER, v. act. (*débâré*), ôter la *barre*, ce qui ferme une entrée : *débarrer une porte*. — *se* DÉBARRER, v. pron.

DÉBAT, subst. mas. (*débâ*), différend, contestation. Voy. DISPUTE. — *Débats*, au plur., signifie simplement discussion pour et contre, s'il est question d'assemblées politiques ou délibérantes.— En t. de procédure criminelle, la partie de l'instruction qui se fait publiquement. Au grand criminel les *débats* commencent à la lecture de l'acte d'accusation et de l'arrêt de renvoi, et durent jusqu'au résumé du président, qui avant de le commencer doit déclarer que les *débats sont terminés*. — *Débats de compte*, contestations qu'élèvent ceux à qui un *compte* est rendu, et qu'on nomme l'*ayant-compte*, sur quelques articles portés au chapitre des dépenses, ou qui auraient été omis au chapitre des recettes, demandant qu'ils soient rayés, modérés ou ajoutés. Les réponses que le *rendant* fait aux *débats de compte* sont appelées *soutènement*. (*Dict. de Législat. usuelle*.) —Prov. : *entre eux le débat*, ou *à eux le débat*; qu'ils s'arrangent comme ils voudront, je ne m'en mêle pas. — Titre d'un journal de Paris : *le Journal des débats*.

Débat, 3e pers. sing. prés. indic. du verbe irrégulier DÉBATTRE.

DÉBÂTÉ, E, part. pass. de *débâter*.

DÉBÂTELAGE, subst. mas. (*débâtelaje*), décharge de navires. Peu usité.

DÉBÂTER, v. act. (*débâté*), ôter le *bât* de dessus le dos d'une bête de somme. — *se* DÉBÂTER, v. pron.

DU VERBE IRRÉGULIER DÉBATTRE :

Débats, 2e pers. sing. impér.
Débats, précédé de *je*, 1re pers. sing. prés. indic.
Débats, précédé de *tu*, 2e pers. sing. prés. indic.

DÉBATTABLE, adj. des deux genres (*débatable*), qui peut être discuté, *débattu*.

DU VERBE IRRÉGULIER DÉBATTRE :

Débattaient, 3e pers. plur. imparf. indic.
Débattais, précédé de *je*, 1re pers. sing. imparf. indic.
Débattais, précédé de *tu*, 2e pers. sing. imparf. indic.
Débattait, 3e pers. sing. imparf. indic.
Débattant, part. prés.
Débatte, précédé de *que je*, 1re pers. sing. prés. subj.
Débatte, précédé de *qu'il* ou *qu'elle*, 3e pers. sing. prés. subj.
Débattent, précédé de *ils* ou *elles*, 3e pers. plur. prés. indic.
Débattent, précédé de *qu'ils* ou *qu'elles*, 3e pers. plur. prés. subj.
Débattes, 2e pers. sing. prés. subj.
Débattez, 2e pers. plur. impér.
Débattez, précédé de *vous*, 2e pers. plur. prés. indic.
Débattiez, précédé de *vous*, 2e pers. plur. imparf. indic.
Débattiez, précédé de *que vous*, 2e pers. plur prés. subj.
Débattîmes, 1re pers. plur. prét. déf.
Débattions, précédé de *nous*, 1re pers. plur. imparf. indic.
Débattions, précédé de *que nous*, 1re pers. plur. prés. subj.
Débattirent, 3e pers. plur. prét. déf.
Débattis, précédé de *je*, 1re pers. sing. prét. déf.
Débattis, précédé de *tu*, 2e pers. sing. prét. déf.
Débattisse, 1re pers. sing. imparf. subj.
Débattissent, 3e pers. plur. imparf. subj.
Débattisses, 2e pers. sing. imparf. subj.
Débattissiez, 2e pers. plur. imparf. subj.

Débattissions, 1re pers. plur. imparf. subj.
Débattit, précédé de *il* ou *elle*, 3e pers. sing. prét. déf.
Débattît, précédé de *qu'il* ou *qu'elle*, 3e pers. sing. imparf. subj.
Débattîtes, 2e pers. plur. prét. déf.
Débattons, 1re pers. plur. impér.
Débattons, précédé de *nous*, 1re pers. plur. prés. indic.
Débattra, 3e pers. sing. fut. indic.
Débattrai, 1re pers. sing. fut. indic.
Débattraient, 3e pers. plur. prés. cond.
Débattrais, précédé de *je*, 1re pers. sing. prés. cond.
Débattrais, précédé de *tu*, 2e pers. sing. prés. cond.
Débattrait, 3e pers. sing. prés. cond.
Débattras, 2e pers. sing. fut. indic.

DÉBATTRE, v. act. (*débatre*), contester de paroles, disputer, contester, discuter; avec ces différences : 1° que *débattre* suppose plus de chaleur; *discuter* plus de réflexion; 2° que le premier s'emploie surtout quand il est question d'intérêt personnel, et le second quand il s'agit de choses générales : *des plaideurs débattent leurs propres intérêts; les juges discutent les droits des parties.* — *se* DÉBATTRE, v. pron., se démener, s'agiter, se tourmenter. — *Se débattre de la chape à l'évêque*, vieux prov. qui signifiait : disputer d'une chose qui n'appartient à aucun des *contestants*.

DU VERBE IRRÉGULIER DÉBATTRE :

Débattrez, 2e pers. plur. fut. indic.
Débattriez, 2e pers. plur. prés. cond.
Débattrions, 1re pers. plur. prés. cond.
Débattrons, 1re pers. plur. fut. indic.
Débattront, 3e pers. plur. fut. indic.

DÉBATTU, E, part. pass. de *débattre*, et adj. : *cause bien débattue*, bien examinée, bien discutée.

DÉBAUCHE, subst. fém. (*débôche*) (voy. DÉBAUCHER pour l'étymologie), dérèglement; excès, dans le boire et le manger. — Libertinage, désordre, dérèglement de mœurs. — Honnête réjouissance dans un repas; dans cette occasion, il est toujours accompagné d'une épithète : *honnête débauche; agréable débauche.* — On dit fig., d'ouvrages qui blessent la délicatesse des gens de goût : *c'est une débauche d'esprit, d'imagination.*

DÉBAUCHÉ, E, part. pass. de *débaucher*.

DÉBAUCHÉ, E, subst. (*débôché*), qui est abandonné à la *débauche* : *c'est un débauché; une grande débauchée; ce sont des débauchés.* — *Agréable débauché*, homme agréable dans la *débauche*, dans les plaisirs.

DÉBAUCHER, v. act. (*débôché*) (suivant *Huet*, de *bauche*, enduit de terre et de paille qu'on met sur les murs de terre pour les conserver. *Débaucher*, ôter la *bauche*, ce qui expose le mur à se dégrader; et, au fig., dépouiller quelqu'un de ses principes de sagesse et de vertu, etc. Suivant *Ménage*, du même mot *bauche*, qui, dans une autre acception, signifiait anciennement *boutique* : *débaucher*, au propre, tirer un ouvrier de sa *bauche*, de sa boutique, et, par extension, le détourner de son devoir, etc.), jeter dans la *débauche* : *débaucher un jeune homme, une jeune fille.* — Corrompre la fidélité de... : *débaucher des soldats, des domestiques*, les engager à quitter un service pour passer à un autre.— Détourner du devoir : *débaucher un ouvrier de son travail.* —Dans l'imprim., renvoyer un ouvrier de l'imprimerie où il travaillait.—*se* DÉBAUCHER, v. pron., se jeter dans la *débauche*.

DÉBAUCHEUR, subst. mas., au fém. DÉBAUCHEUSE (*débôcheur, cheuze*), qui *débauche*; qui excite à la *débauche*, à la corruption des mœurs.

DÉBAUCHEUSE, subst. fém. Voy. DÉBAUCHEUR.

DÉBELLATOIRE, adj. des deux genres (*débèlelatoare*)(du latin *debellare*, mettre hors de combat), victorieux, triomphant, combattant. (*Boiste*.)

DÉBELLÉ, E, part. pass. de *débeller*.

DÉBELLER, v. act. (*débèlelé*) (du lat. *debellare*, mettre hors de combat), combattre, vaincre, triompher. Plus latin que français.

DEBENTUR, subst. mas. (*débeintur*), mot purement latin qui signifie : *ils sont dus*. Quittance que chaque officier des cours souveraines donnait au roi en recevant ses honoraires, parce que cette quittance commençait par les mots : *debentur mihi*, etc. Hors d'usage.

DÉBENTURES, subst. fém. plur. (*débeinture*) (par corruption du mot latin *debentur*, ils sont dus), t. de comm., droits sur les marchandises que vend la compagnie des Indes d'Angleterre, lesquels sont compris dans le prix de la vente, et remboursés ensuite par la compagnie, lorsque ces marchandises sont sorties du royaume.

DEBET, subst. mas. (*débète*) (du latin *debet*, il doit), t. de finance, ce qu'un comptable *doit* après l'arrêté de son compte. — *Debet* se dit en matière de timbre et d'enregistrement pour les actes à l'égard desquels les droits ne sont pas exigés à l'instant où se remplit la formalité. — *Payer une charge en debet*, la payer en acquittant les dettes du vendeur. — Sans *s* au plur., comme mot tout latin.

DÉBIFFÉ, E, part. pass. de *débiffer*, et adj. : *estomac débiffé; figure débiffée.*

DÉBIFFER, v. act. (*débifé*), affaiblir, déranger. Il est fam. et ne s'emploie guère qu'au passif et au participe : *être tout débiffé; visage débiffé*, qui paraît affaibli par quelque excès. Peu en usage.

DÉBILE, adj. des deux genres (*débile*) (en latin *debilis*), faible. —On dit fig. : *cerveau débile; esprit débile; mémoire débile.* — *Débile* s'emploie mieux pour le style relevé, et *faible* dans le style simple.

DÉBILEMENT, adv. (*débileman*), d'une manière *débile*.

DÉBILITANT, E, adj. (*débilitan, tante*), t. de médec., se dit des divers moyens qui tendent à affaiblir : *remède débilitant; boisson débilitante.* — Subst. mas. : *un débilitant.*

DÉBILITATION, subst. fém. (*débilitâcion*) (en lat. *debilitatio*), affaiblissement.

DÉBILITÉ, subst. fém. (*débilité*) (en lat. *debilitas*), affaiblissement.— Au fig. : *débilité d'esprit*, imbécillité.

DÉBILITÉ, E, part. pass. de *débiliter*.

DÉBILITER, v. act. (*débilité*)(en lat. *debilitare*), affaiblir.—*se* DÉBILITER, v. pron.

DÉBILLARDÉ, E, part. pass. de *débillarder*.

DÉBILLARDEMENT, subst. mas. (*débi-iardeman*), t. de charpentier; action de *débillarder*.

DÉBILLARDER, v. act. (*débi-iardé*), t. de charpentiers, dégrossir, emporter les plus gros morceaux d'une pièce de bois. — *se* DÉBILLARDER, v. pron.

DÉBILLÉ, E, part. pass. de *débiller*.

DÉBILLER, v. act. (*débi-ié*), t. de rivière, détacher les chevaux qui tirent les bateaux. — *se* DÉBILLER, v. pron.

DÉBINE, subst. fém. (*débine*), misère qui arrive par accident. Fam.

DÉBINÉ, E, part. pass. de *débiner*.

DÉBINER, v. act. (*débiné*), t. de jard., faire un petit *binage* à la vigne, après avoir *biné* d'abord, afin d'en ôter les mauvaises herbes. — V. neut., tomber dans la *débine*, dans la misère.

DÉBIS, subst. propre mas. (*débice*), idole de forme humaine, qu'on adore sur les grandes routes au Japon.

DÉBIT, subst. mas. (*débi*), vente de quelque marchandise. Il se dit surtout du détail : *il se fait un grand débit de telle étoffe*, etc. — On le dit encore du droit de vendre certaines marchandises dont le gouvernement s'est réservé le monopole : *un débit de poudre, de cartes, de tabac.*—On appelle aussi *débit*, l'exploitation du bois selon l'emploi qu'on lui destine, comme lorsqu'on le met en cerceaux, en merrain, en poutres, etc. : *le débit du sapin en planches est plus profitable qu'en bois à brûler.* — En t. de teneur de livres : 1° la page à main gauche du grand livre, intitulée *doit*, où l'on porte les articles à la charge du compte qui y est contenu; 2° les articles qui sont contenus au *débit* d'un compte, par opposition au *crédit*. Voyez ce mot : *j'ai passé à votre débit la somme que j'ai payée pour vous.* — Fig., manière plus ou moins facile de parler, de s'exprimer, ou de lire: *cette personne sent bien ce qu'elle lit, mais son débit n'est pas net.* — En musique, récitation coulante, naturelle et précipitée qui ressemble à la parole.

DÉBITANT, E, subst. (*débitan, tante*), celui ou celle qui *débite* quelque marchandise.

DÉBITE, subst. fém. (*débite*), écoulement ou vente journalière ou successive d'une marchandise. Ce mot ne dit ni plus, ni moins, ni autre chose que *débit*. Nous laissons volontiers à *Raymond* un barbarisme qui n'a pas même l'ombre de l'utilité.

DÉBITÉ, E, part. pass. de *débiter*.

DÉBITEMENT, subst. mas. (*débiteman*). Dans l'ancienne législation, ce mot désignait une chose *due*. (*Dict. de Législation usuelle.*)

DÉBITER, v. act. (*débité*) (du lat. *debitor*, débiteur, fait de *debere*, devoir. *Débiter*, c'est rendre *débiteur*; car la première signification de ce mot était : *vendre à crédit*, ce qui est le vrai moyen de vendre vite et beaucoup : les autres acceptions ne sont qu'une extension de celle-ci), vendre et distribuer en gros ou en détail de la marchandise à divers acheteurs. Employé d'une manière absolue, il se dit toujours de la vente en détail : *ce marchand ne vend qu'en gros, il ne débite pas.* — En t. de teneur de livres, porter au *débit* d'un compte : *je vous ai débité de telle somme.* — Au fig., 1° répandre des nouvelles; 2° lire à haute voix, déclamer, prononcer un discours, etc.; en ce sens, on dit prov., de quelqu'un qui s'énonce avec facilité : *il débite bien sa marchandise*; il s'emploie aussi neut. : *cette personne, cet orateur débite froidement*; 3° en musique, chanter un récitatif d'une manière coulante, facile et gracieuse, et en substituant presque l'accent de la parole à celui du chant. — Couper et refendre le bois de longueur. — Marquer le bois selon la longueur convenue. Il se dit aussi du marbre, des pierres, etc. — *se* DÉBITER, v. pron.

DÉBITEUR, subst. mas., au fém. DÉBITEUSE (*débiteur, teuze*), celui, celle qui *débite* des nouvelles. Fam. Il ne se prend qu'en mauvaise part.

DÉBITEUR, subst. mas., au fém. DÉBITRICE (*débiteur, trice*), celui, celle qui *doit* à un autre, qui a quelque *dette*.—Celui qui est obligé de donner ou de faire quelque chose à quelqu'un en vertu d'un contrat ou quasi-contrat, d'un délit ou quasi-délit. (*Dict. de Législation usuelle.*) — Dans la tenue des livres, l'opposé de *créditeur*.

DÉBITEUSE, subst. fém. Voy. DÉBITEUR.

DÉBITIS, subst. mas. (*débitice*), anc. t. de pal., lettres ou mandement au premier huissier, de forcer le débiteur de l'impétrant à payer une somme due par acte authentique, emportant exécution parée.

DÉBITRICE, subst. fém. Voy. DÉBITEUR.

DÉBITTÉ, E, part. pass. de *débitter*.

DÉBITTER, v. act. (*débitté*), t. de mar., dérouler le câble des *bittes*, l'en détacher. — *se* DÉBITTER, v. pron.

DÉBLAI, subst. mas. (*déblé*), action d'enlever des terres pour mettre un terrein de niveau; résultat de cette action : *le déblai n'est pas encore terminé.* — Il se dit des terres, des décombres mêmes qu'on a enlevés : *ces déblais pourront servir à combler les fossés voisins.* — On dit : *tel endroit de la route, du canal est en déblai*, en parlant de l'endroit où un *déblai* a été nécessaire pour donner le niveau convenable.—On dit fig. et fam., quand on s'est défait de quelqu'un ou de quelque chose qui incommodait : *voilà un beau déblai.*

DÉBLANCHI, E, part. pass. de *déblanchir*.

DÉBLANCHIR, v. act. (*déblanchir*), t. de fondeur, ôter la croûte d'étain des tables de plomb. — Se dit aussi de l'enlèvement de la croûte qui se forme sur les autres métaux en fusion. — *se* DÉBLANCHIR, v. pron.

DÉBLATÉRATION, subst. fém. (*déblatérâcion*) (en lat. *deblateratio*), action de *déblatérer*. Peu usité.

DÉBLATÉRER, v. neut. (*déblatéré*) (du lat. *deblaterare*, bavarder), déclamer avec passion, avec violence contre quelqu'un. On ne dit pas *diblatérer*.

DÉBLAYÉ, part. pass. de *déblayer*.

DÉBLAYER, v. act. (*déblèié*) (du lat. barbare *debladare*, qui a signifié originairement ôter *le blé*, *bladum*), débarrasser une cour, une maison, une salle, des choses qui y sont en désordre et qui les embarrassent. — Fig. et bassement, se défaire d'un importun, d'une chose qui incommode. — *se* DÉBLAYER, v. pron.

DÉBLÉE, subst. fém. (*déblé*), t. de bot., se disait autrefois des *blés* pendants par les racines. Inus.

DÉBLOCAGE, subst. mas. (*déblokaje*), action de *débloquer*.

DÉBLOQUÉ, E, part. pass. de *débloquer*.

DÉBLOQUER, v. act. (*déblokié*), en t. de guerre, faire lever le *blocus* : *débloquer une place, une garnison.*— En t. d'imprim., remettre dans une forme les lettres qui, ayant manqué dans la casse, ont été *bloquées*, c'est-à-dire dont les places ont été remplies par d'autres lettres de la même force, mais renversées. — *se* DÉBLOQUER, v. pron.

DÉBLOQUEUR, subst. mas. (*déblokeur*). On pourrait donner ce nom à celui qui, dans l'imprimerie, est chargé de *débloquer*; mais il faudrait; pour adopter cette expression, qu'un individu pût être chargé spécialement de *débloquer*, et pour cela qu'il y eût beaucoup de *blocage*, ce que l'on doit éviter le plus possible, à cause des graves inconvénients qui y sont attachés. Du reste, nous ne l'avons jamais entendu dire, et nous ne le croyons pas fort utile, parce que ce mot n'a pas de spécialité réelle.

DÉBOIRADOUR, subst. mas. (*déboèradour*), instrument de bois en forme de croix, servant à écorcer les châtaignes qu'on fait sécher.

DÉBOIRE, subst. mas. (*déboare*), mauvais goût qui reste de quelque liqueur après qu'on l'a *bue*. — Fig., chagrin, dégoût, mortification : *éprouver des déboires*.

DÉBOÎTÉ, part. pass. de *déboîter*, et adj., disloqué.

DÉBOÎTEMENT, subst. mas. (*déboèteman*), déplacement d'un os sorti de son articulation. Voyez LUXATION, t. de médec.

DÉBOÎTER, v. act. (*déboété*) (rac. *boîte*), disloquer un os, le faire sortir de sa place naturelle. — Par extension, disjoindre une porte, une cloison. — En hydraul., séparer des tuyaux de bois ou de grès endommagés, pour en remettre des neufs. — SE DÉBOÎTER, v. pron., se disjoindre.

DÉBONDÉ, E, part. pass. de *débonder*.

DÉBONDER, v. act. (*débondé*) (rac. *bonde*), ôter la *bonde* d'un tonneau, d'un étang. — Par extension et fam., action d'un purgatif qui fait cesser une grande constipation. — V. neut., sortir avec abondance, avec impétuosité : *l'eau a débondé cette nuit*. — On dit *débonder*, d'un cadavre qui se vide. — Il se dit fig. et fam., des pleurs, de la colère, de tout sentiment qui, après avoir été long-temps comprimé, s'échappe avec violence. — SE DÉBONDER, v. pron., s'épancher, se répandre avec violence; et fam., évacuer abondamment après avoir été long-temps resserré.

DÉBONDONNÉ, E, part. pass. de *débondonner*.

DÉBONDONNEMENT, subst. mas. (*débondoneman*), action d'ôter le *bondon* d'un tonneau; effet de cette action.

DÉBONDONNER, v. act. (*débondoné*), ôter le *bondon* : *débondonner un tonneau*. — SE DÉBONDONNER, v. pron.

DÉBONNAIRE, adj. des deux genres (*débonère*) (suivant *Henri Étienne*, des trois mots de *bonne aire*, qui se disaient, en fauconnerie, d'un oiseau de bon *nid* ou *aire*, de bonne race. *Le Duchat* a adopté cette étymologie, qu'il a confirmée par ce vers de Marot à François Ier :

Car votre argent, de très bonn'aire prince, etc.

Doux et bienfaisant. Il n'a d'usage, dans le style sérieux, qu'en parlant des princes : *Louis-le-Débonnaire; c'est un prince débonnaire*. — Fam. : *mari débonnaire*, qui souffre patiemment la mauvaise conduite de sa femme.

DÉBONNAIREMENT, adv. (*débonèreman*), d'une manière *débonnaire*. Il vieillit.

DÉBONNAIRETÉ, subst. fém. (*débonèreté*), douceur, bonté. Vieux mot, hors d'usage.

DÉBORD, subst. mas. (*débor*), t. de médec., débordement : *débord de bile, d'humeurs*. — En t. de monnaie, ce qui dépasse le cordon de la légende.

DÉBORDÉ, E, part. pass. de *déborder*, et adj., qui est hors de son lit. — Au fig., dérégié : *une vie débordée; un jeune homme fort débordé*.

DÉBORDEMENT, subst. mas. (*débordeman*), épanchement de l'eau d'un fleuve, d'une rivière hors de son lit : *les débordements du Nil font la fertilité de l'Égypte*. — Écoulement d'humeurs très-abondant : *débordement de bile, d'humeurs*. — Irruption d'une multitude qui envahit une contrée : *le débordement des Barbares au cinquième siècle dans l'empire romain, sur l'empire romain*. — Ce mot s'emploie par extension pour donner l'idée d'une profusion désordonnée de certaines choses : *débordement d'injures, de louanges, d'écrits*. — Il s'applique aux mœurs, et se dit des désordres d'une vie déréglée, de la dissolution, de la débauche auxquelles on s'abandonne : *les débordements de Julie empoisonnèrent les derniers jours d'Auguste; vivre dans le débordement*. Corneille a dit fig., dans un sens analogue et bien énergique :

Les fleuves teints de sang, et rendus plus rapides
Par le *débordement* de tant de parricides.

DÉBORDÉMENT, adv. (*débordéman*) : *vivre débordément*, sans ordre, immoralement. Vieux et peu usité.

DÉBORDER, v. act. (*débordé*), ôter le *bord*; ôter la *bordure*. — En t. de mar., *déborder des avirons*, ôter les avirons des toulets et de dessus le bord, pour les mettre dans le bateau. — *Déborder les voiles*, en larguer les écoutes. — *Déborder un vaisseau*, en enlever le *bordage*. — Se détacher, s'éloigner d'un vaisseau qu'on avait *abordé*. Il est aussi pron. dans le même sens : *nous fîmes tous nos efforts pour nous déborder*. — En t. de guerre : *la première ligne des ennemis débordait la nôtre*, avait plus de front, plus d'étendue. — En t. de plombier, couper les deux côtés des tables de plomb avec les planes. — Fig. et par extension, aller au-delà, dépasser, outre-passer; *il s'aperçoit enfin que son propre parti l'a débordé*. — On doit s'étonner que l'*Académie* ait omis ce sens du mot *déborder*, qui est juste, clair, du style noble et d'un usage général. — V. neut., passer au-delà du *bord* : *la doublure déborde*. — En parlant d'une rivière, sortir de son lit et se répandre aux environs : *la Seine a débordé d'une manière effrayante*. — Il se dit des humeurs du corps humain, et particulièrement de la bile. — Se répandre, faire une irruption, en parlant d'une nation barbare. — SE DÉBORDER, v. pron., sortir de son lit et se répandre au dehors. — On dit fig., *se déborder en injures*, vomir des injures : *les vices se débordent*.

DÉBORDOIR, subst. mas. (*débordoar*), outil de tonnelier et de plombier. — En t. d'optique, bassin de lunettes pour façonner les verres.

DÉBOSSÉ, E, part. pass. de *débosser*.

DÉBOSSER, v. act. (*déboce*), t. de mar.; il se dit du câble d'un vaisseau dont on démarre la *bosse* qui le retient. — SE DÉBOSSER, v. pron.

DÉBOTTÉ, E, part. pass. de *débotter*, et adj., qui a ôté ses *bottes*. — On l'emploie subst. au mas., *le débotté* : quelques-uns préfèrent à tort *débotter*, qui peut se confondre avec le verbe *débotter*. On l'applique dans ce sens et par extension au moment où l'on arrive, où l'on descend de voiture, de cheval : *il m'a reçu à son débotté; il m'a surpris au débotté*.

DÉBOTTER, v. act. (*déboté*), tirer les *bottes* à quelqu'un. — SE DÉBOTTER, v. pron., tirer ses *bottes* soi-même.

DÉBOUCHÉ, E, part. pass. de *déboucher*.

DÉBOUCHÉ, subst. mas. (*débouché*), l'extrémité d'un défilé, d'une vallée : *attendre l'ennemi au débouché des montagnes*. — Fig., toute voie par laquelle s'écoulent les marchandises d'un pays, ses productions, les produits de son industrie : *ouvrir des débouchés au commerce, à l'industrie, à l'agriculture*. — Moyen d'écoulement pour les effets de commerce difficiles à placer : *il est heureux d'avoir trouvé un débouché pour ses billets et ses marchandises, qui ne sont pas de bonne défaite*. — Expédient pour sortir d'embarras, moyen de parvenir à un but : *il n'a qu'un débouché pour se tirer d'affaire, pour arriver à un emploi*.

DÉBOUCHEMENT, subst. mas. (*débouchemant*), action de *déboucher* : *le débouchement des eaux, d'un canal, d'une bouteille*. — Passage d'un endroit resserré à un lieu plus ouvert : *nous fûmes attaqués au débouchement de la vallée*. — Moyen de se défaire de marchandises et de billets dont l'emploi, le débit n'est pas facile. Dans ces deux derniers sens on se sert plus ordinairement de *débouché*. Voy. ce mot.

DÉBOUCHER, v. act. (*débouché*), ôter ce qui *bouche* : *déboucher une bouteille, un flacon*. — Par extension, débarrasser une issue des objets qui l'encombrent : *déboucher un chemin, un passage, une porte*. — On dit fig., en parlant d'un esprit lourd, épais, qui ne peut rien apprendre : *le monde finira par le déboucher*. — En t. de médec., évacuer, ôter les obstructions : *ce remède vous débouchera*. — V. neut., sortir d'un défilé : *l'armée déboucha par cet endroit*. — Se dit par extension, et dans un sens analogue, d'un fleuve, d'une rivière, d'un canal, en parlant de l'endroit où ils ont leur embouchure : *la Nièvre débouche dans la Loire à Nevers*. — SE DÉBOUCHER, v. pron. : *ce vase s'est débouché*.

DÉBOUCHOIR, subst. mas. (*débouchoar*), t. de lapidaire, outil qui sert à *déboucher* une coquille.

DÉBOUCLÉ, E, part. pass. de *déboucler*.

DÉBOUCLER, v. act. (*débouklé*), en parlant d'une jument, ôter les *boucles* qu'on lui avait mises pour empêcher qu'elle ne fût saillie. — Ôter les *boucles* des souliers. — Défaire quelques *boucles* de cheveux. — SE DÉBOUCLER, v. pron. : *les cheveux se sont débouclés*.

DÉBOUILLI, subst. mas. (*débouié*), t. de teinturier, opération pour connaître la qualité du teint d'une étoffe ou pour lui rendre sa première blancheur : *mettre une étoffe au débouilli*.

DÉBOUILLI, E, part. pass. de *débouillir*.

DÉBOUILLIR, v. act. (*débouieir*), faire *bouillir* des échantillons d'étoffe dans l'eau avec certains ingrédients, pour éprouver si la teinture de l'étoffe est bonne ou non. — SE DÉBOUILLIR, v. pron.

DÉBOUILLISSAGE, subst. mas. (*débouieiçaje*). Voy. DÉBOUILLI, subst. qui a la même signification.

DÉBOUQUÉ, E, part. pass. de *débouquer*.

DÉBOUQUEMENT, subst. mas. (*déboukeman*), action de *débouquer*. — Canal, détroit, passage entre des îles : *entrer, donner dans le débouquement; sortir du débouquement; entre les petites et les grandes Antilles, les débouquements sont nombreux*.

DÉBOUQUER, v. neut. (*déboukié*) (du lat. *de*, de, hors, et *bucca*, bouche), t. de mar., sortir des *bouches* ou canaux qui sont entre deux îles, etc., hors d'un détroit : *le vaisseau débouqua heureusement*. — SE DÉBOUQUER, v. pron.

DÉBOURBÉ, E, part. pass. de *débourber*.

DÉBOURBER, v. act. (*débourbé*), ôter la *bourbe* : *débourber un fossé, un étang*. — Tirer de la *bourbe* : *débourber une voiture*. — SE DÉBOURBER, v. pron., se retirer de la *bourbe*.

DÉBOURGEOISÉ, E, part. pass. de *débourgeoiser*.

DÉBOURGEOISER, v. act. (*débourjoèzé*), ôter à quelqu'un les manières *bourgeoises*. Il est peu usité; il semblerait utile. — SE DÉBOURGEOISER, v. pron., quitter des habitudes communes pour en prendre de plus distinguées. — Contracter une alliance, des liaisons au-dessus de la classe bourgeoise.

DÉBOURRÉ, E, part. pass. de *débourrer*.

DÉBOURRER, v. act. (*débouré*), ôter la *bourre*. — Fig. et fam., donner à quelqu'un l'air et les manières du monde, lui ôter le mauvais ton, etc. — T. de man., *débourrer un cheval*, rendre ses mouvements souples et liants par l'exercice du trot. — SE DÉBOURRER, v. pron.; fig., commencer à se former, à se façonner, à prendre les manières du monde.

DÉBOURS, subst. mas. (*débour*), avance : *être en débours*, avoir payé pour quelqu'un de l'argent dont on n'est pas encore remboursé. Il s'emploie surtout au plur. : *je ne suis pas rentré dans mes débours*. Le mot a vieilli; ou se sert mieux de *déboursé*.

DÉBOURSÉ, subst. mas. (*déboursé*), tout ce que l'on a fourni à ses frais à celui pour qui l'on a travaillé. Il se dit plus souvent au pluriel : *je ne demande que mes déboursés*.

DÉBOURSEMENT, subst. mas. (*débourceman*), l'action de *débourser*. Peu usité.

DÉBOURSÉ, part. pass. de *débourser*.

DÉBOURSER, v. act. (*débourcé*), tirer de l'argent de sa *bourse*, pour l'employer à quelque chose. — SE DÉBOURSER, v. pron.

DEBOUT, adv. (*debou*) (du mot *bout* : les deux *bouts* de l'homme sont les pieds et la tête; être sur ses pieds, c'est être sur l'*un des bouts*, et *sur le bout*, ou *de bout*, à commencer par la tête. *Ménage*.), sur pied, sur ses pieds : *se tenir debout; il est debout*. — *Être debout*, être levé : *toute la famille est debout dès le matin*. — On dit aussi, absolument, pour faire lever quelqu'un qui est assis ou couché, ou seulement pour le faire hâter : *debout! allons, il est temps*. — Il se dit par extension de quelqu'un qui a été malade : *il va beaucoup mieux, il est debout*. — On dit prov. d'un homme dont le crédit est bien établi, qu'*il ne saurait tomber que debout*. On dit aussi et mieux dans ce sens : *tomber sur ses pieds*. — *Contes à dormir debout*, fables ennuyeuses, contes en l'air, vaines promesses. — En t. de marine, *donner de bout à terre*, courir droit à terre. — *Avoir vent de bout; aller de bout au vent; être de bout au vent*, avoir vent contraire, aller contre le vent, présenter l'avant du navire du côté que vient le vent. — *Debout* s'applique aux choses qu'on dresse, qui sont dressées, et maintenues verticalement sur un de leurs bouts; aux édifices, aux empires, etc., dont le temps ou d'autres causes de destruction n'ont pas amené la chute : *après quarante siècles, les monuments de l'Égypte sont encore debout; l'empire était encore debout, mais sa ruine était prochaine* :

Vous resterez debout, rochers des Thermopyles!
(PICHALD.)

— *Mettre du bois debout*, le mettre de sa hauteur. — *Mettre un tonneau debout*, le mettre sur son fond. — T. de vènerie, *mettre un animal debout*, le lancer. — *Ces marchandises passent debout,* elles passent sans décharger.

DÉBOUTÉ, E, part. pass. de *débouter*. — En t. de jurispr., *débouté* signifie *déchu*.

DÉBOUTER, v. act. (*débouté*) (du vieux mot *bouter*, mettre; *débouter*, mettre hors, dehors). t. de palais, déclarer par sentence que quelqu'un est déchu de la demande qu'il a faite en justice. — *se* **DÉBOUTER**, v. pron., t. de pratique : *se débouter de sa demande.*

DÉBOUTONNÉ, E, part. pass. de *déboutonner*. — *Rire, manger à ventre déboutonné*, avec excès. — En t. d'escrime, *fleuret déboutonné*, dont on a ôté le *bouton*.

DÉBOUTONNER, v. act. (*déboutoné*), ôter les *boutons* des *boutonnières*. — *se* **DÉBOUTONNER**, v. pron., ôter les *boutons* de ses *boutonnières*. — Fig. et fam., parler librement, dire ce qu'on pense

DÉBRAILLÉ, E, part. pass. de *débrailler*, et adj., découvert indécemment, ou d'une manière inconvenante : *homme débraillé*, *femme débraillée*.

DÉBRAILLER, v. act., et *se* **DÉBRAILLER**, v. pron. (*débrâ-ié*) (suivant *Le Duchat*, du lat. barbare *disbracculatus*, fait de la particule privative *dis* ou *de*, et de *braccula*, diminutif de *bracca*, braie, haut-de-chausses, etc.), se découvrir la poitrine avec quelque indécence.

DÉBRAISAGE, subst. mas. (*débrèzaje*), t. de verrerie, action de *débraiser*.

DÉBRAISÉ, E, part. pass. de *débraiser*.

DÉBRAISER, v act. (*débrézé*); dans les verreries, retirer les *braises* d'un four chauffé avec du bois. — *se* **DÉBRAISER**, v. pron.

DÉBRAYÉ, E, part. pass. de *débrayer*.

DÉBRAYER, v. act. (*débréié*), t. de menuisier, serrer la barre sur la croisée. — *se* **DÉBRAYER**, v. pron.

DÉBREDOUILLÉ, E, part. pass. de *débredouiller*.

DÉBREDOUILLER, v. act. (*débredouié*), t. de trictrac, faire ôter la *bredouille*, en prenant quelques points ou un trou. — Fig. et fam., changer en bien une fortune long-temps ingrate et peu favorable. — V. neut., et *se* **DÉBREDOUILLER**, v. pron., ôter, quitter la *bredouille* qu'on avait. — Fig. et fam., n'avoir rien fait de ce qu'on s'était proposé de faire : *il est revenu du bal sans débredouiller*, sans avoir dansé une seule fois. Dans cet emploi, *débredouiller* se dit par antiphrase. Il serait plus conforme à sa signification de dire, au contraire, de quelqu'un qui a fait jusqu'au bout, sans interruption et sans obstacle, ce qu'il désirait de faire, *qu'il n'a pas débredouillé*.

DÉBRIDÉ, part. pass. de *débrider*.

DÉBRIDÉE, subst. fém. (*débridé*), dans quelques endroits, ce qu'on paie dans une auberge pour y faire arrêter son cheval pendant quelques instants.

DÉBRIDEMENT, subst. mas. (*débrideman*), action de *débrider*.

DÉBRIDER, v. act. (*débridé*), ôter la *bride* à un cheval. On dit aussi neut. : *il est temps de débrider*. — Fig. et fam., faire une chose avec précipitation : *il a bientôt débridé son bréviaire ; voyez comme il débride*, comme il mange. — *Sans débrider*, sans s'arrêter, tout d'une traite ; sans ôter la *bride* au cheval.—Fig. et fam., tout de suite et sans interruption. —T. de chir., *débrider une plaie*, l'ouvrir pour la sonder; débarrasser par l'incision certains organes de parties qui les serrent trop étroitement : *débrider le col de la vessie.* — T. de carrier, ôter le câble de dessus la pierre quand elle est arrivée au haut de la carrière. — *se* **DÉBRIDER**, v. pron.

DÉBRIDEUR, subst. mas. (*débrideur*), ardent, expéditif. *Rabelais* appelle frère Jean, *un bon débrideur de matines.* Fam. et peu usité. — Celui qui, dans les carrières, détache le câble.

DÉBRIS, subst. mas. (*débri*) (rac. *briser*), les restes d'un objet *brisé*, fracassé, détruit en grande partie; d'un vaisseau, après le naufrage; d'une ville, après sa ruine : *les débris d'un meuble, d'un vase, d'une statue; il ne put rien sauver des débris de son navire; les habitants des côtes s'enrichissent avec les débris des naufrages; on trouve dans la terre des débris de coquillages, de végétaux.* — Fam. et par extension, *les débris d'un repas, d'un pâté*, ce qui en reste.— *Débris* s'applique fig. à la beauté vieillie, à la fortune renversée, aux empires détruits, aux armées vaincues, dispersées : *il lui reste encore quelques débris de sa fortune passée ; il sera enseveli sous les débris du trône ; avec les débris de l'armée, il repoussa l'ennemi.*

Sur les *débris* du monde élevons l'Arabie.
(VOLTAIRE.)

— *Débris* est moins usité au sing. qu'au plur. : *il revient avec le triste débris de sa fortune.* (J.-J. Rousseau.)

Baucis en égala les appuis chancelants
Du *débris* d'un vieux vase, autre injure des ans.
(LA FONTAINE).

— Fig., biens qui restent à un homme après un grand revers de fortune.

DÉBROUILLÉ, E, part. pass. de *débrouiller*.

DÉBROUILLEMENT, subst. mas. (*débrouieman*), action de *débrouiller*.

DÉBROUILLER, v. act. (*débrouié*), démêler une chose *embrouillée*, mettre de l'ordre dans des choses qui étaient en confusion. — Fig., éclaircir une question, une affaire, un sujet, une intrigue, etc. — *se* **DÉBROUILLER**, v. pron. : *les affaires commencent à se débrouiller.*

DÉBROUILLEUR, adj. et subst. mas., au fém. **DÉBROUILLEUSE** (*débrouieur, ieuze*), celui, celle qui *débrouille*, qui aide une personne à *débrouiller* sa conscience, à connaître les raisons et le mérite de ses actions. Mot employé par d'*Holbach*.

DÉBROUILLEUSE, adj. et subst. fém. Voy. **DÉBROUILLEUR**.

DÉBRÛLÉ, E, part. pass. de *débrûler*.

DÉBRÛLER, v. act. (*débrulé*), ramener une substance de l'état *brûlé* à celui de combustible, en enlevant l'oxygène qui s'y était fixé pendant la combustion. — *se* **DÉBRÛLER**, v. pron.

DÉBRUTALISÉ, E, part. pass. de *débrutaliser*.

DÉBRUTALISER, v. act. (*débrutalizé*), ôter la *brutalité*; faire cesser la *brutalité* de quelqu'un. Employé par *Vaugelas*. — *se* **DÉBRUTALISER**, v. pron. Vieux et hors d'usage.

DÉBRUTI, E, part. pass. de *débrutir*.

DÉBRUTIR, v. act. (*débrutir*), commencer à polir les glaces, le marbre, ou toute autre surface *brute* ; en ôter d'abord ce qu'il y a de plus *brut*, de plus rude. — *se* **DÉBRUTIR**, v. pron.

DÉBRUTISSEMENT, subst. mas. (*débruticeman*), art ou action d'adoucir, de polir jusqu'à un certain point la surface d'un corps solide, et surtout des glaces, etc.

DEBTA, *subst. mas.* (*débeta*), demi-dieu ; génie chimérique, chez les Indiens.

DÉBUCHÉ, et non pas **DÉBUCHER**, subst. mas. (*débuché*), t. de chasse, fanfare pour avertir que le cerf a *débuché*.

DÉBUCHÉ, E, part. pass. de *débucher*.

DÉBUCHER, v. neut. (*débuché*), t. de chasse, sortir du bois, de son fort : *le cerf débuche.* — *se* **DÉBUCHER**, v. pron.

DÉBUSQUÉ, E, part. pass. de *débusquer*.

DÉBUSQUEMENT, subst. mas. (*débuckeman*), action de *débusquer*.

DÉBUSQUER, v. act. (*débucké*) (du lat. barbare *deboscare*, formé de la particule *de*, de, hors, et *boscus*, bois; *faire sortir quelqu'un du bois, de son poste*), chasser d'un poste avantageux. — Fig. et fam., faire perdre, faire ôter à quelqu'un un emploi auquel on vise soi-même. — *se* **DÉBUSQUER**, v. pron.

DÉBUT, subst. mas. (*débu*) (de la partic. *de* et du mot *but ; départ du but*), le premier coup au mail, au billard, à la boule. Il se dit, par extension, des autres jeux. — Au fig., commencement d'une entreprise, d'un discours, d'un ouvrage.

Que le *début* soit simple et n'ait rien d'affecté.
(BOILEAU.)

—Premier pas dans une carrière : *son début dans le monde, dans cette carrière, fait présumer qu'il ira loin.* — Première fois qu'on joue sur un théâtre ; dans ce sens, on dit aussi au plur. : *les débuts de tel acteur*, des représentations qui doivent servir d'essai et d'épreuve à son talent.

DÉBUTANT, E, subst. (*débutan, tante*), celui, celle qui *débute*. Il se dit principalement d'un acteur ou d'une actrice qui paraît pour la première fois ou depuis peu en public sur un théâtre.

DÉBUTÉ, E, part. pass. de *débuter*.

DÉBUTER, v. act. (*débuté*), pousser une boule de dessus le *but* ou d'auprès du *but*, l'ôter du *but*. — V. neut., jouer le premier coup à certains jeux. Voy. **DÉBUT**. — Fig., commencer un discours, une entreprise ; faire les premières démarches dans un genre de vie. —Jouer sur un théâtre pour la première fois ou depuis peu de temps.

DEC. (*dék*), dans les formules pharmaceutiques, abréviation de *decoquatur*, on fera une décoction; ou bien de *decoctum*, produit de la *décoction*.

DEÇÀ, prép. (*deça*), de ce côté-ci : *deçà la Loire*, entre la Loire et le lieu où est celui qui parle. Il est opposé à *delà*. — *Deçà et delà*, d'un côté et de l'autre. Ils expriment le lieu d'une manière définie, et *çà et là*, d'une manière vague et indéterminée. —*De deçà, en deçà, par deçà*, prépositions composées et loc. adj. — On dit : *être en deçà d'une chose*, n'y pas atteindre. Voy. **ÇA**. — Fam. : *jambe deçà, jambe delà*, une jambe d'un côté, une jambe de l'autre ; à califourchon.

DÉCACANTHE, subst. mas. (*dékakante*), t. d'hist. nat., sorte de poisson.

DÉCACHETÉ, E, part. pass. de *décacheter*

DÉCACHETER, v. act. (*dékacheté*), ouvrir ce qui est *cacheté*. — *se* **DÉCACHETER**, v. pron. Voy. **CACHETER**.

DÉCACORDE, subst. mas. (*dékakorde*) (du grec δεκα, dix, et χορδη, corde), t. d'hist. anc., ancien instrument de musique à dix cordes.

DÉCADACTYLE, subst. mas. (*dékadaktile*) (du grec δεκα, dix, δακτυλιος, anneau), t. d'hist. nat., poisson à dix anneaux.

DÉCADAIRE, adj. des deux genres (*décadère*), qui a rapport à la *décade* : *fête décadaire*.

DÉCADE, subst. fém. (*dékade*) (du grec δεκας, dizaine, dérivé de δεκα, dix), le nombre de *dix*. Il ne se dit que d'une histoire, et particulièrement de celle de Tite-Live, dont chaque partie contient dix livres. — Espace de dix jours : *première, seconde, troisième décade*, division du calendrier républicain.

DÉCADENCE, subst. fém. (*dékadance*) (du lat. *cadere*, tomber), état de ce qui tend à sa ruine, commencement de ruine : *tomber, aller en décadence.* — On dit fig. : *la décadence de l'empire, des lettres, des affaires*, etc. — Suivant *Roubaud*, la *décadence* est l'état de ce qui va tombant ; le *déclin*, l'état de ce qui va baissant ; le *décours*, l'état de ce qui va décroissant. Suivant *d'Alembert*, la *décadence* prépare la *ruine*, qui en est ordinairement l'effet.

DÉCADI, subst. mas. (*dékadi*), dixième jour de la *décade* dans l'année républicaine.

DÉCAFIDE, adj. des deux genres (*dékafide*) (du grec δεκα, dix, et du lat. *findere*, fendre), t. de bot., fendu en *dix*.

DÉCAGÉ, E, part. pass. de *décager*.

DÉCAGER, v. act. (*dékajé*) (rac. *cage*), ôter, tirer d'une *cage*. — *se* **DÉCAGER**, v. pron., sortir de sa *cage*, en parlant d'un oiseau, d'un prisonnier.

DÉCAGONE, subst. mas. (*dékaguone*) (du grec δεκα, dix, et γωνια, angle), figure qui a *dix angles* et *dix* côtés. — T. de fortific., ouvrage composé de *dix* bastions. — Il est aussi adj. des deux genres : *un bassin décagone*.

DÉCAGRAMME, subst. mas. (*décaguerame*) (du grec δεκα, dix, et γραμμα, gramme), poids de *dix grammes* dans les nouvelles mesures. Il répond dans les anciennes à un peu plus de deux gros et demi.

DÉCAGYNE, adj. des deux genres (*dékajine*) (du grec δεκα, dix, et γυνη, femme), t. de bot. : *plante décagyne*, qui a *dix* pistils ou *dix* stigmates sessiles.

DÉCAGYNIE, subst. fém. (*dékajini*) (même étym. que celle du mot précédent), t. de bot., l'un des ordres de la décandrie.

DÉCAISSÉ, E, part. pass. de *décaisser*.

DÉCAISSER, v. act. (*dékécé*), tirer d'une *caisse* : *décaisser des oranges, des marchandises.* — *se* **DÉCAISSER**, v. pron.

DÉCALITRE, subst. mas. (*dékalitre*) (du grec δεκα, dix, λιτρα, litre), nouvelle mesure de capacité qui vaut *dix litres*, et qui, dans l'ancien système, répond à un peu plus des trois quarts du boisseau de Paris.

DÉCALOBÉ, E, adj. (*dékalobé*) (du grec δεκα, dix, et λοβος, lobe, feuille), t. de bot., se dit des feuilles qui ont *dix lobes* ou *dix* incisions obtuses.

DÉCALOGUE, subst. mas. (*dékalogue*) (du grec δεκα, dix et λογος, discours, parole : *les dix paroles de Dieu*), les *dix* commandements gravés sur deux tables de pierre que Dieu donna, sur le mont Sinaï, à *Moïse*.

DÉCALOTTÉ, part. pass. de *décalotter*.

DÉCALOTTER (*dékaloté*), t. de métiers, ôter le dessus, la *calotte* ou ce qui en a la forme.— *se* **DÉCALOTTER**, v. pron.

DÉCALQUÉ, E, part. pass. de *décalquer*.

DÉCALQUER, v. act. (*dékalkié*), tirer une contre-épreuve d'un ouvrage peint ou dessiné sur le *calque* qu'on en a pris. — *se* **DÉCALQUER**, v. pron. Voy. **CALQUER**.

DÉCAMÉRIDE, subst. fém. (*dékaméride*) (du grec δεκα, dix, et μερις, partie, formé de μειρω, je partage, je divise), division en *dix*. — *Dixième* partie d'une chose.

DÉCAMÉRON, subst. mas. (*dékaméron*) (du grec δεκα, dix, et ημερα, jour), ouvrage dans lequel on raconte les événements ou les entretiens de *dix jours*. — Nom de l'ouvrage qui a fait la réputation de Boccace.

DÉCAMÈTRE, subst. mas. (*dékamètre*) (du grec δεκα, dix, et μετρον, mesure), dans les nouvelles mesures, longueur de *dix mètres*, répondant dans les anciennes à environ trente pieds neuf pouces.

DÉCAMÉTRIQUE, adj. des deux genres (*dékamétrike*), qui a rapport au *décamètre*.

DÉCAMPÉ, E, part. pass. de *décamper*.

DÉCAMPEMENT, subst. mas. (*dékanpeman*), l'action de *décamper*; la levée d'un *camp*.

DÉCAMPER, v. neut. (*dékanpé*), lever le *camp*; déloger du *camp*. — Fig. et fam., fuir, s'en aller vite. *La Fontaine* a dit :

...... Suivant ce qu'il dira,
Chacun de nous *décampera*.

DÉCAMYRON, subst. mas. (*dékamiron*) (formé du grec δεκα, dix, et μυρον, onguent), t. de pharm., cataplasme composé de *dix* sortes d'aromates. Vieux.

DÉCAN, subst. mas. (*dékan*) (du lat. *decanus*, formé du grec δεκα, dix, en lat. *decem*), chez les anciens Romains, officier qui commandait à *dix* soldats. — Dans l'empire de Constantinople, officier subalterne qui commandait à *dix* autres. — Anciennement, dans les monastères et dans les églises cathédrales, chanoine ou moine qui en avait *dix* à sa charge. — Dans un diocèse, prêtre qui avait inspection sur *dix* paroisses. — Chacune des trois parties qui, d'après les anciens astronomes et les astrologues, divisaient le zodiaque. Le *décan* contenant *dix* degrés était sous la présidence d'une divinité particulière.

DÉCANAL, E, adj. (*dékanale*), qui appartient à un *décanat*. — Au plur. mas., *décanaux*.

DÉCANAT, subst. mas. (*dékana*) (en lat. *decanatus*, fait du grec δεκα, dix), dignité de doyen. — Le temps qu'elle dure. — Quand on parlait de bénéfice, on disait *doyenné*.

DÉCANDOLIE, subst. fém. (*dékandoli*), t. de bot., genre d'agrostides.

DÉCANDRE, adj. des deux genres (*dékandre*), t. de bot., qui a *dix étamines*; portant une fleur à *dix étamines*.

DÉCANDRIE, subst. fém. (*dékandri*) (du grec δεκα, dix, et ανηρ, gén. ανδρος, homme, mari), t. de bot., la dixième classe du système sexuel de *Linnée*. Elle renferme les plantes dont les hermaphrodites ont *dix étamines*.

DÉCANDRIQUE, adj. des deux genres (*dékandrike*), t. de bot., de la *décandrie*.

DÉCANIE, subst. fém. (*dékani*) (du grec δεκα, dix), division de *dix* sous la conduite d'un doyen. Inusité.

DÉCANISÉ, E, part. pass. de *décaniser*.

DÉCANISER, v. act. (*dékanizé*), t. de jurispr., tenir la place et faire les fonctions de doyen.

DÉCANONISÉ, E, part. pass. de *décanoniser*.

DÉCANONISER, v. act. (*dékanonizé*), retrancher, rayer de la liste des saints. Vieux mot.

DÉCANTATION, subst. fém. (*dékantâcion*), action de *décanter*.

DÉCANTÉ, E, part. pass. de *décanter*.

DÉCANTER, v. act. (*dékanté*) (du lat. *de*, de, par, et *canthus*, goulot de cruche, d'aiguière, etc.; *verser doucement par le goulot*), t. de chimie, transvaser doucement une liqueur au fond de laquelle il s'est fait un dépôt. — *se* DÉCANTER, v. pron.

DÉCAPARTI, E, adj. (*dékaparti*) (du grec δεκα, dix, et du lat. *partitus*, divisé), t. de bot., divisé en *dix parties*.

DÉCAPÉ, E, part. pass. de *décaper*.

DÉCAPELAGE, subst. mas. (*dékapelaje*), t. de mar., action de *décapeler* un navire.

DÉCAPELÉ, E, part. pass. de *décapeler*.

DÉCAPELER, v. act. (*dékapelé*), t. de mar., ôter le *capelage* d'un vaisseau, ses hunes, haubans, étais, etc.

DÉCAPER, v. act. (*dékapé*) (de la particule privative *dé*, et du mot *cape*, *ôter la cape*; découvrir), t. de chimie, enlever le vert-de-gris du cuivre. — V. neut., t. de mar., sortir d'entre les *caps* d'un cul-de-sac ou golfe, pour prendre la haute mer. — *se* DÉCAPER, v. pron.

DÉCAPÉTALÉ, E, adj. (*dékapétalé*) (du grec δεκα, dix, et πεταλον, pétale, feuille), t. de bot., qui a *dix pétales*.

DÉCAPHYLLE, adj. des deux genres (*dékafile*), du grec δεκα, dix, et φυλλον, feuille), t. de bot., se dit du calice des fleurs, divisé en dix parties ou folioles.

DÉCAPITATION, subst. fém. (*dékapitâcion*), action de *décapiter*. Le mot *décollation* n'est en usage que lorsqu'il est question de la *décollation de saint Jean-Baptiste*. — En t. de chimie, action de *décaper*.

DÉCAPITÉ, E, part. pass. de *décapiter*.

DÉCAPITER, v. act. (*dékapité*) (de la particule privative *dé*, et du lat. *caput*, gén. *capitis*, tête), couper la tête à quelqu'un par autorité de justice: *en France, le supplice des criminels condamnés à mort est la décapitation, lorsqu'ils ne sont pas militaires*.

DÉCAPODE, subst. mas. (*dékapode*) (du grec δεκα, dix, et πους, gén. de ποδος, pied), t. d'hist. nat., ordre de crustacés à *dix pieds*.

DÉCAPOLE, subst. fém. (*dékapole*) (du grec δεκα, dix, et πολις, ville), se dit d'une contrée où il y a *dix villes* principales.

DÉCAPOLITE, adj. et subst. mas. (*dékapolite*), qui habite une *décapole*: *un décapolite*. On disait aussi *décapolitain*.

DÉCAPTIVÉ, E, part. pass. de *décaptiver*.

DÉCAPTIVER, v. act. (*dékaptivé*), délivrer, rendre à la liberté. Presque inusité.

DÉCARACTÉRISÉ, E, part. pass. de *décaractériser*.

DÉCARACTÉRISER, v. act. (*dékaraktérizé*), changer, altérer le *caractère*. Inusité. — *se* DÉCARACTÉRISER, v. pron.

DÉCARDINALISÉ, E, part. pass. de *décardinaliser*.

DÉCARDINALISER, v. act. (*dékardinalizé*), rayer de la liste des *cardinaux*. Hors d'usage.

DÉCARE, subst. mas. (*dékare*), dix ares. Inus.

DÉCARNELÉ, E, part. pass. de *décarneler*.

DÉCARNELER, v. act. (*dékarnelé*), couper la chair au vif. Hors d'usage.

DÉCARRELÉ, E, part. pass. de *décarreler*.

DÉCARRELER, v. act. (*dékarelé*), ôter les *carreaux* d'une chambre. — *se* DÉCARRELER, v. pron.

DÉCARVÉ, E, part. pass. de *décarver*.

DÉCARVER, v. act. (*dékarvé*), t. de mar., doubler, croiser *l'écart*.

DÉCASPERME, subst. mas. (*dékacepèreme*) (du grec δεκα, dix, et σπερμα, semence, grain), t. de bot., genre de plantes.

DÉCASPORE, subst. fém. (*dékacepore*) (du grec δεκα, dix, et σπειρω, je sème), t. de bot., espèce de plante.

DÉCASTÈRE, subst. mas. (*dékacetère*) (du grec δεκα, dix, et στερεος, solide), nouvelle mesure de solides à *dix stères*.

DÉCASTYLE, subst. mas. (*dékacetile*) (du grec δεκα, dix, et στυλος, colonne), t. d'archit., édifice dont le front est orné de *dix colonnes*.

DÉCASYLLABE et **DÉCASYLLABIQUE**, adj. des deux genres (*dékacilelabe, bike*) (du grec δεκα, dix, et συλλαβη, syllabe), *vers décasyllabe* ou *décasyllabique*, de *dix syllabes*. L'*Académie* ne fait pas mention de l'adj. *décasyllabique*, qui est plus usité, et qui, selon nous, est mieux formé que *décasyllabe*.

DÉCATI, E, part. pass. de *décatir*.

DÉCATIR, v. act. (*dékatir*), ôter le *cati*, l'apprêt que le fabricant a donné à une étoffe de drap: *décatir du drap*. — *se* DÉCATIR, v. pron.: *ce drap se décatit bien*.

DÉCATISSAGE, subst. mas. (*dékatiçaje*), action de *décatir*; effet de cette action.

DÉCATISSEUR, subst. mas., au fém. **DÉCATISSEUSE**) (*dékaticeur, ceuze*), celui ou celle qui enlève le *cati* aux étoffes.

DÉCATISSEUSE, subst. fém. Voy. DÉCATISSEUR.

DÉCATORTHOME, subst. mas. (*dékatoretome*), terme de pharm., par lequel les anciens désignaient un médicament composé de dix substances.

DÉCAVÉ, E, part. pass. de *décaver*.

DÉCAVER, v. act. (*dékavé*), au jeu de bouillotte, gagner toute la *cave* de l'un des joueurs. — *Être décavé*, perdre *sa cave*. — *se* DÉCAVER, v. pron.

DÉCÉDÉ, E, part. pass. du v. *décéder*, adj. et subst. (*décédé*), mort.

DÉCÉDER, v. neut. (*décédé*) (du lat. *decedere*, sortir, s'en aller), mourir de mort naturelle. Il ne se dit que des personnes. Il prend l'auxiliaire *être*: *elle est décédée*, et non pas *elle a décédé*.

DÉCEINDRE, v. act. (*décèindre*), enlever la *ceinture* à quelqu'un. — *se* DÉCEINDRE, v. pron. Voy. le verbe CEINDRE pour la conjugaison.

DÉCEINT, E, part. pass. de *déceindre*.

DÉCELÉ, E, part. pass. de *déceler*.

DÉCELLEMENT (l'*Académie* écrit *décèlement*, contrairement à l'orthographe de principe, qui veut que les mots en *eler* doublent la consonne *l*, devant les voyelles muettes: il *appelle*, nous *appelons*, orthographe approuvée par l'*Académie*), subst. mas. (*décèleman*), l'action de *déceler*. Il est inusité.

DÉCELER, v. act. (*décelé*) (de la particule privative *dé*, et de *celer*, taire, cacher), découvrir ce qui est caché : *déceler un secret*. Voy. DÉCLARER. — *se* DÉCELER, v. pron.; se faire connaître, se trahir : *le crime se décelle toujours*. — L'*Académie* écrit, contrairement à ses principes : *je décèle*. Voy. notre remarque au mot DÉCELLEMENT.

DÉCEMBRE, subst. mas. (*déçanbre*) (du latin *decembris*, fait, dans la même signification, de *decem*, dix; parce qu'autrefois l'année commençant par le mois de mars, celui de *décembre* était le dixième), le premier mois de l'hiver et le dernier de l'année.

DÉCEMJUGIS, adj. et subst. mas. (*décèmejujice*) (du lat. *decem*, dix, et *jugum*, joug), nom donné par les Latins aux chars attelés de dix chevaux. C'est sur un char de ce genre que Néron déploya sa magnificence aux jeux Olympiques, devant la Grèce étonnée.

DÉCEMLOCULAIRE, adj. des deux genres (*décemelokulère*) (du lat. *decem*, dix, et *loculus*, loge), t. de bot., divisé en *dix loges*; se dit de certains fruits.

DÉCEMMENT, adv. (*déçaman*), d'une manière *décente*: *il est vêtu décemment*. — Par extension, il se dit pour convenablement : *vous ne pouvez pas décemment vous refuser à ma demande*.

DÉCEMMESTRE, subst. mas. (*décèmemècetre*), chez les anciens, espace de dix mois. — Lourd barbarisme qui ne se trouve que dans le dictionnaire de *Raymond*.

DÉCEMPÉDAL, E, adj. (*décemepédale*), de dix pieds. Vieux, et hors d'usage.

DÉCEMPÈDE, subst. mas. (*décèmepède*) (du lat. *decempeda*, formé, dans la même signification, de *decem*, dix, et *pes*, *pedis*, pied), mesure de *dix pieds* dont les anciens se servaient pour arpenter les terres, et donner les proportions de leurs édifices. Hors d'usage.

DÉCEMVIR, subst. mas. (*décèmevir*) (du latin *decemvir*, formé, dans le même sens, de *decem*, dix, et *vir*, homme), nom de *dix magistrats* créés avec autorité souveraine, lesquels gouvernaient la république romaine à la place des consuls. On voit que ce mot est purement latin : *les lois des douze tables sont l'ouvrage des premiers décemvirs*.

DÉCEMVIRAL, E, adj. (*décèmevirale*) (en latin *decemviralis*), qui a rapport aux *décemvirs*: *le collège décemviral; les lois décemvirales*. — Nous ne trouvons nulle part l'adj. mas. plur. *décemviraux*; mais, si l'on avait besoin de s'en servir, il ne faudrait pas hésiter à l'employer.

DÉCEMVIRAT, subst. mas. (*décèmevira*) (en lat. *decemviratus*), magistrature des *décemvirs*. — La durée des fonctions de cette charge.

DÉCEMVIRAUX, adj. plur. mas. Voy. DÉCEMVIRAL.

DÉCENCE, subst. fém. (*déçance*), du lat. *decentia*, fait, dans le même sens, du verbe unipers. *decet*, il sied, il convient), honnêteté, bienséance qu'on doit garder dans le geste, dans les habits, les paroles, etc. — Suivant l'abbé *Roubaud*, la *décence* regarde plus proprement l'honnêteté morale; et la *bienséance*, l'honnêteté civile : la première a plus de rapport aux bonnes mœurs; et la seconde, aux usages de la société. Suivant d'*Alembert*, la *décence* renferme les égards que l'on doit au public; la *dignité*, ceux qu'on doit à sa place; et la *gravité*, ceux qu'on se doit à soi-même.

DÉCENNAIRE, adj. des deux genres (*décènenère*) (du lat. *decem*, dix, et *annus*, année), qui procède par *dix ans*.

DÉCENNAL, E, adj. (*décènenale*) (du lat. *decennalis*, fait, avec la même signification, de *decem*, dix, et *annus*, année), qui dure *dix ans*; qui revient tous les *dix ans* : *prix décennal*. — — Au plur. mas. *décennaux*.

DÉCENNALES, subst. fém. plur. (*décènenale*), t. d'hist. anc., fêtes que les empereurs romains célébraient tous les *dix ans* de leur règne.

DÉCENNAUX, adj. mas. plur. Voy. DÉCENNAL.

DÉCENT, E, adj. (*déçan, çante*) (en lat. *decens*, fait de *decet*, il convient), qui est conforme à la *décence*; qui est selon les règles de la pudeur,

DÉCENTOIR, subst. mas. (*déçantoar*), outil de carreleur dont on se sert pour préparer l'aire.

DÉCENTRALISATION, subst. fém. (*déçantralizâcion*), l'opposé de *centralisation* : système contraire à la *centralisation*. Mot nouveau qui n'est pas dans l'*Académie*.

DÉCENTRALISÉ, E, part. pass. de *décentraliser*.

DÉCENTRALISER, v. act. (*déçantralizé*), faire que ce qui était réuni dans un *centre*, dans un seul endroit, ne le soit plus. — *se* DÉCENTRALISER, v. pron. Mot nouveau qui n'est pas dans l'*Académie*.

DÉCEPTIF, adj. mas., au fém. DÉCEPTIVE (*décèptife, tive*), trompeur, trompeuse. Il est peu usité.

DÉCEPTION, subst. fém. (*décèpecion*) (en latin *deceptio*, fait de *decipere*, tromper), t. de jurispr., surprise, tromperie. — Lorsqu'on dit : on a été engagé à faire certaines choses sur un espoir qui ne s'est pas réalisé : *c'est une véritable déception*. — *La vie est pleine de déceptions*.

DÉCEPTIVE, adj. fém. Voy. DÉCEPTIF.

DÉCERCLÉ, E, part. pass. de *décercler*.

DÉCERCLER, v. act. (*décèreklé*), ôter les *cercles*. — *se* DÉCERCLER, v. pron.

DÉCERNÉ, E, part. pass. de *décerner*.

DÉCERNER, v. act. (*décèrené*) (en lat. *decernere*, dérivé de κρίνω, je juge, j'établis, j'ordonne), ordonner, et plus souvent accorder, donner juridiquement ou par autorité publique : *décerner des récompenses à..., des peines contre...* On dit cependant fort rarement *décerner* en mauvaise part : *décerner une peine*, doit être considéré comme étant de vieux style, *décerner* ne s'employant ordinairement que dans des occasions honorables : *décerner un prix; décerner la palme à quelqu'un*, lui donner gain de cause dans une affaire, et dans une concurrence le proclamer supérieur à ses rivaux. Toutefois, en t. de palais, on a conservé le mot *décerner* en mauvaise part, et l'on dit fort bien encore aujourd'hui : *décerner un mandat d'amener contre quelqu'un*. Mais ici, le mot *décerner* est relevé par l'acte juridique qui autorise en quelque sorte à s'en servir. — *se* DÉCERNER, v. pron.

DÉCÈS, subst. mas. (*décé*) (du lat. *decessus* et *decessio*, départ), mort naturelle. Voy. TRÉPAS.

DÉCESSÉ, part. pass. de *décesser*.

DÉCESSER, v. neut. (*décècé*), ne pas *cesser*. Ce mot est peu français ; cependant on en fait un fréquent usage dans le langage familier. *Décesser* dans le sens de *ne plus cesser*, *cesser de cesser*, est si complètement inutile, si en dehors de tout usage possible, qu'il n'y a aucun avantage, aucun mérite à le créer. Quant à *décesser* pour *cesser*, c'est un barbarisme grossier, employé par le peuple et les ignorants, et que rien ne justifie, pas même l'absence d'un mot analogue et facile ; nous aurions voulu pouvoir oser le supprimer. On dit : *il ne décesse de parler*, ou : *il ne déparle pas*. Voy. DÉPARLER.

DÉCEVABLE, adj. des deux genres (*décevable*), sujet à être trompé. Vieux mot ; peu usité aujourd'hui.

DÉCEVANCE, subst. fém. (*décevance*), tromperie, surprise. Ce mot est vieux et presque hors d'usage. Il n'est pas dans l'*Académie*.

DÉCEVANT, E, adj. (*décevan, vante*), qui trompe. *Racine* a dit, dans un sens moins odieux (*Phèdre*) :

> Ai-je pu résister au charme *décevant*,

pour : *au charme séduisant*.

DÉCEVOIR, v. act. (*décevoar*) (en lat. *decipere*), tromper, séduire par quelque chose de spécieux et d'engageant. Ce verbe n'est guère usité aujourd'hui qu'à l'infinitif et dans les temps composés : *il a été déçu par de belles promesses*. Voy. TROMPER.

DÉCHAGRINÉ, E, part. pass. de *déchagriner*.

DÉCHAGRINER, v. act. (*déchaguériné*), dissiper, chasser le *chagrin*. — *se* DÉCHAGRINER, v. pron. Il est très-peu usité.

DÉCHAÎNÉ, E, part. pass. de *déchaîner*. — Fig. : *un diable, un vrai diable déchaîné*, se dit d'une personne furieuse ; d'un homme qui ne garde aucune mesure ; d'un libertin qui ne connaît plus de frein ; d'un enfant qui ne veut écouter personne.

DÉCHAÎNEMENT, subst. mas. (*déchèneman*), emportement contre quelqu'un. — Il se dit aussi en parlant des choses : *le déchaînement contre la raison et les lettres est plus violent que jamais*. (D'Alembert.)

DÉCHAÎNER, v. act. (*déchéné*), ôter la *chaîne* ; détacher la *chaîne*. — Fig., exciter, animer, irriter contre quelqu'un. — *se* DÉCHAÎNER, v. pron., rompre ses *chaînes*. — Au fig., s'emporter contre... On dit dans le même sens, *être déchaîné*. — On dit aussi fig. : *tous les vents étaient déchaînés*, soufflaient avec violence. — *se* DÉCHAÎNER, v. pron.

DÉCHALANDÉ, E, part. pass. de *déchalander*.

DÉCHALANDER, barbarisme de *Boiste*, *Laveaux* et *Gattel* ; nous ne parlons pas de *Raymond* qui a copié ces auteurs, en enchérissant toutefois sur eux ; car il ne renvoie même pas à *désachalander*). (Voy. DÉSACHALANDER, seul mot que donne avec raison l'*Académie* ; car on ne dit pas *chalander*, mais *achalander*), v. act. (*déchalandé*), ôter, faire perdre les *chalands* à quelqu'un.

DÉCHALASSÉ, E, part. pass. de *déchalasser*.

DÉCHALASSER, v. act. (*déchalacé*), ôter les *échalas* des vignes après la vendange. Peu usité.

DÉCHANT, subst. mas. (*déchan*), t. de mus., second dessus, contre-point, ce que l'on nomme aussi *discant*. Vieux et inusité.

DÉCHANTÉ, part. pass. de *déchanter*.

DÉCHANTER, v. neut. (*déchanté*), *chanter* faux ou mal. — Au fig. : *chanter* la palinodie, changer de sentiment, de discours ; rabattre de ses prétentions. Il est familier.

DÉCHAPERONNÉ, E, part. pass. de *déchaperonner*, et adj. : *mur déchaperonné*, dont le *chaperon* est ruiné.

DÉCHAPERONNER, v. act. (*déchaperoné*), vieux t. de fauconnerie, ôter le *chaperon* à l'oiseau quand on veut le lâcher. — *se* DÉCHAPERONNER, v. pron.

DÉCHARGE, subst. fém. (*décharje*), l'action d'ôter un fardeau qui pèse sur quelque chose. — Il se dit des marchandises, ballots ou autres objets qu'on ôte des voitures, charriots, bêtes de somme, bateaux, etc. — Moyen que l'architecture emploie pour empêcher que les murs ne s'affaissent sur les vides des portes et des fenêtres. — Acte par lequel on *décharge* quelqu'un d'une chose dont il était *chargé*, on le déclare quitte : *donnez-moi bonne et valable décharge*. — On dit par extension : *payer à la décharge de quelqu'un*, *à la décharge d'un compte* ; et *porter une somme en décharge*, c'est-à-dire mentionner ce paiement sur le registre. — Action de *décharger* les armes à feu : *la décharge de la mousqueterie, du canon ; ils firent une furieuse décharge*. On dit aussi, en ce sens, une *décharge de coups de bâton*. — Ce que les témoins disent pour *décharger* un accusé : *informer à charge et à décharge*. — L'endroit par lequel l'eau d'une fontaine, d'un canal, se *décharge* : *un tuyau de décharge*. — Pièce dans une maison, destinée à serrer ce qui n'est pas d'un usage ordinaire. — Petit lieu obscur, placé près des antichambres, pour y mettre des balais, des brosses, du bois à brûler, etc. — En t. de charpenterie : 1° pièce de bois qu'on met dans les cloisons qui portent sur les poutres ou sablières en diagonale : elle soulage la poutre, et empêche qu'elle ne reçoive tout le fardeau des cloisons ; 2° dans un pont de bois, un cintre, etc., pièce posée obliquement, qui, contre-boutée par sa correspondante, soulage la charge. — En t. d'orfèvrerie, poinçon qui, appliqué sur un ouvrage, justifie du paiement des droits. — Soulagement : *ce sera une décharge pour l'état*. — Dans l'impr. : *papier de décharge*, papier sans colle que l'on presse sur une forme pour pomper l'humidité qui pourrait s'y trouver, et qui empêcherait l'encre de prendre sur le caractère. Le *papier de décharge* s'emploie encore pour empêcher que l'impression ne macule, ce qui se fait en mettant une feuille de ce papier sous le côté de la feuille déjà tiré. — *La décharge des humeurs*, l'écoulement des humeurs. — *La décharge* de la conscience : *ce que je vous en dis, c'est pour la décharge de ma conscience*.

DÉCHARGÉ, E, part. pass. de *décharger*, et adj. : *cheval déchargé d'encolure*, qui a l'encolure fine.

DÉCHARGEMENT, subst. mas. (*décharjeman*), action de *décharger*, surtout les vaisseaux, les bateaux et les voitures de transport : *le déchargement d'un navire, d'une diligence*.

DÉCHARGEOIR, subst. mas. (*décharjoar*), tuyau, etc., qui, dans une écluse, sert à faire écouler l'eau superflue que fournit continuellement le courant d'une rivière ou d'un ruisseau. — Pièce de bois cylindrique autour de laquelle le tisserand roule la toile faite qu'il lève de dessus la poitrinière. — *Décharge* du vent dans l'orgue. Ce mot manque dans l'*Académie*.

DÉCHARGER, v. act. (*décharjé*), ôter la *charge* que porte une personne, ou une bête de somme, ou une voiture, d'un bateau, etc. — Diminuer de quelque poids. — Soulager en diminuant. — *Décharger la tête*, couper les cheveux de dessus la tête lorsqu'il y en a trop. Dans ce sens on l'emploie quelquefois absolument : *les voitures, les bateaux viennent décharger à tel endroit*. — En t. de jardinage, *décharger un arbre*, en couper quelques branches, en ôter quelques fruits, quand il est trop *chargé* de fruits ou de bois. — Rayer quelque article d'un livre, ou faire mention, sans rayer, que l'article est acquitté : *décharger un registre*. — Tenir ou déclarer quitte, délivrer d'une demande, d'une dette, etc. — Délivrer d'une commission, d'une affaire. — Tirer une arme à feu, ôter la *charge* qui était dans cette arme. — Donner, de toute sa force, un coup de poing, de bâton, de sabre, etc. — T. d'imprimerie, *décharger le tympan*, en enlever la trop grande humidité ; *décharger une forme*, enlever avec du papier de *décharge* l'humidité d'une forme qu'on vient de laver ; *décharger les rouleaux*, enlever, en les roulant sur du papier collé, une partie de l'encre lorsqu'ils en sont trop *chargés*. Voy. ROULEAU. — T. de mar., *décharger les voiles*, les changer, et leur ôter le vent de dessus pour le mettre dedans ; *décharger la poupe*, vider l'eau qu'elle contient. — *Décharger un accusé*, dire des choses qui tendent à le justifier. — *Décharger de l'accusation*, déclarer innocent. — *Décharger sa colère sur quelqu'un*, s'emporter contre lui ; lui faire essuyer, souvent sans sujet, la colère qu'un autre nous a inspirée. — Prov., *décharger sa colère sur les mets, sur les plats*, bien manger. — *Décharger son cœur*, se soulager en ouvrant son cœur à un ami. — *Décharger sa conscience*, satisfaire à une chose à laquelle on se croit obligé. — Fig. et fam., *décharger son estomac, son ventre*, vomir ou aller à la garde-robe. — Fam., *décharger le plancher*, sortir, se retirer. — V. neut., dans le sens de maculer, faire tache : *cette encre décharge beaucoup*. — *Se* DÉCHARGER, v. pron., mettre bas le fardeau ou la *charge* qu'on porte. — Se reposer sur quelqu'un de quelque affaire. — *Se décharger d'une faute sur quelqu'un*, la rejeter sur lui. — En parlant d'une étoffe, perdre son lustre et sa couleur : *drap qui se décharge*. — On le dit de la couleur même : *cette couleur se décharge*. — En parlant d'une rivière, entrer, se jeter dans une autre rivière ou dans la mer : *la Saône se décharge dans le Rhône, et le Rhône dans la mer*.

DÉCHARGEUR, subst. mas. (*décharjeur*), celui qui *décharge* les marchandises. — Officier, sur les ports de Paris, qui fait porter la marchandise à terre. — *Déchargeur de vin*, tonnelier qui marque avec la craie le vin qu'on achette, et qui en fait faire la *décharge*. — Dans l'artillerie, officier qui avait soin autrefois de faire *décharger* les poudres et autres munitions.

DÉCHARMÉ, E, part. pass. de *décharmer*.

DÉCHARMER, v. act. (*décharmé*), ôter un *charme* tombé sur quelqu'un. Inus.

DÉCHARNÉ, E, part. pass. de *décharner*, et adj., fort maigre, qui n'a que la peau sur les os. — Fig. et fam., en parlant du style, trop sec, trop nu.

DÉCHARNER, v. act. (*décharné*), dépouiller la chair des os qui la recouvrent : *décharner un cadavre*. Peu en usage au propre. — Amaigrir, ôter l'embonpoint : *sa dernière maladie l'a bien décharné*. — Fig., dépouiller son style, son langage, d'agréments, d'ornements : *il décharne son style, en croyant le rendre simple*. — *se* DÉCHARNER, v. pron.

DÉCHARPI, E, part. pass. de *décharpir*.

DÉCHARPIR, v. act. (*décharpir*), séparer de force ceux qui se battent. Vieux et même hors d'usage. (*Boiste*.)

DÉCHASSÉ, E, part. pass. de *déchasser*.

DÉCHASSER, v. act. (*déchacé*), faire sortir de force une cheville de bois ou de fer. — V. neut., t. de danse, faire un *chassé* vers la gauche, après en avoir fait un à droite. — *se* DÉCHASSER, v. pron.

DÉCHAUMÉ, E, part. pass. de *déchaumer*.

DÉCHAUMER, v. act. (*déchômé*) (rac. *chaume*), ôter le *chaume* d'une terre, la défricher. — *se* DÉCHAUMER, v. pron.

DÉCHAUSSÉ, E, part. pass. de *déchausser* et adj., sans *chaussure* : *carmes déchaussés, augustins déchaussés*, ou vulgairement *carmes déchaux* ; ceux de ces religieux qui ne portent point de bas et qui n'ont que des sandales. — Les Romains appelaient *déchaussées*, les pièces de théâtre jouées sans brodequins, par leurs mimes. — *Dents déchaussées*, celles dont les gencives ne recouvrent plus les racines.

DÉCHAUSSEMENT, subst. mas. (*déchôceman*), façon qu'on donne aux arbres et aux vignes en les labourant au pied, et en ôtant un peu de la terre qui est sur les racines. — Action de *déchausser* une dent avant de se mettre à l'arracher. — État des dents lorsque, par l'effet de l'âge ou d'une maladie, les gencives en sont décollées et retirées.

DÉCHAUSSER, v. act. (*déchôcé*), ôter la *chaussure*, les bas, les souliers. Il se dit, et de ce qu'on ôte, et de celui à qui on ôte : *déchausser des souliers, des bas; valet qui déchausse son maître.* — On dit prov. de quelqu'un qui est très-inférieur à un autre en talents, etc., qu'*il n'est pas digne de le déchausser.* — T. de jardinier, *déchausser des arbres*, ôter la terre qu'ils ont autour du pied. — *Déchausser un mur*, en dégrader les fondations. — T. de chir., *déchausser les dents*, les découvrir et les détacher de la gencive. — SE DÉCHAUSSER, v. pron., ôter ses *chausses*, ses souliers, ses bas. — On le dit des arbres et des dents, lorsque leurs racines se découvrent.

DÉCHAUSSIÈRE, subst. fém. (*déchôcière*), t. de chasse, endroit où les loups ont gratté. Voy. DÉCHAUSSURE.

DÉCHAUSSOIR, subst. mas. (*déchôçoar*), instrument de chirurgie qui sert à *déchausser* les dents, à séparer les gencives d'autour des dents qu'on veut arracher.

DÉCHAUSSURE, subst. fém. (*déchôçure*), t. de chasse, lieu où le loup a gratté, où il s'est *déchaussé*. On dit aussi *déchaussière*.

DÉCHAUX, adj. mas. plur. Voy. DÉCHAUSSÉ.

DÉCHÉANCE, subst. fém. (*déché-ance*), t. de jurispr., perte de quelque droit, etc. Voy. DÉCHOIR.

DÉCHEOIR, ancienne orthographe hors d'usage du verbe DÉCHOIR. Voy. DÉCHOIR.

DU VERBE IRRÉGULIER DÉCHOIR :

Décherra, 3e pers. sing. fut. indic.
Décherrai, 1re pers. sing. fut. indic.
Décherraient, 3e pers. plur. prés. cond.
Décherrais, précédé de *je*, 1re pers. sing. prés. cond.
Décherrais, précédé de *tu*, 2e pers. sing. prés. cond.
Décherrait, 3e pers. sing. prés. cond.
Décherras, 2e pers. sing. fut. indic.
Décherrez, 2e pers. plur. fut. indic.
Décherriez, 2e pers. plur. prés. cond.
Décherrions, 1re pers. plur. prés. cond.
Décherrons, 1re pers. plur. fut. indic.
Décherront, 3e pers. plur. fut. indic.

DÉCHET, subst. mas. (*déché*) (rac. *déchoir*), diminution de substance ou de valeur d'une chose. — En t. de commerce, déduction pour le dépérissement de certaines marchandises, ou le mélange de corps étrangers qui se trouvent confondus avec elles. — Dans les monnaies, perte sur l'or et sur l'argent qui ont été fondus et convertis en espèces. — En hydraulique : 1° diminution des eaux d'une source; 2° ce qui manque à un jet, par rapport à ce qu'il devrait fournir ou dépenser. — *Il y a du déchet*, expression triviale, pour dire qu'il y a du mécompte dans les espérances ou les prétentions de quelqu'un.

DÉCHEVELÉ, E, part. pass. de *décheveler*, et adj., se dit de celui ou de celle dont les *cheveux* sont en désordre.

DÉCHEVELER, v. act. (*déchevelé*), déranger les *cheveux* de quelqu'un; décoiffer une femme. — SE DÉCHEVELER, v. pron.

DÉCHEVÊTRÉ, E, part. pass. de *déchevêtrer*.

DÉCHEVÊTRER, v. act. (*déchevêtré*) (de la particule privative *dé*, et du lat. *capistrum*, licou), ôter le licou d'une bête de somme. — SE DÉCHEVÊTRER, v. pron.

DÉCHIFFRABLE, adj. des deux genres (*déchifrable*), qui peut se *déchiffrer*.

DÉCHIFFRÉ, E, part. pass. de *déchiffrer*.

DÉCHIFFREMENT, subst. mas. (*déchifreman*), action de *déchiffrer*; explication des *chiffres* ou de quelque chose d'obscur et de difficile : *il y a quelqu'un chargé du déchiffrement des lettres.* — Se prend aussi pour le résultat même de cette action : *apportez-moi le déchiffrement de cette lettre.*

DÉCHIFFRER, v. act. (*déchifré*), expliquer ce qui est écrit *en chiffres*. — Lire une chose difficile. — Fig., pénétrer dans une affaire obscure, embarrassée : *déchiffrer une intrigue.* — On dit en mauvaise part : *déchiffrer quelqu'un dans une compagnie*, le faire bien connaître. Peu usité. — SE DÉCHIFFRER, v. pron. : *cette écriture ne peut se déchiffrer.*

DÉCHIFFREUR, subst. mas., au fém. DÉCHIFFREUSE (*déchifreur, freuze*), celui qui explique un *chiffre*, soit qu'il en ait la clef, soit que la nature ou l'art lui en ait donné le talent. — Celui qui lit les écritures difficiles. — (L'*Académie* refuse un fém. à ce mot.)

DÉCHIQUETÉ, E, part. pass. de *déchiqueter*, et adj., en t. de bot., *feuilles déchiquetées* ou mieux *laciniées*, feuilles divisées en plusieurs parties par différents sinus, et dont chaque division est elle-même découpée sans ordre.

DÉCHIQUETER, v. act. (*déchiketé*) (suivant *Caseneuve*, du languedocien *chic*, qui signifie *petit*, *menu*, ou encore une fort petite portion de quelque chose; les Espagnols disent également *chico*, petit), tailler, découper menu, par petites parties. — SE DÉCHIQUETER, v. pron.

DÉCHIQUETEUR, subst. mas., au fém. DÉCHIQUETEUSE (*déchiketeur, teuze*), celui qui *déchiquette*.

DÉCHIQUETURE, subst. fém. (*déchiketure*), découpure, moucheture; taillades faites sur un habit.

DÉCHIRAGE, subst. mas. (*déchiraje*), action de désassembler un train de bois : *déchirage des planches d'un bateau.* — *Bois de déchirage*, qui vient de bateaux dépecés.

DÉCHIRANT, E, adj. (*déchiran, rante*), qui *déchire* le cœur : *cette situation est déchirante.* Il n'est d'usage qu'au figuré.

DÉCHIRÉ, E, part. pass. de *déchirer*, et adj. : *cet homme est tout déchiré*; ses habits sont en lambeaux. Fam. — Se dit en bot. des feuilles dont le bord est composé de segments de grandeur et de figure différentes. — Fig. et fam. : *cette fille, cette femme n'est pas trop* ou *tant déchirée*; elle est encore assez jolie. — Prov. : *les chiens hargneux ont toujours les oreilles déchirées*, un querelleur a toujours des affaires désagréables.

DÉCHIREMENT, subst. mas. (*déchireman*), action de *déchirer* : *le déchirement des habits était un signe de douleur chez les Juifs.* — T. de méd., solution de continuité dans quelque partie membraneuse du corps humain. — *Déchirement d'entrailles*, colique violente. — *Déchirement de cœur*, douleur vive et amère. — Il se dit par extension des guerres intestines, des troubles civils qui tourmentent un pays : *l'Allemagne a été longtemps en proie à de cruels déchirements.*

DÉCHIRER, v. act. (*déchiré*) (du lat. *dilacerare*, dont la signification est la même. *Caseneuve* fait observer qu'on disait anciennement *descirer*), rompre, mettre en pièces sans user d'instruments tranchants, en parlant des étoffes, de la toile, du papier, etc. — On dit, dans un sens analogue : *déchirer à coups de fouet; le tigre déchire sa proie.* — On dit fig. : *douleurs qui déchirent l'estomac, les entrailles; sa triste situation me déchire le cœur; cet état est déchiré par les factions*, etc. — Offenser, outrager par des médisances : *déchirer son prochain, déchirer sa réputation*; et, populairement, *sa robe.* — Dans le même sens : *déchirer quelqu'un à belles dents.* — *Déchirer les oreilles*, se dit de sons aigres ou discordants qui affectent désagréablement le sens de l'ouïe. — Par extension : *déchirer un bateau*, c'est désassembler les planches qui le composent. — En t. militaire, *déchirer la cartouche*, déchirer avec les dents l'extrémité par laquelle on doit l'introduire dans le canon du fusil. — SE DÉCHIRER, v. pron. : *les femmes, les auteurs se déchirent les uns les autres.* — On dit d'un homme qu'on n'a pas été obligé de presser beaucoup pour en obtenir quelque chose : *il ne s'est pas fait déchirer son manteau pour cela.* — Se dit, en hydraulique, d'une nappe dont l'eau se sépare avant de tomber dans le bassin d'en bas.

DÉCHIREUR, subst. mas., au fém. DÉCHIREUSE (*déchireur, reuze*), qui *déchire* ou *se déchire* fréquemment. — Subst. mas. seulement, marchand de bois qui achette des bateaux pour les dépecer. Peu usité.

DÉCHIRURE, subst. fém. (*déchirure*), rupture faite en *déchirant*. — En t. de chir., *la déchirure d'une plaie.*

DU VERBE IRRÉGULIER ET DÉFECTIF DÉCHOIR :

Déchoie, précédé de *que je*, 1re pers. sing. prés. subj.
Déchoie, précédé de *qu'il* ou *qu'elle*, 3e pers. sing. prés. subj.
Déchoient, précédé de *ils* ou *elles*, 3e pers. plur. prés. indic.
Déchoient, précédé de *qu'ils* ou *qu'elles*, 3e pers. plur. prés. subj.
Déchoies, 2e pers. sing. prés. subj.

DÉCHOIR, v. neut. (*déchoar*) (de *choir*, qui est fait du lat. *cadere*, tomber), *déchu*, *je déchois*, etc. — Il n'a point d'imparfait. *Je déchus*, *je décherrai*; *que je déchoie*, etc. Il n'a pas non plus de participe présent. Tomber dans un état inférieur à celui où l'on était : *déchoir de son rang, de son crédit, de ses privilèges*, etc. Il prend aux temps composés, tantôt *être*, et tantôt *avoir* : *être*, si l'on veut exprimer plus particulièrement l'idée d'état, de situation : *il est déchu dans l'estime publique*; *avoir*, si c'est l'idée d'une action : *depuis ce moment, il a déchu de jour en jour.* — *Commencer à déchoir*, à baisser. — En t. de mar., dériver, sortir de sa route.

DU VERBE IRRÉGULIER ET DÉFECTIF DÉCHOIR :

Déchois, précédé de *je*, 1re pers. sing. prés. indic.
Déchois, précédé de *tu*, 2e pers. sing. prés. indic.
Déchois, 2e pers. sing. impér.
Déchoit, 3e pers. sing. prés. indic.

DÉCHOUÉ, E, part. pass. de *déchouer*.

DÉCHOUER, v. act. (*déchoué*), t. de mar., relever un vaisseau *échoué*, le remettre à flot. — L'*Académie*, qui donne ce mot, ajoute qu'on dit mieux *déséchouer*; nous sommes de son avis, puisqu'on ne dit pas *chouer*, mais *échouer*. Pourquoi donc donne-t-elle *déchouer*? Elle n'est pas comme nous forcée d'insérer toutes les nomenclatures, et nous ne lui permettrons jamais de pouvoir discuter : il nous semble que c'est lui rendre hommage que de lui refuser ce droit.

DU VERBE IRRÉGULIER ET DÉFECTIF DÉCHOIR :

Déchoyez, 2e pers. plur. impér.
Déchoyez, 2e pers. plur. prés. indic.
Déchoyiez, 2e pers. plur. prés. subj.
Déchoyions, 1re pers. plur. prés. subj.
Déchoyons, 1re pers. plur. prés. indic.

DÉCHU, E, part. pass. de *déchoir*.

DU VERBE IRRÉGULIER ET DÉFECTIF DÉCHOIR :

Déchûmes, 1re pers. plur. prét. déf.
Déchurent, 3e pers. plur. prét. déf.
Déchus, précédé de *je*, 1re pers. sing. prét. déf.
Déchus, précédé de *tu*, 2e pers. sing. prét. déf.
Déchusse, 1re pers. sing. imparf. subj.
Déchussent, 3e pers. plur. imparf. subj.
Déchusses, 2e pers. sing. imparf. subj.
Déchussiez, 2e pers. plur. imparf. subj.
Déchussions, 1re pers. plur. imparf. subj.
Déchut, précédé de *il* ou *elle*, 3e pers. sing. prét. déf.
Déchût, précédé de *qu'il* ou *qu'elle*, 3e pers. sing. imparf. subj.
Déchûtes, 2e pers. plur. prét. déf.

DÉCI (*déci*), t. de nouvelles mesures, particule qui désigne une unité de mesure *dix* fois plus petite que l'unité génératrice.

DÉCIARE, subst. mas. (*déci-are*) (du lat. *decimus*, dixième, et du mot *are*), mesure de superficie qui, dans le nouveau système, vaut la *dixième* partie de l'*are* ou *dix* mètres carrés. — Dans le premier système, le *déciare* valait mille mètres carrés.

DÉCIBAR, subst. mas. (*décibare*), mesure de pesanteur qui, dans le système décimal, est la *dixième* partie du *bar*. Peu usité.

DÉCICADE, subst. mas. (*décikade*) mesure de capacité qui, dans le système décimal, est la *dixième* partie du *cade*. Peu usité.

DÉCIDÉ, E, part. pass. de *décider*, et adj. : *homme décidé*, d'un caractère ferme, qui a des principes dont il ne s'écarte point. — Dans un sens analogue : *air décidé, ton décidé*, résolu. — *Le gouvernement prit une marche plus décidée*; c'est-à-dire plus hardie. — On le prend aussi dans un sens absolu pour, arrêté : *il a été décidé que vous partiriez de suite.*

DÉCIDÉMENT, adv. (*décidéman*), d'une manière *décidée*, arrêtée. — On l'emploie presque toujours dans un sens absolu : *décidément je ne le verrai plus.*

DÉCIDENCE, subst. fém. (*décidance*) (du lat. *decidere*, tomber), t. de médec., en parlant du *ventre*, chute du ventre lorsque l'enfant est sans vie, et qu'il se porte du côté où la femme se penche.

DÉCIDER, v. act. (*décidé*) (en lat. *decidere*, fait de *cædere*, couper, tailler), déterminer une personne. — Résoudre une difficulté, une question, etc.; juger; avec ces différences : 1° qu'on *décide* une contestation et une question, au lieu qu'on *juge* une personne et un ouvrage; 2° que les particuliers et les arbitres *décident*, et que les corps et les magistrats *jugent.* — Terminer un différend, y mettre fin. — V. neut., porter un jugement sur une chose douteuse et contestée : *voilà qui décide entre nous.* — Il se prend quelquefois en mauvaise part, et signifie : prononcer avec précipitation et d'une manière tranchante : *cet homme aime à décider.* — SE DÉCIDER, v. pron., prendre son parti : *il ne faut pas se décider trop légèrement.* — En parlant des choses, des évènements : *la victoire se décida pour eux : au moyen âge, tout se décidait par la force.*

DÉCIDEUR, subst. mas. (*décideur*), qui *décide*, qui assure hardiment, avec confiance, d'un ton tranchant. Inus. (*Boiste.*)

DÉCIDU, E, adj. (*décidu*) (en lat. *deciduus*, qui tombe, qui est sur le point de tomber, fait de *cadere*, tomber), t. de bot., se dit : 1° du calice et de toutes les autres parties de la fleur qui tombent après la fécondation ; 2° des feuilles qui tombent avant la nouvelle feuillaison. *Décidu* est l'opposé de *persistant.* (*Laveaux* et *Boiste.*)

DÉCIGRAMME, subst. mas. (*déciguerame*) (du lat. *decimus*, dixième, et du grec γραμμα, gramme); dans les nouvelles mesures, la *dixième* partie du *gramme*, répondant dans les anciennes à un peu moins de deux grains. — Ce mot manque dans l'*Académie.*

DÉCIGRAVE, subst. mas. (*déciguerave*), mesure qui, dans le nouveau système décimal, représente la *dixieme* partie du *grave.* — Ce mot manque dans l'*Académie.*

DÉCIGRAVET, subst. mas. (*décigueravé*), mesure de pesanteur qui, dans le système décimal, représente la *dixième* partie du *gravet.*

DÉCIL, E, ou DEXTIL, E, adj. des deux genres (*décile* ou *dékecetile*), t. d'astron., se dit de la position de deux planètes éloignées l'une de l'autre de la dixième partie du zodiaque. Presque inusité. (*Boiste.*)

DÉCILITRE, subst. mas. (*décilitre*) (du lat. *decimus*, dixième, et du grec λιτρα, litre), dans les nouvelles mesures, *dixième* partie du *litre*, qui équivaut dans les anciennes au huitième à peu près d'un litron, ou aux quatre cinquièmes d'un poisson.

DÉCILLER, v. act. Voy. DESSILLER ; tel est du moins le renvoi de l'*Académie.*

DÉCIMA, subst. propre fém. (*décima*), myth., nom d'une des Parques, chez les anciens Romains. — Divinité romaine dont la fonction était de préserver le fœtus de tout accident, lorsqu'il allait jusqu'au *dixième* mois.

DÉCIMABLE, adj. des deux genres (*décimable*), qui est sujet à la *dîme.*

DÉCIMAIRE, adj. des deux genres (*décimère*), *arithmétique décimaire*, où l'on emploie *dix* caractères qui représentent les nombres.

DÉCIMAL, E, adj. (*décimale*) (en lat. *decimalis*), t. d'arithm. : *fractions décimales*, dont les parties sont des *dixièmes*, des centièmes, des millièmes, etc., d'unité. Le calcul de ces fractions s'appelle *calcul décimal.* — *Système décimal*, mode *décimal* appliqué aux poids et aux mesures. — Au plur. mas., *décimaux : des calculs décimaux.*

DÉCIMALE, subst. fém. (*décimale*) (en lat. *decima*) : fraction *décimale : une décimale.*

DÉCIMATEUR, subst. mas. (*décimateur*), celui qui avait le droit de lever les *dîmes* ou *décimes.*

DÉCIMATION, subst. fém. (*décimâcion*), action de *décimer* : la *décimation des soldats.*

DÉCIMAUX, adj. plur. mas. Voy. DÉCIMAL.

DÉCIME, ou DÎMES, subst. fém. (*décime*) (en lat. *decima*), c'était autrefois la *dixième* partie des biens ecclésiastiques, levée pour les guerres de religion. — Il se disait également, mais au pluriel, de ce que payaient annuellement au roi les bénéficiers sur le revenu de leurs bénéfices, d'après le règlement du don gratuit fait dans les assemblées du clergé.

DÉCIME, subst. mas. (*décime*), monnaie ; la *dixième* partie du franc, ou deux sous.

DÉCIMÉ, E, part. pass. de *décimer.*

DÉCIMER, v. act. (*décimé*) (en lat. *decimus*, dixième), anciennement, de *dix* soldats coupables n'en punir qu'UN, selon que le sort en décidait ; c'était souvent les mettre à mort. On le dit aujourd'hui de toute autre personne. — Faire mourir : *le choléra a décimé cette province.* — SE DÉCIMER, v. pron.

DÉCIMÈTRE, subst. mas. (*décimètre*) (du latin *decimus*, dixième, et du grec μετρον, mesure, mètre), *dixième* partie du *mètre*, dans les nouvelles mesures, équivalant à environ trois pouces huit lignes des anciennes.

DÉCIMÉTRIQUE, adj. des deux genres (*décimétrike*), qui a rapport au *décimètre.*

DÉCIMEUR, subst. mas. (*décimeur*), quelques vieux auteurs se sont servis de ce mot pour *décimateur*, qui est suffisant et seul usité aujourd'hui.

DÉCINTRÉ, E, part. pass. de *décintrer.*

DÉCINTREMENT, subst. mas. (*décintreman*), action de *décintrer.*

DÉCINTRER, v. act. (*décintré*), ôter les *cintres* ; c'est-à-dire toute la charpente qu'on avait construite et disposée pour soutenir les pierres de quelque arche. — SE DÉCINTRER, v. pron.

DÉCINTROIR, subst. mas. (*décintroar*), espèce de marteau dont se servent les maçons, il a deux taillants tournés en sens inverse.

DÉCIPÉ, E, part. pass. de *déciper.*

DÉCIPER, v. act. (*décipé*) (en lat. *decipere*), t. de prat., abuser, tromper. Mot tout latin et inus.

DÉCIRCONCIRE, v. act. (*décirkoncire*), faire renoncer à la *circoncision*, au judaïsme. — SE DÉCIRCONCIRE, v. pron., renoncer à la *circoncision.* (Boiste.)

DÉCIRCONCIS, E, part. pass. de *décirconcire.*

DÉCIRCONCISION, subst. fém. (*décirkoncizion*), action de renoncer à la *circoncision*, ou à une religion qui la consacre.

DÉCIRÉ, E, part. pass. de *décirer.*

DÉCIRER, v. act. (*déciré*), ôter la *cire.* — SE DÉCIRER, v. pron.

DÉCISE, subst. propre fém. (*décize*), ville de France, chef-lieu de canton, arrond. de Nevers, dép. de la Nièvre.

DÉCISIF, adj. mas., au fém. DÉCISIVE (*décizife, zive*), qui *décide*, qui résout, qui détermine. Il ne se disait autrefois que des choses ; depuis quelque temps, on le dit des personnes : *c'est un homme décisif ; un peu trop décisif*, qui tranche hardiment. Voy. TRANCHANT.

DÉCISION, subst. fém. (*décizion*) (en lat. *decisio*), action de *décider* ; jugement, résolution : avec cette différence, en parlant des personnes, que la *décision* est un acte de l'esprit et suppose l'examen ; la *résolution* est un acte de la volonté, et suppose la délibération.

DÉCISIONNAIRE, subst. des deux genres (*décizionère*), qui *décide* avec assurance, sans tergiverser. (*Boiste.*) Inus.

DÉCISIVE, adj. fém. Voy. DÉCISIF.

DÉCISIVEMENT, adv. (*déciziveman*), d'une manière *décisive.* (L'*Académie* commet une erreur grave, en disant que ce mot est peu usité.

DÉCISOIRE, adj. des deux genres (*décizoare*), t. de prat., *décisif : serment décisoire* qu'une partie défère à l'autre pour en faire dépendre le jugement.

DÉCISTÈRE, subst. mas. (*décicetère*) (du latin *decimus*, dixième, et στερεος, solide), mesure de solidité, qui, dans le nouveau système, est la *dixième* partie du *stère*, mesure employée surtout pour le bois de chauffage.

DÉCLAMATEUR, subst. mas. (*déklamateur*), celui qui *déclame.* — Celui qui exagère, qui n'apporte pas de preuves solides : *c'est un mauvais déclamateur*, un bavard. Il se dit aussi d'un auteur plein d'emphase et qui se montre outré dans ses expressions. — On dit d'un homme qui récite en public, que *c'est un bon* ou *un mauvais déclamateur* ; alors on n'a égard qu'au ton et aux gestes. Dans ce sens il vieillit. — Adj. : *style déclamateur*, style figuré et ampoulé. — Nous n'avons trouvé nulle part *déclamatrice* ; pourquoi ne l'emploierait-on pas au fém., si l'on en avait besoin ?

DÉCLAMATION, subst. fém. (*déklamâcion*) (en lat. *declamatio*), la prononciation, l'action et l'art de celui qui *déclame : déclamation oratoire ; déclamation théâtrale.* Il fut un temps où cette dernière était notée. — Discours ou harangue sur un sujet de pure invention, que les anciens rhéteurs faisaient prononcer à leurs écoliers pour les exercer. — Affectation de termes pompeux et figurés, dans un ouvrage ou dans un sujet qui ne les comporte pas. — Invective contre quelqu'un : *ah ! finissez la déclamation !*

DÉCLAMATOIRE, adj. des deux genres (*déklamatoare*) (en lat. *declamatorius*), qui appartient à la *déclamation.* — *Style déclamatoire*, style ampoulé, chargé de figures, etc.

DÉCLAMÉ, E, part. pass. de *déclamer.*

DÉCLAMER, v. act. (*déklâmé*) (en lat. *declamare*), prononcer, réciter à haute voix et avec le ton et les gestes convenables. — V. neut., il se dit dans le même sens que l'actif : *il déclame bien ou mal ; s'exercer à déclamer.* — Invectiver, parler avec chaleur contre... : *déclamer contre le luxe.* — SE DÉCLAMER, v. pron.

DÉCLARATEUR, subst. mas., au fém. DÉCLARATRICE (*déklarateur, trice*), qui *déclare*, qui fait une *déclaration* formelle. Peu usité.

DÉCLARATIF, adj. mas., au fém. DÉCLARATIVE (*déklaratife, tive*) (en lat. *declarativus*), t. de prat., qui *déclare* la volonté et les intentions d'une personne. Peu usité.

DÉCLARATION, subst. fém. (*déklarâcion*) (en latin *declaratio*), action de *déclarer.* — Discours, acte par lequel on *déclare.* — Ordonnance ou interprétation d'un édit. — On donnait autrefois le nom de *déclaration* à des lois faites par le souverain, pour fixer la jurisprudence sur des points de droit controversés, ou pour expliquer, étendre, interpréter les coutumes, les ordonnances, les édits, etc. — Acte de démission de quelque droit en faveur de quelqu'un. — T. de jurispr., dénombrement, détail qu'on fait de quelque bien ou d'autre chose ; mémoire détaillé : *donner la déclaration de ses biens, d'une maison, des dépens*, etc. — *Déclaration d'absence*, jugement qui constate, qui *déclare* l'*absence* d'une personne. — *Déclaration de faillite* ; c'est celle que doit faire au greffe du tribunal de commerce, dans les trois jours de la cessation de ses paiements, et à peine d'être poursuivi comme banqueroutier simple, le négociant qui tombe en faillite. — *Déclaration d'hypothèque.* Sous le droit ancien, l'hypothèque ne s'exerçait pas sur les biens passés entre les mains d'un tiers comme sur ceux possédés par le débiteur lui-même : le créancier hypothécaire porteur d'un titre exécutoire ne pouvait agir contre le tiers détenteur qu'après avoir formé ce qu'on appelait une demande en *déclaration d'hypothèque*, c'est-à-dire une demande par laquelle il concluait à ce que l'immeuble vendu fût déclaré affecté et hypothéqué à sa créance, et qu'en conséquence le détenteur fût condamné à payer, si mieux il n'aimait déguerpir. Aujourd'hui le créancier hypothécaire a une action directe contre le tiers détenteur, et peut faire vendre l'immeuble après un simple commandement. — *Déclaration de guerre*, ordonnance par laquelle on *déclare* la guerre. — *Déclaration d'amour*, aveu qu'on fait de son amour à la personne qui en est l'objet.

DÉCLARATIVE, adj. fém. Voy. DÉCLARATIF.

DÉCLARATOIRE, adj. des deux genres (*déklaratoare*), t. de prat., qui *déclare : acte, clause, sentence déclaratoire.* — L'*Académie* a tort, selon nous, de dire que ce mot est peu usité.

DÉCLARATRICE, subst. fém. Voy. DÉCLARATEUR.

DÉCLARÉ, E, part. pass. de *déclarer*, et adj. — Il se dit par opposition à *caché : ennemi déclaré, guerre déclarée.*

DÉCLARER, v. act. (*déklaré*) (du lat. *declarare*, dont la signification est la même, et qui est fait de *clarus*, clair, manifeste ; *rendre clair*, etc.), manifester, faire connaître : *déclarer ses intentions, son mariage.* — Nommer publiquement pour servir en qualité de général, d'ambassadeur, etc. — Manifester, notifier par acte public, par autorité publique : *il a été déclaré, atteint et convaincu de... ; déclarer la guerre à...* — Révéler : *déclarer ses complices.* — DÉCLARER, DÉCOUVRIR, MANIFESTER, RÉVÉLER, DÉCELER. (*Syn.*) *Déclarer*, c'est dire les choses exprès et avec intention, pour en instruire ceux à qui on ne veut pas qu'elles demeurent inconnues ; *découvrir*, c'est montrer, soit à dessein, soit par inadvertance, ce qui avait été caché jusqu'alors ; *manifester*, c'est produire au dehors les sentiments intérieurs ; *révéler*, c'est rendre public ce qui a été confié sous le secret ; *déceler*, c'est nommer celui qui a fait une chose, mais qui ne veut pas en être cru l'auteur. Ces distinctions sont tant soit peu subtiles, nous sommes forcés de l'avouer ; aussi notre devoir devait-il être d'en prévenir nos lecteurs. — SE DÉCLARER, v. pron., paraître, se faire connaître, se déceler :

> Notre ennemi cruel devant vous *se déclare.*
>
> (RACINE.)

— Se montrer en quelque endroit du corps : *le mal s'est déclaré au bras.* — Se tourner du côté de quelqu'un : *la victoire s'est déclarée du côté des Français.* — Prendre parti pour ou contre quelqu'un ou quelque chose : *une partie de l'Al-*

lemagne se déclare pour la France; tout le public se déclara pour lui.

DÉCLASSÉ, E, part. pass. de *déclasser*.

DÉCLASSER, v. act. (*déklâcé*), ôter quelque chose de sa *classe*. — T. de mar., retirer de l'inscription maritime. — **se DÉCLASSER**, v. pron. Voy. **CLASSER**.

DÉCLAVÉ, E, part. pass. de *déclaver*.

DÉCLAVER, v. act. (*déklavé*) (de la particule privative *dé*, et du lat. *clavis*, clef), t. de mus., ôter une clef pour en substituer une autre. — **se DÉCLAVER**, v. pron.

DÉCLENCHÉ, E, part. pass. de *déclencher*.

DÉCLENCHER, v. act. (*déklanché*) : *déclencher une porte*, lever la *clenche* ou *clinche* pour l'ouvrir. — **se DÉCLENCHER**, v. pron.

DÉCLIC, subst. mas. (*déklike*), t. de mécanique, ressort attaché à un bélier ou mouton, et qui, détendu par le moyen d'une petite corde, lorsque le mouton est à la hauteur convenable, le fait tomber sur la tête d'un pilotis.

DÉCLIMATÉ, E, part. pass. de *déclimater*.

DÉCLIMATER, v. act. (*déklimaté*), t. de bot., déshabituer une plante d'un *climat*. — **se DÉCLIMATER**, v. pron.

DÉCLIN, subst. mas. (*déklein*), état d'une chose qui *décline*, qui penche vers sa fin : *le déclin du jour, de l'âge*, etc. — Fig. : *le déclin d'un empire, de la beauté*. Voy. **DÉCADENCE**.—En médec., le *déclin* de la maladie, de la fièvre, c'est-à-dire, le temps où le mal, parvenu à son plus haut période, va en diminuant. — Ressort d'une arme à feu, par le moyen duquel le chien d'un pistolet, d'un fusil s'abat sur le bassinet. *Corneille* a dit dans *le Menteur :*

> Avec le pistolet le cordon s'embarrasse,
> Fait marcher le *déclin*; le feu prend, le coup part.

— *Déclin de la lune*, le décours.

DÉCLINABILITÉ, subst. fém. (*déklinabilité*), t. de gramm., qualité d'un mot *déclinable*.

DÉCLINABLE, adj. des deux genres (*déklinable*) (en lat. *declinabilis*), t. de gramm., qui peut être *décliné*.

DÉCLINAISON, subst. fém. (*déklinèzon*) (en lat. *declinatio*, fait de *declinare*, décliner), en t. de gramm., manière de faire passer les noms par tous les cas, dans les langues qui ont des cas. — En t. d'astron., distance du soleil, d'une planète, d'une étoile, etc., à l'équateur, soit vers le nord, soit vers le midi : *déclinaison boréale; déclinaison australe*. La *déclinaison* du soleil, quand il est au solstice, est de 23 degrés et demi. *On peut connaître chaque jour la déclinaison du soleil*. La *déclinaison méridionale* est la distance d'une étoile à l'équateur vers le pôle méridional. La *déclinaison septentrionale* est la distance d'une étoile à l'équateur vers le pôle septentrional. La *déclinaison vraie* d'une planète est la distance du vrai lieu d'une planète à l'équateur. La *déclinaison apparente* est la distance du lieu apparent d'une planète à l'équateur. Tous les grands cercles de la sphère, qui passent par les deux pôles et par une étoile s'appellent cercles de *déclinaison*, parce que l'on compte sur eux la distance des étoiles à l'équateur, que l'on nomme *déclinaison*, qui est le complément de leur distance aux pôles : *le cercle de déclinaison qui passe par les pôles et par le zénith s'appelle plus particulièrement méridien*. (Cassini.) La *déclinaison* est, en astron., ce que la latitude est en géographie.—*Parallaxe de déclinaison*, l'arc du cercle de *déclinaison* d'un astre, augmentée ou diminuée par la parallaxe de hauteur.—*Réfraction de déclinaison*, arc du cercle de *déclinaison*, qui mesure la quantité dont la réfraction augmente ou diminue la *déclinaison* d'une étoile.—En gnomonique, il se dit des plans verticaux qui *déclinent* des points cardinaux de l'horizon. — A l'égard de l'aimant, son éloignement du vrai nord ou du pôle. Cette *déclinaison* n'est pas constante; elle varie continuellement, soit pour le temps, soit pour le lieu, sans suivre aucune loi connue : elle était à Paris, le 15 octobre 1811, de vingt-deux degrés vingt-cinq minutes nord-ouest.

DÉCLINANT, E, adj. (*déklinan, nante*), qui *décline*; il n'a guère d'usage que dans cette phrase : *cadran déclinant* ; rigoureusement, celui qui ne regarde pas le midi : et, dans une acception plus étendue, celui qui ne regarde pas directement l'un des points cardinaux.

DÉCLINATEUR, subst. mas. (*déklinateur*), t. de gnomonique, instrument pour déterminer la *déclinaison* et l'inclinaison du plan d'un cadran. On dit aussi *déclinatoire*.

DÉCLINATION, subst. fém. (*déklinâcion*), pente, détour, éloignement.

DÉCLINATOIRE, subst. mas. (*déklinatoare*), t. de prat., acte par lequel on déclare qu'on *décline* une juridiction. C'est proprement la réquisition par laquelle une partie traduite devant un tribunal demande à être renvoyée devant un autre qu'elle prétend être le seul en droit de juger l'affaire.—Le *déclinatoire* peut avoir lieu à raison de la qualité de la personne qui le propose, et qui par exemple n'aurait pas été assignée devant le juge de son domicile, ou de la nature de l'affaire qui pourrait n'être pas de la compétence du tribunal saisi. (*Dict. de Législation usuelle.*) Voy. **DÉCLINATEUR**.

DÉCLINATOIRE, adj. des deux genres (*déklinatoare*), *exceptions déclinatoires, fins déclinatoires*, moyens qu'on allègue pour *décliner* une juridiction.

DÉCLINÉ, E, part. pass. de *décliner* et adj. — En bot., *étamines déclinées*, qui, étant abaissées, se relèvent dans leur partie supérieure, et forment un peu l'arc.

DÉCLINER, v. neut. (*décliné*) (en lat. *declinare*, formé du grec ἐκκλίνειν, dérivé de κλίνειν, pencher, s'abaisser, se détourner), déchoir, pencher vers sa fin : *le jour commence à décliner; cet homme décline tous les jours*. — S'éloigner de... : *la boussole décline de tant de degrés du nord; les astres déclinent de l'équateur*. — En t. de gnomonique, s'écarter un peu du point cardinal qu'un mur regarde le plus.

DÉCLINER, v. act. (*décliné*), en t. de gramm., faire passer successivement un mot par tous ses cas. — Fam. : *décliner son nom*, dire son nom dans un lieu où l'on n'est pas connu. — Fig. et fam. : *ne savoir pas décliner son nom*, être très-ignorant. — En t. de prat., *décliner une juridiction*, ne vouloir pas reconnaître la juridiction d'un tribunal. — **se DÉCLINER**, v. pron. : *ce mot se décline; ce mot ne se décline pas*.

DÉCLIQUETÉ, E, part. pass. de *décliqueter*.

DÉCLIQUETER, v. act. (*dékliketé*), en t. d'horlogerie, dégager le *cliquet* des dents du rochet.— **se DÉCLIQUETER**, v. pron.

DÉCLIVE, adj. des deux genres (*déklive*) (du lat. *declivis*, formé, dans le même sens, de la particule latine privative *de*, et de *clivum* ou *clivus*, hauteur, éminence), qui est en pente : *terres déclives*; mot nouveau qui pourrait être conservé, du moins dans le style scientifique.

DÉCLIVITÉ, subst. fém. (*déklivité*) (en lat. *declivitas*), situation d'une chose qui est en pente. Ce mot n'est guère usité que parmi les savants.

DÉCLOÎTRÉ, E, part. pass. de *décloîtrer*.

DÉCLOÎTRER, v. act. (*dékloètré*), faire quitter le *cloître* à un religieux ou à une religieuse; faire rompre ses vœux. — **se DÉCLOÎTRER**, v. pron., quitter le couvent, le *cloître*, le froc; et fig., sortir après s'être long-temps tenu renfermé.

DU VERBE IRRÉGULIER ET DÉFECTIF DÉCLORE :

Déclora, 3e pers. sing. fut. indic.
Déclorai, 1re pers. sing. fut. indic.
Décloraient, 3e pers. plur. prés. cond.
Déclorais, précédé de *je*, 1re pers. sing. prés. cond.
Déclorais, précédé de *tu*, 2e pers. sing. prés. cond.
Déclorait, 3e pers. sing. prés. cond.
Décloras, 2e pers. sing. fut. indic.

DÉCLORE, v. act. (*déklore*), rompre ou ôter une *clôture*. — **se DÉCLORE**, v. pron. Voy. **CLORE**.

DU VERBE IRRÉGULIER ET DÉFECTIF DÉCLORE :

Déclorez, 2e pers. plur. fut. indic.
Décloriez, 2e pers. plur. prés. cond.
Déclorions, 1re pers. plur. prés. cond.
Déclorons, 1re pers. plur. fut. indic.
Décloront, 3e pers. plur. fut. indic.

DÉCLOS, E, part. pass. de *déclore*, et adj., qui n'est plus *clos*; dont la *clôture* est en partie tombée, etc.

DU VERBE IRRÉGULIER ET DÉFECTIF DÉCLORE :

Déclos, précédé de *je*, 1re pers. sing. prés. indic.
Déclos, précédé de *tu*, 2e pers. sing. prés. indic.

DÉCLOUÉ, E, part. pass. de *déclouer*.

DÉCLOUER, v. act. (*déklou-é*), détacher quelque chose en *ôtant les clous* qui l'attachent. — **se DÉCLOUER**, v. pron.

DÉCOCHÉ, E, part. pass. de *décocher*.

DÉCOCHEMENT, subst. mas. (*dékocheman*), action de *décocher*.

DÉCOCHER, v. act. (*dékoché*), de la particule *dé*, et du mot *coche*, entaille; *ôter de la coche*; parce que les flèches étaient lancées autrefois avec l'arbalète, dont la corde, lorsqu'elle était tendue, était arrêtée par une *coche*), tirer une flèche, un trait. — On dit fig. et poétiquement : *décocher les traits de sa colère*, ou *de la satire, contre quelqu'un*. — Fam. : *décocher un compliment*.— **se DÉCOCHER**, v. pron.

DÉCOCTION, subst. fém. (*dékokcion*) (en lat. *decoctio*, fait de *decoquere*, faire cuire ou bouillir), cuisson d'une ou de plusieurs drogues qu'on fait bouillir dans une liqueur, pour en extraire les parties ou dans la vue de les ramollir. — La liqueur même, imprégnée de la vertu des médicaments qu'on y a fait bouillir.

DÉCOCTUM, subst. mas. (*dékoktome*), t. de chimie purement latin, produit d'une *décoction*.

DÉCODON, subst. mas. (*dékodon*), t. de bot., genre établi parmi les plantes aquatiques.

DÉCOGNOIR, subs. mas. (*dékognioar*), t. d'imprim., outil pour déchasser les *coins*. Voy. **COGNOIR**.

DÉCOIFFÉ, E, part. pass. de *décoiffer*.

DÉCOIFFER, v. act. (*dékoèfé*), ôter la *coiffure* d'une femme. — Déranger les cheveux. — Ôter l'enveloppe qui entoure le bouchon d'une bouteille. — Ôter le couvercle qui était sur l'amorce d'un artifice. — **se DÉCOIFFER**, v. pron.

DÉCOLLATION, subst. fém. (*dékolâcion*. L'*Académie* dit dans son *Dictionnaire* qu'on doit prononcer *dékolelation*; nous avons, nous, toujours entendu prononcer *dékolâcion*), action de *décoller*, *de couper le cou*. Il n'est en usage qu'en parlant du martyre de *saint Jean-Baptiste*. — Fête par laquelle l'Église romaine célèbre cet événement. — Tableau, estampe qui le représente.

DÉCOLLÉ, E, part. pass. de *décoller*.

DÉCOLLEMENT, subst. mas. (*dékoleman*), action de *décoller* ce qui était *collé*. (*Trévoux*.) — En t. de charp., action de couper un chevron du côté de l'épaulement, afin qu'étant moins large la mortaise ne paraisse pas.

DÉCOLLER, v. act. (*dékolé*) (du lat. *decollare*, formé, avec la même acception, de la particule privative *de*, et de *collum*, cou), couper le *cou* à quelqu'un par autorité de justice. — Couper la tête des morues. Voy. **DÉCOLLEUR**. — Détacher une chose qui était *collée*. — Au jeu de billard, éloigner une bille de la bande qu'elle touchait. — **se DÉCOLLER**, v. pron. — En t. de jard., *se décoller*, se détacher de leur sujet, en parlant des greffes.

DÉCOLLETÉ, E, part. pass. de *décolleter*.

DÉCOLLETER, v. act. et neut. (*dékoleté*), littéralement : *ôter le collet*.— Découvrir le cou, la gorge, les épaules. Il se dit surtout au participe : *cette femme est trop décolletée*. — **se DÉCOLLETER**, v. pron.

DÉCOLLEUR, subst. mas. (*dékoleur*), celui des matelots qui est chargé de couper la tête des morues qu'on vient de pêcher.

DÉCOLORATION, subst. fém. (*dékolorâcion*), action d'affaiblir, de faire perdre la *couleur* naturelle.

DÉCOLORÉ, E, part. pass. de *décolorer*, et adj., qui a perdu sa *couleur* ; *teint décoloré, fleurs décolorées*. — On dit fig., dans le style critique : *style décoloré, poésie décolorée*.

DÉCOLORER, v. act. (*dékoloré*), ôter, effacer, affaiblir la *couleur* : *les essences décolorent les joues*.— **se DÉCOLORER**, v. pron., se ternir, perdre sa *couleur* naturelle.

DÉCOMBRÉ, E, part. pass. de *décombrer*.

DÉCOMBRER, v. act. (*dékonbré*), ôter les *décombres* qui embarrassent un terrein.— **se DÉCOMBRER**, v. pron. Fort peu en usage.

DÉCOMBRES, subst. mas. plur. (*dékonbre*) (de la particule privative *dé*, et du lat. barbare *combri*, qui dans le moyen âge a été dit, suivant *Du Cange*, d'abord des arbres abattus dans les forêts et qui en fermaient les passages, d'où le mot *encombrer*; ensuite du bois de faîtage d'un toit, en sorte que *décombres* a signifié premièrement le vieux bois d'un toit démoli; ce qui s'est étendu depuis aux autres matériaux des démolitions), plâtras, menues pierres de peu de valeur qui restent de la démolition d'un bâtiment. — Tout ce qui reste du bois d'ouvrage et qui est inutile.

DÉCOMBUSTION, subst. fém. (*dékonbucetion*), dans la nouvelle chimie, opération inverse de la *combustion*. Elle a pour objet de séparer d'un corps brûlé l'oxygène qui y est uni.

DÉCOMMANDÉ, E, part. pass. de *décommander*.

DÉCOMMANDER, v. act. (*dékomandé*), contremander une *commande*. — **se DÉCOMMANDER**, v. pron. Ce mot manque dans l'*Académie*.

DÉCOMPOSÉ, E, part. pass. de *décomposer*.

DÉCOMPOSER, v. act. (*dékonpôzé*), réduire un corps à ses principes ; séparer les parties dont il est *composé* : *la chaleur décompose les parties* *animales*, y établit la corruption. — *Décomposer le mouvement d'un corps*, changer ce mouvement en deux ou plusieurs autres, dont on peut supposer qu'il est formé. —Altérer, en parlant des traits du visage : *la terreur décompose les traits.* — Au fig. : *décomposer une phrase.*— SE DÉCOMPOSER, v. pron., perdre contenance, perdre le calme. — S'altérer : *le sang se décompose.*

DÉCOMPOSITION, subst. fém. (*dékonpôzicion*), résolution d'un corps mixte dans ses principes : *décomposition des forces, d'un mouvement.* —T. de mécan., l'action de les *décomposer*, en divisant en quelque sorte une puissance en plusieurs autres. — *Décomposition chimique des corps*, séparation de leurs molécules constituantes au moyen de l'attraction électrique, et quelquefois du calorique seul. — *Décomposition physique*, séparation des molécules intégrantes des corps par des moyens mécaniques. — Corruption, dissolution : *la décomposition du corps humain, après la mort, et de tous les corps animaux.*

DÉCOMPOTÉ, E, part. pass. de DÉCOMPOTER.

DÉCOMPOTER, v. act. (*décompoté*), changer le *compôt*, ou le temps de l'engrais des terres.

DÉCOMPTE, subst. mas. (*dékonte*) (de la particule privative *dé*, et de *compte*, ce qui est ôté d'un *compte*), retenue sur un *compte*; ce que l'on a à prendre et à rabattre sur un *compte* que l'on paie. — Déduction d'une somme sur une autre plus forte dont on est débiteur. — *Faire le décompte*, rabattre sur une certaine somme, ou faire la supputation de ce qu'il y a à rabattre. — *Payer le décompte aux troupes*, leur payer ce qui leur est dû en retenant ce qu'on leur a avancé.—Fig. : *il trouvera bien du décompte dans cette affaire*, elle ne sera pas aussi avantageuse qu'il l'espère.

DÉCOMPTÉ, E, part. pass. de *décompter.*

DÉCOMPTER, v. act. (*dékonté*), faire le *décompte*; rabattre sur une somme. — T. de jeu, perdre ses points toutes les fois que l'adversaire en compte. — SE DÉCOMPTER, v. pron.

DÉCOMPTER, v. neut. (*dékonté*), fig., rabattre de l'opinion qu'on avait d'une affaire, d'une personne.

DÉCONCERT, subst. mas. (*dékoncère*), mésintelligence; défaut d'harmonie. Inusité.

DÉCONCERTÉ, E, part. pass. de *déconcerter*, et adj. ; décontenancé, qui ne sait quelle posture tenir. Voy. CONFUS.

DÉCONCERTEMENT, subst. mas. (*déconcèreteman*), état d'une personne *déconcertée*. Peu usité, mais utile.

DÉCONCERTER, v. act. (*dékoncèreté*), il ne s'emploie guère au propre dans le sens de troubler un *concert* de voix ou d'instruments. Voy. CONCERTER. Cependant on dit quelquefois, dans un sens analogue : *une voix discordante suffit pour déconcerter toutes les autres ; un musicien qui bat la mesure à contre-temps déconcerte tout l'orchestre, toute l'harmonie.* — Fig., 1° troubler les mesures prises par quelqu'un ; 2° lui faire perdre contenance. — *Déconcerter l'ennemi*, le surprendre, contrarier tous ses plans. — SE DÉCONCERTER, v. pron., se troubler; se décontenancer.

DÉCONFIANCÉ, E, part. pass. de *déconfiancer.*

DÉCONFIANCER, v. act. (*dékonfiancé*), ôter la *confiance* à quelqu'un. Vieux et inusité.

DÉCONFIRE, v. act. (*dékonfire*) (de l'italien *sconfiggere*), défaire, battre et tailler en pièces quelques troupes. Ce mot, autrefois très-usité, est vieux aujourd'hui. Il ne peut plus guère se dire que dans le style burlesque, et seulement à l'infinitif, et dans les temps composés.— Fig. et fam., embarrasser ; réduire à ne savoir plus que dire.

DÉCONFIT, E, adj. (*dékonfi, fite*), et part. pass. de *déconfire.*

DÉCONFITURE, subst. fém. (*dékonfiture*) (de l'italien *sconfitta*, dont le sens est le même), entière défaite, déroute générale d'une armée. Il est vieux. — Ruine entière d'un négociant ou d'un homme d'affaires. — En t. de pratique, banqueroute ou abandonnement de biens. Nous donnerons encore ici la définition du *Dict. de Législation usuelle*, qui nous semble plus explicative : c'est, dit l'auteur, l'état d'un débiteur non commerçant, dont les biens sont insuffisants pour payer ses dettes, en sorte que les créanciers, qui n'ont ni privilège ni hypothèque, sont réduits à perdre une partie de leurs créances, et à partager entre eux le prix des biens par contribution au marc le franc. La *déconfiture* diffère essentiellement de la *faillite*. Est en *faillite* le négociant qui cesse ses paiements, lors même que son actif excède- rait de beaucoup son passif. La *déconfiture* suppose au contraire l'insolvabilité. Elle n'a pas besoin d'être déclarée par un jugement; c'est un fait qui résulte des différentes poursuites exercées contre le débiteur, et qui toutes constatent son insolvabilité.—On dit burlesquement d'un repas où il y avait beaucoup de gibier, des pâtés, etc., qu'*on en a fait une belle déconfiture.*

DÉCONFORT, subst. mas. (*dékonfor*) (de la particule privative *dé*, et du vieux mot *confort*, consolation, etc.), vieux mot inusité, qui signifiait *désolation, découragement.*

DÉCONFORTÉ, E, part. pass. de *déconforter.*

DÉCONFORTER, v. act. (*dékonforté*) (de la particule privative *dé*, et du vieux mot *conforter*, encourager), décourager. — SE DÉCONFORTER, v. pron., se désoler, s'affliger, perdre courage.

DÉCONSACRÉ, E, part. pass. de *déconsacrer.*

DÉCONSACRER, v. act. (*dékonçakré*), ôter la *consécration*; rendre profane. Presque hors d'usage; on ne le dirait guère que d'un temple ou de vases sacrés.

DÉCONSEILLÉ, E, part. pass. de *déconseiller.*

DÉCONSEILLER, v. act. (*dékoncè-ié*), dissuader, *conseiller* de ne pas faire. L'*Académie* cite deux exemples que voici : *je ne lui conseille ni ne lui déconseille cette entreprise ; il fera ce qu'il voudra, je ne le conseille ni ne le déconseille* : ce second exemple est escorté de cet avertissement : « on lui donne aussi le nom de la personne pour régime. » Cette observation nous semble inutile, du moment qu'on ne la donne pas pour tous les verbes. — SE DÉCONSEILLER, v. pron. Peu en usage.

DÉCONSIDÉRATION, subst. fém. (*dékoncidéracion*), perte de la *considération*; défaveur.

DÉCONSIDÉRÉ, E, part. pass. de *déconsidérer*, et adj. : *cette compagnie est fort déconsidérée.*

DÉCONSIDÉRER, v. act. (*dékoncidéré*), ôter, faire perdre la *considération*, l'estime à quelqu'un : *ce mariage déconsidère les deux familles.* — SE DÉCONSIDÉRER, v. pron. : *il s'est déconsidéré lui-même par cette action.* — Ce verbe manque dans l'*Académie.*

DÉCONSTRUIRE, v. act. (*dékonceitruire*), désassembler les parties d'une machine, d'un discours, etc. — SE DÉCONSTRUIRE, v. pron. Ce verbe manque dans l'*Académie*. Il existait dans la cinquième édition, qui a précédé celle de 1835.

DÉCONSTRUIT, E, part. pass. de *déconstruire*, et adj. — En gramm., dont on a changé, renversé la *construction* : *des vers déconstruits*, devenus, par la suppression de la rime et de la mesure, semblables à de la prose : *la poésie française déconstruite ressemble souvent à de l'excellente prose.* — Mot nouveau employé par *La Harpe* (*Cours de Littérature*, t. 1) ; il est utile à conserver : nous possédons *démoli* au propre; mais nous n'avions rien au fig. : le *Dictionnaire de l'Académie*, édition de l'an VII, par Smits, autorisait l'emploi de *déconstruire* dans cette acception. Voy. DÉCONSTRUIRE.

DÉCONTENANCE, subst. fém. (*dékontenance*), défaut, manque ou plutôt perte de *contenance*. — Mot hasardé par *Dorat*, et qui n'a pas fait fortune.

DÉCONTENANCÉ, E, part. pass. de *décontenancer*, et adj., déconcerté, qui ne sait quelle posture tenir : *il est tout décontenancé.*

DÉCONTENANCEMENT, subst. mas. (*dékontenanceman*), mot peu usité, mais utile ; il a d'ailleurs été employé par madame de *Sévigné*, qui lui a fait signifier : l'état de celui qui est *décontenancé.*

DÉCONTENANCER, v. act. (*dékontenancé*), faire perdre *contenance* à quelqu'un, le rendre interdit. — SE DÉCONTENANCER, v. pron., perdre *contenance* : *ce jeune homme se décontenance aisément.*

DÉCONVENUE, subst. fém. (*dékonvenu*) (de la particule privative *dé*, et du verbe *convenir* ; ce qui ne *convient* pas ; ce qui dérange, incommode, etc.), malheur, mauvais succès : *il m'a fait part de sa déconvenue.* Il est familier.

DÉCOR, subst. mas. (*dékor*), action de *décorer*. — Ce qui *décore*. — Ensemble des *décorations* d'un théâtre. Il s'emploie plus souvent au plur. : *les décors seuls font tout le succès de cet opera.* Voy. DÉCORATION.

DÉCORATEUR, subst. mas.; au fém. DÉCORATRICE (*dékorateur, trice*), celui qui fait ou peint des *décorations* pour des fêtes, des théâtres. Il est aussi adj. : *peintre décorateur*, peintre en décorations.

DÉCORATION, subst. fém. (*dékorâcion*) (en lat. *decoramen* ou *decoramentum*), embellissement, ornement. Il se dit principalement des ouvrages d'architecture, de peinture et de sculpture. — En parlant du théâtre, tout ce qui, sur la scène, représente les lieux où l'action est supposée se passer. — En parlant des personnes, marque d'honneur, de dignité, sous la forme d'un ruban, d'une croix, ou de tout autre signe.

DÉCORATRICE, subst. fém. Voy. DÉCORATEUR.

DÉCORDÉ, E, part. pass. de *décorder.*

DÉCORDER, v. act. (*dékordé*), détortiller une *corde* ; séparer les *cordons* qui la composent. — SE DÉCORDER, v. pron.

DÉCORDONNAGE, subst. masc. (*dékordonage*), action de décordonner, c'est-à-dire d'enlever à coups de marteau la matière qui s'attache aux pilons d'un moulin à poudre.

DÉCORDONNANCÉ, E, part. pass. de *décordonnancer.*

DÉCORDONNANCER, v. act. (*dékordonancé*), enlever à coups de marteau la croûte qui s'attache aux pilons dans un moulin à poudre. (*Boiste.*) Presque inusité.

DÉCORÉ, E, subst. (*dékoré*), qui porte une *décoration*. On appelle *légionnaire*, celui qui est *décoré* de la Légion-d'Honneur ; *chevalier*, celui qui est *décoré* de la *croix de Saint-Louis* ; et l'on s'est servi spécialement du terme de *décorés*, pour ceux qui ont eu la croix de Juillet en 1830 : *les décorés de Juillet.* — Nous n'avons trouvé ce subst. dans aucun Dictionnaire.

DÉCORÉ, E, part. pass. de *décorer.*

DÉCORER, v. act. (*dékoré*) (en lat. *decorare*, fait de *decor* ou *decus*, beauté, ornement), orner, parer :

> La grace *décorait* son front et ses discours.
>
> (ANDRÉ CHÉNIER.)

Voy. ORNER. — Il se dit particulièrement des théâtres, des places et autres lieux publics. — Conférer à quelqu'un des titres, des dignités, des croix qui l'honorent. — SE DÉCORER, v. pron.

DÉCORNÉ, E, part. pass. de *décorner.*

DÉCORNER, v. act. (*dékorné*), rabattre les *cornes* d'un livre. — Dans certains jeux, abattre la marque ou la *corne* d'une carte. — SE DÉCORNER, v. pron.

DÉCORTICATION, subst. fém. (*dékortikâcion*) (du lat. *decorticatio*, formé de la particule privative *de*, et de *cortex*, *corticis*, écorce), action d'enlever l'*écorce* des branches, des graines, etc.

DÉCORTICÉ, E, adj. (*dékorticé*), privé de son *écorce*, de ses branches.

DÉCORTIQUER, v. act. (*dékortiké*), ôter la *cosse* de certains légumes.

DÉCORUM, subst. mas. (*dékorome*), mot tout latin, qui ne s'emploie que dans cette phrase familière : *garder le decorum*, la bienséance, les apparences.—Il ne s'emploie guère au plur., et si l'on avait absolument besoin de s'en servir, il faudrait écrire *decorum* sans *s*.

DÉCOSTÉE, subst. fém. (*dékoceté*), t. de bot., arbrisseau du Mexique.

DÉCOUCHÉ, E, part. pass. de *découcher.*

DÉCOUCHER, v. neut. (*dékouché*), *coucher* hors de chez soi, hors de la maison, ou même du lit où l'on a coutume de *coucher*. Prov. et fam. : *un bon mari ne découche point d'avec sa femme.* — V. actif, être cause que quelqu'un quitte son lit pour nous le donner : *je ne veux point vous découcher.* Fam.

DU VERBE IRRÉGULIER **DÉCOUDRE** :

Découd, 3e pers. sing. prés. indic.
Découdra, 3e pers. sing. fut. indic.
Découdrai, 1re pers. sing. fut. indic.
Découdraient, 3e pers. plur. prés. cond.
Découdrais, précédé de *je*, 1re pers. sing. prés. cond.
Découdrais, précédé de *tu*, 2e pers. sing. prés. cond.
Découdrait, 3e pers. sing. prés. cond.
Découdras, 2e pers. sing. fut. indic.

DÉCOUDRE, v. act. (*dékoudre*), défaire quelque *couture* ; défaire ce qui *est cousu*.—Au fig., faire une blessure en long, comme le sanglier quand il déchire le ventre d'un chien.— En t. de mar., déclouer quelques pièces de bordage, etc., pour voir ce qu'elles couvrent de défectueux. — V. neut. : *il faut en découdre*, en venir aux mains ou seulement aux paroles. Il est familier. — SE DÉCOUDRE, v. pron., manquer par les *coutures.*

— On dit fig. : *ses affaires se découseut ; elles commencent à se découdre*, elles commencent à aller mal. — *Leur amitié commence à se découdre*, à se refroidir

DU VERBE IRRÉGULIER DÉCOUDRE :

Découdrez, 2ᵉ pers. plur. fut. indic.
Découdriez, 2ᵉ pers. plur. prés. cond.
Découdrions, 1ʳᵉ pers. plur. prés. cond.
Découdrons, 1ʳᵉ pers. plur. fut. indic.
Découdront, 3ᵉ pers. plur. fut. indic.
Découds, 2ᵉ pers. sing. impér.
Découds, précédé de *je*, 1ʳᵉ pers. sing. prés. indic.
Découds, précédé de *tu*, 2ᵉ pers. sing. prés. indic.

DÉCOULANT, E, adj. (*dékoulan, lante*), qui *découle*. Il n'est guère d'usage qu'au féminin et dans cette phrase de l'*Écriture-Sainte* : *la terre de promission était une terre découlante de lait et de miel*.

DÉCOULÉ, E, part. pass. de *découler*.

DÉCOULEMENT, subst. mas. (*dékouleman*), flux, mouvement de ce qui *découle*.

DÉCOULER, v. neut. (*dékoulé*), couler de haut en bas, peu à peu et de suite ; tomber goutte à goutte. — Il se dit au fig., des choses spirituelles : *c'est de Dieu que découlent toutes les graces*. Voy. ÉMANER.

DÉCOUPÉ, E, part. pass. de *découper* et adj. Il se dit : 1° en t. de blason, des pièces sans nombre dont un écu est semé ; 2° en t. de peinture, d'une figure, d'un groupe, etc., qui, dans un tableau, se détachent du fond plus qu'ils ne paraitraient s'en détacher dans la nature ; 3° en bot., du calice ou de la corolle dont les divisions ne se prolongent pas jusqu'à la base. Le calice *découpé* en deux ou trois parties se nomme *bifide, trifide*. Voy. ces mots.

DÉCOUPÉ, subst. mas. (*dékoupé*), parterre qui a plusieurs pièces carrées, longues, rondes ou ovales, et dans lesquelles on met des fleurs.

DÉCOUPER, v. act. (*dékoupé*), *couper* en petites parties. —*Découper une volaille*, etc., la dépecer pour en servir à tous les convives. — Il est aussi neutre : *ce sont les dames qui découpent aujourd'hui*. Des puristes modernes prétendent qu'il faudrait dire *couper*.—*Découper une étoffe*, la *couper* avec art, à petites taillades, soit qu'on enlève la pièce, soit qu'on ne l'enlève pas. — *Découper des cartes, du papier*, etc., les *couper* de manière que ce qui en reste forme une figure. — *Découper une image, une estampe*, séparer les figures du fond pour les appliquer sur un autre fond. — SE DÉCOUPER, v. pron.

DÉCOUPEUR, subst. mas., au fém. DÉCOUPEUSE (*dékoupeur, peuze*), celui, celle qui travaille en *découpures*.

DÉCOUPEUSE, subst. fém. Voy. DÉCOUPEUR.

DÉCOUPLÉ et non pas **DÉCOUPLE**, qui serait du fém., ni DÉCOUPLER, comme l'indique l'*Académie*, subst. mas. (*dékouplé*), t. de vén., action de *découpler* les chiens.—Instant, lieu où on les *découple* pour courir après la bête.

DÉCOUPLÉ, E, part. pass. de *découpler* et adj., fig. et fam. : *un jeune homme bien découplé*, de belle taille. — En t. de blason, divisé, partagé.

DÉCOUPLER, v. act. (*dékouplé*), détacher des chiens *couplés*. — Fig. et fam. : *découpler des gens après quelqu'un*, lâcher des gens après quelqu'un pour lui faire de la peine : *s'il me fâche je découplerai sur lui, je lui découplerai des gens qui l'accommoderont comme il faut ; je découplerai les huissiers après lui*. Selon nous, ces locutions sont plus que surannées ; du reste, elles existaient dans la cinquième édition de l'*Académie*, et la sixième les a copiées religieusement, en rajeunissant le dernier exemple du mot *huissiers* qui se lit à la place de celui de *sergents*. — SE DÉCOUPLER, v. pron.

DÉCOUPOIR, subst. mas. (*dékoupoar*), ciseau avec lequel les ouvriers *découpent*.

DÉCOUPURE, subst. fém. (*dékoupure*), taillade faite pour ornement à quelque étoffe, papier, etc. — Plus ordinairement, la chose même qui est *découpée*.

DÉCOURAGÉ, E, part. pass. de *décourager*.

DÉCOURAGEANT, E, adj. (*dékourajan, jante*), qui *décourage* : *cela est décourageant*.

DÉCOURAGEMENT, subst. mas. (*dékourajeman*), abattement du cœur ; perte de *courage*.

DÉCOURAGER, v. act. (*dékourajé*), ôter, abattre le *courage*, l'envie de... — *Il est découragé de travailler, découragé du travail ; ses amis l'en ont découragé :* il vaut mieux dire, l'en ont dégoûté, l'en ont dissuadé. Ces exemples sont de l'*Académie* ; et c'est toujours la vieille cinquième édition, copiée textuellement par la sixième édition. *Décourager*, en ce sens, ne se dit plus qu'absolument : *on l'a découragé*, et non plus : *on l'en a découragé*. — SE DÉCOURAGER, v. pron., perdre *courage*.

DÉCOURANT, E, adj. (*dékouran, rante*) (rac. *courir*), t. de bot., se dit d'une plante dont les bandes se prolongent sur la tige.

DÉCOURBÉ, E, part. pass. de *décourber*.

DÉCOURBER, v. act. (*dékourbé*), dételer les chevaux qui sont attachés à des cordages pour tirer un bateau. — SE DÉCOURBER, v. pron.

DÉCOURONNÉ, E, part. pass. de *découronner*.

DÉCOURONNER, v. act. (*dékouroné*), ôter une *couronne*.—T. de guerre, balayer une hauteur des troupes qui la *couronnaient*, la défendaient. — SE DÉCOURONNER, v. pron.

DÉCOURS, subst. mas. (*dékour*) (du lat. *decursus*, fait, dans le même sens, de *decurrere*, courir du haut en bas, descendre), le décroissement de la lune.—Par extension, déclin d'une maladie. Peu en usage.

DU VERBE IRRÉGULIER DÉCOUDRE :

Décousaient, 3ᵉ pers. plur. imparf. indic.
Décousais, précédé de *je*, 1ʳᵉ pers. sing. imparf. indic.
Décousais, précédé de *tu*, 2ᵉ pers. sing. imparf. indic.
Décousait, 3ᵉ pers. sing. imparf. indic.
Découse, précédé de *que je*, 1ʳᵉ pers. sing. prés. subj.
Découse, précédé de *qu'il* ou *qu'elle*, 3ᵉ pers. sing. prés. subj.
Décousent, précédé de *ils* ou *elles*, 3ᵉ pers. plur. prés. indic.
Décousent, précédé de *qu'ils* ou *qu'elles*, 3ᵉ pers. plur. prés. subj.
Décousez, 2ᵉ pers. plur. impér.
Décousez, précédé de *vous*, 2ᵉ pers. plur. prés. indic.
Décousiez, précédé de *vous*, 2ᵉ pers. plur. imparf. indic.
Décousiez, précédé de *que vous*, 2ᵉ pers. plur. prés. subj.
Décousîmes, 1ʳᵉ pers. plur. prét. déf.
Décousions, précédé de *nous*, 1ʳᵉ pers. plur. imparf. indic.
Décousions, précédé de *que nous*, 1ʳᵉ pers. plur. prés. subj.
Décousirent, 3ᵉ pers. plur. prét. déf.
Décousis, précédé de *je*, 1ʳᵉ pers. sing. prét. déf.
Décousis, précédé de *tu*, 2ᵉ pers. sing. prét. déf.
Décousisse, 1ʳᵉ pers. sing. imparf. subj.
Décousissent, 3ᵉ pers. plur. imparf. subj.
Décousisses, 2ᵉ pers. sing. imparf. subj.
Décousissiez, 2ᵉ pers. plur. imparf. subj.
Décousissions, 1ʳᵉ pers. plur. imparf. subj.
Décousit, 3ᵉ pers. sing. prét. déf.
Décousît, 3ᵉ pers. sing. imparf. subj.
Décousîtes, 2ᵉ pers. plur. prét. déf.
Décousons, 1ʳᵉ pers. plur. impér.
Décousons, précédé de *nous*, 1ʳᵉ pers. plur. prés. indic.

DÉCOUSU, E, part. pass. et adj. (*dékouzu*), fig. : *style décousu*, où il n'y a pas de liaison entre les phrases. — *Affaire décousue*, qui est en mauvais état. — Subst., mais au mas. seulement : *le décousu du style ; il y a du décousu dans son langage*, son style, ses paroles sont sans liaison.

DÉCOUSURE, subst. fém. (*dékouzure*), endroit *décousu* de quelque linge, de quelque étoffe. — Au plur., t. de vén., blessure que le sanglier fait aux chiens avec ses défenses.

DÉCOUVERT, E, part. pass. de *découvrir* et adj. : *allée découverte*, allée dont les arbres ne se joignent point par en haut. — *Pays découvert*, où il y a peu d'arbres. —En t. de pratique : *payer à ou en deniers découverts*, en argent comptant. — *A visage découvert*, ouvertement, sans détour. — *à* DÉCOUVERT, loc. adv., sans être *couvert*. — En t. de comm. : *être à découvert*, n'avoir aucun gage, aucune garantie pour ses créances. — En t. de guerre, sans que rien puisse mettre à *couvert* du feu des ennemis. — Au fig., sans déguisement, sans voile. — *Se montrer à découvert*, sans masque, tel que l'on est.

DÉCOUVERTE, subst. fém. (*dékouvèrete*), action par laquelle on *découvre* un pays. — Invention, avec ces différences : 1° que le nom de *découverte* ne doit s'appliquer qu'à ce qui est non-seulement nouveau, mais en même temps curieux, utile ou difficile à trouver ; 2° que *découverte* semble tenir plus de la science, et *invention* de l'art ; 3° que la première peut être due au hasard, tandis que la seconde est toujours le résultat d'une recherche expresse :

> La Fétoie est un pays plein de terres désertes,
> Tous les jours nos auteurs y font des découvertes.
> (LA FONTAINE.)

— En t. de mar. : 1° frégate fine voilière, qui se porte en avant ou sur les ailes d'une flotte pour *découvrir* ce qui se passe à une certaine distance ; 2° matelot, etc., en sentinelle au haut des mâts, pour *découvrir* de plus loin. — *Aller à la découverte*, reconnaître la position de l'ennemi.

DU VERBE IRRÉGULIER DÉCOUVRIR :

Découvraient, 3ᵉ pers. plur. imparf. indic.
Découvrais, précédé de *je*, 1ʳᵉ pers. sing. imparf. indic.
Découvrais, précédé de *tu*, 2ᵉ pers. sing. imparf. indic.
Découvrait, 3ᵉ pers. sing. imparf. indic.
Découvrant, part. prés.
Découvre, 2ᵉ pers. sing. impér.
Découvre, précédé de *je*, 1ʳᵉ pers. sing. prés. indic.
Découvre, précédé de *il* ou *elle*, 3ᵉ pers. sing. prés. indic.
Découvre, précédé de *que je*, 1ʳᵉ pers. sing. prés. subj.
Découvre, précédé de *qu'il* ou *qu'elle*, 3ᵉ pers. sing. prés. subj.
Découvrent, précédé de *ils* ou *elles*, 3ᵉ pers. plur. prés. indic.
Découvrent, précédé de *qu'ils* ou *qu'elles*, 3ᵉ pers. plur. prés. subj.
Découvres, précédé de *tu*, 2ᵉ pers. sing. prés. indic.
Découvres, précédé de *que tu*, 2ᵉ pers. sing. prés. subj.
Découvrez, 2ᵉ pers. plur. impér.
Découvrez, précédé de *vous*, 2ᵉ pers. plur. prés. indic.
Découvriez, précédé de *vous*, 2ᵉ pers. plur. imparf. indic.
Découvriez, précédé de *que vous*, 2ᵉ pers. plur. prés. subj.
Découvrîmes, 1ʳᵉ pers. plur. prét. déf.
Découvrions, précédé de *nous*, 1ʳᵉ pers. plur. imparf. indic.
Découvrions, précédé de *que nous*, 1ʳᵉ pers. plur. prés. subj.

DÉCOUVRIR, v. act. (*dékouvrir*), ôter ce qui *couvrait* une chose ou une personne. — Oter la tuile ou l'ardoise qui forme la *couverture* d'une maison. — Oter la paille, les gravois, etc., qu'on avait posés sur un mur pour le garantir de la gelée pendant l'hiver. — Donner au bois, avec le fermoir, la première ébauche avant de le raboter. — Dans la gravure sur métaux, etc., nettoyer un outil en le fichant, à plusieurs reprises, dans un morceau de pierre-ponce. — Fig. : 1° parvenir à connaître ce qui était caché : *j'ai découvert le mystère* ; 2° révéler, déclarer ce qu'on tenait secret ou caché. Dans ce sens, on dit : *découvrir son jeu*, le montrer ; fig. : n'être pas assez réservé pour ses propres affaires. —Commencer d'apercevoir de loin ou d'un lieu élevé : *on découvrit les vaisseaux ennemis*. — Faire la *découverte* de quelque pays. —Trouver le premier une mine, une carrière, etc. — Faire quelque *découverte* dans les sciences, les arts, etc. — Prov. : *découvrir le pot aux roses*, ce qu'il y a de secret dans une intrigue. — En t. de guerre : *découvrir la frontière*, la dégarnir de forces. — *Il ne faut pas tant découvrir l'infanterie*, il ne faut pas tant éloigner la cavalerie qui la *couvre*. — Aux échecs : *découvrir une pièce*, la dégarnir des pièces qui la *couvraient* ; quelquefois la dégager de ce qui l'empêchait d'agir. — Au trictrac : *découvrir une dame*, la laisser seule dans une case. —SE DÉCOUVRIR, v. pron., ôter la *couverture*.— Lever son chapeau. — En parlant d'une femme, laisser voir des choses que l'on doit tenir cachées, *se découvrir la gorge, les épaules*. — Fig., se déclarer à quelqu'un ; faire connaître ses sentiments. — En t. de maître d'armes, donner jour à notre adversaire pour nous frapper.

DU VERBE IRRÉGULIER DÉCOUVRIR :

Découvrira, 3ᵉ pers. fut. indic.
Découvrirai, 1ʳᵉ pers. fut. indic.
Découvriraient, 3ᵉ pers. plur. prés. cond.
Découvrirais, précédé de *je*, 1ʳᵉ pers. sing. prés. cond.
Découvrirais, précédé de *tu*, 2ᵉ pers. sing. prés. cond.

Découvrirait, 3ᵉ pers. sing. prés. cond.
Découvriras, 2ᵉ pers. sing. fut. indic.
Découvrirent, 3ᵉ pers. plur. prét. déf.
Découvrirez, 2ᵉ pers. plur. fut. indic.
Découvririez, 2ᵉ pers. plur. prés. cond.
Découvririons, 1ʳᵉ pers. plur. prés. cond.
Découvrirons, 1ʳᵉ pers. plur. fut. indic.
Découvriront, 3ᵉ pers. plur. fut. indic.
Découvris, précédé de *je*, 1ʳᵉ pers. sing. prét. déf.
Découvris, précédé de *tu*, 2ᵉ pers. sing. prét. déf.
Découvrisse, 1ʳᵉ pers. sing. imparf. subj.
Découvrisses, 2ᵉ pers. sing. imparf. subj.
Découvrissiez, 2ᵉ pers. plur. imparf. subj.
Découvrissions, 1ʳᵉ pers. plur. imparf. subj.
Découvrit, précédé de *il* ou *elle*, 3ᵉ pers. sing. prét. déf.
Découvrît, précédé de *qu'il* ou *qu'elle*, 3ᵉ pers. sing. imparf. subj.
Découvrîtes, 2ᵉ pers. plur. prét. déf.
Découvrons, 1ʳᵉ pers. plur. impér.
Découvrons, précédé de *nous*, 1ʳᵉ pers. plur. prés. indic.

DÉCRAMPILLÉ, E, part. pass. de *décrampiller*.

DÉCRAMPILLER, v. act. (*dékranpiié*), démêler la soie teinte. Peu usité.

DÉCRASSÉ, E, part. pass. de *décrasser*.

DÉCRASSER, v. act. (*dékracé*), ôter la *crasse* : *décrasser la peau, les mains, le visage*. — En parlant de soi : *se décrasser les mains, la peau*, et non pas, *décrasser ses mains*, etc. — Fig. et fam., 1° rendre moins grossier, polir; 2° donner quelque relief : *il a acheté cette charge pour se décrasser*. — *Décrasser du linge*, le laver dans une première eau. — SE DÉCRASSER, v. pron.

DÉCRÉDITÉ, E, part. pass. de *décréditer*.

DÉCRÉDITEMENT, subst. mas. (*dékréditeman*), action de *décréditer*, de perdre du *crédit*.

DÉCRÉDITER, v. act. (*dékrédité*), ôter, faire perdre le *crédit*. Voy. DÉCRIER et DISCRÉDITER. — SE DÉCRÉDITER, v. pron., perdre son *crédit*. Il se dit des personnes et de certaines choses : *il s'est décrédité par sa mauvaise conduite; cette opinion commence à se décréditer*.

DECREMENTUM, subst. mas. (*dékrémeintome*), mot tout latin), t. de médec., période du déclin des maladies. — Sans plur.

DÉCRÉPIT, E, adj. (*dékrépi, pite*) (du latin *decrepitus*, formé de *decrepare*, faire son dernier pétillement; jeter son dernier éclat, comme une lampe qui s'éteint), très-vieux et cassé : *homme, âge décrépit*.

DÉCRÉPITATION, subst. fém. (*dékrépitâcion*), t. de chim., en général séparation subite des molécules d'un corps, déterminée par une chaleur brusque, accompagnée de pétillement et de bruit. — Plus particulièrement, calcination d'un sel jusqu'à ce qu'il ne pétille plus.

DÉCRÉPITÉ, part. pass. de *décrépiter*.

DÉCRÉPITER, v. act. (*dékrépité*) (de la particule privative *dé*, et du latin *crepitare*, pétiller, craquer), faire sécher le sel commun au feu et le calciner, en sorte que son humidité soit tout exhalée et qu'il ne pétille plus. — Neut., pétiller, faire quelque bruit : *les feuilles sèches décrépitent en brûlant*. Fort peu en usage dans cette dernière acception; car on dirait mieux *crépiter*, mot du reste plus latin que français.

DÉCRÉPITUDE, subst. fém. (*dékrépitude*), vieillesse extrême et infirme. Voy. DÉCRÉPIT.

DÉCRET, subst. mas. (*dékrè*) (du latin *decretum*, fait, dans le même sens, de *decernere*, arrêter, résoudre), ordonnance, arrêt, décision, loi; on a donné plus particulièrement le nom de *décret* aux *arrêtés* de *Napoléon*. — Plus spécialement, ordonnance d'un magistrat, portant prise de corps, saisie de biens, etc. : *lancer un décret contre quelqu'un*. — Livre fait par *Gratien*, et qui contient plusieurs canons concernant les matières ecclésiastiques. — Ce que Dieu a résolu et arrêté dans ses conseils éternels : *respectons les décrets de la Providence*. — Acte du corps-législatif qui, par un des articles de la constitution de 1791, ne pouvait être considéré comme loi, si le roi ne l'avait revêtu de sa sanction. Sous la constitution de 1795, le *décret* différait des *lois* proprement dites, en ce que l'objet en était d'un intérêt moins grand ou moins général. La constitution de 1793 donna le même nom à diverses décisions, soit du conseil des anciens, soit même du corps-législatif, notamment à toute décision qui aurait pour objet une déclaration de guerre. — Les décisions de l'ancienne Sorbonne étaient aussi appelées *décrets*. — DÉCRET, LOI. (*Syn.*) La *loi* est l'expression de la volonté de l'autorité suprême ; c'est sur ses bases que repose le bonheur public : le *décret* n'est qu'un acte particulier. — *Décret* se prend toujours au propre, parce qu'il a une acception déterminée ; le mot *loi*, au contraire, est pris au propre et au figuré.

DÉCRÉTALE, subst. fém. (*dékrétale*) (du latin *decretalis*, de *décret*, et qui, en sous-entendant *epistola*, a dans le style et le langage ecclésiastiques la même signification que *dérétale*), épître, lettre écrite par les anciens papes pour faire quelque réglement : le *Recueil des décrétales*; *fausses décrétales*. On a donné à ces lettres le nom de *décrétales*, parce qu'elles décidaient de certains points de discipline.

DÉCRÉTÉ, E, part. pass. de *décréter*.

DÉCRÉTER, v. act. (*dékrété*) (du lat. *decernere*, arrêter, résoudre, déterminer), décerner un *décret* contre... : *on l'a décrété de prise de corps, d'ajournement personnel*. — Dans un sens analogue, *Molière* a employé ce mot neutralement dans le *Tartufe* :

> On pourrait bien punir ces paroles infames,
> Ma mie... et l'on décrète aussi contre les femmes.

— Faire vendre par *décret* une maison, etc. — Ordonner par *décret* : *on a décrété la vente de... la peine de mort contre...*, etc. Dans cette acception toute moderne, on dit aussi neutralement : *l'assemblée a décrété que...* — SE DECRÉTER, v. pron.

DÉCRÉTOIRE, adj. des deux genres (*dékrétoare*) (du lat. *decretorius*, décisif, définitif), t. de médecine, décisif, qui termine. C'est la même chose que *critique*. Peu en usage.

DÉCREUSÉ, E, part. pass. et adj. : *de la soie décreusée*.

DÉCREUSER, v. act. (*décreuzé*), t. de teinturier, donner une certaine préparation à la soie, qui consiste à la faire cuire avec du savon blanc, et à la faire dégorger ensuite dans l'eau.

DÉCRI, subst. mas. (*dékri*) (de la particule privative *dé*, et du mot *cri*; *cri en sens contraire d'un autre, qui révoque ou défend ce qui avait été publié ou ordonné par un premier cri*), cri public par lequel on défend le cours de quelque monnaie ou le débit de certaine marchandise. — Fig., mauvaise réputation, perte de crédit : *tomber dans le décri*.

DÉCRIÉ, E, part. pass. de *décrier*, et adj. — *Homme décrié, décrié comme la fausse* ou *comme la vieille monnaie*, qui a perdu sa réputation. — *Conduite décriée*, mauvaise conduite, désapprouvée des honnêtes gens.

DÉCRIER, v. act. (*dékrié*), défendre, par *cri* public, le cours ou l'usage de certaines choses. Il se dit surtout des monnaies. Voy. DÉCRI. — Au fig., ôter la réputation. — *Molière* a dit, dans sa comédie du *Misanthrope* :

> Mais je lui dirais, moi, qu'un froid écrit assomme,
> Qu'il ne faut que ce faible à *décrier* un homme.
> (*Misanthrope*.)

— DÉCRIER, DÉCRÉDITER. (*Syn.*) *Décrier* est relatif à l'honneur, et *décréditer* au *crédit*. — SE DÉCRIER, v. pron. : *certaines femmes ne prennent plaisir qu'à se décrier*.

DÉCRIRE, v. act. (*dékrire*) (en lat. *describere*). Représenter, dépeindre par le discours, donner une idée générale de quelque chose : *décrire une plante, un animal, un pays, une bataille, une tempête ; il est des choses qu'il est plus aisé de se représenter que de décrire*. — En géom., tracer : *décrire une courbe, un cercle*, etc. Un point est dit *décrire* une ligne; une ligne, une surface; une surface, un solide, lorsqu'on suppose qu'ils se meuvent et qu'ils tracent, par leur mouvement, la ligne, la surface, le solide dont il s'agit. — SE DÉCRIRE, v. pron.

DU VERBE IRRÉGULIER DÉCRIRE :

Décrit, e, part. pass.
Décrivaient, 3ᵉ pers. plur. imparf. indic.
Décrivais, précédé de *je*, 1ʳᵉ pers. sing. imparf. indic.
Décrivais, précédé de *tu*, 2ᵉ pers. sing. imparf. indic.
Décrivait, 3ᵉ pers. sing. imparf. indic.
Décrivant, part. prés.

DÉCRIVANT, E, adj. (*dékrivan, vante*), t. de géom., se disait d'un point, d'une ligne, d'une surface, dont le mouvement produit une ligne, une surface, un solide. On dit aujourd'hui plus communément : *point générateur; ligne, surface génératrice*.

DU VERBE IRRÉGULIER DÉCRIRE :

Décrivez, 2ᵉ pers. plur. impér.
Décrivez, précédé de *vous*, 2ᵉ pers. plur. prés. indic.
Décriviez, précédé de *vous*, 2ᵉ pers. plur. imparf. indic.
Décriviez, précédé de *que vous*, 2ᵉ pers. plur. prés. subj.
Décrivîmes, 1ʳᵉ pers. plur. prét. déf.
Décrivions, précédé de *nous*, 1ʳᵉ pers. plur. imparf. indic.
Décrivions, précédé de *que nous*, 1ʳᵉ pers. plur. prés. subj.
Décrivirent, 3ᵉ pers. plur. prét. déf.
Décrivis, précédé de *je*, 1ʳᵉ pers. sing. prét. déf.
Décrivis, précédé de *tu*, 2ᵉ pers. sing. prét. déf.
Décrivisse, 1ʳᵉ pers. sing. imparf. subj.
Décrivissent, 3ᵉ pers. plur. imparf. subj.
Décrivisses, 2ᵉ pers. sing. imparf. subj.
Décrivissiez, 2ᵉ pers. plur. imparf. subj.
Décrivissions, 1ʳᵉ pers. plur. imparf. subj.
Décrivît, 3ᵉ pers. sing. imparf. subj.
Décrivit, 3ᵉ pers. sing. prét. déf.
Décrivîtes, 2ᵉ pers. plur. prét. déf.
Décrivons, 1ʳᵉ pers. plur. impér.
Décrivons, précédé de *nous*, 1ʳᵉ pers. plur. prés. indic.

DÉCROCHÉ, E, part. pass. de *décrocher*.

DÉCROCHEMENT, subst. mas. (*dékrocheman*), action de *décrocher* ou de *se décrocher*. Ce mot manque dans l'*Académie*.

DÉCROCHER, v. act. (*dékroché*), détacher, ôter une chose d'un *crochet* où elle est attachée. — SE DÉCROCHER, v. pron., se détacher d'un *crochet*.

DÉCROCHOIR, subst. mas. (*dékrochoar*,) outil dont on se sert pour détacher une chose accrochée.

DÉCROIRE, v. act. (*dékroare*), ne pas *croire*. Il n'a plus d'usage que dans cette phrase familière: *je ne le crois ni ne le décrois*. Plus que suranné.

DÉCROIRE, subst. mas. (*dékroare*). Le commissionnaire ou celui qui fait des affaires commerciales pour autrui, a droit de réclamer le remboursement de ses créances et l'indemnité de ses peines et soins, suivant le taux fixé par l'usage des lieux, ou par le cours de la place, à défaut de convention. Il y a deux manières de fixer cette rétribution, et les effets en sont différents : l'une est appelée *décroire*, et l'autre *simple commission*. Lorsque le commissionnaire reçoit *un décroire*, c'est-à-dire, une rétribution qui est à peu près le double de la simple commission, il répond des débiteurs, ce qui n'a pas lieu dans le cas contraire. (*Dict. de Législation usuelle.*)

DU VERBE IRRÉGULIER DÉCROÎTRE :

Décrois, 2ᵉ pers. sing. impér.
Décrois, précédé de *je*, 1ʳᵉ pers. sing. prés. indic.
Décrois, précédé de *tu*, 2ᵉ pers. sing. prés. indic.

DÉCROISÉ, E, part. pass. de *décroiser*.

DÉCROISEMENT, subst. mas. (*dékroèzeman*), action de défaire ce qui était *croisé*.

DÉCROISER, v. act. (*dékroazé*), t. de chapelier, changer le pli des capades; défaire ce qui était *croisé*. — SE DÉCROISER, v. pron., changer sa position *croisée*.

DU VERBE IRRÉGULIER DÉCROÎTRE :

Décroissaient, 3ᵉ pers. plur. imparf. indic.
Décroissais, précédé de *je*, 1ʳᵉ pers. sing. imparf. indic.
Décroissais, précédé de *tu*, 2ᵉ pers. sing. imparf. indic.
Décroissait, 3ᵉ pers. sing. imparf. indic.
Décroissant, part. prés.
Décroisse, précédé de *que je*, 1ʳᵉ pers. sing. prés. subj.
Décroisse, précédé de *qu'il* ou *qu'elle*, 3ᵉ pers. sing. prés. subj.

DÉCROISSEMENT, subst. mas. (*dékroèceman*), diminution : *décroissement de la rivière, des jours, de la vie*.

DU VERBE IRRÉGULIER DÉCROÎTRE :

Décroissent, précédé de *ils* ou *elles*, 3ᵉ pers. plur. prés. indic.
Décroissent, précédé de *qu'ils* ou *qu'elles*, 3ᵉ pers. plur. prés. subj.
Décroisses, 2ᵉ pers. sing. prés. subj.
Décroissez, 2ᵉ pers. plur. impér.
Décroissez, précédé de *vous*, 2ᵉ pers. plur. prés. indic.
Décroissiez, précédé de *vous*, 2ᵉ pers. plur. imparf. indic.
Décroissiez, précédé de *que vous*, 2ᵉ pers. plur. prés. subj.

Décroissions, précédé de *nous*, 1re pers. plur. imparf. indic.
Décroissions, précédé de *que nous*, 1re pers. plur. prés. subj.
Décroissons, 1re pers. plur. impér.
Décroissons, précédé de *nous*, 1re pers. plur. prés. indic.
Décroît, 3e pers. sing. prés. indic.

DÉCROÎT, subst. mas. (*dékroé*), *décroissement*, en parlant de la lune.

DÉCROÎTRE, v. neut. (*dékroêtre*) (du latin *decrescere*, formé, dans la même signification, de la particule privative *de*, et de *crescere*, croître, augmenter), diminuer.

DÉCROTTÉ, E, part. pass. de *décrotter*.

DÉCROTTER, v. act. (*dékroté*), ôter la *crotte*. — *se* DÉCROTTER, v. pron.

DÉCROTTEUR, subst. mas.; au fém. DÉCROTTEUSE (*dékroteur, teuze*), celui, celle qui *décrotte*. L'*Académie* ne donne pas le fém.

DÉCROTTEUSE, subst. fém. Voy. DÉCROTTEUR.

DÉCROTTOIR, subst. mas. (*dékrotoar*), lame de fer fixée aux portes extérieures des maisons, des appartements, pour y *décrotter* ses souliers, ses bottes avant d'entrer. — Sorte de boîte garnie de brosses, et qui sert au même usage.

DÉCROTTOIRE, subst. fém. (*dékrotoare*), brosse pour *décrotter* les souliers.

DÉCROÛTÉ, E, part. pass. de *décroûter*.

DÉCROÛTER, v. act. (*dékrouté*), t. de vènerie, en parlant d'un cerf, frotter son bois contre le tronc des arbres, comme pour en ôter la *croûte*.

DÉCRÛ, E, part. pass. de *décroître*.

DÉCRÛE, et non pas DÉCRUE, subst. fém. (*dékru*), quantité dont une chose a *décrû*.

DÉCRUÉ, E, part. pass. de *décruer*.

DÉCRUER, v. act. (*dékrué*), lessiver le fil *cru* avec de bonnes cendres, et le laver en eau claire avant de le teindre. — *se* DÉCRUER, v. pron.

DÉCRÛMENT, et mieux DÉCRUEMENT, que l'*Académie*, contre son ordinaire, n'indique même pas. Subst. mas. (*dékruman*), action de *décruer*.

DU VERBE IRRÉGULIER DÉCROÎTRE :

Décrûmes, précédé de *nous*, 1re pers. plur. prét. déf.
Décrûrent, 3e pers. plur. prét. déf.
Décrûs, précédé de *je*, 1re pers. sing. prét. déf.
Décrûs, précédé de *tu*, 2e pers. sing. prét. déf.

DÉCRUSAGE, subst. mas. (*dékruzaje*), opération qui consiste à enlever, à certains tissus, tous les corps étrangers qui peuvent les altérer.

DÉCRUSÉ, E, part. pass. de *décruser*.

DÉCRUSEMENT, subst. mas. (*dékruzeman*), action de *décruser*.

DÉCRUSER, v. act. (*dékruzé*) (de la particule privative *dé*, et du latin *crusta*, croûte, enduit, vernis, etc.: *ôter à la soie sa croûte, son vernis*), mettre des cocons dans l'eau bouillante, pour en dévider la soie avec plus de facilité. — *se* DÉCRUSER, v. pron.

DU VERBE IRRÉGULIER DÉCROÎTRE :

Décrûsse, 1re pers. sing. imparf. subj.
Décrûssent, 3e pers. plur. imparf. subj.
Décrûsses, 2e pers. sing. imparf. subj.
Décrûssiez, 2e pers. plur. imparf. subj.
Décrûssions, 1re pers. plur. imparf. subj.
Décrût, précédé de *il* ou *elle*, 3e pers. sing. prét. déf.
Décrût, précédé de *qu'il* ou *qu'elle*, 3e pers. sing. imparf. subj.
Décrûtes, 2e pers. plur. prét. déf.

DÉÇU, E, part. pass. de *décevoir*, et adj.: *des espérances déçues*.

DÉCUIRE, v. act. (*dékuire*), corriger un excès de la cuisson; *décuire les sirops, les confitures*, y mettre de l'eau pour les rendre plus liquides. — *se* DÉCUIRE, v. pron.: *ces confitures se décuisent*, elles se liquéfient trop.

DÉCUIT, E, part. pass. de *décuire*.

DÉCUMANE, adj. propre fém. (*dékumane*) (du lat. *decumana*, formé, dans la même signification, de *decimus*, dixième, et *manus*, troupe, cohorte): *porte Décumane*, celle des quatre portes des camps romains qui était opposée à la *Prétorienne*.

DÉCUPELÉ, E, part. pass. de *décupeler*.

DÉCUPELER, v. act. (*dékupelé*) (de la particule *dé*, et du grec κυπελλον, tasse, vase à mettre une liqueur), t. de chim., verser doucement par inclinaison la liqueur qui surnage sur quelque matière. On dit plus souvent *décanter*. — *se* DÉCUPELER, v. pron.

DÉCUPELLATION, subst. fém. (*dékupèlelâcion*), t. de chim., synonyme de *décantation*.

DÉCUPLE, subst. mas. (*dékuple*) (en lat. *decuplum*), *dix* fois autant.

DÉCUPLE, adj. des deux genres (en lat. *decuplex*), *dix* fois aussi grand: *nombre décuple*. — T. d'arithm., *raison décuple*, celle d'une quantité à une autre, par rapport à laquelle elle est *dix* fois aussi grande. *Décuple*, en ce sens, est très-différent de *décuplé*.

DÉCUPLÉ, E, part. pass. de *décupler*, et adj. — On dit en arithmétique que deux nombres sont en *raison décuplée* de deux autres, lorsqu'ils sont entre eux comme la racine dixième de ceux-ci.

DÉCUPLER, v. act. (*dékuplé*), rendre *dix* fois aussi grand: *pour décupler une somme, il suffit d'y ajouter un* 0. — *se* DÉCUPLER, v. pron.: *vous ne porterez pas un coup inutile, et chacun de vous se décuplera en quelque sorte.* (Terrasson.)

DÉCURIE, subst. fém. (*dékuri*) (du lat. *decuria*, dont la signification est la même, et qui est fait du grec δεκα, en latin *decem*, dix), t. d'hist. anc., troupe de *dix* hommes chez les anciens Romains. La cavalerie romaine était rangée par *décuries*. Romulus divisa chacune des trois tribus du peuple en dix centuries, et chaque centurie en dix *décuries*, à laquelle commandait le *décurion*. — On a même appelé dans les colléges: *décurie*, une troupe de dix écoliers qui avaient un écolier appelé *décurion* à leur tête.

DÉCURION, subst. mas. (*dékurion*) (en latin *decurio*), t. d'hist. anc., celui qui commandait une *décurie* de *dix* soldats ou de *dix* autres hommes. — Il se disait aussi de chacun des *dix* juges ou conseillers municipaux d'une colonie romaine. — Anciennement, dans les colléges, celui qui était à la tête de *dix* écoliers.

DÉCURIONAL, subst. mas. (*dékurionale*), dignité, fonction de *décurion*. — Au plur. mas., *décurionaux*.

DÉCURIONAT, subst. mas. (*dékuriona*), titre, fonction du *décurion*.

DÉCURRENT, E, adj. (*dékureran, rante*) (du latin *decurrens*, part. prés. de *decurrere*, courir de haut en bas, descendre), se dit, en bot., des feuilles dont la base se prolonge sur la tige ou les rameaux, au-dessous de son point d'attache, comme dans plusieurs espèces de *chardons*.

DÉCURSIF, adj. mas. (*dékurcife*), t. de bot.; il se dit du style, qui, paraissant partir du sommet même de l'ovaire, descend en rampant sur un de ses côtés, jusqu'au point correspondant au hile de l'ovaire: *style décursif*.

DÉCURTATION, subst. fém. (*dékurtâcion*), maladie des végétaux qui fait périr le sommet des nouveaux jets.

DÉCUSSATION, subst. fém. (*dékuceçâcion*) (du lat. *decussatio*, division ou situation en forme de X ou de sautoir), t. d'optique, croisement des rayons de lumière. — *Point de décussation*, celui dans lequel se croisent plusieurs rayons de lumière, tel que le foyer d'une lentille, d'un miroir concave, etc.

DÉCUSSÉ, E, adj. (*dékucecé*), t. de bot.; il se dit des feuilles disposées par paires et croisées en sautoir.

DÉCUSSIS, subst. mas. (*dékucecice*), ancienne monnaie romaine dont la valeur a varié.

DÉCUSSOIRE, subst. mas. (*dékuceçoare*) (du lat. *decutio*, j'abats), instrument de chirurgie pour faire sortir le pus par l'ouverture que le trépan a faite.

DÉCUVÉ, E, part. pass. de *décuver*.

DÉCUVER, v. act. (*décuvé*), tirer le vin d'un tonneau pour le mettre dans un autre. — Transporter le raisin ou la vendange d'une cuve dans une autre.

DÉDAIGNABLE, adj. des deux genres (*dédègniable*), celui ou celle qui mérite d'être *dédaigné*. Inusité.

DÉDAIGNÉ, E, part. pass. de *dédaigner*.

DÉDAIGNER, v. act. (*dédègnié*) (du lat. *dedignari*, formé, dans le même sens, de la particule privative *dé*, et de *dignari*, daigner), mépriser: *vous dédaignez mon amitié*. — On dit neutralement: *il dédaigne de nous parler*, etc. — *se* DÉDAIGNER, v. pron.: *cela ne se dédaigne pas*.

DÉDAIGNEUR, subst. et adj. mas. (*dédègnieur*), t. d'anat., quatrième muscle de l'œil qui le fait tourner du côté opposé au nez; voy. ABDUCTEUR.

DÉDAIGNEUSE, adj. et subst. fém. Voy. DÉDAIGNEUX. — Substantivement:

> Les précieuses
> Font dessus tout les *dédaigneuses*.
> (LA FONTAINE.)

DÉDAIGNEUSEMENT, adv. (*dédègnieuzeman*), avec *dédain*.

DÉDAIGNEUX, adj. mas., au fém. DÉDAIGNEUSE (*dédègnieu, gnieuze*), qui marque du *dédain*; méprisant. — On dit subst.: *faire le dédaigneux*. L'auteur des *Trois règnes de la nature* a donné à cet adjectif un régime:

> De ces riches atours une autre *dédaigneuse*...

Comme subst., il est peu en usage; mais adjectivement, il s'emploie fort bien avec la prép. *de*. *Voltaire* a dit:

> Tout monarque indolent, *dédaigneux* de s'instruire,
> Est le jouet honteux de qui veut le séduire.
> (*Épître au prince royal de Prusse.*)

DÉDAIN, subst. mas. (*dédein*), mépris insultant exprimé par l'air et le ton: *essuyer les dédains d'un grand seigneur*.

DÉDALE, subst. mas. (*dédale*), labyrinthe, lieu rempli d'allées et de détours dans lesquels on s'égare, on se perd. — Au fig., embarras; intrigues; affaires embrouillées dont il est difficile de saisir et de suivre le fil: *un dédale de procédures, de lois, d'intrigues; cette affaire est un vrai dédale*. — *Malherbe* a dit dans son *Ode à Duperrier*:

> Le malheur de ta fille, au tombeau descendue
> Par un commun trépas,
> Est-ce quelque *dédale* où ta raison perdue
> Ne se retrouve pas?

et plus tard, *Boileau*:

> On y voit tous les jours l'innocence aux abois
> Errer dans les détours d'un *dédale* de lois.

— Subst. propre mas., myth., ouvrier athénien, ingénieux et si adroit, qu'il faisait des statues à ressorts par le moyen desquels elles marchaient comme si elles eussent été vivantes. Il fit mourir un de ses neveux, aussi habile que lui, dans la crainte qu'il ne le surpassât; ensuite il se réfugia en Crète, où il bâtit un fameux labyrinthe que l'on appela *Dédale*, de son nom, et dans lequel Minos le fit enfermer avec Icare son fils, parce qu'ils favorisaient Pasiphaé dans ses débauches. Étant dans ce labyrinthe, ils s'attachèrent des ailes avec de la cire pour se sauver, et *Dédale* recommanda bien à son fils de ne voler ni trop haut ni trop bas; mais, dès qu'ils furent dans les airs, ce jeune homme, ne se souvenant plus des leçons de son père, vola si haut, que le soleil fondit la cire de ses ailes. Il tomba dans cet endroit de la mer qu'on appela depuis mer Icarienne. *Dédale* se sauva en Sicile, où Cocalus le fit étouffer dans une étuve, parce que Minos le menaça de lui déclarer la guerre, s'il ne lui rendait ce fugitif mort ou vif. (*Ovide.*) Les poëtes ont fait du nom de *Dédale* l'adjectif *dædalus*, pour signifier la même chose qu'*ingeniosus*; à moins qu'on n'aime mieux croire, avec de bons critiques, que *dædalus*, mot plus grec que latin, signifie naturellement *ingeniosus*, indépendamment du nom de *Dédale*, qui ne leur paraît être qu'un surnom donné à cet Athénien. Ce surnom a passé dans notre langue en conservant, dans sa signification, le souvenir du principal ouvrage de ce célèbre inventeur.

DÉDALÉ, E, part. pass. de *dédaler*.

DÉDALÉE, subst. fém. (*dédalé*), t. de bot., genre de champignon.

DÉDALER, v. act. (*dédalé*), mot inusité que l'on trouve dans un *Dictionnaire*, où on lui fait signifier: faire un labyrinthe, un *dédale*. On pourrait plutôt l'employer pour signifier, *ôter les dalles d'une salle, d'un jeu de paume*. Telle est du moins la dissertation de *Laveaux*. Mais il reste des explications à donner; et nous les donnerons. *Dédaler*, dans le sens d'*embarrasser, d'intriguer*, est complètement hors d'usage. Nous ne trouvons pas un seul auteur qui nous cite une phrase dans laquelle ce verbe soit employé. Mais *Laveaux* ajoute qu'on pourrait se servir de *dédaler* pour signifier: *ôter des dalles*. Sans être entièrement de son avis, nous avouerons que la dernière signification existe, mais qu'on écrit *dédaller*, à cause de *dalle*. Si nous suivions rigoureusement nos principes, nous écririons comme *Laveaux*, *dédaler*; mais presque tous les *Dictionnaristes* donnent aujourd'hui *dédaler* et *dédaller*, à l'exception de l'*Académie*, qui ne fait mention ni de l'un ni de l'autre. Nous sommes donc forcés de nous restreindre à la racine qui est *dalle*, et qui empêche qu'on ne confonde ce sens avec celui de *dédale*.

DÉDALIES, subst. fém. plur. (*dédali*), myth., fêtes grecques qui se célébraient en mémoire de la réconciliation de Jupiter avec Junon. Les

Platéens célébraient ces mêmes fêtes d'une manière toute particulière, en mémoire de leur retour d'exil, et de leur réconciliation avec les autres Grecs.

DÉDALION, subst. mas. (*dédalion*), myth., fils de Lucifer, frère de Céix, et père de Chioné. Il fut si affligé de la mort de sa fille, qu'il se précipita du sommet du mont Parnasse; mais Apollon, touché de compassion, le changea en faucon.

DÉDALLÉ, E, part. pass. de *dédaller*.

DÉDALLER, v. act. (*dédalé*), ôter les *dalles* d'une pièce. — *se* DÉDALLER, v. pron. (Voy. notre observation au mot DÉDALER.)

DÉDAMÉ, E, part. pass. de *dédamer*.

DÉDAMER, v. neut. (*dédamé*), au jeu de *dames*, déplacer une des quatre *dames* qui sont au premier rang. — *se* DÉDAMER, v. pron.

DEDANS, adv. de lieu (*dedan*), dans l'intérieur : *entrez là-dedans*. — Fig. et fam. : *il n'est encore ni dedans ni dehors*, il est encore incertain du bon ou mauvais succès de son affaire. — *Il ne sait s'il est dedans ou dehors avec ce prince*, c'est-à-dire, il ne sait où il en est. — *Ne pas savoir si une personne est dedans ou dehors*, ne pas savoir ce qu'elle pense, quelle est son opinion. — Prov. et fam., *donner dedans*, se laisser tromper comme un sot. — *Mettre quelqu'un dedans*, le tromper. — *Porter la pointe du pied en dedans*, éloigner les talons et rapprocher le bout des pieds en marchant. — *Avoir l'esprit en dedans*, être timide, craintif, ne pas se produire au dehors. — *Être tout en dedans*, manquer de franchise. — *Dedans* s'employait autrefois comme préposition à la place de *dans* : *dedans la maison, dedans la ville*. On ne le dit plus en ce sens que lorsqu'il est combiné avec *au* ou *par* : *au dedans de la ville, par dedans la ville*; et, dans ces expressions, *dedans* paraît être employé substantivement. — En t. de mar., *mettre les voiles dedans*, les ferler, les plier et les serrer pour naviguer à sec. — T. de manège : *mettre un cheval dedans*, le dresser et le mettre bien dans la main et dans les talons. — T. de faucon., *mettre un oiseau dedans*, l'appliquer actuellement à la chasse.

DEDANS, subst. mas. (*dedan*), la partie intérieure : *le dedans* ou *les dedans d'une maison*. — Espèce de jeu de paume, qui diffère des autres appelés *carrés*, en ce que dans le grand mur, du côté de la grille, il y a un tambour ; et qu'au lieu du mur du bout, où il y a le trou et l'ais, il est garni dans presque toute sa largeur d'une galerie à jour qui avance d'environ trois pieds, et qui est couverte d'un toit. — Cette galerie elle-même. — En t. de man., côté sur lequel le cheval tourne : *jambe, talon, rêne du dedans*. — Dans les courses de bague : *avoir deux dedans*, avoir emporté deux fois la bague.

DÉDICACE, subst. fém. (*dédikace*) (en lat. *dedicatio*), consécration d'une église par l'évêque. — Fête annuelle en mémoire de la consécration d'une église. — *Dédicace d'un livre*, adresse qu'on en fait à quelqu'un par une épître ou une inscription.

DÉDICACÉ, E, part. pass. de *dédicacer*. Burlesque.

DÉDICACER, v. act. et neut. (*dédikacé*), faire une *dédicace*. Il est du style burlesque : *vous avez beau dédicacer, cela ne donnera pas à vos ouvrages le mérite qui leur manque*.

DÉDICATEUR, subst. mas. ; au fém. DÉDICATRICE (*dédikateur, trice*), auteur qui *dédie* un ouvrage, qui adule ou flatte pour avoir un don. Inus.

DÉDICATOIRE, adj. des deux genres (*dédikatoare*), qui contient une *dédicace* : *épître dédicatoire*, épître qu'on met à la tête d'un livre et qu'on adresse à celui à qui ce livre est *dédié*.

DÉDIÉ, E, part. pass. de *dédier*.

DÉDIER, v. act. (*dédié*) (en lat. *dedicare*), consacrer sous l'invocation de quelque saint ou de quelque sainte. — Destiner à quelque chose de saint : *ses parents l'ont dédié à l'Église*. — *Trévoux* dit dans le même sens : *se dédier à l'étude* ; mais *se consacrer* est seul usité. — Au fig. : *dédier un livre, une gravure, un ouvrage à quelqu'un*, lui en faire hommage par une épître ou par une inscription. — *se* DÉDIER, v. pron., s'offrir comme hommage.

DU VERBE IRRÉGULIER DÉDIRE :

Dédira, 3e pers. sing. fut. indic.
Dédirai, 1re pers. sing. fut. indic.
Dédiraient, 3e pers. plur. prés. cond.
Dédirais, précédé de *je*, 1re pers. sing. prés. cond.
Dédirais, précédé de *tu*, 2e pers. sing. prés. cond.
Dédirait, 3e pers. sing. prés. cond.
Dédiras, 2e pers. sing. fut. indic.

DÉDIRE, v. act. (*dédire*) (se conjugue sur *dire* excepté qu'à la 2e pers. plur. prés. indic., il fait *vous dédisez*, et non pas *vous dédites*. Quelques personnes étendent l'exception à l'impératif, mais *Gattel*, qui est une autorité, n'en parle pas; cependant *Molière* dit (*Tartuffe*, acte III, scène VI) :

Puisque je l'ai promis, ne m'en *dédites* pas;

quoique depuis, dans quelques éditions, on lui ait même fait dire *dédisez*. Ce qui est certain, c'est que l'édition de l'*Académie* de 1835 dit : *vous dédisez* et *dédisez-vous*. Il n'y a donc plus d'équivoque.), désavouer quelqu'un de ce qu'il a dit ou fait pour nous : *il est permis à un mari de dédire sa femme*. — *se* DÉDIRE, v. pron., revenir sur ce qu'on a dit, rompre un engagement : *il avait promis de se joindre à nous, il s'est dédit*. — Ne pas tenir sa parole. — *Ne pouvoir plus s'en dédire*, être tellement engagé dans une affaire, qu'on ne puisse plus l'abandonner.

DU VERBE IRRÉGULIER DÉDIRE :

Dédirent, 3e pers. plur. prét. déf.
Dédirez, 2e pers. plur. fut. indic.
Dédiriez, 2e pers. plur. prés. cond.
Dédirions, 1re pers. plur. prés. cond.
Dédirons, 1re pers. plur. fut. indic.
Dédiront, 3e pers. plur. fut. indic.
Dédis, précédé de *je*, 1re pers. sing. prés. indic.
Dédis, 2e pers. sing. impér.
Dédis, précédé de *tu*, 2e pers. sing. prés. indic.
Dédis, précédé de *je*, 1re pers. sing. prét. déf.
Dédis, précédé de *tu*, 2e pers. sing. prét. déf.
Dédisaient, 3e pers. plur. imparf. indic.
Dédisais, précédé de *je*, 1re pers. sing. imparf. indic.
Dédisais, précédé de *tu*, 2e pers. sing. imparf. indic.
Dédisait, 3e pers. sing. imparf. indic.
Dédisant, part. prés.
Dédise, précédé de *que je*, 1re pers. sing. prés. subj.
Dédise, précédé de *qu'il* ou *qu'elle*, 3e pers. sing. prés. subj.
Dédisent, précédé de *ils* ou *elles*, 3e pers. plur. prés. indic.
Dédisent, précédé de *qu'ils* ou *qu'elles*, 3e pers. plur. prés. subj.
Dédises, 2e pers. sing. prés. subj.
Dédisez, 2e pers. plur. impér.
Dédisez, précédé de *vous*, 2e pers. plur. prés. indic.
Dédisiez, précédé de *vous*, 2e pers. plur. imparf. indic.
Dédisiez, précédé de *que vous*, 2e pers. plur. prés. subj.
Dédisions, précédé de *nous*, 1re pers. plur. imparf. indic.
Dédisions, précédé de *que nous*, 1re pers. plur. prés. subj.
Dédisons, 1re pers. plur. impér.
Dédisse, 1re pers. sing. imparf. subj.
Dédissent, 3e pers. plur. imparf. subj.
Dédisses, 2e pers. sing. imparf. subj.
Dédissiez, 2e pers. plur. imparf. subj.
Dédissions, 1re pers. plur. imparf. subj.
Dédit, précédé de *il* ou *elle*, 3e pers. sing. prés. indic.
Dédit, précédé de *il* ou *elle*, 3e pers. sing. prét. déf.
Dédit, précédé de *qu'il* ou *qu'elle*, 3e pers. sing. imparf. subj.

DÉDIT, subst. mas. (*dédi*), sorte de rétractation, de révocation d'une parole donnée ; rupture d'une convention. — On dit prov. et fam. : *avoir son dit et son dédit*, retirer facilement sa parole, être sujet à se rétracter, à *se dédire* aisément. — Peine stipulée contre celui qui rompra l'engagement ou n'en remplira pas les conditions ; c'est ordinairement une somme d'argent : *il y a un dédit de mille écus ; vous paierez le dédit*. — L'acte même par lequel le *dédit* est stipulé : *nous avons signé un dédit ; déchirer le dédit*.

DÉDIT, E, part. pass. de *dédire*.

DÉDITE, subst. fém. (*dédite*), barbarisme que nous ne lisons que dans *Raymond*, lequel prétend faussement qu'il s'emploie vulgairement pour *dédit*, surtout quand il s'agit d'un bail.

Dédîtes, 2e pers. plur. prét. déf. du verbe irrégulier *dédire*.

DÉDITION, subst. fém. (*dédicion*), pour *reddition*. Vieux et inus.

DÉDOLATION, subst. fém. (*dédolâcion*), t. de chir., se dit d'une fracture dont une esquille est emportée comme avec une doloire. — Se dit encore de l'action d'un instrument qui porte obliquement sur une partie. (*Boiste*.) Fort peu usité.

DÉDOLÉ, E, part. pass. de *dédoler*.

DÉDOLER, v. neut. (*dédolé*), t. de chir., raser la surface d'une partie du corps, et n'entamer qu'une faible portion. — Conduire le bistouri en *dédolant*.

DÉDOMMAGÉ, E, part. pass. de *dédommager*.

DÉDOMMAGEMENT, subst. mas. (*dédomajeman*), réparation de *dommage*, compensation : *je n'ai pas reçu de dédommagement; l'intérêt qu'il inspire est un dédommagement à ses malheurs*.

DÉDOMMAGER, v. act. (*dédomajé*), indemniser quelqu'un d'un *dommage* qu'on lui a causé ; compenser. Voy. INDEMNISER. — Il s'emploie souvent au fig. : *le succès de mes enfants me dédommage amplement des sacrifices que j'ai faits*. Dans ce sens, on s'en sert quelquefois d'une manière absolue : *un moment de plaisir dédommage d'une longue souffrance*. — *se* DÉDOMMAGER, v. pron., se procurer un *dédommagement*.

DÉDORÉ, E, part. pass. de *dédorer*.

DÉDORER, v. act. (*dédoré*), effacer, ôter la *dorure*. — *se* DÉDORER, v. pron., perdre sa *dorure*.

DÉDORMI, E, part. pass. de *dédormir*.

DÉDORMIR, v. act. (*dédormir*), dégourdir au feu en parlant de l'eau. Vieux et même inusité.

DÉDORTOIR, subst. mas. (*dédortoar*), bâton dont se servaient les chasseurs pour écarter les ganlis; on emploie aujourd'hui le manche du fouet.

DÉDOSSÉ, E, part. pass. de *dédosser*.

DÉDOSSEMENT, subst. mas. (*dédôceman*), t. de charpentiers ; action de *dédosser* une pièce de bois.

DÉDOSSER, v. act. (*dédôcé*), t. de charpentiers, dresser à la scie une pièce de bois de laquelle on enlève les parties flacheuses, pour la mettre à vive arête. — *se* DÉDOSSER, v. pron.

DÉDOUBLÉ, E, part. pass. de *dédoubler*.

DÉDOUBLER, v. act. (*dédoublé*), ôter la *doublure* : *dédoubler un habit*. — *Dédoubler un régiment*, d'un seul en faire deux. — En t. d'archit., séparer dans une carrière les lits de pierre de toute leur longueur avec des coins de fer. — *se* DÉDOUBLER, v. pron., perdre sa *doublure* : *cet habit s'est dédoublé*.

• **DÉDUCTION**, subst. fém. (*dédukcion*) (en latin *deductio*), soustraction, rabais. — Action de raconter, d'exposer en détail. (*Académie*.) — Narration, récit. (*Trévoux*.) Dans ces deux dernières acceptions, il est inusité aujourd'hui. Ce sens était en effet plus latin que français. — Sorte de raisonnement par lequel on infère une chose d'une autre. On dit : *une suite de déductions; quelle déduction en voulez-vous tirer ?*

DÉDUIRE, v. act. (*déduire*) (en lat. *deducere*), rabattre d'un somme : *on en déduira d'abord les frais de justice*. — Faire l'énumération ; détailler par le discours : *quand vous aurez déduit toutes vos raisons, je parlerai à mon tour*. — Narrer : *laissez-moi déduire les faits avec clarté, vous répondrez ensuite*. Il est peu usité dans ces deux derniers sens. — Inférer, tirer une conséquence : *et quand cela serait, que voulez-vous en déduire ?* — *se* DÉDUIRE, v. pron.

DÉDUIT, subst. mas. (*dédui*) (du lat. *deductio*, action de mener, parce que, dit *Du Cange*, « quum quis mœrore conficitur, aliò deducitur; » *lorsque quelqu'un est accablé de chagrin, on l'emmène autre part*), plaisir, passe-temps. Il a non-seulement vieilli, mais il est hors d'usage.

DÉDUIT, E, part. pass. de *déduire*.

DÉDURCI, E, part. pass. de *dédurcir*.

DÉDURCIR, v. act. (*dédurcir*), empêcher d'être *dur*, amollir. — *se* DÉDURCIR, v. pron. Peu usité.

DÉE, subst. propre fém. (*dé*), nom de plusieurs rivières de la Grande-Bretagne.

DÉERINGIE, subst. fém. (*dé-éreinji*), t. de bot., sorte de plante de la Nouvelle-Hollande.

DÉESSE, subst. fém. (*dé-èce*) (en lat. *dea*), myth., divinité fabuleuse du sexe féminin. Voy. DIEU. — Fig., belle femme qui a le port majestueux : *vous avez le port d'une déesse*. — On dit au fig., à peu près dans le même sens : *c'est une déesse*.

DÉF., abréviation du mot *défini*, t. de gramm.

se **DÉFÂCHER**, v. pron. (*cedéfâché*), s'apaiser après s'être mis en colère : *s'il se fâche, il aura la peine de se défâcher*. Il est fam. — L'*Académie* ne donne point ce verbe comme actif; cependant nous entendons dire tous les jours : *je l'ai défâ-*

chê; je suis parvenu à le défâcher.—On dit aussi fam., en parlant d'un homme impatient, toujours en colère : *il ne défâche pas.* C'est un terme pop. et peu usité.

DU VERBE IRRÉGULIER DÉFAILLIR :

Défaillaient, 3ᵉ pers. plur. imparf. indic.
Défaillais, précédé de *je*, 1ʳᵉ pers. sing. imparf. indic.
Défaillais, précédé de *tu*, 2ᵉ pers. sing. imparf. indic.
Défaillait, 3ᵉ pers. sing. imparf. indic.

DÉFAILLANCE, subst. fém. (*défa-iance*), faiblesse, évanouissement, pâmoison : *tomber en défaillance*. Excepté dans cette locution, qui est très-usitée, le mot a vieilli.— En t. de chim., résolution d'un sel, etc., en liqueur, par l'humidité de l'air : *huile de tartre par défaillance.* Il ne se dit que dans cette phrase. Il est remplacé aujourd'hui par le mot DÉLIQUESCENCE. Voy. ce mot. —On a dit dans le temps *défaillance* pour *éclipse.*— *Défaillance de nature*, état d'une personne qui s'affaiblit par vieillesse ou autrement.

DÉFAILLANT, E, subst. (*défa-ian, iante*). t. de palais, celui, celle qui fait *défaut* en justice, qui ne comparaît pas sur les assignations données : *le défaillant a été condamné.*

DÉFAILLANT, E, adj. (*défa-ian, iante*), qui s'affaiblit, qui dépérit : *la nature défaillante; rappeler ses forces défaillantes.*

DU VERBE IRRÉGULIER DÉFAILLIR :

Défaillant, part. prés.
Défaillent, 3ᵉ pers. plur. prés. indic.
Défailli, part. pass.
Défailliez, 2ᵉ pers. plur. imparf. indic.
Défaillîmes, 1ʳᵉ pers. plur. prét. déf.
Défaillions, 1ʳᵉ pers. plur. imparf. indic.

DÉFAILLIR, v. neut. (*défa-ieir*) (du lat. *deficere*, manquer, avoir faute ou besoin, fait de *defectus*, défaut, faiblesse, etc.) ; il n'est usité qu'au pluriel du présent : *nous défaillons* ; à l'imparfait : *je défaillais;* aux passés : *je défaillis, j'ai défailli* ; à l'infinitif : *défaillir* ; et au participe présent : *défaillant*. Manquer. Il est vieux en ce sens. — Dépérir, s'affaiblir : *il se sent défaillir* ; il sent que ses forces diminuent, ou il se sent tomber en faiblesse. On dit encore fort bien, en employant la troisième personne plurielle du subjonctif présent : *ses forces défaillent tous les jours.*

DU VERBE IRRÉGULIER DÉFAILLIR :

Défaillirent, 3ᵉ pers. plur. prét. déf.
Défaillis, précédé de *je*, 1ʳᵉ pers. sing. prét. déf.
Défaillis, précédé de *tu*, 2ᵉ pers. sing. prét. déf.
Défaillit, 3ᵉ pers. sing. prét. déf.
Défaillons, 1ʳᵉ pers. plur. prés. indic.

DÉFAIRE, v. act. (*défère*) (se conjugue sur *faire*), détruire ce qui est *fait; ce que le père avait fait, le fils le défait ; on ne peut défaire ce nœud.* Quoique tous les *Dictionnaires*, sans en excepter celui de l'*Académie*, disent que *défaire* signifie : *faire mourir*, dans cet exemple : *cette malheureuse a défait son fruit*, nous soutiendrons hardiment contre tous que cette acception n'est plus française, et qu'elle ne se comprendrait plus. — Maigrir, exténuer : *sa maladie l'a bien défait.* — Mettre en déroute, tailler en pièces : *on défit les ennemis à plate couture.* Voy. BATTRE. —Fig., 1° embarrasser : *un rien suffit pour le défaire ; elle a été défaite, du premier mot qu'on lui a dit*, elle a perdu contenance, etc.; 2° obscurcir par plus de mérite, par plus d'éclat : *cette dame défait toutes celles qui se trouvent près d'elle ; ce diamant défait toutes les autres pierreries.* Nous ne donnons encore ces deux acceptions figurées que parce que nous les trouvons dans l'*Académie* ; et bien certainement elles sont non seulement surannées, mais hors du bon usage.—Délivrer, débarrasser; *défaites-moi de cet importun.* —Rompre, faire manquer une affaire déjà engagée : *défaire un marché, un mariage, un traité.* — On l'emploie aussi abs. : *nous ne sommes occupés qu'à faire et à défaire.* — se DÉFAIRE, v. pron., vendre sa marchandise, s'en débarrasser. — Se débarrasser de ce qui nuit ; éloigner de soi, chasser d'auprès de soi. — Quitter : *se défaire d'une charge, d'un bénéfice.*— *Se défaire d'un domestique*, le renvoyer. — Tuer, faire mourir : *il s'est défait de cet ennemi.*— Se corriger, se désaccoutumer : *défaites-vous de cette mauvaise habitude, de cette timidité.* — Se troubler, se déconcerter. — *Votre vin se défait*, s'affaiblit, perd de sa qualité.

DU VERBE IRRÉGULIER DÉFAIRE :

Défais, 2ᵉ pers. sing. impér.
Défais, précédé de *je*, 1ʳᵉ pers. sing. prés. indic.
Défais, précédé de *tu*, 2ᵉ pers. sing. prés. indic.
Défaisaient, 3ᵉ pers. plur. imparf. indic.
Défaisais, précédé de *je*, 1ʳᵉ pers. sing. imparf. indic.
Défaisais, précédé de *tu*, 2ᵉ pers. sing. imparf. indic.
Défaisait, 3ᵉ pers. sing. imparf. indic.
Défaisant, part. prés.
Défaisiez, 2ᵉ pers. plur. imparf. indic.
Défaisions, 1ʳᵉ pers. plur. imparf. indic.
Défaisons, 1ʳᵉ pers. plur. impér.
Défaisons, précédé de *nous*, 1ʳᵉ pers. plur. prés. indic.
Défait, précédé de *il* ou *elle*, 3ᵉ pers. sing. prés. indic.

DÉFAIT, E, part. pass. de *défaire*, et adj., battu, taillé en pièces. — Amaigri, exténué : *il a le visage défait, il est défait.*— En t. de blason, *défait* s'est dit d'un animal dont la tête est coupée net. C'est en ce sens la même chose que *décapité.*

DÉFAITE, subst. fém. (*défète*), perte d'une bataille, déroute ; avec cette différence que *déroute* ajoute à *défaite*, et désigne une armée qui fuit en désordre, et est totalement dissipée. — Débit, facilité de *se défaire* de..., de vendre. Il se dit toujours au singulier dans ce sens : *ces marchandises ne sont pas de défaite, sont de peu de défaite.* — Excuse artificieuse, prétexte : *n'ayez pas recours à de mauvaises défaites pour vous justifier ; malgré la forme bienveillante de sa réponse, j'ai bien vu que c'était une défaite.*

DU VERBE IRRÉGULIER DÉFAIRE :

Défaites, 2ᵉ pers. plur. impér.
Défaites, précédé de *vous*, 2ᵉ pers. plur. prés. indic.

DÉFAIX, subst. mas. plur. (*défé*), t. de fortific., lieux mis en état de défense.

DÉFALCATION, subst. fém. (*défalkâcion*), déduction, soustraction d'une petite somme sur une plus grande : *défalcation faite de mes avances, il me restera peu de chose.*

DÉFALQUÉ, E, part. pass. de *défalquer.*

DÉFALQUER, v. act. (*défalkié*) (du lat. *defalcare*, qui se dit dans le même sens, et qui signifie littéralement : *couper, tailler avec la faulx ;* de *falx, falcis*, faulx), déduire, soustraire une partie de quelque quantité ou de quelque poids : *quand vous aurez défalqué de la succession les frais de justice, calculez ce qui vous restera.*— se DÉFALQUER, v. pron.

DU VERBE IRRÉGULIER DÉFAIRE :

Défasse, précédé de *que je*, 1ʳᵉ pers. sing. prés. subj.
Défasse, précédé de qu'*il* ou qu'*elle*, 3ᵉ pers. sing. prés. subj.
Défassent, 3ᵉ pers. plur. prés. subj.
Défasses, 2ᵉ pers. sing. prés. subj.
Défassiez, 2ᵉ pers. plur. prés. subj.
Défassions, 1ʳᵉ pers. plur. prés. subj.

se **DÉFAUSSER**, v. pron. (*défôcé*), au jeu, jeter une carte qu'on croit inutile, au lieu d'une carte de la couleur qui se joue. — Pourquoi ne dirait-on pas, act. : *défausser son jeu?*

DÉFAUT, subst. mas. (*défô*) (en lat. *defectus*), imperfection, défectuosité ou physique ou morale. Il s'applique au corps : *cette femme a un léger défaut dans la taille; un gros ventre est un défaut dans un cheval.* — Il s'applique aussi à l'âme : *l'éducation corrige les défauts de la nature.* —Aux productions du talent et, par extension, aux auteurs : *il y a des défauts dans cet ouvrage, dans ce tableau, dans cette statue ; cet écrivain, cet artiste a bien des défauts, mais par quelles beautés ils sont rachetés !* — Aux arts et métiers : *j'ai acheté bon marché ce meuble, cette porcelaine, ce drap, à cause d'un défaut qui s'y trouve.*—Il s'emploie aussi pour : absence, manque, privation de quelque chose, de certaines qualités, de certains avantages : *le défaut de provision ne lui a pas permis de tenir long-temps; c'est un défaut d'esprit, de convenance, d'ordre, de soin; il y a défaut de proportion, d'harmonie dans ce monument.* —En t. de procédure, manquement à l'assignation donnée, à l'appel au jugement d'une cause : *faire défaut ; juger, condamner par défaut ; faire rabattre un défaut.* —En hydraulique, différence entre la hauteur où les jets s'élèvent et celle où ils devraient s'élever. — *Le défaut des côtes*, l'endroit où elles se terminent. — *Le défaut de la cuirasse.* Voy. CUIRASSE. — *Être en défaut*, avoir perdu la voie de la bête, en parlant d'un chien qui chasse.— On dit fig. : *je ne lui ai jamais trouvé l'esprit en défaut ; sur les expédients, sa politique est en défaut*, etc.

à DÉFAUT *de*, *au* DÉFAUT *de*, locutions prépositives, au lieu de, à la place de : *à défaut de vin, nous boirons de l'eau ; ne puis-je, à son défaut, vous être utile ?* — *A défaut de*, est aussi un t. de palais. — Ce qui distingue ces deux locutions dans leur emploi, c'est que *à défaut de* est toujours immédiatement suivi de son régime : *à défaut de mérite, les protections ne lui ont pas manqué ;* tandis que *au défaut de* se combine soit avec l'art. : *au défaut de la fortune, des richesses, il avait des talents ;* soit avec un adjectif possessif ou démonstratif : *au défaut de cet appui, de son suffrage, je prendrai d'autres moyens.*

DÉFAVEUR, subst. fém. (*défaveur*), cessation de *faveur.* — DÉFAVEUR, DISGRACE. (*Syn.*) La *défaveur* est le prélude de la *disgrace ;* on encourt d'abord la *défaveur* du souverain, on tombe bientôt en *disgrace.*

DÉFAVORABLE, adj. des deux genres (*défavorable*), qui n'est point *favorable.*

DÉFAVORABLEMENT, adv. (*défavorableman*), d'une manière *défavorable.*

DÉFAVORISÉ, E, part. pass. de *défavoriser.*

DÉFAVORISER, v. act. (*défavorisé*), ne pas *favoriser.*

DÉFÉCATION, subst. fém. (*défékâcion*) (du lat. *defecatio*, fait, dans le même sens, de *defecare*, lequel est formé de la particule extractive *de*, et de *fex, fecis*, lie, marc), t. de chimie et de pharmacie, dépuration d'une liqueur. — T. de médec., excrétion des matières fécales.

DÉFECT., abréviation des mots DÉFECTIF et DÉFECTUEUX, t. de grammaire

DÉFECTIF, adj. mas., au fém. DÉFECTIVE (*défèktif, tive*) (en lat. *defectivus*, fait de *deficere*, manquer, ou mieux de *defectus*, manque, défaut), t. de gramm., il se dit des verbes qui n'ont pas tous leurs modes et tous leurs temps, ou même qui ne sont point employés à toutes les personnes. Comme l'usage seul règle les modes, les temps et les personnes dont on peut se servir, il faut, pour chaque verbe *défectif*, avoir recours à la nomenclature du *Dictionnaire;* cependant voici une règle à peu près générale qu'il est bon et utile de connaître : tout verbe qui n'a point de *prétérit défini* n'a point d'*imparfait du subjonctif;* tout verbe qui n'a point de *participe présent* n'a pas d'*imparfait de l'indicatif*, pas de pluriel au *présent de l'indicatif*, et pas de *présent du subjonctif* : tout verbe qui n'a point de *présent de l'indicatif* n'a pas d'*impératif* ; et celui qui n'a point de *futur* n'a pas de *conditionnel ;* en un mot, quand les temps primitifs manquent, les dérivés de ces temps manquent aussi . il y a très-peu d'exceptions. —*Nombres défectifs.* Voy. *nombres déficients*, au mot DÉFICIENT. —T. de géom., *hyperboles défectives*, courbes du troisième ordre, ainsi appelées par *Newton*, parce que, n'ayant qu'une seule asymptote droite, elles en ont une de moins que l'hyperbole conique ou apollonienne. Elles sont opposées aux *hyperboles redondantes.*

DÉFECTION, subst. fém. (*défèkcion*) (en lat. *defectio*), abandonnement d'un parti auquel on est lié; désertion des troupes, rébellion des sujets, etc. : *après cette lâche défection, que pouvait l'armée française?* — *Défection du soleil, de la lune*, se dit pour éclipse. Il est peu usité en ce sens.

DÉFECTIONNÉ, part. pass. de *défectionner.*

DÉFECTIONNER, v. neut. (*défèkcioné*), faire *défection.* — Se rendre coupable de *défection.* (BOISTE).

DÉFECTIVE, adj. fém. Voy. DÉFECTIF.

DÉFECTIVITÉ, subst. fém. (*défèktivité*), qualité de ce qui est *défectif.*

DÉFECTUEUSE, adj. fém. Voy. DÉFECTUEUX.

DÉFECTUEUSEMENT, adv. (*défèktueuzeman*), d'une manière *défectueuse.*

DÉFECTUEUX, adj. mas., au fém. DÉFECTUEUSE (*défèktueu, euze*), qui a des *défauts*, qui n'a pas toutes les qualités requises. Il ne se dit que des choses. — Voy. DÉFECTIF.

DÉFECTUOSITÉ, subst. fém. (*défèktuôzité*), défaut ; manquement qui se rencontre en quelque chose. Voy. IMPERFECTION.

DÉFÉDATION, subst. fém. (*défédâcion*), action de salir, de corrompre, de gâter. (*Boiste.*) Inus.

DÉFENDABLE, adj. des deux genres (*défendable*), tout ce qu'on peut *défendre* : *cette place, cette partie n'est pas défendable.*

DÉFENDERESSE, subst. fém. Voy. DÉFENDEUR.

DÉFENDEUR, subst. mas., au fém. DÉFENDERESSE (*défandeur, derèce*), t. de palais, celui, celle qui *se défend* en justice des demandes qu'on lui fait :

> Vous, maître Petit-Jean, serez le demandeur,
> Vous, maître l'Intimé, serez le *défendeur*.
> (RACINE, *les Plaideurs*.)

DÉFENDRE, v. act. (*défandre*) (en lat. *defendere*), garder, conserver, empêcher de prendre, de faire, d'entrer, etc. — Protéger contre..., soutenir, favoriser de son appui, de son crédit, ou par le ministère de la parole. — Empêcher de... :

> Eh bien! *défendez-vous* au sage
> De se donner des soins pour le plaisir d'autrui?
> (LA FONTAINE.)

— Résister à ceux qui veulent se rendre maîtres d'un poste, à des ennemis qui attaquent : *trois cents Spartiates ont défendu le passage des Thermopyles contre l'armée innombrable des Perses.* — *Défendre*, s'applique même aux animaux : *une lionne qui défend ses petits.* — Neut., t. de procédure, fournir des *défenses* aux demandes de la partie adverse : *il a été condamné faute de défendre.* — Cette locution est tombée tout-à-fait en désuétude; nous la lisons pourtant encore dans l'*Académie*— Fig.: *faire une chose à son corps défendant*, la faire avec répugnance, avec contrainte. — *Défendre son pain*, soutenir un procès, une lutte d'où dépend le peu de bien que l'on possède. — DÉFENDRE, PROHIBER, INHIBER. (*Syn.*) On *défend* ce qui ne doit pas se faire, ce qui est mauvais: *la religion défend le suicide*; on *prohibe* ce qu'on pourrait laisser faire, ce qui était légitime; on *inhibe* ce qui ne peut se faire, ce qui n'est plus libre. (*Inhiber* est vieux et peu usité.) — *se* DÉFENDRE, v. pron., repousser la force par la force; empêcher qu'on ne nous insulte. — Contester sur le prix d'une marchandise, se débattre sur le prix. — S'excuser. — Pouvoir s'empêcher de... etc. En ce sens, il ne s'emploie guère qu'avec une négation : *je n'ai pu me défendre de...*; ou dans des phrases interrogatives : *pourrez-vous vous défendre de...?* vous empêcher de...?—Se garantir, se préserver : *j'ai pris ce manteau pour me défendre du froid; je n'ai pu me défendre d'un sentiment de compassion.* — S'excuser, se justifier : *son invitation était pressante, j'ai eu de la peine à m'en défendre.*

DÉFENDS (l'*Académie* écrit **DÉFENS**, nous préférons *défends*, qui est plus d'accord avec l'étymologie), subst. mas. (*défan*), il se dit des bois dont on a *défendu* la coupe et dont l'entrée est *défendue* aux bestiaux : *ces bois, ces prés, ces vignes sont en défends.*

DÉFENDU, E, part. pass. de *défendre*, et adj., protégé. — Prohibé, dont il diffère toutefois en ce que *prohibé* ne se dit guère que des choses qui sont *défendues* par une loi humaine et de police : *la fornication est défendue, et la contrebande est prohibée.* Voy. DÉFENDRE.— En t. de blas., se dit du sanglier dont la *défense* ou la dent est d'un autre émail que le corps. On dit également *défendue*, de la hure seule, lorsqu'elle est d'un autre émail que la *défense*. — Fig. et prov., *bien attaqué, bien défendu*, la défense a bien répondu à l'attaque.

DÉFENSABILITÉ, subst. fém. (*défançabilité*), action, moyen de *défendre*, de protéger les forêts. — En t. de droit, qualité, état d'une cause, d'une chose quelconque susceptible d'être *défendue*.

DÉFENSABLE, adj. des deux genres (*défançable*), t. de jurispr., se dit d'un herbage dont l'usage n'est pas abandonné à chacun pour y laisser paître ses bestiaux, ou du moins qui est en *défends* pendant un certain temps. —*Bois défensable*, qui est d'âge à résister aux bestiaux, qui est déclaré en état de souffrir l'exercice du droit de pâture. — Il s'emploie aussi en t. de droit dans le sens de *défendable*. Voy. ce mot. (*Boiste.*)

DÉFENSE, subst. fém. (*défance*) (en lat. *defensio*), protection, soutien; appui qu'on donne à quelqu'un contre ses ennemis, à quelque chose contre ceux qui l'attaquent. *Racine* a dit improprement (*Esther*): *il prend l'humble sous sa défense*, pour: *sous sa protection.* On dit donc: *prendre la défense de quelqu'un*, et *le prendre sous sa protection.* — Action de *défendre* ou de *se défendre* soi-même. — Ce qu'on dit ou ce qu'on écrit pour cela. — Prohibition publique ou particulière. — En t. de couvreur, latte en forme de croix qu'on attache à une corde et que l'on pend au toit des maisons que l'on recouvre, afin d'avertir les passants de prendre garde qu'il ne leur tombe quelque chose sur la tête. — En t. de mar., tout ce qu'on emploie pour empêcher le choc d'un autre vaisseau. — Tronçons de câble que l'on suspend le long du bord des vaisseaux pour les empêcher d'être heurtés par des bateaux, etc. — Au plur., réponse en justice, par laquelle on *se défend* d'une demande.— Ouvrages de fortification. — Les grandes dents du sanglier et de quelques autres animaux. — *Se mettre en défense*, en état de *se défendre*. — *Être hors de défense*, n'être pas en état de se *défendre*.—*Cette place est de défense*, peut se *défendre*.—*Ce bois est en défense*, dans un état tel que les bestiaux ne peuvent y aller. Voy. DÉFENDS, qui se dit plus souvent.

DÉFENSEUR, subst. mas. (*défanceur*), celui qui *défend*, qui protège. — *Défenseur officieux*, homme de loi, chargé d'*office*, dans les causes criminelles, de la *défense* des accusés.

DÉFENSIBLE, adj. des deux genres (*défancible*), vieux mot qui s'est dit autrefois, et qui signifiait : qui peut se *défendre* : *une place, une ville défensible.* Presque hors d'usage.

DÉFENSIF, subst. mas. (*défancife*), t. de chirurgie, bandage qu'on met sur les yeux d'un malade après une opération. — Ce qui sert à garantir une plaie.

DÉFENSIF, adj. mas., au fém. **DÉFENSIVE** (*défancif, cive*), qui *défend*.—Qui est fait pour la *défense* : *les armes défensives sont le casque, la cuirasse, et autrefois le bouclier.*

DÉFENSIVE, adj. fém. Voy. DÉFENSIF, adj.

DÉFENSIVE, subst. fém. (*défancive*), état dans lequel on se met pour se *défendre* : *il se tient sur la défensive.*

DÉFENSIVEMENT, adv. (*défanciveman*), sur la *défensive*, en se *défendant*.

DEFENSOR, subst. mas. (*défeinçor*) (mot tout latin qui veut dire *protecteur*), myth., temple à Rome dédié à Hercule. Les soldats qui avaient obtenu un congé honorable venaient y suspendre leurs armes.

DÉFÉQUÉ, E, part. pass. de *déféquer*.

DÉFÉQUER, v. act. (*défékié*) (en lat. *defecare*), t. de pharmacie, ôter les *fèces*, la lie d'une liqueur, etc. — *se* DÉFÉQUER, v. pron.

DU VERBE IRRÉGULIER DÉFAIRE ;

Défera, 3ᵉ pers. sing. fut. indic.
Déferai, 1ʳᵉ pers. sing. fut. indic.
Déferaient, 3ᵉ pers. plur. prés. cond.
Déferais, précédé de *je*, 1ʳᵉ pers. sing. prés. cond.
Déferais, précédé de *tu*, 2ᵉ pers. sing. prés. cond.
Déferait, 3ᵉ pers. sing. prés. cond.

DÉFÉRANT, E, adj. (*déféran, rante*), qui *défère*, qui condescend : *esprit doux et déférant, humeur déférante.* Il devient moins usité.

Déferas, 2ᵉ pers. sing. fut. indic. du verbe irrégulier DÉFAIRE.

DÉFÉRÉ, E, part. pass. de *déférer*.

DÉFÉRENCE, subst. fém. (*déférance*), respect, égard qu'on a pour quelqu'un, et qui fait qu'on acquiesce à ce qu'il désire.

DÉFÉRENT, subst. mas. (*déféran*), marque sur les monnaies, qui indique le lieu de la fabrication, le directeur et le graveur. Sur les anciennes monnaies, le *déférent* de la fabrication se plaçait au bas de l'écusson; celui du directeur, au bas de l'effigie, et celui du graveur, avant le millésime : sur les nouvelles, le *déférent* du directeur est en bas de l'effigie ; celui du graveur avant le millésime, et celui du lieu de fabrication se trouve après.

DÉFÉRENT, E, adj. (*déféran, rante*) (en lat. *deferens*, part. prés. de *deferre*, porter, transporter), en t. d'astron., *cercles déférents*, ceux qui, dans le système de Ptolémée, portent la planète avec son épicycle. — En anat., *vaisseaux déférents*, ceux qui portent la liqueur séminale dans les testicules.

DÉFÉRER, v. act. (*déféré*) (en lat. *deferre*), donner, décerner : *déférer des dignités, des honneurs à quelqu'un.* — Dénoncer : *déférer quelqu'un en justice, à l'inquisition.* — En t. de jurispr. : *déférer le serment à quelqu'un*, s'en rapporter à son serment. — V. neut., céder; condescendre par respect, par égard : *déférer aux lois de l'Eglise.* — *se* DÉFÉRER, v. pron. : *de tels actes se défèrent à tel tribunal.*

DU VERBE IRRÉGULIER DÉFAIRE :

Déferez, 2ᵉ pers. plur. fut. indic.
Déferiez, 2ᵉ pers. plur. prés. cond.
Déferions, 1ʳᵉ pers. plur. prés. cond.

DÉFERLÉ, E, part. pass. de *déferler*.

DÉFERLER, v. act. (*déferelé*), t. de marine, dépaqueter les voiles, lorsqu'elles sont serrées sur leurs vergues; les déployer, pour les mettre en état d'être bordées en filant leurs cargues. — *se* DÉFERLER, v. pron.

DÉFERMÉ, E, part. pass. de *défermer*.

DÉFERMER, v. act. (*déféremé*), mettre en liberté, mettre dehors celui qui est enfermé. (*Boiste.*) Hors d'usage.

DU VERBE IRRÉGULIER DÉFAIRE :

Déferons, 1ʳᵉ pers. plur. fut. indic.
Déferont, 3ᵉ pers. plur. fut. indic.

DÉFERRÉ, E, part. pass. de *déferrer*.

DÉFERRER, v. act. (*déféré*) (rac. *fer*), ôter les *fers* des pieds des chevaux, des mulets et autres animaux qu'on *ferre*. Oter le *fer* attaché à une chose quelconque. — Fig., rendre muet, interdit, confus. — *se* DÉFERRER, v. pron., perdre son *fer* : *mon cheval s'est déferré.* — Fig., se déconcerter; demeurer interdit : *il se déferre aisément.*

DÉFET, subst. mas. (*défè*), t. de librairie, feuilles isolées et superflues d'un ouvrage ; celles qui restent après que les assemblages ont été faits.

DÉFEUILLAISON, subst. fém. (*défeuièzon*), t. de bot. Voy. EFFEUILLAISON, qui se dit plus souvent et mieux.

DÉFEUILLÉ, E, part. pass. de *défeuiller*.

DÉFEUILLER, v. act. (*défeu-ié*), ôter les *feuilles* d'un arbre.—*se* DÉFEUILLER, v. pron., perdre ses *feuilles*. Peu en usage.

DEFFAIS, subst. mas. plur. (*défè*), pêcheries particulières.—On donnait aussi ce nom, du temps de la féodalité, aux pêcheries des seigneurs.

DEFFUBLÉ, E, part. pass. de *deffubler*.

DEFFUBLER, v. act. (*défublé*), dévêtir, ôter ce qui enveloppe. — *se* DEFFUBLER, v. pron., se dévêtir. Peu en usage.

• **DÉFI**, subst. mas. (*défi*) (du lat. *diffidatio*, fait, dans le même sens, de *diffidere*, défier), appel qu'on fait à quelqu'un pour venir combattre : *un cartel de défi.* — Par extension, toutes sortes de provocations : *défi à la paume*, etc. —*Mettre au défi, défier* de... : *je vous mets au défi de prouver ce que vous avancez.* •

DÉFIANCE, subst. fém. (*défiance*) (en lat. *diffidentia*, fait de *diffidere*, se défier), soupçon, crainte d'être trompé, etc. Voy. MÉFIANCE. — Prov. : *la défiance est la mère de la sûreté*; pour n'être pas trompé, il ne faut pas se confier légèrement. — Crainte de n'avoir pas ou qu'une chose n'ait pas les qualités requises : *avoir juste défiance de ses forces.*

DÉFIANT, E, adj. (*défian, fiante*) (en lat. *fidens*), soupçonneux, qui craint toujours qu'on ne le trompe : *un caractère défiant, une humeur défiante empoisonne tous les instants de la vie.*

DÉFICIENT, E, adj. (*défician, ciante*) (en latin *déficiens*) : *nombres déficients*, nombres dont les parties aliquotes ajoutées ensemble forment une somme moindre que le tout dont elles font partie. On dit aussi et dans le même sens : *nombres défectifs.* — T. de géom. : *hyperbole déficiente.* Voy. *hyperbole défective*, au mot DÉFECTIF.

DÉFICIT, subst. mas. (*déficite*) (mot emprunté du lat.), ce qui manque : *le déficit d'une caisse, des revenus de l'État; il sera difficile de combler le déficit.* — Au plur., *déficit* sans *s* ; ce mot étant tout latin.

DÉFIÉ, E, part. pass. de *défier*.

DÉFIEMENT, subst. mas. (*défiman*), action de *défier*. Il ne se dit plus.

DÉFIER, v. act. (*défié*) (en lat. *diffidere*), faire un *défi* ; provoquer : *il l'a défié au combat, aux échecs.* — Fig., braver, ne pas craindre : *défier le sort, les coups de la fortune, les orages; sa beauté paraît défier les années ; ce monument semble défier les siècles.* — On dit aussi fig. : *son teint peut défier les couleurs du printemps*, etc. —Porter quelqu'un à faire ce qu'il y a de pire : *je vous défie de me frapper.* Et dans un sens moins fort : *je vous défie de deviner qui m'a parlé de vous*, vous ne sauriez deviner qui, etc. — Fam. et prov. : *il ne faut jamais défier un fou*, se dit en parlant d'un homme qui demande qu'on le *défie* de faire quelque chose de déraisonnable, d'extravagant, et que l'on soit capable de le faire. — V. neut., en t. de mar., empêcher que le choc de quelque chose en mouvement ne soit trop violent; arrêter sa vitesse peu à peu, et assez à temps pour qu'il n'y ait point de choc ou du moins qu'il soit très-faible : *défier du bord; défier du vent ou de l'arrivée.* — *se* DÉFIER, v. pron., suspecter, avoir de la *défiance* : *il faut se défier des caresses de cet homme.* Pour ce sens, voy. *se* MÉFIER. — Se braver, se provoquer au jeu, au combat : *ils se sont défiés en sortant; je vous défie aux échecs.* — Se douter, prévoir : *je me défiais de ce qui arriverait.* — Ne pas croire : *il faut se défier de tous ces bruits.* — Dans un sens analogue et par extension, avoir peu de confiance en soi-même, être timide, trop circonspect : *vous vous défiez trop de vous-même, de vos forces, de votre esprit.*

DÉFIGURÉ, E, part. pass. de *défigurer.*

DÉFIGUREMENT, subst. mas. (*défigureman*), état de ce qui est *défiguré.*

DÉFIGURÉMENT, adv. (*défiguréman*), d'une manière *défigurée.*

DÉFIGURER, v. act. (*défiguré*), gâter la *figure*; rendre difforme. — Il se dit fig. des ouvrages d'esprit : *défigurer un ouvrage en le traduisant.* — *se* DÉFIGURER, v. pron., devenir ou se rendre difforme.

DÉFILÉ, subst. mas. (*défilé*), voie étroite par laquelle il ne peut passer que peu de personnes de front, dans laquelle on ne peut aller qu'*à la file.* — Action des troupes qui *défilent : pendant le défilé,* et non pas *le défiler*, comme le voudrait l'*Académie.* — Fig., situation embarrassante, d'où l'on a de la peine à se tirer : *comment sortirez-vous de ce défilé ?*

DÉFILÉ, E, part. pass. de *défiler.*

DÉFILEMENT, subst. mas. (*défileman*), mouvement de troupes qui *défilent.* — T. de fortification, action de régler la hauteur ou le relief d'une masse couvrante pour garantir les défenseurs des projectiles de l'ennemi. — On appelle *plan de défilement,* celui qui contient les crêtes ou lignes de feu d'un ouvrage de fortification.

DÉFILER, v. act. (*défilé*), ôter le *fil*, le cordon qui était passé dans quelque chose. — Oter la chandelle des broches. — En t. de fortification : *défiler un ouvrage,* conduire une tranchée de manière qu'elle ne soit point *enfilée* par le canon de la place. — Prov. et fam. : *défiler son chapelet,* débiter de suite et en détail tout ce qu'on sait d'une chose, tout ce qu'on a sur le cœur contre quelqu'un; il se dit de reproches, d'injures, etc. : *quand vous aurez débité votre chapelet, je parlerai à mon tour.* — Il est aussi neutre, et il signifie aller à la *file*; aller sur un petit front : *les troupes défilèrent devant le roi.* — *se* DÉFILER, v. pron. : *son collier s'est défilé.* — Fig. et fam. : *le chapelet se défile* ou *s'est défilé*; la société se dissout ou s'est dissoute.

Défîmes, 1re pers. plur. prét. déf. du v. irrégulier DÉFAIRE.

DÉFINI, subst. mas. (*défini*), chose *finie.*

DÉFINI, E, part. pass. de *définir*, et adj., dont la nature est nettement expliquée. — T. de gramm., *pronom, prétérit défini.* Voy. les mots PRONOM et PRÉTÉRIT. — *Nombre défini*, déterminé. — *Question définie par l'Église,* que l'Église a décidée.

DÉFINIR, v. act. (*définir*) (en lat. *definire,* fait de la particule extractive *de*, et de *finis*, borne, terme, limite), expliquer clairement la nature d'une chose : *définir un homme,* le faire connaître par les qualités bonnes ou mauvaises qui le caractérisent : *on ne saurait le définir.* — *Définir un mot*, dire, expliquer ce qu'il signifie. — Marquer, déterminer précisément, en parlant du temps et du lieu : *Dieu a défini le temps et le lieu où cela doit arriver.* — Décider : *le concile a défini que...* — *se* DÉFINIR, v. pron., être *défini.*

DÉFINITEUR, subst. mas. (*définiteur*), chez certains religieux, celui qui était préposé pour assister le général ou le provincial dans l'administration des affaires de l'ordre.

DÉFINITIF, adj. mas., au fém. DÉFINITIVE (*définitife, tive*), t. de palais, qui détermine, qui règle, qui décide au fond et tout à fait : *jugement, arrêt définitif.*

en **DÉFINITIVE**, loc. adv., par un jugement *définitif.* — Enfin. Il se place à la tête de la phrase.

DÉFINITION, subst. fém. (*définicion*) (en lat. *definitio*), explication nette de la nature d'une chose; énonciation des attributs, des qualités qui la distinguent : *pour être bonne, une définition doit être juste, exacte, claire et complète.* — Explication d'un mot, d'un terme, de ce qu'il signifie. *Une nomenclature bien faite, de bonnes définitions, des exemples bien choisis, sont indispensables dans un dictionnaire.* — On distingue en logique la *définition de nom, et la définition de chose.* — Décision, règlement : *les définitions d'un concile,* etc.

DÉFINITIVE, adj. fém. Voy. DÉFINITIF.

DÉFINITIVEMENT, adv. (*définitiveman*), tout-à-fait; à fond; d'une manière *définitive.*

DÉFINITOIRE, subst. mas. (*définitoare*), lieu où s'assemblaient quelques religieux, les religieux, d'un chapitre général ou provincial. Hors d'usage.

DU VERBE IRRÉGULIER DÉFAIRE :

Défirent, 3e pers. plur. prét. déf.
Défis, précédé de *je*, 1re pers. sing. prét. déf.
Défis, précédé de *tu*, 2e pers. sing. prét. déf.
Défisse, 1re pers. sing. imparf. subj.
Défissent, 3e pers. plur. imparf. subj.
Défisses, 2e pers. sing. imparf. subj.
Défissiez, 2e pers. plur. imparf. subj.
Défissions, 1re pers. plur. imparf. subj.
Défit, précédé de *il* ou *elle*, 3e pers. sing. prét. déf.
Défît, précédé de *qu'il* ou *qu'elle*, 3e pers. sing. imparf. subj.
Défîtes, 2e pers. plur. prét. déf.

DÉFLAGRATION, subst. fém. (*déflaguerâcion*) (en latin *deflagratio*, fait de *deflagrare,* brûler), t. de chimie, opération par laquelle un corps est brûlé.

DÉFLÉCHI, E, part. pass. de *défléchir* et adj. (*défléchi*), qui n'a point conservé sa direction naturelle.

DÉFLÉCHIR, v. act. (*défléchir*), perdre sa direction droite et naturelle. — *se* DÉFLÉCHIR, v. pron., se dit d'une tige qui se courbe, et de tout ce qui perd sa direction droite.

DÉFLEGMATION ou **DÉPHLEGMATION**, subst. fém. (*défléguemâcion*), action de *déflegmer.*

DÉFLEGMÉ ou **DÉPHLEGMÉ, E**, part. pass. de *déflegmer*, et adj. — T. de chim., purifié, dégagé de son *phlegme.*

DÉFLEGMER ou **DÉPHLEGMER**, v. act. (*défléguemé*), en chimie, enlever la partie *flegmatique* ou aqueuse d'un corps.

DÉFLEURAISON, subst. fém. (*défleurèzon*), t. de bot., chute ou époque de la chute des *fleurs.*

DÉFLEURI, E, part. pass. de *défleurir* et adj.

DÉFLEURIR, v. neut. (*défleurir*), se dit des plantes qui perdent ou ont perdu leurs *fleurs.* — V. act., faire tomber la *fleur*, ôter la *fleur.* — On dit par analogie : *vous avez défleuri ces fruits en les touchant.* — *se* DÉFLEURIR, v. pron., perdre ses *fleurs.*

DÉFLEXION, subst. fém. (*déflèkcion*) (en latin *deflexio*, écart, fait de *deflectere,* plier, courber), t. de phys., action par laquelle un corps se détourne de son chemin en vertu d'une force étrangère et accidentelle : *la déflexion des rayons de la lumière.* — Ce mot manque dans l'*Académie.*

DÉFLORATION, subst. fém. (*déflorâcion*) (en lat. *defloratio,* action de cueillir des *fleurs*), t. de palais, action par laquelle on ôte la virginité à une fille.

DÉFLORÉ, E, part. pass. de *déflorer.*

DÉFLORER, v. act. (*défloré*) (du lat. *deflorare,* fait, dans le même sens, de la particule privative *de*, et de *flos, floris,* fleur), t. de palais, ôter la *fleur* de la virginité; faire perdre la virginité à une fille. — Fig., *déflorer une matière, un sujet,* en ôter ce qu'il y a de neuf et de piquant.

DÉFLUÉ, part. pass. de *défluer.*

DÉFLUER, v. neut. (*déflué*) (en lat. *defluere,* qui signifie proprement découler, couler en bas), t. d'astrologie, s'éloigner de plus en plus, en parlant d'une planète qui a passé la conjonction d'une autre plus tardive.

DÉFLUXION, subst. fém. (*déflukcion*) (en latin *defluxio* ou *defluxus*, écoulement), t. de médec., écoulement ou dépôt d'humeur sur quelque partie du corps. Il est vieux.

DÉFONCÉ, E, part. pass. de *défoncer*, se dit d'un chemin rompu, dégradé, effondré.

DÉFONCEMENT, subst. mas. (*défonceman*), action de *défoncer.*

DÉFONCER, v. act. (*défoncé*), ôter le *fond* d'un tonneau. — En t. de jardinier, fouiller un terrein, etc., à deux ou trois pieds de profondeur, en retourner les terres, y mettre du fumier, en ôter les pierres, etc. — Fouler aux pieds un cuir de vache. — *se* DÉFONCER, v. pron.; il se dit de tout ce qui a un *fond* qui peut *se défaire.*

Défont, 3e pers. plur. prés. indic. du verbe irrégulier DÉFAIRE.

DÉFORMATION, subst. fém. (*déformâcion*), altération de la *forme* primitive et naturelle.

DÉFORMÉ, E, part. pass. de *déformer.*

DÉFORMER, v. act. (*déformé*), ôter ou gâter la *forme.* — *se* DÉFORMER, v. pron. : *ce chapeau se déforme.*

DÉFORTIFIÉ, E, part. pass. de *défortifier.*

DÉFORTIFIER, v. act. (*défortifié*), démolir des fortifications. — *se* DÉFORTIFIER, v. pron.

DÉFORTUNE, subst. fém. (*défortune*), malheur, infortune. Inus., quoiqu'il se trouve dans *Montaigne.*

DÉFORTUNÉ, E, adj. (*défortuné*), malheureux, infortuné. (*Montaigne*). Inus.

DÉFOUETTÉ, E, part. pass. de *défouetter.*

DÉFOUETTER, v. act. (*défouété*), t. de relieur, ôter le *fouet*, la ficelle qui a servi à serrer un livre. — *se* DÉFOUETTER, v. pron.

DÉFOULÉ, E, part. pass. de *défouler.*

DÉFOULER, v. act. (*défoulé*), mépriser, opprimer, *fouler* aux pieds. (*Boiste.*) Hors d'usage.

DÉFOURNÉ, E, part. pass. de *défourner.*

DÉFOURNER, v. act. (*défourné*), ôter du *four.* — *se* DÉFOURNER, v. pron.

DÉFOURRÉ, E, part. pass. de *défourrer.*

DÉFOURRER, v. act. (*défouré*), t. de mar., ôter la *fourrure* d'une manœuvre dormante quelconque, la découvrir de la *fourrure* qui la garnissait. — T. de batteur d'or, retirer les feuilles de vélin ou les cauchers de leur enveloppe. — *se* DÉFOURRER, v. pron.

DÉFRAI, subst. mas. (*défré*), paiement de la dépense d'une maison, d'un équipage, etc. Peu en usage.

DÉFRANCISÉ, E, part. pass. de *défranciser.*

DÉFRANCISER, v. act. (*défrancizé*), faire perdre, ôter les titres qui caractérisent un Français. — Rayer un mot de la langue française. — *se* DÉFRANCISER, v. pron., perdre les qualités de Français.

se **DÉFRAUDER**, v. pron. (*cedéfrôdé*), se détromper, se désabuser. (*Boiste.*) Vieux et hors d'usage.

DÉFRAYÉ, E, part. pass. de *défrayer.*

DÉFRAYER, v. act. (*défréié*), payer les *frais*, la dépense de quelqu'un. — Prov. : *défrayer la compagnie,* l'entretenir agréablement, la faire rire; ou, plus souvent encore, lui servir de risée. — *se* DÉFRAYER, v. pron.

DÉFRAYEUR, subst. mas. (*défréieur*), celui qui *défraie*, qui paie les dépenses des autres. Hors d'usage.

DÉFRICHÉ, E, part. pass. de *défricher.*

DÉFRICHEMENT, subst. mas. (*défricheman*), action de *défricher.* — Terrein *défriché.*

DÉFRICHER, v. act. (*défriché*) (de la particule extractive *dé*, et de *friche*), ôter les mauvaises herbes et tout ce qui nuit à la terre, tout ce qui empêche qu'elle ne produise. — Fig., éclaircir, débrouiller une affaire, une matière, une question, une langue : *Amyot est un des premiers écrivains qui défrichèrent notre langue.* — *se* DÉFRICHER, v. pron.

DÉFRICHEUR, subst. mas. (*défricheur*), celui qui *défriche* une terre.

DÉFRISÉ, E, part. pass. de *défriser.*

DÉFRISEMENT, subst. mas. (*défrizeman*), action de *défriser*; état de ce qui est *défrisé.*

DÉFRISER, v. act. (*défrizé*), défaire la *frisure* : *le vent lui a défrisé les cheveux.* — Oter les cheveux de dessous les papillottes : *défriser une perruque.* — En t. pop. et fam., déranger les projets, tromper l'attente : *cela vous défrise.* Triv. — *se* DÉFRISER, v. pron. : *dans les temps humides les cheveux se défrisent.*

DÉFRONCÉ, E, part. pass. de *défroncer.*

DÉFRONCEMENT, subst. mas. (*défronceman*), action, manière de *défroncer.* — Etat, effet d'une étoffe qui est *défroncée.*

DÉFRONCER, v. act. (*défroncé*), défaire les plis qui *froncent* quelque chose. — Fig. : *défroncer les sourcils,* se dérider le front; prendre un air serein. — *se* DÉFRONCER, v. pron.

DÉFROQUE, subst. fém. (*défroke*) (de la particule *dé*, et du mot *froc*), la dépouille d'un moine, d'un chevalier de Malte. — Fam., biens meubles dont quelqu'un profite sans que ce soit par succession.

DÉFROQUÉ, E, part. pass. de *défroquer*, et adj., qui a *quitté le froc : moine défroqué.* — On dit aussi subst. : *c'est un défroqué.*

DÉFROQUER, v. act. (*défrokié*), ôter le *froc*; être cause qu'un moine quitte le *froc* et abandonne le couvent. — Fig. et fam., prendre à quelqu'un ce qu'il a, ou une partie de ce qu'il possède. — *se* DÉFROQUER, v. pron., quitter le *froc.*

DEFRUCTU, subst. mas. (*défruktu*) (mot latin), fruit, salade, bois, chandelle, etc., que fournit celui qui prête sa table à ceux qui font des parties de repas à pique-nique. — Il n'a point de pluriel.

DEFRUCTUM, subst. mas. (*défructome*) (mot lat.), t. de pharm., autrefois suc de fruits diminué par l'évaporation.

DÉFRUITÉ, E, part. pass. de *défruiter*.

DÉFRUITER, v. act. (*défruité*), ôter les *fruits* des arbres. — *se* DÉFRUITER, v. pron., se dit, en parlant des arbres dont les fruits tombent d'eux-mêmes, ou par l'effet du vent : *les arbres se défruitent*. (Boiste.) Vieux et même hors d'usage.

DEFTÉDAR, subst. mas. (*défetédar*), grand trésorier de la couronne dans l'empire ottoman.

DEFTÉDARERIE, subst. fém. (*défetédareri*), fonction, emploi du *deftédar*. — Domicile du *deftédar*.

DÉFUNÉ, E, part. pass. de *défuner*.

DÉFUNER, v. act. (*défuné*), t. de mar., ôter le *funin*, les cordages du mât. — *se* DÉFUNER, v. pron.

DÉFUNT, E, adj. et subst. (*défeun, feunte*) (du lat. *defunctus*, part. pass. de *defungi*, s'acquitter de, se délivrer, être débarrassé), mort, décédé.

DÉGAGÉ, E, part. pass. de *dégager*, et adj., libre, bien disposé : *une taille fine et dégagée ; un esprit dégagé de préjugés*. — *Avoir des airs dégagés*, libres et trop familiers. — *Chambre dégagée*, celle qui a une autre issue que la principale.

DÉGAGEMENT, subst. mas. (*déguajeman*), action de *dégager* ou état d'une chose *dégagée*. — Dans un appartement, issue secrète et dérobée qui sert à la commodité du logement : *escalier, porte de dégagement*. — En t. de médec., *dégagement de la poitrine, de l'estomac*. — En t. de phys. : *ce phénomène a lieu avec dégagement de calorique et lumière*. — En t. d'escrime, action de *dégager* son épée de celle de son adversaire. — En t. de menuiserie, moulure formant des grains d'orge détachés.

DÉGAGER, v. act. (*déguajé*), retirer ce qui était *engagé* ; les objets que l'on avait mis en gage, hypothéqués : *dégager ses meubles, ses terres, sa vaisselle, ses diamants*. — Débarrasser, délivrer :

Allez, je vous refuse, et ce sensible outrage
De vos indignes fers à jamais me dégage.
(MOLIÈRE, *le Misanthrope*.)

— Par extension dans ce sens : *dégager l'esprit d'idées qui le préoccupent ; dégager une question de détails qui l'embarrassent et l'obscurcissent*. — Retirer d'un lieu périlleux et difficile : *le dictateur survint à propos pour dégager l'armée compromise par son imprudent collègue*. — Fig. : *dégager un soldat*, obtenir son congé. — *Dégager sa parole*, tenir sa parole, ou retirer une parole qu'on avait donnée sous condition. On dit dans le même sens et par extension : *dégager quelqu'un*, lui rendre sa parole. — *Dégager son cœur*, se retirer de l'engagement que l'on avait avec une femme. — *Dégager la tête, la poitrine*, rendre la tête, la poitrine plus libres. — *Dégager un appartement*, lui donner une autre issue que la principale. — *Cet habit vous dégage la taille*, la fait bien paraître. — En t. d'escrime, faire un mouvement par lequel on détache son épée de celle de l'adversaire : *dégager le fer*, ou seulement *dégager*. — En t. de chimie, séparer une substance gazeuse, volatile, de celle à laquelle elle était unie : *dégager l'acide qu'une substance renferme à l'aide d'un autre acide*. — En parlant de l'émanation produite par une substance composée : *cette substance, mise en rapport avec une telle autre, dégage une odeur sulfureuse ; ce charbon dégage beaucoup de gaz*. — En t. de math., *dégager l'inconnue*, faire des relations algébriques où était engagée la quantité inconnue que l'on cherche pour la solution d'un problème. — Neut., en t. de danse, détacher un pied ou une jambe de l'autre pied ou de l'autre jambe. — *se* DÉGAGER, v. pron., se retirer d'un endroit périlleux et difficile. — Rompre un engagement, une liaison, un mariage, un traité. — Se débarrasser, se délivrer.

DÉGAÎNE, subst. fém. (*déguiène*), façon, manière. Il ne se dit que dans cette phrase du style proverbial, bas et ironique : *il a une belle dégaîne !*

DÉGAÎNÉ, E, part. pass. de *dégaîner*.

DÉGAÎNER, v. act. (*déguiéné*), tirer l'épée : *il n'aime pas à dégaîner*. — Il se dit fig. et fam. d'un avare. — On dit subst. : *brave jusqu'au dégaîner*. On écrirait mieux *dégaîné*, selon nous. — *se* DÉGAÎNER, v. pron.

DÉGAÎNEUR, subst. mas. (*déguiéneur*), bretteur, ferrailleur, spadassin. Style fam.

DÉGANTÉ, E, part. pass. de *déganter*.

DÉGANTER, v. act. (*déguanté*), ôter les *gants* : *dégantez-moi*. — *se* DÉGANTER, v. pron., quitter ses *gants* : *il ne saurait se déganter*.

DÉGARNI, E, part. pass. de *dégarnir*.

DÉGARNIR, v. act. (*déguarnir*), ôter tout ce qui *garnit*. — *Dégarnir une place*, en ôter une partie considérable de la *garnison* ou des munitions. Dans le même sens, on dit : *dégarnir les côtes, les frontières*. *Dégarnir un vaisseau de ses agrès*. — *Dégarnir le centre, les ailes d'une armée*, diminuer le nombre des troupes. — En parlant d'un arbre, ôter les branches inutiles, qui viennent mal. — *se* DÉGARNIR, v. pron., se dépouiller : *ma tête se dégarnit de cheveux ; ces arbres se dégarnissent de leurs branches*. On l'emploie aussi et le plus souvent sans régime. — En parlant des personnes qui remplissaient un lieu, qui occupaient des places : *les banquettes se dégarnissent ; la salle commence à se dégarnir*. — Se couvrir, se vêtir plus légèrement : *si vous vous dégarnissez trop tôt, vous vous enrhumerez*.

DÉGASCONNER, v. act. (*déguacekoné*), défaire quelqu'un de ses façons de parler *gasconnes* : *Malherbe se vantait d'avoir dégasconné la cour*. (*Dict.* de Trévoux.) *se* DÉGASCONNER, v. pron., se défaire de l'accent *gascon*. Mot forgé.

DÉGÂT, subst. mas. (*déguâ*) (du lat. *devastare*, dévaster, par le changement du *v* en *g*), ravage, désordre que font des troupes en pays ennemi. — Ruine, ravage : *la grêle a fait un grand dégât dans les vignes*. — Consommation de denrées faite sans économie et avec désordre : *il se fait ici un grand dégât de vin*.

DÉGAUCHI, E, part. pass. de *dégauchir*.

DÉGAUCHIR, v. act. (*deguôchire*) (de la particule privative *dé*, et de l'adj. *gauche*), dresser un ouvrage en bois, en pierre, etc., en retranchant ce qu'il a d'irrégulier. — *se* DÉGAUCHIR, v. pron., devenir moins *gauche* : *ce jeune homme commence à se dégauchir*. Il est fam.

DÉGAUCHISSEMENT, subst. mas. (*déguôchiceman*), action de *dégauchir*.

DÉGEL, subst. mas. (*déjèle*), relâchement du froid, qui fait que le temps se radoucit, résoud la *gelée*, fond la neige et la glace.

DÉGELÉ, E, part. pass. de *dégeler*.

DÉGELER, v. act. (*déjelé*), résoudre la *gelée*, fondre la glace : *le vent a dégelé la rivière*. — On dit aussi neut. : *la rivière dégèle* ; et unipers. : *il dégèle*. — Le peuple l'emploie dans le sens de *mourir*. C'est une expression basse et de mauvais goût qu'il faut éviter. — *se* DÉGELER, v. pron., cesser d'être *gelé*. — *Boiste* et *Gattel* prétendent que, fig. et fam., *se dégeler* signifie encore *commencer à parler après s'être tû long-temps*. Nous ajouterons que cette expression, si elle a été en usage, ne nous semble pas être ordinaire, et que ce serait tout au plus une de ces expressions réputées triviales et populaires.

DÉGÉNÉRATION, subst. fém. (*déjénérâcion*), dépérissement ; état de ce qui *dégénère*. — En t. de médec., altération dans les solides ou dans les liquides ; changement de quelque partie en une substance morbide : *dégénération cancéreuse, tuberculeuse*, etc.

DÉGÉNÉRÉ, E, part. pass. de *dégénérer*.

DÉGÉNÉRER, v. neut. (*déjénéré*) (du lat. *degenerare*, fait, dans le même sens, de la préposition *de*, qui marque séparation, éloignement, et de *genere*, ablatif de *genus*, race, famille, dérivé du grec γένος, dont la signification est la même), s'écarter des bons exemples, de la vertu de ses ancêtres ; perdre du côté de leur probité, de leur bravoure, etc. : *il a dégénéré de la piété de ses pères*. — On dit : *il a dégénéré*, pour exprimer l'action, et *il est dégénéré*, pour exprimer l'état. — Ne pas se soutenir, après avoir bien commencé : *cet auteur a bien dégénéré de ce qu'il était*. — Au fig., se changer de bien en mal, et de mal en pis : *la liberté dégénéra bientôt en licence*. — Il se dit fig. des animaux : *les races de moutons d'Espagne ont dégénéré en Angleterre*. — Il s'emploie tantôt avec un régime et tantôt d'une manière absolue. — Il se dit d'une maladie qui prend un caractère plus ou moins grave ou qui se change en une maladie plus violente : *l'apoplexie dégénère quelquefois en paralysie ; son rhume a dégénéré en fluxion de poitrine*. — En parlant des arbres et des plantes, s'abâtardir.

DÉGÉNÉRESCENCE, subst. fém. (*déjénérécecance*), tendance à *dégénérer*. — T. de médec. qui a le même sens que *dégénération*. Voy. ce mot.

DÉGINGANDÉ, E, adj. (*déjeinguandé*) (*Gattel* fait venir ce mot de l'adv. français *de guingois*, de travers : *qui va* ou *se tient tout de travers* ; dans ce cas ne devrait-on pas écrire *déguingandé*, ou bien écrire *de gingois*, comme on prononce et l'on dit presque universellement ? Nous n'osons pas trancher ici la question, parce que nous avons trouvé partout *dégingandé* et *de guingois* ; le sens de ces deux mots porterait cependant bien à croire qu'ils découlent l'un de l'autre), il se dit d'une personne dont la contenance et la démarche sont mal assurées : *il est tout dégingandé*. Il est fam. — On dit au fig. : *esprit dégingandé ; style dégingandé*, etc.

DÉGINGANDEMENT, subst. mas. (*déjeinguandeman*), état de ce qui est *dégingandé*. Fam.

DÉGLUÉ, E, part. pass. de *dégluer*.

DÉGLUER, v. act. (*déguelué*), ôter la *glu*. — *se* DÉGLUER, v. pron., se débarrasser de la *glu*. — *Se dégluer les yeux*, ôter la chassie qui colle les paupières.

DÉGLUTITEUR, subst. et adj. mas. (*déguelutiteur*), t. d'anat., nom donné par des anatomistes à un muscle du pharynx. Quelques-uns se sont aussi servis du mot *déglutinatuer*.

DÉGLUTITION, subst. fém. (*déguelutícion*) (du lat. *deglutire*, avaler), t. de médec., l'action d'avaler.

DÉGOBILLÉ, E, part. pass. de *dégobiller*.

DÉGOBILLER, v. act. (*déguobi-ié*) (de la particule extractive *dé*, et du verbe *gober*, avaler avec avidité ; *rendre ce qu'on a gobé*), vomir. Il est bas et sale.

DÉGOBILLIS, subst. mas. (*déguobi-i*), t. bas, ce qu'on a *dégobillé*.

DÉGOISÉ, E, part. pass. de *dégoiser*.

DÉGOISER, v. act. (*déguoézé*) (de la particule extractive *dé*, et du mot *gosier* ; *tirer des sons de son gosier*), chanter, en parlant des oiseaux. Il est vieux au propre. — Au fig., dire ce qu'il faut taire : *il a dégoisé tout ce qu'il savait*. Il est fam. — Il s'emploie aussi sans régime : *écoutez cette femme, comme elle dégoise !* — *se* DÉGOISER, v. pron., commencer à se dégourdir, à acquérir de l'expérience ; se déniaiser. T. pop.

DÉGOMMAGE, subst. mas. (*déguomaje*), t. de fabrique de soie, première cuite de la soie pour lui ôter la *gomme*.

DÉGOMMÉ, E, part. pass. de *dégommer*.

DÉGOMMER, v. act. (*déguomé*), t. de métier, faire cuire la soie pour en séparer la *gomme*. — Le peuple dit de quelqu'un à qui l'on a fait perdre son emploi, sa place, qu'*il est dégommé*. On dit aussi, dans le même sens, *dégoter*. Voy. ce mot. C'est une expression triviale, que le bon goût réprouve. — *se* DÉGOMMER, v. pron.

DÉGONDÉ, E, part. pass. de *dégonder*.

DÉGONDER, v. act. (*déguondé*), enlever une porte, une croisée *de dessus ses gonds*. — *se* DÉGONDER, v. pron.

DÉGONFLÉ, E, part. pass. de *dégonfler*.

DÉGONFLEMENT, subst. mas. (*déguonfleman*), action de dissiper le *gonflement*.

DÉGONFLER, v. act. (*déguonflé*), dissiper ou faire cesser le *gonflement*. — *se* DÉGONFLER, v. pron.

DÉGOR, subst. mas. (*déguor*), tuyau de décharge par lequel on passe la liqueur distillée.

DÉGORGÉ, E, part. pass. de *dégorger*.

DÉGORGEMENT, subst. mas. (*déguorjeman*), action de *dégorger* ou de *se dégorger*, débordement des eaux et des immondices : *le dégorgement d'un égout*. — On le dit, par extension, de la bile, des humeurs. — En t. d'arts et métiers, action de dépouiller certaines choses des matières superflues ou étrangères ; on dit : *le dégorgement des cuirs, des laines, des draps*.

DÉGORGEOIR, subst. mas. (*déguorjoar*), canal ménagé au bord d'une pièce d'eau pour l'issue des eaux surabondantes. — En t. d'artillerie, instrument pour déboucher la lumière d'un canon.

DÉGORGER, v. act. (*déguorjé*), déboucher un passage *engorgé* : *dégorger un égout*. On dit aussi neut. : *cet égout a dégorgé*. — Vider un tuyau pour le nettoyer. — Mettre du poisson d'étang dans de l'eau de rivière, pour lui faire perdre son goût de bourbe. — Laver dans une eau claire et courante les laines, les soies, les étoffes qu'on a fait cuire pour les dégraisser. Dans les deux dernières acceptions, on dit mieux : *faire dégorger* ; ou, au pron., *se dégorger*. — *Faire dégorger des sangsues*, leur faire rendre le sang qu'elles ont pris, afin qu'elles puissent servir de nouveau. — Au fig. : *faire dégorger quelqu'un*, le forcer de restituer des sommes qu'on suppose qu'il a gagnées par des moyens illicites, et en abusant de sa position, dans des marchés, fournitures, maniements de fonds, dont il était chargé. Voy. GORGE. — *se* DÉGORGER, v. pron., se déboucher, se décharger.

DÉGOTÉ, E, part. pass. de *dégoter*.

DÉGOTER, v. act. (*déguoté*), style fam. et badin : chasser d'un poste. Voy. DÉGOMMER.

DÉGOURDI, E, part. pass. de *dégourdir* : *il est bien dégourdi* ; et, subst. : *c'est un dégourdi*, il en sait long, on ne lui en fait pas accroire.

DÉGOURDIR, v. act. (*déguourdir*), ôter l'*engourdissement*. — *Faire dégourdir de l'eau*, la faire un peu chauffer, afin qu'elle soit moins froide et moins crue. — Fig. : *dégourdir un jeune homme* ; le façonner, le polir. — *se* DÉGOURDIR, v. pron., se défaire de son *engourdissement*. — Fig., commencer à n'être pas si lourd, si grossier, si malhabile.

DÉGOURDISSEMENT, subst. mas. (*déguourdiceman*), cessation d'*engourdissement*.

DÉGOÛT, subst. mas. (*dégou*), manque de *goût*, d'appétit. — Fig., aversion qu'on prend pour une chose, pour une personne. — Déplaisir, chagrin ; dans ce sens, il est plus souvent employé au plur.

DÉGOÛTANT, E, adj. (*déguoutan, tante*), qui donne du *dégoût*, au propre et au fig. — Appliqué aux personnes, il se dit plutôt du corps que de l'esprit : *homme dégoûtant*, crasseux, malpropre, etc. — Au fig., en parlant de sentiments, d'actions très-blâmables : *j'en suis indigné, c'est dégoûtant ; que l'on voit de choses dégoûtantes dans le monde !*

DÉGOÛTÉ, E, part. pass. de *dégoûter*, et adj. — On dit subst. : *faire le dégoûté*, le difficile, le délicat.

DÉGOÛTER, v. act. (*déguouté*), ôter l'appétit ; faire *perdre le goût*. — Fig. et dans un sens absolu, donner du *dégoût*, de l'aversion ; rebuter, etc. — *se* DÉGOÛTER, v. pron., prendre du *dégoût*, de l'aversion.

DÉGOUTTANT, E, adj. (*dégoutan, tante*), qui tombe *goutte à goutte*. *Delille*, dans sa traduction des *Géorgiques*, a dit du bélier :

Il sort en secouant sa laine *dégouttante*.

— *Dégouttant* se dit d'un linge qui n'est pas sec : *il est encore tout dégouttant*. — *Dégouttant* ne peut guère s'employer dans le style noble, qu'en y ajoutant un complément. On ne dit point qu'*une main meurtrière est* encore *dégouttante*, qu'elle *dégoutte* encore, mais qu'*elle est encore dégouttante de sang*, etc. — *Racine* a dit cependant :

Les ronces *dégouttantes*
Portent de ses cheveux les dépouilles *sanglantes* ;

mais la cause est énoncée immédiatement après l'effet, de telle sorte que l'idée exprimée par le mot *dégouttantes* ne se présente pas isolément à l'esprit.

DÉGOUTTEMENT, subst. mas. (*déguouteman*), action d'un liquide qui tombe *goutte à goutte*.

DÉGOUTTER, v. neut. (*déguouté*), tomber *goutte à goutte*, couler, sortir par *gouttes* : *l'eau dégoutte des toits ; la sueur lui dégoutte du front*. — Il prend aussi pour régime la chose même qui tombe : *tandis que mes habits dégouttaient d'eau, mon front, mes cheveux dégouttaient de sueur*. — Prov. et fig. : *à la cour, auprès des grands, s'il n'y pleut, il y dégoutte*, on finit toujours par y obtenir quelque chose, sinon beaucoup. — On dit encore au fig. et prov., pour exprimer qu'il ne peut arriver mal ou bien à quelqu'un sans qu'un autre en ait sa part : *s'il pleut sur moi, il dégouttera sur vous ; quand il pleut sur le curé, il dégoutte sur le vicaire*.

DÉGRADATION, subst. fém. (*dégueradâcion*), action de *dégrader*, d'enlever un *grade* à quelqu'un : *dégradation de noblesse, des armes*, etc. — *Dégradation civique*, peine infamante qui porte sur un citoyen et qui le prive de ses droits civils. — Au fig., avilissement : *la servitude amène la dégradation des âmes*. — Censure par laquelle un ecclésiastique, en punition de quelque faute considérable, était privé pour toujours de l'exercice de ses fonctions, de son bénéfice, etc. — Dégât qu'on fait dans une maison, dans un bois : *les locataires ont fait beaucoup de dégradations dans cet appartement*. — Il se dit aussi du dépérissement produit par le temps ou quelque autre cause dans un monument, ou sur un objet quelconque : *les murs, les bâtiments étaient dans un déplorable état de dégradation*. — En t. de peint., affaiblissement *graduel* de la lumière et des couleurs d'un tableau.

DÉGRADÉ, E, part. pass. de *dégrader*.

DÉGRADER, v. act. (*dégueradé*) (de la particule privative *dé* et du substantif *grade*, fait du latin *gradus*), démettre de quelque *grade* : *dégrader un gentilhomme, le dégrader de noblesse ; dégrader des armes*, casser ignominieusement un homme de guerre pour quelque lâcheté commise. — Dans un sens figuré, abaisser, avilir : *cette conduite l'a dégradé aux yeux de tout le monde*. — *Dégrader un ecclésiastique*. Voy. DEGRADATION. — Faire quelque dégât dans un bois, dans une maison, etc. — En peint., diminuer, affaiblir *par degrés* la lumière ou les couleurs d'un tableau. — *se* DÉGRADER, v. pron., se détériorer, dépérir : *faute de réparations, cette maison se dégrade tous les jours*. — S'abaisser, s'avilir, se déshonorer : *cet homme croirait se dégrader en veillant à ses affaires*.

DÉGRAFÉ, E, part. pass. de *dégrafer*.

DÉGRAFER (et non pas DÉSAGRAFER, qui ne se trouve nulle part, quoique beaucoup de personnes fassent usage de ce mot), v. act. (*déguerafé*), détacher une *agrafe* : *dégrafer un habit, une jupe*. — *se* DÉGRAFER, v. pron.

DÉGRAISSAGE ou **DÉGRAISSEMENT** (Nous demanderons toujours à l'*Académie* pourquoi elle emploie deux mots pour une seule acception?), subst. mas. (*déguerèçaje, rèceman*), action de *dégraisser*.

DÉGRAISSÉ, E, part. pass. de *dégraisser*.

DÉGRAISSEMENT, subst. mas. (*déguerèceman*). Voy. DÉGRAISSAGE.

DÉGRAISSER, v. act. (*déguerècé*), ôter la *graisse* : *dégraisser le pot, le bouillon*. — Oter les taches de *graisse* qui sont sur un habit. — Fig. et fam. : *dégraisser un homme*, lui ôter une partie de ses richesses. — *Dégraisser les cheveux*, les nettoyer. — *Dégraisser le salpêtre*, jeter de l'eau nouvelle dans la chaudière. — *Dégraisser le vin*, lui ôter la mauvaise qualité qu'il contracte en tournant au *gras*. — *Dégraisser les terres*, se dit de torrents, de ravines d'eau qui emportent les parties *grasses* des terres labourables, les parties les plus propres à les rendre fertiles. — *se* DÉGRAISSER, v. pron.

DÉGRAISSEUR, subst. mas., au fém. DÉGRAISSEUSE (*déguerèceur, ceuze*), celui qui *dégraisse* des habits, des étoffes. — L'*Académie* ne donne pas de fém. à ce mot. — Il est aussi adj. : *teinturier dégraisseur*.

DÉGRAISSEUSE, subst. fém. Voy. DÉGRAISSEUR.

DÉGRAISSIS, subst. mas. (*deguerèci*), t. de métier, se dit de tout ce qu'on enlève par le dégraissage.

DÉGRAISSOIR, subst. mas. (*déguerèçoar*), instrument dont se servent les boyaudiers pour enlever la graisse des boyaux.

DÉGRAPPINÉ, E, part. pass. de *dégrappiner*.

DÉGRAPPINER, v. act. (*dégueurapiné*), t. de mar. qui se dit d'un vaisseau qu'on retire de dessus la glace par le moyen *de grappins*.

DÉGRAS, subst. mas. (*déguerâ*), huile de poisson qui a servi à passer des peaux.

DÉGRAVANCE, subst. fém. (*dégueravance*), tort, dommage. (*Boiste*.) Vieux et même hors d'usage.

DÉGRAVELÉ, E, part. pass. de *dégraveler*.

DÉGRAVELER, v. act. (*dégueravelé*), ôter d'un tuyau de fer ou de plomb, servant à conduire des eaux, le sédiment qui s'y forme, le sable ou le *gravier* qui s'y rassemble, etc. — *se* DÉGRAVELER, v. pron.

DÉGRAVOIEMENT ou **DÉGRAVOÎMENT** (Nous donnons ces deux orthographes, parce que l'*Académie* les donne ; et nous ajouterons que nous préférons la première à la seconde, *dégravoiement* indiquant mieux son origine, qui est *dégravoyer*.), subst. mas. (*dégueravoèman*), effet d'une eau courante qui *dégravoie* un mur, un pilotis.

DÉGRAVOYÉ, E, part. pass. de *dégravoyer*.

DÉGRAVOYER, v. act. (*dégueravoèié*), déchausser, *dégrader* des pilotis ou des murs ; en ôter le *gravois*. — *se* DÉGRAVOYER, v. pron.

DEGRÉ, subst. mas. (*degueré*) (en lat. *degressus*, fait de *degredi*, descendre) marche d'escalier ; avec cette différence, que *degré* est plus propre à indiquer la hauteur des divisions égales d'un escalier, et que *marche* convient mieux pour marquer le giron de chacune d'elles : *on monte les degrés, et l'on se tient sur les marches* (Beauzée). Le mot de *marche* autrefois était exclusivement réservé pour les autels, à la différence de celui de *degré*, qui s'appliquait à un escalier quelconque. Nous aurions peut-être bien fait, remarque à ce sujet l'*Encyclopédie*, de conserver ces termes distinctifs, qui contribuent toujours à enrichir une langue. — Par extension, l'escalier lui-même. Le mot *escalier* est plus noble et plus convenable que celui de *degrés* quand il s'agit d'un palais. Le peuple dit *montée* en parlant des escaliers des rues. — *Degrés* se dit particulièrement des marches servant d'entrée ou de soubassement aux grands édifices : *les degrés d'un temple, de l'Hôtel-de-Ville, du Palais-de-Justice*. On disait autrefois au singulier : *le grand degré du Palais*. — Au fig., moyens de parvenir à un but : *les proscriptions et les guerres civiles*, dit *Cinna* dans *Corneille*,

Sont les *degrés* sanglants dont Auguste a fait choix
Pour monter sur le trône et nous dicter des lois.

— Proximité ou éloignement de parenté : *nous sommes parents, mais à un degré très-éloigné*. — Gradation :

Ainsi que la vertu le crime a ses *degrés*.

(RACINE, *Phèdre*.)

— Perfection ou imperfection plus ou moins grande d'une chose ; il s'applique, dans ce sens, aux talents, aux qualités de l'esprit et du cœur, etc. — Dans un sens analogue, et par extension, il s'applique aux qualités morales, aux affections de l'âme : *degré de tristesse, d'abattement, d'affliction, d'intelligence, d'insolence*. — En t. de philosophie, division et subdivision de certaines choses ou qualités, emplois, etc., par lesquels on s'élève à des grades supérieurs. — Augmentation, diminution, extension plus ou moins grande, selon les choses dont on parle. — Epoques, états divers, changements. — En t. de médec., les diverses périodes d'une maladie. — En t. de phys., divisions principales marquées sur l'échelle des instruments destinés à mesurer les différences d'intensité, d'accroissement, de pesanteur, etc., de certaines choses : *les degrés d'un thermomètre, d'un baromètre*. — Il se dit également de la température, des spiritueux, de la crue des eaux : *il y a vingt-cinq degrés de chaleur ; eau-de-vie de trente degrés ; la Seine a crû de six degrés*. — Dans les universités, qualité qu'on prend en raison des études qu'on y a faites, des examens qu'on y a subis : *degré* ou *grade de maître ès-arts, de bachelier*, etc. ; *prendre ses degrés*. On dit plus souvent *grade* aujourd'hui. — On dit aussi, en parlant des tribunaux de justice de l'un desquels on appelle à l'autre : *premier, second degré de juridiction*. — *Degré de comparaison* ou *de signification* se dit, en grammaire, des adjectifs ou des adverbes qui, par leurs différentes terminaisons, ou par des particules prépositives, marquent ou le plus ou le moins, ou l'excès dans la qualification que l'on donne au substantif : *savant, plus savant, moins savant, très-savant* ou *fort savant*. — En géom., la trois cent soixantième partie du cercle. Tout cercle se divise en trois cent soixante *degrés*, et chaque *degré* en soixante parties égales, qui sont les minutes. Quand on veut déterminer la grandeur d'un angle, on compte les *degrés*. Par exemple, quand on parle d'un angle de quatre-vingt-dix *degrés*, on entend un angle droit, parce qu'il comprend la quatrième partie de la circonférence d'un cercle : *cet astre est élevé de tant de degrés sur l'horizon, il décline de l'équateur de tant de degrés ; cette ville a tant de degrés de longitude et de latitude ; un signe a trente degrés*, etc. — Le *degré de latitude* est l'espace de cinquante-sept mille cent toises renfermé entre deux parallèles. — Le *degré de longitude* est l'espace renfermé entre deux méridiens. — En géogr., portion de terre entre deux méridiens ou deux parallèles. — *Degré décimal*, nouvelle mesure linéaire. Cette mesure est la centième partie de la distance de l'équateur au pôle, ou du quart du méridien terrestre. — En algéb., la puissance à laquelle une quantité est élevée : *problème du troisième degré*, dans lequel l'inconnue est élevée au troisième *degré* ou à la troisième puissance. — En mus., différence d'opposition ou d'élévation entre deux notes : *degrés conjoints, degrés disjoints*. Voy. CONJOINT et DISJOINT. — En t. de vieille faucونn., endroit vers lequel un oiseau, durant sa montée ou son élévation, tourne la tête et prend une nouvelle carrière : *premier, second, troisième degré ; il se perd de vue au quatrième.* — *par* **DEGRÉS**, loc. adv., peu à peu, insensiblement : *arriver par degrés à un emploi, à la perfection ; augmenter, s'affaiblir par degrés.*

DÉGRÉÉ, E, part. pass. de *dégréer*, et adj. : *vaisseau dégréé*, auquel on a ôté ses *agrès ; ce vaisseau est dégréé*, il a perdu les cordes de sa manœuvre et le reste de ses *agrès*, ou seulement une partie de ces derniers.

DÉGRÉEMENT, subst. mas. (*déguereman*), t. de mar., action d'ôter les *agrès* d'un vaisseau, ou perte accidentelle de ses *agrès*.

DÉGRÉER ou **DÉSAGRÉER** (L'*Académie* fait mention du second, qui maintenant n'est plus usité.), v. act. (*déguéré-é*), t. de mar., ôter les *agrès* d'un vaisseau. — *se* **DÉGRÉER**, v. pron.

DEGRÉ-BORDÉ, subst. mas. (*deguérébordé*), t. d'hist. nat., sorte de coquille dont on a fait le genre squille.

DÉGREVANCE, subst. fém. (*déguerevance*), vieux mot qui s'est dit autrefois pour : dommage, préjudice.

DÉGREVÉ, E, part. pass. de *dégrever*.

DÉGRÈVEMENT, subst. mas. (*déguerèveman*), action de *dégrever*.

DÉGREVER, v. act. (*déguerevé*), diminuer une imposition. — *se* **DÉGREVER**, v. pron.

DÉGRINGOLADE, subst. fém. (*dégueringuolade*), action de *dégringoler*. Fam.

DÉGRINGOLANDO, sorte d'adv. (*déguereinguolando*), qui va en *dégringolant*.

DÉGRINGOLÉ, E, part. pass. de *dégringoler*.

DÉGRINGOLER, v. act. (*déguereinguolé*), descendre vite. Il est fam. : *dégringoler l'escalier ;* ou sans régime direct : *dégringoler jusqu'en bas ; la voiture a dégringolé dans un précipice.*

DÉGRISÉ, E, part. pass. de *dégriser*.

DÉGRISEMENT, subst. mas. (*déguerizeman*), passage de l'état d'ivresse à l'état contraire. Fam. Ce mot manque dans l'*Académie*.

DÉGRISER, v. act. (*déguerizé*), faire passer l'ivresse. — Au fig., faire passer l'ivresse, l'illusion des passions. Il est fam. — *se* **DÉGRISER**, v. pron.

DÉGROSSAGE, subst. mas. (*déguerôçaje*), t. de tireur d'or, action de diminuer la *grosseur* des lingots qu'on veut faire passer par la filière.

DÉGROSSÉ, E, part. pass. de *dégrosser*.

DÉGROSSER, v. act. (*déguerôcé*), t. de tireur d'or, rendre moins *gros ;* faire passer l'or par les filières. — *se* **DÉGROSSER**, v. pron. — *Dégrosser* ne se dit pas pour *dégrossir*.

DÉGROSSI, subst. mas. (*déguerôci*), presse pour rendre les monnaies plus unies, plus étendues.

DÉGROSSI, E, part. pass. de *dégrossir*.

DÉGROSSIR, v. act. (*déguerôcir*), en parlant des ouvrages de sculpture et de menuiserie, *ôter le plus gros* de la matière pour commencer à lui donner la forme projetée. — En t. d'imprim., lire une première épreuve et en corriger les fautes les plus *grossières*. — Fig., commencer à éclaircir, à débrouiller une affaire, un travail, etc. — Ebaucher : *dégrossir un ouvrage, une pièce, un discours, les figures d'un tableau.* — On dit par extension, dans un sens analogue : *dégrossir un enfant, un jeune homme*, commencer son éducation, lui enseigner les premiers éléments ou le *dégourdir*. Voy. ce dernier mot. — *se* **DÉGROSSIR**, v. pron.

DÉGU, subst. mas. (*dégu*), t. d'hist. nat., petit animal du Chili, qui paraît appartenir au genre des loirs.

DÉGUELLIE, subst. fém. (*déguiéleli*), t. de bot., sorte d'arbrisseau de la famille des légumineuses.

DÉGUENILLÉ, E, adj. (*déguenillé*), se dit d'une personne dont les habits sont en lambeaux ou sales et mal en ordre : *il est tout déguenillé.* Voy. **GUENILLE**.

DÉGUENILLER, v. act. (*dégueni-ié*), ôter les *guenilles* à quelqu'un. — *se* **DÉGUENILLER**, v. pron. L'*Académie* ne donne pas ce mot.

DÉGUERPI, E, part. pass. de *déguerpir*.

DÉGUERPIR, v. act. (*déguièrepir*) (c'est un composé du vieux mot français *guerpir*, actuellement hors d'usage, et qui signifiait laisser, abandonner ; dérivé de *werpire*, employé dans la même acception par les auteurs de la basse latinité, d'après l'allemand *werpen*, ou plutôt *werfen*, jeter. *Ménage*.), t. de prat., abandonner un héritage, la possession d'un immeuble. — V. neut. s'en aller : *il a été condamné à déguerpir.* — Fig. et fam. : *déguerpir d'un lieu*, en sortir par quelque motif de crainte, malgré soi : *nous saurons bien le faire déguerpir.*

DÉGUERPISSEMENT, subst. mas. (*déguièrepiceman*), action de *déguerpir*. — T. de palais, abandonnement d'un héritage.

DÉGUEULÉ, part. pass. de *dégueuler*.

DÉGUEULER, v. neut. (*dégueulé*) (de la particule extractive *dé*, et du substantif *gueule*), vomir, à la suite d'un excès, d'une débauche. — Ce mot s'applique aussi fig. aux paroles, aux injures que l'on vomit, que l'on débite long-temps et avec volubilité. C'est, dans ce sens, un terme bas et populaire qu'il faut éviter d'employer.

DÉGUEULEUX, subst. mas. (*dégueuleu*), gros masque de pierre ou de bronze dont on orne les cascades, et qui vomit de l'eau dans un bassin. (*Boiste.*) Hors d'usage.

DÉGUEULIS, subst. mas. (*dégueuli*), ce qu'on *dégueule*. Il est bas. Ce mot manque dans l'*Académie*.

DÉGUIGNONNÉ, E, part. pass. de *déguignonner*.

DÉGUIGNONNER, v. act. (*déguiguioné*), ôter le *guignon*, le malheur, surtout au jeu. — *se* **DÉGUIGNONNER**, v. pron.

DÉGUISÉ, E, part. pass. de *déguiser*, et adj. — Au fig. : *amant déguisé, avarice déguisée.* — On dit même subst., d'une personne travestie : *c'est un déguisé.*

DÉGUISEMENT, subst. mas. (*déguizeman*), état d'une personne *déguisée : je ne vous aurais jamais reconnu avec* ou *sous ce déguisement.* — Ce qui sert à *déguiser ;* costume de carnaval : *acheter, louer un déguisement : où prenez-vous vos déguisements ?* On dit plus souvent aujourd'hui *costume*. — Fig., dissimulation, artifice pour cacher la vérité, fausse apparence : *à travers tous vos déguisements, je démêle la vérité.*

DÉGUISER, v. act. (*déguizé*), masquer, travestir. — On dit, par extension : *déguiser sa voix, son écriture, son style.* — Au fig., cacher sous des formes trompeuses : *il déguisait son ambition sous des dehors modestes ; déguiser sa naissance, ses penchants vicieux.* — Présenter, raconter un fait, une chose quelconque, en l'altérant dans l'intention de surprendre, de tromper : *vous m'avez déguisé la vérité ; ne me déguisez rien ; pourquoi déguiser vos sentiments ?* — Fig., feindre, se cacher ; cacher son caractère, ses vues, etc. — *se* **DÉGUISER**, v. pron., se travestir. — **SE DÉGUISER, SE MASQUER, SE TRAVESTIR.** (*Syn.*) Il faut, pour être *masqué*, se couvrir d'un faux visage ; il suffit, pour être *déguisé*, de changer ses vêtements ordinaires ; on se *travestit* en prenant un habit connu et ordinaire dans la société, mais très-éloigné et très-différent de celui de son état : *on se masque pour aller au bal ; on se déguise pour venir à bout d'une intrigue ; on se travestit pour n'être pas reconnu.*

DÉGUSTATEUR, subst. mas. ; au fém. **DÉGUSTATRICE** (*dégucetateur, trice*), qui est chargé de *déguster*.

DÉGUSTATION, subst. fém. (*dégucetâcion*) (en latin *degustatio*), essai qu'on fait des liqueurs en les *goûtant*.

DÉGUSTATRICE, subst. fém. Voy. **DÉGUSTATEUR**.

DÉGUSTÉ, E, part. pass. de *déguster*.

DÉGUSTER, v. act. (*dégucelé*), faire la *dégustation* des boissons pour en connaître la qualité. — *se* **DÉGUSTER**, v. pron.

DÉHAIT, subst. mas. (*dé-è*), maladie, peine, chagrin. — Maladie des oiseaux de proie. (*Boiste.*) Vieux et même hors d'usage.

DÉHAITÉ, E, adj. (*dèété*), triste, abattu. — S'est dit d'un oiseau de proie malade. (*Boiste.*) Vieux et hors d'usage.

DÉHÂLÉ, E, part. pass. de *déhâler*.

DÉHÂLER, v. act. (*dé-âlé*), ôter l'impression que le *hâle* a faite sur le teint. Vieux. — *se* **DÉHÂLER**, v. pron., perdre le *hâle*.

DÉHANCHÉ, E, adj. (*dé-anché*), qui a les *hanches* rompues ou disloquées : *un homme, un cheval déhanché.* — Fig. et fam., n'être pas ferme sur ses *hanches*, se dandiner en marchant : *cette femme est toute déhanchée.*

DÉHANCHER, v. act., et plus souvent *se* **DÉHANCHER**, v. pron. (*dé-anché*), se démettre, se rompre les *hanches*. — Fig., se donner beaucoup de mal avec affectation pour faire quelque chose.

DÉHARDÉ, E, part. pass. de *déharder*.

DÉHARDER, v. act. (*dé-ardé*), t. de chasse, lâcher des chiens quatre à quatre ou six à six. Voyez **HARDER** qui est plus usité.

DÉHARNACHÉ, E, part. pass. de *déharnacher*.

DÉHARNACHEMENT, subst. mas. (*dé-arnacheman*), l'action de *déharnacher*.

DÉHARNACHER, et non pas **DÉSHARNACHER**, ce mot étant formé du verbe *harnacher*, qui vient lui-même du mot *harnais*, dont les *h* sont aspirés, ne saurait admettre la consonne *s*, qui naturellement enlèverait l'aspiration. *Désharnacher* se trouve néanmoins dans *Boiste*, *Laveaux* et MM. *Noël* et *Chapsal ;* c'est une faute qui doit être considérée comme un barbarisme), v. act. (*dé-arnaché*), ôter les *harnais* à un cheval de trait. — *se* **DÉHARNACHER**, v. pron., se débarrasser des accoutrements qui gênent.

DÉHISCENCE, subst. fém. (*déiceçance*) (du latin *dehiscere*, s'entr'ouvrir), t. de bot., manière dont s'ouvre le péricarpe : *la déhiscence du péricarpe dans le pourpier est horizontale.*

DÉHISCENT, E, adj. (*dé-iceçan, çante*), t. de bot., se dit du péricarpe d'une plante qui s'ouvre naturellement à l'époque de sa maturité.

DÉHONTÉ, E, adj. (*dé-onté*), vieux mot qui se disait autrefois pour honteux, confus, embarrassé : nous lui faisons signifier : qui est sans *honte*, sans pudeur, qui a perdu toute *honte*, toute pudeur. On dit plus communément *éhonté*, qui est vieux aussi. *Effronté* paraîtrait être le mot le plus usité, mais il dit plus que *déhonté*, qu'*éhonté*, et il serait à désirer que les deux derniers ne fussent point bannis du langage.

DEHORS, subst. mas. (*de-or*), la partie extérieure d'une chose. Voy. **EXTÉRIEUR**. — En t. de man., le côté opposé à celui sur lequel le cheval tourne. — Au plur., ouvrages fortifiés *hors* de l'enceinte d'une ville. — Fig., apparences extérieures : *ce sont de beaux dehors, mais ne vous y fiez pas.*

DEHORS, adv. de lieu (*de-or*) (du lat. barbare *de foris*, qu'on a dit pour le simple *foris*, lequel a la même signification de *dehors, par-dehors*, etc)., ce mot, par opposition à *dedans*, signifie *hors* du lieu, de la chose dont on parle : *vous étiez tranquille dedans, pendant que je vous attendais dehors.* — Seul, il n'est qu'adverbe et n'a point de régime : *dehors la ville* ne se dit pas. Précédé d'une préposition, comme *en, au, par*, c'est alors une locution tantôt adverbiale, tantôt prépositive, et dans ce dernier cas il prend un régime : *vous avez agi en dehors de nos conventions ; vous passerez par dehors la ville ; j'irai vous recevoir au dehors des murs.* — Au fig. : *mettre quelqu'un dehors*, le chasser, lui donner son congé. — *Mettre dehors* se dit, en t. de comm., d'un billet que l'on met en circulation, que l'on passe à d'autres personnes. — T. de mar. : *toutes voiles dehors*, toutes les voiles étant déployées. — *Dehors* signifie, particulièrement en t. de mar., la pleine mer, le large : *ce bâtiment va mettre dehors*, va sortir du port, de la rade ; *la mer est grosse dehors.* — Fig. et fam. : *ne pas savoir si l'on est dedans ou dehors*, être incertain de l'état de ses affaires, de sa position auprès de telle personne, du parti, de l'opinion qu'on doit adopter ; *je ne sais si je suis dedans ou dehors avec ce ministre ; il est désagréable de n'être ni dedans ni dehors.* — *De* **DEHORS**, *en* **DEHORS**, *au* **DEHORS**, *par* **DEHORS**, loc. adv., de l'extérieur, à l'extérieur, par l'extérieur : *ce bruit vient du dehors ; ouvrez en dehors ; il demeure au dehors ; nous ferons le tour par dehors.* — *Être en dehors de la question*, se dit de quelqu'un ou de quelque chose qui s'écarte du sujet dont il s'agit. — *Porter la pointe du pied en dehors*, marcher de manière qu'il y ait plus de distance entre les pointes du pied qu'entre les talons.

DÉHORTATOIRE, adj. des deux genres (*dé-ortatoare*) (du lat. *dehortari*, exhorter), se dit, en diplomatie, des lettres par lesquelles un souverain engage un autre souverain à faire ou à ne pas faire certaines choses.

DÉHOUSÉ, E, part. pass. de *déhouser*.

DÉHOUSER, v. neut. (*dé-oucé*), débotter, mourir, se crever. Vieux et inusité.

DÉICIDE, subst. mas. (*déicide*) (du lat. *Deus*, Dieu, et *cædere*, tuer, faire mourir), crime de ceux qui firent mourir le Sauveur du monde — Ceux qui le commirent : *les Juifs furent des déicides.* — Il est aussi adj. des deux genres : *nation, peuple déicide.*

DÉICOLE, adj. et subst. des deux genres (*dé-ikole*) (du latin *Deus*, Dieu, et *colere*, adorer), qui adore un seul Dieu, qui lui rend un culte.

DÉICOON ou **DÉILOCHUS**, subst. propre mas. (*déiko-on, lokuce*), myth., fils d'Hercule et de Mégare.

DÉIDAMIE, subst. propre fém. (*dé-idami*), myth., fille de Lycomène, roi de Scyros, de laquelle Achille eut Pyrrhus, lorsqu'il était caché à la cour de ce prince.—Il y eut une autre Déidamie, fille de Pyrrhus. — T. de bot., plante des Indes, de la famille des câpriers.

DÉIFICATION, subst. fém. (*dé-ifikâcion*) (du latin *Deus*, Dieu, et *facere*, faire), action par laquelle les Romains mettaient leurs empereurs au nombre des *dieux* de l'empire ; apothéose.

DÉIFIÉ, E, part. pass. de *déifier*.

DÉIFIER, v. act. (*dé-ifié*) (du lat. *Deus*, Dieu, et *fieri*, être fait), mettre au nombre des *dieux*.— Fig., louer quelqu'un avec excès.— *se* DÉIFIER, v. pron., se faire passer pour un *dieu*.

DÉIFIQUE, adj. des deux genres (*dé-ifike*), qui fait un *dieu*.—Divin. Vieux mot.

DÉILÉON, subst. propre mas. (*dé-ilé-on*), myth., compagnon d'Hercule dans son expédition contre les Amazones.

DÉINCLINANT ou **DÉINCLINÉ**, adj. mas. (*dé-einklinan, né*), se dit, en gnomonique, des cadrans qui *déclinent* et *inclinent* ou *réclinent* tout à la fois ; c'est-à-dire qui ne passent ni par la ligne du zénith, ni par la commune section du méridien avec l'horizon, ni par celle du premier vertical avec l'horizon. Ils sont peu en usage.

DÉIONE, subst. propre fém. (*dé-ione*), myth., nymphe aimée d'Apollon, qui en eut Milétus.

DÉIONÉE, subst. propre fém. (*dé-ioné*), myth. Voy. IXION.

DÉIOPÉE, subst. propre fém. (*dé-iopé*), myth., l'une des plus belles nymphes de la suite de Junon, qui la promit à Éole, à condition qu'il ferait périr la flotte d'Énée.

DÉIPHOBE, subst. propre mas. (*dé-ifobe*), myth., fils de Priam. Il épousa Hélène après la mort de Pâris ; mais, après la prise de Troie, Hélène le livra à Ménélas, pour rentrer en grace avec lui.

DÉIPHOBÉ, subst. propre fém. (*dé-ifobé*), myth., nom d'une sibylle. Elle était fille de Glaucus, et prêtresse de Diane. Ce fut cette sibylle qui guida Énée dans sa descente aux enfers.

DÉIPHON, subst. propre mas. (*dé-ifon*), myth., fils de Triptolème et de Méganire, ou, selon d'autres, fils d'Hippothoon. Cérès l'aima tellement, que, pour le rendre immortel, et afin de le purifier de toute mortalité, elle le faisait passer dans les flammes ; mais Méganire, mère de ce prince, alarmée d'un tel spectacle, troubla par ses cris les mystères de cette déesse, qui monta aussitôt sur son char traîné par des dragons, et laissa brûler Déiphon. Ovide raconte autrement cette fable. Voy. TRIPTOLÈME.

DÉIPHYLE, subst. propre fém. (*dé-ifile*), myth., fille d'Adraste, roi d'Argos. Elle devait épouser un sanglier, suivant l'oracle d'Apollon : et il se vérifia en ce sens qu'elle épousa Tydée, qui portait une peau de sanglier.

DÉIPHYLUS, subst. propre mas. (*dé-ifiluce*), myth., fils de Sthénélus, et ami de Capanée, qu'il suivit au siége de Thèbes.

DÉIPNOSOPHISTE, subst. mas. (*dé-ipenoçofiçte*) (du grec δεῖπνον, festin, et σοφίζειν, enseigner la sagesse), se dit de celui qui moralise au milieu des plaisirs, des festins.

DÉIPNOPHORES, subst. fém. plur. (*dé-ipenofore*) (du grec δεῖπνον, souper, festin, et φέρω, je porte), myth., femmes qui apportaient les mets dans les fêtes qu'on célébrait en Crète.

DÉIPNUS, subst. propre mas. (*dé-ipenuce*) (du grec δεῖπνον, festin), myth., dieu auquel les Achéens attribuaient l'institution des festins sur la terre.

DÉIPYRUS, subst. propre mas. (*dé-ipiruce*), myth., un des capitaines grecs tué au siége de Troie par Hélénus, fils de Priam.

DÉISIDÉMONIE, subst. fém. (*dé-icidémoni*) (en grec δεισιδαιμονία, formé de δεῖσαι, aor. premier, infinitif de δείδω, je crains, et δαίμων, dieu, divinité, génie), crainte superstitieuse de la divinité et des puissances invisibles.

DÉISME, subst. mas. (*dé-iceme*), système de ceux qui, n'admettant aucune révélation, croient seulement à un *Dieu*, à un souverain être.

DÉISTE, subst. des deux genres (*dé-iccte*), celui, celle qui n'admet aucune religion révélée, qui reconnaît un *Dieu*, mais sans lui rendre aucun culte extérieur. Il est aussi adj. : *des philosophes déistes*.

DÉITÉ, subst. fém. (*dé-ité*), dieu ou déesse de la fable. Il ne s'emploie qu'en poésie ; en prose, on dit *divinité*.

DÉIVIRIL, E, adj. (*dé-ivirile*) (du latin *Deus*, Dieu, et *vir*, homme), divin et humain. Inusité.

DÉJÀ, adv. (*déja*) (en latin *jam*, qui a la même signification, et pour lequel on a, dans la basse latinité, dit *dejam*), dès cette heure, dès à présent : *avez-vous déjà fait ?*—Dès l'heure dont on parle : *le soleil était déjà sur l'horizon*. — Auparavant : *je vous ai déjà vu*.

DÉJANIRE, subst. propre fém. (*déjanire*), myth., fille d'Oenée et femme d'Hercule, qui, pour l'obtenir, combattit contre le fleuve Achéloüs. Ce héros emmena sa nouvelle épouse, et lorsqu'il fallut passer le fleuve Évène, le centaure Nessus proposa de la porter sur l'autre rive. Hercule y consentit, et le centaure allait s'enfuir avec Déjanire, lorsqu'Hercule s'aperçut de son dessein, et lui décocha une flèche qui l'arrêta sur-le-champ. Nessus, se sentant mourir, donna sa chemise teinte de son sang à Déjanire, l'assurant qu'elle rappellerait son mari dès qu'il voudrait s'éloigner d'elle pour s'attacher à d'autres femmes. Cette épouse crédule, ayant appris qu'Hercule recherchait Iole, lui envoya la chemise du centaure ; mais il ne l'eut pas plus tôt mise qu'il ressentit des douleurs cruelles et se jeta dans le feu d'un bûcher, malgré Lycas et Philoctète, ses compagnons, qui ne purent l'en empêcher. Déjanire se tua de désespoir.

DÉJAUGÉ, part. pass. de *déjauger*.

DÉJAUGER, v. neut. (*déjôjé*), t. de mar., se dit d'un bâtiment qui, n'ayant pas assez d'eau pour rester à flot, est démergé. Voy. DÉMERGER, qui est plus en usage.

DÉJECTION, subst. fém. (*déjèkcion*) (du latin *dejectio*, fait, dans le même sens, de *dejicere*, jeter en bas), t. de médec., évacuation d'excréments qu'on rend par le fondement.— Les excréments mêmes, les selles d'un malade. Il se dit toujours au pluriel.—T. d'astrol., *déjection* ou *chute d'une planète*, le signe opposé à celui où elle avait le plus d'influence.

DÉJETÉ, E, part. pass. de *se déjeter*.

se **DÉJETER**, v. pron. (*ce déjeté*) (du lat. *dejectus*, jeté hors de sa situation) ; se dit du bois qui se tourmente, qui, après avoir été bien dressé, se courbe et devient gauchi. — On le dit par extension, en anatomie, du corps ou de quelqu'une de ses parties, lorsque quelque courbure lui fait perdre sa disposition ou forme naturelle.

DÉJEUNER, mieux **DÉJEUNÉ**, cette seconde orthographe empêchant de confondre le verbe avec le substantif, subst. mas. (*déjeuné*), petit repas fort léger qu'on fait le matin en attendant le dîné. — On appelle *déjeuné-dîné*, ou familièrement *déjeuné-dînatoire*, un grand *déjeuné* qui tient lieu du *dîné*. — On dit prov. et fig. dans le style fam., d'un dissipateur qui aura bientôt mangé sa fortune : *il n'en a pas pour un déjeuné* ; d'un bien léger, qui ne peut pas durer long-temps, d'une conquête facile, d'une forteresse faible, d'une armée aisée à vaincre : *il n'y en a pas pour un déjeuné* ; d'une étoffe dont la couleur se passe aisément : *c'est un déjeuné de soleil*. — On appelle aussi *un déjeuné*, un plateau garni d'une tasse, d'une soucoupe et autres objets nécessaires pour le *déjeuné*.

DÉJEUNER, v. neut. (*déjeuné*) (de la particule privative *dé*, et du verbe *jeuner* ; littéralement, *cesser de jeuner*. Les auteurs de la basse latinité ont dit dans le même sens et par la même raison *dejeunare* ; et les Anglais disent encore, pour exprimer ce repas du matin, *breakfast*, rompre le *jeune*). On dit *déjeuner de quelque chose*, et *déjeuner avec quelqu'un* : *nous avons, avec nos amis, déjeuné d'un bon pâté froid*.

DÉJOINDRE, v. act. (*déjoeindre*) (du lat. *disjungere*, formé dans la même acception de *dis*, particule qui marque séparation, et de *jungere*, joindre), séparer des choses qui étaient *jointes*. Il ne se dit que des ouvrages de menuiserie, de charpenterie et de maçonnerie. — *se* DÉJOINDRE, v. pron., se séparer, se désunir.

DÉJOINT, E, part. pass. de *déjoindre*, et adj., qui est séparé après avoir été *joint*.

DÉJOUÉ, E, part. pass. de *déjouer*.

DÉJOUER, v. act. (*déjoué*), déconcerter de petites prétentions, de petites menées : *il a voulu réussir auprès de cette femme, de ce ministre, en se donnant pour un homme important ; on l'a déjoué en faisant voir ce qu'il était*. Dans le style soutenu et pour des objets sérieux, il faut dire *déconcerter*. — V. neut., t. de marine, se dit d'un pavillon qui voltige au gré du vent. — Mal jouer, n'être pas à son jeu ; jouer plus mal qu'à l'ordinaire. Mot nouvellement introduit dans le langage familier, admis dans la dernière édition du *Dictionnaire de l'Académie*, et que l'usage paraît en effet avoir adopté.

DÉJOUR, subst. mas. (*déjour*), t. de carrossier, le vide qui existe entre les jantes d'une roue de voiture.

DÉJUC, subst. mas. (*déjuk*), temps du lever des oiseaux. Il se disait aussi autrefois de celui du lever des hommes. Inusité.

DÉJUCHÉ, E, part. pass. de *déjucher*.

* **DÉJUCHER**, v. act. et neut. (*déjuché*), faire ôter les poules du lieu où elles sont *juchées* ou perchées. — Fig. et fam., chasser d'un lieu élevé et avantageux. — *se* DÉJUCHER, v. pron.

DELÀ, adv. (*dela*), de ce lieu : *delà* ou mieux *de là il vint à Paris*. — Au fig. et placé à la tête de la phrase, il exprime une conséquence, une suite de ce qu'on a dit auparavant : *la vanité a gagné tous les états ; delà ce luxe funeste qui...*

DELÀ, prép. (*dela*), de l'autre côté de... *Delà la mer ; delà les monts*. Il est opposé à *deçà*.

au-**DELÀ**, loc. adv. et prép. : *aller au-delà ; passer au-delà des monts*.— *En delà*, loc. adv.

par **DELÀ**, loc. adv. et prép. : *par delà les Alpes*. *Corneille* a dit dans *Cinna* : *par delà mes serments* ; et *Voltaire*, dans son *Commentaire*, en jugeant cette expression très-poétique, ajoute qu'il n'en a trouvé que cet exemple. On lit cependant dans le *Britannicus* de *Racine* :

Agrippine promet *par delà* son pouvoir.

DÉLABRÉ, E, part. pass. de *délabrer* et adj., tout en désordre, en mauvais état. On le dit de la santé, de l'estomac, des affaires, d'une maison, d'une terre, de toutes les choses en général. — Il se dit aussi fam. d'un homme dans le dénûment, en mauvais équipage : *le pauvre diable est bien délabré*.

DÉLABREMENT, subst. mas. (*délâbreman*), état d'une chose *délabrée*.

DÉLABRER, v. act. (*délâbré*) (du latin inusité *dislamberare*, dont les Milanais ont fait aussi dans le même sens *deslabrare* : le simple *lambe-rare* se trouve dans quelques auteurs, et notamment dans *Festus*. (*Ménage*.), déchirer, mettre en lambeaux. *On a délabré cette tapisserie à force de la faire servir*. — Par extension : *le temps, le défaut de soin, un long usage a bien délabré cette machine, ces meubles, cette maison*. — Au fig., mettre en désordre, en mauvais équipage ; ruiner : *les fatigues ont délabré, les veilles délabreront votre armée ; tant de pertes ont fini par délabrer ses affaires*. — *se* DÉLABRER, v. pron. : *sa santé se délabre*.

DÉLACÉ, E, part. pass. de *délacer*.

DÉLACER, v. act. (*délacé*), ôter, défaire le *lacet*. — *Délacer une femme*, ôter le *lacet* de son corset, de son corps de jupe.—*se* DÉLACER, v. pron.

DÉLAI, subst. mas. (*dèlè*) (en latin *dilatio*), remise, retardement : *on lui donna huit jours pour tout délai ; le délai fatal expire demain ; partons sans délai, sans plus de délai*.— En t. de procédure, *assigner quelqu'un à bref délai*.

DÉLAIEMENT, subst. mas. (*déléman*), action de *délayer*. Voy. DÉLAYEMENT.

DÉLAISSÉ, E, part. pass. de *délaisser*.

DÉLAISSEMENT, subst. mas. (*délèceman*), état d'une personne abandonnée de tout le monde, privée de tout secours, de toute assistance. — En t. de commerce, acte par lequel l'assuré dénonce la perte à l'assureur, et lui *délaisse* et abandonne les effets sur lesquels l'assurance a été faite, avec sommation de payer la somme assurée. — En t. de jurispr., abandonnement, action d'abandonner une chose, une propriété à quelqu'un : *délaissement d'un héritage ; délaissement par hypothèque*.

DÉLAISSER, v. act. (*délècé*) (du verbe *laisser*, dont *délaisser* n'est qu'un composé. Voy. LAISSER), abandonner ; avec cette différence que ce dernier mot se dit des personnes et des choses, et que *délaisser* ne se dit que des personnes. — En t. de pratique, quitter une chose dont on avait la possession : *il lui a délaissé cet héritage. — Il a été condamné à lui quitter et délaisser la possession de cette terre* ne nous paraît pas être français, quoique nous le lisions dans l'*Académie*. —On le dit aussi d'une procédure commencée : *délaisser une action, des poursuites*.— *se* DÉLAISSER, v. pron.

DÉLAITÉ, E, part. pass. de *délaiter*.

DÉLAITEMENT, subst. mas. (*délèteman*), action de *délaiter*.

DÉLAITER, v. act. (*délèté*), presser le beurre

pour en extraire le lait.— Arracher la *laite* d'une carpe ou de tout autre poisson.

DÉLAI, subst. mas. (*délale*), en Perse, ce que l'on nomme *courtier* en France.

DÉLARDÉ, E, part. pass. de *délarder*. En t. d'architecture, *marche d'escalier délardée*.

DÉLARDEMENT, subst. mas. (*délardeman*), t. d'architecture, amaigrissement au-dessous des marches d'un escalier tournant, pour former l'intrados rampant, ou la coquille.

• DÉLARDER, v. act. (*délardé*), en t. de charpentier, rabattre en chanfrein les arêtes d'une pièce de bois.—En t. d'architecture, enlever une partie du lit d'une pierre; couper obliquement le dessous d'une marche d'escalier; couper avec le marteau le lit d'une pierre et démaigrir ce qui en doit être posé en découvrement. — En t. de cuisine, ôter les *lardons* d'une pièce piquée. — Dépouiller le cochon de son *lard*, de sa graisse. — *se* DÉLARDER, v. pron.

DÉLASSÉ, E, part. pass. de *délasser*.

DÉLASSEMENT, subst. mas. (*délâceman*), repos, relâche qu'on prend pour se *délasser* de quelque travail.

DÉLASSER, v. act. (*délâcé*), ôter la *lassitude*. — En parlant de l'esprit, donner quelque relâche; récréer. — *se* DÉLASSER, v. pron., se défaire de sa *lassitude*. — Prendre quelque relâche, quelque récréation.

DÉLATEUR, subst. mas., au fém. DÉLATRICE (*délateur, trice*) (en lat. *delator*), accusateur, dénonciateur : *le règne d'un tyran est celui des délateurs*.

DÉLATION, subst. fém. (*délâcion*) (en latin *delatio*, fait de *delatus*, part. pass. de *deferre*, accuser, dénoncer), dénonciation, accusation.

DÉLATRICE, subst. fém. Voyez DÉLATEUR.

DÉLATTÉ, E, part. pass. de *délatter*.

• DÉLATTER, v. act. (*délaté*), ôter les *lattes* de dessus un toit. — *se* DÉLATTER, v. pron.

DÉLAVÉ, E, part. pass. de *délaver*, et adj., t. de joaillier : *pierre délavée*, dont la couleur est faible.

DÉLAVER, v. act. (*délavé*), délayer trop une couleur. Voy. LAVER. — *se* DÉLAVER, v. pron., passer d'une couleur, d'une nuance à une autre.

DÉLAYAGE, subst. mas. (*délèiaje*), t. de boulanger, action de *délayer*, de détremper.

DÉLAYANT, E, adj. des deux genres (*délèian*), t. de médec., remède qui rend les humeurs plus fluides. — Il est aussi subst. mas. : *un délayant*, un remède qui *délaie*.

DÉLAYÉ, E, part. pass. de *délayer*.

DÉLAYEMENT, subst. mas. (*délèieman*), action de *délayer*. — Quelques personnes écrivent *délaiement*. L'*Académie*, déterminée sans doute par la prononciation, le rejette et n'admet que *délayement*. (Voyez notre observation sur le mot *paiment*, *payement* ou *paiement*, dans notre *Grammaire*).

DÉLAYER, v. act. (*délèié*) (en lat. *diluere*, fait du grec διαλύειν, qui a le même sens), détremper avec du lait, de l'eau ou toute autre liqueur. — Au fig., il s'applique au style : *délayer sa pensée*, *son sujet*, l'étendre plus qu'il ne convient. — *se* DÉLAYER, v. pron.

DELEATUR, subst. mas. (*déléatur*), mot latin qui veut dire : *qu'il soit effacé*. — T. d'imp., marque corrective qui signifie *ôtez cette lettre, ce mot double*, etc. — Au plur., des *deleatur* sans s.

DÉLÉBILE, adj. des deux genres (*délébile*), qui peut être *effacé*. — Au fig. : *caractère délébile*.

DÉLECTABLE, adj. des deux genres (*délèktable*) (en lat. *delectabilis*), qui réjouit, qui donne du plaisir : *lieu délectable; c'est un séjour, un mets, un vin délectable*.—Subst. mas. : *l'honnête doit être préféré au délectable*.

DÉLECTATION, subst. fém. (*délèktâcion*) (en lat. *delectatio*), plaisir qu'on savoure, qu'on goûte avec réflexion. Il est familier.

DÉLECTÉ, E, part. pass. de *délecter*.

DÉLECTER, v. act. (*délèkté*) (en lat. *delectare*, fait, dans le même sens, de *lactare*, attirer), réjouir, causer un sentiment agréable. Il ne se dit guère qu'en fait de morale. — *se* DÉLECTER, v. pron., prendre plaisir à quelque chose : *se délecter à l'étude, à peindre*. Il est familier. *Il se délecte dans sa paresse*.

DÉLÉGATAIRE, subst. des deux genres (*déléguatère*), t. de droit, celui ou celle à qui on *délègue* une chose, qui est porteur d'une *délégation*.

DÉLÉGATION, subst. fém. (*déléguâcion*) (en latin *delegatio*), commission donnée à quelque juge, pour connaître, pour juger : *délégation de pouvoir*. — Acte par lequel on transporte une somme à prendre pour le paiement d'une dette.

DÉLÉGATOIRE, adj. des deux genres (*déléguatoare*) (en lat. *delegatorius*); qui contient *délégation*; il se dit des rescrits ou commissions du pape pour commettre des juges.

DÉLÉGUÉ, E, subst. (*déléguié*) (en lat. *delegatus*, député), celui, celle qui a reçu une *délégation*.

DÉLÉGUÉ, E, part. pass. de *déléguer*.

DÉLÉGUER, v. act. (*déléguié*) (en latin *delegare*, fait, dans le même sens, de *legare*, lequel vient du grec λέγειν, dire, enjoindre), députer, commettre, envoyer avec pouvoir d'agir, de juger, etc. — Assigner des fonds pour le paiement d'une dette : *déléguer une dette*, la mettre à la charge de quelqu'un.—*se* DÉLÉGUER, v. pron.

DÉLÉPHA, subst. propre fém. (*déléfa*), myth., nom d'une divinité des Assyriens et des Chaldéens.

DÉLESSERIE, subst. fém. (*délèceri*), t. de bot., genre de plantes établi parmi les varecs de *Linnée*.

DÉLESTAGE, subst. mas. (*délècetaje*), la décharge qui se fait du *lest* d'un vaisseau ; son effet.

DÉLESTÉ, E, part. pass. de *délester*.

DÉLESTER, v. act. (*délèceté*), ôter le *lest* d'un vaisseau. — *se* DÉLESTER, v. pron.

DÉLESTEUR, subst. mas. (*délèceteur*), celui qui est chargé de faire *délester* les vaisseaux.

DÉLÉTÈRE, adj. des deux genres (*délétère*) (du grec δηλητήρ, nuisible, pernicieux, dérivé de δηλεῖν, nuire, offenser), qui tue, qui cause la mort : *plantes, sucs délétères*. Style didactique.

• DÉLEURRÉ, E, part. pass. de *déleurrer*.

DÉLEURRER, v. act. (*déleuré*), vieux mot qui veut dire *détromper*.—*se* DÉLEURRER, v. pron.

DÉLIADE, subst. mas. (*déliade*) (en grec δηλιάς), nom du navire qui portait les *déliastes*. Voy. ce mot. Ce navire était regardé comme sacré.

DÉLIAISON, subst. fém. (*déliézon*), t. de maçonnerie, sorte d'arrangement de pierres dans un mur.

DÉLIAQUE, subst. et adj. des deux genres (*déliake*), qui est de *Délos*; qui a rapport à *Délos*. — En géom., il se disait d'un problème sur la duplication du cube : *problème déliaque*.

DÉLIASTE, subst. propre mas. (*déliacete*) (en grec δηλιασταί, fait de δήλιος, Délien, surnom d'Apollon), citoyen d'Athènes qu'on choisissait tous les cinq ans pour aller, à l'époque des fêtes *Déliennes*, offrir à *Délos* un sacrifice à *Apollon*. Tout le temps que durait ce voyage, le retour à Athènes, et la cérémonie elle-même, portaient le nom de *Délies*. Pendant ces jours sacrés, les lois défendaient de mettre à mort aucun condamné, et c'est pour cela qu'on attendit trente jours après le jugement de *Socrate* pour lui faire boire la ciguë.

DÉLIBAMENTS, subst. propre mas. plur. (*délibaman*), (du lat. *delibare*, goûter, et faire des *libations*), myth., *libations* qu'on faisait en l'honneur des dieux infernaux. Presque inusité.

DÉLIBATION, subst. fém. (*délibâcion*), action de goûter. Hors d'usage.

DÉLIBÉRANT, E, adj. (*délibéran, rante*), qui est irrésolu, qui *délibère* sans cesse. Il est plus usité comme substantif masculin, surtout au pluriel : *les délibérants*, ceux qui *délibèrent*, qui ont droit de *délibérer* dans une assemblée. — Il se dit particulièrement des corps, des assemblées politiques : *une armée ne doit jamais être un corps délibérant*.

DÉLIBÉRATIF, adj. mas., au fém. DÉLIBÉRATIVE (*délibératife, tive*) (en lat. *deliberativus*), qui délibère. —En t. de rhét., *genre délibératif*, celui qui, sur les choses mises en *délibération*, a pour objet de persuader ou de dissuader.— On dit aussi subst. : *cet orateur excelle dans le délibératif*.—*Avoir voix délibérative*, avoir droit de *délibérer*, droit de suffrage dans une assemblée. Il est opposé à *voix consultative*.

DÉLIBÉRATION, subst. fém. (*délibérâcion*) (en latin *deliberatio*, fait de *deliberare*, délibérer), consultation pour savoir si l'on fera ou si l'on ne fera pas une chose.— Résolution : *délibération du conseil*, etc. — Acte qui la contient.

DÉLIBÉRATIVE, adj. fém. Voy. DÉLIBÉRATIF.

DÉLIBÉRATOIRE, adj. des deux genres (*délibératoare*), contenant une *délibération* ou son résultat.

DÉLIBÉRÉ, subst. mas. (*délibéré*), t. de palais, ordonnance pour *délibérer*; *ordonner un délibéré*, ordonner qu'il en sera *délibéré* sur l'examen des pièces.

DÉLIBÉRÉ, E, part. pass. de *délibérer*. Voyez ce verbe. — En parlant des personnes, aisé, libre, déterminé : *air délibéré; cet homme est bien délibéré; il me parla d'un ton délibéré*. Dans ce sens il est presque toujours pris en mauvais part. — *De propos délibéré*, loc. adv., à dessein.

DÉLIBÉRÉMENT, adv. (*délibéréman*), d'une manière *délibérée*; hardiment, résolument.

DÉLIBÉRER, v. neut. (*délibéré*) (du latin *deliberare*, fait, dans le même sens, de *libra*, balance; *peser comme dans une balance*), examiner en soi-même, ou avec d'autres.—Mettre en *délibération* : *délibérer sur une affaire; j'ai long-temps délibéré si...* — Résoudre : *on délibéra d'aller aux ennemis*. — En t. de man., accoutumer, déterminer un cheval à certains airs : *délibérer un cheval à cabrioler, au terre-à-terre, au manége de guerre*, etc. — *se* DÉLIBÉRER, v. pron.

DÉLICAT, E, adj. (*délika, kate*) (du lat. *delicatus*), fin, délié, par opposition à *grossier* : *main délicate; tissu, teint délicat; contours délicats*. — Par extension, fragile, frêle, qui passe aisément : *fleurs, dentelles, couleurs délicates*. — Qui a demandé un soin, une attention, une légèreté, une adresse extrême : *travail, ouvrage délicat; ce vieux monument est couvert de sculptures délicates qui sont encore bien conservées*.—Il s'emploie en parlant des moyens, des instruments à l'aide desquels on produit des ouvrages *délicats* : *cet ouvrier, cet artiste a l'exécution, la main délicate; le ciseau, le pinceau délicat*. — Agréable au goût, exquis, surtout en parlant d'aliments choisis et recherchés : *un vin délicat; une chère délicate*. —Fig., on l'applique aux pensées, aux expressions, aux sentiments dans lesquels il se trouve quelque chose de pur, de naïf, de touchant : *ses louanges sont si délicates qu'elles ne sauraient blesser la modestie; il donne à ses conseils, à ses reproches, une tournure, une expression délicate dont l'amour-propre ne peut s'offenser*. — Dans un sens analogue, il se dit de la manière d'agir : *votre conduite a été fort délicate; ce procédé n'est point délicat*. — Léger, subtil, imperceptible : *la nuance, la différence est si délicate, qu'il faut un coup-d'œil bien exercé pour la saisir*. — Difficile, dangereux : *affaire, situation, négociation, démarche, opération délicate*. — Difficile à contenter : *il n'est pas délicat dans le choix de ses plaisirs, de ses amis; vous êtes délicat sur la nourriture*. — *Délicat et blond*, se dit prov. et fam., d'un homme qui fait le beau et le difficile. — *Délicat*, dans le sens de difficile, s'emploie aussi subst. : *il fait le délicat*.— Fig., qui juge finement des choses de l'art et de l'esprit : *goût, esprit, jugement délicat; oreille délicate*. — Sensible, aisé à blesser, prompt à s'alarmer, susceptible : *être délicat sur ce qui regarde ses amis*, ne pas souffrir qu'on dise, qu'on fasse rien contre eux. — Scrupuleux, réservé en ce qui concerne la morale, les bienséances, la probité : *avoir la conscience délicate, une probité très-délicate; un amant timide et délicat*. — Faible : *tempérament délicat, santé délicate*. — On dit d'une personne qui s'éveille facilement, au moindre bruit, qu'*elle a le sommeil délicat*.

DÉLICATÉ, E, part. pass. de *délicater*.

DÉLICATEMENT, adv. (*délikateman*), d'une manière *délicate*.

DÉLICATER, v. act. (*délikaté*), traiter avec trop de mollesse : *il ne faut pas délicater les enfants*. — *se* DÉLICATER, v. pron., avoir un grand soin de soi; se choyer d'une manière qui aille jusqu'à la *délicatesse*. Il vieillit.

DÉLICATESSE, subst. fém. (*délikatèce*) (de l'italien *delicatezza*, formé, comme le latin *delicatus*, de *deliciæ*, délices), qualité d'une chose ou d'une personne *délicate* : *délicatesse des viandes, de la table; délicatesse de jugement, d'esprit; délicatesse de tempérament, de la santé; délicatesse de conscience*, etc. — Mollesse. — Au plur. : les finesses *de la langue*.— *Les délicatesses de la table*, les mets *délicats*. — Voy. le mot DÉLICAT, dont les diverses acceptions peuvent s'appliquer à *délicatesse*.

DÉLICE, subst. mas. (*délice*), chose agréable, qui donne du plaisir aux sens ou à l'esprit : *c'est un délice de boire frais; la contemplation est le délice d'un esprit élevé.*— Subst. fém. plur. (en latin *deliciæ*), plaisir, volupté : *elle en fait ses plus chères délices; Titus était les délices du genre humain.*—Le double genre de ce mot vient sans doute de la bizarrerie du latin, d'où il est formé; on dit en effet *delicium* neutre au singulier, et *deliciæ* féminin au pluriel. Nous n'en avouerons pas moins que cela est du dernier ridicule.

DÉLICIEUSE, adj. fém. Voy. **DÉLICIEUX**.

DÉLICIEUSEMENT, adv. (*délicieuzeman*), avec *délices*, d'une manière *délicieuse*.

DÉLICIEUX, adj. mas., au fém. **DÉLICIEUSE** (*déliçieu, cieuze*) (en lat. *deliciosus*), extrêmement agréable. — On l'a employé quelquefois pour voluptueux, qui aime le plaisir. Il est peu usité en ce sens.

DÉLICOTÉ, **E**, part. pass. de *délicoter*.

se **DÉLICOTER**, v. pron. (*cedélikoté*), se dit d'un animal sujet à défaire son *licou*. Nous n'aurions jamais osé admettre la formation de ce mot si l'*Académie* elle-même ne la donnait. En effet, d'où peut venir ce mot ainsi défiguré? ne devrait-on pas dire et écrire *délicoler*, puisque ce mot est formé de *dé* privatif, et de *licou* ou *licol?*

DÉLIE, subst. propre fém. (*déli*) (en lat. *Delia*), myth., surnom de Diane, pris de l'île de Délos.

DÉLIÉ, subst. mas. (*délié*), trait de plume qui unit les pleins des caractères d'écriture : *le délié d'une lettre; la lettre* O *a deux pleins et deux déliés.*

DÉLIÉ, **E**, part. pass. de *délier*, et adj., qui n'est plus *lié*. — Grêle, mince, menu. — On dit fig. : *esprit fin et délié; homme délié*, qui a beaucoup de finesse, de pénétration, d'habileté.

DÉLIÉES, subst. fém. plur. (*délié*), t. de vénerie, fumées de cerf bien moulues.

DÉLIENNES, adj. fém. plur. (*déliène*) : *fêtes déliennes.* Voy. **DÉLIES**.

DÉLIER, v. act. (*délié*), défaire le nœud ou le *lien* qui *lie* ou qui arrête quelque chose : *délier une corde, un paquet*, etc. — Au fig., dégager d'une obligation, d'un serment : *il m'a délié de toute obligation; la cour de Rome le délia de ses vœux.* — En t. de théol., absoudre, et dans ce sens il s'emploie presque toujours neutralement : *les prêtres ont le pouvoir de lier et de délier.*— *se* **DÉLIER**, v. pron.

DÉLIES, subst. fém. plur. (*déli*) (en grec δήλια, fait de Δῆλος, l'île de Délos, lieu de la naissance d'Apollon, ou de δῆλος, clair, parce qu'il était le dieu de la lumière), fêtes athéniennes en l'honneur d'*Apollon*, instituées par *Thésée* lorsqu'après avoir vaincu le Minotaure il ramena de Crète les jeunes Athéniennes qui devaient être sacrifiées à ce monstre. Voy. **DÉLIASTE**.

DÉLIGATION, subst. fém. (*déliguâcion*) (en lat. *deligatio*), t. de chir., application méthodique des appareils, des bandages.

DÉLIME, subst. mas. (*délime*), t. de bot., sorte d'arbrisseau sarmenteux.

DÉLIMITATION, subst. fém. (*délimitâcion*), t. de droit, action, effet de *délimiter*. — Opération qui tend à reconnaître la ligne séparative de deux héritages contigus, et qu'on ne doit pas confondre avec le *bornage*.

DÉLIMITÉ, **E**, part. pass. de *délimiter*.

DÉLIMITER, v. act. (*délimité*), t. de droit, séparer, borner un terrein; fixer sa limite. — *se* **DÉLIMITER**, v. pron.

DÉLINÉATION, subst. fém. (*déliné-âcion*) (du lat. *delineatio*, fait, dans la même signification, de *delineare*, dérivé de *linea*, ligne), description, représentation d'un objet par de simples *lignes* ou traits.

DÉLINQUANT, **E**, subst. et adj. des deux genres (*déleinkan, kante*) (du lat. *delinquere*), t. de pratique, qui a commis un *délit*.

DÉLINQUÉ, part. pass. de *délinquer*.

DÉLINQUER, v. neut. (*déleinkié*) (du lat. *delinquere*, qui signifie proprement manquer, faillir), commettre un *délit*, une faute; contrevenir à la loi. Il n'est guère usité qu'au prétérit et à l'infinitif.

DÉLIQUESCENCE, subst. fém. (*délikuèceçance*) (du lat. *deliquescere*, se fondre, se liquéfier, fait de *liquidus*, liquide), t. de chim., état d'un corps qui, exposé à l'air, en attire l'humidité et se résout en liquide : *tomber en déliquescence.*

DÉLIQUESCENT, **E**, adj. (*délikuèceçan, çante*), t. de chim., qui attire l'humidité de l'air et se résout en liquide : *la potasse est déliquescente.*

DÉLIQUIUM, subst. mas. (*délikuiome*), mot tout latin), t. de chim., qui a le même sens que celui de *déliquescence*.

DÉLIRANT, **E**, adj. (*déliran, rante*), celui, celle qui est en *délire*. Il ne se dit guère qu'au fig. : *une imagination délirante.*

DÉLIRE, subst. mas. (*délire*) (du lat. *delirium*, formé, dans le même sens, des deux mots *de* et *lira*, hors du sillon; *hors de la ligne tracée par la raison et le bon sens*), égarement d'esprit causé par la maladie. — On dit fig. : *le délire de l'amour, de la raison, des sens.* — Par extension et analogie : *délire poétique*, enthousiasme.

DÉLIRÉ, part. pass. de *délirer*.

DÉLIRER, v. neut. (*déliré*), être en *délire*.—t. de médec. : *le malade commence à délirer.*—On dit par extension : *la frayeur le fait délirer.*

DÉLISSÉ, **E**, part. pass. de *délisser*.

DÉLISSER, v. act. (*délicé*), t. de papetier, trier le papier. — *se* **DÉLISSER**, v. pron.

DÉLISSEUR, subst. mas., au fém. **DÉLISSEUSE** (*déliceur, ceuze*), t. de papetier, qui fait le triage du papier.

DÉLIT, subst. mas. (*déli*) (en lat. *delictum*), t. de palais, infraction que les lois ne punissent que correctionnellement. C'est proprement la violation d'une loi qui défend quelque chose.— *Délit commun*, commis par un ecclésiastique, et dont la connaissance appartenait de droit au juge ecclésiastique. — On appelle *délit capital*, celui qui mérite la peine de mort; *délit grave*, celui qui mérite une peine sévère; *délit public*, celui dont la réparation intéresse le public; *délit privé*, celui dont la réparation intéresse seulement le plaignant; et *corps du* ou *de délit*, ce qui le constate comme l'effraction en matière de vol, etc. — *Arbres de délit*, ceux qui ont été coupés en fraude. — *En flagrant délit*, sur le fait. — T. d'archit., le côté d'une pierre opposé au *lit* qu'elle avait dans la carrière. — Il se dit de la pose des pierres dans une construction : *poser une pierre en délit.*

DÉLITÉ, **E**, part. pass. de *déliter*.

DÉLITER, v. act. (*délité*), t. d'archit., couper une tranche d'une pierre *suivant son lit.* — Poser une pierre dans un bâtiment en un sens contraire à celui qu'elle avait dans la carrière, *dans son lit* naturel : *il ne faut pas déliter les pierres.*— *se* **DÉLITER**, v. pron. : *il y a des pierres qui se délitent d'elles-mêmes.*

DÉLITESCENCE, subst. fém. (*délitèceçance*) (du lat. *delitescere*, cacher), t. de médec., reflux subit de l'humeur morbifique de dehors en dedans, qui fait disparaître tout d'un coup une tumeur.

DÉLIUS, subst. propre mas. (*déliuce*), myth. Voy. **DÉLIES**.

DÉLIVAIRE, subst. fém. (*délivère*), t. de bot., genre de plantes.

DÉLIVRANCE, subst. fém. (*délivrance*), l'action par laquelle on *délivre*, on met en liberté, on tire de servitude.— Affranchissement de quelque peine, mal, danger, etc. — Action par laquelle on *livre*, on remet quelque chose entre les mains d'un autre. En t. de chir., il signifie, particulièrement dans les accouchements, la sortie de l'arrière-faix : *votre femme a eu une heureuse délivrance*, est accouchée heureusement. — T. de monnaie, *faire une délivrance*, donner la permission d'exposer de la monnaie en public.

DÉLIVRANDE, subst. propre fém. (*délivrande*), mot qui s'est dit apparemment autrefois pour *délivrance*, du moins en Normandie; ou qui s'est formé de *délivrance*. Il ne se dit plus que pour le nom d'un lieu qu'on appelle *Notre-Dame de la Délivrande*, ou simplement, *la Délivrande*. C'est un lieu de dévotion où il y a une chapelle dédiée à la sainte Vierge. Il est situé en Normandie, à un quart de lieue de la mer, à trois lieues de Caen, dans le diocèse de Bayeux : *aller en pèlerinage à la Délivrande*, ou à *Notre-Dame de la Délivrande.*

DÉLIVRE, subst. mas. (*délivre*), l'enveloppe du fœtus, l'arrière-faix, ainsi nommé parce que, lorsqu'il est sorti, la femme est tout à fait *délivrée* du fardeau de sa grossesse.

DÉLIVRÉ, **E**, part. pass. de *délivrer*.

DÉLIVRER, v. act. (*délivré*) (en lat. *liberare*, fait de *liber*, libre), mettre en liberté. — Affranchir de quelque mal ou danger. — Accoucher : *la sage-femme qui l'a délivrée...* — Livrer, mettre entre les mains. Dans cette acception, *délivrer* ajoute à *livrer* l'idée d'une charge dont on s'acquitte, ou d'un marché qu'on exécute : *on vous livre des effets qu'on veut mettre dans vos mains; on vous délivre les effets d'une succession que vous recueillez.* On ne dit pas *délivrer*, mais *livrer* un ouvrage à quelqu'un. Cette fausse acception existe cependant dans la 6ᵉ *édition de l'Académie*, qui le plus souvent ne fait que copier la 5ᵉ. — *se* **DÉLIVRER**, v. pron., se débarrasser.

DÉLIVREUR, subst. mas. (*délivreur*), celui qui rend une chose confiée à ses soins.— Libérateur. Il est vieux et n'est bon que dans le burlesque. — Qui distribue les vivres de guerre.

DELLE, subst. propre fém. (*dèle*), ville de France, chef-lieu de canton, arrond. de Belfort, dép. du Haut-Rhin.

DELLIS, subst. mas. (*dèleli*), soldat d'élite de l'Albanie, qui suit volontairement les armées du sultan.

DELME, subst. propre fém. (*dèleme*), village de France, chef-lieu de canton, arrond. de Château-Salins, dép. de la Meurthe.

DÉLOGÉ, **E**, part. pass. de *déloger*.

DÉLOGEMENT, subst. mas. (*délojeman*), changement de *logis*. — Départ de gens de guerre *logés* par étape.

DÉLOGER, v. neut. (*délojé*), quitter un logement pour *aller loger ailleurs.* — Il se dit dans le même sens en parlant des troupes *logées* par étape. — Sortir d'un lieu, d'une place qu'on occupe. Décamper. — Fig. et fam., *déloger sans trompette*, sortir doucement et sans bruit du lieu où l'on est : *il faut d'ici déloger sans trompette.* (Molière.) — Il est aussi act., et il signifie ôter à quelqu'un son *logement* : *je ne viens pas vous déloger.* — Faire quitter un poste : *il les délogea bravement.* — *se* **DÉLOGER**, v. pron.

DÉLOI, subst. mas. (*déloè*), désobéissance à une loi. (*Boiste.*) Vieux et hors d'usage.

DÉLOIR, v. act. (*déloar*), retarder, différer. (*Boiste.*) Vieux et hors d'usage.

DÉLONGÉ, **E**, part. pass. de *délonger*.

DÉLONGER, v. act. (*délonjé*), t. de vieille fauconnerie, ôter la *longe* d'un oiseau. Hors d'usage.

DÉLOS, subst. propre fém. (*déloce*), myth., île de la mer Égée, l'une des Cyclades. Neptune, d'un coup de son trident, fit sortir cette île du fond de la mer, pour assurer à Latone, persécutée par Junon, un lieu où elle pût mettre au monde Apollon et Diane. Apollon, par reconnaissance, la rendit immobile de flottante qu'elle était. Il y rendait ses oracles.

DÉLOT, subst. mas. (*délô*), t. de mar., anneau de fer concave qu'on met dans une boucle de corde pour l'empêcher d'être coupée par celle qu'on y fait passer.

DÉLOYAL, **E**, adj. (*déloèial*), qui n'est pas *loyal*; perfide, infidèle, sans foi.

> Un ami *déloyal* peut trahir ton dessein.
> (CORNEILLE, *Cinna.*)

— Au plur. mas., *déloyaux*.

DÉLOYALEMENT, adv. (*déloèialeman*), d'une manière *déloyale*.

DÉLOYAUTÉ, subst. fém. (*déloèiôté*), manque de *loyauté*; infidélité, perfidie.

DÉLOYAUX, adj. mas. plur. Voy. **DÉLOYAL**.

DELPHAX, subst. mas. (*dèlfakce*), t. d'hist. nat., genre d'insectes de l'ordre des hémiptères.

DELPHES, subst. propre fém. (*dèlfe*), myth., ville de la Phocide, près du mont Parnasse, et renommée par l'oracle d'Apollon. Elle passait chez les anciens pour le milieu de la terre. Jupiter, voulant le prouver, fit voler en même temps, de l'orient et de l'occident, deux aigles qui se rencontrèrent à *Delphes*. Voy. **DELPHUS**.

DELPHICOLA, subst. propre mas. (*dèlfikola*), myth., surnom d'*Apollon*, pris de son temple de *Delphes*.

DELPHIEN, subst. et adj. mas., au fém. **DELPHIENNE**, (*dèlfiein, fiène*), habitant de *Delphes*.

DELPHINAL, **E**, adj. (*dèlfinal*), de *dauphin*, qui concerne les *dauphins*, la race des princes *dauphins*.

DELPHINAPTÈRE, subst. mas. (*dèlfinapetère*), t. d'hist. nat., genre de mammifères de l'ordre des cétacés.

DELPHINATE, subst. mas. (*dèlfinate*), t. de chim., sel nouvellement découvert dans la staphisaigre. — Genre de sels formés d'une base et d'acide *delphinique*.

DELPHINE, subst. fém. (*dèlfine*), t. de chim., espèce d'alcali nouvellement découvert.

DELPHINIES, subst. propre fém. plur. (*dèlfini*), myth., fêtes en l'honneur d'Apollon à *Delphes*.

DELPHINIQUE, adj. des deux genres (*dèlfinike*),

t. de chim., se dit d'un acide qui est le résultat de la potasse sur l'huile.

DELPHINITE, subst. fém. (*dèlfinite*), espèce de pierre qui représente la figure d'un *dauphin*.

DELPHINIUM, subst. mas. (*dèlfiniome*), t. de bot., pied d'alouette.

DELPHINIUS, subst. propre mas. (*dèlfini-uce*), myth., surnom d'*Apollon*. Diane était aussi nommée *Delphinia*.

DELPHINORHYNQUE, subst. mas. (*dèlfinore-reinke*), t. d'hist. nat., nom qu'on a proposé pour désigner un sous-genre de *dauphins* à bec long.

DELPHINULE, subst. fém. (*dèlfinule*), t. d'hist. nat., sorte de coquille.

DELPHIS, subst. propre fém. (*dèlfice*), myth., nom d'une pythonisse, d'une prêtresse du temple de *Delphes*.—Surnom du serpent Python.—T. d'hist. nat., nom d'un cétacé que *Linnée* rapporte au genre dauphin.

DELPHUS, subst. propre mas. (*dèlfuce*), myth., fils d'Apollon et de Thya. Il habitait les environs du mont Parnasse, et bâtit la ville de *Delphes*, à laquelle il donna son nom.

DELPHYNE, subst. propre mas. (*dèlfine*), myth., nom d'un monstre moitié fille et moitié serpent.

DELTA, subst. mas. (*dèlta*), quatrième lettre de l'alphabet grec, qui a la forme d'un triangle (Δ). — T. d'hist. nat., espèce de papillon. — En t. de géogr. anc., les Grecs avaient nommé ainsi la partie de l'Égypte comprise entre les différentes branches du Nil à son embouchure, parce qu'elle avait la forme de leur lettre *delta*.

DELTOÏDE, subst. mas. (*dèlto-ide*) (du grec δέλτα, quatrième lettre de l'alphabet, faite en triangle Δ, et de εἶδος, forme, ressemblance), t. d'anat., muscle triangulaire de l'épaule, qui en forme ce qu'on appelle le moignon. — Au plur., t. d'hist. nat., tribu d'insectes de la famille des lépidoptères.

DELTOÏDE, adj. des deux genres (*dèlto-ide*), se dit, en bot., des feuilles qui ont à peu près la forme d'un triangle équilatéral, ou du *delta* des Grecs.

DELTOÏDIEN, adj. mas., au fém. **DELTOÏDIENNE**, (*dèlto-idi-ein, diène*), t. d'anat., qui a rapport au *deltoïde*.

DELTOTON, subst. mas. (*dèltoton*), vingt-unième constellation septentrionale.

DELUBRUM, subst. mas. (*délubrome*) (mot lat. qui veut dire *temple*), endroit où les anciens nettoient la statue d'un dieu. — Fontaine dans laquelle on se lavait avant d'entrer dans un temple. — Sorte d'idole en bois.

DÉLUGE, subst. mas. (*déluje*) (en lat. *diluvium* ou *diluvies*), débordement des eaux, inondation : *le déluge de Deucalion, d'Ogygès*.—Pris dans un sens absolu, *déluge* désigne plus particulièrement le débordement des eaux qui, du temps de *Noé*, couvrirent la terre et submergèrent tout, à l'exception de ceux qui entrèrent dans l'arche.— Par analogie, on dit : *il pleut à verse, c'est un vrai déluge*.—Par extension, il s'emploie en parlant des choses autres que l'eau, versées avec une extrême abondance : *un déluge de feu, de sang, de larmes, de pleurs*. — On dit aussi fig. : *un déluge de mots, de paroles, d'injures, de plaisanteries, de mauvais livres*. — Prov. et fam. : *remonter au déluge*, reprendre les choses de trop loin, de trop haut. — *Passons au déluge*, c'est-à-dire : abrégeons, passons au fait.—*Après moi le déluge*, on ne s'embarrasse pas de ce qui arrivera quand on n'y sera plus.

DÉLUSTRÉ, E, part. pass. de *délustrer*.

DÉLUSTRER, v. act. (*délucetré*), ôter le *lustre* d'une étoffe. — *se* **DÉLUSTRER**, v. pron.

DÉLUTÉ, E, part. pass. de *déluter*.

DÉLUTER, v. act. (*déluté*), t. de chimie, ôter le *lut* ou l'enduit qui servait à fermer un vase qui allait au feu. — *se* **DÉLUTER**, v. pron.

DÉMÂCHÉ, E, part. pass. de *démâcher*.

DÉMÂCHER, v. act. (*démâché*), rejeter ce qui était *mâché*.(*Boiste*.) Pop. et inus.

DÉMACLAGE, subst. mas. (*démâklaje*), t. de verrerie, action de *démacler*.

DÉMACLÉ, part. pass. de *démacler*.

DÉMACLER, v. act. (*démâklé*), t. de verrerie, remuer, agiter le verre dans le pot avec une barre de fer destinée à cet usage.—*se* **DÉMACLER**, v. pron.

DÉMAÇONNÉ, E, part. pass. du v. *démaçonner*.

DÉMAÇONNER, v. act. (*démaçoné*), détruire un ouvrage de *maçonnerie*. — *se* **DÉMAÇONNER**, v. pron.

DÉMAGOGIE, subst. fém. (*démaguoji*) (en grec δημαγωγία, formé de δῆμος, peuple, et de ἄγω, je conduis), ambition de dominer dans une faction populaire; soin de se concilier la faveur du peuple; menées, moyens employés pour parvenir à ce but. — Exagération dans les idées politiques, favorables à la cause populaire : *son aveugle démagogie l'entraînera dans des excès qui tourneront contre la liberté*.

DÉMAGOGIQUE, adj. des deux genres (*démaguojike*), qui appartient à la *démagogie* : *conduite, opinion démagogique*.

DÉMAGOGUE, subst. mas. (*démaguoguе*) (en grec δημαγωγός, formé de δῆμος, peuple, et ἀγωγός, conducteur, dérivé de ἄγω, je mène, je conduis), chef d'une faction populaire : *habile, audacieux, furieux démagogue*.—Ses partisans. — On l'emploie en parlant d'une personne dont les opinions sont exagérées dans le sens du parti populaire : *un jeune démagogue; un orateur démagogue*. Dans ce dernier exemple, il est employé adj.

DÉMAIGRI, E, part. pass. de *démaigrir*.

DÉMAIGRIR, v. neut. (*déméguerir*), devenir moins *maigre* : *on ne peut pas dire que vous ayez engraissé; mais vous avez démaigri*. Peu usité et fam. — V. act., t. de charp. et de maçon, retrancher quelque chose d'une pièce de bois, d'une pierre. — *se* **DÉMAIGRIR**, v. pron.

DÉMAIGRISSEMENT, subst. mas. (*déméguerice-man*), action de *démaigrir*. — Côté d'une pierre ou d'une pièce de bois *démaigri*.

DÉMAILLÉ, E, part. pass. de *démailler*.

DÉMAILLER, v. act. (*démâ-ié*), ôter les *mailles*. — T. de mar. : *démailler la bonnette*. — Détacher la voile. — *se* **DÉMAILLER**, v. pron.

DÉMAILLOTÉ, E, part. pass. de *démailloter*.

DÉMAILLOTER, v. act. (*démâ-ioté*), ôter du *maillot*. — *se* **DÉMAILLOTER**, v. pron.

DEMAIN, adv. (*demein*) (de *demané*, dit dans la basse latinité pour *mane*, qui signifie *demain*), le jour d'après celui où l'on est. — On dit subst. au mas. : *demain est un jour de fête; vous avez tout demain pour y songer*.— *Après-demain*. Voy. **APRÈS**. — Pris dans un sens absolu, *demain* s'emploie pour un temps rapproché et on l'oppose à *aujourd'hui* : *c'est un homme qui n'a point d'opinion, ce qu'il approuve aujourd'hui il le condamnera demain; aujourd'hui c'est une chose et demain ce sera une autre*.—Prov. et fam., on dit : *aujourd'hui pour demain*, qui signifie d'un moment à l'autre, à l'improviste : *cela peut vous arriver aujourd'hui pour demain*. — On dit aussi prov. : *à demain les affaires*, c'est-à-dire, occupons-nous d'abord de plaisirs, nous penserons plus tard aux affaires.

DÉMANCHÉ, E, part. pass. de *démancher*. On appelle pop. : *homme démanché*, une personne qui marche, qui se présente mal, et dont l'allure et les gestes sont déréglés. Subst. au mas., l'art du *démanché*. Nous ferons observer que l'*Académie* écrit ce subst. d'après nos principes orthographiques. Pour être conséquente avec elle-même, elle aurait dû écrire *démancher*.

DÉMANCHEMENT, subst. mas. (*démanche-man*), action de *démancher*.—État de ce qui est *démanché*.—Action de se déranger la main sur les instruments à *manche*. Voy. **DÉMANCHER**.

DÉMANCHER, v. act. (*démanché*), ôter le *manche* d'un instrument.—V. neut., t. de musique, dans les instruments dont la touche est adaptée à un *manche*, faire quitter à la main sa position naturelle, pour l'approcher du chevalet. — *se* **DÉMANCHER**, v. pron., se dit d'un instrument qui s'ôte de son *manche*.—Au fig., aller mal : *cette affaire se démanche*.—Pop. : se donner beaucoup de mal, de tracas.

DEMANDE, subst. fém. (*demande*), action par laquelle on *demande*. — Question.— Action qu'on intente en justice. — On appelle *demande*, absolument, la *demande* que fait un tiers pour *demander* une fille à ses parents. — La chose *demandée* : *on lui a accordé sa demande*. — Écrit par lequel on *demande*. — On dit fam. et dans un sens ironique : *voilà une belle demande ! si je le crois? belle demande!* — On dit encore prov. et fam. : *à folle demande, à sotte demande, point de réponse*. — En math., proposition évidente par laquelle on affirme qu'une chose peut ou ne peut pas être faite : à la différence de l'*axiome*, qui exprime qu'une chose convient ou ne convient pas à une autre.

DEMANDÉ, E, part. pass. de *demander*.

DEMANDER, v. act. (*demandé*) (du lat. barbare *demandare*, employé dans le même sens par les écrivains de la basse latinité. *Du Cange*.), prier quelqu'un d'accorder quelque chose. — Interroger, faire une question :

> Pourquoi le demander, puisque vous le savez ?
> Pourquoi je le demande?
> (RACINE, *Iphigénie en Aulide*.)

Voy. **QUESTIONNER**. — S'adresser à la justice pour obtenir. — Chercher quelqu'un pour le voir, pour lui parler.—Désirer, exiger, avoir besoin de : *cela demande de grands soins; cet habit en demande un autre*.—*Demander* se dit à certains jeux d'un joueur qui, n'ayant pas par son propre jeu de quoi faire le nombre de mains exigées, en appelle un autre qui est de moitié avec lui dans le gain et dans la perte. — Fam. : *demander son pain, sa vie*, l'aumône. — *Demander la bourse ou la vie*, exiger par violence l'argent qu'un homme a sur lui. — *Ne demander qu'amour et simplesse*, ne chercher qu'à vivre en repos et à y laisser les autres. — *Ne demander que plaie et bosse*, n'aimer que le trouble. — *Ne demander qu'à s'amuser, à manger*, n'avoir d'autres désirs que de, etc.—*Ne demander pas mieux*, consentir, être content : *il veut me quitter, je ne demande pas mieux*.—*Demander compte, raison, satisfaction*. Voy. chacun de ces mots.—On dit prov. et fig. dans le style fam. : *qui nous doit nous demande*, en parlant de quelqu'un qui se plaint quand on a soi-même sujet de se plaindre. — *Demandez-moi pourquoi?* signifie qu'on ne peut s'expliquer le motif d'une chose : *il se fâche, demandez-moi pourquoi?* — Le plus grand nombre d'applications que reçoit le mot *demander* se trouvent dans le sens de *désirer, exiger* avec plus ou moins d'extension, ou au fig. *Demander du renfort, demander un médecin, un prêtre, un confesseur, les sacrements*. *Demander un aide, un associé, un ouvrier, un domestique*, annoncer par la voie des journaux, ou autrement, le besoin qu'on a d'un associé, d'un commis, etc.—Dans un sens absolu : *il demande toujours; demander de porte en porte* — *Demander à boire, à entrer, à parler*.— Prier de : *je vous demande de m'entendre*.—*se* **DEMANDER**, v. pron. : s'interroger soi-même.—Être *demandé*.

DEMANDERESSE, subst. fém. Voy. **DEMANDEUR**.

DEMANDEUR, subst. mas., au fém. **DEMANDERESSE** (*demandeur, derèce*), t. de jurispr., celui ou celle qui *demande* à un autre quelque chose en justice.

DEMANDEUR, subst. mas., au fém. **DEMANDEUSE** (*demandeur, deuze*), celui, celle qui *demande* souvent et d'une manière importune, qui fait métier de *demander*; importun : *on fuit les demandeurs, les demandeuses*.

DEMANDEUSE, subst. fém. voy. **DEMANDEUR**.

DÉMANGEAISON, subst. fém. (*démanjèzon*), sentiment inquiet de la peau, causé par une humeur âcre; espèce de picotement ou de chatouillement entre cuir et chair, qui donne envie de se gratter. — Au fig., envie, désir immodéré : *la démangeaison de parler fait souvent bien du mal*.

DÉMANGER, v. neut. (*démanjé*) (du verbe *manger*, par allusion au sentiment du même genre qu'excitent en nous, par leur mouvement, les insectes ou les vers qui quelquefois *mangent*, de notre vivant même, certaines parties de notre corps. Les Espagnols ont formé aussi leur mot *comezon*, démangeaison, de *comer*, manger. — Éprouver quelque *démangeaison* à la peau : *la tête lui démange*.—Fig. et fam., *les pieds lui démangent*, il a une grande envie de sortir.—*Les poings, les mains, la langue, les doigts lui démangent*, il brûle de se battre, de parler, d'écrire. — On dit aussi d'un homme qui fait tout ce qu'il faut pour se faire battre, que *le dos lui démange*; et prov., *que l'on gratte quelqu'un où il lui démange*, pour dire qu'on fait ou qu'on dit quelque chose qui lui plaît, et à quoi il est extrêmement sensible.

DÉMANTELÉ, E, part. pass. de *démanteler*.

DÉMANTELER, v. act. (*démantelé*) (de la particule extractive *dé*, et du subst. *manteau*, autrefois *mantel*, les murs d'une ville lui servant comme de *manteau*), abattre les murailles d'une ville ou d'une forteresse. — *se* **DÉMANTELER**, v. pron.

DÉMANTELLEMENT (et non pas **DÉMANTÈLEMENT**, orthographe de l'*Académie*, vicieuse selon nous), subst. mas. (*démantèleman*), action de *démanteler*.

DÉMANTIBULÉ, E, part. pass. de *démantibuler*.

DÉMANTIBULER, v. act. (*démantibulé*) (de la particule extractive *dé*, et du substantif *mandibule*, qu'on dit, en anat., pour *mâchoire*, d'après le lat. *mandibula*), rompre la mâchoire.—Fig. et fam., rompre ou déranger ; mettre en pièces, etc. : *on a démantibulé cette pendule en la transportant.* — Le plus souvent il s'emploie au passif : *cette armoire est démantibulée; mes meubles ont été démantibulés dans le déménagement.* — *se* DÉMANTIBULER, v. pron. : *se démantibuler la mâchoire.*

DEMANT-SPATH, subst. mas. (*demancepate*), t. de minér., espèce de minéral qui est une variété de spath.

DÉMARCATION, subst. fém. (*démarkâcion*) (du latin barbare *marca*, qui, dans le moyen-âge, a signifié frontière, limite, et d'où sont venus les mots *Marche*, nom de province, *marquis*, gouverneur d'une *Marche*, etc.), action de *marquer*, de délimiter.—*Ligne de démarcation*, le méridien des Açores que le pape Alexandre VI, choisi pour arbitre entre l'Espagne et le Portugal, fixa pour limites à leurs découvertes et conquêtes respectives dans l'Inde. Par ce partage, les Indes orientales furent assignées aux Portugais, et les Indes occidentales aux Castillans. De là vient qu'on appelle *ligne de démarcation* la ligne qui sépare les états, les provinces, les pays les uns des autres : *tracer une ligne de démarcation entre deux états.* — Il se dit par extension des limites tracées entre deux pouvoirs politiques, administratifs, ou autres, pour déterminer leurs attributions, de manière que l'un ne puisse pas empiéter sur l'autre.

DÉMARCHE, subst. fém. (*démarche*), pas; la manière de *marcher* :

> Je l'ai vu; son même air, son même habit de lin,
> Sa *démarche*, ses yeux, et tous ses traits enfin.
> (RACINE, *Athalie*.)

— Au fig., manière d'agir, procédé, conduite. — En t. de manufacture, défaut dans la tonte des draps, lorsqu'il s'y trouve des endroits qui ne sont pas tondus d'assez près.

DÉMARCHIE, subst. fém. (*démarchi*), t. d'hist. anc., quartier d'une bourgade de l'Attique, qui était gouverné par un *démarque*.

DÉMARGÉ, E, part. pass. de *démarger*.

DÉMARGER, v. act. (*démarjé*), supprimer les marges. — T. de verrerie, déboucher les orifices d'un four, que l'on avait précédemment bouchés.— *se* DÉMARGER, v. pron.

DÉMARIAGE, subst. mas. (*démariaje*), séparation juridique entre époux. Il existe une grande différence entre ce mot et le mot *divorce*. Peu en usage, mais utile.

DÉMARIÉ, E, part. pass. de *démarier*.

DÉMARIER, v. act. (*démarié*), séparer juridiquement des époux. — *se* DÉMARIER, v. pron. Il ne faut pas confondre *démarier* avec *divorcer*.

DÉMARQUE, subst. mas. (*démarke*) (du grec δῆμος, peuple, et ἀρχή, commandement), t. d'hist. anc., chef d'une *démarchie*; gouverneur d'un district de l'Attique.

DÉMARQUÉ, E, part. pass. de *démarquer*.

DÉMARQUER, v. act. (*démarké*), ôter la *marque*. — On dit neutralement d'un cheval dont on ne connaît plus l'âge par aucune *marque*, qu'il *démarque*. — *se* DÉMARQUER, v. pron.

DÉMARQUISÉ, E, part. pass. de *démarquiser*.

DÉMARQUISER, v. act. (*démarkizé*), ôter la qualité, le titre de *marquis*. Il est fam. : *je l'ai démarquisé.* (Regnard, *le Joueur*.)—*se* DÉMARQUISER, v. pron.

DÉMARRAGE, subst. mas. (*démâraje*), action, mouvement, agitation qui *démarre* un vaisseau, qui rompt ses *amarres*.

DÉMARRÉ, E, part. pass. de *démarrer*.

DÉMARRER, v. act. (*démâré*) (de la particule extractive *dé* et du verbe *amarrer*, attacher. Voy. AMARRER.), en t. de mar., détacher, remuer : *il faut démarrer le canon, le navire.*—Fig. et fam. : *cette armoire est si lourde qu'on ne saurait la démarrer.* — V. neut., en t. de mar., partir de l'endroit de la mer où l'on était ancré. — Fig. et fam., changer de place. Il ne se dit guère qu'avec la négative : *il ne démarre point, il ne démarre pas de cette maison.* — *se* DÉMARRER, v. pron.

DÉMASQUÉ, E, part. pass. de *démasquer*.

DÉMASQUER, v. act. (*démacekié*), ôter à quelqu'un le *masque* qu'il a sur le visage.—Il s'emploie souvent au fig., faire connaître un homme tel qu'il est. — En t. de guerre, *démasquer une batterie*, la découvrir tout-à-coup en présence de l'ennemi, et la mettre en état de servir. — *se* DÉMASQUER, v. pron., ôter son *masque*. — Fig. et en mauvaise part, découvrir, se faire connaître tel qu'on est.

DÉMASTIQUÉ, E, part. pass. de *démastiquer*.

DÉMASTIQUER, v. act. (*démacetikié*), détacher une chose qui tenait avec du *mastic*, en ôter le *mastic*. — *se* DÉMASTIQUER, v. pron.

DÉMÂTAGE, subst. mas. (*démâtaje*), action de *démâter* un vaisseau.

DÉMÂTÉ, E, part. pass. de *démâter*.

DÉMÂTEMENT, subst. mas. (*démâteman*), t. de mar., perte qu'un vaisseau fait de ses *mâts*.

DÉMÂTER, v. act. (*démâté*), abattre ou rompre le *mât* ou les *mâts* d'un vaisseau. On dit d'un vaisseau dont la tempête a rompu les mâts, qu'*il a démâté; il a démâté du mât de misaine; il a démâté de tous ses mâts.* Alors ce verbe est neutre. — *se* DÉMÂTER, v. pron.

DÉMATÉRIALISÉ, E, part. pass. de *dématérialiser*.

DÉMATÉRIALISER, v. act. (*dématérializé*), t. de chimie, séparer des matières grossières, réduire en esprit. — Spiritualiser. — *se* DÉMATÉRIALISER, v. pron.

DEMBE, subst. mas. (*danbe*), sorte de tambour.

DÈME, subst. mas. (*dème*), subdivision d'une tribu dans l'ancienne Attique.—Subst. propre mas., rivière de Prusse.

DÉMÉE, subst. fém. (*démé*), ardoise de onze pouces sur six.

DÉMÊLÉ, subst. mas. (*démêlé*), querelle, dispute, contestation, brouillerie.—On dit par extension : *des démêlés sanglants.*

DÉMÊLÉ, E, part. pass. de *démêler*, et adj., séparé, distingué, etc.

DÉMÊLEMENT, subst. mas. (*démêleman*), action de *démêler*; ses effets.

DÉMÊLER, v. act. (*démêlé*), séparer les choses qui sont *mêlées* : *démêler du fil, les cheveux*, etc. — Figur., 1° apercevoir, reconnaître : *démêler quelqu'un dans la foule*; 2° débrouiller, éclaircir : *démêler une affaire, une intrigue*; en ce sens on dit prov. : *démêler une fusée*, on dit encore prov. et fam. dans ce sens, en parlant de quelqu'un qui cache habilement sa pensée, ses opinions, ses projets : *il n'est pas aisé à démêler*; 3° distinguer : *démêler le vrai d'avec le faux*; 4° contester : *ils ont toujours quelque chose à démêler ensemble.*—En t. de chasse, *démêler les voies de la bête* signifie distinguer les nouvelles traces d'avec les anciennes. — *se* DÉMÊLER, v. pron., se débrouiller. — *Se démêler de...*, se retirer heureusement de...

DÉMÊLEUR, subst. mas., au fém. **DÉMÊLEUSE** (*démêleur, leuze*), qui *démêle*. — Ouvrier briquetier qui corroie.

DÉMÊLOIR, subst. mas. (*démêloar*), machine à dévider. — Sorte de peigne à claire-voie, qui sert à *démêler* les cheveux.

DÉMEMBRÉ, E, part. pass. de *démembrer*.

DÉMEMBREMENT, subst. mas. (*démanbreman*), action de mettre en pièces un animal. Il ne se dit guère qu'au fig. — Action de *démembrer*. — Fig., 1° division, partage d'un état, d'une terre ; 2° la chose ainsi *démembrée* : *cette province est un démembrement de la monarchie espagnole.*

DÉMEMBRER, v. act. (*démanbré*), arracher, séparer les *membres* d'un corps. — Au figuré, diviser, partager un état, une terre, un domaine, et par extension, une administration ; *on a démembré ce ministère*, on en a séparé les attributions. — *se* DÉMEMBRER, v. pron., se diviser.

DÉMÉNAGÉ, E, part. pass. de *déménager*.

DÉMÉNAGEMENT, subst. mas. (*déménajeman*), action de *déménager*; le transport des meubles d'un logis à un autre où l'on va demeurer.—On dit prov., pour exprimer les pertes qu'on éprouve presque toujours en *déménageant* : *trois déménagements valent un incendie.*

DÉMÉNAGER, v. act. (*déménajé*), transporter ses meubles d'une maison dont on déloge à une autre où l'on va loger. — On dit aussi neutralement : *il déménage; il a déménagé.* On dit d'un homme dont le raisonnement n'est plus bien solide : *que sa tête déménage.* — *se* DÉMÉNAGER, v. pron.

DÉMENCE, subst. fém. (*démance*) (du latin *dementia*, formé, dans le même sens, de la particule privative *de*, et de *mens*, esprit), folie ; aliénation d'esprit. — Par exagération on le dit d'une démarche, d'une conduite inconsidérée : *il y a de la démence à s'exposer de la sorte.* — Les anciens représentaient la *démence* sous la figure d'un vieillard à cheval sur un bâton et jouant avec un moulin de cartes comme les enfants.

se **DÉMENER**, v. pron. (*cedèmené*), se débattre, s'agiter, se remuer violemment. Il se dit au propre et au figuré. — Se donner beaucoup de mal pour faire quelque chose.

DÉMÉNÈTE, subst. propre mas. (*déménète*), myth., habitant de *Parrhasia*, ville d'Arcadie, qui fut changé en loup, pour avoir mangé la chair d'une victime humaine immolée à *Jupiter Lycæus*. Selon les Grecs, dix ans après il recouvra sa première forme, et fut vainqueur aux jeux Olympiques. Il y en a qui appliquent cette fable à Lycaon.

DU VERBE IRRÉGULIER DÉMENTIR :

Démens, 2e pers. sing. impér.
Démens, précédé de *je*, 1re pers. sing. prés. indic.
Démens, précédé de *tu*, 2e pers. sing. prés. indic.
Dément, 3e pers. sing. prés. indic.
Démentaient, 3e pers. plur. imparf. indic.
Démentais, précédé de *je*, 1re pers. sing. imparf. indic.
Démentais, précédé de *tu*, 2e pers. sing. imparf. indic.
Démentait, 3e pers. sing. imparf. indic.
Démentant, part. prés.
Démente, précédé de *que je*, 1re pers. sing. prés. subj.
Démente, précédé de *qu'il* ou *qu'elle*, 3e pers sing. prés. subj.
Démentes, 2e pers. sing. prés. subj.
Démentez, 2e pers. plur. impér.
Démentez, précédé de *vous*, 2e pers. plur. prés. indic.

DÉMENT, E, adj. et subst. (*déman, mante*), t. de médec., qui est en *démence*, qui a perdu la raison. Barbarisme de *Raymond*.

DÉMENTI, subst. mas. (*démanti*), reproche de mensonge : *donner un démenti*, dire à une personne qu'elle ne dit pas vrai. — *Avoir le démenti d'une chose*, avoir l'affront de ne pas réussir.— Par extension, il se dit d'actions ou de faits qui ne s'accordent pas avec les actions, les faits, les discours, qui ont précédé : *l'issue donne un démenti à vos assertions ; vous allez par cela seul donner un démenti à tout ce que vous avez dit et fait jusqu'à ce moment.*

DU VERBE IRRÉGULIER DÉMENTIR :

Démenti, e, part. pass.
Démentiez, précédé de *vous*, 2e pers. plur. imparf. indic.
Démentiez, précédé de *que vous*, 2e pers. plur. prés. subj.
Démentîmes, 1re pers. plur. prét. déf.
Démentions, 1re pers. plur. imparf. indic.
Démentions, précédé de *que nous*, 1re pers. plur. prés. subj.

DÉMENTIR, v. act. (*démantir*), dire à quelqu'un qu'il a *menti* :

> Ose me *démentir*, dis-moi ce que tu vaux.
> (CORNEILLE, *Cinna*.)

— Il s'emploie élégamment au figuré : *c'est une chose que l'expérience dément tous les jours.*— *Démentir sa naissance, son caractère*, faire des choses indignes de sa naissance, etc. — On dit aussi par extension : *démentir sa promesse*, ne pas la tenir. — *se* DÉMENTIR, v. pron., se dédire.—Se relâcher : *il sera toujours homme de bien, il ne se démentira pas.*—Par extension il se dit de l'esprit, du talent, du génie, qui ne se soutiennent pas à la même hauteur ; des productions de l'intelligence qui ne conservent pas partout la même force : *son ouvrage se dément vers la fin; cet auteur ne se dément jamais; c'est toujours la même supériorité.* — Manquer à sa parole : *vous savez ce que vous avez promis, n'allez pas vous démentir.*—Il s'est même dit au figuré des bâtiments, de la menuiserie, de la charpente ; *ce bâtiment-là se dément; cette cloison, ces lambris se démentent, se déjoignent.*

DU VERBE IRRÉGULIER DÉMENTIR :

Démentis, précédé de *je*, 1re pers. sing. prét. déf.
Démentis, précédé de *tu*, 2e pers. sing. prét. déf.
Démentisse, 1re pers. sing. imparf. subj.
Démentissent, 3e pers. plur. imparf. subj.

Démentisses, 2e pers. sing. imparf. subj.
Démentissiez, 2e pers. plur. imparf. subj.
Démentissions, 1re pers. plur. imparf. subj.
Démentit, 3e pers. sing. prét. déf.
Démentît, 3e pers. sing. imparf. subj.
Démentîtes, 2e pers. plur. prét. déf.
Démentons, 1re pers. plur. impér.
Démentons, précédé de *nous*, 1re pers. plur. prés. indic.

DÉMERGÉ, part. pass. de *démerger*.

DÉMERGER, v. neut. (*démerejé*) (du lat. *demergere*, qui a la même signification, et qui est formé de la prép. *de*, et de *mergere*), plonger, enfoncer dans l'eau. T. de marine; on dit d'un bâtiment qui ne tire pas assez d'eau pour être à flot, qu'*il démerge*; il peut *démerger* de tant de pieds, de tant de virures. Nous ne trouvons ce verbe nulle part; mais nous l'admettons parce qu'il est fort en usage dans les ports de mer, et qu'il peint très-bien l'action qu'il est appelé à exprimer. — *se* DÉMERGER, v. pron.

DÉMÉRITE, subst. mas. (*démérite*) (formé de la particule privative *dé*, et du substantif *mérite*), ce qui peut attirer la perte de la bienveillance, ou le blâme: *quel démérite ai-je auprès de vous? où est le démérite de cette action?*

DÉMÉRITÉ, E, part. pass. de *démériter*.

DÉMÉRITER, v. neut. (*démérité*) (voyez DÉMÉRITE), faire quelque chose qui prive de l'affection de quelqu'un, et, dans le dogmatique, de la grace de Dieu. Il s'emploie le plus souvent avec la négative. — *Démériter auprès de quelqu'un*, c'est faire quelque chose qui, sans le toucher directement, prive cependant de sa bienveillance.— *Démériter de quelqu'un*, c'est faire quelque chose en mal qui le touche directement, ce qui fait perdre sa bienveillance.

DÉMESURÉ, E, adj. (*démezuré*), hors de *mesure*; excessif, immodéré.

DÉMESURÉMENT, adv. (*démezuréman*), sans *mesure*, avec excès.

Démet, 3e pers. sing. prés. indic. du verbe irrég. DÉMETTRE.

DÉMÉTRA, subst. propre fém. (*démétra*), myth., surnom que les Grecs donnaient à Cérès.

DÉMÉTRIAS, subst. mas. (*démétriace*), t. d'hist. nat., genre d'insectes de l'ordre des coléoptères.

DÉMÉTRIES, subst. propre fém. plur. (*démétri*), myth., fêtes célébrées en l'honneur de Cérès *Démétra*.—Fêtes athéniennes en l'honneur de *Démétrius* Poliorcète.

DÉMÉTRULES, subst. fém. plur. (*démétrule*), myth., hymnes que l'on chantait en l'honneur de Cérès et de Proserpine.

DU VERBE IRRÉGULIER DÉMETTRE:

Démets, 2e pers. sing. impér.
Démets, précédé de *je*, 1re pers. sing. prés. indic.
Démets, précédé de *tu*, 2e pers. sing. prés. indic.
Démettaient, 3e pers. sing. imparf. indic.
Démettais, précédé de *je*, 1re pers. sing. imparf. indic.
Démettais, précédé de *tu*, 2e pers. sing. imparf. indic.
Démettait, 3e pers. sing. imparf. indic.
Démettant, part. prés.
Démette, précédé de *que je*, 1re pers. sing. prés. subj.
Démette, précédé de *qu'il* ou *qu'elle*, 3e pers. sing. prés. subj.
Démettent, précédé de *ils* ou *elles*, 3e pers. plur. prés. indic.
Démettent, précédé de *qu'ils* ou *qu'elles*, 3e pers. plur. prés. subj.
Démettes, 2e pers. sing. prés. subj.
Démettez, 2e pers. plur. impér.
Démettez, précédé de *vous*, 2e pers. plur. prés. indic.
Démettiez, précédé de *vous*, 2e pers. plur. imparf. indic.
Démettiez, précédé de *que vous*, 2e pers. plur. prés. subj.
Démettions, précédé de *nous*, 1re pers. plur. imparf. indic.
Démettions, précédé de *que nous*, 1re pers. plur. prés. subj.
Démettons, 1re pers. plur. impér.
Démettons, précédé de *nous*, 1re pers. plur. prés. indic.
Démettra, 3e pers. sing. fut. indic.
Démettrai, 1re pers. sing. fut. indic.
Démettraient, 3e pers. plur. prés. cond.
Démettrais, précédé de *je*, 1re pers. sing. prés. cond.
Démettrais, précédé de *tu*, 2e pers. sing. prés. cond.
Démettrait, 3e pers. sing. prés. cond.
Démettras, 2e pers. sing. fut. indic.

DÉMETTRE, v. act. (*démètre*) (du lat. *demittere*, abaisser, renvoyer; formé de la particule privative *de*, et du verbe *mittere*, envoyer: *envoyer hors*), déposer, destituer: *on l'a démis de son emploi.* — Fig. et en t. de procédure: *démettre quelqu'un de son appel*, le débouter.—En t. de chir., disloquer: *on lui a démis le bras.*—*se* DÉMETTRE, v. pron., quitter sa charge, se défaire de son office. — T. de chir., se disloquer.

DU VERBE IRRÉGULIER DÉMETTRE:

Démettrez, 2e pers. plur. fut. indic.
Démettriez, 2e pers. plur. prés. cond.
Démettrions, 1re pers. plur. prés. cond.
Démettrons, 1re pers. plur. fut. indic.
Démettront, 3e pers. plur. fut. indic.

DÉMEUBLÉ, E, part. pass. de *démeubler*.

DÉMEUBLEMENT, subst. mas. (*démeubleman*), action d'ôter et de détendre les *meubles* d'un logis.

DÉMEUBLER, v. act. (*démeublé*), ôter les *meubles* d'une maison, d'une chambre. — *se* DÉMEUBLER, v. pron., se dégarnir de *meubles*.

DEMEURANCE, subst. fém. (*demeurance*), habitation. Vieux et hors d'usage.

DEMEURANT, E, adj. (*demeuran, rante*), qui *demeure*: *A monsieur tel, demeurant dans la rue de...* Il n'est adjectif verbal qu'au palais: *une telle demeurante à...* Dans le discours ordinaire on dit toujours *demeurant*. — Anciennement on employait *demeurant* comme subst. au mas.: *le demeurant*, le reste. — *Au* DEMEURANT, loc. adv., au reste, au surplus. Il est familier. *Marot* dit de son valet:

> Sentant la hart de cent pas à la ronde,
> Au *demeurant*, le meilleur fils du monde.

DEMEURE, subst. fém. (*demeure*), habitation, domicile, lieu où l'on *demeure*. Voy. RÉSIDENCE. — Lieu où les bêtes se retirent. — Le temps pendant lequel on habite en un lieu. — État de consistance: *cela n'est pas* ou *n'est pas fait à demeure.* — *Être en demeure*, t. de palais, être en retard, en défaut. — On dit aussi, en t. de palais et de procédure: *constituer, mettre en demeure*, faire en sorte, par un acte judiciaire, qu'une personne ne puisse prétexter cause d'ignorance sur le terme d'une obligation à remplir. — *Il y a péril en la demeure*, le moindre retardement peut causer du préjudice; cette locution a passé du palais dans le langage familier, et se dit prov. de toute affaire pressée, de toute circonstance urgente, où il n'y a pas un moment à perdre. — *Être en demeure avec quelqu'un*, n'être pas quitte de bons offices, de bienfaits, etc., envers lui. — *Labourer en demeure*, donner le dernier labour avant de semer. — *Semer à demeure*, répandre la semence à la place où elle doit rester.

DEMEURÉ, E, part. pass. de *demeurer*.

DEMEURER, v. neut. (*demeuré*) (du latin *demorari*, demeurer, s'arrêter), faire sa *demeure* en un lieu: *il a demeuré long-temps en une telle rue.* Il diffère de *loger*, en ce que *demeurer* se dit par rapport au lieu topographique où l'on habite; et *loger*, par rapport à l'édifice où l'on se retire. *On demeure à Paris, en province, à la ville, à la campagne; on loge au Louvre, chez soi, en hôtel garni.* — Tarder: *il demeure long-temps à venir; sa plaie a demeuré long-temps à guérir.* On voit que dans ces deux acceptions il prend *avoir* pour auxiliaire. — Rester: avec ces différences, 1° que *demeurer* ne présente que l'idée simple et générale de ne pas quitter le lieu où l'on est; et que *rester* a de plus une idée accessoire, celle de laisser aller les autres; 2° que *rester* convient mieux dans les occasions où il y a une nécessité indispensable de ne pas bouger de l'endroit, et que *demeurer* est plus proprement placé où il y a pleine liberté: *une sentinelle reste à son poste; une dévote demeure long-temps à l'église.* Dans cette acception et dans les suivantes il prend l'auxiliaire *être*: *il ne lui est rien demeuré de tant de biens.* — Être permanent, durer, persister, tenir: *la parole vole, les écrits demeurent; cette porte n'est que provisoire, elle ne doit pas demeurer.* Dans ce sens, on l'emploie aussi unipersonnellement: *il lui en est demeuré une infirmité qui le gêne beaucoup.* — Se trouver, rester, être dans un certain état: *Demeurer interdit, confus; demeurer d'accord; demeurer les bras croisés*, etc. *Racine* a dit (*Bérénice*): *Ma langue... a demeuré glacée.* C'est une faute: il fallait *est demeurée.* — *Demeurer court, demeurer tout court*, manquer de mémoire dans une harangue, etc., au point de ne pouvoir plus continuer. — *Demeurer en arrière, en reste*, rester débiteur. — *Demeurer de reste*, rester. — *Demeurer sur la bonne bouche*, rester sur ce qui plaît. — *Demeurer sur son appétit*, se retenir de manger quand on a encore appétit; et fig., quitter avec regret quelque chose qui fait plaisir. — *Demeurer en beau chemin*, s'arrêter lorsque la chose est le plus agréable ou le plus favorable.—*Demeurer sur la place*, être tué, tomber à la place où l'on a combattu. — On disait autrefois: *demeurer pour les gages*, en parlant de personnes prises ou tuées dans un combat d'où les autres ont pu se sauver; et fam., en parlant d'objets, de vêtements perdus quelque part, ou retenus comme moyen d'obliger leurs propriétaires à payer une dépense faite en commun avec d'autres. Cette acception a vieilli et est peu usitée. — On dit en t. de comm.: *demeurer en souffrance*, lorsqu'un article de compte n'est passé et alloué qu'à la charge d'en justifier. — *Demeurer ducroire*, se rendre, moyennant une double commission, garant de la solvabilité de ceux à qui l'on a vendu des marchandises pour le compte d'autrui. — *Demeurons-en là*, n'en parlons pas davantage. — *En demeurer là*, ne pas pousser une affaire, une chose; n'en voir pas la fin. — *A demeurer*, se dit des plantes qu'on sème en pleine terre pour y rester jusqu'à ce qu'on les consomme. — *J'ai avalé un noyau, il m'est demeuré sur le cœur, sur l'estomac*; il me cause des maux de cœur, d'estomac. — On dit aussi fig. d'une personne qui conserve du ressentiment: *cet affront lui est demeuré sur le cœur.*

DEMI, E, adj. sing. (*demi*) (du lat. *dimidius*, qui a la même signification); ce mot signifie *diminution de moitié*, la moitié d'une chose, et entre dans la composition de plusieurs mots: *un pied et demi; une aune et demie; une heure et demie; midi et demi; minuit et demi: demi-heure après midi, après minuit.* — *Un demi-pied, un demi-an, une demi-aune, un demi-bain, un demi-bastion, un demi-ceint, un demi-cercle.* On voit, par ces exemples, que, placé devant un mot, *demi* est invariable; ce n'est que lorsqu'il se trouve après un subst. fém. qu'on dit *demie* et toujours au sing.: *deux heures et demie*, c'est-à-dire: *deux heures et une demi-heure. Demi* après un subst. ne prend point la marque du plur.: *il a étudié deux ans et demi*; c'est comme si l'on disait: *il a étudié deux ans et un demi-an.* — On dit prov. et fam.: *en diable et demi*, excessivement: *battre quelqu'un en diable et demi.* — Dans un langage également fam. et prov.: *à trompeur, trompeur et demi; à fourbe, fourbe et demi; à menteur, menteur et demi*, signifie qu'on enchérit sur une mauvaise qualité. — *Demi* se met encore devant plusieurs substantifs qui dénotent quelque qualité; et alors il signifie qui participe à cette qualité, comme: *demi-dieu, demi-déesse.* — *Demi* s'emploie comme subst. mas. en t. d'arithm. pour désigner une moitié d'unité: *quatre demis valent deux unités; un tiers et un demi; un demi me suffit.* — Il s'emploie aussi subst. mais au fém. en parlant de l'heure: *la demie n'est pas encore sonnée; cette pendule sonne les heures et les demies.*

DEMI, adv. (*demi*), presque: *demi-cuit, demi-fou, demi-mort.* On comprend que *demi* est adjectif avec les noms substantifs, et adverbe avec les noms adjectifs; dans l'un et l'autre cas il est invariable, c'est-à-dire qu'il ne prend ni le genre ni le nombre du substantif ou de l'adjectif qu'il précède. (Voy. tous les mots composés qui suivent).—*A demi*, adv., imparfaitement, à moitié, d'une manière incomplète; il se met devant les participes: *des mots à demi articulés.*—*Entendre à demi-mot*; entendre ce qu'un homme veut dire, quoiqu'il ne s'explique pas entièrement. — Prov.: *il n'y en a pas à demi*, il y en a beaucoup.

DEMI-AIGRETTE, subst. fém. (*demi-éguerète*), t. d'hist. nat., héron bleuâtre à ventre blanc.—Au plur., des *demi-aigrettes*.

DEMI-AIR, subst. mas. (*demi-ère*), t. de manège, l'un des sept mouvements du cheval. — Au plur., des *demi-airs*.

DEMI-AMAZONE, subst. fém. (*demi-amazône*), t. d'hist. nat., variété du perroquet-*amazone*.— Au plur., des *demi-amazones*.

DEMI-AMPLEXICAULE, adj. des deux genres (*demi-anplèkcikôle*), se dit en bot. des feuilles dont la base n'environne pas entièrement la tige. Voy. AMPLEXICAULE. On dit aussi *semi-amplexicaule*. — Au plur., des *demi-amplexicaules*.

DEMI-ANGE, subst. mas. (*demi-anje*), sorte d'ancienne monnaie.—Au plur., des *demi-anges*.

DEMI-APOLLON, subst. mas. (*demi-apolelon*), t. d'hist. nat., genre d'insectes de la famille des diurnes. — Au plur., des *demi-apollons*.

DEMI-APONÉVROTIQUE, adj. des deux genres et subst. mas. (*demi-aponévrotike*), t. d'anat.; se dit d'une petite membrane de l'*aponévrose*.— Au plur., *demi-aponévrotiques*.

DEMI-ARRÊT, subst. mas. (*demi-aré*), t. de manége, action qui s'exécute en tirant doucement la bride à soi sans arrêter tout-à-fait le cheval. — Au plur., des *demi-arrêts*.

DEMI-AUNE, subst. fém. (*demi-ône*), moitié d'une *aune*. — Au plur., des *demi-aunes*.

DEMI-AUTOUR, subst. mas. (*demi-ôtour*), t. d'hist. nat., autour de moyenne grosseur, maigre et mauvais chasseur. — Au plur., des *demi-autours*.

DEMI-AZYGOS, subst. mas. (*demi-aziguoce*), t. d'anat., nom d'une veine impaire qui aboutit à l'*azygos*.

DEMI-BAIN, subst. mas. (*demibein*), *bain* pris de manière que l'eau ne monte pas plus haut que le ventre. — Au plur., des *demi-bains*.

DEMI-BASTION, subst. mas. (*demibaceltion*), t. de fortification, partie d'un *bastion* comprise entre sa capitale, une de ses faces, un de ses flancs et sa *demi-gorge*.— Au plur., des *demi-bastions*.

DEMI-BATTOIR, subst. mas. (*demi-batoar*), instrument de jeu. — Au plur., des *demi-battoirs*.

DEMI-BEC, subst. mas. (*demibèk*), t. d'hist. nat., sous-genre de poissons établi parmi les ésoces. — Au plur., des *demi-becs*.

DEMI-BOSSE, subst. fém. (*demiboce*), t. de sculpture, bas-relief dont quelques parties sont saillantes et détachées. — Au plur., des *demi-bosses*.

DEMI-CADRATIN, subst. mas. (*demikadratin*), t. d'imprimerie, morceau de fonte de la moitié du *cadratin*. — Au plur., des *demi-cadratins*.

DEMI-CANON, subst. mas. (*demikanon*), grosse pièce de canon hors d'usage, et qui lançait des boulets de 24. — Au plur., des *demi-canons*.

DEMI-CASE, subst. fém. (*demikaze*), au trictrac, *case* où il n'y a qu'une dame d'abattue sur une flèche.—Au plur., des *demi-cases*.

DEMI-CEINT, subst. mas. (*demicein*), *ceinture* de métal à anneaux que portaient autrefois les femmes pour suspendre des ciseaux, des clefs et autres objets. — Au plur., des *demi-ceints*.

DEMI-CEINTRIERS, subst. mas. plur. (*demi-ceintrié*), nom que les chainetiers prenaient autrefois dans leurs statuts, comme faisant des *demi-ceints*.

DEMI-CERCLE, subst. mas. (*demicèrkle*), t. de géom., la moitié d'un *cercle*, l'espace compris entre le diamètre et la moitié de la circonférence. — Instrument d'arpentage appelé plus communément *graphomètre*. — Au plur., des *demi-cercles*.

DEMI-CERCLE-D'OR, subst. mas. (*demicèrkledor*), t. de dentiste, machine qui remplace les dents de la mâchoire supérieure. — Au plur., des *demi-cercles-d'or*.

DEMI-CHAMPIGNON, subst. mas. (*demi-chanpignion*), t. de bot., champignon de médiocre grosseur. — Au plur., des *demi-champignons*.

DEMI-CHAOURI, subst. mas. (*demicha-ouri*), petite monnaie qui a cours à Téflis.—Au plur., des *demi-chaouris*.

DEMI-CHEMISE, subst. fém. (*demichemize*), carreau dont se servent les verriers. — Au plur., des *demi-chemises*.

DEMI-CIRCULAIRE, adj. des deux genres (*demi-cirkulère*), qui a la forme d'un *demi-cercle*. — Au plur., des *demi-circulaires*.

DEMI-CLEF, subst. fém. (*demiklé*), nœud que l'on fait avec le bout d'un cordage replié sur lui-même. — Au plur., des *demi-clefs*.

DEMI-COLONNE, subst. fém. (*demikolone*), colonne qui ne paraît qu'à *demi* hors du mur, qui n'est pas en plein relief.— Au plur., des *demi-colonnes*.

DEMI-CONCAMÉRATION, subst. fém. (*demikonkamérâcion*), t. d'archit., *demi*-courbure d'une voûte. —T. d'hist. nat., *demi*-séparation de la cloison d'un nautile. — Au plur., des *demi-concamérations*.

DEMI-CORDE, subst. fém. (*demikorde*), moitié d'une *corde* de bois. — Au plur., des *demi-cordes*.

DEMI-CROCHE, subst. fém. (*demikroche*), t. de mus., note qui vaut la moitié de la *croche*. — Pipe dont l'inclinaison de tête tient le milieu entre les pipes *croches* et celles ordinaires. — Au plur., des *demi-croches*.

DEMI-CUISSARD, subst. mas. (*demikuiçar*), partie des armures légères qui était anciennement destinée à garantir le haut de la cuisse et des hanches. — Au plur., des *demi-cuissards*.

DEMI-CYLINDRIQUE, adj. des deux genres (*demicylaindrike*), t. de bot., se dit d'une feuille qui, considérée dans le sens de sa longueur, est arrondie sur une face et aplatie sur l'autre. — Au plur., *demi-cylindriques*.

DEMI-DÉESSE, subst. fém. (*demidé-èce*), s'est dit dans l'antiquité des femmes illustres auxquelles on rendait après leur mort des honneurs divins.— Au plur., des *demi-déesses*.

DEMI-DEUIL, subst. mas. (*demideuie*), t. d'hist. nat., papillon de jour.—Au plur., des *demi-deuils*. —*Demi-deuil* signifie aussi le noir mêlé de blanc qui se porte après le grand *deuil*, lequel est rigoureusement de couleur noire.

DEMI-DIABLE, subst. mas. (*demidiâble*), t. d'hist. nat., sorte d'insecte hémiptère. Au — plur., des *demi-diables*.

DEMI-DIAMÈTRE, subst. mas. (*demidiamètre*), t. de géom., ligne droite tirée du centre d'un cercle ou d'une sphère à sa circonférence. On l'appelle aussi *rayon*. — Au plur., des *demi-diamètres*.

DEMI-DIEU, subst. mas. (*demidieu*), nom donné dans l'antiquité fabuleuse aux enfants nés du commerce des dieux avec les humains, tels qu'*Hercule*, les *Faunes*, etc.—En style poétique, héros, personnage illustre qui, par l'éclat de ses actions, de son rang, etc., participe en quelque sorte de la divinité. — On dit aussi, dans le même sens, *demi-déesse* au fém. Voy. ce mot.—Au plur., des *demi-dieux*.

DEMIE, subst. fém. (*demie*), *demi*-heure : *la demie sonne*; *cette horloge sonne les heures et les demies*. Il n'a de pluriel que dans cette occasion.

DÉMIELLÉ, E, part. pass. de *démieller*.

DÉMIELLER, v. act. (*démi-èlé*), ôter le miel de la cire. — SE DÉMIELLER, v. pron.

DEMI-ENTONNOIR, subst. mas.(*demi-antonoar*), t. d'hist. nat., agaric qui a trois pouces de haut sur autant de large. — Au plur., des *demi-entonnoirs*.

DEMI-ÉPINEUSE, adj. fém. Voy. DEMI-ÉPINEUX.

DEMI-ÉPINEUX, adj. mas., au fém. DEMI-ÉPINEUSE (*demi-épineu*, *neuze*), t. d'hist. nat., qui n'a d'*épines* que par places éloignées les unes des autres. — Au plur., *demi-épineux*, *demi-épineuses*.

DEMI-ESPADON, subst. mas. (*demi-ècepadon*), petite épée à lame plate, moins longue et moins large que l'*espadon*.— Au plur., des *demi-espadons*.

DEMI-FEMME, subst. fém. (*demifame*), efféminé; faible comme le serait une *femme* qui n'aurait que la moitié du faible caractère de son sexe : *ce n'est pas un homme*, *c'est une demi-femme*. — Au plur., des *demi-femmes*.

DEMI-FILE, subst. fém. (*demifile*), moitié de la *file* : *soldats rangés en demi-file*. — Au plur., des *demi-files*.

DEMI-FIN, subst. mas. (*demifein*), ce qui est moitié or ou moitié argent, et dans ce sens il est aussi adj.— Se dit de l'écriture au degré qui se rapproche le plus de la *finesse* adoptée pour l'usage ordinaire. En ce sens, il est pris absolument et invariable : *le demi-fin*; *une écriture demi-fin*.— T. d'hist. nat., classe d'oiseaux. — Au plur., des *demi-fins*.

DEMI-FLEURON, subst. mas. (*demifleuron*), t. de bot., petite fleur monopétale composée d'un tuyau étroit qui s'évase par le haut en forme de languette découpée à son extrémité. — Au plur., des *demi-fleurons*.

DEMI-FLEURONNÉ, E, adj. (*demifleuroné*), t. de bot., qui a des *demi-fleurons*. — Au plur., *demi-fleuronnés*, *demi-fleuronnées*.

DEMI-FLOSCULEUSE, adj. fém. pris aussi subst. (*demiflocekuleuze*), t. de bot., se dit des fleurs composées dans lesquelles le limbe de la corolle de chaque fleur partible se prolonge en languette du côté interne seulement. — Au plur., des *demi-flosculeuses*.

DEMI-FOLLE, subst. fém. (*demifole*), t. de pêche; filet qui ne diffère de la *folle* qu'en ce qu'il a moins d'étendue, et que les mailles en sont plus étroites.—Au plur., des *demi-folles*.

DEMI-FORTUNE, subst. fém. (*demifortune*), voiture bourgeoise attelée d'un seul cheval. — Au plur., des *demi-fortunes*.

DEMI-FRÈRE, subst. mas., **DEMI-SŒUR**, subst. fém. (*demi-frère*, *ceur*), dans quelques anciennes coutumes, ces mots se disaient des *frères* et des *sœurs* qui ne l'étaient que du côté de leur père ou de leur mère. C'est ce que nous appelons *consanguins*, du côté du père; et *utérins*, du côté de la mère. — Au plur., des *demi-frères*; des *demi-sœurs*.

DEMI-FUTAIE, subst. fém.(*demi-futè*), forêt de quarante à soixante ans. — Au plur., des *demi-futaies*.

DEMI-GLACE, subst. fém. (*demiguelace*), moitié d'une *glace* (liqueur *glacée*). — Au plur., des *demi-glaces*.

DEMI-GORGE, subst. fém. (*demiguorje*), le prolongement de la courtine depuis l'angle du flanc jusqu'à la rencontre de la capitale du bastion.—Au plur., des *demi-gorges*.

DEMI-HIATUS, subst. mas. (*demi-i-âtuce*), son désagréable produit par un e muet ou deux lettres qui commandent l'aspiration au milieu d'un vers. — Au plur., des *demi-hiatus*.

DEMI-HOLLANDE, subst. fém. (*demiolande*), toile fine de Picardie. — Sans plur.

DEMI-INTÉROSSEUX, adj. et subst. mas. (*demieintéroceceu*), t. d'anat., se dit du muscle court, fléchisseur du muscle.

DEMI-JEU, subst. mas. (*demijeu*), son entre le fort et le doux. — Sorte d'orgue. — Au plur., des *demi-jeux*.

DEMI-LAINE, subst. fém. (*demilène*), fer méplat qui est mis en bande. — Au plur., des *demi-laines*.

DEMI-LITRON, subst. mas. (*demilitron*), la moitié d'un *litron*. — Au plur. des *demi-litrons*.

DEMI-LUNAIRE, adj. Voy. SEMI-LUNAIRE.

DEMI-LUNE, subst. fém. (*demilune*), t. de fortification, ouvrage fait en triangle dans les dehors d'une place de guerre, au devant de la courtine, et servant à en couvrir la contrescarpe et le fossé. —En t. d'archit., partie circulaire à l'entrée d'un palais, à l'extrémité d'un jardin, à la rencontre de plusieurs allées, de plusieurs routes. — Au plur., des *demi-lunes*.

DEMI-MASQUE-NOIR, subst. mas. (*demimacekenoar*), t. d'hist. nat., sorte de fauvette voilée. — Au plur., des *demi-masques-noirs*.

DEMI-MEMBRANEUX, adj. et subst. mas. (*demimanbraneu*), t. d'anat., muscle situé à la partie postérieure de la cuisse.

Démîmes, 1re pers. plur. prét. déf. du verbe irrégulier *démettre*.

DEMI-MESURE, subst. fém. (*demimesure*), *mesure*, démarche, précaution insuffisante, parce qu'on ne l'a pas poussée aussi loin qu'on aurait dû ou pu le faire. — Au plur., des *demi-mesures*.

DEMI-MÉTAL, subst. mas. (*deminétal*), substance minérale qui a quelques-unes des propriétés des vrais métaux. C'est une dénomination très-impropre donnée par les anciens chimistes à certains métaux fragiles, très-oxydables ou acidifiables, qui n'étaient ni ductiles ni malléables, tels que l'antimoine, le bismuth, l'arsenic, etc. — Au plur., des *demi-métaux*.

DEMI-MÉTOPE, subst. fém. (*demimétope*), t. d'archit., *métope* tronquée, placée dans les angles rentrants de la frise dorique. Voy. MÉTOPE. — Au plur., des *demi-métopes*.

DEMI-NERVEUX, adj. et subst. mas. (*deminèreveu*), t. d'anat., nom d'un muscle situé à la partie postérieure de la cuisse.—Au plur., des *demi-nerveux*.

DEMI-ORBICULAIRE, adj. des deux genres, et subst. mas. (*demi-orbikulère*), t. d'anat., se dit du muscle *orbiculaire* des lèvres. — Au plur., des *demi-orbiculaires*.

DEMI-ORDONNÉES, subst. fém. plur. (*demi-ordoné*), t. de géom., moitié des *ordonnées* ou des appliquées. Les *demi-ordonnées* sont terminées d'un côté à la courbe, et de l'autre à l'axe, etc. On les appelle quelquefois simplement *ordonnées*.

DEMI-OSSEUX, adj. et subst. mas. (*demi-oceceu*),

t. d'anat., nom d'un des muscles qui meuvent les doigts de la main.

DEMI-PAIE, subst. fém. (*demi-pé*), la moitié de la paie. — Au plur., des *demi-paies*.

DEMI-PALMÉ, E, adj. (*demipalmé*), à moitié palmé : *doigt demi-palmé*. — Au plur. *demi-palmés*.

DEMI-PAON, subst. mas. (*demipan*), t. d'hist. nat., sorte de papillon de l'ordre des sphinx.—Au plur., des *demi-paons*.

DEMI-PARABOLE, subst. fém. (*demiparabole*), t. de géom., nom que quelques géomètres donnent en général à toutes les courbes définies, et que d'autres appliquent exclusivement et avec plus de propriété à la moitié de la *parabole* ordinaire. — Au plur., des *demi-paraboles*.

DEMI-PARALLÈLE, subst. fém. (*demiparalele*), t. de fort., tranchée à peu près *parallèle* au front de l'attaque et construite entre la seconde et la troisième *parallèle* ; on la nomme aussi *demi-place d'armes*. — Au plur., des *demi-parallèles*.

DEMI-PASSION, subst. fém. (*demipâcion*), *passion* faible, qui n'a point la vivacité d'une *passion* ordinaire. — Au plur., des *demi-passions*.

DEMI-PAUME, subst. fém. (*demipôme*), raquette qui est plus légère qu'une raquette ordinaire de *paume*. — Au plur., des *demi-paumes*.

DEMI-PAUSE, subst. fém. (*demipôze*), t. de mus., marque de silence. — Au plur., des *demi-pauses*.

DEMI-PÉTALOÏDE, adj. des deux genres (*demi-pétalo-ide*), t. de bot. : *calice demi-pétaloïde*, celui dont les divisions alternes ressemblent à des pétales par leur plus grande ténuité et leur coloration. Voy. PÉTALOÏDE. — Au plur., *demi-pétaloïdes*.

DEMI-PIÈCE, subst. fém. (*demi-pièce*), *pièce* d'étoffe coupée en deux. — Au plur., des *demi-pièces*.

DEMI-PIQUE, subst. fém. (*demipike*), espèce d'esponton, de deux mètres de long, qui servait autrefois à l'infanterie. — Au plur., des *demi-piques*.

DEMI-PONT, subst. mas. (*demipon*), t. de mar., dans un vaisseau, l'espace qui se trouve sous le gaillard d'arrière, dont on fait un corps-de-garde, et que pour cette raison on appelle aussi *corps-de-garde*. — Au plur., des *demi-ponts*.

DEMI-PORTÉE, subst. fém. (*demiporté*), t. de manuf., portée divisée en deux pour mettre plus facilement sur le métier. — Au plur., des *demi-portées*.

DEMI-PRÉGATON, subst. mas. (*demipréguâton*), filière par où passe le fil d'or pour la seconde fois. Celle par où il passe en premier se nomme *prégaton*. Voy. ce mot.—Au plur., des *demi-pregatons*.

DEMI-QUART, subst. mas. (*demikar*), moitié d'un *quart*. — Au plur., des *demi-quarts*.

DEMI-QUEUE, subst. fém. (*demikieu*), sorte de tonneau qui contient deux cent quarante à deux cent soixante litres. — Queue de moyenne grandeur, dont on se sert au jeu de billard. On la nomme aussi *cadette*. — Au plur., des *demi-queues*.

DEMI-RENARD, subst. mas. (*demirenar*), t. d'hist. nat., nom donné au sarigue. — Au plur., des *demi-renards*.

DEMI-REVÊTEMENT, subst. mas. (*demirevêteman*), *revêtement* de maçonnerie que l'on fait pour soutenir les terres du rempart d'une place, seulement jusqu'au niveau de la campagne. — Au plur., des *demi-revêtements*.

DEMI-ROND, subst. mas. (*demiron*), t. de tannerie; couteau fait en *demi*-cercle et qui sert à décrotter les cuirs. — Au plur., des *demi-ronds*.

DEMI-ROSINE, subst. fém. (*demirôzine*), monnaie de Toscane qui vaut environ 10 francs 75 centimes de France. — Au plur., des *demi-rosines*.

DEMI-RYDER, subst. mas. (*demiridère*), pièce d'or de Hollande qui vaut environ 15 francs. — Au plur., des *demi-ryders*.

DÉMIS, E, part. pass. de *démettre*, et adj. (*demi, mize*) (en lat. *demissus*, part. pass. de *demittere*, démettre), déposé de sa charge, de sa dignité, etc. — En jurispr., *démis* est souvent employé pour *débouté*, dans le midi de la France. — T. de chir., disloqué : *membre démis*.

DU VERBE IRRÉGULIER DÉMETTRE :

Démis, précédé de *je*, 1re pers. sing. prét. déf.
Démis, précédé de *tu*, 2e pers. sing. prét. déf.

DEMI-SAVANT, E, subst. (*demiçavan, vante*); celui, celle qui n'a qu'une érudition superficielle. —Au plur., des *demi-savants*, des *demi-savantes*.

DEMI-SAVOIR, subst. mas. (*demiçavoar*), *savoir* imparfait, médiocre. — Au plur., des *demi-savoirs*, ceux qui n'ont qu'un *demi-savoir*.

DEMI-SCIENCE, subst. fém. (*demiciance*), *science* superficielle. — Au plur., des *demi-sciences*.

DEMI-SECRET, subst. mas. (*demicekrè*), *secret* qui est presque connu, qui est à moitié connu. — Au plur., des *demi-secrets*.

DEMI-SETIER, subst. mas. (*demicetié*), petite mesure à liqueur, contenant le quart d'une pinte. — La quantité de liqueur contenue dans le demi-setier : *je n'ai bu qu'un demi-setier*. — Au plur., des *demi-setiers*.

DEMI-SOLDE, subst. fém. (*demiçolde*), la moitié de la *solde* : *officier, soldat à demi-solde*, qui ne reçoit que la moitié de sa *solde*. — Au plur., des *demi-soldes*.

DEMI-SONNERIE, subst. fém. (*demiçoneri*) t. d'horlogerie, répétition qui ne fait entendre que les quarts. — Au plur., des *demi-sonneries*.

DEMI-SOUPIR, subst. mas. (*demiçoupir*), t. de musique, silence d'une durée égale à la croche. — Au plur., des *demi-soupirs*.

DEMI-SOUVERAIN, subst. mas. (*demiçouverein*), pièce d'or d'Autriche qui vaut environ 9 francs. — Au plur., des *demi-souverains*.

DU VERBE IRRÉGULIER DÉMETTRE :

Démisse, 1re pers. sing. imparf. subj.
Démissent, 3e pers. plur. imparf. subj.
Démisses, 2e pers. sing. imparf. subj.
Démissiez, 2e pers. plur. imparf. subj.

DÉMISSION, subst. fém. (*démicion*), acte par lequel on se *démet* de quelque charge, emploi, etc. : *faire, donner sa démission*, etc. — *Démission de biens*, abandonnement de biens en faveur de quelqu'un.

DÉMISSIONNAIRE, subst. et adj. des deux genres (*démicionère*), celui, celle qui a donné sa *démission*. — Il a signifié autrefois celui en faveur duquel on faisait une *démission*.

DU VERBE IRRÉGULIER DÉMETTRE :

Démissions, 1re pers. plur. imparf. subj.
Démit, précédé de *il* ou *elle*, 3e pers. sing. prét. déf.
Démît, précédé de *qu'il* ou *qu'elle*, 3e pers. sing. imparf. subj.

DEMI-TALENT, subst. mas. (*demitalan*), qui n'a qu'un *talent* incomplet. — T. de monnaie, la moitié d'un *talent*. — Au plur., des *demi-talents*.

DEMI-TEINTE, subst. fém. (*demiteinte*), t. de peinture, toute *teinte* qui, dans l'harmonie d'un tableau, sert de passage d'un ton à un autre. — Au plur., des *demi-teintes*.

Démîtes, 2e pers. plur. prét. déf. du verbe irrégulier DÉMETTRE.

DEMI-TENDINEUX, adj. et subst. mas. (*demitandineu*), t. d'anat., sorte de muscle.

DEMI-TIGE, subst. fém. (*demitije*), arbre fruitier qui n'a que quatre ou cinq pieds de hauteur. — Au plur., des *demi-tiges*.

DEMI-TON, subst. mas. (*demiton*), t. de mus., intervalle équivalant à peu près à la moitié du *ton*, et qu'on appelle plus communément *semi-ton*. — Au plur., des *demi-tons*.

DEMI-TOUR, subst. mas. (*demitour*), t. militaire: *demi-tour à droite, demi-tour à gauche*, quart de conversion. — Au plur., des *demi-tours*.

DÉMITRÉ, E, part. pass. de *démitrer*.

DÉMITRER, v. act. (*démitré*), détruire les évêques, leur ôter leurs évêchés. Mot de *Voltaire*. Hors d'usage. — *se* DÉMITRER, v. pron., en parlant d'un évêque, ôter sa *mitre*.

DEMI-TRIQUET, subst. mas. (*demitrikiè*), petit battoir d'une seule espèce, et dont la tête n'a que deux pouces et demi de large. — Au plur., des *demi-triquets*.

DEMITTES, subst. fém. plur. (*demite*), t. de comm., toiles de coton qui viennent de Smyrne.

DEMITTONS, subst. mas. plur. (*demiton*), t. de comm., toiles de coton moins larges que les *demittes*.

DÉMIURGE, subst. mas. (*démi-urje*) (du grec δημιουργός, homme qui travaille pour le public, fait de δῆμος, peuple, et ἔργον, travail, ouvrage), souverain magistrat de certaines villes de la Grèce. — Nom que les platoniciens ont donné au créateur de l'univers. Hors d'usage.

DEMI-VARLOPE, subst. fém. (*demivarlope*), t. de menuiserie, rabot à deux poignets avec un fer un peu arrondi. — Au plur., des *demi-varlopes*.

DEMI-VIN, subst. mas. (*demivein*), eau passée sur le marc du raisin. —Au plur., des *demi-vins*.

DEMI-VOL, subst. mas. (*demivol*), t. de blas., se dit d'une seule aile d'oiseau. — *Sans plur.*

DEMI-VOLTE, subst. fém. (*demivolete*), demi-tour que le cavalier fait faire à son cheval. — Au plur., des *demi-voltes*.

DÉMOCOON, subst. propre mas. (*démoko-on*), myth., un des fils naturels de Priam, qui fut tué par Ulysse. — Il y en eut un autre qui fut tué par Hercule.

DÉMOCRATE, subst. des deux genres (*démokrate*), partisan de la *démocratie*.

DÉMOCRATIE, subst. fém. (*démokraci*) (du grec δῆμος, peuple, et κράτος, force, puissance), forme de gouvernement par laquelle le peuple a l'autorité : *le gouvernement d'Athènes était une pure démocratie*.

DÉMOCRATIQUE, adj. des deux genres (*démokratike*), qui appartient à la *démocratie*.

DÉMOCRATIQUEMENT, adv. (*démokratikeman*), d'une manière *démocratique*.

DÉMOCRATISÉ, E, part. pass. de *démocratiser*.

DÉMOCRATISER, v. act. (*démokratizé*), rendre *démocrate* ; jeter dans la *démocratie*. — *se* DÉMOCRATISER, v. pron.

DÉMODICE, subst. propre fém. (*démodice*), myth., femme de Créthon.

DÉMOGORGON, subst. propre mas. (*démoguorguon*), myth., génie de la terre. — S'est dit d'un vieux magicien. Hors d'usage.

DEMOISELLE, subst. fém. (*demoèzèle*), terme devenu commun à toutes les filles d'honnête famille, et par lequel on les distingue des femmes mariées : *elle est encore demoiselle ; un pensionnat de demoiselles ; voilà une demoiselle bien élevée*. — Employé adjectivement, il ne s'entendait autrefois que des filles nées de parents nobles : *elle est demoiselle ; elle est bien demoiselle; ah ! qu'une femme demoiselle est une étrange affaire!* (Molière, *George Dandin*.) Ce sens n'existe plus, et le mot *demoiselle* s'applique à toutes les classes de la société; seulement l'usage l'attribue plus habituellement aux classes que la position sociale, l'éducation ou seulement l'aisance distinguent du peuple.— Par un sentiment de convenance assez général, en parlant de la fille de quelqu'un, ou à quelqu'un de sa fille, on emploie le mot *demoiselle*, surtout le peuple, qui attache beaucoup d'importance et met grand soin à éviter le mot *fille* : *la demoiselle de monsieur un tel est malade ; comment se porte votre demoiselle? Il a enfin marié sa demoiselle*. — Par un scrupule de langage qui malheureusement n'existe pas dans les mœurs, on a même dit *demoiselle* pour : *fille publique* : *aller voir les demoiselles*. — On disait autrefois *damoiselle*, qui était un diminutif de *dame*. — Pièce de bois ronde, ferrée, etc., dont les paveurs se servent pour enfoncer les pavés, ainsi nommée (suivant *Perrault*) de ses deux anses en forme de bras. On l'appelle aussi *hie*.— Moule pyramidal traversé par des baguettes pour élargir les gants et leur donner la façon. — Ustensile qu'on met dans le lit pour échauffer les pieds. — T. d'hist. nat., genre d'insectes névroptères à quatre ailes allongées et qui ressemblait à de la gaze. — Poule de Numidie.

DÉMOLI, E, part. pass. de *démolir*.

DÉMOLIR, v. act. (*démolir*) (en lat. *demolire* ou *demoliri*, formé de la particule extractive *de*, et de *moliri*, élever à force de bras, bâtir), abattre, détruire quelque ouvrage d'architecture ou de maçonnerie. — Le peuple dit d'un homme qu'il voudrait terrasser, qu'*il va le démolir*. Expression de mauvais goût à éviter. — On dit dans un sens figuré : *démolir un gouvernement, une monarchie*, la ruiner, la détruire peu à peu, en renversant successivement les uns après les autres les appuis qui la soutiennent, les diverses parties qui en font la force.—DÉMOLIR, RASER, DÉMANTELER, DÉTRUIRE. (*Syn.*) On *démolit* pour tirer parti des matériaux, de l'emplacement, etc. ; on *rase* par punition; on *démantèle* par précaution, pour mettre une place hors de défense ; on *détruit* dans toutes sortes de vues et par toutes sortes de moyens. — *se* DÉMOLIR, v. pron.

DÉMOLISSEUR, subst. mas. (*démoliceur*), celui qui *démolit* : *le temps est un grand démolisseur*. Ce mot manque dans l'*Académie*.

DÉMOLITION, subst. fém. (*démolicion*) (en lat. *demolitio*), action de *démolir*. — Au plur., les matériaux qui restent de ce qu'on a *démoli*.

DÉMON, subst. mas. (*démon*) (du grec δαιμων, génie, intelligence), diable, esprit malin. Voyez DIABLE.—Il signifiait autrefois *génie*, esprit bon ou mauvais : *le démon de Socrate*. — Fig. et fam., 1° méchant homme, méchante femme : *cet enfant est un petit démon ; cette femme est un vrai démon ;* 2° passion : *possédé du démon du jeu, de l'avarice*, etc. — En langage élevé ou poétique : *le démon de la guerre, le démon des combats;* 3° *il a de l'esprit comme un démon ;* beaucoup d'esprit. — Faire le *démon*, faire du bruit, de la peine ; tourmenter.

DÉMONARCHISÉ, E, part. pass. de *démonarchiser*.

DÉMONARCHISER, v. act. (*démonarchizé*), changer, faire changer le gouvernement *monarchique*, en faire perdre l'amour. (*Mirabeau.*) — *se* DÉMONARCHISER, v. pron.

DÉMONÉTISATION, subst. fém. (*démonétizâcion*), acte qui ôte à un papier, à une espèce, la quantité et la valeur de monnaie qu'ils avaient auparavant : *que de familles ruinées par la démonétisation des assignats !*

DÉMONÉTISÉ, E, part. pass. de *démonétiser*.

DÉMONÉTISER, v. act. (*démonétizé*), ôter à un papier, à une espèce, sa valeur de *monnaie*. Mot nouveau et heureusement adopté.—On dit au fig., qu'*un homme est démonétisé*, c'est-à-dire qu'il a perdu sa valeur, le crédit, la considération dont il jouissait. — *se* DÉMONÉTISER, v. pron.

DÉMONIAQUE, adj. et subst. des deux genres (*démoniake*), qui est possédé du *démon*. — Fig., personne colère, emportée, passionnée : *c'est un véritable démoniaque ; cette femme est-elle démoniaque ?*

DÉMONISME, subst. mas. (*démoniceme*), croyance aux *démons*. Presque hors d'usage.

DÉMONISTE, subst. des deux genres (*démonicete*), qui croit aux *démons*. Presque hors d'usage.

DÉMONOCRATIE, subst. fém. (*démonokraci*) (du grec δαιμων, génie, *démon*, et κρατος, pouvoir), influence des *démons*. — Croyance de certaines peuplades de l'Afrique et de l'Amérique.

DÉMONOCRATIQUE, adj. des deux genres (*démonokratike*), qui concerne la *démonocratie*.

DÉMONOGRAPHE, subst. mas. (*démonoguerafe*) (du grec δαιμων, *démon*, et γραφω, j'écris), auteur qui écrit sur les *démons*, celui qui fait l'histoire des *démons*.

DÉMONOGRAPHIE, subst. fém. (*démonoguerafi*) (même étym. que celle du mot précédent), science, traité de la nature et de l'influence des *démons*.

DÉMONOGRAPHIQUE, adj. des deux genres (*démonoguerafike*), qui concerne la *démonographie*.

DÉMONOLÂTRE, subst. des deux genres (*démonolâtre*), adorateur des *démons*.

DÉMONOLÂTRIE, subst. fém. (*démonolâtri*) (du grec δαιμων, génie, démon, et λατρεια, culte, adoration), culte du *démon*.

DÉMONOLATRIQUE, adj. des deux genres (*démonolâtrike*), qui concerne la *démonolâtrie*.

DÉMONOLOGIE, subst. fém. (*démonoloji*) (du grec δαιμων, démon, et λογος, discours, traité), doctrine des *démons ;* discours sur les *démons*.

DÉMONOLOGIQUE, adj. des deux genres (*démonolojike*), qui concerne la *démonologie*.

DÉMONOMANCIE, subst. fém. (*démonomanci*) (du grec δαιμων, *démon*, et μαντεια, divination), faculté de prédire l'avenir par les inspirations des *démons*.

DÉMONOMANCIEN, adj. et subst. mas., au fém. **DÉMONOMANCIENNE** (*démonomanciein, ène*), qui a rapport à la *démonomancie ;* celui ou celle qui exerce la *démonomancie*.

DÉMONOMANE, subst. des deux genres (*démonomane*) (du grec δαιμων, *démon*, et μανια, folie), personne qui se croit possédée du *démon*. Il est aussi adj. Quelques-uns disent *démonomaniaque*.

DÉMONOMANIE, subst. fém. (*démonomani*) (même étym. que celle du mot précédent), maladie de ceux qui se croient possédés du *démon :* folie ; magie. — Livre qui traite de cette maladie : *la Démonomanie* de *Bodin*.

DÉMONST., abréviation du mot *démonstratif*.

DÉMONSTRABILITÉ, subst. fém. (*démoncetrabilité*), qualité de ce qui est *démontrable*.

DÉMONSTRATEUR, subst. mas. (*démoncetrateur*) (en lat. *demonstrator*), celui qui *démontre ;* il se dit, surtout, de celui qui donne des leçons d'anatomie sur le cadavre : *démonstrateur en anatomie, en botanique*.

DÉMONSTRATIF, adj. mas., au fém. **DÉMONSTRATIVE** (*démoncetratif, tive*) (en lat. *demonstrativus*), qui *démontre : preuve démonstrative ; raison démonstrative*. — On appelle, en rhétorique, *genre démonstratif*, celui qui a pour objet la louange ou le blâme.— On dit aussi subst. au mas. : *cela est bon dans le démonstratif*.—En gramm., le *pronom démonstratif* est celui qui sert à indiquer quelque chose : *celui-ci, celui-là*, etc. — Il y a aussi des *adjectifs pronominaux démonstratifs : ce, cet, cette, ces ;* toujours joints à un nom, ils en restreignent la signification et le modifient, en y ajoutant l'idée d'indication : *ce château, ces beaux appartements*. — Par extension, qui est en dehors, ce qui exprime par des gestes, par des protestations, et autres signes extérieurs, ses sentiments d'affection, d'intérêt, de zèle, de bienveillance : *cet homme est peu démonstratif, mais on peut compter sur lui ; cet enfant éprouve et sent comme les autres, mais il n'est pas démonstratif*. — Le plus souvent on l'emploie en mauvaise part : *je n'ai pas grande confiance dans la sensibilité des personnes qui sont si démonstratives*.

DÉMONSTRATION, subst. fém. (*démoncetrâcion*) (en lat. *demonstratio*, fait du verbe *demonstrare*, montrer, démontrer), preuve évidente et convaincante : *démonstration mathématique*. — Marque, témoignage extérieur : *démonstration d'amitié*. — Leçon de quelque professeur : *faire une démonstration d'anatomie, de botanique*. — En logique, on appelle *démonstration affirmative*, celle dans laquelle on procède par une suite de propositions affirmatives et évidentes qui dépendent l'une de l'autre, pour arriver à la chose qu'on doit démontrer ; *démonstration d'apagogie*, celle dans laquelle on ne prouve point une chose directement, mais par l'absurdité et l'impossibilité qu'il y aurait de la nier. — On distingue dans l'école des *démonstrations* physiques de trois espèces ; les unes que l'on appelle *démonstrations à priori*, les autres *à posteriori*, et les troisièmes *à simultaneo*. — *Démonstration à priori*, *démonstration* tirée d'une chose qui existe, qui est avant la chose que l'on veut prouver ; c'est la *démonstration* prise des causes de la chose. — *Démonstration à posteriori*, *démonstration* tirée d'une chose qui est postérieure à celle que l'on veut prouver ; c'est la *démonstration* par les effets. *Démonstration à simultaneo*, c'est une *démonstration* prise de quelque chose qui a une connexion nécessaire avec ce que l'on veut prouver. Ainsi : je montre qu'une telle personne est en tel endroit, parce que je viens d'y entendre sa voix ; c'est une *démonstration à simultaneo*. Au reste, ces termes latins se disent souvent dans les traités théologiques ou philosophiques et dans la conversation.

DÉMONSTRATIVE, adj. fém. Voy. DÉMONSTRATIF.

DÉMONSTRATIVEMENT, adv. (*démoncetrativeman*), d'une manière *démonstrative*, convaincante.

DÉMONTÉ, E, part. pass. de *démonter*, et adj. — T. de chasse : *perdrix démontée*, qui a une aile cassée.

DÉMONTER, v. act. (*démonté*), ôter la *monture* à un cavalier. — Il se dit aussi en parlant d'un cheval : *ce cheval est terrible, en un instant il a démonté son homme*. — *Démonter la cavalerie, de la cavalerie*, lui faire faire du service à pied. — Par extension, *démonter un capitaine de vaisseau*, c'est lui retirer le commandement du vaisseau qu'il montait. — Défaire et désassembler un ouvrage *monté : démonter une horloge, une voiture, un fusil, une machine quelconque*. — Il signifie aussi, en parlant des machines seulement, en remettre les rouages, les ressorts, à l'état de repos, de manière à ce qu'elles ne continuent pas d'aller : *a-t-on démonté le tournebroche ?* — Il se dit des pierreries, des diamants que l'on retire du chaton, de la garniture qui les retient : *il en coûtera cher pour démonter cette parure, et la remonter dans un goût nouveau*. — Au fig., troubler, mettre en désordre, déconcerter : *cet enfant me démonte par son insouciance ; je suis timide et facile à démonter ; cet homme vous démonte par son sang-froid*. —*Démonter un canon*, l'ôter de dessus son affût, ou le mettre hors d'état de servir des coups de canon : *il fallut démonter toutes les pièces, pour les faire passer : l'ennemi ne pouvait tenir long-temps, on lui avait démonté toutes ses batteries*. — T. d'imprim., *démonter une presse*, en désassembler les parties. — *Démonter un composteur*, en dévisser le talon mobile pour changer la justification. — *se* DÉMONTER, v. pron. : *il se démonte le visage* ou *il démonte son visage comme il lui plait*, il paraît joyeux, triste, plein d'espérance ou de crainte, selon qu'il convient à ses intérêts. — Fig., en parlant d'un homme qui, après avoir joui long-temps d'une bonne santé, devient incommodé et valétudinaire, on dit que *la machine commence à se démonter*. Dans ce sens il ne se dit que fig. et fam. — On dit aussi fam. : *pendant la lecture, le pauvre homme bâillait à se démonter la mâchoire*. — On l'applique également aux meubles, aux objets quelconques disposés, faits de manière qu'on puisse en séparer à volonté les différentes parties : *cela se démonte*.

DÉMONTOIR, subst. mas. (*démontoar*), dans l'imprimerie, petite planche sur laquelle on appuie les balles pour les *monter* ou les *démonter*.

DÉMONTRABLE, adj. des deux genres (*démontrable*), qui peut être *démontré*.

DÉMONTRÉ, E, part. pass. de *démontrer*.

DÉMONTRER, v. act. (*démontre*) (en lat. *demonstrare*), prouver d'une manière évidente et convaincante : *il me démontra l'absurdité de mon projet ; cela ne m'est point démontré du tout*. —Témoigner par des marques extérieures : *les cris de cet enfant démontrent qu'il souffre*. — En anat., en bot., en hist. nat., présenter aux yeux la chose dont on parle, comme les parties du corps humain, etc. — *se* DÉMONTRER, v. pron. : *il est des vérités qui se démontrent d'elles-mêmes*.

DÉMOPHILE ou HIÉROPHILE, subst. propre fém. (*démofile, iérofile*), myth. On croit que c'est un des noms de la sibylle de Cumes.

DÉMOPHOON, subst. propre mas. (*démofo-on*), myth., fils de Thésée et de Phèdre. Après l'expédition de Troie, où il s'était trouvé, il fut jeté par la tempête sur les côtes de la Thrace, où il épousa Phyllis, fille de Lycurgue, roi de cette contrée.

DÉMORALISATION, subst. fém. (*démoralizâcion*), action de *démoraliser*, état de ce qui est *démoralisé : on voit tous les jours dans la société les symptômes d'une démoralisation profonde*.

DÉMORALISÉ, E, part. pass. de *démoraliser*.

DÉMORALISER, v. act. (*démoralizé*), rendre *immoral*. — *se* DÉMORALISER, v. pron.

DÉMORALISEUR, subst. mas. ; au fém. **DÉMORALISEUSE** (*démoralizeur, zeuze*), qui corrompt la *morale* publique.

DÉMORDRE, v. neut. (*démordre*) (de la particule extractive *dé*, et du verbe *mordre*), quitter prise *après avoir mordu ;* lâcher ce qu'on tient avec les dents. Il se dit particulièrement des chiens, des loups, etc. — Fig., se départir de quelque entreprise, de quelque dessein, etc. : Il s'emploie surtout avec la négative : *on a beau faire, il n'en démordra pas*.

DÉMOSTHÉNIQUE, adj. des deux genres (*démocetenike*), qui a rapport à *Démosthène*, un des plus célèbres orateurs de la Grèce : *éloquence démosthénique ;* éloquence dans le genre, dans le goût de *Démosthène*.

DÉMOTE, subst. mas. (*démote*), t. d'hist. anc., citoyen recommandable d'un même bourg, dans l'ancienne Attique.

DÉMOTIQUE, adj. des deux genres (*démotike*) (rac. δημος, peuple), qui est propre au peuple, ou dont la connaissance est laissée au vulgaire : *langue, écriture, caractère démotique*. — Si nous avons été surpris, c'est de rencontrer ce mot dans l'*Académie*, dans l'*Académie* qui omet tant de significations et de mots usuels, et qui vient nous dire que *démotique* se dit seulement « de l'écriture qui, dans l'ancienne Égypte, pouvait être lue et comprise du peuple, par opposition à *hiératique*, qui se dit de l'écriture dont on pense que les prêtres seuls avaient l'intelligence. » Si, comme nous le croyons également, ce mot ne doit s'entendre que dans ce sens, nous ne voyons pas trop pourquoi l'Académie l'a inséré dans son *Dictionnaire*, du reste si restreint, pour ne pas dire si incomplet.

DÉMOULÉ, E, part. pass. de *démouler*.

DÉMOULER, v. act. (*démoulé*), t. d'arts mécaniques, ôter des *moules*. — *se* DÉMOULER, v. pron.

DÉMOUVOIR, v. act. (*démouvoar*) (de la particule *de* et du verbe *movere*, mouvoir), t. de palais, mettre quelqu'un hors d'intérêt, pour lui faire abandonner sa demande. Vieux et usité seulement à l'infinitif. — *se* DÉMOUVOIR, v. pron., se désister, renoncer à une prétention.

DÉMU, E, part. pass. de DÉMOUVOIR.

DÉMULCENT, E, adj. (*démulçan, çante*) (du lat. *demulcere*, adoucir), t. de médec., se dit de certains remèdes de nature émolliente. — Il est aussi subst. mas. : *un démulcent*.

DÉMUNI, E, part. pass. de *démunir*.

DÉMUNIR, v. act. (*démunir*), ôter les *munitions* et les défenses d'une place. — *se* DÉMUNIR, v. pron., se dessaisir d'une chose : *se démunir d'argent*.

DÉMURÉ, E, part. pass. de *démurer*.

DÉMURER, v. act. (*démuré*), ouvrir une porte ou une fenêtre qui était *murée*; ôter une maçonnerie qui bouchait. — *se* DÉMURER, v. pron.

DENAIN, subst. propre mas. (*denein*), village de France, arrond. de Valenciennes, dép. du Nord. C'est près de ce lieu que le maréchal de Villars remporta, en 1712, la célèbre victoire qui amena la paix d'Utrecht.

DENAING, subst. mas. (*denein*), sorte de petite monnaie qui a cours en Russie.

DÉNAIRE, adj. des deux genres (*dénère*) (en lat. *denarius*), qui a rapport au nombre *dix*: *nombre dénaire; arithmétique dénaire*. On se sert aujourd'hui de l'adj. *décimal*.

DÉNANTI, E, part. pass. de *dénantir*.

DÉNANTIR, v. act. (*dénantir*), enlever à quelqu'un ce dont il était *nanti*. — *se* DÉNANTIR, v. pron., t. de jurispr., abandonner les assurances, les *nantissements* qu'on avait reçus. — *Il ne faut pas se dénantir*, se dépouiller de ce qu'on a.

DENARIUS, subst. mas. (*dénari-uce*) (mot tout latin), denier; chez les Romains, pièce d'argent qui dans l'origine valait dix as; dans la suite, elle en valut seize; environ 81 de nos centimes.

DÉNASALÉ, E, part. pass. de *dénasaler*.

DÉNASALER, v. act. (*dénazalé*), ôter le son *nasal*, prononcer une syllabe *nasale* comme si elle ne l'était pas. Mot créé par les grammairiens. — *se* DÉNASALER, v. pron.

DÉNATES, subst. mas. plur. (*dénate*), myth., les mêmes que les dieux pénates. (*Dict. de Trévoux*.)

DÉNATIONALISÉ, E, part. pass. de *dénationaliser*.

DÉNATIONALISER, v. act. (*dénâcionalizé*), ôter le caractère *national*. (Bignon.) — Mettre hors la loi des *nations*. — *se* DÉNATIONALISER, v. pron.

DÉNATTÉ, E, part. pass. de *dénatter*.

DÉNATTER, v. act. (*dénaté*), détortiller ce qui était tortillé en *natte*, comme des cheveux, etc. — *se* DÉNATTER, v. pron.

DÉNATURALISÉ, E, part. pass. de *dénaturaliser*.

DÉNATURALISATION, subst. fém. (*dénaturalizâcion*), action de *dénaturaliser*; son effet.

DÉNATURALISER, v. act. (*dénaturalizé*), priver quelqu'un des droits et des privilèges de régnicole, le destituer de ses charges et de ses dignités, le traiter en étranger. — Faire perdre à une chose son caractère ou ses propriétés. — *se* DÉNATURALISER, v. pron., se métamorphoser en une autre *nature*. (Voy. DÉNATURER, qui est plus étendu dans ses acceptions.)

DÉNATURÉ, E, part. pass. de *dénaturer*, et adj., qui manque d'affection et de tendresse pour ses proches parents : *enfant, père dénaturé*. — En parlant des choses, qui est contraire aux sentiments que la *nature* inspire : *action barbare et dénaturée*.

DÉNATURER, v. act. (*dénaturé*), changer la *nature* d'une chose. — *Dénaturer des mots*, en changer l'acception. — *Dénaturer une question*, changer l'état d'une question. — *Dénaturer un fait*, présenter les principales circonstances d'un fait d'une manière contraire à la vérité. — *Dénaturer son bien*, en changer la forme, remplacer ses immeubles par des rentes, vendre ses propres pour faire des acquêts dont on ait la libre disposition. — *se* DÉNATURER, v. pron., gâter *sa nature*; perdre son caractère.

DENCHÉ, E, adj. (*danché*), t. de blason; qui a de petites *dents*.

DENDRAGATE, subst. fém. (*dandraguate*), t. de minér., agate herborisée.

DENDRITE, subst. fém. (*dandrite*) (du grec δενδρον, arbre), t. d'hist. nat., pierre sur laquelle on voit des ramifications imitant des buissons, des arbrisseaux. On dit encore dans le même sens, *dendrophore*.

DENDRITIS, subst. propre fém. (*dantritice*), myth., surnom d'*Hélène*.

DENDROCISSOS, subst. mas. (*dandrôciceçoce*), t. de bot., espèce de lierre qui, dit-on, se soutient sans appui.

DENDROÏDE, subst. fém. (*dandro-ide*) (du grec δενδρον, arbre, et ειδος, forme, ressemblance), t. de bot., plante qui croît comme les arbres. — On le dit aussi adj., et pour les deux genres, de ce qui a des ramifications semblables à celles d'un arbre.

DENDROÏTE, subst. fém. (*dandro-ite*), t. d'hist. nat., nom donné à toute espèce de fossile ramifié.

DENDROLIBANUS, subst. mas. (*dandrolibânuce*) (du grec δενδρον, arbre, et du latin *Libanus*, Liban), myth., *arbre du Liban*. On en faisait des couronnes pour les dieux; on croyait qu'il n'y avait point de sacrifice qui pût leur être plus agréable que ce présent.

DENDROLITHE, subst. fém. (*dandrolite*) (du grec δενδρον, arbre, et λιθος, pierre), t. d'hist. nat., pétrification ou incrustation d'arbres.

DENDROLOGIE, subst. fém. (*dandroloji*) (du grec δενδρον, arbre, et λογος, discours), description des arbres.

DENDROMÉTRIE, subst. fém. (*dandrométri*), art, science du *dendromètre*.

DENDROLOGIQUE, adj. des deux genres (*dandrolojike*), qui a rapport à la *dendrologie*.

DENDROMÈTRE, subst. mas. (*dandromètre*) (du grec δενδρον, arbre, et μετρον, mesure), instrument pour mesurer la hauteur des arbres, et par lequel on réduit la science de la trigonométrie à une simple opération mécanique. — Autre instrument qui sert à mesurer avec précision la quantité de bois que contient un arbre.

DENDROMÉTRIQUE, adj. des deux genres (*dandrométrike*), qui a rapport au *dendromètre*.

DENDROPHAGE, adj. des deux genres et subst. mas. (*dandrofaje*) (du grec δενδρον, arbre, φαγω, je mange), t. d'hist. nat., nom des insectes lignivores.

DENDROPHORE, subst. mas. (*dandrofore*) (du grec δενδρον, arbre, et φερω, je porte, *qui porte un arbre*), myth., surnom donné à Sylvain, parce qu'on croyait qu'il portait toujours un jeune arbre, et surtout un cyprès. — On appelait aussi *dendrophores* ceux qui, dans les fêtes de quelque dieu, comme Bacchus ou Cybèle, portaient en leur honneur des arbres sur leurs épaules. Dans cette dernière acception ce mot est des deux genres. — T. d'hist. nat. Voy. *Dendrite*.

DENDROPHORIE, subst. propre fém. (*dandrofori*) (même étym. que celle du mot précédent.) myth., ancienne cérémonie dans laquelle on plantait et portait des arbres.

DÉNÉANTISE, subst. fém. (*dénéantize*), état vil, d'une extrême bassesse, qui approche du *néant*. Mot inusité, dont s'est servi *Marot*.

DÉNÉGATEUR, subst. mas.; au fém. DÉNÉGATRICE (*dénéguateur, trice*), celui, celle qui *dénie*.

DÉNÉGATION, subst. fém. (*dénéguâcion*), action par laquelle on *dénie* quelque chose en justice.

DÉNÉGATRICE, subst. fém. Voy. DÉNÉGATEUR.

DÉNÉRAL, subst. mas. (*dénéral*), plaque ronde qui sert de modèle aux monnayeurs pour fabriquer une espèce de monnaie de la grandeur et du poids qu'il faut. — Au plur., *dénéraux*.

DENGA, subst. mas. (*deingua*) (mot originairement tartare, qui signifie *coin* ou *empreinte*.) Le *denga, kopeika* ou *copeck*, ancienne monnaie d'argent de Russie, était la seule qui fût en usage il y a quatre siècles. Dans les paiements un peu considérables, on comptait les centaines de *copecks* par autant de crans qu'on marquait sur une *taille* qui a été nommée *roublo*. C'est de là que tire son nom le *rouble*, que l'on n'a commencé à fabriquer que dans les premières années du dix-huitième siècle.

DÉNI, subst. mas. (*déni*) (de *dénier*), refus d'une chose due : *déni de justice*. — T. de jurispr., on dit : *déni de renvoi*, en parlant d'un juge qui refuse de renvoyer devant qui de droit une cause dont il ne peut pas connaître; et *déni d'aliments*, en parlant d'un fils qui refuse de nourrir son père.

DÉNIAISÉ, E, part. pass. de *déniaiser* et adj. (*déni-èzé*), qui est devenu fin et rusé : *c'est un homme bien déniaisé*. — Et subst. *un déniaisé*.

DÉNIAISEMENT, subst. mas. (*déni-èzeman*), action par laquelle on *déniaise* quelqu'un. Peu usité.

DÉNIAISER, v. act. (*déni-èzé*), rendre quelqu'un *moins niais*. — L'*Académie* ajoute, avec tous les autres *Dictionnaires*, que *déniaiser* signifie quelquefois ironiquement : *tromper quelqu'un, abuser de sa simplicité*; et elle donne à l'appui de ces acceptions les exemples suivants : *il avait dix louis dans sa poche, les filous l'ont déniaisé; il s'est laissé déniaiser par un escroc*. Nous en demandons pardon à l'*Académie*, mais le verbe *déniaiser* dans ces deux phrases ne signifie nullement *tromper*. La première : *les filous l'ont déniaisé*, ne veut pas dire du tout *l'ont trompé*, mais *l'ont rendu moins niais, en le volant*. Il en est de même de la seconde. Ces deux acceptions sont donc non-seulement familières, comme le dit du reste l'*Académie*, elles sont encore improprement rendues par la signification de *tromper*. C'est : *abuser de la simplicité de quelqu'un en le trompant*, qu'il aurait fallu définir *déniaiser*, dans cette acception. — *se* DÉNIAISER, v. pron. Fam.

DÉNIAISEUR, subst. mas.; au fém. DÉNIAISEUSE (*déni-èzeur, zeuze*), celui, celle qui *déniaise* les autres. Il est peu usité.

DÉNICALES, subst. fém. plur. (*dénikale*), cérémonies qui se faisaient, dans l'ancienne Rome, le dixième jour de la mort d'une personne, pour purifier la maison du défunt.

DÉNICHÉ, E, part. pass. de *dénicher*.

DÉNICHEMENT, subst. mas. (*dénicheman*), action de *dénicher*. Vieux.

DÉNICHER, v. act. (*déniché*), ôter du *nid* : *dénicher des oiseaux*. — Oter de la *niche* : *dénicher un saint, une statue*. — Fig. et fam., faire sortir par force de quelque poste : *on a enfin déniché cette bande de voleurs; il n'était pas facile de dénicher les ennemis de ce poste*. — Trouver, découvrir après bien des recherches : *nous l'avons enfin déniché; on saura bien le dénicher*. Dans le même sens, il se dit aussi des choses : *où avez-vous donc pu dénicher cela?* — Neut., s'évader, s'enfuir : *les ennemis ont déniché; il a déniché cette nuit*. — Quitter le *nid*: *les moineaux ont déniché*. — Prov. : *les oiseaux sont dénichés*, ce qu'on cherche n'est plus où il était; cela se dit des personnes et des choses. — *se* DÉNICHER, v. pron.

DÉNICHEUR, subst. mas., au fém. DÉNICHEUSE (*dénicheur, cheuze*), celui, celle qui *déniche* de petits oiseaux. Il est peu usité au propre. — Fig., *dénicheur de merles, de fauvettes*, chevalier d'industrie. (L'*Académie* refuse un fém. à ce mot.)

DÉNICHEUSE, subst. fém. Voy. DÉNICHEUR.

DÉNICHI ou **DÉNIX**, subst. propre mas. (*dénichi, dénikce*), myth. ind., l'une des trois divinités japonaises qui président à la guerre.

DÉNIÉ, E, part. pass. du v. *dénier*.

DÉNIER, v. act. (*dénié*) (en lat. *denegare*), nier: *dénier un fait, un crime, un dépôt, une dette*. — Il s'emploie quelquefois dans le sens de démentir, désavouer : *Il avait fait d'abord plusieurs aveux, ensuite il a tout dénié*. — Refuser ce que l'honnêteté, l'équité ne veulent pas qu'on refuse : *un père ne peut dénier des aliments à son fils*. Il est particulièrement usité en jurisprudence.

DENIER, subst. mas. (*denié*) (en lat. *denarius*, qui signifie proprement *de dix*; *qui contient le nombre de dix*, et, par extension, *denier*; parce que, chez les Romains, le *denier* valait primitivement *dix as*, et se marquait par un X), petite monnaie de cuivre valant la douzième partie d'un sou. — On dit d'un homme plus fin qu'un autre, qu'*il le vendrait à beaux deniers comptants*. Cette expression peut aussi s'entendre dans un sens odieux d'un homme qui trahit, livre quelqu'un pour de l'argent : *il n'attend qu'une occasion pour vendre son parti à beaux deniers comptants*. — Au plur., somme d'argent: *les deniers publics; les deniers d'une recette*, etc. — Intérêt d'une somme principale : *le denier vingt*, le cinq pour cent : *le denier vingt-cinq*, le quatre pour cent:

> Cent francs au *denier* cinq, combien font-ils? — Vingt livres.
>
> (BOILEAU.)

— *Le denier du roi, le denier de l'ordonnance*, l'intérêt que la *loi* permettait de stipuler. On dit aujourd'hui : *le taux légal*. — Part qu'on a dans les affaires : *il a un denier dans les fermes*, la douzième partie d'un vingtième. Ce sens, comme les deux précédents, a vieilli. — Partie ou degré de la bonté de l'argent pur, qui est divisé en douze *deniers*. — Poids de vingt-quatre grains. — En t. de jurispr., on appelle *deniers ameublis* les sommes que la femme met en communauté; *deniers propres*, ceux que l'on exclut de la communauté; *deniers dotaux*, les sommes qui composent la dot de la femme; *deniers pupillaires*, ceux qui appartiennent à des pupilles ou mineurs; *deniers réalisés*, ceux dont on a fait l'emploi en fonds; *deniers d'entrée*, ceux qu'un nouveau propriétaire a payés pour avoir un héritage; *deniers à découvert*, ceux que l'on offre réellement et dont on fait exhibition en proposant un paiement; *deniers communs*, ceux qui appartiennent à plusieurs personnes. — *Denier d'argent*, monnaie des anciens Romains. Voy. DENARIUS. — *Denier sterling*; monnaie d'argent d'Angleterre. Voy. PENNY. — *Denier de poids*, la vingt-quatrième partie de l'once ou la cent quatre-vingt-douzième partie du marc. — *Deniers de fin*, ou *de loi*, les parties d'argent qui restent après son affinage.—On dit que le titre de l'argent est *à onze deniers*, si la pièce contient une partie d'alliage; qu'il est à dix si elle en contient deux, etc.—*Denier de monnayage*, espèce de monnaie de quelque qualité que ce soit.—*Denier de boîte*, les espèces d'or ou d'argent qu'on met dans la boîte des délivrances, pour servir ensuite de point de comparaison avec les espèces fabriquées. — *Denier à Dieu*, ce que l'acheteur donne au vendeur pour sûreté d'un engagement verbal; la pièce que l'on donne pour arrêter un logement, un domestique. Quelques-uns disent *dernier à Dieu*; c'est une faute. La seule expression autorisée est *denier à Dieu*. Le *denier à Dieu* ne s'impute point sur le prix; et c'est en cela qu'il diffère des *arrhes*. — *Fort denier*, fraction qu'on ne peut payer effectivement qu'avec une pièce de monnaie plus forte : six francs trois centimes ne se paient qu'avec six francs cinq centimes; l'excédant forme le *fort denier*. — *Denier fort*, taux qui excède le taux ordinaire des intérêts. — *Denier Saint-André*, droit qui se percevait en Languedoc; depuis le passage de Roquemaure jusqu'au port de Cassande. — Dans un sens prov. et fig. : *le denier de la veuve*, aumône, offrande minime qu'on prend sur son propre nécessaire. — *Le denier de Saint-Pierre*, tribut que l'Angleterre payait autrefois au pape, et qui d'abord avait été fixé à un *denier* par maison. — *Tirer un bon denier, un grand denier de quelque chose*, c'est-à-dire, y gagner beaucoup d'argent. — *J'y mettrais bien mon denier*, signifie qu'on achetterait bien une chose si elle était à vendre. Ces deux dernières locutions appartiennent au langage familier, et sont peu usitées.

DÉNIGRANT, E, adj. (*dénigueran, rante*), qui *dénigre*; qui produit le *dénigrement*. Il est très-peu usité.

DÉNIGRÉ, E, part. pass. de *dénigrer*.

DÉNIGREMENT, subst. mas. (*déniguereman*) (en lat. *denigratio*), action de *denigrer*. — État de mépris dans lequel tombe celui qui est *dénigré*.

DÉNIGRER, v. act. (*déniguéré*) (du lat. *denigrare*, fait dans le même sens de *niger, nigra, nigrum*, noir), noircir la réputation de quelqu'un.— Chercher à rabaisser le prix de quelque chose. — *se* DÉNIGRER, v. pron.

DÉNIGREUR, subst. mas. : au fém. **DÉNIGREUSE** (*déniguereur, guereuze*), celui, celle qui *dénigre*.

DENIS (SAINT-), subst. propre mas. (*ceindeni*), ville de France, chef-lieu d'arrond., dép. de la Seine. Son monument le plus curieux est l'église, dont les caveaux servent de sépulture aux rois de France.

DÉNOMBRÉ, E, part. pass. de *dénombrer*.

DÉNOMBREMENT, subst. mas. (*dénonbreman*), compte en détail : *dénombrement des habitants, du peuple*. — T. de féod., *dénombrement de fiefs*, la déclaration par écrit que donnait le vassal des héritages, cens et autres droits, qu'il reconnaissait tenir à foi et hommage de son seigneur.

DÉNOMBRER, v. act. (*dénombré*) (en lat. *denumerare*), faire un *dénombrement*. — *se* DÉNOMBRER, v. pron.

DÉNOMINATEUR, subst. mas. (*dénominateur*) (du lat. *denominare*, dénommer; parce que le *dénominateur* donne à la fraction le nom qu'elle porte : $\frac{2}{10}$ *deux dixièmes*, etc.), t. d'arithm., lettre ou nombre inférieur d'une fraction, qui marque de combien de parties l'entier ou l'unité est supposée divisée. Dans la fraction $\frac{7}{12}$ sept douzièmes, le nombre 12 est le *dénominateur*, et il indique que l'unité est divisée en 12 parties égales. De même dans la fraction $\frac{A}{B}$; B est le *dénominateur*. *Réduire deux fractions au même dénominateur*.

DÉNOMINATIF, adj. mas., au fém. **DÉNOMINATIVE** (*dénominatife, tive*) (en lat. *denominativus*), il se dit d'un terme qui marque le nom propre de quelque chose. — Subst. mas. : *un dénominatif*.

DÉNOMINATION, subst. fém. *dénominàcion*) (en lat. *dénominatio*), nom qui est imposé à quelque personne ou chose, et qui en marque ordinairement la qualité principale. — En arithm., *réduire des fractions à une même dénomination*, leur donner le même *dénominateur*.

DÉNOMINATIVE, adj. fém. Voy. DÉNOMINATIF.

DÉNOMMÉ, E, part. pass. de *dénommer*.

DÉNOMMER, v. act. (*dénomé*) (en lat. *denominare*, fait, dans le même sens, de *nomen*, nom), t. de pratique, nommer, comprendre quelque personne ou quelque chose dans quelque acte ou procédure. — *se* DÉNOMMER, v. pron.

DÉNONCÉ, E, part. pass. de *dénoncer*.

DÉNONCER, v. act. (*dénoncé*) (en lat. *denuntiare*), déclarer, publier : *dénoncer la guerre*. — On a dit à peu près dans le même sens : *il a été dénoncé au prône pour excommunié*. — Déférer en justice, signaler à l'autorité : *dénoncer un coupable au magistrat*. — On dit aussi en t. de jurispr. : *dénoncer une opposition, une saisie*, la faire connaître extrajudiciairement à quelqu'un. — *se* DÉNONCER, v. pron.

DÉNONCIATEUR, subst. mas., au fém. **DÉNONCIATRICE** (*dénonciateur, trice*) (en lat. *denunciator*), celui, celle qui *dénonce*, qui accuse.

DÉNONCIATION, subst. fém. (*dénonciàcion*) (en lat. *denuntiatio*), délation; accusation portée à la police contre un inconnu : *la dénonciation est le fait d'un infame*. — Autrefois déclaration qu'une personne avait encouru l'excommunication. — Déclaration publique et solennelle : *dénonciation de guerre*. — *Dénonciation de nouvel œuvre*, acte que le propriétaire d'une maison, etc., fait signifier à son voisin pour arrêter un ouvrage commencé.

DÉNONCIATRICE, subst. fém. Voy. DÉNONCIATEUR.

DÉNOTATION, subst. fém. (*dénotàcion*) (en lat. *denotatio*), désignation d'une chose par certains signes. Ce mot est peu usité.

DÉNOTÉ, E, part. pass. de *dénoter*.

DÉNOTER, v. act. (*dénoté*) (en lat. *denotare*, fait de *nota*, note, signe, marque) désigner, indiquer : *il m'a été si bien dénoté que je le reconnaîtrais partout*. — Prouver, montrer, faire connaître : *cela dénote un mauvais caractère*. — *se* DÉNOTER, v. pron.

DÉNOUABLE, adj. des deux genres (*dénouable*), qui peut se *dénouer*. Vieux, mais utile.

DÉNOUÉ, E, part. pass. de *dénouer*.

DÉNOUER, v. act. (*dénou-é*), défaire un *nœud*.— *Racine* a dit (dans *Britannicus*) au fig. et par une heureuse hardiesse : *dénouer un hymen*. — Fig., démêler, développer. Il se dit surtout des pièces de théâtre. — Il signifie aussi, toujours dans un sens fig., rendre plus souple, plus agile : *les armes, la danse, le cheval, la chasse, dénoueront ce jeune homme*. — *Dénouer la langue à quelqu'un*, le faire parler malgré lui. — *Dénouer sa langue*, rompre un long silence : *nous saurons bien lui dénouer la langue; il n'a pas dénoué la langue de toute la soirée*. — *se* DÉNOUER, v. pron.

DÉNOÛMENT et **DÉNOUEMENT** (suivant l'*Académie*, qui cependant ne dit que *dénoûment*; ajoutons encore qu'elle écrit DÉVOUEMENT et DÉVOÛMENT); nous préférons le second au premier; subst. mas. (*dénouman*), action de *dénouer*. — En t. de littérature et de poésie, le point où aboutit et se résout une intrigue épique ou dramatique; l'évènement qui *dénoue* le fil de l'action : *heureux dénouement; cette pièce pèche par le dénouement*. — Il se dit aussi en parlant des affaires, des intrigues, etc.

DENRÉE, subst. fém. (*danré*) (du latin barbare *denariata*, qui, dans le moyen-âge, s'est dit d'abord exclusivement de la quantité qu'on pouvait avoir pour un denier, *denarius*, et ensuite, par extension, de toute espèce de *denrée*), tout ce qui se vend pour la nourriture des hommes et des animaux. — Dans le style badin, toute sorte de marchandise : *cet homme vend bien sa denrée*. Cette expression signifie aussi, par extension et fig. : il fait bien valoir ce qu'il a, ce qu'il sait.—On dit fam. d'une chose de haut prix : *c'est une chère denrée*.

DENSE, adj. des deux genres (*dance*) (en lat., *densus*), t. de phys., épais; compacte; dont les parties sont serrées; qui occupe peu d'étendue avec beaucoup de matière : *l'eau est plus dense que l'air*. *Dense* est opposé à *rare*.

DENSITÉ, subst. fém. (*dancité*), qualité de ce qui est *dense*.

DENT, subst. fém. (*dan*) (en lat. *dens*, gén. *dentis*), petit os qui tient à la mâchoire de l'animal, et qui lui sert à mâcher, à mordre, etc. : *dents molaires* ou *mâchelières, canines, incisives; dent œillère; dents de dessus* ou *d'en haut, de dessous* ou *d'en bas, de devant, de derrière; dents bien rangées, jaunes, creuses, gâtées, cariées; l'alvéole, la couronne, le collet, la racine d'une dent; se laver, se nettoyer, se curer les dents; brosse à dents; les dents percent à cet enfant, lui viennent; il claque des dents; les dents lui claquent; claquement, grincement de dents; grincer, serrer les dents; les dents d'un chien, d'un brochet, d'une vipère; l'âge d'un cheval se connaît aux dents; dents d'éléphant; les dents d'éléphant sont de l'ivoire brute*. — *Dents de lait*, premières dents des enfants. — *Dents de sagesse*, les quatre dernières molaires.—*Fausses dents*, *dents* artificielles qu'on met à la place de celles qui manquent. — Fig. et fam. : 1° *arracher une dent à un avare*, le forcer à donner de l'argent.—2° *Avoir, conserver, garder une dent* ou *une dent de lait contre quelqu'un*, avoir contre lui une vieille rancune, une rancune sucée, pour ainsi dire, avec le lait, par allusion aux *dents* de lait qui poussent les premières de toutes.—3° *Montrer les dents à quelqu'un*, lui résister en face, lui tenir tête. — 4° *N'avoir pas de quoi mettre sous la dent*, n'avoir pas de quoi vivre. — 5° *Parler à quelqu'un des grosses dents*, avec force et vivacité. — 6° *Donner un coup de dent à quelqu'un*, dire un mot qui le pique. C'est dans le même sens qu'on dit : *tomber sous la dent de quelqu'un*. —7° *Déchirer à belles dents*, médire cruellement d'une personne. — 8° *Être sur les dents*, extrêmement fatigué, harassé; *mettre sur les dents*, fatiguer à l'excès : *ce travail vous met sur les dents*. — 9° *Ne pas desserrer les dents*, ne dire mot. — *Manger de toutes ses dents*, vite et beaucoup. — *Avoir les dents longues*, être fort affamé. — *Parler entre ses dents*, ne pas parler distinctement. — *Prendre le mors aux dents*, se dit, au propre, d'un cheval qui s'emporte; et, au fig., d'un jeune homme qui se jette dans le libertinage, ou de celui qui se porte avec ardeur à son devoir. — *Vouloir prendre la lune avec les dents*, vouloir l'impossible. — *Rire du bout des dents*, par force ou par complaisance, sans en avoir envie. On dit dans le même sens : *manger du bout des dents*. — Prov. et fig., en parlant d'une personne âgée, malade, et qui n'a pas long-temps à vivre, on dit qu'*elle a la mort entre les dents*. — *Quand on lui demande quelque chose, on dirait qu'on lui arrache une dent*, s'applique à une personne qui donne avec beaucoup de peine. — *C'était une fière dent à arracher*, une grande difficulté à vaincre. — *Il lui vient du bien quand il n'a plus de dents*, c'est-à-dire quand il est vieux, quand il ne peut plus jouir. — *Donner des noisettes à quelqu'un qui n'a plus de dents*, lui donner quelque chose dont il ne peut faire usage. — *Mentir comme un arracheur de dents*, avec excès. — *N'en pas perdre un coup de dent*, manger sans s'interrompre, sans se laisser distraire; ne pas s'inquiéter, ne prendre aucun souci d'une chose fâcheuse. — *Il n'y en a pas pour sa dent creuse*, il y en a trop peu.— *Il y a long-temps qu'il n'a plus mal aux dents, qu'il est guéri du mal de dents*, qu'il est mort. — *Œil pour œil, dent pour dent*, exprime la peine du talion, qui consiste à traiter le coupable comme il a traité ou voulu traiter les autres. Toutes ces locutions appartiennent au langage fam. et prov.— On dit encore fam. : *il n'en tâtera, il n'en cassera, il n'en croquera que d'une dent*, pour : il en aura très-peu, ou il n'aura rien; il n'aura pas ce qu'il désire, ou ce qu'il croyait avoir. — *Armé jusqu'aux dents*. Voy. ARMÉ.—*Savant jusqu'aux dents*, se dit d'un pédant. — *Malgré lui et ses dents*, malgré tous ses efforts. — *Dent* se dit de plusieurs choses qui ont des pointes faites en forme de *dents* : *les dents d'une scie, d'un râteau; les dents d'un peigne, d'une herse, d'une clef, d'une roue de moulin*, etc. Voy. BRÈCHE. — En t. de relieur, instrument pour brunir l'or de dessus la tranche des livres. — En t. de serrurier, division ou refente qu'on voit sur le museau ou panneton de la clef.

DENTAIRE, subst. fém. (*dantère*), t. de bot., plante vivace de la famille des crucifères, et dont il y a plusieurs espèces.

DENTAIRE, adj. des deux genres (*dantère*), qui a rapport aux *dents*.

DENTAL, subst. mas. (*dantale*), t. d'hist. nat., poisson du genre du spare. Voy. DENTAL, adj.

DENTAL, E, adj. (*dantale*), qui se prononce à l'aide des *dents*, telles sont les lettres *d* et *t*. Il ne semble pas avoir de plur. mas., parce qu'il s'emploie le plus souvent avec le mot *lettre*.—Il est souvent subst. fém. On dit : *une dentale*, pour : *une lettre dentale*.

DENTALE, subst. fém. (*dantale*), t. d'hist. nat., petit coquillage fait en forme de chalumeau et qui a la figure d'une *dent*. Voy. DENTAL, adj.

DENTALITHE, subst. fém. (*dantalite*), t. d'hist. nat., *dental* ou *dentale* fossile; poisson, ver, ou coquillage fossile.

DENT-DE-CHIEN, subst. fém. (*dandechiein*), t. de bot., sorte de plante qui croît dans les lieux montagneux, et qui tire son nom de la forme de sa racine.—En t. de marbrier, espèce de poinçon. — Au plur., des *dents-de-chien*.

DENT-DE-LION, subst. fém. (*dandelion*), t. de bot., plante nommée vulgairement *pissenlit*. — Au plur., des *dents-de-lion*.

DENT-DE-LOUP, subst. fém. (*dandelou*), cheville de fer qui sert à arrêter la soupente d'une voiture, ou le pied des chevrons. — Barre de fer ronde terminée à chaque bout par un crochet en usage dans les glaceries. — Espèce de feston. — Instrument pour polir l'ivoire ou l'os; pour lisser le papier. — Au plur., des *dents-de-loup*.

DENT-DE-MORT, subst. fém. (*dandemor*), fumigation de *dents de mort*. (*Raymond*.) Mot stupide, parce qu'il n'a ni sens ni raison.

DENT-DE-RAT, subst. fém. (*dandera*), petit ornement que l'on forme sur les lisières de certains ouvrages, comme rubans, galons, tapisseries. — Au plur., des *dents-de-rat*.

DENTÉ, subst. mas. (*danté*), t. d'hist. nat., oiseau du Paraguay. — Nom de différents poissons, et, en particulier, genre de poissons établi pour placer le spare *denté*.

DENTÉ, E, adj. (*danté*), qui a des *dents* : *roue dentée*. Voy. DENTELÉ. — Se dit, en bot., des feuilles dont les bords sont garnis de pointes horizontales et de la même consistance que les feuilles. Les anthères, le calice peuvent aussi être *dentés*. Voy. le mot CRENELÉ. — En t. de blas., ce mot se dit des *dents* d'animaux qui sont d'un autre émail que le corps.— On dit souvent d'une personne qui a de belles, de bonnes *dents* : *elle est bien dentée*. Mais cette acception n'est pas reçue, puisque nous ne la trouvons nulle part. Pourquoi? Elle manque; car il n'existe pas un autre mot pour rendre l'idée qu'elle exprime. Nous ne voyons pas ce qui empêcherait de l'adopter.

DENTÉE, subst. fém. (*danté*), coup de *dent* : *le chien a donné une dentée au loup*; *ce cheval a reçu une dentée du sanglier*.

DENTELAIRE, subst. fém. (*dantelère*), t. de bot., genre de plantes de la famille des plombaginées, salutaire contre le mal de *dents*.

DENTELÉ, subst. mas. (*dantelé*), t. d'anat., nom de deux muscles dont l'un, *le petit dentelé*, fait mouvoir l'épaule en dedans; et l'autre, *le grand dentelé*, sert à dilater la poitrine.

DENTELÉ, E, part. pass. de *denteler*, et adj., taillé, façonné en forme de *dents*. — En t. de bot., découpé en pointes plus écartées que les pointes *dentées*. — En t. de blas., il se dit des pièces dont les côtés sont faits en forme de *dents*, ou de petits triangles. — *Médailles dentelées*, médailles grecques ou romaines dont la tranche est *dentelée* ou garnie de *dents*. — DENTELÉ, DENTÉ. (*Syn.*) Une *roue est dentée*, parce qu'elle a des pointes qu'on appelle *dents*; mais elle n'est point *dentelée*, parce que ce mot ne peut se dire que des choses qui sont en forme de *dents*, mais non de celles qui ont réellement des *dents*.

DENTELÉE, subst. fém. (*dantelé*), tulipe rouge pâle et blanc sale. — Tortue *dentelée*.

DENTELER, v. act. (*dantelé*), faire des entailles en forme de *dents*. — *se* DENTELER, v. pron.

DENTELET, subst. mas. V. DENTICULE.

DENTELLE, subst. fém. (*dantèle*) (de *dent*, parce que les premières *dentelles* ont été découpées en forme de *dents*), ouvrage à mailles, de fil, de soie, etc., qui se fait avec des fuseaux. — La *dentelle d'or* ou *d'argent* se fait avec des fils d'or ou d'argent fins ou faux, au fuseau et sur le coussin. — Le *point* est un tissu, très-élégant, très-régulier, de fil de lin, le plus beau qu'il soit possible de trouver, et qui se travaille à l'aiguille sur des morceaux de vélin ou de parchemin sur lesquels le dessin est indiqué par des fils; c'est ce qu'on appelle *point d'Angleterre*, *point de Venise*, *point de Bruxelles*, *point de France*, *point d'Argentan*, *point d'Alençon*. La *dentelle de fil de lin* se fait au fuseau sur le coussin.—La *blonde* ou *dentelle de soie blanche* se fabrique au fuseau et au coussin, comme la *dentelle* de fil. — La *dentelle de soie noire* se fabrique aussi au fuseau et au coussin, comme la *dentelle* de fil. — Ornement d'imprimerie, qui représente une *dentelle*. — T. de bot., espèce de champignon d'un beau blanc d'ivoire. — T. de relieur, petit dessin qui orne le bord des livres et le plat de la couverture. — Petit ornement présentant des ciselures ou des caractères tracés autour de la tête des pipes. — Pointes ou aiguilles qui forment les peignes du dominotier.—T. de metteur en œuvre, feston taillé en *dents* qui forme un cordon à la partie inférieure d'une sertissure. — On emploie aussi ce mot fig., pour exprimer la délicatesse et la légèreté des découpures qui font le principal ornement de l'architecture gothique. — Au plur., certains objets de parure faits de *dentelle* : *ma tante m'a laissé toutes ses dentelles*. — T. de joaillier, espèce de petit brillant dont les arêtes des biseaux sont rabattues par une simple facette. — T. d'hist. nat., nom spécifique d'une tortue.

DENTELLIER, subst. mas., au fém. **DENTELLIÈRE** (*dantèlié, lière*), celui ou celle qui vend ou fabrique des *dentelles*. On dit plus souvent : *marchand, fabricant de dentelles*.

DENTELURE, subst. fém. (*dantelure*), ouvrage de sculpture *dentelé*. — Dans l'usage ordinaire, chose faite ou découpée en forme de *dents*. — T. de bot., *les dentelures d'une feuille*. — T. d'anat., *les dentelures d'un muscle, d'un ligament*.

DENTICULE ou **DENTELET**, subst. mas. (*dantikule, dentelè*), t. d'archit., ornement qui consiste en plusieurs petites pièces coupées carrément et également. — Le carré sur lequel on taille les *denticules*. (L'*Académie* ne donne pas de sing. à ce mot.)

DENTICULÉ, E, adj. (*dantikulé*), t. de blas.: *écu denticulé*, dont la bordure a des *dents* faites comme les *denticules*.

DENTIDIE, subst. fém. (*dantidi*), t. de bot., genre de plantes herbacées, de la famille des labiées.

DENTIER, subst. mas. (*dantié*), rang de *dents*. Nous ne comprenons pas pourquoi ce mot, que nous lisons partout, n'est pas plus en usage que l'ignoble mot de *râtelier*, dont tout le monde s'obstine à se servir. — En chir., plaque de métal sur laquelle sont montées les *dents* qui manquent.

DENTIFORME, adj. des deux genres (*dantiforme*) (du lat. *dens*, gén. *dentis*, dent, et *forma*, forme), se dit, en bot. et en hist. nat., des parties qui sont en *forme* de *dents*.

DENTIFRICE, subst. mas. (*dantifrice*) (en lat. *dentifricium*, fait de *dentis*, gén. de *dens*, dent, et de *fricare*, frotter), substance propre à frotter et à nettoyer les *dents*. — Il est aussi adj. des deux genres : *remède dentifrice*; *poudre dentifrice*.

DENTILLAC, subst. mas. (*danti-iak*), t. de bot., nom qu'on donne en certains endroits au spare *denté*.

DENTIROSTRE, adj. des deux genres et subst. mas. (*dantirocetre*) (du lat. *dentis*, gén. de *dens*, dent, et *rostrum*, bec), t. d'hist. nat., nom d'oiseaux à bec *dentelé*.

DENTISCALPIUM, subst. mas. (*dantieckalpiome*), (du lat. *dentis*, gén. de *dens*, dent, et *scalpere*, gratter), se dit des instruments qui servent à nettoyer et à déchausser les *dents*. Voy. DÉCHAUSSOIR qui est du moins français.

DENTISTE, subst. et adj. mas. (*danticete*), chirurgien qui s'occupe de ce qui concerne les *dents*.

DENTITION, subst. fém. (*danticion*), sortie naturelle des *dents*.

DENTURE, subst. fém. (*danture*), ordre dans lequel les *dents* sont rangées. — En t. d'horloger, le nombre de *dents* que l'on donne à chaque roue.

DÉNUDATION, subst. fém. (*dénudácion*) (en lat. *denudatio*, fait de *denudare*, dérivé de *nudus*, nu), t. de chir., état d'un os mis à *nu*. — État de *nudité*.

DÉNUDÉS, subst. mas. plur. (*dénudé*), t. d'hist. nat., famille de crustacés.

DÉNUÉ, E, part. pass. de *dénuer*, et adj., dépourvu : *dénué de biens, de secours*; et au fig., *dénué d'esprit, d'agréments*, etc. — DÉNUÉ, DÉPOURVU. (*Syn.*) *Dénué* diffère de *dépourvu* : 1° en ce que *dénué*, qui à la rigueur exprime la *nudité*, marque un dépouillement ou plutôt une privation entière et absolue; tandis que *dépourvu* n'exprime, à la lettre, qu'un manque ou une disette plus ou moins grande par le défaut de *provisions*, de moyens : *l'homme dénué de biens est dans la misère*; *l'homme dépourvu est dans le besoin*; 2° en ce que *dénué* demande nécessairement après lui un régime; et que *dépourvu* laisse quelquefois son régime sous-entendu, comme étant assez annoncé par la contexture de la phrase; 3° en ce que *dénué* ne se dit qu'au figuré, et que *dépourvu* se dit également au figuré et au propre.

DÉNUEMENT et **DÉNÛMENT**, subst. mas. (*dénûman*) (en lat. *denudatio*), dépouillement, privation, misère. — Nous ferons observer que l'*Académie* de 1835, qui écrit *dénouement* et *dénoûment*, n'écrit que *dénûment*. Il faudrait tout au moins se montrer conséquent avec soi-même.

DÉNUER, v. act. (*dénué*) (en lat. *denudare*, fait de *nudus*, nu), dégarnir, dépouiller, priver de toutes les choses qui sont regardées comme nécessaires. — *se* DÉNUER, v. pron.

DÉNÛMENT, orthographe de l'*Académie*. Voyez DÉNUEMENT.

DÉOLS, subst. propre mas. (*dé-ol*), bourg du Berri, dép. de l'Indre.

DÉPAQUETÉ, E, part. pass. de *dépaqueter*.

DÉPAQUETER, v. act. (*dépaketé*), défaire un *paquet*. — *se* DÉPAQUETER, v. pron.

DÉPARAGÉ, E, part. pass. de *déparager*.

DÉPARAGER, v. act. (*déparajé*) (de la particule privative *dé*, et du latin *par*, gén. *paris*, pareil, semblable), t. de jurispr., marier une fille à une personne de condition inégale. — *se* DÉPARAGER, v. pron. (*Boiste*.) Vieux et hors d'usage.

DÉPARÉ, E, part. pass. de *déparer*.

DÉPAREILLÉ, E, part. pass. de *dépareiller*. — On dit qu'*un exemplaire est dépareillé*, lorsque tous les volumes d'un ouvrage ne sont pas de la même édition, ou qu'il y manque un ou plusieurs volumes, ou encore que la reliure ou le format n'est plus le même.

DÉPAREILLER, v. act. (*dépareyé*) (de la particule *dé*, qui marque éloignement, séparation, et de l'adjectif *pareil*), séparer deux choses *pareilles*; ôter le *pareil*. — *se* DÉPAREILLER, v. pron.

DÉPARER, v. act. (*déparé*), ôter ce qui *pare* : *déparer un autel*. — Rendre moins agréable : *ce défaut dépare ses bonnes qualités*; *ce bâtiment dépare votre propriété*. — On dit au fig., dans le même sens : *de légères taches ne suffisent pas pour déparer un ouvrage si beau*; *voilà un trait qui ne déparerait pas la vie d'un grand homme*. — On dit aussi fig., *déparer la marchandise*; c'est choisir le dessus d'un panier de fruits ou d'autres denrées, prendre ce qu'il y a de plus beau. — *se* DÉPARER, v. pron.

DÉPARIÉ, E, part. pass. de *déparier*.

DÉPARIER, v. act. (*déparié*), ôter l'une des deux choses qui font une *paire* : *déparier des gants, des souliers*, etc. — Séparer l'un de l'autre le mâle et la femelle de quelques animaux : *déparier des pigeons*. — Il se dit aussi des chevaux de voiture de différent poil, de différente taille, etc., qu'on ne trouve pas à propos d'atteler ensemble à un même carrosse. — *se* DÉPARIER, v. pron.

DÉPARLÉ, part. pass. de *déparler*.

DÉPARLER, v. neut. (*déparlé*), cesser de *parler*. Il ne s'emploie qu'avec la négative : *quel rude causeur! il ne déparle pas*. — *sans déparler*, loc. adv., sans cesser de *parler*. Voy. DÉCESSER.

DU VERBE IRRÉGULIER DÉPARTIR :

Dépars, 2e pers. sing. impér.
Dépars, précédé de *je*, 1re pers. sing. prés. indic.
Dépars, précédé de *tu*, 2e pers. sing. prés. indic.
Départ, 3e pers. sing. prés. indic.

DÉPART, subst. mas. (*dépar*, le *t* final ne se prononce jamais), action de *partir* : *le jour du départ*; *le départ du courrier*. — *Être sur son départ*, style fam., être prêt de *partir*. — En t. de chim., généralement, opération par laquelle on sépare deux substances métalliques qui étaient unies, mêlées ensemble. On dit : *faire le départ*; *eau de départ*. — En t. d'orfèvrerie, séparation qui se fait de l'or et de l'argent par le moyen de l'acide nitrique, ou de l'acide sulfurique.

DÉPARTAGÉ, E, part. pass. de *départager*.

DÉPARTAGER, v. act. (*départajé*), t. de palais : ôter le *partage*, lever le *partage* d'opinions qui s'était formé entre des juges, des arbitres ou des consultants. — *se* DÉPARTAGER, v. pron.

DU VERBE IRRÉGULIER DÉPARTIR :

Départaient, 3e pers. plur. imparf. indic.
Départais, précédé de *je*, 1re pers. sing. imparf. indic.
Départais, précédé de *tu*, 2e pers. sing. imparf. indic.
Départait, 3e pers. sing. imparf. indic.
Départant, part. prés.

Départe, précédé de *que je*, 1re pers. sing. prés. subj.

Départe, précédé de *qu'il* ou *qu'elle*, 3e pers. sing. prés. subj.

DÉPARTEMENT, subst. mas. (*départeman*) (du lat. *partiri*, partager, diviser), distribution : *le département des quartiers*, en parlant des troupes. — En parlant des différentes affaires d'état, on dit : *le département de la guerre*, *de la marine*, etc. — Il se dit aussi, surtout dans la marine, des lieux *départis* et distribués : *le département de Brest*, *de Toulon*; *tous les officiers ont eu l'ordre de se rendre à leur département*. — Partie du royaume de France administrée par un préfet : *le département de la Seine*, *du Rhône*, etc. — Hôtel d'un *département*. — Pendant la révolution, la constitution de 1791 avait subdivisé les *départements* en *districts*; celle de 1795 les avait distribués immédiatement en *cantons*; celle de l'an VIII les a divisés en *arrondissements*, chacun desquels est divisé en *cantons* et en *communes*. Par *département*, on entendait aussi, sous la constitution de 1795 : 1° l'assemblée administrative, l'administration centrale de chaque section principale de la France, composée de cantons; 2° le lieu où les membres de cette administration tenaient leurs séances. — Il s'emploie d'une manière absolue en parlant des provinces : *cette maison fait beaucoup d'envois dans les départements*; *nous visiterons Paris* (la capitale) *et les départements*.

DÉPARTEMENTAL, **E**, adj. (*départemantal*), qui a rapport au *département* : *administration départementale*. — Au plur. mas., *départementaux*.

DU VERBE IRRÉGULIER DÉPARTIR :

Départent, précédé de *ils* ou *elles*, 3e pers. plur. prés. indic.

Départent, précédé de *qu'ils* ou *qu'elles*, 3e pers. plur. prés. subj.

Départes, 2e pers. sing. prés. subj.

DÉPARTEUR, subst. mas. (*départeur*), t. de chimie, il se dit de ceux qui font l'opération chimique appelée *départ* : *un départeur d'or*.

DU VERBE IRRÉGULIER DÉPARTIR :

Départez, 2e pers. plur. impér.

Départez, précédé de *vous*, 2e pers. plur. prés. indic.

DÉPARTI, **E**, part. pass. de *départir*. — On a appelé anciennement *commissaires départis*, des intendants de provinces.

DÉPARTIE, subst. fém. (*départi*), départ. — Séparation. — Ce mot est vieux : *Blanche* disait en pleurant : *Beau*, *très-doux fils*, *que sera-ce? comment pourra mon cœur souffrir la départie de vous et de moi?* (ANONYME. *Vie de saint Louis*.) On trouve encore ce mot dans cette ancienne chanson :

Cruelle *départie*,
Malheureux jour!
Que ne suis-je sans vie
Ou sans amour!

DU VERBE IRRÉGULIER DÉPARTIR :

Départiez, précédé de *vous*, 2e pers. plur. imparf. indic.

Départiez, précédé de *que vous*, 2e pers. plur. prés. subj.

Départîmes, 1re pers. plur. prét. déf.

Départions, précédé de *nous*, 1re pers. plur. imparf. indic.

Départions, précédé de *que nous*, 1re pers. plur. prés. subj.

DÉPARTIR, v. act. (*départir*) (du lat. *partiri*, partager), donner; distribuer. — Partager : *cela a été départi entre tous les habitants*. — *se* DÉPARTIR, v. pron., se désister : *il s'est départi de sa demande*. — En parlant des devoirs, des règles : s'en écarter. Il s'emploie ordinairement avec la négative : *il ne s'est jamais départi de son devoir*.

DU VERBE IRRÉGULIER DÉPARTIR :

Départira, 3e pers. sing. fut. indic.

Départirai, 1re pers. sing. fut. indic.

Départiraient, 3e pers. plur. prés. cond.

Départirais, précédé de *je*, 1re pers. sing. prés. cond.

Départirais, précédé de *tu*, 2e pers. sing. prés. cond.

Départirait, 3e pers. sing. prés. cond.

Départiras, 2e pers. sing. fut. indic.

Départirent, 3e pers. plur. prét. déf.

Départirez, 2e pers. plur. fut. indic.

Départiriez, 2e pers. plur. prés. cond.

Départirions, 1re pers. plur. prés. cond.

Départirons, 1re pers. plur. fut. indic.

Départiront, 3e pers. plur. fut. indic.

Départis, précédé de *je*, 1re pers. sing. prét. déf.

Départis, précédé de *tu*, 2e pers. sing. prét. déf.

Départisse, 1re pers. sing. imparf. subj.

Départissent, 3e pers. plur. imparf. subj.

Départisses, 2e pers. sing. imparf. subj.

Départissiez, 2e pers. plur. imparf. subj.

Départissions, 1re pers. plur. imparf. subj.

Départit, précédé de *il* ou *elle*, 3e pers. sing. prét. déf.

Départît, précédé de *qu'il* ou *qu'elle*, 3e pers. sing. imparf. subj.

Départîtes, 2e pers. plur. prét. déf.

Départons, 1re pers. plur. impér.

Départons, précédé de *nous*, 1re pers. plur. prés. indic.

DÉPASSÉ, **E**, part. pass. de *dépasser*.

DÉPASSER, v. act. (*depâcé*), retirer un ruban, un cordon, etc., qu'on avait *passé* dans un œillet, dans une ganse. — Passer au-delà : *ce vaisseau dépassa bientôt le nôtre*; et au fig. : *dépasser les bornes*, etc. — Fig. et par extension : *il a dépassé nos espérances*, il a fait plus qu'on n'attendait de lui; *vous avez dépassé nos ordres*; *cet élève a promptement dépassé ses condisciples*. — Excéder, être plus long, plus haut, etc. : *il ne faut pas qu'une ligne dépasse l'autre*. — *se* DÉPASSER, v. pron. : *ils se dépassèrent tour-à-tour*.

DÉPÂTISSÉ, **E**, part. pass. de *dépâtisser*.

DÉPÂTISSER, v. act. (*dépâticé*), t. d'imprimerie; mettre en ordre des caractères tombés en *pâte*, pour les distribuer ou en faire des paquets.

DÉPAVÉ, **E**, part. pass. de *dépaver*.

DÉPAVER, v. act. (*dépavé*), ôter le *pavé*. Il ne se dit point du *pavé* qu'on ôte, mais des lieux d'où on l'ôte. — *se* DÉPAVER, v. pron.

DÉPAYSÉ, **E**, part. pass. de *dépayser*.

DÉPAYSER, v. act. (*dépé-izé*), tirer quelqu'un de son *pays*, et, par extension, d'un lieu où il a du crédit ou des habitudes. — Au fig., donner de fausses idées à quelqu'un, à dessein de le tromper, de l'amuser; détourner son esprit de ce qui pourrait le conduire à deviner ce qu'on veut tenir caché. — *se* DEPAYSER, v. pron.; au propre, sortir de son *pays*. Peu usité. — Au fig., changer ses habitudes, ses manières. — *se trouver dépaysé*, se trouver hors de sa sphère.

DÉPECÉ, **E**, part. pass. de *dépecer*.

DÉPÈCEMENT, subst. mas. (*dépèceman*), action de *dépecer*.

DÉPECER, v. act. (*dépecé*), mettre en *pièces*, en morceaux. — *se* DÉPECER, v. pron.

DÉPECEUR, subst. mas.; au fém. **DÉPECEUSE** (*dépeceur*, *ceuze*), qui sait *dépecer*. — Subst mas. seulement : marchand qui achette les bateaux hors de service et qui les *dépèce*. (Trévoux.)

DÉPÊCHE, subst. fém. (*dépêche*), lettre sur les affaires publiques : *il a reçu sa dépêche* ou *ses dépêches*. — *Travailler à dépêche compagnon*, travailler vite.

DÉPÊCHÉ, **E**, part. pass. de *dépêcher*.

DÉPÊCHER, v. act. (*dépêché*) (du lat. barbare *depediscare*, comme *empêcher* a été fait de *impediscare*, formé de *impedere* : ce mot *depediscare* s'est dit pour *depedire* ou *expedire*. Ménage); en parlant des choses, expédier, hâter, faire promptement : *il faut dépêcher cet ouvrage*. On a dit fam. sans article : *dépêcher besogne*. — On l'emploie aussi neut. dans le langage fam. : *dépêchons*, *dépêchez*. Voy. HÂTER. — En parlant des personnes, envoyer avec diligence porter des ordres : *dépêcher un courrier*. — Fig. et fam., *dépêcher quelqu'un*, s'en défaire en le tuant. — *se* DÉPÊCHER, v. pron., se hâter.

DÉPEÇOIR, subst. mas. (*dépeçoar*), outil qui sert à *dépecer*.

DÉPÉDANTISÉ, **E**, part. pass. de *dépédantiser*.

DÉPÉDANTISER, v. act. (*dépédantizé*), ôter la *pédanterie*. — *se* DÉPÉDANTISER, v. pron., devenir plus poli : cesser d'être *pédant*.

DU VERBE IRRÉGULIER DÉPEINDRE :

Dépeignaient, 3e pers. plur. imparf. indic.

Dépeignais, précédé de *je*, 1re pers. sing. imparf. indic.

Dépeignais, précédé de *tu*, 2e pers. sing. imparf. indic.

Dépeignait, 3e pers. sing. imparf. indic.

Dépeignant, part. prés.

Dépeigne, précédé de *que je*, 1re pers. sing. prés. subj.

Dépeigne, précédé de *qu'il* ou *qu'elle*, 3e pers. sing. prés. subj.

Dépeignent, précédé de *ils* ou *elles*, 3e pers. plur. prés. indic.

Dépeignent, précédé de *qu'ils* ou *qu'elles*, 3e pers. plur. prés. subj.

Dépeignes, précédé de *que tu*, 2e pers. sing. prés. subj.

Dépeignez, 2e pers. plur. impér.

Dépeignez, précédé de *vous*, 2e pers. plur. prés. indic.

Dépeigniez, précédé de *vous*, 2e pers. plur. imparf. indic.

Dépeigniez, précédé de *que vous*, 2e pers. plur. prés. subj.

Dépeignîmes, 1re pers. plur. prét. déf.

Dépeignions, précédé de *que nous*, 1re pers. plur. prés. subj.

Dépeignirent, 3e pers. plur. prét. déf.

Dépeignis, précédé de *je*, 1re pers. sing. prét. déf.

Dépeignis, précédé de *tu*, 2e pers. sing. prét. déf.

Dépeignisse, 1re pers. sing. imparf. subj.

Dépeignissent, 3e pers. plur. imparf. subj.

Dépeignisses, 2e pers. sing. imparf. subj.

Dépeignissiez, 2e pers. plur. imparf. subj.

Dépeignissions, 1re pers. plur. imparf. subj.

Dépeignit, précédé de *il* ou *elle*, 3e pers. sing. prét. déf.

Dépeignît, précédé de *qu'il* ou *qu'elle*, 3e pers. sing. imparf. subj.

Dépeignîtes, 2e pers. plur. prét. déf.

Dépeignons, 1re pers. plur. impér.

Dépeignons, précédé de *nous*, 1re pers. plur. prés. indic.

Dépeindra, 3e pers. sing. fut. indic.

Dépeindrai, 1re pers. sing. fut. indic.

Dépeindraient, 3e pers. plur. prés. cond.

Dépeindrais, précédé de *je*, 1re pers. sing. prés. cond.

Dépeindrais, précédé de *tu*, 2e pers. sing. prés. cond.

Dépeindrait, 3e pers. sing. prés. cond.

Dépeindras, 2e pers. sing. fut. indic.

DÉPEINDRE, v. act. (*dépeindre*) (en lat. *depingere*, fait de *pingere*, peindre), on ne le dit plus au propre, dont le sens était : représenter avec le *pinceau*. — C'est aujourd'hui : décrire et représenter par le discours : *dépeindre le caractère*, *les actions de quelqu'un*. — *se* DÉPEINDRE, v. pron.

DU VERBE IRRÉGULIER DÉPEINDRE :

Dépeindrez, 2e pers. plur. fut. indic.

Dépeindriez, 2e pers. plur. prés. cond.

Dépeindrions, 1re pers. plur. prés. cond.

Dépeindrons, 1re pers. plur. fut. indic.

Dépeindront, 3e pers. plur. fut. indic.

Dépeins, 2e pers. sing. impér.

Dépeins, précédé de *je*, 1re pers. sing. prés. indic.

Dépeins, précédé de *tu*, 2e pers. sing. prés. indic.

Dépeint, 3e pers. sing. prés. indic.

DÉPEINT, **E**, part. pass. de *dépeindre*.

DÉPENAILLÉ, **E**, adj. (*dépenâ-ié*) (du vieux mot *penaillon*, qui signifiait *haillon*, et qui avait été fait du lat. *peniculamentum*, lambeau, guenille), déguenillé, couvert de haillons. Fam. — Mis négligemment, de manière que les différentes parties de l'habillement ne paraissent pas tenir ensemble. — On dit fig. et fam., d'une personne dont la figure est flétrie, que *sa figure est bien dépenaillée*.

DÉPENAILLEMENT, subst. mas. (*dépenâ-ieman*), style fam.; état d'une personne *dépenaillée*.

DÉPENDAMMENT, adv. (*dépandaman*), d'une manière *dépendante*.

DÉPENDANCE, subst. fém. (*dépandance*), sujétion, subordination : *les enfants sont dans la dépendance de leur père*. — On dit d'une terre qui *dépend* ou relève d'une autre, qu'*elle est de sa dépendance*, et non pas *dans sa dépendance*. — Au plur., ce qui fait partie d'un héritage, d'une maison, etc. — T. de jurispr., *appartenances et dépendances*. — Il se dit encore des rapports qui lient certaines choses, certains êtres, et les rendent nécessaires les uns aux autres : *l'étroite dépendance qui unit toutes nos facultés*.

DÉPENDANT, **E**, adj. (*dépandan*, *dante*), qui *dépend*. — Qui relève d'autre chose. — En mar. : *tomber en dépendant*, arriver à petites voiles. — On dit aussi dans le même sens : *venir en dépendant*, *gouverner en dépendant*, *porter en dépendant*.

DÉPENDRE, v. act. (*dépandre*), (en lat. *dependere*), ôter une chose qui est *pendue* ou attachée à quelque croc ou crampon. — Dépenser. En ce sens il est vieux, et ne s'emploie plus que dans cette expression prov. : *je suis à vous à pendre et à dépendre*. (Dans cette seconde acception, du lat. *depen ere*, dépenser.) — V. neut. (en lat. *dependere*, être dans la *dépendance*, sous l'autorité de... — Relever : *cette terre dépend de telle autre.* — Provenir : *l'effet dépend de la cause.* Dans ce sens il s'entend aussi de ce qui est laissé à la volonté, au caprice de quelqu'un : *vous ne dépendez ici que de vous-même ; ah! si la chose dépendait de moi !* — S'ensuivre, dériver, découler : *cette démonstration dépend d'un tel principe.* — Faire partie de quelque chose, y appartenir : *j'ai cédé l'établissement avec tout ce qui en dépendait.* — V. unipers. : *il ne dépend que de moi de...*, il ne tient qu'à moi, il est en mon pouvoir de...

DÉPENDU, E, part. pass. de *dépendre*.

DÉPENS, subst. mas. plur. (*dépan*) (en lat. *dispendium*, fait de *dispendere*, dispenser, ou de *expensum*, dépense), t. de prat., frais, ce qu'on a déboursé dans la poursuite d'une affaire, d'un procès, etc. — On appelle *dépens compensés*, ceux qui ne peuvent être répétés de part ni d'autre; *dépens réservés*, ceux sur lesquels le juge a remis à faire droit, soit après que l'on aura rempli quelque préalable, soit lorsqu'on jugera le fond. — Au fig. : *faire la guerre à ses dépens*, c'est faire, dans l'exercice d'un emploi ou dans la poursuite d'une affaire, des avances ou des frais auxquels on n'est pas obligé, et dont on ne prévoit pas pouvoir se faire rembourser. — *Vivre aux dépens d'autrui; vivre aux dépens du public*, s'enrichir aux dépens du public. — *Se divertir aux dépens d'autrui*, c'est s'amuser en le tournant en ridicule. — *Faire quelque chose aux dépens de son honneur, de sa conscience, de sa réputation*, c'est faire une action qui blesse l'honneur, la conscience, qui nuit à la réputation. — *Servir quelqu'un aux dépens de son sang, aux dépens de sa vie*, sacrifier sa vie pour le service de quelqu'un. *Racine* a dit, dans *Iphigénie* :

Moi je voulais partir *aux dépens de ses jours!*

— On dit fam. : *gagner ses dépens*, compenser les dépenses que l'on occasionne par les avantages que l'on procure. — *Devenir sage à ses dépens*, recevoir quelque leçon sévère de l'expérience et en profiter.

DÉPENSE, subst. fém. (*dépance*) (du lat. *expensum*, fait, dans la même signification, de *pendere, pendo*, peser, parce que les anciens Romains pesaient la monnaie qu'ils donnaient ou recevaient en paiement. Voy. AS.), argent qu'on emploie à quoi que ce puisse être. — Article d'un compte qui contient ce qui a été déboursé par celui qui le rend. — Lieu où, dans les maisons particulières, on serre ordinairement le fruit, la vaisselle et le linge qui servent pour la table. On le nomme *office* dans les grandes maisons. — Sur les vaisseaux, la cambuse, l'endroit où se fait la distribution des vivres à chaque repas. — *Dépense sourde*, secrète et qui ne paraît point. — *Faire la dépense*, être chargé du détail de tout ce qui se *dépense* dans une maison. — *Faire de la dépense*, dépenser beaucoup. — *Se mettre en dépense*, faire une dépense extraordinaire. — On dit fig. et fam. : *faire une grande dépense d'esprit*, pour dire, étaler de l'esprit mal à propos. — T. d'hydraul., *dépense du réservoir* ou *d'un jet*, la quantité d'eau que ce réservoir ou ce jet fournit par un ajutage et en un temps donné.

DÉPENSÉ, E, part. pass. de *dépenser*.

DÉPENSER, v. act. (*dépancé*) (en lat. *dependere* ou *dispendere*), employer de l'argent à quelque chose. — Il s'emploie souvent au neutre : *dépenser en habits, en bijoux*, etc. — SE DÉPENSER, v. pron.

DÉPENSIER, adj. et subst. mas., au fém. DÉPENSIÈRE (*dépancié, cière*), personne qui aime à *dépenser*. — Celui qui fait la *dépense* dans une maison religieuse ou dans un vaisseau. — On dit de même, dans les maisons de filles : *la dépensière*, ou adj. *la sœur dépensière*.

DÉPENSIÈRE, subj. et adj. fém. Voy. DÉPENSIER.

DÉPERDITION, subst. fém. (*dépèredicion*) (du lat. *deperdere*, perdre entièrement), perte, dissipation : *déperdition de substance*.

DÉPÉRI, E, part. pass. de *dépérir*.

DÉPÉRIR, v. neut. (*dépérire*) (en lat. *deperire*), diminuer, se ruiner, devenir plus faible, de moindre valeur. Il prend *être* ou *avoir* pour auxiliaire. — T. de jurispr. : *les preuves dépérissent par la longueur du temps.* — On dit fig., de créances qui deviennent difficiles à recouvrer : *ces créances dépérissent*.

DÉPÉRISSEMENT, subst. mas. (*dépériceman*), état d'une chose qui commence à diminuer, à périr et à se détériorer.

DÉPERSUADÉ, E, part. pass. de *dépersuader*.

DÉPERSUADER, v. act. (*dépèreçuadé*), détruire la persuasion où l'on est de quelque chose. — Ce verbe ne se trouve pas dans le *Dictionnaire de l'Académie*. Il est vieux et cependant utile. — SE DÉPERSUADER, v. pron.

DÉPÊTRÉ, E, part. pass. de *dépêtrer*.

DÉPÊTRER, v. act. (*dépêtré*) (de la particule extractive *dé*, et de *petra*, qui, en latin, signifie *pierre*, comme qui dirait *tirer d'entre les pierres*), se dit au propre des pieds quand ils sont embarrassés : *dépêtrer un cheval qui s'est embarrassé dans ses traits.* — SE DÉPÊTRER, v. pron., fig. et fam., se défaire, se débarrasser : *se dépêtrer d'un importun ; se dépêtrer d'un bourbier*.

DÉPEUPLÉ, E, part. pass. de *dépeupler*.

DÉPEUPLEMENT, subst. mas. (*dépeupleman*), action par laquelle on *dépeuple*. — État d'un pays *dépeuplé*.

DÉPEUPLER, v. act. (*dépeuplé*), dégarnir un pays d'habitants ; en diminuer extrêmement le nombre. — On dit, par extension, *dépeupler un étang*, en ôter la plus grande partie du poisson; *dépeupler un pays de gibier, une garenne de lapins*, etc. — *Dépeupler une forêt*, retrancher une partie du plant. Voy. PEUPLER, dont *dépeupler* est le contraire. — SE DÉPEUPLER, v. pron.

DÉPHLEGMATION, subst. fém. (*déflèguemácion*) (de la particule extractive *dé*, et de *phlegme*, fait du grec φλεγμα), t. de chim., opération chimique par laquelle on enlève à une substance sa partie *phlegmatique* ou aqueuse.

DÉPHLEGMÉ, E, part. pass. de *déphlegmer*, et adj., qui a perdu son *phlegme*.

DÉPHLEGMER, v. act. (*déflèguemé*), t. de chim., enlever à une substance sa partie *phlegmatique* ou aqueuse. — SE DÉPHLEGMER, v. pron.

DÉPHLOGISTIQUÉ, adj. des deux genres (*déflojicetike*) (de la particule privative *dé*, et du grec φλογιστος, brûlé, enflammé; *privé* ou *dégagé de toute matière inflammable*), t. de chim. : *air déphlogistiqué*, nom donné, lors de sa découverte, au fluide appelé depuis *gaz oxygène* ou *air vital*.

DÉPICAGE, subst. mas. (*dépikaje*), action de séparer le grain de l'épi. Voy. DÉPIQUER.

DÉPIÉ, subst. mas. (*dépié*), t. de jurispr., autrefois le démembrement d'un fief. Vieux.

DÉPIÉCÉ, E, part. pass. de *dépiécer*.

DÉPIÉCEMENT, subst. mas. (*dépièceman*), état d'une chose *dépiécée*.

DÉPIÉCER, v. act. (*dépiécé*), démembrer. — SE DÉPIÉCER, v. pron.

DÉPILATIF, adj. mas., au fém. DÉPILATIVE (*dépilatife, tive*) (du lat. *pilus*, poil), qui fait tomber le *poil*. — Il se prend aussi subst. : *un dépilatif*.

DÉPILATION, subst. fém. (*dépilácion*), action de *dépiler*, ou l'effet de cette action.

DÉPILATIVE, adj. fém. Voy. DÉPILATIF.

DÉPILATOIRE, subst. mas. (*dépilatoare*), drogue ou pâte qui sert à *dépiler*.

DÉPILÉ, E, part. pass. de *dépiler*.

DÉPILER, v. act. (*dépilé*) (en lat. *depilare*, fait de la particule extractive *dé*, et de *pilus*, poil), faire tomber le *poil* avec des *dépilatoires*. En parlant d'un animal, perdre son *poil*; cependant on dit plus souvent et mieux *épiler*. — SE DÉPILER, v. pron.

DÉPINGLÉ, E, part. pass. de *dépingler*.

DÉPINGLER, v. act. (*dépeinguelé*), enlever les *épingles* d'un ouvrage tendu par les bords. Inus. — SE DÉPINGLER, v. pron.

DÉPIQUÉ, E, part. pass. de *dépiquer*.

DÉPIQUER, v. act. (*dépikié*), ôter la *pique*, la herse. — Défaire les *piqûres* d'une étoffe. — Faire qu'on ne soit plus *piqué*. Il est familier. — Faire marcher les animaux sur les gerbes. Voy. DÉPICAGE. — SE DÉPIQUER, v. pron., cesser d'être fâché. (*Voltaire*.)

DÉPISTÉ, E, part. pass. de *dépister*, et adj. — *Beaumarchais* a dit fig., dans son *Barbier de Séville* : *vous seriez bientôt reconnu, ma foi! bientôt dépisté*.

DÉPISTER, v. act. (*dépicetè*), t. de chasse, découvrir la trace, les *pistes* d'un animal qu'on chasse : *dépister le gibier, un lièvre.* — Découvrir ce qu'on veut savoir en suivant les *pistes* de quelqu'un, en épiant ses démarches. — SE DÉPISTER, v. pron.

DÉPIT, subst. mas. (*dépi*) (suivant *Caseneuve* et *Ménage*, du lat. *defectus*, qui signifie proprement *mépris*; parce que, disent-ils, ce sentiment entre toujours pour quelque chose dans le *dépit* : ils ajoutent que *dépiter* signifiait anciennement *mépriser*), mouvement mêlé de colère et qui dure peu. — *En dépit de...*, loc. prép., malgré : *écrire en dépit du bon sens*, fort mal. — *Faire des vers en dépit de Minerve*, faire de méchants vers. — On dit fam., d'une chose qui réussit sans qu'on en prenne soin, qu'*elle croît par dépit*. — *Faire quelque chose en dépit du bon sens, du sens commun*, le faire très-mal.

DÉPITÉ, E, part. pass. de *dépiter*.

DÉPITER, v. act. (*dépité*), causer du *dépit* du chagrin à quelqu'un : *cette perte l'a dépité; ne dépitez pas cet enfant.* — SE DÉPITER, v. pron., se fâcher, se mutiner; agir par *dépit*.

DÉPITEUX, adj. mas., au fém. DÉPITEUSE (*dépiteu, teuze*), mutin, méchant, maussade, qui se *dépite* aisément. Vieux et même hors d'usage.

DÉPLACÉ, E, part. pass. de *déplacer*, et adj., ôter de sa *place*. — En parlant des personnes, mal placé ou placé dans un poste qui ne lui convient pas : *cet homme sera déplacé dans un pareil emploi; quittez cette société, vous y êtes déplacé.* — En parlant des choses, peu convenable : *action, conduite déplacée; les propos de ce jeune homme étaient fort déplacés*.

DÉPLACEMENT, subst. mas. (*déplaceman*), action de *déplacer* ou de *se déplacer*.

DÉPLACER, v. act. (*déplacé*), ôter une chose de sa *place*. — Ôter à quelqu'un son emploi. — SE DÉPLACER, v. pron., changer de *place*, de demeure.

DÉPLAIRE, v. neut. (*déplère*), ne *plaire* pas, être désagréable : *il m'a déplu à la première vue, cette femme n'est pas belle, mais elle ne déplaît pas.* — Fâcher, donner du chagrin : *votre conduite déplaît à tout le monde.* — On dit unipers. : *il lui déplaît fort de...; il me déplaît seulement que...* — *Ne vous déplaise, ne vous en déplaise, n'en déplaise à...*, locutions familières qu'on emploie pour ne pas admettre ce qu'avance une autre personne, pour ne pas consentir à ce qu'elle veut : *il n'en sera rien, ne vous déplaise; nous irons pourtant, ne vous en déplaise.* — SE DÉPLAIRE, v. pron., s'ennuyer, se chagriner, s'attrister. Il se dit des hommes, des animaux, et fig., des plantes : *ces plantes se déplaisent en cet endroit*, le sol ou l'exposition de ce lieu ne leur convient pas.

DÉPLAISANCE, subst. fém. (*déplèzance*), répugnance, dégoût : *prendre quelqu'un en déplaisance*. Peu usité.

DÉPLAISANT, E, adj. (*déplèzan, zante*), qui *déplaît*, qui chagrine; désagréable : *figure déplaisante; il est déplaisant de perdre tout*.

DÉPLAISIR, subst. mas. (*déplèzir*) (de la particule extractive *dé*, et du mot *plaisir*), chagrin, douleur d'esprit, affliction. — Mécontentement.

DE PLANO, loc. adv. (*déplâno*), t. de jurispr., mots latins qui signifient, directement, de suite, sans qu'il y ait besoin de jugement.

DÉPLANTÉ, E, part. pass. de *déplanter*.

DÉPLANTER, v. act. (*déplanté*), arracher une chose *plantée* pour la *planter* ailleurs. — SE DÉPLANTER, v. pron.

DÉPLANTEUR, subst. mas. (*déplanteur*), celui qui *déplante*. Il est peu usité.

DÉPLANTOIR, subst. mas. (*déplantoar*), outil avec lequel on *déplante* des racines ou des plantes.

DÉPLÂTRÉ, E, part. pass. de *déplâtrer*.

DÉPLÂTRER, v. act. (*déplâtré*), ôter le *plâtre*. — SE DÉPLÂTRER, v. pron.

DÉPLAYÉ, E, part. pass. de *déplayer*.

DÉPLAYER, v. act. (*déplèié*), couvrir de *plaies*, faire des *plaies*, blesser. Vieux et même inus.

DÉPLÉTIF, adj. mas., au fém. DÉPLÉTIVE (*déplétife, tive*), t. de médec., se dit de certains remèdes qui ont la propriété de diminuer la quantité des liquides du corps. — Il est aussi subst. mas. : *les déplétifs*.

DÉPLÉTION, subst. fém. (*déplécion*), t. de médec., action de la saignée, qui *désemplit* les veines.

DÉPLÉTIVE, adj. fém. Voy. DÉPLÉTIF.

DÉPLIÉ, E, part. pass. de *déplier*.

DÉPLIER, v. act. (*déplié*), étendre une chose qui était *pliée* : *déplier du linge; déplier une serviette.* — *Déplier toute sa marchandise*, la montrer, l'étaler. — On l'emploie aussi quelquefois neutralement dans ce sens : *les marchands n'ont pu déplier de toute la journée, à cause de la pluie.* — SE DÉPLIER, v. pron.

DÉPLISSÉ, E, part. pass. de *déplisser*.

DÉPLISSER, v. act. (*déplicé*), ôter les *plis* : *déplisser une jupe*, etc. Il ne se dit que des plis faits à l'aiguille, et c'est en quoi il diffère de *déplier*. — SE DÉPLISSER, v. pron., perdre les *plis*; *cet habit se déplisse*.

DÉPLOIEMENT, subst. mas. *(déploéman)*, action de *déployer*. — État de ce qui est *déployé* : *le déploiement d'une étoffe, des bras, d'une armée; un grand déploiement de forces.*

DÉPLORABLE, adj. des deux genres *(déplorable)*, qui est à *déplorer* : *un état déplorable.* Il ne se dit que des choses, si ce n'est dans le style soutenu, et surtout en poésie. Ce n'est alors que fig., par extension, et au moyen d'une ellipse que l'esprit saisit facilement : *c'est une victime déplorable de la tyrannie; j'ai vu cette déplorable famille :*

> Vous voyez devant vous un prince *déplorable*,
> D'un téméraire orgueil exemple mémorable.
> (RACINE, *Phèdre.*)

Déplorable signifie dans ces phrases, qui doit être *pleuré*, dont on doit *déplorer* le sort. L'expression est claire autant que juste et harmonieuse.

DÉPLORABLEMENT, adv. *(déplorableman)*, d'une manière tragique et *déplorable.* — Il exprime aussi une sorte de pitié, accompagnée de mépris et d'improbation : *il écrit, il chante déplorablement.*

DÉPLORATION, subst. fém. *(déploràcion)*, pleurs, lamentations, regrets. Peu usité.

DÉPLORÉ, E, part. pass. de *déplorer.*

DÉPLORER, v. act. *(déploré)*, plaindre fort; avoir pitié. Il ne se dit que des choses. — On dit fig., au palais : *cette affaire est déplorée*, pour dire qu'il n'y a plus aucune espérance de la faire réussir. — *se* DÉPLORER, v. pron.

DÉPLOYÉ, E, part. pass. de *déployer*, et adj. : *rire à gorge déployée*, rire de toute sa force.

DÉPLOYER, v. act. *(déploé-ié)*, étendre, déplier : *déployer ses ailes; marcher enseignes déployées.* — Fig., faire montre, faire parade : *déployer son éloquence.* — *Déployer ses charmes*, les étaler. — En t. militaire : *déployer une armée*, lui faire occuper plus de terrain devant l'ennemi. — *Déployer la colonne*, passer de l'ordre en colonne à l'ordre de bataille. — *se* DÉPLOYER, v. pron.

DÉPLU, part. pass. du verbe *déplaire.* Ce participe ne pouvant jamais avoir de régime direct est toujours invariable : *la promenade lui a déplu; ces demoiselles se sont déplu.*

DÉPLUMÉ, E, part. pass. de *déplumer*, et adj. : *oiseau déplumé*, qui a perdu ses *plumes*; qui a mué.

DÉPLUMER, v. act. *(déplumé)*, ôter les *plumes.* — Au fig., dépouiller. — *se* DÉPLUMER, v. pron., perdre ses plumes; on dit *plumer*, pour ôter, arracher les plumes.

DE PLUS, adv. *(deplu)*, encore *plus*, en outre. Voy. PLUS.

DÉPOCHÉ, E, part. pass. de *dépocher.*

DÉPOCHER, v. act. *(dépoché)*, ôter de ses *poches.* Peu usité. — Pop., débourser.

DÉPOINTÉ, E, part. pass. de *dépointer.*

DÉPOINTER, v. act. *(dépoeinté)* : *dépointer une pièce d'étoffe*, couper les *points* qui soutiennent les plis en état. — *se* DÉPOINTER, v. pron.

DÉPOLI, E, part. pass. de *dépolir.*

DÉPOLIR, v. act. *(dépolir)*, ôter le *poli* d'une chose, en ôter l'éclat, en faire perdre l'éclat. — *se* DÉPOLIR, v. pron.

DÉPON., abréviation du mot *déponent.*

DÉPONENT, adj. et subst. mas. *(déponan)* (du lat. *deponens*, participe prés. de *deponere*, quitter; parce que les verbes *déponents*, en conservant la signification du verbe actif, en ont *quitté* les formes pour prendre celles du passif), se dit des verbes latins qui ont la terminaison passive et la signification active : *un déponent; un verbe déponent.*

DÉPONIBLE, adj. des deux genres *(déponible)*, qui peut être *déposé.* — Ce mot, qui se trouve dans quelques *dictionnaires*, est inusité.

DÉPOPULARISÉ, E, part. pass. de *dépopulariser.*

DÉPOPULARISER, v. act. *(dépopularizé)*, mot nouveau qui signifie, faire perdre l'affection du *peuple* : *sa participation aux affaires le dépopularise tous les jours.* — *se* DÉPOPULARISER, v. pron. : *on se dépopularise pour une peccadille comme pour un coup d'état; quand on connaît l'art de régner, on ne joue son crédit qu'à bonnes enseignes.* (Napoléon.)

DÉPOPULATION, subst. fém. *(dépopulàcion)* (en lat. *depopulatio*), état d'un pays *dépeuplé* ou qui se *dépeuple.*

DÉPORT, subst. mas. *(dépor)*, droit qu'avaient certains évêques de prendre la première année du revenu des églises paroissiales qui vaquaient par mort, en dédommagement du soin qu'ils prenaient d'y faire célébrer l'office divin. — Droit qu'un seigneur féodal avait de jouir de la première année du revenu d'un fief après la mort du possesseur. — *Sans déport*, sans délai, sur-le-champ. C'est un terme de palais.

DÉPORTATION, subst. fém. *(déportàcion)* (en lat. *deportatio*), sorte de bannissement en usage chez les Romains; on assignait à chacun un lieu pour sa demeure, avec défense d'en sortir, à peine de la vie : *la déportation fut introduite dans les lois romaines par Auguste.* — Chez nous la *déportation* consiste à être *transporté* et à demeurer à perpétuité dans un lieu déterminé par le gouvernement, hors du territoire continental de la France. Si le *déporté* rentre sur le territoire du royaume, il est, sur la seule preuve de son identité, condamné aux travaux forcés à perpétuité. Le *déporté* qui n'est pas rentré sur le territoire du royaume, mais qui est saisi dans des pays occupés par les armées françaises, est reconduit au lieu de sa *déportation.* (*Code pénal*, liv. I, chap. 1, art. 17.)

DÉPORTÉ, E, part. pass. de *déporter.*

DÉPORTEMENT, subst. mas. *(déporteman)* (de l'italien *portamento*, conduite, bonne ou mauvaise), conduite; mœurs; manière de vivre. Il se prend toujours en mauvaise part et ne se dit qu'au pluriel : *les déportements de Julie empoisonnèrent la vie d'Auguste.*

DÉPORTER, v. act. *(déporté)* (en lat. *deportare*, fait de la part. extractive *de*, et de *portare*, porter, transporter), bannir dans un lieu éloigné. Voy. DÉPORTATION. — *se* DÉPORTER, v. pron., se désister, se départir de... *il ne se déporte point de ce qu'il nous a dit; ses créanciers se sont déportés de leurs poursuites.* Dans ce dernier sens, il n'est presque usité qu'au palais.

DÉPOSANT, E, adj. *(dépozan, zante)*, qui *dépose* et affirme devant le juge. — Il est aussi substantif : *tous les déposants se sont accordés sur ce fait.* — *Plus n'en sait ledit déposant*, formule de palais, qui a passé dans le langage prov. et fam., pour exprimer qu'on ne peut dire, qu'on ne sait rien de plus sur un fait. Cette locution nous paraît être plus que surannée.

DÉPOSÉ, E, part. pass. de *déposer.*

DÉPOSER, v. act. *(dépôzé)* (en lat. *deponere*), poser une chose que l'on portait : *il commença par déposer son fardeau.* — Fig. et dans un sens analogue, se dépouiller : *il aimait à déposer sa grandeur en entrant chez ses amis; avant de franchir le seuil de ce temple, avez-vous déposé vos haines, vos ressentiments, vos passions?* — Destituer; ôter d'une dignité, d'un emploi : *on l'a déposé de sa charge.* — Quitter volontairement cet emploi, cette charge, les honneurs : *Sylla déposa la dictature.* — On dit fig. : *déposer le masque, le voile*, parler, agir franchement, à visage découvert. — Confier, remettre : *déposer entre les mains de... déposer ses secrets, sa douleur, ses projets dans le sein d'un ami.* — *Déposer son bilan*, se déclarer en faillite. — Mettre en *dépôt* : *déposer un corps dans une église*, etc. — En parlant d'une liqueur, laisser au fond du vase qui la contient des parties grossières et hétérogènes : *l'eau a déposé beaucoup de sable dans les plaines qu'elle a inondées; ce vin dépose une lie épaisse.* On l'emploie souvent sans régime : *laissez-le déposer; mon vin dépose beaucoup.* — Neutralement, dire en témoignage ce qu'on sait : *déposer en justice; déposer pour, contre, en faveur de quelqu'un; déposer que... déposer d'un fait.* — Fig. et en parlant des choses : attester, prouver, témoigner : *son animosité dépose contre lui en votre faveur; ce fait ne dépose pas en faveur de sa délicatesse.* — *se* DÉPOSER, v. pron., se former en *dépôt.*

DÉPOSITAIRE, subst. et adj. des deux genres *(dépôzitère)* (en lat. *depositarius*), celui ou celle à qui l'on a confié un *dépôt.* — Celui ou celle à qui l'on découvre son cœur : *il est dépositaire de tous mes secrets.* — Dans divers ordres religieux, celui ou celle qui a la garde de l'argent, celui qui a une clef des archives et des titres du couvent.

DÉPOSITEUR, subst. mas. *(dépôziteur)*, celui qui a un *dépôt* de marchandises.

DÉPOSITION, subst. fém. *(dépôzicion)* (en lat. *depositio*), destitution; privation d'un office, d'une dignité. — Ce qu'un témoin *dépose* en justice.

DÉPOSITOIRE, subst. mas. *(dépozitoare)*, chez les anciens, endroit qui était destiné à recevoir les morts avant d'être mis en terre.

DÉPOSSÉDÉ, E, part. pass. de *déposséder.*

DÉPOSSÉDER, v. act. *(dépocédé)*, ôter à quelqu'un ce qu'il *possède.* — *se* DÉPOSSÉDER, v. pron.

DÉPOSSESSION, subst. fém. *(dépocècion)*, action par laquelle on *dépossède.*

DÉPOSTÉ, E, part. pass. de *déposter.*

DÉPOSTER, v. act. *(dépocté)*, chasser d'un *poste.* — *se* DÉPOSTER, v. pron.

DÉPÔT, subst. mas. *(dépô)* (en lat. *depositum*), fait de *deponere*, déposer), tout ce qu'on met entre les mains de quelqu'un pour qu'il le garde : *avoir, retirer, rendre, nier un dépôt.* — Action de *déposer*, de placer une chose en quelque endroit, de la remettre, de la confier à quelqu'un : *faire le dépôt d'une somme entre les mains de quelqu'un; il faut d'abord faire le dépôt à la direction de la librairie.* — Se dit au fig. des secrets, des sciences, etc. : *un secret est un dépôt sacré; la bibliothèque d'Alexandrie était un vaste dépôt de toutes les connaissances des anciens; le précieux dépôt des lettres et des sciences fut conservé dans les couvents pendant le moyen-âge.* — Lieu où l'on *dépose* habituellement certains objets : *à l'entrée du Musée il y a un dépôt de cannes et de parapluies.* — Lieu où l'on *dépose* des marchandises, des objets de fabrique, pour les faire vendre, débiter : *cette fabrique a plusieurs dépôts dans la ville; j'ai un dépôt de vin à Bercy; un dépôt d'eau de Cologne.* — On le disait autrefois du lieu où l'on *déposait* du sel, du tabac, jusqu'à ce qu'ils fussent voiturés aux lieux de leur distribution. — Lieu où l'on garde certaines choses auxquelles on peut avoir besoin de recourir : *le dépôt des archives; un dépôt d'armes, de poudre; un dépôt de titres, de chartres, de minutes* (actes notariés). — Lieu où restent les soldats qui ne peuvent suivre leur corps, leur régiment, soit parce qu'on les exerce, soit par d'autres motifs : *il y a ici un dépôt de cavalerie; le dépôt de mon régiment est à Bourges.* Il se dit par extension des soldats mêmes qui sont au *dépôt* : *le dépôt a reçu l'ordre de partir.* — Lieu où l'on tient en prison : *le dépôt de la préfecture, à Paris; dépôt de mendicité.* — Coffres où sont les archives d'une communauté. — En t. de médec., amas d'humeurs qui se fait en quelque partie du corps. Voy. ABCÈS, qui en ce sens est plus usité dans le langage médical. — En botanique et en agriculture, extravasion du suc propre des plantes dans les vaisseaux lymphatiques ou dans le tissu cellulaire. — Sédiment et marque qu'on voit au fond des urines ou de certaines liqueurs. — T. de commerce : *prendre de l'argent en dépôt*, prendre de l'argent à intérêt; expression impropre, en usage particulièrement sur la place de Lyon. — On appelle *dépôt volontaire*, celui que l'on fait librement, et entre les mains de telle personne que l'on juge à propos; *dépôt nécessaire* ou *forcé*, celui qui est fait dans un cas où l'on n'a pas le temps de délibérer ni de choisir un *dépositaire*, comme un cas d'incendie, de ruine, de naufrage, etc.; *dépôt de justice*, celui qui est ordonné par justice. — On appelle *mandat de dépôt*, en matière criminelle, l'ordonnance en vertu de laquelle un prévenu, contre qui il a été décerné un mandat d'amener, est retenu dans une maison d'arrêt.

DÉPOTÉ, E, part. pass. de *dépoter.*

DÉPOTER, v. act. *(dépoté)*, ôter une plante d'un *pot.* — *Dépoter du vin, des liquides*, les changer de vase. — *se* DÉPOTER, v. pron.

DÉPOUDRÉ, E, part. pass. de *dépoudrer.*

DÉPOUDRER, v. act. *(dépoudré)*, ôter la *poudre*; faire tomber la *poudre* des cheveux, d'une perruque, etc. — *se* DÉPOUDRER, v. pron.

DÉPOUILLE, subst. fém. *(dépou-ie)* (en latin *spolium*), la peau de certains animaux. Il ne se dit guère en ce sens qu'en parlant des animaux qui se dépouillent de temps en temps de leur peau : *la dépouille d'un serpent, d'un ver à soie, d'une araignée.* — Dans le style soutenu et poétique, on le dit des bêtes féroces : *Hercule se revêtit de la dépouille du lion de Némée.* — Il se dit par extension de ce qu'on enlève à l'ennemi : *il a remporté de riches et glorieuses dépouilles; dépouilles opimes.* Voy. OPIMES. — On l'emploie également en parlant de toute chose dont on s'empare, que l'on acquiert au préjudice, au détriment des autres :

> Sa *dépouille* est un bien qu'ils peuvent recueillir.
> (RACINE, *Bajazet.*)
> Je t'enrichis après des *dépouilles* d'Antoine.
> (CORNEILLE, *Cinna.*)

— Héritage, succession, en parlant des emplois, des dignités comme des biens : *quand il sera mort, ses héritiers auront là une belle, une riche dépouille à recueillir, à se partager.* — Vêtements, habits qui étaient portés habituellement par la personne décédée : *le défunt a laissé toute sa dépouille à son domestique; la dépouille d'un religieux appartenait à l'abbé.*—*La dépouille mortelle*, ou simplement la *dépouille*, *les dépouilles*, le corps d'une personne morte.—On dit au fig. : *il a quitté sa dépouille mortelle*, il est mort. — La récolte des fruits de l'année : *vendre la dépouille de son jardin, de ses vignes.*—Dans l'art du moulage en plâtre, pièce qui sort facilement de la place qu'elle occupait dans le moule, après que le plâtre a été coulé dedans.—*Mettre un canon en dépouille*, retirer du moule le morceau de bois qui a servi d'abord à le former.

DÉPOUILLÉ, E, part. pass. de *dépouiller*.

DÉPOUILLEMENT, subst. mas. (*dépou-leman*), privation volontaire; action, non de *dépouiller* les autres, mais de se *dépouiller* soi-même : *vivre dans un grand dépouillement des biens, des plaisirs, des honneurs*, etc.—Extrait d'un inventaire, d'un compte, d'un procès : *voulez-vous m'aider à faire le dépouillement de ces pièces?*

DÉPOUILLER, v. act. (*dépou-lé*) (en lat. *spoliare*, fait de *spolium*, dépouille), déshabiller, ôter les habits à quelqu'un. — Oter la peau à un lièvre, à un lapin, etc.—Se dit de ce qui enlève la peau, la chair même : *on me jeta de l'eau bouillante qui me dépouilla toute la jambe; l'os est entièrement dépouillé.* — Enlever avec violence : *des voleurs m'ont dépouillé de mes habits; on l'avait entièrement dépouillé.*—Quitter, déposer ses vêtements, ou une chose quelconque dont on est enveloppé : *c'est alors que l'insecte dépouille sa première forme.*—Oter les fruits ou les feuilles d'un arbre : *arbres dépouillés de verdure* (J.-B. Rousseau.) — Oter toutes les pièces du moule qui environne une figure.—Fig., 1° priver : *dépouiller un homme de ses biens*; 2° quitter : *dépouiller toute humanité.* Dans cette acception il diffère de *se dépouiller*, en ce que l'action de *se dépouiller d'une chose* porte directement sur le sujet qui *se dépouille*; tandis que l'action de *dépouiller la chose* porte directement contre l'objet dont on veut *être dépouillé* : *ne croyez pas que pour s'être dépouillé de l'appareil de sa grandeur, on en ait dépouillé l'orgueil* (Roubaud); 3° recueillir : *il a dépouillé pour mille écus de blé*, etc.—*Dépouiller un compte*, examiner la recette et la dépense, en faire un extrait.—*Dépouiller le vieil homme*, terme emprunté à l'Ecriture-Sainte, renoncer à ses vieilles habitudes, à ses penchants vicieux.—*Jouer au roi dépouillé*, jeu qui consiste à déshabiller pièce à pièce celui qu'on a fait le roi du jeu. Cette locution familière s'emploie fig. en parlant de plusieurs personnes qui sont autour de quelqu'un pour le piller, le ruiner. —*se* DÉPOUILLER, v. pron., ôter les habits qu'on a sur le corps.—Quitter, abandonner. — Prov. : *il ne faut pas se dépouiller avant de se coucher*, il ne faut pas se dessaisir de ses biens avant sa mort.

DÉPOURVOIR, v. act. (*dépourvoar*), dégarnir une ville des vivres nécessaires. Il n'est en usage qu'à l'infinitif et au prétérit.— *se* DÉPOURVOIR, v. pron., se priver, se dégarnir de... : *se dépourvoir de son argent.*

DÉPOURVU, E, part. pass. de *dépourvoir*, et adj., dégarni.—Privé : *dépourvu de sens, d'esprit, de raison.* — *Au* DÉPOURVU, adv. : *il l'a pris au dépourvu*; sans qu'il fût *pourvu* des choses nécessaires, sans qu'il fût préparé à...

DU VERBE IRRÉGULIER DÉPOURVOIR.

Dépourvûmes, 1re pers. plur. prét. déf.
Dépourvurent, 3e pers. plur. prét. déf.
Dépourvus, précédé de *je*, 1re pers. sing. prét. déf.
Dépourvus, précédé du *tu*, 2e pers. sing. prét. déf.
Dépourvut, 3e pers. sing. prét. déf.
Dépourvût, précédé de *qu'il* ou *qu'elle*, 3e pers. sing. imparf. subj.
Dépourvûtes, 2e pers. plur. prét. déf.

DÉPRAVATEUR, subst. mas., au fém. **DÉPRAVATRICE** (*dépravateur, trice*), celui ou celle qui travaille à la dépravation.—Il est aussi adj.

DÉPRAVATION, subst. fém. (*dépravâcion*) (en lat. *depravatio*), corruption : avec cette différence que *dépravation* marque physiquement une forte altération de forme, de caractères sensibles, des proportions naturelles ou régulières de la chose; et que cette altération, telle qu'elle est désignée par le mot *corruption*, a pour objet les principes, les éléments, les parties, la substance même de la chose.—En médecine, altération des humeurs.—On dit fig. : *la dépravation du siècle, des mœurs, du goût.*

DÉPRAVÉ, E, part. pass. de *dépravé* et adj., corrompu, vicieux.

DÉPRAVER, v. act. (*dépravé*) (en lat. *depravare*, fait de *pravus*, mauvais), corrompre, pervertir, vicier : *la lecture des mauvais livres déprave le goût et l'esprit; les mauvaises sociétés dépravent les mœurs; les mauvaises habitudes dépravent le cœur.*—T. de médec., altérer, faire passer d'un bon à un mauvais état : *cela déprave la digestion; cette manière de vous nourrir vous dépravera l'estomac.* — *se* DÉPRAVER, v. pron.

DÉPRÉCATIF, adj. mas., au fém. **DÉPRÉCATIVE** (*déprékatife, tive*) (en lat. *deprecativus*) : *forme déprécative*, manière d'administrer quelques-uns des sacrements en forme de prières.

DÉPRÉCATION, subst. fém. (*déprékâcion*) (en lat. *deprecatio*, fait de *deprecari*, prier, formé de *preces*, prières), t. de rhétorique, figure par laquelle on a recours aux prières, aux instances les plus vives pour obtenir quelque chose, pour détourner quelqu'un d'une action qu'il projette. — Prière pour obtenir le pardon de quelque faute.

DÉPRÉCATIVE, adj. fém. Voy. DÉPRÉCATIF.

DÉPRÉCIATEUR, subst. mas., au fém. **DÉPRÉCIATRICE** (*dépréciateur, trice*); celui, celle qui déprécie.

DÉPRÉCIATION, subst. fém. (*dépréciâcion*), action de *déprécier*; état d'une chose *dépréciée* : *la dépréciation du papier-monnaie, d'une marchandise.*

DÉPRÉCIATRICE, subst. fém. Voy. DÉPRÉCIATEUR.

DÉPRÉCIÉ, E, part. pass. de *déprécier*.

DÉPRÉCIER, v. act. (*déprécié*) (en lat. *depretiare*, fait de la particule privative *de*, et de *pretium*, prix, valeur; *ôter le prix*), mettre une personne, une chose au-dessous de son *prix* : *vous dépréciez vous-même votre marchandise; ce n'est pas en dépréciant le mérite des autres qu'on peut faire briller le sien.*—*se* DÉPRÉCIER, v. pron.

DÉPRÉDATEUR, subst. mas., au fém. **DÉPRÉDATRICE** (*déprédateur, trice*) (en lat. *deprædator*), voleur, celui, celle qui pille. — On dit aussi adjectivement : *ministre déprédateur*, etc. — Au plur. mas., t. d'hist. nat., division d'insectes de l'ordre des hyménoptères.

DÉPRÉDATION, subst. fém. (*déprédâcion*) (en lat. *deprædatio*), vol, ruine, pillage fait avec dégât, par des administrateurs, domestiques, tuteurs, etc.

DÉPRÉDATRICE, adj. et subst. fém. Voy. DÉPRÉDATEUR.

DÉPRÉDÉ, E, part. pass. de *dépréder*.

DÉPRÉDER, v. act. (*déprédé*), (en lat. *deprædari*), piller avec dégât.—Il était surtout employé par les marins, et se disait du pillage d'un vaisseau qui avait fait naufrage : *marchandises déprédées.* Vieux et même inusité.

DÉPRENDRE, v. act. (*déprandre*), détacher. Inusité.—*se* DÉPRENDRE, v. pron.

DÉPRÉOCCUPÉ, E, part. pass. de *dépréoccuper.*

DÉPRÉOCCUPER, v. act. (*dépréokupé*), ôter la *préoccupation.* — *se* DÉPRÉOCCUPER, v. pron. Très-peu usité.

• **DÉPRÉPUCÉ**, adj. mas. (*déprépucé*), circoncis, juif. Mot employé par *Voltaire.*

DE PRÈS, loc. adv. (*depré*), tout proche : *nous nous verrons de près.* — Exactement, avec soin : *examinez de près ce compte, ce mémoire, ce travail, et vous m'en direz votre avis.*

DÉPRESSÉ, E, part. pass. de *dépresser*.

DÉPRESSER, v. act. (*déprécé*), ôter de la *presse.* —Oter aux draps le lustre qu'on leur avait donné lorsqu'on les avait mis sous la *presse.*—*se* DÉPRESSER, v. pron.

DÉPRESSION, subst. fém. (*déprècecion*) (du lat. *depressio*, fait de *deprimere*, abaisser, enfoncer), l'abaissement qui arrive à un corps qui est serré et comprimé par un autre.—Se dit, en chirurgie, des blessures du crâne dans lesquelles l'os fracturé est poussé en dedans vers les méninges.—Au fig., abaissement, humiliation.— T. de marine, *dépression de l'horizon*, abaissement de l'horizon vrai, occasioné par la hauteur de l'œil au-dessus du niveau de la mer.

DÉPRESSOIR, subst. mas. (*déprèçoar*) (du lat. *deprimere*), instrument de chirurgie qui sert à abaisser la dure-mère après l'opération du trépan.

DÉPRÉVENIR, v. act. (*déprévenir*), faire quitter une *prévention.* Il est inusité.—*se* DÉPRÉVENIR, v. pron.

DÉPRÉVENU, E, part. pass. de *déprévenir*.

DÉPRI, subst. mas. (*dépri*), t. de féod., remise qu'on demandait au seigneur du fief pour les lods et ventes d'une terre qu'on voulait acquérir. N'est plus en usage.—Déclaration de vente de vin au dehors, et soumission à payer les droits en gros.

DÉPRIÉ, E, part. pass. de *déprier*.

DÉPRIER, v. act. (*déprié*), demander une remise au seigneur.—Aller au bureau des aides faire le dépri.—Envoyer s'excuser auprès des personnes qu'on avait invitées, les contremander.—Révoquer une prière, une demande faite.—Il est peu usité en ce dernier sens. — *se* DÉPRIER, v. pron. Voy. DÉPRIER dans sa troisième acception.

DÉPRIMÉ, E, part. pass. de *déprimer* et adj., t. de bot., plus ou moins aplati du sommet à la base. — S'applique en ce sens aux animaux et même à l'homme : *cet oiseau a le bec déprimé; le front bas et déprimé de cet enfant annonce peu d'intelligence.*

DÉPRIMER, v. act. (*déprimé*) (en lat. *deprimere*), rabaisser, avilir.—*se* DÉPRIMER, v. pron. : *les envieux se dépriment les uns les autres.*

DÉPRIS, E, part. pass. de *déprendre*.

DÉPRIS, subst. mas. (*dépri*), sentiment, jugement qui nous porte à *dépriser*.

DÉPRISANT, E, adj. (*déprizan, zante*); ce mot, qui n'a pas été adopté par l'usage, pourrait cependant être utile dans le cas où *méprisant* serait trop fort.

DÉPRISÉ, E, part. pass. de *dépriser*.

DÉPRISER, v. act. (*déprizé*) (en lat. *depretiare*), ôter du *prix*, du mérite, de la valeur d'une chose. Il dit moins que *mépriser*, qui signifie ne faire aucun cas. On *déprise* souvent les choses les plus estimables, mais on ne saurait les *mépriser.*—*se* DÉPRISER, v. pron.

DE PROFUNDIS, subst. mas. (*déprofondice*), mots purement latins. C'est le commencement d'un psaume des catholiques, qui est une prière pour les morts : *dire un de profundis.*

se **DÉPROMETTRE**, v. pron. (*cedéprométre*), désespérer d'un succès. Hors d'usage. Cependant *Regnard* a dit, dans ses *Ménechmes* :

Vous vous êtes promis; il faut vous *depromettre.*

DÉPROPRIEMENT, subst. mas. (*dépropriman*), dans l'ordre de Malte, le testament des chevaliers ou du grand-maître.

DÉPROVINCIALISÉ, E, part. pass. de *déprovincialiser.*

DÉPROVINCIALISER, v. act. (*déproveincializé*), ôter les manières *provinciales.*—*se* DÉPROVINCIALISER, v. pron., perdre les manières *provinciales.*—Mot peu en usage, mais bon à utiliser.

DÉP., abréviation du mot *département.*

DÉPUCELAGE, subst. mas. (*dépucelaje*), action, effet de *dépuceler*.

DÉPUCELÉ, E, part. pass. de *dépuceler*.

DÉPUCELER, v. act. (*dépucelé*), ôter le *pucelage*, la virginité. — *se* DÉPUCELER, v. pron.

DÉPUCELEUR, subst. mas. (*dépuceleur*), qui *dépucelle.*

DÉPUCELLEMENT, subst. mas. (*dépucèleman*), action de *dépuceler*.

DEPUIS (*depui*, et, devant une voyelle, *depuize*) (de *depost*, fait, dans la basse latinité, de *post*, après. *Ménage*, d'après *Sylvius*.), préposition, 1° de temps : *depuis la création du monde*; 2° de lieu : *depuis le levant jusqu'au couchant*; 3° d'ordre : *depuis le plus grand jusqu'au plus petit.*

DEPUIS, adv. de temps; *qu'est-il arrivé depuis?* et non pas, *depuis lors*, quoique *J.-J. Rousseau*, dans ses *Confessions*, se soit servi de cette dernière expression. — Il signifie aussi : plus tard, après : *depuis peu*, depuis peu de temps. — *Depuis quand?* depuis quel temps?

DEPUIS QUE, loc. conj. (*depuike*) (de *depost quam*. Voy. DEPUIS), *depuis* le temps que... : On dit dans ce sens, avec la négation : *depuis que je ne l'ai vu*, pendant tout le temps où je ne l'ai pas vu; et sans la négation : *depuis que je l'ai vu*, depuis l'instant, le jour, etc., où je l'ai vu. Dans le premier cas, la phrase embrasse un intervalle plus ou moins long, un période entier de temps; dans le second, elle fixe la pensée sur une simple époque. Ainsi il y a une faute dans cette phrase de madame de Sévigné : *J'ai trouvé cette maison embellie de moitié depuis seize ans que j'y étais venue.* Il fallait *que je n'y étais venue*; car madame de Sévigné veut faire entendre que, pendant les seize ans qu'elle n'y est pas venue, la maison s'est embellie.

DÉPURATIF, adj. mas., au fém. **DÉPURATIVE** (*dépuratife, tive*), t. de médec., qui a la propriété de *dépurer* la masse des humeurs.— Il est aussi subst. mas. : *un dépuratif.*

DÉPURATION, subst. fém. (*dépurâcion*), action de *dépurer*, effet de cette action. On le dit d'un métal, du sang, d'une liqueur.

DÉPURATIVE, adj. fém. voy. DÉPURATIF.

DÉPURATOIRE, adj. des deux genres (*dépura-*

toare), t. de médec., qui sert à *dépurer : maladies, remèdes dépuratoires.* — T. de chim. : *machine, fontaine dépuratoire.*

DÉPURÉ, E, part. pass. de *dépurer.*

DÉPURER, v. act. (*dépuré*) (en lat. *depurare*, fait de *purus*, pur), t. de médec. et de chim., clarifier, rendre plus *pur.* — *se* DÉPURER, v. pron.

DÉPURGATOIRE, adj. des deux genres (*dépurguatoare*), qui sert à *dépurer.* Inus. Voy. DÉPURATIF.

DÉPUTATION, subst. fém. (*députâcion*), envoi d'un ou de plusieurs *députés : on résolut de lui envoyer une députation ; je suis ici en députation.* — Le corps, la réunion des *députés : voilà enfin la députation complète ; que ne vous adressez-vous à la députation de votre département ?* — La charge même, les fonctions du *député : il aspire vainement à la députation ; je n'accepterai pas la députation.*

DÉPUTÉ, subst. mas. (*député*), celui qui est *député*, envoyé par une nation, un prince, un corps, etc., pour traiter une affaire, remplir une mission quelconque : *il ne voulut pas même recevoir les députés qu'on lui envoya.* — Se dit particulièrement de celui qui a été envoyé pour faire partie d'une assemblée délibérante où l'on traite, où l'on s'occupe spécialement des intérêts généraux, des affaires d'un pays, d'une province, d'une nation, d'une confédération : *le conseil des amphictyons était une réunion de députés de toutes les villes, de tous les états qui composaient la nation grecque ; les députés du clergé, de la noblesse, du tiers-état aux états-généraux ; les députés des départements.* On dit aussi simplement : *la chambre des députés ; les députés se fatiguent ; ce député siége à droite.* — Fam. : *mon député, votre député*, le député de mon arrondissement, de votre ville.

DÉPUTÉ, E, part. pass. de *députer.*

DÉPUTER, v. act. (*députê*) (du lat. *deputare*, qui signifie proprement couper, retrancher ; fait de la particule extractive *de*, et de *putare*, couper, séparer ; *séparer un ou plusieurs membres d'un corps pour une mission*), envoyer avec commission de... : *l'assemblée députa six de ses membres.* — On l'emploie aussi neut. et sans régime : *les citoyens députèrent au commandant pour...*

DÉRACINÉ, E, part. pass. de *déraciner.*

DÉRACINEMENT, subst. mas. (*déracineman*), l'action de *déraciner : on remit à une autre époque le déracinement des souches.* — État de ce qui est *déraciné : l'orage de cette nuit a dû être terrible, à en juger par le déracinement de cet arbre.*

DÉRACINER, v. act. (*déraciné*), de la particule extractive *dé*, et du subst. *racine*), arracher de terre un arbre, une plante avec les *racines* qui les y attachaient. — On dit par extension, en t. de pédicure : *déraciner les cors aux pieds.* — En t. de dent. : *déraciner une dent.* — En t. de chirur. : *déraciner une verrue.* — Fig., extirper, ôter entièrement : *déraciner les anciennes erreurs*, etc. ; *déraciner un mal*, le guérir radicalement. — *se* DÉRACINER, v. pron.

DÉRADÉ, E, part. pass. de *dérader.*

DÉRADER, v. neut. (*déradé*), t. de mar., se dit d'un vaisseau qui *quitte la rade* où il avait mouillé. — Tomber sous le vent d'un port et être emporté en pleine mer par le vent et le courant, de manière qu'il faut après cela plusieurs jours pour revenir. — *se* DÉRADER, v. pron.

DÉRAISON, subst. fém. (*dérèzon*), défaut de *raison*, manière *déraisonnable* de penser et d'agir : *ce que vous dites est le comble de la déraison.*

DÉRAISONNABLE, adj. des deux genres (*dérèzonable*), qui n'est pas *raisonnable : cet homme est tout-à-fait déraisonnable.* — Il se dit aussi des choses, des faits contraires au bon sens, à la *raison : vos demandes sont par trop déraisonnables.*

DÉRAISONNABLEMENT, adv. (*dérèzonableman*), d'une manière *déraisonnable.*

DÉRAISONNÉ, E, part. pass. de *déraisonner.*

DÉRAISONNER, v. neut. (*dérèzoné*), tenir des discours dénués de *raison : le pauvre homme commence à déraisonner ; le malade a déraisonné toute la nuit.*

DÉRALINGUÉ, E, part. pass. de *déralinguer.*

DÉRALINGUER, v. act. (*déralenguié*), t. de mar., ôter les *ralingues* d'une voile. — On dit aussi neutral. : *nos voiles sont si mauvaises qu'elles vont toutes déralinguer*, perdre leurs *ralingues.* — *se* DÉRALINGUER, v. pron.

DÉRANGÉ, E, part. pass. de *déranger*, et adj., déréglé, qui a une mauvaise conduite. — Celui dont les affaires sont en mauvais état. — Se dit des affaires elles-mêmes : *il n'est pas étonnant que vos affaires soient dérangées.* — S'applique aux facultés de l'esprit : *cet homme a le cerveau dérangé.*

DÉRANGEMENT, subst. mas. (*déranjeman*), état des choses *dérangées.* — Au propre et au fig., désordre : *le dérangement de la conduite, des affaires, de la santé, de l'esprit, des saisons, d'une machine.*

DÉRANGER, v. act. (*déranjé*), ôter de son *rang*, de sa place ; détruire l'ordre où certaines choses étaient : *déranger des livres, des meubles, des papiers ; déranger une machine, une horloge.* — Dans le même sens, il s'applique aux personnes : *il y a des gens qui ne savent ni entrer ni sortir sans déranger tout le monde, vous allez déranger ces dames.* — Fig., troubler, brouiller, mettre en désordre : *déranger les affaires, le cerveau, la santé ; cette perte lui a dérangé l'esprit ; ce sont les fruits qui vous ont dérangé l'estomac.* — Chagriner, déconcerter : *cet événement vous dérange un peu ; voilà une circonstance qui dérangera vos plans.* — *Déranger une chambre*, déplacer ce qui est dedans. — *se* DÉRANGER, v. pron. : *cet homme se dérange*, sa conduite n'est plus aussi réglée.

DÉRAPÉ, E, adj. (*dérapé*), t. de mar. : *une ancre dérapée*, qui est au fond de l'eau, mais qui n'est plus accrochée à la terre.

DÉRAPER, v. neut. (*dérapé*), t. de mar., quitter le fond, en parlant d'une *ancre.* — On dit, dans le même sens, qu'*une ancre dérape*, lorsqu'elle quitte prise sur le fond, soit parce qu'elle chasse et laboure le fond, soit parce qu'on la lève.

DÉRATÉ, E, part. pass. de *dérater*, et adj. : *un chien dératé.* — Fig., gai, éveillé, rusé. — On dit aussi subst. : *c'est un dératé, une dératée ; une petite dératée*, celle qui en sait plus qu'on n'en sait d'ordinaire à son âge. Il est fam. — *Courir comme un dératé*, comme on suppose que pourrait le faire une personne à qui on aurait ôté la *rate.*

DÉRATER, v. act. (*dératé*), ôter la *rate : dérater les chiens*, pour les rendre plus agiles.

DÉRATIOTÈS ou DÉRADIOTIS, subst. propre mas. (*dératiotèce, diotice*), myth., surnom d'Apollon.

DÉRAYURE, subst. fém. (*dérèiure*), t. de labour, dernière *raie* qui sépare les sillons.

DERBE, subst. mas. (*dèrebe*), t. d'hist. nat., genre d'insecte de l'ordre des hémiptères.

DERBIS, subst. mas. (*dèrebice*), t. d'hist. nat., espèce de poisson qu'on croit être le même que la sèche.

DERCÉ, subst. propre fém. (*dèrecé*), myth., fille de Vénus, qu'on croit être la même que *Dercète.*

DERCÈTE, DERCÉTIS ou DERCÉTO, subst. propre fém. (*dèrecète, tice, to*), myth., divinité des Syriens, la même qu'Atergatis. On la représentait moitié femme et moitié poisson. Elle avait un temple magnifique auprès d'Ascalon.

DERECHEF, adv. (*derechèfe*), de nouveau, une autre fois. Il vieillit.

DÉRÉGLÉ, E, part. pass. de *dérégler*, et adj., qui n'est pas dans la *règle*, qui est contraire aux bonnes *règles* de la morale : *conduite déréglée.* — Qui n'est pas selon le cours ordinaire de la nature ou de l'art : *temps déréglé, montre déréglée.* — S'applique aux facultés, aux sentiments : *esprit déréglé ; imagination déréglée, appétit, désirs déréglés.*

DÉRÈGLEMENT, subst. mas. (*dérègueleman*), désordre, état des choses qui ne sont pas *réglées* et qui doivent l'être. Il se dit au physique et au moral : *dérèglement du pouls, d'une montre ; dérèglement des mœurs, de l'esprit.*

DÉRÉGLÉMENT, adv. (*dérégueléman*), sans *règle*, d'une manière *déréglée.* Peu usité.

DÉRÉGLER, v. act. (*déreguelé*), troubler, mettre dans le désordre, dans un état contraire aux *règles : son arrivée ici nous a tous déréglés.* — On disait prov. : *il ne faut qu'un mauvais moine pour dérégler tout le couvent.* Mais dans ce sens il est vieux. — *se* DÉRÉGLER, v. pron. : *sa montre se dérègle en hiver.*

DÉRESTÉ, E, part. pass. de *dérester.*

DÉRESTER, v. act. (*dérèceté*), laisser en *reste* ou de moins. (*Boiste.*) Entièrement inus.

DÉRIBANDS, subst. mas. plur. (*dériban*), t. de comm., toiles blanches de coton, qui se fabriquent dans les Indes.

DÉRIDÉ, E, part. pass. de *dérider.*

DÉRIDER, v. act. (*déridé*), ôter les *rides.* — Au fig., réjouir, rendre plus gai, donner un air moins grave. — *se* DÉRIDER, v. pron. : *son front ne se déride jamais.*

DERINGA, subst. mas. (*dèreingua*), t. de bot., genre de plantes.

DÉRISION, subst. fém. (*dérizion*) (en latin *derisio*, fait de *deridere*, se moquer, dérivé de *risus*, rire), moquerie. — Action de *rire* avec mépris de quelque chose : *c'est sans doute par dérision qu'on en a fait un général ; les mauvais cœurs peuvent seuls tourner en dérision les infirmités ou la vieillesse.* — On l'emploie en parlant de choses faites ou dites d'une manière si déplacée, si opposée à ce qui était promis ou attendu, qu'on y peut voir une intention de raillerie ou de mépris : *cela n'est pas possible, c'est une dérision, une amère dérision ; n'est-ce pas une dérision cruelle que de prêcher l'abstinence aux malheureux qui n'ont pas de pain ?*

DÉRISOIRE, adj. des deux genres (*dérizoare*), qui tient de la *dérision : proposition dérisoire.*

DÉRIVATIF, adj. mas., au fém. DÉRIVATIVE (*dérivatife, tive*) (en latin *derivatus*), t. de médec., qui sert à détourner : *une saignée dérivative.* — On dit aussi subst., *un dérivatif ; employer les dérivatifs.*

DÉRIVATION, subst. fém. (*dérivâcion*) (en latin *derivatio*), en grammaire, l'origine qu'un mot tire d'un autre. — En médec., détour qu'on fait prendre au sang ou à quelque humeur. — En hydraulique, détour qu'on fait prendre aux eaux.

DÉRIVATIVE, adj. fém. Voy. DÉRIVATIF.

DÉRIVE, subst. fém. (*dérive*) du latin *derivare*, tirer, amener, faire venir), le sillage que fait un vaisseau que les vents et les courants détournent de la route qu'il tenait. — Déviation de la route, occasionnée par l'obliquité des voiles orientées au plus près du vent. On dit qu'un bâtiment *va en dérive*, quand le vent, les courants le détournent de sa route ; et dans le même sens : *nous nous laissâmes aller à la dérive.* — *Il y a de la dérive, avoir de la dérive*, se trouver assez près d'une côte ou d'un écueil pour n'avoir pas à craindre d'y être poussé par la *dérive.* — *La dérive vaut la route*, signifie que le bâtiment étant en panne ou à la cape, éprouve une *dérive* qui le pousse dans la direction qu'il doit prendre. — *Le bateau est en dérive*, il flotte abandonné au gré du vent, du courant, etc. — On appelle *l'angle de la dérive*, ou simplement *la dérive*, l'angle que la quille du bâtiment fait avec la direction réelle de sa route : *il y a une dérive*, ou *la dérive est de tant.* — On appelle encore *dérive* un assemblage de planches que les constructeurs de vaisseaux du Nord appliquent aux flancs des petits vaisseaux, comme des nageoires de poisson, pour empêcher qu'ils ne se dérangent de leur route.

DÉRIVÉ, subst. mas. (*dérivé*), mot qui tire son origine d'un autre mot : *aimable, ami, amitié*, etc., sont des *dérivés* d'*aimer.*

DÉRIVÉ, E, part. pass. de *dériver.*

DÉRIVER, v. act. (*dérivé*) (en latin *derivare*), *ôter la rivure* d'une chose qui a été *rivée.* — Tirer de l'eau d'une source pour la conduire par quelque canal. — On le dit aussi neutral. pour venir, tirer son origine de... : *c'est de là que dérivent tous nos maux ;* et en grammaire : *ce mot dérive du grec*, etc. Dans cette dernière acception, on dit aussi activement : *d'où dérivez-vous ce mot-là ?* — En t. de mar., s'écarter de la route qu'on doit tenir en mer : *il fallut laisser dériver le bâtiment ; le vaisseau avait dérivé de vingt lieues.* — S'éloigner du bord, du rivage : *dès que nous fûmes arrivés, le bateau dériva.* — Suivre le courant, le fil de l'eau : *nous laissions dériver le bateau.* — Il se dit des eaux qui sont forcées d'abandonner leur cours naturel : *une partie des eaux du fleuve dérive dans ce canal au moyen des rigoles qu'on a pratiquées.* — *se* DÉRIVER, v. pron. : *tel mot se dérive de tel autre.*

DÉRIVETTE, subst. fém. (*dérivète*), t. de pêche, sorte de pêche qui se fait avec des manets qu'on laisse *dériver* au gré des courants.

DÉRIVOIR, subst. mas. (*dérivoar*), t. d'horlogerie, espèce de poinçon.

DÉRIVOTE, subst. fém. (*dérivote*), t. de rivière, perche qui sert à éloigner un train de la *rive.*

DERKACZ, subst. mas. (*dèrekakece*), t. d'hist. nat., oiseau de Pologne, de la grosseur d'une perdrix.

DERLE, subst. fém. (*dèrele*), nom d'une variété d'argile grise, dont on fabrique une sorte de faïence en Alsace.

DERMAGALLIQUE, adj. des deux genres (*dèremagualelike*) (du grec δερμα, peau), se dit d'une eau extraite de certaines plantes, et qui a la propriété d'adoucir la peau.

DERMATITE, subst. fém. (*dèrematite*) du grec δερμα peau), t. de médec., inflammation de la peau.

DERMATOCARPES, subst. mas. plur. (*dèrematokarpe* (du grec δερμα, peau, et καρπος, fruit), t. de bot., ordre de champignons membraneux et remplis de poussière.

DERMATODÉE, subst. fém. (*dèrematodé*), t. de bot., espèce de plante de la famille des lichens.

DERMATOÏDE, adj. des deux genres (*dèrematoide*) (du grec δερμα, peau, et ειδος, forme, ressemblance), t. d'anat., qui a la consistance de la peau.

DERMATOPODE, subst. mas. (*dèrematopode*) (du grec δερμα, peau, et ποδος, gén. de πους, pied), t. d'hist. nat., oiseau dont les pieds sont garnis d'une forte membrane à l'origine des doigts.

DERME, subst. mas. (*dème*) (en grec δερμα), t. d'anat., la peau du corps humain. Peu usité.

DERMESTE, subst. mas. (*dèremècete*), t. d'hist. nat., genre d'insecte de l'ordre des coléoptères.

DERMESTINS, subst. mas. plur. (*dèremèceteîn*), t. d'hist. nat., tribu d'insectes de l'ordre des coléoptères.

DERMOBRANCHE, subst. mas. (*dèremobranche*) (du grec δερμα, peau, et βραγχια, branchies, ouïes), t. d'hist. nat., espèce de mollusques, de l'ordre des gastéropodes, qui ont au-dehors des branchies. Ce mot manque dans l'*Académie*.

DERMODION, subst. mas. (*dèremodion*), t. de bot., sorte de plante qui croît sur les troncs d'arbres coupés.

DERMODONTE, subst. mas. (*dèremodonte*) (du grec δερμα, peau, et οδους, dent), t. d'hist. nat., sous-classe de poissons à dents implantées dans les mâchoires.

DERMOGRAPHE, subst. mas. (*dèremoguerafe*) (du grec δερμα, peau, et γραφω, je décris), anatomiste qui s'occupe de la description de la peau.

DERMOGRAPHIE, subst. fém. (*dèremoguerafi*) (du grec δερμα, peau, et γραφω, j'écris), t. d'anat., description de la peau.

DERMOGRAPHIQUE, adj. des deux genres (*dèremoguerafike*), qui a rapport à la *dermographie*.

DERMOLOGIE, subst. fém. (*dèremoloji*) (du grec δερμα, peau, et λογος, discours), t. d'anat., partie de la somatologie qui traite de la peau.

DERMOLOGIQUE, adj. des deux genres (*dèremolojike*), qui a rapport à la *dermologie*.

DERMOLOGISTE ou **DERMOLOGUE**, subst. mas. (*dèremolojicete, logue*), auteur d'une *dermologie*.

DERMOPTÈRE, subst. mas. (*dèremopetère*) (du grec δερμα, peau, et πτερον, aile ou nageoire), t. d'hist. nat., famille de poissons osseux et abdominaux, chez lesquels la dernière nageoire du dos n'est qu'une sorte de peau, sans être soutenue comme les autres par des rayons osseux. — Famille de mammifères.

DERMORRHYNQUES, subst. mas. plur. (*dèremoreinke*), t. d'hist. nat., famille d'oiseaux de l'ordre des nageurs.

DERMOTOMIE, subst. fém. (*dèremotomi*) (du grec δερμα, peau, et τομη, section), t. d'anat., dissection de la peau.

DERMOTOMIQUE, adj. des deux genres (*dèremotomike*), t. d'anat., qui a rapport à la *dermotomie*.

DERNIER, subst. et adj. mas., au fém. **DERNIÈRE** (*dèrenié, nière*) (par contraction de *derrenier*, qu'on disait autrefois dans le même sens, et qui avait été fait du latin barbare *deretranarius*, formé, avec cette acception, dans la basse latinité, de *retrò*, derrière, par derrière, en arrière), personne ou chose qui vient après tout; celui, celle qui est après tous les autres. — *Ne vouloir jamais avoir le dernier*, ne vouloir pas souffrir d'être touché le *dernier*, ou vouloir toujours répliquer dans une dispute. — Qui est après tous les autres, ou après quoi il n'y a plus rien : *le dernier mot; rendre le dernier soupir; faire un dernier effort*, etc. — Fig., extrême, soit en bien, soit en mal : *il est de la dernière valeur; il fut traité avec la dernière indignité; c'est le dernier* (le plus indigne) *des hommes; la dernière des créatures*. — En parlant d'une mesure de temps, d'une période qui a précédé immédiatement celle où l'on se trouve, on place le mot *dernier* après le subst. : *l'année dernière, le mois dernier, la semaine dernière*. Placé avant, il a un tout autre sens et s'applique à une période antérieure que l'on désigne : *la dernière année de son règne; le dernier mois de telle année; la dernière semaine de juillet*. — On dit également : *il était dimanche dernier, lundi dernier à Paris; nous ne l'avons pas vu l'hiver dernier*. — *Au dernier mot*, sans en rien rabattre. — *Mettre la dernière main à une chose*, l'achever, la finir ou la perfectionner. — *Le dernier de sa race*, c'est-à-dire, le *dernier*, le seul vivant; ou, au fig., le plus méprisable. — On dit de Brutus et de Cassius que *c'étaient les derniers des Romains*, pour dire que c'étaient les *derniers* qui avaient combattu pour la liberté de la république romaine. — Dans les jeux de paume, partie de la galerie qui comprend la première ouverture depuis le bout de la salle : *au dernier la balle*, qui la perd, la gagne : *chasser au dernier*. — Prov. et fam.: *au dernier les bons*, on laisse souvent le meilleur aux *derniers* venus, aux *derniers* servis. — *En dernier lieu*, dernièrement. — *En dernière analyse*, enfin, pour conclusion. — On dit d'un homme en qui l'on n'a aucune confiance : *c'est le dernier homme à qui je me confierais, à qui je voudrais demander un service*.

DERNIÈRE, subst. et adj. fém. Voy. DERNIER.

DERNIÈREMENT, adv. (*dèrenièreman*), il n'y a pas long-temps; depuis peu.

DÉROBÉ, E, part. pass. de *dérober*, et adj., volé, etc. — Il se dit, en t. de maréchal, du pied d'un cheval dont la corne est usée et perdue. — *Escalier dérobé*, escalier de dégagement, par lequel on peut entrer et sortir sans être vu. On dit dans le même sens : *porte dérobée, corridor dérobé*. — *Faire une chose à ses heures dérobées*, dans les moments pris sur ses occupations ordinaires. — *Fèves dérobées*, dépouillées de leur première peau, de leur *robe*. — *à la* DÉROBÉE, loc. adv., furtivement, en cachette : *ils ne se voient qu'à la dérobée*.

DÉROBEMENT, subst. mas. (*dérobeman*), t. d'archit., manière de tailler une pierre sans le secours de panneaux, par le moyen des hauteurs et profondeurs qui déterminent ce qu'il faut en ôter.

DÉROBER, v. act. (*dérobé*) (du vieux latin *deraubare*, fait du simple *raubare*, qui, dans la basse latinité, signifiait *voler*, et qui dérivait de l'allemand *rauben*, dont le sens est le même. Les Italiens en ont également emprunté leur mot *robare*, voler, dérober.), voler, prendre en cachette, ce qui appartient à autrui : *dérober une bourse, un manteau; ce domestique a dérobé ses maîtres*. — Prov. : *est bien larron qui larron dérobe*. — On dit fam. d'un homme qui s'est enrichi loyalement et avec beaucoup de peines : *s'il a du bien, il ne l'a pas dérobé*. En ce sens, on dit, 1° neutralement : *il est enclin à dérober*; 2° fig.: *dérober à un auteur une pensée saillante*, etc., se l'approprier. *Piron* a dit dans un sens analogue, en parlant des anciens auteurs :

Ils nous ont *dérobé; dérobons* nos neveux.
(*La Métromanie.*)

— *Dérober à quelqu'un la gloire d'une belle action*, lui ôter la gloire qui lui est due. — Soustraire : *dérober un homme à la colère, à la fureur de...* — *Dérober sa marche*, faire une marche sans que l'ennemi s'en aperçoive. — Fig. et fam., aller d'un côté, après avoir fait entendre qu'on va d'un autre. — Plus fig. encore, cacher les moyens dont on se sert pour arriver à ses fins. — En t. de vènerie, *dérober la voix*, se dit d'un chien qui, ayant la tête de la meute, chasse sans crier. — En t. de faucon., *dérober les sonnettes*, se disait de l'oiseau qui s'en allait sans être congédié. — *se* DÉROBER, v. pron. : *se dérober d'une compagnie*, s'en retirer sans dire mot, sans qu'on s'en aperçoive. — *Se dérober aux coups, à la poursuite de...* s'y soustraire. — *Se dérober à la vue*, disparaître. — Fam., *se dérober un repas*, s'abstenir d'un repas qu'on a coutume de faire. — T. de man., en parlant d'un cheval qui, par un mouvement irrégulier, s'échappe tout-à-coup de dessous son cavalier : *ce cheval se dérobe de dessous l'homme*. — On dit fig. de quelqu'un dont les genoux vacillent, qui a de la peine à se soutenir, que *ses genoux se dérobent sous lui*.

DÉROCHÉ, E, part. pass. de *dérocher*.

DÉROCHER, v. act. (*déroché*), précipiter d'un *roc*. Il se dit de l'aigle et autres grands oiseaux. — En parlant de l'or, en ôter la crasse.

DÉROGATION, subst. fém. (*déroguâcion*) (en lat. *derogatio*), acte par lequel on *déroge* à une loi, à un contrat, etc. La *dérogation* laisse subsister, en la modifiant, la loi antérieure; l'*abrogation* l'annule absolument : *c'est une dérogation à l'usage, à nos droits; une dérogation expresse, tacite*.

DÉROGATOIRE, adj. des deux genres (*déroguatoare*) (en lat. *derogatorius*), qui *déroge*, qui contient une *dérogation*, qui emporte *dérogation*. — *Acte dérogatoire* dans un testament, *clause dérogatoire*, celle qui déclare nuls tous les testaments qui pourraient être faits postérieurement par le testateur. — Il est aussi subst. mas.: *dérogatoire des dérogatoires*, clause qui *déroge* à des *dérogations* précédentes.

DÉROGÉ, part. pass. de *déroger*.

DÉROGEANCE, subst. fém. (*dérojance*), action par laquelle on *déroge* à la noblesse.

DÉROGEANT, E, adj. (*dérojan, jante*), qui *déroge*.

DÉROGER, v. neut. (*dérojé*) (en lat. *derogare*), faire un acte ou une disposition contraire à un contrat ou à une loi précédente qui l'annule, ou qui l'abolit en partie. — *Déroger à noblesse* ou simplement *déroger*, faire une chose qui fait déchoir de la *noblesse* d'après les lois du pays. — Par extension, il signifie *s'abaisser*, descendre de son rang : *en agissant ainsi, vous avez dérogé à votre caractère; il dérogeait à la majesté du trône*. — Céder, condescendre : *il voulut bien déroger jusque-là*. En ce sens, il est plus souvent employé dans le langage ironique.

DÉROI, subst. mas. (*déroè*), déroute, désordre. Vieux.

DÉROIDI ou **DÉRAIDI, E**, part. pass. de *déroidir*.

DÉROIDIR ou **DÉRAIDIR**, v. act. (*déroèrédir*. On prononce *déroèdir* dans le style relevé, et *dérédir* dans le langage ordinaire), ôter la *roideur* : *déroidir du linge*. — *se* DÉROIDIR, v. pron. : *son caractère commence à se déroidir*.

DÉROMPOIR, subst. mas. (*déronpoare*), t. de papetier, table pour couper les chiffons avant de les mettre dans les piles du moulin.

DÉROMPRE, v. act. (*déronpre*), t. de faucon., se dit d'un oiseau de proie qui, fondant sur un autre, le heurte si rudement, qu'il rompt son vol et le fait tomber.

DÉROMPU, E, part. pass. de *dérompre*.

DÉROUGI, E, part. pass. de *dérougir*.

DÉROUGIR, v. act. (*déroujir*), ôter la *rougeur*. — Neutralement, devenir moins *rouge* : *il dérougit à l'air*. — On dit aussi au pron. : *il commence à se dérougir*.

DÉROUILLÉ, E, part. pass. de *dérouiller*.

DÉROUILLEMENT, subst. mas. (*dérou-ieman*), action de *dérouiller*.

DÉROUILLER, v. act. (*dérou-ié*), ôter la *rouille*: *dérouiller ses armes, ses pistolets*. — Au fig., rendre moins grossier, polir : *il a besoin que la société le dérouille un peu*. — Il est aussi verbe pron. dans les deux sens : *le fer se dérouille peu à peu; l'esprit se dérouille dans le commerce du monde*. — Il s'emploie encore en parlant d'une chose que l'on n'a pas faite depuis long-temps et à laquelle on voudrait se remettre : *il y a long-temps que je n'ai vu de latin, j'aurais besoin de me dérouiller un peu*.

DÉROULÉ, E, part. pass. de *dérouler*.

DÉROULEMENT, subst. mas. (*dérouleman*), t. de géom., production d'une courbe par l'arrangement des rayons d'une autre courbe.

DÉROULER, v. act. (*déroulé*), étendre ce qui était *roulé* : *dérouler une étoffe, une estampe*, etc. — En géom., former une courbe par le moyen d'une autre courbe et de ses rayons différemment posés. — T. d'imprim., *dérouler une presse*, faire retourner en arrière le train de la presse à l'aide de la manivelle et du rouleau. — On dit au fig. : *Dérouler sa vie*, en faire connaître toute la suite, en présenter tous les détails. — *se* DÉROULER, v. pron.

DÉROUTE, subst. fém. (*déroute*) (du lat. *disrupta*, fait de *disrumpere*, rompre, mettre en pièces. Les Italiens disent, dans le même sens, *rotta*, formé également de leur verbe *rompere*, rompre; et il n'y a pas deux siècles que, pour *déroute*, on disait en France *route*, qui se trouve avec cette acception dans *Montaigne*), fuite de troupes qui ont été défaites. Voy. DÉFAITE. — Au fig., trouble, confusion, etc. : *mettre quelqu'un en déroute dans une dispute*.

DÉROUTÉ, E, part. pass. de *dérouter*.

DÉROUTER, v. act. (*dérouté*), tirer quelqu'un de sa *route*, le faire égarer. — Fig., 1° rompre les mesures de quelqu'un : *cet événement m'a tout-à-fait dérouté*; 2° le déconcerter : *vous êtes facile à dérouter*. — *se* DÉROUTER, v. pron.

DERRHIATIS, subst. propre fém. (*dèreriatice*), myth., surnom de Diane.

DERRI, subst. mas. (*dèreri*), couche tourbeuse qui se trouve à six pouces de la surface du sol.

DERRIÈRE, prép. (*dèrière*) (de *deretrò*, dit dans la basse latinité pour *retrò*), mot opposé à *devant*, et qui marque ce qui est après une chose ou une personne : *derrière la porte*.—Fig. et fam.: *porte de derrière*, échappatoire, faux-fuyant : *il est dangereux de traiter avec cet homme, il a toujours une porte de derrière.* — On dit en t. fig.: *il ne faut pas regarder derrière soi*, il ne faut pas revenir sur une chose décidée, sur une entreprise commencée. — *Derrière*, sans régime, est adverbe : *il marche derrière.* — Fig. : *laisser quelqu'un bien loin derrière*, avoir beaucoup d'avantage sur lui. — *Sens devant derrière*, se dit d'un objet tourné de façon que le *derrière* se trouve du côté où devrait se trouver le *devant* : *vous avez mis votre bonnet sens devant derrière.*

DERRIÈRE, subst. mas. (*dèrière*), la partie postérieure opposée à celle du devant : *le derrière de la tête ; le derrière du logis, de la maison ; il est logé sur le derrière.* — Fig. et pop. : *faire rage des pieds de derrière*, faire tous ses efforts, mettre tout en usage pour réussir. — Partie de l'homme qui comprend les fesses et le fondement. — Fig. et fam., *montrer le derrière*, fuir dans le combat, ne pas se tirer avec honneur de ce qu'on a entrepris.—Au plur. en t. de guerre : *les derrières de l'ennemi, d'une armée ; assurer ses derrières ; tomber sur les derrières.*

DERRIS, subst. mas. (*dèrerice*), t. de bot., genre de plantes de la famille des légumineuses. — T. d'hist. nat., sorte de vers à tuyaux.

DERVAL, subst. propre mas. (*dèreval*), bourg de France, chef-lieu de canton, arrond. de Châteaubriant, dép. de la Loire-Inférieure.

DERVICHE. Voy. DERVIS.

DERVIS ou **DERVICHE**, subst. mas. (*derevi, viche*) (mot persan qui signifie un pauvre, un gueux), religieux, moine turc.

DES (*dè*, et devant une voyelle ou un *h* non aspiré, *dèze*), contraction de la préposition *de* et de l'article pluriel *les* : *la folie des hommes, la vanité des femmes.* (Voy. notre *Grammaire.*) —Il se met aussi pour : quelques, plusieurs : *je connais des hommes qui*, etc. ; *il y a des années qu'il n'est venu à Paris.* Voy. DE et ARTICLE.

DÈS, prép. (même prononciation que la précédente), depuis : *ils se lièrent dès l'enfance.* — Pour désigner un temps fixe et prochain dans l'avenir : *j'y travaillerai dès demain, dès la semaine prochaine.* — *Dès que*, conj., aussitôt que : *dès que vous serez arrivé ; dès que le roi fut parti.* — Puisque : *dès que vous le prenez sur ce ton ; dès que cela n'est pas possible, n'en parlons plus.*

DÉS (*dèze*), particule prépositive qui se met au commencement de certains mots, et qui leur donne souvent le sens négatif : *désaccord, désapprendre.*

DÉSABUSÉ, part. pass. de *désabuser*.

DÉSABUSEMENT, subst. mas. (*dèzabuzeman*), action de *désabuser* ou effet de cette action.

DÉSABUSER, v. act. (*dèzabuzé*) (de la particule privative *dé*, et du verbe *abuser*), détromper ; faire connaître à quelqu'un son erreur : *il a fallu bien peu de chose pour le désabuser.* — *se* DÉSABUSER, v. pron.

DÉSACCORD, subst. mas. (*dèzakor*), état d'un instrument qui n'est pas d'*accord*. — Désunion des esprits et des sentiments.

DÉSACCORDÉ, E, part. pass. de *désaccorder*.

DÉSACCORDER, v. act. (*dèzakordé*), détruire l'*accord* d'un instrument. — *se* DÉSACCORDER, v. pron., t. de peinture : *les couleurs, les teintes se désaccordent.*

DÉSACCOUPLÉ, E, part. pass. de *désaccoupler*.

DÉSACCOUPLER, v. act. (*dèzakouplé*), détacher ce qui était *accouplé*.—*se* DÉSACCOUPLER, v. pron.

• **DÉSACCOUTUMANCE**, subst. fém. (*dèzakoutumance*), perte de quelque *coutume* ou de quelque habitude. Il est vieux, et c'est dommage.

DÉSACCOUTUMÉ, E, participe pass. de *désaccoutumer*.

DÉSACCOUTUMER, v. act. (*dèzakoutumé*), faire perdre la *coutume*, l'habitude qu'on avait contractée de quelque chose. — *se* DÉSACCOUTUMER, v. pron., perdre la *coutume*, l'habitude de... : *il s'est désaccoutumé du jeu.* On dit aussi élégamment : *se désaccoutumer d'une personne ; quand on aime bien les gens, on ne saurait s'en désaccoutumer.*

DÉSACHALANDÉ, E, part. pass. de *désachalander*.

DÉSACHALANDER, v. act. (*dèzachalandé*), faire perdre à un marchand ses *chalands*, ses pratiques.—*se* DÉSACHALANDER, v. pron. : *cette boutique se désachalande.*

DÉSACOINTÉ, E, part. pass. de *désacointer*.

DÉSACOINTER, v. neut. (*dèzakoeinté*), se brouiller, cesser d'être l'ami de quelqu'un. Inus.

DÉSAFFAMÉ, E, adj. (*dèzafamé*), dont la *faim* est apaisée. (*Boiste.*) Inus.

DÉSAFFECTION, subst. fém. (*dèzafèkcion*), la cessation ou l'opposé de l'*affection*. — Ce mot manque dans l'*Académie*.

DÉSAFFECTIONNÉ, E, part. pass. de *désaffectionner*.

DÉSAFFECTIONNER, v. act. (*dèzafèkcioné*), ôter, faire perdre l'*affection*.—*se* DÉSAFFECTIONNER, v. pron. : *se désaffectionner quelqu'un*, s'attirer sa *désaffection*. — Ce mot manque dans l'*Académie*.

DÉSAFFLEURÉ, E, part. pass. de *désaffleurer*.

DÉSAFFLEURER, v. act. (*dèzafleuré*), t. d'architecte, de maçon, etc., donner à deux corps l'un près de l'autre une saillie différente. Voy. AFFLEURER, dont *désaffleurer* est le contraire. — *se* DÉSAFFLEURER, v. pron.

DÉSAFFOURCHÉ, E, part. pass. de *désaffourcher*.

DÉSAFFOURCHER, v. act. (l'*Académie* en fait un v. neutre) (*dèzafourché*), t. de mar., lever l'ancre d'*affourche*.—*se* DÉSAFFOURCHER, v. pron.

DÉSAGENCÉ, part. pass. de *désagencer*.

• **DÉSAGENCER**, v. act. (*dèzajuncé*), déranger ce qui est *agencé* ; défaire les *agencements*.—*se* DÉSAGENCER, v. pron.

DÉSAGRÉABLE, adj. des deux genres (*dèzaguerèable*), qui déplaît, qui n'est pas *agréable*.

DÉSAGRÉABLEMENT, adv. (*dèzaguerèableman*), d'une manière *désagréable*.

DÉSAGRÉÉ, E, part. pass. de *désagréer*.

DÉSAGRÉER, v. neut. (*dèzaguerè-é*), n'*agréer* pas ; déplaire. — Activement, t. de mar., ôter les *agrès* d'un vaisseau. — Il s'est dit aussi d'un bâtiment qui perd ses *agrès* dans un combat ou par accident. Ce mot a vieilli. On dit aujourd'hui *dégréer*.

DÉSAGRÉMENT, subst. mas. (*dèzaguerèman*), chose *désagréable*, sujet de chagrin, d'ennui, de dégoût. — Selon l'*Académie*, *désagrément* se dit aussi des défauts de la personne : *elle est belle, mais elle ne laisse pas d'avoir quelque désagrément dans le visage ; cette tache au visage est un grand désagrément ; il a un désagrément dans ses manières qui gâte tout ce qu'il dit.* A l'exception du dernier exemple, nous retrouvons textuelle la copie de l'ancienne édition. Il eût été à désirer que l'*Académie* nous avertît que cette seconde acception du mot *désagrément* est plus que surannée. Il est vrai que *Boiste* et *Laveaux* donnent aussi cette vieille acception ; mais nous en appellerons aux gens de bon goût, et ils conviendront avec nous qu'elle n'est pas admise par les écrivains qui soignent leur style.

DÉSAIGRI, E, adj. (*dèzègueri*), se dit de ce qui n'a plus d'*aigreur* : *ce vin est désaigri.*

DÉSAIGRIR, v. act. (*dèzèguerir*), ôter l'*aigreur*.—*se* DÉSAIGRIR, v. pron.

DÉSAIRÉ, E, part. pass. de *désairer*.

DÉSAIRER, v. act. (*dèzèré*), vieux t. de fauconnerie, *tirer* les oiseaux de l'*aire*, de l'endroit où on les nourrit. — *se* DÉSAIRER, v. pron. Hors d'usage.

DÉSAJUSTÉ, E, part. pass. de *désajuster*. — *Ce cheval est tout désajusté*, ne fait plus le manége avec la même justesse qu'il le faisait. Peu en usage.

DÉSAJUSTER, v. act. (*dèzajucetè*), défaire, déranger ce qui est *ajusté*, au propre et au fig. —*se* DÉSAJUSTER, v. pron.

DÉSALIGNÉ, E, part. pass. de *désaligner*.

DÉSALIGNEMENT, subst. mas. (*dèzalignieman*), état d'une troupe dont les lignes et les rangs ne sont pas droits. — Situation d'une chose qui n'est pas *alignée*.—Action de *désaligner*.

DÉSALIGNER, v. act. (*dèzalignié*), déranger un *alignement*, mettre du désordre dans les rangs et les *lignes* des troupes : *une charge de cavalerie vint désaligner les bataillons.*—*se* DÉSALIGNER, v. pron., rompre, perdre son *alignement* ; se déranger de sa *ligne*.

DÉSALLIÉ, E, part. pass. du verbe *se* DÉSALLIER.

se **DÉSALLIER**, v. pron. (*cedèzalié*), (mot créé par l'auteur de l'*Ami des hommes*, Mirabeau père), se marier sans qu'il y ait convenance de mœurs, d'état, d'opinion, etc.—*Se mésallier* nous semble valoir mieux ; car *se désallier* pourrait être aussi interprété dans le sens de *rompre son union*.

DÉSALTÉRANT, E, adj. (*dèzaltéran, rante*), qui *désaltère* : *boisson désaltérante.*

DÉSALTÉRÉ, E, part. pass. de *désaltérer*.

DÉSALTÉRER, v. act. (*dèzaltéré*), ôter, apaiser la soif. — *se* DÉSALTÉRER, v. pron., étancher sa soif.

DÉSAMARRÉ, E, part. pass. de *désamarrer*.

• **DÉSAMARRER**, v. act. (*dèzamaré*), t. de mar., l'opposé d'*amarrer*. Voy. AMARRER.—*se* DÉSAMARRER, v. pron.

DÉSANCHÉ, E, part. pass. de *désancher*.

DÉSANCHER, v. act. (*dèzanché*), t. de mus., se dit d'un hautbois dont on ôte l'*anche*.—*se* DÉSANCHER, v. pron.

DÉSANCRÉ, E, part. pass. de *désancrer*.

DÉSANCRER, v. neut. (*dèzankré*), t. de mar., lever l'*ancre*.—*se* DÉSANCRER, v. pron.

DÉSAPPAREILLÉ, E, part. pass. de *désappareiller*.

DÉSAPPAREILLER, v. act. (*dèzaparè-ié*) Voy. DÉPAREILLER, qui a le même sens et qui est plus usité.

DÉSAPPARIÉ, E, part. pass. de *désapparier*.

DÉSAPPARIER, v. act. (*dèzaparié*), séparer un couple, en parlant d'animaux.—*se* DÉSAPPARIER, v. pron.

DÉSAPPÉTISSÉ, E, part. pass. de *désappétisser*.

DÉSAPPÉTISSER, v. act. (*dèzapéticé*), ôter, faire perdre l'*appétit*. (*Boiste.*) Inusité.

DÉSAPPLICATION, subst. fém. (*dèzaplikácion*), l'opposé de l'*application* ; inattention.

DÉSAPPLIQUÉ, E, part. pass. de *désappliquer*.

DÉSAPPLIQUER, v. act. (*dèzaplikié*), éloigner, détacher quelqu'un de l'*application*. (*Boiste.*) — *se* DÉSAPPLIQUER, v. pron., cesser d'être *appliqué*.

DÉSAPPOINTÉ, E, part. pass. de *désappointer*.

DÉSAPPOINTEMENT, subst. mas. (*dèzapoeinteman*), manquement de parole. — Contre-temps, travers. Voy. DÉSAPPOINTER dans sa troisième acception.—Ce mot est nouveau ; on l'a emprunté à la langue anglaise, et l'*Académie* vient de le consacrer.

DÉSAPPOINTER, v. act. (*dèzapoeinté*), ôter du rôle de l'état des officiers, des soldats entretenus. Il est vieux.—En t. de comm., couper les *points* de fil ou de ficelle qui tiennent en état les plis d'une pièce d'étoffe. — Fam., manquer de parole à quelqu'un ; frustrer ses espérances, etc. On dit plus souvent au passif : *être désappointé*, être trompé dans ses espérances. — *se* DÉSAPPOINTER, v. pron. — Ce mot et ses dérivés ont été tirés de l'anglais *to disappoint*, etc., mais anciennement *Montaigne* s'en était déjà servi.

DU VERBE IRRÉGULIER DÉSAPPRENDRE :

Désapprenaient, 3e pers. plur. imparf. indic.
Désapprenais, précédé de *je*, 1re pers. sing. imparf. indic.
Désapprenais, précédé de *tu*, 2e pers. sing. imparf. indic.
Désapprenait, 3e pers. sing. imparf. indic.
Désapprenant, part. prés.
Désapprend, 3e pers. sing. prés. indic.
Désapprendra, 3e pers. sing. fut. indic.
Désapprendrai, 1re pers. sing. fut. indic.
Désapprendraient, 3e pers. plur. prés. cond.
Désapprendrais, précédé de *je*, 1re pers. sing. prés. cond.
Désapprendrais, précédé de *tu*, 2e pers. sing. prés. cond.
Désapprendrait, 3e pers. sing. prés. cond.
Désapprendras, 2e pers. sing. fut. indic.

DÉSAPPRENDRE, v. act. (*dèzaprandre*), oublier ce qu'on avait *appris* : *cet enfant a désappris tout ce qu'il savait.*—On dit aussi au neut. : *il a désappris.* — *se* DÉSAPPRENDRE, v. pron.

DU VERBE IRRÉGULIER DÉSAPPRENDRE :

Désapprendrez, 2e pers. plur. fut. indic.
Désapprendriez, 2e pers. plur. prés. cond.
Désapprendrions, 1re pers. plur. prés. cond.
Désapprendrons, 1re pers. plur. fut. indic.
Désapprendront, 3e pers. plur. fut. indic.
Désapprends, 2e pers. sing. impér.
Désapprends, précédé de *je*, 1re pers. sing. prés. indic.
Désapprends, précédé de *tu*, 2e pers. sing. prés. indic.
Désapprenez, 2e pers. plur. impér.
Désapprenez, précédé de *vous*, 2e pers. plur. prés. indic.

Désappreniez, précédé de *vous*, 2ᵉ pers. plur. imparf. indic.

Désappreniez, précédé de *que vous*, 2ᵉ pers. plur. prés. subj.

Désapprenions, précédé de *nous*, 1ʳᵉ pers. plur. imparf. indic.

Désapprenions, précédé de *que nous*, 1ʳᵉ pers. plur. prés. subj.

Désapprenne, précédé de *que je*, 1ʳᵉ pers. sing. prés. subj.

Désapprenne, précédé de *qu'il* ou *qu'elle*, 3ᵉ pers. sing. prés. subj.

Désapprennent, précédé de *ils* ou *elles*, 3ᵉ pers. plur. prés. indic.

Désapprennent, précédé de *qu'ils* ou *qu'elles*, 3ᵉ pers. plur. prés. subj.

Désapprennes, 2ᵉ pers. sing. prés. subj.

Désapprenons, 1ʳᵉ pers. plur. impér.

Désapprenons, précédé de *nous*, 1ʳᵉ pers. plur. prés. indic.

Désapprîmes, 1ʳᵉ pers. plur. prét. déf.

Désapprirent, 3ᵉ pers. plur. prét. déf.

Désappris, *e*, part. pass.

Désappris, précédé de *je*, 1ʳᵉ pers. sing. prét. déf.

Désappris, précédé de *tu*, 2ᵉ pers. sing. prét. déf.

Désapprisse, 1ʳᵉ pers. sing. imparf. subj.

Désapprissent, 3ᵉ pers. plur. imparf. subj.

Désapprisses, 2ᵉ pers. sing. imparf. subj.

Désapprissiez, 2ᵉ pers. plur. imparf. subj.

Désapprissions, 1ʳᵉ pers. plur. imparf. subj.

Désapprit, précédé de *il* ou *elle*, 3ᵉ pers. sing. prét. déf.

Désapprît, précédé de *qu'il* ou *qu'elle*, 3ᵉ pers. sing. imparf. subj.

Désapprîtes, 2ᵉ pers. plur. prét. déf.

DÉSAPPROBATEUR, subst. mas., au fém. DÉSAPPROBATRICE (*dézaprobateur*, *trice*), celui, celle qui *désapprouve*.—On dit aussi adj.: *ton*, *esprit désapprobateur*.

DÉSAPPROBATION, subst. fém. (*dézaprobâcion*), action de *désapprouver*.

DÉSAPPROBATRICE, subst. fém. Voy. DÉSAPPROBATEUR.

DÉSAPPROPRIATION, subst. fém. (*dézapropriâcion*), t. de prat., action par laquelle on abandonne la *propriété* d'une chose.

DÉSAPPROPRIÉ, E, part. pass. de *désapproprier*.

DÉSAPPROPRIER, v. act. (*dézaproprié*), enlever, ôter la *propriété* d'une chose. — *se* DÉSAPPROPRIER, v. pron., renoncer à sa *propriété*, s'en défaire. L'*Académie* ne donne que le v. pron.

DÉSAPPROUVÉ, E, part. pass. de *désapprouver*.

DÉSAPPROUVER, v. act. (*dézaprouvé*), ne pas *approuver*. Il dit moins qu'*improuver*, blâmer, condamner, et, à plus forte raison, que *réprouver*, proscrire : *il a désapprouvé ma conduite dans cette affaire*. — On le fait suivre quelquefois de la conjonction *que : votre père ne désapprouvera pas que vous partiez un peu plus tard*. — *se* DÉSAPPROUVER, v. pron.

DÉSARBORÉ, E, part. pass. de *désarborer*.

DÉSARBORER, v. act. (*dézarboré*) (de la particule privative *dé* et du verbe *arborer*), t. de mar., abattre le pavillon. Il n'est plus en usage.

DÉSARÇONNÉ, E, part. pass. de *désarçonner*.

DÉSARÇONNER, v. act.(*dézarçoné*), mettre *hors des arçons*. — Fig. et fam., confondre dans une dispute, mettre hors d'état de répondre.—*se* DÉSARÇONNER, v. pron.

DÉSARGENTÉ, E, part. pass. de *désargenter*, et adj. On dit souvent en plaisantant : *c'est monsieur désargenté*, qui n'a jamais le sou.

DÉSARGENTER, v. act. (*dézarjanté*), ôter l'argent de dessus une chose *argentée*. — Au fig. et fam., *désargenter quelqu'un*, le dégarnir d'*argent*.—*se* DÉSARGENTER, v. pron. : *ces flambeaux commencent à se désargenter*.

DÉSARMÉ, E, part. pass. de *désarmer*, et adj. —*Corneille* a dit très-poétiquement, au fig., dans *Sertorius* :

> Et le front *désarmé* de ce regard terrible.

Cette belle expression a été depuis souvent imitée. — Il se dit, en t. de blas., d'un aigle qui n'a point d'ongles.

DÉSARMEMENT, subst. mas. (*dézarmeman*), action de désarmer des soldats, des vaisseaux. — Licenciement de troupes.— Dans l'escrime, faire tomber l'épée de l'adversaire lorsqu'il allonge une estocade dans la quarte.

DÉSARMER, v. act. (*dézarmé*), ôter les *armes*, l'*armure* à quelqu'un : *son écuyer le désarma*. —Les lui enlever par force : *on tenta vainement de le désarmer*. — Obliger à livrer, à rendre les *armes* que l'on avait en sa possession : *désarmer les bourgeois d'une ville ; on a désarmé la garde nationale*.—En t. de mar., dégarnir un vaisseau de l'artillerie, de l'équipage, des agrès. En ce sens, on dit aussi neut., *désarmer*.—*Désarmer un canon*, en ôter le boulet.— Au fig., apaiser la colère, adoucir le ressentiment : *son repentir, ses pleurs, me désarmèrent*. — T. de man. : *désarmer un cheval*, tenir ses lèvres sujettes et hors de dessus les barres.—Neutralement : *poser les armes*; congédier les troupes, cesser de faire la guerre : *l'Europe a désarmé; aucune puissance ne veut désarmer la première*. — Il s'emploie quelquefois fig. dans le style soutenu et à l'actif pour : priver, dépouiller : *maintenant que la mort les a désarmés de leur puissance, leurs flatteurs se taisent ou les dénigrent*. — *se* DÉSARMER, v. pron.

DÉSARRIMÉ, E, part. pass. de *désarrimer*.

DÉSARRIMER, v. act. (*dézarimé*), t. de mar., défaire l'*arrimage* ou l'arrangement qu'on avait fait de la cargaison.—*se* DÉSARRIMER, v. pron.

DÉSARROI, subst. mas. (*dézaroé*) (rac. *arroi*), renversement de fortune, désordre dans les affaires. Il s'emploie surtout avec *en* et *dans* : *ses affaires sont en désarroi, dans le plus grand désarroi*.

DÉSARTICULATION, subst. fém. (*dézartikulâcion*), t. de chir., la partie de l'opération qui consiste à couper les liens ligamenteux, et à séparer les surfaces articulaires.—Préparation anatomique qui a pour but de séparer les os du squelette, et spécialement ceux de la tête.

DÉSARTICULÉ, E, part. passé de *désarticuler*, et adj., t. d'anat., se dit des os que l'on a séparés les uns des autres.

DÉSARTICULER, v. act.(*dézartikulé*), t. d'anat., pratiquer la *désarticulation* des os. — *se* DÉSARTICULER, v. pron.

DÉSASSAISONNÉ, E, part. pass. de *désassaisonner*.

DÉSASSAISONNEMENT, subst. mas. (*dézacèzoneman*), action d'ôter l'*assaisonnement*. (*Boiste*.) Inusité.

DÉSASSAISONNER, v. act. (*dézacèzoné*), ôter, enlever l'*assaisonnement*. — *se* DÉSASSAISONNER, v. pron.

DÉSASSEMBLÉ, E, part. pass. de *désassembler*.

DÉSASSEMBLER, v. act. (*dézaçanblé*), séparer ce qui était joint par *assemblage*, en parlant de pièces de charpente et de menuiserie. —*se* DÉSASSEMBLER, v. pron., se déjoindre.

DESASSIÉGÉ, E, part. pass. de *désassiéger*.

DÉSASSIÉGEMENT, subst. mas.(*dézaciéjeman*), levée du *siége* d'une place. (*Boiste*.) Inusité.

DÉSASSIÉGER, v. act. (*dézaciéjé*), lever le *siége* d'une ville, d'une place. (*Boiste*.) Inusité.

DÉSASSIMILATEUR, subst. mas. (*dézacecimilateur*), t. de pathol., qui produit un effet contraire à l'*assimilation*. — *Organes désassimilateurs*. Dans ce sens, il est pris adjectivement. Hors d'usage.

DÉSASSIMILATION, subst. mas. (*dézacecimilâcion*), t. de pathol., l'opposé d'*assimilation*. — Destruction des diverses parties qui composent un corps vivant. Peu usité.

DÉSASSIMILÉ, E, part. pass. de *désassimiler*.

DÉSASSIMILER, v. act. (*dézacecimilé*), t. de pathol., détruire les rapports des parties qui concourent à la formation d'un corps vivant. — *se* DÉSASSIMILER, v. pron. Peu usité, mais peut-être utile.

DÉSASSOCIÉ, E, part. pass. de *désassocier*.

DÉSASSOCIER, v. act., et *se* DÉSASSOCIER, v. pron. (*dézaçocié*), rompre une *société*.

DÉSASSORTI, E, part. pass. de *désassortir*, et adj., dérangé, déplacé.— En t. de librairie, il se dit d'un ouvrage auquel il manque quelque partie ou quelque tome.

DÉSASSORTIMENT, subst. mas.(*dézaçortiman*), action de *désassortir*. — *Laveaux* écrit *désassortissement*, et lui fait signifier, comme nous : *action de désassortir*. Il ajoute que, *dans quelques Dictionnaires, il s'emploie aussi dans le sens de contraste de choses mal assorties*; et il dit encore qu'*il est peu usité dans le premier sens, et point du tout dans le second*. *Boiste* écrit *désassortiment*, et ne lui donne que l'acception condamnée par *Laveaux*. Il cite pour son autorité *madame de Sévigné*, sans donner d'exemple. A la fin de l'article, il écrit aussi *désassortiment*. *Gattel*, *Trévoux* et l'*Académie* ne donnent ni l'un ni l'autre de ces deux mots. Nous croyons le mot utile, puisque nous trouvons partout le verbe *désassortir*. Mais *désassortir* n'étant qu'un dérivé d'*assortir*, nous sommes d'avis qu'on ne doit dire et écrire que *désassortiment*; parce que l'on ne dit et l'on n'écrit que *assortiment*, d'où le mot sur lequel nous dissertons est naturellement dérivé.

DÉSASSORTIR, v. act. (*dézaçortir*), ôter ou déplacer les choses *assorties*. — *se* DÉSASSORTIR, v. pron.

DÉSASSURÉ, E, part. pass. de DÉSASSURER.

DÉSASSURER, v. act. (*dézaçuré*), ôter la certitude, rendre incertain. (*Boiste*.) Inusité.—*se* DÉSASSURER, v. pron.

DÉSASTRE, subst. mas. (*dézacetre*) (de la particule privative *dé*, et du subst. *astre*; *manque, privation d'un astre favorable, d'une heureuse étoile*), accident funeste, malheur. — Effets qui en résultent : *c'est un affreux désastre pour la famille; le débordement de la Loire a causé de grands désastres cette année*.

DÉSASTREUSE, adj. fém. Voy. DÉSASTREUX.

DÉSASTREUSEMENT, adv. (*dézacetreuzeman*), d'une manière *désastreuse*.

DÉSASTREUX, adj. mas., au fém. DÉSASTREUSE (*dézacetreu, treuze*), funeste, malheureux ; il n'est guère d'usage que dans le style soutenu : *cette mort désastreuse nous a plongés dans la douleur*.

DÉSATTRISTÉ, E, part. pass. de *désattrister*.

DÉSATTRISTER, v. act. (*dézatricelé*), dissiper le chagrin, la tristesse. — *se* DÉSATTRISTER, v. pron. (*Boiste*.) Inusité.

DÉSAUTORISÉ, E, part. pass. de *désautoriser*.

DÉSAUTORISER, v. act. (*dézôtorisé*), lever, ôter l'*autorisation*. (*Boiste*.)

DÉSAVANTAGE, subst. mas. (*dézavantaje*) (de la particule privative *dé*, et du subst. *avantage*), infériorité en quelque genre que ce soit, dans le combat, la dispute, etc. Il se dit des personnes et des choses : *prendre quelqu'un à son désavantage; le désavantage du poste, des armes, du vent*.—Préjudice, dommage. En ce sens, il se dit plus souvent adverbialement : *au désavantage de... à son désavantage*.— *Voir quelqu'un à son désavantage*; *se montrer à son désavantage*, sous un jour, sous un aspect défavorable.

DÉSAVANTAGÉ, E, part. pass. de *désavantager*.

DÉSAVANTAGER, v. act. (*dézavantajé*), ôter à quelqu'un l'*avantage* qu'il devait avoir, lui causer ou lui faire quelque dommage. — Retirer l'*avantage* qu'on avait assuré d'avance à quelqu'un.

DÉSAVANTAGEUSE, adj. fém. Voy. DÉSAVANTAGEUX.

DÉSAVANTAGEUSEMENT, adv. (*dézavantajeuzeman*), d'une manière *désavantageuse* : *il ne faut pas juger si désavantageusement des autres*.

DÉSAVANTAGEUX, adj. mas., au fém. DÉSAVANTAGEUSE (*dézavantajeu, jeuze*), qui cause ou qui peut causer du *désavantage*, du préjudice, du dommage : *voilà une opération, une affaire, une démarche désavantageuse; vous avez pris le parti le plus désavantageux*.

DÉSAVEU, subst. mas. (*dézaveu*), l'action ou l'acte par lequel on *désavoue* : *c'est un désaveu formel; vous n'obtiendrez jamais de lui un désaveu honteux de ce qu'il a dit, de ce qu'il a fait*. —Par extension, l'opposé, le contraire de ce qui a précédé : *votre conduite actuelle est un éclatant désaveu de vos principes*.—Rétractation : *il vient de faire un désaveu public de sa doctrine*. —T. de jurispr., *désaveu d'un enfant légitime*, acte par lequel un mari refuse de reconnaître un enfant dont sa femme est accouchée. On dit aussi : *désaveu de paternité*.— Dans l'anc. jurispr., acte par lequel on niait de tenir et de relever d'un fief, d'un seigneur, d'un château.

DÉSAVEUGLÉ, E, part. pass. de *désaveugler*.

DÉSAVEUGLEMENT, subst. mas. (*dézaveugueleman*), état d'une personne *désaveuglée*.

DÉSAVEUGLER, v. act. (*dézaveuguelé*), détromper d'une erreur, guérir d'un passion qui *aveuglait*, etc.—*se* DÉSAVEUGLER, v. pron.

DÉSAVOUÉ, E, part. pass. de *désavouer*.

DÉSAVOUER, v. act. (*dézavoué*), nier d'avoir dit ou fait quelque chose : *vous l'avez dit, vous ne pouvez pas le désavouer*.—Ne vouloir pas reconnaître une chose pour sienne : *désavouer son seing, un livre, quelqu'un pour son parent*. — Déclarer qu'on n'a point donné ordre : *désavouer un ambassadeur, un procureur, un agent quelconque; s'il vous a tenu de pareils propos, je les désavoue*.—Rétracter, démentir : *il n'est pas rare de voir des ministres désavouer les opinions, les doctrines qu'ils avaient professées*.—Blâmer, condamner, répondre : *voilà des passages que le bon goût ne peut manquer de désavouer; une sage politique, d'accord avec la morale, désavouerait de tels principes*. Voy. AVOUER, dont *désavouer* est le contraire.—*se* DÉSAVOUER, v. pron.

DESCELLÉ, E, part. pass. de *desceller*.

DESCELLER, v. act. (*décélé*), détacher ce qui est *scellé* en plâtre.—Oter le *sceau* d'un acte ou d'un titre.—*se* DESCELLER, v. pron.

DESCENDANCE, subst. fém. (*dèçandance*), extraction, filiation : *comment établirez-vous votre descendance?*

DESCENDANT, E, subst. (*dèçandan, dante*), qui *descend*, qui tire son origine d'une personne, d'une famille; postérité : *les descendants d'Abraham*, *de Henri IV; Voltaire a doté et marié une descendante de Corneille*. Il s'emploie le plus souvent au plur.

DESCENDANT, E, adj. (*dèçandant, dante*), qui *descend*.—En t. d'anat. : *aorte descendante*. —En astron., et pour les lieux où le pôle méridional est placé au-dessus de l'horizon, qui a rapport à la partie *inférieure* ou méridionale de l'orbite d'une planète quelconque : *nœud descendant*, le point où une planète coupe l'écliptique, en passant de l'hémisphère septentrional à l'hémisphère méridional.—*Signes descendants*, ceux par lesquels le soleil paraît *descendre*, depuis le solstice d'été jusqu'au solstice d'hiver. —En généalogie : *ligne descendante*, la postérité de quelqu'un; *ligne ascendante*, les ancêtres.— En t. de mar., *la marée descendante*, ou subst. *le descendant*. — En t. militaire, *garde descendante*, celle qu'on relève. En t. de mus., *gamme descendante*, la suite des tons de la gamme entonnée de *haut* en bas.—*Harmonie descendante*, celle qui est produite par une suite de quintes en *descendant*. — En t. d'arithm. : *progression descendante*, celle dont les nombres vont en décroissant.

DESCENDRE, v. act. (*dèçandre*), transporter en bas : *descendre du vin à la cave; descendre un homme de cheval*.—*Descendre la garde*, quand on la relève, par opposition à *monter*, qui se dit lorsqu'on vient pour la poser. — Fig. et prov.: *descendre la garde*, s'en aller tout doucement, dépérir, et quelquefois même mourir : *il a descendu la garde*, il est mort; *il descend la garde*, ses affaires se gâtent; ou encore, il se meurt.— *Descendre*, en t. de marine, se dit des choses et des personnes : *descendre un vaisseau d'une rivière, d'un port*, le faire sortir de la rivière, ou du port; *descendre quelqu'un à terre*, mettre à terre quelqu'un de ceux qui étaient dans le vaisseau, soit qu'il y consente ou qu'il le demande, soit que ce soit malgré lui. — *se* DESCENDRE, v. pron. : *se descendre au moyen d'une échelle de corde*.—V. neut. (en lat. *descendere*, formé de la particule négative *de*, et du verbe *scandere*, monter : *faire le contraire de monter*), avec *être* pour auxiliaire, se mouvoir de haut en bas : *descendre d'une montagne dans la plaine, d'un arbre, d'une tour, du haut d'une maison, de sa chambre; descendre de cheval, de voiture, d'un bateau; descendre en parachute, à la cave, dans un puits, aux enfers*; et dans un sens actif : *descendre une montagne, les degrés, l'escalier*. Il se conjugue le plus souvent avec l'auxiliaire *être : vous êtes descendu trop tôt; je n'étais pas descendu, que l'escalier s'est écroulé*. Cependant il prend l'auxiliaire *avoir* : 1° quand il exprime une action plutôt qu'une situation : *il a descendu bien promptement; il a descendu tout seul et sans secours*; 2° quand il est employé dans un sens actif : *il a descendu les degrés quatre à quatre; nous aurons bientôt descendu la montagne; les bateaux descendent la rivière*. — On l'emploie souvent sans régime : *oh là! oh! descendez!*

> Et, monté sur le faîte, il aspire à *descendre*.
>
> (CORNEILLE, *Cinna*.)

— Débarquer : *descendre à terre; nous descendîmes dans une île*. — Fig., s'abaisser : *descendre jusqu'à la prière*. — Aller jusqu'à un tel endroit : *ses cheveux lui descendent jusqu'à la ceinture; cet habit descend jusqu'aux genoux*. —Fig., 1° être issu de... : *il descendait par sa mère des anciens rois du pays*; 2° déchoir d'un rang : *je le vis lorsqu'il était déjà descendu de sa gloire, de son ancienne puissance*. — En t. de mus., abaisser le ton.—En t. de pal., aller sur les lieux pour en reconnaître la situation, l'état, pour procéder à un examen : *la justice a descendu chez lui*. — En t. de guerre, faire une *descente*, une irruption sur une côte ennemie : *les Goths, les Lombards descendirent en Italie*.—*Descendre de tranchée*, se retirer d'une tranchée, après qu'on y a été remplacé.—Aller en pente : *la rue, la route descend beaucoup en cet endroit; le sentier descend jusqu'au village*. — Baisser : *le baromètre descend*. — Mettre pied à terre, se loger quelque part : *il est descendu chez un de mes amis; je descendrai à l'hôtel de France*.— Fig. : *descendre en soi-même, dans sa conscience*, s'examiner, se consulter, s'interroger :

> Apprends à te connaître et *descends* en toi-même.
>
> (CORNEILLE, *Cinna*.)

—On dit par extension : *descendre dans les détails d'une affaire, d'une question*, en examiner successivement toutes les particularités.—Au fig., *descendre du trône*, cesser de régner.—Dans le langage poét. : *descendre au cercueil, au tombeau*, mourir. — *Descendre en bas* est un pléonasme que quelques personnes trouvent défectueux ; c'est à tort, il est nécessaire pour compléter la pensée, lorsque le mot *descendre* employé seul ne suffirait pas; on dit fort bien à un homme qui est au haut d'une maison : *descendez en bas*.

DESCENDU, E, part. pass. de *descendre*.

DESCENSION, subst. fém. (*dèceçancion*) (du lat. *descensio*, descente), t. d'astron., *descension d'une étoile*, distance entre le point équinoxial et le point de l'équateur qui *descend* avec cette étoile sous l'horizon : si c'est dans la sphère droite, on a la *descension droite*; si c'est dans la sphère oblique, on a la *descension oblique*.

DESCENSIONNEL, adj. mas.; au fém. **DESCENSIONNELLE** (*dèceçancionèl*), t. d'astron. : *différence descensionnelle*, différence entre la *descension* droite et la *descension* oblique d'une même étoile, d'un même point des cieux, etc. Le masculin n'est guère usité.

DESCENSORIUM, barbarisme de *Raymond*, qui n'a pas vu que ce mot était le même que *descensum*, lequel est plus que suffisant, s'il n'est pas de trop.

DESCENSUM, subst. mas. (*dèceceinçome*), mot purement latin, qui signifie, en t. de parfumeur, distillation qui se fait par le moyen du feu placé au-dessus des plantes aromatiques, au lieu de l'être, comme à l'ordinaire, par dessous.—Sans plur.

DESCENTE, subst. fém. (*dèçante*) (du lat. *descensio* ou *descensus*, fait, dans la même signification, de *descendere*. Voy. DESCENDRE), action de *descendre*, ou par laquelle on *descend*. — Mouvement ou chute d'une chose qui *descend*. On le dit surtout en physique, de la chute des corps. —Penchant par lequel on *descend : nous trouverons par là une descente; la descente en est bien roide*.—Irruption des ennemis par terre ou par mer : *la descente des Vandales en Espagne, des Anglais en Flandre, des Normands dans la Neustrie*. — Visite d'un lieu où l'on se transporte par autorité de justice : *la justice a fait une descente sur les lieux; on a de suite ordonné une descente*.—En t. de guerre, sapes, taillades, enfoncement qu'on fait dans les terres de la contrescarpe, au-dessous du chemin couvert, pour entrer dans le fossé d'une place, etc. : *travailler à la descente du fossé*. — En chir., déplacement des intestins par la rupture du péritoine ; hernie. Voy. ce mot. *Il a une descente qui l'empêche de monter à cheval*. — *Descente de matrice*, déplacement de la matrice, dans lequel ce viscère est plus ou moins abaissé et paraît quelquefois en dehors. — En t. d'archit., tuyau par où *descendent* et tombent les eaux d'un chéneau, d'un réservoir : *un tuyau de descente*. — Nom qui se donnait à Bordeaux aux droits d'entrée perçus sur les vins du haut pays. — *Descente de croix*, la représentation de Notre-Seigneur qu'on détache de la croix : *il a acheté une belle descente de croix*.— *A la descente du carrosse, de la voiture, de l'escalier, du vaisseau*, au moment où la personne au-devant de laquelle on va *descend* de carrosse, etc.— T. de mécan. : *ligne de la plus courte descente*, ligne par laquelle un corps qui tombe, en vertu de sa pesanteur, arrive d'un point donné à un autre point donné, en moins de temps que s'il tombait par toute autre ligne, en passant par les mêmes points. C'est la courbe appelée *cycloïde*.

DESCRIPTEUR, subst. mas. (*dècekripeteur*), celui qui a écrit une *description*, des *descriptions*.

DESCRIPTIF, adj. mas., au fém. **DESCRIPTIVE** (*dècekripetif, tive*), t. de rhét. et de belles-lettres : *genre descriptif, poëme descriptif*, celui qui consiste principalement à *décrire* divers objets.

DESCRIPTION, subst. fém. (*dècekripecion*) (en lat. *descriptio*), discours par lequel on *décrit*, on dépeint : *description d'un palais, d'une maison, d'un jardin, d'un phénomène, d'un orage, des effets d'une passion; description d'un organe, d'une plante, d'un animal, d'une machine d'un appareil, des symptômes d'une maladie* ;

> Soyez riche et pompeux dans vos *descriptions*.
>
> (BOILEAU.)

— En t. de logique, définition imparfaite qui donne quelque idée d'une chose, sans en expliquer parfaitement la nature : *ce n'est pas une définition, ce n'est qu'une description*.—Inventaire qui comprend le nombre et la qualité des meubles, etc.— Ouvrage qui contient l'état présent d'une partie du monde, d'une province, etc.—En géom., action de tracer une ligne, une surface, etc.

DESCRIPTIVE, adj. fém. Voy. DESCRIPTIF.

DÉSÉCHOUÉ, E, part. pass. de *déséchouer*.

DÉSÉCHOUER, v. act. (*dézéchoué*), t. de mar., retirer un vaisseau d'un lieu quelconque où il s'était *échoué*, pour le remettre à flot. — Voy. DÉCHOUER.

se **DÉSEINGAIGNER**, v. pron. (*cedézeinguégnié*), s'étonner, être surpris.—Grossier barbarisme de *Boiste*, religieusement copié par *Raymond*.

DÉSEMBALLAGE, subst. mas. (*dézanbalaje*), ouverture d'une caisse, d'un ballot : *je n'étais pas au désemballage*.

DÉSEMBALLÉ, E, part. pass. de *désemballer*.

DÉSEMBALLER, v. act. (*dézanbalé*), défaire une *balle*, une caisse; en tirer ce qui y est *emballé : il faut désemballer les marchandises*. — *se* DÉSEMBALLER, v. pron.

DÉSEMBARQUÉ, E, part. pass. de *désembarquer*.

DÉSEMBARQUEMENT, subst. mas. (*dézanbarkeman*), action de *désembarquer*.

DÉSEMBARQUER, v. act. (*dézanbarkié*), tirer d'un vaisseau quelque chose qu'on y avait *embarqué*, avant que ce vaisseau ne soit parti ou arrivé à sa destination. Il se dit aussi des troupes *embarquées : il fallut désembarquer les troupes à moitié chemin*.—*se* DÉSEMBARQUER, v. pron.

DÉSEMBARRASSÉ, E, part. pass. de *désembarrasser*.

DÉSEMBARRASSER, v. act. (*dézanbaracé*), ôter l'*embarras*. — *se* DÉSEMBARRASSER, v. pron. Peu usité.

DÉSEMBOURBÉ, E, part. pass. de *désembourber*.

DÉSEMBOURBER, v. act. (*dézanbourbé*), tirer hors de la *bourbe*. — *se* DÉSEMBOURBER, v. pron.

DÉSEMBOURRÉ, E, part. pass. de *désembourrer*.

DÉSEMBOURRER, v. act. (*dézanbouré*), tirer, ôter la *bourre : désembourrer un fauteuil*. — *se* DÉSEMBOURRER, v. pron.

DÉSEMMANCHÉ, E, part. pass. de *désemmancher*.

DÉSEMMANCHER, v. act. (*dézanmanché*), ôter le *manche* de quelque instrument. — *se* DÉSEMMANCHER, v. pron.

DÉSEMPARÉ, E, part. pass. de *désemparer*.

DÉSEMPAREMENT, subst. mas. (*dézanpareman*), l'action de *désemparer*.

DÉSEMPARER, v. act. (*dézanparé*) (de la particule privative *dé*, et du verbe *s'emparer; cesser de s'emparer; quitter ce dont on s'était emparé*), quitter, abandonner : *désemparer la ville, le camp*. — Il s'emploie le plus souvent au neutre : *les ennemis désemparèrent*, se retirèrent; *je n'ai point désemparé de la ville*. — En t. de mar., *désemparer un vaisseau*, le mettre en désordre, le démâter, ruiner ses manœuvres. (De l'espagnol *desemparer*, laisser sans protection, sans défense, formé de la particule privative de, et de *amparo*, protection, secours.) — *Sans désemparer*, sans quitter la place : *il joue sans désemparer; on croit que l'assemblée décidera sans désemparer*.—*se* DÉSEMPARER, v. pron.

DÉSEMPENNÉ, E, adj. (*dézanpènené*), dégarni de plumes. Vieux.

DÉSEMPESÉ, E, part. pass. de *désempeser*.

DÉSEMPESER, v. act. (*dézanpezé*), mettre, tremper un linge dans de l'eau pour en faire sortir l'*empois*. Voy. EMPESER.—*se* DÉSEMPESER, v. pron. : *l'air est si humide que mon col s'est désempesé*.

DÉSEMPLI, E, part. pass. de *désemplir*.

DÉSEMPLIR, v. act. (*dézanplir*), vider en partie, rendre moins plein : *il faut désemplir ce coffre, ce tonneau*. — On dit neutralement : *sa maison ne désemplit point* (est toujours pleine) *de joueurs; ses coffres ne désemplissent pas*. — *se* DÉSEMPLIR, v. pron., se vider; devenir moins plein.

DÉSEMPLOTOIR, subst. mas. (*dézanpelotoar*) (de la particule extractive *dé*, et de *pelotte : qui ôte les pelottes de la viande*), t. de vieille faucon., fer avec lequel on tire de la mulette des oiseaux de proie la viande qu'ils ne peuvent digérer. Hors d'usage.

DÉSEMPOISONNÉ, E, part. pass. de *désempoisonner.*

DÉSEMPOISONNEMENT, subst. mas. (*dézanpoézoneman*), action de *désempoisonner*, de détruire l'effet du *poison*.

DÉSEMPOISONNER, v. act. (*dézanpoézoné*), garantir de l'effet du *poison*, détruire son effet.— Mot employé par *madame de Sévigné*, dit *Boiste*, qui a tort de l'indiquer comme tout-à-fait inusité.—*se* DÉSEMPOISONNER, v. pron.

DÉSEMPOISSONNÉ, E, part. pass. de *désempoissonner.*

DÉSEMPOISSONNEMENT, subst. mas. (*dézanpoéçoneman*), action d'ôter le *poisson* d'un étang.

• **DÉSEMPOISSONNER**, v. act. (*dézanpoéçoné*), ôter le *poisson* d'un étang. — *se* DÉSEMPOISSONNER, v. pron.

DÉSEMPRISONNÉ, part. pass. de *désemprisonner.*

DÉSEMPRISONNEMENT, subst. mas. (*dézanprizoneman*), action de mettre hors de *prison*, renvoi de *prison*.

DÉSEMPRISONNER, v. act. (*dézanprizoné*), faire sortir de *prison* quelqu'un qu'on y avait fait mettre.—*se* DÉSEMPRISONNER, v. pron.

• **DÉSENAMOURÉ**, E, part. pass. de *désenamourer*, et adj., guéri de son *amour*. Ce mot, que l'usage n'a point adopté, se trouve dans *le Dépit amoureux* de *Molière* :

> Mais est-ce un coup bien sûr que votre seigneurie
> Soit *désenamourée*, ou si c'est raillerie ?

Il paraît tiré de l'espagnol *enamorado*, enamouré, d'où *Molière* a fait le dérivatif *désenamouré.*

DÉSENAMOURER, v. act. (*dézanamouré*), guérir de l'*amour*. — *se* DÉSENAMOURER, v. pron.

DÉSENCHAÎNÉ, E, part. pass. de *désenchaîner.*

DÉSENCHAÎNER, v. act. (*dézanchéné*), ôter les *chaînes*. — *se* DÉSENCHAÎNER, v. pron., se débarrasser de ses *chaînes*.

DÉSENCHANTÉ, E, part. pass. de *désenchanter.*

DÉSENCHANTEMENT, subst. mas. (*dézanchanteman*), l'action de *désenchanter*.

DÉSENCHANTER, v. act. (*dézanchanté*), rompre l'*enchantement*, le faire finir. Il est peu usité au propre.—Au fig., guérir d'une passion : l'auteur du poëme des *Jardins* a dit très-heureusement :

> *Désenchanter* vos cœurs des voluptés du monde.

La jeunesse est facile à se passionner, la société la désenchante bientôt. — *se* DÉSENCHANTER, v. pron.

DÉSENCLOUAGE, subst. mas. (*dézanklouaje*), action ou manière de *désenclouer*.

DÉSENCLOUÉ, E, part. pass. de *désenclouer.*

DÉSENCLOUER, v. act. (*dézankloué*), tirer un *clou*. *Désenclouer un cheval*, lui tirer du pied un *clou* qui le faisait boiter. — *Désenclouer un canon*, ôter le *clou* qu'on avait enfoncé dans la lumière. — *se* DÉSENCLOUER, v. pron.

DÉSENCOMBRÉ, E, part. pass. de *désencombrer.*

DÉSENCOMBRER, v. act. (*dézankonbré*), dégager, ôter les *encombres*, les empêchements.— *se* DÉSENCOMBRER, v. pron.

DÉSENDORMI, E, part. pass. de *désendormir*, et adj., à moitié éveillé.

DÉSENDORMIR, v. act. (*dézandormir*), faire lever, empêcher de *dormir* : *promenez-vous un peu dans la chambre, cela vous désendormira.* — *se* DÉSENDORMIR, v. pron.

DÉSENFILÉ, E, part. pass. de *désenfiler.*

DÉSENFILER, v. act. (*dézanfilé*), faire que ce qui était *enfilé* ne le soit plus.— *se* DÉSENFILER, v. pron.

DÉSENFLÉ, E, part. pass. de *désenfler.*

DÉSENFLER, v. act. (*dézanflé*), ôter l'*enflure*. — Neut., cesser d'être *enflé* : *son genou commence à désenfler.* — *se* DÉSENFLER, v. pron.

DÉSENFLURE, subst. fém. (*dézanflure*), cessation, dissipation d'*enflure*.

DÉSENFORESTÉ, E, part. pass. de *désenforester.*

DÉSENFORESTER, v. act. (*dézanforèceté*), séparer d'une *forêt* royale une terre qui y était enclavée. (*Boiste.*) Tout-à-fait hors d'usage.

DÉSENGAGÉ, E, part. pass. de *désengager.*

DÉSENGAGEMENT, subst. mas. (*dézanguajeman*), action de *désengager* ou de *se désengager*.

DÉSENGAGER, v. act. (*dézanguajé*), t. militaire, désenrôler. — *se* DÉSENGAGER, v. pron., rompre un *engagement*.

DÉSENGÉ, E, part. pass. de *désenger.*

DÉSENGER, v. act. (*dézanjé*), détruire, faire périr l'*engeance* des insectes.—Barbarisme commis par *Boiste*, *Gattel*, *Trévoux*, et par *Raymond* leur copiste. C'est *désengeancer* qu'il aurait fallu dire, et qui ne se dit même pas.

DÉSENGRENÉ, E, part. pass. de *désengrener.*

DÉSENGRENER, v. act. (*dézanguerené*), dégager des corps dont les parties sont *engrenées*, engagées les unes dans les autres. — *se* DÉSENGRENER, v. pron. Peu en usage.

DÉSENIVRÉ, E, part. pass. de *désenivrer.*

• **DÉSENIVREMENT**, subst. mas. (*dézanivreman*), action d'ôter l'*ivresse*.

• **DÉSENIVRER**, v. act. (*dézanivré*), ôter l'*ivresse* : *une heure de sommeil suffit pour se désenivrer.*— Au fig., désenchanter, détruire l'illusion, l'enthousiasme : *je fondais sur cette idée les plus brillantes espérances ; la réflexion, ou plutôt l'expérience me désenivra.*—Neut., cesser d'être *ivre* : *il ne désenivre pas depuis tel temps.* —*se* DÉSENIVRER, v. pron.

DÉSENLACÉ, E, part. pass. de *désenlacer.*

DÉSENLACEMENT, subst. mas. (*dézanlaceman*), action de *désenlacer*.

DÉSENLACER, v. act. (*dézanlacé*), tirer des *lacets* : *désenlacer un oiseau.* — *se* DÉSENLACER, v. pron.

DÉSENLAIDI, E, part. pass. de *désenlaidir.*

DÉSENLAIDIR, v. act. (*dézanlèdir*), faire disparaître la *laideur* ; rendre moins *laid*. — Neut., cesser d'être *laid*. — *se* DÉSENLAIDIR, v. pron.

DÉSENNUI, subst. mas. (*dézannui*), action de se *désennuyer*. Ce mot manque dans l'*Académie*.

DÉSENNUYÉ, E, part. pass. de *désennuyer.*

DÉSENNUYER, v. act. (*dézannuié*), chasser, dissiper l'*ennui* : *rien ne pouvait me désennuyer.* — Il s'emploie dans un sens absolu : *la lecture désennuie d'abord, mais ensuite elle devient une fatigue.* — *se* DÉSENNUYER, v. pron., chasser l'*ennui* que l'on a ou que l'on craint ; se réjouir, se divertir.

DÉSENRAYÉ, E, part. pass. de *désenrayer.*

DÉSENRAYER, v. act. (*dézanré-ié*), ôter la corde ou la chaîne qui empêche une roue de tourner. Voy. ENRAYER. — On dit absolument : *vous pouvez désenrayer.* — *se* DÉSENRAYER, v. pron.

DÉSENRHUMÉ, E, part. pass. de *désenrhumer.*

DÉSENRHUMER, v. act. (*dézanrumé*), ôter, chasser le *rhume*. — *se* DÉSENRHUMER, v. pron.

DÉSENRÔLÉ, E, part. pass. de *désenrôler.*

DÉSENRÔLEMENT, subst. mas. (*dézanrôleman*), action de *désenrôler*.

DÉSENRÔLER, v. act. (*dézanrôlé*), ôter un soldat du *rôle*, lui donner son congé.— *se* DÉSENRÔLER, v. pron., se dégager.

DÉSENROUÉ, E, part. pass. de *désenrouer.*

DÉSENROUEMENT, subst. mas. (*dézanrouman*), cessation de l'*enrouement*.

DÉSENROUER, v. act. (*dézanroué*), ôter l'*enrouement*. — *se* DÉSENROUER, v. pron.

DÉSENSEIGNÉ, E, part. pass. de *désenseigner.*

DÉSENSEIGNEMENT, subst. mas. (*dézancègnieman*), action de détruire ce qu'on avait d'abord *enseigné*.

DÉSENSEIGNER, v. act. (*dézancègné*), faire le contraire de ce qu'il faut pour *enseigner* ; *enseigner* le contraire de ce qu'on avait *enseigné*.

DÉSENSEVELI, E, part. pass. de *désensevelir.*

DÉSENSEVELIR, v. act. (*dézancevelir*), ôter le linge qui *ensevelissait* un mort.

DÉSENSEVELISSEMENT, subst. mas. (*dézanceveliceman*), action de *désensevelir*.

DÉSENSORCELÉ, E, part. pass. de *désensorceler.*

DÉSENSORCELER, v. act. (*dézançorcelé*), délivrer, guérir de l'*ensorcellement*.—Il se dit plus fréquemment au fig. qu'au propre : *on ne peut le désensorceler de cette femme.*— *se* DÉSENSORCELER, v. pron.

DÉSENSORCELLEMENT, subst. mas. (*dézançorcèleman*), action de *désensorceler*.

DÉSENTÊTÉ, E, part. pass. de *désentêter.*

DÉSENTÊTER, v. act. (*dézantèté*), faire cesser l'*entêtement*. Il est plus d'usage au passif et au pron. qu'à l'actif : *il est désentêté de la chasse.* —*se* DÉSENTÊTER, v. pron. : *il ne peut se désentêter de cette opinion.*

DÉSENTORTILLÉ, E, part. pass. de *désentortiller.*

DÉSENTORTILLER, v. act. (*dézantorti-ié*), dévider ; défaire ce qui est *entortillé*. — *se* DÉSENTORTILLER, v. pron.

DÉSENTRAVÉ, E, part. pass. de *désentraver.*

DÉSENTRAVER, v. act. (*dézantravé*), ôter les *entraves* à un cheval. — *se* DÉSENTRAVER, v. pron.

DÉSENVENIMÉ, E, part. pass. de *désenvenimer.*

DÉSENVENIMER, v. act. (*dézanvenimé*), ôter le *venin*. — *se* DÉSENVENIMER, v. pron.

DÉSENVERGUÉ, E, part. pass. de *désenverguer.*

DÉSENVERGUER, v. act. (*dézanvèreguié*), t. de mar., ôter les voiles des *vergues*, où elles avaient été *enverguées*. — *se* DÉSENVERGUER, v. pron.

DÉSÉQUIPÉ, E, part. pass. de *déséquiper.*

DÉSÉQUIPER, v. act. (*dézékipé*), ôter les équipages d'un vaisseau, le désarmer.—*se* DÉSÉQUIPER, v. pron.

DÉSERGOTÉ, E, part. pass. de *désergoter.*

DÉSERGOTER, v. act. (*dézèreguoté*), fendre l'*ergot* d'un cheval jusqu'au vif, pour crever quelques vessies pleines d'eau qui viennent aux jambes.

DÉSERT, subst. mas. (*dézère*) (en lat. *desertum*, fait de *deserere*, abandonner), lieu *désert* et inhabité : *le lendemain nous entrâmes dans le désert ; c'est un désert affreux ; un immense désert ; les déserts de l'Afrique.*—On dit prov. et fig. dans le langage fam. : *prêcher dans le désert*, n'être point écouté, n'avoir point d'auditeurs.— Terre inculte ou mal cultivée.— Par extension, par exagération, lieu très-peu habité, lieu où l'on se trouve isolé : *cette ville est un vrai désert ; Paris est un désert pour moi quand vous n'y êtes plus.*

DÉSERT, E, adj. (*dézère*, *zèrete* au fém.) (en lat. *desertus*, part. pass. de *deserere*), dépeuplé, inhabité, où il n'y a presque point de monde : *ce lieu, ce pays est bien désert ; Philoctète fut abandonné dans une île déserte ; comme la rue est déserte.* Voy. DÉSERTÉ. — Négligé, mal cultivé, abandonné. — Dans l'anc. jurispr., on disait qu'*un appel était désert*, quand il n'était pas relevé par lettres dans les trois mois par celui qui l'avait interjeté.

DÉSERTÉ, E, part. pass. de *déserter*, et adj., abandonné : *les campagnes sont désertées pendant la guerre.* — DÉSERTÉ, DÉSERT. (*Syn.*) *Désert* se dit de ce qui est habituellement inhabité ; et *déserté*, de ce qui l'est accidentellement.

DÉSERTER, v. act. (*dézèreté*) (en lat. *deserere*), abandonner un lieu : *la peste en 1720 fit déserter Marseille.*—On dit neut. : *la fumée me fera déserter du logis ; cet homme me fera déserter.*—Il se dit plus particulièrement des soldats : *déserter l'armée, le service, le régiment* ou *du régiment ; ce soldat a déserté.*—*Déserter à l'ennemi*, passer à l'ennemi, et, par opposition, *déserter à l'intérieur.* — Fig., abandonner, en parlant de religion, de parti, d'opinion : *il a déserté la cause du malheur ; vous les verrez déserter le parti, aussitôt qu'ils en auront obtenu ce qu'ils veulent.*

DÉSERTEUR, subst. mas. (*dézèreteur*) (en lat. *desertor*), soldat qui *déserte*, qui quitte le service sans congé. Il dit moins que *transfuge*, qui ajoute au mot *déserteur* l'idée accessoire de passer au service des ennemis. — Au fig. : *déserteur de la foi, de la bonne cause.* — Fam. : *vous êtes un déserteur, vous avez abandonné notre société*, etc.

DÉSERTION, subst. fém. (*dézèrecion*) (en lat. *desertio*), abandonnement du service par un soldat qui part sans congé : *la désertion s'est mise dans les rangs.* — On dit figur. : *nous ne vous pardonnerons pas votre désertion*, etc. — *Désertion d'appel*, t. de prat., abandonnement d'appel, faute de le relever dans le temps prescrit.

à la **DÉSESPÉRADE**, loc. adv. (*dézècepérade*), comme un *désespéré* : *il se bat à la désespérade.* Il est familier et vieux.

DÉSESPÉRANT, E, adj. (*dézècepéran*, *rante*), qui jette dans le *désespoir* : *cette pensée est désespérante.* — Par extension, décourageant : *vous êtes désespérant ; cet enfant est désespérant.*

DÉSESPÉRÉ, E, part. pass. de *désespérer* et adj., qui ne donne aucune espérance : *malade désespéré ; affaire désespérée.* — Qui est dans la douleur, dans le *désespoir* :

> Je m'en retournerai seule et *désespérée !*
> (RACINE, *Iphigénie.*)

— On dit fig., et par exagération : *je suis désespéré de ce retard ; vous avez peut-être attendu, j'en suis désespéré.* — *Un parti désespéré, une résolution désespérée*, que le *désespoir* inspire. — Il signifie aussi incorrigible, qui n'est pas capable d'apprendre : *c'est un enfant, un jeune homme tout-à-fait désespéré.* — On dit *être désespéré des médecins*, en parlant de personnes que les médecins désespèrent de guérir. — Dans un sens analogue, *mal désespéré*, mal incurable ; *état désespéré*, qui ne laisse plus d'espoir, soit en parlant d'un malade, soit en parlant d'un objet dont la perte est inévitable. — Employé subst., il signifie, qui *désespère*, qui a perdu toute espérance : *se battre, agir, jouer en désespéré; courir, crier comme un désespéré*, avec violence, avec excès.

DÉSESPÉRÉMENT, adv. (*dézècepéréman*), comme un *désespéré*, avec excès : *il est désespérément amoureux*. L'emploi de cet adverbe est fort borné.

DÉSESPÉRER, v. neut. (*dézècepéré*), perdre l'*espérance* : *je désespère de réussir*. — *Désespérer d'un malade*, ne point *espérer* qu'il guérisse. — *Désespérer d'un jeune homme*, ne point *espérer* qu'il se corrige. — On dit aussi activement : *désespérer quelqu'un*, lui faire perdre *l'espérance*, le tourmenter, l'affliger au dernier point : *cela me désespère*. — *se* DÉSESPÉRER, v. pron., se livrer au *désespoir*.

DÉSESPOIR, subst. mas. (*dézècepoar*), perte de toute *espérance* : *le désespoir de réussir m'en a détourné; quelquefois le désespoir redouble le courage*. — Abattement de l'âme, violent chagrin : *ce malheur me plongea dans le désespoir; le désespoir de la famille ne peut se décrire*. — Dans le premier sens il a rapport à l'avenir; dans le second, au passé. — Ce qui cause le désespoir : *sa fortune est le désespoir des gens de bien*. — Chose si parfaite qu'elle passe pour inimitable : *l'Iliade d'Homère est le désespoir de tous les poètes*. —Au fig., et par exagération : *être au désespoir*, être bien fâché, avoir bien du déplaisir. — Fig. et fam. : *faire une chose en désespoir de cause*, prendre un dernier parti, user d'une dernière ressource, qu'on ne voulait pas employer.

DÉSESTIMÉ, E, part. pass. de *désestimer*.

DÉSESTIMER, v. act. (*dézècetimé*), cesser d'*estimer*. — *se* DÉSESTIMER, v. pron.

DÉSÉTOURDI, E, part. pass. de *désétourdir*.

DÉSÉTOURDIR, v. act. (*dézétourdir*), ôter l'*étourdissement*. — *se* DÉSÉTOURDIR, v. pron.

DÉSÉTRINER, v. act. (*dézétriné*), faire perdre l'étrier.—*se* DÉSÉTRINER, v. pron. (*Boiste*.) Vieux et inus.

DÉSÉVRÉ, E, part. pass. de *désévrer*.

DÉSÉVRER, v. act. (*dézèveré*), discontinuer, abandonner. Inusité. — *Boiste* seul l'indique, et cite à l'appui *Perceval*, sans donner d'exemple.

DÉSEXCOMMUNIÉ, E, part. pass. de *désexcommunier*.

DÉSEXCOMMUNIER, v. act. (*dézèkcekomunié*), remettre quelqu'un dans la *communion*, rétracter l'*excommunication* qu'on avait lancée. (*Boiste*.) Inus.

DÉSHABILLÉ, subst. mas. (*dézabi-ié*), habillement dont les femmes se servent pour garder la chambre. — Vêtement de femme de la campagne. — Au fig. et fam., vie privée et domestique : *on aime à voir un héros en déshabillé, dans son déshabillé*. — *Se montrer, paraître dans son déshabillé, en déshabillé*, tel que l'on est, sans art, sans affectation.

DÉSHABILLÉ, E, part. pass. de *déshabiller*.

DÉSHABILLER, v. act. (*dézabi-ié*), ôter les *habits* : *je me suis fait déshabiller en rentrant; on déshabille le malade et on le met au lit*. — Prov. et fig., *déshabiller saint Pierre pour habiller saint Paul*, signifie remédier à un inconvénient par un inconvénient pareil, emprunter pour payer une dette. — On dit familièrement au neutre : *il a été trois mois sans déshabiller*. — *se* DÉSHABILLER, v. pron., ôter ses *habits*. — Quitter ses ornements, en parlant d'un prêtre, d'un évêque qui vient d'officier; d'un avocat, d'un magistrat qui quitte sa robe; d'un acteur qui quitte son costume. — Quitter l'*habit* de ville, pour se mettre plus à son aise, en robe de chambre. — Prov., *se déshabiller avant de se coucher*, donner son bien de son vivant.

• **DÉSHABITÉ**, E, part. pass. de *déshabiter*, et adj., qui a été abandonné; où l'on a cessé d'*habiter*.

DÉSHABITER, v. act. (*dézabité*), abandonner une demeure, cesser de l'*habiter*. — Il était aussi employé neutralement. Il est maintenant et depuis long-temps inusité, et on doit le regretter, attendu qu'aucun mot ne le remplace.

DÉSHABITUÉ, E, part. pass. de *déshabituer*.

DÉSHABITUER, v. act. (*dézabitué*), faire perdre une *habitude*. — *se* DÉSHABITUER, v. pron., quitter une *habitude* qu'on avait.

DÉSHARMONIE, subst. fém. (*dézarmoni*), défaut d'*harmonie*, discordance : *cette famille est continuellement en désharmonie*.

DÉSHARMONIÉ, E, part. pass. de *désharmonier*.

DÉSHARMONIER, v. act. (*dézarmonié*), ôter, troubler l'*harmonie* des choses, des opinions. — *se* DÉSHARMONIER, v. pron.

DÉSHARNACHÉ, E, part. pass. de *désharnacher*.

DÉSHARNACHER, v. act. (*dézarnaché*), ôter le *harnais*. — *se* DÉSHARNACHER, v. pron.

DÉSHÉRENCE, subst. fém. (*dézérance*) (de la particule privative *de*, et du lat. *hæres*, héritier; *défaut, manque d'héritier*), t. de jurispr., droit qu'a l'état, et qu'avait autrefois un seigneur haut-justicier, de se mettre en possession des biens d'une personne morte sans héritiers. — État d'une succession à laquelle peut s'appliquer ce droit : *bien tombé en déshérence*.

DÉSHÉRITÉ, E, part. pass. de *déshériter*.

DÉSHÉRITER, v. act. (*dézérité*), priver de la succession. — *se* DÉSHÉRITER, v. pron. : *il s'est lui-même déshérité par ses fautes*.

DÉSHEURÉ, E, adj. (*dézeuré*) (rac. *heure*), qui est dérangé dans ses *heures* d'occupation : *être tout désheuré*.

• **DÉSHEURER**, v. act. (*dézeuré*), déranger les heures ordinaires des occupations. — *se* DÉSHEURER, v. pron., se déranger de ses *heures* accoutumées.

DÉSHONNÊTE, adj. des deux genres (*dézonête*), qui est contre la pudeur, la bienséance. — DÉSHONNÊTE, MALHONNÊTE. (*Syn.*) *Déshonnête* est contre la pudeur et ne se dit que des choses; *malhonnête* est contre la civilité, quelquefois contre la bonne foi et la droiture, et se dit également des choses et des personnes.

DÉSHONNÊTEMENT, adv. (*dézonêteman*), d'une manière *déshonnête*.

DÉSHONNÊTETÉ, subst. fém. (*dézonêteté*), parole ou action qui choque la pudeur.

DÉSHONNEUR, subst. mas. (*dézoneur*), honte; avilissement, perte de l'honneur; opprobre, infamie : *il a mis le comble à son déshonneur; sa présence serait un déshonneur pour votre maison*. — Fam. : *prier une femme de son déshonneur*, la solliciter contre la chasteté. — Dans un sens analogue, *prier quelqu'un de son déshonneur*, le presser de faire quelque chose qui le *déshonorerait*. — On disait autrefois, *demander de l'argent à un avare, c'est le prier de son déshonneur*.

DÉSHONORABLE, adj. des deux genres (*dézonorable*). Voy. DÉSHONORANT.

DÉSHONORANT, E, adj. (*dézonoran, rante*), qui *déshonore*, qui cause du *déshonneur* : *action, conduite déshonorante; affront déshonorant*.

DÉSHONORÉ, E, part. pass. de *déshonorer*.

DÉSHONORER, v. act. (*dézonoré*), perdre quelqu'un d'*honneur* et de réputation. — *Déshonorer sa famille*, faire des actions, mener une vie qui lui font *déshonneur*. — *Déshonorer ses ancêtres*, dégénérer de leur vertu, etc. — *Déshonorer une fille, une femme*, en abuser. — Il s'emploie par extension en parlant des choses, et signifie flétrir, dégrader, ternir : *de pareils excès déshonorent la plus belle victoire*. — *Déshonorer des arbres*, les étêter. — T. de sculpt., *déshonorer une statue*, la mutiler. — T. d'archit., *déshonorer une pierre*, en altérer la forme; *un bâtiment*, le dégrader, etc. — *se* DÉSHONORER, v. pron., perdre son *honneur* par sa conduite ou par ses paroles.

DÉSHUMANISÉ, part. pass. de *déshumaniser*.

DÉSHUMANISER, v. act. (*dézumanizé*), dépouiller l'homme de ses sentiments naturels. — *se* DÉSHUMANISER, v. pron.

DÉSIGNATIF, adj. mas. au fém. **DÉSIGNATIVE** (*dézigniatif, tive*), qui *désigne*, qui spécifie.

DÉSIGNATION, subst. fém. (*dézigniâcion*) (en lat. *designatio*), dénotation d'une personne, d'une chose par des *signes* précis qui la font connaître. — Nomination et destination expresse : *il apprit à la campagne sa désignation pour le consulat*.

DÉSIGNATIVE, adj. fém. Voy. DÉSIGNATIF.

DÉSIGNÉ, E, part. pass. de *désigner* : *à l'heure désignée; consul désigné*.

DÉSIGNER, v. act. (*dézignié*) (en lat. *designare*, fait dans le même sens de *signum*, signe), dénoter par des *signes*, par des marques qui font connaître. — Être le *signe*, le symbole, l'annonce, le symptôme de quelque chose : *ce vent-là désigne de la pluie*. — Fixer, marquer : *désignez-moi une heure précise, et je m'y trouverai*. — Signaler : *cette petite brochure a suffi pour le désigner à l'attention des partis*. — Nommer, destiner : *il désigna un tel pour son successeur, pour son héritier*. — *se* DÉSIGNER, v. pron.

DÉSIMMORTALISÉ, E, part. pass. de *désimmortaliser*.

DÉSIMMORTALISER, v. act. (*dézimemortalizé*), priver de l'*immortalité*. Inus.

DÉSINCAMÉRATION, subst. fém. (*dézeinkamérâcion*), acte par lequel on *désincamère*.

DÉSINCAMÉRÉ, E, part. pass. de *désincamérer*.

DÉSINCAMÉRER, v. act. (*dézeinkaméré*) (de l'italien *camera*, chambre), démembrer de la chambre apostolique les terres qui en faisaient partie.

DÉSINCORPORÉ, E, part. pass. de *désincorporer*.

DÉSINCORPORER, v. act. (*dézeinkorporé*), séparer une chose du corps auquel elle avait été *incorporée*. — *se* DÉSINCORPORER, v. pron.

DÉSINENCE, subst. fém. (*dézinance*) (du lat. *desinere*, finir, se terminer), t. de gramm., terminaison.

DÉSINFATUÉ, E, part. pass. de *désinfatuer*.

DÉSINFATUER, v. act. (*dézeinfatué*), désabuser une personne *infatuée*. — *se* DÉSINFATUER, v. pron.

DÉSINFECTÉ, E, part. pass. de *désinfecter*.

DÉSINFECTER, v. act. (*dézinfèkté*), ôter l'*infection*. — *se* DÉSINFECTER, v. pron.

DÉSINFECTION, subst. fém. (*dezeinfèkcion*), action par laquelle on ôte l'*infection* d'un lieu.

DÉSINFLUENCÉ, E, part. pass. de *désinfluencer*.

DÉSINFLUENCER, v. act. (*dézeinfluancé*), faire perdre l'*influence*. — *se* DÉSINFLUENCER, v. pron.

DÉSINQUIÉTÉ, E, part. pass. de *désinquiéter*.

DÉSINQUIÉTER, v. act. (*dézeinkiété*), ôter, dissiper l'*inquiétude*. — *se* DÉSINQUIÉTER, v. pron., rejeter l'*inquiétude*.

DÉSINTÉRESSÉ, E, part. pass. de *désintéresser*, et adj., qui ne fait rien par intérêt, par passion : *c'est un homme désintéressé; sa conduite est désintéressée*.

DÉSINTÉRESSEMENT, subst. mas. (*dézeintérèceman*), détachement de son propre *intérêt* : *parfait désintéressement*.

DÉSINTÉRESSÉMENT, adv. (*dézeintérèceman*), d'une manière *désintéressée*, sans vue d'*intérêt*. Très-peu usité.

DÉSINTÉRESSER, v. act. (*dézeintérècé*), mettre une personne hors d'*intérêt*, en lui donnant ce qu'elle pourrait tirer d'une affaire. Il n'est guère usité qu'en style de palais : *je ne m'occupe plus de ce procès, on m'a désintéressé*. — *se* DÉSINTÉRESSER, v. pron.

DÉSINVESTI, E, part. pass. de *désinvestir*.

DÉSINVESTIR, v. act. (*dézeinvècetir*), enlever, retirer la connaissance, l'examen d'une chose : *désinvestir la chambre de l'examen des lois*. (Casimir Périer.)—*se* DÉSINVESTIR, v. pron.

DÉSINVITÉ, E, part. pass. de *désinviter*.

DÉSINVITER, v. act. (*dézeinvité*), révoquer une *invitation*. — *se* DÉSINVITER, v. pron.

DÉSINVOLTURE, subst. fém. (*dézeinvolture*) (de l'italien *disinvoltura*), bonne grace, vivacité, air dégagé : *cette femme a une désinvolture parfaite*.

DÉSIR, et non pas **DESIR**, subst. mas. (*dézir* suivant l'*Académie*, et *dezir* suivant divers autres lexicographes et grammairiens. La même différence d'opinion et d'usage existe pour tous les mots dérivés de celui-ci. Nous pensons que l'on ne doit pas prononcer comme un *e* muet l'*e* des deux mots *désir* et *désirer*, parce que *s* qui vient après n'est nullement une lettre euphonique, mais bien une lettre qui fait partie d'un mot auquel la préposition *de* est ajoutée.) (en latin *desiderium*), souhait, mouvement de la volonté vers un bien qu'on n'a pas. — On dit, en t. de prat. : *au désir de la coutume, de l'ordonnance*, suivant la coutume, l'ordonnance.

DÉSIRABLE, adj. des deux genres (*dézirable*), souhaitable, qui mérite d'être *désiré*.

DÉSIRÉ, E, part. pass. de *désirer*.

DÉSIRER, v. act. (*déziré*) (en latin *desiderare*), souhaiter, avoir envie : *désirer des richesses, le pouvoir, la santé*. — On dit neut. : *l'homme passe sa vie à désirer*. — Par extension, souhaiter du bien à quelqu'un : *je lui désire toutes sortes de prospérités*.— On dit : *désirer de faire* ou *désirer faire quelque chose*. On met de lorsque l'accomplissement du *désir* est incertain, difficile, ou indépendant de la volonté : *il y a longtemps que je désirais de vous rencontrer*. On supprime la préposition dans le cas contraire : *amenez-le-moi, je désire le voir; venez, il désire vous parler, vous entendre*. — *Il y a quelque chose à désirer dans cet ouvrage, dans cette personne*, il manque quelque chose à..., etc. — On dit dans un sens analogue : *cette personne, cet ouvrage laisse quelque chose à désirer*. — *se* DÉSIRER, v. pron. — *Se faire désirer*, se faire attendre, pour rendre plus vif le *désir* qu'ont les autres de nous voir.

DÉSIREUSE, adj. fém. Voy. DÉSIREUX.

DÉSIREUX, adj. mas., au fém. **DÉSIREUSE** (*dézireu, reuze*), qui souhaite, qui *désire* avec ardeur : *désireux de gloire, d'honneurs*, etc. Il n'est guère usité que dans le style soutenu.

DÉSISTEMENT, subst. mas. (*déziceteman*), action de se *désister*.

se **DÉSISTER**, v. pron. (*cedéziceté*) (en latin *desistere*, formé de la préposition *de*, qui marque séparation, éloignement, et de *sistere*, en grec ἵστημι, placer : *se placer hors d'une chose, l'abandonner*), renoncer à... abandonner une entreprise, une demande, un appel, etc. Il s'emploie avec la prép. *de* : *se désister de ses poursuites.* — On dit neut. : *désister d'une demande.*

DÈS LORS, adv. (*dèlor*), dès ce temps-là.

DESMAN, subst. mas. (*déceman*), t. d'hist. nat., genre de rat musqué, particulier à la Laponie.

DESMODION, subst. mas. (*décemodion*), t. de bot., variété de sainfoin.

DESMOGRAPHE, subst. mas. (*décemoguerafe*) (du grec δεσμός, ligament, et γράφω, je décris), celui qui fait la description anatomique des ligaments.

DESMOGRAPHIE, subst. fém. (*décemoguerafi*) (même étym. que celle du mot précédent), partie de l'anatomie qui a pour objet la description des ligaments.

DESMOGRAPHIQUE, adj. des deux genres (*décemoguerafike*), qui a rapport à la *desmographie.*

DESMOLOGIE, subst. fém. (*décemoloji*) (du grec δεσμός, ligament, et λόγος, discours), t. d'anat., partie de la somatologie qui traite des ligaments.

DESMOLOGIQUE, adj. des deux genres (*décemolojike*), qui a rapport à la *desmologie.*

DESMOPHLOGIE, subst. fém. (*décemofloji*) (du grec δεσμός, ligament, et φλόξ, gén. φλογός, inflammation), t. de médec, gonflement inflammatoire.

DESMOPHLOGIQUE, adj. des deux genres (*décemoflojike*), qui a rapport à la *desmophlogie.*

DESMOTOMIE, subst. fém. (*décemotomi*) (du grec δεσμός, ligament, et τέμνω, je coupe), t. d'anat., dissection des ligaments.

DESMOTOMIQUE, adj. des deux genres (*décemotomike*), qui a rapport à la *desmotomie.*

DÉSOBÉI, E, part. pass. de *désobéir.*

DÉSOBÉIR, v. neut. (*dézobé-ir*), ne pas *obéir*. Il est relatif aux personnes, comme *contrevenir* l'est aux choses : *on désobéit aux magistrats, on contrevient aux lois.* — Ce verbe, quoique neutre, s'emploie au passif : *je ne veux pas être désobéi.* Il s'emploie quelquefois dans un sens absolu et ne prend pas de régime :

> *Désobéir* un peu n'est pas un si grand mal.
> (CORNEILLE, *le Cid.*)

DÉSOBÉISSANCE, subst. fém. (*dézobé-içance*), défaut d'*obéissance;* action de *désobéir* : *il persiste dans sa désobéissance; je ne m'attendais pas à cette désobéissance; la désobéissance est le défaut de cet enfant.* — On peut l'employer au pluriel, quand il exprime un acte : *vos désobéissances ont fatigué la patience de vos maîtres.*

DÉSOBÉISSANT, E, adj. (*dézobé-içan, çante*), qui *désobéit* : *enfant désobéissant.* — On dit aussi subst. : *c'est un désobéissant.*

DÉSOBLIGÉ, E, part. pass. de *désobliger.*

DÉSOBLIGEAMMENT, adv. (*dézoblijaman*), d'une manière *désobligeante.*

DÉSOBLIGEANCE, subst. fém. (*dézoblijance*), disposition à *désobliger.*

DÉSOBLIGEANT, E, adj. (*dézoblijan, jante*), qui *désoblige* : *personne, parole désobligeante.*

DÉSOBLIGEANTE, subst. fém. (*dézoblijante*), sorte de voiture très-étroite, et qui, ne pouvant contenir qu'une personne, force à *désobliger* ceux qui voudraient y avoir place.

DÉSOBLIGER, v. act. (*dézoblijé*), rendre un mauvais office, faire quelque déplaisir à... Voy. OBLIGER, dont *désobliger* est le contraire. — *se* DÉSOBLIGER, v. pron.

DÉSOBSTRUANT, E, adj. (*dézobecetruan, ante*), t. de médec., syn. d'*apéritif.*—On dit aussi subst. : *ce remède est un bon désobstruant.*

DÉSOBSTRUCTIF, adj. mas., au fém. **DÉSOBSTRUCTIVE** (*dézobecetruktif, tive*), t. de médec.), se dit des remèdes qui guérissent des *obstructions.* — Subst. mas. : *un désobstructif.*

DÉSOBSTRUCTION, subst. fém. (*dézobecetrukcion*), t. de médec., action de *désobstruer.* — État de ce qui est *désobstrué.*

DÉSOBSTRUCTIVE, adj. fém. Voy. DÉSOBSTRUCTIF.

DÉSOBSTRUÉ, E, part. pass. de *désobstruer.*

DÉSOBSTRUER, v. act. (*dézobecetrué*), détruire les *obstructions.* — Par extension et fam., dégager une rue, un passage. — *se* DÉSOBSTRUER, v. pron. : *la voie publique commence à se désobstruer.*

DÉSOCCUPATION, subst. fém. (*dézokupâcion*), état d'une personne qui n'est pas *occupée.* Peu usité.

DÉSOCCUPÉ, E, adj. (*dézokupé*), qui n'est pas *occupé* : *homme désoccupé, esprit désoccupé.* — DÉSOCCUPÉ, DÉSŒUVRÉ. (*Syn.*) On est *désoccupé* quand on n'a rien à faire, mais, à proprement parler, rien de ce qui *occupe;* on est *désœuvré* lorsqu'on ne fait absolument rien, même rien qui amuse, parce qu'on ne veut rien faire : *l'homme désoccupé a du loisir ; l'homme désœuvré est tout oisif.* — *se* DÉSOCCUPER, v. pron., se défaire de l'*occupation*, se débarrasser de ce qui *occupait.*

DÉSŒUVRÉ, E, part. pass. de *désœuvrer*, et adj. (de la particule négative *dé*, et du mot *œuvre*, action, travail; *qui ne fait aucune œuvre*, aucun travail), qui n'a rien à faire, qui ne sait point s'occuper. Voy. DÉSOCCUPÉ. — On l'emploie quelquefois subst. : *les désœuvrés sont le fléau des travailleurs.*

DÉSŒUVREMENT, subst. mas. (*dézeuvreman*), état d'une personne *désœuvrée.*

DÉSŒUVRER, v. act. (*dézeuvré*), t. de papetier, séparer les feuilles de papier.

DÉSOLANT, E, adj. (*dézolan, lante*), qui *désole*, qui afflige, etc. Il ne se dit guère que des choses : *j'ai appris une nouvelle désolante; voilà qui est désolant.* — On dit pourtant, mais dans le style fam. : *vous êtes désolant; cet enfant est désolant.*

DÉSOLATEUR, subst. mas. (*dézolateur*), qui *désole*, qui ravage, qui détruit. — Il ne se dit que des personnes, encore est-il peu usité : *ce conquérant fut le désolateur de l'Asie.*

DÉSOLATION, subst. fém. (*dézolâcion*) (en lat. *desolatio*), affliction, douleur extrême : *c'est une désolation générale.* — On l'emploie quelquefois par exagération, pour exprimer vivement une contrariété ordinaire : *je n'ai pas réussi dans ce que vous désiriez, vous me voyez dans la désolation.* — Ruine entière, destruction : *le débordement des eaux porte la désolation dans nos campagnes; cette province offre aujourd'hui le tableau de la désolation.*— En style de l'Écriture : *l'abomination de la désolation.* — On dit d'un enfant qu'*il fait la désolation de ses parents.*

DÉSOLÉ, E, part. pass. de *désoler*, et adj., triste, affligé : *veuve, famille désolée;* et par exagération : *je suis désolé de vous faire attendre.* — Ravagé, ruiné : *pays désolé par la peste; campagnes désolées par la guerre.*

DÉSOLER, v. act. (*dézolé*) (en lat. *desolare*), causer une grande affliction : *ce nouveau malheur le désole; la conduite de son fils l'a toujours désolé.*—Tourmenter, inquiéter, importuner beaucoup : *ce temps me désole; les mouches désolaient le cheval.* — Il s'emploie par exagération, pour exprimer une simple contrariété, un désagrément ordinaire : *ce retard me désole.* — Ravager, ruiner : *la grêle a désolé nos campagnes.* — *se* DÉSOLER, v. pron.

DÉSOPILATIF, adj. mas., au fém. **DÉSOPILATIVE** (*dézopilatif, tive*), t. de médec, qui ôte les *opilations*, les obstructions : *remède désopilatif.* — Subst. mas. : *un désopilatif.*

DÉSOPILATION, subst. fém. (*dézopilâcion*), t. de médec., débouchement de quelque partie *opilée.*

DÉSOPILATIVE, adj. fém. Voy. DÉSOPILATIF.

DÉSOPILÉ, E, part. pass. de *désopiler.*

DÉSOPILER, v. act. (*dézopilé*) (de la particule extractive *de* et du verbe *oppilare*, boucher, déboucher, ôter), les obstructions, les *opilations.* — Fig. et fam. : *désopiler la rate*, réjouir, faire rire. — *se* DÉSOPILER, v. pron.

DÉSORDONNÉ, E, part. pass. de *désordonner*, et adj., le contraire d'*ordonné;* déréglé, etc. : *une maison désordonnée; être désordonné dans sa conduite; mener une vie désordonnée.* — Démesuré, excessif: *un appétit désordonné; une passion désordonnée.*

DÉSORDONNÉMENT, adv. (*dézordonéman*), d'une manière *désordonnée;* avec beaucoup de *désordre* et de licence. — Excessivement : *il aime le jeu désordonnément.* Cette acception est peu usitée.

DÉSORDONNER, v. act. (*dézordoné*), troubler l'*ordre.* — *se* DÉSORDONNER, v. pron., se déranger, se confondre, sortir de l'*ordre.*

DÉSORDRE, subst. mas. (*dézordre*), manque d'*ordre*, dérangement, confusion : *sa présence a mis le désordre dans l'assemblée; il y a un tel désordre dans son ouvrage, qu'on n'en peut suivre les idées.* — En parlant des ouvrages de poésie : *désordre lyrique, désordre pindarique :*

> Chez elle (*l'ode*) un beau *désordre* est un effet de l'art.
> (BOILEAU.)

— Dérèglement de mœurs : *vivre, se plonger dans le désordre ; il a bien réparé les désordres de sa jeunesse.* — Trouble, embarras, égarement d'esprit : *désordre des sens, de l'esprit, des idées; désordre dans les finances, dans les affaires; désordre des fonctions animales; désordre dans une famille, dans l'état, dans une ville.* — Pillage, dégât : *l'armée, lors de son passage, ne commit point de désordres.*

DÉSORGANISATEUR, subst. mas., au fém. **DÉSORGANISATRICE** (*dézorguanizateur, trice*), celui, celle qui *désorganise.*—On dit aussi adj. : *esprit, système désorganisateur.*—Ce mot manque dans l'*Académie.*

DÉSORGANISATION, subst. fém. (*dézorguanizâcion*), action de *désorganiser*, ou effet de cette action.

DÉSORGANISATRICE, subst. fém. Voy. DÉSORGANISATEUR.

DÉSORGANISÉ, E, part. pass. de *désorganiser.*

DÉSORGANISER, v. act. (*dézorguanizé*) (de la particule *dé*, et du verbe *organiser*, détruire les *organes*, l'*organisation*), troubler l'*ordre* : *la même cause qui organise les corps peut les désorganiser.* (Laveaux.) — Au fig., c'est un néologisme qui s'emploie dans le sens de détruire un corps politique : *désorganiser une administration.* — *se* DÉSORGANISER, v. pron.

DÉSORIENTÉ, E, part. pass. de *désorienter.*

DÉSORIENTER, v. pron. (*dézoriante*) (de la particule *dé*, et du verbe *orienter*), signifie proprement faire perdre la connaissance du côté du ciel où le soleil se lève : *la brume vous a désorientés.* — En général, faire qu'on ne puisse plus reconnaître son chemin : *notre guide, soit à dessein, soit par ignorance, nous avait désorientés.* — Au fig., mettre un homme en désordre, le déconcerter : *désorienter quelqu'un ; vous n'êtes pas facile à désorienter.* — *se* DÉSORIENTER, v. pron.

DÉSORMAIS, adv. de temps (*dézormé*) (des trois mots *dès*, depuis, *or*, pour *ore*, à cette heure, présentement, et *mais*, fait du latin *magis*, plus, davantage; *d'aujourd'hui à un temps plus long*), depuis ce moment-ci, à l'avenir, dorénavant.—Ce mot ne s'emploie guère qu'avec le futur : *désormais je ne sortirai plus* ; à moins que l'idée d'avenir ne soit suffisamment indiquée par les mots auxquels il est joint, comme dans ce passage de *Gilbert* :

> Et d'ailes et de faulx dépouillé *désormais*,
> Sur les mondes détruits le Temps *dort* immobile.

On dit bien encore : *désormais je suis tout à vous.*

DÉSORNÉ, E, part. pass. de *désorner.*

DÉSORNER, v. act. (*dezorné*), enlever l'*ornement* de quelque objet.

DÉSOSSÉ, E, part. pass. de *désosser.*

DÉSOSSEMENT, subst. mas. (*dézôceman*), action de *désosser.*

DÉSOSSER, v. act. (*dézôcé*), ôter les os de quelque viande ou les arêtes de quelque poisson. — *se* DÉSOSSER, v. pron.

DÉSOUCI, subst. mas. (*déçouci*), cessation d'inquiétude.

DÉSOURDI, E, part. pass. de *désourdir.*

DÉSOURDIR, v. act. (*dézourdir*), défaire une chose qui a été *ourdie.* Il est peu usité.

DÉSOXYDATION, subst. fém. (*dézokcidâcion*), action de *désoxyder*, ou effet de cette action.

DÉSOXYDÉ, E, part. pass. de *désoxyder.*

DÉSOXYDER, v. act. (*dézokcidé*), dans la chimie moderne, priver un corps, en tout ou en partie, de l'oxygène qui s'y était fixé dans la combustion, etc. Voy. OXYDER.—*se* DÉSOXYDER, v. pron.

DÉSOXYGÉNATION, subst. fém. (*dézokcijénâcion*). Voy. DÉSOXYDATION, qui est le même.

DÉSOXYGÉNÉ, E, part. pass. de *désoxygéner.*

DÉSOXYGÉNER, v. act. Voy. DÉSOXYDER.

DÉSOXYGÉNÈSE, subst. fém. (*dézokcijénèze*), t. de médec., maladie qui a lieu par la diminution de l'*oxygène.*

DESPECT, subst. mas. (*décepé*), (en lat. *despectus*), absence de *respect*, et non pas *mépris.* La nuance entre ces deux mots est facile à saisir. On doit donc regretter que l'*Académie* n'ait pas établi cette nuance en consacrant le mot *despect*, que rien ne remplace : *les jeunes gens sont maintenant élevés dans un despect de toutes choses qui dégénère souvent en véritable mépris.*

DESPECTUEUSE, adj. fém. Voy. DESPECTUEUX.

DESPECTUEUX, adj. mas., au fém. **DESPECTUEUSE** (*dècepèktueu, euze*) (du lat. *despicere*, regarder de haut en bas), peu *respectueux*.—Mot nouveau qui dit moins que *méprisant*, et qu'à ce titre on pourrait conserver.

DESPONSATION, subst. fém. (*dèceponçâcion*), (du lat. *despondere*, fiancer), promesse solennelle de mariage, ou fiançailles. Vieux et hors d'usage.

DESPOTAT, subst. mas. (*dècepota*), état gouverné par les *despotes* de Servie, de Valachie, etc. C'est proprement le nom d'un petit pays de la Grèce, qui répond à l'ancienne Éolie et à l'Acarnie.

DESPOTE, subst. mas. (*dècepote*) (du grec δεσποτης, maître ou seigneur, dérivé de δεσποζω, je domine, j'ai l'empire), souverain qui gouverne arbitrairement et sans autre règle que sa volonté. — Titre qu'on donne aux princes de Servie et de Valachie. — Au fig., il s'emploie en parlant de quiconque exerce ou s'arroge un pouvoir absolu, oppressif, tyrannique : *cette femme est un despote ; on fait un petit despote de cet enfant.*

DESPOTICITÉ, subst. fém. (*dècepoticité*), pouvoir *despotique*, absolu.

DESPOTIQUE, adj. des deux genres (*dècepotike*), absolu et arbitraire : *gouvernement, état despotique. La Bruyère* (chap. x) l'a employé subst. dans le sens de *despotisme* : *il n'y a point de patrie dans le despotique.* — Il implique ordinairement l'idée d'oppression et de tyrannie : *humeur, caractère, volonté despotique.*

DESPOTIQUEMENT, adv. (*dècepotikeman*), d'une manière *despotique*.

DESPOTISÉ, E, part. pass. de *despotiser*.

DESPOTISER, v. neut. (*dècépotizé*), agir *despotiquement.*

DESPOTISME, subst. mas. (*dècepoticeme*), autorité absolue ou arbitraire, qui n'a d'autre règle que la volonté de celui qui gouverne. Voy. DESPOTE.

DESPUMATION, subst. fém. (*dècepumâcion*), action d'ôter l'écume qui se forme à la surface d'un liquide.

DESPUMÉ, E, part. pass. de *despumer.*

DESPUMER, v. act. (*dècepumé*) (en lat. *despumare*, formé de la particule extractive *de*, et de *spuma*, écume), t. de chimie, ôter l'*écume* ou toute autre impureté qui a été séparée d'un liquide par l'action du feu.

DESQUAMATION, subst. fém. (*dècekouamâcion*) (du lat. *desquamatio*, fait, dans la même signification, de la particule extractive *de*, et de *squama*, écaille), action d'ôter les écailles d'un poisson. — En chir., séparation des parties qui se détachent par *écailles.*

DESQUAMÉ, E, part. pass. de *desquamer.*

DESQUAMER, v. act. (*dècekouamé*) (Voy. DESQUAMATION), t. de médec., séparer des parties qui s'enlèvent par écailles. — *se* DESQUAMER, v. pron., se séparer par *squames*, par écailles.

DESROI, subst. mas. (*dèroé*), dégât, ruine, désarroi.

DESRUNÉ, E, part. pass. de *desruner.*

DESRUNER, v. act. (*déruné*), renverser une chose bien établie. Vieux et inus.

DESSAIGNÉ, E, part. pass. de *dessaigner.*

DESSAIGNER, v. act. (*decègnié*) : *dessaigner les cuirs*, les mettre tremper dans l'eau pour en faire sortir le *sang.*

DESSAISI, E, part. pass. de *dessaisir.*

DESSAISINE, subst. fém. (*dècèzine*), déposition.

DESSAISIR, v. act. (*dècèzir*), relâcher une chose qu'on a en sa possession, dont on était *saisi*. — *se* DESSAISIR, v. pron.

DESSAISISSEMENT, subst. mas. (*dècèziceman*), l'action par laquelle on *se dessaisit.*

DESSAISONNÉ, E, part. pass. de *dessaisonner.*

DESSAISONNER, v. act. (*dècèzoné*), changer l'ordre de la culture des terres ; ne pas suivre l'ordre accoutumé des *saisons* ou années pour les différentes soles. — Avancer ou retarder, par le secours de l'art, la fleuraison d'une plante.

DESSALÉ, E, part. pass. de *dessaler*, et adj., qui est *moins salé.*

DESSALER, v. act. (*dèçalé*), faire qu'une chose ne soit pas *salée*.—*se* DESSALER, v. pron.

DESSANGLÉ, E, part. pass. de *dessangler.*

DESSANGLER, v. act. (*dèçanguelé*), défaire les *sangles*, lâcher les *sangles*.—*se* DESSANGLER, v. pron.

DESSÉCHANT, E, adj. (*dècéchan, chante*), qui *dessèche.*

DESSÉCHÉ, E, part. pass. de *dessécher.*

DESSÈCHEMENT, et non pas, avec l'*Académie*, **DESSÉCHEMENT**, subst. mas. (*dècècheman*) (en lat. *desiccatio*), action de *dessécher*. — État d'une chose *desséchée*. — Il se dit aussi du corps humain : *il est tombé dans un dessèchement qui fait craindre pour sa vie.*

DESSÉCHER, v. act. (*décéché*) (du lat. *siccare*, fait de *siccus*, sec), rendre *sec* : *dessécher des fleurs pour les conserver ; le vent a desséché les feuilles de ces arbres.*—Mettre à *sec* : *dessécher un étang, un marais.*—On dit par extension : *dessécher le sang, les poumons, la poitrine, le cerveau ; un corps que les travaux, les veilles ont desséché, amaigri, exténué.*—Au fig. : *dessécher le cœur, l'esprit, l'imagination*, les rendre froids, stériles, insensibles.—En t. ascétiques, lui ôter le goût de la piété. — *se* DESSÉCHER, v. pron.

DESSEIN, subst. mas. (*dècein*) (de l'italien *disegno*, fait, avec la même signification, du lat. *designare*, dans le sens de résoudre, projeter, déterminer), intention de..., projet, résolution : *bon, mauvais dessein ; dessein extraordinaire ; cela n'est pas fait sans dessein ; les desseins de la Providence.* Voy. BUT et PROJET. — *Dessein*, plan : *le dessein d'un poëme, d'une tragédie.*—*A* DESSEIN, loc. adv., avec intention, tout exprès. — *A mauvais dessein*, à mauvaise intention.

DESSELLÉ, E, part. pass. de *desseller.*

DESSELLER, v. act. (*décélé*), ôter la *selle* de dessus le dos d'une bête de somme.—*se* DESSELLER, v. pron.

DESSERRE, subst. fém. (*dècère*), action de *desserrer*. Il ne se dit que dans cette phrase familière : *être dur à la desserre*, avoir de la peine à donner de l'argent.

DESSERRÉ, E, part. pass. de *desserrer.*

DESSERRER, v. act. (*dècèré*), *relâcher* une chose trop *serrée*.—Fam. : *desserrer un coup de pied, un coup de fouet, un soufflet à quelqu'un*, le lui donner avec violence.—Fig. et fam. : *ne pas desserrer les dents.* Voy. DENT. — *Desserrer les dents à quelqu'un*, lui séparer par force les deux mâchoires serrées l'une contre l'autre par convulsion ou autrement. — *se* DESSERRER, v. pron., se relâcher, en parlant d'un nœud qui serre trop.

DESSERROIR, subst. mas. (*dècèroar*), outil qui sert à *desserrer.*

DU VERBE IRRÉGULIER **DESSERVIR** :

Dessers, 2e pers. sing. impér.
Dessers, précédé de *je*, 1re pers. sing. prés. indic.
Dessers, précédé de *tu*, 2e pers. sing. prés. indic.
Dessert, 3e pers. sing. indic.

DESSERT, subst. mas. (*dècère*), le fruit et tout ce qu'on a coutume de *servir* sur la table avec le fruit.

DESSERTE, subst. fém. (*dècèrete*), les viandes, les mets qu'on a *desservis*, qu'on a ôtés de dessus la table.—*Service* que fait dans une église un prêtre qui exerce à la place du titulaire : *la desserte d'une cure, d'une succursale.*

DESSERTI, E, part. pass. de *dessertir.*

DESSERTIR, v. act. (*dècèretir*), couper la *sertissure* d'un diamant un peu au-dessous du feuilletis. — *se* DESSERTIR, v. pron.

DU VERBE IRRÉGULIER **DESSERVIR** :

Desservaient, 3e pers. plur. imparf. indic.
Desservais, précédé de *je*, 1re pers. sing. imparf. indic.
Desservais, précédé de *tu*, 2e pers. sing. imparf. indic.
Desservait, 3e pers sing. imparf. indic.
Desservant, part. prés.

DESSERVANT, subst. mas. (*dècèrevan*), celui qui *dessert* un bénéfice, qui en fait les fonctions au lieu du titulaire ; prêtre qui *dessert* une église.

DU VERBE IRRÉGULIER **DESSERVIR** :

Desserve, précédé de *que je*, 1re pers. sing. prés. subj.
Desserve, précédé de *qu'il* ou *qu'elle*, 3e pers. sing. prés. subj.
Desservent, précédé de *ils* ou *elles*, 3e pers. plur. prés. indic.
Desservent, précédé de *qu'ils* ou *qu'elles*, 3e pers. plur. prés. subj.
Desserves, 2e pers. sing. prés. subj.
Desservez, 2e pers. plur. impér.
Desservez, précédé de *vous*, 2e pers. plur. prés. indic.
Desservi, e, part. pass.

DESSERVICE, subst. mas. (*dècèrevice*), mauvais office.—Action de celui qui *dessert* une chapelle, un bénéfice à la place du titulaire. Peu en usage.

DU VERBE IRRÉGULIER **DESSERVIR** :

Desserviez, précédé de *vous*, 2e pers. plur. imparf. indic.
Desserviez, précédé de *que vous*, 2e pers. plur. prés. subj.
Desservîmes, 1re pers. plur. prét. déf.
Desservions, précédé de *nous*, 1re pers. plur. imparf. indic.
Desservions, précédé de *que nous*, 1re pers. plur. prés. subj.

DESSERVIR, v. act. (*dècèrevir*), faire le *service*, les fonctions d'une cure ou de de tout autre bénéfice.—On dit, dans un sens absolu, *desservir*, sans régime, pour ôter.—Ôter, lever les plats, les viandes, etc., de dessus la table après le repas. (Dans cette acception, de la particule extractive *dé*, et de *servir* : *ôter ce qui avait été servi.*) — Rendre un mauvais *service*, nuire à quelqu'un : *on m'a desservi auprès du nouveau ministre.*— *se* DESSERVIR, v. pron.

DU VERBE IRRÉGULIER **DESSERVIR** :

Desservira, 3e pers. sing. fut. indic.
Desservirai, 1re pers. sing. fut. indic.
Desserviraient, 3e pers. plur. prés. cond.
Desservirais, précédé de *je*, 1re pers. sing. prés. cond.
Desservirais, précédé de *tu*, 2e pers. sing. prés. cond.
Desservirait, 3e pers. sing. prés. cond.
Desserviras, 2e pers. sing. fut. indic.
Desservirent, 3e pers. plur. prét. déf.
Desservirez, 2e pers. plur. fut. indic.
Desserviriez, 2e pers. plur. prés. cond.
Desservirions, 1re pers. plur. prés. cond.
Desservirons, 1re pers. plur. fut. indic.
Desserviront, 3e pers. plur. fut. indic.
Desservis, précédé de *je*, 1re pers. sing. prét. déf.
Desservis, précédé de *tu*, 2e pers. sing. prét. déf.
Desservisse, 1re pers. sing. imparf. subj.
Desservissent, 3e pers. plur. imparf. subj.
Desservisses, 2e pers. sing. imparf. subj.
Desservissiez, 2e pers. plur. imparf. subj.
Desservissions, 1re pers. plur. imparf. subj.
Desservit, précédé de *il* ou *elle*, 3e pers. sing. prét. déf.
Desservît, précédé de *qu'il* ou *qu'elle*, 3e pers. sing. imparf. subj.
Desservîtes, 2e pers. plur. prét. déf.

DESSERVITORERIE, subst. fém. (*dècèrvitoreri*), se disait d'un bénéfice attaché au *desservant.*

DU VERBE IRRÉGULIER **DESSERVIR** :

Desservons, 1re pers. plur. impér.
Desservons, précédé de *nous*, 1re pers. plur. prés. indic.

DESSICCATEUR, subst. mas. (*décikateur*), bâtiment construit pour faire sécher les draps.

DESSICCATIF, adj. mas., au fém. **DESSICCATIVE**, (*décikatif, tive*), qui *dessèche*. — On dit aussi subst., en t. de médec., un *dessiccatif.*

DESSICCATION, subst. fém. (*décikâcion*) (en lat. *desiccatio*), action de *dessécher* ; dessèchement.

DESSICCATIVE, adj. fém. Voy. DESSICCATIF.

DESSILLÉ, E, part. pass. de *dessiller.*

DESSILLER ou **DÉCILLER**, plus conforme à l'étymologie, v. act. (*décilié*) (de la préposition latine *de*, qui marque séparation, éloignement, et de *cilium*, en français *cil*) séparer les *cils*, qui sont joints lorsqu'on a les yeux fermés), ouvrir les paupières, les yeux : *il était si endormi qu'il ne pouvait dessiller les yeux, dessiller les paupières.* — Fig., *dessiller les yeux de quelqu'un*, le détromper, le désabuser. — On l'emploie comme v. pron. : *ses paupières se dessillèrent ; ses yeux se dessillèrent, et il reconnut son erreur.*

DESSIN, subst. mas. (*dècein*) (il n'y a pas très-long-temps qu'on écrivait encore *dessein*, orthographe qui confondait deux mots de significations fort différentes ; de l'italien *disegno*, fait, avec cette acception, du lat. *designare*, tracer un plan, etc., dessiner), plan, projet, élévation et profil d'un ouvrage qu'on veut faire. — Représentation d'une ou de plusieurs figures, d'un paysage, d'un morceau d'architecture, etc. — L'art qui enseigne à faire ces sortes de représentations. — Il se dit aussi de la simple délinéation et des contours des figures d'un tableau. — En mus., l'invention et la distribution de chaque partie du sujet.

DESSINATEUR, subst. mas., au fém. **DESSINATRICE** (*dècinateur, trice*), celui qui *dessine*, qui sait *dessiner*. C'est, proprement, celui qui, par état, fait des *dessins* pour les étoffes, les ornements, les broderies. — On dit d'un peintre, qu'il est *dessinateur*, lorsqu'il a une bonne manière de *dessiner*; lorsqu'il est pur, savant, correct dans son *dessin*. — L'*Académie* ne donne pas de fém. à ce mot.

DESSINATRICE, subst. fém. Voy. DESSINATEUR.

DESSINÉ, E, part. pass. de *dessiner*.

DESSINER, v. act. (*déciné*) (en lat. *designare*), tracer le premier trait d'une figure. — Il se dit aussi de tout ce qu'on représente sur le papier avec le crayon ou avec la plume : *dessiner un paysage*. — *Dessiner d'après nature*, c'est prendre les objets naturels pour modèle; *dessiner de fantaisie*, c'est *dessiner* d'imagination; *dessiner d'après la bosse*, c'est *dessiner* d'après des figures en relief; *dessiner d'après l'antique*, c'est prendre en dessin des figures de l'antique; *dessiner aux trois crayons*, c'est faire usage, dans un même *dessin*, de la pierre noire, de la sanguine pour les chairs, et du blanc de craie pour relever le tout. — On dit au fig., qu'*un vêtement dessine les formes*, lorsqu'il est fait de manière à faire ressortir les formes du corps. — En mus., faire le *dessin* d'une pièce, d'un morceau : *ce compositeur dessine bien ses ouvrages; voilà un chœur fort mal dessiné*. Voy. DESSIN. — On le dit, à peu près dans le même sens, en poésie et dans les autres genres de littérature. — *se* DESSINER, v. pron. : *je vis son ombre se dessiner sur la muraille*, y paraître représentée. — *Les formes de sa taille commencent à se dessiner*, se dit d'une personne qui grandit.

DESSOLÉ, E, part. pass. de *dessoler*.

DESSOLER, v. act. (*dèçolé*), arracher la *sole* du pied d'un cheval. — T. d'agric., dessaisonner, changer l'ordre des *soles*.—*se* DESSOLER, v. pron. Voy. SOLE.

DESSOLURE, subst. fém. (*dèçolure*), action par laquelle on *dessole* un cheval.

DESSOUDÉ, E, part. pass. de *dessouder*.

DESSOUDER, v. act. (*dèçoudé*), disjoindre des parties qui étaient *soudées*, en en faisant fondre la *soudure*. — *se* DESSOUDER, v. pron.

DESSOUFRAGE, subst. mas. (*dèçoufraje*), procédé par lequel on *enlève* au charbon minéral la surabondance de *soufre* qui entre dans sa composition.

DESSOUFRÉ, E, part. pass. de *dessoufrer*.

DESSOUFRER, v. act. (*dèçoufré*), enlever le *soufre* surabondant du charbon minéral.—Oter le *soufre* d'une alumette. — *se* DESSOUFRER, v. pron.

DESSOÛLÉ, E, part. pass. de *dessoûler*.

DESSOÛLER, v. act. (*dèçoulé*), faire qu'on ne soit plus *soûl*. — Il est aussi neutre; cesser d'être *soûl*. Il s'emploie avec la négative : *il ne dessoûle jamais*. — Quelques-uns écrivent aussi *dessaouler*, mais ils prononcent *déçoulé*. — *se* DESSOÛLER, v. pron. Voy. SOÛL.

DESSOUS, subst. mas. (*déçou*), la partie inférieure de quelque chose : *le dessous d'une table, d'une étoffe; le dessous est plus beau que le dessus*. — *Avoir du dessous*, succomber, se trouver inférieur à un autre. — *Donner du dessous*, faire succomber quelqu'un. — *Le dessous des cartes*, la partie colorée des cartes qui reste cachée quand on donne ou qu'on coupe : *quand on donne les cartes, il ne faut pas en laisser voir le dessous*. — La carte ou les cartes qui restent après qu'on a coupé. — Au fig. et fam., *voir* ou *savoir le dessous des cartes*, voir plus clair qu'un autre, dans une affaire, dans une intrigue. C'est dans ce sens que l'on dit : *il y a dans cette affaire un dessous de cartes*, ou seulement *un dessous*, c'est-à-dire quelque chose de caché dont il faut se défier. — En parlant d'un théâtre, *le premier, le second, le troisième dessous*, les étages à planchers mobiles qui sont au-dessous de la scène, et d'où s'élèvent ou dans lesquels descendent certaines décorations.

DESSOUS, adv. (*deçou*) (en lat. *desub*, qu'on a dit pour *sub*) : *ils tombent l'un dessus, l'autre dessous*. On l'employait autrefois comme préposition en toute circonstance, sans difficulté et sans distinction. Ainsi, dans *Alexandre*, Racine a pu dire : *dessous un même joug*, pour : *sous un même joug*. Il n'est plus guère usité maintenant que comme adverbe. Cependant on l'emploie encore comme préposition dans certaines phrases; dans celles, par exemple, où il est combiné avec *dessus* ou précédé de *de* : *on a tiré cela de dessous le lit; on a vainement cherché dessus et dessous la table*.

au-DESSOUS, loc. adv. : *la rivière coule au-dessous*. — *Au-dessous de*, prép. : *au-dessous de la charpente*, etc. — En t. de mar., *être au-dessous du vent d'un vaisseau*, *avoir le dessous du vent d'un vaisseau*, en parlant d'un vaisseau sur lequel un autre a le vent. — Plus bas : *le thermomètre est au-dessous de zéro; ce village est au-dessous de Paris*. — On dit au fig., de quelqu'un qui n'est pas en état de remplir sa place : *il est au-dessous de son emploi*; ou dans le cas contraire, *son emploi est au-dessous de lui*.—On dit également d'un ouvrage tout-à-fait mauvais : *il est au-dessous de la critique*, il ne mérite pas la critique, l'examen. — Il exprime généralement toute espèce d'infériorité : *vendre, apprécier une chose au-dessous de sa valeur, au-dessous du cours, du taux, du prix ordinaire; tous les hommes au-dessous de cinquante ans*. — Dans ces diverses acceptions, il est quelquefois adv. : *on n'y reçoit les enfants qu'à dix ans et au-dessous; cet ouvrage est, selon moi, bien au-dessous*. —*Par-dessous*, prép., sous : *passer par-dessous la table, par-dessous le pont*.—Prov. et fam. : *jouer quelqu'un par-dessous jambe*, le tromper facilement, lui faire croire ou faire faire ce que l'on veut. — *En-dessous*, loc. adv. : *porter un gilet en-dessous; ce bois est vermoulu en-dessous*. — En langage fam., *regarder en-dessous* signifie regarder obliquement, en baissant les yeux. — On dit aussi fig. et fam. : *avoir le regard, la mine en-dessous; être en-dessous; c'est un homme en-dessous*; en parlant d'une personne sournoise, qui habituellement ne regarde point en face; trompeuse, morne, dissimulée, hypocrite. — *Là-dessous*, autre loc. adv., sous cela : *mettez ce paquet là-dessous*. — Fig. : *il y a quelque chose là-dessous*, quelque chose que l'on ne comprend pas bien, quelque piége. — *Ci-dessous*, loc. adv., le dessous du lieu où l'on est; ne s'emploie que dans les épitaphes : *ci-dessous gît*, etc.; et dans les livres ou dans les actes, pour renvoyer le lecteur à un passage qui se trouve après, plus bas : *voyez ci-dessous; dans la note, dans le tableau ci-dessous*.

DESSUINTAGE, subst. mas. (*dèçueintaje*), t. de manuf., premier dégraissage des laines.

DESSUINTÉ, E, part. pass. de *dessuinter*.

DESSUINTER, v. act. (*dèçueinté*), enlever, ôter le *suint* de la laine. — *se* DESSUINTER, v. pron., perdre le *suint*.

se **DESSUJÉTIR**, v. pron. (*cedèçujétir*). Ce mot se trouve dans *Boiste* avec la signification de : se rendre libre, indépendant d'un souverain; faire en sorte de n'être plus *sujet*. Cette expression est hardie, mais elle n'a point encore été adoptée; il serait peut-être utile qu'elle le fût.

DESSUS, subst. mas. (*deçu*), la partie supérieure : *le dessus de la main, de la tête, d'une table*, etc. — Fig., supériorité, avantage : *avoir le dessus; avoir ou prendre le dessus sur*... Suivant *Voltaire*, dans ses *Commentaires sur Corneille*, « *avoir le dessus* ou *le dessous* ne se dit que dans la poésie burlesque. » C'est une erreur : *Racine* n'a pas dédaigné cette expression dans *Phèdre* :

> Votre frère l'emporte, et Phèdre a le *dessus*.

— La suscription, l'adresse d'une lettre, d'un paquet. — On dit, en t. de mar., *gagner, prendre le dessus du vent; être au-dessus du vent*, se placer ou demeurer entre le lieu d'où le vent souffle et le vaisseau sur lequel on prend ou l'on conserve cet avantage. — Fig. : *il est au-dessus du vent*, ses affaires sont en si bon état, qu'il n'a plus rien à craindre. — *Avoir le dessus du vent*, avoir l'avantage sur quelqu'un.— Se dit encore, au fig., de l'avantage obtenu dans un combat, dans une lutte quelconque : *il a toujours le dessus dans nos discussions; s'il ne fût survenu, les ennemis avaient le dessus; le mal était violent, mais enfin la nature a pris le dessus*. — En mus., 1° la partie la plus haute et qui est opposée à la basse : *premier dessus, second dessus, bas-dessus, les dessus*; 2° la personne qui chante cette partie : *c'est un beau, un bon dessus*. — En t. de luthier, sorte de viole ou de violon qui joue la partie de musique qu'on nomme *dessus*, et qui monte plus haut que les autres. — *Dessus de porte*, menuiserie, etc., qui décore le *dessus* des chambranles des portes d'un appartement. On l'appelle aussi *attique*.

DESSUS, adv. (*deçu*) (en lat. *desuper*, fait de *super*, sur) : *l'un dessus, l'autre dessous; il a jeté de l'encre dessus; posez là-dessus*. — De même que *dessous*, il s'employait autrefois comme préposition : *dessus mes volontés*. (Malherbe.) On ne peut plus dire aujourd'hui que *sur*, excepté pourtant dans certains cas. (Voy. à ce sujet nos remarques sur DESSOUS, qui est soumis aux mêmes lois.) — *Par-dessus*, prép. : *il avait deux pieds d'eau par-dessus la tête; par-dessus le marché*. — Fig. et fam., *en avoir par-dessus la tête, par-dessus les yeux*, en être fatigué, dégoûté. — Prov. : *par-dessus les maisons*, signifie, d'une manière exorbitante : *faire des demandes, avoir des prétentions, payer un objet par-dessus les maisons*. — On dit aussi : *faire quelque chose par-dessus l'épaule*, ne point le faire. — *Par-dessus tout*, principalement, *surtout* : *ce que je vous recommande par-dessus tout, c'est de*... — Outre : *il est riche, jeune, libre, et par-dessus cela il est sage*. On l'emploie aussi comme adverbe : *sauter, passer par-dessus*. — *Par-dessus de viole*, subst., ancien instrument de musique, plus petit que la viole et s'accordant une octave plus haut. — *Au-dessus*, prép., exprimant soit au propre, soit au fig., la supériorité, la prééminence, l'excès. (Voy. AU-DESSOUS, dont les diverses acceptions s'appliquent à *au-dessus* dans un sens opposé). — *Être au-dessus de l'ambition, des faiblesses humaines*, ne pas y céder, *au-dessus des périls, des louanges, de l'opinion, des bienséances*, les braver, ne pas les craindre, y être insensible; *au-dessus de l'envie, de la fortune; être au-dessus de ses affaires*, avoir une fortune bien établie. Il s'emploie aussi adv. — *En-dessus*, loc. adv. : *ces cordons se nouent en-dessus*. — *Là-dessus*, loc. adv. : *mettez ce livre là-dessus*. — Par ext., sur ce sujet : *vous revenez sans cesse là-dessus*; après cela : *là-dessus, il partit*. — *Ci-dessus*, loc. adv. : *comme ci-dessus, nous l'avons dit ci-dessus*.

DESTIN, subst. mas. (*dècetein*) (du lat. *destinatum*, fait de *destinare*, arrêter, déterminer; *ce qui est irrévocablement arrêté*), fatalité; enchaînement de causes liées entre elles, qui fait que les choses arrivent infailliblement. Il ne se dit qu'en parlant des païens. Les poètes disent indifféremment *le destin* ou *les destins*, qu'ils personnifient presque toujours :

> Le *destin* se déclare, et nous venons d'apprendre
> Ce qu'il a résolu du beau-père et du gendre.
> (CORNEILLE, *la Mort de Pompée*.)

—Sort de ce qui arrive en bien ou en mal à chacun; ce à quoi on est *destiné* : *tel est mon destin; les destins d'un empire*. En ce sens, on dit plus souvent et mieux *destinée*; à moins qu'on ne personnifie le sort, comme dans : *les oracles du Destin*, etc.—En poésie, il s'emploie pour vie, existence : *terminer son destin, ses destins; trancher, abréger le destin de quelqu'un*. — DESTIN, SORT. (*Syn.*) *Destin* diffère de *sort* : 1° en ce que le *destin* s'applique plus ordinairement à une suite d'évènements enchaînés et nécessaires; le *sort*, à un évènement isolé ou momentané; 2° en ce que le *sort* a quelque chose de plus petit et de plus passager; le *destin*, quelque chose de plus grand et de plus immuable. On dit : *les coups du sort*, et les *arrêts du destin*. — Subst. propre mas., myth., divinité allégorique qu'on fait naître du Chaos. On le représente tenant sous ses pieds le globe de la terre, et dans ses mains l'urne dans laquelle est le sort des hommes. On croyait ses arrêts irrévocables, et son pouvoir si grand, que tous les autres dieux lui étaient subordonnés. On admettait plusieurs *Destins*.

DESTINATAIRE, subst. des deux genres (*dècetinatère*), t. de droit, celui, celle à qui s'adresse une chose, à qui elle est *destinée*.—L'*Académie* a tort, ce nous semble, de restreindre l'acception de ce mot à l'*administration des postes*, car ce mot est plus souvent employé en jurisprudence qu'ailleurs.

DESTINATEUR, subst. mas., au fém. DESTINATRICE (*décetinateur, trice*), qui *destine* une chose à telle personne ou à tel but.—Ce mot est nouveau et utile.

DESTINATION, subst. fém. (*dècetinâcion*) (en latin *destinatio*), la disposition que l'on fait de quelque chose dans son esprit : *la destination des deniers*.—Emploi projeté de telle personne ou de telle chose pour un objet ou dans un but déterminé. — Lieu où l'on se rend pour exercer un emploi ou pour remplir une mission : *partir pour sa destination*.—Il y a *une destination du père de famille*, lorsqu'il est prouvé que deux fonds actuellement divisés ont appartenu au même propriétaire, et que c'est par lui que les choses ont été mises dans l'état duquel résulte une servitude au profit de l'un de ces fonds. *La destination de famille* vaut titre à l'égard des servitudes continues et apparentes, telles que jours, égouts, etc.

DESTINATOIRE, adj. des deux genres (*dècetinatoare*), qui assigne l'emploi, l'usage d'une chose : *disposition destinatoire.*—Subst. mas., *un destinatoire.*

DESTINATRICE, subst. fém. Voy. DESTINATEUR.

DESTINÉ, E, part. pass. de *destiner*, et adj. : *cet homme était destiné à...*, son destin l'y portait.

DESTINÉE, subst. fém. (*dècetiné*), *destin*. Il est plus usité en prose que ce dernier mot. — Effet du *destin* : *ma destinée doit s'accomplir ; soumettons-nous à la destinée ; nos destinées sont communes.*—Dans un sens moins général, il se dit du *destin* particulier d'une personne ou d'une chose.—En poésie, on l'emploie pour vie, existence : *finir sa destinée.*

DESTINER, v. act. (*dècetiné*) (en lat. *destinare*), disposer de quelque chose dans son esprit : *il a destiné cet argent aux pauvres* ou *pour les pauvres.* — Préparer, réserver : *je sais ce qu'il me destine.*—Au neutre, il signifie projeter, se disposer à faire quelque chose. — SE DESTINER, v. pron. : *ce jeune homme se destine au barreau.*

DESTITUABLE, adj. des deux genres (*dècetituable*), qui peut être *destitué* d'une charge, d'un emploi.

DESTITUÉ, E, part. pass. de *destituer*, et adj.; dans un sens différent de celui de son verbe, il signifie dépourvu, dénoué, privé de... : *destitué de tout secours ; destitué de raison, de bon sens.*

DESTITUER, v. act. (*dècetitué*), en lat. *destituere*), priver quelqu'un d'une charge, d'un emploi.—SE DESTITUER, v. pron.

DESTITUTION, subst. fém. (*dècetitucion*), déposition, privation d'une charge, d'un emploi, etc.

DESTRIER, subst. mas. (*dècetrié*) (du lat. barbare *dextrarius*, fait, suivant *Vossius*, dans le moyen-âge, de *dexteritas*, adresse, dextérité, et qui a été appliqué au cheval de combat, à cause de son adresse et de sa vivacité dans ses mouvements, etc. Les Italiens disent aussi et dans le même sens, *destriere*), cheval de main, de bataille. Vieux mot. Il était opposé à *palefroi*, cheval de cérémonie.

DESTRUCTEUR, subst. mas., au fém DESTRUCTRICE (*dècetrukteur, trice*), celui, celle qui *détruit*. — On dit aussi adj. : *génie destructeur, philosophie destructrice.* — *Destructive* a le même sens, la même énergie, et bien plus de douceur.

DESTRUCTIBILITÉ, subst. fém. (*dècetruktibilité*), qualité de ce qui peut être *détruit*.

DESTRUCTIF, adj. mas., au fém. DESTRUCTIVE (*dècetruktife, tive*), qui *détruit*, qui cause la *destruction*. Voy. DESTRUCTEUR.

DESTRUCTION, subst. fém. (*dècetrukcion*), (en lat. *destructio*, fait de *destruere*, détruire), ruine totale.

DESTRUCTIVE, subst. fém. Voy. DESTRUCTIF.

DESTRUCTRICE, subst. fém. Voy. DESTRUCTEUR.

DESTURBATION, subst. fém. (*dèceturbâcion*), ruine, trouble. Vieux et même hors d'usage.

DÉSUDATION, subst. fém. (*dèçudâcion*) (en lat. *desudatio*), t. de médec., sueur abondante et excessive.

DÉSUÉTUDE, subst. fém. (*dèçuétude*) (du lat. *desuetudo*, fait de la particule privative *de*, et de *suescere*, avoir coutume, être dans l'habitude de); il se dit des lois, règlements, etc., anéantis en quelque sorte par le non-usage : *tomber en désuétude.*

DÉSULFURATION, subst. fém. (*dèçulfurâcion*), t. de chim., action de *désulfurer* ; effet de cette action.

DÉSULFURÉ, E, part. pass. de *désulfurer*, et adj., t. de chim., se dit du charbon fossile éteint dans l'eau.

DÉSULFURER, v. act. (*dèçulfuré*), t. de chim., détruire, ôter la propriété *sulfureuse* d'une substance. — Éteindre le charbon fossile dans l'eau. —SE DÉSULFURER, v. pron., perdre la qualité *sulfureuse.*

DÉSULTEUR, subst. mas. (*dèçulteur*), cavalier qui galope avec deux chevaux et saute de l'un sur l'autre. Hors d'usage.

DÉSULTURATION, subst. fém. (*dèçulturâcion*), art, action de voltiger d'un cheval sur un autre. Hors d'usage.

DÉSULTURÉ, part. pass. de *désulturer*.

DÉSULTURER, v. neut. (*dèçulturé*), sauter, voltiger d'un cheval sur un autre. Hors d'usage.

DÉSUNI, E, part. pass. de *désunir* et adj., t. de man. : *cheval désuni*, celui qui, ayant commencé à galoper en avançant la jambe droite la première, change ensuite de jambe et avance la gauche.

DÉSUNION, subst. fém. (*dèzunion*), disjonction, séparation des parties qui composent un tout : *la désunion des planches, des ais d'une cloison, des feuilles d'un parquet.*— Démembrement : *désunion de deux cures, de deux terres.* —Division, mésintelligence : *prenez garde que la désunion ne se mette dans la famille.*

DÉSUNIR, v. act. (*dèzunir*), disjoindre, démembrer, *désunir un fief d'une terre ; désunir une succursale d'une cure.* — Diviser, *rompre l'union* et la bonne intelligence.—SE DÉSUNIR, v. pron., se séparer, se diviser. — En parlant des chevaux, galoper faux.

DÉSUSITÉ, E, adj. (*dèzuzité*), qui n'est plus en *usage* : *mot désusité.* (Voltaire.) — Mot aussi utile qu'heureusement formé ; car *inusité* ne saurait le remplacer, *inusité* voulant dire qui n'est pas *usité*, tandis que *désusité* signifie qui a été en *usage*, mais qui ne l'est plus : la différence est sensible.

DESVRES, subst. propre fém. (*dèvre*), ville de France, chef-lieu de canton, arrond. de Boulogne-sur-mer, dép. du Pas-de-Calais.

DÉSYMPHYSÉ, E, part. pass. de *désymphyser*.

DÉSYMPHYSER, v. act. (*dèceinfizé*), t. de chir., opérer la section de la *symphyse* du pubis.

DÉTACHÉ, E, part. pass. de *détacher* et adj. —En t. de fortification, *pièces détachées*, séparées du corps de la place.— En mus., *notes détachées*, qui ne sont point liées ensemble.—On a même dit subst. au mas. *détaché*, d'un genre d'exécution dans lequel on sépare les notes les unes des autres. Ce mot paraît être l'opposé de *coulé.*—*Partie détachée*, extraite d'une partition. — En parlant d'un livre, d'un ouvrage quelconque : *morceau détaché ; un recueil de morceaux détachés.*

DÉTACHE-CHAINE, subst. mas. (*dètachechêne*), t. d'artillerie, pétard propre à rompre ou à décrocher une *chaîne* qui ferme un passage.

DÉTACHEMENT, subst. mas. (*détacheman*), dégagement d'une passion, d'une opinion, d'un intérêt : *il vivait dans un entier détachement des choses du monde.*—Action de *détacher* des gens de guerre pour quelque expédition.—Troupe de soldats *détachés* d'un corps principal.

DÉTACHER, v. act. (*dètaché*) (de l'italien *distaccare*), séparer d'une chose ce qui y était *attaché* ou joint : *détacher un chien, un tableau*, etc.; *détacher une ferme d'un nouveau bail de terre*, etc. — Ôter ce qui sert à *attacher* : *détacher une épingle, une agrafe, un ruban.*—Par extension, séparer, tenir écarté : *détacher ses bras du corps ; le pied gauche du pied droit.* — Isoler, rendre distinct : *détacher les notes du texte par un filet.* — Fig., dégager de quelque attachement, d'une passion, d'une opinion.— Tirer d'un corps d'armée un certain nombre de soldats pour quelque expédition. — Dans un sens analogue il s'applique à la marine : *on détacha de la flotte deux bâtiments légers qui prirent les devants.* — On dit encore, par extension, dans le même sens : *détacher des gendarmes, des archers*, les envoyer après quelqu'un, à sa poursuite, l'arrêter.—Fig. et fam., donner, appliquer avec violence, avec force : *il lui détacha un soufflet, un coup de pied ; le cheval m'a détaché une ruade.*—En t. de peinture, faire que les objets paraissent de relief, qu'ils semblent quitter leur fond et venir au spectateur : *ce peintre détache bien ses figures ; cette maison, cet arbre se détachent bien.*—Ôter une *tache* de dessus du linge ou d'une étoffe. — SE DÉTACHER, v. pron.

DÉTACHEUR, subst. mas. (*détacheur*), celui qui ôte les *taches* des habits.—Le vrai terme est *dégraisseur.*

DÉTAIL, subst. mas. (*dètaie*) ; en parlant des marchandises, il ne se dit qu'adverbialement : *vendre, débiter en détail ;* par partie, par le menu : il est opposé à *vendre en gros.* Voy. DÉTAILLER.—En parlant d'affaires, récit accompagné de toutes les circonstances : *faire le détail de..., entrer dans des détails ennuyeux.* On voit par cette phrase que le *détail*, au sing., est l'action de considérer, de prendre, de mettre la chose en petites parties ou dans les moindres divisions ; et que les *détails*, au plur., sont ces petites divisions ou parties elles-mêmes. — En beaux-arts, en littérature, parties qui concourent à la composition, à la formation d'un ensemble, d'un tout : *il est fâcheux que ce peintre ne soigne pas assez les détails ; il y a quelques détails spirituels dans cette pièce ; l'ensemble de ce tableau est froid, mais les détails en sont admirables.* —*En détail*, adv., par petites mesures, par petite quantité ; pièce à pièce, partie par partie : *marchand en gros et en détail ; mourir en détail ; examiner une machine, un travail, une chose quelconque en détail ; raconter un fait en détail.*

DÉTAILLANT, E, subst. (*dèta-ian, iante*), marchand ou marchande qui vend en *détail.*—L'*Académie* refuse un fém. à ce mot. Voy. DÉTAILLEUR.

DÉTAILLÉ, E, part. pass. de *détailler*.

DÉTAILLER, v. act. (*dèta-ié*) (du verbe *tailler*, couper, diviser : *détailler*, c'est proprement, suivant *Nicot* et *Ménage*, *mettre en pièces ;* en sorte que ce mot, ainsi que celui de *détail*, ne s'est dit d'abord que des marchandises qu'on *taillait* ou coupait pour les vendre, telles que les toiles, les étoffes, etc. ; ce n'est que par extension qu'on les a appliqués ensuite à celles qui se vendent au poids, etc., pourvu que ce soit par petites portions), couper en pièce, vendre en *détail* à la boucherie : *détailler un bœuf, un mouton.* — Vendre quoi que ce soit en *détail* : *je ne veux plus détailler mes marchandises*, ou *je ne veux plus détailler, désormais je vendrai en gros.* — Raconter une affaire avec toutes ses circonstances : *il serait trop long de détailler toutes les beautés de cet ouvrage.* — SE DÉTAILLER, v. pron., ne se dit que des choses : *cette marchandise se détaille bien difficilement ; ce fait est de ceux qui ne se détaillent pas.*

DÉTAILLERESSE, subst. fém. (*dètaierèce*), nom qu'on donne dans les marchés aux femmes qui vendent le poisson en *détail.* (Boiste.) Inusité. Voy. DÉTAILLEUR.

DÉTAILLEUR, subst. mas. (*dèta-ieur*), marchand qui vend en *détail*. Mot vieilli, remplacé par *détaillant.*—*Boiste* lui donne pour féminin *détailleresse*, qu'il avoue être inusité. L'*Académie* ne lui en donne point.

DÉTAILLISTE, subst. des deux genres (*dèta-ieicete*), qui aime les *détails*, ou qui aime à en faire, dans un livre, dans un récit, dans une histoire. —Ce mot devrait se lire dans l'*Académie*.

DÉTALAGE, subst. mas. (*dètalaje*), action de *détaler*, de serrer des marchandises qu'on avait *étalées.*

DÉTALÉ, E, part. pass. de *détaler*.

DÉTALER, v. act. (*dètalé*), ôter l'*étalage*, serrer la marchandise qu'on avait *étalée.*—Neutralement, il a le même sens que l'actif : *les marchands ont détalé.*—Pop., se retirer de quelque endroit promptement et malgré soi : *à sa vue il détala bien vite.*—En t. de mar., *un vaisseau détale bien*, lorsqu'il marche vite, qu'il est fin voilier.— SE DÉTALER, v. pron.

DÉTALINGUÉ, E, part. pass. de *détalinguer*.

DÉTALINGUER, v. act. (*dètaleinguié*), t. de mar., *défaire l'étalingure* d'un câble, pour le dépasser de l'organeau de l'ancre auquel il était *étalingué.* — SE DÉTALINGUER, v. pron.

DÉTAPÉ, E, part. pass. de *détaper*.

DÉTAPER, v. act. (*dètapé*) (de l'espagnol *destapar*, fait, avec la même signification, de la particule privative *dé*, et de *tapon*, bouchon) : *détaper un canon*, le déboucher pour le tirer. — SE DÉTAPER, v. pron.

DÉTASSÉ, E, part. pass. de *détasser*.

DÉTASSER, v. act. (*dètacé*), séparer ce qui était en *tas*, *entassé*. (Boiste.) Vieux, mais utile. — SE DÉTASSER, v. pron. : *cette meule de foin s'est détassée pendant la nuit.*

DÉTÈCE, subst. fém. (*détèce*), t. de jurispr., défaut du service d'un fief. (*Boiste.*) Vieux et hors d'usage.

DU VERBE IRRÉGULIER DÉTEINDRE :

Déteignaient, 3ᵉ pers. plur. imparf. indic.
Déteignais, précédé de *je*, 1ʳᵉ pers. sing. imparf. indic.
Déteignais, précédé de *tu*, 2ᵉ pers. sing. imparf. indic.
Déteignait, 3ᵉ pers. sing. imparf. indic.
Déteignant, part. prés.
Déteigne, précédé de *que je*, 1ʳᵉ pers. sing. prés. subj.
Déteigne, précédé de *qu'il* ou *qu'elle*, 3ᵉ pers. sing. prés. subj.
Déteignent, précédé de *ils* ou *elles*, 3ᵉ pers. plur. prés. indic.
Déteignent, précédé de *qu'ils* ou *qu'elles*, 3ᵉ pers. plur. prés. subj.
Déteignes, 2ᵉ pers. sing. prés. subj.

Déteignez, 2ᵉ pers. plur. impér.
Déteignez, précédé de *vous*, 2ᵉ pers. plur. prés. indic.
Déteigniez, précédé de *vous*, 2ᵉ pers. plur. imparf. indic.
Déteigniez, précédé de *que vous*, 2ᵉ pers. plur. prés. subj.
Déteignîmes, 1ʳᵉ pers. plur. prét. déf.
Déteignions, précédé de *nous*, 1ʳᵉ pers. plur imparf. indic.
Déteignions, précédé de *que nous*, 1ʳᵉ pers. plur. prés. subj.
Déteignirent, 3ᵉ pers. plur. prét. déf.
Déteignis, précédé de *je*, 1ʳᵉ pers. sing. prét. déf.
Déteignis, précédé de *tu*, 2ᵉ pers. sing. prét. déf.
Déteignisse, 1ʳᵉ pers. sing. imparf. subj.
Déteignissent, 3ᵉ pers. plur. imparf. subj.
Déteignisses, 2ᵉ pers. sing. imparf. subj.
Déteignissiez, 2ᵉ pers. plur. imparf. subj.
Déteignissions, 1ʳᵉ pers. plur. imparf. subj.
Déteignit, précédé de *il* ou *elle*, 3ᵉ pers. sing. prét. déf.
Déteignît, précédé de *qu'il* ou *qu'elle*, 3ᵉ pers. sing. imparf. subj.
Déteignîtes, 2ᵉ pers. plur. prét. déf.
Déteignons, 1ʳᵉ pers. plur. impér.
Déteignons, précédé de *nous*, 1ʳᵉ pers. plur. prés. indic.
Déteindra, 3ᵉ pers. sing. fut. indic.
Déteindrai, 1ʳᵉ pers. sing. fut. indic.
Déteindraient, 3ᵉ pers. plur. prés. cond.
Déteindrais, précédé de *je*, 1ʳᵉ pers. sing. prés. cond.
Déteindrais, précédé de *tu*, 2ᵉ pers. sing. prés. cond.
Déteindrait, 3ᵉ pers. sing. prés. cond.
Déteindras, 2ᵉ pers. sing. fut. indic.

DÉTEINDRE, v. act. (*déteindre*), ôter la *teinture*, faire perdre la couleur.—Il est aussi neutre : *ces draps ne déteignent point.* — *se* DÉTEINDRE, v. pron., perdre son *teint*; perdre sa *teinture*.

DU VERBE IRRÉGULIER **DÉTEINDRE** :

Déteindrez, 2ᵉ pers. plur. fut. indic.
Déteindriez, 2ᵉ pers. plur. prés. cond.
Déteindrions, 1ʳᵉ pers. plur. prés. cond.
Déteindrons, 1ʳᵉ pers. plur. fut. indic.
Déteindront, 3ᵉ pers. plur. fut. indic.
Déteins, 2ᵉ pers. sing. impér.
Déteins, précédé de *je*, 1ʳᵉ pers. sing. prés. indic.
Déteins, précédé de *tu*, 2ᵉ pers. sing. prés. indic.
Déteint, précédé de *il* ou *elle*, 3ᵉ p. sing. prés. ind.
Déteint, e, part. pass.

DÉTELAGE, subst. mas. (*dételaje*), action de *dételer*.

DÉTELÉ, E, part. pass. de *dételer*.

DÉTELER, v. act. (*detelé*), détacher les chevaux, les bœufs qui étaient *attelés*.—On dit aussi absolument : *ce cocher ne dételle pas.*—*se* DÉTELER, v. pron.

DU VERBE IRRÉGULIER **DÉTENIR** :

Détenaient, 3ᵉ pers. plur. imparf. indic.
Détenais, précédé de *je*, 1ʳᵉ pers. sing. imparf. indic.
Détenais, précédé de *tu*, 2ᵉ pers. sing. imparf. indic.
Détenait, précédé de *il* ou *elle*, 3ᵉ pers. sing. imparf. indic.
Détenant, part. prés.

DÉTENDOIR, subst. mas. (*détandoar*), instrument de tisserand pour *tendre* ou *détendre* la chaîne.

DÉTENDRE, v. act. (*détandre*), détacher ce qui était *tendu* : *détendre une tapisserie, un lit; détendre une chambre, un appartement.* Dans ce sens on l'emploie aussi neut. : *on a détendu dans la rue, dans la maison.* — On le dit encore neut. des tentes, des pavillons d'une armée : *on a déjà détendu dans tout le camp.*—Relâcher ce qui était *tendu* : *détendre un ressort, un arc.* — Fig. : *détendre son esprit*, se relâcher l'esprit après une grande application. — On dit prov. dans ce sens : *il faut quelquefois détendre l'arc.*—*se* DÉTENDRE, v. pron.

DÉTENDU, E, part. pass. de *détendre*.

DU VERBE IRRÉGULIER **DÉTENIR**.

Détenez, précédé de *vous*, 2ᵉ pers. plur. prés. indic.
Détenez, 2ᵉ pers. plur. impér.
Déteniez, précédé de *vous*, 2ᵉ pers. plur. imparf. indic.
Déteniez, précédé de *que vous*, 2ᵉ pers. plur. prés. subj.
Détenions, précédé de *nous*, 1ʳᵉ pers. plur. imparf. indic.
Détenions, précédé de *que nous*, 1ʳᵉ pers. plur. prés. subj.

DÉTENIR, v. act. (*détenir*) (en lat. *detinere*), retenir injustement ce qui n'est pas à soi. — On ne s'en sert plus guère que dans les temps composés, et dans le sens d'*emprisonner*.—*se* DÉTENIR, v. pron. : *bien d'autrui ne se détient pas.*

DU VERBE IRRÉGULIER **DÉTENIR** :

Détenons, 1ʳᵉ pers. plur. impér.
Détenons, précédé de *nous*, 1ʳᵉ pers. plur. prés. indic.

DÉTENTE, subst. fém. (*détante*), petit morceau de fer sur lequel on met le doigt pour tirer un fusil ou un pistolet. — Action de ce ressort. — Dans l'horlogerie, espèce de levier qui sert à *détendre*, à faire partir la sonnerie. — Fig. et pop., *être dur à la détente*, être avare, avoir de la peine à payer, à donner de l'argent.

DÉTENTÉ, E, part. pass. de *détenter*.

DÉTENTER, v. act. (*détanté*), posséder de fait; être *détenteur*. Mot qui n'est guère usité dans ce sens qu'en t. de jurispr. — Ôter la *tentation*. (*Boiste*.) Inus.

DÉTENTEUR, subst. mas., au fém. **DÉTENTRICE** (*détanteur, trice*) (en lat. *detentor*), t. de palais, celui, celle qui retient, qui possède sans droit.

DÉTENTILLON, subst. mas. (*détantilion*), t. d'horloger, petite *détente* qui lève la roue des minutes.

DÉTENTION, subst. fém. (*détancion*) (en latin *detentio*, fait de *detinere*, détenir), t. de jurispr., possession injuste d'un héritage. — État d'une chose qu'on retient, dont on a la possession actuelle, dont on est saisi par autorité de justice ou autrement. Il renferme presque toujours l'idée de violence, de contrainte ou d'injustice. — Captivité, prison, peine infligée par la loi : *une longue détention sans jugement, sans interrogatoire, sans accusation, est une horrible injustice.*

DÉTENTRICE, subst. fém. Voy. DÉTENTEUR.

DÉTENU, E, part. pass. de *détenir*, et adj., retenu injustement. — En parlant des personnes, 1° arrêté, en prison ; 2° malade au lit. Dans ce dernier sens il est peu usité; on dit mieux *retenu*.—On dit substantivement *un détenu, la détenue*, pour : un prisonnier, une prisonnière : *un détenu pour dettes; les détenus se sont évadés.*

DÉTÉRÉ, part. pass. de *déterer*.

DÉTÉRER, v. act. (*détéré*), séparer les cheveux par petites touffes, et les lier avec un fil à mesure qu'on les sépare. Inusité, de l'aveu même de *Boiste*, qui a eu le tort de l'insérer.

DÉTERGÉ, E, part. pass. de *déterger*.

DÉTERGENT, E, adj. (*détèrejan, jante*), t. de médec. Voy. DÉTERSIF.—Il est aussi subst. mas. : *un détergent.*

DÉTERGER, v. act. (*détèrejé*) (en latin *detergere*, fait de la particule extractive *de*, et du verbe *tergere*, nettoyer, essuyer), t. de médec., nettoyer : *déterger une plaie, un ulcère.* — *Molière* l'a employé absolument dans *M. de Pourceaugnac* : *c'est pour déterger, pour déterger, pour déterger.*—*se* DÉTERGER, v. pron.

DÉTÉRIORATION, subst. fém. (*détériorácion*), action par laquelle une chose est *détériorée*; état d'une chose *détériorée* : *nous sommes responsables des détériorations qui se sont faites chez nous; cette terre est dans un déplorable état de détérioration.*

DÉTÉRIORÉ, E, part. pass. de *détériorer*.

DÉTÉRIORER, v. act. (*détériore*) (du lat. *deterior*, plus mauvais, pire; fait de *deterere*, gâter, corrompre, etc.), dégrader, gâter, rendre pire : *détériorer des marchandises, une maison, un objet quelconque; détériorer sa position.* — *se* DÉTÉRIORER, v. pron.

DÉTERM., abréviation des adjectifs *déterminant* et *déterminatif*.

DÉTERMINANT, E, adj. (*détèreminan, nante*), qui *détermine* ou qui sert à *déterminer*.

DÉTERMINATIF, adj. mas., au fém. **DÉTERMINATIVE** (*détèreminatif, tive*), t. de grammaire, qui *détermine* la signification d'un mot.—Subst. mas. : *un déterminatif*, le mot qui *détermine*.

DÉTERMINATION, subst. fém. (*détèremindcion*) (en lat. *determinatio*), résolution qu'on prend après avoir balancé entre plusieurs partis : *avez-vous enfin pris une détermination?* — En t. de philosophie, action par laquelle une chose qui est également susceptible de plusieurs qualités, de plusieurs manières d'être, est *déterminée* à recevoir l'une plutôt que l'autre : *la détermination de la matière au mouvement ne peut venir que de Dieu.* — En t. de phys., disposition ou tendance d'un corps vers un côté plutôt que vers un autre. En ce sens, on dit plus souvent *direction.* —En grammaire, application d'un mot à un sens *déterminé*.

DÉTERMINATIVE, adj. fém. Voy. DÉTERMINATIF.

DÉTERMINÉ, E, part. pass. de *déterminer*, et adj. En parlant des choses, résolu, décidé, fixé. — En parlant des personnes, 1° entièrement adonné à... : *chasseur, joueur, buveur déterminé;* 2° hardi, intrépide : *soldat déterminé; air, action déterminée.* — En t. d'algèbre et de géométrie : *problème déterminé*, problème qui n'a ou qu'une seule solution ou qu'un certain nombre de solutions ; le problème *indéterminé* en a une infinité.—En bot., *nombre déterminé*, se dit du nombre des étamines, lorsqu'il ne s'élève pas au-delà de douze.—En t. de loterie, on appelait *extrait déterminé, ambe déterminé*, les jeux dans lesquels le joueur désignait l'ordre de sortie du numero.

DÉTERMINÉ, E, subst. (*détèreminé*), emporté, hardi, capable de tout faire : *c'est un vrai déterminé.*

DÉTERMINÉMENT, adv. (*détèreminéman*), résolument; absolument.— Expressément, précisément.—Courageusement hardiment.

DÉTERMINER, v. act. (*détèreminé*) (du latin *determinare*, formé de *terminus*, terme, borne : *mettre un terme à une délibération, à une manière d'être, à une signification; les renfermer dans des bornes* ou *limites précises*), décider, fixer, régler, en matière de doctrine, de jurisprudence, de gouvernement.—Faire résoudre; faire, former ou prendre une résolution : *il voulait rester, je l'ai déterminé à partir.*— En t. de philosophie, donner une certaine qualité, une certaine manière d'être fixe et arrêtée : *déterminer un corps au mouvement ou au repos.* — En t. de grammaire, *déterminer un mot à un sens*, ou plus ordinairement et mieux, *en déterminer le sens*, lui donner une signification précise.—Reconnaître, indiquer avec précision : *on est parvenu à déterminer l'heure à laquelle une éclipse doit avoir lieu; vous pouvez par le calcul déterminer la distance qu'il y a de la terre au soleil.* — Amener, faire qu'une chose ait lieu, s'accomplisse : *on varie sur les causes qui ont déterminé la révolution; il faut peu de chose pour déterminer l'explosion ; déterminer le succès d'une affaire, d'une négociation.* — Il se dit aussi au neutre, résoudre, former, prendre la résolution de... : *il a déterminé de rebâtir sa maison....*—*se* DÉTERMINER, v. pron., se résoudre à...

DÉTERRÉ, E, subst. (*détéré*) : *il a le visage d'un déterré*, fort pâle, très-défait.

DÉTERRÉ, E, part. pass. de *déterrer*, et adj.

DÉTERRER, v. act. (*détéré*), tirer de *terre* une chose qui y était enfoncée, et particulièrement une personne *enterrée*, l'exhumer : *sur le bruit d'un empoisonnement, on déterra le corps pour en faire l'autopsie.* — Découvrir une chose cachée ou une personne qui ne voulait pas être connue : *je ne sais où il déterre tant de vieux livres ; quelque part qu'il se cache, on saura bien le déterrer.* — *se* DÉTERRER, v. pron.

DÉTERREUR, subst. mas. (*détèreur*), celui qui exhume, qui *déterre*. — Ce mot n'a été employé qu'au moral : *un déterreur de saints*, qui découvre le nom des saints dans ses recherches.

DÉTERSIF, adj. mas., au fém. **DÉTERSIVE** (*détèrecif, cive*) (du lat. *detergere*, nettoyer), t. de médec., qui purifie, qui nettoie. —On dit aussi subst. au mas. : *un détersif.*

DÉTERSIVE, adj. fém. Voy. DÉTERSIF.

DÉTESTABLE, adj. des deux genres (*détècetable*), qui mérite d'être *detesté* : *crimes, principes, opinions, projets détestables.* — Par exagération, très-mauvais : *vers détestables; vin détestable.*

DÉTESTABLEMENT, adv. (*détècetableman*), d'une manière *détestable*. Il est du langage fam.

DÉTESTATION, subst. fém. (*détècetácion*) (en lat. *detestatio*), action ou paroles par lesquelles on témoigne qu'on a une chose en horreur, qu'on la *déteste* : *la détestation du péché.*

DÉTESTÉ, E, part. pass. de *détester*.

DÉTESTER, v. act. (*détècete*) (du lat. *detestari*, formé, dans la même signification, de *de*, et de *testis*, témoin : *prendre à témoin des mauvaises qualités d'une chose, de l'horreur qu'elle inspire*), avoir en horreur. Voy. ABHORRER.—On dit par exagération et fam., pour ne pas aimer ;

détester l'hiver; je déteste les manières de cet homme; il déteste les visites. — *Détester la vie*, maudire les misères, les malheurs de la vie. — On l'emploie neutralement dans cette loc. prov. : *ne faire que jurer et détester*, blasphémer sans cesse. — SE DÉTESTER, v. pron.

DÉTÊTER, v. act. (*dététer*), barbarisme de *Boiste*, qui lui fait signifier : séparer les cheveux en petites portions. Ce mot est de la force du v. *déterer* que nous avons déjà commenté.

DÉTIGNONNÉ, E, part. pass. de *détignonner*.

DÉTIGNONNER, v. act. (*détignioné*), arracher le *tignon*, la coiffure; décoiffer. (*Boiste.*) — Ce mot a fort bien pu se dire; mais il n'est certainement plus français, même parmi le bas peuple.

DU VERBE IRRÉGULIER **DÉTENIR** :

Détiendra, 3ᵉ pers. sing. fut. indic.
Détiendrai, 1ʳᵉ pers. sing. fut. indic.
Détiendraient, 3ᵉ pers. plur. cond.
Détiendrais, précédé de *je*, 1ʳᵉ pers. sing. cond.
Détiendrais, précédé de *tu*, 2ᵉ pers. sing. cond.
Détiendrait, 3ᵉ pers. sing. cond.
Détiendras, 2ᵉ pers. sing. fut. indic.
Détiendrez, 2ᵉ pers. plur. fut. indic.
Détiendriez, 2ᵉ pers. plur. cond.
Détiendrions, 1ʳᵉ pers. plur. cond.
Détiendrons, 1ʳᵉ pers. plur. fut. indic.
Détiendront, 3ᵉ pers. plur. fut. indic.
Détienne, précédé de *que je*, 1ʳᵉ pers. sing. prés. subj.
Détienne, précédé de *qu'il* ou *qu'elle*, 3ᵉ pers. sing. prés. subj.
Détiennent, précédé de *ils* ou *elles*, 2ᵉ pers. plur. prés. indic.
Détiennent, précédé de *qu'ils* ou *qu'elles*, 3ᵉ pers. plur. prés. subj.
Détiennes, précédé de *que tu*, 2ᵉ pers. sing. prés. subj.
Détiens, précédé de *je*, 1ʳᵉ pers. sing. prés. indic.
Détiens, 2ᵉ pers. sing. impér.
Détient, 3ᵉ pers. sing. prés. indic.
Détînmes, 1ʳᵉ pers. plur. prét. déf.
Détinrent, 3ᵉ pers. plur. prét. déf.
Détins, précédé de *je*, 1ʳᵉ pers. sing. prét. déf.
Détins, précédé de *tu*, 2ᵉ pers. sing. prét. déf.
Détinsse, 1ʳᵉ pers. sing. imparf. subj.
Détinssent, 3ᵉ pers. plur. imparf. subj.
Détinsses, 2ᵉ pers. sing. imparf. subj.
Détinssiez, 2ᵉ pers. plur. imparf. subj.
Détinssions, 1ʳᵉ pers. plur. imparf. subj.
Détint, précédé de *il* ou *elle*, 3ᵉ pers. sing. prét. déf.
Détînt, précédé de *qu'il* ou *qu'elle*, 3ᵉ pers. sing. imparf. subj.
Détîntes, 2ᵉ pers. plur. prét. déf.

DÉTIRÉ, E, part. pass. de *détirer*.

DÉTIRER, v. act. (*détiré*), étendre une chose en la *tirant*, pour la rendre unie et lisse : *détirer du linge, des rubans*, etc. — SE DÉTIRER, v. pron.

DÉTISÉ, E, part. pass. de *détiser*.

DÉTISER, v. act. (*détizé*), ôter les *tisons* du feu, éteindre et couvrir le feu. (*Gattel.*) — Ce mot nous semble mal formé. Il est vrai que l'on dit *attiser*, qui ne l'est pas mieux. *Détisonner* et *attisonner* seraient préférables, selon nous. *L'Académie*, qui donne *attiser* et *détiser*, dit elle-même *tisonner*, et non pas *tiser*.

DÉTISSÉ, E, part. pass. de *détisser*.

DÉTISSER, v. act. (*déticé*), défaire un *tissu*. — SE DÉTISSER, v. pron.

DÉTONATION, subst. fém. (*détonâcion*), t. de mus., action de *détoner*. Presque inusité. — Nous ferons observer que MM. *Noël* et *Chapsal* écrivent, en ce sens, *détonnation*, et plus loin *intonation*, quoique ces deux mots aient bien certainement la même origine.

DÉTONÉ, E, part. pass. de *détoner*.

DÉTONER, v. neut. (*détoné*), t. de mus., sortir du *ton*; n'être plus dans le ton. — Au fig., ne pas s'accorder avec le *ton* général; choquer. — Nous croyons devoir écrire ce mot par un seul *n*, pour le distinguer de l'autre verbe *détonner* qui suit.

DÉTONNATION, subst. fém. (*détonâcion*), t. de chim., action de *détonner*. — Inflammation violente et subite, accompagnée de bruit, comme celle de la poudre, du canon, etc. Voy. DÉTONNER.

DÉTONNÉ, E, part. pass. de *détonner*.

DÉTONNER, v. neut. (*détoné*) (l'*Académie*, *Gattel*, *Laveaux*, *Boiste* et MM. *Noël* et *Chapsal* écrivent *détoner*; ce verbe est cependant formé, à n'en pas douter, de notre mot français *tonner*, qui ne s'écrit nulle part *toner*; et puis, n'est-il pas indispensablement nécessaire de le distinguer du terme de musique *détoner*?), t. de chimie, s'enflammer subitement et avec bruit.

DÉTORDRE, v. act. (*détordre*), il se conjugue sur *tordre*; déplier ce qui était *tordu*, le remettre dans son premier état. Dans ce sens, il est aussi pron. : *voilà du fil qui se détord.* — SE DÉTORDRE, v. pron. : *se détordre le pied, le bras*, s'y faire du mal en étendant trop quelque nerf, quelque muscle. Ce mot a vieilli. On dit aujourd'hui dans le même sens et mieux, *se fouler*.

DÉTORDU, E, part. pass. de *détordre*.

DÉTORQUÉ, E, part. pass. de *détorquer*.

DÉTORQUER, v. act. (*détorké*) (du latin *detorquere*, détourner; fait de la préposition *de*, et de *torquere*, tordre, tourner; *tourner d'un autre sens*), éluder la force d'un raisonnement, d'une autorité; lui donner une autre explication : *détorquer un passage, un article, pour soutenir une opinion erronée.* Ce mot renferme une idée de violence. — SE DÉTORQUER, v. pron.

DÉTORS, E, adj. (*détor, torce*), qui n'est plus *tors* ou *torse*, qui est *détordu* : *du fil détors; de la soie détorse.*

DÉTORSE, subst. fém. (*détorce*), t. de chir., violente extension d'un muscle, d'un nerf, qui a lieu par quelque accident. — On dit mieux *entorse*. Voy. ce mot.

DÉTORTILLÉ, E, part. pass. de *détortiller*.

DÉTORTILLER, v. act. (*détortiié*), défaire une chose *tortillée*. — SE DÉTORTILLER, v. pron.

DÉTOUCHÉ, part. pass. de *détoucher*.

DÉTOUCHER, v. neut. (*détouché*), t. de mar., cesser de *toucher*; il se dit du bâtiment qui, après avoir *touché* et être demeuré échoué, commence à flotter.

DÉTOUPÉ, E, part. pass. de *détouper*.

DÉTOUPER, v. act. (*détoupé*), déboucher; ôter le bouchon d'*étoupes* dont un vaisseau était bouché. — SE DÉTOUPER, v. pron.

DÉTOUPILLONNÉ, E, part. pass. de *détoupillonner*.

DÉTOUPILLONNER, v. act. (*détoupiioné*), t. de jard., ôter les *toupillons*, les branches inutiles d'un oranger. — SE DÉTOUPILLONNER, v. pron.

DÉTOUR, subst. mas. (*détour*), sinuosité : *les détours d'une rivière.* — Endroit qui va en *tournant*. — Chemin qui éloigne de la route que l'on tient : *vous serez obligé de faire un grand détour pour éviter les embarras.* — Fig., adresse, subtilité pour éluder un péril, pour venir à bout de ce qu'on veut faire; subterfuge, etc. :

> Non, non, tous ces *détours* sont trop ingénieux.
> (RACINE, *Iphigénie.*)

— *Parler sans détour, sans aucun détour*, parler sincèrement. — *Être sans détour*, être franc, loyal.

DÉTOURNÉ, E, part. pass. de *détourner*, et adj. : *chemin détourné*, chemin écarté; *rue détournée*, peu fréquentée. — Fig. : *louange détournée*, indirecte et délicate. — *Prendre des chemins détournés*, se conduire avec finesse. — *Voie détournée*, indirecte : *j'ai reçu de ses nouvelles par une voie détournée.* — *Sens détourné*, qui n'est pas le sens ordinaire ou naturel d'un mot, d'une phrase : *il ne faut pas dénaturer mes paroles, leur donner un sens détourné.*

DÉTOURNEMENT, subst. mas. (*détourneman*), action de *détourner*.

DÉTOURNER, v. act. (*détourné*), *tourner* ailleurs; éloigner; écarter : *détourner quelqu'un de son chemin; détourner l'eau, le cours de l'eau; détourner la vue.* — Soustraire frauduleusement : *détourner les effets, les papiers d'une succession.* — En t. de vénerie, découvrir, par le moyen du limier, où le cerf est à sa reposée, et en marquer l'enceinte pour se reconnaître. — Fig., donner à un mot, à un passage, etc., une autre signification que celle qui lui est propre : *détourner le sens d'une loi.* Distraire : *cela me détourne de mes affaires.* — Dissuader : *détourner d'un dessein*, etc.; et non pas, comme l'a dit *Racine* (Phèdre), *détourner* un dessein :

> Pourquoi *détournais*-tu mon funeste dessein?

— On l'emploie quelquefois neut. : *quand vous serez au bout de la rue, vous détournerez à gauche.* — SE DÉTOURNER, v. pron., prendre, ou à dessein, ou par hasard, un chemin plus long que le chemin ordinaire. — Se *tourner* d'un autre côté : *il se détournait en vain, je le reconnus.*

DÉTRACTÉ, E, part. pass. de *détracter*.

DÉTRACTER, v. neut. (*détrakté*) (en latin *detrectare*), médire, rabaisser le mérite de quelqu'un ou de quelque chose : *détracter la vertu, les honnêtes gens.* — On l'emploie absolument : *c'est un envieux, il est enclin à détracter; et même neut. : la charité ne veut pas que l'on détracte son prochain.* Il est peu usité.

DÉTRACTEUR, subst. mas.; au fém. **DÉTRACTRICE** (*détrakteur, trice*) (en lat. *detrectator*), médisant : *il ne faut pas écouter les détracteurs.* — On dit aussi adj. : *un esprit détracteur.*

DÉTRACTION, subst. fém. (*détrakcion*) (en lat. *detrectatio*), action de *détracter*, médisance *un homme, un esprit porté à la détraction.* — DÉTRACTION, MÉDISANCE. (*Syn.*) La médisance consiste à dire d'autrui le mal réel que l'on en sait; la *détraction* augmente ce mal, y ajoute, et dénigre même le bien et les bonnes qualités. — On entendait par ce mot, avant la suppression du droit d'aubaine, la faculté qu'avait le gouvernement de *distraire* à son profit une partie des successions qu'il permettait aux étrangers de venir recueillir dans le royaume.

DÉTRANCHÉ, E, adj. (*détranché*), se dit, en t. de blason, de l'écu dans lequel est une ligne en bande qui ne part pas précisément de l'angle dextre, mais de quelque partie du bord supérieur ou de quelque point du côté dextre.

DÉTRANGÉ, E, part. pass. de *détranger*.

DÉTRANGER, v. act. (*détranjé*), t. de jard., faire la chasse aux animaux nuisibles aux plantes.

DÉTRANSPOSÉ, E, part. pass. de *détransposer*.

DÉTRANSPOSER, v. act. (*détrancepôzé*), t. d'imprim., remettre à la place où elles doivent être des pages qui avaient été mal imposées. — SE DÉTRANSPOSER, v. pron.

DÉTRANSPOSITION, subst. fém. (*détrancepôzicion*), action, effet de *détransposer*.

DÉTRAPE, subst. fém. (*détrape*), débarras. (*Boiste.*) Vieux et même hors d'usage.

DÉTRAPÉ, E, part. pass. de *détraper*.

DÉTRAPER, v. act. (*détrapé*), dégager, délivrer de quelque embarras. (*Boiste.*) Vieux et même hors d'usage.

DÉTRAQUÉ, part. pass. de *détraquer*.

DÉTRAQUER, v. act. (*détrakié*) (de la préposition *dé*, qui exprime séparation, éloignement, et du vieux mot *trac*, lequel, suivant *Nicot*, a été fait par apocope de *trace*, vestige; *suivre la trace des méchants.* (Marot.) Ainsi *détraquer* signifie littéralement tirer du *trac* ou de la *trace*, faire perdre ses allures à une bête d'amble, etc. C'est par extension ou figurément qu'on a donné à ce mot les autres acceptions dans lesquelles on le prend), dérégler une machine, une horloge, une montre, etc. — Par extension et fig., déranger, troubler les fonctions, les facultés d'un corps, d'un être organisé : *détraquer l'estomac, le cerveau, l'esprit; sa machine* (son organisation) *est bien détraquée.* — Mettre le désordre : *la retraite de ces deux acteurs a détraqué le théâtre.* — Faire perdre à un cheval ses bonnes allures ou les leçons qu'il a prises au manége. — Au fig., détourner d'un train de vie réglée. — *Détraquer un piége*, en t. d'oiseleur, en faire partir la détente ou le *triquet*. — SE DÉTRAQUER, v. pron.

DÉTREMPE, subst. fém. (*détranpe*), manière de peindre avec des couleurs *détrempées* dans de l'eau préparée à la colle pour les grands ouvrages, et à la gomme pour les petits : *une peinture faite en détrempe; ces murs sont peints à la détrempe.* — On donne par extension le même nom aux ouvrages, aux tableaux peints avec ces couleurs : *voilà une belle détrempe.* — Fig. et burlesquement : *un mariage en détrempe*, un mariage simulé.

DÉTREMPÉ, E, part. pass. de *détremper*.

DÉTREMPER, v. act. (*détranpé*), délayer dans quelque liqueur. Voy. TREMPER. — Ôter la *trempe* de l'acier. — SE DÉTREMPER, v. pron.

DÉTRESSE, subst. fém. (*détrèce*) (du lat. barbare *districtia*, dit pour *districtio*, resserrement, difficulté, empêchement, etc.), affliction, peine d'esprit, angoisse; situation malheureuse, critique; embarras, danger pressant : *être plongé dans la détresse; cette famille est dans une extrême détresse; c'est dans la détresse que le sentiment religieux se réveille dans les cœurs les plus endurcis; cris de détresse.* — T. de mar., *signal de détresse*, signal que donne un vaisseau pour indiquer qu'il est dans un très-grand danger, et qu'il a besoin de secours. — On le dit fig., pour exprimer l'embarras pressant où se trouve quelqu'un : *la vente de sa terre est un signal de détresse.*

DÉTRESSÉ, part. pass. de *détresser*.

DÉTRESSER, v. act. (*détrècé*), défaire des *tresses*. — SE DÉTRESSER, v. pron.

DÉTRICHAGE, subst. mas. (*détrichaje*), première opération avant de peigner la laine.

DÉTRICHÉ, E, part. pass. de *détricher*.

DÉTRICHER, v. act. (*détriché*), t. de manuf., démêler la laine avant de la peigner. — **se DÉTRICHER**, v. pron.

DÉTRICHEUR, subst. mas., au fém. **DÉTRICHEUSE** (*détricheur, cheuze*), celui ou celle qui fait l'opération du *détrichage*.

DÉTRIMENT, subst. mas. (*détriman*) (en latin *detrimentum*, fait, dans le même sens, de *deterere*, user par le frottement, briser, broyer, etc.), dommage, perte : *c'est souvent au détriment de l'honneur que l'on acquiert des richesses.* — En t. d'hist. nat., débris, fragments : *cette montagne est toute formée de détriments de végétaux, d'animaux, de coquillages.* Presque inus. dans ce sens.—En t. d'astronomie : *planète en détriment*, dans un signe opposé à sa maison.

DÉTRIPLÉ, E, part. pass. de *détripler*.

DÉTRIPLER, v. act. (*détriplé*), t. d'évolution militaire, de *trois* files en ôter une.—**se DÉTRIPLER**, v. pron.

DÉTRITAGE, subst. mas. (*détritaje*), l'action de *détriter*, de passer les olives sous les meules.

DÉTRITÉ, E, part. pass. de *détriter*.

DÉTRITER, v. act. (*détrité*) : *détriter les olives*, les passer sous la meule. —**se DÉTRITER**, v. pron.

DÉTRITOIR, subst. mas. (*détritoar*), madrier de moulin à olives.

DÉTRITUS, subst. mas. (*détrituce*) (mot purement latin), t. d'hist. nat., débris de quelque matière, de crystaux, de végétaux, d'animaux.

DÉTROIT, subst. mas. (*détroé*) (en lat. *districtum*, en sous-entendant *mare*, mer étroite, resserrée), bras de mer resserré des deux côtés par les terres, et qui ne laisse qu'un *étroit* passage pour aller d'une mer à une autre : *le détroit de Gibraltar; le détroit du Sund.*— Passage étroit et difficile par les montagnes pour entrer en quelque lieu : *le détroit des Thermopyles.*—Étendue de juridiction. En ce sens, on dit mieux *district*. Voy. ce mot.

DÉTROMPÉ, E, part. pass. de *détromper*.

DÉTROMPER, v. act. (*détronpé*), désabuser, tirer d'erreur : *je m'étais toujours fié à lui, mais on m'a détrompé sur son compte.* — Racine (Phèdre) a dit : *détromper son erreur.* C'est une faute. On dit *détromper quelqu'un*, et non pas *détromper une erreur*, parce que ce n'est pas l'erreur qui a été *trompée*. — On lit d'un autre côté dans *Duclos* (Histoire de la baronne de Luz) : *détrompez-vous qu'elle soit...*; c'est un solécisme. — **se DÉTROMPER**, v. pron., reconnaître qu'on était dans l'erreur.

DÉTRONCATION, subst. fém. (*détronkâcion*) (du latin *detruncare*, composé de la préposition *de*, qui exprime l'idée de séparation, et de *truncus*, tronc), t. de chir., séparation du *tronc* d'avec la tête du fœtus, dans un accouchement difficile.

DÉTRÔNÉ, E, part. pass. de *détrôner*.

DÉTRÔNEMENT, subst. mas. (*détrôneman*), action de *détrôner*.

DÉTRÔNER, v. act. (*détrôné*), chasser du *trône*; ôter la puissance souveraine. — **se DÉTRÔNER**, v. pron.

DÉTROUSSÉ, E, part. pass. de *détrousser* : *rendre visite à quelqu'un en robe détroussée*, en grande cérémonie.

DÉTROUSSEMENT, subst. mas. (*détrouceman*), action de *détrousser*; effet de cette action. — Vol avec violence.

DÉTROUSSÉMENT, adv. (*détroucéman*), sans gêne.—Mot tout-à-fait inus., que nous lisons cependant dans *Boiste*, comme ayant été employé par *Montaigne* : *abuser détroussément de la simplicité*, a dit ce vieil auteur.

DÉTROUSSER, v. act. (*détroucé*) (de l'usage où étaient les anciens de porter leur argent dans leur ceinture. Quand on les volait, on leur enlevait cette ceinture; et leur robe, qu'elle relevait, demeurait *détroussée*. Les Latins disaient dans le même sens et pour la même raison *discingere*), défaire, détacher ce qui était *troussé* : *détrousser sa robe, son manteau.* — Au fig. et fam., voler avec violence dans la rue, sur un grand chemin : *détrousser les passants.* — **se DÉTROUSSER**, v. pron.

DÉTROUSSEUR, subst. mas., au fém. **DÉTROUSSEUSE** (*détrouceur, ceuze*), voleur qui *détrousse* les passants.

DÉTROUSSEUSE, subst. fém. (*détrouceuze*), femme de mauvaise vie.—Voleuse des rues pendant la nuit.

DÉTRUIRE, v. act. (*détruire*) (en lat. *destruere*, formé, dans le même sens, de la particule privative *de*, et de *struere*, bâtir, construire), démolir, abattre, ruiner, renverser.—Fig., 1° ruiner, faire disparaître; 2° en parlant des personnes, décréditer : *on l'a détruit dans l'esprit de...* — On l'a employé quelquefois dans le sens de perdre : *détruire quelqu'un*; mais cet emploi n'est pas du beau style, quoiqu'on dise bien dans le sens de se faire mourir : *se détruire.* — **se DÉTRUIRE**, v. pron.

DÉTRUIT, E, part. pass. de *détruire*.

DETTE, subst. fém. (*dète*) (du lat. *debitum*, ce qui est dû, fait de *debere*, devoir), ce que l'on doit : *contracter, faire des dettes; être accablé, perdu, criblé, abymé de dettes; avoir des dettes par-dessus la tête*, plus qu'on ne peut en payer. — Au figuré, ce qu'on est obligé de faire, *devoir*, obligation, tout ce qu'on *doit* ou veut faire en retour de quelque chose, tout ce qu'on ne peut se dispenser de faire : *la dette, les dettes de l'amitié, de la reconnaissance; j'ai contracté de grandes dettes envers vous; c'est une dette que réclame la société; j'ai payé ma dette comme citoyen.*—C'est dans le même sens et par extension que l'on dit : *payer la dette de la nature, payer sa dette à la nature*, mourir.—*Dette active*, ce qu'on nous doit. — *Dette passive*, ce que nous devons.— *Dette exigible*, *dette* qui peut s'exiger actuellement.—*Dette criarde*, petite somme qu'on doit à une personne qui tourmente pour être payée.—*Dette consulaire*, celle qui rendait le débiteur justiciable des *consuls*.— *Dette de société*, due par tous les associés, en raison de leur société.—*Dette hypothécaire*, *dette* hypothéquée sur un bien.—*Dette privilégiée*, pour laquelle on a un privilége spécial. — *Dette ancienne*, en matière d'hypothèque, celle qui précède les autres. — *Dette usuraire*, celle pour laquelle le créancier s'est rendu coupable d'usure.—*Dette caduque*, de nulle valeur. — *Dette douteuse*, dont le recouvrement est très-incertain; et dans un sens encore plus défavorable : *dette véreuse*, dont la perte est presque certaine. — *Avouer une dette* ou *la dette*, avouer qu'on doit; et *nier une dette, désavouer une dette*, nier qu'on doive.— Prov. : *qui épouse la veuve épouse les dettes.*—On dit aussi fam. et prov. : *cent ans de chagrins ne paient pas un sou de dettes.*—Figur. et fam. : *avouer ou confesser la dette*, avouer qu'on a tort, ou convenir d'un fait qu'on voulait cacher.—En t. de finance, *dette flottante*, *dette* mise en circulation, et *flottante* au moyen d'effets publics remboursables à vue ou à échéance fixe.—Par extension, la *dette* d'un négociant qui *flotte* par la circulation de ses traites et de ses acceptations.

DETTEUR, subst. mas. (*dèteur*), selon *Boiste*, et d'après *Rabelais* et *La Fontaine* qu'il cite, qui *doit* de l'argent, qui a des créanciers. — Nous croyons, avec ce dictionnariste, que ce mot est énergique et qu'il exprime beaucoup plus certainement que *débiteur*; mais il faudrait dire aussi *detteuse*, au fém.; et nous avouerons qu'aujourd'hui nous n'entendons personne se servir des mots *detteur* et *detteuse*. *Boiste* est allé trop loin, en indiquant comme une coupable omission celle du mot *detteur*.

DÉTUMESCENCE, subst. fém. (*détumèceçance*) (du lat. *detumescere*, fait de la prép. *de* et du verbe *tumescere*, s'enfler), t. de médec., résolution d'une tumeur, d'un gonflement.

DÉTURBATRICE, adj. fém. (*déturbatrice*) (du lat. *deturbare*, troubler), t. d'astron. qui ne s'emploie guère que dans cette loc. : *force déturbatrice*, force perpendiculaire au plan d'une planète, et qui en trouble le mouvement.

DEUCALION, subst. propre mas. (*deukalion*), myth., roi de Thessalie, fils de Prométhée, et mari de Pyrrha. De son temps les dieux firent périr tous les hommes par un déluge universel, parce qu'ils étaient tous méchants. Deucalion et Pyrrha en furent préservés à cause de leur équité. Après le déluge, ils consultèrent l'oracle de Thémis, qui leur conseilla de jeter derrière eux et par-dessus leur tête les os de leur mère, c'est-à-dire des pierres, qui étaient considérées comme les os de la terre, mère commune des hommes; et ces pierres, en sortant de leurs mains, se métamorphosaient, celles de Deucalion en hommes et celle de Pyrrha en femmes. (*Ovid.* liv. 1 des *Métam.*) Il a existé en effet un roi de Thessalie, nommé Deucalion, sous le règne duquel une grande inondation, un déluge, couvrit toute la Grèce centrale vers l'an 1529 avant Jésus-Christ. Peu de personnes échappèrent à ce désastre, et n'y parvinrent qu'en se réfugiant sur les plus hautes montagnes de Thessalie. Les traditions, en transmettant le fait, l'ont défiguré, et l'imagination des poètes s'en est emparée pour composer la fable que nous venons de rapporter. Il y eut plusieurs autres hommes qui portèrent le nom de Deucalion : il y en eut un, fils de Minos; un autre, fils d'Abas, etc.

DEUIL, subst. mas. (*deu-ie*) (du lat. barbare *dolium*, employé avec la même acception par quelques écrivains de la basse latinité, et qui est fait de *dolere*, avoir du chagrin, de la douleur. *Plaute* a dit *cordolium*, pour *dolor cordis*, douleur du cœur), chagrin, affliction, tristesse, longue douleur : *ce désastre a plongé dans le deuil une foule de familles; le jour de son départ fut pour nous un jour de deuil.* — On dit fig. et poét. : *le deuil de la nature, la nature est en deuil*, en parlant de la mauvaise saison et de l'aspect triste qu'elle répand sur la nature.—On dit aussi fig. et fam. : *faire son deuil d'une chose, en porter son deuil d'avance*, en regarder la perte comme inévitable et s'y résigner.—Habits de convention, et ordinairement de couleur noire ou triste, qu'on porte en signe de douleur pour la mort d'un parent, etc. On dit dans le même sens : *tendre une chambre, une église en deuil.*—*Demi-deuil*, *deuil* en noir et blanc.—Les parents qui assistent aux funérailles de quelqu'un : *mener le deuil.*— Le temps pendant lequel on porte le *deuil* : *l'année de deuil; les deuils ne sont plus aussi longs; le deuil d'une veuve est maintenant d'une année.* —Dépense occasionnée par le *deuil* : *on a donné à la veuve pour son deuil une somme de....* — Le grand *deuil* se porte en France avec du drap noir sans ornements, des manteaux longs, du linge de Hollande uni, et du grand crêpe : les veuves le portent avec un bandeau et un grand voile de crêpe. Le petit *deuil* se porte avec serge ou crépon, et des rubans bleus et blancs mêlés avec du noir. Le roi et les cardinaux portent le *deuil* en violet. En Castille, à la mort des princes, on se revêtait de serge blanche pour porter le *deuil*. On le fit pour la dernière fois en l'année 1498, à la mort du prince don Juan, fils unique du roi Ferdinand et d'Isabelle. A la Chine, on le porte avec des habits blancs. Il dure trois ans, et fait vaquer toutes les magistratures. En Turquie, on le porte en bleu ou en violet; en Égypte, en jaune ou en feuille morte; en gris chez les Ethiopiens; en noir en Europe, mais on tend en blanc, du moins en France, pour les filles qui ne sont pas mariées. Au Pérou, on le portait couleur de gris de souris. Les dames argiennes et romaines portaient le *deuil* en blanc. Les habits de *deuil* étaient noirs au quatrième siècle. Chaque nation croit avoir eu de bonnes raisons pour choisir une couleur particulière afin de marquer le *deuil*. Le violet, étant une couleur mêlée de bleu et de noir, marque d'un côté la tristesse, et de l'autre ce qu'on souhaite aux morts, c'est-à-dire le séjour du ciel; ce que prétendent aussi indiquer ceux qui portent le bleu. Le blanc est le symbole de la pureté. Le jaune ou la couleur feuille morte fait comprendre que la mort est la fin des espérances humaines et de la vie, parce que les feuilles des arbres quand elles tombent, et les herbes quand elles sont flétries, deviennent jaunes. Le gris signifie la terre où les morts retournent. Le noir est le vrai signe de la privation de la vie, parce qu'il est une privation de la lumière. — T. d'hist. nat., poisson du genre chétodon.

DEUNX, subst. mas. (*déonkce*), division de la livre romaine, ou as; onze douzièmes, onze onces, une livre moins une once (*Boiste*.)— Ce mot, selon nous, ne devrait pas trouver place dans un *Dictionnaire* français.

DEUTÉRIE, subst. fém. (*deutéri*) (du grec δευτερος, second), t. de médec., rétention des secondines.

DEUTÉROCANONIQUE, adj. des deux genres (*deutérokanonike*) (en grec δευτερος, second, et κανων, canon; *placé le second dans le canon*), t. de théol., se dit d'un livre de l'Ecriture sainte mis plus tard que les autres dans le *canon*.

DEUTÉRONOME, subst. mas. (*deutéronôme*) (du grec δευτερος, second, et νομος, loi; *seconde publication de la loi*, parce que ce livre est comme une répétition des précédents), nom du cinquième livre du Pentateuque, le dernier de ceux dont *Moïse* est l'auteur.

DEUTÉROPATHIE, subst. fém. (*deutéropati*) (du grec δευτερος, second, et παθος, maladie; *maladie secondaire*), t. de médec., maladie causée par une autre, ou précédée d'une autre.

DEUTÉROPATHIQUE, adj. des deux genres (*deutéropatike*) (même étymologie que celle du mot précédent), se dit, en médecine, d'une maladie qui est produite ou précédée par une autre.

DEUTÉROSE, subst. fém. (*deutéroze*), seconde loi des Juifs.

DEUTOXYDE, subst. mas. (*deutokcide*), t. de chim., *deuxième* dénomination d'un corps combustible à l'état d'*oxyde*.

DEUTZIE, subst. fém. (*deutzi*), t. de bot., arbrisseau du Japon.

DEUVE, subst. fém. (*deuve*), t. de comm., sorte de satinade.

DEUX, subst. et adj. mas. (*deu*) (en lat. *duo*), nombre double de l'unité; *multipliez deux par trois; divisez dix par deux.*—Chiffre qui représente le nombre *deux : effacez ce deux; un deux de chiffre, un deux en chiffre; le numero deux; voilà un deux bien mal fait.*—On dit fam., de quelque chose qui est évident, incontestable : *cela est clair comme deux et deux font quatre.*—En t. de jeux, carte à jouer, côté d'un dé à jouer, qui porte deux points : *un deux de pique, un deux de cœur; il a amené deux et trois.*—Au domino, on appelle *double-deux*, le dé sur lequel le point de *deux* est répété; au trictrac, *amener double-deux*, c'est amener un doublé de *deux*; au jeu de trois dés, *rafle de deux* se dit, lorsque chacun des trois dés est sur le point de *deux*. — On dit encore subst. : *le deux du mois, le deux de la lune*, pour : *le deuxième* jour du mois, de la lune.—Le nombre *deux*, suivant Pythagore, était le plus malheureux, parce qu'il désignait le mauvais principe, et par conséquent le désordre, la confusion. C'est d'après cette idée que, chez les Romains, le second mois de l'année et le second jour du mois étaient dédiés à Pluton. — Il est aussi adj. numéral : *deux hommes, deux femmes; tous deux, toutes deux; tous les deux, toutes les deux; à deux heures; des deux côtés; partager en deux parties*, ou simplement *en deux*. — On dit également dans le style fam. : *n'en pas faire à deux fois, n'en faire ni un ni deux*, se décider promptement, sans hésiter. — *Regarder entre deux yeux*, fixement.—*Piquer des deux*, faire sentir en même temps les deux éperons à un cheval, afin d'accélérer sa marche; et fam., au fig., aller très-vite, faire beaucoup de diligence : *cette affaire demande de la promptitude, il faut piquer des deux si vous voulez réussir.*—*Être à deux de jeu*, n'avoir point d'avantage l'un sur l'autre. — *Porter ses deux*, jouer seul contre *deux*; et fig., exercer *deux* fonctions. On dit dans le même sens au propre et au figuré : *faire des deux mains.*—DEUX À DEUX, loc. adv., *deux* ensemble.—À DEUX FOIS, loc. adv. — *De deux en deux jours*, et non pas *de deux jours en deux jours*, de *deux* jours l'un.

DEUX-DENTS, subst. mas. (*deudan*), t. d'hist. nat., poisson hérissé d'épines, à larges *dents* à chaque mâchoire.

DEUX-DOIGTS, subst. mas. (*deudoé*), sorte de filet.

DEUXIÈME, adj. et subst. des deux genres (*deuzième*), second; avec cette différence que *deuxième* fait entendre qu'il y a un troisième à la suite, et que *second* n'éveille qu'une idée d'ordre. On doit donc dire d'un ouvrage qui n'a que deux volumes: *voici le second volume*, et de celui qui en a plus de deux : *voici le deuxième volume.*

DEUXIÈMEMENT, adv. (*deuzièmeman*), en second lieu.

DEUX-POINTS, subst. mas. (*deupoein*), le dix-septième des caractères employés dans l'imprimerie, dont le corps répond à *deux* gros-romains. Voy. LETTRE. — Signe de *ponctuation*. Voy. ce mot et POINT.

DEUX-SICILES, subst. propre fém. plur. (*deucicile*), royaume d'Europe qui comprend le royaume de Naples et la Sicile.

DÉVALÉ, E, part. pass. de *dévaler*.

DÉVALER, v. act. et neut. (*dévalé*) (du latin barbare *devallare*, fait, dans la basse latinité et avec cette signification, de *vallis*, vallée, comme on a fait aussi *montare*, monter, de *mons*, montagne), vieux mot qui signifie descendre : *dévaler du vin à la cave; dévaler de sa chambre*, etc. —Aller d'un endroit haut dans un endroit bas : *il dévale la côte.* Dans cette acception, on dit aussi neutralement : *il dévalait de la montagne.* —SE DÉVALER, v. pron.

DÉVALISÉ, E, part. pass. de *dévaliser*. — Au fig. : *une maison dévalisée*, volée, pillée.

DÉVALISER, v. act. (*dévalizé*), ôter la *valise*, les hardes et les marchandises à des passants; les voler, les détrousser. — Ruiner au jeu. — SE DÉVALISER, v. pron.

DEVANCÉ, E, part. pass. de *devancer*.

DEVANCEMENT, subst. mas. (*devanceman*), action de *devancer.*—Ce mot ne se lit que dans le *Dictionnaire de Trévoux*; mais il est utile.

DEVANCER, v. act. (*devancé*), gagner le *devant*; arriver avant un autre.—Précéder par l'ordre du temps : *l'aurore devance le soleil.* — Précéder quant au rang : *dans les cérémonies, votre corps devance le mien.*—Surpasser, avoir l'avantage : *il a commencé plus tard, mais il a promptement devancé ses rivaux.* — SE DEVANCER, v. pron.

DEVANCIER, subst. mas., au fém. **DEVANCIÈRE** (*devancié, cière*), celui ou celle qui a précédé un autre dans quelque charge ou office.—Au plur., ancêtres, pris dans un sens indéterminé : *suivons l'exemple de nos devanciers.*

DEVANCIÈRE, subst. fém. Voy. DEVANCIER.

DEVANT, subst. mas. (*devan*), partie antérieure; celle qui, dans l'ordre des choses, se présente la première; le côté opposé à derrière : *le devant d'une maison, d'une voiture, d'un habit, d'une robe, de la tête; un devant d'autel, de cheminée; mettre le devant derrière; bâtir sur le devant de sa maison; loger sur le devant; occuper le devant.* — En t. de peinture, les premiers plans d'un tableau s'appellent *les devants.* —Fig. et fam., *bâtir sur les devants* se dit d'une femme enceinte, ou d'une personne qui prend un gros ventre.—*Prendre, garder le devant, les devants*, signifie au propre partir avant quelqu'un, le dépasser en allant plus vite : *quoiqu'il eût pris le devant, nous ne tardâmes pas à le rejoindre*; et au fig., devancer, prévenir, gagner de vitesse quelqu'un dans une affaire : *hâtez-vous donc, vous êtes perdu si vous ne prenez pas les devants.* Il vaut mieux employer le singulier au propre, et le pluriel au figuré.

DEVANT, prép. de lieu (*devan*) (suivant *Ménage*, de *deabante*, qu'on a dit dans la basse latinité pour *ante*), vis-à-vis, en présence : *mettez cela devant le feu; prêcher devant un nombreux auditoire.*—Préposition d'ordre : *marcher devant un autre.*—Il signifie quelquefois du côté antérieur : *porter quelque chose devant soi; se promener devant la maison.* — Fam. : *avoir du temps devant soi*, signifie n'être pas pressé par le temps pour faire une chose. — Il s'emploie aussi adv. : *courir devant.* (Voy. AVANT) Racine a dit (Andromaque) : *ah! devant qu'il expire*; et (Bérénice) : *devant que mourir.* On lit également dans *Boileau* (satire IV) : *devant son mariage*; et (*Lutrin*, ch. IV) : *éveillé devant lui.* Ces façons de parler commençaient à vieillir même du temps de *Racine* et de *Boileau*. Aujourd'hui ce serait une faute, il faudrait *avant, avant que, avant de.*—*Avant* marque l'ordre du temps; *devant*, l'ordre des places : *ils reviendront avant nous; passez devant.* — *Racine*, dans un de ses cantiques spirituels, a employé *devant* dans le sens de *auparavant* :

> Mais une ombre qui vous laisse
> Plus affamé que devant.

Cet emploi n'est pas du style noble; il appartient au langage familier :

> Il ne m'importe guère
> Que Gros-Jean soit devant ou Gros-Jean soit derrière.

La Fontaine a dit, dans *la Laitière et le Pot au lait* :

> Quelque accident fait-il que je rentre en moi-même
> Je suis Gros Jean comme devant.

—PAR-DEVANT, loc. adv. : *recevoir un coup par-devant.*—AU-DEVANT, prép. : *aller au-devant de quelqu'un*, aller à sa rencontre.—Fig. : *aller au-devant du mal*, le prévenir. — CI-DEVANT, adv., précédemment : *comme nous l'avons dit ci-devant.* — On a appelé subst. au mas. : *un ci-devant*, dans la révolution française, celui qui était noble à l'époque où elle a éclaté. — On a dit dans ce sens : *les ci-devant recollets; un ci-devant professeur.*— Prov. et fig. : *les premiers vont devant*, les plus diligents ont ordinairement l'avantage.— *Sens devant derrière*, se dit d'un objet placé de façon que ce qui devrait être *derrière* se trouve *devant* : *mettre son bonnet, sa perruque sens devant derrière.*—En t. de mar. : *être vent devant*, se dit d'un navire qui est de bout au vent, qui reçoit le vent sur ses voiles, en le prenant de *devant.*—*Être devant Dieu*, être mort.

DEVANTIER, subst. mas. (*devantié*) (du mot *devant*, parce que le tablier se met par-devant), tablier. Il est vieux et pop. On disait autrefois *devanteau*, et les Espagnols disent encore *devantal.*

DEVANTIÈRE, subst. fém. (*devantière*), sorte de long tablier ou de jupe fendue par-derrière, que porte une femme quand elle va à cheval à la manière des hommes.

DEVANTURE, subst. fém. (*devanture*), *devant* d'un siége d'aisance, d'une mangeoire d'écurie. — *Devanture de boutique*, la boiserie extérieure.— Au plur., plâtres de couverture qui se mettent *au-devant* des souches de cheminée, pour raccorder les tuiles et les ardoises.

DÉVASSALISÉ, E, part. pass. de *dévassaliser*.

DÉVASSALISER, v. act. (*dévaçalizé*), rendre libre un *vassal*. — Ce mot se trouve ne plus avoir d'emploi aujourd'hui qu'il n'y a plus de *vassaux*, du moins en France. — On a dit au pron., *se dévassaliser*. (Boiste.)

DÉVASTATEUR, subst. et adj. mas., au fém. **DÉVASTATRICE** (*dévacetateur, trice*), qui *dévaste*.

DÉVASTATION, subst. fém. (*dévacetâcion*), désolation, ruine d'un pays.

DÉVASTATRICE, subst. et adj. fém. Voy. DÉVASTATEUR.

DÉVASTÉ, E, part. pass. de *dévaster*.

DÉVASTER, v. act. (*dévaceté*) (du latin *devastare*), ruiner, désoler, saccager un pays.—SE DÉVASTER, v. pron.

DÉVELOPPABLE, adj. des deux genres (*développable*), t. de géom., susceptible d'être *développé*.

DÉVELOPPANTE, subst. et adj. fém. (*dévelopante*), t. de géom. qui se dit d'une courbe qui résulte du *développement* d'une autre courbe appelée *développée*.

DÉVELOPPÉ, E, part. pass. de *développer*.

DÉVELOPPÉE, subst. fém. (*dévelopé*), en géom., courbe par le *développement* de laquelle on peut supposer qu'une autre courbe est formée.

DÉVELOPPEMENT, subst. mas. (*dévelopeman*), l'action de *développer*; effet de cette action : *le développement du corps, de l'esprit, de l'intelligence; le développement d'une pièce d'étoffe, d'une tapisserie; le développement d'un bourgeon, d'une maladie; le développement d'un plan, d'un système, d'une doctrine, des caractères.* — Il se dit souvent au plur. d'une exposition plus ou moins détaillée, par opposition aux vues, aux considérations générales : *je n'entrerai pas dans de plus longs développements.* —En t. de peinture, on dit : *cette figure présente de beaux développements*, en parlant d'une figure dont la pose laisse voir une suite de parties qui forment une ligne étendue et d'un aspect agréable. — En géom., action par laquelle on *développe* une courbe, et on lui fait décrire une *développante*. — Dans la géom. élémentaire, figure de carton ou de papier dont les différentes parties étant pliées et rejointes composent la surface d'un solide. — Dans l'analyse, *développement d'une quantité algébrique en série*, la formation d'une série qui représente cette quantité. — *Développement de dessin*, la représentation de toutes les faces, des profils et parties du *dessin* d'un bâtiment.

DÉVELOPPER, v. act. (*dévelopé*) (du lat. *evolvere*, dévider, dérouler, déplier, précédé de la particule augmentative *de*), ôter l'*enveloppe*, défaire une chose *enveloppée* : *développer une étoffe, du drap, une tapisserie, un paquet de linge.* — Faire qu'une chose prenne de l'accroissement, son accroissement, tant au sens moral qu'au sens physique : *cet exercice est propre à développer le corps; la chaleur développe les germes des plantes; tout contribue à développer l'intelligence de cet enfant; ce général développa son corps d'armée, et chargea l'ennemi.* — Fig., 1° éclaircir, débrouiller une affaire, une question, une difficulté; 2° découvrir aux autres, expliquer le plan, le sujet d'un ouvrage : *développer un système, les caractères d'une pièce de théâtre, d'un roman.* — Dégrossir du bois et de la pierre, afin de leur donner la taille ou la disposition nécessaire pour les placer ou en faire quelque ouvrage. — Rapporter sur un plan les différentes faces d'une pierre ou les parties d'une voûte. — SE DÉVELOPPER, v. pron.

DU VERBE IRRÉGULIER DEVENIR :

Devenaient, 3e pers. plur. imparf. indic.
Devenais, précédé de *je*, 1re pers. sing. imparf. indic.
Devenais, précédé de *tu*, 2e pers. sing. imparf. indic.
Devenait, 3e pers. sing. imparf. indic.
Devenant, part. prés.
Devenez, 2e pers. plur. impér.
Devenez, précédé de *vous*, 2e pers. plur. prés. indic.
Deveniez, précédé de *vous*, 2e pers. plur. imparf. indic.

Deveniez, précédé de *que vous*, 2e pers. plur. prés. subj.

Devenions, précédé de *nous*, 1re pers. plur. imparf. indic.

Devenions, précédé de *que nous*, 1re pers. plur. prés. subj.

DEVENIR, v. neut. (*devenir*) (du lat. barbare *devenire*, employé dans la même signification par *Grégoire* de Tours, etc.); il se conjugue sur *venir*. Commencer à être ce qu'on n'était pas : *devenir savant*, *sage*, etc. — *Je ne sais ce que tout ceci deviendra*, ce qui arrivera de tout ceci. — Fam. : *une chose devient à rien*, se réduit à rien, s'évapore, etc.—Dans un sens analogue, maigrir : *cet enfant devient à rien* : — *Ne savoir que devenir*, comment vivre. — Act., *devenir quelque chose*. — On dit pour demander où est une personne, où elle est allée, où est une chose : *qu'est-elle devenue? que sont devenus vos serments?* combien vous les avez oubliés! — En parlant des projets, des intentions d'une personne : *eh bien! que devenez-vous aujourd'hui?* — En parlant d'un sentiment, d'une impression quelconque : *que devins-je à cette vue, à ce discours!*

DÉVENTÉ, E, part. pass. de *déventer*.

DÉVENTER, v. act. (*dévanté*), t. de mar., disposer les voiles de manière qu'elles ne reçoivent le *vent* ni dedans ni dessus, mais en ralingues seulement; en ôter en quelque sorte le *vent*.—*se* DÉVENTER, v. pron.

DEVENU, E, part. pass. de *devenir*.

se **DÉVERGOGNER**, v. pron. (*cedévèreguognié*) de l'italien *svergognare*, rejeter la pudeur), n'avoir point de honte, rejeter la pudeur. (*Scarron*.) —Vieux et même hors d'usage.

DÉVERGONDAGE, subst. mas. (*dévèreguondaje*), action de se *dévergonder*. — Libertinage scandaleux.—On dit fig. : *dévergondage d'esprit*, *d'imagination*.

DÉVERGONDÉ, E, adj. (*dévèreguondé*) (de la particule privat. *dé*, et du lat. *verecundia*, pudeur, retenue, réserve; qui manque de pudeur, etc. Les Espagnols disent, dans le même sens, *desverguenzado*), qui n'a point de honte, qui fait publiquement des choses indécentes et trop libres. — Ce mot est fam. On dit subst. : *c'est un dévergondé*, *une grande dévergondée*. L'*Académie* a tort, selon nous, de ne point citer d'exemple du mas.

se **DÉVERGONDER**, v. pron. (*cedévèreguondé*) (du lat. *deverecundiare*, perdre toute pudeur), perdre toute honte, toute pudeur; mener une vie libertine.

DÉVERGUÉ, E, part. pass. de *déverguer*.

DÉVERGUER, v. act. (*dévèreguié*), t. de mar., ôter les *vergues*. —*se* DÉVERGUER, v. pron.

DÉVERRA ou **DÉVERRONA**, subst. propre fém. (*dévèrera*, *rona*) (du v. *deverro*, balayer), myth., déesse du balayage. On l'honorait surtout quand on se servait de balais pour amasser en tas le blé séparé de la paille; et quand, après la naissance d'un enfant, on balayait la maison pour empêcher par là, à ce qu'on croyait, le dieu Sylvain d'y entrer, de crainte qu'il ne tourmentât la mère de l'enfant qui venait de naître.

DÉVERROUILLÉ, E, part. pass. de *déverrouiller*.

DÉVERROUILLER, v. act. (*dévèroulé*) (du vieux mot français *verrouil*, qui s'est dit long-temps pour *verrou*), ôter le *verrou*.—*se* DÉVERROUILLER, v. pron.

DEVERS, prép. de lieu (*devère*) (en lat. *deversum*, formé de *de*, et de *versum*, vers), vers. — On dit aussi, *par-devers* : *retenir des papiers par-devers soi*; *tenir le bon bout par-devers soi*. On employait autrefois *devers* pour signifier *du côté de...* :

C'est ainsi *devers* Caen que tout Normand raisonne.
(BOILEAU, *Épître III*.)

Il est allé quelque part devers Lyon. Mais il a vieilli, et l'on ne dit guère que *vers*, quoique *vers* ait un sens plus vague, plus restreint, et ne signifie pas aussi clairement que *devers*, du côté de..., dans les environs de... C'est un mot à regretter.

DÉVERS, subst. mas. (*dévère*), t. de charpentier, la gauche d'une pièce de bois : *il faut marquer le bois suivant son dévers*, suivant sa pente ou son gauchissement. Peu en usage.

• **DÉVERS**, E, adj. (*dévère*, *vérece*) du lat. *deversus*, part. pass. de *devertere*, tourner), qui n'est pas d'aplomb : *ce mur est dévers*. Peu en usage.

DÉVERSÉ, E, part. pass. de *déverser* : *du bois déversé*, qui est gauchi.

DÉVERSER, v. neut. (*dévèrecé*) (du lat. *vertere*), pencher, incliner. — *Déverser* est aussi actif : *déverser une pièce de bois*, la pencher, l'incliner. — Par un néologisme admis généralement, *déverser* se prend aujourd'hui au fig. dans le sens de jeter, répandre : *déverser le mépris*, *le ridicule*. On a dit, dans un style barbare : *déverser des hommes dans la société*. — *se* DÉVERSER, v. pron.

DÉVERSOIR, subst. mas. (*dévèreçoar*), endroit où se perd l'eau de la conduite d'un moulin, quand il y en a trop. — Digues en maçonnerie destinées à faire gonfler l'eau d'une rivière, ou d'un courant quelconque, jusqu'au-dessus d'un moulin, d'un sas d'écluse, etc.

DU VERBE IRRÉGULIER **DÉVÊTIR** :

Dévêt, 3e pers. sing. prés. indic.

Dévêtaient, 3e pers. plur. imparf. indic.

Dévêtais, précédé de *je*, 1re pers. sing. imparf. indic.

Dévêtais, précédé de *tu*, 2e pers. sing. imparf. indic.

Dévêtait, 3e pers. sing. imparf. indic.

Dévêtant, part. prés.

Dévête, précédé de *que je*, 1re pers. sing. prés. subj.

Dévête, précédé de *qu'il* ou *qu'elle*, 3e pers. sing. prés. subj.

Dévêtent, précédé de *ils* ou *elles*, 3e pers. plur. prés. indic.

Dévêtent, précédé de *qu'ils* ou *qu'elles*, 3e pers. plur. prés. subj.

Dévêtes, 2e pers. sing. prés. subj.

Dévêtez, 2e pers. plur. impér.

Dévêtez, précédé de *vous*, 2e pers. plur. prés. indic.

Dévêtiez, précédé de *vous*, 2e pers. plur. imparf. indic.

Dévêtiez, précédé de *que vous*, 2e pers. plur. prés. subj.

Dévêtions, précédé de *nous*, 1re pers. plur. imparf. indic.

Dévêtions, précédé de *que nous*, 1re pers. plur. prés. subj.

• **DÉVÊTIR**, v. act. (*dévêtir*), ôter les *vêtements*. Peu en usage. —*se* DÉVÊTIR, v. pron. Oter quelques-uns de ses *vêtements*, se dépouiller : *il est dangereux de se dévêtir trop tôt à la fin de l'hiver*. — Fig. et en style de prat., se dessaisir d'un bien, l'abandonner au donataire ou à l'acquéreur.

DU VERBE IRRÉGULIER **DÉVÊTIR** :

Dévêtira, 3e pers. sing. fut. indic.

Dévêtirai, 1re pers. sing. fut. indic.

Dévêtiraient, 3e pers. plur. prés. cond.

Dévêtirais, précédé de *je*, 1re pers. sing. prés. cond.

Dévêtirais, précédé de *tu*, 2e pers. sing. prés. cond.

Dévêtirait, 3e pers. sing. prés. cond.

Dévêtiras, 2e pers. sing. fut. indic.

Dévêtirent, 3e pers. plur. prét. déf.

Dévêtirez, 2e pers. plur. fut. indic.

Dévêtiriez, 2e pers. plur. prés. cond.

Dévêtirions, 1re pers. plur. prés. cond

Dévêtirons, 1re pers. plur. fut. indic.

Dévêtiront, 3e pers. plur. fut. indic.

Dévêtis, précédé de *je*, 1re pers. sing. prét. déf.

Dévêtis, précédé de *tu*, 2e pers. sing. prét. déf.

Dévêtisse, 1re pers. sing. imparf. subj.

DÉVÊTISSEMENT, subst. mas. (*dévêticeman*), t. de jurispr., dépouillement, démission : *dévêtissement de ses biens en faveur de ses enfants*.

DU VERBE IRRÉGULIER **DÉVÊTIR** :

Dévêtissent, 3e pers. plur. imparf. subj.

Dévêtisses, 2e pers. sing. imparf. subj.

Dévêtissiez, 2e pers. plur. imparf. subj.

Dévêtissions, 1re pers. plur. imparf. subj.

Dévêtit, précédé de *il* ou *elle*, 3e pers. sing. prét. déf.

Dévêtît, précédé de *qu'il* ou *qu'elle*, 3e pers. sing. imparf. subj.

Dévêtîtes, 2e pers. plur. prét. déf.

Dévêtons, 1re pers. plur. impér.

Dévêtons, précédé de *nous*, 1re pers. plur. prés. indic.

Dévêts, 2e pers. sing. impér.

Dévêts, précédé de *je*, 1re pers. sing. prés. indic.

Dévêts, précédé de *tu*, 2e pers. sing. prés. indic.

Dévêtu, *e*, part. pass.

DÉVIATIF, adj. mas., au fém. **DÉVIATIVE** (*déviatife*, *tive*) (du lat. *deviare*, s'écarter, s'égarer), t. de médec., qui change, qui *dévie*. — Fig., qui se détourne des bons principes.

DÉVIATION, subst. fém. (*déviâcion*) (du latin *deviare*, dévier), en phys., changement de direction qu'éprouve un corps en mouvement, lorsqu'il rencontre quelque obstacle qui le détourne de sa première route. — En astron., 1° voyez NUTATION qui a la même signification; 2° quantité dont un cercle mural ou une lunette méridienne s'écarte du véritable plan du méridien; 3° dans l'ancienne astron., le changement du déférent de l'épicycle par rapport au plan de l'écliptique, imaginé pour expliquer les changements de latitude des planètes inférieures. — En t. d'anat. : *la déviation de la colonne vertébrale*.

DÉVIDAGE, subst. mas. (*dévidaje*), action de *dévider*.

DÉVIDÉ, E, part. pass. de *dévider*.

DÉVIDER, v. act. (*dévidé*) (de *vider*, parce que le *dévidoir* se *vide* de fil à mesure que celui-ci se met en peloton. On disait autrefois *dévuider*, comme on écrivait *vuider*, du lat. barbare *devacuare*, *vacuare de*), mettre le fil ou la soie en peloton ou en écheveau. — Se dit en t. de man., d'un cheval, lorsqu'en maniant sur ses voltes, ses épaules vont plus vite que la croupe, de sorte qu'au lieu d'aller de deux pistes il n'en marque qu'une. — *se* DÉVIDER, v. pron.

DÉVIDEUR, subst. mas., au fém. **DÉVIDEUSE** (*dévideur*, *deuze*), celui, celle qui *dévide*.

DÉVIDEUSE, subst. fém. Voy. DÉVIDEUR.

DÉVIDOIR, subst. mas. (*dévidoar*), instrument propre à *dévider*. —T. d'hist. nat., sorte de coquille.— *Les chevaliers du Dévidoir*, ordre militaire, ou plutôt compagnie de gens d'armes à Naples.

DU VERBE IRRÉGULIER **DEVENIR** :

Deviendra, 3e pers. sing. fut. indic.

Deviendrai, 1re pers. sing. fut. indic.

Deviendraient, 3e pers. plur. prés. cond.

Deviendrais, précédé de *je*, 1re pers. sing. prés. cond.

Deviendrais, précédé de *tu*, 2e pers. sing. prés. cond.

Deviendrait, 3e pers. sing. prés. cond.

Deviendras, 2e pers. sing. fut. indic.

Deviendrez, 2e pers. plur. fut. indic.

Deviendriez, 2e pers. plur. prés. cond.

Deviendrions, 1re pers. plur. prés. cond.

Deviendrons, 1re pers. plur. fut. indic.

Deviendront, 3e pers. plur. fut. indic.

Devienne, précédé de *que je*, 1re pers. sing. prés. subj.

Devienne, précédé de *qu'il* ou *qu'elle*, 3e pers. sing. prés. subj.

Deviennent, précédé de *ils* ou *elles*, 3e pers. plur. prés. indic.

Deviennent, précédé de *qu'ils* ou *qu'elles*, 3e pers. plur. prés. subj.

Deviennes, 2e pers. sing. prés. subj.

Deviens, 2e pers. sing. impér.

Deviens, précédé de *je*, 1re pers. sing. prés. indic.

Deviens, précédé de *tu*, 2e pers. sing. prés. indic.

Devient, 3e pers. sing. prés. indic.

DÉVIER, v. neut. (*dévié*) (du lat. *deviare*, formé, dans la même signification, de la particule extractive *de*, hors, et de *via*, chemin, route), se détourner ou être détourné de la route qu'on avait prise. — On dit fig. : *il n'a jamais dévié des principes de la justice*, etc. — Il s'emploie quelquefois, mais rarement, comme v. pron. : *se dévier de la bonne route*.

DÉVIGO, subst. mas. (*déviguô*), t. de pharm., sorte d'emplâtre.

DEVIN, subst. mas., au fém. **DEVINERESSE** (*devein*, *vinerèce*) (du lat. *divinus*, divin, qui a été employé par *Martial*, etc., dans la même signification), celui ou celle qui *devine*; qui fait profession de découvrir les choses cachées, ou, dans un sens moins positif, de prédire les choses à venir. Dans cette dernière acception, on dit plus souvent et mieux prophète. La *divination* en effet, ainsi que le remarque l'abbé *Girard*, regarde le présent et le passé; la *prophétie* a pour objet l'avenir. — On dit prov., en parlant d'une chose bien connue : *il ne faut pas aller au devin pour en être instruit*. — Fam. : *je ne suis pas devin*, signifie qu'on ne pouvait pas soupçonner, savoir, comprendre une chose qui n'est pas expliquée. — T. d'hist. nat., espèce de serpent de la famille des boas, pour lequel les nègres de la côte de Mozambique ont beaucoup de vénération. On le nomme aussi *roi des serpents*.

DEVINÉ, E, part. pass. de *deviner*.

DEVINER, v. act. (*deviné*), prédire l'avenir. — Plus ordinairement, juger par conjecture : *il a deviné ma pensée;* et neut. : *devinez d'où je viens.* — On dit prov., d'une chose qui ne doit pas naturellement tomber dans la pensée : *je vous le donne à deviner en dix, en cent,* etc. — *Deviner une énigme, une charade, un logogriphe*, en trouver le mot. — On dit prov. et fam., d'une chose difficile à expliquer : *c'est une énigme à deviner;* d'une chose claire, évidente : *il n'y a rien là à deviner;* et de quelqu'un qui parle ou écrit avec beaucoup d'obscurité : *il faut toujours le deviner.* — *Devinez le reste, vous jugez du reste*, je n'ai pas besoin d'en dire davantage. — On dit encore fig. et prov. : *deviner les fêtes quand elles sont venues*, dire les choses, les nouvelles que tout le monde sait, qui sont publiques. — *se* DEVINER, v. pron., être *deviné*.

DEVINERESSE, subst. fém. Voy. DEVIN.

DEVINEUR, subst. mas., au fém. **DEVINEUSE** (*devineur, neuze*), celui qui, sans être un *devin*, devine aisément ce qu'on lui propose de trouver. Les deux mots ne se disent point pour *devin* ni *devineresse* : *il fait le devineur*. Cependant *La Fontaine* s'est servi de *devineuse* dans le sens de : qui fait métier, profession de *deviner* :

Chez la *devineuse* on couroit.

Le même auteur a dit également et dans le même sens : *devine :*

Mot, *devine!* on se moque.

Mais *devine* n'est nullement en usage.

DU VERBE IRRÉGULIER **DEVENIR** :

Devînmes, 1re pers. plur. prét. déf.
Devinrent, 3e pers. plur. prét. déf.
Devins, précédé de *je*, 1re pers. sing. prét. déf.
Devins, précédé de *tu*, 2e pers. sing. prét. déf.
Devinsse, 1re pers. sing. imparf. subj.
Devinssent, 3e pers. plur. imparf. subj.
Devinsses, 2e pers. sing. imparf. subj.
Devinssiez, 2e pers. plur. imparf. subj.
Devinssions, 1re pers. plur. imparf. subj.
Devint, précédé de *il* ou *elle*, 3e pers. sing. prét. déf.
Devînt, précédé de *qu'il* ou *qu'elle*, 3e pers. sing. imparf. subj.
Devîntes, 2e pers. plur. prét. déf.

DÉVIRÉ, E, part. pass. de *dévirer*.

DÉVIRER, v. neut. (*déviré*), t. de mar., détourner un cabestan ou un guindeau pour donner du mou dans la tournevire.

DÉVIRGINISÉ, E, part. pass. de *dévirginiser*.

DÉVIRGINISER, v. act. (*dévirjinizé*), ôter la *virginité*. (*Boiste*.) — Mot. inus., mais dont on pourrait se servir, car il est fort décent.

DÉVIRILISER, v. act. (*dévirilizé*), châtrer. (*Boiste*.)—Mot inusité; cependant il ne nous semble pas inutile. On pourrait dire *déviriliser* en parlant des hommes, et *châtrer* en parlant des animaux.—*se* DÉVIRILISER, v. pron.

DEVIS, subst. mas. (*devi*), état détaillé des ouvrages qu'il faut faire pour bâtir une maison, etc., de ce qu'il doit en coûter. — Autrefois, propos, discours, entretien familier : *de joyeux devis égayaient la veillée et l'abrégeaient.* On doit regretter que ce mot ait vieilli. Il s'emploie encore souvent en poésie.

DÉVISAGÉ, E, part. pass. de *dévisager*.

DÉVISAGER, v. act. (*dévizajé*), défigurer le *visage* en égratignant. — Au fig. : *dévisager quelqu'un*, l'examiner attentivement, le fixer avec affectation.—*L'Académie* ne fait pas mention de cette acception, qui à la vérité est du style familier, mais fort en usage. — *se* DÉVISAGER, v. pron.

DEVISE, subst. fém. (*devize*) (du lat. barbare *divisa*, employé avec cette acception dans les temps de la basse latinité, et fait de *dividere*, diviser, partager, parce que les *devises* qui faisaient partie des *livrées* servaient à séparer, à distinguer les familles, etc. On a dit aussi dans le même sens *devisamentum*), figure accompagnée de paroles, exprimant d'une manière allégorique et courte quelque pensée, quelque sentiment, etc. Cette figure s'appelle le *corps*, et les paroles l'*âme* de la *devise*. — *Devise* se dit en général des chiffres, des rébus, des sentences de peu de mots, et des proverbes, qui, par figure ou par allusion avec les noms des personnes ou des familles, en font connaître la noblesse ou les qualités. La *devise* en ce sens est d'un usage bien plus ancien que le blason, et c'est d'elle que les armoiries ont pris leur origine. Ainsi l'aigle a été appelée la *devise* de l'Empire. Le S. P. Q. R. était la *devise* du peuple romain, qui est encore ce qu'on appelle aujourd'hui l'écu de la ville de Rome. Les premières *devises* ont été de simples lettres semées sur les bords des cottes d'armes, sur les housses et dans les bannières. Ainsi le K a été la *devise* de nos rois nommés Charles, depuis Charles V jusqu'à Charles IX. Il y a eu aussi des *devises* par rébus, équivoques, ou allusions tant aux noms qu'aux armes. Messieurs de Guise ont pris des A dans des O, pour signifier : *chacun à son tour;* la maison de Sénecey: *in virtute et honore senesce;* Morlaix : *s'il te mord, mords-le*. Il y en a eu d'autres énigmatiques, ou à demi mot, comme celle de la Toison d'or : *autre n'aurai ;* pour dire que Philippe-le-Bon, qui institua cet ordre, renonçait à toute autre femme qu'à Isabelle de Portugal, qu'il épousait alors. Les *devises* contiennent quelquefois des proverbes entiers, comme celle de César de Borgia : *aut Cæsar, aut nihil*. On met les *devises* des armes dans des rouleaux ou listons tout autour des armoiries, ou bien en cimier, et quelquefois aux côtés et au-dessous ; et celles des ordres sur les colliers. Ces sortes de *devises* sont héréditaires dans les familles de ceux qui les ont prises. — La *devise* diffère de l'*emblème* en ce qu'elle n'admet guère la forme humaine. La *devise* des maréchaux de France est : *fais ce que dois, advienne que pourra.* — *Diversité, c'est ma devise*.

DEVISÉ, E, part. pass. de *deviser*.

DEVISER, v. neut. (*devizé*), s'entretenir familièrement. Il est vieux, mais on l'emploie encore volontiers, surtout en poésie.

DÉVISSÉ, E, part. pass. de *dévisser*.

DÉVISSER, v. act. (*dévicé*), défaire, ôter les *vis* qui servent à retenir, à fixer une chose : *cet outil sert à dévisser. Il faut dévisser la serrure.* — Retirer, séparer une chose d'une autre à laquelle elle s'adapte à vis : *dévisser le bouchon d'argent d'un flacon de crystal.* — *se* DÉVISSER, v. pron.

DÉVOIEMENT. (Nous ferons remarquer que l'*Académie*, qui indique presque toujours une double orthographe à ces formes de mots, ne donne que *dévoiement* pour celui-ci.) Subst. mas. (*dévoéman*) (de la prép. lat. *de*, de, hors, et du subst. *via*, chemin, route, voie ; *écart de la direction, de la manière d'être ordinaire*), en médec., flux ou cours de ventre. — En archit., inclinaison d'un tuyau de cheminée, ou de la descente d'une chausse d'aisance, etc.

DÉVOILÉ, E, part. pass. de *dévoiler*.

DÉVOILEMENT, subst. mas. (*dévoèleman*), action de *dévoiler*. Il ne se dit qu'au fig. : *le dévoilement des mystères*.

DÉVOILER, v. act. (*dévoèlé*), ôter le *voile*, en parlant des personnes. — Oter le *voile* ou toute autre chose qui cachait un objet : *dévoiler un tableau, une statue.* — Au fig., découvrir et mettre en évidence ce qui était caché : *dévoiler un secret, une intrigue, un mystère.* — *se* DÉVOILER, v. pron.

DEVOIR, subst. mas. (*devoir*) (du lat. *debere*, devoir), ce à quoi on est obligé par la loi, l'honnêteté, la bienséance, etc. : *s'acquitter de son devoir ; satisfaire, manquer à son devoir ; remplir, oublier, négliger, trahir son devoir ; les devoirs de son état, de l'amitié, de la bienséance; c'est votre devoir ; c'est pour moi un devoir indispensable, un devoir sacré ; des droits et des devoirs de l'homme ; on fait rarement bien ce que l'on fait seulement par devoir ; qui trouve du plaisir à son devoir, à ses devoirs, est heureux ; les devoirs d'un père de famille, d'un citoyen, d'un sujet, d'un magistrat, d'un roi.* — *Être à son devoir*, signifie être à son poste.— On dit : *être dans son devoir, se mettre dans son devoir*, pour : se tenir dans l'état où l'on doit être devant les personnes à qui on veut témoigner du respect. — *Rentrer dans le devoir, dans son devoir*, revenir à l'obéissance, à la subordination dont on s'était écarté. C'est dans ce sens que l'on dit : *ramener quelqu'un au devoir, à son devoir, le retenir dans son devoir ;* et dans un sens analogue : *ranger quelqu'un à son devoir*, l'obliger à faire ce qu'il doit ; *se ranger à son devoir*, faire ce qu'on doit. — On dit par menace : *je lui apprendrai son devoir*, je le rangerai à son *devoir*. — *Rendre des devoirs; rendre ses devoirs*, faire sa cour, rendre visite à... — *Se mettre en devoir de...*, se disposer à faire quelque chose. — En t. de collège, le thème, la version, etc., que le professeur donne à sa classe : *cet écolier n'a point apporté son devoir.* — *Derniers devoirs*, honneurs funèbres, cérémonies qu'on fait aux enterrements. — *Devoir pascal*, la communion que chaque chrétien doit faire tous les ans à sa paroisse, dans le temps pascal. — Au plur., t. de comm., nom donné dans l'ancienne prévôté de Nantes aux droits qui s'y percevaient pour le roi, et aux octrois accordés à la ville sur certaines marchandises. — En t. de féodalité, *devoirs seigneuriaux; satisfaire aux devoirs seigneuriaux*, à ce qui était dû par le vassal à son seigneur. — DEVOIR, OBLIGATION. (*Syn.*) *Devoir* diffère d'*obligation*, en ce qu'il dit quelque chose de plus fort pour la conscience ; il tient de la loi : la vertu nous engage à nous en acquitter. L'*obligation* dit quelque chose de plus absolu pour la pratique ; elle tient de l'usage : le monde ou la bienséance exige que nous la remplissions.

DEVOIR, v. act. (*devoar*) (en lat. *debere*), être engagé à payer, à rendre, à donner quelque chose, soit en argent, soit en denrées, etc. : *il doit plus qu'il n'a vaillant; je dois encore une forte somme.* — On l'emploie aussi absolument et comme verbe neutre : *devoir par obligation ; devoir par contrat de constitution.* « *Mais si tu dois et que tu ne paies pas?... Alors monsieur voit bien que c'est comme si je ne devais pas.* » (Beaumarchais.) — Être obligé à quelque chose par la loi, l'honnêteté, la bienséance, etc. : *devoir du respect, de la reconnaissance.* — Avoir obligation à..., être redevable à..., tenir de : *c'est à vous que je dois ce que je suis ; Marseille doit sa fondation à une colonie de Phocéens ; je lui dois tous nos maux.* — Être dans l'obligation de... : *un homme doit tenir sa parole.* — Il se dit aussi : 1° pour marquer, ou qu'il y a une espèce de justice, de raison, qu'une chose soit : *un bon ouvrier doit être préféré à un mauvais ;* ou qu'il y a une espèce d'apparence qu'une chose est ou qu'elle sera : *il doit faire froid à votre campagne ; il doit pleuvoir aujourd'hui;* 2° pour marquer qu'une chose arrivera infailliblement : *nous devons tous mourir;* 3° de l'intention qu'on a de faire une chose : *je dois demain aller à la chasse ;* 4° pour marquer simplement le futur d'un autre verbe : *il doit arriver* (il arrivera) *demain.* — Prov. : *qui doit a tort*, la loi est contre le débiteur. — *Qui a terme ne doit rien*, tant que le terme prescrit pour un paiement n'est pas arrivé, on est comme si on ne devait rien. — *Devoir plus qu'on n'est gros ; devoir à Dieu et au diable, à Dieu et au monde ; devoir au tiers et au quart ; devoir de tous côtés*, sont des locutions proverbiales qui signifient *devoir* beaucoup, avoir beaucoup de dettes. — On dit aussi : *qui nous doit nous demande*, ceux qui ont tort sont souvent les premiers à se plaindre. — Fig. et fam. : *il croit toujours qu'on lui en doit de reste*, il n'est jamais content de ce qu'on fait pour lui. — *Dût*, 3e pers. sing. imparf. subj. du verbe *devoir*, s'emploie dans le sens de *quand même...*, *devrait; Racine* a dit :

Dût tout cet appareil retomber sur ma tête.
(*Iphigénie*, acte III, scène 5.)

DÉVOLE, subst. fém. (*dévole*), t. de jeu de cartes, qui se dit, lorsqu'après avoir fait jouer, on ne fait pas une main. Il est opposé à *vole*.

DÉVOLER, v. neut. (*dévolé*), t. de jeu, être en *dévole*.

DÉVOLU ou **DÉVOLUT**, subst. mas. (*dévolu*), provision qu'on obtient du saint-siége pour avoir le bénéfice qu'un autre possède, parce qu'il y a incapacité, incompatibilité, défaut de titre, etc. : *prendre, obtenir un dévolu; jeter un dévolu*, faire signifier la provision obtenue.— Fig. : *jeter son dévolu*, avoir des prétentions.

DÉVOLU, E, adj. (*dévolu*) (en lat. *devolutus*), qui est acquis par droit de *dévolution*, par droit seigneurial et féodal. — On dit par extension, en t. de palais : *procès dévolu à tel tribunal*.

DÉVOLUTAIRE, subst. mas. (*dévolutère*), celui qui avait obtenu un *dévolu* sur un bénéfice.

DÉVOLUTIF, adj. mas., au fém. **DÉVOLUTIVE** (*dévolutife, tive*), t. de prat., qui fait qu'une chose est transportée d'une personne à une autre. — *Appel dévolutif*, celui qui donne la connaissance d'une affaire à un juge supérieur.

DÉVOLUTION, subst. fém. (*dévolucion*), acquisition d'un droit *dévolu*.

DÉVOLUTIVE, adj. fém. Voy. DÉVOLUTIF.

DÉVORANT, E, adj. (*dévoran, rante*) (en latin *devorans*, part. pass. de *devorare*, dévorer), qui *dévore* : *lion dévorant.* — Se dit, en t. de blason, des poissons qui ont la gueule béante, comme pour *dévorer*. — On dit fig. : *estomac, appétit dévorant; flammes dévorantes*, etc.

DÉVORATEUR, subst. mas., au fém. **DÉVORATRICE** (*dévorateur, trice*) (en lat. *devorator*), celui, celle qui *dévore*. Il se dit que dans le style fam. : *dévorateur de livres* ou *dévoreur de livres*. — Adj. : *flamme dévoratrice*. Voy. DÉVOREUR.

DÉVORATRICE, subst. et adj. fém. Voy. DÉVORATEUR.

DÉVORÉ, E, part. pass. de *dévorer*.

DÉVORER, v. act. (*dévoré*) (en latin *devorare*), se dit, au propre, des bêtes féroces qui déchirent leur proie avec les dents ; et, par extension, des crocodiles et des brochets. — Fig., 1° manger goulument et avidement. En ce sens il est neut. : *cet homme dévore;* 2° en parlant de la faim, tourmenter : *la faim le dévore;* 3° consumer : *l'ennui, le chagrin, l'ambition le dévorent;* 4° détruire : *le temps, le feu dévorent tout*. — Au fig. : *dévorer un livre*, le lire avec empressement. — *Dévorer les livres*, lire beaucoup et vite. — *Dévorer une personne des yeux*, les tenir fixement attachés sur elle. — *Dévorer les difficultés*, les surmonter avec courage. — *Dévorer un affront*, en cacher le ressentiment. — *Dévorer ses larmes*, les retenir. — SE DÉVORER, v. pron.

DÉVOREUR, subst. mas., au fém. **DÉVOREUSE**, (*dévoreur, reuze*), mots forgés et triviaux qui ne peuvent servir que dans la conversation. Voy. DÉVORATEUR.

DÉVOREUSE, subst. fém. Voy. DÉVOREUR.

DÉVOT, E, adj. et subst. (*dévô, vote*), (du latin *devotus*, qui signifie proprement *dévoué*), qui a de la piété, de la *dévotion*. Employé subst. et sans épithète, il s'entend en mauvaise part. — Qui excite à la *dévotion* : *chant dévot*.

DÉVOTEMENT, adv. (*dévoteman*), avec *dévotion*.

DÉVOTIEUSE, adj. fém. Voy. DÉVOTIEUX.

DÉVOTIEUSEMENT, adv. (*dévocieuzeman*), *dévotement*. Il est vieux.

DÉVOTIEUX, adj. mas., au fém. **DÉVOTIEUSE** (*dévocieu, cieuze*), *dévot*. Il est vieux.

DÉVOTION, subst. fém. (*dévôcion*) (en latin *devotio*, fait, dans les mêmes acceptions, de *devovere*, dévouer), piété envers Dieu, la sainte Vierge et les saints. — Attachement aux pratiques d'une religion ou d'un culte quelconque. — *Pratiques de dévotion*, actions pieuses dont on se fait un devoir de s'acquitter régulièrement. — *Fête de dévotion, jeûne de dévotion*, fête, jeûne, qu'on observe par pure *dévotion*, et que l'Église n'a point commandés. — *Livres de dévotion*, livres qui contiennent des prières et d'autres choses relatives à la *dévotion*. — *Tableau de dévotion*, qui contient un sujet de *dévotion*. — *Faire ses dévotions*, communier. — *L'offrande est à dévotion*, est à volonté. — Dévouement, disposition à faire la volonté de quelqu'un. En ce sens il ne se dit que dans ces phrases adv. : *être à la dévotion de...*, *à ma dévotion*.

DÉVOUÉ, E, part. pass. de *dévouer*, et adj. : *être entièrement dévoué à quelqu'un*, être prêt à suivre ses volontés en toute chose. — On dit quelquefois subst. : *c'est un dévoué*, pour dire : un homme zélé. — *Être dévoué à quelqu'un* est une expression que l'on n'emploie le plus souvent que par politesse, et dans laquelle le verbe *dévouer* n'est pas pris dans sa signification rigoureuse. — *Être, se dire le dévoué serviteur de quelqu'un*, est une formule de politesse qui se met à la fin des lettres adressées à des égaux ou même à des inférieurs. On dit encore simplement : *votre dévoué, votre tout dévoué, votre très-dévoué*, à une personne avec laquelle on est familier.

DÉVOUEMENT (l'*Académie*, qui écrit DÉNOÛMENT, en avertissant que quelques-uns écrivent aussi DÉNOUEMENT, dit à l'article DÉVOUEMENT qu'on prononce et que plusieurs écrivent DÉVOÛMENT. Il faudrait pourtant bien qu'elle se montrât conséquente avec elle-même.), subst. mas. (*dévouman*), abandonnement entier aux volontés d'un autre. On le dit aussi, par politesse, à la fin d'une lettre, etc.

DÉVOUER, v. act. (*dévoué*) (en lat. *devovere*, fait de *votum*, vœu), dédier, consacrer, donner sans réserve. Il se dit encore dans le sens de sacrifier. — SE DÉVOUER, v. pron., se consacrer entièrement : *c'est en me dévouant pour venger l'innocence que je veux finir ma carrière*. (Voltaire.)

DÉVOULOIR, v. act. (*dévouloar*), cesser de vouloir. Inus.

DÉVOYÉ, E, part. pass. de *dévoyer*, et adj. : *tuyau dévoyé*, celui qui se détourne de la ligne droite. — L'*Académie*, qui se trompe souvent elle-même, nous dit que *dévoyé* s'emploie quelquefois au substantif, et qu'alors il se dit de ceux qui ne sont pas dans la voie du salut : *ramener les dévoyés*. Ce subst. paraît réellement avoir été en usage, mais bien certainement il ne l'est plus, et c'est ce dont l'*Académie* aurait dû nous avertir.

DÉVOYER, v. act. (*dévoé-ié*) (de la particule extractive *dé*, et du subst. *voie*, en latin *via*, *détourner de la voie*), détourner du chemin. Il vieillit. — Détourner un tuyau, une conduite d'eau de sa direction. — Incliner, poser hors d'aplomb un tuyau de cheminée, une chausse d'aisance, etc. — En t. de médec., déranger l'estomac. — SE DÉVOYER, v. pron.

DEW, subst. propre mas. (*deu*), le mauvais génie, selon les Perses et les Guèbres.

DEXAMINE, subst. fém. (*dèkçamine*), t. d'hist. nat., espèce de crustacé de l'ordre des isopodes.

DEXTÉRITÉ, subst. fém. (*dèkcetérité*) (en latin *dexteritas*, formé du grec δεξιτερός, ou δεξιός, droit, qui est du côté droit; parce qu'on travaille avec plus d'adresse de la main droite que de la gauche), adresse des mains; ou fig., de l'esprit. — DEXTÉRITÉ, ADRESSE, HABILETÉ. (*Syn.*) La *dextérité* a plus de rapport à la manière d'exécuter les choses; l'*adresse*, aux moyens de l'exécution; et l'*habileté*, au discernement des choses mêmes. La première met en usage ce que la seconde dicte suivant le plan de la troisième.

DEXTRE, subst. fém. (*dèkcetre*) (en latin *dextera*, fait du grec δεξιτερά, main droite), la main droite. Il est vieux et bon seulement pour le style marotique.

DEXTRE, adj. des deux genres (*dèkcetre*), t. de blason : *le côté dextre*, le côté droit.

DEXTREMENT, adv. (*dèkcetreman*), avec *dextérité*. Il est de peu d'usage et jamais hors du style fam.

DEXTRIBORD, subst. mas. (*dèkcetribor*), t. de mar., côté droit d'un vaisseau; on l'appelle plus communément *stribord*. Voy. ce mot.

DEXTROCHÈRE, subst. mas. (*dèkcetrochère*) t. de blas., se dit du bras droit qui est peint dans un écu avec la main.

DEY, subst. mas. (*dé*), prince souverain du royaume d'Alger, sous la protection du grand-seigneur. Il est élu par la milice, doit être Turc de naissance, et avoir fait le voyage de la Mecque.

DEYEUXIE, subst. fém. (*déieukci*), t. de bot., genre de plantes établi pour placer quelques espèces d'avoines.

DEZ-À-COUDRE, subst. mas. (*dézakoudre*), t. de bot., sorte d'agaric qui croît ordinairement au pied des arbres.

DGIRITE, subst. fém. (*djirite*), sorte de jeu en usage dans la Bosnie, et que l'on exécute à cheval avec un bâton, en guise de lance ou javelot.

DIA, interj. (*dia*), t. de charretier, pour faire aller un cheval à gauche. — Prov. : *n'entendre ni à dia ni à huhau*, n'entendre point raison.

DIA, subst. propre fém. (*dia*), myth., déesse qu'on croyait être la même qu'Hébé.

DIABACANU, subst. mas. (*diabakanu*), nom d'un remède que l'on employait autrefois contre les maladies du foie.

DIABÈTE, subst. mas. (*diabète*) (du grec διαβαίνω, je passe à travers), verre, etc., traversé d'un siphon recourbé dont la branche la plus courte s'ouvre près du fond du verre, et la plus longue passe à travers le pied. La liqueur qu'on y verse s'écoule en entier dès qu'elle a atteint le haut de la courbure du siphon, et ne s'écoule qu'alors.

DIABÉTÈS, subst. mas. (*diabétèce*) (en grec διαβήτης, formé de διαβαίνω, je passe à travers), t. de médec., sécrétion abondante et émission fréquente et involontaire d'une urine sucrée et miellée. — On nomme *diabétès faux* ou *insipides* les flux abondants d'urine sans existence de matière sucrée.

DIABÉTIQUE, adj. des deux genres (*diabétike*) celui, celle qui a le *diabétès*. — Qui a rapport au *diabétès* : *urine diabétique*.

DIABLE, subst. mas. (*diâble*) (en lat. *diabolus*, fait du grec διάβολος, délateur, accusateur, calomniateur, dérivé de διαβάλλω, j'accuse, je médis, je calomnie), un des anges rebelles que Dieu chassa du paradis et précipita dans les enfers; démon : avec ces différences 1° que le mot de diable renferme dans son idée quelque chose de laid et d'horrible que n'a pas celui de *démon*; 2° que celui-ci est plus noble et de tous les styles, au lieu que l'autre n'est que du style familier. — Au fig., méchant, déterminé. — Espèce de calèche coupée, dont l'impériale est assez élevée pour qu'on puisse y tenir commodément debout. — Voiture pour transporter les pièces de bois, composée de deux roues tournant aux extrémités d'un essieu au milieu duquel est assemblé un timon. — Jouet d'enfant qu'on fait tourner avec deux baguettes. — *Diable de mer*, Voy. BAUDROIE, qui est la même chose. — *Diables cartésiens* ou *de Descartes*, t. de phys., petits plongeons de verre qui, renfermés dans un vase plein d'eau, descendent au fond, remontent à la surface, et font tous les mouvements qu'on veut leur imprimer au moyen d'un globule de verre qu'ils ont sur la tête, lequel est rempli d'air que l'on comprime plus ou moins. — Prov. : *faire le diable contre quelqu'un*, faire du pis qu'on peut. — *Dire le diable de quelqu'un*, en parler fort mal. — *Il ne faut pas se donner au diable pour faire cela*, cela est facile. — *Tirer le diable par la queue*, avoir de la peine à vivre. — *Faire l'aumône au diable*, à plus riche que soi. — *Avoir le diable au corps*, être très-actif, très-tourmenté. — *Donner quelqu'un au diable, envoyer quelqu'un à tous les cinq cents diables*, maudire, rebuter quelqu'un. — *Faire le diable à quatre*, s'emporter, faire du vacarme, par allusion aux *diableries* représentées anciennement sur le théâtre français avec les *mystères*, etc. Celles qu'on appelait *grandes diableries* étaient jouées par *quatre diables* qui faisaient un vacarme épouvantable, poussaient des hurlements, jetaient des feux par la bouche, etc. — *C'est un bon diable*, un bon garçon; *un méchant diable*, un homme très-méchant; *un pauvre diable*, un homme malheureux, pauvre, misérable. — *Ne craindre ni Dieu ni diable*, être un impie, un libertin endurci. — *Cela est allé à tous les diables*, on ne sait ce que cela est devenu. — *Il n'est pas si diable qu'il est noir*, aussi méchant qu'il le paraît. — On dit en désapprouvant : *que diable avez-vous fait, avez-vous dit? A quoi diable s'amuse-t-il?* etc. — *Le diable bat sa femme*, il pleut et le soleil luit, phrase empruntée des païens, qui disaient dans les mêmes circonstances que *Jupiter* se battait avec *Junon*, 1° parce que *Junon* chez eux était souvent prise pour l'air, et que *Jupiter* était aussi le dieu de l'air et de la pluie; 2° parce que rien n'est si commun dans *Homère* que les querelles de ces deux époux célestes. Toutes ces expressions sont du style familier. — *En diable*, expression adv., fort, extrêmement : *frapper en diable*. On dit dans le même sens : *il l'a battu comme le diable; il ment comme tous les diables*. — *A la* DIABLE, loc. adv., mal, fort mal : *voilà un livre fait à la diable*.

DIABLEMENT, adv. (*diâbleman*), excessivement : *cela est diablement chaud*. Il est fam.

DIABLERIE, subst. fém. (*diâbleri*), sortilége, maléfice. — Fig. et fam., mauvais effet dont on ignore la cause. — Au plur., prétendues possessions, sorcelleries : *les diableries de Loudun*. — Pièces dramatiques représentées anciennement sur le théâtre français, et où les *diables* jouaient le principal rôle.

DIABLESSE, subst. fém. (*diablèce*); il se dit ou par injure d'une méchante femme : *c'est une diablesse*; ou par esprit de compassion : *pauvre diablesse, bonne diablesse*.

DIABLEZOT (*diablezò*), sorte d'exclamation, suivant l'*Académie*, du langage familier : *vous pensez qu'on doive vous croire, diablezot!* c'est-à-dire : je ne suis point assez sot pour cela; *vous conseillez de faire cela, diablezot!* c'est-à-dire : je ne suis point assez sot pour le faire. On ne comprend guère que l'*Académie* ait tenu à conserver dans toutes ses éditions un mot aussi ridiculement formé, lequel du reste est complétement inusité.

DIABLOTIN, subst. mas. (*diabloteìn*), petit *diable*. — Petite figure de *diable*. — Dans les indigoteries, petit bassin creusé dans le fond du vaisseau qu'on nomme le *reposoir* ou le *bassinot*. — En t. de mar., la voile d'étai du perroquet de fougue. — Au plur., petites tablettes de chocolat couvertes de dragées de nompareilles. — T. d'hist. nat., oiseaux de Saint-Domingue et de la Guadeloupe.

DIABOLIQUE, adj. des deux genres (*diabolike*), qui est du *diable*, qui vient du *diable*. — Fig. et plus ordinairement, extrêmement méchant.

DIABOLIQUEMENT, adv. (*diabolikeman*), d'une manière *diabolique*.

DIABOTANUM, subst. mas. (*diabotanome*) (du grec διὰ, avec, et βοτάνη, herbe), t. de pharm., emplâtre dans lequel il entre beaucoup d'herbes.

DIABROSE, subst. fém. (*diabrôze*) (du grec διάβρωσις, formé de διὰ, à travers, et βρώσκω, je ronge), t. de médec., érosion produite par les humeurs âcres et caustiques.

DIABROTIQUE, adj. des deux genres (*diabrotike*), t. de médec., qui cause la *diabrose*, qui a rapport à la *diabrose*.

DIACADMIAS, subst. mas. (*diakademiâce*), t. de pharm., sorte d'emplâtre dont la *cadmie* est la base.

DIACALAMINTHE, subst. mas. (*diakalameinte*), t. de pharm., nom d'un ancien antidote dont le *calament* était la principale base.

DIACALCITÉOS, subst. mas. (*diakalcitéoce*), t. de pharm., emplâtre composé de calcite et d'huile, pour les cancers.

DIACANTHE, subst. mas. (*diakante*) (du grec δις, deux fois, et ακανθα, épine), t. d'hist. nat., espèce de poisson de mer qui a deux aiguillons ou épines.

DIACARCINON, subst. mas. (*diakarcinon*) (du grec δια, de, et de καρκινος, écrevisse, t. de pharm., antidote d'*écrevisse* contre la morsure des chiens enragés.

DIACARTHAME, subst. mas. (*diakartame*) (du grec δια, et de καθαρμος, carthame), t. de pharm., électuaire purgatif dans la composition duquel entre la semence de *carthame*.

DIACASSIS, subst. mas. (*diakacecice*), t. de pharm., électuaire laxatif, dont la *casse* forme la base.

DIACATHOLICON, subst. mas. (*diakatolikon*), t. de pharm., électuaire purgatif composé de substances du *catholicon*.

DIACAUSIE, subst. fém. (*diakôzi*) (du grec διακαυσις, brûlure, chaleur brûlante), t. de médec., échauffement, chaleur excessive.

DIACAUSTIQUE, subst. fém. (*diakôcetike*) (du grec δια, à travers, et καυστικος, caustique), t. d'optique et de géométrie, caustique par réfraction; à la différence des caustiques par réflexion, appelés *catacaustiques*. — On dit aussi adjectivement : *courbe diacaustique*.

DIACENTROS, subst. mas. (*diaceintroce*), t. d'astron., se dit du diamètre le plus court de l'orbite d'une planète.

DIACHALASIS, subst. fém. (*diakalazice*) (du grec διαχαλασις, relâchement, ouverture, fait de διαχαλαω, je relâche, j'ouvre), t. de chir., solution de continuité dans les sutures du crâne; séparation des os qui le forment.

DIACHELIDONIUM, subst. mas. (*diakélidoniome*) (du grec δια, de, et χελιδων, hirondelle), t. de pharm., sorte de médicament composé d'*hirondelles* brûlées, de safran et de lavande.

DIACHYLON, subst. mas. (*diachilon*) (du grec δια, de, et χυλος, suc), t. de pharm., emplâtre composé de mucilages ou de sucs visqueux de certaines plantes.

DIACHYSME, subst. mas. (*diachiceme*), t. de mus., intervalle d'un demi-ton. Inus.

DIACHORÈME, sub. m.; **DIACHORÈSE**, sub. fém. (*diakorème*, *rèze*) (du grec διαχωρημα, et διαχωρησις, évacuation, sécrétion), t. de médec., mots par lesquels on désigne toute espèce de maladies d'excrétion.

DIACHRISTA, subst. mas. (*diakriceta*), t. de pharm., sorte de médicament détersif qu'on appliquait au voile du palais.

DIACHRYSU, subst. mas. (*diakrizu*), t. de pharm., nom d'un ancien emplâtre propre à consolider les fractures.

DIACHYSE, subst. fém., (*diachize*), de médec. Voyez LIQUÉFACTION, CHYLIFICATION.

DIACIMINON ou **DIACYMINON**, subst. mas. (*diaciminon*), t. de pharm., emplâtre fait ordinairement avec du cumin.

DIACO, subst. mas. (*diakô*) (du grec διακονος, ministre, serviteur), chapelain de l'ordre de Malte.

DIACODE, subst. mas. (*diakode*) (du grec δια, de, et κωδια, tête de pavot), t. de pharm., sirop composé de têtes de pavots blancs.

DIACOLOCYNTHIDOS, subst. mas. (*diakolo-ceintidoce*) (du grec δια, de, et κολοκυνθις, coloquinte), t. de pharm., électuaire purgatif dont la *coloquinte* est la base.

DIACOMMATIQUE, adj. des deux genres (*diakomatike*), nom donné à un quatrième genre de musique, qui résulte de certaines transitions harmoniques pendant lesquelles la même note, restant en apparence sur le même degré, monte ou descend d'un *comma*, en passant d'un accord à l'autre.

DIACONAL, E, adj. (*diakonal*), qui appartient à l'ordre ou office de *diacre*. — Au plur. mas. *diaconaux*.

DIACONAT, subst. mas. (*diakona*) (du grec διακονια, office, ministère, fait de διακονειν, servir), le second des ordres sacrés.

DIACONE, subst. mas. (*diakone*), sorte de pierre à aiguiser. — T. de pharm., emplâtre préparé avec la pierre à aiguiser.

DIACONESSE, subst. fém. (*diakonèce*) (du grec διακονος, ministre), nom qu'on donnait dans la primitive Église à des veuves et à des filles destinées à certains ministères. Autrefois on disait aussi *diaconisse*.

DIACONICON, subst. mas. (*diakonikon*), sacristie. Vieux.

DIACONIE, subst. fém. (*diakoni*), nom de quelques chapelles et oratoires qui étaient gouvernés par des *diacres*. C'est aussi le nom de quelques autres bénéfices.

DIACONIQUE, subst. mas. (*diakonike*), t. d'hist. ecclés., lieu près des églises où l'on serrait les vases et les ornements sacrés pour le service divin.

DIACONISÉ, E, part. pass. de *diaconiser*.

DIACONISER, v. act. (*diakonizé*), faire *diacre*. — *se* DIACONISER, v. pron., prendre le titre de *diacre*.

DIACOPE ou **DIACOPÈE**, subst. fém. (*diakopé*) (du grec δια, à travers, et κοπτω, je coupe), t. de chir., fracture profonde du crâne, faite par un instrument tranchant.

DIACOPRÉGIE, subst. fém. (*diakopréji*) (du grec δια, de, et κοπρος, excrément), t. de pharm., emplâtre de fiente de chèvre contre les glandes. Peu usité.

DIACORONOPODIUM, subst. mas. (*diakoronopodiome*), t. de pharm., sorte d'ancien antidote dont le *coronopus* faisait la base.

DIACORUM, subst. mas. (*diakorome*), t. de pharm., sorte de remède céphalique dont le *calamus aromaticus* est la principale base.

DIACOUSTIQUE, subst. fém. (*diakoucetike*) (du grec δια, par, à travers, et ακουω, j'entends), partie de l'*acoustique* qui considère les propriétés des sons réfractés, selon qu'ils passent d'un fluide plus épais dans un plus subtil, ou d'un plus subtil dans un plus dense.

DIACRANIENNE, adj. fém. (*diakraniène*), t. d'anat., se dit de la mâchoire inférieure qui tient au *crâne*.

DIACRE, subst. mas. (*diakre*) (du grec διακονος, ministre, serviteur, fait de διακονεω, je sers, lequel est composé de δια, et de κονεω, je me hâte, je prête mon ministère, parce que la fonction du *diacre* est de servir le prêtre à l'autel), ecclésiastique promu au *diaconat*.

DIACROCIE, subst. fém. (*diakroci*) (du grec δια, et de κροκος, safran), t. de pharm., collyre dans lequel on a mélangé du safran.

DIACTOROS, subst. propre mas. (*diaktoroce*) (mot grec qui veut dire messager), myth., surnom de Mercure.

DIACUCURMA, subst. mas. (*diakukurema*), t. de pharm., nom ancien des médicaments dans lesquels entrait le *cucurma*.

DIACULUM, subst. mas. (*diakulome*), t. de pharm., drogue. Inus.

DIACYDONITE, adj. des deux genres (*diacidonite*) (du grec δια, de, et κυδωνιον, coing), se dit, en médecine, des remèdes où il entre du *coing*.

DIACYDONIUM, subst. mas. (*diacidoniome*), t. de pharm., électuaire purgatif dont le rob de *coings* est la base. Voy. DIACYDONITE.

DIADAPHNIDON, subst. mas. (*diadafeuidon*) (du grec δια, de, et δαφνη, laurier), t. de pharm., autrefois emplâtre suppuratif dont les baies de *laurier* étaient la principale base.

DIADELPHE, adj. des deux genres (*diadèlfe*), t. de bot.: *étamines diadelphes*, réunies en deux corps par leurs filaments. Voy. DIADELPHIE.

DIADELPHIE, subst. fém. (*diadèlfi*) (du grec δις, deux fois, ou δυω, deux, et αδελφος, frère), t. de bot., la dix-septième classe du système sexuel de Linnée, qui renferme les plantes dont les fleurs ont leurs étamines réunies en deux corps par leurs filets.

DIADELPHIQUE, adj. des deux genres (*diadèlfike*), se dit, en botanique, des fleurs comprises dans la classe appelée *diadelphie*.

DIADÈME, subst. mas. (*diadème*) (en grec διαδημα, fait de διαδεω, j'entoure, parce que le *diadème* entoure la tête), sorte de bandeau qui était la marque de la royauté chez les anciens : *ceindre le diadème*. — On le dit, en poésie, pour *royauté*.

DIADÉMÉ, E, adj. (*diadémé*), se dit, dans le blason, de l'aigle qui a un petit cercle sur la tête. — *Tête diadémée*, tête ceinte d'un *diadème* sur une médaille, sur une monnaie.

DIADÈNE, subst. fém. (*diadène*), t. de bot., espèce de plante de la famille des algues.

DIADEXIE, subst. fém. (*diadèkci*) (du grec διαδεξις, tradition, succession), t. de médecine, transport de la matière morbifique, d'une partie dans une autre partie.

DIADOCHE, subst. fém. (*diadoche*), t. de médec. Voy. DIADEXIE.

DIADOCHUS, subst. mas. (*diadokuce*), myth., sorte de pierre d'une couleur pâle et semblable au béryl, à qui l'on attribuait la propriété de faire paraître les démons.

DIADOSE, subst. fém. (*diadoze*) (du grec διαδοσις, transmission, distribution), t. de médec., distribution de la matière nutritive dans le corps; la nutrition. — Rémission ou cessation de la maladie.

DIAGLAUCIUM, subst. mas. (*diaguelôciome*), t. de pharm., sorte de collyre pour les yeux, dont le suc de *glaucium* est la principale base.

DIAGNOSE, subst. fém. (*diaguenôze*) (du grec διαγνωσις, connaissance), t. de médec., connaissance qui s'acquiert par l'observation des signes *diagnostiques*. Il est peu usité.

DIAGNOSTIQUE, subst. mas. et adj. des deux genres (*diaguenocetike*) (du grec διαγινωσκω, je connais, je juge), t. de médec., se dit des signes, des symptômes qui indiquent la nature et les causes des maladies. — Subst. fém., l'art d'en connaître les symptômes. — Quelques-uns écrivent avec raison le substantif mas. *diagnostic*.

DIAGNOSTIQUÉ, E, part. pass. de *diagnostiquer*.

DIAGNOSTIQUER, v. act. (*diaguenocetiké*), t. de médec., connaître, étudier la nature, le siège, ou le symptôme des maladies.

DIAGOMÈTRE, subst. mas. (*diaguomètre*) (du grec διαγινωσκω, je connais, et μετρον, mesure), t. de phys., instrument qui sert à mesurer les plus petites électricités.

DIAGOMÉTRIE, subst. fém. (*diaguométri*), art, science du *diagomètre*.

DIAGOMÉTRIQUE, adj. des deux genres (*diaguométrike*), qui concerne le *diagomètre*.

DIAGONAL, E, adj. des deux genres (*diaguonale*), qui appartient à la *diagonale*. — Au plur. mas. *diagonaux*.

DIAGONALE, subst. fém. (*diaguonale*) (du grec δια, à travers, et γωνια, angle; *ligne qui traverse une figure en passant par les angles*), t. de mathématiques, ligne tirée d'un angle à l'angle opposé, dans une figure rectiligne et quadrilatère, en passant par le centre.

DIAGONALEMENT, adv. (*diaguonaleman*), d'une manière *diagonale*.

DIAGONAUX, adj. mas. plur. Voy. DIAGONAL.

DIAGRAMME, subst. mas. (*diaguerame*) (en grec διαγραμμα, formé de δια, de, et de γραμμα, ligne, dérivé de γραφω, je trace), t. de géom., figure ou construction de lignes servant à démontrer une proposition. — En latin, on dit fréquemment *diagramma*; en français on se sert simplement du mot *figure*. — Nom qu'on donnait dans la musique ancienne à ce que dans la moderne on appelle *échelle*, *gamme* ou *système*.

DIAGRAMMISME, subst. mas. (*diagueramiceme*), jeu de dames chez les anciens Grecs.

DIAGRAPHE, subst. mas. (*diaguerafe*) (Voy. DIAGRAMME pour l'étym.), instrument pour suivre des contours et transporter sur le papier la représentation d'un objet, sans connaissance du dessin et de la perspective.

DIAGRAPHIE, subst. fém. (*diaguerafi*), art, science, connaissance du *diagraphe*.

DIAGRAPHIQUE, adj. des deux genres (*diaguerafike*), qui a rapport au *diagraphe*.

DIAGRÈDE, subst. mas. (*diaguerède*) (du grec δακρυδιον, petite larme), t. de pharm., préparation de la scammonée avec du coing ou du soufre.

DIAHERMODACTYLE, subst. mas. (*dia-èremodaktile*), t. de pharm., ancienne préparation dont les *hermodactes* forment la principale base.

DIAHEXAPLE, subst. mas. (*dia-ékzaple*), t. de médec. vétér., breuvage composé de six ingrédients, que l'on donne aux chevaux.

DIAION, subst. mas. (*dia-ion*) (du grec δια, de, et ιον, violette), t. de pharm., pastille ou trochisque dont la *violette* faisait la base.

DIAIRE, adj. des deux genres (*dière*) (en latin *diarius*, fait de *dies*, jour), t. de médec. : *fièvre diaire*, qui ne dure qu'*un jour*. On la nomme plus communément *éphémère*.

DIAIRÉOS, subst. mas. (*diaie-réoce*) (du grec δια, de, et ιρις, iris), t. de pharm., sorte d'ancien antidote dans la composition duquel entrait une partie d'*iris*.

DIALACCA, subst. mas. (*dialaka*), t. de pharm., sorte d'ancien antidote dont la *laque* faisait la principale base.

DIALAGOON, subst. mas. (*dialaguo-on*) (du grec διαι, de, et λαγως, lièvre), t. de pharm., médicament composé dans lequel entrait la fiente du lièvre.

DIALBIRE, subst. mas. (*dialbire*), t. d'hist. nat., sorte d'oiseau que l'on a placé parmi les merles.

DIALECTE, subst. mas. (*dialèkte*) (en grec διαλεκτος, formé de δις, qui exprime division, séparation, et du verbe λεγω, je parle), idiome; langage particulier d'un pays, d'une ville, etc., dérivé, mais différent, de la langue générale de la nation.

DIALECTICIEN, subst. mas.; au fém. **DIALECTICIENNE** (*dialèkticicin, ciène*), celui, celle qui sait ou enseigne la *dialectique*.

DIALECTIQUE, subst. fém. (*dialèktike*) (en grec διαλεκτικη, fait de διαλεγειν, discerner au moyen de, et διαλεγομαι, discourir, converser, dont la racine est λεγω, je parle; parce que la *dialectique* était originairement l'art de discerner le vrai d'avec le faux, par le moyen du *dialogue*), logique; partie de la philosophie qui enseigne les règles du raisonnement.

DIALECTIQUEMENT, adv. (*dialèktikeman*), en *dialecticien*.

DIALÉIPYRE, subst. fém. (*dialé-ipire* (du grec δια, qui marque diversion, λειπω, je laisse, et πυρ, feu), t. de médec., nom que l'on donne quelquefois à la fièvre intermittente.

DIALÈLE, subst. mas. (*dialèle*) (du grec δια, qui marque diversion, séparation, et αλληλως, mutuellement), argument des sceptiques ou des pyrrhoniens contre les dogmatiques.

DIALEPSIE, subst. fém. (*dialèpci*) (du grec διαληψις, séparation), t. de chir., interstice, ou intervalle qu'on laisse dans les tours d'un bandage.

DIALI, subst. mas. (*diali*), t. de bot., sorte d'arbre des Indes.

DIALIBANON, subst. mas. (*dialibanon*) (du grec δια, de, et λιβανος, encens), t. de pharm., ancien médicament dont l'*encens* formait la principale base.

DIALIES, subst. fém. plur. (*diali*) (du grec Διος, gén. de Ζευς, Jupiter), myth., sacrifices que faisait chez les anciens Romains un prêtre de *Jupiter*, appelé *flamen dialis*.

DIALIS FLAMEN, subst. mas. (*diâlice flamèn*) (mots latins qui veulent dire prêtre de Jupiter), myth., ses prérogatives étaient très-grandes. Il avait la chaise curule, et il était ordinairement précédé d'un licteur. C'était toujours dans sa maison qu'on apportait le feu pour les sacrifices. Il ne devait faire aucun serment. Il ne montait jamais à cheval, et sa manière de vivre devait représenter la simplicité des premiers temps. Il avait le droit, en certaines occasions, d'ôter les chaînes à ceux qui en étaient liés, et d'empêcher qu'on ne battît de verges ceux qu'on conduisait à ce supplice, lorsqu'il se trouvait sur leur passage. Voy. FLAMINES.

DIALLAGE, subst. fém. (*dialaje*) (en grec διαλλαγη, différence), t. d'hist. nat., pierre lamelleuse, ainsi nommée par *M. Haüy*, à cause de la *différence* qu'on observe dans ses joints naturels.

DIALOÈS, subst. mas. (*dialo-èce*), t. de pharm., sorte de médicament dans la composition duquel entrait l'*aloès*.

DIALOGALISÉ, E, part. pass. de *dialogaliser*.

DIALOGALISER, v. act. (*dialogualizé*), *dialoguer*, faire des *dialogues*. (*Boiste*.) Inus.

DIALOGIQUE, adj. des deux genres (*dialojike*), qui a la forme du *dialogue*.

DIALOGIQUEMENT, adv. (*dialojikeman*), selon la forme du *dialogue*.

DIALOGISÉ, E, part. pass. de *dialogiser*.

DIALOGISER, v. act. (*dialojizé*), faire des *dialogues*. (*Boiste*.) Il est inusité.

DIALOGISME, subst. mas. (*dialojiceme*), l'art du *dialogue*.

DIALOGISTE, subst. des deux genres (*dialojicete*), celui, celle qui fait un *dialogue*.

DIALOGUE, subst. mas. (*dialogue*) (en grec διαλογος, formé de διαλεγομαι, converser, s'entretenir, lequel a pour racines δια, entre, et λεγω, je parle), entretien de deux ou de plusieurs personnes. Il est familier. — Il se prend plus particulièrement pour un entretien par écrit: *les Dialogues de Lucien*. — En musique, composition à deux parties qui se répondent l'une à l'autre. Il se dit surtout relativement à l'orgue.

DIALOGUÉ, E, part. pass. de *dialoguer*.

DIALOGUER, v. act. (*dialoguié*) (en grec διαλεγομαι, converser, s'entretenir), faire parler entre eux plusieurs personnages. On ne l'emploie qu'au passif: *cette scène est bien dialoguée, le dialogue* y est juste, naturel, etc. — *se* DIALOGUER, v. pron.

DIALOGUEUR, subst. mas.; au fém. **DIALOGUEUSE** (*dialoguieur, guieuze*), verbeux, qui *dialogue*.

DIALTHÉE, subst. fém. (*dialté*) (du grec δια, de, et αλθαια, guimauve, dérivé de αλθεω, je guéris, à cause de ses vertus en médecine), t. de médec., sorte d'onguent composé surtout du mucilage de la *guimauve*.

DIAMANT, subst mas. (*diaman*) (en grec αδαμας, diamant, formé de α privatif et de δαμαω, je romps), pierre précieuse, la plus pesante et la plus diaphane de toutes: *chaîne de diamants*. Les chimistes modernes, en comparant les effets du charbon à ceux du *diamant*, et les produits que ces deux corps laissent après la combustion, ont conjecturé avec beaucoup de probabilité que le *diamant*, mis au premier rang parmi les pierres précieuses, n'est que du carbone pur. — Outil de vitrier pour couper le verre. — *Diamant rosette* ou *rose*, *diamant* taillé à facettes par-dessus et plat par-dessous. — *Diamant brillant*, ou simplement *brillant*, qui est taillé à facettes par-dessus et par-dessous. — T. de mar., *diamant de l'ancre*; la jonction des deux bras de l'ancre avec sa vergue, qui fait un angle au milieu. — Myth. Voy. RICHESSE, PHAÉTON.

DIAMANTAIRE, subst. mas. (*diamantère*), ouvrier qui taille les *diamants* et qui en fait trafic. Voy. LAPIDAIRE.

DIAMANTÉ, E, part. pass. de *diamanter*.

DIAMANTER, v. act. (*diamanté*), couvrir de *diamants*.—*se* DIAMANTER, v. pron. Il est inusité.

DIAMARGARITON, subst. mas. (*diamarguariton*) (du grec δια, de, et μαργαριτης, perle), t. de pharm., médicament dont les *perles* formaient la principale base.

DIAMARMATUM, subst. mas. (*diamarmatome*), t. de pharm., confection liquide de cerises aigres, de sucre et un aromate.

DIAMASTIGOSE, subst. fém. (*diamacetiguôze*) (du grec διαμαστιγοω, je fouette jusqu'au sang), myth., fête qu'on célébrait à Lacédémone en l'honneur de Diane, surnommée *Orthia*. La principale cérémonie de cette fête était de mettre de jeunes enfants sur l'autel de la déesse, et de les battre si rudement de verges, que souvent ils y perdaient la vie.

DIAMÉLON, subst. mas. (*diamélon*) (du grec δια, de, et μηλον, pomme), t. de pharm., ancien médicament dont les *pommes* faisaient la base.

DIAMÉTRAL, E, adj. (*diamétral*), qui appartient au *diamètre*: *ligne diamétrale*.—Girault-Duvivier dit que le subst. de cet adj., ne s'employant qu'avec *ligne*, n'a pas de plur. mas. Si par hasard il se trouvait accolé à un subst. plur. mas., il ne faudrait pas hésiter, selon nous, à dire et à écrire *diamétraux*.

DIAMÉTRALÉ, E, part. pass. de *diamétraler*.

DIAMÉTRALEMENT, adv. (*diamétraleman*): *diamétralement opposé*, directement opposé.

DIAMÉTRALER, v. neut. (*diamétralé*), correspondre *diamétralement*. (*Boiste*.) Inus.

DIAMÈTRE, subst. mas. (*diamètre*) (en grec διαμετρος, fait de δια, à travers, et de μετρον, mesure; *qui mesure le cercle par le milieu*), ligne droite qui, passant par le centre du cercle et se terminant de chaque côté à sa circonférence, le divise en deux parties égales.—*Diamètre d'une section conique*, ligne droite qui coupe en deux parties égales toutes les ordonnées; lorsqu'elle les coupe à angles droits, on l'appelle *axe de la courbe* ou *de la section*. — *Diamètre traversé d'une hyperbole*, ligne droite qui, prolongée de part et d'autre, coupe en deux parties égales toutes les lignes droites déterminées à chacune des hyperboles et parallèles entre elles. — *Diamètre conjugué*, ligne droite qui coupe en deux parties les lignes tirées parallèlement au diamètre transverse. — *Diamètre absolu*, celui qui dans une courbe divise les ordonnées en deux également: tels sont ceux des sections coniques. — *Diamètre d'une sphère*, diamètre du demi-cercle dont la révolution a engendré la sphère. On l'appelle aussi *axe de la sphère*. — *Diamètre de gravité*, ligne droite qui passe par le centre de gravité. — *Diamètre de rotation*, ligne autour de laquelle on suppose que se fait la rotation d'un corps. — T. d'astron., *diamètre apparent d'une planète*, l'angle sous lequel il nous paraît, exprimé en minutes et en secondes. Il s'observe et se termine avec le *micromètre*. Le *diamètre* réel s'évalue en kilomètres, etc. — *Diamètre des apsides*, dans l'ancienne astronomie, partie de la ligne des *apsides* terminée par la circonférence de l'épicycle.

DIAMORUM, subst. mas. (*diamorome*) (du grec δια, de, et μορον, mûre), sirop de mûres.

DIAMOSCHU, subst. mas. (*diamoceku*), t. de pharm., nom ancien d'un antidote dont le *musc* faisait la base.

DIANACARDION, subst. mas. (*dianakardion*), t. de pharm., ancien médicament dont l'*anacarde* faisait la base.

DIANCHORA, subst. fém. (*diankora*), t. d'hist. nat., coquille fossile.

DIANDRE ou **DIANDRIQUE**, adj. des deux genres (*diandre, andrike*), t. de bot., se dit des fleurs ou plantes qui ont deux étamines.

DIANDRIE, subst. fém. (*diandri*) (du grec δις, deux fois, ou δυω, deux, et ανδρος, gén. de ανηρ mari ou mâle), t. de bot., la seconde classe du système sexuel de *Linnée*. Elle renferme les plantes dont les fleurs hermaphrodites ont deux étamines.

DIANDRIQUE, adj. des deux genres (*diandrike*). Voyez DIANDRE.

DIANE, subst. propre fém. (*diane*) (en lat. *Diana*), myth., déesse de la chasse, fille de Jupiter et de Latone, et sœur d'Apollon. On l'appelait Hécate dans les enfers, la Lune ou Phœbé au ciel, et Diane sur la terre. Elle avait encore d'autres noms, suivant les lieux où on l'honorait particulièrement. On la regardait comme la déesse de la chasteté. Elle avait tant de pudeur, qu'elle métamorphosa Actéon en cerf, pour l'avoir regardée lorsqu'elle était au bain. Elle avait à sa suite une troupe de nymphes, et n'en souffrait point qui ne fussent aussi chastes qu'elle; car elle chassa de sa compagnie Calisto, qui s'était laissé séduire par Jupiter. On dit cependant qu'elle aima le berger Endymion, et qu'elle quittait souvent le ciel pendant la nuit pour le visiter. Quoi qu'il en soit, si elle n'était pas plus sage que les autres déesses, elle faisait du moins semblant de l'être. Elle était presque toujours à la chasse, et n'habitait que les bois, suivie d'une meute de chiens. Les satyres, les dryades, etc., célébraient des fêtes en son honneur. On la représentait quelquefois sur un char traîné par des biches, armée d'un arc et d'un carquois rempli de flèches, et ayant sur sa tête un croissant. Cette déesse avait à Éphèse le temple le plus magnifique qui fût dans le monde. La biche lui était consacrée. Voy. HÉCATE. — Subst. fém., batterie de tambour qui se fait au point du jour: *battre la Diane*. Dans cette seconde acception, il vient de l'espagnol *diana*, fait dans la même signification, de *dia*, jour, dérivé du lat. *dies*. — T. de chimie, *arbre de Diane*. Voy. au mot ARBRE.

DIANÉE, subst. fém. (*diané*), t. de bot., genre de plantes de la famille des asperges; la reine des bois.

DIANIUM, subst. propre mas. (*dianiome*), myth., lieu de Rome consacré à *Diane*, où était sa statue.

DIANTHÈRE, subst. fém. (*dianière*), t. de bot., genre de plantes voisines des carnantines.

DIANTHUM, subst. mas. (*diantome*) (du grec Διος, gén. de Ζευς, Jupiter, et ανθος, fleur), t. de pharm., ancien antidote composé de diverses substances aromatiques.

DIANTRE, subst. mas. (*diantre*), mot très-familier, dont on se sert au lieu de *diable*: *au diantre soit le fou!* — Sorte d'exclamation: *diantre! que dites-vous là?*

DIANUCUM, subst. mas. (*dianukome*), t. de pharm., rob composé de suc de *noix* vertes et de miel cuit.

DIAOLIBAN, subst. mas. (*dia-oliban*), t. de pharm., poudre excitante dont l'*oliban* est la base.

DIAOPORON, subst. mas. (*dia-oporon*) (du grec δια, de, et οπωρα, fruits d'automne), t. de pharm., sorte de médicament composé avec différents fruits d'automne.

DIAPALMA ou **DIAPALME**, subst. mas. (*diapalma*) (du grec δια, de, et du latin *palma*, palmier), t. de pharm., emplâtre dessiccatif, composé d'huile commune, de graisse de porc et de litharge d'or préparée, qu'on fait cuire dans une décoction de feuilles de *palmier*.

DIAPASIS, subst. fém. (*diapazice*), t. de bot., genre de plantes de la famille des campanulacées.

DIAPASME, subst. mas. (*diapaceme*) (en grec διαπασμα, fait de διαπασσω, je répands), poudre odorante avec laquelle les anciens se parfumaient le corps.—Par extension, toute sorte de parfums employés au même usage.

DIAPASON, subst. mas. (*diapazon*) (du grec δια, par, et πασων, gén. plur. de πας, tout; *qui passe par tous les tons*), t. de mus., chez les anciens Grecs, la connaissance de l'octave. — Aujourd'hui, étendue des sons qu'une voix ou un instrument peut parcourir depuis le ton le plus bas jusqu'au plus haut. Quand une voix se force dans le haut ou dans le bas, on dit qu'elle sort de son *diapason*. — En t. de facteur d'instruments, tables où sont marquées les mesures de ces instruments et de leurs diverses parties. — Instrument d'acier composé de deux branches qui vibrent à l'unisson, et servent à donner le ton dans les orchestres. Il a remplacé depuis quarante á cinquante ans, dans cet emploi, le sifflet appelé *ton* ou *choriste*. — Chez les fondeurs, échelle campanaire pour connaître la grandeur, l'épaisseur et le poids d'une cloche, etc.

DIAPÉDÈSE, subst. mas. (*diapédèze*) (en grec διαπηδησις, fait de δια, à travers, et πηδαω, sauter, saillir), t. de médec., éruption du sang par les pores des vaisseaux.

DIAPENSIE, subst. fém. (*diapanci*), t. de bot., petite plante vivace de la famille des polémonacées.

DIAPENTÉ, subst. mas. (*diapanté*), dans l'ancienne musique, c'était l'intervalle que nous appelons *quinte*, et qui est la seconde des consonnances. Vieux.

DIAPENTÉ, E, part. pass. de *diapenter*.

DIAPENTER, v. act. (*diapanté*), dans l'ancienne musique, procéder par quintes. On dit aujourd'hui *quinter*. Voy. ce mot.

DIAPENZE, subst. fém. (*diapanze*), t. de bot., plante de Laponie.

DIAPÉRALE, subst. fém. (*diapérale*), t. d'hist. nat., famille d'insectes de l'ordre des coléoptères.

DIAPÈRE, subst. mas. (*diapère*), t. d'hist. nat., genre d'insectes de l'ordre des coléoptères.

DIAPEUTE, barbarisme de *Raymond*. Voyez DIAPENTÉ.

DIAPHANE, adj. des deux genres (*diafane*) (en grec διαφανης, fait de δια, à travers, et φαινω, je brille : *objet au travers duquel la lumière brille*), transparent. Il ne se dit guère que dans le sens propre.

DIAPHANÉITÉ, subst. fém. (*diafané-ité*) (en grec διαφανεια), transparence, qualité de ce qui est *diaphane* ou transparent.

DIAPHANOMÈTRE, subst. mas. (*diafanomètre*) (du grec διαφανεια, *diaphanéité*, et μετρον, mesure), instrument pour *mesurer la diaphanéité* ou transparence de l'air.

DIAPHANOMÉTRIE, subst. fém. (*diafanométri*), art de mesurer la *diaphanéité*.

DIAPHANOMÉTRIQUE, adj. des deux genres (*diafanométrike*), qui a rapport à la *diaphanométrie*.

DIAPHŒNIX, subst. mas. (*diafénikce*) (du grec δια, de, et φοινιξ, palmier, datte) t. de pharm., électuaire purgatif dont la *datte* fait la base.

DIAPHONIE, subst. fém. (*diafoni*) (en grec διαφωνια, formé de δια, qui marque diversion, séparation, et de φωνη, son; *séparation* ou *différence des sons*), t. de musique, nom donné par les anciens Grecs aux intervalles qu'ils appelaient dissonnants, parce que les deux sons qui les composent font trop sentir leur dissemblance. — *Gui d'Arezzo* a donné aussi le nom de *diaphonie* au discant, à cause des deux parties qu'on y distingue.

DIAPHORE, subst. fém. (*diafore*), t. de bot., genre de plantes de la famille des graminées.

DIAPHORÈSE, subst. fém. (*diaforèze*) (en grec διαφορησις, fait de δια, à travers, et de φερω, je porte), t. de médec., évacuation par les pores de la peau, au moyen de la transpiration.

DIAPHORÉTIQUE, adj. des deux genres (*diaforétike*), il se dit des médicaments qui poussent les humeurs par la transpiration.—Subst. mas. : *un diaphorétique*. Voy. DIAPHORÈSE.

DIAPHOSE, subst. fém. (*diafôze*), t. de médec., évacuation par les pores.

DIAPHRAGMATIQUE, adj. des deux genres (*diafraguematike*), qui appartient, qui a rapport au *diaphragme*.

DIAPHRAGMATOCÈLE, subst. fém. (*diafraguematocèle*) (du grec διαφραγμα, diaphragme, et κηλη, tumeur), t. de chir., descente ou hernie du *diaphragme*.

DIAPHRAGME, subst. mas. (*diafragueme*) (en grec διαφραγμα, entre-deux, séparation, division, formé de δια, entre, et de φρασσω, je ferme, j'enclos), t. d'anat., muscle nerveux qui sépare la poitrine d'avec le bas-ventre.—Cartilage au milieu du nez, qui sépare les deux narines.—En optique, anneau de métal ou de carton qu'on place au foyer commun de deux verres de lunettes, ou à quelque distance de ce foyer, pour intercepter les rayons trop éloignés de l'axe et qui pourraient rendre confuses les images sur les bords. — En bot., cloison transversale qui partage une silique ou autre fruit capsulaire.

DIAPHRAGMITE, subst. fém. (*diafraguemite*) (du grec διαφραγμα, diaphragme), t. de médec., inflammation du *diaphragme*.

DIAPHTHORA, subst. fém. (*diafetora*) (du grec διαφθειρω, je corromps), t. de médec., corruption des aliments dans l'estomac. — Corruption du fœtus dans le sein de sa mère.

DIAPHYSIS, subst. fém. (*diafizice*) (en grec διαφυσις, fait de δια, entre, et φυω, je nais, je crois), interstice, division, séparation entre deux choses.

DIAPIE, subst. fém. (*diapi*). Voy. PRESBYTIE.

DIAPNOÏQUE, adj. des deux genres) (*diapenoike*) (du grec διαπνεω, je transpire, fait de δια, à travers, et πνεω, je respire), t. de médec. : *remèdes diapnoïques*, qui font transpirer. — Subst. mas. : *un diapnoïque*.

DIAPNOTIQUE, adj. des deux genres (*diapenotike*) (du grec δια, par, et τονος, ton), t. de mus., qui procède par les sons naturels de la gamme.

DIAPRÉ, E, part. pass. de *diaprer*, et adj. (du latin barbare *diasprum*, qui, selon *Du Cange*, était une pièce d'étoffe précieuse et en broderie. *Ménage* le dérive de l'ital. *diaspro*, jaspe, fait du lat. *iasper* pour *iaspis* ou *jaspis*, qui a la même signification), varié de plusieurs couleurs. — Se dit, en t. de blas., de diverses broderies figurées sur le champ de l'écu ou sur une pièce honorable.

DIAPRÉE, subst. fém. (*diapré*), espèce de prune violette.

DIAPRER, v. act. (*diapré*), rendre *diapré*. — *se* DIAPRER, v. pron.

DIAPRIE, subst. fém. (*diapri*), t. d'hist. nat., genre d'insectes de l'ordre des hyménoptères.

DIAPRUN, subst. mas. (*diapreun*) (du grec δια, de, et du latin *prunum*, prune), électuaire dont les *prunes* sont la base.

DIAPRURE, subst. fém. (*diaprure*), variété de couleurs. Vieux. Voy. DIAPRÉ.

DIAPSIE, subst. fém. (*diapeci*), t. de bot., espèce de plante qui croît dans les Indes.

DIAPTOSE, subst. fém. (*diapetôze*), t. de mus.; dans le plain-chant, intercidence ou petite chute dans laquelle on marque la finale deux fois, en séparant la répétition par une note plus basse d'un degré.

DIAPYÉTIQUE, adj. (*diapi-étike*) (du grec δια, et πυον, pus), t. de médec., se dit des médicaments qui provoquent la suppuration. — Il est aussi subst. mas. : *un diapyétique*.

DIAROMATICUM, subst. mas. (*diaromatikome*), t. de pharm., sorte de médicament composé avec des *aromates*.

DIARRHÉE, subst. fém. (*diâré*) (du grec διαρροια, formé de δια, à travers, et de ρεω, je coule), t. de médec., fréquente évacuation par les selles de matières stercoreuses, aqueuses, muqueuses, plus ou moins âcres.

DIARRHÉIQUE, adj. des deux genres (*diâréike*), qui tient à la *diarrhée*, qui occasionne la *diarrhée*.

DIARRHODOMÉLI, subst. mas. (*diârodoméli*) (du grec δια, de, ροδον, rose, et μελι, miel), t. de pharm., médicament composé de suc de *roses*, de poivre, d'agaric et de *miel*.

DIARRHODON, subst. mas. (*diârodon*) du grec δια, et de ροδον, rose), t. de pharm., nom de diverses compositions médicales où entrent des *roses* rouges.

DIARRHOÏDE, adj. des deux genres (*diâro-ide*), qui cause la *diarrhée*.

DIARTHRODIAL, E, adj. (*diartrodiale*), qui a rapport à la *diarthrose : articulation diarthrodiale*.—Au plur. mas., *diarthrodiaux*.

DIARTHROSE, subst. fém. (*diartrôze*) (du grec δια, entre, et αρθρον, membre, jointure; *articulation d'os séparés les uns des autres*), t. d'anat., articulation qui permet des mouvements en tous sens.

DIASCORDIUM, subst. mas. (*diacekordiome*) (du grec δια, de, et σκορδιον, scordium), t. de pharm., opiat dans la composition duquel il entre du *scordium*.

DIASÉBESTE, subst. mas. (*diaçébècete*), t. de pharm., électuaire purgatif dont la base est le fruit du *sébestier*.

DIASÈNE, subst. mas. (*diacène*), t. de pharm., sorte d'électuaire dont le *séné* forme la base.

DIASÉRICOS, subst. mas. (*diacérikoce*), t. de pharm., ancien médicament dont la soie était un des ingrédients.

DIASIES, subst. fém. plur. (*diazi*) (du grec Διος, gén. de Ζευς, Jupiter; et ατη ou αση, calamité, infortune), myth., fêtes d'Athènes en l'honneur de Jupiter-*Mélichus*, c'est-à-dire *propice*.

DIASOSTIQUE, subst. fém. (*diazocetike*) (du grec διασωζω, je conserve), la partie de la médecine qui regarde la conservation de la santé. — Adj. des deux genres.

DIASPHENDONÈSE, subst. fém. (*diacefeindonèze*) (du grec δια, et σφενδονη, sorte d'anneau), écartement, supplice qui consistait à attacher un des pieds ou une des mains du patient à une branche d'arbre très-forte, et l'autre pied ou l'autre main à une seconde branche que l'on rapprochait par force de la première; de sorte que quand on lâchait ces deux branches, elles déchiraient le corps du supplicié.

DIASPHYXIE, subst. fém. (*diacefikci*) (du grec δια, et σφυξις, palpitation), t. de médec., pulsation d'une artère.

DIASPORAMÈTRE, subst. mas. (*diaceporamètre*) (du grec διασπορα, dispersion, fait de διασπειρω, je disperse, et de μετρον, mesure), instrument propre à mesurer l'aberration de réfrangibilité de la lumière.

DIASPORAMÉTRIQUE, adj. des deux genres (*diaceporamètrike*), qui a rapport au *diasporamètre*.

DIASPORE, subst. mas. (*diacepore*) (du grec διασπειρω, je disperse), t. d'hist. nat., espèce de pierre qui, exposée à la flamme d'une bougie, pétille et se dissipe en plusieurs parties.

DIASPRE, subst. mas. (*diacepre*), nom vulgaire du jaspe.

DIASTASE, subst. fém. (*diacetâze*) (en grec διστασις, fait de διιστημι, séparer), t. d'anat., espèce de luxation ou écartement d'os.—Dilatation des muscles dans les convulsions.

DIASTÉATON, subst. mas. (*diaceté-aton*) (du grec δια, de, et στεατος, gén. de στεαρ, graisse), t. de pharm., sorte d'onguent composé de la *graisse* de divers animaux.

DIASTÈME, subst. mas. (*diacetème*), t. de mus., intervalle. Hors d'usage.

DIASTOLE, subst. fém. (*diacetole*) (du grec διαστολη, dilatation, fait de διαστελλω, je sépare, j'ouvre, qui a pour racine δια, à travers, et στελλω, j'envoie), t. d'anat., mouvement naturel et ordinaire du cœur lorsqu'il se dilate.

DIASTOLIQUE, adj. des deux genres (*diacetolike*), qui a rapport à la *diastole*. Peu usité.

DIASTREMME, subst. mas. (*diacetrème*), t. de chim., torsion d'un membre, entorse, luxation.

DIASTROPHIE, subst. fém. (*diacetrofi*) du grec διαστροφη, perversion, distorsion), t. de chir., nom donné à toute espèce de luxation, et à tout déplacement de muscles, tendon, nerf, etc.

DIASTYLE, subst. mas. (*diacetile*) (en grec διαστυλος, formé de δια, entre, et de στυλος, colonne), t. d'archit., édifice dont les colonnes sont éloignées l'une de l'autre de trois fois leur diamètre.

DIASYRME, subst. fém. (*diacirme*), ironie, raillerie humiliante.

DIATARTARI, subst. mas. (*diatartari*), t. de pharm., poudre purgative dont la crême de *tartre* était la base.

DIATELLE, subst. fém. (*diatèle*), t. de log., se dit de l'action de démontrer une chose mise en question par une seconde proposition.

DIATESSARON, subst. mas. (*diateçaron*) (du grec δια, de, et τεσσαρης, quatre), t. de mus., intervalle composé de deux tons majeurs et d'un demi-ton aussi majeur. C'était, dans la musique des Grecs, ce que dans la nôtre on appelle *quarte*. — En t. de pharm., sorte de médicament composé de quatre ingrédients.

DIATESSARONNÉ, E, part. pass. de *diatessaronner*.

DIATESSARONNER, v. act. (*diatèceçaroné*), t. de mus., procéder par quartes. Peu usité.

DIATETTIGON, subst. mas. (*diatètetiguon*) (du grec διά, de, et τεττιξ, cigale), t. de pharm., ancien médicament dans la composition duquel il entrait des *cigales*.

DIATHÉCOLITU, subst. mas. (*diatékolitu*), t. de pharm., ancien médicament dont la pierre de Judée faisait la base. Hors d'usage.

DIATHÈSE, subst. fém. (*diatèze*) (du grec διάθεσις, affection ou disposition, formé de διατίθημι, je dispose, je constitue), t. de médec., affection naturelle ou non naturelle de l'homme; disposition à être affecté de telle ou telle maladie.

DIATOME, subst. mas. (*diatôme*), t. de bot. arbre des Indes.

DIATONE, adj. des deux genres (*diatone*) (du grec διά, par, et τονος, ton), t. de mus., se dit de deux tons qui se suivent. Peu en usage.

DIATONIQUE, adj. des deux genres (*diatonike*) t. de mus., qui procède par les tons naturels de la gamme : *chant, genre diatonique.* — *Diatonique enharmonique*, nom donné par *J.-J. Rousseau* à un chant composé de demi-tons majeurs, dont deux de suite forment un ton majeur trop fort d'un intervalle *enharmonique*. Dans cette espèce de chant, la basse fondamentale descend de quarte, et monte de tierce-majeure.

DIATONIQUEMENT, adv. (*diatonikeman*), dans le genre *diatonique*.

DIATRAGACANTHE, subst. mas. (*diatraguakante*), t. de pharm., électuaire dont le principal ingrédient est la gomme d'adragant.

DIATRIBE, subst. fém. (*diatribe*) (en grec διατριβή, en latin *diatriba*, académie, assemblée de savants, dissertation; formé de διατρίβω, je m'exerce, je m'adonne à...), dissertation critique sur un ouvrage d'esprit.—Dans un sens plus injurieux et plus usité, critique amère et violente.

DIATRIBÉ, E, part. pass. de *diatriber*.

DIATRIBER, v. act. (*diatribé*), écrire, lancer des *diatribes*. — *se* DIATRIBER, v. pron.

DIATRITON, subst. mas. (*diatriton*) (du grec διά, de, et τριτός, troisième), t. de médec., *diète* de *trois* jours.

DIATRIUM ou **DIATRION**, subst. mas. (*diatriome, trion*) (du grec διά, de, et τρεις, trois), t. de pharm., poudre composée avec les poivres et les *trois* bois de santal.

DIATRITAIRE, subst. mas. (*diatritère*), s'est dit de médecins méthodistes qui croyaient guérir toutes les maladies en soumettant le malade à une diète de *trois* jours.

DIATYPOSE, subst. fém. (*diatipôze*), t. de médec. Voy. HYPOTYPOSE.

DIAULE, subst. fém. (*diôle*), les anciens donnaient ce nom à une flûte double, par opposition à la flûte simple nommée *monaule*.

DIAULIE, subst. fém. (*diôli*), air de flûte.

DIAULODROME, subst. mas. (*diôlodrôme*), coureur qui, chez les anciens, disputait le prix de la vitesse en parcourant deux stades de suite dans le cirque.

DIAVOLINI, subst. mas. plur. (*diavolini*) (mot italien qui veut dire *petits diables*), sorte de bonbons qui viennent de Naples. On les appelle aussi *diablotins*.

DIAZEUXIS, subst. mas. (*diazeukcice*) (du grec διάζευξις, séparation, division, formé de διά, entre, et de ζευγνυω, je sépare), dans l'ancienne musique, le ton qui séparait deux tétracordes disjoints. — Dans la nouvelle, le ton majeur qui est la différence de la quarte à la quinte.

DIAZOME, subst. mas. (*diazome*), t. d'hist. nat., animal marin voisin des alcyons.

DIAZOSTER, subst. mas. (*diazocetère*) (du grec διά, de, et ζωστηρ, ceinture), t. d'anat., la douzième vertèbre du dos, qui répond à la *ceinture*.

DIBAPTISTE, subst. mas. (*dibaticete*) du grec δίς, deux fois, et βαπτίζω, je baptise), s'est dit des hérétiques grecs du neuvième siècle, qui *baptisaient deux fois*.

DIBIDIVI, subst. mas. (*dibidivi*), t. de bot., arbre de la Guyane.

DICACITÉ, subst. fém. (*dikacité*) (en lat. *dicacitas*), mot plus latin que français, et qui signifie causticité, caractère mordant. (*Boiste*.)

DICALE, subst. mas. (*dikale*), t. d'hist. nat., genre d'insectes de l'ordre des coléoptères.

DICALIX, subst. mas. (*dikalikce*), t. de bot., grand arbre des Indes.

DICASTÈRE, subst. mas. (*dikacetère*), division territoriale dans certains pays, et principalement en Pologne.

DICASTÉRIES, subst. fém. plur. (*dikacetéri*) (en grec δικαστηριον, fait de δικη, justice), t. d'hist. anc., tribunaux de justice à Athènes.

DICASTÉRIQUE, adj. des deux genres (*dikacetérike*), de deux *castes*. (Voltaire.)

DICÉ, subst. propre fém. (*dicé*), myth., fille de Jupiter et de Thémis, déesse qu'on croyait présider aux jugements.

DICÉE, subst. mas. (*dicé*), t. d'hist. nat., espèce de petit oiseau des Indes, de la famille des ténuirostres.

DICÉLIES, subst. fém. plur. (*dicéli*) (du grec δεικελον, image, représentation), farces ou scènes libres conservées de l'ancienne comédie.

DICÉLISTES, subst. mas. plur. (*dicélicete*), farceurs qui jouaient les *dicélies*.

DICENTÉTON, subst. mas. (*diçantéton*), t. de pharm., sorte de collyre âcre et chaud.

DICÉRATE, subst. mas. (*dicérate*), t. d'hist. nat., genre de coquilles de l'ordre des bivalves.

DICÈRE, subst. mas. (*dicère*), t. de bot., sorte de plante. — T. d'hist. nat., genre d'insectes.

DICÈRES, subst. mas. plur. (*dicère*), t. d'hist. nat., famille de mollusques à deux tentacules.

DICÉROBATE, subst. mas. (*dicérobate*), t. d'hist. nat., espèce de poisson du genre des raies.

DICHALCON, subst. mas. (*dikalkon*), sorte de poids ancien.

DICHAPÉTALE, subst. mas. (*dikapétale*), t. de bot., espèce d'arbuste de la famille des térébinthacées.

DICHAS, subst. mas. (*dikâce*), ancienne mesure d'Égypte.

DICHASTÈRES, subst. mas. plur. (*dikacetère*), t. de chir., dents incisives.

DICHELESTION, subst. mas. (*dikélecetion*), t. d'hist. nat., genre de crustacés de l'ordre des branchiopodes.

DICHLOSTOME, subst. mas. (*diklocetome*), t. d'hist. nat., genre de vers marins, voisin des méduses.

DICHONDRE, subst. fém. (*dikondre*), t. de bot., plante vivace voisine des ombellifères.

DICHORDE, subst. mas. (*dikorde*), ancien instrument à deux cordes.

DICHORÉE, subst. mas. (*dikoré*) (du grec δίς, deux fois, et χορειος, chorée), t. de litt. anc., pied de vers latin ou grec composé de deux *chorées*.

DICHOTOMAIRE, subst. fém. (*dikotomère*), t. d'hist. nat., genre de polypier.

DICHOTOMAL, E, adj. (*dikotomale*), t. de bot., qui naît de l'angle d'une tige *dichotome*.

DICHOTOME, adj. des deux genres (*dikotome*) (du grec διχοτομεω, je coupe en deux parties, formé de διχα, par moitié, et de τεμνω, je coupe), en t. de bot., fourchu, qui se bifurque, et se divise toujours en deux parties.—On dit en astron., que la lune est *dichotome*, quand on ne voit que la moitié de son disque.

DICHOTOMIE, subst. fém. (*dikotomi*), état de la lune quand on n'en voit que la moitié. On dit aussi *bissection*. — La *dichotomie* est proprement ce qu'on appelle *premier* et *dernier quartier*. Voy. DICHOTOME.

DICHROA, subst. mas. (*dikroa*), t. de bot., arbrisseau de Chine dont les feuilles et les racines sont employées comme fébrifuge.

DICHROCÈRE, subst. mas. (*dikrocère*), t. d'hist. nat., ver marin de la Sicile.

DICHROME, subst. mas. (*dikrome*), t. de bot., sorte de plante de la famille des rhinanthacées.

DICHROMÈNE, subst. mas. (*dikromène*), t. de bot., espèce de plante vivace.

DICKEY, subst. mas. (*diké*), sorte de cabriolet.

DICKSONE, subst. fém. (*dikçone*), t. de bot., espèce de plantes de la famille des fougères.

DICLÉSIE, subst. fém. (*diklézi*), t. de bot., sorte de fruit propre aux plantes nyctaginées.

DICLINE, adj. des deux genres (*dikline*) (du grec δίς, deux fois, et κλινη, lit), t. de bot. : *plantes* ou *fleurs diclines*, dont les organes sexuels existent séparément dans diverses fleurs.

DICLITÈRE, subst. fém. (*diclitère*), t. de bot., genre de plantes voisines des carmantines.

DICONANGIA, subst. mas. (*dikonanjia*), t. de bot., arbre d'Amérique.

DICOQUE, adj. des deux genres (*dikoke*), qui a deux gousses.

DICORDE, subst. mas. Voy. DICHORDE.

DICORYPHE, subst. mas. (*dikorife*), t. de bot., arbre des Indes.

DICOTYLE, subst. mas. (*dikotile*), t. d'hist. nat., nom par lequel on a voulu désigner les animaux du genre pécari.

DICOTYLÉDONE, adj. des deux genres (*dikotilédone*) (du grec δίς, deux fois, et κοτυληδων, cavité, écuelle), se dit, en t. de bot., des plantes dans lesquelles l'embryon est formé de *deux cotylédons*. Voy. ce mot.—Les botanistes disent aussi adjectivement : *plantes dicotylédonées*. —Subst. au fém. : *les dicotylédones*.

DICROTE, adj. des deux genres et subst. mas. (*dikrote*) (du grec δίς, deux fois, et κροτεω, je frappe), t. de médec., se dit du pouls qui, à certaines pulsations, semble battre deux fois.

DICT., abréviation du mot *dictionnaire*.

DICTÆUS, subst. propre mas. (*dikté-uce*), myth., surnom de Jupiter, pris de Dicté, montagne de Crète, sur laquelle on prétendait qu'il avait été élevé.

DICTAME, subst. mas. (*diktame*) (en grec δικταμον ou δικταμνον, dérivé, suivant les uns, de Δικτα, montagne de la Crète, et, suivant les autres, de *Dictamnum*, ancienne ville de cette île), t. de bot., plante fort usitée en médecine.

DICTAMEN, subst. mas. (*diktâmène*), t. dogmatique emprunté du latin, suggestion, mouvement, sentiment de la conscience.

DICTAMNITE, subst. mas. (*diktamenite*), vin que l'on obtenait du *dictame*.

DICTATEUR, subst. mas. (*diktateur*) (du latin *dictator*, fait, avec la même signification, de *dictare*, dicter des lois, ordonner. *Dictum* ou *editum* signifie, dans les anciens auteurs, la souveraine puissance), souverain magistrat de l'ancienne Rome. — Souverain absolu.

DICTATORAT, subst. mas. (*diktatora*), temps pendant lequel on exerce la *dictature*, gouvernement du *dictateur*.

DICTATORIAL, E, adj. (*diktatoriale*), de *dictateur*; souverain absolu : *autorité dictatoriale*. —Au plur. mas., *dictatoriaux*.

DICTATORIAUX, adj. plur. mas. Voy. DICTATORIAL.

DICTATURE, subst. fém. (*diktature*), dignité de *dictateur*.—Nom qu'on donnait en Allemagne, dans la ville où se tenait la diète de l'Empire, à l'assemblée des secrétaires de légation ou *concellistes* des différents princes ou états, dans laquelle le secrétaire de légation de l'électeur de Mayence *dictait* aux autres les mémoires, actes, etc., qui avaient été portés au directoire de l'Empire.

DICTÉ, E, part. pass. de *dicter*.

DICTÉE, subst. fém. (*dikté*), tout ce que *dicte* le maître à ses écoliers : *écrire sous la dictée de...*, écrire ce qu'un autre *dicte*. — T. d'astron., constellation.

DICTER, v. act. (*dikté*) (en latin *dictare*, fréquentatif de *dicere*, dicter), prononcer mot à mot ce qu'un autre écrit en même temps. — Fig., 1° suggérer à quelqu'un ce qu'il doit dire; 2° inspirer, soit en bien, soit en mal; 3° prescrire : *dicter des lois*. — *se* DICTER, v. pron.

DICTILÈME, subst. mas. (*diktilème*), t. de bot., genre de plantes de la famille des conferves.

DICTION, subst. fém. (*dikcion*) (en lat. *dictio*, fait de *dicere*, dire), élocution, partie du style qui regarde le choix des paroles ou des mots. Voy. ÉLOCUTION.

DICTIONNAIRE, subst. mas. (*dikcionère*) (en latin *dictionarium* ou *dictionarius liber*), livre qui contient les mots d'une langue, d'un art, d'une science, par ordre alphabétique : *il n'y a que Dieu qui puisse faire un dictionnaire parfait*. (Boiste.) — On dit d'un homme très-érudit que *c'est un dictionnaire vivant*.

DICTIONNARISTE, subst. mas. (*dikcionaricete*), auteur de *dictionnaires*. — Ce mot se trouve dans *Boiste*. Il est utile et devrait remplacer le mot *lexicographe*, seul en usage, quoique d'origine et de forme purement grecques.

DICTON, subst. mas. (*dikton*) (du latin *dictum*, chose dite), mot sentencieux qui a quelque chose du proverbe. On ne le dit qu'en plaisantant : *c'est un vieux dicton*.—Raillerie, mot piquant.

DICTUM, subst. mas. (*diktome*), mot emprunté du latin, qui signifie le dispositif d'une sentence, d'un arrêt. Il ne se dit qu'au palais.

DICTYDIE, subst. fém. (*diktidi*), t. de bot., espèce de plante de la famille des champignons.

DICTYNNA, subst. propre fém. (*diktinena*), myth., nymphe de l'île de Crète, à laquelle on attribue l'invention des filets de chasseurs. On croit que c'est la même que Britomarte.—*Dictynna* est aussi un surnom de Diane.

DICTYOÏDE, adj. (*diktio-ide*), t. d'anat., réticulaire. Voy. ces mots.

DICTYOPTÈRE, subst. fém. (*diktiopetère*), t. de bot., genre de plante.

DICTYOTE, subst. fém. *(diktiote)*, t. de bot., genre de plantes de la famille des ulves.

DICTYOTÉES, subst. fém. plur. *(diktioté)*, t. de bot., ordre de plantes.

DICTYS, subst. propre mas. *(diktice)*, myth., un des Centaures, qui fut tué par Pirithoüs.

DIDACT., abréviation du mot *didactique*.

DIDACTIQUE, adj. des deux genres *(didaktike)* (en grec διδακτικος, fait de διδασκω, j'enseigne, j'instruis), qui est propre à instruire : *termes didactiques, genre didactique.—Poëme didactique*, qui donne des préceptes, comme *les Géorgiques* de Virgile.

DIDACTIQUE, subst. fém. *(didaktike)*, l'art d'enseigner.

DIDACTIQUE, subst. mas. *(didaktike)*, le langage *didactique*, le genre *didactique* : *tel mot n'est usité que dans le didactique.*

DIDACTIQUEMENT, adv. *(didaktikeman)*, d'une manière *didactique*, par la *didactique*.

DIDACTISME, subst. mas. *(didakticeme)*, le ou la *didactique*.

DIDACTYLE, adj. des deux genres *(didaktile)* (du grec δις, deux fois, et δακτυλος, doigt), se dit, en hist. nat., des animaux qui ont deux *doigts* à chaque pied.

DIDASCALE, subst. mas. *(didacekale)*, docteur chez les anciens, précepteur, maître qui enseignait.

DIDASCALIQUE, adj. des deux genres *(didacekalike)*, qui concerne la doctrine, la science du *didascale*.

DIDEAU, subst. mas. *(didô)*, t. de pêche, filet servant à barrer les rivières pour arrêter le poisson.

DIDELPHE, subst. mas. *(didèlfe)*, t. d'hist. nat., genre de quadrupèdes carnassiers de l'Amérique.

DIDELTA, subst. mas. *(didèlta)*, t. de bot., genre de plantes de la famille des corymbifères.

DIDÉMAIRE, subst. mas. *(didémère)*, nom que les anciens donnaient à certains jongleurs ou charlatans.

DIDEMNON, subst. mas. *(didèmenon)*, t. d'hist. nat., genre d'animaux de la famille des alcyons.

DIDERME, subst. fém. *(didèreme)* du grec δις, deux fois, et δερμα, peau), t. de bot., genre de plantes de la famille des cryptogames.

DIDESME, subst. mas. *(didème)*, t. de bot., sorte de plante qui croît en Égypte.

DIDICILE, subst. mas. *(didicile)*, t. de bot., genre de plantes de la famille des lycopodes.

DIDIE, adj. fém. *(didi)*, loi romaine qui fixait les dépenses des fêtes publiques. On dit plus souvent *loi Didia*.

DIDIER-LA-SEAUVE (SAINT-), subst. propre mas. *(ceindidielaçôve)*, ville de France, chef-lieu de canton, arrond. d'Yssengeaux, dép. de la Haute-Loire.

DIDON, subst. propre fém. *(didon)*, myth., fille de Bélus, roi de Tyr. Pour éviter la fureur de Pygmalion, son frère, qui avait tué Sichée, elle se sauva en Afrique avec sa sœur Anne, où elle bâtit la ville de Carthage. Iarbas, roi des Gétules, ayant voulu l'épouser malgré elle, cette princesse aima mieux se donner la mort que de manquer à la tendresse qu'elle croyait encore devoir à son premier mari. Elle fut depuis révérée à Carthage comme une déesse. L'épisode de Didon dans l'*Énéide* est un morceau de pure invention. Énée vivait plus de trois cents ans avant la fondation de Carthage, de sorte que *Virgile* n'a feint la passion de Didon pour le prince troyen que pour y faire entrer les fameux intérêts qui ont si long-temps divisé Rome et Carthage.

DIDRAGME ou DIDRACHME, subst. mas. *(didragueme)* (du grec δις, deux fois, et δραγμη, δραχμη, drachme), un demi-sicle de cuivre chez les Hébreux. Monnaie grecque qui valait *deux drachmes* ou *dragmes*.

DIDUCTION, subst. fém. *(didukcion)*, t. de médec., séparation, division.

DIDUS, subst. mas. *(diduce)*, t. d'hist. nat., espèce d'oiseau que l'on croit être de la famille des échassiers.

DIDYMA, subst. propre fém. *(didima)* (du grec διδυμη, jumelle), myth., surnom de Diane, parce qu'elle naquit en même temps que son frère Apollon.

DIDYMÆUS, subst. propre mas. *(didimé-uce)*, myth., surnom d'Apollon, sous lequel on l'adorait comme l'auteur de la lumière du jour et de celle de la lune, et comme étant né en même temps que Diane. Voy. DIDYMA.

DIDYMALGIE, subst. fém. *(didimalji)* (du grec διδυμος, testicule, et αλγος, douleur), t. de médec., douleur des testicules, inflammation dans les parties inférieures.

DIDYMALGIQUE, adj. *(didimaljike)*, t. de médecine, qui concerne la *didymalgie*.

DIDYMANDRE, subst. mas. *(didimandre)*, t. de bot., arbre du Pérou.

DIDYME, adj. des deux genres *(didime)* (du grec διδυμος, double), t. de bot., se dit de deux organes qui ont une insertion ou une origine commune. — Subst. fém., t. de bot., plante dont la racine a deux lobes, espèce d'orchis. — Subst. mas. plur., t. de médec., testicules.

DIDYMÉES, subst. fém. plur. *(didimé)*, myth., fêtes célébrées à Milet en l'honneur d'Apollon *Dydimœus*.

DIDYMÉLÉE, subst. fém. *(didimélé)*, t. de bot., arbre de Madagascar.

DIDYMÉON, subst. mas. *(didiméon)*, myth., quartier de la ville de Milet, où Apollon avait un temple et un oracle : c'était aussi le nom du temple. Voy. DIDYMÆUS.

DIDYMION, subst. mas. *(didimion)*, t. de bot., genre de plantes.

DIDYMOCHLAÈNE, subst. mas. *(didimoklaène)*, t. de bot., genre de plantes de la famille des fougères.

DIDYMODE, subst. mas. *(didimode)*, t. de bot., genre de plantes établi dans la famille des mousses.

DIDYNAME, adj. des deux genres *(didiname)* t. de bot. : *étamines didynames*, au nombre de quatre dans la même fleur, deux grandes et deux petites. Voy. DIDYNAMIE.

DIDYNAMIE, subst. fém. *(didinami)* (du grec δις, deux fois, et δυναμις, puissance ; *qui a deux puissances génératrices*), t. de bot., nom de la quatorzième classe du système sexuel de *Linnée*, composée de plantes dont les fleurs hermaphrodites ont quatre étamines, deux grandes et deux petites.

DIDYNAMIQUE, adj. des deux genres *(didinamike)*, t. de bot. : *plante, fleur didynamique*, à étamines *didynames*.

DIE, subst. propre fém. *(di)*, ville de France, chef-lieu d'arrond., dép. de la Drôme.

DIÉ (SAINT-), subst. propre mas. *(ceindié)*, ville de France, chef-lieu d'arrond., dép. des Vosges.

DIECBOLION, subst. mas. *(dièkbolion)*, t. de médec., remède que les anciens croyaient propre à déterminer l'avortement.

DIÉCÈTES, subst. mas. plur. *(diécète)*, t. d'hist. anc., ceux que le gouvernement d'Athènes chargeait de quelque affaire dans la province.

DIECTOMIS, subst. mas. *(dièktomice)*, t. de bot., genre de plantes de la famille des graminées.

• DIÉCULE, subst. mas. *(diékule)*. Rabelais a employé ce mot pour : petit jour, crépuscule du matin. *(Boiste.)*

DIÈDRE, adj. des deux genres *(dièdre)* (du grec δις, deux fois, et εδρα, siège ou base), t. de géom. : *angle dièdre*, angle formé par deux plans qui se rencontrent, appelé autrement angle plan. —Il est aussi subst. mas.—Ce mot est nouveau ; mais on écrit plus souvent et mieux *dihèdre*.

DIEL, subst. mas. *(dièl)*, glaise mêlée de terre calcaire, et contenant du fer sulfuré.

DIÉLECTRON, subst. mas. *(dièlèktron)*, t. de pharm., nom qu'on donnait autrefois à un trochisque dont le succin faisait la base.

DIEPPE, subst. propre fém. *(diépe)*, ville de France, chef-lieu d'arrond., dép. de la Seine-Inférieure. Son port, sur la Manche, a une entrée étroite, et ne reçoit que des bâtiments de quatre cents tonneaux. Les bains de mer y ont été très-fréquentés.

DIEPPOIS, E, adj. et subst. *(diépoa, poaze)*, de *Dieppe*.

DIÉRÈSE, subst. fém. *(diérèze)* (du grec διαιρεσις, division, séparation, fait de διαιρεω, je divise), en chirurgie, division des parties dont l'union est contre l'ordre naturel ; solution de continuité. — En grammaire : 1° division d'une diphthongue en deux syllabes, comme *aulæ* en *aula-i* ; 2° signe orthographique composé de deux points (¨) qui se placent horizontalement sur une voyelle, pour marquer qu'elle doit être prononcée séparément d'une autre voyelle qui l'accompagne. On le nomme aussi *tréma*.

DIÉRÉSILE, subst. mas. *(diérézile)*, t. de bot., fruit hétérocarpien qui, à sa maturité, se sépare en plusieurs coques.

DIÉRÉSILIEN, adj. mas., au fém. DIÉRÉSILIENNE, *(diérézilein, ène)*, t. de bot, se dit des fruits simples qui se divisent en plusieurs coques lorsqu'ils mûrissent.

DIÉRÉTIQUE, adj. des deux genres *(diérétike)* (du grec διαιρεω, je divise), t. de médec. : *remèdes diérétiques*, qui sont propres à séparer, à diviser, et plus particulièrement ceux qui ont une vertu corrosive. — Il est aussi subst. mas. : *un diérétique*.

DIERVILLE, subst. mas. *(dièrevile)*, t. de bot., arbrisseau qui ressemble au syringa. C'est le chèvre-feuille d'Arcadie à fleurs jaunes. Voy. CHÈVRE-FEUILLE.

DIESBLAT, subst. mas. *(dièceblà)*, nom que l'on donne en quelques endroits à la colle de poisson.

DIÈSE ou DIÉSIS, subst. mas. *(dièze, diézice)* (en grec διεσις qui veut dire proprement division, fait de διημι, je passe à travers), t. de musique, sorte de double croix en sautoir, qui, mise devant une note, la fait hausser d'un demi-ton. —On dit adj. des deux genres : *cette note, ce ré est diésé*.

DIÉSÉ, E, part. pass. de *diéser*.

+ DIÉSER, v. act. *(diézé)*, t. de mus., armer une clef de *dièzes* ; en frapper accidentellement quelque note. — *se* DIÉSER, v. pron.

DIÉSIES, subst. fém. plur. *(diézi)*, myth., fêtes grecques en l'honneur de Jupiter.

DIESPITER ou DIJOVIS, subst. propre mas. *(dièceepiter, dijovice)* (du lat. *dies*, jour, et *pater*, père, *père du jour*), myth., surnom de Jupiter. On le donne aussi à Pluton.

DIÉTAIRE, subst. mas. *(diétère)*, valet ou garçon de chambre. — Officier qui, dans les vaisseaux, avait le soin des chambres.

DIÉTARCHIE, subst. fém. *(diétarchi)*, fonction, emploi de celui qui avait le soin des chambres.

DIÉTARQUE, subst. mas. Voy. DIÉTAIRE.

DIÈTE, subst. fém. *(diète)* (du grec διαιτα, régime de vie ; manière de vivre réglée), régime de vie qui règle le boire et le manger. — Abstinence totale du manger. — Assemblée des états en Allemagne, en Pologne, en Suède. (Du même mot grec διαιτα, dans la signification de *jugement*, parce qu'on y décide des affaires de l'état ; ou dans celle de *salle de festin*, parce que les anciens Allemands ou Germains, au rapport de *Tacite*, traitaient d'affaires publiques au milieu des festins. *(Ménage.)* Suivant *Le Duchat*, du latin barbare *dieta*, fait, dans cette acception, de *dies*, jour, journée. *Dieta* s'est dit en effet de toutes les journées destinées à parler d'affaires, à plaider, etc. ; et les Allemands donnent encore à ce que nous appelons *diète* le nom de *reichstag*, journée impériale.) — Assemblée qui se tient, dans quelques ordres religieux, entre deux chapitres généraux.

DIÉTÈTES, subst. mas. plur. *(diétète)* (du grec διαιτητικη, arbitre, fait de διαιτα, arbitrage), t. d'hist. anc., sorte de juges choisis à Athènes par les citoyens pour être arbitres dans chaque tribu.

DIÉTÉTIQUE, adj. des deux genres *(diététike)*, t. de médec., relatif à la *diète*, sudorifique et dessiccatif.

DIÉTÉTIQUE, subst. fém. *(diététike)* (en grec διαιτητικη, fait de διαιτα, diète, régime de vie), partie de la médecine qui s'occupe du régime de vie qu'il faut prescrire aux malades : *la diététique*.

DIÉTÉTISTES, subst. mas. plur. *(diététicete)*, nom d'une classe de médecins qui n'employaient que la *diète* dans la guérison des maladies.

DIÉTINE, subst. fém. *(diétine)*, assemblée particulière des membres de la noblesse de chaque palatinat, en Pologne, pour nommer les nonces ou députés aux *diètes* générales.

DIEU, subst. mas., au plur. DIEUX *(dieu)* (en lat. *Deus*, dérivé de Ζευς, que les Doriens écrivent Δευς, Jupiter), le premier et souverain Être, qui n'a ni commencement ni fin ; par qui et dans qui tous les êtres existent et subsistent. — Les catholiques romains appellent communément l'hostie consacrée, *le bon Dieu : on lève le bon Dieu* ; *on va porter le bon Dieu à un malade*. Ils appellent aussi *Fête-Dieu*, la fête du Saint-Sacrement. — Ils disent *un homme de Dieu, un homme tout en Dieu, un homme abymé en Dieu*, pour dire : un homme qui consacre tous les moments de sa vie à l'exercice des pratiques et des vertus religieuses. — *Croix de Dieu* ou *de par Dieu*. Voy. CROIX. — *Aller, paraître devant Dieu*, mourir. — *Être devant Dieu*, être mort. — On a prétendu qu'on ne doit jamais employer *par* avant le nom de Dieu, apparemment pour éviter l'équivoque avec le juron vulgaire *par Dieu*. Ce scrupule paraît minutieux, et ne suffit pas pour violer les règles du langage. On ne peut pas dire : *l'homme a été créé de Dieu*, il faut nécessairement dire, *par Dieu*. Voltaire a dit : *vous dites que les livres sont écrits par Dieu même.* — Abusivement les fausses divinités que les païens adoraient : *Mars est le dieu de la guerre ; Apollon est le dieu de la poésie*, etc. — Il s'emploie ordinairement au pluriel : *Jupiter est le père des dieux ; les dieux infernaux ; les dieux mânes.* On dit, dans ce sens, *déesse* au fém. — On dit fig., en parlant des rois, des grands, de ceux qui ont beaucoup de pouvoir, qu'*ils sont les dieux de la terre.* — Fam., *promettre* ou *jurer ses grands dieux* ; promettre ou jurer fortement. — Prov. : *la voix du peuple est la voix de Dieu*, d'ordinaire le sentiment du public est fondé sur la vérité. — *Tout va comme il plaît à Dieu*, pour dire : on laisse tout aller à l'abandon. — *S'il plaît à Dieu*, façon de parler conditionnelle, dont on se sert en parlant de choses ou qu'on souhaite, ou qu'on a intention de faire : *il en réchappera s'il plaît à Dieu.* — On dit qu'*une personne fait son Dieu de quelque chose, de quelqu'un*, pour dire qu'elle y a mis toute son affection : *il fait son Dieu de son argent.* — *Faire son Dieu de son ventre*, être adonné à la gourmandise. — *Dieu ! bon Dieu ! grand Dieu ! mon Dieu !* sortes d'exclamations : *mon Dieu ! que va-t-il arriver? Bon Dieu! quel malheur! Dieu! quel accident!* — *Dieux, déesses, génies*, myth., objets du culte religieux des païens. L'impression de la Divinité est si naturelle aux hommes, et si profondément gravée dans leur cœur, qu'ils n'ont perdu la connaissance du seul et vrai *Dieu* qu'en lui en substituant d'autres, tels qu'ils se les forgèrent, ou d'après ce qui leur était resté d'idée de la vérité, dont on retrouve des traces précieuses jusque dans le chaos de leurs superstitions, ou d'après leurs passions. Comme chacun pouvait impunément en imaginer à son gré, leur nombre était prodigieux. On en a compté jusqu'à trente mille. Jupiter était regardé comme le plus puissant de tous ; cependant son pouvoir était subordonné à celui du Destin. Les autres *dieux*, las de sa domination, s'étant révoltés, il les défit, et les contraignit à se sauver en Égypte, où, pour éviter sa colère, ils prirent diverses formes, comme de chats, de rats, d'éléphants, etc., animaux que les Égyptiens adorèrent depuis. Jupiter, sous la forme d'un bélier, les poursuivit jusqu'à ce qu'ils se rendissent. Les païens reconnaissaient plusieurs sortes de *dieux*, savoir : des célestes, des terrestres, des aquatiques et des infernaux. Il y en avait douze principaux, qu'ils appelaient grands *dieux*, et qui étaient Saturne, Cybèle, Cérès, Jupiter, Junon, Apollon, Diane, Bacchus, Mercure, Vénus, Neptune et Pluton. Les autres, appelés petits *dieux*, étaient Momus, Mars, Pallas, Thémis, Eole, etc. ; d'autres enfin s'appelaient demi-*dieux*. Ceux-ci étaient des héros nés d'un *dieu* et d'une mortelle ; ou des mortels qui, par leurs belles actions, avaient mérité après leur mort d'être admis parmi les *dieux* : tels étaient Hercule, Thésée, Minos et tant d'autres, jusqu'à des empereurs romains. Il est bon d'observer que, quoique les anciens auteurs emploient quelquefois indifféremment les mots *dii* et *divi* pour toutes sortes de *dieux*, cependant *dii*, dans son sens propre, ne convient qu'aux *dieux* du premier ordre, aux grands *dieux*, et *divi*, qu'aux autres *dieux*, surtout à ceux qui n'étaient reconnus pour *dieux* que par l'apothéose. Parmi les plus anciens objets du culte idolâtre, on peut compter le soleil, la lune et les autres corps célestes ; ensuite la terre, l'air, le feu et l'eau. On y ajouta bientôt les vents, le tonnerre, les comètes. On ne s'en tint pas là, on adora les poissons, les serpents, les oiseaux, et, parmi les quadrupèdes, le bœuf, le chien, le chat, le singe, le bouc, etc. ; enfin l'extravagance alla jusqu'à adorer les arbres, les plantes, les métaux et les pierres.

DIEU-DONNÉ, subst. propre mas. (*dieudoné*), surnom qu'on donne à quelques princes, lorsqu'on regarde leur naissance comme miraculeuse, et comme une grace qui vient du ciel.

DIEU-LE-FIT, subst. propre mas. (*dieulefi*), ville de France, chef-lieu de canton, arrond. de Montélimart, dép. de la Drôme.

DIEUTELET, subst. mas. (*dieutelé*), petit *dieu*. Vieux et hors d'usage.

DIEUZE, subst. propre fém. (*dieuze*), ville de France, chef-lieu de canton, arrond. de Château-Salins, dép. de la Meurthe. — Source salée très-productive.

DIÈVES, subst. fém. plur. (*diève*), dépôt argileux que l'on trouve dans les houillères du nord.

DIEXODE, subst. mas. (*dièkçode*) (du grec ἔξοδος, issue), t. de médec., nom que l'on donne à la sortie des excréments par l'anus.

DIFFAMANT, E, adj. (*difaman, mante*), qui *diffame*. — DIFFAMANT, INFAMANT. (*Syn.*) Ce qui est *diffamant* est un obstacle à la gloire, fait perdre l'estime, et attire le mépris des honnêtes gens. Ce qui est *infamant* est une tache honteuse dans la vie, fait perdre l'honneur, et attire l'aversion des gens de probité.

DIFFAMATEUR, subst. mas., au fém. **DIFFAMATRICE**, (*difamateur, trice*), celui, celle qui *diffame*, qui décrie, qui calomnie.

DIFFAMATION, subst. fém. (*difamâcion*), action par laquelle on *diffame* ; ses effets.

DIFFAMATOIRE, adj. des deux genres (*difamatoare*), qui *diffame* ; *diffamant*. Il se dit surtout des écrits : *libelle diffamatoire*.

DIFFAMATRICE, adj. fém. Voy. DIFFAMATEUR.

DIFFAME, subst. fém. (*difâme*), infamie ; opprobre. Vieux. (*Marot*.)

DIFFAMÉ, E, part. pass. de *diffamer*, et adj. — En t. de blas., *lion diffamé*, sans queue.

DIFFAMER, v. act. (*difamé*) (du lat. *diffamare*, fait du grec διαφημίζω, perdre de réputation, déshonorer, formé de διὰ, de différents côtés, et de φημὶ, parler), décrier, déshonorer, calomnier, noircir la réputation de..... — SE DIFFAMER, v. pron., se décrier : *c'est se diffamer soi-même que d'écrire pour diffamer les autres.*

DIFFARRÉATION, subst. fém. (*difareréâcion*) (du lat. *diffarreatio*, formé de la préposition *di*, qui marque séparation, éloignement, et *far, farris*, gâteau qu'on offrait dans les sacrifices), chez les anciens Romains, sacrifice pour rompre le mariage, dans lequel on offrait un gâteau de pur froment ; divorce. — C'est le contraire de *confarréation*. Voy. ce mot.

DIFFÉRÉ, E, part. pass. de *différer*.

DIFFÉREMMENT, adv. (*diféraman*), d'une manière *différente*.

DIFFÉRENCE, subst. fém. (*différance*) (en lat. *differentia*), distinction, diversité, dissemblance ; *faire la différence d'une chose*, c'est en faire la distinction. — En t. de logique, attribut essentiel qui distingue une espèce d'une autre. — En arith. et en algèbre, excès d'une grandeur sur une autre. — Dans la géom. de l'infini, la quantité infiniment petite dont une grandeur variable augmente ou diminue. On dit plus souvent *différentielle*. — *Calcul aux différences finies*, la méthode de faire sur les différences finies des grandeurs variables, des opérations analogues à celles que le calcul *différentiel* et le calcul intégral font sur les *différences* infiniment petites. — *Différence ascensionnelle*, la *différence* entre l'*ascension* droite et l'*ascension* oblique d'un astre.

DIFFÉRENCIÉ, E, part. pass. de *différencier*.

DIFFÉRENCIER, v. act. (*diférancié*), distinguer, mettre la *différence* entre.....; marquer la *différence* de... — En t. de math., *différencier une quantité*, en prendre la partie infiniment petite. L'*Académie* prétend qu'en math. on doit écrire *différentier*, on trouvera donc forcément à son ordre alphabétique *différentier* ; mais pourquoi indiquer toujours deux orthographes pour un mot qui a la même origine? *Différencier* et *différentier* viennent bien certainement de *différence* ou de *différent* ; il fallait choisir ; et voilà ce que n'a pas fait l'*Académie*. Voy. notre *Grammaire*, relativement à la discussion de cette orthographe. — SE DIFFÉRENCIER, v. pron.

DIFFÉRENCIOMÈTRE, subst. mas. (*diférancio-mètre*), instrument qui sert à faire connaître le tirant d'eau nécessaire à un vaisseau.

DIFFÉRENCIOMÉTRIQUE, adj. des deux genres (*diféranciométrike*), qui a rapport au *différenciomètre*.

DIFFÉREND et **DIFFÉRENT**, subst. mas. (*diféran*) (du lat. *differre*, dans le sens de *différer* de sentiments, d'opinions, etc.), débat, contestation. — Il signifie aussi : la chose contestée : *partager un différend par la moitié.* L'*Académie* écrit *différend*. Voy. le commentaire de notre *Grammaire* sur ce mot. — DIFFÉREND, DISPUTE, QUERELLE. (*Syn.*) La concurrence des intérêts cause les *différends* ; la contrariété des opinions produit les *disputes* ; l'aigreur des esprits est la source des *querelles*.

DIFFÉRENT, E, adj. (*diféran, rante*), distingué, divers ; qui *diffère* d'un autre.

DIFFÉRENTIATION, subst. fém. (*diférancidcion*), t. de géométrie transcendante, action de *différentier*. (Boiste.)

DIFFÉRENTIÉ, E, part. pass. de *différentier*.

DIFFÉRENTIEL, adj. mas., au fém. **DIFFÉRENTIELLE** (*diféranciéle*), t. de haute géométrie : *quantité différentielle*, quantité infiniment petite, ou moindre que toute grandeur assignable, ainsi nommée parce qu'elle est la *différence* de deux quantités finies dont l'une surpasse l'autre infiniment peu. En ce sens, on dit aussi simplement et substantivement *une différentielle*. — *Différentielle du premier degré* ou *du premier ordre*, celle d'une quantité finie ordinaire. — *Différentielle du second degré*, la partie infiniment petite d'une quantité différentielle du premier ordre. On l'appelle aussi *quantité différentio-différentielle*. — *Calcul différentiel*, la manière de *différentier* les quantités, c'est-à-dire de trouver la *différence* infiniment petite d'une quantité finie et variable. Cette méthode, que *Leibnitz* a publiée le premier, est une des plus belles et des plus fécondes de toutes les mathématiques. — *Méthode différentielle*, méthode de faire passer une courbe du genre parabolique par plusieurs points donnés, en prenant les *différences* finies, premières, secondes, troisièmes, etc., des ordonnées qui passent par ces points ; elle est de *Newton*. — Méthode de découvrir l'intégrale de certaines *différentielles*, par la *différentiation*. La première idée en est de *Clairaut*. — Méthode de trouver par la *différentiation*, dans certains cas, les valeurs d'une quantité intégrale à une ou plusieurs variables. Elle est de *d'Alembert*.

DIFFÉRENTIER, v. act. (*diférancié*), t. de géométrie transcendante : *différentier une quantité*, en trouver et en exprimer la *différence* suivant les règles du calcul *différentiel*. — SE DIFFÉRENTIER, v. pron. Voy. DIFFÉRENCIER.

DIFFÉRER, v. act. (*diféré*) (en lat. *differre*), retarder, remettre à un autre temps : *différer une affaire, un paiement.* On dit aussi neutralement : *différer de partir*, etc. Voy. TARDER. — Être différent, divers. — Être d'opinion, de sentiment contraire. — SE DIFFÉRER, v. pron., être *différé* : *cette affaire peut se différer.*

DIFFICILE, adj. des deux genres (*dificile*) (en lat. *difficilis*), pénible ; plein de difficultés ; malaisé. — *Cet homme est fort difficile*, est malaisé à contenter. — *Temps difficiles*, temps de désordre, de guerre, de trouble, etc. — *Difficile* avec le verbe *être* régit *à* devant les verbes : *il est difficile à contenter ; ce mot est difficile à prononcer.* Mais quand le verbe *être* est pris impersonnellement, il faut mettre *de* : *il est difficile de bien écrire.* — On dit : *un homme difficile à vivre*, c'est-à-dire avec lequel il est *difficile* de vivre. — On dit substantivement : *le difficile est de réussir.*

DIFFICILEMENT, adv. (*dificileman*), avec *difficulté*, avec peine.

DIFFICULTÉ, subst. fém. (*difikulté* et non pas *difigulté*) (en lat. *difficultas*), ce qui rend une chose *difficile* ; ce qu'il y a de *difficile* en quelque chose. — On dit qu'*une chose ne souffre, ne reçoit point de difficulté*, pour dire qu'on ne voit rien qui puisse ou qui doive en empêcher le succès. — Objection, doute, question : *proposer, résoudre une difficulté.* — Contestation, démêlé : *avoir des difficultés avec quelqu'un.* — *Faire difficulté de quelque chose*, y avoir de la répugnance, en faire scrupule : *il fait difficulté de partir.* — *Sans difficulté*, loc. adv. : indubitablement ; sans doute : *vous serez sans difficulté placé le premier.* — DIFFICULTÉ, OBSTACLE, EMPÊCHEMENT. (*Syn.*) La *difficulté* embarrasse ; elle se trouve surtout dans les affaires, et en suspend la décision ; l'*obstacle* arrête ; il se rencontre promptement sur nos pas, et barre nos démarches ; l'*empêchement* résiste : il semble mis exprès pour s'opposer à l'exécution de nos volontés. On dit : *lever la difficulté, surmonter l'obstacle, ôter* ou *vaincre l'empêchement.*

DIFFICULTUEUSE, adj. fém. Voy. DIFFICULTUEUX.

DIFFICULTUEUSEMENT, adv. (*difikultueuzeman*), avec *difficulté*. Il est peu usité.

DIFFICULTUEUX, adj. mas., au fém. **DIFFICULTUEUSE** (*difikultueu, euze*), qui se rend *difficile* sur tout ; qui allègue ou fait sur tout des *difficultés*.

DIFFIDATION, subst. fém. (*difefidâcion*), t. d'hist. d'Allemagne, nom des petites guerres que se faisaient entre eux les princes ou seigneurs, lorsqu'ils se croyaient offensés.

DIFFLUÉ, E, part. pass. de *diffluer*.

DIFFLUER, v. neut. (*diflué*), couler ; se répandre de tous côtés. — SE DIFFLUER, v. pron.

DIFFLUGIE, subst. fém. (*difluji*), t. d'hist. nat., genre de vers intermédiaires entre les infusoires et les polypes.

DIFFORME, adj. des deux genres (*diforme*) (en lat. *deformis*, fait de la particule privative *de*, et de *forma*, forme; *qui n'a pas la forme convenable*. On dit en grec, dans le même sens, δυσμορφος, composé de la particule privative δυς, et de μορφη, forme), laid, défiguré, qui choque la vue, qui n'a ni la figure ni les proportions qu'il devrait avoir : *visage difforme, bâtiment difforme*.

DIFFORMÉ, E, part. pass. de *difformé*.

DIFFORMER, v. act. (*diformé*), t. de palais : *ôter la forme* de quelque chose.—*se* DIFFORMER, v. pron.

DIFFORMES ou **ANOMIDES**, subst. mas. plur. (*diforme*), t. d'hist. nat., famille d'orthoptères.

DIFFORMITÉ, subst. fém. (*diformité*) (en lat. *difformitas*), défaut dans la figure ou dans les proportions.—DIFFORMITÉ, LAIDEUR. (*Syn.*) *Difformité* exprime un défaut remarquable dans les proportions, et se dit des choses comme des personnes. *Laideur* exprime un défaut dans l'ensemble des traits du visage; il ne se dit que des personnes, et quelquefois des meubles. On dit : *la difformité du vice* et *la laideur du péché*.

DIFFRACTION, subst. fém. (*difrakcion*) (du lat. *defringere*, rompre, briser), t. d'optique, inflexion ou détour que subissent les rayons de lumière en rasant la surface d'un corps.

DIFFRINGENT, E, adj. (*difreinjan, jante*), t. d'optique, qui se détourne, qui se partage, qui se sépare : se dit des rayons de lumière.

DIFFUGE, subst. mas. (*difuje*), chicane, subterfuge, moyen évasif. Peu usité; vieilli.

DIFFUS, E, adj. (*difu, fuze*) (en lat. *diffusus*, part. pass. de *diffundere*, étendre), étendu, long dans ses discours; prolixe; avec cette différence que le défaut de l'homme *diffus* consiste à dire beaucoup plus qu'il ne faudrait, par des accessoires superflus; et que celui de l'homme *prolixe* consiste à dire fort longuement et par de vaines circonlocutions ce qu'il aurait fallu dire en peu de mots : *le style de nos procureurs est prolixe*, a dit *Marmontel*; *celui de nos avocats est diffus. Cela doit être, quand on paie la longueur des écritures et l'abondance des paroles.* —Se dit en bot. des rameaux qui s'étendent horizontalement en sortant de tous les côtés de la tige; d'une panicule, dans laquelle les pédoncules des fleurs sont écartés.

DIFFUSÉMENT, adv. (*difuzéman*), d'une manière *diffuse*.

DIFFUSIBLE, adj. des deux genres (*difuzible*), t. de médec., qui s'étend; épithète donnée aux médicaments volatils.

DIFFUSIF, adj. mas., au fém. **DIFFUSIVE**, (*difuzif, zive*), épars; divisé.

DIFFUSION, subst. fém. (*difuzion*) (en lat. *diffusio*), action de ce qui s'épand, qui s'étend, ou l'effet de cette action : *diffusion de lumière*. — Effet de ce qui est *diffus* : *diffusion de style*.

DIFFUSIVE, adj. fém. Voy. DIFFUSIF.

DIGAME, voy. BIGAME, qui est plus usité.

DIGAMMA, subst. mas. (*diguamema*), t. de gramm. anc., double gamma.

DIGASTRIQUE, adj. des deux genres (*diguacetrike*) (du grec δις, deux fois, et γαστηρ, ventre), se dit, en anatomie, de deux muscles qui ont deux portions charnues, ou comme *deux ventres* séparés l'un de l'autre.

DIGÈRE, subst. fém. (*dijère*), t. de bot., genre de plantes.

DIGÉRÉ, E, part. pass. de *digérer*.

DIGÉRER, v. act. (*dijéré*) (en lat. *digerere*), faire la digestion : *digérer les viandes*; et neut.: *je digère mal*. — En t. de chim., cuire par une chaleur modérée.— Au fig., 1° souffrir patiemment : *digérer un affront*; 2° ranger les choses dans son esprit, les mettre par ordre : *digérer les affaires, ce qu'on a à dire*. — *se* DIGÉRER, v. pron. : *un affront se digère difficilement*.

DIGESTE, subst. mas. (*dijècete*), volume composé de cinquante livres contenant les réponses des anciens jurisconsultes.

DIGESTEUR, subst. mas. (*dijèceteur*), *digesteur de Papin*, ou *marmite de Papin*, vase de métal très-fort, exactement fermé par un couvercle retenu avec une forte vis, qui sert à faire cuire les viandes dans leur jus, et à tirer de la gelée des os mêmes.

DIGESTIF, adj. mas., au fém. **DIGESTIVE** (*dijècetif, tive*), qui a la vertu de faire *digérer*. — Il est aussi subst. mas. : *un bon digestif*.

DIGESTION, subst. fém. (*dijècetion*) (le *t* conserve le son qui lui est propre), coction des viandes par la chaleur de l'estomac. — Action et manière de *digérer* les matières dans les opérations chimiques.— Au fig. : *ce mauvais traitement est de dure digestion*, difficile à supporter : *cette entreprise est de dure digestion*, est difficile, pénible.

DIGESTIVE, adj. fém. Voy. DIGESTIF.

DIGITAIRE, subst. mas. (*dijitère*), t. de bot., sorte de plante dont la fructification est disposée en épis.

DIGITAL, E, adj. (*dijitale*) (en lat. *digitalis*, de *digitus*, doigt), qui appartient aux *doigts*. — T. de médec., il se dit des légères dépressions qu'on observe à la face interne des os du crâne. — Au plur. mas., *digitaux*.

DIGITALE, subst. fém. (*dijitale*), t. de bot., genre de plantes de la famille des personnées. — T. d'hist. nat., pointe d'oursins pétrifiés.

DIGITALINE, subst. fém. (*dijitaline*), t. de chim., principe âcre qui existe dans les feuilles de la *digitale* pourprée.

DIGITATION, subst. fém. (*dijitâcion*) t. d'anat., division d'un muscle en languettes distinctes, comme autant de doigts.—T. de bot., se dit de la découpure des feuilles digitées.

DIGITAUX, adj. mas. plur. Voy. DIGITAL.

DIGITÉ, E, adj. (*dijité*), t. de bot., découpé en forme de *doigt*.—Se dit des feuilles composées de cinq folioles ou même plus, qui partent du même point du pétiole, comme dans le marronnier.

DIGITELLE, subst. fém. (*dijitèle*), t. de bot., sorte de plantes de la famille des joubarbes.

DIGITÉS, subst. mas. plur. (*dijité*), t. d'hist. nat., premier ordre de la première classe des mammifères.

DIGITIE, subst. fém. (*dijiti*), t. de médec., autrefois, dessèchement d'un *doigt*.

DIGITIGRADE, subst. mas. (*dijitiguerade*) (du lat. *digitus*, doigt, et *gradior*, je marche), t. d'hist. nat., famille d'animaux mammifères qui ne *marchent* absolument que sur les *doigts*, tels que les chiens, les chats, etc.

DIGLYPHE, subst. mas. (*diguelife*), t. d'archit., console ou corbeau qui a deux gravures ou cavités pareilles à celles du *triglyphe*.

DIGNE, subst. propre fém. (*dignie*), ville de France, chef-lieu du dép. des Basses-Alpes. Elle possède des eaux minérales et thermales assez fréquentées.

DIGNE, adj. des deux genres (*dignie*) (en lat. *dignus*), qui mérite : *digne de louanges*, *digne de mépris*.— Il se prend absolument pour, qui a de la *dignité* : *prendre un air digne*. — *Digne homme*, parfait honnête homme.— *Digne* s'emploie en bonne et en mauvaise part : *digne de foi; digne de blâme*.

DIGNEMENT, adv. (*digniemam*), selon ce qu'on mérite. Il ne se dit que du bien : *dignement récompensé*, et non pas *dignement puni*; mais *puni comme il le méritait*, etc.

DIGNIFIÉ, E, part. pass. de *dignifier*.

DIGNIFIER, v. act. (*dignifié*), rendre *digne* de... Ce mot est nouveau. (*Boiste*.)

DIGNITAIRE, subst. mas. (*dignitère*), celui qui possède une *dignité*.

DIGNITÉ, subst. fém. (*dignité*) (en lat. *dignitas*), mérite, importance : *la dignité du sujet, de la matière*. — Noblesse, gravité dans la manière de parler et d'agir. Voy. DÉCENCE. — Élévation, distinction éminente. — Charge, office considérable. — Dans les chapitres, dignité qui donne quelque prééminence, quelque juridiction, etc. — En t. d'astrol., situation d'une planète dans le signe où elle a le plus d'influence.

DIGOIN, subst. propre mas. (*digouein*), bourg de France, chef-lieu de canton, arrond. de Charolles, dép. de Saône-et-Loire.

DIGON, subst. mas. (*diguon*), en t. de mar., 1° pièce de charpente qui remplit dans le taillemer l'espace compris entre la gorgère et l'étrave; 2° nom donné dans le département de Brest à ce que dans les autres on appelle *flèche* ou *aiguille*. — En t. de pêche, morceau de fer barbelé ou terminé par un demi-dard, qu'on ajuste au bout d'une perche, pour piquer et prendre le poisson.

DIGONOS, subst. mas. (*diguònoce*) (du grec δις, deux fois, et γονος, né, *né deux fois*), myth., surnom donné à Bacchus.

DIGRESSEUR, subst. mas. (*diguerèceur*), celui qui fait des *digressions*.

DIGRESSION, subst. fém. (*diguerècion*) (du lat. *digressio*, fait, dans le même sens, du verbe *digredi*, s'éloigner, se détourner, s'écarter, lequel est formé de la prép. *di*, qui marque éloignement, séparation, et de *gradi*, marcher), ce qui est, dans un discours, dans un écrit, hors du sujet principal : *faire une digression; cette digression est déplacée*. — En astron., éloignement apparent des planètes par rapport au soleil. Il se dit surtout des planètes inférieures, Mercure et Vénus; pour les autres, on dit à peu près dans le même sens, *élongation*.

DIGRESSIVEMENT, adv. (*diguerècivement*), par *digression*.

DIGUE, subst. fém. (*digue*) (du flamand *diic* ou *dyk*, amas de terre contre les eaux; dérivé, suivant *Saumaise*, du grec τειχος, mur, rempart, etc.), amas de terre, de pierres, de bois, etc., pour servir de rempart contre l'eau, et principalement contre les flots de la mer. — Au fig., obstacle.

DIGUÉ, E, part. pass. de *diguer*.

DIGUER, v. act. (*digué*), t. de man. : *diguer un cheval*, lui donner de l'éperon.

DIGUIAL, subst. mas. (*diguial*), sorte de filet pour la pêche. — Au plur., *diguiaux*.

DIGUIAUX, subst. mas. plur. Voy. DIGUIAL.

DIGYNE, adj. des deux genres (*dijine*), t. de bot., *plante* ou *fleur digyne*; celle qui a deux styles ou deux stigmates. Voy. DIGYNIE.

DIGYNIE, subst. fém. (*dijini*) (du grec δις, deux fois, et γυνη, femme), t. de bot., subdivision des classes, des plantes dont la fleur a deux parties femelles et deux pistils.

DIHALON, subst. mas. (*dialon*), t. de pharm., emplâtre dont le sel commun et le nitrate de potasse font la base.

DIHÈDRE. Voy. DIÈDRE.

DIHÉLIE, subst. fém. (*dièli*) (du grec δια, à travers, et ηλιος, soleil), t. d'astron., ordonnée de l'ellipse qui passe par le foyer du soleil. Ce mot, employé par *Képler*, n'est plus usité aujourd'hui.

DIHÉMATON, subst. mas. (*diématon*), t. de pharm., ancien nom d'un antidote composé du sang de divers animaux.

DIHEXAÈDRE, adj. des deux genres (*di-èkça-èdre*), qui forme un prisme *hexaèdre*, à sommets trièdres : *corps dihexaèdre*.

DIIAMBE, subst. mas. (*di-ianbe*), t. de litt. anc., mesure ou pied de vers grec ou latin composé de deux *iambes*.

DIIAMBIQUE, adj. des deux genres (*di-ïambike*), qui appartient au *ïambe*.

DIIPOLIES, subst. fém. plur. (*di-ipoli*), myth., très-anciennes *fêtes* qu'on célébrait à Athènes, en l'honneur de Jupiter-*Policus*, c'est-à-dire, *protecteur de la ville*.

DIJON, subst. propre mas. (*dijon*), ville de France, chef-lieu du dép. de la Côte-d'Or. On remarque la place Royale, où se trouve l'ancien palais des ducs de Bourgogne, renfermant le musée de peinture et l'observatoire. Cette ville possède une école de droit et plusieurs établissements importants. Elle est la patrie d'un grand nombre d'hommes célèbres, parmi lesquels *Bossuet* et *Crébillon* occupent le premier rang.

DIL., abréviation employée dans les formules pharmaceutiques pour *diluatur*, qu'on *délaie*.

DILACÉRATION, subst. fém. (*dilacérâcion*) (en lat. *dilaceratio*), action de *dilacérer*.

DILACÉRÉ, E, part. pass. de *dilacérer*.

DILACÉRER, v. act. (*dilacéré*) (en lat. *dilacerare*), déchirer, mettre en pièces avec violence. — *se* DILACÉRER, v. pron.

DILANIATEUR, adj. mas., au fém. **DILANIATRICE** (*dilaniateur, trice*) (du lat. *dilaniare*, déchirer, mettre en pièces) : *effort dilaniateur*, effort que fait la poudre d'une mine ou d'un fourneau en s'enflammant, pour séparer les terres.

DILANIATRICE, adj. fém. Voy. DILANIATEUR.

DILAPIDATEUR, subst. mas., au fém. **DILAPIDATRICE**, (*dilapidateur, trice*), qui *dilapide*, qui dépense follement, etc.—On a dit aussi adj., *ministre dilapidateur*.

DILAPIDATION, subst. fém. (*dilapidâcion*) (en lat. *dilapidatio*), dépense folle et désordonnée.

DILAPIDATRICE, subst. fém. Voy. DILAPIDATEUR.

DILAPIDÉ, E, part. pass. de *dilapider*.

DILAPIDER, v. act. (*dilapidé*) (du lat. *dilapidare*, qui signifie proprement ôter les pierres d'un champ; et, par extension, dépenser mal-à-propos, *dilapider*), dépenser follement et avec désordre. — *se* DILAPIDER, v. pron.

DILATABILITÉ, subst. fém. (*dilatabilité*) t. de phys., propriété de ce qui est *dilatable*.

DILATABLE, adj. des deux genres (*dilatable*), t. de phys., qui peut être *dilaté*, étendu : *l'air est dilatable*.

DILATANT, subst. mas. (*dilatan*) (en lat. *dilatans*, part. prés. du v. *dilatare*, dilater), t. de chir.; il se dit de certains corps que l'on introduit dans la cavité d'une plaie ou d'un ulcère, et qu'on y laisse comme une espèce d'appareil.

DILATATEUR, subst. mas. (*dilatateur*), t. d'anat., nom de deux muscles du nez et de trois autres de l'urèthre.—Instrument de chirurgie.

DILATATEUR-ANTÉRIEUR-DU-LARYNX, adj. et subst. mas. (*dilatateurantérieuredularcinkce*), t. d'anat., se dit du muscle crico-thyroïdien.

DILATATEUR-POSTÉRIEUR, adj. et subst. mas. (*dilatateurpocetérieure*), t. d'anat., se dit du muscle crico-aryténoïdien postérieur.

DILATATION, sub. fém. (*dilatâcion*) en lat. *dilatatio*, action de *dilater*; extension, relâchement. — En astron., augmentation du diamètre des planètes.

DILATATOIRE, subst. mas. (*dilatatoare*), instrument de chirurgie qui sert à ouvrir et à *dilater* les plaies. Quelques-uns disent dans le même sens *dilatoire*, *dilateur* et *dilatateur*.

DILATÉ, E, part. pass. de *dilater*.

DILATER, v. act. (*dilaté*) (en lat. *dilatare*, fait de *latus*, large, étendu), élargir, étendre. — *se* DILATER, v. pron.

DILATEUR, subst. mas. (*dilateur*), instrument de chirurgie. Voy. DILATATOIRE, qui est le même.

DILATION, subst. fém. (*dilâcion*), délai; retard. (*Amyot.*)

DILATOIRE, subst. mas. (*dilatoare*). Voy. DILATATOIRE.

DILATOIRE, adj. des deux genres (*dilatoare*), t. de palais, qui tend à différer, à remettre, à retarder : *exception dilatoire*.

DILATOIREMENT, adv. (*dilatoareman*), t. de prat., avec les délais ordinaires.

DILATRIS, subst. fém. (*dilatrice*), t. de bot., plante de la famille des iridées.

DILAYÉ, part. pass. de *dilayer*.

DILAYER, v. act. et neut. (*dilèié*) (du lat. *dilatare*, étendre, etc.), différer, remettre à un autre temps : *dilayer un jugement* Il est vieux, et même hors d'usage.

DILBOURG, subst. mas. (*dilebôur*), t. d'hist. nat., nom d'une espèce de merle de la Nouvelle-Galles.

DILECTION, subst. fém. (*dilèkcion*) (en lat. *dilectio*, fait de *diligere*, aimer, chérir), amour, charité. C'est un terme consacré en théologie et qu'ont employé les anciens *ascétiques*. — Titre qu'on donne aux électeurs d'Allemagne.

DILEMME, subst. mas. (*dilème*) (en grec δίλημμα, formé de δίς, deux fois, et de λαμβάνω, je prends; *qui prend l'adversaire des deux côtés*), sorte d'argument qui contient deux propositions contraires et contradictoires dont on laisse le choix à l'adversaire pour le convaincre également, soit qu'il prenne l'une, soit qu'il prenne l'autre. On l'appelle quelquefois *argument fourchu* ou *cornu*.

DILEPEYRE, subst. fém. (*dilepère*), t. de bot., sorte de plantes que l'on nomme aussi *muhlenbergie*.

DILETTANTE, subst. mas. (*dilètetante*) (mot italien), amateur, connaisseur. On l'applique, depuis quelque temps, en France, aux amateurs de musique.—Au plur., des *dilettanti*.

DILETTANTI, subst. mas. plur. Voy. DILETTANTE.

DILIGEMMENT, adv. (*dilijaman*), promptement, avec *diligence*, avec soin.

DILIGENCE, subst. fém. (*dilijance*) (en lat. *diligentia*), activité, promptitude à faire quelque chose. Voy. PROMPTITUDE. — En t. d'affaires, poursuite : *faire ses diligences* ; *à la diligence de tel*, sur sa demande ou requête.— Soin, recherche exacte.—Voiture publique pour voyager, qui va plus vite que les autres.— On appelle fig. et prov. *diligence embourbée*, une personne fort lente à tout ce qu'elle fait.

DILIGENT, E, adj. (*dilijan, jante*) (en lat. *diligens*), prompt à faire les choses, expéditif. — DILIGENT, EXPÉDITIF, PROMPT. (*Syn.*) Lorsqu'on est *diligent*, on ne perd pas de temps, et l'on est assidu à l'ouvrage. Lorsqu'on est *expéditif*, on ne remet pas à un autre temps l'ouvrage qui se présente, et on le finit tout de suite. Lorsqu'on est *prompt*, on travaille avec activité, et l'on avance l'ouvrage.

DILIGENT, subst. mas. (*dilijan*), t. de manuf., machine pour dévider l'or en brins. (*Boiste.*)

DILIGENTE, subst. fém. (*dilijante*), t. de bot., sorte de tulipe printanière. — Sorte de voitures omnibus.

DILIGENTÉ, E, part. pass. de *diligenter*.

DILIGENTER, v. act (*dilijanté*), faire, agir avec *diligence* : *il faut diligenter cette affaire*. —Absol., *il faut diligenter*; et plus souvent, *se diligenter*. Ce mot n'a pas encore passé dans le beau style. — *se* DILIGENTER, v. pron., se hâter.

DILIPÉRIE, subst. fém. (*dilipéri*), t. de bot., sorte de plante des Indes.

DILIVAIRE, subst. fém. (*dilivère*), t. de bot., genre de plantes de la famille des acanthes.

DILLE, subst. mas. (*dile*), fausset. Vieux et même hors d'usage.

DILLÉNIACÉES, subst. fém. plur. (*dilelèniacé*), t. de bot., famille de plantes voisines des tulipifères.

DILLWINIE, subst. fém. (*dilvini*), t. de bot., genre de plantes de la famille des légumineuses.

DILOBÉIA, subst. mas. (*dilobéia*), t. de bot., grand arbre des Indes.

DILOGIE, subst. fém. (*diloji*) (formé de δίς, deux fois, et de λόγος, discours, récit, drame en deux actions; ou plutôt deux pièces dans une seule.

DILOPHE, subst. mas. (*dilofe*), t. d'hist. nat., espèce d'oiseaux de l'ordre des silvains.—Insecte diptère.

DILUÉ, E, part. pass. de *diluer*.

DILUER, v. act. (*dilué*, t. de chim., étendre d'eau une dissolution, ou augmenter d'eau une dose quelconque. — *se* DILUER, v. pron.

DILUTION, subst. fém. (*dilucion*), t. de chim., action d'étendre l'eau dans une dissolution.

DILUVIEN, adj. mas., au fém. **DILUVIENNE** (*diluviein, viène*) (du lat. *diluvium*, déluge), qui a rapport au *déluge* : *les eaux diluviennes s'élevaient au sommet des montagnes*.

DILUVIENNE, adj. fém. Voy. DILUVIEN.

DILUVIER, v. act. (*diluvié*), ancien mot qui s'est dit pour *inonder*.

DIMACHÈRE, subst. mas. (*dimachère*) (du grec δίς, deux fois, et μάχομαι, je combats), gladiateur qui combattait avec deux poignards ou deux épées.

DIMANCHE, subst. mas. (*dimanche*) (en latin *dominica*, sous-entendu *dies*, jour; *jour du Seigneur*), premier jour de la semaine, que l'Église catholique a ordonné de sanctifier. — *Dimanche gras*, celui qui précède le mercredi des Cendres.

DIMANCHIER, subst. mas., au fém. **DIMANCHIÈRE** (*dimanchié, chière*), qui aime à chômer souvent.

DIMAQUES, subst. mas. plur. (*dimake*) (du grec δίς, deux fois, et μάχη, combat), t. d'hist. anc., corps de soldats anciens qui combattaient à pied et à cheval.

DIMBOS, subst. mas. (*deinboce*), t. d'hist. nat., espèce de fourmi rouge qu'on rencontre à Ceylan.

DÎME, subst. fém. (*dime*) (du lat. *decima*, sous-entendu *pars*, dixième partie; fait de *decem*, dérivé du grec δέκα, dix), la *dixième* partie (ou autre portion quelconque) des fruits de la terre, etc., que l'on payait à l'Église ou aux seigneurs.

DÎMÉ, E, part. pass. de *dîmer*.

DIMENSION, subst. fém. (*dimancion*) (en latin *dimensio*, fait de *demetiri*, mesurer), en géom., l'étendue d'un corps considéré en tant qu'il est *mesurable* ou susceptible de mesure : *tous les corps ont trois dimensions, la longueur, la largeur, et la profondeur ou épaisseur*.—En algèbre : 1° les puissances des racines ou valeurs des quantités inconnues d'une équation : dans une équation du premier degré, l'inconnue n'a qu'une *dimension* : elle en a deux dans une équation du second degré, etc.; 2° les lettres ou facteurs dont une quantité algébrique est composée. — Fig. : *prendre ses dimensions dans une affaire*, prendre les mesures nécessaires pour réussir.

DÎMER, v. neut. (*dimé*), avoir droit de lever la *dîme* dans un lieu; et act. : soumettre à la *dîme*.

DIMÉRÈDES, subst. mas. plur. (*dimérède*), t. d'hist. nat., famille de poissons dont les nageoires pectorales offrent des rayons libres et isolés.

DIMÈRES, subst. mas. plur. (*dimère*), t. d'hist. nat., section d'insectes coléoptères.

DÎMERIE, subst. fém. (*dimeri*), étendue d'un territoire sur lequel on avait le droit de *dîmer*. *Dîmes*, 1re pers. plur. prét. déf. du verbe irrégulier DIRE.

DIMÈTRE, adj. des deux genres (*dimètre*) (du grec δίς, deux fois, et μέτρον, mesure), t. de poésie grecque et latine, qui est de *deux mesures*.

DÎMEUR, subst. mas. (*dimeur*), fermier qui prenait et levait les *dîmes*.

DIMIDIÉ, E, adj. (*dimidié*), réduit à moitié. Il s'emploie surtout en hist. nat.

DÎMIER, subst. mas. (*dimié*), journalier qui comptait et recueillait la *dîme*.

DIMIN., abréviation du mot *diminutif*.

DIMINUÉ, E, part. pass. de *diminuer*, et adj., t. de mus., *intervalle diminué*, tout intervalle mineur dont on retranche un demi-ton.—*Modes diminués*, modes imparfaits, en mus.

DIMINUER, v. act. (*diminué*) (en latin *diminuere*), amoindrir, rendre plus *menu*, plus petit. — Neutralement, devenir moindre. — *se* DIMINUER, v. pron.

DIMINUTIF, subst. mas. (*diminutif*), qui *diminue*. Il a en grammaire le même sens que l'adjectif : *herbette est un diminutif d'herbe*.—Chose qui est en petit ce qu'une autre est en grand : *ce jardin est un diminutif de celui de...*

DIMINUTIF, adj. mas., au fém. **DIMINUTIVE** (*diminutif, tive*), qui *diminue* ou adoucit la force du mot dont il est dérivé : *fillette est une expression diminutive de fille*.

DIMINUTION, subst. fém. (*diminucion*) (en lat. *diminutio*), amoindrissement, retranchement d'une partie de quelque chose.—Figure de rhétorique qui consiste à dire moins qu'on ne pense.— En mus., division d'une note longue en plusieurs autres de même valeur. Ce mot a vieilli en ce sens. Les Italiens disent encore *diminuzione*, pour exprimer la faculté réservée à tout chanteur de remplir un intervalle de la musique écrite par tous les sons intermédiaires, suivant son goût ou son caprice.

DIMINUTIVE, adj. fém. Voy. DIMINUTIF.

DIMISSOIRE, subst. mas. (*dimiçoare*) (en lat. *dimissorius*, fait de *dimittere*, envoyer), lettres par lesquelles un évêque diocésain donne pouvoir à un autre évêque de conférer les ordres à celui qu'il lui *envoie*.

DIMISSORIAL, E, adj. (*dimiçoriale*), usité en cette phrase : *lettres dimissoriales*, qui contiennent un *dimissoire*.—Au plur., *dimissoriaux*.

DIMISSORIAUX, adj. mas. plur. Voy. DIMISSORIAL.

DIMITES, subst. mas. plur. (*dimite*), t. de comm., sorte de toiles de coton qui se fabrique en Grèce.

DIMOCARPE, subst. mas. (*dimokarpe*), t. de bot., genre de plantes.

DIMORPHE, subst. mas. (*dimorfe*) du grec δίς, double, et μορφή, forme), t. d'hist. nat., genre d'insectes de l'ordre des hyménoptères.

DINAN, subst. propre mas. (*dinan*), ville de France, chef-lieu d'arrond., dép. des Côtes-du-Nord.

DINANDERIE, subst. fém. (*dinandri*), se dit de toutes sortes d'ustensiles de cuivre jaune. Il tire son nom de *Dinant*, ville du pays de Liége.

DINANDIER, subst. mas. (*dinandié*), celui qui fabrique ou vend de la *dinanderie*.

DINANDOIS, subst. mas., au fém. **DINANDOISE** (*dinandoa, oaze*), celui ou celle qui est de la ville de *Dinan*.

DINAR, subst. mas. (*dinar*), sorte de monnaie de Perse.

DÎNATOIRE, adj. des deux genres (*dinatoare*) : *l'heure dinatoire*, l'heure de *dîner*; *déjeuné dînatoire*. Voy. DÉJEUNER. Il n'est usité que dans quelques provinces et dans le style familier.

DIN-DAN, subst. mas. (*deindan*) (onomatopée), son des cloches.

DINDE, subst. fém. (*deinde*), poule d'Inde : *voilà une bonne dinde*. N'employez pas, comme le bas peuple, le mot *dindon* pour *dinde*. — Fig. et fam., on appelle une femme sans intelligence : *une grande dinde*.

DINDON, subst. mas. (*deindon*), coq d'*Inde*. N'employez pas le mot *dinde* pour *dindon*. — *Bête comme un dindon*, fort bête. — *Oh ! le dindon !* le stupide homme. — *Être le dindon de la chose*, être dupe. — *Garder les dindons*, vivre à la campagne, n'être bon que parmi les bêtes.— Jésuite. (*Voltaire.*)

DINDONNADE, subst. fém. (*deindonade*), maladie des *dindons*. — Sorte de mets formé de parties de *dindon*.

DINDONNEAU, subst. mas. (*deindonô*), petit *dindon*.

DINDONNIER, subst. mas.; **DINDONNIÈRE**, subst. fém. (*deindonié, nière*), gardeur, gardeuse de *dindons*. — L'*Académie* ajoute qu'on disait quelquefois *dindonnière* en parlant d'une demoiselle de campagne. Si véritablement on l'a dit, il est bien certain que cela ne se dit plus.

DINDONNIÈRE, subst. fém. Voy. DINDONNIER.

DINDYME, subst. propre mas. (*deindime*), myth., nom de plusieurs montagnes dans la Troade, dans la Phrygie et dans la Thessalie. C'est de celle de Phrygie que Cybèle est surnommée *Dindymène* et *Dindyme*.

DINDYMÈNE. Voy. DINDYME.

DINÈBRE, subst. fém. (*dinèbre*), t. de bot., genre de plantes de la famille des graminées.

DÎNÉ, part. pass. de *dîner*.

DÎNÉ ou **DÎNER**, subst. mas. (*dîné*) (suivant *Ménage*, du latin barbare *disnare*, qu'on a dit pour *desinere*, cesser, finir, parce qu'on se repose et qu'on cesse de travailler à l'heure de midi ou du *dîné*; suivant plusieurs autres étymologistes, du grec δειπνεῖν, qui s'est dit pour le *dîné*, et ensuite pour le soupé), repas qui se faisait autrefois à midi, et qui se fait aujourd'hui beaucoup plus tard.

DÎNÉE, subst. fém. (*dîné*), le repas ou la dépense qu'on fait à *dîner* dans les voyages : *il en coûtera six francs pour la dînée*. — Le lieu où l'on dîne en voyageant : *il y a six lieues d'ici à la dînée*.

DINEMURE, subst. mas. (*dinemure*), t. d'hist. nat., genre de vers qui présentent pour caractère un corps cylindrique.

DÎNER, v. neut. (*dîné*), prendre le repas appelé *dîné*.—Ce verbe veut la prép. *avec* avant un nom de personne, et la prép. *de* avant un nom de chose : *j'ai dîné avec mon ami; j'ai dîné d'une excellente volaille*. Toutefois, cette règle n'est pas absolument rigoureuse; mais les meilleurs auteurs ont adopté la distinction que nous proposons avec *Girault-Duvivier*, qui cite *La Fontaine* :

L'oiseau n'est plus; vous en avez *dîné*.

—Prov., *dîner par cœur*, ne pas *dîner* du tout. — Qui dort *dîne*, on ne mange pas en dormant; celui qui dort n'a donc pas besoin de *dîner*. — *Son assiette dîne pour lui*, vieux proverbe peu en usage aujourd'hui, et qui se disait en parlant de quelqu'un qui, ne s'étant point rendu à une table d'hôte à l'heure du repas, n'en était pas moins obligé de payer comme s'il y avait assisté. — *Qui s'attend à l'écuelle d'autrui, mal dîne*, on est souvent trompé quand on compte sur autrui.

DÎNER, subst. mas. Voy. DÎNÉ.

DÎNETTE, subst. fém. (*dînète*), petit *dîné*. Il ne se dit guère que d'un petit repas simulé qui sert de jeu aux enfants entre eux et leur poupée.

DÎNEUR, subst. mas., au fém. **DÎNEUSE** (*dineur, neuze*), dont le repas principal est le *dîner*. — Grand mangeur : *c'est un beau, un bon dîneur*. — Parasite.

DINGA, subst. fém. (*deingua*), nom d'une barque particulière des côtes du Malabar.

DINIQUE, adj. des deux genres (*dinike*) (du grec δῖνος, vertige), t. de médec., se disait autrefois des remèdes que l'on croyait propres à combattre le vertige.—Subst. mas.

DINOVE, subst. fém. (*dinove*), t. d'hist. nat., vermiculaire fossile.

DINTIERS, subst. mas. plur. (*deintié*), rognons de cerf.

DINTRIR, v. neut. (*deintrir*) (en lat. *dintrire*), crier entre les dents comme la souris. (*Boiste*.)

DIOCÉSAIN, subst. mas., au fém. **DIOCÉSAINE** (*diocézein, zène*), qui est du *diocèse* : *diocésain de l'évêque de*...—On dit adject. : *évêque diocésain*, l'évêque du *diocèse* dont on parle; *statuts diocésains*.

DIOCÈSE, subst. mas. (*diocèze*) (du grec διοίκησις, administration, juridiction, dérivé de διοικέω, j'administre, je gouverne), étendue de pays sur laquelle l'évêque exerce une juridiction ecclésiastique.

DIOCH, subst. mas. (*diok*), t. d'hist. nat., espèce d'oiseau du Sénégal.

DIOCLÈS, subst. propre mas. (*dioklèce*), myth., héros révéré chez les Mégariens, qui célébraient en son honneur des jeux nommés de son nom *Dioclées*.

DIOCLÉTIENNE, adj. fém. (*dioklécième*), t. de chronologie, ère dont le commencement répond au 29 août de l'année de Jésus-Christ 284, la première du règne de *Dioclétien*. On l'appelle aussi *ère des martyrs*.

DIOCONITES ou **DIOCOTINITES**, subst. mas. plur. (*diokonite, tinite*), t. d'hist. anc., soldats à moitié armés.

DIOCTOPHYME, subst. fém. (*dioktofime*), t. d'hist. nat., genre de vers de la division des intestinaux.

DIOCTRIE, subst. fém. (*dioktri*), t. d'hist. nat., genre d'insectes de l'ordre des diptères.

DIODE, subst. fém. (*diode*), t. de bot., genre de plantes de la famille des rubiacées.

DIODÈLE, subst. fém. (*diodèle*), t. de bot., sorte de mille-feuilles.

DIODON, subst. mas. (*diodon*) (du grec δίς, deux fois, et ὀδόντος, gén. de ὀδούς, dent), t. d'hist. nat., genre de poissons cartilagineux qui n'ont que *deux dents*.

DIODONCÉPHALE, subst. mas. (*diodoncéfale*), t. d'hist. nat., monstre né avec une double rangée d'os dentaires.

DIŒCIE, subst. fém. (*diéci*), (du grec δίς, deux fois, et οἰκία, maison, habitation ; *qui a deux maisons*, t. de bot., nom de la XXIIe classe du système de *Linnée*, qui renferme les plantes dont les fleurs ont les organes sexuels séparés sur différents individus.

DIOGÈNE, subst. mas. (*diojène*), t. d'hist. nat., espèce de crustacé.

DIOÏQUE, adj. des deux genres (*dio-ike*), t. de bot. : *plante dioïque*, dont les fleurs mâles sont portées sur un pied, et les feuilles femelles sur un autre. Voy. DIŒCIE.

DIOIS, E, subst. (*dioa, oaze*), de la ville de *Die*.

DIOMÉDA, subst. propre fém. (*dioméda*), myth., fille de Phorbas, qu'Achille substitua à Briséis, lorsqu'Agamemnon lui eut enlevé celle-ci.

DIOMÈDE, subst. propre mas. (*diomède*), myth., roi d'Étolie, fils de Tydée, et le plus vaillant des Grecs après Achille et après Ajax. Il se distingua beaucoup au siége de Troie, où il blessa Mars et Vénus, et fut un de ceux qui enlevèrent le Palladium. Après la ruine de Troie, il eut tant d'horreur des excès de sa femme Egiale, que, pour n'en être pas témoin, il abandonna l'Étolie, dont il était roi, et vint s'établir en Italie. On dit qu'il y fut tué par Énée, et que ses compagnons en eurent tant de chagrin, qu'ils furent changés en hérons.—Il y eut un autre Diomède qui nourrissait ses chevaux de chair humaine; Hercule le tua et assomma ses chevaux.

DIOMÉDÉE, subst. fém. (*diomédé*), t. de bot., genre de plantes. — T. d'hist. nat., oiseau.

DIOMÉES, subst. fém. plur. (*diomé*), myth., fêtes célèbrées en Grèce en l'honneur de Jupiter-*Dioméus*.

DIONCOSE, subst. fém. (*dionkôze*), t. de médec., tuméfaction, pléthore.

DIONÉ, subst. propre fém. (*dioné*), myth., nymphe, fille de l'Océan et de Thétys. Elle fut au nombre des concubines de Jupiter. Il eut d'elle Vénus, qui fut surnommée *Dionée*, du nom de sa mère. Jules César fut aussi surnommé *Dionæus*, comme descendant de Vénus.

DIONÉE, subst. fém. (*dioné*), t. de bot., plante remarquable par l'irritabilité de ses feuilles.

DIONYSIA, subst. fém. (*dionizia*), sorte de pierre précieuse.

DIONYSIADE, subst. fém. (*dioniziade*), myth., prêtresse de Bacchus.

DIONYSIAQUE, subst. fém. (*dioniziake*) (en grec διονυσιακά, fait de διονύσιος), danse de Bacchus. Au plur., fêtes chez les anciens Grecs en l'honneur de *Bacchus*. On les appelait aussi *bacchanales*.

DIONYSIEN, subst. mas. (*dionizieïn*) (du grec Διονυσος, Bacchus), t. de path. On donne ce nom à tous ceux qui portent des excroissances osseuses ou des cornes sur les parties latérales du front.

DIONYSIODOTE, subst. propre mas. (*dionizlodote*), myth., surnom d'Apollon chez les Phlyens, peuple de l'Attique.

DIONYSISQUES, subst. fém. plur. (*dioniziceke*) (du grec Διονυσος, Bacchus), t. de chir., tumeurs, éminences qui sont placées aux environs des tempes.

DIONYSIUS, et mieux **DIONYSUS**, subst. propre mas. (*dioniziuce, zuce*) (en grec Διονυσος, formé de Διός, gén. de Ζεύς, Jupiter, et de Νυσα, ville d'Arabie), myth., nom de Bacchus, appelé ainsi de la ville de *Nysa*, où il avait un temple superbe, et où il avait été élevé.

DIONYSOS, subst. mas. (*dionizoce*), t. de pharmacie, ancien nom d'un collyre préparé avec de la myrrhe et du vin de Chio.

DIOPÈTES, subst. propre fém. plur. (*diopète*), myth. On donnait ce nom à des statues de Jupiter, de Diane et d'autres divinités qu'on croyait être descendues du ciel.

DIOPHANTE, subst. mas. (*diofante*), se dit en math. de certaines questions du genre de celles qui ont été résolues par *Diophante*, mathématicien d'Alexandrie, qui vivait, à ce qu'on croit, au troisième siècle. Elles ont pour objet de trouver des nombres commensurables qui satisfassent à des nombres déterminés, auxquels satisferaient une infinité de nombres incommensurables.

DIOPHTHALME, subst. mas. (*diofetalme*) (du grec ὀφθαλμός, œil), t. de chir., espèce de bandage pour les maladies des yeux.

DIOPI, subst. mas. (*diopi*), espèce de flûte ancienne qui n'avait que deux trous.

DIOPORON, subst. mas. (*dioporon*), t. de pharm., ancien nom d'un médicament employé contre l'esquinancie.

DIOPSE, subst. mas. (*diopece*), t. d'hist. nat., genre d'insectes de l'ordre des diptères.

DIOPTASE, subst. fem. (*diopetaze*), sorte de minéral de couleur verte.

DIOPTRE, subst. mas. (*diopetre*) (du grec διά, à travers, et ὀπτομαι, je vois), instrument de chirurgie, qui sert à dilater la matrice ou l'anus, afin qu'on puisse examiner les maladies de ces parties.—Au plur., t. d'astronomie, trous percés dans les pinnules de l'alidade.

DIOPTRIQUE, subst. fém. (*diopetrike*) (du grec διά, à travers, et ὀπτομαι, je vois), science de la vision qui se fait par des rayons rompus; c'est-à-dire par des rayons qui, passant d'un milieu dans un autre, se brisent à leur passage, et changent de direction. On l'appelle aussi *anaclastique*. — Dans un sens plus étendu, la partie de l'optique qui explique les effets de la réfraction de la lumière.

DIOPTRIQUE, adj. des deux genres (*diopetrike*), qui a rapport à la *dioptrique* : *télescope dioptrique*, télescope entièrement par réfraction.

DIOPTRISME, subst. mas. (*diopetriceme*), t. de chir., opération qui consiste dans l'application des instruments dilatateurs.

DIORAMA, subst. mas. (*diorama*) (du grec διά, à travers, et ὅραμα, vue), sorte de *panorama* éclairé, comme aux diverses parties du jour, par une lumière mobile.

DIORCHYTE, subst. fém. (*diorchite*), pierre sur laquelle sont figurées deux protubérances ovoïdes.

DIORRHOSE, subst. fém. (*dioreróze*) (du grec διά, et ὀρρός, sérosité), t. de médec., changement des humeurs en eau.

DIORTHOSE, subst. fém. (*diortôze*) (en grec διόρθωσις), t. de chir., opération qui consiste à réduire une fracture ou une luxation.

DIOS-BOUS, subst. mas. (*diocebouce*), myth., fête milésienne où l'on immolait un bœuf à Jupiter.

DIOSCORÉES, subst. fém. plur. (*diocekoré*), t. de bot., famille de plantes de la division des monocotylédones.

DIOSCURES, subst. mas. plur. (*diocekure*) (du grec Διός, génitif de Ζεύς, Jupiter, et κοῦρος, fils, jeune homme), surnom de Castor et Pollux, fils de Jupiter. Ils étaient particulièrement révérés sous cette dénomination comme les divinités tutélaires de la navigation. On comprenait encore sous ce nom plusieurs dieux subalternes, enfants de Jupiter.

DIOSCURIES, subst. fém. plur. (*diocekuri*), myth., fêtes grecques en l'honneur de Castor et Pollux. Voy. DIOSCURES.

DIOSMA, subst. mas. (*diocema*) (du grec δῖος, en ionique, pour δῖος, divin, et ὀσμή, odeur), t. de bot., genre de plantes qui comprend de très-jolis arbustes propres à l'Afrique.

DIOSMARINE, subst. fém. (*diocemarine*), t. de chim., principe particulier extrait du *diosma*.

DIOSMÉES, subst. fém. plur. (*diocemé*), t. de bot., nouvelle famille de plantes dont le genre *diosma* est le type.

DIOSPOLIS, subst. propre fém. (*diocepolice*) (du grec Διός, gén. de Ζεύς, Jupiter, et πόλις, ville), myth. C'est le nom de plusieurs villes en Égypte, en Phénicie et dans la Lydie, parce que Jupiter y était particulièrement révéré.

DIOSPOLITES, subst. mas. plur. (*diocepolite*), famille ou branche des rois qui régnèrent à Dios polis en Égypte.

DIOSPOLITICON, subst. mas. (*diocepolitikon*) t. de pharm., ancien nom d'un médicament composé.

DIOSPYRE, subst. mas. (*diocepire*), t. de bot., arbrisseau qui tient du poirier.

DIOSTOTIMÈTRE, subst. mas. (*diocetotimètre*), instrument qui sert à établir un certain rapport entre la dilatation et la marche de nos thermomètres.

DIOSTOTIMÉTRIQUE, adj. des deux genres (*diocetotimétrike*), qui a rapport au *diostotimètre*.

DIOTA, subst. mas. (*diota*), mesure de capacité chez les anciens Grecs.

DIOTIS, subst. fém. (*diotice*), t. de bot., genre de plantes que l'on a classé dans l'ordre des santolines.

DIOTITE, subst. fém. (*diotite*), t. de bot., genre de plantes de la famille des corymbifères.

DIOXÉLÉON, subst. mas. (*diokcéléon*), t. de pharm., sorte de cataplasme dont les anciens faisaient usage dans les derniers accès de goutte.

DIOXIE, subst. fém. (*diokci*), t. de bot., sorte de plante.

DIP, subst. mas. (*dipe*), t. d'hist. nat., coquille du genre buccin.

DIPCADI, subst. mas. (*dipekadi*), t. de bot., espèce de plante de la famille des jacinthes.

DIPÉTALÉ, E, adj. (*dipétalé*) (du grec δις, deux fois, et πεταλον, pétale, feuille), t. de bot. : *corolle dipétalée*, composée de deux pièces ou *pétales*.

DIPHAQUE, subst. mas. (*difake*), t. de bot., sorte d'arbrisseau de la Cochinchine.

DIPHIE, subst. fém. (*difi*), t. d'hist. nat., sorte de ver marin biparti, ou le *biphore biparti*.

DIPHISE, subst. fém. (*difize*), t. de bot., genre de plantes de la famille des légumineuses.

DIPHRYGE, subst. mas. (*difrije*) (du grec δις, et φρυγω, je brûle), t. de pharm., marc du cuivre jaune fondu, qui servait autrefois pour les ulcères invétérés.

DIPHTHÉRA, sub. propre fém. (*difetéra*), myth. On donnait ce nom à la peau de la chèvre Amalthée, sur laquelle on croyait que Jupiter avait écrit toutes les destinées humaines.

DIPHTHÈRE, sub. mas. (*difetère*), vêtement de peau que portaient les esclaves grecs.

DIPHTHÉRITE, sub. fém. (*difetérite*) (du grec διφθερα, parchemin, membrane), sorte d'angine couenneuse.

DIPHTHONGUE, subst. fém. (*difetongue*) (en grec διφθογγος, formé de δις, deux fois, et φθογγος, son), réunion de deux sons en une seule syllabe, qui se prononcent par une seule émission de voix : *Dieu, lui, moi*.

DIPHYE, adj. des deux genres (*difi*), de deux natures. (*Ballanche*.)

DIPHYÈNE, subst. fém. (*difiène*), pétrification qui figurait réunies les parties naturelles des deux sexes.

DIPHYLLE, adj. des deux genres (*difile*) (du grec δις, deux fois, et φυλλον, feuille), t. de bot. : *calice diphylle*, composé de *deux* pièces ou *feuilles*.

DIPHYLLÉIE, subst. fém. (*difilé-i*), t. de bot., plante vivace de l'Amérique septentrionale.

DIPHYLLIDE, subst. fém. (*difilide*), t. d'hist. nat., genre de mollusque de l'ordre des gastéropodes.

DIPHYLLUM, subst. mas. (*difilelome*), t. de bot., genre de plantes de la famille des orchidées.

DIPHYSCION, subst. mas. (*dificecion*), t. de bot., espèce de plantes du genre des mousses.

DIPHYTE, subst. fém. (*difite*), t. de bot., genre de plantes. — T. d'hist. nat., moule de coquille.

DIPLACRE, subst. fém. (*diplakre*), t. de bot., petite plante de la famille des souchets.

DIPLANCHNE, subst. fém. (*diplankne*), t. de bot., genre de plantes de la famille des graminées.

DIPLANTHÈRE, subst. fém. (*diplantère*), t. de bot., genre de plantes de la famille des solanées.

DIPLANTIDIENNE, adj. fém. (*diplantidiène*) (du grec δις, deux fois ; πλασις, figure, image ; αντι, opposé, et ειδος, ressemblance ; *qui représente des images doubles, opposées et semblables*), t. d'opt. : *lunette diplantidienne*, dans laquelle on voit *deux images* du même objet, l'une droite et l'autre renversée. Elle est de l'invention de M. *Jeaurat*, astronome. — On dit aussi subst. : *une diplantidienne*.

DIPLARRÈNE, subst. fém. (*diplarène*), t. de bot., genre de plantes de la famille des iridées.

DIPLASE, subst. fém. (*diplaze*), t. de bot., plante de la Guyane, de la famille des souchets.

DIPLAZION, subst. mas. (*diplazion*), t. de bot., espèce de plantes du genre des fougères.

DIPLE, subst. mas. (*diple*) (du grec διπλοος, double), signe en forme d'angle qu'on rencontre dans les anciens manuscrits.

DIPLECTHRON, subst. mas. (*diplèktron*), t. de bot., genre de plantes de la famille des orchidées.

DIPLÈVRE, subst. fém. (*diplèvre*), t. de bot., genre de plantes.

DIPLOCOME, subst. mas. (*diplokome*), t. de bot., espèce de plantes du genre des mousses.

DIPLOÉ, subst. mas. (*diplo-é*) (du grec διπλοη, fém. de διπλοος, double), t. d'anat., substance spongieuse qui sépare les deux tables des *os* du crâne.

DIPLOÏDE, subst. fém. (*diplo-ide*) (du grec διπλοος, double), robe fourrée qu'on portait autrefois dans l'Orient.

DIPLOÏQUE, adj. des deux genres (*diplo-ike*), t. d'anat., qui tient de la nature du *diploé*.

DIPLOLÉPAIRES, subst. mas. plur. (*diplolépère*), t. d'hist. nat., famille d'insectes de la tribu des gallicoles.

DIPLOLÈPE, subst. mas. (*diplolèpe*) (du grec διπλοος, double, et λεπος, écaille), t. d'hist. nat., genre d'insectes hyménoptères qui produisent les gales des plantes.

DIPLOMATE, subst. et adj. des deux genres (*diplomate*) : *homme, femme, ministre diplomate*, qui s'occupe de la *diplomatie*, qui y est versé. Voy. DIPLOMATIE.

DIPLOMATIE, subst. fém. (*diplomaci*), science du gouvernement des états, des rapports, des intérêts de puissance à puissance.

DIPLOMATIQUE, subst. fém. (*diplomatike*), l'art de reconnaître les *diplômes* authentiques, d'apprécier la valeur des manuscrits anciens, d'en fixer l'âge et l'authenticité, d'en déchiffrer l'écriture, etc. — Partie de la politique qui traite du droit des gens.

DIPLOMATIQUE, adj. des deux genres (*diplomatike*), qui concerne la *diplomatie : recueil diplomatique*. — *Corps diplomatique*, le corps des ambassadeurs et ministres étrangers dans une cour, etc. — Mystérieux.

DIPLOMATIQUEMENT, adv. (*diplomatikeman*) d'une manière *diplomatique*.

DIPLOMATISTE, subst. mas. (*diplomaticete*), celui qui cultive la *diplomatie*.

DIPLÔME, subst. mas. (*diplôme*) (en grec διπλωμα, fait de διπλοος, double; *copie double d'un acte*, parce qu'on en garde l'original ou la copie), charte; anciens titres. — Dans certains états, lettres-patentes du souverain. — Titre d'agrégation dans une société, dans une compagnie. — Autorisation d'exercer une profession.

DIPLOPIE, subst. fém. (*diplopi*) (du grec διπλοος, οψ, œil), t. de chir., disposition des yeux qui fait paraître les objets doubles.

DIPLOPOGON, subst. mas. (*diplopoguon*), t. de bot., genre de plantes de la famille des graminées.

DIPLOPTÈRES, subst. mas. plur. (*diplopetère*), t. d'hist. nat., famille d'insectes de l'ordre des hyménoptères.

DIPODE, subst. mas. et adj. des deux genres (*dipode*) (du grec δις, double, et πους, ποδος, pied), qui a deux pieds. — T. d'hist. nat., sorte de rat à *deux pieds*, qu'on nomme aussi *gerboise*. — Ordre de poissons, de reptiles.

DIPODION, subst. mas. (*dipodion*), t. de bot., genre de plante.

DIPOGONIE, subst. fém. (*dipoguoni*), t. de bot., genre de plante de la famille des graminées.

DIPROSIE, subst. fém. (*diprozi*), t. d'hist. nat., genre de crustacés succurs.

DIPSACÉES, subst. fém. plur. (*dipeçacé*) (du grec διψα, soif; *plante ayant soif*), t. de bot., famille de plantes dont les feuilles forment, en se réunissant à leur base, une cavité dans laquelle se rassemble l'eau des pluies et de la rosée.

DIPSAS, subst. mas., au fém. **DIPSADE** (*dipeçâce, çade*) (en grec διψας, fait de διψα, soif), serpent dont la piqûre causait une *soif* ardente.

DIPSÉTIQUE, adj. des deux genres (*dipecétike*) (du grec διψαω, j'ai soif), t. de médec. : *remède dipsétique*, qui provoque la soif. — Subst. mas. : *un dipsétique*.

DIPTÈRE, subst. mas. (*dipetère*) (du grec δις, doublement, et πτερον, aile), t. d'archit., temple, etc., qui a deux rangs de colonnes tout autour formant des espèces de portiques que les anciens appelaient *ailes*. — En t. d'hist. nat., genre d'insectes qui n'ont que *deux ailes*. Dans ce dernier sens, il est adj. des deux genres.

DIPTÉRIGIEN, adj. mas., au fém. **DIPTÉRIGIENNE** (*dipetérijiein, jiène*) (du grec δις, deux fois, et πτερυξ, aile ou nageoire), t. d'hist. nat., nom des poissons qui ont *deux nageoires* sur le dos.

DIPTÉRIGIENNE, adj. fém. Voy. DIPTÉRIGIEN.

DIPTÉROCARPE, subst. mas. (*diptérokarpe*), t. de bot., genre de plantes de la famille des érables.

DIPTÉRODON, subst. mas. (*dipetérodon*) (du grec δις, deux fois, πτερον, aile ou nageoire, et οδοντος, gén. de οδους, dent), t. d'hist. nat., genre de poissons osseux qui ont *deux nageoires* sur le dos et *deux* rangées de *dents*.

DIPTOTE, adj. (*dipetote*), t. de gramm., s'est dit des *noms qui n'ont que deux cas*.

DIPTYQUES, subst. mas. plur. (*dipetike*) (en grec διπτυχος, formé de δις, deux fois, et πτυσσω, je plie), t. d'hist. anc., registre chez les anciens, où l'on conservait les noms des magistrats, et, dans les anciennes églises, les noms des vivants et des morts pour lesquels on faisait des prières. C'étaient dans l'origine des tablettes composées de *deux feuilles* ou morceaux, dont le nom fut ensuite étendu à toute espèce de tablettes, quel que fût le nombre de leurs feuillets, et servit à les distinguer des rouleaux appelés en latin *volumina*, d'où nous avons fait *volume*. — C'est aussi la liste des évêques qui se sont succédé dans un diocèse.

DIPYRE, subst. mas. (*dipire*), substance blanche, pierreuse, encore peu connue.

DIPYRRICHE ou **DIPYRRIQUE**, subst. mas. (*dipiriche, rike*), t. de litt. anc., pied de vers de quatre brèves.

DIR., abréviation du mot *direct*.

DU VERBE IRRÉGULIER DIRE :

Dira, 3e pers. sing. fut. indic.
Dirai, 1re pers. sing. fut. indic.
Diraient, 3e pers. plur. prés. cond.
Dirais, précédé de *je*, 1re pers. sing. prés. cond.
Dirais, précédé de *tu*, 2e pers. sing. prés. cond.
Dirait, 3e pers. sing. prés. cond.
Diras, 2e pers. sing. fut. indic.

DIRCA *des marais*, subst. mas. (*dirkadèmaré*), t. de bot., sorte d'arbrisseau que l'on nomme aussi bois de cuir ou de plomb des Canadiens. — Genre de plantes de la famille des thymélées.

DIRCÆUS, subst. propre mas. (*dircé-uce*), myth., surnom d'Amphion, pris de *Dircé*, fontaine de la *Béotie*. De là aussi Pindare est appelée *Dyrcœus cycnus*.

DIRCÉ, subst. propre fém. (*dircé*), myth., reine de Thèbes. Lycus, pour l'épouser, avait répudié Antiope, dont les enfants attachèrent *Dircé* à la queue d'un taureau furieux, afin de venger leur mère de cet affront. — Il y eut une autre *Dircé* qui, ayant osé comparer sa beauté à celle de Pallas, fut changée en poisson.

DIRCÉE, subst. fém. (*dircé*), t. d'hist. nat., genre d'insectes de l'ordre des coléoptères.

DIRE, v. act. (*dire*) (en latin *dicere*), exprimer, faire entendre par la parole : *dire son avis ; dire du bien de....* — Réciter : *dire sa leçon*. — *Dire la messe*, la célébrer. — Juger : *je ne sais que dire de tout cela*. — En poésie, chanter : *je dirai les exploits*. — Ordonner : *je vous dis de faire cela*. — *Trouver à dire*, trouver qu'il manque quelque chose ; et, dans une autre acception, trouver à reprendre. — *Il y a bien à dire*, il s'en faut beaucoup. — *On dit que...*, c'est le bruit, l'opinion commune que... — *Dire à quelqu'un son fait*, lui parler fortement. — *En dire pis que pendre*, en parler fort mal. — *Cela va sans dire* (quelques-uns ajoutent : *comme le bréviaire de messire Jean*), cela est tout simple ; il n'est pas nécessaire de le *dire*. — *Cela ne dit rien*, ne signifie rien, ou, dans la place où il est, ne sert de rien. — *Le cœur me le dit*, j'en ai quelque pressentiment. — *Si le cœur vous en dit*. Voy. CŒUR. — *C'est-à-dire que...*, cela signifie que... — *Il dit d'or*, il parle bien : on ne peut mieux *dire*, mieux parler. Presque toutes ces expressions appartiennent au style familier. — *se* DIRE, v. pron., *dire* à soi-même : *je me dis cela tous les jours*. — Prétendre être : *quelques-uns se disent théologiens*. (Bossuet.)

DIRE, subst. mas. (*dire*), t. de prat., ce qu'une des parties a avancé : *mettre son dire par écrit; au dire des anciens*. — Assertion. — Le *bien dire*, l'élégance dans le discours.

DIRECT, E, adj. (*dirèkte*) (en latin *directus*, fait de *rectus*, droit), qui va tout *droit* et *sans* détour. — En musique, intervalle qui fait harmonie sur le son fondamental qui le produit. Il est opposé à *renversé*. — *Rayon direct* se dit, en optique, par opposition à *rayon réfléchi*, et à rayon *réfracté* ou *rompu*. — En t. d'astronomie : *mouvement direct*, mouvement d'un astre d'occident en orient, et *suivant les signes du zodiaque*. — En t. de généalogie : *ligne directe*, ligne des descendants, par opposition à *ligne collatérale*. — En t. de droit, *seigneur direct*, seigneur immédiat de qui relève une terre. — *Harangue directe*, celle dans laquelle l'auteur fait parler la personne elle-même. — *Contributions directes*. Voy. CONTRIBUTION.

DIRECTE, subst. fém. (*dirěkte*), l'étendue du fief d'un seigneur *direct*.

DIRECTEMENT, adv. (*dirèkteman*) (en latin *directè*), en ligne *directe*.—Au fig., entièrement : *ils sont directement opposés dans leurs sentiments.* — Droit à... : *s'adresser directement à quelqu'un.* — En géom., *deux lignes sont directement l'une vis-à-vis de l'autre,* quand elles font partie d'une même ligne droite.—En mécanique, 1° *un corps heurte* ou *donne directement contre un autre,* quand il le frappe dans une ligne droite perpendiculaire au point de contact ; 2° *une sphère frappe directement contre une autre sphère,* quand la ligne de direction du choc passe par les deux centres.

DIRECTEUR, subst. mas., au fém. **DIRECTRICE** (*dirèkteur, trice*), qui conduit, qui règle, qui préside, qui administre : *directeur-général des droits réunis, des douanes,* etc.; *directeur de l'enregistrement dans tel département ; directeur des postes dans telle ville,* etc. — *Directeur de conscience* ou simplement *directeur,* qui a soin de la conscience de quelqu'un. On le dit quelquefois pour *confesseur.* — Dans certains couvents, on donne le titre de *directrice* à la maîtresse des novices.—L'un des cinq membres du *directoire exécutif.* Voy. ce mot.—*Directeur du jury d'accusation ;* c'était, dans l'arrondissement de chaque tribunal correctionnel, le président de ce même tribunal.

DIRECTIF, adj. mas., au fém. **DIRECTIVE** (*dirèktif, tive*), qui *dirige*.

DIRECTION, subst. fém. (*dirèkcion*) (en latin *directio*), conduite : *prendre la direction d'une affaire.* — Dans les administrations, l'emploi du *directeur,* soit général, soit particulier.—L'étendue de territoire qu'embrasse son administration. — La maison qu'il habite, où sont ses bureaux, etc. — En mécanique, 1° généralement, la ligne *droite* suivant laquelle un corps se meut ou est censé se mouvoir ; 2° dans une acception plus particulière, la ligne qui passe par le centre de la terre et par le centre de gravité d'un corps. On dit aussi, et plus généralement, *ligne de direction;* 3° *angle de direction,* l'angle compris entre les lignes de *direction* de deux puissances qui conspirent.—En astronomie, mouvement *direct* d'une planète.—*Direction de l'aimant,* la propriété qu'il a de se tourner vers le nord.—*Direction des créanciers,* assemblée de créanciers pour régler les affaires d'une succession abandonnée, etc.—Fig. : *direction d'intention,* action par laquelle on *dirige* son intention.—Au plur., *directions,* dans l'ancienne astrologie, arcs de l'équateur qui mesuraient la distance entre le point du ciel appelé *prometteur,* et le point appelé *significateur.*

DIRECTITÉ, subst. fém. (*dirèktité*), qualité ou suite d'un droit *direct.* (Boiste.) Inus.

DIRECTIVE, adj. fém. Voy. DIRECTIF.

DIRECTOIRE, subst. mas. (*dirèktoare*), petit livre qui règle la manière de dire l'office et la messe pour l'année courante.— En certains pays, tribunal chargé d'une *direction,* soit civile, soit militaire. — *Directoire exécutif,* conseil de cinq membres auquel la constitution de 1795 avait délégué le pouvoir exécutif suprême. Ces membres étaient nommés par le conseil des anciens, sur une liste décuple formée par le conseil des cinq-cents. Le *directoire* était renouvelé partiellement chaque année par l'élection d'un nouveau membre, et celui qui sortait ne pouvait être réélu qu'après un intervalle de cinq ans. La constitution de l'an VIII remplaça les cinq *directeurs* par trois consuls. Voy. CONSUL.

DIRECTORAT, subst. mas. (*dirèktora*), fonctions de *directeur ;* leur durée.

DIRECTORIAL, E, adj. (*dirèktorial*), du *directoire.*—Au plur. mas., *directoriaux.*

DIRECTORIAUX, subst. mas. plur. Voy. DIRECTORIAL.

DIRECTRICE, subst. fém. (*dirèktrice*). Voy. DIRECTEUR. — En géométrie, ligne le long de laquelle on fait couler une autre ligne ou une surface, dans la génération d'une surface plane ou d'un solide.

Direnl, 3e pers. plur. prét. déf. du verbe irrégulier DIRE.

DIREPTION, subst. fém. (*dirèpecion*), pillage ; dilacération. (*Boiste.*) Hors d'usage.

DIRES, subst. propre fém. plur. (*dire*) (en latin *Diræ*), myth., filles de l'Achéron et de la Nuit. Elles étaient au nombre de trois. Postées auprès du trône de Jupiter, elles recevaient ses ordres pour aller troubler le repos des méchants, et exciter les remords dans leurs âmes. On les nommait *Dires* dans le ciel ; Furies ou Euménides sur la terre ; Chiennes du Styx dans les enfers. Voy. EUMÉNIDES, FURIE.

Direz, 2e pers. plur. prés. cond. du verbe irrégulier DIRE.

DIRHEM, subst. mas. (*dirème*), sorte de mesure de l'ancienne Égypte.

DIRIA, subst fém. (*diria*), t. de bot., genre de plantes de la famille des thymélées.

DIRIBITEUR, subst. mas. (*diribiteur*), celui qui, chez les anciens Romains, distribuait les suffrages dans les assemblées et les jugements.

DIRIBITORIOME, subst. mas. (*diribitoriome*), bâtiment magnifique à Rome, où les soldats recevaient leur paie.

Diriez, 2e pers. plur. prés. cond. du verbe irrégulier DIRE.

DIRIGAG, subst. mas. (*diriguague*), t. d'hist. nat., espèce d'oiseau de la Nouvelle-Galles méridionale.

DIRIGEANT, E, adj. (*dirijan, jante*), t. de médec., se dit de certains remèdes qui ont la propriété de *diriger* vers tel ou tel organe l'action des substances.—Il est aussi subst. mas. plur. : *les dirigeants.*

DIRIGÉ, E, part. pass. de *diriger.*

DIRIGER, v. act. (*dirijé*) (en latin *dirigere*), conduire, régler : *diriger une affaire, une personne, une compagnie.* — Tourner de quelque côté : *diriger ses pas, ses regards vers...* — SE DIRIGER, v. pron., marcher, s'élever vers... : *se diriger vers un lieu.* — Il signifie aussi être *dirigé.*

DIRIMANT, adj. mas. (*diriman*) (en latin *dirimens,* part. prés. de *dirimere,* séparer, diviser), t. de droit canonique, usité dans cette seule phrase : *empêchement dirimant,* qui rend un mariage nul.

DU VERBE IRRÉGULIER DIRE :

Dirions, 1re pers. plur. prés. cond.
Dirons, 1re pers. plur. fut. indic.
Diront, 3e pers. plur. fut. indic.

DIRPHYA, subst. propre fém. (*dirfia*), myth., surnom de Junon, pris du culte qu'on lui rendait sur le mont *Dirphys,* dans l'île d'Eubée.

DIRRADIATION, subst. fém. (*diradiàcion*), expansion de la lumière qui émane d'un corps.

DIS, subst. propre mas. (*dice*), myth., dieu des enfers. C'est le même que Pluton. Quelquefois aussi c'était Jupiter. Voy. ZEUS.

DIS (*dice*), espèce de préposition que l'on met au commencement de certains mots pour leur donner assez souvent un sens négatif : *discordance, disgracié.*

DU VERBE IRRÉGULIER DIRE :

Dis, 2e pers. sing. impér.
Dis, précédé de *je,* 1re pers. sing. prés. indic.
Dis, précédé de *tu,* 2e pers. sing. prés. indic.
Dis, précédé de *je,* 1re pers. sing. prét. déf.
Dis, précédé de *tu,* 2e pers. sing. prét. déf.

DISA, subst. fém. (*diza*), t. de bot., genre de plantes de la famille des orchidées.

DU VERBE IRRÉGULIER DIRE :

Disaient, 3e pers. plur. imparf. indic.
Disais, précédé de *je,* 1re pers. sing. imparf. indic.
Disais, précédé de *tu,* 2e pers. sing. imparf. indic.
Disait, 3e pers. sing. imparf. indic.

DISANDRE, subst. fém. (*dizandre*), t. de bot., plante vivace, exotique, à tiges grêles, couchées sur terre.

Disant, part. prés. du verbe irrégulier DIRE.

DISANT, adj. mas. (*dizan*), autrefois disert, éloquent ; aujourd'hui il ne se dit plus que par raillerie. — T. de palais, se prétendant, se disant : *un tel soi-disant héritier,* qui se dit héritier. — *Bien disant,* éloquent, disert.

DISBRODÉ, E, part. pass. de *disbroder.*

DISBRODER, v. act. (*dicebrodé*), t. de teint., laver la soie teinte. — SE DISBRODER, v. pron.

DISBRODURE, subst. fém. (*dicebrodure*), t. de teinturier, eau dans laquelle on a lavé la soie teinte.

DISCALE, subst. fém. (*dicekale*) (du latin *chalare,* abaisser, diminuer, fait du grec χαλάω, j'abaisse, je relâche), t. de comm., déchet dans le poids d'une marchandise : *la discale d'une botte de soie qui est séchée.*—*Boiste* et *Gattel* font ce mot mas.

DISCALÉ, part. pass. de *discaler.*

DISCALER, v. neut. (*dicekalé*), éprouver du déchet, en parlant du poids des marchandises : *cette soie a discalé de deux onces.* Voy. DISCALE.

DISCANT, subst. mas. (*dicekan*) (du grec δὶς, doublement, et du latin *cantus,* chant), vieux terme de musique, ou plutôt de plain-chant, *double chant,* et plus particulièrement, l'espèce de contre-point impromptu que chantaient au lutrin les parties supérieures, sur le tenor ou la basse. On a dit aussi *déchant.*

DISCÉDER, v. neut. (*dicecédé*) (en lat. *discedere*), s'éloigner, s'écarter d'opinion. Ce mot est plus latin que français.

DICEPTATEUR, subst. mas. (*dicecèptateur*), qui dispute, plaide, argumente.

DISCEPTATION, subst. fém. (*dicecèptàcion*) (en latin *disceptatio,* fait de *disceptare,* contester, disputer, débattre ; formé de *dis,* qui signifie séparation, division, et de *captare,* prendre : *prendre un sens contraire*), dispute, discussion. Ce mot est usité seulement dans le style didactique.

DISCEPTER, v. neut. (*dicecèpté*) (en lat. *disceptere*), disputer, débattre, plaider. Ce mot est plus latin que français.

DISCERNÉ, E, part. pass. de *discerner.*

DISCERNEMENT, subst. mas. (*dicecèreneman*), action de *discerner ;* distinction qu'on fait d'une chose.

DISCERNER, v. act. (*dicecèrené*) (en latin *discernere,* formé de *dis,* qui exprime séparation, et de *cernere,* juger, déterminer, arrêter. *Discernere* a été fait du grec διακρίνω, qui a le même sens), distinguer, faire la différence d'une chose avec une autre : *discerner le bon du mauvais, le vrai du faux.* — SE DISCERNER, v. pron.

DISCESSION, subst. fém. (*dicecécion*) (en latin *discessio,* fait de *discedere,* partir, s'en aller), chez les anciens Romains, manière de recueillir les voix des sénateurs ; ils quittaient leurs places et se réunissaient auprès de celui dont ils embrassaient l'avis : *discedebant in partes.*

DISCHIDIE, subst. fém. (*dicechidî*), t. de bot., sorte de plante parasite dont on a fait un genre dans la famille des apocynées.

DISCIFORME, adj. des deux genres (*dicecifor-me*), en *forme* de *disque.*

DISCIPLE, subst. mas. (*diciple*) (en latin *discipulus,* fait de *disciplina,* instruction, enseignement), celui qui apprend d'un autre quelque science ou quelque art libéral. Voy. ÉLÈVE. — *Disciples de Jésus-Christ,* ceux qui suivent sa doctrine, et principalement ceux que le Sauveur avait choisis pour prêcher l'Évangile. — On dit, dans le même sens : *disciples de saint Thomas, de Platon,* etc.

DISCIPLINABLE, adj. des deux genres (*diciplinable*), qui est capable de *discipline,* d'être instruit.

DISCIPLINAIRE, adj. des deux genres (*diciplinère*), qui a rapport à la *discipline.*

DISCIPLINE, subst. fém. (*dicipline*) (en latin *disciplina*), instruction, éducation : *être sous la discipline d'un maître sévère.* — Règlement, ordre, conduite : *la discipline ecclésiastique, religieuse, militaire.* — Instrument de pénitence, consistant en un fouet de cordelettes, etc. : *se donner la discipline.*

DISCIPLINÉ, E, part. pass. de *discipliner,* et adj.; il se dit surtout des gens de guerre, dans le sens de réglé : *soldats bien* ou *mal disciplinés.*

DISCIPLINER, v. act. (*diciplinė*), régler, tenir dans l'ordre. Il se dit principalement des troupes. *Delille* a dit, dans sa traduction des *Géorgiques :*

> *Discipliner* au joug leur docile courage.

Discipliner ne souffre point la préposition *à ;* on dit : *discipliner une armée,* mais on ne peut pas ajouter *à la guerre.*—Donner la *discipline : il a été discipliné en plein chapitre ; les religieux se disciplinent.* — SE DISCIPLINER, v. pron.

DISCOBOLE, subst. mas. (*dicekobole*) (du grec δίσκος, disque, et βάλλω, je lance), athlète pour le *disque* ou le palet, dans les jeux de la Grèce.

DISCOÉLIE, subst. fém. (*diceko-éli*), t. d'hist. nat., genre d'insectes de l'ordre des hyménoptères.

DISCOÏDE, adj. des deux genres (*diceko-ide*) (du grec δίσκος, disque, et εἶδος, ressemblance), qui a la *forme* d'un *disque.* Se dit, en hist. nat., des coquilles dont les spires tournent autour d'un point sur un même plan, et s'appliquent immédiatement les unes aux autres.

DISCOÏDÉ, E, adj. (*diceko-idé*), t. de bot., se dit des fleurs qui ont la *forme* d'un *disque.*

DISCOMPTE, subst. mas. (*dicekonte*), escompte. Ce dernier seulement se dit aujourd'hui.

DISCONTINUATION, subst. fém. (*dicekontinuâcion*), interruption.

DISCONTINUÉ, E, part. pass. de *discontinuer*.

DISCONTINUER, v. act. (*dicekontinué*), interrompre une chose commencée. Il est aussi neutre, cesser : *la pluie a discontinué*.—*se* DISCONTINUER, v. pron. : *il y a des opérations chimiques qui ne peuvent se discontinuer*.

DISCONVENABLE, adj. des deux genres (*dicekonvenable*), inconvenant. (*Boiste*.) Inus.

DU VERBE IRRÉGULIER DISCONVENIR :

Disconvenaient, 3ᵉ pers. plur. imparf. indic.
Disconvenais, précédé de *je*, 1ʳᵉ pers. sing. imparf. indic.
Disconvenais, précédé de *tu*, 2ᵉ pers. sing. imparf. indic.
Disconvenait, 3ᵉ pers. sing. imparf. indic.

DISCONVENANCE, subst. fém. (*dicekonvenance*), disproportion, inégalité : *disconvenance d'humeurs, de caractères*.

DU VERBE IRRÉGULIER DISCONVENIR :

Disconvenant, part. prés.
Disconvenez, 2ᵉ pers. plur. impér.
Disconvenez, précédé de *vous*, 2ᵉ pers. plur. prés. indic.
Disconveniez, précédé de *vous*, 2ᵉ pers. plur. imparf. indic.
Disconveniez, précédé de *que vous*, 2ᵉ pers. plur. prés. subj.
Disconvenions, précédé de *nous*, 1ʳᵉ pers. plur. imparf. indic.
Disconvenions, précédé de *que nous*, 1ʳᵉ pers. plur. prés. subj.

DISCONVENIR, v. neut. (*dicekonvenir*), ne pas *convenir*, ne pas tomber d'accord d'une chose. Il prend l'auxiliaire *être* aux temps composés. —*se* DISCONVENIR, v. pron.

DU VERBE IRRÉGULIER DISCONVENIR :

Disconvenons, 1ʳᵉ pers. plur. impér.
Disconvenons, précédé de *nous*, 1ʳᵉ pers. plur. prés. indic.
Disconvenu, e, part. pass.
Disconviendra, 3ᵉ pers. sing. fut. indic.
Disconviendrai, 1ʳᵉ pers. sing. fut. indic.
Disconviendraient, 3ᵉ pers. plur. prés. cond.
Disconviendrais, précédé de *je*, 1ʳᵉ pers. sing. prés. cond.
Disconviendrais, précédé de *tu*, 2ᵉ pers. sing. prés. cond.
Disconviendrait, 3ᵉ pers. sing. prés cond.
Disconviendras, 2ᵉ pers. sing. fut. indic.
Disconviendrez, 2ᵉ pers. plur. fut. indic.
Disconviendriez, 2ᵉ pers. plur. prés. cond.
Disconviendrions, 1ʳᵉ pers. plur. prés. cond.
Disconviendrons, 1ʳᵉ pers. plur. fut. indic.
Disconviendront, 3ᵉ pers. plur. fut. indic.
Disconvienne, précédé de *que je*, 1ʳᵉ pers. sing. prés. subj.
Disconvienne, précédé de *qu'il* ou *qu'elle*, 3ᵉ pers. sing. prés. subj.
Disconviennent, précédé de *ils* ou *elles*, 3ᵉ pers. plur. prés. indic.
Disconviennent, précédé de *qu'ils* ou *qu'elles*, 3ᵉ pers. plur. prés. subj.
Disconviennes, 2ᵉ pers. sing. prés. subj.
Disconviens, 2ᵉ pers. sing. impér.
Disconviens, précédé de *je*, 1ʳᵉ pers. sing. prés. indic.
Disconviens, précédé de *tu*, 2ᵉ pers. sing. prés. indic.
Disconvient, 3ᵉ pers. sing. prés. indic.
Disconvînmes, 1ʳᵉ pers. plur. prét. déf.
Disconvinrent, 3ᵉ pers. plur. prét. déf.
Disconvins, précédé de *je*, 1ʳᵉ pers. sing. prét. déf.
Disconvins précédé de *tu*, 2ᵉ pers. sing. prét. déf.
Disconvinsse, 1ʳᵉ pers. sing. imparf. subj.
Disconvinssent, 3ᵉ pers. plur. imparf. subj.
Disconvinsses, 2ᵉ pers. sing. imparf. subj.
Disconvinssiez, 2ᵉ pers. plur. imparf. subj.
Disconvinssions, 1ʳᵉ pers. plur. imparf. subj.
Disconvint, précédé de *il* ou *elle*, 3ᵉ pers. sing. prét. déf.
Disconvînt, précédé de *qu'il* ou *qu'elle*, 3ᵉ pers. sing. imparf. subj.
Disconvîntes, 2ᵉ pers. sing. prét. déf.

DISCOPORE, subst. mas. (*dicekopore*), t. d'hist. nat., espèce de polypier que l'on ne trouve que dans la Méditerranée.

DISCORBITE, subst. mas.(*dicekorbite*), t. d'hist. nat., espèce de fossile qu'on avait nommé primitivement planulithe.

DISCORD, subst. mas. (*dicekor*), *discorde*. Il a vieilli.

DISCORD, adj. mas. (*dicekor*) (en lat. *discors*), qui n'est point *d'accord* : *ce violon est discord*.

DISCORDAMMENT, adv. (*dicekordaman*), d'une manière *discordante*, désagréable.—Avec répugnance ; sans ordre, sans harmonie. Il est inusité. (*Boiste*.)

DISCORDANCE, subst. fém. (*dicekordance*), vice de ce qui est *discordant*.

DISCORDANT, E, adj. (*dicekordan, dante*) (en lat. *discordans*, part. prés. de *discordare*), qui n'est pas *d'accord* ou qu'on ne peut que difficilement *accorder* : *voix discordante ; instrument, ton discordant*.—On dit aussi : *caractères discordants ; humeurs discordantes*.

DISCORDE, subst. fém. (*dicekorde*) (en lat. *discordia*), dissension, division entre deux ou plusieurs personnes. — *Pomme de discorde*, ce qui est un sujet, une cause de division.

DISCORDE, ou **ÉRIS**, subst. propre fém. (*dicekorde, érice*), myth., déesse que Jupiter chassa du ciel, parce qu'elle brouillait continuellement les dieux ensemble. Elle fut si piquée de n'avoir pas été invitée aux noces de Thétis et Pélée avec les autres dieux, qu'elle résolut de se venger, en jetant sur la table une pomme d'or, sur laquelle elle avait écrit ces mots : *à la plus belle*. Junon, Pallas et Vénus se disputèrent cette pomme jusqu'à ce que Pâris, par l'ordre de Jupiter, termina la querelle en faveur de Vénus, ce qui causa une infinité de malheurs. On représente la *Discorde* coiffée de serpents, tenant une torche ardente d'une main, une couleuvre et un poignard de l'autre, ayant le teint livide, les yeux égarés, la bouche écumeuse, et les mains ensanglantées.

DISCORDÉ, part. pass. de *discorder*.

DISCORDER, v. neut. (*dicekordé*) (en lat. *discordare*, formé de la prép. *dis*, qui marque division, différence, et de *chorda*, pris du grec χορδὴ, corde), être *discordant*. Il ne se dit qu'en mus.

DU VERBE IRRÉGULIER DISCOURIR.

Discouraient, 3ᵉ pers. plur. imparf. indic.
Discourais, précédé de *je*, 1ʳᵉ pers. sing. imparf. indic.
Discourais, précédé de *tu*, 2ᵉ pers. sing. imparf. indic.
Discourait, 3ᵉ pers. sing. imparf. indic.
Discourant, part. prés.
Discoure, précédé de *que je*, 1ʳᵉ pers. sing. prés. subj.
Discoure, précédé de *qu'il* ou *qu'elle*, 3ᵉ pers. plur. prés. subj.
Discourent, précédé de *ils* ou *elles*, 3ᵉ pers. plur. prés. indic.
Discourent, précédé de *qu'ils* ou *qu'elles*, 3ᵉ pers. plur. prés. subj.

DISCOUREUR, subst. mas., au fém. **DISCOUREUSE** (*dicekoureur, reuze*), celui ou celle qui parle beaucoup, qui cause beaucoup, qui a du babil. Quand il est seul, il se prend toujours en mauvaise part.

DISCOUREUSE, subst. fém. Voy. DISCOUREUR.

DU VERBE IRRÉGULIER DISCOURIR :

Discourez, 2ᵉ pers. plur. impér.
Discouriez, précédé de *vous*, 2ᵉ pers. plur. imparf. indic.
Discouriez, précédé de *que vous*, 2ᵉ pers. plur. prés. subj.
Discourions, précédé de *nous*, 1ʳᵉ pers. plur. imparf. indic.
Discourions, précédé de *que nous*, 1ʳᵉ pers. plur. prés. subj.

DISCOURIR, v. neut. (*dicekourir*) (en lat. *discurrere*, qu'on a dit par extension dans le même sens, et qui, dans son acception littérale, signifie *courir çà et là*) ; il se conjugue sur *courir*. Parler, faire quelque *discours* sur une matière. Il prend *de* ou *sur* : *Socrate discourut de* ou *sur l'immortalité de l'âme*.—*Ne faire que discourir*, ne rien dire de solide.

DU VERBE IRRÉGULIER DISCOURIR :

Discourons, 1ʳᵉ pers. plur. impér.
Discourons, précédé de *nous*, 1ʳᵉ pers. plur. prés. indic.
Discourra, 3ᵉ pers. sing. fut. indic.
Discourrai, 1ʳᵉ pers. sing. fut. indic.
Discourraient, 3ᵉ pers. plur. prés. cond.
Discourrais, précédé de *je*, 1ʳᵉ pers. sing. prés. cond.
Discourrais, précédé de *tu*, 2ᵉ pers. sing. prés. cond.
Discourrait, 3ᵉ pers. sing. prés. cond.
Discourras, 2ᵉ pers. sing. fut. indic.
Discourrez, 2ᵉ pers. plur. fut. indic.
Discourriez, 2ᵉ pers. plur. prés. cond.
Discourrions, 1ʳᵉ pers. plur. prés. cond.
Discourrons, 1ʳᵉ pers. plur. fut. indic.
Discourront, 3ᵉ pers. plur. fut. indic.
Discours, 2ᵉ pers. sing. impér.
Discours, précédé de *je*, 1ʳᵉ pers. sing. prés. indic.
Discours, précédé de *tu*, 2ᵉ pers. sing. prés. indic.

DISCOURS, subst. mas. (*dicekour*) (en lat. *discursus*, fait de *discurrere*), propos, assemblage de paroles, pour expliquer ce que l'on pense.— Ouvrage oratoire, harangue. — Production d'esprit un peu étendue, et appuyée de raisonnements et de preuves. — Il se prend pour vain *discours* : *vous me promettez beaucoup, discours ; ce n'est que discours*. — DISCOURS, HARANGUE, ORAISON. (*Syn.*) La *harangue* en veut proprement au cœur ; elle a pour but de persuader et d'émouvoir : sa beauté consiste à être vive, forte et touchante. Le *discours* s'adresse directement à l'esprit ; il se propose d'expliquer et d'instruire : sa beauté est d'être clair, juste et élégant. L'*oraison* travaille à prévenir l'imagination ; son plan roule ordinairement sur la louange ou sur la critique : sa beauté consiste à être noble, délicate et brillante.

Discourt, 3ᵉ pers. sing. prés. indic. du v. irrégulier DISCOURIR.

DISCOURTOIS, E, adj. (*dicekourtoa, toaze*), qui manque de *courtoisie* et de civilité. Vieux. Voy. COURTOIS, dont *discourtois* est le contraire.

DISCOURTOISIE, subst. fém. (*dicekourtoazi*), manque de *courtoisie*, de politesse, d'obligeance et de civilité. Il ne se dit plus qu'en dérision.

DU VERBE IRRÉGULIER DISCOURIR :

Discouru, e, part. pass.
Discourûmes, 1ʳᵉ pers. plur. prét. déf.
Discoururent, 3ᵉ pers. plur. prét. déf.
Discourus, précédé de *je*, 1ʳᵉ pers. sing. prét. déf.
Discourus, précédé de *tu*, 2ᵉ pers. sing. prét. déf.
Discourusse, 1ʳᵉ pers. sing. imparf. subj.
Discourussent, 3ᵉ pers. plur. imparf. subj.
Discourusses, 2ᵉ pers. sing. imparf. subj.
Discourussiez, 2ᵉ pers. plur. imparf. subj.
Discourussions, 1ʳᵉ pers. plur. imparf. subj.
Discourut, précédé de *il* ou *elle*, 3ᵉ pers. sing. prét. déf.
Discourût, précédé de *qu'il* ou *qu'elle*, 3ᵉ pers. sing. imparf. subj.
Discourûtes, 2ᵉ pers. plur. prét. déf.

DISCRÉDIT, subst. mas. (*dicekrédi*), diminution, perte de *crédit*. Il se dit des personnes et des choses.

DISCRÉDITÉ, E, part. pass. de *discréditer* et adj., qui est tombé en *discrédit*. On dit plus ordinairement *décrédité*.

DISCRÉDITER, v. act. (*dicekrédité*), faire tomber en *discrédit* ; il se dit des choses, en quoi il diffère de *décréditer*, qui se dit des personnes.— *se* DISCRÉDITER, v. pron. : *l'évidence même se discrédite par les passions*.

DISCRÉPANCE, subst. fém. (*dicekrépance*), disconvenance. (*Montaigne*.) Hors d'usage.

DISCRET, subst. mas., au fém. **DISCRÈTE** (*dicekré, krète*), religieux ou religieuse qui, dans un chapitre, représente le corps de son couvent et en est comme l'avocat. Vieux et même hors d'usage.

DISCRET, CRÈTE, adj. (*dicekré, krète*) (en lat. *discretus*, part. pass. de *discernere*), sage et retenu dans ses paroles et ses actions ; qui sait se taire et parler à propos. Il se dit dans le même sens des choses, mais seulement relativement aux personnes : *en user d'une manière discrète ; conduite discrète*. — Qui sait garder le secret fidèlement. — En t. de math. : *quantité discrète*, celle dont les parties ne sont point continues ou jointes ensemble, telles que sont les nombres, etc. — *Proportion discrète* ou *disjointe*, celle où le rapport de deux nombres ou quantités est le même que celui des deux autres quantités, quoiqu'il n'y ait pas le même rapport entre les quatre nombres. — En t. de médec. : *petite vérole discrète*, à boutons épars.

DISCRÈTEMENT, adv. (*dicekrèteman*), avec prudence, avec *discrétion*.

DISCRÉTION, subst. fém. (*dicekrécion*) (en lat. *discretio*), prudence, retenue, conduite *discrète*. — En t. de guerre, volonté : *se rendre à discrétion*, sans condition et en s'en remettant à la clémence du vainqueur ; *vivre à discrétion*, sans discipline, sans autre règle que la volonté du soldat. — Ce qu'on gage ou ce qu'on joue sans le marquer précisément, en le laissant à la volonté de celui qui perdra : *gagner, jouer une discrétion.* — *Se mettre à la discrétion de quelqu'un*, se livrer entièrement à sa volonté.—*Se remettre à la discrétion de quelqu'un*, s'en rapporter à son jugement pour une affaire.

DISCRÉTIONNAIRE, adj. des deux genres (*dicekrécionère*), qui est à la *discrétion* de quelqu'un.—Ce mot n'est encore employé que pour désigner le droit, le pouvoir *discrétionnaire*, en vertu duquel le président d'un tribunal exige des renseignements qui ne sont point indiqués au procès.

DISCRÉTOIRE, subst. mas. (*dicekrétoare*), lieu où se tenaient les assemblées des *discrets* ou supérieurs de certaines communautés.

DISCRIMEN, subst. mas. (*dicekrimène*) (mot purement latin, qui signifie division, séparation), t. de chir., bandage pour la saignée du front, qui, en passant le long de la suture sagittale, *divise* la tête en deux parties égales.

DISCULPATION, subst. fém. (*dicekulepâcion*), action de *disculper* ou de *se disculper*.

DISCULPÉ, E, part. pass. de *disculper*.

DISCULPER, v. act. (*dicekulepé*) (du lat. *dis*, prép. négative, et *culpa*, faute), justifier d'une faute *inculpée*. — *se* DISCULPER, v. pron.

DISCURSIF, adj. mas., au fém. **DISCURSIVE** (*dicekurcif, cive*), qui tire une proposition d'une autre par le *discours : faculté discursive*. C'est un t. de logique qui a vieilli. (*Boiste.*)

DISCURSION, subst. fém. (*dicekurcion*), course, écart. (*Boiste.*) Inus.

DISCURSIVE, adj. fém. Voy. DISCURSIF.

DISCUSSIF, adj. mas., au fém. **DISCUSSIVE** (*dicekucif, cive*) (du lat. *discutere*, dissoudre, résoudre, dissiper), t. de médec.; il se dit des médicaments qui ouvrent les pores et qui font évaporer, par la transpiration insensible, les humeurs inutiles du corps.

DISCUSSION, subst. fém. (*dicekucion*) (en lat. *discussio*, fait de *discutere*, dans le sens de discuter, examiner), examen, recherche exacte : *c'est une affaire de longue discussion.* — Dispute, contestation : *ils eurent une discussion au jeu.* — *Faire une discussion de biens*, en faire la recherche et la vente en justice.

DISCUSSIVE, adj. fém. Voy. DISCUSSIF.

DISCUTÉ, E, part. pass. de *discuter*.

DISCUTER, v. act. (*dicekuté*) (du latin *discutere*, formé, dans ses diverses significations, de *dis*, qui marque séparation, division, et de *quatere*, secouer, ébranler), examiner, voir, considérer avec attention. Voy. DÉBATTRE.—En t. de pal., rechercher et faire vendre les biens d'un débiteur.—En t. de médec., diviser, résoudre, dissoudre, dissiper. — *se* DISCUTER, v. pron.

DISDAR, subst. mas. (*dicedar*), t. de relat., commandant, gouverneur d'un château dans l'ancienne Attique.

DISDIAPASON, subst. mas. (*dicediapâzon*), t. de mus., intervalle de la musique ancienne que nous appelons double octave ou double *diapason*.

DU VERBE IRRÉGULIER DIRE :

Dise, précédé de *que je*, 1re pers. sing. prés. subj.

Dise, précédé de *qu'il* ou *qu'elle*, 3e pers. sing. prés. subj.

Disent, précédé de *ils* ou *elles*, 3e pers. plur. prés. indic.

Disent, précédé de *qu'ils* ou *qu'elles*, 3e pers. plur. prés. subj.

DISERT, E, adj. (*dizère, zèrete*) (en lat. *disertus*, fait de *disserere*, discourir, disserter), qui parle aisément et avec quelque élégance. — DISERT, ÉLOQUENT. (*Syn.*) *Disert* dit moins que *éloquent*. Le discours *disert* est facile, clair, pur, élégant, quelquefois même brillant ; mais il est faible et sans feu. Le discours *éloquent* est vif, animé, persuasif, touchant ; il émeut, il élève l'âme, il la maîtrise.

DISERTEMENT, adv. (*dizèreteman*) (en latin *diserté*), d'une manière *diserte*.

Dises, 2e pers. sing. prés. subj. du v. irrégulier DIRE.

DISÉSÉE, subst. fém. (*dizezé*), dureté de l'oreille. Peu usité.

DISETTE, subst. fém. (*dizète*) (du lat. *desita*, part. pass. fém. de *desinere*, finir, cesser ; *res* ou *copia desita*, cessation d'abondance, fin de provisions, etc.), cherté ou défaut de vivres.— Besoin de quelque chose ; pauvreté.

DISETTEUSE, adj. fém. Voy. DISETTEUX.

DISETTEUX, adj. mas., au fém. **DISETTEUSE** (*dizèteteu, teuse*), qui manque des choses nécessaires à la vie. Il est vieux.

DISEUR, subst. mas., au fém. **DISEUSE** (*dizeur, zeuze*), qui dit ; il ne s'emploie guère que dans ces phrases : *diseur de bons mots, de nouvelles, de bagatelles, de sornettes ; diseur, diseuse de riens ; beau diseur*, homme qui affecte de bien parler.— Prov. : *l'entente est au diseur*, il y a dans ce qu'il dit quelque chose de caché que lui seul entend.—Il ne se dit sans épithète ou régime que dans cette expression : *diseur* ou *diseuse de bonne aventure*, fourbes qui promettent de *dire* ce qui arrivera à une personne.

DISEUSE, subst. fém. Voy. DISEUR.

DISFRACTIF, TIVE, adj. (*dicefraktife, tive*), t. de phys., se dit de ce qui peut rompre, intercepter l'électricité ou les rayons visuels.

DISFRACTION, subst. fém. (*dicefrakcion*), t. de phys., interception de la lumière, des rayons visuels.

DISGRACE, subst. fém. (*diceguerace*), perte, privation des bonnes *graces* d'une personne puissante : *tomber en disgrace ; encourir la disgrace de...* Voy. DÉFAVEUR. *J.-B. Rousseau* a dit (*Épître aux Muses*) : *dont tu n'as pu prévenir la disgrace*, pour : *dont tu n'as pu te défendre d'encourir la disgrace* ; l'expression manque de netteté, et fait équivoque.—Infortune, malheur : *il lui est arrivé une disgrace*. Voy. GRACE.

DISGRACIÉ, E, part. pass. de *disgracier*, et adj., qui a encouru la *disgrace* ; qui n'est plus en faveur. — *Disgracié de la nature*, ou simplement *disgracié*, qui a quelque chose de défiguré, de difforme en sa personne. — Subst. : un *disgracié*, un homme tombé dans la *disgrace*.

DISGRACIER, v. act. (*diceguéracié*), priver quelqu'un de ses bonnes *graces* ; lui ôter la faveur, la protection qu'on lui accordait.— *se* DISGRACIER, v. pron. Voy. GRACE.

DISGRACIEUSE, adj. fém. Voy. DISGRACIEUX.

DISGRACIEUSEMENT, adv. (*diceguéracieuzeman*), d'une manière *disgracieuse*.

DISGRACIEUX, adj. mas., au fém. **DISGRACIEUSE** (*diceguéracieu, cieuze*), qui est désagréable.

DISGRÉGATION, subst. fém. (*diceguéréguâcion*) (voy. DISGRÉGER, pour l'étym.), t. d'optique, dispersion des rayons de lumière. — On dit que *le blanc cause la disgrégation de la vue*, la blesse et l'égare à cause des rayons qui la frappent de tous côtés.

DISGRÉGÉ, E, part. passé. de *disgréger*.

DISGRÉGER, v. act. (*diceguéréjé*) (du latin *disgregare*, diviser, séparer, disperser ; formé de la particule disjonctive *dis*, et de *grex*, troupeau), t. d'optique, disperser les rayons de lumière. — *se* DISGRÉGER, v. pron. Peu en usage.

DU VERBE IRRÉGULIER DIRE :

Disiez, précédé de *vous*, 2e pers. plur. imparf. indic.

Disiez, précédé de *que vous*, 2e pers. plur. prés. subj.

Disions, précédé de *nous*, 1re pers. plur. imparf. indic.

Disions, précédé de *que nous*, 1re pers. plur. prés. subj.

DU VERBE IRRÉGULIER DISJOINDRE :

Disjoignaient, 3e pers. plur. imparf. indic.

Disjoignais, précédé de *je*, 1re pers. sing. imparf. indic.

Disjoignais, précédé de *tu*, 2e pers. sing. imparf. indic.

Disjoignait, 3e pers. sing. imparf. indic.

Disjoignant, part. prés.

Disjoigne, précédé de *que je*, 1re pers. sing. prés. subj.

Disjoigne, précédé de *qu'il* ou *qu'elle*, 3e pers. sing. prés. subj.

Disjoignent, précédé de *ils* ou *elles*, 3e pers. plur. prés. indic.

Disjoignent, précédé de *qu'ils* ou *qu'elles*, 3e pers. plur. prés. subj.

Disjoignes, 2e pers. sing. prés. subj.

Disjoignez, 2e pers. plur. impér.

Disjoignez, précédé de *vous*, 2e pers. plur. prés. indic.

Disjoigniez, précédé de *que vous*, 2e pers. plur. prés. subj.

Disjoignîmes, 1re pers. plur. prét. déf.

Disjoignions, précédé de *nous*, 1re pers. plur. imparf. indic.

Disjoignions, précédé de *que nous*, 1re pers. plur. prés. subj.

Disjoignirent, 3e pers. plur. prét. déf.

Disjoignis, précédé de *je*, 1re pers. sing. prét. déf.

Disjoignis, précédé de *tu*, 2e pers. sing. prét. déf.

Disjoignisse, 1re pers. sing. imparf. subj.

Disjoignissent, 3e pers. plur. imparf. subj.

Disjoignisses, 2e pers. sing. imparf. subj.

Disjoignissiez, 2e pers. plur. imparf. subj.

Disjoignissions, 1re pers. plur. imparf. subj.

Disjoignit, précédé de *il* ou *elle*, 3e pers. sing prét. déf.

Disjoignît, précédé de *qu'il* ou *qu'elle*, 3e pers. sing. imparf. subj.

Disjoignîtes, 2e pers. plur. prét. déf.

Disjoignons, 1re pers. plur. impér.

Disjoignons, précédé de *nous*, 1re pers. plur. prés. indic.

Disjoindra, 3e pers. sing. fut. indic.

Disjoindrai, 1re pers. sing. fut. indic.

Disjoindraient, 3e pers. plur. prés. cond.

Disjoindrais, précédé de *je*, 1re pers. sing. prés cond.

Disjoindrais, précédé de *tu*, 2e pers. sing. prés. cond.

Disjoindrait, 3e pers. sing. prés. cond.

Disjoindras, 2e pers. sing. fut. indic.

DISJOINDRE, v. act. (*dicejoeindre*) (en lat. *disjungere*, dérivé du grec διαζευγνυω) ; il se conjugue sur *joindre*. Séparer deux choses *jointes*.— En t. de jurispr., séparer plusieurs causes, afin de les juger distinctement et chacune à part.— *se* DISJOINDRE, v. pron.

DU VERBE IRRÉGULIER DISJOINDRE :

Disjoindrez, 2e pers. plur. fut. indic.

Disjoindriez, 2e pers. plur. prés. cond.

Disjoindrions, 1re pers. plur. prés. cond.

Disjoindrons, 1re pers. plur. fut. indic.

Disjoindront, 3e pers. plur. fut. indic.

Disjoins, 2e pers. sing. impér.

Disjoins, précédé de *je*, 1re pers. sing. prés. indic.

Disjoins, précédé de *tu*, 2e pers. sing. prés. indic.

Disjoins, précédé de *il* ou *elle*, 3e pers. sing. prés. indic.

DISJOINT, E, part. pass. de *disjoindre* et adj. : *degré disjoint*, en musique, passage d'une note à une autre qui ne la suit pas immédiatement dans la gamme. — *Proportion disjointe*. Voy. *proportion discrète*, au mot DISCRET.

DISJONCTIF, adj. mas., au fém. **DISJONCTIVE** (*dicejonktife, tive*) (en latin *disjunctivus*), t. de gramm. qui ne s'emploie guère qu'au féminin : *particule* ou *conjonction disjonctive*, elle joint les membres d'un discours, exprime l'alternative entre deux partis proposés ou la négative de tous les deux ; telles sont *ou, soit, que, ni*. — Subst. fém. : *la disjonctive*.

DISJONCTION, subst. fém. (*dicejonkcion*) (en lat. *disjunctio*, fait de *disjungere*, disjoindre), séparation de deux causes.

DISJONCTIVE, subst. et adj. fém. Voy. DISJONCTIF.

DISLOCATION, subst. fém. (*dicelokâcion*), déboîtement d'un os. — En parlant de troupes, d'une armée, la répartition qu'on fait des différents corps dans les garnisons.

DISLOQUÉ, E, part. pass. de *disloquer*, et adj., démis, déboîté, hors de place.

DISLOQUER, v. act. (*dicelokié*) (de la prép. lat. *dis*, qui marque division, séparation, et du verbe *locare*, placer ; dérivé de *locus*, place, lieu ; *mettre hors de place*), démettre, déboîter.— *Disloquer une armée*, la diviser, la licencier. — *se* DISLOQUER, v. pron., se démettre : *se disloquer un bras, un pied*, etc.

DU VERBE IRRÉGULIER DIRE :

Disons, 1re pers. plur. impér.

Disons, précédé de *nous*, 1re pers. plur. prés indic.

DISPARADE, subst. fém. (*diceparade*), action de paraître et de disparaître.— Absence subite

DISPARAGUE, subst. mas. (*diceparague*), t. de bot., genre de plantes.

DU VERBE IRRÉGULIER DISPARAÎTRE :

Disparais, 2e pers. sing. impér.

Disparais, précédé de *je*, 1re pers. sing. prés. indic.

Disparais, précédé de *tu*, 2e pers. sing. prés. indic.

Disparaissaient, 3e pers. plur. imparf. indic.

Disparaissais, précédé de *je*, 1re pers. sing. imparf. indic.

Disparaissais, précédé de *tu*, 2e pers. sing. imparf. indic.

Disparaissait, 3ᵉ pers. sing. imparf. indic.
Disparaissant, part. prés.
Disparaisse, précédé de *que je*, 1ʳᵉ pers. sing. prés. subj.
Disparaisse, précédé de *qu'il* ou *qu'elle*, 3ᵉ pers. sing. prés. subj.
Disparaissent, précédé de *ils* ou *elles*, 3ᵉ pers. plur. prés. indic.
Disparaissent, précédé de *qu'ils* ou *qu'elles*, 3ᵉ pers. plur. prés. subj.
Disparaisses, 2ᵉ pers. sing. prés. subj.
Disparaissez, 2ᵉ pers. plur. impér.
Disparaissez, précédé de *vous*, 2ᵉ pers. plur. prés. indic.
Disparaissiez, précédé de *vous*, 2ᵉ pers. plur. imparf. indic.
Disparaissiez, précédé de *que vous*, 2ᵉ pers. plur. prés. subj.
Disparaissions, précédé de *nous*, 1ʳᵉ pers. plur. imparf. indic.
Disparaissions, précédé de *que nous*, 1ʳᵉ pers. plur. prés. subj.
Disparaissons, 1ʳᵉ pers. plur. impér.
Disparaissons, précédé de *nous*, 1ʳᵉ pers. plur. prés. indic.
Disparaît, 3ᵉ pers. sing. prés. indic.
Disparaîtra, 3ᵉ pers. sing. fut. indic.
Disparaîtrai, 1ʳᵉ pers. sing. fut. indic.
Disparaîtraient, 3ᵉ pers. plur. prés. cond.
Disparaîtrais, précédé de *je*, 1ʳᵉ pers. sing. prés. cond.
Disparaîtrais, précédé de *tu*, 2ᵉ pers. sing. prés. cond.
Disparaîtrait, 3ᵉ pers. sing. prés. cond.
Disparaîtras, 2ᵉ pers. sing. fut. indic.

DISPARAÎTRE, v. neut. (*diceparètre*), cesser de *paraître*, d'exister. — Se retirer promptement, se cacher. — On le dit fig., des choses qu'on ne trouve pas : *je cherche en vain mes gants, ils ont disparu* ou *ils sont disparus*.

DISPARATE, subst. fém. (*diceparate*) (mot emprunté de l'espagnol), écart, inégalité dans la conduite ou dans le discours. — Dans les ouvrages d'esprit, vice opposé à l'*unité*. — En t. d'hist. nat., c'est le nom d'une famille d'insectes lépidoptères du genre des bombyces, dont la femelle arrache les poils de son ventre pour en couvrir ses œufs et les préserver de la gelée ; ces insectes sont ainsi nommés parce que le mâle, de couleur grise, est beaucoup plus petit que la femelle, qui est blanchâtre.

DISPARATE, adj. des deux genres (*diceparate*), qui fait une *disparate* : *ces choses sont disparates*, ne vont point ensemble, n'ont aucune connexité.

DISPARITÉ, subst. fém. (*diceparité*), différence entre deux personnes ou deux choses que l'on compare : *il y a bien de la disparité*.

DISPARITION, subst. fém. (*diceparicion*), action de *disparaître*.

DISPARTE ou **DISPASTE**, subst. fém. (*diceparete, pacete*) du grec δὶς, doublement, et σπάω, je tire), machine à *deux* poulies.

DU VERBE IRRÉGULIER DISPARAÎTRE :

Disparûmes, 1ʳᵉ pers. plur. prét. déf.
Disparurent, 3ᵉ pers. plur. prét. déf.
Disparus, précédé de *je*, 1ʳᵉ pers. sing. prét. déf.
Disparus, précédé de *tu*, 2ᵉ pers. sing. prét. déf.
Disparusse, 1ʳᵉ pers. sing. imparf. subj.
Disparussent, 3ᵉ pers. plur. imparf. subj.
Disparussiez, 2ᵉ pers. plur. imparf. subj.
Disparussions, 1ʳᵉ pers. plur. imparf. subj.
Disparut, précédé de *il* ou *elle*, 3ᵉ pers. sing. prét. déf.
Disparût, précédé de *qu'il* ou *qu'elle*, 3ᵉ pers. sing. imparf. subj.
Disparûtes, 2ᵉ pers. plur. prét. déf.

DISPARUTION, subst. fém. (*diceparucion*), même signification que DISPARITION, mais moins usité.

DISPENDIEUSE, adj. fém. Voy. DISPENDIEUX.

DISPENDIEUSEMENT, adv. (*dicepandieuzeman*), d'une manière *dispendieuse*.

DISPENDIEUX, adj. mas., au fém. **DISPENDIEUSE** (*dicepandieu, dieuze*), qui ne se fait qu'avec beaucoup de *dépense* : *cette entreprise est dispendieuse*.

DISPENSAIRE, subst. mas. (*dicepancère*), t. de pharm., pharmacopée, livre de pharmacie, dans lequel se trouve décrite la composition des médicaments. — Lieu où se fait la *dispensation* des médicaments composés. — Lieu des consultations gratuites de la police de salubrité. — Société de personnes qui s'occupent du soulagement des malheureux. Voy. DISPENSER.

DISPENSATEUR, subst. mas., au fém. **DISPENSATRICE** (*dicepançateur, trice*) (en lat. *dispensator*), celui, celle qui *dispense*.

DISPENSATIF, adj. mas., au fém. **DISPENSATIVE** (*dicepançatife, tive*), qui *dispense*. (Boiste.) Peu usité.

DISPENSATION, subst. fém. (*dicepançacion*) (en lat. *dispensatio*), distribution. — En t. de pharm., préparation, disposition des drogues qui doivent servir à la composition des médicaments officinaux.

DISPENSATRICE, subst. fém. Voy. DISPENSATEUR.

DISPENSE, subst. fém. (*dicepance*), exemption de la règle ordinaire : *dispense d'âge ; dispense de résider*. — Permission : *dispense de manger de la viande*, etc.

DISPENSÉ, E, part. pass. de *dispenser*.

DISPENSER, v. act. (*dicepancé*) (en latin. *dispensare*), départir, distribuer : *dispenser des grâces*.—Plus communément, v. neut., exempter de la règle ordinaire; exempter de quelque chose. —*On vous en dispense*, ne le faites pas.— J.-J. Rousseau (*Profession de foi du Vicaire savoyard*) l'a employé dans le sens de *dédommager, tenir lieu* : *vous porterez en vous un témoignage qui vous dispensera de celui des hommes*. Cette acception n'est point autorisée par le bon usage. En t. de pharm., peser et préparer les drogues qui doivent entrer dans la composition des médicaments officinaux et magistraux. — *se* DISPENSER, v. pron., s'exempter soi-même de quelque chose.

DISPÈRE, subst. mas. (*dicepère*), t. de bot., genre de plantes de la famille des orchidées.

DISPERMATIQUE, adj. des deux genres (*dicepèrematike*) (du grec δὶς, doublement, et σπέρμα, semence), se dit, en t. de bot., des plantes qui n'ont que *deux* graines ou *semences*.

DISPERME, adj. des deux genres (*dicepèreme*) se dit, en bot., du fruit d'une plante *dispermatique*. Voy. ce mot.

DISPERSÉ, E, part. pass. de *disperser*.

DISPERSER, v. act. (*dicepèrecé*) (du latin *dispergere*, dérivé du grec διασπείρειν), répandre, jeter ou distribuer en divers lieux : *disperser de l'argent; disperser des soldats, des troupes*. — Mettre en désordre, en fuite.— *se* DISPERSER, v. pron.

DISPERSION, subst. fém. (*dicepèrecion*) (en lat. *dispersio*), l'action de *disperser*, ou par laquelle on est *dispersé*. — Dans la dioptrique, écartement des rayons de lumière de différentes couleurs, lorsqu'ils sont rompus par quelque corps réfringent.

DISPONDÉE, subst. mas. (*diceponde*) (du grec δὶς, doublement, et σπονδεῖος, spondée), t. de poésie grecque et latine : *double spondée*.

DISPONIBILITÉ, subst. fém. (*diceponibilité*), qualité, état de ce qui est *disponible*. Il se dit surtout des militaires qui ne sont point en activité de service, mais qui peuvent y être appelés d'un moment à l'autre.

DISPONIBLE, adj. des deux genres (*diceponible*), que l'on a à sa *disposition*. — T. de droit, dont on peut *disposer*.

DISPOS, adj. mas. (*dicepô*) (en lat. *dispositus*, disposé, constitué par les exercices du corps), léger, agile.—Il n'a point de féminin et ne se dit guère qu'en parlant des hommes.

DISPOSÉ, E, part. pass. de *disposer*, et adj.: *il est bien* ou *mal disposé*, bien ou mal intentionné.

DISPOSER, v. act. (*dicepôze*) (en lat. *disponere*), arranger, mettre les choses dans un certain ordre. — Préparer à... *disposer un malade à recevoir les sacrements*. — Préparer pour... *disposer tout pour une cérémonie*. — On le dit aussi neut., pour faire de quelqu'un ou de quelque chose ce que l'on veut : *disposer de ses enfants*. — Aliéner : *les mineurs ne peuvent disposer de leurs biens*. — On dit en t. de comm., *disposer de son argent, de ses fonds*, les placer ; *disposer de son commerce en faveur d'une personne*, le lui abandonner ; *disposer de ses marchandises*, les vendre. — Prov. : *l'homme propose et Dieu dispose*; nous formons des desseins, mais le succès dépend de Dieu. — *Dieu a disposé de telle personne*, elle est morte. — *se* DISPOSER, v. pron. se préparer à...

DISPOSITIF, subst. mas. (*dicepôzitif*), t. de pal., le prononcé d'une sentence, etc., l'endroit où le juge ordonne.

DISPOSITIF, adj. mas., au fém. **DISPOSITIVE** (*dicepôzitif, tive*), qui *dispose*, qui prépare à quelque chose : *un remède dispositif*.

DISPOSITION, subst. fém. (*dicepôzicion*) (en lat. *dispositio*), arrangement : *disposition des lieux, des troupes, de la bataille, d'un discours, d'un poëme, des scènes d'une pièce de théâtre*.— Action par laquelle on *dispose* de quelque chose, ou l'effet qui résulte de cette action : *disposition testamentaire*.— *Disposition de la loi*, ce que la loi prescrit, chacun des points qu'elle règle. — Pouvoir de *disposer* : *cela est* ou *n'est pas en ma disposition*. — Aptitude : *disposition à* ou *pour la danse*. — Inclination : *il a beaucoup de dispositions au bien*. — Sentiments où l'on est à l'égard de quelqu'un : *il a de très-bonnes dispositions, il est dans une disposition très-favorable pour ce qui vous regarde*. — État où l'on est à l'égard de quelque chose ; dessein, résolution : *je l'ai laissé dans la disposition de sortir*. — En t. de scholastique, on appelle *disposition prochaine* l'état dans lequel est une chose pour recevoir une qualité ou une forme nouvelle; *disposition éloignée* se dit du cas contraire. — Au plur., préparatifs. — En parlant des choses, préparation et acheminement à quelque chose de prochain : *ce pouls marque de la disposition à la fièvre*. — *Être en bonne ou mauvaise disposition*, se porter bien ou mal.

DISPOSITIVE, adj. fém. Voy. DISPOSITIF.

DISPROPORTION, subst. fém. (*diceproporcion*), inégalité; manque de *proportion* entre des choses comparées.

DISPROPORTIONNÉ, E, part. pass. de *disproportionner*, et adj., qui manque de *proportion*. *leurs âges sont trop disproportionnés*.

DISPROPORTIONNÉMENT, adv. (*diceproporcionéman*), d'une manière qui n'est pas *proportionnée*.

DISPROPORTIONNER, v. act. (*diceproporcioné*), faire que les choses ne soient pas *proportionnées*. Ce verbe est peu usité; il ne se dit guère qu'au participe employé adjectivement.

DISPUTABLE, adj. des deux genres (*diceputable*), qui peut être *disputé* : *cette question est disputable*.

DISPUTAILLÉ, E, part. pass. de *disputailler*.

DISPUTAILLER, v. neut. (*diceputâ-ié*), *disputer* sur des riens, ou souvent.—*se* DISPUTAILLER, v. pron.

DISPUTAILLERIE, subst. fém. (*diceputâ-ierî*), discussion désagréable, longue et minutieuse.

DISPUTAILLEUR, subst. mas., au fém. **DISPUTAILLEUSE** (*diceputâ-ieur, ieuze*), qui aime à *disputailler*.

DISPUTAILLEUSE, subst. fém. Voy. DISPUTAILLEUR.

DISPUTATION, subst. fém. (*diceputâcion*), argumentation de la tribune ou du barreau. (*Boiste*.) Ce mot nous paraît un peu risqué.

DISPUTE, subst. fém. (*dicepute*) (en lat. *disputatio*), combat d'esprit par écrit ou de vive voix entre plusieurs. — DISPUTE, DÉBAT, CONTESTATION, ALTERCATION. (*Syn.*) *Dispute* se dit ordinairement d'une conversation entre deux personnes qui diffèrent d'avis sur une même matière; elle devient *altercation*, lorsqu'il s'y mêle de l'aigreur ; *contestation* se dit d'une *dispute* entre plusieurs personnes considérables, sur un objet important; ou entre deux particuliers, pour une affaire judiciaire : *débat* est une *contestation* tumultueuse entre plusieurs personnes. Voy. DIFFÉREND.

DISPUTÉ, E, part. pass. de *disputer*.

DISPUTER, v. act. (*diceputé*) (du lat. *disputare*, formé, dans le même sens, de la particule *dis*, qui marque diversité, et du verbe *putare*, lequel signifie proprement émonder, élaguer, et, dans une acception non moins usitée, penser, croire, opiner), contester pour emporter ou conserver quelque chose : *disputer le pas, la préséance*. — *Disputer le terrein*, en t. de guerre, se battre de poste en poste; défendre l'un après l'autre. — Au fig., se défendre pied à pied dans une contestation. — V. neut., être en débat, avoir contestation : *disputer contre quelqu'un*. — Agiter des questions dans les écoles. — *Ces deux maisons disputent de noblesse*, etc., paraissent égales en noblesse. — *Il le dispute en érudition à son frère*, ou mieux : *il dispute d'érudition avec son frère*; il égale son frère en érudition, etc.— Prov. : *disputer sur la pointe d'une aiguille*, disputer pour des minuties. — *se* DISPUTER, v. pron., prétendre concurremment à... : *ils se disputent l'honneur, la gloire de...* — Ne dites pas sans régime, pour se quereller : *ils se sont long-temps disputés ;* il faut dire : *ils ont long-temps disputé.*

DISPUTEUR, subst. mas., au fém. **DISPUTEUSE** (*diceputeur, teuze*), qui aime à *disputer.*

DISPUTEUSE, subst. fém. Voy. DISPUTEUR.

DISQUE, subst. mas. (*diceke*) (en lat. *discus*, pris du grec δίσκος), sorte de palet que les anciens, dans leurs jeux, jetaient au loin pour faire paraître leur force et leur adresse. — En t. d'astron., le corps du soleil, de la lune et des autres astres, qui paraissent plats et ronds comme un *disque.* La largeur du *disque* se divise en douze doigts. — En optique, grandeur des verres de lunettes, et largeur de leur ouverture. On dit plus souvent aujourd'hui *ouverture* ou *champ.* — En bot., 1° la partie des fleurs radiées qui en occupe le centre ; 2° dans une acception plus étendue, la superficie d'un corps, les bords exceptés. C'est en ce sens qu'on dit *le disque d'une feuille.*

DISQUISITION, subst. fém. (*dicekizicion*) (du latin *disquisitio*, fait, dans le même sens, de *disquirere*, formé de la particule *dis*, qui marque diversité, et du verbe *quærere*, chercher ; *chercher de diverses manières*), t. didactique, examen, recherche de quelque vérité dans les sciences. Peu en usage.

DISRUPTION, subst. fém. (*dicerupecion*) (en lat. *disruptio*, formé de la part. *dis*, et de *rumpere*, rompre), t. de chir., rupture, fracture, piqûre grave.

Disse, 1re pers. sing. imparf. subj. du v. irrégulier DIRE.

DISSECTEUR, subst. mas. (*dicèkteur*), celui qui *dissèque.* On dit plus ordinairement, *disséqueur.*—Voy. ce mot. Instrument pour *disséquer.*

DISSECTION, subst. fém. (*dicèkcion*) (en lat. *dissectio*, formé de *dissecare*), action de *disséquer* un corps. — État d'un corps *disséqué.*

DISSEMBLABLE, adj. des deux genres (*diceçanblable*), qui n'est pas *semblable.* — T. de géom. : *triangles dissemblables*, dont les angles ne sont point respectivement égaux.

DISSEMBLABLEMENT, adv. (*diceçanblableman*), avec *dissemblance.*

DISSEMBLANCE, subst. fém. (*diceçanblance*), manque de *ressemblance.*

DISSÉMINATION, subst. fém. (*dicecéminâcion*), action de *disséminer.*—T. de bot., dispersion naturelle des graines.

DISSÉMINÉ, E, part. pass. de *disséminer*, et adj., t. de bot., clair-*semé;* répandu çà et là.

DISSÉMINER, v. act. (*dicecéminé*) (en lat. *disseminare*, formé de la particule *dis*, qui marque diversité, et de *seminare*, semer), répandre, *semer* çà et là, répandre sur divers points. Mot nouveau qui paraît avoir été adopté. — *se* DISSÉMINER, v. pron.

DISSENSION, subst. fém. (*diceçancion*) (en lat. *dissensio*, fait, dans le même sens, de *dissentire*, lequel est formé de la particule *dis*, exprimant diversité, et de *sentire*, être d'avis, penser, juger), discorde, querelle occasionnée par l'opposition, par la *diversité des sentiments* ou des intérêts.

Dissent, 3e pers. plur. imparf. subj. du verbe irrégulier DIRE.

DISSENTIEUSE, adj. fém. Voy. DISSENTIEUX.

DISSENTIEUX, adj. mas., au fém. **DISSENTIEUSE** (*diceçancieu, cieuze*), qui engendre les *dissensions.*

DISSENTIMENT, subst. mas. (*diceçantiman*), opinion contraire.

DISSÉQUÉ, E, part. pass. de *disséquer.*

DISSÉQUER, v. act. (*dicékié*) (en lat. *dissecare*, formé de la particule *dis*, qui marque division, séparation, et de *secare*, couper), ouvrir le corps d'un animal pour en faire l'anatomie.—On le dit, par extension, des plantes.—Fig. et fam., couper les viandes proprement et adroitement. — Plus figur. encore : *disséquer le sentiment*, etc.

DISSÉQUEUR, subst. mas. (*dicékieur*), celui qui *dissèque : un habile disséqueur.* Il ne se dit guère qu'avec un adjectif. — T. d'hist. nat., famille d'insectes de la tribu des scarabées.

DISSERTATEUR, subst. mas. (*dicèretateur*) (en lat. *dissertator*), celui qui *disserte.* Il se prend presque toujours en mauvaise part : *un ennuyeux dissertateur.*—Pourquoi ne dirait-on pas *dissertatrice* au fém.?

DISSERTATIF, adj. mas., au fém. **DISSERTATIVE** (*dicèretatif, tive*), qui est dans le genre de la *dissertation.*

DISSERTATION, subst. fém. (*dicèretâcion*) (en lat. *dissertatio*), ouvrage dans lequel on discute sur quelque point particulier d'une science ou d'un art.

DISSERTATIVE, adj. fém. Voy. DISSERTATIF.

DISSERTÉ, E, part. pass. de *disserter.*

DISSERTER, v. neut. (*dicèreté*) (en lat. *dissertare*, fréquentatif de *disserere*, discourir, disserter), faire une *dissertation : il a longuement disserté sur....* — *se* DISSERTER, v. pron.

DISSERTEUR, subst. mas., au fém. **DISSERTEUSE** (*dicèreteur, teuse*), celui, celle qui *disserte.*

DISSERTEUSE, subst. fém. Voy. DISSERTEUR.

Disses, 2e pers. sing. imparf. subj. du verbe irrégulier DIRE.

DISSIDENCE, subst. fém. (*dicecidance*) (en lat. *dissidentia*, fait, dans le même sens, de *dissidere*, ne pas s'accorder, être en différend, en débat ; littéralement, être éloigné, séparé ; formé de *dis*, exprimant division, séparation, et de *sedere*, être assis ; *être assis l'un loin de l'autre*), scission : *la dissidence des Anglo-Américains.* C'est un mot nouveau, que l'usage paraît avoir adopté.

DISSIDENT, E, subst. (*dicecidan*) (en lat. *dissidens*, part. prés. de *dissidere*), en Pologne, celui, celle qui professe une autre religion que la catholique ; non conformiste : *religion dissidente.* — Il est aussi adj. Celui qui fait scission. Voy. DISSIDENCE.

Dissiez, 2e pers. plur. imparf. subj. du verbe irrégulier DIRE.

DISSIMILAIRE, adj. des deux genres (*dicimilère*) (en lat. *dissimilaris*), qui n'est pas de même nature ou de même espèce.

DISSIMILITUDE, subst. fém. (*dicimilitude*) (en lat. *dissimilitudo*), différence, diversité. C'est une figure de rhétorique.

DISSIMULATEUR, subst. mas., au fém. **DISSIMULATRICE**, (*dicimulateur, trice*), celui, celle qui *dissimule.* Il est peu usité.

DISSIMULATION, subst. fém. (*dicimulâcion*) (en lat. *dissimulatio*), déguisement, art, soin de cacher ses sentiments, ses desseins : *user de dissimulation.*

DISSIMULATRICE, subst. fém. Voy. DISSIMULATEUR.

DISSIMULÉ, E, part. pass. de *dissimuler*, et adj. ; déguisé, fin ; qui use de *dissimulation.* — Il est aussi subst., mais seulement au fém. : *c'est une dissimulée.*

DISSIMULER, v. act. (*dicimulé*) (en lat. *dissimulare*), formé de *dis*, qui marque diversité, et de *simulare*, feindre, imiter), cacher ses sentiments, ses desseins. Voy. FEINDRE. — Faire semblant de ne pas remarquer ou ressentir : *dissimuler une injure, un affront.*—*se* DISSIMULER, v. pron.—*L'Académie* ne dit point *se dissimuler.* Ce verbe, employé dans une phrase négative ou interrogative, avec le verbe *pouvoir*, régit le subjonctif précédé de *ne : si cette femme était jolie autrefois, on ne peut se dissimuler qu'elle ne soit aujourd'hui bien laide.* Mais *dissimuler* sans le pronom, quoique dans le sens négatif, exige l'indicatif : *je ne dissimule pas que je n'ai pas toujours été de cet avis.* Au contraire, dans le sens affirmatif, il régit le subjonctif, ce qui est l'opposé de plusieurs verbes : *il dissimula qu'il eût eu part à cette action. Dissimuler* porte avec lui le sens négatif. *Dissimuler*, c'est ne pas montrer, ne pas faire paraître ; de sorte que quand il est joint avec une négative, le sens devient affirmatif. *Ne pouvoir dissimuler*, c'est être obligé de montrer, de faire, de dire. Au contraire quand *dissimuler* est sans négative, c'est alors que le sens est vraiment négatif, et que le subjonctif est dans l'analogie et le génie de la langue. (*Laveaux.*)

Dissions, 1re pers. plur. imparf. subj. du verbe irrégulier DIRE.

DISSIPATEUR, subst. mas., au fém. **DISSIPATRICE** (*dicipateur, trice*), celui, celle qui *dissipe;* qui est prodigue ; dépensier.

DISSIPATION, subst. fém. (*dicipâcion*) (en lat. *dissipatio*), action de *dissiper*, ou par laquelle une chose se *dissipe : dissipation des biens, des finances*, etc. — En physique, perte ou déperdition des petites parties d'un corps, ou plus proprement, écoulement invisible par lequel elles se perdent : *dissipation des esprits.* — État d'une personne *dissipée.* — Récréation, distraction.

DISSIPATRICE, subst. fém. Voy. DISSIPATEUR.

DISSIPÉ, E, part. pass. de *dissiper*, et adj. : *avoir l'esprit dissipé*, ne donner d'attention ni à ce qu'on dit, ni à ce qu'on fait.—*Homme dissipé*, trop répandu dans le monde, et plus occupé de ses plaisirs que de ses devoirs. On dit dans le même sens : *mener une vie dissipée.*

DISSIPER, v. act. (*dicipé*) (en lat. *dissipare*, consumer) : *dissiper son bien, son patrimoine.* Voy. GASPILLER. — Détruire : *dissiper une armée.* — Disperser, écarter : *le soleil dissipe les nuages, les brouillards.* — Chasser ; éloigner : *dissiper la crainte, l'ennui.* — Détourner l'esprit de l'application ; nuire au recueillement, etc. — *se* DISSIPER, v. pron.

DISSIVALVE, subst. mas. (*dicivalve*), t. d'hist. nat., ordre de mollusques qui ont plusieurs valves séparées entre elles.

DISSOCIABLE, adj. des deux genres (*diceçociable*), l'opposé de *sociable.* On dit mieux *insociable.*

DISSOCIATION, subst. fém. (*diceçociâcion*), t. de médec., séparation, désunion, écartement des fibres.

DISSOLÈNE, subst. mas. (*diceçolène*), t. de bot., petit arbre qui croît en Chine.

DISSOLU, E, adj. (*diceçolu*) (en lat. *dissolutus*), déshonnête, débauché, libertin.—Cet adj. n'est nullement le part. pass. du verbe *dissoudre* : une *société dissolue* et une *société dissoute* sont des choses bien différentes.

DISSOLUBLE, adj. des deux genres (*diceçoluble*) (en lat. *dissolubilis*), ce qui peut se *dissoudre*, se résoudre en plusieurs parties.

DISSOLUMENT, adv. (*diceçoluman*) (en latin *dissoluté*), d'une manière *dissolue* et licencieuse ; licencieusement.

DISSOLUTIF, adj. mas., au fém. **DISSOLUTIVE** (*diceçolutif, tive*), qui a la vertu de *dissoudre.*—Subst. mas. : *un dissolutif.* On dit plus ordinairement *un dissolvant.* Voy. ce mot.

DISSOLUTION, subst. fém. (*diceçolucion*) (en lat. *dissolutio*), séparation des parties d'un corps naturel qui se *dissout : la dissolution des simples, des métaux.* Voy. SOLUTION. — On dit figur. : *la dissolution de l'âme et du corps*, leur séparation ; *la dissolution d'un mariage*, la rupture du lien conjugal. — Débauche, dérèglement de mœurs. — En t. de jurispr., *dissolution de communauté*, cessation de la communauté de biens qui avait lieu entre conjoints ; et *dissolution de société*, rupture d'une société qui était établie entre plusieurs personnes.

DISSOLUTIVE, adj. fém. Voy. DISSOLUTIF.

DU VERBE IRRÉGULIER DISSOUDRE :

Dissolvaient, 3e pers. plur. imparf. indic.

Dissolvais, précédé de *je*, 1re pers. sing. imparf. indic.

Dissolvais, précédé de *tu*, 2e pers. sing. imparf. indic.

Dissolvait, 3e pers. sing. imparf. indic.

Dissolvant, part. prés.

DISSOLVANT, E, adj. (*diceçolevan, vante*), t. de chimie et de médec., qui est propre à *dissoudre : boisson dissolvante.* — Il s'emploie aussi substantivement au mas. : *l'eau est un dissolvant.*

DU VERBE IRRÉGULIER DISSOUDRE :

Dissolve, précédé de *que je*, 1re pers. sing. prés. subj.

Dissolve, précédé de *qu'il* ou *qu'elle*, 3e pers. plur. prés. subj.

Dissolvent, précédé de *ils* ou *elles*, 3e pers. plur. prés. indic.

Dissolvent, précédé de *qu'ils* ou *qu'elles*, 3e pers. plur. prés. subj.

Dissolves, 2e pers. sing. prés. subj.

Dissolvez, 2e pers. plur. impér.

Dissolvez, précédé de *vous*, 2e pers. plur. prés. indic.

Dissolviez, précédé de *vous*, 2e pers. plur. imparf. indic.

Dissolviez, précédé de *que vous*, 2e pers. plur. prés. subj.

Dissolvions, précédé de *nous*, 1re pers. plur. imparf. indic.

Dissolvions, précédé de *que nous*, 1re pers. plur. prés. subj.

Dissolvons, 1re pers. plur. impér.

Dissolvons, précédé de nous, 1re pers. plur. prés. indic.

DISSONANCE, subst. fém. (Nous suivons pour ce mot et pour ceux qui en sont formés l'orthographe de l'*Académie*, parce qu'elle s'accorde avec nos principes ; mais nous ferons remarquer que l'*Académie*, qui écrit *dissoner, dissonant* et *dissonance*, écrit *sonner* et *sonnant*, etc.) (*diceçonance*) (du grec δὶς, doublement, et du lat. *sonare*, sonner ; *ce qui sonne deux fois;* parce que, dans l'accord *dissonant*, les sons, quoique frappés à la fois, ne se marient pas ensemble, et produisent à l'ouïe un double choc qui l'affecte d'une manière désagréable), t. de mus., faux accord ; ton *dissonant* ; et en général tout accord désagréable à l'oreille, quand il n'est point préparé, ni sauvé. Telles sont particulièrement la seconde, la septième, la neuvième et quelquefois la quarte, avec leurs répliques et tripliques. — *Dissonance majeure*, 1° la sensible du ton dans un accord de dominante; 2° la sixte ajoutée dans l'accord de ce nom. Ces *dissonances*, qui n'en portent qu'improprement le nom, se sauvent en montant. — *Dissonance mineure*, ou proprement dite, celle qui se sauve toujours en descendant. — Fig. : *dissonance de ton dans le style*, mélange disparate du ton sérieux et du badin, du noble et du trivial.

DISSONANT, E, adj. (*diceçonan, nante*), qui n'est point d'accord ; qui n'est point dans le ton : *cette voix est dissonante*. Voy. DISSONANCE.

DISSONÉ, E, part. pass. de *dissoner*.

DISSONER, v. neut. (*diçoné*), t. de musique, être *dissonant* ; former *dissonance*. Voy. DISSONANCE.

DU VERBE IRRÉGULIER DISSOUDRE :

Dissoudra, 3e pers. sing. fut. indic.
Dissoudrai, 1re pers. sing. fut. indic.
Dissoudraient, 3e pers. plur. prés. cond.
Dissoudrais, précédé de *je*, 1re pers. sing. cond. prés.
Dissoudrais, précédé de *tu*, 2e pers. sing. cond. prés.
Dissoudrait, 3e pers. sing. prés. cond.
Dissoudras, 2e pers. sing. fut. indic.

DISSOUDRE, v. act. (*diceçoudre*) (en lat. *dissolvere*). *Dissous, dissoute*. *Dissolvant*. *Je dissous*, etc., *nous dissolvons*, etc. *J'ai dissous*, sans parfait défini. *Je dissoudrai*. *Que je dissolve*, etc. Pénétrer un corps solide et en détacher, en séparer toutes les parties. — Fig. : *dissoudre un corps*, *une société*, les détruire, les abolir : *dissoudre un mariage*, le déclarer nul, en rompre le lien. — *se* DISSOUDRE, v. pron.

DU VERBE IRRÉGULIER DISSOUDRE :

Dissoudrez, 2e pers. plur. fut. indic.
Dissoudriez, 2e pers. plur. prés. cond.
Dissoudrions, 1re pers. plur. prés. cond.
Dissoudrons, 1re pers. plur. fut. indic.
Dissoudront, 3e pers. plur. fut. indic.
Dissous, 2e pers. sing. impér.
Dissous, précédé de *je*, 1re pers. sing. prés. indic.
Dissous, précédé de *tu*, 2e pers. sing. prés. indic.
Dissout, précédé de *il* ou *elle*, 3e pers. sing. prés. indic.

DISSOUS, mas., au fém. **DISSOUTE**, part. pass. de *dissoudre*.

DISSUADÉ, E, part. pass. de *dissuader*.

DISSUADER, v. act. (*diceçuadé*) (en lat. *dissuadere*, formé de la préposition *dis*, qui marque diversité, opposition, et de *suadere*, persuader), détourner par la persuasion : *persuader le contraire*, détourner de quelque dessein. — *se* DISSUADER, v. pron.

DISSUASION, subst. fém. (*diceçudzion*) (en lat. *dissuasio*), effet des discours qui *dissuadent*.

DISSYLLABE, adj. des deux genres (*dicilelabe*) (du grec δὶς, deux fois, d'où vient δισσός, double, et συλλαβὴ, syllabe) : *mot dissyllabe*, qui est de deux *syllabes*. — On dit substantivement au mas. : *un dissyllabe*.

DISSYLLABIQUE, adj. des deux genres (*dicilelabike*), qui est *dissyllabe*. Voy. ce mot.

DISTANCE, subst. fém. (*dicetance*) (en latin *distantia*, fait de *distare*, être éloigné, lequel est formé de la particule *dis*, ou *di*, qui marque division, séparation, et du verbe *stare*, être, se trouver, etc.), éloignement qu'il y a d'un lieu à un autre ou d'une chose à une autre. — En géom. et en phys., le plus court chemin qu'il y a entre deux points, deux objets, etc. — Au fig., différence : *il y a une grande distance entre leurs esprits*. — En t. d'astron., *distance accourcie*, la *distance* d'une planète au soleil réduite au plan de l'écliptique, laquelle est moindre que la *distance* réelle. La différence entre ces deux *distances* s'appelle *curtation* ou *réduction de la distance*. — *Distance apparente entre deux astres*, l'angle formé par les rayons qui vont de notre œil aux deux astres. — *Distance des centres dans une éclipse*, l'angle compris entre le centre du soleil et le centre de l'astre éclipsé. — *Distance horaire de la lune au soleil*, leur différence d'ascension droite. — Dans la gnomonique, c'est l'angle que fait une ligne horaire avec la méridienne. — *Distances moyennes*, les deux points de l'orbite d'une planète dans lesquels elle se trouve à une *distance* de son astre central, qui tient le milieu entre la plus grande et la plus petite.

DISTANT, E, adj. (*dicetan, tante*) (en latin *distans*, part. prés. de *distare*), éloigné.

DISTÉGION, subst. mas. (*dicetéjion*), chez les anciens, lieu où les marchands d'esclaves se plaçaient pour voir le spectacle.

DISTENDRE, v. act. (*dicetandre*) (du lat. *distendere*, formé de la particule augmentative *dis*, et de *tendere*, tendre), t. de médec., causer une tension violente contre nature. — *se* DISTENDRE, v. pron.

DISTENDU, E, part. pass. de *distendre*.

DISTENSION, subst. fém. (*dicetancion*) (en lat. *distensio*) ; il ne se dit qu'en médecine et en parlant des nerfs qui sont *tendus* : *la distension des nerfs*.

DISTEYRE, subst. fém. (*dicetère*), t. d'hist. nat., genre de serpents de la Nouvelle-Hollande.

DISTHÈNE, subst. mas. (*dicetène*) (du grec δὶς, doublement, et σθένος, force, *qui a deux forces*), t. d'hist. nat., substance minérale, ainsi nommée par M. *Haüy*, parce qu'elle s'électrise de deux manières. C'est le sappare de *Saussure* et le talc bleu de *Sage*.

DISTICHIASE ou **DISTICHIASIS**, subst. mas. (*dicetikiaze, azice* (du grec δὶς, deux fois, et στιχός, ordre, rang), t. de médec., irritation produite sur le globe de l'œil par une seconde rangée de cils dirigée en dedans.

DISTICHOPORE, subst. mas. (*dicetikopore*), t. d'hist. nat., espèce de polypier ou de plante marine.

DISTIGMATIE, subst. fém. (*dicetiguemaci*), t. de bot., second ordre de la famille des synanthérées, selon quelques auteurs.

DISTILLATEUR, subst. mas., au fém. **DISTILLATRICE** (*dicetilateur, trice*) celui, celle qui fait profession de *distiller*.

DISTILLATION, subst. fém. (*dicetilâcion*), action de *distiller*. — Chose *distillée*.

DISTILLATOIRE, adj. des deux genres (*dicetilatoare*), qui sert à *distiller*, propre aux *distillations*.

DISTILLÉ, E, part. pass. de *distiller*.

DISTILLER, v. act. (*dicetilé*) (du lat. *distillare*, formé, dans la même signification, de la particule *di*, qui marque division, et de *stilla*, goutte qui tombe), tirer par l'alambic le suc de quelque chose. — Au fig., répandre, verser : *distiller sa rage*, *du venin sur quelqu'un*. — V. neut., tomber goutte à goutte. — *se* DISTILLER, v. pron.

DISTILLERIE, subst. fém. (*dicetilerie*), lieu où l'on *distille*. On se sert plutôt du mot *laboratoire*.

DISTINCT, E, adj. (*diceteinkte*) (en lat. *distinctus*, part. pass. de *distinguere*), différent, séparé d'un autre. — Clair, net : *son distinct* ; *vue, voix, idée, notion distincte*. — T. d'optique, *base distincte*, distance où il faut que soit un plan au-delà d'un verre convexe, pour que l'image des objets, reçue sur ce plan, paraisse *distincte*. On dit dans le même sens, et beaucoup plus souvent, *foyer*.

DISTINCTEMENT, adv. (*diceteinkteman*) (en lat. *distincté*), clairement, nettement, d'une manière *distincte*.

DISTINCTIF, adj. mas., au fém. **DISTINCTIVE** (*diceteinktif, tive*), qui *distingue* : *caractère distinctif, marque distinctive*.

DISTINCTION, subst. fém. (*diceteinkcion*) (en lat. *distinctio*), division, séparation. Il ne se dit guère en ce sens qu'avec les particules négatives : *sans distinction de chapitres, de versets*. — Différence. — Préférence, égard, singularité avantageuse : *traiter avec distinction* ; *il aime les distinctions*. — Mérite, éclat de naissance, illustration d'emploi : *homme, personne de distinction* ; *officier de distinction* ; *charge, emploi de distinction*. — Explication des divers sens qu'une proposition peut recevoir. — En droit-canon, titre contenant plusieurs questions et plusieurs canons.

DISTINCTIVE, adj. fém. Voy. DISTINCTIF.

DISTINGUÉ, E, part. pass. de *distinguer*, et adj., différent. — Qui a de la supériorité sur un autre : *cet homme est d'une valeur distinguée*, *d'un mérite distingué*, etc.

DISTINGUER, v. act. (*dicetinguié*) (du latin *distinguere*, formé, dans le même sens, de la particule *dis*, qui marque diversité, et du verbe *tingere*, anciennement *tinguere*, teindre ; proprement, *teindre de diverses couleurs*), mettre de la *distinction*, de la préférence entre... — Discerner par le sens ou par l'opération de l'esprit : *distinguer les sons, les objets, les odeurs* ; *il faut savoir distinguer le bien et le mal*. — Diviser, séparer : *distinguer les divers chefs de son accusation*. — Caractériser avec distinction : *la vertu, le mérite, les dignités distinguent un homme*. On dit en ce sens, *se distinguer par ses talents*, *par sa valeur*. — *Distinguer une proposition*, en marquer les divers sens. — *se* DISTINGUER, v. pron. : *Se distinguer des autres*, ne pas leur ressembler.

DISTINGUO, subst. mas. (*diceteinguô*), t. de logique, emprunté du latin, où il signifie : *je distingue*.

DISTIQUE, subst. mas. (*dicetike*) (en grec δίστιχος, fait de δὶς, deux fois, et de στιχός, vers) ; dans la poésie grecque ou latine, couplet de *deux vers*, l'un hexamètre, l'autre pentamètre, qui renferment un sens complet. — Dans la poésie française, *deux vers* ordinairement de même mesure.

DISTIQUE, adj. des deux genres (*dicetike*), t. de bot., *épi distique*, dont les fleurs sont fixées sur *deux rangs* opposés ; *feuilles distiques*, qui ont la même disposition.

DISTIQUÉ, E, adj. (*dicetikié*), t. de bot., sur deux tiges.

DISTORSION, subst. fém. (*dicetorcion*) (en lat. *distorsio*, fait de *distorquere*, tordre, tourner), t. de médec., contraction d'une partie du corps qui se *tourne* d'un côté par la relaxation des muscles. Il se dit surtout de la bouche.

DISTRACTION, subst. fém. (*dicetrakcion*) (en lat. *distractio*, fait de *distrahere*), inapplication d'une personne aux choses qui la doivent occuper. — En parlant d'affaires, démembrement, séparation d'une partie d'avec son tout. — En chirurgie, désunion de deux substances faite avec difficulté.

DU VERBE IRRÉGULIER DISTRAIRE :

Distraie, précédé de *que je*, 1re pers. sing. prés. subj.
Distraie, précédé de *qu'il* ou *qu'elle*, 3e pers. sing. prés. subj.
Distraient, précédé de *ils* ou *elles*, 3e pers. plur. prés. indic.
Distraient, précédé de *qu'ils* ou *qu'elles*, 3e pers. plur. prés. subj.
Distraies, précédé de *que tu*, 2e pers. sing. prés. subj.
Distraira, 3e pers. sing. fut. indic.
Distrairai, 1re pers. sing. fut. indic.
Distrairaient, 3e pers. plur. prés. cond.
Distrairais, précédé de *je*, 1re pers. sing. prés. cond.
Distrairais, précédé de *tu*, 2e pers. sing. prés. cond.
Distrairait, 3e pers. sing. prés. cond.
Distrairas, 2e pers. sing. fut. indic.

DISTRAIRE, v. act. (*dicetrère*) (du lat. *distrahere*, formé, dans le même sens, de la particule *dis*, marquant division, séparation, et *trahere*, tirer) ; il se conjugue sur *traire*. Détourner de quelque application. — Détourner d'un dessein. — En parlant d'affaires, séparer une partie d'un tout. — En t. de jurispr., *distraire quelqu'un de son juge naturel*, l'assigner devant un autre juge que le sien ; et *opposition à fin de distraire*, opposition que l'on forme dans une saisie réelle pour en retirer quelque immeuble qui ne doit pas y être compris. — *se* DISTRAIRE, v. pron., se divertir.

DU VERBE IRRÉGULIER DISTRAIRE :

Distrairez, 2e pers. plur. fut indic.
Distrairiez, 2e pers. plur. prés. cond.
Distrairions, 1re pers. plur. prés. cond.
Distrairont, 3e pers. plur. fut. indic.
Distrais, 2e pers. sing. impér.
Distrais, précédé de *je*, 1re pers. sing. prés. indic.
Distrais, précédé de *tu*, 2e pers. sing. prés. indic.
Distrait, 3e pers. sing. prés. indic.

DISTRAIT, E, part. pass. de *distraire*, et adj. (*dicetrè, trète*) (en lat. *distractus*, part. pass. de *distrahere*, distraire), qui n'a point ou qui a peu d'application aux choses auxquelles il faudrait en avoir. Voy. ABSTRAIT. — Subst. mas., personne *distraite*, qui a des *distractions*.

DU VERBE IRRÉGULIER DISTRAIRE :

Distrayant, part. prés.
Distrayaient, 3e pers. plur. imparf. indic.
Distrayais, précédé de *je*, 1re pers. sing. imparf. indic.
Distrayais, précédé de *tu*, 2e pers. sing. imparf. indic.

Distrayait, 3ᵉ pers. sing. imparf. indic.
Distrayez, 2ᵉ pers. plur. impér.
Distrayez, précédé de *vous*, 2ᵉ pers. plur. prés. indic.
Distrayiez, précédé de *vous*, 2ᵉ pers. plur. imparf. indic.
Distrayiez, précédé de *que vous*, 2ᵉ pers. plur. prés. subj.
Distrayions, précédé de *nous*, 1ʳᵉ pers. plur. imparf. indic.
Distrayions, précédé de *que nous*, 1ʳᵉ pers. plur. prés. subj.
Distrayons, 1ʳᵉ pers. plur. impér.
Distrayons, précédé de *nous*, 1ʳᵉ pers. plur. prés. indic.

DISTRIBUÉ, E, part. pass. de *distribuer*.

DISTRIBUER, v. act. (*dicetribué*) (en lat. *distribuere*, employé dans les mêmes acceptions, et qui signifie proprement *partagé par tribus*, formé de *dis*, qui marque division, séparation, et de *tribus*, tribu), départir, partager entre plusieurs : *distribuer des aumônes, une somme d'argent, le butin aux soldats*. — Disposer ; ranger : *distribuer par ordre, avec goût*, etc. — En peint., disposer, arranger les objets et les effets de lumière dans un tableau, de manière qu'il en résulte un grand effet. — Dans l'imprimerie, replacer dans la casse les caractères d'une forme tirée. — *Distribuer les rouleaux*, les passer sur la table pour les imprégner d'encre.— *Distribuer un procès*, le donner à un des juges pour qu'il en fasse le rapport. — *se* DISTRIBUER, v. pron.

DISTRIBUTEUR, subst. mas., au fém. **DISTRIBUTRICE** (*dicetributeur, trice*), celui ou celle qui *distribue*, qui partage.

DISTRIBUTIF, adj. mas., au fém. **DISTRIBUTIVE** (*dicetributif, tive*), qui *distribue*. — *Justice distributive*, qui ordonne des peines et des récompenses. — T. de grammaire et de logique. *Sens distributif* est opposé à *sens collectif*. Dans cette phrase, *saint Pierre était apôtre, apôtre* est pris dans le sens *distributif*, c'est-à-dire que saint Pierre était un des apôtres. Il y a des propositions qui passent pour vraies dans le sens collectif, c'est-à-dire quand on parle en général de toute une espèce, et qui seraient très-fausses si on en faisait l'application à chaque individu de cette espèce ; ce qui serait le *sens distributif*. *Particules distributives* ; *tantôt* est quelquefois particule *distributive* : *tantôt il lit, tantôt il écrit*.

DISTRIBUTION, subst. fém. (*dicetribucion*) (en lat. *distributio*), action de *distribuer* ou effet de cette action; partage d'une chose entre plusieurs. — Deniers qu'on *distribue* aux chanoines pour leur présence actuelle au service divin. — Figure de rhétorique, par laquelle on fait avec ordre la division et l'énumération des qualités d'un sujet. — En t. d'imprim., action de replacer dans la casse les lettres ou caractères d'une forme qui a été imprimée. — En t. de prat., *ordre de distribution*, rôle qui se fait des créanciers sur un bien adjugé par décret. — En peinture, disposition, arrangement des objets et des lumières dans un tableau : *ce peintre a une belle distribution* ; *la distribution de ce tableau est sage, ingénieuse, pittoresque*, etc. — En hydraulique, manière de partager une certaine quantité d'eau, suivant les rapports connus, entre plusieurs fontaines, etc.

DISTRIBUTIVE, adj. fém. Voy. DISTRIBUTIF.

DISTRIBUTIVEMENT, adv. (*dicetributiveman*), t. de logique, au sens *distributif*, séparément, seul à seul. Il est opposé à *collectivement*.

DISTRIBUTRICE, subst. fém. Voy. DISTRIBUTEUR.

DISTRICT, subst. mas. (*dicetrike*) (en lat. *districtus*, qui a été fait de *distringere*, serrer, resserrer, circonscrire ; *étendue circonscrite dans certaines bornes*), étendue de juridiction. — Au fig. et fam. : *cela n'est pas de mon district*, de ma compétence ; il ne m'appartient pas d'en juger. — Section de la France dans la division qui en fut faite par la Constitution de 1791 : chaque département était partagé en un certain nombre de *districts*. Voy. DÉPARTEMENT.

DISTRIX, subst. mas. (*dicetrikce*) (du grec θριξ, cheveu), t. de médec., ténuité excessive des poils.

DISTYLE, adj. des deux genres (*dicetile*) (du grec δις, doublement, et στυλος, style), se dit en bot. des fleurs qui ont *deux styles*, comme dans la plupart des graminées.

DIT, subst. mas. (*di*) (en lat. *dictum*), bon mot, apophthegme, maxime, sentence : *un dit notable* ; *les dits et gestes des anciens*. — Fam. : *les dits et les redits*. — Prov. : *avoir son dit et son dédit* ; être sujet à changer d'avis, à rétracter sa parole, à se dédire.

DIT, E, part. pass. de *dire*, et adj., prononcé, proféré. — Surnommé : *Alexandre dit le Grand*.

DU VERBE IRRÉGULIER DIRE :

Dit, précédé de *il* ou *elle*, 3ᵉ pers. sing. prés. indic.
Dit, précédé de *il* ou *elle*, 3ᵉ pers. sing. prét. déf.
Dît, précédé de *qu'il* ou *qu'elle*, 3ᵉ pers. sing. imparf. subj.

DITA, subst. mas. (*dita*), t. de bot., arbre des Philippines dont le suc est un poison très-violent.

DITASSA, subst. mas. (*ditacea*), t. de bot., genre de plantes.

DITELET, subst. mas. (*ditelé*), petit ouvrage, pamphlet, discours d'un auteur. (*Boiste*.) Vieux et même hors d'usage.

DU VERBE IRRÉGULIER DIRE :

Dites, 2ᵉ pers. plur. impér.
Dites, précédé de *vous*, 2ᵉ pers. plur. prés. indic.
Dîtes, 2ᵉ pers. plur. prét. déf.

DITHAR, subst. mas. (*ditar*), t. de bot., arbre fruitier du Sénégal.

DITHÉISME, subst. mas. (*ditè-iceme*) (du grec δις, doublement, et θεος, dieu), système, opinion de ceux qui admettent *deux dieux*, deux principes : le bon et le mauvais. — Manichéisme.

DITHÉISTE, subst. des deux genres (*ditè-icete*), partisan du *dithéisme*.

DITHRACHYCÈRE, subst. mas. (*ditrachicère*), t. d'hist. nat., genre de vers intestins.

DITHYRAMBE, subst. mas. (*ditiranbe*) (en grec διθυραμβος, formé de δις, deux fois, et θυρα, porte, à cause de la double naissance de Bacchus ou de l'autre à deux portes où il fut nourri), sorte de poésie en l'honneur du vin et de Bacchus. — Ode en stances libres.

DITHYRAMBIQUE, adj. des deux genres (*ditiranbike*), qui appartient au *dithyrambe*.

DITHYRAMBUS, subst. propre mas. (*ditiranbuce*) (voy. DITHYRAMBE pour l'étym.), myth., surnom de Bacchus.

DITO, adv. (*dito*), expression italienne et invariable qui dans le commerce signifie *susdit*, *idem*.

DITOCA, subst. fém. (*ditoka*), t. de bot., espèce de plante.

DITOME, subst. mas. (*ditome*), t. d'hist. nat., genre d'insectes de l'ordre des coléoptères.

DITON, subst. mas. (*diton*) (du grec δις, deux fois, et τονος, ton), t. de musique ancienne, intervalle composé de deux tons comme la tierce majeure.

DITOXIE, subst. fém. (*ditokci*), t. de bot., genre de plantes.

DITRIDACTYLE, subst. mas. (*ditridaktile*), t. d'hist. nat., tribu d'oiseaux échassiers.

DITRIGLYPHE, subst. mas. (*ditriguelife*) (du grec δις, deux fois, et τριγλυφος, triglyphe), t. d'archit., espace entre *deux triglyphes* sur un entrecolonnement dorique.

DITROCHÉE, subst. mas. (*ditroché*) (du grec δις, deux fois, et τροχαιος, trochée), pied de vers grec ou latin, composé de *deux trochées*.

DIUCA, subst. mas. (*diuka*), t. d'hist. nat., oiseau du Chili que l'on croit être un fringille.

DIUCA-LAGUM, subst. mas. (*diuka-laguome*), t. de bot., plante du Chili à fleurs radiées.

DIURÈSE, subst. fém. (*diurèze*) (du grec διουρεω, j'urine), t. de médec., excrétion abondante d'urine.

DIURÉTIQUE, adj. des deux genres (*diurétike*) (en grec διουρητικος, fait de διουρεω, j'urine), apéritif, qui fait uriner : *remède diurétique*. — On dit aussi subst. au mas. : *c'est un bon diurétique*.

DIURIS, subst. mas. (*diurice*), t. de bot., genre de plantes de la famille des orchidées.

DIURNAIRE, subst. mas. (*diurnère*) (du latin *diurnus*, de jour, d'un jour, fait de *dies*, jour) officier qui écrivait *jour par jour* ce que le prince faisait, réglait ou ordonnait.

DIURNAL, subst. mas. (*diurnal*) (en lat. *diurnale*, fait de *dies*, jour), livre d'église qui contient la partie du bréviaire qui se récite de *jour*, c'est-à-dire tout l'office canonial, à l'exception de matines et laudes. — Au plur., *des diurnaux*.

DIURNE, adj. des deux genres (*diurne*) (en lat. *diurnus*), en astron., qui a rapport au *jour*, par opposition à *nocturne*, qui regarde la *nuit*. — En bot., *plantes diurnes*, qui ne vivent qu'un *jour*. — T. d'astron., *arc diurne*, l'arc ou le nombre de degrés que le soleil, la lune ou les étoiles décrivent entre leur lever et leur coucher. On appelle *arc semi-diurne* celui qu'un astre décrit depuis son lever jusqu'à son passage par le méridien, ou depuis ce passage jusqu'à son coucher.—*Cercle diurne*, cercle parallèle à l'équateur, dans lequel une étoile se meut ou paraît se mouvoir par son mouvement *diurne*. — *Mouvement diurne d'une planète*, le nombre de degrés et de minutes qu'une planète parcourt dans l'espace de vingt-quatre heures, par son mouvement propre. — *Mouvement diurne de la terre*, sa rotation autour de son axe, ce qui forme le jour naturel.—Subst. mas., t. d'hist. nat., famille d'insectes de l'ordre des lépidoptères.

DIUS-FIDIUS, subst. propre mas. (*diuce-fidiuce*), myth., ancien dieu des Sabins, dont le culte passa à Rome. Ce *Dius* ou *Deus Fidius*, et quelquefois simplement *Fidius*, était regardé comme le dieu de la bonne foi ; d'où était venu chez les anciens l'usage si fréquent de jurer par cette divinité. Cette formule de serment était *Medius Fidius*, qu'on doit entendre dans le même sens que *Mehercules*. On le croyait fils de Jupiter, et quelques-uns l'ont confondu avec Hercule.

DIVAGATION, subst. fém. (*divaguacion*), action de s'écarter d'une question. — Moyens que l'on emploie pour s'éloigner d'un objet et en détourner l'attention des autres.

DIVAGUÉ, part. pass. de *divaguer*.

DIVAGUER, v. neut. (*divaguié*) (en lat. *divagari*, fait de *vagus*, vagabond, errant, qui court çà et là), s'écarter de l'objet d'une question.

DIVALES, subst. propre fém. plur. (*divale*), myth., fêtes en l'honneur d'Angéronne.

DIVAN, subst. mas. (*divan*) (c'est un mot arabe, *diouan*, qui signifie proprement le conseil d'état, et, par extension, les siéges sur lesquels se tient une assemblée ; nous l'avons récemment adopté dans notre langue, à peu près avec la dernière signification.), estrade, sopha.— Chambre du conseil ou tribunal où se rend la justice dans les pays orientaux et surtout chez les Turcs. — Premier secrétaire d'un nabab indien. — Poésie des Orientaux, collection nombreuse de *ghazals*, différents par la terminaison ou la rime : le *divan* est parfait, lorsque le poëte a régulièrement suivi, dans les rimes de ses *ghazals*, toutes les lettres de l'alphabet. Le *divan* d'*Hafiz*, le plus célèbre des poëtes persans dans ce genre, contient près de six cents *ghazals* distribués en autant de divisions qu'il y a de lettres dans l'alphabet, et dans chacune de ces divisions tous les vers sont rigoureusement terminés par la même lettre.

DIVANI, subst. mas. (*divani*), écriture réservée, chez les Turcs et chez les Arabes, aux personnes d'un rang distingué, surtout pour les affaires publiques et les firmans.

DIVARICATION, subst. fém. (*divarikâcion*) (en lat. *divaricatio*), t. d'anat. et de chir., action d'étendre, d'écarter, d'ouvrir, d'élargir.

DIVARIQUÉ, E, part. pass. de *divariquer*, et adj. (en lat. *divaricatus*, part. pass. de *divaricare*, ouvrir, étendre, écarter, élargir), t. de bot., dont les divisions ou les rameaux s'écartent d'une manière très-marquée.

DIVARIQUER, v. act. (*divarikié*) (en lat. *divaricare*), t. de chir., étendre, écarter, ouvrir, élargir une plaie.— *se* DIVARIQUER, v. pron.

DIVE, adj. fém. (*dive*), vieux mot qui signifie *divine* : *la dive bouteille*. (Rabelais.) — Subst. propre fém., déesse subalterne chez les Orientaux.

DIVELLENTÉ, adj. fém. (*divèlelante*) (du lat. *divellere*, arracher), t. de chim.; il se dit de l'affinité d'un corps qui tend à en arracher un autre à une combinaison dans laquelle ce dernier était entré.

DIVERGÉ, part. pass. de *diverger*.

DIVERGENCE, subst. fém. (*divèrejance*), t. de géom., état de deux lignes *divergentes*. — Fig., contrariété d'avis, d'opinions.

DIVERGENT, E, adj. (*divèrejan, jante*) (du lat. *divergium*, coude d'une rivière, détour; formé de la particule *dis* ou *di*, marquant diversité, et *vergere*, se pencher vers, se tourner vers; qui *se tourne* ou *tend vers un autre point*), t. de géom., il se dit des lignes qui vont en s'écartant l'une de l'autre. — En bot. : *pédoncules divergents*, qui, partant d'un point commun, s'écartent ensuite.—T. d'arithm., *série* ou *suite divergente*, dont les termes vont toujours en augmentant. — *Parabole* ou *hyperbole divergente*, dont les branches ont des directions contraires.

DIVERGER, v. neut. (*divèrejé*) (voy. DIVERGENT pour l'étym.). t. de géom. et d'optique, *s'éparpiller*, *s'écarter*.— Fig., être d'avis, d'opinions contraires.— *se* DIVERGER, v. pron.

DIVERS, E, adj. (*divère*, *vèrece*) (en lat. *diversus*, qui signifie proprement *tourné en différents sens*; formé de *dis* ou *di*, qui marque diversité, et de *versus*, part. pass. de *vertere*, tourner), différent, dissemblable : *sentiments divers*. — Plusieurs : *en divers temps; je l'ai entendu dire à diverses personnes*. Il ne s'emploie guère qu'au plur. Cependant l'*Académie* dit : *ils sont d'opinion diverse*.

DIVERSEMENT, adv. (*divèreceman*), en *diverses* manières.

DIVERSIF, adj. mas., au fém. DIVERSIVE (*divèrecif*, *cive*), qui marque, opère la *diversion*.

DIVERSIFIABLE, adj. des deux genres (*divèrecifiable*), qui peut se varier, se *diversifier*.

DIVERSIFIÉ, E, part. pass. de *diversifier*.

DIVERSIFIER, v. act. (*divèrecifié*), varier, mettre, apporter de la *diversité*, changer en plusieurs façons.—*se* DIVERSIFIER, v. pron.

DIVERSIFLORE, adj. des deux genres (*divèreciflore*), t. de bot., se dit de l'ombelle composée de fleurs régulières au centre, et irrégulières à la circonférence.

DIVERSION, subst. fém. (*divèrecion*) (du lat. *divertere*, tourner d'un autre côté, dans un autre sens, détourner), action par laquelle on *détourne*. Il se dit ordinairement avec le mot *faire* : *entrer dans le pays ennemi pour faire diversion; on l'a saigné pour faire diversion de l'humeur*; et fig. : *le désir de la gloire a fait dans son cœur diversion à l'amour*. — T. d'art militaire, action de porter la guerre dans un endroit où l'ennemi ne croit pas pouvoir être attaqué, pour l'obliger de retirer ses forces d'un pays ou d'un endroit où il a agi par supériorité, et où il est difficile de lui résister : *faire une guerre de diversion, faire diversion*.

DIVERSITÉ, subst. fém. (*divèrecité*) (en latin *diversitas*), différence, variété.

DIVERSIVE, adj. fém. Voy. DIVERSIF.

DIVERSOIRE, subst. mas. (*divèreçoare*), auberge. (*Boiste*.) Vieux et hors d'usage.

DIVERTI, E, part. pass. de *divertir*, et adj. : *deniers, fonds divertis*.

DIVERTICULE, subst. mas. (*divèretikule*) (du latin *diverticulum*, détournement, diversion), t. de médec., tout appendice creux et terminé en cul-de-sac, qui s'élève à la surface du canal intestinal.

DIVERTIR, v. act. (*divèretir*) (du lat. *divertere*, détourner, distraire; formé de la particule *di*, exprimant diversité, et de *vertere*, tourner : *tourner ailleurs*), récréer, réjouir. Voy. AMUSER. — En parlant de deniers, d'effets, détourner. — *se* DIVERTIR, v. pron., se réjouir, se récréer, prendre du plaisir.—*Se divertir de quelqu'un*, en faire son jouet, s'en moquer.

DIVERTISSANT, E, adj. (*divèretiçan*, *çante*), qui réjouit, qui plaît, qui *divertit*. Voy. ENJOUÉ.

DIVERTISSEMENT, subst. mas. (*divèreticeman*), récréation, plaisir. Quand ce mot et les précédents ne sont pas détournés à un mauvais sens par quelque autre mot, ils se disent d'un divertissement honnête. — Dans les opera, etc., danses et chants qui font partie de chaque acte ou qui le terminent. — Vol : *divertissement de deniers, de fonds, des effets d'une succession*.

DIVERTISSEUR, subst. mas. (*divèreticeur*), qui *divertit*, qui détourne : *divertisseur de maux*, a dit *Amyot*. (*Boiste*.)

DIVES, subst. propre fém. (*dive*), bourg de France, chef-lieu de canton, arrond. de Pont-l'Evêque, dép. du Calvados.

DIVIANA, subst. propre fém. (*diviana*), myth., pour *Diana*. Voy. DIANE.

DIVIDENDE, subst. mas. (*dividande*) (en latin *dividendus*, sous-entendu *numerus*, nombre), en t. d'arith., le nombre à diviser. — En t. de compagnie de commerce, le produit d'une action. (En lat. *dividendum*, sous-entendu *æs*.)

DIVIN, E, adj. (*divein*, *vine*) (en lat. *divinus*), qui est de *Dieu*, qui appartient à *Dieu*. — Qui paraît être au-dessus des forces de la nature.—Abusivement, qui est excellent dans son genre. Cet adjectif exprimant une qualité absolue n'est pas susceptible de comparaison, soit en plus, soit en moins, et on ne peut l'employer avec les mots *plus, extrêmement, infiniment, moins, aussi, autant, si, combien*; on peut être *divin*, mais on ne peut pas être *plus* ou *moins divin*.

DIVINATEUR, adj. mas., au fém. DIVINATRICE (*divinateur*, *trice*), qui *devine*, prévoit, pressent. Mot employé par *Delille* dans le poème de l'*Imagination* :

> Enfin c'est un instinct, ce sens *divinateur*.

Il pourrait être conservé, du moins en poésie et dans le style soutenu.

DIVINATION, subst. fém. (*divinâcion*) (en lat. *divinatio*), l'art de prédire l'avenir.—Les moyens dont on se sert pour le prédire.— Myth. Voyez ARUSPICE, AUGURE.

DIVINATOIRE, adj. des deux genres (*divinatoare*); il se dit de la science prétendue des *devins*, et des moyens qu'ils emploient : *baguette divinatoire*.

DIVINATRICE, adj. fém. Voy. DIVINATEUR.

DIVINEMENT, adv. (*divineman*), par la vertu, par la puissance *divine*. — Abusivement et fam., excellemment, parfaitement.

DIVINISÉ, E, part. pass. de *diviniser*.

DIVINISER, v. act. (*divinizé*), reconnaître pour *divin*.— Exalter outre mesure. — *se* DIVINISER, v. pron.

DIVINITÉ, subst. fém. (*divinité*) (en lat. *divinitas*), l'essence, la nature *divine*.—*Dieu* même : *adorer la Divinité*.—Il se dit des faux dieux : *les divinités des eaux, des forêts*.—Fig. et par abus, une belle femme *est une divinité*.

DIVIPOTES, subst. propre mas. plur. (*divipote*), myth., dieux que les Samothraces nommaient *Théédynates*, c'est-à-dire, *divinités puissantes*. Il y en avait deux, le ciel et la terre, ou l'âme et le corps, ou l'humide et le froid : peut-être aussi ces *Divipotes* étaient-ils les mêmes que les dieux Cabires.

DIVIS, subst. mas. (*divi*) (en lat. *divisus*, part. pass. de *dividere*, diviser), t. de droit, opposé à *indivis* : *posséder par divis*, avoir chacun sa part.

DIVISE, subst. fém. (*divize*) (en lat. *divisa*, sous-entendu *fascia*, fasce divisée), t. de blason, fasce qui n'a que la moitié, et, selon d'autres, que le tiers de sa largeur ordinaire. — Il se prend aussi adj. et seulement au fém.

DIVISÉ, E, part. pass. de *diviser*, et adj., où il y a de la *division*; où règne la discorde, la dissension.

DIVISÉMENT, adv. (*divizéman*), séparément, en *divisant*, en adoptant le partage.

DIVISER, v. act. (*divisé*) (en lat. *dividere*), séparer en deux ou plusieurs parties, partager. —Lorsqu'on dit *diviser en*, les substantifs qui suivent doivent être employés sans article : *le poème dramatique se divise en tragédie et en comédie*, et non pas *en la tragédie et la comédie*.— Mettre en discorde, désunir.— DIVISER, PARTAGER. (*Syn.*) *Diviser* ne marque précisément que la désunion du tout pour former de simples parties; *partager*, outre cette désunion du tout, a de plus un certain rapport à l'union propre de chaque partie, pour en former de nouveaux touts particuliers : *on divise le tout en partie, on le partage en portions. On divise un cercle, on partage un héritage*.— — *se* DIVISER, v. pron.

DIVISEUR, subst. mas. (*divizeur*), t. d'arithm., nombre par lequel on en *divise* un plus grand.— On dit aussi adj. au mas. : *nombre diviseur*.

DIVISIBILITÉ, subst. fém. (*divizibilité*), qualité de ce qui peut être *divisé*.

DIVISIBLE, adj. des deux genres (*divizible*), qui peut se *diviser*.

DIVISIBLEMENT, adv. (*diviziblemen*), d'une manière *divisible*, en *divisant*.

DIVISIF, adj. et subst. mas. (*divizif*), t. didactique, qui *divise*. — En chir., nom d'un bandage dont on se sert dans les grandes brûlures de la gorge, et dans les plaies transversales de la partie postérieure du cou, pour tenir la tête droite.

DIVISION, subst. fém. (*divizion*) (en lat. *divisio*), partage d'un tout en ses parties; séparation. — Fig., désunion; discorde; mésintelligence. — La quatrième règle d'arithmétique, selon laquelle on *divise* un nombre appelé *dividende* en autant de parties qu'il y a d'unités dans un autre nombre appelé *diviseur*. — Partage d'un discours en plusieurs points ou parties, d'un poème en livre, d'un drame en actes, etc. — En t. de pratique : *sans division ni discussion*, solidairement l'un pour l'autre, et un seul pour le tout. — On appelle *bénéfice de division*, une exception par laquelle celui de plusieurs fidéjusseurs ou cautions, qui est poursuivi pour toute la dette, oppose qu'il n'en est tenu que pour sa part et portion.—*Division* se dit, dans une administration, d'une certaine quantité de bureaux placés sous la direction d'un commis principal que l'on nomme chef de *division* : *la division des finances*.—En t. de guerre, partie d'infanterie ou de cavalerie.—Dans la marine, partie d'une armée navale ou d'une de ses escadres.—En t. d'imprimerie, petit tiret que les compositeurs placent à la fin des lignes où il n'y a qu'une partie d'un mot, pour marquer que le reste du mot est à la ligne suivante.—En parlant de cartes géographiques, couleur qui sépare une province, un état, etc., d'une autre province, d'un autre état.

DIVISIONNAIRE, adj. et subst. des deux genres (*divizionère*), de *division* : *général, inspecteur divisionnaire*. L'*Académie* ne fait ce mot qu'adj. mas.

DIVORCE, subst. mas. (*divorce*) (du latin *divortium*, employé dans le même sens, et qui signifie détour, coude d'un chemin, rupture de mariage.—Dissensions entre le mari et la femme : *ils sont dans un continuel divorce*.—On dit aussi dans le même sens : *il est en divorce avec ses amis*. — Fig. : *faire divorce avec les plaisirs, avec le monde*, y renoncer.—DIVORCE, RÉPUDIATION. (*Syn.*) Le *divorce* a lieu par la séparation de deux époux faite de leur consentement mutuel; la *répudiation* est le renvoi de l'un par l'autre, indépendamment de la volonté et de l'avantage de la partie renvoyée.

DIVORCÉ, subst. et adj. mas., au fém. DIVORCÉE (*divorcé*), celui ou celle qui a *divorcé*.

DIVORCER, v. neut. (*divorcé*), faire *divorce*.

DIVULGATEUR, subst. mas., au fém. DIVULGATRICE (*divulguateur*, *trice*), qui *divulgue*, qui publie.

DIVULGATION, subst. fém. (*divulguâcion*) (en lat. *divulgatio*), action de *divulguer*. — Etat d'une chose *divulguée*.

DIVULGATRICE, subst. fém. Voyez DIVULGATEUR.

DIVULGUÉ, E, part. pass. de *divulguer*.

DIVULGUER, v. act. (*divulguié*) (en lat. *divulgare*, dérivé de *vulgus*, public, multitude), publier, découvrir à d'autres; dire à plusieurs personnes.— *se* DIVULGUER, v. pron. : *les nouvelles se divulguent*.

DIVULSION, subst. fém. (*divulcion*) (en lat. *divulsio*, fait de *divellere*, arracher, séparer de force), t. de chirurgie, *séparation* causée par une tension violente. Il se dit des membres, des fibres, etc.

DIX, adj. numéral des deux genres (quand *dix* est final ou suivi d'un repos, on prononce *x* comme *ce*, *dice* : *ils étaient dix, dix-sept; dice, dice-cête*. Quand *dix* est suivi d'un nom qui commence par une consonne, on ne fait pas sentir *x* : *dix personnes, dix héros*; prononcez : *di personnes, di héros*. Quand *dix* est suivi d'un nom qui commence par une voyelle, on donne à *x* le son du *z* : *dix écus, dix hommes*; prononcez : *di zécu, di zome*.) (en latin *decem*, en grec δέκα), nombre pair, composé de deux fois cinq, et qui suit immédiatement le nombre de neuf.—*Dix* est quelquefois subst. mas. : *un dix de cœur; un dix en chiffres*.—*Placer son argent au denier dix*, c'est-à-dire *dix pour cent*, en tirer le *dixième* denier d'intérêt.— *Dix* s'emploie pour *dixième* : *en mil sept cent dix; Léon dix; le dix de juin*, etc.

DIXAIN. Voy. DIZAIN.

DIXAINE. Voy. DIZAINE.

DIX-HUIT, adj. numéral des deux genres (*dizuite*), nom de nombre composé d'une *dizaine*, plus *huit* unités.

DIX-HUITAIN, subst. et adj. mas. (*dizuitein*), t. de manufacture, nom qu'on donnait dans les provinces de Provence, de Languedoc et de Dauphiné, à certains draps dont la chaîne est composée de *dix-huit* cents fils. Ailleurs ils sont connus sous le nom de *dix-huit cents*.

DIX-HUITIÈME, subst. et adj. des deux genres (*dizuitième*), nombre ordinal formé de *dix* et de *huit*.

DIXIÈME, subst. et adj. des deux genres (*dizième*) (en lat. *decimus*, fait de *decem*, dix), nombre ordinal, correspondant au nombre cardinal *dix* : *le dixième jour; la dixième fois*. — Il est aussi subst. mas. et signifie la *dixième* partie d'un tout : *il est héritier pour un dixième; il a payé un dixième*.—En t. de comm., on appelait *dixième* un droit attribué à l'amiral sur les prises faites en mer.—On donnait aussi le nom de *dixième denier* à un droit qui se percevait pour le roi sur les mines et sur les métaux.

DIXIÈMEMENT, adv. (*dizièmeman*), en *dixième* lieu.

DIXME. Vieux. Voy. DIME.

DIXMER. Vieux. Voy. DIMER.

DIXMERIE. Vieux. Voy. DÎMERIE.

DIXMEUR. Vieux. Voy. DÎMEUR.

DIXMIER. Vieux. Voy. DÎMIER.

DIX-NEUF, adj. numéral des deux genres (*dizeneufe*), nom de nombre composé d'une *dizaine*, plus *neuf* unités.

DIX-NEUVIÈME, subst. et adj. des deux genres (*dizeneuvième*), nombre ordinal composé de *dix* et de *neuf*. — Subst. fém. seulement, intervalle musical formé de dix-huit degrés conjoints ou de *dix-neuf* sons diatoniques. C'est la double octave de la quinte.

DIX-SEPT, adj. numéral des deux genres (*dicecète*), nom de nombre composé d'une *dizaine*, plus *sept* unités.

DIX-SEPTIÈME, subst. et adj. des deux genres (*dicecètième*), nombre ordinal composé de *dix* et de *sept*. —Subst. fém. seulement, en musique, intervalle qui comprend seize degrés conjoints et *dix-sept* sons diatoniques. C'est la double octave de la tierce, et la quatrième des aliquotes produites par la résonnance du corps sonore.

DIZAIN, autrefois **DIXAIN**, subst. mas. (*dizein*), ouvrage de poésie composé de *dix* vers : *cette ode a six dizains*.—Chapelet composé de *dix* grains : *il récite tous les jours son dizain*.

DIZAINE, autrefois **DIXAINE**, subst. fém. (*dizène*), total de choses ou de personnes composé de *dix* : *une dizaine de volumes*.—T. d'arithm.: *nombre, dizaine, centaine*.

DIZAINIER, subst. mas. (*dizènié*), chef d'une *dizaine* ou qui a *dix* personnes sous sa charge. —C'était le nom de certains officiers de ville.

DIZEAU, subst. mas. (*dizô*), *dix* gerbes, *dix* bottes de foin.

DIZENIER, orthographe de l'*Académie*. Voy. DIZAINIER, qu'elle autorise, du reste, et qui est plus conforme à l'étymologie.

DIZIER (SAINT-), subst. propre mas. (*ceindizié*), ville de France, chef-lieu de canton, arrond. de Vassy, dép. de la Haute-Marne.—Forges et fonderies; pierre de taille très-renommée.

DJÉRIT ou **DJÉRID**, subst. mas. (*djérite, ride*), exercice militaire en usage chez les Turcs.

DJERME, subst. fém. (*djèreme*), petite embarcation pour naviguer sur le Nil.

DJIN, subst. mas. (*djine*), démon fantastique chez les Arabes.

DJIRAX, subst. mas. (*djirakce*), t. de bot., arbre des Philippines.

D-LA-RÉ (*délâré*), t. de musique, ton de *ré*.

D. M. ou **Dr.-M.**, abréviation des mots *docteur-médecin*.

DOAGIS, subst. mas. plur. (*doaji*), prêtres commis à la porte du divan, à Constantinople.

DOBE, subst. mas. (*dobe*), t. de bot., arbre d'Arabie.

DOBERA (*glabra*), subst. mas. (*doberaguelabra*), t. de bot., arbre d'Arabie.

DOBLON, subst. mas. (*doblon*), monnaie d'or du Mexique.

DOBRA, subst. mas. (*dobra*), monnaie d'or du Portugal.

DOBULE, subst. fém. (*dobule*), t. d'hist. nat., poisson du genre des cyprins.

DOCÈTE, subst. mas. (*docète*) (du grec δοκεω, je parais), t. d'hist. eccl., nom de sectaires chrétiens qui soutenaient que tout ce qui est dit de Jésus-Christ, ses souffrances et sa mort, n'est vrai qu'en apparence.

DOCILE, adj. des deux genres (*docile*) (en lat. *docilis*, fait de *docere*, enseigner, instruire), doux à manier.—Qui est propre à être instruit; qui a de la disposition naturelle à être instruit, à être gouverné.

DOCILEMENT, adv. (*docileman*), avec *docilité*.

DOCILITÉ, subst. fém. (*docilité*), qualité de ce qui est *docile*; propension à la soumission, à se laisser aisément diriger.—DOCILITÉ, DOUCEUR. (*Syn.*) La *docilité* diffère de la *douceur*, en ce que la première tient à la volonté, et la seconde au caractère. La *docilité* peut n'être pas *douce*, elle se contente de se soumettre ; la *douceur* est toujours *docile* : elle est heureuse de sa soumission. (*Guizot.*)

DOCIMASIE, ou **DOCIMASTIQUE**, subst. fém. (*docimazi, macetike*) (en grec δοκιμασια, épreuve, examen ; fait de δοκιμαζω, j'éprouve, j'essaie, j'examine), t. de chimie, l'art d'*essayer* en petit les mines, pour savoir les métaux qu'elles contiennent. Elle diffère de la *métallurgie*, qui s'occupe du travail des mines en grand.

DOCIMASOLOGIE, subst. fém. (*docimazoloji*) (du grec δοκιμαζω, j'éprouve, j'examine, et λογος, discours), traité sur l'art de toucher, dans les accouchements.

DOCIMASOLOGIQUE, adj. des deux genres (*docimazolojike*), qui concerne la *docimasologie*.

DOCK, subst. mas. (*doke*), établissement commercial et maritime sur la Tamise. — Bassin pour les vaisseaux.

DOCLÉE, subst. fém. (*doklé*), t. d'hist. nat., espèce de crustacé du genre des triangulaires.

DOCME, subst. mas. (*dokme*), ancienne mesure grecque. On écrirait mieux *dochme*.

DOCTE, adj. des deux genres (*dokte*) (en lat. *doctus*), savant : *un homme docte*. Voy. ÉRUDIT et HABILE.—Qui contient beaucoup de doctrine : *docte dissertation, livre docte*. — Subst. mas. : *les doctes n'ont pas toujours la raison pour eux*.

DOCTEMENT, adv. (*dokteman*) (en lat. *doctè*), d'une manière *docte*.

DOCTEUR, subst. mas. (*dokteur*) (en lat. *doctor*, fait de *docere*, enseigner), celui qui, après avoir étudié quelque science dans les universités et fait tous ses actes, a pris solennellement le bonnet. — Fam., savant, habile homme : *il est docteur dans cet art ; il n'est pas grand docteur*. — Chez les Juifs, *docteur de la loi* était un titre d'honneur et de dignité.—Les chrétiens appellent *docteurs de l'Eglise* ceux des pères de l'Église dont la doctrine et les opinions ont été le plus généralement suivies et autorisées.—*Docteur* se dit aussi dans l'Eglise grecque d'un officier particulier chargé d'expliquer les Ecritures. Celui qui explique les évangiles est appelé *docteur des évangiles* ; celui qui explique les épîtres de saint Paul, *docteur de l'apôtre* ; et celui qui explique les psaumes, *docteur du psautier*. — Celle qui fait le *docteur* :

Ah ! les femmes *docteurs* ne sont pas de mon goût !
(MOLIÈRE.)

DOCTORAL, E, adj. (*doktorale*), qui appartient au *docteur* : *robe doctorale*.—Nous ne trouvons nulle part le plur. mas. *doctoraux*. On pourrait fort bien l'employer au besoin.

DOCTORALEMENT, adv. (*doktoraleman*), d'une manière *doctorale*, tranchante. Ce mot est nouveau.

DOCTORAT, subst. mas. (*doktora*), degré, qualité de *docteur*.

DOCTORERIE, subst. fém. (*doctoreri*), acte qu'on fait en théologie pour être reçu *docteur*.

DOCTORESSE, subst. fém. (*doktoresse*), t. de dénigrement ; femme qui affecte de l'érudition.

DOCTRINAIRE, subst. mas. (*doktrinère*), membre de la *doctrine* chrétienne, prêtre ou laïc. — Partisan ou prôneur de théories abstraites et surtout modératrices. — Adj. des deux genres : *ministre doctrinaire*.

DOCTRINAIREMENT, adv. (*doktrinèreman*), en suivant la *doctrine*.

DOCTRINAL, E, adj. (*doktrinale*), se dit des avis que les théologiens donnent en matière de *doctrine*.—Au plur. mas., *doctrinaux* : *les facultés de théologie ne portent dans leurs censures que des jugements doctrinaux*. (Trévoux.)

DOCTRINARISME, subst. mas. (*doktrinaricème*), t. ironique inséré par *Boiste*, qui lui fait signifier : théorie politique abstraite, morale, modératrice, et fondée sur des idées de justice universelle. Nous n'osons prendre sur nous la responsabilité ni du mot ni de la définition que lui donne *Boiste*.

DOCTRINE, subst. fém. (*doktrine*) (en latin, *doctrina*), érudition, savoir.— Dans une acception plus usitée, maximes, sentiments, enseignements.—*Doctrine chrétienne*, congrégation religieuse qui a pour but l'instruction des enfants. —*Doctrine* ne se dit point au pluriel, à moins que l'on ne parle de systèmes différents les uns des autres. Ainsi l'on dit *la doctrine du concile de Trente*, quoique ce concile ait établi plusieurs points de doctrine ; mais on dit *comparer entre elles les doctrines des anciens*, pour dire les différents systèmes des anciens.

DOCUMENT, subst. mas. (*dokuman*) (en latin *documentum*, fait de *docere*, enseigner, instruire), t. de pratique, employé d'ordinaire au plur.: les titres et les preuves qu'on allègue, et surtout des choses anciennes. — Enseignement.

DODARTIE, subst. fém. (*dodarci*), t. de bot., genre de plantes de la famille des personnées.

DODÉCACORDE, subst. mas. (*dodékakorde*), système de mus. qui admet quatre nouveaux tons aux dix-huit qui sont déjà dans le chant ecclésiastique.

DODÉCADACTYLON, subst. mas. (*dodékadaktilon*) (du grec δωδεκα, douze, et δακτυλος), doigt, nom grec de l'intestin *duodénum*, qui a environ *douze doigts* de longueur. On dit plus souvent *duodénum*.

DODÉCADIE, subst. fém. (*dodékadi*), t. de bot., grand arbre des Indes.

DODÉCAÈDRE, subst. mas., t. de géom. Voy. DODÉCAHÈDRE.

DODÉCAFIDE, adj. des deux genres (*dodékafide*) (du grec δωδεκα, douze, et du lat. *findere*, fendre, diviser), t. de bot., divisé en *douze*.

DODÉCAGONE, subst. mas. (*dodékaguone*) (du grec δωδεκα, douze, et γωνια, angle), t. de géom., polygone régulier qui a *douze* côtés égaux. — En t. de fortification, place fortifiée de *douze* bastions.

DODÉCAGYNE, adj. des deux genres (*dodékajine*), t. de bot., fleur ou plante qui a *douze pistils*.

DODÉCAGYNIE, subst. fém. (*dodékajini*) (du grec δωδεκα, douze, et γυνη, femme), t. de bot., dans le système sexuel de *Linnée*, ordre ou section de plantes qui ont *douze pistils* ou organes femelles.

DODÉCAHÈDRE, subst. mas. (*dodéka-èdre*) (du grec δωδεκα, douze, et εδρα, siège ou base), t. de géom., corps solide régulier dont la surface est formée de *douze* pentagones réguliers, égaux et semblables.

DODÉCANDRE, adj. des deux genres (*dodékandre*), t. de bot., se dit des plantes qui ont *douze* étamines.

DODÉCANDRIE, subst. fém. (*dodékandri*) (du grec δωδεκα, douze, et ανδρος, gén. de ανηρ, mari, mâle), t. de bot., onzième classe du système sexuel de *Linnée*, qui renferme les plantes hermaphrodites qui ont de *douze* à dix-neuf étamines.

DODÉCANTHÉON, subst. mas. (*dodékantéon*), t. de bot., sorte de plante qui porte *douze* fleurs au bout des hampes.—T. de pharm., nom d'un médicament composé de *douze* plantes.

DODÉCAPARTI, E, adj. (*dodékaparti*) (du grec δωδεκα, douze, et du lat. *partitus*, divisé, partagé), t. de bot., divisé en *douze parties*.

DODÉCAPÉTALÉ, E, adj. (*dodékapétalé*) (du grec δωδεκα, douze, et πεταλον, pétale, feuille), t. de bot., qui a *douze pétales*.

DODECAS, subst. mas. (*dodékâce*), t. de bot., arbrisseau de Surinam.

DODÉCATEMNORIE, subst. fém. (*dodékatèmenori*) (du grec δωδεκα, douze, et τεμνω, je coupe), *douzième* partie d'un cercle géométrique. — T. d'astron., chacun des *douze* signes célestes, formant le zodiaque.

DODÉCHÉDRON, subst. mas. (*dodékédron*), t. de géom., figure à *douze* angles, qui présente *douze* parties.

DODÉCUPLE, adj. des deux genres (*dodékuple*), *douze* fois, qui contient *douze* fois.

DODELINÉ, E, part. pass. de *dodeliner*.

DODELINER, v. act. (*dodeliné*), remuer doucement, bercer pour endormir.

DODINAGE, subst. mas. (*dodinaje*), second bluteau qui sert à séparer les gruaux du son.

DODINE, subst. fém. (*dodine*), sorte de sauce qu'on fait aux canards avec divers ingrédients.

DODINER, v. neut. (*dodiné*), t. d'horlogerie, avoir du mouvement : *ce balancier dodine bien*, pour dire qu'il a un bon mouvement.—*se* DODINER, v. pron. (suivant *Ménage*, du mot *dodo*, dont on se sert en berçant un enfant. En Normandie, on dit encore *dodiner un enfant*, pour, le bercer.), se dorloter ; avoir grand soin de sa personne.

DODO, subst. mas. (*dodô*) (du mot *dors, dors*, que les nourrices répétaient en berçant leurs nourrissons), mot dont on se sert en parlant aux enfants : *faire dodo*, dormir.

DODONE, subst. propre fém. (*dodone*), myth., ville d'Épire, auprès de laquelle il y avait une forêt consacrée à Jupiter, et dont les chênes rendaient des oracles. Il y avait au milieu de cette forêt un temple bâti en l'honneur de Jupiter Dodonéen.

DODONÉE, subst. fém. (*dodoné*), t. de bot., genre de plantes de la famille des térébinthacées.

DODONÉEN, subst. propre mas. (*dodonéein*), myth., surnom de Jupiter pris du culte qu'on lui rendait à *Dodone*.

DODONIDES, subst. propre fém. plur. (*dodonide*), myth., nymphes et nourrices de Bacchus ; ce sont les mêmes que les Atlantides.—Femmes qui rendaient les oracles à *Dodone*.

DODRANTAL, E, adj. (*dodrantale*) : *mesure dodrantale*, de neuf pouces.

DODU, E, adj. (*dodu*), gras, potelé, qui a beaucoup d'embonpoint. Il est fam.

DOFF, subst. mas. (*dofe*), t. d'hist. moderne, tambour de basque turc.

DOFIN, subst. mas. (*dofein*), t. d'hist. nat., espèce de poisson.—Nom d'une dorade.

DOGAN, subst. mas. *(doguan)*, nom du grand fauconnier du sultan.

DOGARESSE, subst. fém. *(doguarèce)*, femme du *doge* de Venise.—*Trévoux* dit *dogesse*; il recueille ce mot de *Saint-Évremond* qui le répète plusieurs fois dans la deuxième scène du quatrième acte de sa comédie de *Sir Politick Would-be : le palais de la république est extrêmement grand ; le doge et la dogesse y sont logés...; voilà, très-sereine dogesse et très-excellentes sénatrices, tout ce que je puis dire en public.* Après tout, ajoute *Trévoux*, *dogesse* vaut bien *siresse*, fém. de *sire*, qui se trouve dans le *Dictionnaire comique*. Il vaut mieux, selon nous. Pourquoi dirait-on *dogaresse* plutôt que *dogesse?* Si la femme d'un *doge* pouvait posséder la souveraineté d'un *dogat*, nous concevrions la raison de cette exception, qui serait étymologique; mais à Venise il n'y a jamais eu que des *doges*, et, par conséquent, des *dogesses*, et nullement des *dogaresses*.

DOGAT, subst. mas. *(dogua)*, dignité de *doge*. —Temps pendant lequel on est *doge*.

DOGE, subst. mas. *(doje)* (du lat. *dux*, gén. *ducis*, chef, général), autrefois le chef de la république de Venise et celui de la république de Gênes.

DOGESSE, subst. fém. Voy. DOGARESSE.

DOGLINGE, subst. fém. *(dogueleinje)*, t. d'hist. nat., espèce de baleine.

DOGM., abréviation du mot *dogme* ou *dogmatique*.

DOGMATIQUE, adj. des deux genres (*doguematike*), qui regarde le *dogme : ton dogmatique*, ton d'un homme qui affecte de *dogmatiser*. — On dit aussi subst. : *le dogmatique*, le style *dogmatique*.—*Philosophe dogmatique*, celui qui établit des *dogmes* dans la philosophie : *les philosophes dogmatiques sont opposés aux philosophes sceptiques*.—*Médecine dogmatique*, pratique raisonnée de la médecine. Voy. au mot DOGMATISTE.

DOGMATIQUEMENT, adv. (*doguematikeman*), d'une manière *dogmatique*. — Au fig., d'un ton, d'un air de maître.

DOGMATISÉ, E, part. pass. de *dogmatiser*.

DOGMATISER, v. neut. (*doguematizé*) (du grec δογματιζειν, fait de δογμα, dogme), enseigner une doctrine fausse ou dangereuse, principalement en matière de religion.—Par extension et fam., parler par sentences et d'un ton décisif. — *se* DOGMATISER, v. pron.

DOGMATISEUR, subst. mas. (*doguematizeur*), celui qui *dogmatise*. Il se prend en mauvaise part.

DOGMATISME, subst. mas. (*doguematiceme*), principe, doctrine des *dogmatistes*.— Propension à suivre les *dogmes*.

DOGMATISTE, subst. mas. (*doguematicete*), qui établit des *dogmes*, qui *dogmatise*.— On le dit surtout d'une secte de médecins qui donnaient beaucoup trop à la théorie; par opposition aux *empiriques*, qui se bornaient à la pratique.

DOGME, subst. mas. (*dogueme*) (en grec δογμα, fait de δοκεω, je pense), point de doctrine, enseignement reçu et servant de règle. Il se dit principalement de la religion, et par extension de la philosophie : *les dogmes de la foi, les dogmes de la philosophie*, les vérités qu'elle enseigne. Ce mot seul et sans addition s'entend toujours de la religion.

DOGRE, subst. mas. *(doguere)*, t. de mar., bâtiment hollandais pour la pêche du hareng.

DOGUE, subst. mas. *(dogue)* (de l'anglais *dog*, chien, fait du saxon *docke* ou *dogge*, qui signifie la même chose), sorte de gros chien fort et courageux. — Fig. : *être d'une humeur de dogue*, de fort mauvaise humeur.—Au plur., t. de mar., trous qui sont dans les plats bords des deux côtés du grand mât pour amurer les couets de la grande voile.

se **DOGUER**, v. pron. *(cedoguié)*, se heurter la tête les uns contre les autres, en parlant des béliers et des moutons. *(Trévoux.)*

DOGUIN, subst. mas., au fém. **DOGUINE** (*doguein, guine*), petit du *dogue*, mâle et femelle.

DOIGT, subst. mas. *(doé)* (en lat. *digitus*), extrémités des pieds et des mains de l'homme, divisés en cinq branches. Il se dit aussi de quelques animaux, du singe, du canard, de la bécasse, etc. — Petite mesure ou quantité de la grandeur d'un travers de *doigt : un doigt de vin*, etc.—Ancienne mesure romaine, valant neuf lignes du pied de roi.—En t. d'astron., douzième partie du diamètre apparent du soleil ou de la lune. — T. d'horl., *doigt des quarts*, pièce de la cadrature d'une montre ou d'une pendule à répétition qui sert à faire sonner les *quarts*.—Au fig. et fam. : *montrer au doigt*, se moquer de quelqu'un publiquement et en signe de mépris. C'était au contraire chez les anciens Romains une marque d'estime.—*Recevoir sur les doigts*, recevoir une punition. — *Être ensemble comme les deux doigts de la main*, vivre dans une intimité parfaite.— *Ne faire œuvre de ses dix doigts*, ne point travailler. — *Faire toucher au doigt*, faire voir clairement.— On dit : *le doigt de Dieu*, *le doigt de la Providence*, *le doigt de la nature*, pour signifier les caractères qui indiquent le dessein particulier de Dieu, de la Providence, de la nature, dans certains ouvrages, dans certains événements.— *Toucher à quelque chose du bout du doigt*, en être bien proche. — *Être à deux doigts de sa ruine*, proche de sa ruine. — *Donner sur les doigts à quelqu'un*, lui faire souffrir quelque dommage, quelque confusion.—*Se mordre les doigts de quelque chose*, s'en repentir. — *Vous avez mis le doigt dessus*, vous avez deviné.—*Il sait sa leçon sur le bout du doigt*, fort bien. — *Être servi au doigt et à l'œil*, ponctuellement. — Au plur., t. d'hist. nat., pointes émoussées d'un certain genre d'oursins.

DOIGTÉ, subst. mas. (*doèté*, le *g* ne se fait jamais sentir), t. de mus., méthode, art de faire marcher les *doigts* sur un instrument : *le doigté du clavecin*, *du piano*.—L'*Académie* écrit aussi *doigter*; mais nous préférons *doigté*, parce qu'il distingue parfaitement le subst. du verbe *doigter*.

DOIGTÉ, E, part. passé de *doigter*.

DOIGTER, v. act. *(doèté)*, exécuter sur le piano ou le violon un morceau de musique, en posant ses doigts de la façon la plus commode et la plus naturelle.

DOIGTIER, subst. mas. *(doètié)*, ce qui sert à couvrir un *doigt : un doigtier de linge, de cuir*.

DOIT, subst. mas. *(doé)*, le passif, ce qui est *dû*.

DOIT-ET-AVOIR, subst. mas. *(doété-avoar)*, t. de comm., le passif et l'actif. — Au plur., des *doit-et-avoir*.

DOITE, subst. fém. (*doète*), t. de tisserand : *ces écheveaux ne sont pas d'une même doite*, d'une même grosseur.

DOITÉE, subst. fém. (*doèté*), petite quantité de fil; aiguillée qui sert à régler la grosseur du fil.

DOL, subst. mas. *(dole)* (en lat. *dolus*, fait, dans le même sens, du grec δολος, tromperie), fraude, mauvaise foi.

DOL, subst. propre mas. (*dole*), ville de France, chef-lieu de canton, arrond. de Saint-Malo, dép. d'Ille-et-Vilaine.

DOLABELLE, subst. fém. *(dolabèle)*, t. d'hist. nat., genre de vers mollusques céphalés.—Petite doloire, sorte d'instrument aratoire.

DOLABRE, subst. mas. *(dolabre)*, sorte de couteau dont on se servait autrefois dans les sacrifices.

DOLABRIFORME, adj. des deux genres (*dolabriforme*), t. de bot., se dit des parties des plantes qui sont en forme de doloire.

DOLCE (*dolecé*, ou à l'italienne *doleché*), adv.; mot italien employé en mus., pour signifier *doux*.

DOLE, subst. propre fém. *(dole)*, ville de France, chef-lieu d'arrond., dép. du Jura. Cette ville, jadis bien fortifiée, soutint divers assauts; les Espagnols la possédèrent pendant long-temps, mais elle fut reprise par Louis XIV, et cessa d'être la capitale de la Franche-Comté.

DOLÉ, E, part. pass. de *doler*.

DOLÉANCE, subst. fém. (*dolé-ance*) (du latin *dolere*, se plaindre ; dérivé de *dolor*, douleur), plainte. Il ne se dit qu'au pluriel et dans le style fam. — On appelait autrefois *doléances* les demandes ou représentations contenues dans les cahiers des états généraux ou provinciaux, pour demander le redressement de quelque grief, la diminution ou la suppression d'un impôt, etc.

DOLEAU, subst. mas. *(dolô)*, outil de fer à l'usage des ardoisiers.

DOLEMMENT, adv. (*dolaman*), d'une manière *dolente*.

DOLENT, E, adj. (*dolan, lante*) (en lat. *dolens*, part. prés. de *dolere*, se plaindre), triste, affligé, plaintif. Il ne se dit guère qu'en plaisanterie et pour se moquer. — Subst. : *faire le dolent*, *la dolente*.

se **DOLENTER**, v. pron. *(cedolanté)*, se plaindre avec faiblesse. Il est vieux et familier.

DOLER, v. act. *(dolé)*, blanchir et unir avec la *doloire*. — *se* DOLER, v. pron.

DOLÈRE, subst. mas. *(dolère)*, t. d'hist. nat., sorte d'insecte de l'ordre des hyménoptères.

DOLI, subst. mas. *(doli)*, ancien mois chaldéen.

DOLIC, subst. mas. *(dolik)*, t. de bot., plante de la famille des haricots.

DOLICHENIUS ou **DOLICHENUS**, subst. propre mas. *(dolichéni-uce, nuce)*, myth., surnom de Jupiter, pris du culte qu'on lui rendait à Dolichène, ville de la Comagène.

DOLICHODROME, subst. mas. *(dolikodrôme* du gr. δολιχος, long, et δρομος, course), t. d'ant., coureur qui fournissait la plus longue carrière.

DOLICHOPE, subst. mas. *(dolikope)* (du grec δολιχος, long, et πους, pied), t. d'hist. nat., genre d'insectes à deux ailes et à deux pattes.

DOLICHOPODE, subst. mas. *(dolikopode)*, t. d'hist. nat., tribu d'insectes de l'ordre des diptères.

DOLICHURE, subst. fém. *(dolichure)*, t. d'hist. nat., genre d'insectes de l'ordre des hyménoptères.

DOLICLAISON, subst. fém. *(doliklèzon)*, t. de bot., sorte de plante vivace de l'Amérique méridionale.

DOLIMAN, subst. mas. *(doliman)*, habit turc en forme de longue soutane, dont les manches étroites se boutonnent sur le poignet. C'est un mot turc.

DOLIOCARPE, subst. mas. *(doliokarpe)*, t. de bot., genre de plantes de la famille des dilléniacées.

DOLIQUE, subst. mas. *(dolike)* (du grec δολιχος, long), longueur de vingt-quatre stades chez les anciens.

DOLIUM, subst. mas. *(doliome)*, mot latin qui veut dire tonneau, mesure de capacité chez les anciens Romains.

DOLLAR, subst. mas. *(dolar)*, monnaie des États-Unis d'Amérique, valant à peu près cinq livres dix sous, ou cinq francs quarante-deux centimes.

DOLMAN, subst. mas. *(doleman)*, sorte de parure en forme de veste que portent *les hussards* en grand costume, et qui se place sur l'épaule gauche.

DOLMEN, sub. m. *(dolemein)*, monument ou tombeau druidique, formé d'une grande pierre posée horizontalement sur deux pierres perpendiculaires.

DOLMON, subst. mas. *(dolemon)*, sorte de voiture qui s'ouvre en deux par le haut.

DOLOIRE, subst. fém. *(doloare)*, en latin *dolabra*, outil de tonnelier pour *doler* ou unir le bois. — Instrument de maçon pour corroyer la chaux et le sable, et en faire du mortier propre à toutes sortes d'enduits. — En t. de chirurgie, espèce de bandage un peu oblique. — En t. de blas., meuble d'armoirie sous la forme d'une hache sans manche. En ce sens on dit aussi *douloir*, subst. mas.

DOLOMÈDE, subst. mas. *(dolomède)*, t. d'hist. nat., genre d'arachnides de la famille des fileuses.

DOLOMIE, subst. fém. *(dolomi)* (du célèbre naturaliste *Dolomieu*, qui, le premier, en a fait connaître les propriétés), t. d'hist. nat., sorte de marbre primitif, de couleur blanche et à grain fin, qui, frotté contre un corps dur, devient phosphorique.

DOLON, subst. propre mas. *(dolon)*, myth., Troyen extrêmement léger à la course, qui, dans l'espérance d'avoir les chevaux d'Achille pour récompense, étant allé comme espion au camp des Grecs, fut pris et tué par Diomède et par Ulysse. — Sorte de bâton creux à dard. Vieux.

DOLOPES, subst. propre mas. plur. *(dolope)*, myth., peuples de Thessalie, commandés au siége de Troie par Pyrrhus.

DOLOSÉ, E, part. pass. de *doloser*.

DOLOSER, v. neut. *(dolozé)*, s'affliger. Inusité.

DOM ou **DON**, subst. mas. *(don)*, titre d'honneur qui vient du latin *dominus*; il précède ordinairement les noms de baptême ou de famille des seigneurs espagnols et portugais, et de certains religieux, comme chartreux, bénédictins, bernardins. — On met plutôt *dom* devant les noms de certains religieux, et *don* devant les noms espagnols; il faut donc écrire *don Quichotte* et *don quichottisme*, et non *dom Quichotte*, *dom quichottisme*.

DOMAINE, subst. mas. *(domène)* (du lat. *domanium*, dit par corruption pour *dominium*), propriété, bien-fonds, héritage. — On disait absolument : *le domaine*, pour signifier le patrimoine royal : *le domaine de la couronne*.—Par analogie : *le domaine d'une science*, d'un *art*, pour exprimer l'étendue des objets sur lesquels s'exerce un art ou une science. — *Domaine privé*, les biens qui sont la propriété d'une personne. — *Domaine public*, ce qui appartient à tous, ou à l'état. — On dit *le domaine* en général, quand on parle de l'administration qui régit les biens de l'état ou ceux de la couronne. — Fig. : *cela n'est pas de mon domaine*, cela n'est pas de ma compétence.

DOMANIAL, E, adj. (*domaniale*), qui est du *domaine*, qui appartient au *domaine*. — Au plur. mas., *domaniaux*.

DOMANIALISÉ, E, part. pass. de *domanialiser*.

DOMANIALISER, v. act. (*domanialize*), faire entrer dans le *domaine* : *on a domanialisé les terrains délaissés*. Ce mot est nouveau.

DOMANIALITÉ, subst. fém. (*domanialité*), qui a rapport au *domaine*.

DOMANIAUX, adj. mas. plur. Voy. DOMANIAL.

DOMANIER, subst. mas. (*domanié*), employé dans l'administration des *domaines*.

DOMART-LES-PONTHIEU, subst. propre mas. (*domarlèpontieu*), village de France, chef-lieu de canton, arrond. de Doullens, dép. de la Somme.

DOMBEY, subst. mas. (*donbé*), t. de bot., grand arbre du Chili.

DÔME, subst. mas. (*dôme*) (du grec δομος, maison, édifice, contracté de δομημα, qui vient de δομεω ou δεμω, je bâtis; en grec moderne, δωμα signifie terrasse), voûte demi-sphérique qu'on élève au-dessus d'un pavillon, d'un salon, d'un vestibule, d'une église : *le dôme des Invalides*.— En chim., vaisseau de terre que l'on place dans certaines distillations par-dessus une cornue, afin d'obliger la flamme de rouler dessus : *le dôme d'un fourneau*.

DOMÈNE, subst. propre fém. (*domène*), village de France, chef-lieu de canton, arrond. de Grenoble, dép. de l'Isère.

DOMENGER, subst. mas. (*domanjé*), gentilhomme. Vieux et hors d'usage.

DOMERIE, subst. fém. (*domerî*), vieux titres de quelques abbayes qui étaient des espèces d'hôpitaux.

DOMESTICATION, subst. fém. (*domècetikâcion*), manière, action de priver les animaux. — Habitude que prennent certains animaux de vivre auprès des hommes. Hors d'usage.

DOMESTICITÉ, subst. fém. (*domèceticité*), état de *domestique*.

DOMESTIQUE, subst. mas. et fém. (*domècetike*), serviteur, servante qui sert dans un logis. Il se dit ordinairement au masculin, même en parlant des femmes : *un bon domestique*; mais on dit très-bien aussi : *une domestique, ma domestique*. — Tous les *domestiques* pris collectivement : *il a un nombreux domestique*. — L'intérieur de la *maison*, le ménage : *il ne veut pas qu'on se mêle de son domestique*.

DOMESTIQUE, adj. des deux genres (*domècetike*) (en lat. *domesticus*, fait de *domus*, maison, pris du grec δομος), qui est de la *maison*, qui appartient à la *maison* : *affaires domestiques* ; *exemple domestique*. — Apprivoisé, qu'on tient à la *maison*; en parlant de certains animaux : *le chien est un animal domestique*. — Il se dit par opposition à étranger : *chagrin domestique*; *guerres domestiques*, guerres civiles.

DOMESTIQUEMENT, adv. (*domècetikeman*), à la manière d'un *domestique* : *être attaché domestiquement à*... En ce sens il est peu usité. — Dans son *domestique* : *vivre domestiquement*. — Fam. : *il vit domestiquement avec nous*.

DOMESTIQUÉ, E, part. pass. de *domestiquer*.

DOMESTIQUER, v. neut. et act. (*domècetikié*), apprivoiser; être doux, familier. Presque inusité.

DOMÈVRE-EN-HEYS, subst. propre fém. (*doméwranèce*), village de France, chef-lieu de canton, arrond. de Toul, dép. de la Meurthe.

DOMEYRY, subst. mas. (*doméri*), t. de bot., nom d'une variété de melon à écorce épaisse.

DOMFRONT, subst. propre mas. (*donfron*), ville de France, chef-lieu d'arrond., dép. de l'Orne.

DOMICELLAIRE, subst. mas. (*domicèlelère*), nom qu'on donne à quelques officiers allemands.

DOMICILE, subst. mas. (*domicile*) (en lat. *domicilium*, fait de *domus*; en grec δομος, maison), lieu où l'on fait sa demeure ordinaire et où est fixé son principal établissement.—T. de pratique: *faire élection de domicile*, déclarer qu'on demeure en tel lieu, ou qu'on peut s'adresser en ce lieu-là pour y faire toutes significations à celui qui y a fait élection de *domicile*.— *Domicile élu*, domicile fictif. — *Domicile politique*, lieu où l'on exerce ses droits politiques. — *à* DOMICILE, loc. adv., au *domicile*, à la demeure de...

DOMICILIAIRE, adj. des deux genres (*domiciliére*) : *visite domiciliaire*), visite faite dans le *domicile* de quelqu'un par autorité de justice.

DOMICILIÉ, E, part. pass. de *domicilier* et adj., qui a un *domicile* fixe et arrêté en un lieu. *Être domicilié*, avoir une demeure certaine. — T. de pêche, *poissons domiciliés*, ceux qui se trouvent toute l'année sur les mêmes côtes, tels que les soles, les limandes, etc.

se **DOMICILIER**, v. pron. (*cedomicilié*), se fixer dans un *domicile*.

DOMICIUS, subst. propre mas. (*domiciuce*), myth., dieu que les païens invoquaient dans les mariages, pour que la nouvelle mariée prît soin de sa maison.

DOMIDUCA et **DOMIDUCUS**, subst. propre mas. (*domiduka, kuce*), myth., divinités qu'on invoquait quand on conduisait la nouvelle mariée dans la maison de son mari. C'est pour la même raison que Junon est surnommée *Domiduca*.

DOMIFICATION, subst. fém. (*domifikâcion*), action de partager, selon l'astrologie, le ciel en ses douze maisons pour dresser l'horoscope de quelqu'un.

DOMIFIÉ, E, part. pass. de *domifier*.

DOMIFIER, v. act. (*domifié*), en astrologie, partager le ciel en ses douze maisons, pour dresser l'horoscope de quelqu'un.

DOMINANCE, subst. fém. (*dominance*), t. de métaphysique, qualité, action de l'être *dominant*.

DOMINANT, E, adj. (*dominan, nante*), qui *domine* : *passion, humeur dominante* ; *goût dominant*. — *Fief dominant, seigneur dominant*, fief ou seigneur de qui relève un autre fief.

DOMINANTE, subst. fém. (*dominante*) (du lat. *dominans*, part. prés. de *dominari*, dominer), t. de musique, la note qui fait la quinte au-dessus de la note tonique ou fondamentale, ainsi nommée parce que c'est la note la plus rebattue dans une modulation. Celle qui fait la quarte au-dessus de cette même tonique est appelée *sous-dominante*.

DOMINATEUR, subst. et adj. mas., au fém. **DOMINATRICE** (*dominateur, trice*) (en lat. *dominator, dominatrix*, celui qui *domine*, qui a autorité et puissance souveraine : *dominateur de l'univers*, et adjectivement : *ce peuple dominateur*. Il ne s'emploie que dans le style soutenu.

DOMINATION, subst. fém. (*dominâcion*) (en lat. *dominatio*), puissance, empire, autorité souveraine : *vivre sous la domination de*... — Un des premiers ordres de la hiérarchie céleste. Il ne s'emploie dans ce sens qu'au pluriel : *les dominations*.

DOMINATRICE, subst. fém. Voy. DOMINATEUR.

DOMINÉ, E, part. pass. de *dominer*.

DOMINER, v. neut. (*dominé*) (en lat. *dominari*, fait de *dominus*, maître, seigneur), commander, avoir autorité et puissance absolue sur... *dominer sur la mer*; *il veut partout dominer*. — Se faire apercevoir et sentir par-dessus tout : *la bile domine dans son tempérament*.—Au fig., il s'emploie indifféremment, ou comme actif : *dominer les passions*; *cette montagne domine la ville*; ou comme neutre avec la préposition sur: *dominer sur les passions, sur la ville*, etc.

DOMINICAIN, subst. mas., au fém. **DOMINICAINE** (*dominikein, kène*), religieux ou religieuse de l'ordre de *saint Dominique*.

DOMINICAL, subst. mas. (*dominikale*), t. d'hist. eccl., linge sur lequel les femmes recevaient autrefois l'Eucharistie.

DOMINICAL, E, adj. (*dominikale*) (en lat. *dominicalis*, fait de *dominus*, seigneur), qui est *du seigneur* : *l'oraison dominicale*, le *Pater*, prière que Jésus-Christ enseigna à ses disciples. — *Lettre dominicale*, celle qui marque dans le calendrier le jour du *Seigneur*, c'est-à-dire le *dimanche*. — Subst. fém. : *prêcher la dominicale* ou *les dominicales*, prêcher les sermons des *dimanches* dans une église. — Au plur. mas., *dominicaux*.

DOMINICALIER, subst. mas. (*dominikalié*), prédicateur. Vieux.

DOMINICAUX, adj. mas. plur. Voy. DOMINICAL, adj.

DOMINO, subst. mas. (*dominô*) (du latin *dominus*, seigneur, messire, titre qu'on donnait dans le moyen-âge aux ecclésiastiques qui, pour couvrir la tonsure et se garantir de la pluie, etc., portaient une espèce de vêtement semblable à quelques égards au *domino* moderne), camail noir que les ecclésiastiques portent au chœur pendant l'hiver. — Habit de bal masqué. — Espèce de jeu qui se joue avec de petites tablettes d'os ou d'ivoire, en forme de parallélipipèdes, marquées d'un côté d'un certain nombre de points. — *Faire domino*, gagner au jeu de *domino*. — Anciennement, sorte de papier marbré, peint de diverses couleurs, etc.

DOMINOTERIE, subst. fém. (*dominoteri*), marchandises de papiers marbrés et colorés. Voy. DOMINO dans sa dernière acception.

DOMINOTIER, subst. mas. (*dominôtié*), marchand de *dominoterie*, d'estampes.

DOMITIE, subst. fém. (*domici*), loi romaine conférant au peuple l'élection des prêtres.—On dit plus souvent *loi Domitia*.

DOMMAGE, subst. mas. (*domaje*) (de *damnagium*, formé, dans la basse latinité, de *damnum*, qui a la même signification. *Ménage*.), détriment, préjudice, perte; dont il diffère, suivant *d'Alembert*, en ce qu'il désigne une privation qui n'est pas totale. Ainsi l'on dit : *la perte de la moitié de mon revenu me causerait un dommage considérable* ; ce qu'on ne pourrait pas dire de la perte du revenu total. — Dégât causé par les bestiaux. — *C'est dommage, grand dommage*; c'est une chose fâcheuse. — *C'est dommage que*.., il est fâcheux que.. — *Dommages et intérêts* se dit, en t. de jurispr., de l'indemnité qui est due à celui qui a souffert quelque *dommage*, par celui qui le lui a causé ou qui en est responsable; *adjuger, se faire adjuger des dommages et intérêts*. On appelle *dommages et intérêts personnels*, ceux qui sont dus pour le fait de la personne, comme pour avoir blessé ou injurié quelqu'un; et *dommages et intérêts réels*, ceux que l'on doit à cause de *la chose*, tels que la garantie due par une femme comme héritière, ou pour un héritage qu'elle a vendu avant son mariage.

DOMMAGEABLE, adj. des deux genres (*domajable*), qui cause, qui apporte du *dommage*.

DOMMAGEABLEMENT, adv. (*domajableman*), d'une manière *dommageable*.

DOMMARTIN-SUR-YÈVRE, subst. propre mas. (*donmarteinçurièvre*), ville de France, chef-lieu de canton, arrond. de Sainte-Menehould, dép. de la Marne.

DOMME, subst. propre fém. (*dome*), bourg de France, chef-lieu de canton, arrond. de Sarlat, dép. de la Dordogne.

DOMPAIRE, subst. propre mas. (*donpère*), bourg de France, chef-lieu de canton, arrond. de Mirecourt, dép. des Vosges.

DOMPIERRE-SUR-BÈBRE, subst. propre mas. (*donpièreçurbèbre*), bourg de France, chef-lieu de canton, arrond. de Moulins, dép. de l'Allier.

DOMPTABLE ou **DOMTABLE**, adj. des deux genres (*dontable*), qui peut être *dompté*. Voy. DOMPTER.

DOMPTÉ, E, part. pass. de *dompter*.

DOMPTER, et, plus conformément à l'étymologie, **DOMTER**, v. act. (*donté*, et non pas, comme quelques-uns affectent de le dire dans le style relevé, *donpe-té*; c'est par la même raison que l'on devrait peut-être, comme *Trévoux*, écrire *domter*, plutôt que *dompter*; il n'y a point de p dans *domare*; or ce mot est fort régulièrement formé du latin. Pourquoi ce p, qui détourne essentiellement l'origine de ce mot, et si essentiellement, qu'on prononce généralement *donté* et non *donpeté* ?) (du latin *domitare*, diminutif de *domare*, lequel vient du grec δαμαω qui signifie la même chose), subjuguer, vaincre, réduire sous son obéissance.—En parlant des animaux, les assujétir, leur faire perdre leur férocité. — Figur. : *dompter ses passions, sa colère, sa haine*, etc.—*se* DOMPTER, v. pron.

DOMPTEUR, ou **DOMTEUR**, subst. mas. (*donteur*), ce qui *dompte*. Il ne se dit qu'en vers ou dans la prose poétique, et avec un régime : *ce fier dompteur de tant de monstres*. Voy. DOMPTER.

DOMPTE-VENIN, subst. mas. (*donteveneín*), t. de bot., plante de la famille des apocyns.—Il ne prend point *s* au pluriel.

DON, titre d'honneur. Voy. DOM.

DON, subst. mas. (*don*) (en latin *donum*, pris du grec δωρον, ou de δωμα, dérivé du verbe διδωμι, donner), présent, libéralité, largesse. Il se dit, non de l'action de *donner*, mais de l'effet de cette action. Voy. PRÉSENT. — Avantage, grace, faveur : *les dons du ciel, de la nature*.— En t. de commerce, ce que les marchands en gros ont coutume de déduire sur le poids net des marchandises. — Talent, aptitude à certaines choses : *le don de la parole, de l'éloquence; le don de plaire* ; et abusivement : *il a le don de* déplaire, *de se faire haïr de tout le monde.* — *Don gratuit,* celui qu'on fait de bon cœur et sans y être tenu. — *Don mutuel, don réciproque,* donation mutuelle que se font l'homme et la femme de l'usufruit de leur bien, dont le survivant doit jouir. — Fam. : *avoir le don des larmes,* pleurer à commandement, quand on veut.

DONACE, subst. fém. *(donace)*, t. d'hist. nat., genre de coquilles de l'ordre des bivalves.

DONACIE, subst. fém. *(donaci)*, t. d'hist. nat., genre d'insectes de l'ordre des coléoptères, famille des eupodes.

DONARIA, subst. mas. plur. *(donaria)*, myth., nom latin sous lequel on désignait tous les présents offerts aux dieux, ou déposés dans leurs temples, en mémoire d'un bienfait, ou pour obtenir quelque bienfait.

DONATAIRE, subst. des deux genres *(donatère)* (en latin *donatarius*), celui ou celle à qui l'on a fait une *donation.* — On appelle *donataire universel* celui auquel le *donateur* a *donné* tous ses biens en immeubles, ou tous ses meubles, ou les uns et les autres ensemble.

DONATERIE, subst. fém. *(donateri)*, ordre de Saint-Jean de Jérusalem, dont *Donat* était le chef.

DONATEUR, subst. mas., au fém. **DONATRICE** (en lat. *donator, donatrix*), celui ou celle qui fait une *donation.*

DONATIF, subst. mas. *(donatife)*, t. d'antiq. gratification accordée aux soldats romains lors du triomphe des empereurs, ou à leur avènement.

DONATION, subst. fém. *(donâcion)* (en latin *donatio*), *don* fait par acte public. — *Donation entre vifs,* disposition de certaines choses dont le *donateur* se dessaisit en faveur de celui à qui il *donne.*

DONATISME, subst. mas. *(donaticeme)*, doctrine des *donatistes.*

DONATISTE, subst. mas. *(donaticete)*, t. d'hist. ecclésiastique; nom donné à d'anciens hérétiques chrétiens d'Afrique, ainsi appelés de *Donat,* auteur de leur doctrine.

DONATRICE, subst. fém. Voy. DONATEUR.

DONAT (SAINT-), subst. mas. *(ceindona)*, bourg de France, chef-lieu de canton, arrond. de Valence, dép. de la Drôme.

DONAX, subst. mas. *(donakce)*, t. de bot., espèce de roseau dont on se sert pour faire des flèches. — T. d'hist. nat., espèce de poisson.

DONC, conj. *(don* ou *donke;* on prononce le *c* quand *donc* commence la phrase ou qu'il est suivi d'une voyelle : *il est votre père, donc vous devez le respecter; votre frère est donc arrivé?* Mais dans *votre frère est donc sorti,* prononcez : *est don sorti)* (suivant *Sylvius,* du latin *tunc,* alors, pour lors), particule servant à marquer la conclusion d'un raisonnement.

DONDAINE, subst. fém. *(dondène)*, ancienne machine dont on se servait pour jeter de grosses pierres. — *Dondaine* est aussi un vieux mot qui s'applique à des refrains de chansons triviales; il n'a pas plus de sens que *dondon,* qui lui est souvent accolé : *dondon, dondaine.* — *Dondaine,* dit *Trévoux,* vient de *bedon* qui a signifié autrefois tambour, d'où l'on a fait sans doute *dondon, dondaine.*

DONDON, subst. fém. *(dondon)* (du vieux mot *dondaine,* duquel *dondon* est un augmentatif, et qui signifiait *ballon ; qui a la peau tendue comme le cuir d'un ballon.* Le Duchat.), femme ou fille qui a de l'embonpoint et de la fraîcheur. Il est fam. — Voy. DONDAINE.

DONDOS, subst. mas. *(dondoce)*, espèce d'albinos d'Afrique, quoique nés d'un père et d'une mère nègres.

DONGON, subst. mas. *(donguon)*, t. d'hist. nat., grue des Philippines.

DONGRIS, subst. mas. *(dongueri)*, sorte de toiles de coton que l'on fabrique dans les Grandes-Indes.

DONIE, subst. fém. *(doni)*, t. de bot., genre de plantes établi pour placer l'aspère glutineuse.

DONGEUX, subst. propre mas. *(donjeu)*, village de France, chef-lieu de canton, arrond. de Vassy, dép. de la Haute-Marne.

DONJON, subst. mas. *(donjon)* (suivant *Ménage,* du latin barbare *domnionus,* qu'on trouve dans les anciens titres avec cette signification, et qui a été fait, par corruption, de *dominium,* domination; parce que le *donjon* était un signe d'autorité et de puissance, et qu'il dominait sur tout le territoire qui l'avoisinait), partie la plus forte et la plus élevée d'un château, et qui est ordinairement en forme de tour. — Petit pavillon construit sur le comble d'une maison, pour y prendre l'air, etc.

DONJON (LE), subst. propre mas. *(ledonjon)*, village de France, chef-lieu de canton, arrond. de la Palice, dép. de l'Allier.

DONJONNÉ, E, adj. *(donjoné)*, se dit, en t. de blas., des tours ou châteaux qui ont des tourelles.

DONNANT, E, adj. *(donan, nante)*, qui aime à *donner.* Il ne se dit qu'avec la négative : *il n'est pas donnant, elle n'est pas donnante.* — *Donnant donnant,* expression familière qui s'emploie pour marquer qu'on ne veut *donner* une chose qu'en recevant une autre chose.

DONNAVI (MACHINE DE), subst. fém. *(machinedédonavi)*, machine hydraulique qui, d'elle-même et sans moteur apparent, élève l'eau du fond d'un puits à une grande hauteur.

DONNE, subst. fém. *(done)*, t. de jeu, action de distribuer les cartes.

DONNÉ, E, part. pass. de *donner.* Prov. : *à cheval donné on ne regarde point à la bouche,* il ne faut pas chercher des défauts aux choses qui sont *données* gratuitement.

DONNÉE, subst. fém. *(doné)*, idée : *avoir une donnée de telle chose.* — En math., les quantités connues dont on se sert dans la solution d'un problème, pour trouver les quantités inconnues. — On dit adj. : 1° *quantité donnée de grandeur,* celle dont la grandeur est connue, parce qu'on peut assigner une autre grandeur qui lui est égale ; 2° *ligne donnée de position,* dont la position est connue ; 3° *figure donnée d'espèce,* dont l'espèce est déterminée; 4° *quantités données de proportion,* entre lesquelles il règne une proportion qui est connue, etc.

DONNEMARIE, subst. propre fém. *(donemari)*, ville de France, chef-lieu de canton, arrond. de Provins, dép. de Seine-et-Marne.

DONNER, v. act. *(doné)* (en lat. *donare,* fait de *donum,* don), faire *don* de... — Livrer, mettre entre les mains. — Présenter, offrir; avec cette différence que *donner* est plus familier ; *présenter* est toujours respectueux : *offrir* est quelquefois religieux : *nous donnons aux domestiques; nous présentons aux princes; nous offrons à Dieu.* On dit en ce sens : *donner un bouillon;* et neut., devant les verbes : *donner à laver, à boire,* etc. — Payer : *j'en donne cent francs ; donner des gages, des appointements.* — Causer, procurer : *cela lui a donné la fièvre, donné du chagrin,* etc. — Accorder, octroyer : *donner permission; donner le choix* : et neut. : *donner à choisir.* — Attribuer : *donner tort à... A qui donne-t-on la faute? on ne lui donnerait pas cinquante ans ; on donne cet ouvrage à plusieurs auteurs.* — *Donner la main à quelqu'un,* lui tendre la main par civilité pour l'aider à marcher. Dans une autre acception : *donner la foi de mariage.* — *Donner les mains à une proposition, à une affaire ;* y acquiescer, y consentir. — *Donner des larmes, des pleurs à quelqu'un,* le pleurer, ou pleurer avec lui. — *Donner un démenti,* dire que quelqu'un a menti, n'a pas dit la vérité. — *Donner l'exclusion,* exclure ; *donner l'absolution,* absoudre; *donner la bénédiction,* bénir. — *Donner une nouvelle, des nouvelles,* apprendre une nouvelle, des nouvelles à quelqu'un. — *Donner croyance,* ajouter foi. — On dit de même aussi *donner foi à quelque chose.* — On dit fam. : *donner le bonjour, donner le bonsoir,* pour dire, souhaiter le bonjour, le bonsoir. — Au jeu de paume et de billard, on dit *le donner beau;* pour dire, *donner* lieu à celui contre qui l'on joue de faire un beau coup. Il se dit aussi fig. et fam. de toutes les occasions qu'on *donne* à quelqu'un de faire facilement quelque chose. On dit aussi dans le même sens, *la donner belle. La donner belle* se dit encore fam. pour reprocher à quelqu'un qu'il veut abuser de notre crédulité : *vous nous la donnez belle,* vous voudriez nous en faire accroire. — On dit : *donner carrière à un cheval,* pour dire, le pousser à toute bride dans la carrière. — *Donner de l'air à une chambre,* c'est en ouvrir les fenêtres ou les portes, afin que l'air y entre. lui *donner du jour,* c'est l'éclairer. — On dit fig. : *donner un coup de collier,* pour dire, faire un nouvel effort. — T. de man. : *donner la main* ou *la bride à un cheval,* lâcher la bride. — *Donner le vert à un cheval,* le nourrir avec l'herbe verte récemment coupée. — T. de comm. : *donner du temps à un débiteur,* lui accorder du délai pour le paiement. — *Donner crédit à quelqu'un d'une somme,* etc., la porter au crédit sur son compte. — T. de mar. : *donner chasse.* Voy. CHASSE. — T. de monn. : *donner chaud, froid,* augmenter ou diminuer le feu autour de la coupole, pour accélérer ou retarder la fusion du métal. — T. de vén. : *donner le cerf aux chiens,* faire découpler les chiens sur les voies. — On dit neut. : *donner à courre,* détourner et remettre l'animal que l'on chasse. — Fig. : *donner un méchant jour aux actions de quelqu'un,* les interpréter mal, les empoisonner, etc. — *Donner un homme à une femme,* supposer qu'il est son amant; c'est une expression nouvelle. — *Donner tout aux apparences,* se régler entièrement sur elles. — Prov. : 1° *donner de la gabatine* ou *du galbanum,* tromper par de fausses promesses; 2° *ne pas donner sa part aux chiens* ou *aux chats,* avoir des prétentions à quelque chose. — Fam. : *vous avez donné des verges pour vous fouetter,* vous avez fourni vous-même des moyens de vous faire du mal. — V. neut. : *cet appartement donne sur la rue,* a vue sur la rue. — *Donner à entendre,* faire entendre. — *Donner à penser, à songer, donner* sujet de penser. — *Donner à deviner,* défier de deviner. — *Donner dans une embuscade,* y tomber, s'y laisser prendre. — *Donner dans le panneau,* se laisser tromper. — En t. de mar., 1° *donner à la côte,* gouverner droit sur la terre, pour entrer dans le premier port qui se présentera ; 2° *donner dedans,* se dit d'un vaisseau qui est entre les pointes d'un détroit ou d'un port ; il *donne* dedans en y entrant; 3° *donner dans une flotte,* se jeter au milieu d'une flotte de vaisseaux marchands, mal soutenus par leurs vaisseaux de guerre, pour y mettre le désordre, etc. — On disait autrefois en musique, *donner du cor,* pour : *jouer du cor ;* on ne se sert plus aujourd'hui que du mot *jouer,* pour tous les instruments. — Prov., *en donner d'une, en donner à garder,* en faire accroire. — *Ne savoir où donner de la tête,* ne savoir que devenir. — SE DONNER, v. pron., *donner* à soi-même : *se donner de la peine, se donner du bon temps, se donner un habit, un livre,* etc. — *Se donner à quelqu'un,* s'y attacher sans réserve, se consacrer entièrement à son service. — On dit qu'*un peuple se donne à un souverain,* pour dire qu'il se met sous sa domination : *ces peuples se donnèrent aux Romains.* — *Se donner le temps de faire quelque chose,* prendre le temps nécessaire pour le faire. — *Se donner carrière,* parler, agir avec chaleur, sans retenue. — On dit que *deux personnes se donnent la main,* pour dire qu'elles mettent leur main l'une dans l'autre. — Fig. : *se donner la main,* c'est être d'intelligence, agir de concert. — *Se donner des airs,* affecter de paraître noble, riche, etc. — *Se donner garde, se donner garde de quelqu'un,* s'en défier. — *Se donner de garde de faire quelque chose,* s'en abstenir soigneusement. — Fam. : *s'en donner à cœur joie,* prendre d'un plaisir tout ce qu'on peut.

DONNEUR, subst. mas., au fém. **DONNEUSE**, *(doneur, neuze)*, celui ou celle qui *donne : donneur, donneuse d'avis; donneur de galbanum, d'eau bénite de cour ; il n'est pas donneur, elle n'est pas donneuse.* Il est fam. — En t. de lettres de change, on appelle *donneur d'ordre,* celui qui passe son ordre au dos d'une lettre de change.

DONNEUSE, subst. fém. Voy. DONNEUR.

DONNOLA, subst. fém. *(donola)* t. d'hist. nat., sorte de belette, furet.

DON QUICHOTTE, subst. propre mas. *(donkichote)*, héros de roman de *Cervantes.* — Défenseur, protecteur, chevalier des dames, etc. ; qui rompt des lances pour soutenir une erreur, une vérité : *avec un bon cœur, un esprit juste, une âme ardente, on se fait le* don Quichotte *du genre humain* (Boiste.) Voy. DON.

DON-QUICHOTTISME, subst. mas. *(donkichoticeme)*, manie d'un *don Quichotte.* Voy. ce mot et DON.

DONT, espèce de pronom indéclinable qui se met très-fréquemment à la place des pronoms relatifs *de qui, duquel, de laquelle, desquels, desquelles, de quoi,* etc. Voy. notre *Grammaire.* — Il y a, dans le *Petit Carême* de *Massillon* (2e dimanche de carême, 2e partie, page 72, édition de Paris, 1776), une faute très-grave dans l'emploi de ce pronom : « Vengez l'honneur de la religion, » vous, mes frères, *dont* les illustres ancêtres en » ont été les premiers dépositaires, et *dont* par » conséquent vous devez être les premiers défen- » seurs. » Le premier *dont* se rapporte à *vous, mes frères,* et le second à *la religion.* — En poésie on lui fait signifier quelquefois *par qui*, *par lequel* :

> Quel pouvoir a brisé l'éternelle barrière
> *Dont* le ciel sépara l'enfer et la lumière?
> (VOLTAIRE, *Sémiramis*.)

DONTE, subst. fém. (*donte*), le corps du théorbe, du luth, fait d'éclisses taillées en côtes de melon, et collées sur le tasseau.

DONZELLE, subst. fém. (*donzèle*), t. de mépris qui se dit, au lieu de *demoiselle*, d'une fille d'un état médiocre, dont les mœurs sont suspectes. — En t. d'hist. nat., c'est le nom d'un poisson de mer qui, pour la forme du corps, diffère peu du congre.

DONZENAC, subst. propre mas. (*donzenak*), ville de France, chef-lieu de canton, arrond. de Brives, dép. de la Corrèze.

DONZY, subst. propre mas. (*donzi*), ville de France, chef-lieu de canton, arrond. de Cosne, dép. de la Nièvre.

DOODIE, subst. fém. (*doodi*), t. de bot., plante de la Nouvelle-Hollande, de la famille des fougères.

DOPPIA, subst. fém. (*dopepia*), monnaie d'or d'Italie dont la valeur varie selon les villes où elle a cours.

DOR., abréviation du mot *dorique* ou *dorien*.

DORADE, subst. fém. (*dorade*), t. d'hist. nat., poisson de mer qui a les écailles de couleur *d'or*. — Constellation de l'hémisphère austral, appelée autrement *Xiphias*, et située au pôle austral de l'écliptique, au-dessus du Navire, entre le Chevalet du Peintre, le Réticule rhomboïde et le grand Nuage. C'est une des douze constellations décrites par *J. Bayer*, laquelle, suivant *La Caille*, contient vingt-neuf étoiles.

DORAGE, subst. fém. (*doraje*), t. de chapelier, manière de faire paraître un chapeau plus fin par le dehors. — En t. de pâtissier, couche légère de jaune d'œuf sur la croûte de la pâtisserie.

DORADILLE, subst. fém. (*doradiie*). Voy. CÉTÉRAC.

DORAS, subst. mas. (*dorâce*), t. d'hist. nat., genre de poissons de la famille des olophores.

DORAT (LE), subst. propre mas. (*ledora*), ville de France, chef-lieu de canton, arrond. de Bellac, dép. de la Haute-Vienne.

DORCAS, subst. mas. (*dorkâce*), t. d'hist. nat., quadrupède mammifère du genre des antilopes.

DORCATOME, subst. mas. (*dorkatome*), t. d'hist. nat., genre d'insectes pliniores de l'ordre des coléoptères.

DORCHE, subst. mas. (*dorche*), t. d'hist. nat., genre de poissons qu'on trouve dans les mers du Nord.

DORDOGNE, subst. propre fém. (*dordognie*), dép. de la France, qui tire son nom de la rivière qui le traverse.

DORÉ, subst. mas. (*doré*), t. d'hist. nat., espèce de lézard.—Sorte de poisson.—T. de bot., espèce d'agaric des environs de Paris.

DORÉ, E, part. pass. de *dorer*, et adj., *bordure dorée*, *pâte dorée*, *vermeil doré*, etc. — Jaune, tirant sur le jaune : *pâtisserie dorée*.—Il se dit aussi du rôti, et signifie qui a une belle couleur. — En t. de vén., on appelle *fumées dorées*, des fumées de cerf qui sont jaunes.—Prov. : *bonne renommée vaut mieux que ceinture dorée*, la bonne réputation vaut mieux que les honneurs et les richesses. Allusion à une ordonnance du roi de France *Louis VIII*, qui défendait aux courtisannes de porter des robes à queue, à collets renversés, avec *ceinture dorée*. Ce règlement ayant été mal observé, les honnêtes femmes s'en consolèrent par le témoignage de leur conscience, et par la sentence qui vient d'être rapportée. — Fig. : *avoir la langue dorée*, tenir des discours séduisants.

DORÉAS, subst. mas. (*doré-âce*), t. de comm., sorte de mousseline des Indes.

DOR-ÉMULÉ, subst. mas. (*dorémulé*), t. de comm., mousseline à fleurs des Indes orientales.

DORÉNAVANT, adv. (*dorénavan*) (c'est la contraction de *dores en avant*), désormais, à l'avenir, dans la suite : *je me suis résolu de faire dorénavant*...

DORÈNE, subst. fém. (*dorène*), t. de bot., espèce de plante jaune du Japon.

DORER, v. act. (*doré*) (en latin barbare *deaurare*, pour *aurare*, dont la racine est *aurum*, or), enduire *d'or* moulu ou couvrir de feuilles *d'or*. — Fig. et poét. : *le soleil dore la cime des montagnes*, il les éclaire de ses rayons : *les moissons commencent à se dorer*, à jaunir. — Prov. : *dorer la pilule*, adoucir par de belles paroles l'amertume d'un refus, d'un ordre, d'une proposition désagréable.—*se* DORER, v. pron. : *les moissons se dorent*.

DOREUR, subst. mas., au fém. **DOREUSE**, (*doreur*, *reuze*), celui ou celle qui *dore*.

DOREUSE, subst. fém. Voy. DOREUR.

DORIDE, subst. propre fém. (*doride*), myth., contrée de la Grèce, ainsi appelée de Dorus, fils de Neptune et d'Alope ; on dit aussi de Hellen et de la nymphe Optix. Les Doriens étaient grands parleurs, peu sincères et peu modestes ; d'où sont venus bien des proverbes faits à leur sujet. Les poètes désignent quelquefois tous les Grecs par ceux de la Doride, comme quand Virgile dit : *Dorica castra*.

DORIDES, subst. propre fém. plur. (*doride*), myth., les mêmes que les Néréides, filles de Nérée et de Doris.

DORIE, subst. fém. (*dori*), t. de bot., sorte de plante médicinale.

DORIED, subst. mas. (*dorièd*), t. de bot., espèce de centaurée de Perse.

DORIEN, adj. mas. (*doriein*) (en grec δώριος, formé de Δωρίς, Doride) : *le mode dorien*, un des modes de la musique des anciens. — *Le dialecte dorien*, un des dialectes de la langue grecque. — Subst. mas. : *le dorien*, en parlant du dialecte.

DORINE, subst. fém. (*dorine*), t. de bot., genre de plantes de la famille des saxifragées.

DORIPE, subst. fém. (*doripe*), t. d'hist. nat., genre de crustacés.

DORIQUE, adj. des deux genres (*dorike*) (en grec δωρικός, fait de Δωρίς, Doride), *l'ordre dorique*, le second des cinq ordres d'architecture.— *La Bruyère* (chap. 6) a dit aussi subst. au mas. : *un dorique règne dans tous ses dehors*.

DORIS, subst. fém. (*dorice*), t. d'hist. nat., genre de mollusques. — Myth., fille de l'Océan et de Téthys. Elle épousa son frère Nérée, dont elle eut cinquante nymphes appelées les Néréides. Le nom de *Doris*, comme une des divinités de la mer, est quelquefois mis par les poètes pour la mer même. *Virgile* a dit : *Doris amara*.

DORLOTÉ, E, part. pass. de *dorloter*.

DORLOTER, v. act. (*dorloté*) (du vieux mot français *dorelot*, mignon, qu'on lit dans *Rabelais*, et par lequel les Poitevins désignent encore aujourd'hui un enfant gâté), traiter délicatement et avec complaisance. Il est fam. — *se* DORLOTER, v. pron., se délicater ; chercher ses aises.

DU VERBE IRRÉGULIER DORMIR :

Dormaient, 3ᵉ pers. plur. imparf. indic.
Dormais, précédé de *je*, 1ʳᵉ pers. sing. imparf. indic.
Dormais, précédé de *tu*, 2ᵉ pers. sing. imparf. indic.
Dormait, 3ᵉ pers. sing. imparf. indic.

DORMANS, subst. propre mas. (*dorman*), ville de France, chef-lieu de canton, arrond. d'Épernay, dép. de la Marne. Il se fait dans cette ville de grands chargements de bois et de charbon, pour l'approvisionnement de Paris.

Dormant, part. prés. du v. irrég. DORMIR.

DORMANT, subst. mas. (*dorman*), en général, tout ouvrage de menuiserie et de serrurerie qui n'est point mobile. — Frise ou châssis de bois attaché dans la feuillure, au haut d'une porte carrée ou cintrée, et qui sert de battement aux ventaux. — Panneau de fer formé d'enroulements, rinceaux, etc., qu'on place au-dessus d'une porte pour donner du jour. — Dans les verreries, on appelle *dormants*, les barreaux de fer établis à demeure dans les fourneaux pour supporter le charbon.

DORMANT, E, adj. (*dorman*, *mante*) ; il ne se dit point au propre d'un homme qui *dort*. — Au fig. : *eau dormante*, qui ne coule point. — *Verre dormant*, *châssis dormant*, qui ne s'ouvre point. — *Pêne dormant*, qui ne peut s'ouvrir ni se fermer qu'avec la clef. — *Pont dormant*, qui ne se lève point, par opposition au *pont-levis*.—On le dit aussi, en t. de marine, des cordages qui sont fixes. — T. de pêche, *lignes dormantes*, celles qu'on laisse tendues au bord de l'eau, et qu'on va visiter de temps en temps pour voir si le poisson y a mordu. Il y a aussi des *filets dormants*.

DU VERBE IRRÉGULIER DORMIR :

Dorme, précédé de *que je*, 1ʳᵉ pers. sing. prés. subj.
Dorme, précédé de *qu'il* ou *qu'elle*, 3ᵉ pers. sing. prés. subj.
Dorment, précédé de *ils* ou *elles*, 3ᵉ pers. plur. prés. indic.
Dorment, précédé de *qu'ils* ou *qu'elles*, 3ᵉ pers. plur. prés. subj.
Dormes, précédé de *que tu*, 2ᵉ pers. sing. prés. subj.

DORMEUR, subst. mas., au fém. **DORMEUSE** (*dormeur*, *meuze*), celui ou celle qui aime à *dormir*, qui *dort* beaucoup.

DORMEUSE, subst. fém. Voy. DORMEUR.—Sorte de voiture de voyage, etc., dans laquelle on peut mettre un lit et se coucher.

DU VERBE IRRÉGULIER DORMIR :

Dormez, 2ᵉ pers. plur. impér.
Dormez, précédé de *vous*, 2ᵉ pers. plur. prés. indic.
Dormiez, précédé de *vous*, 2ᵉ pers. plur. imparf. indic.
Dormiez, précédé de *que vous*, 2ᵉ pers. plur. prés. subj.

DORMILLIOUSE, subst. fém. (*dormiliouze*), nom vulgaire de la torpille, à cause de l'engourdissement qu'occasionnent ses atteintes.

DORMILON, subst. mas. (*dormilon*), t. d'hist. nat., singe du Mexique.

DU VERBE IRRÉGULIER DORMIR :

Dormîmes, 1ʳᵉ pers. plur. prét. déf.
Dormions, précédé de *nous*, 1ʳᵉ pers. plur. imparf. indic.
Dormions, précédé de *que nous*, 1ʳᵉ pers. plur. prés. subj.

DORMIR, subst. mas. (*dormir*), le sommeil : *perdre le dormir*. — Sans plur.

DORMIR, v. neut. (*dormir*) (en lat. *dormire*), reposer, être dans le sommeil. — On le dit fig. de l'eau qui n'a point de cours, ou dont le mouvement est imperceptible. — Les poètes le disent aussi au fig. des vents, etc. — Fam. : *dormir la grasse matinée*, prolonger le sommeil bien avant dans le jour. — *Dormir comme une souche*, *comme un sabot*, *dormir* d'un sommeil profond. —*Dormir à bâtons rompus*, *dormir* d'un sommeil interrompu, mal *dormir*. — *Dormir en lièvre*, *dormir* les yeux ouverts. — *Dormir tout debout*, être accablé par le sommeil. — *Dormir d'un bon somme*, d'un sommeil tranquille. — *Dormir un bon somme*, *dormir* long-temps de suite. Dans cette dernière phrase, il est actif.— Prov. : *qui dort dîne*, quand on *dort*, on ne songe pas à manger. — On dit d'un homme actif, *qu'il ne dort*, *qu'il ne s'endort pas*. — *Il ne faut pas réveiller le chat qui dort*, il ne faut pas reparler d'une méchante affaire lorsqu'elle semble assoupie. — On appelle *contes à dormir debout*, des récits puérils et ennuyeux. — Les enfants disent que leur *toupie*, que leur *sabot dort*, lorsque la toupie, le sabot tourne d'un mouvement si vite, qu'il est imperceptible. — Prov. : *il n'y a point de pire eau que celle qui dort*, il n'y a point de gens plus dangereux que ceux qui cachent leurs mauvais desseins sous de fausses apparences de douceur. — En parlant d'un homme à qui quelque bonne fortune arrive quand il y pense le moins : *les biens lui viennent en dormant*.—Fig. et fam. : *laisser dormir un ouvrage*, le garder pendant quelque temps, afin de l'examiner plus à loisir. — *Laisser dormir une affaire*, ne pas la poursuivre. — *Laisser dormir noblesse*, se disait, en certaines provinces, d'un gentilhomme qui voulait embrasser le commerce, et qui, pour ne pas perdre sa *noblesse*, déclarait qu'il ne commercerait que pendant quelque temps.

DU VERBE IRRÉGULIER DORMIR :

Dormira, 3ᵉ pers. sing. fut. indic.
Dormirai, 1ʳᵉ pers. sing. fut. indic.
Dormiraient, 3ᵉ pers. plur. prés. cond.
Dormirais, précédé de *je*, 1ʳᵉ pers. sing. prés. cond.
Dormirais, précédé de *tu*, 2ᵉ pers. sing. prés. cond.
Dormirait, 3ᵉ pers. sing. prés. cond.
Dormiras, 2ᵉ pers. sing. fut. indic.
Dormirent, 3ᵉ pers. plur. prét. déf.
Dormirez, 2ᵉ pers. plur. fut. indic.
Dormiriez, 2ᵉ pers. plur. prés. cond.
Dormirions, 1ʳᵉ pers. plur. prés. cond.
Dormirons, 1ʳᵉ pers. plur. fut. indic.
Dormiront, 3ᵉ pers. plur. fut. indic.
Dormis, précédé de *je*, 1ʳᵉ pers. sing. prét. déf.
Dormis, précédé de *tu*, 2ᵉ pers. sing. prét. déf.
Dormisse, 1ʳᵉ pers. sing. imparf. subj.
Dormissent, 3ᵉ pers. plur. imparf. subj.
Dormisses, 2ᵉ pers. sing. imparf. subj.
Dormissiez, 2ᵉ pers. plur. imparf. subj.
Dormissions, 1ʳᵉ pers. plur. imparf. subj.
Dormit précédé de *il* ou *elle*, 3ᵉ pers. sing. prét. déf.

Dormît, précédé de *qu'il* ou *qu'elle*, 2e pers. sing. imparf. subj.

Dormîtes, 2e pers. plur. prét. déf.

DORMITIF, subst. mas. (*dormitif*), remède qui assoupit, qui fait *dormir*. On dit mieux *soporifère*.

DORMITIF, adj. mas., au fém. **DORMITIVE** (*dormitif, tive*), qui assoupit, qui fait *dormir* : *remède dormitif*.

DORMITIVE, adj. fém. Voy. DORMITIF.

DU VERBE IRRÉGULIER **DORMIR** :

Dormons, 1re pers. plur. impér.

Dormons, précédé de *nous*, 1re pers. plur. prés. indic.

DORNES, subst. propre fém. (*dorne*), bourg de France, chef-lieu de canton, arrond. de Nevers, dép. de la Nièvre.

DOROIR, subst. mas. (*doroare*), sorte de petite brosse avec laquelle on met la *dorure* sur la pâtisserie.

DORON, subst. mas. (*doron*), ancienne mesure grecque.

DORONIC, subst. mas., **DORONICE**, subst. fém. (*doronik, nice*), t. de bot., plante vivace des Alpes.

DU VERBE IRRÉGULIER **DORMIR** :

Dors, 2e pers. sing. impér.

Dors, précédé de *je*, 1re pers. sing. prés. indic.

Dors, précédé de *tu*, 2e pers. sing. prés. indic.

DORSAL, E, adj., au plur. mas. **DORSAUX** (*dorçal, çô*) (du lat. *dorsualis*, fait de *dorsum*, dos), t. d'anat., qui appartient au *dos* : *les muscles dorsaux*.— On dit subst. le *grand dorsal*.

DORSAUX, adj. plur. mas. Voy. DORSAL.

DORSCH, subst. mas. (*dorche*), t. d'hist. nat., espèce de poisson du genre des gades.

DORSIBRANCHES, subst. mas. plur. (*dorcibranche*), t. d'hist. nat., ordre que l'on a établi parmi les vers marins.

DORSIFÈRE, adj. des deux genres (*dorcifère*), t. de bot., qui porte sur le *dos* les feuilles de sa fructification.

DORSO-ACROMIEN, subst. et adj. mas. (*dorçoakromiein*), t. d'anat., portion postérieure du trapèze chez le cheval.

DORSO-COSTAL, subst. et adj. mas. (*dorçôkocetal*), t. d'anat., muscle petit dentelé, postérieur et supérieur.

DORSO-SCAPULAIRE, subst. et adj. mas. (*doreçôcecapulère*), t. d'anat., nom du muscle rhomboïde.

DORSO-SUS-ACROMIEN, subst. et adj. mas. (*dorçôçuçakromiein*), t. d'anat., nom du muscle trapèze.

DORSO-TRACHÉLIEN, subst. et adj. mas. (*dorçôtrachélien*), t. d'anat., nom du muscle splénius du cou.

DORSTÈNE ou **DORSTÉNIE**, subst. fém. (*dorsetène, téni*), t. de bot., genre de plantes herbacées de la famille des orties.

DORSUAIRE, subst. fém. (*dorçuère*), t. d'hist. nat., poisson de la division des abdominaux.

DORTHÉSIE, subst. fém. (*dortézi*), t. d'hist. nat., genre d'insectes de l'ordre des coléoptères.

DORTMANNA, subst. fém. (*dortemana*), t. de bot., espèce de plante à feuilles biloculaires.

DORTOIR, subst. mas. (*dortoar*), lieu d'un couvent ou d'une communauté où sont les cellules et où l'on couche. — *Dortoir* se dit aussi, dans les maisons d'éducation et les pensions, d'une grande salle où il y a plusieurs lits.

DORURE, subst. fém. (*dorure*), or fort mince appliqué sur la superficie de quelque ouvrage pour le *dorer*. — Art d'employer l'or en feuilles et l'or moulu. — Matières d'or ou d'argent, propres à être employées dans les étoffes riches ou dans la broderie. — *Marchand de dorures*, celui qui fait commerce de ces matières. — On dit aussi, *la dorure* (la couleur jaune) d'une pâtisserie.

DORUS, subst. propre mas. (*dôruce*), myth., nom d'un fils de Neptune.

DORVALLIE, subst. fém. (*dorvaleli*), t. de bot., genre de plantes qui diffère peu de celui des fuchsies.

DORYANTHE, subst. mas. (*doriante*), t. de bot., genre de plantes ligneuses de la famille des liliacées.

DORYCLUS, subst. propre mas. (*dorikluce*), myth., fils naturel de Priam, tué par Ajax au siège de Troie. Il y en a eu un autre, fils de Phinée, roi de Thrace.

DORYLAS, subst. propre mas. (*dorilâce*), myth., un de ceux qui osèrent attaquer Persée dans la cour de Céphée. Il fut tué avec les autres, de la main de Persée. Un des Centaures se nommait *Dorylas*.

DORYLE, subst. mas. (*dorile*), t. d'hist. nat., genre d'insectes de l'ordre des hyménoptères.

DORYPHORE, subst. mas. (*dorifore*), t. d'hist. nat., genre d'insectes de l'ordre des coléoptères.

DOS, subst. mas. (*dô*, et devant une voyelle *dôze*) (du lat. barbare *dossum*, qu'on a dit, dans la basse latinité, pour *dorsum*, dos), la partie de derrière du corps de l'homme, laquelle prend depuis le cou jusqu'aux reins. — On appelle, par analogie, *le dos du pied*, *le dos de la main*, le côté extérieur de la main ou du pied, ou une partie opposée à la paume de la main et à la plante du pied. — *Dos du nez*, le sommet du nez qui règne le long de cette partie. — Ce mot se dit aussi : 1° des animaux : *dos d'un cheval*, etc. ; 2° de certaines choses inanimées : *le dos d'un livre*, etc.; *le dos d'un papier écrit*, son revers. — On appelle *le dos d'un couteau*, la partie opposée au tranchant ; *le dos d'une chaise, d'un fauteuil, d'un banc*, la partie d'une chaise, d'un fauteuil, d'un banc, sur laquelle on s'appuie le *dos* lorsqu'on y est assis.—*Le dos d'un habit*, la partie qui couvre et dessine le *dos*. — Dans les manufactures de lainerie, la partie de l'étoffe opposée aux lisières, lorsque la pièce est pliée en deux dans la longueur. — *Monter un cheval à dos*, le monter sans selle. — *Tourner le dos*, s'enfuir. Au figuré, quitter : *la fortune lui a tourné le dos*. A peu près dans le même sens : *tourner le dos à quelqu'un*, l'abandonner ; et encore, s'en aller pour ne pas lui parler. — Fig. : *s'attirer quelqu'un à dos*, *l'avoir à dos*, *se le mettre à dos*, l'avoir pour ennemi ; *avoir quelqu'un sur son dos*, l'avoir à sa charge, en être chargé ; *le porter sur son dos*, en être fatigué ; *mettre tout sur le dos de quelqu'un*, se décharger sur lui de tout le faix ; *faire le gros dos*, faire l'important, le capable (par allusion au chat, qui, à la vue d'un animal qu'il craint ou n'aime point, hérisse son poil, et dresse le dos en forme d'arc. On disait autrefois *faire du gros bis*, d'où est venu *Rominagrobis*, voy. ce mot) ; *se laisser manger la laine sur le dos*, souffrir des injures sans y répondre. — *Avoir le dos au feu, le ventre à table*, bien boire, bien manger devant un bon feu ; enfin avoir et prendre toutes ses aises. — *Le dos lui démange*, il fait tout pour qu'on vienne lui chercher querelle et le battre. — *N'avoir pas une chemise à mettre sur son dos*, être extrêmement pauvre. — *En avoir plein le dos*, être las d'une affaire, ne pas vouloir s'en occuper. — On dit *qu'un homme a bon dos*, pour signifier qu'il est assez riche et assez fort pour supporter les charges ou la gêne qu'on lui impose. — *A* DOS, loc. adv. : *avoir un homme à dos*, l'avoir pour ennemi, pour adversaire.—DOS *à* DOS, loc. adv. : *mettre des gens dos à dos*, c'est, dans un accommodement que l'on fait entre eux, les renvoyer chacun de leur côté, sans donner avantage ni à l'un ni à l'autre.

DOS-D'ÂNE, subst. mas. (*dôdâne*), corps qui a deux surfaces inclinées l'une vers l'autre et qui aboutissent en angle ; une chose est en *dos-d'âne*, quand elle est en talus des deux côtés. — Ouverture en forme de demi-cercle que l'on fait à quelques vaisseaux pour couvrir le passage de la manivelle. — En t. de jard. : *relever la terre en dos-d'âne*, etc., en sorte qu'elle penche des deux côtés pour faciliter l'écoulement des eaux. — Au plur., des *dos-d'âne*.

DOSE, subst. fém. (*dôze*) (en grec δόσις, fait de δίδωμι, donner), mesure ou quantité des drogues qui doivent entrer dans un médicament. — Il se dit par extension du sucre, du poivre, etc. — On le dit aussi de chaque prise : *partager un bol, un remède en plusieurs doses*. — On dit fig., dans le style médiocre : *dose d'amour, de jalousie*, etc.

DOSÉ, E, part. pass. de *doser*.

DOSER, v. act. (*dôzé*), t. de pharmacien et de médecine, mettre la *dose* prescrite. — *se* DOSER, v. pron.

DOSIN, subst. mas. (*dozein*), t. d'hist. nat., coquille du genre vénus.

DOSITHÉENS, subst. mas. plur. (*doziteein*), ancienne secte de Juifs parmi les Samaritains.

DOSSE, subst. fém. (*dôce*), grosse planche dont on se sert pour soutenir des terres et autres ouvrages, lorsqu'on travaille aux mines. — La première et la dernière planche d'un arbre qu'on refend, laquelle est sciée d'un côté, et où l'écorce paraît presque toujours de l'autre.

DOSSERET, subst. mas. (*dôceré*), t. d'archit., petit pilastre saillant qui sert à soutenir des voûtes, des portes ou des fenêtres.

DOSSIER, subst. mas. (*dôcié*), la partie de la chaise contre laquelle on s'appuie le *dos* lorsqu'on est assis. — La partie de la hotte qui pose sur le *dos* de celui qui la porte. — Dans un lit, la pièce de bois qui joint *les deux colonnes* et sur laquelle appuie le chevet ; ou encore la pièce d'étoffe qui couvre le derrière du lit. — Le fond d'une voiture contre lequel on s'appuie le *dos*. — En t. de prat., plusieurs papiers sur le premier desquels l'avoué met le nom des parties. — *Dossier* se dit aussi, en t. d'administration, de toutes les pièces d'une affaire réunies dans une feuille de papier sur laquelle l'indication de l'affaire est marquée.

DOSSIÈRE, subst. fém. (*dôcière*), morceau de cuir large et épais qu'on met sur la selle du cheval de limon, et dans lequel entrent les limons pour les tenir en état.

DOT, subst. fém. (*dote*) (en lat. *dos*, gén. *dotis*, fait du grec δώς, dérivé de δίδωμι, donner), bien qu'une femme apporte en mariage. — En t. de jurisprudence, on appelle aussi *dot* ce que le mari donne à sa femme en se mariant.—On le dit encore de ce que les pères, mères et autres ascendants donnent à leurs enfants, soit mâles, soit femelles, en les mariant.—Ce qu'on donnait à un monastère lorsqu'une fille se faisait religieuse. — Il n'a point de plur.

DOTAL, E, adj., au plur. mas. **DOTAUX** (*dotale, tô*), qui appartient à la *dot* : *fonds dotal, deniers dotaux*.— *Régime dotal*, autre que celui de la communauté.

DOTATION, subst. fém. (*dotâcion*), action de *doter*. — Biens d'un apanage, d'un majorat. — Action d'assurer des revenus à une église, à une communauté, à un établissement. — Les biens mêmes *donnés* en *dot* à un établissement.

DOTAUX, adj. mas. plur. Voyez DOTAL.

DOTÉ, E, part. pass. de *doter*.

DOTER, v. act. (*doté*), *donner* en mariage à une fille ce dont elle peut avoir besoin, suivant sa condition ou la fortune de ses parents : *son père l'a dotée de cent mille francs*. Voy. DOT.— Par extens., établir un certain revenu à quelque bénéfice ou communauté.—On dit fig. : *la nature l'avait trop bien doté* (trop avantageusement partagé) *pour que*... — *Doter une religieuse*, payer une certaine somme à la maison où elle faisait profession.—*se* DOTER, v. pron.

DOTO, subst. propre fém. (*doto*), myth., nymphe de la mer, fille de Nérée et de Doris.

D'OÙ, adv. (*dou*), de quel lieu, de quel endroit. Voy. où.

DOUAI, subst. propre mas. (*douè*), ville de France, chef-lieu d'arrond., dép. du Nord. Cette ville possède une fonderie de canons et un arcenal. Elle est entourée de vieilles murailles flanquées de tours.

DOUAIRE, subst. mas. (*douère*) (en lat. barbare *dotarium*, formé dans ce sens de *dos*, gén. *dotis*, dot), portion des biens du mari, fixée par la coutume ou par le contrat de mariage, pour en jouir, en cas que la femme survive à son mari, ou en propriété ou en usufruit, suivant la disposition de la coutume.—*Douaire coutumier*, celui qui est établi et ordonné par la coutume. — *Douaire préfix*, celui que chacun assigne à sa volonté : *le douaire est propre aux enfants*.

DOUAIRIER, subst. mas. (*douèrié*), celui qui renonce à la succession de son père, et qui se tient au *douaire* de sa mère.

DOUAIRIÈRE, subst. fém. (*douèrière* ; c'est par abus que quelques-uns veulent qu'on prononce *douarière*, quand ils font tous dire *douère*), veuve qui jouit du *douaire*.—Vieille femme noble et riche. Il ne se dit que des personnes d'un rang élevé.—Il est aussi adj. : *reine, princesse douairière*.

DOUANE, subst. fém. (*douane*) (de l'italien *dogana*, qui a la même signification, ou, suivant *Du Cange*, du bas-breton *doen*, porter, parce que toutes les marchandises se portent à la *douane* pour y payer les droits), lieu où l'on est obligé de porter les marchandises pour acquitter les droits auxquels elles sont assujéties : *aller à la douane*.—Les droits qu'on y acquitte : *payer la douane*. — Son administration. — *Ligne de douane*, les bureaux de *douane* établis sur la frontière d'un pays.

DOUANÉ, E, part. pass. de *douaner*.

DOUANER, v. act. (*douané*), mettre le plomb de la *douane* à des marchandises.—*se* DOUANER, v. pron. Peu usité.

DOUANIER, subst. mas. (*douanié*), fermier ou commis de la *douane*, qui visite les marchandises et reçoit ce qu'elles doivent payer. — Garde chargé de surveiller les contrebandiers.

DOUAR, subst. masc. (*douare*), village arabe composé de tentes alignées tantôt circulairement, tantôt en lignes droites.

DOUBLA, subst. mas. (*doubla*), monnaie d'argent d'Alger et de Tunis, qui vaut environ trois livres de France ou deux francs quatre-vingt-seize centimes.

DOUBLAGE, subst. mas. (*doublaje*), t. de mar., second bordage ou revêtement de planches qu'on met à des vaisseaux destinés à des voyages de long cours.—En matière de fiefs, *double* des redevances que les vassaux étaient tenus de payer à leur seigneur en certaines occasions. — Dans l'imprimerie, vice d'impression qui a lieu lorsque la presse fait marquer *doublement* les lignes ou les mots. — En t. de manufacture, action de joindre *deux* fils, pour en faire un fil composé.

DOUBLE, subst. mas. (*double*), une fois autant: *payer le double, condamner au double.* — Ancienne monnaie qui valait *deux* deniers: *cela ne vaut pas un double; je n'en donnerais pas un double.*—Copie d'un écrit.—On appelle *doubles*, au théâtre, les acteurs et les actrices qui remplacent dans les rôles ceux qui les ont créés: *cet acteur n'est qu'un double; la pièce a été jouée par les doubles.* — Au domino, on appelle *double* un dé sur lequel un même point est répété *deux* fois.—*Double de compte*, un des originaux de compte que le comptable garde entre ses mains. — *Mettre une chose en double*, la replier sur elle-même.— *Jouer à quitte ou à double, à quitte ou double*, hasarder tout pour se tirer d'une affaire.—On dit au trictrac: *gagner partie double*, lorsqu'on prend douze points de suite.

DOUBLE, subst. fém. (*double*), la panse des animaux qui ruminent.—Monnaie d'argent de Tunis, qui a cours pour vingt-quatre aspres (douze sous tournois, ou cinquante-neuf centimes sept vingt-septièmes).

DOUBLE, adj. des deux genres (*double*) (du lat. *duplex*, formé du grec δυω, deux, et πλεκω, je plie, d'où le verbe *duplico*, je double), ce qui vaut, ce qui pèse, ce qui contient *deux fois* autant. Il est opposé à *simple*.—Il se dit de deux choses semblables qui sont en même endroit: *double châssis, double porte, double semelle.*—*Double* s'est dit de toute monnaie qui vaut deux fois plus qu'une autre de la même fabrique: *double ducat, double pistole.*—On le dit aussi des choses plus fortes, de plus grande vertu que les autres de la même espèce: *double bidet, encre double, double bière;* et dans le style familier, *double coquin, double fripon.* — Fig. et en parlant des personnes, traître, dissimulé: *cœur double, esprit double.* — En t. de liturg., *fête double*, celle dont le rit est plus solennel qu'à l'ordinaire. Il y a encore des fêtes que l'on qualifie de *doubles majeures*, de *doubles mineures*, et de *semi-doubles*. — *Une double fête*, jour où deux fêtes se rencontrent. — En poésie, *la double montagne*, le Parnasse.— *Une serrure à double tour*, celle où il faut tourner deux fois la clef.—*Mot à double entente*, qui a deux sens différents. — *Acte double*, dont on fait deux originaux ensemble. On met à la fin de pareils actes: *fait double entre nous.*—*Double droit*, ce qui est exigé en matière d'enregistrement, à titre de punition d'un retard apporté dans la présentation des contrats à la formalité, ou d'une déclaration insuffisante, omission, etc. Le double droit se compose, comme le mot l'indique, du droit exigible *doublé*. — *Double écrit*. Aux termes de l'article 1325 du Code civil, les actes sous seing privé qui contiennent des conventions synallagmatiques ne sont valables qu'autant qu'ils ont été faits en autant de *doubles* ou originaux qu'il y a de parties ayant un intérêt distinct. — En t. d'arithm., *raison double*, celle dans laquelle l'antécédent est *double* du conséquent, par opposition à la raison *sous-double*, où c'est le conséquent qui est *double* de l'antécédent.—T. de comm. et de banque; on nomme *tenue de livres à partie* ou *en partie double*, cette manière qui consiste à faire connaître d'un seul coup-d'œil la position respective du débiteur et du créancier. — T. de géom.: *point double*, le point où se coupent les deux branches d'une courbe. Ce point n'existe que dans les lignes du troisième ordre et au-dessus.—T. de bot.: *fleurs doubles*, celles dont les étamines se sont converties en pétales, et par-là sont devenues stériles. —*Double* se dit encore des fleurs qui ont plus de feuilles qu'elles n'en ont naturellement; qui, par l'art et la culture, ont acquis un plus grand nombre de feuilles que la nature ne leur en a donné: *un œillet double, une rose double, une anémone double, un souci double.* — T. de mus.: *intervalles doubles* ou *redoublés*, tous ceux qui excèdent l'étendue de l'octave *double*; ou, suivant quelques auteurs, ceux qui sont composés de deux intervalles égaux, comme la fausse quinte, qui comprend deux tierces mineures. — *Double* se dit des croches, des mesures: *double croche, double mesure.* La *double croche* vaut la seizième partie de la note ronde; c'est une note dont la queue a un *double crochet*, et qu'on nomme à cause de cela *double croche;* elle vaut la moitié d'une croche. La *mesure double* est celle qui se bat à deux temps égaux.—Au domino: *double-six, double-as, double-blanc.* Voy. DOUBLE, subst. mas.

DOUBLE, adv. (*double*), *voir double*, voir *deux* choses de même espèce où il n'y en a qu'une. —*Payer double*, payer deux fois un même objet. — *Au* DOUBLE, loc. adv., une fois autant.

DOUBLÉ, E, part. pass. de *doubler*, et adj., t. d'arithm. et d'algèbre: *raison doublée*, le rapport qui est entre deux carrés.

DOUBLÉ, subst. mas. (*doublé*). Au jeu de billard, on dit *voilà un beau doublé*; ce qui signifie, voilà une bille qui est belle à *doubler*, ou voilà une bille qui a été *doublée* adroitement. — Quelques-uns écrivent *doublet*, mais on prononce *doublé*, dit l'*Académie*.

DOUBLEAU, adj. mas. (*doubleau*), t. d'archit.: *arc-doubleau*, voûte qui joint un pilier à un autre.

DOUBLEAUX, subst. mas. plur. (*doublô*) t. de charpentier, solives pour faire des planchers; solives qui portent le chevêtre.

DOUBLE-BÉCASSINE, subst. fém. (*doublebékacine*), t. d'hist. nat., bécassine qui a les sourcils, le dessus de la tête et du corps noir, avec une bande testacée sur le milieu de la tête. — Au plur., des *doubles-bécassines*.

DOUBLE-BULBE, subst. mas. (*doublebulbe*), t. de bot., genre de plantes de la famille des iridées.—Au plur., des *doubles-bulbes*.

DOUBLE-CANON, subst. mas. (*doublekanon*), gros caractère d'imprimerie.—Au plur., des *doubles-canons*.

DOUBLE-CENTICADE, subst. fém. (*doubleçantikade*), ancienne mesure de capacité.—Au plur., des *doubles-centicades*.

DOUBLE-CENTIGRAMME, subst. mas. (*doubleçantiguerame*), mesure de pesanteur, la cinquantième partie du gramme. — Au plur., des *doubles-centigrammes*.

DOUBLE-CHALOUPE, subst. fém. (*doublechaloupe*), t. de mar., grande *chaloupe* pontée.

DOUBLE-CLOCHE, subst. fém. (*doublekloche*), t. de bot., sorte de primevère. — Au plur., des *doubles-cloches*.

DOUBLE-CROCHE, subst. fém. (*doublekroche*), t. de musique, note qui vaut la moitié de la *croche* ou le quart de la noire.—Au plur., des *doubles-croches*.

DOUBLE-DÉCAGRAMME, subst. mas. (*doubledékaguerame*), mesure de pesanteur égale à vingt *grammes*.—Au plur., des *doubles-décagrammes*.

DOUBLE-DÉCALITRE, subst. mas. (*doubledékalitre*), mesure de capacité égale à vingt *litres* ou vingt-une pintes. —Au plur., des *doubles-décalitres*.

DOUBLE-DÉCIGRAMME, subst. mas. (*doubledéciguerame*), mesure de pesanteur qui est la cinquième partie du *gramme*.—Au plur., des *doubles-décigrammes*.

DOUBLE-DÉCILITRE, subst. mas. (*doubledécilitre*), mesure de capacité qui est cinq fois plus petite que le *litre*. — Au plur., des *doubles-décilitres*.

DOUBLE-DÉCIMÈTRE, subst. mas. (*doubledécimètre*), mesure de longueur qui est la cinquième partie du *mètre*. — Au plur., des *doubles-décimètres*.

DOUBLE-DENT, subst. mas. (*doubledan*), t. de bot., espèce de plante du genre des mousses. — Au plur., t. d'hist. nat., famille des mammifères rongeurs qui sont remarquables par le *doublement* de leurs *dents* incisives supérieures.— Au plur., des *doubles-dents*.

DOUBLE-EMPLOI, subst. mas. (*doublanploé*), se dit, en fait de comptes, d'une partie employée *deux fois*.—Au plur., des *doubles-emplois*.

DOUBLE-FEUILLE, subst. fém. (*double feu-ie*), t. de bot., plante vivace qui croît dans les terreins humides. — Au plur., des *doubles-feuilles*.

DOUBLE-FLEUR, subst. fém. (*doublefleur*), espèce de poirier et de poire. —Au plur., des *doubles-fleurs*.

DOUBLE-G, ou GAMMA, subst. mas. (*doublejé, gamema*), t. d'hist. nat., nom d'un papillon de jour.—Au plur., des *doubles-gamma*.

DOUBLE-GRAMME, subst. mas. (*doubleguerame*), mesure de pesanteur égale à deux *grammes*. — Au plur., des *doubles-grammes*.

DOUBLE-HECTOGRAMME, subst. mas. (*doublèktoguerame*), mesure de pesanteur égale à deux cents *grammes*. — Au plur., des *doubles-hectogrammes*.

DOUBLE-HECTOLITRE, subst. mas. (*doublèktolitre*), mesure de capacité égale à deux cents *litres* ou deux cent dix pintes. — Au plur., des *doubles-hectolitres*.

DOUBLE-HENRI, subst. mas. (*doublanri*), monnaie d'or qui avait cours en France sous *Henri III*. — Au plur., des *doubles-henris*.

DOUBLE-KILOGRAMME, subst. mas. (*doublekiloguerame*), mesure de capacité égale à deux mille *grammes*. — Au plur., des *doubles-kilogrammes*.

DOUBLE-KILOLITRE, subst. mas. (*doublekilolitre*), mesure de capacité égale à deux mille *litres*. — Au plur., des *doubles-kilolitres*.

DOUBLE-LANGUE, subst. fém. (*doublelangue*), t. de bot., plante dont les feuilles portent chacune une seconde feuille. — Au plur., des *doubles-langues*.

DOUBLE-LIEN, subst. mas. (*doublelien*), t. de jurispr., *double* relation que la nature a mise entre ceux qui sont tout à la fois parents du côté du père et de la mère, ou entre leurs descendants, tels que les frères germains et leurs enfants. — Au plur., des *doubles-liens*.

DOUBLE-LITRE, subst. mas. (*doublelitre*), mesure de capacité égale à *deux litres* ou deux pintes et un dixième. — Au plur., des *doubles-litres*.

DOUBLE-LOUIS, subst. mas. (*doubleloui*), monnaie d'or de quarante-huit francs.—Au plur., des *doubles-louis*.

DOUBLE-MACREUSE, subst. fém. (*doublemakreuze*), t. d'hist. nat., sorte de canard plus gros que les autres. — Au plur., des *doubles-macreuses*.

DOUBLE-MARCHEUR, subst. mas. (*doublemarcheur*), t. d'hist. nat., genre de reptile de la famille des ophidiens. — Au plur., des *doubles-marcheurs*.

DOUBLEMENT, adv. (*doubleman*), au *double*, pour deux raisons ou en deux manières.

DOUBLEMENT, subst. mas. (*doubleman*), l'action de *doubler*. C'est un terme de pratique.— On s'en sert aussi dans l'art militaire, où il signifie augmentation des rangs ou des files d'un bataillon.

DOUBLE-MÈTRE, subst. mas. (*doublemètre*), mesure de longueur égale à deux *mètres*. — Au plur., des *doubles-mètres*.

DOUBLE-MILLIGRAMME, subst. mas. (*doublemiliguerame*), mesure de pesanteur qui est la cinq centième partie du *gramme*.— Au plur., des *doubles-milligrammes*.

DOUBLE-MOUCHE, subst. fém. (*doublemouche*), t. d'hist. nat., espèce de poisson du genre des salmones. — Au plur., des *doubles-mouches*.

DOUBLE-MYRIAGRAMME, subst. mas. (*doublemiriaguerame*), mesure de pesanteur égale à vingt mille grammes. — Au plur., des *doubles-myriagrammes*.

DOUBLE-OCTAVE, subst. fém. (*doubloktave*), t. de musique, intervalle composé de *deux octaves*. C'est une quinzième, la troisième des harmoniques du corps sonore, et le *disdiapason* des Grecs.—Au plur., des *doubles-octaves*.

DOUBLE-QUARTE, subst. fém. (*doublekarte*), t. de médec., fièvre intermittente, — Au plur., des *doubles-quartes*.

DOUBLE-QUOTIDIENNE, subst. fém. (*doublekotidiène*), t. de médec., fièvre intermittente dont les accès sont fréquents. — Au plur., des *doubles-quotidiennes*.

DOUBLER, v. act. (*doublé*) (en lat. *duplicare* qui a la même signification), mettre *double*; mettre une fois autant.—Mettre une *doublure*, une étoffe contre l'envers d'une autre.—T. de mar., donner un *doublage* à un vaisseau.—*On double un autre bâtiment*, lorsqu'on le dépasse en vitesse.—*Doubler les garcettes*, c'est en augmenter les tours et le nombre, sur la tournevire et le câble d'un grand bâtiment, lorsque l'effort du cabestan est considérable. — *Doubler un cap*, le passer, aller au-delà. — Au théâtre, jouer un rôle au défaut de celui qui en était chargé le premier: *doubler un rôle, un acteur.* — *Doubler le* pas, aller plus vite.—En t. d'art militaire : *doubler les files, doubler* le nombre des soldats de chaque file, en faisant entrer chaque file de la droite dans celle qui est immédiatement à sa gauche, ou chaque file de la gauche dans celle qui la précède immédiatement à droite. *Doubler les rangs,* faire entrer les soldats du second rang dans le premier rang, ceux du quatrième dans le troisième, et ainsi de suite. — *Doubler une bille,* la faire toucher contre un des bords du billard et la faire revenir près du bord opposé.— T. de manége, *doubler les reins,* se dit d'un cheval qui saute plusieurs fois de suite en voûtant son dos pour renverser son cavalier. — *Doubler* ou *doubler large,* tourner son cheval vers la moitié du manége, et le conduire droit à l'autre muraille sans changer de main.—*Doubler étroit,* tourner son cheval en lui faisant décrire un carré à un coin du manége ou aux quatre coins. Dans ces deux phrases, *doubler* est employé comme verbe neutre.—On dit aussi neutralement au jeu de paume : *la balle a doublé,* a touché *deux fois* la terre. — *se* DOUBLER, v. pron.

DOUBLE-RAIE, subst. fém. (*doublerè*), t. d'hist. nat., lézard à points noirs sur le dos entre deux raies jaunes.—Au plur., des *doubles-raies.*

DOUBLERÉAU-DE-BOURGOGNE, subst. mas. (*doublerôdebourguognie*), ancienne monnaie d'argent fabriquée en Flandre.

DOUBLERIE, subst. fém. (*doubleri*), nom que l'on donne dans certains endroits au linge ouvré.

DOUBLE-ROMAINE, subst. fém. (*doubleromène*) (en italien *doppia romana*), monnaie d'or de Rome, qui a cours pour trois écus treize baïoques, seize francs vingt-deux centimes.—Au plur., des *doubles-romaines.*

DOUBLES-HEURES, subst. fém. plur. (*doublezeure*), ancienne monnaie d'or.

DOUBLE-SIGNATURE, subst. fém. (*doublecigniature*), *signature* faite en double.

DOUBLE-STÈRE, subst. mas. (*doublecetère*), mesure pour le bois, égale à deux *stères* ou à la voie.—Au plur., des *doubles-stères.*

DOUBLET, subst mas. (*doublé*), deux morceaux de crystal mis l'un sur l'autre avec une feuille coloriée entre deux, pour imiter les émeraudes, les rubis, etc. — En t. de jeu de billard, on n'écrit pas *doublet,* mais *doublé.* Voy. ce dernier mot.—Nous relèverons ici une singularité de l'*Académie* à l'endroit de la prononciation de *doublé,* qu'elle autorise à écrire aussi *doublet.* Quelques uns, dit elle, écrivent *doublet,* mais on prononce toujours *doublé.*

DOUBLE-TACHE, subst. fém. (*doubletache*), t. d'hist. nat., espèce de poisson du genre des labres, nommé aussi le *labre bimaculé.*—Au plur., des *doubles-taches.*

DOUBLE-TIERCE, subst. fém. (*doubletièrce*), t. de médec., fièvre intermittente.—Au plur., des *doubles-tierces.*

DOUBLETTE, subst. fém. (*doublète*), un des jeux de l'orgue qui sonne l'octave au-dessus du prestant. — Monnaie d'or de Sardaigne, qui a cours pour cinq livres, neuf francs cinquante-huit centimes.

DOUBLEUR, subst. mas., au fém. DOUBLEUSE (*doubleur, bleuze*), t. de manuf., *doubleur de laine, doubleuse de soie,* celui, celle qui *double* la laine, la soie sur le rouet. — T. de physique, au mas. seulement : *doubleur d'électricité,* machine inventée par *Read,* pour recueillir et enlever à la partie aqueuse suspendue dans l'atmosphère l'électricité qu'elle contient.

DOUBLEUSE, subst. fém. Voy. DOUBLEUR.

DOUBLIS, subst. mas. (*doubli*), rang de tuiles qui s'accrochent au-dessus de la chanlatte.

DOUBLOIR, subst. mas. (*doubloar*), machine dont se servent les passementiers pour soutenir les rochets à dévider la soie.

DOUBLON, subst. mas. (*doublon*), monnaie d'or d'Espagne, où elle est appelée *doblon de oro,* pistole d'or; elle a cours pour quatre-vingts réaux, équivalant à vingt francs trente-sept centimes, monnaie de France. — Monnaie d'or de Gênes, qui a cours pour vingt-trois livres douze sous de Gênes, dix neuf francs trente-quatre centimes quarante-six quatre-vingt-unièmes.—En t. d'imprim., faute qui consiste à composer *deux fois* de suite un ou plusieurs mots.

DOUBLOT, subst. mas. (*doublo*), fil de laine *double* dont on se sert pour les lisières de droguet.

DOUBLURE, subst. fém. (*doublure*), tout ce qui sert à *doubler* une étoffe ou quelque autre chose.—Panneaux de bois blanc placés dans l'intérieur des voitures, pour porter la matelassure et la garniture d'étoffe.—Dans les fabriques d'armes, on appelle *doublure* un défaut qui vient d'une soudure manquée.—*Doublure,* se dit aussi, en t. d'orfèvrerie, d'un défaut qui provient de la fonte, et de métaux mal forgés. — *Doublure* se dit encore de l'or ou de l'argent qui revêt intérieurement des tabatières d'écaille, de vernis ou autres dont le dessus n'est pas du même métal. — Prov. : *fin contre fin n'est pas bon à faire doublure,* on ne réussit pas à tromper aussi fin que soi.

DOUBS, subst. propre mas. (*dou*), dép. de la France qui tire son nom de la rivière qui le traverse. Les Latins la nommaient *Dubis,* dérivé de *dubius,* douteux, à cause de la lenteur de son cours; ce qui a fait dire à César dans ses *Commentaires,* en parlant de cette rivière : *dubius utramque in partem fluat.*

DOUC ou **DOC**, subst. mas. (*douk, dok*), t. d'hist. nat., espèce de singe du genre des guenons.

DOUÇAIN, subst. mas. (*doucein*), sorte de pommier.

DOUCE, adj. fém. Voy. DOUX.

DOUCE-AMÈRE, subst. fém. (*douçamère*), t. de bot., plante du genre morelle.—Au plur., des *douces-amères.*

DOUCEÂTRE, adj. des deux genres (*douçâtre*), qui est un peu *doux,* qui a une *douceur* fade et insipide.

DOUCEMENT, adv. (*douceman*), d'une manière *douce : reprendre quelqu'un doucement.* — Sans bruit ou avec peu de bruit : *marcher doucement.* —Délicatement, mollement, sourdement, sans éclat : *cette affaire veut être traitée doucement.* —Médiocrement bien : *je me porte doucement.* —Fam. : *aller doucement en besogne,* agir sagement et sans rien précipiter; ou, dans une autre acception, travailler lâchement, mollement.

DOUCEMENT, sorte d'interj. (*douceman*) : *vous parlez bien haut; doucement !*

DOUCERETTE, subst. fém. (*doucerète*), celle qui contrefait la *douce;* la fille sage et modérée. Il est fam.

DOUCEREUSE, subst. fém. Voy. DOUCEREUX.

DOUCEREUX, adj. mas., au fém. DOUCEREUSE (*douceren, reuze*), *doux* sans être agréable. Il se dit au propre des choses : *vin doucereux, liqueur doucereuse;* et au figuré, des personnes : *homme doucereux, air doucereux, mine doucereuse.* — En parlant d'un amour fade : *vers doucereux, lettre doucereuse,* etc. — On dit aussi subst. : *c'est un doucereux; il fait le doucereux auprès des femmes.*

DOUCET, subst. et adj. mas., au fém. DOUCETTE (*doucète*); il a à peu près le même sens que *doucereux,* et ne se dit que des personnes : *faire le doucet; mine doucette.*

DOUCETTE, adj. fém. Voy. DOUCET.

DOUCETTE, subst. fém. (*doucète*), sorte de petite herbe qu'on mange en salade. Voy. MACHE. — Mauvaise soude produite en Languedoc par l'incinération de la plante du même nom. — T. d'hist. nat., espèce de chien marin.— Mélasse ou sirop de sucre. — On dit aussi, dans ces deux derniers sens, *roussette.*

DOUCETTEMENT, adv. (*doucèteman*), t. pop., tout *doucement : aller, se porter doucettement,* assez bien.

DOUCEUR, subst. fém. (*douceur*) (en lat. *dulcedo*), saveur *douce.*—Qualité de ce qui est *doux,* au propre et au figuré.—Égalité d'humeur qui fait qu'on est disposé à se prêter aux volontés des autres, et à les traiter d'une manière douce et éloignée de toute sévérité.— On dit : *la douceur des traits, la douceur des yeux, la douceur de la physionomie,* pour indiquer des traits, des yeux, une physionomie qui annoncent de la douceur : *les yeux noirs ont plus de force d'expression et plus de vivacité; mais il y a plus de douceur dans les yeux bleus.* (Buffon.)— Certain procédé *doux* et modéré. — Plaisir, commodités, aise. — Petite friandise ou autre chose qui satisfait, qui réjouit. —Petit profit qu'on donne à quelqu'un pour reconnaître la peine qu'il a prise.—Au plur., on dit que *des domestiques ont beaucoup de douceurs dans une maison,* pour dire, qu'ils ont beaucoup de profits, de gratifications. — Paroles galantes, cajoleries amoureuses : *dire des douceurs, conter des douceurs.* — En DOUCEUR, loc. adv. : *prendre les choses en douceur,* le mieux du monde.

DOUCHE, subst. fém. (*douche*) (suivant *Ménage,* cette étymologie dérive de l'italien *doccia,* employé dans la même signification; et du latin *ducere,* conduire, parce que l'eau est *conduite* au moyen d'un tuyau sur la partie malade), épanchement d'eau chaude ou froide et minérale qu'on fait tomber de haut sur une partie malade pour la soulager, pour la guérir : *donner, recevoir, prendre la douche,* et plus souvent, *les douches.*

DOUCHÉ, E, part. pass. de *doucher.*

DOUCHER, v. act. (*douché*), donner la *douche.* — *se* DOUCHER, v. pron.

DOUCI, E, part. pass. de *doucir.*

DOUCI, subst. mas. (*douci*), opération par laquelle on prépare les glaces à recevoir le poli.

DOUCIN, subst. mas. (*doucein*), eau *douce* mêlée d'eau de mer.—T. de bot., sorte de pommier.

DOUCINE, subst. fém. (*doucine*), t. d'archit., moulure ondoyante, moitié convexe et moitié concave.—Espèce de rabot de menuisier, pour pousser des moulures.

DOUCIR, v. act. (*doucir*), t. de manuf. de glaces, donner le poli à une glace : *doucir à la roue, doucir* au moellon.—*se* DOUCIR, v. pron.

DOUDEVILLE, subst. propre fém. (*doudevile*), bourg de France, chef-lieu de canton, arrond. d'Yvetot, dép. de la Seine-Inférieure.

DOUDON ou **DOUDOU**, subst. mas. (*doudon, dou*), monnaie de cuivre de Surate.

DOUÉ, subst. propre mas. (*doué*), ville de France, chef-lieu de canton, arrond. de Saumur, dép. de Maine-et-Loire.

DOUÉ, E, part. pass. de *douer,* et adj., orné, pourvu : *il est doué de mille belles qualités.*

DOUELLE, subst. fém. (*douèle*) (du lat. barbare *dogella,* diminutif de *doga,* lequel se trouve dans les auteurs de la basse latinité avec la signification de *douve. Ménage.* Suivant *Trévoux,* du latin *dolium,* tonneau), t. d'archit., se dit : 1° de la coupe des pierres propres à faire des voûtes; 2° de la courbure d'une voûte.—Planche mince qu'on fend dans les forêts pour faire les futailles. En ce sens, on dit plus souvent et mieux *douve.*

DOUER, v. act. (*doué*) (du lat. *dotare,* de *dos, dotis,* dot ou avantage), en t. de palais, *donner,* assigner un *douaire.* Peu usité dans ce sens. — Avantager, favoriser, orner, pourvoir : *Dieu l'a doué d'une grande patience; la nature vous a doué de divers talents.*

DOUFF, subst. mas. (*doufe*), le tambour de basque chez les Arabes.

DOUGLAS, subst. propre mas. (*douguelâce*), bourg et petite ville d'Écosse. — C'est aussi une ville de l'île de Mann. Le golfe de *Douglas* forme une partie de la mer d'Irlande.

DOUILLAGE, subst. mas. (*dou-iaje*), mauvaise fabrication d'étoffe, parce que les trames ne sont pas de la même qualité.

DOUILLART, subst. mas. (*dou-iar*), mesure pour le charbon dans quelques anciennes provinces.

DOUILLE, subst. fém. (*dou-ie*), fer qui est au talon de la pique.—Manche creux d'une baïonnette, etc. — Fer creux au fond de la baguette, dans lequel on met le tire-bourre. — Trou d'un outil de fer de jardinier, dans lequel on met un manche de bois.—Dans les instruments de géométrie pratique destinés à opérer sur le terrein, boîtes adaptées au genou, dans lesquelles on fait entrer des bâtons ferrés et pointus qui soutiennent l'instrument.

DOUILLET, adj. mas., au fém. DOUILLETTE (*dou-ié, iète*), délicat, qui ne peut souffrir la moindre incommodité.—En parlant des choses, doux et mollet, tendre et délicat : *oreiller bien douillet; il a la peau douillette.* — En t. de peint., tendre, moelleux. — Il s'emploie aussi subst. : *faire le douillet, la douillette.*

DOUILLETTE, adj. fém. Voy. DOUILLET.

DOUILLETTE, subst. fém. (*dou-iète*), espèce de robe recouverte de soie et ouatée.

DOUILLETTEMENT, adv. (*dou-iéteman*), d'une manière *douillette;* sur quelque chose de *douillet.*

DOUILLEUSE, adj. fém. Voy. DOUILLEUX.

DOUILLEUX, adj. mas., au fém. DOUILLEUSE (*dou-ieu, ieuze*), t. de manufacture, qui n'est pas carré ou d'une égale largeur, en parlant des étoffes de laine.

DOUILLON, subst. mas. (*dou-ion*), on donne ce nom, dans la Saintonge et le Poitou, à des laines de qualité inférieure.

DOULAS, subst. propre mas. (*doulâce*), village de France en Bretagne.

DOULEBSAIS, subst. mas. (*doulèbcè*), t. de comm., mousseline des Indes.

DOULENS, subst. propre mas. (*doulan*), ville de France, chef-lieu d'arrond., dép. de la Somme. Cette ville est remarquable par sa citadelle.

DOULEUR, subst. fém. (*douleur*) (en lat. *dolor*), sensation pénible, mal qu'éprouve le corps ou l'esprit : *douleur de tête, d'estomac.* — Peine, affliction du cœur ou de l'âme : *il est pénétré, accablé de douleur.* — DOULEUR, CHAGRIN, TRISTESSE, AFFLICTION, DÉSOLATION. (*Syn.*) *Douleur* se dit également des sensations désagréables du corps, et des peines de l'esprit ou du cœur. *Tristesse* diffère de *chagrin*, en ce que le *chagrin* peut être intérieur, et que la *tristesse* se laisse voir au dehors.—L'idée d'*affliction* ajoute à celle de *tristesse* ; celle de *douleur* à celle d'*affliction*; celle de *désolation* à celle de *douleur*. — Myth., les anciens en avaient fait une divinité.

DOULEVENT-LE-CHÂTEAU, subst. propre mas. (*doulevanlechâtô*), bourg de France, chef-lieu de canton, arrond. de Vassy, dép. de la Haute-Marne.

DOULI, subst. mas. (*douli*), espèce de voiture en usage dans les Indes.

se **DOULOIR**, v. pron. (*cedouloar*), se plaindre, être triste, s'affliger. Vieux et même hors d'usage.

DOULOUREUSE, adj. fém. Voy. DOULOUREUX.

DOULOUREUSEMENT, adv. (*douloureuzeman*), avec *douleur*.

DOULOUREUX, adj. mas., au fém. **DOULOUREUSE** (*douloureu, reuze*), qui cause de la *douleur* : *mal douloureux, plainte douloureuse.* — Au fig., qui cause une grande peine : *c'est une perte douloureuse.* — Qui marque de la *douleur* : *cris douloureux.* — Il se dit des parties du corps qu'on ne peut toucher sans y causer de la *douleur: Il a le pied douloureux.*

DOUME, subst. mas. (*doume*), t. de bot., genre de plantes dioïques de la famille des palmiers.

DOURA, subst. mas. (*doura*), t. de bot., sorte de millet de l'Inde.

DOURDAN, subst. propre mas. (*douredan*), ville de France, chef-lieu de canton, arrond. de Rambouillet, dép. de Seine-et-Oise. On remarque son vieux château-fort et son église. Dourdan est la patrie de *La Bruyère*.

DOURDÉ, E, part. pass. de *dourder*.

DOURDER, v. act. (*dourdé*), donner des coups. (*Boiste.*) Vieux et hors d'usage.

DOURLENS, subst. propre mas. (*dourlan*), petite ville de la Picardie, en France, sur les frontières de l'Artois.

DOURGNE, subst. propre mas. (*dourgnie*), bourg de France, chef-lieu de canton, arrond. de Castres, dép. du Tarn.

DOURO, subst. propre mas. (*dourô*), rivière d'Espagne, qui traverse la Vieille-Castille et le royaume de Léon.

DOUROU, subst. mas. (*dourou*), t. de bot., fruit de Madagascar.

DOUT., abréviation du mot *douteux*.

DOUTANCE, subst. fém. (*doutance*), incertitude, doute, accompagnement de crainte. Vieux et même hors d'usage.

DOUTE, subst. mas. (*doute*) (en lat. *dubium*), incertitude, irrésolution : avec cette différence que le *doute* vient de l'insuffisance des preuves, ou de l'égalité de vraisemblance entre les preuves pour et contre ; l'*incertitude*, du défaut de lumières nécessaires pour se décider ; et l'*irrésolution*, du défaut des motifs d'intérêt ou de l'égalité des motifs opposés.—Crainte : *le doute où je suis qu'il ne lui arrive quelque chose*, etc. — Scrupule : *cette décision me laisse encore quelque doute.* — Figure de rhétorique qu'on appelle ordinairement *dubitation*. —*Sans* DOUTE, loc. adv., assurément, selon toutes les apparences.

DOUTER, v. neut. (*douté*) (en lat. *dubitare*), être dans le *doute*; être incertain, irrésolu. Lorsque le verbe *douter* est suivi de *que*, il régit toujours le subjonctif, que la phrase soit négative ou non ; mais lorsque la phrase est négative, il faut mettre *ne* devant le second verbe : *je doute qu'il vienne; je ne doute pas qu'il ne vienne.*—*Ne douter de rien*, se croire capable de tout, être hardi à tout entreprendre.—*se* DOUTER, v. pron., soupçonner, pressentir, prévoir. Il régit *que* avec le subjonctif, si la phrase est négative ou interrogative, et l'indicatif si elle est affirmative : *je ne me doutais pas qu'il vînt ; pouvais-je me douter qu'il vînt si tôt? je me doutais qu'il viendrait.* Dans le sens dubitatif ou interrogatif, on ne met pas *ne* avec le second verbe, comme avec *douter*.

DOUTEUR, subst. fém.; au fém. **DOUTEUSE** (*douteur, teuze*), qui est dans l'habitude de *douter*.

DOUTEUSE, subst. et adj. fém. Voy. DOUTEUR et DOUTEUX.

DOUTEUSEMENT, adv. (*douteuzeman*), d'une manière *douteuse*.

DOUTEUX, adj. mas., au fém. **DOUTEUSE** (*douteux, teuze*), incertain, dont il y a lieu de *douter*. — Ambigu : *réponse douteuse.* — *Jour douteux*, faible.—En parlant des personnes, sur qui l'on ne peut compter.—On dit qu'*une pièce d'or* ou *d'argent est douteuse*, lorsqu'il y a lieu de soupçonner qu'elle est fausse, soit du côté du métal, soit du côté de la fabrique.—En t. de grammaire, qui n'est pas d'un genre déterminé, ou dont la prononciation, la quantité, le genre, etc., est incertain. — *Douteux* se prend quelquefois substantivement : *Gardons-nous de mêler le douteux au certain, et le chimérique avec le vrai.*

DOUTIS, subst. mas. (*douti*), t. de comm., sorte de toile de coton.

DOUTY, subst. mas. (*douti*), principal magistrat d'une ville ou d'une province en Afrique.

DOUVAIN, subst. mas. (*douvein*), pièce de bois propre à faire des *douves* de tonneau.

DOUVE, subst. fém. (*douve*) (du latin barbare *doga*, voy. DOUELLE), petit ais *dolé* qui aide à faire le corps de la futaille, et qui prend depuis le haut jusqu'en bas.—Le fossé d'un château.—Mur d'un bassin contre lequel l'eau bat.—Herbe qui croît dans les prés et qui fait périr les moutons qui en mangent.—T. d'hist. nat., ver intestinal et aplati, qu'on appelle aussi *fasciole*. Il se trouve dans le foie des poissons, et dans les poumons des oiseaux et des mammifères.

DOUVÉ, E, adj. (*douvé*), t. d'hist. nat., se dit des animaux qui ont le foie altéré, corrompu.

DOUVELLE, subst. fém. (*douvèle*), petite *douve*. Peu usité.

DOUVILLE, subst. fém. (*douvile*), t. de jard., variété de poires d'automne.

DOUVRES, subst. propre fém. (*douvre*), village de France, chef-lieu de canton, arrond. de Caen, dép. du Calvados.

DOWN ou **DOWNE**, subst. propre fém. (*doune*), ville ou plutôt capitale d'un comté d'Irlande.

DOUX, adj. mas., au fém. **DOUCE** (*dou, douce*) (en lat. *dulcis*), qui fait une impression agréable au goût : *le sucre, le lait, le miel sont doux ; orange douce, amande douce*, etc. Il est opposé à *aigre, amer, piquant, âpre* ou *salé*. — *Mets trop doux*, pas assez épicé ou trop sucré.—On appelle *eaux douces*, les eaux des rivières, des fontaines et des lacs, par opposition aux eaux de la mer, qui sont salées. — Qui flatte agréablement l'oreille : *voix douce, doux murmure.* — Qui a une odeur suave : *douce haleine, doux parfum.* — Qui n'a rien de rude au toucher : *peau douce.* — Tranquille : *doux sommeil, doux repos; mener une vie douce.* — Au fig. : 1° en parlant de l'humeur et de l'esprit, traitable, humain, affable, clément : il est opposé à *rude, farouche, sévère, violent;* 2° agréable à l'esprit et au cœur: *il est doux de vivre avec ses amis* ; 3° galant, amoureux : *billet doux; faire les doux yeux* (ou mieux *les yeux doux*) *à une femme*, lui témoigner de l'amour, lui rendre des soins. — *Doux* se dit des signes qui indiquent la douceur de l'âme, du caractère : *un regard doux et affectueux ; une physionomie douce.* — On appelle *métaux doux*, ceux dont les parties sont bien liées et qui se plient aisément sans se casser. — *Mine douce*, aisée à fondre. — Il se dit aussi des choses qui sont moins pénibles, moins désagréables, moins piquantes, moins offensantes, moins douloureuses qu'elles ne le sont ordinairement : *un travail bien doux ; il ne faut jamais hasarder la plaisanterie, même la plus douce et la plus permise, qu'avec des gens polis ou qui ont de l'esprit.* — On le dit également en peinture, de l'effet d'un tableau, quand des passages insensibles conduisent des clairs aux bruns, quand toutes les couleurs sont amies, et qu'on ne passe de l'une à l'autre que par des nuances. — On dit qu'un *peintre a un pinceau doux*, lorsque sa touche est fine, moelleuse et délicate. — On appelle *taille-douce*, une gravure faite sur des planches de cuivre avec le burin ou avec de l'eau-forte.—On donne aussi le nom de *taille-douce* aux estampes tirées sur ces sortes de planches. — *Chemin doux*, aisé, où l'on n'a point de peine à marcher.—*Pente douce, escalier doux*, que l'on descend et que l'on monte aisément. — *Vin doux*, celui qui n'a point cuvé ou qui a conservé sa *douceur*. — En t. de médec., on dit d'une purgation qui fait évacuer sans fatigue le malade, sans l'affaiblir, sans lui causer de tranchées, qu'*elle est douce*; d'un remède qui n'agit pas assez efficacement, qu'*il est trop doux*; et de la chaleur considérée comme symptôme de la fièvre, qu'*elle est douce*, lorsqu'elle est modérée, sans sécheresse de la peau.— *Médecin d'eau douce*, qui donne de trop faibles remèdes ; *marin d'eau douce*, mauvais marin, qui ne connaît pas la mer. — En t. de mus., *doux* est opposé à *fort*. — *Air doux, climat doux, vent doux, pluie douce*, qui sont tempérés, ni trop chauds ni trop froids, etc. On dit même absolument : *il fait doux.* — *Cheval doux*, qui ne fatigue point le cavalier ou qui n'est point fringant ni ombrageux. — *Voiture douce*, qui ne secoue pas. — *Style doux*, qui n'a rien de rude, qui est aisé et coulant. — En grammaire grecque, *esprit doux*, signe qui se place au-dessus d'une lettre pour indiquer qu'elle n'est pas aspirée. —*A la* DOUCE, loc. adv., tout doucement, assez bien.

DOUX, subst. mas. (*dou*), l'opposé de ce qui est dur ou fort, surtout au palais, à la bouche : *donnez-lui doux ; je ne bois que du doux*, des liqueurs *douces*.

DOUX, adv. (*dou*, et devant une voyelle *douze*), doucement. — *Filer doux*, être humble et soumis devant un plus fort que soi. — *Avaler cela doux comme lait*, ne témoigner aucun ressentiment d'une offense. — *Tout doux!* ne vous emportez pas.

DOUZAIN, subst. mas. (*douzein*), petite pièce de monnaie de cuivre qui valait douze deniers. Il y avait le *demi-douzain*, qui en valait six. Les premiers *douzains* furent fabriqués en 1541, sous le règne de *François I*[er]. — Autrefois, stance de *douze* vers.

DOUZAINE, subst. fém. (*douzène*), nombre de douze : *une douzaine de volumes; vendre des serviettes à la douzaine, par douzaine*, etc. — Au fig. et fam : *à la douzaine*, de peu de valeur, de peu de considération : *un poëte à la douzaine*, très-commun, très-ordinaire. — *Il n'y en a pas treize à la douzaine*, il ne s'en trouve pas communément.

DOUZE, nom de nombre indéclinable (*douze*) (en grec δώδεκα, formé de δύο, deux, et de δέκα, dix, comme *duodecim* de *duo* et de *decem*), nombre *dix* plus *deux*.—Il se met quelquefois pour douzième : *le douze du mois ; Louis douze.* Dans le premier exemple, *douze* est subst. mas. — *Livre in-douze* ou *un in-douze*, livre dont chaque feuille forme *douze* feuillets ou vingt-quatre pages.

DOUZE-HUIT, subst. mas. (*douzuite*), t. de mus., mesure composée de quatre temps, de trois croches chacun, ce qui fait *douze* croches pour la totalité de la mesure.

DOUZE-QUATRE, subst. mas. (*douzekatre*), t. de mus., mesure composée de *douze* noires formant quatre temps de trois noires chacun.

DOUZE-SEIZE, subst. mas. (*douzecèze*), t. de mus., mesure à quatre temps, composés chacun de trois doubles croches; *douze* en totalité.

DOUZIÈME, adj. et subst. des deux genres (*douzième*) (en lat. *duodecimus*, fait de *duodecim*, douze), nombre ordinal qui répond au nombre cardinal *douze* : *il est le douzième; elle est la douzième.*— Subst. mas. : *être pour un douzième dans une entreprise.* — Subst. fém., t. de mus.: intervalle de onze degrés diatoniques conjoints.

DOUZIÈMEMENT, adv. (*douzièmeman*), pour la *douzième* fois.—En *douzième* lieu.

DOUZIL, subst. mas. (*douzil*), robinet, fausset. Vieux.

DOUZY, subst. propre mas. (*douzi*), petite ville de France en Champagne.

DOXASTIQUE, adj. des deux genres (*dokçacetike*), t. de didact., se dit en philosophie d'une raison basée sur l'opinion, ou tirée de l'opinion qu'on a d'une science.

DOXOLOGIE, subst. fém. (*dokçoloji*) (en grec δόξα, gloire, et λόγος, discours; parce qu'on y rend gloire aux trois personnes de la sainte Trinité), le *Gloria in excelsis* et le *Gloria Patri*.—Le dernier verset d'une hymne d'église.

DOYEN, subst. mas., au fém. **DOYENNE** (*doèiein, doèiène*) (par corruption du lat. *decanus*, officier romain qui commandait à dix soldats, formé de δέκα, dix. En France, on a dit autrefois *décan*, ensuite *déan*, et enfin *doyen*), au mas., le plus ancien en réception dans un corps, dans une compagnie. — Fam., le plus ancien selon l'âge. — On appelle *doyen d'âge*, celui qui est le plus âgé de sa compagnie, et *doyen d'ancienneté*, celui qui est le plus ancien en réception.— On appelait *doyen rural*, un curé de campagne qui avait droit d'inspection et de visite dans un certain district de diocèse, nommé *doyenné rural*. — Titre de dignité dans plusieurs chapitres et dans les facultés des universités.—*Doyen du sacré collége*, le premier des cardinaux.—Au fém., titre de dignité dans plusieurs chapitres et abbayes de filles.—Fam., la plus ancienne selon l'âge, ou celle qui a rempli des fonctions pendant le plus long temps.

DOYENNÉ, subst. mas. (*doëiènè*), dignité de *doyen* dans un chapitre.—La maison où il loge.—Étendue des lieux où un *doyen* rural a quelque sorte d'inspection.—Sorte de poire.

DOYENNETÉ, subst. fém. (*doëièneté*), qualité d'un *doyen*. Il ne se dit guère qu'en parlant de l'âge.

Dr., abréviation du mot *docteur*.

DRABE, subst. fém. (*drabe*), t. de bot., genre de plantes de la famille des crucifères.

DRACÈNE, subst. fém. (*dracène*) (en grec δραχαινα), femelle du *dragon*.

DRACHE, subst. fém. (*drache*), nom que les pêcheurs de Terre-Neuve donnent à l'huile de morue non rectifiée.

DRACHME et **DRAGME**, subst. fém. (*drakme, dragueme*) (en grec δραχμη), la huitième partie de l'once, qu'on appelle autrement *gros*.—Monnaie d'argent chez les Grecs, qui pesait la huitième partie d'une once, et valait à peu près un denier d'argent des Romains.—Les Juifs avaient aussi une monnaie du même nom.

DRACINE, subst. fém. (*dracine*), t. de chim., principe particulier que l'on a découvert dans le sang-*dragon*.

DRACO, subst. propre mas. (*drako*), myth., nom de l'un des chiens d'Actéon.

DRACOCÉPHALE, subst. fém. (*drakocéfale*), t. de bot., genre de plantes herbacées qui a des rapports avec les mélèses.

DRACOÈNE, subst. fém. (*drako-ène*), t. de bot., genre de plantes hermaphrodites, de la famille des asparagoïdes.

DRACON, subst. propre mas. (*drakon*), législateur d'Athènes qui punissait de mort tous les délits, même l'oisiveté.

DRACONAIRE, subst. mas. (*drakonère*), t. d'antiq., soldat qui portait une enseigne taillée en forme de dragon.

DRACONITE, subst. fém. (*drakonite*), t. d'hist. nat., substance qu'on disait se trouver dans la tête des serpents. — Madrépore pétrifié.

DRACONITIQUE, adj. des deux genres. Voyez DRACONTIQUE.

DRACONTE, subst. fém. (*drakonte*), t. de bot., plante de la famille des genêts.

DRACONTIDE, adj. des deux genres (*drakontide*), t. d'anat., se dit de certaines veines qui partent immédiatement du cœur.

DRACONTIQUE, mieux **DRACONITIQUE**, adj. des deux genres (*drakontike, konitike*), t. d'astron., espace de temps que la lune, partant de son nœud ascendant appelé *caput draconis*, tête du *dragon*, emploie à revenir au même point; la révolution de la lune par rapport à son nœud ascendant.

DRACOPHYLLE, subst. mas. (*drakofile*), t. de bot., genre de plantes établi dans la famille des asperges.

DRACUNCULE, subst. mas. (*drakonkule*). Voy. DRAGONNEAU.

DRAGAN, subst. mas. (*draguan*), extrémité de la poupe d'une galère.

DRAGANTE, subst. mas. (*draguante*), t. de bot., sorte d'astragale épineux qui produit la gomme *adragante*.

DRAGE, subst. fém. (*draje*), t. de brasseur, la farine ou le grain braisiné, après qu'il a été brassé.

DRAGÉE, subst. fém. (*drajé*) (du grec τραγημα, friandise qu'on mange au dessert, dérivé de ετραγον, deuxième aoriste de τρωγω, je mange), amande, pistache, aveline, petits fruits couverts de sucre durci : *boîte de dragées*. — Menu plomb pour tirer aux oiseaux : *écarter la dragée*, se dit d'un fusil qui ne porte pas son plomb bien serré, bien ensemble; et fig. et fam., d'une personne qui laisse échapper de petites parties de salive en parlant. — Mélange de grain qu'on donne aux chevaux. — T. d'hist. nat. : *dragées de Tivoli*, concrétions pierreuses qui se forment dans un lac voisin de Tivoli.

DRAGEOIR, subst. mas. (*drajoar*), petite boîte dans laquelle les dames mettaient des *dragées*. Hors d'usage en ce sens. — Nom que les horlogers, etc., donnent à un filet formé à l'extérieur d'un cercle. — *Tourner quelque chose en drageoir*, donner à quelque chose une forme semblable à celle d'un filet. On dit aussi qu'*une pièce s'ajuste dans une autre à drageoir*, lorsqu'elles tiennent ensemble par le moyen d'un *drageoir*.

DRAGEOIRE, subst. fém. (*drajoare*), rainure qui tient le verre d'une montre, le couvercle d'un barillet, etc.

DRAGEON, subst. mas. (*drajon*) (suivant *Ménage*, du latin *tradux*, gén. *traducis*, qui signifie la même chose), petite branche qui sort du pied d'un arbre, etc., et qui peut prendre racine quand on la transplante : *drageon de vigne*.

DRAGEONNER, v. neut. (*drajoné*), se dit des arbres qui poussent des *bourgeons* ou de petites branches par le pied.

DRAGME, voy. DRACHME.

DRAGOMAN, que l'*Académie* donne pour DROGMAN, est un barbarisme.

DRAGON, subst. mas. (*draguon*) (en lat. *draco*), espèce de monstre à qui la fable donne des griffes, des ailes, et une queue de serpent. — Petit lézard des Indes. — Fig., personne maligne, d'humeur fâcheuse et acariâtre : *cette femme est un vrai dragon*. — Enfant mutin et méchant : *c'est un petit dragon*.—Tache qui vient dans la prunelle des hommes et des chevaux. — Constellation de l'hémisphère boréal, composée, selon *Ptolémée*, de trente-une étoiles, de trente-deux selon *Tycho-Brahé*, et de quarante-neuf selon le *Catalogue britannique*. — On a quelquefois donné le même nom à la constellation du serpent.—Les astronomes appellent *la tête* et *la queue du dragon*, les deux points opposés où l'écliptique est coupée par l'orbite de la lune.—Au fig. : le *dragon infernal*, le démon. — Fam. : *dragon de vertu*, femme d'une vertu sévère et même farouche. — *Dragon d'eau*, gros tourbillon d'eau composé de vapeurs épaisses; il se forme en longue colonne qui d'un côté touche les nues et de l'autre la mer, et dont la surface paraît bouillonner tout autour. Voy. TROMBE. — *Sang de dragon*, liqueur qui sort en larmes d'un arbre des Indes, et qui se durcit au feu ou au soleil. — *Dragon volant*, ancienne pièce de canon qui portait quarante livres de balles. Elle n'est plus en usage. — Au plur., *dragons*, sorte de troupes qui combattent tantôt à pied, tantôt à cheval.

DRAGONNADE, subst. fém. (*draguonade*), expédition faite par des *dragons*.—Il se dit surtout des expéditions qui se firent, sous *Louis XIV*, contre les calvinistes des Cévennes, appelés *camisards*.

DRAGONNE, subst. fém. (*draguone*), ornement en or ou en soie qui se met à la poignée d'un sabre ou d'une épée. — Batterie de tambour particulière aux *dragons*. — T. d'hist. nat., reptile de l'ordre des sauriens.

DRAGONNÉ, E, adj. (*draguoné*), t. de blason, qui est représenté avec une queue de *dragon*.

DRAGONNEAU, subst. mas. (*draguonô*), t. d'hist. nat., genre de vers libres. — Poisson.

se **DRAGONNER**, v. pron. (*cedraguoné*), se créer des chagrins, se faire des tourments. (*Sévigné*.) Hors d'usage.

DRAGONNIER, subst. mas. (*draguonié*), t. de bot., genre de plantes exotiques.

DRAGUAGE, subst. mas. (*draguaje*), action de *draguer*.

DRAGUE, subst. fém. (*drague*) (de l'anglais *drag*, traîner), instrument en forme de pelle recourbée, qui sert à tirer des sables des rivières et à curer des puits. — En t. de pêche, tout filet à manche que l'on traîne. — En peinture, outil composé d'un ou de deux poils de chèvre, liés au bout d'un manche comme un pinceau. — Outil de vitrier ou pinceau qui lui sert à marquer les verres. — Orge cuite qui demeure dans le brassin, après qu'on en a tiré la bière. — T. de mar., gros cordage dont on se sert sur les vaisseaux pour arrêter le recul des canons.

DRAGUÉ, E, part. pass. de *draguer*.

DRAGUER, v. neut. (*draguié*), pêcher quelque chose dans la mer. — Nettoyer une rivière ou un puits avec la *drague*. — *se* DRAGUER, v. pron.

DRAGUETTE, subst. fém. (*draguiète*), t. de pêche, espèce de *drague* ou de chausse simple que l'on traîne sur le fond de l'eau, au moyen d'un petit bateau.

DRAGUEUR, subst. et adj. mas. (*draguieur*), bâtiment normand pour la pêche de la morue, du hareng : *bateau dragueur*.

DRAGUIGNAN, subst. propre mas. (*draguignian*), ville de France, chef lieu du dép. du Var.

DRAILLE, subst. fém. (*dra-le*), t. de mar., cordage passant au-dessus des capelages des mâts, et tendu dans la direction des étais.

DRAINE, subst. fém. (*drène*), t. d'hist. nat., oiseau du genre des merles.

DRAINETTE, subst. fém. (*drènète*), t. de pêche, filet dont on se sert à la dérive, pour prendre plusieurs sortes de poissons ronds. C'est un manet.

DRAMATIQUE, adj. des deux genres (*dramatike*) (en grec δραματικος, fait de δραμα, action, fable, représentation), se dit des ouvrages faits pour le théâtre, et qui représentent une action tragique ou comique : *poème dramatique*, *pièce dramatique*.—On le dit aussi subst. au mas., pour le genre *dramatique* : *il a réussi dans le dramatique*.

DRAMATIQUEMENT, adv. (*dramatikeman*), d'une manière *dramatique*.

DRAMATISTE, subst. des deux genres (*dramaticete*), celui qui compose des pièces de théâtre.

DRAMATURGE, subst. des deux genres (*dramaturje*), auteur de *drames*.—C'est un mot nouveau, qui ne se dit que dans le second sens de *drame*, et se prend toujours en mauvaise part.

DRAMATURGIE, subst. fém. (*dramaturji*), histoire du théâtre, catalogue raisonné de pièces *dramatiques*.

DRAMATURGIQUE, adj. des deux genres (*dramaturjike*), qui tient, qui a rapport à la *dramaturgie*.

DRAME, subst. mas. (*drame*) (du grec δραμα, fable, action, pièce de théâtre, dérivé de δραω, j'agis), action composée pour le théâtre, et représentant un fait, soit comique, soit tragique. — Dans une acception moderne et moins étendue, espèce particulière de pièces de théâtre, qui n'est ni tragédie, ni comédie, ni tragi-comédie. On l'a aussi appelée *tragédie bourgeoise*. — On appelle *drame lyrique* un opera.

DRANCÈS, subst. propre mas. (*drancèce*), myth., un des grands de la cour du roi Latinus, hardi discoureur, mais très-lâche quand il fallait payer de sa personne. Il était ennemi particulier de Turnus.

DRANET, subst. mas. (*drané*), t. de pêche, petite seine.

DRAP, subst. mas. (*dra*, le *p* ne se fait jamais sentir) (suivant *Ménage*, c'est un ancien mot gaulois dont on a fait, dans la basse latinité, *drappus* ou *drappum*, qui se trouve employé avec le même sens dans les *Capitulaires de Charles-le-Chauve*, etc. Les Anglais disent également *drap*, et les Espagnols *trapo*, mots dérivés de la même source), espèce d'étoffe de laine. On dit aussi *drap d'or, de soie*, etc.; mais quand *drap* est mis seul, il s'entend toujours d'un *drap* de laine. — Grande pièce de toile qu'on met dans le lit pour y coucher : *paire de draps; draps blancs de lessive*. — *Drap de pied*, pièce de *drap*, de velours, etc., qu'on étend sur le prie-dieu des personnes du premier rang, et qui leur sert de marche-pied. — *Drap mortuaire*, pièce de drap ou de velours noir, etc., dont on couvre la bière ou le cénotaphe au service des morts.—*Drap de curée*, t. de vén., toile sur laquelle on étend les parties du cerf dont on permet aux chiens de faire la curée.—T. d'hist. nat., *drap d'or*, sorte de coquillage univalve, à compartiment doré, du genre des rouleaux. — Prov. : *tailler en plein drap*, avoir toutes les facilités pour travailler, pour traiter. — *Se mettre entre deux draps*, se coucher, se mettre au lit. — Prov. : *mettre quelqu'un en beaux draps blancs*, en parler désavantageusement, ou le jeter dans quelque mauvaise affaire. — *La lisière est pire que le drap*, les habitants des frontières sont pires que ceux du dedans d'un pays. — *Au bout de l'aune faut le drap*, il n'y a rien dont on ne trouve la fin. — *Vouloir avoir le drap et l'argent*, ne pas vouloir payer ce qu'on a acheté.

DRAPADE, subst. fém. (*drapade*), espèce de serge.

DRAPANT, subst. mas. (*drapan*), t. de papetier, planche sur laquelle on étend les feuilles de papier. — *Drapant de la chaudière*, planche placée au bord de la chaudière, et sur laquelle on glisse la forme remplie de pâte.

DRAPANTS, adj. mas. plur. (*drapan*), t. de comm., épithète par laquelle on distingue les fabricants de *draps*, des marchands qui les vendent. On nomme les premiers *drapiers drapants*, et les autres *marchands drapiers*.

DRAPÉ, E, part. pass. de *draper*, et adj., couvert de *drap* : *carrosse drapé*. — Qui imite le *drap* : *bas drapés*. —En bot., velu, épais, d'un tissu serré.

DRAPEAU, subst. mas. (*drapô*) (en latin barbare *drapellum*, dimin. de *drapum*, drap), vieux morceau de linge ou d'étoffe.—Ce qui sert à emmailloter un enfant. Il se dit communément au pluriel. — Enseigne d'infanterie. — Au plur., *drapeaux*, batterie de tambours qui a lieu lorsqu'un régiment, etc., reçoit ses *drapeaux*, ses guidons ou ses étendards. — Fig. : *se ranger sous les drapeaux de quelqu'un*, prendre, embrasser son parti.

DRAPELET, subst. mas. (*drapelé*), petit *drapeau*.

DRAPELIÈRE, subst. fém. (*drapelière*), femme qui ramasse les haillons, les chiffons.

DRAPER, v. act. (*drapé*), couvrir de *drap* noir les carrosses, les chaises à porteurs, etc., dans le temps du deuil : *draper un carrosse*; et neutral. : *les princes drapent*. — En peint., habiller une figure, représenter les habillements. — Mettre de petits morceaux de *drap* aux sautereaux d'un clavecin, d'une épinette. — Fig., railler fortement : *on l'a bien drapé*, il est fam. — *se* DRAPER, v. pron.

DRAPERIE, subst. fém. (*draperi*), manufacture de *draps*, profession de celui qui fait des *draps*. — Trafic et commerce de *draps*. — Diverses sortes de *draps*. — Se disait autrefois du corps des *drapiers* de Paris. — En peint. et en sculpt., représentation des habillements. On ne le dit guère au sing. dans cette dernière acception, ni au plur. dans les autres.

DRAPET, subst. mas. (*drapé*), t. de bot., genre de plantes de la famille des thymélées.

DRAPÈTE, subst. mas. (*drapète*), nom qu'on donne en certains endroits à un esclave fugitif.

DRAPIER, subst. mas., au fém. DRAPIÈRE, (*drapié, piére*), fabricant ou marchand de *draps*. Voy. DRAPANTS.

DRAPIÈRE, subst. fém. (*drapière*), grosse épingle courte dont les marchands, et particulièrement les *drapiers*, se servent pour fermer leurs ballots. Voy. DRAPIER.

DRASSE, subst. mas. (*drace*), t. d'hist. nat., genre d'insectes de la famille des araignées, tribu des tapissières.

DRASTIQUE, adj. des deux genres (*dracetike*) (en grec δραστικός, fait de δράω, j'agis, j'opère), t. de médec. : *remède drastrique*, dont l'action est prompte et vive. — Subst. mas. : *un drastique*.

DRAULÉE, subst. fém. (*drôlé*), pot-de-vin, menue réserve d'un bail, surcroît d'un marché.

DRAWBACK, subst. mas. (*drôbak*), mot tiré de l'anglais, et qui signifie prime de sortie pour les marchandises.

DRAVE, subst. fém. (*drave*), t. de bot., plante de la famille des crucifères.

DRAYÉ, E, part. pass. de *drayer*.

DRAYER, v. act. (*drè-ié*), t. de corroyeur, travailler avec la *drayoire*. — *se* DRAYER, v. pron.

DRAYOIRE, subst. fém. (*drè-ioare*), instrument de corroyeur, avec lequel on enlève la peau.

DRAYURE, subst. fém. (*drè-iure*), morceau de cuir tanné qui a été enlevé de la peau du côté de la chair.

DRÈCHE, subst. fém. (*drèche*), marc de l'orge moulue, qui a servi à faire de la bière.

DRÈGE ou **DREIGE**, subst. fém. (*drèje*), pêche considérable qu'on fait dans l'Océan, avec un grand tramail traîné d'un côté par un bateau nommé *nef*, et de l'autre par un ajustement que la marée porte au loin. On donne le même nom au filet lui-même. — Manche qui est tenue ouverte par un châssis de bois ou de fer, et dont le bas est chargé de fer ou de plomb. — Peigne pour séparer la graine de lin de sa tige.

DRÉGÉ, E, part. part. pass. de *dréger*.

DRÉGER, v. act. (*dréjé*), action de séparer la graine de lin de sa tige. — *se* DRÉGER, v. pron.

DRÉGEUR, subst. mas. (*dréjeur*), sorte de bateau pour la pêche à la *drège*.

DRELIN, subst. mas. (*drelein*) (onomatopée), mot inventé pour imiter le son d'une sonnette.

DRENSER et **DRENSITER**, v. neut. (*drancé, cité*) (en lat. *dransare*), vieux mot que *Boiste* nous donne comme signifiant : crier à la manière des cygnes.

DRÉPANIE, subst. fém. (*drépani*), t. de bot., genre de plantes de la famille des chicoracées.

DRÉPANIS, subst. fém. (*drépanice*), t. d'hist. nat., espèce d'hirondelle de mer dont les pieds sont petits et faibles.

DRESDE, subst. propre fém. (*drèzde*), ville et capitale du royaume de Saxe. C'est une des cités les plus importantes et les plus éclairées de l'Europe. On y compte un grand nombre de monuments remarquables et d'établissements du premier ordre.

DRESSE, subst. fém. (*drèce*), morceau de cuir qu'on met entre les deux semelles, pour redresser le soulier quand il tourne.

DRESSÉ, E, part. pass. de *dresser*, et adj.; en bot., on appelle *feuille dressée*, celle qui s'élève verticalement.

DRESSÉES, subst. fém. plur. (*drècé*), pierres qui servent d'âtre. (*Boiste*.)

DRESSER, v. act. (*drècé*) (de l'italien *drizzare*, fait du latin *directus*, pour *rectus*, droit), lever, tenir *droit* : *dresser la tête*.—Faire tenir *droit* : *dresser un mât, des quilles*. — Ériger, élever : *dresser des statues, des trophées, des autels*. — Aplanir : *dresser une terrasse, une allée, un parterre*. — Faire, composer, mettre par écrit : *dresser le plan d'un ouvrage, la minute d'un acte, un procès-verbal*.—Instruire, former, façonner : *dresser un écolier, un cheval, un chien*.—*Dresser un lit*, le monter. — *Dresser une table*, la tendre.— *Dresser un échafaud*, le construire.— En t. de relieur : *dresser un livre*, le battre uniment. — *Dresser un potage*, mettre du bouillon chaud sur le pain, pour le faire tremper et mitonner.—*Dresser un pâté*, en faire les bords.— *Dresser le pavé*, frapper sur les pierres pour les égaler, et faire que tout le pavé soit propre et bien uni.—*Dresser une pierre*, en équarrir les parements. — *Dresser une batterie de canons*, la mettre en état.—*Dresser son intention*, la diriger. — Fig. : *dresser ses batteries*, prendre ses mesures pour réussir dans quelque projet. — Au propre et au fig. : *dresser des embûches, un piége*, tendre un piége. Avec *piége*, *tendre* est plus usité. — V. neut., il est usité seulement dans cette phrase : *les cheveux lui dressèrent sur la tête*, d'horreur de ce qu'il entendait.—On dit encore, en t. de vén., qu'*un animal dresse par les fuites*, lorsqu'après plusieurs ruses et détours, il fuit et perce *droit* devant lui. — *se* DRESSER, v. pron.

DRESSEUR, subst. mas. (*drèceur*), qui *dresse*, qui arrange, qui prépare; en ce sens, on dirait bien au fém. *dresseuse*.—Tuyau de fer creux à l'usage des cardeurs, et qui sert à *redresser* les cardes.— Charbonnier qui dispose les bûches du four à charbon. — Ouvrier paveur qui enfonce les pavés avec la demoiselle.

DRESSOIR, subst. mas. (*drèçoar*), espèce de buffet *dressé* pour le service d'une table, sur lequel on met le vin, les verres, etc. — Outil à l'usage des ouvriers qui mettent les glaces au tain. —Sorte de banc qui sert aux treillageurs à *dresser* les échalas. — Dans la gravure en pierres fines, plaque de fer polie et *dressée* avec un autre morceau du même métal, sur laquelle on adoucit et l'on *dresse* les cailloux en les frottant avec de l'émeril.

DREUX, subst. propre mas. (*dreu*), ville de France, chef-lieu d'arrond., dép. d'Eure-et-Loir. — C'est près de cette ville qu'eut lieu, en 1562, la bataille où fut défait le prince de Condé, chef des protestants. — Patrie du poète Rotrou.

DREVER, subst. mas. (*drevé*), monnaie de cuivre de Prusse qui représente environ cinq centimes de France.

DREYER, subst. mas. (*drèié*), monnaie de Prusse qui vaut environ dix-huit centimes de France.

DREYLING, subst. mas. (*drélin*), monnaie de Hambourg.

DRIFF, subst. fém. (*drife*), préparation alchimique à laquelle on attribuait des vertus merveilleuses.

DRILL, subst. mas. (*drile*), instrument pour semer.

DRILLE, subst. mas. (*dri-ie*) (suivant le *Glossaire germanique de Wachter*, de l'allemand *trill*, serviteur, esclave), autrefois soldat. — On dit fam. : c'est un *bon drille*, un bon compagnon ; *un pauvre drille*, un soldat qui a vieilli dans le service, ou un vieux libertin.—T. d'hist. nat., insecte de l'ordre des coléoptères.

DRILLE, subst. fém. (*dri-ie*), chiffon de toile qui sert à faire du papier. On l'emploie le plus souvent au plur. — Chez les horlogers, outil qui porte un foret pour percer certaines pièces pesantes. Le sculpteur s'en sert également pour percer le marbre, après y avoir ajouté un trépan.

DRILLÉ, part. pass. de *driller*.

DRILLER, v. neut. (*drilé*), courir vite, aller vite et légèrement, s'enfuir. (*Boiste*.) Vieux et même hors d'usage.

DRILLEUSE. Voy. DRILLEUX.

DRILLEUX, adj. mas., au fém. DRILLEUSE (*dri-eu, euze*), mal vêtu, couvert de haillons, de lambeaux. Vieux.

DRILLIER, subst. mas. (*dri-ié*), celui qui ramasse les *drilles*, les vieux chiffons, et qui en fait commerce. Vieux.

DRIMAQUE, subst. propre mas. (*drimake*), myth., brigand qui, à la tête d'une troupe d'esclaves fugitifs, ravageait l'île de Chio. Les habitants de cette île ayant mis sa tête à prix, il persuada à un jeune homme de sa suite de le tuer, et d'aller recevoir la somme promise. Ceux de Chio firent de ce *Drimaque* une divinité qu'ils avaient en grande vénération.

DRIMIE, subst. fem. (*drimi*), t. de bot., genre de plantes de la famille des liliacées.

DRIMIS, subst. mas. (*drimice*), t. de bot., genre de plante de la famille des tulipifères.

DRISSE, subst. fém. (*drice*), t. de mar., cordage qui sert à hisser, à élever ou à amener la vergue le long du mât.

DROGMAN, subst. mas. (*drogueman*) (en grec moderne δραγουμάνος, emprunté du turc *terdgrumen*, ou de l'arabe *tardjouman*, formés l'un et l'autre du chaldéen *targam*, expliquer, interpréter), interprète ou truchement que les ambassadeurs des nations chrétiennes qui résident à la Porte-Ottomane entretiennent près d'eux.

DROGUE, subst. fém. (*drogue*) (suivant *Ménage*, de l'anglo-saxon *druggs*, qui signifie la même chose, mais que les Anglais *Jonhson* et *Bailey* avouent franchement n'être qu'une corruption du français *drogue*), marchandises d'épicerie qui servent à purger, comme le sené, la rhubarbe, la casse, la manne, etc. — Celles qui servent à la teinture, etc.—Fig. et fam., choses mauvaises en leur espèce : *ce marchand ne vend que de la drogue*. — *Hareng de drogue* ou *de droguerie*, petits harengs regardés comme marchandise de rebut.—Prov. : *faire valoir la drogue*, l'ouvrage, l'affaire, la marchandise. — Jeu de la *drogue*, jeu aux cartes dans lequel le perdant se met sur le nez un morceau de bois fendu, qu'on nomme aussi *drogue*, et qu'il garde jusqu'à ce qu'il ait gagné.

DROGUÉ, E, part. pass. de *droguer*.

DROGUER, v. act. (*droguié*), médicamenter. Il se prend en mauvaise part, pour donner trop de remèdes. Il est fam. — *se* DROGUER, v. pron.

DROGUERIE, subst. fém. (*drogueri*), t. générique qui signifie toutes sortes de *drogues* — Le commerce des *drogues*.

DROGUET, subst. mas. (*droguié*), sorte d'étoffe de laine dont la trame est ordinairement de fil.— Étoffe de soie fabriquée à la petite-tire : *droguet satiné, brillanté*, etc.—On nomme *droguets d'or* et *d'argent* des tissus courants dont la dorure est liée par la découpure ou par la corde.

DROGUETIER, subst. mas. (*droguetié*), fabricant de *droguet*.

DROGUEUR, subst. mas. (*droguieur*), marchand de *drogues*, pharmacien. Il est vieux.

DROGUIER, subst. mas. (*droguié*), boîte portative contenant diverses *drogues*, onguents, etc. — Buffet de naturaliste, divisé en plusieurs tiroirs, pour recevoir différentes *drogues* ou curiosités d'histoire naturelle.

DROGUISTE, subst. et adj. des deux genres (*droguicete*), celui, celle qui vend des *drogues*.

DROIT, subst. mas. (*droé*) (en lat. *directum*, employé pour *rectum*, et qui est fait du verbe *dirigere*, diriger, conduire), ce qui est juste : *cela est contre tout droit et toute raison, contre le bon droit*.—Justice : *faire droit à chacun*.—Loi écrite ou non écrite : *cela est de droit divin, de droit humain, de droit positif*, etc. — Jurisprudence : *savoir, enseigner le droit; docteur en droit*, etc.—*Étudier le droit*, l'apprendre en son particulier. — *Étudier en droit*, fréquenter les écoles où l'on enseigne le *droit*.—Autorité, pouvoir : *droit de vie et de mort; il a droit* ou *il est en droit de...* — Prétention fondée : *avoir droit sur.*; *faire valoir ses droits*.—Prérogative, privilège : *droit d'aînesse, de bourgeoisie*, etc. — Imposition : *droit sur la viande*, etc., *payer* ou *frauder les droits*. — *Droits d'enregistrement*, somme que l'on doit payer au gouvernement pour l'enregistrement de certains actes.—*Droits d'avis*, honoraires d'un homme qui a donné l'avis d'une affaire avantageuse. — Salaire qu'on taxe pour certaines vacations : *droit de signature, de contrôle*, etc.—*Droit naturel*, celui que la *nature* et la raison ont enseigné aux hommes.—*Droit des gens*, le *droit* naturel appliqué aux peuples, aux nations, aux états ou à leurs chefs, dans les relations qu'ils ont ensemble et les intérêts qu'ils ont à ménager entre eux. — *Droit de la guerre*, lois qu'on doit observer en faisant la guerre. — *Droit public*, celui qui est établi pour l'utilité commune des peuples considérés comme corps politique.—*Droit privé*, celui qui a pour objet l'utilité de chaque personne considérée en particulier, et indépendamment des autres hommes. — Le *droit canon* est le corps, le code, la législation même des canons; le *droit canonique* est le sujet traité, la matière éclaircie, la chose établie par les canons. Le *droit canon* est ce qui règle, ordonne; le *droit canonique* est ce qui est réglé, ordonné. Le premier est ce qui nous impose le devoir; le second, le devoir qui nous est imposé. Vous décidez par le *droit canon* une question du *droit canonique*. Ce qui est *canonique* a rapport à la loi, et *le canon* est la loi elle-même. On dira le *droit canon*, lorsqu'il s'agira de la chose, du *droit*, de l'autorité, de la science en général; on dira le *droit canonique*, lorsqu'il s'agira de particularités, de détails, de recherches, de discussions, de considérations relatives à ce *droit*.—*Droit de copie*, *droit* de propriété qu'un libraire a acquis sur un ouvrage littéraire manuscrit ou imprimé. —On dit en t. de mon., qu'une pièce a le *droit de poids*, lorsqu'elle est du poids prescrit par les ordonnances.—Prov. : *c'est le droit du jeu*, c'est l'ordre, l'usage. — Ne dites pas : *être à droit de jeu*, pour *à deux de jeu*.— T. de vènerie, *prendre* ou *tenir le droit*, se dit d'un chien qui reprend bien la voie. — *A bon droit*, adv., avec raison, avec justice. — *A tort et à droit*, sans examiner si une chose est juste ou injuste.

DROIT, E, adj. (*droè, droète*) (en lat. *directus*, pour *re:tus*), qui ne penche ou ne décline ni d'un côté ni d'un autre.—Qui est opposé à gauche : *bras droit, main droite*. En ce sens on dit subst. au fém. : *prendre sur la droite*, etc. Voy. DROITE.—Qui n'est pas couché, qui est debout : *se tenir droit sur ses pieds*. Dans cette acception, l'usage de cet adjectif est borné à un très-petit nombre de phrases. Il vaut mieux, pour prévenir toute équivoque, se servir du mot *debout*. — En bot., qui s'élève dans une *direction* perpendiculaire à l'horizon, ou qui est allongé sans aucune courbure.—En géom. : *angle droit*, celui qui est établi par deux lignes perpendiculaires l'une à l'autre. On dit aussi *cône droit, sinus droit*. Voy. CÔNE et SINUS. — Au fig., 1° juste, équitable, sincère; *homme droit et incorruptible; cœur droit; âme droite; intention droite*, etc. 2° 'udicieux : *avoir l'esprit droit, le sens droit*, penser juste sur chaque chose.

DROIT, adv. (*droè*), directement : *aller droit au but, tirer, viser droit : il lui donna droit dans l'œil*. — Fig. : *aller droit à ses fins; aller droit en besogne; il ne va pas droit*, il n'agit pas avec *droiture*.—Fig. et fam. : *je vous ferai marcher droit, charrier droit*, je vous ferai bien faire votre devoir.

DROITE, subst. fém. (*droète*), main *droite*.—*Donner la droite à quelqu'un*, le mettre à sa *droite* pour lui faire honneur. — *A droite*, adv., à main *droite*, au côté *droit*.

DROITEMENT, adv. (*droèteman*), équitablement.—Judicieusement.

DROITIER, adj. mas., au fém. **DROITIÈRE** (*droètié, tière*), qui se sert ordinairement de la main *droite*.

DROITIÈRE, subst. fém. Voy. DROITIER.

DROITURE, subst. fém. (*droèture*), équité, justice, rectitude. Voy. ce dernier mot. — *En* DROITURE, loc. adv., directement.

DROITURIER, ÈRE, adj. (*droèturié, ère*), juste, équitable, qui aime l'équité.

DRÔLATIQUE, adj. des deux genres (*drôlatike*), badin, risible, plaisant, divertissant.

DRÔLE, subst. mas., au fém. **DRÔLESSE** (*drôle, lèce*) (suivant *Caseneuve*, du danois *trôle* ou *drôle*, qui signifie *démon*, et proprement un démon familier, un esprit follet), gaillard, plaisant : *c'est un drôle de corps*, un homme fort plaisant. —En parlant des enfants, petit *drôle*, petit vaurien.—En parlant des hommes faits, 1° homme fin et rusé, dont il faut se défier : *c'est un drôle*; 2° insolent, maraud ou homme de néant : *vous êtes un drôle*.

DRÔLE, adj., des deux genres (*drôle*), gaillard, plaisant : *il est fort drôle; conte, histoire fort drôle; voilà qui est drôle!* Il est fam.

DRÔLEMENT, adv. (*drôleman*), plaisamment.

DRÔLERIE, subst. fém. (*drôleri*) chose *drôle*; trait de bouffonnerie, etc. Il est fam.

DRÔLESSE, subst. fém. (*drôlèce*), femme méprisable ou de mauvaise vie. Ce mot est fam. Voy. DRÔLE.

DROMADAIRE, subst. mas. (*dromadère*) (en lat. barbare *dromaderius* ou *dromadarius*, fait du grec δρομας, coureur), espèce de chameau à une seule bosse, qui est très-léger à la course.

DROMAS et **DROMIUS**, subst. propre mas. (*dromace, miuce*), myth., nom de deux chiens d'Actéon.

DRÔME, subst. propre fém. (*drôme*), dép. de France qui tire son nom de la rivière qui le traverse.

DROME, subst. fém. (*drome*), t. de pêche, cordage qui sert à tenir la bouée arrêtée sur les filets des pêcheurs. — En t. de mar., assemblage de plusieurs mâts, vergues, etc., liés ensemble, que l'on tient à flot, pour les conserver dans l'eau de mer.

DROMIE, subst. fém. (*dromi*), (du grec δρομος, course), t. d'hist. nat., genre de crustacé remarquable par sa grande vitesse.

DROMON, subst. mas. (*dromon*), t. d'hist. nat., espèce de cancre. — Sorte de barque courte et légère pour courir les mers.

DRONGO, subst. mas. (*dronguo*), t. d'hist. nat., genre d'oiseaux de l'ordre des silvains.

DRONTE, subst. mas. (*dronte*), t. d'hist. nat., oiseau de l'ordre des gallinacés, très-commun autrefois aux îles de France et de Bourbon, et qu'on n'y trouve plus à présent.

DRONTHEIM, subst. propre mas. (*drontein*), ville de Norwège.

DROPAX, subst. mas. (*dropâkce*) (en grec δρωπαξ, fait du verbe δρεπω, j'enlève), sorte d'emplâtre fait avec de la poix et de l'huile, pour arracher le poil.

DROPÉE, subst. fém. (*dropé*), t. de bot., sorte de plante des Indes.

DROSÉRACÉES, subst. fém. plur. (*drozéracé*), t. de bot., famille de plantes.

DROSÈRE, subst. fém. (*drozère*), t. de bot., genre de plantes.

DROSOMÈTRE, subst. mas. (*drozomètre*) (du grec δροσος, rosée, et μετρον, mesure), instrument en forme de balance qui sert à mesurer la rosée.

DROSOMÉTRIE, subst. fém. (*drozométri*), art, science du *drosomètre*.

DROSOMÉTRIQUE, adj. des deux genres (*drozométrike*), qui appartient, qui a rapport au *drosomètre*.

DROSSART, subst. mas. (*droçar*), chef de la justice en Hollande et à Liège.

DROSSE, subst. fém. (*droce*), t. de mar., cordes ou palans qui servent à approcher ou à reculer une pièce de canon de son sabord.

DROSSÉ, E, part. pass. de *drosser*.

DROSSER, v. act. et neut. (*drocé*), t. de mar., se dit d'un vaisseau qui est entraîné dans une direction contraire à sa route. Peu en usage.

DROST, subst. mas. (*drocete*), magistrat hollandais.

DROUÉ, subst. propre mas. (*droué*), bourg de France, chef-lieu de canton, arrond. de Vendôme, dép. de Loir-et-Cher.

DROUILLE, subst. fém. (*drou-ie*), présent, pot-de-vin. — Dans certains endroits, bagatelle, mauvais chiffon. Vieux.

DROUILLER, subst. mas. (*drou-ié*), t. de pêche, petit filet monté sur des perches, qu'on présente à l'opposition du cours de la marée, pour prendre de petits poissons, et particulièrement le harenguet, fort différent du hareng.

DROUINE, subst. fém. (*drouine*), espèce de havresac que les chaudronniers de campagne portent sur le dos, et dans lequel ils mettent tous leurs outils.

DROUINEUR, subst. mas. (*drouineur*), chaudronnier qui porte *la drouine*.

DROUSSAGE, subst. mas. (*drouçaje*), t. de manuf., action d'huiler et de carder la laine.

DROUSSE, subst. fém. (*drouce*), c'est la carde qui commence l'action du cardage.

DROUSSÉ, E, part. pass. de *drousser*.

DROUSSER, v. act. (*droucé*), t. de manuf., carder la laine en long avec les *droussettes*. — *se* DROUSSER, v. pron.

DROUSSETTE, subst. fém. (*droucète*), t. de manuf. de laine, grandes cardes à longues dents qui servent à briser la laine et à lui donner la première façon

DROUSSEUR, subst. mas. (*drouceur*), celui qui donne le lustre au drap. — Ouvrier qui carde les laines.

DROWSKI, subst. mas. (*drouceki*), sorte de voiture découverte.

DRU, E, adj. (*dru*) (par métathèse, du mot *dur*), fort, vigoureux, en parlant des petits oiseaux, parce que les oiseaux deviennent plus *durs*, à mesure qu'ils croissent. — Vif, gai, en parlant des enfants. En ce sens on le dit par extension des hommes : *vous êtes bien dru aujourd'hui*. — En parlant des blés, des bois, etc., épais, touffu : *ces blés sont fort drus; l'herbe est très-drue dans cette prairie*. On dit par extension : *pluie drue et menue*. (*Ménage*, dans cette dernière acception, dérive *dru* du lat. *densus*, épais, en y insérant un *r*, *drensus*.)

DRU, adv. (*dru*), en grande quantité et fort près à près : *ces blés sont semés bien dru; la pluie, les balles tombaient dru et menu*; et prov. : *dru comme mouches*.

DRUGE, subst. fém. (*druje*), t. de bot., pousse surabondante de pois.

DRUGEON, subst. mas. (*drujon*), bout de la *druge*.

DRUIDE, subst. mas. (*druide*) (du grec δρυς, en celtique *derw*, chêne, arbre sacré dans la nation), nom des anciens prêtres gaulois. — Fig. et fam. : *vieux druide*, homme fort âgé, expérimenté et rompu dans les affaires.

DRUIDESSE, subst. fém. (*druidèce*), nom des femmes de *druides*, qui partageaient la considération qu'on avait pour leurs maris, et s'ingéraient comme eux dans toutes les affaires publiques. Elles passaient surtout pour de grandes devineresses.

DRUIDIQUE, adj. des deux genres (*druidike*), qui appartient aux *druides*.

DRUIDISÉ, E, part. pass. de *druidiser*.

DRUIDISER, v. neut. (*druidizé*), parler en *druide*, en homme rempli d'expérience. Vieux.

DRUIDISME, subst. mas. (*druidiceme*), système, doctrine des *druides*.

DRULINGEN, subst. propre mas. (*druleinjène*), village de France, chef-lieu de canton, arrond. de Saverne, dép. du Bas-Rhin.

DRUPACÉ, E, adj. (*drupacé*), t. de bot., se dit des fruits dont le noyau est couvert d'une pulpe.

DRUPE ou **DROUPE**, subst. mas. (*drupe, droupe*) (en lat. *drupa*, fait du grec δρυπεπης, olive, fruit à noyau qui commence à mûrir, dérivé de δρυς, arbre, et πεπτειν, cuire, mûrir; *fruit qui mûrit sur l'arbre*), péricarpe charnu ou coriace renfermant un seul noyau. La pêche, la prune, la cerise sont des exemples du *drupe* mou.

DRUPOLE, subst. fém. (*drupole*), t. de bot., petite *drupe* qui ne dépasse pas le volume d'un pois.

DRUSE, subst. propre des deux genres (*druze*), nom de peuple.

DRUSE, subst. fém. (*druze*), t. de bot., genre de plantes de la famille des ombellifères.

DRUSION, *subst. mas.* (*druzion*), spectre, être fantastique. (*Boiste*.) Hors d'usage.

DRYADE, subst. fém. (*driade*), t. de bot., genre de plantes de la famille des rosacées.

DRYADE, subst. propre fém. (*driade*) (du grec δρυς, chêne, arbre), myth., nom de nymphes des bois, qui pouvaient errer en liberté, et dont l'existence n'était point attachée à celle de l'arbre mis sous leur protection. Elles se tenaient nuit et jour dans les forêts.

DRYADÉES, subst. fém. plur. (*driadé*) de *dryas*, une de ces plantes qui tire son origine de δρυς, chêne, parce que ses feuilles ont quelque ressemblance avec celles du chêne), t. de bot., genre de plantes de la famille des rosacées.

DRYANDRE, subst. fém. (*driandre*), t. de bot., sorte d'arbre du Japon.

DRYANTIDÈS, subst. propre mas. (*driantidèce*), myth., Lycurgue, roi de Thrace, fils de *Dryas*.

DRYAS, subst. propre fém. (*driâce*), myth., fille de Faune, qu'on révérait comme la déesse de la pudeur et de la modestie. Il n'était pas permis aux hommes de se trouver aux sacrifices qu'on lui offrait.—Subst. propre mas., un des princes qui donnèrent du secours à Étéocle. Il fut tué par Diane.

DRYIN, subst. mas. (*driein*), t. d'hist. nat., espèce de vipère.

DRYINE, subst. fém. (*dri-ine*), t. d'hist. nat., genre d'insectes de l'ordre des hyménoptères.

DRYLLE, subst. mas. (*drile*), t. de bot., chêne femelle.

DRYMÉJA, subst. fém. (*driméja*), t. de bot., espèce de plantes du genre des laiches.

DRYMIS, subst. fém. (*drimice*), t. de bot., sorte de plante à écorce aromatique.

DRYMO, subst. propre fém. (*drimo*), myth., nymphe, fille de Nérée et de Doris.

DRYMYRRHISÉES, subst. fém. plur. (*drimirizé*) (du grec δρυς, chêne, μυρον, parfum, et ῥιζα, racine), t. de bot., famille de plantes aromatiques.

DRYOBALANOPS, subst. mas. (*driobalanopece*), t. de bot., sorte d'arbre de Ceylan qui produit la véritable écorce de cannelle.

DRYOPE, subst. propre fém. (*driope*), myth., nymphe d'Arcadie, aimée de Mercure. Tenant un jour son fils dans ses bras, elle arracha une tige de lotos pour l'amuser. Bacchus, à qui cette plante était consacrée, en fut si irrité, qu'il la métamorphosa en arbre : elle n'eut que le temps d'appeler sa sœur pour prendre l'enfant, qui aurait été enfermé avec elle dans l'écorce. — Les *Dryopes* étaient un peuple au voisinage du mont Parnasse.

DRYOPIES, subst. fém. plur. (*driopi*), myth., fêtes qu'on célébrait dans l'Argolide et dans la Morée, en l'honneur de *Dryops*, fils d'Apollon.

DRYOPS, subst. mas. (*driopece*), t. d'hist. nat., genre d'insectes coléoptères.—Myth., fils d'Apollon, père et chef des Doriens qui allèrent s'établir dans le Péloponèse.

DRYOPTÉRIDE, subst. fém. (*driopetéride*) (du grec δρυς, chêne, et πτερις, fougère, dérivé de πτερον, aile), t. de bot., sorte de fougère qui a une vertu corrosive.

DRYPÈTE, subst. mas. (*dripète*), t. de bot., genre de plantes voisines des nerpruns.

DRYPIS, subst. fém. (*dripice*), t. de bot., plante bisannuelle que l'on nomme vulgairement *herbe aux ânes*.

DRYPTE, subst. fém. (*dripete*), t. d'hist. nat., genre d'insectes coléoptères.

DRYS, subst. mas. (*drice*) (en grec δρυς), t. de bot., nom grec du chêne, qui a été appliqué à d'autres végétaux.

DU, contraction de la préposition *de* et de l'article sing. mas. *le*. Voy. notre *Grammaire* et le mot ARTICLE.

DÛ, subst. mas. (*du*), ce qui est *dû : je ne demande que mon dû*. — Ce à quoi on est obligé ; *devoir : c'est le dû de ma charge; pour le dû de ma conscience*.

DÛ, DUE, part. pass. de *devoir*, et adj.

DUALISME, subst. mas. (*dualiceme*) (du latin *dualis*, de deux, fait du grec δυας, nombre deux), opinion de ceux qui admettent deux principes indépendants, l'un du bien, l'autre du mal.—En général, tout système qui traite de deux ordres de choses opposées.

DUALISTE, subst. et adj. des deux genres (*dualicete*), partisan du *dualisme*.

DUALITÉ, subst. fém. (*dualité*), qualité de ce qui est double ou réunissant deux choses distinctes.

DUAN, subst. mas. (*duan*), poëme des anciens bardes, dont la narration était interrompue par un grand nombre d'épisodes ou d'apostrophes.

DUB, subst. mas. (*dube*), t. d'hist. nat., espèce de lézard d'Afrique.

DUBITATEUR, subst. mas. (*dubitateur*), qui doute.

DUBITATIF, adj. mas., au fém. DUBITATIVE (*dubitatif, tive*), qui sert à exprimer le *doute : proposition dubitative*.

DUBITATION, subst. fém. (*dubitâcion*) (en lat. *dubitatio*, fait de *dubitare*, douter), figure de rhétorique, par laquelle l'orateur feint de *douter* de ce qu'il veut prouver, afin de prévenir les objections qu'on pourrait lui faire.

DUBITATIVE, adj. fém. (*dubitative*), t. de gramm. : *conjonction dubitative*, qui marque suspension et *doute* dans le discours; comme : *si, quoi qu'il en soit*, etc.

DUBITATIVEMENT, adv. (*dubitativeman*), avec *doute*.

DUBLIN, subst. propre mas. (*dublein*), ville capitale de l'Irlande, chef-lieu du comté de ce nom.

DUBOISIE, subst. fém. (*duboèzi*), t. de bot., sorte d'arbrisseau exotique que l'on a classé parmi les solanées.

DUC, subst. mas., au fém. DUCHESSE (*duk, duchèce*) (du lat. *dux*, gén. *ducis*, chef), nom de dignité. — T. d'hist. nat., oiseau rapace de la famille des nyctériens.

DUCAL, E, adj. (*dukale*), qui appartient à un *duc : couronne ducale; manteau ducal*.— Au plur. mas., *ducaux*.

DUCALES, subst. fém. plur. (*dukale*), lettres-patentes du sénat de Venise.

DUCAT, subst. mas. (*duka*) (l'origine des *ducats* vient de *Longinus*, gouverneur d'Italie, qui se révolta contre l'empereur *Justin-le-Jeune*, et se fit *duc* de Ravenne. Il fit frapper en son nom et à son empreinte des monnaies d'or très-pur et à vingt-quatre carats, qui furent nommés *ducats*), sorte de monnaie d'or ou d'argent dont la valeur est différente, suivant les différents pays. —Adj. mas. : *or ducat*, or au titre des *ducats*.

DUCATELLE, subst. fém. (*dukatèle*), monnaie d'Alexandrie, qui vaut dix médines.

DUCATON, subst. mas. (*dukaton*) demi-*ducat*, espèce de monnaie d'argent.

DUCAUX, adj. mas. plur. Voy. DUCAL.

DUC-DE-THOL, subst. mas. (*dukdetol*), t. de bot., sorte de tulipe printanière.

DUC-DU, subst. mas. (*dukdu*), t. de bot., jacquier des Indes.

DUCÉNAIRE, subst. mas. (*ducénère*), chef d'une compagnie de deux cents hommes.—Un des deux cents juges des petites affaires, à Rome.

DUCEY, subst. propre mas. (*ducé*), bourg de France, chef-lieu de canton, arrond. d'Avranches, dép. de la Manche.

DUCHAL, subst. mas. (*dukal*), sorte de liqueur que l'on prépare en Perse.

DUCHÉ, subst. mas. (*duché*), toute l'étendue des terres d'un *duc*, auxquelles le titre est attaché.

DUCHÉ-PAIRIE, subst. fém. (*duchépèri*), titre de *duc* et *pair*. — Au plur., des *duchés-pairies*.

DUCHESNÉE, subst. fém. (*duchéné*), t. de bot., sorte de plante vivace.

DUCHESSE, subst. fém. (*duchèce*), femme de *duc* ou dame qui possède un *duché*. — Espèce de grand fauteuil, dont le siége est assez profond pour qu'une personne puisse être assise commodément dessus, les jambes étendues.—Sorte de nœud de ruban. — *Lettres à la duchesse*, écriture dont les pleins tiennent la place des déliés, et les déliés la place des pleins.

DUCHIS-BASCHI, subst. mas. (*duchibachi*), t. de relat., capitaine de fondeurs de canon chez les Turcs.

DUCLAIR, subst. propre mas. (*duklère*), bourg de France, chef-lieu de canton., arrond. de Rouen, dép. de la Seine-Inférieure.

DUCLITAN, subst. mas. (*duklitan*), t. de bot., sorte de lierre qui croît aux Philippines.

DUCQUET, subst. mas. (*duké*), t. d'hist. nat., nom vulgaire du hibou moyen.

DUCROIRE, subst. mas. (*dukroare*), t. de comm., garantie que le commissionnaire en marchandises donne à son commettant, pour assurer la rentrée de sa vente à terme.

DUCTILE, adj. des deux genres (*duktile*) (en lat. *ductilis*, fait de *ducere*, conduire), se dit des métaux qui peuvent s'étendre sous le marteau.

DUCTILIMÈTRE, subst. mas. (*duktilimètre*), marteau pour évaluer la *ductilité* des métaux.

DUCTILITÉ, subst. fém. (*duktilité*), propriété qu'ont les métaux de s'étendre en tous sens sous les coups de marteau. Voy. DUCTILE.

DUÈGNE, subst. fém. (*duègnie*) (de l'espagnol *dueña*, employé dans la même acception, et qui signifie proprement dame), fille ou femme âgée, chargée de veiller sur la conduite d'une jeune personne; gouvernante. Il ne se dit qu'en plaisantant, et le plus souvent par dénigrement. — Entremetteuse qui ménage des rendez-vous, des tête-à-tête entre deux amants.

DUEL, subst. mas. (*duèl*) (en lat. *duellum*, qui signifiait guerre entre deux princes, fait de *duo*, deux. Il s'est dit pour *bellum*), combat singulier, combat de deux personnes à l'épée, au pistolet, etc.—En t. de grammaire grecque ou hébraïque, temps des verbes qui ne se dit que de deux choses seulement. (Du lat. *dualis*, fait, avec la même acception, de *duo*, deux.)

DUELLISTE, subst. des deux genres (*duèlicete*), celui qui se plaît à se battre en *duel*.

DUFOURÉE, subst. fém. (*dufouré*), t. de bot., plante aquatique.

DUFRE, subst. mas. (*dufre*), t. d'hist. nat., sorte de coquillage particulier à l'Afrique.

DUGONG, subst. mas. (*duguon*), d'hist. nat., espèce d'ours marin.

DUIRE, v. neut. (*duire*) (du lat. *decet*, il sied, il convient), vieux mot; convenir, plaire. Il se dit encore fam. à la troisième personne du singulier du présent de l'indicatif : *cela vous duit-il? Cela ne vous duit pas*.

DUISANT, E, adj. (*duizan, zante*), convenable. (*Boiste*.) Vieux et même hors d'usage.

DUIT, E, part. pass. de *duire*.

DUIT, subst. mas. (*dui*), t. de pêche, pêcherie de pierre à l'embouchure de la Loire. Ce sont des chaussées faites de pieux et de cailloux sur une même direction, tout au travers de la rivière.

DUITE, subst. fém. (*duite*), jet de la trame de chaque coup de navette, lorsqu'il sert à faire le corps de l'étoffe. — T. de rubanier, la portion de la chaîne qui lève ou baisse à chaque mouvement de marche.

DUITÉ, E, part. pass. de *duiter*.

DUITER, v. act. (*duité*), agir pour un projet, convenir. (*Boiste*.) Vieux et hors d'usage.

DUKIGI-BACHI, subst. mas. (*dukijibachi*), t. de relat., second officier d'artillerie chez les Turcs.

DULCAMARA, subst. fém. (*dulkamara*), t. de bot. Voy. DOUCE-AMÈRE.

DULCAMARINE, subst. fém. (*dulkamarine*), t. de chim., substance brune nouvellement découverte dans la douce-amère.

DULCIFÈRE, adj. des deux genres (*dulcifère*) (du lat. *dulcis*, doux, et *fero*, je porte), qui porte, qui produit la *douceur*.

DULCIFICATIF, adj. mas., au fém. DULCIFICATIVE (*dulcifikatif, tive*), qui adoucit. Il est inusité.

DULCIFICATION, subst. fém. (*dulcifikâcion*), opération de chimie par laquelle on *dulcifie*. Voy. DULCIFIER.

DULCIFICATIVE, adj. fém. Voy. DULCIFICATIF.

DULCIFIÉ, E, part. pass. de *dulcifier*.

DULCIFIER, v. act. (*dulcifié*) (du lat. *dulcis*, doux, et *facere*, faire; *rendre doux*), t. de chimie, tempérer la violence des acides, etc., adoucir.—*se* DULCIFIER, v. pron., perdre son aigreur, s'adoucir.

DULCIMER, subst. mas. (*dulcimère*), sorte de guitare.

DULCINÉE, subst. fém. (*dulciné*), héroïne d'un amour ridicule, par allusion à la dame des pensées de *don Quichotte*, qui portait ce nom.

DULCINISTE, subst. mas. (*dulcinicete*), nom de sectaires chrétiens qui mettaient tout en commun.

DULCORÉ, E, adj. Voy. ÉDULCORÉ. Seul usité.

DULICHION, subst. mas. (*dulikion*), t. de bot., plante pleurante, le souchet.

DULICHIUM, subst. propre mas. (*dulikiome*), myth., île dépendante d'Ithaque, d'où Ulysse est surnommé *Dulichius*.

DULICHIUS, subst. propre mas. (*dulikiuce*), myth., surnom d'Ulysse.

DULIE, subst. fém. (*duli*) (du grec δουλεια, servitude, service, dérivé de δουλος, serviteur) : *culte de dulie*, celui qu'on rend aux anges et aux saints que l'on honore comme les *serviteurs* de Dieu.

DÛMENT, adv. (*duman*), selon la raison, les formes : *il a été dûment averti*, terme de pratique et de conversation.

DUMÉRILIE, subst. fém. (*duméríli*), t. de bot., genre de plantes de la famille des composées.

DUMÉTEUSE, voy. DUMÉTEUX.

DUMÉTEUX, adj. mas., au fém. DUMÉTEUSE (*duméteu, teuze*) (du lat. *dumetum*, buisson), rempli de halliers, embarrassé de buissons. (*Boiste*.) Inus.

DUMONTIE, subst. fém. (*dumonti*), t. de bot., sorte de varec.

DUNALIE, subst. fém. (*dunali*), t. de bot., genre de plantes de la famille des solanées.

DUNALMA, subst. mas. (*dunalma*), fête chez les Turcs qui dure sept jours et sept nuits, que l'on passe à se réjouir.

DUNAR, subst. mas. (*dunar*), t. d'hist. nat., espèce de coquille.

DUNE, subst. fém. (*dune*) (du flamand *dune*, dérivé du vieux gaulois ou celtique *dun*, lieu élevé); on appelle ainsi les collines sablonneuses qui s'étendent le long des bords de la mer : *les dunes de Calais*.

DUNETTE, subst. fém. (*dunète*), t. de mar., l'étage le plus élevé de la poupe ou de l'arrière du vaisseau, où est le poste du maître et du pilote.

DUNKERQUE, subst. propre fém. (*donkièreke*), ville forte de France, chef-lieu d'arrond., dép. du Nord. Elle possède de belles casernes, des magasins pour la marine, et des fonderies. Son port reçoit un nombre considérable de navires.—Brûlée par les Anglais en 1558, cette ville a soutenu plusieurs siéges mémorables. *Dunkerque* est la patrie de Jean Bart, et de plusieurs autres hommes célèbres.

DUNKERQUOIS, E, adj. et subst. (*donkièrekoa, koaze*), celui, celle qui est de *Dunkerque*.

DUN-LE-PALLETEAU, subst. propre mas. (*donlepaletó*), très-ancien bourg de France, chef-lieu de canton, arrond. de Guéret, dép. de la Creuse.

DUN-LE-ROI, subst. propre mas. (*donleroé*), ville de France, chef-lieu de canton, arrond. de Saint-Amand, dép. du Cher.

DUN-SUR-MEUSE, subst. propre mas. (*donçurmeuze*), ville de France, chef-lieu de canton, arrond. de Montmédy, dép. de la Meuse. — Fabrique considérable d'allumettes.

DUO, subst. mas. (*du-ó*) (de δύο, qui, en grec et en lat. signifie *deux*), morceau de musique fait pour être chanté par *deux* voix ou exécuté par *deux* instruments.— Il ne doit pas prendre *s* au plur., parce que c'est un mot tout latin : *deux duo, trois duo.*

DUOBOLE, subst. fém. (*duobole*), double *obole*. —Monnaie d'Egypte qui vaut environ huit centimes de France.

DUODÉCIMAL, E, adj. (*duódécimal*), t. d'arith., qui procède par *douze : calcul duodécimal.* — Au plur. mas., *duodécimaux*.

DUODÉNAL, E, adj. (*duodénale*), qui a rapport au *duodénum*. — Au plur. mas., *duodénaux*.

DUODÉNITE, subst. fém. (*duodénite*), t. de médec., inflammation du *duodénum*.

DUODÉNUM, subst. mas. (*duodénome*) (en lat. *duodenum*, fait de *duo*, deux, et *deni*, dix), le premier des intestins grêles, dont la longueur est d'environ *douze* travers de doigt.

DUODI, subst. mas. (*duodi*), second jour de la décade dans le calendrier républicain français.

DUODRAME, subst. mas. (*duodrame*), sorte de pièce dramatique où il ne paraît que *deux* interlocuteurs.

DUO-STERNAL, E, adj. (*duocetérenal*), t. d'anat., se dit de la *seconde* pièce osseuse du *sternum*. Il est aussi subst. mas. — Au plur. mas. : *duo-sternaux*.

DUPE, subst. fém. (*dupe*), celui ou celle qu'on trompe ou qui est facile à *duper*, à tromper. — Sorte de jeu de lansquenet, où celui qui tient la main se donne la première carte, et celui qui a coupé est obligé de prendre la seconde. On appelle *dupe* celui qui a la main, parce que la main ne change point, et qu'on s'imagine faussement qu'il y a du désavantage à l'avoir.

DUPÉ, E, part. pass. de *duper*.

DUPER, v. act. (*dupé*) (en lat. *decipere*), tromper par ruse. — SE DUPER, v. pron.

DUPERIE, subst. fém. (*duperi*), tromperie, filouterie.

DUPEUR, subst. mas., au fém. DUPEUSE (*dupeur, peuze*), qui *dupe*, qui trompe.

DUPEUSE, subst. fém. Voy. DUPEUR.

DUPLICATA, subst. mas. (*duplikata*) (du latin *duplicatus*, doublé), *seconde* expédition d'un brevet, d'une dépêche, d'une chose en général. —Il ne prend point *s* au pluriel : *on lui a envoyé plusieurs duplicata*. Nous ferons observer que l'*Académie*, qui écrit des *duos*, écrit des *duplicata* au plur. ; et voici les exemples qu'elle donne : *de beaux duos ; — on lui a envoyé les duplicata de plusieurs dépêches*. (6e édition de Firmin Didot frères. 1835.)

DUPLICATIF, adj. mas., au fém. DUPLICATIVE (*duplikatif, tive*), qui *double*, qui opère la *duplication*.

DUPLICATION, subst. fém. (*duplikàcion*) (en lat. *duplicatio*), t. d'arithmétique, etc. L'action de *doubler* une quantité, ou sa multiplication par le nombre *deux*.—En géométrie, *la duplication du cube*, problème qui consiste à trouver un cube *double* d'un autre. C'est un problème fameux que les géomètres connaissent depuis deux mille ans. — En musique, sorte de *périélèse*, qui se fait en *doublant* la pénultième note du mot qui termine l'intonation, lorsque cette pénultième note est d'un degré au-dessous de la dernière.

DUPLICATIVE, adj. fém. Voy. DUPLICATIF.

DUPLICATURE, subst. fém. (*duplikature*), en anat., se dit des parties qui se replient sur elles-mêmes, ou de l'endroit où elles sont *doubles*.

DUPLICIDENTATA, subst. mas. plur. (*duplicideintata*), t. d'hist. nat., famille de mammifères rongeurs voisine de celle des doubles-dents.

DUPLICITÉ, subst. fém. (*duplicité*), se dit des choses qui sont *doubles* et qui devraient être uniques : *ce verre cause duplicité d'objets*. — Plus communément, mauvaise foi : *duplicité de cœur*.

DUPLIPENNES, subst. mas. plur. (*duplipène*), t. d'hist. nat., famille d'insectes de l'ordre des hyménoptères.

DUPLIQUE, subst. fém. (*duplike*) ; il ne s'emploie guère qu'au plur. et en t. de pratique, où il signifie, réponse contre les *répliques* d'un demandeur.

DUPLIQUÉ, part. pass. de *dupliquer*.

DUPLIQUER, v. neut. (*duplikié*), t. de palais, fournir des *dupliques*.

DUPONDIUS, subst. mas. (*dupondi-uce*), monnaie antique du poids de deux livres, chez les Romains.

DUQUEL, DE LAQUELLE, pron. relat., *dont, de qui*. Voy. LEQUEL, LAQUELLE, et DONT.

DUR, E, adj. (*dure*) (en lat. *durus*), en parlant de choses, ferme, solide, difficile à pénétrer, à entamer : *dur comme marbre, comme fer*. — Quelquefois il est simplement opposé à tendre, mou : *pain dur, chaise dure*, etc. — En parlant des personnes ou de ce qui y a rapport, fâcheux, rude, inhumain, insensible : *c'est un homme dur, il a l'âme dure*. — Rude, austère : *mener une vie dure; cet homme me rend la vie dure*.—Difficile : *dur à émouvoir ; marchandise dure à vendre*.—*Style dur*, qui n'est pas aisé, qui n'est pas coulant. —*Tableau dur*, dans lequel les lumières et les ombres sont trop fortes, trop voisines les unes des autres.—*Dessin dur*, où les parties du contour ou de l'intérieur sont trop prononcées.—*Temps dur*, temps froid; et encore celui où tout est cher, où l'on souffre par le défaut des commodités de la vie. — *Cheval dur*, qui n'est point sensible au fouet et aux éperons. — *Vin dur*, âpre. — *Avoir la tête dure*, ne comprendre qu'avec peine. — *Avoir l'oreille dure*, ou *être dur d'oreille*, n'entendre pas bien clair, être un peu sourd.—Prov.: *homme dur à la desserre, à la détente*, de qui l'on ne saurait tirer d'argent. — Au propre, on dit qu'*un pistolet est dur à la détente*, lorsqu'on a de la peine à faire lâcher la détente. *Dur*, adv. : *il entend dur*, il est un peu sourd. —Fam. : *il croit dur comme fer ce qu'on lui dit*, il est fort crédule. — L'*Académie* dit que *dur* s'emploie subst. au mas., et elle s'appuie de cet exemple : *le dur est le contraire du moelleux*. Nous ne refusons pas l'emploi de ce subst.; mais nous avertirons qu'il est encore fort peu en usage. Après cela, nous ne voyons pas pourquoi l'on ne dirait pas *le dur*, comme on dit *le moelleux*.

DURABLE, adj. des deux genres (*durable*), qui doit *durer* long-temps. Il se dit au physique et au moral : *ouvrage, édifice durable; paix, bonheur, félicité durable*. Dans ce dernier emploi, il diffère de *constant*, en ce qu'une chose *durable* ne cesse point; elle est ferme par sa solidité : ce qui est constant ne change pas; il est ferme par sa résolution.

DURABLEMENT, adv. (*durableman*), d'une manière *durable*.

DURACINE, subst. fém. (*duracine*), t. de jard., espèce de pêche.

DURANDAL, subst. fém. (*durandal*), épée de *Roland-le-Furieux*.

DURANT, préposition (*duran*) ; elle marque la *durée* : *durant le jour ; sa vie durant*. — *Durant* exprime un temps de *durée*, qui s'adapte dans toute son étendue à la chose à laquelle on le joint; *pendant* ne s'entend que d'un temps d'époque, qu'on n'unit pas dans toute son étendue, mais seulement dans quelqu'une de ses parties : *les ennemis se sont cantonnés durant la campagne; la fourmi fait, pendant l'été, les provisions dont elle aura besoin durant l'hiver*.

DURANTE, subst. fém. (*durante*), t. de bot., genre de plantes de la famille des pyrénacées.

DURAS, subst. mas. (*duràce*), bourg de France, chef-lieu de canton, arrond. de Marmande, dép. de Lot-et-Garonne.

DURAS-UNILLO, subst. mas. (*duraçunilelo*), t. de bot., nom d'une persicaire du Pérou, apéritive et diurétique.

DURBAN, subst. propre mas. (*durban*), village de France, chef-lieu de canton, arrond. de Narbonne., dép. de l'Aude.

DUR-BEC, subst. mas. (*durbèk*), t. d'hist. nat., nom qu'on a donné à une espèce de bouvreuil du Canada.

DURCI, E, part. pass. de *durcir*.

DURCIR, v. act. (*durcir*), faire devenir *dur* ; rendre plus ferme : *l'air durcit le corail*.—Il est aussi neut. et pron., devenir *dur* : *le chêne durcit* ou *se durcit dans l'eau*.

DURCISSEMENT, subst. mas. (*durciceman*), état de ce qui est *durci*.—Ce mot paraît nouveau et serait utile en plusieurs occasions.

DURDO, subst. mas. (*durdô*), t. d'hist. nat., sorte de poisson du genre des sciènes.

DURE, subst. fém. (*dure*), terre qui est *dure* : *coucher sur la dure*.

DURÉ, E, part. pass. du *durer*.

DURÉE, subst. fém. (*duré*), espace de temps que *dure* une chose. — DURÉE, TEMPS. (*Syn.*) *Durée* se rapporte aux choses, et *temps* aux personnes : on dit la *durée* d'une action, et le *temps* qu'on met à la faire. *Durée* a rapport au commencement et à la fin de quelque chose, et désigne l'espace écoulé entre ce commencement et cette fin ; au lieu que *temps* désigne seulement quelque partie de cet espace d'une manière vague.

DURELIN, subst. mas. (*durelein*), t. de bot., nom vulgaire du chêne rouge à larges feuilles.

DUREMENT, adv. (*dureman*), d'une manière *dure* : *être couché durement*.—Fig., avec *dureté*, rudesse : *traiter quelqu'un durement*.

DURE-MÈRE, subst. fém. (*duremère*), membrane qui enveloppe le cerveau : ainsi nommée, 1° à cause de son épaisseur et de sa *dureté*; 2° parce qu'on la regarde comme une des principales membranes du corps.—Au plur., des *dures-mères*.

DURER, v. neut. (*duré*) (en latin *durare*), continuer d'être : *durer long-temps; leur amitié ne durera pas*. — Fam. et prov. : *faire vie qui dure, feu qui dure*; ménager son argent, son bois.

DURET, adj. mas., au fém. DURETTE (*duré, rète*), un peu *dur* ; ferme : *ce mouton est duret* ; *cette poularde est durette*.

DURETÉ, subst. fém. (*dureté*), en latin *duritia*, ou *durities*), qualité de ce qui est *dur* ; fermeté, etc.—Tumeur *durcie* : *elle a une dureté au sein*. —Au fig., rudesse, insensibilité, inhumanité : *dureté de cœur ; traiter avec dureté*. — *Dureté de ventre*, difficulté d'aller à la garde-robe, constipation. — *Dureté d'oreille*, difficulté d'entendre ; surdité. — *Dureté de style*, manière d'écrire qui n'a ni facilité, ni agrément.— *Dureté de pinceau*, manière de peindre sèche et sans grace. — Au plur., *duretés*, discours *durs*, offensants : *dire des duretés à quelqu'un*.

DURETTE, adj. fém. Voy. DURET.

DURILLON, subst. mas. (*duri-ion*), espèce de petit calus ou de *dureté* : *avoir un durillon à la main*.

DURILLONNER, v. neut. (*duri-ioné*), devenir *dur*, ferme. — SE DURILLONNER, v. pron.

DURION, subst. mas. (*durion*), t. de bot., arbre des Indes.

DURIONE, subst. fém. (*durione*), t. de bot., fruit du *durion*.

DURIO-RIBÉTHINUS, subst. mas. (*durioribétinuce*), t. de bot., arbre des Indes de la famille des buttnériacées.

DURISSUS, subst. mas. (*duriceçuce*), t. d'hist. nat., nom du crotale, espèce de serpent à sonnettes d'Amérique.

DURIUSCULE, adj. des deux genres (*duriuccule*), un peu *dur*.

DUROÏA, subst. fém. (*duro-ia*), t. de bot., arbre à rameaux velus de Cayenne.

DURTAL, subst. propre mas. (*durtal*), ville de France, chef-lieu de canton, arrond. de Baugé, dép. de Maine-et-Loire.

DURVILLA-UTILIS, subst. fém. (*durvilela-utilice*), t. de bot., sorte de fucus du Chili.

DUSIENS, subst. mas. plur. (*duziein*), t. de myth., nom que donnaient les anciens Gaulois aux démons appelés communément *incubes*.

DUSIL ou **DUSI**, subst. mas. (*duzile, zi*), petite cheville qui sert à boucher le trou fait à un tonneau.

DUSODYLE, subst. mas. (*duzodile*), combustible bitumineux et fossile.

DUTE, subst. fém. (*duté*), ancienne monnaie des Pays-Bas, d'à peu près un centime de France.

DUTGEN, subst. mas. (*dutejène*), monnaie de billon de Danzick.

DUTROA, subst. mas. (*dutroa*), t. de bot., sorte de plante d'Amérique.

DUUMVIR, subst. mas. (*du-omevir*) (mot latin formé de *duo*, deux, et de *vir*, homme), titre donné par les anciens Romains à différents magistraits qui, dans leur origine, n'étaient qu'au nombre de *deux*.

DUUMVIRAL, E, adj. (*du-omeviral*), qui a rapport aux *duumvirs*. — Au plur. mas., *duumviraux*.

DUUMVIRAT, subst. mas. (*du-omevira*) (en lat. *duumviratus*), la magistrature, la charge, la dignité de *duumvir*.

DUVANA-DEPENDENS, subst. mas. (*duvanadépeindeince*), t. de bot., arbuste du Chili, de la famille des térébinthacées.

DUVET, subst. mas. (*duvè*) (suivant *Ménage*, du latin barbare *tufetum*, fait de *tufa*, herbe velue qui croît dans les marais, et dont les anciens garnissaient leurs matelas, etc.), la menue plume des oiseaux. — En style figuré ou poétique, ou familier, le premier poil qui croît au menton et aux joues des jeunes gens.—Espèce de coton qui vient sur certains fruits.

DUVETÉ, E, adj. (*duveté*), garni de *duvet*.

DUVETEUSE, adj. fém. Voy. DUVETEUX.

DUVETEUX, adj. mas., au fém. **DUVETEUSE** (*duveteu, teuze*), qui a beaucoup de *duvet*; il se dit des oiseaux qui ont beaucoup de plumes molles et délicates, c'est-à-dire de *duvet* proche de la chair.

DYARCHIE, subst. fém. (*diarchi*) (du grec δυο, deux, et αρχη, pouvoir), gouvernement de deux rois sur le même trône.

DYARCHIQUE, adj. des deux genres (*diarchike*), qui a rapport à la *dyarchie*.

DYARQUES, subst. mas. plur. (*diarke*), t. d'hist. anc., rois assis l'un et l'autre sur le même trône.

DYARRHOÏQUE, adj. des deux genres et subst. mas. (*diaro-ike*), sujet à la *diarrhée*. (Boiste.)—*Diarrhoïque* serait plus conforme à l'étymologie.

DYASROPHIE, subst. fém. (*diacerofi*), t. de chir., luxation d'un muscle.

DYASYRME, subst. mas. (*diacireme*), t. de rhét., ironie maligne et dédaigneuse.

DYMANTIS, subst. propre fém. (*dimantice*), myth., Hécube, fille de *Dymas*, selon Homère, et femme de Priam.

DYMAS, subst. mas. (*dimdce*), myth., père d'Asius et d'Hécube, et roi de Thrace.

DYMON, subst. propre mas. (*dimon*), myth., l'un des quatre dieux lares. Voy. ANACHIS.

DYNAMÈNE, subst. mas. (*dinamène*), t. d'hist. nat., genre de polypiers établi aux dépens des sertulaires.

DYNAMÈTRE, subst. mas. (*dinamètre*), instrument pour mesurer l'amplification du télescope.

DYNAMÉTRIE, subst. fém. (*dinamétri*), art, science, connaissance du *dynamètre*.

DYNAMÉTRIQUE, adj. des deux genres (*dinametrike*), qui tient, qui est relatif au *dynamètre*.

DYNAMIE, subst. fém. (*dinami*) (du grec δυναμις, force, puissance), unité qui sert à mesurer l'effet utile d'une puissance, d'une maladie.

DYNAMIQUE, subst. fém. (*dinamike*) (du grec δυναμις, force, puissance, dérivé de δυναμαι, je peux), science des *forces* et des *puissances* qui meuvent les corps. — Il s'emploie aussi comme adj. des deux genres : *puissance dynamique*.

DYNAMOGÉNÉSIE, subst. fém. (*dinamojénézi*), t. de médec., traitement de la faiblesse de la constitution.

DYNAMOMÈTRE, subst. mas. (*dinamomètre*), (du grec δυναμις, force, puissance, et μετρον, mesure), instrument de physique inventé par *Régnier*, à la demande de *Buffon*, pour connaître et comparer la force musculaire des membres de l'homme, celle des animaux, etc.

DYNAMOMÉTRIE, subst. fém. (*dinamométri*), t. de phys., science, connaissance du *dynamomètre*.

DYNAMOMÉTRIQUE, adj. des deux genres (*dinamométrike*), qui a rapport au *dynamomètre*.

DYNASTE, subst. mas. (*dinacete*) (en grec δυναστης), t. d'hist. anc., petit souverain dont les états étaient peu considérables, ou qui n'y exerçait qu'une autorité précaire.

DYNASTIE, subst. fém. (*dinaceti*) (du grec δυναστεια, puissance, autorité, empire, dérivé de δυναμαι, j'ai l'autorité, la puissance), suite de rois ou de princes d'une même race, qui ont régné dans un pays.

DYNASTIQUE, adj. des deux genres (*dinacetike*), qui tient de la *dynastie*.

DYSANAGOGUE, adj. des deux genres (*dizanaguogue*) (du grec δυσαναγωγος, difficile à rejeter, à expectorer; formé de δυς, difficilement, et de ανάγω, je porte en haut), t. de médec., se dit de la matière épaisse et visqueuse logée dans les bronches du poumon, d'où elle ne sort qu'avec beaucoup de peine.

DYSARÈS ou **DYASAR**, subst. propre mas. (*dizarèce, diazar*), myth., dieu des Arabes. On croit que c'est le même que Bacchus ou que le Soleil.

DYSARTHRITE, subst. fém. (*dizartrite*), t. de médec., goutte irrégulière.

DYSARTHROSE, subst. fém. (*dizartrôze*) (du grec δυς, et αρθρον, articulation), t. de chir., mauvaise conformation d'une articulation.

DISCATABROSE, subst. fém. (*dicekatabrôze*), t. de médec., difficulté de la déglutition.

DYSCHIRIE, subst. fém. (*dicekiri*), t. d'hist. nat., genre d'insectes de l'ordre des coléoptères.

DYSCHOLIE, subst. fém. (*dicekoli*) (du grec δυς, et χολη, bile), t. de médec., dépravation de la bile.

DYSCHROÏE, subst. fém. (*dicekroé*), t. de médec., altération de la couleur de la peau.

DYSCHYLIE, subst. fém. (*dicechili*) (du grec δυς, et χυλος, chyle), t. de médec., dépravation du *chyle*.

DYSCHYMIE, subst. fém. (*dicechimi*) (du grec δυς, et χυμος, suc, humeur), t. de médec., altération des humeurs.

DYSCINÉSIE, subst. fém. (*dicecinézi*) (du grec δυσκινησια, formé de δυς, difficilement, et de κινειν, mouvoir), t. de médec., difficulté de se mouvoir.

DYSCOLE, adj. des deux genres (*dicekole*) (en grec δυσκολος, formé de δυς, et κολον, nourriture); il se dit 1° d'une personne de mauvaise humeur, avec qui il est difficile de vivre : *votre enfant dyscole gâte tout*. (*Rousseau*, dans *Émile*); 2° au fig., de celui qui s'écarte de l'opinion reçue.

DYSCRASIE, subst. fém. (*dicekrazi*) (du grec δυς, et κρασις, constitution), t. de médec., altération des humeurs, mauvais tempérament.

DYSDACRYE, subst. fém. (*dicedakri*) (du grec δυς, difficilement, et δακρυω, je pleure), t. de médec., altération des larmes.

DYSDÈRE, subst. fém. (*dicedère*), t. d'hist. nat., arachnide pulmonaire de la famille des tapissières.

DYSECCRISE, subst. fém. (*dizékrize*), t. de médec., excrétion difficile.

DYSÉCÉE, DYSÉCIE, subst. fém. (*dizécé, ci*) (du grec δυς, difficilement, et ακουω, j'entends), t. de médec., dureté ou faiblesse de l'ouïe.

DYSÉPULOTIQUE, adj. des deux genres (*dizépulotike*) (du grec δυσεπουλωτος, difficile à cicatriser), t. de chir., se dit des plaies qui se cicatrisent difficilement.

DYSESTHÉSIE, subst. fém. (*dizècetézi*) (du grec δυς, et αισθησις, sentiment, dérivé de αισθανομαι, sentir), t. de médec., affaiblissement ou privation totale du sentiment.

DYSGALIE, subst. fém. (*diceguali*)du grec δυς, et γαλα, lait), t. de médec., dépravation du lait.

DYSGÉNÉSIE, subst. fém. (*dicejénézi*) (du grec δυς, et γενεσις, génération), t. de médec., fonctions pénibles des organes génitaux.

DYSGEUSIE, subst. fém. (*dicejeuzi*) (du grec δυς, et γευσις, goût), t. de médec., dépravation du goût.

DYSHÉMORRHÉE, subst. fém. (*dizémoré*) (du grec δυς, difficilement, μην, mois, et ρεω, je coule), t. de médec., menstruation difficile; suppression des règles.

DYSHÉMORRHIQUE, adj. des deux genres (*dizémorike*), t. de médec., qui appartient, qui est relatif à la *dyshémorrhée*.

DYSLOCHIE, subst. fém. (*dicelochi*), diminution, suppression des *lochies*.

DYSODE, subst. mas. (*dizode*), t. de bot., genre de plantes de la famille des corymbifères.

DYSODIE, subst. fém. (*dizodi*) (du grec δυς, et οζω, je sens), t. de médec., émanations fétides de certaines parties du corps.

DYSODONTIASE, subst. fém. (*dizodontiaze*), t. de chir., dentition difficile.

DYSOPSIE, subst. fém. (*dizopeci*) (du grec δυς, et οψ, œil), t. de médec., difficulté de voir, faiblesse de la vue.

DYSOREXIE, subst. fém. (*dizorèkci*), t. de médec., perte, diminution de l'appétit, dégoût.

DYSOSMIE, subst. fém. (*dizocemi*) (du grec δυς, et οσμη, odeur), t. de médec., difficulté, affaiblissement de l'odorat.

DYSOSTOSE, subst. fém. (*dizocetôze*), t. de chir., maladie ou mauvaise conformation des os.

DYSPATHIE, subst. fém. (*dicepati*) (du grec δυς, et παθος, souffrance), antipathie. (*Boiste*.)

DYSPEPSIE, subst. fém. (*dicepèpeci*) (en grec δυσπεψια, fait de δυς, difficilement, et πεπτω, je cuis, je digère), t. de médec., digestion laborieuse.

DYSPERMATIQUE, adj. des deux genres (*dicepèrematike*), t. didactique ; impuissant.

DYSPERMATISME, subst. mas. (*dicepèrematiceme*) (du grec δυς, difficilement, et σπερμα, semence), t. de médec., émission lente, *difficile* ou nulle de la *liqueur séminale*. Mot nouveau.

DYSPERMIE, subst. fém. (*dicepèremi*), même étym. que celle du mot précéd.), t. de médec., altération du *sperme*.

DYSPHAGIE, subst. fém. (*dicefaji*) (du grec δυς, difficilement, et φαγω, je mange), t. de médec., difficulté d'avaler, inflammation de l'œsophage.

DYSPHANIE, subst. fém. (*dicefani*), t. de bot., espèce de plante de la famille des arroches.

DYSPHONIE, subst. fém. (*dicefoni*) (du grec δυς, et φωνη, voix), t. de médec., difficulté de parler, altération, affaiblissement de la voix.

DYSPHORIE, subst. fém. (*dicefori*) (du grec δυσφορια, anxiété), t. de médec., état de souffrance.

DYSPIONIE, subst. fém. (*dicepioni*) (du grec δυς, et πιων, graisse), t. de médecine, dépravation de la graisse.

DYSPNÉE, subst. fém. (*dicepené*) (en grec δυσπνοια, fait de δυς, difficilement, et πνεω, je respire), t. de médec., respiration pénible, difficulté de respirer.

DYSPNÉIQUE, adj. des deux genres (*dicepenéike*), t. de médec., qui a rapport, qui appartient à la *dyspnée*.

DYSSENTERIE, subst. fém. (*diçanteri*) (en grec δυσεντερια, formé de δυς, difficilement, et de εντερον, entrailles, intestins), dévoiement avec *douleur d'entrailles*; espèce de flux de sang : *il est mort d'une dyssenterie*.

DYSSENTÉRIQUE, adj. des deux genres (*diçantérike*), qui appartient à la *dyssenterie* : *flux dyssentérique*.

DYSSIALIE, subst. fém. (*diceciali*) (du grec δυς, et σιαλον, salive), t. de médec., altération de la salive.

DYSSYNUSIE, subst. fém. (*dicecinuzi*) (du grec δυς, et συνουσια, coït), t. de médec., inaptitude à exercer l'acte vénérien.

DYSTHÉLASIE, subst. fém. (*dicetélazi*) (du grec δυς, difficilement, et θηλαζω, j'allaite), t. de médec., inaptitude de la femme à allaiter.

DYSTHÉSIE, subst. fém. (*dicetézi*), (du grec δυσθεσια, mauvaise disposition), t. de médec., mauvaise humeur, impatience dans les maladies.

DYSTHYMIE, subst. fém. (*dicetimi*) (du grec δυσθυμια, découragement), t. de médec., abattement, morosité.

DYSTOCHIE ou **DYSTOKIE**, subst. fém. (*dicetochi, ki*) (en grec δυστοκια), t. de médec., accouchement laborieux.

DYSTOCOLOGIE, subst. fém. (*dicetokoloji*) (du grec δυστοκια, accouchement difficile, et λογος, discours), t. de médec., traité, discours sur les accouchements laborieux.

DYSTOCOLOGIQUE, adj. (*dicetokolojike*), t. de médec., qui a rapport à la *dystocologie*.

DYSTŒCHIASE, subst. fém. (*dicetékiaze*) (du grec δυς, et στοιχος, rangée), t. de médec., disposition vicieuse ou irrégulière des paupières.

DYSTONIE, subst. fém. (*dicetoni*) (du grec δυς, et τονος, ton), t. de médec., altération du *ton* d'un tissu, de quelque partie du corps.

DYSURIE, subst. fém. (*dizuri*) (en grec δυσουρια, fait de δυς, difficilement, et ουρεω, j'urine), t. de médec., difficulté d'uriner.

DYTIQUE, subst. mas. (*ditike*) (en grec δυτικος, dérivé de δυνω, je plonge), t. d'hist. nat., insecte de l'ordre des coléoptères, qui vit dans l'eau.

DZOHARA, subst. propre fém. (*dezoara*), myth., Vénus, chez les Arabes.

DZOHL, subst. propre mas. (*dezole*), myth., dieu des Arabes que l'on croit être le même que Saturne.

E, subst. mas., la cinquième lettre de l'alphabet, et la seconde des voyelles. — Nous n'avons proprement que trois sortes d'*e*; ce qui les distingue, c'est la manière de les prononcer en un temps plus ou moins court, ou en ouvrant plus ou moins la bouche. Ces trois sortes d'*e* sont l'*e* ouvert, l'*e* fermé, et l'*e* muet. On les trouve tous trois dans le mot *fermeté;* le premier est ouvert, le second est muet, et le troisième est fermé. Ces trois sortes d'*e* sont encore susceptibles de plus ou de moins. L'*e* ouvert est de trois sortes; savoir : l'*e* ouvert commun, l'*e* plus ouvert, et l'*e* très-ouvert. L'*e* ouvert commun est celui que nous prononçons dans les premières syllabes de *père*, *mère*, *frère*, et dans il *mène*, ainsi que dans tous les mots où l'*e* est suivi d'une consonne avec laquelle il forme la même syllabe; à moins que cette syllabe ne soit *s* ou *z* qui marquent le pluriel, ou *nt* de la troisième personne du pluriel des verbes. *E*, suivi de *n*, se prononce souvent comme *a*, par exemple dans *orient, enseigner*. Il a aussi quelquefois le son de *ein*, comme dans *pharmacien, historien*. Lorsqu'un mot finit par un *e* muet, si la syllabe précédente finit par un *e*, cet *e* est ouvert commun, et sert de point d'appui à la voix pour rendre le dernier *e* : *je mène, aimé-je? demandé-je ?* L'*e* est plus ouvert en plusieurs mots, comme dans la première syllabe de *fermeté*, où il est ouvert bref; il est ouvert long dans *greffe*. L'*e* est très-ouvert dans *accès*, *succès*, *être*, *tempête*, *il est*, *sans cesse*, *arrêt*, *forêt*. L'*e* fermé est celui que l'on prononce en ouvrant moins la bouche qu'on ne l'ouvre lorsqu'on prononce un *e* ouvert commun; tel est l'*e* de la dernière syllabe de *fermeté*, *bonté*, etc. L'*e* des infinitifs en *er* est fermé tant que le *r* ne se prononce point; mais si l'on vient à faire sentir le *r*, ce qui arrive toutes les fois que le mot qui suit commence par une voyelle, alors l'*e* fermé devient ouvert commun. L'*e* muet est ainsi appelé relativement aux autres *e*. Il n'a pas, comme ceux-ci, un son fort, distinct, et marqué ; par exemple, dans *mener, demander*, on fait sentir le *m* et le *d* comme si l'on écrivait *mner*, *dmander*. Cet *e* presque muet se trouve quelquefois après une voyelle et devant une consonne, et alors il ne fait qu'allonger un peu la voyelle : *j'avouerai, je prierais*, prononcez *j'avourai*, *je prirais;* il faut toujours conserver l'*e* dans l'écriture, car il sert le plus souvent à marquer la racine et l'étymologie. Ainsi l'on doit écrire et l'on écrit le plus habituellement : *remerciement*, *dénouement*, *dévouement*. Mais dans la poésie, la prosodie exige qu'on retranche l'*e*. L'*Académie* se borne à donner une double orthographe, sans parler de cette distinction. L'*e* muet des monosyllabes *me*, *te*, *se*, *le*, *de*, est un peu plus marqué. Dans le chant, il se prononce de même à la fin des mots. L'*e* est muet long dans les dernières syllabes des troisièmes personnes du pluriel des verbes, quoique cet *e* soit suivi de *nt*. Voy. le mot ACCENT. L'accent circonflexe, par la fonction que l'usage lui a assignée dans notre langue, n'indique proprement, lorsqu'on le trouve placé sur un *e* ainsi que sur toute autre voyelle, que la suppression d'un *s* dans la syllabe : *tête*, qui s'écrivait anciennement *teste; être*, qui s'écrivait *estre*, etc. Le tréma, mis sur un *e*, indique que l'*e* se prononce séparément de la voyelle qui précède. Voy. TRÉMA. — E désigne la cinquième lettre dominicale, et signifie 5 en typographie. — E, sur les monnaies, marquait celles qui avaient été fabriquées à Tours.—Sur les touches d'un clavier d'orgue, *e* désigne *E*, *mi*, *la*.—*E*, sur la boussole et en géographie, marque le vent d'orient, qu'on nomme *Est*. — E se met pour *éminence*, *excellence*, selon le titre et le rang : *V. E.*, votre Eminence ; *S E.*, son Excellence. — On trouve, dans certains *dictionnaires*, que la lettre *e*, chez les anciens, signifiait 250, suivant ce vers :

> *E* quoque *ducentos et quinquaginta* tenebit.

E ou **EX**, prépositions tirées du latin. Elles marquent, au commencement de certains mots, une idée de séparation, d'infraction ou de privation ; *ébranler*, *excéder*, *exempter*, etc.

ÉA, subst. propre fém. (*é-a*), myth., nymphe

qui implora le secours des dieux pour éviter les poursuites du fleuve Phasis. Ils la changèrent en île.

ÉA, et mieux **ÆA**, subst. propre fém. (*é-a*), nom de la capitale de la Colchide, et celui de l'île de Circé, vers le détroit de Sicile. Cette île se trouve aussi sous le nom d'*Ææa* ou *Ææe*, d'où Circé est surnommée elle-même *Ææa*. Voy. CYTA.

ÉACÉES, subst. fém. plur. (*é-acé*), myth., fêtes solennelles que les anciens célébraient à Égine en l'honneur d'Éaque, qui en avait été roi.

ÉACUS, subst. mas., latin, myth. Voy. EAQUE.

ÉALE, subst. mas. (*é-ale*), myth., sorte de quadrupède d'Éthiopie que l'on croit être un rhinocéros à deux cornes.

ÉAMIENS, subst. propre mas. plur. (*é-amiein*), myth., ancien nom des Saliens.

ÉANIES, subst. fém. plur. (*é-âni*), myth., fêtes que l'on célébrait en Phénicie, en l'honneur de Janus.

ÉANUS, subst. propre mas. (*é-ânuce*), myth., le même que *Janus*. Les anciens mettaient souvent E pour I.

ÉAQUE, subst, propre mas. (*é-ake*), myth., fils de Jupiter et d'Égine. Il était roi de l'île d'OEnopie, appelée aussi OEnone, qu'il nomma Égine, du nom de sa mère. La peste ayant dépeuplé ses états, il obtint de son père que les fourmis fussent changées en hommes, et les appela Myrmidons. Il régna avec tant de justice que Pluton l'associa à Minos et à Rhadamanthe pour juger les âmes dans les enfers.

ÉASTER, subst. propre fém. (*é-acetère*), myth., déesse des anciens Saxons, que l'on croit être la même qu'Astarté.

ÉASTÉRIES, subst. fém. (*é-acetéri*), myth., fêtes en l'honneur d'Easter, chez les anciens Saxons.

EAU, subst. fém. (*ô*) (du latin *aqua*, dont on a fait d'abord *aigue*, mot usité encore dans le midi de la France, et, par des changements successifs, *eau*), substance liquide, visible, transparente, qui se durcit par le froid, et s'évapore par la chaleur; qui a la propriété de mouiller tout ce qu'elle touche, et qui, lorsqu'elle est pure, est sans couleur, sans odeur et sans saveur. On l'a pendant long-temps regardée comme un corps simple et un élément. Les expériences de *Lavoisier* ont prouvé qu'elle était composée d'oxygène et d'hydrogène, dans la proportion de quatre-vingt-cinq à quinze : *eau de source, de fontaine, de puits*, etc. : *j'ai devant ma maison une belle pièce d'eau; cet homme entend bien la conduite des eaux; faire jouer les eaux; les grandes eaux de Versailles joueront dimanche; la crûe des eaux; la baisse des eaux; l'eau de la mer.* — *A fleur d'eau*, la superficie de l'*eau*. — *Voie d'eau*, le passage par où elle entre; deux seaux d'*eau*. — Pluie : *il est tombé bien de l'eau; le temps est à l'eau.* — Mer, rivière, lac, étang : *au bord de l'eau, passer l'eau, aller par eau.* — *Eau* se dit vulgairement, surtout au pluriel, de certaines humeurs ou sérosités qui se forment, qui se trouvent dans le corps de l'homme ou de l'animal : *les eaux qui tombent, qui distillent du cerveau; cette médecine lui a fait rendre des eaux; quand on l'a saigné, on n'en a tiré que de l'eau.* — Il se dit aussi particulièrement de l'urine, mais en langage fam. et pop. : *faire de l'eau; lâcher de l'eau; retenir son eau; laisser aller son eau.* — Sueur : *il a tant couru, qu'il est tout en eau; l'eau lui dégouttait du visage.* — Liqueur artificielle, obtenue, extraite de quelque substance par expression, distillation ou décoction, ou composée de différents sucs : *eau de rose; eau de senteur; eau de plantain, de chicorée, d'orge; eau de Cologne, de mélisse ou des carmes, de Luce; eau cordiale; eau vulnéraire.* — On le dit encore de certains produits, de certaines préparations chimiques : *eau de chaux; eau mercurielle; eau de départ.* — En t. de médec., on appelle *eaux minérales*, des *eaux* qui, ayant circulé dans le sein de la terre, s'y sont chargées et imprégnées de substances hétérogènes qui leur ont donné des vertus médicinales. On appelle *eaux minérales gazeuzes* ou *acidules*, celles qui contiennent de l'acide carbonique; *eaux minérales salines*, celles qui contiennent diverses substances salines; *eaux minérales ferrugineuses*, celles qui contiennent des sels ferrugineux; *eaux minérales sulfureuses*, celles qui contiennent de l'hydrogène sulfuré, ou du sulfure hydrogéné, et diverses substances salines. On distingue les *eaux minérales naturelles, des eaux minérales artificielles* que l'on compose par des opérations chimiques : *aller aux eaux*, aller dans les endroits où il y a des *eaux minérales naturelles*, dans le dessein d'y prendre des bains, ou de boire de ces *eaux*. — *Prendre les eaux*, boire pendant un certain temps des *eaux minérales naturelles* ou *artificielles*, pour se guérir de quelque maladie, ou par simple mesure de précaution. — En hydraulique on appelle *eaux naturelles*, celles qui, sortant d'elles-mêmes de la terre, se rendent dans un réservoir et font jouer continuellement les fontaines; *eaux artificielles* ou *machinales*, celles qui sont élevées dans un réservoir par le moyen de machines hydrauliques; *eaux jaillissantes*, celles qui s'élèvent en l'air au milieu des bassins, et y forment des jets, des gerbes et des bouillons d'eau; *eaux plates*, celles qui, plus tranquilles, fournissent des canaux, des viviers, des étangs et des pièces d'*eau*, sans aucun jet; *eaux courantes*, celles qui sont produites par une petite rivière, un ruisseau, et forment des pièces d'*eau* ou des canaux; *eaux vives et roulantes*, celles qui coulent rapidement d'une source abondante, et que leur extrême fraîcheur rend peu propres à la boisson; *eaux folles*, les pleurs de terre qui produisent peu d'*eau*, et sont regardés comme de fausses sources qui tarissent dans les moindres chaleurs. — *Eau* se dit aussi du lustre, du brillant qu'ont les perles, les diamants et quelques autres pierreries : *ces perles sont d'une belle eau; ces diamants sont de la première eau.* — On dit aussi *donner eau à un drap, à un chapeau*, pour dire : lui donner du lustre. — On appelle *couleur d'eau*, une certaine couleur bleuâtre qu'on donne au fer poli : *il faut mettre ces pistolets, ces éperons en couleur d'eau.* — *Vert d'eau*, couleur vert-clair. — *Rompre l'eau à un cheval*, signifie interrompre un cheval quand il boit, l'obliger à boire à différentes reprises, surtout quand il a chaud. — On dit d'un homme si malheureux ou si malhabile que le moindre accident serait capable de le perdre : *il se noierait dans un verre d'eau.* — *Il ne vaut pas l'eau qu'il boit*, s'applique prov. à un homme qui ne vaut guère, et principalement à un valet qui manque d'intelligence et d'activité. — *Eau douce*, *eau* des rivières, des étangs, etc., à la différence de l'*eau* de la mer qui est salée : *poisson d'eau douce.* — On appelle fam., *marin d'eau douce*, un homme qui a navigué seulement sur les rivières, ou qui a peu navigué sur mer. C'est une expression ironique. — *Médecin d'eau douce*, se disait fig. d'un médecin qui donnait peu de remèdes. Il se dit aujourd'hui dans un sens ironique d'un médecin qui ne donne que des remèdes faibles et inefficaces. — *Eau ferrée*, *eau* dans laquelle on a éteint un fer rouge, ou dans laquelle on a mis en dissolution des matières ferrugineuses. — *Eau panée*, *eau* dans laquelle on fait tremper du pain grillé pour en ôter la crudité, et pour la rendre plus nourrissante. — *Eau battue*, que l'on a versée plusieurs fois d'un vase dans un autre. — *Eau de savon*, *eau d'alun*, *eau de chaux*, *eau* dans laquelle on a fait dissoudre du savon, de l'alun, de la chaux. — *Eau d'empois*, *passer du linge à l'eau d'empois*, *eau* dans laquelle on a mis de l'empois. Voy. EMPOIS. — *Eau baptismale*, *eau* dont on se sert en donnant le baptême. — *Eau distillée*, qui a passé par la distillation, la plus pure. — *Eau bénite*, celle que le prêtre *bénit* avec les cérémonies prescrites par l'Eglise. On nomme aussi *eau bénite* la cérémonie qui se fait le dimanche avant la messe pour bénir l'*eau*. — Figur. et fam. : *eau bénite de cour*, vaine protestation de service et d'amitié; promesses qu'on n'a pas l'intention de remplir. On dit dans un sens analogue : *c'est un donneur d'eau bénite*, c'est-à-dire, un faiseur de promesses sans effet. — *Eau lustrale*, *eau* avec laquelle les prêtres des anciens lavaient ou aspergeaient ceux qui entraient dans les temples, etc., après y avoir éteint un charbon ardent tiré du foyer des sacrifices. — *Eau blanche*, 1° *eau* pour les chevaux, dans laquelle on a mis du son; 2° dans la bonneterie, etc., bain léger de savon. — *Eau-forte*, 1° liqueur acide qui ronge et dissout les métaux, excepté l'or : c'est l'acide nitreux des chimistes modernes; 2° estampe qui est le produit du dessin que l'artiste a tracé sur le vernis, et qu'il a fait creuser par l'*eau-forte* : *les eaux-fortes de Boissieu sont pleines d'esprit.* — *Eau régale*, mélange de l'acide nitrique et de l'acide muriatique; elle est le dissolvant de l'or. — *Eau sure*, 1° *eau* commune aigrie par la fermentation du son, dont se servent les teinturiers; 2° mélange d'alun et de tartre qui sert à éprouver les étoffes par le débouilli. — *Eau-de-vie*, liqueur spiritueuse et inflammable qui se tire, par la distillation, des vins et des autres liqueurs fermentées. — *Eau de la reine de Hongrie*, esprit-de-vin distillé, chargé de l'esprit ou de l'odeur du romarin. — *Eau sans pareille*, produit de la distillation de la bergamote, du citron, du cédrat, du romarin. — En t. de chimie, *eau aérée*, qui contient de l'air. — *Eau bénite*, qui s'obtient par la dissolution de six grains de tartre stibié dans deux verres d'*eau*. — *Eau céleste*, celle qui tient en dissolution un sel double de péroxyde de cuivre et d'ammoniaque, ou de l'ammoniaque et du péroxyde de cuivre. — *Eau d'arquebusade*, pour les plaies. — *Eau de Belloste*, mélange d'*eau* et de safran, d'eau-de-vie et d'acide muriatique, en usage autrefois, ainsi que l'*eau de crâne humain*, celle qui avait été distillée sur le crâne humain; et l'*eau de foie et de poumon de cerf*, celle qui avait été distillée sur le foie et le poumon d'un cerf. — *Eau de Luce*, mélange d'huile d'ammoniaque liquide. — *Eau de mille fleurs*, *eau* qu'on retirait, par la distillation, de l'urine ou des excréments des vaches dans la saison où les diverses plantes dont elles se nourrissent sont en fleurs. — *Eau mère*, dissolution saline qui reste sur les crystaux, après leur fabrication. — *Eau oxygénée*, *eau* qui a absorbé six cent seize fois son volume d'oxygène, c'est-à-dire, le double de la qualité qui lui est propre. — *Eau phagédénique*, médicament que l'on obtient en versant un gros de sublimé corrosif dans une pinte d'*eau* de chaux. — *Eau de Mettenberg*, *eau* inventée par M. de Mettenberg, propre à guérir les suites des maladies cutanées. — *Eau graduée*, t. de saline, *eau* qui a coulé sur des fagots d'épines, et que l'on conduit ensuite à la saline pour y être travaillée. — Les marins appellent *eaux fermées*, les *eaux* prises par la glace; et *eaux ouvertes*, celles qui sont libres. Ils appellent *eau plate et courtoise*, l'état de la mer quand elle est calme; et *eau maigre*, quand il y a peu de profondeur. — On dit : *il y a de l'eau, il n'y a pas d'eau*, quand on peut ou qu'on ne peut pas faire passer un bâtiment sur une barre, sur un banc, ou le faire entrer dans un port. — *Mettre à l'eau*, c'est lancer du chantier, pour les faire flotter, un bâtiment, un mât, etc. — On entend par *les eaux* d'un bâtiment, celles qui laissent après lui, dans sa route, une trace d'environ sa longueur. Ainsi un bâtiment est dit *être dans les eaux* d'un autre bâtiment, lorsqu'il marche derrière lui, en le relevant dans la direction de sa route. — Les *eaux mortes* sont les petites marées qui arrivent dans les quadratures de la lune; les *eaux vives* sont les grandes marées des syzygies. — *Faire de l'eau*, en t. de marine, faire provision d'*eau* douce. — *Faire eau*, se dit d'un vaisseau dans lequel l'*eau* s'introduit. — On dit encore en t. de marine, *eau étale, mer étale*, le court moment où l'*eau* n'a aucun mouvement, ni pour monter ni pour descendre, à la fin de chaque marée, soit après le flot, soit après le jusant. — On appelle *coup de canon à l'eau*, celui qui perce le vaisseau dans la partie submergée. — *Être en grande eau*, c'est être en pleine mer, après avoir dépassé les écueils; et *avoir de l'eau à courir*, signifie être assez éloigné des côtes, ou des rochers en bas-fonds, pour pouvoir courir vent arrière sans risque, dans un coup de vent. — *Ce fruit ne sent que l'eau*, ne sent rien, est insipide. — *Les eaux sont basses*, il y a peu d'*eau* dans la rivière. — Fig. et fam., il y a peu d'argent dans la bourse, peu de vin dans le tonneau, dans la bouteille. — Fig. : *battre l'eau*, perdre sa peine. On dit dans le même sens : *donner un coup d'épée dans l'eau.* — *Cette affaire est à vau-l'eau*, est manquée. Dans le même sens, fig. et fam. : *tomber dans l'eau*, manquer, n'avoir pas lieu : *cette affaire est tombée dans l'eau; que devient votre partie de campagne? Elle est tombée dans l'eau.* — On dit encore fam., dans un sens analogue, *s'en aller ne eau de boudin*, en parlant d'une affaire qui ne réussit pas, ou de projets et d'affaires dont le résultat est nul ou presque nul. — Prov. : 1° *nager en grande eau, en pleine eau*, être dans l'abondance; 2° *faire venir l'eau au moulin*, faire venir du profit à la maison; 3° *pêcher en eau trouble*, faire son profit pendant le trouble, la division, etc.; 4° *il est comme le poisson dans l'eau*, il ne lui manque rien; 5° *il a mis de l'eau dans son vin*, il a modéré son emportement, ses prétentions; 6° *tenir quelqu'un le bec dans l'eau*, le tenir en suspens sans lui donner de réponse positive; l'amuser. — On dit de deux personnes qui ont une grande aversion l'une pour l'autre, que *c'est le feu et l'eau*.—On dit qu'*un poisson est de bonne eau*, pour dire qu'il ne sent point la bourbe. — *Fondre en eau*, verser des larmes en abondance. — *Jeûner au pain et à l'eau*, ne prendre pour nourriture que du pain et de *l'eau*. — On dit d'un homme qui ne boit que de *l'eau* ou qui boit beaucoup d'*eau dans son vin*, que *c'est un buveur d'eau*.—*Il ne trouverait pas de l'eau à la rivière*, se dit prov. et fig. en parlant d'une personne malhabile qui ne trouve pas les choses les plus faciles à trouver. — *Faire venir l'eau à la bouche*, mettre en goût de manger quelque chose ou de faire quelque chose.—*Suer sang et eau*, faire de grands efforts pour venir à bout de quelque chose. —*Revenir sur l'eau*, rétablir ses affaires; remonter en crédit, en considération. — *Laisser courir l'eau*, laisser un libre cours aux affaires, à une affaire, dans l'espoir qu'il en résultera à la fin quelque circonstance favorable; et, dans un sens analogue, *laisser couler l'eau*, laisser aller les choses comme elles vont, et ne point s'en mettre en peine. — *Nager entre deux eaux*, se ménager entre deux partis contraires.— En t. de natation, *pleine-eau*, *une pleine-eau*, en parlant de la rivière par opposition à *l'eau* d'un bassin, d'un établissement où l'on apprend à nager, où l'on s'exerce sans danger à la natation : *faire une pleine-eau*, *des pleine-eau*, prendre l'exercice de la natation en pleine rivière. — *Se jeter dans l'eau*, *se jeter à l'eau*, quand on veut se baigner ou sauver quelqu'un, etc. On le dit aussi pour, mettre fin à ses jours en se noyant volontairement : *il s'est jeté à l'eau de désespoir* ; *s'aller jeter dans l'eau la tête la première*. (Molière.) — *Porter de l'eau à la rivière* ou *à la mer*, donner à des gens qui sont dans l'abondance. — *Faire de l'eau claire*, *de l'eau toute claire*, se donner beaucoup de peine sans effet, sans succès.—*Se mettre dans l'eau de peur de la pluie*, s'exposer à de grands inconvénients pour en éviter de petits. Le peuple dit prov. de quelqu'un qui s'expose à un inconvénient par les moyens mêmes qu'il prend pour l'éviter : *il est rusé comme Gribouille, qui se fourre dans l'eau de peur de se mouiller*. — On dit d'un marché, d'un travail où il y a très-peu de chose à gagner, qu'*il n'y a pas de l'eau à boire*.—*Il n'y a pire eau que l'eau qui dort*, les personnes d'un caractère sombre et taciturne sont plus dangereuses que les personnes gaies et qui disent franchement ce qu'elles pensent ; ou, il ne faut pas toujours s'en rapporter à des dehors calmes et tranquilles. —On dit fig. et fam., d'un homme simple en apparence, mais adroit en réalité, *on dirait qu'il ne sait pas troubler l'eau*. — *Il jouerait les pieds dans l'eau* se dit prov. et par exagération de quelqu'un qui a la passion du jeu. — Pour exprimer qu'on finit par succomber à un péril auquel on s'expose trop souvent, ou qu'en retombant trop souvent dans la même faute, on finit par s'en trouver mal, on dit prov. et fig. : *tant va la cruche à l'eau, qu'enfin elle se brise, qu'à la fin elle se casse*. Ce proverbe est modifié d'une manière plaisante par *Beaumarchais*, dans son *Mariage de Figaro* : *tant va la cruche à l'eau, qu'enfin elle s'emplit*. — *Il passera bien de l'eau sous le pont*, *ou sous les ponts*, *entre ci et là*, *d'ici là ou d'ici à ce temps-là*, se dit prov. en parlant d'une chose qu'on croit ne devoir pas arriver de longtemps, si jamais elle arrive. On applique cette locution à des évènements passés, depuis lesquels il y a eu bien des changements : *il a bien passé de l'eau sous les ponts depuis ce temps-là*. — On dit de deux personnes qui se ressemblent beaucoup : *elles se ressemblent comme deux gouttes d'eau*. — En t. d'hist. anc., *interdire le feu et l'eau* signifiait exiler, proscrire ; et *demander le feu et l'eau*, demander l'hospitalité, ou le passage sur un territoire. — T. de myth. Les païens avaient fait une divinité de cet élément. Les Perses lui offraient des sacrifices avec de grandes cérémonies.

EAU-BLANCHE, subst. fém. (*ôblanche*), *eau* dans laquelle on met du son pour les porcs et les chevaux.—Au plur., des *eaux-blanches*.

EAU-DE-VIE, subst. fém. (*ôdevi*), liqueur spiritueuse extraite du vin, du cidre, du grain, etc. —Au plur., des *eaux-de-vie*.

EAU-D'ORGE, subst. fém. (*ôdorje*), t. de médec., sorte de boisson rafraîchissante employée avec succès contre les maladies aiguës. — Au plur., des *eaux-d'orge*.

EAU-FORTE, subst. fém. (*ôforte*). Voy. EAU. —Au plur. des *eaux-fortes*.

EAU-GRASSE, subst. fém. (*ôguerâce*), *eau* dont le sel est imbibé.—Au plur., des *eaux-grasses*.

EAU LUSTRALE, subst. fém. (*ôlucetrale*), t. de myth. C'est ainsi que les païens appelaient *l'eau* dans laquelle ils avaient éteint un tison ardent, tiré du bûcher d'un sacrifice. Ils lui attribuaient de grandes vertus.— Au plur., des *eaux-lustrales*.

EAU-PLUVIALE, subst. fém. (*ôpluviale*), *eau* de pluie.—Au plur., des *eaux-pluviales*.

EAU-RÉGALE, subst. fém. (*ôréguale*), t. de chimie, acide nitrique et acide muriatique mélangés. — Au plur., des *eaux-régales*.

EAU-SECONDE, subst. fém. (*ôcekonde*), *eau*-forte étendue d'un tiers d'*eau*. — Au plur., des *eaux-secondes*.

EAU VULNÉRAIRE BLANCHE, subst. fém. (*ôvulnérère blanche*), t. de pharm., alcoholat obtenu en faisant infuser une double dose d'alcohol sur la même quantité de plantes que celle qui sert à préparer l'*eau* vulnéraire rouge, et distillant ensuite.

EAU VULNÉRAIRE ROUGE, subst. fém. (*ôvulnérère rouje*), t. de pharm., alcoholat aromatique obtenu par la distillation de *l'eau-de-vie* avec des fleurs de lavande, du basilic, des sommités de sauge, d'absinthe, de marjolaine, de serpolet, etc., et que l'on colore en rouge avec l'orcanette ou la cochenille.

EAU VULNÉRAIRE SPIRITUEUSE, subst. fém. (*ôvulnérère cepiritueuze*), t. de pharm., alcohol très-étendu d'*eau*, et chargé de plusieurs huiles essentielles, qu'on obtient en distillant du vin blanc avec beaucoup de plantes aromatiques.

EAUX-ACIDULES, subst. fém. plur. (*ôzacidule*), t. de pharm., se dit des *eaux* qui sont chargées d'acide carbonique.

EAUX-AUX-JAMBES, subst. fém. plur. (*ôzojanbe*), t. de médec. vétér., sérosités qui découlent des paturons et des jambes du cheval.

EAUX DE L'AMNIOS, subst. fém. plur. (*ôdelamnioce*), t. de médec., sérosité, liquide qui est exhalé par l'*amnios*, et qui environne le fœtus pendant toute la durée de la gestation : *cette femme accouchera bientôt*, *les eaux ont percé*.

EAUX-ET-FORÊTS, subst. fém. plur. (*ôzéforé*), juridiction qui connaissait de la chasse, de la pêche, des bois et des rivières, tant au civil qu'au criminel. Elle a été remplacée par une administration qui a spécialement pour objet la conservation des *forêts*.

EAUZE, subst. fém. (*ôze*), ville de France, chef-lieu de canton, arrond. de Condom, dép. du Gers.

ÉBAGE, subst. mas. (*ébaje*), nom que les Gaulois de certains cantons donnaient à leurs druides.

ÉBAHI, E, part. pass. de *ébahir* qui se disait autrefois, surpris, étonné, stupéfait : *je restai tout ébahi*. *Boileau* cite, en en blâmant l'image, ce vers de *Saint-Amand* :

> Les poissons *ébahis* les regardent passer.

S'ÉBAHIR, v. pron. (*céba-ir*) (suivant quelques-uns, de l'hébreu *schebasch*, être étonné), s'étonner.—Il appartient au langage fam., mais il vieillit, et c'est dommage, car il est expressif, et dit plus que *s'étonner*.

ÉBAHISSEMENT, subst. mas. (*éba-iceman*), admiration subite. Fam.

ÉBANOI, subst. mas. (*ébanoé*), joie, plaisir. Vieux et même entièrement hors d'usage.

S'ÉBANOYER, v. pron. (*cébanoé-ié*), s'égayer. Vieux et même hors d'usage.

ÉBARBÉ, E, part. pass. de *ébarber*.

ÉBARBER, v. act. (*ébarbé*) (de la particule extractive *é*, et du lat. *barba*, barbe), raser, couper la barbe.—Oter les parties excédantes et superflues d'une chose : *ébarber du papier*, *des plumes*, *des pièces de monnaie*, etc. — Dans la gravure en taille-douce, enlever, avec le ventre du burin ou avec l'*ébarboir*, la petite lèvre ou *barbe* qui reste au bord de la taille, afin que le trait paraisse net. —*Ébarber les tables*, en t. de plombier lamineur, en ôter le sable avec des brosses, avant de les mettre sur le laminoir.—T. d'imprimerie, *ébarber la lettre*, enlever le talus de la lettre, lorsqu'il est trop relevé. — S'ÉBARBER, v. pron.

ÉBARBOIR, subst. mas. (*ébarboar*), outil qui sert à *ébarber*.

ÉBARBURE, subst. fém. (*ébarbure*), t. d'imprimerie, petit fragment de fonte enlevé en *ébarbant* la lettre.

ÉBARDOIR, subst. mas. (*ébardoar*), outil de menuisier, qui diffère du grattoir en ce qu'il a quatre côtés au lieu de trois.

ÉBAROUI, E, adj. (*ébaroui*), t. de mar., desséché. Il se dit d'un vaisseau dont le bordage est desséché par le soleil ou par le vent.

ÉBAROUIR, v. neut. (*ébarouir*), t. de mar., effet de la sécheresse, de l'action du soleil qui fait ouvrir les bois des bordages des navires.

ÉBAROUISSAGE, subst. mas. (*ébarouiçage*), t. de mar., action qui déjoint les douves des futailles, etc., et les empêche de conserver aucun liquide.

ÉBAT, subst. mas. (*éba*), plaisir, passe-temps, divertissement. Il ne se dit plus que dans le style familier et au pluriel : *prendre ses ébats*.—T. de chasse : *mener ses chiens à l'ébat*, les promener.

ÉBATTEMENT, subst. mas. (*ébateman*), le même qu'*ébat*. Il est vieux. —T. de charretier, jeu d'une voiture dans son balancement.

S'ÉBATTRE, v. pron. (*cébattre*) (suivant *Périon*, du grec σπαταλᾶν, je vis dans la mollesse, suivant *Caseneuve*, du grec ἐμβατεύειν, aller, marcher, se promener; suivant *Ménage*, du lat. *spatiari*, se promener), prendre *ses ébats* ; se réjouir, se divertir. Il est vieux.

ÉBAUBI, E, adj. (*ébôbi*), étonné, surpris : *vous voilà bien ébaubi*. Il ne s'emploie que dans le style familier et plaisant :

> Je suis tout *ébaubie*, et je tombe des nues.
> (MOLIÈRE, *Tartufe*.)

ÉBAUCHE, subst. fém. (*ébôche*), ouvrage de peinture ou de sculpture grossièrement commencé. Ce mot dit plus qu'*esquisse*, qui n'est qu'un modèle incorrect de l'ouvrage, le premier trait au crayon sur le papier, le modèle en terre cuite, etc.; au lieu que l'*ébauche* est l'ouvrage lui-même commencé et non fini.—On le dit aussi au figuré des ouvrages d'esprit.

ÉBAUCHÉ, E, part. pass. de *ébaucher*.

ÉBAUCHER, v. act. (*ébôché*) (quelques étymologistes, suivant lesquels *ébaucher* s'est prononcé autrefois *éboscher*, le dérivent de l'ancien mot *bosc*, bois, et de la particule extractive *é*; *ôter le plus gros du bois*), commencer grossièrement un morceau de peinture ou de sculpture ; et fig., un ouvrage d'esprit : *ébaucher une statue*, *un tableau*; *ébaucher un poème*, *une tragédie*.— Il se dit également dans quelques métiers pour dégrossir. — Passer le chanvre par l'*ébauchoir*. — S'ÉBAUCHER, v. pron.

ÉBAUCHOIR, subst. mas. (*ébôchoar*), outil de sculpteur pour *ébaucher*. — Séran ou grand peigne, à dents droites et grosses, propre à *ébaucher* le chanvre. — Autre outil de charron, de charpentier, etc.

ÉBAUDI, E, part. pass. de *ébaudir*.

ÉBAUDIR, v. act. (*ébôdir*), récréer : *ébaudir ses esprits*. Il est vieux et ne s'emploie qu'en plaisantant. — S'ÉBAUDIR, v. pron.

ÉBAUDISSEMENT, subst. mas. (*ébôdiceman*), réjouissance, démonstration de joie.

EBBE, subst. mas. (*èbe*), t. de mar. emprunté de l'anglais, reflux de la mer.

ÉBÉNACÉES, subst. fém. plur. (*ébénacé*) (du grec ἔβενος ébène), t. de bot., famille de plantes à laquelle appartient l'*ébénier*.

ÉBÈNE, subst. fém. (*ébène*) (en grec ἔβενος, en lat. *ebenus* ébène), bois de l'*ébénier*, bois exotique dont on connaît plusieurs espèces : la noire, la rouge et la verte. L'arbre qui donne la première est très-grand, très-gros, et croît à Madagascar. Celui qui donne l'*ébène verte* est très-petit et très-touffu; il croît aux Antilles. L'*ébène rouge* est le bois de la grenadille de marqueterie.—Fig. : *des cheveux d'ébène*, des cheveux très-noirs. On dit aussi, dans le style poétique : *l'ébène de ses cheveux*.

ÉBÉNÉ, part. pass. d'*ébéner*.

ÉBÉNER, v. act. (*ébéné*), donner à du bois la couleur de l'*ébène*. — S'ÉBÉNER, v. pron. Peu usité.

ÉBÉNIER, subst. mas. (*ébénié*), t. de bot., arbre dont le bois se nomme *ébène*.

ÉBÉNISTE, subst. mas. (*ébéniceté*), ouvrier qui travaille en *ébène*, en marqueterie.

ÉBÉNISTERIE, subst. mas. (*ébéniceteri*), le métier de l'*ébéniste*, l'ouvrage qu'il fait.

ÉBÉNOXYLE, subst. mas. (*ébénokcile*), t. de bot., grand arbre de la Cochinchine.

ÉBERLUÉ, E, adj. (*ébèrlué*), ébahi, étonné. Hors d'usage.

ÉBERNER, v. act. (*ébèrené*) ; l'*Académie* ne dit qu'ÉBRENER.(Voy. ce mot.) *Ébrener* est aussi mal dit qu'*éberner*. On devrait, d'après l'étymologie, écrire *ébraner*.

ÉBERNEUR, adj. et subst. mas., au fém. ÉBERNEUSE, se dit d'une personne qui *ébrène* ou qui *éberne* un enfant.

ÉBERTAUDÉ, E, part. pass. de *ébertauder*.

ÉBERTAUDER, v. act. (*ébèrtôdé*), t. de manufacture, tondre un drap ou une ratine en première coupe. Peu en usage.

ÉBÊTEMENT, subst. mas. (*ébêteman*), action, effet d'*ébêtir*.

ÉBÊTI, E, part. pass. de *ébêtir*.

ÉBÊTIR, v. act. (*ébêtir*), rendre bête, stupide; abrutir. — S'ÉBÊTIR, v. pron.

ÉBÉTUDE, subst. fém. (*ébétude*), sottise, étourderie. Vieux mot aujourd'hui inusité.

ÉBIBÉ, E, part. pass. de *ébiber*.

ÉBIBER, v. act. (*ébibé*), boire. Hors d'usage.

ÉBIONITE, subst. mas. (*ébionite*), t. d'hist. ecclés., nom de sectaires chrétiens des premiers siècles de l'Eglise qui niaient la divinité de Jésus-Christ.

ÉBISELÉ, E, part. pass. de *ébiseler*.

ÉBISELER, v. act. (*ébizelé*), faire l'entrée d'un trou en entonnoir. — S'ÉBISELER, v. pron.

ÉBLIS, subst. mas. (*ébli*), nom que les mahométans donnent au diable.

ÉBLOUI, E, part. pass. de *éblouir*. *Être ébloui de quelque chose*, signifie quelquefois être ridiculement fier, orgueilleux : *il est ébloui de sa fortune, de ses ouvrages, de son mérite.*

ÉBLOUIR, v. act. (*éblouir*) (de l'italien *abbagliare*, fait dans la même signification de *lucetta*, formé du lat. *luce*, ablat. de *lux*, lumière. *Ménage*.), empêcher l'usage de la vue par une lumière trop vive : *le soleil, la grande blancheur éblouit la vue* ou *les yeux*; et figur. : *c'est une beauté qui éblouit.* — Plus figur., 1° surprendre l'esprit par quelque chose de brillant, de spécieux : *on se laisse souvent éblouir par l'éclat du style*; 2° tenter, séduire : *les grandeurs l'ont ébloui; vos promesses ne m'ont pas ébloui.* — S'ÉBLOUIR, v. pron. : *les beaux-esprits s'éblouissent.*

ÉBLOUISSANT, E, adj. (*éblouiçan, çante*). Il a les mêmes significations qu'*éblouir* au propre et au figuré : *la neige est éblouissante; cette femme est d'une beauté éblouissante; son teint est éblouissant; les couleurs éblouissantes de ce tableau nuisent à l'effet.*

ÉBLOUISSEMENT, subst. mas. (*éblouiceman*), difficulté de voir causée par une trop grande lumière, par un éclat trop vif : *il est impossible de regarder le soleil sans éblouissement.* — Altération de la faculté de voir occasionnée par une cause interne : *cette affection est souvent accompagnée de vertiges et d'éblouissements; il m'a pris tout-à-coup un éblouissement, et je me retire d'ici.* (Molière, *l'Avare*.)

ÉBORGNÉ, E, part. pass. de *éborgner*.

ÉBORGNER, v. act. (*éborgnié*), crever un œil; rendre *borgne*. — Par exagération, faire grand mal à l'œil. — On dit figur. : *cet arbre, ce mur éborgne cette chambre*, lui ôte une partie de sa vue, de son jour. — S'ÉBORGNER, v. pron.

ÉBOTÉ, E, part. pass. de *éboter*.

ÉBOTER, v. act. (*éboté*), t. de jardinier, ôter toutes les petites branches d'un arbre, lorsqu'il est en danger de périr, et n'y laisser que les plus grosses taillées fort court. — S'ÉBOTER, v. pron.

ÉBOUILLI, E, part. pass. de *ébouillir*.

ÉBOUILLIR, v. neut. (*ébouieir*), diminuer à force de *bouillir*. Il ne s'emploie qu'à l'infinitif et au participe : *ne laissez point tant ébouillir le pot.* — S'ÉBOUILLIR, v. pron.

ÉBOULÉ, E, part. pass. de *ébouler*.

ÉBOULEMENT, subst. mas. (*ébouleman*), chute de ce qui *éboule*; état de la chose écroulée : *l'éboulement des terres, d'un bastion, d'une muraille.*

ÉBOULER, v. neut. (*éboulé*) (du latin *bolus*, en grec βῶλος, motte de terre), tomber en s'affaissant, surtout en parlant des terres. — Tomber en ruine; dans ce sens on dit mieux *s'écrouler*. — S'ÉBOULER, v. pron.

ÉBOULIS, subst. mas. (*ébouli*), amas de choses *éboulées*. On dit : *un éboulis de sable, de terre*, etc.

ÉBOUQUEUSE, subst. fém. (*éboukieuze*), t. de manuf., ouvrière qui, avec des pincettes, enlève les nœuds et les pailles des étoffes, au sortir du métier.

ÉBOURGEONNÉ, E, part. pass. de *ébourgeonner*.

ÉBOURGEONNEMENT, subst. mas. (*ébourjoneman*), action d'ébourgeonner, retranchement de *bourgeons* superflus des arbres fruitiers, pour les conserver et leur faire porter de plus beaux fruits : *j'ai un jardinier qui entend bien l'ébourgeonnement.*

ÉBOURGEONNER, v. act. (*ébourjoné*), ôter les *bourgeons* ou les nouveaux jets superflus : *il est temps d'ébourgeonner la vigne.* — S'ÉBOURGEONNER, v. pron.

ÉBOURGEONNEUR, subst. mas. (*ébourjoneur*), nom donné à certains oiseaux qui mangent les boutons et *bourgeons* des arbres près de s'épanouir.

ÉBOURGEONNOIR, subst. mas. (*ébourjonoar*), outil pour *ébourgeonner*.

ÉBOURIFFÉ, E, adj. (*ébourifé*) : *être ébouriffé*, avoir les cheveux, la coiffure en désordre : *je suis tout ébouriffé; elle était ébouriffée et les vêtements en désordre.* — On le dit aussi des cheveux, de la coiffure même : *arrangez vos cheveux, ils sont ébouriffés; votre coiffure est tout ébouriffée.* — On l'applique fig. à une personne qui laisse voir du trouble, de l'agitation : *qu'avez-vous donc? vous voilà tout ébouriffé; je viens de le rencontrer, il avait l'air tout ébouriffé.* Dans ces divers sens, il est du langage familier.

ÉBOURRÉ, E, part. pass. de *ébourrer*.

ÉBOURRER, v. act. (*ébouré*), t. de corroyeur : *ôter la bourre.* — En t. de chapelier, ôter le jarre qui était resté dans l'étoffe.

ÉBOUSINÉ, E, part. pass. d'*ébousiner*.

ÉBOUSINER, v. act. (*ébouziné*), *ôter le bousin* d'une pierre, c'est-à-dire la croûte tendre qui tient autant de la terre que de la pierre. — S'ÉBOUSINER, v. pron.

ÉBRAISOIR, subst. mas. (*ébrézoar*), espèce de pelle de fer dont on se sert pour tirer la *braise* des fourneaux.

ÉBRANCHÉ, E, part. pass. de *ébrancher*.

ÉBRANCHEMENT, subst. mas. (*ébrancheman*), action d'*ébrancher*. — Effet de cette action.

ÉBRANCHER, v. act. (*ébranché*), dépouiller un arbre de ses *branches*, en les coupant ou en les rompant. — S'ÉBRANCHER, v. pron.

ÉBRANCHOIR, subst. mas. (*ébranchoar*), outil qui sert à *ébrancher*.

ÉBRANLÉ, E, part. pass. de *ébranler*.

ÉBRANLEMENT, subst. mas. (*ébranleman*), secousse : *l'ébranlement du cerveau.* — On dit au fig. : *l'ébranlement de la fortune, du crédit, d'un trône, d'un empire.*

ÉBRANLER, v. act. (*ébranlé*), donner des secousses : *les vents ont ébranlé cette maison; ses malheurs lui ont ébranlé le cerveau.* Dans ce sens il s'applique fig. à la fortune, au pouvoir, aux empires : *l'empire romain fut ébranlé jusque dans ses fondements; son crédit est si bien établi, que rien ne peut l'ébranler.* — Encore au fig., en parlant des personnes, frapper, toucher, émouvoir, rendre moins ferme, moins assuré : *cette raison parut l'ébranler; mes prières, mes menaces ne l'ébranlèrent point; rien ne pourra-t-il ébranler votre résolution? c'est un homme dont les malheurs n'ont pu ébranler la constance.* — S'ÉBRANLER, v. pron. *branler*, chanceler : *les voûtes du temple s'ébranlèrent.* — En t. de guerre, commencer à se mouvoir et à agir, ou se mettre en mouvement pour prendre la fuite : *la cavalerie s'ébranla, et la victoire fut bientôt décidée; l'aile droite s'ébranla la première et commença la déroute.*

ÉBRASÉ, E, part. pass. de *ébraser*.

• **ÉBRASEMENT**, subst. mas. (*ébrâzeman*), t. d'archit., élargissement des côtés ou jambages d'une voûte ou d'une porte.

• **ÉBRASER**, v. act. (*ébrâzé*), élargir en dedans la baie d'une porte, d'une croisée. — S'ÉBRASER, v. pron.

ÉBRÉCHÉ, E, part. pass. de *ébrécher*.

ÉBRÉCHER, v. act. (*ébréché*), faire une petite *brèche* : *ébrécher un couteau, un rasoir, un pot de terre*, etc.; *ébrécher une dent.* — S'ÉBRÉCHER, v. pron.

ÉBRENÉ, E, part. pass. de *ébrener*.

ÉBRENER, v. act. (*ébrené*) (rac. *bran*), ôter *les matières fécales* d'un enfant. Il est bas. — S'ÉBRENER, v. pron. Voy. ÉBRENER.

ÉBREUIL, subst. mas. (*ébreu-ie*), ville de France, chef-lieu de canton, arrond. de Gannat, dép. de l'Allier.

• **ÉBRIÉTÉ**, subst. fém. (*ébriété*) (du lat. *ebrietas*, ivresse), t. de médec., terme par lequel on désigne une ivresse autre que celle occasionnée par les liqueurs spiritueuses. — Ce mot manque dans l'*Académie*.

ÉBRILLADE, subst. fém. (*ébriiade*), t. de manège, secousse qu'on donne avec la *bride* à un cheval, pour le retenir ou le faire tourner.

ÉBROUDAGE, subst. mas. (*ébroudaje*), action de passer le fil de fer dans la filière.

ÉBROUDEUR, subst. mas. (*ébroudeur*), ouvrier chargé de l'*ébroudage*.

ÉBROUDI, adj. mas. (*ébroudi*), se dit du fil de fer réduit, par la filière, au dernier degré de finesse.

ÉBROUDIN, subst. mas. (*ébroudein*), fil de fer qui a déjà subi l'*ébroudage*, qui a été aminci.

ÉBROUÉ, E, part. pass. de *ébrouer*.

ÉBROUEMENT, subst. mas. (*ébrouman*), t. de man., ronflement d'un cheval qui a peur. — T. d'art vétérinaire. Il se dit de l'éternument de certains animaux domestiques.

ÉBROUER, v. act. (*ébroué*), t. de teinturier; laver et passer dans l'eau une pièce d'étoffe ou de toile. — S'ÉBROUER, v. pron.; il se dit, en t. de manège, d'un cheval qui, à la vue des objets qui l'effraient, ou lorsqu'on veut le retenir, fait frémir ses naseaux avec une sorte de *bruit* et de ronflement : *les chevaux vifs s'ébrouent facilement.* — En t. d'art vétérinaire, on le dit des animaux domestiques lorsqu'ils font une espèce d'éternument, comme pour dégager leurs naseaux de ce qui y cause de la gêne ou de l'irritation.

ÉBRUITÉ, E, part. pass. de *ébruiter*.

ÉBRUITER, v. act. (*ébruité*) (rac. *bruit*), divulguer, rendre public : *il est plus sage de ne pas ébruiter cette affaire.* — S'ÉBRUITER, v. pron., se divulguer, devenir public : *prenons garde que l'aventure ne s'ébruite, ne vienne à s'ébruiter.*

ÉBUARD, subst. mas. (*ébuar*), coin de bois fort dur qui sert à fendre des bûches, etc.

• **ÉBUDES**, subst. fém. plur. (*ébude*), terres incultes.

ÉBULLITION, subst. fém. (*ébulicion*) (en latin *ebullitio*, fait de *ebullire*, bouillonner), mouvement d'un liquide qui bout sur le feu : *de l'eau en ébullition.* — En t. de chimie, dégagement de bulles d'air qui a lieu quand on mélange certaines substances. On dit plus ordinairement en ce sens *effervescence*. Voy. ce mot. — En t. de médec., éruption passagère qui survient à la peau : *il a une ébullition par tout le corps.*

ÉBULLIR, v. neut. (*ébulelir*) (en latin *ebullire*), bouillonner.

ÉBURNE, subst. fém. (*éburne*), t. d'hist. nat., genre de coquilles.

ÉBURNÉ, E, adj. (*éburné*), t. de chimie, ce qui prend la consistance de l'ivoire.

ÉBURNIFICATION, subst. fém. (*éburnifikâcion*) (du lat. *ebur*, gén. *eboris*, ivoire, et du v. *facere*, faire), t. de médec., transformation *éburnée* que subissent les cartilages.

ÉBURNIFIÉ, E, adj. (*éburnifié*), t. de médec., qui est transformé en ivoire.

ÉCACHÉ, E, part. pass. de *écacher* : *un nez écaché*, un nez camus et aplati.

ÉCACHEMENT, subst. mas. (*ékacheman*), froissure, contusion, brisure d'un corps dur.

ÉCACHER, v. act. (*ékaché*) (de l'espagnol *escarchar*, qui, suivant *Covarruvias*, signifie proprement fouler la terre), aplatir, froisser, écraser, briser en pressant : *écacher une noix, un limaçon, en marchant dessus.* — En t. de tireur d'or, aplatir le trait entre deux cylindres d'acier. — S'ÉCACHER, v. pron. : *il s'est écaché le doigt.* Fam.

ÉCACHEUR, subst. mas. (*ékacheur*), ouvrier qui *écache* l'or.

ÉCAFÉ, E, part. pass. de *écafer*.

ÉCAFER, v. act. (*ékafé*), t. de vannier, partager l'osier pour ourdir.

ÉCAGNE, subst. fém. (*ékagnie*), portion d'un écheveau que l'on a divisé.

ÉCAILLAGE, subst. mas. (*ékâ-iaje*), t. de salines, opération qui consiste à détacher les *écailles* qui sont adhérentes à la poêle.

ÉCAILLE, subst. fém. (*ékâ-ie*) (de l'allemand *schale*, dont les Italiens ont fait *scaglia*, les Anglais *scale*, et que nous avons nous-mêmes longtemps écrit *schalle*, puis *escaille*, et enfin *écaille*), petites pièces luisantes, glissantes et dures, qui couvrent la peau des poissons et de certains reptiles. — Coquille ou coque dure qui couvre les poissons appelés *testacés*. — Enveloppe dure et calcaire qui couvre et protège les corps des mollusques bivalves. On le dit plus particulièrement des huîtres : *l'écaille d'une huître; une huître à l'écaille.* — On appelle aussi *écaille*, l'enveloppe dure qui couvre le dos de la tortue; et on dit absolument *écaille*, quand on parle des objets précieux que l'on fabrique avec cette enveloppe : *tabatière d'écaille; lunettes montées en écaille; c'est de la corne et non pas de l'écaille.* — Il se dit par analogie de tout ce qui se détache des corps en petites parties minces et légères : *sa peau se levait par écailles.* — Fig. et fam., *les écailles lui sont tombées des yeux*, ses yeux sont dessillés.— En bot., production mince, aplatie, souvent sèche, coriace, quelquefois colorée, qui couvre ou enveloppe certaines parties des végétaux. — En archit., éclat de marbre ou de pierre.—Pièce de rocher délitée dont on se sert pour broyer les couleurs.—Petite partie qui se détache d'un tableau : *ce tableau tombe par écailles, en écailles.*

ÉCAILLÉ, E, part. pass. de *écailler*, et adj., à qui on a ôté *les écailles : une carpe écaillée.* — Dans le sens contraire, qui est *couvert d'écailles : animaux écaillés.*

ÉCAILLEMENT, subst. mas. (*ékâ-ieman*), écaille de cuivre que vendent les chaudronniers.

ÉCAILLER, subst. mas., au fém. **ÉCAILLÈRE** (*ékâ-ié, ière*), celui, celle qui vend et qui ouvre des huîtres. Il ne s'emploie guère ordinairement qu'au féminin.

ÉCAILLER, v. act. (*ékâ-ié*), ôter les *écailles.*— *Écailler le plomb*, en t. de plombier, le mettre en état de recevoir la soudure.—**S'ÉCAILLER**, v. pron., tomber par *écailles : ce tableau s'écaille.*

ÉCAILLÈRE, subst. fém. Voy. **ÉCAILLER**.

ÉCAILLEUSE, adj. fém. Voy. **ÉCAILLEUX**.

ÉCAILLEUX, adj. mas., au fém. **ÉCAILLEUSE** (*ékâ-ieu, ieuze*), qui se lève par *écailles : ardoise écailleuse.*—Composé d'*écailles*, semblable à des *écailles : la racine du lis est écailleuse; une peau dure et écailleuse.*

ÉCAILLON, subst. mas. (*ékâ-ion*), t. de manége, croc ou crochet d'un cheval.

ÉCAILLURES, subst. fém. plur. (*ékâ-iure*), t. de plombier, pellicules de plomb qu'on enlève avec le grattoir ou avec le ciseau.

ÉCALE, subst. fém. (*ékale*) (voy. **ÉCAILLE** dont l'étymologie est la même), coque, couverture d'un œuf.—Écorce des noix, des poix, des fèves, etc. — Dans les manufactures de blondes, portion de soie, la cinquième partie d'un tiers, dans laquelle sont comprises plusieurs centaines contenues avec une gomme légère et blanche.— En t. de marine, port de mer où l'on entre par occasion.

ÉCALÉ, E, part. pass. de *écaler.*

ÉCALER, v. act. (*ékalé*), ôter l'*écale.*—**S'ÉCALER**, v. pron.

ÉCALOT, subst. mas. (*ékalo*), espèce de noix.

ÉCANG, subst. mas. (*ékan*),morceau de bois dont on se sert pour *écanguer* le lin, le chanvre, etc.

ÉCANGUÉ, E, part. pass. de *écanguer.*

ÉCANGUER, v. act. (*ékanguié*), faire tomber la paille du lin avec l'*écang.*—**S'ÉCANGUER**, v. pron.

ÉCANGUEUR, subst. mas. (*ékangueur*), celui qui *écangue.*

ÉCARBOUILLÉ, E, part. pass. de *écarbouiller.*

ÉCARBOUILLER, v. act. (*ékarbou-ié*), expression pop., écraser. — **S'ÉCARBOUILLER**, v. pron.

ÉCARLATE, subst. fém. (*ékarlate*) (de *scarleta* ou *scarletum*, employé dans la basse latinité avec la même signification, d'où les Italiens ont fait *scarlatto*, et les Anglais, *scarlet*), couleur rouge fort vive dont la base est la cochenille ou le kermès. — On l'emploie quelquefois comme adj. des deux genres : *drap écarlate ; une étoffe, une robe écarlate.*—Étoffe teinte de couleur.—Proverbialement : *avoir les yeux bordés d'écarlate*, extrêmement rouges.

ÉCARLATIN, subst. mas. (*ékarlatein*), espèce de cidre du Cotentin, en Normandie.

ÉCARLATINE, adj. fém. (*ékarlatine*), *fièvre écarlatine*, qui rend la peau très-rouge. On dit vulgairement *scarlatine.*

ÉCARQUILLÉ, E, part. pass. de *écarquiller.*

ÉCARQUILLEMENT, subst. mas. (*ékarkiieman*), l'action d'*écarquiller*. Il est familier.

ÉCARQUILLER, v. act. (*ékarkiié*) (du lat. *exvaricare*, formé de la particule *ex*, qui dans la composition signifie souvent augmentation, et de *varicare*, ouvrir les jambes, etc. *Ménage.*), écarter trop les jambes, ouvrir trop les yeux. Il est familier. — **S'ÉCARQUILLER**, v. pron.

ÉCARRIR. Voy. **ÉQUARRIR.**

ÉCARRISSAGE. Voy. **ÉQUARRISSAGE.**

ÉCARRISSEUR. Voy. **ÉQUARRISSEUR.**

ÉCARRISSOIR. Voy **ÉQUARRISSOIR.**

ÉCARRISSEMENT. Voy. **ÉQUARRISSEMENT.**

ÉCART, subst. mas. (*ékar*; le *t* ne se prononce pas) (suivant *Ménage*, du latin *ex parte*, par le changement ordinaire du *p* en *c*; *expartere se*, sortir de sa part, c'est-à-dire du lieu où l'on est, *s'écarter*), action de *s'écarter : pour éviter le coup, il fit un écart.* — En t. d'art vétérinaire, en parlant d'un cheval qui s'est estropié en faisant un écart, *ce cheval a pris un écart, s'est donné un écart.* — En t. de danse, *faire un écart*, porter le pied à côté. — Figur. : *faire un écart dans le discours*, s'écarter mal-à-propos de son sujet.—*Cet homme est sujet à faire des écarts*, il n'a pas une conduite bien réglée.— — On dit aussi fig., *les écarts de l'imagination; les écarts de la jeunesse.* — Cartes que l'on met de côté à certains jeux : *montrez votre écart.* Voy. **ÉCARTER.** — Dans la construction des vaisseaux, jonction de deux pièces de bois au bout l'une de l'autre. — En t. de paveur, fragments de grès propres à revêtir les fournils, le dessous des auges, etc. — En t. de blason, chaque quartier d'un écu divisé en quatre. — **A L'ÉCART**, loc. adv., à part, en particulier : *tirer à l'écart.*—En un lieu détourné, écarté : *mener à l'écart.* — *Mettre à l'écart*, réserver : *mettez cette somme à l'écart pour les besoins imprévus.* — *Mettre à l'écart*, signifie aussi faire abstraction, ne pas s'occuper de... : *mettons cette considération à l'écart, mettons à l'écart nos intérêts.* — On dit encore fig. : *mettre quelqu'un à l'écart*, ne pas le faire participer à quelque avantage : *il n'est plus en faveur, on l'a mis à l'écart ; malgré la foule de nominations qu'on a faites, j'ai encore été mis à l'écart cette année.*

ÉCARTABLE, adj. des deux genres (*ékartable*), t. de fauconn. ; il se dit des oiseaux qui ont la coutume de monter en essor quand le chaud les presse.

ÉCARTÉ, subst. mas. (*ékarté*), jeu de *cartes*, à deux personnes, où chaque joueur peut demander à *écarter* tout ou partie des *cartes* qui ne lui conviennent pas : *nous avons joué à l'écarté; une table d'écarté.*

ÉCARTÉ, E, part. pass. de *écarter*, et adj., détourné : *chemin écarté, route écartée.* — T. de bot., *rameaux écartés*, séparés et éloignés l'un de l'autre à angles droits.

ÉCARTELÉ, E, part. pass. de *écarteler*, et adj. — En t. de blason, divisé en quatre parties égales.

ÉCARTELER, v. act. (*ékartelé*), tirer à quatre chevaux, supplice en usage autrefois pour les criminels de lèse-majesté. Chez les anciens on n'y employait pas toujours des chevaux; on attachait le criminel aux branches de deux arbres qu'on tenait courbées et rapprochées avec force,et qui, rendues tout-à-coup à leur direction naturelle, déchiraient en se relevant les membres du malheureux. Alexandre fit souffrir ce supplice à Bessus, meurtrier de Darius ; et Tullius Hostilius à son allié Suffetius, qui l'avait trahi pendant une bataille. — Au neut., t. de blason, partager l'écu en quatre : *il écartelle d'argent et de sable.* — **S'ÉCARTELER**, v. pron.

ÉCARTELLEMENT (l'*Académie* écrit **ÉCARTÈLEMENT**), subst. mas. (*ékartèleman*), action d'*écarteler.*

ÉCARTELURE, subst. fém. (*ékartelure*), t. de blason, division de l'écu *écartelé.*

ÉCARTEMENT, subst. mas. (*ékarteman*), action d'*écarter.* — État de ce qui est *écarté.* (Trévoux.) — T. de monnaie, *écartement de boutons*, c'est lorsque le bouton de métal, dans l'essai à la coupelle, n'ayant pas eu assez de chaleur, s'*écarte* et se fend.

ÉCARTER, v. act. (*ékarté*), éloigner, disperser : *écarter les ennemis, la foule; le vent a écarté les nuages.* Voy. **ÉLOIGNER.**—Détourner : *écarter du droit chemin.* — On l'emploie aussi fig. : *écarter les mauvaises pensées, les soupçons; écarter ses ennemis, ses rivaux.* — Éparpiller : *ce fusil écarte son plomb.* — A certains jeux de *cartes*, quitter, mettre à part celles dont on ne veut point se servir, et en prendre d'autres. — **S'ÉCARTER**, v. pron., s'éloigner : *s'écarter de la foule; enfants, ne vous écartez pas.* —Se détourner : *s'écarter de la question, du sujet; s'écarter du respect, des convenances, de son devoir.*

ÉCARTILLEMENT, que l'*Académie* nous donne pour **ÉCARQUILLEMENT**, et **ÉCARTILLER** pour **ÉCARQUILLER**, sont, selon nous, deux lourds barbarismes.

ÉCARVÉ, E, part. pass. de *écarver.*

ÉCARVER, v. act. (*ékarvé*), t. de mar., ajuster deux mâts bout à bout pour n'en faire qu'un.

ECASTOR et **MECASTOR**, subst. mas. (*ékacetor, mékacetor*), t. de myth., formules de serments, par lesquels on jurait par *Castor*, dans le même sens qu'on disait *Mehercules*, quand on jurait par *Hercule*. C'est aussi dans ce sens, selon les plus savants grammairiens, qu'il faut entendre *Edepol*, qu'il faut écrire ainsi, et non par un Æ, quand on jurait par *Pollux*; car ils prétendent qu'E est pour *me*, que de n'a été ajouté que pour adoucir la prononciation, et que c'est mal entendre *Edepol*, de dire que c'était un serment *par le temple de Pollux. Vossius, Meursius*, etc. (Voyez **MEHERCULES.**)

ÉCASTAPHYLLE, subst. mas. (*ékacetafile*), t. de bot., genre de plantes établi parmi les dalberges.

ÉCATI, E, part. pass. de *écatir.*

ÉCATIR, v. act. (*ékatir*), t. de manuf., presser un drap légèrement et sans carton. Voy. **CATIR**, qui est plus usité.

ÉCATISSAGE, subst. mas. Voy. **CATISSAGE.**

ÉCATOIR, subst. mas. (*ékatoar*), t. de fourbisseur, sorte de ciselet qui sert à resserrer l'une contre l'autre plusieurs pièces d'une garde d'épée.

ÉCAVEÇADE, subst. fém. (*ékaveçade*), t. de manége, secousse donnée à la tête du cheval.

ECBASE, subst. fém. (*ékbâze*) (du grec ἐκ, hors, et βαινω, je marche), fig. de rhét. Digression.

ECBOLÉ, subst. fém (*ékbolé*), dans les anciennes musiques grecques, altération du genre enharmonique.

ECBOLIQUE, adj. des deux genres (*ékbolique*) (du grec ἐκβαλλω, je jette dehors), t. de médec.; se dit des remèdes qui précipitent l'accouchement. — Il est aussi subst. mas. plur. : *des ecboliques.*

ECBYRSOME, subst. mas. (*ékbirçome*) (du grec ἐκβυρσωμα, proéminence, protubérance), t. de chir.,saillie de l'articulation d'un os, ou de tout corps qui perce et soulève la peau.

ECCANTHIS, subst. mas. (*ékantice*), t. de chir., excroissance qui se forme au coin de l'œil.

ECCATHARTIQUE, adj. des deux genres (*ékatartike*) (du grec ἐκ, hors, et καθαιρω, je purge), t. de médec. Il se dit des remèdes qui ont la vertu de purger et de désobstruer le canal intestinal.

ECCE-HOMO, subst. mas. (*ékcé-ômô*) (mots latins qui signifient : *voici l'homme*), tableau qui représente Jésus-Christ devant Pilate.—On dit fam. d'un homme pâle et fort maigre, *c'est un ecce-homo.*

ECCERE, subst. mas. (*ékcéré*) (mot latin corrompu, pour *ex Cerere*, par Cérès), t. de myth., formule de serment par *Cérès.*

ECCHYMOSE, subst. fém. (*ékimoze*) (du grec ἐκχυνω, je verse, je répands au-dehors; ou de ἐκχυμοω, dérivé de ἐκ, hors, et χυμος, suc, humeur : *effusion d'humeur*), t. de chirurgie, extravasation de sang dans le tissu de nos organes, due ordinairement à une cause violente. — On le dit surtout de l'extravasation qui a lieu dans le tissu cellulaire sous-cutané et qui paraît à la peau : *les ecchymoses sont ordinairement le résultat d'une contusion.*

ECCL., abréviation du mot *ecclésiaste.*

ECCLÉSIARQUE, subst. mas. (*ékléziarke*), espèce de marguillier. Inusité. Vieux et même hors d'usage.

ECCLÉSIASTE, subst. mas. (*éklézïacete*) (du grec ἐκκλησιαστης, prédicateur, dérivé de ἐκκλησιαζειν, haranguer, prêcher, qui vient de ἐκκαλεω, j'assemble ; parce que, dit *M. Morin*, Salomon, auteur de l'*Ecclésiaste*, a pour but de rassembler autour de lui tous ceux qui veulent prendre soin de leur salut, comme un prédicateur assemble son auditoire), l'un des livres sapientiaux de l'Ancien Testament.

ECCLÉSIASTIQUE, subst. mas. (*ékléziacetike*) (en grec ἐκκλησιαστικος, fait de ἐκκλησια, église), nom d'un livre de l'Écriture-Sainte, autre que celui de l'*Ecclésiaste.* — Celui qui s'est engagé à servir Dieu dans son *Église.* — Adj. des deux genres, qui regarde l'*Église*, qui appartient à l'*Église.*

ECCLÉSIASTIQUEMENT, adv. (*ékléziacetikeman*), d'une manière *ecclésiastique : il vit ecclésiastiquement.*

ECCLÉSIE, subst. fém. (*éklézi*) (du grec ἐκκαλεω, j'assemble), assemblée générale de certains sectaires grecs.

ECCLÉSIEN, subst. mas. (*éklézïein*), membre de la secte nommée *ecclésie.*

ECCLI., abréviation du mot *ecclésiastique.*

ECCOPÉE, subst. fém. (*ékopé*)(en grec ἐκκοπη,

entaille, dérivé de κοπτω, je coupe, je taille), t. d'anat., fracture d'un os plat.

ECCOPEUS, subst. mas. (*èkopeuce*) t. de chir. espèce de scalpel dont le couteau lenticulaire est une variété.

ECCOPROTIQUE, adj. des deux genres (*èkoprotike*) (du grec εκ, hors, et κοπρος, excrément), t. de médec.; il se dit de purgatifs doux. On l'emploie aussi comme subst. au mas. : *un eccoprotique.*

ECCORTHATIQUE, adj. des deux genres (*èkortatike*) (du grec εκ, dehors, et κορθυω, j'amasse, j'entasse; qui *expulse les humeurs amassées dans le corps*), t. de pharmacie, qui se dit des remèdes contre les obstructions, ou de ceux qui, appliqués sur la peau, en ouvrent les pores.

ECCRINOLOGIE, subst. fém. (*èkrinoloji*) (en grec εκκρινω, je sépare, et λογος, discours), partie de la médecine qui traite des sécrétions.

ECCRINOLOGIQUE, adj. des deux genres (*èkrinolojike*), t. de médec., qui a rapport à l'*eccrinologie.*

ECDÉMIQUE, adj. des deux genres (*èkdémike*) (de la prép. εκ, hors, de, et de δημος, peuple), t. de médec., se dit d'une maladie qui affecte certains pays.

ECDIQUE, subst. mas. (*èkdike*), magistrat, syndic grec.

ECDORE, subst. fém. (*èkdore*) (en grec εκδορα, fait de la prép. εκ, de, et de δερω, j'écorche), t. de médec. qui désigne en général une excoriation.

ECDYSIES, subst. fém. plur. (*èkdizi*), t. de myth., fêtes qu'on célébrait à Phestes, ville de Crète, en l'honneur de Latone, parce qu'elle avait changé une jeune fille en garçon. (Du grec εκδυειν, déshabiller, parce que cette fille avait quitté les habits de son sexe pour prendre ceux de l'autre.)

ÉCERVELÉ, E, adj. et subst. (*écèrevelé*), qui est sans jugement, sans prudence; étourdi, qui manque de *cervelle : tête écervelée.* — Substantivement : *c'est un jeune écervelé, une petite écervelée.*

ÉCHAFAUD, subst. mas. (*échafô*) (de l'allemand *schauhaus*, formé, avec la même signification, de *schauen*, regarder, et de *haus*, maison. Dans l'allemand moderne on dit *schaffot*. Les Italiens disent *catafalco*, fait du grec κατα et du lat. *palus*, dans la signification de pieu.), planches soutenues par des tréteaux ou par des pièces de bois fichées dans un mur, à l'usage des ouvriers pour travailler aux lieux où ils ne peuvent atteindre autrement : *ces échafauds ne sont pas solides ; le malheureux s'est blessé en tombant d'un échafaud.* — Ouvrage de charpente élevé pour y placer des spectateurs, afin de voir commodément quelque cérémonie, quelque spectacle. — Espèce de théâtre en charpente, dressé pour l'exposition publique des malfaiteurs, ou pour l'exécution à mort des criminels : *on le porta sur l'échafaud plutôt qu'il n'y monta.*—En t. de mariniers, on appelle *échafaud* une petite échelle double disposée sur chaque partie d'un train, et sur laquelle montent les compagnons de rivière pour éviter d'être mouillés au passage des pertuis.

ÉCHAFAUDAGE, subst. mas. (*échafôdaje*), construction des *échafauds* nécessaires pour travailler à un bâtiment : *cet échafaudage est mal dressé.* — On l'emploie fig., en parlant de grands préparatifs pour des choses qui n'en valent pas la peine : *voilà un grand échafaudage pour rien.* — On le dit aussi dans un sens fig., de raisonnements inutiles, de maximes, de sentiments exagérés, prodigués sans mesure, et appliqués mal à propos : *à quoi sert tout cet échafaudage ? il a suffi de rappeler les faits pour faire tomber cet échafaudage.*

ÉCHAFAUDÉ, E, part. pass. de *échafauder.*

ÉCHAFAUDER, v. act. (L'*Académie* n'en fait qu'un v. neut. ; nous pensons qu'il est plutôt act., mais qu'il peut s'employer quelquefois dans un sens absolu.)(*échafôdé*), t. de bâtiment, dresser des *échafauds* pour bâtir. — s'ÉCHAFAUDER, v. pron. — Au fig., faire de grands préparatifs pour peu de chose.

ÉCHALAS, subst. mas. (*échalâ*) (du lat. barbare *scalaceus*, dérivé, avec la même acception, de *scala*, échelle), perche mince qui sert à soutenir les ceps de vigne. — On se sert aussi d'*échalas* pour soutenir de petits arbres, des arbustes. — On dit proverbialement, d'un homme qui affecte de se tenir droit, qu'*il se tient droit comme un échalas.*— Fig. et fam., on appelle une personne maigre et sèche : *un échalas.*

ÉCHALASSÉ, E, part. pass. de *échalasser.*

ÉCHALASSEMENT, subst. mas. (*échalâceman*), action d'*échalasser.*

ÉCHALASSER, v. act. (*échalâcé*), garnir une vigne d'*échalas.*—s'ÉCHALASSER, v. pron.

ÉCHALIER, subst. mas. (*échalié*), en plusieurs provinces, c'est la même chose que *haie.* Clôture d'un champ faite avec des branches d'arbre, pour en fermer l'entrée aux bestiaux.

ÉCHALOTE, subst. fém. (*échalote*) (du latin *ascalonia*, qui se trouve dans *Pline* avec la même signification, et qui, suivant plusieurs, a été fait d'*Ascalon*, ville du pays des Philistins, entre la Judée et la mer intérieure, autour de laquelle croissait en abondance cette sorte d'ognon), plante potagère à fleur liliacée, dont la racine est un assemblage de petites bulbes qui ont l'odeur et la saveur de l'ail. — En t. d'organiste, petite lame de laiton mobile et tremblante qui sert de languette aux tuyaux d'anche.

ÉCHAMPEAU, subst. mas. (*échanpô*), bout de ligne auquel on attache l'hameçon pour pêcher la morue.

ÉCHAMPÉ, E, ou ÉCHAMPI, E, part. pass. de *échamper* et de *échampir.*

ÉCHAMPER ou ÉCHAMPIR, v. act. (*échanpé, pir*) (de la particule extractive *é*, et du mot *champ*; *tirer du champ*), t. de peinture, contourner une figure, un ornement, un feuillage en séparant le contour d'avec le fond. — L'*Académie* ne nomenclature qu'*échampir*, et encore elle renvoie à *réchampir.* — s'ÉCHAMPER ou s'ÉCHAMPIR, v. pron.

ÉCHANCRÉ, E, part. pass. de *échancrer* et adj., se dit, en bot., d'une feuille dont le sommet a une entaille profonde et élargie. — On dit aussi, en anat., *os échancré.*

ÉCHANCRER, v. act. (*échankré*) (du latin *cancer*, chancre ou cancer, parce que les cancers rongent la chair en forme d'arc. *Ménage*), tailler, évider, couper en dedans en forme d'arc ou de croissant. Il se dit des étoffes, de la toile, du cuir, du bois, etc. — T. de draperie : *échancrer les faux plis*, les effacer.—s'ÉCHANCRER, v. pron.

ÉCHANCRURE, subst. fém. (*échankrure*), coupure faite en dedans, en forme de demi-cercle : *cette manche n'a pas assez d'échancrure; les bassins dont se servent les barbiers ont une échancrure qu'on appelle aussi gorge.* —En t. de bot. et d'anat., entaille naturelle qui ressemble à une *échancrure ; l'échancrure d'un os; ces feuilles ont une échancrure à leur sommet.*

ÉCHANDOLE, subst. fém. (*échandole*) (de l'ancien mot latin *scandula*), espèce de petit ais qui sert à couvrir les toits.

ÉCHANGE, subst. mas. (*échanje*), *change* d'une chose pour une autre; troc : avec cette différence qu'*échange* se dit des choses considérables, et *troc*, de celles de moindre valeur : *j'ai fait l'échange d'une maison contre cette campagne; c'est un échange avantageux; vous ne perdrez pas à cet échange.* — On appelle *commerce d'échange* ou *par échange*, celui où l'on fait seulement *échange* de marchandises sans employer la monnaie : *il ne se fait dans ce pays qu'un commerce d'échange.* — En t. de guerre, remise des prisonniers faits de part et d'autre : *les Carthaginois envoyèrent Régulus à Rome pour proposer l'échange des prisonniers.* — En langage diplomatique, remise, communication, envoi réciproque de pièces, de notes, de documents officiels : *échange des pouvoirs entre les plénipotentiaires; échange des ratifications d'un traité de paix ; il y a un échange fréquent de courriers entre les deux cabinets.*—Il s'applique fig., et dans un sens analogue, aux rapports de société : *un échange de bons offices, de services, de civilités, de compliments.* On dit aussi *échange d'injures, d'invectives, de mauvais procédés.* — *En* ÉCHANGE, adv. et prép., à la place de..., en remplacement : *que me donnerez-vous en échange? Ésaü céda son droit d'aînesse en échange d'un plat de lentilles.* — Dans le corps d'une phrase, *en échange* signifie *d'autre part, d'un autre côté* : *elle n'est pas jolie, mais en échange elle est bonne et spirituelle.*

ÉCHANGÉ, E, part. pass. de *échanger.*

ÉCHANGEABLE, adj. des deux genres (*échanjable*), qui peut être *échangé.* Inusité.

ÉCHANGER, v. act. (*échanjé*), faire un *échange, changer* une chose pour une autre. Il est du style noble; *troquer* est du style familier; et *permuter*, du style de palais : *échanger les prisonniers; échanger une propriété contre une autre.* — Il s'emploie particulièrement en langage diplomatique : *on échange plusieurs notes diplomatiques pour gagner du temps; les ratifications du traité furent échangées peu de jours après.*— On dit fig., dans un sens analogue : *échanger quelques politesses ; échanger des injures, des coups de poing;* et en t. militaires, *échanger quelques coups de canon, de fusil; il fallut échanger un coup de pistolet, après quoi on arrangea l'affaire.* — En t. de drapier, placer au milieu du carton les plis du drap qui étaient sur la tranche, afin de les effacer à une seconde presse. — Laver le linge à l'eau simple, avant de le mettre en lessive.—s'ÉCHANGER, v. pron.

ÉCHANGISTE, subst. des deux genres (*échanjicete*), t. de palais, celui qui a fait un *échange.*

ÉCHANSON, subst. mas. (*échançon*) (du latin *scantione*, ablatif de *scantio*, qui a été dit dans la basse latinité pour *pincerna*, échanson), officier dont la fonction est de servir à boire à la table d'un roi, d'un prince. — Par plaisanterie, on le dit de toute personne qui verse à boire.

ÉCHANSONNERIE, subst. fém. (*échançoneri*), lieu où est la boisson des princes, etc. — Corps des officiers qui leur servent à boire.

ÉCHANTIGNOLE, subst. fém. (*échantigniole*), t. de charron, morceaux de bois disposés pour recevoir l'essieu en dessous, et qui servent à l'assujétir. —T. de charpentier, pièces qui soutiennent des tasseaux.

ÉCHANTILLON, subst. mas. (*échanti-ion*) (suivant *Ménage*, du latin barbare *cantillo*, diminutif de *canthus*, qui signifie proprement le coin de l'œil, et dont nous avons fait également *chanteau de pain*, etc.), petit morceau de quelque chose que ce soit, qui sert de montre pour faire connaître la pièce. Il se dit surtout des étoffes : *l'échantillon d'un drap; un échantillon de vin, de blé; prenez ce ruban pour échantillon; j'ai apporté une bouteille comme échantillon.* — Au figuré, ouvrage, morceau, passage qui fait juger d'un auteur ; et fam., discours, action qui fait connaître le caractère d'une personne.— On dit prov. et fig. : *juger de la pièce par l'échantillon*, juger de quelqu'un ou de quelque chose par le peu qu'on en sait ou qu'on en a vu. —On dit aussi fig. et fam.: *donner un échantillon de son savoir-faire*, montrer ce qu'on peut, ce qu'on sait faire.—En t. de mar., on l'emploie pour désigner la force, la dimension des pièces de bois qui servent aux constructions navales : *ces deux pièces sont de même échantillon; cette pièce de bois est d'un grand échantillon, d'un petit échantillon.* On dit de même qu'*un bâtiment est d'un grand échantillon, d'un faible échantillon*, pour dire que la charpente de sa muraille, de son bord, a beaucoup, a peu d'épaisseur. — *Bois d'échantillon*, bois que les marchands vendent à une longueur et épaisseur déterminées. — T. de paveur, *pavé d'échantillon*, celui dont l'équarrissage tombe sensiblement au-dessous de sept pouces. — Modèle des poids et mesures, déterminé par les règlements et conservé dans un lieu public. — En t. d'horlogerie, outil pour égaliser les roues de rencontre.—Calibre pour les cloches.—Forme des moulures d'un canon. — Contre-partie de la taille de bois sur laquelle les détaillants font des incisions pour marquer la quantité d'objets qu'ils vendent à crédit. — En t. de bimbelotiers, on appelle *mettre des échantillons*, séparer en plusieurs sortes la grenaille de plomb.

ÉCHANTILLONNÉ, E, part. pass. de *échantillonner.*

ÉCHANTILLONNER, v. act. (*échanti-loné*), confronter un poids ou une mesure avec sa matrice originale. — Couper des *échantillons* d'une pièce d'étoffe.—s'ÉCHANTILLONNER, v. pron.

ÉCHANVRÉ, E, part. pass. de *échanvrer.*

ÉCHANVRER, v. act. (*échanvré*), *échanvrer la filasse*, en ôter les plus grosses chenevottes. En Normandie on dit *écousser.* — s'ÉCHANVRER, v. pron.

ÉCHANVROIR, subst. mas. (*échanvroar*), instrument qui sert à *échanvrer.*

ÉCHAPPADE, subst. fém. (*échapade*), t. de gravure en bois, accident qui arrive lorsque l'outil *échappe*, et va tracer un sillon sur une partie déjà gravée.

ÉCHAPPATOIRE, subst. fém. (*échapatoare*), défaite, subterfuge; moyen adroit pour se tirer d'embarras. Il est familier.

ÉCHAPPE, subst. fém. (*échape*), t. de fauconnerie, action de mettre en liberté des oiseaux pour lâcher sur eux des oiseaux de proie. — Au plur., t. de passementerie, pièces du métier à faire les galons.

ÉCHAPPÉ, subst. mas. (*échapé*), t. de manége, cheval engendré d'un étalon et d'une cavale de différente race : *un échappé de barbe.* — Fig. : *un échappé de Juif,* homme qu'on soupçonne être de race juive. — Fig. et fam. : *un échappé des Petites-Maisons,* un fou. — *Un échappé de prison,* un homme qui sort ou qui paraît sortir de prison tant il est mal vêtu, en désordre. — On dit, dans un sens analogue : *un échappé des galères,* en parlant d'un homme qui en effet s'est évadé du bagne, ou qui, par sa conduite, mérite les galères.

ÉCHAPPÉ, E, part. pass. de *échapper* et adj. On dit fig. et fam., d'un jeune homme inconsidéré et emporté, que *c'est un cheval échappé,* qu'*il fait le cheval échappé.*

ÉCHAPPÉE, subst. fém. (*échapé*), action imprudente d'un jeune homme qui s'écarte de son devoir. — On dit fam. : *faire quelque chose à l'échappée,* par intervalles et comme à la dérobée. — En archit., 1° espace suffisant pour le tournant des voitures dans un carrefour, dans un passage, etc. ; 2° hauteur suffisante du berceau qui couvre une descente de cave, au-dessus des marches; 3° entre deux rampes d'escalier, la distance de l'une sur l'autre. — *Échappée de vue,* vue resserrée entre des montagnes, des bois, des maisons. — *Échappée de lumière,* en t. de peinture, lumière qu'on suppose passer entre deux corps très-proches l'un de l'autre pour aller éclairer quelque partie du tableau.

ÉCHAPPEMENT, subst. mas. (*échapeman*), t. d'horlogerie, mécanique par laquelle le régulateur reçoit le mouvement de la dernière roue, et réagit ensuite sur elle, afin de modérer et de régler le mouvement d'une horloge, d'une pendule, etc. : *échappement à repos, échappement à recul.*—T. d'archit. Voy. ÉCHAPPÉE.

ÉCHAPPER, v. act. (*échapé*) (du grec σκαφη, en latin *scapha*, barque, esquif ; proprement, *se sauver dans un esquif,* lorsque le vaisseau coule à fond. Les Italiens disent *scappare*, et les Espagnols *escapar*), éviter : *échapper au danger.* — Prov. : *l'échapper belle,* éviter heureusement un grand péril. — *Échapper de...* s'esquiver, qui a la même étymologie, s'évader, se tirer, se sauver de... : *échapper d'un danger, d'un naufrage.* Il prend l'auxiliaire *avoir : il a échappé des mains des soldats. Boileau* a dit (satire V):

Leurs noms *sont échappés* au naufrage des temps.

Il fallait *ont échappé.* Dans cette acception et dans les suivantes, il est neutre.—*Échapper à...* n'être pas aperçu : *il y a des insectes si petits qu'ils échappent à la vue, aux yeux ; votre observation m'avait d'abord échappé.* Dans ce sens il prend toujours l'auxiliaire *avoir.*— N'être pas saisi ; se soustraire : *échapper à la fureur, à la poursuite des ennemis ;* et fig. : *il ne put échapper au dilemme pressant de son adversaire.* — Il se dit encore 1° d'une chose faite par inadvertance, d'un mot dit par mégarde, par imprudence, par indiscrétion, et il prend toujours l'auxiliaire *être : à peine cette parole me fut-elle échappée que... il est impossible qu'une pareille bévue vous soit échappée; son secret lui échappa.* Dans un sens analogue, *laisser échapper un mot, un secret, une bévue, des fautes,*etc. Dans ce sens, on l'emploie souvent comme verbe impersonnel : *il lui est échappé des fautes, des négligences ; il m'est échappé, il lui est échappé, il lui échappe souvent de dire, de faire des choses inconvenantes;* 2° d'une chose non faite par oubli, et il prend l'auxiliaire *avoir : ce que je voulais vous dire m'a échappé;* j'ai oublié ce que je voulais vous dire; *ce passage a été oublié par votre ami,* il l'a omis ; *rien n'échappe à la prévoyance, aux lumières de cet homme,* il prévoit tout.—Il se dit au fig., des choses dont on est frustré, ou que l'on ne saurait conserver, fixer, qui se perdent, s'évanouissent, se dissipent : *ne laissez pas échapper cette bonne occasion; cet emploi, cet héritage sur lequel il comptait lui échappe encore; le temps, la vie nous échappe.* — On dit de quelqu'un qui commence à perdre patience, qui a témoigné de l'impatience, qui s'emporte ou s'est emporté après s'être long-temps contenu : *la patience lui échappe, lui a échappé.* — *Échapper de la mémoire* s'applique aux choses dont on perd le souvenir, que l'on oublie : *cela m'avait* ou *m'était échappé de la mémoire.*—On dit laisser *échapper* ce que l'on tient; *échapper de la main, des mains,* en parlant des choses qu'on laisse aller ou tomber involontairement : *sa canne lui échappa des mains, lui a échappé, lui est échappée des mains.* — *Laisser échapper un cri, un soupir, une plainte, une larme, un reproche,* ne pas retenir un cri, etc.; et dans un sens analogue, *un cri, un soupir,* etc., *lui échappa, lui est échappé, vint à lui échapper.* Ces locutions s'emploient surtout quand les actions dont il s'agit sont involontaires et qu'on a fait quelque effort pour s'en abstenir. — La distinction des auxiliaires qu'on emploie dans la conjugaison du verbe *échapper* est très-importante; le sens de la phrase en dépend : *le cerf a échappé aux chiens,* signifie que les chiens ne l'ont point atteint ou aperçu; *le cerf est échappé aux chiens,* veut dire que les chiens l'avaient aperçu et presque atteint, mais qu'il s'est tiré du péril par un moyen quelconque. Si l'on veut exprimer qu'on a tout entendu, qu'on n'a rien perdu d'un discours, d'une conversation, on doit dire: *il ne m'a pas échappé un seul mot, une seule parole;* pour signifier au contraire qu'on n'a rien dit, qu'on n'a pas dit une parole, un mot, il faut l'auxiliaire *être : il ne m'est pas échappé une seule parole, un seul mot. Fénelon,* d'ailleurs si pur et si correct, n'a pas évité la faute, quand il a employé dans ce dernier sens l'auxiliaire *avoir : il ne m'a pas échappé une seule parole.* (*Télémaque,* liv. III.)—T. de manège : *faire* ou *laisser échapper un cheval de la main,* le pousser à toute bride.—S'ÉCHAPPER, v. pron., s'évader, s'enfuir, s'esquiver, avec la préposition *de : s'échapper de prison, des mains de quelqu'un; le lion s'est échappé de la ménagerie ; cet oiseau s'échappera au premier moment.* — Au fig., s'oublier, s'emporter, s'écarter : *c'est un homme emporté, il s'échappe à tout moment ; il s'est échappé jusqu'à l'injurier en public.* — On le dit, par extension, d'une chose qui d'elle-même sort d'un lieu, d'un endroit, d'une autre chose où elle était resserrée, contenue, enfermée : *tous les maux s'échappèrent à la fois de la boîte de Pandore ; des larmes s'échappèrent de tous les yeux; voici la fente par où l'eau s'échappe.* — Il s'emploie quelquefois fig., au sens moral, pour : se dissiper, s'évanouir : *je vis par-là s'échapper ma dernière espérance.* — T. de jardinier, pousser des branches qui ne fructifient pas. *Boiste,* dans cette acception, le fait actif; *Laveaux* et l'*Académie* n'en parlent point.

ÉCHARBOT, subst. mas. (*écharbô*), t. de bot., plante nommée aussi *châtaigne d'eau.*

ÉCHARDE, subst. fém. (*écharde*) (du latin barbare *excarda,* fait, dans le même sens, de *cardus,* pour *carduus,* chardon, plante armée de piquants fort pointus), piquant de *chardon,* épine ou petit éclat de bois qui entre dans la chair : *il lui entra une écharde sous l'ongle.*

ÉCHARDONNÉ, part. pass. de *échardonner.*

ÉCHARDONNER, v. act. (*échardoné*), ôter, couper, arracher les *chardons* d'un champ, d'un jardin, etc. — En t. de tondeur de drap, nettoyer les *chardons.*—S'ÉCHARDONNER, v. pron.

ÉCHARDONNOIR, subst. mas. (*échardonoar*), petit crochet tranchant qui sert à *échardonner.*

ÉCHARNÉ, E, part. pass. de *écharner.*

ÉCHARNER, v. act. (*écharné*), t. de tanneur et de mégissier, ôter d'un cuir la *chair* qui y reste.—S'ÉCHARNER, v. pron.

ÉCHARNOIR, subst. mas. (*écharnoar*), instrument avec lequel on *écharne.*

ÉCHARNURE, subst. fém. (*écharnure*), restes de *chair* ôtés d'un cuir pour le préparer.—Façon qu'on donne en *écharnant.*

ÉCHARPE, subst. fém. (*écharpe*) (de l'italien *ciarpa* qui signifie la même chose, et qui, suivant quelques-uns, a été fait du latin *carpere* dans le sens de couper, séparer, diviser), large bande d'étoffe qu'on portait autrefois de la droite à la gauche en forme de baudrier, et qu'on a portée ensuite en forme de ceinturon. Parmi les gens de guerre, la couleur de l'*écharpe* marquait la nation ou le parti : de là l'expression proverbiale *changer d'écharpe,* de parti. — *Écharpe municipale,* large bande d'étoffe blanche, rouge et bleue, que les officiers municipaux, pendant la révolution française, portaient lorsqu'ils étaient en fonctions; aujourd'hui cette écharpe est bleue, blanche et rouge; *une écharpe tricolore; l'écharpe aux trois couleurs.* — Sorte de vêtement ou d'ornement que portent les femmes. Ce n'est quelquefois qu'un simple nœud de rubans attaché sur le haut du bras : *au dernier bal les dames commissaires portaient une écharpe blanche et rouge.* — Ornement distinctif que porte au bras un officier faisant les fonctions d'aide-de-camp.—Ornement de la garde d'une épée.—On disait autrefois, en t. de chevalerie, *porter une écharpe aux couleurs de sa dame.*—Espèce de bande dont on se sert pour soutenir un bras blessé : *avoir le bras en écharpe.* — On dit fig. et prov., dans ce sens : *le lit est l'écharpe de la jambe,* pour exprimer qu'une personne dont la jambe est malade doit se tenir au lit.—Dans la menuiserie, pièce placée diagonalement dans un bâtis.—Morceau de bois aux quatre coins d'un châssis de tableau, etc. —En t. de marine, pièce de bois contournée qui part du dessus des bossoirs tribord et bas-bord, et va se terminer par une courbe derrière la tête de la figure. — Pièce de bois ayant une poulie à son extrémité, que l'on pose en saillie pour enlever de médiocres fardeaux. — Espèce de lien ou de ceinture qu'on voit aux balustres des volutes du chapiteau ionique antique.—Cordage attaché à l'œil de la louve pour conduire une pierre qu'on monte avec la grue, etc., et empêcher qu'elle ne frotte le long des murs, etc. — Tout cordage lié à la tête d'une chèvre ou d'un engin, et arrêté à un pieu, etc., pour les tenir en place.—Dans la construction des ponts de bateaux, deux cordages passés en croix d'un bateau à l'autre, pour les affermir.—Dans une poulie, la pièce fixe de bois ou de fer qui reçoit le bouton ou goujon. On dit plus ordinairement *chape.* — *Écharpes,* tranchées faites dans les terres en forme de croissant, pour ramasser les eaux dispersées dans une montagne et les recueillir dans une pierrée. —*Coup d'épée en écharpe,* qui va en travers. — *Canon qui tire en écharpe,* de biais. — Prov., *avoir l'esprit en écharpe,* avoir l'esprit embrouillé, de travers; ou troublé, altéré; ou simplement distrait.

ÉCHARPÉ, E, part. pass. de *écharper.*

ÉCHARPER, v. act. (*écharpé*), donner à un ennemi un coup d'épée de travers. — Tailler en pièces : *ce régiment a été écharpé.* — En t. de guerre, attaquer un ouvrage de revers et obliquement.—En t. de maçon, etc., lier un fardeau avec un moyen cordage pour y attacher une *écharpe* avec sa poulie.—S'ÉCHARPER, v. pron.

ÉCHARPILLÉ, E, part. pass. de *écharpiller.*

ÉCHARPILLER, v. act. (*écharpillé*), piller, voler.—S'ÉCHARPILLER, v. pron.

ÉCHARPILLERIE, subst. fém. (*écharpilleri*), brigandage. C'est un vieux mot.

ÉCHARS, adj. mas., au fém. **ÉCHARSE** (*échare, charce*) (du lat. *exparcus,*formé de la particule augmentative *ex,* et de *parcus,* avare, mesquin), autrefois chiche, trop économe. — T. de monnaie. Voy. ÉCHARSETÉ. — Au plur. mas., t. de mar.: *vents échars,* faibles, et qui passent subitement d'un rumb à l'autre.

ÉCHARSE, adj. fém. Voy. ÉCHARS.

ÉCHARSÉMENT, adv. (*écharcéman*), chichement, d'une manière chiche. Inusité.

ÉCHARSETÉ, subst. fém. (*écharceté*), défaut d'une pièce de monnaie qui n'est pas du titre ordonné. On dit d'une telle pièce : *elle est écharse* ou *en écharseté.*

ÉCHARSETÉ, E, part. pass. de *écharseter* et adj.

ÉCHARSETER, v. act. (*écharceté*), fabriquer des monnaies au-dessous du cours.

ÉCHASSE, subst. fém. (*échâce*) (du latin barbare *scalacia,* augmentatif de *scala,* échelle, *Ménage.*), t. d'archit., règle de bois un peu large dont se servent les appareilleurs pour y *marquer* les lignes de hauteur, de retombée et d'épaisseur.—Sorte d'oiseau qui habite les rivages maritimes, et dont les jambes sont fort longues.—Au plur., *échasses,* deux longs bâtons à chacun desquels est une espèce d'étrier ou un fourchon dans lequel on met les pieds, et dont on se sert quelquefois pour marcher. — Au fig. : *être toujours monté sur des échasses,* avoir sans cesse l'esprit guindé; affecter un style pompeux et élevé ; affecter de grands airs.—En t. de maçon, pièces de bois dressées debout, auxquelles sont attachées horizontalement les traverses qui portent le faux plancher.

ÉCHASSÉ, E, adj. (*échâcé*), monté sur des *échasses.*

ÉCHASSIER, subst. mas. (*échâcié*), t. d'hist. nat., ordre d'oiseaux ainsi nommés parce qu'ils sont montés très-haut sur jambes, et comme sur des *échasses.* Ils vivent ordinairement sur le bord des eaux, ce qui les a fait appeler aussi *oiseaux de rivage.*

ÉCHAUBOULÉ, E, adj. (*échôboulé*), qui a des *échauboulures.*

ÉCHAUBOULURE, subst. fém. (*échôboulure*) (du lat. barbare *excalbullatura,*fait de *caleo,* j'ai chaud, et de *bulla,* bulle, bourgeon, *Ménage*), petite *bulle,* bourgeon ou élevure sur la peau.

ÉCHAUDAGE, subst. mas. (*échôdaje*), action de blanchir les murs avec du lait de *chaux.*

ÉCHAUDÉ, subst. mas. *(échôdé)*, espèce de pâtisserie faite de pâte *échaudée*.—Petit siège pliant.

ÉCHAUDÉ, E, part. pass. de *échauder*, et adj.; prov. : *chat échaudé craint l'eau froide*. Voy. CHAT.

ÉCHAUDER, v. act. (*échôdé*), laver avec de l'*eau chaude* : *échauder un pot de terre, avant de s'en servir*. — Tremper dans l'eau bouillante : *échauder de la volaille, un cochon de lait*.—Jeter de l'*eau chaude sur*..., *échauder de la pâte*. — Il se dit aussi de l'action produite par un liquide très-chaud, bouillant, sur une partie du corps : *il m'est tombé sur la jambe une cafetière d'eau bouillante qui me l'a tout échaudée*.—S'ÉCHAUDER, v. pron., s'endommager quelque partie du corps par l'action d'un liquide brûlant : *en voulant retirer la marmite du feu, elle s'est échaudée; prenez garde de vous échauder, cette huile est bouillante*. — Au fig. et fam., être attrapé, recevoir du dommage dans une affaire : *il craint de s'y échauder; il s'y est échaudé* ou *il y a été échaudé*.

ÉCHAUDI, subst. mas. (*échôdi*), t. de mar., grosse boucle de fer triangulaire dans laquelle on passe la liûre du beaupré dans un vaisseau.

ÉCHAUDILLON, subst. mas. *(échôdion)*, se dit d'un lopin que l'on présente au feu pour le souder par les deux bouts lorsqu'il est *chaud*.

ÉCHAUDOIR, subst. mas. *(échôdoar)*, lieu où l'on *échaude*. — Vases, ustensiles qui servent à *échauder*.

ÉCHAUDOIRE, subst. fém. *(échôdoare)*, tuerie. Voy. ABATTOIR.

ÉCHAUFFAISON, subst. fém. *(échôfézon)*, mal causé par une *chaleur* excessive, et qui se manifeste par une ébullition.

ÉCHAUFFANT, E, adj. (*échôfan, fante*), qui *échauffe*, qui augmente la *chaleur*.

ÉCHAUFFÉ, subst. mas. *(échôfé)* : *sentir l'échauffé*, exhaler une odeur causée par une *chaleur* excessive et concentrée.

ÉCHAUFFÉ, E, part. pass. de *échauffer*, et adj. : *bois échauffé*, qui commence à se gâter et à pourrir.

ÉCHAUFFÉE, subst. fém. (*échôfé*), première opération des sauniers pour *chauffer* le fourneau.

ÉCHAUFFEMENT, subst. mas. (*échôfeman*), l'action d'*échauffer*; ou mieux, l'effet de cette action.

ÉCHAUFFER, v. act. *(échôfé)*, rendre *chaud*; donner de la chaleur : *il faut beaucoup de feu pour échauffer cette chambre*. — Causer un excès de chaleur animale : *le travail, les veilles vous ont échauffé la poitrine; ce régime lui échauffe le sang*. —Fig., animer, exciter, enflammer : *on a bien de la peine à vous échauffer; ce discours échauffa toutes les têtes; à lui seul il échauffa une soirée, une conversation*.—Impatienter, mettre en colère : *un rien l'échauffe, lui échauffe l'esprit, le sang; vos discours m'échauffent la bile*.—On dit en ce sens fig. et fam. : *échauffer les oreilles à quelqu'un*, l'impatienter, l'irriter par quelques paroles : *de grâce, ne m'échauffez pas les oreilles*.—En t. de manuf., percer, rider une étoffe, en la foulant ou trop longtemps ou trop fortement. — S'ÉCHAUFFER, v. pron. — On dit fig. et fam. : *s'échauffer en son harnais*, parler de quelque chose avec beaucoup de véhémence et d'émotion; s'agiter, se démener, se donner beaucoup de mouvement.—En t. de chasse, *s'échauffer sur la voie*, en parlant des chiens qui suivent la voie avec trop d'ardeur. — *Le feu s'échauffe*, *commence à s'échauffer*, on commence à jouer avec chaleur, et plus gros jeu. — On le dit aussi d'une querelle, d'une dispute, d'une conversation, de la guerre quand elle s'anime de plus en plus, qu'elle est très-animée : *la discussion s'échauffait déjà quand je suis entré*.

ÉCHAUFFOURÉE, subst. fém. (*échôfouré*), entreprise téméraire et malheureuse. — Rencontre imprévue à la guerre. Dans ces deux acceptions, il est familier.

ÉCHAUFFURE, subst. fém. (*échôfure*), petite rougeur ou élevure qui vient sur la peau dans une *échauffaison*.

ÉCHAUGUETTE, subst. fém. (*échôguiète*) (du latin barbare *eschargaita* ou *scargayta*, employé dans le même sens par les écrivains de la basse latinité, et dérivé de l'allemand *scharwachte*, patrouille, lequel est formé de *schar*, pluriel *scharen*, troupe, multitude, d'où les Italiens ont fait *schiera*; et de *wachte*, guet, sentinelle), guérite placée au haut d'une place forte pour découvrir ce qui se passe aux environs.

ÉCHAULÉ, E, part. pass. de *échauler*.

ÉCHAULER, v. act. *(échôlé)*. Voy. CHAULER, qui seul se dit.

ÉCHAUX, subst. mas. plur. *(échô)*, rigoles ou fossés destinés à recevoir les eaux après qu'elles ont abreuvé une prairie.

ÉCHÉABLE, adj. des deux genres *(éché-able)*, t. de comm., qui doit *échoir*, en parlant d'une lettre de change, d'un billet à ordre.—Ce mot manque dans l'*Académie*.

ÉCHÉANCE, subst. fém. *(éché-ance)*, le terme où *échet* le paiement d'une chose due.

ÉCHÉANDIE, subst. fém. *(éché-andi)*, t. de bot., sorte de plante vivace.

Échéant, part. prés. du verbe irrég. ÉCHOIR.

ÉCHEC, subst. mas. *(échèke*; le plur. *échecs* se prononce *éché)* (de l'italien *scacchi*, formé dans la même signification du persan *schah*, qui signifie souverain maître, empereur : *schah-mat* (l'empereur est mort),échec et mat; *shah-mat*, roi vaincu (échec et mat), jeu dont on attribue l'invention à Pyrrhus, roi d'Épire qui fit la guerre aux Romains ; il se joue par deux personnes, sur un damier, avec huit pièces et huit pions de chaque côté : *jouer aux échecs*. — Les pièces avec lesquelles on joue à ce jeu, collectivement prises : *échecs d'ivoire, d'ébène*, etc. — Coup de ce jeu dans lequel on attaque le roi, de sorte qu'il est obligé de se retirer ou de se couvrir : *donner échec; mettre le roi en échec; échec au roi, à la dame*.—*Échec et mat*, se dit, quand le roi ne peut ni se retirer ni se couvrir. Figur. et fam. : *être échec et mat*, être perdu sans ressource.—Au fig., perte considérable que font des troupes : *les ennemis reçurent un grand échec*.—Il se dit, par extension, des particuliers : *c'est un grand échec à sa fortune, à son honneur, à sa réputation, à son crédit; voilà un auteur que les échecs n'ont point découragé*. — Fig.: *tenir en échec*, empêcher d'agir, tenir en crainte, s'emploie en parlant des particuliers, des troupes, d'une armée, d'une place. — On dit prov. : *au jeu d'échecs, les fous sont les plus proches du roi*.

ÉCHÉCHIRIE, subst. propre fém. *(échéchiri)*, myth., déesse des trêves ou suspensions d'armes, représentée avec une couronne d'olivier.

ÉCHÉDORE, subst. propre mas. *(échédore)*, myth., nom d'un fleuve sur le bord duquel Hercule fut poursuivi par Cygnus.

ÉCHÉE, subst. fém. *(éché)*, quantité de fil dévidé sur le dévidoir, ordinairement de trois cents tours du dévidoir.

ÉCHÉES, subst. mas. plur. *(éché)*, vases d'airain que l'on dispersait autrefois dans les théâtres pour rendre les salles plus sonores.

ÉCHELAGE, subst. mas. *(échelaje)*, droit qu'a un propriétaire de poser une *échelle* sur la maison ou sur le terrain de son voisin, pour faire des réparations ou reconstructions.

ÉCHELÉ, E, part. pass. de *écheler*.

ÉCHELER, v. neut. *(échelé)*, appliquer l'*échelle*; monter par degré.—Peu en usage.

ÉCHELETTE, subst. fém. *(échelète)*, sorte de petite *échelle* qu'on attache au bât d'une bête de somme; ridelle de devant d'une charrette.

ÉCHELIER, subst. mas. *(écheliè)*, pièce de bois traversée par des chevilles pour monter au haut des grues, des engins, etc.

ÉCHELLE, subst. fém. *(échèle)* (en latin *scala*), instrument de bois portatif dont on se sert pour monter et pour descendre. Il est composé de deux longues branches traversées d'espace en espace par des bâtons qu'on nomme *échelons* : *grande, petite échelle, échelle double, échelle brisée; monter avec une échelle, à une échelle, à l'échelle; tenir l'échelle, le pied de l'échelle*, de peur qu'elle ne tombe; *l'échelle rompit*. — Il s'applique, en termes de navire, à tout degré, à tout escalier fixe ou volant : *échelle d'entrepont, échelle de dunette*, etc. ; *échelle de poupe*, ou *de corde*, *échelle* dont les deux montants sont de corde, dont les *échelons* sont faits de rouleaux de bois, et que l'on tient toujours pendue à l'arrière des bâtiments.—*Échelle de corde*, sorte d'*échelle* qui est formée de cordes, et qui s'attache avec un crochet de fer à l'endroit où l'on veut monter.—En géométrie, ligne divisée et subdivisée en plusieurs parties égales, qu'on prend pour servir de commune mesure aux parties d'un plan ou d'un solide. On l'appelle proprement *échelle* des parties égales : *le plan de cet édifice est sur une échelle d'une ligne par toise*.—On dit par extension : *ce plan, cette carte est sur une grande, une petite, une moyenne échelle*, l'étendue, la distance y sont représentées par une grande, une moyenne, une petite proportion; et fig., dans le même sens : *faire quelque chose, opérer, travailler sur une grande échelle*, en embrassant un nombre d'objets, en appliquant une action à des choses importantes, considérables, à de grandes masses. — En peinture, ligne droite divisée en parties égales et proportionnelles. — Dans les cartes géographiques et dans les plans, ligne divisée en plusieurs espaces pour mesurer les distances : *échelle de dix lieues, de dix milles; échelle de dix mètres, de dix toises; mesurer sur l'échelle, d'après l'échelle*.—En musique la même chose que gamme. Les Italiens disent aussi *scala* dans le même sens.—Place de commerce sur les côtes dans tous les ports et les rades du Levant; ainsi appelée de ce que dans tous les ports et les rades du Levant il n'existe, au lieu de quais, que des *échelles* ou des marches en bois, qui s'avancent dans la mer pour l'abord des navires, etc. On dit d'un bâtiment qui relâche dans quelque port du Levant, *faire échelle*, et plus ordinairement, *faire escale*. — *Échelle arithmétique*, proportion géométrique par laquelle se règle la valeur relative des chiffres simples, ou l'accroissement *graduel* de la valeur qu'ils tirent du rang qu'ils occupent entre eux. L'*échelle* de notre système arithmétique est la progression décuple. — *Échelle de proportion*, tableau graphique ou numérique, indiquant par des divisions linéaires ou par des nombres les variations, successives de hausse et de baisse éprouvées par des valeurs commerciales : *réduire à l'échelle de proportions une somme prêtée en assignats pour apprécier sa valeur en espèces métalliques*. — *Échelle d'un thermomètre, d'un baromètre*, série des divisions ou degrés qu'on trace sur ces instruments pour mesurer les dilatations ou les mouvements éprouvés par les liquides qu'ils contiennent. On dit, dans un sens analogue, *l'échelle d'un aréomètre*.—*Échelle de logarithmes, échelle anglaise,échelle de Gunter, échelle proportionnelle*, sorte d'*échelle* imaginée en Angleterre par *Gunter*, vers 1625, sur laquelle on trouve les logarithmes des sinus et des tangentes, avec plusieurs autres lignes. On s'en sert pour faire des multiplications, et résoudre des triangles, en plaçant sur trois lignes les logarithmes des nombres, ceux des sinus et ceux des tangentes. — *Échelle de front*, ligne droite parallèle à la ligne horizontale, et divisée en parties égales qui représentent des mètres, des décimètres, etc. — *Échelle fuyante*, ligne droite verticale dans un dessin de perspective, et divisée en parties inégales qui représentent des mètres, etc. — *Échelle des marées*. Voy. FLUX et REFLUX.—*Échelle campanaire*, chez les fondeurs, *échelle* graduée qui leur sert à déterminer les dimensions des cloches, relativement au son qu'ils veulent leur donner. Ils l'appellent aussi *diapason* ou *brochette*. — *Échelle de meunier*, sorte d'escalier droit.—Prov. : *après cela il faut tirer l'échelle*, on ne peut voir de plus belle chose; *après lui il faut tirer l'échelle; il a tiré l'échelle après lui; il a tiré l'échelle*, se dit d'un homme qui a si bien fait en quelque chose qu'on ne peut croire que personne fasse mieux.—*Faire la courte échelle*, se dit de personnes qui montent les unes sur les autres pour aider quelqu'un à escalader un mur, à atteindre un point élevé; et fam. au fig., faciliter à quelqu'un les moyens d'arriver au but qu'il se propose. — On dit dans l'acception précédente et fam. : *escalader un mur à la courte échelle*. — On dit fig. : *l'échelle sociale*, pour exprimer la hiérarchie sociale, la division, l'enchaînement des degrés, des rangs, des classes de la société : *être au dernier degré de l'échelle sociale*. On dit aussi dans un sens analogue : *l'échelle des êtres*.— *Échelles*, subst. mas. plur., t. de physiol., les deux rampes ou contours du limaçon de l'oreille.

ÉCHELON, subst. mas. *(échelon)*, degré d'*échelle*.—Au fig., moyen pour s'élever, s'avancer : *acceptez cette charge, c'est un échelon pour monter à une autre plus importante; arriver par échelon, d'échelon en échelon, à un grade, à un emploi*, c'est-à-dire en passant successivement par tous les grades, par tous les emplois qui sont au-dessous.—*Descendre d'un échelon, descendre un échelon*, descendre d'un rang, d'un grade quelconque au rang, au grade immédiatement inférieur. — En t. d'art militaire : *disposer ces troupes par échelons, les ranger en échelons*, les disposer sur divers plans, de façon que les unes puissent soutenir et remplacer successivement les autres. On dit dans un sens analogue : *marcher en échelons*.

ÉCHELONNÉ, **E**, part. pass. de *échelonner.*

ÉCHELONNER, v. act. (*écheloné*), t. d'art militaire : ranger en *échelons, échelonner un corps d'infanterie.*—s'ÉCHELONNER, v. pron.

ÉCHÉMON, subst. propre mas. (*échémon*), myth., fils de Priam et d'Hécube, qui fut tué par Diomède sous les murs de Troie.

ÉCHENAL ou **ÉCHENET**, subst. mas. (*échenal, né*), gouttière de bois pour recevoir l'eau des toits. (*Boiste.*)—Nous pensons qu'*échenal* est un mot inutilement forgé, puisqu'on dit *chenal.*

ÉCHÈNE, subst. mas. (*echène*), t. d'hist. nat., genre de poissons de la division des thoraciques.

ÉCHÉNÉIS ou **ÉCHÉNÉIDE**, subst. mas. (*échénéice, ide*), t. d'hist. nat., genre de poissons de la division des osseux.

ÉCHENILLAGE, subst. mas. (*écheni-laje*), l'action d'ôter les *chenilles* d'un arbre.

ÉCHENILLÉ, **E**, part. pass. de *écheniller.*

ÉCHENILLER, v. act. (*écheni-ié*) (rac. *chenilles*), ôter les *chenilles* des arbres; détruire leurs nids, etc.—s'ÉCHENILLER, v. pron.

ÉCHENILLEUR, subst. mas. (*écheni-ieur*), t. d'hist. nat., genre d'oiseaux de l'ordre des silvains.—Ouvrier qui *échenille.*

ÉCHENILLOIR, subst. mas. (*écheni-ioar*), outil dont on se sert pour *écheniller.*

ÉCHENO, subst. mas. (*échenô*), t. de fonderie, bassin de terre très-sèche où tombe le métal pour couler de là dans le moule. (*Boiste.*)—Ce mot nous semble être le même qu'*échenal,* ou plutôt que *chenal;* la terminaison *o* étant peu usuelle dans notre langue.

ÉCHEOIR, v. neut. (*échoar*), pour ÉCHOIR, est un *barbarisme ancien,* que l'*Académie* paraîtrait vouloir maintenir, puisqu'elle le nomenclature. Nous ferons remarquer qu'elle n'écrit que *choir,* et nullement *cheoir,* qui s'écrivait ainsi autrefois. Voy. ÉCHOIR.

DU VERBE IRRÉGULIER ÉCHOIR :

Écherra, 3e pers. sing. fut. indic.
Écherrai, 1re pers. sing. fut. indic.
Écherraient, 3e pers. plur. prés. cond.
Écherrais, précédé de *j',* 1re pers. sing. prés. cond.
Écherrais, précédé de *tu,* 2e pers. plur. prés. cond.
Écherrait, 3e pers. sing. prés. cond.
Écherras, 2e pers. sing. fut. indic.
Écherrez, 2e pers. plur. fut. indic.
Écherriez, 2e pers. plur. prés. cond.
Écherrions, 1re pers. plur. prés. cond.
Écherrons, 1re pers. plur. fut. indic.
Écherront, 3e pers. plur. fut. indic.

ÉCHÉTROSIS, subst. mas. (*ékétrôzice*) (en grec εχετρωσις, brioine ou vigne blanche), t. de bot., la brioine.

ÉCHET, subst. mas. (*éché*), division de plusieurs écheveaux de laine formés par le dévidage.

ÉCHETTE, subst. fém. (*échète*), succession, héritage. Vieux et même hors d'usage.

ÉCHEVEAU, subst. mas. (*échevô*) (suivant *Ménage,* de *capillus,* cheveu. Un *écheveau,* ajoute cet étymologiste, est un *peloton échevelé*), fil, soie, laine, pliés en plusieurs tours, afin qu'ils ne se mêlent point : *écheveau de fil blanc.* — On dit fig. d'une affaire embrouillée : *c'est un écheveau difficile à démêler, à dévider.*

ÉCHEVELÉ, **E**, part. pass. de *écheveler,* et adj., qui a les *cheveux* épars et en désordre. Il se dit plus communément d'une femme que d'un homme : *elle était échevelée.*

ÉCHEVELER, v. act. (*échevelé*), déranger l'économie des *cheveux.* — s'ÉCHEVELER, v. pron.

ÉCHEVETTE, subst. fém. (*échevète*), petit *écheveau* de fil ou de coton. Peu en usage.

ÉCHEVIN, subst. mas. (*échevein*) (selon *Ménage,* du lat. barbare *scabinus, scabineus* ou *scabinius,* qu'on trouve souvent dans les Capitulaires de nos rois, et dans les lois des Lombards, avec la signification de *juge*), nom qu'on donnait aux officiers municipaux à Paris, à Lyon, et dans quelques autres villes de France.

ÉCHEVINAGE, subst. mas. (*échevinaje*), charge d'*échevin.*—Se dit de l'exercice et de la durée de cette fonction : *durant l'échevinage; sous l'échevinage d'un tel.*

ÉCHIDNA, subst. propre fém. (*échidna*) (du grec εχιδνα, vipère), myth., monstre né de Chrysaor et de Callirhoë. La moitié supérieure de son corps offrait la forme d'une belle femme, et l'autre celle d'un affreux serpent. Quoique les dieux la tinssent enfermée dans un antre de la Syrie, elle eut de Typhon Orcus, Géryon, le Sphinx, le chien Cerbère, l'hydre de Lerne, la Chimère, le lion de Némée.— C'était aussi dans la Fable le nom d'une princesse hyperboréenne, difforme comme la précédente, et que pour cela quelques auteurs croient être la même. Elle enleva d'abord les cavales d'Hercule et eut ensuite de lui trois enfants : Agathyrse, Gélon et Scythe; ce dernier donna son nom à la Scythie.

ÉCHIDNÉ, subst. mas. (*échidné*), t. d'hist. nat., genre d'animaux.—Genre de poissons réuni à celui des murènes.

ÉCHIDNITE, subst. fém. (*échidnite*) (du grec εχιδνα, vipère), t. de minér., pierre précieuse qui est tachetée comme une vipère.

ÉCHIF, adj. mas., au fém. **ÉCHIVE** (*échif, chive*), t. de vén., se dit des oiseaux de proie voraces et gourmands.

ÉCHIFFRE, subst. mas. (*échifre*), t. d'archit., mur sur lequel portent les marches et la rampe d'un escalier.

ÉCHIGNOLE, subst. fém. (*échigniole*), fuseau dont les boutonniers et les ouvriers en ganses se servent pour mêler ensemble les différents brins de soie ou de fil.

ÉCHILLON, subst. mas. (*échi-ion*), t. de marine du Levant, nuée noire avec une longue queue qui s'allonge jusqu'à la mer et en attire l'eau comme une pompe. Voy. TROMBE.

ÉCHIMIS, subst. mas. (*échimice*), t. d'hist. nat., genre d'animaux de l'ordre des rongeurs.

ÉCHIMOSE, subst. fém. Voy. ECCHYMOSE. Tel est le renvoi de l'*Académie.* Pourquoi l'*Académie,* qui ne veut pas reconnaître le bienfait de l'étymologie, semble-t-elle préférer *ecchymose,* qui est tout étymologique, à *échimose,* qui a une forme toute française? Pourquoi? parce que l'*Académie* ne veut pas se rendre compte à elle-même; parce qu'elle refuse de rendre facile, à l'égard de notre langue, ce qui n'a qu'une apparence ridicule de difficulté.

ÉCHIN, subst. mas. (*échein*), médecin du sérail.

ÉCHINACÉE, subst. fém. (*échinacé*), t. de bot., sorte de plante.

ÉCHINADES, subst. propre fém. plur. (*échinade*), myth., nymphes qui furent métamorphosées en îles, pour n'avoir pas appelé le fleuve Achéloüs à un sacrifice auquel elles avaient invité tous les dieux des bois et des fleuves. — T. de géog. anc., îles de la mer Ionienne, situées à l'entrée du golfe de Corinthe, vis-à-vis de l'embouchure de l'Achéloüs et du promontoire Araxe. Ces îles sont au nombre de neuf.

ÉCHINALOPEX, subst. propre mas. (*échinalopèkce*) (du grec εχινος, hérisson, et αλωπηξ, renard), myth., nom d'une région d'Arcadie dont un berger fit cesser la stérilité, par le sacrifice qu'il y fit d'un hérisson et d'un renard.

ÉCHINDÉ, subst. mas. (*écheindé*) (du grec εχινος, hérisson), t. d'hist. nat., espèce de fourmilier de la famille des édentés.

ÉCHINANTHE, subst. mas. (*échinante*), t. d'hist. nat., genre d'oursins.

ÉCHINE, subst. fém. (*échine*) (de l'italien *schiena,* fait, dans le même sens, du lat. *spina,* épine du dos, par le changement ordinaire du *p* en *ch. Ménage.*), épine du dos : *se rompre l'échine; avoir une douleur le long de l'échine.* — Pop., on dit *longue échine, maigre échine,* en parlant d'une personne fort maigre. — En architecture, ornement de figure ovale (du grec εχινος, hérisson, châtaigne; parce qu'il ressemble à des châtaignes ouvertes). On l'appelle aussi *ove.*

ÉCHINÉ, **E**, part. pass. de *échiner,* et adj., (du grec εχινος, hérisson) : *semence, tige échinée,* recouverte de pointes dures et piquantes.

ÉCHINÉE, subst. fém. (*échiné*), partie du *dos* d'un cochon.

ÉCHINÉEN, subst. mas. (*échiné-ein*) (du grec εχινος, hérisson), t. d'hist. nat., nom d'animaux qui ont des piquants sur le dos, à peu près comme les *hérissons.*

ÉCHINER (et non pas, comme dit le bas peuple, ÉCHIGNER), v. act. (*échiné*), rompre *l'échine.*—Fig. et fam., tuer, assommer dans une mêlée.—Au fig. et fam. : *échiner de coups,* battre outrageusement. — s'ÉCHINER, v. pron. — Fig. et fam., s'excéder de fatigue, se donner beaucoup de peine : *je me suis échiné; vous êtes bien bon de vous échiner pour si peu de chose.*

ÉCHINIAIRE, subst. fém. (*échinière*), t. de bot., genre de plantes de la famille des graminées.

ÉCHINIDE, subst. mas. (*échinide*), t. d'hist. nat., nom d'une section d'animaux sans vertèbres.

ÉCHINITE, subst. fém. (*échinite*) (en latin *echinus,* pris du grec εχινος, hérisson), t. d'hist. nat., oursin de mer pétrifié.

ÉCHINOCHLOÉ, subst. mas. (*échinokloé*), t. de bot., genre de plantes établi aux dépens des panics.

ÉCHINOCHORYTE, subst. mas. (*échinokorite*), t. d'hist. nat., genre d'oursins de l'ordre des ananchites.

ÉCHINOCOQUE, subst. mas. (*échinokoke*), t. d'hist. nat., genre de vers intestinaux.

ÉCHINOCYAME, subst. mas. (*échinociame*), t. d'hist. nat., genre d'oursins que l'on nomme aussi fibulaires.

ÉCHINODACTYLE, subst. mas. (*échinodaktile*), t. d'hist. nat., oursin fossile.

ÉCHINODERME, subst. mas., et adj. des deux genres (*ékinodèreme*) (du grec εχινος, hérisson, et δερμα, peau; *qui a une peau de hérisson*), t. d'hist. nat., famille de zoophytes revêtus d'une peau dure et coriace parsemée d'épines. On les nomme aussi *radiaires.*

ÉCHINOÏDE, subst. fém. (*ékino-ide*) (du grec εχινος, hérisson, et ειδος, ressemblance), t. de bot., sorte de plante de la Cochinchine.

ÉCHINOLÈNE, subst. fém. (*ékinolène*), t. de bot., genre de plantes établi aux dépens des panics.

ÉCHYNOLYTRE, subst. mas. (*ékinolitre*), t. de bot., sorte de plante à une seule étamine; le scirpe.

ÉCHINOME, subst. mas. (*ékinome*), t. d'hist. nat., espèce d'oursins qui ont l'anus situé en dessous de la bouche.

ÉCHINOMÈTRE, subst. mas. (*ékinomètre*), t. d'hist. nat., hérisson marin.

ÉCHINOMYIES, subst. fém. plur. (*ékinomi*) (du grec εχινος, hérisson, et μυια, mouche), t. d'hist. nat., sorte de mouches qui ont le corps garni de poils très-roides, et que par cette raison on appelle aussi *mouches hérissonnes.*

ÉCHINONÉE, subst. fém. (*ékinoné*), t. d'hist. nat., genre d'oursins.

ÉCHINOPE, subst. fém. (*ékinope*), t. de bot., genre de plantes de la famille des cynarocéphales.

ÉCHINOPÉES, subst. fém. plur. (*ékinopé*), t. de bot., tribu de plantes de la famille des cynarocéphales.

ÉCHINOPHORE, subst. fém. (*ékinofore*) (du grec εχινος, hérisson, et φερω, je porte), genre de plantes de la famille des ombellifères, qui porte des fruits *hérissés,* contenant deux semences oblongues.

ÉCHINOPHTHALMIE, subst. fém. (*ékinofetalmi*) (du grec εχινος, hérisson, et οφθαλμος, œil), t. de médec., inflammation aux parties de la paupière qui sont garnies de poils, et dans laquelle ces poils sont hérissés.

ÉCHINOPHTHALMIQUE, adj. des deux genres (*ékinofetalmike*), t. de médec., qui a rapport à l'*échinophthalmie.*

ÉCHINOPODA, subst. mas., t. de bot. Voy. *échinopus,* qui semble être le même.

ÉCHINOPOGON, subst. mas. (*ékinopoguon*), t. de bot., agrostide ovale.

ÉCHINOPORÉ, subst. mas. (*ékinoporé*), t. d'hist. nat., genre de polypiers du Nord, établi parmi les lamellifères.

ÉCHINOPS, subst. mas. (*ékinopece*), t. de bot., genre de plantes synanthérées, de la famille des cynarocéphales.

ÉCHINOPSÉES, subst. fém. plur. (*ékinopecé*), t. de bot., tribu de plantes synanthérées qui ne renferme que le genre *échinops.*

ÉCHINOPSIDÉES, subst. fém. plur. (*ékinopecide*), t. de bot., première section dans la classe des plantes de la synanthérie.

ÉCHINOPUS, subst. mas. (*ékinopuce*) (du grec εχινος, hérisson, et πους, pied), t. de bot., plante vivace appelée aussi *boulette* et *chardon échinope.*

ÉCHINORRHYNQUE, subst. mas. (*ékinoreinke*), t. d'hist. nat., genre de vers intestins à trompe et à aiguillon.

ÉCHIOCHILON, subst. mas. (*ékiochilon*), t. de bot., plante de Barbarie de la famille des borraginées.

ÉCHIOÏDE, subst. mas. (*échio-ide*) (du grec εχις, vipère, et ειδος, forme, ressemblance), genre de plantes dont les semences ont quelque ressemblance avec la tête d'une vipère.

ÉCHION, subst. propre mas. (*échion*), myth., roi de Thèbes. Ses deux filles se laissèrent immoler pour apaiser les dieux, qui affligeaient la contrée d'une sécheresse horrible. Il sortit de leurs cendres deux jeunes hommes couronnés, qui célébraient la mort généreuse de ces princesses. Il y eut un autre Échion, père de Penthée, qui fut un de ceux qui naquirent des dents du dragon, et qui aidèrent Cadmus à bâtir Thèbes; et c'est de son nom que les Thébains ont été appelés *Échionides*. Il y en a eu encore un autre qui était le héraut des Argonautes. D'autres disent qu'il leur servit d'espion, parce qu'il était fin et rusé. Un des géants qui escaladèrent le ciel se nommait Échion; il fut pétrifié par Minerve. — Parmi les princes qui allèrent à la chasse du sanglier de Calydon, le premier qui perça le monstre s'appelait aussi Échion. Enfin l'histoire fait mention de trois Échion : un athlète qui remporta souvent le prix de la course, un peintre célèbre par l'expression de ses tableaux, et un musicien qui vivait sous Domitien.

ÉCHIONIDÈS, ou **ÉCHIONIUS**, subst. propre mas. (*ékionidèce, niuce*), myth., Penthée, fils d'Échion. On appelait *Échionides* les habitants de la ville de Thèbes. Voy. ÉCHION.

ÉCHIQUETÉ, E, adj. (*échiketé*), rangé en manière d'*échiquier*.

ÉCHIQUIER, subst. mas. (*échikié*), tablette carrée sur laquelle on joue aux *échecs*, et qui est divisée en plusieurs cases ou carrés de deux couleurs. — *Planter des arbres en échiquier*, les planter de manière que leur disposition offre plusieurs carrés rangés comme ceux d'un *échiquier*. — En t. de mar. milit., il se dit d'un certain ordre de marche des armées navales : *se mettre, se former en échiquier; courir, marcher en échiquier*. — En t. de pêche, filet carré soutenu par deux demi-cerceaux qui se croisent au milieu, auquel est attachée une perche, et dont on se sert à Paris pour pêcher de petits poissons. — En t. de blason, écu divisé en plusieurs carrés. — Sorte de filet carré. — En Normandie, tribunal où l'on jugeait les affaires en dernier ressort, ainsi nommé, suivant l'abbé *Le Bœuf*, de ce que sur la table carrée qui était dans la salle de ce tribunal, on se servait, pour calculer, de jetons de deux couleurs, dont les uns marquaient les livres et les autres les sous. — En Angleterre, *la cour de l'échiquier*, juridiction où l'on règle toutes les affaires de finances.

ÉCHIS, subst. mas. (*échice*) (du grec εχις, serpent), t. d'hist. nat., sorte de serpent venimeux qu'on trouve dans les Indes.

ÉCHITE, subst. fém. (*échite*) (du grec εχις, vipère, serpent), t. de bot., genre de plantes.

ÉCHIVE, adj. fém. Voy. ÉCHIF.

ECHMAGORAS, subst. propre mas. (*ékmaguorâce*), myth., fils d'Hercule, qui fut exposé aux bêtes sauvages avec sa mère Phillone, par ordre d'Alcimédon son aïeul, irrité du mariage clandestin de sa fille avec Hercule. Celui-ci les délivra l'un et l'autre.

ECHMATOTARCHIE, subst. fém. (*ékmatotarchi*) (du grec εχμα, génitif εχματος, soutien, appui, et αρχη, commandement), gouvernement de l'echmatotarque parmi les anciens Juifs.

ECHMATOTARCHIQUE, adj. des deux genres (*ékmatotarchike*), qui a rapport à l'*echmatotarchie*.

ECHMATOTARQUE, subst. mas. (*ékmatotarke*), chef des Juifs pendant leur captivité à Babylone.

ECHMÉE, subst. fém. (*ékmé*), t. de bot., plante du Pérou, de la famille des asparagoïdes.

ECHNOBAS, subst. propre mas. (*éknobâce*), myth., l'un des chiens d'Actéon.

ÉCHO, subst. mas. (*ékô*) (en grec ηχος, son), réfléchissement et répétition du son frappé contre quelque corps qui le renvoie distinctement; ce qui produit cette répétition; le lieu où elle se fait : *il y a de l'écho ici; entendre un écho; les échos redoublés; les échos d'alentour; l'écho de l'Observatoire de Paris*. — *Écho simple*, qui ne répète la voix qu'une fois. — *Écho multiple*, qui répète le même son plusieurs fois différentes. — *Écho syllabique*, qui fait entendre plusieurs syllabes. — *Écho tonique*, qui ne se fait entendre que lorsque le son est parvenu à un certain degré de ton musical. — *Écho tautologique*. Voy. TAUTOLOGIQUE. — Au fig., il se dit d'une personne qui répète ce qu'une autre a dit : *se faire l'écho des sottises d'autrui; un courtisan n'est que l'écho du prince*. On appelle *vers en écho* une sorte de vers dont la dernière syllabe ou les deux ou trois dernières étant répétées, font un mot qui, ajouté aux paroles précédentes, en achève le sens ou leur sert de réponse. — En musique, pièce dans laquelle on répète un trait en le radoucissant; comme sur l'orgue, lorsque le positif répète après le grand jeu. — Fig. et en t. de peinture, répétition de la lumière : *écho lumineux*. — Au fém., myth., nom propre d'une nymphe de la fable, fille de l'Air et de la Terre. Cette nymphe habitait les bords du fleuve Céphyse. Junon la condamna à ne répéter que la dernière parole de ceux qui l'interrogeaient, parce qu'elle avait parlé imprudemment, et qu'elle l'avait amusée par des discours agréables pendant que Jupiter était avec ses nymphes, afin qu'elle n'allât point le troubler. Ayant voulu se faire aimer de Narcisse, et s'en voyant méprisée, elle se retira dans les grottes, dans les montagnes et dans les forêts, où elle sécha de douleur, et fut métamorphosée en rocher.

ÉCHOIR, v. neut. (*échoar*) (du lat. *excidere*, tomber, comme *choir* vient de *cadere*), *échu*, *échéant*. *Il échoit* ou *il échet*. *J'échus*. *Je suis, j'étais échu*, etc. — On dit fam. : *si le cas y échet, y échoit; le cas échéant*, si l'occasion s'en présente. — Il se dit du terme, du temps préfix auquel on doit faire certaines choses : *le premier terme échoit à la Saint-Martin*. — *Cette lettre de change est échue*, et non pas *a échu*. — Il se construit quelquefois avec les adverbes *bien* et *mal*, et signifie rencontrer fortuitement : *nous ne pouvions plus mal échoir; vous ne pouviez que bien échoir*. Ce sens a vieilli.

Échoit, 3ᵉ pers. sing. prés. indic. du verbe irrégulier ÉCHOIR.

ÉCHOMES, subst. mas. plur. (*échome*), t. de marine, chevilles de bois ou de fer qui servent à tenir la rame d'un matelot qui nage.

ÉCHOMÈTRE, subst. mas. (*ékomètre*) (du grec ηχος, son, et μετρον, mesure), t. de mathématiques, d'acoustique et de musique; règle sur laquelle sont plusieurs lignes divisées pour mesurer la durée des sons, et trouver leurs intervalles et leurs rapports.

ÉCHOMÉTRIE, subst. fém. (*ékométri*) (du grec ηχος, son, et μετρον, mesure), art de faire des instruments et surtout des voûtes qui rendent des *échos*.

ÉCHOMÉTRIQUE, adj. des deux genres (*ékométrike*), qui est relatif, qui appartient à l'*échométrie*.

ÉCHOPPAGE, subst. mas. (*échopaje*), action d'enlever avec l'*échoppe* les filaments des lettres d'une page stéréotypée.

ÉCHOPPE, subst. fém. (*échope*) (de l'allemand *schopf*, cabane, lieu couvert, portique, galerie, etc., d'où les Anglais ont fait également *shop*, boutique. *Le Duchat*.), petite *boutique* ordinairement en appentis et adossée contre une muraille. — Pointe ou aiguille dont on se sert pour graver dans plusieurs métiers.

ÉCHOPPÉ, E, part. pass. de *échopper*.

ÉCHOPPER, v. act. (*échopé*), graver avec l'*échoppe*. — S'ÉCHOPPER, v. pron.

ÉCHOUAGE, subst. mas. (*échouaje*), endroit où l'on peut faire *échouer* un vaisseau avec le moins de danger.

ÉCHOUÉ, E, part. pass. de *échouer*.

ÉCHOUEMENT (Nous ferons remarquer que l'*Académie* ne permet pas d'écrire *échoûment*, comme elle tolère qu'on écrive *dénoûment* et *dévoûment*.), subst. mas. (*échouman*), action d'*échouer*, ou de faire *échouer* un bâtiment. — Choc d'un vaisseau contre un banc de sable ou un bas-fond.

ÉCHOUER, v. neut. (*échoué*) (suivant *Ménage*, du latin barbare inusité *scopulare*, fait de *scopulus*, lequel dérive du grec σκοπελος, écueil, rocher caché sous l'eau, etc.), donner contre un rocher ou sur le sable dans un endroit de la mer où il n'y a pas assez d'eau pour flotter : *notre vaisseau échoua* ou *nous échouâmes sur cet écueil*. — On dit aussi à l'actif et au pronominal : *le pilote nous échoua, échoua le vaisseau; il aima mieux s'échouer que de*... On *s'échoue* avec dessein, on *échoue* contre son gré. — Il se dit, par extension, des baleines : *nous trouvâmes une baleine qui avait échoué contre la côte*, ou *sur la côte*. — Au fig., ne pas réussir dans ce qu'on avait entrepris : *il a beau se donner de la peine, il échoue partout; ce professeur si éloquent a échoué à la tribune*. — Il se dit également en parlant des affaires : *tous mes projets ont échoué; l'affaire échoua devant cet échec inattendu*. — Ce verbe prend ordinairement l'auxiliaire *avoir*; on l'emploie quelquefois avec *être*, lorsque, en parlant des vaisseaux, des baleines, on exprime l'état, la manière d'être, plutôt que le fait, l'action même : *les habitants de ces côtes vivent et font commerce des débris, des dépouilles des vaisseaux qui sont échoués; nous reconnûmes que cette baleine était échouée depuis peu de temps*. — S'ÉCHOUER, v. pron.

ECHTRE, subst. fém. (*èktre*), t. de bot., plante herbacée, épineuse, de la Cochinchine.

DU VERBE IRRÉGULIER ÉCHOIR :

Échu, e, part. pass.
Échûmes, 1ʳᵉ pers. plur. prét. déf.
Échurent, 3ᵉ pers. plur. prét. déf.
Échus, précédé de *j'*, 1ʳᵉ pers. sing. prét. déf.
Échus, précédé de *tu*, 2ᵉ pers. sing. prét. déf.
Échusse, 1ʳᵉ pers. sing. imparf. subj.
Échussent, 3ᵉ pers. plur. imparf. subj.
Échusses, 2ᵉ pers. sing. imparf. subj.
Échussiez, 2ᵉ pers. plur. imparf. subj.
Échussions, 1ʳᵉ pers. plur. imparf. subj.
Échut, précédé de *il* ou *elle*, 3ᵉ pers. sing. prét. déf.
Échût, précédé de *qu'il* ou *qu'elle*, 3ᵉ pers. sing. imparf. subj.

ÉCHUTE, subst. fém. (*échute*), t. de féod., succession d'un main-mortable qui *échéait* au seigneur. Vieux.

Échûtes, 2ᵉ pers. plur. prét. déf. du verbe irrégulier ÉCHOIR.

ÉCIDIE, subst. fém. (*écidî*), t. de bot., genre de plantes de la famille des champignons.

ÉCIMABLE, adj. des deux genres (*écimable*), que l'on peut *écimer*.

ÉCIMÉ, E, part. pass. de *écimer* et adj.; en t. de blason, *chevron écimé*, dont la pointe est coupée.

ÉCIMER, v. act. (*écimé*), couper la tête ou la *cime* d'un arbre. — On dit plus communément *étêter*. Voy. ce mot. — S'ÉCIMER, v. pron.

ÉCLABOUSSÉ, E, part. pass. de *éclabousser*.

ÉCLABOUSSEMENT, subst. mas. (*éklabouceman*), action d'*éclabousser*.

ÉCLABOUSSER, v. act. (*éklaboucé*) (du mot *éclat* dans le sens de chose qui *éclate*, qui se détache, et de *boue*), faire rejaillir de l'eau ou plus communément de la *boue* sur... — Fig., regarder avec hauteur, avec mépris. — S'ÉCLABOUSSER, v. pron.

ÉCLABOUSSURE, subst. fém. (*éklabouçure*), *boue* que l'on fait jaillir.

ÉCLAFFÉ, E, part. pass. de *éclaffer*.

ÉCLAFFER, v. act. (*écklafé*), fendre, éclater. (*Boiste*.) — Vieux et même hors d'usage.

ÉCLAIR, subst. mas. (*éklère*) (du lat. *clarus*, clair), *éclat* de lumière subit et de peu de durée. Il se dit surtout de celui qui précède le tonnerre : *les éclairs sillonnent la nue; l'éclair précède la foudre*. — Il se dit dans un sens plus général de toute apparition subite de lumière qui ne dure qu'un instant. Les météores appelés *éclairs de chaleur* sont des phénomènes dont la cause est ignorée. — En chimie, lumière étincelante qui paraît à la surface du bouton d'or ou d'argent qui reste sur la coupelle. — Au fig. : *passer comme un éclair*, passer vite, ne durer guère. — *Prompt, rapide comme un éclair, comme l'éclair*, très-prompt, très-rapide. — On dit aussi fig., dans le même sens et par extension : *mon bonheur ne fut qu'un éclair; il y a dans cet ouvrage des éclairs de génie*. — Fig. et poétiquement : *l'éclair de ses yeux*.

ÉCLAIRAGE, subst. mas. (*éklèraje*), action d'*éclairer* habituellement une ville, une salle de spectacle. — Son effet même.

ÉCLAIRCI, E, part. pass. de *éclaircir* et adj. *Voltaire* a dit au figuré, dans *Adélaïde du Guesclin* :

Écoutez-moi; voyez d'un œil mieux *éclairci*.

On n'*éclaircit* un œil qu'au physique; au moral on l'*éclaire*. — L'*Académie* cite cet exemple au part. : *il y eut un peu d'éclairci; le ciel s'éclaircit pendant quelques moments*. *Éclairci* pourrait donc s'employer subst. au mas.; nous ne le pensons pas. On ne peut pas plus dire, selon nous : *il y eut un peu d'éclairci*, qu'on ne pourrait dire : *il y eut un peu de beau*. Il faut dire : *il y eut un peu de beau temps*, et : *il y eut un peu de temps clair*.

ÉCLAIRCIE, subst. fém. (*éklèreci*), t. de marine, endroit *clair* qui paraît au ciel dans les temps de brume. — Espace découvert dans un bois. Dans ce sens, on dit plus communément *clairière*.

ÉCLAIRCIR, v. act. (*éklèrecir*), rendre *clair* ou plus *clair* : *le vent éclaircira le temps ; cet orage a éclairci l'horizon ; éclaircir la vue, la voix, le teint ; éclaircir de la vaisselle, des armes*, les rendre luisantes, plus brillantes. — Au fig., *éclaircir son front, son visage*, paraître plus gai, plus riant, moins inquiet. — En parlant des choses liquides, rendre moins épais. — En t. de teinturier, rendre la couleur d'une étoffe moins foncée. — Diminuer le nombre : *le canon éclaircissait les rangs ; éclaircir une forêt*. — Fam. : *il a bien éclairci son bien*, il en a mangé une bonne partie. — Fig., rendre plus *clair*, plus intelligible : *il y a des passages qu'on n'a pas éclaircis ; le temps éclaircira bien des choses ; cela demande à être éclairci ; il faut que vous m'éclaircissiez votre conduite*. — *Éclaircir quelqu'un*, l'instruire d'une chose dont il doutait. — *Éclaircir un doute, une difficulté*, les mettre dans leur jour, les rendre faciles à résoudre, quelquefois les faire disparaître. — *Éclaircir les bas*, les repasser très-légèrement au chardon. — S'ÉCLAIRCIR, v. pron. — On dit au fig., surtout en parlant des évènements politiques : *l'horizon s'éclaircit, commence à s'éclaircir, semble s'éclaircir*, l'avenir est ou semble moins menaçant, moins inquiétant.

ÉCLAIRCISSEMENT, subst. mas. (*éklèrciceman*), explication d'une chose obscure. — En matière de querelle, explication qu'on demande à une personne. — *Faire une vente de bois par éclaircissement*, en abattant une partie des baliveaux d'un taillis.

ÉCLAIRCISSEUR, subst. mas. (*éklèrciceur*), dans la fabrication des épingles, ouvrier qui décrasse et *éclaircit* le fil de laiton.

ÉCLAIRE, subst. fém. (*éklère*), t. de bot., sorte de plante de la famille des chélidoines.

ÉCLAIRÉ, E, part. pass. de *éclairer* et adj., qui a un grand jour : *escalier bien éclairé*. — Qui a beaucoup de lumières : *salle bien éclairée*. — Au fig., en parlant des personnes, qui a de grandes lumières, de grandes connaissances. En ce sens, *éclairé* diffère de *clairvoyant*, en ce que le premier est le fruit de l'étude ; et le second, de l'esprit : *c'est un homme, un esprit, un juge très-éclairé ; vous avez un public éclairé*. On dit dans ce sens : *une maison, une sagesse, une amitié éclairée ; un jugement éclairé ; une critique éclairée*. — *Maison, jardin trop éclairé*, où l'on est exposé à la vue de tout le monde. — *Être logé, nourri, éclairé*, avoir le logement, la nourriture, la chandelle.

ÉCLAIREMENT, subst. mas. (*éklèreman*), action d'*éclairer*, propriété de répandre la clarté.

ÉCLAIRER, v. act. (*éklèré*), illuminer, répandre de la *clarté* sur... : *le soleil éclaire la terre* ; et neutralement : *la lune n'éclairait plus*. — Au fig., 1° donner de la *clarté* à l'esprit, faire voir *clair* en quelque chose : *l'expérience nous éclaire ; cette découverte aurait dû vous éclairer* ; 2° instruire de ce que l'on ignore, détromper : *je ne suis plus sa dupe, on m'a éclairé sur son compte ; lui seul peut nous éclairer là-dessus* ; 3° épier, observer, veiller sur... : *il faut éclairer les démarches de cet homme ; j'éclairerai votre conduite ; nous sommes dans un monde qui nous éclaire, qui éclaire toutes nos actions*. — En t. de peinture, distribuer les jours d'un tableau. — Apporter de la lumière à quelqu'un pour lui faire voir *clair* : *éclairer une personne qui descend un escalier ; éclairez-moi ;* dites *que l'on vienne nous éclairer*. On dit neutralement dans ce sens : *éclairez ; allez éclairer ; vous éclairez mal*. On disait autrefois dans le même sens : *éclairer à quelqu'un*. En Provence on dit *faire lumière à...* C'est un barbarisme grossier. — V. unipers., faire des *éclairs* : *il éclaire depuis une demi-heure*. — Etinceler, briller : *les yeux des chats éclairent pendant la nuit*. Quelques-uns le disent improprement du feu, des flambeaux, etc. : *ce feu éclaire bien ;* dites *brille* ou *flambe*. — On dit activement, encore plus mal : *éclairez ce feu ;* il faut dire : *allumez, faites brûler* ou *flamber*. — S'ÉCLAIRER, v. pron., acquérir des connaissances, s'instruire : *s'éclairer par la lecture des bons livres ; les esprits commencent à s'éclairer*.

ÉCLAIRETTE, subst. fém. (*éklèrète*), t. de bot., nom vulgaire de la renoncule ficaire.

ÉCLAIREUR, subst. mas. (*éklèreur*), t. de guerre, celui qui va à la découverte. — T. de mar., bâtiment de guerre faisant partie d'une escadre ou d'une armée, que l'amiral détache pour *éclairer* sa marche.

ÉCLAMÉ, adj. mas. (*éklamé*) (du grec εκλαομαι, je suis rompu ; formé de εκ et de κλαω, je romps, je casse) ; il se dit d'un serin qui a l'aile *rompue* ou la patte *cassée*.

ÉCLAMPSIE, subst. fém. (*éklanpeci*) (du grec εκλαμψις, éclair, lueur passagère, formé de εκλαμπω, je reluis, je brille, dérivé de λαμπω, je luis), t. de médec., espèce de maladie appelée vulgairement *convulsion des enfants*. — Autre maladie convulsive, aiguë et chronique, avec perte de sentiment dans l'accès.

ÉCLANCHE, subst. fém. (*éklanche*) (selon *Ménage*, du lat. barbare *anca* qui signifie *la hanche*, et au lieu duquel on a dit d'abord *lanca*, et ensuite *exlanca*), t. de boucherie et de cuisine, épaule de mouton quand elle est séparée du corps de l'animal.

ÉCLANCHÉ, E, part. pass. de *éclancher*.

ÉCLANCHER, v. act. (*éklanché*), t. de manuf., ôter, effacer les faux plis d'une étoffe, d'un drap. (*Boiste*.) — Cet auteur renvoie du reste à *écrancher*, qui semble avoir été confondu avec *éclancher*.

ÉCLANCHEUR, subst. mas. (*éklancheur*), l'ouvrier qui dans les manufactures est chargé d'*éclancher*.

ÉCLAT, subst. mas. (*ékla*) (suivant *Ménage*, du lat. *eclatum*, supin du verbe *ecferre* qui a été dit pour *efferre*, transporter de, ôter ; l'*éclat* n'est en effet qu'une partie ôtée de son tout), partie d'un morceau de bois qui est rompu en long : *on a fendu cette bûche par éclats ; un éclat de bois, de lance*. — On le dit aussi des pierres, des bombes, des grenades : *il fut blessé mortellement d'un éclat d'obus*. — Lueur brillante : *l'éclat du soleil, des pierreries, des couleurs, des yeux*, etc. ; *cette femme a beaucoup d'éclat ; le coloris de ce tableau a de l'éclat*. — On dit dans un sens analogue, *l'éclat du style, des pensées, d'un discours*. — Au fig., gloire, splendeur, magnificence (du même mot *eclatum*, fait de *efferre* dans la signification d'exalter) : *cette victoire répandit un grand éclat sur sa famille ; il aime à vivre sans éclat ; le sage ne se laisse point éblouir par l'éclat des richesses et des grandeurs*. — Bruit : *un éclat de tonnerre ; un grand éclat de voix ; éclat de rire*, bruit qu'on fait en riant : *rire aux éclats*. — Rumeur, scandale : *faire un éclat ; craindre l'éclat ; c'est faire de l'éclat mal à propos*. — *En venir à un éclat*, prendre une mesure violente, un parti extrême.

ÉCLATANT, E, adj. (*éklatan, tante*), qui a de l'*éclat*, au propre et au figuré : *lumière, blancheur éclatante ; pierreries, couleurs éclatantes ; des services éclatants ; un témoignage éclatant ; un éclatant désaveu ; gloire, vertu, action éclatante*. — *Éclatant de gloire*, qui s'est acquis une grande gloire. — Qui fait un bruit perçant : *son éclatant ; voix éclatante*.

ÉCLATANTE, subst. fém. (*éklatante*), t. d'orfèv., composition blanche dont l'*éclat* approche de celui du diamant, mais qui lui est inférieur en solidité. — T. d'artificier, espèce de fusée chargée d'une composition qui lui donne plus d'*éclat* que le charbon.

ÉCLATÉ, E, part. pass. de *éclater*.

ÉCLATEMENT, subst. mas. (*éklateman*), action de faire *éclater* une branche trop vigoureuse.

ÉCLATER, v. neut. (*éklaté*), se rompre par *éclats*. Voy. ÉCLAT. On dit aussi au pronominal, *s'éclater*. — Faire un grand bruit : *le tonnerre vient d'éclater*. — Fig. et fam. : *éclater*, ou moins bien, *s'éclater de rire*. — Au fig., 1° s'emporter, faire du bruit et de l'*éclat* : *éclater en injures, en reproches*, etc. ; 2° venir à la connaissance de tout le monde : *leur inimitié a enfin éclaté* ; 3° faire paraître son ressentiment : *j'étais au moment d'éclater, mais...* Il se dit généralement au fig., de tout ce qui se manifeste soudain après avoir été quelque temps caché : *la conspiration était prête à éclater*. — Avoir de l'*éclat*, briller, au propre et au figuré : *sa beauté éclate aux yeux de tous ; le génie éclate dans tous ses ouvrages*. — S'ÉCLATER, v. pron.

ÉCLÈCHE, subst. mas. (*éklèche*), t. de jurispr. féod., démembrement d'un fief. On disait aussi *enclèchement*.

ÉCLECTIQUE, adj. des deux genres (*éklèktike*) (du grec εκλεγω, je choisis) : *philosophes éclectiques*, ceux qui, sans adopter de système particulier, choisissaient les opinions les plus vraisemblables. On dit aussi : *la philosophie éclectique*, et subst. : *un éclectique, les éclectiques*.

ÉCLECTISME, subst. mas. (*éklèkticeme*), la philosophie des *éclectiques*.

ÉCLEGME, subst. mas. (*éklègueme*) (du grec εκλειγμα, électuaire), t. de médec., sorte de médicament de consistance épaisse que l'on nomme aussi *looch*.

ÉCLI, subst. mas. (*ékli*), languette de bois *éclaté*.

ÉCLIÉ, E, adj. (*éklié*), t. de mar. ; il se dit d'une vergue ou d'un mât qui, sans être rompu, a éprouvé l'effet d'une flexion extraordinaire.

ÉCLIMÈTRE, subst. mas. (*éklimètre*) (du grec εγκλινω, je penche, et μετρον, mesure), t. nouveau de géom., espèce de graphomètre propre à mesurer l'inclinaison d'un terrein.

ÉCLIMÉTRIE, subst. fém. (*éklimétri*), art, science, connaissance de l'*éclimètre*.

ÉCLIMÉTRIQUE, adj. des deux genres (*éklimétrike*), qui a rapport à l'*éclimètre* ou à l'*éclimétrie*.

ÉCLIPSE, subst. fém. (*éklipece*) (du grec εκλειψις, défaut, privation ; dérivé de λειπω, je manque ; *défaut* ou *privation de lumière*), disparition d'un astre en tout ou en partie, soit qu'un autre astre nous en dérobe la vue, comme dans les *éclipses* du soleil ou des étoiles ; soit qu'il cesse réellement d'être éclairé, comme dans les *éclipses* de lune ou dans celles des satellites de Jupiter : *les païens regardaient les éclipses comme des présages funestes*. — *Éclipse de lune totale*, celle où la lune entière est obscurcie. — *Éclipse partielle*, celle où une partie du disque de la lune conserve sa lumière. — *Éclipse centrale de lune*, celle qui arrive quand l'opposition a lieu dans le point même du nœud, de manière que la lune traverse, par le centre même, le cône d'ombre. — *Éclipse de soleil totale*, celle où le soleil paraît entièrement couvert par la lune. — *Éclipse annulaire*, celle où la lune paraît tout entière sur le soleil, en laissant autour un *anneau* ou une couronne lumineuse. — *Éclipse centrale de soleil*, celle où la lune n'ayant aucune latitude au moment de la conjonction apparente, son centre paraît sur le centre même du soleil. — Au fig. et fam., en parlant des personnes, disparition : *il a fait une longue éclipse*. — Fig., en parlant des choses, obscurcissement passager : *sa raison est sujette à des éclipses ; il y a donc chez vous éclipse totale de raison et de bon sens*.

ÉCLIPSÉ, E, part. pass. de *éclipser*.

ÉCLIPSEMENT, subst. mas. (*éklipeceman*), état de ce qui est *éclipsé*.

ÉCLIPSER, v. act. (*éklipecé*) (Voy. ÉCLIPSE pour l'étym.), empêcher de paraître : *la lune éclipse le soleil*. — Fig., effacer : *Corneille éclipsa tous les poètes tragiques de son temps*. — S'ÉCLIPSER, v. pron., souffrir l'*éclipse*. — Fig. et fam., 1° s'absenter : *il s'éclipsa tout d'un coup* ; 2° disparaître : *j'avais mis là des livres, ils se sont éclipsés*.

ÉCLIPTE, subst. fém. (*éklipete*), t. de bot., genre de plantes exotiques de la famille des corymbifères.

ÉCLIPTIQUE, subst. fém. (*éklipetike*) (du grec εκλειψις, éclipse, parce que les *éclipses* n'arrivent que lorsque la lune est dans ce cercle, ou s'en trouve très-rapprochée), ligne ou cercle qui partage le zodiaque dans toute sa longueur en deux parties égales, que le soleil ne quitte jamais, et que le centre de cet astre paraît décrire chaque année par son mouvement apparent.

ÉCLIPTIQUE, adj. des deux genres (*éklipetike*), qui a rapport aux *éclipses* : *conjonction écliptique*. — On dit que *toutes les nouvelles et pleines lunes ne sont pas écliptiques*, pour dire qu'il n'arrive pas d'*éclipses* à toutes les nouvelles et pleines lunes. — On appelle *termes écliptiques*, l'espace d'environ quinze degrés, à compter des nœuds de la lune, dans lequel, quand la lune se trouve en conjonction ou en opposition avec le soleil, il peut y avoir une *éclipse* de soleil ou de lune, quoiqu'elle ne soit pas précisément dans les nœuds. — On appelle *doigts écliptiques*, les douze parties égales dans lesquelles on divise les corps *éclipsés*, pour déterminer la grandeur des *éclipses*.

ÉCLISE, subst. fém. (*éklize*), abaissement, altération dans le genre enharmonique.

* **ÉCLISSE**, subst. fém. (*éklice*), rond d'osier ou de jonc pour faire égoutter le fromage. — En t. de vannier, osier fendu et plané pour bander le moule du panier. — Bâton plat pour tenir en état un bras, une jambe cassée. — Côtés du corps d'un luth, d'un violon, et autres instruments semblables. — Il se dit aussi du bois de fente qui sert à faire des seaux, des minots, des tambours.

ÉCLISSÉ, E, part. pass. de *éclisser*.

ÉCLISSER, v. act. (*éklicé*), mettre des *éclisses*

le long d'un membre rompu.—Autrefois, faire rejaillir de la boue ou de l'eau contre quelqu'un. On ne dit plus qu'*éclabousser*.

ÉCLOGUE, subst. fém. Voy. **ÉGLOGUE**. Nous ne comprenons pas les motifs qui ont pu porter l'*Académie* à nomenclaturer *éclogue*, qui ne s'est jamais dit en français pour *églogue*.

ÉCLOPE, subst. fém (*éklope*), t. de bot., plante du Cap qui a beaucoup d'analogie avec les athanases.

ÉCLOPPÉ, E, part. pass. du verbe *écloper*, et adj., qui a quelque incommodité forçant à marcher avec peine : *il est tout écloppé ; cheval écloppé*.—Par extension, qui a quelque infirmité qui le réduit en langueur. Il est familier, dans les deux acceptions.

ÉCLOPPER, v. act. (*éklopé*) (du vieux mot *clopper*, boiter), causer une infirmité ; blesser. —L'*Académie* a tort de condamner l'usage de ce verbe. — **S'ÉCLOPPER**, v. pron.

DU VERBE IRRÉGULIER **ÉCLORE** :

Éclora, 3e pers. sing. fut. indic.
Éclorai, 1re pers. sing. fut. indic.
Écloraient, 3e pers. plur. prés. cond.
Éclorais, précédé de *j'*, 1re pers. sing. prés. cond.
Éclorais, précédé de *tu*, 2e pers. sing. prés. cond.
Éclorait, 3e pers. sing. prés. cond.
Écloras, 2e pers. sing. fut. indic.

ÉCLORE, v. neut. (*éklore*) (du lat. *excludere*, mettre dehors) : *éclos, éclose ; il éclôt, ils écloseut ; il est éclos ; il éclora ; qu'il éclose*. Il prend l'auxiliaire *être*. Sortir hors de la coque, en parlant des animaux qui naissent d'un œuf : *la chaleur fait éclore les vers à soie ; les petits sont éclos*.—Par extension, commencer à s'épanouir, en parlant des fleurs : *le soleil fait éclore les fleurs ; ce bouton vient d'éclore ; ces fleurs sont écloses cette nuit*. — Commencer à paraître, en parlant du jour. — Au fig., commencer à se manifester, en parlant des pensées, des desseins qui ont été cachés quelque temps : *la révolution a fait éclore une foule de talents ; ce siècle vit éclore de grands génies*. — En t. de meunier, retenir l'eau qui fait tourner la meule. Vieux et inus.

DU VERBE IRRÉGULIER **ÉCLORE** :

Éclorez, 2e pers. plur. fut. indic.
Écloriez, précédé de *vous*, 2e pers. plur. prés. cond.
Éclorions, 1re pers. plur. prés. cond.
Éclorons, 1re pers. plur. fut. indic.
Écloront, 3e pers. plur. fut. indic.
Éclos, e, part. pass.
Éclos, précédé de *j'*, 1re pers. sing. prés. indic.
Éclos, précédé de *tu*, 2e pers. sing. prés. indic.

ÉCLOSION, subst. fém. (*éklôzion*), action d'éclore. Peu usité.

Éclôt, 3e pers. sing. prés. indic. du verbe irrégulier **ÉCLORE**.

ÉCLUSE, subst. fém. (*ékluze*) (suivant les uns, du lat. *excludere*, exclure, empêcher *l'eau de s'écouler* ; suivant les autres, du teutonique *schluse*, dont les Hollandais ont fait dans le même sens *sluys*, les Flamands *sluis*, et les Anglais *sluice*) ; en général, tout ouvrage de maçonnerie et de charpenterie destiné à soutenir et à élever les eaux. — Plus particulièrement, espèce de canal enfermé entre deux portes, l'une supérieure appelée *porte de tête*, l'autre inférieure nommée *porte de mouille*, servant, dans les navigations artificielles, à conserver l'eau, etc. — La porte qui se hausse et se baisse. — En t. de pêche, parc dont les cloisons, au lieu d'être formées par des filets ou des clayonnages, sont construites en pierre.

ÉCLUSÉ, subst. mas. (*ékluzé*), petit train de bois qui est construit de manière à pouvoir passer les *écluses*.

ÉCLUSÉE, subst. fém. (*ékluzé*), la quantité d'eau qui coule depuis qu'on a lâché l'*écluse*, jusqu'à ce qu'on l'ait refermée. — Le terme du temps qu'on emploie à remplir d'eau le sac d'une *écluse*, pour faire passer les bateaux.

ÉCLUSIER, subst. mas. (*ékluzié*), celui qui gouverne l'*écluse*, et qui a soin de la manœuvre quand il passe des bateaux qui montent et qui descendent un canal.

ÉCLUSIER, adj. mas. ; au fém. **ÉCLUSIÈRE** (*ékluzié, zière*), propre à une *écluse* ; qui tient à une *écluse*.

ÉCOBAN, subst. mas. (*ékoban*), t. de mar. Voy. **ÉCUBIER**.

ÉCOBUAGE, subst. mas. (*ékobuaje*), opération d'agriculture qui consiste à couper et nettoyer, avec un instrument appelé *écobue*, les terreins couverts de broussailles, pour les brûler ensuite.

ÉCOBUE, subst. fém. (*ékobu*), instrument d'agriculture, qui est une espèce de pioche recourbée en forme de houe.

ÉCOBUÉ, E, part. pass. de *écobuer*.

ÉCOBUER, v. act. (*ékobué*), t. d'agric., enlever avec l'*écobue* la superficie d'un terrein chargé de plantes.

ÉCOCHELAGE, subst. mas. (*ékochelaje*), réunion de l'avoine que l'on ramasse par tas pour en former des gerbes.

ÉCOCHELÉ, E, part. pass. de *écocheler*.

ÉCOCHELER, v. act. (*ékochelé*), ramasser l'avoine par tas et en former des gerbes.

ÉCOFRAI, subst. mas. (*ékofré*), grosse table chez les artisans pour tailler et préparer leur besogne. On dit aussi *écofrot*, suivant l'*Académie*.

ÉCOINSON, subst. mas. (*ékoeinçon*), pierre qui fait l'*encoignure* de l'embrasure d'une porte, d'une fenêtre. — Petit bureau triangulaire qui se place dans les angles ou *coins* d'un appartement. — L'*Académie* écrit aussi *écoinçon*, sans adopter ni expliquer l'une ou l'autre orthographe ; seulement, dans l'exemple qu'elle cite, elle écrit *écoinçon*. Est-ce un arrêt ?

ÉCOLÂTRE, subst. mas. (*ékolâtre*), ecclésiastique préposé dans certaines églises cathédrales pour enseigner la théologie.

ÉCOLÂTRIE, subst. fém. (*ékolâtri*), charge, emploi d'*écolâtre*.

ÉCOLÂTRIQUE, adj. des deux genres (*ékolâtrike*), qui concerne l'*écolâtrie*.

ÉCOLE, subst. fém. (*ékole*) (*schola*, fait du grec σχολὴ, loisir, repos, parce qu'on n'étudie bien qu'au sein du repos et de la tranquillité), lieu où l'on enseigne les belles-lettres et les sciences. On ne le dit guère que des petites *écoles*, ou de celles où, après avoir terminé sa première éducation, on va faire les études nécessaires à une profession, à un art, à une science quelconque, comme *l'école de théologie, de droit, de médecine ; l'école Normale, Polytechnique, Militaire ; l'école de peinture, de sculpture ; l'école d'artillerie*, etc. : pour les autres on dit *collège, lycée, université*. — Il se prend en quelques phrases pour philosophie ou théologie : *saint Thomas d'Aquin est l'ange de l'école ; termes de l'école ; cela sent l'école*, la scholastique, le pédantisme. — Secte de philosophes, de théologiens : *l'école d'Aristote*, etc. — En t. de peinture, différentes manières des peintres fameux : *l'école de Raphaël, du Titien*. On dit dans le même sens : *l'école de Rome, de Florence ; l'école française, flamande*, etc. On l'applique également dans ce sens à la littérature et même à ses différentes branches : *l'école de Port-Royal, l'école de Voltaire ; cet historien est de l'école de Tacite*. — Vaisseau pour l'instruction des jeunes marins. — Au jeu de trictrac, faute qui consiste à oublier de marquer les points que l'on gagne, ou à en marquer de trop : *faire une école*. — On dit figurément qu'*une personne a fait une école*, pour dire qu'elle a fait une faute grossière, qu'elle a commis une étourderie dans sa conduite, dans quelque affaire. — Fam., *être à bonne école*, avec des gens très-capables de nous instruire. *Piron* a dit dans un sens analogue :

En quelle *école* es-tu ?
— En la vôtre, mon oncle.

(*Métromanie*.)

— T. de manége, *cheval d'école*, cheval de manége. On dit dans ce sens : *ce cheval a de l'école*. — Prov., 1° *dire le secret de l'école*, révéler les secrets d'un parti, d'une cabale, d'une coterie ; 2° *faire l'école buissonnière*. Voy. ce dernier mot. *L'école du malheur, l'école de l'expérience*, les leçons que l'on puise dans le malheur, dans l'expérience. — *Écoles centrales*, établissements publics substitués aux anciens colléges pour le second degré d'instruction. L'enseignement, confié à dix professeurs, y était divisé en trois sections. Il y avait, pendant la révolution française, une *école centrale* par chaque département. Ces établissements n'existent plus ; on les a remplacés par les *lycées*, qui plus tard ont repris et conservent le nom de *colléges*. — *École Normale*, école où des citoyens déjà instruits dans les sciences utiles doivent se former à l'art de l'enseignement. Les élèves de la première *école Normale* établie à Paris devaient, après la durée du cours, se retirer dans leur district respectif et y ouvrir, dans trois chefs-lieux de canton désignés par l'administration, des *écoles Normales particulières* pour l'instruction de ceux qui voudraient se vouer à l'enseignement public. Cet établissement, créé par décret du 9 brumaire an III (30 octobre 1794), fut supprimé le 7 floréal de la même année (26 avril 1795). Il a été rétabli depuis sous une nouvelle forme. Une seule *école Normale* existe à Paris pour toute la France. On a créé en outre, depuis 1830, dans plusieurs départements, des *écoles normales primaires* destinées à former des instituteurs primaires et à les initier aux diverses méthodes d'enseignement. — *École Polytechnique*, école destinée à former des élèves pour l'artillerie, le génie militaire et les autres branches de haut service public. Nul ne peut être admis aux *écoles* spécialement affectées à ces diverses branches, qu'il n'ait passé par l'*école Polytechnique*.—*Écoles primaires, écoles* publiques ou particulières établies pour recevoir le premier degré d'instruction. On y enseigne à lire, à écrire, à calculer. — *École d'enseignement mutuel*, *école* où l'on suit une méthode ingénieuse, d'après laquelle les élèves réunis, même en très-grand nombre, sous un seul maître, s'instruisent réciproquement, *mutuellement*, au moyen de *moniteurs* choisis parmi eux. Cette méthode s'applique à la lecture, à l'écriture, au calcul, à la musique, etc. Dès son apparition en 1818, on lui avait donné le nom de méthode de *Lancastre* ou *lancastrienne*, parce qu'elle avait été introduite par les docteurs *Bell* et *Lancastre* en Angleterre, d'où ses admirables résultats la firent bientôt répandre partout. Mais on a reconnu depuis que la première idée en est due à un Français nommé *Paulet*, qui en avait déjà fait l'application en France pour Louis XVI. Le défaut d'encouragement et les agitations politiques l'avaient arrêtée dès sa naissance. — *Écoles de service public* : écoles relatives aux différentes professions uniquement consacrées au service public, et qui exigent des connaissances particulières dans les sciences et les arts. Ces écoles sont au nombre de neuf : *école* Polytechnique ; d'Artillerie ; des Ingénieurs militaires ; des Ponts-et-Chaussées ; des Mines ; des Géographes ; des Ingénieurs de vaisseau ; de Navigation ; de Marine. — *Écoles spéciales, écoles* destinées à perfectionner et à compléter l'enseignement public, dont elles sont le troisième et dernier degré. — *École de natation*, établissement public placé sur les rivières pour apprendre à nager.

ÉCOLIER, subst. mas., au fém. **ÉCOLIÈRE** (*ékolié, lière*), celui ou celle qui va dans quelque *école*, ou qui apprend quelque chose sous un maître ou une maîtresse. Voy. **ÉLÈVE**. — *Ce n'est encore qu'un écolier*, il est peu habile dans sa profession. — *Faire une faute d'écolier*, une faute qui marque beaucoup d'incapacité.—Prov. : *prendre le chemin des écoliers*, ou de l'*école*. Voy. **CHEMIN**. — *Tour d'écolier, malice d'écolier*, espièglerie du genre de celles que font les *écoliers*.

ÉCOLIÈRE, subst. fém. Voy. **ÉCOLIER**.

ÉCOLLETÉ, E, part. pass. de *écolleter*, et adj., t. d'orfèvre, échancré, arrondi et étréci.

ÉCOLLETER, v. act. (*ékoleté*), t. d'orfèvre, élargir au marteau sur la bigorne une pièce d'orfèvrerie. — **S'ÉCOLLETER**, v. pron.

ÉCOMMOY, subst. propre mas. (*ékomoa*), bourg de France, chef-lieu de canton, arrond. du Mans, dép. de la Sarthe.

ÉCONDUIRE, v. act. (*ékonduire*), conduire dehors, éloigner avec ménagement quelqu'un de chez soi, d'une maison, d'une société : *il s'est introduit furtivement ; nous sommes fort embarrassés pour l'éconduire ; ce ministre éconduit les visiteurs le plus poliment du monde*.—Par extension, refuser ; se défaire adroitement de quelqu'un qui nous importune par quelque demande.

ÉCONDUISEUR, subst. mas. (*ékonduizeur*), qui *éconduit*. (Saint-Simon.)

ÉCONDUIT, E, part. pass. de *éconduire*.

ÉCONOMAT, subst. mas. (*ékonoma*), charge d'*économe* : *l'économat d'un collége, d'un hospice*.—Anciennement, administration des revenus d'un bénéfice pendant la vacance.—Bureau établi pour l'administration des bénéfices vacants à la nomination du roi.

ÉCONOME, adj. des deux genres (*ékonome*), ménager, ménagère : *il est fort économe*. — On dit de quelqu'un qui parle peu, qui ne prodigue pas les éloges : *il est économe de paroles, de louanges*.

ÉCONOME, subst. des deux genres (*ékonome*), celui ou celle qui a soin de la conduite d'une famille.—Celui que le roi nommait pour avoir soin du temporel de quelque bénéfice pendant la vacance.—Dans un sens analogue, on disait *économe séquestre*, celui entre les mains duquel on mettait des biens en *séquestre*. — Celui qui dans les colléges est chargé du matériel. — T. d'hist. nat., rongeur du genre des campagnols.

ÉCONOMIE, subst. fém. *(ékonomi)* (en grec οἰκονομία, formé de οἶκος, maison, et νόμος, loi, règle), l'ordre, la règle qu'on apporte dans la conduite et la dépense d'une maison : *avoir de l'économie, user d'économie, vivre avec économie.* —On l'emploie quelquefois au pluriel, et alors on l'applique à la chose même mise en réserve : *il faut placer vos petites économies ; je fais peu d'économies.* — Au fig., harmonie dans les différentes parties d'un tout : *l'économie de l'univers ; l'économie du corps humain, d'un discours, d'une pièce de théâtre,* etc. ; *économie d'un tableau*, son ordonnance.— On appelle *économie domestique*, l'ensemble des usages domestiques : *cela est très-souvent employé dans l'économie domestique ; économie rurale*, l'art d'administrer les biens de la campagne ; *économie rustique*, l'art de connaître tous les objets utiles et lucratifs de la campagne, de se les procurer, de les conserver, et d'en tirer le plus grand avantage possible.—Par extension : *économie politique, économie sociale, économie publique* ou *économie générale*, la science qui a pour objet de considérer les lois de l'organisation des sociétés humaines, et de chercher les moyens qui peuvent rendre ces sociétés heureuses et puissantes : *un homme versé dans l'économie politique.*—*Économie animale*, l'ensemble des parties qui constituent les animaux, l'homme, etc. —*Économie végétale*, l'organisation des végétaux.

ÉCONOMIQUE, adj. des deux genres (*ékonomike*), qui regarde l'*économie.*—*Boiste* fait aussi de ce mot un subst. fém. auquel il donne le sens de : *partie de la philosophie morale relative au gouvernement d'une famille, d'un état....* Nous ne croyons pas cet emploi d'un grand usage.

ÉCONOMIQUEMENT, adv. (*ékonomikeman*), avec *économie.*

ÉCONOMISÉ, E, part. pass. de *économiser.*

ÉCONOMISER, v. act. *(ékonomizé)*, gouverner, administrer avec *économie.* — Épargner, ménager.—S'ÉCONOMISER, v. pron.

ÉCONOMISTE, subst. des deux genres *(ékonomicete)*, mot nouveau par lequel on a désigné une classe d'écrivains qui s'occupaient spécialement de l'*économie*, de l'ordre à mettre dans l'administration, et des autres moyens de soulager le peuple.

ÉCOPE, subst. fém. (*ékope*), espèce de pelle creuse et à rebords, dont on se sert pour vider l'eau des bateaux.—*L'Académie* écrit aussi *escope.*

ÉCOPERCHE, subst. fém. (*ékopèreche*), machine pour élever les fardeaux.

ÉCORCE, subst. fém. *(ékorce)* (du lat. *cortex, corticis*, fait de *corium*, cuir, et *tegere*, couvrir ; parce que l'*écorce* couvre le bois, etc., comme le cuir couvre les animaux), partie végétale qui enveloppe les racines, les tiges, les branches, etc., de toutes les plantes, soit herbacées, soit ligneuses. — Peau de certains fruits : *écorce d'orange, de citron, de grenade*, etc.— Au fig., la superficie des choses : *ne vous arrêtez point à l'écorce, pénétrez plus avant ; c'est une écorce grossière qui cache une belle âme.*—Prov. : *il ne faut pas mettre le doigt entre l'arbre et l'écorce*, il n'est pas prudent de s'ingérer dans les démêlés entre proches, comme mari et femme, frère et sœur.— *Écorce d'arbre*, étoffe des Indes fabriquée avec une *écorce* d'arbre qui peut se filer.

ÉCORCÉ, E, part. pass. de *écorcer.*

ÉCORCEMENT, subst. mas. *(ékorceman)*, action d'*écorcer*, ou d'ôter l'*écorce* d'un arbre.

ÉCORCER, v. act. (*ékorcé*), ôter l'*écorce* du bois.—S'ÉCORCER, v. pron. : *le saule s'écorce facilement.*

ÉCORCHÉ, E, part. pass. de *écorcher*, et adj.— Se dit, en t. de blason, des animaux qui, dans l'écu, sont de gueules ou de couleur rouge.—On appelle *écorché*, en termes de peinture et de sculpture, une figure sans peau dont on voit les muscles ; en ce sens il se prend substantivement au mas. : *dessiner d'après l'écorché.*

à **ÉCORCHE-CUL**, loc. adv. *(a-ékorcheku)*, en glissant, en se traînant sur le derrière.—Figur., par force, de mauvaise grace. Il est bas.

ÉCORCHÉE, subst. fém. (*ékorché*), t. d'hist. nat., coquillage marin.

ÉCORCHER, v. act. (*ékorché*) (du latin barbare *scorticare* ou *excorticare*, fait de *scortium*, cuir, peau), dépouiller un animal de sa peau. — Emporter, déchirer une partie de la peau d'un animal ou de l'écorce d'un arbre. — On dit par extension, d'une boisson âpre, qu'*elle écorche le palais, la gorge* ; d'une voix aigre, d'un parler rude et barbare, etc., qu'*ils écorchent les oreilles.* —En t. de fondeur, diminuer la grosseur d'une figure de terre ou de cire qui doit servir de noyau au moule dans lequel elle doit ensuite être coulée en métal.— Figur., 1° exiger plus qu'il ne faut, faire payer trop cher ; 2° mal parler une langue : *il écorche le français.*—Prov., 1° : *il ressemble aux anguilles de Melun, il crie avant qu'on ne l'écorche*, il se plaint d'un mal qui n'est pas encore arrivé. Voy. ANGUILLE. Dans un sens analogue, on dit aussi, en parlant de quelqu'un qui se plaint beaucoup pour peu de chose : *il crie comme si on l'écorchait* ; 2° *écorcher une anguille par la queue*, commencer une chose par le plus difficile ; 3° *écorcher le renard*, vomir. Il est bas et populaire ; 4° *il faut tondre les brebis et non pas les écorcher*, il ne faut pas accabler le peuple d'impôts ; 5° *autant vaut, autant fait celui qui tient que celui qui écorche*, le complice d'un crime est aussi coupable que l'auteur même du crime ; 6° *jamais beau parler n'écorcha la langue*, il est toujours bon de parler honnêtement. C'est dans ce sens que l'on dit fam. et fig. à une personne qui appelle quelqu'un *par* son nom tout court : *ne craignez-vous pas que le mot de monsieur vous écorche la bouche ?*— S'ÉCORCHER, v. pron., s'enlever un peu la peau. — Au fig., dire du mal de soi.

ÉCORCHERIE, subst. fém. *(ékorcheri)*, lieu où l'on *écorche les bêtes.* — Fig. et fam., hôtellerie où l'on fait payer plus cher qu'il ne faut.

ÉCORCHEUR, subst. mas. *(ékorcheur)*, celui qui *écorche* les bêtes mortes.—T. d'hist. nat., espèce de pie-grièche qui attaque les petits oiseaux pour en dévorer seulement la cervelle.—Fig. et fam., celui qui fait payer trop cher. Dans ce dernier sens, on dirait bien *écorcheuse* au fém.

ÉCORCHURE, subst. fém. *(ékorchure)*, petit endroit de peau *écorchée.*—En t. de manufacture, endroit d'un fil d'organsin où il manque un brin.

ÉCORCIER, subst. mas. *(ékorcié)*, bâtiment ou magasin de tanneur où l'on resserre les écorces.

ÉCORE, subst. fém. *(ékore)*, t. de mar., escarpement d'une côte. Voy. ACCORE, qui s'emploie plus souvent.—Bord, extrémité d'un banc de sable. — T. de mar., se dit de pièces de bois qui servent d'étai à un vaisseau qui est sur le chantier.

ÉCORÉ, E, part. pass. de *écorer.*

ÉCORER, v. act. *(ékoré)*, t. de mar., mettre un bâtiment droit sur sa quille, au moyen d'*écores.*

ÉCORNÉ, E, part. pass. de *écorner.*

ÉCORNER, v. act. (*ékorné*), rompre la *corne* à... : *écorner un taureau.* — Prov. et par exagération : *il fait un vent à écorner les bœufs*, il fait un vent violent.—Il se dit plus souvent des choses qui ont des angles : *écorner une table, des dés,* etc.—Fig. et fam., diminuer : *écorner les priviléges, l'autorité*, etc. — *Écorner quelqu'un*, le tourner en ridicule. — *Venir écorner un dîner*, s'y présenter comme parasite. — S'ÉCORNER, v. pron. : *cette vache s'est écornée en tombant.*

ÉCORNEUR, subst. mas. ; au fém. ÉCORNEUSE *(ékorneur, neuze)*, qui aime à *écorner*, à ridiculiser les autres. — Parasite.

ÉCORNIFLÉ, E, part. pass. de *écornifler.*

ÉCORNIFLER, v. act. (*ékorniflé*), chercher à manger aux dépens d'autrui ; chercher de franches lippées. Il est familier, ainsi que tous les mots qui en dérivent.—S'ÉCORNIFLER, v. pron.

ÉCORNIFLERIE, subst. fém. *(ékornifleri)*, action d'*écornifler* : *il ne vit que d'écornifleries.*

ÉCORNIFLEUR, subst. mas., au fém. ÉCORNIFLEUSE *(ékornifleur, fleuze)*, celui, celle qui mange chez autrui sans en être prié. — Parasite.

ÉCORNIFLEUSE, subst. fém. Voy. ÉCORNIFLEUR.

ÉCORNURE, subst. fém. *(ékornure)*, éclat emporté de l'angle d'une pierre, etc.

ÉCOS, subst. propre mas. *(ékoce)*, village de France, chef-lieu de canton, arrond. des Andelys, dép. de l'Eure.

ÉCOSSAIS, E, subst. et adj. *(ékocè, cèze)*, celui, celle qui est de l'*Écosse.*— Subst. fém., nom de voitures omnibus qui circulent dans Paris.

ÉCOSSE, subst. propre fém. *(ékoce)*, contrée de la Grande-Bretagne.

ÉCOSSÉ, E, part. pass. de *écosser.*

ÉCOSSER, v. act. *(ékocé)*, tirer de la *cosse* : *écosser des pois, des fèves.* —S'ÉCOSSER, v. pron.

ÉCOSSEUR, subst. mas., au fém. ÉCOSSEUSE *(ékoceur, ceuze)*, celui, celle qui *écosse.*

ÉCOSSEUSE, subst. fém. Voy. ÉCOSSEUR.

ÉCOT, subst. mas. *(ékô)* (de l'anglo-saxon *scot*, tribut, contribution, conservé dans la langue anglaise avec la signification d'*écot*), ce que chacun paie par tête. — Dépense qu'on fait à l'auberge, au cabaret : *l'écot est de dix francs ; je paierai son écot.* — Les personnes qui mangent ensemble dans un cabaret : *il y a trois écots dans le jardin.* — En t. de jardinier, tronçon d'arbre avec des bouts de branches qui ont été mal coupées. — Au fig. et fam. : *payer son écot*, contribuer au succès, à l'agrément, etc. ; faire sa tâche, etc. : *il a bien payé son écot.* — Prov. et fig., quand une personne se mêle de parler à des gens qui ne lui adressent point la parole, on lui dit : *parlez à votre écot.*

ÉCÔTAGE, subst. mas. *(ékôtaje)*, action d'ôter les *côtes* des feuilles de tabac. — Fil de fer qui a été travaillé dans la seconde machine de tréfilerie.

ÉCOTARD, subst. mas. *(ékotar)*, t. de marine, grosse pièce de bois pour porter et conserver les haubans.

ÉCÔTÉ, E, part. pass. de *écôter*, et adj., t. de blason, *tronc écôté*, celui dont les menues branches ont été coupées.

ÉCÔTER, v. act. *(ékôté)*, ôter les *côtes* des feuilles de tabac. —S'ÉCÔTER, v. pron.

ÉCÔTEUR, subst. mas. *(ékôteur)*, ouvrier chargé de faire l'*écôtage.*

ÉCOUAILLES, subst. fém. plur. *(ékoua-ie)*, se dit, en quelques endroits, de la laine que l'on coupe sous les cuisses des moutons.

ÉCOUANE, subst. fém. *(ékouane)*, t. de monnaie, sorte de lime ou plutôt de râpe au moyen de laquelle les ajusteurs, etc., réduisent les espèces d'or et d'argent au poids réglé par les ordonnances. — Outil dont se servent différents ouvriers pour limer, dégrossir ou râper leurs ouvrages.

ÉCOUANÉ, E, part. pass. de *écouaner.*

ÉCOUANER, v. act. *(ékouané)*, réduire les espèces d'or et d'argent au poids ordonné. — Dans plusieurs arts, limer, dégrossir, râper divers ouvrages de bois, d'ivoire, d'étain, etc.—S'ÉCOUANER, v. pron.

ÉCOUANETTE, subst. fém. *(ékouanète)*, plaque de fer à grosses dents qui sert à travailler les morceaux de corne destinés à faire des peignes.

ÉCOUCHÉ, subst. propre mas. *(ékouché)*, ville de France, chef-lieu de canton, arrond. d'Argentan, dép. de l'Orne.

ÉCOUÉ, E, part. pass. de *écouer.*

ÉCOUEN, subst. propre mas. *(ékouein)*, bourg de France, chef-lieu de canton, arrond. de Pontoise, dép. de Seine-et-Oise.—On y remarque un château magnifique, construit sous François Ier, et qui a été destiné sous le règne de Napoléon à l'établissement fondé pour l'éducation des filles des membres de la Légion-d'honneur. Cet établissement a été transféré plus tard à St-Denis, où il est aujourd'hui.

ÉCOUER, v. act. *(ékoué)*, couper la queue à quelque animal.— S'ÉCOUER, v. pron. Peu usité.

ÉCOUET, subst. mas. *(ékoué)*, t. de mar., grosse corde qui sert à amurer la grande voile et la voile de misaine.

ÉCOUFLE, subst. mas. *(ékoufle)*, t. d'hist. nat., espèce de milan. — A Rouen, cerf-volant.

ÉCOULÉ, E, part. pass. de *écouler.*

ÉCOULEMENT, subst. mas. *(ékouleman)*, flux, mouvement de ce qui *s'écoule* : *l'écoulement des eaux, des humeurs.* — Il se dit au fig. de l'exportation, de la vente, du débit des marchandises, des produits de l'agriculture et des fabriques : *ce pays est pauvre au milieu des richesses de son sol, faute de débouchés pour l'écoulement de ses produits.*—T. de médec., gonorrhée. — En hydraulique, quantité de fluide qui passe en un certain temps par l'orifice d'un vase, par un pertuis d'écluse, etc. — T. de physique : *écoulements électriques*, la matière électrique, tant effluente qu'affluente, actuellement en mouvement. Elle forme deux courants en sens contraire, qu'on appelle *courants électriques.*

ÉCOULER, v. act., et S'ÉCOULER, v. pron. *(ékoulé)*, couler d'un lieu dans un autre. — Au fig., se passer insensiblement : *le temps s'écoule*, et aussi : *l'argent, la foule, la presse s'écoule ; cela s'est écoulé de sa mémoire ; faire écouler l'eau ; laisser écouler la foule.* — *Le temps est écoulé*, le temps préfix est expiré.— On l'applique par extension aux marchandises, aux produits : *les chemins de fer nous aideront puissamment à écouler, à faire écouler nos marchandises, nos productions, nos produits.*

ÉCOUPE ou **ÉCOUPÉE**, subst. fém. (*ékoupe, pé*), t. de mar., sorte de balai pour nettoyer un vaisseau.

ÉCOURGÉE, subst. fém. (*ékourjé*), sorte de fouet.

ÉCOURGEON, subst. mas. (*ékourjon*), espèce d'orge qu'on appelle aussi *orge carrée*, parce qu'elle a comme quatre angles; *orge d'automne*, parce qu'on la sème en cette saison; *orge de prime*, parce que c'est le premier grain qu'on moissonne.

ÉCOURTÉ, **E**, part. pass. de *écourter*.

ÉCOURTER, v. act. (*ékourté*), rogner, couper *trop court*. — Couper la queue et les oreilles à un chien, à un cheval. — Retrancher, resserrer trop, en parlant des développements dans des ouvrages d'esprit. — Pop. : *cet homme est écourté*, on lui a coupé les cheveux *fort courts*. — *s'*ÉCOURTER, v. pron.

ÉCOUSSAGE, subst. mas. (*ékouçaje*), nom qu'on donne à une tache noire qui paraît sur la faïence.

ÉCOUTANT, **E**, adj. (*ékoutan, tante*), qui *écoute*. Il ne s'emploie qu'en plaisantant. On disait autrefois d'un avocat sans cause, que c'était *un avocat écoutant*.—*Écoutant*, subst. mas., s'est dit pour *auditeur*.

ÉCOUTE, subst. fém. (*ékoute*), lieu d'où l'on peut voir et *écouter*. Il n'est plus usité qu'au plur. : *être aux écoutes*; et fam., être attentif à ce qui se passe dans une affaire.—T. de mar., cordage à deux branches propre à tenir les voiles tendues. — Adjectivement, on appelait, dans les monastères de filles, *sœur écoute*, la religieuse qui accompagnait au parloir une autre religieuse ou une pensionnaire.

ÉCOUTÉ, **E**, part. pass. de *écouter* et adj., t. de manége : *pas écouté*, pas raccourci d'un cheval qui est balancé entre les talons, qui les *écoute*, sans se jeter ni sur l'un ni sur l'autre.

ÉCOUTER, v. act. (*ékouté*) (de l'italien *ascoltare*, fait dans le même sens du latin *auscultare*, fréquentatif de *audire*, écouter, entendre), prêter l'oreille pour ouïr. Il dit plus qu'*entendre*, qui signifie simplement être frappé des sons; au lieu qu'*écouter*, c'est prêter l'oreille pour les *entendre*. — *Écoute, écoutez*, locution très-usitée et qui revient fréquemment dans la conversation pour solliciter, provoquer, réveiller ou soutenir l'attention des personnes à qui l'on parle.— Donner quelque croyance ou quelque consentement à.. : *n'écoutez pas ce qu'il vous dit; écouter une proposition.* — Suivre : *écouter la raison, la passion, son ressentiment*, etc.—Donner audience : *parlez, je vous écoute; on les renvoya sans vouloir les écouter.* Dans un sens analogue, *écouter les raisons, la défense de quelqu'un; écouter ses vœux, ses prières; le ciel écouta nos vœux.* — Fig. et fam. : *n'écouter que d'une oreille*, prêter peu d'attention à ce qu'on nous dit, *écouter* légèrement : *quand je vous parle raison, vous ne m'écoutez que d'une oreille.* — *N'écouter que soi-même*, suivre ses propres inspirations : *dans tout ceci n'écoutez que vous-même.* — T. de manége, *écouter son cheval*, être attentif à ne point le déranger de ses airs de manége, quand il manie bien. — *s'*ÉCOUTER, v. pron. — Fam., *s'écouter parler*, parler lentement et avec affectation. — On dit qu'*un homme s'écoute trop*, qu'il *écoute trop son mal*, pour dire qu'il a trop d'attention à ce qui se passe en lui par rapport à sa santé.

ÉCOUTE-S'IL-PLEUT, subst. mas. (*ékoute-çile-pleu*), moulin qui ne va que par des écluses. —Prov., homme faible qui se laisse arrêter par les moindres obstacles, qui s'attend à des choses qui n'arrivent que rarement.—Au plur., des *écoute-s'il-pleut*.

ÉCOUTEUR, subst. mas., au fém. **ÉCOUTEUSE** (*ékouteur, teuze*), celui, celle qui *écoute*. Il n'est bon que dans le style comique ou satirique.

ÉCOUTEUSE, subst. fém. Voy. ÉCOUTEUR.

ÉCOUTEUX, adj. mas. (*ékouteu*), t. de man., se dit d'un cheval distrait par les objets qui le frappent, ou qui est retenu, qui ne part pas de la main franchement, etc.

ÉCOUTILLE, subst. fém. (*ékoutiie*) (suivant *Le Duchat*, du lat. *scutella*, pris comme diminutif de *scutum*, targe, bouclier; parce que le couvercle de cette ouverture est fait en forme de targe), t. de mar., ouverture du tillac par laquelle on descend dans le fond.

ÉCOUTILLON, subst. mas. (*ékoutiion*), t. de mar., ouverture carrée qui est dans les *écoutilles*.

ÉCOUVE ou **ÉCOUVETTE**, subst. fém. (*ékouve, kouvete*) (du lat. *scopa* ou plutôt *scopæ*, au pluriel, balai; dont on a fait d'abord *écouve*, et ensuite son diminutif *écouvette*), espèce de balai dont se servent les ouvriers; vergette. Il est vieux.

ÉCOUVILLON, subst. mas. (*ékouviion*), morceau de toile qu'on lie au haut d'une perche pour nettoyer un four ou un canon.

ÉCOUVILLONNÉ, **E**, part. pass. de *écouvillonner*, et adj., nettoyé avec l'*écouvillon*.

ÉCOUVILLONNER, v. act. (*ékouviioné*), nettoyer avec l'*écouvillon*. — *s'*ÉCOUVILLONNER, v. pron.

ECPHRACTIQUE, adj. des deux genres (*èkfraktike*) (du grec ἐκφράσσω, je débouche), t. de médec., désobstruant, apéritif.

ECPHRASTE, subst. mas. (*èkfracete*) (du grec ἐκφράζω, je raconte, fait de la prép. ἐκ, de, et du verbe φράζω, je dis, je parle), celui qui traduisait une langue dans une autre. Hors d'usage.

ECPHYAS, subst. mas. (*èkfiace*) (du grec ἐκφυάς, rejeton), t. de médec., chose attachée à une autre dont elle est née.

ECPHYSE, subst. fém. (*èkfize*) (du grec ἐκφυσις, excroissance, pousse, rejeton), t. de médecine, se dit d'une appendice quelconque du corps.

ECPHYSÈSE, subst. fém. (*èkfizèze*) (du grec ἐκφύσησις, action de souffler), t. de médec., expulsion prompte et bruyante de l'air hors des poumons.

ECPIESME, subst. fém. (*èkpièceme*) (en grec ἐκπίεσμα, fait de ἐκπιέζω, je presse, je comprime), t. de chir., fracture du crâne dans laquelle des esquilles enfoncées compriment et blessent le cerveau.

ECPLÉRÔME, subst. mas. (*èkplérôme*) (du grec ἐκπλήρωμα, complément, supplément), t. de chir., coussinet, remplissage dont on se sert pour rendre plus uniforme l'application des bandages, et faire disparaître toute inégalité.

ECPLEXIS, subst. mas. (*èkplèkcice*) (du grec ἔκπληξις, stupeur, effroi), t. de médec., délire causé par une terreur subite, ou par une grande surprise.

ECPTÔME, subst. mas. (*èkpetôme*) (en grec ἔκπτωμα, chute, renversement), t. de chir., déplacement des os luxés ou des fragments d'une fracture.

ECPYÈME, subst. mas. (*èkpième*) (du grec ἐκπύημα, fait de πύον, pus), t. de chir., abcès, suppuration.

ECPYÉTIQUE, adj. des deux genres (*èkpiétike*), t. de chir., qui facilite la suppuration.

ÉCRAIGNE, subst. fém. (*ékrègnie*), veillée de village. — Chaumière où elle se tenait. Il est aujourd'hui hors d'usage.

ÉCRAN, subst. mas. (*ékran*) (suivant *Ménage*, du lat. *crates*, claie, que cet étymologiste fait passer à cet effet par une longue suite d'altérations graduelles), meuble dont on se sert pour se garantir de la trop grande ardeur ou de la lumière du feu.—En t. de verrier, cercle de bois couvert d'une toile dont les verriers s'entourent la tête pour garantir leurs yeux du feu.—*Écrans panoramas*, *écrans* inventés en 1820 par un M. Gaucheret, lesquels, par un mécanisme fort simple, donnent une succession de scènes variées.

ÉCRANCHÉ, **E**, part. pass. de *écrancher*.

ÉCRANCHER, v. act. (*ékranché*) : *écrancher les plis d'un drap*, les effacer. — *s'*ÉCRANCHER, v. pron.

ÉCRASÉ, **E**, part. pass. de *écraser*, et adj., trop aplati, trop bas, trop court : *il a le nez écrasé, la taille écrasée; le comble est trop écrasé.* — Fig., et par exagération, *écrasé de maux, de travail, de fatigue.*

ÉCRASEMENT, subst. mas. (*ékrâzeman*), action d'*écraser*; état de ce qui est *écrasé*. Ce mot manque dans l'*Académie*.

ÉCRASER, v. act. (*ékrâzé*), aplatir et briser par le poids de quelque effort : *écraser un insecte; s'écraser le doigt, la main, en fermant une porte; la roue lui écrasa la tête.*—On dit par exagération : *le travail m'écrase; je suis écrasé de visites, de demandes*, quand on a trop de travail, quand on reçoit trop de visites, de demandes.—*Écraser le peuple d'impôts*, le surcharger d'impôts. — Dans les manufactures de soie, trop frapper une étoffe.—Fig., ruiner, détruire : *la puissance romaine écrasa toutes les autres.*—On dit dans la colère : *je t'écraserai comme un ver!* — Plus fig., vaincre, surpasser, en parlant de concurrents, de rivaux, etc. : *on eût dit qu'il allait écraser tous ses confrères dès son entrée au barreau.*— Dans un sens analogue, avoir un grand avantage sur quelqu'un dans une discussion, éclipser, affaiblir : *ne luttez pas contre lui, il vous écraserait; il l'écrasa dès le premier mot; cette salle est trop brillante, elle écrase les toilettes.* — On dit aussi : *ce manteau m'écrase*, est trop lourd. — *s'*ÉCRASER, v. pron.

ÉCRELET, subst. mas. (*ékrelè*), espèce de laitage suisse.

ÉCRÉMAGE, subst. mas. (*ékrémaje*), action d'*écrémer*.

ÉCRÉMÉ, **E**, part. pass. de *écrémer*.

ÉCRÉMER, v. act. (*ékrémé*), lever la *crème* de dessus le lait. — Dans les verreries, enlever le dessus du verre contenu dans un pot, pour retirer les ordures qui pourraient y être tombées. —Au fig. et fam. : *écrémer une affaire, une bibliothèque*, etc., en tirer ce qu'il y a de meilleur.—*s'*ÉCRÉMER, v. pron.

ÉCRÉMOCARPE, subst. mas. (*ékrémokarpe*), t. de bot., genre de plantes de la famille des bignoniacées.

ÉCRÉMOIRE, subst. fém. (*ékrémoare*), morceau de corne ou de fer-blanc dont les artificiers se servent pour rassembler les matières broyées.

ÉCRÉNAGE, subst. mas. (*ékrénaje*), action d'*écréner*.

ÉCRÉNÉ, **E**, part. pass. de *écréner*.

ÉCRÉNER, v. act. (*ékréné*), t. de fondeur de caractères : *écréner une lettre*, évider le dessous d'une partie de l'œil de la lettre. — *s'*ÉCRÉNER, v. pron. Voy. CRÉNER.

ÉCRÉNOIR, subst. mas. (*ékrénoar*), petit instrument avec lequel on *écrène*.

ÉCRÊTÉ, **E**, part. pass. de *écrêter*.

* **ÉCRÊTER**, v. act. (*ékrété*), t. de guerre, *enlever la crête*, le sommet d'une muraille, etc. — *s'*ÉCRÊTER, v. pron.

ÉCREVISSE, subst. fém. (*ékrevice*) (en lat. *carabus*, pris du grec κάραβος, crabe, sorte d'écrevisse de mer), poisson crustacé fort connu, qui vit dans l'eau : *écrevisse d'eau douce; écrevisse de mer.*—Le quatrième des douze signes du zodiaque, qu'on appelle autrement le *cancer* : *le soleil entre dans le signe de l'écrevisse vers la fin de juin.* — Prov., 1° *être rouge comme une écrevisse*, avoir le visage haut en couleur; 2° *éplucher des écrevisses*, s'arrêter à des minuties; 3° *marcher comme les écrevisses*, avancer si peu qu'on semble reculer; et dans le même sens : *aller à reculons comme les écrevisses*, en parlant d'un homme dont les affaires reculent au lieu d'avancer.—On appelle *buisson d'écrevisses*, un plat d'*écrevisses* arrangées en forme de buisson. — *Yeux d'écrevisses*, petites concrétions blanches et pierreuses qu'on trouve sous le corselet des *écrevisses*, et dont on fait quelquefois usage en médecine : *poudre d'yeux d'écrevisses.*

ÉCRHEXIS, subst. mas. (*ékrèkcice*) (en grec ἔκρηξις, fait de la prép. ἐκ, et de ῥήσσω, je romps), t. de chir., rupture de l'utérus.

ECRHYTHME, adj. des deux genres (*ékriteme*) (du grec ἐκ, hors, et de ῥυθμός, *rhythme*, mesure), t. de médec., irrégulier.

s'ÉCRIER, v. pron. (*cekri-ié*), faire un grand cri, une exclamation : *s'écrier d'admiration, de douleur*; on l'emploie aussi sans régime : *à la vue d'un homme armé, il s'écria; hélas! s'écriait-elle au fort de sa douleur.*—ÉCRIER, v. act., signifie nettoyer le fil de fer avec du grès.

ÉCRIEUR, subst. mas., au fém. **ÉCRIEUSE** (*ékrieur, euze*), celui, celle qui *écrie* le fil de fer.

* **ÉCRILLE**, subst. fém. (*ékri-ie*), sorte de claie pour empêcher le poisson de sortir d'un étang.

ÉCRIN, subst. mas. (*ékrein*), petit coffret qui sert à mettre des pierreries, des parures précieuses.—Il se dit des joyaux mêmes qu'il contient : *un bel écrin, un riche écrin; il lui a donné un écrin d'une valeur considérable.*

DU VERBE IRRÉGULIER **ÉCRIRE** :

Écrira, 3ᵉ pers. sing. fut. indic.
Écrirai, 1ʳᵉ pers. sing. fut. indic.
Écriraient, 3ᵉ pers. plur. prés. cond.
Écrirais, précédé de *j'*, 1ʳᵉ pers. sing. prés. cond.
Écrirais, précédé de *tu*, 2ᵉ pers. sing. prés. cond.
Écrirait, 3ᵉ pers. sing. prés. cond.
Écriras, 2ᵉ pers. sing. fut. indic.

ÉCRIRE, v. act. et plus souvent neut. (*ékrire*) (en lat. *scribere*) : *écrit, écrivant, j'écris*, etc., *nous écrivons; j'écrivis; j'écrirai*, etc.; former des caractères avec la plume : *écrire son nom; il écrit bien, il écrit mal.* — Au palais, mettre par *écrit* ses raisons : *cet avocat a écrit dans cette affaire.* — Composer quelque ouvrage d'esprit : *écrire en prose, en vers*; et, par extension, *écrire un morceau de musique, un air.* — *Écrire bien ou mal*, *avec ou sans élégance,* en parlant du style. *Racine disait : je ne pense pas mieux que Coras et Pradon, mais j'écris mieux qu'eux.* — Fam. : *écrire des volumes*, écrire beaucoup, écrire trop : *on a écrit des volumes sur cette question.* — Fig. et fam.: *écrire de bonne encre, de la bonne encre à quelqu'un*, lui adresser par lettre de vifs reproches, ou lui prescrire des ordres sévères. — On l'emploie aussi dans un sens figuré en parlant d'une proposition qu'on avance, d'une doctrine qu'on enseigne : *Rousseau a écrit qu'on pouvait revenir à la vertu, mais jamais à l'ignorance.* — Orthographier : *comment écrivez-vous ce mot ?* — Faire une lettre, mander par lettre : *écrire à un ami; je lui ai écrit que...* — S'engager par écrit : *il ne suffit pas de donner des paroles, il faut écrire.* — *Écrire une partie en banque*, écrire sur les registres de la Banque le nom de celui à qui il a été cédé quelque somme. — En t. de comm. : *écrire sur le journal, sur le grand-livre;* porter sur ces registres, en recette ou en dépense, les différentes parties de débit et de crédit qui se font journellement dans le négoce, et qu'on a écrites auparavant sur le brouillon.—*Il est écrit que je perdrai toujours*, il est décidé que, etc. — *Son crime est écrit sur son front*, est marqué sur son visage, etc., etc. — *La destinée des hommes est écrite au ciel*, y est arrêtée, résolue, déterminée. — On dit proverbialement : *ce qui est écrit est écrit*, pour dire qu'on ne veut ou ne peut rien changer à ce qui est *écrit*, à ce qu'on a résolu. — On disait autrefois fig., dans le langage familier: *à mal exploiter bien écrire*, en parlant d'un homme qui, ayant manqué à quelque formalité, *écrit* ensuite la chose, non pas comme il l'a faite, mais comme il devait la faire.—*s'*ÉCRIRE, v. pron., correspondre : *ils s'écrivent entre eux.*—S'orthographier : *tel mot s'écrit de telle manière.*—*Se faire écrire à une porte*, faire mettre son nom sur la liste d'un portier, pour faire savoir qu'on est venu voir le maître ou la maîtresse d'une maison.

DU VERBE IRRÉGULIER ÉCRIRE :

Écrirez, 2ᵉ pers. plur. fut. indic.
Écririez, 2ᵉ pers. plur. prés. cond.
Écririons, 1ʳᵉ pers. plur. prés. cond.
Écrirons, 1ʳᵉ pers. plur. fut. indic.
Écriront, 3ᵉ pers. plur. fut. indic.
Écris, 2ᵉ pers. sing. impér.
Écris, précédé de *j'*, 1ʳᵉ pers. sing. prés. indic.
Écris, précédé de *tu*, 2ᵉ pers. sing. prés. indic.

ÉCRISÉE, subst. fém. (*ékrizé*), t. de lapidaire, poudre de diamant ordinairement noire dont on se sert pour user les bords des autres diamants et pour adoucir les inégalités de leurs facettes.

ÉCRIT, subst. mas. (*ékri*), ce qui est *écrit* sur le papier : *quel est cet écrit?*—Acte, témoignage qu'on donne par sa signature : *plaider contre son écrit.* — On appelle *papier écrit* celui qui est couvert d'écriture. — Au plur., livres, traités, soit manuscrits, soit imprimés : *les écrits de cet auteur...*—*Par écrit*, loc. adv., *mettre*, ou fam., *coucher par écrit, écrire.* — On appelle *instruction par écrit*, l'instruction d'un procès faite *par écrit*; *preuve par écrit*, celle qui résulte d'un *écrit*; *remontrances par écrit*, des remontrances raisonnables; et *procès par écrit*, un procès qui se juge sur rapport et qui ne se plaide point.

ÉCRIT, E, part. pass. de *écrire.*

Écrit, précédé de *il* ou *elle*, 3ᵉ pers. sing. prés. indic. du verbe irrégulier ÉCRIRE.

ÉCRITEAU, subst. mas. (*ékritô*), morceau de papier, etc., sur lequel on *écrit* ou l'on print quelque chose en grosses lettres, pour donner un avis au public. — Affiche qui annonce quelque location. — En t. de tondeur de draps, défaut dans la tonte d'un drap.

ÉCRITOIRE, subst. fém. (*ékritoare*), petit ustensile, etc., qui contient ce qui est nécessaire pour *écrire*, de l'encre, un canif, des plumes, etc. — Vase qui contient l'encre; encrier.

ÉCRITURE, subst. fém. (*ékriture*) (en lat. *scriptura*), caractères *écrits* : *on a effacé l'écriture.*— Manière de former les lettres : *on a reconnu son écriture.*— L'art d'*écrire*.—*Écriture perpendiculaire*, celle dont se servent, mais avec des modifications différentes, les Chinois, les Japonais et les Mexicains. Ces derniers *écrivent* de bas en haut; les Chinois tracent leurs lignes en partant de l'angle droit supérieur de la page, et les terminent à l'angle gauche inférieur : les Japonais, au contraire, les dirigent en sens inverse de gauche à droite.—*Écriture horizontale*, celle dans laquelle les lignes sont tracées horizontalement ou de droite à gauche, comme dans l'hébreu, le samaritain, le turc, l'arabe, le tartare, le chaldéen, etc.; ou de gauche à droite, comme le pratiquent toutes les nations de l'Europe; ou successivement de droite à gauche et de gauche à droite, comme dans le *Boustrophédon*, etc. Voy. ce mot.—*Écriture orbiculaire*, celle qui s'adaptait aux vases de forme ronde, aux boucliers, aux monnaies; on doute qu'elle ait jamais appartenu à aucun peuple. —*Écriture onciale*, sorte d'*écriture* capitale, dans laquelle les caractères sont presque ronds; elle est antérieure au septième siècle, et a duré jusqu'au onzième. *L'écriture demi-onciale* est une *écriture* ancienne qui ne remonte guère qu'au neuvième siècle. — *Écriture à l'usage des aveugles;* on se sert d'une plume de fer dont le bec n'est pas fendu, on *écrit* sans encre et en appuyant sur un papier fort, de façon que le caractère soit en relief, séparé et un peu gros. — Au pal., *écrits* qu'on produit pour défendre sa cause. —La parole de Dieu contenue dans le Nouveau et l'Ancien Testament. — On dit fig. et fam. : *accordez* ou *conciliez les Écritures*, accordez-vous avec vous-même, expliquez et conciliez ces contradictions.—En t. de jurispr., on appelle *écriture publique* ou *authentique*, celle qui, étant reçue par une ou plusieurs personnes publiques, fait foi par elle-même jusqu'à inscription de faux : tels sont les jugements, les actes passés par-devant notaires, etc. ; *faux en écriture publique, faux en écriture privée.* — On nomme aussi *écritures* certaines procédures faites pour l'instruction d'une cause. — Les commerçants appellent *écritures*, tout ce qu'ils *écrivent* concernant leur commerce, et particulièrement la manière de tenir les livres relativement aux monnaies qui ont cours dans un pays : *tenir les écritures.* On dit plus ordinairement *tenir les livres.* — *Commis aux écritures* se dit ou plutôt se disait, dans les administrations, d'un expéditionnaire, d'un commis employé à *écrire*, à copier. — *Écriture de banque*, les billets que se donnent réciproquement ceux qui ont des comptes en banque, pour faire des transferts de ce qui leur est dû, etc. — On appelait à Lyon *le temps des écritures* les quinze derniers jours des paiements, pendant lesquels les négociants se rendaient au Change, à la Bourse, pour les virements de parties.

ÉCRITURÉ, E, part. pass. de *écriturer.*

ÉCRITURER, v. act. (*ékrituré*), faire des *écritures*, lever des copies. Ce mot ne se trouve que dans *Boiste*, qui l'indique même comme inusité.

ÉCRITURIER, subst. mas. (*ékriturié*), celui qui fait des *écritures*. (*Boiste.*) Inusité.

Écrivaient, 3ᵉ pers. plur. imparf. indic. du verbe irrégulier ÉCRIRE.

ÉCRIVAILLÉ, E, part. pass. de *écrivailler.*

ÉCRIVAILLER, v. act. (*ékrivâ-ié*), écrire beaucoup et mal.

ÉCRIVAILLERIE, subst. fém. (*ékrivâ-ieri*), manie d'*écrivailler*, de publier beaucoup et de mauvais ouvrages. (*Montaigne.*)

ÉCRIVAILLEUR, subst. mas., au fém. ÉCRIVAILLEUSE (*ékrivâ-ieur, ieuze*), mauvais *écrivain*; *écrivassier.*—Ce sont des termes de mépris usités seulement dans le style comique, critique ou satirique, et dans le langage familier.

ÉCRIVAILLEUSE, subst. fém. Voy. ÉCRIVAILLEUR.

ÉCRIVAIN, subst. mas. (*ékrivein*), celui qui *écrit* pour le public. Quand on l'emploie dans ce sens, on y joint ordinairement le mot *public* : *une échoppe d'écrivain public; il s'est fait écrivain public.* — Celui dont la profession, dont l'occupation habituelle est d'*écrire* ou de montrer à *écrire*. — Maître à *écrire* : *écrivain juré.* — Celui qui *écrit* bien ou mal, en parlant du style : *un mauvais, un méchant écrivain; un habile écrivain.* — Auteur qui a fait imprimer quelque ouvrage, avec cette différence qu'*écrivain* ne se dit que du style, et qu'*auteur* a plus de rapport au fond de l'ouvrage qu'à la forme. On le dit des femmes : *madame de Staël est un de nos plus grands écrivains.* (Boiste.) — Celui qui, sur un vaisseau ou sur une galère, tient registre de ce qui s'y consomme; et, dans le même sens, le commis embarqué sur les grands bâtiments de commerce pour y remplir les fonctions analogues.

DU VERBE IRRÉGULIER ÉCRIRE :

Écrivais, précédé de *j'*, 1ʳᵉ pers. sing. imparf. indic.
Écrivais, précédé de *tu*, 2ᵉ pers. sing. imparf. indic.
Écrivait, 3ᵉ pers. sing. imparf. indic.
Écrivant, part. prés.

ÉCRIVANT, E, adj. (*écrivan, vante*), qui *écrit*: *la main écrivante.* (Voltaire.)

ÉCRIVASSIER, subst. mas., au fém. ÉCRIVASSIÈRE (*ékrivacié, cière*), t. de mépris. Voy. ÉCRIVAILLEUR.

ÉCRIVE, subst. mas. (*ékrive*), t. de manuf., arbre d'écrou de la presse anglaise, dans les manufactures de draps.

DU VERBE IRRÉGULIER ÉCRIRE :

Écrive, précédé de *que j'*, 1ʳᵉ pers. sing. prés. subj.
Écrive, précédé de *qu'il* ou *qu'elle*, 3ᵉ pers. sing. prés. subj.
Écrivent, précédé de *qu'ils* ou *qu'elles*, 3ᵉ pers. plur. prés. subj.
Écrives, 2ᵉ pers. sing. prés. subj.

ÉCRIVEUR, subst. mas., au fém. ÉCRIVEUSE (*ékriveur, veuze*), qui *écrit* beaucoup. On l'a dit pour copiste et pour maître à *écrire*.—Ce mot est fam. ; cependant il l'est moins qu'*écrivailleur* et qu'*écrivassier.*

DU VERBE IRRÉGULIER ÉCRIRE :

Écrivez, 2ᵉ pers. plur. impér.
Écrivez, précédé de *vous*, 2ᵉ pers. plur. prés. indic.
Écriviez, précédé de *vous*, 2ᵉ pers. plur. imparf. indic.
Écriviez, précédé de *que vous*, 2ᵉ pers. plur. prés. subj.
Écrivîmes, 1ʳᵉ pers. plur. prét. déf.
Écrivions, précédé de *nous*, 1ʳᵉ pers. plur. imparf. indic.
Écrivions, précédé de *que nous*, 1ʳᵉ pers. plur. prés. subj.
Écrivirent, 3ᵉ pers. plur. prét. déf.
Écrivis, précédé de *j'*, 1ʳᵉ pers. sing. prét. déf.
Écrivis, précédé de *tu*, 2ᵉ pers. sing. prét. déf.
Écrivisse, 1ʳᵉ pers. sing. imparf. subj.
Écrivissent, 3ᵉ pers. plur. imparf. subj.
Écrivisses, 2ᵉ pers. sing. imparf. subj.
Écrivissiez, 2ᵉ pers. plur. imparf. subj.
Écrivissions, 1ʳᵉ pers. plur. imparf. subj.
Écrivit, précédé de *il* ou *elle*, 3ᵉ pers. sing. prét. déf.
Écrivît, précédé de *qu'il* ou *qu'elle*, 3ᵉ pers. sing. imparf. subj.
Écrivîtes, 2ᵉ pers. plur. prét. déf.
Écrivons, 1ʳᵉ pers. plur. impér.
Écrivons, précédé de *nous*, 1ʳᵉ pers. plur. prés. indic.

ÉCROTAGE, subst. mas. (*ékrotaje*), enlèvement de la superficie de la terre des ouvroirs de salines.

ÉCROTÉ, E, part. pass. de *écroter.*

ÉCROTER, v. act. (*ékroté*), enlever la première terre d'un ouvroir de salines.—*s'*ÉCROTER, v. pron.

ÉCROU, subst. mas. (*ékrou*) (de l'allemand *schraube*, vis; fait de *schrauben*, tordre, tourner. Les Anglais disent *screw*. Le Duchat.), pièce de bois, de fer, ou de toute autre matière solide, percée en spirale, dans laquelle entre une vis en tournant : *l'écrou d'un pressoir; la vis s'est cassée dans l'écrou.* — Acte d'emprisonnement d'une personne, *écrit* sur le registre de la geôle. (Dans cette dernière acception, du lat. *scriptura*, écriture.)

ÉCROUE, subst. fém. (*ékrou*); autrefois, dans la maison du roi, le rôle de la dépense de bouche. *L'Académie* n'emploie ce mot qu'au plur.

ÉCROUÉ, E, part. pass. de *écrouer.*

ÉCROUELLE, subst. fém. Voy. ACROUELLE.

ÉCROUELLES, subst. fém. plur. (*ékrou-èle*), sorte de maladie que le peuple appelle *humeurs froides*, et que les médecins désignent plus ordinairement sous le nom de *scrophules*. C'est une maladie chronique dans laquelle le système lymphatique est particulièrement affecté; *elle se manifeste* par la dégénérescence tuberculeuse des glandes superficielles, et spécialement des glandes du cou ; *une erreur superstitieuse et populaire attribuait aux rois de France la faculté de guérir les écrouelles en les touchant.*

ÉCROUELLEUSE, adj. fém. Voy. ÉCROUELLEUX.

ÉCROUELLEUX, adj. mas., au fém. ÉCROUELLEUSE (*ékrou-èleu, leuze*), qui appartient aux *écrouelles*.—Qui est malade des *écrouelles.*

ÉCROUER, v. act. (*ékroue*), inscrire le nom d'un prisonnier sur le registre des emprisonnements. Voy. ÉCROU. — *s'*ÉCROUER, v. pron.

ÉCROUES, subst. fém. plur. Voy. ÉCROUE.

ÉCROUI, E, part. pass. de *écrouir*, et adj. : *monnaie écrouie*, durcie.

ÉCROUIR, v. act. (*ékrouir*), battre un métal à

froid pour le rendre plus dense, plus élastique.— s'ÉCROUIR, v. pron.

ÉCROUISSEMENT, subst. mas. *(ékrou-iceman)*, action d'*écrouir*.—Effet de cette action.

ÉCROULÉ, E, part. pass. de *écrouler*.

ÉCROULEMENT, subst. mas. *(ékrouleman)*, action de *s'écrouler*.

S'ÉCROULER, v. pron. *(cékroulé)* (voy. CROULER pour l'étym.), s'ébouler, tomber en s'affaissant : *cette maison va s'écrouler ; le mur s'écroula pendant la nuit.* — Fig. : *l'empire romain s'écroula sous les coups des barbares.* Et plus fig. encore : *le crédit, le pouvoir de cet orgueilleux favori s'est enfin écroulé sous tant d'attaques réitérées.*—On l'emploie aussi quelquefois sans pronom, c'est-à-dire activement : *l'orage a fait écrouler l'aile du bâtiment.*

ÉCROÛTÉ, E, part. pass. de *écroûter*.

ÉCROÛTER, v. act. *(ékroûté)*, ôter la *croûte* qui est autour du pain. — s'ÉCROÛTER, v. pron.

ÉCRU, E, adj. *(ékru)*, qui est *cru*; il se dit des soies, des fils et des toiles qui n'ont point été *décrusés* (Voy. ce mot), c'est-à-dire passés à l'eau bouillante, lavés, blanchis.—*Fer écru*, celui qui, ayant été mal corroyé ou brûlé, est mêlé de crasse; telles sont souvent les extrémités des barres.

ÉCRUES, subst. fém. plur. *(ékru)* : *écrues de bois*, bois nouvellement crûs sur des terres labourables.

ÉCRYSIS ou **ÉCRYSIE**, subst. fém. *(ékrizice, zie)* (du grec ἐκρυσις, écoulement, fait de ἐκρεω, je coule), t. de médec., écoulement de la liqueur fécondante qui n'a pu se former en fœtus.

ECSARCOME, subst. mas. *(èkçarkome)* (en grec ἐκσαρκωμα, fait de ἐκ, dehors, et de σαρκος, gén. de σαρξ), t. de médec., excroissance charnue.

ECTASE, subst. fém. *(èktâze)* (du grec ἐκτασις, extension), t. de chir., allongement, dilatation de la peau. Ce mot n'est nullement synonyme d'*extase*.

ECTHÉLYNSIS, subst. fém. *(èktéleincice)* (du grec ἐκθηλυνσις, mollesse), t. de chir., flaccidité de la chair et de la peau. — Relâchement d'un bandage.

ECTHÈSE, subst. fém. *(èktèze)* (du grec ἐκθεσις, exposition, publication), profession de foi d'Héraclius en faveur du monothéisme.

ECTHÉSIEN, subst. mas. *(èktézieìn)*, sectateur d'Héraclius, qui professait le monothéisme.

ECTHLIMME, subst. mas. *(èktelime)* (du grec ἐκθλιμμα, contusion), t. de chir., ulcération superficielle de la peau produite par une forte compression.

ECTHLIPSE, subst. fém. *(èktelipece)* (en grec ἐκθλιψις, fait de ἐκθλιβω, je romps, je brise), élision d'un *m* final dans les vers latins. Vieux.

ECTHYME, subst. fém. *(èktime)* (du grec ἐκθυμα, éruption, fait de ἐκθυω, j'apparais), t. de chir., exanthème léger qui apparaît subitement et qui dure peu.

ECTHYMOSE, subst. fém. *(èktimoze)* (du grec ἐκθυμος, dérivé de ἐκ, qui marque excès, et de θυμος, ardeur), t. de chir., agitation et raréfaction du sang.

ECTILLOTIQUE, adj. des deux genres et subst. mas. *(èktilelotike)* (du grec ἐκτιλλω, j'arrache), t. de médec., se dit de certains remèdes propres à dépouiller quelques parties du corps des poils superflus qui les couvrent.

ECTOME, subst. fém. *(èktome)* (du grec ἐκτομη, coupure), t. de chir., excision, ablation, amputation.

ECTOPIE, subst. fém. *(èktopi)* (du grec ἐκτοπιζω, je déplace, j'éloigne), t. de chir., nom qu'on donne aux luxations en général.

ECTOPISIE, subst. fém. *(èktopizi)* (même étym. que celle du mot précéd.), t. de chir., situation anormale et permanente d'un viscère, de vaisseaux.

ECTOPOCYSTE, subst. fém. *(èktopocicete)* (du grec ἐκτοπος, déplacé, et κυστις, vessie), t. de chir., déplacement de la vessie.

ECTOPOCYSTIQUE, adj. des deux genres *(èktopocicetike)*, t. de chir., se dit des affections produites par le dérangement de la vessie.

ECTOPOGONE, subst. fém. *(èktopoguone)*, t. de bot., tribu de plantes de la famille des mousses.

ECTRIMUCE, subst. fém. *(èktrimuce)* (du grec ἐκτριμμα, action d'effacer, d'essuyer), t. de chir., ulcération de la peau dans les parties du corps en contact avec le lit.

ECTRODACTYLIE, subst. fém. *(èktrodaktili)*, t. de chir., absence d'un ou de plusieurs doigts.

ECTROPION, subst. mas. *(èktropion)* (en grec ἐκτροπιον, fait de ἐκ, en dehors, et de τρεπω, je tourne), t. de médec., éraillement, renversement de la paupière.

ECTROSIE, subst. fém. *(èktrozi)*, t. de bot., genre de plantes de la famille des graminées.

ECTROTIQUE, adj. des deux genres *(èktrotike)* (du grec inusité ἐκτρωω, d'où l'on a fait ἐκτιτρωσκω, je fais avorter), t. de médec., se dit des médicaments qui causent l'avortement. — Il est aussi subst. mas.

ECTYLOTIQUE, adj. des deux genres *(èktilotike)* (du grec ἐκ, particule qui marque retranchement, et de τυλος, calus, durillon), t. de médec., propre à consumer les durillons.

ECTYPE, subst. fém. *(èktipe)* (en grec ἐκτυπον, formé de ἐκ, de, en dehors, et de τυπος, type, image : *image en relief, frappée en bosse*), t. d'antiquités, copie, empreinte d'une médaille, d'un cachet, d'une inscription, etc.

ÉCU, subst. mas. *(éku)* (en lat. *scutum*, fait du grec σκυτος, cuir, parce que anciennement les boucliers étaient de cuir), espèce de bouclier que les cavaliers portaient autrefois. — Figure de ce bouclier sur lequel se peignent les armoiries. — Pièce de monnaie portant la figure d'un *écu d'armoiries : petit écu ; écu de six livres.* Quand on ne spécifie pas la valeur, on entend ce mot d'un *écu* de trois livres : *mille écus, dix mille écus*, trois mille livres, trente mille livres. Il y a encore en France, et dans les diverses contrées de l'Europe, un grand nombre de monnaies sous cette même dénomination ; mais avec des valeurs différentes, suivant les temps et les pays. — *L'écu* d'argent s'est appelé autrefois *écu blanc* par opposition avec *l'écu d'or*, qui a eu diverses valeurs suivant les temps. — *Un quart d'écu*, ancienne monnaie d'argent qui valait d'abord quinze ou seize sous, et qui plus tard en a valu souvent davantage. — *L'écu quart* valait soixante-quatre sous.—Prov. : *c'est le père aux écus*, il a beaucoup d'argent. — *Avoir des écus à remuer à la pelle*, être fort riche. — *N'avoir pas un écu vaillant*, être fort pauvre. — On dit prov. et fig., en plaisantant : *voici le reste de notre écu* ou *de nos écus*, en parlant d'une personne qui arrive dans une société sans être attendue. — *Mettre écu sur écu*, thésauriser. — *Vieux amis, vieux écus*, les vieux amis et les vieux écus sont les meilleurs. — T. d'astron., *écu de Sobieski*, constellation placée par *Helvétius* dans l'hémisphère austral, assez proche de l'équateur, entre Antinoüs, le sagittaire et le serpentaire. Il a sept étoiles principales.

ÉCUAGE, subst. mas. *(éku-aje)*, t. d'anc. jurispr. féod., droit qu'on payait pour s'exempter du service, ou pour se faire remplacer dans le service.—T. de blas., droit de porter l'*écu*.

ÉCUANTEUR, subst. mas. *(éku-anteur)*, creux que présente le dehors d'une roue de voiture.

ÉCUBIER, subst. mas. *(ékubié)*, t. de marine, trou rond au côté de l'avant d'un vaisseau, par lequel on fait passer le câble.

ÉCUEIL, subst. mas. *(ékeuie)* (en lat. *scopulus*, en grec σκοπελος), rocher dans la mer : *cet habile pilote dirigea le vaisseau à travers les écueils dont cette mer est semée.* — Au fig., chose dangereuse pour la vertu, l'honneur, la fortune, etc. : *les écueils de la cour, du monde, d'une grande ville.*

ÉCUELLE, subst. fém. *(ékuèle)* (en lat. *scutella)*, pièce de vaisselle qui sert à mettre du bouillon, du potage, etc. — En mécanique, plaque de fer un peu creuse sur laquelle pose et tourne un cylindre du cabestan. — En géométrie, solide formé par une partie de couronne circulaire qui tourne autour d'un diamètre. — *Laver les écuelles*, laver toute sorte de vaisselle, assiettes, plats, etc. : *une laveuse d'écuelles.* — Prov. : 1° *rogner l'écuelle à quelqu'un*, lui retrancher de sa subsistance ; 2° *il a bien plu dans son écuelle*, il a beaucoup gagné ou reçu ; 3° *mettre tout par écuelles*, traiter splendidement ; *quand il reçoit ses amis, il met tout par plats et par écuelles* ; 4° *propre comme une écuelle à chats*, extrêmement malpropre ; 5° *qui s'attend à l'écuelle d'autrui, souvent mal dîne*, lorsque l'on compte sur les autres, on est souvent trompé dans ses espérances ; 6° *ils se raccommoderont à l'écuelle, comme les gueux*, ils se réconcilieront en buvant ensemble ; 7° on dit d'une maison en désordre, où tout manque pour la cuisine, où il n'y a rien à manger : *il n'y a dans cette maison ni pot au feu ni écuelles lavées* ; 8° *prendre l'écuelle aux dents*, manger avec un grand appétit, d'une grande avidité ; ne rien laisser dans l'*écuelle*. — *Archers de l'écuelle*, chargés autrefois de prendre les mendiants et de les mener à l'hôpital. — *Écuelle-d'eau*, t. de bot., plante vivace, aquatique et ombellifère.

ÉCUELLÉE, subst. fém. *(ékuèlé)*, plein une *écuelle*.

ÉCUISSÉ, E, part. pass. de *écuisser*.

ÉCUISSER, v. act. *(ékuicé)*, faire éclater un arbre en l'abattant. — s'ÉCUISSER, v. pron.

ÉCULA, subst. mas. *(ékula)*, t. d'hist. nat., espèce de poisson que l'on trouve dans la mer Rouge.

ÉCULÉ, E, part. pass. de *éculer*.

ÉCULER, v. act. *(ékulé)* (rac. *cul*), plier en dedans les quartiers de derrière du soulier : *éculer des souliers* ; et non pas, comme on dit en plusieurs endroits, *aculer*. — En t. de cirier : *éculer de la cire*, c'est la façonner en pain. — s'ÉCULER, v. pron.

ÉCULON, subst. mas. *(ékulon)*, espèce de vase de cuivre ou de fer-blanc qui, dans le blanchissage des cires, sert à remplir les planches à pains.

ÉCUMANT, E, adj. *(ékuman, mante)*, qui *écume*. Il s'emploie élégamment en poésie : *l'onde écumante.*

ÉCUME, subst. fém. *(ékume)* (en lat. *spuma*, par le changement ordinaire du *p* en *c*), excrément ou espèce de mousse blanchâtre qui se forme et qui surnage sur l'eau ou sur quelque autre liquide agité, échauffé ou en fermentation : *écume de la mer, du lait, de la bière, du pot au feu.* — Bave de quelques animaux, lorsqu'ils sont échauffés ou en colère. — On le dit par extension d'un homme emporté : *quand il est en colère, l'écume lui sort par la bouche.* — Sueur qui s'amasse sur le corps du cheval.—Dans le langage figuré, on emploie ce mot en parlant de gens vils et méprisables : *c'est l'écume de la société, de l'espèce humaine, de la capitale.*—*Écume-de-mer*, t. d'hist. nat., substance magnésienne qui se taille au couteau comme la pierre de lard, et qui ne se dissout ni ne se pétrit dans l'eau. On l'a désignée aussi sous le nom de talc terreux blanc. Cette terre diffère des autres variétés du talc, en ce que son tissu est plus tenace et plus spongieux. Elle est très-blanche, fine, et onctueuse au toucher. Les Turcs en font des pipes à fumer connues sous le nom d'*écume-de-mer*. Après avoir été sculptée et cuite dans l'huile, elle acquiert une couleur jaunâtre. Les pipes d'*écume-de-mer* sont un objet de luxe chez les Orientaux et chez les peuples du Nord, surtout quand, par un long usage, elles ont acquis une belle couleur de café ; ce qui leur donne un très-grand prix aux yeux des amateurs, qui ont soin de les frotter de cire de temps en temps pour leur faire prendre cette teinte. Quand l'*écume-de-mer* est de la plus parfaite qualité, on voit le feu à travers la pipe. Cette substance se trouve en divers endroits de l'Anatolie. Il ne faut pas confondre l'*écume-de-mer* avec l'argile de Constantinople, dont on fait en Turquie des pipes communes qui sont d'une couleur rougeâtre. — On appelle aussi *écume-de-mer* un produit de la composition des varecs, et un alcyon. — *Écume-de-terre*, substance calcaire. — *Écume printannière*, celle qui se forme sur les plantes.

ÉCUMÉ, E, part. pass. de *écumer*.

ÉCUMER, v. act. *(ékumé)* (en lat. *spumare*), ôter l'*écume* de ce qui bout sur le feu : *n'oubliez pas d'écumer le pot avec soin.*—Prov. : *écumer le pot*, retrancher ce qui est inutile ou incommode. Fig., *écumer les mers, les côtes*, exercer la piraterie.—Fig. et fam., 1° *écumer les marmites*, se dit d'un parasite, d'un écornifleur; 2° *écumer les nouvelles*, en chercher partout çà et là. — T. de fauconn., *écumer sa proie*, se dit d'un oiseau qui passe sur sa proie sans s'arrêter, ou qui court sur le gibier que lancent les chiens.— Au neut. il signifie jeter de l'*écume* : *la mer écume; mon cheval commençait à écumer.* — *Il écume comme un verrat*, est une locution basse et prov., qu'on emploie en parlant d'un homme qui *écume* de colère.—s'ÉCUMER, v. pron.

ÉCUMERESSE, subst. fém. *(ékumerèce)*, platine de cuivre jaune, percée de trous, qui sert à lever les écumes des matières qu'on clarifie dans les raffineries.

ÉCUMETTE, subst. fém. *(ékumète)*, petite *écumoire* dont on se sert dans les fabriques de pipes à fumer.

ÉCUMEUR, subst. mas. *(ékumeur)* ; il ne se dit qu'au fig., dans ces phrases : *écumeur de mer*, pirate ; *écumeur de marmite, de nouvelles.* Voy. ÉCUMER.

—*Écumeur littéraire,* celui qui s'empare des écrits d'autrui. — Si l'on avait besoin du fém. de ce substantif, il ne faudrait pas hésiter à se servir du mot *écumeuse.*

ÉCUMEUSE, adj. fém. Voy. ÉCUMEUX.

ÉCUMEUX, adj. mas., au fém. ÉCUMEUSE (*ékumeu, meuze*), plein d'*écume*, ou qui jette de l'*écume.*

ÉCUMOIRE, subst. fém. (*ékumoare*), ustensile de cuisine percé de plusieurs trous, qui sert à *écumer* le pot, etc.

ÉCURAGE, subst. mas. (*ékuraje*), action d'*écurer.*

ÉCURÉ, E, part. pass. de *écurer.*

ÉCUREAU, subst. mas. (*ékuró*), dans les manufactures de draps, celui qui *écure* les chardons.

ÉCURER, v. act. (*ékuré*) (pour l'étymologie, voyez CURER dont ce mot a été formé), nettoyer la vaisselle, la batterie de cuisine.—Nettoyer un puits. En ce sens on dit plus souvent et mieux *curer.* — Dans les manufactures de draps, *écurer les chardons*, en ôter avec la curette la bourre dont ils se sont remplis en parant les draps. — S'ÉCURER, v. pron. : *s'écurer les dents, les oreilles, les ongles.*

ÉCURETTE, subst. fém. (*ékurète*), grattoir à l'usage des luthiers pour unir les chalumeaux et les bourdons.

ÉCUREUIL, subst. mas. (*ékureuie*) (en grec σκιουρος, formé de σκια, ombre, et ουρα, queue, *qui se met à l'ombre de sa queue*, parce que l'*écureuil* la relève et s'en couvre comme d'un panache), joli petit animal fort vif, de la classe des mammifères rongeurs, remarquable par sa propreté, son adresse et la finesse de son poil.—On dit : *il est vif comme un écureuil*, ou fig.: *c'est un écureuil*, en parlant d'un jeune homme vif, sémillant, qui ne tient pas en place.

ÉCUREUR, subst. mas. ; au fém. ÉCUREUSE (*ékureur, reuze*), celui ou celle qui *écure.*

ÉCUREUSE, subst. fém. Voy. ÉCUREUR.

ÉCURIE, subst. fém. (*ékuri*) (du latin barbare *scuria*, qui, dans la loi salique, etc., signifie quelquefois une *étable*, et plus souvent une *grange* à mettre du foin, de la paille, etc.), lieu destiné à loger des chevaux.—Train, équipage, qui comprend écuyers, pages, carrosses, chevaux, etc., d'un souverain, d'un prince : *les pages de la grande, de la petite écurie.*—Prov. et fig.: *fermer l'écurie quand les chevaux sont dehors*, prendre des précautions quand le mal est arrivé.—On dit aussi, en parlant d'une chose qui nécessite des frais d'entretien sans être d'aucune utilité, que *c'est un cheval à l'écurie.*—En t. de mar., on donne le nom de *bâtiments-écuries*, ou *écuries flottantes*, à ceux qui sont destinés à transporter de la cavalerie, etc.

ÉCURY-SUR-COOLE, subst. propre mas. (*ékuri-çurko-ole*), bourg de France, chef-lieu de canton, arrond. de Châlons, dép. de la Marne.

ÉCUSSON, subst. mas. (*ékuçon*) (voy. ÉCU pour l'étymologie), *écu* sur lequel on met les armoiries d'une personne ou d'une famille.—Dans les monnaies, le revers d'une pièce où l'effigie est empreinte. — Chez plusieurs insectes, petite pièce cornée, ordinairement triangulaire, placée sur la poitrine, entre les ailes.—En t. de serrurier, platine de métal qui sert à orner les heurtoirs des portes et l'entrée d'une serrure.—En t. de jardinage, morceau d'écorce garni d'un œil ou bouton, enlevé de dessus un arbre, que l'on insère entre le bois et l'écorce d'un arbre après y avoir fait une entaille. Voy. GREFFE, ENTE.—En médec., espèce de sachet piqué, taillé en *écusson*, dans lequel on renferme des poudres cordiales et stomachiques pour appliquer sur la région de l'estomac.

ÉCUSSONNABLE, adj. des deux genres (*ékuçonable*), qui peut être *écussonné.*

ÉCUSSONNÉ, E, part. pass. de *écussonner.*

ÉCUSSONNER, v. act. (*ékuçoné*), t. de jardinier, entrer en *écusson : tous les arbres que ce jardinier a écussonnés sont bien venus.*—S'ÉCUSSONNER, v. pron.

ÉCUSSONNOIR, subst. mas. (*ékuçonoar*), sorte de couteau pour greffer en *écusson.*

ÉCUYAGE, subst. mas. (*ékui-aje*), fonction d'*écuyer.* Vieux.

ÉCUYER, subst. mas (*ékui-ié*) (en lat. *scutarius*, fait de *scutum*, écu), autrefois, gentilhomme qui accompagnait un chevalier, portait son *écu*, etc. —Titre que portaient les simples gentilshommes et les anoblis. — Titre que portaient aussi anciennement les jeunes gens de la plus haute qualité jusqu'à ce qu'ils eussent été armés chevaliers. — Celui qui a l'intendance de l'écurie d'un prince, d'un seigneur. — Celui qui enseigne à monter à cheval, qui dresse les chevaux (en lat. *equarius*, fait de *equus*, cheval).—Celui qui donne la main à une dame.—*Cet homme est un bon écuyer*, monte bien un cheval.—*Écuyer de main*, par opposition à *écuyer cavalcadour*, celui qui donnait la main au roi pour l'aider à monter en voiture.—*Écuyer tranchant*, officier qui *coupe* les viandes à la table d'un prince.—*Écuyer de bouche, écuyer de cuisine*, maître-cuisinier d'un prince ou d'un grand seigneur.—*Écuyer*, en t. de jardinier, perche ou piquet mis à un arbre pour le conduire.—Faux bourgeon qui croît au pied d'un cep de vigne ; quelquefois il réussit, et répare le ravage de la gelée.—Perche de bois arrondie qu'on pose sur des crampons de fer le long des murs des escaliers, parallèlement à la pente des limons, pour *servir d'appui à ceux qui montent ou descendent.*

ÉCUYÈRE, subst. fém. (*ékui-ière*), d'*écuyer.* —On appelle *bottes à l'écuyère* des bottes dont on se sert pour monter à cheval, surtout dans les exercices du manège et dans la cavalerie ; la tige, plus haute par-devant que le genou, est fortement échancrée sous le jarret.

ÉCZÈME, subst. mas. (*ékzème*) (du grec εκζεω, je brûle), t. de médec., pustule brûlante.

ECZÈSE, subst. fém. (*ékzèze*) (même étym. que celle du mot précéd.), t. de médec., effervescence.

ÉDACITÉ, subst. fém. (*édacité*) (du lat *edax*, rongeur), se dit du temps qui ronge et consume tout. Plus latin que français, mais énergique.

ÉDALOPAT, subst. mas. (*édalopa*), t. de bot., sorte de ronce en Russie.

EDDA, subst. fém. (*édeda*), livre qui renferme les dogmes et la religion des anciens Scandinaves : *l'Edda est un véritable livre de poésie plutôt qu'une histoire.*

ÉDÉCHIA, subst. fém. (*édéchia*), t. de bot., sorte d'arbrisseau à petites fleurs qui croît en Amérique.

EDELSPATH, subst. mas. (*édèlcepate*), t. d'hist. nat., variété de feldspath qui a la transparence de la gomme.

ÉDEN, subst. mas. (*édène*) (du mot hébreu *aden*, qui signifie *délices*), dans l'Écriture-Sainte, le paradis terrestre.

ÉDENTÉ, E, part. pass. de *édenter*, et adj., qui n'a plus de *dents : vieille édentée.*

ÉDENTER, v. act. (*édanté*), ôter les *dents* à un animal. En ce sens, il est peu usité.—Briser, user les *dents* d'une scie, d'un peigne, etc. — S'ÉDENTER, v. pron.

ÉDENTÉ, subst. mas. (*édanté*), t. d'hist. nat., famille d'animaux mammifères, ainsi nommés de l'absence totale des *dents* incisives et laniaires : on n'en trouve aucune espèce en Europe ; ils habitent l'Afrique, l'Amérique et la Nouvelle-Hollande.

ÉDÉPOL, ou mieux ÆDEPOL (*œde Pollucis*, par le temple de Pollux), sorte d'adv. (*édépole*), myth., mot tout latin ; c'est le jurement par *Pollux.*

ÉDÈRE, subst. fém. (*édère*), t. de bot., genre de plantes.

ÉDÉSIE, subst. fém. (*édézi*), myth., déesse qui présidait aux repas, chez les anciens Romains.

EDESSENUM, subst. mas. (*édèceçénome*), t. de pharm., sorte de collyre composé de gomme adragante, de gomme arabique, et de diverses autres substances.

ÉDICTAL, E, adj. (*édiktale*) (du lat. *edictum*, édit), qui appartient aux *édits*, aux ordonnances. —Au plur. mas, *édictaux.*

ÉDICTAUX, adj. mas. plur. Voy. ÉDICTAL.

ÉDIFIANT, E, adj. (*édifian, fiante*), qui porte à la vertu, à la prière, par l'exemple et par les discours : *conduite édifiante, discours édifiant.*

ÉDIFICATEUR, subst. mas. (*édifikateur*), celui qui construit un *édifice.* Peu en usage.

ÉDIFICATION, subst. fém. (*édifikácion*) (en lat. *œdificatio*), action de bâtir. Il ne se dit guère que des temples : *l'édification du temple de Jérusalem.* En parlant de tout autre édifice, on dit *construction.* — Fig., sentiments de piété et de vertu que l'on inspire par l'exemple ou par le discours : *l'édification du prochain.*

ÉDIFICE, subst. mas. (*édifice*) (en lat. *œdificium*), bâtiment public, temple, palais, etc.—Il se dit figurément de certaines choses formées par l'assemblage, le concours, la combinaison de plusieurs autres : *édifice social ; l'édifice de sa fortune ne tint pas contre le premier échec.* Un poëte a dit par extension, en parlant de la coiffure d'une femme :

Bâtir de ses cheveux l'élégant *édifice.*

ÉDIFIÉ, E, part. pass. de *édifier*, et adj., bâti. —Fig., touché : *il fut très-édifié du sermon ; l'accueil est très-touchant, j'en suis édifié.* — *Mal édifié*, scandalisé.

ÉDIFIER, v. act. (*édifié*) (en lat. *œdificare*, formé, dans le même sens, de *œdes*, maison, bâtiment, et de *facere*, faire), bâtir.—Fig., 1° il se dit par opposition à *détruire : il détruit au lieu d'édifier* ; 2° porter à la piété et à la vertu, par ses discours ou son exemple ; 3° satisfaire par ses procédés, etc.—S'ÉDIFIER, v. pron.—Au fig., se donner mutuellement l'exemple : *s'édifier par de bonnes œuvres.*

ÉDILE, subst. mas. (*édile*) (en lat. *œdilis*, fait de *œdes*, maison), magistrat romain qui avait inspection sur les *édifices* publics, sur les jeux, etc. Il y avait des *édiles curules*, et des *édiles plébéiens.*

ÉDILITÉ, subst. fém. (*édilité*) (en lat. *œdilitas*), magistrature de l'*édile*, le temps de son exercice.

ÉDIMBOURG, subst. propre mas. (*édeinbour*), ville capitale de l'Écosse, chef-lieu du comté de ce nom. Elle possède plusieurs monuments remarquables, parmi lesquels on distingue le palais d'Holyrood, qui a servi de retraite à Charles X et à sa famille, après la révolution française de 1830. Ce palais est curieux par son architecture à la fois grecque et gothique, et par les souvenirs historiques qui s'y rattachent. Edimbourg a des écoles de droit, de médecine, de botanique, et une célèbre université ; c'est bien plus une ville de sciences, d'arts et de luxe, que de commerce et d'industrie.

ÉDIT., abréviation du mot *édition.*

ÉDIT, subst. mas. (*édi*) (en lat. *edictum*, fait de *edicere*, ordonner ou défendre avec autorité légitime), ordonnance, constitution : *édit du prince ; les édits des empereurs.*—Il s'appliquait plus particulièrement, dans l'ancien régime, à celles des ordonnances de nos rois qui ne statuaient que sur un seul point ou sur une seule matière : *enregistrer, renouveler un édit ; la révocation de l'édit de Nantes.*—On appelait *chambre de l'édit*, dans les anciens parlements, une chambre instituée par l'*édit* de Nantes pour connaître des affaires des protestants, et qui était composée de protestants et de catholiques dans une égale proportion.

ÉDITAL, E, adj. (*éditale*), qui a rapport à un *édit : proclamation éditale, conseil édital.* — Au plur. mas., *éditaux.*

ÉDITAUX, adj. mas. plur. Voy. ÉDITAL.

ÉDITÉ, E, part. pass. de *éditer.*

ÉDITER, v. neut. (*édité*), proclamer, publier une ordonnance. Vieux dans ce sens ; c'est *édicter* qu'il aurait fallu dire. — Il est aussi act., et signifie publier un ouvrage comme *éditeur.* Dans cette acception, il est fort usité ; mais l'*Académie* n'en veut dans aucune acception, à ce qu'il paraît, car ce mot manque chez elle. — S'ÉDITER, v. pron.

ÉDITEUR, subst. mas. (*éditeur*) (en lat. *editor*), celui qui prend soin de revoir et de faire imprimer l'ouvrage d'autrui.—Libraire qui fait imprimer et vend un livre. On dit : *une femme éditeur.*—Il est aussi adj. mas. : *un libraire éditeur.*—*Éditeur responsable*, celui sous la responsabilité duquel paraît un journal, une feuille périodique.

ÉDITH, subst. propre fém. (*édite*), myth. ind., nom que les anciens rabbins donnent à la femme de Lot.

ÉDITION, subst. fém. (*édicion*) (en lat. *editio*, fait de *edere*, publier, divulguer, donner au public), *publication* d'un livre : *première, deuxième édition ; bonne, mauvaise, nouvelle édition ; j'ai un Homère, édition de 1488.*—On le dit aussi, 1° relativement aux imprimeurs : *ce Cicéron est de l'édition des Elzévirs* ; 2° relativement aux *éditeurs : Saint-Augustin de l'édition des Bénédictins.* — *Édition princeps*, première *édition* qui a paru des anciens auteurs, depuis l'invention de l'imprimerie.—*Éditions incunables*, celles qui ont paru dans le quinzième siècle (dans le temps où l'imprimerie était encore à son *berceau*, (du lat. *incunabulum*).— *Édition compacte*, dont les caractères sont fort resserrés.

ÉDON, subst. propre fém. (*édon*), myth., montagne de Thrace où l'on célébrait les orgies et les bacchanales.

ÉDONÉ, subst. mas., myth. Voy. ÆDON.

ÉDONIDES, subst. fém. plur. (*édonide*), myth. Les bacchantes étaient ainsi surnommées d'Édon, montagne de Thrace, où elles célébraient les orgies.

ÉDONIUS, subst. propre mas. (*édoniuce*), myth., surnom de Bacchus. Voy. ÉDONIDES.

ÉDOUARDE, subst. fém. (*édouarde*), t. de bot.,

genre de plantes de la famille des légumineuses.

ÉDREDON, subst. mas. (*édredon*), duvet très-fin, très-doux, très-léger, que fournit l'*eider* ou l'*oie* du Nord. Voyez EIDER. C'est improprement qu'on dit *aigledon*. On dit : *un couvre-pieds d'édredon*, ou absolument : *un édredon*.

ÉDUCA, ÉDULIA, ÉDULICA ou **ÉDUSA**, subst. propre fém. (*éduka, lia, lika, za*), myth., divinité qui présidait à ce qu'on donnait à manger aux enfants, comme *Potina* ou *Potica*, à ce qu'on leur donnait à boire.

ÉDUCATEUR, subst. mas., au fém. **ÉDUCATRICE** (*édukateur, trice*), qui donne l'*éducation*. (*Mirabeau*.) Mot utile et peut-être indispensable.

ÉDUCATION, subst. fém. (*édukácion*) (en latin *educatio*), soin qu'on prend de l'instruction des enfants pour les exercices de l'esprit et du corps, et surtout pour les mœurs : *une bonne éducation rectifie les dispositions vicieuses*. — *Maison d'éducation*, maison où l'on reçoit des enfants, soit comme pensionnaires, soit comme externes, afin de les élever, de les instruire. — Depuis peu on dit : *faire une éducation*, élever un enfant. — Signifie quelquefois la connaissance et la pratique des usages de la société, relativement aux manières, aux égards, à la politesse : *n'avoir nulle éducation*, être incivil, grossier. — On dit aussi, en t. d'économie domestique, en parlant du soin qu'on prend pour élever certains animaux, de l'art de les multiplier, et d'en tirer le plus grand avantage qu'il est possible : *l'éducation des troupeaux, des abeilles, des vers à soie*; et dans un sens analogue, en parlant des végétaux : *l'éducation de cette plante est difficile*.

ÉDUCATRICE, subst. fém. Voy. ÉDUCATEUR.

ÉDULCORATION, subst. fém. (*édulkorácion*), action d'*édulcorer*.

ÉDULCORÉ, E, part. pass. de *édulcorer*.

ÉDULCORER, v. act. (*édulkoré*) (en lat. *edulcorare*, rendre doux, adoucir; fait de *dulcis*, doux), t. de chimie, verser de l'eau sur des substances en poudre, afin d'en enlever les parties salines qu'elles pourraient contenir.— En pharmacie, rendre un remède plus doux, moins amer, etc., en y mêlant du sucre, du miel, du sirop, etc. — S'ÉDULCORER, v. pron.

ÉDUQUÉ, E, part. pass. de *éduquer*.

ÉDUQUER, v. act. (*édukié*), instruire les enfants; faire leur *éducation*. — S'ÉDUQUER, v. pron. Ce terme est populaire.

ÉÉTA, ÉÉTÈS, subst. propre mas. (*é-éta, é-étèce*), myth., fils du Soleil et de Persa. Il était roi de la Colchide, et père de Médée. Voy. MÉDÉE.

ÉÉTION, subst. propre mas. (*é-écion*), myth., père d'Andromaque, et roi de Thèbes, ville de Cilicie.

ÉFAUFILÉ, E, part. pass. de *éfaufiler*.

ÉFAUFILER, v. act. (*éfôfilé*), tirer la soie du bout d'un ruban, d'une étoffe, etc. — S'ÉFAUFILER, v. pron.

EFENDI, que nous donne l'*Académie* pour EFFENDI, est un barbarisme.

EFFAÇABLE, adj. des deux genres (*éfaçable*), qui peut être *effacé*. Il est peu usité.

EFFACÉ, E, part. pass. de *effacer*.

EFFACEMENT, subst. mas. (*éfaceman*), action d'*effacer*; résultat de cette action.

EFFACER, v. act. (*éfacé*) (en lat. barbare *exfaciare*, fait de la particule privative *ex*, et de *facies* pour *forma*; ôter la forme), rayer; ôter les marques de ce qui était écrit, peint ou rayé. —On dit fig. : *effacer les idées, le souvenir*; *effacer ses péchés par ses larmes*, etc. — Terme de chapellerie, *effacer le poil*, mêler chaque espèce de poil de manière à ne pas la reconnaître. — *Effacer la gloire de ses ancêtres*, etc., les surpasser en vertu, en mérite, etc. — *Elle effaça toutes les dames de l'assemblée*, elle parut plus belle que toutes, etc. — En t. de manége, d'escrime, de danse, *effacer le corps, une épaule*, les tenir dans une position qui donne le moins de prise, le plus de grace. On dit aussi, dans ce dernier sens : *il a les épaules bien effacées*.—S'EFFACER, v. pron.—Dans le langage figuré, se retirer, se mettre à l'écart, à l'ombre, disparaître pour faire place à quelqu'un qu'on veut faire briller : *il s'effaçait pour faire briller son ami*.

EFFAÇURE, subst. fém. (*éfaçure*), ce qui est *effacé*, soit par accident, soit à dessein.

EFFANÉ, E, part. pass. de *effaner*.

EFFANER, v. act. (*éfané*), ôter les feuilles ou la *fane*; c'est le même qu'*effeuiller*. Il ne se dit que des blés.—S'EFFANER, v. pron.

EFFARÉ, E, part. pass. de *effarer*, et adj., tout éperdu, tout troublé, tout hors de soi : *visage effaré, air effaré*. — Il se dit en t. de blason, d'un cheval levé sur ses pieds.

EFFARER, v. act. (*éfaré*) (en latin *efferare*, donner un air farouche, égaré; fait de *fera*, bête farouche), troubler quelqu'un, le mettre hors de lui-même. — S'EFFARER, v. pron.: *il est sujet à s'effarer; pourquoi vous effarer de si peu de chose?*

EFFAROUCHÉ, E, part. pass. de *effaroucher*, et adj., t. de blason : *chat effarouché*, droit sur les pattes de derrière.

EFFAROUCHER, v. act. (*éfarouché*) (du latin barbare *exferociare*, fait de *ex*, augmentatif, et de *ferox*, *ferocis*, rendre *farouche*), épouvanter, effrayer : *effaroucher les pigeons, le gibier*. — Fig., dégoûter, donner de l'éloignement.—Prov.: *effaroucher les pigeons*, éloigner d'une maison ceux qui y apportaient du profit.—S'EFFAROUCHER, v. pron., s'effrayer : *le mérite est prompt à s'effaroucher*.

EFFARVETTE, subst. fém. (*éfarvète*), t. d'hist. nat., fauvette des roseaux.

EFFATA, subst. mas. plur. (*éfefata*) (mot latin qui veut dire prononcées, sous-entendu *verba*, paroles), t. d'antiq., dernières prières que faisaient les augures chez les anciens Romains.

EFFAUTAGE, subst. mas. (*éfôtaje*), merrain de rebut.

EFFECTIF, adj. mas., au fém. **EFFECTIVE** (*éfèktif, tive*), en parlant des choses, qui est réellement et de fait : *armée de trente mille hommes effectifs*.—T. de comm.: *paiement effectif*, en deniers comptants. —On dit fam., en parlant d'un homme qui fait ce qu'il dit, qui ne promet rien qu'il ne tienne : *c'est un homme effectif; sa parole est effective*. — Subst. mas., le nombre vrai des soldats dans une armée, dans une troupe, etc.

EFFECTION, subst. fém. (*éfèkcion*), t. de mathém., construction de problèmes ou équations. Il est peu usité.

EFFECTIVE, adj. fém. Voy. EFFECTIF.

EFFECTIVEMENT, adv. (*éfèktiveman*), réellement, en effet; avec cette différence, selon *Roubaud*, qu'*effectivement* se dit proprement par opposition à la feinte; il marque la réalité physique, l'existence *effective*, au lieu que *en effet* est plus particulièrement opposé à l'apparence : il indique le fond des choses, leur état interne et caché. Ainsi l'on dit : *l'hypocrite, vertueux en apparence, est vicieux en effet*, ou dans le fond ; *cela est effectivement arrivé comme je vous l'ai dit*.

EFFECTRICE, adj. fém. (*éfèktrice*), t. didactique, qui produit un *effet* : *cause effectrice*.

EFFECTUÉ, E, part. pass. de *effectuer*.

EFFECTUER, v. act. (*éfèktué*), mettre *à effet*, à exécution. Voy. RÉALISER. — S'EFFECTUER, v. pron., se réaliser : *le paiement en question s'est effectué*.

EFFÉLURES, subst. fém. plur. (*éfélure*), rognures de peau blanche qu'on emploie pour faire de la colle.

EFFÉMINATION, subst. fém. (*éféminácion*), manières, afféterie de femmes : il se dit particulièrement des individus mâles dont les facultés génératrices sont faibles ou épuisées par des excès.

EFFÉMINÉ, E, part. pass. de *efféminer*, et adj., mou, voluptueux, amolli par les délices : *un homme efféminé*.—*Une voix efféminée*, trop déliée.— On dit aussi subst. : *c'est un efféminé, une efféminée*.

EFFÉMINÉMENT, adv. (*éféminéman*), d'une manière *efféminée*. Il est inusité.

EFFÉMINER, v. act. (*éféminé*) (du lat. *femina*, femme), amollir; rendre faible, comme l'est ordinairement une *femme*.—S'EFFÉMINER, v. pron.

EFFENDI, subst. mas. (*éfeféindi*) (mot turc qui signifie *maître*), homme de loi chez les Turcs. — *Reis effendi*, le chef des hommes de loi, ce qui répond à chancelier. Ce n'est le plus souvent qu'un titre d'honneur.

EFFÉRENT, E, adj. (*éféran, rante*) (en lat. *efferens*, du v. *efferre*, transporter), t. d'anat., qui porte, qui transporte, en parlant des vaisseaux absorbants qui sortent des ganglions lymphatiques, et par lesquels le sang est transporté dans les veines : *les vaisseaux efférents*. — Il est aussi substantif : *les efférents*.

EFFERVESCENCE, subst. fém. (*éfèrevèçance*) (en lat. *effervescentia*, fait de *effervere*, dérivé de *fervere*, bouillir, bouillonner), mouvement, *bouillonnement* qui s'excite dans une liqueur par l'action d'un acide, de la chaleur. Il diffère de l'*ébullition*, en ce que celle-ci est causée par la simple action de la chaleur, et de la *fermentation* produite par une cause intérieure, sans le concours d'aucune substance étrangère : *l'eau qui bout est en ébullition; la bière, le vin qui cuve est en fermentation; le fer en se dissolvant dans l'eau-forte fait effervescence*.—Fig., ardeur, impétuosité : *l'effervescence des passions*.

EFFERVESCENT, E, adj. (*éfèrevèçan, çante*), t. de chim., qui est en *effervescence* : *liqueurs effervescentes*.—Au fig.: *esprit effervescent*.

EFFET, subst. mas. (*éfé*) (en lat. *effectus*, fait de *efficere*, lequel vient de *facere*, faire), tout ce qui est produit par quelque cause.—Exécution : *mettre à effet, en venir à l'effet*. — Chose *effective*. — En peinture, etc., apparence qui résulte d'un ouvrage : *ce tableau est d'un bel effet; cette lumière est d'un effet trop dur*. Employé sans épithète, il se prend toujours en bonne part : *ce tableau fait de l'effet*. — En musique on appelle *choses d'effet* toutes celles où la sensation produite paraît supérieure aux moyens employés pour l'exciter.— Se dit dans le même sens des représentations dramatiques : *cette scène produit beaucoup d'effet*. On dit aussi, mais le plus souvent en mauvaise part : *tableau, pièce, scène*, etc., *à effet*.—Se dit collectivement des hardes ou meubles d'une personne. — Billet : *cette lettre de change n'est pas un bon effet*. — On appelle *effets royaux* des rentes créées par le roi, et des billets ou papiers qui ont été introduits en différents temps dans le commerce. C'est ce qu'on appelle aussi *effets publics*.—*Effets civils*, droits, avantages accordés par les lois civiles, comme de tester, etc. — *En effet*, effectivement, d'une manière véritable et réelle. Voy. EFFECTIVEMENT. — *Pour cet effet* signifie pour l'exécution de quoi, et peut s'employer fort bien dans toutes sortes de styles. — *A cet effet* signifie la même chose, mais il est un peu moins usité. — *A quel effet?* à quelle intention? pourquoi? — *A l'effet de...*, pour l'exécution de..., pour l'accomplissement de... Il n'est que du style de pratique.

EFFEUILLAISON, subst. fém. (*éfeuièzon*), t. de bot., moment où les arbres, les plantes se dépouillent de leurs *feuilles*. Ce mot ne doit point être pris dans le sens de l'action d'*effeuiller* une fleur.

EFFEUILLÉ, E, part. pass. de *effeuiller*.

EFFEUILLEMENT, subst. mas. (*éfeuieman*), action d'ôter les *feuilles*.

EFFEUILLER, v. act. (*éfeuié*), dépouiller de *feuilles* : *effeuiller une branche d'arbre, des roses*. — S'EFFEUILLER, v. pron.

EFFICACE, subst. fém. (*éfikace*) (en lat. *efficacia*), la force, la vertu infaillible de quelque chose. Peu usité. Voy. EFFICACITÉ.

EFFICACE, adj. des deux genres (*éfikace*) (en lat. *efficax*), qui produit son *effet* : *remède, discours efficace*.—T. de théol. : *la grace efficace*, celle qui a toujours son *effet*.

EFFICACEMENT, adv. (*éfikaceman*) (en lat. *efficaciter*), d'une manière *efficace*.

EFFICACITÉ, subst. fém. (*éfikacité*) (en lat. *efficacitas*), vertu de quelque chose.

EFFICIENT, E, adj. (*éfician, ciante*) (en lat. *efficiens*, part. prés. de *efficere*, faire, produire), t. de l'école qui n'est guère usité que dans cette seule phrase : *la cause efficiente*, celle qui produit un *effet*. Cependant on dit aussi en médec., *cause efficiente*, en parlant de celle qui détermine l'apparition d'une maladie.

EFFIGIAL, E, (*éfijial*), qui appartient à l'*effigie*. — Au plur. mas., *effigiaux*.

EFFIGIAUX, adj. mas. plur. Voy. EFFIGIAL.

EFFIGIE, subst. fém. (*éfiji*) (en lat. *effigies*), représentation d'une personne, image, figure. — Dans les monnaies, le côté de la pièce où est gravée en relief l'image du prince régnant.—*Exécuter un criminel en effigie*, mettre sur l'échafaud son portrait, un tableau, un mannequin, par lequel il est représenté souffrant le supplice auquel il a été condamné. — *J.-J. Rousseau*, dans sa *Lettre à M. de Beaumont*, a appelé *chrétiens en effigie*, ceux qui ne le sont qu'en apparence; mais nous n'approuvons pas cette expression. — EFFIGIE, IMAGE, FIGURE, PORTRAIT. (*Syn.*) *L'effigie* tient la place de la chose même; l'*image* en représente simplement l'idée; la *figure* en montre l'attitude et le dessin : le *portrait* est uniquement pour la ressemblance. On exécute en *effigie* les criminels fugitifs; on peint les *images* de nos mystères; on fait des *figures* équestres des souverains; on grave les *portraits* des hommes illustres.

EFFIGIER, v. act. (*éfijié*) exécuter en *effigie*. (*Boiste*.) Presque hors d'usage.

EFFILÉ, subst. mas. (*éfilé*), petite frange qui se coud à une étoffe. — Linge bordé de cette frange, qu'on porte dans le deuil : *il est en effilé.*

EFFILÉ, E, part. pass. de *effiler* et adj., menu, étroit, délié comme un *fil*. — *Avoir la taille effilée*, l'avoir trop menue. — *Avoir le visage effilé*, l'avoir étroit et long. — *Linge effilé*, garni d'*effilé*. — *Etoffe, toile effilée*, que l'on a défaite par fils. — *Cheval effilé*, d'une encolure fine et déliée.

EFFILER, v. act. (*éfilé*), défaire un tissu *fil à fil* : *effiler une toile.* — En t. de perruquier, couper *les* cheveux *en pointe.* — **S'EFFILER**, v. pron., *s'en* aller par *fils*, ou en pointe.

EFFILOCHÉ, E, part. pass. de *effilocher*.

EFFILOCHER, v. act. (*éfiloché*), t. de draperie, détruire la toile et le tissu des chiffons, et les réduire aux éléments du *fil*. — *Effilocher le coton*, ne pas le couper uniment. — **S'EFFILOCHER**, v. pron.—*L'Académie* ne donne qu'*effiloquer*; on dit les deux dans les fabriques.

EFFILOCHEUR, subst. mas. (*éfilocheur*), cylindre armé de lames de fer qui sert pour *effilocher*. — Ouvrier qui *effiloche*. Dans ce sens, on dit aussi au fém. *effilocheuse*.

EFFILOQUÉ, E, part. pass. de *effiloquer*.

EFFILOQUER, v. act. (*éfilokié*), effiler une étoffe de soie pour en faire de la ouate. — **S'EFFILOQUER**, v. pron.

EFFILOQUES, subst. fém. plur. (*éfiloke*), t. de passementerie, soies folles ou non-torses, trop légères pour soutenir le moindre effort, et mises au rebut pour faire des ouates. — Petits bouts superflus qui se trouvent aux lisières d'une étoffe.

EFFILOQUEUR, subst. mas, au fém. **EFFILOQUEUSE** (*éfilokieur, kieuze*), celui, celle qui *effiloque*.

EFFILOQUEUSE, subst. fém. Voy. **EFFILOQUEUR**.

EFFILURES, subst. fém. plur. (*éfilure*), fils ôtés d'un tissu, d'une toile, d'une étoffe.

EFFIOLÉ, E, part. pass. de *effioler*.

EFFIOLER, v. act. (*éfiolé*), ôter la *fiole* ou la feuille des blés.— **S'EFFIOLER**, v. pron.— *Effaner* est plus usité.

EFFLANQUÉ, E, part. pass. de *efflanquer* et adj. : *cheval efflanqué*, maigre, qui a les *flancs* creux et abattus. — Dans le style plaisant, on peut le dire des hommes, au propre; et dans le style critique, des ouvrages d'esprit, au fig. : *vers efflanqués, style efflanqué*, maigres, sans force, sans nerf.—T. d'horl. : *pignon efflanqué*, celui dont les ailes sont trop minces, surtout vers le bout.

EFFLANQUER, v. act. (*éflankié*), rendre maigre jusqu'à avoir les *flancs* creux et abattus, particulièrement en parlant des chevaux. — **S'EFFLANQUER**, v. pron.

EFFLEURAGE, subst. mas. (*éfleuraje*), action d'*effleurer* les peaux de mouton, de bouc, etc.

EFFLEURÉ, E, part. pass. de *effleurer* et adj.: *gants effleurés*, dont on a ôté la *fleur*, c'est-à-dire la surface déliée et luisante. Au fig. : *sujet à peine effleuré*. Voy. **EFFLEURER**.

EFFLEURER, v. act. (*éfleuré*), proprement, ôter les *fleurs* d'une plante. En ce sens il n'est plus usité. — Ne faire qu'enlever la superficie : *le coup lui a à peine effleuré la peau; ce laboureur ne fait qu'effleurer la terre.*—En t. de tanneur, détacher du côté de la peau, où était le poil, toutes les parties saillantes de sa surface. — Au fig., toucher légèrement : *il n'a fait qu'effleurer la question*, etc.—T. de fleuriste, ôter les *fleurs* : *effleurer une rose, une anémone.*—*Effleurer à la main*, en t. de gantier, amincir la peau dans les endroits où elle a trop d'épaisseur. — **S'EFFLEURER**, v. pron. : *s'effleurer la jambe.*

EFFLEURI, E, part. pass. de *effleurir*.

EFFLEURIR, v. neut. (*éfleurir*) (du lat. *efflorescere*, fleurir, fait de la particule extractive *ex*, et de *flos, floris*, fleur; pousser des *fleurs* du dedans au dehors), t. de chim., tomber en *efflorescence*, en poussière.—**S'EFFLEURIR**, v. pron.

EFFLEUROIR, subst. mas. (*éfleuroar*), t. de parcheminier, peau d'agneau qui sert à ôter le blanc.

EFFLEURURE, subst. fém. (*éfleurure*), tache sur une peau *effleurée*.

EFFLORESCENCE, subst. fém. (*éflorèceçance*), t. de chimie, état d'un corps qui, exposé à l'air, se couvre de poussière semblable à de la moisissure, en cédant une partie de son eau de cristallisation à l'atmosphère.—En médec., sorte de pustules ou d'éruptions à la peau.

EFFLORESCENT, E, adj. (*éflorèceçan, çante*), t. de chimie, qui tombe en *efflorescence*.

EFFLOTTÉ, E, part. part. de *efflotter*.

EFFLOTTER, v. act. (*éfloté*), t. de marine, séparer un ou plusieurs vaisseaux d'une *flotte* : *un coup de vent efflotta notre vaisseau.* — **S'EFFLOTTER**, v. pron.

EFFLUENCE, subst. fém. (*éfluance*) (du latin *effluentia*, fait de *effluere*, couler de, formé de la particule extractive *é* ou *ex*, et de *fluere*, couler), t. de physique : *effluescences physiques*, rayons de matière électrique qui *sortent* d'un corps électrisé.

EFFLUENT, E, adj. (*éfluan, ante*), t. de physique : *matière effluente*. Voy. au mot **MATIÈRE**.

EFFLUVE, subst. mas. (*éfluve*), t. de chim., émanation, évaporation des capsules, effusion. — Endroit par lequel se fait l'effusion.

EFFLUVIUM. Voy. **EFFLUVE**, qui est le même mot francisé.

EFFLUX, subst. mas. (*éflu*), du lat. *effluere*, couler de) t. de chir., expulsion d'un fœtus au moment d'une maladie de sa mère. Voy. **EFFLUXION**.

EFFLUXION, subst. fém. (*éflukcion*) (du latin *effluere*, couler de..., tomber en coulant), t. de médec., écoulement d'un fœtus imparfait dans les premiers jours qui suivent la conception.

EFFODIENTIA, subst. mas. plur. (*éfefodi-ein-cia*) (mot tout latin), t. d'hist. nat., ordre de mammifères qui renferme les édentés ordinaires.

EFFONDRÉ, E, part. pass. de *effondrer*, et adj., se dit, en t. de manufacture, des draps et autres étoffes de laine qui ont été extraordinairement tirés à la rame, etc.

EFFONDREMENT, subst. mas. (*éfondreman*), action de remuer, de fouiller la terre à une certaine profondeur.—Il ne se dit pas dans les autres sens d'*effondrer*.

EFFONDRER, v. act. (*éfondré*), fouiller, remuer la terre à la profondeur de plusieurs pieds; en quelque sorte *jusqu'au fond*. — Enfoncer, rompre, briser : *effondrer un coffre, une armoire.*—*Effondrer une couverture*, faire venir la laine de dessous dessus. — En parlant de la volaille, la vider : *effondrer un chapon, des poulets.* —**S'EFFONDRER**, v. pron., se dit des cavités qui s'éboulent.

* **EFFONDRILLES**, subst. fém. plur. (*éfondrile*), parties grossières qui restent *au fond* d'un vase dans lequel on a fait cuire ou infuser quelque chose : *ce bouillon est plein d'effondrilles.*

EFFORCÉMENT, adv. (*éforcéman*), avec *effort*. (*Boiste*.) Bon et utile.

S'EFFORCER, v. pron. (*céforcé*), employer toute sa *force* à faire quelque chose. Il régit la prép. *à* : *il s'est efforcé à courir; ne vous efforcez pas à parler.*—Au fig., tâcher de..., employer toute son industrie pour parvenir à une fin. Il régit la prép. *de* : *s'efforcer de gagner les bonnes graces de quelqu'un.*

EFFORMIER, v. neut. (*éformié*), sourdre, sortir de terre. (*Boiste*.) Mot aussi mal formé que peu en usage.

EFFORT, subst. mas. (*éfor*; le *t* ne se prononce pas), en mécanique, la *force* avec laquelle un corps en mouvement tend à produire un effet, soit qu'il le produise réellement, soit que quelque obstacle empêche que cet effet n'ait lieu. —Action faite en *s'efforçant*. Il se dit du corps et de l'esprit : *vains, faibles efforts; faire tous ses efforts.* — Ouvrage qui est l'effet des *efforts*. Il se dit surtout de l'esprit et des talents : *cet ouvrage est un effort d'esprit, un effort de l'art.* —Ce qu'on ne fait qu'avec beaucoup de peine et en s'incommodant : *il a fait un effort pour marier sa fille.*—Trop forte extension des muscles, incommodité qui en résulte : *avoir, se donner un effort.*

EFFRACTION, subst. fém. (*éfrakcion*) (du lat. *effractura*, fait, dans le même sens, de *effringere*, briser, rompre), t. de prat., *fracture* que fait un voleur pour dérober : *vol avec effraction.*

EFFRAIE, subst. fém. (*éfré*). Mot nomenclaturé par l'*Académie*, qui renvoie à **FRESAIE**.

EFFRAYANT, E, adj. (*éfrè-ian, iante*), qui *effraie*.—**EFFRAYANT, ÉPOUVANTABLE, EFFROYABLE, TERRIBLE.** (*Syn.*) *Effrayant* dit moins qu'*épouvantable*, et celui-ci est moins fort qu'*effroyable*. Ces trois mots se prennent toujours en mauvaise part. *Terrible* peut se prendre en bonne part, et supposer une crainte mêlée de respect. —Un cri *effrayant*, un bruit *épouvantable*, un monstre *effroyable*, un Dieu *terrible*.—*Effrayant* et *épouvantable* supposent un objet présent qui inspire de la crainte; *effroyable* suppose un objet qui inspire de l'horreur, soit par la crainte, soit par un autre motif; *terrible* peut s'appliquer à un objet qui n'est pas présent. La *pierre* est une maladie *terrible*; les douleurs qu'elle cause sont *effroyables*; l'opération est *épouvantable* à voir; les seuls préparatifs en sont *effrayants*.

EFFRAYÉ, E, part. pass. de *effrayer*, et adj. —En t. de blason, la même chose qu'*effarer*.

EFFRAYER, v. act. (*éfrè-ié*), donner de la *frayeur*. — **S'EFFRAYER**, v. pron., prendre de la *frayeur*.

EFFRÉNÉ, E, adj. (*éfréné*), qui est sans *frein*, sans retenue. Il ne se dit qu'au figuré, non des personnes elles-mêmes, mais des choses qui ont rapport aux personnes : *luxe effréné; langue, licence, ambition, passion effrénée.*

EFFRÈNEMENT, subst. mas. (*éfrèneman*), absence de tout *frein*. — Dévergondage, déchaînement des passions. Peu usité.

EFFRÉNÉMENT, adv. (*éfrénéman*), sans retenue, d'une manière *effrontée*. Peu usité.

EFFRITÉ, E, part. pass. de *effriter*.

EFFRITER, v. act. (*éfrité*), t. de jardinage, user, épuiser une terre.—**S'EFFRITER**, v. pron.: *une terre s'effrite, si l'on n'y met pas d'engrais.*

EFFROI, subst. mas. (*éfroè*), *frayeur*, épouvante, crainte mêlée d'horreur.

EFFRONTÉ, E, adj. (*éfronté*) (en latin *effrons*, qui est fait de la particule privative *é* ou *ex*, et de *frons*, front; *qui n'a pas de front, dont le front ne rougit jamais*), celui, celle qui a de l'*effronterie*; impudent, impudente : *effronté comme un page.* Voy. **IMPUDENT**. *Boileau* a dit (satire 10) : *sur un lit effronté*, en appliquant au lit ce qui convenait à la personne qui y était couchée. C'est une heureuse hardiesse.—Il est aussi employé substantivement : *c'est un effronté, une effrontée.* — **EFFRONTÉ, AUDACIEUX, HARDI.** (*Syn.*) Le premier dit plus que le second, et se prend presque toujours en mauvaise part; le second dit plus que le troisième, et se prend presque toujours en bonne part. L'homme *effronté* est sans pudeur; l'homme *audacieux*, sans respect et sans réflexion; l'homme *hardi*, sans crainte.

EFFRONTÉMENT, adv. (*éfrontéman*), impudemment, d'une manière *effrontée*.

EFFRONTERIE, subst. fém. (*éfronteri*), impudence. Voy. **HARDIESSE**.

EFFROUER, v. act. (*éfroué*), t. d'oiseleur, piper les oiseaux. (*Boiste*.) Voy. **FROUER**.

EFFROYABLE, adj. des deux genres (*éfroè-iable*), épouvantable; qui donne de l'*effroi*. — Par exagération, extrême, étonnant, prodigieux, extrêmement difforme.

EFFROYABLEMENT, adv. (*éfroè-iableman*), d'une manière excessive et prodigieuse.

EFFRUITÉ, E, part. pass. d'*effruiter*.

EFFRUITER, v. act. (*éfru-ité*), t. de jardinier, dépouiller de ses fruits un arbre, un jardin, un verger, etc. — Empêcher la fructification.—**S'EFFRUITER**, v. pron.

EFFUMÉ, E, part. pass. de *effumer*.

* **EFFUMER**, v. act. (*éfumé*) (rac. *fumée*), t. de peinture, rendre, dans un tableau, certains objets moins sensibles; les affaiblir pour qu'ils appellent moins la vue; rendre vaporeux.—**S'EFFUMER**, v. pron.—Peu usité.

EFFUS, E, adj. (*éfu, fuze*), t. de bot., répandu, versé : *la sève effuse d'une plante.*

EFFUSION, subst. fém. (*éfuzion*) (en latin *effusio*, fait de *effundere*, verser, répandre, épancher; formé de la particule extractive *é* ou *ex*, et de *fundere*, verser), épanchement d'un liquide : *sans effusion de sang.* — Au fig., *effusion de cœur*, vive et sincère démonstration de confiance et d'amitié. Voy. **ÉPANCHEMENT**.—En t. d'astronomie, la partie du signe du verseau qui, dans les globes et les planisphères célestes, est renfermée par l'eau qui sort du signe du verseau.

* **ÉFOURCEAU**, subst. mas. (*éfourçô*), machine composée d'un essieu, de deux roues et d'un timon, pour transporter des fardeaux très-pesants.

EG, subst. mas. Voy. **ÆG**.

ÉGAGRE, subst. fém. Voy. **ÆGAGRE**.

ÉGAGROPILE, subst. fém. Voy. **ÆGAGROPILE**.

ÉGAL, E, adj.; au plur. mas. **ÉGAUX** (*égual, éguô*) (en latin *æqualis*), pareil, semblable.—Le même, soit en nature, soit en quantité, soit en qualité. *Égal* ne peut pas toujours être substitué à *pareil* et à *semblable*, témoin ce vers de *Boissy*, dans *l'Homme du jour* :

Si quelqu'un s'avisait de m'en faire un *égal*,

en parlant d'un *compliment*.—En parlant des choses, indifférent : *tout lui est égal*.—Figur., qui est toujours le même : *esprit*, *caractère égal*.—Uni, qui n'est point raboteux : *allée bien égale*. — Uniforme : *marcher dans un pas égal*. — En botanique, qui est de la même hauteur : *stigmates égaux entre eux, égaux aux étamines ; pétales égaux*, etc. — *Égal* est aussi employé substantivement signifiant qui est de même rang, de même condition : *mon égal, mes égaux en puissance ; traiter d'égal à égal*. — *à l'*ÉGAL *de*, adv., autant que, aussi bien que : *il le respectait à l'égal de son père*. Cette expression n'est guère en usage qu'en poésie.

ÉGALADE, subst. fém. (*égualade*), variété de châtaigne.

ÉGALÉ, **E**, part. pass. de *égaler*, et adj., t. de fauconnerie, moucheté : *oiseau égalé*. — En astron., *anomalie égalée*, quelquefois l'anomalie corrigée par une partie des équations.

ÉGALEMENT, subst. mas. (*égualeman*). Voy. ÉGALISATION, qui a le même sens, et qui, selon nous, vaut mieux, parce qu'on ne peut le confondre avec l'adv. suivant.

ÉGALEMENT, adv. (*égualeman*), d'une manière *égale*. — Autant, pareillement.

ÉGALER, v. act. (*égualé*), rendre *égal* : *la mort égale tous les hommes*.—Rendre uni : *il faut égaler cette allée*. — Être *égal* à... : *cet auteur a égalé les anciens*. — *Égaler quelqu'un à un autre*, prétendre qu'il lui est *égal*. — On dit, en t. d'horlogerie, *égaler la fusée au ressort*, pour dire, faire tirer le ressort avec la même force depuis le sommet de la fusée jusqu'à la base. — *s'*ÉGALER, v. pron.

ÉGALEUR, subst. mas. (*égualeur*), nom de factieux qui, sous le règne de *Charles* Ier, en Angleterre, voulaient *égaler* toutes les conditions de la Grande-Bretagne. C'est ce qu'en France on a, pendant les orages de la révolution, appelé *niveleurs*.

ÉGALISATION, subst. fém. (*égualizâcion*), t. de pratique, action d'*égaliser* les lots.

ÉGALISÉ, **E**, part. pass. de *égaliser*.

ÉGALISER, v. act. (*égualizé*); il a à peu près le même sens qu'*égaler*, mais il ne se dit que des choses, et seulement en t. de pratique : *égaliser le partage des lots*, dans une succession, etc. — *J. J. Rousseau* a dit (*Essai sur l'origine des langues*), dans un autre style que celui du palais : *aux accents qui s'effacent, aux quantités qui s'égalisent* (qui deviennent *égales*), *on supplée par des combinaisons grammaticales*. — *s'*ÉGALISER, v. pron.

ÉGALISURES, subst. fém. plur. (*égualizure*), se dit, dans la fabrication de la poudre à canon, de la poudre séparée des pelotons qu'elle formait, soit dans le grenoir, soit dans le séchoir.

ÉGALITÉ, subst. fém. (*égualité*) (en lat. *æqualitas*), conformité, rapport entre des choses *égales*. —Droits *égaux*.—*Égalité de droits*, celle qui consiste en ce que la loi soit la même pour tous, qu'elle protège ou qu'elle punisse. — Uniformité : *égalité d'esprit, d'humeur, de style*. — En algèbre, la même chose qu'*équation*, qui est plus usité. — *Raison d'égalité*, raison ou rapport de deux quantités *égales*.—*Proportion d'égalité ordonnée*, celle dans laquelle deux termes d'un rang ou d'une suite sont proportionnels à autant d'autres termes d'un autre rang ou d'une autre suite, chacun à son correspondant, et dans le même ordre.—*Proportion d'égalité troublée*, celle dans laquelle deux termes d'un rang sont proportionnels à autant de termes d'un autre rang, d'un ordre renversé et interrompu. — *Cercle d'égalité* ou *équant*, cercle dont on faisait un grand usage dans l'astronomie ptolémaïque, pour expliquer l'excentricité des planètes, et la réduire plus aisément au calcul.

ÉGALURES, subst. fém. plur. (*égualure*), t. de vieille fauconnerie, mouchetures blanches sur le dos d'un oiseau.

ÉGARD, subst. mas. (*éguar* ; le *d* ne se prononce jamais, même devant une voyelle) (suivant *Wachter*, du verbe teutonique *warten*, considérer, estimer ; avoir de la déférence, des égards pour...), considération, respect, déférence. Dans cette acception il ne s'emploie qu'au pluriel : *avoir des égards pour quelqu'un ; homme rempli d'égards*, etc. — ÉGARDS, MÉNAGEMENTS, ATTENTION, CIRCONSPECTION. (*Syn.*) Les *égards* sont l'effet de la justice ; les *ménagements*, de l'intérêt ; les *attentions*, de la reconnaissance ou de l'affection ; la *circonspection*, de la prudence et même de la défiance. — À Malte, nom d'un tribunal qui jugeait par commission les procès entre chevaliers. — On appelait autrefois *égards*, par corruption de *maîtres et gardes drapiers*, des jurés choisis dans chaque métier pour avoir inspection sur ceux qui exerçaient cette profession ; aujourd'hui l'on dit *gardes*.—*à l'*ÉGARD, façon de parler qui tient lieu de prép., et qui signifie pour ce qui regarde ou concerne : *à l'égard de ce que vous disiez, des propositions que vous faites*, etc. ; *à mon égard, je suis content* (on dit mieux *pour moi*).—Par comparaison, par proportion : *la lune est plus petite à l'égard du soleil*.—*à cet* ÉGARD, loc. adv. : sous ce rapport ; sur ce point. On dit aussi, *à tous égards*. — *En* ÉGARD *à*... prép., ayant *égard* à...

ÉGARDÉ, **E**, adj. (*éguardé*) : *pièce d'étoffe égardée*, marquée comme ayant été visitée par les *égards*. Voy. ÉGARD.

ÉGARÉ, **E**, part. pass. de *égarer*.

ÉGAREMENT, subst. mas. (*éguareman*), écart de son chemin. Il est peu usité au propre, quoique *Racine* ait dit (*Iphigénie*) :

Arcas s'est vu trompé par notre *égarement*.

— Au fig., il se dit de l'esprit et des mœurs : *les égarements des philosophes*. — *Égarement d'esprit*, démence. — *Égarement de cœur*, amour déraisonnable. — Désordres : *il est revenu des égarements de sa jeunesse*.

ÉGARER, v. act. (*éguaré*) (du latin *exvarare*, formé de la prépos. *ex*, de, hors, et de *varare*, courber, *courber hors de la droite ligne*), fourvoyer, détourner du droit chemin : *notre guide nous égara*. — Figur., jeter dans l'erreur : *la prospérité, l'ambition, la passion nous égare*. — *Égarer la bouche d'un cheval*, la gâter en le menant mal. — *La maladie lui a égaré l'esprit*, le lui a troublé. — *J'ai égaré mes gants, mes ciseaux*, je ne sais où je les ai mis. — *s'*ÉGARER, v. pron.—Au fig. : 1° errer en matière de foi ou de morale ; 2° s'éloigner de son sujet.

ÉGARROTÉ, **E**, part. pass. de *égarroter*.

ÉGARROTER, v. act. (*égudroté*), t. de manège, blesser au *garrot* : *ce pavé a égarroté votre cheval*.—*s'*ÉGARROTER, v. pron.

ÉGAUDI, **E**, part. pass. de *égaudir*.

ÉGAUDIR, v. act. (*éguôdir*) (en lat. *gaudere*), réjouir, divertir. Vieux et peu usité.—*s'*ÉGAUDIR, v. pron.—On trouve plus souvent *gaudir* et *se gaudir* dans les anciens auteurs.

ÉGAUX, adj. et subst. mas. plur. Voy. ÉGAL.

ÉGAYÉ, **E**, part. pass. de *égayer*.

ÉGAYER, v. act. (*eguiè-ié*), rendre *gai*, réjouir. —Fig. : *égayer un ouvrage, son style*, le rendre plus agréable, plus libre, plus fleuri.—En t. de jardinier, *égayer un arbre*, ôter les branches qui l'étouffent.—*Égayer du linge, un cheval*, rincer du linge, faire baigner un cheval. Voy. AIGUAYER, dont l'orthographe est plus conforme à l'étymologie. — *s'*ÉGAYER, v. pron. ; on dit qu'*un homme*, qu'*un auteur s'égaie*, lorsqu'il sort un peu du ton de la conversation ou de son sujet pour dire des choses *gaies*. — *S'égayer aux dépens, sur le compte de quelqu'un*, le plaisanter. — T. de natation, se jeter à l'eau la tête la première ; *s'aiguayer* vaudrait mieux dans ce sens.

ÉGÉE, subst. propre mas. (*éjé*), myth., roi d'Athènes qui donna son nom à la partie de la Méditerranée que les anciens appelaient *mer Égée*. —Voy. ÆGÉE.

ÉGÈLE, subst. fém. (*éjèle*), t. de bot., le sorbier des oiseaux.

ÉGÉON, subst. mas. (*éjé-on*), t. d'hist. nat., genre de crustacé de l'ordre des décapodes.

ÉGÉONE, subst. fém. (*éjé-one*), t. d'hist. nat., genre de coquilles.

ÉGÉRAN, subst. mas. (*éjéran*), t. d'hist. nat., minéral qui se trouve à Éger en Bohême, d'où lui est venu son nom. C'est une variété de l'idocrase.

ÉGÉRIE, subst. fém. (*éjéri*), t. d'hist. nat., genre de crustacé. — Nom propre d'une divinité de la fable que les femmes romaines invoquaient pour obtenir d'heureux accouchements.

ÉGÉRITE, subst. fém. (*éjérite*), pierre précieuse.

ÉGERSIS, subst. fém. (*éjérecice*) (du grec εγερσις, réveil), t. d'antiq., hymne que l'on chantait au réveil des nouvelles mariées, en Grèce.

EGGARÉE, subst. propre fém. (*égueguaré*), myth., nom d'un temple chez les Guèbres.

ÉGHO, subst. propre fém. (*éguo*), dieu des nègres qui habitent les bords du vieux Kalladar.

ÉGIALITE, subst. mas. (*éjialite*), t. de bot., arbrisseau de la Nouvelle-Hollande, de la famille des plombaginées.

ÉGIDE, subst. fém. (*éjide*) (du grec αιγις, peau de chèvre, dérivé de αιξ, chèvre ; parce que l'*égide* était couverte de la peau de la chèvre *Amalthée*), nom donné au bouclier ou à la cuirasse de *Pallas*.—Il s'emploie élégamment au figuré pour défense : *être l'égide de quelqu'un*.—Nom d'une tribu de Sparte.

ÉGIDES, subst. propre mas. plur. (*éjide*), nom patronymique des descendants d'Egée, père de Thésée, roi d'Athènes.—Ceux qui faisaient partie de la tribu *Égide*, à Sparte.

ÉGIÈS, subst. propre mas. (*éjièce*), myth., monstre horrible né de la Terre et tué par Minerve.

ÉGILE, subst. propre mas. (*éjile*), lieu de la Laconie où Cérès avait un temple remarquable.

ÉGILOPS, subst. mas. Voy. ÆGILOPS.

ÉGINE, subst. propre fém. (*éjine*), ville de Grèce. Il y a eu aussi une île de l'Archipel qui porte ce nom.

ÉGINÈTE, subst. propre mas. (*éjinète*), habitant de l'île d'*Égine*.

ÉGINÉTIE, subst. fém. (*éjinéci*), t. de bot., sorte de plante vivace.

ÉGLANDÉ, **E**, part. pass. de *églander*.

ÉGLANDER, v. act. (*éguelandé*), extirper les glandes sous-linguales d'un cheval morveux.

ÉGLANTIER, subst. mas. (*éguelantié*), t. de bot., sorte de rosier sauvage.

ÉGLANTINE, subst. fém. (*éguelantine*), t. de bot., la fleur de l'*églantier*. — Prix des jeux floraux, à Toulouse.—Pierre dure comme le marbre, et sonore.

ÉGLEFIN, subst. mas. (*èguelefein*), t. d'hist. nat., poisson de mer. Voy. AIGREFIN.

ÉGLISE, subst. fém. (*éguelize*), (du grec εκ-κλησια, congrégation, réunion, assemblée, formé de εκκαλεω, j'appelle, j'assemble), l'assemblée des fidèles gouvernés par de légitimes pasteurs. — Les différentes parties de l'Eglise, en les distinguant par les noms des lieux : l'*Église d'Orient, d'Occident ; l'Église latine, grecque*, etc. — On donne aussi le nom d'*Église* à une assemblée de chrétiens qui ne reconnaissent pas le pape pour chef : *l'Église luthérienne, l'Église réformée, l'Église anglicane, les Églises protestantes*. — Lieu où s'assemblent les fidèles pour prier et assister aux offices divins.—État du clergé : *c'est un homme d'église*.—On nomme *rats d'église*, ceux qui y sont employés.—*Un pilier d'église* est un dévot qui est toujours dans les églises. — Prov. : *être gueux comme un rat d'église*, fort pauvre.—*Cour d'église*. juridiction de l'évêque. — *Les pères de l'Église*, les premiers docteurs de l'Église, ceux qui ont écrit sur l'histoire sacrée.—*Les États de l'Église*, pays de l'Italie dont le pape est le chef temporel.

ÉGLOGUE, subst. fém. (*éguelogue*) (en grec εκλογη, choix, pièce choisie dont l'usage a, chez nous comme chez les Latins, restreint la signification aux poésies pastorales), poème qui présente un sujet champêtre ou auquel on en donne le caractère : *les églogues de Théocrite et de Virgile*.

ÉGOBOLE, subst. mas., mieux **ÆGOBOLE** (*éguobole*) (du grec αιγος, génitif de αιξ, chèvre, et de βολη, coup), sacrifice d'une chèvre que les Grecs faisaient en l'honneur de Cérès.

ÉGOGÉ, **E**, part. pass. de *égoger*.

ÉGOGER, v. act. (*éguojé*), t. de tanneur, ôter les extrémités superflues du veau, du côté de la chair, comme les oreilles et le bout de la queue. — *s'*ÉGOGER, v. pron.

. **ÉGOHINE**, subst. fém. (*éguo-ine*), scie à main.

ÉGOÏSÉ, **E**, part. pass. de *égoïser*.

* **ÉGOÏSER**, v. neut. (*éguo-izé*), parler trop de soi. Mot utile. Voy. ÉGOÏSME.

ÉGOÏSME, subst. mas. (*éguo-iceme*) (du latin ego pris du grec εγω, je ou moi), amour-propre qui consiste à tout rapporter à soi. Ce mot est de la création des solitaires de *Port-Royal*. — Pyrrhonisme outré.—Il prend quelquefois le pluriel, comme dans cet exemple : *une révolution, ses causes et ses suites ne sont qu'un long combat d'égoïsmes*. (Boiste.)

ÉGOÏSTE, subst. des deux genres (*éguo-icete*), celui qui a le vice de l'*égoïsme*. — Philosophe pyrrhonien.—On dit aussi adj. : *un homme égoïste, une femme égoïste*.

• **ÉGOLOGIE**, subst. fém. (*éguoloji*) (du grec ἐγω, je *ou* moi, et λογος, discours), phrase dictée par l'égoïsme; défaut de celui qui s'occupe trop de lui-même.

ÉGOLOGIQUE, adj. des deux genres (*éguolojike*), qui concerne l'*égologie*, qui a rapport à l'*égologie*.

ÉGOPHAGE, adj. des deux genres. Voy. ÆGOPHAGE.

ÉGOPHONIE, mieux ÆGOPHONIE, subst. fém. (*éguofoni*) (du grec αιξ, génitif αιγος, chèvre, et de φωνη, son, voix), voix de chèvre, voix chevrotante. — Phénomène que perçoit l'oreille dans l'auscultation de la poitrine, lorsqu'il y a un épanchement de liquide dans cette cavité.

ÉGOPHONIQUE, mieux ÆGOPHONIQUE, adj. des deux genres (*éguofonike*), qui a rapport à l'*égophonie* : *son égophonique*.

ÉGOPOGON, subst. mas. Voy. ÆGOPOGON.

ÉGORGÉ, E, part. pass. de *égorger*.

ÉGORGEOIR, subst. mas. (*éguorjoar*), t. de marine, cargue particulière aux huniéres. On lui donne aussi quelquefois le nom d'*étrangloir* et celui d'*étouffoir*, parce qu'elle sert à étouffer la voile qu'on veut serrer par un grand vent.

ÉGORGER, v. act. (*éguorjé*), couper la *gorge*. — Massacrer, tuer de quelque manière que ce soit: *les habitants égorgèrent toute la garnison.*—Au fig., ruiner la réputation, la fortune de quelqu'un, lui porter un préjudice considérable, le diffamer. — Rançonner. — T. de corroyeur, écharner jusqu'au vif. — T. de marine, *égorger un hunier*, le plier sur lui-même dans le sens de sa hauteur. Voy. ÉGORGEOIR. — S'ÉGORGER, v. pron.

ÉGORGEUR, subst. mas. (*éguorjeur*), celui qui *égorge*. — Assassins qui *égorgent* les passants sur les routes, et, par analogie, juges atroces qui abusaient des circonstances pour condamner des innocents. — Ce mot manque dans l'*Académie*.

ÉGOSILLÉ, E, part. pass. de *égosiller*.

ÉGOSILLER, v. act. (*éguôzi-ié*), égorger. Vieux et inusité. — S'ÉGOSILLER, v. pron., parler et crier si haut qu'on se fasse mal au *gosier* : *il s'est égosillé à force de crier*.—Il se dit aussi d'un oiseau qui chante beaucoup et fort haut : *ce rossignol s'égosille*.

ÉGOTISME, subst. mas. (*éguoticeme*), habitude vicieuse de parler de soi. (*Port-Royal*.)

ÉGOTISTE, adj. employé aussi subst. et des deux genres (*éguoticete*), personne qui a l'habitude vicieuse de toujours parler d'elle. (*Port-Royal*.) Peu usité.

ÉGOUEN, subst. mas. (*éguoan*), t. d'hist. nat., coquille du genre des volutes.

ÉGOURGEOIR, subst. mas. (*éguourjoar*). Il se dit, dans l'exploitation de la calamine, des endroits par lesquels les eaux se perdent.

ÉGOUT, subst. mas. (*éguou*) (suivant *Ménage*, du lat. barbare *exguttum*, formé, dans le même sens, de *gutta*, goutte. Les Allemands disent *gotsse*, et les Flamands *goot*, dans la même signification.), chute, écoulement des eaux. — Canal destiné à recevoir et à emporter les eaux sales et les ordures : *ces eaux et immondices s'écoulent par un égout, et croupissent dans un cloaque*.—Fig., 1° plaie, ulcère, cautère; 2° ville corrompue, partie d'une ville où se retirent les gens de mauvaise vie : *les capitales sont les égouts des empires*. —Ardoises qui débordent d'un toit. — Chez les fondeurs, tuyaux de cire qu'on attache à la figure, et qui, étant renfermés dans le moule de potée et fondus en même temps que les cires de la figure, laissent dans le moule des canaux par lesquels ces cires s'écoulent. — Chez les miroitiers, table de bois sur laquelle on met la glace vingt-quatre heures après qu'elle a été étamée, pour en faire égoutter le vif-argent. — En t. de raffinerie de sucre, une eau teinte de la couleur du sirop, mais où il y en a beaucoup moins que de sucre. — Planche qu'on pose à l'extrémité d'une pile de bois, qu'elle désaffleure d'une partie de sa largeur ainsi que par les bouts, pour faire écouler l'eau qui tombe dessus.

ÉGOUTTÉ, E, part. pass. de *égoutter*.

ÉGOUTTER, v. neut. (*éguouté*), faire *égoutter*, faire écouler l'eau; la faire tomber *goutte à goutte*: *faire ou laisser égoutter du lait caillé, du fromage; mettre égoutter de la morue*, etc. — V. act. : *Égoutter des terres*, y faire des saignées pour les dessécher. — *Égoutter une glace*, en faire écouler le vif-argent qu'on y a mis de trop.— *Égoutter la chandelle*, la mettre sur l'établi pour la faire sécher.—*Égoutter les chapeaux*, les dresser pendant qu'ils sont chauds.—S'ÉGOUTTER, v. pron. : *ce fromage s'égouttera peu à peu*.

ÉGOUTTOIR, subst. mas. (*éguoutoar*), ais, treillis, ustensile pour faire *égoutter*.

ÉGOUTTURE, subst. fém. (*éguouture*), les dernières *gouttes* qui tombent d'une chose qu'on fait *égoutter*. — La Harpe (*Correspondance avec le Grand-Duc*) a dit figurément, en parlant d'un recueil de vers de *Dorat* : *c'est l'égoutture de son portefeuille*.

ÉGRAFFIGNER, v. act. (*éguerafignié*), pop. et vieux, pour *égratigner*. Voy. ce mot.

ÉGRAINÉ, E, et non pas ÉGRENÉ, part. pass. de *égrainer*.

ÉGRAINER, et non pas ÉGRENER, v. act. (*éguerêné*), faire sortir le *grain* de l'épi, la *graine* des plantes, etc. — S'ÉGRAINER, v. pron.: *ce blé s'égraine*.

ÉGRAINOIRE, subst. fém. (*éguerênoare*), cage pour accoutumer un oiseau sauvage à la *graine*.

ÉGRAPPÉ, E, part. pass. de *égrapper*.

ÉGRAPPER, v. act. (*éguerapé*), ôter la *grappe* du raisin, et mieux, détacher le raisin de la *grappe*. —*Égrapper le minerai*, en séparer les *grappes*, le sable qui s'y attache. — S'ÉGRAPPER, v. pron.: *ce raisin s'égrappe facilement*.

ÉGRAPPOIR, subst. mas. (*éguerapoar*), instrument pour *égrapper* le raisin. — T. d'ouvriers en fer, lavoir où l'on sépare la mine de fer des *grappes* ou des petites pierres de sable avec lesquelles elle est quelquefois mêlée.

ÉGRATIGNÉ, E, part. pass. de *égratigner* et adj. —T. de peinture : *manière égratignée*, espèce de peinture à fresque et monochrome, appelée par les Italiens *sgraffito*. Elle consiste à appliquer, sur un fond noir de stuc, un enduit blanc qu'on enlève ensuite par hachures pour découvrir le noir et former les ombres. —*Gravure égratignée*, faite d'une manière si timide que le cuivre est plutôt *égratigné* que coupé.

ÉGRATIGNER, v. act. (*égueratignié*) (du latin barbare *ingratinare*, employé dans la même signification par les auteurs de la basse latinité, et fait, suivant *Ménage*, du mot non moins barbare *gratare*, gratter, dont il est un fréquentatif, et que cet étymologiste dérive, au moyen de ses transformations ordinaires, de *radere*, râcler, ratisser), faire une légère déchirure à la peau avec des griffes, des ongles, une épingle, etc. : *les chats égratignent*.—Prov. : *égratigne qui ne peut mordre*, un méchant trouve toujours le moyen de vous faire éprouver sa malice.—Donner une certaine façon à quelques étoffes de soie avec la pointe d'un fer : *égratigner du velours*. — Il se dit encore, en peinture, d'une manière de peindre à fresque. Voy. ÉGRATIGNÉ. — S'ÉGRATIGNER, v. pron.

ÉGRATIGNEUR, subst. mas., **ÉGRATIGNEUSE**, subst. fém. (*égueratignieur, gnieuze*), celui ou celle qui *égratigne*.

ÉGRATIGNEUSE, subst. fém. Voyez ÉGRATIGNEUR.

ÉGRATIGNOIR, subst. mas. (*égueratignioar*), fer à découper dans les passementeries.

ÉGRATIGNURE, subst. fém. (*égueratigniure*), légère blessure qui se fait en *égratignant*. — Marque que laisse cette blessure : *qui vous a fait cette égratignure ?* — Fig. : *ne pouvoir souffrir une égratignure*, être peu endurant.

ÉGRAU, subst. mas. (*égueró*), filet employé dans l'espèce de pêche que l'on nomme *jagude*. Voy. ce mot.

ÉGRAVILLONNÉ, E, part. pass. de *égravillonner*.

ÉGRAVILLONNER, v. act. (*égueravi-ioné*) (de la particule extractive *e*, et de *gravillon*, diminutif de *gravier; ôter les petits graviers*), t. de jardinage, lever des arbres en motte et en retrancher une partie de la terre, afin que les racines puissent profiter des sels de la terre nouvelle. — S'ÉGRAVILLONNER, v. pron.

ÉGRAVOIR, subst. mas. (*égueravoar*), outil de paumier pour percer.

ÉGREGII, subst. mas. plur. (*égueréji-i*) (mot tout latin). On appelait ainsi ceux qui, à Rome, obtenaient, en vertu de leurs services militaires, le gouvernement d'une province.

ÉGREGORES, subst. mas. plur. (*égueréguore*), anges qui, suivant le livre apocryphe d'*Hénoch*, épris de l'amour des femmes, s'assemblèrent sur le mont Hermon, du temps du patriarche Sared, et s'engagèrent, par des anathèmes, à ne se séparer jamais qu'ils n'eussent pris les filles des hommes pour femmes.

ÉGRÈNE, subst. fém. (*éguerène*), ferrement pour empêcher l'écart des pièces assemblées.

ÉGRENER, v. act. (orthographe de l'*Académie*). Voy. ÉGRAINER.

ÉGRILLARD, E, adj. (*égueri-iar, iarde*), vif, éveillé, gaillard : *esprit égrillard; il est d'une humeur bien égrillarde*. — On l'emploie aussi substantivement : *c'est un égrillard*. Il est fam.

ÉGRILLOIR, subst. mas. (*égueri-ioar*), *grille* pour empêcher que le poisson ne sorte d'un étang.

ÉGRIN, subst. mas. (*éguerein*), se dit de certains arbres provenus de pommes à cidre, et qui ont été fumés et cultivés dans les pépinières.

ÉGRISAGE, subst. mas. (*éguerizaje*), action d'*égriser*.

ÉGRISÉ, E, part. pass. de *égriser*.

ÉGRISÉE, subst. fém. (*éguerizé*), poudre de diamant pour user les bords des autres diamants.

ÉGRISER, v. act. (*éguerizé*), ôter les parties brutes d'un diamant. — S'ÉGRISER, v. pron.

ÉGRISOIR, subst. mas. (*éguerizoar*), boîte qui sert à recevoir la poudre des diamants qu'on *égrise*.

ÉGROTANT, E, adj. (*éguerotan, tante*) (du lat. *ægrotare*, être malade), d'une santé débile, d'une constitution malade.

ÉGRUGÉ, E, part. pass. de *égruger*.

• **ÉGRUGEOIR**, subst. mas. (*éguerujoar*), sorte de petit vase, ordinairement de bois, dans lequel on *égruge*, on brise le sel avec un pilon : *mettez ce sel dans l'égrugeoir*. — Banc à deux pieds, de peigneur de chanvre, garni, à une de ses extrémités, de dents en forme de râteau, et dont l'autre bout, qui pose par terre, est chargé de pierres; en peignant le chanvre femelle avec les dents dont ce banc est armé, on en détache le chenevis et ses enveloppes.

ÉGRUGER, v. act. (*égueruje*) (suivant *Ménage*, du lat. barbare *exgrumicare*, fait de *grumus*, masse, grumeau; *faire passer le sel de l'état de grumeau ou de masse à celui de poudre*), casser, briser, mettre en poudre : *égruger du sel, du chanvre*.—S'ÉGRUGER, v. pron.

ÉGRUGEURE, subst. fém. (*éguerujure*), parties menues d'un corps dur, séparées par le frottement.

ÉGUEULÉ, E, part. pass. de *égueuler*. On ne l'emploie pas comme subst., quoi qu'en dise l'*Académie*.

ÉGUEULEMENT, subst. mas. (*éguieuleman*), altération à la bouche, à la *gueule* des pièces d'artillerie. — Cassure de l'ouverture d'un vase ou d'un pot de terre.

ÉGUEULER, v. act. (*éguieulé*), altérer la bouche, la *gueule* d'une pièce d'artillerie. — Casser le haut du *goulot* d'un vase de terre ou de verre. — S'ÉGUEULER, v. pron. — S'égosiller; crier à tue-tête. Il est plus du style plaisant et comique; et *s'égosiller*, du style simple et du discours ordinaire.

ÉGUILLE, subst. fém. (*égui-ie*), t. d'hist. nat. sorte de poisson. — Nom d'une espèce d'agaric.

ÉGUINE, subst. fém. (*éguine*), nom qu'on a donné à un petit dromadaire d'Égypte, qui est propre à la course comme aux grands voyages.

ÉGYLOPE, subst. fém. (*éjilope*), t. de bot. plante graminée qui croît dans certains endroits du midi de la France.

ÉGYPTE, subst. propre fém. (*éjipete*), grande contrée d'Afrique.

ÉGYPTIAC, subst. mas. (*éjipeciak*), onguent détersif.

ÉGYPTIEN, adj. mas., au fém. **ÉGYPTIENNE**, (*éjipecien, ciène*), d'Égypte : *les monuments égyptiens avaient plus de solidité que d'élégance*. — Il est aussi substantif propre : *les Égyptiens, une Égyptienne*. — Sorte de vagabonds appelés aussi *Bohémiens*. Voy. ce mot.

ÉGYPTIENNE, adj. et subst. fém (*éjipeciène*) Voy. ÉGYPTIEN.—Sorte d'étoffe mêlée de poil, de fleuret de laine.

EH ! interjection de surprise ou d'admiration (*é*) : *eh ! qui aurait pu croire que....*—*Eh ! hé !* interj.— *Eh !* exprime l'admiration, la surprise; *hé* sert à appeler et ne se dit qu'à des personnes très-inférieures. *Hé* convient mieux que *eh* lorsqu'on veut avertir de prendre garde à quelque chose, comme *hé ! qu'allez-vous faire ? Hé* semble dire quelque chose de plus fort que *eh*.

ÉHAMOTE, subst. fém. (*é-amote*), nom que l'on donne, dans l'île d'O-Taïti, à une maison ou à un hôtel-de-ville.

ÉHANCHÉ, E, adj. (*é-anché*). Voy. DÉHANCHÉ. —T. de vétérinaire : *cheval éhanché;* cheval dont la *hanche* a souffert un si grand effort, que l'os qui la forme est descendu plus bas que celui de l'autre côté. On dit plus souvent *déhanché.*

ÉHERBÉ, E, part. pass. de *éherber.*

ÉHERBER, v. act. (*é-èrebé*), t. de jardinier. Voy. SARCLER, qui est plus en usage.

ÉHONTÉ, E, adj. et subst. (*é-onté*), qui a perdu toute pudeur; déshonoré, couvert de *honte.* Ce mot, qui dit plus qu'*effronté*, est vieux, et c'est dommage. Voy. DÉHONTÉ.

ÉHOUPÉ, E, part. pass. de *éhouper.*

· **ÉHOUPER,** v. act. (*é-oupé*), couper la cime des arbres. Voy. HOUPPE.

EICÈTE, subst. mas. (*ècète*), nom de moines hérétiques qui adoraient Dieu en dansant.

EIDER, subst. mas. (*èdère*), canard à duvet. Voy. ÉDREDON.

EILAT, subst. mas. (*èla*), t. de relation, nom de tribus errantes qui composent la plus grande partie des armées persanes. Elles mènent une vie semblable à celle des Arabes du désert. — On trouve aussi dans quelques Dictionnaires : *eilot,* et même *elote.*

EIRA ou **EYRA,** subst. mas. (*èra*), t. d'hist. nat., mammifère carnassier du genre des chats. — Myth., subst. propre fém., déesse de la santé ; c'est la patronne des médecins.

EIRÉNOPHORE, subst. propre mas. (*èrénofore*), myth., qui apporte la paix ; surnom de Minerve.

EIRRAPHIOTE, subst. propre mas. (*èrafiote*), myth., surnom donné à Bacchus, comme cousu dans la cuisse de son père.

EISÉTÉRIES, subst. fém. plur. (*ècétéri*), fêtes athéniennes que l'on célébrait ordinairement lorsque les magistrats entraient en charge.

EISNOÏQUE, adj. des deux genres (*èceno-ike*), t. de médec., se dit de l'absorption cutanée.

ÉJACULATEUR, adj. mas. (*éjakulateur*) (en lat. *ejaculator*), t. de médec. et d'anat., nom de deux muscles qui servent à l'*éjaculation* de la semence.—Il est aussi substantif mas. : *l'éjaculateur.*

ÉJACULATION, subst. fém. (*éjakulàcion*) (en lat. *ejaculatio,* fait de *ejaculare,* lancer au loin, avec force), t. de physique, émission avec une certaine force de diverses sécrétions du corps, telles que le lait, la salive et particulièrement la semence. — Venin que lancent certaines chenilles.—Liqueur que lance le crapeau gonflé par la colère. — Détonnation des insectes fulminants ou bombardiers, qui écartent leurs ennemis en leur lançant avec bruit une vapeur âcre et pénétrante. — Émission du pollen des plantes. — Fig. et en t. de mysticité, prière fervente et qui part du cœur.

ÉJACULATOIRE, adj. des deux genres (*éjakulatoare*), qui darde, qui lance. —T. d'anatomie ; se dit de deux petits conduits qui sortent des vésicules séminales.

ÉJAMBÉ, E, part. pass. de *éjamber.*

ÉJAMBER, v. act. (*éjanbé*) : *éjamber le tabac,* séparer de chaque feuille la grosse côte qui la traverse. — S'ÉJAMBER, v. pron.

ÉJARRÉ, E, part. pass. de *éjarrer.*

ÉJARRER, v. act. (*éjàré*), t. de chapelier, ôter les poils *jarreux* des peaux, avant d'en prendre le bon poil pour le feutrage. — S'ÉJARRER, v. pron.

ÉJECTION, subst. fém. (*éjèkcion*), t. de médec.; c'est la même chose que *déjection.*

ÉLABORATION, subst. fém. (*élaboràcion*) (en lat. *elaboratio*), t. de physique et de médec., action par laquelle une chose est achevée, perfectionnée : *l'élaboration du chyle.*

ÉLABORÉ, E, part. pass. de *élaborer.*

ÉLABORER, v. act. (*élaboré*) (du lat. *elaborare,* travailler avec soin) ; il se dit des opérations de la nature ; préparer graduellement, perfectionner les sucs. — S'ÉLABORER, v. pron., t. de médec.; il se dit du travail, des changements successifs que subit le sang avant d'arriver à son état de perfection : *le sang s'élabore.*

ÉLABOURÉ, E, part. pass. de *élabourer* qui ne se dit plus. Il ne s'emploie que dans le style badin : *ouvrage artistement élabouré,* artistement travaillé. (*Boiste*.)—Voy. ÉLABORÉ, qui est seul en usage aujourd'hui.

ÉLÆAGNOÏDES, subst. fém. plur. (*éléague-no-ide*) (du grec ἐλαια, olivier, et εἶδος, forme, apparence), t. de bot., arbustes de la famille des oliviers de Bohême. On écrit aussi *éleagnoïdes.*

ÉLÆAGNUS, subst. mas. (*élé-aguenuce*) (du grec ἐλαια, olivier), t. de bot.; les anciens donnaient ce nom à une espèce d'olivier, qu'on croit être le *chalef* de Bohême.—On écrit aussi *éléagnus.*

ÉLÆOCARPUS, subst. mas. (*élé-ocarpuce*) (du grec ἐλαια, olivier, et de καρπον, fruit), t. de bot., arbre de l'Inde, dont les fruits ressemblent à ceux de l'olivier. On écrit aussi *éléocarpus.*

ÉLÆOLÈS, adj. mas. plur. (*élé-olèce*) (du grec ἐλαιον, huile), t. de médec., certains médicaments qui ont l'huile pour excipient.

ÉLAGABALE, subst. propre mas. (*élaguabale*), divinité qu'on adorait dans la Haute-Syrie, et qu'on croit être le soleil.

ÉLAGAGE, subst. mas. (*élaguaje*), t. de jardinier, action d'*élaguer* les arbres.

ÉLAGUÉ, E, part. pass. de *élaguer.*

ÉLAGUER, v. act. (*élaguié*) (suivant *Ménage,* du lat. *collucare,* ou *interlucare,* ou *sublucare,* qui ont la même signification, pour lesquels on peut avoir dit *elucare* dont on aura fait ensuite le français *élaguer*), couper les branches inutiles des arbres. Il diffère d'*émonder,* en ce qu'on *élague* en *retranchant,* et qu'on *émonde* en *nettoyant.* La première opération a un objet d'utilité, elle ôte les branches superflues et nuisibles ; la seconde a surtout un objet d'agrément, elle ôte ce qui gâte l'arbre et le défigure. — Il se dit figur. des ouvrages d'esprit : *il faut élaguer cet article; cet exorde a besoin d'être élagué.* — S'ÉLAGUER, v. pron.

ÉLAGUEUR, subst. mas. (*élaguieur*), celui qui *élague.*

ÉLAHIOUN, subst. mas. (*éla-i-oune*), t. de relat., nom qu'on donne, en Turquie, à certains philosophes musulmans.

ÉLAÏOMÈTRE, subst. mas. (*éla-i-omètre*) (du grec ἐλαιον, huile, et de μετρον, mesure), instrument propre à faire connaître la pesanteur spécifique des huiles.

ÉLAÏOMÉTRIQUE, adj. des deux genres (*éla-i-ométrike*), qui appartient à l'*élaïomètre.*

ÉLAÏNE, subst. fém. (*éla-i-ne*), principe extrait de graisses animales.

ÉLAÏS, subst. mas. (*éla-ice*), nom grec de l'olivier. — T. de bot., espèce de palmier de Guinée.

ÉLAISÉ, E, part. pass. d'*élaiser.*

ÉLAISER, verbe actif (*élèzé*), t. de monn., frapper, battre, avec le flatoir, les flans des pièces sur l'enclume.

ÉLAMBICATION, subst. fém. (*élanbikàcion*), t. de médec., analyse d'eaux minérales, pour en connaître les propriétés.

· **ÉLAMITES,** subst. propre mas. plur. (*élamite*), descendants d'Elam, fils de Sem, roi de Perse, qui conquirent l'Assyrie.

ÉLAMPE, subst. mas. (*élanpe*), t. d'hist. nat., sorte d'insectes de la famille des hyménoptères.

ÉLAN, subst. mas. (*élan*), t. d'hist. nat., animal des pays septentrionaux, assez semblable au cerf.— Mouvement subit fait avec effort : *il fit un grand élan; les élans du cerf,* etc.—Fig., mouvement vif, affectueux ou douloureux de l'âme. Il ne se dit guère qu'au pluriel : *élans d'imagination, de dévotion, de douleur.*

ÉLANCÉ, E, part. pass. de *élancer,* et adj. ; en t. de blason, *cerf élancé,* cerf courant. — *Cheval élancé,* long et qui a peu de ventre. — *Homme élancé,* dont la taille est trop effilée. — *Arbre élancé,* très-haut et mince. — Employé substantivement, au mas., t. de mar., couple dévoyé de l'avant.

ÉLANCEMENT, subst. mas. (*élanceman*), impression d'une douleur subite ou violente sur quelque partie du corps, provenant d'une cause interne : *il a senti des élancements.* — En t. de dévotion, mouvement affectueux et subit : *les élancements de l'âme vers Dieu.*

ÉLANCER, v. neut. (*élancé*) (de la particule augmentative *é,* et du verbe *lancer* qui s'est dit d'abord d'une *lance* qu'on jette, et a ensuite été étendu à divers autres objets), faire éprouver des *élancements* : *le doigt m'élance;* j'y sens des *élancements,* une douleur vive et aiguë avec agitation. — Il s'employait autrefois activement : *la crainte, le désir et l'espérance nous élancent vers l'avenir.* (Montaigne.)—S'ÉLANCER, v. pron., se *lancer ;* se jeter en avant avec impétuosité. — Fig. et en t. de mar., prendre le large.

ÉLANCEUR, subst. mas. (*élanceur*), t. d'hist. nat., oiseau d'Afrique nommé aussi *œil-de-bœuf.*

ÉLANGUEUR, subst. mas. (*élanguieur*), instrument auquel on attache par la tête les morues que l'on vient de pêcher.

ÉLANS, subst. mas. plur. (*élan*), t. de mar., écarts que fait un vaisseau dans sa route, tantôt à droite, tantôt à gauche : *les élans sont sur tribord.*

ÉLAPHE, subst. mas. (*élafe*), (du grec ἐλαφος, cerf), nom francisé du cerf. Inusité.

ÉLAPHÉBOLIA, subst. propre fém. (*élafébolia*), (du grec ἐλαφος, cerf, et βαλλω, je lance des traits, je chasse), surnom donné à Diane comme chasseresse et tueuse de cerfs.

ÉLAPHÉBOLIES, subst. fém. plur. (*élaféboli*), fêtes que l'on célébrait à Athènes en l'honneur de Diane, dans lesquelles on lui offrait des gâteaux faits en forme de cerf.

ÉLAPHÉBOLION, subst. mas. (*élafébolion*), neuvième mois des Athéniens, ainsi nommé des *élaphébolies* qui se célébraient pendant son cours.

ÉLAPHIÉE, subst. propre fém. (*élafié*), surnom de Diane, qui lui fut donné par les Eléens.

ÉLAPHOBOSCUM, subst. mas. (*élafobocekome*) (du grec ἐλαφος, cerf, et βοσκω, je broute), t. de bot., plante des anciens, que l'on croit être le panais sauvage.

ÉLAPHRE, subst. mas. (*élafre*) (du grec ἐλαφρος, agile), t. d'hist. nat., genre d'insectes très-agiles et carnassiers, de la famille des coléoptères.

ÉLAPHRIE, subst. fém. (*élafri*), t. de bot., genre de plantes de l'octandrie monogynie.

ÉLAPHRIENS, subst. mas. (*élafriein*), t. d'hist. nat., insectes de la famille des carabiques.

ÉLAPS, subst. mas. (*élapece*), t. d'hist. nat., genre de serpents établi aux dépens des vipères.

ÉLARGI, E, part. pass. de *élargir.*

ÉLARGIR, v. act. (*élarjir*), rendre plus *large : élargir une manche, des souliers ; élargir une allée, un parc, un fossé.* — Fig.: *ils ont élargi la sphère de leurs connaissances.* — Faire sortir quelqu'un de prison. — *Élargir ses quartiers,* en t. de guerre, les étendre davantage. — En t. de gravure, *élargir les tailles,* non pas rendre les *tailles* plus *larges,* mais rendre plus *larges* les espaces qui les séparent. — Il est aussi v. neut. et v. pron., et il signifie, devenir plus *large : le visage lui élargit, lui est élargi; le chemin s'élargit en cet endroit.* — Fig., on dit que quelqu'un *s'élargit,* pour dire qu'il prend plus de terrein, d'espace; qu'il agrandit sa terre, son parc : *il s'est élargi du côté de la route.*— En t. de manége : *faire élargir un cheval,* lui faire embrasser dans un rond, etc., un plus grand terrein que celui qu'il occupait. — En t. de marine, *un vaisseau s'élargit,* pour dire qu'il prend le large et fait route.

ÉLARGISSEMENT, subst. mas. (*élarjiceman*), l'action de rendre plus *large* et plus étendu. — Sortie de prison par ordre de justice.

ÉLARGISSURE, subst. fém. (*élarjiçure*), *largeur* qu'on ajoute à un habit, à un meuble.

ÉLASMOTHÉRIUM, subst. mas. (*élacemotériome*), t. d'hist. nat., animal de l'ancien monde, extrêmement grand et gros, dont les mâchoires ont été trouvées dans l'état fossile en Sibérie.

ÉLASTICITÉ, subst. fém. (*élaceticité*) (du grec ἐλαστης, qui pousse, dérivé de ἐλαυνω, je pousse, je presse, j'agite), propriété ou puissance des corps naturels, au moyen de laquelle ils se rétablissent d'eux-mêmes dans la figure et l'étendue que quelque cause extérieure leur avait fait perdre : *élasticité de l'acier, de l'air.* — On dit dans le même sens, *force élastique.* — T. de bot., désunion subite des parties de certains fruits.

ÉLASTIQUE, adj. des deux genres (*élacetike*), qui a de l'*élasticité,* qui fait ressort : *corps, fluide, force, vertu élastique.* — On dit aussi subst. au mas. : *des élastiques.* — T. de géom. : *courbe élastique,* courbe que forme une lame de ressort fixée horizontalement par une de ses extrémités à un plan vertical, et chargée à l'autre extrémité d'un poids qui, par sa pesanteur, l'oblige de se courber.

ÉLATCHE, subst. fém. (*élateche*), t. de comm., étoffe des Indes de soie et coton.

ÉLATÉ, subst. mas. (*élaté*), t. de bot., espèce de beau palmier des Indes. — Graine qui enveloppe les fleurs femelles du dattier.

ÉLATÉRIDE, subst. mas. (*élatéride*), t. d'hist. nat., genre d'insecte coléoptère, appelé aussi *serricorne.* Voy. ce dernier mot.

ÉLATÉRIE, subst. fém. (*élatéri*), t. de bot., genre de plantes de la famille des cucurbitacées.

ÉLATERIUM ou **ÉLATÈRE**, subst. mas. (*élaté-riome*) (du grec ελατηριον, fait de ελαυνω, je pousse, je chasse), t. de pharm., suc purgatif qui se tirait de concombres sauvages. Voy. CONCOMBRE. Ce remède n'est plus en usage.

ÉLATÉROMÈTRE, subst. mas. (*élatéromètre*), du grec ελατηρ, qui pousse, et μετρον, mesure), t. de phys., instrument propre à mesurer le degré de condensation de l'air dans la machine pneumatique.

ÉLATÉROMÉTRIE, subst. fém. (*élatérométri*), science, connaissance de l'*élatéromètre*.

ÉLATÉROMÉTRIQUE, adj. des deux genres (*élatérométrike*), qui appartient, qui a rapport à l'*élatéromètre*.

ÉLATINE, subst. fém. (*élatine*) (du grec ελατινη), t. de bot., plante aquatique de la famille des caryophyllées.

ÉLATITE, subst. fém. (*élatite*), sapin pétrifié; hématite.

ÉLATOSTÈME, subst. mas. (*élatocetème*), t. de bot., genre de plantes qui paraît se rapprocher des dorstènes.

ÉLAVÉ, **E**, adj. (*élavé*), t. de vènerie : *poil élavé*, poil mollasse et de couleur blafarde, qui marque ordinairement la faiblesse d'un chien.

ELBE, subst. propre mas. (*èlebe*), fleuve d'Allemagne.—Ile voisine de la Corse.

ELBEUF, subst. mas. (*èlebeuf*), t. de comm., drap fabriqué à *Elbeuf*.

ELBEUF, subst. propre mas. (*èlebeufe*), ville de France, département de la Seine-Inférieure.

ELCAJA, subst. mas. (*èlekaja*), t. de bot., grand arbre de l'Arabie heureuse, qui paraît appartenir à la famille des balsamiers.

EL-CHOT, subst. mas. (*èlechô*), le premier homme, selon les marabouts, prêtres mahométans.

ELCOSE, subst. fém. (*èlecôze*), t. de chir., ulcération, ulcère. Peu usité.

ELCOZTOTOLT, subst. mas. (*èlecozetotolete*), t. d'hist. nat., espèce de merle du Mexique et du Brésil.

ÉLÉAGINÉES, subst. fém. plur. (*élé-ajiné*), famille de plantes apétales. Voy. ÉLÆAGNOÏDES.

ÉLÉAGNUS ou **ÉLÉAGNE**, subst. mas. Voy. ÉLÆAGNUS.

ÉLÉATIQUES, subst. mas. plur. (*éléatike*), secte de philosophes qui niaient le témoignage des sens.

ÉLECTEUR, subst. mas., **ÉLECTRICE**, subst. fém. (*élèkteur, trice*) (en lat. *elector*), qui *élit*. — Celui, celle qui a le droit de concourir à une *élection*. — *Électeur* se disait plus particulièrement des princes et prélats d'Allemagne qui avaient le droit d'*élire* l'empereur : *l'électeur de Cologne, de Saxe, de Bavière*, etc. La femme d'un *électeur* de l'Empire s'appelle l'*électrice*.

ÉLECTIF, adj. mas., au fém. **ÉLECTIVE** (*élèktif, tive*), qui se fait par *élection* : *royaume électif*, celui où le roi se fait par *élection*. — En t. de chim.: *affinité élective*. Voy. au mot AFFINITÉ.

ÉLECTION, subst. fém. (*élèkcion*) (en lat. *electio*, fait de *eligere*, élire, choisir), action d'*élire*; choix d'une personne pour remplir une place, une fonction. — *Élections* se dit particulièrement en France du choix d'un député : *présider les élections, influencer les élections; bureau des élections*. Voy. CHOIX. — En t. d'arith. et d'algèbre, différentes manières, dans les nombres et les combinaisons, de prendre quelques nombres ou quantités données, sans avoir égard à leur plan. — Sorte de tribunal pour juger les différends concernant les tailles, les aides et gabelles. —Étendue de son ressort.—T. de chir., le temps, le lieu choisis pour faire une opération.—On appelle *vases d'élection*, les prédestinés; et, par excellence, *saint Paul*. — *Faire élection de domicile*. Voy. DOMICILE.

ÉLECTIVE, adj. fém. Voy. ÉLECTIF.

ÉLECTIVITÉ, subst. fém. (*élèktivité*), qualité de la personne *élective*.

ÉLECTORABILITÉ, subst. fém. (*élèktorabilité*), qualité de celui qui est propre à devenir *électeur*; différent d'*éligibilité*, capacité pour être élu.(*Boiste*)

ÉLECTORAL, **E**, adj. (*élèktoral*), qui appartient à l'*électeur*, aux électeurs : *le collège électoral, son altesse électorale*. — *Prince électoral*, fils aîné de l'*électeur*.—Au plur. mas. *électoraux*: *collèges électoraux*.

ÉLECTORAT, subst. mas. (*élèktorat*), dignité, qualité d'*électeur*.—Pays soumis à un électeur.

ÉLECTORAUX, subst. mas. plur. V. ÉLECTORAL.

ÉLECTRA, subst. propre fém. (*élèktra*), t. d'astron., l'une des sept étoiles des Pléiades, située sur le Taureau.

ÉLECTRE, subst. fém. (*élèktre*), t. d'hist. nat., genre de polypier établi aux dépens des flustres. —Or blanc des Gaules. — Subst. propre fém., myth., fille d'Agamemnon et de Clytemnestre. Elle persuada à son frère Oreste de venger la mort de leur père, qu'Égisthe avait assassiné de concert avec Clytemnestre.

ÉLECTRICE, subst. fém. Voy. ÉLECTEUR. — Femme d'un *électeur*.

ÉLECTRICISME, subst. mas. (*élèktriciceme*), système de l'*électricité*.

ÉLECTRICITÉ, subst. fém. (*élèktricité*) (du grec ηλεκτρον, ambre jaune; parce que cette substance étant frottée attire les corps légers), propriété des corps de s'attirer ou de se repousser par le frottement. — Dans un sens plus moderne et plus étendu, puissance et action d'un fluide particulier, dont l'accumulation se manifeste par des étincelles, fait éprouver au système nerveux des sensations plus ou moins fortes, et produit des effets analogues à ceux de la foudre, ou même identiques avec eux. — *Electricité médicale*, application de l'*électricité* à la médecine.— *Electricité positive et négative;* suivant *Franklin*, qui le premier a introduit ces dénominations en physique, l'*électricité négative* est, dans les corps, la raréfaction du fluide *électrique* qu'ils contiennent naturellement; et l'*électricité positive*, la condensation de ce même fluide dans un corps ou à ses surfaces. Selon d'autres physiciens, ces deux sortes d'*électricité* sont de nature entièrement différente; ils appellent *positive*, l'*électricité* du verre, composée, disent-ils, de parties acides; et *négative*, celle de la résine, formée de parties alcalines.

ÉLECTRIQUE, adj. des deux genres (*élèktrike*), qui reçoit et communique l'*électricité* ou qui y a rapport : *corps, vertu, fluide, mouvement électrique*.—On appelle *tension électrique*, la force répulsive avec laquelle les molécules du fluide vitré ou résineux, répandu sur la surface d'un corps, tendent à s'écarter les unes des autres. — *Pistolet électrique*, instrument inventé par *Volta*, avec lequel on fait des expériences relatives à la faculté qu'a le fluide *électrique* d'allumer différents corps.— Fig. : *la liberté est électrique*.

ÉLECTRISABLE, adj. des deux genres (*élèktrizable*), qui peut être *électrisé* : *les corps sont plus ou moins électrisables*.

ÉLECTRISATION, subst. fém. (*élèktrizâcion*), action ou manière d'*électriser*.

ÉLECTRISÉ, **E**, part. pass. de *électriser*.

ÉLECTRISER, v. act. (*élèktrizé*), communiquer la faculté *électrique*, ou, pour mieux dire, la développer. — Figur., et par néologisme, enthousiasmer : *ce discours électrisa tous les esprits*. — S'ÉLECTRISER, v. pron.

ÉLECTROCHÉMISME, subst. mas. (*élèktrochémiceme*), t. de physique, théorie de l'affinité et des phénomènes chimiques des corps par les lois de la polarité *électrique*.

ÉLECTROGÈNE, subst. mas. (*élèktrojène*) (du grec ηλεκτρον, ambre jaune, et de γενεσις, naissance), t. de physique, selon quelques-uns, cause inconnue des phénomènes *électriques*.

ÉLECTROGRAPHE, subst. mas. (*élèktroguerafe*) (du grec ηλεκτρον, ambre jaune, succin, et γραφω, j'écris, je décris), celui qui décrit les phénomènes de l'*électricité*.

ÉLECTROGRAPHIE, subst. fém. (*élèktroguerafi*), description des phénomènes de l'*électricité*.

ÉLECTROGRAPHIQUE, adj. des deux genres (*élèktroguerafike*), qui a rapport, qui appartient à l'*électrographie* : *description électrographique*.

ÉLECTROLOGIE, subst. fém. (*élèktroloji*) (du grec ηλεκτρον, ambre jaune, et λογος, discours, traité), théorie sur l'*électricité*, traité sur l'*électricité*.

ÉLECTROLOGIQUE, adj. des deux genres (*élèktrolojike*), qui a rapport à l'*électrologie* : *traité électrologique*.

ÉLECTRO-MAGNÉTISME, subst. mas. (*élèktromagniéticeme*), t. de physique, classe de phénomènes dans lesquels le fluide *électrique* et le fluide *magnétique* jouent tous deux un rôle.

ÉLECTROMÈTRE, subst. mas. (*élèktromètre*) (du grec ηλεκτρον, ambre jaune, succin, et μετρον, mesure), instrument de physique pour mesurer le degré d'*électricité* d'un corps.

ÉLECTROMÉTRIQUE, adj. des deux genres (*élèktrométrike*), qui a rapport, qui appartient à l'*électromètre*.

ÉLECTRO-MICROMÈTRE, subst. mas. (*élèktromikromètre*) (du grec ηλεκτρον, ambre jaune, d'où *électricité*, μικρος, petit, et μετρον, mesure), t. de physique, instrument qui sert à distinguer les plus petites quantités appréciables d'*électricité* galvanique. Inventé par *Veau de Launay*.

ÉLECTRO-MICROMÉTRIQUE, adj. des deux genres (*élèktromikrométrike*), qui concerne l'*électro-micromètre*.

ÉLECTRO-MOTEUR, subst. mas. (*élèktromoteur*) (du grec ηλεκτρον, ambre jaune, et du lat. *movere*, mouvoir, agiter; *moteur de l'électricité*), t. de physique, appareil dans lequel l'*électricité* se développe par le simple contact des substances qui la composent. — *Électromoteur métallique*, appareil dans lequel l'*électricité* se développe par le contact de deux *métaux* hétérogènes, tel que la *pile électrique* ou la *pile de Volta*. — *Électromoteur résineux*, où les corps en contact sont une substance résineuse d'une part, et de l'autre une substance minérale, végétale ou animale quelconque. Ce mot manque dans l'*Académie*.

ÉLECTRON, subst. mas. (*élèktrone*) (en grec ηλεκτρον), matière *électrique*; soleil. Vieux et inusité.

ÉLECTROPHORE, subst. mas. (*élèktrofore*) (du grec ηλεκτρον, ambre jaune, d'où *électricité*, et φερω, je porte), t. de physique, instrument chargé de la matière *électrique*. Le premier appareil qui ait porté ce nom a été imaginé par *Volta*.

ÉLECTROPUNCTEUR, subst. mas. (*élèktroponkteur*) (du grec ηλεκτρον, ambre jaune, et du lat. *pungere*, percer, piquer), médecin qui *électropuncture*.

ÉLECTROPUNCTURE, subst. fém. (*élèktroponkture*), opération qui consiste à introduire une aiguille dans les chairs, puis à l'*électriser* légèrement, pour faire pénétrer l'*électricité* dans la partie malade.

ÉLECTROPUNCTURÉ, **E**, part. pass. de *électropuncturer*.

ÉLECTROPUNCTURER, v. act. (*élèktroponkturé*), faire l'opération de l'*électropuncture*.

ÉLECTROSCOPE, subst. mas. (*élèktrocekope*) (du grec ηλεκτρον, ambre jaune, et σκοπεω, j'observe), t. de physique, instrument propre à mesurer la quantité d'*électricité* qui règne dans l'atmosphère. On l'adapte au paratonnerre.

ÉLECTROSCOPIQUE, adj. des deux genres (*élèktrocekopike*), qui a rapport à l'*électroscope*.

ÉLECTRUM, subst. mas. (*élèktrome*) (nom lat. de l'ambre jaune, pris du grec ηλεκτρον), sorte de mélange artificiel d'or et d'argent. — Suivant quelques minéralogistes, mélange naturel d'or et d'argent, qui se trouve dans certaines mines. C'est ce qu'on appelle aussi l'*électre*.

ÉLECTUAIRE, subst. mas. (*élèktuère*) (en lat. *electuarium*, fait de *electus*, part. pass. de *eligere*, choisir, lequel est dérivé du grec ελεγειν, qui a la même signification), t. de pharm., espèce d'opiat composé de plusieurs ingrédients d'élite. — Au plur., substances en poudre.

ÉLÉDONE, subst. mas. (*élédone*), t. d'hist. nat., genre d'insectes de l'ordre des coléoptères, famille des taxicornes.

ÉLÉEN, subst. propre mas. (*élé-ein*), surnom de Jupiter qu'on lui a donné parce qu'il avait un temple à Élis, où sa statue était d'or massif.

ÉLÉEN, subst. propre mas. (*élé-ein*), nom d'un ancien peuple du Péloponèse.

ÉLÉGAMMENT, adv. (*éléguaman*) (en lat. *eleganter*), avec *élégance*.

ÉLÉGANCE, subst. fém. (*éléguance*) (en lat. *elegantia*, fait de *eligere*, choisir), choix, politesse du langage. — Goût fin et délicat qui se fait sentir dans les arts, dans la parure : *salon préparé avec élégance; cet homme se met avec élégance*. — Agrément dans les formes : *élégance de la taille*. — En math., simplicité, facilité : *l'élégance d'une opération*.

ÉLÉGANT, **E**, adj. (*éléguan, guante*) (en lat. *elegans*), choisi, poli, en parlant du langage : *discours élégant; simplicité élégante*.—Il se dit par extension des ouvrages de l'art : *contours élégants; édifice élégant, parure élégante*. — T. de math. : *solution élégante*, solution simple et facile. — On dit aussi substantivement, d'une personne recherchée dans sa parure : *c'est un élégant, une élégante*.

ÉLÉGIAQUE, adj. des deux genres (*éléjiake*), qui appartient à l'*élégie* : *auteur élégiaque; poésies élégiaques*. Il se dit principalement des vers et des auteurs grecs et latins. — On l'a employé quelquefois subst. dans le genre satirique; ainsi l'on a dit *un elegiaque*, pour : un poète *élégiaque*.

ÉLÉGIE, subst. fém. (*éléji*) (en grec ελεγεια ou ελεγειον, fait de ελεγος, complainte), sorte de poème dont les sujets sont ordinairement tristes, plaintifs, et relatifs aux sentiments tendres ou à la douleur. — T. de bot., espèce de jonc.

ÉLÉGIOGRAPHE, subst. mas. (*éléjioguerafe*) (du grec ελεγειον, élégie, et γραφω, j'écris), auteur d'*élégies*.

ÉLÉGIOGRAPHIE, subst. fém. (*éléjioguerafi*), composition d'*élégies*. Peu usité.

ÉLÉGIOGRAPHIQUE, adj. des deux genres (*éléjioguerafike*); qui concerne l'*élégiographie : composition élégiographique*.

ÉLÉGI, E, part. pass. de *élégir*.

ÉLÉGIR, v. act. (*éléjir*), t. de menuiserie, pousser des moulures ou autres ornements saillants, et former les champs dans le même morceau en diminuant son épaisseur.

ÉLÉLÉEN, adj. propre mas. (*élélé-ein*), myth., surnom donné à Bacchus, comme à celui qui excite au combat, et tiré des cris avec lesquels on célébrait son culte.—Epithète donnée au soleil, qui, selon le système de Ptolémée, était regardé comme tournant autour de la terre.

ÉLÉLÉIDES, subst. propre fém. plur. (*élélé-ide*), myth., surnom des bacchantes, prêtresses de Bacchus *Éléleen*.

ÉLÉMENT, subst. mas. (*éléman*) (en latin *elementum*), corps simple qui entre dans la composition des mixtes; principe : *les anciens physiciens ne comptaient que quatre éléments : l'eau, le feu, la terre et l'air*. —Au fig., la chose à laquelle on se plaît le plus : *quand il est à Paris, il est dans son élément; quand il n'y est pas, il est hors de son élément; la chasse est son élément*. — Au plur., principes d'un art ou d'une science: *les éléments de la géométrie; votre frère n'a pas les premiers éléments de l'architecture*, n'a aucune connaissance de cet art. —En chimie, les parties les plus simples dont les corps sont composés.—Dans la géométrie transcendante, les parties infiniment petites ou différentielles d'une ligne droite, d'une courbe, d'une surface, d'un solide. —En astron., les articles principaux de la théorie d'une planète; les principaux résultats des observations astronomiques; et généralement, tous les nombres essentiels employés à la construction des tables du mouvement des planètes.

ÉLÉMENTAIRE, adj. des deux genres (*élémantère*), qui appartient à l'*élément*, qui le constitue : *corps élémentaire*. — Il se dit, en parlant d'une science ou d'un art, de la partie de cette science, de cet art, qui en renferme les *éléments* : *géométrie élémentaire*, etc.; *ouvrage élémentaire*, qui contient les *éléments* d'une science, d'un art. — *Classe élémentaire*, dans laquelle on n'apprend que les *éléments*, les premiers principes.

ÉLÉMENTATIF, adj. mas., au fém. **ÉLÉMENTATIVE** (*élémantatif, tive*), qui donne des *éléments*. (Boiste.) Ce mot n'est pas usité.

ÉLÉMENTATIVE, adj. fém. Voy. ÉLÉMENTATIF.

ÉLÉMI, subst. mas. (*élémi*), résine d'Amérique.

ÉLÉMIFÈRE, adj. des deux genres (*élémifère*), t. de bot., se dit de plantes dont la plupart sont résineuses.

ÉLÉMINE, subst. fém. (*élémine*), t. de chim., principe crystallin que l'on trouve dans la résine appelée *élémi*.

ÉLENCHTIQUE, adj. des deux genres (*éleinketike*)(du grec ελεγκτικος, qui réfute, dérivé d'ελεγχειν, convaincre), qui tombe dans la controverse en matière de théologie scholastique.

ÉLÉNOPHORIES, subst. fém. plur. (*élénofori*) (du grec ελενα, dérivé de Ελενη, Hélène, vases de jonc et d'osier servant aux fêtes d'Hélène, et de φερω, je porte), t. d'hist. anc., fêtes qu'on célébrait à Sparte en l'honneur d'Hélène, dans lesquelles on portait les objets sacrés dans des vases de jonc et d'osier.

ÉLÉOCÉROTE, subst. mas. (*élé-océrote*)(du grec ελαιον, huile, et de κηρωτος, enduit de cire), t. de médec., sorte de médicament dont l'huile et la cire font la base.

ÉLÉOCHARIS, subst. mas. (*élé-okarice*), t. de bot., genre de scirpe qui diffère des autres scirpes par son mode de fructification.

ÉLÉODON, subst. mas. (*élé-odon*), t. d'hist. nat., sèche qui n'a qu'une rangée de ventouses sous les tentacules.

ÉLÉOLITE ou **ÉLÉOLITHE**, subst. mas. (*éléolite*) (du grec ελαιον, huile, et λιθος, pierre), t. d'hist. anc., espèce de pierre dans le genre du mica. Voy. ce mot.

ÉLÉOMÉLI, subst. mas. (*élé-oméli*) (du grec ελαιον, huile, et μελι, miel), baume huileux, épais, doux, évacuant, produit par un arbre d'Arabie.

ÉLÉOPHAGE, adj. des deux genres (*élé-ofaje*) (du grec ελαια, olive, et de φαγω, je mange), mangeur d'olives : *les Provençaux sont éléophages*.—Il est aussi substantif : *un éléophage*.

ÉLÉOPHÉSION, subst. mas. (*élé-ofézion*), t. d'hist. anc., chambre, dans les bains, où les athlètes se frottaient avec une mixtion d'huile et de cire.

ÉLÉOSACCHARUM, subst. mas. (*élé-oçakarome*) (du grec ελαιον, huile, et du lat. *saccharum*, sucre), t. de chimie, huile essentielle incorporée avec du sucre.

ÉLÉOSPODES, subst. mas. plur. (*élé-ocepode*), t. d'hist. ancienne, sacrifices anciens où l'on ne faisait que des libations d'huile.

ÉLÉOTRIS ou **ÉLÉOTRE**, subst. mas. (*éléo-trice, élé-otre*), t. d'hist. nat., genre de poisson que l'on a réuni aux gobies.

ÉLÉPHANT, subst. mas. (*éléfan*) (en lat. *elephas* ou *elephantus*, en grec ελεφας), le plus grand des quadrupèdes, qui a une trompe, et dont les dents principales, détachées de la gueule de l'animal, sont appelées ivoire. —Sorte de papier. — Ordre militaire danois.—*Eléphant de mer*, genre d'amphibie qu'on appelle aussi *morse* ou *vache marine*.

ÉLÉPHANTIASIQUE, adj. des deux genres (*éléfantiazike*), qui est affecté d'*éléphantiasis*.

ÉLÉPHANTIASIS, subst. fém. (*éléfantiazice*), t. de médec., lèpre qui rend la peau ridée comme celle de l'*éléphant*. On dit aussi *éléphantiase*.

ÉLÉPHANTIDE, subst. propre fém. (*éléfantide*), capitale fabuleuse du peuple des *éléphants*. (La Fontaine.)

ÉLÉPHANTIN, E, adj. (*éléfantein, tine*); chez les Romains, les *livres éléphantins* contenaient les arrêts, les édits du sénat, les actes des magistrats de Rome. On les appelait *éléphantins*, parce qu'ils étaient faits de tablettes d'ivoire.

ÉLÉPHANTINE, subst. fém. (*éléfantine*), sorte de flûte inventée par les Phéniciens, au rapport d'*Athénée*. Elle était ainsi nommée vraisemblablement parce qu'elle était d'ivoire.

ÉLÉPHANTIQUE, adj. des deux genres (*éléfantike*), qui a rapport à l'*éléphant*.— T. de médec., infecté de lèpre mais dans ce cas c'est plutôt *éléphantiasique* qu'il faut employer. Voy. ce mot.

ÉLÉPHANTOGRAPHIE, subst. fém. (*éléfantoguerafi*) (du grec ελεφας, éléphant, et γραφω, j'écris), description de l'*éléphant*; ouvrage sur les *éléphants*.

ÉLÉPHANTOGRAPHIQUE, adj. des deux genres (*éléfantoguerafike*), qui a rapport, qui appartient à l'*éléphantographie*.

ÉLÉPHANTOPE, subst. mas. (*éléfantope*), t. de bot., plante flosculeuse d'Amérique.

ÉLÉPHANTOPHAGE, adj. des deux genres (*éléfantofaje*) (du grec ελεφας, éléphant, et φαγω, je mange), qui se nourrit de la chair d'*éléphant*. — Il est aussi substantif mas. : *un éléphantophage*.

ÉLÉPHANTUSIE, subst. fém. (*éléfantuzi*), t. de bot., grand palmier du Pérou.

ÉLÉPHAS, subst. mas. (*éléface*), t. de bot., sorte de plante de la famille des labiées, dont la lèvre supérieure a quelque ressemblance avec la trompe d'un *éléphant*.

ÉLETTARI, subst. mas. (*élètetari*), t. de bot., amome du Malabar.

ÉLEUSINE, adj. propre fém. (*éleuzine*), myth., surnom de Cérès, pris des mystères d'*Eleusis*.

ÉLEUSINIES, subst. propre fém. plur. (*éleuzini*), myth., fêtes célébrées chez les Athéniens en l'honneur de Cérès *Eleusine*.

ÉLEUSIS, subst. propre fém. (*éleuzice*), ville de l'Attique, célèbre par le temple et les mystères de Cérès.

ÉLEUTHÉRATE, subst. mas. (*éleutérate*), t. d'hist. nat., ordre d'insectes qui comprend tous les coléoptères.

ÉLEUTHÈRE, subst. propre fém. (*éleuthère*), t. d'hist. anc., lieu de la sépulture de la plupart des soldats d'Adraste, qui avaient péri dans l'expédition contre Thèbes. — Nom d'une ville ancienne.

ÉLEUTHÉRIE, subst. fém. (*éleutéri*) (en grec ελευθερια, liberté), nom de la Liberté, chez les Grecs.—T. de bot., sorte de mousse.

ÉLEUTHÉRIEN, adj. propre mas. (*éleutériein*) (du grec ελευθεριος, libérateur), myth., surnom de Bacchus honoré à *Éleuthère*.—C'est aussi le surnom donné à Jupiter en mémoire de la victoire remportée sur Mardonius, général des Perses, victoire qui assura la liberté de la Grèce.

ÉLEUTHÉRIES, subst. propre fém. plur. (*éleutéri*) (du grec ελευθεριος, libérateur, dérivé de ελευθερος, libre), chez les anciens Grecs, fêtes de la Liberté célébrées en l'honneur de Jupiter surnommé Ελευθεριος, ou *Libérateur*, à cause de la victoire remportée à Platée sur les Perses.

ÉLEUTHÉROGYNE, adj. des deux genres (*éleutérojine*) (du grec ελευθερος, libre, et γυνη, femme, femelle), se dit en bot. des fleurs dont l'ovaire est libre, et n'adhère point au calice.

ÉLEUTHÉROMANE, adj. et subst. des deux genres (*éleutéromane*) (du grec ελευθερια, liberté, et μανια, folie), qui aime passionnément la liberté. (*Diderot*.)

ÉLEUTHÉROMANIE, subst. fém. (*éleutéromani*), manie, enthousiasme pour la liberté. (*Boiste*.)

ÉLEUTHÉROPODE, subst. mas. (*éleutéropode*) (du grec ελευθερος, libre, et ποδος, gén. de πους, pied), t. d'hist. nat., famille de poissons osseux qui ont la paire de nageoires inférieures libre.

ÉLEUTHÉROPOME, subst. mas. (*éleutéropome*) (du grec ελευθερος, libre, et πωμα, couvercle, bouchon), t. d'hist. nat., ordre de poissons cartilagineux dont les branchies, couvertes d'un opercule, n'offrent pas de membranes branchiales.

ÉLEUTHO, subst. propre fém. (*éleutô*), myth., déesse des accouchements. On croit que c'est la même que Lucine.

ÉLÉVATEUR, subst. mas. (*élévateur*), t. d'anat., un des muscles de la lèvre supérieure, des paupières, etc.—Il s'emploie aussi adj. au mas. : *les muscles élévateurs*.

ÉLÉVATION, subst. fém. (*élévâcion*), l'action d'*élever*; exhaussement : *donner de l'élévation à un mur, à un plancher, à une maison*.—On dit : *élévation du terrein*, ou simplement *élévation*, pour dire, un terrein *élevé*, une éminence : *il monta sur une élévation*.— Situation d'un objet *élevé* au-dessus des autres : la *hauteur* est proprement la mesure comparative de l'*élévation*.— Au fig., 1° constitution en dignité; 2° grandeur de courage; noblesse de sentiments; 3° noblesse et sublimité du style; 4° mouvement vif et affectueux de l'âme vers Dieu. —On dit chez les catholiques : *l'élévation de l'hostie*, ou simplement *l'élévation*, pour signifier le moment où le prêtre *élève* l'hostie, à la messe : *on était à l'élévation; après l'élévation; l'élévation du calice*.— En hydraulique, hauteur à laquelle montent les eaux jaillissantes. — En musique, 1° le mouvement que l'on fait en *élevant* la main sur le temps faible, pour frapper ensuite sur le temps fort. On dit aussi *le levé, un levé*; 2° mouvement par lequel, en chantant, la voix se porte à l'aigu; 3° motet chanté à la messe pendant l'*élévation*.— T. d'astron., *élévation du pôle*, la hauteur du pôle sur l'horizon, laquelle se mesure par l'arc du méridien compris entre l'horizon et le pôle. — *Elévation* ou *hauteur d'une étoile*, etc., arc de cercle vertical compris entre l'horizon et cette étoile.— T. d'arithm. et d'algèbre, *élévation des puissances*. Voy. ÉLEVER.—T. de médec., *élévation du pouls*, battement du pouls plus fort qu'à l'ordinaire.—T. de phys. : *élévation de température*, chaleur plus considérable.—En t. de dessinateur, représentation d'une face de bâtiment; il se dit par opposition à *plan*.

ÉLÉVATOIRE, subst. mas. (*élévatoare*), t. de chir., instrument pour relever les os enfoncés.

ÉLÈVE, subst. des deux genres (*élève*), le disciple d'un maître, et plus particulièrement d'un peintre ou d'un sculpteur. — ÉLÈVE, DISCIPLE, ÉCOLIER. (*Syn.*) *Élève* diffère de *disciple* et d'*écolier*, en ce qu'un *élève* est celui qui prend des leçons de la bouche du maître; le *disciple* est celui qui en prend des leçons en lisant ses ouvrages, ou qui s'attache à ses sentiments; *écolier* ne se dit, 1° lorsqu'il est seul, que des enfants qui étudient dans les maisons d'enseignement; 2° avec un autre mot qui désigne l'art ou le maître, que de ceux qui étudient sous un maître un art qui n'est pas mis au nombre des arts libéraux, comme la danse, l'escrime, etc. : *un maître d'armes a des écoliers; Descartes et Newton ont eu des disciples; le Carrache a fait d'habiles élèves*. *Élève* est du style noble; *disciple* l'est moins, surtout en poésie; *écolier* ne l'est jamais.

ÉLEVÉ, E, part. pass. de *élever* et adj.—*Avoir le pouls élevé*, plus vif, plus fréquent qu'à l'ordinaire.—*Température plus élevée*, plus chaude.

ÉLEVER, v. act. (*élevé*) (en lat. *elevare*), hausser, mettre, porter, rendre, faire monter plus haut : *élever un mur; élever les eaux*.—*Élever la voix*, parler plus haut.—Fig. : *élever la voix en faveur de l'innocence opprimée; élever son style; élever son cœur, son âme à Dieu; la religion élève l'homme; élever quelqu'un aux charges, aux dignités*. — *Elever quelqu'un jusqu'aux nues, jusqu'au ciel*, lui donner des louanges excessives.— Construire, bâtir, ériger, dresser : *élever un temple, des autels, une statue, un échafaud.* — Fig. : *élever autel contre autel*, opposer une nouvelle religion à celle qui est déjà établie ; et encore, opposer une nouvelle puissance à une puissance déjà établie.—Nourrir : *élever un enfant ;* et par extension : *élever des animaux, des plantes.* — Instruire : donner de l'éducation. — T. d'arithm., *élever un nombre, une quantité au carré, au cube, à la quatrième puissance*, etc. ; en prendre le carré, le cube, etc.—*Élever à la puissance* 1|2, 1|3, etc., prendre la racine carrée, la racine cubique, etc. — S'ÉLEVER, v. pron., se hausser, se porter de bas en haut : *des cris s'élèvent; le temps s'élève.*—Fig., 1° monter en dignité : *s'élever par son talent ;* 2° s'enorgueillir. —Il est aussi v. unip. : *il s'est élevé une tempête, un orage; il s'éleva un bruit dans l'assemblée*, etc. —T. de mar.: *s'élever dans le vent*, c'est, en serrant le vent bien au plus près, s'approcher de son origine.—*S'élever au vent d'une terre, d'un cap*, etc., louvoyer les voiles bien orientées, en tenant le plus près, mais en conservant assez de vent dans les voiles pour courir de l'avant sans trop dériver.

ÉLEVURE, subst. fém. (*élevure*), sorte de pustule qui vient sur la peau. Synonyme d'*exanthème*. Voy. ce mot.

EL-HOUWA, subst. mas. (*élouva*), t. de relat., mot arabe qui veut dire ouragan.—Sorte de peste commune dans les Indes orientales.

ÉLICHRYSE, subst. fém. (*élikrize*), t. de bot., genre de plantes corymbifères.

ÉLICHRYSON, subst. mas. (*élikrizon*) (du grec ἑλος, marais, et χρυσος, or), t. de bot., plante à fleurs jaunes, qui croît dans les marais.

ÉLICTROÏDE, adj. des deux genres (*éliktro-ide*), t. d'anat., se dit généralement d'une membrane des testicules : *membrane élictroïde*.— Il s'emploie aussi subst. au fém. : *l'élictroïde*.

ÉLIDE, subst. propre fém. (*élide*), province du Péloponèse dont *Elis* était la capitale, fameuse par les jeux olympiens qu'on y célébrait en l'honneur de Jupiter Olympien.—T. d'hist. nat., genre d'insectes hyménoptères. — T. de bot., sorte de plante du genre smilax.

ÉLIDÉ, E, part. pass. de *élider*.

ÉLIDER, v. act. (*élidé*) (en lat. *elidere*), faire une *élision*, c'est-à-dire, retrancher, supprimer une voyelle finale, qui en heurterait une autre, dans l'écriture ou la prononciation. (Voy. notre *Grammaire*.—S'ÉLIDER, v. pron., subir l'*élision* : *cette lettre, ce mot s'élide.*

ÉLIDIENS, subst. propre mas. plur. (*élidiein*), t. d'hist. anc., nom qu'on donnait aux anciens peuples du Péloponèse.

ÉLIGIBILITÉ, subst. fém. (*élijibilité*), capacité d'être *élu*. Voy. ÉLIRE.

ÉLIGIBLE, adj. des deux genres (*élijible*), qui peut être *élu* ; qui a les qualités requises pour être *élu* à quelques fonctions, comme celles de membre de la chambre des députés, etc.—Il s'emploie aussi subst. : *les éligibles*.

ÉLIMÉ, E, part. pass. de *élimer*.

ÉLIMER, v. act. (*élimé*), user par le frottement : *élimer une étoffe, de la toile*.—S'ÉLIMER, v. pron., s'user à force d'être porté : *cet habit s'est élimé*.—L'*Académie* ne donne point, à l'*actif*, l'emploi de ce verbe.

ÉLIMINATION, subst. fém. (*éliminâcion*) (du latin *e*, préposition qui marque exclusion, et *limen*, seuil), action d'*éliminer*. — Effet de cette action. — Opération algébrique par laquelle un nombre déterminé d'équations qui contiennent un nombre également déterminé d'inconnues, étant donné, on trouve une équation qui ne contient plus qu'une seule inconnue, dont la valeur fait connaître ensuite celle de toutes les autres.

ÉLIMINÉ, E, part. pass. de *éliminer*.

ÉLIMINER, v. act. (*éliminé*) (du latin *eliminare*, formé, dans le même sens, de la particule extractive *e*, et de *limen*, seuil de la porte ; *mettre hors de la porte*), chasser, expulser, mettre dehors. Il est peu usité, et seulement dans le style familier.—En algèbre, faire évanouir une quantité, la faire disparaître d'une équation, etc. Voy. ÉLIMINATION.— S'ÉLIMINER, v. pron.

ÉLINGUE, subst. fém. (*élingue*), t. de marine, corde avec un nœud coulant qui sert à entourer les fardeaux pour les mettre sur un vaisseau ou les en tirer. — Fronde sans bourse.

ÉLINGUÉ, E, part. pass. d'*élinguer*.

ÉLINGUER, v. act. (*éleinguié*), t. de mar., embarquer ou débarquer des fardeaux au moyen d'une *élingue*.—S'ÉLINGUER, v. pron. (*Boiste*.)

DU VERBE IRRÉGULIER ÉLIRE :

Élira, 3ᵉ pers. sing. fut. indic.
Élirai, 1ʳᵉ pers. sing. fut. indic.
Éliraient, 3ᵉ pers. plur. prés. cond.
Élirais, précédé de *j'*, 1ʳᵉ pers. sing. prés. cond.
Élirais, précédé de *tu*, 2ᵉ pers. sing. prés. cond.
Éliras, 2ᵉ pers. sing. fut. indic.

ÉLIRE, v. act. (*élire*) (du latin *eligere*, fait, avec la même signification, de la particule extractive *e* ou *ex*, de, et de *legere*, cueillir, choisir), choisir, prendre par choix, par préférence. — Faire une *élection*. — En t. de pratique, *élire domicile*, c'est assigner un lieu commun et connu, où tous les actes de justice puissent être signifiés. — S'ÉLIRE, v. pron.

DU VERBE IRRÉGULIER ÉLIRE :

Élirez, 2ᵉ pers. plur. fut. indic.
Éliriez, 2ᵉ pers. plur. prés. cond.
Élirions, 1ʳᵉ pers. plur. prés. cond.
Élirons, 1ʳᵉ pers. plur. fut. indic.
Éliront, 3ᵉ pers. plur. fut. indic.

ÉLIS., abréviation du mot *élision*.

DU VERBE IRRÉGULIER ÉLIRE :

Élis, 2ᵉ pers. sing. impér.
Élis, précédé de *j'*, 1ʳᵉ pers. sing. prés. indic.
Élis, précédé de *tu*, 2ᵉ pers. sing. prés. indic.
Élisaient, 3ᵉ pers. plur. imparf. indic.
Élisais, précédé de *j'*, 1ʳᵉ pers. sing. imparf. indic.
Élisais, précédé de *tu*, 2ᵉ pers. sing. imparf. indic.
Élisait, 3ᵉ pers. sing. imparf. indic.
Élisant, part. prés.
Élise, précédé de *que j'*, 1ʳᵉ pers. sing. prés. subj.
Élise, précédé de *qu'il* ou *qu'elle*, 3ᵉ pers. sing. prés. subj.
Élisent, précédé de *ils* ou *elles*, 3ᵉ pers. plur. prés. indic.
Élisent, précédé de *qu'ils* ou *qu'elles*, 3ᵉ pers. plur. prés. subj.
Élises, 2ᵉ pers. sing. prés. subj.
Élisez, 2ᵉ pers. plur. impér.
Élisez, précédé de *vous*, 2ᵉ pers. plur. prés. indic.
Élisiez, précédé de *vous*, 2ᵉ pers. plur. imparf. indic.
Élisiez, précédé de *que vous*, 2ᵉ pers. plur. prés. subj.

ÉLISION, subst. fém. (*élizion*) (en lat. *elisio*, fait de *elidere*, élider), suppression d'une voyelle dans un mot quand elle se rencontre avec une autre voyelle. En français, l'*élision* se marque par une apostrophe. Dans les vers latins, l'*élision* se fait non seulement sur les voyelles et les diphthongues, mais encore sur la lettre *m*. Nous ne comptons que trois lettres qui, se trouvant à la fin d'un mot, se suppriment devant un autre mot commençant par une voyelle ou un *h* non aspiré. Ces trois lettres sont *a, e, i*.—L'*a* ne s'*élide* que dans l'article et le pronom *la*. Ainsi on dit *je l'aime, je l'estime, je l'imite* et *je l'observe*, et non pas, *je la aime, je la estime, je la imite, je la observe*, etc. L'*élision* se marque par un signe qu'on nomme *apostrophe*, et qu'on met au-dessus de la ligne, après la lettre qui précède celle qu'on *élide*, et avant la voyelle qui commence le mot suivant. —Il n'y a que l'*e* muet et final qui puisse s'*élider*. Cet *e* muet et final s'*élide* toujours, dans la prononciation, quand le mot suivant commence par une voyelle ; mais il ne s'*élide* dans l'écriture que lorsqu'il termine un monosyllabe ; il s'*élide* encore dans *entre*, quand il commence un verbe réciproque, comme *s'entr'aimer, s'entr'aider, s'entr'ouvrir*, etc. L'*e* muet qui termine le féminin *grande*, s'*élide* devant les mots *mère, messe, chambre, salle, chère, peur, pitié, chose*, et même il ne s'y prononce point, quoique ces mots commencent par une consonne : *grand'mère, grand'messe, grand'chambre, grand'salle ; faire grand'chère; avoir grand'pitié; ne pas dire grand'-chose*. Il faut remarquer cependant qu'il n'y a que *grand'mère* pour lequel la règle soit générale ; les autres ne souffrent pas cette *élision* dans bien des occasions, et en particulier quand ils sont précédés de quelque prépositif, comme *une grande chambre, la plus grande chère, une très-grande peur, la plus grande pitié, une grande chose*, etc.—L'*i* ne s'*élide* jamais que dans la conjonction *si ;* encore faut-il que le mot suivant commence par un autre *i*, et même il ne s'*élide* que devant le pronom *il* ou *ils* : *s'il arrive, s'il est content, s'ils approchent*. (Laveaux.)

DU VERBE IRRÉGULIER ÉLIRE :

Élisions, précédé de *nous*, 1ʳᵉ pers. plur. imparf. indic.
Élisions, précédé de *que nous*, 1ʳᵉ pers. plur. prés. subj.
Élisons, 1ʳᵉ pers. plur. impér.
Élit, 3ᵉ pers. sing prés indic.

ÉLITE, subst. fém. (*élite*), ce qu'il y a de mieux en chaque genre. Voy. CHOIX.

ÉLITÉ, E, part. pass. d'*éliter*.

ÉLITER, v. act. (*élité*), choisir, prendre le meilleur dans une marchandise. Il est pop.

ÉLIXATION, subst. fém. (*élikçâcion*) (du lat. *elixare*, faire bouillir), t. de médec., action de faire bouillir un remède dans une liqueur convenable, et à petit feu. C'est la même chose que *décoction*.

ÉLIXIR, subst. mas. (*élikcir*) (de l'arabe *aalakshir*, essence, extrait artificiel d'une substance), liqueur spiritueuse, extraite des parties d'une ou de plusieurs substances ; leur essence : *élixir de longue vie*. — Au fig., ce qu'il y a de meilleur dans un discours, dans un ouvrage. Fam. et peu usité ; on dit mieux *quintessence*.

ÉLIZÉ, E, part. pass. de *elizer*.

ÉLIZER, v. act. (*élizé*), t. de manufacture : *elizer une pièce de drap*, la tirer par ses *lisières*, dans le sens de la largeur, pour mieux l'étendre. On dit plus ordinairement *liser*. (Boiste.)—Nous ne comprenons rien à la formation de ce mot. Pourquoi *élizer*, et non pas *éliser* ? Il est bien certain que ce verbe est formé du mot *lisière*. Mais ce terme est si peu important, qu'il est presque inutile de s'y arrêter.

ELKAÏTE, subst. mas. (*éleka-ite*), nom d'anciens philosophes dont les opinions et les principes se rapprochaient beaucoup du judaïsme.

ELKISMOMÈTRE, subst. mas. (*élekicemomètre*) (du grec ἑλκω, j'attire, et μετρον, mesure), t. de phys., machine pour mesurer la force d'attraction, de mutation, des secousses de tremblements de terre. Presque sans usage.

ELKISMOMÉTRIQUE, adj. des deux genres (*élekicemométrike*) du grec ἑλκω, j'attire, et de μετρον, mesure), qui a rapport à l'*elkismomètre* : *degré elkismométrique*.

ELLAGIQUE, adj. des deux genres (*élelajike*), t. de chim., se dit d'un acide obtenu d'un mélange de noix de galle.

ELLANODICES, subst. mas. plur. (*élelanodice*), t. d'hist. anc., nom des dix juges dans les combats olympiques.

ELLE, pron. pers. fém. de la 3ᵉ personne (*èle*) (du lat. *illa*, sing.; *illæ*, plur.)—*Elle*, sujet du verbe, se dit également des choses et des personnes. On dit également bien d'une maison et d'une femme : *elle est agréable ;* mais après les prépositions, *elle* ne se dit pas également des personnes et des choses. On ne dirait pas, en parlant d'un homme à qui la philosophie plairait extrêmement, *il s'attache fort à elle, il est charmé d'elle*. Il faut dire, *il s'y attache fort, il en est charmé*. On ne dirait pas non plus, en parlant d'une victoire : *j'ai fait un discours sur elle ;* on dirait bien cependant : *une action de cette importance traîne de grands avantages après elle*. Quoiqu'il n'y ait proprement que l'usage qui puisse instruire à fond là-dessus, et qu'il soit difficile de rendre raison pourquoi l'un se dit plutôt que l'autre, on peut cependant marquer quelques occasions où *elle* se dit fort bien des choses, à la suite d'une préposition. Par exemple : 1° quand la chose est personnifiée : *si la vertu paraissait à nos yeux avec toutes ses grâces, nous serions tous charmés d'elle ;* 2° quand le mot *elle* est entrelacé dans la période, et ne la finit point. Ainsi l'on pourrait dire, en parlant de la philosophie : *de toutes les sciences, c'est la plus utile ; c'est à elle qu'ils doivent leurs plus belles connaissances ;* 3° *elle* peut se dire des choses à la fin d'une phrase, quand l'idée générale de la phrase se rapporte aux personnes : *il ne faut pas s'étonner*, dit *La Rochefoucauld*, en parlant de l'amour-propre, *s'il se joint quelquefois à la plus rude austérité, et s'il entre si hardiment en société avec elle*.—*Elle* est tantôt le féminin de *il*, et tantôt le féminin de *lui*. Dans le premier cas, *elle* est toujours le sujet du verbe, le précède toujours, excepté dans les interrogations, et ne peut en être séparé que par un autre pronom personnel ou une particule négative. —*Elle*, sujet d'une proposition, se dit également des personnes et des choses.— *Elle*, féminin de *lui*, ne se dit pas toujours des choses : on ne dit pas d'une science ou d'une profession, *il s'est adonné à elle*, il faut dire, *il s'y est adonné ;* ni d'une jument, *je ne me suis pas encore servi d'elle*, mais *je ne m'en suis pas encore servi*.— Avec les prép. de et à, les pron. *elle, lui, eux*, ne se disent pas indifféremment des choses et des personnes. Cependant, lorsqu'ils sont précédés des prépositions *avec* ou *après*, ils peuvent se dire de choses même inanimées : *cette rivière, dans ses débordements, entraîne avec elle tout ce qu'elle rencontre ; elle ne laisse rien après elle.*—Il y a des phrases fort en usage en parlant des personnes, dont on ne se sert pas en parlant d'une multitude. Quoiqu'on dise d'une femme, *je m'approchai d'elle*, il faut dire d'une armée, *je m'en approchai.*—Quand le pronom *la* est le régime direct d'un verbe, et qu'après ce verbe il y a un nom qui concourt avec le pronom à former ce régime direct, on le repète après le verbe, par le moyen d'*elle* : *le lion la dévora, elle et ses enfants.* De même au pluriel : *on les condamna, elles et leurs complices.* — Lorsque le pronom *elle* est le sujet d'une proposition et qu'on veut le joindre à un nom qui concourt avec lui à former ce sujet, on laisse le verbe après le pronom, parce qu'il ne peut en être séparé ; mais après le verbe on répète *elle*, pour le joindre au nom qui concourt avec ce pronom à former le sujet : *elle mourut, elle et les siens.* — Le pronom *elle*, comme plusieurs autres pronoms, s'emploie aussi pour rappeler des phrases entières : *qui a commis ce crime ? elle.* C'est-à-dire, *elle a commis ce crime.*

ELLÉBORE, subst. mas. (*èlelébore*) (en grec ἐλλέβορος), t. de bot., plante médicinale, purgatif très-énergique. C'est une plante vivace, rangée par *Tournefort* dans la classe des rosacées, et par d'autres botanistes dans la famille des liliacées. Sa racine a un goût âcre et nauséabond. Les anciens la croyaient propre à guérir la folie : *avoir besoin d'ellébore*, être rarement dans son bon sens.—*Ellébore blanc, ellébore noir, à fleurs vertes*, plante vivace, à fleur rosacée, d'une odeur forte, dont on compte plusieurs espèces.—*Ellébore noir et puant*, bon contre l'apoplexie, la galle, le farcin.

ELLÉBORINE, subst. fém. (*èleléborine*), t. de bot., plante vivace de la famille des orchidées, à fleur anomale. On en compte plusieurs espèces.

ELLÉBORINÉ, E, adj. (*èleléboriné*), t. de pharm., mêlé d'*ellébore*, préparé avec de l'*ellébore.*—On trouve aussi dans *Boiste*, *elléborisé*; ce dernier nous semble mieux formé.

ELLÉBORISME, subst. mas. (*èleléboriceme*), t. de médec., traitement par le moyen de l'*ellébore.*

ELLIP., abréviation des mots *ellipse* ou *elliptique.*

ELLIPSE, subst. fém. (*èlelipece*) (du grec ἔλλειψις, défaut, manque ; dérivé de λείπω, je manque), en grammaire, retranchement d'un ou de plusieurs mots qui seraient nécessaires pour rendre la construction pleine : *la Saint-Pierre*, pour, la fête de saint Pierre :

> Je t'aimais inconstant, qu'*aurais-je fait fidèle* ?
> (RACINE, *Andromaque.*)

pour : *si tu avais été fidèle*, etc.—L'*ellipse* ne saurait être permise, si l'esprit ne peut suppléer tout naturellement les mots sous-entendus ; l'*ellipse* de ces vers de *Voltaire* est vicieuse :

> J'eusse été près du Gange esclave des faux dieux,
> Chrétienne dans Paris, musulmane en ces lieux,

parce que le verbe sous-entendu est *je suis*, et non pas *j'eusse été.*—En géométrie, courbe appelée vulgairement *ovale*, qu'on forme en coupant obliquement un cône droit par un plan qui le traverse entièrement. On la nomme *ellipse apollonienne* ou d'*Apollonius* (du même mot grec ἔλλειψις, manque, défaut, parce que dans cette courbe le carré de l'ordonnée est moindre que le rectangle du paramètre par l'abscisse).—*Ellipses à l'infini* ou *de tous les genres*, sorte d'*ellipses* désignées par des équations plus générales que celle de l'*ellipse* apollonienne, et que quelques-uns appellent *elliptoïdes.* — T. d'astron., *ellipse de Cassini* ou *cassinienne.* Voy. CASSINOÏDE. — T. d'horlogerie, plaque de laiton adaptée à la roue d'une pendule d'équation.

ELLIPSOGRAPHE, subst. mas. (*èlelipeçoguerafe*) (du grec ἔλλειψις, défaut, manque, dérivé de λείπω, je manque, et de γράφω, je décris), instrument qui sert à tracer des *ellipses* ; celui qui se sert de cet instrument.

ELLIPSOGRAPHIE, subst. fém. (*èlelipeçoguerafi*) (même étymologie qu'au mot précédent), t. de géom., art, science et manière de tracer les *ellipses* ; ouvrage, traité sur cet art.

ELLIPSOGRAPHIQUE, adj. des deux genres (*èlelipeçoguerafike*) t. de géom., qui a rapport à l'*ellipsographie* : *instrument ellipsographique.*

ELLIPSOÏDE, subst. mas. (*èlelipeço-ide*) (du grec ἔλλειψις, ellipse, et εἶδος, forme, ressemblance), t. de géom., solide de révolution que forme l'*ellipse* en tournant autour de l'un ou de l'autre de ses axes.

ELLIPSOLITHE, subst. fém. (*èlelipeçolite*) (du grec ἔλλειψις, défaut, manque, et λίθος, pierre), t. d'hist. nat., sorte de coquille du genre des planulithes.

ELLIPSOLOGIE, subst. fém. (*èlelipeçoloji*) (du grec ἔλλειψις, défaut, manque, et λόγος, discours, traité), t. de géom., traité sur la manière de tracer des *ellipses.*

ELLIPSOLOGIQUE, adj. des deux genres (*èlelipeçolojike*), t. de géom., qui a rapport à l'*ellipsologie* : *dissertation ellipsologique.*

ELLIPTICITÉ, subst. fém. (*èlelipeticité*), nom donné par quelques géomètres à la fraction qui exprime le rapport de la différence des axes d'une *ellipse*, au grand ou au petit axe de cette *ellipse.*

ELLIPTIQUE, adj. des deux genres (*èlelipetike*), qui tient de l'*ellipse*, qui en fait un fréquent usage : *manière elliptique de parler, figure elliptique.* —T. de géom. : *espace elliptique*, l'aire renfermée par la circonférence de l'*ellipse.*—*Conoïde* ou *sphéroïde elliptique*, solide qui est le même que l'*ellipsoïde.* Voy. ce mot. — En astron., qui a la figure de l'*ellipse.*

ELLIPTIQUEMENT, adv. (*èlelipetikeman*), t. de gram., d'une manière *elliptique*, en faisant une *ellipse* de mots.

ELLIPTOÏDE, subst. mas. (*èlelipeto-ide*), t. de géom., espèce d'*ellipse* d'équation générale. Voy. ELLIPSOÏDE.

ELLISIE, subst. fém. (*èlelizi*), t. de bot., plante borraginée de Virginie.

ELLOPS, subst. mas. (*èlelopece*), t. d'hist. nat., sorte de poisson qui ressemble à l'esturgeon. On écrit aussi *élops.*

ELLOTIES, subst. fém. plur. (*èleloci*), myth., fêtes qu'on célébrait dans l'île de Candie, en l'honneur d'Europe.

ELLOUL, subst. mas. (*èleloule*), mois des Hébreux, qui correspond à notre mois de septembre.

ELME (FEU SAINT-), subst. mas. (*èleme*), t. de marine, feux électriques qui voltigent sur la surface des eaux, et qui s'attachent quelquefois aux mâts des vaisseaux. Ils paraissent ordinairement après la tempête. Voy. CASTOR ET POLLUX.—Ancien casque. Voy. HEAUME.

ELMIS, subst. mas. (*èlemice*), t. d'hist. nat., genre d'insectes de l'ordre des coléoptères.

ÉLOCHÉ, E, part. pass. de *élocher.*

ÉLOCHER, v. act. (*éloché*), ébranler une chose qui tient par le bas. Vieux et presque hors d'usage.

ÉLOCUTION, subst. fém. (*élokucion*) (en latin *elocutio*, fait de *eloqui*, parler, dire, s'énoncer), langage, manière dont on s'exprime, style, diction : avec cette différence que le *style* a plus de rapport à l'auteur, la *diction* à l'ouvrage, et l'*élocution* à l'art oratoire. — Partie de la rhétorique qui a pour objet le choix et l'arrangement des mots.

ÉLODE, subst. mas. (*élode*) (du grec ἕλος, marais), t. d'hist. nat., genre d'insectes coléoptères qui se tiennent autour des mares d'eau, etc.

ÉLODÈS, ou **FIÈVRE ÉLODE**, subst. fém. (*élodèce*) (du grec ἕλος, marais), t. de médec., fièvre continue, putride, et qui cause des sueurs continuelles ; c'est ce qu'on appelle *la suette.*

ÉLODÉE, subst. fém. (*élodé*) (du grec ἕλος, marais), t. de bot., plante aquatique.

ÉLOGE, subst. mas. (*éloje*) (en lat. *elogium*, fait du grec εὐλογεῖν, louer, dire du bien ; formé de εὖ, bien, et de λέγειν, parler), louange qu'on donne à quelqu'un ou à quelque action.—Panégyrique ; on donne ce nom aux *éloges* qu'on prononce dans les académies et les sociétés littéraires à l'honneur des membres qu'elles ont perdus : *éloge oratoire, éloge historique, éloge funèbre.*

ÉLOGIÉ, E, part. pass. de *élogier.*

ÉLOGIER, v. act. (*élojié*), faire l'*éloge.* Inus.

ÉLOGIEUX, subst. masc., au fém. ÉLOGIEUSE (*élojieu, euze*), rempli de louanges.

ÉLOGISTE, subst. des deux genres (*élojicete*), auteur ou plutôt faiseur d'*éloges.* (*Lebeau.*) — Ironiquement : *un élogiste s'efforce de ressusciter les morts ; mais à l'examen on reconnaît qu'ils sont bien morts.* (Boiste.)

ÉLOÏDE, subst. fém. (*élo-ide*), myth., nom de nymphes consacrées aux jeux et fêtes de Bacchus.

ÉLOHIM, subst. mas. (*élo-ime*), un des noms hébreux de la Divinité. (*Boiste.*)

ÉLOIGNÉ, E, part. pass. de *éloigner*, et adj. Marmontel a dit dans sa tragédie d'*Aristomène* :

> De vos grandes vertus *éloignés* que nous sommes.

Cette construction, reçue avec l'adjectif, est inusitée avec le participe ; on dit : *malheureux que je suis, aveugle que j'étais*, mais non pas : *étonné que je suis, étonné que j'étais.* Il faut dire : *étonné comme je le suis*, etc.

ÉLOIGNEMENT, subst. mas. (*éloègnieman*)(du lat. *longus*, long), action par laquelle on *éloigne* une personne, ou l'on s'*éloigne* soi-même : *son éloignement des affaires est une perte pour le pays.*—L'effet de cette action.—Antipathie, aversion : *ressentir de l'éloignement pour quelqu'un.* —Négligence, oubli : *l'éloignement de Dieu, de ses devoirs.*—Absence : *votre éloignement afflige tous vos amis.* — Distance, soit de lieu, soit de temps : *l'éloignement des lieux affaiblit les objets, et l'éloignement des temps affaiblit les souvenirs.*—Lointain, le dernier plan d'un tableau : *on découvre dans l'éloignement les points d'un édifice.*

ÉLOIGNER, v. act. (*éloègnié*) (rac. *loin*), écarter une personne, une chose d'une autre. Il est plus fort qu'*écarter* : *on doit éloigner de soi les traîtres, et en écarter les flatteurs.* — Retarder : *éloigner un accommodement.* — Aliéner : *éloigner les cœurs, les esprits.* — S'ÉLOIGNER, v. pron., s'absenter, se retirer *loin* d'un lieu. — *S'éloigner de quelque chose*, y avoir de la répugnance : *il s'éloigne fort de la proposition qu'on lui fait.*—*S'éloigner de son devoir*, y manquer.—*Il est bien éloigné de vous payer*, il n'en a pas l'intention ou le pouvoir.—*Il est bien éloigné de son compte*, il se trompe fort dans ses prétentions.

ÉLOISE, subst. fém. (*éloèze*), éclair. (*Montaigne.*) Vieux et inusité.

ÉLONAH, subst. mas. (*élona*), nom que les Arabes donnent à certaines îles de palmiers des déserts de la Libye.

ÉLONGATION, subst. fém. (*élonguâcion*) (du lat. *elongare*, allonger, étendre), t. d'astron., angle compris entre le lieu du soleil vu de la terre et le lieu d'une planète aussi vu de la terre. — Dans l'ancienne astronomie, 1° situation d'une planète sur le côté de son épicycle ; 2° différence entre les mouvements de deux planètes ; dans ce dernier sens, on disait aussi *superation.* — En chirurgie, luxation imparfaite, dans laquelle les ligaments d'une articulation sont distendus et le membre *allongé*, sans que le déboîtement soit parfait.—Extension pratiquée pour opérer la réduction des fractures et des luxations.

ÉLONGÉ, E, part. pass. de *élonger.*

ÉLONGER, v. act. (*élonjé*), t. de mar., se mettre de *long en long* à côté de quelque chose. — S'ÉLONGER, v. pron.

ÉLONGIS, subst. mas. (*élonji*), t. de mar., barres en chêne, au nombre de deux, placées de chaque côté sur les jottereaux des bas mâts, et sur les noix des mâts de hune.

ÉLOPE, subst. mas. (*élope*), t. d'hist. nat., genre de poissons osseux et abdominaux, qui n'ont qu'une seule nageoire dorsale.

ÉLOPHILE, subst. mas. (*élofile*) (du grec ἕλος, marais, et de φιλέω, j'aime), t. d'hist. nat., genre d'insectes de l'ordre des diptères.

ÉLOPHORE, subst. mas. (*élofore*) (du grec ἕλος, marais, et φέρομαι, je suis porté), t. d'hist. nat., insecte du genre coléoptère.

ÉLOPS, subst. mas. (*élopece*), t. d'hist. nat., espèce de poisson.

ÉLOQUEMMENT, adv. (*élokaman*) (en latin *eloquenter*), avec *éloquence* : *parler, écrire, s'exprimer éloquemment.*

ÉLOQUENCE, subst. fém. (*élokance*) (en lat. *eloquentia*, fait de *eloqui*, dire, parler, s'énoncer), l'art de bien dire, de toucher, de convaincre et de persuader : *l'éloquence de la chaire, de la tribune, du barreau ; brillante, noble, faible, vive, haute, mâle, sage éloquence ; éloquence entraînante, victorieuse, irrésistible, foudroyante.* —Fig., *l'éloquence des yeux, du cœur, du sentiment, du geste ; les larmes sont l'éloquence d'une femme.*

ÉLOQUENT, E, adj. (*élokan, kante*) (en lat. *eloquens*), qui a de l'*éloquence* : *orateur, discours éloquent.* — Fig., qui produit l'effet d'un discours *éloquent* : *geste, silence éloquent ; larmes éloquentes.* Voy. DISERT.

ÉLOSSITE, subst. fém. (*élocecite*), t. de minér., pierre qui, dit-on, guérit les maux de tête, quand on la porte sur soi.

ÉLOTÉROMÈTRE, subst. mas. (*élotéromètre*), barbarisme qui ne se trouve que dans *Raymond*. Voy. ÉLATÉROMÈTRE.

ÉLOTÉROMÉTRIQUE, adj. des deux genres, barbarisme de *Raymond*. Voy. ÉLATÉROMÉTRIQUE.

ÉLOTE, subst. mas. (*élote*), t. d'hist. anc., mot formé de Hélos, ville de Messénie, dont les habitants furent réduits en servitude par les Lacédémoniens, qui, par extension, donnaient ce nom à tous leurs esclaves.—On dit plus souvent *ilote*.

ÉLOTOTOLT, subst. mas. (*élototolete*), t. d'hist. nat., espèce d'oiseau du Mexique.

ELPHIDE, subst. fém. (*èlefide*), t. d'hist. nat., genre de coquilles établi aux dépens des nautiles.

ÉLU, subst. mas. (*élu*) (du lat. *electus*, part. pass. de *eligere*, élire, choisir), prédestiné à la gloire éternelle. — Officier du tribunal qu'on appelait *élection*. La femme d'un *élu* se nommait *élue*.

ÉLU, E, part. pass. de *élire*, et adj., choisi.

ÉLUCIDATION, subst. fém. (*éluciddcion*) (en lat. *elucidatio*, fait de *elucidare*, éclaircir, expliquer, lequel est formé de *lux*, *lucis*, lumière, clarté), t. didactique, éclaircissement, explication. Il est peu usité.

ÉLUCIDÉ, E, part. pass. de *élucider*.

ÉLUCIDER, v. act. (*élucidé*) (du lat. *lux*, gén. *lucis*, lumière), t. didactique, éclaircir; rendre brillant, rendre manifeste, lucide.—*s'*ÉLUCIDER, v. pron. Peu en usage.

ÉLUCUBRATEUR, subst. mas. (*élukubrateur*), qui s'occupe d'*élucubrations*. (Boiste.)

ÉLUCUBRATIF, adj. mas., au fém. **ÉLUCUBRATIVE** (*élukubratif, tive*), t. didactique, qui fait des *élucubrations* : *génie élucubratif*.

ÉLUCUBRATION, subst. fém. (*élukubrdcion*) (en lat. *elucubratio* ou plutôt *lucubratio*), t. didactique, ouvrage composé à la *lumière* de la lampe, c'est-à-dire à force de veilles et de travail. — Il se dit aussi de ces veilles et de ce travail même.

ÉLUCUBRATIVE, adj. fém. Voy. ÉLUCUBRATIF.

ÉLUDÉ, E, part. pass. de *éluder*.

ÉLUDER, v. act. (*éludé*) (en lat. *eludere*), rendre vain, sans effet; éviter avec adresse : *éluder une question*, *une promesse*, *une punition*, *une loi*. Voy. FUIR.—*s'*ÉLUDER, v. pron.

ÉLUDORIQUE, adj. des deux genres (*éludorike*) (du grec ελαιον, huile, et υδωρ, eau) : *peinture éludorique*, nouvelle manière de peindre en miniature, dans laquelle on n'emploie que l'*huile* et l'*eau*. On l'exécute sur du taffetas, qu'on fixe ensuite sur la face intérieure d'un verre convexe. Ce procédé a été découvert par un peintre moderne français, nommé *Vincent de Mont-Petit*.

ÉLUE, subst. fém. Voy. ÉLU, subst. masc.

DU VERBE IRRÉGULIER ÉLIRE :

Élûmes, 1re pers. plur. prét. déf.
Élurent, 3e pers. plur. prét. déf.
Élus, précédé de *j'*, 1re pers. sing. prét. déf.
Élus, précédé de *tu*, 2e pers. sing. prét. déf.

ÉLUSATES, subst. mas. plur. (*éluzate*), anciens peuples qui habitaient une partie de l'Aquitaine.

DU VERBE IRRÉGULIER ÉLIRE :

Élusse, 1re pers. sing. imparf. subj.
Élussent, 3e pers. plur. imparf. subj.
Élusses, 2e pers. sing. imparf. subj.
Élussiez, 2e pers. plur. imparf. subj.
Élussions, 1re pers. plur. imparf. subj.
Élut, précédé de *il* ou *elle*, 3e pers. sing. prét. déf.
Élût, précédé de *qu'il* ou *qu'elle*, 3e pers. sing. imparf. subj.
Élûtes, 2e pers. plur. prét. déf.

ÉLUTHÉRIA, subst. fém. (*élutéria*), t. de bot., arbre d'Amérique appelé aussi *bois de musc* et *bois de crocodile*.

ÉLUTRIATION, subst. fém. (*élutridcion*) (du lat. *elutriare*, transvaser), action de transvaser. On dit plutôt *décantation*. Voy. ce mot.

ÉLYME, subst. mas. (*élime*) (du grec ελυω, j'enveloppe), t. de bot., plante de la famille des graminées.

ÉLYONURE, subst. mas. (*éli-onure*), t. de bot., plante d'Amérique, de la famille des graminées.

ÉLYSÉE, subst. mas. (*élizé*) (du grec λυσις, délivrance), selon la myth., séjour des héros et des hommes vertueux, après leur mort. — Fig., lieu de délices : *cette maison de plaisance est un véritable élysée*.

ÉLYSÉE, ÉLYSIEN, et mieux **ÉLYSÉEN**, adj. mas. sans fém. (*élizé, élizіein, élizéein*), de l'*Élysée*, qui en est digne : *Champs-Élysées*, séjour heureux des morts chez les païens. — C'est, à Paris, un lieu de promenade très-fréquenté.

ÉLYTRAIRE, subst. fém. (*élitrère*) (du grec ελυτρον, gaîne, enveloppe), t. de bot., plante vivace de la famille des acanthes.

ÉLYTRE, subst. mas. (Nous ne comprenons pas que l'*Académie* donne deux genres à un même mot, et à un mot surtout qui n'est pas absolument naturalisé dans notre langue; mais quelques-uns, dit-elle, font *élytre* du fém.) (*élitre*) (en grec ελυτρον, gaîne, enveloppe, étui), t. d'hist. nat., aile supérieure, ou plutôt étui dur et coriace qui, dans certains insectes, recouvre les ailes proprement dites.—Au plur., t. de bot., organes particuliers de certaines plantes.

ÉLYTRIGIE, subst. fém. (*élitriji*) (du grec ελυτρον, gaîne, enveloppe), t. de bot., genre de plantes de la famille des graminées.

ÉLYTRITE, subst. fém. (*élitrite*). Voy. ÉLYTROÏTE.

ÉLYTROCÈLE, subst. fém. (*élitrocèle*) (en grec ελυτρον, gaîne, en lat. *vagina*, et κηλη, tumeur, hernie), t. de chir., hernie du vagin.

ÉLYTROÏDE, adj. des deux genres (*élitro-ide*) (du grec ελυτρον, gaîne, enveloppe, en latin *vagina*, et de ειδος, forme, ressemblance, parce qu'elle ressemble à une gaîne), se dit en anat. d'une membrane des testicules appelée autrement *tunique vaginale*.

ÉLYTROÏTE, subst. fém. (*élitro-ite*) (du grec ελυτρον, gaîne, enveloppe, en lat. *vagina*), t. de médec., inflammation du vagin, qu'on nomme aussi *élytrite*.

ÉLYTROPHORE, subst. fém. (*élitrofore*) (du grec ελυτρον, gaîne, enveloppe, et de φερω, je porte), t. de bot., plante graminée de l'Inde.

ÉLYTROPTÔSE, subst. fém. (*élitropetôze*) (du grec ελυτρον, gaîne, enveloppe, en lat. *vagina*, et de πτωσις, chute), t. de chir., chute, renversement du vagin.

ÉLYTRORRHAGIE, subst. fém. (*élitroreraji*) (du grec ελυτρον, gaîne, enveloppe, en lat. *vagina*, et de ραγοω, je déchire), t. de médec., nom que quelques médecins donnent à l'*hémorrhagie vaginale*.

ÉLYTRORRHAGIQUE, adj. des deux genres (*élitrorerajike*) (du grec ελυτρον, gaîne, enveloppe, et ραγοω, je déchire), t. de médec., qui a rapport à l'*élytrorrhagie*.

ELZÉVIR, subst. mas. (*èlzévir*), livre imprimé par les éditeurs qu'on appelle *Elzévirs*.

ELZÉVIRIEN, adj. mas., au fém. **ELZÉVIRIENNE** (*èlzévirіein, riène*), des *elzévirs*, composé par les *Elzévirs : caractère, format elzévirien; édition, typographie elzévirienne*.

• **ÉMACIATION**, subst. fém. (*émacidcion*) (du latin *macies*, maigreur), t. de médec., amaigrissement, maigreur. Peu usité.

• **ÉMACIÉ, E**, adj. (*émacié*), t. de médec., déformé par la maigreur. (*Boiste*.) Peu usité.

ÉMACURIES, subst. fém. plur. (*émakuri*), fêtes que l'on célébrait en Grèce, et dans lesquelles les jeunes garçons se fouettaient jusqu'au sang sur le tombeau de Pélops, fils de Tantale, roi de Phrygie.

ÉMAIL, subst. mas. (*éma-ie*) (de l'italien *smalto*, dérivé, suivant *Ménage*, du lat. *maltha*, espèce de ciment), composition faite de verre calciné, de sel, de métaux, etc., qu'on applique sur l'or, etc. — Ouvrage émaillé. — Au plur. *émaux* (*émô*) : *les émaux de Nevers sont renommés*. — On appelle *émail usé*, celui qui a été usé pour le rendre égal et poli. Il est opposé à *émail en relief*. — Nom qu'on donne à l'azun de Hollande. — *Bois d'émail*, fendu du centre à la circonférence. (*Boiste*.) — Fig., grande diversité de fleurs et de couleurs : *l'émail d'un parterre*, *d'une prairie*. *Émail*, en ce sens, n'a point de pluriel; c'est une faute qui a été justement reprochée à *Saint-Lambert*, d'avoir dit (poème des *Saisons*) :

Ces *émaux*, ces détails que le printemps varie.

— *L'émail des dents*, leur superficie luisante. — *Cette porcelaine est d'un bel émail*, les couleurs en sont vives et brillantes. — En t. de blason, couleur des métaux.

ÉMAILLÉ, E, part. pass. de *émailler*.

ÉMAILLER, v. act. (*éma-ié*), couvrir, orner d'*émail*. — Au fig., embellir, orner de fleurs, couvrir de différentes couleurs. — *s'*ÉMAILLER, v. pron.

ÉMAILLEUR, subst. mas., au fém. **ÉMAILLEUSE** (*éma-ieur, ieuze*), ouvrier qui travaille en *émail*.—En t. d'horl., faiseur de cadrans.

ÉMAILLEUSE, subst. fém. Voy. ÉMAILLEUR.

ÉMAILLURE, subst. fém. (*éma-iure*), art d'*émailler*.— Ouvrage d'*émailleur*.—En t. de vieille fauconnerie, taches rousses sur les pennes d'un oiseau de proie.

ÉMANATION, subst. fém. (*émandcion*) (en lat. *emanatio*), action d'*émaner*. — Il se prend aussi quelquefois pour la chose qui *émane* : *les odeurs sont des émanations des corps odorants*. — En physique, acte par lequel les substances volatiles abandonnent en s'évaporant les corps auxquels elles appartiennent, ou du moins auxquels elles sont adhérentes. — *Émanation électrique*, impression qu'on ressent sur la main ou sur le visage, lorsqu'on les approche d'un corps actuellement *électrisé*. Elles sont l'effet de la matière effluente.

ÉMANCHE, subst. fém. (*émanche*), t. de blason, meuble de l'écu formé de longues pointes de deux émaux différents, pénétrant d'un émail dans l'autre. C'est, dit-on, une *manche* antique, représentant une dépouille enlevée à l'ennemi.

ÉMANCHÉ, E, adj. (*émanché*), t. de blason, qui se dit d'un écu couvert d'*émanche* de métal et de couleur, sans qu'il y ait plus de pièces d'un côté que de l'autre.

ÉMANCIPATION, subst. fém. (*émancipdcion*) (en latin *emancipatio*), action d'*émanciper* : *émancipation d'un mineur*. — Acte par lequel on est *émancipé*. — Effet de cette action.

ÉMANCIPÉ, E, part. pass. de *émanciper*.

ÉMANCIPER, v. act. (*émancipé*) (en latin *emancipare*, fait de la particule extractive *e*, et de *mancipium*, sujétion), tirer de sujétion, rendre indépendant, mettre un fils ou une fille hors de la puissance paternelle, ou un mineur en état de jouir de ses revenus. — *s'*ÉMANCIPER, v. pron. — Prendre trop de liberté, trop de licence.

ÉMANÉ, E, part. pass. de *émaner*.

ÉMANER, v. neut. (*émané*) (en latin *emanare*, formé de la particule *é*, de, hors, et de *manare*, couler, sortir), sortir d'une certaine source, venir, procéder, découler; avec cette différence qu'*émaner* désigne proprement la source, et que *découler* indique spécialement un canal par où elle passe : *il découle du sang par une blessure; les odeurs émanent des corps*.—Fig. : *toute justice émane de Dieu*.—*s'*ÉMANER, v. pron.

ÉMANSOR, subst. mas. (*émançor*) (mot tout latin); chez les anciens Romains, soldat qui s'était éloigné du camp sans permission, mais non déserteur.

ÉMARGÉ, E, part. pass. de *émarger*.

ÉMARGEMENT, subst. mas. (*émarjeman*), action d'*émarger*, de porter à la *marge*. — Ce qui est porté en *marge* d'un mémoire, d'un compte, etc.

ÉMARGER, v. act. (*émarjé*), porter à la *marge* : *émarger un livre, une gravure*. — Porter quelque chose en *marge* d'un compte, d'un mémoire, etc.—*s'*ÉMARGER, v. pron.

ÉMARGINÉ, E, adj. (*émarjiné*), t. d'hist. nat., à arêtes abattues.

ÉMARGINULE, subst. fém. (*émarjinule*), t. d'hist. nat., genre de coquilles en forme de bouclier conique.

ÉMARINÉ, E, part. pass. de *émariner*.

ÉMARINER, v. act. (*émariné*), t. de pêcheur : Ce mot se trouve dans *Boiste*, sans définition.

ÉMASCULATION, subst. fém. (*émacekuldcion*), action d'*émasculer*, castration. (*Boiste*.) Inusité.

ÉMASCULÉ, E, part. pass. de *émasculer*.

ÉMASCULER, v. act. (*émacekulé*), ôter à un *mâle* les parties de la génération. (*Boiste*.) Inusité.

ÉMATHIE, subst. propre fém. (*émati*), ancienne ville et province de la Macédoine.

ÉMATHIENS, subst. mas. plur. (*ématіein*), anciens habitants d'*Émathie*, en Macédoine.

ÉMATHIDES, subst. propre fém. plur. (*ématide*), les neuf filles de Piérus, roi d'*Émathie*.

ÉMAYÉ, E, part. pass. de *émayer*.

ÉMAYER, v. act. (*éma-ié*), admirer, voir avec surprise. (*Boiste*.) Vieux et inusité.

ÉMAYOLÉ, E, part. pass. de *émayoler*.

ÉMAYOLER, v. act. (*éma-iolé*), donner un *mai*, un bouquet de fête. (*Froissard*.) Vieux et inusité.

ÉMAUX, subst. mas. plur. Voy. ÉMAIL.

EMBABILLÉ, E, adj. (*anbabiié*), qui a une mauvaise langue, grand babillard. (*Boiste*.) Pop. et inusité.

EMBABOUINÉ, E, part. pass. de *embabouiner.*

EMBABOUINER, v. act. (*anbabouiné*), engager quelqu'un par des paroles flatteuses à faire quelque chose.—S'EMBABOUINER, v. pron. Il est fam. et peu en usage.

EMBACLE, subst. mas. (*anbâkle*), amoncellement de glaçons retenus au moment de la débâcle par les piles d'un pont, ou autrement.

EMBABURNOSÉ, E, part. pass. de *embaburnoser.*

EMBABURNOSER, v. act. (*anbaburnôzé*), embarrasser, gêner. — S'EMBABURNOSER, v. pron. (*Boiste.*) Entièrement hors d'usage.

EMBÂILLONNÉ, E, part. pass. de *embâillonner.*

EMBÂILLONNER, v. act. (*anbâ-ioné*), mettre un *bâillon.* Il est peu usité; on dit mieux *bâillonner.*—S'EMBAILLONNER, v. pron.

EMBALLAGE, subst. mas. (*anbalaje*), action d'*emballer*; ce qui sert à *emballer.*—*Toile d'emballage,* toile grossière qui sert à *emballer.*

EMBALLÉ, E, part. pass. de *emballer.*

EMBALLER, v. act. (*anbalé*), empaqueter, mettre dans une *balle : emballer des marchandises.* — Fig. et fam. : *emballer quelqu'un,* le conduire et le faire monter en voiture. — S'EMBALLER, v. pron.

EMBALLEUR, subst. mas., au fém. **EMBALLEUSE** (*anbaleur, leuze*), qui *emballe* des marchandises, des hardes, etc. : *allez chercher un emballeur.*—Fig., hâbleur; qui en fait accroire : *ne croyez pas ce qu'il dit, c'est un emballeur.* Il est populaire et peu en usage aujourd'hui au fig.

EMBALOUZAT, subst. mas. (*anbalouza*), nom qu'on a donné à un raisin noir qui croît dans le Médoc.

EMBÂMER, v. act. (*anbâmé*), embaumer. (*Boiste.*) Vieux et hors d'usage. Voy. EMBAUMER.

EMBANDÉ, E, adj. (*anbandé*), enveloppé de *bandes : un enfant embandé dans un maillot.*—Mot employé par *J.-J. Rousseau* dans son *Émile,* et que l'usage ne paraît pas avoir adopté.

EMBANNIR, v. act. (*anbanir*), proclamer un *ban.* (*Boiste.*) Vieux.

EMBANQUÉ, E, part. pass. de *embanquer,* et adj., t. de marine, se dit d'un navire entré sur un grand *banc,* et particulièrement sur celui de Terre-Neuve, pour la pêche de la morue.

EMBANQUER, v. act. (*anbankié*), t. de manuf., passer les canons d'organsin pour ourdir.

EMBARBÉ, E, adj. (*anbarbé*), qui a de la *barbe.* Fam. et peu en usage.

EMBARCADÈRE, subst. mas. (*anbarkadère*), lieu propre à *s'embarquer.* C'est le mot espagnol *embarcadero,* que la langue française a adopté.

EMBARCATION, subst. fém. (*anbarkâcion*) (de l'espagnol *embarcacion*), nom générique de toute espèce de bâtiment de mer.—Il se dit surtout des petits navires à un ou deux mâts, et qui n'ont pas plus de soixante à quatre-vingts pieds de longueur.

EMBARDÉE, subst. fém. (*anbardé*), t. de mar., effet d'un fort courant sur un bâtiment à l'ancre.

S'EMBARDER, v. pron. (*çanbardé*), t. de mar., forcer un bâtiment, par la manœuvre du gouvernail, à se jeter à bas-bord ou à tribord.

EMBARGO, subst. mas. (*anbarguô*) (*embargo,* en espagnol, signifie proprement séquestre, et vient de *embargar,* séquestrer par autorité de justice, etc.), t. de mar. emprunté de l'espagnol, défense aux vaisseaux de sortir des ports.

EMBARILLAGE, subst. mas. (*anbari-iaje*), action de mettre en *baril.*

EMBARILLÉ, E, part. pass. de *embariller.*

EMBARILLER, v. act. (*anbari-ié*), mettre en *baril.*—Se dit particulièrement de la poudre et du poisson salé qu'on met dans des barils.—S'EMBARILLER, v. pron. Peu en usage.

EMBARQUÉ, E, part. pass. de *embarquer.*

EMBARQUEMENT, subst. mas. (*anbarkeman*), action d'*embarquer* quelque chose ou de *s'embarquer* soi-même. —Frais pour *embarquer* ou pour *s'embarquer.*—Au fig., fam., engagement : *dans quel embarquement m'entraînez-vous ?* Dans ce dernier cas cependant, il est moins en usage que le verbe.

EMBARQUER, v. act. (*anbarkié*), mettre dans une *barque,* dans un navire : *embarquer des vivres, des soldats,* etc.—On dit : *embarquer en grenier,* pour dire : *embarquer* sans emballer : *on embarque en grenier le sel, le blé, le biscuit,* etc. — Fig. et fam., engager. — S'EMBARQUER, v. pron., entrer dans un vaisseau pour quelque voyage. — Fig., s'engager, se lier : *je me suis embarqué dans cette entreprise.*—Fig. et fam. : *s'embarquer sans biscuit,* s'engager dans une entreprise sans avoir ce qu'il faut pour réussir.

EMBARRAS, subst. mas. (*anbarâ*) (suivant *Ménage,* de *barre,* état d'un homme qui est comme enfermé dans des *barres* ou *barrières*), obstacle qu'on trouve dans son chemin, dans son passage. — Fig., 1° confusion de plusieurs choses difficiles à débrouiller; 2° peine que donne la multitude des affaires; 3° irrésolution, perplexité. — En t. de médec., commencement d'obstruction : *embarras gastrique, stomacal, intestinal.*—EMBARRAS, TIMIDITÉ. (*Syn.*) L'*embarras* est l'incertitude de ce qu'on doit dire ou faire; la *timidité* est la crainte de dire ou de faire quelque chose de mal. La *timidité* ne se montre pas toujours au dehors; l'*embarras* est toujours extérieur. La *timidité* tient au caractère; l'*embarras,* aux circonstances. On peut être *timide* sans être *embarrassé,* et *embarrassé* sans être *timide.*

EMBARRASSANT, E, adj. (*anbaraçan, çante*), qui cause de l'*embarras,* de la gêne, de l'irrésolution, etc.

EMBARRASSÉ, E, part. pass. de *embarrasser.*

EMBARRASSER, v. act. (*anbaracé*), causer de l'*embarras,* au propre et au figuré. Voy. EMBARRAS. — S'EMBARRASSER, v. pron., s'obstruer : *les rues étroites s'embarrassent facilement.*—S'emplir : *sa poitrine s'embarrasse.* — Fig. : *pourquoi vous embarrasser de tant d'affaires ?*

EMBARRÉ, E, part. pass. d'*embarrer.*

EMBARRER, v. act. (*anbâré*), mettre dans des *barres;* prendre avec des *barres,* des tenailles, etc.—Placer un levier dans la mortaise du treuil d'une machine. — S'EMBARRER, v. pron., se dit d'un cheval qui, après avoir passé une jambe au-delà de la *barre* qui limite la place qu'il occupe dans l'écurie, ne peut plus s'en dégager.

EMBARRURE, subst. fém. (*embârure*), t. de chir., espèce de fracture du crâne, dans laquelle une esquille passe sous l'os sain et comprime la dure-mère. — En t. de maréchal-ferrant, accident qui survient à un cheval pour s'être *embarré.*

EMBASE, subst. fém. (*anbâze*) (en grec εμβασις, formé de βασις, base), t. d'horlogerie, assiette sur l'arbre de la grande roue. — Partie renflée d'un couteau qui porte sur le manche ou sur la virole. — En t. de menuisier, etc., *base,* assiette, siège. — En t. de serrurier, ressaut qui se trouve à quelques enclumes.

EMBASEMENT, subst. mas. (*anbâzeman*) (de l'italien *imbasamento,* fait du grec εμβασις, dérivé de βασις, base), t. d'archit., *base* continue en manière de large retraite, au pied d'un édifice.

EMBASISÈTE, subst. et adj. des deux genres (*enbazizète*) (du grec εμβασις, baignoire, formé de εν, dans, et βαπτω, je plonge), baigneur. — T. d'antiq., introducteur. (*Boiste.*) Inusité.

EMBASIEN, subst. et adj. propre mas. (*anbaziein*), myth., surnom que les Grecs donnaient à Apollon.

EMBASSURE, subst. fém. (*anbâçure*), parois d'un four à glaces.

EMBASTILLÉ, E, part. pass. de *embastiller.*

EMBASTILLEMENT, subst. mas. (*anbaceti-ieman*), emprisonnement à la *Bastille.* (Linguet.)

EMBASTILLER, v. act. (*anbaceti-ié*), mettre à la *Bastille.* (Voltaire et Linguet.)—Entourer de fortifications.

EMBATAILLONNÉ, E, part. pass. de *embataillonner.*

EMBATAILLONNER, v. act. (*anbata-ioné*), incorporer dans un *bataillon.* Inusité.

EMBÂTAGE, subst. mas. (*anbâtaje*), action d'arranger un *bât* sur le dos d'un animal.

EMBÂTÉ, E, part. pass. de *embâter.*

EMBÂTER, v. act. (*anbâté*), mettre le *bât* à un mulet, etc. — Au fig., charger quelqu'un d'une chose incommode : *vous nous avez embâtés d'un homme insupportable.* Il est familier.

EMBATERIE, subst. fém. (*anbateri*), t. d'hist. anc., marche spartiate en allant à la charge. (*Boiste.*) On trouve aussi ce mot écrit par deux *t,* et c'est même son orthographe naturelle.

EMBATÉRIENNE, subst. fém. (*anbatériène*), t. d'hist. anc., flûte spartiate sur laquelle s'exécutait probablement la marche appelée *embaterie.*

EMBÂTONNÉ, E, part. pass. de *embâtonner,* et adj. (*anbâtoné*), t. d'archit., cannelé.

EMBÂTONNER, v. act. (*anbâtoné*), armer de *bâtons.*—S'EMBÂTONNER, v. pron.

EMBATTAGE, subst. mas. (l'*Académie* écrit EMBATAGE) (*anbataje*), application de bandes de fer sur une roue.

EMBATTÉS, subst. mas. plur. (*anbaté*), vents réglés qui soufflent sur la Méditerranée après la canicule.

EMBATTOIR, subst. mas. (*anbatoar*), petite tranchée pleine d'eau dans laquelle on met les roues pour les *embattre.*

EMBATTRE, v. act. (L'*Académie* écrit EMBATRE; nous ne voyons pas ce qui a pu la décider à détourner ainsi l'analogie orthographique de ce mot, qui est bien certainement formé de *battre.*) (*anbatre*), couvrir une roue de bandes de fer. Il n'est guère usité qu'à l'infinitif.

EMBATTU, E, part. pass. de *embattre.*

EMBAUCHAGE, subst. mas. (*anbôchaje*), action d'*embaucher.*—Repas qu'un compagnon paie à ses camarades lorsqu'il est admis à travailler chez un maître.

EMBAUCHÉ, E, part. pass. de *embaucher.*

EMBAUCHER, v. act. (*anbôché*) (suivant *Trévoux,* du vieux mot français *boge* ou *bauge,* demeure, boutique; *mettre en boutique.* Suivant *Chorier,* de l'ancien allemand *ambachtein,* travailler, fait d'*ambacht,* travail), conduire un compagnon à un maître pour qu'il travaille dans le même état; il se dit aussi du maître qui reçoit cet ouvrier.—Enrôler un homme par adresse.—Fig., engager quelqu'un dans un complot, dans une révolte, etc. Il est familier. — S'EMBAUCHER, v. pron.

EMBAUCHEUR, subst. mas., au fém. **EMBAUCHEUSE** (*anbôcheur, cheuze*), celui, celle qui *embauche* ou qui enrôle. Il est familier.

EMBAUCHEUSE, subst. fém. Voy. EMBAUCHEUR.

EMBAUCHOIR, subst. mas. (*anbôchoar*), moule de bottes, qui sert à maintenir la botte dans les proportions voulues. Voy. EMBOUCHOIR.

EMBAUCHURE, subst. fém. (*anbôchure*), fourniture générale de tous les ustensiles nécessaires dans une saline.

EMBAUMÉ, E, part. pass. de *embaumer.*

EMBAUMEMENT, subst. mas. (*anbômeman*), composition *balsamique* qui sert à conserver les cadavres. — L'action de les *embaumer.*

EMBAUMER, v. act. (*anbômé*), remplir un corps mort de *baumes,* d'aromates, etc., pour en empêcher la corruption.—Parfumer; remplir de bonne odeur : *vin qui embaume la bouche,* qui a une odeur, un fumet exquis.

EMBAUMEUR, subst. mas. (*anbômeur*), celui qui *embaume* les corps morts.

EMBECQUÉ, E, part. pass. de *embecquer.*

EMBECQUER, v. act. (*anbèkié*), t. de pêche, attacher l'appât à la pointe d'un haim. — *Embecquer des petits oiseaux,* leur donner la *becquée.* (Buffon.)

EMBÉGUINÉ, E, part. pass. de *embéguiner.*

EMBÉGUINER, v. act. (*anbéguiné*), mettre un *béguin.* Il n'est pas usité en ce sens. — Envelopper la tête d'un linge en forme de *béguin.* Il est du style plaisant. — Fig. et fam., mettre quelque chose dans l'esprit de quelqu'un, l'entêter. Il se prend en mauvaise part, et se dit surtout au passif et au réfléchi. — S'EMBÉGUINER, v. pron., se mettre en tête : *s'embéguiner d'une opinion, d'une femme.*

EMBÉLI, subst. mas. (*anbéli*), t. de bot., arbre de l'île de Ceylan.

EMBELLE, subst. fém. (*enbèle*), t. de mar., partie du milieu du vaisseau pris dans le sens de sa longueur.

EMBELLI, E, part. pass. de *embellir.*

EMBELLIE, subst. fém. (*anbèli*), t. de mar., beau temps après un mauvais.

EMBELLIR, v. act. (*anbèlir*), rendre plus *beau,* parer, orner : *les monuments embellissent une ville.*—En mauvaise part, *embellir un conte, embellir une histoire,* l'orner aux dépens de la vérité.—EMBELLIR, v. neut., et S'EMBELLIR, v. pron., devenir *plus beau.* Au neutre, il se dit plus proprement des personnes, et au pron., des choses : *cette fille embellit de jour en jour; les campagnes s'embellissaient des premiers rayons du soleil.* —Fam. : *ne faire que croître et embellir,* faire des progrès, augmenter en bien. On le dit aussi, par plaisanterie, d'une chose qui va de mal en pis.

EMBELLISSANT, E, adj. (*anbèliçan, çante*), qui *embellit.*

EMBELLISSEMENT, subst. mas. (*anbèliceman*), action d'*embellir.* — Ornement qui *embellit.*

EMBELLISSEUR, subst. mas., au fém. **EMBELLISSEUSE** (*ambèliceur, ceuze*), qui a la manie d'*embellir* à grands frais. Fam. et peu usité. (*Boiste.*)

EMBENATER, v. act. (*anbenaté*), t. de salines, lier des pains de sel avec des osiers. Peu usité.

EMBÉRIZE, subst. fém. (*anbérize*), t. d'hist. nat., genre d'oiseaux de passage, de l'ordre des passereaux. C'est aussi le nom du *bruant*.

EMBERLUCOQUÉ, E, p. pass. d'*emberlucoquer*.

S'EMBERLUCOQUER, v. pron. (*çanbèrelukokié*), expression populaire, se coiffer d'une opinion, juger aussi mal d'une chose que si l'on avait la *berlue*.—Ce mot nous paraît bien risqué, quoique nous le lisions dans l'*Académie*.

EMBESAS ne s'écrit pas pour **AMBESAS**.

EMBESOGNÉ, E, part. pass. d'*embesogner*, et adj. (*anbezogné*), occupé à quelque *besogne*; affairé. Style familier et plaisant.

EMBESOGNER, v. act. (*anbezogné*), donner de la *besogne*, de l'ouvrage. Vieux et inusité.—**S'EMBESOGNER**, v. pron., entreprendre beaucoup d'ouvrage. (*Montaigne*.) Vieux et inusité.

EMBEY, subst. mas. (*anbé*), t. de bot., sorte d'arbrisseau rampant qui croît au Brésil.

EMBICHETAGE, subst. mas. (*anbichetaje*), t. d'horl., mesure pour déterminer la grandeur de la platine du dessus d'une montre. (*Boiste*.)

EMBISTAGE, subst. mas. (*anbicetaje*), t. d'horloger, situation respective des deux platines d'une montre. (*Boiste*.)

EMBLAVÉ, E, part. pass. de *emblaver*.

EMBLAVER, v. act. (*anblavé*), semer une terre en *blé*. — **S'EMBLAVER**, v. pron.

EMBLAVURE, subst. fém. (*anblavure*), terre ensemencée de *blé*.

EMBLÉE ou plutôt **D'EMBLÉE**, loc. adv. (*anblé*) (de *embler*, dérober), tout d'un coup; d'abord et comme d'assaut; au prop. et au fig. : *prendre une ville d'emblée; emporter une affaire d'emblée*.

EMBLÉMATIQUE, adj. des deux genres (*anblématike*), qui tient de l'*emblème* : *figure emblématique*.

EMBLÉMATIQUEMENT, adv. (*anblématikeman*), d'une manière *emblématique*.

EMBLÈME, subst. mas. (*anblème*) (du grec ἔμβλημα, ornement ajouté à quelque ouvrage, dérivé de ἐμβάλλειν, jeter dessus, ajouter; *image* ou *ornement surajouté, qui renferme un sens moral*), figure symbolique, ordinairement accompagnée de paroles sentencieuses; allégorie, en général : *emblème ingénieux; composer, expliquer un emblème*.—**EMBLÈME, DEVISE.** (*Syn.*) — Les paroles de l'*emblème* ont toutes seules un sens plein et achevé, et même tout le sens et toute la signification qu'elles peuvent avoir avec la figure; au lieu que les paroles de la *devise* ne s'entendent bien que quand elles sont jointes à la figure.—La *devise* est un symbole déterminé à une personne, ou qui exprime quelque chose qui la concerne en particulier; au lieu que l'*emblème* est un symbole plus général. — L'*emblème* suppose souvent une comparaison entre des objets de même nature; la *devise* porte sur une métaphore, et souffre que les objets comparés soient de nature différente.

EMBLER, v. act. (*anblé*), ravir, ôter, enlever avec violence. Vieux et inusité.—V. neut., t. de vènerie, se dit lorsque, dans les allures d'une bête, les pieds de derrière surpassent ceux de devant de quatre doigts. — Éviter de payer los droits. (*Boiste*.) Vieux.

EMBLIER, v. neut. (*anblié*), t. de mar., occuper beaucoup de place. (*Boiste*.) Hors d'usage.

EMBLOQUÉ, E, part. pass. de *embloquer*.

EMBLOQUER, v. act. (*anblokié*), aplatir dans le bloc, entre deux plaques, un morceau de corne chaude. — Fig., comprendre, renfermer; ranger une chose avec d'autres, en faire un *bloc*. —**S'EMBLOQUER**, v. pron. (*Boiste*.) Fort peu usité.

EMBLURE, subst. fém. (*anblure*), t. d'agr., action d'*emblaver*. (*Boiste*.)

EMBOBINER, et non pas **EMBOBLINER**, comme écrit à tort *Boiste*; v. act. (*anbobiné*), séduire, tromper, amadouer. Pop. et peu usité.

EMBODINURE, subst. fém. (*anbodinure*), t. de mar., bouts de corde autour de l'organeau, pour empêcher que le câble ne se gâte contre le fer.

EMBOIRE, v. act. (*anboare*) (du lat. *imbibere*, fait de la prép. *in*, dans, dedans, et *bibere*, boire), imbiber; enduire d'huile ou de cire fondue un moule de plâtre avant d'y couler la matière dont on doit former les figures : *il faut emboire le moule de cire*. — En t. de manuf., on dit que *les toiles nouvellement imprimées font emboire les couleurs*.—**S'EMBOIRE**, v. pron., t. de peinture, s'imbiber.

EMBOISÉ, E, part. pass. de *emboiser*.

EMBOISER, v. act. (*anboèzé*) (de l'ital. *imboscare*, dresser des embûches, formé lui-même du latin barbare *in*, dans, et de *boscus*, bois, comme si l'on disait, *faire entrer par adresse dans un bois*.), engager quelqu'un par de petites flatteries, par des cajoleries, etc., à faire ce qu'on souhaite de lui. Ce mot et le suivant sont pop. et peu usités.

EMBOISEUR, subst. mas., **EMBOISEUSE**, subst. fém. (*anboèzeur, zeuze*), celui, celle qui *emboise*. Peu en usage.

EMBOÎTÉ, E, part. pass. de *emboîter*.

EMBOÎTEMENT, subst. mas. (*anboèteman*), position d'un os qui s'enchâsse dans un autre.— Il se dit par extension des assemblages de menuiserie, etc.

EMBOÎTER, v. act. (*anboèté*), enchâsser une chose dans une autre comme dans une *boîte* : *emboîter des tuyaux, des châssis*. — Fig., *emboîter le pas*, t. milit., marcher serrés les uns derrière les autres en avançant le même pied. — **S'EMBOÎTER**, v. pron.

EMBOÎTURE, subst. fém. (*anboèture*), l'endroit où les os *s'emboîtent*. — Insertion d'une chose dans une autre.

EMBOLE, subst. mas. (*anbole*), t. de bot., genre de plantes de la famille des champignons.

EMBOLINE, subst. fém. (*anboline*), t. de bot., sorte de plante des anciens qui paraît être une espèce d'*elléborine*.

EMBOLISME, subst. mas. (*anboliceme*) (du grec ἐμβολισμός, intercalation), fait de ἐμβάλλειν, insérer, ajouter, mettre en deux), t. d'astron., addition que faisaient les Grecs, tous les deux ou trois ans, d'un treizième mois à l'année lunaire, pour la faire cadrer à peu près avec l'année solaire.

EMBOLISMIQUE, adj. des deux genres (*anbolicemike*) : *mois embolismique*, le treizième mois intercalé ou ajouté. Voy. **EMBOLISME**.

EMBONPOINT, subst. mas. (*anbonpoein*) (des trois mots *en*, *bon*, *point*, en bon état, en bonne santé), état d'une personne en bonne santé et un peu grasse : *il a beaucoup perdu de son embonpoint*. — Il se dit aussi, mais moins souvent, des animaux.

EMBORDURAGE, subst. mas. (*anborduraje*), action d'*embordurer* un tableau. Inusité.

EMBORDURÉ, E, part. pass. de *embordurer*.

EMBORDURER, v. act. (*anborduré*), mettre une *bordure* à un tableau, à une estampe, etc. —**S'EMBORDURER**, v. pron. Peu usité.

EMBOSSAGE, subst. mas. (*anboçaje*), t. de mar., position d'un vaisseau mouillé qui présente le travers.

EMBOSSÉ, E, part. pass. de *embosser*.

EMBOSSER, v. act. (*anbocé*), t. de mar., amarrer, suivant l'*Académie*; et selon le *Dictionnaire de marine de l'Encyclopédie méthodique*, traverser un navire mouillé au vent et au courant qui le tiendrait *évité*. Voy. **ÉVITER**, verbe neut. — **S'EMBOSSER**, v. pron.

EMBOSSURE, subst. fém. (*anboçure*), t. de mar., nœud que l'on fait sur une manœuvre et auquel on ajoute un amarrage. (*Trévoux*.)—T. de sculpt. (*Boiste*.)

EMBOTHRION, subst. mas. (*anbotrion*), t. de bot., genre de plante.

EMBOTTELER, v. act. (*anbotelé*), mettre en *bottes*. (*Boiste*.) On dit plutôt *botteler*.

EMBOUCHÉ, E, part. pass. de *emboucher*.—*Un homme est mal embouché, une femme est mal embouchée*, pour dire qu'ils parlent impertinemment, qu'ils disent ou des injures ou des paroles indécentes. — On dit que *des trains de bois, des bateaux sont embouchés dans un pertuis, dans les arches d'un pont*, pour dire qu'ils y sont engagés et commencent à y passer.

EMBOUCHEMENT, subst. mas. (*anboucheman*), action d'*emboucher*. (Trévoux.)

EMBOUCHER, v. act. (*anbouché*), donner à un cheval la bride et le mors qui conviennent à sa *bouche*. — Mettre à *sa bouche* un instrument à vent : *emboucher une flûte, une trompette, un cor*. — Au fig., instruire quelqu'un de ce qu'il doit faire ou dire : *il l'a bien embouché; on l'a mal embouché*. Il est fam. — **S'EMBOUCHER**, v. pron.; en parlant d'une rivière, se jeter dans la mer ou dans une autre rivière : *la Marne s'embouche dans la Seine*.

EMBOUCHOIR, subst. mas. (*anbouchoar*), instrument de bois dont on se sert pour élargir les bottes. — Bout d'un instrument à vent qui s'y adapte à volonté, lorsqu'on veut s'en servir.—On dit aussi *embauchoir*; du moins l'*Académie* donne les deux. *Embouchoir* nous semblerait préférable à cause de son analogie avec le mot *bouche* ou *boucher*, dont *embouchoir* paraît être formé.

EMBOUCHURE, subst. fém. (*anbouchure*), partie du mors qui se place dans la *bouche* du cheval. — La partie de l'instrument à vent qu'on *embouche*. — Manière d'*emboucher* certains instruments : *ce joueur de flûte a l'embouchure excellente*. — Ouverture d'un canon, etc. — L'endroit où une rivière se jette dans la mer ou dans une autre rivière. — Sorte de fraude dans la vente des grains, qui consiste à couvrir un grain médiocre par du grain de meilleure qualité.

EMBOUCLÉ, E, part. pass. de *emboucler* et adj., t. de blas.; se dit des pièces garnies d'une *boucle*, comme les colliers des lévriers.

EMBOUCLER, v. act. (*anbouklé*), attacher avec une *boucle*.—**S'EMBOUCLER**, v. pron.

EMBOUDINURE, subst. fém. (*anboudinure*), t. de mar., sorte de garniture en bouts de cordes très-serrés que l'on fait à la cigale ou organeau d'une ancre.

EMBOUÉ, E, part. pass. de *embouer*.

EMBOUER, v. act. (*anboué*), t. pop., couvrir, salir de *boue*.—**S'EMBOUER**, v. pron. Peu usité, mais utile.

EMBOUFFETÉ, E, part. pass. de *embouffeter*.

EMBOUFFETER, v. act. (*anboufeté*), t. de marine, assembler des planches à rainures et à languettes pour en faire des cloisons, etc.

EMBOUQUÉ, E, part. pass. de *embouquer*.

EMBOUQUEMENT, subst. mas. (*anboukeman*), action d'*embouquer*.

EMBOUQUER, v. act. (*anboukié*), t. de marine, entrer dans un détroit, dans un canal. — **S'EMBOUQUER**, v. pron.

EMBOURBÉ, E, part. pass. de *embourber*.— Prov. : *jurer comme un charretier embourbé*, jurer avec emportement.

EMBOURBER, v. act. (*anbourbé*), mettre, jeter dans la *bourbe* : *ce cocher nous a embourbés*. — Fig. et fam., engager quelqu'un dans une mauvaise affaire. — **S'EMBOURBER**, v. pron. — En t. de médec., se charger d'humeurs épaisses ou corrompues : *dans les épilepsies, le cerveau s'embourbe*.

EMBOURDIGUE, subst. fém. (*anbourdigue*), t. de pêche; se dit des goulets qui séparent les bourdigues.

EMBOURRÉ, E, part. pass. de *embourrer*.

EMBOURRER, v. act. (*anbouré*), garnir de *bourre*. On dit mieux *rembourrer* : *embourrer une selle, une chaise*, etc. — En t. de potier de terre, réparer ou cacher les défauts d'une pièce avec un mélange de terre et de chaux.

EMBOURRURE, subst. fém. (*anbourure*), action d'*embourrer*.—Grosse toile qui enveloppe la laine ou le crin dont les meubles sont garnis.

EMBOURSÉ, E, part. pass. de *embourser*.

EMBOURSEMENT, subst. mas. (*anbourceman*), action d'*embourser*. (Trévoux.) Inusité.

EMBOURSER, v. act. (*anbourcé*), mettre dans la *bourse*. — **S'EMBOURSER**, v. pron.

EMBOUTÉ, E, adj. (*anbouté*), t. de blas. : il se dit des pièces qui ont un cercle ou une virole d'argent à leur extrémité ou *bout*.

EMBOUTI, E, part. pass. de *emboutir*.

EMBOUTIR, v. act. (*anboutir*), t. d'orfèvre, creuser avec la bouterolle; donner du relief à une broderie, en en garnissant le dessous.—En t. de serrurier, battre la tôle à froid sur de petites enclumes qu'on nomme *tas*. — **S'EMBOUTIR**, v. pron.

EMBOUTISSEUR, subst. mas. (*anbouticeur*), ouvrier qui *emboutit*.

EMBOUTISSOIR, subst. mas. (*anbouticoar*), morceau d'acier carré, dans lequel sont diverses cavités propres à former des têtes de clous de différentes grosseurs, etc.

EMBRANCHÉ, E, part. pass. de *embrancher*.

EMBRANCHEMENT, subst. mas. (*anbrancheman*), en terme de charp., pièce de bois posée de niveau dans l'enrayure d'une croupe ou d'un pavillon, à l'aplomb des empanons. — En t. de plombier, jonction de plusieurs tuyaux par des nœuds de soudure. — Réunion de plusieurs chemins qui se croisent.

EMBRANCHER, v. act. (*anbranché*), t. de

char., poser une pièce de bois dans l'enrayure d'un groupe. —T. de plomb., joindre des tuyaux par des nœuds de soudure ou des écrous.— s'EMBRANCHER, v. pron.

EMBRAQUÉ, E, part. pass. de *embraquer*.

EMBRAQUER, v. act. (*anbrakié*) (du grec εν, dans, et βραχιον, bras, en lat. *brachium*), t. de mar., tirer à force de bras une corde dans un vaisseau.—s'EMBRAQUER, v. pron.

EMBRASÉ, E, part. pass. de *embraser*.

EMBRASEMENT, subst. mas. (*anbrâzeman*), feu violent et général qui pénètre dans toutes les parties d'une grande masse ou d'un amas de choses, et produit une conflagration ou combustion totale. Voy. INCENDIE.—*Embrasement général; une légère étincelle peut causer un grand embrasement.*—Fig., feu ardent produit par les passions : *si vous pouviez voir quel embrasement ces huit jours de langueur ont allumé dans mon âme, vous gémiriez vous-même des maux que vous me causez.* (J.-J. Rousseau.) — Trouble, sédition, désordre dans un état : *les discordes civiles avaient causé un grand embrasement dans ces provinces.*

EMBRASER, v. act. (*anbrâzé*) (du grec εμβραζειν, dérivé de βραζω, je suis chaud), allumer, mettre en feu. — On dit fig. : *l'amour de Dieu embrase tous les cœurs; la guerre a embrasé toute l'Asie.*—T. d'archit., élargir intérieurement l'ouverture d'une porte ou d'une croisée, en coupant obliquement les jambages.—s'EMBRASER, v. pron., prendre feu.

EMBRASSADE, subst. fém. (*anbraçade*), l'action de celui qui *embrasse.*—*Embrassade* se dit proprement des *embrassements* qui se font en signe d'amitié, et ne s'emploie que dans le style fam.; *embrassement* est de tous les styles.

EMBRASSANT, E, adj. (*anbraçan, çante*), qui *embrasse.*—T. de bot.; il se dit des feuilles et des stipules qui enveloppent par leur base la tige ou les rameaux. C'est le même que *amplexicaule*.

EMBRASSÉ, E, part. pass. de *embrasser* et adj.; se dit, en t. de blas., d'un écu partagé en trois triangles, dont deux de métal en *embrassent* un de couleur; ou deux de couleur, un de métal.

EMBRASSEMENT, subst. mas. (*anbraceman*). Voy. EMBRASSADE.— *Embrassements*, au pluriel, conjonction de l'homme et de la femme : *embrassements légitimes* ou *illégitimes*.

EMBRASSER, v. act. (*anbracé*) (du grec εν, dans, et βραχιον, bras, en lat. *brachium*), serrer, étreindre avec les deux *bras : le roi l'embrassa fraternellement.*—Fig., 1° environner; ceindre : *l'océan embrasse la terre;* 2° contenir, renfermer : *l'esprit humain ne peut embrasser toutes les connaissances;* 3° entreprendre, se charger de... : *il embrasse trop d'affaires;* et prov. : *qui trop embrasse mal étreint*, qui entreprend trop de choses à la fois ne réussit à rien. — Prendre, préférer, se déclarer pour... : *embrasser la cause de, la défense de...: il a embrassé la profession des armes ; il a embrassé ce parti*, etc. — En t. de manége, on dit qu'*un cavalier embrasse bien un cheval*, pour dire qu'il le serre bien avec les cuisses, pour être plus ferme.—s'EMBRASSER, v. pron., se presser dans les *bras* l'un de l'autre ; se tenir confondus, unis.

EMBRASSEUR, subst. mas., **EMBRASSEUSE**, subst. fém. (*anbraceur, ceuze*), qui aime à *embrasser*. Fam. et peu usité.

EMBRASSEUR, subst. mas. (*anbraceur*), morceau de fer qui *embrasse* des tourillons.

EMBRASSURE, subst. fém. (*anbraçure*), ceinture de fer plat qu'on met aux tuyaux de cheminée, pour empêcher qu'ils ne se fendent, etc.

EMBRASURE, subst. fém. (*anbrâzure*), ouverture par où l'on tire le canon. — Elargissement qui se fait intérieurement aux jambages d'une porte ou d'une croisée, par une ligne oblique à la face du mur : *cette fenêtre n'a pas assez d'embrasure.* — Partie du fourneau par où passe le col de la cornue.

EMBRÉLAGE, subst. mas. (*anbrélaje*), action, manière de lier et de fixer un chargement sur une voiture.

EMBRÉLÉ, part. pass. de *embréler*.

EMBRÉLER, v. act. (*anbrélé*), lier et fixer un chargement sur une voiture. — s'EMBRÉLER, v. pron.

EMBRENÉ, E, part. pass. de *embrener*.

EMBRÈNEMENT, subst. mas. (*anbrèneman*), action d'*embrener*.

EMBRENER, v. act. (*anbrèné*), salir de *bran*, de matière fécale. Bas. — s'EMBRENER, v. pron. — Fig., s'engager dans une mauvaise ou honteuse affaire. A éviter.

EMBRESCHÉ, E, part. pass. de *embrescher*.

EMBRESCHER, v. act. (*anbrèché*), mettre des fers aux pieds et aux mains. (*Boiste.*) Vieux et inusité. — s'EMBRESCHER, v. pron.

EMBRÉVÉ, E, part. pass. de *embréver*.

EMBRÈVEMENT, subst. mas. (*anbrèveman*), t. de charp., entaillure pour faire entrer une pièce de bois dans une autre.

EMBRÉVER, v. act. (*ambrévé*), t. de charp., faire entrer une pièce de bois dans une autre. — s'EMBRÉVER, v. pron.

EMBRICONNÉ, E, part. pass. de *embriconner*.

EMBRICONNER, v. act. (*anbrikoné*), tromper, séduire. (*Boiste.*) Vieux et hors d'usage.

EMBROCATION, subst. fém. (*anbrokâcion*) (du grec εμβρεχω, j'arrose, j'humecte), t. de médec., arrosement, fomentation sur une partie malade, avec une éponge, des étoupes, etc.

EMBROCHÉ, E, part. pass. de *embrocher*.

EMBROCHER, v. act. (*anbroché*), mettre *en broche* ou à la *broche : embrocher un gigot.* — On dit bassement : *embrocher quelqu'un*, lui passer l'épée au travers du corps. — s'EMBROCHER, v. pron.

EMBRONCHIER, v. act. (*anbronchié*), offenser. (*Boiste.*) Vieux et tout-à-fait inusité.

EMBROUILLÉ, E, part. pass. de *embrouiller*, et adj.; t. de mar. : *temps embrouillé*, sombre, brumeux, chargé de vapeurs, etc.

EMBROUILLEMENT, subst. mas. (*anbrouieman*), embarras, confusion : *embrouillement d'affaires, d'esprit.*

EMBROUILLER, v. act. (*anbrou-ié*), mettre de la confusion, de l'embarras, de l'obscurité : *embrouiller une affaire, une question.* — s'EMBROUILLER, v. pron. ; s'embarrasser ; avoir de la peine à se démêler d'une chose. — Fig., perdre le fil de ses pensées : *ses idées s'embrouillent; il s'est embrouillé au milieu de son discours.*

EMBROUILLEUR, subst. mas., au fém. **EMBROUILLEUSE** (*anbrou-ieur, ieuze*), qui *embrouille*.

EMBRUINÉ, E, part. pass. de *embruiner*, et adj., gâté, brûlé par la *bruine*.

EMBRUINER, v. act. (*anbruiné*), gâter, brûler par la *bruine*. (Boiste.)

EMBRUIR, v. act. et neut. (*anbruir*), se mettre en colère, menacer des yeux. (*Boiste.*) Vieux et inusité.

EMBRUMÉ, E, adj., (*anbrumé*), (du lat. *bruma*, brouillard), chargé de *brumes*, de brouillard.

EMBRUN, subst. mas. (*anbreun*), t. de marine, petite aspersion que les lames, en se brisant les unes contre les autres, font tomber à bord comme une *bruine*, ou une pluie fine.—Subst. propre mas., ville de France, chef-lieu d'arrond. et de canton, dép. des Hautes-Alpes.

EMBRUNCHÉ, E, part. pass. de *embruncher*.

EMBRUNCHER, v. act. (*anbronché*), *embruncher des chevrons, des solives*, etc., les engager, les attacher les uns sur les autres. — On l'a dit aussi pour, couvrir de tuiles, et, par extension, pour couvrir de quoi que ce soit. De là, par métaphore, on a dit *embrunché*, puis *embronché*, pour, chagrin, fâché. Hors d'usage.

EMBRUNI, E, part. pass. de *embrunir*.

EMBRUNIR, v. act. (*anbrunir*), t. de peinture, rendre *brun*. — s'EMBRUNIR, v. pron.

EMBRUNOIS, E, adj. (*anbrunoa, noaze*), qui concerne *Embrun*, qui est d'*Embrun : coutume embrunoise.*— Il est aussi substantif; originaire d'*Embrun : les Embrunois; une Embrunoise.*

EMBRYOCTONIE, subst. fém. (*anbri-oktoni*) (du grec εμβρυον, embryon, fœtus, et κτονος, meurtre), t. de chir., opération réprouvée aujourd'hui, qui consistait à faire périr le fœtus dans le sein de la mère, pour faciliter l'accouchement.

EMBRYOCTONIQUE, adj. des deux genres (*anbri-oktonike*), qui concerne l'*embryoctonie : opération embryoctonique.*

EMBRYOGÉNIE, subst. fém. (*anbri-ojéni*) (du grec εμβρυον, fœtus, formé de εν, dans, βρυω, je crois, et de γενεσις, naissance), t. de médec., naissance de l'*embryon*.

EMBRYOGRAPHE, subst. mas. (*anbri-oguerafe*) (du grec εμβρυον, fœtus, et γραφω, je décris), anatomiste qui décrit le fœtus dans la matrice.

EMBRYOGRAPHIE, subst. fém. (*anbri-oguerafi*) (même étymologie que celle du mot précédent), description de l'*embryon* dans la matrice.

EMBRYOGRAPHIQUE, adj. des deux genres (*anbri-oguerafike*), qui a rapport à l'*embryographie : description embryographique.*

EMBRYOLOGIE, subst. fém. (*anbri-oloji*) (du grec εμβρυον, embryon, fœtus, et λογος, discours), partie de l'anatomie qui traite de l'*embryon* ou fœtus.

EMBRYOLOGIQUE, adj. des deux genres (*anbri-olojike*), qui a rapport à l'*embryologie*.

EMBRYOMANE, subst. des deux genres (*anbri-omane*) (du grec εμβρυον, embryon, et μανια, folie), partisan de l'*embryoctonie*.

EMBRYOMANIE, subst. fém. (*anbri-omani*) (du grec εμβρυον, embryon, et μανια, folie), système des *embryomanes*.

EMBRYON, subst. mas. (*anbri-on*) (du grec εμβρυον, fœtus, formé de εν, dans, et βρυω, je crois, je pullule), fœtus qui est dans le ventre de la mère. — *Embryon* se dit également des plantes et des fruits, lorsqu'ils ne paraissent encore que d'une manière confuse dans les boutons des arbres ou dans les germes des semences; *fœtus* ne s'emploie chez nous qu'en parlant des animaux, quoique les Latins, de qui nous l'avons pris, s'en servissent aussi pour le règne végétal. — *Embryon* se dit ironiquement et par mépris d'un homme très-petit : *c'est un avorton, un embryon.*

EMBRYONIQUE, adj. des deux genres (*anbrionike*), qui a rapport à l'*embryon : cordon embryonique.*

EMBRYOTHLASTE, subst. mas (*anbri-otelacete*) (du grec εμβρυον, embryon, fœtus, et θλαω, je brise, je romps), t. de chir., instrument qui, dans les accouchements laborieux, sert à *rompre les os du fœtus mort*, pour faciliter son extraction.

EMBRYOTOCIE, subst. fém. (*anbri-otoci*) (du grec εμβρυον, embryon, fœtus, et τοκαω, je suis sur le point d'accoucher), t. de chir., état d'un enfant du sexe féminin venu au monde avec un fœtus dans la matrice.

EMBRYOTOME, subst. mas. (*anbri-otôme*) (du grec εμβρυον, embryon, fœtus, et τομη, incision), instrument de chirurgie propre à dépecer un fœtus mort dans la matrice.

EMBRYOTOMIE, subst. fém. (*anbri-otomi*) (du grec εμβρυον, embryon, fœtus, et τομη, incision), t. d'anat., dissection d'un *embryon*. — Opération par laquelle on le coupe quand il est mort dans la matrice.

EMBRYOTOMIQUE, adj. des deux genres (*anbri-otomike*), qui a rapport à l'*embryotomie : opération embryotomique.*

EMBRYULCE, subst. mas. (*anbri-ulece*) (du grec εμβρυον, embryon, fœtus, et ελκω, je tire), t. de chir., crochet de fer dont on se servait pour extraire l'enfant de l'utérus.

EMBRYULCIE, subst. fém. (*anbri-uleci*) (même étymol. que celle du mot précédent), t. de chir., extraction forcée de l'enfant, au moyen de l'*embryulce*. Voy. CÉSARIENNE.

EMBU, E, part. pass. de *s'emboire*, et adj. On dit en peinture qu'un *tableau est embu*, lorsque les couleurs à l'huile, avec lesquelles il est peint, deviennent mates et perdent leur luisant, au point qu'on ne discerne pas bien les objets.

EMBUBÉ, E, part. pass. de *embuber*.

EMBUBER, v. act. (*anbubé*), infuser, pénétrer, faire couler. Vieux et inusité. On dit maintenant *imbiber*.

EMBÛCHE, subst. fém. (*anbûche*) (Voy. EMBUSCADE pour l'étymologie), entreprise secrète pour surprendre quelqu'un; piége qu'on lui tend. Il s'emploie ordinairement au plur. : *dresser* et non pas *tendre des embûches*. On dit *dresser des embûches* et *tendre un piége*.

EMBÛCHEMENT, subst. mas. (*anbucheman*), piége tendu dans un bois. — Fig., trahison ténébreuse. (*Boiste.*) Inus.

s'EMBÛCHER, v. pron. (*çanbuché*) (en lat. *imboscare*, fait de *in*, dans, et *boscus*, bois), t. de vènerie : *le cerf s'embûcha*, rentra dans le bois.

EMBUFFLER, v. act. (*anbuflé*), tromper, abuser. (*Boiste.*) Vieux.

s'EMBURELICOQUER, v. pron. (*çanburelikokié*), s'embarrasser, se brouiller. (*Boiste.*) Vieux et inusité.—Ce serait au moins *s'emburlicoquer*, qu'il faudrait écrire.

EMBUSCADE, subst. fém. (*anbucekade*) (du lat. barbare *imboscata*, formé de *in*, dans, et de *boscus*, bois, forêt, parce que les *embuscades* se placent ordinairement dans les bois; les Espagnols disent dans le même sens *emboscada*), *embûche* dressée *dans un bois* ou dans quelque lieu couvert pour surprendre l'ennemi : *dresser, découvrir, éviter une embuscade; tomber, donner dans une embuscade.*—L'endroit où l'on se cache : *être, se mettre, se tenir en embuscade.*

EMBUSQUÉ, E, part. pass. de *embusquer*.

EMBUSQUER, v. act. (*anbuceké*), mettre en *embuscade* : *embusquer une troupe*. — **S'EMBUSQUER**, v. pron.

EMBUT, subst. mas. (*anbu*), entonnoir. (*Boiste.*) Inusité.

ÉMENDATION, subst. fém. (*émandâcion*), action d'*émender*, de corriger. (*Boiste.*) Vieux.

ÉMENDÉ, E, part. pass. de *émender*.

ÉMENDER, v. act. (*émandé*) (en latin *emendare*, formé de la particule extractive *e* ou *ex*, et *menda*, faute, défaut; *ôter les fautes*), t. de palais, corriger, réformer. Peu en usage.

ÉMENTITION, subst. fém. (*émanticion*), mensonge, feinte. (*Boiste.*) Vieux.

ÉMÉRAL, subst. mas. (*émérale*), t. de chim., éther chargé par sa distillation de principes aromatiques de différentes substances.

ÉMERAUDE, subst. fém. (*emerôde*) (en lat. *smaragdus*, tiré du grec σμαραγδός), t. d'hist. nat., pierre précieuse de couleur verte. — On donne aussi ce nom à un genre d'oiseaux-mouches d'un vert d'améthyste.

ÉMERAUDINE, subst. fém. (*emerôdine*), t. d'hist. nat., sorte de minéral d'une belle couleur verte.

ÉMERAUDITE, subst. fém. (*emerôdite*), t. d'hist. nat., variété qu'on nommait auparavant *smaragdite*, à cause de sa couleur.

ÉMÈRE, subst. fém. (*émère*), t. de bot., sorte de plante.

ÉMERGENT, adj. mas. (*émèrejan*) (en lat. *emergens*, part. prés. de *emergere*, sortir d'où l'on était plongé, formé de la particule extractive *e*, et de *mergere*, plonger, submerger), t. de phys. : *les rayons émergents*, les rayons de lumière qui sortent d'un milieu après l'avoir traversé. — En chron., *an émergent*, époque depuis laquelle on commence à compter le temps.

ÉMERI, subst. mas. (*émeri*) (en lat. *smyris*, fait du grec σμυρις), t. d'hist. nat., pierre ou plutôt mine de fer dure, réfractaire et grisâtre, dont se servent les lapidaires, etc.

ÉMÉRILLON, subst. mas. (*émeri-ion*) (de l'italien *smeriglione*, fait, dans le même sens, de l'allemand *schmer*, qui signifie la même chose), t. d'hist. nat., sorte d'oiseau de proie. — Instrument de cordier, etc.—Sorte de canon. — En t. de pêche, petit crochet de fer qui est disposé sur son manche de manière qu'il peut y tourner facilement. Nous ne savons pourquoi l'*Académie* écrit *émérillon*, le t. de pêche, et *émerillon*, le nom de l'oiseau. Nous ne lisons partout qu'*émérillon*.

ÉMÉRILLONNÉ, E, part. pass. de *émérillonner*, et adj., gai, vif comme un *émérillon* ; *je vous trouve bien émérillonné aujourd'hui* ; *elle a l'œil émérillonné*. — Fam., et peu en usage.

ÉMÉRILLONNER, v. act. (*éméri-ioné*), rendre gai, éveillé.—**S'ÉMÉRILLONNER**, v. pron. Vieux et hors d'usage.

ÉMÉRITE, adj. des deux genres (*émérite*) (en lat. *emeritus*, part. pass. de *emereri*, mériter, formé de la particule augmentative *e* ou *ex*, et de *mereri*. L'*emeritus miles* des Latins se disait d'un homme de guerre qui avait blanchi sous le harnais): *professeur émérite*, celui qui, après avoir professé pendant un certain temps, jouit d'une pension. Il n'est guère usité qu'en ce sens, et c'est sans doute pour cela que l'*Académie* n'en indique pas le genre.

ÉMERSION, subst. fém. (*émèrecion*) (du latin *emersus*, part. pass. du v. *emergere*, sortir d'un lieu où l'on était plongé), t. d'astron., action de reparaître. Il se dit : 1° d'une étoile, d'une planète, du soleil après une éclipse ; 2° d'une étoile, d'une planète que le soleil cachait, parce qu'il en était proche, et qui sort, pour ainsi dire, des rayons de cet astre. Dans cette dernière acception on dit aussi *lever héliaque*.—Il se dit aussi, en phys., de l'élévation de quelque solide au-dessus de la surface d'un fluide plus pesant que lui, dans lequel il a été jeté ou plongé avec force.

ÉMÉRUS, subst. mas. (*émeruce*), t. de bot., arbrisseau du midi de l'Europe, séné bâtard, baguenaudier des jardins, espèce de coronille purgative.

ÉMERVEILLABLE, adj. des deux genres (*émerevèiable*), admirable. (*Malherbe.*) Ce mot est aujourd'hui inusité.

ÉMERVEILLÉ, E, part. pass. de *émerveiller*.

ÉMERVEILLEMENT, subst. mas. (*émerevèiemen*), état de celui qui est *émerveillé*. (*Voltaire.*) Inusité, mais utile.

ÉMERVEILLER, v. act. (*émerevèié*), donner de l'admiration, étonner. Il est fam. et s'emploie plus souvent au passif et au pronominal : *je suis tout émerveillé de ce que je viens de voir*.— **S'ÉMERVEILLER**, v. pron.

Émet, 3° pers. sing. prés. indic. du verbe irrégulier **ÉMETTRE**.

ÉMÉTICITÉ, subst. fém. (*éméticité*), t. de médec., vertu, propriété, emploi de l'*émétique*. — Violente purgation par haut et par bas. (*Trévoux.*)

ÉMÉTINE, subst. fém. (*émétine*), t. de chim., substance purgative extraite de l'ipécacuanha.

ÉMÉTIQUE, subst. mas. (*émétike*) (du grec ἐμετικός, vomitif, qui fait vomir, formé de ἐμέω, je vomis), tartrite de potasse et d'antimoine, qui, administré comme remède, provoque le *vomissement* : *prendre de l'émétique*.—Il s'emploie aussi adjectivement, avec les deux genres : *poudre*, *vin*, *tartre émétique*.

ÉMÉTISÉ, E, part. pass. de *émétiser* et adj., mêlé d'*émétique* : *tisane émétisée*.—Il est aussi subst. mas. : *un émétisé*.

ÉMÉTISER, v. act. (*émétizé*), purger avec l'*émétique*, mêler d'*émétique* : *émétiser une tisane*. —**S'ÉMÉTISER**, v. pron.

ÉMÉTO - CATHARTIQUE, subst. mas. et adj. des deux genres (*émétokatartike*) (du grec ἐμετικός, et καθαρτικός, purgatif, fait de καθαίρω, je purge; *purgatif qui excite le vomissement*), t. de médec., remède qui purge par haut et par bas.

ÉMÉTOLOGIE, subst. fém. (*émétoloji*) (du grec ἐμετικός, vomitif, et λόγος, discours, traité), partie de la médecine qui traite des *émétiques* ou vomitifs.

ÉMÉTOLOGIQUE, adj. des deux genres (*émétolojike*), qui a rapport à l'*émétologie* : *discours émétologique*.

DU VERBE IRRÉGULIER ÉMETTRE :

Émets, 2° pers. sing. impér.
Émets, précédé de *j'*, 1re pers. sing. prés. indic.
Émets, précédé de *tu*, 2° pers. sing. prés. indic.
Émettaient, 3° pers. plur. imparf. indic.
Émettais, précédé de *j'*, 1re pers. sing. imparf. indic.
Émettais, précédé de *tu*, 2° pers. sing. imparf. indic.
Émettait, 3° pers. sing. imparf. indic.
Émettant, part. prés.
Émette, précédé de *que j'*, 1re pers. sing. prés. subj.
Émette, précédé de *qu'il* ou *qu'elle*, 3° pers. sing. prés. subj.
Émettent, précédé de *ils* ou *elles*, 3° pers. plur. prés. indic.
Émettent, précédé de *qu'ils* ou *qu'elles*, 3° pers. plur. prés. subj.
Émettes, 2° pers. sing. prés. subj.
Émettez, 2° pers. plur. impér.
Émettez, précédé de *vous*, 2° pers. plur. prés. indic.
Émettiez, précédé de *vous*, 2° pers. plur. imparf. indic.
Émettiez, précédé de *que vous*, 2° pers. plur. prés. subj.
Émettions, précédé de *nous*, 1re pers. plur. imparf. indic.
Émettions, précédé de *que nous*, 1re pers. plur. prés. subj.
Émettons, 1re pers. plur. impér.
Émettons, précédé de *nous*, 1re pers. plur. prés. indic.
Émettra, 3° pers. sing. fut. indic.
Émettrai, 1re pers. sing. fut. indic.
Émettraient, 3° pers. plur. prés. cond.
Émettrais, précédé de *j'*, 1re pers. sing. prés. cond.
Émettrais, précédé de *tu*, 2° pers. sing. prés. cond.
Émettrait, 3° pers. sing. prés. cond.
Émettras, 2° pers. sing. fut. indic.

ÉMETTRE, v. act. (*émètre*) (du lat. *emittere*, fait, dans le même sens, de la préposition *e*, de, hors, et de *mittere*, envoyer; *envoyer au dehors*), produire au dehors, exprimer : *émettre un avis*, *une opinion*, *un désir*, *un vœu*.—Mettre en circulation : *émettre du papier-monnaie*. — T. de pal. : *émettre un appel*, l'interjeter. —**S'ÉMETTRE**, v. pron.

DU VERBE IRRÉGULIER ÉMETTRE :

Émettrez, 2° pers. plur. fut. indic.
Émettriez, 2° pers. plur. prés. cond.
Émettrions, 1re pers. plur. prés. cond.
Émettrons, 1re pers. plur. fut. indic.
Émettront, 3° pers. plur. fut. indic.

ÉMEU ou **ÉMÉ**, subst. mas. (*émeu*, *émé*), t. d'hist. nat., sorte d'oiseau du genre de l'autruche, appelé plus communément *casoar*.

DU VERBE IRRÉGULIER ÉMOUVOIR :

Émeus, 2° pers. sing. impér.
Émeus, précédé de *j'*, 1re pers. sing. prés. indic.
Émeus, précédé de *tu*, 2° pers. sing. prés. indic.
Émeut, 3° pers. sing. prés. indic.

ÉMEUT, subst. mas. (*émeu*), t. de vieille fauconnerie, excréments de l'oiseau.

ÉMEUTE, subst. fém. (*émeute*) (du lat. *motus*, mouvement; *movita* se trouve, avec la même signification, dans *Grégoire de Tours*), mouvement populaire momentané; tumulte séditieux, mais passager, d'une multitude de peuple, causé seulement par quelque léger mécontentement : *causer*, *apaiser une émeute*.

ÉMEUTER, v. neut. (*émeuté*), éternuer. (*Rabelais.*) Vieux. — V. act., exciter à la sédition. (*Boiste.*)—**S'ÉMEUTER**, v. pron. — On dit plutôt *ameuter*.

ÉMEUTIER, subst. mas., au fém. **ÉMEUTIÈRE** (*émeutié*, *tière*), agent d'*émeute*, de sédition. Nouveau.

ÉMEUTI, E, part. pass. de *émeutir*.

ÉMEUTIR, v. neut. (*émeutir*) (suivant *Ménage*, de l'italien *smaltire*, digérer), t. de vieille faucon., fienter. — Dans l'ordre de Malte, requérir une dignité.

ÉMEUTITION, subst. fém. (*émeuticion*), t. de vieille fauconn., action de l'oiseau lorsqu'il fiente. — Dans l'ordre de Malte, action de requérir une dignité.

DU VERBE IRRÉGULIER ÉMOUVOIR :

Émeuve, précédé de *que j'*, 1re pers. sing. prés. subj.
Émeuve, précédé de *qu'il* ou *qu'elle*, 3° pers. sing. prés. subj.
Émeuvent, précédé de *ils* ou *elles*, 3° pers. plur. prés. indic.
Émeuvent, précédé de *qu'ils* ou *qu'elles*, 3° pers. plur. prés. subj.
Émeuves, 2° pers. sing. prés. subj.

ÉMIAULE, subst. fém. (*émiôle*), t. d'hist. nat., espèce de mouette cendrée.

ÉMIÉ, E, part. pass. de *émier*.

ÉMIER, v. act. (*émié*) (rac. *mie*), réduire à l'état de *mie*, ou en petites parties, un corps quelconque, en le frottant entre les doigts.—**S'ÉMIER**, v. pron.

ÉMIETTÉ, E, part. pass. de *émietter*.

ÉMIETTEMENT, subst. mas. (*émièteman*), action d'*émietter*; état de ce qui est *émietté*.

ÉMIETTER, v. act. (*émiété*) (du lat. *mica*, miette), réduire en *miette* : *émietter du pain*, *de la cassonade*, etc. — **S'ÉMIETTER**, v. pron., se réduire facilement en *miettes*.

ÉMIGRANT, E, adj. (*émigueran*, *rante*), celui, celle qui *émigre*.—Il est aussi substantif : *les émigrants*.—L'*Académie* ne donne de fém. à ce mot que comme adj. Nous pensons qu'elle a tort, et que l'on dit aussi bien *une émigrante* qu'*un émigrant*.

ÉMIGRATION, subst. fém. (*émiguerâcion*), action d'*émigrer*, son effet.—Employé collectivement, tous les *émigrés* : *l'émigration a fait autant de mal aux émigrés qu'à la patrie*.—Passage régulier et annuel des oiseaux d'une région dans une autre.—**S'ÉMIGRER**, v. pron.

ÉMIGRÉ, subst. mas., **ÉMIGRÉE**, subst. fém. (*émigueré*), celui, celle qui a abandonné son pays pour aller se réfugier, s'établir dans un autre.—Il s'est dit particulièrement des Français qui sont sortis de France à l'époque de la révolution de 1789, et qui n'y sont pas rentrés dans le délai prescrit : *être porté sur la liste des émigrés*.

ÉMIGRÉ, E, part. pass. de *émigrer*.

ÉMIGRER, v. neut. (*émigueré*) (en latin *migrare*), quitter son pays pour aller se réfugier, s'établir dans un autre. — **S'ÉMIGRER**, v. pron.

ÉMIGRETTE, subst. fém. (*émiguerète*), petite poulie qui s'élance et revient en roulant sur la ficelle qui la tient. C'est un jeu d'enfant, appelé aussi *émigrant* et *émigré*, fort en vogue pendant l'*émigration* française, d'où lui est venu ce nom.

ÉMILION (SAINT-), subst. propre mas. (*ceintémilion*), bourg de France, dép. de la Gironde, renommé pour ses vins.

Émîmes, 1re pers. plur. prét. déf. du verbe irrégulier **ÉMETTRE**.

ÉMINCÉ, E, part. pass. de *émincer*. — Subst. mas. Voy. **ÉMINCÉE**.

ÉMINCÉE, subst. fém. (*émeincé*), viandes coupées par tranches fort *minces* : *une émincée de mouton*. (*Boiste.*)—Quelques personnes disent un *émincé*, en faisant ce mot mas. ; l'*Académie* ne lui donne même que ce genre, que nous devons adopter.

ÉMINCER, v. act. (*émeincé*), couper de la viande en tranches fort *minces*. Il ne s'emploie guère qu'au part. passé : *du mouton émincé*.— s'ÉMINCER, v. pron.

ÉMINE, subst. fém. (*émine*), mesure de blé en usage autrefois dans quelques parties de la France.

ÉMINEMMENT, adv. (*éminaman*), par excellence, au plus haut point : *le vrai philosophe, l'homme par excellence, est éminemment religieux.*

ÉMINENCE, subst. fém. (*éminance*) (en latin *eminentia*), petite hauteur.—Titre qu'on donne aux cardinaux et au grand-maître de Malte.—En anat., élévation de quelque partie et particulièrement des os.

ÉMINENT, E, adj. (*éminan, nante*) (en latin *eminens*), haut, élevé : *un lieu éminent, un poste éminent.* — Fig., excellent; qui surpasse tous les autres : *homme, mérite, savoir éminent; vertu éminente; péril, danger éminent*, prochain. *Eminent* se dit alors pour *imminent*. — ÉMINENT, IMMINENT. (*Syn.*) *Eminent* donne l'idée d'un mal, d'un péril qu'on peut regarder comme très-grand, mais dont on a le temps d'examiner la grandeur; et *imminent* donne l'idée d'un mal, d'un péril qu'on peut regarder comme présent, et où souvent le hasard nous engage. L'un s'envisage seulement avec crainte, tandis que l'autre s'envisage avec effroi.

ÉMINENTISSIME, adj. des deux genres (*éminanticime*) (en lat. *eminentissimus*, superlatif de *eminens*), titre qu'on donne particulièrement aux cardinaux et aux altesses.

ÉMIR, subst. mas. (*émir*) (mot arabe qui répond à celui de prince, et qui a été fait de *amara*, originairement hébreu, qui dans les deux langues signifie *dire, commander*), titre de dignité qu'on donne aux descendants de la race de *Mahomet*, aux visirs et aux bachas, aux chefs des Bédouins qui errent dans les déserts de l'Arabie, etc. Quelques-uns disent également *amir*, et prétendent que c'est de ce mot qu'a été formé celui d'*amiral*. — *Emiralem*, et mieux *émir-al-em*, gonfalonnier, général turc, ou garde de tous les étendards; il marche devant le grand-seigneur quand celui-ci va à la guerre. — *Emir-al-omara*, titre que prirent sous les califes des espèces de maires du palais, qui, s'arrogeant toute la puissance du trône, ne laissèrent à leurs maîtres que de vaines prérogatives et une représentation sans autorité. (*Emir-al-omara* signifie en arabe *commandant des commandants*.) — *Emir-hadji*, bey chargé d'escorter la caravane qui part tous les ans du Caire, pour se rendre à la Mecque. C'est la seconde dignité de la république égyptienne, dont le chef se nomme *cheik* ou *schaikh-elbalad*, proprement *le vieux du pays*. (De l'arabe *émir* ou *amir*, prince, et *had-ji*, pèlerin ; ou plutôt *emir-el-hhaaj*, prince du pèlerinage.)

DU VERBE IRRÉGULIER ÉMETTRE :

Émirent, 3e pers. plur. prét. déf.
Émis, e, part. pass.
Émis, précédé de *j'*, 1re pers. sing. prét. déf.
Émis, précédé de *tu*, 2e pers. sing. prét. déf.

ÉMISSAIRE, subst. mas. (*émicère*) (en lat., *emissarius*, fait de *mittere*, envoyer), celui qu'on *envoie* secrètement pour sonder les sentiments, les desseins d'autrui, etc. Il se prend en mauvaise part : *envoyer des émissaires, découvrir des émissaires.* — ÉMISSAIRE, ESPION. (*Syn.*) *L'émissaire* est chargé d'une commission, mais non avouée; il est sans pouvoir; son métier est de répandre des bruits, de fausses alarmes, de suggérer, de soulever. C'est par des *émissaires* qu'on tâte, qu'on sonde la disposition des esprits. *L'espion* est celui dont l'action est d'épier. Il y a des *espions* dans les camps, dans les arcenaux, dans les cours, dans les cabinets. *L'émissaire* doit avoir le talent de l'à-propos; il se montre, et parle. *L'espion* n'a besoin que de voir; il se cache, et se tait. Celui qui veut fomenter se sert d'*émissaires*; celui qui veut savoir se sert d'*espions*. — Se dit en anat. d'un canal ou réservoir qui évacue une humeur quelconque. — Adjectivement : *bouc émissaire*. Voy. BOUC.

DU VERBE IRRÉGULIER ÉMETTRE :

Émisse, 1re pers. sing. imparf. subj.
Émissent, 3e pers. plur. imparf. subj.
Émisses, 2e pers. sing. imparf. subj.
Émissiez, 2e pers. plur. imparf. subj.

ÉMISSIF, adj. mas., au fém. ÉMISSIVE, (*émicife, cive*), qui envoie : *pouvoir émissif*.— En phys., on dit *faculté émissive*, pour désigner celle qu'ont certains corps d'*émettre* du calorique, de la lumière.

ÉMISSION, subst. fém. (*émicion*) (en lat. *emissio*, fait de *emittere*, émettre), action d'*émettre* : *émission de papier-monnaie*. — Action de pousser quelque chose au-dehors : *émission de l'urine, de la semence*.—En physique, action par laquelle un corps fait sortir hors de lui des corpuscules : *l'odeur est l'émission des corpuscules émanés des corps*. — *Emission des vœux*, prononciation solennelle des vœux.

Émissions, 1re pers. plur. imparf. subj. du verbe irrégulier ÉMETTRE.

ÉMISSOLE, subst. mas. (*émiçole*), t. d'hist. nat., espèce de poissons du genre des squales.

DU VERBE IRRÉGULIER ÉMETTRE :

Émit, précédé de *il* ou *elle*, 3e pers. sing. prét. déf.
Émît, précédé de *qu'il* ou *qu'elle*, 3e pers. sing. imparf. subj.

ÉMITE, subst. mas. (*émite*), t. d'hist. nat., pierre tendre et blanche, que l'on croit être un albâtre gypseux.

Émîtes, 2e pers. plur. prét. déf. du verbe irrégulier ÉMETTRE.

ÉMITHRÉES, subst. fém. plur. (*émitré*), t. d'antiquité, femmes illustres auxquelles on rendait les honneurs divins après leur mort.

EMMAGASINAGE, subst. mas. (*anmaguazinaje*) action d'*emmagasiner*, temps que les marchandises restent en *magasin*.

EMMAGASINÉ, E, part. pass. de *emmagasiner*.

EMMAGASINER, v. act. (*anmaguaziné*), mettre en *magasin*. — s'EMMAGASINER, v. pron.

EMMAIGRI, E, part. pass. de *emmaigrir*.

EMMAIGRIR, v. act. et neut. (*anmèguerir*). Voy. AMAIGRIR, qui paraît être seul usité.

EMMAILLOTTÉ, E, part. pass. de *emmaillotter*.

EMMAILLOTTEMENT, subst. mas. (*anmâ-ioteman*), action, manière d'*emmaillotter*.

EMMAILLOTTER, v. act. (*anmâ-ioté*), mettre un enfant dans son *maillot*. — s'EMMAILLOTTER, v. pron.

EMMALADIR, v. neut. (*anmaladir*), devenir *malade*. (*Boiste.*) Vieux.

EMMALLÉ, E, part. pass. de *emmaller*.

EMMALLER, v. act. (*anmalé*), enfermer dans une *malle* : *emmaller des hardes*.—s'EMMALLER, v. pron. : *ces effets ne peuvent s'emmaller.* (*Boiste.*) Peu usité.

EMMANCHÉ, E, part. pass. de *emmancher*, et adj., se dit, en t. de blas., des haches, des marteaux, etc., qui ont un *manche* d'un émail particulier.

EMMANCHEMENT, subst. mas. (*anmancheman*), action d'*emmancher*.—T. de dessin, jointure des membres au tronc d'une figure. Il se dit aussi de la jonction des différentes parties d'un membre.

EMMANCHER, v. act. (*anmanché*), mettre un *manche* à quelque instrument : *emmancher un couteau, une cognée*, etc. — Fig. et fam. : *affaire mal emmanchée*, prise de mauvais biais. — *Cela ne s'emmanche pas ainsi*, ne s'ajuste pas de la sorte; *ne s'emmanche pas comme vous le pensez*, n'est pas aussi aisé que vous le croyez. — s'EMMANCHER, v. pron.

EMMANCHES, subst. fém. plur. (*anmanche*), t. de blason.

EMMANCHEUR, subst. mas., au fém. EMMANCHEUSE (*anmancheur, cheuze*), celui, celle qui *emmanche* un instrument.

EMMANCHURE, subst. fém. (*anmanchure*), t. de tailleur et de couturière; 1° ouverture d'un habit, d'un corps, d'une robe, d'une chemise, ménagée de chaque côté pour recevoir les *manches*; 2° la partie échancrée du haut du derrière d'une robe ou d'un habit, à laquelle l'épaulette doit être attachée.

EMMANNEQUINÉ, E, part. pass. de *emmannequiner*.

• EMMANNEQUINER, v. act. (*anmanekiné*), mettre dans un *mannequin* : *emmannequiner des arbustes*. — s'EMMANNEQUINER, v. pron. : *ces arbres sont trop gros pour s'emmannequiner.*

EMMANNÉ, E, part. pass. de *emmanner*.

EMMANNER, v. act. (*anmané*), remplir de *manne*. Inusité.

EMMANTELÉ, E, part. pass. de *emmanteler* et adj., enveloppé d'un *manteau*. (Boiste.) Inusité en ce sens.—T. d'hist. nat., *corneille emmantelée*, celle qui est de plumage gris cendré sur les ailes, et noir sous le ventre, ce qui lui forme une espèce de *manteau*.

• EMMANTELER, v. act. (*anmantelé*), envelopper d'un *manteau*. Inusité. — Entourer d'un mur.—s'EMMANTELER, v. pron.

EMMANUEL, subst. propre mas. (*èmemanuèl*) (mot hébreu qui signifie *Dieu avec nous*), nom du Messie.

EMMARCHEMENT, subst. mas. (*anmarcheman*), t. de charpentier, entaille faite pour adapter les *marches* d'un escalier. — Largeur des *marches* dans leur étendue.

EMMARER, v. neut. (*anmaré*), tomber, enfoncer dans un *marais*. (Boiste.) Inusité.

EMMARINÉ, E, part. pass. de *emmariner*, et adj., accoutumé à la *mer*.

EMMARINER, v. act. (*anmariné*), garnir un vaisseau de son équipage.—Accoutumer à la mer. — s'EMMARINER, v. pron.

EMMARQUISÉ, E, part. pass. de *s'emmarquiser*.

s'EMMARQUISER, v. pron. (*çanmarkizé*), prendre le nom de *marquis*; faire le *marquis*. Il est familier.

EMMÊLÉ, E, part. pass d'*emmêler*, et adj (*anmêlé*), brouillé, confus, en parlant d'écheveaux de fil, de soie, etc.

EMMÊLER, v. act. (*anmêlé*), brouiller : *emmêler des cheveux, des filets, un écheveau de fil, de soie*, etc. — s'EMMÊLER, v. pron.

EMMÉLIE, subst. fém. (*anméli*) (en grec εμμελεια), t. d'antiq., danse tragique grecque.

EMMÉNAGÉ, E, part. pass. de *emménager*.

EMMÉNAGEMENT, subst. mas. (*anménajeman*), action d'*emménager* ou de *s'emménager*. — T. de mar., disposition des chambres, soutes, magasins, etc., dans un bâtiment : *ce navire a des emménagements très-commodes.*

EMMÉNAGER, v. act. et neut. (*anménajé*), transporter et établir des meubles ou ses meubles dans un nouveau logis.—s'EMMÉNAGER, v. pron., ranger ses meubles dans une maison où on les a transportés en *déménageant*. — Se pourvoir de meubles de *ménage* : *il s'emménage peu à peu.*

EMMÉNAGOGUE, subst. mas. (*anménaguogue*) (du grec εμμηνα, menstrues, fait de μην, mois, et αγω, je fais sortir), t. de médec., médicaments qui provoquent les *règles*.—Il est aussi adj. des deux genres : *des remèdes emménagogues.*

EMMÉNAGOLOGIE, subst. fém. (*anménaguolo-ji*) (du grec εμμηνα, menstrues, αγω, je conduis, et λογος, traité), t. de médec., dissertation sur les menstrues et les médicaments *emménagogues*.

EMMÉNAGOLOGIQUE, adj. des deux genres (*anménaguolojike*), qui a rapport à l'*emménagologie* : *dissertation emménagologique.*

EMMENÉ, E, part. pass. de *emmener*.

EMMENER, v. act. (*anmené*), *mener* du lieu où l'on est en quelque autre : *emmener quelqu'un avec soi.* — s'EMMENER, v. pron.

EMMENOTTÉ, E, part. pass. de *emmenotter*.

EMMENOTTER, v. act. (*anmenoté*), mettre des *menottes*, des fers aux *mains*. — s'EMMENOTTER, v. pron.

EMMERDÉ, E, part. pass. de *emmerder*.

EMMERDER, v. act. (*anmèredé*), enduire de *merde*. Bas et pop.—s'EMMERDER, v. pron.

EMMÉSOSTOME, adj. des deux genres (*anmézocetome*) (du grec εμμεσος, qui est au milieu, et στομα, bouche), se dit en hist. nat., des oursins dont la bouche est au milieu du corps.

EMMÉTRÉ, E, part. pass. de *emmétrer*.

EMMÉTRER, v. act. (*anmétré*), placer des matériaux de façon à pouvoir faire un mesurage métrique.

EMMEUBLÉ, E, part. pass. de *emmeubler*.

EMMEUBLER, v. act. (*anmeublé*), vendre, louer des *meubles*. (Boiste.) Inusité.

EMMEULÉ, E, part. pass. de *emmeuler*.

• EMMEULER, v. act. (*anmeulé*), mettre en *meule* les grains, les foins, etc. — s'EMMEULER, v. pron.

EMMI, prép. (*èmemi*) (du lat. *in medio*, au milieu de...), dans : *emmi les champs*. (Boiste.) Vieux et n'a point été remplacé.

EMMIELLÉ, E, part. pass. de *emmieller* et adj.—Au fig., *paroles emmiellées*, paroles flatteuses, d'une douceur affectée, etc.

EMMIELLER, v. act. (*anmiélé*), enduire de *miel*. — Mettre du *miel* dans une liqueur. — En t. de mar., remplir tout le vide qui est le long des tourons, des cordes, dont l'étui est composé. —s'EMMIELLER, v. pron.

EMMIELLURE, subst. fém. (*anmièlure*), t. de médec. vétér., cataplasme pour les enflures, les foulures des chevaux.

EMMITOUFLÉ, E, part. pass. de *emmitoufler*.

EMMITOUFLER, v. act. (*anmitouflé*), envelopper de fourrures, etc., pour tenir chaudement. Il est familier : *dès que j'aurai la tête moins emmitouflée, je reverrai ce procès avec attention*. (Voltaire.)—Prov. : *jamais chat emmitouflé n'a pris souris*, pour réussir dans les affaires, il faut écarter tout ce qui empêche d'agir.—**S'EMMITOUFLER**, v. pron.

EMMITRÉ, E, part. pass. de *emmitrer*.

EMMITRER, v. act. (*anmitré*), mettre une *mitre* à... : *emmitrer un évêque*.Vieux et inusité, *si ce n'est dans le style burlesque*.

EMMORTAISÉ, E, part. pass. de *emmortaiser*.

EMMORTAISER, v. act. (*anmortèzé*), faire entrer dans une *mortaise* une pièce de bois ou de fer.—**S'EMMORTAISER**, v. pron.

EMMOTTÉ, E, adj. (*anmoté*); il se dit des arbres dont la racine est entourée d'une *motte* de terre qui la conserve dans le transport.

EMMURÉ, E, part. pass. de *emmurer*.

EMMURER, v. act. (*anmuré*), environné de *murs* ; renfermer dans une prison. — Il se dit aussi en parlant d'un supplice ancien qui consistait à renfermer un homme dans un *mur* et à l'y laisser périr. — **S'EMMURER**, v. pron.

EMMUSELÉ, E, part. pass. de *emmuseler*.

• **EMMUSELER**, v. act. (*anmuzelé*), mettre une *muselière* : *emmuseler un chien, un cheval ; emmuseler un veau, pour l'empêcher de téter*. — **S'EMMUSELER**, v. pron.

EMMUSQUÉ, E, part. pass. de *emmusquer*.

EMMUSQUER, v. act. (*anmucekié*), parfumer de *musc*. — **S'EMMUSQUER**, v. pron.

ÉMOELLÉ, E, part. pass. de *émoeller*.

ÉMOELLER, v. act. (*émoèlé*), ôter la *moelle* d'un *os*. — **S'ÉMOELLER**, v. pron. Peu usité.

ÉMOI, subst. mas. (*émoè*) (du verbe *émouvoir*, d'où est venu aussi *émotion*), souci, inquiétude, agitation : *toute la ville est en émoi*. Il vieillit et n'est pas remplacé exactement. — Plancher sur le sommier d'un pressoir.—T. d'hist. nat., genre de poisson.

ÉMOL, subst. propre mas. (*émole*), myth., l'un des génies qu'on invoquait dans un moment de détresse.

ÉMOLLIENT, E, adj. (*émolian, liante*) (en lat. *emolliens*, part. prés. de *emollire*, amollir), t. de médec., qui *amollit*, qui adoucit : *remèdes émollients, herbe émolliente*.—Il se prend aussi subst. au mas. : *il faut employer les émollients*.

ÉMOLUMENT, subst. mas. (*émoluman*) (du lat. *emolumentum*, qui, formé du verbe *emolere* ou *molere*, moudre, signifie proprement le profit qu'un meunier tire de son moulin, et, par extension, toute autre espèce de profit), gain, profit. — Au plur., *émoluments*, profits, avantages *casuels*, qui proviennent d'une charge par opposition aux revenus *fixes*.—Souvent aussi il signifie simplement gages, appointements : *tirer, recevoir de grands, de bons émoluments d'une place, d'une charge*.

ÉMOLUMENTAIRE, adj. des deux genres (*émolumantère*), qui concerne les *émoluments* d'une succession, qui consiste en *émoluments* : *portion émolumentaire*.

ÉMOLUMENTÉ, E, part. pass. de *émolumenter*.

ÉMOLUMENTER, v. neut. (*émolumanté*), gagner.

ÉMONCTOIRE, subst. mas. (*émonktoare*) (du lat. *emunctorium*, fait de *emungere*, qui signifie proprement *moucher*, et, par extension, tirer dehors, faire sortir), t. de médec., conduit, organe destiné à pousser dehors les matières superflues.—*Émonctoire artificiel*, cautère.

ÉMONDAGE, subst. mas. (*émondaje*), action d'*émonder* les arbres, de trier des noix, de nettoyer des graines, etc.

ÉMONDE, subst. fém. (*émonde*), t. d'anc. faucon., fiente d'oiseau de proie.—Au plur., *émondes*, branches superflues qu'on a retranchées des arbres.

ÉMONDÉ, E, part. pass. de *émonder*.

• **ÉMONDER**, v. act. (*émondé*) (du lat. *emundare*, nettoyer), ôter les branches superflues d'un arbre. —Nettoyer des graines, trier des noix, etc.—**S'ÉMONDER**, v. pron. Voy. **ÉLAGUER**.

• **ÉMONDEUR**, subst. mas., au fém. **ÉMONDEUSE** (*émondeur, deuze*), qui *émonde* les arbres ; qui nettoie les graines, qui trie des noix.

ÉMORCELÉ, E, part. pass. de *émorceler*.

ÉMORCELER, v. act. (*émorcelé*), réduire en *morceaux*. Peu usité. On dit plutôt *morceler*.

ÉMORFILÉ, E, part. pass. de *émorfiler*.

ÉMORFILER, v. act. (*émorfilé*), ôter le *morfil*.—**S'ÉMORFILER**, v. pron.

ÉMOSSE, subst. fém. (*émoce*), t. de bot., arbrisseau de la Guyane.

ÉMOTION, subst. fém. (*émocion*) (en lat. *emotio*, fait de *emovere*, émouvoir), agitation, mouvement ou dans le corps ou dans l'âme : *émotion vive, forte, légère, douce, tendre, passagère ; causer, exciter, sentir, éprouver une émotion, de l'émotion ; parler de quelqu'un avec émotion ; l'ambition et l'amour vivent d'émotions*.—Commencement de sédition : *il y a de l'émotion dans le peuple*.

ÉMOTIONNÉ, E, part. pass. de *émotionner*.

ÉMOTIONNER, v. act. (*émocioné*),donner, causer des *émotions*. — **S'ÉMOTIONNER**, v. pron.

ÉMOTTÉ, E, part. pass. de *émotter*.

ÉMOTTER, v. act. (*émoté*), rompre les *mottes* d'un champ. — **S'ÉMOTTER**, v. pron.

ÉMOTTOIR, subst. mas. (*émotoar*), instrument pour briser les *mottes* de terre.

ÉMOU, subst. mas. (*émou*), t. d'hist. nat., sorte d'oiseau.

ÉMOUCHÉ, E, part. pass. de *émoucher*.

• **ÉMOUCHER**, v. act.(*émouché*), chasser les *mouches*.—**S'ÉMOUCHER**, v. pron. : *le cheval s'émouche avec sa queue*.

ÉMOUCHET, subst. mas. (*émouchè*), t. d'hist. nat., oiseau de proie semblable à l'épervier, mais plus petit. — *Donner l'émouchet* à une peau, c'est la jeter dans une eau courante, après en avoir ôté les cornes, les oreilles et la queue.

• **ÉMOUCHETTE**, subst. fém. (*émouchète*), sorte de caparaçon fait de treillis ou de réseau, et garni de petites cordes flottantes appelées *volettes*, pour garantir des *mouches* les chevaux, les ânes, etc.

ÉMOUCHEUR, subst. mas., au fém. **ÉMOUCHEUSE** (*émoucheur, cheuze*), qui chasse les *mouches*.

• **ÉMOUCHOIR**, subst. mas. (*émouchoar*), queue de cheval dont on se sert pour chasser les *mouches*.

DU VERBE IRRÉGULIER **ÉMOUDRE** :

Émoud, 3e pers. sing. prés. indic.
Émoudra, 3e pers. sing. fut. indic.
Émoudrai, 1re pers. sing. fut. indic.
Émoudraient, 3e pers. plur. prés. cond.
Émoudrais, précédé de *j'*, 1re pers. sing. prés. cond.
Émoudrais, précédé de *tu*, 2e pers. sing. prés. cond.
Émoudrait, 3e pers. sing. prés. cond.
Émoudras, 2e pers. sing. fut. indic.

ÉMOUDRE, v. act. (*émoudre*) (du latin barbare *exmolere*, dont le simple est *molere*, fait de *mola*, meule), passer sur la meule, aiguiser : *émoudre des couteaux, des ciseaux*.

DU VERBE IRRÉGULIER **ÉMOUDRE** :

Émoudrez, 2e pers. plur. fut. indic.
Émoudriez, 2e pers. plur. prés. cond.
Émoudrions, 1re pers. plur. prés. cond.
Émoudrons, 1re pers. plur. fut. indic.
Émoudront, 3e pers. plur. fut. indic.
Émouds, 2e pers. impér.
Émouds, précédé de *j'*, 1re pers. sing. prés. indic.
Émouds, précédé de *tu*, 2e pers. sing. prés. indic.
Émoulaient, 3e pers. plur. imparf. indic.
Émoulais, précédé de *j'*, 1re pers. sing. imparf. indic.
Émoulais, précédé de *tu*, 2e pers. sing. imparf. indic.
Émoulait, 3e pers. sing. imparf. indic.
Émoulant, part. prés.
Émoule, précédé de *que j'*, 1re pers. sing. prés. subj.
Émoule, précédé de *qu'il* ou *qu'elle*, 3e pers. sing. prés. subj.
Émoulent, précédé de *ils* ou *elles*, 3e pers. plur. prés. indic.
Émoulent, précédé de *qu'ils* ou *qu'elles*, 3e pers. plur. prés. subj.
Émoules, 2e pers. sing. prés. subj.

ÉMOULEUR, subst. mas. (*émouleur*), celui dont le métier est d'*émoudre*, d'aiguiser les couteaux, ciseaux, etc.—Si l'on avait besoin d'employer ce mot au fém., il ne faudrait pas hésiter à dire *émouleuse*.

DU VERBE IRRÉGULIER **ÉMOUDRE** :

Émoulez, 2e pers. plur. impér.
Émoulez, précédé de *vous*, 2e pers. plur. prés. indic.
Émouliez, précédé de *vous*, 2e pers. plur. imparf. indic.
Émouliez, précédé de *que vous*, 2e pers. plur. prés. subj.
Émoulions, précédé de *nous*, 1re pers. plur. prés. indic.
Émoulions, précédé de *que nous*, 1re pers. plur. prés. subj.
Émoulons, 1re pers. plur. impér.
Émoulons, précédé de *nous*, 1re pers. plur. prés. indic.

ÉMOULU, E, part. pass. de *émoudre*, et adj., aiguisé. — *Combattre à fer émoulu*, tout de bon et à outrance, au propre et au fig. — *Il est frais émoulu sur cette matière*, il l'a étudiée depuis peu. Fam.

DU VERBE IRRÉGULIER **ÉMOUDRE** :

Émoulûmes, 1re pers. plur. prét. déf.
Émoulurent, 3e pers. plur. prét. déf.
Émoulus, précédé de *j'*, 1re pers. sing. prét. déf.
Émoulus, précédé de *tu*, 2e pers. sing. prét. déf.
Émoulusse, 1re pers. sing. imparf. subj.
Émoulussent, 3e pers. plur. imparf. subj.
Émoulusses, 2e pers. sing. imparf. subj.
Émoulussiez, 2e pers. plur. imparf. subj.
Émoulussions, 1re pers. plur. imparf. subj.
Émoulut, précédé de *il* ou *elle*, 3e pers. sing. prét. déf.
Émoulût, précédé de *qu'il* ou *qu'elle*, 3e pers sing. imparf. subj.
Émoulûtes, 2e pers. plur. prét. déf.

ÉMOUSSÉ, E, part. pass. de *émousser*.

ÉMOUSSER, v. act. (*émoucé*), ôter la pointe d'une chose aiguë, la rendre *mousse* ou obtuse : *émousser la pointe d'une épée, d'un poignard*, etc.—Au fig., hébéter, ôter la vivacité de l'esprit : *l'habitude émousse le plaisir et la douleur*. —*Oter la mousse* des arbres. — **S'ÉMOUSSER**, v. pron.

ÉMOUSSOIR, subst. mas. (*émouçoar*), instrument de jardinier pour nettoyer les branches d'espaliers, du côté où elles touchent au mur.

ÉMOUSTILLÉ, E, part. pass. de *émoustiller*.

ÉMOUSTILLER, v. act. (*émouceti-ié*), exciter à la gaieté, mettre de bonne humeur. Il est vieux et familier.—**S'ÉMOUSTILLER**, v. pron., se divertir, se donner du plaisir.

DU VERBE IRRÉGULIER **ÉMOUVOIR** :

Émouvaient, 3e pers. plur. imparf. indic.
Émouvais, précédé de *j'*, 1re pers. sing. imparf. indic.
Émouvais, précédé de *tu*, 2e pers. sing. imparf. indic.
Émouvait, 3e pers. sing. imparf. indic.
Émouvant, part. prés.
Émouvez, 2e pers. plur. impér.
Émouvez, précédé de *vous*, 2e pers. plur. prés. indic.
Émouviez, précédé de *vous*, 2e pers. plur. imparf. indic.
Émouviez, précédé de *que vous*, 2e pers. plur. prés. subj.
Émouvions, précédé de *nous*, 1re pers. plur. imparf. indic.
Émouvions, précédé de *que nous*, 1re pers. plur. prés. subj.

ÉMOUVOIR, v. act. (*émouvoar*) (en lat. *emovere*, fait de *motus*, mouvement), mettre en mouvement : *ces pilules émeuvent la bile*. — *Le vin blanc émeut*, donne de l'*émotion*.—Exciter, agiter les flots de la mer. En ce sens, on dit unipersonnellement : *il s'émut une grande tempête*.—Au moral, 1° exciter les passions : *quiconque assemble le peuple l'émeut* ; 2° toucher (voyez ce mot) : *les larmes, les prières, rien n'a pu l'émouvoir*. — **S'ÉMOUVOIR**, v. pron.

DU VERBE IRRÉGULIER **ÉMOUVOIR** :

Émouvons, 1re pers. plur. impér.
Émouvons, précédé de *nous*, 1re pers. plur. prés. indic.

ÉMOYER, v. act. (*émoè-ié*), remuer, secouer, émouvoir. (*Boiste*.) Vieux et inusité.

EMPACASSA ou **PACASSA**, subst. mas. (*anpacaça*), t. d'hist. nat., animal du Congo qui paraît être un buffle ou un bubale.

EMPAILLAGE, subst. mas. (*anpâ-iaje*), action d'*empailler*.

EMPAILLÉ, E, part. pass. de *empailler*.

EMPAILLEMENT, subst. mas.(*anpâ-ieman*), action d'*empailler* les animaux. On dit aussi *taxidermie*.

EMPAILLER, v. act. (*anpâ-ié*), garnir de *paille* une chaise. — Envelopper de *paille* : *les jardiniers empaillent les figuiers, les pieds d'artichauts*, etc., pour les préserver de la gelée.—Remplir de *paille*. — *Empailler des animaux*, les remplir de matières propres à les conserver.—**S'EMPAILLER**, v. pron.

EMPAILLEUR, subst. mas., au fém., **EMPAILLEUSE** (*anpâ-leur, leuze*), celui, celle qui empaille.

EMPAILLEUSE, subst. fém. Voy. EMPAILLEUR.

EMPALANGÉ, subst. mas. (*anpalanjé*), t. d'hist. nat., animal d'Afrique qui a beaucoup de rapport avec le buffle.

EMPALÉ, E, part. pass. de *empaler*.

EMPALEMENT, subst. mas. (*anpaleman*), l'action d'*empaler*; sorte de supplice horrible en usage chez les Turcs. Voy. EMPALER.

EMPALER, v. act. (*anpalé*), ficher un *pal* aigu dans le fondement, et le faire sortir par la gorge ou les épaules.—S'EMPALER, v. pron.

S'EMPALTOQUER, v. pron. (*çanpaletokié*), se vêtir, s'envelopper. (*Rabelais*.) Vieux et inusité.

EMPAN, subst. mas. (*anpan*), sorte de mesure qui comprend depuis l'extrémité du pouce jusqu'à celle du petit doigt dans leur plus grande distance.— En t. de brodeur, l'étendue des deux bras.

EMPANACHÉ, E, part. pass. de *empanacher*.

EMPANACHER, v. act. (*anpanaché*), garnir d'un *panache*.—S'EMPANACHER, v. pron.

EMPANDA, subst. propre fém. (*anpanda*), myth., déesse protectrice des bourgs et villages, chez les anciens Romains.

EMPANNÉ, E, part. pass. de *empanner*.

EMPANNER, v. act. (*anpanené*), t. de marine, mettre un vaisseau en *panne*, disposer tellement les voiles qu'il n'avance pas. — S'EMPANNER, v. pron.

EMPANON, subst. mas. (*anpanon*), t. de charpentier, chevron de croupe qui s'assemble à l'arêtier et qui pose sur les plates-formes.

EMPAQUETÉ, E, part. pass. de *empaqueter*.

EMPAQUETER, v. act. (*anpaketé*), mettre en *paquet* : *empaqueter des habits, du linge, des livres*, etc.—Envelopper. Il se dit surtout comme verbe personnel réfléchi, et comme passif : *il s'empaqueta dans son manteau; elle était empaquetée dans ses coiffes.* — Serrer, presser : *nous étions six empaquetés dans un carrosse.*—S'EMPAQUETER, v. pron.

EMPARAGEMENT, subst. mas. (*anparajeman*), mariage convenable. (*Boiste*.) Vieux et inusité.

EMPARÉ, E, part. pass. de *s'emparer*.

S'EMPARER, v. pron. (*çanparé*) (de l'espagnol *amparar*, mettre en séquestre), se saisir d'une chose, s'en rendre le maître ; occuper, envahir : *les ennemis se sont emparés de la ville par surprise; s'emparer d'une maison, d'un héritage.* —Au fig., asservir, dominer : *les passions s'emparent du cœur.*

EMPARLIER, subst. mas. (*anparlié*), avocat plaidant. (*Boiste*.) Vieux et hors d'usage.

EMPASME, subst. mas. (*anpaceme*) (du grec ἐμπάσσω, je saupoudre), t. de médec., poudre parfumée qu'on répand sur le corps pour absorber la matière de la transpiration.

EMPASTELÉ, E, part. pass. de *empasteler*.

EMPASTELER, v. act. (*anpacetelé*), t. de teinturier, donner le bleu aux étoffes par le moyen du *pastel*. — S'EMPASTELER, v. pron.

EMPÂTÉ, E, part. pass. de *empâter*.

EMPÂTEMENT, subst. mas (*anpâteman*), action d'*empâter*, état de ce qui est *pâteux* ou *empâté* : *l'empâtement de la langue.*—En t. de médec., gonflement du tissu cellulaire : *l'empâtement du foie, des glandes.* Voy. EMPATTEMENT.

EMPÂTER, v. act. (*anpâté*) (rac., *pâte*), remplir de *pâte* ou de quelque autre chose qui fait l'effet de la *pâte* : *la glaise empâte les mains.*—Rendre *pâteux* : *cela empâte la langue, la bouche.*— *Empâter la volaille*, lui donner de la *pâte* pour l'engraisser.—*Empâter un tableau de couleurs*, en t. de peinture, coucher les couleurs avec l'abondance et la consistance nécessaires.— *Empâter*, en ce sens, se prend aussi en mauvaise part, pour dire, trop charger de couleurs : *ce peintre a trop empâté ce tableau.* On dit aussi, *cette figure, cette main est empâtée; ces contours sont empâtés*, pour dire qu'ils sont lourds, et qu'ils manquent de netteté et de finesse. — On dit, en t. de grav., *que les chairs sont bien empâtées*, lorsque le travail des tailles et des points rend le moelleux des chairs.—S'EMPÂTER, v. pron.

EMPATRONNER, v. act. (*anpatroné*), donner un *patron*. (*Boiste*.) Inusité.

EMPATTEMENT (l'*Académie* écrit à tort *empatement*), subst. mas. (*anpateman*), action d'*empatter*.—En archit., épaisseur de maçonnerie qui sert de fondement à un mur.—Pièces de bois qui forment la base d'une grue.

EMPATTÉ, E, part. pass. de *empatter*.

EMPATTER, v. act. (*anpaté*) (rac. *patte*), t. de charron, faire les *pattes* des raies d'une roue. — En t. de mar., on *empatte* des torons d'un cordage décommis pour faire une épissure.—On *empatte* des pièces de bois, en réunissant leurs extrémités l'une sur l'autre. — S'EMPATTER, v. pron.

EMPATTURE, subst. fém. (*anpature*), t. de charpentier, jonction de deux pièces de bois au bout l'une de l'autre par des entailles en adent et à mi-bois.

EMPAUMÉ, E, part. pass. de *empaumer*.

EMPAUMER, v. act. (*anpômé*) (du latin *palma*, paume, creux de la main, tiré du grec παλάμη, qui a la même signification), recevoir une balle ou un éteuf dans le milieu de la *paume* de la main, de la raquette ou du battoir, et la pousser fortement.—Fig. et fam., 1° se rendre maître de l'esprit d'une personne; 2° bien prendre, bien manier une affaire; 3° s'emparer de la parole.—T. de vén., *empaumer la voie*, prendre la voie. — S'EMPAUMER, v. pron.

EMPAUMURE, subst. fém. (*anpômure*), la partie du gant qui couvre toute la *paume* de la main. — En vènerie, le haut de la tête du cerf, lorsque la base des andouillers imite la *paume* de la main. On l'appelle aussi quelquefois *porte-chandelier*.

EMPEAU, subst. mas. (*anpô*), t. de jard., ente en écorce.

EMPÊCHÉ, E, part. pass. de *empêcher*, et adj.; fam., embarrassé, occupé : *voilà un homme bien empêché de rendre ses comptes; il a les mains empêchées.*—Prov. : *être empêché de sa personne, de sa contenance*, être dans un grand embarras d'esprit, ou, simplement, ne savoir comment se tenir.

EMPÊCHEMENT, subst. mas. (*anpêcheman*), tout ce qui *empêche* qu'une chose ne s'exécute ; obstacle : *mettre un empêchement à l'exécution d'un projet, y apporter de l'empêchement; il y a un empêchement à ce mariage; ôter, vaincre, lever un empêchement.* Voy. OBSTACLE.

EMPÊCHER, v. act. (*anpêché*) (en latin *impedire*, enlacer, embarrasser dans les filets, formé du grec ἐμποδίζειν, dont la racine est ποδος, gén. de πους, pied ; *embarrasser les pieds*), mettre, apporter obstacle à... : *il faut souffrir ce qu'on ne peut empêcher.* Suivi d'un verbe, il régit la préposition *de* avec l'infinitif : *il m'a empêché de partir*; ou bien la conjonction *que* avec le subjonctif. Dans ce dernier cas, s'il y a une négation après *empêcher*, on n'en met point après le *que* : *je n'empêche pas que vous sortiez*; et s'il n'y en a point, on ajoute après le *que* la négative *ne* : *j'empêcherai bien que vous ne sortiez.*—S'EMPÊCHER, v. pron., s'abstenir : *je ne puis m'empêcher de rire.*

EMPEIGNE, subst. fém. (*anpègne*), le dessus et les côtés du soulier.

EMPELLEMENT, subst. mas. (*anpèleman*), *pelle* ou bonde pour retenir ou faire sortir l'eau d'un étang, d'un lac, d'un canal, etc.

EMPELOTÉ, E, adj. (*anpeloté*), t. de fauconnerie : *oiseau empeloté*, qui ne peut digérer ce qu'il a avalé.

S'EMPELOTER, v. pron. (*çanpeloté*), t. de fauconnerie, se dit de l'oiseau dont la nourriture se met en *peloton*.

EMPÉNAGE, subst. fém. (*anpénaje*), état d'une serrure montée sur trois *pênes*.

EMPÊNÉ, E, part. pass. de *empêner*.

EMPÊNER, v. act. (*anpêné*), monter une serrure sur trois *pênes*. Peu en usage.

EMPENNAGE, subst. mas. (*anpènenaje*), action, manière de garnir de plumes une flèche. Voy. EMPENNER.

EMPENNÉ, E, part. pass. de *empenner* et adj., garni de plumes : *flèche empennée.*—Se dit dans le blason d'un dard, d'un trait, etc., qui a ses ailerons ou *pennes* d'un émail particulier.—T. de bot., *feuille empennée*, feuille ailée.

EMPENNELAGE, subst. mas. (*anpènelaje*), t. de marine, assemblage de deux ancres amarrées l'une à l'autre, et à une certaine distance l'une de l'autre, de manière qu'elles soient toutes deux dans la direction du câble.

EMPENNELÉ, E, part. pass. de *empenneler*.

EMPENNELER, v. act. (*anpènelé*), t. de mar., mouiller une ancre à la suite d'une autre. — S'EMPENNELER, v. pron.

EMPENNELLE, subst. fém. (*anpènenèle*), t. de mar., petite ancre qui tient à la grosse pour la rendre plus ferme.

EMPENNER, v. act. (*anpènené*) (du lat. *penna*, plume, ou, comme on disait autrefois, *penne*), garnir une flèche de plumes. — S'EMPENNER, v. pron.

EMPENOIR, subst. mas. (*anpenoar*), ciseau de menuisier, recourbé par les deux extrémités, qui sont également tranchantes, mais sur divers sens.

EMPEREUR, subst. mas. (*anpereur*) (en latin *imperator*, fait de *imperare*, commander), chef souverain d'un *empire*.—Chef de rois.—Chez les Romains, titre donné à leurs généraux après une victoire.—L'*empereur*, absolument, désignait autrefois celui d'Allemagne; aujourd'hui, quand on parle de l'*empereur*, en France, c'est de Napoléon. —T. d'hist. nat., nom donné au roitelet, et à plusieurs espèces de poissons et animaux.

EMPÉRIÈRE, subst. fém. (*anpérière*), impératrice. Vieux et hors d'usage. — Espèce de rime couronnée à triple consonnance. Il se prend même quelquefois adj. au fém. (*Boiste*.)

EMPERLER, v. act. (*anpèrelé*), orner de *perles*. (*Boiste*.) Hors d'usage.

EMPESAGE, subst. mas. (*anpezaje*) (du latin *in*, dans, et *pissa*, poix), action d'*empeser*; manière d'*empeser* le linge.

EMPESÉ, E, part. pass. de *empeser*, et adj.—Fig., qui a un air trop composé, qui a quelque chose d'affecté : *homme empesé, femme empesée, style empesé, manières empesées.*

EMPESER, v. act. (*anpezé*) (du latin *in*, dans, et *pissa*, poix), mettre de l'*empois* dans le linge pour le rendre ferme.—T. de mar., *empeser une voile*, la mouiller, parce qu'elle est trop claire. — S'EMPESER, v. pron.

EMPESEUR, subst. mas., **EMPESEUSE**, subst. fém. (*anpezeur, zeuze*) (même étym. que celle du mot précédent), celui ou celle qui *empèse*.

EMPESEUSE, subst. fém. Voy. EMPESEUR.

EMPESTÉ, E, part. pass. de *empester*.

EMPESTER, v. act. (*anpècelé*) (du latin *pestis*, peste, fléau), infecter de *peste* : *un vaisseau venu du Levant empesta la ville.* — Répandre, communiquer une odeur fétide et désagréable : *cette odeur va nous empester.* — Employé neutralement : *son haleine, ce cadavre empeste.*— Fig. : *ils empestèrent tout le monde de leur hérésie*, etc. —S'EMPESTER, v. pron.

EMPÊTRÉ, E, part. pass. de *empêtrer*.

EMPÊTRER, v. act. (*anpêtré*) (du grec ἐν, dans, et πετρος, en lat. *petra*, pierre : *embarrasser dans les pierres*), lier la jambe d'un cheval ou d'une autre bête qu'on met en pâture. — Fig., embarrasser, engager : *vous nous avez empêtrés d'un homme fort incommode.* — S'EMPÊTRER, v. pron., s'embarrasser les pieds dans les traits, etc., en parlant d'un cheval. — Il se dit au figuré de toute sorte d'embarras et d'engagements : *je me suis empêtré dans une mauvaise affaire.*

EMPETRUM, subst. mas. (*anpétrome*), t. de bot., sorte d'arbuste ou de petit arbrisseau qui s'étend beaucoup plus qu'il ne s'élève, dont les feuilles ressemblent à celles de la bruyère commune, et qui porte des baies ou noires ou blanches, selon les espèces.

EMPHASE, subst. fém. (*anfâze*) (en grec ἔμφασις, dérivé de ἐμφαίνω, je fais briller, formé de φαίνω, je montre), manière pompeuse de s'exprimer et de prononcer. Il se prend ordinairement en mauvaise part : *parler avec emphase.*

EMPHASÉ, E, adj. (*anfâzé*), enflé : *style emphasé.* (J.-J. Rousseau.) Peu usité.

EMPHATIQUE, adj. des deux genres (*anfatike*), qui a de l'*emphase* : *ton, prononciation, discours emphatique.* Voy. AMPOULÉ.

EMPHATIQUEMENT, adv. (*anfatikeman*), avec *emphase*.

EMPHATISTE, subst. mas. (*anfaticete*), qui parle, qui écrit avec *emphase* : *Brébeuf était emphatiste.* (Racine.) Inusité.

EMPHRACTIQUE, adj. des deux genres (*anfraktike*) (en grec ἐμφρακτικος, qui obstrue, fait de ἐμφραττω, j'obstrue, je bouche), t. de médec., qui bouche les pores ; visqueux : *application emphractique.*—Il est aussi substantif : *les emphractiques.*—Syn. de *emplastique*. Voy. ce mot.

EMPHRAGME, subst. mas. (*anfragueme*) (du grec ἐμφραττω, j'obstrue, je bouche), t. de chir., obstacle que le fœtus apporte lui-même à sa sortie.

EMPHRAXIE, subst. fém. (*anfrakci*) (en grec ἐμφραξις, fait de ἐμφραττω, j'obstrue, je bouche), t. de médec., obstruction d'un canal par une matière quelconque.

EMPHYSÉMATEUSE, adj. fém. Voy. EMPHYSÉMATEUX.

EMPHYSÉMATEUX, adj. mas., au fém. **EMPHYSÉMATEUSE** (*anfizémateu, teuze*), t. de médec., qui est de la nature de l'*emphysème*.

EMPHYSÈME, subst. mas. (*anfizème*) (en grec ἐμφυσημα, fait de ἐν, dans, et φυσαω, je souffle), t. de médec., maladie qui fait enfler le corps. —Tumeur formée d'air; boursoufflure.

EMPHYTÉOSE, subst. fém. (*anfité-ôze*) (du grec εμφυτευσις, ente, greffe, formé de εν, dans, et de φυτευω, je plante, j'ente; parce que l'*emphytéose* n'avait lieu dans l'origine que pour les terres à défricher), t. de droit, contrat par lequel on cède la jouissance d'un terrein, etc., pendant un temps ou à perpétuité, à la charge d'une redevance annuelle.

EMPHYTÉOTE, subst. des deux genres (*anfité-ote*), celui ou celle qui jouit d'un fonds par bail *emphytéotique*.

EMPHYTÉOTIQUE, adj. des deux genres (*anfité-otike*), qui appartient à l'*emphytéose* : *contrat, bail, redevance emphytéotique.*

EMPIDE, subst. mas. (*anpide*), t. d'hist. nat., tribu d'insectes de l'ordre des diptères.

EMPIÉGÉ, E, part. pass. de *empiéger*.

EMPIÉGER, v. act. (*anpiéjé*), prendre au *piége*. Inusité.—*Beaumarchais* s'est servi figurément de cette expression.

EMPIÈME, subst. mas. Voy. EMPYÈME.

EMPIÉNER, v. act. (*anpiéné*), obliger quelqu'un à marcher. (*Boiste*.) Vieux et hors d'usage.

EMPIERRÉ, E, part. pass. de *empierrer*.

EMPIERREMENT, subst. mas. (*anpièreman*), en t. de ponts-et-chaussées, lit de *pierres* ou pavé bâtard sous l'aire de gravier, pour affermir les chemins.

EMPIERRER, v. act. (*anpièré*) (rac. *pierre*), garnir une route de *pierres* pour la conserver.—S'EMPIERRER, v. pron.

EMPIÉTANT, E, adj. (*anpiétan, tante*), t. de blas.; il se dit d'un oiseau qui tient sa proie avec ses *pieds*.

EMPIÉTÉ, E, part. pass. de *empiéter*, et adj.; t. de vénerie, qui a les *pieds* bons et beaux.

EMPIÉTEMENT, subst. mas. (*anpiéteman*), action d'*empiéter*; son effet.

EMPIÉTER, v. act. (*anpiété*) (de la prép. *in*, dans, et du subst. *pied* : *mettre les pieds dans*), usurper, prendre quelque chose sur autrui : *empiéter quelques toises sur le champ de son voisin.* On le dit plus souvent dans le sens neutre : *empiéter sur les droits*, etc.—T. de fauconnerie, se dit d'un oiseau de proie, et plus particulièrement de l'autour qui emporte sa proie avec ses *pieds*.

EMPIFFRÉ, E, part. pass. de *empiffrer*.

EMPIFFRER, v. act. (*anpifré*) (du vieux mot *piffre*, qui signifie gourmand), faire manger excessivement. — Rendre gras et replet. Il est familier et bas.—S'EMPIFFRER, v. pron., se gorger.

EMPIFFRERIE, subst. fém. (*anpifreri*), action d'*empiffrer* ou de *s'empiffrer*; effet de cette action. (*Boiste*.) Inusité.

EMPIGÉ, E, part. pass. de *empiger*.

EMPIGER, v. act. (*anpijé*), enduire de poix. (*Boiste*.) Vieux et même hors d'usage.

EMPIGO, subst. mas. (*anpiguo*), nom qu'on donne au Brésil à la maladie plus connue sous le nom d'*éléphantiasis*. Voy. ce mot.

EMPILE ou **PILE**, subst. fém. (*anpile*), t. de pêche, ligne déliée, double, garnie d'un hameçon.

EMPILÉ, E, part. pass. de *empiler*.

EMPILEMENT, subst. mas. (*anpileman*), t. d'artillerie, l'action ou la manière d'*empiler* les boulets, et, en général, action ou manière d'*empiler*.

EMPILER, v. act. (*anpilé*), mettre en *pile* : *empiler du bois, des livres, des boulets*, etc. — S'EMPILER, v. pron.

EMPILEUR, subst. mas., **EMPILEUSE**, subst. fém. (*anpileur, leuze*), celui, celle qui *empile*, dont la fonction est d'*empiler* des marchandises ou autres objets.

EMPILEUSE, subst. fém. Voy. EMPILEUR.

EMPIRANCE, subst. fém. (*anpirance*) (du verbe *empirer*), en t. de mon., altération dans la monnaie. — En t. de marchand., déchet, diminution de valeur dans les marchandises.

EMPIRE, subst. mas. (*anpire*) (en latin *imperium*), commandement, puissance autorité : *avoir, prendre de l'empire sur...; traiter quelqu'un avec empire*, avec hauteur. Voy. ASCENDANT.—Domination, monarchie : *l'empire des Assyriens*, etc. — Étendue des états d'un *empereur* : *l'empire d'orient, l'empire d'occident, l'empire romain; étendre les bornes d'un empire.*— Le temps que dure un règne : *sous l'empire d'Auguste.* — Les peuples soumis à sa domination : *tout l'empire pleura Germanicus.* — Absolument et sans régime, il s'entendait de l'*empire* d'Allemagne : *les électeurs, les cercles de l'Empire.* — On appelle *Bas-Empire*, les derniers temps de l'*empire* romain, qui se prennent ordinairement depuis Valérien : *auteur du Bas-Empire, médaille du Bas-Empire.* — Poét. : *l'humide empire*, la mer. — Fam. : *pas pour un empire*, pour rien au monde. — EMPIRE, RÈGNE. (*Syn.*) *Empire* a une grace particulière, lorsqu'on parle des peuples ou des nations; *règne* convient mieux à l'égard des princes. Ainsi l'on dit l'*empire* des Assyriens, l'*empire* des Turcs, le *règne* des Césars.—L'époque glorieuse de l'*empire* des Grecs est le *règne* d'Alexandre.—Le mot *empire* s'adapte au gouvernement domestique des particuliers aussi bien qu'au gouvernement public des souverains. On dit d'un père, qu'il a un *empire* absolu sur ses enfants; d'un maître, qu'il exerce un *empire* cruel sur ses valets; d'un tyran, que la flatterie triomphe et que la vertu gémit sous son *empire*. Le mot de *règne* ne s'applique qu'au gouvernement public ou général, et non au particulier. On ne dit pas qu'une femme est malheureuse sous le *règne*, mais bien sous l'*empire* d'un jaloux. Il entraîne même, dans le figuré, cette idée de pouvoir souverain et général. C'est par cette raison qu'on dit le *règne* et non l'*empire* de la vertu et du vice; car alors on ne suppose ni dans l'un ni dans l'autre un simple pouvoir particulier, mais un pouvoir général sur tout le monde et en toute occasion.— Ce ne sont ni les longs *règnes* ni leurs fréquents changements qui causent la chute des *empires*, c'est l'abus de l'autorité. — EMPIRE, ROYAUME. (*Syn.*) Le mot d'*empire* fait naître l'idée d'un état vaste, et composé de plusieurs peuples; celui de *royaume* marque un état plus borné, et fait sentir l'unité de la nation dont il est formé. — L'état romain fut un *royaume* tant qu'il ne fut formé que d'un seul peuple, soit originaire, soit incorporé; le nom d'*empire* ne lui convint et ne lui fut donné que lorsqu'il eut soumis d'autres peuples étrangers qui, en devenant membres de cet état, ne cessèrent pas pour cela d'être des nations différentes, et sur lesquelles les Romains n'établirent qu'une domination de commandement et non d'administration. (*Laveaux*.)

EMPIRÉ, E, part. pass. de *empirer*.

EMPIRÉE, subst. mas. Voy. EMPYRÉE.

EMPIREMENT, subst. mas. (*anpireman*), action d'*empirer*. (Montaigne.) Mot nécessaire.

EMPIRER, v. neut. (*anpiré*), devenir *pire*, en plus mauvais état : *les affaires empirent; la maladie empire.*—Act., faire devenir, rendre en plus mauvais état : *n'empirez pas volontairement vos maux.* (J.-J. Rousseau.) Ce verbe prend l'auxil. *être* et l'auxil. *avoir*. On dit qu'*un mal a empiré*, pour marquer l'action qui a opéré un changement; et l'on dit *le mal est empiré*, pour marquer l'état, le degré où il se trouve après avoir *empiré*.—S'EMPIRER, v. pron.

EMPIRIQUE, subst. et adj. des deux genres (*anpirike*) (du grec εμπειρικος, savant par expérience, fait de πειρα, expérience, essai), se dit d'un médecin qui ne s'attache qu'à l'*expérience*, et ne suit pas la méthode ordinaire.—On le dit souvent et subst. pour *charlatan*.

EMPIRISME, subst. mas. (*anpiriceme*), médecine pratique qui consiste à donner des remèdes sans principe et sans raisonnement, uniquement d'après l'*expérience*. —Charlatanisme.

EMPIS, subst. mas. (*anpi*), t. d'hist. nat., genre d'insectes *diptères*.

EMPLACÉ, E, part. pass. de *emplacer*.

EMPLACEMENT, subst. mas. (*anplaceman*), lieu, *place* où l'on peut faire un bâtiment, un jardin, etc.: *voilà un bel emplacement pour une manufacture.*—Il se dit particulièrement de la conduite et de la décharge du sel dans les greniers, magasins et lieux de dépôt. — Il se dit aussi, en parlant des sels, de la manière dont les masses sont disposées dans les greniers.

EMPLACER, v. act. (*anplacé*), mettre en *place*. — *Emplacer du sel*, le mettre dans les greniers.

EMPLAGE, subst. mas. (*anplaje*), action d'*emplir*. (*Boiste*.) Inus.

EMPLAIGNÉ, E, part. pass. d'*emplaigner*.

EMPLAIGNER, v. act. (*anplègnié*), t. de draperie, garnir les draps avec les chardons. On dit aussi *lainer*. — S'EMPLAIGNER, v. pron.

EMPLAIGNEUR, subst. mas. (*anplègnieur*), dans les manuf. de draps, celui qui *emplaigne*, qui garnit les draps avec la croix de chardons. On dit plus communément et mieux *laineur* et quelquefois *lainier*.

EMPLANTURE, subst. fém. (*anplanture*), trou qui sort de carlingue aux mâts des bateaux.

EMPLASTIQUE, adj. des deux genres (*anplacetike*) (du grec εμπλαστικος, qui obstrue, fait de εμπλασσω, j'obstrue, je bouche), t. de pharm., qui colle aux parties comme un *emplâtre*. Voy. EMPHRACTIQUE.

EMPLASTRATION, subst. fém. (*anplacetrâcion*), t. de médec., action de couvrir une plaie d'un *emplâtre*.—Ente en écusson. (*Trévoux*.)

EMPLÂTRE, subst. mas. (*anplâtre*) (du grec εμπλαστρον, fait de εμπλασσω, j'enduis par-dessus, parce qu'on étend l'*emplâtre* sur la peau ou le linge qu'on applique sur la partie malade), onguent étendu sur du linge, etc., qu'on applique sur quelque partie malade : *mettre, ôter, lever un emplâtre.*—Au fig. et fam., personne qui n'est bonne à rien, soit pour cause d'infirmité, soit par faiblesse d'esprit : *c'est un véritable emplâtre.* — Mauvais moyen pour *plâtrer* une affaire, etc. : *cet expédient est un mauvais emplâtre, qui ne fera rien à l'affaire.*

EMPLÂTRÉ, E, part. pass. de *emplâtrer*.

EMPLÂTRER, v. act. (*anplâtré*), t. de doreur sur cuir, étendre le vernis sur les peaux.—S'EMPLÂTRER, v. pron.

EMPLÂTRIER, subst. mas. (*anplâtrié*), t. de pharm., lieu où l'on met les *emplâtres*.

EMPLETTE, subst. fém. (*anplète*) (du lat. *impleta*, fait du verbe *implere*, emplir, parce que les marchands emplissent leurs magasins de marchandises. *Morin*.), achat qu'on fait de quelque chose : avec ces différences, 1° qu'*emplette* emporte avec lui une idée particulière de la chose achetée, et qu'*achat* tient plus de l'action d'acheter; 2° qu'*achat* paraît être seul propre aux objets considérables, tels que des terres, des fonds, des maisons, au lieu qu'*emplette* ne s'applique qu'aux objets de moindre conséquence, ou aux choses d'usage et de service ordinaire, telles que des habits, des bijoux, etc.

EMPLÈVRE, subst. mas. (*anplèvre*), t. de bot., bel arbrisseau du Cap.

EMPLI, E, part. pass. de *emplir*.

EMPLIR, v. act. (*anplir*) (du lat. *implere*, dérivé du grec εμπλεοω, dont la racine est πλεος, plein), rendre *plein* : *emplir une bouteille.*— Au fig., *Voltaire* a dit dans *Mérope* :

L'horreur et la vengeance *emplissent* tous les cœurs.

—EMPLIR, REMPLIR. (*Syn.*) *Remplir* exprime proprement l'action d'ajouter ce qui manque pour que la chose soit tout-à-fait pleine; et *emplir*, l'action continue par laquelle vous comblez entièrement la capacité d'une chose.—*Remplir*, c'est achever d'*emplir* : vous *emplissez* tout de suite une bouteille de vin; un étang se *remplit* par des crues successives d'eau. — *Remplir* est du style noble, mais *emplir* ne l'est pas. — S'EMPLIR, v. pron., devenir *plein*.

EMPLOCIES, subst. fém. plur. (*anploci*) (du grec εμπλεκω, je tresse), t. d'hist. anc., fêtes à Athènes où les femmes paraissaient avec les cheveux *tressés*.

EMPLOI, subst. mas. (*anploé*), usage qu'on fait d'une chose : *faire un bon, un sage, un mauvais emploi de son temps, de ses revenus, de ses talents.* —Fonction d'une personne qu'on *emploie* : *l'emploi de cette personne est de surveiller.*—Charge, office : *emploi politique, civil, militaire; donner, avoir, demander, obtenir, accepter, refuser un emploi ou de l'emploi; aspirer aux emplois.* — *Emploi*, dans un compte, signifie l'application que l'on fait d'une partie dans la recette ou la dépense. —*Emploi de deniers* se dit de l'application des deniers de quelqu'un, soit pour payer une dette, soit pour acquérir un héritage, ou autre immeuble.—*Emploi de la dot*, se dit du placement que fait un mari de la dot qu'il a reçue de sa femme en deniers, afin d'en assurer la répétition.—On appelle *double emploi*, dans un compte, un même article qui est porté deux fois, soit en recette, dépense ou reprise; *faux emploi*, ce qui est mal employé, ce qui arrive lorsqu'un article de dépense est porté dans la recette, ou un article de recette dans la dépense.—On dit au théâtre, qu'un *acteur a l'emploi des rois, des valets*, etc., pour dire qu'il joue les rôles de rois, de valets, etc.; *chef d'emploi*, celui qui a créé un rôle.

EMPLOYABLE, adj. des deux genres (*anploéiable*), susceptible d'être *employé*. (*Boiste*.) Inus.

EMPLOYÉ, subst. mas. (*anploé-ié*), celui qui a un *emploi*, commis de bureau. Voy. COMMIS. On le disait surtout de ceux qui avaient un *emploi* dans les fermes. — Au fém., on devrait écrire *employée*, quoique nous ne trouvions ce mot dans aucun *Dictionnaire*.

EMPLOYÉ, E, part. pass. de *employer*.

EMPLOYER, v. act. (*anploéié*) (du lat. *implicare*, impliquer, fait du grec εμπλεκειν, qui au passif signifie s'appliquer, s'adonner à quelque chose, s'en occuper avec soin. *Morin*.); en parlant des choses, mettre en usage, se servir de... : *employer tous les moyens pour réussir; employer son temps, son argent, ses moyens à mal faire.* — En parlant des personnes, donner une occupation, un *emploi* : *cet homme emploie plus de cent ouvriers.*—T. de comptabilité : *employer une somme en recette*, s'en charger en recette; *employer une somme en dépense*, la porter dans la dépense du compte; *employer en reprise*, reprendre et retirer une somme dont on s'est d'abord chargé en recette, mais que l'on reprend ensuite, parce que réellement on ne l'a pas touchée. —On dit encore: *employer quelqu'un sur l'état*, pour dire, le mettre sur l'état de dépense, sur l'état de ceux qui doivent être payés.—S'EMPLOYER, v. pron., s'occuper, s'amuser à quelque chose : *s'employer à l'étude.* Peu usité.—Agir pour... : *s'employer pour ses amis, pour le succès d'une démarche.*

EMPLUMÉ, E, part. pass. de *emplumer.*

EMPLUMER, v. act. (*anplumé*), garnir de *plumes* : *emplumer un clavecin.* Il n'est guère usité qu'en ce sens.— S'EMPLUMER, v. pron., fig., réparer ses pertes, s'enrichir dans une affaire. — Rétablir sa santé, engraisser. Pop.

EMPLURE, subst. fém. (*anplure*), se dit des feuilles de vélin ou de parchemin entre lesquelles le batteur d'or empile les feuilles métalliques qu'il va battre, afin d'amortir le choc des coups de marteau. — Au plur., feuillets de vélin ou de parchemin dans lesquels il n'y a plus d'or ou d'argent.

EMPNEUMATOSE, subst. fém. (*anpeneumatôze*) (du grec ἐν, dans, et πνέω, je souffle), t. de médec., synonyme d'*emphysème.* Voy. ce mot.

EMPOCÈSES et **EMPOÈSES**, subst. fém. plur. (*anpocèze, anpo-èze*), demi-cylindres creux qui reçoivent les tourillons d'une roue de moulin, etc. On les nomme aussi *coussinets.*

EMPOCHÉ, E, part. pass. de *empocher.*

EMPOCHER, v. act. (*anpoché*), mettre en *poche.* — S'EMPOCHER, v. pron.

EMPOIGNÉ, E, part. pass. de *empoigner.*

EMPOIGNEMENT, subst. mas. (*anpognieman*), action d'*empoigner.* Ce mot manque à tort dans les *Dictionnaires.*

EMPOIGNER, v. act. (*anpognié*), prendre et serrer avec le *poing* : *empoigner quelqu'un par le bras, par les cheveux.*— Se saisir de..., arrêter.—S'EMPOIGNER, v. pron. Pop.

EMPOINTÉ, E, part. pass. de *empointer.*

EMPOINTER, v. act. (*anpoeinté*), t. de manuf., faire quelques *points* d'aiguille pour fixer la forme dans laquelle une étoffe doit être pliée. On dit aussi *appointer* et *pointer.* — Aiguiser en *pointe*; façonner une épingle en pointe. — S'EMPOINTER, v. pron.

EMPOINTEUR, subst. mas. (*anpoeinteur*), t. de manuf. et de fabrique, celui qui fixe les plis d'une étoffe; celui qui aiguise la *pointe* des épingles.

EMPOINTURE, subst. fém. (*anpoeinture*), t. de mar., extrémité de la bande de ris vers la *pointe* de la vergue.

EMPOIS, subst. mas. (*anpoa*) (suivant *Trévoux*, de *ampes*, qui, en bas-breton celtique, a la même signification), sorte de colle faite avec de l'amydon, et dont on se sert pour rendre le linge plus ferme et plus clair : *mettre du linge à l'empois; empois bleu, empois blanc.*

EMPOISE, subst. fém. (*anpoaze*), nom que on donne aux coussinets sur lesquels viennent s'appuyer les tourillons des axes tournants.

EMPOISONNÉ, E, part. pass. de *empoisonner.*

EMPOISONNEMENT, subst. mas. (*anpoézoneman*), l'action d'*empoisonner*; effets de cette action.

EMPOISONNER, v. act. (*anpoézoné*), donner du *poison* pour faire mourir : *on l'a empoisonné.* — Infecter de *poison* : *empoisonner des fruits, les fontaines, les puits*, etc. — En parlant des choses, faire mourir par une qualité vénéneuse : *il y a des champignons qui empoisonnent.*—Par extension, infecter par de mauvaises odeurs, et quelquefois jusqu'à la mort : *en remuant la terre, il en sortit une vapeur qui empoisonna les travailleurs.* Dans ce sens, il s'emploie aussi neutralement et absolument : *l'haleine de cet homme empoisonne.* — Fig., 1° corrompre l'esprit et les mœurs : *cette doctrine empoisonna tout l'empire*; 2° jeter de l'amertume sur la vie, etc.; causer des chagrins, des regrets durables : *cette action empoisonna le reste de ses jours*; 3° donner un tour malin à un discours, à quelque action : *cette mauvaise langue empoisonne tout ce qu'on dit.*—S'EMPOISONNER, v. pron.

EMPOISONNEUR, subst. mas., au fém. **EMPOISONNEUSE** (*anpoézoneur, neuze*), celui, celle qui *empoisonne.*—Par exagération, mauvais cuisinier, mauvaise cuisinière :

> Jamais *empoisonneur* ne sut mieux son métier.
> (BOILEAU.)

— Au fig., celui qui débite des maximes pernicieuses : *c'est un empoisonneur public.*

EMPOISONNEUSE, subst. fém. Voy. EMPOISONNEUR.

EMPOISSÉ, E, part. pass. de *empoisser.*

EMPOISSER, v. act. (*anpoécé*) (du grec ἐν, dans, et πισσόω, je poisse), enduire de *poix.* — S'EMPOISSER, v. pron. Voy. POISSER.

EMPOISSONNÉ, E, part. pass. de *empoissonner.*

EMPOISSONNEMENT, subst. mas. (*anpoèçoneman*), l'action d'*empoissonner.*

EMPOISSONNER, v. act. (*anpoèçoné*), peupler, garnir de *poissons* : *empoissonner un étang, des fossés, un canal.* — S'EMPOISSONNER, v. pron.

EMPOLÉUS, subst. propre mas. (*anpolé-uce*), myth., surnom de Mercure, comme protecteur des marchands et des cabaretiers.

EMPORE, subst. mas. (*anpore*); il se disait, dans l'ancienne physiologie, d'un réservoir que l'on supposait recevoir les esprits animaux filtrés par la pulpe médullaire de la substance cendrée du cerveau.

EMPORÉTIQUE, adj. des deux genres (*anporétike*), t. de pharm., se dit du papier gris qui sert à filtrer les liqueurs.

EMPORTÉ, E, part. pass. de *emporter*, et adj., violent, colère : *c'est un homme emporté.* — On dit aussi subst. : *c'est un emporté, une emportée.*

EMPORTEMENT, subst. mas. (*anporteman*), mouvement déréglé, violent, causé par quelque passion : *emportement de colère, d'amour, de joie*, etc.; employé absolument et sans régime, il ne signifie que la colère : *être sujet à l'emportement.* (J.-J. Rousseau.) Voy. COLÈRE.

EMPORTE-PIÈCE, subst. mas. (*anportepièce*), instrument propre à découper. C'est un fer gravé en creux et tranchant, qu'on frappe avec un marteau sur une étoffe, etc. — Au fig., homme satirique, très-mordant.—Au plur. : *des emporte-pièce.*

EMPORTER, v. act. (*anporté*), enlever, ôter d'un lieu, *porter* dehors : *emporter des meubles, un malade, un blessé.* — Entraîner, arracher : *le vent a emporté cette toiture.* — Faire mourir en peu de temps : *cette maladie l'a emporté en quelques jours.* — Ôter : *ce remède emporte la fièvre*, guérit de la fièvre. — *Le jus de citron emporte les taches d'encre*, les fait disparaître. — Fig., en parlant des passions, jeter dans quelque excès blâmable : *la colère l'emporte*; *l'ambition vous emporte.* — Gagner, obtenir : *emporter la victoire, l'avantage.* — Avoir le dessus, exceller; en ce sens, il se joint toujours au pronom *le*, et veut après lui la préposition *sur* : *Virgile et Horace l'emportent sur tous les poètes latins.*—*Emporter la balance*, prévaloir: *son avis l'emporta.*— Entraîner par une suite nécessaire : *ce crime emporte la mort; souvent la forme emporte le fond.* —*Emporter une place*, s'en rendre maître en peu de temps; et fig. : *emporter une affaire*, la faire réussir promptement et malgré tous les obstacles. — On dit d'une raillerie atroce, qu'elle *emporte* la pièce; et de promesses et menaces frivoles : *autant en emporte le vent.* — EMPORTER LE PRIX, REMPORTER LE PRIX. (*Syn.*) *Emporter le prix*, obtenir un avantage, une récompense; *le remporter*, obtenir ces mêmes avantages par le concours. On *emporte le prix* par le simple succès; on *le remporte* par le triomphe obtenu sur des concurrents. — S'EMPORTER, v. pron., se fâcher violemment. On dit aussi : *se laisser emporter à la colère, à la vengeance.*—Il se dit encore d'un cheval qui ne connaît plus le frein. — En t. de jard., pousser beaucoup par le haut et presque pas par le bas : *ces arbres, ces plantes s'emportent.*

EMPOTÉ, E, part. pass. de *empoter.*

EMPOTER, v. act. (*anpoté*), mettre dans un *pot* : *empoter des fleurs.* — S'EMPOTER, v. pron.

EMPOUILLE, subst. fém. (*anpou-ie*), t. de pal., les fruits, la récolte, la moisson encore sur pied, par opposition à *dépouille*, qui est la récolte enlevée.

EMPOULETTE (*anpoulète*), subst. fém., t. de mar. Voyez AMPOULETTE, qui est la bonne orthographe.

EMPOUPÉ, E, part. pass. de *empouper.*

EMPOUPER, v. act. (*anpoupé*), t. de mar., prendre le vent, un vaisseau en *poupe.* — S'EMPOUPER, v. pron. Peu usité.

EMPOURPRÉ, E, part. pass. de *empourprer.*

EMPOURPRER, v. act. (*anpourpré*), colorer de rouge ou de *pourpre.* Style poétique. — S'EMPOURPRER, v. pron. Il vieillit.

EMPOUSE ou **EMPUSE**, subst. fém. (*anpouse, anpuze*) (du grec ἔμπουσα), myth., spectre horrible et multiforme qu'Hécate faisait voir aux condamnés. On ne pouvait le conjurer qu'en lui disant des injures.

EMPOUTRERIE, subst. fém. (*anpoutreri*), *poutres* du plancher d'un clocher, d'une tour, etc. Vieux.

DU VERBE IRRÉGULIER **EMPREINDRE** :

Empreignaient, 3e pers. plur. imparf. indic.
Empreignais, précédé de *j'*, 1re pers. sing. imparf. indic.
Empreignais, précédé de *tu*, 2e pers. sing. imparf. indic.
Empreignait, 3e pers. sing. imparf. indic.
Empreignant, part. prés.
Empreigne, précédé de *que j'*, 1re pers. sing. prés. subj.
Empreigne, précédé de *qu'il* ou *qu'elle*, 3e pers. sing. prés. subj.
Empreignent, précédé de *ils* ou *elles*, 3e pers. plur. prés. indic.
Empreignent, précédé de *qu'ils* ou *qu'elles*, 3e pers. plur. prés. subj.
Empreignes, 2e pers. sing. prés. subj.
Empreignez, 2e pers. plur. impér.
Empreignez, précédé de *vous*, 2e pers. plur. prés. indic.
Empreigniez, précédé de *vous*, 2e pers. plur. imparf. indic.
Empreigniez, précédé de *que vous*, 2e pers. plur. prés. subj.
Empreignîmes, 1re pers. plur. prét. déf.
Empreignions, précédé de *nous*, 1re pers. plur. imparf. indic.
Empreignions, précédé de *que nous*, 1re pers. plur. prés. subj.
Empreignirent, 3e pers. plur. prét. déf.
Empreignis, précédé de *j'*, 1re pers. sing. prét. déf.
Empreignis, précédé de *tu*, 2e pers. sing. prét. déf.
Empreignisse, 1re pers. sing. imparf. subj.
Empreignissent, 3e pers. plur. imparf. subj.
Empreignisses, 2e pers. sing. imparf. subj.
Empreignissiez, 2e pers. plur. imparf. subj.
Empreignissions, 1re pers. plur. imparf. subj.
Empreignit, précédé de *il* ou *elle*, 3e pers. sing. prét. déf.
Empreignît, précédé de *qu'il* ou *qu'elle*, 3e pers. sing. imparf. subj.
Empreignîtes, 2e pers. plur. prét. déf.
Empreignons, 1re pers. plur. impér.
Empreignons, précédé de *nous*, 1re pers. sing. prés. indic.
Empreindra, 3e pers. sing. fut. indic.
Empreindrai, 1re pers. sing. fut. indic.
Empreindraient, 3e pers. plur. prés. cond.
Empreindrais, précédé de *j'*, 1re pers. sing. prés. cond.
Empreindrais, précédé de *tu*, 2e pers. sing. prés. cond.
Empreindrait, 3e pers. sing. prés. cond.
Empreindras, 2e pers. sing. fut. indic.

EMPREINDRE, v. act. (*anpreindre*) (du lat. *imprimere*, fait, dans le même sens, de la prép. *in*, dans, ou sur, et de *premere*, presser), imprimer, au propre et au fig. : *empreindre une figure, des caractères.*—*Empreindre* et *imprimer* ne sauraient s'employer l'un pour l'autre. On *imprime* différentes choses, de différentes manières; mais les figures ou les formes seules sont *empreintes* avec des sceaux, des cachets, des marteaux, des estampilles, etc., ou par les corps mêmes, figurés de manière qu'on y reconnaît ces corps : *en marchant, vous imprimez un mouvement à l'air; vos pas restent empreints sur la terre.* Un ouvrage est *imprimé* et non *empreint*, car un ouvrage n'a pas une figure; les caractères d'*imprimerie* restent *empreints* sur le papier. — La physionomie est l'*empreinte* du caractère, mais cette *empreinte* est sans cesse altérée par des *impressions* nouvelles et profondes. — *Empreindre* n'est guère usité qu'au participe passé *empreint*; aussi semble-t-il particulièrement désigner l'effet produit par l'action d'*imprimer.* (Laveaux.)—S'EMPREINDRE, v. pron.

DU VERBE IRRÉGULIER **EMPREINDRE** :

Empreindrez, 2e pers. plur. fut. indic.

Empreindriez, 2ᵉ pers. plur. prés. cond.
Empreindrions, 1ʳᵉ pers. plur. prés. cond.
Empreindrons, 1ʳᵉ pers. plur. fut. indic.
Empreindront, 3ᵉ pers. plur. fut. indic.
Empreins, précédé de *j'*, 1ʳᵉ pers. sing. prés. indic.
Empreins, précédé de *tu*, 2ᵉ pers. sing. prés. indic.

EMPREINT, E, part. pass. de *empreindre*, et, adj., imprimé : *il a le vice empreint sur la figure; une législation empreinte de barbarie*.

EMPREINTE, subst. fém. (*anpreinte*) (du lat. *imprimere*, imprimer, *empreindre*, dont les Italiens et les Espagnols ont fait également *impronta*), impression, marque, figure de ce qui est *empreint*. — On dit élégamment au figuré, *porter l'empreinte de...* — Au plur., *empreintes*, t. d'hist. nat., pierres qui portent *l'empreinte* distincte de végétaux ou d'animaux, soit en tout, soit en partie.

EMPRESSÉ, E, adj. (*anprécé*), zélé, ardent : *des vœux empressés*. — Subst., qui agit avec ardeur, qui veut tout faire : *faire l'empressé*.

EMPRESSEMENT, subst. mas. (*anprèceman*), hâte de faire ou de dire quelque chose. — Soins *empressés*, bons offices, etc.

S'EMPRESSER, v. pron. (*çanprécé*), avoir de l'*empressement*. — Agir avec ardeur, avec diligence, avec affection. — On dit : *s'empresser à*, et *s'empresser de...* On *s'empresse* de faire une chose qui n'a pas un but marqué hors de la personne qui agit : *je m'empresse de marcher*. On *s'empresse* à faire une chose qui a un but marqué hors de la personne qui agit : *je m'empresse à vous répondre*.

EMPRIMERIE, subst. fém. (*anprimeri*), grande cuve dans laquelle les tanneurs mettent des cuirs en coudrement.

EMPRIS, E, adj. (*anpri*), entrepris, saisi, embarrassé, accablé, surpris. (*Boiste*.) Vieux et inusité.

EMPRISES, subst. fém. plur. (*anprize*), t. d'antiq., sorte de joûtes, de combats, de cavalcades, etc. Hors d'usage.

EMPRISONNÉ, E, part. pass. de *emprisonner*.

EMPRISONNEMENT, subst. mas. (*anprizoneman*), action par laquelle quelqu'un est mis en *prison*, ou l'effet de cette action.

EMPRISONNER, v. act. (*anprizoné*), mettre en *prison*. — S'EMPRISONNER, v. pron.

EMPROSTHOTONOS, subst. mas. (*anprocetotonòce*) (du grec ἐμπροσθεν, en avant, et τονος, tension), t. de médec., contraction spasmodique dans laquelle le corps est courbé en avant.

EMPRUNT, subst. mas. (*anpreun*), action d'*emprunter* : *faire, trouver un emprunt; aller à l'emprunt, aux emprunts*. — Chose qu'on *emprunte* : *vivre d'emprunts*. — Fig. et fam. : *beauté d'emprunt*, qui n'est point naturelle; *vertus d'emprunt*, qui ne sont qu'apparentes.

EMPRUNTÉ, E, part. pass. de *emprunter* et adj. : *avoir un air emprunté*, qui n'est pas naturel. — *Nom emprunté*, déguisé, faux.

EMPRUNTER, v. act. (*anpreunté*) (du latin barbare *emprestare*, ou *imprestare*, employé avec la même signification dans les temps de la basse latinité), demander et recevoir quelque chose en *prêt* pour le rendre dans la suite : *emprunter de l'argent à quelqu'un*. — Fig., *emprunter le nom de quelqu'un*, mettre quelque affaire, quelque livre, etc., sous son nom. — *Emprunter la main, le bras d'un autre*, se servir de lui pour écrire, pour faire quelque chose. — Tirer d'ailleurs : *la lune emprunte sa lumière du soleil; les magistrats empruntent toute leur autorité de la justice*. Dans ce sens, c'est-à-dire, avec un régime indirect de chose, *emprunter* veut toujours après lui la préposition *de*; avec un régime indirect de personne, c'est *à* ou *de* indifféremment. — S'EMPRUNTER, v. pron.

EMPRUNTEUR, subst. mas., **EMPRUNTEUSE**, subst. fém. (*anpreunteur, teuze*), celui, celle qui est dans l'habitude d'*emprunter*. — Celui, celle qui *emprunte*.

EMPRUNTEUSE, subst. fém. Voyez EMPRUNTEUR.

EMPSALMISTES, sub. mas. pl. (*anpeçalemicete*) (du grec ψαλμος, psaume), médecins qui prétendaient guérir avec des paroles mystérieuses. — Quelques-uns écrivent à tort *emsalmite*.

EMPSYCHOSE, subst. fém. (*anpecikôze*) (du grec ἐμψυχοω, animer, vivifier, formé lui-même de ψυχη, âme), t. didactique, action d'animer, ou union de l'âme avec le corps.

EMPTION, subst. fém. (*anpecion*), achat. (*Boiste*.) Vieux et inusité.

EMPTOÏQUE, adj. des deux genres (*anpetoïke*) (du grec ἐμπτυω, je crache), t. de médec., se dit de ceux qui crachent le sang. V. HÉMOPTYSIE.

EMPUANTI, E, part. pass. de *empuantir*.

EMPUANTIR, v. act. (*anpuantir*) (du grec ἐν, dans, πυθειν, corrompre, infecter), remplir de *puanteur*, infecter. — S'EMPUANTIR, v. pron., commencer à sentir mauvais.

EMPUANTISSEMENT, subst. mas. (*anpuanticeman*), action d'*empuantir*; état d'une chose qui *s'empuantit*.

EMPUSE, subst. fém. Voyez EMPOUSE.

EMPUSE, subst. fém. (*anpuze*), t. d'hist. nat., genre d'insectes de l'ordre des orthoptères.

EMPUSSER, v. act. (*ampucé*), faire venir à suppuration. Inus.

EMPYÈME, subst. mas. (*anpième*) (en grec ἐμπυημα, de πυον, pus), t. de médec., amas de pus.

EMPYOCÈLE, subst. fém. (*anpiocèle*) (du grec ἐν, dans, πυον, pus, et κηλη, tumeur, hernie), t. de chir., tumeur, abcès dans le scrotum ou dans les testicules; espèce de fausse hernie.

EMPYOMPHALE, subst. mas. (*anpionfale*) (du grec ἐν, dans, πυον, pus, et ὀμφαλος, nombril), t. de chir., espèce de hernie ombilicale qui contient du pus. — Abcès quelconque ayant son siége dans l'ombilic.

EMPYRÉE, adj. et subst. mas. (*anpiré*) (du grec ἐν, dans, et πυρ, feu, pour marquer l'éclat et la splendeur du ciel) : *l'empyrée* ou *le ciel empyrée*, le ciel le plus élevé, le plus pur, où l'on établit le séjour des bienheureux. Style poétique.

EMPYREUMATIQUE, adj. des deux genres (*anpireumatike*), qui sent l'*empyreume* : *huile empyreumatique*.

EMPYREUME, subst. mas. (*anpireume*) (en grec ἐμπυρευμα, qui signifie, dans Hésychius, *étincelles* ou *charbons du foyer, propres à rallumer le feu*, dérivé d'ἐμπυροω, je brûle, j'enflamme, dont la racine est πυρ, feu), t. de chimie, goût et odeur désagréable que contractent les substances huileuses, exposées à l'action d'un feu violent ou trop long-temps continué.

EMRACÉE, subst. fém. (*anracé*), t. de bot., sorte de plante qui croît en Afrique.

EMRAKHOR, subst. mas. (*anrakor*), grand-écuyer en Turquie.

EMS, subst. propre mas. (*eimece*), fleuve d'Allemagne.

ÉMU, E, part. pass. de *émouvoir*.

ÉMULATEUR, subst. mas., **ÉMULATRICE**, subst. fém. (*émulateur, trice*) (en latin *æmulator*), qui est touché d'*émulation* : *Thésée fut l'émulateur d'Hercule*. — Imitateur, envieux, concurrent, rival : *l'émulateur veut s'élever aux dépens de son rival*. L'*Académie* ne lui donne pas de fém. — Il est du style soutenu. Voy. ÉMULE.

ÉMULATION, subst. fém. (*émulácion*) (en latin *æmulatio*), espèce de jalousie qui pousse à égaler ou à surpasser quelqu'un dans quelque chose de louable. — ÉMULATION, RIVALITÉ. (*Syn.*) *L'émulation* est une vertu; la *rivalité* en est l'excès qui dégénère en vice; la première désigne la concurrence, la seconde le conflit; l'une excite, l'autre irrite.

ÉMULATRICE, subst. fém. Voyez ÉMULATEUR.

ÉMULE, subst. des deux genres (*émule*) (en latin *æmulus*, fait du verbe *æmulare* ou *æmulari*), concurrent, rival, antagoniste. — ÉMULE, ÉMULATEUR. (*Syn.*) *Émule* diffère d'*émulateur*, en ce qu'on est *émule* de ses pairs ou de ses compagnons, et qu'on est *émulateur* de quelque personnage distingué; *l'émule* a des *émules*; *l'émulateur* a des modèles. — Il se dit aussi de deux hommes qui sont regardés comme étant d'un mérite égal dans un art.

ÉMULER, v. act. (*émulé*) (même étymologie que celle du mot précédent), imiter par *émulation*. (*Boiste*.) Mot que l'usage n'a pas encore absolument accrédité.

ÉMULGENT, E, adj. (*émuljan, jante*) (du latin *emulgens*, part. prés. de *emulgere*, tirer, traire le lait de la mamelle, formé de la particule extractive *e*, et de *mulgere*, traire), t. d'anat., qui porte le sang dans les reins, ou des reins au cœur : *artère, veine émulgente*.

ÉMULSIF, adj. mas., au fém. **ÉMULSIVE** (*émulcif, cive*) (en latin *emulsivus*, fait de *emulgere*, tirer, traire), t. de pharm. et de médec.; il se dit des semences qui fournissent de l'huile par expression.

ÉMULSION, subst. fém. (*émulcion*) (en latin *emulsio*, fait de *emulgere*, tirer du lait), t. de pharm. et de médec., remède liquide, ordinairement agréable, qui imite le lait par sa couleur et sa consistance, et qu'on prépare avec la moelle des semences laiteuses et oléagineuses appelées *émulsives*.

ÉMULSIONNÉ, E, part. pass. de *émulsionner*.

ÉMULSIONNER, v. act. (*émulcioné*), t. de pharm. et de médec., préparer une potion avec une *émulsion*. — S'ÉMULSIONNER, v. pron.

ÉMULSIVE, adj. fém. Voyez ÉMULSIF.

DU VERBE IRRÉGULIER ÉMOUVOIR :

Émûmes, 1ʳᵉ pers. plur. prét. déf.
Émurent, 3ᵉ pers. plur. prét. déf.
Émus, précédé de *j'*, 1ʳᵉ pers. sing. prét. déf.
Émus, précédé de *tu*, 2ᵉ pers. sing. prét. déf.
Émusse, 1ʳᵉ pers. sing. imparf. subj.
Émussent, 3ᵉ pers. plur. imparf. subj.
Émusses, 2ᵉ pers. sing. imparf. subj.
Émussiez, 2ᵉ pers. plur. imparf. subj.
Émussions, 1ʳᵉ pers. plur. imparf. subj.
Émut, précédé de *il* ou *elle*, 3ᵉ pers. sing. prét. déf.
Émût, précédé de *qu'il* ou *qu'elle*, 3ᵉ pers. sing. imparf. subj.
Émûtes, 2ᵉ pers. plur. prét. déf.

ÉMYDE, subst. fém. (*émide*) (en grec ἐμυς), t. d'hist. nat., tortue d'eau douce, à pattes palmées membraneuses, et dont les doigts sont armés d'ongles crochus.

ÉMYDO-SAURIEN, subst. mas. (*émidoçôriein*), t. d'hist. nat., nom d'un ordre nouvellement établi pour placer les crocodiles.

EN, prép. (*an*) (en grec ἐν, en latin *in*); *en* marque, 1° le rapport au lieu, au temps : *il est en France; en hiver*. Racine a dit (*Iphigénie*) : *j'écrivis en Argos*; c'est une faute; il fallait : *j'écrivis à Argos*, parce qu'*Argos* est un nom de ville et non de pays. Partout ailleurs il a mis : *dans Argos*, comme on dit : *dans Paris*; on ne dirait pas *en Paris*. J.-J. Rousseau a fait une faute d'un autre genre et encore plus grave, lorsqu'il a dit (*Lettre à M. de Beaumont*) : *si dans le secret de mon cœur, ils en ont pénétré que je cachais au public*. Cette phrase n'est pas correcte; l'auteur a voulu et dû dire : *si parmi les secrets de mon cœur, ils en ont pénétré*, etc.; 2° l'état, la disposition : *il est en vie, en colère*; 3° la manière ou l'état; tantôt il se résout par *avec*, tantôt par *comme* : *ce livre est relié en veau; il vit en bon chrétien*; 4° le motif, la fin : *en faveur de ce mariage; donner une chose en garde*; 5° l'occupation : *il est en affaire, en oraison*, etc. — *En* signifie aussi selon : *parlez en conscience*; pour : *armer en course*; par : *mettre en pièces*; à : *j'ai confiance en vous*, etc. — *En* se prend dans une acception moins déterminée que *dans*. — Les deux prépositions *en* et *dans* ont rapport au lieu ou au temps : *en France, en un an, en un jour; dans la ville, dans la maison, dans dix ans, dans la semaine*. *Dans* emporte une idée accessoire, ou de singularité, ou de détermination individuelle, et voilà pourquoi *dans* est toujours suivi de l'article devant les noms appellatifs; au lieu que *en* emporte un sens qui n'est point resserré à une idée singulière. C'est ainsi qu'on dit d'un domestique, *il est en maison*, c'est-à-dire dans une maison quelconque; au lieu que, si l'on disait qu'*il est dans la maison*, on désignerait une maison individuelle déterminée par les circonstances : *il est en France*, en quelque lieu de la France; *il est en ville*, il est hors de la maison; mais on ne sait pas en quel endroit particulier de la ville il est allé. On dit, *il est en prison*, ce qui ne désigne aucune prison quelconque; mais on dit, *il est dans la prison de la Force*, ce qui indique une idée plus précise; *il est dans les cachots* ajoute une idée plus particulière à l'idée d'être *en* prison. — *En*, joint aux gérondifs, marque ou le temps ou la manière : *il l'a salué en partant; il parle en tremblant*. — *En* sert aussi à former plusieurs mots qui signifient *mettre dans*, *garnir de* : *emprisonner, enharnacher, enivrer*, etc., etc.

EN, pronom relatif, équivaut à la préposition *de* suivie d'un nom ou d'un pronom : *j'en viens*, je viens de ce lieu; *j'ai vu cette maison, les jardins en sont beaux*, les jardins d'elle sont beaux. — *J'en sors*, je sors du lieu dont on vient de parler. *Avez-vous de l'argent? j'en ai*; j'ai de l'argent. — *En vouloir à quelqu'un*, lui vouloir du mal. — *A qui en voulez-vous?* à qui voulez-vous parler? — *A qui en avez-vous?* contre qui avez-vous de l'humeur? — *S'en aller*, quitter le lieu où l'on est : *il s'en va; allons-nous-en*. — Lorsque, dans la construction analytique de la phrase, la préposition *de*, renfermée dans la valeur de *en*, vient après un nom, on doit employer *en* toutes les fois qu'il est question d'êtres inanimés : *parcourez cette forêt, vous en connaîtrez tous les détours.* En parlant d'une personne ou d'une chose personnifiée, il faut se servir de l'article possessif *son, sa, ses : Dieu est incompréhensible, il faut adorer ses décrets*, et non pas : *il faut en adorer les décrets; la patrie est notre mère commune, respectons et suivons ses lois*, au lieu de : *respectons et suivons-en les lois.*—Si la préposition *de*, dans l'ordre analytique, vient après un verbe, *en* se dit indifféremment des personnes et des choses : *parlons-en*, parlons de cet homme, de cette femme, de ce jardin, de cette maison, etc. — *En* s'emploie aussi dans quelques phrases elliptiques, telles que les suivantes : *il s'en faut beaucoup; il ne sait où il en est; il en tient; il en veut découdre; il en est venu à ce point; il en est logé là.* — Il se met quelquefois par redondance dans certaines phrases autorisées par l'usage, comme : *il en est de cela comme de la plupart des choses du monde; ils en vinrent aux mains, aux prises, aux injures*, etc.

ÉNAGONIEN, adj. propre mas. (*énaguonieïn*) (du grec εν, dans, et αγων, combat), myth., surnom de Mercure, comme protecteur des athlètes.

ÉNALLAGE, subst. fém. (*énalelaje*) (du grec εναλλαγη, changement, fait de εναλλαττω, je change), t. de gramm. lat., figure qui consiste, dit-on, à changer les modes, les temps; mais elle n'est point fondée, et elle s'explique par l'ellipse.

ENAMÉRER, v. act. (*annaméré*), rendre *amer*. Vieux et inus.

ENAMOURÉ, E, part. pass. d'*enamourer*, et adj. (*annamouré*), pris d'amour. Il est vieux.

ENAMOURER, v. act. (*annamouré*), rendre amoureux. — **S'ENAMOURER**, v. pron., devenir amoureux.

ÉNANCHÉ, E, part. pass. de *énancher*.

ÉNANCHER, v. act. (*annanché*), t. d'épinglier, former la place de la branche de l'épingle avant celle de la tête.

ÉNANTÈSE, subst. fém. (*énantèze*) (du grec εναντιον, vis-à-vis de), t. d'anat., rencontre des vaisseaux ascendants et descendants.

ÉNANTIOSE, subst. fém. (*énantiôze*) (même étymologie que celle du mot précédent), t. didactique, opposition, contradiction; nom que les pythagoriciens donnaient à chacune des oppositions qu'ils regardaient comme la source de toutes choses.

ENARBRÉ, E, part. pass. de *enarbrer*.

ENARBRER, v. act. (*annarbré*), t. d'horl., faire tenir une roue sur son *arbre*, sur sa tige.

ÉNARGÉE, subst. fém. (*énarjé*), t. de bot., genre de plantes que l'on appelle aussi *callirène*.

ÉNARRATION, subst. fém. (*énareràcion*), longue *narration*.

ÉNARRÉ, E, part. pass. de *énarrer*.

ÉNARRER, v. act. (*énareré*), *narrer* longuement, lentement.—**S'ÉNARRER**, v. pron.

ÉNARRHÉ, E, part. pass. de *énarrher*.

ÉNARRHEMENT, subst. mas. (*annareman*), action de donner des *arrhes*.

ENARRHER, v. act. (*annâré*), donner des *arrhes*. On dit plus souvent et mieux *arrher*.

ÉNARTHROCARPE, subst. fém. (*énartrokarpe*), t. de bot., genre de plantes de la famille des crucifères, qui croît sur le Liban et qui se rapproche du radis.

ÉNARTHROSE, subst. fém. (*énartrôze*) (du grec εν, dans, et αρθρον, jointure, articulation), t. d'anat., cavité d'un os dans laquelle est reçue la tête d'un autre os.

ÉNASÉ, E, part. pass. de *énaser*.

ÉNASER, v. act. (*énâzé*), couper le *nez*. —Prov. : *pour moucher un enfant, il ne faut pas l'énaser.* (*Boiste.*) Vieux et hors d'usage.

ÉNAUTES, subst. mas. plur. (*énôte*) (du grec ναυτης, matelot), t. d'hist. anc., magistrats de la ville de Milet, qui jugeaient certaines causes importantes, sur un vaisseau éloigné de la côte.

en **BELLE**, loc. adv. (*ânbèle*), t. de marine : *on pointe en belle; on tire le canon en belle;* lorsqu'une pièce de canon est bien au milieu du sabord, elle se trouve *en belle*.—*Tirer en belle,* c'est ajuster les coups de canon en plein bois de son ennemi, vers le milieu de la longueur du bâtiment.— On dit aussi qu'*une ancre appelle en belle*, lorsque le bâtiment est bien dans sa direction, sur la longueur du câble.

ENBOUT, subst. mas. (*anbou*), partie inférieure d'un instrument chirurgical.—Tuyau de cuivre ou de fer qui forme le bout d'une canne.

ENCABANEMENT, subst. mas. (*ankabaneman*), t. de mar., partie du vaisseau qui se rétrécit vers le plat-bord.

ENCÂBLURE, subst. fém. (*ankâblure*), t. de mar., mesure d'une longueur de *câble* ou de cent vingt brasses.

ENCADRÉ, E, part. pass. de *encadrer*.

ENCADREMENT, subst. mas. (*ankâdreman*), action d'*encadrer*, ou effet de cette action. —T. milit., sergent et caporal qui ferment la gauche d'un bataillon.

ENCADRER, v. act. (*ankâdré*), mettre dans un *cadre*.—T. milit., *encadrer un peloton*, y attacher les officiers et sous-officiers nécessaires pour les manœuvres.— **S'ENCADRER**, v. pron.

ENCAGÉ, E, part. pass. de *encager*.

ENCAGER, v. act. (*ankajé*), mettre *en cage*. —Fig. et fam., mettre en prison.—**S'ENCAGER**, v. pron.

ENCAISSÉ, E, part. pass. de *encaisser*. On dit qu'*une rivière est encaissée*, lorsque ses bords sont fort escarpés.

ENCAISSEMENT, subst. mas. (*ankièceman*), action d'*encaisser*; effet de cette action. — *Faire un chemin par encaissement*, y faire des tranchées qu'on emplit de cailloux.—*Faire un jardin par encaissement*, y planter des arbres dans des trous où l'on a mis de la bonne terre. — T. de constr., ouvrage en charpente dans lequel on coule à fond perdu de la maçonnerie pour faire une crèche : *faire un pont par encaissement.*— T. de commerce, action de recevoir de l'argent et de le mettre en *caisse*.

ENCAISSER, v. act. (*ankièce*), mettre en *caisse*, ou dans des *caisses*.—En t. de commerce, recevoir de l'argent, le serrer *dans sa caisse*.—**S'ENCAISSER**, v. pron.

ENCALYPTE, subst. fém. (*ankalipete*), t. de bot., genre de plantes cryptogames, de la famille des mousses.

ENCAN, subst. mas. (*ankan*) (corruption de *inquant*, fait du latin *in quàntum*, pour combien), cri public qui se fait par un huissier pour vendre à l'enchère des meubles ou autres effets mobiliers.

ENCANAILLÉ, E, part. pass. de *encanailler*.

ENCANAILLER, v. act. (*ankanâ-ié*), mêler avec de la *canaille*. — **S'ENCANAILLER**, v. pron., hanter, fréquenter de la *canaille*.

ENCANTHIS, subst. mas. (*ankantice*) (en grec εγκανθις, formé de εγ, pour εν, dans, et κανθος, l'angle de l'œil), t. de médec., tumeur de la caroncule lacrymale située au grand coin de l'œil.

ENCANTRÉ, E, part. pass. de *encantrer*.

ENCANTRER, v. act. (*ankantré*), t. de manuf., ranger les canons dans la *cantre*.

ENCAPÉ, E, part. pass. de *encaper* et adj.; t. de mar., donner entre deux *caps*.

ENCAPELÉ, E, part. pass. de *encapeler* et adj., arrêté, attaché.

ENCAPELER, v. act. (*ankapelé*), t. de mar., se dit d'un navire qu'on arrête, qui est arrêté.— **S'ENCAPELER**, v. pron.

ENCAPER, v. act. (*ankapé*), t. de mar., entrer dans un *cap*.

ENCAPUCHONNÉ, E, part. pass. de *encapuchonner*.

ENCAPUCHONNER, v. act. (*ankapuchoné*), couvrir d'un *capuchon*. — **S'ENCAPUCHONNER**, v. pron., se couvrir la tête d'un *capuchon* ou de quelque chose qui en approche. Style plaisant. — Il se dit, en t. de manège, d'un cheval qui baisse la tête et s'arme.

ENCAQUÉ, E, part. pass. de *encaquer*.

ENCAQUER, v. act. (*ankakié*), mettre dans une *caque : encaquer du hareng.* — Fig. et fam., presser des gens, les entasser les uns sur les autres dans une voiture, etc. — **S'ENCAQUER**, v. pron.

ENCAQUEUR, subst. mas., au fém. **ENCAQUEUSE** (*ankakieur, kieuze*), celui, celle qui met des harengs en *caque*.

ENCARTÉ, E, ou **ENCARTONNÉ, E**, part. pass. de *encarter* ou de *encartonner*.

ENCARTER ou **ENCARTONNER**, v. act. (*ankarté, toné*), t. d'imprimerie; il se dit d'une portion de feuille qui se place dans un cahier, telle que les huit pages d'une feuille in-douze, qui se placent, à la pliure, entre les huit premières et les huit dernières pages de la feuille. Il se dit aussi des feuilles de format in-folio, qui *s'encartonnent* ou qu'on *encartonne* les unes dans les autres, selon l'ordre des signatures. — **S'ENCARTER** et **S'ENCARTONNER**, v. pron.

ENCASSURE, subst. fém. (*ankâçure*), t. de charrons, entaille faite au lissoir de derrière et à la sellette de devant, pour y placer les essieux des roues.

ENCASTÉ, E, part. pass. de *encaster*.

ENCASTELÉ, E, part. pass. de *encasteler*.

S'ENCASTELER, v. pron. (*çankacetelé*), t. de médec. vétér., se dit des chevaux dont le talon devient trop étroit et la fourchette trop serrée.

ENCASTELURE, subst. fém. (*ankacetelure*), t. de médec. vétér., resserrement, douleur dans le pied de devant d'un cheval qui *s'encastelle*.

ENCASTER, v. act. (*ankaceté*), t. de faïencier, disposer les pièces à enfourner.—**S'ENCASTER**, v. pron.

ENCASTEUR, subst. mas. (*ankaceteur*), ouvrier qui *encaste*.

ENCASTILLAGE, subst. mas. (*ankaceti-iaje*), t. de mar., élévation de l'arrière et de l'avant, et tout ce qui est construit dans un vaisseau, depuis la lisse de vibord jusqu'au haut.

ENCASTILLÉ, E, part. pass. de *encastiller*.

ENCASTILLEMENT, subst. mas. (*ankaceti-ieman*), action d'*encastiller*, ou effet de cette action.

ENCASTILLER, v. act. (*ankaceti-ié*) (du lat. *castellum*), enchâsser ou mettre quelque chose dans un endroit; s'y enfermer comme dans un *château*. —**S'ENCASTILLER**, v. pron.

ENCASTRÉ, E, part. pass. de *encastrer*, et adj., *médaille encastrée*, médaille formée par deux moitiés de médailles communes qu'on joint ensemble, et qui en forment une rare, mais fausse.

ENCASTREMENT, subst. mas. (*ankacetreman*), action ou effet d'*encastrer*. — T. de chir., mouvement de préhension qu'opère le lithotriteur.

ENCASTRER, v. act. (*ankacetré*) (en lat. *incastrare*), enchâsser; joindre une chose à une autre par le moyen d'une entaille. On *encastre* une pierre dans une autre, un crampon dans deux pierres pour les joindre, etc. — T. de mar., renfermer entre deux pièces de bois le bout de la verge de l'ancre. — *Encastrer la faïence*, la ranger dans les gazettes. — T. de chir., enfermer entre les pinces du lithotriteur la pierre ou les fragments de pierre, lorsqu'on introduit cet instrument dans la vessie. — **S'ENCASTRER**, v. pron.

ENCATALEPSIE, subst. fém., synonyme d'*apoplexie* ou de *catalepsie*. Voy. ces mots.

ENCAUME, subst. mas. (*ankôme*) (en grec εγκαυμα, fait de εν, et de καιω, je brûle), t. de médec., pustule causée par une brûlure; la marque que laisse une brûlure. — Ulcère de la cornée. (*Boiste.*)

ENCAUSTIQUE, adj. des deux genres (*ankôcetike*) (du grec εγκαυστικος, marqué avec le feu, fait de εγκαιω, je brûle) : *peinture encaustique* ou *à l'encaustique*, genre de peinture connu des anciens, qui se faisait avec des cires coloriées et liquéfiées au feu. Le secret de cette espèce de peinture, déjà imitée avec succès par le comte de *Caylus*, a été pleinement retrouvé, dit-on, par un jésuite espagnol nommé *Requeno*. — Il est aussi substantif féminin : *l'encaustique a été inventée par les anciens.* — Préparation faite avec de la cire et de l'essence de térébenthine, que l'on étend sur les carreaux ou sur le bois, et que l'on frotte ensuite pour leur donner le brillant.

ENCAVÉ, E, part. pass. de *encaver*.

ENCAVEMENT, subst. mas. (*ankaveman*), action d'*encaver*.

ENCAVER, v. act. (*ankavé*), mettre en *cave : encaver des vins.*—**S'ENCAVER**, v. pron.

ENCAVEUR, subst. mas. (*ankaveur*), celui qui *encave*.

ENCAVURE, subst. fém. (*ankavure*), t. de médec., ophthalmie causée par un ulcère profond de la cornée.

DU VERBE IRRÉGULIER ENCEINDRE :

Enceignaient, 3e pers. plur. imparf. indic.

Enceignais, précédé de *j'*, 1re pers. sing. imparf. indic.

Enceignais, précédé de *tu*, 2e pers. sing. imparf. indic.

Enceignait, 3e pers. sing. imparf. indic.

Enceignant, part. prés.

Enceigne, précédé de *que j'*, 1re pers. sing. prés. subj.

Enceigne, précédé de *qu'il* ou *qu'elle*, 3e pers. sing. prés. subj.

Enceignent, précédé de *ils* ou *elles*, 3e pers. plur. prés. indic.

Enceignent, précédé de *qu'ils* ou *qu'elles*, 3e pers. plur. prés. subj.

Enceignes, 2ᵉ pers. sing. prés. subj.
Enceignez, 2ᵉ pers. plur. impér.
Enceignez, précédé de *vous*, 2ᵉ pers. plur. prés. indic.
Enceigniez, précédé de *vous*, 2ᵉ pers. plur. imparf. indic.
Enceigniez, précédé de *que vous*, 2ᵉ pers. plur. prés. subj.
Enceignîmes, 1ʳᵉ pers. plur. prét. déf.
Enceignions, précédé de *nous*, 1ʳᵉ pers. plur. imparf. indic.
Enceignions, précédé de *que nous*, 1ʳᵉ pers. plur. prés. subj.
Enceignirent, 3ᵉ pers. plur. prét. déf.
Enceignis, précédé de *j'*, 1ʳᵉ pers. sing. prét. déf.
Enceignis, précédé de *tu*, 2ᵉ pers. sing. prét. déf.
Enceignisse, 1ʳᵉ pers. sing. imparf. subj.
Enceignissent, 3ᵉ pers. plur. imparf. subj.
Enceignisses, 2ᵉ pers. sing. imparf. subj.
Enceignissiez, 2ᵉ pers. plur. imparf. subj.
Enceignissions, 1ʳᵉ pers. plur. imparf. subj.
Enceignit, précédé de *il* ou *elle*, 3ᵉ pers. sing. prét. déf.
Enceignît, précédé de *qu'il* ou *qu'elle*, 3ᵉ pers. sing. imparf. subj.
Enceignîtes, 2ᵉ pers. plur. prét. déf.
Enceignons, 1ʳᵉ pers. plur. impér.
Enceignons, précédé de *nous*, 1ʳᵉ pers. plur. prés. indic.
Enceindra, 3ᵉ pers. sing. fut. indic.
Enceindrai, 1ʳᵉ pers. sing. fut. indic.
Enceindraient, 3ᵉ pers. plur. prés. cond.
Enceindrais, précédé de *j'*, 1ʳᵉ pers. sing. prés. cond.
Enceindras, 2ᵉ pers. sing. fut. indic.

ENCEINDRE, v. act. (*anceindre*) (en lat. *incingere*, formé de la prép. *in*, dans, et de *cingere*, ceindre, entourer), environner, entourer : *enceindre une ville de murailles*, *un fossé de palissades*.—*s'*ENCEINDRE, v. pron.—ENCEINDRE, ENCLORE, ENTOURER, ENVIRONNER. (*Syn.*) *Enceindre* une chose, c'est l'entourer dans sa circonférence, de manière qu'elle ne soit ouverte nulle part. Ce mot peu usité ne se dit que d'une étendue assez considérable. *Enclore une chose*, c'est l'enfermer comme dans un rempart, former tout autour une clôture, de manière qu'elle soit fermée, garantie. Une ville est *enceinte* de murailles, une forêt *enceinte* de fossés ; un verger est *enclos* de murs. Il semble que ce qui *entoure* touche de plus près à la chose qu'il entoure, qu'il forme tout autour une chaîne plus serrée, qu'il a des rapports plus étroits avec elle ; tandis que ce qui *environne* peut être plus ou moins éloigné, plus vague, moins continu, plus détaché. Un anneau *entoure* le doigt ; un bracelet *entoure* le bras ; une bordure *entoure* un tableau ; des fossés *entourent* un château. Les cieux *entourent* la terre ; des satellites *environnent* une planète ; des eaux *environnent* un pays.

DU VERBE IRRÉGULIER ENCEINDRE :

Enceindrez, 2ᵉ pers. plur. fut. indic.
Enceindriez, 2ᵉ pers. plur. prés. cond.
Enceindrions, 1ʳᵉ pers. plur. prés. cond.
Enceindrons, 1ʳᵉ pers. plur. fut. indic.
Enceindront, 3ᵉ pers. plur. fut. indic.
Enceins, 2ᵉ pers. sing. impér.
Enceins, précédé de *j'*, 1ʳᵉ pers. sing. prés. indic.
Enceins, précédé de *tu*, 2ᵉ pers. sing. prés. indic.
Enceint, précédé de *il* ou *elle*, 3ᵉ pers. sing. prés. indic.

ENCEINT, E, part. pass. de *enceindre*, et adj., environné. — *Femme enceinte*, grosse d'enfant (du lat. *incincta*, dans le sens de *non cincta*, qui ne porte point de *ceinture*, pour ne pas être gênée dans ses habits ; les Espagnols, par une espèce d'antiphrase, disent d'une femme grosse qu'elle est *en cinta*, en ceinture).

ENCEINTE, subst. fém. (*anceinte*) (du latin *incinctus*, part. pass. de *incingere*, enceindre), circuit, tour, clôture : *l'enceinte d'une ville*, *d'une place forte*, *d'un théâtre*. — En t. de vénerie, cercle marqué par des rameaux brisés pour détourner le cerf et savoir précisément le lieu où il s'est retiré. — En t. de pêche, espèce de parc que forment sur-le-champ au milieu de la mer des matelots montés sur différents bateaux, en entourant les poissons de passage qui voyagent par troupes.

ENCEINTURÉ, E, part. pass. d'*enceinturer*.

ENCEINTURER, v. act. (*anceinturé*), engrosser une femme. Vieux et hors d'usage.

ENCELADE, subst. mas. (*ancelade*), t. d'hist. nat., insecte de la famille des carnassiers.

ENCÉLIALGIE, subst. fém. (*ancélialji*), du grec ἐν, dans, κοιλια, intestin, et ἀλγος, douleur), t. de médec., douleur qui se fait sentir dans les intestins.

ENCÉLIALGIQUE, adj. des deux genres (*ancélialejike*), t. de médec., qui a rapport à l'*ancélialgie*.

ENCÉLIE, subst. fém. (*ancéli*), t. de bot., plante du Pérou, composée, de la famille des corymbifères.

ENCÉLITE, subst. fém. (*ancélite*) (du grec ἐν, dans, κοιλια, intestin), t. de médec., inflammation des intestins. Synonyme d'*entérite*. Voyez ce mot.

ENCÉNIES, subst. fém. plur. (*ancéni*) (en latin *encœnia*, fait du grec καινος, nouveau), t. d'hist. anc., fête qu'on célébrait à la dédicace de chaque temple, à la reconstruction d'une maison, enfin, au rapport de *Suidas*, quand on commençait quelque entreprise. — Fête solennelle que les Juifs célébraient le 25 de leur neuvième mois, en mémoire de la purification du temple par *Judas Machabée*.

ENCENS, subst. mas. (*ançan*) (en lat. *incensum*, fait de *incendere*, brûler, parce qu'on brûle l'*encens*), espèce de résine ou de gomme aromatique odoriférante. — Au fig., louange, flatterie : *donner de l'encens*, *aimer l'encens*.

ENCENSÉ, E, part. pass. de *encenser*.

ENCENSEMENT, subst. mas. (*ançanceman*), l'action d'*encenser*. Il ne se dit guère qu'au propre.

ENCENSER, v. act. (*ançancé*), faire brûler de l'*encens*, adorer, en parlant de la Divinité.—Au fig., louer, flatter.—*s'*ENCENSER, v. pron.

ENCENSEUR, subst. mas. (*ançanceur*), louangeur. Il ne se dit qu'au figuré, dans le style plaisant et critique : *c'est un fade encenseur*. On appelle *thuriféraire* celui qui *encense* à l'église.

ENCENSIER, subst. mas. (*ançancié*), t. de bot., romarin officinal qui répand, lorsqu'on le brûle, une odeur d'*encens*.

ENCENSOIR, subst. mas. (*ançançoar*), sorte de cassolette suspendue à de petites chaînes, dont on se sert pour *encenser*.—Fig., *tenir l'encensoir*, avoir beaucoup de dignité et de puissance.—*Mettre la main à l'encensoir*, entreprendre sur l'autorité de l'Église. —*Donner des coups d'encensoir*, des louanges outrées. —T. d'astron., constellation de l'hémisphère austral, qu'on appelle aussi *autel*.

ENCÉPÉ, E, part. pass. de *encéper*.

ENCÉPER, v. act. (*ancépé*), mettre en *ceps* : *encéper la vigne*. — Fig., *encéper*, embarrasser, mettre mal à l'aise.—*s'*ENCÉPER, v. pron., fig., s'embarrasser, s'engager à travers des obstacles. (*Boiste*.) Hors d'usage.

ENCÉPHALE, subst. mas. (*ancéfale*) (en grec ἐγκεφαλος, formé de ἐν, dans, et de κεφαλη, tête), t. d'anat., masse pulpeuse qui comprend le cerveau proprement dit et le cervelet.—Il est aussi adj. des deux genres : *vers encéphales*, qui s'engendrent dans la tête.

ENCÉPHALGIE, subst. fém. (*ancéfaleji*) (du grec ἐγκεφαλος, formé de ἐγ pour ἐν, dans, de κεφαλη, tête, et de ἀλγος, douleur), t. de médec., douleur dans le cerveau.

ENCÉPHALGIQUE, adj. des deux genres (*ancéfalejike*), t. de médec., qui a rapport à l'*encéphalgie*.

ENCÉPHALIQUE, adj. des deux genres (*ancéfalike*), t. de médec., qui est dans la tête : *organe encéphalique*.

ENCÉPHALITE, subst. fém. (*ancéfalite*) (du grec ἐγκεφαλος, cerveau), t. de médec., inflammation du cerveau.

ENCÉPHALITHE, subst. fém. (*ancéfalite*) (du grec ἐγκεφαλος, cerveau, et λιθος, pierre), t. d'hist. nat., pierre figurée qui imite le cerveau humain.

ENCÉPHALOCÈLE, subst. fém. (*ancéfalocèle*) (du grec ἐγκεφαλος, cerveau, et κηλη, tumeur, hernie), t. de médec., hernie du cerveau et du cervelet.

ENCÉPHALOÏDE, subst. mas. (*ancéfalo-ide*) (du grec ἐν, en, dans, κεφαλη, tête, et εἰδος, forme ; *en forme de tete*), t. d'hist. nat., astroïte ou coralloïde en champignon isolé.

ENCÉPHALOTOMIE, subst. fém. (*ancéfalotomi*) (du grec ἐγκεφαλος, cerveau, et du verbe τεμνειν, couper, disséquer), t. d'anat., dissection anatomique de l'*encéphale* ou cerveau.

ENCÉPHALOTOMIQUE, adj. des deux genres (*ancéfalotomike*) t. d'anat., qui a rapport à l'*encéphalotomie*.

ENCÉZA, subst. fém. (*ancéza*), t. de pêche, pêche qui se fait en Catalogne, de jour ou de nuit, avec le fitora ou le fichoir.

ENCHAÎNÉ, E, part. pass. de *enchaîner*.

ENCHAÎNEMENT, subst. mas. (*anchéneman*), liaison, connexion qui se trouve entre les choses. Peu usité au propre.—Fig., on dit : *un enchaînement de crimes*, *de victoires ; suivre*, *prévoir l'enchaînement des événements*.

ENCHAÎNER, v. act. (*anchéné*), lier, attacher, retenir avec des *chaînes* : *enchaîner un chien*, *un furieux*, *un prisonnier*, *des forçats*, *des esclaves*.—Au fig., joindre, lier, attacher : *enchaîner un amant*, *les cœurs*, *par sa beauté*, *par ses bienfaits*.—Par analogie, lier les unes aux autres des idées, des propositions, des phrases, etc. — *s'*ENCHAÎNER, v. pron.

ENCHAÎNURE, subst. fém. (*anchénure*), *enchaînement*. Il ne se dit que des œuvres de l'art.

ENCHALAGE, subst. mas. (*anchalaje*), t. de saline, action d'empiler le bois.

ENCHALÉ, E, part. pass. de *enchaler*.

ENCHALER, v. act. (*anchalé*), t. de saline, empiler du bois.—*s'*ENCHALER, v. pron.

ENCHALEUR, subst. mas. (*anchaleur*), t. de saline, ouvrier qui empile, qui *enchale* le bois.

ENCHANTÉ, E, part. pass. de *enchanter*, et adj. ; fig., en parlant des personnes, charmé, ravi. C'est un mot très à la mode : *je suis enchanté de vous voir*, *enchanté de cet ouvrage*, etc. — En parlant des choses, beau, surprenant : *lieux*, *jardins enchantés*. Dans cet emploi, *enchanté* a le sens actif d'*enchantant*, qui *enchante*, qui ravit. —Le peuple dit : *pain enchanté*, pour : *pain à chanter*.

ENCHANTELÉ, E, part. pass. de *enchanteler*.

ENCHANTELER, v. act. (*anchantelé*), mettre en *chantier* : *enchanteler du vin*, le mettre sur des *chantiers*.—*Enchanteler du bois*, le ranger dans le *chantier*.—*s'*ENCHANTELER, v. pron.

ENCHANTEMENT, subst. mas. (*anchanteman*), l'effet de prétendus charmes, de paroles ou de figures magiques. Voy. CHARME.—Au fig., 1° chose merveilleuse et surprenante ; 2° charme, plaisir, ravissement.

ENCHANTER, v. act. (*anchanté*) (en latin *incantare*, qu'on a dit pour *cantare*, qui se trouve dans *Virgile*, avec la signification de charmer, enchanter ; *chanter*, *réciter des vers magiques*. Les Italiens disent de même *incantare*, et les Espagnols *encantar*), charmer, ensorceler par des paroles, par des figures, ou par des opérations magiques.—Au fig., 1° surprendre, séduire, tromper ; 2° charmer, ravir, avec cette différence qu'*enchanter* exprime proprement l'effet que produit sur nous un plaisir vif et qui émeut l'imagination ; *charmer*, l'effet d'un plaisir doux et qui pénètre jusqu'à l'âme ; *ravir*, l'effet d'un plaisir enivrant qui suspend le cours de nos idées et absorbe toutes nos facultés. (*Guizot*.)—*s'*ENCHANTER, v. pron.

ENCHANTERESSE, subst. fém. Voy. ENCHANTEUR.

ENCHANTEUR, subst. mas., **ENCHANTERESSE**, subst. fém. (*anchanteur*, *terèce*), celui, celle qui *enchante* par des paroles magiques ; au fig., qui trompe par son beau langage, qui plaît extrêmement.—On dit aussi adj. : *style enchanteur*, *voix enchanteresse*.

ENCHANTERIE, subst. fém. (*anchanteri*), effet provenant d'une science magique. (*Boiste*.) Vieux. On dit *enchantement*. Voy. ce mot.

ENCHAPELÉ, E, part. pass. de *enchapeler*.

ENCHAPELER, v. act. (*anchapelé*), mettre un *chapeau* de fleurs sur sa tête. (*Boiste*.) Inusité.

ENCHAPÉ, E, part. pass. de *enchaper*.

ENCHAPER, v. act. (*anchapé*) (du mot *chape*, pris, dans sa signification générale, de tout ce qui sert à couvrir quelque chose. Voy. CHAPE.) : *enchaper un baril*, enfermer un baril de poudre à canon dans une seconde futaille. — *s'*ENCHAPER, v. pron.

ENCHAPERONNÉ, E, part. pass. de *enchaperonner*.

ENCHAPERONNER, v. act. (*anchaperoné*), couvrir la tête d'un *chaperon*. — *s'*ENCHAPERONNER, v. pron.

ENCHARAXIE, subst. fém. (*ancharakci*) (du grec ἐν, dans, et χαρασσω, je sillonne), t. de médec., scarification.

ENCHARGER, v. act. (*ancharjé*), recommander fortement. (*Boiste*.) Vieux et hors d'usage.

ENCHARNÉ, E, part. pass. de *encharner*.

ENCHARNER, v. act. (*ancharné*), t. de layetier, mettre des *charnières* : *encharner une boîte*. —*s'*ENCHARNER, v. pron.

ENCHARTRÉ, E, part. pass. de *enchartrer*.

ENCHARTRER, v. act. (*anchartré*), emprisonner. Vieux.

ENCHÂSSÉ, E, part. pass. de *enchâsser*.

ENCHÂSSER, v. act. (*anchâcé*) (du grec ἐν, dans, et κάψα, en lat. *capsa*, caisse, boîte, *châsse*), mettre une chose *dans une châsse*, dans un *châssis*, dans un chaton, etc. : *enchâsser des perles dans de l'or.* — Fig., faire entrer dans un discours, dans un ouvrage de littérature ou de science : *enchâsser un trait d'histoire, une anecdote dans un discours.* — **s'ENCHÂSSER**, v. pron.

ENCHÂSSURE, subst. fém. (*anchâçure*), action, manière d'*enchâsser* ; ses effets. — Ce qui *enchâsse : on travaille à l'enchâssure de votre diamant ; une enchâssure solide.*

ENCHATONNÉ, E, part. pass. de *enchatonner*.

ENCHATONNEMENT, subst. mas. (*anchatoneman*), action d'*enchatonner*.

ENCHATONNER, v. act. (*anchatoné*), mettre une pierre, un diamant dans un *chaton*. — **s'ENCHATONNER**, v. pron. : *cette pierre s'enchatonne bien.*

ENCHAUSSÉ, E, part. pass. de *enchausser* et adj., t. de blason; il se dit de l'écu, lorsqu'il est taillé depuis le milieu de l'un de ses côtés, en tirant vers la pointe du côté opposé.

ENCHAUSSER, v. act. (*anchôcé*), t. de jard., couvrir les légumes de paille ou de fumier pour les faire blanchir ou les préserver de la gelée.— **s'ENCHAUSSER**, v. pron.

ENCHAUSSUMÉ, E, ou **ENCHAUSSEMÉ, E**, part. pass. de *enchaussumer* ou *enchaussemer*.

ENCHAUSSUMER ou **ENCHAUSSEMER**, v. act. (*anchôçumé, anchôcemé*), mettre dans la *chaux*, répandre de la *chaux* sur quelque chose. (*Boiste.*) Inusité.

ENCHAUSSUMOIR ou **ENCHAUSSEMOIR**, subst. mas. (*anchôçumoar, anchôcemoar*), t. de métier, cuve pour *enchaussumer*. (*Boiste.*) Inusité.

ENCHAUX, subst. mas. (*anchô*), t. de métier, vase plein de *chaux* détrempée ; la *chaux* détrempée.

ENCHÉLYDE, subst. fém. (*anchélide*) (du grec ἔγχελυς, anguille), t. d'hist. nat., genre de vers infusoires des eaux stagnantes et corrompues, qui ressemblent en quelque sorte à de petites *anguilles*.

ENCHÉLYOPE, subst. mas. (*anchéli-ope*), t. d'hist. nat., genre de poissons.

ENCHENOT, subst. mas. (*anchenô*), rigole en bois. Peu connu.

ENCHÈRE, subst. fém. (*anchère*) (des mots *cher, enchérir*), offre que l'on fait au-dessus de quelqu'un pour une chose qui se vend au plus offrant ou que l'on baille à ferme : *mettre enchère* ou *à l'enchère*. — *Folle enchère*, offre qui excède la valeur de la chose vendue ou qu'on ne peut pas payer. — Peine que doit porter celui qui a fait cette offre sans pouvoir y satisfaire. — Prov. : *payer la folle enchère de quelque chose*, porter la peine de sa témérité, de son imprudence. — On appelle *enchère au rabais*, celle qui se fait dans les adjudications au rabais, c'est-à-dire que l'un ayant offert de faire une chose pour un certain prix, un autre *enchérisseur* offre de la faire pour un moindre prix.

ENCHÉRI, E, part. pass. de *enchérir*.

ENCHÉRIR, v. act. (*anchérir*), faire une offre au-dessus de quelqu'un ; offrir de payer *plus cher : enchérir une maison*, etc., *sur, au-dessus de, par-dessus quelqu'un*. — Rendre une marchandise *plus chère : cette maison a enchéri toutes ses marchandises.* — Neutralement, devenir *plus cher* ; augmenter de prix : *cette étoffe a beaucoup enchéri.* — Fig., surpasser, faire ou dire plus qu'un autre : *il enchérit sur l'avarice de son frère*, il est encore plus avare que son frère. — *Enchérir sur une idée*, la pousser plus loin; *un mot enchérit sur un autre*, il ajoute à l'idée que l'autre exprime.

ENCHÉRISSEMENT, subst. mas. (*anchériceman*), haussement de prix.

ENCHÉRISSEUR, subst. mas., au fém. **ENCHÉRISSEUSE** (*anchériceur, ceuze*), celui, celle qui met une *enchère*.—L'*Académie* ne donne pas le fém. de ce mot.

ENCHEVALEMENT, subst. mas. (*anchevaleman*), t. de charpentier, certaine manière d'étayer une maison pour y faire des reprises en sous-œuvre.

ENCHEVAUCHURE, subst. fém. (*anchevôchure*), jonction par feuillure ou recouvrement : *enchevauchure d'une dalle sur une autre.*

ENCHEVÊTRÉ, E, part. pass. de *enchevêtrer*.

ENCHEVÊTRER, v. act. (*anchevêtré*), mettre un *chevêtre*. — **s'ENCHEVÊTRER**, v. pron., en parlant d'un cheval, se prendre le pied de derrière dans la longe du licou. — Au fig., s'embarrasser en quelque affaire, s'embrouiller dans ses idées, dans ses raisonnements.

• **ENCHEVÊTRURE**, subst. fém. (*anchevêtrure*), assemblage de solives et d'un *chevêtre* qui laisse un vide carré contre un mur. — Mal qu'un cheval se fait à un pied en *s'enchevêtrant*.

ENCHIFRENÉ, E, part. pass. de *enchifrener*.

ENCHIFRÈNEMENT, subst. mas. (*anchifrèneman*), embarras dans le cerveau, causé par un rhume.

ENCHIFRENER, v. act. (*anchifrené*) (du lat. barbare *incamifrenare*, fait du lat. *chamus*, en grec χαμός, et de *frenum*, lesquels signifient tous deux *frein* ; *embarrasser le nez comme dans un frein.* Ménage.) ; causer un *enchifrènement*, un rhume de cerveau. — **s'ENCHIFRENER**, v. pron.

ENCHIRIDION, subst. mas. (*ankiridion*) (en grec ἐγχειρίδιον, formé de ἐν, dans, et χείρ, main, *livre qu'on peut porter à la main*), petit livre *portatif*, contenant des préceptes et des remarques précieuses; manuel. Ce mot manque dans l'*Académie*.

ENCHORIAL, E, adj. (*ankorial*) (du grec ἐν, dans, et χώριον, contrée), démocratique, populaire: *écriture enchoriale*, en opposition avec l'écriture hiératique ou sacrée, chez les anciens Égyptiens. (*Boiste.*) Hors d'usage.

ENCHYLÈNE, subst. mas. (*anchilène*), t. de bot., sorte d'arbuste de la Nouvelle-Hollande, de la famille des arroches.

ENCHYME, subst. mas. (*ankime*) (du grec ἔγχω, je répands), t. de chir., action de remplir; réplétion. Peu usité.

ENCHYMOSE, subst. fém. (*ankimôze*) (en grec ἐγχύμωσις, fait de ἔγχεω ou ἐγχυμέω, je répands), effusion soudaine du sang dans les vaisseaux cutanés, comme il arrive dans la joie, la colère, etc.

ENCHYTE, subst. mas. (*anchite*), nom qu'on donnait anciennement à une sorte de gâteau.

ENCIRÉ, E, part. pass. de *encirer*.

• **ENCIRER**, v. act. (*anciré*), t. de métier, enduire, imbiber de *cire : encirer une toile.*—**s'ENCIRER**, v. pron.—Mot fort peu usité; cependant *encirer* dit bien plus que le v. simple *cirer*.

ENCISE, subst. fém. (*ancize*), t. de jurispr., meurtre d'une femme enceinte ou de l'enfant dont elle est grosse.

ENCLABOIS, subst. mas. (*anklaboa*), t. d'antiq., autel ou table sur laquelle on mettait les victimes pour en examiner les entrailles, et en tirer les augures.

ENCLASSÉ, E, part. pass. de *enclasser*.

ENCLASSEMENT, subst. mas. (*anklâceman*), classification, action de *classer*. (*Boiste.*) Inusité. On dit *classement*.

ENCLASSER, v. act. (*anklâcé*), ranger par *classes*. (*Boiste.*) Inusité. On dit *classer*.

ENCLAVE, subst. fém. (*anklave*), chose qui est enfermée ou *enclavée* dans une autre. — Limite d'un territoire ou d'une juridiction. — *Enclaves*, enfoncements ménagés dans les faces des bajoyers d'une écluse, pour y loger de grandes portes, lorsqu'on est obligé de les ouvrir pour le passage des bâtiments.

ENCLAVÉ, E, part. pass. de *enclaver* et adj.; se dit, en t. de blason, d'un écu parti, dont l'une des partitions entre dans l'autre en forme carrée, comme des panneaux de menuiserie.

ENCLAVEMENT, subst. mas. (*anklaveman*), action d'*enclaver* ; effet de cette action.

ENCLAVER, v. act. (*anklavé*) (du latin *in*, dans, et *claudere*, fermer), enfermer, enclore une chose dans une autre : *enclaver une terre dans une autre.* — En architecture, il se dit de l'action d'encastrer les bouts des solives d'un plancher dans les entailles d'une poutre. — Il signifie aussi, arrêter une pièce de bois avec des clefs ou boulons de fer. — *Enclaver une pierre*, c'est la mettre en liaison après coup avec d'autres, quoique de différentes hauteurs, comme cela se pratique dans les raccordements. — *Enclaver*, en t. de marine, c'est faire entrer le can ou le bout d'un bordage dans sa rablure. — **s'ENCLAVER**, v. pron.

ENCLAVURE, subst. fém. (*anklavure*), clôture. Vieux et peu usité.

ENCLESTRE, subst. fém. (*anklècetre*), t. de mar., pièce de bois qui fait partie de la construction d'une tartane.

ENCLIN, adj. mas., au fém. **ENCLINE** (*anklein, kline*) (du latin *inclinatus*, part. pass. de *inclinare*, dérivé du grec ἐγκλίνειν, pencher, incliner), porté de son naturel à... Il ne se dit que des choses morales, et plutôt du mal que du bien : *enclin à la paresse, à l'ivrognerie.*—Le féminin est peu usité.

ENCLIQUETAGE, subst. mas. (*anklikelaje*), t. d'horloger, l'action d'un rochet, d'un *cliquet* et de son ressort, qui agissent ensemble.

ENCLIQUETER, v. act. et neut. (*ankliketé*), t. d'horl. Il se dit de la manière dont un *cliquet* s'engage dans les dents d'un rochet. — **s'ENCLIQUETER**, v. pron.

ENCLITIQUE, subst. fém. (*anklitike*) (en grec ἐγκλιτικός, fait de ἐγκλίνω, je m'appuie, formé de ἐν, sur, et de κλίνω, j'incline), t. de grammaire, petit mot qui s'appuie si bien sur le mot précédent, qu'il ne semble faire qu'un avec lui ; c'est ainsi qu'en grec on ajoute un ν appelé euphonique à la fin des mots devant une voyelle pour éviter l'hiatus; on dit, par exemple, εἰσὶν οἵτινες, pour εἰσι οἵτινες; et en français, *viendra-t-il* pour *viendra-il*.

ENCLOÎTRÉ, E, part. pass. de *encloîtrer*.

ENCLOÎTRER, v. act. (*ankloêtré*), mettre dans un *cloître*. — **s'ENCLOÎTRER**, v. pron.—Ce mot manque dans l'*Académie*.

DU VERBE IRRÉGULIER ENCLORE :

Enclora, 3e pers. sing. fut. indic.
Enclorai, 1re pers. sing. fut. indic.
Encloraient, 3e pers. plur. prés. cond.
Enclorais, précédé de *j'*, 1re pers. sing. prés. cond.
Enclorais, précédé de *tu*, 2e pers. sing. prés. cond.
Enclorait, 3e pers. sing. prés. cond.
Encloras, 2e pers. sing. fut. indic.

ENCLORE, v. act. (*anklore*) (en lat. *inclaudere*), *clore* de murailles, de haies, de fossés, etc. — Enfermer, enclaver dans... : *enclore les faubourgs dans la ville.*—**s'ENCLORE**, v. pron. — Quelques dictionnaristes écrivent *enclorre* par deux *r*.

DU VERBE IRRÉGULIER ENCLORE :

Enclorez, 2e pers. plur. fut. indic.
Encloriez, 2e pers. plur. prés. cond.
Enclorions, 1re pers. plur. prés. cond.
Enclorons, 1re pers. plur. fut. indic.
Encloront, 3e pers. plur. fut. indic.

ENCLOS, subst. mas. (*anklô*), enceinte de murs, de haies, de maisons, etc. ; espace qu'elle renferme. — En t. d'épinglier, demi-cercle de bois qui environne la place des ouvriers, afin que chacun puisse reconnaître son ouvrage.

DU VERBE IRRÉGULIER ENCLORE :

Enclos, précédé de *j'*, 1re pers. sing. prés. indic.
Enclos, précédé de *tu*, 2e pers. sing. prés. indic.

ENCLOS, E, part. pass. de *enclore* et adj., clos, etc. — Se dit, en t. de blason, d'une pièce ou meuble de l'écu qui se trouve au centre d'une autre pièce évidée, ou d'un animal tourné en cercle.

ENCLO-SAURIEN, subst. mas. (*anklôçôriein*), t. d'hist. nat., classe de grands reptiles fossiles.

s'ENCLOTIR, v. pron. (*çanklotir*), t. de chasse, se terrer. (*Boiste.*)

ENCLÔTURE, subst. fém. (*anklôture*), t. de brodeur, ce qui se met autour de la broderie.

ENCLOUÉ, E, part. pass. de *enclouer*.

ENCLOUER, v. act. (*anklou-é*), piquer un cheval avec un *clou* en le ferrant. — Enfoncer avec force un *clou* dans la lumière d'un canon, afin qu'on ne puisse s'en servir. — **s'ENCLOUER**, v. pron. : *un cheval s'est encloué*, lorsqu'un *clou*, ou quelque autre chose de semblable, lui est entré dans le pied.

ENCLOUURE, subst. fém. (*anklou-ure*), blessure, incommodité d'un cheval *encloué : ce cheval boite d'une enclouure.* — Fig. et fam., empêchement, obstacle, difficulté : *j'ai trouvé l'enclouure de cette affaire.*

ENCLUME, subst. fém. (*anklume*) (suivant *Ménage*, de *incudine*, ablat. de *incudo*, dit dans la basse latinité pour *incus*, nom latin de l'*enclume*, et dont les Italiens ont fait aussi *ancudine*, dans la même signification), masse de fer sur laquelle on bat le fer, l'argent et les autres métaux. — En anat., petit os en forme d'*enclume* dans l'oreille intérieure, qui reçoit les coups et les impressions d'un autre os appelé *marteau*. — Chez les paumiers-raquetiers, billot rond, sur lequel est debout une broche de fer, et à côté une courte lame de métal. — Chez les passementiers, espèce de tas ou de bigorne, crénelée de sillons plus ou moins grands et profonds, pour contenir et façonner les ferrets ou afférons des lacets.—Fig. et fam.: *remettre un ouvrage sur l'enclume*, lui donner une autre forme.—Prov.: *être entre le marteau et l'enclume*, avoir à souffrir des deux côtés; être fort embarrassé à se déterminer entre deux partis également fâcheux, etc.

ENCLUMEAU ou **ENCLUMOT** (double orthographe de l'*Académie*; la première est la bonne), subst. mas. (*anklumô*), petite *enclume* à main.

ENCLUMETTE, subst. fém. (*anklumète*), outil de boisselier pour river les clous. — Petite *enclume* de fer montée sur une bûche qui lui sert de billot.

ENCOCHE, subst. fém. (*ankoche*), établi de sabotier pour finir le sabot. — T. de serrurier, entaille ou *coche* sur le pêne ou sur la gachette de certaines serrures, pour y former un arrêt.—T. de mar.; pour faire connaître la plus grande hauteur à laquelle puisse s'élever une vergue qui porte une voile, on dit : *elle est encoche*.

ENCOCHÉ, E, part. pass. de *encocher*.

ENCOCHEMENT, subst. mas. (*ankocheman*), l'action d'*encocher*.

ENCOCHER, v. act. (*ankoché*), mettre la corde d'un arc dans la *coche* d'une flèche. —Faire des *coches* sur un morceau de bois, soit pour des repères, soit pour marquer des fournitures de pain, etc.—S'ENCOCHER, v. pron.

ENCOCHURE, subst. fém. (*ankochure*), t. de mar., *coche* ou entaille au bout de chaque vergue où l'on amarre les bouts des voiles.

ENCOFFRÉ, E, part. pass. de *encoffrer*.

ENCOFFRER, v. act. (*ankofré*), mettre, serrer *dans un coffre*. — Fig., mettre en prison. Style plaisant et burlesque.—S'ENCOFFRER, v. pron.

ENCOGNER, v. act. Voy. ENCOQUER.

ENCOIGNURE et **ENCOGNURE** (double orthographe de l'*Académie*, qui avertit que les deux se prononcent *ankogniure*), subst. fém., (*ankogniure*), *coin*, angle rentrant formé par la rencontre de deux murailles : *pierre d'encoignure*. — Meuble qu'on place dans ce *coin*.

ENCOLLAGE, subst. mas. (*ankolaje*), action d'*encoller*.—Couche de *colle* qu'on passe avant de peindre, d'apprêter ou de dorer. — *Encollage blanc*, blanc infusé dans de la colle de parchemin, qu'on étend dans de l'eau, et avec quoi l'on passe une couche très-chaude.

ENCOLLÉ, E, part. pass. de *encoller*.

ENCOLLER, v. act. (*ankolé*), étendre une ou plusieurs couches de *colle* sur le bois, la toile, etc., qu'on veut peindre, apprêter ou dorer. — S'ENCOLLER, v. pron.

ENCOLLURE, subst. fém. (*ankolure*), soudure, réunion. (*Boiste.*)—Mot peu usité et presque condamnable, à cause de son analogie avec *encolure*.

ENCOLPISME, subst. mas. (*ankolepiceme*) (du grec ἐν, dans, et κόλπος, lèvre), t. de médec., injection dans le vagin.

ENCOLURE, subst. fém. (*ankolure*) (du mot français *col*, dérivé du lat. *collum*), partie du cheval depuis la tête jusqu'aux épaules et au poitrail. — Au fig. et fam., en parlant des hommes, mine, air. Il se prend ordinairement en mauvaise part : *il a l'encolure d'un sot*. — En t. de tailleur, ce qui termine un habit du côté du cou. — En t. de serrurier, réunion de plusieurs pièces de fer soudées les unes aux autres.

ENCOMBOMATE, subst. mas. (*ankonbomate*) (du grec ἐν, dans, et κόμβος, nœud), t. d'antiq., sorte d'habit à l'usage des jeunes filles.—Selon quelques-uns, manteau des esclaves seulement.

ENCOMBRANCE, subst. fém. (*ankonbrance*), t. de mar. : *marchandises*, *effets d'encombrance*, marchandises, etc., qui, ayant beaucoup de volume et peu de poids, sont par leur forme d'un difficile arrimage. Mot peu usité, mais utile.

ENCOMBRE, subst. mas. (*ankonbre*) (Voy. ENCOMBRER, pour l'étym.), empêchement, embarras, rencontre fâcheuse, accident. Il est vieux et n'est guère usité qu'avec *sans* : *nous sommes arrivés sans encombre*.

ENCOMBRÉ, E, part. pass. de *encombrer*.

ENCOMBREMENT, subst. mas. (*ankonbreman*), action d'*encombrer* ; effet de cette action.

ENCOMBRER, v. act. (*ankonbré*) (du lat. barbare *incombrare*, fait de *combri*, abattis de bois), embarrasser une rue ou autre lieu de *décombres*, de gravois, de pierres, etc.—Causer de l'*encombrement*.— S'ENCOMBRER, v. pron.

ENCOMBRIER, subst. mas. (*ankonbrié*), perte, malheur. (*Boiste.*) Vieux et inusité.

ENCOMÉDIENNÉ, E, part. pass. de *encomédienner*.

ENCOMÉDIENNER, v. act. (*ankomédiéné*), enrôler parmi des *comédiens*. (*Scarron.*) Burlesque et même hors d'usage.—S'ENCOMÉDIENNER, v. pron., prendre l'état de *comédien*, fréquenter des *comédiens*.

ENCÔMIASTE, subst. mas. (*ankômiacete*) (du grec ἐγκώμιον, éloge), panégyriste. Vieux et inusi

ENCOMMENCÉ, E, part. pass. de *encommencer*.

ENCOMMENCER, v. act. (*ankomancé*), t. de pratique, commencer, entamer. (*Linguet.*) — S'ENCOMMENCER, v. pron.

ENCONTRE, subst. fém. (*ankontre*), aventure. Il est vieux et inusité aujourd'hui.—*A* L'ENCONTRE, prép. qui signifie *contre*. Cette expression a vieilli, même au palais. — On dit encore au fig. et familièrement, *aller à l'encontre de quelque chose*, s'y opposer, y être contraire ; *personne ne va à l'encontre*, ne s'y oppose.

ENCONVENANCÉ, E, part. pass. de *enconvenancer*.

ENCONVENANCER, v. act. (*ankonvenancé*), promettre, être d'accord. (*Boiste.*) Vieux et hors d'usage.

ENCOPÉ, subst. mas. (*ankopé*) (du grec ἐν, dans, et κοπή, coupure), t. de chir., entaille faite par un instrument tranchant ; amputation.

ENCOQUÉ, E, part. pass. de *encoquer*.

ENCOQUER, v. act. (*ankokié*), t. de marine, faire rouler un anneau de fer ou la boucle d'un cordage le long de la vergue pour l'y attacher ; c'est la même chose que *capeler*. — S'ENCOQUER, v. pron.

ENCOQÛRE, subst. fém. (*ankokure*), t. de mar., action d'*encoquer*; son effet.—Endroit de la vergue où l'on *encoque*.

ENCORBELLEMENT, subst. mas. (*ankorbèleman*), t. d'archit., saillie portant à faux au-delà du nu d'un mur, soutenue par des corbeaux. Voy. ce mot.

ENCORE ou **ENCOR**, ce dernier seulement en poésie, adv. de temps (*ankore*) (de l'italien *ancore*, fait de *anche ora*, aussi, à présent, en lat. *etiamnùm*. Ménage.); il s'emploie pour le passé, pour le présent et pour l'avenir : *il vit encore ; il vivait encore il y a dix ans ; c'est un homme à vivre encore trente ans*.—De nouveau : *donnez-moi encore à boire*. — De plus : *il faut encore ajouter à cela*. — Du moins : *encore s'il voulait avouer sa faute*.—Il se met après *mais*, par opposition à *non seulement* : *non seulement il médit, mais encore il calomnie*.—*Encore que*, conj., bien que, quoique.—ENCORE, AUSSI. (*Syn.*) *Encore* a plus de rapport au nombre et à la quantité : *quand il n'y en a pas assez, il en faut encore*. *Aussi* tient davantage de la similitude et de la comparaison : *lorsque le corps est malade, l'esprit l'est aussi*.

ENCORNAIL, subst. mas. (*ankorna-ie*), t. de mar., trou ou mortaise au haut d'un mât, garnie d'une poulie ou d'une demi-poulie, pour faire courir la vergue le long du mât.—Au plur., des *encornails*.

S'ENCORNAILLER, v. pron. (*çankornâ-ié*), épouser une femme peu chaste. Burlesque et de bas comique.

ENCORNÉ, E, part. pass. d'*encorner*, et adj. (*ankorné*), qui a des *cornes*. Il est familier. — t. de médec., *javart encorné*, qui vient sous la *corne* d'un cheval.

ENCORNER, v. act. (*ankorné*), garnir de *cornes* : *encorner un arc*, le garnir de *cornes* aux deux bouts. — S'ENCORNER, v. pron.

ENCORNÉTER, v. act. (*ankornété*), mettre dans un *cornet* de papier. (*Trévoux.*)—S'ENCORNÉTER, v. pron., mettre une *cornette* de femme.

ENCORNÉTÉ, E, part. pass. d'*encornéter*.

ENCOUARDIR, v. act. (*ankouardir*), rendre lâche. (*Montaigne.*) — S'ENCOUARDIR, v. pron.

ENCOUBERT, subst. mas. (*ankoubère*), t. d'hist. nat., espèce de tatou à cuirasse rayée.

ENCOULOIR, subst. mas. (*ankouloar*), t. de manuf., le côté de l'étoffe le plus près du travail, lors du passage de la navette.

ENCOULPÉ, E, part. pass. de *encoulper*.

ENCOULPER, v. act. (*ankoulepé*) (du latin *in*, dans, et *culpa*, faute), accuser, rendre ou déclarer coupable. Vieux et hors d'usage. On dit maintenant *inculper*. Voy. ce mot.

ENCOURAGÉ, E, part. pass. de *encourager*.

ENCOURAGEANT, E, adj. (*ankourajan*, *jante*), qui *encourage*.

ENCOURAGEMENT, subst. mas. (*ankourajeman*), ce qui *encourage*. — Eloge, récompense qu'on donne pour *encourager*.

ENCOURAGER, v. act. (*ankourajé*), donner du *courage*; exciter, animer : *encourager des soldats*.—Fig. ; *encourager les arts* ; *l'impunité encourage le crime*.—S'ENCOURAGER, v. pron.

ENCOUREMENT, subst. mas. (*ankoureman*), chagrin, peine qu'on *encourt* par sa faute. (*Boiste.*) Inusité.

DU VERBE IRRÉGULIER ENCOURIR :

Encouraient, 3e pers. plur. imparf. indic.
Encourais, précédé de *j'*, 1re pers. sing. imparf. indic.
Encourais, précédé de *tu*, 2e pers. sing. imparf. indic.
Encourait, 3e pers. sing. imparf. indic.
Encourant, part. prés.
Encoure, précédé de *que j'*, 1re pers. sing. prés. subj.
Encoure, précédé de *qu'il* ou *qu'elle*, 3e pers. sing. prés. subj.
Encourent, précédé de *ils* ou *elles*, 3e pers. plur. prés. indic.
Encourent, précédé de *qu'ils* ou *qu'elles*, 3e pers. plur. prés. subj.
Encoures, 2e pers. sing. prés. subj.
Encourez, 2e pers. plur. impér.
Encourez, précédé de *vous*, 2e pers. plur. prés. indic.
Encouriez, précédé de *vous*, 2e pers. plur. imparf. indic.
Encouriez, précédé de *que vous*, 2e pers. plur. prés. subj.
Encourions, précédé de *nous*, 1re pers. plur. imparf. indic.
Encourions, précédé de *que nous*, 1re pers. plur. prés. subj.

ENCOURIR, v. act. (*ankourir*) (en lat. *incurrere*, formé de *in*, dans, et de *currere*, courir); il se conjugue sur *courir*. Attirer sur soi, mériter ; tomber en : *encourir l'excommunication*, *la haine de... le déshonneur, une amende*.— S'ENCOURIR, v. pron.

DU VERBE IRRÉGULIER ENCOURIR :

Encourons, 1re pers. plur. impér.
Encourons, précédé de *nous*, 1re pers. plur. prés. indic.
Encourra, 3e pers. sing. fut indic.
Encourrai, 1re pers. sing. fut. indic.
Encourraient, 3e pers. plur. prés. cond.
Encourrais, précédé de *j'*, 1re pers. sing. prés. cond.
Encourrait, précédé de *tu*, 2e pers. sing. prés. cond.
Encourrait, 3e pers. sing. prés. cond.
Encourras, 2e pers. sing. fut. indic.
Encourrez, 2e pers. plur. fut. indic.
Encourriez, 2e pers. plur. prés. cond.
Encourrions, 1re pers. plur. prés. cond.
Encourrons, 1re pers. plur. fut. indic.
Encourront, 3e pers. plur. fut. indic.
Encours, 2e pers. sing. impér.
Encours, précédé de *j'*, 1re pers. sing. prés. indic.
Encours, précédé de *tu*, 2e pers. sing. prés. indic.
Encourt, 3e pers. sing. prés. indic.
Encouru, *e*, part. pass.
Encourûmes, 1re pers. plur. prét. déf.
Encoururent, 3e pers. plur. prét. déf.
Encourus, précédé de *j'*, 1re pers. sing. prét. déf.
Encourus, précédé de *tu*, 2e pers. sing. prét. déf.
Encourusse, 1re pers. sing. imparf. subj.
Encourussent, 3e pers. plur. imparf. subj.
Encourusses, 2e pers. sing. imparf. subj.
Encourussiez, 2e pers. plur. imparf. subj.
Encourussions, 1re pers. plur. imparf. subj.
Encourut, précédé de *il* ou *elle*, 3e pers. sing. prét. déf.
Encourût, précédé de *qu'il* ou *qu'elle*, 3e pers. sing. imparf. subj.
Encourûtes, 2e pers. plur. prét. déf.

ENCOURTINÉ, E, part. pass. de *encourtiner*.

ENCOURTINER, v. act. (*ankourtiné*), fermer de rideaux, de *courtines*. — Fig., environner. (*Trévoux.*) Vieux.

ENCOUTURÉ, E, adj. (*ankouturé*), t. de mar. : *bordages encouturés*, bordages qui passent l'un sur l'autre au lieu de se joindre carrément.

ENCRASSÉ, E, part. pass. de *encrasser*.

ENCRASSER, v. act. (*ankracé*), rendre *crasseux*. — S'ENCRASSER, v. pron., se remplir de *crasse*.—Fig. et fam., 1° se mésallier; 2° se rouiller, en parlant de l'esprit. Il est bas.

ENCRATITES, subst. mas. pl. (*ankratite*) (du grec ἐγκρατής, continent), t. d'hist. ecclésiastique, sectaires chrétiens du deuxième siècle, qui observaient une abstinence outrée.

ENCRE, subst. fém. (*ankre*) (du latin barbare *incaustum*, employé avec cette signification par les écrivains de la basse latinité, pour lequel on a dit *incaustrum*, d'où les Italiens ont fait, dans la même sens, *inchiostro*, et les Français *encre*), liqueur noire qui sert pour écrire.—*Encre d'imprimerie*, mélange de noir de fumée et d'huile de noix réduite par la cuisson à la consistance de vernis.—*Table à encre*, espèce de petite table de bois qui se place auprès de la presse, et sur laquelle on prend l'*encre* d'imprimerie avec le rouleau. — *Encre rouge*, mélange de cinabre et de vernis, auquel on ajoute un peu de carmin pour en augmenter l'éclat.—*Encre de la Chine*, composition sèche et noire qui vient de la Chine, et dont on se sert pour dessiner. — *Encres sympathiques*, liqueurs avec lesquelles on trace des caractères qui ne sont point visibles d'eux-mêmes, mais qui le deviennent par le feu ou par d'autres moyens secrets. — Fig. et fam. : *écrire de bonne encre à quelqu'un*, lui écrire en termes menaçants.—Fig : *c'est la bouteille à l'encre*, ce n'est pas une affaire claire.

ENCRÉ, E, part. pass. de *encrer*.

ENCRÉNÉE, subst. fém. (*ankréné*), état du fer sous le marteau lorsqu'il y est porté pour la seconde fois, au sortir de l'affinerie.

ENCRÉNÉ, E, part. pass. de *encréner*.

ENCRÉNER, v. act. (*ankréné*), faire des entailles aux *créneaux*. Vieux.

S'ENCRÊPER, v. pron. (*çankrêpé*), prendre un *crêpe*. (Regnard.) Peu en usage.

ENCRER, v. act. (*ankré*), imprégner d'*encre*; en t. d'impr., toucher la forme avec des rouleaux enduits d'*encre*. — Faire avec le tampon entrer de l'*encre* dans les tailles d'une planche gravée. —S'ENCRER, v. pron.

ENCRIER, subst. mas. (*ankrié*), petit vase dans lequel l'on met de l'*encre*. — T. d'imprim. Voy. *table à encre*, au mot TABLE.—En t. de bot., on appelle *encrier farineux*, *encrier sec*, *encrier à fleurs*, trois familles de champignons.

ENCRINE, subst. mas. (*ankrine*), t. d'hist. nat., polypier libre, à rayons.

ENCRINITE, subst. fém. (*ankrinite*), t. d'hist. nat., zoophyte, *encrine* fossile.

ENCROISÉ, E, part. pass. de *encroiser*.

ENCROISEMENT ou **ENCROISURE**, subst. mas. (*ankroèzeman, ankroèzure*), action, effet d'*encroiser*.

ENCROISER, v. act. (*ankroèzé*), dans les fabriques d'étoffes de soie, etc., *encroiser les fils*, leur donner sur l'ourdissoir l'ordre suivant lequel ils doivent être passés dans les lisses et dans le peigne. — S'ENCROISER, v. pron.

ENCROISSÉ, E, part. pass. de *encroisser*.

ENCROISSER, v. act. (*ankroècé*), disposer en *croix*. — S'ENCROISSER, v. pron. Vieux.

ENCROIX, subst. mas. (*ankroè*), chevilles disposées sur l'ourdissoir pour *encroiser* les fils. Voy. ENCROISER.

ENCROUÉ, E, adj. (*ankroué*) (du lat. barbare *incrucatus*, fait de *crux, crucis*, croix; parce que des branches, embarrassées l'une dans l'autre, forment des *croix*. Ménage.); il se dit d'un arbre tombé sur un autre lorsqu'on l'abat, et qui s'est embarrassé dans ses branches.

ENCROÛTÉ, E, part. pass. de *encroûter*, et adj., couvert d'une *croûte* : *soleil encroûté*. (Buffon.)—*Encroûté de préjugés*, style fam. et satirique.

ENCROÛTER, v. act. (*ankrouté*) (en lat. *incrustare*, incruster, revêtir; fait de *crusta*, croûte), t. d'archit., enduire un mur avec un mortier de chaux et de ciment, ou de chaux et de sable, ou de plâtre, ou de stuc.—Fig., il se dit de l'esprit, du cœur. — S'ENCROÛTER, v. pron., se couvrir d'une *croûte*.

ENCUIRASSÉ, E, part. pass. de *encuirasser*.

ENCUIRASSER, v. act. (*ankuiracé*), mettre une *cuirasse* à quelqu'un.—S'ENCUIRASSER, v. pron.; il se dit de la peau, du linge, des étoffes, des métaux, qui se couvrent d'une crasse épaisse, comme d'une *cuirasse*.

ENCUISINER, v. act. (*ankuiziné*), *encuisiner quelqu'un*, le mettre en rapport avec la *cuisine* et les *cuisiniers*. — S'ENCUISINER, se mêler à des domestiques. (*Boiste*.) Burlesque.

ENCULASSÉ, E, part. pass. de *enculasser*.

ENCULASSER, v. act. (*ankulacé*), t. d'arquebusier, mettre la *culasse* au canon d'une arme à feu. — S'ENCULASSER, v. pron.

ENCUVAGE, subst. mas. (*ankuvaje*), composé de trois cuirs et de six bandes que le hongroyeur met ensemble dans une cuve pour y être préparés.

ENCUVÉ, E, part. pass. de *encuver*.

ENCUVEMENT, subst. mas. (*ankuveman*), l'action d'*encuver*.

ENCUVER, v. act. (*ankuvé*), mettre dans la *cuve*.—S'ENCUVER, v. pron.

ENCYCL., abréviation du mot *encyclopédie*.

ENCYCLIE, subst. fém. (*ancikli*) (du grec ἐν, dans, et κύκλος, cercle), nom donné par les physiciens aux cercles concentriques qui se forment sur la surface de l'eau lorsqu'on y laisse tomber une pierre, etc.

ENCYCLIQUE, adj. des deux genres (*anciklike*) (du grec ἐγκύκλιος, circulaire, formé de ἐν pour ἐν, dans, et de κύκλος, cercle), en t. d'église, *lettre encyclique*, écrite pour donner le même ordre ou le même avis à plusieurs personnes et dans plusieurs lieux. C'est ce que nous nommons *circulaire*. On dit aussi *une encyclique*, au subst. fém.

ENCYCLOPÉDIE, subst. fém. (*anciklopédi*) (du grec ἐγκυκλοπαιδεία, formé de ἐν pour ἐν, en, dans, κύκλος, cercle, et παιδεία, science, instruction), *cercle* ou enchaînement de toutes les *sciences*.—Savoir universel. — Titre d'un grand ouvrage rédigé en France par une société de savants et de gens de lettres, pour être le dépôt de toutes les connaissances humaines. D'autres ouvrages portent aussi le même titre, tels que l'*Encyclopédie anglaise* de *Chambers*, l'*Encyclopédie latine d'Alstédius*, etc.—On dit fig., d'un homme qui réunit beaucoup de genres d'instruction, que *c'est une encyclopédie vivante*.

ENCYCLOPÉDIQUE, adj. des deux genres (*anciklopédike*), qui comprend toutes les sciences : *Dictionnaire encyclopédique*. — Qui a rapport à l'*Encyclopédie*.

ENCYCLOPÉDISTE, subst. mas. (*anciklopédiste*), nom donné aux auteurs de l'*Encyclopédie*.

ENCYPROTYPE, adj. des deux genres (*anciprotipe*) (du grec κύπρος, cuivre, et τύπος, type, empreinte), dessiné, gravé sur le cuivre. Peu usité.

ENCYRTE, subst. mas. (*ancirte*), t. d'hist. nat., genre d'insectes de l'ordre des hyménoptères.

ENDACIN, subst. mas. (*andacein*), t. d'hist. nat., genre de plantes de la famille des champignons.

ENDAUBAGE, subst. mas. (*andôbaje*), manière de mettre en *daube* une volaille, une pièce de viande, etc. — Ingrédients, assaisonnements qui servent à former une bonne *daube*. Presque inusité.

ENDÉCAGONE, subst. des deux genres et adj. mas. Voy. HENDÉCAGONE, orthographe étymologique.

ENDÉCASYLLABE, adj. et subst. Voy. HENDÉCASYLLABE.

ENDÉMATIE, subst. fém. (*andémati*), t. d'hist. anc., sorte d'air de danse en usage à Argos.

ENDÉMENÉ, E, adj. (*andémené*), lascif. (*Scarron*.) Inusité.

ENDÉMIQUE, adj. des deux genres (*andémike*) (du grec ἐνδημος, formé de ἐν, dans, et de δῆμος, peuple), particulier à un peuple, à une nation : *la lèpre était endémique en Judée*.

ENDENTE, subst. fém. (*andante*), t. de charpentier, liaison de deux pièces de bois qui, de distance en distance, entrent l'une dans l'autre.

ENDENTEMENT, subst. mas. (*andanteman*), action d'*endenter*; effet de cette action. — T. de mar., sorte d'engrenage entre deux pièces de bois.

ENDENTÉ, E, part. pass. de *endenter*, et adj., se dit, en t. de blason, d'un pal, d'une bande et autres pièces composées de triangles et alternées de divers émaux. En ce sens on dit aussi *endenthé*.

ENDENTER, v. act. (*andanté*), mettre des *dents* à la roue d'un moulin ou à une autre machine. — S'ENDENTER, v. pron.

ENDENTURE, subst. fém. (*andanture*), dans les chartes-parties, sections qui n'étaient point faites en ligne droite, mais en zig-zag, pour former des *dents* de scie. Voy. CHARTE-PARTIE.

ENDETTÉ, E, part. pass. de *endetter*.

ENDETTER, v. act. (*andèté*), charger de *dettes*; engager dans des *dettes*. — S'ENDETTER, v. pron., faire des *dettes*.

ENDÊVÉ, E, adj., mutin, chagrin, emporté.—Subst. : *c'est un endêvé, une endêvée*. Cette expression est populaire.

ENDÊVER, v. neut. (*andêvé*) (suivant *Du Cange*, du lat. barbare *indeviare*, fait de *deviare*, s'égarer, sortir du droit chemin ; formé de la particule extractive *de*, et de *via*, chemin), avoir grand dépit de quelque chose, enrager. Il est populaire.—*Faire endêver*, faire enrager.

ENDIABLÉ, E, adj. (*andiâblé*), furieux, enragé, très méchant, comme qui dirait possédé du *diable* : esprit *endiablé*. — Il est aussi subst. : *c'est un endiablé, une endiablée*. Il est familier.

ENDIABLER, v. neut. (*andiâblé*), se donner au *diable*. — *Faire endiabler quelqu'un*, le tourmenter excessivement.

ENDIANDRE, subst. mas. (*andiandre*), t. de bot., arbrisseau de la Nouvelle-Hollande, de la famille des lauriers.

ENDICTÉ, E, part. pass. de *endicter*.

ENDICTER, v. act. (*andikté*), dénoncer quelqu'un. Vieux et inusité.

ENDIGUAGE ou **ENDIGUEMENT** (*andiguaje, andigueman*), action d'*endiguer*. Vieux et inusité.

ENDIGUÉ, E, part. pass. de *endiguer*.

ENDIGUER, v. act. (*andiguié*), construire en *digue*. Vieux et inusité.

ENDIMANCHÉ, E, part. pass. de *endimancher*.

ENDIMANCHER, v. act. (*andimanché*), mettre à quelqu'un ses habits du *dimanche* : *elle a endimanché sa fille*. — S'ENDIMANCHER, v. pron., mettre ses beaux habits, ses habits du *dimanche*. Il est familier.

ENDIOMÈTRE, subst. mas. (*andiomètre*), t. de phys., machine pour connaître la pureté de l'air. On dit aussi *eudiomètre*.

ENDIVE, subst. fém. (*andive*), t. de bot., sorte de chicorée.

ENDOBRANCHE, adj. des deux genres et subst. mas. (*andobranche*) (du grec ἐνδον, en dedans, et βράγχια, branchies, organes respiratoires), t. d'hist. nat., famille de vers dont les organes respiratoires ne sont pas apparents au dehors.

ENDOCARPE, adj. des deux genres et subst. mas. (*andokarpe*) (du grec καρπόν, fruit), t. d'hist. nat., milieu du *péricarpe* des fruits, pulpe du raisin. — T. de bot., genre de plantes cryptogames de la famille des algues.

ENDOCTRINÉ, E, part. pass. de *endoctriner*.

ENDOCTRINER, v. act. (*andoktriné*) (du latin *doctrina*, doctrine, savoir, instruction), instruire; il ne s'emploie qu'en plaisantant.—Au fig., faire la leçon à quelqu'un sur ce qu'il doit faire ou dire. — Initier à quelque chose. — S'ENDOCTRINER, v. pron.

ENDOESTHÉSIE, subst. fém. (*ando-ècetézi*) (du grec ἐνδον, en dedans, et αἰσθάνομαι, je sens), t. de philos., sentiment interne. Hors d'usage.

ENDOGÈNE, adj. des deux genres (*andojène*) (du grec ἐνδον, dedans, et γεννάω, j'engendre), t. de bot., se dit d'une plante à vaisseaux excentriques, épars ; le contraire d'*exogène* : *plante endogène*. — Il est aussi substantif mas. : *les endogènes*.

ENDOLORER, v. act. (*andoloré*.) Un auteur moderne a dit : *endolorer un livre d'accidents*; le rendre triste à force d'y peindre des accidents douloureux. Néologisme précieux.

ENDOLORI, E, adj. (*andolori*), qui ressent de la *douleur*; à la différence de *douloureux*, qui signifie proprement ce qui cause de la *douleur*. C'est un mot de *J.-J. Rousseau*.

ENDOMMAGÉ, E, part. pass. de *endommager*.

ENDOMMAGEMENT, subst. mas. (*andomajeman*), état de ce qui est *endommagé*. Ce mot manque dans l'*Académie*.

ENDOMMAGER, v. act. (*andomajé*), apporter, causer du *dommage* à... : *endommager un ouvrage*, *un tableau*. — Il ne se dit que des choses.—S'ENDOMMAGER, v. pron., se détériorer.

ENDOMYQUE, adj. des deux genres et subst. mas. (*andomike*) (du grec ἐνδον, au dedans, et μυχός, lieu intérieur), t. d'hist. nat., genre d'insecte coléoptère.

ENDOPHRAGME, subst. mas. (*andofragueme*) (du grec ἐνδον, dans, au dedans, et φράγμα, engorgement), t. de bot., engorgement transparent qu'on remarque dans certaines plantes.

DU VERBE IRRÉGULIER **ENDORMIR** :

Endormaient, 3e pers. plur. imparf. indic.

Endormais, précédé de *j'*, 1re pers. sing. imparf. indic.

Endormais, précédé de *tu*, 2e pers. sing. imparf. indic.

Endormait, 3e pers. sing. imparf. indic.

Endormant, part. prés.

ENDORMANT, E, adj. (*andorman*, *mante*), qui endort : *ouvrage endormant* : *conversation endormante*. Cet adj. manque dans l'*Académie*.

DU VERBE IRRÉGULIER **ENDORMIR** :

Endorme, précédé de *que j'*, 1re pers. sing. prés. subj.

Endorme, précédé de *qu'il* ou *qu'elle*, 3e pers. sing. prés. subj.

Endorment, précédé de *ils* ou *elles*, 3ᵉ pers. plur. prés. indic.
Endorment, précédé de *qu'ils* ou *qu'elles*, 3ᵉ pers. plur. prés. subj.
Endormes, 2ᵉ pers. sing. prés. subj.

ENDORMEUR, subst. mas., au fém. **ENDORMEUSE** (*andormeur, meuze*), qui *endort*; et au fig., flatteur, enjôleur : *n'écoutez pas cet homme, c'est un endormeur.*—*L'Académie* ne donne pas le fém. de ce mot.

DU VERBE IRRÉGULIER **ENDORMIR** :

Endormez, 2ᵉ pers. plur. impér.
Endormez, précédé de *vous*, 2ᵉ pers. plur. prés. indic.

ENDORMI, E, part. pass. de *endormir*, et adj., engourdi : *avoir la jambe endormie.*—Sans énergie, lent : *homme, esprit endormi.*

ENDORMIE, subst. fém. (*andormi*), t. de bot., sorte de plante. — On a donné ce nom à la stramoine. — Pomme épineuse.

DU VERBE IRRÉGULIER **ENDORMIR** :

Endormiez, précédé de *vous*, 2ᵉ pers. plur. imparf. indic.
Endormiez, précédé de *que vous*, 2ᵉ pers. plur. prés. subj.
Endormîmes, 1ʳᵉ pers. plur. prét. déf.
Endormions, précédé de *nous*, 1ʳᵉ pers. plur. imparf. indic.
Endormions, précédé de *que nous*, 1ʳᵉ pers. plur. prés. subj.

ENDORMIR, v. act. (*andormir*), il se conjugue sur *dormir*, faire *dormir* : *endormir un enfant.*—Fig., amuser, afin de tromper : *ne vous laissez pas endormir par ces belles promesses.*—Engourdir : *endormir la douleur.* — Il est neut. aussi, et signifie ennuyer, fatiguer jusqu'à provoquer le sommeil : *cet ouvrage endort.* — S'ENDORMIR, v. pron., commencer à *dormir* : *je ne me suis endormi que très-tard.*—Fig., 1° négliger une affaire, ses intérêts ; 2° *s'endormir dans l'oisiveté, dans les voluptés*, y croupir.—Prov. : *s'endormir sur le rôti*, négliger ce qui demande un soin assidu.

DU VERBE IRRÉGULIER **ENDORMIR** :

Endormira, 3ᵉ pers. sing. fut. indic.
Endormirai, 1ʳᵉ pers. sing. fut. indic.
Endormiraient, 3ᵉ pers. plur. prés. cond.
Endormirais, précédé de *j'*, 1ʳᵉ pers. sing. prés. cond.
Endormirais, précédé de *tu*, 2ᵉ pers. sing. prés. cond.
Endormirait, 3ᵉ pers. sing. prés. cond.
Endormiras, 2ᵉ pers. sing. fut. indic.
Endormirent, 3ᵉ pers. plur. prét. déf.
Endormirez, 2ᵉ pers. plur. fut. indic.
Endormiriez, 2ᵉ pers. plur. prés. cond.
Endormirions, 1ʳᵉ pers. plur. prés. cond.
Endormirons, 1ʳᵉ pers. plur. fut indic.
Endormiront, 3ᵉ pers. plur. fut. indic.
Endormis, précédé de *j'*, 1ʳᵉ pers. sing. prét. déf.
Endormis, précédé de *tu*, 2ᵉ pers. sing. prét. déf.
Endormisse, 1ʳᵉ pers. sing. imparf. subj.
Endormissent, 3ᵉ pers. plur. imparf. subj.
Endormisses, 2ᵉ pers. sing. imparf. subj.
Endormissiez, 2ᵉ pers. plur. imparf. subj.
Endormissions, 1ʳᵉ pers. plur. imparf. subj.
Endormit, précédé de *il* ou *elle*, 3ᵉ pers. sing. prét. déf.
Endormît, précédé de *qu'il* ou *qu'elle*, 3ᵉ pers. sing. imparf. subj.
Endormîtes, 2ᵉ pers. plur. prét. déf.
Endormons, 1ʳᵉ pers. plur. impér.
Endormons, précédé de *nous*, 1ʳᵉ pers. plur. prés. indic.
Endors, 2ᵉ pers. sing. impér.
Endors, précédé de *j'*, 1ʳᵉ pers. sing prés. indic.
Endors, précédé de *tu*, 2ᵉ pers. sing. prés. indic.
Endort, 3ᵉ pers. sing. prés. indic.

ENDOS, subst. mas. (*andô*.) Voy. ENDOSSEMENT, qui se dit plus souvent.

ENDOSSE, subst. fém. (*andôce*), le faix et toute la peine de quelque chose, qu'on porte en quelque façon *sur le dos* : *vous en aurez l'endosse.* Fam. et peu en usage.

ENDOSSÉ, E, part. pass. de *endosser*.

ENDOSSEMENT et **ENDOS**, subst. mas. (*andôceman, dô*), action de mettre sur le *dos*, sur son *dos*. Hors d'usage dans cette première acception. — T. de commerce, cession, transport qu'on écrit *au dos* d'un billet, d'une lettre de change, pour qu'elle soit payée à celui à qui on en a passé l'ordre : *cette lettre de change a plusieurs endossements.*

ENDOSSER, v. act. (*andôcé*), mettre sur le *dos* : *endosser le harnais, la cuirasse.* — Fig. et fam., charger de... *on l'a endossé de cela.*—*Endosser un billet*, etc.; mettre *au dos* d'un billet, etc., sa signature, l'ordre de payer à un autre, etc. — S'ENDOSSER, v. pron.

ENDOSSEUR, subst. mas., au fém. **ENDOSSEUSE** (*andôceur, ceuze*), celui, celle qui a *endossé* une lettre de change ou un billet.—*L'Académie* ne donne pas de fém. à ce mot.

ENDOSTÔME, subst. mas. (*andocetôme*) (du grec ενδον, dans, en dedans, στομα, bouche), t. de bot., ouverture intérieure de l'ovule végétale. Voy. EXOSTOME.

ENDOUAIRER, v. act. (*andouèré*), assurer un *douaire*. (Boiste.) Vieux.

ENDOUZINER, v. act. (*andouziné*), t. de métier, tourner en rond et assembler par *douzaines* les cordes à boyau.—Barbarisme de *Boiste*; il faudrait au moins écrire *endouzainer*.

ENDOYER, v. act. (*andoé-ié*), montrer au doigt. (*Boiste*.) Vieux ; mal formé et inutile.

ENDRACH, subst. mas. (*andrake*), t. de bot., grand et gros arbre de Madagascar.

ENDRIAQUE, subst. mas. (*andriake*), myth., monstre imaginaire, qui, disait-on, dévorait les filles vierges.

ENDROIT, subst. mas. (*androè*) (suivant *Nicot*, du latin *in directum*, et suivant *Ménage*, de *in directo*), lieu, place, partie, côté, etc. : *endroit propre à bâtir; blessé en plusieurs endroits.* — Patrie, lieu natal. Provincial et ridicule. Voy. LIEU. — Le beau côté d'une étoffe : *voilà l'endroit de ce drap.* Il est opposé à l'*envers*. — Par extension, passage d'un ouvrage : *le plus bel endroit d'une tragédie.* — Fig. : *prendre quelqu'un par son endroit sensible*, le prendre par ce qui l'intéresse le plus. — *C'est le plus bel endroit de sa vie*, c'est la plus belle partie, la plus belle circonstance de sa vie. — *En mon, en ton*, etc., ENDROIT, loc. adv., envers moi, envers toi, etc. Vieux. — T. de prat. : *chacun endroit soi*, chacun pour soi, pour ce qui le concerne.

ENDRÔME, subst. mas. (*andrôme*), (du grec ενδρομις), t. d'hist. anc. vêtement des anciens, à très-longs poils hérissés, pour le bain.

ENDUIRE, v. act. (*anduire*) (en latin *inducere* ou *induire*, dérivé du grec ενδυειν, revêtir, couvrir), couvrir d'un *enduit* : *enduire un vaisseau de goudron, une muraille de plâtre.*— Neutralement, t. de vieille faucon., digérer bien la chair : *cet oiseau enduit bien.* — S'ENDUIRE, v. pron.

ENDUISSON, subst. fém. (*anduiçon*), action d'*enduire*; état de ce qui est *enduit*. (*Boiste*.) Hors d'usage et mal formé.

ENDUIT, subst. mas. (*andui*), couche de chaux, de plâtre, etc. — Substance molle propre à être étendue sur la surface d'un corps. — En t. de médec., couche de matière sécrétée qui revêt la surface de quelques organes, dans certaines maladies.

ENDUIT, E, part. pass. de *enduire*.

ENDURANT, E, adj. (*anduran, rante*), patient, qui souffre aisément les injures : *il n'est pas d'humeur endurante.*— ENDURANT, PATIENT. (*Syn.*) L'homme *endurant* souffre avec constance les duretés, les injures, des persécutions, par prudence, par faiblesse, par lâcheté. L'homme *patient* souffre avec modération, avec calme; c'est vertu. On peut être *endurant* sans être *patient*. Socrate, outragé par sa femme, reste calme; il est *patient*; le marquis, dans le *Joueur*, est un homme *endurant*.—L'homme *endurant* souffre et enrage; l'homme *patient* souffre et reste calme.—L'homme délicat et irascible n'est pas *endurant*; l'homme sensible et vif n'est pas *patient*.

ENDURCI, E, part. pass. de *endurcir*.—On dit souvent subst. en matière de religion, de ceux qui refusent de se convertir : *c'est un endurci, une endurcie.*

ENDURCIR, v. act. (*andurcir*), rendre *dur* : *l'air endurcit certaines pierres.*—Rendre fort : *le travail endurcit le corps.* — Fig., 1° accoutumer à ce qui est *dur* et pénible; 2° rendre *dur*, impitoyable. — S'ENDURCIR, v. pron., devenir *dur* : *le corail s'endurcit à l'air.*—Fig., 1° s'accoutumer à quelque chose de pénible : *s'endurcir à la peine*; 2° se faire un cœur *dur* et insensible : *s'endurcir dans le vice, dans le crime.*

ENDURCISSEMENT, subst. mas. (*andurciceman*), état de ce qui devient *dur*.—*Dureté* de cœur, opiniâtreté.

ENDURÉ, E, part. pass. de *endurer*.

ENDURER, v. act. (*anduré*) (du latin *durare*, qu'on trouve dans les meilleurs auteurs employé avec cette signification, et dont ceux de la basse latinité ont fait *indurare*), souffrir, supporter avec patience : *endurer la faim, la soif.*—Permettre : *il ne peut endurer que cela soit ainsi.* —S'ENDURER, v. pron. : *de telles choses ne s'endurent pas.*

ÉNÉAS, subst. mas. (*éné-âce*), t. d'hist. nat., petit animal qui tient beaucoup du sarigue.

ÉNÉIDE, subst. fém. (*éné-ide*), titre du poème épique de *Virgile*, dont le héros est *Énée*.

ÉNÉLÉUM et mieux **ŒNÉLÉUM**, subst. mas. (*énélé-ome*) (du grec οινος, vin, et ελαιον, huile), t. de pharm., mélange de vin et d'huile rosat.

ÉNÉORÈME, subst. mas. (*éné-orème*) (du grec εναιωρημα, fait de εν, dans, et de αιωρειν, élever en haut, suspendre), t. de médec., substance légère qui nage au milieu de l'urine.

ÉNERGIE, subst. fém. (*énèreji*) (en grec ενεργια, fait de εν, dans, et de εργον, ouvrage, travail, action), force de cœur ou d'âme, vertu : *énergie de l'âme.*—En t. de médec., on dit l'*énergie d'un remède; énergie musculaire.*—Il se dit ordinairement du style et de la parole. Dans cet emploi, *énergie* dit encore plus que *force*, et s'applique principalement aux discours qui peignent et au caractère du style : *cet orateur joint la force du raisonnement à l'énergie des expressions.*

ÉNERGIQUE, adj. des deux genres (*énèrejike*), qui a de l'*énergie* : *rendre énergique; expression, discours énergique.*

ÉNERGIQUEMENT, adv. (*énèrejikeman*), d'une manière *énergique*.

ÉNERGIQUES, subst. mas. plur. (*énèrejike*), t. d'hist. ecclés., hérétiques du seizième siècle.

ÉNERGISÉ, E, part. pass. de *énergiser*.

• **ÉNERGISER**, v. act. (*énèrejizé*), rendre *énergique*. (*Boiste*.) — Ce mot, tout inusité qu'il est, rend bien ce qu'il exprime ; on pourrait l'adopter, ainsi que *s'énergiser*, v. pron., qui voudrait dire, s'exciter à l'*énergie*.

ÉNERGUMÈNE, subst. des deux genres (*énèregumène*) (en grec ενεργουμενος, fait de ενεργεω, je travaille au-dedans avec force, dont les racines sont εν, dans, et εργον, travail, action), celui ou celle qui est possédé du démon. — Enthousiaste jusqu'à la folie, et même jusqu'à la fureur.

ÉNERVATION, subst. fém. (*énèrevâcion*) (en latin *enervatio*, fait de *enervare*, énerver), t. de médec., débilitation, abattement des forces.

ÉNERVE, adj. des deux genres (*énèreve*), t. de bot. : *feuilles énerves*, sur la surface desquelles on n'aperçoit aucune *nervure*, comme la tulipe.

ÉNERVÉ, E, part. pass. de *énerver*.

ÉNERVEMENT, subst. mas. (*énèreveman*), action, état de celui qui *s'énerve*.

ÉNERVER, v. act. (*énèrevé*) (en lat. *enervare*, fait de la particule extractive *e*, et de *nervus*, nerf ; *ôter le nerf*), affaiblir beaucoup.—Il s'emploie également au propre et au figuré : *les excès énervent le corps; énerver l'âme, le courage.* —S'ÉNERVER, v. pron., s'amollir, perdre de son *énergie*.

ÉNEYÉ, E, part. pass. de *éneyer*.

ÉNEYER, v. act. (*éné-ié*), t. de métier, ôter les nœuds du bois. (*Boiste*.) Inusité.

ENFAGOTER, v. act. (*anfaguoté*), enrôler, mettre au rang de... (*Boiste*.)—Mot mal forgé, et qui ne signifie pas ce que le mot *fagot*, dont il est évidemment formé, devrait lui faire signifier. Il est, du reste, entièrement inusité.

ENFAÎTÉ, E, part. pass. de *enfaîter*.

ENFAÎTEAU, subst. mas. (*anfètô*), tuile creuse qui se met sur le *faîte* d'une maison.

ENFAÎTEMENT, subst. mas. (*anfèteman*), couverture de plomb qu'on met sur le comble d'une maison.

ENFAÎTER, v. act. (*anfèté*), couvrir le *faîte* d'une maison avec de la tuile ou du plomb, etc.— S'ENFAÎTER, v. pron.

ENFANCE, subst. fém. (*anfance*) (en lat. *infantia*), âge de l'homme depuis la naissance jusqu'à douze ans ou environ.—Au fig., le commencement de quelque chose : *les arts étaient encore dans leur enfance.* — Puérilité : *traîner une éternelle enfance.*—*Être, tomber en enfance*, avoir perdu l'usage de la raison par maladie ou par extrême vieillesse.

ENFANÇON, subst. mas. (*anfançon*), petit *enfant*. (J.-B. Rousseau.)

ENFANT, subst. des deux genres (*anfan*) (du lat. *infans*, formé de la particule privative *in*, et de *fari*, parler ; *qui ne parle point encore*), qui est dans l'*enfance*.—Fils ou fille par relation au père ou à la mère. On appelle *enfant légitime*, celui qui est provenu d'un mariage légitime ; *enfant naturel*, celui qui est né hors mariage ; *enfant adoptif*, celui qui est considéré comme l'*enfant* de quelqu'un, quoiqu'il ne le soit pas réellement, au moyen de l'adoption que le père adoptif a faite de lui ; on dit aussi dans ce sens, *enfant d'adoption.*—*Enfant mineur,* qui n'a pas encore atteint l'âge de majorité ; *enfant émancipé,* mis par un acte de l'autorité hors de la puissance de père et mère. — *Enfants trouvés*, *enfants* qu'on trouve exposés, et dont le père et la mère ne se font pas connaître. — En t. de religion chrétienne, on dit que *tous les chrétiens sont enfants de Dieu*. que *tous les fidèles sont enfants de l'Eglise*. *Les enfants de lumière*, ceux qui sont éclairés des lumières de l'Evangile ; *les enfants de ténèbres*, les païens, les idolâtres. — Les païens disaient aussi, et les poètes disent encore aujourd'hui, *enfants de Bellone*, *enfants de Mars*, *enfants d'Apollon*, pour signifier des personnes consacrées au métier de la guerre ou aux beaux-arts. — *Enfant de chœur,* jeune garçon qui chante au chœur dans les églises.—Fig., natif de... : *enfant de Paris ; enfants de la vieille Angleterre.*—Personne faible de caractère : *c'est un enfant.*—*Enfant de la balle*, *enfant* d'un maître de jeu de paume, et fig., *enfant* qui exerce la profession de son père, et qui, par cette raison, est censé y être plus habile qu'un autre.—*Enfant de troupe,* fils de militaire élevé dans les casernes.— On appelait autrefois *enfants perdus,* les soldats détachés qui commençaient l'attaque un jour de combat : *commander les enfants perdus*. — On appelait *enfants d'honneur,* des jeunes gens de qualité, qui étaient nourris auprès du prince pendant son bas âge.—*Enfants de langues,* jeunes Français qui apprenaient les langues asiatiques pour servir ensuite de drogmans aux consuls et aux négociants. On les appelle aujourd'hui *jeunes de langue.*—*Enfant* se dit fam. en manière de louange ou en signe de bienveillance. En ce sens, il est masculin et fém. —On dit qu'*un homme est un bon enfant*, pour dire qu'il a un bon caractère, qu'il est doux, sociable, accommodant ; d'une jeune fille, que *c'est une belle enfant, une jolie enfant.*— *Il est, elle est bon enfant !* il, elle croit tout ce qu'on veut. — *Il est bien l'enfant de sa mère,* il lui ressemble, il en a les manières, les habitudes.—*Traiter quelqu'un en enfant de bonne maison* est une locution surannée, qui a effectivement signifié, le châtier sévèrement, ne point l'épargner ; mais qui ne se dit plus. — *Faire l'enfant,* badiner, se conduire comme un *enfant.*— *Jeu d'enfant*, affaire peu importante, peu grave. — *Être innocent comme l'enfant qui vient de naître,* être l'innocence même.—*Il n'y a plus d'enfants*, se dit d'*enfants* qui parlent de choses qu'ils devraient ignorer.

ENFANTÉ, E, part. pass. de *enfanter.*

ENFANTEAU, subst. mas. (*anfantô*), petit *enfant*. (*Marot.*) Vieux et hors d'usage.

ENFANTELET, subst. mas. (*anfantelé*), petit *enfant*. (*C. de Surville.*) Vieux.

ENFANTEMENT, subst. mas. (*anfanteman*), action d'*enfanter.*—On dit fig. d'un auteur qui compose avec beaucoup de peine, que, *lorsqu'il travaille*, *il est dans les douleurs de l'enfantement.*

ENFANTER, v. act. (*anfanté*), accoucher, mettre un *enfant* au monde. Il ne s'emploie guère que dans certaines occasions graves et sérieuses, où il est comme consacré : *la Vierge enfantera un fils qui sera nommé Jésus.* — Il s'emploie quelquefois sans régime : *enfanter sans douleur.* —Il se dit fig. des productions de l'esprit : *il enfante tous les six mois un gros volume.*—S'ENFANTER, v. pron.

ENFANTILLAGE, subst. mas. (*anfanti-iaje*), manières *enfantines,* bagatelle.

ENFANTILLER, v. neut. (*anfanti-ié*), jouer comme un *enfant*. (*Boiste.*) Vieux et hors d'usage.

ENFANTIN, E, adj. (*anfantein, tine*), qui tient de l'*enfant : voix enfantine.*

ENFARINÉ, E, part. pass. de *enfariner.*

ENFARINER, v. act. (*anfariné*), poudrer de *farine.*—On dit fig. au passif *qu'un homme est enfariné de quelque science,* qu'il en est légèrement imbu; qu'*il est enfariné d'une opinion, d'une mauvaise doctrine,* pour dire qu'il en est imbu, prévenu. Dans ce dernier sens on dit aussi absolument et sans régime : *cet homme est enfariné*, attaché à des erreurs condamnées. —Prov. : *il est venu nous dire cela la gueule enfarinée,* inconsidérement et avec une sotte confiance. Populaire. —S'ENFARINER, v. pron.

ENFÉER, v. act. (*anfé-é*), enchanter. (*Boiste.*) Vieux et hors d'usage.

ENFER, subst. mas. (*anfère*) (en lat. *infernus, sous-entendu locus, ou inferna, orum,* sous-entendu *loca*, fait de *inferior*, plus bas, *lieu bas*); lieu où les damnés sont punis. — Au fig., les démons.—Encore au fig., 1° bruit, vacarme effroyable ; 2° lieu où l'on se déplaît. — *Tison d'enfer,* un méchant homme qui excite au mal. — *Feu d'enfer,* très-grand feu. —*Jeu d'enfer,* très-gros jeu. — *Train d'enfer,* fort vite. — En chimie, vase propre à calciner le mercure. — En t. d'imprimerie, casseïin destiné à recevoir les mauvaises lettres que le compositeur rencontre en composant. Vieux ; on l'appelle aujourd'hui *cassetin du diable.*—Au plur., *enfers*, lieu où les païens croyaient que les âmes allaient après leur mort. On dit que les Cafres admettent treize *enfers* et vingt-sept paradis, où chacun trouve la place qu'il a méritée, suivant ses bonnes ou [illegible] mauvaises actions.

ENFERMÉ, subst. mas. (*anfèremé*) : *sentir l'enfermé,* sentir mauvais, pour n'avoir pas été à l'air depuis long-temps. On dit plus souvent et mieux : *sentir le renfermé.*

ENFERMÉ, E, part. pass. de *enfermer.*

ENFERMER, v. act. (*anfèremé*) (de la préposition *en*, dans, et du verbe *fermer, fermer dans*), mettre une personne dans un lieu d'où elle ne puisse sortir : *enfermer une armée entre deux montagnes.*—Serrer une chose dans un lieu qui *ferme : enfermer des habits dans une armoire.*—Environner, clore de toute part : *enfermer un parc de murs.*—Contenir, comprendre : *ce livre enferme de grandes vérités.*—*C'est un homme à enfermer,* à mettre dans un hôpital de fous, dans un lieu de correction.—Prov. : *enfermer le loup dans la bergerie,* laisser quelqu'un dans un endroit où sa présence peut causer du mal. — S'ENFERMER, v. pron. : *s'enfermer dans sa chambre ; s'enfermer dans une place,* y demeurer pour la défendre pendant un siége ; *s'enfermer dans un cloître,* se faire religieux.

ENFERRÉ, E, part. pass. de *enferrer.*

ENFERRER, v. act. (*anféré*), percer avec un *fer* ou autre chose.— S'ENFERRER, v. pron., se jeter soi-même sur une arme, sur l'épée de son ennemi.—Au fig. et fam., se nuire à soi-même par ses paroles ou par sa conduite ; se contredire, se couper dans ses réponses.

ENFERRURE, subst. fém. (*anfèrure*), se dit en parlant des ouvriers qui ont perdu beaucoup de temps à creuser un rocher d'ardoise qui n'a fourni que des feuilletis, ce qui s'exprime par *faire une enferrure.*

ENFEU, subst. mas. (*anfeu*), lieu destiné à la sépulture d'une famille. (*Boiste.*) Vieux et hors d'usage.

ENFEUILLÉ, E, part. pass. de *s'enfeuiller.*

• **S'ENFEUILLER**, v. pron. (*çanfeuié*), se couvrir de *feuilles.*

ENFICELÉ, E, part. pass. de *enficeler.*

• **ENFICELER**, v. act. (*anficelé*), *ficeler;* serrer le bas d'un chapeau avec une *ficelle.*—S'ENFICELER, v. pron.

ENFIELLÉ, E, part. pass. de *enfieller.*

ENFIELLER, v. act. (*anfièlé*), teindre de *fiel ;* remplir de *fiel.* (Boiste.) Inusité.

ENFIELLIR, v. neut. (*anfièlir*), devenir amer comme du *fiel.* (Boiste.) Vieux et inusité.

ENFIÉRI, E, part. pass. de *enfiérir.*

ENFIÉRIR, v. neut. (*anfiérir*), devenir *fier.* (*Boiste.*) Vieux, mal formé et hors d'usage.

ENFIÉVRÉ, E, adj., et part. pass. de *enfiévrer;* vieux mot qui signifiait, au propre, malade de la *fièvre.*

ENFIÉVRER, v. act. (*anfiévré*), donner, répandre la *fièvre : ces eaux corrompues ont enfiévré tout le pays.* — *Beaumarchais*, dans son *Barbier de Séville,* a essayé de le rajeunir au figuré : *il m'a presque enfiévré de sa passion.*— S'ENFIÉVRER, v. pron.

ENFILADE, subst. fém. (*anfilade*), longue suite de chambres, etc., dont les portes sont disposées de manière que leur milieu se trouve sur une même ligne droite : *il y a une belle enfilade d'appartements.*—On dit fig. et familièrement : *une longue enfilade de discours, de raisonnements ennuyeux*, etc.—En t. de mar., on appelle *enfilade,* des coups de canon tirés dans le sens de la longueur du bâtiment : c'est proprement l'action d'*enfiler* avec des boulets.—Au trictrac, obstacle qu'on trouve à faire passer les dames, ce qui fait souvent perdre la partie.

ENFILÉ, E, part. pass. de *enfiler.*

ENFILER, v. act. (*anfilé*), passer de la soie, du *fil* ou autre chose par le trou d'une aiguille, d'une perle, etc.—Fig., 1° entrer dans une rue ou dans un chemin ; 2° passer une épée au travers du corps de quelqu'un. Familier. — Au trictrac : *enfiler son adversaire,* conserver son plein, en faisant passer les dames surnuméraires dans le jeu de son adversaire. — Fig. et fam. : *enfiler des perles,* perdre son temps à des niaiseries. — *Enfiler le degré,* s'échapper vite par un escalier. — *Enfiler un discours*, s'engager dans un long discours.— *Enfiler la venelle*, s'enfuir. Il est pop.—*Le canon enfile la tranchée, le vent enfile la rue,* la bat, y souffle en ligne droite.— En t. de mar., on dit que le *cabestan enfile le câble en virant,* lorsque le câble tourne en rond autour du cabestan ; *enfiler,* en t. de mar., signifie aussi, tirer des coups de canon sur un bâtiment ennemi dans le sens de sa longueur.—En t. d'épingliers, c'est passer la tête de l'épingle à l'endroit où elle doit être sertie ou rivée.—S'ENFILER, v. pron., se jeter soi-même sur l'épée de son ennemi. — Au trictrac, mettre son jeu dans un tel désordre qu'on ne peut éviter de perdre plusieurs trous. Voy. ENFILADE. On dit plus ordinairement au passif, *être enfilé.*

ENFILEUR, subst. mas. (*anfileur*), chez les épingliers, ouvrier employé à passer les têtes dans les branches, et à les préparer à être pressées entre les deux têtoirs.

ENFIN, adv. (*anfein*) (en lat. *in fine*), à la *fin*, *finalement,* avec cette différence qu'*enfin* signifie proprement, en *finissant,* pour *finir,* pour conclusion, en un mot ; *à la fin* signifie, après tout cela, au bout du compte, en dernière analyse, pour résultat des choses ; *finalement* signifie, pour dernière conclusion, définitivement. (*Roubaud.*)—Après tout.

ENFISSURE, subst. fém. (*anfiçure*), t. de mar., traverse de corde.

ENFLAMMÉ, E, part. pass. de *enflammer.*

ENFLAMMER, v. act. (*anflâmé*) (en lat. *inflammare,* fait de *in*, dans, et de *flamma*, flamme), allumer, mettre en feu, *en flamme;* embraser. Il se dit surtout au passif et au réciproque.—Fig., échauffer, donner de l'ardeur, donner de l'amour : *enflammer le courage.*— S'ENFLAMMER, v. pron.

ENFLE-BŒUF, subst. mas. (*anfle-beufe*), t. d'hist. nat., carabe doré. Ainsi nommé, parce qu'il fait *enfler* les bestiaux qui en ont avalé quelques-uns par hasard.

ENFLÉCHURE, subst. fém. (*anfléchure*), t. de mar., se dit de cordes qui traversent les haubans en forme d'échelons pour monter aux hunes.

ENFLEMENT, subst. mas. (*anfleman*), action d'*enfler;* son effet.

ENFLÉ, E, part. pass. de *enfler.*

ENFLER, v. act. (*anflé*) (en lat. *inflare*, fait de *in*, dans, et de *flare,* souffler), remplir de vent, de manière à faire excéder la grosseur ou la mesure ordinaire : *enfler un ballon ; le vent enfle les voiles.* — Fig., augmenter : *enfler le courage.*—Enorgueillir : *la prospérité l'a extrêmement enflé.* — *Enfler son style,* écrire d'un style ampoulé. — *Enfler la dépense*, y ajouter pour la faire monter plus haut.— V. neut., ou S'ENFLER, v. pron., augmenter de grosseur, de volume : *les jambes lui enflent; la rivière enfle ou s'enfle.*

ENFLURE, subst. fém. (*anflure*), tumeur, extension, grosseur, bouffissure qui survient extraordinairement en quelque partie du corps.— En t. de vénerie, première poussée d'un chevreuil qui a mis bas. — Fig. : *l'enflure du style*, le vice d'un style ampoulé.— *L'enflure du cœur,* la vanité, l'orgueil.

ENFOLIÉ, E, part. pass. de *enfolier.*

ENFOLIER, v. act. (*anfolié*), t. de monnayeur, faire détacher les *feuilles* de métal du creuset.— S'ENFOLIER, v. pron.

ENFONÇAGE, subst. mas. (*anfonçaje*), t. de tonnelier, action de mettre un *fond* à un tonneau; son effet.

ENFONCÉ, E, part. pass. de *enfoncer,* et adj.: *avoir les yeux enfoncés dans la tête,* avoir les yeux creux. — On dit fig., d'un homme épais et stupide, qu'*il a l'esprit enfoncé dans la matière.*

ENFONCEMENT, subst. mas. (*anfonceman*), l'action d'*enfoncer.* — Ce qui va en *enfonçant.* —Ce qui paraît de plus reculé dans un lieu *enfoncé.*

ENFONCER, v. act. (*anfoncé*) (du latin barbare *infundicare,* fait de *in*, dans, et *fundus,* fond. *Ménage.*), pousser vers le *fond : enfoncer un vase dans l'eau, enfoncer son chapeau.*—Faire pénétrer bien avant : *enfoncer un clou, un pieu, un poignard dans le cœur.*—Rompre, briser : *enfon-*

cer une porte, un bataillon, les rangs, les percer, les rompre, les renverser.—Faire plus creux. — T. de faucon., *enfoncer la perdrix*, se dit de l'oiseau qui fond sur sa proie, en la poussant jusqu'à la remise. — Neutralement, aller au *fond : le vaisseau enfonça et disparut*.—**S'ENFONCER**, v. pron., pénétrer, aller plus avant en *enfonçant*.

ENFONCEUR, subst. mas. (*anfonceur*), mot usité seulement dans cette phrase prov. : *enfonceur de portes ouvertes*, homme qui se vante d'avoir fait une chose très-facile comme si elle eût été difficile.

ENFONÇOIR, subst. mas. (*anfonçoar*), t. de mégisserie, espèce de pilon qui sert à fouler les peaux.

ENFONÇURE, subst. fém. (*anfonçure*), toutes les pièces du *fond* d'une futaille.—Assemblage des ais que l'on met au *fond* d'un lit pour soutenir la paillasse, etc. On dit aussi : *enfonçure d'une armoire, d'une commode, d'un coffre*, etc.—T. de médec., affaissement du crâne produit par un coup violent.

ENFONDRE, v. act. (*anfoudre*), briser, rompre. (*Boiste.*) Vieux.—**S'ENFONDRE**, v. pron.

ENFORCI, E, part. pass. de *enforcir*.

ENFORCIR, v. act. et neut. (*anforcir*), rendre ou devenir *plus fort : ce cheval enforcit tous les jours*. — *Enforcir, renforcer*, verbes actifs, signifient, l'un et l'autre, rendre plus fort, ou devenir plus fort : *la bonne nourriture a enforci ce cheval; ce vin enforcira à la gelée; on a renforcé l'armée*. Quelques personnes, pensant apparemment que l'on dit *enforcer, renforcir*, ont forgé les participes *enforcé, renforci*. Mais ces participes et infinitifs sont autant de barbarismes. On ne connaît qu'*enforcir* et *renforcer*, dont les participes passés sont *enforci* et *renforcé*. Ainsi ceux qui disent, *cet enfant est renforci*, au lieu de *cet enfant est renforcé, ces bas sont enforcés* ou *renforcis*, s'expriment mal. — **S'ENFORCIR**, v. pron.

ENFORESTÉ, E, part. pass. de *enforester*.

•* **ENFORESTER**, v. act. (*anforèceté*), planter un terrein en bois, en *forêts*. (Boiste.) Vieux.

ENFORMÉ, E, part. pass. de *enformer*.

ENFORMER, v. act. (*anformé*), mettre un bas, un chapeau en *forme*.— En t. d'orfèvrerie : *enformer le marli*, border un plat d'une moulure intérieure.—**S'ENFORMER**, v. pron.

ENFOUI, E, part. pass. de *enfouir*.

ENFOUIR, v. act. (*anfouir*) (en latin *infodire*, dit par métaplasme pour *infodere*, enfouir, fait de *in*, dans, et de *fodere*, creuser), cacher en terre : *enfouir un trésor*.—*Enfouir du fumier, des plantes*, etc., les couvrir de terre.—Fig., il se dit des avantages du corps ou de l'esprit dont on ne fait pas usage, qu'on cache : *pourquoi enfouir au fond d'une province tant de talents et de beauté?* — **S'ENFOUIR**, v. pron. : *l'avare s'enfouit lui-même avec son trésor*.

ENFOUISSEMENT, subst. mas. (*anfouiceman*), action d'*enfouir*.

ENFOUISSEUR, subst. mas., au fém. **ENFOUISSEUSE** (*anfouiceur, ceuze*), celui, celle qui *enfouit*.

ENFOURCHÉ, E, part. pass. de *enfourcher*.

ENFOURCHEMENT, subst. mas. (*anfourcheman*), en t. de jardinier, sorte de greffe. — En archit., première retombée des angles, des voûtes d'arêtes, dont les voussoirs sont à branches.

ENFOURCHER, v. act. (*anfourché*) (du mot *fourche*, dont les jambes du cavalier prennent la forme), *monter à cheval jambe deçà, jambe delà : cette femme enfourche un cheval comme un cavalier*. Il est familier.— **S'ENFOURCHER**, v. pron.

ENFOURCHIE, adj. fém. (*anfourchi*), t. de vènerie. On dit d'un cerf qu'*il a la tête enfourchie*, pour signifier que l'extrémité de son bois est terminée en *fourches*.

ENFOURCHURE, subst. fém. (*anfourchure*), en t. de vèn., tête d'un cerf dont l'extrémité du bois se termine en *fourche*.—En t. de man., partie du corps entre les cuisses.

ENFOURÉ, E, part. pass. de *enfourer*.

ENFOURER, v. act. (*anfouré*), t. de métier, envelopper. Peu en usage.

ENFOURNÉ, E, part. pass. de *enfourner*.

ENFOURNÉE, subst. fém. (*anfourné*), t. de boulanger, action de mettre le pain au *four*. On dit plus souvent et plus simplement *fournée*.

ENFOURNEMENT, subst. mas. (*anfourneman*), t. de verrerie, suite des opérations depuis la première fonte ou depuis l'instant auquel on commence à mettre de la matière dans les creusets, jusqu'à ce que le verre soit entièrement affiné, et prêt à être travaillé.

ENFOURNER, v. act. (*anfourné*), mettre dans le *four*.—Fig. et fam. : *il a bien* ou *mal enfourné*, bien ou mal commencé. Dans cette expression, il est neutre. — En t. de verrerie, mettre dans les creusets la matière destinée à former du verre.—**S'ENFOURNER**, v. pron.

ENFOURNEUR, subst. mas., au fém. **ENFOURNEUSE** (*anfourneur, neuze*), ouvrier qui *enfourne*, soit dans les boulangeries, soit dans les verreries.

ENFOURRÉ, E, part. pass. de *enfourrer*.

ENFOURRER, v. act. (*anfouré*), t. de batteur d'or, renfermer le vélin dans son enveloppe. — **S'ENFOURRER**, v. pron.

ENFRAYÉ, E, part. pass. de *enfrayer*.

ENFRAYER, v. act. (*anfrè-ié*), en t. de cardeur, mettre en train des cardes neuves. — **S'ENFRAYER**, v. pron.

ENFRAYURE, subst. fém. (*anfrè-iure*), t. de cardeur, première livre de *laine*, préparée sur des cardes neuves, qui s'est *frayé* un passage entre les dents.

DU VERBE IRRÉGULIER ENFREINDRE :

Enfreignaient, 3e pers. plur. imparf. indic.
Enfreignais, précédé de *j'*, 1re pers. sing. imparf. indic.
Enfreignais, précédé de *tu*, 2e pers. sing. imparf. indic.
Enfreignait, 3e pers. sing. imparf. indic.
Enfreignant, part. prés.
Enfreigne, précédé de *que j'*, 1re pers. sing. prés. subj.
Enfreigne, précédé de *qu'il* ou *qu'elle*, 3e pers. sing. prés. subj.
Enfreignent, précédé de *ils* ou *elles*, 3e pers. plur. prés. indic.
Enfreignent, précédé de *qu'ils* ou *qu'elles*, 3e pers. plur. prés. subj.
Enfreignes, 2e pers. sing. prés. indic.
Enfreignez, 2e pers. plur. impér.
Enfreignez, précédé de *vous*, 2e pers. plur. prés. indic.
Enfreigniez, précédé de *vous*, 2e pers. plur. imparf. indic.
Enfreigniez, précédé de *que vous*, 2e pers. plur. prés. subj.
Enfreignîmes, 1re pers. plur. prét. déf.
Enfreignions, précédé de *nous*, 1re pers. plur. imparf. indic.
Enfreignions, précédé de *que nous*, 1re pers. plur. prés. subj.
Enfreignirent, 3e pers. plur. prét. déf.
Enfreignis, précédé de *j'*, 1re pers. sing. prét. déf.
Enfreignis, précédé de *tu*, 2e pers. sing. prét. déf.
Enfreignisse, 1re pers. sing. imparf. subj.
Enfreignissent, 3e pers. plur. imparf. subj.
Enfreignisses, 2e pers. sing. imparf. subj.
Enfreignissiez, 2e pers. plur. imparf. subj.
Enfreignissions, 1re pers. plur. imparf. subj.
Enfreignit, précédé de *il* ou *elle*, 3e pers. sing. prét. déf.
Enfreignît, précédé de *qu'il* ou *qu'elle*, 3e pers. sing. imparf. subj.
Enfreignîtes, 2e pers. plur. prét. déf.
Enfreignons, 1re pers. plur. impér.
Enfreignons, précédé de *nous*, 1re pers. plur. prés. indic.
Enfreindra, 3e pers. sing. fut. indic.
Enfreindrai, 1re pers. sing. fut. indic.
Enfreindraient, 3e pers. plur. prés. cond.
Enfreindrais, précédé de *j'*, 1re pers. sing. prés. cond.
Enfreindrais, précédé de *tu*, 2e pers. sing. prés. cond.
Enfreindrait, 3e pers. sing. prés. cond.
Enfreindras, 2e pers. sing. fut. indic.

ENFREINDRE, v. act. (*anfreindre*) (du lat. *infringere*, qui signifie proprement *rompre, briser*; suivant *Ménage*, de *infrindere*, qui signifie également rompre), violer, transgresser, contrevenir à... : *enfreindre la loi*.—**S'ENFREINDRE**, v. pron.

DU VERBE IRRÉGULIER ENFREINDRE :

Enfreindrez, 2e pers. plur. fut. indic.
Enfreindriez, 2e pers. plur. prés. cond.
Enfreindrions, 1re pers. plur. prés. cond.
Enfreindrons, 1re pers. plur. fut. indic.
Enfreindront, 3e pers. plur. fut. indic.
Enfreins, 2e pers. sing. impér.
Enfreins, précédé de *j'*, 1re pers. sing. prés. indic.
Enfreins, précédé de *tu*, 2e pers. sing. prés. indic.
Enfreint, précédé de *il* ou *elle*, 3e pers. sing. prés. indic.
Enfreint, e, part. pass.

ENFROQUÉ, E, part. pass. de *enfroquer*.

ENFROQUER, v. act. (*anfrokié*), revêtir d'un *froc*; faire moine. Il ne se dit qu'en plaisantant et par mépris. —**S'ENFROQUER**, v. pron.

ENFUI, E, part. pass. de *s'enfuir*.

S'ENFUIR, v. pron. (*çanfuir*), prendre la *fuite*, s'en aller. — Fig., s'écouler, en parlant d'une liqueur, du temps, etc.

ENFUMÉ, subst. mas. (*anfumé*), t. d'hist. nat., nom d'un chétodon.

ENFUMÉ, E, part. pass. de *enfumer*.

ENFUMER, v. act. (*anfumé*), remplir de *fumée*, noircir par la *fumée*. — *Enfumer des renards, des blaireaux*, introduire du feu dans leurs terriers pour que la *fumée* les oblige à en sortir. —**S'ENFUMER**, v. pron.

ENFUTAILLÉ, E, part. pass. de *enfutailler*.

ENFUTAILLER, v. act. (*anfutâ-ié*) mettre une marchandise dans une *futaille*.—**S'ENFUTAILLER**, v. pron.

ENGAGÉ, subst. mas. (*anguajé*), nom que l'on donnait, aux Antilles, à ceux qui *s'engageaient* avec les habitants, pour les servir pendant trois ans. On les appelait plus communément *trente-six mois*.—Celui qui est ou qui *s'est engagé*.

ENGAGÉ, E, part. pass. de *engager*.

ENGAGEANT, E, adj. (*anguajan, jante*), attrayant, qui flatte, qui attire, qui *engage* insensiblement : *manières engageantes*.—Subst. fém., nœud de rubans sur le sein. — Espèce de manchettes que portaient les femmes autrefois.

ENGAGEMENT, subst. mas. (*anguajeman*), action d'*engager*, ou l'effet de cette action.—Promesse, obligation, lien, attachement par lequel on s'*engage*.—Enrôlement d'un soldat.—Argent qu'il reçoit en s'enrôlant.—Combat de peu de durée. —Pendant la révolution française, la Convention voulut substituer le mot d'*engagement* à celui de *domesticité*.—En t. de jurispr., acte par lequel on cède à quelqu'un la jouissance d'un bien pour un temps.

ENGAGER, v. act. (*anguajé*), mettre en gage : *engager des effets, des marchandises*. — Donner pour assurance : *engager une maison à ses créanciers*. — Fig. : *engager sa foi, sa parole*, etc. — Obliger ou inviter, exciter à... On emploie à lorsque la phrase indique un point, un but, hors du sujet qui agit, et auquel tend ce sujet : *je vous engage à l'aller voir*. Mais lorsqu'il n'y a point de but indiqué, on doit employer *de* : *je vous engage de vous taire, de prendre patience*. — Enrôler un soldat. — T. d'escrime, *engager le fer*, croiser son fer, d'un ou d'autre côté, avec celui de l'ennemi, dont on tâche toujours de s'assurer, en opposant le fort au faible de l'épée. — **S'ENGAGER**, v. pron., s'obliger pour quelqu'un ou à quelque chose.—S'embarrasser dans... — S'enrôler. — Commencer une attaque : *la bataille s'engagea*. — *S'engager dans un bois, dans un défilé*, y entrer trop avant.

ENGAGISTE, subst. des deux genres (*anguajicete*), t. de jurisp., celui qui tient quelque domaine, quelque droit par *engagement*.

ENGAÎNANT, E, adj. (*anguènan, nante*), t. de bot. : *feuille engaînante*, dont la base forme un tube cylindrique qui *engaîne* la tige, comme dans les graminées.

ENGAÎNÉ, E, part. pass. de *engaîner*.

ENGAÎNER, v. act. (*anguèné*), mettre dans une *gaîne*. — En t. de bot., se dit des feuilles qui embrassent les tiges par leur base.—**S'ENGAÎNER**, v. pron.

ENGALLAGE, subst. mas. (*angualaje*), teinture ou préparation avec la noix de *galle*.

ENGALLÉ, E, part. pass. de *engaller*.

ENGALLER, v. act. (*angualé*), teindre ou préparer une étoffe avec la noix de *galle*.—**S'ENGALLER**, v. pron.

ENGANNÉ, E, part. pass. de *enganner*.

ENGANNER, v. act. (*angualené*), séduire, tromper.—**S'ENGANNER**, v. pron. (*Boiste.*) Vieux et inusité.

ENGANTÉ, E, part. pass. de *enganter*.

ENGANTER, v. act. (*anguanté*), t. de marine, joindre, atteindre, saisir, attraper : *enganter un navire*. — Au fig., tromper. — **S'ENGANTER**, v. pron. : *s'enganter de quelqu'un, de quelque chose*, s'en engouer.

ENGARDÉ, E, part. pass. de *engarder*.

ENGARDER, v. act. (*anguardé*), empêcher, prohiber.—**S'ENGARDER**, v. pron. (*Boiste.*) Vieux et inusité.

ENGARRE, subst. fém. (*anguâre*), t. de pêche, filet de vingt-huit brasses de largeur, lesté par un de ses côtés avec des bagues de plomb, que deux bateaux font avancer en le tenant exactement tendu.

ENGARROTTÉ, E, adj. (*angudroté*), t. de man., blessé au *garrot* : *cheval engarrotté*.

ENGASTRILOQUE, subst. mas. (*anguacetriloke*). Voyez VENTRILOQUE, qui a la même signification.

ENGASTRIMANTE, subst. mas. (*anguacetrimante*) (du grec ἐν, dans, γαστηρ, ventre, et μαντεὺς, devin), t. d'hist. anc., devin qui prononçait des oracles en tirant de son ventre certaines paroles prophétiques.

ENGASTRIMYSME, subst. mas. (*anguacetrimiceme*) (du grec ἐν, dans, γαστηρ, ventre, et μυθος, parole), action de l'*engastriloque* ou *ventriloque*. Voyez ce dernier mot. — Science des *engastrimythes*.

ENGASTRIMYTHE, subst. des deux genres (*anguacetrimite*) (même étym. qu'au mot précéd.), myth., prêtre et prêtresse d'Apollon qui rendaient des oracles sans remuer les lèvres.

ENGAVÉ, E, part. pass. de *engaver*.

ENGAVER, v. act. (*anguavé*), se dit des pigeons, lorsqu'ils vomissent, dans l'œsophage de leurs petits, leurs aliments d'abord réduits en chyle; mais seulement amollis, quand les pigeonneaux sont plus forts.—Gorger de nourriture.—S'ENGAVER, v. pron.

ENGEANCE, subst. fém. (*anjance*) (du lat. *ingignere*, engendrer), race, en parlant des volailles : *poules d'une belle engeance, de la grande engeance*. — En parlant des hommes, il ne se dit qu'en mauvaise part et par injure : *maudite engeance*.

ENGEANCÉ, E, part. pass. de *engeancer*.

ENGEANCER, v. act. (*anjancé*), embarrasser de quelqu'un : *qui vous a engeancé de cet homme-là ?* — S'ENGEANCER, v. pron.

ENGEIGNER, v. act. (*anjègnié*) (du latin *ingenium*, adresse, habileté), tromper. — S'ENGEIGNER, v. pron., s'abuser soi-même. (*La Fontaine*.) Vieux.

ENGELURE, subst. fém. (*anjelure*) (du lat. barbare *ingelatura*, fait de *in*, dans, et *gelare*, geler), enflure causée par un froid excessif et accompagnée d'inflammation.

ENGENCÉ, E, part. pass. de *engencer*.

ENGENCEMENT, subst. mas. (*anjanceman*), t. de peint., disposition originale ou savante des draperies et ajustements; son effet. On dit aussi *agencement*.

ENGENCER, v. act. (*anjancé*), t. de peint., disposer les accessoires avec art ou originalité. On dit aussi *agenser*.—S'ENGENCER, v. pron.

ENGENDRÉ, E, part. pass. de *engendrer*.

ENGENDRER, v. act. (*anjandré*) (en lat. *ingignere*), produire son semblable par voie de génération, en parlant des animaux mâles surtout. — En parlant des hommes, il ne se dit guère que dans le dogmatique : *le père a engendré le fils de toute éternité*. — Fig., être cause, produire : *l'anarchie engendre le despotisme*. — En géom., *engendrer* se dit d'un point, d'une ligne, d'une surface qui, par son mouvement, produit une ligne, une surface, un solide. On dit aussi qu'une courbe est *engendrée* par le développement d'une autre, etc.—*Destouches* a dit, dans *le Glorieux* :

Qui voudrait m'*engendrer* d'un sot complimenteur,

pour, *qui voudrait me donner pour gendre un sot complimenteur*. Cette expression, employée précédemment par *Molière*, dans *l'Étourdi* et dans *le Malade imaginaire*, ne paraît pas avoir été admise par l'usage, même dans le style familier. — — Prov. : *n'engendrer pas la mélancolie*, être d'un naturel gai et jovial. — S'ENGENDRER, v. pron., être produit.

ENGENS, subst. mas. plur. (*anjan*), équipages de chasse. Vieux et inusité.

ENGÉ, E, part. pass. de *enger*.

ENGEÔLER, v. act. Voy. ENJÔLER, auquel l'*Académie* renvoie.

ENGEÔLEUR, subst. mas., au fém. ENGEÔLEUSE. Voy. ENJÔLEUR, auquel l'*Académie* renvoie.

ENGER, v. act. (*anjé*), charger, embarrasser : *qui nous a engés de ce sot?* Vieux, et l'*Académie* aurait dû ajouter avec nous, hors d'usage.

ENGERBÉ, E, part. pass. de engerber.

ENGERBER, v. act. (*anjèrebé*), mettre *en gerbe*. — Par extension, entasser des choses les unes sur les autres : *engerber des tonneaux*. — S'ENGERBER, v. pron.

ENGHIEN, subst. propre mas. (*anguiein*), village de France, département de Seine-et-Oise, chef-lieu de canton et arrondissement de Pontoise.

ENGIBATES, subst. mas. plur. (*anjibate*), t. d'hist. anc., petites figures qu'on mettait dans l'eau pour tirer des présages de leurs mouvements.

ENGIN, subst. mas. (*anjein*) (en lat. *ingenium*), esprit, industrie, invention. En ce sens il est vieux et même hors d'usage. — En t. de mécanique, 1° machine composée, dans laquelle il entre plusieurs autres simples, et qui sert à enlever, à lancer, à soutenir un poids, etc. Dans cette acception il est peu usité, et l'on dit plus ordinairement *machine;* 2° machine simple, telle que levier, etc. — Planche garnie de clous pour dresser le fil de fer. — Pièges, filets, etc., pour la chasse et la pêche.

ENGINER, v. act. (*anjiné*), tromper, surprendre, créer, produire. Vieux et inusité. On a même dit aussi *engigner;* mais *engeigner*, que nous avons déjà nomenclaturé plus haut, s'est conservé seul, et c'est *La Fontaine* qui nous l'a transmis.

ENGINGNIER, subst. mas. (*anjeingnié*), qui fait des *engins*. Vieux.

ENGISOME, subst. mas. (*anjiceçome*) (du grec ἐγγίζω, je m'approche), t. de médec.; c'est la même chose qu'*embarrure*. Voyez ce mot.

ENGLANTÉ, E, adj. (*anguelanté*), t. de blason : *chêne englanté*, qui porte un *gland* d'un autre émail que l'arbre.

ENGLESTRE, subst. mas. (*anguelècetre*), t. de pêche, partie du filet appelé *tartane*.

ENGLOBÉ, E, part. pass. de *englober*.

ENGLOBER, v. act. (*anguelobé*) (du latin *in*, dans, et *globus*, globe); *réunir comme dans un globe, ou en forme de globe*, réunir plusieurs choses pour en former un tout.—Renfermer une chose dans une autre. — Comprendre dans. — S'ENGLOBER, v. pron.

ENGLOUTI, E, part. pass. de *engloutir*.

ENGLOUTIR, v. act. (*angueloutir*) (en lat. *inglutire*, fait de *in*, dans, et de *glutire*, avaler), avaler gloutonnement : *il engloutit les morceaux sans les mâcher*. — Au fig., absorber : *la mer engloutit le navire*. — Consumer, dissiper : *engloutir des richesses*. — S'ENGLOUTIR, v. pron.

ENGLUÉ, E, part. pass. de *engluer*.

ENGLUEMENT, subst. mas. (*angueluman*), composition destinée à être appliquée sur la plaie d'un arbre.

ENGLUER, v. act. (*anguelué*), frotter, enduire de *glu*.—S'ENGLUER, v. pron., se prendre à la *glu*.

ENGLYPHIQUE, adj. des deux genres (*anguelifike*) (du grec ἐν, dans, et γλυφη, gravure), qui a rapport à la gravure. Inusité. (*Boiste*.)

ENGONASE, subst. fém. (*anguonaze*), t. d'astron., constellation composée de quarante-huit étoiles.

ENGONATE, subst. mas. (*anguonate*), t. d'ant., cadran tracé sur des surperficies angulaires.— Sorte d'horloge portative des anciens.

ENGONCÉ, E, part. pass. de *engoncer*.

ENGONCEMENT, subst. mas. (*anguonceman*), état d'une personne *engoncée*.

ENGONCER, v. act. (*anguoncé*) du lat. *absconsus*, qu'on trouve employé pour *absconditus*, part. pass. de *abscondere*, cacher, dont nos vieux écrivains français ont fait *esconsé*, et ensuite *engoncé*. Huet.), rendre la taille contraire, gênée. Vieux mot qui ne se dit plus que pour signifier le mauvais effet d'un habit, d'une robe qui, montant trop haut, cache le cou et embarrasse les mouvements : *elle est engoncée dans sa robe; cet habit vous engonce*.—S'ENGONCER, v. pron.

ENGORDO, subst. mas. (*anguordo*), t. de bot., plante du Brésil, de la famille des graminées.

ENGORGÉ, E, part. pass. de *engorger*, et adj.; en t. de manuf.: *drap engorgé*, que le foulon n'a pas bien dégraissé.

ENGORGEMENT, subst. mas. (*anguorjeman*) (de *gorge*, considérée comme canal de la respiration), embarras dans un tuyau, dans un canal. — En médec., obstacle à l'écoulement du sang, des humeurs, et en bot., obstacle à l'écoulement de la sève. — Fig. : *engorgement des finances*, embarras dans leur administration.

ENGORGER, v. act. (*anguorjé*), boucher le passage d'un fluide. — Garnir un coffre de toile. — S'ENGORGER, v. pron., se remplir, se boucher.

ENGOUÉ, E, part. pass. de *engouer*.

ENGOUEMENT, subst. mas. (*anguouman*), état de celui qui est *engoué*. — Fig., entêtement. — Passion aveugle, enthousiasme qu'on a pour une chose et plus souvent pour une personne : *son engouement pour cet homme est inconcevable*. — En t. de chir., on dit qu'*une hernie est étranglée par engouement*.

S'ENGOUER, v. pron., s'embarrasser le *gosier* : *s'engouer à force de crier, de manger*. — Fig., avoir de l'*engouement* pour quelqu'un, quelque chose : *les amants s'engouent l'un de l'autre*.— Se dit absolument : *celui qui s'engoue sans examen se dégoûte par réflexion*.

ENGOUFFRÉ, E, part. pass. de *engouffrer*.

S'ENGOUFFRER, v. pron. (*çanguoufré*), il se dit des tourbillons de vent qui entrent avec violence en quelque endroit, comme *dans un gouffre;* et des rivières qui se perdent en quelque ouverture de la terre : *le vent s'engouffre dans cette cheminée; le Rhône s'engouffre et reparaît*. — Fig., se perdre, s'absorber : *que de fortunes se sont engouffrées dans cette entreprise !*

ENGOUJURE, subst. fém. (*anguoujure*), t. de mar., rainure pratiquée en travers sous les caisses des mâts de hune et de perroquet des grands bâtiments, pour recevoir le braguet.

ENGOULÉ, E, part. pass. de *engouler*, et adj., se dit, dans le blason, des bandes, croix, sautoirs, etc., dont les extrémités entrent *dans la gueule* d'un lion, d'un dragon, etc.

ENGOULER, v. act. (*anguoulé*) (du lat. *gula*, gueule), ravir tout d'un coup avec la *gueule*. Cette expression est populaire.—S'ENGOULER, v. pron.

ENGOULEVENT, subst. mas. (*anguoulevan*), genre d'oiseaux de l'ordre des passereaux, et de la famille des planirostres. Ils ne volent que le soir, ne font point de nid, mais pondent et couvent leurs œufs sur la terre nue. On les a longtemps nommés *crapauds volants*, et on les nomme encore *tette-chèvres*, parce qu'on croit à tort qu'ils tettent les chèvres pendant la nuit.

ENGOURDI, E, part. pass. de *engourdir*.

ENGOURDIR, v. act. (*anguourdir*) (du latin barbare *gurdus*, qui, chez les auteurs de la basse latinité, signifie stupide, lent, etc., d'où vient le vieux mot *gourd*), rendre comme perclus, sans mouvement, sans sentiment : *le froid engourdit les mains; la paresse engourdit l'esprit*.— S'ENGOURDIR, v. pron., perdre le mouvement.

ENGOURDISSEMENT, subst. mas. (*anguourdiceman*), état de ce qui est *engourdi*.

ENGRAINER, v. act. Voy. ENGRENER.

ENGRAIS, subst. mas. (*angueré*), pâturage où l'on met le bétail afin qu'il *s'engraisse*.—Ce qu'on donne aux volailles pour les *engraisser*.—Fumier dont on amende les terres.—*Engrais salins*, qui contiennent des sels.—*Engrais végétaux*, qui proviennent des végétaux.—*Engrais animaux*, tels que les chairs, le sang, les os, les cornes, les urines, les excréments, les poils, les laines, etc.: *la colombine est le plus actif des engrais animaux*.

ENGRAISSÉ, E, part. pass. de *engraisser*.—Il se dit élégamment au figuré, surtout en poésie : *champs engraissés de funérailles*.

ENGRAISSEMENT, subst. mas. (*anguerèceman*), t. d'agric., l'action d'*engraisser ;* ce qui peut rendre un fonds plus *gras* et plus fertile. — T. de charp.: *joindre du bois par engraissement*, l'assembler à force, en sorte que les tenons ne laissent aucun vide dans les mortaises.

ENGRAISSER, v. act. (*anguerècé*), en parlant des animaux, faire devenir *gras*. —En parlant des terres, les rendre fertiles.—Oindre de *graisse*. En ce sens, on dit mieux *graisser*.—Salir avec de la *graisse*. — Neutralement, devenir *gras* : *mon cheval engraisse à vue d'œil*.—S'ENGRAISSER, v. pron., devenir *gras*, crasseux. — S'épaissir et contracter une certaine *graisse*, en parlant du vin, des liqueurs.—Fig., s'enrichir : *s'engraisser de vols, de rapines; s'engraisser de la substance du peuple*, devenir riche à ses dépens.

ENGRANGÉ, E, part. pass. de *engranger*.

ENGRANGEMENT, subst. mas. (*angueranjeman*), action d'*engranger;* état de cette action.

ENGRANGER, v. act. (*angueranjé*), mettre *en grange* : *engranger des gerbes*.— S'ENGRANGER, v. pron.

ENGRAULIS, subst. mas. (*anguerôlice*), t. d'hist. nat., espèce d'anchois, genre des clupées.

ENGRAVÉ, E, part. pass. de *engraver*.

ENGRAVEMENT, subst. mas. (*angueraveman*), état d'un bateau *engravé*.

ENGRAVER, v. act. (*angueravé*), engager un bateau sur le *gravier*, sur le sable ou sur les pierres.—S'ENGRAVER, v. pron.

ENGRÊLÉ, E, part. pass. de *engrêler*, et adj. (suivant le *P. Ménestrier*, du lat. *gracilis*, mince, délié; parce que, dit-il, *les engrêlures sont min-*

ces et délicates comme des pointes de tresses), t. de blason, qui est dentelé tout autour.

ENGRÊLER, v. act. (*anguerêlé*), faire une *engrêlure*.—S'ENGRÊLER, v. pron.

ENGRÊLURE, subst. fém. (*anguerêlure*), petit point très-étroit que l'on met à une dentelle. — T. de blason, petite bande *engrêlée*.

ENGRENAGE, subst. mas. (*anguerenaje*), disposition de plusieurs roues qui *engrènent* les unes dans les autres.—En t. de marine et dans l'arrimage, disposition de futailles, suivant laquelle on ménage la hauteur et l'espace de la cale.

ENGRENÉ, E, part. pass. de *engrener*.

ENGRÈNEMENT (On devrait, selon nous, écrire **ENGRAINEMENT**; mais comme l'*Académie* écrit *engrener*, nous sommes forcés de nous conformer à cette dernière orthographe, qui n'est nullement étymologique), subst. mas. (*anguerèneman*), action *d'engrener* les animaux, ou de mettre le blé dans la trémie du moulin. Voy. ENGRENER.

ENGRENER (orthographe de l'*Académie*. On devrait, selon nous, écrire **ENGRAINER**), v. act. (*anguerené*) (du lat. *granum*, grain, graine), commencer à mettre son blé, son *grain* dans la trémie du moulin : *engrener la trémie*. — *Engrener des chevaux*, les nourrir de bon *grain*, pour les rétablir. — En t. de doreur, prêler une seconde fois, et après l'avoir jauni, l'ouvrage destiné à être doré, de manière que la surface ne conserve aucune inégalité. — T. de mar., *engrener la pompe*, faire jouer la pompe pour vider l'eau.—*Engrener les futailles*, les arrimer selon l'*engrenage*.—Neutralement, au propre, il a le même sens, et il est plus usité que l'actif. — Il se dit en mécanique d'une roue dont les dents entrent dans celles d'une autre roue, de manière que l'une fasse tourner l'autre.—Fig. et fam. : *engrener bien* ou *mal*, bien ou mal commencer dans une affaire.—S'ENGRENER, v. pron., entrer l'une dans l'autre, en parlant des dents d'une roue.

ENGRENURE (orthographe de l'*Académie*. On devrait, selon nous, écrire **ENGRAINURE**), subst. fém. (*anguerenure*), position respective de deux roues, dont l'une *engrène* dans l'autre. — En t. d'anat., articulation dans laquelle plusieurs dents des os sont reçues dans autant de cavités.

ENGRI, subst. mas. (*angueri*), t. d'hist. nat., espèce de tigre de la Basse-Ethiopie.

ENGROIS, subst. mas. (*angueroè*), t. de carrier, petit coin.

ENGROSSÉ, E, part. pass. de *engrosser*.

ENGROSSER, v. act. (*anguerôcé*), rendre une femme enceinte ou *grosse*. Style fam., comique ou satirique. — S'ENGROSSER, v. pron. Voy. ENGROSSIR.

ENGROSSEUR, subst. mas. (*anguerôceur*), celui qui *engrosse*. Bas et pop.

ENGROSSI, E, part. pass. de *engrossir*.

ENGROSSIR, v. act. (*anguerôcir*), rendre *gros*. —Neut., devenir *gros*. — S'ENGROSSIR, v. pron. Ne confondez pas *engrosser* avec *engrossir*.

ENGRUMELÉ, E, part. pass. de *s'engrumeler*, et adj.

S'ENGRUMELER, v. pron. (*çanguerumelé*), se mettre en *grumeaux*.

ENGUENILLÉ, E, part. pass. de *enguenillér*, et adj., couvert de *guenilles*, de haillons. Il est du style plaisant et moqueur.

ENGUENILLER, v. act. (*angueni-ié*), couvrir de *guenilles*.—S'ENGUENILLER, v. pron.

ENGUERRANT, subst. mas. (*anguièreran*), t. de jurispr. féodale, soldat équipé et soldé par un vassal.

ENGUICHÉ, E, adj. (*anguiché*), t. de blas., se dit des cors et des trompettes dont l'embouchure est d'un autre émail que le corps de l'instrument.

ENGUICHURE, subst. fém. (*anguichure*), t. de chasse, entrée de la trompe ou du cor de chasse.

ENGYSCOPE, subst. mas. (*anjicekope*) (du grec εγγυς, près, et σκοπεω, je regarde, je considère; *qui sert à regarder de près*), t. d'optique, espèce de microscope.

ENHACHÉ, E, part. pass. de *enhacher*.

ENHACHER, v. act. (*an-aché*), se dit des terreins dont les extrémités rentrent les unes dans les autres. — S'ENHACHER, v. pron. (*Boiste.*) Vieux et inusité.

ENHAILLONNÉ, E, part. pass. de *enhaillonner*.

ENHAILLONNER, v. act. (*an-â-ioné*), couvrir de loques, de *haillons*. — S'ENHAILLONNER, v. pron. (*Boiste.*) Vieux.

ENHALE, subst. fém. (*annale*), t. de bot., plante de la famille des hydrocharidées, qui croît dans la mer des Indes.

ENHARDI, E, part. pass. de *enhardir*.

ENHARDIR, v. act. (*an-ardir*), donner plus de *hardiesse*. — S'ENHARDIR, v. pron.

ENHARMONIQUE, adj. des deux genres (*annarmonike*) (en grec εναρμονικος, formé de εν, dans, et αρμονια, liaison, jointure, parce que cette modulation ne parcourt que de petits intervalles), dans la musique des anciens Grecs, genre qui procédait par deux quarts de ton et une tierce majeure.—Nous avons aussi un genre *enharmonique*, qui diffère entièrement de celui des Grecs.

ENHARNACHÉ, E, part. pass. de *enharnacher*.

ENHARNACHEMENT, subst. mas. (*an-arnacheman*), l'action de *enharnacher*. — Harnais.

ENHARNACHER, v. act. (*an-arnaché*), mettre le *harnais* à un cheval.— Fig. et en plaisantant, vêtir, habiller, surtout d'une manière bizarre et extraordinaire. — S'ENHARNACHER, v. pron.

ENHAYEUR, subst. mas. (*an-éieur*), ouvrier qui arrange les briques en *haie* pour les faire sécher.

ENHAZÉ, E, adj. (*an-azé*), embarrassé d'affaires. (*Boiste.*) Vieux et inusité.

ENHERBÉ, E, part. pass. de *enherber*.

• **ENHERBER**, v. act. (*annèrebé*), mettre un terrein *en herbe*. — Autrefois, empoisonner, parce que les poisons se tiraient alors principalement de certaines *herbes*.—S'ENHERBER, v. pron.

ENHORTEMENT, subst. mas. (*annorteman*) (du lat. *hortari*), exhortation. Vieux et inusité.

ENHORTER, v. act. (*annorté*) (du lat. *hortari*), exhorter. (*Marot.*) Inusité.

ENHUCHÉ, adj. mas. (*anuché*), t. de mar., se dit d'un vaisseau que la mer agitée enlève sur sa lame.

EN-HUI, adv. (*an-nui*), en ce jour, aujourd'*hui*. Vieux et inusité.

ENHUILÉ, E, part. pass. de *enhuiler*.

ENHUILER, v. act. (*annuilé*), oindre d'*huile*, en parlant de l'extrême-onction. Vieux et inusité.

ENHYDRE, subst. fém. (*annidre*) (du grec εν, dans, et υδωρ, eau), t. d'hist. nat., petite géode de Calcédoine, qui renferme une goutte d'eau dans sa cavité.—Genre de serpents qui vivent dans l'eau.

ÉNIENS, subst. mas. plur. (*éniein*), ancien peuple de la Grèce. Les Eniens se rendirent au siége de Troie.

ÉNIGMATIQUE, adj. des deux genres (*éniguematike*), qui tient de l'*énigme*.

ÉNIGMATIQUEMENT, adv. (*éniguematikeman*), d'une manière *énigmatique*.

ÉNIGMATISÉ, E, part. pass. de *énigmatiser*.

ÉNIGMATISER, v. act. (*éniguematizé*), rendre *énigmatique*. — Neutralement, parler *énigmatiquement*. Ce mot est nouveau.

ÉNIGME, subst. fém. (*énigueme*) (en grec αινιγμα, fait de αινος, apologue, proverbe), description d'une chose en termes métaphoriques que l'on donne à deviner en termes obscurs, ambigus, et le plus souvent contradictoires en apparence. —Fig., discours obscur et dont on ne pénètre pas bien le sens; et, en général, tout ce qui est inexplicable : *sa conduite est une énigme pour moi*. —Anciennement, ce mot était masculin, et *La Motte* a dit (*Ode sur l'Emulation*) :

Et cet *énigme* est pénétré.

ENIVRANT, E, adj. (*annivran, vrante*), qui *enivre* : *liqueur enivrante*.—Il est plus usité au fig. qu'au propre : *louanges enivrantes*.

ENIVRÉ, E, part. pass. de *enivrer*.

ENIVREMENT, subst. mas. (*annivreman*), état d'une personne *ivre*.—Il se dit surtout au fig. : *l'enivrement de l'amour et des passions*.

ENIVRER, v. act. (*annivré*) (en latin *inebriare*), rendre *ivre*.—Au fig., aveugler, étourdir, éblouir. — S'ENIVRER, v. pron., devenir *ivre*. — *S'enivrer de son vin*, boire tout seul avec excès ; et fig. et fam., avoir trop bonne opinion de soi. — Se remplir de joie : *s'enivrer d'un torrent de délices*.

ÉNIXE, adj. des deux genres (*énikce*) (en lat. *enixus*, part. passé de *enitor*, je m'efforce), qui s'est efforcé; fait avec effort, fortement prononcé, énergique.

ENJABLÉ, E, part. pass. de *enjabler*.

ENJABLER, v. act. (*anjablé*), mettre les fonds des tonneaux dans les *jables* ou rainures faites aux douves pour les arrêter. — S'ENJABLER, v. pron.

ENJALÉ, E, part. pas. de *enjaler*.

ENJALER, v. act. (*anjalé*), t. de mar. : *enjaler une ancre*, y mettre le *jas*.—S'ENJALER, v. pron.

ENJALOUSÉ, E, part. pass. de *enjalouser*.

ENJALOUSER, v. act. (*anjalouzé*), rendre *jaloux*, donner de la *jalousie*. — S'ENJALOUSER, v. pron.

ENJAMBÉ, E, part. pass. de *enjamber*.—*Homme haut enjambé*, qui a les *jambes* extrêmement longues.

ENJAMBÉE, subst. fém. (*anjanbé*), le pas, l'espace qu'on *enjambe*. — L'action d'*enjamber*.

ENJAMBEMENT, subst. mas. (*anjanbeman*), sens qui commence dans un vers et qui finit dans une partie du vers suivant.

ENJAMBER, v. act. et neut. (*anjanbé*), faire un grand pas; avancer beaucoup une *jambe* : *enjamber le* (ou *par dessus le*) *ruisseau*.—Marcher à grands pas : *voyez comme il enjambe*. — Avancer sur... : *cette poutre enjambe sur le mur du voisin*.—*Ce vers enjambe sur le suivant*; le sens du premier n'est achevé qu'au commencement ou au milieu du second. — Usurper, empiéter : *il a enjambé sur l'héritage du voisin; il a enjambé ce morceau sur nous*.

ENJARRETÉ, E, adj. (*anjâreté*), qui a les pieds liés : *cheval enjarreté*.

ENJAVELÉ, E, part. pass. de *enjaveler*.

ENJAVELER, v. act. (*anjavelé*), mettre en *javelle*.—S'ENJAVELER, v. pron.

ENJEU, subst. mas. (*anjeu*), ce qu'on met au *jeu*, en commençant à *jouer*. — Au fig., *retirer son enjeu*, abandonner une entreprise.—Le plur. prend un *x* : *des enjeux*.

DU VERBE IRRÉGULIER **ENJOINDRE** :

Enjoignaient, 3e pers. plur. imparf. indic.
Enjoignais, précédé de *j'*, 1re pers. sing. imparf. indic.
Enjoignais, précédé de *tu*, 2e pers. sing. imparf. indic.
Enjoignait, 3e pers. sing. imparf. indic.
Enjoignant, part. prés.
Enjoigne, précédé de *que j'*, 1re pers. sing. prés. subj.
Enjoigne, précédé de *qu'il* ou *qu'elle*, 3e pers. sing. prés. subj.
Enjoignent, précédé de *ils* ou *elles*, 3e pers. plur. prés. indic.
Enjoignent, précédé de *qu'ils* ou *qu'elles*, 3e pers. plur. prés. subj.
Enjoignes, 2e pers. sing. prés. subj.
Enjoignez, 2e pers. plur. impér.
Enjoignez, précédé de *vous*, 2e pers. plur. prés. indic.
Enjoigniez, précédé de *vous*, 2e pers. plur. imparf. indic.
Enjoigniez, précédé de *que vous*, 2e pers. plur. prés. subj.
Enjoignimes, 1re pers. plur. prét. déf.
Enjoignions, précédé de *nous*, 1re pers. plur. imparf. indic.
Enjoignions, précédé de *que nous*, 1re pers. plur. prés. subj.
Enjoignirent, 3e pers. plur. prét. déf.
Enjoignis, précédé de *j'*, 1re pers. sing. prét. déf.
Enjoignis, précédé de *tu*, 2e pers. sing. prét. déf.
Enjoignisse, 1re pers. sing. imparf. subj.
Enjoignissent, 3e pers. plur. imparf. subj.
Enjoignisses, 2e pers. sing. imparf. subj.
Enjoignissiez, 2e pers. plur. imparf. subj.
Enjoignissions, 1re pers. plur. imparf. subj.
Enjoignit, précédé de *il* ou *elle*, 3e pers. sing. prét. déf.
Enjoignît, précédé de *qu'il* ou *qu'elle*, 3e pers. sing. imparf. subj.
Enjoignîtes, 2e pers. plur. prét. déf.
Enjoignons, 1re pers. plur. impér.
Enjoignons, précédé de *nous*, 1re pers. plur. prés. indic.
Enjoindra, 3e pers. sing. fut. indic.
Enjoindrai, 1re pers. sing. fut. indic.
Enjoindraient, 3e pers. plur. prés. cond.
Enjoindrais, précédé de *j'*, 1re pers. sing. prés. cond.
Enjoindrais, précédé de *tu*, 2e pers. sing. prés. cond.
Enjoindrait, 3e pers. sing. prés. cond.
Enjoindras, 2e pers. sing. fut. indic.

ENJOINDRE, v. act. (*anjoeindre*) (en lat. *injungere*), ordonner, commander expressément. — S'ENJOINDRE, v. pron.

DU VERBE IRRÉGULIER **ENJOINDRE** :

Enjoindrez, 2e pers. plur. fut. indic.
Enjoindriez, 2e pers. plur. prés. cond.
Enjoindrions, 1re pers. plur. prés. cond.
Enjoindrons, 1re pers. plur. fut. indic.
Enjoindront, 3e pers. plur. fut. indic.

Enjoins, 2ᵉ pers. sing. imper.
Enjoins, précédé de *j'*, 1ʳᵉ pers. sing. prés. indic.
Enjoins, précédé de *tu*, 2ᵉ pers. sing. prés. indic.
Enjoint, précédé de *il* ou *elle*, 3ᵉ pers. sing. prés. indic.
Enjoint, *e*, part. pass.

ENJOINTÉ, E, adj. (*anjoeinté*), t. de fauconnerie : *un oiseau court enjointé*, qui a les jambes courtes.

ENJÔLÉ, E, part. pass. de *enjôler*.

ENJÔLER, v. act. (*anjôlé*) (de l'italien *gabbia*, cage, dont le diminutif *gabbiola* a formé le mot français *geôle*, prison, et le mot italien *ingabbiare*, mettre en cage ; on devrait donc écrire, comme autrefois, *engeôler*), cajoler, surprendre, attirer, engager par des paroles flatteuses : *enjôler une femme, une fille*. Il est familier.

ENJÔLEUR, subst. mas., au fém. **ENJÔLEUSE**, (*anjôleur, leuze*), celui ou celle qui *enjôle*.

ENJÔLEUSE, subst. fém. Voy. ENJÔLEUR.

ENJOLIVÉ, E, part. pass. de *enjoliver*.

ENJOLIVEMENT, subst. mas. (*anjoliveman*), ornement qui rend une chose plus *jolie*; tout ce qui sert à *enjoliver*.

ENJOLIVER, v. act. (*anjolivé*), rendre *joli*; rendre plus *joli*; orner de *jolies* petites choses. Il ne se dit point des personnes. — S'ENJOLIVER, v. pron.

ENJOLIVEUR, subst. mas., au fém. **ENJOLIVEUSE** (*anjoliveur, veuze*), qui pare, qui *enjolive*, qui aime à *enjoliver* : *c'est un enjoliveur sans goût*. Fam. — On appelle aussi *enjoliveur* l'ouvrier qui travaille à des *enjolivures*, et celui qui en fait commerce.

ENJOLIVURE, subst. fém. (*anjolivure*), *enjolivement* qu'on fait à des choses de peu de valeur.

ENJOUÉ, E, adj. (*anjoué*) (du mot *joie*), gai, badin : *homme enjoué; style enjoué; manières enjouées*. — C'est par l'humeur qu'on est *gai*; par le caractère d'esprit qu'on est *enjoué*; par les façons d'agir qu'on est *divertissant*. — *Enjoué* est aussi le participe du verbe *enjouer*, qui se disait autrefois pour réjouir, rendre gai. Boileau a même dit, en parlant de La Fontaine : *il enjoue sa narration et occupe agréablement le lecteur*.

ENJOUEMENT, subst. mas. (*anjouman*), gaieté douce, badinage léger.

S'ENJUVENCER, v. pron. (*çanjuvancé*), faire le jeune homme. (*Boiste*.) Vieux et tout-à-fait hors d'usage.

ENKYSTÉ, E, adj. (*ankiceté*) (du grec εν, dans, et κυστις, sac, vessie), t. de médec., enfermé dans une pellicule, dans une membrane, en forme de poche, qu'on appelle *kyste* : *tumeur enkystée; abcès enkysté*.

ENLACÉ, E, part. pass. de *enlacer*.

ENLACEMENT, subst. mas. (*anlaceman*), action d'*enlacer*, ou l'effet de cette action.

ENLACER, v. act. (*anlacé*), passer des *lacets*, des cordons, etc., les uns dans les autres : *enlacer des rubans*. — Passer dans un même *lacet* : *enlacer des papiers*. — Se dit, par extension, de certaines autres choses longues et flexibles : *enlacer des branches d'arbre les unes dans les autres; elles enlaçaient leurs bras en dansant*. — En t. de charpentier, percer avec un *laceret* les tenons et les joues des mortaises d'un assemblage de charpente, pour les cheviller en place. — S'ENLACER, v. pron.

ENLAÇURE, subst. fém. (*anlaçure*), t. de charpentier, action d'*enlacer*.

ENLAIDI, E, part. pass. de *enlaidir*.

ENLAIDIR, v. act. (*anlèdir*), rendre *laid* : *la petite vérole l'a enlaidi*. — Neutralement, devenir *laid* ou plus *laid* : *elle enlaidit tous les jours*. — S'ENLAIDIR, v. pron.

ENLAIDISSEMENT, subst. mas. (*anlèdiceman*), action d'*enlaidir* ou le résultat de cette action.

ENLANGOURÉ, E, adj. (*anlanguouré*), *langoureux*, languissant. (*Boiste*.) Vieux.

ENLARME, subst. mas. (*anlarme*), petites branches de troène que le pêcheur met le long d'un verveux. — Grandes mailles que l'on ajoute à un filet pour prendre plus aisément les oiseaux.

ENLARMÉ, E, part. pass. de *enlarmer*.

ENLARMER, v. act. (*anlarmé*) : *enlarmer un filet*, faire de grandes mailles aux côtés d'un filet avec de la ficelle. Peu usité.

ENLEVÉ, E, part. pass. de *enlever*.

ENLÈVEMENT, subst. mas. (*anlèveman*), action d'*enlever*, d'emporter quelque chose d'un lieu : *enlèvement d'un corps, d'un cadavre, d'un registre*. — Rapt; action par laquelle une personne est enlevée malgré elle, ou par laquelle une chose est *enlevée* malgré celui auquel elle appartient : *l'enlèvement de Proserpine*.

ENLEVER, v. act. (*anlevé*), lever *en haut*. — Emmener par force : *enlever une fille; on l'a enlevée de sa maison*. — On dit par extension que *la mort a enlevé un jeune homme à la fleur de son âge*, etc. — *Enlever un corps*, porter un corps mort à l'église, à la sépulture ou ailleurs : *les prêtres ont enlevé le corps; la justice a enlevé le corps*. — *Enlever des marchandises*, se hâter de les acheter. — En t. de guerre, 1° se rendre maître d'une place en peu de jours; 2° forcer dans leur poste un quartier, un régiment. — Ravir, transporter d'admiration. — Oter de manière qu'il ne reste aucun vestige : *enlever des taches*. — Emporter, retirer quelque chose d'un endroit : *enlever des matériaux; enlevez cela de dessus la table*. — Lever en haut avec rapidité, avec violence : *un coup de vent a enlevé le toit de la maison*. — Séparer, détacher une chose de celle sur laquelle elle est adhérente : *enlever la croûte d'un pâté, l'écorce d'un arbre*. — En t. d'éperonnier, il signifie séparer sur l'enclume, à coups de marteau, la branche d'un mors, d'un barreau de fer. — En t. de serrurier et de taillandier, séparer d'une barre de fer le morceau dont on veut faire quelque ouvrage : *enlever une clef*. — En t. de chaudronnier, *enlever un chaudron*, en faire le fond avec un marteau rond. — *Enlever une pièce de cuivre*, en faire disparaître les bosses. — T. de vén., *enlever la meute*, entraîner les chiens par le plus court chemin au lieu où un chasseur a vu le cerf. — S'ENLEVER, v. pron., se détacher : *la peau s'enlève*. — Se mettre en colère, s'emporter : *comme il s'enlève !* — S'élever : *le ballon s'enleva dans les airs*.

ENLEVURE, et plus communément **ÉLEVURE**, subst. fém. (*anlevure*), petite tumeur qui *enlève* la peau. — Relief en sculpture. — En t. de serrurier, pièce forgée, lorsqu'elle est séparée de la barre dont on l'a tirée.

ENLIÉ, E, part. pass. de *enlier*.

ENLIER, v. act. (*anlié*), t. de maçon, joindre et engager des pierres ensemble en élevant des murs. — S'ENLIER, v. pron.

ENLIGNÉ, E, part. pass. de *enligner*.

ENLIGNEMENT, subst. mas. (*anlignieman*), t. de charpentier, état de ce qui est *enligné*; action d'*enligner*.

ENLIGNER, v. act. (*anlignié*), t. de charpentier, niveler, réduire à une même *ligne* la surface d'un corps ou de plusieurs corps contigus. — S'ENLIGNER, v. pron.

ENLISSERONNÉ, E, part. pass. de *enlisseronner*.

ENLISSERONNER, v. act. (*anliceroné*), t. de manuf., tendre les *lisses* sur les *lisserons*. — S'ENLISSERONNER, v. pron.

ENLUMINÉ, E, part. pass. de *enluminer*.

ENLUMINER, v. act. (*anluminé*) (en latin *illuminare*, fait de *lumen*, lumière), colorier une estampe, y mettre les couleurs convenables. — Rendre le teint rouge et enflammé. — Fig. : *enluminer son style*, y répandre des ornements qui ont de l'éclat, mais qui sont peu naturels. — S'ENLUMINER, v. pron. — Par extension, se faire rougir le visage à force de boire. — Se mettre du rouge.

ENLUMINEUR, subst. mas., **ENLUMINEUSE**, subst. fém. (*anlumineur, neuze*), qui *enlumine*.

ENLUMINEUSE, subst. fém. Voy. ENLUMINEUR.

ENLUMINURE, subst. fém. (*anluminure*), l'art d'*enluminer*. — Ouvrage de l'*enlumineur*. — Estampe *enluminée*. — Fig. et fam., s'emploie en parlant du style, et se dit des ornements qui ont de l'éclat, mais qui sont recherchés : *il a répandu dans ce poème du brillant, de l'enluminure*.

ENNA, subst. propre fém. (*ènena*), ancienne ville de Sicile.

ENNASSER, v. act. (*annacé*), mettre dans la *nasse*. Vieux.

ENNÉACANTHES, subst. mas. plur. (*ènené-akante*) (du grec εννεα, neuf, et ακανθα, épine), t. d'hist. nat., espèce de labres qui ont neuf piquants.

ENNÉA, subst. propre fém. (*ènené-a*), myth., Cérès, ainsi nommée de la ville d'*Enna* en Sicile, où elle avait un temple magnifique. — C'est aussi un surnom de Proserpine, qui fut enlevée des champs d'*Enna*.

ENNÉACONTAÈDRE, adj. des deux genres (*ènené-akontaèdre*) (du grec εννενηκοντα, quatre-vingt-dix, et εδρα, base), se dit des crystaux qui ont quatre-vingt-dix faces.

ENNÉACHORDE, subst. mas. (*enené-akorde*), (du grec εννεα, neuf, et χορδη, corde), nom d'un instrument de musique à neuf *cordes*.

ENNÉADACTYLE, subst. mas. (*ènené-adaktile*) (du grec εννεα, neuf, et δακτυλος, doigt), t. d'hist. nat., sorte de poisson.

ENNÉADE, subst. fém. (*ènené-ade*) (du grec εννεα, neuf), nombre de neuf choses.

ENNÉADÉCATÉRIDE, subst. fém. (*ènené-adékatéride*) (du grec εννεα, neuf, δεκα, dix, et ετος, année), t. de chronologie, cycle lunaire, formé par une révolution de dix-neuf années solaires, au bout desquelles le soleil et la lune reviennent à peu près dans la même position. Il a été inventé par *Méthon*, astronome d'Athènes.

ENNÉAGONE, subst. mas. (*ènené-aguone*) (du grec εννεα, neuf, et γωνια, angle), t. de géom., figure de neuf angles et de neuf côtés. — Il est aussi adj. des deux genres : *figure ennéagone*. — En t. de fortification, place qui a neuf bastions.

ENNÉANDRIE, subst. fém. (*ènené-andri*) (du grec εννεα, neuf, et ανδρος, gén. de ανηρ, mari), t. de bot., la neuvième classe du style sexuel de *Linnée*, renfermant les plantes dont les fleurs hermaphrodites ont neuf étamines ou parties mâles.

ENNÉAPÉTALE, adj. des deux genres (*ènené-apétale*) (du grec εννεα, neuf, et πεταλον, pétale, feuille), t. de bot., qui a neuf *pétales*.

ENNÉAPHYLLON, subst. mas. (*ènené-afilelon*) (du grec εννεα, neuf, et φυλλον, feuille), t. de bot., plante des anciens qui avait neuf feuilles.

ENNÉAPOGON, subst. mas. (*ènené-apoguon*) (du grec εννεα, neuf, et πωγων, barbe), t. de bot., genre de plantes.

ENNÉENNE, adj. fém., myth. Voy. ENNÉA.

ENNEL, subst. mas. (*ènenèl*), t. de bot., arbrisseau d'Afrique.

ENNEMI, E, subst. (*ènemi*), celui, celle qui hait quelqu'un, qui lui veut du mal. — Le parti contraire qui fait la guerre. En ce sens, on dit : *l'ennemi*, ou au plur. : *les ennemis*. — Proverbialement : *c'est autant de pris sur l'ennemi*, c'est obtenir une chose, quelque peu considérable qu'elle soit, de quelqu'un qui est dans la disposition de ne rien accorder. — *Ennemi* se dit pour marquer toute sorte d'aversion, d'éloignement pour des choses bonnes ou mauvaises : *ennemi des cérémonies, des procès, du bon sens, de la raison*. — Il se dit des animaux et même des choses inanimées : *le chat est l'ennemi de la souris; la débauche est l'ennemie de la santé*. — On dit adjectivement : *la fortune ennemie; les destins, les vents ennemis*. — En style de la chaire : *l'ennemi du genre humain*, ou absolument, *l'ennemi*, le diable, le démon. — En peinture, *couleurs ennemies*, qui s'accordent mal, qui ne peuvent subsister ensemble sans offenser la vue, etc. — ENNEMI, ADVERSAIRE, ANTAGONISTE. (*Syn.*) Les *ennemis* cherchent à se nuire : ordinairement ils se haïssent, et le cœur est de la partie. Les *adversaires* font valoir leurs prétentions l'un contre l'autre : ils se poursuivent souvent avec animosité, mais l'intérêt a plus de part à leur conduite que le cœur. Les *antagonistes* embrassent des partis opposés; ils se traitent souvent avec aigreur, mais leur éloignement ne vient que de leur différente façon de penser.

ENNEZAT, subst. propre mas. (*èneza*), bourg de France, chef-lieu de canton, arrondissement de Riom, dép. du Puy-de-Dôme.

ENNOBLI, E, part. pass. de *ennoblir*.

ENNOBLIR, v. act. (*an-noblir*), donner de la *noblesse*, de la dignité, de la considération, du lustre. Il s'applique aux personnes et aux choses : *les sciences, les beaux-arts, ennoblissent une langue; ces sentiments vous ennoblissent à mes yeux*. Voy. ANOBLIR. — S'ENNOBLIR, v. pron.

ENNOSIGÆUS, subst. propre mas. (*ènenocijé-uce*) (du grec εννοσις, formé de ενοθω, j'ébranle, et de γαια, terre, c'est-à-dire *qui fait trembler la terre*), myth., surnom de Neptune. — On a dit aussi *ennosigéen*, adjectivement.

ENNUI, subst. mas. (*an-nui*) (du grec εννοια, qui signifie une forte application de l'esprit à quelque chose, ou bien de ανια, chagrin, tristesse, en doublant la lettre ν), lassitude, langueur d'esprit causée par une chose qui déplaît par elle-même, ou par sa durée, ou par la disposition dans laquelle on se trouve : *on ne saurait entendre cette lecture sans ennui*. — Dégoût de quelque chose. — Abattement d'esprit qui fait qu'on est las de tout : *l'ennui est quelquefois plus difficile à supporter que la douleur*. — Au plur., chagrin, inquiétude.

s'ENNUITER, v. pron. (çannuité), s'attarder. Vieux et presque hors d'usage. On dit plutôt *s'anuiter*.

ENNUYANT, E, adj. (*annui-ian, te*), qui cause de l'*ennui*, du déplaisir —ENNUYANT, ENNUYEUX. (*Syn.*) Le premier indique l'action, l'autre marque l'état, l'habitude. *Un homme ennuyeux* est celui qui est dans l'habitude d'*ennuyer*; *un homme ennuyant ennuie* actuellement, dans le moment où il se trouve près de nous, par ses manières ou par ses discours.

ENNUYÉ, E, part. pass. de *ennuyer*.

ENNUYER, v. act. (*annui-ié*), causer de l'*ennui*, du déplaisir.—Il s'emploie quelquefois impersonnellement : *il m'ennuie d'être si long-temps loin de vous*. — S'ENNUYER, v. pron., se chagriner, avoir du déplaisir. — *S'ennuyer à attendre*, c'est *s'ennuyer* en attendant ; *s'ennuyer d'attendre*, c'est être las d'attendre.

ENNUYEUSE, adj. fém. Voy. ENNUYEUX.

ENNUYEUSEMENT, adv. (*annui-ieuzeman*), avec *ennui*, d'une manière *ennuyeuse*.

ENNUYEUX, adj. mas., au fém. ENNUYEUSE (*an-nui-ieu, ieuze*), qui *ennuie* : *c'est une chose bien ennuyeuse que d'attendre*.—Il est quelquefois substantif : *chanson sur les ennuyeux*. Voy. ENNUYANT.

ÉNOCYCLIQUE, adj. des deux genres (*énocikli-ke*) (du grec ενος, année, et κυκλος, cercle), se dit d'une fête ou d'une cérémonie qui a lieu à la fin d'une époque chronologique.

ÉNODÉ, E, ou **ÉNOUÉ, E**, adj. (*énodé*), t. de bot., qui n'a point de *nœud*.

ÉNODIUS, subst. propre mas. (*énodi-uce*) (du grec εν, sur, et οδος, chemin ; c'est-à-dire *qui est sur le chemin*), myth., surnom de Mercure, pris de l'usage où l'on était de dresser des pierres carrées, surmontées d'une tête de Mercure, sur lesquelles on trouvait l'indication des chemins et des rues.

ÉNOISELÉ, E, part. pass. de *énoiseler*.

ÉNOISELER, v. act. (*énoèzelé*), t. de fauc., instruire l'*oiseau*, l'accoutumer au gibier.—S'ÉNOISELER, v. pron.

ÉNOMPHALE, subst. fém. (*énonfale*) (du grec εν, dans, et ομφαλος, nombril), t. de médec., dureté, inflammation au nombril.

ÉNONCÉ, E, part. pass. de *énoncer*.

ÉNONCÉ, subst. mas. (*énoncé*), chose avancée, *énoncée* : *un simple énoncé*, une chose avancée sans explications ; *un faux énoncé*, une chose avancée contre la vérité.—Le contenu d'un acte, d'un jugement.

ÉNONCER, v. act. (*énoncé*) (du latin *enuntiare*, fait de la particule extractive *e*, de, hors, et de *nuntiare* ou *nunciare*), annoncer, *tirer hors de son esprit ce qu'on pense*), exprimer ce qu'on a dans la pensée.—S'ÉNONCER, v. pron., s'exprimer : *il s'énonce bien*, *il s'énonce mal*. — ÉNONCER, EXPRIMER. (*Syn.*) *Énoncer* demande plutôt les qualités de l'élocution : son mérite est dans la diction ou le langage choisi ; *exprimer* demande les qualités de l'éloquence : son principal mérite consiste dans le parfait rapport des termes avec les idées, avec la chose ; l'homme disert *s'énonce*, l'homme éloquent *s'exprime*.

ÉNONCIATIF, adj. mas., au fém. ÉNONCIATIVE (*énonciatife, tive*), qui *énonce*, qui fait mention de la chose.

ÉNONCIATION, subst. fém. (*énonciácion*) (en lat. *enuntiatio*), tout ce qui est dit et *énoncé* dans un acte. —Expression, manière de s'*énoncer*.— En logique, proposition qui nie ou qui affirme.

ÉNONCIATIVE, adj. fém. Voy. ÉNONCIATIF.

ÉNOPLIE, subst. fém. (*énopli*) (du grec εν, dans, et οπλον, armure), t. d'hist. nat., genre d'insectes de l'ordre des coléoptères.

ÉNOPLOSE, subst. mas. (*énoplôze*) (du grec ενοπλος, armé), t. d'hist. nat., genre de poissons de la division des thoraciques.

ÉNOPTE, subst. mas. (*énopete*) (du grec ενοπτομαι, j'inspecte), t. d'hist. anc., inspecteur qui veillait, dans les repas, à ce que chacun bût également.

ÉNOPTROMANCIE, subst. fém. (*énopetromanci*) (du grec ενοπτρον, miroir, et μαντεια, divination), divination par le moyen d'un miroir.

ÉNOPTROMANCIEN, adj. et subst. mas., au fém. ÉNOPTROMANCIENNE (*énopetromanciein, ciène*), qui concerne l'*énoptromancie*.—Celui ou celle qui exerce l'*énoptromancie*.

ÉNORCHITE, subst. fém. (*énorchite*) (du grec εν, dans, et ορχις, testicule), t. d'hist. nat., pierre figurée de forme ronde, qui en renferme une autre dont la figure approche de celle des testicules.

ENORGUEILLI, E, part. pass. de *enorgueillir*.

ENORGUEILLIR, v. act. (*annorguié-ir*), rendre *orgueilleux*.—S'ENORGUEILLIR, v. pron., devenir *orgueilleux*.

ÉNORME, adj. des deux genres (*énorme*) (en lat. *enormis*, fait de la préposition *e*, hors, et de *norma*, règle ; *hors de toute règle*), démesuré, excessif en grandeur ou en grosseur : *une grandeur énorme*.—Fig., il se prend toujours en mauvaise part : *un crime, une ingratitude, une laideur énorme*. Boileau (satire x) a dit, en parlant de deux médecins dont il critique la méthode :

Et fuyant de Fagon les maximes *énormes*.

Énorme est pris ici en bonne part, et c'est une faute.

ÉNORMÉMENT, adv. (*énormeman*), d'une manière *énorme*.

ÉNORMISSIME, adj. des deux genres (*énormicime*), très-*énorme*. Presque inusité.

ÉNORMITÉ, subst. fém. (*énormité*), excès de grandeur, de grosseur : *énormité de la taille*. — Au fig., en parlant de crimes, de fautes, il signifie gravité, atrocité.

ÉNOSSÉ, E, adj. (*énocé*), embarrassé par un *os* dans la gorge. (*Boiste*.) Inusité.

ÉNOSTOSE, subst. fém. (*énocetôze*) (du grec εν, dans, et οστεον, os), t. de médec., tumeur qui se forme dans le canal médullaire.

ÉNOUÉ, E, part. pass. de *énouer*.

ÉNOUER, v. act. (*énoué*), t. de manuf., éplucher un drap, en ôter les *nœuds*. — S'ÉNOUER, v. pron.

ÉNOUROU, subst. mas. (*énourou*), t. de bot., arbrisseau laiteux et sarmenteux de la Guyane.

ENQUADRUPÉDÉ, E, part. pass. de *enquadrupéder*.

ENQUADRUPÉDER, v. act. (*ankouadrupédé*), mettre au rang des *quadrupèdes*, métamorphoser en bête. (*Scarron*.) Inusité.

DU VERBE IRRÉGULIER S'ENQUÉRIR :

Enquéraient, 3e pers. plur. imparf. indic.
Enquérais, précédé de *je m'*, 1re pers. sing. imparf. indic.
Enquérais, précédé de *tu t'*, 2e pers. sing. imparf. indic.
Enquérait, 3e pers. sing. imparf. indic.
Enquérant, part. prés.

ENQUÉRANT, E, adj. (*ankiéran, rante*), qui *s'enquiert* avec trop de curiosité. Inusité.

DU VERBE IRRÉGULIER S'ENQUÉRIR :

Enquérez, 2e pers. plur. impér.
Enquérez, précédé de *vous vous*, 2e pers. plur. prés. indic.
Enquériez, précédé de *vous vous*, 2e pers. plur. imparf. indic.
Enquériez, précédé de *que vous vous*, 2e pers. plur. prés. subj.
Enquérions, précédé de *nous nous*, 1re pers. plur. imparf. indic.
Enquérions, précédé de *que nous nous*, 1re pers. plur. prés. subj.

S'ENQUÉRIR, v. pron. (*çankiérir*) (en lat. *inquirere*, fait de la préposition *in*, dans, et *quœrere*, chercher), s'informer, faire recherche : *s'enquérir d'une personne, d'un fait*. — *S'enquérir* dit plus que *s'informer*; c'est scruter, fouiller en dedans, dans le fond ; celui qui questionne *s'enquiert* ; celui qui demande *s'informe*.

DU VERBE IRRÉGULIER S'ENQUÉRIR :

Enquérons, 1re pers. plur. impér.
Enquérons, précédé de *nous nous*, 1re pers. plur. prés. indic.
Enquerra, 3e pers. sing. fut. indic.
Enquerrai, 1re pers. sing. fut. indic.
Enquerraient, 3e pers. plur. prés. cond.
Enquerrais, précédé de *je m'*, 1re pers. sing. prés. cond.
Enquerrais, précédé de *tu t'*, 2e pers. sing. prés. cond.
Enquerrait, 3e pers. sing. prés. cond.
Enquerras, 2e pers. sing. fut. indic.

ENQUERRE, v. act. (*ankière*), vieux mot qui s'est dit pour *s'enquérir*, examiner, et qui n'est plus usité comme verbe.—En t. de blas., ce mot est subst. mas. On appelle *armes en enquerre*, des armes qui ne sont pas selon les règles.

DU VERBE IRRÉGULIER S'ENQUÉRIR.

Enquerrez, 2e pers. plur. fut. indic.
Enquerriez, 2e pers. plur. prés. cond.
Enquerrions, 1re pers. plur. prés. cond.
Enquerrons, 1re pers. plur. fut. indic.
Enquerront, 3e pers. plur. fut. indic.

ENQUÊTE, subst. fém. (*ankiète*) (en lat. *inquisitio*, fait de *inquirere*, rechercher, s'enquérir), recherche par ordre de justice. On dit *enquête* en matière civile, *information* en matière criminelle : *les informations ont été converties en enquête*, on a civilisé un procès criminel.—*Les chambres des enquêtes*, celles où dans les parlements on jugeait les appellations des sentences rendues sur un procès par écrit.—*Enquête* se dit aussi de certaines recherches en matière de commerce, d'industrie, de haute administration, faites par ordre de l'autorité : *ordonner une enquête sur les fers*, *sur les douanes* ; *nommer une commission d'enquête*.

S'ENQUÊTER, v. pron. (*çankiété*) (du lat. *inquirere*), s'enquérir. — Se soucier. En ce sens il ne s'emploie qu'avec la négative : *il ne s'enquête de rien*, ou simplement *il ne s'enquête*. Il paraît que c'est une corruption de *s'inquiéter*.

ENQUÊTEUR, subst. et adj. mas. (l'*Académie* a tort de ne faire de ce mot qu'un adj. mas.) (*ankiéteur*), officier qui a le pouvoir de faire des *enquêtes*.

DU VERBE IRRÉGULIER S'ENQUÉRIR :

Enquière, précédé de *que je m'*, 1re pers. sing. prés. subj.
Enquière, précédé de *qu'il* ou *qu'elle s'*, 3e pers. sing. prés. subj.
Enquièrent, précédé de *ils* ou *elles s'*, 3e pers. plur. prés. indic.
Enquièrent, précédé de *qu'ils* ou *qu'elles s'*, 3e pers. plur. prés. subj.
Enquières, 2e pers. sing. prés. subj.
Enquiers, 2e pers. sing. impér.
Enquiers, précédé de *je m'*, 1re pers. sing. prés. indic.
Enquiers, précédé de *tu t'*, 2e pers. sing. prés. indic.
Enquiert, 3e pers. sing. prés. indic.
Enquîmes, 1re pers. plur. prét. déf.
Enquirent, 3e pers. plur. prét. déf.
Enquis, précédé de *je m'*, 1re pers. sing. prét. déf.
Enquis, précédé de *tu t'*, 2e pers. sing. prét. déf.
Enquisse, 1re pers. sing. imparf. subj.
Enquissent, 3e pers. plur. imparf. subj.
Enquisses, 2e pers. sing. imparf. subj.
Enquissiez, 2e pers. plur. imparf. subj.
Enquissions, 1re pers. plur. imparf. subj.
Enquit, précédé de *il* ou *elle s'*, 3e pers. sing. prét. déf.
Enquît, précédé de *qu'il* ou *qu'elle s'*, 3e pers. sing. imparf. subj.
Enquîtes, 2e pers. plur. prét. déf.

ENRACINÉ, E, part. pass. de *enraciner*.

ENRACINER, v. act., ou **S'ENRACINER**, v. pron. (*anraciné*), prendre *racine*. — Son plus grand usage est au figuré : *il ne faut pas laisser enraciner les abus*.

ENRAGÉ, E, part. pass. d'*enrager*, et adj. (*anrajé*), qui a la *rage*. — Fam., *une douleur enragée, un mal enragé*, une douleur extrême, un mal violent. On dit dans le même sens : *une faim enragée, une passion enragée*. — Prov. et fig. : *manger de la vache enragée*, faire un métier dur et pénible, où l'on pâtit beaucoup. — Subst. : *c'est un enragé*, c'est un homme fougueux et impétueux.

ENRAGEANT, E, adj. (*anrajan, jante*), qui fait *enrager*, qui cause un violent chagrin, etc. Il est familier.

ENRAGER, v. neut. (*anrajé*), être saisi de *rage*. Il est peu usité au propre. — Fig., avoir : 1° un violent dépit : *il enrage de ne pouvoir se venger*; 2° une grande douleur : *j'enrage du mal de dents*; 3° un besoin vif et pressant : *enrager de faim*, ou, activement et fam., *enrager la faim*. — Avec le verbe *faire*, il devient actif : *sa femme le fait enrager*. — Au passif, il régit la préposition *contre* : *il est enragé contre lui*, dans une grande colère, etc.— Prov. : *il n'enrage pas pour mentir*, il a une grande inclination à mentir. — *Prendre patience en enrageant*, contre son gré.

ENRAGERIE, subst. fém. (*anrajeri*), tout ce que la colère inspire. Inusité.

ENRAIEMENT, subst. mas. (*anrèman*), action d'*enrayer*.

ENRAYÉ, E, part. pass. de *enrayer*.

ENRAYER, v. act. (*anrè-ié*), mettre les *rais* dans les mortaises d'une roue. — Arrêter une roue par les *rais*, afin qu'elle ne fasse que glisser. — En agriculture, tracer le premier sillon, la première *raie*. — Fam. et fig., cesser de faire une chose : *vous faites trop de dépense je vous conseille d'enrayer*.—S'ENRAYER, v. pron.

ENRAYOIR, subst. mas. (*anrèioar*), fourchette d'une arbalète. — Machine propre à serrer les roues d'une voiture à une descente de route.

ENRAYURE, subst. fém. (*anrèiure*), ce qui sert à *enrayer*. — La première *raie* que fait la charrue lorsqu'on laboure. — En t. de charpentier, assemblage de différentes pièces de bois de niveau qui porte le comble d'une croupe, d'un pavillon, d'un dôme, etc.

ENRÉGIMENTÉ, E, part. pass. de *enrégimenter*.

ENRÉGIMENTER, v. act. (*anréjimanté*), incorporer dans un *régiment*.—De plusieurs compagnies former un *régiment*.—**S'ENRÉGIMENTER**, v. pron.

ENREGISTRABLE, adj. des deux genres (*anrejicetrable*), qui peut ou qui doit être *enregistré*.

ENREGISTRÉ, E, part. pass. de *enregistrer*.

ENREGISTREMENT, subst. mas. (*anrejicetreman*), l'action d'*enregistrer*.—Transcription d'un acte dans un *registre*, soit en entier, soit par extrait, pour en conserver la teneur et en constater l'authenticité. — *Enregistrement*, se dit aussi de l'impôt mis sur certains actes que la loi soumet à l'*enregistrement* par extrait seulement.

ENREGISTRER et non pas **ENREGÎTRER**, v. act. (*anrejicetré*), mettre quelque chose sur un *registre*, pour donner à cette chose de l'authenticité, et pour en certifier la date. — **S'ENREGISTRER**, v. pron. Voy. **REGISTRE**.

ENREGISTREUR, subst. mas. (*anrejicetreur*), qui *enregistre*; qui tient les *registres* de l'*enregistrement*. On dirait bien *enregistreuse* au fém.

ENRÊNÉ, E, part. pass. de *enrêner*.

ENRÊNER, v. act. (*anrêné*); il se dit de l'action d'arrêter et de nouer les *rênes* des chevaux de carrosse ou autre voiture. — **S'ENRÊNER**, v. pron.

ENRÊNOIRE, subst. fém. (*anrênoare*), bois pour attacher les *rênes* des chevaux.

ENRHUMÉ, E, part. pass. de *enrhumer*.

ENRHUMER, v. act. (*anrumé*) (du grec ἐν, dans, et ῥευμα, fluxion, formé du v. ῥεω, je coule), causer un *rhume*. — **S'ENRHUMER**, v. pron., gagner un *rhume*.

ENRHUMURE, subst. fém. (*anrumure*), état de celui qui est *enrhumé*, commencement d'un *rhume*. (*Boiste*.) Inusité.

ENRHUNÉ, E, part. pass. de *enrhuner*.

ENRHUNER, v. act. (*anruné*), placer les têtes d'épingles au bout du fil de laiton.—**S'ENRHUNER**, v. pron.

ENRHYTHME, adj. des deux genres (*anriteme*) (du grec ἐν, dans, et ῥυθμος, cadence, mesure), t. de médec., régulier, en parlant du pouls.

ENRICHI, E, part. pass. de *enrichir*.—Se dit substantivement, au propre, en parlant des personnes : *cet homme a toute la morgue d'un nouvel enrichi*.

ENRICHIR, v. act. (*anrichir*), rendre *riche* ; donner du bien et des richesses, orner par quelque chose de *riche*, de précieux.— Fig., 1° orner : *la mémoire s'enrichit par la lecture*; 2° *enrichir une langue*, la rendre plus abondante par de nouveaux mots ou par de nouvelles phrases. —**S'ENRICHIR**, v. pron., devenir *riche*.

ENRICHISSEMENT, subst. mas. (*anrichiceman*), action de rendre *riche*, plus *riche*. Il ne se dit guère qu'au fig. : *un sage emploi de mots étrangers peut contribuer à l'enrichissement d'une langue*. — Ornement qui *enrichit*, qui ajoute à l'éclat, au mérite : *les peintures sont un enrichissement nécessaire dans un palais*.

ENRIMÉ, E, part. pass. de *enrimer*.

ENRIMER, v. act. (*anrimé*), pousser le poinçon au-dessus de l'enclume.—**S'ENRIMER**, v. pron.

ENROCHEMENT, subst. mas. (*anrocheman*), manière de faire des fondations en *roche* sur un sol mobile.—État de ces fondations. — Jetée en pierres en avant des piles et des culées d'un pont.

ENRÔLÉ, part. pass. de *enrôler*.

ENRÔLEMENT, subst. mas. (*anrôleman*), l'action d'*enrôler* ou de *s'enrôler*.—Acte où l'*enrôlement* est écrit.

ENRÔLER, v. act. (*anrôlé*), mettre, écrire sur le *rôle*. Il se dit plus particulièrement des soldats, des matelots. — **S'ENRÔLER**, v. pron., se faire soldat.—Se dit par extension et familièrement en parlant de toute espèce d'affiliation : *s'enrôler dans une compagnie, dans une confrérie*.

ENRÔLEUR, subst. mas. (*anrôleur*), nom des gens chargés autrefois d'*enrôler* les jeunes gens pour le service militaire.—On les appelait aussi *recruteurs*.

ENROMANCÉ, E, part. pass. de *enromancer*.

ENROMANCER, v. act. (*anromancé*), traduire en langue *romane*. Vieux.

ENRONCÉ, E, adj. (*anroncé*), plein de *ronces*, et fig., de soucis. Vieux.

ENROUÉ, E, part. pass. de *enrouer*.

ENROUEMENT, subst. mas. (*anrouman*) (en lat. *raucitas*, fait de *raucus*, rauque, *enroué*), état de celui qui est *enroué*.

ENROUER, v. act. (en lat. *raucire*. On dit *raucari* pour, être enroué) (*anroué*), rendre la voix *rauque* et moins nette : *le brouillard l'a enroué*.—**S'ENROUER**, v. pron.

ENROUILLÉ, E, part. pass. de *enrouiller*.

ENROUILLEMENT, subst. mas. (*anrou-ieman*), état d'une chose *enrouillée*.

ENROUILLER, v. act. (*anrou-ié*), rendre *rouillé*.—On dit fig. : *l'oisiveté enrouille l'esprit*. —**S'ENROUILLER**, v. pron., amasser de la *rouille*.

ENROULÉ, E, part. pass. de *enrouler*.

ENROULEMENT, subst. mas. (*anrouleman*), action d'*enrouler*, de *s'enrouler*.—Le résultat de cette action : *l'enroulement des feuilles dans le bourgeon*. — T. d'archit. et de jardinage, qui est tourné en spirale : *l'enroulement d'un chapiteau, d'une plate-bande de gazon*.

ENROULER, v. act. (*anroulé*), *rouler* une chose autour d'une autre, ou sur elle-même. — **S'ENROULER**, v. pron.

S'ENRUBANER, v. pron. (*çanrubané*), se couvrir de *rubans*.—Mot créé par *Beaumarchais* dans un de ses mémoires contre *Goezmann*. Il ne peut appartenir qu'au style familier. On l'a dit aussi act. pour, garnir de *rubans*.

ENRUE, subst. fém. (*anru*), t. d'agriculture, sillon fort large, composé de plusieurs raies de terre relevées par la charrue : *labourer en enrue*.

ENSABLÉ, E, part. pass. de *ensabler*.

ENSABLEMENT, subst. mas. (*ançableman*), amas de *sable* formé ou par le vent ou par un courant d'eau.

ENSABLER, v. act. (*ançablé*), faire échouer *sur le sable*. — En t. de pêche, tendre sur un fond de *sable* des filets, au pied desquels on ne met point de lest. —**S'ENSABLER**, v. pron., s'échouer sur le *sable*.

ENSABOTÉ, E, part. pass. de *ensaboter*.

ENSABOTEMENT, subst. mas. (*ançaboteman*), t. d'artillerie, action d'*ensaboter*, de fixer un projectile dans un *sabot*.

ENSABOTER, v. act. (*ançaboté*), t. d'artillerie, fixer un projectile dans un *sabot* de bois, au moyen de bandelettes de fer-blanc. — **S'ENSABOTER**, v. pron.

ENSACHÉ, E, part. pass. de *ensacher*.

ENSACHEMENT, subst. mas. (*ançacheman*), action d'*ensacher*, de mettre dans des *sacs*.

ENSACHER, v. act. (*ançaché*), mettre dans un *sac*.—**S'ENSACHER**, v. pron.

ENSACHEUR, subst. mas. (*ançacheur*), celui qui *ensache*.

ENSADE, subst. mas. (*ançade*), t. de bot., figuier des Indes dont l'écorce et les feuilles servent à fabriquer des étoffes.

ENSAFRANÉ, E, part. pass. de *ensafraner*.

ENSAFRANER, v. act. (*ançafrané*), teindre en *safran*.—**S'ENSAFRANER**, v. pron.

ENSAISINÉ, E, part. pass. de *ensaisiner*.

ENSAISINEMENT, subst. mas. (*ancèzineman*), t. de prat., l'action d'*ensaisiner*.—Mise en possession.

ENSAISINER, v. act. (*ancèziné*), t. de prat., mettre en possession. — **S'ENSAISINER**, v. pron. Voy. **SAISINE**.

ENSANGLANTÉ, E, part. pass. de *ensanglanter*.

ENSANGLANTER, v. act. (*ançanguelanté*), remplir *de sang*, souiller *de sang*. — Fig., *ce tyran a ensanglanté son règne*, a été cruel, a fait mourir beaucoup de monde. — *Il ne faut pas ensanglanter la scène*, il ne faut représenter aucun meurtre sur le théâtre.—**S'ENSANGLANTER**, v. pron.

ENSEIGNE, subst. fém. (*ancègnie* (en lat. *insigne*, fait de *signum*, signe, marque), marque, indice servant à faire reconnaître quelque chose. —Tableau que l'on attache à la porte d'un marchand, d'un aubergiste. — Signe militaire : *les enseignes romaines*. — On le disait autrefois des drapeaux de l'infanterie, et on le dit encore dans ces phrases : *tambour battant et enseignes déployées; combattre, marcher sous les enseignes de...*—S'est dit autrefois, dans l'ancienne infanterie française, de la charge de celui qui portait le drapeau : *avoir une enseigne*.—Dans les manufactures de soie, etc., mesure convenue d'une portion de chaîne. Ce terme, substitué à celui d'*aune*, indique une étendue différente, et quelquefois arbitraire.—Prov. : *à telles enseignes que...*, cela est si vrai que.. ; *à bonnes enseignes*, avec connaissance et sur de bonnes preuves, et de bonnes raisons, etc. — *Être logés à la même enseigne*, être dans la même situation, avoir le même sort, etc.

ENSEIGNE, subst. mas. (*ancègnie*), officier qui a une *enseigne*, qui porte le drapeau : *enseigne de marine, de gendarmerie*, etc.—En t. de mar., on appelle *enseigne de vaisseau*, un officier d'un grade inférieur au lieutenant; et *enseigne de poupe*, le pavillon qui se met sur la poupe.

ENSEIGNÉ, E, part. pass. de *enseigner*.

ENSEIGNEMENT, subst. mas. (*ancègnieman*), précepte, instruction.—Action ou art d'*enseigner*. Voy. le mot **ÉCOLE**.—*Les titres et enseignements*, en t. de prat., les pièces qui servent à établir un droit, une possession, etc.

ENSEIGNER, v. act. (*ancègnié*) (suivant *Saumaise*, du lat. *insinuare*, insinuer, suggérer ; suivant plusieurs autres, de *insignare*, fait dans la basse latinité de *signum*, signe, comme qui dirait *per signa docere*), instruire, donner à quelqu'un des lumières et des connaissances qu'il n'avait pas. — Faire connaître : *enseignez-moi telle rue*. —**S'ENSEIGNER**, v. pron.

ENSEIGNEUR, subst. mas. (*ancègnieur*), qui *enseigne*. Ce mot est peu usité, mais il est utile.

ENSEL, subst. et adj. mas. (*ancèl*) (du lat. *ensis*, épée), t. de chir. : *cautère ensel*, qui a la pointe faite comme celle d'une épée.

ENSELLÉ, E, adj. et part. pass. du verbe *enseller*, qui n'est guère usité (*ancèlé*), t. de man., *cheval ensellé*, qui a le dos enfoncé comme dans le siège d'une *selle*. — En t. de mar., *vaisseau ensellé*, dont le milieu est bas et les deux extrémités relevées.

ENSELLER, v. act. (*ancèlé*), mettre la *selle* à un cheval. (*Boiste*.) Vieux.

ENSEMBLE, adv. (*ançanble*) (du lat. barbare *insimul* pour *simul*, qui a la même signification), l'un avec l'autre, les uns avec les autres. Simultanément, en même temps : *les deux adversaires tirèrent ensemble*.

ENSEMBLE, subst. mas. (*ançanble*), ce qui résulte de l'union des parties différentes qui composent un tout. — *L'ensemble de l'univers* est cette chaîne presque entièrement cachée à nos yeux, de laquelle résulte l'existence harmonieuse de tout ce dont nos sens jouissent. — *L'ensemble d'un tableau* est l'union de toutes les parties de l'art d'imiter les objets. — *L'ensemble d'une figure* est l'union de toutes les parties du corps et leur correspondance. — En t. de dessin : *cette figure, cette tête n'est pas d'ensemble*, les différentes parties n'y sont pas dans leurs justes proportions. — T. de mus. : *il y a de l'ensemble*, lorsque les concertants sont si parfaitement d'accord, soit pour l'intonation, soit pour la mesure, qu'ils semblent être tous animés d'un même esprit, et que l'exécution rend fidèlement à l'oreille tout ce que l'œil voit sur la partition. — T. de man. : *mettre un cheval ensemble*, c'est l'obliger à rassembler les parties de son corps et ses forces, en les distribuant également sur ses quatre jambes.

ENSEMENCÉ, E, part. pass. de *ensemencer*.

ENSEMENCEMENT, subst. mas. (*ancemanceman*), l'action d'*ensemencer*, ou le résultat de cette action.

ENSEMENCER, v. act. (*ancemancé*), jeter de la *semence* dans une terre. — **S'ENSEMENCER**, v. pron.

ENSÉPULTURÉ, E, part. pass. de *ensépulturer*.

ENSÉPULTURER, v. act. (*ancépulturé*), ensevelir. (*Boiste*.) Vieux.

ENSERRÉ, E, part. pass. de *enserrer*.

ENSERRER, v. act. (*ancèré*) (de la préposition *en*, dans, et de *serrer* : *serrer dans*. Les Espagnols disent dans le même sens *encerrar*), enfermer. Ce mot, déjà vieilli du temps de J.-B. Rousseau, a été employé dans une de ses odes sacrées : *tout ce que leur globe enserre*. On ne se le permettrait pas aujourd'hui, surtout dans le style noble. — Mettre dans une *serre* : *enserrer les orangers*.—**S'ENSERRER**, v. pron.

ENSETÉ, subst. mas. (*anceté*), t. de bot., variété du bananier qu'on cultive dans l'Abyssinie.

ENSEUILLEMENT, subst. mas. (*anceu-ieman*), t. d'archit., appui d'une croisée ayant vue sur un voisin, et qu'on nomme *vue de coutume*.

ENSEVELI, E, part. pass. de *ensevelir*.

ENSEVELIR, v. act. (*ancevelir*) (de la prép. latine *in*, en, et du verbe *sepelire*, ensevelir), envelopper dans un drap ou autre étoffe un corps pour le mettre en terre.—Fig. : *s'ensevelir sous les ruines d'une place*, s'y faire tuer en la défendant jusqu'à l'extrémité. — *Il s'est enseveli dans la solitude*, il s'est entièrement retiré du monde. —*Il est enseveli dans le chagrin*, il a un chagrin mortel. — *Il est enseveli dans une profonde rêverie*, il rêve profondément.—*Etre enseveli dans l'oubli*, être entièrement oublié. — *Etre enseveli dans le sommeil*, dormir profondément. — **s'ENSEVELIR**, v. pron.

ENSEVELISSEMENT, subst. mas. (*ancevelicemau*), l'action d'*ensevelir*.

ENSEVELISSEUR, subst. mas., au fém. **ENSEVELISSEUSE** (*anceveliceur*, *ceuze*), celui, celle qui *ensevelit*.

ENSIFORME, adj. des deux genres (*anciforme*) (en lat. *ensiformis*, fait de *ensis*, épée, et de *forma*, forme), t. de bot., en *forme* de lame d'épée.—T. d'anat., *apophyses ensiformes*, petites ailes du sphénoïde.—*Cartilage ensiforme*, cartilage xiphoïde, etc.

ENSIMAGE, subst. mas. (*ancimaje*), l'action d'*ensimer*. — Effet de cette action.

ENSIMÉ, E, part. pass. de *ensimer*.

ENSIMER, v. act. (*ancimé*), t. de manuf., enduire une étoffe d'huile ou de sain-doux, afin de la tondre plus facilement.

ENSISHEIM, subst. propre mas. (*ancizème*), ville de France, chef-lieu de canton, arrond. de Colmar, dép. du Haut-Rhin.

ENSISTERNAL, E, adj. (*ancicetèrenal*), t. d'anat., se dit de l'apophyse *ensiforme* du *sternum*. —Au plur., *ensisternaux*.

ENSORCELÉ, E, part. pass. de *ensorceler*.

ENSORCELER, v. act. (*ançorcelé*), causer, par de prétendus sortilèges ou maléfices, quelque maladie, quelque trouble extraordinaire de corps ou d'esprit : *Urbain Grandier fut accusé d'avoir ensorcelé les religieuses de Loudun*.—Fig. et fam., inspirer à quelqu'un un amour qui va jusqu'à la folie : *cette femme l'a ensorcelé*.—**s'ENSORCELER**, v. pron.

ENSORCELEUR, subst. mas., **ENSORCELEUSE**, subst. fém. (*ançorceleur*, *leuze*), celui, celle qui *ensorcelle*. Voy. **ENSORCELER**, dans ses deux acceptions.

ENSORCELEUSE, subst. fém. Voy. **ENSORCELEUR**.

ENSORCELLEMENT, subst. mas. (*ançorcèleman*), charme ou maléfice jeté sur quelqu'un. —Il se dit au fig. dans le même sens qu'*ensorceler*.

ENSOUAILLE, subst. fém. (*ançou-â-ie*), t. de rivière, petite corde qui sert à retenir le bout de la crosse du gouvernail d'un bateau foncet.

ENSOUFRÉ, E, part. pass. de *ensoufrer*.

ENSOUFRER, v. act. (*ançoufré*), enduire de *soufre*, ou imprégner de la vapeur de *soufre*. On dit plus ordinairement *soufrer*.—**s'ENSOUFRER**, v. pron.

ENSOUFROIR, subst. mas. (*ançoufroar*), lieu où l'on expose à la vapeur du *soufre* les soies et les étoffes de laine. —Panier au milieu duquel brûle le *soufre*.

ENSOUPLE, ENSUBLE ou **ENSUPLE**, subst. fém. (*ançouple*) (on trouve dans les gloses anciennes les mots *insubulum*, neutre, et *insubula*, féminin, employés avec la même signification), rouleau autour duquel on roule ce qui doit servir de chaîne à une étoffe.

ENSOUPLEAU, subst. mas. (*ançouplô*), petite *ensouple*.

ENSOURDI, E, part. pass. de *ensourdir*.

ENSOURDIR, v. act. (*ançourdir*), rendre *sourd*. —**s'ENSOURDIR**, v. pron. Vieux et inusité.

ENSOYÉ, part. pass. de *ensoyer*.

ENSOYEMENT, subst. mas. (*ançoéman*), action d'*ensoyer*. Presque inusité.

ENSOYER, v. act. (*ançoé-ié*), t. de cordonnier, attacher la *soie* de cochon au bout du fil qu'on emploie pour la semelle du soulier.

ENSUBLE, subst. fém. (*ançuble*). Voy. **ENSOUPLE**.

ENSUIFÉ, E, part. pass. de *ensuifer*.

ENSUIFER, v. act. (*ançuifé*), frotter, enduire de *suif*.—**s'ENSUIFER**, v. pron.

ENSUITE, prép. (*ançuite*), après : *ensuite de cela*. — *Ensuite* s'emploie aussi sans *de*, et alors il est adverbe : *nous irons ensuite à Amiens*.

ENSUIVANT, E, adj. (*ançuivan*, *vante*), t. de pratique, *suivant*, qui *suit* : *le dimanche ensuivant*. Presque hors d'usage.

s'ENSUIVRE, v. pron. (*çançuivre*), *suivre* immédiatement. —Venir de..., dériver. *Fontenelle* a dit (*Hist. des Oracles*) : *voyons ce qui s'en ensuivit*. C'est un solécisme, à cause de la répétition vicieuse de la préposition *en*, qui signifie deux fois la même chose. Il fallait : *voyons ce qui s'ensuivit*, ce qui suivit de là. *D'Olivet* a dit de même, dans sa *Prosodie* : *de là il s'ensuit*; il faut : *de là il suit*.

ENSUPLE, subst. fém. (*ançuple*). Voy. **ENSOUPLE**.

ENTABLÉ, E, part. pass. de *entabler*.

ENTABLEMENT, subst. mas. (*antableman*) (du lat. *tabulatum*, assemblage de planches, plancher, dont on fait *intabulatum*), partie d'un ordre d'architecture qui comprend l'architrave, la frise et la corniche prises ensemble. — Saillie qui est au haut des murs d'un bâtiment, et qui en soutient la couverture.

ENTABLER, v. neut., ou **s'ENTABLER**, v. pron. (*antablé*), t. de man. : *ce cheval s'entable*, sa croupe va avant ses épaules, lorsqu'il manie sur les voltes.

ENTACAGE, subst. mas. (*antakaje*), dans les fabriques de velours, assemblage ingénieux de baguettes adaptées à l'ensouple de devant du métier, et servant à maintenir l'étoffe, sans altérer sa beauté par aucune pression ni aucun frottement sur le poil.

ENTACHÉ, E, part. pass. de *entacher*.

ENTACHER, v. act. (*antaché*) (de la préposition *en*, dans, et du verbe *tacher*, souiller; *tacher en dedans*), infecter, gâter. Il est vieux et ne s'emploie plus qu'au participe : *entaché de lèpre*; et fig. et fam. : *entaché d'avarice*.—**s'ENTACHER**, v. pron.

ENTAILLE, subst. fém. (*antâ-ie*), coche faite dans une pièce de bois, etc.—En chir., espèce de fracture du crâne.—Coupure dans les chairs.—Instrument qui sert aux graveurs en bois, à serrer et contenir les petits ouvrages qu'ils ne pourraient aisément tenir entre les doigts.—Les menuisiers ont aussi un outil de ce nom.

ENTAILLÉ, E, part. pass. de *entailler*.

ENTAILLER, v. act. (*antâ-ié*) (du latin *intaliare*, tailler), faire une *entaille* dans une pièce de bois, pour y emboîter une autre pièce.—**s'ENTAILLER**, v. pron.

ENTAILLOIR, subst. mas. (*antâ-ioar*), sorte d'outil à l'usage des facteurs d'orgues et des menuisiers.

ENTAILLURE, subst. fém. (*antâ-iure*), entaille : *faire une entaillure*. *Entaille* est plus usité.

ENTALINGUÉ, E, part. pass. de *entalinguer*.

ENTALINGUER, v. act. (*antaleinguié*), t. de mar., passer le bout d'un câble, d'un grelin, etc. dans l'organeau ou la cigale d'une ancre déjà garnie de son emboudinure. *Les marins disent étalinguer*.—**s'ENTALINGUER**, v. pron.

ENTALINGURE, subst. fém. (*antaleingure*), t. de mar., nœud que l'on fait au bout d'un câble, après l'avoir passé dans l'organeau d'une ancre.

ENTAME, subst. fém. (*antame*) Voy. **ENTAMURE**, qui se dit également.

ENTAMÉ, E, part. pass. de *entamer*.

ENTAMER, v. act. (*antamé*) (du grec *εντεμνειν*, tailler, couper, fait de *εν*, dans, et de *τεμνειν*, couper), faire une petite déchirure, une petite incision : *entamer la peau, la chair*. — Oter une petite partie d'une chose entière : *entamer un pain, un pâté, une pièce de drap, un sac d'argent*.—Fig., commencer : *entamer une matière, un discours, etc*.—*Se laisser entamer*, souffrir que d'autres entreprennent sur nos droits; se laisser fléchir pour faire quelque chose contre son dessein, etc.—*Entamer la réputation de quelqu'un, son crédit*, y porter quelque atteinte.—En t. de guerre, *entamer un corps de troupe*, commencer à le rompre. — T. de man., *entamer le chemin*, commencer à galoper. En ce sens, on dit neutralement, *entamer du pied droit, du pied gauche*. —**s'ENTAMER**, v. pron.

ENTAMURE, subst. fém. (*antamure*), petite incision, petite déchirure. — Le premier morceau qu'on a coupé du pain.—La partie *entamée*.—On dit aussi *entame*.

ENTAQUÉ, E, part. pass. de *entaquer*.

ENTAQUER, v. act. (*antakié*), t. de manuf., lier et joindre des pièces de velours ensemble, de manière à ne point laisser d'intervalle entre elles, et à ne pas toucher l'étoffe. — **s'ENTAQUER**, v. pron.

ENTASSÉ, E, part. pass. de *entasser*, et adj., mis en *tas*. — Contraint dans sa taille; qui a la tête enfoncée dans les épaules : *homme entassé*.

ENTASSEMENT, subst. mas. (*antâceman*), amas de plusieurs choses *entassées* les unes sur les autres.

ENTASSER, v. act. (*antâcé*) (du grec *εντασσειν*, ranger, mettre en ordre, dérivé de *τασσειν*, d'où l'on a fait *tas* et *tasser*), mettre en *tas* : mettre plusieurs choses les unes sur les autres.—Fig., accumuler. Voy. **AMASSER**. — **s'ENTASSER**, v. pron.

ENTASSEUR, subst. mas., au fém. **ENTASSEUSE** (*antâceur*, *ceuze*), celui ou celle qui *entasse*.

ENTE, subst. fém. (*ante*) (en latin *insitio*, fait de *inserere*, insérer, enter, greffer), greffe, scion d'arbre, lorsqu'il est greffé sur un autre.—Arbre greffé, ou *ente*.— Sorte de pilastre.—Manche de pinceau.—Pièce de bois d'un moulin.—Au plur., peaux d'oiseaux remplies de mousse ou d'étoupes, pour attirer dans le piége des oiseaux de la même espèce.

ENTÉ, E, part. pass. de *enter*, et adj., se dit, en t. de blason, des parties ou pièces de l'écu qui entrent les unes dans les autres sous des formes rondes.—*Enté en pointe*, se dit d'une entaille qui se fait à la pointe de l'écu, par deux émaux arrondis.

ENTÉES, subst. fém. plur. (*anté*), en t. de vénerie, fumées qui tiennent ensemble, et qu'on ne peut séparer sans les rompre.

ENTÉLÉCHIE, subst. fém. (*antélèchi*) (du grec *εν*, dans, *τελος*, perfection, et *εχω*, j'ai), perfection d'une chose, sa forme essentielle. Hors d'usage.

ENTELLE, subst. fém. (*antèle*), t. d'hist. nat., guenon du Malabar.

ENTEMENT, subst. mas. (*anteman*), action d'*enter* les arbres ou les vignes.

ENTENDEMENT, subst. mas. (*antandeman*), faculté de l'âme par laquelle elle *entend*, elle conçoit.—Jugement, bon esprit.

ENTENDEUR, subst. mas. (*antandeur*), qui *entend* et conçoit bien.—Prov. : *à bon entendeur demi-mot*; un homme intelligent comprend avec peu de paroles.—*A bon entendeur salut!* que celui qui entend ce qu'on dit en fasse son profit.

ENTENDRE, v. act. (*antandre*) (du lat. *intendere*, formé, dans la même signification, de la prép. *in*, vers, et de *tendere*, tendre; *tourner, diriger son ouïe, son esprit vers une chose*; dérivé du grec *εκτεινειν*, qui signifie également tendre ou tourner vers), recevoir l'impression des sons, ouïr; avec cette différence que ce dernier mot marque une sensation plus confuse. Voy. **ÉCOUTER**. — *Entendre dur*, être un peu sourd.—*Entendre clair*, entendre distinctement. —Prov. : *il n'entend pas de cette oreille-là*, se dit d'un homme qui ne veut pas écouter une proposition. — Comprendre, concevoir, dont il diffère, en ce qu'*entendre* s'applique proprement aux circonstances du discours, au ton dont on parle, au tour de la phrase, à la délicatesse des expressions; que *comprendre* paraît mieux convenir en fait de principes, de leçons, de connaissances spéculatives; et que *concevoir* s'emploie avec plus de grace pour les formes, les arrangements, les plans, les projets, enfin pour tout ce qui dépend de l'imagination : *on entend les langues; on comprend les sciences, et l'on conçoit ce qui a rapport aux arts*.— Être habile en quelque chose; savoir : *entendre la géométrie, les langues*. —*Entendre la messe*, y assister. — *Entendre à demi-mot*, comprendre aisément. — *Entendre finesse, malice à quelque chose*, y donner un sens fin et malin. — *N'entendre ni rime, ni raison*, refuser par humeur une chose raisonnable. — T. de commerce, *entendre le numero*, avoir connaissance du prix d'une marchandise indiqué par une marque, par un *numero* que le marchand y met, et dont il connaît seul la signification, et fig., être au fait d'une chose, malgré les précautions qu'on prend pour vous en dérober la connaissance.—On dit absolument et fam. : *il l'entend*, il sait bien ce qu'il fait, il est habile. — *Il ne l'entend pas*, il ne sait ce qu'il fait.—*Chacun fait comme il l'entend*, comme il le juge à propos.—Neutralement, prétendre, vouloir : *j'entends que vous le fassiez*.—Consentir : *entendre à un mariage, à une affaire*.—*Donner à entendre*, dire quelque chose pour faire croire.— *Faire entendre raison à quelqu'un*, lui faire comprendre que ce qu'on dit, que ce qu'on lui propose, que ce qu'on demande de lui est raisonnable. — On dit d'un homme à qui plusieurs personnes parlent à la fois, qu'*il ne sait auquel entendre*.—**s'ENTENDRE**,

v. pron., être d'intelligence avec quelqu'un.—*Je m'entends bien*, je sais bien ce que je veux dire. —*S'entendre*, c'est ou se comprendre les uns les autres, ou écouter ce que chacun dit, ou être d'intelligence et de concert pour faire quelque chose.—*S'entendre à une chose*, la savoir bien faire, savoir la faire avec adresse : *il s'entend bien à mener une intrigue ; vous n'y entendez rien.*—*S'entendre en musique, en tableaux*, s'y bien connaître.— *Une chose s'entend aisément, elle ne s'entend point*, elle est aisée à comprendre, ou on ne peut la comprendre.—*Cela s'entend, cela s'entend bien*, cela se suppose ainsi, cela doit être ainsi, il faut bien que cela soit ainsi.

ENTENDU, **E**, part. pass. de *entendre*, et adj., ouï.—Conçu.—Intelligent, habile. Voy. ADROIT. —En parlant des choses, bien ordonné, assorti : *édifice, tableau, discours bien* ou *mal entendu*, dont le dessin est bon ou mauvais. — *Entendu, e*, est aussi substantif : *il fait l'entendu*, le capable ; *elle fait l'entendue*, la capable.—Fam., *mal-entendu* s'emploie substantivement, pour désigner un sujet de division, de contestation, de querelle, qui n'existe que parce qu'on s'est *mal entendu* : *ils se sont brouillés par un malentendu.*—*Bien entendu que*, espèce de conjonction qui signifie, à condition que.—*Bien entendu*, sans *que*, est adv., et signifie sans doute, assurément.

ENTENTE, subst. fém. (*antante*), interprétation qu'on donne à un mot qui a plus d'un sens : *mots à double entente, à deux ententes.*—Prov., *l'entente est au diseur*, celui qui parle *entend* bien ce qu'il veut dire, ou bien ses paroles ont un sens caché que lui seul *entend*. — Dans les arts de goût et d'agrément, intelligence dans la distribution.

ENTER, v. act. (*anté*) (du lat. *inserere, serere*, d'où les Espagnols ont fait, dans le même sens, *enxerir*), greffer. — Joindre et assembler deux pièces de bois.—En t. de fauconnerie, rejoindre une penne gardée à celle qui est froissée, rompue, halbrenée.— Fig. : *cette maison, cette famille est entée sur une autre* ; elle est entrée dans une autre, elle en a pris le nom et les armes.—S'ENTER, v. pron.

ENTÉRADÈNE, subst. fém. (*antéradène*) (du grec *εντερον*, intestin, et *αδην*, glande), t. d'anat., nom des glandes intestinales.

ENTÉRADÉNOGRAPHIE, subst. fém. (*antéradénoguerafi*) (du grec *εντερον*, intestin, *αδην*, glande, et *γραφω*, je décris), t. d'anat., description des glandes intestinales.

ENTÉRADÉNOGRAPHIQUE, adj. des deux genres (*antéradénoguerafike*), t. d'anat., qui a rapport à l'*entéradénographie*.

ENTÉRADÉNOLOGIE, subst. fém. (*antéradénoloji*) (du grec *εντερον*, intestin, *αδην*, glande, et *λογος*, discours), t. d'anat., discours, traité sur les glandes intestinales.

ENTÉRADÉNOLOGIQUE, adj. des deux genres (*antéradénolojike*), t. d'anat., qui a rapport à l'*entéradénologie*.

ENTÉRALGIE, subst. fém. (*antéralji*) (du grec *εντερον*, intestin, et *αλγος*, douleur), t. de médec., douleur intestinale.

ENTÉRALGIQUE, adj. des deux genres (*antéraljike*), t. de médec., qui a rapport à l'*entéralgie*.

ENTÉRANGIEMPHRAXIS, subst. mas. (*antéranjianfrakcice*) (du grec *εντερον*, intestin, *αγχω*, j'étrangle, et *εμφραττω*, j'obstrue), t. de médec., obstruction des intestins par étranglement.

ENTÈRE, subst. mas. (*antère*) (du grec *εντερον*, intestin), t. de médec., peau interne, membrane muqueuse.

ENTÉRÉLÉSIE, subst. fém. (*antérélézi*) (du grec *εντερον*, intestin, et *ειλησις*, entortillement), t. de médec., douleur occasionnée par l'invagination ou l'étranglement des intestins.

ENTÉRENCHYTE, subst. mas. (*antéranchite*) (du grec *εντερον*, intestin, et *εγχυω*, j'infuse), t. de médec., sorte d'instrument employé pour faire des injections dans les intestins.

ENTÉRINAL, **E**, adj. (*antérinal*), qui *entérine*, qui permet d'*entériner*. — Au plur. mas., *entérinaux*.

ENTÉRINÉ, **E**, part. pass. de *entériner*.

ENTÉRINEMENT, subst. mas. (*antérineman*), action d'*entériner*, vérification, homologation. — Disposition d'un jugement qui donne un plein et entier effet à un acte qui ne pouvait valoir autrement : *ordonner l'entérinement*, la pleine et entière exécution.

ENTÉRINER, v. act. (*antériné*) (suivant *Ménage*, du latin barbare *interinare*, employé par les écrivains de la basse latinité dans le sens de *integrare*, lequel vient de *integer*, entier ; *donner à une chose son entier effet*), t. de palais, ratifier juridiquement un acte qui ne pourrait valoir sans cette formalité. — Admettre une requête et en adjuger les conclusions : *entériner une grace.*—S'ENTÉRINER, v. pron.

ENTÉRIQUE, adj. des deux genres (*antérike*) (du grec *εντερον*, intestin), t. de médec., qui appartient aux intestins.

ENTÉRITE et **ENTÉRITIS**, subst. fém. (*antérite, tice*) (du grec *εντερον*, intestin), t. de médec., inflammation des intestins.

ENTÉROCÈLE, subst. fém. (*antérocèle*) (du grec *εντερον*, intestin, et *κηλη*, hernie, tumeur), t. de chir., descente des intestins : *hernie intestinale*, complète, lorsque l'intestin tombe jusque dans le scrotum ; incomplète, lorsqu'il ne descend que jusqu'à l'aine. Celle-ci s'appelle aussi *bubonocèle*.

ENTÉRO-CYSTOCÈLE, subst. fém. (*antérocicetocèle*) (du grec *εντερον*, intestin, *κυστις*, vessie, et *κηλη*, tumeur), t. de chir., hernie de la vessie compliquée d'*entérocèle*.

ENTÉRO-ÉPIPLOCÈLE, subst. fém. (*antéro-épiplocèle*) (du grec *εντερον*, intestin, *επιπλοον*, l'épiploon, et *κηλη*, tumeur), t. de chir., hernie dans laquelle l'intestin et l'épiploon sont tombés ensemble dans l'aine ou dans le scrotum.

ENTÉRO-ÉPIPLOMPHALE, subst. fém. (*antéro-épiplonfale*) (du grec *εντερον*, intestin, *επιπλοον*, l'épiploon, et *ομφαλος*, le nombril), t. de chir., hernie dans laquelle les intestins et l'épiploon forment une tumeur au nombril.

ENTÉROGASTROCÈLE, subst. fém. (*antéroguacetrocèle*) (du grec *εντερον*, intestin, *γαστηρ*, ventre, et *κηλη*, tumeur), t. de chir., hernie ventrale.

ENTÉROGRAPHE, subst. mas. (*antéroguerafe*) (du grec *εντερον*, intestin, et *γραφω*, je décris), t. de chir., auteur qui décrit les fonctions et l'usage des intestins.

ENTÉROGRAPHIE, subst. fém. (*antéroguerafi*), (même étym. que celle du mot précéd.), t. d'anat., description des intestins.

ENTÉROGRAPHIQUE, adj. des deux genres (*antéroguerafike*), t. de médec., qui concerne l'*entérographie*.

ENTÉRO-HYDROCÈLE, subst. fém. (*antéro-idrocèle*) (du grec *εντερον*, intestin, *υδωρ*, eau, et *κηλη*, tumeur), t. de chir., hernie ombilicale causée par la sortie de l'intestin, et par un amas de sérosités.

ENTÉRO-ISCHIOCÈLE, subst. fém. (*antéro-icekiocèle*) (du grec *εντερον*, intestin, *ισχιον*, os de la hanche, et *κηλη*, tumeur), t. de chir., hernie ischiatique qui est formée par l'intestin.

ENTÉROLITHIASIE, subst. fém. (*antéroliti-azi*) (du grec *εντερον*, intestin, et *λιθιασις*, maladie de la pierre), t. de médec., formation de pierres ou de calculs dans le tube intestinal.

ENTÉROLOGIE, subst. fém. (*antéroloji*) (du grec *εντερον*, intestin, et *λογος*, discours), t. d'anat., traité sur l'usage et les fonctions des intestins.

ENTÉROLOGIQUE, adj. des deux genres (*antérolojike*), t. de chir., qui a rapport à l'*entérologie*.

ENTÉRO-MÉROCÈLE, subst. fém. (*antéromérocèle*) (du grec *εντερον*, intestin, *μηρος*, cuisse, et *κηλη*, tumeur), t. de chir., hernie crurale ou descente de l'intestin dans la cuisse.

ENTÉROMÉSENTÉRIQUE, adj. des deux genres (*antéromézantérike*) (du grec *εντερον*, intestin, et *μεσεντερον*, mésentère, formé lui-même de *μεσος*, qui est au milieu, et de *εντερον*, intestin), t. de médec., qui a rapport aux intestins et au mésentère.

ENTÉROMPHALE, subst. fém. (*antéronfale*) (du grec *εντερον*, intestin, et *ομφαλος*, nombril), t. de chir., hernie ombilicale; tumeur au nombril, causée par la sortie de l'intestin seul.

ENTÉROMYASIE, subst. fém. (*antéromi-azi*) (du grec *εντερον*, intestin, et *μυια*, mouche), t. de médec., maladie produite et entretenue par des insectes.

ENTÉROPÉRISTOLE, subst. mas. (*antéropéricetole*) (du grec *εντερον*, intestin, et *περιστολη*, constriction, formé de *περι*, autour, et de *στελλω*, je resserre), t. de médec., constriction ou occlusion des intestins.

ENTÉROPHLOGIE, subst. fém. (*antérofloji*) (du grec *εντερον*, intestin, et *φλογοω*, j'enflamme), t. de médec., inflammation des intestins.

ENTÉROPHLOGIQUE, adj. des deux genres (*antéroflojike*), t. de médec., qui a rapport à l'*entérophlogie*.

ENTÉROPYRIE, subst. fém. (*antéropiri*) (du grec *εντερον*, intestin, et *πυρ*, feu), t. de médec., nom donné aux fièvres mésentériques.

ENTÉROPYRIQUE, adj. des deux genres (*antéropirike*), t. de médec., qui a rapport à l'*entéropyrie*.

ENTÉRORAPHIE, subst. fém. (*antérorafi*) (du grec *εντερον*, intestin, et *ραφη*, couture, dérivé de *ραπτω*, je couds), t. de chir., suture de l'intestin.

ENTÉRORAPHIQUE, adj. des deux genres (*antérorafike*), t. de chir., qui a rapport à l'*entéroraphie*.

ENTÉRORRHAGIE, subst. fém. (*antéroraji*) (du grec *εντερον*, intestin, *ρηγνυμι*, je romps, ou *ρεω*, je coule), t. de médec., écoulement de sang qui a lieu par les intestins.

ENTÉRORRHAGIQUE, adj. des deux genres (*antérorajike*), t. de médec., qui a rapport à l'*entérorrhagie*.

ENTÉRORRHÉE, subst. fém. Voy. ENTÉRORRHAGIE, qui a la même étym. et la même signification.

ENTÉRORRHÉIQUE, adj. des deux genres. Voy. ENTÉRORRHAGIQUE.

ENTÉRO-SARCOCÈLE, subst. fém. (*antéroçarkocèle*) (du grec *εντερον*, intestin, *σαρξ*, gén. *σαρκος*, chair, et *κηλη*, tumeur), t. de chir., espèce de hernie intestinale, avec excroissance de chair.

ENTÉRO-SCHÉOCÈLE, subst. fém. (*antérocekéocèle*) (du grec *εντερον*, intestin, *οσχεον*, le scrotum, et *κηλη*, tumeur), t. de chir., espèce de hernie dans laquelle les intestins descendent dans le scrotum.

ENTÉROTOME, subst. mas. (*antérotôme*) (du grec *εντερον*, intestin, et *τεμνω*, je coupe, t. de chir., instrument avec lequel on ouvre le canal intestinal.

ENTÉROTOMIE, subst. fém. (*antérotomi*) (même étym. que celle du mot précéd.), t. de chir., incision à l'intestin pour en tirer des corps étrangers.

ENTÉROTOMIQUE, adj. des deux genres (*antérotomike*), t. de chir., qui a rapport à l'*entérotomie*.

ENTERRAGE, subst. mas. (*antèraje*), t. de fondeur, massif de terre dont on remplit la fosse autour du moule, pour le rendre plus solide, et l'appuyer de tous côtés.

ENTERRÉ, **E**, part. pass. de *enterrer* et adj. : *maison enterrée, jardin enterré*, dont la situation est trop basse.

ENTERREMENT, subst. mas. (*antèreman*), action de mettre un corps mort en *terre*. — Convoi funèbre ; funérailles.

ENTERRER, v. act. (*antèré*), enfouir ; mettre dans la *terre*. — Mettre en *terre* une personne morte; inhumer. Voy. ce dernier mot.—*Cet homme-là nous enterrera tous*, vivra plus longtemps que nous.—Fig., tenir caché : *enterrer ses talents.*—Prov.: *enterrer la synagogue avec honneur*, terminer une affaire, sortir d'un engagement, d'une liaison avec bienséance et d'une manière irréprochable. — On dit d'un homme qui a été accablé par la chute d'un bâtiment, qu'*il a été enterré sous les ruines.* — S'ENTERRER, v. pron.: *s'enterrer dans une province*, se retirer dans une province éloignée de la capitale.—*S'enterrer tout vif*, se retirer de tout commerce du monde.—On dit fig., d'un gouverneur de place, qu'*il veut se faire enterrer sous les ruines de sa place*, mourir plutôt que de la rendre. — T. de man., se dit d'un cheval qui, en cherchant un point d'appui sur la main du cavalier, baisse la tête et s'abandonne sur ses épaules.

ENTÊTÉ, **E**, part. pass. de *entêter*, et adj., qui a de l'*entêtement*. — On dit aussi substantivement : *c'est un entêté, une entêtée.* Voy. TÊTU.

ENTÊTEMENT, subst. mas. (*antèteman*), attachement obstiné d'une personne à ses opinions, à ses goûts, à ses projets, etc.

ENTÊTER, v. act. (*antèté*), faire mal à la *tête*, envoyer à la *tête* des vapeurs fâcheuses et incommodes : *le charbon entête.*—Fig. : *les louanges entêtent*, donnent de la vanité, de l'orgueil. — Préoccuper, prévenir en faveur d'une personne, ou d'une opinion. Il se prend toujours en mauvaise part : *qui vous a entêté de cet homme, de ce système ?* — En t. d'épinglier, mettre la *tête* aux épingles. — S'ENTÊTER, v. pron., s'opiniâtrer. — Se mettre fortement une chose dans la *tête*.

ENTÊTEUR, subst. mas. (*antèteur*), chez les épingliers, celui qui est chargé de former la *tête* des épingles.

ENTÊTOIR, subst. mas. (*antêtoar*), machine propre à assurer les *têtes* d'épingles sur les hausses.

ENTHÉA, subst. propre fém. (*anté-a*), myth., surnom de Cybèle considérée comme déesse des enthousiasmes. *Entheus* et *entheatus*, c'est-à-dire, *plein de la divinité, inspiré*, se disait de tout lieu où se rendaient les oracles, et de tout homme qui prédisait l'avenir.

ENTHLASE ou **ENTHLASIS**, subst. fém. (*antelâze*, *lâzice*) (en grec ἐνθλασις, contusion, fait de θλάω, je brise), t. de chir., dépression du crâne avec contusion et brisure de l'os.

ENTHOUSIASME, subst. mas. (*antouziaceme*) (en grec ενθουσιασμος, fait de ενθους, contraction de ενθεος, divin, qui a Dieu en soi, formé de εν, dans, et de Θεος, Dieu), émotion extraordinaire de l'âme, qu'on suppose être l'effet d'une inspiration; sorte de fureur prophétique ou poétique qui transporte l'esprit, qui enflamme et élève l'imagination, etc.; transport hors de soi-même. — Démonstration d'une vive allégresse : *il fut reçu avec enthousiasme*.—Admiration outrée, goût excessif pour une personne, ou pour une chose : *son enthousiasme pour cet auteur l'aveugle ; c'est un homme à enthousiasme.*

ENTHOUSIASMÉ, **E**, part. pass. de *enthousiasmer*.

ENTHOUSIASMER, v. act. (*antouziaceme*), charmer, ravir d'admiration. — **S'ENTHOUSIASMER**, v. pron., s'engouer de quelqu'un ou de quelque chose. Il se prend ordinairement en mauvaise part. *Il s'enthousiasme de peu de chose.*

ENTHOUSIASTE, subst. et adj. des deux genres (*antouziacete*), visionnaire, fanatique.—Dans un sens moins odieux et fort usité aujourd'hui, celui qui *s'enthousiasme*, qui s'affecte vivement de... : *peuple enthousiaste de sa liberté*, etc.

ENTHYMÈME, subst. mas. (*antimême*) (du grec ενθυμημα, pensée, formé de εν, dans, et de θυμος, esprit ; *argument parfait dans l'esprit, quoique imparfait dans l'expression*), argument qui n'a que deux propositions, l'antécédent et le conséquent : *je pense, donc j'existe.*

ENTHYRSÉ, **E**, part. pass. de *enthyrser*.

ENTHYRSER, v. act. (*antircé*), orner comme d'un *thyrse*, entourer de lierre. (*Boiste*.) Inusité.

ENTICHÉ, **E**, part. pass. de *enticher* et adj. Au fig. et fam., 1° entaché : *entiché d'avarice* ; 2° opiniâtrément attaché à... : *entiché d'une opinion.*

ENTICHER, v. act. (*antiché*) (corruption de *entacher*), faire adopter une opinion.—Commencer à gâter. Il s'emploie surtout au participe : *ces fruits sont un peu entichés*, un peu gâtés. — **S'ENTICHER**, v. pron., prendre un goût exagéré.

ENTICHITE, subst. mas. (*antichite*), t. d'hist. eccl., sectateur ou partisan de Simon le magicien, dans les premiers temps de l'Église.

ENTIER, adj. mas., au fém. **ENTIÈRE** (*antié*, *tière*) (en latin *integer*), qui a toutes ses parties, ou que l'on considère dans toute son étendue ; complet : avec cette différence qu'une chose est *entière* lorsqu'elle n'est ni mutilée ni partagée, et qu'elle est *complète* lorsqu'il ne lui manque rien ; souvent on occupe une maison *entière*, sans avoir un appartement *complet*. On le dit élégamment dans les choses morales : *entière confiance en Dieu.* — Obstiné, opiniâtre : *c'est un esprit fort entier.* — *Cheval entier*, cheval qui n'est pas hongre. — T. d'arithm. : *nombre entier*, celui qui contient un certain nombre de fois, et sans fraction, la quantité prise pour unité principale. On dit aussi substantivement : *un entier.* — T. de bot. : *feuille entière*, celle qui n'a sur ses bords ni angle ni sinus. On la nomme *très-entière*, quand les bords en sont parfaitement unis, sans crénelure et sans dents.

ENTIER, subst. mas. (*antié*) : *la chose est en son entier ; remettre les choses en leur entier.* Voy. **ENTIER**, adj.

en **ENTIER**, adv., *entièrement* : avec cette différence qu'*entièrement* modifie le verbe, et se rapporte directement à l'action; tandis que *en entier* modifie la chose, et s'applique immédiatement à l'objet de l'action : *quand vous avez fait entièrement une chose, la chose est faite en entier.*—*J'ai lu entièrement cet ouvrage*, ma lecture est achevée ; *je l'ai lu en entier*, j'ai lu l'ouvrage tout *entier*. (*Roubaud*.)

ENTIERCEMENT, subst. mas. (*antièrceman*), t. de jurispr., action de saisir une chose mobilière et de la mettre en mains *tierces*. Peu en usage.

ENTIÈRE, adj. fém. Voy. **ENTIER**.

ENTIÈREMENT, adv. (*antièreman*), tout-à-fait, en *entier*. Voy. *en* **ENTIER**.

ENTITÉ, subst. fém. (*antité*) (en latin *entitas*, fait de *ens*, être), t. didactique, ce qui constitue l'être ou l'essence d'une chose.

ENTOHYAL, subst. mas. (*anto-i-al*) (du grec εντος, en dedans, et υοειδης, l'hyoïde), t. d'anat., nom qu'on a donné à un os qui se trouve entre le corps et la queue de l'animal.

ENTOILAGE, subst. mas. (*antoèlaje*), action d'*entoiler*, ou le résultat de cette action. — Dentelle sans picot, et que par conséquent on peut coudre par chacun de ses côtés : *l'entoilage sert de monture à la belle dentelle.*

ENTOILÉ, **E**, part. pass. de *entoiler*.

ENTOILER, v. act. (*antoèlé*), coudre un ajustement de dentelle, ou de quelque autre tissu délicat, sur de la *toile*, sur de la dentelle moins fine : *entoiler une cravate, des manchettes.* — *Entoiler une estampe*, etc., la coller sur une *toile*. — *Entoiler un drap*, le mettre sous *toilette*. — **S'ENTOILER**, v. pron.

ENTOIR, subst. mas. (*antoar*), t. de jardinier, couteau pour *enter*.

ENTOISAGE, subst. mas. (*antoèzaje*), action, manière d'*entoiser*. — Effet de cette action.

ENTOISÉ, **E**, part. pass. de *entoiser*.

ENTOISER, v. act. (*antoèzé*), mettre certaines choses en un tas de forme carrée, afin qu'on puisse les *toiser*.—**S'ENTOISER**, v. pron.

ENTOM., abréviation du mot *entomologie*.

ENTOMODE, subst. mas. (*antomode*), t. d'hist. nat., genre de mollusques.

ENTOMOFUGE, adj. des deux genres (*antomofuje*) (du grec εντομον, insecte, et de φυγαδευω, j'exile, ou du latin *fugo*, je chasse), t. de pharm., remèdes qui chassent les vers.—Il est aussi subst. mas. plur. : *des entomofuges.*

ENTOMOGRAPHE, subst. mas. (*antomoguerafe*) (du grec εντομον, insecte, et de γραφω, je décris), naturaliste qui s'occupe de la description des insectes.

ENTOMOGRAPHIE, subst. fém. (*antomoguerafi*) (même étym. que celle du mot précédent), description des insectes.

ENTOMOGRAPHIQUE, adj. des deux genres (*antomoguerafike*), qui a rapport à l'*entomographie*.

ENTOMOLITHE, subst. mas. (*antomolite*) (du grec εντομον, insecte, et λιθος, pierre), t. d'hist. nat., pierre schisteuse, ou divisée par lames, dans laquelle on remarque les empreintes de divers insectes.

ENTOMOLOGIE, subst. fém. (*antomoloji*) (du grec εντομον, insecte, et λογος, discours), partie de l'histoire naturelle qui traite des insectes.

ENTOMOLOGIQUE, adj. des deux genres (*antomolojike*), qui a rapport à l'*entomologie*.

ENTOMOLOGISTE, subst. mas. (*antomolojicete*), homme savant dans l'*entomologie*, qui a écrit sur les insectes, qui en fait des collections, etc.

ENTOMON, subst. mas. (*antomon*), t. d'hist. nat., nom générique donné à une division de crustacés.

ENTOMOPHAGE, subst. mas. (*antomafaje*) (du grec εντομον, insecte, et φαγω, je mange), t. d'hist. nat., mangeur d'insectes, qui se nourrit d'insectes.

ENTOMOPHORE, adj. des deux genres (*antomofore*) (du grec εντομον, insecte, et φέρω, je porte), se dit des substances qui contiennent des insectes, telles que l'ambre, le succin.

ENTOMOSTOME, subst. mas. (*antomocetome*), t. d'hist. nat., coquillage fossile.

ENTOMOSTRACÉS, subst. mas. plur. (*entomocetracé*) (du grec εντομος, coupé, et οστρακον, coquille, écaille), t. d'hist. nat., genre de crustacés, couverts d'une enveloppe cornée ou membraneuse, divisée en plusieurs pièces.

ENTOMOTILLES, subst. mas. plur. (*antomotile*) (du grec εντομον, insecte, et τιλλειν, mordre, piquer, blesser), t. d'hist. nat., famille d'insectes hyménoptères qui déposent leurs œufs dans les larves des autres insectes, et qu'on appelle aussi *insectirodes*, rongeurs d'insectes.

ENTOMOZOAIRES, subst. mas. plur. (*antomozo-ère*) (du grec εντομον, insecte, et ζωον, animal), t. d'hist. nat., série d'animaux qui répond aux classes des insectes, des vers intestinaux.

ENTOMOZOOLOGIE, subst. fém. (*antomozo-oloji*) du grec εντομον, insecte, ζωον, animal, et λογος, discours), t. d'hist. nat., partie qui traite des *entomozoaires*.

ENTOMOZOOLOGIQUE, adj. des deux genres (*antomozo-olojike*), t. d'hist. nat., qui concerne l'*entomozoologie*.

ENTONNÉ, **E**, part. pass. de *entonner*.

ENTONNEMENT, subst. mas. (*antoneman*), l'action d'*entonner* une liqueur.

ENTONNER, v. act. (*antoné*), verser une liqueur dans un *tonneau*.—Fam. et pop., boire beaucoup. — Mettre en *ton* ; chanter le commencement, les premiers mots d'un psaume, d'une hymne, etc.— Dans une acception plus générale, former avec justesse les sons et les intervalles marqués dans une partie de chant ou d'accompagnement.—**S'ENTONNER**, v. pron., se dit du vent qui s'engouffre dans un lieu étroit.

ENTONNERIE, subst. fém. (*antoneri*), t. de brasserie, lieu où sont rangés les tonneaux dans lesquels on met la bière à mesure qu'elle se fait.

ENTONNOIR, subst. mas. (*antonoar*), instrument avec lequel on *entonne* une liqueur. — En bot., *fleur en entonnoir*, qui a la figure d'un *entonnoir*. Voy. **INFUNDIBULIFORME**, qui a la même signification. — En anatomie, 1° conduit du cerveau ; 2° en chirurgie, instrument pour conduire le cautère actuel sur l'*os unguis*, dans l'opération de la fistule lacrymale.—En t. d'artillerie, ce qui sert à couler la poudre dans la lumière des pièces. —Trou que les mines font en sautant.

ENTOPOGON, subst. mas. (*antopoguon*), t. de bot., genre de plantes de la famille des mousses.

ENTORSE, subst. fém. (*antorce*) (du lat. *intorquere*, tordre), extension subite et violente des tendons et des ligaments d'une articulation, sans déplacement sensible des parties osseuses : *entorse au pied, au poignet.*—*On lui a donné une entorse*, se dit en parlant d'un homme en place, en faveur, dont on a diminué l'autorité ou le crédit. — Au fig. et fam. : *donner une entorse à un passage*, le détourner de son vrai sens, pour lui en donner un autre. — *Donner une entorse à la vérité*, mentir.

ENTORTILLAGE, subst. mas. (*antorti-iaje*), qualité d'un discours dans lequel on entremêle à dessein plusieurs idées sous des rapports équivoques ou difficiles à saisir, afin de n'être pas compris.—Ce mot manque dans l'*Académie*.

ENTORTILLÉ, **E**, part. pass. de *entortiller* : *phrase entortillée*, *période entortillée*, dont les idées, les mots, les parties sont tellement mêlés ensemble, qu'on a de la peine à en démêler le sens ; *style entortillé*, qui manque de clarté.

ENTORTILLEMENT, subst. mas. (*antorti-ieman*), action d'*entortiller* ; état qui résulte de cette action ; tour que fait une chose qui en *entortille* une autre.—Fig., embarras dans le style.

ENTORTILLER, v. act. (*antorti-ié*), envelopper tout autour en *tortillant*.—Fig., exprimer quelque chose d'une manière obscure : *entortiller son style.*—Fam. : *entortiller quelqu'un*, l'amener à nos fins malgré lui. — **S'ENTORTILLER**, v. pron., s'attacher à..., en faisant plusieurs tours : *la vigne et le lierre s'entortillent autour des ormes.*

ENTOUR, subst. mas. (*antour*), environs, circuit. Il n'est guère usité qu'au plur. : *s'assurer des entours d'une place.*—Il se dit dans une autre acception, des parents, des amis, des domestiques de quelqu'un : *on est souvent trompé par ses entours.*

*à l'***ENTOUR**, expression adv. (*alantour*), aux environs. Voy. **ALENTOUR**.

ENTOURAGE, subst. mas. (*antouraje*), ornements qui *entourent*. — Il se dit fig. et fam. des *entours* de quelqu'un : *cet homme a un mauvais entourage.*

ENTOURÉ, **E**, part. pass. de *entourer*.—On dit figurément *qu'un homme est bien entouré, mal entouré*, pour dire que les personnes avec lesquelles il vit habituellement méritent ou ne méritent pas sa confiance.

ENTOURER, v. act. (*antouré*), environner, ceindre, se tenir ou se mettre tout *autour* : *entourer une ville de murailles.* — *Entourer une personne de soins*, lui prodiguer des soins.—S'empresser, se réunir autour de quelqu'un pour le circonvenir ou le capter : *les héritiers entourent souvent les moribonds.* — **S'ENTOURER**, v. pron., former ses *entours* : *s'entourer d'hommes probes.*

ENTOURNÉ, **E**, part. pass. de *entourner*.

ENTOURNER, v. act. (*antourné*), environner, mettre *autour*. —**S'ENTOURNER**, v. pron. (*Boiste*.) Vieux.

ENTOURNURE, subst. fém. (*antournure*), échancrure d'une manche dans la partie qui touche à l'épaule.

ENTOURTINÉ, **E**, part. pass. de *entourtiner*.

ENTOURTINER, v. act. (*antourtiné*), garnir d'un pavillon. On dit mieux *encourtiner*, ou plutôt le premier est un barbarisme.

ENTOZOAIRE, subst. mas. (*antozo-ère*) (du

grec εντος, intérieurement, et ζωω ou ζαω, je vis), t. d'hist. nat., sous-classe qui renferme une partie des vers intestinaux.

s'ENTR'ACCOLER, v. pron. (*çantrakolé*), s'embrasser. (*Amyot.*) Vieux et hors d'usage.

s'ENTR'ACCORDER, v. pron. (*çantrakordé*), s'*accorder* ensemble, être d'intelligence.

s'ENTR'ACCUSER, v. pron. (*çantrakuzé*), s'*accuser* réciproquement.

ENTR'ACTES, et non pas **ENTR'ACTE**, subst. mas. (*antrakte*), espace, intervalle *entre les actes* d'une pièce de théâtre. — Ce qui se joue ou se chante *entre les actes*. Dans ce sens on dit plus ordinairement *intermède*.

s'ENTR'ADMIRER, v. pron. (*çantradmiré*), s'*admirer* mutuellement.

ENTRAGE, subst. mas. (*antraje*), t. de vieille jurispr., droit que l'on payait dans une prise de possession d'un fief.

s'ENTR'AIDER, v. pron. (*çantrèdé*), s'*aider* mutuellement.

ENTRAIGUES, subst. propre fém. (*antrègue*), village de France, chef-lieu de canton, arrond. d'Espalion, dép. de l'Aveyron. — Chef-lieu de canton, arrond. de Grenoble, dép. de l'Isère.

ENTRAILLES, subst. fém. plur. (*antrâ-ie*) (du latin barbare *interalia*, employé dans la même signification par les auteurs de la basse latinité, et fait du grec εντερον, intestin), boyaux et autres parties intérieures du corps; intestins. — Au fig., affection, tendresse; compassion : *les entrailles paternelles ; avoir des entrailles de père, de mère pour ses enfants ; les entrailles de la miséricorde de Dieu.* — *Etre armé contre ses propres entrailles*, contre ses enfants. — *Cet acteur a des entrailles*, il rend son rôle avec chaleur, avec vérité. — *Les entrailles de la terre*, l'intérieur, les lieux les plus profonds.

s'ENTR'AIMER, v. pron. (*çantrèmé*), s'*aimer* l'un l'autre.

ENTRAÎNABLE, adj. des deux genres (*antrénable*), qui peut être *entraîné*.

ENTRAÎNANT, E, adj. (*antrénan, nante*), qui *entraîne*. Il ne se dit qu'au figuré : *un style entraînant, une éloquence entraînante.*

ENTRAÎNÉ, E, part. pass. de *entraîner*.

ENTRAÎNEMENT, subst. mas. (*antrêneman*), action d'*entraîner*, état de ce qui est *entraîné*. Il ne se dit qu'au figuré et signifie attrait, charme de ce qui *entraîne* : *l'entraînement du sujet, de l'habitude, de l'exemple.* — C'est un mot nouveau qui n'a point proprement d'équivalent dans la langue. Il diffère d'*attrait* en ce que celui-ci exprime ce qui porte vers un objet; et *entraînement*, ce qui fait qu'on ne peut le quitter.

ENTRAÎNER, v. act. (*antrèné*), *traîner* avec soi. — Au figuré, il se dit de tout ce qui nous porte à quelque chose avec force et malgré nous : *cet orateur entraîne tous les esprits.* — *Entraîner avec soi*, avoir pour suite, pour conséquence; causer, produire : *la guerre entraîne avec elle bien des maux.* — s'ENTRAÎNER, v. pron.

ENTRAIT, subst. mas. (*antrè*), maîtresse pièce d'une ferme de cintre, etc., dans laquelle s'assemblent les arbalétriers et le poinçon.

ENTRANT, E, adj. (*antran, te*), insinuant, engageant : *le caractère de cet homme a je ne sais quoi d'entrant.* — *Entrant*, s'emploie aussi comme substantif, mais seulement au mas., dans cette locution : *les entrants et les sortants.*

ENTRAPETÉ, E, adj. (*antrapeté*), en architecture, *un pignon entrapeté*, est un bout de mur à la tête d'un comble dont le profil a quatre ou cinq pans.

s'ENTR'APPELER, v. pron. (*çantrapelé*), s'*appeler* l'un l'autre.

ENTRAVAILLÉ, E, adj. (*antravâ-ié*), t. de blason; se dit d'un oiseau qui, ayant le vol éployé, a un bâton passé entre les ailes et les pieds.

ENTRAVÉ, E, part. pass. de *entraver*.

ENTRAVER, v. act. (*antravé*), mettre des *entraves* aux pieds des chevaux. — En faucon., accommoder les jets de l'oiseau, de sorte qu'il ne puisse ôter son chaperon. — Au fig. : *entraver une affaire*, embarrasser sa marche. — s'ENTRAVER, v. pron.

s'ENTR'AVERTIR, v. pron. (*çantravèretir*), s'*avertir* mutuellement : *ils firent des feux sur les hauteurs pour s'entr'avertir.*

ENTR'AVERTISSEMENT, subst. mas. (*antravèreticeman*), avis mutuel.

ENTRAVES, subst. fém. plur. (*antrave*) (suivant *Ménage*, des deux mots latins *in*, en, dans, et *trabes*, qui signifie proprement *poutre*, et qui est pris ici pour *bâton; bâton mis dans*, ou plutôt *entre les jambes*), liens qu'on met aux pieds des chevaux pour empêcher qu'ils ne s'enfuient. — Au fig., obstacle, empêchement. En ce sens on le dit aussi au singulier : *ce jeune homme aurait besoin d'une entrave.*

ENTRAVON, subst. mas. (*antravon*), anneau de cuir qu'on met au paturon d'un cheval, pour lever son pied ou pour l'abattre.

ENTRE, préposition (*antre*) (en lat. *inter*), au milieu, ou à peu près au milieu de l'espace qui sépare des personnes ou des choses; parmi : *il est entre Paris et Amiens; nous nous trouvions entre des montagnes et le fleuve; je me mis entre eux; il a été trouvé entre les morts ; regarder quelqu'un entre deux yeux*, fixement. — *Mettre quelqu'un entre quatre murailles*, le mettre en prison. — *Nager entre deux eaux*, nager au-dessous de la surface de l'eau; et fig. et fam., se ménager avec adresse *entre* deux opinions qu'on craint de blesser. — *Entre ci et là*, désigne un intervalle *entre* deux époques. — Dans, en : *je le remettrai entre vos mains.* — Il se dit du temps : *entre onze heures et midi; entre deux soleils.* — *Le gris est entre le blanc et le noir*, tient de ces deux couleurs. — *Entre chien et loup*, dans cette partie du soir qui tient du jour et de la nuit. — Cette préposition entre dans la composition des noms et des verbes. La voyelle *e* s'élide à la fin de ce mot, lorsqu'il entre dans la composition des verbes, et qu'il est suivi d'une voyelle: *s'entr'accorder, s'entr'accuser, s'entr'avertir, s'entr'ouvrir.* On en a formé aussi une multitude de mots dont la plupart ne sont pas généralement usités. — *Entre autres*, expression adverbiale et elliptique, qui marque une désignation particulière d'une personne ou d'une chose, parmi d'autres personnes ou d'autres choses : *j'y ai vu plusieurs personnes, et entre autres le major de son régiment.* On pouvait autrefois écrire *entr'autres.*

ENTRÉ, E, part. pass. de *entrer*.

ENTRE-BÂILLÉ, E, part. pass. de *entre-bâiller*, et adj.; il se dit d'une porte ou d'une fenêtre qui n'est pas entièrement fermée.

ENTRE-BÂILLEMENT, subst. mas. (*entrebâ-ieman*), légère ouverture d'une fenêtre.

ENTRE-BÂILLER, v. act. (*antrebâ-ié*), entr'ouvrir légèrement. — s'ENTRE-BÂILLER, v. pron.

s'ENTRE-BAISER, v. pron. (*çantrebèzé*), se *baiser* l'un l'autre.

ENTREBANDES ou **ENTREBATTES**, subst. fém. plur. (*antrebande, bate*); en t. de manuf., demi-claire-voie, ou *bande* travaillée avec une trame de couleur différente, à chacun des bouts d'une pièce.

ENTREBAS, subst. mas. (*antrebâ*), distance inégale de la chaîne d'une étoffe.

• **ENTRE-BÂT**, subst. mas. (*antrebâ*), partie qui se trouve entre les paniers, ou les paquets, sur le *bât* d'une bête de somme.

s'ENTRE-BATTRE, v. pron. (*çantrebatre*), se *battre* l'un l'autre, les uns les autres, se *combattre.*

s'ENTRE-CHAMAILLER, v. pron. (*çantrechamâ-ié*), se disputer sans s'entendre.

ENTRECHAT, subst. mas. (*antrecha*) (de l'italien *entrecciato*, entrelacé, sous-entendu *salto*, saut entrelacé, croisé), t. de danse, saut léger et brillant, pendant lequel les deux pieds du danseur se croisent rapidement, pour retomber à la première position. — Au plur., des *entrechats.*

s'ENTRE-CHERCHER, v. pron. (*çantrechèrché*), se *chercher* les uns les autres.

s'ENTRE-CHOQUER, v. pron. (*çantrechokié*), se *choquer* l'un l'autre. — Fig., se contredire avec aigreur.

ENTRE-COLONNES, et non pas **ENTRE-COLONNE**, ou **ENTRE-COLONNEMENT**, subst. mas. (*antrekolone, man*), espace *entre deux colonnes : c'est un entre-colonnes trop serré.*

s'ENTRE-COMMUNIQUER, v. pron. (*çantrekomunikié*), se *communiquer* réciproquement.

s'ENTRE-CONNAÎTRE, v. pron. (*çantrekonètre*), se *connaître* mutuellement.

ENTRE-CÔTES, et non pas **ENTRE-CÔTE**, subst. mas. (*antrekôte*), morceau de viande coupé *entre* deux *côtes : un bon entre-côtes.* — Au plur., des *entre-côtes.*

ENTRE-COUPE, subst. fém. (*antrekoupe*), t. d'archit., la *coupe* en pan *coupé* des encoignures de deux bâtiments opposés, dans un carrefour, pour faciliter le tournant des voitures. — *Entre-coupe de coupe*, intervalle vide entre deux voûtes sphériques, qui sont l'une sur l'autre. — Au plur., des *entre-coupes.*

ENTRECOUPÉ, E, part. pass. de *entrecouper*.

ENTRECOUPER, v. act. (*antrekoupé*), *couper* en divers endroits, interrompre : *différents canaux entre-coupent le jardin.* — On dit fig. : *un discours entre-coupé de citations, de parenthèses.* — s'ENTRE-COUPER, v. pron., se dit des chevaux et autres animaux qui se blessent en se frottant un pied l'un contre l'autre quand ils marchent. On dit plus ordinairement *se couper.*

ENTRE-COURS, subst. mas. (*antrekour*), droit réciproque levé sur des terres qui sont voisines.

ENTRE-CROISEMENT, subst. mas. (*antrekroizeman*), état d'une chose *entre-croisée.*

s'ENTRE-CROISER, v. pron. (*çantrekroèzé*), se *croiser* l'un l'autre.

s'ENTRE-DÉCHIRER, v. pron. (*çantredéchiré*), se *déchirer* mutuellement.

s'ENTRE-DÉFAIRE, v. pron. (*çantredéfère*), se *défaire* l'un l'autre.

s'ENTRE-DÉTRUIRE, v. pron. (*çantredétruire*), se *détruire* l'un l'autre.

ENTRE-DEUX, subst. mas. (*antredeu*), ce qui est *entre deux* choses. — *Entre-deux de morue*, la partie entre la tête et la queue. — *Entre-deux d'un drap*, endroit où il n'a pas été tondu d'assez près. — Au plur., des *entre-deux.*

s'ENTRE-DEVOIR, v. pron. (*çantredevoar*), se *devoir* l'un à l'autre. (*Montaigne.*)

s'ENTRE-DÉVORER, v. pron. (*çantredévoré*), se *dévorer* mutuellement.

s'ENTRE-DIRE, v. pron. (*çantredire*), se *dire* l'un à l'autre.

s'ENTRE-DONNER, v. pron. (*çantredoné*), se *donner* mutuellement.

ENTRÉE, subst. fém. (*antré*), lieu par où l'on *entre* : *l'entrée de la ville, de la maison*, et, par extension, *l'entrée d'un soulier, d'un chapeau, d'une serrure*, etc. — L'action d'*entrer* : *à son entrée dans la ville*, etc. — En astron., le moment auquel le soleil ou la lune commence à parcourir un des signes du zodiaque : *l'entrée du soleil, de la lune dans le bélier*, etc. On dit aussi, lors des éclipses, *l'entrée de la lune dans l'ombre, dans la pénombre*, etc. — Réception solennelle qu'on fait dans les villes aux ambassadeurs, etc. — Séance: *avoir entrée aux états.* — Commencement: *à l'entrée de l'hiver.* — Mets qui se servent au commencement du repas avec la grosse viande. — En musique, 1° symphonie par laquelle débute un ballet; 2° partie ou division d'un ballet qui répond aux actes et que quefois aux scènes d'une pièce dramatique; 3° le moment où chaque partie concertante commence à se faire entendre. — *Avoir ses entrées à un théâtre*, pouvoir y entrer sans payer. — Droit qu'on paie pour les marchandises qui *entrent* dans une ville. — *Bois d'entrée*, en t. de marchands de bois, celui qui est *entre* vert et sec. — Fig., *donner entrée à...* être occasion ou cause de... — *D'entrée*, adv., premièrement, d'abord. — *D'entrée de jeu*, d'abord, dès le commencement du jeu.

s'ENTR'EMBARRASSER, v. pron. (*çantranbaracé*), s'*embarrasser* l'un l'autre.

s'ENTR'EMBRASSER, v. pron. (*çantranbracé*), s'*embrasser* l'un l'autre.

s'ENTR'EMPÊCHER, v. pron. (*çantranpéché*), s'*empêcher* l'un l'autre.

s'ENTR'ENTENDRE, v. pron. (*çantrantandre*), s'*entendre* mutuellement.

s'ENTRE-FÂCHER, v. pron. (*çantrefâché*), se *fâcher* mutuellement.

ENTREFAITE, subst. fém. (*antrefète*) : *dans* ou *sur ces entrefaites*, pendant ce temps-là. Il ne s'emploie guère qu'au plur., cependant on dit quelquefois : *dans l'entrefaite; sur cette entrefaite.*

ENTRE-FESSON, subst. mas. (*antrefèçon*), t. de médec. vétér., blessure qu'un cheval trop gras se fait *entre les fesses.*

s'ENTREFOUETTER, v. pron. (*çantre-fouèté*), se *fouetter* l'un l'autre.

s'ENTRE-FRAPPER, v. pron. (*çantrefrapé*), se *frapper* l'un l'autre.

ENTREGENT, subst. mas. (*antrejan*) (du lat. *inter gentes*, parmi le monde), expression fam., qui signifie la manière adroite de se conduire dans le monde : *avoir de l'entregent*, savoir son monde.

s'ENTR'ÉGORGER, v. pron. (*çantréguorjé*), s'*égorger* l'un l'autre.

s'ENTRE-GRONDER, v. pron. (*çantreguerondé*), se *gronder* l'un l'autre.

s'ENTRE-HAÏR, v. pron. (*çantre-a-ir*), se *haïr* mutuellement.

s'ENTRE-HEURTER, v. pron. (*çantre-curté*), se *heurter* l'un contre l'autre.

ENTRE-HIVERNAGE, subst. mas. (*antrivèrenaje*), labour qui se donne en *hiver* après les dégels.

ENTRE-HIVERNÉ, E, part. pass. de *entre-hiverner*.

ENTRE-HIVERNER, v. act. (*antrivèrené*), donner un labour en *hiver*.

ENTRELACÉ, E, part. pass. de *entrelacer*.

ENTRELACEMENT, subst. mas. (*antrelaceman*), mélange de plusieurs choses mises et *entrelacées* les unes dans les autres.

ENTRELACER, v. act. (*antrelacé*), mettre l'un dans l'autre. — S'ENTRELACER, v. pron.

ENTRELACS, subst. mas. plur. (*antrelâ*) cordons ou filets joints ou mêlés ensemble pour faire quelques nœuds ou clôtures.—En archit., ornements de fleurons liés et croisés les uns avec les autres. — En serrurerie, rouleaux et joncs coudés qui forment divers compartiments.

ENTRELARDÉ, E, part. pass. de *entrelarder*.

ENTRELARDEMENT, subst. mas. (*antrelardeman*), action, manière d'*entrelarder*; état d'une viande *entrelardée*.

ENTRELARDER, v. act. (*antrelardé*), faire entrer du *lard dans* une pièce de chair. — *Une viande entrelardée*, mêlée de gras et de maigre.— Fam. : *entrelarder un ouvrage de passages grecs et latins*, y insérer des passages grecs et latins. —S'ENTRELARDER, v. pron.

ENTRE-LIGNES, et non pas **ENTRE-LIGNE**, subst. mas. (*Boiste* a tort de faire ce mot du fém. Il est vrai que les imprimeurs lui donnent aussi ce genre. Rien ne peut motiver ici le fém., car il n'est nullement question du mot *ligne*, mais bien de *ce qui est entre deux lignes*.) (*antrelignie*), espace *entre deux lignes*. — Ce qui est écrit dans cet espace.—En t. d'imprimerie, lame de fonte égale dans son épaisseur, qui s'emploie pour jeter du blanc *entre les lignes* d'un caractère qui est sur son corps naturel : il y a des *entre-lignes brisés*; d'autres, dits *de longueur*. On dit plus souvent *interligne* dans cette dernière acception.

ENTRE-LIRE, v. act. (*antrelire*), *lire* l'un après l'autre, *lire* imparfaitement. (*Beaumarchais*.) Ce mot n'a point eu de succès.

S'ENTRE-LOUER, v. pron. (*çantreloué*), se *louer* l'un l'autre.

ENTRE-LUI, part. pass. de *entre-luire*.

ENTRE-LUIRE, v. neut. (*antreluire*), *luire* à demi : *on voyait la lune entre-luire à travers le feuillage*.

S'ENTRE-MANGER, v. pron. (*çantremanjé*), se *manger* l'un l'autre.

ENTREMÊLÉ, E, part. pass. de *entremêler*.

ENTREMÊLER, v. act. (*antremêlé*), *mêler* parmi. — S'ENTREMÊLER, v. pron., s'entremettre. Il est familier.

S'ENTRE-MESURER, v. pron. (*çantremezuré*), se *mesurer* mutuellement.

Entremet, 3e pers. sing. prés. indic. du verbe irrégulier S'ENTREMETTRE.

ENTREMETS, subst. mas. (*antremè*) (des mots *entre* et *mets*), ce qui se sert sur la table entre les services, et particulièrement après le rôti et avant le fruit.

DU VERBE IRRÉGULIER **S'ENTREMETTRE** :

Entremets-toi, 2e pers. sing. impér.
Entremets, précédé de *je m'*, 1re pers. sing. prés. indic.
Entremets, précédé de *tu t'*, 2e pers. sing. prés. indic.
Entremettaient, 3e pers. plur. imparf. indic.
Entremettais, précédé de *je m'*, 1re pers. sing. imparf. indic.
Entremettais, précédé de *tu t'*, 2e pers. sing. imparf. indic.
Entremettait, 3e pers. sing. imparf. indic.
Entremettant, part. prés.
Entremette, précédé de *que je m'*, 1re pers. sing. prés. subj.
Entremette, précédé de *qu'il* ou *qu'elle s'*, 3e pers. sing. prés. subj.
Entremettent, précédé de *ils* ou *elles s'*, 3e pers. plur. prés. indic.
Entremettent, précédé de *qu'ils* ou *qu'elles s'*, 3e pers. plur. prés. subj.
Entremettes, précédé de *que tu t'*, 3e pers. sing. prés. subj.

ENTREMETTEUR, subst. mas., au fém. **ENTREMETTEUSE** (*antremèteur, teuze*), celui par l'*entremise* et le moyen duquel on fait une chose.

ENTREMETTEUSE, subst. fém. Voy. ENTREMETTEUR. — Celle qui se mêle d'un commerce illicite.

DU VERBE IRRÉGULIER ENTREMETTRE :

Entremettez-vous, 2e pers. plur. impér.
Entremettez, précédé de *vous vous*, 2e pers. plur. prés. indic.
Entremettiez, précédé de *vous vous*, 2e pers. plur. imparf. indic.
Entremettiez, précédé de *que vous vous*, 2e pers. plur. prés. subj.
Entremettions, précédé de *nous nous*, 1re pers. plur. imparf. indic.
Entremettions, précédé de *que nous nous*, 1re pers. plur. prés. subj.
Entremettons-nous, 1re pers. plur. impér.
Entremettons, précédé de *nous nous*, 1re pers. plur. prés. indic.
Entremettra, 3e pers. sing. fut. indic.
Entremettrai, 1re pers. sing. fut. indic.
Entremettraient, 3e pers. plur. prés. cond.
Entremettrais, précédé de *je m'*, 1re pers. sing. prés. cond.
Entremettrais, précédé de *tu t'*, 2e pers. sing. prés. cond.
Entremettrait, 3e pers. sing. prés. cond.
Entremettras, 2e pers. sing. fut. indic.

S'ENTREMETTRE, v. pron. (*çantremètre*), se mêler, s'employer pour faire réussir quelque chose.—S'employer pour l'intérêt d'autrui : *s'entremettre pour obtenir une grace, une affaire*.

DU VERBE IRRÉGULIER S'ENTREMETTRE :

Entremettrez, 2e pers. plur. fut. indic.
Entremettriez, 2e pers. plur. prés. cond.
Entremettrions, 1re pers. plur. prés. cond.
Entremettrons, 1re pers. plur. fut. indic.
Entremettront, 3e pers. plur. fut. indic.
Entremîmes, 1re pers. plur. prét. déf.
Entremirent, 3e pers. plur. prét. déf.
Entremis, e, part. pass.
Entremis, précédé de *je m'*, 1re pers. sing. prét. déf.
Entremis, précédé de *tu t'*, 2e pers. sing. prét. déf.

ENTREMISE, subst. fém. (*antremize*), action d'une personne qui *s'entremet*.—ENTREMISE, MÉDIATION. (*Syn.*) L'*entremise* est l'action d'une personne qui s'emploie à traiter une affaire entre deux personnes éloignées l'une de l'autre; la *médiation* est l'action de celle qui s'emploie à concilier des intérêts opposés. — En t. de mar., toute pièce de bois qui se *met entre* les autres pour fortifier la charpente.

DU VERBE IRRÉGULIER S'ENTREMETTRE :

Entremisse, 1re pers. sing. imparf. subj.
Entremisses, 2e pers. sing. imparf. subj.
Entremissent, 3e pers. plur. imparf. subj.
Entremissiez, 2e pers. plur. imparf. subj.
Entremissions, 1re pers. plur. imparf. subj.
Entremit, précédé de *il* ou *elle s'*, 3e pers. sing. prét. déf.
Entremît, précédé de *qu'il* ou *qu'elle s'*, 3e pers. sing. imparf. subj.
Entremîtes, 2e pers. plur. prét. déf.

ENTRE-MODILLONS, subst. mas. (*antremodilon*), t. d'archit., espace qui est *entre* deux *modillons*.—Au plur., des *entre-modillons*.

S'ENTRE-MOQUER, v. pron. (*çantremokié*), se *moquer* l'un de l'autre.

S'ENTRE-MORDRE, v. pron. (*çantremordre*), se *mordre* l'un l'autre.

ENTRE-NERFS, subst. mas. plur. (*antrenère*), t. de relieur, espace que l'on voit sur le dos des livres, entre les ficelles qui le cousent. — Au plur., des *entre-nerfs*.

ENTRE-NŒUDS, et non pas **ENTRE-NŒUD**, subst. mas. (*antreneu*), t. de bot., espace *entre deux nœuds* d'une tige.—Au plur., des *entre-nœuds*.

S'ENTRE-NUIRE, v. pron. (*çantrenuire*), se *nuire* l'un à l'autre.

S'ENTRE-PARDONNER, v. pron. (*çantrepardoné*), se *pardonner* réciproquement.

S'ENTRE-PARLER, v. pron. (*çantreparlé*), se *parler* l'un après l'autre.

ENTREPAS, subst. mas. (*antrepâ*), t. de man., allure ou amble rompu qui ne tient ni du *pas*, ni du trot.

S'ENTRE-PERCER, v. pron. (*çantrepèrecé*), se *percer* mutuellement.

S'ENTRE-PERSÉCUTER, v. pron. (*çantrepèrcékuté*), se *persécuter* l'un l'autre.

ENTRE-PILASTRE, subst. mas. (*antrepilacetre*) espace pratiqué *entre deux pilastres*.

ENTRE-POINTILLÉ, E, adj. (*antrepoentilié*), t. de graveur, se dit des tailles où il y a du *pointillé*.

ENTRE-PONTS, subst. mas. (*antrepon*), t. de mar., l'étage compris entre les deux *ponts* d'un vaisseau. — Au plur., des *entre-ponts*.

ENTREPOSÉ, E, part. pass. de *entreposer*.

ENTREPOSER, v. act. (*antrepôzé*) (en lat. *interponere*, formé de la prép. *inter*, entre, parmi, et du v. *ponere*, placer, mettre, poser), mettre des marchandises dans un *entrepôt*, dans un lieu où elles sont gardées.—S'ENTREPOSER, v. pron.

ENTREPOSEUR, subst. mas. (*antrepôzeur*), commis à la garde des marchandises *entreposées*. —Commis qui vend le tabac aux débitants.—Au fém., il faudrait dire *entreposeuse*, quoique ce mot ne se lise nulle part.

ENTREPÔT, subst. mas. (*antrepô*), lieu de réserve où l'on fait magasin de quelques marchandises, pour les venir reprendre au besoin.—On appelle *villes d'entrepôt* celles dans lesquelles arrivent des marchandises pour y être déchargées, mais non pas vendues, et d'où elles passent au lieu de leur destination, en les chargeant sur d'autres voitures, soit par terre, soit par eau; *commissionnaires d'entrepôt*, des facteurs qui résident dans les villes d'*entrepôt*, où ils ont soin de retirer les marchandises qui arrivent pour leurs commettants, et de les leur faire tenir; *magasin d'entrepôt*. — *Entrepôt* se dit aussi des magasins où sont déposées les marchandises qui se vendent pour le compte du gouvernement : *entrepôt de tabac*.—Il se dit encore des magasins publics, où sont déposées les marchandises sujettes à des droits, jusqu'à ce que ces droits aient été acquittés : *l'entrepôt des vins, des eaux-de-vie*.

S'ENTRE-POUSSER, v. pron. (*çantrepoucé*), se *pousser* mutuellement.

ENTREPRENANT, E, adj. (*antreprenan, nante*), hardi, téméraire; qui *entreprend* sur le droit d'autrui.

DU VERBE IRRÉGULIER **ENTREPRENDRE** :

Entreprenaient, 3e pers. plur. imparf. indic.
Entreprenais, précédé de *j'*, 1re pers. sing. imparf. indic.
Entreprenais, précédé de *tu*, 2e pers. sing. imparf. indic.
Entreprenait, 3e pers. sing. imparf. indic.
Entreprenant, part. prés.
Entreprend, 3e pers. sing. prés. indic.
Entreprendra, 3e pers. sing. fut. indic.
Entreprendrai, 1re pers. sing. fut. indic.
Entreprendraient, 3e pers. plur. prés. cond.
Entreprendrais, précédé de *j'*, 1re pers. sing. prés. cond.
Entreprendrais, précédé de *tu*, 2e pers. sing. prés. cond.
Entreprendrait, 3e pers. sing. prés. cond.
Entreprendras, 2e pers. sing. fut. indic.

ENTREPRENDRE, v. act. (*antreprandre*), *prendre* la résolution de faire quelque action, quelque ouvrage. — S'engager à quelque chose, à certaines conditions; faire un marché à forfait. — *Entreprendre quelqu'un*, le pousser, le railler ou le poursuivre, l'attaquer. — *Entreprendre sur...*, usurper : *entreprendre sur l'autorité des supérieurs*; ou attenter à..., *il entreprit sur la liberté de la république*. — S'ENTREPRENDRE, v. pron., se provoquer de paroles.

DU VERBE IRRÉGULIER **ENTREPRENDRE** :

Entreprendrez, 2e pers. plur. fut. indic.
Entreprendriez, 2e pers. plur. prés. cond.
Entreprendrions, 1re pers. plur. prés. cond.
Entreprendrons, 1re pers. plur. fut. indic.
Entreprendront, 3e pers. plur. fut. indic.
Entreprends, 2e pers. impér.
Entreprends, précédé de *j'*, 1re pers. sing. prés. indic.
Entreprends, précédé de *tu*, 2e pers. sing. prés. indic.

ENTREPRENEUR, subst. mas., au fém. **ENTREPRENEUSE** (*antrepreneur, neuze*), celui, celle qui se charge, qui *entreprend* de faire quelque bâtiment ou quelque espèce d'ouvrage que ce soit.

DU VERBE IRRÉGULIER **ENTREPRENDRE** :

Entreprenez, 2e pers. plur. impér.
Entreprenez, précédé de *vous*, 2e pers. plur. prés. indic.
Entrepreniez, précédé de *vous*, 2e pers. plur. imparf. indic.
Entrepreniez, précédé de *que vous*, 2e pers. plur. prés. subj.
Entreprenions, précédé de *nous*, 1re pers. plur. imparf. indic.
Entreprenions, précédé de *que nous*, 1re pers. plur. prés. subj.
Entreprenne, précédé de *que j'*, 1re pers. sing. prés. subj.

Entreprenne, précédé de *qu'il* ou *qu'elle*, 3ᵉ pers. sing. prés. subj.
Entreprennent, précédé de *ils* ou *elles*, 3ᵉ pers. plur. prés. indic.
Entreprennent, précédé de *qu'ils* ou *qu'elles*, 3ᵉ pers. plur. prés. subj.
Entreprennes, 2ᵉ pers. sing. prés. subj.
Entreprenons, 1ʳᵉ pers. plur. impér.
Entreprenons, précédé de *nous*, 1ʳᵉ pers. plur. prés. indic.
Entreprîmes, 1ʳᵉ pers. plur. prét. déf.
Entreprirent, 3ᵉ pers. plur. prét. déf.
Entrepris, précédé de *j'*, 1ʳᵉ pers. sing. prét. déf.
Entrepris, précédé de *tu*, 2ᵉ pers. sing. prét. déf.

ENTREPRIS, **E**, part. pass. de *entreprendre*, et adj., embarrassé : *j'ai la tête entreprise*. — Perclus : *il est entrepris d'un bras*. — Fig. et fam., gauche, maladroit.

ENTREPRISE, subst. fém. (*antreprize*), action d'*entreprendre*; ce qu'on a *entrepris* de faire : *belle et glorieuse entreprise*. — ENTREPRISE, DESSEIN. (*Syn.*) *Entreprise* dit quelque chose de plus important, qui demande plus de talents et de soins que le simple dessein ou projet. *Entreprise*, d'ailleurs, paraît supposer quelque chose de commencé; et *dessein*, quelque chose de conçu. On achève une *entreprise*, on exécute un *dessein*. — Action injuste : *c'est une entreprise contre le droit des gens*. — *Entreprise* se dit aussi de certains établissements d'utilité publique : *l'entreprise des messageries*.

DU VERBE IRRÉGULIER ENTREPRENDRE :

Entreprisse, 1ʳᵉ pers. sing. imparf. subj.
Entreprissent, 3ᵉ pers. plur. imparf. subj.
Entreprisses, 2ᵉ pers. sing. imparf. subj.
Entreprissiez, 2ᵉ pers. plur. imparf. subj.
Entreprissions, 1ʳᵉ pers. plur. imparf. subj.
Entreprit, précédé de *il* ou *elle*, 3ᵉ pers. sing. prét. déf.
Entreprît, précédé de *qu'il* ou *qu'elle*, 3ᵉ pers. sing. imparf. subj.
Entreprîtes, 2ᵉ pers. plur. prét. déf.

s'ENTRE-QUERELLER, v. pron. (*çantrekerèlé*), se *quereller* l'un l'autre : *ils ne font que s'entre-quereller*.

ENTRER, v. neut. (*antré*) (du lat. *intrare*, formé de *intra*, dedans, et *ire*, aller), passer du dehors au dedans. Il prend l'auxiliaire *être* : *je suis entré*, et non pas, *j'ai entré*. Cependant il peut arriver deux cas : ou l'on veut signifier que la personne dont il est question a fait l'action de passer de dehors en dedans, et pour exprimer cette action on doit dire : *il a entré*; ou l'on veut exprimer l'état de cette même personne après qu'elle a fait l'action d'*entrer*, et pour marquer cet état on dit : *il est entré*. — *Ce chapeau n'entre pas bien dans la tête*, la tête n'y *entre* pas bien. — *Entrer en religion*, prendre l'habit de religieux. — *Entrer en condition, au service de quelqu'un*, devenir domestique. — *Entrer en charge*, prendre une charge. — *Entrer en exercice*, commencer son année d'exercice. — *Entrer en scène*, faire son *entrée* sur la scène, venir jouer son rôle. — *Entrer à table*, commencer à s'y mettre. Cependant cette locution est impropre; on ne peut pas *entrer à table*; on ne peut qu'*entrer* dans le lieu où est la table. Il en est de même de la locution : *entrer à l'autel*, que l'*Académie* nous donne en parlant du prêtre qui vient officier; mais on dirait bien d'un prédicateur qu'il *entre en chaire*. — *Entrer dans le monde*, commencer à y paraître, etc. — *On ne peut lui faire entrer cela dans la tête*, on ne peut le lui persuader, le lui faire comprendre : *cela n'est jamais entré dans la tête, dans l'esprit, dans l'imagination d'un homme sensé*. — *Entrer dans une affaire*, prendre part dans une affaire, soit pour la conduire, soit pour en tirer du profit. — *Entrer dans les affaires*, être intéressé dans les affaires de finance. — *Entrer dans le fond d'une affaire*, l'examiner à fond. — *Entrer dans les détails d'une affaire*, s'engager dans l'examen ou le récit des détails d'une affaire. — *entrer dans le sens d'un auteur*, pénétrer le sens d'un auteur. — *Entrer dans les sentiments, dans les idées de quelqu'un*, les considérer sous les rapports des circonstances, des motifs, des causes diverses qui les ont fait naître, et les approuver, les tolérer, ou les excuser par ces considérations. — *Entrer dans une famille*, commencer à faire partie d'une autre famille que la sienne : *en épousant votre fille, j'entre dans votre famille*. — ENTRER, v. unipers. : *il entre* (il y a) *plus d'ambition que d'attachement au devoir dans*...

s'ENTRE-REGARDER, v. pron. (*çantreregardé*), se *regarder* mutuellement.

ENTRE-RÈGNE, subst. mas. (*antrerègnie*), *interrègne*. Voy. ce mot.

s'ENTRE-REGRETTER, v. pron. (*çantreregueretté*), se *regretter* l'un l'autre.

s'ENTRE-RÉPONDRE, v. pron. (*çantrerépondre*), se *répondre* l'un à l'autre : *ces deux chœurs s'entre-répondent*.

ENTRE-SABORDS, subst. mas. plur. (*antreçabor*), t. de mar., bordage entre les ouvertures des *sabords* d'un vaisseau.

s'ENTRE-SALUER, v. pron. (*çantreçalué*), se *saluer* réciproquement.

s'ENTRE-SECOURIR, v. pron. (*çantrecekourir*), se *secourir* mutuellement.

ENTRE-SOL, subst. mas. (*antreçole*) (de *entre* et de *sol*, plancher), étage ménagé entre deux planchers un peu éloignés, dont l'espace est partagé par un autre plancher : *entre-sol bien éclairé*. — Au plur., des *entre-sol*, des espaces *entre* le *sol* et le premier étage.

ENTRE-SOURCILS, subst. mas. (*antreçourcil*), espace qui se trouve *entre les sourcils*. — Au plur., des *entre-sourcils*.

ENTRE-SUITE, subst. fém. (*antreçuite*), disposition de ce qui *suit*, de ce qui va à la *suite*.

s'ENTRE-SUIVRE, v. pron. (*çantreçuivre*), aller de *suite*, l'un après l'autre : *les jours et les nuits s'entre-suivent*.

ENTRE-TAILLE, subst. fém. (*antretâ-ie*); en t. de danse, pas qui se fait en jetant un pied à la place de l'autre. — En t. de graveur, 1° dans la gravure en bois, *taille* plus nourrie en certains endroits que dans le reste de sa longueur; 2° dans la gravure au burin, *taille* fine passée *entre deux tailles* plus nourries. — Nous ferons observer que l'*Académie* écrit *entretaille* sans trait de séparation, et *s'entre-tailler* avec un trait de séparation.

ENTRE-TAILLÉ, **E**, part. pass. de *s'entre-tailler*.

s'ENTRE-TAILLER, v. pron. (*çantretâ-ié*); il ne se dit qu'en parlant d'un cheval qui se heurte les jambes l'une contre l'autre en marchant, et qui s'entre-coupe.

ENTRE-TAILLURE, subst. fém. (*antretâ-iure*), blessure que se fait un cheval qui *s'entre-taille*. — L'*Académie* écrit *entretaillure*, sans trait de séparation. Voy. ENTRE-TAILLE.

ENTRE-TEMPS, subst. mas. (*antretan*), intervalle de *temps* qui s'écoule *entre* deux actions.

DU VERBE IRRÉGULIER ENTRETENIR :

Entretenaient, 3ᵉ pers. plur. imparf. indic.
Entretenais, précédé de *j'*, 1ʳᵉ pers. sing. imparf. indic.
Entretenais, précédé de *tu*, 2ᵉ pers. sing. imparf. indic.
Entretenait, 3ᵉ pers. sing. imparf. indic.
Entretenant, part. prés.

ENTRETÈNEMENT, subst. mas. (*antretènemen*), action d'*entretenir*. — L'entretien même, la subsistance. — Ce qu'on donne à une personne pour sa nourriture, son habillement, son loyer, son luxe, etc. — *Entretènement* se dit aussi de l'entreprise du pavage des rues et des grandes routes.

ENTRETENEUR, subst. mas. (*antreteneur*), celui qui *entretient* quelqu'un. — Il se dit particulièrement de celui qui fournit aux dépenses d'une femme avec laquelle il n'est pas marié. — Si l'on avait besoin de s'en servir à l'occasion d'une femme, il ne faudrait pas hésiter à dire *entreteneuse*. Ces deux mots manquent dans l'*Académie*.

DU VERBE IRRÉGULIER ENTRETENIR :

Entretenez, 2ᵉ pers. plur. impér.
Entretenez, précédé de *vous*, 2ᵉ pers. plur. prés. indic.
Entreteniez, précédé de *vous*, 2ᵉ pers. plur. imparf. indic.
Entreteniez, précédé de *que vous*, 2ᵉ pers. plur. prés. subj.
Entretenions, précédé de *nous*, 1ʳᵉ pers. plur. imparf. indic.
Entretenions, précédé de *que nous*, 1ʳᵉ pers. plur. prés. subj.

ENTRETENIR, v. act. (*antretenir*), *tenir* ensemble : *cette pièce de bois entretient toute la charpente*. — *Tenir* en bon état : *entretenir un bâtiment, les ponts*, etc. — Faire subsister, rendre durable : *entretenir la paix, l'union*, etc. — Fournir les choses nécessaires : *entretenir une armée, une garnison, une femme*. — Parler à quelqu'un; converser avec lui. — Amuser quelqu'un pour le détourner de quelque dessein. — **s'ENTRETENIR**, v. pron., parler, converser : *il s'entretient avec mon ami*. — Se conserver : *ces arbres s'entretiennent toujours verts*. — Se fournir : *il s'entretient d'habits, de linge*, etc.

DU VERBE IRRÉGULIER ENTRETENIR :

Entretenons, 1ʳᵉ pers. plur. impér.
Entretenons, précédé de *nous*, 1ʳᵉ pers. plur. prés. indic.

ENTRETENU, **E**, part. pass. de *entretenir* et adj. : on nomme *femme entretenue*, celle qu'un homme qui n'est point marié avec elle nourrit, héberge et *entretient*. — *Entretenu* se dit, en t. de blason, de plusieurs clefs, etc., liées ensemble par leurs anneaux.

ENTRETIEN, subst. mas. (*antretiein*), dépense que l'on fait pour maintenir une chose en état. — Ce qu'il faut pour les besoins d'une personne, d'une famille, d'une armée, etc. — Conversation. Voy. ce mot. — *Entretiens spirituels*, conversations pieuses, discours de piété ou exhortations, instructions, etc.

DU VERBE IRRÉGULIER ENTRETENIR :

Entretiendra, 3ᵉ pers. sing. fut. indic.
Entretiendrai, 1ʳᵉ pers. sing. fut. indic.
Entretiendraient, 3ᵉ pers. plur. prés. cond.
Entretiendrais, précédé de *j'*, 1ʳᵉ pers. sing. prés. cond.
Entretiendrais, précédé de *tu*, 2ᵉ pers. sing. prés. cond.
Entretiendrait, 3ᵉ pers. sing. prés. cond.
Entretiendras, 2ᵉ pers. sing. fut. indic.
Entretiendrez, 2ᵉ pers. plur. fut. indic.
Entretiendriez, 2ᵉ pers. plur. prés. cond.
Entretiendrions, 1ʳᵉ pers. plur. prés. cond.
Entretiendrons, 1ʳᵉ pers. plur. fut. indic.
Entretiendront, 3ᵉ pers. plur. fut. indic.
Entretienne, précédé de *que j'*, 1ʳᵉ pers. sing. prés. subj.
Entretienne, précédé de *qu'il* ou *qu'elle*, 3ᵉ pers. sing. prés. subj.
Entretiennent, précédé de *ils* ou *elles*, 3ᵉ pers. plur. prés. indic.
Entretiennent, précédé de *qu'ils* ou *qu'elles*, 3ᵉ pers. plur. prés. subj.
Entretiennes, 2ᵉ pers. sing. prés. subj.
Entretiens, 2ᵉ pers. sing. impér.
Entretiens, précédé de *j'*, 1ʳᵉ pers. sing. prés. indic.
Entretiens, précédé de *tu*, 2ᵉ pers. sing. prés. indic.
Entretient, 3ᵉ pers. sing. prés. indic.
Entretînmes, 1ʳᵉ pers. plur. prét. déf.
Entretinrent, 3ᵉ pers. plur. prét. déf.
Entretins, précédé de *j'*, 1ʳᵉ pers. sing. prét. déf.
Entretins, précédé de *tu*, 2ᵉ pers. sing. prét. déf.
Entretinsse, 1ʳᵉ pers. sing. imparf. subj.
Entretinssent, 3ᵉ pers. plur. imparf. subj.
Entretinsses, 2ᵉ pers. sing. imparf. subj.
Entretinssiez, 2ᵉ pers. plur. imparf. subj.
Entretinssions, 1ʳᵉ pers. plur. imparf. subj.
Entretint, précédé de *il* ou *elle*, 3ᵉ pers. sing. prét. déf.
Entretînt, précédé de *qu'il* ou *qu'elle*, 1ʳᵉ pers. sing. imparf. subj.
Entretîntes, 2ᵉ pers. plur. prét. déf.

ENTRE-TOILE, subst. fém. (*antretoèle*), réseau ou dentelle qu'on met *entre* deux bandes de *toile*, pour servir d'ornement. — Au plur., des *entre-toile*.

ENTRE-TOISE, subst. fém. (*antretoèze*), pièce de bois qu'on met entre d'autres pour les soutenir. — *Entre-toise d'une croisée*, assemblage en forme de sautoir. — Au plur., des *entre-toises*.

s'ENTRE-TUER, v. pron., se *tuer* l'un l'autre.

ENTREVAUX, subst. propre mas. (*entrevô*), petite ville forte de France, chef-lieu de canton, arrond. de Castellane, dép. des Basses-Alpes. Elle est défendue par une citadelle.

s'ENTRE-VÊCHER, v. pron. (*çantrevêché*), s'embarrasser l'un l'autre. (*Boiste*.) Vieux et même hors d'usage.

DU VERBE IRRÉGULIER ENTREVOIR :

Entreverra, 3ᵉ pers. sing. fut. indic.
Entreverrai, 1ʳᵉ pers. sing. fut. indic.
Entreverraient, 3ᵉ pers. plur. prés. cond.
Entreverrais, précédé de *j'*, 1ʳᵉ pers. sing. prés. cond.
Entreverrais, précédé de *tu*, 2ᵉ pers. sing. prés. cond.
Entreverrait, 3ᵉ pers. sing. prés. cond.
Entreverras, 2ᵉ pers. sing. fut. indic.
Entreverrez, 2ᵉ pers. plur. fut. indic.
Entreverriez, 2ᵉ pers. plur. prés. cond.

Entreverrions, 1re pers. plur. prés. cond.
Entreverrons, 1re pers. plur. fut. indic.
Entreverront, 3e pers. plur. fut. indic.
Entrevîmes, 1re pers. plur. prét. déf.
Entrevirent, 3e pers. plur. prét. déf.
Entrevis, précédé de *j'*, 1re pers. sing. prét. déf.
Entrevis, précédé de *tu*, 2e pers. sing. prét. déf.

s'ENTRE-VISITER, v. pron. (*çantrevizité*), se *visiter* mutuellement.

DU VERBE IRRÉGULIER ENTREVOIR :

Entrevisse, 1re pers. sing. imparf. subj.
Entrevissent, 3e pers. plur. imparf. subj.
Entrevisses, 2e pers. sing. imparf. subj.
Entrevissiez, 2e pers. plur. imparf. subj.
Entrevissions, 1re pers. sing. imparf. subj.
Entrevit, précédé de *il* ou *elle*, 3e pers. sing. prét. déf.
Entrevît, précédé de *qu'il* ou *qu'elle*, 3e pers. sing. imparf. subj.
Entrevîtes, 2e pers. plur. prét. déf.
Entrevoie, précédé de *que j'*, 1re pers. sing. prés. subj.
Entrevoie, précédé de *qu'il* ou *qu'elle*, 3e pers. sing. prés. subj.
Entrevoient, précédé de *ils* ou *elles*, 3e pers. sing. prés. indic.
Entrevoient, précédé de *qu'ils* ou *qu'elles*, 3e pers. plur. prés. subj.
Entrevoies, 2e pers. sing. prés. subj.

ENTREVOIR, v. act. (*antrevoar*), *voir* imparfaitement ou en passant : *il ne voit qu'imparfaitement, il ne fait qu'entrevoir*.—En t. de vénerie, avoir des indices du cerf par le pied.— **s'ENTREVOIR**, v. pron., avoir une *entrevue*. — Se voir en passant.—Se rendre visite. Il est peu usité.

DU VERBE IRRÉGULIER ENTREVOIR :

Entrevois, précédé de *j'*, 1re pers. sing. prés. indic.
Entrevois, précédé de *tu*, 2e pers. sing. prés. indic.
Entrevoit, 3e pers. sing. prés. indic.

ENTRE-VOUS, subst. mas. (*antrevou*), intervalle qui est *entre* deux solives dans un plancher, *entre* les poteaux d'une cloison.—Au plur., des *entre-vous*.

DU VERBE IRRÉGULIER ENTREVOIR :

Entrevoyaient, 3e pers. plur. imparf. indic.
Entrevoyais, précédé de *j'*, 1re pers. sing. imparf. indic.
Entrevoyais, précédé de *tu*, 2e pers. sing. imparf. indic.
Entrevoyait, 3e pers. sing. imparf. indic.
Entrevoyant, part. prés.
Entrevoyez, 2e pers. plur. impér.
Entrevoyez, précédé de *vous*, 2e pers. plur. prés. indic.
Entrevoyiez, précédé de *vous*, 2e pers. plur. imparf. indic.
Entrevoyiez, précédé de *que vous*, 2e pers. plur. prés. subj.
Entrevoyions, précédé de *nous*, 1re pers. plur. imparf. indic.
Entrevoyions, précédé de *que nous*, 1re pers. plur. prés. subj.
Entrevoyons, 1re pers. plur. impér.
Entrevoyons, précédé de *nous*, 1re pers. plur. prés. indic.
Entrevu, e, part. pass.

ENTREVUE, subst. fém. (*antrevu*), l'action de *se voir* avec quelqu'un en certain lieu, ordinairement pour affaires.

s'ENTRE-IMMOLER, v. pron. (*çantrimolé*), *s'immoler* mutuellement.

ENTRINÉE, subst. fém. (*antriné*), t. de bot., sorte de plante d'Amérique.

ENTRIPAILLÉ, E, adj. (*antripâ-ié*), se dit d'une personne qui a un gros ventre. (*Molière*.) Bas.

s'ENTR'OBLIGER, v. pron. (*çantroblijé*), *s'obliger* réciproquement.

ENTROCHITE ou **ENTROQUE**, subst. fém. (*antrochite, troke*), t. d'hist. nat., petits corps fossiles.

ENTR'OUÏ, E, part. pass. de *entr'ouïr*.

ENTR'OUÏR, v. act. (*antrou-ir*), *ouïr* imparfaitement, un peu.—**s'ENTR'OUÏR**, v. pron.

ENTR'OUVERT, E, part. pass. de *entr'ouvrir*, et adj., qui est un peu *ouvert*.—En t. de médec. vétér., *cheval entr'ouvert*, qui a fait un effort violent.

ENTR'OUVERTURE, subst. fém. (*antrouvèreture*), t. de médec. vétér., maladie du cheval, qui résulte d'un violent écart.

ENTR'OUVRIR, v. act. (*antrouvrir*), *ouvrir* un peu. — **s'ENTR'OUVRIR**, v. pron.

s'ENTR'USER, v. pron. (*çantruzé*), *s'user* mutuellement.

ENTURE, subst. fém. (*anture*), endroit où l'on place une *ente*. — Dans la bonneterie, assemblage d'un fil qui s'est cassé, et qu'on double sur plusieurs aiguilles pour le mieux assurer. — Au plur., petites pièces de bois qui en traversent une grosse, pour former des échelons des deux côtés, comme dans les roues des carrières.

ENTYPOSE, subst. fém. (*antipôze*) (du grec εν, dans, et τυπος, empreinte), t. d'anat., cavité de l'omoplate.

ÉNUCLÉATION, subst. fém. (*énuklé-âcion*) (du latin *enucleare*, extraire le noyau), action d'ôter le noyau.

ÉNUCLÉÉ, E, part. pass. de *énucléer*.

ÉNUCLÉER, v. act. (*énuklé-é*) (en lat. *enucleare*), t. de chir., mettre à nu un os dans une opération.

ÉNULA-CAMPANA, ou **ÉNULE**, subst. fém. (*énulakanpana, énule*), plante qu'on appelle aussi *aunée*.

ÉNUMÉRATEUR, subst. mas., au fém. **ÉNUMÉRATRICE** (*énumérateur, trice*), celui, celle qui fait une *énumération*.

ÉNUMÉRATIF, adj. mas., au fém. **ÉNUMÉRATIVE** (*énumératif, tive*), qui *énumère*.

ÉNUMÉRATION, subst. fém. (*énumérâcion*) (en lat. *enumeratio*), dénombrement de plusieurs choses.—Figure de rhétorique.

ÉNUMÉRATIVE, adj. fém. Voy. ÉNUMÉRATIF.

ÉNUMÉRÉ, E, part. pass. de *énumérer*.

ÉNUMÉRER, v. act. (*énuméré*) (en lat. *enumerare*), dénombrer. — **s'ÉNUMÉRER**, v. pron.

ÉNURÉSIE, subst. fém. (*énurézi*) (du grec ενυρειν, perdre son urine, fait de ουρον, urine), t. de médec., incontinence d'urine.

ENVAHI, E, part. pass. de *envahir*.

ENVAHIR, v. act. (*anva-ir*) (en lat. *invadere*, formé de la prép. *in*, dans, et *vadere*, aller), usurper, prendre par force, par violence, par fraude, injustement.—**s'ENVAHIR**, v. pron.

ENVAHISSEMENT, subst. mas. (*anva-iceman*), action d'*envahir*.

ENVAHISSEUR, subst. mas., au fém. **ENVAHISSEUSE** (*anva-iceur, ceuze*), qui *envahit*.—L'*Académie* ne donne pas de fém. à ce mot.

ENVALÉ, E, part. pass. de *envaler*.

ENVALEMENT, subst. mas. (*anvaleman*), action d'*envaler*.

ENVALER, v. act. (*anvalé*), t. de pêche, tenir un verveux ouvert.

ENVASEMENT, subst. mas. (*anvâzeman*), amas de *vase* sur une côte.

ENVÉLIOTÉ, E, part. pass. de *envélioter*.

ENVÉLIOTER, v. act. (*anvélioté*), mettre en *véliotes*, en petits tas. — **s'ENVÉLIOTER**, v. pron.

ENVELOPPE, subst. fém. (*anvelope*), tout ce qui sert à *envelopper* et à couvrir quelque chose. — Au fig. : *parler sans enveloppe*, sans détours, en termes propres et souvent grossiers. — Apparence, forme extérieure : *souvent une enveloppe épaisse nous cache un esprit fin*. — *Faire une enveloppe*, une chemise à lettre. On se sert d'*enveloppes* pour les lettres, toutes les fois qu'on écrit à quelque haut personnage ou à des fonctionnaires publics. — *Écrire sous l'enveloppe de quelqu'un*, mettre sous son adresse les lettres qui sont pour un autre. Quelques-uns disent dans le même sens, *écrire sous le pli*; d'autres, *écrire sous le couvert*. Ce dernier vaut mieux. — En t. de fortification, ouvrage qui en défend un autre. — T. de bot., *enveloppe cellulaire*, substance succulente, d'un vert foncé, placée dans les plantes immédiatement sous l'épiderme. — *Enveloppe floréale*. Voy. COLLERETTE, qui est la même chose. — *Enveloppe séminale*. Voy. au mot TUNIQUE.

ENVELOPPÉ, E, part. pass. de *envelopper* : *se trouver enveloppé dans de mauvaises affaires*, s'y trouver engagé, embarrassé. — *Discours enveloppé*, discours dans lequel, par circonspection, on donne plus à entendre qu'on ne dit.—*Raisonnement enveloppé*, obscur, embarrassé.—On dit dans le même sens, d'un homme dont les idées sont confuses et les expressions obscures, que *c'est un esprit enveloppé*, qu'*il a l'esprit enveloppé*; et d'un homme grossier, qu'*il a l'esprit enveloppé dans la matière*.

ENVELOPPÉE, subst. fém. (*anvelopé*), ouvrage pratiqué pour rétrécir un fossé.

ENVELOPPEMENT, subst. mas. (*anvelopeman*), l'action d'*envelopper*.—Ce mot manque dans l'*Académie*.

ENVELOPPER, v. act. (*anvelopé*) (du lat. *involvere*, qui a la même signification, et dont on a fait dans la basse latinité le mot barbare *involpare*. Huet.), couvrir d'une *enveloppe*, mettre *dans une enveloppe*. — Au fig. : 1° cacher, déguiser : *envelopper la vérité sous des fictions*; 2° comprendre : *envelopper quelqu'un dans une accusation*. — T. de guerre, entourer, investir, environner. — **s'ENVELOPPER**, v. pron.

ENVENIMÉ, E, part. pass. de *envenimer*, et adj. ; il est surtout usité au figuré : *discours envenimé, style envenimé, langue envenimée*.

ENVENIMER, v. act. (*anvenimé*), infecter de *venin*. — *Envenimer une plaie*, la rendre plus difficile à guérir. — Fig. : *envenimer les discours*, les rendre d'une manière odieuse. — *Envenimer l'esprit de quelqu'un*, l'aigrir, l'irriter. — **s'ENVENIMER**, v. pron.

ENVERGÉ, E, part. pass. de *enverger*.

ENVERGER, v. act. (*anvèrejé*) (du lat. *virga*, verge, baguette), t. de vannier, garnir, enlacer de *verges*, de petites branches d'osier. — En t. de manufacture, croiser sur les doigts les fils d'une chaîne, pour les disposer ensuite sur les chevilles de l'ourdissoir.—**s'ENVERGER**, v. pron.

ENVERGEURE, subst. fém. (*anvèrej-ure*), action d'*enverger*. — T. de manuf., croisure alternative des fils d'une chaîne.

ENVERGUÉ, E, part. pass. de *enverguer*.

ENVERGUER, v. act. (*anvèreguié*), t. de mar., attacher les *vergues* aux voiles.—**s'ENVERGUER**, v. pron.

ENVERGURE, subst. fém. (*anvèregure*), t. de marine, manière d'*enverguer* les voiles. — Il signifie aussi la largeur des voiles. C'est dans ce sens qu'on dit qu'*un navire a beaucoup d'envergure, a peu d'envergure*. — Toute l'étendue des ailes d'un oiseau qui vole. — T. d'hist. nat., sorte d'oiseau de mer.

ENVERMEU, subst. propre mas. (*anvèremeu*), bourg de France, chef-lieu de canton, arrondissement de Dieppe, département de la Seine-Inférieure.

DU VERBE IRRÉGULIER ENVOYER :

Enverra, 3e pers. sing. fut. indic.
Enverrai, 1re pers. sing. fut. indic.
Enverraient, 3e pers. plur. prés. cond.
Enverrais, précédé de *j'*, 1re pers. sing. prés. cond.
Enverrais, précédé de *tu*, 2e pers. sing. prés. cond.
Enverrait, 3e pers. sing. prés. cond.
Enverras, 2e pers. sing. fut. indic.
Enverrez, 2e pers. plur. fut. indic.
Enverriez, 2e pers. plur. prés. cond.
Enverrions, 1re pers. plur. prés. cond.
Enverrons, 1re pers. plur. fut. indic.
Enverront, 3e pers. plur. fut. indic.

ENVERS, subst. mas. (*anvère*) (du lat. *inversus*, tourné, retourné, sous-entendu *pannus*), côté le moins beau d'une étoffe, qui est opposé à l'*endroit*. —Le côté de la couture dans les ouvrages de toile, etc.—*Tissu sans envers*, également travaillé de part et d'autre.

ENVERS, préposition (*anvère*) (en lat. *inversus*, dit anciennement pour *versus*), à l'égard de... : *il est charitable envers les pauvres*.

*à l'***ENVERS**, loc. adv. (*alanvère*) dans un sens contraire à celui qu'il faut : *mettre ses bas à l'envers*.—Fig. : *avoir l'esprit, la tête à l'envers*, ne savoir ni ce qu'on dit ni ce qu'on fait.

ENVERSAIN, subst. mas. (*anvèrecein*), étoffe de laine que l'on nomme aussi cordillat.

ENVERSÉ, E, part. pass. de *enverser*.

ENVERSER, v. act. (*anvèrecé*), façonner une étoffe en la tirant.

ENVERSI, E, part. pass. de *enversir*.

ENVERSIR, v. act. (*anvèrecir*), carder une étoffe avec des chardons.

*à l'***ENVI**, loc. adv. (*alanvi*), avec émulation, jalousie.

ENVIABLE, adj. des deux genres (*anviable*), digne d'*envie*; digne d'être *envié*. (B. Constant.)

ENVIE, subst. fém. (*anvi*) (en lat. *invidia*), déplaisir qu'on a du bien d'autrui. Il diffère de *jalousie*, en ce qu'on est *jaloux* de ce qu'on possède, et *envieux* de ce que possèdent les autres : *un amant est jaloux de sa maîtresse, un prince de son autorité; un homme qui n'a point de fortune est envieux de la prospérité d'autrui*.—Désir, volonté : *j'ai envie* ou *grande envie de vous voir*.— T. de médec., désir immodéré de prendre des aliments d'une espèce particulière, qui ne sont pas d'usage ou de saison, préférablement à d'autres, ou d'employer comme aliments des matières nuisibles par elles-mêmes, ou par la disposition des personnes qui veulent en user : *les femmes grosses sont sujettes à avoir des envies*. — *Envie de femme grosse*, désir subit et violent, ordinairement désordonné, qui prend souvent aux femmes enceintes. — Besoin : *avoir envie de boire*, *de manger.* — Disposition à... : *avoir envie de dormir, de vomir.* — Tache ou autre chose contre nature qui paraît sur le corps des enfants nouveaux-nés, et que l'on attribue au pouvoir de l'imagination chez les femmes enceintes, d'imprimer sur le corps des enfants renfermés dans leur sein les figures des objets qui les ont frappées particulièrement, par suite des fantaisies qu'elles ont eu pour certaines choses, sans pouvoir les satisfaire, ce qui a fait donner proprement le nom d'*envie* à ces défectuosités.— Petits filets, souvent douloureux, qui s'enlèvent de la peau autour des ongles. (Dans cette acception, du latin *redivia*, pour *reduvia*, qui signifie la même chose.)—Myth., divinité allégorique, extrêmement hideuse, qu'on représente avec des yeux égarés et enfoncés, un teint livide, et le visage plein de rides, coiffée de couleuvres, portant trois vipères d'une main, une hydre à sept têtes de l'autre, et un serpent qui lui ronge le sein.

ENVIÉ, E, part. pass. de *envier*, et adj., recherché : *poste, emploi envié.*

ENVIEILLI, E, part. pass. de *envieillir*, et adj., qui a vieilli : *erreurs envieillies.*

ENVIEILLIR, v. act. (*anviéie-ir*), faire paraître *vieux.* — Devenir *vieux ; vieillir.* Presque hors d'usage.

ENVIER, v. act. (*anvié*) (en lat. *invidere*), porter *envie*; être *envieux* du bonheur d'autrui.—Désirer. — ENVIER, AVOIR ENVIE. (*Syn.*) Nous *envions* aux autres ce qu'ils possèdent, nous voudrions le leur ravir; nous *avons envie* pour nous de ce qui n'est pas en notre possession, nous voudrions l'avoir. Le premier est un mouvement de jalousie ou de vanité; le second, un mouvement de cupidité ou de volupté. — S'ENVIER, v. pron.

ENVIEUSE, subst. et adj. fém. Voy. ENVIEUX.

ENVIEUX, subst. et adj. mas., au fém. ENVIEUSE (*anvieu, vieuze*), celui, celle qui porte *envie* à quelqu'un.—Subst. : *un envieux, une envieuse.* — ENVIEUX, JALOUX. (*Syn.*) *Envieux* dit plus que *jaloux*; le premier marque une disposition habituelle et de caractère; l'autre peut désigner un sentiment passager. Le premier désigne aussi un sentiment actuel plus fort que le second. On peut être quelquefois *jaloux*, sans être naturellement *envieux*.

ENVILASSE, subst. fém. (*anvilace*), t. de bot., sorte d'ébène de Madagascar.

ENVINÉ, E, adj. (*anviné*), se dit de la bouche, d'un vase qui a contracté l'odeur du *vin*.

ENVIRON, adv. et prép. (*anviron*) (du latin *in gyrum*, employé avec cette acception dans la basse latinité, et qui signifie proprement *autour*), à peu près; un peu plus ou un peu moins. Il se construit souvent avec la prép. *de : son armée était d'environ trente mille hommes.* — Il ne faut pas dire: *la perte a été d'environ cinq ou six cents hommes*, ce serait dire deux fois la même chose. *Cinq ou six cents hommes* font un nombre incertain qui ne souffre pas qu'on y ajoute *environ*, qui marque également un nombre incertain. Pour s'exprimer correctement, il faut dire : *la perte a été de cinq ou six cents hommes*, sans ajouter *environ*; ou bien : *la perte a été d'environ six cents hommes*, ou encore : *d'environ cinq à six cents hommes.* Voy. ENVIRONS.

ENVIRONNANT, E, adj. (*anvironan, nante*), qui *environne* : *les lieux environnants; le terrein environnant.*—Cet adj. manque dans l'*Académie.*

ENVIRONNÉ, E, part. pass. de *environner.*

ENVIRONNER, v. act. (*anvironé*) (du mot *environ*), entourer.—Enfermer.—Être autour de... — S'ENVIRONNER, v. pron.

ENVIRONS, subst. mas. plur. (*anviron*), lieux circonvoisins : *Paris et ses environs.*

ENVIS, adv. (*anvi*), à regret, à contre-cœur.

ENVISAGÉ, E, part. pass. de *envisager.*

ENVISAGEMENT, subst. mas. (*anvizajeman*), action d'*envisager.*

ENVISAGER, v. act. (*anvizajé*), regarder une personne *au visage.*—Au fig., considérer en esprit. — S'ENVISAGER, v. pron.

ENVOI, subst. mas. (*anvoé*), action par laquelle on *envoie.*—Choses *envoyées.*—Anciennement, dans certains ouvrages de poésie, comme les chants royaux et les ballades, l'*envoi* était un couplet qui terminait la ballade, et qui servait à adresser l'ouvrage à celui pour qui il avait été fait.

ENVOILÉ, E, part. pass. de *s'envoiler.*

S'ENVOILER, v. pron. (*çanvoèlé*), t. de serrurerie, se courber, en parlant du fer à la trempe.

ENVOISINÉ, E, adj. (*anvoèziné*), qui a des *voisins* : *il est fort bien envoisiné.* Il est familier.

ENVOLÉ, E, part. pass. de *s'envoler.*

S'ENVOLER, v. pron. (*çanvolé*) (en lat. *involare*), s'enfuir *en volant.* — Au fig., passer rapidement : *le temps, l'occasion s'envole.*—Il ne faut pas dire comme l'*Académie* : *les oiseaux s'en sont envolés*, mais, *les oiseaux se sont envolés.*

ENVOÛTÉ, E, part. pass. de *envoûter.*

ENVOÛTEMENT, subst. mas. (*anvouteman*), action d'*envoûter.*

ENVOÛTER, v. act. (*anvouté*) (suivant *le Duchat*, du lat. barbare *invultare*, fait de *vultus*, le visage, qu'on appelait autrefois *voult* ; soit parce que les sorciers charment par leur seul aspect, soit parce que l'image de cire dont il s'agit devait être faite à la ressemblance de la personne dont on voulait la mort), prétendre faire mourir quelqu'un par le moyen d'une image de cire. Inusité aujourd'hui.

ENVOYÉ, E, subst. mas. et fém. (*anvoé-ié*), personne *envoyée* de la part de quelque autre. — Ministre député pour les affaires d'un état; c'est un grade inférieur à celui d'ambassadeur.

ENVOYÉ, E, part. pass. de *envoyer.*

ENVOYER, v. act. (*anvoé-ié*) (du lat. *inviare*, fait en ce sens de la préposition *in*. en, et du subst. *via*, chemin; *mittere in viam*), futur, *j'enverrai;* conditionnel, *j'enverrais.* Dépêcher quelqu'un à... ou vers... — Faire qu'une chose soit portée en quelque lieu.—Il se dit au fig. des choses : *le vin envoie des fumées à la tête.* — S'ENVOYER, v. pron.

ENVOYEUR, subst. mas. (*anvoé-ieur*), t. de comm., qui fait l'*envoi*, un *envoi.*

ÉNYALIUS, subst. propre mas. (*éni-ali-uce*), myth., surnom de Mars, comme fils ou frère d'Ényo.

ÉNYO, subst. propre fém. (*éni-o*), myth., une des divinités de la guerre, qu'on confond ordinairement avec Bellone. Quelques-uns la font mère, d'autres fille, et la plupart nourrice de Mars.

ENZOOTIE, subst. fém. (*anzo-oti*) (du grec εν, dans, et ζωον, animal), se dit des maladies qui attaquent en même temps les animaux d'une contrée.

ENZOOTIQUE, adj. des deux genres (*anzo-otike*), *maladie enzootique*, qui est ordinaire aux animaux d'un pays.

ÉOL. Abréviation des mots *éolien, éolique.*

ÉOLE, subst. propre mas. (*é-ole*), myth., dieu des vents, et fils de Jupiter. Il reçut très-bien Ulysse, qui passait par ses états; et pour marque de sa bienveillance, il lui fit présent de plusieurs peaux, dans lesquelles les vents étaient enfermés. Les compagnons d'Ulysse, ne pouvant maîtriser leur curiosité, ouvrirent ces peaux, d'où les vents s'échappèrent, firent un désordre épouvantable, et causèrent une tempête si furieuse, qu'Ulysse perdit tous ses vaisseaux, et se sauva seul sur une planche. Éole avait un si grand empire sur les vents, que sa seule volonté les retenait.

ÉOLIDE, subst. fém. (*é-olide*), t. d'hist. nat., genre de mollusques, de la famille des dermobranches.

ÉOLIE, subst. propre fém. (*é-oli*), myth., royaume des vents, composé de sept petites îles situées entre la Sicile et l'Italie.

ÉOLIEN, adj. mas., au fém. **ÉOLIENNE**, ou **ÉOLIQUE**, adj. des deux genres (*é-oliein, liène, like*) nom de l'un des cinq dialectes de la langue grecque, qui, de la Béotie, où il fut d'abord usité, passa en *Éolie.* C'est dans ce dialecte que *Sapho* et *Alcée* ont écrit.—*Mode éolien*, dans l'ancienne musique des Grecs, mode dont la corde fondamentale était immédiatement au-dessous du mode phrygien.—*Harpe éolienne.* Voy. HARPE.

ÉOLIPYLE, subst. mas. (*é-olipile*) (du grec Αιολος, Éole, dieu des vents, et de πυλη, porte, passage; parce que *Descartes* et d'autres philosophes ont cherché à expliquer par l'*éolipyle* la cause et la nature des vents), vase de métal creux, en forme de boule ou de poire, garni d'un bec ou tuyau recourbé qui n'a qu'une ouverture étroite. Ce vase étant en partie rempli d'eau, et mis sur un feu de charbons bien allumés, produit par son bec un souffle très-violent.— Les fumistes appellent *éolipyle*, une machine qu'ils emploient pour former un courant d'air et chasser la fumée.

ÉOLIQUE, adj. des deux genres. Voy. ÉOLIEN.

ÉONE, subst. mas. (*é-one*) (du grec αιων, durée), t. de bot., arbre à gui, dont fut construit le vaisseau des Argonautes. On dit aussi *Éon.*

ÉORIES, subst. fém. plur. (*é-ori*), myth., fêtes en l'honneur d'Érigone, fille d'Icare.

ÉOS, subst. propre mas. (*é-ôce*), myth., géant, fils de Typhon. On donne aussi ce nom à l'Aurore.

ÉOÜS, subst. propre mas. (*é-o-uce*) (du grec ηως, l'aurore), myth., l'un des quatre chevaux du Soleil. — Les poëtes donnent aussi ce nom à Lucifer.

ÉPACRIEN, adj. mas. (*épakriein*), myth., qui réside sur les hauteurs.

ÉPACRIS, subst. fém. (*épakrice*), t. de bot., plantes de la famille des bicornes.

ÉPACTE, subst. fém. (*épakte*) (du grec επακτος, surajouté, intercalé, fait du verbe επαγω, j'ajoute, j'introduis, dont la racine est αγω, je mène), nombre de jours qu'on ajoute à l'année lunaire, pour l'égaler à l'année solaire, et qui sert à connaître l'âge de la lune.—*Épactes*, en astron., se dit des nombres de jours, d'heures, de minutes et de secondes dont les astronomes font des tables, et qui servent à préparer les calculs des éclipses.

ÉPACTÉEN, adj. mas. (*épakté-ein*), myth., qui préside au rivage; surnom que les Samiens donnaient à Neptune, qui avait un temple sur le rivage de l'île de Samos.

ÉPAGNEUL, E, subst. (*épagnieul, gnieule*), sorte de chien de chasse dont la race vient d'*Espagne.*

ÉPAGOGE, subst. mas. (*épaguoje*) (du grec επαγω, je couvre), le prépuce.

ÉPAGOGUE, subst. fém. (*épaguogue*) (même étym. que celle du mot précéd.), t. de chir., réunion naturelle des chairs, des plaies.

ÉPAGOMÈNES, subst. et adj. mas. plur. (*épaguomène*) (en grec επαγομενος, surajouté, fait de επαγω, j'ajoute, j'introduis), t. de chronologie, jours au nombre de cinq, que les Égyptiens et les Chaldéens, qui partageaient l'année en douze mois égaux, de trente jours chacun, ajoutaient au nombre de trois cent soixante, pour compléter les trois cent soixante-cinq jours que le soleil emploie à parcourir son orbite. Les jours *épagomènes* répondaient aux jours *complémentaires* de l'année républicaine des Français.

ÉPAILLÉ, E, part. pass. de *épailler.*

ÉPAILLEMENT, subst. mas. (*épâ-ieman*), action, effet d'*épailler.*

ÉPAILLER, v. act. (*épâ-ié*), enlever les saletés de l'or avec l'échoppe.—S'ÉPAILLER, v. pron.

ÉPAIS, subst. mas. (*épè*), épaisseur : *cette poutre a un pied d'épais.*—Adv. : *il ne faut pas semer si épais.*

ÉPAIS, adj. mas., au fém. **ÉPAISSE** (*épè, pèce*) (en lat. *spissus*), qui a de l'*épaisseur.*—Fig., grossier, lourd, pesant, qui a de la peine à comprendre.—En parlant des liquides, qui prend une consistance moins claire et plus ferme.—Il se dit d'un amas de certaines choses qui sont près à près : *bois épais, blés trop épais*, etc.

ÉPAISSEUR, subst. fém. (*épéceur*), profondeur d'un corps solide.—Densité : *épaisseur des brouillards, des ténèbres.*—*L'épaisseur d'un bois, d'une forêt*, l'endroit où les arbres sont le plus près à près.

ÉPAISSI, E, part. pass. de *épaissir.*

ÉPAISSIR, v. act. (*épécir*), rendre *épais* : *le sucre épaissit le sirop.* — Neut. : *le bouillon épaissit.* — S'ÉPAISSIR, v. pron., devenir *épais* : *l'esprit s'épaissit à ne rien faire.*

ÉPAISSISSEMENT, subst. mas. (*épéciceman*), condensation : *épaississement des nues, d'une liqueur.*—État de ce qui est *épaissi.*—On dit aussi : l'*épaississement de la langue*, pour signifier l'embarras de la langue d'un homme qui parle difficilement.

ÉPALÉ, E, part. pass. de *épaler*, et adj.

ÉPALEMENT, subst. mas. (*épaleman*), t. d'ancienne coutume, action d'*étalonner* les mesures.

ÉPALER, v. act. (*épalé*), *étalonner* les mesures. (*Boiste.*) Vieux et hors d'usage.

ÉPALIUS, subst. propre mas. (*épali-uce*), myth., roi d'une contrée de la Grèce, qui, ayant été détrôné, fut rétabli par Hercule.

ÉPAMPRÉ, E, part. pass. de *épamprer.*

ÉPAMPREMENT, subst. mas. (*épanpreman*), action d'*épamprer* la vigne.

ÉPAMPRER, v. act. (*épanpré*), débarrasser une vigne de ses *pampres* inutiles.—S'ÉPAMPRER, v. pron.

ÉPANADIPLOSE, subst. fém. (*épanadiplôze*) (du grec διπλοος, double), figure de diction. *Anadiplose* et *épanadiplose* signifient l'un et l'autre répétition du même mot; mais dans l'*anadiplose* le mot qui finit une proposition est répété pour commencer la proposition suivante; au lieu que dans l'*épanadiplose*, le même mot qui commence une proposition est répété pour finir le sens total. Cette figure se rencontre souvent dans la langue latine.

ÉPANCHÉ, E, part. pass. de *épancher*.

ÉPANCHEMENT, subst. mas. (*épancheman*), action de s'*épancher*, effusion : avec cette différence que l'*effusion* est plus vive, plus abondante, plus continue que l'*épanchement*. Par une meurtrissure, il se fait un *épanchement de sang*; il y aura *effusion de sang* par une large plaie. *Épanchement*, au propre, se dit particulièrement de la bile. —Au fig. : *épanchement de cœur, de joie*.

ÉPANCHER, v. act. (*épanché*) (du lat. barbare *expansare*, fait de *expansum*, supin de *expandere*, verser, répandre. *Ménage*.), verser doucement. — Au fig., *épancher son cœur*, l'ouvrir avec confiance à un ami. — S'ÉPANCHER, v. pron.

ÉPANCHOIR, subst. mas. (*épanchoar*), trou, issue par où s'*épanche* l'eau d'un canal.

ÉPANDRE, v. act. (*épandre*) (en lat. *epandere*, jeter çà et là), éparpiller. — S'ÉPANDRE, v. pron., se *répandre*, s'étendre : *les eaux s'épandirent par la campagne*.—Boileau a dit au fig. (épître IV) : *un bruit s'épand*, pour se *répand*. En ce sens il a vieilli.

ÉPANDU, E, part. pass. de *épandre*.

ÉPANNELÉ, E, part. pass. de *épanneler*.

ÉPANNELER, v. act. (*épanelé*) : *épanneler un bloc*, le couper à *pans*.—S'ÉPANNELER, v. pron.

ÉPANODE, subst. mas. (*épanode*) (formé du grec επι, sur, ανα, en remontant, et οδος, route), retour, renouvellement. (*Boiste*.) Hors d'usage.

ÉPANORTHOSE, subst. fém. (*épanortôze*) (en grec επανορθωσις, fait du verbe επανορθοω, je corrige, je redresse, dont les racines sont επι, sur, ανα, prép. réduplicative, et ορθος, droit), figure de rhétorique par laquelle, en feignant de rétracter ce qu'on a dit, comme trop faible, on ajoute quelque chose de plus fort : *je crois; que dis-je? je suis certain*, etc.

ÉPANOUI, E, part. pass. de *épanouir*, et adj.

ÉPANOUIR, v. act. (*épanouir*) (du lat. *expandere*, étendre, déplier. *Huet*.), il est usité seulement dans cette phrase proverbiale : *épanouir la rate*, réjouir.—S'ÉPANOUIR, v. pron., s'élargir, se déplier, s'étendre et s'ouvrir, en parlant des fleurs. — Fig. : *son visage, son front s'épanouit*, se déride, devient serein.

ÉPANOUISSEMENT, subst. mas. (*épanouiceman*), l'action de s'*épanouir* : *l'épanouissement des fleurs*.—Fig., *épanouissement de la rate, du cœur*.

ÉPAPHÉRÈSE, subst. fém. (*épaférèze*) (du grec επαφαιρεω, j'enlève), t. de chir., saignée répétée.

ÉPAPHRODITE, subst. et adj. des deux genres (*épafrodite*), aimé de Vénus.

ÉPAPHUS, subst. propre mas. (*épafuce*), myth., fils de Jupiter et d'Io. Il eut dans son enfance une querelle avec Phaéton, qui causa la perte de ce dernier. On croit qu'il bâtit la ville de Memphis.

ÉPARCET, subst. mas. (*éparcé*), espèce de foin, d'avoine et d'orge.—L'*Académie* renvoie à ESPARCETTE, subst. fém. Il est assez singulier de voir un même mot signifiant la même chose, avoir une orthographe différente et un genre différent. Il est vrai que c'est la terminaison du mot qui impose cette différence. Pourquoi ne l'impose-t-elle pas toujours? Que de difficultés seraient aplanies! Combien notre langue deviendrait facile!

S'ÉPARER, v. pron. (*céparé*), t. de man.; il se dit d'un cheval lorsqu'il détache des ruades et noue l'aiguillette.

ÉPARGNANT, E, adj. (*épargnian, ante*), qui use d'*épargne*.

ÉPARGNE, subst. fém. (*épargnie*), économie dans le ménage. — Autrefois le trésor public : *trésorier de l'épargne*.—Aujourd'hui, *caisse d'épargne*, caisse municipale établie dans les principales villes de France pour y recueillir les *épargnes* des ouvriers, etc.; après un certain temps, ils peuvent les retirer avec les intérêts. — Fig., ménagement que l'on fait du temps, etc. — T. de grav. ; on appelle *taille d'épargne*, une manière de graver ou d'entailler le bois, les pierres, les métaux, par laquelle on taille et on enlève le fond de la matière, ne laissant en *épargne* ou en relief que les parties qu'on veut faire paraître à la vue, ou qui doivent marquer ou imprimer : *les gravures en bois sont taillées ou gravées en épargne*.

ÉPARGNÉ, E, part. pass. de *épargner*.

ÉPARGNER, v. act. (*épargnié*) (en latin *parcere*, dont on a fait dans le jargon barbare de la basse latinité, d'abord *exparcere*, et ensuite *exparcinare*), user d'économie : *épargner son bien*. — Au fig., avoir quelque ménagement, quelque égard pour quelqu'un ou pour quelque chose. — Il se dit aussi des provisions et de toutes les choses que l'on n'emploie pas en aussi grande quantité qu'on aurait pu le faire : *épargner le vin, la chandelle, le beurre*. — *On n'a pas épargné le sel, le poivre dans un ragoût*, on y a mis trop de sel ou de poivre ; *on n'a pas épargné le vin, les liqueurs dans un repas*, on en a donné aux convives autant qu'ils ont pu en désirer. — On dit qu'*un homme n'épargne personne*, pour dire qu'il médit de tout le monde, qu'il fait de la peine à qui il peut. — Fig., *épargner sa peine, ses pas*, s'exempter d'agir, de prendre de la peine.— *Ne m'épargnez pas*, employez-moi librement.— *Épargnez-moi* (ne me donnez pas) *le chagrin, la douleur, la honte de...* — S'ÉPARGNER, v. pron., se ménager trop, s'employer trop mollement. — Se priver des choses nécessaires : *c'est un avare qui s'épargne tout*. — Il signifie aussi ne pas se gêner, ne pas se donner de peine. On l'emploie également avec la négation : *c'est un homme qui ne s'épargne pas pour ses amis*. — *S'épargner du chagrin*, l'éviter, le prévenir par sa prévoyance.

ÉPARME, subst. mas. (*éparme*) (du grec επι, sur, et αιρω, j'élève), t. de chir., élévation, tumeur qui se forme près de l'oreille.

ÉPARPILLÉ, E, part. pass. de *éparpiller*.

ÉPARPILLEMENT, subst. mas. (*éparpilleman*), l'action d'*éparpiller*.

ÉPARPILLER, v. act. (*éparpi-ié*) (en italien *sparpagliare*, fait du lat. *spargere*), répandre çà et là. — En peinture, disperser.—Par analogie, *éparpiller de l'argent*, en dépenser beaucoup en choses frivoles. — S'ÉPARPILLER, v. pron., se disperser : *ces feuilles s'éparpillent*.

ÉPARS, subst. mas. (*épar*), pièce de bois qui entre dans les brancards et les ridelles des chariots. — En t. de mar., bâton qui soutient le pavillon.

ÉPARS, E, adj. (*épar, parce*) (en lat. *sparsus*, part. pass. de *spargere*), dispersé. — Placé çà et là, sans aucun ordre.—*Avoir les cheveux épars*, en désordre. — T. de mar., *éclairs épars*, qui ne sillonnent pas.

ÉPART, subst. mas. (*épar*), espèce de jonc qui sert aux Marseillais pour faire des paniers et des cabas.

ÉPARVIER, subst. mas. (*éparvié*), t. de bot., sorte d'arbre de la Guyane.

ÉPARVIN ou **ÉPERVIN** (l'*Académie* donne les deux), subst. mas. (*éparvein*), t. de médec. vétér., sorte de maladie du cheval.

ÉPATÉ, E, part. pass. de *épater*, et adj. (*épaté*), usité seulement avec *nez* et *verre* : *un nez épaté*, gros, large et court; *un verre épaté*, qui a le pied cassé. — T. de mar., *haubans épatés*, écartés du pied du mât par en bas, de sorte qu'ils font avec le mât un angle plus ouvert qu'à l'ordinaire.

ÉPATER, v. act. (*épaté*) (rac. *patte*), se dit d'un verre dont on casse le pied. — S'ÉPATER, v. pron., se casser le pied ou la *patte*, tomber. Fam.

ÉPATTEMENT, subst. mas. (*épateman*), t. de mar., 1° l'angle que font les haubans avec leurs mâts et entre eux; 2° la distance des haubans aux mâts par en bas.

ÉPAUFRURE, subst. fém. (*épôfrure*), éclat du bord du parement d'une pierre.

ÉPAULARD, subst. mas. (*épôlar*), t. d'hist. nat., grand poisson de mer de la forme du dauphin, mais beaucoup plus gros.

ÉPAULE, subst. fém. (*épôle*) (du latin *spalla*, fait de *spatula*, omoplate. Les Italiens disent encore aujourd'hui *spalla*), partie du corps de l'homme, qui est double, au haut du tronc ou au dos, et qui se joint au bras.—On le dit aussi de quelques animaux : *épaule de mouton, de veau; le sanglier fut blessé à l'épaule*.—*Épaule d'un bastion*, le flanc d'un bastion.—En t. de mar., partie du vaisseau depuis la quille jusqu'aux haubans de misaine. On dit qu'*un vaisseau a de l'épaule*, quand il est renflé dans cette partie.—*Épaule de mouton*, la plus grande cognée dont se servent les charpentiers. — *Mettre quelqu'un dehors par les épaules*, le chasser honteusement.—*Regarder quelqu'un par-dessus l'épaule*, avec mépris. — *Cela me fait hausser les épaules*, cela me choque, ne m'inspire que du mépris.—*Je porte cet homme sur mes épaules*, il me déplaît, il m'est à charge. —Fig. : *il n'a pas les épaules assez fortes pour cet emploi, cette dignité*, il n'a pas assez de capacité, assez de biens pour..., etc.—*Prêter l'épaule à quelqu'un*, lui aider, le soutenir. — *Donner un coup d'épaule à quelqu'un*, l'aider à faire quelque chose.—*Pousser le temps à* ou *avec l'épaule*, gagner du temps comme on peut.—*Faire une chose par-dessus l'épaule*, ne la point faire. Toutes ces phrases sont du style familier, à l'exception de la dernière qui est basse et populaire.—*La Bruyère* a dit très-énergiquement (chapit. VIII) : *vous voyez des gens qui entrent sans saluer que légèrement, qui marchent des épaules*, c'est-à-dire les *épaules* hautes, en affectant un air d'importance.

ÉPAULÉ, E, part. pass. de *épauler* et adj. ; *cheval épaulé*.—On dit, en t. de jard., qu'*un arbre est épaulé*, lorsqu'une ou plusieurs de ses branches ont été cassées par le vent, ou coupées mal à propos.—Fig. et fam. : *prendre en mariage une bête épaulée*, une fille qui s'est déshonorée.

ÉPAULÉE, subst. fém. (*épôlé*), effort qu'on fait de l'*épaule* pour pousser quelque chose. — En archit., interruption d'un ouvrage de maçonnerie, qui n'est pas fait de suite, ni de niveau, mais à diverses reprises. — Au fig. : *faire une chose par épaulées*, à diverses reprises, négligemment. —Quartier d'*épaule* de mouton.

ÉPAULEMENT, subst. mas. (*épôleman*), t. de fortification, espèce de rempart fait de fascines, de terre, etc., pour couvrir une batterie de canons ou des troupes.—En archit., mur qui sert à soutenir une chaussée ou un chemin escarpé. — En menuiserie, partie pleine entre deux mortaises, ou depuis la mortaise jusqu'à l'extrémité du battant.—En t. de charpentier, diminution faite à la longueur d'un tenon pour couvrir une mortaise. —Dans l'imprimerie, collet carré qui enveloppe la noix de la vis sous le sommier auquel il est cloué.

ÉPAULER, v. act. (*épôlé*), rompre ou disloquer l'*épaule*, en parlant des bêtes à quatre pieds.— Fig. et fam., assister, aider, appuyer. — *Épauler des troupes*, les mettre à couvert du canon par un *épaulement*.—S'ÉPAULER, v. pron. : *son cheval s'épaula en tombant*.—Fig., s'entr'aider.

ÉPAULETIER, subst. mas. (*épôletié*), t. de dénigrement employé quelquefois pour désigner un mauvais officier, qui est tout fier de porter des *épaulettes*. Peu usité. *Épauletier* signifierait plutôt fabricant d'*épaulettes*.

ÉPAULETTE, subst. fém. (*épôlète*), petite bande de toile sur l'*épaule* de la chemise.—Couture sur l'*épaule* d'un habit.—Galon de laine, de soie, d'or ou d'argent appliqué sur l'*épaule* d'un militaire. — En t. de mar., entaille faite sur le côté d'une pièce de charpente, dans laquelle entre une autre pièce entaillée elle-même sur son plat.

ÉPAULIÈRE, subst. fém. (*épôlière*), la partie de l'armure d'un cavalier qui couvre et défend l'*épaule*.

ÉPAULIES, subst. fém. plur. (*épôli*), t. d'hist. anc.; c'est ainsi que les Grecs appelaient le lendemain des noces. Ce jour-là, les parents et les conviés faisaient des présents aux nouveaux mariés. On nommait aussi *épaulies* les présents, et surtout les meubles que la mariée recevait de son beau-père. Ces présents étaient portés publiquement et en cérémonie. Un jeune homme, vêtu de blanc et tenant à la main un flambeau allumé, ouvrait la marche.

ÉPAURE, subst. fém. (*épôre*), solive qui sert à faire la levée d'un bateau foncet. On dit aussi *épave*.

ÉPAUTIÉ, E, part. pass. de *épautier*.

ÉPAUTIER, v. act. (*épôtié*), ôter les menues ordures des draps. (*Boiste*.) Peu usité et mal formé.

ÉPAVE, adj. des deux genres (*épave*) (du latin *expavefacta*, effrayé), il se dit 1° des choses égarées et dont on ne connaît point le propriétaire, surtout en parlant des chevaux, vaches et autres bestiaux; 2° par extension, des productions que la mer tire de son sein et qu'elle jette naturellement sur ses bords, telles que l'ambre, le corail, etc. —On dit substantivement au fém. plur. : *les épaves appartenaient au seigneur sur la terre duquel elles se trouvaient*. — *Droit d'épaves*, droit qu'avait le seigneur de s'approprier les *épaves*.

ÉPAVITÉ, subst. fém. (*épavité*), droit sur les *épaves*.

ÉPAVRE, subst. fém. (*épavre*). Voy. ÉPAURE.

ÉPEAUTRE, subst. mas. (*épôtre*) (en lat. *spelta*), espèce de froment commun en Égypte, en Grèce et en Sicile. Quelques-uns l'appellent *froment locar*. Voy. FROMENT.—On donne aussi ce nom à une espèce de seigle blanc.

ÉPÉCHÉ, E, part. pass. de *épécher*.

ÉPÉCHER, v. act. (*épéché*), t. de salines, puiser le reste de la muire.

ÉPÉCHISTE, subst. mas. (*épéchicete*), sceptique. (*Boiste.*) Inusité en ce sens. — Ouvrier qui *épêche*.

ÉPÉE, subst. fém. (*épé*) (du grec σπαθη, qui signifie proprement *spatule*, et d'où les Latins ont dit *spatha*, *épée* longue et large, telle que celle des anciens Gaulois. Les Italiens en ont fait également *spada*, et les Espagnols *espada*, usités respectivement dans ces deux langues), sorte d'arme offensive.—La profession militaire : *quitter la robe pour l'épée*.—Chez les cordiers, outil de buis en forme de couteau.—Partie du chevalet à tirer les soies. — *Mettre l'épée à la main*, *mettre la main à l'épée*. La première expression marque qu'on tire *l'épée* tout-à-fait hors du fourreau ; et la seconde signifie qu'on se met seulement en devoir de tirer *l'épée*, ou qu'on ne la doit tirer qu'à demi. — Fig.: *emporter quelque chose à la pointe de l'épée*, après de grands efforts. — *Donner un coup d'épée dans l'eau*, faire une démarche inutile.—*Presser, poursuivre un homme l'épée dans les reins*, le presser fort de conclure, d'achever une affaire.—*Il n'a que la cape et l'épée*, il n'a point de bien ; et, si l'on parle d'un ouvrage, il n'a rien de solide. — Prov. : *à vaillant homme courte épée*, la valeur supplée aux armes. — *Se faire blanc de son épée*, se vanter d'avoir beaucoup de crédit, de pouvoir, quoiqu'en effet on en ait fort peu. — *L'épée use le fourreau*, la vivacité et l'activité de l'esprit d'une personne nuisent à sa santé.—On dit d'un homme qui sait bien se servir de son *épée*, que *c'est une bonne épée*.

ÉPÉE-DE-MER, subst. fém. (*épédemère*), t. d'hist. nat., dauphin, espèce de requin.

ÉPEICHE, subst. fém. (*épèche*), t. d'hist. nat., oiseau grimpeur de la famille des cunéirostres, dont le plumage est tacheté de noir et de blanc, avec l'occiput écarlate.

ÉPEIGNÉ, E, adj. (*épègnié*), se dit d'une douve de tonneau rompue dans le jable.

ÉPEIRE, subst. fém. (*épère*), t. d'hist. nat., genre d'arachnides pulmonaires de la famille des aranéides.

ÉPELÉ, E, part. pass. de *épeler*.

ÉPELER, v. act. (*épelé*) (en lat. *appellare*, appeler), nommer, appeler les lettres et les assembler pour en former des syllabes et des mots.—S'ÉPELER, v. pron.

ÉPELLATION, subst. fém. (*épèlelâcion*), action, art d'*épeler*.

ÉPENTHÈSE, subst. fém. (*épantèze*) (en grec επενθεσις, formé de επι, par-dessus, et de εντιθημι, insérer, dont la racine est τιθημι, placer, mettre), t. de litt. lat., insertion d'une lettre au milieu d'un mot, comme *relligio* pour *religio*. C'est une liberté que la langue latine donne à ses poëtes, soit pour allonger une voyelle, soit pour donner une syllabe de plus à un mot. La langue française n'admet point l'*épenthèse*.

ÉPENTHÉTIQUE, adj. des deux genres (*épantétike*), qui a rapport à l'*épenthèse*.

ÉPÉOLE, subst. mas. (*épé-ole*), t. d'hist. nat., genre d'insectes de la famille des mellifères, tribu des apiaires.

ÉPERDU, E, adj. (*épèredu*), troublé par la crainte, ou par quelque autre passion.

ÉPERDUMENT (l'*Académie*, n'écrivant pas *éperdûment*, déroge ici à ses principes.), adv. (*épèreduman*), violemment, passionnément.

ÉPERLAN, subst. mas. (*épèrelan*), t. d'hist. nat., poisson osseux, abdominal, de la famille des dermoptères.

ÉPERNAY, subst. propre mas. (*épèrené*), ville de France, chef-lieu d'arrond., dép. de la Marne. Cette ville fait un commerce considérable de vins.

ÉPERON, subst. mas. (*éperon*) (de l'italien *sprone*, formé de l'allemand *sporn*, dont les Anglais ont fait également *spur*), pièce de fer composée de deux branches qui embrassent le talon du cavalier, et d'une pointe, rose ou molette, faite en forme d'étoile pour piquer le cheval.— Rides au coin de l'œil. — Ergot de certains animaux, des coqs.—La proue et la pointe des vaisseaux et des galères, qui fait une grande saillie et avance en mer.—Sorte de fortification en angle saillant. —En hydraul., massif en forme d'arc-boutant, que l'on construit au devant des piles d'un pont, pour les préserver du choc des glaces. —En archit., solide de maçonnerie qui sert à soutenir les murs d'une terrasse contre la poussée des terres. — En bot., espèce de prolongement postérieur de la base d'un calice ou d'une corolle qu'on observe dans les fleurs de plusieurs plantes.—Fig. et fam.: *cet homme n'a ni bouche ni éperon*, il est stupide ; il n'a ni sentiments, ni courage.— *Il a besoin de l'éperon*, il faut l'exciter, le presser. —*Il a plus besoin de bride que d'éperon*, il a plus besoin d'être retenu que d'être excité.

ÉPERONNÉ, subst. mas. (*éperoné*), t. d'hist. nat., sorte de poisson de la mer des Indes.

ÉPERONNÉ, E, part. pass. de *éperonner*, et adj., qui a des *éperons* : *un coq éperonné*, *une fleur éperonnée ; il a les yeux éperonnés*.

ÉPERONNER, v. act. (*éperoné*), piquer de l'*éperon*.—S'ÉPERONNER, v. pron.

ÉPERONNIER, subst. mas. (*éperonié*), artisan qui fait et qui vend des *éperons*, des mors et des étriers.—T. d'hist. nat., oiseau de la Chine qui a pour ergots une sorte d'*éperons*.

ÉPÉRU, subst. mas. (*épéru*), t. de bot., arbre à fleur légumineuse.

ÉPERVIER, subst. mas. (*épèrevié*) (du latin barbare *sparvarius*, dérivé, dans la même signification, de l'allemand *sparver*, et dont les Italiens ont fait également *sparviere*), t. d'hist. nat., sorte d'oiseau de proie. — Filet de pêcheur, en forme de cloche, dont les bords sont plombés ; il y a une ligne ou corde à la pointe du cône.— Bandage pour les plaies du nez. — Prov. : *mariage d'épervier*, celui où le mâle vaut mieux que la femelle. — *D'une buse on ne saurait faire un épervier*, d'un sot un habile homme.—Myth.; cet oiseau est consacré à Apollon.

ÉPERVIÈRE, subst. fém. (*épèrevière*), t. de bot., plante de la famille des chicoracées.

ÉPERVIN, subst. mas. Voy. ÉPARVIN.

ÉPÉTÉ, E, part. pass. de *épéter*.

ÉPÉTER, v. act. (*épété*), empiéter sur le terrein d'autrui. (*Boiste.*) Vieux et hors d'usage.

ÉPÉTIL, subst. mas. (*épéti*), t. de bot., sorte de plante de Cayenne.

ÉPÉUS, subst. propre mas. (*épé-uce*), myth., fils d'Endymion, habile ouvrier pour les machines de guerre. Il inventa le bélier et le bouclier, et fit le cheval de Troie.

ÉPHA, subst. mas. (*éfa*), ancienne mesure de farine qui équivalait à 29 pintes.

ÉPHÈBE, subst. mas. (*éfèbe*) (en grec εφηβος), mot tout grec qui signifiait enfant pubère. Entièrement inusité.

ÉPHÉBÉIES, subst. fém. plur. (*éfébé-i*) (du grec εφηβος, enfant pubère), t. d'hist. anc., fêtes qui se célébraient en Grèce au moment où les enfants atteignaient l'âge de puberté

ÉPHÉBÉON, subst. mas. (*éfébé-on*) (du grec εφηβος, enfant pubère), t. d'hist. anc., académie où les jeunes gens faisaient leurs exercices, chez les Grecs.

ÉPHECTITE, adj. des deux genres (*éfèktite*), se dit de ce qui devient plus obscur après une longue étude. Hors d'usage.

ÉPHÉDRA, subst. fém. (*éfédra*), t. de bot., plante des anciens.

ÉPHÉDRANE, subst. fém. (*éfédrane*) (du grec επι, sur, et εδρα, siége. On a quelquefois employé ce mot pour désigner les fesses.

ÉPHÈDRE, subst. mas. (*éfèdre*) (du grec εφεδρος, qui est tenu en réserve), chez les anciens, athlète sans antagoniste, et qui était réservé pour combattre le dernier.—T. de bot., sorte d'arbrisseau.

ÉPHÉDRISME, subst. mas. (*éfédriceme*) (en grec εφεδρισμος), sorte de jeu grec où l'un des athlètes se battait contre le dernier vainqueur.

ÉPHELCE, subst. fém. (*éfèlce*) (du grec επι, sur, et ελκος, ulcère), t. de chir., croûte qui recouvre un ulcère.

ÉPHÉLIDE, subst. fém. (*éfélide*) (en grec εφηλις, gén. εφηλιδος, formé de επι, par, et ηλιος, soleil, t. de médec., tache de la peau produite par l'ardeur du soleil.

ÉPHÉMÈRE, adj. des deux genres (*éfémère*) (en grec εφημερος, ou εφημεριος, formé de επι, dans, et ημερα, jour), qui ne dure qu'un jour : *fièvre éphémère; insecte éphémère*. Dans cette dernière acception, il est aussi employé substantivement. — Il est fort usité au figuré : *ouvrages*, *productions éphémères*.

ÉPHÉMÉRIDES, subst. fém. plur. (*éfémérîde*) (du grec εφημερις, journal, formé de επι, dans, et ημερα, jour), tables astronomiques par lesquelles on détermine pour chaque jour le lieu de chaque planète dans le zodiaque, et les circonstances des mouvements célestes. — On donne aussi ce nom à des livres qui contiennent les événements de chaque jour.

ÉPHÉMÉRIES, subst. fém. plur. (*éféméri*), les prêtres juifs étaient distribués en classes nommées *éphémeries*.

ÉPHÉMÉRINE, subst. fém. (*éfémérine*), t. de bot., plante *éphémère* de Virginie.

ÉPHÉMÉRON, subst. mas. (*éféméron*), t. de bot., sorte de plante vénéneuse.

ÉPHÉMÉROPYRE, subst. fém. (*éféméropire*) du grec εφημεριος, éphémère, et πυρ, feu), t. de médec., fièvre quotidienne.

ÉPHÈSE, subst. propre fém. (*éfèze*), myth., ville d'Ionie, renommée par le fameux temple de Diane.

ÉPHÉSIEN, subst. et adj. mas., au fém. **ÉPHÉSIENNE** (*éfézîein*, *ziène*), qui est d'*Éphèse*, qui y a rapport. — T. d'hist. anc., on appelait *lettres éphésiennes*, des lettres magiques écrites sur la couronne, la ceinture et les pieds de la statue de Diane, à *Éphèse*. On leur attribuait une vertu : quiconque les prononçait obtenait aussitôt tout ce qu'il désirait.

ÉPHÉSIES, subst. fém. plur. (*éfézi*), myth., fêtes célébrées à *Éphèse*, en l'honneur de Diane.

ÉPHESTIENS, subst. mas. plur. (*éfècetiein*) (du grec επι, sur, et εστια, foyer), myth., dieux domestiques, les mêmes que les Latins nommaient Lares et Pénates.

ÉPHESTRIE, subst. fém. (*éfècetri*) (en grec εφεστρις, du v. εννυμι, se revêtir), t. d'hist. anc., sorte d'habit en usage chez les Grecs. C'était proprement une saie, un surtout de soldat.— Subst. fém. plur., fêtes qu'on célébrait à Thèbes en l'honneur de Tirésias.

ÉPHÈTE, subst. mas. (*éfète*) (du grec εφετης), t. d'hist. anc., nom de certains magistrats d'Athènes, institués pour connaître des meurtres commis par accident.

ÉPHÉTIDE, subst. fém. (*éfétide*), t. de médec., maladie dans laquelle la peau est couverte de taches rouges.

ÉPHI, subst. mas. (*éfi*), sorte de mesure de grain chez les Hébreux.

ÉPHIALTE, subst. mas. (*éfi-alte*) (du grec επι, sur, et αλλομαι, sauter), cauchemar, sorte d'oppression nocturne, qui fait croire à ceux qui en sont attaqués que quelqu'un est couché sur leur poitrine, ou qu'un poids énorme pèse sur eux.

ÉPHIALTE et OTHUS, subst. propres mas. (*éfialte*, *otuce*), myth., enfants de Neptune et d'Iphimédie. C'étaient des géants qui chaque année croissaient de plusieurs coudées, et grossissaient à proportion. Ils n'avaient encore que quinze ans lorsqu'ils voulurent escalader le ciel. Ces deux frères se tuèrent l'un l'autre, par l'adresse de Diane, qui les brouilla ensemble.—On nommait aussi *éphialtes*, des esprits malfaisants.

ÉPHIDROSE, t. de médec. Voy. ÉPHYDROSE.

ÉPHIPPIE, subst. fém. (*éfipepi*), t. d'hist. nat., genre d'insectes de l'ordre des diptères.

ÉPHIPPION, subst. mas. (*éfipepion*) (du grec εφιππιον, selle), t. d'anat., nom donné à la selle turcique de l'os sphénoïde.

ÉPHIPPIUM, subst. mas. (*éfipepiome*) (même étym. qu'au mot précéd.), t. d'hist. nat., coquillage marin appelé *selle polonaise* ou pelure d'ognon.

ÉPHOD, subst. mas. (*éfode*) (mot hébreu dérivé de *aphad*, revêtir, habiller), un des vêtements sacerdotaux en usage chez les Juifs. Espèce d'étole.

ÉPHODE, subst. mas. (*éfode*) (du grec εφοδος, avenue), t. de médec., passage qui sert à la sortie des excréments.

ÉPHORE, subst. mas. (*éfore*) (du grec εφορος, surveillant, inspecteur, formé de επι, sur, et de ορχω, je vois, je regarde), t. d'hist. anc., juge de Sparte, établi pour servir de frein à l'autorité royale. L'*Académie* ne donne pas de sing. à ce mot.

ÉPHYDATIE, subst. fém. (*éfidati*), éponge fluviale.

ÉPHYDRIADES ou **ÉPHYDRIDES**, subst. fém. plur. (*éfidriade*, *dride*) (en grec εφυδριας, gén. εφυδριαδος, fait de επι, sur, et υδωρ, eau), myth., nymphes des eaux. On les appelait aussi *hydriades*.

ÉPHYDROSE, subst. fém. (*éfidrôze*) (du grec εφυδρια, abondance d'eau), t. de médec., sueur très-abondante suivie d'épuisement.

ÉPHYRA, subst. propre fém. (*éfira*), myth., nymphe dont les poëtes donnent souvent le nom à la ville de Corinthe, où elle avait demeuré.— Il y en a qui rapportent ce surnom de Corinthe à Éphyrus, fils d'Epiméthée et de Myrmex.

ÉPHYRE, subst. fém. (*éfire*), t. d'hist. nat., genre de zoophytes établi aux dépens des méduses.

ÉPHYRUS Voy. ÉPHYRA.

ÉPI, *subst. mas.* (*épi*) (du lat. *spica*), la tête du tuyau du blé, du seigle, de l'orge, de l'avoine, qui contient le grain. — En bot., disposition de fleurs dans laquelle, étant toutes sessiles ou presque sessiles, elles sont éparses sur un axe ou filet commun. Dans *l'épi simple*, les fleurs sont solitaires sur toute l'étendue de l'axe ; dans le *composé*, l'axe porte de petits épis particuliers, qu'on nomme *épillets*. — Mèche de cheveux ou de poils qui s'élève contre le sens naturel. — Retour de poil qui se forme au front d'un cheval. — Dans l'hydraul., 1° en général, toute digue destinée à conserver les berges d'une rivière ; 2° dans une acception plus particulière, bout de digue qui modifie le cours d'une rivière, de sorte qu'elle se rétablisse comme d'elle-même, en détruisant les attérissements, etc. ; 3° espèce de digue construite de coffres de charpente remplis de pierres, ou faite d'un tissu de fascinage piqueté, terré et garni de graviers. — En t. d'archit., 1° assemblage de chevrons autour du poinçon d'une couverture conique ou pyramidale ; 2° le bout du poinçon qui passe au-dessus du faîte d'un comble, et sur lequel on attache les amortissements ; 3° briques posées diagonalement sur le côté, en façon de point de Hongrie ; 4° pointes et crochets de fer qu'on met sur des balustrades, etc., pour servir de défense. — En t. de chir., espèce de bandage. — En t. d'astron., *épi de la Vierge*, étoile de la première grandeur dans la constellation de la Vierge. — T. de mar., *épi du vent*, le point d'où il souffle.

ÉPIAIRE, subst. fém. (*épièré*), t. de bot., genre de plantes de la famille des labiées.

ÉPIAL, E, adj. (l'*Académie* écrit *épiale* sans indiquer le genre. Nous ne comprenons pas cette terminaison féminine dans le cas où l'on aurait besoin de se servir de cet adj. en parlant d'un *frisson* ; par exemple, dirait-on : *un frisson épiale ?* Nous pensons qu'il faudrait dire : *un frisson épial.*) (*épiale*) (du grec ηπιαλος, fait de ηπιος, doux, et αλεα, chaleur), t. de médec., qui a une douce chaleur. — *Fièvre épiale*, fièvre continue avec une chaleur par tout le corps, et des frissons vagues et irréguliers.

ÉPIAN, subst. mas. (*épian*), t. de médec., maladie commune en Amérique, et qu'on ne croit pas différente du mal vénérien. On l'appelle vulgairement *pian*.

ÉPIAULIE, subst. fém. (*épi-óli*), chanson des meuniers chez les anciens Grecs.

ÉPIBADE, subst. mas. (*épibade*) (du grec επιβαινω, je marche sur), sorte de bâtiment de transport dont on se servait dans l'antiquité.

ÉPIBATÉRION, subst. mas. (*épibatérion*), mot purement grec, espèce de composition poétique en usage chez les Grecs. Lorsqu'une personne distinguée revenait chez elle après une longue absence, elle assemblait ses concitoyens un certain jour, leur faisait un discours, ou récitait une pièce de vers dans laquelle elle rendait grace aux dieux de son heureux retour, et qui se terminait par un compliment à ses compatriotes. C'est cette composition que l'on appelait *épibatérion*.

ÉPIBATÉRIUS, subst. propre mas. (*épibatériuce*), myth., surnom d'Apollon, à qui Diomède avait élevé un temple, à Trézène, sur le mont *Épibatéreus*, parce que ce dieu l'avait préservé de la tempête qui fit périr une partie des Grecs à leur retour de Troie.

ÉPIBATE, subst. mas. (*épibate*) (du grec επιβαινω, je m'embarque), t. d'hist. anc., passager, soldat d'une flotte dans l'ancienne Grèce.

ÉPIBLÈME, subst. fém. (*épiblème*), t. de bot., plante exotique de la famille des orchidées.

ÉPIBOMIE, subst. fém. (*épibomi*), t. d'antiq. grecque, cantique qui se chantait devant l'autel.

ÉPIBULUS, subst. mas. (*épibuluce*), t. d'hist. nat., sorte de poisson du genre des labres.

ÉPICAÏSÉ, E, part. pass. de *épicaïser*.

ÉPICAÏSER, v. act. (*épika-izé*), statuer, prendre en considération.

ÉPICARPE, subst. mas. Voy. PÉRICARPE.

ÉPICARPIEN, adj. propre mas. (*épikarpiein*), myth., surnom donné à Jupiter, adoré dans l'île d'Eubée.

ÉPICASTE, subst. propre fém. (*épikacete*), myth., mère de Trophonius. Voy. *Trophonius*. C'est aussi le nom que quelques-uns donnent à la femme de Laïus. Voy. JOCASTE.

ÉPICAUME, subst. mas. (*épikôme*) (en grec επικαυμα, brûlure à la surface, fait de επι, sur, et de καιω, je brûle), t. de chir., ulcère qui se forme à la cornée transparente, vis-à-vis la pupille, et qui est semblable à celui qui résulterait de l'action du feu.

ÉPICE, subst. fém. (*épice*) (du latin *species*, qui, surtout au pluriel, a désigné toute espèce de marchandises de droguiste), drogue aromatique, chaude et piquante, dont on se sert pour assaisonner les viandes. — *Pain d'épice*, pain fait de farine, de miel et d'*épices*. — Au plur. autrefois, confitures. On en faisait aux juges des présents qui furent ensuite convertis en argent, et de là le nom d'*épices* donné aux droits alloués aux juges dans les procès par écrit.

ÉPICÉ, E, part. pass. de *épicer*, et adj. : *sauces trop épicées*.

ÉPICÉA ou **ÉPICIA**, subst. mas. (*épicé-a*), t. de bot., nom du sapin le plus commun en Europe.

ÉPICÉDION, ÉPICÈDE, subst. mas., ou **ÉPICÉDIE**, subst. fém. (*épicédion, cède, cédi*) (du grec επι, sur, et κηδος, funérailles), t. d'antiquité grecque ; oraison funèbre qui se prononçait aux pieds du défunt.

ÉPICÉDIQUE, adj. des deux genres (*épicédike*), se dit de l'oraison funèbre prononcée en l'honneur d'une personne illustre.

ÉPICÈNE, adj. des deux genres (*épicène*) (du grec επι, en, et κοινος, commun ; *qui est commun avec un autre*), t. de grammaire qui se dit des mots communs aux deux sexes. Les mots *enfant, parent, corbeau, renard*, sont *épicènes*.

ÉPICER, v. act. (*épicé*), assaisonner avec des *épices*. — S'ÉPICER, v. pron.

ÉPICÉRASTIQUE, adj. des deux genres (*épicéracetike*) (du grec επικεραστικος, propre à tempérer les humeurs), t. de médec., se dit des médicaments qui sont propres à adoucir l'acrimonie des humeurs.

ÉPICERIE, subst. fém. (*épiceri*), nom collectif qui comprend non seulement les *épices* proprement dites, mais encore le sucre, le café, le miel, les drogues, etc.

ÉPICHANTIDES, subst. mas. plur. (*épikantide*), les coins de l'œil. (*Boiste*.) Mot peu commun.

ÉPICHARIS, subst. mas. (*épikarice*) (du grec επιχαρις, gracieux, joli), t. d'hist. nat., genre d'insectes de l'ordre des hyménoptères.

ÉPICHÉRÈME, subst. mas. (*épikérème*) (du grec επιχειρημα, preuve, argument, raisonnement pour prouver, de επιχειρεω, j'ai sous la main, dérivé de επι, dans, et de χειρ, main), en t. de logique, sorte de syllogisme où chacune des prémisses est accompagnée de sa preuve.

ÉPICHOLE, adj. des deux genres (*épikole*) (en grec επιχολος), t. de médec., bilieux.

ÉPICHORDE, subst. mas. (*épikorde*) (en grec επιχορδις), t. d'anat., nom que les Grecs donnent au mésentère.

ÉPICHORION, subst. mas. (*épikorion*), t. d'anat., nom qu'on donnait autrefois à l'épiderme. — Selon quelques auteurs, membrane caduque de l'œuf.

ÉPICHORIQUE, adj. des deux genres (*épikorike*) (du grec επιχωριος, qui est du pays, indigène), t. de médec., syn. d'endémique.

ÉPICIER, subst. et adj. mas., au fém. **ÉPICIÈRE** (*épicié, cière*), celui, celle qui vend des *épiceries* : *marchand épicier*.

ÉPICIÈRE, subst. et adj. fém. Voy. ÉPICIER.

ÉPICLIDIES et **ÉPICRÈNES**, subst. fém. plur. (*épiklidi, krène*), myth., fêtes en l'honneur de Cérès.

ÉPICŒLE ou **ÉPICÈLE**, subst. fém. (*épicèle*), t. de médec., selon quelques auteurs, la paupière supérieure.

ÉPICOLIQUE, adj. des deux genres (*épikolike*), t. d'anat., se dit des parties qui avoisinent le *colon* : *région épicolique*.

ÉPICOMBE, subst. mas. (*épikonbe*) (du grec επι et κομβος, bourse), t. d'hist. anc., petits paquets remplis de pièces de monnaie, qu'un sénateur jetait au peuple, lorsque l'empereur de Constantinople sortait de l'église. Il y avait ordinairement dix *mille de ces bouquets, dont chacun* renfermait au moins trois pièces d'or et trois pièces d'argent.

ÉPICONDYLE, subst. mas. (*épikondile*), t. d'anat., apophyse de l'extrémité cubitale de l'humérus, au-dessus du *condyle*.

ÉPICONDYLO-CUBITAL, subst. mas. (*épikondilo-kubital*), t. d'anat., muscle étendu entre le *condyle* de l'humérus et le *cubitus*. — Au plur., *épicondylo-cubitaux*.

ÉPICONDYLO-RADIAL, subst. mas. (*épikondiloradial*), t. d'anat., muscle qui s'étend entre le *condyle* de l'humérus et le *radius*. — Au plur., *épicondylo-radiaux*.

ÉPICRÂNE, subst. mas. (*épikrâne*) (du grec επι, sur, et κρανιον, crâne), ce qui environne le *crâne*.

ÉPICRANIEN, adj. mas., au fém. **ÉPICRANIENNE** (*épikrânieïn, niène*), t. d'anat., qui est situé sur le *crâne*.

ÉPICRASE, subst. fém. (*épikrâze*) (en grec επικρασις, dérivé de επικεραννυμι, tempérer, modérer), t. de médec., manière d'opérer une cure par degrés, et avec des remèdes tempérants, adoucissants.

ÉPICRISE, subst. fém. (*épikrize*) (en grec επικρισις, jugement, fait de επι, sur, et de κρινω, je juge), t. de médec., jugement que l'on peut porter sur les causes et la marche des maladies.

ÉPICURIEN, subst. et adj. mas., au fém. **ÉPICURIENNE** (*épikurieïn, riène*), dans le sens littéral, sectateur d'*Épicure*. — Par extension, voluptueux ; homme qui ne pense qu'à son plaisir. — Adj. : *morale épicurienne*.

ÉPICURISME, subst. mas. (*épikuriceme*), doctrine, morale d'Epicure. — Vie voluptueuse, etc. Quelques-uns disent *épicuréisme*.

ÉPICURIUS, subst. propre mas. (*épikuriuce*) (du grec επικουρος, auxiliaire), myth., surnom d'Apollon.

ÉPICYCLE, subst. mas. (*épicikle*) (du grec επι, sur, et κυκλος, cercle ; *cercle placé sur un autre cercle*), petit *cercle* imaginé par d'anciens astronomes, pour expliquer les stations et les rétrogadations des planètes, et qui a son centre dans un point de la circonférence d'un plus grand cercle.

ÉPICYCLOÏDE, subst. fém. (*épiciklo-ide*) (du grec επι, sur, κυκλος, cercle, et ειδος, forme ; *espèce de cercle qui se meut sur un autre*), t. de géométrie, ligne courbe engendrée par la révolution d'un point de la circonférence d'un cercle, lequel se meut en tournant sur la partie convexe ou concave d'un autre cercle.

ÉPICYÈME, subst. mas. (*épicième*) (du grec επικυημα, superfétation), t. de médec., conception d'un double fœtus.

ÉPIDAURE, subst. propre fém. (*épidôre*), myth., ville du Péloponèse, renommée par le temple d'Esculape et par les cruautés du géant Périphète.

ÉPIDAURIEN, adj. propre mas. (*épidôriein*), myth., surnom d'Esculape adoré à *Épidaure*.

ÉPIDAURIES, subst. fém. plur. (*épidôri*), fêtes athéniennes en l'honneur du dieu d'*Épidaure*.

ÉPI-D'EAU, subst. mas. (*épidô*), t. de bot., plante aquatique. — Au plur., des *épis-d'eau*.

ÉPI-DE-BLÉ, subst. mas. (*épideblé*), t. de bot., nom d'un bois très-dur qui croît en Chine. — Au plur., des *épis-de-blé*.

ÉPIDÉICTIQUE, adj. des deux genres (*épidéiktike*) (du grec επιδεικτικος, qui sert à démontrer), démonstratif. (*Boiste*.) Hors d'usage.

ÉPIDÉLIES, subst. fém. plur. (*épidéli*), myth., fêtes que l'on célébrait à Lacédémone en l'honneur d'Apollon *Épidélius*.

ÉPIDÉLIUS, subst. propre mas. (*épidéli-uce*), myth., surnom d'Apollon, pris d'un temple qu'il avait à *Épidélie*, ville de la Laconie.

ÉPIDÉMIE, subst. fém. (*épidémi*) (du grec επιδημια ou επιδημιος, fait de επι, dans, parmi, et de δημος, peuple), t. de médec., toutes sortes de maladies contagieuses et populaires. — Fig., mauvaises mœurs, mauvaises choses. — Au plur., myth., fêtes particulières qu'on célébrait lorsqu'un parent ou un ami revenait d'un long voyage. C'était aussi une fête publique en l'honneur d'Apollon à Délos et à Milet, et de Junon à Argos.

ÉPIDÉMIQUE, adj. des deux genres (*épidémike*), qui tient de l'*épidémie*.

ÉPIDÉMIUM, subst. mas. (*épidémiome*), t. de bot., plante qui croît sur les hautes montagnes d'Italie.

ÉPIDENDRÉES, subst. fém. plur. (*épidandré*) (du grec επι, sur, et δενδρον, arbre), t. de bot., section de plantes de la division des orchidées.

ÉPIDERME, subst. mas. (*épidèreme*) (en grec επιδερμις, fait de επι, sur, et δερμα, peau), la *première peau* de l'homme et de l'animal, et la plus mince. — Peau mince des coquilles. — En bot., peau mince qui sert d'enveloppe générale et extérieure aux différentes parties des plantes.

ÉPIDERMIQUE, adj. des deux genres (*épidèremike*), qui a rapport à l'*épiderme*.

ÉPIDÈSE, subst. fém. (*épidèze*) (en grec επιδεσις, formé de επιδεω, j'arrête), t. de chir., action, manière d'arrêter le sang qui coule d'une plaie.

ÉPIDESME, subst. mas. (*épidèceme*) (même étym. que celle du mot précédent), t. de chir., bandage pour une plaie.

ÉPIDIDYME, subst. mas. (*épididime*) (du grec επι, sur, et διδυμος, testicule), t. d'anat., éminence qui s'élève autour de chaque testicule, ou petit corps rond couché sur le dos de chaque testicule.

ÉPIDIDYMITE, subst. fém. (*épididimite*) (même étym. que celle du mot précédent), t. de médec., inflammation de l'*épididyme*.

ÉPIDORCHIS, subst. mas. (*épidorchice*), t. de bot., genre de plantes de la famille des orchidées.

ÉPIDOSE, subst. fém. (*épidôze*) (en grec επιδοσις, formé de επιδιδωμι, je crois), t. de médec., accroissement.

ÉPIDOTAS et **ÉPIDOTÈS**, subst. propre mas. (*épidotâce, tèce*), myth., génie révéré par les Lacédémoniens.—Il y avait aussi les dieux *Épidotes*, dont on ne sait que le nom. Les Arcadiens surnommaient Jupiter, *Épidote*.

ÉPIDOTE, subst. mas. (*épidote*) (du grec επιδοσις, accroissement, dérivé de επιδιδωμι, je crois), t. d'hist. nat., espèce de pierre qui offre, dans la molécule de ses crystaux, un des côtés de la base plus étendu que l'autre. — Au plur., myth., dieux qui présidaient à la croissance des enfants.

ÉPIDROME, subst. fém. (*épidrôme*) (du grec επι, et δρεμω, je cours), t. de médec., affluence des humeurs vers une partie quelconque du corps.

ÉPIE, subst. fém. (*épi*), personne qui *épie*. (*J.-J. Rousseau*. Du moins *Boiste* signe ce mot du nom de cet auteur; mais il est entièrement inusité.)

ÉPI-DU-VENT, subst. mas. (*épiduvan*), t. de bot., sorte de graminée.

ÉPIÉ, **E**, part. pass. de *épier*, et adj., t. de bot., dont les fleurs sont disposées en *épi*.—T. de chasse, *chien épié*, qui a au milieu du front de longs poils dont les pointes se rencontrent.

ÉPIENTÈRE, subst. mas. (*épiantère*), t. de médec. et d'anat., membrane gastro-pulmonaire.

ÉPIER, v. act. (*épié*) (suivant *Wachter*, du verbe teutonique *sphæhen*, voir; dérivé, dit-il, du mot scythe *spu*, œil, et dont les Allemands modernes ont fait, dans le même sens d'*épier*, *spahen* ou *spaehen*, les Anglais *to spy*, les Flamands *spien* et *spieden*, les Italiens *spiare*, et les Espagnols *espiar*), observer quelqu'un, ses actions.— En parlant des choses, être attentif à saisir, à profiter de..... *Épier l'occasion, le temps, le moment*, etc.—s'ÉPIER, v. pron., s'observer les uns les autres : *ils s'épient continuellement*.

ÉPIERRÉ, **E**, part. pass. de *épierrer*.

ÉPIERREMENT, subst. mas. (*épiéreman*), action d'*épierrer*.

ÉPIERRER, v. act. (*épiéré*), nettoyer la terre de *pierres*, de gravois. — s'ÉPIERRER, v. pron.

ÉPIÈS, subst. propre fém. (*épi-èce*), myth., divinité égyptienne. On croit que c'est la même qu'Osiris.

ÉPIEU, subst. mas. (*épieu*) (en allemand *spiess*), arme en forme de hallebarde, pour la chasse du sanglier.

ÉPIGAMIE, subst. fém. (*épiguami*) (en grec επιγαμια, droit de se marier), faculté de contracter des mariages entre des citoyens de deux villes grecques, exprimée dans leurs traités d'alliance.

ÉPIGASTRALGIE, subst. fém. (*épiguacetralji*) (en grec επι, sur, γαστηρ, ventre, et αλγος, douleur), t. de médec., douleur, inflammation de l'épigastre.

ÉPIGASTRALGIQUE, adj. des deux genres (*épiguacetraljike*), t. de médec., qui a rapport à l'*épigastralgie*.

ÉPIGASTRE, subst. mas. (*épiguacetre*) (en grec επιγαστριον, formé de επι, sur, et γαστηρ, ventre), t. d'anat., partie supérieure du bas-ventre.

ÉPIGASTRIQUE, adj. des deux genres (*épiguacetrike*), qui appartient à l'*épigastre*.

ÉPIGASTROCÈLE, subst. fém. (*épiguacetrocèle*) (du grec επι, sur, γαστηρ, ventre, et κηλη, tumeur), t. de chir., hernie de l'*épigastre*.

ÉPIGÉE, subst. fém. (*épijé*), t. de bot., genre de plantes de la famille des rhodoracées.

ÉPIGÉNÉSIE, subst. fém. (*épijénézi*) (du grec επι, sur, et γενεσις, naissance, dérivé de γεινομαι, naître), doctrine contraire à celle de l'*évolution* ou du *développement*; elle tend à établir que les corps organisés se forment par une agrégation de molécules, et croissent par juxta-position.

ÉPIGEONNÉ, **E**, part. pass. de *epigeonner*.

ÉPIGEONNER, v. act. (*épijoné*), t. de maçon., employer le plâtre un peu serré.

ÉPIGIE, subst. fém. (*épiji*) t. de bot., genre de plantes de la famille des bruyères.—Au plur., myth., nymphes de la Terre.

ÉPIGLOTTE, subst. fem. (*épiguelote*) (en grec επιγλωττις, fait de επι, sur, et γλωττις, la glotte), t. d'anat., petit cartilage en forme de feuille de lierre, qui recouvre la *glotte*, et qu'on nomme autrement la *luette*.

ÉPIGLOTTIQUE, adj. des deux genres (*épiguelotike*), t. d'anat., qui tient à l'*épiglotte*.

ÉPIGLOTTIS, subst. mas. (*épiguelotice*), t. de bot., espèce d'astragale dont les gousses ressemblent à l'*épiglotte*.

ÉPIGLOTTITE, subst. fém. (*épiguelotite*), t. de médec., inflammation de l'*épiglotte*.

ÉPIGLOUTE, subst. fém. (*épigueloute*) (du grec επι, sur, et γλουτος, fesse), t. d'anat., se dit de la région supérieure des fesses.

ÉPIGONATE, subst. fém. (*épiguonate*) (en grec επι, sur, γονυ, genou), t. d'anat., rotule du genou.

ÉPIGONE, subst. mas. (*épiguone*), t. de pharm., sorte d'emplâtre.—Au plur., myth., c'est le nom que les Grecs donnaient aux capitaines qui firent le second siège de Thèbes. Ils étaient fils des capitaines qui firent la première guerre. Voyez *Adraste*.

ÉPIGONÉION ou **ÉPIGONIUM**, subst. mas. (*épiguoné-ion, niome*), instrument de musique à quarante cordes, chez les anciens.

ÉPIGRAMMATIQUE, adj. des deux genres (*épigueramatike*), qui tient de l'*épigramme*.

ÉPIGRAMMATISÉ, **E**, part. pass. de *épigrammatiser*.

ÉPIGRAMMATISER, v. neut. (*épigueramatizé*), faire des *épigrammes*.

ÉPIGRAMMATISTE, subst. mas. (*épigueramaticcte*), qui fait des *épigrammes*.

ÉPIGRAMME, subst. fém. (*épiguerame*) (en grec επιγραμμα, qui signifie littéralement, inscription, formé de επι, sur, et γραμμα, lettre, dérivé de γραφω, j'écris; les *epigrammes* des Grecs n'étaient guère en effet que des inscriptions pour les tombeaux, les statues, etc.), petite pièce de vers dont le mérite est dans la dernière pensée, qu'on appelle la *pointe*, et qui doit être vive, nette et juste.

ÉPIGRAPHE, subst. fém. (*épiguerafe*) (en grec επιγραφη, fait de επι, sur, et γραφω, j'écris), inscription qu'on met sur un édifice public.— Sentence ou devise placée en tête d'un ouvrage d'esprit.

ÉPIGYNE, adj. des deux genres (*épijine*) (du grec επι, sur, et γυνη, femme), t. de bot. qui se dit, dans la méthode naturelle de *Jussieu*, des étamines et des corolles portées par le pistil, c'est-à-dire insérées sur le sommet de l'ovaire ou de l'organe femelle.

ÉPIGYNIE, subst. fém. (*épijini*) (même étym. que celle du mot précédent), t. de bot., disposition des étamines sur le pistil.

ÉPILANCE, subst. fém. (*épilance*), sorte d'épilepsie chez les oiseaux.

ÉPILATOIRE, adj. des deux genres (*épilatoare*), qui sert à *épiler*.

ÉPILEPSIE, subst. fém. (*épilèpeci*) (en grec επιληψια, formé de επι, sur, et de λαμβανω, je saisis), t. de médec., mal caduc, appelé vulgairement *mal de Saint-Jean*.

ÉPILEPTIQUE, adj. et subst. des deux genres (*épilèpetike*), qui tient de l'*épilepsie*, qui est attaqué de l'*épilepsie*.

ÉPILÉ, **E**, part. pass. de *épiler*.

ÉPILER, v. act. (*épilé*) (du lat. *pilus*, poil), arracher le *poil*, ou le faire tomber.—s'ÉPILER, v. pron.

ÉPILLET, subst. mas. (*épi-iè*), t. de bot., *épi* partiel de l'*épi* composé. Voy. ÉPI.

ÉPILOBE, subst. mas. (*épilobe*) (du grec επι, sur, et λοβος, lobe, silique), t. de bot., plante vivace à fleurs rosacées, portée sur un ovaire allongé, et conforme en quelque sorte à une *silique*. On l'appelle aussi *herbe de Saint-Antoine*, et improprement *petit laurier-rose*.

ÉPILOBIENNE, subst. fém. (*épilobiène*), t. de bot., famille de plantes qui ont de la ressemblance avec l'*épilobe*. Voy. ce mot.

ÉPILOGAGE, subst. mas. (*épiloguaje*), action d'*épiloguer*; discours d'*épilogueur*. (Mirabeau.)

ÉPILOGUE, subst. mas. (*épilogue*) (du grec επιλογος, conclusion, formé de επι, sur, après, et de λογος, discours), la conclusion de quelque livre ou de quelque ouvrage entier.

ÉPILOGUÉ, **E**, part. pass. de *épiloguer*.

ÉPILOGUER, v. act. et neut. (*épiloguié*) (du grec επιλογος, épilogue, parce qu'en *épiloguant* la conduite de quelqu'un, on récapitule toutes ses actions, comme dans l'*épilogue* on récapitule les principales matières dont on a parlé), trouver à redire, censurer : *il epilogue sur tout; épiloguer les actions d'autrui*. Il est familier.—s'ÉPILOGUER, v. pron., se censurer.

ÉPILOGUEUR, subst. mas., au fém. **ÉPILOGUEUSE** (*épiloguieur, guieuze*), celui, celle qui *épilogue*, qui aime à *épiloguer*.—L'*Académie* refuse un fém. à ce mot.

ÉPILURE, subst. fém. (*épilure*), saillie tombée.

ÉPIMANE, subst. des deux genres (*épimane*) (du grec επιμανης, furieux, fou), insensé qui devient furieux. Hors d'usage.

ÉPIMANIE, subst. fém. (*épimani*), folie furieuse. Inus.

ÉPIMAQUE, subst. mas. (*épimake*), t. d'hist. nat., oiseau des Indes.

ÉPIMÈDE, subst. fém. (*épimède*), t. de bot., genre de plantes de la famille des herbéridées.

ÉPIMÉLÈTES, subst. mas. plur. (*épimelète*) (du grec επιμελητης, celui qui prend soin, curateur), myth., ministres de Cérès qui aidaient dans ses fonctions le roi des sacrifices.

ÉPIMÉLIEN, adj. propre mas. (*épimélièin*) (du grec επιμελης, soigneux), myth., surnom de Mercure protecteur des troupeaux.

ÉPIMÉLIES ou **ÉPIMÉLIDES**, subst. fém. plur. (*épiméli, lide*), nymphes qui avaient soin des troupeaux.

ÉPIMÉNIDE, subst. propre mas. (*épiménide*), myth., philosophe de Crète. On dit qu'étant entré dans une caverne, il y dormit vingt-sept ans (Plutarque en met cinquante, et Diogène Laërce cinquante-sept), et qu'au sortir de là il ne connaissait plus personne. Quelques poètes le confondent avec Endymion, et en disent des choses merveilleuses.

ÉPIMÉRÉDI, subst. mas. (*épimérédi*), t. de bot., plante des Indes.

ÉPIMÉTHÉE, subst. propre mas. (*épimété*), myth., fils de Japet, et frère de Prométhée. Celui-ci avait formé les hommes prudents et ingénieux, et Epiméthée les imprudents et les stupides. Il épousa Pandore, statue que Minerve anima, et à qui tous les dieux donnèrent quelque belle qualité pour la rendre parfaite : il eut de ce mariage Pyrrha, qui épousa Deucalion, fils de Prométhée.

ÉPIMÉTHIS, subst. propre fém. (*épimétice*), myth., Pyrrha, fille d'*Épiméthée*.

ÉPIMÉTRIQUE, adj. des deux genres (*épimétrike*), se dit de toute poésie qui ne se chante pas, qui ne consiste que dans une certaine quantité de syllabes, dans le nombre et la différence des pièces, par opposition à la poésie lyrique qui se chante.

ÉPINAC, subst. propre mas. (*épinak*), village de France, chef-lieu de canton, arrond. d'Autun, dép. de Saône-et-Loire.

ÉPINAL, subst. propre mas. (*épinal*), ville de France, chef-lieu du dép. des Vosges. Il n'existe plus rien aujourd'hui de ses fortifications, qui furent autrefois importantes.

ÉPINARD, subst. mas. (*épinar*), herbage qu'on mange cuit, dont la semence est renfermée dans une capsule *épineuse*, d'où la plante a pris son nom. Dans l'usage ordinaire, il se dit au plur. : *des épinards*, et non pas *un épinard*.—*Frange à graine d'épinards*, dont les grains sont en forme de graine d'*épinards*.

ÉPINCETÉ, **E**, part. pass. de *épinceter*.

ÉPINCETER, v. act. (*épeincelé*), t. de fauconnerie : *épinceter le bec et les serres de l'oiseau*, lui faire le bec et les serres.

ÉPINCETEUR, subst. mas., au fém. **ÉPINCETEUSE** (*épeinceteur, teuze*), t. de manuf., celui ou celle qui enlève avec l'*épincette* les nœuds et pailles que présente la surface des étoffes.

ÉPINCETTE, subst. fém. (*épeincète*), petite pince employée dans les manufactures de draps.

ÉPINÇOIR, subst. mas. (*épeinçoar*), gros marteau fendu en angle par les deux bouts, qui sert à débiter le pavé au sortir de la carrière, et à le tailler pour être mis en place.

ÉPINE, subst. fém. (*épine*) (en lat. *spina*), arbrisseau dont les pointes ont des piquants. — Le piquant même de cet arbrisseau, et d'autres arbres ou arbustes : *il lui est entré une épine dans le pied*. — Fig., embarras, obstacle, difficulté. — *Épine du dos*, la suite des vertèbres qui règne le long du dos. — Au fig. et fam., 1° *être sur les épines*, être embarrassé, n'être pas à son aise; 2° *fagot d'épines*, homme bourru et difficile;

3° *se tirer une épine du pied*, se débarrasser d'un souci, d'une affaire désagréable. — Prov. : *il n'y a point de roses sans épines*, il n'y a point de plaisir sans quelque mélange de chagrin, d'ennui. — Au plur., t. de chimie, le cuivre hérissé de pointes, qui reste après le ressuage et la liquation.

ÉPINÉPHÈLE, subst. fém. (*épinéfèle*), t. d'hist. nat., genre de poissons réuni aux holocentres.

ÉPINETTE, subst. fém. (*épinète*), sorte d'instrument de musique; c'est une espèce de demi-clavecin, à une seule corde par chaque touche, dont le plan représente une harpe couchée en travers devant le joueur. — T. de bot., espèce de sapin d'où découle le baume du Canada. — *Pêche à l'épinette*, pêche dans laquelle on emploie des haims faits avec des *épines d'arbres*.

ÉPINEUSE, adj. fém. Voy. ÉPINEUX.

ÉPINEUX, adj. mas., au fém. **ÉPINEUSE** (*épineu, neuze*) (en lat. *spinosus*), qui a des *épines*. —Fig., 1° en parlant des choses, plein de difficultés, d'embarras : *question*, *négociation*, *affaire épineuse*; 2° en parlant des personnes, qui fait des difficultés sur tout : *homme, esprit épineux*.

ÉPINE-VINETTE, subst. fém. (*épine-vinète*), t. de bot., arbrisseau *épineux* dont le fruit est rouge et aigre. — Ce fruit. — Confiture qu'on en fait. — Au plur., des *épines-vinettes*.

ÉPINGARE, subst. mas. (*épeinguare*), sorte de pièce de canon qui ne passe pas une livre de balle.

ÉPINGLE, subst. fém. (*épeinguele*) (du lat. *spinicula*, diminutif de *spinula*, diminutif lui-même de *spina*, épine, peut-être parce qu'anciennement on se servait d'épines au lieu d'*épingles*), petit brin de fil de laiton ou de fer fort délié, avec tête et pointe. — *Épingle de diamant*, surmontée d'un diamant. — Au plur., ce qu'on donne à une servante pour les services qu'elle a rendus; ce qu'on donne à une femme quand on fait quelque traité avec le mari : *j'ai donné six livres pour les épingles de la servante et trois louis pour les épingles de madame*. — En t. de plombier, gouttes de soudure qui outre-percent dans le dedans des tuyaux qu'ils soudent —Fig. et fam., 1° *tirer son épingle du jeu*, se retirer d'une mauvaise affaire; 2° *être tiré à quatre épingles*, trop ajusté, trop affecté; 3° *tuer à coups d'épingle*, faire souffrir par des douleurs ou par des mortifications réitérées.

ÉPINGLÉ, E, part. pass. de *épingler*.

ÉPINGLER, v. act. (*épeinguelé*), passer des *épingles*.—S'ÉPINGLER, v. pron.

ÉPINGLETTE, subst. fém. (*épeinguelète*), dans l'artillerie, sorte de petite aiguille de fer pour percer les *gargousses* avant de les amorcer, lorsqu'elles sont introduites dans la pièce.—En t. de manuf., aiguille à grosse tête qui sert à nettoyer les étoffes à mesure qu'on les fabrique.

ÉPINGLIER, subst. mas., **ÉPINGLIÈRE**, subst. fém. (*épeinguelié, lière*), celui ou celle qui vend des *épingles*. — Dans le rouet à filer, partie à laquelle sont attachés de petits crochets de fer ou de laiton, dans l'un desquels on fait passer le fil.

ÉPINGLIÈRE, subst. fém. Voy. ÉPINGLIER.

ÉPINIÈRE, adj. fém. (*épinière*), qui appartient à l'*épine* du dos : *la moelle épinière*.

ÉPINIERS, subst. mas. plur. (*épinié*), bois fourré d'*épines*, où les bêtes noires se retirent.

ÉPINOCHE, subst. mas. (*épinoche*), café de la meilleure qualité. — T. d'hist. nat., nom spécifique d'un poisson.

ÉPINOCHÉ, E, part. pass. de *épinocher*.

ÉPINOCHEMENT, subst. mas. (*épinocheman*), action d'*épinocher*.

ÉPINOCHER, v. act. (*épinoché*), manger lentement et sans faim. Très-peu en usage.

ÉPINOMIQUE, adj. des deux genres (*épinomike*) (du grec επι, et νομος, règle), contre, au-dessus de toute règle.

ÉPINOMIS, subst. mas. (*épinomice*), l'un des ouvrages de Platon.

ÉPINOTION, subst. mas. (*épinocion*), l'omoplate. Inusité.

ÉPINYCTIDES, subst. fém. plur. (*épiniktide*) (en grec επινυκτιδης, formé de επι, dans, et de νυξ, gén. νυκθος, nuit), t. de médec., tumeurs ou pustules livides qui s'élèvent la nuit sur la peau.

ÉPIODIE, subst. fém. (*épi-odi*), chanson que les anciens Grecs chantaient avant les funérailles.

ÉPIODON, subst. mas. (*épi-odon*), t. d'hist. nat., espèce de poisson de la famille des cétacés.

ÉPIONNE, subst. propre fém. (*épione*), myth., femme d'Esculape.—C'est aussi un surnom de Diane.

ÉPIPACTIS, subst. mas. (*épipaktice*), t. de bot., genre de plantes de la famille des orchidées.

ÉPIPALLADIUM, subst. mas. (*épipakladiome*), t. d'hist. nat., tribunal établi à Athènes pour connaître des meurtres volontaires.

ÉPIPAROXYSME, subst. mas. (*épiparokcicème*), *paroxysme* qui revient plus fréquemment qu'à l'ordinaire.

ÉPIPÉTALE, adj. des deux genres (*épipétale*), t. de bot., se dit des étamines qui sont attachées sur les *pétales*.

ÉPIPÉTALIE, subst. fém. (*épipétali*), t. de bot., deuxième classe de plantes dicotylédones.

ÉPIPHANE, adj. des deux genres (*épifane*) (en grec επιφανης, formé de επι, sur, au-dessus, et de φαινω, je parais, je brille), surnom donné à quelques princes de l'antiquité, et qui signifie *illustre*.

ÉPIPHANIE, subst. fém. (*épifani*) (en grec επιφανια, formé de επι, sur, au-dessus, et de φαινω, je parais, je brille), fête de la Manifestation de Jésus-Christ aux Gentils, et particulièrement de l'Adoration des Rois.— Au plur., myth., sacrifices et fêtes que l'on célébrait autrefois en mémoire de l'apparition des dieux sur la terre.

ÉPIPHÉNOMÈNE, adj. des deux genres (*épifénomène*) (en grec επιφαινομενος, qui paraît après, fait de επι, après, et de φαινομαι, paraître), t. de médec., se dit des symptômes accidentels qui ne paraissent qu'après que la maladie est déclarée.

ÉPIPHLOGISME, subst. mas. (*épiflojiceme*), t. de médec., chaleur brûlante.

ÉPIPHLOSE, subst. fém. (*épiflôze*), nom qu'on donne quelquefois à l'épiderme des arbres.

ÉPIPHLOGOSE, subst. fém. (*épifloguôze*), t. de médec., deuxième degré de la *phlogose*, selon *Lobstein*.

ÉPIPHÔNÈME, subst. mas. (*épifônème*) (en grec επιφωνημα, fait de επιφωνεω, je m'écrie sur..., formé de επι, sur, et de φωνεω, je parle), t. de rhétorique, exclamation, réflexion vive ou profonde, sentence par laquelle on termine un récit intéressant. Inusité.

ÉPIPHORE, subst. mas. (*épifore*) (du grec επιφορα, violence, impétuosité, fait de επιφερω, je lance avec force), t. de médec., écoulement continuel de larmes avec rougeur et picotement.

ÉPIPHRAGME, subst. mas. (*épifragueme*), t. de bot., membrane mince des péristomes de certaines espèces de mousses.

ÉPIPHYLLANTUS, subst. mas. (*épifilelantuce*), t. de bot., espèce de plante dont les fleurs naissent dans les crénelures des feuilles.

ÉPIPHYLLE, subst. fém. (*épifile*), t. de bot., genre de plantes établi aux dépens des varecs de *Linnée*.

ÉPIPHYLLOSPERMES, subst. fém. plur. (*épifilelocepéreme*) (du grec επι, sur, φυλλον, feuille, σπερμα, sperme), t. de bot., famille de fougères.

ÉPIPHYLLUM, subst. mas. (*épifilelome*), t. de bot., espèce de cactier.

ÉPIPHYSAIRE, adj. (*épifizère*), t. d'anat., qui a le caractère de l'*épiphyse*.

ÉPIPHYSE, subst. fém. (*épifize*), t. d'anat., éminence cartilagineuse unie au corps d'un os.

ÉPIPHYTES, subst. fém. plur. (*épifite*), t. de bot., ordre de plantes de la famille des cryptogames.

ÉPIPIGME, subst. mas. (*épipigueme*) (du grec επιπηγμα, assemblage), t. de chir., sorte d'instrument employé autrefois pour réduire les luxations de l'humérus.

ÉPIPLÉROSE, subst. fém. (*épiplérôze*) (en grec επιπληρωσις, fait de επι, sur, et de πληρος, plein), t. de médec., réplétion excessive des artères.

ÉPIPLOCÈLE, subst. fém. (*épiplocèle*) (en grec επιπλοκηλη, formé de επιπλοον, épiploon, et de κηλη, tumeur), t. de chir., sorte de hernie causée par la chute de l'épiploon dans l'aine ou dans le scrotum.

ÉPIPLO-ENTÉROCÈLE, subst. fém. (*épiplo-antérocèle*) (du grec επιπλοον, épiploon, εντερον, intestin, et κηλη, tumeur), t. de chir., hernie de l'intestin et de l'épiploon.

ÉPIPLOÏQUE, adj. des deux genres (*épiplo-ike*), qui appartient à l'*épiploon*.

ÉPIPLO-SCHÉOCÈLE, subst. fém. (*épiplo-cekiéocèle*) (du grec επιπλοον, épiploon, οσχεον, le scrotum, et κηλη, tumeur), t. de chir., espèce de hernie, accompagnée de la chute de l'*épiploon* dans le scrotum.

ÉPIPLO-ISCHIOCÈLE, subst. fém. (*épiplo-iceki-ocèle*) (du grec επιπλοον, épiploon, ισχιον, ischion, et κηλη, tumeur), t. de chir., hernie formée par l'épiploon, à travers l'échancrure ischiatique.

ÉPIPLOÏTE, subst. fém. (*épiplo-ite*) (du grec επιπλοον, épiploon), t. de médec., inflammation de l'*épiploon*.

ÉPIPLOMÉROCÈLE, subst. fém. (*épiploméro-cèle*) (du grec επιπλοον, épiploon, μηρος, cuisse, et κηλη, tumeur), t. de chir., hernie crurale, ou sortie d'une partie de l'*épiploon* par l'arcade crurale.

ÉPIPLOMPHALE, subst. fém. (*épiplonfale*) (du grec επιπλοον, épiploon, et ομφαλος, nombril), t. de chir., hernie de l'ombilic, causée par la chute de l'*épiploon*.

ÉPIPLOMPHRASE, subst. fém. (*épiplonfrâze*, (du grec επιπλοον, l'épiploon, et de εμφρασσω, j'obstrue), t. de médec., endurcissement de l'*épiploon*.

ÉPIPLOON, subst. mas. (*épiplo-on*) (en grec επιπλοον, formé de επι, sur, et πλεω, je flotte), t. d'anat., membrane graisseuse, fine et transparente, qui couvre une partie des intestins, sur lesquels elle flotte par-devant.

ÉPIPLOON-COLIQUE, subst. mas. (*épiplo-onkolike*), t. d'anat., repli du péritoine qui est placé derrière le grand *épiploon*.

ÉPIPLOON-GASTRO-COLIQUE, subst. mas. (*épiplo-onguacetrôkolike*), t. d'anat., ample repli flottant sur les circonvolutions de l'intestin.

ÉPIPLOON-GASTRO-HÉPATIQUE, subst. mas. (*épiplo-onguacetrô-épatike*), t. d'anat., repli du péritoine qui s'étend vers la scissure du foie.

ÉPIPLOON-GASTRO-SPLÉNIQUE, subst. mas. (*épiplo-onguacetrô-ceplenike*), t. d'anat., repli formé par le péritoine, qui, dans la scissure de la rate, se porte sur la tumeur de l'estomac.

ÉPIPLO-SARCOMPHALE, subst. fém. (*épiploçarkonfale*), t. d'anat., tumeur au nombril formée de l'*épiploon*, et compliquée d'une excroissance de chair.

ÉPIPOGE, subst. fém. (*épipoje*), t. de bot., sorte de plante qui croît dans la Sibérie.

ÉPIPOLASE, subst. fém. (*épipolâze*) (en grec επιπολησις), t. de médec., fluctuation des liquides.

ÉPIPOMPEUTIQUES, subst. fém. plur. (*épiponpeutike*) (du grec επιπομπευω, je marche en triomphe), t. d'antiq. grecque, chansons qui se chantaient dans certaines cérémonies où l'on voulait déployer de la magnificence.

ÉPIPONE, subst. fém. (*épipone*), t. d'hist. nat., genre d'insectes qui comprend les guêpes cartonnières.

ÉPIPONTIENNE, adj. propre fém. (*épipontiène*) (du grec επι, sur, et de ποντος, mer), myth., surnom de Vénus, comme étant née de la mer.

ÉPIPÔROME, subst. mas. (*épipôrome*) (du grec επιπωροω, j'endurcis), t. d'anat., concrétion qui se forme quelquefois dans les articulations.

ÉPIPTÉRÉ, E, adj. (*épipetéré*), t. de bot., terminé par une aile, c'est-à-dire qui a une lame mince et membraneuse.

ÉPIPYRGIDE, subst. et adj. propre fém. (*épipirjide*), myth., qui préside aux tours, surnom de Minerve.

ÉPIQUE, adj. des deux genres (*épike*) (en grec επικος, fait de επος, parole, vers, lequel est dérivé de επω, je dis, je parle); il se dit d'un genre de poème où l'auteur raconte quelque action héroïque, qu'il embellit de fictions, d'épisodes, d'événements merveilleux; le poème *épique* raconte; le *dramatique* représente. — Dans un sens plus général, on appelle *épiques* les poèmes où l'auteur parle lui-même, à la différence de ceux où il fait parler les autres, et qu'on nomme *dramatiques*. On dit aussi : *un poète épique*.

ÉPIQUIE, subst. fém. (*épiki*), interprétation, distinction de la volonté d'un supérieur. Hors d'usage.

ÉPIRE, subst. propre fém. (*épire*), myth., royaume sur les confins de la Grèce, proche le golfe Adriatique. On l'appelait autrefois Molossie, ensuite Chaonie, nom pris de celui de Chaon, frère d'Hélénus.

ÉPIRNUTIUS, subst. propre mas. (*épirnuci-uce*), myth., surnom que les Crétois donnaient à Jupiter.

ÉPIRRHÉE, subst. fém. (*épireré*) (du grec επιρρεω, je coule sur), t. de médec., transport des humeurs vers un point de l'économie animale.

ÉPIRRHÉIQUE, adj. des deux genres (*épireré-ike*), t. de médec., qui a rapport à l'*épirrhée*.

ÉPISCAPHIES, subst. propre fém. plur. (*épicekafi*), myth., fêtes qui se célébraient à Rhodes.

ÉPISCÉNIUM, subst. mas. (*épicéniome*) (en grec επισκηνιον, fait de επι, sur, et σκηνη, partie supérieure du théâtre), deuxième et troisième ordres d'architecture dans les théâtres anciens.

ÉPISCHÈSE, subst. fém. (*épicchièze*) (du grec επισχεω, j'arrête), t. de médec., suppression des évacuations naturelles.

ÉPISCHION, subst. mas. (*épicekion*), t. de médec., nom que les Grecs donnaient au pubis.

ÉPISCIRE, subst. propre fém. (*épicecire*), myth., fête célébrée en l'honneur de Cérès et de Proserpine.

ÉPISCOPAL, E, adj. (*épicekopal*) (en latin *episcopalis*, fait de *episcopus*, évêque), qui appartient à l'évêque.—Au plur. mas., *épiscopaux*.

ÉPISCOPAT, subst. mas. (*épicekopa*) (en latin *episcopatus*), dignité d'évêque, ou temps pendant lequel une personne est revêtue de cette dignité.

ÉPISCOPAUX, adj. mas. plur. Voy. ÉPISCOPAL. — Nom qu'on donne en Angleterre à ceux qui tiennent pour l'*épiscopat*. En ce sens il est subst. mas. plur.

ÉPISCOPES, subst. mas. plur. (*épicekope*), inspecteurs, gardiens des villes alliées d'Athènes.

ÉPISCOPISER, v. neut. (*épicekopizé*), aspirer à l'*épiscopat*.—Prendre des airs et des manières d'*évêque*. Peu en usage.

ÉPISCOPOS, subst. propre fém. (*épicekopôce*), myth., surnom sous lequel Diane avait un temple.

ÉPISCYRE, sub. mas. (*épicecire*), jeu de longue paume, chez les anciens Grecs.

ÉPISÉMASIE, subst. fém. (*épizémazi*) (du grec επισημασια, indication, démonstration), t. de médec., premier degré où l'on remarque l'attaque d'une maladie.

ÉPISINE, subst. fém. (*épizine*), t. d'hist. nat., genre d'arachnides.

ÉPISIOCÈLE, subst. fém. (*épizi-océle*), (du grec επισιον, le pubis, et κηλη, tumeur), t. de chir., hernie qui se forme dans les grandes lèvres.

ÉPISION, subst. mas. (*épizion*), (en grec επισιον), t. d'anat., nom par lequel quelques anatomistes ont désigné le pubis.

ÉPISIORRHAGIE, subst. fém. (*épizioraji*) (du grec επισιον, pubis, et ρεω, je coule), t. de médec., écoulement de sang par les grandes lèvres.

ÉPISIORRHAGIQUE, adj. des deux genres (*épiziorajike*), t. de médec., qui a rapport à l'*épisiorrhagie*.

ÉPISODE, subst. mas. (*épizode*) (en grec επεισοδιον, formé de επι, par-dessus, et εισοδιος, qui arrive, qui survient, dérivé de εις, dans, et οδος, chemin, d'où vient εισοδος, entrée), histoire incidente, action accessoire jointe vraisemblablement ou nécessairement à l'action principale d'un poème épique, d'une pièce de théâtre ou d'un roman. — Les *épisodes* étaient, dans les premières représentations scéniques, des récits qu'*Epigène* de Sycione entremêla aux chœurs, et dans lesquels il n'était question ni de Bacchus, ni du sujet principal de la pièce.

ÉPISODIÉ, E, part. pass. de *épisodier*.

ÉPISODIER, v. act. (*épizodié*), étendre, embellir par des *épisodes*.—S'ÉPISODIER, v. pron.

ÉPISODIQUE, adj. des deux genres (*épizodike*), qui appartient à l'*épisode*, qui sert d'*épisode* : *morceau épisodique ; scène, action, personnage épisodique*.—*Poinsinet* avait intitulé sa comédie du *Cercle, comédie épisodique*, c'est-à-dire comédie à *épisodes*. *Épisodique* n'est pas usité en ce sens.

ÉPISPASME, subst. mas. (*épicepaceme*)(en grec επισπασμος, fait de επισπαω, j'attire), t. de médec., action d'attirer les humeurs en dehors.

ÉPISPASTIQUE, subst. mas. et adj. des deux genres (*épicepacetike*)(en grec επισπαστικος, fait de επισπαω, j'attire, fait de επι, au-dessus, et de σπαω, je tire), t. de pharm., médicament qui, étant appliqué sur une partie du corps, y attire fortement les humeurs en dehors.—Au plur., t. d'hist. nat., famille d'insectes de l'ordre des coléoptères.

ÉPISPERME, subst. mas. (*épicepèreme*), t. de bot. Voy. PÉRISPERME.

ÉPISPHÉRIE, subst. fém. (*épiceféri*) (du grec επι, sur, et σφαιρα, sphère), t. d'anat., circonvolutions ou sinuosités de la substance extérieure du cerveau.

ÉPISSÉ, E, part. pass. de *épisser*.

ÉPISSER, v. act. (*épicé*), t. de mar. et de corderie, entrelacer une corde avec une autre, en mêlant ensemble leurs fils ou cordons.—S'ÉPISSER, v. pron.

ÉPISSIÈRE, subst. fém. (*épicière*), sorte de filets pour garantir les chevaux des mouches qui pourraient les piquer.

ÉPISSOIR, subst. mas. (*épiçoar*), instrument qui sert à *épisser*.—En t. de pêche, cheville de fer avec laquelle les emballeuses de poissons écartent les osiers pour y passer des ficelles.

ÉPISSURE, subst. fém. (*épiçure*), t. de mar., entrelacement de deux bouts de corde au milieu d'un nœud.

ÉPISTAMINIE, subst. fém. (*épicetamini*), t. de bot., cinquième classe de plantes dicotylédonées à pétales épigynes, de la méthode naturelle de *Jussieu*.

ÉPISTAPHYLIN, adj. mas. (*épicetafilein*), t. de chir., se dit des muscles de la luette.

ÉPISTASE, subst. fém. (*épicetâze*) (en grec επιστασις, fait de επι, sur, et ιστημι, placer, poser), t. de médec., substance qui nage à la surface de l'urine.

ÉPISTATE, subst. mas. (*épicetate*), préfet, gouverneur.

ÉPISTATÈRE et **ÉPISTATÉRIEN**, adj. propre mas. (*épicetatère, téricin*), myth., surnom de Jupiter, comme présidant à la terre.

ÉPISTAXIS, subst. fém. (*épicetakcice*) (du grec επισταζω, je distille), t. de médec., saignement de nez.

ÉPISTÉ, E, part. pass. de *épister*.

ÉPISTÉMONARQUE, subst. mas. (*épicetémonarke*) (du grec επιστημων, savant, et αρχη, autorité, commandement), dans l'Eglise grecque, celui qui était chargé de veiller sur la doctrine.

ÉPISTER, v. act. (*épiceter*), réduire en pâte. (*Boiste*.) Hors d'usage.

ÉPISTERNAL, E, adj. (*épicetèrenal*), t. d'anat., se dit de la première paire ou pièce antérieure du *sternum*.

ÉPISTIEN, adj. propre mas. (*épicetiein*), myth., surnom de Jupiter, comme présidant aux foyers.

ÉPISTOGRAPHE, subst. mas. (*épicetoguerafe*), porte-feuille.

ÉPISTOLAIRE, adj. des deux genres (*épicetolère*) (en lat. *epistolaris*, fait de *epistola*, en grec επιστολη, épître, lettre), qui concerne les *épîtres*, les lettres : *style épistolaire, genre épistolaire*. —Au plur. mas., auteurs dont les lettres ont été recueillies. Dans ce sens, il est aussi substantif, mais peu usité.

ÉPISTOLETTE, subst. fém. (*épicetolète*), petite lettre. Ce mot est vieux.

ÉPISTOLIER, subst. mas. (*épicetolié*), pupitre dans les églises sur lequel on chante l'*épître*.

ÉPISTOLOGRAPHE, subst. des deux genres (*épicetologuerafe*) (du grec επιστολη, épître, lettre, et γραφω, j'écris), auteur d'*épîtres*. Hors d'usage.

ÉPISTOLOGRAPHIE, subst. fém. (*épicetologuerafi*) (même étym. que celle du mot précéd.), chez les anciens, recueil d'*épîtres*, science de la composition des *épîtres*.

ÉPISTOLOGRAPHIQUE, adj. des deux genres (*épicetologuerafike*), qui concerne l'*épistolographie*.

ÉPISTOMIUM, subst. mas. (*épicetomi-ome*) (en lat. *epistomium*, pris du grec επιστομιον, bouchon, formé de επι, sur, et de στομα, bouche), t. d'hydraulique, instrument par l'application duquel l'orifice d'un vaisseau peut être fermé et rouvert ensuite à volonté, tel qu'un piston de pompe, etc.

ÉPISTROPHE, subst. fém. (*épicetrofe*) (du grec επιστροφη, conversion, circuit, dérivé de στρεφω, je retourne), en grammaire, figure de diction, qu'on nomme aussi *complexion* et *répétition*. — En anat., la seconde vertèbre du cou, laquelle est très-mobile.

ÉPISTROPHICO-OCCIPITAL, adj. (*épicetrofikô-okcipital*), t. d'anat., se dit du muscle grand droit postérieur de la tête.

ÉPISTROPHIQUE, adj. des deux genres (*épicetrofike*), t. d'anat., se dit du muscle grand oblique de la tête.

ÉPISTROPHIUS, subst. propre mas. (*épicetrofuce*), myth., roi de la Phocide. Il fut un de ceux qui allèrent au siége de Troie.

ÉPISTYLE, subst. fém. (*épicetile*), t. d'archit., synonyme d'*architrave*. Voy. ce mot.

ÉPISYNANCHE, subst. fém. (*épicinanche*) (en grec επισυναγχη), t. de médec., spasme du pharynx.

ÉPISYNANGINE, subst. fém. (*épicinanjine*), t. de médec. (même étym. et même signification qu'*épisynanche*. Voy. ce mot.

ÉPISYNTHÉTIQUE, subst. mas. et adj. des deux genres (*épiceintétike*), t. de médec., nom d'une secte de médecins.

ÉPISYNTHÉTISME, subst. mas. (*épiceintéticeme*), doctrine des *épisynthétiques*.

ÉPIT, subst. mas. (*épite*), manche d'une pelle à feu.

ÉPITAPHE, subst. fém. (*épitafe*) (en grec επιταφιον, fait de επι, sur, et ταφος, tombeau), inscription que l'on met ou qui est faite sur un tombeau.—Chez les anciens, vers que l'on chantait à l'honneur des morts le jour de leurs funérailles, et que l'on répétait tous les ans à la même époque.

ÉPITASE, subst. fém. (*épitâze*) (du grec επιτασις, accroissement, développement, fait de επιτεινω, j'étends, je développe), partie du poème dramatique qui vient après l'exposition, et où l'action se développe.

ÉPITE, subst. fém. (*épite*), t. de marine, petite cheville de bois que l'on met dans le bout d'une autre pour la grossir.

ÉPITH., abréviation du mot ÉPITHÈTE.

ÉPITHALAME, subst. mas. (*épitalame*) (en grec επιθαλαμιον, fait de επι, sur, et θαλαμος, lit nuptial), petit poème où l'on célèbre le mariage de quelqu'un, chant nuptial inventé chez les Grecs par *Stésichore*, et renouvelé chez les Latins par *Catulle*.

ÉPITHÉLIUM, subst. mas. (*épitéli-ome*), t. d'anat., couche mince d'épiderme qui recouvre les parties dépourvues de derme.

ÉPITHÈME, subst. mas. (*épitème*) (du grec τιθημι, mettre), t. de pharm., topique.

ÉPITHÈTE, subst. fém. (*épitète*) (du grec επιθετος, ajouté, fait de επιτιθημι, ajouter, dont les racines sont επι, sur, dessus, et τιθημι, mettre), adjectif qui désigne quelque qualité du nom substantif auquel il est joint. Il diffère de l'adjectif proprement dit, 1° en ce que l'*épithète* appartient proprement à la poésie et à l'éloquence, qui souffrent, qui exigent même une certaine abondance de paroles ; au lieu que l'*adjectif* appartient à la grammaire et à la logique, qui veulent qu'on dise tout ce qu'il faut, et qu'on ne dise que ce qu'il faut ; 2° en ce que l'idée de l'*adjectif* est nécessaire, et sert à déterminer et compléter le sens de la proposition, tandis que l'idée de l'*épithète* n'est souvent qu'utile, et sert seulement à l'énergie et à l'agrément du discours. La suppression de l'*adjectif* rend la phrase incomplète, ou plutôt y substitue une autre proposition ; celle de l'*épithète*, en laissant la proposition entière, la dépare seulement et l'affaiblit. (*Roubaud*.)

ÉPITHYMBIE, subst. propre fém. (*épiteinbi*), myth., surnom de Vénus.

ÉPITHYME, subst. mas. (*épitime*), sorte de fleurs médicinales.

ÉPITIÉ, subst. mas. (*épitié*), t. de mar., petit retranchement de planches dans un endroit du vaisseau, pour mettre les boulets.

ÉPITOGE, subst. fém. (*épitoje*) (du grec επι, sur, et du lat. *toga*, toge), espèce de chaperon ou de capuce que les présidents à mortier portaient sur l'épaule dans les grandes cérémonies. — Autrefois, manteau que les Romains mettaient sur la *toge*.

ÉPITOIR, subst. mas. (*épitoar*), t. de marine, instrument qui sert à faire entrer une *épite* dans une cheville de bois.

EPITOME, subst. mas. (*épitome*) (en grec επιτομη, formé de επι, dans, et τεμνω, je coupe), abrégé d'un livre, et particulièrement d'une histoire.—On dit et l'on écrit aussi *épitomé*, en francisant ce mot, qui est tout latin.

ÉPITOMÉ, E, part. pass. de *épitomer*.

ÉPITOMER, v. act. (*épitomé*), réduire un livre en abrégé. Il est vieux et même hors d'usage.

ÉPITRAGE, subst. mas. (*épitraje*), t. d'hist nat., genre d'insectes de l'ordre des coléoptères.

ÉPITRAGIENNE, adj. propre fém. (*épitrajiène*), myth., surnom de Vénus.

ÉPÎTRE, subst. fém. (*épitre*) (en lat. *epistola*, pris du grec επιστολη, dérivé de στελλω, j'envoie), lettre, missive. On le dit : 1° des lettres des anciens ; 2° de celles qui sont en vers : *les épîtres d'Horace, de Boileau, de Rousseau*, etc. — Partie de la messe qui précède l'évangile.— *Le côté de l'épître*, le côté droit de l'autel. — *Épître dédicatoire*. Voy. DÉDICATOIRE. — Prov. : *être familier comme les épîtres de Cicéron*, extrêmement familier, par allusion aux lettres de Cicéron appelées improprement *épîtres familières*, de leur titre, *epistolæ ad familiares*.

ÉPITRITE, subst. fém. (*épitrite*), t. de litt. anc., pied de vers grec ou latin de trois longues et d'une brève.

ÉPITROCHASME, subst. mas. (*épitrokaceme*) (du grec επιτροχασμος, course rapide, formé de επι, qui marque augmentation, et de τροχαζω, je cours), figure de rhétorique, qui consiste à faire de suite plusieurs questions précipitées, afin d'émouvoir ceux à qui l'on parle.

ÉPITROCHLÉE, subst. fém. (*épitroklé*) (du grec επι, et τροχαλια, poulie), t. de médec., apophyse de l'humérus.—Sorte de protubérance.

ÉPITROCHLO-MÉTACARPIEN, adj. et subst. mas. (*épitroklômétakarpiein*), t. d'anat., muscle qui tient à l'apophyse et au *métacarpe*.

ÉPITROCHLO-PALMAIRE, subst. mas. (*épitro-*

klôpalmère), t. d'anat., muscle *palmaire* qui tient au carpe et à l'apophyse de l'humérus.

ÉPITROCHLO-PHALANGINIEN-COMMUN, adj. et subst. mas. (*épitroklôfalan-jinieinkomun*), t. d'anat., muscle qui s'étend de l'apophyse à la seconde *phalange* des quatre doigts.

ÉPITROCHLO-RADIAL, adj. et subst. mas. (*épitroklôradial*), t. d'anat., muscle qui s'étend de l'humérus au *radius*. — Au plur., *épitrochlo-radiaux*.

ÉPITROPE, subst. mas. (*épitrope*) (du grec επιτροπος, tuteur, curateur), chez les chrétiens grecs, juge, arbitre qui termine leurs disputes, pour ne pas plaider devant les magistrats turcs.

ÉPITROPE, subst. fém. (*épitrope*) (en grec επιτροπη, concession, dérivé de επιτρεπω, j'accorde, je permets), consentement. — Figure de rhétorique, par laquelle on accorde ce qu'on pourrait nier, afin d'obtenir ce qu'on demande.

ÉPITROPIEN, adj. propre mas. (*épitropiein*) (du grec επιτροπος, tuteur, curateur), myth., surnom sous lequel les Doriens avaient élevé à Apollon un temple, où ils s'assemblaient pour délibérer sur les affaires publiques.

ÉPITYRUM, subst. mas. (*épitirome*), olives confites dans l'huile et le vinaigre avec du fenouil.

ÉPIZOAIRES, subst. mas. plur. (*épizô-ère*), t. d'hist. nat., nom de division des animaux sans vertèbres.

ÉPIZOOTIE, subst. fém. (*épizô-oti*) (du grec επι, sur, et ζωον, *animal*), maladie contagieuse qui attaque les bestiaux.

ÉPIZOOTIQUE, adj. des deux genres (*épizô-otike*), qui tient de l'*épizootie*.

ÉPLAIGNÉ, E, part. pass. de *éplaigner*.

ÉPLAIGNER, v. act. (*éplègnié*), t. de manuf., garnir le drap et y faire venir le poil avec des chardons.

ÉPLAIGNEUR, subst. mas. (*éplègnieur*), ouvrier qui *éplaigne*.

ÉPLORÉ, E, adj. (*éploré*), tout en *pleurs*. Il se dit surtout des femmes.

ÉPLOYÉ, E, adj. (*éploé-ié*), t. de blas. : *aigle éployée*, dont les ailes sont étendues.

ÉPLUCHAGE, subst. mas. (*épluchaje*), t. de manuf., opération par laquelle on enlève les ordures des étoffes.

ÉPLUCHÉ, E, part. pass. de *éplucher*.

ÉPLUCHEMENT, subst. mas. (*éplucheman*), action d'*éplucher*.

ÉPLUCHER, v. act. (*éplaché*), ôter ce qu'il y a de mauvais, de gâté dans les herbes, les grains, etc. — Fig., examiner, rechercher curieusement et malignement. — S'ÉPLUCHER, v. pron. (de l'espagnol *esplugar*, qui signifie, au propre, épouiller ou épucer, et figurément, éplucher, fait du lat. barbare *expulicare*, forgé de la part. extract. *ex*, et de *pulex, pulicis*, puce), ôter sa vermine : *les gueux s'épluchent au soleil*. — *Cet oiseau s'épluche*, nettoie ses plumes avec son bec.

ÉPLUCHEUR, subst. mas., au fém. ÉPLUCHEUSE (*éplucheur, cheuze*), celui, celle qui *épluche*.

ÉPLUCHEUSE, subst. fém. Voy. ÉPLUCHEUR.

ÉPLUCHOIR, subst. mas. (*épluchoar*), t. de vannier, petit couteau pour *éplucher* la besogne.

ÉPLUCHURE, subst. fém. (*épluchure*), ordures ou choses inutiles ôtées de quelque chose.

ÉPOCHNION, subst. mas. (*épokniou*), t. de bot., genre de plante.

ÉPODE, subst. fém. (*épode*) (du grec επωδη, fait de επι, au-dessus, après, et ωδη, chant), t. de poésie; c'est la troisième partie d'un chant divisé en strophe, antistrophe et *épode*. — *Les épodes d'Horace*, le dernier livre de ses poésies lyriques.

ÉPOINÇONNÉ, E, part. pass. de *époinçonner*.

ÉPOINÇONNER, v. act. (*époeinçoné*), stimuler, exciter, aiguillonner. Hors d'usage.

ÉPOINCT, E, part. pass. de *époindre*.

ÉPOINDRE, v. act. (*époeindre*), piquer, blesser. Vieux et inusité.

ÉPOINTÉ, E, part. pass. de *épointer*, et adj., t. de manège : *cheval épointé*, qui a la hanche démise. — T. de chasse, *chien épointé*, qui a les os de la cuisse rompus.

ÉPOINTER, v. act. (*époeinté*), ôter la *pointe* à quelque instrument. — S'ÉPOINTER, v. pron., s'émousser, perdre sa pointe.

ÉPOINTILLÉ, E, part. pass. de *épointiller*.

ÉPOINTILLER, v. act. (*époeinti-ié*), t. de manuf., ôter avec des pinces les ordures qui se sont introduites dans un drap. — S'ÉPOINTILLER, v. pron.

ÉPOINTURE, subst. fém. (*époeinture*), mal qui arrive aux animaux quand l'os de la hanche a reçu quelque effort.

ÉPOIS, subst. mas. plur. (*époa*), t. de vén., cors que l'on voit au sommet de la tête du cerf ; il y a des *épois de coronure, de palmure, de trochure* et *d'enfourchure*.

ÉPOLLICATI, subst. mas. plur. (*épolelikati*), t. d'hist. nat., famille d'oiseaux voisins des cailles et des perdrix.

ÉPOMIDE ou ÉPOMIS, subst. fém. (*épômide*) (en grec επωμις, de επι, sur, et ωμος, épaule), t. d'anat., partie supérieure de l'épaule qui va jusqu'au cou. — Autrefois chaperon, scapulaire.

ÉPOMPHALE, subst. mas. (*éponfale*) (du grec επι, sur, et ομφαλος, nombril), t. de pharm., emplâtre propre à être appliqué au nombril.

ÉPONGE, subst. fém. (*éponje*) (en lat. *spongia*, fait du grec σπογγια, en attique σπογγος), substance marine aride et poreuse, dont on se sert pour nettoyer et laver certaines choses. Elle est produite par un polype. — En t. de vènerie, talon de cerf. — Tumeur située à la tête du coude du cheval. — Extrémité de chaque branche d'un fer de cheval. — En t. de plombier, planche portative pour diminuer la largeur des tables que l'on coule. — *Passer l'éponge sur un écrit, sur un tableau*, l'effacer. — Fig., 1° *passer l'éponge sur une action*, l'oublier, n'en parler plus; 2° *presser l'éponge*, obliger à restitution ceux qui ont pris les deniers d'autrui. — *Boire comme une éponge*, boire beaucoup.

ÉPONGÉ, E, part. pass. de *éponger*.

ÉPONGER, v. act. (*éponjé*), nettoyer, étancher avec l'*éponge*. — S'ÉPONGER, v. pron.

ÉPONGIER, subst. et adj. mas. (*éponjié*), chargé d'*éponges* : *camarade épongier*. (La Fontaine.)

ÉPONIDE, subst. fém. (*éponide*), t. d'hist. nat., espèce de coquille qui se trouve sur les varecs.

ÉPONTES, subst. fém. plur. (*éponte*), t. de minér.; on donne ce nom à des salbandes ou lisières d'un filon.

ÉPONTILLÉ, E, part. pass. de *épontiller*.

ÉPONTILLER, v. act. (*éponti-ié*), t. de marine, garnir un bâtiment d'*épontilles*. — S'ÉPONTILLER, v. pron.

ÉPONTILLES, subst. fém. plur. (*éponti-ie*), t. de marine, pièces de bois qui soutiennent les *ponts*, etc.

ÉPONYME, subst. et adj. mas. (*éponime*) (en grec επωνυμος, fait de επι, sur, et ονυμα, nom), t. d'hist. anc., chez les Athéniens, titre du premier des archontes, par le nom duquel l'année était désignée.

ÉPOPÉE, subst. fém. (*épopé*) (en grec εποποιια, formé de επος, parole, vers, dont la racine est επω, je dis, je raconte, et ποιεω, je fais), t. de poésie, genre, caractère du poème épique. — Récit en vers d'un fait long et mémorable.

ÉPOPSIDE, subst. mas. (*époрecide*), t. d'hist. nat., famille d'oiseaux de l'ordre des silvains.

ÉPOPTE, subst. mas. (*épopete*) (du grec εποπτης, inspecteur, surveillant), t. d'hist. anc., aspirant préparé par des épreuves à être initié aux mystères.

ÉPOPTIQUES, subst. mas. plur. (*épopetike*) (du grec εποπτικος, formé de εποπτευω, j'examine), t. d'antiquité, mystères révélés seulement aux initiés.

ÉPOQUE, subst. fém. (*époke*) (du grec εποχη, action d'arrêter, de retenir, fait de επεχω, j'arrête et je m'arrête, parce que, dit Beauzée, les *époques* sont comme des lieux de repos où l'on s'arrête pour considérer de là ce qui suit et ce qui a précédé), point fixe dans l'histoire, d'où l'on commence à compter les années. — Fam. : *faire époque*, être remarquable, notable, en parlant d'un fait, d'un événement. — *Brouiller les époques*, confondre les dates. — T. d'astron. : *époque* ou *racine des moyens mouvements d'une planète*, le lieu moyen de cette planète, déterminé pour quelque instant marqué. — *Époque* ou *ère chrétienne*. Voy. ÈRE. — *Époque de la correction grégorienne*, temps auquel le calendrier fut réformé par ordre du pape Grégoire XIII. Cette *époque*, qui date de l'année 1582, a donné lieu à la distinction de *vieux* et de *nouveau style*. Voy. ces mots. — *Époque de Mahomet*, temps de la fuite de Mahomet de la Mecque à Médine. Elle tombe à l'année 621 de l'ère chrétienne. On l'appelle aussi *ère de l'Hégire, ère* ou *époque des Turcs*. — *Époque des Olympiades*, ère des olympiades, ère grecque, temps de l'institution des jeux olympiques, l'an 3938 de la période julienne, 776 ans avant Jésus-Christ. C'est de cette *époque* que les Grecs commençaient à compter leurs années. — *Époque dioclétienne*, ère des martyrs, ère des persécutions, commencement du règne de Dioclétien, le 17 septembre de l'année 4997 de la période julienne, 283 ans après Jésus-Christ. Les premiers chrétiens commençaient à compter leurs *époques* de cette année, dont les Maures se servent encore aujourd'hui. — *Époque julienne*, temps de la correction du calendrier romain sous Jules-César, l'an 4668 de la période julienne, 46 ans avant la naissance de Jésus-Christ.

ÉPOSTRACISME, subst. mas. (*époctraciceme*) (en grec εποστρακισμος), jeu du ricochet, chez les anciens Grecs.

ÉPOTIDES, subst. fém. plur. (*époticde*), t. de mar., poutres fixées à la proue des vaisseaux, sur les côtés de l'éperon.

ÉPOUDRÉ, E, part. pass. de *époudrer*.

ÉPOUDRER, v. act. (*époudré*), ôter la *poudre* ou la poussière de dessus quelque chose. — S'ÉPOUDRER, v. pron.

ÉPOUFFÉ, E, part. pass. de *épouffer*, et adj. *L'Académie* prétend que ce mot se dit d'*une personne qui s'empresse pour un sujet peu important*. Nous n'hésitons pas à dire qu'il est inusité.

S'ÉPOUFFER, v. pron. (*cépoufé*), s'enfuir secrètement, se dérober, disparaître. Hors d'usage.

ÉPOUILLÉ, E, part. pass. de *épouiller*.

ÉPOUILLER, v. act. (*épou-ié*), ôter des *poux*. — S'ÉPOUILLER, v. pron.

ÉPOULARDAGE, subst. mas. (*époulardaje*), t. de fabrique de tabac, séparation des feuilles.

ÉPOULLE, subst. fém. (*époule*), t. de manuf., fil de la trame d'une étoffe dévidée sur un petit tuyau de roseau nommé *époullin*.

ÉPOULLEUR, subst. mas. (*épouleur*), ouvrier qui a soin de charger les *époulles*.

ÉPOULLIN ou ÉPOLET, subst. mas. (*époulein, polé*), petit roseau sur lequel on dévide la trame.

ÉPOUMONÉ, E, part. pass. de *époumoner*.

ÉPOUMONER, v. act. (*époumoné*), fatiguer les *poumons*. — S'ÉPOUMONER, v. pron.

ÉPOUSAILLES, subst. fém. plur. (*épouzà-ie*) (en lat. *sponsalia*), la célébration du mariage.

ÉPOUSE, subst. fém. (*épouze*) (en lat. *sponsa*), celle qui a *épousé* un homme. Voy. ÉPOUX.

ÉPOUSÉ, E, part. pass. de *épouser*.

ÉPOUSÉE, subst. fém. (*épouzé*), celle qu'un homme vient d'*épouser* ou va *épouser*. Vieux.

ÉPOUSER, v. act. (*épouzé*) (en lat. *sponsare*, qui signifiait proprement fiancer), prendre pour femme ou pour mari. — Au fig., prendre les intérêts ou le parti de quelqu'un ; s'attacher par choix et particulièrement à... — S'ÉPOUSER, v. pron., se prendre réciproquement en mariage.

ÉPOUSEUR, subst. mas. (*épouzeur*), celui qui est connu pour avoir envie de se marier. Il est familier.

ÉPOUSSETAGE, subst. mas. (*épouçetaje*), action d'*épousseter*.

ÉPOUSSETÉ, E, part. pass. de *épousseter*.

ÉPOUSSETER, v. act. (*épouceté*) (suivant *Ménage*, du lat. *expulsare*, fait de la prép. *ex*, de, hors, et de *pulsare*, battre, chasser) : *chasser la poussière hors en battant*), secouer la *poussière*, l'ôter avec quelque instrument. — S'ÉPOUSSETER, v. pron.

ÉPOUSSETOIR, subst. mas. (*épouçetoar*), petit pinceau de poil ou de plumes fort doux qui sert à ôter la poussière ou le duvet. — Ce mot manque dans l'*Académie*.

ÉPOUSSETTE, subst. fém. (*épouçète*), brosse, vergette qui sert à nettoyer les habits. Ce mot a vieilli. On dit *vergette*.

ÉPOUTI, subst. mas. (*épouti*), t. de manuf., petite ordure dans les ouvrages de laine et surtout dans les draps.

ÉPOUTIÉ, E, part. pass. de *époutier*.

ÉPOUTIER, v. act. (*époutié*), ôter les *époutis*, les menues ordures des draps.

ÉPOUTIEUSE, subst. fém. (*épouti-euze*), ouvrière qui nettoie les draps.

ÉPOUVANTABLE, adj. des deux genres (*épouvantable*), qui cause de l'*épouvante*. — Par exagération, étonnant, incroyable, étrange, excessif.

ÉPOUVANTABLEMENT, adv. (*épouvantableman*), d'une manière *épouvantable* ; excessivement.

ÉPOUVANTAIL, subst. mas. (*épouvanta-ie*), haillon qu'on met au bout d'un bâton dans les champs, etc., pour *épouvanter* les oiseaux. — Prov., *épouvantail de chenevière*, personne laide à faire peur. — Chose qui fait peur, sans pouvoir faire de mal. — Au plur. des *épouvantails*.

ÉPOUVANTE, subst. fém. (*épouvante*), terreur causée par quelque accident imprévu. On disait autrefois *épouvantement*.

ÉPOUVANTÉ, E, part. pass. de *épouvanter*, et adj., alarmé.

ÉPOUVANTEMENT, subst. mas. (*épouvanteman*), action d'*épouvanter*.—Effet ou résultat de cette action. Vieux, mais énergique.

ÉPOUVANTER, v. act. (*épouvanté*) (du lat. barbare *expaventare*, pour *expavefacere*, d'où les Italiens ont fait, dans la même signification, *spaventare*, et les Espagnols *espentar*), causer de l'*épouvante*. — s'ÉPOUVANTER, v. pron., prendre l'*épouvante*.

ÉPOUX, subst. mas., au fém. **ÉPOUSE** (*épou, pouze*) (en latin *sponsus*), celui qui a *épousé* une femme. Ce mot et celui d'*épouse* ne se disent guère que de gens nouvellement mariés ou dans le style relevé. Voy. MARI.—*Les époux*, le mari et la femme.

DU VERBE IRRÉGULIER ÉPREINDRE :

Épreignaient, 3e pers. plur. imparf. indic.
Épreignais, précédé de *tu*, 2e pers sing. imparf. indic.
Épreignais, précédé de *j'*, 1re pers. sing. imparf. indic.
Épreignait, 3e pers. sing. imparf. indic.
Épreignant, part. prés.
Épreigne, précédé de *que j'*, 1re pers. sing. prés. subj.
Épreigne, précédé de *qu'il* ou *qu'elle*, 3e pers. sing. prés. subj.
Épreignent, précédé de *ils* ou *elles*, 3e pers. sing. prés. indic.
Épreignent, précédé de *qu'ils* ou *qu'elles*, 3e pers. plur. prés. subj.
Épreignes, 2e pers. sing. prés. subj.
Épreignez, 2e pers. plur. impér.
Épreignez, précédé de *vous*, 2e pers. plur. prés. indic.
Épreigniez, précédé de *vous*, 2e pers. plur. imparf. indic.
Épreigniez, précédé de *que vous*, 2e pers. plur. prés. subj.
Épreignîmes, 1re pers. plur. prét. déf.
Épreignions, précédé de *nous*, 1re pers. plur. imparf. indic.
Épreignions, précédé de *que nous*, 1re pers. plur. prés. subj.
Épreignirent, 3e pers. plur. prét. déf.
Épreignis, précédé de *j'*, 1re pers. sing. prét. déf.
Épreignis, précédé de *tu*, 2e pers. sing. prét. déf.
Épreignisse, 1re pers. sing. imparf. subj.
Épreignissent, 3e pers. plur. imparf. subj.
Épreignisses, 2e pers. sing. imparf. subj.
Épreignissiez, 2e pers. plur. imparf. subj.
Épreignissions, 1re pers. plur. imparf. subj.
Épreignit, précédé de *il* ou *elle*, 3e pers. sing. prét. déf.
Épreignît, précédé de *qu'il* ou *qu'elle*, 3e pers. sing. imparf. subj.
Épreignîtes, 2e pers. plur. prét. déf.
Épreignons, 1re pers. plur. impér.
Épreignons précédé de *nous*, 1re pers. plur. prés. indic.
Épreindra, 3e pers. sing. fut. indic.
Épreindrai, 1re pers. sing. fut. indic.
Épreindraient, 3e pers. sing. prés. cond.
Épreindrais, précédé de *j'*, 1re pers. sing. prés. cond.
Épreindrais, précédé de *tu*, 2e pers. sing. prés. cond.
Épreindraient, 3e pers. sing. prés. cond.
Épreindras, 2e pers. sing. fut. indic.

ÉPREINDRE, v. act. (*épreindre*) (en latin *exprimere*, fait, dans le même sens, de la particule extractive *ex*, et de *premere*, presser), faire sortir quelque suc ou jus en pressant. — s'ÉPREINDRE, v. pron.

DU VERBE IRRÉGULIER ÉPREINDRE :

Épreindrez, 2e pers. plur. fut. indic.
Épreindriez, 2e pers. plur. prés. cond.
Épreindrions, 1re pers. plur. prés. cond.
Épreindrons, 1re pers. plur. fut. indic.
Épreindront, 3e pers. plur. fut. indic.
Épreins, 2e pers. sing. impér.
Épreins, précédé de *j'*, 1re pers. sing. prés. indic.
Épreins, précédé de *tu*, 2e pers. sing. prés. indic.
Épreint, précédé de *il* ou *elle*, 3e pers. sing. prés. indic.
Épreint, *e*, part. pass.

ÉPREINTE, subst. fém. (*épreinte*), douleur causée par une maladie âcre qui donne de fausses envies d'aller à la selle. — En t. de chasse, fiente de loutre, etc.

s'**ÉPRENDRE**, v. pron. (*céprandre*) (du mot *prendre*), se laisser *surprendre* par une passion. Il n'est d'usage qu'au participe et aux temps composés : *il est épris* ou *il s'est épris pour cette femme*.

ÉPREUVE, subst. fém. (*épreuve*) (en lat. *proba* ou *probatio*, essai, fait de *probare*, essayer, éprouver), essai, expérience. Voy. ces deux mots. — *Cette cuirasse est à l'épreuve du mousquet*, le mousquet ne la perce point. — *Il est à l'épreuve de l'argent, de tout*, l'argent, rien ne saurait le corrompre. — Anciennement, manière de juger et de décider de la vérité ou de la fausseté d'une accusation en matière criminelle : *épreuve de l'eau, du feu*, etc. — Dans l'imprimerie, première impression d'une feuille qui n'a point été corrigée. On distingue les *épreuves* par première, seconde et troisième ; celle-ci se nomme la *tierce* — En parlant d'une estampe, chaque copie que l'on tire d'une planche gravée.

ÉPRIS, E, part. pass. de *s'éprendre*, et adj., passionné pour.... Racine a dit :

> Tu sais *de quel courroux* mon cœur alors *épris*.
> (*Andromaque*.)

On dit *épris d'amour*, mais non pas *de courroux*.

ÉPROUVÉ, E, part. pass. de *éprouver*, et adj.

ÉPROUVER, v. act. (*éprouvé*) (en lat. *probare*), essayer : *éprouver une arme à feu, un canon*.— Expérimenter ; faire l'expérience de..., connaître par expérience : *il a éprouvé l'une et l'autre fortune*.—*Voltaire* a dit, dans *la Mort de César* :

> Puisse ce fils *éprouver* pour ton père
> L'amitié qu'en mourant te conservait sa mère !

L'emploi d'*éprouver* pour *sentir*, quoique devenu assez commun, est fort vicieux : on *éprouve l'amitié de quelqu'un* en la mettant à l'*épreuve* ; on ne l'*éprouve pas pour quelqu'un*. — s'ÉPROUVER, v. pron.

ÉPROUVETTE, subst. fém. (*éprouvète*), sonde de chirurgien. — Machine pour *éprouver* la poudre.—Cuiller de fer dans laquelle on fond l'étain pour en connaître la qualité.—Petite chaîne avec laquelle les commis aux aides connaissaient la hauteur d'une liqueur.— Dans la machine pneumatique, deux petits récipients réunis par un robinet, et au moyen desquels on *éprouve* si la machine est en bon état.

* **EPS**, subst. mas. (*èpece*), abeille.

EPSILON, subst. mas. (*èpecilone*), cinquième lettre de l'alphabet grec.

EPSOM, subst. mas. (*èpeçome*), t. de pharm. : *sel d'epsom*, combinaison de l'acide vitriolique avec la magnésie.

EPTACORDE, mieux **HEPTACORDE**, adj. des deux genres (*èpetakorde*) (du grec επταχορδος, fait de επτα, sept, et χορδη, corde), se dit de ce qui se chante ou se joue sur un instrument à *sept cordes*. Voy. HEPTACORDE.

EPTAGONE. Voy. HEPTAGONE.

(Voy. par HEPTA les mots qui ne se trouvent pas ici.)

ÉPUCÉ, E, part. pass. de *épucer*.

ÉPUCEMENT, subst. mas. (*épuceman*), action d'*épucer*.

• **ÉPUCER**, v. act. (*épucé*), ôter, chasser les *puces*.— s'ÉPUCER, v. pron.

ÉPUCHE, subst. fém. (*épuche*), sorte de pelle employée pour extraire la tourbe.

ÉPUCHETTE, subst. fém. (*épuchète*), petite pelle qui a la même destination que l'*épuche*. Voy. ce mot.

ÉPUISABLE, adj. des deux genres (*épuizable*), qui peut être *épuisé*. Il est peu usité.

ÉPUISÉ, E, part. pass. de *épuiser*.

ÉPUISEMENT, subst. mas. (*épuizeman*), état de ce qui est *épuisé* : *le travail et les veilles l'ont jeté dans un grand épuisement* ; *l'épuisement des finances*, etc.

ÉPUISER, v. act. (*épuizé*) (de la particule extractive *é*, et du verbe *puiser* : fait de *puits*, en lat. *puteus* : *tirer hors du puits toute l'eau qu'il contenait*), tarir, mettre à sec : *épuiser un puits, une citerne*. — Fig. : *épuiser le trésor public* ; *les débauches ont épuisé ses forces*.—Ne rien oublier : *il a épuisé la matière*. — *Épuiser la bourse de ses amis*, leur emprunter jusqu'à les incommoder. — *Épuiser un pays d'hommes et d'argent*, en tirer trop d'hommes et trop d'argent. — s'ÉPUISER, v. pron.

ÉPUISETTE, subst. fém. (*épuizète*), petits rets ou filets pour prendre les serins dans une volière.

ÉPUISE-VOLANTE, subst. fém. (*épuizevolante*), moulin à vent dont on se sert pour *épuiser l'eau*.

ÉPULARE, subst. mas. (*épulare*), se dit d'un sacrifice que faisaient les *épulons* dans un jour solennel, chez les anciens Romains. Voy. ÉPULONS.

ÉPULIE, subst. fém. (*épuli*) (en grec επι, sur, et ουλον, gencive), t. de chir., excroissance de chair aux gencives des dents molaires. L'*Académie* dit aussi *épulide*.

ÉPULONS, subst. mas. plur. (*épulon*) (en lat. *epulones*, fait de *epulum*, repas public dans les sacrifices solennels), myth., prêtres qui présidaient à Rome aux festins des dieux ; qui veillaient au bon ordre des sacrifices. — Convives. Fam. et badin.

ÉPULOTIQUE, adj. des deux genres (*épulotike*) (en grec επουλωτικος, fait de επουλοω, je cicatrise, dont les racines sont, επι, sur, et ουλη, cicatrice), t. de pharm., qui se dit des médicaments propres à cicatriser les plaies. — Il est aussi subst. mas.

ÉPUNDA, subst. propre fém. (*éponda*), myth., déesse qui avait soin des choses exposées à l'air.

ÉPURATIF, adj. mas., au fém. **ÉPURATIVE** (*épuratif, tive*), qui *épure*. (Jouy.)

• **ÉPURATION**, subst. fém. (*épurâcion*), action d'*épurer*.—Mot qui a été employé figurément pour signifier la destitution prononcée par une autorité supérieure contre quelques membres d'une administration subordonnée, ou le renvoi fait par une société de ceux de ses membres dont elle ne jugeait pas les principes conformes aux siens.

ÉPURATIVE, adj. fém. Voy. ÉPURATIF.

ÉPURATOIRE, adj. des deux genres (*épuratoare*), qui *épure*, qui clarifie.

ÉPURE, subst. fém. (*épure*), t. d'archit., le dessin d'une pièce de trait tracé sur un plancher, etc., de la grandeur dont elle doit être exécutée, et sur lequel l'appareilleur prend les mesures nécessaires pour la coupe des pierres, etc.

ÉPURÉ, E, part. pass. de *épurer* : *des sentiments épurés*, nobles et détachés de tout intérêt.

ÉPUREMENT, subst. mas. (*épureman*), action de rendre plus *pur*.

ÉPURER, v. act. (*épuré*), rendre *pur* ou plus *pur*. Il est plus usité au figuré qu'au propre. — *Épurer la langue*, la rendre plus *pure* et plus polie. — *Épurer le goût*, le rendre plus sûr, plus délicat. — *Épurer un auteur*, retrancher de ses ouvrages ce qu'il peut y avoir d'obscène et de trop libre. — *Épurer le théâtre*, en bannir les pièces licencieuses. — *Épurer un corps, une société*, en destituer ou renvoyer quelques membres. Voy. ÉPURATION. Dans cette dernière acception, c'est un mot nouveau. — s'ÉPURER, v. pron., devenir plus *pur*. — Fig., se perfectionner.

ÉPURGE, subst. fém. (*épurje*) (de la faculté qu'elle a de purger : *ab expurgandi facultate*. Ce sont les paroles de *Saumaise*), t. de bot., plante indigène et bisannuelle, du genre des tithymales, dont la racine est purgative et émétique.

ÉPURGEMENT, subst. mas. (*épurjeman*), prétexte.

ÉQUANT, subst. mas. (*ékouan*) (du lat. *æquans*, part. prés. de *æquare*, égaler), dans l'ancienne astronomie, cercle placé de manière que le mouvement d'une planète soit uniforme autour du centre de ce cercle.

ÉQUARRÉ, subst. mas. (*ékaré*), *carré* tracé dans le cercle d'un tronc d'arbre. (*Boiste*.)

ÉQUARRIÉ, E, part. pass. de *équarrier*.

ÉQUARRIER, v. act. (*ékarié*) : *équarrier le parchemin*, en couper les bords sur la règle. (*Boiste*.) Peu en usage.

ÉQUARRI, E, part. pass. de *équarrir*.

ÉQUARRIR, v. act. (*ékarir*), tailler à angles droits, tels que sont ceux d'un *carré*. — s'ÉQUARRIR, v. pron.

ÉQUARRISSAGE, subst. mas. (*ékariçaje*), état de ce qui est *équarri*. — La peine et la dépense d'*équarrir*.

ÉQUARRISSEMENT, subst. mas. (*ékariceman*), action d'*équarrir*.

ÉQUARRISSEUR, subst. mas., et au fém., **ÉQUARRISSEUSE** (*ékariceur, ceuze*), celui, celle qui fait profession de tuer, d'écorcher, de dépecer les chevaux.

ÉQUARRISSEUSE, subst. fém. Voy. ÉQUARRISSEUR.

ÉQUARRISSOIR, subst. mas. (*ékariçoar*), en t. de bijoutier, espèce d'aiguille ou fil rond d'acier, propre à nettoyer le dedans des charnières des tabatières.—En t. de cirier, instrument de buis pour former les angles d'un flambeau.— En

t. de doreur en feuilles, foret aigu par les deux bouts, qui sert à continuer un trou sans l'élargir.—En t. d'éperonnier, poinçon à pans, pour aplatir une pièce. — En t. de vannier, instrument formé de deux crochets tranchants, entre lesquels on tire le brin d'osier qu'on veut *équarrir*.

ÉQUATEUR, subst. mas. (*ékouateur*) (en lat. *œquator*, fait de *œquare*, égaler, rendre égal), un des grands cercles de la sphère, autour duquel se fait le mouvement diurne, qui est également distant des deux pôles, et qui, en conséquence, partage le globe en deux parties égales, l'une méridionale, l'autre septentrionale. Les planètes qui tournent sur leur axe, comme la terre, ont de même qu'elle leur *équateur* et leurs pôles. — *Hauteur de l'équateur*, arc d'un cercle vertical, compris entre l'*équateur* et l'horizon d'un lieu. Cette hauteur, toujours égale à la distance du pôle au zénith, est le complément de la hauteur du pôle ou de la latitude.—*Temps de l'équateur* ou *temps du premier mobile*, celui qui se compte à raison de quinze degrés par heure.

ÉQUATION, subst. fém. (*ékouâcion*), en t. d'algèbre, double expression d'une même quantité présentée sous deux dénominations ou formes différentes.—*Équation simple* ou *du premier degré*, celle dans laquelle l'inconnue ne monte qu'à la première puissance.—*Équation carrée* ou *du second degré*, celle où l'inconnue est élevée à la seconde puissance.—*Équation cubique* ou *du troisième degré*, celle où l'inconnue est élevée à la troisième puissance.—En général, une *équation* est d'autant de degrés qu'il y a d'unités dans l'exposant de la plus haute puissance à laquelle l'inconnue est élevée. — *Membres d'une équation*, les deux quantités séparées par le signe = ou +. — *Termes d'une équation*, les différentes quantités ou parties dont chaque membre de l'*équation* est composé, et qui sont jointes entre elles par les signes || et —.—*Racine d'une équation*, la valeur de la quantité inconnue de l'*équation*. — T. d'astron. : *équation du temps*, différence entre le temps vrai ou apparent, et le temps moyen ou uniforme, c'est-à-dire la réduction du temps inégal indiqué par le soleil, à un temps égal marqué par une pendule bien réglée.—*Équation de l'horloge*, différence entre l'heure du temps moyen marquée par une horloge bien réglée, et l'heure du temps vrai indiquée par un cadran solaire bien exact. — *Équation de l'orbite*, *équation du centre* ou *prostaphérèse*, différence entre le mouvement inégal d'une planète dans son orbite, et le mouvement moyen, égal et uniforme qu'on lui suppose pour calculer son lieu vrai.—*Équations des hauteurs correspondantes*. Voy. au mot HAUTEUR.— *Équation séculaire*, celle qui augmente continuellement avec le temps; et, proprement, la quantité dont une planète, au bout de quelques siècles, est plus ou moins avancée qu'elle ne le serait, si ses révolutions avaient été toujours de la même durée.—*Équation lunaire* ou *proemptose*, *équation solaire* ou *métemptose*; le changement d'un jour qui se fait dans l'épacte, pour accorder avec le ciel les nouvelles lunes et les années. — *Équation physique* et *équation optique*, dans l'ancienne astronomie, deux parties de l'égalité d'une planète, dont l'une, considérée au centre de l'excentrique, avait lieu par rapport au centre de l'*équant*, et l'autre par rapport au mouvement vrai.

ÉQUATORIAL, subst. mas. (*ékouatorial*), instrument d'astronomie destiné, entre autres usages, à mesurer l'ascension droite et la déclinaison, par le moyen de deux cercles qui représentent l'*équateur* et le cercle de déclinaison.

ÉQUATORIAL, E, adj. (*ékouatorial*), de l'*équateur*. — Au plur. mas., *équatoriaux*. — Ce mot manque dans l'*Académie*; et cependant elle dit au mot BÉTEL : *les contrées équatoriales de l'Asie*.

ÉQUERRAGE, subst. mas. (*ékièraje*), t. de mar., angle que forment entre elles deux faces planes l'une pièce de bois.

ÉQUERRE, subst. fém. (*ékière*) (du lat. *quadra*, sous-entendu *norma*, règle carrée, dont on a fait *exquadra*, et ensuite notre mot *équerre*), instrument qui sert à tracer, à mesurer les angles droits, à *équarrir*, etc.— T. d'astron., constellation méridionale introduite par *La Caille* sous le nom latin de *norma*, et qui est jointe avec la règle et le triangle austral, en forme de niveau. — *Équerre d'arpenteur*, cercle de cuivre divisé en quatre parties égales par deux lignes qui se coupent à angles droits au centre. Aux quatre extrémités de ces lignes sont quatre pinnules élevées et fendues perpendiculairement, avec des trous au-dessous de chaque fente.—T. de men. : *fausse équerre*, espèce d'*équerre* ou plutôt d'angle dont un des côtés est mobile au sommet, en sorte qu'on peut lui donner le degré d'ouverture que l'on veut. — T. d'hydraul., *équerres*, au plur., coudes qu'on fait à une conduite.—Grosses plates-bandes de fer dont on garnit les angles des réservoirs de plomb élevés en l'air, pour soutenir la poussée et l'écartement des côtés.—Myth., VOY. MINERVE, URANIE, APOLLON.

ÉQUERRÉ, E, part. pass. de *équerrer*.

ÉQUERRER, v. act. (*ékièré*), t. de mar., donner à une pièce de bois la forme qui lui convient. —S'ÉQUERRER, v. pron.

ÉQUESTRE, adj. des deux genres (*ékuècetre*) (en lat. *equestris*, fait de *equus*, cheval), de chevalier : *l'ordre équestre*, l'ordre des chevaliers romains. — La noblesse du second rang en Pologne. — *Statue* ou *figure équestre*, représentant une personne à cheval.

EQUESTRIES, subst. fém. plur. (*ékuècetri*), t. d'hist. anc., les quatorze degrés destinés au théâtre pour placer l'ordre des chevaliers.

ÉQUI-ANGLE, adj. des deux genres (*ékui-angule*) (en lat. *œquiangulus*, fait de *œquus*, égal, et *angulus*, angle), t. de géom., qui se dit 1° des figures dont les *angles* sont égaux : *triangle équi-angle* ; 2° plus souvent et plus proprement, d'une figure qui a ses *angles* égaux à ceux d'une autre : *ces triangles sont équi-angles entre eux*.

ÉQUI-AXE, adj. des deux genres (*ékui-akce*), t. de géom., dont les *axes* sont égaux.

ÉQUI-CRURAL, E, adj. (*ékuikrural*) (en latin *œquicrurius*, fait de *œquus*, égal, et *crus*, génitif *cruris*, jambe, côté), t. de géom., qui a deux côtés égaux : *triangle équi-crural*. On dit plus souvent et mieux : *triangle isocèle*; et si les trois côtés sont égaux : *triangle équi-latéral*. — Au plur. mas., *équi-cruraux*.

ÉQUI-DIFFÉRENT, E, adj. (*ékuidiféran*, *rante*) du lat. *œquè*, également, et *differens*, différent), t. d'arith., trois quantités sont continuement *équi-différentes*, lorsqu'il y a la même *différence* entre la première et la seconde, qu'entre la seconde et la troisième. — Quatre quantités sont discrètement *équi-différentes*, lorsque la différence de la première à la seconde est la même que celle de la troisième à la quatrième.

ÉQUI-DISTANT, E, adj. (*ékuidicetan*, *tante*) (en lat. *œqui-distans*, fait de *œquè*, également, et *distans*, distant, éloigné) : *des lignes équi distantes*, également éloignées les unes des autres.

ÉQUIERS, subst. mas. plur. (*ékié*), espèce d'anneaux de fer dans lesquels passent les sommiers, aux deux bouts de la scie des scieurs de long.

ÉQUIGNON, subst. fém. (*ékignion*), bande de fer plat qui se met sous les essieux de bois pour les consolider.

ÉQUI-LATÉRAL, E, adj. (*ékuilatéral*) (en lat. *œqui-lateralis*, formé de *œquus*, égal, et de *latus*, côté), t. de géom., qui a tous ses côtés égaux. — Au plur. mas., *équilatéraux*.

ÉQUI-LATÉRAUX, adj. plur. mas. Voy. ÉQUI-LATÉRAL.

ÉQUI-LATÈRE, adj. des deux genres (*ékuilatère*), t. de géom., qui a les côtés égaux : *triangle polygone équi-latère*. On dit plus souvent *équi-latéral*.—*Hyperbole équi-latère*, celle dans laquelle les axes conjugués sont égaux.

ÉQUILBOQUET, subst. mas. (*ékilebokiè*), chez les charpentiers et les menuisiers, petit instrument de bois qui sert à vérifier le calibre des mortaises.

ÉQUILIBRE, subst. mas. (*ékilibre*) (en latin *œquilibrium*, fait de *œquus*, égal, et de *libra*, balance), état de choses qui, étant pesées, sont d'un poids si égal qu'elles n'emportent la balance d'aucun côté. Voy. ÉQUIPONDÉRANCE. — En mécanique, égalité exacte entre deux corps qui agissent l'un contre l'autre.—On dit fig. : *mettre*, *tenir dans l'équilibre*, dans l'égalité.—*Faire équilibre*, rendre les choses égales.

ÉQUILIBRÉ, E, part. pass. de *équilibrer*.

ÉQUILIBRER, v. act. (*ékilibré*), mettre en *équilibre*. — S'ÉQUILIBRER, v. pron.

ÉQUILLE, subst. fém. (*éki-ie*), croûte blanche au fond de la cuve dans les salines. —Outil tranchant pour rompre cette croûte.

ÉQUILLETTE, subst. fém. (*éki-iète*), t. de mar., pièce de bois qui soutient une girouette.

ÉQUILLEUR, subst. mas. (*éki-ieur*), celui qui est chargé de rompre la croûte au fond des cuves dans les salines.

ÉQUI-MULTIPLE, adj. des deux genres (*ékuimultiple*) (du lat. *œquè*, également, et *multiplicare*, multiplier), se dit en arithm. et en géom., 1° des grandeurs multipliées également, c'est-à-dire par des quantités ou des multiplicateurs égaux; 2° des nombres qui contiennent leurs sous-multiples autant de fois l'un que l'autre.

ÉQUIN, E, adj. (*ékuin*, *kuine*) (en lat. *equinus*), de cheval.

ÉQUINOXE, subst. mas. (*ékinokce*) (en lat. *œquinoctium*, fait de *œquè*, également, et *nox*, gén. *noctis*, nuit), on appelle ainsi, 1° les deux temps de l'année où, le soleil passant par l'équateur ou par un des points *équinoxiaux*, la durée de la nuit est égale à celle du jour ; ce qui arrive chez nous le 21 mars et vers le 23 septembre; 2° les points où l'écliptique coupe l'équateur : *passage de l'équinoxe au méridien* ; *distance de l'équinoxe au soleil*. Dans cette dernière acception, on dit plus souvent et mieux *point équinoxial*.

ÉQUINOXIAL, subst. mas. (*ékinokcial*) (en lat. *œquinoxialis*, sous-entendu *cerculus*), t. d'astronomie, la même chose que l'équateur, parce que c'est hors du passage du soleil par l'équateur qu'arrivent les *équinoxes*.—Selon quelques-uns, le grand cercle immobile de la sphère, sous lequel l'équateur de la terre se meut dans son mouvement journalier. — Au plur., *équinoxiaux*.

ÉQUINOXIAL, E, adj. (*ékinokciale*) (en lat. *œquinoxialis*), qui appartient à l'*équinoxe*.— *Ligne équinoxiale*. Voy. le subst. ÉQUINOXIAL dans ses deux acceptions. — *Points équinoxiaux*, les deux points de la sphère, dans lesquels l'équateur et l'écliptique se coupent l'un l'autre.—*Cadran équinoxial*, celui dont le plan est parallèle à l'équateur. — *Orient*, *occident équinoxial*, le point où l'horizon d'un lieu est coupé par l'équateur, vers l'orient ou vers l'occident. Ce sont les vrais points d'orient et d'occident; ils forment le levant et le couchant, au temps des *équinoxes*.—*Plantes équinoxiales*, suivant *Linnée*, celles dont les fleurs s'ouvrent à une heure déterminée, et se ferment également à une epoque fixe. — *France équinoxiale*, pays appartenant à la France, et qui se trouve sous l'*équinoxial*, ou fort près de ce grand cercle, comme l'île de Cayenne, la Guiane, etc. — Au plur., *équinoxiaux*.

ÉQUINOXIAUX, subst. et adj. mas. plur. Voy. ÉQUINOXIAL.

ÉQUIPAGE, subst. mas. (*ékipaje*) (suivant *Ménage*, de l'allemand *schff*, navire), train, suite, etc. *Équipage de guerre*, *de chasse*, etc. *Les équipages de l'armée*.—Voiture et chevaux de luxe : *il a un équipage*. — Prov., *l'équipage de Jean de Paris*, un équipage magnifique; *un équipage de Bohême*, tout délabré. — En t. de mar., les soldats et les matelots d'un vaisseau. — En t. d'optique, assemblage des oculaires qu'on applique à une lunette ou à un télescope.—Dans les fabriques de soie, assemblage indépendant de la charpente d'un métier, mais nécessaire à son jeu, et comprenant les lisses, cordes, etc., qui y sont employées. En ce sens, on dit aussi *harnais*.—T. d'hydraulique, *équipage d'une pompe*, les corps, les pistons, les fourches, les tringles et les moises qui les attachent à des châssis à coulisses. — Prov.: *être en bon* ou *en mauvais équipage*, bien ou mal vêtu. — *Cet homme est en mauvais*, ou *en triste*, ou *en pauvre équipage*, sa santé, ses affaires sont en mauvais état.

ÉQUIPE, subst. fém. (*ékipe*), nombre de bateaux appartenant à un même voiturier. (*Trévoux*.) On le dit surtout de ces sortes de flottilles, composées de sapinières qui, par l'Allier, la Loire et le canal de Briare, transportent de l'Auvergne à Paris, du vin, de la houille, etc. —*Chef d'équipe*, ouvrier vidangeur.

ÉQUIPÉ, E, part. pass. de *équiper* et adj., se dit, en t. de blason, d'un homme à cheval, armé de toutes pièces, qui est souvent un meuble de l'écu.

ÉQUIPÉE, subst. fém. (*ékipé*), action, entreprise, démarche indiscrète, téméraire, et qui réussit mal : *vous avez fait là une belle équipée*.

ÉQUIPEMENT, subst. mas. (*ékipeman*), action d'*équiper* une flotte, un vaisseau, un soldat, etc.

ÉQUIPER, v. act. (*ékipé*), pourvoir quelqu'un des choses qui lui sont nécessaires : *équiper un cavalier*. — Il se dit aussi d'une flotte, d'un vaisseau, etc. — S'ÉQUIPER, v. pron., se pourvoir des choses nécessaires. — Fam., s'accoutrer.

ÉQUIPET, subst. mas. (*équipè*), t. de mar., petit compartiment de planches dans un vaisseau, pour y conserver de petits objets qui pourraient tomber au roulis.

ÉQUIPETTE, subst. fém. (*ékipète*), petite table.

ÉQUIPEUR-MONTEUR, subst. mas. (*ékipeurmonteur*), t. d'armurier, ouvrier qui *monte* un fusil.

ÉQUIPOLLÉ, E, part. pass. de *équipoller*, et adj.; se dit, en termes de blason, de neuf carrés mis en forme d'échiquier.

ÉQUIPOLLENCE, subst. fém. (*ékuipolelance*) (du lat. *æquipollentia*, formé de *æquus*, égal, et *pollentia*, puissance, force, capacité), égalité de valeur. Il ne se dit guère qu'en logique : *équipollence des propositions*.

ÉQUIPOLLENT, E, adj. (*ékuipolelan, lante*) (en lat. *æquipollens*), qui vaut autant que... : *cette raison est équipollente à la vôtre*.—On dit aussi subst., *je lui ai donné l'équipollent*. — *A l'équipollent*, loc. adv., à proportion. Peu en usage.

ÉQUIPOLLER, v. act. et neut. (*ékuipolelé*) (du lat. *æquipollere*, formé de *æquè*, également, et *pollere*, pouvoir), être de pareil prix ; valoir autant. Ces termes sont surtout d'usage en style de pratique et de commerce.

ÉQUIPONDÉRANCE, subst. fém. (*ékuipondérance*) (en lat. *æquipondium*, fait de *æquè*, également, et *ponderare*, peser), t. de physique, *égalité de pesanteur*, et plus exactement, égalité de tendance de deux ou plusieurs corps vers un centre commun. Il diffère d'*équilibre*, en ce sens que celui-ci résulte d'une égalité de forces qui agissent en sens contraires, et que l'*équipondérance* vient de l'égalité, de la gravitation des corps comparés.

ÉQUIPONDÉRANT, E, adj. (*ékuipondéran, te*), qui est du même poids.

ÉQUIRINE, subst. mas. (*ékuirine*), myth., jurement par Quirinus.

ÉQUISÉTACÉES, subst. fém. plur (*ékuicétacé*), (du latin *equus*, cheval, et *seta*, soie), t. de bot., famille de plantes que l'on nomme aussi *peltacées*.

ÉQUISONNANCE, mieux **ÉQUISONANCE**, subst. fém. (*ékuiçonance*) (du lat. *æquè*, également, et *sonare*, sonner), t. de musique, consonnances de l'octave et de la double octave; consonnances qui font antiphonie.

ÉQUITABLE, adj. des deux genres (*ékitable*), en parlant des choses, conforme à l'*équité* · *jugement équitable;* en parlant des personnes, qui a de l'*équité* : *homme, juge équitable*.

ÉQUITABLEMENT, adv. (*ékitableman*), avec *équité*.

ÉQUITATION, subst. fém. (*ékuitâcion*) (en lat. *equitatio*, fait de *equus*, cheval), l'art de monter à cheval.

ÉQUITÉ, subst. fém. (*ékite*) (du latin *æquitas*, fait de *æquus*, plain, uni, égal, équitable, lequel vient de *æquor*, eau, à cause du niveau dont l'eau est le modèle), justice, droiture. Voy. JUSTICE.—Justice exercée, non pas selon la rigueur de la loi, mais avec un adoucissement convenable.

EQUI-TRIUMPHALES, subst. mas. plur. (*ékuitrionfalèce*) (mots purement latins); c'est ainsi qu'on appelait, chez les anciens Romains, quatre chevaux blancs que l'on attelait de front au char du triomphateur, lorsqu'il faisait son entrée dans la ville de Rome.

ÉQUIVALEMMENT, adv. (*ékivalaman*), d'une manière *équivalente*.

ÉQUIVALENCE, subst. fém. (*ékivalance*), valeur égale, égalité de prix.

ÉQUIVALENT, E, adj. (*ékivalan, lante*), qui *équivaut*. — On dit aussi subst. : *offrir un équivalent, des équivalents; c'est l'équivalent de...*

ÉQUIVALOIR, v. neut. (*ékivaloar*) (du lat. *æquivalere*, formé de *æquè*, également, et *valere*, valoir), être de même prix, de même *valeur*, ou à peu près. Il est peu usité à l'infinitif, et il se conjugue comme *valoir*.

ÉQUIVALU, E, part. pass. de *équivaloir*.

ÉQUIVALVE, adj. des deux genres (*ékuivalve*) t. d'hist. nat. : *coquillages équivalves*, dont les *valves* sont égales.

ÉQUIVOQUE, subst. fém. (*ékivoke*) (en latin *æquivocum*, fait de *æquus*, égal, et *vox*, gén., *vocis*, voix, mot), mot, expression à double sens. — Mot dit ou entendu au lieu d'un autre. — Ce mot était autrefois des deux genres.

ÉQUIVOQUE, adj. des deux genres (*ékivoke*), qui a un double sens : *discours, expression équivoque*. — Qui peut s'interpréter, s'expliquer de deux manières : *action, démarche, réputation équivoque*.

ÉQUIVOQUÉ, E, part. pass. de *équivoquer*.

ÉQUIVOQUER, v. neut. (*ékivokié*) (en latin *æquivocare*), user d'*équivoque;* parler à double sens. — *s'*ÉQUIVOQUER, v. pron., dire un mot pour un autre. Il est familier.

ÉQUORÉE, subst. fém. (*ékoré*), t. d'hist. nat., genre d'animaux non vertébrés établi dans la famille des méduses.

ÉRABLE, subst. mas. (*érable*), grand et bel arbre des forêts d'Europe à fleur rosacée. On en tire, sous la forme d'une liqueur limpide, un suc dont le résidu prend le nom de *sucre d'érable*, et a les mêmes qualités que le sucre de canne. Les feuilles fournissent, en petits grumeaux blancs, un suc extravasé, connu sous le nom de *manne d'érable*. On appelle *broussin d'érable* une excroissance ligneuse qui se forme sur le bois de cet arbre.

ÉRACLISSE, subst. fém. (*éraklice*), t. de bot., genre de plantes qui est le même que l'andrachné.

ÉRADICATIF, adj. mas., au fém. **ÉRADICATIVE** (*éradikatif, tive*), t. de médec. : *remède éradicatif*, qui emporte la maladie et toutes ses causes.

ÉRADICATION, subst. fém. (*éradikâcion*) (en latin *eradicatio*, fait de *eradicare*, lequel est formé de la particule extractive *e*, et de *radix, radicis*, racine ; arracher les racines), action d'arracher une chose par la racine.

ÉRADICATIVE, adj. fém. Voy. ÉRADICATIF.

ÉRAFLÉ, E, part. pass. de *érâfler*.

ÉRAFLEMENT, subst. mas. (*érâfleman*), déchirement que produit un boulet brisé, dans l'âme du canon.

* **ÉRAFLER**, v. act. (*érâflé*), déchirer légèrement la peau avec quelque chose d'aigu.— *s'*ÉRAFLER, v. pron.

ERAFLURE, subst. fém. (*érâflure*), légère écorchure de la peau.

ÉRAGROSTE, subst. mas. (*éraguerocete*), t. de bot., genre de plantes établi aux dépens des paturins.

ÉRAILLÉ, E, part. pass. de *érailler*, et adj. : *avoir l'œil éraillé*, avoir des filets rouges dans l'œil.

ÉRAILLEMENT, subst. mas. (*érâ-ieman*), renversement de la paupière inférieure.

ÉRAILLER, v. act. (*érâ-ié*) (en lat. *eradere*), tirer une étoffe avec effort, en sorte que les fils se relâchent. — *s'*ÉRAILLER, v. pron.

ÉRAILLURE, subst. fém. (*érâ-iure*), ce qui est *éraillé;* marque qui reste à une étoffe de soie ou à une toile quand elle est *éraillée*.

ÉRANE, subst. fém. (*érane*) (du grec *ερανος*, festin par écot, collecte), nom qu'on donnait en Grèce à une société patriotique de plaisir et de secours.

ÉRANIQUE, adj. des deux genres (*éranike*), qui concerne la société des *éranistes* en Grèce.

ÉRANISTE, subst. mas. (*éranicete*) (en grec *ερανιστης*), membre d'une société *éranique;* affilié d'une *érane* en Grèce. Voyez ÉRANE.

ÉRANTHE, subst. mas. (*érante*), t. de bot., genre de plantes établi pour placer l'ellébore d'hiver.

ÉRANTHÈME, subst. mas. (*érantème*), t. de bot., genre de plantes très-voisines des carmantines.

ÉRAPHIOTÈS, subst. propre mas. (*érafiotèce*) (en grec *εραφιωτης*, querelleur), myth., surnom de Bacchus.

ÉRASTOMES, subst. mas. plur. (*éracetome*) (du grec *εραω*, j'aime), nom que donnaient les anciens à des poésies d'amour.

ÉRATÉ, subst. propre fém. (*ércté*), myth., nymphe, fille de l'Océan et de Téthys.

ÉRATÉ, E, part. pass. de *érater*, et adj., fin, rusé.—Il est aussi subst. : *c'est unératé*.

ÉRATER, v. act. (*ératé*), ôter la *rate*. —*s'*ÉRATER, v. pron., *s'*essouffler.

ÉRATO, subst. propre fém. (*érato*) (du grec *ερατος*, aimable, dérivé de *εραω*, j'aime), myth., muse qui présidait aux chansons d'amour. On la représente sous la figure d'une jeune fille enjouée, couronnée de myrte et de roses, tenant d'une main une lyre, un archet de l'autre ; à côté d'elle est un petit Cupidon ailé, avec son arc et son carquois.

ERBADE, subst. mas. (*èrebade*), violon arabe à une seule corde.

ERBIN, subst. mas. (*èrebein*), t. de bot., genre de plantes de la famille des graminées.

ERBUE, subst. fém. (*èrebu*), terre argileuse ajoutée au minerai pour en faciliter la fusion.

ERCINITE, subst. fém. (*èrecinite*), t. d'hist. nat., sorte de minéral.

ERCIUS, subst. propre mas. (*èrecius*), myth., surnom de Jupiter. On l'invoquait sous ce nom ou sous celui de *Penetralis*, dans l'intérieur des maisons, afin qu'il en écartât les voleurs.

ÈRE, subst. fém. (*ère*) (suivant *Savary*, de l'arabe *arkha*, époque ; selon d'autres, du mot arabe *arach* ou *erach*, qui signifie *on à fixé le temps* ; selon d'autres enfin, des letres A, E, R, A, qui sont les initiales de l'époque des Espagnols, *ab exordio regni Augusti*), t. de chronologie, point fixe d'où l'on commence à compter les années.—*Ère*, en astronomie, est la même chose qu'*époque* en chronologie.—*Ère grecque* ou *des olympiades*. Voy. *époque des olympiades*, au mot ÉPOQUE.—*Ère de la fondation de Rome*, époque d'où les Romains comptaient autrefois les années. Elle commence dans la 3961e année de la période julienne, 753 ans avant la naissance de J.-C.—*Ère de Nabonassar* ou *des Babyloniens*. Voy. au mot NABONASSAR.—*Ère actienne*, qui tire son nom de la bataille d'*Actium*, et dont se sont servis *Ptolémée, Josèphe, Eusèbe* et *Censorius*.—*Ère chrétienne*, ère de la naissance de Jésus-Christ, celle de laquelle les chrétiens comptent les années ; elle commence dans la 4714e année de la période julienne, l'année même de la naissance de Jésus-Christ.— *Ère des martyrs, de persécution, dioclétienne*. Voy. *époque dioclétienne*, au mot ÉPOQUE.— *Ère ibérienne*, suivie dans les conciles et sur les vieux monuments de l'Espagne, en latin *Ibéria*. — *Ère des Turcs, de l'Hégyre*. Voy. *époque de Mahomet*, au mot ÉPOQUE.— *Ère républicaine*, celle qui commençait au 22 septembre 1792, jour de la fondation de la république française.

ÉRÈBE, subst. propre mas. (*érèbe*) (en grec Ερεβος), myth., fils du Chaos et de la Nuit. Il fut métamorphosé en fleuve et précipité dans le fond des enfers, pour avoir secouru les Titans. — *Érèbe* se prend souvent pour les enfers mêmes, ou pour un endroit particulier des enfers.

ÉRÉBENNIS, subst. propre fém. (*érébènenice*) (du grec *ερεβεννος*, ténébreux), myth., surnom donné à la Nuit, comme épouse d'*Érèbe*.

ÉRÉBINTHINUS, subst. propre mas. (*érébeintinuce*) (du grec *ερεβινθινος*, pois chiche), myth., surnom de Bacchus, comme inventeur non-seulement de la vigne, mais encore des pois et autres légumes.

ÉRECTEUR, subst. et adj. mas. (*érèkteur*) (en lat. *erector*), t. d'anat., qui élève : *muscles érecteurs*, ceux qui servent à élever certaines parties.

ÉRECHTHÉE, subst. propre mas. (*érèkté*), myth., roi d'Athènes, et père de Cécrops, de Pandorus, de Métion et de Butès. Il fut mis au nombre des dieux avec ses quatre filles Procris, Créuse, Chthonie et Orithyie, parce qu'elles se dévouèrent étant vierges pour le salut de la patrie. — Il y eut un autre *Érechthée*, père d'une autre Orithyie, qui fut élevée par Borée.

ÉRECHTHÉON, subst. propre mas. (*érèkté-on*), myth., temple de Neptune, dans l'Achaïe.

ÉRECHTHIS, subst. propre fém. (*érèktice*), myth., Procris, fille d'*Érechthée*.

ÉRECHTHIDES, subst. propre mas. plur. (*érèktide*), myth., les Athéniens, ainsi appelés du nom d'*Érechthée*, un de leurs rois.

ÉRECTILE, adj. des deux genres (*érèktile*) t. de médec., se dit des fibres et des nerfs qui ont un mouvement d'*érection*.

ÉRECTILITÉ, subst. fém. (*érèktilité*), t. de médec., propriété particulière du tissu *érectile*.

ÉRECTION, subst. fém. (*érèkcion*) (en lat. *erectio*, fait de *erigere*, élever), institution, établissement.—Action d'*ériger*, d'élever : *érection d'un monument, d'une statue*. — Il se dit de l'action par laquelle l'homme couché se lève pour mettre son corps debout. — Il se dit aussi pour signifier l'état du membre viril, dans lequel il cesse d'être pendant et se soutient de lui-même par le gonflement.

ÉRECTOMÈTRE, subst. mas. (*érèktomètre*), sorte de machine contre les pollutions nocturnes, et dont l'emploi n'a pas été adopté.

ÉREINTÉ, E, part. pass. de *éreinter*.

ÉREINTER, v. act. (*éreinté*), rompre les *reins*, ou seulement les fouler. — Fatiguer excessivement. Fam.—*s'*ÉREINTER, v. pron.

ÉRÈME, subst. mas. (*érème*) t. de bot., sorte de fruit qui répond à la *graine nue* de *Linnée*.

ÉRÉMITIQUE, adj. des deux genres (*érémitike*) (du grec ερημιτης, ermite, fait de ερημος, désert), qui tient de l'*ermite*, du solitaire : *la vie érémitique*. L'*Académie*, qui permet à tort d'écrire *ermite* et *hermite*, *ermitage* et *hermitage*, devrait aussi tolérer qu'on écrivît *érémitique* et *hérémitique*; mais *hérémitique* serait un barbarisme, comme *hermite* et *hermitage*.

ÉRÉMODICIE, subst. fém. (*érémodici*) (en grec ερημοδικιον, fait de ερημος, désert, et de δικη, justice), péremption d'instance, condamnation par défaut.

ÉRÉMONTS, subst. mas. plur. (*érémon*), morceaux de bois qui embrassent le timon d'une voiture. Hors d'usage.

ÉRÉMOPHILE, subst. mas. (*érémofile*) (du grec ερημια, solitude, isolement, et φιλος, ami), t. d'hist. nat., poisson des rivières d'Amérique, qui ressemble à l'anguille.

ÉRÉMOPHYLLE, subst. mas. (*érémofile*) (du grec ερημος, désert, isolé, et φυλλον, feuille), t. de bot., genre de plantes de la famille des verbénacées.

ÉRÉSICHTHON ou **ÉRISICHTHON**, subst. propre mas. (*érézikton, érizikton*), myth., l'un des principaux habitants de la Thessalie, fils de Driops, et aïeul maternel d'Ulysse. Cérès, pour le punir d'avoir abattu une forêt qui lui était consacrée, lui envoya une faim si horrible, qu'il consuma tout son bien sans pouvoir la satisfaire. Réduit à la dernière misère, il vendit sa propre fille, nommée Métra. Mais Neptune, qui avait aimé cette fille, lui ayant accordé le pouvoir de se métamorphoser en ce qu'elle voudrait, elle échappa à son maître sous la forme d'un pêcheur. Son père la vendit successivement à plusieurs maîtres. Elle n'était pas plus tôt livrée à ceux qui l'avaient achetée, qu'elle se dérobait à eux en se changeant, à chaque vente, en génisse, en biche, en oiseau ou autrement. Malgré cette ressource pour avoir de l'argent, elle ne put jamais rassasier son père, qui mourut enfin misérablement en se dévorant lui-même.

ÉRÉSIE, subst. fém. (*érézi*), t. de bot., genre de plantes de l'ordre des monopétales.

ÉRÉSIPÈLE pour **ÉRYSIPÈLE** n'est pas français. (L'*Académie*, invoquant l'étymologie, dit elle-même qu'on disait autrefois *érysipèle*.)

ÉRÉTHISME subst. mas. (*éréticeme*) (du grec ερεθισμος ou ερεθισμα, fait de ερεθιζω, j'irrite), t. de médec., irritation et tension violente des fibres.

ÉRÉTHYBIE, subst. fém. (*érétibi*), myth., fête qu'on célébrait en l'honneur d'Apollon *Éréthybien*.

ÉRÉTHYBIEN, adj. propre mas. (*érétibiein*), myth., surnom sous lequel les Rhodiens invoquaient Apollon.

ÉREUNÈTES, subst. mas. plur. (*éreunète*), t. d'hist. nat., tribu d'oiseaux de l'ordre des échassiers.

ERGANE, subst. propre fém. (*èreguane*) (du grec εργανη, ouvrière), myth., surnom de Minerve, lorsqu'on lui attribue l'invention de presque tous les arts.

ERGASTINES, subst. fém. plur. (*èreguacetine*) (en grec εργαστιναι), myth., jeunes filles qui furent choisies pour broder le voile de Minerve.

ERGATIES, subst. fém. plur. (*èreguaci*) (du grec εργον, ouvrage), myth., fêtes qu'on célébrait à Sparte en l'honneur d'Hercule et en mémoire de ses travaux.

ERGINUS, subst. propre mas. (*èrejinuce*), myth., roi d'Orchomène. Il fut en guerre avec Hercule, qui le vainquit, le tua, et pilla ses états. — Un autre *Erginus*, fils d'Hercule, fut un des Argonautes.

ERGO, subst. mas. (*èreguô*) (en lat. *ergo*), donc. —Conclusion d'un argument. Ce terme latin est pris souvent pour l'argument même : *il nous importune par ses ergo*. Il ne prend pas la marque du pluriel.—*Ergo-glu*; on employait autrefois ces mots dans le style plaisant pour se moquer des grands raisonnements qui ne concluent rien. Il paraît, par les exemples que cite *Ménage*, qu'anciennement on disait *ergo-glue*. Suivant d'autres, ce sont les premiers mots de cette conclusion ridicule : *ergo glu capiuntur aves*; donc les oiseaux sont pris avec de la glu.

ERGOT, subst. mas. (*èreguô*) (du latin *erigo*, je dresse, ou, suivant *Ménage*, de *articulus*, articulation, dont il prétend qu'*ergot* n'est qu'une corruption), corne molle ou tumeur sans poil que portent entre les jambes, etc., les chevaux et quelques autres animaux à pieds fourchus.—Éperon ou protubérance plus ou moins longue, plus ou moins pointue placée à peu près au milieu du pied de certains oiseaux, du côté interne.—En t. de jardinier, l'extrémité d'une branche morte.—Maladie qui attaque les végétaux de la famille des graminées, et surtout le seigle, dont les épis présentent alors des espèces de cornes semblables aux *ergots* du coq.—Fig. et fam. : *être* ou *monter sur ses ergots*, parler avec colère et d'un ton fier et élevé.

ERGOTÉ, E, adj. (*èreguoté*), qui a des *ergots*, qui a la maladie *ergot*, en parlant des graminées : *le seigle ergoté est dangereux*. — T. de chasse, chien *ergoté*, qui a un angle de surcroît en dedans et au dessus du pied.

ERGOTER, v. neut. (*èreguoté*), pointiller, disputer et argumenter sur tout et sans cesse.—En t. de jardinier, couper un *ergot*, l'extrémité d'une branche morte.

ERGOTERIE, subst. fém. (*èreguoteri*), chicane sur des bagatelles.

ERGOTEUR, subst. mas., au fém. **ERGOTEUSE** (*èreguoteur, teuze*), pointilleux, qui dispute et conteste sans cesse.

ERGOTEUSE, subst. fém. Voy. ERGOTEUR.

ERGOTISME, subst. mas. (*èreguoticeme*). Voy. ERGOTERIE.

ERGYNE, subst. mas. (*èrejine*), t. d'hist. nat., espèce de crustacé dont l'œil est à peine visible.

ÉRIACHNÉ, subst. mas. (*éri-akné*), t. de bot., espèce de plantes de la famille des graminées.

ÉRIANTHE, subst. mas. (*éri-ante*), t. de bot., genre de plantes de la famille des graminées.

ÉRIANTHOS, subst. mas. (*éri-antoce*), t. de bot., nom spécifique d'un arbre du genre des fromagers.

ÉRIBÉE, subst. propre fém. (*éribé*), myth., surnom de Junon.

ÉRIBLE, subst. fém. (*érible*), t. de bot., genre de plantes de la famille des arroches.

ÉRICACÉES, subst. fém. plur. (*érikacé*) (du lat. *erice*, gén. *erices*, bruyère), t. de bot., dans la méthode naturelle, famille de plantes ou plutôt d'arbrisseaux à très-petites feuilles, opposées, ou souvent disposées en verticilles. C'est à cette famille qu'appartiennent les bruyères, dont elle a pris son nom.

ÉRICHTÉE, subst. propre mas. (*érikté*), myth. C'était un chasseur que Minerve prit soin d'élever, et fit proclamer roi des Athéniens. On dit qu'il savait tirer de l'arc avec tant d'adresse, qu'Alcon, son fils, étant entouré d'un dragon, il perça le monstre d'un coup de flèche sans blesser son fils.

ÉRICHTON, subst. propre fém. (*érikton*), myth., fameuse magicienne de Thessalie.

ÉRICHTON, subst. propre mas. (*érikton*) (de *Érichton*, roi d'Athènes, déifié comme inventeur des chars), t. d'astron., un des noms de la constellation du cocher.

ERICHTONIUS, subst. mas. (*ériktoniuce*), myth., fils de Vulcain et de Minerve, ou de la Terre. Il fut roi d'Athènes. On conte de lui qu'il avait les jambes si mal faites qu'il n'osait paraître en public, et que ce fut pour cacher cette difformité qu'il inventa les chars. Voy. AGLAURE.—Il y eut un autre *Érichtonius*, fils de Dardanus, roi de Troie, auquel il succéda.

ÉRICIBE, subst. fém. (*éricibe*), t. de bot., genre de plantes de la famille des convolvulacées.

ÉRICINÉES, subst. fém. plur. (*éricine*), t. de bot., famille de plantes à laquelle on a réuni les rhodoracées et les épacridées.

ÉRICOÏDES, subst. fém. plur. (*ériko-ide*), t. de bot., genre de plantes qui ont beaucoup de rapport avec les bruyères.

ÉRICOSTOME, subst. mas. (*érikocetome*), t. d'hist. nat., coquillage fossile.

ÉRIDAN, subst. propre mas. (*éridan*), t. d'astron., constellation méridionale, composée, dans le catalogue britannique, de soixante-neuf étoiles. —Myth., *Éridan* était le nom de *Phaéton* qui, par sa chute, le communiqua au fleuve d'Italie, appelé ensuite le Pô. Voy. PHAÉTON.

ERIDE, subst. fém. (*éride*), t. de bot., sorte de plante potagère.

ÉRIGÉ, E, part. pass. de *ériger*.

ÉRIGÉNIE, subst. fém. (*érijéni*), t. de bot., genre de plantes de la famille des ombellifères.

ÉRIGER, v. act. (*érijé*) (en latin *erigere*), élever, consacrer : *ériger une statue, un autel*, etc. —Affecter quelque titre à... : *ériger une commission en titre d'office*, etc. -- S'ÉRIGER, v. pron., s'attribuer une qualité, un droit qu'on n'a pas ou qui ne convient pas. Il s'emploie avec la préposition *en* : *s'ériger en censeur public, en bel esprit*, etc.

ERIGERON, subst. mas. (*érijeron*), t. de bot., genre de plantes de la famille des corymbifères.

ERIGNE ou **ÉRINE**, subst. fém. (*érignie, érine*), (du grec αιρω, je lève), instrument de chirurgie qui sert à élever les parties qu'on veut disséquer.

ÉRIGONE, subst. propre fém. (*ériguone*), t. d'astron., constellation de la Vierge.—Myth., fille d'Icarius. Elle se pendit à un arbre lorsqu'elle sut la mort de son père, que Méra, chienne d'Icarius, lui apprit, en allant aboyer continuellement sur le tombeau de son maître. Elle fut aimée de Bacchus, qui, pour la séduire, se transforma en grappe de raisin. Les poètes ont feint qu'elle fut changée en cette constellation qu'on appelle *la Vierge*.—Il y eut une autre *Érigone*, fille d'Egisthe et de Clytemnestre.

ÉRIMATATI, subst. mas. (*érimatati*), t. de bot., plante de l'Inde dont la tige est herbacée et sarmenteuse.

ÉRINACE, subst. fém. (*érinace*), t. de bot., genre de plantes de la famille des champignons.

ÉRINACÉE, subst. fém. (*érinacé*), t. de bot., arbrisseau épineux de la famille des légumineuses.

ÉRINE, subst. fém. Voy. ÉRIGNE.

ÉRINÉE, subst. propre fém. (*ériné*), myth., lieu de l'Attique par où Pluton descendit aux enfers après avoir enlevé Proserpine.

ÉRINNYS, subst. propre fém. (*érinenice*), myth., surnom de Cérès, pris de la fureur où elle entra de se voir outragée par Neptune. Voy. EUMÉNIDE.

ÉRIOCAULON, subst. mas. (*éri-okôlon*), t. de bot., plante de l'Amérique septentrionale.

ÉRIOCÉPHALE, subst. mas. (*éri-océfale*), t. de bot., genre de plantes de la famille des corymbifères.

ÉRIOCHILE, subst. fém. (*éri-ochile*), t. de bot., genre de plantes de la famille des orchidées.

ÉRIOCHLOA, subst. fém. (*éri-oklo-a*), t. de bot., nom de deux plantes d'Amérique.

ÉRIOCLINE, subst. fém. (*éri-okline*), t. de bot., genre de plantes synanthérées de la famille des corymbifères.

ÉRIODE, subst. mas. (*éri-ode*), t. d'hist. nat., nouveau genre de singes.

ÉRIODON, subst. mas. (*éri-odon*), t. d'hist. nat., genre d'arachnides de la famille des aranéides.

ÉRIOGONE, subst. fém. (*éri-oguone*), t. de bot., plante vivace de l'ennéandrie monogynie.

ÉRIOLITHE, subst. fém. (*éri-olite*), plante du Pérou, dont le fruit est une noix osseuse et velue.

ÉRIOPHORUM, subst. mas. (*éri-oforome*), t. de bot., genre de plantes de la famille des liliacées.

ÉRIOPILA, subst. mas. (*éri-opila*), t. de bot., arbre de Surinam.

ÉRIOPTÈRE, subst. mas. (*éri-opetère*), t. d'hist. nat., genre d'insectes de la famille des némocères.

ÉRIOSE, subst. mas. (*éri-ôze*), t. d'hist. nat., sorte de poisson.

ÉRIOSPERME, subst. mas. (*éri-ocepèreme*), t. de bot., genre de plantes de la famille des ornithogales.

ÉRIOSTÈME, subst. fém. (*éri-ocetème*), t. de bot., genre de plantes.

ÉRIOSTYLE, subst. fém. (*éri-ocetile*), t. de bot., genre de plantes.

ÉRIOTRIX, subst. mas. (*éri-otrikce*), t. de bot., genre de plantes qui se rapprochent de l'hubertie.

ÉRIOX, subst. mas. (*éri-okce*), t. d'hist. nat., sorte de poisson du genre des salmones.

ÉRIPHIE, subst. fém. (*érifi*), t. d'hist. nat., genre des crustacés de l'ordre des décapodes.

ÉRIPHYLE, subst. propre fém. (*érifile*), myth., femme d'Amphiaraüs.

ÉRIS, subst. propre fém. (*érice*), myth., déesse de la Discorde. Voy. DISCORDE.

ÉRISTALE, subst. mas. (*éricetale*), t. d'hist. nat., genre d'insectes de l'ordre des diptères.

ÉRISTALIDE, subst. fém. (*éricetalide*), t. d'hist. nat., sorte de pierre précieuse.

ÉRISTIQUE, adj. des deux genres (*éricetike*) (du grec εριστης, qui dispute), de controverse : *écrit éristique*.

ÉRITHALE, subst. mas. (*éritale*), t. de bot., genre de plantes de la famille des rubiacées.

ÉRITHRÉE, subst. fém. (*éritré*), t. de bot., espèce de centaurée.

ÉRIUNIUS, subst. mas. (*éri-uni-uce*), myth., c'est-à-dire, *lucratif*; surnom de Mercure.

ÉRIX ou **ÉRYX**, subst. mas. (*érikce*), t. d'hist. nat., espèce de serpent cendré.

ERMAILLI, subst. mas. (*èremaie-i*), chez les Suisses, celui qui travaille en chef à la fabrique des fromages de Gruyère et de Berne.

ERMIN, subst. mas. (*èremein*), au Levant,

droit de douane pour l'entrée et la sortie des marchandises.

ERMINETTE, subst. fém. (*èreminète*) outil de charpentier en forme de hache recourbée.

ERMITAGE, et non pas **HERMITAGE**, subst. mas. (*èremitaje*), habitation d'un *ermite*.— Fig., lieu écarté et solitaire; maison écartée et champêtre. Voyez **ERMITE** pour l'étymologie.

ERMITE, et non pas **HERMITE**, subst. mas. (*èremite*) (du grec *ερημος*, désert), solitaire qui s'est retiré dans un *désert* pour y servir Dieu. —*Vivre en ermite*, fort retiré du monde.

ERNÉE, subst. propre fém. (*èrené*), ville de France, chef-lieu de canton, arrond. de Mayenne, dép. de la Mayenne.

ERNEUTE ou **ERNOTE**, subst. fém. (*èreneute, èrenote*), t. de bot., sorte de plante ombellifère.

ERNODÉE, subst. fém. (*èrenodé*), t. de bot., genre de plantes de la famille des rubiacées.

ÉROCHIES, subst. fém. plur. (*érochi*), myth., fêtes que l'on célébrait chez les anciens Grecs.

ÉRODÉ, E, adj. (*érodé*) (en latin *erosus*, part. pass. de *erodere*), t. de bot., dont le bord est légèrement et très-inégalement denté.

ÉRODENDRON, subst. mas. (*érodandron*) (du grec *ερως*, amour, et *δενδρον*, arbre), t. de bot., genre de plantes de la famille des protéacées.

ÉRODIE, subst. fém. (*érodi*) (du latin *erodere*, ronger, parce que les insectes du genre *érodie* ne se nourrissent que de débris de végétaux et d'animaux), t. d'hist. nat., genre d'insectes coléoptères, de la famille des lucifuges, qui ont les pattes de devant renflées.

ÉRODIER, subst. mas. (*érodié*), t. de bot., genre de plantes de la famille des géraniacées.

ÉRODONE, subst. fém. (*érodone*), t. d'hist. nat., genre de coquilles.

ÉROLIE, subst. fém. (*éroli*), t. d'hist. nat., genre d'oiseaux de la famille des échassiers.

ÉROMANTIE, subst. fém. (*éromanci*), sorte de divination par le moyen de l'air. Voy. **AÉROMANCIE**, qui est plus usité.

ÉROPE, subst. propre fém. (*érope*), myth., femme d'Atrée. Ayant succombé aux sollicitations de Thyeste, elle en eut deux enfants, qu'Atrée fit manger dans un festin à Thyeste même. Voy. **ATRÉE**.

ÉROS, subst. mas. (*éroce*) (en grec Ερως, l'Amour), myth. Les Grecs appelaient ainsi Cupidon. Voy. **CUPIDON**.

ÉROSION, subst. fém. (*érozion*) (en latin *erosio*, fait de *erodere*, ronger), t. de médec., action d'une liqueur acide qui *ronge* quelque substance.

ÉROSTRATE, subst. propre mas. (*érocetrate*), myth., célèbre fanatique qui, pour se faire un grand nom, s'avisa de mettre le feu au temple de Diane à Éphèse.

ÉROTE, subst. fém. (*érote*), t. de bot., genre de plantes qui croissent aux Antilles.

ÉROTIDES, ou **ÉROTIES**, subst. fém. plur. *érotide, éroci*) (en grec *ερωτιδια*, formé de Ερως, l'Amour), myth., fêtes en l'honneur de Cupidon.

ÉROTIQUE, adj. des deux genres (*érotike*) (en grec *ερωτικος*, fait de *ερως*, amour), qui porte à l'*amour* ou qui en procède : *délire érotique, vers érotiques*.

ÉROTIUM, subst. mas. (*érociome*) (en grec *ερωτιον*), myth., nom d'une petite image qui représentait Cupidon.

ÉROTOMANE, subst. des deux genres (*érotomane*), celui qui est attaqué d'une aliénation mentale causée par l'amour.

ÉROTOMANIE, subst. fém. (*érotomani*) (du grec *ερωτος*, gén. de *ερως*, amour, et *μανια*, passion, délire, fureur), t. de médec., délire amoureux ou plutôt *érotique*, qui dit bien plus.

ÉROTYLE, subst. mas. (*érotile*), t. d'hist. nat., genre d'insectes coléoptères de la famille des herbivores ou phytophages, qui ont les antennes en massue allongée et aplatie.

ÉROTYLÈNES, subst. mas. plur. (*érotilène*), t. d'hist. nat., famille d'insectes de l'ordre des coléoptères clavipalpes.

ERPÉTOLOGIE, subst. fém. (*èrepétoloji*) (du grec *ερπετον*, reptile, et *λογος*, discours, traité), t. d'hist. nat., science, histoire, traité sur les reptiles.

ERPÉTOLOGIQUE, adj. des deux genres (*èrepétolojike*), qui a rapport à l'*erpétologie*.

ERPÉTOLOGISTE, subst. mas. (*èrepétolojicete*), naturaliste qui s'adonne particulièrement à l'étude des reptiles.

ERPÉTON, subst. mas. (*èrepéton*), t. d'hist. nat., genre de reptile de la famille des serpents.

ERRAMMENT, adv. (*èreraman*), tout-à-coup. Inusité.

ERRANDONNÉ, E, part. pass. de *errandonner*.

ERRANDONNER, v. act. (*èrerandoné*), courir, marcher sans ordre. (*Boiste*.) Hors d'usage.

ERRANT, E, adj. (*èreran, rante*) (en latin *errans*, part. prés. de *errare*, errer), vagabond, qui *erre* de côté et d'autre.—On appelle *juif-errant*, un personnage imaginaire censément condamné à *errer* jusqu'à la fin du monde. — Celui qui, en matière de foi, est dans l'erreur : *nos frères errants*. — *Errant* n'est plus usité comme subst. mas. C'est donc à tort que l'*Académie* en fait mention.

ERRATA subst. mas. (*èrerata*) (mot emprunté du latin), liste, indication des *fautes* échappées dans l'impression d'un ouvrage, et de la manière dont elles doivent être corrigées. On dit *errata* en parlant d'une liste qui contient toutes les fautes; et *erratum*, s'il n'y a qu'une faute à relever.—Au plur., des *errata*.

ERRATIQUE, adj. des deux genres (*èreratike*) (en lat. *erraticus*, fait de *errare*, errer), t. de médec., irrégulier, déréglé : *fièvre erratique*.

ERRATUM, subst. mas. (*èreratome*) (mot tout latin). Voy. **ERRATA**.

ERRE, subst. fém. (*ère*) (suivant *Ménage* et *Le Duchat*, du latin barbare *itura*, manière d'aller, forgé de *ire*, aller), train, allure. — *Aller grande erre, belle erre*; aller vite. — Fig., faire trop grande dépense.—Au plur., *erres*, traces ou voies du cerf. — Au fig., 1° *suivre les erres de quelqu'un*; tenir la même conduite que lui ; 2° en parlant d'affaires, *reprendre les premières erres, les dernières erres*, recommencer à travailler sur une affaire, la reprendre où on l'avait laissée. On dit aussi et plus souvent *errements*.

ERRÉ, E, part. pass. de *errer*.

ERREMENTÉ, E, part. pass. de *errementer*.

ERREMENTER, v. act. (*èrementé*), former en justice une demande contre quelqu'un. Inus.

ERREMENTS, subst. mas. plur. (*èreman*), il ne se dit guère qu'au fig., et en parlant d'affaires, dans la dernière acception d'*erres* : *reprendre les derniers errements d'une affaire*. Voyez **ERRE**, dont il a aussi la signification.

ERRER, v. neut. (*èreré*) (en lat. *errare*), aller çà et là, à l'aventure. — Se tromper, avoir une fausse opinion. — *Errer* d'une manière vague et vaine, à l'aventure, sans suivre aucune route déterminée, sans s'arrêter nulle part, sans but, sans dessein, sans raison, sans retenue : *avec de l'inconstance, on erre; avec de la légèreté, on vague; l'esprit erre d'objet en objet, l'imagination vague au loin de rêveries en chimères*.

ERREUR, subst. fém. (*èrereur*) (en latin *error*), fausse opinion. — Au plur., dérèglement dans les mœurs : *les folles erreurs de la jeunesse*. — Faute, méprise : *erreur de calcul*.—En astronomie, différence entre le calcul et l'observation. —*Erreur d'un quart de cercle*, la quantité qu'il faut ajouter aux hauteurs qu'il indique.—*Erreur d'une lunette méridienne*, la quantité dont elle s'éloigne, en différents points, du véritable méridien. — *Les erreurs d'Ulysse*, pour dire ses longs voyages, remplis de traverses.

ERRHIN, subst. mas. (*èrerein*) (du grec *εν* dans, et de *ρις*, gén. *ρινος*, nez, narine), t. de médec., remède qu'on introduit dans les narines.

ERRHIN, E, adj. (*èrerein, rine*), qui s'introduit par les narines : *remède errhin*.

ERRONÉ, E, adj. (*èreroné*) (en lat. *erroneus*, fait de *error*, erreur), faux, qui contient des *erreurs* : *sentiment erroné; opinion erronée*.

ERRONÉMENT, adv. (*èreronéman*), d'une manière *erronée*.

ERRHIPSIE, subst. fém. (*èreripeci*) (en grec *ερριψις*), t. de médec., prostration, abattement. Peu en usage.

ERS, subst. mas. (*ère*), t. de bot., sorte de plante de la famille des légumineuses, appelée vulgairement *vesce noire*.

ERSE, subst. fém. (*èrece*), t. de mar., corde qui entoure le moufle de la poulie et qui sert à l'amarrer.

ERSE, adj. des deux genres (*èrece*), qui appartient aux anciens Scandinaves : *la langue erse*.

ERSION, subst. mas. (*èrecion*), t. de mar., anneau d'un aviron.

ERSTEIN, subst. propre mas. (*èrecetein*), ville de France, chef-lieu de canton, arrond. de Schelestatt, dép. du Bas-Rhin.

• **ÉRUBESCENCE**, subst. fém. (*érubèceçance*) (du lat. *erubescere*, rougir), action de rougir de honte; rougeur de honte. Il est peu usité.

ÉRUCA, subst. fém. (*éruka*), t. de bot., plante des anciens, qu'on croit être notre roquette.

ÉRUCAGUE, subst. fém. (*érukague*), t. de bot., plante de la famille des crucifères.

ÉRUCAIRE, subst. mas. (*érukière*), t. de bot., genre de plantes de la famille des crucifères.

ÉRUCI, E, part. pass. de *érucir*.

ÉRUCIR, v. act. (*érucir*), se dit du cerf quand il suce une branche. Peu en usage.

ÉRUCOÏDE, subst. fém. (*éruko-ide*), t. de bot., genre de plantes de la famille des crucifères.

• **ÉRUCTATION**, subst. fém. (*éruktâcion*) (en lat. *eructatio*, fait de *eructare*, roter; formé de la particule extractive *e* ou *ex*, et de *ructus*, rot) t. de médecine, éruption des ventosités de l'estomac par la bouche.

ÉRUCTÉ, E, part. pass. de *éructer*.

• **ÉRUCTER**, v. act. (*érukté*) (en lat. *eructare*), rendre des vents par en haut. — Au fig., vomir des injures. Il est vieux.

ÉRUDIT, E, adj. et subst. (*érudi*) (en lat. *eruditus*, part. pass. de *erudire*, instruire), qui a beaucoup d'*érudition*; docte, savant; avec cette différence, 1° qu'une bonne mémoire et de la patience dans l'étude suffisent pour former un *érudit*; ajoutez-y de l'intelligence et de la réflexion, vous aurez un homme *docte*; appliquez celui-ci à des matières de spéculation et de science et donnez-lui de la pénétration, vous en ferez un savant ; 2° que ces trois termes se disent des personnes, mais qu'il n'y a que *docte* et *savant* qui se disent des ouvrages; un livre qui contient beaucoup de faits, de citations, etc., n'est pas *érudit*, il est rempli d'*érudition*.— *Érudit* se prend quelquefois en mauvaise part : *ce n'est qu'un érudit*.

ÉRUDITION, subst. fém. (*érudicion*) (en lat, *eruditio*, fait de *erudire*, instruire, lequel est formé de la particule extractive *e* et de *rudis*, ignorant, sans culture; *tirer de l'ignorance*, etc.), grande étendue de savoir, connaissance fort étendue dans toute sorte de littérature. — Remarque, recherche savante, curieuse.

ÉRUGINEUSE, adj. fém. Voy. **ÉRUGINEUX**.

• **ÉRUGINEUX**, adj. mas., au fém. **ÉRUGINEUSE** (*érujineu, neuze*) (en lat. *æruginosus*, fait de *ærugo*; rouille), qui tient de la rouille de cuivre ou qui lui ressemble.

ÉRUPTIF, TIVE, adj. (*érupetif, tive*), t. de médec., qui est accompagné d'*éruption* : *maladie, fièvre éruptive*, avec *éruption* sur la peau.

ÉRUPTION, subst. fém. (*érupecion*) (en lat. *eruptio*, fait de *erumpere*, sortir dehors); en médecine, évacuation subite et abondante, ou sortie des pustules, boutons, etc. — *L'éruption des dents*, chez les enfants, le moment où les dents sortent de l'alvéole. — En parlant des volcans, sortie prompte et avec effort.

ÉRUPTIVE, adj. fém. Voy. **ÉRUPTIF**.

ERVUM, subst. mas. (*èrevome*), t. de bot., plante des anciens.

ERVY, subst. propre mas. (*èrevi*), ville de France chef-lieu de canton, arrond. de Troyes, dép. de l'Aube.

ÉRYCINE, subst. propre fém. (*éricine*), myth., surnom de Vénus, pris du temple bâti en son honneur sur le mont *Éryx* en Sicile.

ÉRYMANTHE, subst. propre fém. (*érimante*), myth., montagne et forêt célèbre d'Arcadie, où Hercule terrassa et porta sur ses épaules un sanglier qui ravageait la campagne.

ÉRYMANTIDE, subst. fém. (*érimantide*), t. d'astron., constellation de l'Ourse.

ÉRYMANTHIS, subst. propre fém. (*érimantice*), myth. Les poètes donnent quelquefois à l'Arcadie ce nom pris de la montagne d'*Érymanthe*.

ÉRYMON, subst. mas. (*érimon*), t. de bot., espèce de plante de la famille des arroches.

ÉRYNGE, subst. mas. (*éreinje*), t. de bot., sorte de plante employée en médecine.

ÉRYON, subst. mas. (*éri-on*), t. d'hist. nat. sorte de crustacé.

ÉRYSIBE, subst. fém. (*érizibe*), t. de bot., genre de plantes parasites de la division des cryptogames.

ÉRYSICHTHON, subst. propre mas. (*érizikton*), myth., fils de Cécrops, qu'il ne faut pas confondre avec Erisichthon le Thessalien.

ÉRYSIMOÏDE, subst. fém. (*érizimo-ide*), t. de bot., genre de plantes de la famille des crucifères.

ÉRYSIPÉLATEUSE, adj. fém. Voy. **ÉRYSIPÉLATEUX**.

ÉRYSIPÉLATEUX, adj. mas., au fém. **ÉRYSIPÉLATEUSE** (*érizipélateu, teuze*), qui tient de l'*érysipèle*.

ÉRYSIPÈLE, subst. mas. (*érizipèle*) (en grec ερυσιπελας, fait de ερυω, j'attire, et πελας, auprès, parce que l'*érysipèle* s'étend souvent de proche en proche sur les parties voisines), t. de médec., maladie de la peau avec inflammation.—Plusieurs personnes, et même l'*Académie*, écrivent et prononcent *érésipèle*; mais c'est à tort.

ÉRYTHIE, subst. propre fém. (*ériti*), myth. Ile ou région célèbre dans les poëtes, qui en font le royaume de Gérion qu'Hercule tua, et dont il emmena les troupeaux. On ne peut déterminer quel était ce pays. La plus commune opinion est qu'il faisait partie de l'Espagne.

ÉRYTHORRIZE, subst. fém. (*éritorize*), t. de bot. sorte de plante de la famille des bruyères.

ÉRYTHRAS ou **ÉRYTHRUCE**, subst. propre mas. (*éritrâce, trûce*), myth., fils de Persée et d'Andromède, qui donna son nom à la mer Érithréenne, sur les côtes de laquelle il régna.

ÉRYTHRÉE, subst. propre fém. (*éritré*), myth., ville d'Ionie, où naquit la fameuse sibylle de ce nom. C'était aussi le nom d'un des chevaux du Soleil.—T. de bot., espèce de plante de la famille des gentianées.

ÉRYTHRÉMATIQUE, adj. des deux genres (*éritrématike*), t. de médec., qui concerne l'*érithrème*.

ÉRYTHRÈME, subst. mas. (*éritrème*) (du grec ερυθρος, rouge), t. de médec., rougeur inflammatoire.

ÉRYTHRIDE, subst. fém. (*éritride*), t. de bot., plante de la famille des légumineuses.

ÉRYTHRIE, subst. fém. (*éritri*), t. d'hist. nat., genre d'arachnides de la famille des trachéennes.

ÉRYTHRIN, subst. mas. (*éritrein*), t. d'hist. nat., genre de poissons qui sont voisins des vascrés.

ÉRYTHRINE, subst. fém. (*éritrine*), t. de bot., genre de plantes de la famille des légumineuses.

ÉRYTHRODANE, subst. fém. (*éritrodane*), t. de bot., genre de plantes de la famille des garanties.

ERYTHROÏDE, subst. fém. (*éritro-ide*) (du grec ερυθρος, rouge, et ειδος, forme, apparence), t. d'anat., la première membrane qui enveloppe les testicules.

ÉRYTHRONE, subst. fém. (*éritrone*), t. de bot., genre de plantes de la famille des liliacées.

ÉRYTHROPTÈRE, subst. mas. (*éritropetère*) (du grec ερυθρος, rouge, et πτερον, nageoire), t. d'hist. nat., poisson du genre silure.

ÉRYTHROPUS, subst. mas. (*éritropuce*), t. d'hist. nat., espèce de poisson du genre des pimélodes.

ÉRYTROSPERME, subst. mas. (*éritrocepéreme*), t. de bot., genre de plantes de l'heptandrie.

ÉRYTHROXYLON, subst. mas. (*éritrokcilon*) (du grec ερυθρος, rouge, et ξυλον, bois), t. de bot., genre d'arbres et d'arbrisseaux exotiques de la famille des nerpruns, dont le bois est de couleur rouge.

ÉRYX, subst. mas. (*érikce*), t. d'hist. nat., genre de reptiles de la famille des serpents. — Myth., subst. propre mas. : fils de Butès et de Vénus. Fier de sa force prodigieuse, il luttait contre tous les passants, et les tuait; mais il fut tué par Hercule, et enterré dans le temple qu'il avait dédié à Vénus sa mère, sur une montagne de Sicile, appelée Eryx de son nom.

ÈS, prép. (*èce*), mot contracté pour, dans les : *maître ès arts; bachelier, licencié, docteur ès lettres, ès sciences*, etc. Il n'est guère usité que dans ces phrases.

Es, 2e pers. sing. prés. indic. du v. auxil. et irrég. ÊTRE.

ÉSAPHE, subst. mas. (*ézafe*) (du grec αφη, le toucher), t. de chir., exploration de l'utérus, au moyen du doigt introduit dans le vagin.

ÉSAQUE, subst. propre mas. (*ézake*), myth., fils de Priam et d'Alyxotoé. Ce prince aima tellement la nymphe Hespérie, qu'il quitta Troie pour la suivre. Hespérie, ayant été mordue d'un serpent, mourut de sa blessure. Ésaque se précipita dans la mer de désespoir; mais Téthys le métamorphosa en plongeon. Voy. ARISTÉE ou EURYDICE.

ESCA, subst. mas. (*èceka*), mélange de bolets avec lequel on fabrique l'amadou.

ESCABEAU, subst. mas. (*èçekabô*) (en latin *scabellum*), siége de bois assez haut, élevé sur quatre pieds, sans bras ni dossier.

ESCABÉCHÉ, E, part. pass. de *escabécher*.

ESCABÉCHER, v. act. (*èçekabéché*), préparer les sardines, les mariner. (*Boiste*.) Peu connu.

ESCABELLE, subst. fém. (*èçekabèle*), escabeau. —Prov. : *remuer les escabelles*, déménager, changer de domicile. — Fig., style plaisant : *on lui a bien dérangé les escabelles*, on a rompu toutes ses mesures, on a mis du désordre dans ses affaires. Vieux proverbe presque hors d'usage.

ESCABELLON, subst. mas. (*èçekabèlon*) (du latin *scabellum*, marche-pied), t. d'archit., espèce de piédestal, sur lequel on plaçait autrefois des bustes et autres objets de ce genre.

ESCACHE, subst. fém. (*èçekache*), mors de cheval. Il diffère du canon, en ce que celui-ci est rond, et l'*escache* ovale.

ESCADRE, subst. fém. (*èçekâdre*) (du lat. *quadra*, portion d'un chose divisée en quatre quartiers, dont on a fait *exquadra*. Les Espagnols disent aussi *esquadra*, dans le même sens. *Ménage*.), plusieurs vaisseaux réunis sous un seul commandant.—On donne aussi ce nom à chacune des trois divisions d'une armée de mer, l'avant-garde, le corps de bataille, l'arrière-garde.

ESCADRILLE, subst. fém. (*èçekadri-ie*), t. de mar., petite *escadre*.

ESCADRON, subst. mas. (*èçekadron*) (de l'ital. *squadrone*, fait, dans la même acception, du latin *squadro*, qu'on a dit pour *quadro*, comme *squadra* pour *quadra*, escadre; et l'*escadron* a été appelé *quadrus*, carré, à cause de sa forme. *Ménage*.), troupe de cavalerie composée ordinairement de quatre compagnies.

ESCADRONNÉ, E, part. pass. de *escadronner*.

ESCADRONNER, v. neut. (*èçekadroné*), ranger en *escadron*.—S'ESCADRONNER, v. pron.

ESCAFE, subst. fém. (*èçekafe*), coup de pied. Inusité.

ESCAFÉ, E, part. pass. de *escafer*.

ESCAFER, v. act. (*èçekafé*), donner un coup de pied.—S'ESCAFER, v. pron. (*Boiste*.) Inusité.

ESCAIT, subst mas. (*èçekiè*), sorte de mesure en usage dans la Guyenne.

ESCAJOLLE, subst. fém. (*èçekajole*), t. de bot., plante du Levant, de la famille des graminées.

ESCALADE, subst. fém. (*èçekalade*), action d'*escalader*.

ESCALADÉ, E, part. pass. de *escalader*.

ESCALADER, v. act. (*èçekaladé*) (du lat. *scala*, échelle), monter avec des échelles sur les murailles d'une ville qu'on assiége.—Par extension, monter dans une maison, en franchissant un mur. — *S'ESCALADER*, v. pron.

ESCALADON, subst. mas. (*èçekaladon*), petit moulin qui sert à dévider la soie.

ESCALE, subst. fém. (*èçekale*) (du lat. *scala*, échelle), t. de mar. : *faire escale dans un port*, y mouiller, y relâcher.

ESCALEMBERG, subst. mas. (*èçekalanbère*), coton de Smyrne.

ESCALETTE, subst. fém. (*èçekalète*), t. de manuf. de soie, parallélipipède de bois bien équarri, qui sert pour la lecture du dessin. — T. de rubanier, espèce de peigne de bois.

ESCALIER, subst. mas. (*èçekalié*) (du latin *scala*, employé souvent dans cette acception, et fait de *scandere*, monter. On a dit dans la basse latinité *scalarium*, d'où paraît venir immédiatement notre mot *escalier*), suite de degrés, la partie du bâtiment qui sert à monter et à descendre. Voy. DEGRÉ. — T. d'hist. nat., espèce de coquillage.

ESCALIN, subst. mas. (*èçekalein*), monnaie des Pays-Bas, de Suisse, etc., dont la valeur varie suivant les lieux.

ESCALON, subst. mas. (*èçekalon*), t. de bot., plante d'Amérique, de la famille des bicornes.

ESCALOPE, subst. fém. (*èçekalope*), sorte d'assaisonnement.

ESCAMETTE, subst. fém. (*èçekamète*), toile de coton que l'on tire du Levant.

ESCAMOTAGE, subst. mas. (*èçekamotaje*), art, action d'*escamoter*.

ESCAMOTE, subst. fém. (*èçekamote*), petite balle de liége que les joueurs de gobelets *escamotent*.

ESCAMOTÉ, E, part. pass. de *escamoter*.

ESCAMOTER, v. act. (*èçekamoté*), faire disparaître quelque chose par un tour de main, sans qu'on s'en aperçoive, comme font les joueurs de gobelets.— Par extension, dérober subtilement. Il est fam.— En t. de brodeur, tirer les extrémités des fils d'or ou de soie du côté de l'envers de l'étoffe.—S'ESCAMOTER, v. pron.

ESCAMOTEUR, subst. mas., au fém. ESCAMOTEUSE (*èçekamoteur, teuze*), celui, celle qui *escamote*. — Fam., filou qui dérobe subtilement, qui trompe au jeu.

ESCAMOTEUSE, subst. fém. Voy. ESCAMOTEUR.

ESCAMPATIVE, subst. fém. (*èçekanpative*), échappée. (*Molière*.) Inusité

ESCAMPÉ, E, part. pass. de *escamper*.

ESCAMPER, v. neut. (*èçekanpé*) (de l'italien *scampare*, qui a le même sens), se retirer, s'enfuir en grande hâte.—S'ESCAMPER, v. pron. Peu usité.

ESCAMPETTE, subst. fém. (*èçekanpète*); il n'a d'usage que dans cette phrase populaire : *il a pris de la poudre d'escampette*, il s'est enfui.

ESCANDOLE, subst. fém. (*èçekandole*), t. de mar., la chambre de l'argousin, dans une galère.

ESCAP, subst. mas. (*èçekape*), t. de fauconnerie : *donner l'escap*, accoutumer l'oiseau qu'on a dressé, à connaître le gibier auquel on le destine. On dit aussi : *faire escap à l'oiseau*.

ESCAPADE, subst. fém. (*èçekapade*) (de l'ital. *scappata*, fait de *scappare*, échapper), action d'un cheval qui s'emporte malgré l'écuyer. — Fig. et fam., échappée.

ESCAPE, subst. fém. (*èçekape*) (du grec σκαπος, tige, rameau), t. d'archit., fût d'une colonne ou la partie la plus proche de la base.

ESCAPÉ, E, part. pass. de *escaper*.

ESCAPER, v. act. (*èçekapé*), t. de fauconnerie, mettre durant quelques instants le gibier en liberté pour lâcher dessus l'oiseau de proie.

ESCARBELLE, subst. fém. (*èçekarbèle*), dans le commerce, dent d'éléphant du poids de vingt livres et au-dessous. On dit aussi *escarballe*.

ESCARBILLARD, E, adj. (*èçekarbi-iar, iarde*), éveillé, de bonne humeur. Hors d'usage.

ESCARBILLES, subst. fém. plur. (*èçekarbi-ie*), résidu de la braise éteinte.

ESCARBIT, subst. mas., **ESCARBITE**, subst. fém. (*èçekarbi, bite*), t. de mar., petit vase de bois pour tenir de l'étoupe mouillée, et tremper les ferrements du calfateur lorsqu'il travaille.

ESCARBOT, subst. mas. (*èçekarbô*) (en latin *scarabæus*, pris du grec σκαραβος, scarabée), t. d'hist. nat., genre d'insectes coléoptères, de la famille des solidicornes ou stéréocères, qu'on rencontre ordinairement dans les matières les plus dégoûtantes.—Ce fut une des divinités égyptiennes.

ESCARBOTE, subst. fém. (*èçekarbote*) : *race escarbote*, race des *escarbots*.

ESCARBOUCLE, subst. fém. (*èçekarboucle*) (en latin *carbunculus*), espèce de rubis d'un rouge foncé.

ESCARBOUILLÉ, E, part. pass. de *escarbouiller*.

ESCARBOUILLER, v. act. (*èçekarbou-ié*) expression populaire qui signifie écraser.

ESCARCELLE, subst. fém. (*èçekarcèle*) (de l'italien *scarcella*, bourse, fait de *scarso*, avare), grande *bourse* à l'antique. Il n'est d'usage qu'en plaisanterie : *il a rempli son escarcelle; il vient de jouer, il a vidé son escarcelle*.

ESCARGOT, subst. mas. (*èçekarguô*) (en grec κοχλος, en lat. *cochlea*), t. d'hist. nat., espèce de limaçon à coquille.—On dit d'un homme mal fait, qu'*il est fait comme un escargot*.

ESCARIOLE, ou **SCARIOLE**, subst. fém. (*èçekariole*), t. de bot., plante potagère, espèce de chicorée.

ESCARLINGUE, subst. fém. (*èçekarleingue*), contre-quille. Voy. CARLINGUE.

ESCARMOUCHE, subst. fém. (*èçekarmouche*) (de l'ital. *scarmuccia*), combat de quelques soldats de divers partis.

ESCARMOUCHÉ, E, part. pass. de *escarmoucher*.

ESCARMOUCHER, v. neut. (*èçekarmouché*) (de l'italien *scaramucciare*, fait, dans le même sens, de l'allemand *schwarmen*, courir çà et là, escarmoucher), combattre par *escarmouche*.—Il se dit fig. des disputes de l'école : *ces deux docteurs escarmouchèrent* ou *s'escarmouchèrent long-temps*. Le neutre vaut mieux que le pronominal.—S'ESCARMOUCHER, v. pron.

ESCARMOUCHEUR, subst. mas. (*èçekarmoucheur*), qui va à l'*escarmouche*.

ESCARNE, subst. fém. (*èçekarne*), sorte de bourse en cuir.

ESCARNÉ, E, part. pass. de *escarner*.

ESCARNER, v. act. (*èçekarné*), dorer du cuir, amincir du cuir.—S'ESCARNER, v. pron.

ESCAROLE, subst. fém. (*èçekarole*), plante potagère qui se mange en salade. La même que *escariole*.

ESCAROTIQUE, barbarisme que nous lisons dans l'*Académie*. Voy. ESCHAROTIQUE.

ESCARPE, subst. fém. (*écekarpe*) (de l'italien *scarpa*, escarpe), en t. de fortification, la pente du fossé qui est au pied du rempart. — En t. de maçon, instrument pour faire le talus d'un rempart ou d'un mur.—La ligne qui termine le fossé du côté de la campagne se nomme *contre-escarpe*.

ESCARPÉ, E, part. pass. de *escarper* et adj., qui a une pente fort raide.

ESCARPEMENT, subst. mas. (*écekarpeman*), t. de fortification, pente raide : *faire l'escarpement d'un fossé*.

ESCARPER, v. act. (*écekarpé*) (suivant *Ménage*, du lat. *carpere*, dans le sens de *scindere*, couper, dont on a fait successivement et par corruption, *carpare* et *excarpare*, qui a fourni aux Italiens le mot *scarpa*, escarpe. Ils disent *tagliare a scarpa*, pour *escarper*), couper droit de haut en bas. —Monter à pied.—*s'*ESCARPER, v. pron.

ESCARPIN, subst. mas. (*écekarpein*) (de l'italien *scarpino*, qui signifie la même chose, fait, suivant *Ménage*, du lat. *carpi*, espèce de soulier découpé, ainsi nommé de *carpere*, dans le sens de *scindere*, couper, diviser), sorte de soulier à simple semelle.—Au plur., espèce de torture par laquelle l'on serrait les pieds.

ESCARPINE, subst. fém. (*écekarpine*), pièce d'artillerie qui ressemble à une arquebuse à croc, et dont on se sert particulièrement sur les galères.

ESCARPINÉ, E, part. pass. de *escarpiner*.

ESCARPINER, v. neut. (*écekarpiné*), courir légèrement.

ESCARPOLETTE, subst. fém. (*écekarpolète*) (de l'italien *ciarpoletta*, diminutif de *ciarpa*, écharpe, parce qu'autrefois c'était avec une écharpe qu'on formait l'*escarpolette*. Ménage.), espèce de siège suspendu par des cordes, sur lequel on est poussé et repoussé en l'air.—Prov. : *avoir une tête à l'escarpolette*, être fort étourdi.

ESCARRE, barbarisme de l'*Académie*. Voy. ESCHARE.

ESCASSE, subst. fém. (*écekâce*), t. de mar. pièce de bois sur la contre-quille d'une galère.

ESCAUDE, subst. fém. (*écekôde*), sorte de petite barque.

ESCAVE, subst. fém. (*écekave*), sorte de filet pour la pêche.

ESCAVEÇADE, subst. fém. (*écekaveçade*), t. de manège, secousse du *caveçon*, lorsqu'on veut presser le cheval d'obéir.

ESCHAMÉ, E, part. pass. de *eschamer*.

ESCHAMER, v. act. (*écechamé*), éteindre une chandelle ou un cierge en soufflant. (*Boiste.*) Tout-à-fait inusité.

ESCHARNI, E, part. pass. de *escharnir*.

ESCHARNIR, v. act. (*écecharnir*) (de l'italien *schernire*, railler), médire, offenser, railler, insulter. Inusité.

ESCHARE, et non pas **ESCARE**, et moins encore **ESCHARRE**, double barbarisme de l'*Académie*, subst. fém. (*écekare*) (du grec ἐσχάρα, employé dans le même sens, et qui signifie proprement foyer, âtre), t. de chir., croûte noire qui se forme sur la peau, la chair, les plaies et les ulcères, par l'application de quelque caustique ou par quelque humeur âcre. — Fig., ouverture qui se fait dans un corps avec violence et fracas. — T. de bot., sorte de plante marine.

ESCHARIFICATION, subst. fém. (*écekarifikâcion*) (du grec ἐσχάρα, croûte, eschare), t. de chir., formation, apparition des *eschares*.

ESCHAROTIQUE, adj. et subst. des deux genres (*écekarotike*), t. de médec., se dit des substances qui, appliquées sur une partie vivante, l'irritent violemment, la désorganisent et la font tomber en *eschare*.

ESCHEVINAGE, subst. mas. (*échevinaje*), mauvais lieu, maison de prostitution.

ESCHILLON, subst. mas. (*échilelon*), dans les mers du Levant, météore fort dangereux.

ESCIENT, subst. mas. (*écecian*) (du lat. *sciente*, ablatif de *sciens*, part. pass. de *scire*, savoir. On a dit dans la basse latinité *suo sciente*, à *son escient*, de sa connaissance), connaissance de ce qu'on a fait. Il ne s'emploie qu'avec *à* : *faire une chose à son escient*, sciemment.—*A bon escient*, adv., tout de bon, sans feinte. Ce terme vieillit.

ESCLAIRE, subst. mas. (*écekière*), t. de faucon., oiseau d'une belle forme.

ESCLAME, subst. mas. (*écekiame*), t. de faucon., oiseau très-bien fait.

ESCLANDRE, subst. mas. (*écekiandre*) (du grec σκάνδαλον ou σκανδαληθρον, scandale), malheur, accident qui fait de l'éclat et est accompagné de quelque honte.—*Boiste* fait un solécisme en donnant à ce mot le genre fém.

ESCLAVAGE, subst. mas. (*écekiavaje*), établissement d'un droit fondé sur la force, et qui rend un homme tellement asservi à la merci d'un autre que celui-ci est le maître, absolu de sa vie, de ses biens et de sa liberté.—État, condition de celui ou de celle qui est *esclave*.—Fig., toute espèce de gêne qui captive l'âme, met des entraves sur l'esprit.—T. de metteurs en œuvre, demi-cercle de pierreries qui couvre la gorge.

ESCLAVE, subst. et adj. des deux genres (*écekiâve*) (du lat. barbare *sclavus*, d'où les Italiens ont fait aussi *schiavo*, dans le même sens, et qui a été formé de l'allemand *slaef* ou *slave*, (aujourd'hui *sklâve*, lequel, suivant *Vossius*, a pris également la même signification du nom des *Esclavons*, en lat. *Slavi*. Ménage.), celui ou celle qui a perdu ou engagé sa liberté : *un jeune esclave*, *une petite esclave*.— Au fig., attaché à un emploi qui ne laisse pas de liberté : *on est esclave dans cette maison*. — Fig.: *il faut être esclave de sa parole*, exécuter fidèlement ce qu'on a promis. — *Il est esclave de la faveur, de ses passions, de ses intérêts*, il fait tout pour la faveur, pour satisfaire ses passions, etc.

ESCLAVÉ, E, part. pass. de *esclaver*.

ESCLAVER, v. act. (*écekiâvé*), rendre *esclave*. (*Montaigne*.)

ESCLAVONIE, subst. propre fém. (*écekiavoni*), l'un des treize états de la monarchie autrichienne, et qui fait partie du royaume de Hongrie.

ESCLIPOT, subst. mas. (*écekiipô*), t. de pêche, caisse dans laquelle on laisse tomber la morue tranchée et habillée.

ESCOBARD, subst. mas. (*écekobar*) homme rusé, faux, à réticences mentales. Pop. Voy. ESCOBARDER.

ESCOBARDÉ, E, part. pass. de *escobarder*.

ESCOBARDER, v. neut. (*écekobardé*) (du jésuite *Escobard*), user de réticences, de restrictions mentales, de mots à double entente, etc.—Mot nouveau qui paraît avoir été adopté, du moins dans le style fam. et satirique.

ESCOBARDERIE, subst. fém. (*écekobarderi*), subterfuge, échappatoire, qui consiste principalement dans ces directions d'intentions, si plaisamment reprochées au jésuite *Escobard*, par *Pascal*, dans ses *Provinciales*. Style familier et critique.

ESCOBÉDI, subst. fém. (*écekobédi*), t. de bot., plante du Pérou de la famille des scrofulaires.

ESCOCHÉ, E, part. pass. de *escocher*.

ESCOCHER, v. act. (*écekoché*), t. de boulanger : *escocher la pâte*, la battre du plat de la main.

ESCOFFION, subst. mas. (*écekofion*) (de l'italien *cuffione*), ancienne coiffure de tête pour les femmes. Hors d'usage.

ESCOGRIFFE, subst. mas. (*écekoguerife*) (des mots français *escroc*, et *griffe*), qui prend hardiment sans demander.—Au fig., homme de grande taille et mal bâti dont on veut se moquer.

ESCOME, subst. mas. (*écekôme*), t. de mar., espèce de grosse cheville de bois.

ESCOMPTE, subst. mas. (*écekonte*), t. de commerce, la remise que fait le créancier, ou la perte à laquelle il se soumet en faveur du paiement anticipé d'une somme, avant son échéance.

ESCOMPTÉ, E, part. pass. de *escompter*.

ESCOMPTER, v. act. (*écekonté*), faire l'*escompte*. Autrefois on disait *excompter*. — *s'*ESCOMPTER, v. pron.

ESCOMPTEUR, subst. mas., au fém. **ESCOMPTEUSE** (*écekonteur, teuze*), celui, celle qui fait l'*escompte*.

ESCOPE, subst. fém. (*écekope*), pelle de bois qui sert à prendre et à lancer de l'eau.

ESCOPERCHE, subst. fém. (*écekopèreche*), t. de mécanique, machine pour soulever des fardeaux.

ESCOPETTE, subst. fém. (*écekopète*), arme à feu, carabine que l'on portait ordinairement en bandoulière. Vieux.

ESCOPETTERIE, subst. fém. (*écekopètri*), salve, décharge de plusieurs *escopettes*. Vieux.

ESCORTABLE, adj. des deux genres (*écekortable*), t. de faucon., se dit d'un oiseau qui est sujet à s'écarter, à s'éloigner.

ESCORTE, subst. fém. (*écekorte*), troupe qui accompagne un officier, un convoi, pour les mettre à couvert de l'insulte des ennemis. — Action d'une troupe d'amis qui accompagnent quelqu'un pour sa sûreté. — *Servir d'escorte*, en tenir lieu. — *Faire escorte*, accompagner. — *Marcher sous l'escorte de....*, être *escorté*.

ESCORTÉ, E, part. pass. de *escorter*.

ESCORTER, v. act. (*écekorté*), faire *escorte*; accompagner quelqu'un pour le guider, protéger et conduire.—*s'*ESCORTER, v. pron.

ESCOT, subst mas. (*écekô*), t. de mar., angle le plus bas de la voile latine, qui est triangulaire. — En t. d'ardoisiers, petits morceaux d'ardoises qui restent attachés à un banc.

ESCOUADE, subst. fém. (*écekouade*), certain nombre de gens de pied détachés d'une compagnie, et commandés par un chef subalterne.

ESCOUPE, subst. fém. (*écekoupe*), t. de chaufourniers, pelle de fer propre aux fours à chaux.

ESCOUPELÉ, E, part. pass. de *escoupeler*.

ESCOUPELER, v. act. (*écekoupelé*), couper l'extrémité des branches d'un arbre.—*s'*ESCOUPELER, v. pron. Peu en usage.

ESCOURGÉE, subst. fém. (*écekourjé*), fouet fait de plusieurs courroies de cuir.

ESCOURGEON, subst. mas. (*écekourjon*), espèce de grain; sorte d'orge hâtive qu'on fait ordinairement manger en vert aux chevaux.

ESCOUSSE, subst. fém. (*écekouce*) (du lat. *excussa*, fait de *excussus*, part. pass. de *excutere*, secouer, agiter), pas en arrière pour s'élancer : *prendre son escousse*. Hors d'usage.

ESCRAVENTÉ, E, part. pass. de *escraventer*.

ESCRAVENTER, v. act. (*écekravanté*), étouffer, écraser.—*s'*ESCRAVENTER, v. pron. (*Scarron*.)

ESCRIME, subst. fém. (*écekrime*) (de l'italien *scherma*), art de faire des armes : *maître d'escrime*, *salle d'escrime*.—Fig. et fam. : *être hors d'escrime*, ne savoir où l'on est, ne pouvoir plus se défendre.

ESCRIMÉ, E, part. pass. de *escrimer*.

ESCRIMER, v. neut. (*écekrimé*) (de l'italien *schermire*, fait, ainsi que *scherma*, *escrime*, de l'allemand *schirmen*, se battre, escarmoucher, etc.), faire des armes; s'exercer, se battre avec des fleurets. — Fig. et fam., disputer, débattre, contester. On dit mieux *s'escrimer*. — *s'*ESCRIMER, v. pron.—Fig. : *s'escrimer d'un art, d'une science*, savoir s'en servir.

ESCRIMEUR, subst. mas. (*écekrimeur*), qui entend l'art de l'*escrime*.

ESCROC, subst. mas. (*écekrô*) (de l'italien *scrocco*), fripon, fourbe qui vole quelque chose par impudence, par artifice, etc.

ESCROQUÉ, E, part. pass. de *escroquer*.

ESCROQUER, v. act. (*écekroké*) (de l'italien *scroccare*, fait, dans la même signification, du latin barbare *excroccare*, comme si l'on disait, *crocco, sive hamo extruhere*, tirer avec un *croc* ou un hameçon. *Ménage*.), voler par fourberie, par ruse. — *s'*ESCROQUER, v. pron.

ESCROQUERIE, subst. fém. (*écekrokeri*), action d'*escroquer*.

ESCROQUEUR, subst. mas., au fém. **ESCROQUEUSE** (*écekrokieur, kieuze*), celui, celle qui *escroque*. Il est toujours suivi d'un régime : *c'est un escroqueur d'argent*. Fam.

ESCROQUEUSE, subst. fém. Voyez ESCROQUEUR.

ESCUDARDE, subst. fém. (*écekudarde*), t. de bot. Voyez SAVATELLE.

ESCUDE, subst. fém. (*écekude*), t. de bot., ancien nom du cotylet.

ESCULANUS, subst. propre mas. (*écekulânuce*), myth., dieu des pièces de monnaie de cuivre.

ESCULAPE, subst. propre mas. (*écekulape*), myth., dieu de la médecine, fils d'Apollon et de Coronis. Apollon, après avoir tué Coronis et Ischys qu'elle aimait, tira Esculape des flancs de cette nymphe, et le donna à élever au centaure Chiron, qui lui enseigna la médecine et lui donna une connaissance parfaite des simples. Jupiter le foudroya, pour avoir rendu la vie à Hippolyte, fils de Thésée. Esculape était adoré à Épidaure sous la forme d'un serpent. On le représente avec une couleuvre à sa main ou autour de son bras, et un coq auprès de lui. Voyez APOLLON. — En astronomie, nom de la constellation d'Ophiacus ou du Serpentaire.

ESCULAPIES, subst. fém. plur. (*écekulapi*), myth., fêtes en l'honneur d'*Esculape*.

ESCULE, subst. mas. (*écekule*) (en lat. *æsculus*), t. de bot., espèce de chêne des anciens.

ESCUPI, E, part. pass. de *escupir*.

ESCUPIR, v. neut. (*écekupir*), saliver, cracher au nez. (*Boiste*.) Inusité.

ESCURIAL, subst. propre mas. (*écekurial*), t. de relat., nom d'un palais du roi d'Espagne.

ESCUROLLES, subst. propre fém. (*écekurole*), village de France, chef-lieu de canton, arrond. de Gannat, dép. de l'Allier.

ESDRAS, subst. propre mas. (*écedrâce*), deux livres canoniques de l'*Ancien Testament*.

ÉSÈPE, subst. propre mas. (*ézèpe*), myth., fils de Bucolion, et petit-fils de Laomédon.

ÈSES, subst. propre mas. plur. (*èze*), myth., dieux des Thyrrhéniens, qui présidaient aux bonnes destinées.

ESGALIVÉ, E, part. pass. de *esgaliver*.

ESGALIVER, v. act. (*ècegualivé*), t. de teinturier, tordre souvent et légèrement la soie teinte. — **S'ESGALIVER**, v. pron. (*Boiste.*) Peu connu.

ESGARDÉ, E, part. pass. de *esgarder*.

ESGARDER, v. act. (*èceguardé*), juger, avoir *égard*. — **S'ESGARDER**, v. pron. Vieux.

ESGUILLÉ, E, part. pass. de *esguiller*.

ESGUILLER, v. act. (*ècegui-ié*), enfiler une *aiguille*. — **S'ESGUILLER**, v. pron. Vieux.

ESHERBOIR, subst. mas. (*ézèreboar*), sorte de grande tenaille. Inusité.

E-SI-MI, subst. mas. (*écimi*), t. de musique par lequel on désigne le mode ou le ton de *mi*.

ESMILIÉ, E, part. pass. de *esmilier*.

ESMILIER, v. act. (*ècemilié*), équarrir les moellons et piquer leurs parements. — **S'ESMILIER**, v. pron. Peu en usage.

ESMUNUS ou **ESMOUNI**, subst. propre mas. (*ècemunuce, mouni*), myth., un des dieux Cabires.

ÉSOCE, subst. mas. (*ézoce*), t. d'hist. nat., genre de poissons abdominaux.

ÉSOCHE, subst. mas. (*ézoche*) (du grec εἰς, dans, et ὄγκος, tumeur), t. de médec., tumeur, éminence, tubercule qui vient en dedans de l'anus.

ÉSON, subst. propre mas. (*ézon*), myth., père de Jason, fils de Crétée et frère de Pélias, roi de Thessalie, étant parvenu à une extrême vieillesse, fut rajeuni par Médée, à la prière de son mari.

ÉSOPIQUE, adj. des deux genres (*ézopike*), qui est d'*Ésope*, le fabuliste grec.

ESPACE, subst. mas. (*ècepâce*) (en latin *spatium*), étendue de lieu, depuis un point jusqu'à un autre. — Il se dit aussi de l'étendue du temps. — En géométrie, aire d'une figure renfermée par des lignes droites ou courbes qui terminent cette figure : *espace parabolique, elliptique, cissoïdal*, etc. — En mécanique, ligne droite ou courbe que l'on conçoit décrite par un point mobile dans son mouvement. Dans toutes ces acceptions, on disait autrefois au féminin, *une espace*. — Prov. : *se promener dans les espaces imaginaires*, se former des visions. — Au plur., dans l'imprimerie, petites parties en fonte, de même corps que le caractère auquel elles appartiennent, mais moins hautes; il y en a de quatre ou cinq degrés différents ; elles servent à *espacer* les mots et à justifier les lignes. — *Espaces de Limoges*, morceaux de papier humide que les ouvriers négligents introduisent dans les lignes qui ne sont pas assez serrées. Dans ces deux dernières acceptions, *espace* est du fém.; c'est bizarre ; mais l'*Académie* veut que cela soit ainsi.

ESPACÉ, E, part. pass. de *espacer*.

ESPACEMENT, subst. mas. (*ècepâceman*), la distance qu'il y a entre des choses *espacées*.

ESPACER, v. act. (*ècepâcé*), ranger les choses de telle manière qu'il y a entre elles l'*espace* nécessaire. — Dans l'imprimerie, séparer plus ou moins les mots, les lettres, dans la composition, au moyen des *espaces*. — **S'ESPACER**, v. pron.

ESPADE, subst. mas. (*ècepade*) (de l'italien *spada*, épée, ou *spadone*, qui en est un augmentatif), t. de cordier, espèce de sabre de bois à deux tranchants pour affiner le chanvre.

ESPADÉ, E, part. pass. de *espader*.

ESPADER, v. act. (*ècepadé*), affiner le chanvre avec l'*espade*. — **S'ESPADER**, v. pron.

ESPADEUR, subst. mas. (*ècepadeur*), ouvrier qui affine le chanvre avec l'*espade*.

ESPADON, et non, comme dit le peuple, **ESPADRON**, subst. mas. (*ècepadon*) (de l'italien *spadone*, fait de *spada*, épée), grande et large *épée* à deux mains. — T. d'hist. nat., espèce de poisson cartilagineux, du genre des squales, remarquable par un museau plat denté sur les côtés, en forme de *scie*.

ESPADONNÉ, E, part. pass. de *espadonner*.

ESPADONNER, v. neut. (*ècepadoné*), se servir de l'*espadon*. — **S'ESPADONNER**, v. pron.

ESPADOT, subst. mas. (*ècepado*), perche avec un crochet dont on se sert pour atteindre le poisson dans les écluses.

ESPAGNE, subst. propre fém. (*ècepagnie*), grand royaume de l'Europe.

ESPAGNOL, E, adj. et subst. (*ècepagniole*), d'*Espagne*. — Subst. mas., sorte de papier.

ESPAGNOLETTE, subst. fém. (*ècepagniolète*), espèce de ratine fine. — Sorte de ferrure servant à fermer les fenêtres.

ESPAGNOLISÉ, E, part. pass. de *espagnoliser*.

ESPAGNOLISER, v. act. (*ècepagniolizé*), rendre *espagnol*. — Neut. : *parler espagnol*. — **S'ESPAGNOLISER**, v. pron. (*Montaigne.*)

ESPALE, subst. fém. (*ècepale*), espace entre le premier rang des rameurs et la poupe dans une galère.

ESPALEMENT, subst. mas. (*ècepaleman*), jaugeage. Il se dit aussi, en parlant des mesures rondes pour les grains, de la comparaison d'une mesure neuve avec la mesure originale.

ESPALET, subst. mas. (*ècepalè*), partie du chien d'une platine de fusil.

ESPALIER, subst. mas. (*ècepalié*) (de l'italien *spalliere*, pour *spalliera*, qui, dans les deux acceptions, signifie la même chose ; fait, dit le *Vocabulaire de la Crusca*, de *spalla*, épaule, par allusion à une boiserie, un mur, etc., contre lesquels on appuie les épaules), arbres qui sont attachés à la muraille en forme d'évantail ouvert. — Le premier rameur d'un banc dans une galère.

ESPALION, subst. propre mas. (*ècepalion*), ville de France, chef-lieu d'arrond., dép. de l'Aveiron.

ESPALME, subst. mas. (*ècepaleme*), sorte de vernis, mastic qui s'étend sur la pierre ou sur le bois.

ESPALMÉ, E, part. pass. de *espalmer*.

ESPALMER, v. act. (*ècepalemé*), t. de mar. : *espalmer un vaisseau*, l'enduire de suif depuis la quille jusqu'à la ligne de l'eau. — **S'ESPALMER**, v. pron.

ESPALMEUR, subst. mas. (*ècepalemeur*), celui qui étend de l'*espalme* sur le bois ou sur la pierre.

ESPALOUCO, subst. mas. (*ècepalouko*), t. d'hist. nat., animal de Siam.

ESPARCETTE, subst. fém. (*èceparcète*), t. de bot., nom qu'on donne au sainfoin dans quelques contrées. Voy. **ÉPARCET**.

ESPARÉ, E, part. pass. de *esparer*.

ESPARER, v. act. (*èceparé*), frotter les peaux avec du jonc.

ESPARGOUTE, ou **ESPARGOULE**, subst. fém. (*èceparguoute*, *guoule*), t. de bot., sorte de plante de la famille des muguets.

ESPART, subst. mas. (*ècepar*), solive pour la construction des bateaux ; c'est le même mot qu'*espaure*. — L'*Académie* ne donne pas ce dernier, et écrit *espars*, dont elle fait un subst. plur. mas.

ESPATARD, subst. mas. (*ècepatar*), t. de serrurier, cylindre tranchant sous lequel on passe les barres de fer pour les couper dans le sens de leur longueur.

ESPATULE, subst. fém. (*ècepatule*), t. de bot., plante purgative.

ESPAURE, subst. fém. (*ècepôre*), solive qui sert dans la construction des bateaux.

ESPÈCE, subst. fém. (*ècepèce*) (en lat. *species*), t. de logique, idée commune qui est sous une autre plus universelle, qu'on appelle *genre*. L'*espèce* contient plusieurs individus. — A mesure que nous acquérons des connaissances, nous sommes obligés de les distribuer en différentes *classes*; les *classes* les moins générales comprennent les *individus*, et on les nomme *espèces* par rapport aux *classes* plus générales qu'on nomme *genres*. Les *classes*, qui sont des *genres* par rapport à celles qui leur sont subordonnées, deviennent elles mêmes des *espèces* par rapport à d'autres *classes* plus générales qu'elles, et c'est ainsi qu'on arrive de *classe* en *classe* à un *genre* qui les comprend toutes. — Sorte. Il se dit des choses : *poires, pommes d'une belle espèce ;* et des personnes, mais seulement dans le style critique ou moqueur : *quelle espèce d'homme nous avez-vous amené là? c'est une pauvre espèce d'homme*, ou absolument, *c'est une pauvre espèce ; espèce* autrefois était l'honnête synonyme de *bête*. — En t. de jurispr., cas particulier sur lequel il faut opiner. — *Dans cette assemblée, il y avait des gens de toute espèce*, de tout état, de toute condition. — *Des marchandises de toute espèce, de toutes les espèces*, de toutes sortes, de toutes les sortes. — *Il vint une espèce de valet de chambre, une espèce de demoiselle suivante*, un homme qui avait l'apparence d'un valet de chambre, une fille qui paraissait être une demoiselle suivante. — On dit ironiquement et familièrement : *c'est un homme d'une espèce singulière*. — *C'est un sage d'une nouvelle espèce, un philosophe d'espèce nouvelle*, un homme qui a des idées ou qui affecte des opinions bizarres ou extraordinaires. — T. d'arithm. : *grandeurs de différente espèce*, grandeurs de différente nature, comme des mètres et des heures. Quelques-uns appellent, mais moins exactement, *grandeurs de différente espèce*, celles qui, quoique de la même nature, ont simplement des dénominations différentes, comme des toises et des pieds, des heures et des minutes, etc. — T. de géom. : *triangle donné d'espèce*, triangle dont chaque angle est donné. — *Courbe donnée d'espèce*, 1° dans un sens plus étendu, courbe dont la nature est connue ; 2° dans une acception plus particulière, courbe dont on connaît la nature et le rapport qu'ont entre eux les différents paramètres. — Au plur., *espèces*, diverses pièces de monnaie : *tant en billets et tant en espèces*. — Dans les phrases où il est mis par opposition à *argent*, il signifie *denrées : si je ne le paie en argent, je le paierai en espèces*, comme blés, vins, etc. — Dans la philosophie scholastique, les images ou représentations des objets sensibles. — Dans l'eucharistie, les apparences du pain et du vin après la transsubstantiation. — En pharmacie, poudre composée.

ESPÉLÉTIE, subst. fém. (*ècepéléci*), t. de bot., genre de plantes corymbifères.

ESPÉLETTE, subst. propre fém. (*ècepélète*), bourg de France, chef-lieu de canton, arrond. de Baïonne, dép. des Basses-Pyrénées.

ESPENS, subst. mas. plur. (*ècepan*), ce sont les dix pièces dont le filet nommé *sardinal* est composé. (*Boiste.*)

† **ESPÉRABLE**, adj. des deux genres (*ècepérable*), qu'on peut *espérer*. (Montaigne.) Ce mot est utile.

ESPÉRANCE, subst. fém. (*ècepérance*) (de l'italien *speranza*, fait, dans le même sens, du latin *sperare*, espérer), attente d'un bien qu'on désire et qu'on croit qui arrivera. Voy. **ESPOIR**. Il ne se prend qu'en bonne part, quoiqu'on lise dans Racine :

Grace au ciel, mon malheur passe mon *espérance;*

c'est-à-dire *mon attente*. — La personne ou la chose de laquelle on *espère* : *il est l'espérance de toute la famille*. — L'une des trois vertus théologales. — Les païens avaient fait une divinité de l'*espérance;* elle avait deux temples à Rome.

ESPÈRE, subst. fém. (*ècepère*), t. de pêche, *tendre à l'espère*, tendre des filets sur des piquets enfoncés dans la vase auprès du rivage, dans l'*espérance* de prendre du poisson. — On dit à peu près dans le même sens, en t. de chasse, *aller à l'espère*, etc. Peu usité.

ESPÉRÉ, E, part. pass. de *espérer*.

ESPÉRER, v. act. (*ècepéré*) (en lat. *sperare*), avoir *espoir*, être dans l'attente d'un bien à venir : *espérer une succession, une meilleure fortune*. On dit aussi neutralement, *espérer en Dieu, j'espère en votre justice ; j'espère de votre bonté que...* — **S'ESPÉRER**, v. pron.

ESPHLASE, subst. fém. (*èceflâze*), t. de chir., fracture du crâne.

ESPIÈGLE, adj. et subst. des deux genres (*ècepièguele*) (de l'allemand *Ulespiegel*, nom propre d'un personnage saxon, célèbre, vers 1480, par des tours et des malices, et dont la vie, composée en allemand, traduite et imprimée en français, fait partie de la *Bibliothèque bleue*. *Ulespiegel* ou *eulespiegel* ou *eulenspiegel*, signifie littéralement *miroir de hibou* ou *de chouette*, d'*eule*, hibou, chouette, et *spiegel*, miroir), jeune homme, jeune fille qui a de la vivacité et qui fait de petites malices. Il est familier.

ESPIÈGLERIE, subst. fém. (*ècepièguelerí*), malice, action d'*espiègle*. Il est familier.

ESPINGAR, subst. mas. (*ècepeinguar*), petite pièce d'artillerie, qui ne porte pas au-delà d'une livre de balle.

ESPINGOLE, subst. fém. (*ècepeinguole*), t. de mar., espèce de fusil fort court et dont le canon est évasé. On le charge de sept à huit balles.

ESPINGUÉ, E, part. pass. de *espinguer*.

ESPINGUER, v. neut. *ècepeinguié*), sauter, danser, s'agiter. Vieux et même hors d'usage.

ESPION, subst. mas., **ESPIONNE**, subst. fém. (*ècepion, pione*), celui, celle qui *épie*, qui observe la conduite de quelqu'un. — En t. de pêche, filet des Catalans pour la pêche des sardines. Il diffère peu du sardinal des Provençaux.

ESPIONNAGE, subst. mas. (*ècepionaje*), action d'*espionner*; métier d'*espion* : *l'espionnage est un métier infâme*.

ESPIONNE, subst. fém. Voy. ESPION.

ESPIONNÉ, E, part. pass. de *espionner*.

ESPIONNER, v. act. et neut. (*èçepioné*) (de l'allemand *spæhen*, qui a la même signification, et d'où ont été faits également l'anglais *to spy*, l'italien *spiare*, et l'espagnol *espiar*), observer, *épier* ; servir d'*espion*.— S'ESPIONNER v. pron.

ESPIOTE, subst. fém. (*èçepiote*), t. de bot., espèce d'orge.

ESPLANADE, subst. fém. (*èçeplanade*) (du lat. *planus*, uni, aplani), lieu *aplani* et débarrassé de tout ce qui pouvait l'encombrer.—En t. de fauconnerie, la route que tient l'oiseau, lorsqu'il *plane* en l'air.

ESPLANDIAN, subst. mas. (*èçeplandian*), t. d'hist. nat., espèce de coquille du genre des cônes.

ESPOIR, subst. mas. (*èçepoar*), espérance, avec cette différence, suivant l'abbé *Rouband*, qu'en général l'*espoir* s'applique à de grands objets, à ceux dont la privation serait pour nous un malheur, tandis que l'*espérance* s'abaisse jusqu'aux plus petits, et en quelque sorte aux plus indifférents. *Espoir* n'a point de pluriel.— En t. de mar., on appelle *espoir* une petite pièce d'artillerie que l'on monte sur le pont d'un vaisseau, et qui sert particulièrement à favoriser une descente.

ESPONTON, subst. mas. (*èçeponton*), demi-pique des officiers d'infanterie d'autrefois.

ESPOULETTE, subst. fém. (*èçepoulète*), t. d'artillerie, entonnoir, canal pour mettre le feu.

ESPRINGALE, subst. fém. (*èçepreinguale*), ancienne fronde en usage dans les armées.

ESPRIT, subst. mas. (*èçepri*) (en lat. *spiritus*), l'âme de l'homme : *rendre l'esprit*, mourir. — Ame d'une personne morte, revenant. — Le souffle, le vent de la respiration étant regardé comme le principe de la vie animale, on a nommé par analogie *esprit* le principe de la pensée et de l'intelligence. C'est dans ce sens que l'on dit : *l'esprit est prompt, la chair est faible*. — Imaginant ensuite que cet *esprit* peut exister séparé du corps, on a nommé *esprit* tout être incorporel doué, ou supposé doué de pensée et d'intelligence : *Dieu est un pur esprit ; les anges sont des esprits ; les démons sont des esprits malins*.—On appelle *esprit follet*, un démon familier qu'on suppose causer du désordre dans les maisons ; et *esprit familier*, un bon ou mauvais génie qui s'attache à un homme pour lui faire du bien ou du mal : *Socrate prétendait avoir un esprit familier*.—Les facultés de l'âme raisonnable : *cultiver son esprit*. Voltaire (*Henriade*), en supposant la parole adressée à Henri IV seul, a dit en ce sens au pluriel :

Mais si la vérité n'éclaire vos *esprits;*

c'est une faute ; il fallait *votre esprit* au sing. Cette faute est encore plus sensible, si par *esprit* on entend *âme*. — Faculté de saisir avec promptitude l'ensemble et les différents rapports des objets : *avoir beaucoup d'esprit*. — Qualité de l'âme. C'est un de ces termes vagues auxquels ceux qui le prononcent attachent presque toujours des sens différents. Il exprime autre chose que jugement, génie, goût, talent, pénétration, étendue, grace, finesse, et il doit tenir de tous ces mérites. On pourrait le définir raison ingénieuse. C'est un de ces mots qui ont toujours besoin d'un autre mot qui le détermine ; et quand on dit qu'*un homme a de l'esprit*, on ne sait trop que comprendre par cette expression, si l'on n'ajoute pas de quelle sorte d'*esprit* on entend parler : *l'esprit sublime de Corneille n'est ni l'esprit exact de Boileau, ni l'esprit naïf de La Fontaine ; et l'esprit de La Bruyère, qui est l'art de peindre singulièrement, n'est point celui de Malebranche, qui est de l'imagination et de la profondeur*. (Voltaire.) L'*esprit*, dans l'acception ordinaire de ce mot, tient beaucoup de *bel esprit*, et cependant ne signifie pas précisément la même chose ; car jamais ce terme d'*homme d'esprit* ne peut être pris en mauvaise part, et *bel esprit* est quelquefois prononcé ironiquement. Cette différence vient de ce que *homme d'esprit* ne signifie pas *esprit supérieur, talent marqué*, et que *bel esprit* le signifie. Le mot *homme d'esprit* n'a point de prétention, et *bel esprit* n'annonce que cela. C'est un art qui demande de la culture, une espèce de profession, qui par là expose à l'envie et au ridicule : *nous entendons par esprit cultivé, un esprit qui joint l'élégance aux connaissances*. (Condillac.)— On appelle *esprit national* les opinions, les dispositions générales qui dominent chez une nation ; *esprit public*, l'opinion générale que manifeste une nation sur les objets qui intéressent son bonheur et sa gloire.—*L'esprit du temps* signifie ou les motifs et les intentions qui dirigeaient les affaires publiques dans le temps dont on parle, ou les opinions qui y régnaient, ou le genre de *bel esprit* qui y était accueilli et goûté généralement : *alors on aimait beaucoup les jeux de mots, c'était l'esprit du temps ; tel était l'esprit du règne de Charlemagne*.—Dans le langage des arts, l'*esprit* est le talent d'indiquer savamment ce qu'on n'exprime pas ; ce mot en conséquence et celui de l'adjectif *spirituel* qui s'y rapporte, sont particulièrement affectés à des croquis, à des esquisses légères.—Vertu, puissance surnaturelle : *l'esprit de Dieu, l'esprit de prophétie*.—Motif ou manière d'agir : *esprit de charité, de paix ou de vengeance, de faction*, etc.—Humeur, caractère : *esprit doux, turbulent*, etc.—Il se dit par rapport aux talents, de la personne même : *c'est un bon esprit, un des meilleurs esprits de ce siècle*, etc. — *S'emparer de l'esprit de quelqu'un*, inspirer à quelqu'un une confiance telle, qu'il ne suit plus aucune impulsion que celle que veut lui donner celui qui s'est emparé de lui. *On s'empare aussi de l'esprit de quelqu'un*, par la crainte, par l'espérance, en flattant ses passions. — *Etre bien dans l'esprit de quelqu'un*. Nous sommes bien dans l'*esprit* de ceux qui ont une bonne opinion de nous, et qui sont disposés à nous obliger, à nous servir.—On dit : *un bon esprit, un mauvais esprit*. Voy. AME.— Le sens d'un auteur ou le caractère de son génie, de son style.—*Esprit* est aussi un terme fort usité dans la grammaire grecque ; c'est un signe qui marque l'aspiration : *esprit doux, esprit rude*.— En chimie, fluide très-subtil, vapeur volatile. — En t. de plumassier, plumes que porte sur le dos une espèce de héron ou plutôt d'aigrette d'Amérique.—*L'esprit saint*, l'*esprit* de Dieu commun aux trois personnes de la sainte Trinité.—*Le Saint-Esprit*, la troisième personne de la sainte Trinité. — *L'ordre du Saint-Esprit*, ordre de chevalerie institué par Henri III.—*Esprits célestes*, bienheureux, anges, âmes qui sont en paradis.— *Esprit de ténèbres, immonde*, etc., mauvais ange, démon.—Au plur., substances d'où procèdent les mouvements du corps : *les esprits animaux*. — On a aussi appelé *esprit* le produit de la distillation d'une ou de plusieurs substances végétales avec l'alcohol : *esprit de citron, esprit de lavande*.—*Esprit acide* se disait autrefois des acides volatils, et quelquefois des acides affaiblis ; *esprit alcalin*, du gaz ammoniaque ; *esprit ardent*, de l'alcohol ; *esprit de Mindérérus*, de l'acétate d'ammoniaque ; *esprit de nitre*, de l'acide nitrique étendu d'eau ; *esprit nitrique dulcifié*, de l'acide nitrique alcoholisé ; *esprit de nitre fumant*, de l'oxyde nitreux, ou de l'acide nitrique mêlé d'acide nitreux ; *esprit de sel*, de l'acide muriatique ; *esprit de sel dulcifié*, d'un mélange d'acide muriatique et d'alcohol ; *esprit de soufre*, de l'acide sulfureux préparé en brûlant du soufre en poudre sous une cloche de verre ; *esprit de Vénus*, du produit de la distillation du verdet ou de l'acétate de cuivre ; *esprit de vinaigre* se dit du vinaigre radical ou acide acétique ; *esprit de vitriol* se disait anciennement de l'acide sulfurique étendu d'eau ; *esprit recteur*, du liquide odorant qu'on obtient de la distillation des végétaux aromatiques, que l'on appelle aujourd'hui arôme, et qui paraît n'être autre chose que l'huile essentielle dissoute dans l'eau distillée ; *esprit volatil*, du carbonate d'ammoniaque, liquide ou dissous dans l'eau, qui se retire de la distillation d'une substance animale.—*Esprit de vin*, liqueur inflammable, légère, volatile, très-fluide, d'une odeur et d'une saveur fortes, etc., qui s'extrait du vin par la distillation. Voy. ALCOHOL. — *Esprit de plantes*, eaux simples distillées des plantes odorantes.

ESPRIT (SAINT), subst. propre mas. (*ceintèce pri*), ville de France, chef-lieu de canton, ar rond. de Dax, dép. des Landes.

ESPRITÉ, E, part. pass. de *espriter*, et adj., qui a ou qui contient de l'*esprit*. (*Boiste*.) Inusité.

ESPRITER, v. act. (*èçepritè*), donner de l'*esprit*.—S'ESPRITER, v. pron. (*Boiste*.) Inusité.

ESPRIT-FORT, subst. mas. (*èçeprifor*), celui qui traite de chimère les articles de foi ; athée, matérialiste.

ESPROT, subst. mas. (*èçeprô*), t. d'hist. nat., nom de plusieurs poissons du genre des clupées.

ESQUAIN, subst. mas. (*èçekiein*), t. de mar., se dit des planches qui bordent l'accastillage d'un bâtiment.

ESQUENIS, subst. fém. (*èçekeni*), t. de mar., petite caisse dans laquelle les calfats renferment leurs outils.

ESQUIAVINE, subst. fém. (*èçekiavine*) (de l'italien *schiavo*, esclave), habit de paysan ou d'esclave.

ESQUICHÉ, E, part. pass. de *esquicher*.

ESQUICHER, v. neut. (*èçekiché*), t. de jeu, esquiver le coup. — Fam., éviter de dire son avis dans une querelle. — S'ESQUICHER, v. pron. Presque inusité.

ESQUIF, subst. mas. (*èçekife*) (du grec σκαφη, petit bateau, dérivé de σκαπτω, je creuse), petit canot qui sert à divers usages dans la navigation.

ESQUILLE, subst. fém. (*èçeki-ie*) (du latin barbare *squidila*, diminutif de *squidia* ou *schidia*, dérivé du grec σχιδιον, petit éclat de bois, diminutif de σχιζη, éclat de bois, copeau), t. de chir., partie d'un os cassé et rompu.

ESQUIMAN, subst. mas. *èçekiman*), t. de mar., quartier-maître.

ESQUIMAUX, subst. mas. plur. (*èçekimô*), peuples du nord de l'Amérique.

ESQUINANCIE et non **ESQUILANCIE**, subst. fém. (*èçekinanci*) (par corruption pour *synanchie*, fait du grec συναγχη, dérivé de αγχω, je serre, je suffoque), t. de médec., inflammation violente du gosier : *une esquinancie suffocante*.

ESQUINE, subst. fém. (*èçekine*), t. de manége, reins : *cheval faible d'esquine*.—Sorte de plante.

ESQUIPOT, subst. mas. (*èçekipô*), espèce de tire-lire ou de petit tronc qui était dans la boutique des barbiers, et où l'on mettait l'argent de ceux qui s'étaient fait raser.

ESQUISSE, subst. fém. (*èçekice*) (en italien *schizzo*), premier coup de crayon d'un ouvrage de peinture, premier modèle que fait un sculpteur, en terre, en cire, etc. Voy. ÉBAUCHE.

ESQUISSÉ, E, part. pass. de *esquisser*.

ESQUISSER, v. act. (*èçekicé*) (de l'italien *schizzare*), faire une *esquisse*.—S'ESQUISSER, v. pron.

ESQUIVE, subst. mas. (*èçekive*), t. de raffinerie de sucre ; il se dit de la terre dont on couvre les pains.

ESQUIVÉ, E, part. pass. de *esquiver*.

ESQUIVER, v. act. (*èçekivé*), éviter adroitement un coup, etc. Il s'emploie quelquefois au neut. — On dit par extension : *esquiver un importun, une position fâcheuse ; esquiver la difficulté*, etc.—S'ESQUIVER, v. pron. (du mot *esquif*, fait du grec σκαφη, petit bateau, *s'échapper comme dans un esquif*), se tirer subitement d'un endroit où l'on ne veut pas rester. — S'enfuir à la dérobée.

ESSAI, subst. mas. (*ècè*) (de l'italien *assagio*), épreuve qu'on fait de quelque chose. Voyez ÉPREUVE et EXPÉRIENCE.—Opération par laquelle on s'assure de la pureté d'un métal.—Petite portion de quelque chose qui sert à juger du reste.—Premières productions d'esprit sur une matière. —*Coup d'essai*, premier *essai* que l'on fait en quelque chose.

ESSAIE, subst. fém. (*ècè*), t. de bot., sorte de racine des Indes employée dans la teinture.

ESSAIM, subst. mas. (*ècein*) (en lat. *examen*), volée de jeunes mouches à miel, qui se séparent des vieilles pour aller ailleurs.— Fig., multitude de choses semblables : *un essaim de barbares*, etc.

ESSAIMÉ, E, part. pass. de *essaimer*.

ESSAIMER, v. neut. (*ècèmé*), se dit des ruches d'où il sort un *essaim*.

ESSALÉ, E, part. pass. de *essaler*.

ESSALER, v. act. (*èçalé*), t. de salines, enduire la poêle de muire gluante, avant de la mettre entièrement au feu.—S'ESSALER, v. pron.

ESSANDOLES, subst. fém. plur. (*èçandole*), petites planches qui servent à couvrir les maisons.

ESSANGE, subst. fém. (*èçanje*), action d'*essanger* le linge.

ESSANGÉ, E, part. pass. de *essanger*.

ESSANGER, v. act. (*èçanjé*) (du latin barbare *exsaniare*, formé de la particule extractive *ex*, et de *sanies*, sanie, pus, ordure, *ôter les ordures*. *Ménage*. Selon d'autres, de la même particule *é*, et du mot *sang*, ôter du sang), laver du linge sale avant de la lessiver.—Suivant d'autres, frapper le linge avec le battoir. — Le peuple dit par corruption *échanger*.—S'ESSANGER, v. pron.

ESSARDÉ, E, part. pass. de *essarder*.

ESSARDER, v. act. (*éçardé*), sécher, nettoyer un endroit humide.— *s'*ESSARDER, v. pron.

ESSART, subst. mas. (*èçar*), terre défrichée.

ESSARTAGE, subst. mas. (*éçartaje*), action d'*essarter*, effet de cette action — Manière d'*essarter*.—*L'Académie* dit *essartement*, qui semble être plus régulièrement formé.

ESSARTÉ, E, part. pass. de *essarter*.

ESSARTEMENT, subst. mas. Voy. ESSARTAGE.

ESSARTER, v. act. (*éçarté*) (du latin barbare *exartare* ou *essartare*, qui a la même signification), défricher un bois, un pré, un chemin, en arrachant les bois, les épines. — *s'*ESSARTER, v. pron.

ESSARTS (LES-), subst. propre mas. plur. (*lèzéçar*), bourg de France, chef-lieu de canton, arrond. de Bourbon, dép. de la Vendée.

ESSAUGUE, subst. fém. (*éçôgue*), t. de pêche, filet qui a dans son milieu une grande bourse avec des ailes aux deux côtés.

ESSAYÉ, E, part. pass. de *essayer*.

ESSAYER, v. act. (*écé-ié*) (de l'italien *assaggiare*, dont la signification est la même, et qui, suivant *Ménage*, a été fait du latin *sapor*, saveur, goût, au moyen de nombreuses transformations), éprouver une chose; en faire l'*essai*. — *Essayer d'une personne, d'une chose*, en faire l'épreuve, pour voir si l'on pourra s'en accommoder.—Il a le sens et les régimes de *tâcher* : *j'ai essayé de les persuader ; essayer à marcher*. De vaut mieux, quand *essayer* a tout-à-fait le sens de *tâcher* ; *à* est préférable, quand il se rapproche de son sens propre, et qu'il signifie *faire des essais*. — *s'*ESSAYER, v. pron., s'éprouver.

ESSAYERIE, subst. fém. (*écé-ieri*), lieu particulier dans les monnaies où l'on fait l'*essai*.

ESSAYEUR, subst. mas. (*écé-ieur*), officier de la monnaie qui voit à quel titre est l'argent ou l'or.

ESSE, ou mieux **S**, subst. fém. (*èce*), cheville de fer tortue, en forme de S, qu'on met au bout de l'essieu. — Morceau de même forme dont on se sert pour accrocher les pierres qu'on veut élever. — Crochet au bout du fléau d'une balance.

ESSEAU, subst. mas. (*éçô*), petite hache recourbée.—Ais pour couvrir les toits.

ESSÉDAIRE, subst. mas. (*écédère*) (du latin *essedarius*, conducteur de charriot, fait de *esseda* ou *essedum*, mot d'origine gauloise, qui signifiait un charriot de guerre, etc.), gladiateur qui combattait toujours sur des charriots.

ESSÉDUM, subst. mas. (*écédome*), char sur lequel combattaient les *essédaires*, chez les anciens Romains.

ESSÉLIER, subst. mas. (*èccélié*), pièce de charpente d'un comble qui supporte l'entrait et l'ensemble dans la jambe de force.—Pièce du faux fond d'une cuve.

ESSENCE, subst. fém. (*èceçance*) (en latin *essentia*, fait de *esse*, être), ce qui constitue la nature d'une chose.—En chimie, huile aromatique qu'on obtient par la distillation des plantes. —En t. d'eaux-et-forêts, nature, espèce des arbres qui composent une forêt : *un bois d'essence de chêne*. — *Essence d'Orient*, matière avec laquelle on enduit l'intérieur des bulles de verre qui servent à faire les fausses perles. C'est la matière argentée dont est revêtu le corps du poisson nommé *able* ou *ablette*.

ESSENCÉ, E, adj. (*èceçancé*), parfumé d'*essence*.

ESSENCIÉ, E, part. pass. de *essencier*.

ESSENCIER, v. act. (*èceçancié*), parfumer d'*essence*. — *s'*ESSENCIER, v. pron. Peu en usage.

ESSENCIFIÉ, E, adj. (*èceçancifié*), t. de philosophie hermétique; qui tient de la nature d'une chose.

ESSÉNIEN, subst. mas. (*èccénïein*), nom de philosophes juifs.

ESSENTIEL, subst. mas. (*éçanciel*) : l'*essentiel d'une affaire*, ce qu'il y a de principal, de plus important.

ESSENTIEL, adj. mas., au fém. **ESSENTIELLE** (*éçancièle*), qui est de l'*essence*, qui appartient à l'*essence*. — Absolument nécessaire.— Important, considérable. — *Un homme essentiel* est un homme d'un commerce sûr, un ami solide et sur qui l'on peut compter.—*Essentiel*, en médecine, se dit des maladies qui altèrent les fonctions par elles-mêmes, sans dépendre d'aucune autre affection. En chimie, il se dit des sels qu'on extrait des sucs, des décoctions ou des infusions des végétaux, par filtration, évaporation et crystallisation, des huiles aromatiques obtenues par distillation : *sel essentiel, huile essentielle*. — En musique, on appelle *cordes essentielles du ton*, la finale, la médiante et la dominante.

ESSENTIELLE, adj. fém. Voy. ESSENTIEL.

ESSENTIELLEMENT, adv. (*éçancièleman*), par sa propre *essence*. — En matière importante : *il m'a obligé essentiellement*.—Solidement : *il aime essentiellement ses amis*.

ESSÉ, E, part. pass. de *esser*.

ESSER, v. act. (*écecé*), t. d'épinglier, choisir la grosseur du fil qu'on veut employer, par le moyen d'une *mesure* par laquelle on le fait entrer. — *s'*ESSER, v. pron.

ESSÉRA, subst. mas. (*èceéra*), t. de médecine, éruption de pustules avec démangeaison.

ESSETTE, subst. fém. (*écète*) (en lat. *ascia*), marteau à forte tête et à tranchant recourbé.

ESSEULÉ, E, part. pass. de *s'esseuler*, et adj., solitaire, abandonné.

*s'*ESSEULER, v. pron. (*céceulé*), se tenir *seul*, à l'écart.

ESSIEU, subst. mas. (*écieu*) (en latin *axis*), morceau de bois ou de fer arrondi par les deux bouts qu'on fait passer au travers du moyeu des roues.—Autrefois la même chose en mécanique qu'*axe*, qui est aujourd'hui seul usité. En ce sens, les anciens disaient *cachète*. — *Descartes*, dans sa *Géométrie*, a également donné le nom d'*essieu* à l'*axe* des courbes.—*Essieu dans le tour*. Voyez *axe dans le tour* ou *le tambour*, au mot AXE. Voy. aussi AISSIEU.

ESSIMÉ, E, part. pass. de *essimer*.

ESSIMER, v. act. (*écimé*) (du latin *eximere*, ôter, retrancher), t. de faucon., amaigrir un oiseau pour qu'il vole mieux.—*s'*ESSIMER, v. pron.

ESSLING, subst. propre mas. (*èceleingue*), village d'Autriche, théâtre d'une bataille célèbre qui fut livrée en 1809.

ESSOGNE, subst. fém. (*èçognie*), droit double du cens annuel.

ESSONNIER, subst. mas. (*éçonié*) (du grec ζωνη, bande, ceinture ; c'était autrefois une *ceinture* ou enceinte où les chevaux des chevaliers étaient placés, en attendant qu'ils en eussent besoin pour le tournoi), t. de blason, double orle qui couvre l'écu *dans le sens* de la bordure.

ESSOR, subst. mas. (*éçor*) (du latin barbare *exaurum* ou *essorum*, fait, dans le même sens, de *aura*, air, vent. *Nicot*.), vol qu'un oiseau de proie prend en montant fort haut et s'abandonnant au vent. Voy. VOL.—Au fig., 1° *prendre l'essor*, se tirer de la sujétion où l'on était, se remettre en liberté ; 2° *donner l'essor à son esprit, à sa plume*, parler, écrire avec émulation, avec liberté ; 3° *donner l'essor à ses passions*, leur lâcher la bride, ne point les combattre.

ESSORANT, E, adj. (*éçoran, rante*), t. de blason : *oiseau essorant*, qui n'ouvre l'aile qu'à demi pour prendre le vent, et qui regarde le soleil.

ESSORÉ, E, part. pass. de *essorer*, et adj. ; se dit, en t. de blason, de la couverture d'une maison ou d'une tour, quand elle est d'un autre émail que celui du corps du bâtiment.

ESSORER, v. act. (*éçoré*), exposer à l'air pour sécher. — Prendre l'*essor*. — *s'*ESSORER, v. pron.

ESSORILLÉ, E, part. pass. de *essoriller*.

ESSORILLER, v. act. (*éçoceri-ié*) (du latin barbare *exauricularе*, forgé, dans le même sens, de la particule extractive *ex*, et de *auricula*, oreille), couper les *oreilles*. — Fig. et fam., couper les cheveux fort courts. — *s'*ESSORILLER, v. pron.

ESSORILLES, subst. mas. plur. (*éçori-ie*), t. d'hist. nat., famille de mammifères de l'ordre des rongeurs.

ESSOUCHÉ, E, part. pass. de *essoucher*.

ESSOUCHER, v. act. (*éçouché*) : *essoucher un champ*, en arracher les *souches*. — *s'*ESSOUCHER, v. pron.

ESSOUFFLÉ, E, part. pass. de *essouffler*.

ESSOUFFLEMENT, subst. mas. (*éçoufleman*), t. de médec., état laborieux de la respiration.

ESSOUFFLER, v. act. (*éçouflé*), mettre presque hors d'haleine ; ôter le *souffle*. — *s'*ESSOUFFLER, v. pron.

ESSOUR, subst. mas. (*éceçour*), source. Inus.

ESSOURISSÉ, E, part. pass. de *essourisser*.

ESSOURISSER, v. act. (*éçouricé*), t. de man. : *essourisser un cheval*, lui couper dans les naseaux le cartilage nommé *souris*.—*s'*ESSOURISSER, v. pron.

ESSOYES, subst. propre fém. (*éçoé*), bourg de France, chef-lieu de canton, arrond. de Bar-sur-Seine, dép. de l'Aube.

ESSUCQUÉ, E, part. pass. de *essucquer*.

ESSUCQUER, v. act. (*éçuké*) (du lat. *exsuccare*, ôter, extraire le *suc*), tirer le moût d'une cuve.— *s'*ESSUCQUER, v. pron.

ESSUI, subst. mas. (*éçui*), lieu où l'on étend pour faire sécher.

ESSUIE-MAINS, et non pas **ESSUIE-MAIN**, subst. mas. (*éçuimein*), linge à *essuyer les mains*.—Au plur., des *essuie-mains*.

ESSUIE-PIERRE, subst. mas. (*éçuipière*), morceau de linge pour *essuyer* la *pierre* d'un fusil.—Au plur., des *essuie-pierres*.

ESSUYÉ, E, part. pass. de *essuyer*.

ESSUYER, v. act. (*éçui-ié*) (de l'italien *sciugare*, pour lequel on dit plus communément *asciugare*, sécher, dessécher; dérivé, suivant *Ferrari*, du latin *adsiccare* ou *assicare*, qui a la même signification), ôter l'eau, la *sueur*, etc., en frottant avec un linge, etc. — Au fig., *essuyer les larmes de quelqu'un*, le consoler. — *Essuyer ses larmes*, se consoler soi-même. — Sécher, en parlant du soleil et du vent. — Être exposé à.. : *essuyer le feu, le canon, la mousqueterie*. — Souffrir, endurer : *essuyer un affront, des reproches; essuyer une tempête*, etc. — *s'*ESSUYER, v. pron. : *s'essuyer les yeux, les mains, le visage*.

EST, subst. mas. (*ècete*) (suivant *Wachter*, de l'allemand *est* ou *osten*, qui signifie la même chose), l'un des quatre points cardinaux du monde; l'orient, le levant. — Vent qui vient de ce côté-là : *il s'éleva un vent d'est*.—*Est*-nord-*est*, la plage située au milieu de l'espace qui sépare l'*est* du nord ; elle décline de vingt-deux degrés trente minutes de l'*est* au nord. — Vent qui souffle de cette plage. — *Est*-quart-nord-*est*, plage située au milieu de l'espace qui sépare l'*est* de l'*est-nord-est* ; elle décline de onze degrés quinze minutes de l'*est* au nord. — Vent qui souffle de cette plage. —*Est*-quart-sud-*est*, plage située au milieu de l'espace qui sépare l'*est* de l'*est-sud-est* ; elle décline de onze degrés quinze minutes de l'*est* au sud. — Vent qui souffle de cette plage. — *Est*-sud-*est*, plage située au milieu de l'espace qui sépare l'*est* du sud ; elle décline de vingt-deux degrés trente minutes de l'*est* au sud. — Vent qui souffle de cette plage.

Est, 3e pers. sing. prés. indic. du verbe irrégulier ÊTRE.

ESTABLIES, subst. fém. plur. (*ècetabli*), anciennes troupes qui gardaient les places et les châteaux. Hors d'usage.

ESTACADE, subst. fém. (*ècetakade*) (suivant *Wachter*, de l'allemand *stakete*, formé avec la même signification de *stecken*, bâton, pieu, et d'où les *Italiens* ont fait dans le même sens, *staccata* ou *staccato*), t. de mar., grosses et longues pièces de bois garnies de fer et attachées avec des chaînes dont on ferme l'entrée d'un port. — Espèce de digue pour détourner le cours d'une rivière.

ESTACHES, subst. fém. plur. (*ècetache*), t. de charpentier, poteaux placés sur un pont.

ESTADOU, subst. mas. (*ècetadou*), scie à deux lames qui sert à tailler les dents des peignes.

ESTAFE, subst. fém. (*ècetafe*), droit des gardes d'une maison de jeu.

ESTAFETTE, subst. fém. (*ècetafète*) (de l'italien *staffetta*, fait de *staffa*, étrier), courrier qui ne porte les dépêches que d'une poste à l'autre.

ESTAFIER, subst. mas. (*ècetafié*) (de l'italien *staffiere*), sorte de valet de pied.— En Italie, c'est un domestique qui porte la livrée et qui marche en manteau, à la différence des laquais, qui n'en ont point.

ESTAFILADE, subst. fém. (*ècetafilade*) (suivant *Du Cange*, du latin *extra filata*, à cause, dit-il, de la ressemblance qu'a une *estafilade* à un fil hors de sa trame), coupure faite avec un instrument tranchant.

ESTAFILADÉ, E, part. pass. de *estafilader*.

ESTAFILADER, v. act. (*ècetafiladé*), faire, donner une *estafilade*. — *s'*ESTAFILADER, v. pron.

ESTAIMS, ou **ESTAIMES**, subst. mas. plur. (*ècetein*), t. de mar., pièces qui forment la rondeur de l'arrière d'un vaisseau.

ESTAING, subst. propre mas. (*ècetein*), village de France, chef-lieu de canton, arrond. d'Espalion, dép. de l'Aveyron.

ESTALIERS-PIERRIERS, subst. mas. plur. (*ècetalié-pierié*), nom que les lapidaires portaient autrefois.

ESTAME, subst. fém. (*ècetame*), laine tricotée à l'aiguille.

ESTAMET, subst. mas. (*ècetamè*), petite étoffe de laine.—On dit aussi *estame;* alors il est fém.

ESTAMINET, subst. mas. (*ècetaminè*), assemblée de buveurs et de fumeurs. — Lieu où elle se tient, tabagie.

ESTAMPE, subst. fém. (*ècetanpe*) (de l'italien *stampa*, fait, suivant les uns, du latin *typus*, modèle, forme, et selon d'autres, de l'allemand *stampsen*, fouler, presser), image qu'on imprime sur du papier, sur du vélin, etc., avec une planche de cuivre ou de bois gravée.— *Estampe* se dit des gravures détachées ou de celles dont on fait un recueil ; et *planche*, de celles qu'on joint aux livres. — Outil de serrurier pour river les boutons.

ESTAMPÉ, E, part. pass. de *estamper*.

ESTAMPER, v. act. (*ècetanpé*) (de l'italien *stampare*), faire une empreinte de quelque matière dure et gravée sur une autre plus molle. — En t. de chapelier, passer à plat sur le bord d'un chapeau l'outil appelé *la pièce*. — *Estamper un nègre*, le marquer avec un fer chaud pour reconnaître à qui il appartient. —T. de maréchal-ferrant. Voy. ÉTAMPER. — S'ESTAMPER, v. pron.

ESTAMPEUR, subst. mas. (*ècetanpeur*), t. de raffinerie de sucre, sorte de pilon de bois pour *estamper* les formes à vergeoises.

ESTAMPILLE, subst. fém. (*ècetanpi-ie*), marque qui se met au lieu de la signature, ou avec la signature même, sur des brevets, des lettres, des livres, etc.

ESTAMPILLÉ, E, part. pass. de *estampiller*.

ESTAMPILLER, v. act. (*ècetanpi-ié*), marquer avec une *estampille*. — S'ESTAMPILLER, v. pron.

ESTAMPOIR, subst. mas. (*ècetanpoar*), t. de luthier, outil dont les facteurs d'orgues se servent pour ployer les lames de cuivre dont les anches sont faites.

ESTAN, subst. mas. (*ècetan*) (du latin *stans*, part. prés. de *stare*, être debout), se dit, en t. d'eaux-et-forêts, des bois qui sont debout et sur pied : *arbre en estan*.

ESTANC, adj. mas. (*ècetan*), t. de marine, se dit d'un bâtiment bien clos, sans voie d'eau, en bon état.

ESTANCE, subst. fém. (*ècetance*), t. de mar., piliers posés le long des hiloires pour soutenir les barotins ou petits barots.

ESTANGUES, subst. fém. plur. (*ècetangue*), tenailles de forgeron.

ESTAQUET, subst. mas. (*ècetakiè*),t. de pêche, attache d'un filet.

ESTASE, subst. fém. (*ècetâze*), t. de manuf., se dit de deux pièces de bois qui fixent les quatre pieds d'un métier d'étoffes de soie.

ESTATEUR, subst. mas. (*ècetateur*), celui qui fait cession de ses biens en justice à ses créanciers.

ESTAVILLON, subst. mas. (*ècetavi-ion*), morceau de peau préparée pour faire un gant.

ESTELAIRE, adj. des deux genres (*ècetelère*), t. de vén. : *cerf estelaire*, apprivoisé.

ESTEMÉNAIRE, subst. fém. (*ècetemenère*), t. de mar., se dit de deux pièces de bois ajustées au bout des madriers.

ESTER, v. neut. (*ècetè*) (du latin *stare*), comparaître en justice ou devant le juge : *ester à droit, ester en jugement*.

ESTÈRE, subst. fém. (*ècetère*), lit des Orientaux en nattes de paille.

ESTERLET, subst. mas. (*ècetèrelè*), t. d'hist. nat., oiseau aquatique d'Afrique.

ESTERLIN, subst. mas. (*ècetèrelein*), t. d'orfèvre, poids de vingt-huit grains et demi. C'est la vingtième partie de l'once, et la cent-soixantième du marc.

ESTERNAY, subst. propre mas. (*ècetèrenè*), village de France, chef-lieu de canton, arrond. d'Epernay, dép. de la Marne.

ESTÉROTE ou **ESTOIRE**, subst. mas. (*ècetérote, toare*), t. de pêche, espèce de tramail qui sert, sur la Gironde, à prendre des soles, des turbots, etc.

ESTERRE, subst. fém. (*ècetère*), se dit, en Amérique, d'un petit port qui peut servir d'abri à de petits bâtiments.

ESTEUBLE, subst. fém. Voy. ETEULE.

ESTHER, subst. mas. (*ècetère*), livre canonique contenant l'histoire d'*Esther*.

ESTHÉTIQUE, subst. fém. (*ècetétike*) (du grec αἴσθησις, sentiment, dérivé du verbe αἰσθάνομαι, sentir ; proprement, *la science du sentiment*), connaissance, sentiment des beautés d'un ouvrage d'esprit ; philosophie des beaux-arts. — Il se dit aussi adj. de ce qui sert à faire sentir les beautés d'un ouvrage.

ESTHIOMÈNE, adj. des deux genres (*ècetiomène*) (en grec ἐσθιόμενος, de ἐσθίω, je mange), t. de médec. : *ulcère esthiomène*, qui ronge, qui corrode.

ESTHUI, E, part. pass. de *esthuir*.

ESTHUIR, v. act. (*ècetuir*), ôter, chasser, éviter. (*Boiste*.) Mot tout-à-fait hors d'usage.

ESTIBOT, subst. mas. (*ècetibô*), billot de bois sur lequel on fait avec la lime une pointe au fil de fer qui doit passer par un nouveau trou de la filière.

ESTICEUX, subst. mas. (*ècetíceu*), sorte de machine à l'usage des tireurs d'or.

ESTIÉES, subst. propre fém. plur. (*ècetié*), myth., anciens sacrifices à Vesta.

ESTIER, subst. mas. (*ècetié*), conduit de communication des lacs, des marais, aux rivières ou à la mer.

ESTILLE, subst. fém. (*ècetiie*), métier de haute-lice.

ESTIMABLE, adj. des deux genres (*ècetimable*), qui mérite d'être *estimé*.

ESTIMATEUR, subst. mas. (*ècetimateur*) (en lat. *æstimator*), qui donne un juste prix aux choses. Pourquoi ne dirait-on pas *estimatrice*, au fém. ?

ESTIMATIF, adj. mas., au fém. **ESTIMATIVE** (*ècetimatif, tive*), se dit des procès-verbaux et devis des experts nommés pour *estimer* des réparations d'ouvrages, etc.

ESTIMATION, subst. fém. (*ècetimâcion*) (en lat. *æstimatio*), jugement qu'on fait du prix et de la valeur d'une chose.

ESTIMATIVE, adj. fém. Voy. ESTIMATIF. — On le dit aussi subst. au fém. pour : faculté de l'âme à juger.

ESTIME, subst. fém. (*ècetime*), état qu'on fait d'une personne ou d'une chose. Il n'a point de pluriel. — En t. de mar., calcul que fait un pilote du chemin d'un vaisseau, etc.

ESTIMÉ, E, part. pass. de *estimer*.

ESTIMER, v. act. (*ècetimé*) (du lat. *æstimare*, formé de *æs*, argent monnayé, et du grec τιμάω, j'estime, je prise ; *priser comme de l'argent* ou *au poids de l'argent* ; ou bien tout simplement du grec ἐκτιμάω, qui signifie aussi j'estime), priser quelque chose, en déterminer la valeur. Voy. APPRÉCIER. — Faire cas de... — Croire, penser, présumer. Il régit toujours un adjectif : *on estime cette place imprenable*. Dans cette acception, il est souvent neutre : *j'estime que cela est; je n'estime pas que cela se puisse*, etc. — S'ESTIMER, v. pron.

ESTISSAC, subst. propre mas. (*ècetiçak*), bourg de France, chef-lieu de canton, arrond. de Troyes, dép. de l'Aube.

ESTISSEUSES, subst. fém. plur. (*ècetíceuze*), t. de manuf., triangles qui retiennent les roquets et les canons dans les cantres.

ESTIVAL, E, adj. (*ècetivale*) (en lat. *æstivalis*, fait de *æstas*, été), t. de bot., qui naît ou qui produit dans l'été : *fleurs estivales*. — *Maladies estivales*, qui règnent en été.

ESTIVATION, subst. fém. (*ècetivâcion*), t. de bot., état de la corolle avant son développement.

ESTIVE, subst. fém. (*ècetive*), t. de mar. : *donner une estive à des haubans neufs*, etc., les roidir et les brider ensuite avec des palans pour les roidir encore à mesure qu'ils s'allongent. — *Charge en estive*, se dit des cargaisons composées d'effets susceptibles d'être pressés avec des cries, etc.

ESTIVÉ, E, part. pass. de *estiver*.

ESTIVER, v. act. (*ècetivé*), t. de mar., presser les effets d'un arrimage avec des machines d'une grande force, comme crics, cabestans, etc. — S'ESTIVER, v. pron.

ESTOC, subst. mas. (*ècetoke*) (de l'allemand *stock*, tronc, souche), autrefois, épée longue et étroite qui ne servait qu'à percer. — La pointe d'une épée : *frapper d'estoc et de taille*, de la pointe et du tranchant. On le dit fig., dans le style plaisant ou critique. — Ligne d'extraction : *il est de bon estoc ; les biens qui viennent de son estoc*. — Fam. : *dites-vous cela de votre estoc?* de vous-même ; *cela ne vient pas de son estoc*, ne vient pas de lui. — En t. de joueur de gibecière, *faire l'estoc*, faire passer dessous la carte de dessus, sans qu'on s'en aperçoive. — *Brin d'estoc*, long bâton ferré. — *Coupe de bois à blanc estoc*, dans laquelle on abat tout le bois d'une forêt, sans en réserver aucun.

ESTOCADE, subst. fém. (*ècetokade*), autrefois sorte d'épée.—Aujourd'hui botte ou grand coup d'épée allongé. — Fig. et fam., emprunt que veut faire un escroc.

ESTOCADÉ, part. pass. de *estocader*.

ESTOCADER, v. neut. (*ècetokadé*), porter des *estocades*. — Fig. et fam., se presser l'un l'autre par de vives raisons. — S'ESTOCADER, v. pron.

ESTOCAGE, subst. mas. (*ècetokaje*), ancien droit seigneurial

ESTOMAC, subst. mas. (*ècetoma*) (en grec στόμαχος, en lat. *stomachus*), le viscère qui dans l'animal reçoit les aliments et sert à leur cuisson et à leur digestion.—La partie extérieure du corps qui répond à l'*estomac*.—*Avoir un estomac d'autruche*, manger beaucoup et souvent.

S'ESTOMAQUER, v. pron. (*cècetomakié*) (rac. *estomac*), s'offenser, se scandaliser de quelques procédés. Fam.

ESTOMI, E, part. pass. de *estomir*.

ESTOMIR, v. act. (*ècetomir*), troubler, étonner.—S'ESTOMIR, v. pron. Inusité.

ESTOMPE, subst. fém. (*ècetonpe*), t. de dessin, morceau de peau de chamois roulé, fort serré et lié avec du fil, et taillé en pointe émoussée vers l'extrémité. On s'en sert pour fondre et unir ensemble les coups de crayon qui forment les ombres ou les demi-teintes.

ESTOMPÉ, E, part. pass. de *estomper*.

ESTOMPER, v. act. (*ècetonpé*), frotter avec l'estompe. — S'ESTOMPER, v. pron.

ESTONIÈRE, subst. fém. (*ècetonière*), t. de pêche, sorte de tramail.

ESTOQUIAU, subst. mas. (*ècetokiô*), t. de mécan. Voy. ÉTOQUIAU.

ESTOR, subst. mas. (*ècetor*), choc, mêlée, confusion. Hors d'usage.

ESTORÉE, subst. fém. (*ècetoré*), flotte, armée navale. Inusité.

ESTOU, subst. mas. (*ècetou*), table à claire-voie dont les bouchers se servent pour habiller les veaux et les moutons.— On dit aussi *étou*.

ESTOUFFADE, subst. fém. (*ècetoufade*). Nous n'insérons ce mot, qui est tout-à-fait hors d'usage, que parce que nous le trouvons dans l'*Académie* comme t. de cuisine. Tout le monde dit aujourd'hui *étouffade*.

ESTOUR, subst. mas. (*ècetour*), escarmouche.

ESTRAC, adj. mas. (*ècetrak*), t. de man. : *cheval estrac*, mince, efflé.

ESTRADE, subst. fém. (*ècetrade*) (de l'espagnol *estrado*, fait dans le même sens du lat. *stratum*, couverture, tapis ; à cause du tapis étendu en Espagne sur l'*estrade*, qui est le lieu où les dames reçoivent), lieu élevé dans une chambre et où l'on met un lit. — Autrefois chemin. On dit encore *battre l'estrade*, battre la campagne avec de la cavalerie. (De l'italien *strada*, fait, avec la même signification, du latin *strata*, sous-entendu *via*, chemin pavé.)

ESTRADIOTS, subst. mas. plur. (*ècetradiô*), nom d'une espèce de troupes légères dont on se servait autrefois en France.

ESTRAGALE, subst. fém. (*ècetraguale*), outil de tourneur.

ESTRAGON, subst. mas. (*ècetraguon*) (en latin *dracunculus*, dans *Pline*), plante potagère, vivace, originaire de Sibérie, à fleur composée, flosculeuse, qu'on mange dans les salades, et avec laquelle on prépare un vinaigre antiscorbutique.

ESTRAIN, subst. mas. (*ècetrein*), trame de fil de soie.

ESTRAMAÇON, subst. mas. (*ècetramaçon*) (de l'italien *stramazzone*, fait, avec la même acception, du lat. barbare *trammasaxus*, qui, dans les écrivains de la basse latinité, signifie une épée), autrefois, sorte d'épée.—Il ne se dit plus aujourd'hui que dans cette locution familière : *coup d'estramaçon*, du tranchant de l'épée.

ESTRAMAÇONNÉ, E, part. pass. de *estramaçonner*.

ESTRAMAÇONNER, v. act. et neut. (*ècetramaçoné*), donner des coups d'*estramaçon*. Il est peu usité. — S'ESTRAMAÇONNER, v. pron.

ESTRANGEL, subst. mas. (*ècetranjèl*), nom des caractères primitifs de la langue syriaque, qui n'en sont aujourd'hui que les lettres majuscules.

ESTRAPADE, subst. fém. (*ècetrapade*) (de l'italien *strappata*, fait dans le même sens de l'allemand *straf*, peine, châtiment, supplice), sorte de supplice qui consistait à élever un homme au haut d'une longue pièce de bois, et à le laisser tomber ensuite tout près de terre. — Arbre ou potence élevée pour donner l'*estrapade*. — Lieu, place destinée à ce genre de supplice. — En t. de manége, défense du cheval qui, refusant d'obéir, lève le devant et en même temps détache des ruades avec furie. — Fig. et fam. : *donner l'estrapade à son esprit*, le fatiguer à quelque chose de fort difficile.

ESTRAPADÉ, E, part. pass. de *estrapader*.

ESTRAPADER, v. act. (*écetrapadé*), donner l'*estrapade*. Hors d'usage. — **S'ESTRAPADER**, v. pron.

ESTRAPASSÉ, E, part. pass. de *estrapasser*.

ESTRAPASSER, v. act. (*écetrapâcé*), excéder un cheval à force d'exercice de manége. Quand on le fatigue par un trop long voyage, on dit *surmener*. — **S'ESTRAPASSER**, v. pron.

ESTRAPÉ, E, part. pass. de *estraper*.

ESTRAPER, v. act. (*écetrapé*) : *estraper le chaume*, scier ce qui en reste après la moisson. — **S'ESTRAPER**, v. pron.

ESTRAQUELLE, subst. fém. (*écetrakièle*), sorte de pelle dont on se sert dans les verreries.

ESTRASSE ou **STRASSE**, subst. fém. (*écetrace, cetrace*), bourre de soie que l'on appelle aussi *cardasse*.

ESTRÉLAGE, subst. mas. (*écetrelaje*), ancien droit que les seigneurs prélevaient sur les sels qui passaient sur leurs terres.

ESTRIQUE, subst. mas. (*écetrike*), dans les verreries, outil dont l'étendeur se sert pour développer les manchons, lorsqu'ils ont été ramollis par l'action du feu.

ESTRIQUÉ, E, part. pass. de *estriquer*.

ESTRIQUER, v. act. (*écetrikié*), boucher les fentes des formes à sucre. — **S'ESTRIQUER**, v. pron.

ESTRIQUEUR, subst. mas. (*écetrikieur*), crochet de bois pour *estriquer*.

ESTRIQUEUX, subst. mas. (*écetrikieu*), instrument propre à ôter les bavures des pipes au sortir du moule.

ESTROFFE, subst. fém. (*écetrofe*), t. de mar., corde en forme d'anneau qu'on place au haut de la queue des chevaux pour les faire marcher les uns à la suite des autres.

ESTROPE, subst. fém. (*écetrope*), t. de mécan., anneau ou lien en cordage qui sert à ceindre les poulies, les *cavillots*, les *cosses*. — T. de mar., nom des ersions d'avirons.

ESTROPÉ, E, part. pass. de *estroper*.

ESTROPER, v. act. (*écetropé*), t. de mécan., entourer le corps d'une poulie, d'une cosse, d'un cavillot, avec le bout d'un cordage, pour en faire des conduits de manœuvres. — **S'ESTROPER**, v. pron.

ESTROPIAT, subst. mas. (*écetropia*), gueux de profession, qui est *estropié* ou qui feint de l'être.

ESTROPIÉ, E, adj. et subst. (*écetropié*), personne privée de l'usage d'un membre.

ESTROPIÉ, E, part. pass. de *estropier*.

ESTROPIER, v. act. (*écetropié*) (de l'italien *stroppiare*, fait, dans la même signification, du grec στρεφειν, tourner, tordre ; comme on ferait pour ôter l'usage d'un membre), mutiler, ôter quelque membre.—Blesser considérablement. — Au fig. : *estropier une figure*, n'y pas observer les proportions.—*Estropier un passage, une pensée*, en retrancher quelque chose qui en altère le sens.—**S'ESTROPIER**, v. pron., se blesser.

EST-SUD-EST, subst. mas. (*éceteçudécete*). Voy. **EST**.

ESTURGEON, subst. mas. (*éceturjon*) (en latin *sturgio*), t. d'hist. nat., genre de poisson de mer cartilagineux, de l'ordre des éleuthéropomes, qui remonte dans les rivières comme les saumons.

ÉSULE, subst. fém. (*ézule*), t. de bot., plante qui purge de la bile et de la pituite.

ÉSYMNÈTE, subst. propre fém. (*ézimenète*), myth., divinité particulière, adorée à Patras en Achaïe.

ET (*é*, et non pas *è* ; le *t* ne se prononce jamais) (en latin *et*), conjonction qui lie les parties du discours, comme les noms, les pronoms, les verbes et les adverbes : *Pierre et Jean ; le feu et l'eau ; vous et moi ; aimer et estimer ; sagement et fortement*. Voy. la *Grammaire*. — *Et cætera*, ou *etc.* ; mots latins que l'on prononce *étecétra* ; ils signifient : *et les autres personnes ; et les autres choses*. Ils s'emploient comme subst. mas. : *mettre deux ou trois etc. de suite*.

ÊTA, subst. mas. (*éta*) (en grec η), septième lettre de l'alphabet grec.

ÉTABLAGE, subst. mas. (*établaje*), ce qu'on paie pour la place d'un bœuf dans une *étable*, d'un cheval dans une écurie, etc.—Ancien droit seigneurial payé pour la permission d'exposer en vente des marchandises. Il se disait même pour *étalage*.

ÉTABLE, subst. fém. (*étable*) (en latin *stabulum*), lieu où l'on met des bœufs, des vaches, des brebis et autres bestiaux.

ÉTABLÉ, E, part. pass. de *établer*.

ÉTABLER, v. act. (*établé*), mettre dans une *étable*. Peu en usage.—**S'ÉTABLER**, v. pron.

ÉTABLERIES, subst. fém. plur. (*étableri*), diverses *étables* en un même corps de logis.

ÉTABLI, subst. mas. (*établi*), table où certains artisans travaillent, et sur laquelle ils *établissent* leurs ouvrages, ou *s'établissent* eux-mêmes, comme l'*établi* des tailleurs, etc.

ÉTABLI, E, part. pass. de *établir*.

ÉTABLIR, v. act. (*établir*) (en lat. *stabilire*, fait de *stabilis*, stable), rendre *stable*, fixe.—Donner un *établissement* ; mettre dans un *état*, dans un emploi avantageux. — *Établir une fille*, la marier.—Fonder, donner commencement à quelque chose : *établir une manufacture, une colonie*. — Régler : *on a établi* ou *il est établi que...* — Nommer, constituer : *il a été établi juge de cette affaire*.—*Établir un fait*, l'exposer.—*Établir son droit sur...*, le prouver. — *Établir une machine*, la confectionner.—**S'ÉTABLIR**, v. pron., se faire un *établissement*.—Être reçu : *ce mot aura de la peine à s'établir*.

ÉTABLISSEMENT, subst. mas. (*établiceman*), action d'*établir* : *l'établissement de sa fortune, d'un hôpital, d'un fait*, etc.—Poste, état avantageux.—Imposition de quelque droit.—État, condition, institution : *l'établissement de la monarchie*. — *Établissement du port* ou *des marées*, ou simplement *établissement*, l'heure où arrive la pleine mer dans un port, le jour de la nouvelle ou de la pleine lune.—Au plur., t. de mét., marques qui servent aux menuisiers à distinguer une pièce d'avec une autre.— *Les Établissements de saint Louis*, le code des lois données par ce prince.

ÉTADOU, subst. mas. (*étadou*), outil pour faire et séparer les dents des peignes.

ÉTAGE, subst. mas. (*étaje*) (en grec στεγη, dérivé de στεγω, je couvre), l'espace entre deux planchers dans un bâtiment. On écrivait et l'on prononçait autrefois *estage*. — On appelle ordinairement *premier étage*, celui qui est au-dessus du rez-de-chaussée et de l'entresol ; *second étage*, celui qui est au-dessus du premier, et ainsi de suite : *il a loué le premier étage ; il occupe le second étage*.— Fig., degré d'élévation, état, condition, etc. : *gens de haut, de bas étage*. —*Il y a des esprits de divers étages*. — Prov. : *fou, sot à triple étage*, au dernier point.

ÉTAGÉ, E, part. pass. de *étager*.

ÉTAGER, v. act. (*étajé*) ; il ne se dit guère que dans *étager les cheveux*, les couper par *étages*.—**S'ÉTAGER**, v. pron.

ÉTAGÈRE, subst. fém. (*étajère*), place graduée sur laquelle on range les briques ou tuiles. —Meuble de luxe à tablettes rangées par *étages*. —Ce mot manque dans l'*Académie*.

ÉTAGNE, subst. fém. (*étagnie*), femelle du bouquetin.

ÉTAGUE, subst. fém. (*étague*), t. de mar., action de hisser les vergues de hune au haut des mâts. On dit souvent *itague*.

ÉTAI, subst. mas. (*été*) (du lat. barbare *stava*, qui, dans la basse latinité, a signifié la même chose, et qui est dérivé de l'allemand *staf*, pieu. *Caseneuve*.), t. de mar., gros cordage dormant, qui va de la tête des mâts se fixer sur l'avant, pour les soutenir contre les secousses du tangage, et contre-balancer l'effort des haubans, qui leur servent d'*étais* sur l'arrière.—Pièce de bois dont on se sert pour appuyer une muraille, etc. Dans cette acception et dans celles qui suivent, l'*Académie* avait dit précédemment, ainsi que *Trévoux*, etc., *étaie*, subst. fém. Ce n'est que dans l'édition imprimée chez *Smits*, en l'an VII, qu'elle a mis *étai*.—Au fig., appui. — En t. de blas., chevron qui n'a que la moitié de la largeur ordinaire, et qui sert à soutenir quelque chose.

ÉTAIE, subst. fém. (*été*). Voy. **ÉTAI**.

ÉTAIEMENT, subst. mas. (*éteman*), action d'*étayer*.—Effet de cette action. — Plancher qui soutient les voûtes en plafond.—L'*Académie* écrit à tort *étayement*.

Étaient, 3ᵉ pers. plur. imparf. indic. du verbe irrég. **ÊTRE**.

ÉTAIM, subst. mas. (*étein*), partie la plus fine de la laine cardée.

ÉTAIN, subst. mas. (*étein*) (en lat. *stamnum*), sorte de métal blanc : *étain gris, étain de glace*, nom qu'on a long-temps donné au bismuth. — Subst. propre mas., ville de France, chef-lieu de canton, arrond. de Verdun, dép. de la Meuse.

ÉTAIRION, subst. mas. (*étérion*), t. de bot., fruit composé de plusieurs samares disposées autour de l'axe supposé du fruit des renoncules, des joubarbes, etc.

ÉTAIRIONNAIRES, subst. mas. plur. (*étérionère*), t. de bot., fruits composés, qui proviennent d'ovaires portant un style.

DU VERBE IRRÉGULIER **ÊTRE** :

Étais, précédé de *j'*, 1ʳᵉ pers. sing. imparf. indic.

Étais, précédé de *tu*, 2ᵉ pers. sing. imparf. indic.

Était, 3ᵉ pers. sing. imparf. indic.

ÉTAL, subst. mas. (*étal*), table sur laquelle le boucher débite sa viande.—Au plur., *étaux*.

ÉTALAGE, subst. mas. (*étalaje*), exposition de marchandises à vendre.—Droit qu'on paie pour *étaler*. — Fig. et fam., ajustement, parure de femmes. — *Faire étalage de son esprit, de ses talents*, etc., en faire parade avec affectation.

ÉTALAGISTE, subst. et adj. des deux genres (*étalajicete*), marchand, marchande qui *étale*.

ÉTALE, adj. des deux genres (*étale*), t. de mar. ; la mer est *étale*, lorsqu'elle ne monte ni ne baisse.

ÉTALÉ, E, part. pass. de *étaler*.

ÉTALER, v. act. (*étalé*) (du lat. barbare *stallare*, fait dans la même signification de l'allemand *stellen*, arranger, disposer), exposer en vente des marchandises.—Fig., montrer avec ostentation : *étaler ses charmes, son esprit*.— *Étaler la marée*, t. de mar., mouiller pendant la marée contraire. — **S'ÉTALER**, v. pron. En t. pop., tomber tout de son haut.

ÉTALEUR, subst. mas., au fém. **ÉTALEUSE** (*étaleur, leuze*), petit marchand qui *étale* sa marchandise dans les rues, sur les ponts, etc.—Peu usité ; on dit plus souvent *étalagiste*.

ÉTALEUSE, subst. fém. Voy. **ÉTALEUR**.

ÉTALIER, subst. et adj. mas. (*étalié*), boucher qui a un *étal* et qui vend de la viande.—En t. de pêche, 1° assemblage de pieux et de perches disposés au bord de la mer pour tendre des filets de guideaux ; 2° filet tendu circulairement sur des perches. Ce dernier s'appelle aussi *étalière*.

ÉTALIÈRE, subst. fém. Voyez **ÉTALIER**.

ÉTALINGUÉ, E, part. pass. de *étalinguer*.

ÉTALINGUER, v. act. (*étaleinguié*), t. de mar. : *étalinguer les câbles*, les amarrer à l'organeau de l'ancre.—**S'ÉTALINGUER**, v. pron.

ÉTALON, subst. mas. (*étalon*), cheval entier, choisi et destiné à saillir les juments, dont on veut faire race.— Modèle de poids.— Mesure sur laquelle on règle les autres mesures.— T. de pêche, nom qu'on donne en quelques endroits aux câblières.

ÉTALONNAGE, subst. mas. Voy. **ÉTALONNEMENT**.

ÉTALONNÉ, E, part. pass. de *étalonner*.

ÉTALONNEMENT ou **ÉTALONNAGE**, subst. mas. (*étaloneman, étalonaje*), action d'*étalonner*.

ÉTALONNER, v. act. (*étaloné*), imprimer certaine marque sur un poids ou sur une mesure, pour certifier que cette mesure ou ce poids a été vérifié ou rectifié sur l'*étalon*.—**S'ÉTALONNER**, v. pron.

ÉTALONNEUR, subst. mas. (*étaloneur*), officier commis pour *étalonner* les poids et mesures.

ÉTAMAGE, subst. mas. (*étamaje*), action d'*étamer*.

* **ÉTAMBORD** (l'*Académie* dit **ÉTAMBOT** ; nous préférons le premier comme plus conforme au génie de la langue), subst. mas. (*étanbor*), t. de mar., pièce de bois qui soutient le gouvernail.

ÉTAMBRAIE, subst. mas. (*étanbré*), t. de mar., pièce de bois qui arrête et affermit le mât.

ÉTAMÉ, E, part. pass. de *étamer*.

ÉTAMER, v. act. (*étamé*), enduire d'étain fondu les vaisseaux de cuivre, certains ouvrages de fer, etc.— *Étamer une glace*, y mettre le *tain*.— **S'ÉTAMER**, v. pron.

ÉTAMEUR, subst. mas., au fém. **ÉTAMEUSE** (*étameur, meuze*), celui, celle qui *étame*.

ÉTAMEUSE, subst. fém. Voy. **ÉTAMEUR**.

ÉTAMINE, subst. fém. (*étamine*) (en lat. *stamen*, fait du grec στημων, chaîne de tisserand ou fils tendus sur un métier pour faire de la toile), sorte d'étoffe de laine.— Morceau d'étoffe claire pour passer et filtrer les liqueurs.— Bluteau fait de crin, de soie, etc., pour passer les parties les plus déliées de la farine, etc.—Fig. et fam. : *cet homme a passé par l'étamine*, on l'a examiné sur sa doctrine, sur ses mœurs ; ou, il a passé par le grand remède.—*Cet ouvrage a passé par l'étamine*, il a été examiné en détail et à la rigueur.— Au plur., en bot., filaments terminés par un bouton, le plus souvent de couleur jaune, qu'on nomme anthère, et qu'on observe dans la plupart des fleurs. Les *étamines* sont regardées comme l'organe sexuel mâle des végétaux.

ÉTAMINÉ, **E**, adj. (*étaminé*), t. de bot., à *étamines : fleurs étaminées.*

ÉTAMINEUSE, adj. fém. (*étamineuze*), t. de bot., qui n'offre que des *étamines.*

ÉTAMINIER, subst. mas. (*étaminié*), celui qui fabrique ou qui vend des *étamines.*

ÉTAMOIR, subst. mas. (*étamoar*), dans la menuiserie, petite palette de bois garnie de fer-blanc en dessus.

ÉTAMPE, subst. fém. (*étanpe*), dans la serrurerie, morceau d'acier dans lequel on creuse des moulures, et qui, formant comme un cachet, sert à les imprimer sur le fer rougi au feu. —Morceau de fer carré, fortement acéré par un bout, pour percer ou *étamper* les fers des chevaux.

ÉTAMPÉ, **E**, part. pass. de *étamper.*

ÉTAMPER, v. act. (*étanpé*), percer un fer de cheval : *étamper maigre*, faire des trous près du bord; *étamper gras*, percer le fer un peu plus en dedans.—**S'ÉTAMPER**, v. pron.

ÉTAMPES, subst. propre fém. (*étanpe*), ville de France, chef-lieu d'arrond., dép. de Seine-et-Oise.

ÉTAMPEUX, subst. mas. (*étanpeu*), poinçon pour faire une pipe.

ÉTAMPOIR, subst. mas. (*étanpoar*), pinces plates de facteur d'orgues.

ÉTAMPURE, subst. fém. (*étanpure*), en t. de maréchal-ferrant, les trous percés dans un fer de cheval.

ÉTAMURE, subst. fém. (*étamure*), l'étain dont se sert le chaudronnier pour *étamer* ses ouvrages.

ÉTANCHÉ, **E**, part. pass. de *étancher.*

ÉTANCHEMENT, subst. mas. (*étancheman*), l'action d'*étancher.*

ÉTANCHER, v. act. (*étanché*) (du latin barbare *stancare*, employé dans cette acception par les écrivains de la basse latinité, et qui vient par corruption de *stagnare*, pris dans le sens d'affermir, consolider. *Ménage.*), arrêter l'écoulement d'une chose liquide qui s'enfuit par quelque ouverture : *étancher le sang ; étancher ses larmes*, cesser de pleurer ; *étancher les larmes d'une personne affligée*, la consoler.—*Étancher la soif*, l'apaiser. —Fig. : *étancher la soif des richesses, des honneurs*, la satisfaire.—**S'ÉTANCHER**, v. pron.

ÉTANCHOIR, subst. mas. (*étanchoar*), couteau dont on se sert pour garnir d'étoupes les fentes d'une futaille.

ÉTANÇON, subst. mas. (*étançon*), pièce de bois mise au pied d'une muraille pour la soutenir. — En t. de paumier, la tringle plate de bois de tilleul dont est garni le manche de la raquette.

ÉTANÇONNÉ, **E**, part. pass. de *étançonner.*

ÉTANÇONNER, v. act. (*étançoné*), soutenir avec des *étançons.*—**S'ÉTANÇONNER**, v. pron.

ÉTANFICHE, subst. fém. (*étanfiche*), t. de carriers, hauteurs de plusieurs lits de pierres qui font masse ensemble.

ÉTANG, subst. mas. (*étan*; le *g* ne se prononce jamais) (en lat. *stagnum*, fait de *stare*, s'arrêter, parce que l'eau d'un *étang* s'y tient en repos), espèce de lac artificiel creusé ou disposé pour y nourrir du poisson. — Chez les serruriers, réservoir d'eau creusé en terre, où ceux qui fabriquent les enclumes trempent ces masses de fer, lorsqu'elles sont forgées.

ÉTANGUE, subst. fém. (*étangue*), espèce de grandes tenailles dont on se sert dans les monnaies pour tenir les flans et les carreaux.

ÉTANT, subst. mas. (*étan*), bois vivant et sur pied.

Étant, part. prés. du verbe irrégulier **ÊTRE**.

ÉTAPE, subst. fém. (*étape*) (du lat. barbare *stapula*, employé dans le moyen-âge avec la même signification, et dérivé de l'allemand *stapelen*, ou mieux *stapeln*, mettre en un tas, en un monceau), lieu dans une ville où l'on décharge les marchandises qu'on y apporte de dehors.—Ce qu'on distribue aux troupes pour leur subsistance, quand elles sont en route.—Lieu où se fait cette distribution.— *Brûler l'étape*, ne pas s'arrêter dans un lieu d'*étape* et pousser plus loin.— Il se dit, par extension, des voyageurs qui ne s'arrêtent point aux lieux où l'on a coutume de s'arrêter.

ÉTAPIER, subst. mas. (*étapié*), celui qui est chargé de fournir et de distribuer l'*étape* aux gens de guerre.

ÉTAPLES, subst. propre fém. (*étaple*), ville et port de France, chef-lieu de canton, arrond. de Montreuil, dép. du Pas-de-Calais.

ÉTAPLIAU, subst. mas. (*étaplió*), chevalet dont se servent les ouvriers dans les carrières d'ardoises.

ÉTARQUE, adj. des deux genres (*étarke*), t. de marine, qui ne s'emploie qu'avec le nom d'une voile et signifie haut, tout-à-fait hissé : *hunier étarque*, hissé tout en haut, et dont les ralingues sont tendues.

ÉTARQUÉ, **E**, part. pass. de *étarquer.*

ÉTARQUER, v. act. (*étarkié*), t. de marine, hisser une voile le plus qu'il est possible, bien tendre ses ralingues de côté.—**S'ÉTARQUER**, v. pron.

ÉTARQÛRE, subst. fém. (*étarkiure*), t. de marine, hauteur d'une voile.

ÉTAT, subst. mas. (*éta* ; le *t* final ne se prononce que devant une voyelle, et seulement dans le discours soutenu) (du latin *status*, dérivé, dans la même signification, de *stare*, être placé, posé, établi), disposition dans laquelle se trouve une personne, une chose, une affaire. Voyez **SITUATION**.—Liste, registre : *état des pensions*, etc.— Mémoire, inventaire : *état de mise, de dépense, de rente.*—Train, dépense : *tenir un grand état.* —Condition : *état de mariage, vivre selon son état.* Voy. **CONDITION**.—Profession : *un père sage doit toujours faire embrasser un état à son fils.* — On appelle *état des enfants*, le rang qu'ils tiennent dans la famille et dans la société, selon leur qualité de naturels ou de légitimes : *on lui demande des preuves de son état ; on lui dispute son état.* — *État d'une femme*, la situation d'une femme en puissance de mari. — *Question d'état*, contestation dans laquelle on révoque en doute la filiation de quelqu'un ou son état et ses capacités personnelles. — On nomme aussi *question d'état*, une matière qui a rapport au gouvernement. — *État civil.* Voy. **CIVIL**. — Gouvernement : *état démocratique* ou *populaire ; état monarchique*, etc. Dans ce sens, quand *état* est accompagné des pronoms possessifs, il faut le mettre au plur. : *ce prince sortit de ses états* et non pas *de son état*, ce qui aurait une signification toute différente.— *Le tiers-état*, autrefois la partie de la nation française qui n'était comprise ni dans le clergé, ni dans la noblesse. —*Coup d'état*, parti vigoureux et quelquefois violent qu'un souverain est obligé de prendre contre ceux qui troublent l'*état.*— Action qui décide de quelque chose d'important pour le bien de l'*état.* Par extension, tout ce qui est important et décisif dans une affaire quelconque.—*Affaire d'état*, affaire importante ou à laquelle on donne de l'importance. — *Mettre les choses en état*, au point où elles doivent être.— *Tenir une chose en état*, la tenir prête ou la tenir ferme, afin qu'elle ne branle pas. — *Vous pouvez faire état que je vous enverrai cet argent*, vous pouvez compter que, etc. — *Faire état de*, estimer, faire cas : *je fais beaucoup d'état de monsieur votre frère.* — *Faire état que*, présumer, penser : *je fais état qu'il y a plus de cent mille âmes à Lyon*, etc. — Au plur., assemblée de différents ordres qui composent une nation, une province, etc., dans les pays où cette distinction d'ordre est admise : *états-généraux, états particuliers* ou *provinciaux*, l'assemblée des députés d'une province : *tenir les états, convoquer les états.*—*État-major* ; on appelle ainsi, dans les armées, un certain nombre d'officiers, d'ingénieurs, etc., chargés de différents services relatifs à la totalité de l'armée : *chef de l'état-major.*—*État-major*, dans une place de guerre, officiers attachés d'une manière fixe au commandement, au service et à l'entretien de la place. — En t. de mar., on appelle *état d'armement*, une liste envoyée au gouvernement, de tous les vaisseaux, officiers majors et autres, qui sont destinés pour armer. — C'est aussi un imprimé qui indique le nombre, la qualité et la proportion des agrès, apparaux ou munitions que l'on a dessein d'employer aux vaisseaux qu'on veut armer.

ÉTAT-MAJOR, subst. mas. (*éta-major*).—Au plur., des *états-majors.* Voy. **ÉTAT**.

ÉTATS-UNIS, subst. propre mas. plur. (*étazuni*), république de l'Amérique septentrionale divisée en vingt-quatre états.

ÉTAU, subst. mas. (*étô*), machine dont les serruriers et autres ouvriers se servent pour tenir fermes et serrées les pièces qu'ils travaillent.— *Étau à main*, dont on se sert en le tenant à la main.—Au plur., *étaux.*

ÉTAUX, subst. mas. plur. Voy. **ÉTAL**, **ÉTAU**.

ÉTAVILLON, subst. mas. (*étavi-ion*), t. de gantier, morceau de cuir disposé pour en former un gant.

ÉTAYÉ, **E**, part. pass. de *étayer.*

ÉTAYEMENT (orthographe de l'*Académie*), mieux **ÉTAIEMENT**. Voy. ce mot.

ÉTAYER, v. act. (*été-ié*), appuyer avec des *étais : étayer une muraille.* — On dit aussi fig. : *étayer la fortune chancelante de son ami.*—**S'ÉTAYER**, v. pron., s'appuyer.

ETC., abréviation des mots *et cætera.*

ET CÆTERA, subst. mas. (*étecétéra*). Voy. **ET**.

ÉTÉ, subst. mas. (*été*) (en latin *æstas*), la saison de l'année la plus chaude et la plus belle. Elle commence au solstice de juin et finit à l'équinoxe de septembre : *bel été, été chaud ; les beaux jours d'été, les chaleurs de l'été.* On comprend communément sous le nom d'*été* la plus belle moitié de l'année : *dans le cœur de l'été.* — En myth., divinité allégorique : c'est la même que Cérès. On lui donne pour attributs une corne d'abondance et une couronne d'épis.

Été, part. pass. du verbe irrégulier *être.*

DU VERBE IRRÉGULIER ÉTEINDRE :

Éteignaient, 3e pers. plur. imparf. indic.

Éteignais, précédé de *j'*, 1re pers. sing. imparf. indic.

Éteignais, précédé de *tu*, 2e pers. sing. imparf. indic.

Éteignait, 3e pers. sing. imparf. indic.

Éteignant, part. prés.

ÉTEIGNARIE, subst. fém. (*étègniari*), femme qui, dans une saline, est chargée d'éteindre la braise. (*Boiste.*) Hors d'usage.

DU VERBE IRRÉGULIER ÉTEINDRE :

Éteigne, précédé de *que j'*, 1re pers. sing. prés. subj.

Éteigne, précédé de *qu'il* ou *qu'elle*, 3e pers. sing. prés. subj.

Éteignent, précédé de *ils* ou *elles*, 3e pers. plur. prés. indic.

Éteignent, précédé de *qu'ils* ou *qu'elles*, 3e pers. plur. prés. subj.

Éteignes, 2e pers. sing. prés. subj.

Éteignez, 2e pers. plur. impér.

Éteignez, précédé de *vous*, 2e pers. plur. prés. indic.

Éteigniez, précédé de *vous*, 2e pers. plur. imparf. indic.

Éteigniez, précédé de *que vous*, 2e pers. plur. prés. subj.

Éteignîmes, 1re pers. plur. prét. déf.

Éteignions, précédé de *nous*, 1re pers. plur. imparf. indic.

Éteignions, précédé de *que nous*, 1re pers. plur. prés. subj.

Éteignirent, 3e pers. plur. prét. déf.

Éteignis, précédé de *j'*, 1re pers. sing. prét. déf.

Éteignis, précédé de *tu*, 2e pers. sing. prét. déf.

Éteignisse, 1re pers. sing. imparf. subj.

Éteignissent, 3e pers. plur. imparf. subj.

Éteignisses, 2e pers. sing. imparf. subj.

Éteignissiez, 2e pers. plur. imparf. subj.

Éteignissions, 1re pers. plur. imparf. subj.

Éteignit, précédé de *il* ou *elle*, 3e pers. sing. prét. déf.

Éteignît, précédé de *qu'il* ou *qu'elle*, 3e pers. sing. imparf. subj.

Éteignîtes, 2e pers. plur. prét. déf.

ÉTEIGNOIR, subst. mas. (*étègnioar*), instrument creux en forme d'entonnoir, avec lequel on *éteint* une chandelle, un cierge, etc.

DU VERBE IRRÉGULIER ÉTEINDRE :

Éteignons, 1re pers. plur. impér.

Éteignons, précédé de *nous*, 1re pers. plur. prés. indic.

Éteindra, 3e pers. sing. fut. indic.

Éteindrai, 1re pers. sing. fut. indic.

Éteindraient, 3e pers. plur. prés. cond.

Éteindrais, précédé de *j'*, 1re pers. sing. prés. cond.

Éteindrais, précédé de *tu*, 2e pers. sing. prés. cond.

Éteindrait, 3e pers. sing. prés. cond.

Éteindras, 2e pers. sing. fut. indic.

ÉTEINDRE, v. act. (*éteindre*) (en lat. *extinguere*), faire mourir, étouffer le feu.—Faire cesser l'action de la lumière.—Au fig. : 1° affaiblir, amortir : *éteindre les couleurs, les lumières d'un tableau ;* 2° faire cesser : *éteindre la guerre* ou *le feu de la guerre ;* 3° étancher la soif ; 4° faire perdre le souvenir ; 5° abolir ; 6° anéantir : *éteindre une race ; cette race est près de s'éteindre*, de finir.—*Voltaire* a dit :

Éteignez dans mon sang votre inhumanité.

On ne peut, en aucun sens, *éteindre l'inhumanité ;* on n'*éteint* que ce qui offre des rapports avec le feu, l'éclat, la lumière, etc.—*Éteindre les épingles*, les laver après l'étamage, dans un baquet d'eau fraîche. — *Éteindre une pension, une dette, une rente*, la racheter, la faire finir.—S'ÉTEINDRE, v. pron., cesser de brûler ; finir ; mourir lentement.

DU VERBE IRRÉGULIER ÉTEINDRE :

Éteindrez, 2e pers. plur. fut. indic.
Éteindriez, 2e pers. plur. prés. cond.
Éteindrions, 1re pers. plur. prés. cond.
Éteindrons, 1re pers. plur. fut indic.
Éteindront, 3e pers. plur. fut. indic.
Éteins, 2e pers. sing. impér.
Éteins, précédé de *j'*, 1re pers. sing. prés. indic.
Éteins, précédé de *tu*, 2e pers. sing. prés. indic.
Éteint, précédé de *il* ou *elle*, 3e pers. sing. prés. indic.

ÉTEINT, E, part. pass. de *éteindre*, et adj. : *avoir les yeux éteints*, sans feu et sans vivacité.—*Il a la voix éteinte*, il a la voix faible ; on a peine à l'entendre parler.

ÉTÈLES, subst. fém. plur. (*étèle*), copeaux.

ÉTELON, subst. mas. (*ételon*), dessin d'un pan de bois, d'une forme de comble, etc., tracé sur un mur ou sur une aire, de la grandeur dont l'ouvrage doit être exécuté. L'*ételon* est en charpenterie ce que l'*épure* est en architecture.

ÉTEMPÉ, E, part. pass. de *étemper*.

ÉTEMPER, v. act. (*étanpé*), t. d'horl., faire prendre à une pièce la figure d'une autre.—S'ÉTEMPER, v. pron.

ÉTENDAGE, subst. mas. (*étandaje*), cordes *tendues* ou perches sur lesquelles on fait sécher des feuilles imprimées, des laines, des étoffes, etc.—En t. de verrerie, action d'*étendre* les manchons.

ÉTENDARD, subst. mas. (*étandar*; le *d* ne se fait jamais sentir) (du latin barbare *stantardus* ou *standardus*, que *Ménage*, d'après *Vossius*, dérive de l'allemand *standen*, qui a la même signification que le latin *stare*, être fixe, immobile, parce que l'*étendard*, qu'on écrivait autrefois *standart*, était une enseigne placée à demeure), enseigne de cavalerie.—Pavillon sur les galères.—Il se dit fig. de toutes sortes d'enseignes de guerre, soit pour la cavalerie, soit pour l'infanterie.—En t. de bot., pétale supérieur des fleurs papilionacées. — Au fig., 1° *suivre les étendards de quelqu'un*, embrasser son parti ; 2° *arborer l'étendard de la dévotion*, en faire profession ou parade ; 3° *lever l'étendard*, se faire chef de faction.—*Lever l'étendard de la révolte*, s'insurger.

ÉTENDELLE, subst. fém. (*étandèle*). On donne ce nom à une partie ou division d'un bloc d'ardoise.

ÉTENDERIE, subst. fém. (*étanderi*), dans les verreries, sorte de hangar ou de halle où l'on étend les verres dans les fours à vitres, après avoir été soufflés en manchons.

ÉTENDEUR, subst. mas. (*étandeur*), dans les verreries, ouvrier qui aplatit ou *étend* les manchons.

ÉTENDOIR, subst. mas. (*étandoar*), instrument dont on se sert dans une imprimerie pour *étendre* sur des cordes ou sur des perches le papier qui sort des presses. — Assemblage de ces perches. — Lieu où elles sont placées. — Perche scellée dans le mur et exposée à l'air, sur laquelle les blanchisseuses *étendent* le linge pour le faire sécher.

ÉTENDRE, v. act. (*étandre*) (en lat. *extendere*, fait du grec εκτεινειν), déployer : *étendre du linge, un tapis; étendre les bras; oiseau qui étend ses ailes.* — Allonger : *étendre du beurre, de la cire, du drap, du parchemin.*—Augmenter, agrandir : *étendre son empire, son parc, son jardin.* — Dans les verreries, aplatir des manchons. — *Étendre des troupes*, leur donner plus de front, leur faire occuper plus de terrein. — *Étendre le parchemin*, fig. et fam., faire de longues écritures dans une affaire, pour en augmenter les frais.—*Étendre un homme sur le carreau*, le tuer, le renverser mort. — S'ÉTENDRE, v. pron., tenir un certain espace : *ses possessions s'étendent jusqu'ici.* —On dit fig. : *son pouvoir s'étend fort loin; sa réputation s'étend par toute l'Europe.*—S'agrandir : *il s'est étendu de ce côté-là.* — Durer : *la vie de l'homme ne s'étend guère au-delà de cent ans.* — *S'étendre sur un sujet*, en parler fort au long.

ÉTENDU, E, part. pass. de *étendre*, et adj., qui est déployé.—Couché de son long.—Qui a de l'*étendue*; spacieux.

ÉTENDUE, subst. fém. (*étandu*), longueur : *l'étendue d'un territoire.*—Long espace de temps : *l'étendue des âges, des siècles.*—Il se dit fig. du pouvoir, de l'autorité, de l'esprit, de la voix, du sens d'une proposition, etc. Ce mot n'a point de pluriel.

ÉTENTE, subst. fém. (*étante*), t. de pêche, filet *tendu* à la basse mer, sur des piquets enfoncés dans la vase. — *Étente à la petite câblière*, sorte de pêche.

ÉTÉOCLE, subst. propre mas. (*été-okle*), myth., roi de Thèbes, frère de Polynice, naquit de l'inceste d'OEdipe et de Jocaste. Il partagea le royaume de Thèbes avec son frère Polynice, après la mort d'OEdipe, qui ordonna qu'ils régneraient tour à tour. Étéocle étant sur le trône, n'en voulut pas descendre; et Polynice lui fit cette guerre qu'on appela l'entreprise des sept preux, ou des sept braves devant Thèbes. Ces deux frères se haïssaient si fort, qu'ils se battaient dans le ventre de leur mère. Ils se tuèrent l'un l'autre en même temps dans un combat singulier.—Il y eut un autre Étéocle, roi de Béotie, qui le premier établit un culte public en l'honneur des Graces.—C'était aussi le nom d'un des chefs des Argiens, au siége de Thèbes.

ÉTÉOCLÉES, subst. propre fém. plur. (*été-oklé*), myth., surnom des Graces, qu'on disait filles d'*Étéocle*, roi d'Orchomène, parce qu'au rapport de Pausanias il fut le premier qui leur éleva un temple, et qui régla la cérémonie de leur culte. Elles venaient, dit-on, quelquefois se baigner dans la fontaine d'Acidalie, à Orchomène.

ÉTÉOCRÈTES, subst. propre mas. plur. (*été-okrète*), myth., premier nom des Crétois.

ÉTERNEL, subst. mas. (*étèrenèl*), Dieu, l'être souverain, qui n'a pas eu de commencement et qui n'aura point de fin : *adorons l'Éternel.*

ÉTERNEL, adj. mas., au fém. **ÉTERNELLE** (*étèrenèle*) (en lat. *æternus*, formé par contraction de *æviternus*, qui a pour racine *ævum*, âge, éternité), qui n'a jamais eu de commencement et qui n'aura point de fin. En ce sens, il ne peut se dire que de Dieu.—Qui a eu un commencement et n'aura point de fin : *la gloire éternelle.*—Abusivement, qui doit durer si long-temps qu'on n'en sait pas la fin : *procès éternel, des haines éternelles.*—Prov., *parleur, harangueur éternel*, qui parle, qui harangue long-temps, et qui ennuie. On dit aussi et plus souvent : *parleuse éternelle.*

ÉTERNELLE, adj. fém. Voy. ÉTERNEL.—Subst. fém., t. de bot., plante dont les fleurs se conservent long-temps.—Espèce d'étoffe légère.

ÉTERNELLEMENT, adv. (*étèrenèleman*) (en lat. *æternum*), sans commencement ni fin.—Sans fin, quoiqu'il y ait eu un commencement. — Continuellement, sans cesse.—Long-temps.

ÉTERNISÉ, E, part. pass. de *éterniser*.

ÉTERNISER, v. act. (*étèrenizé*) (en latin *æternare*), rendre *éternel.*—Il se dit abusivement et par exagération, et seulement dans le sens de : faire durer long-temps : *éterniser son nom, sa mémoire*, etc.—S'ÉTERNISER, v. pron.

ÉTERNITÉ, subst. fém. (*étèrenité*) (en lat. *æternitas*), durée qui n'a ni commencement ni fin : *l'éternité de Dieu.*—Durée qui a un commencement et qui n'a point de fin : *éternité de bonheur ou de tourments.*—Un fort long temps : *ce bâtiment durera une éternité.*—*De toute éternité*, de temps immémorial. — Myth., divinité que les anciens adoraient et qu'ils se représentaient sous l'image du Temps. Voy. SATURNE.

ÉTERNUE, subst. fém. (*étèrenu*), t. de bot., sorte de plante de la famille des graminées.

ÉTERNUÉ, E, part. pass. de *éternuer*.

ÉTERNUER, v. neut. (*étèrenué*) (en lat. *sternuere*, fait du grec πταρνομαι, ου πταρνυμαι), faire un *éternument.*

ÉTERNUEUR, subst. mas., au fém. **ÉTERNUEUSE** (*étèrenu-eur, nu-euze*), celui, celle qui *éternue* souvent.

ÉTERNUEUSE, subst. fém. Voy. ÉTERNUEUR.

ÉTERNUMENT, subst. mas. (*étèrenuman*) (en lat. *sternumentum*), mouvement convulsif des muscles qui servent à l'expiration, causé par quelque picotement qui se fait au fond des narines.

ÉTERSILLON, subst. mas. (*étèrecl-ion*), pièces de bois dans les galeries des mines pour soutenir les terres.

Êtes, 2e pers. plur. prés. indic. du verbe irrégulier ÊTRE.

ÉTÉSIENS, subst. et adj. mas. plur. (*étézicin*) (en grec ετησιαι, fait de ετησιος, annuel, dérivé de ετος, année) : *vents étésiens*, vents qui soufflent régulièrement dans certaines saisons et pendant un certain temps sur la Méditerranée.

ÉTÊTÉ, E, part. pass. de *étêter*, et adj.; se dit, en t. de blas., d'un animal dont la *tête* a été arrachée de force, et dont le cou est raboteux.

ÉTÊTEMENT, subst. mas. (*étêteman*), action d'*étêter*.

ÉTÊTER, v. act. (*étêté*), couper, tailler la *tête* d'un arbre, etc.—*Étêter un clou*, lui ôter la *tête.*—S'ÉTÊTER, v. pron.

ÉTÊTEUR, subst. mas. (*étêteur*), celui qui coupe la *tête* des morues que l'on vient de pêcher.

ÉTEUF, subst. mas. (*éteu*; on ne prononce *f* final qu'en poésie, devant une voyelle) (suivant *Ménage*, du lat. *stupeus*, qui est fait d'étoupe), petite balle pour jouer à la longue paume.—Prov. : *renvoyer l'éteuf*, repousser avec vigueur une injure.—*Courir après son éteuf*, travailler à recouvrer un bien, un avantage qu'on a laissé échapper. Presque hors d'usage.

ÉTEULE, subst. fém. (*éteule*) (en lat. *stipula*), la partie de la paille qui reste sur le champ après qu'on a coupé le blé; chaume. L'*Académie* dit aussi *esteuble.*

ÉTHALIDÈS, subst. propre mas. (*étalidèce*), myth., fils de Mercure. On dit qu'il obtint de son père la liberté de demander tout ce qu'il voudrait, excepté l'immortalité. Il demanda le pouvoir de se souvenir de tout ce qu'il aurait fait, lorsque son âme passerait dans d'autres corps. Diogène Laërce, liv. IV, rapporte que Pythagore, pour prouver la métempsychose, disait que lui-même avait été cet *Ethalidès.*

ÉTHALION, subst. propre mas. (*étalion*), myth., matelot tyrrhénien, qui fut changé en dauphin.

ÉTHER, subst. mas. (*éthèr*) (en lat. *æther*, fait du grec αιθηρ, formé de αιθω, je brûle, j'enflamme), matière subtile qui est au-dessus de l'atmosphère, et qu'on suppose remplir tout l'espace dans lequel les astres font leur cours.—En chimie, liqueur très-spiritueuse, très-volatile, qu'on extrait de l'alcohol ou esprit-de-vin, par l'intermède de l'acide sulfurique ou de l'acide nitrique. C'est de toutes les liqueurs connues la plus ténue et la plus inflammable. On la nomme aussi *liqueur éthérée.* — *Éther minéral fossile*, le naphte le plus pur.

ÉTHÉRÉ, E, adj. (*étéré*), qui est de la matière subtile qu'on nomme *éther* : *la voûte éthérée*, en poésie, le ciel. — *Espace éthéré*, l'espace immense du ciel où les astres font leur révolution. —*Matière éthérée*, le milieu où ils nagent.—*Liqueur éthérée.* Voy. ÉTHER.

ÉTHÉRIE, subst. fém. (*étéri*), t. d'hist. nat., genre de coquilles qui sont très-voisines des cames. Myth.

ÉTHÉRIFICATION, subst. fém. (*étérifikâcion*), t. de chim., réduction, conversion de certains spiritueux en *éther.*

ÉTHÉRIFIÉ, E, adj. (*étérifié*), converti en *éther.*

ÉTHÉRIFIER, v. act. (*étérifié*), t. de chim., convertir en *éther.*—S'ÉTHÉRIFIER, v. pron.

ÉTHIONOME, subst. propre fém. (*étionome*), myth., une des filles de Priam.

ÉTHIOPIEN, adj. et subst. mas., au fém. **ÉTHIOPIENNE** (*éti-opiein, piène*), qui est d'*Éthiopie.* — En t. d'hist. nat., on nomme *éthiopienne* une coquille univalve du genre rocher.

ÉTHIOPIQUE, adj. des deux genres (*étiopike*), t. de chronologie : *année éthiopique*, année solaire, composée de douze mois, de trente jours et de cinq jours à la fin.

ÉTHIOPS, subst. mas. (*éti-opece*) (du grec αιθω, je brûle, et οψ, aspect, apparence, à cause de sa couleur noirâtre et brûlée), nom donné dans l'ancienne chimie à un mélange de mercure et de soufre, soit par la trituration, soit par le feu. Les chimistes modernes ont remplacé ce mot par celui d'oxyde : *éthiops martial*, oxyde noir ; *éthiops minéral*, oxyde de mercure sulfuré noir ; *éthiops perse*, oxyde mercuriel noirâtre.

ÉTHIOSTICHES, subst. mas. plur. (*éti-ocetiche*), vers grecs qui indiquaient le quantième du mois.

ÉTHIQUE, subst. fém. (*étike*) (en grec ηθικος, moral, fait de ηθος, mœurs), t. didactique, science de la morale : *les éthiques d'Aristote*, ses ouvrages moraux.

ETHLÉTÈRES, subst. et adj. mas. plur. (*ételetère*), myth., nom donné à Castor et à Pollux.

ETHMOÏDAL, E, adj. (*étemo-idal*), qui appartient à l'os *ethmoïde.* — Au plur. mas., *ethmoïdaux.*

ETHMOÏDE, subst. mas. et adj. des deux genres *(étemo-ide)* (du grec ηθμος, couloire, crible, et ειδος, forme, ressemblance, parce qu'il est percé de petits trous comme un crible), t. d'anat., un des huit os du crâne situé à la racine du nez.

ETHNARCHIE, subst. fém. *(étenarchi)*, commandement d'une province. Voy. ETHNARQUE.

ETHNARCHIQUE, adj. des deux genres *(étenarchike)*, qui concernait l'*ethnarchie* ou l'*ethnarque*.

ETHNARQUE, subst. mas. *(étenarke)* (en grec εθναρχης, formé de εθνος, nation, peuple, et de αρχη, pouvoir, puissance), t. d'hist. anc., commandant d'une province.

ETHNIQUE, adj. des deux genres *(étenike)* (en grec εθνικος, fait de εθνος, nation, peuple), nom que donnent les auteurs ecclésiastiques aux gentils ou idolâtres.— En t. de grammaire, *mot ethnique*, celui qui désigne l'habitant d'un pays, d'une ville : *Français, Parisiens*, sont des mots *ethniques*.

ETHNOGRAPHE, subst. des deux genres *(étenoguerafe)* (du grec εθνος, nation, et γραφω, je décris), qui décrit les mœurs d'une nation.

ETHNOGRAPHIE, subst. fém. *(étenoguerafi)* (même étym. que celle du mot précéd.), l'art de décrire les mœurs d'une nation.

ETHNOGRAPHIQUE, adj. des deux genres *(étenoguerafike)*, qui appartient à l'*ethnographie*, qui y est relatif.

ETHNOLOGIE, subst. fém. *(étenoloji)* (du grec εθνος, nation, et λογος, discours), discours, traité sur la connaissance et les mœurs des peuples.

ETHNOLOGIQUE, adj. des deux genres *(étenolojike)*, qui a rapport à l'*ethnologie*.

ETHNOLOGISTE, subst. des deux genres. Voy. ETHNOGRAPHE, qui a la même signification.

ETHNOPHRONES, subst. mas. plur. *(étenofrone)*, sectaires chrétiens qui prétendaient concilier le christianisme avec la pratique des cérémonies du paganisme.

ÉTHOCRATE, subst. mas. *(étokrate)* (du grec ηθος, mœurs, et κρατος, pouvoir), celui qui croit au gouvernement imaginaire fondé sur la morale seule, partisan de l'*éthocratie*.

ÉTHOCRATIE, subst. fém. *(étokraci)* (même étym. que celle du mot précéd.), gouvernement imaginaire fondé sur la morale seule.

ÉTHOCRATIQUE, adj. des deux genres *(étokratike)*, qui a rapport à l'*éthocratie*.

ÉTHOCRATIQUEMENT, adv. *(étokratikeman)*, d'une manière *éthocratique*, selon l'*éthocratie*.

ÉTHODÉE, subst. propre fém. *(étodé)*, myth., fille d'Amphion et de Niobé ; elle fut une de celles que Diane tua à coups de flèches. Voy. NIOBÉ.

ÉTHOLOGIE, subst. fém. *(étoloji)* (du grec ηθος, mœurs, et λογος, discours), discours ou traité sur les mœurs.

ÉTHOLOGIQUE, adj. des deux genres *(étolojike)*, qui a rapport à l'*éthologie*.

ÉTHON, subst. propre mas., et mieux ÆTHON *(éton)* (du grec αιθω, j'enflamme), c'est-à-dire ardent ; surnom donné à Erésichthon, à cause de son insatiable avidité pour le manger. Voyez ERÉSICHTHON.—C'était aussi le nom qu'on donnait aux chevaux : le Soleil, Pluton, Pallas et Hector en avaient chacun un que les poëtes nommaient ainsi.

ÉTHOPÉE, subst. fém. *(étopé)* (en grec ηθοποιια, formé de ηθος, mœurs, et ποιεω, je fais, j'écris), peinture des mœurs et des passions. C'est une figure de rhétorique.

ÉTHRA, subst. propre fém, *(étra)*, myth., fille de Pitthée. Ayant épousé Égée, roi d'Athènes, qui était logé chez son père, elle devint grosse de Thésée ; et Égée, dans la nécessité de s'en retourner sans elle, lui laissa une épée et des souliers, que l'enfant qu'elle mettrait au monde devait lui apporter lorsqu'il serait grand, afin de le reconnaître. Thésée dans la suite alla voir son père, qui le reçut et le nomma son héritier. Castor et Pollux, faisant une irruption dans l'Attique, y firent prisonnière Éthra, qu'ils emmenèrent à Lacédémone, d'où Pâris, lorsqu'il enleva Hélène, la fit passer à Troie. Éthra ne recouvra sa liberté qu'à la prise de cette ville, où elle fut fort à propos reconnue par ses deux petit-fils Acamas et Demophoon, lorsque les Grecs voulaient l'arrêter comme une princesse de la famille de Priam.—Il y eut une autre Éthra, nommée aussi Éthérie, fille de l'Océan et de Téthys, femme d'Atlas, mère d'Hyas et de sept filles. Hyas ayant été dévoré par un lion, ses sœurs en moururent de douleur ; mais Jupiter les métamorphosa en étoiles, qu'on nomme pluvieuses : ce sont les Hyades chez les Grecs, et les Sucules chez les Latins.

ÉTHULIE, subst. fém. *(étuli)*, t. de bot., genre de plantes de la famille des corymbifères.

ÉTHUSE, subst. fém. *(étuze)*, t. de bot., genre de plantes vénéneuses de la famille des ombellifères.

ÉTIAGE, subst. mas. *(étiaje)*, le plus grand abaissement des eaux d'une rivière.

ÉTIBEAU, subst. mas. *(étibô)*, petit carré de bois sur lequel on fait la pointe du fil d'épingle propre à passer dans les trous de la filière.

ÉTIENNE (SAINT-), subst. propre mas. *(ceintétiène)*, ville de France, chef-lieu d'arrond., dép. de la Loire. Cette ville possède des mines importantes de fer, des manufactures d'armes en tous genres, et des fabriques considérables de rubans de soie. On remarque le chemin de fer qui conduit à la Loire. — Bourg de France, chef-lieu de canton, arrond. de Forcalquier, dép. des Basses-Alpes.

ETIENNE (SAINT-) DE BAIGORRY, subst. propre mas. *(ceintetiènedebeguori)*, ville de France, chef-lieu de canton, arrond. de Mauléon, dép. des Basses-Pyrénées.

ÉTIENNE (SAINT-) DE LUYDARÈS, subst propre mas. *(ceintétiènedeluidarèce)*, ville de France, chef-lieu de canton, arrond. de l'Argentière, dép. de l'Ardèche.

ÉTIENNE (SAINT-) DE MONTLUC, subst. propre mas. *(ceintetiènedemonluk)*, bourg de France, chef-lieu de canton, arrond. de Savenay, dép. de la Loire-Inférieure.

ÉTIENNE (SAINT-) DE SAINT GEOIRS, subst. propre mas. *(ceintétiènedeceinjoar)*, bourg de France, chef-lieu de canton, arrond. de Saint-Marcelin, dép. de l'Isère.

ÉTIENNE (SAINT-) EN DÉVOLUY, subst. propre mas. *(ceintétiènandévolui)*, bourg de France, chef-lieu de canton, arrond. de Gap, dép. des Hautes-Alpes.

ÉTIER, subst. mas. *(étié)*, fossé ou canal qui se dégorge dans la mer. — Canal qui conduit l'eau de la mer dans les marais salants.

Étiez, 2e pers. plur. imparf. indic. du verbe irrégulier ÊTRE.

ÉTINCELANT, E, adj. *(éteincelan, lante)*, qui *étincelle*, brillant, éclatant, plein de feu, pétillant.

ÉTINCELÉ, E, adj. *(éteincelé)*, t. de blason : *écu étincelé*, semé d'*étincelles*.

ÉTINCELER, v. neut. *(éteincelé)* (du latin *scintillare*, fait, dans la même signification, de *scindere*, fendre ; parce que les *étincelles* s'échappent des corps *divisés* par le feu, etc.) ; briller, jeter des éclats de lumière.

ÉTINCELETTE, subst. fém. *(éteincelète)*, petite *étincelle*.

ÉTINCELLE, subst. fém. *(éteincèle)* (en lat. *scintilla*), petite bluette qui sort du feu ou des corps durs qui se choquent.— Il se dit au figuré en parlant des lumières de l'esprit : *il n'a pas une étincelle de bon sens, de raison*, etc. — T. de physique : *étincelles électriques*, traits de feu brillants qu'on aperçoit et qui éclatent entre un corps fortement électrisé, et un autre corps non électrique qu'on en approche de fort près.

ÉTINCELLEMENT, subst. mas. *(éteincèleman)*, éclat de ce qui *étincelle*.

ÉTIOLÉ, E, adj. *(étiolé)* (du latin *stylus*, pointe aiguë et menue. *Lunier*.) ; on dit d'une plante, d'une branche, qu'elle est *étiolée*, quand elle s'élève à une hauteur extraordinaire, sans prendre de couleur ni de grosseur.

ÉTIOLEMENT, subst. mas. *(étioleman)*, t. de botanique, maladie des plantes *étiolées* ; altération qu'elles éprouvent par la privation de la lumière nécessaire à leur végétation. C'est une espèce d'atrophie dans les végétaux.

ÉTIOLER, v. act. *(étiolé)*, faire éprouver à une plante l'altération de l'*étiolement*. — S'ÉTIOLER, v. pron., s'altérer, en parlant des plantes qui végètent dans l'obscurité. Voyez ÉTIOLÉ et ÉTIOLEMENT.

ÉTIOLOGIE, subst. fém. *(étioloji)* (du grec αιτια, cause, et λογος, discours), partie de la médecine qui traite des causes des maladies. — Dans un sens plus général, science ou art de remonter à la source des choses.—Discours, traité sur les causes d'un effet quelconque, physique ou moral. On écrit aussi *ætiologie*.

ÉTIOLOGIQUE, adj. des deux genres *(étiolojike)*, qui a rapport à l'*étiologie*.

Étions, 1re pers. plur. imparf. indic. du verbe irrégulier ÊTRE.

ÉTIQUE, adj. des deux genres *(étike)* (du grec εκτικος, habituel, qui est dans l'habitude du corps), atteint de la fièvre *étique*. — Maigre, décharné. — *Fièvre étique*, lente, qui dessèche et amaigrit le corps.—Subst. : *c'est un véritable étique*.

ÉTIQUETÉ, E, part. pass. de *étiqueter*.

ÉTIQUETER, v. act. *(étiketé)*, mettre une *étiquette*.—S'ÉTIQUETER, v. pron.

ÉTIQUETTE, subst. fém. *(étikiète)* (corruption des mots latins *est hic quæstio*, et, par abréviation, *est hic quæst. inter N. et N.*, que, dans le temps où les procédures s'écrivaient en latin, on mettait sur les sacs des procès), petit écriteau qu'on attache sur un sac de procès, à des sacs d'argent, à des liasses de papiers, à des paquets de hardes, etc.—Cérémonial des cours, qui règle les devoirs extérieurs des rangs, des places, des dignités, etc. ; cérémonial.—Différentes formules employées dans les lettres, etc., selon les personnes à qui elles sont adressées. (Suivant *Bourdelot* et *Huet*, du grec στιχος, ordre, rang.) — En t. de pêche, couteau emmanché de bois et à lame barbelée, qui sert à détacher les coquillages des rochers et à ramasser des vers marins pour en faire des appâts. — Prov. : *juger, condamner sur l'étiquette du sac*, juger, condamner légèrement, sans un mûr examen.

ÉTIRAGE, subst. mas. *(étiraje)*, action d'*étirer*. Effets de cette action.

ÉTIRE, subst. fém. *(étire)*, masse de fer plate et carrée que les corroyeurs tiennent à la main pour épreindre l'eau du cuir.

ÉTIRÉ, E, part. pass. de *étirer*.

ÉTIRER, v. act. *(étiré)*, dans plusieurs métiers, étendre, allonger.—S'ÉTIRER, v. pron.

ÉTISIE, subst. fém. *(étizi)*. (Voy. ÉTIQUE pour l'étym.), phthisie, maladie qui consume et dessèche toute l'habitude du corps.

ETNA, subst. propre mas. *(étena)*, myth., montagne dans la Sicile, fameuse par son volcan, et par les Cyclopes qui l'habitaient. Les poëtes ont feint que les forges de Vulcain étaient dans cette montagne, et que les Cyclopes y travaillaient continuellement aux foudres de Jupiter. —Subst. propre fém., *Etna* était le nom d'une fille de Cœlus et de la Terre : elle fut une des femmes de Jupiter et mère des dieux Paliques.

ETNÉEN, adj. propre mas. *(étené-ein)*, myth., surnom de Jupiter et de Vulcain, auxquels on avait élevé un temple sur le mont *Etna*.

ETNET, subst. mas. *(étené)* ; dans les fonderies de laiton, pince à rompre le cuivre.

ÉTOC, subst. mas. *(étoke)* (de l'allemand *stok*, tronc, souche), t. de bot. et d'agric., souche morte : *certains bolets ne viennent que sur des étocs*.

ÉTOCAGE, subst. mas. *(étokaje)*, t. de mar., espèce de cordage placé sur les *étoqueresses*.

ÉTOFFE, subst. fém. *(étofe)* (du lat. barbare *stuffa*, dérivé de l'allemand *stoff*, matière, par opposition à *forme*), drap tissu de fil, de coton, de laine, de soie, servant à faire des habits ou à garnir des meubles. — Matière de quelques autres ouvrages de manufactures : *il n'y a pas assez d'étoffe à ce chapeau*. — Morceau d'acier commun dont les serruriers, etc., forment les parties non tranchantes de leurs ouvrages ; les parties tranchantes sont faites d'un meilleur acier. —Mélange d'étain et de plomb, dont les facteurs d'orgues font des tuyaux.—Fig. et fam., 1° dispositions heureuses, qualités, talents : *il y a de l'étoffe dans ce jeune homme ;* 2° condition : *c'est un homme de basse étoffe*. — T. d'imprimerie, au plur., frais que l'imprimeur prend sur le prix d'impression d'un ouvrage.—Les objets de consommation nécessaires à l'impression, tels que les blanchets, les tympans, les rouleaux, l'huile, etc.

ÉTOFFÉ, E, part. pass. de *étoffer*, et adj., fam. : *un homme étoffé*, bien vêtu, bien meublé, à son aise. — *Un discours bien étoffé*, rempli de toute la matière nécessaire et convenable.

ÉTOFFER, v. act. *(étofé)* (du lat. barbare *stuffare*, garnir, équiper, pourvoir), garnir de tout ce qui est nécessaire soit pour la commodité, soit pour l'agrément.—Mettre de la matière dans la quantité et la qualité qu'il faut : *l'ouvrier a mal étoffé ce chapeau, cette cuirasse*.—S'ÉTOFFER, v. pron.

ÉTOILE, subst. fém. *(étoèle)* (en lat. *stella*), astre, corps lumineux qui brille au ciel pendant la nuit. Il se dit plus proprement des *étoiles* qui, comme le soleil, ont une lumière propre et inhérente, et qui sont appelées *fixes*, par opposition aux *étoiles errantes* ou planètes. — *Étoile du berger*, l'*étoile* qui paraît la première après le coucher du soleil ; c'est souvent la planète de Vénus.—*Étoile du matin* ou *du jour*, Phosphore, nom de Vénus, lorsqu'elle brille le matin. — *Étoile du soir*, Vesper ou Hesper, nom de Vénus, lorsqu'elle brille le soir. — *Étoile polaire*, *étoile* située à l'extrémité de la queue de la petite Ourse, et qui est la plus voisine du pôle boréal.—*Étoiles de Médicis*, nom donné par *Galilée* aux satellites de Jupiter.—*Étoile de Bourbon*, nom donné par quelques astronomes aux satellites de Jupiter, et par d'autres, à de prétendus satellites qu'on disait avoir été observés autour du soleil.—*Étoiles de Louis-le-Grand*, nom que *Dominique Cassini* avait voulu donner aux satellites de Saturne.—*Étoiles errantes*, les planètes.— *Étoiles flamboyantes*, certaines comètes, à cause de leur chevelure lumineuse. — *Étoiles tombantes*, *étoiles qui filent*, matières ou exhalaisons enflammées qui de loin, et au moment où elles s'allument, ressemblent à des *étoiles*. — Au fig., grande lumière: lumière brillante. — Figure en forme d'*étoile*. — Décoration : l'*étoile de la Légion-d'Honneur*.—Influence des *étoiles*, fortune bonne ou mauvaise ; destinée : *être né sous une heureuse*, *une mauvaise étoile*. — Dans l'imprimerie, ce qu'on nomme *astérisque*. On s'en sert pour remplacer les lettres d'un mot qu'on ne veut pas écrire en entier : *Monsieur* ***, ou *Monsieur trois étoiles*, se dit d'un personnage qu'on ne veut ou ne peut pas désigner par son propre nom. — Marque blanche sur le front d'un cheval.—Fente qui se fait au verre et surtout aux bouteilles.—Une des pièces du moulin à mouliner les soies.—T. de bot., *étoile-plante*, jasmin rouge, plante grimpante qui croît à Cayenne et qui est une espèce de liseron.—*Étoile jaune*. Voy. ORNITHOGALE.—T. d'hist., nat., *étoiles de mer* ou *astéries*, genre de zoophytes, de la famille des échinodermes, dont le corps est ordinairement partagé en plusieurs rayons qui partent comme d'un centre auquel est une ouverture commune pour l'entrée et la sortie des aliments. — Prov. : *loger, coucher à la belle étoile*, coucher dehors. —*Faire voir des étoiles en plein midi*, faire qu'on n'y voie goutte.

ÉTOILÉ, subst. mas. (*étoèlé*), t. de chir., espèce de bandage.

ÉTOILÉ, E, part. pass. de *étoiler*, et adj. (*étoèlé*), semé d'*étoiles*.— En t. de bot., disposé ou divisé en forme d'*étoile*. — *Une bouteille étoilée*, fêlée en forme d'*étoile*.

ÉTOILÉE, subst. fém. (*étoèlé*), t. de bot., tulipe d'un beau violet et d'un beau blanc.

ÉTOILER, v. act. (*étoèlé*), fêler en *étoile* : *étoiler un verre*. — *S'ÉTOILER*, v. pron. —T. de monnaie : *les flans et les carreaux s'étoilent*, s'ouvrent par les carnes.

ÉTOLE, subst. fém. (*étole*) (du lat. *stola*, qui signifie proprement une robe traînante à l'usage des dames romaines, et dont les deux sexes se servaient en Grèce ; dérivé du grec στολη, fait de στελλειν, équiper, orner, couvrir), longue bande d'étoffe d'une certaine largeur par le bas, que le prêtre met sur le cou et croise sur l'estomac. Le diacre la porte en sautoir, sur le côté.

ÉTOLIE, subst. propre fém. (*étoli*), myth., province de la Grèce qui reçut son nom d'*Étolus*, fils d'Endymion. Diomède y régna, d'où il est appelé par Ovide *Ætolius heros*.

ÉTOLIENNE, adj. propre fém. (*étoliène*), myth., surnom donné à Diane, qui avait un temple à Naupacte, ville d'*Étolie*.

ÉTOLUS, subst. propre mas. (*étoluce*), myth., fils de Diane et d'Endymion. Il s'empara de cette partie de la Grèce qu'on appela depuis *Étolie*.

ÉTONNAMMENT, adv. (*étonaman*), d'une manière *étonnante*. Il est familier.

ÉTONNANT, E, adj. (*étonan, nante*), qui *étonne*, qui surprend.

ÉTONNÉ, E, part. pass. de *étonner*, et adj. On lit dans la *Sémiramis* de *Voltaire* :

La nature, *étonnée* à ce danger funeste.....

pour, *à la vue de ce danger funeste*. Cette ellipse a paru à un critique être trop hasardée.

ÉTONNEMENT, subst. mas. (*étoneman*), surprise causée par quelque chose d'inattendu. — ÉTONNEMENT, SURPRISE, CONSTERNATION. (*Syn.*) L'*étonnement* est plus dans le sens, et vient de choses blâmables ou peu approuvées ; la *surprise* est plus dans l'esprit, et vient de choses extraordinaires ; la *consternation* est plus dans le cœur et vient de choses affligeantes. Voy. ÉTONNER. — Admiration. — T. de médec., commotion, secousse : *étonnement de cerveau*, etc.—T. de médec. vétér. : *étonnement de sabot*, ébranlement du pied du cheval par un choc violent.

ÉTONNER, v. act. (*étoné*) (du latin *attonare*, employé dans la même acception, et qui signifie proprement frapper de la foudre), surprendre par quelque chose d'inopiné.— Ébranler, faire trembler par quelque grande, quelque violente commotion. — *Étonner un diamant*, y faire une fêlure.—*S'ÉTONNER*, v. pron.

ÉTOQUEREAUX, subst. mas. plur. (*étokerô*), chevilles de fer qui servent à arrêter certaines pièces de serrurerie.

ÉTOQUIAU, subst. mas. (*étokiô*), dans l'horlogerie, petite cheville de fer qu'on met à la circonférence d'une roue pour l'empêcher de tourner au-delà d'un certain point. — Anneau d'une petite cheville de fer qui tient le ressort d'une serrure. — En général, toute pièce d'une machine en fer, destinée à en arrêter ou à en contenir d'autres.

ÉTOU, subst. mas. (*étou*). Voy. ESTOU.

ÉTOUFFADE, subst. fém. (*étoufade*), t. de cuisine, manière d'accommoder des viandes, en les faisant cuire dans un vase bien clos : *veau, mouton à l'étouffade*. — L'*Académie* renvoie à tort à *estouffade*, qui n'est plus usité.

ÉTOUFFANT, E, adj. (*étoufan, fante*), qui fait qu'on *étouffe*, qu'on respire mal : *chaleur étouffante*.

ÉTOUFFÉ, E, part. pass. de *étouffer*.

ÉTOUFFEMENT, subst. mas. (*étoufeman*), sorte de suffocation, difficulté de respirer : *d'où vient cet étouffement ?*

ÉTOUFFER, v. act. (*étoufé*) (du grec τυφειν, allumer, d'où l'on a fait τυφη, l'action d'allumer, et, par l'addition d'un *s*, le latin *stufa*, étuve, d'où vient le français *étouffer*, parce qu'on *étoufferait* dans une étuve, si l'on y demeurait trop long-temps ; on écrivait autrefois *estouffer*), suffoquer, ôter la respiration, faire mourir en suffoquant. — Fig., 1° supprimer, cacher, dompter : *étouffer une affaire*, *une querelle*, empêcher qu'elles n'éclatent ; 2° détruire, dissiper, faire cesser : *étouffer une révolte*, *une erreur*.—Neutralement, avoir la respiration empêchée.—Fam., *étouffer de rire*, rire avec excès. —*S'ÉTOUFFER*, v. pron.

ÉTOUFFEUR, subst. mas. (*étoufeur*), nom que l'on donne quelquefois au *boa*.

ÉTOUFFOIR, subst. mas. (*étoufoar*), espèce de cloche ou de boîte de métal pour *étouffer* des charbons.

ÉTOUPADE, subst. fém. (*étoupade*), t. de médec., sorte de plumasseau fait avec des *étoupes*.

ÉTOUPAGE, subst. mas. (*étoupaje*), chez les chapeliers, le reste de l'étoffe dont on fait les capades d'un chapeau.

ÉTOUPE, subst. fém. (*étoupe*) (en lat. *stupa*, fait de στυπη, ou στυππη), la partie la plus grossière, le rebut de la filasse, du chanvre ou du lin. — Fig. et fam. : *mettre le feu aux étoupes*, échauffer, exciter à la vengeance, à la révolte.

ÉTOUPÉ, E, part. pass. de *étouper*.

ÉTOUPER, v. act. (*étoupé*) (en lat. *stupare*), boucher avec des *étoupes*. —Chez les chapeliers, fortifier les endroits faibles d'un chapeau. — *S'ÉTOUPER*, v. pron.

ÉTOUPERIE, subst. fém. (*étouperi*), toile d'*étoupe*.

ÉTOUPIÈRES, subst. fém. plur. (*étoupière*), femmes qui mettent en *étoupes* les vieux cordages pour calfater les vaisseaux.

ÉTOUPILLE, subst. fém. (*étoupi-le*), t. d'artificier, mèche de coton filé et roulé dans la poudre. — L'*Académie* dit aussi *étoupillon*.

ÉTOUPILLÉ, E, part. pass. de *étoupiller*.

ÉTOUPILLER, v. act. (*étoupi-lé*), garnir les artifices d'*étoupilles*. — *S'ÉTOUPILLER*, v. pron.

ÉTOUPILLON, subst. mas. Voy. ÉTOUPILLE.

ÉTOUPIN, subst. mas. (*étoupein*), t. de mar., peloton de fil de carret pour bourrer la poudre quand on charge un canon.

ÉTOURDEAU, subst. mas. (*étourdô*), jeune chapon.

ÉTOURDERIE, subst. fém. (*étourderi*), action d'*étourdi*, ou habitude de faire des actions d'*étourdi*.

ÉTOURDI, E, subst. et adj. (*étourdi*) (de l'italien *stordito*, dérivé, suivant *Ménage* du lat. *stolidus*, sot, impertinent, etc., et, suivant *Wachter*, du celtique *besturtz*, frappé), qui agit avec imprudence, avec trop de précipitation.

ÉTOURDIMENT, adv., et *à l'ÉTOURDIE*, loc. adv., (*étourdiman*), d'une manière *étourdie*.

ÉTOURDIR, v. act (*étourdir*) (de l'italien *stordire*), causer dans le cerveau quelque ébranlement qui trouble, qui suspend en quelque sorte la fonction des sens : *il lui donna sur la tête un coup de bâton qui l'étourdit*.—Rompre la tête à force de bruit et de criaillerie : *étourdir les oreilles*.— Fig. : causer de l'étonnement, de l'embarras. — *Étourdir la grosse faim*, l'apaiser. — *Étourdir la douleur*, l'endormir, la calmer. On dit, dans le même sens, *étourdir l'affliction*.—*Étourdir la viande*, la cuire à demi : *cette viande n'est qu'étourdie*.—*S'ÉTOURDIR*, v. pron., se préoccuper, s'entêter : *il s'étourdit de vaines raisons, de ses chimères*.—*S'étourdir sur*..., se distraire de quelque chose, s'empêcher d'y penser.

ÉTOURDISE, subst. fém. (*étourdize*), vieux mot qui signifiait *stupeur*. Inusité.

ÉTOURDISSANT, E, adj. (*étourdiçan, çante*), qui *étourdit*.

ÉTOURDISSEMENT, subst. mas. (*étourdiceman*), effet de l'action qui *étourdit*.—Fig., trouble que cause un malheur, une méchante nouvelle.

ÉTOURNEAU, subst. mas. (*étournô*) (en latin *sturnus*), t. d'hist. nat., oiseau noirâtre, marqué de petites taches grises, de l'ordre des passereaux, et de la famille des conirostres. Le bec de l'*étourneau*, presque aussi long que sa tête, est jaune dans le mâle. — Fig. et fam., jeune homme qui veut faire le capable.—Cheval d'un poil gris jaunâtre.

ÉTOUTEAU, subst. mas. (*étoutô*), cheville attachée à la roue d'une pendule, pour la sonnerie.

ÉTRANGE, adj. des deux genres (*étranje*) (du lat *extraneus*, qui signifie proprement *étranger*), qui n'est pas dans l'ordre et l'usage commun.— Quand nous disons d'un homme qu'*il est étrange*, nous entendons que son action n'a rien de commun avec celle que nous croyons qu'un homme sensé doit faire en pareil cas. De là vient que ce qui nous semble *étrange* dans un temps cesse quelquefois de nous le paraître quand nous sommes mieux instruits.—*Une affaire étrange* est celle qui nous offre un concours de circonstances auquel nous ne nous attendions pas, moins parce qu'elles sont rares, que parce qu'elles ont une apparence de contradiction ; car si ces circonstances étaient rares, l'affaire, au lieu d'être *étrange*, serait étonnante, surprenante, singulière, etc.

ÉTRANGEMENT, adv. (*étranjeman*), d'une manière *étrange*.

ÉTRANGER, subst. mas. ; **ÉTRANGÈRE**, subst. fém. (*étranjé, jère*) (en lat. *extraneus*), qui est d'un autre pays que celui de son actuelle résidence.—Qui n'est pas du pays.—Qui n'est pas de la famille, de la compagnie, de la communauté. — *Être étranger dans son pays*, ne point en connaître les habitudes, ou ignorer ce qui s'y fait et ce qui s'y passe. Voy. ÉTRANGER, adj.

ÉTRANGER, adj. mas., au fém. ÉTRANGÈRE (*étranjé, jère*), qui est d'une autre nation : *climat, pays étranger ; coutumes, lois, plantes étrangères*. — Qui n'a aucun rapport à... : *ce fait, ce raisonnement est étranger à la cause* ; *ces intérêts lui sont étrangers*.—Qui ne participe point à..., qui n'entre point dans... : *il est étranger à toutes les intrigues*, etc.—En médec. et en chir., *corps étranger*, celui qui se trouve dans le corps de l'animal contre sa nature.

ÉTRANGER, v. act. (*étranjé*), t. de chasse, chasser, éloigner d'un lieu, désaccoutumer d'y venir : *étranger le gibier d'un pays*.—Il s'est dit fam. des personnes : *étranger les importuns*. — —*S'ÉTRANGER*, v. pron. Presque inusité.

ÉTRANGETÉ, subst. fém. (*étranjeté*), caractère de ce qui est *étrange* ; mot qui, suivant *La Harpe*, est nécessaire, et que l'exemple des plus grands écrivains devrait, dit-il, avoir consacré. On l'emploie aujourd'hui sans difficulté.

ÉTRANGLE-CHIEN, subst. mas. (*étranglechien*), t. de bot., nom vulgaire de deux plantes.

ÉTRANGLÉ, E, part. pass. de *étrangler*, et adj. —Fig., 1° *discours étranglé*, qui n'est pas assez étendu ; 2° *habit, corridor étranglé*, trop étroit.

ÉTRANGLEMENT, subst. mas. (*étrangleleman*) (en lat. *strangulatus*, ou *strangulatio*) ; action d'*étrangler*.—En médec., resserrement excessif.— En bot., parties étroites plus ou moins allongées, qui, dans certains légumes, réunissent des articulations.—En hydraul., endroit d'une conduite où, à raison du frottement ou de quelque autre obstacle, l'eau ne passe qu'avec peine.— En entomologie, filet délié qui unit les parties de certains insectes, tels que l'araignée, la guêpe, etc.

ÉTRANGLER, v. act. (*étranglé*) (en lat. *strangulare*, fait du grec στραγγαλοω), faire perdre la respiration et la vie, en pressant le gosier ou en le bouchant. — Au fig., ne pas donner l'étendue nécessaire à une chambre, à un raisonnement, etc. — *Étrangler une affaire*, la juger à la hâte. — Fam. : *que ce morceau m'étrangle si je mens!* sorte d'imprécation dont l'origine remonte aux temps où, pour tirer la preuve d'une accusation, on exorcisait le pain, l'eau, etc., présentés à l'accusé. On croyait qu'un coupable ne pouvait pas avaler un morceau de pain exorcisé.—*Étrangler de soif*, avoir grand soif.—*s'*ÉTRANGLER, v. pron.

ÉTRANGLURE, subst. fém. (*étranguelure*), en t. de manuf., défaut qui provient des faux plis durant le foulage des draps.

ÉTRANGUILLON, subst. mas. (*étrangui-ion*), t. de médec. vétér., maladie des chevaux ; espèce d'esquinancie. — Sorte de poiré fort âpre.

ÉTRAPE, subst. fém. (*étrape*), petite faucille pour couper le chaume. On la nomme aussi *estrapoire*.

ÉTRAPÉ, E, part. pass. de *étraper*.

ÉTRAPER, v. act. (*étrapé*), couper le chaume avec une *étrape*. On dit aussi *estraper*.—*s'*ÉTRAPER, v. pron.

ÉTRAQUE, subst. fém. (*étrake*), t. de mar., la largeur du bordage.

ÉTRAQUÉ, E, part. pass. de *étraquer*.

ÉTRAQUER, v. act. (*étrakié*), en t. de vènerie, suivre un animal à la *trace* sur la neige jusqu'à son gîte—*s'*ÉTRAQUER, v. pron.

ÉTRASSE, subst. fém. (*étrace*), bourre de soie.

ÉTRAVE, subst. fém. (*étrave*), t. de mar., pièce de bois qui forme la proue d'un vaisseau.

ÊTRE, subst. mas. (*être*), ce qui *est* ou *existe* : *l'Être souverain; les autres êtres n'existent que par lui.* — L'existence : *c'est Dieu qui nous a donné l'être.*—*Un être de raison*, ce qui n'existe que dans l'imagination.— Au plur. : *les êtres*, et non pas *les aitres*, *d'une maison*, pour : les degrés, corridors, chambres, etc. : *savoir, connaître les êtres.* — Anciennement, t. forestier dont on se servait dans cette locution : *à blanc être*, pour : *à blanc estoc.*

ÊTRE, v. substantif (*être*)(en lat. *esse* ou *stare*), exister, subsister : avec cette différence qu'*être* convient à toute sorte de sujets, substances ou modes, et à toutes les manières d'*être*, soit réelles, soit idéales, soit qualificatives; qu'*exister* ne se dit que des substances, et seulement pour en marquer l'*être* réel; et que *subsister* s'applique également aux substances et aux modes, mais avec un rapport à la durée de leur *être*, que n'expriment pas les deux premiers mots. — On dit des qualités, des formes, des actions, de l'arrangement, du mouvement, et de tous les divers rapports, qu'*ils sont.* On dit de la matière, de l'esprit, des corps, et de tous les *êtres* réels, qu'*ils existent.* On dit des états, des ouvrages, des affaires, des lois, et de tous les établissements qui ne sont ni détruits, ni changés, qu'*ils subsistent.* — L'usage le plus ordinaire de ce verbe est d'attribuer quelque chose à un sujet par des adjectifs ou par des adverbes auxquels il se joint : *il est sage, grand, vertueux; il est debout, couché ; il est bien, mieux, plus mal*, etc. — Appartenir : *cette maison est à moi.* — On dit, *cela est, cela n'est pas*, pour dire cela est vrai, cela n'est pas vrai; et *cela sera, cela ne sera pas*, pour dire, cela arrivera, cela n'arrivera pas.—Unipersonnellement : *il est nuit, il est jour, il est onze heures; il est à croire, il est à présumer*, on peut croire, on peut présumer. — *Il n'est pas en moi de faire telle chose*, il n'est pas en mon pouvoir, il n'est pas dans mon caractère.—Dans le style soutenu, *il est*, il y a : *il est des hommes qui soutiennent que...* Il sert quelquefois, avec la préposition *en*, à comparer, à marquer la similitude, la conformité des choses : *il en est des peintres comme des poëtes, ils ont la liberté de feindre.*—On dit qu'*on est pour un tiers dans une affaire*, pour dire qu'on y est intéressé pour un tiers. — *En être pour son argent*, avoir dépensé son argent sans aucun avantage.— *Vous n'y êtes pas*, vous ne comprenez pas ce que je vous dis, vous ne saisissez pas le vrai point de l'affaire, le vrai sens de la chose ; et, dans un sens contraire, *vous y êtes.* — *Un homme ne sait où il en est*, lorsqu'il est tellement troublé, qu'il ne sait plus que dire, ni que faire. — *Être* sert à conjuguer, 1° les verbes passifs dans tous les temps, *être aimé, il est aimé;* 2° les temps des verbes pronominaux et quelques verbes actifs pris absolument, *je me suis blessé;* 3° les temps composés des verbes neutres dont le participe est déclinable : *il est tombé en démence; elle est arrivée en bonne santé.* — Suivant quelques *grammairiens lexicographes*, et l'*Académie* elle-même, les prétérits du v. *être* s'emploient souvent, du moins dans le style familier, pour ceux d'*aller* : *j'ai été, je fus chez vous.* Il serait beaucoup plus régulier de ne jamais confondre ainsi deux verbes, dont l'un de sa nature signifie mouvement, et l'autre repos, puisqu'il ne renferme proprement en lui que l'idée d'existence. — Précédé de *ce*, le verbe *être* se met au plur., lorsqu'il est suivi d'une troisième personne du plur. : *ce sont les Romains, ce sont eux.* Mais on dirait avec le verbe *être* au singulier : *c'est le travail et l'application; c'est nous, c'est vous;* aucun de ces mots ne formant une troisième personne du pluriel.— Le verbe *être*, précédé de *ce*, peut être suivi de deux troisièmes personnes, dont une au singulier, et l'autre au pluriel : le verbe se met au singulier, si la troisième personne du singulier est énoncée en premier: *c'est la gloire et les richesses qu'il désire;* il se met au pluriel, si la troisième personne de ce nombre est énoncée avant la troisième personne du singulier : *ce sont les richesses et la fortune qu'il désire.* — Le temps du verbe *être*, précédé de *ce*, est déterminé par le temps du verbe suivant; ainsi il faut dire : *ce sera nous qui répondrons*, et non pas, *c'est nous qui répondrons; ce fut Cicéron qui sauva la république*, et non pas, *c'est Cicéron qui sauva la république.*—Lorsque le verbe *être*, précédé de *ce*, est suivi d'une préposition, comme dans *c'est de vous, c'était à nous, ce sera pour mes enfants*, on fait usage de la conjonction *que* : *c'est à vous que je m'adresse, c'était de nous que vous parliez; ce sera pour mes enfants que je travaillerai.* Si au lieu de cette conjonction, l'on employait *à qui* dans la première, *dont* ou *de qui* dans la seconde, et *pour qui* dans la troisième, on violerait les règles de la grammaire, en ce qu'on donnerait deux régimes indirects aux verbes *je m'adresse, vous parliez, je travaillerai*, tandis qu'ils n'en doivent avoir qu'un. On dit de même : *c'est ici que, c'est là que*, et non pas, *c'est ici où, c'est là où.* — Après le verbe *être*, précédé de *ce*, on met *à* et *de* devant l'infinitif : *c'est à moi à, c'est à vous à, c'est à lui à*, éveille une idée de tour; *c'est à moi de, c'est à vous de, c'est à lui de*, exprime une idée de droit ou de devoir. Ainsi l'on dira : *c'est à moi de jouer*, c'est-à-dire, c'est mon tour de jouer; *c'est à moi de commander*, c'est-à-dire, c'est mon droit, c'est mon devoir de commander. Le même verbe a une multitude d'autres emplois, presque tous exclusivement propres à la langue française.

ÉTRÉCI, E, part. pass. de *étrécir*.

ÉTRÉCIR, v. act. (*étrécir*), rendre plus *étroit*. —*s'*ÉTRÉCIR, v. pron., devenir plus *étroit*. — Se dit, en t. de manége, d'un cheval qui perd de son terrein, et qui s'approche trop du centre de la volte.

ÉTRÉCISSEMENT, subst. mas. (*étréciceman*) action d'*étrécir*.

ÉTRÉCISSURE, subst. fém. (*étréciçure*), état de ce qui est *étréci*.

DU VERBE IRRÉGULIER ÉTREINDRE :

Étreignaient, 3e pers. plur. imparf. indic.
Étreignais, précédé de *j'*, 1re pers. sing. imparf. indic.
Étreignais, précédé de *tu*, 2e pers. sing. imparf. indic.
Étreignait, 3e pers. sing. imparf. indic.
Étreignant, part. prés.
Étreigne, précédé de *que j'*, 1re pers. sing. prés. subj.
Étreigne, précédé de *qu'il* ou *qu'elle*, 3e pers. sing. prés. subj.
Étreignent, précédé de *ils* ou *elles*, 3e pers. plur. prés. indic.
Étreignent, précédé de *qu'ils* ou *qu'elles*, 3e pers. plur. prés. subj.
Étreignes, 2e pers. sing. prés. subj.
Étreignez, 2e pers. plur. impér.
Étreignez, précédé de *vous*, 2e pers. plur. prés. indic.
Étreigniez, précédé de *vous*, 2e pers. plur. imparf. indic.
Étreigniez, précédé de *que vous*, 2e pers. plur. prés. subj.
Étreignîmes, 1re pers. plur. prét. déf.
Étreignions, précédé de *nous*, 1re pers. plur. imparf. indic.
Étreignions, précédé de *que nous*, 1re pers. plur. prés. subj.
Étreignirent, 3e pers. plur. prét. déf.
Étreignis, précédé de *j'*, 1re pers. plur. prét. déf.
Étreignis, précédé de *tu*, 2e pers. sing. prét. déf.
Étreignisse, 1re pers. sing. imparf. subj.
Étreignissent, 3e pers. plur. imparf. subj.
Étreignisses, 2e pers. sing. imparf. subj.
Étreignissiez, 2e pers. plur. imparf. subj.
Étreignissions, 1re pers. plur. imparf. subj.
Étreignit, précédé de *il* ou *elle*, 3e pers. sing. prét. déf.
Étreignît, précédé de *qu'il* ou *qu'elle*, 3e pers. sing. imparf. subj.
Étreignîtes, 2e pers. sing. prét. déf.

ÉTREIGNOIRS, subst. mas. plur. (*étrègnioar*), t. de menuisier, deux morceaux de bois percés de plusieurs trous et joints avec des chevilles.

DU VERBE IRRÉGULIER ÉTREINDRE :

Étreignons, 1re pers. plur. impér.
Étreignons, précédé de *nous*, 1re pers. plur. prés. indic.
Étreindra, 3e pers. sing. fut. indic.
Étreindrai, 1re pers. sing. fut. indic.
Étreindraient, 3e pers. plur. prés. cond.
Étreindrais, précédé de *j'*, 1re pers. sing. prés. cond.
Étreindrais, précédé de *tu*, 2e pers. sing. prés. cond.
Étreindrait, 3e pers. sing. prés. cond.
Étreindras, 2e pers. sing. fut. indic.

ÉTREINDRE, v. act. (*étreindre*) (en lat. *stringere*), serrer fortement en haut. — On dit fig. : *étreindre les nœuds de l'amitié*, embrasser, presser entre ses bras. — Prov. : *qui trop embrasse mal étreint*, celui qui entreprend trop d'affaires à la fois ne réussit pas. —*s'*ÉTREINDRE, v. pron.

DU VERBE IRRÉGULIER ÉTREINDRE :

Étreindrez, 2e pers. plur. fut. indic.
Étreindriez, 2e pers. plur. prés. cond.
Étreindrions, 1re pers. plur. prés. cond.
Étreindrons, 1re pers. plur. fut. indic.
Étreindront, 3e pers. plur. fut. indic.
Étreins, 2e pers. plur. impér.
Étreins, précédé de *j'*, 1re pers. sing. prés. indic.
Étreins, précédé de *tu*, 2e pers. sing. prés. indic.
Étreint, précédé de *il* ou *elle*, 3e pers. sing. prés. indic.
Étreint, e, part. pass.

ÉTREINTE, subst. fém. (*étreinte*), serrement ; action d'*étreindre*, de presser entre ses bras.

ÉTRENNE, subst. fém. (*étrène*) (du latin *strena*, fait, dans la même signification, de *Strenua*, déesse de la force ; parce que les branches coupées dans un bois consacré à cette déesse ayant été présentées le premier jour de l'an à *Tatius*, roi des Sabins, qui partagea le trône de Rome avec son fondateur, ce prince les reçut comme un heureux augure; et, en autorisant cette coutume pour l'avenir, il voulut que le nom des présents qu'on se ferait en rappelât l'origine), présent qu'on se fait au commencement de chaque année. Cependant en ce sens, il ne s'emploie qu'au plur. : *donner, recevoir des étrennes.* — La première chose que vend un marchand quand sa boutique est ouverte. — Fig., le premier usage qu'on fait d'une chose.

ÉTRENNÉ, E, part. pass. de *étrenner*.

ÉTRENNER, v. act. (*étrèné*), donner des *étrennes*. — Acheter le premier à un marchand. — Fig., avoir le premier usage d'une chose. — Neutralement, il se dit du premier argent que reçoit un marchand de sa marchandise, dans la journée, etc. — *s'*ÉTRENNER, v. pron.

ÉTRÉPAGNY, subst. propre mas. (*étrépagni*), bourg de France, chef-lieu de canton, arrond. des Andelys, dép. de l'Eure.

ÉTRÉPÉ, E, part. pass. de *étréper*.

ÉTRÉPER, v. act. (*étrépé*), extirper. —*s'*ÉTRÉPER, v. pron. (*Boiste.*) Vieux et même hors d'usage.

ÊTRES, subst. mas. plur. (*être*), les différentes parties d'une localité. Voy. ÊTRE, subst.

ÉTRÉSILLON, subst. mas. (*étrézi-ion*), pièce de bois qui sert d'appui ou d'arc-boutant pour soutenir des murs qui déversent.

ÉTRÉSILLONNÉ, E, part. pass. de *étrésillonner*.

ÉTRÉSILLONNER, v. act. (*étrézi-ioné*), mettre des *étrésillons*. — *s'*ÉTRÉSILLONNER, v. pron.

ÉTRESSE, subst. fém. (*étrèce*), t. de cartier, union de deux feuilles de papier collées ensemble.

ÉTRIER, subst. mas. (*étrié*) (du latin barbare *streparium*, fait du mot non moins barbare *strepat*, employé par les écrivains de la basse latinité dans le sens d'*étrier*. *Ménage.*), espèce d'anneau de fer ou d'autre métal, qui pend d'un côté et de l'autre par une courroie à la selle d'un cheval, et qui sert à appuyer les pieds du cavalier. — En chir., bandage pour la saignée du pied. —

étrier, fer qui unit, fortifie les pièces de bois. — *Avoir le pied à l'étrier*, au propre, être prêt à partir; au fig., être dans le chemin de la fortune. — Fig. et fam., 1° *être ferme sur ses étriers*, n'être pas aisé à ébranler dans ses résolutions; 2° *faire perdre les étriers à quelqu'un*, le déconcerter, le mettre en désordre. — *Courir à franc étrier*, courir la poste à cheval.—*Le pied de l'étrier*, dans un cheval, le pied gauche du devant, le pied du montoir. — *Vin de l'étrier*, vin qu'on apporte aux voyageurs au moment de leur départ. — *Bas à étriers*, bas qui n'ont point de pied.

ÉTRIÈRE, subst. fém. (*étri-ère*), petite bande qui sert à attacher les *étriers* à la selle.

ÉTRIGUÉ, E, adj. (*étriguié*), t. de vén. : *chien étrigué*, qui a peu de corps, et qui est haut sur ses jambes.

ÉTRILLE, subst. fém. (*étri-ie*) (du lat. *strigil* ou *strigilis*, instrument avec lequel les anciens se râclaient le corps dans le bain, fait du grec στλεγγίς, qui a la même signification), instrument de fer avec lequel on ôte la crasse attachée à la peau et au poil des chevaux. — Cabaret où l'on fait payer trop cher. Vieux et pop.

ÉTRILLÉ, E, part. pass. de *étriller*.

ÉTRILLER, v. act. (*étri-ié*) (en lat. *strigilare* ou *strigillare*), frotter un cheval avec l'*étrille*. — Fig. et fam., battre, rosser, faire payer trop cher. — S'ÉTRILLER, v. pron.

ÉTRIPÉ, E, part. pass. de *étriper*.

ÉTRIPER, v. act. (*étripé*), ôter *les tripes* à un animal. —Les cordiers disent qu'un cordage *s'étripe*, lorsqu'il s'en échappe des filaments de tous les côtés. — S'ÉTRIPER, v. pron.

ÉTRIQUÉ, E, part. pass. de *étriquer*.

ÉTRIQUER, v. act. (*étrikié*), rapetisser, rétrécir. Il n'est guère usité qu'au participe pris adjectivement : *un habit étriqué*, qui n'a pas assez d'ampleur. — *Un ouvrage de littérature étriqué*, qui n'est pas assez développé. Il est familier. — T. de pêche, passer les doigts entre les harengs qui sont aux ainettes, pour les empêcher de se toucher. — S'ÉTRIQUER, v. pron.

ÉTRISTÉ, E, adj. (*étricelé*), t. de vén., se dit d'un chien qui a les jarrets bien formés.

ÉTRIVE, subst. fém. (*étrive*), t. de marine. On dit qu'une manœuvre vient en *étrive*, lorsqu'au lieu d'être tendue en direction, elle forme un angle par la rencontre d'un objet qui la détourne.

ÉTRIVÉ, E, part. pass. de *étriver*.

ÉTRIVER, v. act. (*étrivé*), lutter.—S'ÉTRIVER, v. pron. (*Amyot*.) Hors d'usage.

ÉTRIVIÈRE, subst. fém. (*étrivière*), courroie qui sert à porter les *étriers*. — *Donner les étrivières à quelqu'un*, le frapper avec des *étrivières* ou tout autre fouet. — Fig. et fam., le maltraiter extrêmement et d'une manière déshonorante.

ÉTROIT, E, adj. (*étroè, troète*) (en lat. *strictus*, fait de *stringere*, serrer, étreindre), qui a peu de largeur. — Au fig., qui est fort borné : *génie étroit, esprit étroit*; et prov.: *front étroit, crâne étroit*. — En morale, il se dit par opposition à *relâché*, et signifie rigoureux, sévère : *étroite observance; conscience étroite*. Dans cette acception, *étroit* est synonyme de *strict*, avec cette différence qu'*étroit* désigne plutôt ce que la chose est en soi, et *strict*, la manière dont on la prend: *une obligation est étroite* (rigoureuse) *en elle-même*; et *on prend une obligation dans le sens strict* ou dans toute la rigueur de la lettre.—On dit qu'*un homme a la conscience étroite*, pour signifier qu'il a des principes sévères ou des sentiments scrupuleux. — *Cheval étroit de boyau*, qui a peu de flanc. — *Conduire un cheval étroit*, lui donner peu de terrein, empêcher qu'il ne marche large, le rapprocher du centre de la volte.—*A l'*ÉTROIT, loc. adv., dans un espace *étroit*: *logé à l'étroit*. — Fig. : *être à l'étroit, réduit à l'étroit; vivre à l'étroit*, être pauvre.

ÉTROITEMENT, adv. (*étroèteman*), à l'*étroit* : *logé étroitement*. — Extrêmement : *étroitement uni*. — A la rigueur : *s'attacher étroitement à la règle*.—Expressément : *on lui a étroitement défendu, enjoint étroitement de*...

ÉTROITESSE, subst. fém. (*étroètèce*), qualité d'une chose qui est *étroite*.

ÉTRON, subst. mas. (*étron*) (du latin barbare *struntus*), matière fécale qui a quelque consistance. Il se dit de celle de l'homme et de quelques animaux. Par politesse, on évite de se servir de ce mot dans la conversation.

ÉTRONÇONNÉ, E, part. pass. de *étronçonner*.

ÉTRONÇONNER, v. act. (*étronçoné*) : *étronçonner un arbre*, en couper toutes les branches et ne lui conserver que le tronc. — S'ÉTRONÇONNER, v. pron.

ÉTROPE, subst. fém. (*étrope*), t. de marine, la corde qui soutient et suspend un moufle de poulie. On la nomme aussi *herse de poulie*.

ÉTROUSSE, subst. fém. (*étrouce*), t. de vieille jurisprudence, se disait d'une adjudication faite en justice.

ÉTROUSSÉ, E, part. pass. de *étrousser*.

ÉTROUSSER, v. act. (*étroucé*), t. de vieille jurisprudence, adjuger en justice. — S'ÉTROUSSER, v. pron. Hors d'usage.

ÉTRUFFÉ, E, adj. (*étrufé*), t. de chasse : *chien étruffé*, devenu boiteux par quelque défaut de la cuisse. (*Boiste*.)

ÉTRUFFURE, subst. fém. (*étrufure*), état ou mal d'un chien *étruffé*. (Boiste.)

ÉTRUSQUE, subst. propre des deux genres (*étruceke*) (en lat. *Etruscus*), nom d'anciens habitants de l'Etrurie, dont il reste beaucoup de monuments, qu'on appelle du même nom *étrusque* au sing. mas.

ÉTUAILLES, subst. fém. plur. (*étuâ-ie*), t. de salines, se dit des magasins où l'on dépose le sel en grains.

ÉTUDE, subst. fém. (*étude*) (en lat. *studium*, fait du grec σπουδή, attention, soin particulier), travail, application d'esprit pour apprendre les sciences, les lettres, les arts. — Connaissances acquises par l'application de l'esprit : *il a de l'étude*. — Il se dit par extension de toute autre chose que des sciences : *la bonne chère est toute son étude*. — Lieu où les gens de pratique mettent leurs papiers et font leurs écritures : *étude de notaire, d'avoué*. — Dessins particuliers d'un peintre; essais qu'il fait en exerçant son art. — *Ce jeune homme a fait ses études*, a étudié en grammaire, en rhétorique et en philosophie : *il a fait de bonnes études*; il a étudié avec succès.— *Faire son étude de quelque chose, mettre son étude à quelque chose*, s'y appliquer, y porter une grande attention, chercher tous les moyens d'y parvenir.

ÉTUDIANT, subst. mas. (*étudian*), celui qui *étudie* : *étudiant en médecine; il y a bien des étudiants dans cette université*. — Ceux qui n'en sont qu'à leurs humanités dans les colléges se nomment *écoliers*.—Si l'on avait besoin de se servir de cette expression au fém., il ne faudrait pas hésiter à dire et à écrire *étudiante*.

ÉTUDIÉ, E, part. pass. de *étudier* et adj., fait avec soin. — Feint, affecté : *une joie étudiée*.

ÉTUDIER, v. act. (*étudié*) (en lat. *studere*, fait de *studium*), apprendre : *étudier les mathématiques, l'histoire romaine*. — Tâcher d'entendre un auteur, une affaire. — S'efforcer d'apprendre par cœur. — Méditer, préparer, composer : *il étudie ce qu'il doit dire*. — Fig., observer le génie, les inclinations d'une personne : *j'ai fort étudié cet homme*. — Neutralement, s'appliquer à quelque science pour l'apprendre. Voy. APPRENDRE. — S'ÉTUDIER, v. pron., s'attacher, s'appliquer : *il s'étudie à plaire*. — *S'étudier soi-même*, tâcher d'apprendre à se connaître.

ÉTUDIOLE, subst. fém. (*étudiole*), anciennement, petit meuble à plusieurs tiroirs, qui se place sur une table, pour y serrer des papiers d'étude. Entièrement hors d'usage.

ÉTUI, subst. mas. (*étui*) (suivant *Robert Étienne*, *Nicot* et le *P. Labbe*, du latin *theca*, qui signifie la même chose; suivant *Ménage*, de l'italien *stuccio*, dit pour *astuccio*, dont la signification est également la même), tout ce qui est fait pour conserver une chose. — Petit meuble de poche à mettre des aiguilles.—*Étui de mathématiques*, qui en contient les divers instruments.— —T. d'hist. nat., enveloppe dure qui recouvre et protége les ailes dans certains insectes. Voy. ÉLYTRE.

ÉTULIE, subst. fém. (*étuli*), t. de bot., genre de plantes de la famille des composées.

ÉTUVE, subst. fém. (*étuve*) (en latin barbare *stuffa*), lieu qu'on échauffe pour faire suer. On le dit plus souvent au plur. : *aller aux étuves*. — L'*étuve* pour prendre des bains est *sèche* ou *humide*. L'*étuve humide* se nomme aussi *bain de vapeur*. — Sorte d'armoires propres aux garde-robes, aux offices, etc., pour faire sécher le linge ou pour y prendre des bains, etc. — *Étuve*, en confiserie, est un ustensile en forme de petit cabinet où il y a, par étage, diverses tablettes de fil d'archal, pour soutenir ce qu'on y veut faire sécher. — *Étuve*, en t. de raffinerie de sucre, est une pièce de fonte de trois pieds de long sur deux de large, que l'on chauffe, et qui est destinée à communiquer de la chaleur dans les lieux où elle est nécessaire. *Étuve* se dit encore, dans les raffineries, de l'endroit où l'on met *étuver* le sucre en pains. — Les chapeliers font sécher leurs chapeaux dans des *étuves*, à deux reprises différentes; la première fois, après qu'ils ont été dressés et mis en forme au sortir de la foulerie; la seconde, après qu'ils ont été tirés de la teinture. — Les horlogers se servent d'*étuves* pour connaître l'influence des différents degrés de chaleur indiqués par le thermomètre sur les horloges. — On appelle *étuve économique*, une *étuve* propre au dessèchement des grains. — *Étuves naturelles*, cavernes qui se trouvent dans des laves ou tufs volcaniques près des volcans éteints, et d'où il sort, par les fissures de la pierre, des vapeurs chaudes et humides, ordinairement accompagnées de divers gaz, et surtout de gaz hydrogène sulfuré. Ces *étuves* offrent des bains de vapeur qu'on regarde comme très-salutaires dans les affections rhumatismales, et dans toutes les maladies dont le traitement exige une forte transpiration. — On dit par exagération qu'*une chambre est une étuve* pour dire qu'elle est bien chaude en hiver. —T. de mar.; on distingue deux *étuves* dans les ports, l'*étuve de corderie*, formée de fourneaux et chaudières où se goudronnent les fils de carret, et l'*étuve à bordage*, qui est beaucoup plus considérable.

ÉTUVÉ, E, part. pass. de *étuver*.

ÉTUVÉE, subst. fém. (*étuvé*), certaine manière de cuire, d'assaisonner les viandes, du poisson : *mettre du veau, une carpe à l'étuvée; faire une étuvée de*...

ÉTUVEMENT, subst. mas. (*étuveman*), action d'*étuver*.

ÉTUVER, v. act. (*étuvé*), laver et nettoyer quelque plaie ou blessure en appuyant doucement. — S'ÉTUVER, v. pron.

ÉTUVISTE, subst. des deux genres (*étuvicete*), celui qui tient des *étuves*. Fort peu usité aujourd'hui. On dit *baigneur*.

ÉTYM., abréviation du mot *étymologie*.

ÉTYMOLOGIE, subst. fém. (*étimoloji*) (en grec ετυμολογια, fait de ετυμος, vrai, véritable, et λογος, mot, dérivé de λεγω, je dis), origine d'un *mot*; la source dont il est dérivé; explication de son *véritable* sens, par le sens particulier de chacun des *mots* élémentaires dont il est composé. — Le mot dont vient un autre mot s'appelle *primitif*; celui qui vient du *primitif* s'appelle *dérivé*. On donne quelquefois, mais à tort, au *primitif* même le nom d'*étymologie*. Ainsi l'on dit que le mot latin *pater* est l'*étymologie* du mot français *père*.

ÉTYMOLOGIQUE, adj. des deux genres (*étimolojike*), qui a rapport à l'*étymologie*.

ÉTYMOLOGISÉ, E, part. pass. de *étymologiser*.

ÉTYMOLOGISER, v. act. (*étimolojizé*), donner une *étymologie*. — S'ÉTYMOLOGISER, v. pron.

ÉTYMOLOGISTE, subst. des deux genres (*étimolojicete*), celui qui recherche ou qui connaît l'origine des mots.

EU, subst. propre mas. (*eu*), ville de France, chef-lieu de canton, arrond. de Dieppe, dép. de la Seine-Inférieure.

EU, EUE, part. pass. du verbe *avoir* (*u*); il ne s'emploie que dans les temps composés de son verbe : *j'ai eu; la fièvre qu'il avait eue*.

EUBAGES, subst. mas. plur. (*eubaje*), prêtres gaulois ou druides qui s'appliquaient à la divination par la physique et par l'astronomie.

EUBÉE, subst. propre fém. (*eubé*), fille d'Astérion et nourrice de Junon.—*Eubée* est aussi une île séparée de la Béotie par le détroit d'Euripe. Ce n'est pas de cette île qu'il faut entendre dans les poëtes : *carmen Euboïcum*, l'oracle d'*Eubée*, *rupes Euboïca*, l'antre d'*Eubée*; *sibylla Euboïca*, la sibylle d'*Eubée*, mais de Cumes, ville d'Italie, bâtie et habitée par une colonie des habitants de l'île d'*Eubée*, aujourd'hui le Négrepont.

EUBOÏQUE, subst. mas. (*eubo-ike*), ancienne monnaie grecque.

EUBULE, subst. propre fém. (*eubule*), myth., une des filles de Danaüs.

EUBULEUS, subst. propre mas. (*eubulé-uce*) (du grec εὐβουλεύς, donneur de bons conseils), myth., un des dieux Dioscures.

EUBULIE, subst. propre fém. (*eubuli*) (du grec

ευβουλια, sagesse, bon conseil) myth., déesse du bon conseil.

EUBULUS, subst. propre mas. (*eubuluce*), myth., aïeul de Britomarte.

EUCALYPTES, subst. mas. plur. (*eukalipete*) (du grec ευ, bien, et καλυπτω, je couvre), plantes myrthoïdes, à calice avec opercule.

EUCÉLION, subst. mas. (*eucélion*) (du grec ευκηλια, repos, immobilité), t. de bot., genre de plantes de la famille des alcyons.

EUCÈRE, subst. fém. (*eucère*) (du grec ευ, bien, et κερας, corne ou antenne), t. d'hist. nat., espèce d'abeille dont les antennes très-longues ne sont pas brisées.

EUCHARISTIE, subst. fém. (*eukariceti*) (du grec ευχαριστια, action de grace, formé de ευ, bien, et χαρις, grace, parce que ce sacrement est l'action de grace la plus agréable à Dieu qu'un chrétien puisse lui rendre), le sacrement du corps et du sang de notre Seigneur Jésus-Christ, sous les espèces du pain et du vin.

EUCHARISTIQUE, adj. des deux genres (*eukaricetike*), qui appartient au sacrement de l'*eucharistie : les espèces eucharistiques.*

EUCHITES, subst. mas. plur. (*eukite*) (du grec ευχη, prière), sectaires qui faisaient consister toute la religion dans la prière seule.

EUCHLORINE, subst. fém. (*euklorine*) (du grec ευχλωρος, formé de ευ, bien, et χλωρος, verdâtre), t. de chim., nom donné au gaz; protoxyde de chlore.

EUCHRÉE, subst. fém. (*eukré*), t. d'hist. nat., genre d'insectes voisin de celui des stilbes.

EUCHROÉ, subst. fém. (*eukro-é*) (du grec ευχροος, formé de ευ, bien, et χροια, couleur), t. de médec., teinture animée de la peau qui annonce une bonne santé.

EUCHYLE, subst. fém. (*euchile*) (du grec ευχυλος, succulent), t. de bot., plante exotique de la décandrie monogynie.

EUCHYLIE, subst. fém. (*euchili*) (du grec ευχυλια, bon goût, excellence des sucs), t. de médec., bonne nature des fluides d'un corps vivant.

EUCHYMIE, subst. fém. (*euchimi*) (du grec ευχυμια, abondance, excellence des sucs), t. de médec., bonne nature des liquides du corps humain.

EUCLASE, subst. fém. (*euklâze*), t. d'hist. nat., pierre que son éclat et sa couleur ont fait placer parmi les gemmes.

EUCLÉE, subst. fém. (*euklé*), t. de bot., arbrisseau toujours vert du cap de Bonne-Espérance. — T. de myth., subst. propre (du grec ευκλεης, glorieux), surnom de Diane honorée à Thèbes.

EUCLIDIE, subst. fém. (*euklidi*), t. de bot., genre de plantes établi aux dépens des myagres.

EUCOLOGE, subst. mas. (*eukoloje*) (du grec ευχη, prière, et λογος, discours), livre de prières dans lequel se trouvent l'office du dimanche et celui des fêtes chômées.

EUCOME, subst. fém. (*eukome*) (du grec ευκομος, qui a de beaux cheveux), t. de bot., genre de plante que l'on nomme aussi basile, espèce de fritillaire.

EUCRASIE, subst. fém. (*eukrazi*) (en grec ευκρασια, formé de ευ, bien, et κρασις, tempérament), t. de médec., bon tempérament.

EUCRATE, subst. propre fém. (*eukrate*) (du grec ευκρατος, bien réglé), myth., une des Néréides.

EUCRATÉE, subst. fém. (*eukraté*), t. d'hist. nat., genre de polypiers établi aux dépens des cellulaires.

EUCRYPHIE, subst. fém. (*eukrifi*), t. de bot., grand arbre du Chili, appelé aussi *chêne du Chili*, dont le bois est rouge et presque incorruptible.

EUDÉMONIES, subst. fém. plur. (*eudémoni*) (du grec ευδαιμονια, bonheur), myth., fêtes célébrées dans l'ancienne Rome en l'honneur de la déesse *Félicité*. Voy. ce dernier mot.

EUDESMIE, subst. fém. (*endèceml*), t. de bot., arbrisseau exotique de la famille des myrtoïdes.

EUDIAPNEUSTIE, subst. fém. (*eudiapeneuceti*) (du grec ευ, bien, δια, par, et πνεω, je respire), t. de médec., respiration facile.

EUDIOMÈTRE, subst. mas. (*eudiomètre*) (du grec ευδιος, serein, fait de ευδια, temps serein, et μετρον, mesure), instrument de physique propre à mesurer la salubrité de l'air, ou plutôt à évaluer la quantité de gaz oxygène qui y existe. Il a été inventé par l'abbé *Fontana*.

EUDIOMÉTRIE, subst. fém. (*eudiométri*) (même étym. que celle du mot précédent), t. de physique, art d'analyser l'air atmosphérique, et surtout de reconnaître combien un lieu quelconque contient de parties d'air vital ou de gaz oxygène.

EUDIOMÉTRIQUE, adj. des deux genres (*eudiométrike*), qui concerne l'*eudiomètre* ou l'*eudiométrie*.

EUDISTE, subst. mas. (*eudicete*), ancienne congrégation de prêtres séculiers.

EUDORE, subst. fém. (*eudore*) (du grec ευδωρος, qui fait de beaux présents, fertile), t. d'hist. nat., genre établi dans la famille des méduses.—Myth., subst. propre fém., l'une des Hyades.—C'était aussi le nom d'une nymphe.

EUDORUS, subst. propre mas. (*eudoruce*), myth., fils de Mercure, qui accompagna Achille au siége de Troie.

EUDROME, subst. mas. (*eudrome*), myth., air que les Argiens jouaient sur le hautbois en l'honneur de Jupiter.

EUDROMUS, subst. propre mas. (*eudromuce*) (du grec ευδρομος, bon coureur), myth., l'un des chiens d'Actéon.

EUDYPTE, subst. mas. (*eudiepte*), t. d'hist. nat., nom générique des gorfous, oiseaux aquatiques.

EUÉMIE, subst. fém. (*eu-émi*) (du grec ευ, bien et αιμα, sang), t. de médec., bonne nature de sang.

EUÉRÉTHISME, subst. mas. (*eu-éréticeme*) (du grec ευ, bien, et de ερεθω, j'irrite, je provoque), t. de médec., irritation normale des muscles.

EUEXIE, subst. fém. (*euékci*) (du grec ευ, bien, et εξις, habitude du corps), t. de médec., bonne disposition du corps.

EUFRAISE, subst. fém. (*Académie.*) Voy. EUPHRAISE, seule orthographe possible.

EUGÉNIA, subst. fém. (*eujénia*), t. de bot., genre de plantes.

EUGÉNIOÏDE, subst. fém. (*eujéno-ide*), t. de bot., arbre de Ceylan.

EUGÉRIE, subst. propre fém. (*eujéri*), myth., déesse à laquelle les dames romaines sacrifiaient pour être préservées d'accidents pendant leur grossesse.

EUGLOSSE, subst. fém. (*eugueloce*), t. d'hist. nat., genre d'insectes de l'ordre des hyménoptères.

EUGRAPHE, subst. mas. (*euguerafe*) (du grec ευ, bien, et γραφω, je decris), sorte de chambre obscure qui a la propriété de représenter les objets dans leur position naturelle, et avec la plus grande netteté.

EUHYAS ou **ÉVIAS**, subst. fém. (*eu-i-âce, éviâce*), myth., bacchante. Voy. ÉVAN.

EUHYUS, subst. propre mas. (*eu-i-uce*) (du grec ευ, bon, et υιος, fils), myth., surnom de Bacchus.

EUILLETTE, subst. fém. (*eu-iète*), t. de bot., petite graine de pavot.

EULABES, subst. mas. plur. (*eulabe*), t. d'hist. nat., nom générique des oiseaux que l'on a nommés *mainates*.

EULIMÈNE, subst. fém. (*eulimène*), t. d'hist. nat., genre de crustacés.—C'est aussi le nom d'un genre de méduses.

EULOGE, subst. mas. (*euloje*) (du grec ευλογια, louange); ce mot voulait dire chez les Grecs, prière, bénédiction, épitaphe, testament.

EULOGIES, subst. fém. plur. (*euloji*) (du grec ευλογεω, je bénis, formé de ευ, bien, et de λεγω, je dis), t. de liturgie, mets, viandes qu'on envoyait pour être bénites; espèce de pain bénit dans l'Église grecque. Quand les chrétiens grecs ont coupé un morceau de pain pour le consacrer, ils taillent le reste en petits morceaux, qu'ils distribuent à ceux qui n'ont pas encore communié, et qu'ils envoient à ceux qui sont absents. Ces morceaux sont ce qu'ils appellent *eulogies*. Pendant plusieurs siècles, l'Église latine a eu quelque chose de semblable aux *eulogies*, et c'est de là qu'est venu l'usage du pain bénit. —L'emploi de ce terme passa aux présents qu'on faisait à quelqu'un sans aucune bénédiction, et qui consistaient en mets ou en vins. — L'eucharistie a aussi porté quelquefois le nom d'*eulogie*.

EULOPHE, subst. mas. (*eulofe*), t. d'hist. nat., genre d'insectes de l'ordre des hyménoptères.

EUMAÏCE, subst. mas. (*euma-ice*), sorte de baume.

EUMÈDE, subst. propre mas. (*eumède*), myth., père de Dolon.

EUMÉDON, subst. mas. (*eumédon*), t. d'hist. nat., nom d'une espèce de papillon.

EUMÉE, subst. propre mas. (*eume*), myth., intendant des troupeaux d'Ulysse, qu'il reçut, sans le reconnaître, à son retour dans l'île d'Ithaque, et à qui il facilita les moyens de se venger des poursuivants de Pénélope.

EUMÉLUS, subst. propre mas. (*eumèluce*), fils d'Admète, roi de Thessalie, et d'Alceste. — C'était aussi le nom d'un Troyen de la suite d'Énée.

EUMÈNE, subst. fém. (*eumène*), t. d'hist. nat., genre d'insectes de l'ordre des hyménoptères.

EUMÉNIDE, subst. propre fém. (*euménide*) (en grec ευμενιδες, fait par antiphrase de ευμενης, doux, bienfaisant, formé de ευ, bien, et de μενος, esprit), myth., furies, filles d'Enfer, selon d'autres, de l'Achéron et de la Nuit. Elles étaient trois, savoir : Alecton, Mégère et Tisiphone ; elles châtiaient dans le Tartare, et flagellaient avec des serpents et des flambeaux ardents ceux qui avaient mal vécu. On les représente coiffées de couleuvres, tenant des serpents et des flambeaux dans leurs mains.

EUMÉNIDIES, subst. fém. plur. (*euménidi*), myth., fêtes annuelles à Athènes, en l'honneur des Euménides.

Eûmes, 1re pers. plur. prét. déf. du verbe irrégulier AVOIR.

EUMOLPE, subst. propre mas. (*eumolepe*), myth., fils de Neptune et de Chioné. Il fut prêtre de Cérès, et c'est de son nom que ceux qui présidaient à ses mystères se nommaient *Eumolpides*.

EUMOLPIDES, subst. propre mas. pl. (*eumolepide*), myth., prêtres de Cérès qui avaient, dans Athènes, le pouvoir d'initier aux mystères de cette déesse, et d'en exclure. Cette excommunication se faisait avec des imprécations exécrables; elle ne cessait que quand ils le jugeaient à propos. Ils tiraient leur nom d'*Eumolpe*, roi des Thraces, dont le fils fut tué dans un combat où il secourait les Eleusiens contre les Athéniens.

EUMORPHE, subst. mas. (*eumorfe*) (du grec ευμορφος, bien fait), t. d'hist. nat., genre d'insectes de l'ordre des coléoptères.

EUNICE, subst. propre fém. (*eunice*), myth., une des nymphes qui enlevèrent Hylas.

EUNICÉE, subst. fém. (*eunicé*), t. d'hist. nat., genre de néréides. — C'est aussi le nom d'un genre de polypiers.

EUNOTSUS, subst. propre mas. (*eunoteçuce*), myth., divinité particulièrement révérée à Tanagra, dans la Béotie. L'entrée de son temple était sévèrement interdite aux femmes.

EUNUCHISME, subst. mas. (*eunuchiceme*) (du grec ευνουχιζω, je mutile), t. de chir., castration.

EUNUQUE, subst. mas. (*eunuke*) (du grec ευνουχος, gardien de lit, fait de ευνη, lit, et de εχω, je garde), nom donné à un homme auquel on a ôté la faculté d'engendrer, et dont on se sert en Orient pour garder les femmes.—T. d'hist. eccl., secte d'hérétiques du troisième siècle, qui se mutilaient eux-mêmes.

EUOMPHALUS, subst. mas. (*eu-onfaluce*), t. d'hist. nat., genre de coquilles fossiles univalves.

EUOSME, subst. mas. (*eu-oceme*) (du grec ευοσμια, bonne odeur), t. de bot., arbrisseau exotique.

EUPARE, subst. fém. (*eupare*), t. de bot., genre de plantes de la famille des primulacées.

EUPATHIE, subst. fém. (*eupati*) (du grec ευ, bien, et παθος, souffrance), t. de médec., douceur, résignation dans les souffrances.

EUPATOIRE, subst. fém. (*eupatoare*) (du grec ευπατοριον, formé de ευπατορ, bon père, surnom de Mithridate, roi de Pont, à qui l'on attribue la découverte de cette plante : ευπατορ a pour racines ευ, bien, et πατηρ, père), t. de bot., plante vivace, à fleur flosculeuse, et dont la racine est un fort purgatif.

EUPATORIÉES, subst. fém. plur. (*eupatorié*), t. de bot., tribu de plantes établi dans la famille des synanthérées.

EUPEPSIE, subst. fém. (*eupèpeci*) (en grec ευπεψια, formé de ευ, bien, et de πεπτω, je cuis, je digère), t. de médec., bonne digestion.

EUPÉTALE, subst. fém. (*eupétale*), pierre précieuse que l'on a présumée être une opale.—T. de bot., nom d'un laurier nain à grandes feuilles.

EUPÉTALON, subst. mas. (*eupétalon*) (du grec ευπεταλος, qui a de belles feuilles), t. de bot., plante des anciens que l'on croit être une daphné.

EUPHÉE, subst. fém. (*eufé*), t. d'hist. nat., genre d'insectes de la famille des oniscoïdes.

EUPHÉMÉ, subst. propre fém. (*euféme*)(du grec ευφημια, bonne renommée), myth., nourrice des Muses.

EUPHÉMIE, subst. fém. (*euféml*) (du grec ευ, bien, et φημι, je parle), prière des Lacédémoniens, qui consistait à demander aux dieux : *ut pulchra bonis adderent.*

EUPHÉMISME, subst. mas. (*eufémiceme*) (du grec ευφημισμος, discours de bon augure, fait de ευ, bien, heureusement, et de φημι, je dis), t. de rhétorique, figure ou trope qui consiste à déguiser à l'imagination des idées qui sont ou peu honnêtes ou désagréables, ou tristes ou dures, et à ne point se servir en conséquence des expressions propres, qui exciteraient directement ces idées.—C'est par *euphémisme* qu'on dit à un pauvre : *Dieu vous assiste ! Dieu vous bénisse !* au lieu de lui dire, *je n'ai rien à vous donner ;* à quelqu'un que l'on veut renvoyer : *voilà qui est bien, je vous remercie ;* au lieu de lui dire : *allez-vous-en.*

EUPHÉMUS, subst. propre mas. (*eufémuce*), myth., fils de Neptune, qui, après la mort de Tiphys, fut le pilote des Argonautes.

EUPHLOGIE, subst. fém. (*eufloji*), t. de médec., inflammation bénigne dans quelque partie du corps.

EUPHLOGIQUE, adj. des deux genres (*eufloji-ke*), t. de médec., qui a rapport à l'*euphlogie.*

EUPHONE, subst. fém. (*eufone*) (du grec ευ, bien, et φωνη, voix), t. d'hist. nat., espèce d'animal du genre des tangaras.

EUPHONIE, subst. fém. (*eufoni*) (du grec ευ, bien, et φωνη, voix), son agréable d'une seule voix ou d'un seul instrument. —En t. de grammaire, prononciation facile. C'est par *euphonie* qu'on dit *mon amie*, et même *m'amie*, au lieu de *ma amie*, dont la prononciation serait dure et difficile.

EUPHONIQUE, adj. des deux genres (*eufonike*), appartenant à l'*euphonie ;* favorable à l'*euphonie*, surtout dans cette seconde acception : *articulations euphoniques.* — *Lettres euphoniques*, celles qui ne sont ajoutées au commencement ou à la fin d'un mot que pour en adoucir la prononciation en évitant un hiatus. Les *lettres euphoniques* sont *l, s, t ; si l'on* pour *si on ; apporte-s-en* pour *apporte-en ; viendra-t-il* pour *viendra-il.*

EUPHORBE ou **EUPHORBIER**, subst. mas. (*euforbe, forbié*) (du grec ευφορβια, bonne nourriture), t. de bot., genre de plantes à fleur campaniforme, dont les espèces sont très-multipliées.

EUPHORBE, subst. propre mas. (*euforbe*), myth., Troyen, fils de Panthoüs, tué par Ménélas au siége de Troie. Pythagore, pour prouver la métempsychose, assurait avoir été cet *Euphorbe.*

EUPHORBIACÉES, subst. fém. plur. (*euforbiacé*), t. de bot., nom générique de la famille des *euphorbes.*

EUPHORBION, subst. mas. (*euforbion*), sorte de plante des anciens.

EUPHORIE, subst. fém. (*eufori*) (en grec ευφορια, qui signifie, dans Gallien, *facilité à supporter une maladie*, de ευ, bien ou facilement, et de φερω, je porte), t. de médec., soulagement éprouvé par évacuation.

EUPHOTIDE, subst. fém. (*eufotide*), t. d'hist. nat., espèce de roche formée de diallage.

EUPHRADÈS, subst. propre mas. (*eufradèce*) (du grec ευφραινω, je réjouis), myth., génie qui présidait à la joie et aux plaisirs des festins.

EUPHRAISE, subst. fém. (*eufrèze*), t. de bot., plante du genre des rhinantoïdes.

EUPHRONE, subst. propre fém. (*eufrone*) (du grec ευφρονη, qui porte conseil), myth., nom que les Grecs donnent à la Nuit. C'est la même qu'*Eubulie.*

EUPHROSYNE, subst. propre fém. (*eufrozine*) (du grec ευφροσυνη, prudence, gaieté), myth., l'une des trois Graces. — T. de bot., sorte de plante.

EUPHYRUS, subst. propre mas. (*eufiruce*), myth., un des fils de Niobé.

EUPLASIE, subst. fém. (*euplazi*), t. de médec., matière animale essentiellement organisable.

EUPLOÉE, subst. propre fém. (*euplo-é*) (du grec ευπλοια, heureuse navigation), myth., surnom de Vénus que l'on invoquait pour avoir une heureuse navigation.

EUPNÉE, subst. fém. (*eupené*) (du grec ευ, bien, et πνεω, je respire), t. de médec., facilité de respirer.

EUPODE, subst. fém. (*eupode*) (du grec ευπους, génitif ευποδος, qui a de beaux pieds), t. d'hist. nat., famille d'insectes de l'ordre des coléoptères

EUPOMATIE, subst. fém. (*eupomaci*), t. de bot., arbre exotique de la famille des hilospermes.

EURCHON, subst. mas. (*eurkon*), t. d'hist. nat., espèce d'érinace.

EURE, subst. propre fém. (*eure*), département de France qui tire son nom de la rivière qui le traverse.

Eurent, 3e pers. plur. prét. déf. du verbe irrégulier AVOIR.

EURE-ET-LOIR, subst. propre mas. (*euréloar*), dép. de France, qui tire son nom des deux rivières qui le traversent.

EURIA, subst. fém. (*euria*), t. de bot., arbrisseau du Japon.

EURIALE, subst. fém. (*euriale*), t. d'hist. nat., genre d'astéries.

EURIPE, subst. fém. (*euripe*), canal d'embellissement.—Bras de mer.

EURITE, subst. fém. (*eurite*), t. d'hist. nat., le feldspath granulaire, espèce de roche.

EUROPE, subst. propre fém. (*europe*) (en lat. *Europa*, en grec Ευρωπη), l'une des quatre parties du monde. — Myth., fille d'Agénor, roi de Phénicie, et sœur de Cadmus. Cette princesse était si belle, qu'on disait qu'une des compagnes de Junon avait dérobé un petit pot de fard sur la toilette de cette déesse pour le donner à Europe. Elle fut fort aimée de Jupiter, qui prit la figure d'un taureau pour l'enlever, passa la mer, la tenant sur son dos, et l'emporta dans cette partie du monde à laquelle elle donna son nom.

EUROPÉEN, adj. et subst. mas., au fém. **EUROPÉENNE** (*europé-ein, ène*), qui est de l'*Europe.*

EUROPÉENNE, subst. et adj. fém. Voy. EUROPÉEN.

EUROPOME, subst. mas. (*europome*), t. d'hist. nat., nom donné à un papillon de jour qui n'habite que les lieux solitaires de France.

EUROPUS, subst. propre mas. (*europuce*), myth., un des descendants d'Hercule, qui fut l'aïeul de Lycurgue.

EUROTAS, subst. propre mas. (*eurotâce*), myth., fleuve de la Laconie, sur le bord duquel Jupiter, sous la figure d'un cygne, trompa Léda, et où Apollon regretta la perte de Daphné.

EUROTE, subst. fém. (*eurote*), t. de bot., genre de plantes.

EUROTIA, subst. fém. (*eurocia*), t. de bot., l'axyris de *Linnée.*

EUROTIE, subst. fém. (*euroci*), sorte de pierre précieuse.

EURUS, subst. propre mas. (*euruce*), myth., vent d'est, presque toujours froid et violent.

EURYALE, subst. propre mas. (*euriale*) (du grec ευρυαλος, dont l'aire est large), myth., l'un des princes grecs qui allèrent au siége de Troie. —Il y eut un Troyen de ce nom qui suivit Énée après la ruine de Troie, et fut célèbre par sa tendre amitié pour Nisus.

EURYALÉ, subst. propre fém. (*eurialé*), myth., fille de Minos et mère d'Orion ; elle fut aimée de Neptune. Il y eut une autre Euryalé, reine des Amazones ; une autre, fille de Prœtus, et une autre, qui était une des Gorgones.

EURYBATE, subst. propre fém. (*euribate*) (du grec ευρυβαινω, je marche à grands pas), myth., héraut à qui Agamemnon donna la commission d'aller enlever Briséis à Achille.

EURYBIE, subst. propre. fém. (*euribi*) (du grec ευρυβιας, très-puissant), myth., nymphe qui fut mère de Lucifer et des étoiles.

EURYCHORE, subst. mas. (*eurikore*), t. d'hist. nat., genre de coléoptères.

EURYCLÉE, subst. propre fém. (*euriklé*), myth., fille de l'île d'Ithaque, que Laërte acheta pour vingt bœufs, et pour laquelle il n'eut pas moins d'attention que pour sa femme. Ce fut elle qui nourrit Ulysse, qui la reconnut bientôt à son retour de Troie.

EURYCLÉES, subst. propre fém. plur. (*euriklé*), myth., anciennes fêtes que l'on célébrait à Sparte.

EURYCLÉIDES, subst. mas. plur., myth. Voy. EURYCLÈS.

EURYCLÈS, subst. propre mas. (*euriklèce*), myth., célèbre devin d'Athènes. On croyait qu'il portait dans son ventre le génie qui l'inspirait, ce qui le fit surnommer Engastrimythe. Il eut des disciples qui furent appelés, de son nom, *Eurycléides.*

EURYDAMAS, subst. propre mas. (*euridamâce*), myth., surnom d'Hector. — C'était aussi le nom d'un autre Troyen.

EURYDICE, subst. propre fém.(*euridice*), myth., femme d'Orphée. En fuyant les poursuites d'Aristée, elle fut piquée par un serpent, de la morsure duquel elle mourut le jour même de ses noces. Orphée, inconsolable de cette mort, l'alla chercher jusque dans les enfers, et toucha, par les charmes de sa voix et de sa lyre, les divinités infernales. Pluton et Proserpine la lui rendirent, à condition qu'il ne regarderait point derrière lui jusqu'à ce qu'il fût sorti des enfers. Eurydice le suivait ; mais Orphée ne pouvant s'empêcher de regarder si elle venait, elle disparut aussitôt, et lui fut ravie pour toujours.—Il y eut une autre *Eurydice*, mère de Danaé.—La femme de Nestor se nommait aussi *Eurydice.*

EURYDICÉA, subst. fém. (*euridicé-a*), t. de bot., division de plantes de l'ordre des monadelphes.

EURYGANÉE, subst. propre fém. (*eurigané*), myth., femme de Laïus, selon quelques-uns.

EURYLOQUE, subst. propre mas. (*euriloke*) (du grec ευρυλογος, bavard, verbeux), myth., compagnon d'Ulysse. Il fut le seul qui ne but point de la liqueur que Circé fit prendre aux autres pour les changer en bêtes.

EURYMÉDON, subst. propre mas. (*eurimédon*) (du grec ευρυμεδων, qui règne au loin), myth., père de Péribée.—Un des fils de Minos se nommait aussi *Eurymédon.*—C'était encore le nom d'un des fils de Faunus.

EURYMIDÈS, subst. propre mas. (*eurimidèce*), myth., Télène, fils d'Eurymus.

EURYNOME, subst. propre fém. (*eurinome*), myth., fille de l'Océan et de Téthys, mère des Graces. Il y eut une fille d'Apollon qui se nommait ainsi, et qui fut mère d'Adraste et d'Ériphile.—La mère de Leucothoé se nommait aussi *Eurynome.*—C'était encore une divinité infernale qui mangeait les morts jusqu'aux os, et qu'on représentait noire et assise sur le cadavre d'un vautour, et montrant toujours les dents.

EURYNOMIES, subst. fém. plur. (*eurinomi*), myth., fêtes grecques en l'honneur d'*Eurynome.*

EURYPHILE, subst. propre fém. (*eurifile*), myth., fameuse sibylle de l'île de Samos.

EURYPODE, subst. mas. (*euripode*) (du grec ευρυς, large, et πους, génit. ποδος, pied), t. d'hist. nat., sorte de crustacé.

EURYPYLE, subst. propre mas. (*euripile*), myth., fils d'Évémon. Dans le partage du butin qu'on fit à Troie, il avait eu une caisse qui renfermait une statue de Bacchus, fabriquée par Vulcain, et donnée par Jupiter aux Troyens. Eurypyle n'eut pas plus tôt regardé dedans, qu'il en perdit l'esprit. Comme la raison lui revenait de temps en temps, il saisit un de ses bons moments pour consulter l'oracle de Delphes touchant sa maladie. Il lui fut répondu que lorsqu'il trouverait un pays où les hommes sacrifieraient avec des cérémonies étrangères, il y dédiât sa statue et s'y arrêtât. Il arriva peu de temps après au port d'Aroé, et s'y trouva dans le moment qu'on allait sacrifier un jeune garçon et une jeune fille à Diane Triclaria. S'étant arrêté dans ce lieu, et les habitants se souvenant que l'oracle leur avait prédit autrefois qu'ils seraient délivrés de la nécessité d'un si barbare sacrifice lorsqu'ils verraient arriver un roi inconnu avec une caisse où serait la statue d'un dieu, ils dédièrent cette statue, qu'on appela Ésymnète. *Eurypyle* fut guéri de sa maladie, et le peuple fut délivré d'une si cruelle cérémonie, qui lui avait été imposée par le même oracle pour expier le crime de Ménalippe et de Cométho, qui avaient profané le temple de Diane par leurs amours criminels.—Il y eut un autre *Eurypyle*, fils de Télèphe, qui aima beaucoup Cassandre, fille de Priam ; et un autre, fils d'Hercule, qui était très-habile dans l'art des augures. — *Eurypyle* a encore été le nom d'un Triton.

EURYSACE, subst. propre mas. (*eurizace*), myth., fils d'Ajax, à qui les Athéniens décernèrent des honneurs divins.

EURYSPERMUM, subst. mas. (*euricepèremome*), t. de bot., genre de plantes de la famille des protées.

EURYSTHÉE, subst. propre mas. (*euriceté*), myth., roi de Mycènes, et fils d'Amphitryon et d'Alcmène. Junon le fit naître avant Hercule, afin qu'en qualité d'aîné il eût quelque autorité sur lui : elle le suscita pour faire entreprendre à Hercule douze travaux, dans lesquels elle espérait voir périr celui à qui Jupiter avait promis de hautes destinées. Mais Hercule sortit heureusement de tous ces travaux ; et *Eurysthée*, contraint de se contenter du royaume d'Argos, cessa de persécuter Hercule.

EURYTE, subst. propre mas. (*euryte*), myth., roi d'Œchalie, père d'Iole. Ayant promis sa fille à celui qui remporterait sur lui la victoire à la lutte, Hercule se présenta, et le vainquit; mais Euryte ne voulut pas la lui donner : alors Hercule le tua d'un coup de massue, et enleva sa conquête. Voyez ATALANTE, HIPPOMÈNE, ACHÉLOÜS, HIPPODAMIE, etc. — Il y eut un centaure de ce nom qui, voulant enlever Hippodamie, fut tué par Thésée. Un frère des Titans se nommait aussi *Euryte*.—Il y eut encore un autre *Euryte*, fils de Mercure, qui se signala dans l'expédition des Argonautes.

EURYTHMIE, subst. fém. (*euritemi*) (en grec *ευρυθμια*, fait de *ευ*, bien, et *ρυθμος*, ordre, cadence, justesse, accord), bel ordre, belle proportion d'un ouvrage d'architecture, de sculpture, de peinture. Inusité.

EURYTION, subst. propre mas. (*euricion*), myth., un des Argonautes.—Virgile fait mention de deux autres *Eurytions* : l'un, fils de Lycaon; et l'autre, habile orfèvre. — Il y eut encore un berger de ce nom, qu'Hercule tua.

EURYTIS, subst. propre fém. (*euritice*), myth., Iole, fille d'*Euryte*.

DU VERBE IRRÉGULIER AVOIR :

Eus, précédé de *j'*, 1re pers. sing. prét. déf.
Eus, précédé de *tu*, 2e pers. sing. prét. déf.

EUSÉBIE, subst. propre fém. (*euzébi*) (du grec *ευσεβια*, piété), myth., nom que les Grecs donnaient à la déesse de la piété. Voyez PIÉTÉ.

EUSÉBIEN, subst. mas. (*euzébiein*), t. d'hist. ecclés., nom qu'on donna dans le quatrième siècle à une faction d'ariens, à cause de la faveur et de la protection qu'*Eusèbe*, patriarche de Constantinople, obtint pour eux de l'empereur Constance.

EUSÉMIE, subst. fém. (*euzémi*) (du grec *ευσημεια*, clarté évidente), t. de médec., concours de bons signes ou symptômes dans une maladie.

EUSENDJIS, subst. mas. plur. (*euçandeji*), t. de relat., membres du conseil impérial du grand-seigneur.

DU VERBE IRRÉGULIER AVOIR :

Eusse, 1re pers. sing. imparf. subj.
Eussent, 3e pers. plur. imparf. subj.
Eusses, 2e pers. sing. imparf. subj.
Eussiez, 2e pers. plur. imparf. subj.
Eussions, 1re pers. plur. imparf. subj.

EUSTACHE, subst. mas. (*eucetache*), couteau à un seul clou, et à manche de bois.

EUSTYLE, subst. mas. (*eucetile*) (du grec *ευ*, bien, et *στυλος*, colonne), t. d'archit., édifice où les colonnes sont bien placées, dans une proportion convenable.

DU VERBE IRRÉGULIER AVOIR :

Eut, précédé de *il* ou *elle*, 3e pers. sing. prét. déf.
Eût, précédé de *qu'il* ou *qu'elle*, 3e pers. sing. imparf. subj.

EUTASSE, subst. fém. (*eutace*), t. de bot., genre de plantes.

EUTAXIE, subst. fém. (*eutakci*) (du grec *ευταξια*, bon ordre), t. de médec., constitution bien ordonnée, où toutes les parties sont entre elles dans une harmonie convenable. — T. de bot., genre de plantes voisin de celui nommé delwinie.

EUTERPE, subst. propre fém. (*eutèrepe*) (du grec *ευτερπης*, agréable, amusant), myth., l'une des neuf Muses. Elle inventa la flûte, et c'est elle qui présidait à la musique. On la représente ordinairement sous la figure d'une jeune fille couronnée de fleurs, tenant des papiers de musique, une flûte, des hautbois, et d'autres instruments de musique auprès d'elle.

Eûtes, 2e pers. plur. prét. déf. du v. irrégulier AVOIR.

EUTHANASIE, subst. fém. (*eutanazi*) (en grec *ευθανασια*, formé de *ευ*, et de *θανατος*, mort), t. de médec., mort paisible, sans agonie.

EUTHÉNIE, subst. fém. (*euténi*) (du grec *ευθηνεια*, abondance), myth., nom sous lequel les Grecs avaient personnifié l'abondance.

EUTHÉSIE, subst. fém. (*eutézi*) (du grec *ευ*, bien, et *θησις*, situation), t. de médec., constitution vigoureuse du corps.

EUTHYME, subst. mas. (*eutime*) (du grec *ευθυμος*, plein de courage), myth., fameux athlète. Voy. LIBAN.

EUTHYMIE, subst. fém. (*eutimi*) (en grec *ευθυμια*, formé de *ευ*, bien, et de *θυμος*, caractère), repos de l'âme, tranquillité d'esprit.

EUTHYNES, subst. mas. plur. (*eutine*) (du grec *ευθυνος*, vérificateur de comptes), magistrats athéniens qui révisaient les comptes de la république.

EUTONIE, subst. fém. (*eutoni*) (en grec *ευτονια*, formé de *ευ*, bien, et de *τονος*, ton), t. de médec., intégrité du ton, de la force des organes.

EUTYCHÉENS, subst. mas. (*eutiché-ein*) (d'*Eutychès*), sectaires chrétiens qui refusaient d'admettre deux natures en Jésus-Christ.

EUTRAPÉLIE, subst. fém. (*eutrapéli*) (du grec *ευ*, bien, et *τρεπω*, je tourne), en parlant des anciens, manière de plaisanter, agréable finesse. Il ne s'emploie que dans le style noble.

EUTROPHIE, subst. fém. (*eutrofi*) (en grec *ευτροφια*, formé de *ευ*, bien, et de *τρεφω*, je nourris), t. de médec., nourriture bonne et abondante.

EUX, plur. mas. du pron. pers. *lui* (*eu*). Il ne s'emploie pas comme singulier, en régime indirect, sans le secours d'une préposition exprimée; on y supplée par le pronom *leur*, qui se dit au mas. et au fém. Il se met toujours après le verbe, et souvent il est précédé d'une préposition. S'il n'en est pas précédé, il est le sujet d'une proposition; alors il ne se met jamais seul, et est suivi ou d'un substantif, ou de l'adjectif *mêmes*; *ils souffrent beaucoup*, EUX *et leurs enfants*, c'est-à-dire, *eux et leurs enfants souffrent beaucoup; ils le disent* EUX-*mêmes*. — Après un substantif suivi de la préposition *de*, on n'emploie pas *eux*; au lieu de ce pronom, on met l'adjectif possessif *leur* avant le substantif. On ne dit pas *c'est le livre d'*EUX; mais, *c'est leur livre*. Cependant on dit : *j'ai besoin d'eux ; j'ai soin d'eux* ; parce qu'*avoir besoin, avoir soin* sont deux verbes, et qu'il ne s'agit pas ici d'un sens possessif. — On s'en sert aussi pour rappeler au mas. l'idée du pronom *les* mis en régime direct, et lier ce pronom avec une proposition incidente : *vous les blâmez*, EUX *qui n'ont suivi que vos conseils*. — *Eux* rappelle encore ce même pronom au masculin, lorsque ce pronom partage la fonction de régime avec un ou plusieurs substantifs placés après le verbe, et sert à le lier avec ces substantifs : *je les ai vus*, EUX *et leurs enfants : je les ai vus*, EUX, *leurs femmes et leurs enfants*. — *Eux* sert aussi, dans un cas semblable, à rappeler l'idée du pronom *leur*, employé comme régime indirect : *je leur ai parlé, à* EUX *et à leurs adhérents*. — On peut dire, *je veux leur parler*, ou *je veux parler à* EUX; mais avec la même différence de sens que nous donnons au mot *lui*. Voy. LUI, LEUR.

EUZOODYNAMIE, subst. fém. (*euzo-odinami*) (du grec *ευ*, bien, *ζωον*, animal, et *δυναμις*, force), t. de médec., état de santé parfaite.

EUZOODYNAMIQUE, adj. des deux genres (*euzo-odinamike*), t. de médec., qui a rapport à l'*euzoodynamie*.

ÉVACUANT, E, adj. (*évaku-an, ante*), qui *évacue*.—Subst. mas. : *les évacuants l'ont soulagé*.

ÉVACUATIF, adj. mas., au fém. ÉVACUATIVE, (*évaku-atif, tive*) : *remède évacuatif*, qui *évacue*.

ÉVACUATION, subst. fém. (*évaku-âcion*) (en lat. *evacuatio*), action d'*évacuer* les humeurs : *faire une grande évacuation*. — Les matières *évacuées*.—Action d'*évacuer* une place assiégée, en conséquence d'un traité, d'une capitulation.

ÉVACUATIVE, adj. fém. Voy. ÉVACUATIF.

ÉVACUÉ, E, part. pass. de *évacuer*.

ÉVACUER, v. act. (*évaku-é*) (en lat. *evacuare*), vider, faire sortir. Il se dit en médec. : *évacuer les mauvaises humeurs, la bile*.—En t. de guerre, *évacuer une place, une province, un pays*, en sortir. — S'ÉVACUER, v. pron.

ÉVACUITÉ, subst. fém. (*évaku-ité*), t. de médec., vide que forme la sortie du sang des artères.

ÉVADÉ, E, part. pass. de *s'évader*.

s'ÉVADER, v. pron. (*cévadé*) (en lat. *evadere*, formé de la prép. *é*, hors, et *vadere*, aller; *aller hors*), s'enfuir, s'échapper.—S'ÉVADER, S'ÉCHAPPER, S'ENFUIR. (*Syn.*) *Évader* se fait en secret; s'*échapper* suppose qu'on a déjà été pris, ou qu'on est près de l'être; et *s'enfuir* ne renferme aucune de ces conditions : on *s'évade* d'une prison; on s'*échappe* des mains de quelqu'un; on *s'enfuit* après une bataille perdue.

ÉVADNÉ, subst. propre fém. (*évadené*), myth., fille de Mars, ou, selon d'autres, d'Iphis et de Thébé; elle fut insensible aux poursuites d'Apollon, et épousa Capanée. Celui-ci ayant été tué d'un coup de tonnerre au siège de Thèbes, Evadné se jeta sur le bûcher de son mari.

ÉVÆSTHÈTE, subst. mas. (*évècetète*), t. d'hist. nat., genre d'insectes de l'ordre des coléoptères.

ÉVAGATION, subst. fém. (*évaguâcion*) (en lat. *evaguatio*, fait de *vagus*, vague, errant, vagabond), t. de dévotion, suite de distractions : *évagation d'esprit*.

ÉVAGORE, subst. propre mas. (*évaguore*), myth., un des fils de Priam. — C'était aussi le nom d'une nymphe.

ÉVALTONNÉ, E, part. pass. de *s'évaltonner*.

s'ÉVALTONNER, v. pron. (*cévaltoné*), prendre des airs trop libres. (*Boiste*.) Hors d'usage.

ÉVALUATION, subst. fém. (*évalu-âcion*) (du lat. *valor*, valeur, prix), appréciation, estimation du prix de quelque chose.

ÉVALUÉ, E, part. pass. de *évaluer*.

ÉVALUER, v. act. (*évalu-é*), apprécier, estimer une chose suivant sa valeur. — S'ÉVALUER, v. pron.

ÉVALVE, adj. des deux genres (*évalve*), sans *valve*; il se dit, en bot., du péricarpe qui ne s'ouvre pas : *la noix est un péricarpe évalve*. Ce mot est l'opposé de *déhiscent*, et le synonyme d'*indéhiscent*.

ÉVAN, sorte d'interjection (*évan*), myth., cri des bacchantes.

ÉVANDRE, subst. fém. (*évandre*), t. de bot., genre de plantes de la famille des souchets. — Subst. propre mas., myth., petit-fils de Pallas, roi d'Arcadie. Il quitta son pays avec sa mère Nicostrate, et vint en Italie, où il se fit un petit état dans l'endroit où Rome fut bâtie. Il fit alliance avec Enée.

ÉVANGÉLIAIRE, subst. mas. (*évanjélière*), livre d'*évangiles*.

ÉVANGÉLIQUE, adj. des deux genres (*évanjélike*), qui est de l'*Evangile*, selon l'*Evangile*.—La Suisse se divise en cantons catholiques et cantons *évangéliques*, et l'on entend par ces derniers ceux où l'on ne professe que la religion réformée.

ÉVANGÉLIQUEMENT, adv. (*évanjélikeman*), d'une manière *évangélique*.

ÉVANGÉLISÉ, E, part. pass. de *évangéliser*.

ÉVANGÉLISER, v. act. (*évanjélizé*), annoncer, prêcher l'*Evangile* : *évangéliser les pauvres*. Il s'emploie aussi neutralement. — S'ÉVANGÉLISER, v. pron.

ÉVANGÉLISME, subst. mas. (*évanjéliceme*), morale révélée; morale *évangélique*. — Système religieux; morale et politique contenues dans l'*Evangile*.

ÉVANGÉLISTE, subst. mas. (*évanjélicete*), l'un des quatre écrivains sacrés qui ont écrit l'*Evangile*. — Au palais, anciennement, conseiller qui tenait l'inventaire d'un procès pendant que le rapporteur lisait les pièces.—Dans une compagnie littéraire, le témoin, l'inspecteur d'un scrutin.

ÉVANGILE, subst. mas. (*évanjile*) (en lat. *evangelium*, pris du grec *ευαγγελιον*, bonne nouvelle, formé de *ευ*, bien, et *αγγελλω*, j'annonce), la loi de Jésus-Christ et la doctrine qu'il a enseignée. — Parties des *évangiles* qu'on dit à la messe. Dans cette seconde acception, *Trévoux* lui donne le genre fém. : *la première évangile est dite*. L'*Académie* le fait toujours masculin. Nous nous rangeons tout-à-fait de son côté à cet égard. *Boileau* (Sat. II) l'a fait du féminin, même dans la première acception; et il paraît qu'autrefois ce mot était des deux genres, ainsi que plusieurs autres. On ne l'emploie plus qu'au mas. — Commencement du premier chapitre de saint Jean qu'un prêtre récite en mettant un pan de son étole sur la tête de la personne à l'intention de qui il récite. — Fig. et prov. : *ce qu'il dit n'est pas mot d'évangile*, il ne faut pas croire tout ce qu'il dit.

ÉVANIALE, subst. mas. (*évaniale*), t. d'hist. nat., famille d'insectes de l'ordre des hyménoptères.

ÉVANIE, subst. fém. (*évani*), t. d'hist. nat., genre d'insectes.

ÉVANOUI, E, part. pass. de *s'évanouir*.

s'ÉVANOUIR, v. pron. (*cévanou-ir*) (en latin *evanescere*), tomber en faiblesse. — Disparaître. — T. d'algèbre : *faire évanouir une quantité*, la faire disparaître.

ÉVANOUISSEMENT, subst. mas. (*évanou-iceman*), défaillance; perte de connaissance avec cessation du mouvement et du sentiment. — En algèbre, le but et la fin d'un calcul par lequel on fait disparaître une inconnue d'une équation, d'une fraction, d'un radical, etc.

ÉVANTES, subst. propre fém. plur. (*évante*), nom des bacchantes, pris d'*Évan*.

EVANTILLÉ, E, part. pass. de *évantiller*.

ÉVANTILLER, v. act. (*évanti-ié*), vieux t. de palais : *évantiller un contrat*, exposer en détail la valeur d'un héritage. — Il s'est dit aussi de ce qui relevait de chaque seigneur, pour en payer les droits au prorata. — **s'ÉVANTILLER**, v. pron.

ÉVAPORABLE, adj. des deux genres (*évaporable*), qui est susceptible de *s'évaporer*.

ÉVAPORATIF, adj. mas., au fém. **ÉVAPORATIVE** (*évaporatif, tive*), qui fait *évaporer*.

ÉVAPORATION, subst. fém. (*évaporácion*) (en latin *evaporatio*), exhalation de vapeurs ; action par laquelle quelque chose *s'évapore*. — Au fig., légèreté d'esprit.

ÉVAPORATIVE, adj. fém. Voyez **ÉVAPORATIF**.

ÉVAPORÉ, E, part. pass. de *s'évaporer*, et adj. — Fig., qui est trop dissipé : *esprit évaporé, tête évaporée, jeune homme évaporé.* — On dit aussi subst. : *c'est un évaporé, une évaporée.*

ÉVAPORER, v. act. (*évaporé*) (en latin *evaporare*, fait de la particule extractive *e* ou *ex*, et de *vapor*, vapeur), faire sortir les *vapeurs*, résoudre en *vapeur*. — *Evaporer son chagrin, sa bile*, les soulager par des plaintes, par des discours, etc.—**s'ÉVAPORER**, v. pron., se résoudre en *vapeur*.— Fig. : 1° se dissiper : *ce jeune homme commence à s'évaporer ;* 2° *il s'évapore* (il s'égare) *en vaines idées, en chimères*, etc.

ÉVARNÉ, subst. propre fém. (*évarné*), myth., une des néréides.

ÉVASÉ, E, part. pass. de *évaser*. *Nez évasé*, dont les narines sont trop ouvertes.

ÉVASEMENT, subst. mas. (*évâzeman*), état de ce qui est *évasé*. — En bot., ouverture plus ou moins grande de la corolle.

ÉVASER, v. act. (*évâzé*) (du latin *vasum*, vase, vaisseau, parce que son ouverture va en s'élargissant), élargir ; rendre une ouverture plus large. Il ne se dit que de certaines choses : *évaser un tuyau.* — *Évaser un arbre*, lui donner plus de circonférence. — **s'ÉVASER**, v. pron., prendre de la circonférence : *ces arbres s'évasent trop.*

ÉVASIF, adj. mas., au fém. **ÉVASIVE** (*évâzif, zive*), qui sert à éluder : *réponse évasive.*

ÉVASION, subst. fém. (*évâzion*) (du latin *evadere*, s'évader), fuite secrète.

ÉVASIVE, adj. fém. Voyez **ÉVASIF**.

ÉVASURE, subst. fém. (*évâzure*), ouverture d'un *vase*, d'un tuyau : *cette coupe a trop d'évasure.*

ÉVATÉRIE, subst. fém. (*évatéri*), t. de bot., genre de plantes de la famille des ébénacées.

ÉVAUX, subst. propre mas. (*évô*), ville de France, chef-lieu de canton, arrond. d'Aubusson, dép. de la Creuse.

ÉVAX, subst. mas. (*évakce*), t. de bot., genre de plantes de la famille des corymbifères.

ÈVE, subst. fém. (*ève*), t. de bot., arbrisseau de la Guyane. — Subst. propre fém., nom de la première femme.

ÉVÊCHÉ, subst. mas. (*évêché*), certaine étendue de pays qui dépend de la juridiction d'un *évêque*. — Dignité épiscopale. — Maison de l'*évêque*. Voyez **ÉVÊQUE**. — *Évêchés alternatifs*, ceux que l'on confère alternativement à un catholique et à un protestant.—*Évêchés sécularisés*, ceux qui ne sont pas en titre de bénéfices, et qui sont possédés par des laïques.

ÉVÊCHESSE, subst. fém. (*évêchèce*), femme qui avait des fonctions d'*évêque* dans la primitive Église. Hors d'usage.

ÉVECTION, subst. fém. (*évèkcion*) (en latin *evectio*, fait de *evehere*, élever, parce que cette équation élève le calcul à une plus grande exactitude que l'ancienne équation de cinq degrés, connue dès le temps d'Hipparque), t. d'astron., seconde inégalité de la lune produite par l'attraction du soleil, et dont la quantité est d'un degré vingt minutes trente-trois secondes. C'est ce que Ptolémée appelait balancement de l'épicycle, et Tycho-Brahé, changement de l'excentricité, etc. — Au plur., on appelait *évections*, sous les empereurs romains, une permission écrite, d'après laquelle on pouvait courir la poste sans bourse délier.

ÉVEIL, subst. mas. (*évè-ie*), avis qu'on donne à quelqu'un d'une chose qui l'intéresse, et à laquelle il ne pensait pas : *donner l'éveil.*

ÉVEILLÉ, E, part. pass. de *éveiller*, et adj., gai, vif : *il a l'esprit éveillé, les yeux éveillés.* —Prov. : *éveillé comme une potée de souris*, fort gai et fort remuant. — Ardent, attentif : *il est fort éveillé sur ses intérêts.—Femme fort éveillée*, coquette et égrillarde. — On dit subst. : *c'est un éveillé, une petite éveillée.*

ÉVEILLER, v. act. (*évè-ié*), faire cesser, interrompre le sommeil. Il diffère de *réveiller*, en ce qu'il se dit proprement d'une heure réglée, et suppose une cessation de sommeil douce, ordinaire, naturelle ; au lieu que *réveiller* se dit plus particulièrement par rapport à un temps extraordinaire, et emporte quelque chose d'irrégulier et de subit : *il ne s'est éveillé que fort tard ; un grand bruit m'a réveillé en sursaut.*—Prov. : *éveiller le chat qui dort*, réveiller une chose assoupie. —Au fig., rendre plus vif, plus agissant ; stimuler, provoquer. — **s'ÉVEILLER**, v. pron. (en lat. *evigilare*), cesser de dormir. — **ÉVEILLER, RÉVEILLER**. (*Syn.*) *S'éveiller* exprime l'action simple de tirer du sommeil et d'amener à l'état de veille. *Réveiller* exprime la réitération ou le redoublement d'action, de force, de résistance, et suppose que la personne ou s'est endormie, ou dormait profondément. —On *s'éveille* naturellement ou de soi-même pour la première fois ; si l'on s'endort de nouveau, à la seconde fois on se *réveille*.—On *éveille* d'un sommeil léger ; on *réveille* d'un sommeil profond.—On *s'éveille* tard ; on se *réveille* en sursaut.—Au figuré, on *éveille* l'attention d'un homme simplement distrait ; on *réveille* celle d'un homme absorbé dans une rêverie ou dans une mélancolie profonde.—Le tyran que le remords n'*éveille* pas sera *réveillé* par la terreur.

ÉVEILLURE, subst. fém. (*évè-lure*), se dit des petits trous ou pores des meules qui les rendent plus mordantes.

ÉVÉMÉRION, subst. propre mas. (*évémérion*), myth., demi-dieu honoré par les Sicyoniens.

ÉVÉMON, subst. propre mas. (*évémon*), myth., père d'Eurypyle. Voy. **EURYPYLE**.

ÉVÈNEMENT, et non pas **ÉVÉNEMENT**, orthographe vicieuse de l'*Académie* ; subst. mas. (*évèneman*) (en lat. *eventus*, fait de *evenire*, advenir, arriver), issue, succès d'une chose.—**ÉVÈNEMENT, ACCIDENT, AVENTURE**. (*Syn.*) *Évènement* se dit en général de tout ce qui arrive dans le monde, soit au public, soit au particulier ; *accident*, de ce qui arrive de fâcheux, ou à un seul ou à plusieurs ; et *aventure*, uniquement de ce qui arrive aux personnes, en marquant quelque chose qui tient plus du bonheur que du malheur : les révolutions d'état sont des *évènements* ; les chutes d'édifices sont des *accidents* ; les bonnes fortunes des jeunes gens sont des *aventures*. (Girard.)

ÉVENT, subst. mas. (*évan*) (de la particule extractive *é*, et du mot *vent* ; action ou moyen de faire sortir le vent, l'air), mauvais goût d'un aliment, d'une liqueur qui commence à s'altérer : *ce jambon, ce vin sent l'évent.* — Action de l'air agité : *mettre à l'évent.*—Ouverture d'une arme à feu. — Trou pour donner passage à l'air. — Dans l'artillerie, différence du diamètre de la pièce et du diamètre du boulet.—Tuyau que les fondeurs pratiquent autour des moules, pour laisser sortir l'air à mesure que le tuyau se remplit. — Dans l'aunage des étoffes de laine, ce qui est donné par les auneurs au-delà de la juste mesure. —Fig. et fam. : *tête à l'évent*, homme étourdi et léger.—Au plur., il se dit de l'ouverture qui communique aux cavités des ouïes dans la plupart des poissons cartilagineux.

ÉVENTAIL, subst. mas. (*évanta-ie*), ce qui sert à *éventer* ; on le dit surtout d'un papier ou d'un taffetas étendu sur de petits bâtons plats qui se replient les uns sur les autres.—En t. de menuisier, etc., 1° croisée dont la partie supérieure se termine en demi-cercle ou en demi-ovale ; 2° la partie verticale qui termine le haut d'un berceau de feuillage.—*Tailler un arbre en éventail* ; lui en donner la forme.—Au plur., des *éventails*.

ÉVENTAILLISTE, subst. des deux genres (*évanta-ie-icete*), celui, celle qui fait ou vend des *éventails*.

ÉVENTAIRE, et non pas **INVENTAIRE**, comme dit le peuple, subst. mas. (*évantère*), sorte de plateau d'osier sur lequel les vendeuses de fruits et d'herbages étalent leur marchandise.

ÉVENTE, subst. fém. (*évante*), caisse de marchand chandelier divisée en cases, pour y mettre les chandelles.

ÉVENTÉ, E, part. pass. de *éventer*, et adj., léger, évaporé : *cette fille est bien éventée.* — On dit aussi subst., *c'est un éventé.* Peu en usage.

ÉVENTEMENT, subst. mas. (*évanteman*), action d'*éventer*.

ÉVENTER, v. act. (*évanté*), donner du *vent* en agitant l'air.—Exposer au *vent*, à l'air.—Donner de l'air. — *Éventer le grain*, le remuer avec la pelle, pour lui donner de l'air et empêcher qu'il ne s'échauffe.—En t. de vénerie : 1° *éventer la voie*, se dit des chiens qui, après un long défaut, ont le *vent* du cerf qui est sur le ventre dans une enceinte ; 2° *éventer le piège*, faire en sorte de lui ôter l'odeur.—Dans la construction des bâtiments, tirer avec du cordage une pierre, etc., que l'on monte, pour qu'elle ne touche point au mur, etc.—Fig., *éventer un dessein, un secret*, et prov., *éventer la mine*, découvrir une affaire secrète et la faire échouer. —En t. de mar., *éventer les voiles*, mettre *le vent* dans les voiles pour faire route. — **s'ÉVENTER**, v. pron., se gâter, se corrompre, s'altérer par le moyen de l'air.—Se donner du *vent* à soi-même.

ÉVENTEUR, subst. mas., au fém. **ÉVENTEUSE** (*évanteur, teuze*), celui, celle qui *évente*.

ÉVENTEUSE, subst. fém. Voy. **ÉVENTEUR**.

s'ÉVENTILLER, v. pron. (*cévanti-ié*), t. de vieille fauconnerie : *l'oiseau s'éventille*, se secoue en se soutenant en l'air.

ÉVENTIVE, adj. fém. (*évantive*), éventuelle ; *probabilité éventive*.

ÉVENTOIR, subst. mas. (*évantoar*), sorte d'*éventail* dont les cuisiniers se servent pour allumer les charbons.—Ouverture faite sur l'ouvrier de la voie, quand on travaille aux mines de charbon minéral.

ÉVENTRÉ, E, part. pass. de *éventrer*.

ÉVENTRER, v. act. (*évantré*), tirer les entrailles du *ventre*.—Fendre le *ventre*. — **s'ÉVENTRER**, v. pron., fig. et pop., faire les derniers efforts.

ÉVENTUALITÉ, subst. fém. (*évantu-alité*), qualité de ce qui est *éventuel*.

ÉVENTUEL, adj. mas., au fém. **ÉVENTUELLE** (*évantu-èle*) (en latin *eventus*, évènement), qui est fondé sur un *évènement* qui peut arriver ou peut ne pas arriver : *traité éventuel, succession éventuelle.* — On dit quelquefois subst. au mas. : *l'éventuel*, ce qui est *éventuel*.

ÉVENTUELLE, adj. fém. Voy. **ÉVENTUEL**.

ÉVENTUELLEMENT, adv. (*évantu-èleman*), d'une manière *éventuelle*.

ÉVENTURE, subst. fém. (*évanture*), fente ou crevasse qui s'est faite dans un canon de fusil.

ÉVÉNUS, subst. propre mas. (*événuce*), myth., roi d'Étolie, fils de Mars et de Stérope. Il eut tant de douleur de n'avoir pu se venger de l'outrage fait à sa fille, qu'il se précipita dans un fleuve auquel il donna son nom.

ÉVÊQUE, subst. mas. (*évèke*) (en latin *episcopus*, fait du grec ἐπισκοπος, surveillant, inspecteur, formé de ἐπι, sur, et de σκοπεω, je regarde, je considère), prélat du premier ordre dans l'Église, chargé de la conduite d'un diocèse. — *Évêque in partibus* (sous-entendez *infidelium*), celui qui a un *évêché* dont le territoire est au pouvoir des infidèles.— Prov. : *devenir d'évêque meunier* (par corruption d'*évêque aumônier*), passer d'un état honorable à un autre très-inférieur.— *Un chien regarde bien un évêque*, on ne doit pas s'offenser des regards d'un inférieur.

ÉVERDUMÉ, E, part. pass. de *éverdumer*.

ÉVERDUMER, v. act. (*évèredumé*), t. de confiseur, ôter le duvet aux amandes et leur donner une couleur *verte*. — **s'ÉVERDUMER**, v. pron. (*Boiste*.) Inusité.

ÉVERGÈTE, subst. propre et adj. mas. (*évèrejète*) (du grec εὐεργετης, bienfaiteur ou bienfaisant, formé de εὐ, bien, et de ἐργον, action), t. d'hist. anc., surnom donné à quelques princes ou rois de Syrie et d'Égypte, successeurs d'Alexandre.

ÉVERNIE, subst. fém. (*évèreni*), t. de bot., genre de plantes de la famille des lichens.

ÉVERRÉ, E, part. pass. de *éverrer*.

ÉVERRER, v. act. (*évèré*), ôter de dessous la langue d'un chien un nerf nommé *ver*.—**s'ÉVERRER**, v. pron. Presque hors d'usage.

ÉVERSIF, adj. mas., au fém. **ÉVERSIVE** (*évèrecif, cive*), qui *renverse*. (Rœderer.)

ÉVERSION, subst. fém. (*évèrecion*) (en latin *eversio*, fait de *evertere*, *vertere é*, renverser sens dessus dessous), ruine, renversement d'un état, d'une ville.

ÉVERSIVE, adj. fém. Voy. **ÉVERSIF**.

ÉVERTICULE, subst. mas. (*évèretikule*), instrument dont on se sert en chirurgie pour retirer de la vessie les fragments de calcul, après l'opération de la taille.

ÉVERTUÉ, E, part. pass. de **s'ÉVERTUER**.

s'ÉVERTUER, v. pron. (*céverètué*) (du lat. *virtus*, force, puissance), s'efforcer de faire quelque chose de louable, de fort, de violent.

ÉVEUX, adj. mas. (*éveu*), t. d'agriculture : *terrein éveux*, celui qui retient l'eau et qui devient comme de la boue quand il est pénétré.

ÉVICTION, subst. fém. (*évikcion*) (en lat. *evictio*), t. de jurispr., action d'*évincer*; privation qu'un possesseur souffre de la chose dont il était en possession, à titre de vente, donation, legs, succession ou autrement. Il n'y a d'*éviction* proprement dite que celle qui est faite par autorité de justice; toute autre dépossession n'est qu'un trouble de fait, et non une véritable *éviction* : *le vendeur est garant de l'éviction que l'acquéreur peut souffrir*.

ÉVIDÉ, E, part. pass. de *évider*, et adj.— *Drap évidé*, qui, après avoir été foulé à sec, s'est échauffé dans la pile, ce qui le rend lâche et de mauvaise qualité.

ÉVIDEMMENT, adv. (*évidaman*) (en lat. *evidenter*), d'une manière *évidente*.

ÉVIDENCE, subst. fém. (*évidance*) (en lat. *evidentia*), qualité de ce qui est *évident*.—*Mettre une chose en évidence*, la faire connaître clairement. —*Être en évidence*, paraître, se montrer.

ÉVIDENT, E, adj. (*évidan, dante*) (en lat. *evidens*), clair, visible, manifeste.

ÉVIDER, v. act. (*évidé*), en t. de blanchisseur, faire sortir l'empois du linge en le frottant. — En t. de tailleur, échancrer.—En t. de fourbisseur, de serrurier, de tourneur, etc., faire une certaine cannelure ou un *vide* à un ouvrage pour le rendre ou plus léger ou plus agréable.— S'ÉVIDER, v. pron.

ÉVIDEUR, subst. mas. (*évideur*), t. de chir., sorte d'instrument propre à ôter des humeurs et des sérosités amassées dans certaines parties du corps. Il y a aussi l'*évideur double*. —Foret destiné par sa forme à *évider* les calculs vésicaux.

ÉVIDOIR, subst. mas. (*évidoar*), outil dont les facteurs d'instruments à vent se servent pour travailler leurs instruments en dedans.

ÉVIDURE, subst. fém. (*évidure*), synonyme d'*échancrure*.

ÉVIER, subst. mas. (*évié*) (du lat. *aquarium*, conduit, égout; on a dit anciennement *eve* pour *eau*, en latin *aqua*), conduit par lequel s'écoulent les *eaux* d'une cuisine. Le peuple dit, à tort et par corruption, *lévier*.

ÉVIGILATION, subst. fém. (*évijilâcion*), réveil. Vieux et hors d'usage.

ÉVILASSE, subst. mas. (*évilace*), bois d'ébène de Madagascar.

ÉVINCÉ, E, part. pass. de *évincer*.

ÉVINCER, v. act. (*évincé*) (en lat. *evincere*, fait de la préposition *e* ou *ex*, de, hors, et de *vincere*, vaincre; *vaincre en mettant dehors*), t. de palais, déposséder, dépouiller juridiquement quelqu'un de ce qu'il possédait : *il a été évincé de cette terre par arrêt*.—S'ÉVINCER, v. pron.

ÉVIRILATION, subst. fém. (*évirilâcion*), perte de la *virilité*.

ÉVIRILÉ, E, adj. (*évirilé*), t. de blas., se dit des animaux qui n'ont point de marque de sexe.

ÉVITABLE, adj. des deux genres (*évitable*), ce qu'on peut *éviter*. Peu usité.

ÉVITAGE, subst. mas. (*évitaje*). Voy. ÉVITÉE, qui est le même mot.

ÉVITÉ, E, part. pass. de *éviter*, et adj., t. de musique : *cadence évitée*. Voy. ÉVITER.

ÉVITÉE, subst. fém. (*évité*), t. de mar., espace que peut parcourir un vaisseau en tournant sur ses amarres, pour *éviter* le bout au vent ou à la marée. Voy. ÉVITER.

ÉVITER, v. act. (*évité*) (en lat. *evitare*, qui est formé par contraction des trois mots *e*, *via*, *stare*, être ou se placer hors le chemin), esquiver, fuir quelque chose de nuisible ou de désagréable. —Dans le style barbare du palais, on disait *éviter aux frais, aux procédures*, etc. Voyez FUIR. — Quelques écrivains, même distingués, l'ont employé dans le sens d'épargner : *le lapin évite par là à ses petits les inconvénients du bas âge*.(Buffon.) *Socrate n'eût pas mieux fait, en s'échappant de sa prison, d'éviter à ses juges le crime de sa mort*. (Marmontel.) Cette acception, malgré ces exemples, n'est ni autorisée par l'*Académie*, ni conforme à la véritable signification d'*éviter*, fuir, s'éloigner de... *Éviter à quelqu'un l'ennui*... ce serait *fuir*, *s'éloigner de à quelqu'un l'ennui*... ce qui est tout-à-fait barbare.—On dit, en t. de marine, *le vaisseau évite au vent*, présente l'avant au point d'où le vent souffle.—*Il l'évite à marée*, il le présente au courant des flots. — Changer de position, en tournant par l'impulsion de l'eau ou du vent sur ses amarres, qui servent alors de point fixe vers la proue. — T. de musique, *éviter une cadence*, dans une note de cadence, passer brusquement à un accord différent de celui qu'elle annonçait; ou ajouter une dissonance à cet accord final, pour lui faire perdre son caractère de repos, et tromper l'attente de l'oreille. — S'ÉVITER, v. pron., se fuir l'un l'autre.

ÉVITERNE, subst. propre mas. (*évitèrene*), myth.; les anciens adoraient sous ce nom un dieu ou un génie de la puissance duquel ils se formaient une très-grande idée, et qu'ils paraissaient mettre au-dessus de celle de Jupiter. Ils le distinguaient bien certainement des autres dieux, qu'ils appelaient néanmoins quelquefois *Eviterni* et *Ævintegri*, pour marquer leur immortalité.

ÉVITERNITÉ, subst. fém. (*évitèrenité*), éternité. Hors d'usage.

ÉVOCABLE, adj. des deux genres (*évokable*), qui peut s'*évoquer*.

ÉVOCATION, subst. fém. (*évokâcion*) (en latin *evocatio*), action d'*évoquer*; opération religieuse du paganisme qu'on pratiquait au sujet des mânes des morts.—Ce mot désigne aussi la formule qu'on employait pour inviter les dieux tutélaires des pays où l'on portait la guerre, à daigner les abandonner, et à venir s'établir chez les vainqueurs, qui leur promettaient, en reconnaissance, des temples nouveaux, des autels et des sacrifices.—Il se dit aussi des opérations des prétendus magiciens qui se vantent de tirer, par leurs enchantements, les âmes, les spectres, les fantômes, de leurs demeures sombres : *l'évocation des âmes*, *l'évocation des esprits*, *l'évocation des démons, des ombres*.—T. de jurispr., action par laquelle on ôte la connaissance d'une contestation aux juges qui devaient la juger, selon l'ordre commun, et on donne à d'autres juges le pouvoir d'en décider.

ÉVOCATOIRE, adj. des deux genres (*évokatoare*) (en lat. *evocatorius*), qui a la vertu d'*évoquer*; qui sert de fondement à l'*évocation* : *cédule évocatoire*.

ÉVODIE, subst. fém. (*évodi*), t. d'hist. nat., genre d'insectes.

ÉVOHÉ, sorte d'interjection (*évo-é*), myth., cri des bacchantes : courage !

ÉVOLUÉ, part. pass. de *évoluer*.

ÉVOLUER, v. neut. (*évolué*), faire des *évolutions*. Peu en usage.

ÉVOLUTION, subst. fém. (*évolucion*) (en latin *evolutio*, fait de *evolvere*, développer), développement des corps organiques lors de leur formation. Cette doctrine est opposée à l'*épigénésie*.— Mouvement que font des troupes pour prendre une nouvelle disposition : *évolutions militaires*.

ÉVOLUTIONNAIRE, subst. et adj. des deux genres (*évolucionère*), qui fait faire des *évolutions*. (Dumouriez.) Peu en usage.

ÉVOLVULE, subst. fém. (*évolevule*), t. de bot., genre de plantes à plusieurs styles et à stigmates simples.

ÉVONIMOÏDE, subst. fém. (*évonimo-ide*), t. de bot., arbrisseau sarmenteux du Canada.

ÉVONYMIES, subst. propre fém. plur. (*évonimi*), myth., fêtes athéniennes en l'honneur d'Évonymus, fils de Cœlus et de la Terre.

ÉVONYMUS, subst. propre mas. (*évonimuce*), myth., fils de Cœlus et de la Terre.

ÉVOQUÉ, E, part. pass. de *évoquer*.

ÉVOQUER, v. act. (*évokié*) (en lat. *evocare*, formé dans la même acception de la préposition *e* ou *ex*, de, hors, et de *vocare*, appeler), appeler, faire venir à soi, en parlant des âmes, des esprits.—T. de jurisp., tirer une cause d'un tribunal pour la porter à un autre.—S'ÉVOQUER, v. pron.

ÉVOSME, subst. fém. (*évoceme*), t. de bot., genre de plante très-voisine des gentianelles.

ÉVRAN, subst. propre mas. (*évran*), bourg de France, chef-lieu de canton, arrond. de Dinan, dép. des Côtes-du-Nord.

ÉVRECY, subst. propre mas. (*évreci*), bourg de France, chef-lieu de canton, arrond. de Caen, dép. du Calvados.

ÉVREUX, subst. propre mas. (*évreu*), ville de France, chef-lieu du dép. de l'Eure.

ÉVRON, subst. propre mas. (*évron*), ville de France, chef-lieu de canton, arrond. de Laval, dép. de la Mayenne.

ÉVULSIF, adj. mas., au fém. ÉVULSIVE (*évulecif, cive*), t. de chir., se dit des moyens et des instruments propres à pratiquer l'*évulsion*.

ÉVULSION, subst. fém. (*évulecion*) (en lat. *evulsio*, fait de *evellere*, arracher), t. de chir., action d'arracher. Ce mot manque dans l'*Académie*.

EX (*èkce*), préposition latine qui, avec le mot français qui la suit, marque ce qu'une personne a été, le poste qu'elle a occupé : *ex-député*, *ex-ministre*, *ex-laquais*, *ex-lecteur*, etc. Voy. X.

EXACERBANTES, subst. fém. plur. (*éguezacèrebante*), t. de médec., se dit de certaines fièvres aiguës, accompagnées d'irritation.

EXACERBATION, subst. fém. (*éguezacèrebâcion*), t. de médec. En parlant des fièvres continues, toute augmentation des symptômes qui ne commencent pas par le frisson.

EXACON, subst. mas. (*éguezakon*), t. de bot., sorte de plante purgative du genre des centaurées.

EXACT, E, adj. (*éguezakte*) (en lat. *exactus*, employé dans ce sens par *Tite-Live*), qui a de l'*exactitude*. Il se dit des personnes, et des choses qui ont rapport aux personnes : *c'est un homme fort exact*; *compte exact*; *exacte perquisition*, etc.—On entend par *sciences exactes*, les mathématiques.

EXACTEMENT, adv. (*éguezakteman*), d'une manière *exacte*.

EXACTEUR, subst. mas. (*éguezakteur*) (en lat. *exactor*, fait de *exigere*, exiger), celui qui est commis pour *exiger* des droits, et qui les *exige* au delà de ce qui est dû : *exacteur dur*, *impitoyable*. — Chez les anciens Romains, 1° domestique chargé de poursuivre le remboursement des dettes de son maître; 2° celui qui avait l'œil sur les ouvriers; 3° officier de l'empereur, qui hâtait le recouvrement de certains droits; 4° autre officier qui suivait les patients au supplice, et qui veillait à leur exécution.

EXACTION, subst. fém. (*éguezakcion*) (en lat. *exactio*), action par laquelle on *exige* plus qu'il n'est dû, ou action d'*exiger* par des voies injustes : *c'est une pure exaction*.

EXACTITUDE, subst. fém. (*éguezaktitude*), soin que l'on apporte pour faire *exactement*, ponctuellement, les choses. Voy. CORRECTION.

EXAÈDRE. Voy. HEXAÈDRE, seule orthographe conforme à l'étym.

EXAGÉRATEUR, subst. mas., au fém. EXAGÉRATRICE (*éguezajérateur, trice*), celui, celle qui *exagère*. Peu usité au fém.

EXAGÉRATIF, adj. mas., au fém. EXAGÉRATIVE (*éguezajératif, tive*), qui tient de l'*exagération*.

EXAGÉRATION, subst. fém. (*éguezajérâcion*) (en lat. *exageratio*), action d'*exagérer*; discours, chose, qui *exagère* ses effets; hyperbole.

EXAGÉRATIVE, adj. fém. Voy. EXAGÉRATIF.

EXAGÉRATRICE, subst. fém. Voy. EXAGÉRATEUR.

EXAGÉRÉ, E, et adj., subst. des deux genres (*éguezajéré*), celui, celle qui *exagère*; enthousiaste : *vous êtes un exagéré* : *un homme exagéré*.

EXAGÉRÉ, E, part. pass. de *exagérer*, et adj., où il y a de l'*exagération*.

EXAGÉRER, v. act. (*éguezajéré*) (en lat. *exaggerare*, qui signifie proprement élever des terres, des chaussées, et accumuler, entasser; de *agger*, levée, chaussée, digue, amas, monceau), amplifier, grossir les récits, les louanges ou les satires. — S'EXAGÉRER, v. pron.

EXAGONE. Voy. HEXAGONE.

EXALME, subst. fém. (*éguezalme*), t. d'anat., déplacement des vertèbres.

EXALTATION, subst. fém. (*éguezaltâcion*) (en lat. *exaltatio*, fait de *exaltare*, hausser, exalter), élévation du pape au pontificat. — On dit aussi l'*exaltation* (l'élévation) *de la Croix*. — En algèbre, élévation d'une quantité à une de ses puissances. On ne dit plus aujourd'hui *qu'élévation*. — En chimie, *exaltation des sels*, *des métaux*, etc., opération par laquelle on les purifie le plus qu'il est possible. — En astrologie, le signe où une planète a le plus de vertu : *le bélier est l'exaltation du soleil*; *la balance est sa déjection*. — On dit depuis quelque temps au fig. : *l'exaltation* (l'exagération) *du style*. — *Exaltation de tête*, extrême chaleur d'imagination, etc.

EXALTÉ, E, part. pass. de *exalter* et adj.—Fig., *style*, *sentiments exaltés*, exagérés; *tête*, *imagination exaltée*, ardente, etc. — On dit subst.: *c'est un exalté*.

EXALTER, v. act. (*éguezalté*) (en lat. *exaltare*, fait de *altus*, haut, élevé, relevé), élever par le discours, louer, vanter. — En chimie, augmenter la vertu d'un minéral. — S'EXALTER, v. pron.

EXALUMINEUSE, subst. fém. (*éguezalumineuze*), sorte de pierre précieuse qui vient d'Orient.

EXAMBLOSIE, subst. fém. (*èguezanblozi*), t. de chir., avortement. Hors d'usage.

EXAMEN, subst. mas. (*èguezamein*) (en lat. *examen*), recherche exacte, discussion soigneuse. — Questions, interrogations faites à quelqu'un pour juger de sa capacité : *passer des examens.*

EXAMINATEUR, subst. mas., au fém. **EXAMINATRICE** (*èguezaminateur, trice*) (en lat. *examinator*), celui, celle qui *examine* ou qui est choisi pour *examiner*, pour interroger. L'*Académie* ne donne pas le fém. de ce mot.

EXAMINATION, subst. fém. (*èguezaminâcion*), action d'*examiner*. Presque inusité.

EXAMINATRICE, subst. fém. Voy. **EXAMINATEUR.**

EXAMINÉ, E, part. pass. de *examiner.*

EXAMINER, v. act. (*èguezaminé*) (en lat. *examinare*), rechercher exactement; discuter avec soin ; peser mûrement. — Interroger pour connaître la capacité de quelqu'un ou pour découvrir quelque chose. — **S'EXAMINER**, v. pron.

EXANIE, subst. fém. (*èguezani*), t. de chir., renversement ou chute du rectum.

EXANTHÉMATEUSE, adj. fém. Voy. **EXANTHÉMATEUX.**

EXANTHÉMATEUX, adj. mas., au fém. **EXANTHÉMATEUSE** (*èguezantémateu, teuze*), qui est de la nature de l'*exanthème*. On dit aussi *exanthématique.*

EXANTHÉMATOLOGIE, subst. fém. (*èguezantématoloji*) (du grec ἐξάνθημα, exanthème, et λόγος, discours), t. de médec., discours, traité sur les *exanthèmes.*

EXANTHÉMATOLOGIQUE, adj. des deux genres (*èguezantématolojike*), t. de médec., qui a rapport à l'*exanthématologie.*

EXANTHÈME, subst. mas. (*èguezantème*) (du grec ἐξάνθημα, efflorescence ; fait de ἐξανθέω, je fleuris, je m'épanouis, dont la racine est ἄνθος, fleur), en médec., toute sorte d'éruption à la peau. — En chimie, matière poudreuse qui s'élève à la surface de certains corps.

EXANTLATION, subst. fém. (*èguezantlâcion*) (du grec ἀντλεῖν, puiser), t. de physique, l'action de faire sortir l'air ou l'eau de quelque endroit par le moyen de la pompe.

EXANTHROPIE, subst. fém. (*èguezantropi*), synonyme de *misanthropie*. Hors d'usage.

EXANTHROPIQUE, adj. des deux genres (*èguezantropike*), synonyme de *misanthropique.*

EXARAGME, subst. mas. (*èguezaragueme*), t. de chir., fracture avec arrachement.

EXARCHAT, subst. mas. (*èguezarka*), partie de l'Italie où commandait l'*exarque.*

EXARCHIÂTRE, subst. mas. (*èguezarkiâtre*), titre emphatique qu'on donnait autrefois au premier des chefs de médecins.

EXARME, subst. mas. (*èguezarme*), (en grec ἔξαρμα, formé de ἐξαίρω, j'élève), t. de chir., tumeur saillante.

EXARQUE, subst. mas. (*èguezarke*) (du grec ἔξαρχος, chef, commandant, formé de ἐξ, et de ἀρχή, empire, commandement), celui qui commandait en Italie pour les empereurs de Constantinople.—Dans l'Eglise grecque, dignité ecclésiastique au-dessous de celle de patriarche.

EXARRHÈNE, subst. fém. (*èguezarène*, t. de bot., genre de plantes à étamines saillantes hors du tube.

EXARTÉRITE, subst. fém. (*èguézartérite*), t. de médec., inflammation de la tunique cellulaire des *artères.*

EXARTHRÈME, subst. mas. (*èguezartrème*), t. de chir., séparation de deux os articulés par articulation mobile.

EXASPÉRATION, subst. fém. (*èguezacepérâcion*) (en lat. *exasperatio*), état de ce qui est *exaspéré* : *l'exaspération des esprits.*

EXASPÉRÉ, E, part. pass. de *exaspérer.*

EXASPÉRER, v. act. (*èguezacepéré*) (en latin *exasperare*, fait de *asper*, âpre, rude), aigrir, irriter, provoquer. Mot tiré de l'anglais, qui l'avait emprunté du latin.—**S'EXASPÉRER**, v. pron

EXAUCÉ, E, part. pass. de *exaucer.*

EXAUCEMENT, subst. mas. (*èguezôceman*), action d'*exaucer*. — Ce mot manque dans l'*Académie.*

EXAUCER, v. act. (*èguezôcé*) (en lat. *exaudire*, fait de *audire*, écouter), écouter favorablement et accorder ce que l'on demande. — **S'EXAUCER**, v. pron.

EXAUCTORATION, subst. fém. (*èguezôktorâcion*) ; chez les Romains, congé militaire qui cependant ne dégageait pas le soldat jusqu'à ce qu'il fût devenu vétéran.

EXAUDIUS, subst. propre mas. (*èguezôdiuce*), myth., Homère en parle comme d'un illustre héros, sur le compte duquel néanmoins on ne sait rien.

EXAUGURATION, subst. fém. (*èguezôgurâcion*), cérémonie qui se pratiquait chez les Romains, sur le lieu où une divinité était révérée.

EXCÆCARIA, subst. fém. (*èkcékaria*), t. de bot., genre d'agalloches.

EXCALCÉATION, subst. fém. (*èkcekalcé-âcion*), action de déchausser.

EXCALÉFACTIF, TIVE, adj. (*èkcekaléfaktif, tive*), qui échauffe, qui brûle.

EXCARNATION, subst. fém. (*èkcekarnâcion*), t. de chir., méthode particulière d'isoler les vaisseaux, après les avoir injectés.

EXCARNÉ, E, part. pass. de *excarner.*

EXCARNER, v. act. (*èkcekarné*), ôter à un peigne le bois des dents.

EXCAVATION, subst. fém. (*èkcekavâcion*) (du lat. *excavatus*, fait de *excavare*, creuser, dont la racine est *cavus*, creux), action de creuser.— Creux qui se fait dans quelque terrein.

EXCAVÉ, E, part. pass. de *excaver.*

EXCAVER, v. act. (*èkcekavé*), creuser profondément.—**S'EXCAVER**, v. pron.

EXCÉDANT, E, adj. (*èkcédan, dante*) (en latin *excedens*, part. prés. de *excedere*), ce qui reste après qu'on a levé une moindre quantité d'une plus grande.—On dit aussi subst. au mas. : *l'excédant d'une somme.*

EXCÉDATION, subst. fém. (*èkcédâcion*), action d'*excéder.*

EXCÉDÉ, E, part. pass. de *excéder.*

EXCÉDER, v. act. et neut. (*èkcédé*) (en latin *excedere*, formé de la préposition *ex*, de, hors, et de *cedere*, s'en aller, sortir), outre-passer, aller au-delà de... : *excéder les bornes, son pouvoir, etc.* —Fam., 1° traiter avec *excès*, soit en bien, soit surtout en mal : *excéder de bonne chère, de coups;* 2° fatiguer, importuner, etc. : *vous m'excédez par vos railleries.* — **S'EXCÉDER**, v. pron., faire quelque chose jusqu'à l'*excès*.—Se fatiguer, s'exténuer.

EXCELLÉ, part. pass. de *exceller.*

EXCELLEMMENT, adv. (*èkcèlaman*) (en latin *excellenter*), d'une manière *excellente.*

EXCELLENCE, subst. fém. (*èkcèlance*) (en lat. *excellentia*, fait de *excellere*, exceller), degré de perfection au-dessus des autres.—*Prix d'excellence*, celui qui est au-dessus de tous les autres. —Titre d'honneur qu'on donnait aux ministres, aux ambassadeurs, et à quelques autres personnes titrées : *j'ai écrit à votre excellence.*—*Par excellence*, loc. adv., excellemment : *cela est beau par excellence.*—De manière que ce qui paraît commun à plusieurs soit comme le nom propre, le propre caractère d'un seul : *le sage par excellence.*

EXCELLENT, E, adj. (*èkcèlan, lante*) (en lat. *excellens*), qui *excelle*, qui a une qualité supérieure.

EXCELLENTISSIME, adj. des deux genres (*èkcèlanticecime*) (en lat. *excellentissimus*, superlatif de *excellens*), très-*excellent*.— Titre de dignitaires : *excellentissimes seigneurs*. Il est fam.

EXCELLER, v. neut. (*èkcèlé*) (en lat. *excellere*, surpasser par quelque qualité, par quelque degré de perfection qui distingue des autres. *Exceller*, comme on le voit, suppose une comparaison, et met au-dessus de tout ce qui est de la même espèce : il exclut les pareils et s'applique à toute sorte d'objets, à la différence d'*être excellent*, qui place simplement dans le plus haut degré sans faire de comparaison, qui souffre des égaux, et ne convient bien qu'aux choses de goût : *Le Titien a excellé dans le coloris; Michel-Ange dans le dessin, et les Carraches ont été d'excellents peintres.*

EXCELSA, subst. mas. plur. (*èkcèlça*) (mot lat. qui veut dire, les lieux élevés), hauts lieux où les Israélites allaient sacrifier aux idoles.

EXCENTRICITÉ, subst. fém. (*èkçantricité*) (du latin *ex*, hors, et *centrum*, centre), t. de géométrie, distance entre les *centres* des cercles qui ne sont pas *concentriques*.—Dans l'ancienne astronomie, distance entre le *centre* de l'orbite d'une planète et la terre autour de laquelle elle tourne. — Dans l'astronomie moderne, distance entre le *centre* et l'orbite elliptique d'une planète et le *centre* du soleil, c'est-à-dire la distance du *centre* de l'ellipse à son foyer. On l'appelle aussi *excentricité simple;* et l'on nomme *excentricité double*, la distance qu'il y a entre les deux foyers de l'ellipse.

EXCENTRIQUE, adj. des deux genres (*èkçantrike*), se dit en géom., de plusieurs cercles qui ont un *centre* différent, quoique engagés l'un dans l'autre.

EXCEPTÉ, prép. (*èkcèpeté*), hormis, à la réserve.

EXCEPTÉ, E, part. pass. de *excepter.*

EXCEPTER, v. act. (*èkcèpeté*) (en latin *excipere*, fait de la prép. *ex*, et de *capere*, prendre : *prendre, mettre hors* ou *dehors*, exclure), ne point comprendre dans un nombre, dans une règle, dans un choix.—**S'EXCEPTER**, v. pron.

EXCEPTION, subst. fém. (*èkcèpecion*), action par laquelle on *excepte*.—En t. de palais, moyen qu'on apporte pour se défendre d'une demande, pour n'y pas répondre.— **A L'EXCEPTION** *de...*, loc. prép., *excepté*, hormis.

EXCEPTIONNEL, adj. mas., au fém. **EXCEPTIONNELLE** (*èkcèpecionèle*), d'*exception*, qui renferme une *exception* : *loi, clause exceptionnelle.*

EXCEPTIONNELLE, adj. fém. Voy. **EXCEPTIONNEL.**

EXCÈS, subst. mas. (*èkcè*) (en latin *excessus*, fait de *excedere*, excéder), ce qu'une quantité a de plus qu'une autre.—*Il y a excès de population dans un pays*, quand il renferme un nombre d'habitants plus considérable que celui qu'il devrait naturellement contenir.—*Il y a excès dans le travail*, lorsqu'on travaille plus qu'on ne devrait travailler, selon les règles de la modération et de la prudence.—Ce qui passe les bornes : *excès de bonne chère, d'austérité ; louer, blâmer avec excès.* — Employé absolument et sans régime, il signifie plus particulièrement, dérèglement, débauche. — En t. de pratique, outrage, violence. — *A* **L'EXCÈS**, *jusqu'à* **L'EXCÈS**, adv., au-delà des bornes de la raison.

EXCESSIF, adj. mas., au fém. **EXCESSIVE** (*èkcècif, cive*), qui va à l'*excès;* où il y a de l'*excès.*

EXCESSIVE, adj. fém. Voy. **EXCESSIF.**

EXCESSIVEMENT, adv. (*èkcèciveman*), d'une manière *excessive.*

EXCIDEUIL, subst. propre mas. (*èkcideu-ie*), ville de France, chef-lieu de canton, arrond. de Périgueux, dép. de la Dordogne.

EXCIPÉ, E, part. pass. de *exciper.*

EXCIPER, v. neut. (*èkcipé*) (en lat. *excipere*), t. de palais, fournir des *exceptions*. — Employer une pièce pour sa défense.—**S'EXCIPER**, v. pron.

EXCIPIENT, subst. et adj. mas. (*èkcipian*) (en latin *excipiens*, part. prés. de *excipere*, recevoir), t. de médec. et de pharm., ce qui reçoit les autres ingrédients, et leur donne une forme convenable : tels sont les électuaires, les conserves, les confections, etc.

EXCISE, subst. fém. (*èkcize*), impôt levé en Angleterre sur la bière, le cidre, l'huile, etc. C'est la même chose qu'*accise*. Voy. ce mot.

EXCISION, subst. fém. (*èkcizion*) (en lat. *excisio*, fait de *excidere*, couper, tailler), t. de chir., échancrure, entaille. Il s'applique surtout à l'opération de la circoncision.

EXCITABILITÉ, subst. fém. (*èkcitabilité*). Voy. **INCITABILITÉ.**

EXCITANT, E, adj. (*èkcitan, tante*), t. de médec., tonique et stimulant.—Au subst. mas., *un excitant* est un médicament stimulant.

EXCITATEUR, subst. mas., au fém. **EXCITATRICE** (*èkcitateur, trice* (en lat. *excitator*), celui, celle qui dans une communauté réveille les autres. Inusité en ce sens. — En physique, 1° verge de métal terminée par une boule, qui sert à *exciter* ou à tirer les étincelles électriques; 2° instrument imaginé par *Romas*, pour *exciter* sans aucun risque les étincelles que l'on tire d'un corps électrisé par les nuages dans un temps orageux.

EXCITATIF, adj. mas., au fém. **EXCITATIVE** (*èkcitatif, tive*), qui *excite*.—On dit subst.: *un excitatif.*

EXCITATION, subst. fém. (*èkcitâcion*), action de ce qui *excite*. Il est peu usité.

EXCITATIVE, adj. fém. Voy. **EXCITATIF.**

EXCITATOIRE, adj. des deux genres (*èkcitatoare*), t. de chancellerie apostolique, qui *excite* à faire quelque chose : *lettres excitatoires.*

EXCITATRICE, subst. fém. Voy. **EXCITATEUR.**

EXCITÉ, E, part. pass. de *exciter.*

EXCITEMENT, subst. mas. (*èkciteman*), t. de médec., rétablissement de l'énergie et de l'action du cerveau, interrompues par le sommeil ou par quelque cause débilitante.

EXCITER, v. act. (*èkcité*) (en latin *excitare*), provoquer : *cela excite la soif, l'appétit; excite à boire.* — Émouvoir : *exciter la pitié.* — Animer, encourager : avec cette différence, qu'*exciter*, c'est inspirer le désir ou réveiller la passion; *animer*, c'est pousser à l'action déjà commencée et tâcher d'en empêcher le ralentissement ; *encourager*, c'est dissiper la crainte ou la timidité par l'espérance d'un succès facile, et faire prévaloir le motif de la gloire ou de l'intérêt sur les apparences du danger, etc. (*Girard.*) — Causer, faire naître : *exciter une sédition, une jalousie*, etc.— **s'EXCITER**, v. pron.

EXCL., abréviation des mots *exclamatif* ou *exclamation.*

EXCLAMATIF, adj. mas., au fém. **EXCLAMATIVE** (*èkceklamatif, tive*), t. de grammaire, propre à l'*exclamation : point exclamatif; phrase exclamative.* Ce mot manque dans l'*Académie.*

EXCLAMATION, subst. fém. (*èkceklamâcion*) (en lat. *exclamatio*, fait de *exclamare*, crier, s'écrier), cri que l'on fait par admiration, par joie, par indignation.—On appelle *point d'exclamation* un signe figuré ainsi (!), qui se met après une *exclamation*, comme dans ces phrases : *hélas ! ô Dieu !* C'est la même chose que le *point admiratif.*

EXCLAMATIVE, adj. fém. Voy. **EXCLAMATIF.**

EXCLAMATIVEMENT, adv. (*èkceklamativeman*), d'une manière *exclamative.*

EXCLU, E (l'*Académie* ajoute qu'on disait aussi autrefois **EXCLUS, E.** Pourquoi tolérer pour *exclure* ce qu'elle ne tolère pas pour *conclure ?* Elle ne donne pas, en effet, deux formes au part. de ce dernier verbe, comme elle en indique deux pour *exclure.* Ce sont toutes ces inconséquences qui font de notre langue une langue extrêmement difficile et presque ridicule.), part. pass. de *exclure.*

DU VERBE IRRÉGULIER EXCLURE :

Excluaient, 3e pers. plur. imparf. indic.
Excluais, précédé de *j'*, 1re pers. sing. imparf. indic.
Excluais, précédé de *tu*, 2e pers. sing. imparf. indic.
Excluait, 3e pers. sing. imparf. indic.
Excluant, part. prés.
Exclue, précédé de *que j'*, 1re pers. sing. prés. subj.
Exclue, précédé de *qu'il* ou *qu'elle*, 3e pers. sing. prés. subj.
Excluent, précédé de *ils* ou *elles*, 3e pers. plur. prés. indic.
Excluent, précédé de *qu'ils* ou *qu'elles*, 3e pers. plur. prés. subj.
Exclues, 2e pers. sing. prés. subj.
Excluez, 2e pers. plur. impér.
Excluez, précédé de *vous*, 2e pers. plur. prés. indic.
Excluiez, précédé de *vous*, 2e pers. plur. imparf. indic.
Excluiez, précédé de *que vous*, 2e pers. plur. prés. subj.
Excluions, précédé de *nous*, 1re pers. plur. imparf. indic.
Excluions, précédé de *que nous*, 1re pers. plur. prés. subj.
Exclûmes, 1re pers. plur. prét. déf.
Excluons, 1re pers. plur. impér.
Excluons, précédé de *nous*, 1re pers. plur. prés. indic.
Exclura, 3e pers. sing. fut. indic.
Exclurai, 1re pers. sing. fut. indic.
Excluraient, 3e pers. plur. prés. cond.
Exclurais, précédé de *j'*, 1re pers. sing. prés. cond.
Exclurais, précédé de *tu*, 2e pers. sing. prés. cond.
Exclurait, 3e pers. sing. prés. cond.
Excluras, 2e pers. sing. fut. indic.

EXCLURE, v. act. (*èkceklure*) (en lat. *excludere*, fait de *ex*, hors, dehors, et *claudere*, fermer, *fermer dehors*), il se conjugue sur *conclure : exclu, e*, ou *exclus, excluse, excluant, j'exclus*, etc. Empêcher quelqu'un d'être admis. — Chasser, expulser. — Empêcher d'obtenir : *ses ennemis voulaient l'exclure de cette place.* — **s'EXCLURE**, v. pron.

DU VERBE IRRÉGULIER EXCLURE :

Exclurent, 3e pers. plur. prét. déf.
Exclurez, 2e pers. plur. fut. indic.
Excluriez, 2e pers. plur. prés. cond.
Exclurions, 1re pers. plur. prés. cond.
Exclurons, 1re pers. plur. fut. indic.
Excluront, 3e pers. plur. fut. indic.
Exclus, 2e pers. sing. impér.
Exclus, précédé de *j'*, 1re pers. sing. prés. indic.
Exclus, précédé de *tu*, 2e pers. sing. prés. indic.
Exclus, précédé de *j'*, 1re pers. sing. prét. déf.
Exclus, précédé de *tu*, 2e pers. sing. prét. déf.

EXCLUSIF, adj. mas., au fém. **EXCLUSIVE** (*èkceklusif, zive*), qui *exclut* ou peut *exclure.*—On appelle *droit exclusif, privilége exclusif*, un droit, un privilége que possède une personne, une société, à l'*exclusion* de toute autre.

EXCLUSION, subst. fém. (*èkceklusion*), déclaration, acte par lequel on *exclut.*—T. d'arithm., *méthode d'exclusion*, manière de résoudre les problèmes en nombres, en rejetant d'abord et en *excluant* certains nombres, comme n'étant pas propres à la solution de la question.—*A* **L'EXCLUSION** *de*, loc. prépositive : *à l'exclusion d'un tel*, un tel étant *exclu.*

EXCLUSIVE, adj. fém. Voy. **EXCLUSIF.**

EXCLUSIVEMENT, adv. (*èkcekluziveman*), à l'exception; en *excluant*, ou ne comptant pas.—*Depuis le mois de mai jusqu'au mois d'octobre exclusivement ;* c'est-à-dire, en n'y comprenant pas le mois d'octobre, mais s'arrêtant au dernier septembre inclusivement. — *Depuis un jusqu'à douze exclusivement*, sans y comprendre le douzième.

EXCLUSIVETÉ, subst. fém. (*èkcekluziveté*), état de l'*exclusif.*

DU VERBE IRRÉGULIER EXCLURE :

Exclusse, 1re pers. sing. imparf. subj.
Exclussent, 3e pers. plur. imparf. subj.
Exclusses, 2e pers. sing. imparf. subj.
Exclussiez, 2e pers. plur. imparf. subj.
Exclussions, 1re pers. plur. imparf. subj.
Exclut, précédé de *il* ou *elle*, 3e pers. sing. prés. indic.
Exclut, précédé de *il* ou *elle*, 3e pers. sing. prét. déf.
Exclût, précédé de *qu'il* ou *qu'elle*, 3e pers. sing. imparf. subj.
Exclûtes, précédé de *vous*, 2e pers. plur. prét. déf.

EXCOGITATION, subst. fém. (*èkcekojitâcion*) (en lat. *excogitatio*), mot plus latin que français, et qui, du reste, est peu usité. Il signifie, comme en latin, pensée, réflexion.

EXCOMMUNICATION, subst. fém. (*èkcekomunikâcion*) (en lat. *excommunicatio*), censure ecclésiastique par laquelle on *excommunie.*—*L'excommunication majeure* retranche de toute communion avec les fidèles ; l'*excommunication mineure* interdit seulement l'usage des sacrements.

EXCOMMUNIÉ, E, subst. (*èkcekomunié*), celui, celle contre qui on a lancé une censure ecclésiastique.—Prov. : *avoir un visage d'excommunié*, un méchant visage, un visage pâle, défait.

EXCOMMUNIÉ, E, part. pass. de *excommunier.*

EXCOMMUNIER, v. act. (*èkcekomunié*) (en lat. *excommunicare*, fait de la préposition *ex*, hors, et de *communicatio*, communication, communion ; *mettre hors de la communion*), séparer de la *communion* des fidèles et de la participation des biens spirituels de l'Église.—**s'EXCOMMUNIER**, v. pron.

EXCORIATEUR, subst. et adj. mas. (*èkcekoriateur*), qui *excorie : remède excoriateur.*

EXCORIATION, subst. fém. (*èkcekori-âcion*) (en lat. *excoriatio*), t. de chir., écorchure; plaie légère.

EXCORIÉ, E, part. pass. de *excorier.*

EXCORIER, v. act. (*èkcekorié*) (en lat. *excoriare*, fait de la particule extractive *ex*, et de *corium*, cuir, peau ; *enlever la peau*), écorcher.— **s'EXCORIER**, v. pron., se dépouiller de son épiderme, en parlant de la peau.

EXCORTICATION, subst. fém. (*èkcekortikâcion*), t. de pharm., l'action de dépouiller quelque chose de sa peau, de son *écorce.*

EXCRÉATION, subst. fém. (*èkcekréâcion*), t. de médec., crachement, action de cracher.

EXCRÉMENT, subst. mas. (*èkcekréman*) (en lat. *excrementum*, fait de *excernere*, qui vient du grec ἐκκρίνειν, purger, nettoyer, séparer), ce terme est employé dans un sens plus ou moins étendu. Il signifie en général toute matière, soit fluide, soit solide, qui est évacuée du corps des animaux, parce qu'elle est surabondante, inutile ou nuisible.—En t. de phys., les ongles, les cheveux et la corne des animaux. — Au fig. et par mépris, on appelle *excrément de la nature, du genre humain*, une personne vile et méprisable.

EXCRÉMENTATION, subst. fém. (*èkcekrémantâcion*), t. de médec., action d'évacuer les matières *excrémentielles.* Peu en usage.

EXCRÉMENTEUSE, adj. fém. Voy. **EXCRÉMENTEUX.**

EXCRÉMENTEUX, adj. mas., au fém. **EXCRÉMENTEUSE** (*èkcekrémanteu, teuze*), t. de médec., qui tient de l'*excrément.*

EXCRÉMENTIEL, adj. mas., au fém. **EXCRÉMENTIELLE** (*èkcekrémancièle*), se dit des fluides animaux qui doivent être absorbés en partie, et en partie rejetés au dehors.—L'*Académie* dit encore *excrémentitiel, excrémentitielle ;* c'est trop des deux mots.

EXCRÉTEUR, adj. mas., au fém. **EXCRÉTRICE** (*èkcekréteur, trice*), t. de médec., qui pousse au dehors. L'*Académie* ne donne pas le fém.

EXCRÉTION, subst. fém. (*èkcekrécion*) (en lat. *excretio*), action par laquelle la nature pousse au dehors les humeurs nuisibles.

EXCRÉTOIRE, adj. des deux genres (*èkcekrétoare*), t. d'anat., qui sert à filtrer et à pousser les liqueurs en dehors.

EXCROISSANCE, subst. fém. (*èkcekroèçance*) (en lat. *excrescentia*, fait de la prép. *ex*, hors, dehors, et de *crescere*, croître), t. de chir., superfluité de chair qui s'engendre en quelque partie du corps de l'animal.—Il se dit en bot. des plantes et des arbres.—En conchyliologie, partie qui excède la superficie d'une coquille.

EXCRU, E, adj. (*èkcekru*) : *arbre excru*, qui a pris *croissance* hors de la forêt ou du bois. Presque inusité.

EXCRUCIÉ, E, part. pass. de *excrucier.*

EXCRUCIER, v. act. (*èkcekrucié*) (en lat. *excruciare*), tourmenter cruellement, affliger vivement. — **s'EXCRUCIER**, v. pron. Hors d'usage.

EXCUBITEUR, subst. mas. (*èkcekubiteur*) (du lat. *excubitor*, fait dans le même sens de *excubare*, coucher dehors, veiller), garde du palais des anciens empereurs romains.

EXCULCATEUR, subst. mas. (*èkcekulekateur*), chez les Romains, soldat armé à la légère, qui lançait des traits et se servait de la fronde.

EXCULIES, subst. fém. plur. (*èkcekuli*), chez les anciens, division de la nuit en quatre parties.

EXCURSION, subst. fém. (*èkcekurcion*) (en lat. *excursio*, fait, avec la même signification, de *excurrere*, courir hors), course, irruption sur le pays ennemi. — T. d'astron. : *cercles d'excursion*, cercles parallèles à l'écliptique et placés à une telle distance de ce grand cercle, qu'ils renferment ou terminent l'espace des plus grandes latitudes. Les points où une planète est dans sa plus grande excursion se nomment *limites.*

EXCUSABLE, adj. des deux genres (*èkcekuzable*) (en lat. *excusabilis*), qui peut être *excusé ;* qui est digne d'*excuse : il est bien excusable d'avoir fait cela.*

EXCUSABLEMENT, adv. (*èkcekuzableman*), d'une manière *excusable.* (Montaigne.) Peu en usage.

EXCUSATEUR, subst. mas., au fém. **EXCUSATRICE** (*èkcekuzateur, trice*), qui *excuse.* Peu usité, mais utile.

EXCUSATION, subst. fém. (*èkcekuzâcion*) (en lat. *excusatio*), t. de palais, raison qu'on allègue pour n'être plus chargé d'une tutelle ou d'une autre charge.—Motif de démission.—*Excuse* est aujourd'hui préférable et préféré.

EXCUSE, subst. fém. (*èkcekuze*), raison qu'on allègue pour *excuser* quelqu'un ou pour *s'excuser* soi-même de ce qu'on a dit ou fait. — Prétexte spécieux pour ne pas faire une chose.—T. de civilité dont on se sert pour réclamer l'indulgence, etc. : *je vous en fais excuse.* En ce sens, *on fait excuse* d'une faute apparente, et *on demande pardon* d'une faute réelle. — L'*Académie* de 1798 disait : *je vous en demande excuse.* *Cette* expression a été justement condamnée par tous les grammairiens. *Demander excuse* est un vrai galimatias qui choque également et l'oreille et la raison. On dit : *je vous demande pardon*, parce que celui à qui on le demande peut l'accorder ; mais on ne peut pas dire : *je vous demande excuse*, parce que l'*excuse* ne peut être accordée par celui à qui on la demande.

EXCUSÉ, E, part. pass. de *excuser.*

EXCUSER, v. act. (*èkcekuzé*) (en lat. *excusare*, formé de la particule extractive *ex*, hors, et de *causa*, cause ; *mettre hors de cause*), justifier quelqu'un auprès d'un autre de quelque faute. —Admettre les *excuses* de...—Pardonner, tolérer. — *Excusez-moi*, t. de civilité, qu'on emploie quand on contredit quelqu'un, ou lorsqu'on veut se dispenser de faire une chose. — **s'EXCUSER**, v. pron., se justifier de quelque faute. — *S'excuser de faire une chose*, chercher à s'en dispenser.

EXCUSEUR, subst. mas., au fém. **EXCUSEUSE** (*ékcekuzeur, zeuze*), celui, celle qui *excuse*. Fam.

EXCUSEUSE, subst. fém. Voy. EXCUSEUR.

EXCUSSION, subst. fém. (*èkcekucecion*) (en lat. *excussio*, fait de *excutere*, secouer, agiter), t. de médec., secousse, ébranlement.

EXEAT, subst. mas. (*ègueżé-ate*) (*exeat* veut dire en lat., qu'il sorte, de *exire*, aller dehors, sortir), mot latin reçu en français pour signifier pouvoir de sortir : *son évêque lui a donné un exeat*. — *L'Académie* cite cet exemple : *donner à quelqu'un son exeat*, et elle l'explique par, *le congédier*. Il y a, selon nous, une grande différence entre *donner congé* et *donner un exeat*. *Exeat* n'a jamais signifié que permission accordée en vertu d'un pouvoir supérieur, tandis que *congé* n'exprime qu'une simple permission de sortir ou de se retirer. Nous conclurons donc en disant que *donner à quelqu'un son exeat*, ne peut signifier que lui accorder la permission de sortir. —Au plur., des *exeat*.

EXÉCESTUS, subst. propre mas. (*èguezècècetuce*), myth., tyran des Phocéens. Il prétendait connaître l'avenir par le son que rendaient en heurtant l'un contre l'autre deux anneaux enchantés qu'il portait avec lui.

EXÉCRABLE, adj. des deux genres (*èguezékrable*) (en lat. *exsecrabilis*), horrible, détestable, abominable. Voy. ce dernier mot. — Par exagération, extrêmement mauvais : *ce roman est exécrable*.

EXÉCRABLEMENT, adv. (*èguezékrableman*), d'une manière *exécrable*.

EXÉCRATION, subst. fém. (*èguezékrâcion*) (en lat. *exsecratio*, formé de la particule extractive *ex*, et de *sacer*, *sacra*, *sacrum*, sacré; *action d'ôter ce qu'il y a de sacré*), horreur qu'on a pour ce qui est *exécrable*. — Imprécation par laquelle les choses saintes sont profanées. — Serment horrible par lequel on appelle sur soi ou sur les autres les vengeances du ciel : *il fit mille serments, mille exécrations*. — En t. de théol. morale et de droit-canon, action, accident par lequel une chose *consacrée* perd sa *consécration*, comme la chute des murs d'une église; parce que c'est sur les murs que se fait la *consécration*.

EXÉCRATOIRE, adj. des deux genres (*èguezékratoare*), t. de théologie morale, qui appartient à l'*exécration* : *la chute des murs d'une église est exécratoire; celle du toit ne l'est pas*. — *Serment exécratoire*, par lequel les choses saintes sont profanées, ou qui contient une *exécration*. Voy. EXÉCRATION.

EXÉCRÉ, E, part. pass. de *exécrer*.

EXÉCRER, v. act. (*èguezékré*) (en lat. *exsecrari*), avoir en *exécration*. Il est vieux.—*s'*EXÉCRER, v. pron.

EXÉCUTABLE, adj. des deux genres (*èguezékutable*), qui peut être *exécuté*.

EXÉCUTANT, E, subst. (*èguezékutan, tante*), t. de musique, celui ou celle qui *exécute* de la musique. *L'Académie* ne donne pas de fém. à ce mot. Voy. EXÉCUTER.

EXÉCUTÉ, E, part. pass. de *exécuter*.

EXÉCUTER, v. act. (*èguezékuté*) (du lat. *exsequi*, qui signifie littéralement suivre jusqu'à la fin, de *ex* augmentatif, et de *sequi*, suivre), mettre à *exécution*, à effet : accomplir, réaliser. — En parlant d'une pièce de musique, bien ou mal jouer ou chanter. On le dit dans le même sens d'une comédie, d'un opera.—En t. de pratique, *exécuter quelqu'un* ou *exécuter ses meubles*, les saisir. — Faire mourir par autorité de justice.—*s'*EXÉCUTER, v. pron. : *s'exécuter soi-même* ou absolument *s'exécuter*; vendre de son bien pour payer ses dettes.—Se déterminer volontairement à faire contre ses propres intérêts ce que l'équité, l'honneur et la prudence demandent. — Prévenir les décisions, en les *exécutant* soi-même et sans attendre d'y être forcé.

EXÉCUTEUR, subst. mas., au fém. **EXÉCUTRICE** (*èguezékuteur, trice*) (en lat. *exsecutor*), celui, celle qui *exécute*.—On appelle *exécuteur, exécutrice testamentaire*, celui, celle qu'un testateur a chargée de l'*exécution* de son testament : *elle est son executrice testamentaire*. — *L'exécuteur de la haute justice*, ou simplement l'*exécuteur*, le bourreau.

EXÉCUTIF, adj. mas., au fém. **EXÉCUTIVE** (*èguezékutif, tive*), qui appartient à l'*exécution*. Il se dit du pouvoir de faire *exécuter* les lois : *pouvoir exécutif*.

EXÉCUTION, subst. fém. (*èguezékucion*) (en lat. *exsecutio*, fait de *exsequi*), action d'*exécuter* : *exécution d'une entreprise, d'un dessein; exécution d'un ballet, d'un opera; faire une saisie-exécution de meubles; l'exécution d'un criminel*. — En musique, 1° action d'*exécuter* une pièce ; 2° facilité de lire et d'*exécuter* une partie instrumentale à la première vue, et en entrant dans les idées et l'esprit du compositeur. — On dit d'un peintre, d'un graveur, etc., que *son exécution est facile, agréable*, etc., pour dire que ses ouvrages sont *exécutés* facilement, agréablement, etc. — *Exécution militaire*, peine de mort qu'on fait subir à un soldat. — Peine qu'on fait souffrir aux bourgs et aux villages qui n'ont pas payé les contributions demandées par une armée. — *Homme d'exécution*, capable d'*exécuter* hardiment quelque chose. — *Mettre à exécution, exécuter*.

EXÉCUTIVE, adj. fém. Voy. EXÉCUTIF.

EXÉCUTOIRE, adj. des deux genres (*èguezékutoare*), t. de pratique, qui donne pouvoir de procéder à une *exécution* judiciaire.—On dit aussi substantivement au mas. : *obtenir un exécutoire*, le pouvoir de contraindre au paiement des frais et dépenses, selon les formes judiciaires.

EXÉCUTRICE, subst. fém. Voy. EXÉCUTEUR.

EXÈDRE, subst. mas. (*èguezèdre*) (en grec εξέδρα, lieu où l'on s'assied, de εξ, et de ἑδρα, siège); chez les anciens, lieu où s'assemblaient les gens de lettres. — Dans *Cicéron*, cabinet d'étude où il y avait un petit lit pour se reposer. — *Vitruve* emploie ce même mot dans plusieurs autres significations.

EXÉGÈSE, subst. fém. (*èguezéjèze*) (en grec εξήγησις, fait de εξηγεομαι, j'expose), explication, exposition claire de quelque chose qui paraissait difficile. — Discours entier fait pour expliquer quelque chose; commentaire. — Explication ou exposition de quelques mots par d'autres qui ont le même sens, quoiqu'ils n'aient pas le même son. Ainsi, plusieurs interprètes de la Bible croient que dans les passages de l'Écriture où l'on trouve les mots *abba pater*, dont le premier est syriaque et le second latin ou grec, ce dernier n'est ajouté que par *exégèse*, et pour faire entendre ce que signifie le premier. — *Exégèse numérique* ou *linéaire*, dans l'ancienne algèbre, l'extraction numérique ou linéaire des racines des équations, c'est-à-dire la solution numérique de ces équations ou leur construction géométrique.

EXÉGÈTES, subst. mas. plur. (*èguezéjète*) (en grec εξηγητης, fait de εξηγεομαι, j'explique), dans l'ancienne Athènes, 1° jurisconsultes que les juges consultaient dans les causes capitales; 2° interprètes en matière de religion; 3° ceux qui faisaient voir ce qu'il y avait de remarquable dans le pays, et qui en donnaient l'explication. Les principales villes de la Grèce avaient de ces *exégètes* que l'on peut comparer aux *ciceroni* de Rome.

EXÉGÉTIQUE, adj. des deux genres (*èguezéjétike*) (en grec εξηγητικος), qui sert à expliquer. Voy. EXÉGÈSE.—*Théologie exégétique*, consacrée à l'explication de l'Écriture-Sainte.—Subst. fém., t. d'algèbre, manière de trouver en nombre ou en ligne les racines d'une équation. Voy. *exégèse numérique* ou *linéaire*, au mot EXÉGÈSE.

EXELCOSE, subst. fém. (*èkcèlkôze*), t. de chirurgie, exulcération. Peu usité.

EXELCYSME, subst. mas. (*èguecèlciceme*), t. de chir., enfoncement des os. Peu usité.

EXEMPLAIRE, subst. mas. (*èguezanplère*) (en latin *exemplar* ou *exemplare*), copie imprimée de quelque ouvrage. — Il se dit aussi des gravures et des médailles qui ont un type commun. — Autrefois, modèle, original.

EXEMPLAIRE, adj. des deux genres (*èguezanplère*) (en latin *exemplaris*), qui donne l'*exemple*; qui peut servir d'*exemple*.

EXEMPLAIREMENT, adv. (*èguezanplèreman*), d'une manière *exemplaire*.

EXEMPLE, subst. mas. (*èguezanple*) (en lat. *exemplum*, fait, dans la même signification, de *eximere*, choisir, lequel est formé de *ex* et de *emere*, acheter, prendre; *prendre parmi*), action vertueuse ou vicieuse qu'on doit suivre ou fuir ; modèle, etc. — Chose pareille à celle dont il s'agit et qui sert à l'autoriser, à la confirmer : *alléguer, citer un exemple*. — *Par* EXEMPLE, loc. adv. qui sert à confirmer ce qu'on a dit, à faire une comparaison.—On supprime quelquefois *par*, et on dit simplement *exemple*. — *A l'exemple de*, loc. prépositive, en se conformant à l'*exemple* donné par....

EXEMPLE, subst. fém. (*èguezanple*), patron, modèle sur lequel l'écolier qui apprend à écrire forme ses caractères. — Lignes, caractères que l'écolier forme sur ce modèle : *l'exemple qu'il a copiée est mal écrite*.—*L'Académie* fait *exemple* des deux genres dans ces deux acceptions ; ainsi elle dit : *un bel exemple d'écriture*, et *une exemple gravée*. Tous les grammairiens s'accordent à dire que dans ces deux sens *exemple* est du fém.

EXEMPT, subst. mas. (*èguezan*), sorte d'officier ainsi nommé, parce qu'à raison de son grade, il était *exempt* ou dispensé de faire le service des simples soldats : *exempt des gardes du corps; exempt de maréchaussée*. — Simple officier de police : *on envoya un exempt pour l'arrêter*. — Au plur., ceux des gens d'église qui ne sont pas soumis à la juridiction de l'ordinaire.

EXEMPT, E, adj. (*èguezan, zante*) (en lat. *exemptus*, part. pass. de *eximere*, exempter), qui n'est point sujet à...

EXEMPTÉ, E, part. pass. de *exempter*.

EXEMPTER, v. act. (*èguezanté*) (en lat. *eximere*, employé dans la même acception, et qui signifie littéralement *tirer dehors*, fait de la préposition *ex*, hors, dehors, et de *emere*, acheter, prendre), rendre *exempt* : *exempter de servir; nul n'est exempt de la mort*. — *s'*EXEMPTER, v. pron., se dispenser : *je ne puis m'exempter de rendre cette visite*.

EXEMPTION, subst. fém. (*èguezanpecion*) (en lat. *exemptio*), droit, grace, privilège qui *exempte*. Voy. IMMUNITÉ.

EXENTÉRITE, subst. fém. (*èguezantérite*) (du grec εξ, dehors, et εντερον, intestin), t. de médec., inflammation externe du péritoine des intestins.

EXEQUATUR, subst. mas. (*èguezékouatur*) (mot purement latin), ordonnance qu'un juge met au bas d'un jugement émané d'un autre tribunal. — Ordre ou permission d'exécuter. — Autorisation de résidence donnée à un étranger, qui le met à même d'exercer des fonctions diplomatiques. — Au plur., des *exequatur*.

EXERCÉ, E, part. pass. de *exercer*.

EXERCER, v. act. (*èguezèrecé*) (en latin *exercere*, fait du grec εξεργεω, je travaille, dont la racine est εργον, action, ouvrage), dresser, former, instruire : *exercer des soldats des acteurs*, etc. — Pratiquer : *exercer un art, la médecine*, etc. — *Exercer son corps, ses jambes*, faire de l'*exercice*. — *Exercer son esprit, son éloquence, son industrie à...*, les employer à... — *Exercer sa mémoire*, apprendre souvent par cœur. — *Exercer son droit*, en user. — *Exercer une charge*, en faire les fonctions. — *Exercer la patience de quelqu'un*, la mettre à l'épreuve. — *Dieu exerce les bons*, leur envoie des afflictions pour leur donner occasion de mériter.— *s'*EXERCER, v. pron., s'appliquer à quelque *exercice*, s'en occuper.

EXERCICE, subst. mas. (*èguezèrecice*) (en lat. *exercitamentum* ou *exercitatio*), action par laquelle on *s'exerce*. — Pratique. — Fonctions d'un emploi. — Travail pour *exercer* le corps : *l'exercice est bon pour la santé*. — Fig., peine, fatigue, embarras : *il m'a donné bien de l'exercice*.— *Faire l'exercice*, en t. de guerre, *s'exercer* aux évolutions militaires. — On entend par *exercice*, dans l'art de la guerre, tout ce que l'on fait pratiquer aux soldats pour les rendre plus propres au service militaire. — *L'exercice* consiste non-seulement dans le maniement des armes et les évolutions, mais encore dans toutes les autres choses qui peuvent endurcir le soldat, le rendre plus fort et plus en état de supporter les fatigues de la guerre.—On appelle *exercice à feu* celui qui consiste à accoutumer les troupes à tirer ensemble ou séparément, par sections, pelotons, etc.—*Exercice de la manœuvre* signifie, en termes de marine, la démonstration et le mouvement de tout ce qu'il faut faire pour appareiller un vaisseau, mettre en panne, virer, arriver, mouiller, etc. — Au plur., les diverses choses qu'on apprend dans les académies, comme l'escrime, la danse, l'art de monter à cheval, etc. : *il a fait ses exercices*. — Espèces de thèses sur les belles-lettres dans les colléges : *exercices littéraires*. — *Exercices spirituels*, pratiques de dévotion. — Perception de l'impôt et emploi des deniers publics : *exercice de 1836 à 1837*. — Visite des inspecteurs des douanes pour assurer le paiement de l'impôt : *la suppression de l'exercice a souvent été demandée*.

EXERCITANT, subst. mas. (*èguezèrecitan*), celui qui suit l'*exercice* dans une retraite spirituelle.

EXERCITATION, subst. fém. (*éguezèrecitâcion*), dissertation. Presque inusité.

EXERCITÉ, E, part. pass. de *exerciter*.

EXERCITER, v. act. (*éguezèrecité*), *exercer*, faire marcher une armée. Vieux et même hors d'usage.

EXÉRÈSE, subst. fém. (*éguezérèze*) (en grec ἐξαίρεσις, fait de ἐξαιρέω, j'emporte, j'arrache, dont les racines sont ἐξ, de, et αἱρέω, je prends), t. de chir., opération par laquelle on *retranche* du corps humain ce qui est étranger, nuisible, etc.

EXERGUE, subst. mas. (*éguezèregue*) (du grec ἐξ, hors, et ἔργον, œuvre; ouvrage *hors d'œuvre*), petit espace pratiqué au bas du type d'une médaille, pour mettre une inscription, une date, une devise.

EXERRHOSE, subst. fém. (*éguezèreroze*), t. de médec., écoulement qui se fait par une transpiration insensible.

EXERT, E, adj. (*éguezère, zèrete*) (en lat. *exertus*, part. pass. de *exerere*, tirer dehors, montrer, fait de la prép. *ex*, hors, dehors, et de *serere*, semer, faire naître), t. de bot., qui est saillant en dehors, qui s'élève au-dessus des parties environnantes : *étamines exertes*, qui s'élèvent au-dessus de la corolle.

EXESTO, subst. mas. (*éguezècetô*), formule qui veut dire *hors d'ici*, et que l'on employait autrefois dans les sacrifices.

EXFIT, subst. mas. (*èkceft*), chez les anciens, nom d'un sel qui servait à purifier les victimes.

EXFOLIATIF, adj. mas., au fém. **EXFOLIATIVE** (*èkcefoliatif, tive*), t. de chir., propre à faire *exfolier* les os cariés.

EXFOLIATION, subst. fém. (*èkcefoliâcion*), t. de chir., ce qui arrive à l'os quand il vient à s'*exfolier*.—En bot., séparation par *feuillets* d'une partie morte, desséchée, d'avec celle qui est vive.

EXFOLIÉ, E, part. pass. de *exfolier*.

S'EXFOLIER, v. pron. (*cèkcefolié*) (en lat. *ex*, par, et *folium*, feuille, fait du grec φύλλον), il se dit des os, des tendons, des cartilages, de toutes les parties d'un corps quelconque, lorsqu'il s'en élève de petites parcelles par *feuilles* et par éclats.

EXFUMÉ, E, part. pass. de *exfumer*.

EXFUMER, v. act. (*èkcefumé*), t. de peinture, éteindre une partie de quelque ouvrage qui paraît trop ardente.

EXGASTRITE, subst. fém. (*èkceguacetrite*) (du grec ἐξ, et γαστήρ, l'estomac), t. de médec., inflammation externe du péritonéal de l'estomac.

EXHALAISON, subst. fém. (*éguezalèzon*) (en lat. *exhalatio*, fait de *exhalare*, exhaler), fumée ou vapeur qui sort d'une substance et qui se répand dans l'air. — **EXHALAISON, VAPEUR**. (*Syn.*) On doit donner proprement le nom de *vapeur* aux fumées humides qui s'élèvent de l'eau et des autres corps liquides; et celui d'*exhalaison* aux fumées sèches qui s'*exhalent* des corps solides, tels que la terre, le feu, les minéraux, les soufres, les sels.

EXHALANT, subst. et adj. mas. (*éguezalan*), t. d'anat., vaisseaux très-déliés qui servent à l'*exhalation*.

EXHALATION, subst. fém. (*éguezalâcion*), t. de chimie, action d'*exhaler*, opération pour faire élever et dissiper les parties volatiles des substances. — T. de médec., fonction par laquelle certains fluides sont répandus, sous forme de vapeurs, à la surface des membranes et dans l'intérieur des tissus organiques.

EXHALATIVITÉ, subst. fém. (*éguezalativité*), t. de chim. et de médec., vertu, propriété *exhalante*.

EXHALATOIRE, subst. fém. (*éguezalatoare*), t. de salines, machine pour faciliter l'évaporation de quelques parties de l'eau douce.

EXHALÉ, E, part. pass. de *exhaler*.

EXHALER, v. act. (*éguezalé*) (en lat. *exhalare*, fait de la prép. *ex*, de, hors, et de *halare*, rendre une odeur, une vapeur, *exhaler*), pousser hors de soi et en l'air, en parlant des vapeurs, des odeurs, des esprits. — Fig. : *exhaler sa colère, sa douleur*, la manifester extérieurement.—**S'EXHALER**, v. pron.

EXHAUSSÉ, E, part. pass. de *exhausser*.

EXHAUSSEMENT, subst. mas. (*éguezôceman*), t. d'archit., hauteur, élévation d'un plancher, d'une voûte.

EXHAUSSER, v. act. (*éguezôcé*), élever plus haut un bâtiment, un plancher, etc.—**S'EXHAUSSER**, v. pron.

EXHAUSTION, subst. fém. (*éguezôcetion*) (du lat. *exhaustio*, épuisement, parce qu'on épuise dans cette recherche toutes les grandeurs assignables), t. de math. : *méthode d'exhaustion*, manière de prouver l'égalité de deux grandeurs, en faisant voir que leur différence est plus petite qu'aucune quantité assignable.

EXHÉRÉDATION, subst. fém. (*éguezérédâcion*) (en latin *exhæredatio*), acte par lequel on *déshérite* un *héritier* naturel.—État de celui qui est *exhérédé*.

EXHÉRÉDÉ, E, part. pass. de *exhéréder*.

EXHÉRÉDER, v. act. (*éguezérédé*) (en lat. *exhæredare*, fait, dans le même sens, de la particule privative *ex*, et de *hæreditas*, héritage, succession; *priver de l'héritage*), déshériter; avec cette différence que *déshériter*, c'est, par sa volonté pure, priver de sa succession l'héritier naturel ou légal, quel qu'il soit; et que *exhéréder*, c'est priver les enfants, pour des causes légales, de leur légitime même.—**S'EXHÉRÉDER**, v. pron.

EXHIBÉ, E, part. pass. de *exhiber*.

EXHIBER, v. act. (*éguezibé*) (du lat. *exhibere*, formé, avec la même signification, de la prép. *ex*, pour *extra*, hors, dehors, et *habere*, avoir), t. de palais, représenter en justice; montrer : *exhiber un contrat, des titres*. — **S'EXHIBER**, v. pron.

EXHIBITION, subst. fém. (*éguezibicion*) (en lat. *exhibitio*, fait de *exhibere*, exhiber), représentation de quelque pièce.

EXHILARANT, E, adj. (*éguezilaran, rante*), t. de médec., se dit des remèdes qui portent à la gaieté.

EXHORTATIF, adj. mas., au fém. **EXHORTATIVE** (*éguezortatif, tive*), qui contient une *exhortation*.

EXHORTATION, subst. fém. (*éguezortâcion*) (en lat. *exhortatio*), discours par lequel on *exhorte*.—On appelle aussi *exhortation*, un discours chrétien et pieux qu'on fait en style familier, pour exciter à la dévotion.

EXHORTATIVE, adj. fém. Voy. **EXHORTATIF**.

EXHORTÉ, E, part. pass. de *exhorter*.

EXHORTER, v. act. (*éguezorté*) (en lat. *exhortari*, formé de l'augmentatif *ex*, et de *hortari*, exhorter), tâcher de porter à quelque chose; exciter : *exhorter à la paix*, *à bien faire*.—On dit, dans le même sens, *qu'un prêtre a exhorté quelqu'un à la mort*.—**S'EXHORTER**, v. pron.

EXHUMATION, subst. fém. (*éguezumâcion*), action par laquelle on *exhume* un corps en vertu d'une ordonnance de justice.

EXHUMÉ, E, part. pass. de *exhumer*.

EXHUMER, v. act. (*éguezumé*) (de la part. lat. extractive *ex*, et *humus*, terre; *ôter de terre*), déterrer un corps avec ordre de la police.—Il se dit fig. de choses qui sont restées long-temps enfouies, et qu'on vient de reproduire : *exhumer de vieux papiers*.—**S'EXHUMER**, v. pron.

EXHUTÉNISME, subst. mas. (*éguezuténiceme*), figure de rhét. par laquelle on fait une chose plus petite qu'elle n'est.

EXHYDRIA, subst. mas. (*éguezidria*), vent violent sortant d'un nuage, avec une pluie abondante.

EXIGÉ, E, part. pass. de *exiger*.

EXIGEANT, E, adj. (*éguezijan, jante*), qui est dans l'habitude d'*exiger* trop de devoirs, d'attentions.— Il est aussi subst. : *c'est un exigeant*.

EXIGENCE, subst. fém. (*éguezijance*) : *selon l'exigence du cas*, selon que la chose l'*exige*; selon qu'elle le mérite ou le demande.

EXIGER, v. act. (*éguezijé*) (du lat. *exigere*, employé par les Latins avec cette acception, et qui signifie littéralement *conduire* ou *pousser dehors*, formé de la prép. *ex*, hors, dehors, et de *agere*, conduire. Les Grecs ont également le verbe ἐξάγω, qui a d'abord, comme l'*exigo* des Latins, signifié je chasse dehors, et ensuite je force, je contrains à, *j'exige*), demander quelque chose de quelqu'un; l'obliger à faire quelque chose : *exiger des attentions, des égards*, etc.— Obliger à payer : *exiger des contributions*.— En parlant des choses, obliger, astreindre à certains devoirs : *votre honneur, votre état exigent cela de vous*.—**S'EXIGER**, v. pron.

EXIGIBILITÉ, subst. fém. (*éguezijibilité*), qualité de ce qui est *exigible*.

EXIGIBLE, adj. des deux genres (*éguezijible*), qu'on peut *exiger* : *dette exigible*.

EXIGU, Ë, adj. (*éguezigu*) (en lat. *exiguus*), petit, modique : *un repas exigu, une somme exiguë*. Il est fam. —**EXIGU, PETIT**. (*Syn.*) *Exigu* renferme dans sa signification l'idée d'insuffisance; et c'est en quoi il diffère proprement de *petit*, qui exprime l'état réel de petitesse, sans désigner l'insuffisance, excepté lorsqu'il y a comparaison : un enfant est *petit*, il n'est pas *exigu*, à moins qu'en parlant de ses proportions, on ne veuille dire qu'il a la poitrine, la capacité trop *exiguë* : avec une *petite* fortune, on peut vivre; si elle est *exiguë*, elle ne suffira pas. (*Roubaud*.)

EXIGUË, subst. fém. (*éguezigu*), t. de coutume, bail à cheptel. Vieux et même hors d'usage.

EXIGUÉ, E, part. pass. de *exiguer*.

EXIGUER, v. act. (*éguezigué*), faire le partage des bestiaux mis à cheptel. Hors d'usage.

EXIGUÏTÉ, subst. fém. (*éguezigu-ité*), modicité, petitesse.

EXIL, subst. mas. (*éguezile*) (en lat. *exilium*, fait de *exul*, exilé), éloignement d'un lieu par ordre du gouvernement. Voy. **BANNISSEMENT**. — Lieu où cet ordre oblige à se retirer.—Fig., lieu moins agréable que celui où l'on est accoutumé de demeurer.

EXILE, adj. des deux genres (*éguezile*) (en lat. *exilis*), menu, maigre. Vieux.

EXILÉ, E, subst. (*éguezilé*) (en lat. *exul*, fait de la prép. *ex* pour *extrà*, hors, et de *solum*, sol, territoire; *envoyé hors du territoire*), qui est en *exil*.— Au fig., éloigné, absent.

EXILÉ, E, part. pass. de *exiler* et adj., envoyé en *exil*.

EXILER, v. act. (*éguezilé*), en lat. *exsulare*), envoyer en *exil*; reléguer.—**S'EXILER**, v. pron., s'éloigner, s'absenter, se retirer.

EXILITÉ, subst. fém. (*éguezilité*) (en lat. *exilitas*, fait de *exilis*, grêle, menu, lequel dérive de *ilia*, intestins, à cause de leur forme), petitesse, faiblesse.

EXILLON, subst. mas. (*éguezi-ion*), pièce mobile d'un moulin.

EXIMÉ, E, part. pass. de *eximer*.

EXIMER, v. act. (*éguezimé*) (en lat. *eximere*), ôter de, délivrer, défendre.—**S'EXIMER**, v. pron. Vieux et presque hors d'usage.

EXINANITION, subst. fém. (*éguezinanicion*), faiblesse, épuisement.

EXISTANT, E, adj. (*éguezicetan, tante*) (en lat. *existens*, part. prés. de *existere*, exister), qui *existe*.

EXISTÉE, subst. fém. (*eguezicete*), t. de bot., anémone à peluche.

EXISTENCE, subst. fém. (*éguezicetance*) (en lat. *existentia*), être actuel, état de ce qui *existe* : *L'existence de Dieu*. Il se dit surtout de la vie : *être fatigué de l'existence*.—Il ne faut pas le confondre avec *subsistance*. L'*existence* se donne par la naissance; la *subsistance*, par les aliments.

EXISTENTIALITÉ, subst. fém. (*éguezicetancialité*), qualité de ce qui *existe*, état de ce qui est *existant*. (Kant.)

EXISTER, v. neut. (*éguezicetê*) (en lat. *existere*), être actuellement, avoir l'être. Voy. **ÊTRE**. —*Cette dette n'existe plus*, est éteinte.—Il est aussi unipersonnel : *il existe peu d'hommes consciencieux*.—**EXISTER, SUBSISTER**. (*Syn.*) *Exister* n'est d'usage que pour exprimer l'événement de la simple *existence*; et l'on emploie celui de *subsister* pour désigner un événement de durée qui répond à cette *existence*, ou à cette modification.— *Exister* ne se dit que des substances, et seulement pour en marquer l'être réel; *subsister* s'applique aux substances et aux modes, mais toujours avec un rapport à la durée de leur être. —On dit de la matière, de l'esprit, des corps, qu'*ils existent*; on dit des états, des ouvrages, des affaires, des lois, et de tous les établissements qui ne sont ni détruits ni changés, qu'*ils subsistent*.

EXISTIMATEUR, subst. mas. (*éguezicetimateur*), qui *estime*.—On dit mieux *estimateur*, qui même est seul usité.

EXITÉRIES, subst. fém. (*éguezitéri*) (du grec ἐξιτήριος, qui concerne le départ), myth. Les Grecs appelaient ainsi les prières et les sacrifices qu'on faisait avant quelque entreprise militaire, ou avant un voyage.

EXITIAL, E, adj. (*éguezicial*) (du lat. *exitium*, mort), funeste, mortel. — Au plur. mas., *exitiaux*. Presque hors d'usage.

EXITURE, subst. fém. (*éguezitureɥ*), saillie, fente, porte.—T. de médec., excrément. Hors d'usage.

EXOACANTHE, subst. fém. (*éguezo-akante*), t. de bot., plante bisannuelle qui se rapproche des échinophores.

EXOCARDITE, subst. fém. (*éguezokardite*) (du grec ἐξ, dehors, et καρδία, cœur), t. de médec. et de chir., inflammation externe du cœur.

EXOCARPE, subst. mas. (*éguezokarpe*), t. de bot., arbre toujours vert.

EXOCCIPITAL, adj. mas. (*èguezokçipital*), t. d'anat., se dit de l'os *occipital* latéral.—Au plur., *exoccipitaux*.

EXOCET, subst. mas. (*èguezòcè*), t. d'hist. nat., genre de poissons osseux, abdominaux et holobranches; on les nomme aussi *poissons volants*.

EXOCHE, subst. fém. (*èguezoche*) (du grec εξ, dehors, et ογκος, tumeur), t. de chir., tubercule qui se forme hors de l'anus.

EXOCHNATE, subst. mas. (*èguezoknate*), t. d'hist. nat., ordre de crustacés établi parmi les décapodes.

EXOCYSTE, subst. fém. (*èguezocicete*), t. de chir., renversement de la vessie urinaire.

EXODE, subst. mas. (*èguezode*) (du grec εξοδος, sortie, formé de εξ, dehors, et de οδος, chemin; *écart de chemin*), nom du second livre de l'Ancien Testament, contenant l'histoire de la sortie des Israélites hors d'Égypte. — Chez les anciens Grecs, une des quatre parties de la tragédie, et celle qui renfermait le dénouement et la catastrophe. L'*exode* ne commençait qu'après que le chœur avait cessé de chanter, pour ne plus reprendre. — Chez les Romains, espèce de farce qu'on jouait après la tragédie.

EXŒSOPHAGITE, subst. fém. (*èguezézofajite*), t. de médec., inflammation de la tunique celluIaire des veines.

EXOINE, subst. fém. (*èguezoène*), certificat ou autre acte qui prouve que celui qui devrait paraître en justice est dans l'impossibilité de le faire. Hors d'usage.

EXOINÉ, E, part. pass. de *exoiner*.

EXOINER, v. act. (*èguezoèné*), excuser ou proposer l'excuse de quelqu'un qui ne paraît pas en personne en justice. (*Boiste.*) Entièrement inusité.

EXOINEUR, subst. mas. (*èguezoèneur*), celui qui porte ou qui propose l'excuse de quelqu'un qui ne paraît pas en personne à un appel en justice. Inusité.

EXOMÈTRE, subst. mas. (*èguezomètre*), t. de chir., renversement, chute de la matrice.

EXOMIDE, subst. fém. (*èguezomide*) en grec εξωμις, formé de εξ, dehors, et de ωμος, épaule), t. d'hist. anc., sorte de robe des Grecs et des Romains, à une seule manche. Elle laissait l'épaule droite découverte, et fut dans la suite abandonnée aux comédiens et aux esclaves.

EXOMOLOGÈSE, subst. fém. (*èguezomolojèze*) (en grec εξομολογησις, fait de εξ, en dehors, et de ομολογησις, confession), t. d'hist. eccl., confession publique. Hors d'usage.

EXOMPHALE, subst. fém. (*èguezonfale*) (du grec εξ, dehors, et ομφαλος, nombril), t. de chir., nom générique des hernies du nombril.

EXONÉIROSE, subst. fém. (*èguezoné-iroze*) (du grec εξ, dehors, et de ονειρος, songe), t. de médec., pollution nocturne.

EXOPHLÉBITE, subst. fém. (*èguezoflébite*), t. de médec., inflammation de la tunique cellulaire des veines.

EXOPHTHALMIE, subst. fém. (*èguezofetalmi*) (du grec εξ, dehors, et οφθαλμος, œil), t. de chir., sortie de l'œil hors de son orbite.

EXORABLE, adj. des deux genres (*èguezorable*) (en lat. *exorabilis*, fait de *exorare*, prier instamment, formé de *ex*, augmentatif, et de *orare*, prier), qui peut être fléchi.

EXORBITAMMENT, adv. (*èguezorbitaman*), avec excès; d'une manière *exorbitante*.

EXORBITANT, E, adj. (*èguezorbitan, tante*) (en lat. *exorbitans*, part. prés. de *exorbitare*, sortir de la voie, des bornes, etc., fait de *ex*, hors, et de *orbis*, cercle), excessif.

EXORBITISME, subst. mas. (*èguezorbiticeme*), t. de médec., syn. de *exophthalmie*.

EXORCISÉ, E, part. pass. de *exorciser*.

EXORCISER, v. act. (*èguezorcizé*), user d'*exorcismes* pour chasser le diable du corps d'un possédé. On *exorcisait* autrefois tout ce qui servait aux épreuves judiciaires, comme l'eau froide, l'eau bouillante, le fer, le pain, etc.—Fig. et fam., presser fortement; exhorter.— **S'EXORCISER**, v. pron.

EXORCISME, subst. mas. (*èguezorciceme*) (en lat. *exorcismus*, fait du grec εξορκιζω, je conjure, dérivé de ορκος, jurement, serment), paroles et cérémonies pour chasser le démon.

EXORCISTE, subst. mas. (*èguezorcicete*), celui qui *exorcise*, qui fait les *exorcismes*. — Le troisième des ordres mineurs.

EXORDE, subst. mas. (*èguezorde*) (du latin *exordium*, fait, dans le même sens, de *exordiri*, commencer, et proprement commencer à ourdir, à faire un tissu), la première partie d'un discours oratoire. — Par extension, commencement d'un discours, d'une entreprise.

EXORRHIZES, subst. mas. plur. (*èguezorize*) (du grec εξ, en dehors, et ριζα, racine), t. de bot., nom qu'on a donné aux végétaux dont les racines sont développées dans la graine.

EXOSMOSE, subst. fém. (*èguezocemôze*) (du grec εξωσμα, ce qu'on expulse), t. de médec. et de phys., action physico-organique ou vitale, en vertu de laquelle les petits organes creux se vident d'un liquide qu'ils contiennent. — Courant d'expulsion qui s'établit, lorsque deux liquides de densité ou de nature chimique différente sont séparés par une cloison membraneuse, au travers de cette cloison.— Mouvement de l'eau opposé à l'*endosmose* dans la spondyle.

EXOSPORE, subst. mas. (*èguezocepore*), t. de bot., genre de plantes de la classe des épiphytes.

EXOSTÈME, subst. mas. (*èguezocetème*), t. de bot., genre de plantes établi pour classer certaines espèces de quinquina.

EXOSTOME, subst. fém. (*èguezocetôme*) (du grec εξ, en dehors, et στομα, bouche), t. de bot., ouverture extérieure de l'ovule végétale.

EXOSTOSE, subst. fém. (*èguezocetôze*) (en grec εξοστωσις, fait de εξ, hors, et de οστεον, os), t. de chirurgie, tumeur osseuse et contre nature sur la surface de l'os. — En bot., excroissance, tumeur ou loupe sur le tronc et les branches des arbres.

S'EXOSTOSER, v. pron. (*cèguezocetôzé*), t. de chir., se former en *exostose*.

EXOTÉRIQUE, adj. des deux genres (*èguezotérike*) (du grec εξωτερος, extérieur), vulgaire, public et commun à tout le monde. Il se dit proprement de la doctrine et des ouvrages des anciens philosophes, qui étaient à la portée de toutes les classes de lecteurs ou d'auditeurs.

EXOTIQUE, adj. des deux genres (*èguezotike*) (en grec εξωτικος, étrange, fait de εξω, dehors), étranger, qui n'est pas du pays : *plante exotique*, *terme exotique*.

EXPANSIBILITÉ, subst. fém. (*èkcepancibilité*) (en lat. *expansum*, supin de *expandere*, étendre), t. de phys., propriété en vertu de laquelle certains fluides, tels que le feu, l'air, etc., tendent sans cesse à occuper un plus grand espace.

EXPANSIBLE, adj. des deux genres (*èkcepancible*), t. didactique, qui est capable d'*expansion*.

EXPANSIF, adj. mas., au fém. **EXPANSIVE** (*èkcepancif, cive*), t. de chimie, qui a la force de s'étendre ou de faire étendre un autre corps.— Au fig., *âme expansive*, qui aime à *épancher* ses sentiments.

EXPANSION, subst. fém. (*èkcepancion*) (en lat. *expansio*, fait de *expandere*, étendre), action ou état d'un corps qui se dilate.—En t. d'anat., prolongement de quelque partie.

EXPANSIVE, adj. fém. Voy. **EXPANSIF**.

EXPATRIATION, subst. fém. (*èkcepatriâcion*), vieux mot qui signifiait absence, éloignement de son pays par bannissement, par emprisonnement, ou pour le bien public.

EXPATRIÉ, E, part. pass. de *expatrier*.

EXPATRIER, v. act. (*èkcepatrié*) (du grec εξ, dehors, et πατρις, en lat. *patria*, patrie), obliger quelqu'un à quitter sa *patrie*.—**S'EXPATRIER**, v. pron., quitter sa *patrie* pour aller s'établir ailleurs.

EXPECTANT, E, subst. (*èkcepèktan, tante*) (en lat. *expectans*, part. prés. de *expectare*, attendre, fait de la particule augmentative *ex*, et de *spectare*, regarder; *regarder souvent*), qui a droit d'attendre, d'espérer, qui a une *expectative*; qui attend pour agir. L'*Académie* ne donne ce mot que comme adj.—On dit adjectivement : *médecine expectante*, par opposition à *médecine agissante*.

EXPECTATIF, adj. mas., au fém. **EXPECTATIVE** (*èkcepèktatif, tive*), qui donne droit d'attendre, d'espérer : *grace expectative*.

EXPECTATION, subst. fém. (*èkcepèktâcion*) (en lat. *expectatio*), attente de quelque grand événement. Hors d'usage.

EXPECTATIVE, adj. fém. Voy. **EXPECTATIF**. — Subst., espérance, attente fondée sur quelque promesse, etc. — Espèce de droit de survivance que l'on donne en certains pays. — Autrefois, bref du pape qui assurait à quelqu'un la nomination à un bénéfice quand il viendrait à vaquer.—Acte qui se soutenait par un étudiant en théologie lorsqu'un licencié prenait le bonnet de docteur.

EXPECTORANT, E, adj. (*èkcepèktoran, rante*), qui provoque l'*expectoration*. — Subst. mas. : *un expectorant*.

EXPECTORATION, subst. fém. (*èkcepèktorâcion*), action d'*expectorer*.

EXPECTORÉ, E, part. pass. de *expectorer*.

EXPECTORER, v. act. (*èkcepèktoré*) (de la prép. lat. extractive *ex*, et de *pectus*, poitrine. Ce mot *expectorare*, formé des mêmes éléments, signifie bannir de son esprit, chasser de son cœur, ôter de sa mémoire, oublier), chasser par les crachats les mauvaises humeurs attachées aux bronches et aux vésicules du poumon.—On dit aussi absolument : *cela fait expectorer*. — **S'EXPECTORER**, v. pron.

EXPÉDIÉ, E, part. pass. de *expédier*.

EXPÉDIENT, subst. mas. (*èkcepédian*) (en lat. *expediens*, part. prés. de *expedire*, ôter d'embarras, dégager), moyen de terminer une affaire, etc. : *trouvez-moi quelque expédient*. Voy. **RESSOURCE**.—En t. de palais : *cet arrêt a été rendu par expédient*, les avocats se sont conciliés sans plaider.

EXPÉDIENT, adj. mas. (*èkcepédian*) (de l'unipersonnel *expedit*, il est utile, il est à propos), ce qu'il convient de faire : *il est expédient de sortir*.

EXPÉDIER, v. act. (*èkcepédié*) (en lat. *expedire*, débarrasser, dégager, délivrer, et fig. achever, finir, *expédier*, fait de *ex*, dehors, et de *pes*, *pedis*, pied; *mettre les pieds dehors*; *débarrasser les pieds*; *rompre les entraves qui les retenaient*), en parlant des choses, les terminer avec promptitude : *expédier une affaire*; envoyer, faire partir des marchandises : *expédier des ordres*, *un ballot*. — Faire la copie d'un acte quelconque, la délivrance d'un diplôme, d'un brevet : *on ne nous a pas encore expédié notre commission*. — *Expédier quelqu'un*, finir promptement son affaire. — **S'EXPÉDIER**, v. pron.

EXPÉDITEUR, subst. mas. (*èkcepéditeur*), t. de commerce, celui à qui les négociants d'une même ville font remettre des marchandises, pour les *expédier* suivant les ordres qui lui sont donnés.

EXPÉDITIF, adj. mas., au fém. **EXPÉDITIVE** (*èkcepéditif, tive*), qui *expédie*, qui fait vite, qui dépêche. Voy. **DILIGENT**.

EXPÉDITION, subst. fém. (*èkcepédicion*), action par laquelle on *expédie* : *prompte expédition*. —Entreprise de guerre. — Copie d'un acte de justice. — Diligence et hardiesse : *homme d'expédition*. — Au plur., dépêches : *le courrier attend ses expéditions*.

EXPÉDITIONNAIRE, subst. et adj. des deux genres (*èkcepédicionère*), celui qui fait *expédier* des marchandises, etc.; il s'est dit particulièrement de certains officiers qui étaient chargés de poursuivre ou de faire expédier des lettres et des actes en cour de Rome.—Dans les bureaux d'administration, commis chargé de faire des copies officielles, des *expéditions*. — Il est plus souvent adjectif : *un banquier expéditionnaire*. Voy. **EXPÉDITEUR**. — Chargé d'une *expédition* : *armée expéditionnaire*.

EXPÉDITIVE, subst. fém. (*èkcepéditive*), genre de signes abréviateurs de l'écriture ordinaire.

EXPELLÉ, E, part. pass. de *expeller*.

EXPELLER, v. act. (*èkcepèlelé*) (du lat. *expellere*, qui a le même sens), chasser, repousser, mettre dehors. Vieux.

EXPÉRIENCE, subst. fém. (*èkcepériance*) (en latin *experientia*, fait de *experiri*, éprouver, *expérimenter*), action d'*expérimenter*; épreuve qu'on fait de quelque chose, essai; avec cette différence que l'*expérience* est pour la vérité des choses, l'*essai*, pour leur usage, l'*épreuve*, pour leurs qualités. On fait des *expériences* pour *savoir*, des *essais* pour *choisir*, des *épreuves* pour *connaître*. — Connaissance des choses acquise par un long usage. — *Expériences*, au plur., ne se dit que de celles de physique : *cours d'expériences*. Ailleurs on dit toujours *expérience* au singulier, surtout dans le sens moral.—T. de physique: *expérience de Leyde*, nom donné par *Nollet* à une *expérience* d'électricité faite pour la première fois à Leyde, et dans laquelle, au moyen de la bouteille ou du carreau électrique, on reçoit une violente et subite commotion dans les deux bras, et souvent dans la poitrine, dans les entrailles, etc.

EXPÉRIMENT, subst. mas. (*èkcepériman*) (en latin *experimentum*), t. de médec., essai que l'on fait sur le corps de l'homme ou des animaux pour connaître l'effet d'un remède. Mot inusité.

EXPÉRIMENTAL, E, adj. (*èkcepérimantal*) (du latin *experimentum*, expérience), qui s'acquiert par l'*expérience*.—Cet adj. ne semble pas avoir de plur. mas.; du moins nous n'en trouvons aucun exemple.

EXPÉRIMENTATEUR, subst. mas. (*èkcepérimantateur*), celui qui fait des *expériences* dans les sciences. Mot nouveau.

EXPÉRIMENTATION, subst. fém. (*èkcepérimantâcion*), action d'*expérimenter*. Mot nouveau.

EXPÉRIMENTÉ, E, part. pass. de *expérimenter*, et adj., connu, éprouvé par l'*expérience* : *remède expérimenté*.—Qui a de l'*expérience*, instruit par l'*expérience*.

EXPÉRIMENTER, v. act. (*èkcepérimanté*) (en lat. *experiri*, dérivé, selon *Vossius*, du grec πειραω ou πειραζομαι, dont la racine est πειρα, épreuve, tentative, expérience), éprouver, faire l'*expérience* de... : *expérimenter la vertu d'un simple, d'un remède*.—Neutralement, faire l'*expérience* : *j'ai cent fois expérimenté que*... — **S'EXPÉRIMENTER**, v. pron.

EXPERT, subst. mas. (*èkcepère*), personne choisie pour examiner certaines choses, les priser et en faire son rapport.

EXPERT, E, adj. (*èkcepère, pèrete*), en latin *expertus*, part. pass. de *experiri*, éprouver), fort versé dans quelque art qui s'apprend par l'*expérience*. Voy. **EXPERT**, subst. mas.

EXPERTISE, subst. fém. (*èkcepèretize*), visite et opération des *experts* : *faire une expertise*. Il se dit aussi du procès-verbal, du rapport des *experts*.

EXPERTISÉ, E, part. pass. de *expertiser*.

EXPERTISER, v. act. (*èkcepèretizé*), t. de droit, faire une *expertise*. — **S'EXPERTISER**, v. pron.

EXPERTISME, subst. mas. (*èkcepèreticeme*), visite et rapport d'*experts*.

EXPIATEUR, subst. mas. (*èkcepiateur*), qui *expie*.— Myth., surnom donné à Jupiter, et, par extension, à tous les dieux en général, comme étant censés *expier* les crimes des hommes.

EXPIATION, subst. fém. (*èkcepiâcion*) (en latin *expiatio*), action par laquelle on *expie*.— Cérémonies religieuses usitées chez les Romains, soit pour détourner les malheurs dont on croyait la ville menacée, soit pour purifier les villes ou des lieux sacrés qui avaient été profanés, soit pour rendre méritants les soldats avant ou après une bataille : *sacrifice d'expiation*.

EXPIATOIRE, adj. des deux genres (*èkcepiatoare*) (en latin *expiatorius*), qui sert à *expier*.— *Chapelle expiatoire*, consacrée à l'*expiation* ; telle est celle de la rue d'Anjou-Saint-Honoré, à Paris.

EXPIÉ, E, part. pass. de *expier*.

EXPIER, v. act. (*èkcepié*) (en latin *expiare*), réparer, par quelque peine que l'on souffre, une faute, un crime qu'on a commis. — **S'EXPIER**, v. pron.

EXPILATEUR, subst. mas. (*èkcepilateur*), concussionnaire. Hors d'usage.

EXPILATION, subst. fém. (*èkcepilâcion*) (en latin *expilatio*, pillage, pillerie, fait de *expillare*, piller, voler, dépouiller, formé de la particule privative *ex*, et de *pilum*, javelot; littéralement, *dépouiller un soldat de ses armes*), t. de jurisprudence, action de celui qui soustrait les biens d'une succession vacante.

EXPIRANT, E, adj. (*èkcepiran, rante*), qui *expire*, qui est près d'*expirer*.

EXPIRATEUR, adj. mas. (*èkcepirateur*), t. d'anat., se dit de certains muscles qui contribuent à resserrer les parois de la poitrine pour chasser l'air renfermé dans les poumons, ou produire l'*expiration*. — Il est aussi subst. mas.

EXPIRATION, subst. fém. (*èkcepirâcion*) (en latin *expiratio*, fait de *expirare*, expirer), échéance d'un terme; fin d'un temps marqué. — En t. de phys., action par laquelle on rend l'air qu'on a tiré au-dedans : *l'aspiration et l'expiration sont nécessaires à la vie*. — En t. de chimie, évaporation et séparation de ce qu'il y a de plus subtil dans un corps.

EXPIRÉ, E, part. pass. de *expirer*.

EXPIRER, v. neut. (*èkcepiré*) (en lat. *expirare*, rendre le dernier soupir, rendre l'âme, formé de *ex*, dehors, et de *spirare*, souffler; *souffler l'âme dehors*), finir, être à la fin, au bout du terme.— Mourir, rendre l'âme. *Racine* a dit à tort dans *Phèdre, ce héros expiré*, parce que c'est *ayant*, et non pas *étant expiré*, qu'il fallait, et qu'*ayant* ne se supprime jamais. Le verbe *expirer*, soit au propre, soit au figuré, exprime deux choses bien différentes : avec *avoir*, une action; avec *être*, un état qui résulte de cette action. On dit qu'un homme *a expiré à deux heures*, pour dire qu'à cette heure-là il a fait l'action de rendre le dernier soupir; mais lorsqu'un homme *est expiré*, il résulte de cette action un état bien différent de celui où il était avant cette action, et c'est pour exprimer cet état qu'on doit joindre l'auxiliaire *être* au participe du verbe *expirer*. — V. act., rendre l'air qu'on avait aspiré : *expirer l'air*.

EXPLANAIRE, subst. mas. (*èkceplanère*), t. d'hist. nat., genre de polypiers lamellifères établi aux dépens des madrépores.

EXPLÉT., abréviation du mot *explétif*.

EXPLÉTIF, adj. mas., au fém. **EXPLÉTIVE** (*èkceplétif, tive*) (en lat. *expletivus*, fait de *explere*, remplir; *qui remplit la phrase sans rien ajouter au sens*), t. de grammaire. Il se dit des mots qui entrent dans une phrase sans être nécessaires au sens : *prenez-moi cet enfant ; je vous le traiterai bien; moi* et *vous* sont des mots *explétifs* dans ces deux phrases.

EXPLÉTIVE, adj. fém. Voy. **EXPLÉTIF**.

EXPLICABLE, adj. des deux genres (*èkceplikable*) (en lat. *explicabilis*), qui peut être *expliqué*. Il s'emploie surtout avec la négative : *cet endroit n'est pas explicable*.

EXPLICATEUR, subst. mas. (*èkceplikateur*), celui qui est chargé d'*expliquer* une chose : *l'explicateur du cabinet de figures de cire*.

EXPLICATIF, adj. mas., au fém. **EXPLICATIVE** (*èkceplikatif, tive*); qui *explique* le sens d'une chose.

EXPLICATION, subst. fém. (*èkceplikâcion*) (en lat. *explicatio*, fait de *explicare*, expliquer), discours par lequel on *explique* ce qui est obscur. —Interprétation d'un auteur. — Éclaircissement. — Renseignement. — *Avoir une explication avec quelqu'un*, le faire *expliquer* sur quelque chose dont on pourrait être offensé : *j'ai eu une explication avec lui*. On peut entendre aussi *s'expliquer* soi-même avec quelqu'un.

EXPLICATIVE, adj. fém. Voy. **EXPLICATIF**.

EXPLICITE, adj. des deux genres (*èkceplicite*) (en lat. *explicitus*, fait de *explicare*, expliquer), clair, formel, distinct, développé. C'est le contraire d'*implicite*, qui signifie ce qui n'est pas distinctement exprimé : *volonté explicite*, volonté bien expresse et bien marquée. — *Foi explicite*, acquiescement marqué aux vérités que l'Église propose; au lieu que la *foi implicite* est un acquiescement vague, indéterminé, pour tout ce qui peut faire l'objet de notre croyance.

EXPLICITEMENT, adv. (*èkcepliciteman*), en termes clairs et formels.

EXPLIQUÉ, E, part. pass. de *expliquer*.

EXPLIQUER, v. act. (*èkceplikié*) (du latin *explicare*, qui signifie proprement déplier, étendre, développer, fait de la particule privative *ex*, et de *plicare*, en grec πλεκειν, lier, joindre, enlacer), interpréter, éclaircir, développer, faire comprendre. — *Expliquer un passage de Virgile*, le traduire en une autre langue; et aussi, en donner l'interprétation, l'éclaircissement. — **S'EXPLIQUER**, v. pron., dire, s'énoncer, découvrir sa pensée. — Se manifester.

EXPLOIT, subst. mas. (*èkceploè*) (du latin *explicare*, employé par *Valère-Maxime*, par *Martial*, etc., dans le sens de *facere*, faire), action de guerre mémorable. — Acte que fait un huissier pour assigner, saisir, etc.

EXPLOITABLE, adj. des deux genres (*èkceploètable*), qui peut être saisi et vendu par justice : *biens, meubles, exploitables*. — Qui est en état d'être façonné et débité : *ce bois est exploitable*. — On appelle *bois exploitables*, ceux qui sont en état d'être *exploités*, c'est-à-dire coupés.

EXPLOITANT, adj. mas. (*èkceploètan*), qui fait les *exploits* : *huissier exploitant*.

EXPLOITATION, subst. fém. (*èkceploètâcion*), action d'*exploiter* des terres, des bois, des biens.

EXPLOITÉ, E, part. pass. de *exploiter*.

EXPLOITER, v. act. (*èkceploèté*) (du lat. barbare *explitare*), faire valoir, cultiver : *exploiter une terre, une ferme*.—*Exploiter des bois*, les abattre, façonner et débiter dans la forêt.—*Exploiter la curiosité*, spéculer sur la curiosité. — V. neut., donner des *exploits*, des assignations. —**S'EXPLOITER**, v. pron.

EXPLOITEUR, subst. mas. (*èkceploèteur*), celui qui *exploite*.

EXPLORATEUR, subst. mas. (*èkceplorateur*), (en lat. *explorator*, fait de *explorare*, examiner, visiter), celui qui va à la découverte d'un pays.— Celui qui cherche à découvrir le secret des cours étrangères.

EXPLORATION, subst. fém. (*èkceplorâcion*) (en lat. *exploratio*), t. de chir., action de sonder une plaie, un ulcère.

EXPLORATIVEMENT, adv. (*èkceplorativeman*); en *explorant*.

EXPLORÉ, E, part. pass. de *explorer*.

♦ **EXPLORER**, v. act. (*èkceploré*) (en lat. *explorare*), parcourir avec soin, visiter, examiner. C'est un vieux mot qui a été rajeuni.—**S'EXPLORER**, v. pron.

EXPLOSIF, adj. mas., au fém. **EXPLOSIVE** (*èkceplôzif, zive*), t. de phys., qui fait *explosion*, qui chasse en poussant.

EXPLOSION, subst. fém. (*èkceplôzion*) (en lat. *explosio*, fait de *explodere*, chasser en poussant), t. de phys., action d'une chose qui en chasse une autre de la place qu'elle occupait. — Bruit, éclat, mouvement de la poudre à canon, au moment où elle s'enflamme. Dans cette dernière acception, il est d'un grand usage au figuré.

EXPOLIATION, subst. fém. (*èkcepoliâcion*), t. de jardinier, séparation de la partie morte d'une partie vive.

EXPOLIÉ, E, part. pass. de *expolier*.

EXPOLIER, v. act. (*èkcepolié*), couper les parties molles d'un végétal. — **S'EXPOLIER**, v. pron.

EXPONENTIEL, adj. et subst. mas., au fém. **EXPONENTIELLE** (*èkceponancièle*) (en lat. *exponens*), t. d'algèbre, qui a un *exposant*; qui est élevé à une puissance marquée par un *exposant*: *quantité exponentielle*. — Dans la géométrie transcendante, on entend proprement par *quantité exponentielle* une quantité élevée à une puissance dont l'*exposant* est indéterminé et invariable. Si cet *exposant* est simple, on a une *quantité exponentielle du premier degré*; si l'*exposant* est lui-même une *exponentielle* du premier degré, la quantité est une *exponentielle du second degré*, etc. — *Calcul exponentiel*, calcul des quantités *exponentielles*, de leurs différentielles, etc. — *Équation exponentielle*, dans laquelle il entre des quantités *exponentielles*. — *Courbe exponentielle*, qui est exprimée par une équation *exponentielle*. Ce mot manque dans l'*Académie*.

EXPORTATEUR, subst. mas. (*èkceportateur*), celui qui *exporte*. Ce mot manque dans l'*Académie*.

EXPORTATION, subst. fém. (*èkceportâcion*) (en lat. *exportatio*, fait de *exportare*, exporter), transport de marchandises hors d'un état, etc.

EXPORTÉ, E, part. pass. de *exporter*.

EXPORTER, v. act. (*èkceporté*) (en lat. *exportare*, porter dehors), *transporter* des marchandises *hors* d'un état. — **S'EXPORTER**, v. pron.

EXPOSANT, E, subst. (*èkcepôzan, zante*) (en lat. *exponens*, part. prés. de *exponere*, exposer), t. de pratique, celui, celle qui *expose* un fait ou ses prétentions dans une requête. — T. de math., nombre qui exprime le rapport de deux autres ou le degré d'une puissance : *trois est l'exposant du rapport de douze à quatre ; deux est l'exposant du carré; trois est celui du cube*. — *Exposant du rang*, le nombre qui exprime le quantième d'un terme dans une suite quelconque.

EXPOSÉ, subst. mas. (*èkcepôzé*), récit de plusieurs faits ou circonstances. — Compte-rendu : *l'exposé d'une doctrine*; ce qui est *exposé* dans une requête.

EXPOSÉ, E, part. pass. de *exposer*.

EXPOSER, v. act. (*èkcepôzé*) (en latin *exponere*, fait de la prép. *ex*, pour *extra*, dehors, et *ponere*, placer), mettre en vue: *exposer en vente*.— Débiter, répandre de la fausse monnaie.—Placer, tourner d'un certain côté : *exposer au nord, au midi*, etc.—Expliquer; faire connaître, déclarer : *exposer sa commission*.—Mettre en péril : *exposer sa vie*.—Mettre sous la main, sous les yeux; *exposer une relique*.—*Exposer un enfant*; c'était, chez les anciens, le mettre dans un lieu sauvage et écarté, pour s'en défaire; actuellement, c'est le mettre dans un chemin, dans une rue, à la porte d'un hôpital, etc., pour se décharger du soin de le nourrir. — **S'EXPOSER**, v. pron., se hasarder.

EXPOSITION, subst. fém. (*èkcepôzicion*) (en latin *expositio*, fait de *exponere*, exposer), montre qu'on fait d'une chose. — Explication, déclaration, interprétation. — Abandonnement d'un enfant. Voy. EXPOSER. — En t. d'église, *exposition du saint-sacrement*, action de le mettre en évidence sous un dais.—Ce dais lui-même.—Situation d'un lieu relativement au soleil, à la pluie, etc.—En peinture, 1° manière dont un tableau est placé : *ce tableau est dans une exposition avantageuse, défavorable*, etc. ; 2° action d'*exposer* ses ouvrages au jugement du public : *l'exposition des tableaux au Louvre; il y a eu exposition cette année*. — Narration, récit, détail, d'une chose qui s'est passée : *exposition d'un fait*.—En t. de littér., action d'*exposer* le sujet que l'on traite, de préparer sur ce sujet : *l'exposition d'un poëme*.

EXPRÈS, subst. mas. (*èkceprè*), homme envoyé à dessein, avec une intention *expresse*, pour porter des lettres, des ordres, des avis, etc.

EXPRÈS, adj. mas., au fém. **EXPRESSE** (*èkceprè, prèce*) (en latin *expressus*, dans le sens de manifeste, clair, évident, fait de *exprimere*, exprimer, énoncer), précis, formel, qui ne laisse lieu à aucun doute.

EXPRÈS, adv. (*èkceprè*), à dessein.

EXPRESS., abréviation des mots *expressif* et *expression*.

EXPRESSÉMENT, adv. (*èkceprèceman*) (en lat. *expressim*), d'une manière *expresse*.

EXPRESSIF, adj. mas., au fém. **EXPRESSIVE** (*èkceprècif, cive*), énergique, qui *exprime* bien ce qu'on veut dire.

EXPRESSION, subst. fém. (*èkceprècion*) (en lat. *expressio*, fait de *exprimere*, exprimer), action par laquelle on *exprime* le suc, le jus de quelque chose. — Manière dont on se sert pour *exprimer* ce qu'on veut dire. Voy. MOT. — En t. de peinture et de sculpture, représentation vive et naturelle des passions. — En musique, teinte vive, animée et énergique qui accompagne les idées et les sentiments qu'elle représente. Il y a une *expression de composition*, et une d'*exécution*. C'est de leur réunion que résulte l'effet musical le plus puissant et le plus agréable.

EXPRESSIVE, adj. fém. Voy. EXPRESSIF.

EXPRIMABLE, adj. des deux genres (*èkceprimable*), qui se peut *exprimer*, dire, déclarer.

EXPRIMÉ, E, part. pass. de *exprimer*.

EXPRIMER, v. act. (*èkceprimé*) (en lat. *exprimere*, formé de la particule extractive *ex*, et de *premere*, presser), tirer le suc d'une chose en la pressant.—Énoncer, représenter par le discours ce que l'on a dans l'esprit. Voy. ÉNONCER. — En t. de peinture, etc., représenter ses passions d'une manière vive et naturelle. —S'EXPRIMER, v. pron.

EXPROBATION, subst. fém. (*èkceprobâcion*), action de reprocher, effet de cette action.

EX PROFESSO, loc. adv. (*èkceproféçeçô*) (mots tout latins), avec soin, en homme instruit : *il en parle ex professo ; il a traité cette matière ex professo*.

EXPROPRIATION, subst. fém. (*èkcepropri-âcion*), action d'*exproprier*.

EXPROPRIÉ, E, part. pass. de *exproprier*.

EXPROPRIER, v. act. (*èkceproprié*) (du lat. *ex*, de, hors, et *proprietas*, propriété), droit sur une chose qui nous appartient en propre), dépouiller quelqu'un de sa *propriété*. Mot créé, dans le cours de la révolution, par *Thouret*. — S'EXPROPRIER, v. pron.

EXPULSÉ, E, part. pass. de *expulser*.

EXPULSER, v. act. (*èkcepulcé*) (en lat. *expulsare*, pousser, chasser au dehors), chasser, déposséder : *on l'a expulsé de sa maison, de son emploi*, etc. Il ne se dit, hors du palais, que dans le style familier.—En t. de médec., faire évacuer. —S'EXPULSER, v. pron.

EXPULSIF, adj. mas., au fém. **EXPULSIVE** (*èkcepulcif, cive*), t. de médec., se dit d'un remède qui *expulse* les humeurs.

EXPULSION, subst. fém. (*èkcepulcion*) (en lat. *expulsio*, fait de *expulsare*), action d'*expulser*, de chasser.

EXPULSIVE, adj. fém. Voy. EXPULSIF.

EXPULTRICE, adj. fém. (*èkcepultrice*), t. de médec., se dit de tout ce qui a la vertu de faire *expulser*.

EXPUNCTUS, subst. mas. (*èkceponktuce*), se disait d'un soldat romain cassé ou réformé.

EXPURGATION, subst. fém. (*èkcepurguâcion*) (en lat. *expurgatio*, fait de *expurgare*, nettoyer), t. d'astron. Dans les éclipses de lune, la sortie de l'ombre de la terre. On dit plus souvent et mieux, *emersion*.

EXPURGATOIRE, adj. des deux genres (*èkcepurgatoare*) (du lat. *expurgare*, corriger, rendre correct) : *index expurgatoire*, catalogue de livres défendus à Rome jusqu'à ce qu'ils aient été corrigés.

EXPURGÉ, E, part. pass. de *expurger* : *un livre expurgé* est un livre dont on a enlevé toutes les saillies licencieuses.

EXPURGER, v. act. (*èkcepurjé*), *purger*, ôter les ordures, les saillies trop licencieuses d'un livre : *on ne saurait trop expurger les mauvais livres*. — S'EXPURGER, v. pron.

EXQUIMA, subst. mas. (*èkcekima*), t. d'hist. nat., espèce de singe.

EXQUIS, E, adj. (*èkceki, kize*) (du latin *exquisitus*, part. pass. de *exquirere*, rechercher, examiner, choisir, formé de *ex*, particule augmentative, et de *quærere*, chercher ; chercher avec soin, etc.), recherché, choisi avec soin, excellent; parfait en son espèce.

EXQUISEMENT, adv. (*èkcekizeman*), d'une manière *exquise*, d'un effet *exquis*.

EXSANGUIN, E, adj. (*èkceçanguein, guine*), t. de médec., qui est privé de *sang*.

EXSERT, E, adj. (*èkzer, te*) (du latin *exsertus*), t. de bot., découvert.

EXSICCATION, subst. fém. (*èkcikekâcion*) (du latin *exsiccatio*, fait d'*exsiccare*, formé de la particule augmentative *ex*, et de *siccare*, sécher, dont la racine est *siccus*, sec), t. de chimie, desséchement; action de *dessécher*.

EXSPUITION, subst. fém. (*èkcepui-cion*) (du lat. *exspuere*, cracher), t. de médec., action de cracher.

EXSTIPULÉ, E, adj. (*èkcetipulé*), t. de bot., se dit d'une plante qui n'a point de *stipule*.

EXSTROPHIE, subst. fém. (*èkcetrofi*) (du grec ἐκστρέφω, je tourne), t. de médec., extroversion des organes creux.

EXSUCCION, subst. fém. (*èkceçukcion*) (du latin *exsugere*, sucer, attirer en suçant, formé de la particule extractive *ex*, et de *sugere*, sucer), t. de médec., action de *sucer*.

EXSUDATION, subst. fém. (*èkçudâcion*), t. de médec., action de *suer*. Voy. EXSUDER.

EXSUDER, v. neut. (*èkçudé*) (du lat. *exsudare*, transpirer, suer, formé de la particule extractive *ex*, et de *sudare*, suer), t. de médec., sortir en forme de *sueur* : *le sang exsude quelquefois par les pores*.—S'EXSUDER, v. pron.

EXTANT, E, adj. (*èkcetan, tante*) (du latin *stans*, part. prés. de *stare*, être), t. de palais, qui est en nature.

EXTASE, subst. fém. (*èkcetâze*) (du grec ἔκστασις, étonnement, renversement d'esprit, dérivé de ἐξίστημι, renverser, frapper d'étonnement), ravissement d'esprit, suspension des sens causée par la contemplation d'un objet surnaturel, etc. — Sorte de maladie semblable à la catalepsie. — Fig., admiration.

EXTASIÉ, E, adj. (*èkcetâzié*), qui est en *extase*.

S'EXTASIER, v. pron. (*cèkcetâzié*), être ravi d'admiration, être en *extase*.

EXTATIQUE, adj. des deux genres (*èkcetatike*), qui tient de l'*extase*.

EXTEMPORANÉ, E, adj. (*èkcetanporané*), t. de médec., se dit des médicaments que l'on ordonne et compose sur-le-champ.

EXTENDEUR, subst. et adj. mas. (*èkcetandeur*), qui cherche à *étendre*, qui a la faculté d'*étendre*.

par **EXTENS.**, abréviation de la locution *par extension*. Voy. EXTENSION.

EXTENSEUR, subst. et adj. mas. (*èkcetanceur*), t. d'anat., muscles qui servent à *étendre* : *les extenseurs de la jambe ; les muscles extenseurs du bras*.

EXTENSEUR-COMMUN-DES-DOIGTS, subst. et adj. mas. (*èkcetanceurkomundédoè*), t. d'anat., se dit d'un muscle placé à la partie postérieure de l'avant-bras.

EXTENSEUR-PROPRE-DU-PETIT-DOIGT, subst. et adj. mas. (*èkcetanceurpropredupetidoè*), t. d'anat., se dit du muscle qui *étend le petit doigt*.

EXTENSEUR COURT-DU-POUCE, adj. et subst. mas. (*èkcetanceurkourdupouce*), t. d'anat., se dit du muscle qui *étend le pouce*.

EXTENSEUR-LONG-DU-POUCE, subst. et adj. mas. (*èkcetanceurlondupouce*), t. d'anat., se dit du muscle qui étend la dernière phalange du *pouce* sur la première.

EXTENSEUR-PROPRE-DE-L'INDEX, subst. et adj. mas. (*èkcetanceurpropredeleindèkce*), t. d'anat., se dit du muscle qui *étend* les trois phalanges du doigt *indicateur*.

EXTENSEUR-PROPRE-DU-GROS-ORTEIL, subst. et adj. mas. (*èkcetanceurpropredugueròzortéie*), t. d'anat., se dit du muscle qui *étend* la dernière phalange de l'*orteil* sur la première.

EXTENSEUR-COMMUN-DES-ORTEILS, adj. et subst. mas. (*èkcetanceurkomundèzortéie*), t. d'anat., se dit d'un muscle placé à la partie postérieure de la jambe.

EXTENSEUR-COURT-COMMUN-DES-ORTEILS, adj. et subst. mas., t. d'anat., muscle. Voy. PÉDIEUX.

EXTENSEUR-DE-L'AVANT-BRAS, adj. et subst. mas. (*èkcetanceurdelavanbra*), t. d'anat. Voy. TRICEPS.

EXTENSIBILITÉ, subst. fém. (*èkcetancibilité*), qualité d'une chose qui peut s'*étendre*.

EXTENSIBLE, adj. des deux genres (*èkcetancible*), t. de physique, qui peut être *étendu*, qui est capable d'*extension*.

EXTENSIF, adj. mas., au fém. **EXTENSIVE** (*èkcetancif, cive*), qui exprime l'*extension*, qui *étend*, ou fait effort pour *étendre*.

EXTENSION, subst. fém. (*èkcetancion*) (en lat. *extensio*, fait de *extendere*, étendre), en t. de physique, *étendue*. — Action de ce qui *s'étend* : *extension du bras*. — Augmentation : *extension d'autorité*. — Explication dans un sens plus *étendu* : *extension d'une loi, d'une clause*, etc. : *ce mot, outre sa signification naturelle, en a encore, par extension, telle autre*. — En t. de chir., *extension* se dit de l'opération par laquelle on tire un membre luxé pour le rétablir en son lieu. — *Extension de nerf*, relâchement qui arrive à un nerf.

EXTENSIVE, adj. fém. Voy. EXTENSIF.

EXTÉNUATION, subst. fém. (*èkceténu-âcion*) (en lat. *extenuatio*, fait de *extenuare*, diminuer), diminution de forces, d'embonpoint, affaiblissement.—On dit aussi en t. de palais, *l'exténuation d'un crime*, adoucissement dans l'exposition d'un crime, d'un fait, etc. En ce sens on ne dit plus qu'*atténuation*. — T. de rhétorique. Voy. LITOTE.

EXTÉNUÉ, E, part. pass. de *exténuer*, et adj., abattu, languissant, etc. : *un visage exténué*.

EXTÉNUER, v. act. (*èkceténu-é*) (du lat. *extenuare*, fait dans le même sens de *tenuis*, mince, menu, etc.), affaiblir la vigueur, diminuer les forces, amaigrir. — Au palais, affaiblir une accusation, un crime, etc.—S'EXTÉNUER, v. pron.

EXTÉRIEUR, subst. mas. (*èkcetérieur*) (en lat. *exterior*, sous-entendu *pars, facies*, etc., fait de *extrà*, au dehors), ce qui paraît *au dehors*. — Mine, apparence. — Le lieu qui est au-dehors : *on entendit du bruit à l'extérieur*, hors de la maison. — Pays étrangers : *nouvelles de l'extérieur*.—EXTÉRIEUR, DEHORS, APPARENCE. (*Syn.*) L'*extérieur* est ce qui se voit : il fait partie de la chose, mais la plus éloignée du centre. Le *dehors* est ce qui environne; il n'est pas proprement de la chose, mais il en approche beaucoup. L'*apparence* est l'effet que la vue de la chose produit, ou l'idée qu'on s'en forme par cette vue.

EXTÉRIEUR, E, adj. (*èkcetérieure*), qui est *au dehors*; qui a lieu, qui se passe au-dehors : *les parties extérieures du corps; interdire le culte extérieur; l'homme extérieur*, le corps et les sens.—Qui a rapport aux pays étrangers : *la politique extérieure*.

EXTÉRIEUREMENT, adv. (*èkcetérieureman*), à l'*extérieur*.

EXTÉRIORITÉ, subst. fém. (*èkcetériorité*), t. dogmatique, état, qualité de ce qui est *extérieur*; superficie, partie supérieure. Hors d'usage.

EXTERMINATEUR, subst. et adj. mas., au fém. **EXTERMINATRICE** (*èkcetèreminateur, trice*) (en lat. *exterminator*), qui détruit et *extermine* : *ange exterminateur, guerre exterminatrice*. — L'*Académie* ne donne point le fém. de ce mot.

EXTERMINATIF, adj. mas., au fém. **EXTERMINATIVE** (*èkcetèreminatif, tive*), qui *extermine*.

EXTERMINATION, subst. fém. (*èkcetèreminâcion*) (en lat. *exterminatio*), destruction entière. — *Guerre d'extermination*, qui a pour but la destruction de l'un des deux partis.

EXTERMINATIVE, adj. fém. Voy. EXTERMINATIF.

EXTERMINATRICE, adj. fém. Voy. EXTERMINATEUR.

EXTERMINÉ, E, part. pass. de *exterminer*.

EXTERMINER, v. act. (*èkcetèreminé*) (en latin *exterminare*, bannir, chasser, exiler, formé de la prép. *ex*, de, hors, et de *terminus*, terme, borne, limite, *chasser hors des limites*, etc.), faire périr, détruire entièrement. — On dit au fig., *exterminer les vices, l'hérésie*.—Voltaire a employé le mot *exterminer* dans une acception qui n'est plus celle qu'on lui donne aujourd'hui, quoique plus conforme à son étymologie, dans celle de *bannir*, etc. :

Extermines, grand Dieu ! de la terre où nous sommes,
Quiconque avec plaisir répand le sang des hommes.

—S'EXTERMINER, v. pron.

EXTERNAT, subst. mas. (*èkcetèrena*), pension qui ne se compose que d'élèves *externes*.

EXTERNE, subst. et adj. des deux genres (*èkcetèrene*) (en lat. *externus*), qui est du *dehors*, extérieur. Il s'emploie souvent dans la médecine et la chirurgie : *maladie externe ; la face externe de l'omoplate*.—T. de géom., *angles externes*, angles de toute figure rectiligne, qui n'entrent point dans sa formation propre, mais qui sont formés par ses côtés prolongés au *dehors*. Ils sont opposés aux angles *internes*.— Subst., ceux qui, dans les colléges, les institutions et les académies, n'y sont pas en pension, mais qui y viennent apprendre leurs exercices ou y étudier.

EXTINCTIF, adj. mas., au fém. **EXTINCTIVE** (*èkceteinktif, tive*), qui *éteint*.

EXTINCTION, subst. fém. (*èkceteinkcion*) (en lat. *extinctio*, fait de *extinguere*, éteindre), l'action d'*éteindre*. — *Extinction du verre*, action de le tirer à l'eau. — *Extinction d'un crime*, sa rémission, son absolution.—*Extinction d'une rente*, son amortissement, son remboursement. — *Extinction de voix*, impossibilité de produire des sons articulés. — *Extinction* se dit de tout ce qu'on détruit, de ce qu'on abolit : *l'extinction des abus*.—*L'extinction d'un crime*, sa prescription. — T. de jurispr. On dit *l'extinction des bougies, des feux*, en parlant d'une adjudication où l'on peut enchérir jusqu'à ce qu'une bougie, allumée à cet effet, soit éteinte. — On appelle *extinction d'une charge foncière, réelle* ou *hypothécaire*, l'amortissement de ces sortes de charges. — *Extinction de douaire*, se dit du décès de la femme et des enfants qui avaient droit de jouir du douaire. — *L'extinction d'une famille*, se dit d'une famille dont il ne reste plus aucun membre. On dit aussi, dans le même sens, *l'extinction d'une ligne directe* ou *collatérale*. — *L'extinction de nom*, se dit lorsqu'il ne se trouve plus personne dans une famille qui porte son nom.—*Extinction de chaleur naturelle*, perte de la chaleur naturelle.

EXTINCTIVE, adj. fém. Voy. EXTINCTIF.

EXTIRPATEUR, subst. mas. (*èkcetirpateur*)(en lat. *extirpator*), celui qui *extirpe* : *extirpateur des hérésies, des vices*.

EXTIRPATION, subst. fém. (*èkcetirpâcion*) (en lat. *extirpatio*), au propre et au figuré, l'action d'*extirper*.

EXTIRPÉ, E, part. pass. de *extirper*.

EXTIRPER, v. act. (*èkcetirpé*) (en lat. *extirpare*, fait de la particule extractive *ex*, et de *stirps*, tronc, souche, racine), arracher jusqu'à la racine des mauvaises herbes.—En médec., arracher entièrement une loupe, un cancer.—Au fig., détruire entièrement : *extirper les vices*, etc.—S'EXTIRPER, v. pron. — EXTIRPER, DÉRACINER. (*Syn.*) *Extirper* indique toujours l'action d'enlever avec force le corps de la place à laquelle il tenait fortement ; au lieu que *déraciner* sert ordinairement à désigner l'action seule de détacher les racines ou les liens qui retiennent le corps, quoique le corps même reste à la même place. —Un ouragan *déracine* les arbres et ne les *extirpe* pas ; ces arbres restent à leur place, mais avec leurs racines détachées ou rompues. — On *déracine* un cor au pied en cernant le calus tout autour, pour l'*extirper* ensuite. — Une dent est *déracinée* sans être *extirpée* ; un polype n'est *extirpé* qu'autant qu'il est enlevé avec toutes ses racines. — L'action d'*extirper* demande toujours une force et un effort que n'exige pas toujours l'action de *déraciner* ; car il n'y a souvent, pour *déraciner*, qu'à détacher des racines faibles et superficielles ; au lieu que, pour *extirper*, il faut enlever le corps entier, et arracher une souche plus ou moins forte et capable de résistance.

EXTISPICE, subst. mas. (*èkceticepice*) (du lat. *extispex*, *picis*, fait, dans le même sens, de *exta*, entrailles, et de *inspicere*, considérer), myth., on nommait ainsi ceux de la religion païenne qui, dans les sacrifices, prétendaient connaître la volonté des dieux par l'inspection des entrailles.

EXTISPICINE, subst. fém. (*èkceticepicine*) (en lat. *extispicina*), l'art de deviner par l'inspection des entrailles des animaux.

EXTISPISCIUM, subst. mas. (*èkceticepiceciome*), instrument des *extispices* pour fouiller dans les entrailles des victimes.

EXTOLLÉ, E, part. pass. de *extoller*.

EXTOLLER, v. act. (*èkcetolelé*) (du lat. *extollere*, élever), exhausser, mettre en haut.—S'EXTOLLER, v. pron. (*Marot*.) Hors d'usage.

EXTORQUÉ, E, part. pass. de *extorquer*.

EXTORQUER, v. act. (*èkcetorkié*) (en latin *extorquere*, qui signifie proprement arracher en tordant, fait de la particule extractive *ex*, et de *torquere*, tordre), arracher de force, obtenir par violence, par menaces, etc. — S'EXTORQUER, v. pron.

EXTORSION, subst. fém. (*èkcetorcion*) (en lat. *extorsio*, fait de *extorquere*, extorquer), action de celui qui *extorque*.

EXTRA, subst. mas. (*èkcetra*) (du lat. *extrà* qui veut dire *au-delà*) : *faire de l'extra*, plus qu'il n'est ordinaire de faire.—Au plur., *des extra*.

EXTRAC, adj. mas. (*èkcetrak*), t. de manége : *cheval extrac*. Voy. ESTRAC, qui est plus usité.

EXTRACT., abréviation des mots *extractifs* ou *extraction*.

EXTRACTIF, subst. mas (*èkcetraktif*), t. de chimie, substance qui entre dans la composition des végétaux, et qu'on nomme aussi *extrait*.

EXTRACTIF, adj. mas., au fém. **EXTRACTIVE** (*èkcetraktif, tive*), qui marque *extraction*.

EXTRACTION, subst. fém. (*èkcetrakcion*) (du lat. *extrahere*, tirer de...), en chimie, action par laquelle on *tire* les principes des corps mixtes.— En chir., action de tirer, d'*extraire* la pierre de la vessie.—En arith. et en algèbre, opération par laquelle on *tire* les racines des nombres ou des quantités algébriques. — Origine d'où quelqu'un tire sa naissance.

EXTRACTIVE, adj. fém. Voy. EXTRACTIF.

EXTRACTO-RÉSINEUX, adj. mas., au fém. **EXTRACTO-RÉSINEUSE** (*èkcetraktôrézineu, neuze*), qui tient de la *résine* et de l'*extractif*.

EXTRADÉ, E, part. pass. de *extrader*.

EXTRADER, v. act. (*èkcetradé*), remettre un prisonnier, un criminel, à son gouvernement naturel.—S'EXTRADER, v. pron.

EXTRADITION, subst. fém. (*èkcetradicion*) (du latin *extrà*, hors, et de *traditio*, fait de *tradere*, livrer, remettre ; *action de livrer un criminel hors du territoire sur lequel il s'était réfugié*), remise que fait un gouvernement étranger d'un criminel, d'un prisonnier, etc., sur la réclamation du gouvernement auquel celui-ci appartient naturellement.

EXTRADOS, subst. mas. (*èkcetradô*) (du latin *extrà*, dehors), t. d'archit., le côté *extérieur* d'une voûte, opposé à la douelle.

EXTRADOSSÉ, E, adj. (*èkcetradôcé*) : *voûte extradossée*, celle dont le dehors n'est pas brut.

EXTRAFOLIAIRE, adj. des deux genres (*èkcetrafolière*), t. de bot., sous la feuille.

DU VERBE IRRÉGULIER **EXTRAIRE** :

Extraie, précédé de *que j'*, 1re pers. sing. prés. subj.
Extraie, précédé de *qu'il* ou *qu'elle*, 3e pers. sing. prés. subj.
Extraient, précédé de *ils* ou *elles*, 3e pers. plur. prés. indic.
Extraient, précédé de *qu'ils* ou *qu'elles*, 3e pers. plur. prés. subj.
Extraies, précédé de *que tu*, 2e pers. plur. prés. subj.
Extraira, 3e pers. sing. fut. indic.
Extrairai, 1re pers. sing. fut. indic.
Extrairaient, 3e pers. plur. prés. cond.
Extrairais, précédé de *j'*, 1re pers. sing. prés. cond.
Extrairais, précédé de *tu*, 2e pers. sing. prés. cond.
Extrairait, 3e pers. sing. prés. cond.
Extrairas, 2e pers. sing. fut. indic.

EXTRAIRE, v. act. (*èkcetrère*) (en latin *extrahere*, fait de la prép. *ex*, de, hors, et de *trahere*, tirer), tirer quelque chose d'un corps mixte par le moyen de la chimie.—Tirer la pierre de la vessie.—Tirer d'un livre, d'un acte, ce dont on a besoin. — Tirer de prison pour reconduire dans une autre.—*Extraire un livre, un procès*, en faire l'abrégé, le sommaire.—*Extraire la racine carrée, cubique d'un nombre*, le diviser de façon que l'on ait pour quotient la racine carrée ou cubique.—S'EXTRAIRE, v. pron.

DU VERBE IRRÉGULIER **EXTRAIRE** :

Extrairez, 2e pers. plur. fut. indic.
Extrairiez, 2e pers. plur. prés. cond.
Extrairions, 1re pers. plur. prés. cond.
Extrairons, 1re pers. plur. fut. indic.
Extrairont, 3e pers. plur. fut. indic.
Extrais, précédé de *j'*, 1re pers. sing. prés. indic.
Extrais, précédé de *tu*, 2e pers. sing. prés. indic.
Extrais, 2e pers. sing. impér.

EXTRAIT, subst. mas. (*èkcetrè*) (en latin *extractum*, fait de *extrahere*, extraire), partie d'une substance qui en a été *tirée* par une dissolution chimique.—Ce qu'on *extrait* d'un livre, d'un registre, d'un acte : *extrait baptistaire, mortuaire ; extrait d'un procès ; faire un extrait, des extraits*. —*Extrait legalisé*, dont la vérité est attestée par une personne supérieure à celle qui a délivré l'*extrait*.—T. de belles-lettres, exposition abrégée, epitome d'un plus grand ouvrage : *un extrait est plus court qu'un abrégé*. — Anciennement, en t. de loterie, la somme qu'on avait mise sur un numero isolé, qui sortait de la roue de fortune : *gagner un extrait*. Il se dit aussi au loto d'un simple numero gagnant.—En t. de commerce, on appelle *extrait* le grand-livre ou livre de raison, parce que toutes les affaires doivent y être portées par *extrait*.

EXTRAIT, E, part. pass. de *extraire*.

EXTRA-JUDICIAIRE, adj. des deux genres (*èkcetrajudicière*) (du lat. *extrà*, hors, et *judicium*, jugement), qui n'est pas dans la forme ordinaire des *jugements*.

EXTRA-JUDICIAIREMENT, adv. (*èkcetrajudicièreman*), hors de la forme ordinaire des *jugements*.

EXTRA-MUROS, adv. (*èkcetramurôce*), mots latins qui signifient *hors les murs* d'une ville.

EXTRAORDINAIRE, adj. des deux genres (*èkcetra-ordinère*) (en latin *extraordinarius*, formé de *extrà*, hors, et de *ordo, ordinis*, ordre, etc.), qui n'est pas selon l'usage, la pratique *ordinaire* : *habit, langage extraordinaire*. — Qui a quelque chose de plus *que l'ordinaire* : *un ambassadeur extraordinaire ; un courrier extraordinaire*. — Singulier, qui n'est pas commun : *un mérite extraordinaire ; une bonté extraordinaire*. — Ridicule, choquant, extravagant : *c'est un homme bien extraordinaire ; une coiffure extraordinaire*. —Subst., au mas., ce qui ne se fait pas ordinairement. Il a le même sens qu'*extra*. — Ce qui va outre la dépense *ordinaire*. — Nouvelle que la *Gazette* publie *hors du jour ordinaire*. — *L'extraordinaire des guerres*, fonds pour payer la dépense *extraordinaire de la guerre*. —En t. de drapiers, *extraordinaires-fins*, couvertures de huit barres ; *extraordinaires-marchands*, couvertures de six barres et demie.—*Extraordinaire* se dit, en finances, des dépenses différentes des dépenses *ordinaires*. *Les dépenses ordinaires d'un établissement* sont celles qui servent à l'entretien ordinaire, comme nourriture, vêtement, entretien des bâtiments ; *les dépenses extraordinaires* sont celles que l'on fait pour des augmentations, des constructions, etc. On appelle *fonds extraordinaires* les fonds destinés à payer ces sortes de dépenses.

EXTRAORDINAIREMENT, adv. (*èkcetra-ordinèreman*), d'une façon *extraordinaire*.—Bizarrement, ridiculement. — Extrêmement.— En t. de pal., *procéder extraordinairement contre quelqu'un*, procéder criminellement.

EXTRAPASSÉ, E, adj. (*èkcetrapâcé*) (du latin *extrà*, hors, et du mot français *passer*), t. de peinture, *hors* des bornes indiquées par la nature. On dit aussi, dans le même sens, *strapassé*.

EXTRA-SÉCULAIRE, adj. (*èkcetracékulère*), qui a vécu plus d'un siècle. Fort peu en usage.

EXTRAVAGAMMENT, adv. (*èkcetravaguaman*), d'une manière *extravagante*.

EXTRAVAGANCE, subst. fém. (*èkcetravaguance*), bizarrerie, folie.—Action *extravagante* ; discours *extravagant*.

EXTRAVAGANT, E, subst. et adj. (*èkcetravaguan, guante*), fou, bizarre. Il se dit des personnes et des choses : *c'est un homme extravagant, c'est un extravagant, une extravagante ; discours, habit extravagant*. Voy. FOU.

EXTRAVAGANTE, subst. fém. (*èkcetravaguante*), constitution des papes ajoutée au corps du droit-canon. — On a appelé en lat. *ex-*

travagantes (*èkcetravaguantèce*) des ordonnances impériales qui ne sont pas contenues dans le corps du droit civil.

EXTRAVAGATION, subst. fém. (*èkcetravaguâcion*), éruption. Hors d'usage.

EXTRAVAGUÉ, part. pass. de *extravaguer*.

EXTRAVAGUER, v. neut. (*èkcetravaguié*) (du lat. *extrâ*, hors, au dehors, et *vagare* ou *vagari*, être errant, vagabond), penser et dire des choses qui n'ont ni sens, ni raison.

EXTRAVASATION, subst. fém. (*èkcetravazâcion*) (en lat. *extrâ*, hors, et *vas*, gén. *vasis*, vaisseau), t. de médec., mouvement par lequel le sang *sort des vaisseaux*. — En t. de bot., épanchement de la sève ou du suc propre hors de leurs vaisseaux respectifs. On dit aussi *extravasion*, du moins l'*Académie* donne les deux.

EXTRAVASÉ, E, part. pass. de *extravaser*, et adj., qui est hors des *vaisseaux*.

s'EXTRAVASER, v. pron. (*cèkcetravâzé*), t. de médec.; il se dit du sang et des humeurs qui sortent *hors de leurs vaisseaux* ordinaires.

EXTRAVASION, subst. fém. (*èkcetravâzion*). Voy. EXTRAVASATION, lequel cependant est moins usité.

EXTRAVERSION, subst. fém. (*èkcetravèrecion*) (du lat. *extrâ*, dehors, et *vertere*, tourner), t. de chim., action de rendre manifeste ce qu'il y a dans les mixtes de salin, d'alcali ou d'acide. C'est le contraire de *concentration*.

EXTRAXILLAIRE, adj. des deux genres (*èkcetrakecilelère*) (du lat *extrâ* et *axilla*, aisselle), t. de bot., qui ne naît pas dans l'aisselle des feuilles.

DU VERBE IRRÉGULIER ET DÉFECTIF **EXTRAIRE** :

Extrayant, part. prés.

Extrayaient, 3e pers. plur. imparf. indic.

Extrayais, précédé de *j'*, 1re pers. sing. imparf. indic.

Extrayais, précédé de *tu*, 2e pers. sing. imparf. indic.

Extrayait, 3e pers. sing. imparf. indic.

Extrayez, 2e pers. plur. impér.

Extrayez, précédé de *vous*, 2e pers. plur. prés. indic.

Extrayiez, précédé de *vous*, 2e pers. plur. imparf. indic.

Extrayiez, précédé de *que vous*, 2e pers. plur. prés. subj.

Extrayions, précédé de *nous*, 1re pers. plur. imparf. indic.

Extrayions, précédé de *que nous*, 1re pers. plur. prés. subj.

Extrayons, 1re pers. plur. impér.

Extrayons, précédé de *nous*, 1re pers. plur. prés. indic.

EXTRÊME, subst. mas. (*èkcetrême*), l'opposé; le contraire : *le froid et le chaud sont les deux extrêmes*. — *Porter, pousser tout à l'extrême*, ne savoir être modéré en rien.— En math., on appelle *les extrêmes d'une proportion* le premier et le dernier terme.

EXTRÊME, adj. des deux genres (*èkcetrême*) (du lat. *extremus*, employé dans la même acception, et qui signifie proprement le *dernier*, fait de *extrâ*, hors, au dehors, en dehors; *par rapport aux choses de la même nature, qui est en quelque sorte hors de la ligne*), qui est au dernier point, en parlant des choses : *froid, chaleur extrême*. — Excessif, en parlant des personnes : *il est extrême en tout*.

EXTRÊMEMENT, adv. (*èkcetrèmeman*), grandement, beaucoup, au dernier point.

EXTRÊME-ONCTION, subst. fém. (*èkcetrémonkcion*) (en lat. *extrema unctio*), l'un des sept sacrements de l'Eglise, *la dernière onction* qui s'administre aux mourants.

EXTRÊMONCTIONNÉ, E, adj. (*èkcetrèmonkcioné*), qui a reçu le sacrement de l'*extrême-onction*. Presque inusité.

in **EXTREMIS**, locution adv. (*inèkcetrémice*) (mots tout latins qui signifient, les choses dernières) : *disposition in extremis*, faite à l'article de la mort.

EXTRÉMISÉ, E, part. pass. de *extrémiser*.

EXTRÉMISER, v. act. (*èkcetrémizé*), administrer l'*extrême-onction*. — **s'EXTRÉMISER**, v. pron. Entièrement inusité.

EXTRÉMITÉ, subst. fém. (*èkcetrémité*) (en lat. *extremitas*, fait de *extremus*, extrême), le bout d'une chose. — Le dernier moment : *attendre à l'extrémité*. — Les derniers moments de la vie : *il est à l'extrémité*.— Le plus triste état où l'on puisse être réduit. — Fig. : *cette place est à l'extrémité; elle ne peut tenir plus de vingt-quatre heures*. — Excès : *il passe sans cesse d'une extrémité à l'autre*. — Excès de violence, d'emportement : *se porter aux dernières extrémités*. — Au plur., les mains et les pieds. — Dans un cheval, la portion inférieure des quatre jambes.

EXTRINSEQUE, adj. des deux genres (*èkcetreincèke*) (en lat. *extrinsecus*, fait de *extrâ*, au dehors), qui vient du dehors. — *La valeur extrinsèque d'une monnaie*, celle que la loi, le souverain lui donne.

EXTROVERSION, subst. fém. (*èkcetrovèrecion*) (en lat. *extroversio*, fait de *extra*, dehors, et *vertere*, tourner), t. de médec., renversement en dehors d'un organe.

EXTUMESCENCE, subst. fém. (*èkcetumèceçance*) (du lat. *extumescere*, s'enfler, se gonfler), t. de médec., commencement d'enflure.

EXUBÉRANCE, subst. fém. (*èguezubérance*) (en lat. *exuberans*, surabondant, fait de *ex* qui est ici particule augmentative, et de *ubertas*, abondance, fécondité), surabondance, abondance inutile : *exubérance de style, de végétation*.

EXUBÉRANT, E, adj. (*èguezubéran, rante*), redondant, superflu.

EXUBÈRE, adj. des deux genres (*èguezubère*), (du lat. *exuber*, qui a le même sens, formé de la prép. *ex*, hors, de, et de *uber*, mamelle; *hors de la mamelle*), t. de médec. : *enfant exubère*, qu'on a sevré.

EXULCÉRATIF, adj. mas., au fém. **EXULCÉRATIVE** (*èguezulcératif, tive*), t. de médec., qui forme des *ulcères*.

EXULCÉRATION, subst. fém. (*èguezulcérâcion*), t. de médec., commencement d'*ulcère*.

EXULCÉRATIVE, adj. fém. Voy. EXULCÉRATIF.

EXULCÉRÉ, E, part. pass. de *exulcérer*.

EXULCÉRER, v. act. (*èguezulcéré*) (en lat. *exulcerare*, fait du grec ἐξελκόω, dérivé de ἕλκος, en lat. *ulcus*, ulcère), causer des *ulcères*. — **s'EXULCÉRER**, v. pron.

EXULTATION, subst. fém. (*èguezultâcion*) (en lat. *exultatio*), grande joie. Il est vieux.

EXULTÉ, part. pass. de *exulter*.

EXULTER, v. neut. (*èguezulté*) (en lat. *exultare*), tressaillir de joie. Il est vieux et tout latin. — **s'EXULTER**, v. pron.

EXUSTION, subst. fém. (*èguozucetion*) (en lat. *exustio*), action de brûler entièrement; état de ce qui a été consumé par le feu. Mot plus latin que français.

EXUTOIRE, subst. mas. (*èguezutoare*) (du lat. *exuere*, en grec ἐκδύειν, dépouiller), t. de médec., ulcère artificiel.

EX-VOTO, subst. mas. (*èkcevôtô*) (du lat. *votum*, vœu), expression empruntée du latin, qui se dit des offrandes promises *par un vœu*. — Au plur., des *ex-voto*. Tableaux qui représentent ces offrandes. Ces sortes de tableaux, dont les anciens ornaient aussi leurs temples, portaient le nom d'*ex-voto*, parce que la plupart étaient accompagnés d'une inscription qui finissait par ces deux mots : *ex voto*, pour marquer que l'auteur rendait public un bienfait reçu de la bonté de Dieu, dû par la protection spéciale d'un saint. L'usage des *ex-voto* s'est introduit dans l'Eglise catholique.

EYGURANDE, subst. propre fém. (*ègurande*), bourg de France, chef-lieu de canton, arrond. d'Ussel, dép. de la Corrèze.

EYGUYÈRES, subst. propre mas. (*èguière*), bourg de France, chef-lieu de canton, arrond. d'Arles, dép. des Bouches-du-Rhône.

EYLAIS, subst. propre fém. (*èlè*), t. d'hist. nat., genre d'arachnides de la famille des holètres.

EYLAU, subst. propre mas. (*èlô*), ville des états prussiens, célèbre par la grande bataille livrée le 7 février 1807.

EYMET, subst. propre mas. (*èmè*), ville de France, chef-lieu de canton, arrond. de Bergerac, dép. de la Dordogne.

EYMOUTIERS, subst. propre mas. (*èmoutié*), ville de France, chef-lieu de canton, arrond. de Limoges, dép. de la Haute-Vienne.

EYRA, subst. mas. (*èra*), t. d'hist. nat., chat du Paraguay.

EYSTATE, subst. mas. (*ècetate*), t. de bot., grand arbre des Indes.

ÉZOTÉRIQUE, adj. des deux genres (*èzotérike*), caché, obscur. Peu en usage.

ÉZOUR-VEIDAM, subst. mas. (*ézourvèdame*), commentaire du *Veidam*.

EZTÉRI, subst. mas. (*ézetéri*), t. d'hist. nat., pierre de la Nouvelle-Espagne. Espèce de jaspe vert avec des points de couleur de sang.

F, subst. mas. (prononcez *fe*, selon l'appellation moderne, et non pas comme autrefois *èfe*, qui ne rend point le son simple et naturel de cette consonne), sixième lettre de l'alphabet français et la quatrième des consonnes. — Les trois lettres *f*, *v* et *ph*, sont au fond la même lettre, c'est-à-dire qu'elles se prononcent par une situation d'organes qui est à peu près la même : *v* n'est que le *f* prononcé faiblement, *fe* est le *ve* prononcé plus fortement, et *ph* n'est que le *f*, qui se prononçait avec aspiration. — *F* conserve presque ordinairement le son qui lui est propre, au commencement, au milieu et à la fin des mots. Il y a seulement quelques mots exceptés de cette règle, dans lesquels on ne fait pas entendre le *f* final : tels sont *clef*, que l'on prononce *clé*; *éteuf*, que l'on prononce *éteu*, au singulier et au pluriel; *cerf*, que l'on prononce *cèr* : *cerf-volant*, *courre le cerf*, *un cerf dix cors*, *un cerf aux bois*. **F** se fait sentir dans *serf*, esclave. — *F* ne se prononce pas dans *chef-d'œuvre*, *nerf-de-bœuf*, *bœuf salé*, *œuf frais*, *œuf dur*, *bœuf gras*, ni dans les pluriels *nerfs*, *bœufs*, *œufs*. Dans *nerf-de-bœuf*, on ne prononce que le *f* du second mot. — Lorsque l'adjectif *neuf* est suivi d'un substantif qui commence par une voyelle et dont il détermine le sens, le *f* se prononce comme un *v*; *neuf ans*, *neuf enfants*, *neuf hommes*, dites *neu-van*, *neu-van-fan*, *neu-vome*. Si *neuf* n'est suivi d'aucun autre mot, ou si le mot suivant, quoique commençant par une voyelle ou un *h* muet, n'est pas un substantif déterminé par l'adjectif *neuf*, on prononce naturellement *neufe* : *nous partîmes neuf*; *nous étions neuf en tout*; *sur trente passagers*, *neuf étaient Anglais*, *et neuf Italiens*.—Lorsque dans un mot, *f* est redoublé, on n'en fait sentir qu'un : *effroi*, dites *èfroe*.—Chez les Romains, cette lettre désignait le nombre 40; elle était aussi le caractère dont les maîtres faisaient marquer leurs esclaves *fugitifs*.—Chez nous, c'était, avant qu'on eût aboli le supplice de la *marque*, une lettre de flétrissure appliquée sur l'épaule d'un condamné, signifiant *forcés*, et ordinairement précédée d'un T : *T. F.*, *travaux forcés*.— Dans le calendrier ecclésiastique, sixième lettre dominicale.— C'est encore la lettre numérale 6.—*F ut*, *fa*, en musique, désigne la troisième clef, celle de *fa*.—Les marchands, banquiers, etc., se servent de cette lettre pour abréger les renvois qu'ils font aux différentes pages, ou, comme ils disent, au folio de leurs livres ou registres : F° 2° veut dire *folio* 2 ou seconde page.—Cette lettre est encore un signe d'abréviation, qui sert à désigner plusieurs mots trop connus pour qu'on ait besoin de les écrire en entier, tels que : *franc*, monnaie; *fecit*, mot latin signifiant *a fait*, que les peintres ajoutent à leur nom, au bas de leur tableau; le prénom *François*, etc. — *Jurer par b et par f*, signifie employer, laisser échapper, dans son langage, ces locutions grossières appelées jurons, habituelles chez le peuple, familières aux militaires, trop communes dans les autres classes de la société, et que réprouvent le bon goût et le bon ton. Dans ce sens, on prononce comme autrefois *èfe*, et le mot est masculin : *dans la colère*, *dans la douleur*, *il lui échappa un f bien prononcé*. Gresset a dit plaisamment de son *Ver-Vert* :

Les *b*, les *f*, voltigeaient sur son bec.

—Plusieurs mots français, qui sont tirés des langues étrangères, ont un *f* à la fin. Fort souvent, dans ces mots, *f* se met à la place du *v* qui se trouvait dans la dernière syllabe de ces mots étrangers : *chétif* de *cettivo*; *neuf*, de *novus*, *novem*; *nef*, de *navis*; *nominatif*, *génitif*, de *nominativus*, *genitivus*; *clef*, de *clavis*, etc.—La lettre double *ph* a en français le son de *f* naturel. Voy. à la lettre P ce qui concerne le *ph*.—*F* était à Angers la marque de ses pièces de monnaie.

FA, subst. mas. (*fâ*), nom de la quatrième note de notre gamme naturelle, et de la plus basse des trois clefs de la musique.

FAAL, subst. mas. (*fa-al*), recueil d'observations astrologiques que les chrétiens de Saint-Jean consultent dans les occasions importantes de la vie.

FAAM, subst. mas. *(fa-ame)*, t. de bot., genre de plantes de la famille des orchidées.

FABAGELLE, subst. fém. *(fabajèle)*, t. de bot., plante vivace, originaire de Syrie. On en compte plusieurs espèces. Voy. FABAGO.

FABAGO, subst. mas. (*fabaguô*), t. de bot., sorte de plante dont les feuilles sont disposées deux à deux. — L'*Académie* donne une même signification à *fabago* et à *fabagelle*.

FABALAIRE, subst. mas. (*fabalère*) (du latin *faba*, fève), t. d'antiq., chez les anciens, vase dans lequel on faisait cuire des fèves.

FABARIES, subst. fém. plur. *(fabari)* (du lat. *fabarius, a, um*, de fève, fait de *faba*, fève), myth., sacrifices qui se faisaient à Rome, sur le mont Célien, avec de la farine, des *fèves* et du lard, en l'honneur de la déesse *Carna*, femme de Janus. Les calendes de juin, temps pendant lequel ils se célébraient, étaient par cette raison appelées *fabariæ calendæ*.

FABEL, subst. mas. *(fabèle)*, roman, conte. Vieux et même hors d'usage.

FABER, subst. mas. *(fabère)*, t. d'hist. nat., poisson de mer des anciens que l'on nomme aussi *roforgen*, qui est la traduction du mot lat. *faber*.

FABIANE, subst. fém. *(fabiane)*, t. de bot., arbrisseau du Chili qui répand une odeur résineuse.

FABIEN, subst. propre mas. *(fabiein)*, myth. et t. d'hist. ancienne, l'un des trois collèges composés, à Rome, des luperces ou prêtres de Pan. Les deux autres étaient celui des *quintiliens* et celui des *juliens*. — Guerriers qui s'attachèrent à la personne de Romulus. — Nom donné quelquefois aux membres de la famille *Fabia*, et principalement aux trois cent six guerriers qui, vers l'an 477 avant J.-C., battirent les Véiens en plusieurs rencontres, et périrent accablés par le nombre dans le combat de Créméra.

FABIUS, subst. propre mas. *(fabi-uce)*, myth., l'un des fils d'Hercule.

FABLE, subst. fém. *(fâble)* (en lat. *fabula*, fait de *fari*, parler), chose feinte pour instruire et pour divertir; instruction déguisée sous l'allégorie d'une action : *fable en vers, en prose; fables d'Ésope, de Phèdre, de La Fontaine; le Chêne et le Roseau, fable; tirer la moralité d'une fable.* — On dit dans ce sens, d'une manière absolue, *la fable*, soit en citant une *fable* particulière, soit en parlant de l'auteur lui-même ou du livre qui contient *les fables : la fable a toujours dit que la raison du plus fort était la meilleure; le lion de la fable; l'âne de la fable; ouvrez la fable, consultez la fable, et vous y verrez que*, etc. — Narration fabuleuse, conte; chose controuvée, fausse : *cette histoire est mêlée de fables; cela n'est pas possible, c'est une fable; mais n'est-ce point une fable que vous nous contez?* la chose est-elle vraie? Voy. CONTE. — Sujet, argument d'un poème épique ou dramatique : *le style de ce poème, de cette pièce est faible, mais la fable en est bonne, bien disposée, bien conduite, et intéressante.* Dans ce sens *fable* se dit d'une chose vraie, réelle, ayant existé, comme d'une narration fabuleuse. — Pris dans un sens collectif, il signifie toutes les *fables* de l'antiquité païenne, l'histoire fabuleuse des dieux, qu'on appelle autrement *mythologie : les divinités de la fable; il est savant dans la fable; on ne peut bien écrire ni bien sentir toutes les beautés de nos bons écrivains, de nos poëtes, si l'on ne connaît pas la fable.* — *Être la fable de...* l'objet du mépris, de la critique. On dit aussi *servir de fable à...* — Myth., divinité allégorique, fille du Sommeil et de la Nuit. On dit qu'elle épousa le Mensonge, et qu'elle s'occupait continuellement à contrefaire l'Histoire. On la représente avec un masque sur le visage, et magnifiquement habillée.

FABLÉ, E, part. pass. de *fabler*.

FABLER, v. neut. *(fâblé)*, écrire, faire des contes, des *fables*. (*Boiste*.) Vieux et hors d'usage.

FABLIAU, subst. mas. *(fâbli-ô)* (du lat. *fabula*, fable), sortes d'anciens contes en vers.

FABLIER, subst. mas. *(fâbli-é)*, fabuliste. Il ne se dit qu'en parlant de *La Fontaine*, à qui Mme *de la Sablière* l'appliquait pour exprimer la facilité naturelle avec laquelle il produisait des *fables*, voulant dire que La Fontaine *portait des fables* comme *un poirier porte des poires*.

FABRÈGUE, subst. fém. *(fabrègue)*, t. de bot., sorte de plante dont les feuilles sont semblables à celles du serpolet.

FABRICANT, E, subst. *(fabrikan, kante)*, qui *fabrique* ou qui fait *fabriquer : un fabricant de soieries, de bas, de chapeaux; un fabricant de poteries.* Il se dit particulièrement d'un *fabricant* d'étoffes; et de celui qui tient une filature de laine, de coton. — L'*Académie* remarque que quelques personnes écrivent *fabriquant*, sans se prononcer pour l'une ou pour l'autre orthographe, d'où il suit qu'on pourrait écrire des deux manières. C'est une erreur; *fabricant*, subst., ne doit pas être confondu avec *fabriquant*, part. présent du verbe *fabriquer*, et l'usage, d'accord avec la raison et l'étymologie, les a distingués par l'orthographe. C'était à l'*Académie* à consacrer cette amélioration; elle ne l'a pas fait.

FABRICATEUR, subst. mas. *(fabrikateur)*, celui qui *fabrique;* il ne se dit au propre que des faux-monnayeurs et des faussaires. — On dit fig. : *fabricateur de mensonges, de calomnies, de faux dogmes*, etc.—Si l'on avait besoin de se servir de ce mot au fém., il ne faudrait pas hésiter à dire *fabricatrice*.

FABRICATION, subst. fém. *(fabrikâcion)*, action ou peine de *fabriquer*; le résultat de cette action; l'art de *fabriquer : la fabrication des étoffes, des chapeaux, de la porcelaine; la fabrication des monnaies d'or, d'argent, de billon; les frais de fabrication sont considérables.* — Il s'emploie aussi fig., mais en mauvaise part.

FABRICIE, subst. fém. *(fabrici)*, t. de bot., genre de plantes de la famille des myrthoïdes.

FABRICIEN, subst. mas. *(fabriciein)*, celui qui est choisi pour avoir soin du temporel d'une paroisse. Voy. FABRIQUE. On dit aussi *fabricier*, et plus ordinairement *marguillier*. — Au plur., chez les anciens, classe d'ouvriers qui travaillaient aux armes dans les arcenaux.

FABRICIER, subst. mas. *(fabricié)*. Voy. FABRICIEN.

FABRIQUE, subst. fém. *(fabrike)* (en lat. *fabrica*, fait de *faber*, nom générique de tous les ouvriers qui emploient le marteau; lequel est dérivé du verbe *facere*, faire), *façon* de certains ouvrages et de certaines manufactures; *fabrication : la fabrique des monnaies, des draps, des chapeaux*, etc.; *cette étoffe est de bonne fabrique; la fabrique en est bonne.* — *Louis de fabrique*, pièce d'or altérée pour le titre et le poids, mais qui contient encore une certaine quantité d'or fin. — Cette locution *de fabrique* s'applique aussi à des marchandises de basse ou de médiocre qualité : *des montres, des couteaux, des bas de fabrique.* — On dit fig. et fam., d'un conte, d'un mensonge, d'un récit invraisemblable, fait par quelqu'un : *cela est de sa fabrique.* On dit aussi *ce mot est de votre fabrique*, c'est-à-dire créé, employé pour la première fois par vous. — On dit fig. et fam. : *ces deux hommes sont de la même fabrique*, ne valent pas mieux l'un que l'autre. — Construction d'un édifice; mais dans ce sens il ne se dit guère que d'une église.—Revenu affecté à l'entretien d'une église paroissiale, et généralement tout ce qui appartient à cette église, fonds, revenu, mobilier, argenterie, ornements, etc. : *quêter pour la fabrique; la fabrique de St-Roch est très-riche.*—Il s'entend aussi du corps, de l'assemblée de ceux qui sont chargés d'administrer la *fabrique : la fabrique a décidé que...; adressez-vous à la fabrique.* — Lieu où se *fabrique* la monnaie; et généralement le lieu, la ville où l'on *fabrique* quoi que ce soit : *cette étoffe est de la fabrique de Lyon; je tire mes draps de la fabrique d'Elbeuf.* — Établissement où l'on *fabrique : une fabrique de chapeaux; cette fabrique est très-belle; il a vendu sa fabrique.* — On appelle *prix de fabrique*, le prix que coûte une marchandise quand on l'achette dans l'établissement même où on la *fabrique*. On dit dans le même sens: *j'achette toujours en fabrique.* — En peinture, tous les bâtiments, toutes les constructions dont un tableau offre la représentation. — En archit., bâtiment dont la principale décoration consiste dans l'arrangement et l'appareil des divers matériaux dont il est composé; construction qui orne un parc, un jardin, pont, tour, ruines, chaumières, etc. : *les bâtiments de la ferme présentent de belles fabriques; fabrique rustique, fabrique élégante, pittoresque.*—FABRIQUE, MANUFACTURE. (*Syn.*) *Fabrique* présente spécialement l'idée de l'industrie, de l'art, du travail même de la *fabrication; manufacture* a spécialement rapport au genre d'établissement ou d'entreprise, aux ouvrages mêmes et à leur commerce. L'ouvrier dit *fabrique*, là où le marchand dit *manufacture*. Nous dirons plutôt collectivement, la *fabrique* des soies, et distributivement, les *manufactures* des soies. On remarque la bonté de la *fabrique*, on parle du commerce des *manufactures*. — La *fabrique* roule plutôt sur des objets plus communs et d'un usage plus ordinaire; la *manufacture*, sur des objets plus relevés et d'une grande recherche. Des *fabriques* de bas; des *manufactures* de glaces. La *fabrique* est une *manufacture* en petit; la *manufacture* est une *fabrique* en grand.

FABRIQUÉ, E, part. pass. de *fabriquer*.—Employé adj., il signifie faux, controuvé : *c'est une histoire fabriquée; un texte, un mot fabriqué; un billet, un testament fabriqué.*

FABRIQUER, v. act. *(fabrikié)* (en lat. *fabricare* ou *fabricari*), travailler à certains ouvrages de main, suivant les procédés d'un art mécanique : *fabriquer de la monnaie, des draps, des étoffes.*— Dans un sens absolu, sans régime : *faire fabriquer; on fabrique beaucoup dans cette ville; on n'a jamais tant fabriqué.*— Il signifie aussi faire *fabriquer : cette maison, cette ville fabrique telle chose; mon frère fabrique de la porcelaine.* — Au fig., il se prend en mauvaise part : *fabriquer un testament, une donation, un mensonge, une calomnie*, etc. — SE FABRIQUER, v. pron.

FABRONIE, subst. fém. *(fabroni)*, t. de bot., genre de plantes de la famille des mousses.

FABULATEUR, subst. mas. *(fabulateur)* (en lat. *fabulator*), conteur, faiseur de *fables*. On dit ordinairement *fabuliste*.

FABULEUSE, adj. fém. Voy. FABULEUX.

FABULEUSEMENT, adv. (*fabuleuzeman*) (en latin *fabulosè*), d'une manière *fabuleuse*.

FABULEUX, adj. mas., au fém. FABULEUSE *(fabuleu, leuze)* (en lat. *fabulosus*), feint, controuvé, inventé : *récit fabuleux; détails fabuleux.* — Il s'emploie quelquefois au subst. mas. par exagération; alors il signifie invraisemblable, incroyable : *cela tient du fabuleux; il y a quelque chose de fabuleux dans votre récit.*—On appelle *temps fabuleux* ou *héroïques*, la période où les païens ont feint que régnaient les dieux et les héros.

FABULINUS, subst. propre mas. *(fabulinuce)*, myth., dieu qu'on invoquait quand les enfants commençaient à parler.

FABULISÉ, E, part. pass. de *fabuliser*.

FABULISER, v. act. *(fabulizé)*, ajouter des *fables* à une histoire. (*Boiste*.) Vieux et inusité.

FABULISTE, subst. mas. *(fabulicete)* (du lat. *fabulator*, fait de *fabula*, fable), auteur qui a écrit des *fables*.

FAÇADE, subst. fém. *(façade)*, *face* d'un bâtiment. — Se dit absolument et sans distinction d'un des côtés d'un bâtiment, d'un édifice, lorsqu'il se présente au spectateur, ou lorsqu'il décore une place, une rue, etc. : *la façade du côté de la rivière, de la rue, de la ville, de la campagne; la façade de ce côté est moins belle que celle du nord.* — On le dit particulièrement du côté où se trouve la principale entrée : *la façade d'une église, d'un palais, du Louvre.*

FACE, subst. fém. *(face)* (en lat. *facies*), visage. Il ne se dit guère au sérieux qu'en parlant de Dieu : *devant la face du Seigneur; Dieu détourne sa face du pécheur*; ou bien, en t. d'anat. et de médec. : *les muscles de la face, les altérations de la face.* — Autrement, il est presque toujours familier : *une grosse, une bonne face; une face large, réjouie, rebondie.* — *Face de carême*, visage blême et allongé. — Pop. : *couvrir la face à quelqu'un*, lui donner un soufflet. — On dit encore fam. : *avoir une face de réprouvé*, avoir quelque chose d'effrayant, de sinistre dans la physionomie, par opposition avec *avoir une face de prédestiné*, qui veut dire avoir un visage plein, vermeil et serein. — Pour exprimer que la présence d'un homme sert bien à ses affaires, on dit prov. : *face d'homme porte vertu.* — Superficie des choses : *la face de la terre, de la mer.* — En t. de l'Écriture sainte : *la face des eaux, la face des abymes.*— Devant ou côté d'un édifice : *sa maison a neuf croisées de face.* — En t. d'archit., *les faces de l'architrave*, les bandes dont elle se compose. — En géométrie, un des plans qui composent la superficie d'un corps ou d'un solide. — En t. d'anat., une des parties qui composent la superficie d'un organe : *la face supérieure de l'estomac; la face antérieure de la vessie.*—Partie d'un bastion entre le flanc et la pointe. — Fig., l'état, la situation des affaires : *sa présence a changé la face des choses; à son avènement au trône, les affaires changèrent de face, prirent une autre face.* — Au jeu de la bassette, la première carte que découvre celui qui tient la banque. — Dans une pièce de monnaie, le côté où est la tête du souverain. — Dans une médaille, le côté où est la tête ou le nom de celui pour qui elle a été frappée. — Morceau de cuir, etc., attaché vers le milieu d'un ceinturon d'épée, et auquel sont fixés des pendants. — *Face* sert encore à exprimer les cheveux qui couvrent les tempes : *vous avez les faces dégarnies.* — T. de bot., *face interne,* dans une fleur, les parties qui regardent son centre ou son axe ; dans une feuille, la *face interne* répond à son aisselle ; la *face externe* est le côté opposé ou extérieur. T. de musique, *faces d'un accord,* les différents aspects que cet accord présente dans le fondamental et dans ses renversements. L'accord parfait a trois *faces*, et les accords dissonants peuvent en avoir quatre.—T. d'horlogerie, *face de pignon*, plans ou côtés qui terminent l'épaisseur d'un pignon. — T. de menuiserie, *faces plates,* parties de la montre d'un buffet d'orgues qui sont entre les tourelles, et qui n'ont pas, comme ces dernières, de saillie sur le massif. — En t. de fortification, on appelle *faces,* les deux côtés de l'ouvrage les plus avancés vers la campagne, ou le dehors de la place. *Les faces d'un bastion* sont les deux côtés qui forment un angle saillant sur la campagne : *l'attaque du bastion se fait par les faces.* On dit aussi *les faces de la demi-lune, des contre-gardes, des tenaillons,* etc. — *Faire face à un endroit,* être tourné vers un endroit. —*Faire volte-face,* tourner visage, faire tête.— Fig. : *cette affaire a plusieurs faces,* peut être considérée de plusieurs manières. — On dit qu'un homme *a deux faces, a plusieurs faces*, pour exprimer qu'il est faux, que sa parole n'est pas sûre, qu'avec lui on ne sait sur quoi compter. —*De face,* loc. adv., signifie du côté où l'on voit toute la *face,* tout le devant. On l'emploie surtout en termes d'art : *cet édifice est imposant lorsqu'on le voit de face.* — En t. militaire, *dix hommes de face.* On dit plus ordinairement *de front.* — On dit, en t. de peinture, qu'une *figure est peinte de face*, pour dire que la *face* y est représentée entière. — *En face,* loc. adv., par devant : *voir, regarder quelqu'un ou quelque chose en face.*—Fig., *regarder quelqu'un en face,* c'est le regarder au visage, fixement, avec fermeté : *si j'avais agi ainsi, je n'oserais plus vous regarder en face.* — *En face* signifie quelquefois simplement, en présence : *il me l'a soutenu en face.*— Il veut dire encore vis-à-vis : *nous avions le soleil en face; sa maison est en face de la mienne.* — Au fig., *regarder la mort en face,* ne point s'effrayer à la pensée d'un péril imminent, d'une mort prochaine. — *En face de l'église,* devant les ministres des autels, suivant les formes ordinaires de l'église : *se marier en face de l'église.*— *A la face de*, en présence de, *à la face du ciel; à la face de la justice*; et fig., *à la face de l'univers, de toute la terre.*—*Face à face,* adv., l'un devant l'autre. — *De prime face*, vieille loc. adv., qui signifiait : d'abord. On dit maintenant de *prime abord.*

FACÉ, **E**, part. pass. de *facer*, et adj. : *homme bien* ou *mal facé,* qui a une bonne ou une mauvaise physionomie.

FACELINA, FACELIS, ou **FASCELINA** et **FASCELIS**, adj. fém. lat. (*facélina, célice*), myth., surnoms de Diane ; les deux premiers sont formés du mot *fax,* parce qu'on la représente quelquefois avec un flambeau à la main, d'où elle est encore surnommée *Lucifera* et *Phosphore ;* les deux derniers, du mot *fascis*, parce qu'Oreste ayant tué Thoas dans la Chersonèse Taurique, cacha la statue de la déesse dans un trousseau de menues branches d'arbres pour l'emporter avec lui.

FACER, v. act. (*facé*), à la bassette, amener pour *face* une carte qui est la même que celle sur laquelle le joueur a mis son argent.

FACÉTIE, subst. fém. (*facéci*) (en lat. *facetiæ, arum*), plaisanterie, bouffonnerie.

FACÉTIEUSE, adj. fém. Voy. FACÉTIEUX.

FACÉTIEUSEMENT, adv. (*facécieuzeman*), d'une manière *facétieuse.*

FACÉTIEUX, adj. mas., au fém. **FACÉTIEUSE** (*facécieu, cieuze*) (en latin *facetus,* fait de *fari*, parler, ou de *facere,* faire), plaisant, bouffon. — FACÉTIEUX, PLAISANT. (*Syn.*) *Facétieux* dit plus que plaisant. — Molière n'est pas seulement *plaisant,* il est *facétieux ;* sa plaisanterie est non seulement agréable, mais encore vive, enjouée, piquante et très-comique. Une action, une parole est agréable sans être *plaisante ;* elle peut être plaisante sans être *facétieuse.*—Le *plaisant* plaît et récrée par sa gaieté, sa finesse, son sel, sa vivacité, et sa manière piquante de surprendre ; il excite un plaisir vif et la gaieté. Le *facétieux* plaît et réjouit par l'abandon d'une humeur enjouée, par un mélange heureux de folie et de sagesse ; en un mot, par la plus grande gaieté comique, il excite le rire et la joie. (*Laveaux.*)—On l'emploie aussi subst., mais au mas. seulement : *le facétieux fait quelquefois rire aux éclats ; les facétieux n'amusent pas toujours.*

FACETTE, subst. fém. (*facète*), une des *petites faces* ou superficies d'un corps taillé à plusieurs angles : *diamant taillé à facettes.*— T. d'anat., petite superficie de quelque partie d'un os.

FACETTÉ, **E**, part. pass. de *facetter.*

FACETTER, v. act. (*facèteté*), t. de diamantaire; tailler une pierre à *facettes.* — *se* FACETTER, v. pron.

FÂCHÉ, **E**, part. pass. de *fâcher.*

FÂCHER, v. act. (*fâché*) (suivant *Henri Étienne, Caseneuve, Ménage,* etc., du latin *fascis,* dans le sens de charge, fardeau, que *Virgile* a donné à ce mot), donner du chagrin, du déplaisir, mettre en colère : *c'est un homme qu'il ne faut point fâcher ; c'est un évènement qui me fâche beaucoup ; je suis fâché de ce qui vous arrive.* — Par ironie, dans le langage fam., on dit: *vous n'êtes pas encore prêt, j'en suis fâché, nous partirons sans vous.* — On dit encore fam.: *soit dit sans vous fâcher,* pour excuser ou adoucir quelque chose de peu obligeant et de peu flatteur. — *se* FÂCHER, v. pron., prendre du chagrin, se mettre en colère : *vous allez vous fâcher; ne nous fâchons donc point ; tu te fâches, donc tu as tort.* — On dit aussi à l'unipersonnel: *il me fâche, il lui fâche,* etc., pour : je suis, il est chagrin, etc. : *elle s'irrite contre la rapidité du temps ; il lui fâche de vieillir.*

FÂCHERIE, subst. fém. (*fâcheri*), tristesse, déplaisir, douleur. Expression familière qui vieillit. Voy. BOUDERIE.

FÂCHEUSE, subst. et adj. fém. Voy. FÂCHEUX.

FÂCHEUX, subst. mas., au fém. **FÂCHEUSE** (*fâcheu, cheuze*), importun, qui ennuie, qui fatigue, qui chagrine : *le monde est rempli de fâcheux; la comédie des* Fâcheux *de Molière; je fus hier absorbé par un fâcheux dont je ne pus jamais me débarrasser.* Le subst. fém. est peu usité. Voy. IMPORTUN.

FÂCHEUX, adj. mas., **FÂCHEUSE**, subst. fém. (*fâcheu, cheuze*), qui donne du déplaisir; pénible, difficile : *ce que j'apprends là est fâcheux ; voilà une aventure bien fâcheuse; quelle fâcheuse nouvelle ! il a sur les bras une fâcheuse affaire.* — On dit subst., dans le même sens : *le fâcheux de l'affaire, le fâcheux de tout cela est que...*, et unipers.: *il est fâcheux que* ou *de..: il est fâcheux de ne pouvoir compter sur lui ; il est fâcheux que vous n'ayez pas été averti à temps.* — Par extension, relativement au caractère, à l'humeur, il signifie bizarre, peu traitable : *c'est un esprit fâcheux; que vous êtes fâcheux! c'est un fâcheux personnage ; cet homme, si aimable dans le monde, est maussade et fâcheux dans son intérieur.*

FACIAL, **E**, adj. (*facial*), de la *face;* qui appartient à la *face : angle facial.* — T. d'anat., *nerf facial.* — Au plur. mas., *faciaux.*

FACIAUX, adj. plur. mas. Voy. FACIAL.

FACIENDAIRE, subst. mas. (*faciandère*), celui qui, dans certaines communautés religieuses, était chargé des commissions de la maison.

FACIENDE, subst. fém. (*faciande*), cabale, intrigue, réunion de personnes qui intriguent ensemble : *il est de la faciende d'un tel; ils sont tous deux de même faciende.* Expression familière, vieille et aujourd'hui inusitée.

FACIES, subst. mas. (*facièce*) (mot latin francisé), air, caractère, physionomie.—T. de médec., employé abusivement pour désigner l'aspect de la *face,* dans un état de maladie.

FACILE, adj. des deux genres (*facile*) (en latin *facilis*, fait de *facere*, faire), aisé, qui ne donne point de peine, en parlant des choses : *cela est facile; c'est une opération, un travail, un ouvrage, une affaire facile ; il est facile de vous contenter; tout cela est plus facile à dire qu'à faire.* Voy. AISÉ.—*Cet homme a le travail facile,* il travaille vite et bien. — *Le ministre est de facile accès, d'un accès facile,* on l'aborde aisément, il accueille bien. — Qui fait tout aisément: *esprit, génie facile.* — Naturel et aisé : *style facile ; Boileau avait appris à Racine à faire difficilement des vers faciles.* — En parlant des personnes, condescendant : *c'est un esprit doux et facile; avoir des mœurs faciles; c'est un homme facile à vivre.* — *Un homme facile* est en général un esprit qui se rend aisément à la raison, aux remontrances ; un cœur qui se laisse fléchir aux prières. — En parlant d'une femme, *facile* est une injure : *une femme facile* est une femme qui ne se défend pas contre les attaques des hommes. — On dit quelquefois subst. au mas. dans le langage fam., *le facile : aimer, préférer le facile.*

FACILEMENT, adv. (*facileman*), aisément, avec *facilité.*

FACILITÉ, subst. fém. (*facilité*) (en latin *facilitas*), manière dont on fait ou l'on dit quelque chose; absence d'obstacle : *j'ai la facilité de le voir à toute heure; vous y parviendrez avec facilité; on lui parle avec facilité.* — Qualité de ce qui est aisé à faire, à employer : *la facilité d'une méthode, d'un moyen, d'un expédient.* — Disposition naturelle ou acquise qui permet de faire quelque chose sans peine et sans effort : *écrire, apprendre, parler, se mouvoir avec facilité; la danse et l'escrime donnent de la grace et de la facilité aux mouvements.* — Manière *facile* dont une chose est ou semble faite : *la facilité du style, de la parole.* — Employé absolument, aptitude à concevoir, à produire, à travailler *facilement : je manque de facilité; défiez-vous de votre facilité; c'est une facilité malheureuse.* Et par analogie, *facilité d'esprit, de conception, de pinceau, d'élocution*, etc. — En t. de peinture, promptitude avec laquelle un peintre travaille, et d'autres fois, fécondité de son génie, légèreté de sa touche et de son dessin. —On dit qu'*une chose est faite avec facilité,* quand elle produit tout l'effet qu'elle doit produire, sans avoir un fini trop recherché qui rendrait l'ouvrage froid et languissant : *facilité de composition, facilité d'exécution.* — On dit avec la préposition *de : la facilité d'entendre, d'apprendre, de s'instruire,* parce qu'il s'agit d'actions qui s'opèrent dans le sujet même. Mais il faut employer la préposition *à,* lorsqu'il s'agit d'actions qui ont un but hors du sujet : *il a une grande facilité à parler, à s'exprimer, à se faire comprendre, à enseigner.* — Indulgence excessive, faiblesse : *votre facilité est cause de sa mauvaise conduite.* — Il signifie quelquefois simplement condescendance, complaisance : *il est d'une grande facilité en affaires; il y consentit avec une facilité dont je fus surpris.* — *Facilité de mœurs,* disposition naturelle à vivre, à s'accommoder avec tout le monde. — *Facilités,* au plur., se dit particulièrement, en t. de commerce, des commodités, des délais accordés à un débiteur, à un acheteur : *on aura des facilités pour le paiement.*

FACILITÉ, **E**, part. pass. de *faciliter.*

FACILITER, v. act. (*facilité*), rendre *facile* et aisé. — *se* FACILITER, v. pron.

FAÇON, subst. fém. (*façon*) (en latin *factio*, fait de *facere,* faire), manière dont une chose est *faite.* — Travail de l'artisan qui a fait quelque ouvrage. — *Façon d'habit*, etc., la forme d'un habit, etc. — Labour qu'on donne à la terre. — Manière de faire, de penser, de parler, etc. — On dit : *un ouvrage en façon d'ébène, de marqueterie, en façon de tabatière,* pour faire entendre qu'on a donné à un ouvrage ou la forme qu'on donne à cet ouvrage quand on le fait d'ébène, ou celle qu'on remarque à tout ouvrage de marqueterie en général, ou enfin la forme d'une tabatière. — Manière de travailler particulière à un artiste : *cet ouvrage est fait à la façon de tel artiste.* — On dit : *ce trait-là est de votre façon,* c'est-à-dire, paraît être de vous, tant il ressemble à ceux que vous faites quelquefois ; *voilà des vers de votre façon,* que vous avez composés de la manière qui vous est particulière. — En t. de grammaire, on appelle *façon de parler,* un tour de phrase, une manière de s'exprimer : *cette façon de parler n'est pas d'un bon usage.*—On dit aussi : *c'est une façon de parler,* pour signifier que ce que l'on dit ne doit pas être pris à la lettre, à la rigueur. — Air, mine, maintien : *avoir bonne* ou *mauvaise façon.* — On le dit aussi par extension et dans un sens analogue de l'apparence des choses : *ce rôti a bonne façon.* — Manière d'agir embarrassante par trop de cérémonie : *faire des façons.* — Difficultés que fait une personne de se déterminer à quelque chose : *faut-il tant de façons pour faire ce qu'on vous demande?* — Au sing.: *recevoir quelqu'un sans façon*, le recevoir sans cérémonie, d'une manière simple et familière ; et, dans le même sens, *agir sans façon, traiter sans façon.* — Soin excessif. — Afféterie, minauderie. En ce sens il ne s'emploie qu'au plur. — En style familier, critique et moqueur, sorte, espèce : *c'est une façon de bel esprit,* etc.

— En t. pop.: *s'en donner de la bonne façon*, se livrer à des excès quelconques; et fam. : *en donner de la bonne façon à quelqu'un*, le maltraiter, le châtier comme il faut. — On dit aussi fam. : *des gens d'une certaine façon*, en parlant des gens d'un certain rang, d'un certain état. — Prov. : *n'avoir ni mine ni façon*, c'est n'avoir ni grace, ni apparence. — En t. de mar., *les façons d'un bâtiment*, la forme rétrécie d'une partie de sa carène à l'avant et à l'arrière. — On appelait autrefois *façon de compte*, la somme que le roi allouait à un comptable pour les frais de la reddition d'un compte; et en t. de pratique, *façon d'un arrêt*, le travail d'un greffier pour dresser un arrêt. — *de* FAÇON *que*, loc. conj., de sorte que, si bien que, en telle sorte que...

FACONDE, subst. fém. (*fakonde*) (en latin *facundia*, fait de *fari*, parler), éloquence, grace du discours.—Facilité à parler d'abondance. Vieux mot qui aujourd'hui se prend le plus ordinairement en mauvaise part, et veut dire loquacité, trop grande abondance de paroles.

FAÇONNÉ, E, part. pass. de *façonner* et adj. : *étoffe façonnée*, étoffe à dessins, qui a des figures, des ornements. En ce sens, *façonné* est l'opposé d'*uni*.

FAÇONNER, v. act. (*façoné*), donner la *façon* à une chose. — Orner, embellir. — Donner un labour à... — Fig., 1° former, polir; 2° accoutumer à... — Neutralement, faire des *façons*. Il est familier et presque inusité dans ce sens. — SE FAÇONNER, v. pron.

FAÇONNERIE, subst. fém. (*façoneri*), manière de *façonner* les étoffes.

FAÇONNIER, adj. et subst. mas., au fém. FAÇONNIÈRE (*façonié, nière*), qui fait des *façons*, des cérémonies.—Dans certaines manufactures, on appelle *façonniers* les ouvriers qui travaillent aux étoffes *façonnées*.

FAÇONNIÈRE, adj. et subst. fém. Voy. FAÇONNIER.

FAC-SIMILE, subst. mas. (*fakcimilé*), imitation parfaite d'une écriture, d'une gravure, etc. Ce mot est purement latin.—Au plur., des *facsimile*.

FACTEUR, subst. mas., au fém. FACTRICE (*fakteur, trice*) (en lat. *factor*, fait de *facere*, faire), celui, celle qui, dans le commerce, est chargé de quelque négoce pour le compte d'un autre. L'*Académie* refuse un féminin à ce mot. — Celui qui dans les marchés publics, dans les halles, préside à la criée, à la vente des denrées et des marchandises, les délivre et en dresse un état à mesure de la vente. — Celui qui tient les registres, délivre les ballots, et reçoit les droits de voiture, s'ils n'ont pas été payés au lieu du déchargement.—Celui qui porte en ville aux particuliers des lettres qui leur viennent par la poste. —Faiseur; en ce sens, il ne se dit que de celui qui confectionne certains instruments : *facteur d'orgues, de clavecins*.—En algèbre et en arithmétique, chacune des qualités qui servent à former un produit : *en divisant le produit par l'un des facteurs, on a pour quotient le produit de tous les autres*.

FACTICE, adj. des deux genres (*faktice*) (en lat. *factitius*), fait par art, qui n'est point naturel : *une pierre factice; de l'eau minérale factice*. —Au fig., faux, trompeur, qui n'est pas sincère : *douleur, joie factice; besoins factices*.—*Mot factice, terme factice*, mot ou terme qui n'est pas reçu dans une langue, mais que l'on *fait* selon les règles de l'analogie.

FACTIEUSE, adj. fém. Voy. FACTIEUX.

FACTIEUX, adj. mas., au fém. FACTIEUSE (*fakcieu, cieuze*) (en lat. *factiosus*), séditieux; qui aime à exciter des troubles. — Il est aussi substantif : *les factieux*.

FACTION, subst. fém. (*fakcion*) (en lat. *factio*, formé de *facere*, faire), guet que fait un soldat en sentinelle.—Il se dit par extension, dans le même sens, de toute personne qui se tient dans un endroit pour guetter ou attendre quelqu'un ou quelque chose : *je me mettrai en faction à sa porte, il faudra bien qu'il m'entende*. — Cabale dans un état, dans une ville, etc., parti : avec cette différence que le terme de *parti* par lui-même n'a rien d'odieux, et que celui de *faction* l'est toujours. — A Rome, les différentes sortes de combattants aux jeux du cirque; il y en avait quatre : *la faction verte, la bleue, la rouge et la blanche*.

FACTIONNAIRE, subst. mas. (*fakcionère*) (en lat. *factionarii*), sentinelle, vedette, soldat en *faction*.— On le disait autrefois adj. d'un soldat obligé à faire *faction* : *c'est un simple soldat factionnaire*. — On appelait aussi *premier capitaine factionnaire* ou *premier factionnaire d'un régiment*, le capitaine d'infanterie qui devait passer à la place de capitaine des grenadiers, quand elle venait à vaquer. Il est vieux et maintenant inusité comme adj. — A Rome, on appelait *factionnaires* ceux qui composaient les *factions* dans les jeux du cirque.

FACTORAGE, subst. mas. (*faktoraje*), appointement des *facteurs*-commissionnaires.

FACTORERIE, subst. fém. (*faktoreri*), lieu, bureau où sont les *facteurs* ou commis des compagnies de commerce en pays étranger.—Il se dit particulièrement des établissements formés dans les Indes orientales par les Européens. La *factorerie* dit moins que *comptoir* et est plus considérable que la *loge*. Voy. ces deux mots.—L'*Académie* écrit aussi *factorie*; nous ne l'avons vu nulle autre part.

FACTOTON, subst. mas. (*faktôton*), celui qui se mêle de tout dans une maison. Il ne se dit guère que par dénigrement; il est au moins familier.—Plusieurs écrivent, conformément à l'étymologie latine, *factotum* (*faktôtome*). L'*Académie*, en rapportant l'une et l'autre orthographe, paraît donner la préférence à cette dernière, qui est en effet la plus usitée.

FACTRICE, subst. fém. Voy. FACTEUR.

FACTUM, subst. mas. (*faktome*), mémoire d'avocat ou d'un particulier qui instruit un procès. C'est un t. de palais qui vieillit. — Il se dit par extension et en mauvaise part de tout écrit publié soit pour attaquer, soit pour se défendre, et dans lequel il y a de la passion. — Au plur., des *factum*.

FACTURE, subst. fém. (*fakture*) (en lat. *factura*, dérivé de *facere*, faire), mémoire sur lequel un marchand marque le nom des marchandises, le prix, etc. — *Vendre sur le pied de la facture*, vendre au prix coûtant. Voy. COMPTE.— Dans les arts, la *façon* dont une chose est faite : *la facture de ce morceau de musique est bonne*. —La *facture d'un vers*, la manière dont il est fait eu égard à la mesure, à la rime, au nombre, au rapport et à l'enchaînement des mots, enfin à sa structure matérielle. En ce sens, *facture* a, en poésie, la même signification que le mot *faire* en peinture. — On appelle *couplet de facture*, un couplet d'une composition difficile, par la rareté, la richesse et le redoublement des rimes. — En t. d'organistes, *facture* signifie qualité, largeur, grosseur des tuyaux. On dit : *les jeux de la grosse facture, de la petite facture*, selon que les tuyaux sont larges ou étroits.

FACTURÉ, E, part. pass. de *facturer*.

FACTURER, v. act. (*fakturé*), fabriquer, faire des *factures*. Ce mot, qui est inusité, a été employé par *Buffon*.

FACULE, subst. fém. (*fakule*) (en lat. *facula*, dimin. de *fax*, gén. *facis*, flambeau), t. d'astron., tache lumineuse dans le soleil.

FACULTATIF, adj. mas., au fém. FACULTATIVE (*fakuletatif, tive*), qui donne la *faculté* : *bref facultatif*.—On dit d'une disposition, d'une loi, qu'*elle n'est que facultative*, pour dire qu'elle n'impose pas une obligation rigoureuse; mais que l'exécution en est restée à la volonté de ceux qu'elle concerne : *disposition facultative, article facultatif*.

FACULTATIVE, adj. fém. Voy. FACULTATIF.

FACULTÉ, subst. fém. (*fakuleté*) (en lat. *facultas*), puissance, vertu naturelle, physique et morale, qui rend un être capable d'agir de certaine manière, de produire certains effets : *la faculté de voir et de sentir; les facultés morales, physiques et intellectuelles; les facultés de l'âme*. Voy. POUVOIR.—Talent : *la faculté de bien parler*.—Le droit de faire : *il n'a pas la faculté de...* —Le corps ou l'assemblée des docteurs, des maîtres qui professent ou enseignent certaines sciences dans les universités : *la faculté de droit; la faculté des sciences; la faculté de médecine*, etc.—Lorsqu'on dit *la faculté*, sans rien ajouter, on entend par ce mot, *la faculté de médecine*.—Au plur., les biens, les ressources et les moyens de chaque particulier : *vivre selon ses facultés*.

FADAISE, subst. fém. (*fadèze*) (du lat. barbare *fatuacia*, fait de *fatuus*, fade), niaiserie, ineptie, bagatelle. Chose inutile et frivole : *il ne dit que des fadaises*.

FADASSE, adj. des deux genres (*fadace*), qui a quelque chose de *fade*. Il est inusité.

FADE, adj. des deux genres (*fade*) (du lat. *fatuus*, employé par les Latins dans la même acception, et qui signifie proprement un homme sot, impertinent, qui parle à tort et à travers; de *fari*, parler), insipide, qui n'a point de goût ou qui a peu de goût. Ce mot dit moins qu'*insipide*. Ce qui est *fade* ne pique point le goût; ce qui est *insipide* ne le touche point du tout : *cette soupe est fade; ce mets est d'une douceur fade*.— Au fig. : *se sentir le cœur fade*, avoir, éprouver du dégoût.—Qui n'a rien de piquant : *des éloges fades, une lecture fade*.

FADEUR, subst. fém. (*fadeur*), qualité de ce qui est *fade*, au propre et au figuré. — Louange *fade* : *dire des fadeurs*.—On l'applique aussi aux personnes dont l'air, les manières, les discours sont *fades* : *cet homme est d'une fadeur insupportable*.

FÆDÆ, FATÆ, FATIDICÆ, subst. fém. propre plur. (*fédé, faté, tidicé*), myth., noms tout latins que les anciens Romains donnaient aux devineresses en général.

FAGAN, subst. mas. (*faguan*), t. d'hist. nat., coquille du Sénégal, de la division des bivalves.

FAGARA, subst. mas. (*faguara*), t. de bot., fagarier du Japon.

FAGARIER, subst. mas. (*faguarié*), t. de bot., arbrisseau exotique.

FAGONNE, subst. fém. (*faguone*), t. d'anat., glande du thorax.

FAGOPYRUM, subst. mas. (*faguopirome*), t. de bot., espèce de sarrasin.

FAGOT, subst. mas. (*faguô*) (du lat. *fascis*, faisceau; et selon *Caseneuve*, de *fagus*, hêtre : parce que, dit-il, les premiers *fagots* ont été faits de bois de hêtre), assemblage ou faisceau de menu bois propre à allumer le feu. — En t. de plumassier, paquet de plumes d'autruche, telles qu'elles arrivent de l'étranger.—Pop., paquet de hardes, de linge, d'herbes, etc. — Fig. et fam., fadaise, sornette.—En t. de mar., il se dit d'une barque démontée pour la porter sur un vaisseau : *barque en fagot*. — Prov. : *sentir le fagot*, être hérétique, mécréant, etc. On dit aussi par extension et dans un sens analogue : *cet écrit, ces vers sentent le fagot*.—On appelle, dans le langage pop., *l'âme du fagot*, le dedans du *fagot*, qui est composé du plus petit bois.—Fig. et fam. : *châtrer un fagot*, en ôter quelques bâtons. —On dit aussi fam. : *prendre un air de fagot*, se chauffer en passant à la flamme d'un *fagot*. — On dit encore prov. et fig. : *être fait, être habillé comme un fagot*, être habillé mal, sans soin, sans goût. —On dit d'un homme chagrin, de mauvaise humeur, lorsqu'on ne sait par où le prendre, que *c'est un fagot d'épines*; et qu'*il y a fagots et fagots*, pour dire qu'il y a de la différence entre les personnes de même état, entre les choses de même sorte.—*Conter des fagots*, faire des contes en l'air. (D'un marchand de *fagots*, qui criait sa marchandise en même temps qu'un vendeur de journaux criait la sienne. Ce concours, relevé par un plaisant, rendit les deux mots en quelque sorte synonymes, et fit appeler *conteur de fagots* celui qui débite une nouvelle apocryphe, etc.)

FAGOTAGE, subst. mas. (*faguotaje*), le travail d'un faiseur de *fagots*.

FAGOTAILLE, subst. fém. (*faguotâ-ie*), garniture de chaussée d'un étang, laquelle se fait avec des *fagots*.

FAGOTÉ, E, part. pass. de *fagoter* : *comme le voilà fagoté !* mal fait, mal vêtu.

FAGOTER, v. act. (*faguoté*), mettre en *fagots*. — Fig. et fam., mettre en mauvais ordre; mal arranger : *peut-on fagoter ainsi un enfant?* — SE FAGOTER, v. pron. : *cette femme semble prendre à tâche de se fagoter*.

FAGOTEUR, subst. mas. (*faguoteur*), faiseur de *fagots*. Peu usité. — Fig., celui qui fait mal quelque chose.

FAGOTIER, subst. mas. (*faguotié*), diseur de sornettes.

FAGOTIN, subst. mas. (*faguotein*), singe habillé.—Valet d'opérateur. — Fig., mauvais plaisant.

FAGOTINES, subs. fém. pl. (*faguotine*), t. de manuf.; on donne ce nom à des parties de soie qui, n'étant pas destinées pour des filages suivis, sont très-inégales.

FAGOUE, subst. fém. (*faguou*), glandule qui est au haut de la poitrine des animaux, et que dans les veaux on appelle *ris de veau*.

FAGRÉE, subst. fém. (*fagueré*), t. de bot., sorte d'arbrisseau de Ceylan.

FAGUENAS, subst. mas. (*faguenâ*), odeur fade et corrompue, sortant d'un corps malpropre : *cela sent le faguenas.* Fam., vieux, et même hors d'usage.

FAGUTALIS, subst. et adj. propre mas. et lat. (*fagutâlice*) (du lat. *fagus*, hêtre), myth., surnom de Jupiter, pris du culte qu'on lui rendait à Rome dans un lieu nommé *Fagutal*. C'était un petit bois sacré planté de hêtres.

FAIBLAGE, subst. mas. (*fèblaje*), t. de monn., permission donnée par le roi aux directeurs des monnaies de pouvoir tenir le marc de ses espèces d'une certaine quantité de grains plus *faible* que le poids : *le faiblage était de quinze grains plus faible que le poids.*—Il se dit généralement d'une diminution de valeur ou de quantité d'un état plus *faible* dans les choses manufacturées : *il y a ici du faiblage*, ce côté d'étoffe est moins fort.

FAIBLE, subst. mas. (*fèble*), dans le style soutenu, toute personne *faible*, qui manque de puissance, de ressources : *protéger le faible contre le puissant; être le soutien des faibles.*—Dans le langage ordinaire, ce qu'il y a de plus *faible*, de défectueux dans une chose : *le faible d'une machine, voilà le faible de la chose.*—Le principal défaut d'une personne, sa passion dominante : *le jeu est son faible.* Dans cette dernière acception, il y a entre *faible* et *faiblesse* la même différence qu'entre la cause et l'effet. Un *faible* est un penchant qui peut être indifférent ; au lieu qu'une *faiblesse* est une faute toujours répréhensible.—*Avoir un faible pour quelqu'un.* Voy. FAIBLESSE. — On dit aussi prov. : *du fort au faible, le fort portant le faible*, c'est-à-dire toutes choses étant compensées, ce qui manque à l'une étant suppléé par l'autre : *il suffira de quatre chevaux pour porter cela du fort au faible; il a de bonnes et de mauvaises qualités, mais, le fort portant le faible, c'est un assez galant homme.* — T. d'escrime, *le faible de l'épée*, le tiers du tranchant, qui fait l'extrémité de la lame.

FAIBLE, adj. des deux genres (*fèble*) (du latin *flebilis*, déplorable, que les auteurs du moyen-âge ont employé dans la signification de *faible*), qui manque de force. Il se dit des personnes et des choses qui ont trait à la personne : *être faible; avoir la vue, les jambes, les reins faibles.*— On le dit, par extension, des choses inanimées : *poutre trop faible, remède faible.*—Il s'applique 1° à la grosseur : *cette corde est faible, elle rompra au premier effort;* 2° à la pesanteur : *c'est un faible poids pour vous;* et par extension on dit : *une monnaie faible*, qui n'a pas le poids ou le titre requis ; 3° au nombre : *on envoya un faible détachement.*—Il est quelquefois accompagné des prépositions de et *en*, suivies du substantif qui caractérise le genre de *faiblesse* : *faible de reins, d'esprit, de caractère; armée faible en infanterie, en cavalerie.*— On dit : *le côté faible d'une chose*, ce qu'elle a de défectueux ; *le côté faible d'une personne*, sa passion dominante, son défaut habituel. Voyez FAIBLE, subst. — Par rapport à l'âme, *homme faible*, qui manque de fermeté. Voy. FRAGILE. — *Esprit faible*, qui reçoit facilement toutes sortes d'impressions ; *courage faible*, timide ; *mémoire faible*, qui oublie aisément. — Dans le moral : *faible raison, faible espérance, faible secours.*—On dit d'une femme qu'*elle est faible*, qu'*elle a été faible*, lorsqu'elle s'est laissée aller à la séduction. — *L'esprit est prompt et la chair est faible*, expression figurée de l'Écriture sainte, qui veut dire que l'homme présume trop de ses propres forces lorsqu'il espère pouvoir résister à ses passions. — On le dit encore d'un poste, d'une place de guerre peu fortifiée. —Au figuré et familièrement, *avoir les reins faibles*, c'est n'avoir pas assez de bien, de crédit, de talen[illegible]ur réussir dans ce qu'on a entrepris.— — *Être dans un âge faible*, se dit de l'enfance, [illegible]s premiers temps de l'adolescence. — Fig., il e[illegible] l'absence de puissance, de ressources : [illegible] *faible et pauvre.*—Il signifie aussi le manque de talent, de génie : *orateur faible, écrivain faible et froid.*—Un ouvrage peut être *faible* par les pensées et par le style : par les pensées, quand elles sont trop communes, ou lorsque, étant justes, elles ne sont pas assez approfondies ; par le style, quand il est dépourvu d'images, de tours, de figures qui réveillent l'attention.— *Les vers faibles* ne sont pas ceux qui pèchent contre les règles, mais contre le génie : dans leur mécanisme, ils sont sans variété, sans choix de termes, sans heureuses inversions, et, dans leur poésie, ils conservent trop la simplicité de la prose. —Se dit, en bot., d'une tige qui ploie facilement, du pédoncule qui se courbe sous le poids de la fleur lorsqu'elle est formée.

FAIBLEMENT, adv. (*fèbleman*), avec *faiblesse*, d'une manière *faible* : *ce remède agit faiblement.*

FAIBLESSE, subst. fém. (*fèblèce*), manque de force, de vigueur, d'énergie ; s'applique au moral et au physique.— Défaillance, évanouissement : *tomber en faiblesse; avoir de fréquentes faiblesses.* — Manque de puissance, de ressources : *ce ministre est trop faible pour résister à tant d'intrigues.* — Par rapport à l'âme : *faiblesse d'esprit, de jugement, de mémoire; la faiblesse d'un raisonnement*, etc. — Il s'applique aux productions des arts et de l'esprit : *la faiblesse de son dernier ouvrage est remarquable; ces tableaux sont d'une grande faiblesse.* — *Avoir de la faiblesse* ou *du faible pour quelqu'un*, avoir un grand penchant pour lui, une grande disposition à excuser ses défauts.—*Elle a eu une faiblesse, des faiblesses*, se dit d'une femme qui n'a pas résisté à la séduction. Voy. le mot FAIBLE, dont *faiblesse* reçoit toutes les acceptions.

FAIBLET, adj. mas., au fém. **FAIBLETTE** (*fèblè, blète*), un peu *faible*. (*Montaigne.*) Hors d'usage.

FAIBLETTE, adj. fém. Voy. FAIBLET.

FAIBLI, E, part. pass. de *faiblir*.

FAIBLIR, v. neut. (*fèblir*), perdre de sa force, de son courage, de son ardeur : *les ennemis faiblissaient; son talent commence à faiblir; ce vin faiblit.*

FAIDE, subst. fém. (*fède*), t. de l'hist. des Germains et des Francs. Droit qu'avaient les parents ou les amis d'une personne tuée de venger sa mort à force ouverte sur la personne du meurtrier. La *faide* était la même chose que ce que nous appelons *défi.*—Dans les anciennes lois des Saxons, des Lombards, et dans les Capitulaires de Charlemagne, de Charles-le-Chauve et de Carloman, le mot *faide* (*faida*) est pris communément pour guerre en général. Le roi avait sa *faide*, appelée *faida regia*, de même que les particuliers avaient leur *faide* ou guerre privée. *Porter la faide*, ou *jurer la faide*, c'était déclarer la guerre ; *déposer la faide*, ou *la pacifier*, c'était faire la paix. Hors d'usage.

FAIDS, subst. mas. plur. (*fé*), seconde classe des anciens druides.

FAÏENCE, subst. fém. (*fa-iance*) (de l'italien *Faenza*, ville de la Romagne, où cette poterie fut inventée), sorte de poterie de terre vernissée.

FAÏENCÉ, E, adj. (*fa-iancé*), qui imite la *faïence*.

FAÏENCERIE, subst. fém. (*fa-ianceri*) lieu où se fabrique la *faïence.*—Marchandise de *faïence*.

FAÏENCIER, subst. mas., **FAÏENCIÈRE**, subst. fém. (*fa-iancié, fa-iancière*), ouvrier en *faïence*. —Marchand, marchande qui vend de la *faïence*.

FAÏENCIÈRE, subst. fém. Voy. FAÏENCIER.

FAILINE, subst. fém. (*féline*), espèce de serge que l'on fabrique dans la Bourgogne.

FAILLANCE, subst. fém. (*fa-iance*), faiblesse, lâcheté de cœur, oubli du devoir.—Ce mot ne se trouve que dans *Boiste*, qui cite pour autorité *M. de Chateaubriand*.

FAILLE, subst. fém. (*fa-ie*), t. de pêche, sorte de filet dont on se sert en Provence, au milieu duquel on place un morceau de bois de la forme d'un hareng. — Portion de la grande aissaugue, qui forme les cinq dernières brasses de ce filet. On l'appelle aussi *majour.*—Étoffe de soie à gros grain, ainsi nommée d'une sorte d'écharpe que les femmes faisaient avec cette étoffe, et qu'elles appelaient *faille.*—En t. de minéralogie, dérangement d'un filon de mine, occasionné par l'affaissement de la montagne qui le contient, en sorte que la partie du filon qui n'a pas été dérangée se trouve interrompue et masquée par une roche, une terre stérile, etc.

Faille, 3e pers. sing. prés. subj. du verbe irrégulier FALLOIR.

FAILLI, E, subst. (*fa-ie-i*), marchand qui a fait *faillite*.

FAILLI, E, part. pass. de *faillir* et adj. : *à jour failli*, à jour fini.—*C'est une affaire faillie*, c'est une affaire manquée.—*Jouer à coup failli*, jouer de manière qu'aussitôt qu'un des joueurs a manqué, un autre prend sa place. — En t. de blason, *chevrons faillis*, rompus dans leurs montants.

FAILLIBILITÉ, subst. fém. (*fa-ie-ibilité*), possibilité de *faillir*.

FAILLIBLE, adj. des deux genres (*fa-ie-ible*), qui est sujet à l'erreur, qui peut se tromper.

Faillîmes, 1re pers. plur. prét. déf. du verbe irrégulier FAILLIR.

FAILLIR, v. neut. (*fa-ie-ir*) (du latin barbare *fallire*, qui se trouve dans la loi salique, et qui a été fait de l'allemand *fallierem*, dont la signification est la même. (*Ménage.*) Suivant *Huet*, *faillir* et *falloir* ont été faits du latin *fallere*, tromper) ; *failli; faillant. Je faux, tu faux, il faut*, ne sont guère usités. *Je faillis; j'ai failli*. Il est encore inusité au futur : *je faudrai*. Plusieurs de ces temps sont peu en usage, ou plutôt ce verbe n'est employé qu'à l'infinitif *faillir*, et au prétérit, soit défini, soit indéfini, *je faillis, j'ai failli*. Faire quelque chose contre son devoir. —Se tromper.—Finir, manquer.—Faire *faillite*. — Être sur le point d'arriver : *il a failli d'arriver un grand malheur; je faillis à ou de tomber.*— On dit fam. : *le cœur me faut*, pour exprimer la faiblesse, l'épuisement, le besoin de manger. — Prov. et fig. : *au bout de l'aune faut le drap*, tout a sa fin ; il ne faut pas nous étonner que les choses finissent par nous manquer, quand nous en avons usé autant que possible.—*A jour faillant, à jour failli*, quand le jour est près de manquer.—*Jouer à coup faillant, à coup failli*, prendre la place de celui qui manque.—Ces expressions ont vieilli et sont peu usitées.—On dit encore fam. : *il a failli à tomber* et *faillir de tomber*. *Il a failli à*, si le verbe qui suit exprime une action qui s'opère hors du sujet et qui indique un but auquel tend ce sujet, ou qu'il atteint sans le vouloir : *il a failli à me tuer; il a failli à me ruiner*. *Il a failli de*, lorsque l'action exprimée par le verbe suivant s'opère dans le sujet même, et n'indique pas un but auquel tend ce sujet, ou qu'il atteint : *il a failli de se contredire; il a failli de tomber; le vaisseau a failli d'être submergé.* —On ne peut jamais dire *faillir* sans préposition, lorsque le sens indique un but. On ne dit pas *il a failli me tuer*, mais *il a failli à me tuer; j'ai failli mourir*, au lieu de *j'ai failli de mourir; j'ai failli tomber*, au lieu de *j'ai failli de tomber*. Mais entre ces deux expressions il y a une nuance qui exige que l'on préfère tantôt l'une, tantôt l'autre. Si un homme a eu une maladie grave qui l'ait mis pendant quelque temps entre la vie et la mort, on dira bien *il a failli de mourir; de* exprime sans doute l'incertitude, les chances. Mais si un homme se trouve mal subitement, au point que la mort paraisse certaine, inévitable, on dira *il a failli mourir.*—On dira *j'ai failli de tomber*, lorsque j'ai eu le temps de faire des efforts pour éviter la chute ; et *j'ai failli tomber*, lorsque la cause subite de la chute n'a été balancée par aucun effort. On dit, *j'ai failli de vous écrire*, parce que la phrase suppose délibération, chance, possibilité d'écrire ou de ne pas écrire ; mais on ne dit pas : *j'ai failli vous écrire*.

DU VERBE IRRÉGULIER FAILLIR :

Faillirent, 3e pers. plur. prét. déf.
Faillis, précédé de *je*, 1re pers. sing. prét. déf.
Faillis, précédé de *tu*, 2e pers. sing. prét. déf.
Faillit, 3e pers. sing. prét. déf.

FAILLITE, subst. fém. (*fa-ie-ite*), banqueroute non frauduleuse. *Un négociant a fait faillite*, lorsque, par le dérangement de ses affaires, il manque de payer aux échéances, se déclare hors d'état de payer, et demande du temps. Voy. BANQUEROUTE.

Faillîtes, 2e pers. plur. prét. déf. du verbe irrégulier FAILLIR.

FAILLOISE, subst. fém. (*fa-ie-oaze*), t. de mar., lieu où le soleil se couche.

FAIM, subst. fém. (*fein*) (en lat. *fames*), désir et besoin de manger, appétit ; avec cette différence que la *faim* a plus de rapport au besoin, et l'appétit, au goût. La première est plus pressante, mais tout mets l'apaise et aucun ne l'excite ; le second attend plus patiemment, mais il est plus délicat, tout mets ne le satisfait pas, et il est souvent excité par les ragoûts. (*Girard.*) Au propre, *faim* s'emploie sans régime ; on ne dit pas *avoir faim de pain*, etc.—Au fig., avidité, désir ardent. Il prend un régime : *la faim de la justice, la faim insatiable des richesses*, etc. Dans ce sens, on dit mieux et plus ordinairement *la soif*. —*Faim canine*, maladie dans laquelle on a toujours *faim*, ainsi nommée parce que ceux qui en sont atteints rejettent souvent les aliments comme les chiens. Il se dit aussi fam. d'une très-grande *faim*.—*Crier à la faim, mourir de faim*, avoir extrêmement *faim*, ou manquer des choses nécessaires à la vie.—On dit substantivement et par dénigrement, en parlant d'un homme qui n'a pas de quoi vivre : *c'est un meurt-de-faim.* —

Prov. : *la faim chasse le loup hors du bois,* la nécessité contraint à s'évertuer, à faire beaucoup de choses, même contre son inclination, pour avoir de quoi vivre. — Myth., subst. propre fém.; les païens en avaient *fait* une divinité. Elle avait une statue dans le temple de Minerve, à Lacédémone.

FAIM-CALLE, subst. fém. (*feinkale*) (du latin *fames caballa,* faim de cheval), t. de médec. vét., maladie des chevaux qui les rend extrêmement *voraces; boulimie.*

FAIM-VALLE, subst. fém. (*feinvale*), t. de médec. vét., maladie des chevaux qui les fait tomber dans un état d'épilepsie dont ils ne peuvent sortir qu'après avoir mangé.

FAÎNE, subst. fém. (*fêne*) (en lat. *fagina,* fait de *fagus,* hêtre, lequel est dérivé du grec φηγος, en dorique φαγος, formé de φαγω, je mange; parce que la *faîne* est bonne à manger), le fruit du hêtre.

FAINÉANT, E, subst. (*fèné-an, ante*) (de *faire* et de *néant,* en lat. *nihilum,* rien; *qui fait néant, qui ne fait rien*), paresseux, qui ne veut rien faire. Ce mot est aussi adjectif.—On appelle *rois fainéants,* dans l'hist. de France, des rois de la première race qui avaient abandonné l'exercice du pouvoir aux maires du palais.

FAINÉANTÉ, part. pass. de *fainéanter.*

FAINÉANTER, v. neut. (*fèné-anté*), faire le *fainéant;* ne rien faire, par paresse. Il est fam.

FAINÉANTISE, subst. fém. (*fèné-antize*), paresse. Celui-ci est plus noble, l'autre n'est que du style familier.

FAIRE, subst. mas. (*fère*), t. de peinture, exécution mécanique d'un tableau; manière plus ou moins hardie, facile, gracieuse, heurtée, etc., dont la main y dirige le pinceau : *un beau faire, un faire peu agréable.* Ce mot se rapporte proprement à la pratique de la peinture, et au mécanisme de la brosse et de la main.

FAIRE, v. act. (*fère*) (en latin *facere*) : *fait, faite,* part. passé.; *faisant,* part. prés.; *je fais, tu fais, il fait, nous faisons, vous faites, ils font; je faisais; je fis; j'ai fait; je ferai; que je fasse.* Ce verbe est celui de la langue qui, joint à d'autres mots, a le plus d'acceptions différentes; il s'applique aux travaux de l'intelligence, aux productions de l'esprit, aux objets purement moraux, comme à toute œuvre matérielle de l'art, de l'in*dustrie humaine, ou de l'instinct des animaux.* Voici les principales acceptions; on trouvera les autres en cherchant les mots auxquels *faire* s'associe : agir, travailler, venir à bout.—Créer, former, produire, engendrer : *Dieu a fait le ciel et la terre; la nature est admirable dans tout ce qu'elle fait; cette femme a fait de beaux enfants.*—Dans le même sens, on dit prov. : *qui a fait l'une a fait l'autre,* en parlant de deux personnes, de deux choses qui se ressemblent entièrement.—Fam. et fig., *faire un enfant à une femme,* la rendre enceinte.—Fig. : *cet enfant fait ses dents,* les dents lui viennent. — Fabriquer, composer : *faire du pain, du vin, du sucre; faire du feu; faire des bas, de la tapisserie, des habits, de la toile, du drap; faire de la prose, des vers; faire un traité; faire un tableau, un poëme, une tragédie, une comédie.*—Construire : *faire un bâtiment, un pont, une machine.*— Prov. et fam. : *petit à petit l'oiseau fait son nid.*—Inventer : *faire des histoires; histoire, conte fait à plaisir.*— Exécuter : *faites ce que je vous dis; il n'en fit rien.*—Opérer, effectuer, accomplir : *le ciel fit un miracle; faire une opération, une blessure; faire un mouvement; faire une affaire, ses affaires.*—On dit : *il a bien fait ses affaires; il a fait fortune; il a fait sa fortune,* pour : il a réussi, il s'est enrichi : *faire des vœux, faire l'aumône; faire quartier; faire grace; faire des amitiés, des civilités, des excuses, des façons.*—Susciter, exciter, causer : *faire des difficultés; faire du mal, du chagrin; faire plaisir.*—Avec un nom de chose pour sujet : *cet évènement fait époque dans l'histoire, dans notre famille; la machine fit une explosion terrible.*—Raconter : *faire une histoire.* — Amasser, assembler, mettre ensemble : *faire de l'argent, des provisions;* et dans le même sens, en t. de mar. : *faire les vivres; faire du bois; faire de l'eau; faire aiguade.* Dans un sens analogue, prov. et fam., mais en mauvaise part : *faire sa main.*—Constituer : *faire la maison d'un prince; faire une dot à sa fille.* — Disposer, arranger, mettre dans un état convenable : *faire une chambre, un lit, la couverture, les habits, les souliers; faire le crin aux chevaux; faire un jardin, les vignes,* etc.—Être : *il fait bon ici; il fait chaud, froid; il fait sombre,* etc.—Observer, mettre en pratique, célébrer : *faire son devoir; faire les rois.* — Par extension, dans un sens analogue : *faire un cours de philosophie, de droit, son droit, sa philosophie.* — Donner. — Entreprendre. — *Faire faire,* commander, donner ordre que l'on *fasse.* Il exprime une idée analogue devant la plupart des infinitifs auxquels il est joint : *faire bâtir une maison; faire dresser une carte; faire porter sa malle,* etc.—Il ajoute aussi une idée de contrainte : *faire trembler; se faire craindre, obéir, respecter.*—*Avoir à faire,* avoir à démêler, avoir besoin, etc.—Fam., *ne faire œuvre de ses dix doigts,* demeurer oisif. — *C'est un homme à tout faire,* capable de faire tout le mal possible; on le dit aussi d'un domestique intelligent, adroit et laborieux, qui sait *faire* toutes sortes d'ouvrages, qui est propre à toutes espèces de service.—*Je ne puis que faire à cela,* je ne puis rien à cela. —*Je n'y saurais que faire,* je ne puis y apporter de remède. — *Il a bien fait ses orges dans cette affaire,* il y a fait un grand profit. — *Faites-en des choux, des raves; faites-en comme des choux de votre jardin, faites-en* ce qu'il vous plaira.—*Faire le bec à quelqu'un, lui faire la leçon,* l'instruire de ce qu'il doit dire et répondre, etc. Un grand nombre de verbes peuvent s'expliquer par le verbe *faire,* suivi d'un nom substantif.—Donner, *faire un don.*—Offrir, *faire offre.*—Mentir, *faire un mensonge.*—Caresser, *faire des caresses.* —Défendre, *faire défense.*—Se promener, *faire une promenade.*—Vendanger, *faire vendange.*—Moissonner, *faire la moisson.* — Aller et venir, *faire des allées et des venues,* etc.—*Faire quelque chose pour quelqu'un,* lui accorder ou lui faire obtenir quelque chose : *il fait tout, il ne fait rien pour ses amis.*—Tenter, essayer : *il a fait ce qu'il a pu; il a tout fait pour me nuire.*—*Faire sentinelle; faire le guet,* veiller; et dans le même sens, en t. de mar., *faire le quart; faire son quart.*—Il exprime une idée de mouvement, et s'emploie en parlant de choses qui marquent espace, étendue : *faire des pas, des courses; il a fait dix lieues; faire route; faire un détour, un long circuit.* — En t. de mar., *ce bâtiment fait tant de nœuds à l'heure.*—*Faire le nord; faire le sud,* naviguer vers, etc.—Fig. : *faire du chemin; faire son chemin; faire beaucoup de chemin en peu de temps,* parvenir, avancer, s'enrichir promptement. Dans un sens analogue, *faire des progrès,* en parlant d'études, et, par extension, *le mal, la maladie fait des progrès,* empire. — *Faire aller quelqu'un,* expression populaire, l'amuser, le tromper, lui *faire faire* des démarches qu'on sait ne devoir rien produire. — *Ne faire que...,* ne travailler, n'être occupé qu'à une certaine chose, forcément ou volontairement : *il ne fait qu'obéir; je veux me faire craindre et ne fais qu'irriter.* — Et avec l'idée de continuité : *il ne fait que jouer, travailler, dormir, pleurer,* etc. La même locution sert à exprimer une action instantanée immédiatement suivie de son résultat : *je n'ai fait que le toucher, et il est tombé; il n'a fait que paraître et disparaître.* — *Ne faire que de....,* exprime une action faite immédiatement avant le moment où l'on parle ou dont on parle : *je ne fais que de rentrer; il ne faisait que de se lever quand je suis entré.*—En t. de peinture, peindre : *faire l'histoire, le portrait, les animaux, le paysage.*—*Faire* signifie aussi habituer, accoutumer, façonner à : *nous sommes faits à ses manières; mon corps est fait à la fatigue.*—Représenter, figurer, reproduire; en t. de théâtre, jouer, dans une pièce, un rôle quelconque : *faire les grands rôles; faire les amoureux, les ingénues, les niais; dans* Britannicus, *Talma faisait Néron, et mademoiselle Raucourt faisait Agrippine.*—Fig., et par extension : *faire le maître, le valet; faire un personnage, un triste personnage,* et dans un sens analogue : *faire une pauvre figure.*—Se donner certains airs, certaines manières, affecter, étaler des vertus, des talents, des qualités, des sentimens, même des défauts que l'on n'a pas : *faire le capable, l'habile homme, le dévot, le généreux, le mauvais sujet.* — Se montrer : *faire l'impertinent, le dégoûté, le difficile; faire le fanfaron, le méchant,* etc.—*Faire les fonctions de.....,* remplacer : *faire diacre, sous-diacre.* — Donner à une personne, à une chose, une qualité quelconque, la mettre dans un certain état : *ne pouvant la faire belle, tu l'as faite riche; c'est vous qui m'avez fait ce que je suis; faire son fils avocat; sa mère l'a faite couturière; on vient de le faire duc et maréchal de France.*—Par extension : *faire de bons officiers; ce professeur fait d'excellents élèves; le monde fera ce jeune homme.*—Prov. et fig. : *l'habit ne fait pas le moine,* signifie : il ne faut pas juger les gens sur l'apparence. — *La belle plume fait le bel oiseau,* la parure relève la bonne mine.—*Maison faite et femme à faire,* veut dire qu'il faut n'acheter une maison que toute bâtie, et ne prendre une femme que toute jeune, dont on peut former le caractère et les habitudes. — *Faire* se dit encore de deux ou plusieurs choses qui par leur réunion, par leur assemblage servent à former, à composer, à constituer un tout : *cinq et quatre font neuf; François I*[er] *n'avait pas les qualités qui font le grand homme.*—Il exprime également l'essence d'une chose, ce en quoi elle consiste : *la clarté fait le principal mérite de ses ouvrages; cet enfant fait toute la joie de sa mère; la culture des fleurs fait l'unique occupation de sa vie.*—Prov. et fig. : *faire la pluie et le beau temps,* disposer de tout, régler tout par son crédit et son influence.—On dit d'un homme qui reste indifférent à une chose : *cela ne lui fait ni chaud ni froid.*—*Cela ne fait ni chaud ni froid,* signifie est inutile, ne sert ni ne nuit à une affaire. — Construit avec un infinitif, *faire* indique aussi la cause prochaine ou éloignée de quelque chose, ce qui donne lieu, occasion à une chose, à une action : *ce remède fait suer; il n'y a que l'opium qui me fasse dormir; cette tragédie a fait courir tout Paris.*—On dit en style d'affiches et de publications : *faire à savoir* au lieu de *faire savoir.*—*Faire* se dit quelquefois pour importer, concerner, être de quelque considération : *que vous fait cela? le temps ne fait rien à l'affaire; que me fait, à moi, que Rome souffre ou non?* — *Faire,* construit avec la préposition *de,* signifie, 1° changer, transformer en... : *faire d'un théâtre une salle de bal, d'un jeune homme un mauvais sujet, d'un élève un pédant.* — Prov. et fig., *faire d'une mouche un éléphant,* exagérer; *on ne saurait faire d'une buse un épervier,* on ne peut faire d'un sot un habile homme; *faire de cent sous quatre livres, et de quatre livres rien,* dissiper son bien en mauvais marchés; 2° employer quelqu'un ou quelque chose, en disposer, en tirer parti de façon ou d'autre : *que voulez-vous que je fasse de cet homme-là? qu'as-tu fait de mon fils? qu'en veux-tu faire, de ce sang, bête féroce? il ne sait que faire de sa personne, de sa contenance.*—Fig. et fam. : *faire ce qu'on veut d'une personne,* la trouver docile, la plier à ses propres idées, à ses vues, à ses désirs. — *N'avoir que faire de quelqu'un ou de quelque chose,* n'en avoir aucun besoin; et dans un sens de mépris, de dédain, de désapprobation : *je n'ai que faire de lui et de ses visites; je n'ai que faire de vos dons; je n'ai que faire de vos discours.*—*Faire* remplace quelquefois un verbe précédent et il en reproduit l'idée : *il faudrait vous conduire mieux que vous n'avez fait jusqu'à présent; je lui ai parlé comme j'aurais fait à tout autre.*—*Faire,* neutre, exprime encore l'effet, l'influence d'une chose : *l'argent fait beaucoup dans cette affaire; ce tableau ne fait pas bien ici, il ferait mieux ailleurs.*—On dit prov. : *comme il te fait, fais-lui,* rends-lui la pareille.—*Avoir fort à faire,* avoir de la peine à...—*C'est à faire à lui, c'est à faire à vous,* se dit de l'aptitude, de la capacité spéciale pour la chose dont on parle.—*C'est à faire à perdre deux cents francs; c'est à faire à être mouillé,* tout ce qu'on risque c'est de..., etc.: *il a fait à moi, il a fait avec moi,* en parlant de quelqu'un avec qui on ne veut plus avoir de commerce; locutions bizarres, complètement perdues, et que nous enregistrons parce qu'elles se trouvent dans l'*Académie,* qui avoue même qu'elles ont vieilli.—On emploie encore le mot *faire* dans le sens de dire, publier : *on l'a fait mort,* on a dit dans le public qu'il était mort; *on le fait riche; on fait monter la perte des ennemis à dix mille hommes,* on dit, on publie que la perte des ennemis a été de dix mille hommes; *on le fait plus malade qu'il n'est.* — *Faire de l'eau,* uriner.—*Faire du sang,* rendre du sang par les selles, ou en urinant. —*Faire du sable,* avec les urines.— On dit qu'*un malade fait sous lui,* lorsqu'il laisse aller involontairement ses excréments. — T. de comm., *faire prix d'une marchandise,* convenir entre le vendeur et l'acheteur de la somme pour laquelle le premier la livrera à l'autre. — *Faire trop cher une marchandise,* en demander d'abord un prix trop haut : *combien vous a-t-on fait cette étoffe?* — *Faire pour un autre,* vendre pour lui, être son commissionnaire.—*Faire bon pour quelqu'un,* être sa caution, promettre de payer pour lui. — *Faire bon* signifie aussi tenir compte à quelqu'un d'une somme à l'acquit d'un autre.—

Faire des huiles, des beurres, des eaux-de-vie, fabriquer de ces sortes de marchandises, ou bien en acheter par soi-même ou par ses commissionnaires et ses correspondants.—*Faire fond sur quelqu'un, sur la bourse de quelqu'un*, compter sur sa bourse, s'il arrive qu'on en ait besoin.—*Faire ses affaires, faire une bonne maison*, s'enrichir dans le commerce. — *Faire queue*, demeurer reliquataire, et ne pas faire l'entier paiement de la somme qu'on devait acquitter.—En t. de gramm., *faire* se dit des variations qu'éprouvent les noms par les déclinaisons, et les verbes par les conjugaisons : *bon fait bonne au féminin ; cheval fait au pluriel chevaux ; aimer fait au futur j'aimerai.*—En t. de jeux de cartes, c'est mêler les cartes et les distribuer aux joueurs : *c'est à vous à faire.* — *Faire* s'emploie souvent en général, et dans le sens d'agir : *faire bien, faire mal ; il a fait de son mieux ; il n'en fait jamais qu'à sa tête.* —*Faire des siennes*, veut dire fam. *faire* des folies, des fredaines, des tours, etc. — On dit substantivement qu'*un homme a du savoir-faire*, pour dire qu'il a de l'habileté, de l'adresse, de l'industrie. — SE FAIRE, v. pron. — *Se faire justice*, se procurer soi-même la réparation des injures, des torts que l'on a essuyés. — *Se faire une idée : quelle idée vous faites-vous de cet homme-là ? vous ne vous faites pas d'idée de la beauté de ce spectacle ; il est si extraordinairement beau, que vous ne sauriez vous en faire une idée juste.*—Embrasser une profession : *il s'est fait médecin, architecte.*—Devenir, expression familière : *cet homme se fait vieux ; un enfant se fait grand.*—Prov. et fig. : *le bon oiseau se fait de lui-même*, un bon naturel se porte au bien de lui-même, sans le secours de l'éducation. — On dit prov., en parlant de choses qu'on ne peut *faire* qu'avec beaucoup de temps : *Paris ne s'est pas fait en un jour.* — *Se faire de fête*, vieille expression, qui signifie s'entre-mettre dans une affaire sans y être appelé.—*Se faire fort*, se croire en état de..., répondre de...—On dit qu'*un homme se fait plus vieux qu'il n'est*, pour signifier, qu'il se dit plus vieux qu'il ne l'est en effet. —S'accoutumer : *je ne puis me faire à ses manières.*—Se bonifier, se perfectionner : *votre vin se fera ; le fromage se fera à la cave.* — *Se faire*, se dit unipersonnellement, et signifie être, arriver : *il se fait bien des choses qu'on ne sait pas ; il se peut faire que votre frère soit en route.* — On dit aussi : *il se fait tard, il se fait nuit.*

DU VERBE IRRÉGULIER FAIRE :

Fais, 2e pers. sing. impér.
Fais, précédé de *je*, 1re pers. sing. prés. indic.
Fais, précédé de *tu*, 2e pers. sing. prés. indic.

FAISABLE, adj. des deux genres (*fézable*), qu'il est possible ou permis de *faire* : *cela est faisable.*

DU VERBE IRRÉGULIER FAIRE :

Faisaient, 3e pers. plur. imparf. indic.
Faisais, précédé de *je*, 1re pers. sing. imparf. indic.
Faisais, précédé de *tu*, 2e pers. sing. imparf. indic.
Faisait, 3e pers. sing. imparf. indic.

FAISAN, subst. mas. (*fézan*) (en grec φασιανός, en lat. *phasianus*, fait de Φᾶσις, Phase, fleuve de la Colchide, parce que le premier *faisan* fut, dit-on, apporté en Europe des bords du Phase), t. d'hist. nat., genre d'oiseaux de la famille des alectrides, remarquables par leur queue étagée ou à pennes inégales en longueur, et par les caroncules qui bordent leurs yeux. C'est à ce genre qu'appartiennent le coq et la poule.—Dans une acception moins étendue et plus usitée, espèce de coq sauvage qui se tient dans les bois.—On appelle *poule faisane* la femelle du *faisan*. On la nomme aussi *faisande* et simplement *faisane*.

FAISANCES, subst. fém. plur. (*fézance*), t. de jurisprudence, tout ce qu'un fermier s'oblige par son bail de *faire* ou de fournir.

FAISANDE, subst. et adj. fém. Voy. FAISAN.

FAISANDÉ, E, part. pass. de *faisander* : *du gibier faisandé*, qui a acquis un certain fumet.

FAISANDEAU, subst. mas. (*fézandô*), jeune *faisan*.

FAISANDER, v. act. (*fézandé*) : *laisser faisander de la viande*, la garder jusqu'à ce qu'elle ait un certain goût de venaison, à peu près semblable à celui du *faisan*. — SE FAISANDER, v. pron., acquérir du fumet, à force d'avoir été mortifié.

FAISANDERIE, subst. fém. (*fézanderi*), lieu où l'on élève les *faisans*.

FAISANDIER, subst. mas. (*fézandié*), celui qui nourrit ou élève des *faisans*.

FAISANE, subst. fém. (*fézane*), la femelle d'un *faisan*. On dit mieux adj. *une poule faisane*. Voy. FAISAN.

Faisant, part. prés. du v. irrég. FAIRE.

FAISCEAU, subst. mas. (*fèceçô*) (en lat. *fascis*), amas de certaines choses liées ensemble : *un faisceau de flèches.* — En t. d'anat., *faisceau de muscles, de nerfs.* — Par extension, assemblage de fusils réunis et dressés les uns contre les autres en forme de pyramide : *mettre les armes, les fusils en faisceau.* — En opt., cône de rayons lumineux qui partent d'un même point, et que l'on isole par la pensée de tous les autres rayons pour les soumettre à des considérations particulières. — En bot., réunion de feuilles, de fleurs, etc., rapprochées suivant leur longueur. — Au plur., chez les anciens Romains, verges liées ensemble avec une hache au milieu, symbole de la puissance des magistrats. — Au fig., *les faisceaux consulaires*, s'entend de la dignité même du consul : *prendre, déposer les faisceaux.*

FAISELEUX, subst. mas. (*fèzeleu*), ouvrier qui enlève les décombres dans les ardoisières.

FAISEUR, subst. mas., **FAISEUSE**, subst. fém. (*fèzeur, zeuze*), celui, celle qui *fait* quelque chose. Il ne se dit guère que des artisans dont la profession n'a pas un nom spécial : *faiseur de malles, de bas au métier ; cela est du bon faiseur, de la bonne faiseuse.* — Il s'applique aussi aux ouvrages d'esprit, mais en mauvaise part et avec une idée de mépris : *un faiseur de livres, de vers, de vaudevilles, de mélodrames.*—On dit également *un faiseur de phrases*, en parlant d'un homme dont le langage, le style grave ou pompeux est dépourvu d'idées.—*C'est un faiseur d'almanachs*, se dit de quelqu'un qui aime à pronostiquer. — Prov., *les grands diseurs ne sont pas les faiseurs*, ceux qui se vantent ou qui promettent le plus sont ceux qui tiennent le moins. — Ce mot s'emploie quelquefois par dénigrement en parlant de celui qui dit ou fait souvent certaines choses : *un grand faiseur, un ennuyeux faiseur de protestations, de contes, de systèmes.* — Il se dit encore de celui qui travaille habituellement pour un autre, ou qui fait le travail d'un autre : *nous avons notre faiseur, nos faiseurs ; le ministre a un habile faiseur.*

FAISEUSE, subst. fém. Voy. FAISEUR.

DU VERBE IRRÉGULIER FAIRE.

Faisiez, 2e pers. plur. imparf. indic.
Faisions, 1re pers. plur. imparf. indic.
Faisons, 1re pers. plur. impér.
Faisons, précédé de *nous*, 1re pers. plur. prés. indic.

FAISSE, subst. fém. (*fèce*), cordon de plusieurs brins d'osier qui sert à donner plus de force aux ouvrages pleins et à jour.

FAISSÉ, E, part. pass. de *faisser*.

FAISSELLE, subst. fém. (*fècèle*), vase pour faire des fromages.

FAISSER, v. act. (*fècé*), t. de vannier, garnir de *faisses*. Presque inusité.

FAISSERIE, subst. fém. (*fèceri*), ouvrage de vannier à claire-voie. Presque inusité.

FAISSIER, subst. mas. (*fècié*), vannier qui *fait* des ouvrages à claire-voie. Hors d'usage.

Fait, 3e pers. sing. prés. indic. du verbe irrégulier FAIRE.

FAIT, subst. mas. (*fè*) (en lat. *factum*), chose qu'on *fait* ou qu'on a *faite* ; action. — On dit prov. : *la bonne volonté est réputée pour le fait.* — Fam., *les faits et gestes d'une personne*, en parlant des actions, des détails de sa vie privée. — *Il y a un peu de malice dans son fait*, se dit d'une personne qui raille finement, mais avec bonhomie, sans intention apparente ; et par opposition, *il y a peu de malice dans son fait*, se dit d'une personne simple, ingénue. — Chose qui s'est passée, événement. — *Les hauts faits, de beaux faits d'armes*, des exploits militaires.— Chose, cas, espèce dont il s'agit. — Chose dont on a reconnu, vérifié, constaté l'existence, tant au sens physique qu'au sens moral ; s'emploie surtout, en ce sens, en parlant de systèmes, de théories, d'hypothèses : *faits physiologiques, physiques ; l'étude des faits ; cette théorie tombe devant les faits.* — *Prendre fait et cause pour quelqu'un*, prendre sa défense, son parti. — *Prendre quelqu'un sur le fait*, le surprendre tandis qu'il fait quelque chose qu'il veut cacher. — *Mettre, poser en fait*, avancer une proposition qu'on soutient être véritable. — *Je suis sûr de mon fait*, de ce que j'ai avancé. — *Cette maison serait bien mon fait*, me conviendrait bien. — *Dire à quelqu'un son fait*, lui répondre vertement, lui dire ses vérités. *Molière* fait dire à *M. de Pourceaugnac* : *Il me donna un soufflet, mais je lui dis bien son fait.*—*Donner à quelqu'un son fait*, se venger de lui. — *Cela vaut fait*, vous pouvez y compter. — *Être au fait de...* savoir ce dont il s'agit. *La Bruyère* (chap. 1er) a dit dans le même sens, *être dans le fait.* — *Au fait, mettre au fait, se mettre au fait d'une chose*, signifie aussi être instruit, instruire quelqu'un, s'instruire dans une chose : *cette fille est au fait du ménage ; mettez-moi au fait ; il s'est mis promptement au fait.* — On dit : *c'est un fait, cela est de fait, il est de fait que*, pour marquer qu'une chose est constante et avérée. — On dit qu'*une chose est du fait de quelqu'un*, pour dire qu'il en est l'auteur : *cela est de mon fait ; cela est de votre fait.* — *C'est un fait à part, c'est un autre fait*, c'est autre chose. — Fam., *le fait est que...*, la vérité est que... — On dit aussi fam. : *pour la rareté du fait, pour la beauté du fait*, à cause de la singularité de la chose. — *Entendre bien son fait*, se dit fam. de quelqu'un qui est habile dans sa profession ou qui parle d'une chose avec facilité.—On dit : *au fait !* pour dire ne vous écartez pas du *fait*, ou venez-en au *fait*, ou revenez au *fait* dont vous vous êtes écarté. — *Au fait et au prendre*, phrase adverbiale, au moment de l'exécution : *il donne de grandes espérances, mais au fait et au prendre, il n'est bon à rien.*— T. de jurispr., *de fait* est opposé à *de droit* : *être en possession de fait*, c'est avoir la simple détention de quelque chose ; *être en possession de droit*, c'est être en possession en vertu de son droit. — On appelle *faits et articles*, des faits posés par écrit, et dont une partie se soumet de faire preuve, ou sur lesquels elle entend faire interroger sa partie adverse, pour se procurer, par ce moyen, quelque éclaircissement sur les faits dont il s'agit ; *fait articulé*, celui qu'une des parties pose spécialement soit en plaidant, soit dans les écritures ; *fait d'une cause, d'un procès*, exposition de l'espèce et des circonstances qui donnent lieu à la contestation. — *Fait et cause*, le droit, l'intérêt de quelqu'un. — *Fait de charge*, malversation ou omission frauduleuse commise par un officier public dans l'exercice de ses fonctions. — *Fait controuvé*, *fait* supposé à dessein par celui qui en veut tirer avantage.—*Fait inadmissible*, celui dont la preuve ne peut être ni ordonnée, ni reçue, soit parce que le *fait* n'est pas pertinent, n'a point de rapport à l'objet de la contestation, ou parce qu'il est de telle nature que la preuve n'en est plus recevable. — *Faits justificatifs*, *faits* qui peuvent servir à prouver l'innocence d'un accusé. — *Fait négatif*, celui qui consiste dans la dénégation d'un autre *fait*. — *Fait vague*, qui ne spécifie aucune circonstance précise. — *Voie de fait*, entreprise qu'un particulier *fait*, de son autorité privée, sur autrui, soit pour se mettre en possession, soit pour abattre des arbres, exploiter des grains ; ou lorsque, prétendant se faire justice lui-même, il commet quelques excès en la personne d'autrui. — *Fait des marchands* ou *droit de boîte*, droit qui se percevait sur les bateaux de la Loire, pour l'entretien des chaussées.—*De fait*, loc. adv., en effet, certainement.—*En fait*, loc. adv., en matière de...—*Tout-à-fait*, loc. adv., entièrement.—*Au fait*, loc. adv., en définitive, tout bien considéré.— *Dans le fait, par le fait*, loc. adv., réellement, effectivement, au fond : *on envie mon sort, quoique dans le fait je sois très-malheureux ; j'ai gagné mon procès, mais dans le fait je me trouve ruiné.*— *Si fait*, loc. adv., s'emploie dans le langage fam. pour appuyer sur l'affirmation d'une chose contestée : *vous n'êtes donc pas allé où je vous avais dit ? Si fait, j'y suis allé.*

FAIT, part. pass. de *faire*, et adj., achevé, exécuté : *vous trouverez là des habits tout faits ; dessin fait à la plume ; cela n'est pas fait par la main des hommes.*—Fig. : *c'est un grand pas de fait*, la chose est bien avancée.—Prov. : *aussitôt dit, aussitôt fait*, exprime une grande promptitude dans l'exécution d'une chose. — *Cela vaut fait, tenez cela pour fait*, exprime la certitude qu'une chose se *fera*, qu'on peut la regarder comme *faite*. — *Est-ce fait ?* se dit communément pour demander si une besogne, une affaire est achevée, consommée. On dit dans le même sens, *c'est fait, c'est une affaire faite*, surtout en parlant d'une chose sur laquelle on veut faire entendre qu'il n'y a plus à revenir. — *C'est fait* *de moi, de lui, de nous*, etc., je suis perdu, il est perdu, etc.; et *c'en est fait*, en parlant d'une personne qui vient de mourir, ou d'une affaire qui vient d'être conclue, terminée. — On dit fam. et par dépit, *cela est fait pour moi, semble fait pour moi, n'est fait que pour moi; c'est un fait exprès, c'est comme un fait exprès*, en parlant de choses, de malheurs, de désagréments inattendus, extraordinaires, qui semblent ne pas arriver aux autres. — Prov. : *ce qui est fait est fait*, il ne faut plus revenir sur un malheur, sur une faute qu'on ne peut réparer. — *Ce qui est fait n'est plus à faire*, il ne faut pas remettre, retarder, différer ce qu'on peut faire de suite. — *Fait pour...* propre à, capable de, *cet homme n'est pas fait pour son emploi*. — *Comme le voilà fait!* se dit en parlant d'une personne plus mal vêtue, plus négligée qu'à son ordinaire, ou dont l'air et les traits sont fortement altérés. On dit fig. et fam. dans le premier de ces deux sens : *il est fait comme un voleur*. — *Homme fait*, qui est dans un âge mûr. — *Bien fait, fait à plaisir, fait à peindre*; beau, de belle taille, de bonne mine. — On dit dans le même sens : *il est bien fait de sa personne*. — Prov. et par ironie : *cela lui rend la jambe bien faite*, se dit en parlant d'une chose dont quelqu'un tire vanité, et qui ne lui est d'aucun avantage. — *Mal fait*, mal bâti. — *Avoir la tête mal faite, l'esprit, le caractère mal fait*, être bizarre, déraisonnable, susceptible. — *Phrase faite*, phrase qui pour l'usage a une signification tellement déterminée, qu'on ne peut jamais lui en donner une autre. Dans un sens analogue, *ce mot est fait, n'est pas fait*, ce mot est ou n'est pas autorisé par l'usage. — On dit d'un fromage qu'*il est fait*, qu'*il n'est pas fait*, pour exprimer qu'il est temps, qu'il n'est pas temps de le manger. On dit également dans un sens analogue : *cette viande est un peu faite*, pour dire qu'elle est avancée, qu'elle est près de se gâter. — T. de mar., *temps* ou *vent fait*, temps ou vent qui est beau, et qui promet de durer.

FAÎTAGE, subst. mas. (*fêtaje*) (en lat. *fastigium*), le toit et la couverture d'un logis. — Pièce de bois qui forme le haut de la charpente d'un bâtiment, etc. — Table de plomb creuse qu'on met au haut d'un toit.

FAÎTARD, subst. mas. (*fêtar*), lâche, paresseux.

FAÎTARDISE, subst. fém. (*fêtardize*), paresse, lâcheté. Vieux.

FAÎTE, subst. mas. (*fête*) (en lat. *fastigium*), le comble d'un édifice. Voy. COMBLE. — Le sommet des arbres. Voy. SOMMET. — Au fig., le plus haut degré; le comble : *le faîte des honneurs, de la gloire*, etc. — En t. de manuf., dos d'un drap plié en deux.

FAÎTERIES, subst. fém. plur. (*fêteri*), moules de diverses sortes à l'usage des carreleurs.

DU VERBE IRRÉGULIER FAIRE :

Faites, 2e pers. plur. impér.

Faites, précédé de *vous*, 2e pers. plur. prés. indic.

FAIT-EXPRÈS, subst. mas. (*fétèkcepré*), chose faite à dessein, à mauvaise intention : *c'est un fait exprès*. Il est familier. Sans plur.

FAÎTIÈRE, subst. fém. (*fêtière*), espèce de toile courbe dont on couvre le *faîte* d'un toit. — Perche au haut d'une tente qui s'étend d'un bout à l'autre pour soutenir la toile. — T. d'hist. nat., espèce de coquillage. — Il se dit adj., et avec les deux genres, des objets placés au *faîte* des combles : *tuiles faîtières, lucarnes faîtières*.

FAIX, subst. mas. (*fè*, et devant une voyelle *fèze*), charge, fardeau. Voy. CHARGE. — Fig., *le faix des affaires, du gouvernement*, et généralement de tout ce qui dans le sens moral donne une idée de pesanteur, de charge. — En t. d'archit. : *ce bâtiment a pris son faix*, il s'est affaissé, depuis sa construction, autant qu'il le devait. — T. de mar., *faix de pont*, planches épaisses et étroites, posées sur les baux d'un pont dans la longueur d'un vaisseau, depuis l'avant jusqu'à l'arrière de chaque côté, à peu près au tiers de sa largeur.

FAKIR ou **FAQUIR**, subst. mas. (*fakir*) (de l'arabe *faqir*, pauvre, misérable), espèce de religieux mahométan qui court le pays et vit d'aumônes.

FALACER, subst. propre mas. (*falacère*), myth., dieu des arbres fruitiers. Il avait à Rome un prêtre particulier, nommé aussi *Falacer*.

FALAISE, subst. fém. (*falèze*) (du grec φαλός, rocher apparent qui s'élève au-dessus de la mer, d'où les Allemands ont fait également *fels*, qui a la même signification), terre ou rocher escarpé le long de la mer. — Subst. propre mas., ville de France, chef-lieu d'arrond., dép. du Calvados.

FALAISÉ, E, part. pass. de *falaiser*.

FALAISER, v. neut. (*falèzé*), t. de mar. : *la mer falaise* quand elle se brise contre une *falaise*. Peu en usage.

FALAQUE, subst. fém. (*falake*), sorte de fouet. Hors d'usage.

FALARIQUE, subst. fém. (*falarike*) (en lat. *falarica*), sorte d'arme des anciens, espèce de dard enflammé qu'on tirait avec l'arc ou javelot enduit de filasse poissée qu'on lançait contre les tours de bois (en lat. *falæ*), pour y mettre le feu. — On désignait aussi sous ce nom une poutre ferrée à plusieurs pointes et chargée de matières inflammables, qu'on jetait avec la baliste ou la catapulte. Hors d'usage.

FALBALA, subst. mas. (*falbala*) (de l'allemand *faldplat*, qui signifie proprement une feuille plissée ou pliée.) (*Le Duchat*, d'après *Leibnitz*.) Suivant le *Dictionnaire de Trévoux*, c'est un terme de pur caprice, de la création de M. *de Langlée*, maréchal des camps et armées du roi. Le *grand Vocabulaire français* l'attribue à un prince qui, sur ce qu'on lui dit de la merveilleuse promptitude des marchands du Palais à fournir aux acheteurs tout ce que ceux-ci désiraient, la chose n'eût-elle jamais existé, demanda, en inventant sur-le-champ un mot auquel il n'attacha aucun sens, des *falbalas* à une marchande, laquelle lui présenta aussitôt des pretintailles et garnitures de robe de femme, qu'elle assura être précisément ce qu'on appelait des *falbalas*. Peut-être, dit *Boiste*, et cette opinion nous paraît la plus naturelle, ce mot vient-il du lat. *flabella*, plur. de *flabellum*, éventails, queues de paon, festons, dentelures), bande d'étoffe large et plissée que les femmes mettent au bas de leurs robes et à d'autres pièces de leur ajustement.

FALCADE, subst. fém. (*falkade*), t. de manège, espèce de courbette.

FALCAIRE, subst. mas. (*falkière*), t. d'hist. anc., soldat armé d'une épée courte, en forme de *faulx*.

FALCARIA, subst. fém. (*falkaria*), t. de bot., sorte de plante.

FALCATE, subst. fém. (*falkate*), t. de bot., sorte de plante grimpante.

FALCIDIE, subst. fém. (*falcidi*) (du lat. *falcidia*, nom de la loi qui fut, du temps d'Auguste, portée sur cet objet par le tribun *Falcidius*), t. de jurispr. romaine, portion que l'héritier institué pouvait, dans le droit écrit, retenir sur des legs faits par le testateur, lorsqu'il ne lui restait pas un quart de la succession en payant les legs. — On l'employait aussi adj., et on disait : *quarte falcidie* ou *falcidienne*.

FALCIFER et **FALCIGER**, subst. et adj. mas. (*falcifère, jère*) (du latin *falx*, faulx, et *ferre* ou *gerere*, porter), myth., surnom de Saturne.

FALCIFÈRE, adj. des deux genres (*falcifère*), armé, porteur d'une *faulx*.

FALCIFORME, adj. des deux genres (*falciforme*) (du lat. *falcis*, gén. de *falx*, faulx, et *forma*, forme), t. d'anat., qui a la *forme* d'une *faulx*.

FALCINELLE, subst. fém. (*falcinèle*), t. d'hist. nat., division d'oiseaux de la famille des longirostres.

FALCIROSTRE, subst. mas. (*falcirocetre*), t. d'hist. nat., famille de l'ordre des oiseaux échassiers.

FALCONELLE, subst. fém. (*falkonèle*), t. d'hist. nat., oiseaux de l'ordre des silvains.

FALCULATA, subst. fém. (*falkulata*), t. d'hist. nat., ordre de mammifères.

FALÈRE, subst. fém. (*falère*), indigestion particulière aux bêtes à laine.

FALIBOURDE, subst. fém. (*falibourde*), menterie, fable. Vieux et même hors d'usage.

FALIGOTTERIE, subst. fém. (*faliguoteri*), niaiserie. Hors d'usage.

FALKIE, subst. fém. (*falki*), t. de bot., sorte de plante.

FALLACE, subst. fém. (*falelace*) (du latin *fallere*, qui n'a pas le même sens, mais qui est lui-même tiré du grec σφάλλειν, tromper), tromperie, fraude. Vieux.

FALLACIEUSE, adj. fém. Voy. FALLACIEUX.

FALLACIEUSEMENT, adv. (*falelacieuzeman*), d'une manière *fallacieuse*.

FALLACIEUX, adj. mas., au fém. FALLACIEUSE (*falelacieu, cieuze*), trompeur, frauduleux. Il est vieux, mais plein d'énergie, et s'emploie bien dans le style élevé et poétique. *Corneille* et *Bossuet* s'en sont très-heureusement servis, le premier dans *Rodogune*, le second dans l'*Histoire universelle* (2e discours). Il dit plus que *trompeur*, qui signifie en général ce qui trompe ou induit en erreur, de quelque manière que ce soit; au lieu que par *fallacieux* on entend ce qui est fait pour tromper, pour abuser et jeter dans l'erreur par un dessein formé de tromper, avec l'artifice et l'appareil imposant le plus propre à abuser.

Fallait, 3e pers. sing. imparf. indic. du verbe impers. FALLOIR.

FALLOIR, v. impers. (*faloar*) : *il faut, il fallait, il fallut, il a fallu, il faudra, qu'il faille*. L'infinitif n'est guère usité. Être de nécessité, de devoir, d'obligation, de bienséance. En ce sens, il n'est en usage qu'à l'indicatif : *il faut*, il est besoin, il est nécessaire : *c'est un faire le faut*, c'est une nécessité absolue. — Fam. : *un homme comme il faut, une personne comme il faut*, se dit d'un homme, d'une personne d'un rang distingué. — *Si faut-il, encore faut-il que...*, signifie : il est nécessaire, malgré tout, que... La première de ces locutions a vieilli. — *Il faut voir*, expression familière pour, il est curieux, intéressant de voir. Elle se rejette en forme d'interrogation à la fin d'une phrase, et se prend tantôt en bonne, tantôt en mauvaise part : *cela est fait, il faut voir! on les battit, ils se sauvaient, il fallait voir!* — *Il faudra voir, c'est ce qu'il faudra voir*, se dit dans un sens de menace ou en parlant d'empêchements qu'on saura bien mettre à l'exécution d'une chose que quelqu'un projette : *il se vante de ne pas me craindre, il faudra voir! il me menace d'un procès, c'est ce qu'il faudra voir!* — *Falloir* exprime encore l'idée de manquer; dans cette acception, il ne s'emploie qu'avec la particule *en*, et le pronom de la troisième personne : *il s'en faut beaucoup qu'il ait achevé*; et non pas avec une négation, comme dans *Télémaque*, liv. III : *il s'en faut bien qu'il ne le fasse*, ce qui est un solécisme. — *Il s'en est peu fallu qu'il ne soit tombé*. Dans cette dernière phrase, la particule négative *ne* est nécessaire, parce que *il s'en est peu fallu*, sous une forme affirmative, renferme implicitement une négation, et équivaut à *il ne s'en est pas fallu de beaucoup*. — *Il s'en faut* exprime dans toute sa conjugaison une absence, une privation dont le sens négatif se porte sur la proposition subordonnée. Quand ce mot n'est accompagné ni d'une négation, ni de quelque mot qui ait un sens négatif, tels que *peu, guère, presque, rien*, etc., la proposition subordonnée ne prend pas la négative *ne* : *il s'en faut de beaucoup que la somme y soit; il s'en faut de beaucoup que l'un ait autant de mérite que l'autre*. Mais lorsque *il s'en faut* est précédé de la négation, ou accompagné des mots *peu, guère*, etc., qui ont un sens négatif, ou bien encore si la phrase marque interrogation ou doute, la proposition subordonnée prend la négative *ne* : *il ne s'en faut pas de beaucoup que la somme n'y soit; il s'en faut peu que l'un n'ait autant de mérite que l'autre; il ne s'en fallut pas de beaucoup qu'il n'en vînt à bout*. — *Tant s'en faut que...*, locution adv., bien loin que.. : *tant s'en faut qu'il y consente, qu'au contraire il fera tout pour l'empêcher*. — On dit fam., et le plus souvent par forme de plaisanterie : *tant s'en faut qu'au contraire*, pour dire simplement *au contraire* : *cette femme est-elle jolie? tant s'en faut qu'au contraire*.

FALLOPE, subst. fém. (*falelope*), t. de bot., arbrisseau de la Chine. — *Trompes de Fallope*, t. d'anat., conduits de la matrice. Voy. TROMPE.

FALLORDÉ, É, part. pass. de *fallorder*.

FALLORDER, v. act. (*falordé*), tromper, duper. *Boiste* le déclare vieux, et *Raymond* inusité. Tous deux ont raison, et ils l'auraient plus encore s'ils avaient laissé de côté un mot qu'eux seuls adoptent, et qui n'est ni admis ni admissible dans le langage.

Fallut, 3e pers. sing. prét. déf. du verbe impers. FALLOIR.

FALOT, subst. mas. (*falô*) (du grec φαλός, brillant, dérivé de φάω, je brille), espèce de grande lanterne. — On donne aussi ce nom, mais plus ordinairement celui de *pot-à-feu*, à un grand vase rempli de suif, de poix-résine et d'autres matières combustibles, destiné à éclairer les abords d'un lieu de fête, les cours d'une grande maison, etc.

FALOT, **E**, adj. (*falò, lote*) (de *fol* ou *fou*, dont *falot* est diminutif), impertinent, ridicule, plaisant, drôle : *conte falot*, *aventure falote*. — Il s'est dit substantivement des personnes : *c'est un plaisant falot*. Fam.—L'*Académie*, qui enregistre ce mot, aurait dû nous dire qu'il est tout-à-fait hors d'usage.

FALOTEMENT, adv. (*faloteman*), d'une manière *falote*. (*Académie*.) Hors d'usage.

FALOTIER, subst. mas. (*falotié*), celui qui porte les *falots*, qui les prépare, qui les dispose aux places où ils doivent être.

FALOURDE, subst. fém. (*falourde*) (suivant *Nicot*, de *faix* et *lourd*, faix pesant, parce que la *falourde* est plus fournie de bois, et plus lourde à porter que le fagot ordinaire), gros fagot de quatre ou cinq bûches de bois flotté et liées ensemble.

FALQUE, subst. fém. (*falke*), t. de manège, mouvement vif et réitéré des hanches et des jambes de derrière du cheval, qui plient fort bas lorsqu'on l'arrête ; ce sont proprement trois ou quatre petites courbettes pressées avant l'arrêt.— Au plur., t. de marine, petits panneaux en coulisse pour élever les bords d'un bâtiment.

FALQUÉ, **E**, adj. (*falkié*) (en lat. *falcatus*), t. de bot., courbé au bord comme une *faulx*.

FALQUER, v. neut. (*falkié*), t. de man.: *faire falquer un cheval*, le faire couler deux ou trois temps sur les hanches en formant un arrêt ou demi-arrêt.

FALSIFIABLE, adj. des deux genres (*falcifiable*), susceptible d'être *falsifié*. (*Boiste*, qui cite *Montaigne* pour autorité.)

FALSIFIANT, **E**, adj. (*falcifian, te*), t. de dialectique, qui *falsifie*. (*Boiste*.)

FALSIFICATEUR, subst. mas., au fém. **FALSIFICATRICE** (*falcifikateur, trice*), celui, celle qui *falsifie*. — L'*Académie* ne donne pas de fém. à ce mot.

FALSIFICATION, subst. fém. (*falcifikâcion*) (en lat. *falsificatio*), action de *falsifier*. — La chose *falsifiée*.

FALSIFIÉ, **E**, part. pass. de *falsifier*.

FALSIFIER, v. act. (*falcifié*) (en lat. *falsum*, faux, et *facere*, faire), contrefaire l'écriture, le cachet, etc., de quelqu'un, avec dessein de tromper. — Altérer des drogues, du vin, une substance quelconque, par un mauvais mélange. — *Falsifier de la monnaie*, l'altérer quant à sa valeur intrinsèque.—*se* FALSIFIER, v. pron.

FALTRANCK, subst. mas. (*faltrank*) (de l'allemand *fall*, chute, et *tranck*, boisson), t. de médec., infusion de plusieurs plantes aromatiques des Alpes suisses.

FALUN, subst. mas. (*faleun*), t. d'hist. nat., coquilles brisées qu'on trouve en masse à une certaine profondeur de terre, et qui s'emploient en engrais comme la marne.

FALUNÉ, **E**, part. pass. de *faluner*.

FALUNER, v. act. (*faluné*), t. d'agric., répandre du *falun* sur une terre.—*se* FALUNER, v. pron.

FALUNIÈRE, subst. fém. (*falunière*), endroit creusé pour extraire le *falun*.

FALUSETÉ, subst. fém. (*faluzeté*), fausseté, fourberie. (*Boiste*.) Hors d'usage.

FAM., abréviation des mots *familier* et *familièrement*.

FAME (nous ne savons pourquoi l'*Académie* écrit **FÂME**), subst. fém. (*fame*) (du latin *fama*, qui a la même signification), renommée, réputation. Vieux t. de pal., qu'on trouve dans *Cochin*.

FAMÉ, **E**, adj. (*famé*): *il est bien* ou *mal famé*, il a une bonne *ou* mauvaise réputation.—T. fam. qui s'applique aux choses comme aux personnes : *une maison bien famée*, *mal famée*.

FAMÉLIQUE, adj. des deux genres (*famélike*) (en lat. *famelicus*, fait de *fames*, faim), qui est pressé de la *faim* : *estomac famélique; auteur famélique*, et, par extension, *un visage, une mine famélique*. — On dit aussi subst. : *c'est un famélique*. — On l'emploie toujours dans un sens de dénigrement.

FAMEUSE, adj. fém. Voy. FAMEUX.

FAMEUSEMENT, adv. (*fameuzeman*), considérablement. Ce mot manque dans l'*Académie*.

FAMEUX, subst. et adj. mas., au fém. **FAMEUSE** (*fameu, meuze*) (en lat. *famosus*, fait de *fama*, renommée), renommé, fort connu : il se prend en bonne ou mauvaise part, à la différence de *célèbre* et d'*illustre*, qui se disent toujours en bonne part.—En parlant des choses, *fameux* régit quelquefois la préposition *en* devant les noms ; mais alors ces noms doivent être au pluriel. Il faut dire *une mer fameuse en orages*, et non pas, comme a dit Boileau, *fameuse en orage ;* la raison en est qu'un orage seul ne suffit pas pour rendre une mer fameuse. — Dans le langage fam. et pop., il signifie grand, considérable, et s'emploie par exagération : *voilà un fameux imbécille ; c'est une fameuse bêtise*.—Ce mot a dans ce sens pénétré dans la conversation moderne et on en fait un grand abus. — Fam. et adj., t. de faucon., familier, domestique. — FAMEUX, ILLUSTRE, CÉLÈBRE, RENOMMÉ. (*Syn.*) *Fameux* indique une réputation fondée sur une simple distinction du commun, qui fait parler du sujet dans une vaste étendue de contrées et de siècles, soit en bien, soit en mal. *Illustre*, une réputation fondée sur un mérite appuyé de dignité et d'éclat. *Célèbre*, une réputation fondée sur un mérite de talent, d'esprit ou de science; *renommée*, une réputation uniquement fondée sur la vogue que donne le succès ou le goût public.—*Fameux*, *célèbre* et *renommé*, se disent des personnes et des choses; *illustre* s'applique plus ordinairement aux personnes.

FAMILIARES, subst. mas. plur. (*familiarèce*) (mot tout latin); il se disait chez les Romains des dieux lares des maisons de chaque particulier. — On désigne encore quelquefois par ce mot la collection des lettres écrites par *Cicéron* sur différents sujets à plusieurs de ses amis intimes.

FAMILIARISÉ, **E**, part. pass. de *familiariser*.

FAMILIARISER, v. act. (*familiarizé*), rendre *familier*, accoutumer à... : *il est difficile de familiariser une nation avec de nouveaux usages*. — *se* FAMILIARISER, v. pron., se rendre *familier* : *se familiariser avec tout le monde;* et par extension, dans ce sens, prendre des manières trop *familières*, trop libres : *c'est un homme qui se familiarise promptement*.—S'accoutumer : *se familiariser avec la douleur*, etc. — On disait autrefois au neutre *familiariser* pour *se familiariser*.—*Se familiariser avec une langue, un auteur*, parler une langue aisément, entendre sans peine un auteur.—On lit dans *Boileau* (Discours sur l'Ode) : *se familiariser le grec*, se le rendre *familier*. Ce sens actif est aujourd'hui inusité. Il est néanmoins conservé par l'*Académie*.

FAMILIARITÉ, subst. fém. (*familiarité*) (en lat. *familiaritas*), manière de vivre *familièrement* avec quelqu'un : *nous sommes ensemble sur le pied de la plus grande familiarité ; il ne faut pas prendre avec lui trop de familiarité*. — Prov. : *la familiarité engendre le mépris*. — On dit en mauvaise part qu'*un homme a des familiarités* (un commerce criminel) *avec une femme*.

FAMILIER, subst. mas. (*familié*), en Espagne et en Portugal, officier de l'inquisition, chargé de faire arrêter les accusés.— *Familier* se dit aussi des personnes qui fréquentent habituellement quelqu'un, et vivent dans sa *familiarité ; les familiers du ministre ; c'est un des familiers du prince*.—*Les familiers de la maison*, ceux qui sont reçus habituellement et *familièrement* dans une maison. — On dit aussi : *faire le familier*, pour dire, se *familiariser* mal à propos.

FAMILIER, adj. mas., au fém. **FAMILIÈRE**, (*familié, lière*) (en lat. *familiaris*, fait de *familia*, famille), en parlant des personnes, qui vit avec quelqu'un librement et sans façon comme avec sa *famille*.—Il se dit dans le même sens des choses qui ont trait aux personnes : *airs familiers, manières familières ; style familier*, style de la conversation et des lettres. — On appelle *Epîtres familières*, les épîtres de Cicéron à ses amis; et par allusion, on dit prov. : *être familier comme les épîtres de Cicéron*.—*Termes familiers, expressions familières*, trop libres, trop peu respectueuses, eu égard aux personnes à qui nous devons du respect pour leur âge ou leur rang.—*Familier* signifie aussi habituel, ordinaire, accoutumé : *ce défaut est familier dans la jeunesse ; ce ton lui est familier*. — En parlant des choses, qui est devenu facile par un long usage : *cette chose lui est devenue familière*. — On appelle *esprit familier*, une sorte d'esprit qu'on prétend qui s'attache à quelqu'un pour le guider, pour diriger sa conduite, pour le servir : *Socrate prétendait avoir un esprit familier*.

FAMILIÈRE, adj. fém. Voy. FAMILIER.

FAMILIÈREMENT, adv. (*familièreman*) (en lat. *familiariter*), d'une manière *familière*. — D'un style *familier*.

FAMILLE, subst. fém. (*fami-ie*) (en lat. *familia*), tous ceux du même sang, enfants, frères, neveux, etc. —On dit par extension, *la grande famille humaine*, parce qu'on remonte par la pensée jusqu'au père commun des hommes.—Se dit quelquefois de parents qui habitent ensemble, et plus particulièrement du père, de la mère et des enfants, ou même des enfants seulement : *se plaire dans sa famille ; vivre en famille*. — Fam. : *être en famille, avoir de la famille*, signifie avoir des enfants.—*Avoir un air de famille*, avoir cette conformité de traits, de physionomie, qui existe ou qu'on croit reconnaître entre les personnes d'une même *famille*.—Race, maison, naissance. Voy. RACE.—Tous ceux qui vivent dans une même maison, sous un même chef.—On entend par *père de famille*, toute personne majeure ou mineure qui jouit de ses droits, c'est-à-dire, qui n'est point en la puissance d'autrui. — En t. de pratique : *user, prendre soin d'une chose en bon père de famille*, ménager, administrer une chose avec autant d'économie que pourrait le faire le propriétaire lui-même. — On appelle *enfant de famille* un jeune homme d'une naissance honnête ; et *fils* ou *fille de famille*, un enfant majeur ou mineur, qui est en la puissance paternelle. — On dit que *les enfants suivent la famille du père, et non celle de la mère*, pour dire qu'ils portent le nom du père et suivent sa condition.—*Demeurer dans la famille*, c'est rester sous la puissance paternelle.—En Italie et chez les grands, les domestiques d'une maison : *la famille d'un cardinal*, etc. — FAMILLE, MAISON. (*Syn.*) *Famille* est plus de bourgeoisie ; *maison* est plus de qualité.—On dit, en parlant de la naissance, être d'honnête *famille*, et de bonne *maison*. On dit aussi *famille* royale, et *maison* souveraine. — En parlant des anciennes races de France et des pays étrangers, on se sert moins ordinairement du mot de *famille* que de celui de *maison* ; et au contraire, en parlant des anciens Grecs et des anciens Romains, on emploie de préférence le mot de *famille* : *la famille des Héraclides, des Atrides ; la famille des Scipions, des Césars, des Antonins*.—Les *familles* se font remarquer par les alliances, par une façon de vivre polie, par des manières distinguées de celles du bas peuple, et par des mœurs cultivées qui passent de père en fils. Les *maisons* se forment par les titres, par les hautes dignités dont elles sont illustrées, et par les grands emplois continués aux parents du même nom. Voy. MAISON. — En t. de peinture, on appelle une *sainte Famille*, un tableau qui représente Jésus-Christ, la Vierge, saint Joseph, et quelquefois saint Jean.— Chez les naturalistes, assemblage de plusieurs genres qui ont entre eux un grand nombre de rapports. —En t. de bot., *familles naturelles*, groupe ou série de genres qui se ressemblent dans un grand nombre de caractères, et particulièrement dans ceux qu'on regarde comme les plus constants. L'assemblage des *liliacées*, des *graminées*, des *ombellifères*, des *légumineuses*, etc., forme autant de *familles* naturelles. — En t. de gramm., réunion, collection des mots qui ont une même racine : *goûter et déguster sont deux mots de la même famille*.

FAMILLEUSE, adj. fém. Voy. FAMILLEUX.

FAMILLEUX, adj. mas., au fém. **FAMILLEUSE** (*fami-ieu, ieuze*), t. de faucon. : *un faucon familleux*, qui veut toujours manger. Vieux.

FAMINE, subst. fém. (*faminė*) (en lat. *fames*), disette générale dans une ville, dans une province, etc., de pain et des autres choses nécessaires à la vie.—*Prendre quelqu'un par famine*, ne pas lui fournir les choses dont il ne peut se passer, pour l'obliger à faire ce qu'on désire de lui.—Familièrement : *crier famine*, se plaindre hautement de la disette que l'on éprouve ou que l'on craint ; et : *crier famine sur un tas de blé*, se plaindre comme si l'on manquait de tout, quoique l'on soit réellement dans l'abondance.

FAMIS, subst. mas. (*famice*), sorte d'étoffe de soie qui se fabrique à Smyrne.

FAMOSITÉ, subst. fém. (*famôzité*), qualité de ce qui est *fameux*. (*Boiste*.) Mot peu usité, mais qui mériterait de l'être.

FAMULUS, subst. propre mas. et lat. (*famuluce*) (du lat. *famulus*, serviteur), myth., déité subalterne.

FANAGE, subst. mas. (*fanaje*), l'action de remuer des plantes, pour que l'air ou le soleil les dessèche. — Salaire du *faneur*. Voy. FANER. — Tout le feuillage d'une plante.

FANAISON, subst. fém. (*fanèzon*), le temps de *faner*.

FANAL, subst. mas. (*fanal*) (en grec φανος, falot, fanal, formé de φαινω, *je montre*, j'indique), grosse lanterne allumée sur la poupe d'un vaisseau ou ailleurs. — Feux allumés sur de hautes tours, etc., pour indiquer aux vaisseaux leur route pendant la nuit. *Dans ce sens on dit plus* ordinairement *phare*. Voy. ce mot. — Au fig., dans le style soutenu, ce qui sert de guide, de lumière dans les arts, dans les sciences : *ces premières découvertes furent autant de fanaux qui dirigèrent les savants dans leurs recherches.*

FANATIQUE, adj. et subst. des deux genres (*fanatike*) (du lat. *fanum*, temple; parce qu'anciennement il y avait dans les temples, et surtout dans celui de *Bellone*, des gens nommés *fanatici*, qui, entrant dans une sorte d'enthousiasme, et comme animés et inspirés par la divinité, faisaient des gestes extraordinaires, et prononçaient des oracles), qui se croit transporté d'une fureur divine et prend ses idées pour des inspirations du ciel. — Qui porte le zèle jusqu'à la fureur et à l'extravagance. — On le dit aussi de ceux qui s'attachent avec un zèle aveugle à quelque opinion, à quelque parti : *il était fanatique de la liberté.* —On le dit par extension, des passions, des doctrines, etc. : *une rage fanatique; des opinions, un zèle, des doctrines fanatiques.* — On l'emploie subst. : *c'est un fanatique dangereux ; la persécution ne produit que des fanatiques.*—Myth., au plur., surnom des Galles, prêtres de Cybèle. Chez les Romains, ce mot ne se prenait pas en mauvaise part.

FANATISÉ, E, part. pass. de *fanatiser*.

FANATISER, v. act. (*fanatizé*), rendre *fanatique*.—SE FANATISER, v. pron.

FANATISEUR, subst. mas. (*fanatizeur*), qui *fanatise*, qui communique, souffle, enflamme, allume le *fanatisme*. — Si l'on avait besoin de se servir de ce mot au fém., il ne faudrait pas hésiter à dire *fanatiseuse*.

FANATISME, subst. mas. (*fanaticeme*), erreur du *fanatique*; inspiration imaginaire. — Entêtement ou zèle outré, bizarre, extravagant, soit pour la religion, soit pour une opinion, un parti, une chose quelconque : *fanatisme ardent, aveugle ; c'est de la passion, du fanatisme, un vrai fanatisme.* — Secte de *fanatiques* : *on eut bien de la peine à détruire ce fanatisme naissant.*

FANDANGO, subst. mas. (*fandanguô*) (mot espagnol), sorte de danse espagnole assez lascive.— Au plur., des *fandango*.

FANE, subst. fém. (*fane*) (en lat. *fenum*, foin), se dit, en t. de cultivateur, de l'herbe des plantes bulbeuses : *on ôte la fane du safran après l'hiver.*—Au plur., feuilles sèches tombées de l'arbre qui les a produites. — Feuilles qui tiennent encore aux plantes : *la fane commence à sécher, à jaunir.* — En t. de jardinier-fleuriste, l'enveloppe foliacée de la fleur des anémones et des renoncules.

FANÉ, E, part. pass. de *faner*, et adj., flétri, avec cette différence que ce dernier mot enchérit sur l'autre. Une fleur qui n'est que *fanée* peut quelquefois reprendre son éclat; mais une fleur *flétrie* n'y revient plus.—Par extension : *couleur fanée, teint fané ; cette femme est un peu fanée.*

FANÈGUE ou **FANÉGOSE**, subst. fém. (*fanègue, néguôze*), t. de comm., mesure de graines du Portugal et de l'Espagne.

FANER, v. act. (*fané*) (en lat. *fenum*, foin), étendre avec une fourche l'herbe d'un pré lorsqu'elle est fauchée. — Flétrir. Voy. FANÉ.—Par extension, altérer l'éclat d'une couleur, du teint. — SE FANER, v. pron.—Fig. : *cette femme commence à se faner; son teint se fane; la beauté se fane.*

FANEUR, subst. mas., **FANEUSE**, subst. fém. (*faneur, neuze*), celui ou celle qui *fane* le foin.

FANEUSE, subst. fém. Voy. FANEUR.

FANFAN, subst. mas. (*fanfan*), t. familier et de caresse envers un petit enfant. C'est le son de la dernière syllabe du mot *enfant*, qu'on répète par une sorte de mignardise.

FANFARE, subst. fém. (*fanfare*) (suivant *Nicot* et plusieurs autres, c'est une simple onomatopée, formée comme le *tarentara* des trompettes romaines. Selon le P. *Ménestrier*, ce mot vient de *fare*, fête des pêcheurs qui se célébrait anciennement au bruit des trompettes, des tambours, des hautbois, etc.; le peuple disait *fanfaré* pour *ils font fare*), espèce d'air de musique dans lequel dominent ordinairement les cors et les trompettes, et qui, de la grande chasse et de la musique militaire, a passé dans la musique ordinaire.

FANFARÉ, E, part. pass. de *fanfarer*.

FANFARER, v. act. (*fanfaré*), faire des *fanfares*. — *Rabelais* l'emploie dans le sens de *se pavaner*; mais *Rabelais* n'est point une autorité en fait de langage moderne.

FANFARON, subst. et adj. mas. (*fanfaron*) (du mot *fanfare*, parce que, dit *Le Duchat*, les vanteries du *fanfaron* sont autant de *fanfares* que le vent emporte), faux brave, homme vain qui se vante au-delà de la vérité et de la bienséance : *il est timide et fanfaron.* — Il se dit aussi d'un homme vraiment brave, mais qui se vante de sa bravoure, de ses actions outre mesure : *il est brave et fanfaron en même temps ; il peut avoir de la bravoure, du mérite, mais il est un peu trop fanfaron.* — On dit *un fanfaron de vertu*, *un fanfaron de vices*, en parlant de quelqu'un qui fait parade de vertus qu'il n'a pas, ou qui se vante d'être plus corrompu qu'il ne l'est en effet. — Au fig., un style *fanfaron*, un style emphatique, ampoulé.—*Boiste* est le seul qui donne à ce mot un féminin. Nous n'hésitons pas à dire avec lui : *une fanfaronne.*

FANFARONNADE, subst. fém. (*fanfaronade*), rodomontade, vanterie en paroles. Voy. FANFARON.

FANFARONNERIE, subst. fém. (*fanfaroneri*), habitude de faire des *fanfaronnades*.

FANFIOLES, subst. fém. plur. (*fanfiole*), petits ornements de toilette. (*Diderot*.) Hors d'usage.

FANFRELUCHE, subst. fém. (*fanfreluche*) (de l'italien *fanfreluca*, qui, suivant l'*Académie de la Crusca*, signifie proprement ces branches sèches dont les feuilles voltigent au gré des vents, et au figuré, des choses légères et frivoles), t. familier et de mépris, petite chose de rien et qui pare ; bagatelle.

FANGE, subst. fém. (*fanje*) (du latin *fimus*, bourbier, pour lequel on a dit *fima* et ensuite *fimia*. Ménage.), boue, bourbe des chemins, surtout de la campagne : *il est tombé dans la fange.* —On dit élégamment au figuré : *la fange du péché, du monde corrompu, etc.* — *Il se dit aussi* fig. et par mépris d'une condition basse, abjecte : *je l'ai tiré de la fange.* — Il signifie aussi l'état d'avilissement d'une personne qui vit dans la débauche : *il vit, il est plongé, il se traîne dans la fange.*

FANGEUSE, adj. fém. Voy. FANGEUX.

FANGEUX, adj. mas., au fém. **FANGEUSE** (*fanjeu, jeuze*), plein de *fange*, plein de bourbe.

FANION, subst. mas. (*fanion*) (de l'allemand *fane*, étendard), espèce d'étendard de serge, qu'on porte à la tête des équipages d'une brigade.

FANISSE, subst. et adj. fém. (*fanice*), bourre de basse qualité.

FANNASHIBA, subst. mas.(*fanaziba*), t. de bot., arbre du Japon.

FANNIA, subst. fém. (*fanenia*), t. d'archéol., loi somptuaire chez les Romains, décrétée sous les auspices du consul *Fannius*, laquelle réglait la dépense des grands festins et des repas ordinaires.

FANOIN, subst. mas. (*fanoein*), pièce de monnaie de Pondichéry.

FANON, subst. mas. (*fanon*) (du latin barbare *fano*, *fanonis*, fait de l'allemand *fahne*, qui signifie un drap de laine, un linge, un mouchoir, une bande, etc., et enfin un étendard, dérivé, suivant *Wachter*, du latin *pannus*, drap, étoffe), la peau qui pend sous la gorge d'un taureau, d'un bœuf. — Les barbes d'une baleine. — Assemblage de crins qui tombe sur la partie postérieure des boulets du pied d'un cheval, et cache l'ergot. — Anciennement, le manipule que les prêtres et les diacres portent au bras. — Au plur., les deux pendants de la mitre d'un évêque ou d'un archevêque, et aussi les pendants d'une bannière.—En t. de chirurgie, appareil que l'on met à une jambe ou à une cuisse fracturée. Ce sont des espèces d'attelles.

FANTAISIE, subst. fém. (*fantèzi*) (du grec φαντασια, vision, imagination, fait de φανταζομαι, s'imaginer, lequel vient de φαινω, je parais, je me montre), esprit, pensée, idée : *il a cela dans la fantaisie.*—Humeur : *vivre à sa fantaisie.* Voy. HUMEUR.—Désir, envie : *elle a fantaisie de tout ce qu'elle voit.* On dit dans ce sens : *en passer sa fantaisie*, se satisfaire. — Opinion, sentiment, goût : *chacun parle, vit, agit à sa fantaisie, selon sa fantaisie ; cela n'est point à ma fantaisie.* — Caprice, boutade : *fantaisie de peintre, de poète; tête, figure de fantaisie.*—*Robe, habit de fantaisie*, c'est-à-dire d'un goût nouveau et singulier. —*Objets de fantaisie*, ou simplement *fantaisies*, objets moins utiles que curieux par leur nouveauté ou leur bizarrerie.—Pièce de musique instrumentale, qu'on exécute en la composant, sans préparation. — Autrefois, motet, etc., dans lequel le compositeur ne suivait que son caprice, sans consulter le sens des paroles. — Sorte de bourre de soie.—*Fantaisies musquées*, caprices, style badin.

FANTASIASTE, subst. mas. (*fantaziacete*), t. d'hist. eccl., nom de sectaires chrétiens qui prétendaient que le corps de Jésus-Christ n'avait été qu'imaginaire et sa mort qu'apparente.

FANTASIÉ, E, part. pass. de *fantasier*.

FANTASIER, v. act. (*fantazié*), irriter, contrarier, chagriner. — SE FANTASIER, v. pron., se figurer. (*De Retz*.) Vieux et inusité.

FANTASMAGORIE, subst. fém. (*fantacemaguori*) (du grec φαντασμα, fantôme, et αγορα, assemblée), art de faire apparaître des spectres par une illusion d'optique.—Le spectacle même : *c'est une belle fantasmagorie ; je l'ai conduit à la fantasmagorie.*

FANTASMAGORIQUE, adj. des deux genres (*fantasmaguorike*), qui concerne la *fantasmagorie*.

FANTASMAGORIQUEMENT, adv. (*fantacemaguorikeman*), à la manière de la *fantasmagorie*.

FANTASMASCOPE et **FANTASMATOSCOPE**, subst. mas.(*fantacemacekope, fantacematôcekope*) (du grec φαντασμα, fantôme, et σκοπεω, je vois), t. d'optique, machine qui offre l'aspect d'une porte qui s'ouvre, et d'où sort un *fantôme* qui semble s'agrandir en s'approchant des spectateurs.

FANTASQUE, adj. des deux genres (*fantaceke*), en parlant des personnes, sujet à des *fantaisies*, à des caprices ; bizarre, capricieux, quinteux, bourru ; avec ces différences, suivant l'abbé *Girard*, que le mot *fantasque* dit proprement quelque chose de difficile ; celui de *bizarre*, quelque chose d'extraordinaire ; celui de *capricieux*, quelque chose d'arbitraire ; celui de *quinteux*, quelque chose de périodique, et celui de *bourru*, quelque chose de maussade.—En parlant des choses, bizarre, extraordinaire.

FANTASQUEMENT, adv. (*fantacekeman*), d'une manière *fantasque*. Très-peu usité.

FANTASSIN, subst. mas. (*fantacein*) (de l'italien *fantaccino*, diminutif de *fante*, valet de pied, piéton), soldat à pied.

FANTASTIQUE, adj. des deux genres (*fantacetike*), chimérique, imaginaire : *projets, visions fantastiques ; être fantastique.*— On le dit aussi de ce qui n'a que l'apparence d'un être corporel, et qui est sans réalité : *un corps fantastique.*

FANTASTIQUEMENT, adv. (*fantacetikeman*), d'une manière *fantastique* ou *fantasque*. Très-peu usité.

FANTINE, subst. fém. (*fantine*), partie du chevalet à tirer la soie de dessus les cocons.

FANTOCCINI, subst. mas. plur. (*fantotechini*) (de l'italien *fantoccino*, poupée de bois, marionnette, diminutif de *fante*, dans le sens d'homme), sorte de jeu théâtral dont les acteurs sont des figures en bois, tenues par des fils d'archal, et qui exécutent des scènes.

FANTÔME, subst. mas. (*fantôme*) (en grec φαντασμα, fait de φαινω, je parais), sorte de spectre qu'on croit voir.—On dit prov. d'un homme maigre, défait, défiguré : *c'est un vrai fantôme, on le prendrait pour un fantôme.*—Vision fausse qu'on a la nuit de quelque chose qui épouvante.—Fig., 1° chimère qu'on se forme dans l'esprit ; dans ce sens, *se faire des fantômes de rien*, signifie s'exagérer à l'excès les dangers, les obstacles ; 2° ce qui n'a que l'apparence de...... : *un fantôme de roi ; un fantôme couronné ; Rome n'était plus qu'un fantôme de république.*—On appelait *fantômes* autrefois, dans l'ancienne scholastique, les images produites dans le cerveau par l'impression des objets extérieurs. — T. de chir., statue ou mannequin de bois sur lequel les chirurgiens s'exercent à l'application des bandages ou aux opérations de l'accouchement.

FANTON, subst. mas. (*fanton*), sorte de ferrure destinée à servir de chaîne aux tuyaux de cheminée. — Au plur., tringles de fer qui se vendent en bottes de cinquante à cent livres pesant.

FANUM, subst. mas. (*fânome*) (mot latin), temple que les païens élevaient aux héros déifiés, aux empereurs, après leur apothéose.

FAON, subst. mas. (*fan*) (peut-être du latin *infans*, enfant, dont on aurait pris seulement la dernière syllabe. *Ménage*.), le petit d'une biche ou d'un chevreuil. Employé seul, il s'entend toujours d'un *faon de biche*.

FAONNÉ, E, part. pass. de *faonner*.

FAONNER, v. neut. (*fané*), mettre bas, en parlant des biches ou des chevrettes.

FAOU (LE), subst. propre mas. (*lefou*), village de France, chef-lieu de canton, arrond. de Châteaulin, dép. du Finistère.

FAOUET (LE), subst. propre mas. (*lefouè*), ville de France, chef-lieu de canton, arrond. de Pontivy, dép. du Morbihan.

FAQUIN, subst. mas. (*fukiein*) (de l'italien *facchino*, qui signifie également crocheteur, portefaix, et que *Covarruvias* dérive du latin *fascis*, faisceau, paquet), t. de mépris, homme de néant, sans mérite, sans honneur, sans cœur.—Anciennement, crocheteur; on le trouve encore employé dans *Rabelais* avec cette acception.—Dans certaines provinces, on le dit mal à propos pour fat : *il fait le faquin*.—Figure de bois ou de paille montée sur pivot, contre laquelle un cavalier allait autrefois rompre une lance pour s'exercer; ainsi nommée, dit *Richelet*, de ce qu'on se servait autrefois de quelque gros *faquin*, contre lequel on courait : *rompre au faquin, brider le faquin*.

FAQUINERIE, subst. fém. (*fakineri*), action de *faquin*. Il est familier.—Fatuité.

FAQUINISME, subst. mas. (*fakiniceme*), caractère, conduite des *faquins*. (Crébillon fils.)

FAQUIR. Voy. FAKIR.

FARAEH, subst. mas. (*fara-è*), t. de bot., plante de la famille des acacias.

FARAFE, subst. fém. (*farafe*), t. d'hist. nat., espèce de mammifère de Madagascar qu'on croit être le chacal.

FARAILLON, subst. mas. (*fara-ion*), petit banc de sable séparé d'un plus grand par un canal.

FARAIS, subst. mas. (*farè*), filet propre à la pêche du corail.

FARAISON, subst. fém. (*farèzon*), t. de verrerie, la première figure qu'on donne par le souffle à la matière qu'on tire au bout de la canne.

FARAMIER, subst. mas. (*faramié*), t. de bot., arbrisseau de la famille des rubiacées.

FARANDOLE, subst. fém. (*farandole*), danse particulière aux Provençaux. C'est une espèce de course mesurée, que plusieurs personnes exécutent en se tenant par la main.

FARAS, subst. mas. (*fara*), t. d'hist. nat., mammifère du genre des sarigues.

FARASSE, subst. fém. (*farace*), t. d'hist. nat., hyène de Madagascar.

FARCE, subst. fém. (*farce*) (en lat. *farcire*, remplir, farcir), t. de cuisine, différentes viandes hachées menu et assaisonnées d'épices et de fines herbes qu'on met dans le corps de quelque animal, ou dans quelque autre viande, dans des œufs, etc. — Il se dit aussi d'herbes hachées. — Assaisonnement de viandes hachées avec des herbes, des œufs, etc. — Comédie bouffonne : *la comédie des Fourberies de Scapin, celle de Pourceaugnac, du Médecin malgré lui, sont sans doute des farces, mais ce sont d'excellentes farces*. — Comique bas et grossier : *cet auteur, cet acteur tombe, donne dans la farce*. — On dit par plaisanterie et prov., dans le langage fig. : *tirez le rideau, la farce est jouée*, c'est-à-dire, tout est fini, c'en est fait. — Par extension, ce qui est plaisant et bouffon : *faire une farce, faire des farces*.—Pop. : *faire ses farces*, se divertir d'une manière bouffonne et avec excès.

FARCÉ, E, part. pass. de *farcer*.

FARCER, v. neut. (*farcé*), faire des *farces*.

FARCEUR, subst. mas., au fém. **FARCEUSE** (*farceur, ceuze*), qui ne joue que des *farces*. — Qui charge un rôle comique. — Au fig., qui fait des bouffonneries, qui est dans l'habitude d'en faire ou d'en dire.—L'*Académie* ne donne pas le fém. de ce mot.

FARCEUSE, subst. fém. Voy. FARCEUR.

FARCI, E, part. pass. de *farcir*, et adj. : *œufs farcis; carpe farcie*.—Fig. et fam. : *homme farci de grec et de latin; écrit tout farci d'injures*.

FARCIN, subst. mas. (*farcein*) (par corruption du lat. *farciminum*, qui dans *Végèce* a le même sens), t. de médec. vétérinaire, tumeur avec ulcère qui attaque les chevaux, les mulets.

FARCINEUSE, adj. fém. Voy. FARCINEUX.

FARCINEUX, adj. mas., au fém. **FARCINEUSE** (*farcineu, neuze*) (en lat. *farcinosus*), t. de médec. vétérinaire, qui a le *farcin*.

FARCIR, v. act. (*farcir*) (en lat. *farcire*), remplir de *farce*.—Fig. et fam., remplir : *farcir un livre, un discours, de citations et de passages; farcir la tête d'un enfant de règles inintelligibles*. Il s'emploie toujours en mauvaise part. — SE FARCIR, v. pron. : *se farcir l'estomac de viandes*, s'en remplir avec excès.

FARCISSEUR, subst. mas. (*farciceur*), qui *farcit*. Il est peu usité.

FARCISSURE, subst. fém. (*farciçure*), l'action de *farcir*.

FARD, subst. mas. (*far*, le *d* ne se prononce pas) (suivant *Caseneuve*, de l'allemand *farbe*, couleur), composition artificielle que les dames mettent sur leur visage pour enluminer leur teint. —Fig., 1° faux ornements en matière d'éloquence; 2° feinte, dissimulation.

FARDAGE, subst. mas. (*fardaje*), t. de marine, fagot qu'on met à fond de cale.

FARDE, subst. fém. (*farde*), t. de comm., balle de café moka. Elle pèse trois cent soixante dix livres.

FARDÉ, E, part. pass. de *farder* et adj. On dit prov. : *temps pommelé et femme fardée ne sont pas de longue durée*.

FARDEAU, subst. mas. (*fardô*) (en grec φορτος, fait de φερω, je porte), faix, charge : *un lourd fardeau; se charger, se décharger d'un fardeau*; et par extension, en parlant d'une femme enceinte : *le précieux fardeau qu'elle portait dans son sein*. — Fig., chose fort incommode, qui inquiète, qui chagrine, etc. : *la vie est maintenant un lourd fardeau pour moi*; et poétiq. : *le fardeau des ans*. — Dans les mines, terres et rochers qui menacent d'ébouler. — Dans les brasseries, eau et farine que contient une cuve à faire de la bière.

FARDELET, subst. mas. (*fardelè*), petit fardeau, admis par *Boiste* sur l'autorité de *Monstrelet*.

FARDELIER, subst. mas. (*fardelié*), porte-faix.

FARDEMENT, subst. mas. (*fardeman*), action de *farder*. (Boiste.) Inusité.

FARDER, v. act. (*fardé*), mettre du *fard*. — Fig., déguiser, donner un faux lustre : *farder sa marchandise, son discours, son langage*. — Par extension, dans le sens qui précède, déguiser ce qui peut déplaire : *farder le vice pour le rendre moins odieux*. — V. neut., s'affaisser, se détruire par son propre poids : *ce mur farde, commence à farder*.—T. de mar., une voile bien coupée, bien orientée, *farde bien*, lorsque, recevant le vent, elle a une forme arrondie, régulière et agréable à la vue. — SE FARDER, v. pron.

FARDIER, subst. mas. (*fardié*), sorte de voiture propre à transporter de gros blocs de pierre tout taillés ou sculptés, sans craindre qu'ils soient endommagés.

FARDIN, subst. mas. (*fardein*), petite monnaie des Indes qui vaut un liard de France.

FARE, subst. fém. (*fare*), sorte de pêche.

FARÈNE, subst. mas. (*farène*), t. d'hist. nat., poisson du genre cyprin.

FARFADÉEN, adj. mas., au fém. **FARFADÉENNE** (*farfadé-ein, ène*), de *farfadet*. Peu en usage.

FARFADÉENNE, adj. fém. Voy. FARFADÉEN.

FARFADET, subst. mas. (*farfadè*) (suivant *Ménage*, du latin barbare *fadus*, employé avec l'acception de ce mot par divers écrivains de la basse latinité), esprit follet. — Fig. et fam., homme frivole.

FARFARA, subst. fém. (*farfara*), t. de bot., sorte de plante que l'on nomme vulgairement *pas-d'âne*.

FARFOUILLÉ, E, part. pass. de *farfouiller*.

FARFOUILLER, v. act. et neut. (*farfou-ié*), *fouiller* en brouillant, en chiffonnant. Il est pop.

FARGEAU (SAINT-), subst. propre mas. (*ceinfarjô*), ville de France, chef-lieu de canton, arrond. de Joigny, dép. de l'Yonne.

FARGUES, subst. fém. plur. (*fargue*), t. de marine, planches qu'on élève sur le plat-bord d'un vaisseau pour cacher à l'ennemi ce qui se passe sur le pont.

FARIBOLE, subst. fém. (*faribole*) (suivant *Caseneuve*, du latin barbare *faria*, employé dans le moyen-âge avec la même signification, et fait de *fari*, parler. Suivant *Ménage*, du latin *frivola*, sous-entendu *re*. Mais, suivant l'étymologie la plus naturelle, du latin *fari*, parler, et *obolus*, obole, la plus petite monnaie ancienne, qui, par analogie, exprimait l'idée de bagatelle, chose frivole, peu importante et vaine : *tout cela n'est que fariboles*. Il est familier.

FARIM, subst. mas. (*farime*), t. de relat., chef de village dans les états des puissances barbaresques.

FARINACÉ, E, adj. (*farinacé*), t. de bot., de la nature de la *farine*, qui en a l'apparence.

FARINE, subst. fém. (*farine*) (en lat. *farina*, fait de *far*, gén. *faris*, blé), grain moulu, réduit en poudre : *farine de froment; farine blutée; fleur de farine*. — Prov. et fig., *gens de même farine*, gens de même cabale, sujet aux mêmes vices, etc. — On dit prov. et fig. : *d'un sac à charbon il ne saurait sortir de blanche farine*, on ne peut attendre d'un sot que des sottises, d'un homme mal élevé que des grossièretés. — En peinture : *donner dans la farine*, peindre avec des couleurs claires et fades. Voy. FARINEUX.

FARINÉ, E, part. pass. de *fariner*, et adj.

FARINER, v. act. (*fariné*), jeter de la *farine* sur du poisson pour le faire frire.—SE FARINER, v. pron.

FARINET, subst. mas. (*farinè*), dé à jouer qui n'a qu'une de ses faces marquée de points.

FARINEUSE, adj. fém. Voy. FARINEUX.

FARINEUX, adj. mas., au fém. **FARINEUSE** (*farineu, neuze*), blanc de *farine* : *habit farineux*. — Qui tient de la nature de la *farine*. En ce sens, il est aussi subst. mas. : *on donne des farineux à un convalescent*.—Il se dit des tumeurs et généralement des choses dont il sort ou que recouvre une espèce de poussière blanche semblable à de la *farine* : *dartre farineuse; peau farineuse; les feuilles de cette plante sont farineuses*. — En peinture : *coloris farineux*, celui dont les teintes sont fades, les carnations trop blanches et les ombres trop grises. — En sculpture, *figure farineuse*, figure de cire qui n'est pas sortie nette du moule. — On le dit aussi de certains fruits qui n'ont plus la quantité d'eau et la finesse de chair qu'ils devraient avoir.

FARINIER, subst. mas. (*farinié*), marchand qui vend de la *farine*.

FARINIÈRE, subst. fém. (*farinière*), l'endroit où l'on serre la *farine*.

FARIO, subst. mas. (*fario*), t. d'hist. nat., sorte de poisson.

FARLOUZE ou **FARLOUZANE**, subst. fém. (*farlouze, louzane*) (suivant *Le Duchat*, du lat. *prati alauda*, alouette de pré, dont *farlouze* est une corruption), t. d'hist. nat., espèce d'alouette qui fait son nid dans les prés.

FAR-NIENTE, subst. mas. (*far-nieinté*) (mots italiens), le rien faire, qui consiste en un doux repos d'esprit et de corps; c'est la jouissance, le calme de soi-même.

FARO, subst. mas. (*farô*), nom d'une espèce de bière forte qui se fabrique particulièrement à Bruxelles.—Ce mot manque dans l'*Académie*.

FAROS, subst. mas. (*faròce*), t. de jardinier, nom de deux variétés de pommes d'automne.

FAROUCHE, adj. des deux genres (*farouche*) (en lat. *ferox, ferocis*), en parlant des bêtes, sauvage, qui n'est point apprivoisé. Il se dit, par extension, des hommes peu sociables, sauvages; avec cette différence qu'on est *farouche* par caractère, et *sauvage* par défaut de culture. Le *farouche* n'est pas sociable; le *sauvage* ne se plaît pas dans la société.—On dit aussi : *mine farouche; air farouche; œil, regard farouche*. — On dit qu'*une femme a une vertu farouche*, lorsqu'elle refuse d'écouter tout ce qui a rapport à la galanterie.

FARRAGE ou **FARRAGO**, subst. mas. (*fareraje, fareraguô*), t. emprunté du latin; mélange de toutes sortes de grains. — Fig. et fam., mélange confus de choses disparates. Il ne s'emploie guère qu'en parlant des ouvrages d'esprit : *ce livre est un vrai farrago*. Ce sens, donné par l'*Académie*, est peu connu et peu usité.

FARRÉATION, subst. fém. Voy. CONFARRÉATION, qui est le même.

FARS, subst. mas. plur. (*farce*), devoirs de droit divin exercés par les mahométans.

FARSANGE, subst. fém. (*farçanje*), mesure de chemins, en Perse.

FARSANNE, subst. mas. (*farçane*), cavalier, chevalier arabe.

FARSÉTIE, subst. fém. (*farcéci*), t. de bot., sorte de plante.

FARSISTAN, subst. propre mas. (*farcicetan*), grande province de Perse, qui est divisée en six districts.

FARTEURS, subst. mas. plur. (*farteur*) (du latin *fartor*), chez les anciens Romains : 1° valets chargés d'engraisser la volaille; 2° ceux qui, dans la cuisine, faisaient les boudins, les saucisses, etc.; 3° ceux qui disaient à l'oreille de leurs maîtres les noms des citoyens qu'ils rencontraient dans les rues. Ces derniers sont plus connus sous le nom de *nomenclateurs*.

FARTHING, subst. mas. (*fartinegue*), mot tiré de l'anglais, monnaie de cuivre d'Angleterre qui vaut un quart de denier sterling, ou un quarante-huitième de schelling. Voyez STERLING et SCHELLING.

FAS, subst. propre fém. (*fâce*), myth., divinité qu'on regardait comme la plus ancienne de toutes. *Prima deûm fas;* c'est la même que Thémis ou la Justice.

FASCE, subst. fém. (*facece*) (du lat. *fascia*, bande, bandelette), t. de blason, pièce horizontale de l'écu, qui se pose au milieu horizontalement, et sépare le chef de la pointe.

FASCÉ, E, adj. (*facecé*), t. de blason, qui se dit d'un écu divisé en six ou huit parties égales de deux émaux alternés, dans le sens de la *fasce*.

FASCEAUX, subst. mas. plur. (*faceçô*), t. de pêche, savattes garnies de pierres pour caler le sac du chalut.

FASCÉLIS ou **FASCÉLINA**, subst. propre fém. (*facecélice, facecélina*), myth., surnom de Diane pris du *faisceau* de bois dans lequel Oreste et Iphigénie avaient caché sa statue, lorsqu'ils l'apportèrent de la Chersonèse Taurique.

FASCER, v. act. (*facecé*), t. de blason, garnir de *fasces* un écusson.—SE FASCER, v. pron.

FASCIATION, subst. fém. (*faceciâcion*), t. de bot., monstruosité végétale.

FASCICULE, subst. mas. (*facecikule*) (du latin *fasciculus*, diminutif de *fascis*, petit faisceau), t. de médec., la quantité d'herbe qu'on peut porter sous un bras. — On appelle ainsi quelquefois les différentes livraisons de certains ouvrages d'hist. nat. ou d'érudition : *il a publié le troisième fascicule de son traité sur les mousses.*

FASCICULÉ, E, adj. (*facecikulé*), t. de bot., se dit des feuilles et des fleurs qui forment un *faisceau*, un paquet.

FASCIÉ, E, adj. (*facecié*), t. de conchyliologie, qui est marqué de *fascies* ou bandes : *un coquillage fascié.*

FASCIES, subst. fém. plur. (*faceci*)(du lat. *fascia*, bande), bandes ou cercles sur la robe d'une coquille.

FASCINAGE, subst. mas. (*facinaje*), ouvrage fait avec des *fascines*.—Action de faire des *fascines*.

FASCINATION, subst. fém. (*facinâcion*) (en latin *fascinatio*), charme qui empêche qu'on ne voie les choses telles qu'elles sont : *votre engouement pour lui tient de la fascination.*—Au fig.: *cette étrange fascination des esprits dura encore long-temps.*—Il se dit aussi en parlant des animaux qui ont la faculté de *fasciner* : *la fascination que le serpent exerce, dit-on, sur le rossignol.*

FASCINE, subst. fém. (*facine*) (du lat. *fascis*, faisceau, fagot), gros fagot de branchages dont on se sert pour combler des fossés, pour accommoder des chemins, faire des batteries pour le canon, et d'autres ouvrages semblables.

FASCINÉ, E, part. pass. de *fasciner*.

FASCINER, v. act. (*faciné*) (en latin *fascinare*, fait du grec βασκαίνω), ensorceler par une sorte de charme.—Au fig., tenter, éblouir, tromper.— Il exprime aussi la faculté qu'ont certains animaux de paralyser ou de maîtriser les mouvements d'un autre en le regardant fixement : *on croit que le serpent fascine et attire à lui le rossignol.*—SE FASCINER, v. pron., s'éblouir.

FASCINUS, subst. propre mas. (*facecinuce*), myth., divinité tutélaire de l'enfance. On lui attribuait le pouvoir de garantir des maléfices. Dans les triomphes, on suspendait sa statue au-dessus du char, comme ayant la vertu de préserver le triomphateur des prestiges de l'orgueil. Son culte était confié aux vestales. — *Fascinus* était aussi un surnom de Priape.

FASCIOLAIRE, subst. fém. (*faciolère*), t. d'hist. nat., coquille de la division des univalves.

FASCIOLE, subst. fém. (*faciole*) (du lat. *fasciola*, bandelette, ruban) espèce de ver intestinal, du genre du ténia, au corps aplati, que l'on trouve spécialement dans le foie et les canaux biliaires de divers animaux, et surtout des moutons.

FASCOLOME, subst. mas. (*facekolome*), t. d'hist. nat., sorte de quadrupède.

FASÉOLE, subst. fém. (*fazé-ole*) (en latin *faseolus*), fève de haricot, sorte de légume.

FASHION, subst. fém. (*facheun*) (mot anglais) la mode, les manières du beau monde, dans un sens exagéré.—Le beau monde lui-même.

FASHIONABLE, subst. et adj. des deux genres (*facheunnèble*) (mot anglais), personne esclave de la mode.—*Air fashionable*, prétentieux.

FASIER, v. neut. (*fazié*), t. de mar., se dit de la voile qui ne prend pas le vent.

FASIN ou **FAZIN**, subst. mas. (*fazein*), cendres mêlées de terre, de brindilles, avec lesquelles on couvre les fourneaux des grandes forges.

FASQUIER, subst. mas. (*facekié*), sorte de pêche qui se fait au flambeau.

DU VERBE IRRÉGULIER FAIRE :

Fasse, précédé de *que je*, 1re pers. sing. prés. subj.
Fasse, précédé de *qu'il* ou *qu'elle*, 3e pers. sing. prés. subj.
Fassent, 3e pers. plur. prés. subj.
Fasses, 2e pers. sing. prés. subj.
Fassions, 1re pers. plur. prés. subj.
Fassiez, 2e pers. plur. prés. subj.

FASSURE, subst. fém. (*façure*), t. de fabrique d'étoffes de soie, partie de l'étoffe fabriquée entre l'ensuple et le peigne, sur laquelle on range les espolins, quand on a besoin de s'en servir.

FASTE, subst. mas. (*facete*) (du lat. *fastus*, qui a signifié primitivement une vaine et ridicule jactance, fait du latin *fari*, lequel est dérivé du grec φάω, je parle, d'où l'on a fait anciennement φαστός, parole), pompe, magnificence : *le faste qui environne la grandeur;* et, en mauvaise part, affectation de paraître avec éclat. Voy., dans ces deux acceptions, LUXE. En ce sens, il ne se dit qu'au singulier.—On l'applique aussi, par extension, à toute autre espèce d'ostentation, d'éclat recherché : *ce faste de vertu ne peut m'en imposer; l'éloquence de cet orateur est grave et sans faste.* — Au plur., calendrier des anciens Romains, qui contenait les jours de travail (*dies fasti*, parce qu'il était permis de plaider, de *fari*, parler), et les jours de fête où l'on n'avait pas cette permission (*dies nefasti*). — *Fastes consulaires*, tables sur lesquelles les noms de tous les *consuls* étaient rangés dans leur ordre chronologique. —Fig., et dans le style soutenu, registres publics contenant de grandes et mémorables actions : *les fastes sacrés de l'Eglise*, en parlant du martyrologe; *les fastes de la monarchie;* et dans le même sens, *les fastes de l'histoire*.—Au fig. : *inscrire son nom dans les fastes de la gloire*, se rendre célèbre, immortel.

FASTIDIEUSE, adj. fém. Voy. FASTIDIEUX.

FASTIDIEUSEMENT, adv. (*facetidieuzeman*) (en lat. *fastidiosè*), d'une manière *fastidieuse*.

FASTIDIEUX, adj. mas., au fém. FASTIDIEUSE (*facetidieu, dieuze*) (en lat. *fastidiosus*, fait de *fastidium*, dégoût, aversion, répugnance), qui cause du dégoût, de l'ennui : *visite fastidieuse; un écrivain, un ouvrage fastidieux.*

FASTIGIÉ, E, adj. (*facetijié*) (en lat. *fastigiatus*, fait de *fastigium*, sommet), se dit, en bot., des rameaux ou des fleurs qui se terminent à la même hauteur, et dont les sommets forment un plan horizontal.

FASTIGIUM, subst. mas. lat. (*facetijiome*), sorte d'ornement que les Romains plaçaient au faîte des temples.

FASTUEUSE, adj. fém. Voy. FASTUEUX.

FASTUEUSEMENT, adv. (*facetu-euzeman*) (en lat. *fastuosè*), avec *faste*.

FASTUEUX, adj. mas., au fém. FASTUEUSE (*facetu-eu, euze*) (en lat. *fastuosus* ou *fastosus*, fait de *fastus*, faste), qui a du *faste*, qui aime le *faste* : *homme fastueux, équipage fastueux.*

FAT, subst. et adj. mas. (*fate*) (en lat. *fatuus*, fait de *fari*, parler), impertinent, plein de complaisance pour lui-même. — FAT, SOT, IMPERTINENT. (*Syn.*) L'épithète de *fat* attaque plus les manières, et celle de *sot*, l'esprit : le *sot* est celui qui n'a pas même ce qu'il faut d'esprit pour être *fat* ; le *fat* est celui que les *sots* croient un homme d'esprit; l'*impertinent* réunit la *fatuité* et la grossièreté.—Homme à prétentions auprès des femmes, ou dont la parure est extrêmement recherchée : *ce jeune homme est un peu fat.* — Il s'emploie mieux comme substantif dans l'un et l'autre sens.— *Fat* ne s'emploie point au féminin ; c'est un tort, l'expression étant aussi bien applicable à une femme qu'à un homme.

FATAL, E, adj. (*fatal*) (en lat. *fatalis*, fait de *fatum*, destin, destinée), qui porte avec soi une *destinée* inévitable : *le tison fatal de Méléagre, le dard fatal de Céphale; la barque fatale*, la barque dans laquelle les anciens poëtes ont supposé que les âmes des morts traversaient l'Achéron pour entrer dans les enfers.—Dans un sens analogue, inévitable, arrêté, fixé d'une manière irrévocable : *décret, arrêt fatal ; l'heure fatale a sonné; arrivé au terme fatal, son courage se ranima.*— Il signifie encore funeste, désastreux, qui produit de grands malheurs, qui a des suites malheureuses : *ambition fatale; amour fatal; cet événement porta une atteinte fatale à son crédit.* Dans le comm., en jurispr. et en administr., on appelle *terme fatal* le jour auquel expire un délai accordé.—*Trévoux* et *Féraud* ne lui donnent pas de pluriel masculin ; cependant *Saint-Lambert* a dit :

Fuyez, volez, instants *fatals* à mes désirs.

Et rien n'empêche de dire : *les excès sont fatals à la santé; ces remèdes ont été fatals au malade.* Mais, comme le remarque l'*Académie*, il est peu usité.— FATAL, FUNESTE. (*Syn.*) Il y a cette différence entre *fatal* et *funeste*, que *fatal* est plus un effet du sort, et *funeste*, plus une suite du crime; et si l'on se sert de ces mots pour marquer quelque chose qui annonce un fâcheux événement ou qui en est l'occasion, *fatal* ne désigne qu'une certaine combinaison dans les causes inconnues, qui empêche que rien ne réussisse, et fait toujours arriver le mal plutôt que le bien; tandis que *funeste* présage des accidents plus grands et plus accablants, soit pour la vie, soit pour l'honneur ou pour le cœur. (*Laveaux*).

FATALEMENT, adv. (*fataleman*) (en lat. *fataliter*), par *fatalité* ; par une *destinée* inévitable, par un malheur extraordinaire.

FATALISÉ, E, part. pass. du verbe inusité *fataliser*, et adj. : *le voilà tout fatalisé !* comme soumis, livré au destin.

FATALISME, subst. mas. (*fataliceme*) (du lat. *fatum*, destin), doctrine de ceux qui attribuent tout au destin.

FATALISTE, subst. des deux genres (*fatalicete*), celui qui attribue tout au destin, à la *fatalité*.

FATALITÉ, subst. fém. (*fatalité*) (en lat. *fatalitas*, fait de *fatum*, destinée), destinée inévitable et malheureuse. — Hasard : *fatalité aveugle.* Ce mot n'a point de pluriel. — Myth. Voy. DESTIN. — On le dit dans une acception moins rigoureuse et par une sorte d'exagération, en parlant d'événements fâcheux amenés par un concours de circonstances qui ne peuvent être prévues ou empêchées : *c'est une étrange fatalité ; il y a de la fatalité dans cet événement.* Dans ce sens, on peut l'employer au pluriel : *par une de ces fatalités qui dérangent tous les calculs, il passa ce jour-là par un chemin qu'il ne prenait jamais.*

FATHIMITES, sub. mas. pl. (*fatimite*), t. d'hist. mod., descendants de Mahomet par *Fathime*, sa fille.—On l'emploie aussi adjectivement.

FATIDIQUE, adj. des deux genres (*fatidike*) (en latin *fatidicus*, formé dans le même sens, de *fatum*, destin, destinée, et *dicere*, dire, annoncer), t. poétique, qui déclare ce que les destins ont ordonné. — Myth., surnom donné à Apollon.

FATIGABLE, adj. des deux genres (*fatiguable*), qui peut se *fatiguer*. (Boiste.)

FATIGANT, E, adj. (*fatiguan, guante*), qui donne de la *fatigue* : *c'est un travail fatigant; il a fait une journée fatigante.*—Se dit aussi de ce qui demande une attention pénible : *étude, lecture fatigante.* — Ennuyeux, importun : *c'est un homme fatigant, d'une conversation fatigante.* —Le part. prés. du v. *fatiguer* s'écrit *fatiguant*.

FATIGUE, subst. fém. (*fatigue*) (en lat. *fatigatio*, fait de *fatigare*, fatiguer), travail pénible et capable de lasser.—Lassitude causée par le travail. Voy. LASSITUDE.—On dit : *la fatigue de la voiture, du cheval, du voyage*, etc. pour : *la fatigue occasionnée par la voiture*, etc.—*Il est homme de fatigue*, capable de résister à la *fatigue*.— On dit de même : *un cheval, un habit, un manteau de fatigue.*

FATIGUÉ, E, part. pass. de *fatiguer*, et adj. : *couleurs fatiguées*, qui ont perdu leur fraîcheur. —*Sculptures fatiguées*, qui manquent de netteté et de franchise.— *Manière fatiguée* se dit, dans les arts du dessin, d'un artiste qui met beaucoup de soin dans les choses qui pouvaient produire leur effet avec moins de travail : *la manière de ce peintre, de ce graveur, est fatiguée.*

FATIGUER, v. act. (*fatigué*) (en lat. *fatigare*, formé de *fatim*, abondamment, excessivement, et de *agere*, mener, surmener), donner de la *fatigue*, de la peine, lasser. Voy. LASSER.—*Fatiguer un champ, un terrein*, l'épuiser en le forçant à produire une même récolte plus souvent qu'il ne faudrait.—*Fatiguer une salade*, la retourner plusieurs fois avec la cuiller et la fourchette, après qu'elle a été assaisonnée. — En peinture et en sculpture, *fatiguer un ouvrage*, c'est le travailler, le retoucher fréquemment et avec un soin pénible, qui se laisse apercevoir quand l'ouvrage est fait.—*Fatiguer la couleur*, peindre, repeindre, changer les teintes, et les changer encore, sans une intention bien arrêtée, de manière que les tons perdent leur franchise et le coloris sa fraîcheur.—Neutralement, se donner de la *fatigue* : *depuis quelque temps je fatigue beaucoup*. — Dans le style élevé, *fatiguer le Ciel de ses vœux, de ses prières*, etc., signifie, le prier souvent et sans rien obtenir. — *Racine* a dit poétiquement, par extension du sens propre :

Et la rame inutile
Fatigua vainement une mer immobile.

—Au fig., et dans un sens absolu, ennuyer, importuner : *vos discours, vos contes me fatiguent les oreilles; il fatigue tout le monde du récit de ses aventures*.—SE FATIGUER, v. pron.

FATISME, subst. mas. (*faticeme*), esprit du *fat*. — Barbarisme de *Raymond*, qui l'attribue faussement à *Boiste*, lequel n'en parle pas.

FATISTE, subst. mas. (*faticete*), poète, farceur. (*Boiste*.) Inusité.

FATRAS, subst. mas. (*fatrâ*) (du lat. *fartus*, part. pass. de *farcire*, remplir, farcir, *farta*, sous-entendu *scripta* ou *verba*), amas confus de choses frivoles et inutiles : *fatras de papiers, d'écritures, de paroles*.

FATRASSÉ, E, part. pass. de *fatrasser*.

FATRASSER, v. neut. (*fatrâcé*), s'occuper à des niaiseries. (*Boiste*.) Inus.

FATRASSERIE, subst. fém. (*fatrâceri*), chose de néant, recueil de *fatras* et d'inutilités; ouvrage d'un homme qui *fatrasse*. (Boiste.) Inusité.

FATRASSEUR, adj. mas., au fém. **FATRASSEUSE** (*fatrâceur, ceuze*), celui ou celle qui *fatrasse*, qui s'occupe à des niaiseries. (*Boiste*.) Inus.

FATUAIRE, subst. mas. (*fatu-ère*) (du lat. *fatuarii*, dans la même signification, de *fatum*, destinée, destin), t. d'antiquité, enthousiaste qui, se croyant ou se disant inspiré, annonçait les choses futures.

FATUISME, subst. mas. (*fatu-iceme*), esprit et caractère du *fat*. (Voltaire.) Peu usité.

FATUITÉ, subst. fém. (*fatu-ité*), caractère du *fat*.—Impertinence que produit la *fatuité* : *il a dit là une grande fatuité*.

FATUM, subst. mas. (*fatome*), t. emprunté du latin pour signifier destin.

FATUOSITÉ, subst. fém. (*fatu-ozité*). (Boiste.) Inusité. Voy. FATUISME, qui a le même sens.

FAU, subst. mas. (*fô*) (en lat. *fagus*), t. de bot., espèce d'arbre, le même que le hêtre. Voy. ce mot.

FAUBERT, subst. mas. (*fôbère*), t. de mar., espèce de balai formé de fils de caret, dont on se sert pour nettoyer un navire.

FAUBERTÉ, E, part. pass. de *fauberter*.

FAUBERTER, v. act. (*fôbèreté*), t. de mar., nettoyer le vaisseau avec le balai. (*Boiste*.) Hors d'usage.

FAUBOURG, subst. mas. (*fôbour*; le *g* ne se prononce pas) (par corruption de *forsbourg*, fait des deux mots latins *foris*, dehors, en dehors, et *burgus*, bourg; *bourg bâti en dehors des murailles et de l'enceinte de la ville*), littéralement, les maisons, les bâtiments que l'on trouve avant la ville; les parties d'une ville qui sont au-delà de ses portes, hors de son enceinte : *la ville est fort petite, mais ses faubourgs sont très-considérables*. —On donne aussi le nom de *faubourgs* à des quartiers d'une ville qui n'étaient autrefois que des *faubourgs*, et qui font actuellement partie de la ville. — On dit prov., d'une grande multitude, d'un grand concours de monde, qu'*on y voit la ville et les faubourgs; il avait rassemblé la ville et les faubourgs*.

FAUCHAGE, subst. mas. (*fôchaje*), le temps qu'on a mis et la peine qu'on a prise à *faucher*.

FAUCHAISON, subst. fém. (*fôchèzon*), temps où l'on *fauche* les prés.

FAUCHARD, subst. mas. (*fôchar*), petit *faucillon* à long manche.

FAUCHE, subst. fém. (*fôche*), action de *faucher*.

FAUCHÉ, E, part. pass. de *faucher*.

FAUCHÉE, subst. fém. (*fôché*), ce qu'un *faucheur* coupe de foin, etc., en un jour.

FAUCHER, v. act. (*fôché*), couper avec la *faulx* : *faucher les prés, les foins, l'avoine*.—On dit prov. et fig., que *la mort fauche tout*, c'est-à-dire n'épargne personne, et que *le temps fauche tout*, c'est-à-dire détruit tout.—Neutralement, t. de manége; boiter, traîner en demi-rond une des jambes de devant. — Il se dit, dans les fabriques de soieries, d'une mauvaise manière de tisser, qui, en avançant beaucoup l'ouvrage, laisse la trame peu serrée, et l'étoffe inégale, molle et lâche. — SE FAUCHER, v. pron.

FAUCHÈRE, subst. fém. (*fôchère*), espèce de tringle carrée de bois, qu'on met aux mulets de charge pour leur tenir lieu de croupière.

FAUCHET, subst. mas. (*fôché*), espèce de râteau qui a des dents de bois, et qui sert à ramasser l'herbe ou les grains *fauchés*.— Sorte de petite *faulx*.

FAUCHEUR, subst. mas., au fém. **FAUCHEUSE** (*fôcheur, cheuze*), ouvrier qui *fauche*, qui coupe les foins, les avoines, etc. L'*Académie* refuse un fém. à ce mot.

FAUCHEUR ou **FAUCHEUX**, subst. mas. (*fôcheur*), araignée qui a le corps petit et de très-longues pattes, lesquelles remuent encore longtemps après qu'on les a séparées du corps.

FAUCILLE, subst. fém. (*fôci-ie*) (en lat. *falcicula*, diminutif de *falx*, gén. *falcis*, faulx), instrument qui sert à scier le blé, l'herbe, l'avoine, etc. C'est une lame d'acier courbée en demi-cercle, qui a de petites dents, et qui est emmanchée dans une poignée de bois. — Prov. et fig. : *mettre la faucille dans la moisson d'autrui*, entreprendre sur le métier, sur les fonctions d'autrui. — On dit aussi prov. et par ironie : *cela est droit comme une faucille*, en parlant d'une chose qui est tortue quand elle devrait être droite. — T. d'hist. nat., trois espèces de poissons lépidoptères.

FAUCILLETTE, subst. fém. (*fôci-iète*), t. de bot., genre de la famille des graminées.

FAUCILLON, subst. mas. (*fôci-ion*), instrument en forme de *faucille*, pour couper des broussailles, etc. — En t. de serrurier, moitié de la pleine croix qui se pose sur les rouets d'une serrure.—*Du bois à faucillon*, menu bois taillis aisé à couper avec le *faucillon*.

FAUCOGNEY, subst. propre mas. (*fôkognié*), village de France, chef-lieu de canton, arrond. de Lure, dép. de la Haute-Saône.

FAUCON, subst. mas. (*fôkon*) (en lat. *falco*, fait de *falx*, gén. *falcis*, faulx, à cause de la forme du bec du *faucon*. On devrait peut-être même écrire *faulcon*, eu égard à l'étym.; mais cette orthographe n'est point d'une rigueur aussi indispensable que celle du mot *faulx*, signifiant instrument à *faucher*; car la seule chose qui nous fait insister sur l'orthographe de ce mot, c'est sa ressemblance, du moins quant à la prononciation, avec l'adj. *faux*, signifiant : qui n'est pas vrai); t. d'hist. nat., oiseau rapace, de l'ordre des plumicolles, dont les principaux caractères sont d'avoir la première penne de l'aile plus longue que les autres, et le bec supérieur échancré de chaque côté. C'est un oiseau de proie dont la vue est extrêmement perçante, et qui est un des plus remarquables entre les oiseaux de leurre.

FAUCONN., abréviation du mot *fauconnerie*.

FAUCONNEAU, subst. mas. (*fôkonô*), petite pièce d'artillerie. — Chez les maçons, pièce de bois en travers sur le haut d'un engin à élever des fardeaux. On l'appelle aussi *étourneau*.

FAUCONNERIE, subst. fém. (*fôkoneri*), art de dresser les *faucons* et autres oiseaux de proie.— Lieu où on les dresse.—Chasse avec ces oiseaux. Elle n'est plus en usage; à peine si l'on en connaît aujourd'hui la méthode et les règles.

FAUCONNIER, subst. mas. (*fôkonié*), celui qui dresse les *faucons* et autres oiseaux de proie, et qui en a soin. — T. de manége, *monter à cheval en fauconnier*, monter du pied droit, comme faisaient les *fauconniers*, parce qu'ils tenaient l'oiseau sur le poing gauche.

FAUCONNIÈRE, subst. fém. (*fôkonière*), sac ou gibecière à l'usage des *fauconniers*, que l'on mettait à l'arçon de la selle.

FAUDAGE, subst. mas. (*fôdaje*), marque ou fil de soie que les corroyeurs d'étoffes de lainerie mettent aux pièces qu'ils appointent. — Action de les plier; pliage.

FAUDÉ, E, part. pass. de *fauder*.

FAUDER, v. act. (*fôdé*) : *fauder une étoffe*, la plier en double dans sa longueur, en sorte que les deux lisières se touchent. — Marquer avec de la soie une étoffe corroyée.— SE FAUDER, v. pron.

FAUDET, subst. mas. (*fôdé*), grand gril de bois sous la perche à lainer, pour recevoir l'étoffe à mesure qu'elle se laine.

FAUDEUR, subst. mas. (*fôdeur*), nom de l'ouvrier qui est chargé de *fauder* les étoffes.

DU VERBE IRRÉGULIER FALLOIR :

Faudra, 3e pers. sing. fut. indic.
Faudrait, 3e pers. sing. prés. cond.

FAUFILÉ, E, part. pass. de *faufiler*.

FAUFILER, v. act. (*fôfilé*), faire une *fausse couture* à longs points, en attendant qu'on en fasse une à demeure. — *Faufiler* est quelquefois synonyme de *bâtir*; il y a cependant cette différence, que *bâtir* se dit de tout l'ouvrage, et *faufiler* seulement de ses pièces; ainsi quand toutes les pièces sont *faufilées*, l'ouvrage est *bâti*.—Fig. et fam. : *se faufiler, être faufilé avec quelqu'un*; se lier, être lié d'amitié, d'intérêt, de plaisir, etc. —SE FAUFILER, v. pron.

FAUFILURE, subst. fém. (*fôfilure*), couture peu solide et à points espacés.

FAULA, subst. propre fém. (*fôla*), myth., une des femmes d'Hercule, dont les Romains firent une divinité.

FAULDES, subst. fém. plur. (*fôlede*), fossés où l'on fait le charbon.

FAULQUEMONT, subst. propre mas. (*fôkemon*), village de France, chef-lieu de canton, arrond. de Metz, dép. de la Moselle.

FAULX, et non pas **FAUX**, subst. fém. (L'*Académie*, au mot *faulx*, renvoie pour son explication à *faux*, d'où on doit conclure qu'elle donne la préférence à cette seconde manière d'orthographier le mot. Malgré notre profond respect pour les arrêts de cette haute cour littéraire, nous ne pouvons nous empêcher de regarder cette orthographe comme un barbarisme. En effet, il est impossible, si l'on supprime *l*, de distinguer *faux*, falx, de *faux*, falsus. On dira que le sens détermine la signification : sans doute; mais pourquoi ne pas orthographier d'après l'étymologie, puisqu'il y a une étymologie? A quoi servirait de recourir à l'origine élémentaire d'un mot, si l'on ne devait en retirer aucun profit? L'étymologie doit toujours être la règle, la raison de l'orthographe, lorsque deux mots ont la même consonnance sans avoir le même sens, (*fô*) (en lat. *falx*), instrument qui sert à *faucher*, à couper l'herbe des prés, les avoines, etc., et qui consiste en une grande lame d'acier large de trois doigts ou environ, un peu courbée, et emmanchée au bout d'un long bâton. — On dit poétiq. et au fig., *la faulx impitoyable de la mort, du temps*, parce que les poètes représentent le *temps* et la *mort* avec une *faulx* à la main. — Couteau de tanneur. — En astron., phase de la lune ou d'une autre planète, qu'on appelle plus communément *croissant*. —T. d'anat., on appelle *grande faulx du péritoine*, un ligament ou repli du péritoine qui monte de l'ombilic jusqu'au bord antérieur et inférieur du foie; *faulx du cerveau*, le plus considérable des replis de la dure-mère, dont la forme a quelque ressemblance avec une *faulx*; *faulx du cervelet*, un repli en forme de *faulx*, qui s'étend depuis la partie moyenne et inférieure de la tente du cervelet jusqu'au grand trou occipital.—En t. de pêche, 1° grand filet en forme de sac, monté sur deux quenouilles, dont on présente l'ouverture au courant de la marée montante et descendante; 2° instrument composé de trois ou quatre crins ou hameçons, entre lesquels est un petit saumon d'étain, de la forme à peu près d'un hareng.

FAUNA ou **FATUA**, subst. propre fém. (*fôna, fatu-a*), myth., la même que Marica, fille de Picus, sœur et femme de Faunus. Elle fut mise au nombre des immortelles, parce qu'elle avait été si fidèle à son mari, que dès qu'il fut mort, elle se tint renfermée le reste de sa vie sans parler à aucun homme. Les dames romaines instituèrent une fête en son honneur, et l'imitaient en faisant une retraite austère pendant ses solennités. On la nommait aussi la Bonne Déesse et Senta.

FAUNALIES, subst. fém. plur. (*fônali*), myth., fêtes que les villageois célébraient deux fois l'année en l'honneur de *Faunus*.

FAUNE, subst. propre mas. (*fône*) (en lat. *Faunus*), dieu champêtre des Romains. Quoique, selon les poëtes, les *Faunes* ainsi que les Satyres eussent *des cornes* et *des* pieds de bouc, les modernes appellent particulièrement *Faunes* ceux que les anciens monuments représentent sans cornes et sans pieds de chèvre, et avec toute la forme humaine, si ce n'est qu'ils ont une queue et les oreilles pointues.—T. d'hist. nat., espèce de papillons. — Subst. fém., histoire naturelle des animaux d'un pays.

FAUNES, subst. mas. plur. (*fône*), myth., divinités champêtres, moitié hommes et moitié chèvres, qui tiraient leur nom de *Faunus*, et qui, comme les Silvains, habitaient les forêts. Les Faunes étaient, chez les Romains, ce qu'étaient les Satyres chez les Grecs.

FAUNIGENA, subst. propre mas. (*fônijéna*), myth., surnom de Latinus, fils de *Faunus*.

FAUNUS, subst. propre mas. (*fônuce*), myth., fils de Picus, un des plus anciens rois du Latium. Il établit un culte public pour Saturne, son aïeul, et mit au nombre des dieux Picus, son père, et Fauna, sa femme, qui était aussi sa sœur. Les Romains l'honorèrent lui-même comme un dieu, qu'ils nommaient aussi *Fatuellus*, comme ils donnaient à sa femme le nom de *Fatua*, qu'ils croyaient la première des déesses Fanes.

FAUPERDRIEU, subst. mas. (*fôpèrdrieu*), t. d'hist. nat., busard des marais, oiseau de proie qui prend des perdrix.—*Boiste* écrit *fau-perdrieu*, et *Laveaux*, *faux-perdrieux* ou *faux-perdrier*. Les deux derniers mots nous semblent préférables, comme plus réguliers.

FAUQUE, subst. mas. (*fôke*), petit chevron.

FAUQUEMBERGUE, subst. propre mas. (*fôkanbèregue*), village de France, chef-lieu de canton, arrond. de Saint-Omer, dép. du Pas-de-Calais.

FAURRADE, subst. fém. (*fôrade*), t. de pêche, gord, enceinte de filets. Inusité.

FAUSSAIRE, subst. des deux genres (*fôcère*) (en lat. *falsarius*, fait de *falsus*, faux), celui, celle qui fait de *faux* actes ou qui altère les véritables. — *L'Académie* a tort de refuser le genre fém. à ce mot; on dit très-bien : *une faussaire, la faussaire.*

FAUSSE, adj. fém. Voy. FAUX.

FAUSSÉ, E, part. pass. de *fausser*.

FAUSSE-AIGUE-MARINE, subst. fém. (*fôcèguemarine*), variété de chaux fluatée transparente. —Au plur., de *fausses-aigues-marines*.

FAUSSE-AILE-DE-PAPILLON, subst. fém. (*fôcèledepapi-ion*), nom marchand d'un mollusque conique.—Au plur., des *fausses-ailes de papillon*.

FAUSSE-AIRE, subst. fém. (*fôcère*), charge de platras maçonnés grossièrement, qu'on mettait autrefois sur les solives et ais d'entrevous d'un plancher, et sur laquelle on faisait l'*aire* en plâtre pour recevoir le carreau. — Au plur., des *fausses-aires*.

FAUSSE-ALARME, subst. fém. (*fôçalarme*), t. de guerre, alarme prise sans sujet, ou donnée pour inquiéter et fatiguer les ennemis; ou bien donnée dans une ville ou dans un camp pour accoutumer la troupe à être toujours *sur ses gardes*. — Au plur., de *fausses-alarmes*.

FAUSSE-ALERTE, subst. fém. (*fôçalèrte*), t. de guerre, crainte vaine, frayeur soudaine et sans sujet : ce n'était qu'une *fausse-alerte*; *nous avons eu cette nuit une fausse-alerte*.— Au plur., de *fausses-alertes*. Voy. FAUSSE-ALARME.

FAUSSE-AMÉTHYSTE, subst. fém. (*fôçaméticete*), spath fluor, cubique, de couleur violette. — Au plur., de *fausses-améthystes*.

FAUSSE-AMURE, subst. fém. (*fôçamure*), t. de mar., manœuvre qui sert à renforcer les amures des basses-voiles.—Au plur., de *fausses-amures*.

FAUSSE-ANGUSTURE, subst. fém. (*fôçangucceture*), nom donné à une écorce antidyssentérique.—Au plur., de *fausses-angustures*.

FAUSSE-ARCADE, subst. fém. (*fôçarkade*), renfoncement cintré. — Au plur., des *fausses-arcades*.

FAUSSE-ATTAQUE, subst. fém. (*fôçatake*), t. d'art militaire, attaque feinte pour dérober à l'ennemi la connaissance de la véritable qu'on se propose de faire, et pour l'obliger à diviser ses forces. — Au plur., des *fausses-attaques*.

FAUSSE-ATTELLE, subst. fém. (*fôçatèle*), pied droit en arrière-corps, portant une arcade, une plate-bande. — Au plur., des *fausses-attelles*.

FAUSSE-BRAIE, subst. fém. (*fôce-brè*), t. de fortification, chemin couvert autour de l'escarpe sur le bord du fossé du côté de la place. — Dans l'architecture civile, terrasse continue entre le fossé et le pied d'un château. — Au plur., de *fausses-braies*.

FAUSSE-BRANC-URSINE, subst. fém. (*fôcebrankurcine*), t. de bot., sorte de plante. — Au plur., des *fausses-branc-ursines*.

FAUSSE-BRANCHE, subst. fém. (*fôcebranche*), faux bois. — Au plur., des *fausses-branches*.

FAUSSE-CANNELLE, subst. fém. (*fôcekanèle*), t. de bot., écorce d'une espèce de laurier. — Au plur., de *fausses-cannelles*.

FAUSSE-CHÉLIDOINE, subst. fém. (*fôcekélidoane*), t. d'hist. nat., petite calcédoine lenticulaire, ou pierre d'hirondelle.—Au plur., des *fausses-chélidoines*.

FAUSSE-CHEMINÉE, subst. fém.* (*fôcecheminé*), tuyau de fer-blanc adapté à la cuisine économique. — Au plur., des *fausses-cheminées*.

FAUSSE-CHRYSOLITHE, subst. fém. (*fôcekrizolite*), t. d'hist. nat., quartz hyalin de couleur jaune verdâtre.—Au plur., des *fausses-chrysolithes*.

FAUSSE-CLEF, subst. fém. (*fôceklé*), *clef* contrefaite. — Au plur., des *fausses-clefs*.

* **FAUSSE-COLOQUINTE**, subst. fém. (*fôcekolokieinte*), t. de bot., espèce de courge.—Au plur., des *fausses-coloquintes*.

FAUSSE-CONCEPTION, subst. fém. (*fôcekoncèpecion*), t. de chir., conception qui donne une môle. — Au plur., des *fausses-conceptions*.

FAUSSE-CÔTE, subst. fém. (*fôcekôte*), t. d'anat., *côte* qui ne se prolonge pas jusqu'au sternum.— Au plur., des *fausses-côtes*.

FAUSSE-COUCHE, subst. fém. (*fôcekouche*), accouchement avant terme. — Au plur., des *fausses-couches*.

FAUSSE-COUPE, subst. fém. (*fôcekoupe*), t. de menuisier, assemblage qui n'est ni à l'équerre ni à l'onglet. — T. d'archit., dans la coupe des pierres, la direction d'un joint de lit, oblique à l'arc du cintre, auquel il devrait être perpendiculaire pour être de bonne coupe.— Au plur., des *fausses-coupes*.

FAUSSE-DUITE, subst. fém. (*fôceduite*), t. de manufacture, défaut de fabrication dans les étoffes, provenant d'un jet de la trame qui ne passe pas régulièrement dans les fils de la chaîne, à cause d'un défaut d'égalité dans les fils des lisses. — Au plur., des *fausses-duites*.

FAUSSE-ÉBÈNE, subst. fém. (*fôcébène*), t. de bot., la cytise alpine. — Au plur., des *fausses-ébènes*.

FAUSSE-ÉCORCE-DE-WINTER, subst. fém. (*fôcékorcedeveintère*), t. de bot., écorce fournie par le *prymis punctata*. — Au plur., des *fausses-écorces-de-winter*.

FAUSSE-ÉQUERRE, subst. fém. (*fôcékière*), instrument composé de deux branches mobiles qui s'ouvrent et se ferment, au moyen d'une charnière, comme un compas, servant à former et à mesurer toutes sortes d'angles. — En t. d'architecture, angle que forment les faces contiguës d'un bâtiment, d'une pièce de bois, etc., lorsque cet angle n'est pas droit, lorsqu'il est aigu ou obtus. — Au plur., des *fausses-équerres*.

FAUSSE-ÉTRAVE, subst. fém. (*fôcétrave*), pièce de bois qui sert à renforcer l'étrave d'un vaisseau. — Au plur., des *fausses-étraves*.

FAUSSE-FENÊTRE, subst. fém. (*fôcefenêtre*), *fenêtre* simulée.—Au plur., des *fausses-fenêtres*.

FAUSSE-FLEUR, subst. fém. (*fôcefleur*), t. de bot., fleur qui ne tient à aucun embryon. — Au plur., des *fausses-fleurs*.

FAUSSE-GALÈNE, subst. fém. (*fôcegualène*), substance minérale qui ressemble à la galène. — Au plur., des *fausses-galènes*.

FAUSSE-GOURME, subst. fém. (*fôceguourme*), t. de bot., plante des Indes. — Au plur., des *fausses-gourmes*.

FAUSSE-HAUTE-LICE, subst. fém. (*fôçotelice*), toile sur laquelle on imite au pinceau toutes sortes de tapisseries de haute-lice. — Au plur., des *fausses-hautes-lices*.

FAUSSE-HOTTE, subst. fém. (*fôce-ote*), hotte en maçonnerie qui sert à cacher l'irrégularité d'un tuyau de cheminée dévoyé. — Au plur., des *fausses-hottes*.

FAUSSE-ISCHURIE, subst. fém. (*fôcicekuri*), t. de médec., se disait autrefois des rétentions d'urine. — Au plur., des *fausses-ischuries*.

FAUSSE-IVETTE, subst. fém. (*fôcivète*), t. de bot., nom d'une plante de la famille des germandrées. — Au plur., des *fausses-ivettes*.

FAUSSE-LAME, subst. fém. (*fôcelame*), se dit au fig., d'une personne à qui il ne faut pas se fier: *c'est une fausse-lame*. — Au plur., des *fausses-lames*.

FAUSSE-LINOTTE, subst. fém. (*fôcelinote*), t. d'hist. nat., nom d'une variété de fauvette. — Au plur., des *fausses-linottes*.

FAUSSE-LYSIMACHIE, subst. fém. (*fôcelizimaki*), t. de bot., épilobe à fleurs étroites. — Au plur., des *fausses-lysimachies*.

FAUSSE-MALACHITE, subst. fém. (*fôcemalachite*), jaspe vert-clair de Sibérie. — Au plur., des *fausses-malachites*.

FAUSSE-MARCASSITE, subst. fém. (*fôcemarkacite*), perle factice. — Au plur., des *fausses-marcassites*.

FAUSSE-MARCHE, subst. fém. (*fôcemarche*), t. d'art milit., marche simulée. — Au plur., des *fausses-marches*.

FAUSSE-MARGE, subst. fém. (*fôcemarje*), t. de relieur, feuilles qui ne descendent pas assez. — Au plur., des *fausses-marges*.

FAUSSEMENT, adv. (*fôceman*), contre la vérité.

FAUSSE-MONNAIE, subst. fém. (*fôcemoné*), *monnaie* contrefaite. — Au plur., des *fausses-monnaies*.

FAUSSE-MUSIQUE, subst. fém. (*fôcemuzike*), t. d'hist. nat., variété de la volute appelée *musique*. — Au plur., des *fausses-musiques*.

FAUSSE-NIELLE, subst. fém. (*fôcenièle*), t. de bot., *nielle* des blés. — Au plur., des *fausses-nielles*.

FAUSSE-ORANGE, subst. fém. (*fôçoranje*), t. de bot., espèce de courge jaune. — Agaric très-vénéneux.— Au plur., des *fausses-oranges*.

FAUSSE-OREILLE-DE-MIDAS, subst. fém. (*fôçoréiedemidâce*), t. de bot., nom donné au bulime bouche-rose. — Au plur., des *fausses-oreilles-de-Midas*.

FAUSSE-ORONGE, subst. fém. (*fôçoronje*), t. de bot., sorte de champignon très-vénéneux. — Au plur., des *fausses-oronges*.

FAUSSE-PAGE, subst. fém. (*fôcepaje*), t. d'imprim., première page d'un volume, qui précède le frontispice, et dans laquelle le titre de l'ouvrage n'est qu'en abrégé. On l'appelle plus ordinairement *faux-titre*. — Au plur., des *fausses-pages*.

FAUSSE-PIÈCE, subst. fém. (*fôcepièce*), t. de menuiserie et de charpente, second châssis qu'on attache sur le premier avec des crochets. — Au fig. et fam., on dit d'une personne à qui il ne faut pas se fier : *c'est une fausse-pièce*. — T. de mouleur, pièces sur celles qui prennent l'empreinte au moulage. — Au plur., des *fausses-pièces*.

FAUSSE-PLAQUE, subst. fém. (*fôceplake*), t. d'horlogerie, en général plaque posée sur la platine des piliers, et sur laquelle est fixé le cadran. —Plus particulièrement, espèce d'anneau qui entoure la cadrature d'une montre à répétition ou à réveil. — Au plur., des *fausses-plaques*.

FAUSSE-PLEURÉSIE, subst. fém. (*fôcepleurézi*), t. de médec., *pleurésie* qui ne résulte que de l'inflammation des parties voisines de la plèvre. — Au plur., des *fausses-pleurésies*.

FAUSSE-POIRE, subst. fém. (*fôcepoare*), t. de bot., variété de courge.—Au plur., des *fausses-poires*.

FAUSSE-PORTE, subst. fém. (*fôceporte*), *porte* feinte. — Au plur., des *fausses-portes*.

FAUSSE-POSITION, subst. fém. (*fôcepozicion*), t. d'arithm., chiffres mal placés. — En t. d'arithm. et d'alg., on appelle *règle de fausse position*, une règle qui consiste à calculer, pour la résolution d'une question, des nombres faux, pris à volonté, comme s'ils étaient propres à la résoudre, et à déterminer ensuite, par les différences qui en résultent, les vrais nombres cherchés. — Mauvaise position du corps. — Au plur., des *fausses-positions*.

FAUSSE-QUARTE, subst. fém. (*fôcekarte*), t. de musique, diminution d'un demi-ton dans l'intervalle de deux tons et demi. — Au plur., des *fausses-quartes*.

FAUSSE-QUINTE, subst. fém. (*fôcekieinte*), t. de musique, la quinte diminuée d'un semi-ton. Elle est dissonante; les Grecs l'appelaient *hémidiapente*. L'accord de *fausse-quinte* est le renversement de l'accord dominant dont la note sensible est au grave.—Au plur., des *fausses-quintes*.

FAUSSE-QUILLE, subst. fém. (*fôcekile*), t. de marine, une ou plusieurs quilles de bois que l'on applique à la quille par son dessous, pour la conserver.

FAUSSER, v. act. (*fôcé*), faire plier, courber un corps solide, en sorte qu'il ne se redresse point; lui donner une fausse direction. — *Fausser une cuirasse*, l'enfoncer sans la percer touà-fait. — *Fausser une serrure*, en gâter les ressorts par quelque effort. — *Fausser une clef*, la forcer en sorte qu'elle ne puisse plus ouvrir. — Au fig., rendre *faux*, détruire la justesse d'une chose : *fausser la voix; fausser l'esprit, le jugement.* — *Fausser le sens de la loi, d'un texte*, donner une fausse interprétation à la loi, à un texte. — Chanter *faux*. — *Fausser sa foi, sa parole, son serment, sa promesse*, etc., les violer, y manquer. — Fam., *fausser compagnie*, se dérober d'une compagnie, ou manquer de s'y trouver quand on l'a promis. — *se* FAUSSER, v. pron., se dit particulièrement, en t. de guerre, des rangs qui ne forment plus une ligne droite : *redresser les rangs, quand ils viennent à se fausser.*

FAUSSE-RÉGLISSE, subst. fém. (*fôceréguelice*), t. de bot., sorte de plante légumineuse.—Astragale; vulnéraire.— Sans plur.

FAUSSE-RELATION, subst. fém. (*fôcerelàcion*), t. de musique, intervalle diminué ou superflu.— Au plur., des *fausses-relations.*

FAUSSE-RHUBARBE, subst. fém. (*fôcerubarbe*), t. de bot., le pigamon des prés; le pigamon jaune; le royoc.— Sans plur.

FAUSSE-ROSE-DES-SAULES, subst. fém. (*fôcerôzedèçôle*), t. de bot., assemblage accidentel de feuilles de saule disposées en forme de rose. — Au plur., des *fausses-roses-des-saules.*

FAUSSE-ROUTE, subst. fém. (*fôceroute*), t. de chir., toute *route* qui s'écarte de la *route* naturelle pour arriver dans une cavité quelconque. Ainsi, dans les rétrécissements du canal de l'urèthre, il arrive qu'*on fait de fausses-routes* pour pénétrer avec la sonde dans la vessie, si l'on n'est pas assez habile pour conduire cet instrument.— En t. de marine, *route* différente de celle du lieu où l'on a dessein d'aller, pour dérober la connaissance de son dessein, surtout aux ennemis.—Au fig., *faire fausse-route*, se tromper dans quelque affaire, employer des moyens contraires à la fin qu'on se propose. — Au plur., *des fausses-routes.*

FAUSSE-SAUGE-DES-BOIS, subst. fém. (*fôceçôjedèboa*), t. de bot., sorte de germandrée.—Au plur., de *fausses-sauges-des-bois.*

FAUSSE-SCALATA, subst. fém. (*fôceçkalata*), t. d'hist. nat., coquille univalve.—Au plur., des *fausses-scalatas.*

FAUSSES-CARTES, subst. fém. plur. (*fôcekarte*), t. d'anciens jeux, cartes qui ne sont pas *triomphe.*

FAUSSES-CHENILLES, subst. fém. plur. (*fôcecheni-ie*), larves qui ressemblent à de véritables chenilles.

FAUSSE-SENILLE, subst. fém. (*fôceceni-ie*), t. de bot., espèce de renouée. — Au plur., des *fausses-senilles.*

FAUSSES-ENSEIGNES, subst. fém. plur. (*fôcezancègnie*), marques supposées.

FAUSSES-LANCES, subst. fém. plur. (*fôcelance*), t. de mar., canons de bois bronzé, que l'on met quelquefois sur les vaisseaux marchands pour faire croire qu'ils sont en bon état de défense.

FAUSSES-MANCHES, subst. fém. plur. (*fôcemanche*), manches que les femmes mettent pardessus les autres.—Manches de toile qui ne sont point attachées à la chemise. — Manches qu'on met par-dessus les autres pour les conserver, en les préservant du frottement ou de la malpropreté, lorsque l'on travaille appuyé sur un bureau, un métier, un meuble quelconque.

FAUSSE-SORTIE, subst. fém. (*fôceçorti*), t. de théâtre : *faire une fausse-sortie*, se dit lorsqu'un des personnages qui sont sur la scène feint d'en sortir, ou même en sort un instant pour y rentrer aussitôt.— Au plur., des *fausses-sorties.*

FAUSSES-PLANTES-PARASITES, subst. fém. plur. (*fôceplanteparazite*), t. de bot., plantes qui s'attachent aux arbres.

FAUSSES-TRACHÉES, subst. fém. plur. (*fôcetraché*), t. de bot., se dit des plantes dont les vaisseaux sont coupés par des lignes ou fentes transversales.

FAUSSES-VERTÈBRES, subst. fém. plur. (*fôcevèretèbre*), t. d'anat., pièces qui forment le sacrum et le coccyx par leur assemblage.

FAUSSET, subst. mas. (*fôcè*), petite brochette de bois qu'on met à un tonneau pour boucher le trou qu'on y a fait afin de goûter le liquide qu'il contient.—Dessus aigre, ordinairement forcé, et souvent discordant et *faux* : *chanter en fausset.* —Celui qui fait le *fausset.*—*Voix* ou *ton de fausset*, voix grêle, ton aigu et désagréable.

FAUSSETÉ, subst. fém. (*fôceté*) (en lat. *falsitas*, fait de *falsus*, faux), qualité d'une chose *fausse*; ce qui la rend *fausse.*—Chose *fausse. Fausseté* diffère cependant d'*erreur*, en ce qu'il suppose de la malice, et qu'*erreur* n'en suppose pas. C'est le contraire de la vérité. Ce n'est pas proprement le mensonge, dans lequel il entre toujours du dessein. On dit qu'il y a eu cent mille hommes écrasés dans le tremblement de terre de Lisbonne; ce n'est pas un *mensonge*, c'est une *fausseté. Fausseté* dit presque toujours encore plus qu'*erreur*. La *fausseté* tombe sur les faits, l'*erreur*, sur les opinions. C'est une *erreur* de croire que le soleil tourne autour de la terre, c'est une *fausseté* d'avancer que Louis XIV dicta le testament de Charles II. *La fausseté* d'un acte est un crime plus grand que le simple *mensonge*; elle désigne une imposture juridique, un larcin fait avec la plume. — *Un homme a de la fausseté dans l'esprit*, quand il prend presque toujours à gauche; quand, ne considérant pas l'objet entier, il attribue à un côté de l'objet ce qui appartient à l'autre, et que ce vice de jugement est tourné chez lui en habitude : *la fausseté de l'esprit est la première habitude qu'il faut travailler à détruire.* (Condillac.)—*Il y a de la fausseté dans le cœur*, quand on s'est accoutumé à flatter, à se parer de sentiments qu'on n'a pas; cette *fausseté* est pire que la dissimulation, et c'est ce que les Latins appelaient *simulatio* : *il y a beaucoup de faussetés dans les historiens, des erreurs chez les philosophes, des mensonges dans presque tous les écrits polémiques, et encore plus dans les satiriques.* (Voltaire.)—Duplicité, hypocrisie, malignité cachée : *cet homme est plein de fausseté, on ne peut se fier à lui; quelle fausseté dans le regard!*

FAUSSE-TEIGNE, subst. fém. (*fôcetègnie*), t. d'hist. nat., sorte de chenille. — Au plur., des *fausses-teignes.*

FAUSSE-TIARE, subst. fém. (*fôcetiare*), t. d'hist. nat., sorte de coquille. — Au plur., des *fausses-tiares.*

FAUSSE-TINNE-DE-BEURRE, subst. fém. (*fôcetinedebeure*), t. d'hist. nat., mollusque conique.—Au plur., des *fausses-tinnes-de-beurre.*

FAUSSE-TIRE, subst. fém. (*fôcetire*), cloison faite à jour dans le four du potier.

FAUSSISSIME, adj. des deux genres (*fôcicecime*), très-faux.—Inusité selon *Boiste*, et selon *Raymond* entièrement inusité. *Laveaux* s'excuse de l'admettre, sur ce qu'on le trouve dans quelques *dictionnaires*, où on lui fait signifier *très-faux.*

FAUSSURE, subst. fém. (*fôçure*), courbure d'une cloche où commence son plus grand élargissement.

FAUSTITAS, subst. propre fém. et lat. (*fôcetitàce*), myth., divinité romaine qui présidait à la fécondité des troupeaux.

FAUSTULUS, subst. propre mas. et lat. (*fôcetuluce*), myth., intendant des troupeaux d'Amulius, roi d'Albe, mari d'Acca Laurentia, et père nourricier de Rémus et de Romulus.

Faut, 3e pers. sing. prés. indic. du verbe irrégulier FALLOIR.

FAUTE, subst. fém. (*fôte*) (de *faillir*), manquement contre la loi, contre le devoir.—Action ou omission faite mal à propos, soit par ignorance, soit par impéritie ou par négligence. *C'est une faute* de ne pas apporter dans une affaire tout le soin et la diligence qu'on devrait. *C'est une faute* de faire une chose qui ne convenait pas, ou de n'en pas faire une qui était nécessaire, ou de ne la pas faire en temps et lieu. *C'est pareillement une faute* d'ignorer ce qu'on doit savoir.—Manquement contre les règles de quelque art.—Manquement, imperfection en quelque ouvrage. — Coup de jeu de paume où celui qui sert ne touche pas le premier toit.—Manque, disette : *avoir faute de..., ne pas se faire faute de...; s'il arrivait faute de lui*, s'il venait à mourir. — *Faire faute*, manquer, être absent, être regretté : *il n'est pas venu, il nous a fait faute; l'argent qu'on m'a volé m'a fait bien faute.* Toutes ces expressions sont fam. — On dit prov. et fig., *qui fait la faute la boit*, pour : celui qui a fait une *faute* en doit porter la peine; et dans le même sens : *puisque la faute est faite, il faut la boire.*—*Les fautes sont pour les joueurs*, c'est-à-dire, c'est aux joueurs à porter la peine des *fautes* qu'ils font dans le jeu.—*Faute de...*, autrefois *à faute, par faute de...* adv., par manque de... si l'on manque ou qu'on néglige de... — *Sans faute*, adv., immanquablement; sans *faillir.*—FAUTE, DÉFAUT, VICE. (*Syn.*) *Faute* renferme dans son idée un rapport accessoire à l'auteur de la chose. *Défaut* n'exprime que ce qu'il y a de mal dans la chose, sans rapport à l'auteur; il désigne un mal qui consiste dans un écart positif de la règle. *Vice* dit un mal qui naît du fond ou de la disposition naturelle de la chose, et qui en corrompt la bonté. — FAUTE, CRIME, PÉCHÉ, DÉLIT, FORFAIT. (*Syn.*) La *faute* tient de la faiblesse humaine, elle va contre les règles du devoir; le *crime* part de la malice du cœur, il est contre les lois de la nature; *péché* ne se dit que par rapport aux préceptes de la religion; le *délit* part de la désobéissance ou de la rébellion contre l'autorité légitime, il est une transgression de la loi civile; le *forfait* vient de la scélératesse et d'une corruption entière du cœur; il blesse les sentiments d'humanité, viole la foi, et attaque la sûreté publique.

FAUTEAU, subst. mas. (*fôtô*), pièce de bois suspendue et mise en mouvement par la force des hommes, pour enfoncer des portes, abattre des murailles, etc.; machine de guerre employée avant l'invention de la poudre.

FAUTEUIL, subst. mas. (*fôteu-ie*) (corruption de *faudestueil*, qu'on disait autrefois, fait du lat. barbare *faldistorium*, lequel, suivant *Le Duchat*, a été formé de l'allemand *falte*, pli, et *stulh*, siège; *falte stuhl*, siège pliant; parce que les anciens *fauteuils* n'étaient que des sièges pliants), chaise à bras avec un dossier.—*Fauteuil de porte* ou *trémoussoir*, machine par le moyen de laquelle on fait un exercice utile à la santé, sans sortir de sa chambre. — *Fauteuil académique*, place d'académicien.—Tenir le *fauteuil*, présider une assemblée.

FAUTEUR, subst. mas., au fém. **FAUTRICE** (*fôteur, fôtrice*) (en lat. *fautor*, fait de *favere*, favoriser), qui *favorise*, qui appuie un parti, une opinion, etc.

FAUTIF, adj. mas., au fém. **FAUTIVE** (*fôtif, tive*), sujet à *faillir*, à manquer. — Plein de *fautes* : *livre fautif.*

FAUTIVE, adj. fém. Voy. FAUTIF.

FAUTRAGE, subst. mas. (*fôtraje*), t. d'anc. féod., ancien droit seigneurial sur les pâtures.

FAUTRICE, subst. fém. Voy. FAUTEUR.

FAUVE, adj. des deux genres (*fôve*) (en lat. *fulvus*), qui tire sur le roux. — *Bêtes fauves*, cerfs, daims, biches et chevreuils.— On dit aussi substantivement, au mas. : *il y a du fauve dans cette forêt*, il y a des bêtes *fauves*. On le dit encore de la couleur *fauve.*

FAUVET, subst. mas. (*fôvè*), mâle de la fauvette. (*Boiste.*) Inus.

FAUVETTE, subst. fém. (*fôvète*), petit oiseau dont le plumage tire sur le *fauve*, et qui chante agréablement. On dit en parlant du chant de la *fauvette*, qu'*elle fredonne.*

FAUVILLE, subst. propre fém. (*fôvi-le*), bourg de France, chef-lieu de canton, arrond. d'Yvetot, dép. de la Seine-Inférieure.

FAUVRADE, subst. fém. (*fôvrade*), petit parc ou enceinte pour renfermer les thons.

FAUX, subst. fém. Voy. FAULX.

FAUX, adj. mas., au fém. **FAUSSE** (*fô, fôce*) (en lat. *falsus*), en parlant des choses, 1° qui est contraire à la vérité : *cela est faux; c'est un faux rapport*; 2° supposé ou altéré contre la bonne foi : *cette signature est fausse; vendre à faux poids; fausse monnaie*; 3° qui est feint et contrefait : *faux cheveux*; et dans le moral : *fausse honte*, etc.; 4° qui n'est pas tel qu'il devrait être en son genre : *faux brave*, etc.; 5° discordant : *faux accord, faux ton*; 6° vain ou mal fondé : *fausse joie, fausse espérance, fausse honte, fausse gloire*; 7° qui s'écarte du naturel, du vrai : *le faux goût domine aujourd'hui dans les arts; fausse éloquence; ton faux; tableau faux de couleur*; 8° qui manque d'exactitude, de justesse, de rectitude : *règle fausse; jugement, goût, esprit, raisonnement faux.* — On appelle *vers faux*, un vers qui pèche contre les règles de la prosodie, et *armes fausses*, des armoiries qui ne sont pas selon les règles du blason. — *Faux* comprend encore généralement tout ce qui n'est pas tel qu'il doit être ou qu'il a accoutumé d'être : *un faux bond, un faux mouvement, une fausse direction, une fausse démarche.* — En parlant des personnes, infidèle, perfide : *faux frère, faux ami*, qui affecte de beaux sentiments pour tromper : *c'est un homme faux.* — On dit fam. : *avoir un faux air de quelqu'un*, avoir avec lui quelque ressemblance. — *Faux, fausse* ont quelquefois diverses significations, suivant qu'ils sont placés avant ou après le substantif.—*Une fausse corde* est une corde d'instrument qui n'est pas montée sur un ton juste, sur le ton qu'il faut; *une corde fausse* est celle qui ne peut jamais s'accorder avec une autre. — *Un faux accord* est un accord qui choque l'oreille, parce que les sons, quoique justes, ne forment pas un tout, un ensemble harmonique; *un accord faux* est celui dont les intonations ne sont pas justes, ne gardent pas entre elles la justesse des intervalles. — Un tableau est dans un *faux* jour quand il est éclairé du sens contraire à celui que le peintre a choisi dans son sujet. Il y a un *jour faux* dans un tableau quand une partie y est éclairée contre nature, la disposition générale du tout exigeant, par exemple, que cette partie soit dans l'ombre. — *Une fausse clef* est une clef que l'on garde, le plus souvent à dessein, pour en faire un usage illicite; *une clef fausse* est une clef qui n'est pas propre à la serrure pour laquelle on veut s'en servir. — *Une fausse porte* est une issue ménagée à l'effet de se dérober aux importuns, sans être vu; *une porte fausse* est un simple simulacre de porte, en pierre, en marbre, en menuiserie ou en peinture.—*Fausse délicatesse,* délicatesse qui a pour objet des choses qui ne méritent pas de ménagement.—*Faux* se joint à un subst. pour marquer que la chose indiquée n'est pas réellement ce que présente cette indication. Ainsi l'on dit : *or faux*, pour indiquer que la matière dont il est question n'est pas de l'or, mais une composition qui imite l'or.

FAUX, subst. mas. (*fô*), t. d'hist. nat., poisson du genre squale.

FAUX, subst. mas. (*fô*), ce qui n'est pas vrai : *il faut discerner le vrai d'avec le faux.*—Prov. : *plaider le faux pour savoir le vrai*, dire à quelqu'un une chose qu'on sait être fausse, pour tirer de lui le secret de la vérité. —En t. de jurispr., altération, contrefaçon, supposition frauduleuse d'actes, de pièces, d'écritures authentiques ou privées; *faire un faux; il est accusé de plusieurs faux en écriture publique; s'inscrire en faux.*—En t. de palais : *faux principal*, procédure qui a pour objet la poursuite d'un *faux;* et par opposition, *faux incident*, action en *faux* intentée incidemment dans le cours d'une contestation.—Fig. et fam. : *s'inscrire en faux contre une proposition, contre une allégation*, la repousser, la nier.

FAUX, adv. (*fô*), *faussement : raisonner faux; chanter faux.* — T. de manège : *galoper faux*, sur le mauvais pied, traîner les hanches et se désunir. On dit, dans le même sens et adjectivement : *être faux.*—*A faux*, adv., injustement : *être accusé à faux.*—En vain : *aller à faux en quelque endroit*, sans y trouver ce qu'on cherche.—*Cette poutre porte à faux*, n'est pas d'aplomb.—Fig. : *ce raisonnement porte à faux*, est fondé sur une chose qui n'est pas vraie. Voy. FAUX, adj.

FAUX-ACACIA, subst. mas. (*fôzakacia*), t. de bot., sorte d'arbuste légumineux.—Au plur., des *faux-acacias*.

FAUX-ACCORD, subst. mas. (*fôzakor*), t. de musique, *accord* discordant, soit parce qu'il contient des dissonances proprement dites, soit parce que les consonnances n'en sont point justes. — Au plur.. des *faux-accords*.

FAUX-ACORE, subst. mas. (*fôzakore*), t. de bot., l'iris des marais. — Au plur., des *faux-acores*.

FAUX-ALBÂTRE, subst. mas. (*fôzalbâtre*), *albâtre* gypseux. — Sans plur.

FAUX-ALUN-DE-PLUME, subst. mas. (*fôzaleundeplume*), substance minérale blanche et poreuse. — Sans plur.

FAUX-ARBOUSIER, subst. mas. (*fôzarbouzié*), t. de bot., nom vulgaire de la cunone.—Au plur., des *faux-arbousiers*.

FAUX-ARGENT, subst. mas. (*fôzarjan*), t. de minér., variété du mica. — Sans plur.

FAUX-ASBESTE, subst. mas. (*fôzacebècete*), gypse fibreux. Voy. FAUX-ALUN-DE-PLUME.—Sans plur.

FAUX-ATTIQUE, subst. mas. (*fôzatetike*), t. d'archit., amortissement de forme *attique*, sans pilastres, croisées ou balustrades.—Au plur., des *faux-attiques*.

FAUX-BAUME-DU-PÉROU, subst. mas. (*fôbômedupérou*), t. de bot., le mélilot odorant.—Sans plur.

FAUX-BENJOIN, subst. mas. (*fôbeinjoein*), t. de bot., arbre qui croît à l'île Bourbon. — Au plur., des *faux-benjoins*.

FAUX-BOIS, subst. mas. (*fôboa*), branche d'arbre qui ne produit pas de fruit.

FAUX-BOIS-DE-CAMPHRE, subst. mas. (*fôboadekanfre*), t. de bot., arbrisseau qui répand une odeur semblable à celle du camphre.

FAUX-BOMBYX, subst. mas. (*fôbonbikce*), t. d'hist. nat., tribu d'insectes lépidoptères.

FAUX-BOND, subst. mas. (*fôbon*), bond oblique.— Au fig., manquement : *vous m'avez fait faux-bond,* vous n'êtes pas venu.— *Cette femme a fait faux-bond à son honneur,* elle a manqué à son honneur.— Au plur., des *faux-bonds*.

• **FAUX-BOURDON**, subst. mas. (*fôbourdon*), t. de musique, musique à plusieurs parties simples et note contre note : *chanter en faux-bourdon.* —T. d'hist. nat., nom vulgaire de l'abeille mâle. Au plur., des *faux-bourdons*.

FAUX-BRÉSILLOT, subst. mas. (*fôbrézi-io*), nom donné au *brésillot* de St-Domingue.— Au plur., des *faux-brésillots*.

FAUX-BRILLANT, subst. mas. (*fôbri-ian*), celui qui a plus d'apparence que de solidité ou de beauté réelle.—Verre ou strass imitant le *brillant*. —Au plur., *faux-brillants,* dans un sens figuré, pensées ingénieuses qui ont quelque éclat, mais qui sont dépourvues de justesse, de solidité : *cet ouvrage est plein de faux-brillants*.

FAUX-BUIS, subst. mas. (*fôbui*), t. de bot., fragon épineux.

FAUX-CABESTAN, subst. mas. (*fôkabècetan*), t. d'hist. nat., sorte de coquille.—Nom marchand du rocher cutacé.—Au plur., des *faux-cabestans*.

FAUX-CAFÉ, subst. mas. (*fôkafé*), t. de bot., le fruit du ricin.—Au plur., des *faux-cafés*.

FAUX-CALAMENT, subst. mas. (*fôkalaman*), t. de bot., l'iris *faux-açore.*—Au plur., des *faux-calaments*.

FAUX-CHAMARAS, subst. mas. (*fôchamarâce*), t. de bot., germandrée des bois.

FAUX-CHARBON, subst. mas. (*fôcharbon*), *charbon* qui est presque toujours en poussier, et qui se trouve en masse dans les houillères faibles.— Au plur., des *faux-charbons*.

FAUX-CHERVI, subst. mas. (*fôchèrevi*), t. de bot., carotte sauvage. — Au plur., des *faux-chervis*.

FAUX-CHOUAN, subst. mas. (*fôchouan*), t. de bot., graine de myagre oriental.— Au plur., des *faux-chouans*.

FAUX-CISTE, subst. mas. (*fôcicete*), t. de bot., espèce de plante de la famille des turnères; turnère à fleur de *ciste*. — Au plur., des *faux-cistes*.

FAUX-COMBLE, subst. mas. (*fôkonble*), t. d'archit., petit comble au-dessus d'un comble brisé. —Au plur., des *faux-combles*.

FAUX-CORAIL, subst. mas.(*fôkora-ie*), t. d'hist. nat., substance qui se rapproche du *corail.*— Au plur., des *faux-coraux*.

FAUX-CÔTÉ, subst. mas. (*fôkôté*), t. de mar., *côté* sur lequel un bâtiment incline plus que sur l'autre.—Au plur., des *faux-côtés*.

FAUX-COUP, subst. mas. (*fôkou*), coup porté à *faux.*—Au plur., des *faux-coups*.

FAUX-CUL, subst. mas. (*fôku*), t. d'artill., masse de matière, ou gâteau qui se forme sous les pilons des moulins de poudres à canon.— Au plur., des *faux-culs*.

FAUX-CUMIN, subst. mas. (*fôkumein*), t. de bot., nom qu'on donne à la graine de la nielle romaine.—Au plur., des *faux-cumins*.

FAUX-CYTISE, subst. mas. (*fôcitize*), t. de bot., arbrisseau légumineux.—Au plur., des *faux-cytises*.

FAUX-DIAMANT, subst. mas. (*fôdiaman*), t. d'hist. nat., le zircon-limpide, que l'on nomme aussi *jargon.*—Au plur., des *faux-diamants*.

FAUX-DICTAME, subst. mas. (*fôdiktame*), t. de bot., variété du *dictame.*— Au plur., des *faux-dictames*.

FAUX-ÉBÉNIER, subst. mas. (*fôzébénié*), t. de bot., on nomme ainsi le cytise des Alpes. Voy. FAUSSE-ÉBÈNE.

FAUX-ELLÉBORE-NOIR, subst. mas. (*fôzèlelèborenoar*), t. de bot., nom de l'*adonis vernalis* et de la *nigella sativa*.

FAUX-EMPLOI, subst. mas. (*fôzanploé*), *emploi* d'une somme dans un compte pour dépense qui n'a point été faite.—On le dit aussi de l'*emploi* d'un mot auquel on donne un sens qu'il n'a pas. — Au plur., de *faux-emplois*.

FAUX-ENTRAIT, subst. mas. (*fôzantrè*), t. de charpentier, pièce de bois qui sert à contre-buter l'arbalétrier.—Au plur., des *faux-entraits*.

FAUX-ÉTAI, subst. mas. (*fôzété*), t. de mar., *étai* ajouté au grand *étai* d'un mât pour le renforcer ou pour suppléer à son défaut.—Manœuvre pour placer les voiles d'*étai.*—Au plur., des *faux-étais*.

FAUX-ÉTAMBORD, subst. mas. (*fôzétanbor*), t. de mar., pièce de bois appliquée sur l'*étambord* pour le conserver. — Au plur., des *faux-étambords*.

FAUX-FEU, subst. mas. (*fôfeu*), une arme fait *faux-feu* lorsque l'amorce prend sans que le *feu* se communique à la charge. — Au plur., *faux-feux,* signaux avec des amorces de poudre.

FAUX-FOND, subst. mas. (*fôfon*), t. de passementier, chaîne de fil qui sert à recevoir la trame dans les galons pour lier toutes les parties de l'ouvrage sans qu'il y paraisse à l'endroit. — Au plur., des *faux-fonds*.

FAUX-FOURREAU, subst. mas. (*fôfourô*), t. de fourbisseur, sorte de double *fourreau* en cuir qui recouvre celui du sabre, de l'épée. — Au plur., des *faux-fourreaux*.

FAUX-FRAIS, subst. mas. plur. (*fofré*), frais d'un procès qui n'entrent point en taxe.—En général, toutes les petites dépenses, outre les dépenses principales.

• **FAUX-FRÈRE**, subst. mas. (*fôfrère*), *frère* infidèle, celui qui trahit une compagnie, une société dont il est membre.—Au plur., des *faux-frères*.

FAUX-FROMENT, subst. mas. (*fôfroman*), t. de bot., sorte d'avoine qui croît au milieu des blés. —Au plur., des *faux-froments*.

FAUX-FUYANT, subst. mas. (*fôfui-ian*), prétexte, subterfuge.—En t. de chasse, petit sentier à pied dans un bois. — Au plur., des *faux-fuyants*.

FAUX-GERME, subst. mas. (*fôjèreme*), conception d'un fœtus informe, imparfait, entièrement défectueux.—Au plur., des *faux-germes*.

FAUX-GRENAT, subst. mas.(*fôguerena*), t.d'hist. nat., sorte de crystal d'un rouge obscur.—Au pl., des *faux-grenats*.

FAUX-HERMODACTYLE, subst. mas. (*fôzèremodaktile*), t. de bot., racine desséchée de l'iris tubéreuse. — Au plur., des *faux-hermodactyles*.

FAUX-INCIDENT, subst. mas. (*fôzeincidan*), *incident* qu'on intente pour faire déclarer *fausse* une pièce dont la partie adverse prétend se servir dans la cause principale.—Au plur., des *faux-incidents*.

FAUX-INDIGO, subst. mas. (*fôzeindiguô*), t. de bot., arbre des Indes.

FAUX-IPÉCACUANHA, subst. mas. (*fôzipékakuana*), t. de bot., plante des Antilles.—Au plur., des *faux-ipécacuanhas*.

FAUX-JALAP, subst. mas. (*fôjalape*), t. de bot., nom vulgaire de la belle-de-nuit. — Au plur., des *faux-jalaps*.

FAUX-JEU, subst. mas. (*fôjeu*), jeu de cartes où il y a des cartes de trop ou de moins. — Au plur., des *faux-jeux*.

FAUX-JOUR, subst. mas. (*fôjour*), petite clarté qui vient par un trou; clarté indirecte. — En t. d'archit., fenêtre destinée à donner un *faux-jour.* —Au plur., des *faux-jours*.

FAUX-LAPIS, subst mas. (*fôlâpice*), émail bleu qu'on tire du cobalt.

FAUX-LIMONS, subst. mas. plur. (*fôlimon*), t. d'archit., *limons* qui se mettent dans les baies des croisées ou des portes.

FAUX-LOTIER, subst. mas. (*fôlotié*), t. de bot., sorte de plante.—Au plur., des *faux-lotiers*.

FAUX-LOTIER-D'ATHÈNES, subst. mas. (*fôlotiédatène*), t. de bot., nom donné au plaqueminier.

FAUX-LUPIN, subst. mas. (*fôlupein*), t. de bot., espèce de trèfle. — Au plur., des *faux-lupins*.

FAUX-MANTEAU, subst. mas. (*fômantô*), t. d'archit., partie inférieure de la hotte d'une cheminée, recouverte à l'intérieur par la gorge et par le *manteau.*—*Manteau* de cheminée porté par des corbeaux ou des consoles en fer ou en pierre.— Au plur., des *faux-manteaux*.

FAUX-MARCHER, subst. mas. (*fômarché*), t. de vén., *marche* de la biche qui va en biaisant; ou du cerf qui va de même lorsqu'il a mis bas son bois.—Sans pluriel.

FAUX-MARQUÉ, subst. mas. (*fômarkié*), t. de vènerie, tête de cerf qui a plus d'andouillers d'un côté que de l'autre. — Au plur., des *faux-marqués*.

FAUX-MONNAYEUR, subst. mas. (*fômonè-ieur*), celui qui fait ou qui a fait de la *fausse-monnaie*. —Au plur., des *faux-monnayeurs*.

FAUX-NARCISSE, subst. mas. (*fônarcice*), t. de bot., variété du *narcisse*.—Au plur., des *faux-narcisses*.

FAUX-NARD, subst. mas. (*fônar*), t. de bot., racine de l'ail serpentin. —Au plur., des *faux-nards*.

FAUX-NÉFLIER, subst. mas. (*fônéfli-é*), t. de bot., plante du genre des *nèfliers*.—Au plur., des *faux-néfliers*.

FAUX-OR, ou **OR-DE-CHAT**, subst. mas. (*fôzor, ordecha*), mica d'un beau jaune.—Fil de cuivre doré. —Sans plur.

FAUX-ORDRE, subst. mas. (*fôzordre*), t. d'archit., sorte d'attique ou petit étage pratiqué entre deux grands étages d'un bâtiment —Au plur., des *faux-ordres*.

FAUX-OURLET, subst. mas. (*fôzourelè*), repli simple d'un bord de toile, arrêté à l'aiguille. — Au plur., des *faux-ourlets*.

FAUX-PANNEAUX, subst. mas. plur. (*fôpanô*), *panneaux* d'un bois mince et léger, qu'on substitue quelquefois aux glaces d'une voiture. — Au plur., des *faux-panneaux*.

FAUX-PAS, subst. mas. (*fôpâ*), *pas* mal assuré. —Au fig., faute : *faire un faux-pas*, commettre une faute par faiblesse : *cette jeune fille a fait un faux-pas*.

FAUX-PIMENT, subst. mas. (*fôpiman*), t. de bot., sorte de plante. — Au plur., des *faux-piments*.

FAUX-PISTACHIER, subst. mas. (*fôpicetachié*), t. de bot., le staphylin à feuilles pinnées. — Au plur., des *faux-pistachiers*.

FAUX-PLAFOND, subst. mas.(*fôplafon*), t. d'archit., sorte de plafond léger.—Au plur., des *faux-plafonds*.

FAUX-PLANCHER, subst. mas. (*fôplanché*), *plancher* pratiqué pour diminuer la hauteur d'une pièce d'appartement, qui ne sert qu'à former le plafond, et sur lequel on ne marche pas.—*Plancher* de charpente, pratiqué au-dessus de l'extrados d'une voûte dont les reins ne sont pas remplis.—Au plur., des *faux-planchers*.

FAUX-PLI, subst. mas. (*fôpli*), *pli* d'une étoffe qui n'est pas où il doit être.—Au fig., mauvaise habitude qu'il devient difficile de corriger, de perdre : *ce jeune homme a pris un faux-pli*.—Au plur., des *faux-plis*.

FAUX-POIVRE, subst. mas. (*fôpoèvre*), t. de bot., le piment.—Sans plur.

FAUX-PONT, subst. mas. (*fôpon*), t. de mar., *plancher* fait dans le fond de cale, au-dessous du premier *pont*. — Au plur., des *faux-ponts*.

FAUX-PRASE, subst. mas. (*fôprâze*), t. de minér., sorte de quartz ou pierre quartzeuse. — Au plur., des *faux-prases*.

FAUX-PRÊTRE, subst. mas. (*fôprêtre*), qui se dit *prêtre* sans l'être. — Au plur., des *faux-prêtres*.

FAUX-PROPHÈTE, subst. mas. (*fôprofète*), imposteur qui se donne pour *prophète*.—Au plur., des *faux-prophètes*.

FAUX-QUARTIER, subst. mas. (*fôkartié*), pièce de cuir placée au-derrière d'une pantoufle. — Au plur., des *faux-quartiers*.

FAUX-QUINQUINA, subst. mas. (*fôkieinkina*), t. de bot., plante qui se rapproche du *quinquina*. — Sans plur.

FAUX-RAIFORT, subst. mas. (*fôrèfor*), t. de bot., le cranson rustique.—Au plur., des *faux-raiforts*.

FAUX-RAS, subst. mas. (*fôrâ*), t. de tireur d'or, plaque percée d'un seul trou, pour laisser passer l'or de la filière.

FAUX-REMBÛCHEMENT, subst. mas. (*fôranbucheman*), t. de vèn., se dit du cerf qui entre dans son fort, pour en sortir immédiatement.

FAUX-REPAÎTRE, subst. mas. (*fôrepètre*), t. de vèn., action du cerf qui paît et n'avale pas.—Sans plur.

FAUX-RUBIS, subst. mas. (*fôrubi*), t. de minér., pierre quartzeuse.

FAUX-SABORD, subst. mas. (*fôçabor*), t. de mar., cadre de bois garni d'une toile goudronnée, dans laquelle on fait un trou pour passer la volée du canon, lorsqu'on ne veut pas en fermer le mantelet. — Figure de sabord sculptée et peinte sur le côté du vaisseau pour imiter les vrais sabords. — Au plur., des *faux-sabords*.

FAUX-SANTAL DE-CANDIE, subst. mas. (*fôçantaldekandi*), t. de bot., nom donné au bois de lalaterne. — Au plur., des *faux-santals-de-Candie*.

FAUX-SAPHIR, subst. mas. (*fôçafir*), t. de minér., *saphir* d'eau des lapidaires. — Au plur., des *faux-saphirs*.

FAUX-SAUNAGE, subst. mas. (*fôçônaje*), vente, débit de sel défendu. — Au plur., des *faux-saunages*.

FAUX-SAUNIER, subst. mas. (*fôçônié*), celui qui trafique du sel défendu. — Au pluriel, des *faux-sauniers*.

FAUX-SCORPION, subst. mas. (*fôcekorpion*), t. d'hist. nat., sorte d'animal que l'on nomme aussi *pince*. — Au plur., des *faux-scorpions*.

FAUX-SEMBLANT, subst. mas. (*fôçanblan*), apparence trompeuse. — Au pluriel, des *faux-semblants*.

FAUX-SÉNÉ, subst. mas. (*fôcéné*), t. de bot., nom du baguenaudier. — Au plur., des *faux-sénés*.

FAUX-SIMAROURA, subst. mas. (*fôcimaroura*), t. de bot., racine de la bygnone coupaya.

FAUX-SOUCHET, subst. mas. (*fôçouchè*), t. d'hist. nat., plante aquatique. — Au plur., des *faux-souchets*.

FAUX-SPATH, subst. mas (*fôcepate*), t. d'hist. nat., variété de feldspath.

FAUX-SPHINCTER-DE-LA-VESSIE, subst. mas. (*fôcefeinktèredelavéci*), t. d'anat., se dit des fibres antérieures du muscle releveur de l'anus.—Sans plur.

FAUX-SYCOMORE, subst. mas. (*fôcikomore*), t. de bot., le même que l'azédarac. — Au plur., des *faux-sycomores*.

FAUX-TABAC, subst. mas. (*fôtaba*), t. de bot., la nicotiane rustique. — Au plur., des *faux-tabacs*.

FAUX-TEINT, subst. mas. (*fôtein*), *teinture* faite avec de mauvaises drogues. — Au plur., des *faux-teints*.

FAUX-TÉLESCOPE, subst. mas. (*fôtélècekope*), t. d'hist. nat., coquille du genre des strombes. — Au plur., des *faux-télescopes*.

FAUX-TÉMOIN, subst. mas. (*fôtémoein*), *témoin* qui dépose *faux*. — Au pluriel, des *faux-témoins*.

FAUX-THÉ, subst. mas. (*fôté*), t. de bot., nom de l'alstone. — Au plur., des *faux-thés*.

FAUX-THUYA, subst. mas. (*fôtu-i-ia*), t. de bot., plante de la famille des cyprès.—Au plur., des *faux-thuyas*.

FAUX-TIRANT, subst. mas. (*fôtiran*), pièce de bois fixée au mur et à un poteau pour y assembler l'arbalétrier. — Au plur., des *faux-tirants*.

FAUX-TITRE, subst. mas. (*fôtitre*), contrat, papier de famille *faux*. — T. d'imprimerie, premier *titre* ou *fausse-page*.—Au plur., des *faux-titres*.

FAUX-TRÈFLE, subst. mas. (*fôtrèfle*), t. de bot., la paullinie asiatique.—Au pluriel, des *faux-trèfles*.

FAUX-TREMBLE, subst. mas. (*fôtranble*), t. de bot., variété de peuplier. — Au plur., des *faux-trembles*.

FAUX TURBITH, subst. mas. (*fôturbite*), t. de bot., nom donné à la racine de la thapsie garganique.—Au plur., des *faux-turbiths*.

FAVAGITE, subst. fém. (*favajite*), t. d'hist. nat., madrépore fossile. On l'appelle aussi *favonite*.

FAVAL, subst. mas. (*faval*), t. d'hist. nat., nom qu'on a donné à la vis maculée. — Au plur., des *favals*.

FAVELLE, subst. fém. (*favèle*) (de l'italien *favella*, fait lui-même du lat. *fabella*, fable, petite fable), flatterie, fable. Vieux mot inusité, perdu.

FAVELOTTE, subst. fém. (*favelote*), petite fève.

FAVELOU, subst. mas. (*favelou*), t. de bot., nom du laurier-thym.

FAVEUR, subst. fém. (*faveur*) (en lat. *favor*, fait de *favere*, favoriser), grace, bienfait, marque d'amitié, de bienveillance : *faveur signalée*, *faveurs du ciel*. — On appelle fig., *faveurs de la fortune*, les richesses, les honneurs. Voy. GRACE. —Bonnes graces, bienveillance d'un prince, du gouvernant, du public : *briguer*, *gagner la faveur du peuple*. Dans ce sens il s'emploie aussi d'une manière absolue : *cet homme doit tout à la faveur*.—Il se dit dans un sens analogue du crédit, du pouvoir qu'on a auprès d'un grand personnage, d'un prince, etc., dont on est aimé, préféré : *il est en faveur*, *il abuse de sa faveur*. On dit dans le même sens ou à peu près : *trouver faveur auprès de quelqu'un*. — S'*attacher*, *se dévouer à la faveur*, rechercher les personnes puissantes, leur faire la cour. Voy. CRÉDIT.—Recommandation : *lettres de faveur*.—Crédit, en parlant des choses : *cette marchandise*, *cette opinion*, *ce livre prend faveur*.—Il se dit par opposition à *rigueur* de justice : *je ne demande pas faveur*, *mais justice*.—On appelle *homme de faveur*, celui qui ne doit son élévation qu'à la *faveur*; et *places de faveur*, celles qu'on n'accorde qu'à des personnes qui sont en *faveur*.—On dit qu'*une opinion prend faveur*, pour dire qu'elle commence à s'établir dans les esprits; qu'*un livre prend faveur*, pour dire qu'on commence à en juger favorablement et à le rechercher. — T. de commerce, *jours de faveur* ou *de grace*, les dix jours après l'échéance d'un billet ou d'une lettre de change, que l'ordonnance accordait pour pouvoir en faire le protêt. — On appelait autrefois *mois de faveur*, les deux mois de l'année où le collateur d'un bénéfice pouvait le conférer à celui des gradués qu'il en voulait gratifier. — Marque d'amour qu'une femme donne à un homme : *il n'a jamais obtenu d'elle la moindre faveur*. Au plur., dans ce sens, les plus grandes marques d'amour qu'une femme puisse donner à un homme : *elle lui a accordé ses faveurs*, *les dernières faveurs*. — Sorte de rubans très-étroits, sans picot, fabriqués comme le taffetas.—*En faveur de...*, loc. adv., en considération de... *il a obtenu cette place en faveur de ses anciens services*. — *Prévenir en faveur de quelqu'un*, *de quelque chose*, signifie en donner d'avance une opinion avantageuse : *cette action prévient en votre faveur*; *le public était déjà prévenu en faveur de l'ouvrage*. — A l'avantage, au profit de...—*A la faveur*, loc. adv., par le moyen, par l'aide de...— Subst. propre fém., myth., divinité allégorique, fille de l'Esprit et de la Fortune. Les poètes la représentent avec des ailes, toujours prête à s'envoler, aveugle, ou un bandeau sur les yeux, au milieu des richesses, des honneurs et des plaisirs, ayant un pied sur une roue, et l'autre en l'air. Ils disent que l'Envie la suit d'assez près.

FAVEUX, subst. mas., au fém. **FAVEUSE**, adj. (*faveu*, *veuze*) (du lat. *favus*, rayons de miel), t. de médec., épithète qu'on donne à une variété de la teigne à croûtes jaunes, confluentes.

FAVIENS, et mieux **FABIENS**, subst. mas. plur. (*favieín*, *fabiein*), t. d'hist. anc., jeunes Romains qui, dans les sacrifices offerts au dieu Faune, couraient par les rues n'étant vêtus que d'une ceinture de peau. Voy. LUPERCES.

FAVISSE, subst. fém. (*favice*), t. d'antiquité, voûte souterreine où les anciens gardaient quelque chose de précieux. — Ils appelaient aussi *favisses* des vases qu'ils remplissaient d'eau et plaçaient à l'entrée des temples pour se laver et se purifier avant d'entrer.

FAVONIE, subst. fém. (*favoni*), t. de bot., genre de plantes.

FAVONILLE, subst. fém. (*favoni-ie*), nom inusité donné par quelques dictionnaires à la *féverolle*.

FAVONIUS, subst. propre mas. (*favoni-uce*), myth., l'un des principaux vents, celui que les Grecs nommaient Zéphyre.

FAVORABLE, adj. des deux genres (*favorable*) (en lat. *favor*, faveur, fait de *favere*, favoriser), qui est propice; qui procure des avantages. Il se dit des personnes et des choses. — FAVORABLE, PROPICE. (*Syn.*) Une influence plus importante, plus grande, plus puissante, plus immédiate, plus efficace, plus salutaire, distingue ce qui est *propice* de ce qui n'est que *favorable*. Un client prie un patron de lui être *favorable*; le pécheur prie Dieu de lui être *propice*. Caton est *favorable* à Pompée, les dieux sont *propices* à César. L'occasion nous est *favorable*; le destin nous est *propice*. Dans tous les cas, les personnes et les choses nous sont *favorables* ou contraires, dans les tribulations, les dangers, les cas majeurs, Dieu, le ciel, la fortune, le sort, le pouvoir, sont *propices*, ou ennemis, ou funestes. — Il suffit, pour m'être *favorable*, que vous vous intéressiez à mes succès, et que vous secondiez mes désirs; il faut, pour nous être *propice*, qu'on nous sauve du malheur, ou qu'on nous procure un bonheur ou un grand bien.—Celui-là nous est *favorable*, qui veut notre satisfaction; celui qui fait notre bien, même malgré nous, nous est *propice*. Un penchant *favorable* nous fait condescendre à des vœux indiscrets; une bonté *propice* les rejette. — On dit également, un temps, une occasion, une saison *favorable* ou *propice*. La saison *favorable* est un temps propre pour la chose; la saison *propice* est le temps propre de la chose. Il convient d'agir dans le temps *favorable*; il faut agir dans le temps *propice*.—Qui mérite d'être excepté de la rigueur de la loi : *ce cas est favorable*. — Qui est à l'avantage de quelqu'un : *j'ai conçu de ce jeune homme une opinion favorable; on a porté de vous un jugement peu favorable*.—On disait autrefois *blessure, coup favorable*, c'est-à-dire qui n'offrait pas de danger, mais qui était près d'un endroit où le danger eût été très-grand.

FAVORABLEMENT, adv. (*favorableman*), d'une manière *favorable*.

FAVORI, subst. mas., **FAVORITE**, subst. fém. (*favori, rite*), celui, celle qui tient le premier rang dans les bonnes graces d'un prince, etc. — Dans le style familier, celui qui est le plus aimé, le plus chéri : *elle aime beaucoup tous les petits enfants, mais celui-ci est son favori*. — On dit fig. : *les favoris de la fortune, des Muses, d'Apollon*. — On dit, *la favorite de la reine*; mais on donne plus ordinairement ce nom aux maîtresses des grands princes : *on a fait l'histoire des favorites*.—Barbe près de l'oreille, le long des joues. — *Favori d'une dame*, ne se dit plus que dans les romans et les historiettes d'autrefois.

FAVORI, adj. mas., au fém. **FAVORITE** (*favori, rite*), qui plaît plus que toute autre chose du même genre.—La femme qui plaît le plus au sultan s'appelle, parmi nous, *la sultane favorite*.

FAVORISÉ, E, part. pass. de *favoriser*.

FAVORISER, v. act. (*favorizé*) (en lat. *favere*), en parlant des personnes, traiter *favorablement*, accorder quelque préférence, aider, appuyer de son crédit.—Il se construit quelquefois avec la préposition *de* : *le prince a daigné la favoriser d'un regard, d'un mot*.—On dit fig. : *la nature l'a favorisé, ne l'a pas favorisé de ses dons*, en parlant, soit au physique, soit au moral, des avantages naturels dont une personne est douée ou dépourvue.—Au passif, recevoir des *faveurs* : *il est favorisé du prince*. — En parlant des choses, être *favorable* : *le temps, le vent nous favorise*.—Aider à... : *favoriser la licence; favoriser le développement d'une industrie*. — SE FAVORISER, v. pron.

FAVORITE, subst. et adj. fém. Voy. FAVORI, subst. et adj.—Subst. fém., sorte de voiture *omnibus*.

FAVORITISME, subst. mas. (*favoriticeme*), système, abus du régime des *favoris*. Mot de M. *Pouqueville*.

FAVOSITE, subst. fém. (*favozite*), t. d'hist. nat., genre de Zoophytes.

FAVOUETTE, subst. fém. (*favouète*), t. de bot., tubéreuse des Alpes.

FAVUS, subst. mas. et lat. (*fâvuce*), t. de médec., teigne *faveuse*.

FAY-LE-BILLOT, subst. propre mas. (*fèlebi-io*), bourg de France, chef-lieu de canton, arrond. de Langres, dép. de la Haute-Marne.

FAY-LE-FROID, subst. propre mas. (*fèlefroè*), bourg de France, chef-lieu de canton, arrond. du Puy, dép. de la Haute-Loire.

FAYENCE, FAYENCERIE, FAYENCIER, fausse orthographe indiquée en double par l'*Académie*. Voy. FAÏENCE.

FAYENCE, et mieux **FAÏENCE**, subst. propre fém. (*fa-iance*), bourg de France, chef-lieu de canton, arrond. de Draguignan, dép. du Var.

FÉ (SANTA-), subst. propre fém. (*çantafé*), ville du Mexique, chef-lieu du Nouveau-Mexique. On remarque dans les environs plusieurs mines d'argent.

FÉ (SANTA-) DE BOGOTA, subst. propre fém. (*çantafédeboguota*), ville et capitale de la république de Colombie. Cette ville possède un grand nombre de splendides églises, divers établissements importants, et son commerce a de l'activité.

FÉABLE, adj. des deux genres (*fé-able*), fidèle. Il est vieux.

FÉAGE, subst. mas. (*fé-aje*), t. de jurisprudence, héritage qui se tient en *fief*.—Contrat d'inféodation.

FÉAL, E, adj. et subst. (*fé-ale*) (en lat. *fidelis*), fidèle, c'est un vieux mot, encore employé en style de chancellerie, et même dans le style badin : *mon très-cher et féal*. — Au plur. mas., *féaux* : *à nos amés et féaux*.

FÉAUTÉ, subst. fém. (*fé-ôté*), fidélité. (*Marot*.) Vieux et hors d'usage.

FÉBRICITANT, E, adj. et subst. (*fébricitante*) (en lat. *febricitans*, part. prés. de *febricitare*, avoir la fièvre), t. de médec., qui a la fièvre.—Subst. mas. : *un fébricitant*.

FÉBRIFUGE, adj. des deux genres (*fébrifuje*) (du lat. *febris*, fièvre, et *fugare*, mettre en fuite, chasser), t. de médec., se dit des remèdes qui chassent la fièvre : *plante, opiat fébrifuge*. — On dit aussi subst.: *un fébrifuge*.

FÉBRILE, adj. des deux genres (*fébrile*) (en lat. *febrilis*, fait de *febris*, fièvre), t. de médec., qui a rapport à la *fièvre* : *chaleur fébrile*.

FÉBRUA, subst. propre fém. (*fébru-a*), myth., déesse des purifications. On croit que c'est la même que Junon, qui est aussi surnommée *Februalis, Februala* et *Februla*; d'où l'on a dit les *fêtes fébruales*.

FÉBRUALES ou **FÉBRUENNES**, subst. fém. plur. et adj. (*fébru-ale, bru-ène*), myth., fêtes qu'on célébrait au mois de février, en l'honneur de Junon et de Pluton, et pour apaiser les mânes des morts.—C'étaient aussi des fêtes d'expiation pour le peuple.

FÉBRUUS, subst. propre mas. (*fébru-uce*) (du lat. *februo*, je nettoie, je purifie), myth., surnom de Pluton. On l'honorait sous ce nom comme le dieu des expiations. — Quelques-uns font de *Fébruus* un dieu particulier, père de Pluton.

FÉCALE, adj. fém. (*fékale*) (du latin *fæx*, gén. *fæcis*, lie, excrément), qui tient de l'excrément : *matière fécale*, les gros excréments de l'homme. Il n'est guère usité qu'avec le mot *matière*.

FÉCAMP, subst. propre mas. (*fékan*), ville et port de France, sur la Manche, chef-lieu de canton, arrond. du Havre, dép. de la Seine-Inférieure. C'est une des villes qui embrassèrent le parti de la ligue contre Henri IV.

FÉCÉ, E, part. pass. de *fécer*.

FÉCER, v. neut. (*fécé*), t. de chim., se dit des liqueurs au fond desquelles il y a de la lie qui dépose.

FÈCES, subst. fém. plur. (*fèce*) (en lat. *fæces*, plur. de *fæx*), t. de chimie; il se dit 1° du sédiment qui dépose au fond d'une liqueur qui a fermenté; 2° du dépôt que font des liqueurs filtrées et clarifiées.

FÉCIAL, subst. mas., au plur. **FÉCIAUX** (*féciale*) (en lat. *fecialis*, dérivé de *facere*, faire), prêtres qui intervenaient, chez les Romains, dans les déclarations de guerre, les traités de paix ou d'alliance, et qui consacraient ces actes publics par des cérémonies religieuses. Leurs fonctions avaient beaucoup de rapports avec celles de nos hérauts d'armes : *les féciaux étaient sacrés et inviolables; le collège des féciaux*.

FÉCIAUX, subst. mas. plur. Voy. FÉCIAL.

FÉCOND, E, adj. (*fékon, konde*) (en latin *fecundus*, fait de *facere*, faire), qui produit beaucoup. Il se dit proprement des femmes et des femelles des animaux. — Par extension, fertile, abondant : *terre, source féconde*.—Fig., *esprit fécond*, qui produit beaucoup. — *Sujet fécond, matière féconde*, qui fournit beaucoup. — Fécondant, qui fertilise : *une pluie douce et féconde; la chaleur féconde du soleil*. — On appelle *œuf fécond*, un œuf dont le germe a été *fécondé*. — FÉCOND, FERTILE. (*Syn.*) Le mot *fécond* donne l'idée de la cause ou de la faculté de produire, d'engendrer, de créer; le mot *fertile*, celle de l'effet ou des produits, des fruits, des résultats. La *fertilité* déploie, étale les richesses de la *fécondité*. — Les œufs, les semences, les pépins, sont *féconds* lorsqu'ils ont la vertu de produire : un champ, un arbre, une année, sont *fertiles*, lorsqu'ils rapportent abondamment. — Les engrais proprement dits *fécondent* réellement la terre, parce qu'ils lui apportent des principes de *fécondité*; mais les labours la *fertilisent* et ne la *fécondent* pas, car ils ne font que la disposer à recevoir ces principes.—On dit, une pluie, une chaleur *féconde*; des vendanges, des moissons *fertiles*.—Un génie est *fécond*, s'il crée; un écrivain n'est que *fertile*, s'il écrit beaucoup et ne dit rien de neuf. — Les lois tyranniques sont *fécondes* en crimes, elles en créent, elles en commettent, et en inspirent : un gouvernement faible est *fertile* en abus; s'il ne fait pas le mal, il le laisse faire. Les êtres qui produisent leurs semblables, ou les causes qui produisent des effets, une suite d'effets du même genre, du même ordre, sont *féconds*; lorsqu'il ne s'agit que de la variété, de la diversité, de l'abondance des productions, sans aucun trait marqué de la cause, la chose est *fertile*. Une femme est *féconde*; un jardin est *fertile* en fruits, en légumes. Une source est *féconde*, qui de son sein verse une longue abondance; une année est *fertile*, dans laquelle on recueille beaucoup de productions de toute espèce. Un principe est *fécond*, lorsqu'il en naît beaucoup de conséquences enchaînées les unes aux autres, comme des générations d'idées; un pays où brillent de tous côtés les beaux-arts, et où les arts utiles s'exercent avec une industrie distinguée, est *fertile* en talents.

FÉCONDANCE, subst. fém. (*fékondance*), vertu de *féconder*.

FÉCONDANT, E (*fékondan, dante*), qui concourt à la *fécondité*.

FÉCONDATEUR, subst. et adj. mas., au fém. **FÉCONDATRICE** (*fékondateur, trice*), qui *féconde*.

FÉCONDATION, subst. fém. (*fékondâcion*), action de *féconder*, effet de cette action. — T. de bot., *fécondation des plantes*, acte par lequel l'ovaire de la plante est vivifié.

FÉCONDATRICE, subst. et adj. fém. Voyez FÉCONDATEUR.

FÉCONDÉ, E, part. pass. de *féconder* : *germe fécondé*.

FÉCONDER, v. act. (*fékondé*) (en lat. *fecundare*), rendre *fécond* : *féconder un germe*.—Au fig., échauffer : *la lecture des grands poëtes féconde l'imagination*. — SE FÉCONDER, v. pron., être *fécondé*.

FÉCONDITÉ, subst. fém. (*fékondité*) (en lat. *fecunditas*), abondance, fertilité, qualité de ce qui est *fécond*, au propre et au fig. : *les femmes de tel pays sont d'une grande fécondité; la fécondité de cet écrivain est surprenante*.

FÉCULE, subst. fém. (*fékule*) (en lat. *fecula*, diminutif de *fæx*, lie, sédiment), en t. de chimie, substance végétale très-ténue, insipide à l'eau froide; partie farineuse, alimentaire, des graines, des racines. Elle existe dans toutes les matières blanches et cassantes des végétaux, particulièrement dans les racines tubéreuses et les graines des graminées. C'est la *fécule* qui forme la base de la nourriture des animaux : *fécule de manioc, de pommes-de-terre*, etc. — Sédiment au fond d'une liqueur trouble. On l'appelle aussi *substance amylacée*, du latin *amylum*, amydon, parce qu'elle en a la forme. — Il s'est dit aussi comme synonyme ou plutôt comme diminutif de *fèces*. Ce sens est vieux.

FÉCULENCE, subst. fém. (*fékulance*) (en latin *feculentia*), t. didactique, sédiment, lie, partie grossière des choses liquides. — Particulièrement, en t. de médec., sédiment des urines. Vieux.

FÉCULENT, E, adj. (*féculan, lante*) (en lat. *feculentus*), t. de médec., qui dépose une lie.

FÉCULERIE, subst. fém. (*fékuleri*), fabrique, atelier de *fécule*.

FÉCULEUX, LEUSE, adj. (*fékuleu, leuze*), qui contient de la *fécule*.

FÉCULITE, subst. fém. (*fékulite*), t. de chim., principe des végétaux qui participent du caractère de la *fécule*.

FÉDÉRAL, E, adj. (*fédérale*), qui a rapport à une *fédération*. — Au plur. mas., *fédéraux*.

FÉDÉRALISÉ, E, part. pass. de *fédéraliser*.

FÉDÉRALISER, v. act. (*fédéralizé*), faire adopter le système ou le gouvernement *fédératif*. Expression nouvelle et non généralement reçue.— SE FÉDÉRALISER, v. pron., se former en *fédération*.

FÉDÉRALISME, subst. mas. (*fédéraliceme*), système, doctrine du gouvernement *fédératif*.

FÉDÉRALISTE, subst. mas. (*fédéralicete*), partisan du gouvernement *fédératif*.

FÉDÉRATIF, adj. mas., au fém. **FÉDÉRATIVE** (*fédératif, tive*) : *gouvernement fédératif*, celui d'un état composé de plusieurs autres, unis entre eux par une alliance générale, soumis en certains cas à des délibérations communes, mais dont chacun est régi par ses lois particulières : tel est celui de la Suisse, etc. On dit aussi *état fédératif, république fédérative, pacte fédératif*.

FÉDÉRATION, subst. fém. (*fédérâcion*), promesse réciproque que se font plusieurs personnes de défendre mutuellement leurs intérêts, leurs droits, etc. — Assemblée, cérémonie qui a cette promesse pour objet : *la fédération du 14 juillet 1790*. — On a aussi donné ce nom à une association, en 1815, qui avait pour but le maintien du régime impérial, etc.

FÉDÉRATIVE, adj. fém. Voyez FÉDÉRATIF.

FÉDÉRAUX, adj. mas. plur. Voyez FÉDÉRAL.

FÉDÉRÉ, E, subst. et adj. (*fédéré*), celui, celle qui participe, qui assiste à une *fédération*.—Membre d'une *fédération*. — On a donné ce nom en 1815 aux volontaires des faubourgs de Paris.

FÉDÉRETZ, subst. mas. (*fédérèce*), de l'allemand *feder*, plume, et *erz*, airain), t. d'hist. nat., mine d'antimoine en filets extrêmement déliés; antimoine en plumes. Quand il contient de l'argent, on l'appelle aussi *mine d'argent en plumes*.

FÉDIE, subst. fém. (*fédi*), t. de bot., espèce de plante qui se rapproche de celle des valérianes.

FÉE, subst. fém. (*fé*) (en lat. *fata*, part. de *fari*, parler, dérivé de φαω, je parle, part. φατος), nom donné dans les contes, dans les romans, à une femme, à un être qui possède une puissance surnaturelle, et à qui on suppose le don de prédire l'avenir et d'opérer des prodiges : *la fée Alcine; la baguette d'une fée; les Contes des fées*.— Fig. et fam., on dit d'une femme qui charme par ses graces, par son esprit, par ses talents : *c'est une fée, une fée enchanteresse*; et de certains ouvrages délicats, faits avec beaucoup de perfection : *c'est un ouvrage des fées*. — *Travailler comme une fée*, se dit en parlant d'une femme qui travaille avec une adresse admirable. — Au plur., myth., êtres fabuleux qu'on a substitués aux nymphes, à celles surtout qu'on nommait *fanes*.

FÉÉ, E, part. pass. de *féer*.

FÉER, v. act. (*fé-é*), charmer, enchanter. Vieux et presque hors d'usage.

FÉERIE, subst. fém. (*féri*), art des *fées*; enchantement. — Ouvrage dans lequel on emploie la *féerie*; dites un *opera-féerie*, et non pas *féerique*, qui ne se trouve nulle part.

FÉFÉ, subst. mas. (*féfé*), t. d'hist. nat., singe des provinces méridionales de la Chine.

FÉGARITE, subst. fém. (*féguarite*), t. de chir., gangrène de la bouche. Inusité.

FÉGOULE, subst. mas. (*féguoule*), t. d'hist. nat., espèce de rongeur du genre des campagnoles.

DU VERBE IRRÉGULIER FEINDRE.

Feignaient, 3e pers. plur. imparf. indic.
Feignais, précédé de *je*, 1re pers. sing. imparf. indic.
Feignais, précédé de *tu*, 2e pers. sing. imparf. indic.
Feignait, 3e pers. sing. imparf. indic.
Feignant, part. prés.
Feigne, précédé de *que je*, 1re pers. sing. prés. subj.
Feigne, précédé de *qu'il* ou *qu'elle*, 3e pers. sing. prés. subj.
Feignent, précédé de *ils* ou *elles*, 3e pers. plur. prés. indic.
Feignent, précédé de *qu'ils* ou *qu'elles*, 3e pers. plur. prés. subj.
Feignes, 2e pers. sing. prés. subj.
Feignez, 2e pers. plur. impér.
Feignez, précédé de *vous*, 2e pers. plur. prés. indic.
Feigniez, précédé de *vous*, 2e pers. plur. imparf. indic.
Feigniez, précédé de *que vous*, 2e pers. plur. prés. subj.
Feignîmes, 1re pers. plur. prét. déf.
Feignions, précédé de *nous*, 1re pers. plur. imparf. indic.
Feignions, précédé de *que nous*, 1re pers. plur. prés. subj.
Feignirent, 3e pers. plur. prét. déf.
Feignis, précédé de *je*, 1re pers. sing. prét. déf.
Feignis, précédé de *tu*, 2e pers. sing. prét. déf.
Feignisse, 1re pers. sing. imparf. subj.
Feignissent, 3e pers. plur. imparf. subj.
Feignisses, 2e pers. sing. imparf. subj.
Feignissiez, 2e pers. plur. imparf. subj.
Feignissions, 1re pers. plur. imparf. subj.
Feignit, précédé de *il* ou *elle*, 3e pers. sing. prét. déf.
Feignît, précédé de *qu'il* ou *qu'elle*, 3e pers. sing. imparf. subj.
Feignîtes, 2e pers. plur. prét. déf.
Feignons, 1re pers. plur. impér.
Feignons, précédé de *nous*, 1re pers. plur. prés. indic.
Feindra, 3e pers. sing. fut. indic.
Feindrai, 1re pers. sing. fut. indic.
Feindraient, 3e pers. plur. prés. cond.
Feindrais, précédé de *je*, 1re pers. sing. prés. cond.
Feindrais, précédé de *tu*, 2e pers. sing. prés. cond.
Feindrait, 3e pers. sing. prés. cond.
Feindras, 2e pers. sing. fut. indic.

FEINDRE, v. act. (*feindre*) (en lat. *fingere*), faire semblant : *feindre une maladie*, ou neutralement, *d'être malade*. Racine (*Athalie*) a dit à peu près dans le même sens, avec un régime indirect :

Il lui *feint* qu'en un lieu.

Semblable locution ne serait plus admise même en vers.—Inventer. Il se dit surtout des poëtes : *feindre des caractères qui n'ont point de vraisemblance*.—Neut., dissimuler, dont il diffère cependant en ce que *feindre*, c'est se servir d'une fausse apparence pour tromper, et *dissimuler*, c'est cacher ses sentiments et ses desseins. Les femmes savent *feindre* bien mieux que *dissimuler*; parce que la *dissimulation* demande plus de discrétion, et la *feinte* plus d'adresse. (*Guizot*.) — Craindre, hésiter. On l'employait beaucoup autrefois en ce sens, et toujours avec la négative : *il ne feignait pas de dire*, etc. — Fam., boiter : *il feint un peu du pied gauche*. Inusité aujourd'hui dans cette dernière acception, quoique l'*Académie* le tolère encore. — *se* FEINDRE, v. pron., se supposer. *Racine* a dit :

Tu *te feins* criminel pour te justifier.

Ceci ne se dirait plus.

DU VERBE IRRÉGULIER FEINDRE:

Feindrez, 2e pers. plur. fut. indic.
Feindriez, 2e pers. plur. prés. cond.
Feindrions, 1re pers. plur. prés. cond.
Feindrons, 1re pers. plur. fut. indic.
Feindront, 3e pers. plur. fut. indic.
Feins, précédé de *je*, 1re pers. sing. prés. indic.
Feins, précédé de *tu*, 2e pers. sing. prés. indic.
Feint, précédé de *il* ou *elle*, 3e pers. sing. prés. indic.

FEINT, E, part. pass. de *feindre*, et adj., inventé à plaisir. — Représenté en peinture, etc., pour la symétrie : *porte feinte*.

FEINTE, subst. fém. (*feinte*), dissimulation, déguisement, artifice, faux-semblant. On se sert quelquefois de *feintise* dans le même sens; mais il vieillit. — *La Fontaine* a employé ce mot dans le sens de : fable, apologie, allégorie :

La *feinte* est un pays plein de terres désertes.

— En musique, altération d'une note ou d'un intervalle par un dièse ou par un bémol. C'est proprement le nom commun du dièse et du bémol accidentel. — *Faire une feinte*, en t. d'escrime, faire semblant de vouloir porter un coup en un endroit du corps et le porter en un autre. — En t. d'imprimerie, défaut qui consiste à ne pas encrer également toutes les pages ou le contenu d'une forme qui est sous presse.—Action de boiter. Voy. FEINDRE.

FEINTIER, subst. mas. (*feintié*), sorte de filet pour la pêche.

FEINTISE, subst. fém. (*feintize*), déguisement, *feinte*. Il est vieux. Voy. FEINTE.

FEINTISÉ, E, part. pass. de *feintiser*.

FEINTISER, v. act. (*feintizé*), feindre. Vieux et inusité.

FEINTURE, subst. fém. (*feinture*), forme. (*Boiste*.) Vieux et inusité.

FÉLATIER, subst. mas. (*félatié*), ouvrier qui tire avec la *fêle* le verre fondu dans les verreries.

FELD-GESTANGE, subst. mas. (*fèldejècetanje*), machine hydraulique mue par un système de traction.

FELD-SPATH, subst. mas. (*fèldecepate*) (de l'alleman *spath*, terre des champs), t. de minér., pierre très-dure qui est composée de silice, d'alumine et de potasse, qui a une texture lamelleuse, et qui, fondue au chalumeau, se convertit en un émail blanc. Elle fait la base des rochers appelés *granits*, et on la trouve souvent crystallisée en un parallélipipède à angle oblique, dont deux côtés sont toujours ternes et les autres brillants.

FÊLE, subst. fém. (*fêle*), t. de verriers, barre de fer creusée pour tirer le verre fondu des creusets et pour le souffler.

FÊLÉ, E, part. pass. de *fêler*, et adj. : *un pot fêlé, une cloche fêlée*. — On dit prov. et fig., des personnes qui, étant d'une santé délicate, se ménagent mieux que les autres : *les pots fêlés sont ceux qui durent le plus long-temps*. — Au fig. : *une poitrine fêlée* est une poitrine délicate et menacée. — Fig. et fam. : *avoir la tête fêlée, le timbre fêlé*, être un peu fou.

FÊLER, v. act. (*fêlé*) (suivant *Ménage*, du lat. barbare *fissiculare*, fait sans doute de *fissum*, supin de *findere*, fendre. On écrivait autrefois *fesler*), fendre un vase, un crystal, un verre, etc., sans que les parties se séparent. — *se* FÊLER, v. pron., se fendre : *ce vase se fêlera si vous le mettez sur le feu*.

FÉLICIEN (SAINT-), subst. propre mas. (*ceinféliciein*), bourg de France, chef-lieu de canton, arrond. de Tournon, dép. de l'Ardèche.

FÉLICITATION, subst. fém. (*félicitâcion*), action de *féliciter*; compliment : *lettre de félicitation*. On disait autrefois *congratulation*, dont le sens est plus conforme à son étymologie *congratulatio, gratulatio cum*, que celui que nous donnons aujourd'hui à *félicitation*, dérivé de *felicitas*, félicité, bonheur. Du reste, ces mots diffèrent entre eux, selon *Roubaud*, comme *démonstration* et *témoignage d'amitié*. Les *félicitations* ne sont donc que des paroles obligeantes; les *congratulations* sont des marques d'intérêt : la politesse *félicite*; l'amitié *congratule*.

FÉLICITÉ, subst. fém. (*félicité*) (en lat. *felicitas*), béatitude, bonheur extrême. Voy. BONHEUR. Ce mot n'a de pluriel qu'en poésie et dans cette phrase consacrée par l'usage : *les félicités de ce monde sont peu durables*.

FÉLICITÉ ou EUDÉMONIE, subst. propre fém. (*félicité, eudémoni*), myth., divinité allégorique en l'honneur de laquelle on fit bâtir un temple à Rome. On la représentait comme une reine assise sur un trône, tenant un caducée d'une main, et une corne d'abondance de l'autre.

FÉLICITÉ, E, part. pass. de *féliciter*.

FÉLICITER, v. act. (*félicité*), complimenter quelqu'un sur quelque bonheur qui lui est arrivé, sur quelque avantage. Ce mot, dans le sens de *congratuler*, déjà très-commun dans plusieurs provinces, était encore, au rapport de *Vaugelas*, tenu pour barbare à la cour, lorsque *Balzac* entreprit de l'accréditer, et y réussit, quoique *congratuler* fût plus conforme que *féliciter* à leur étymologie respective. Voy. CONGRATULATION.— *se* FÉLICITER, v. pron., s'applaudir, se savoir bon gré.

FÉLIN, subst. mas. (*félein*), petit poids dont se servent les monnayeurs et les orfèvres. Il pèse sept grains et un cinquième.—Au plur., t. d'hist. nat., famille de mammifères carnassiers qui renferme les genres chat et civette. On dit encore adj. au sing. fém. : *la race féline*.

FÉLIR, v. neut. (*félir*), gémir ou menacer à la manière des chats et des léopards.

FELLAH, subst. mas. (*félela*), nom des paysans de l'Egypte.

FELLÉNIUS, subst. propre mas. (*fèleléni-uce*), myth., divinité particulièrement adorée dans la ville d'Aquilée.

FELLETIN, subst. propre mas. (*fèletein*), ville de France, chef-lieu de canton, arrond. d'Aubusson, dép. de la Creuse.

FÉLON, subst. et adj. mas., au fém. **FÉLONNE** (*félon, lone*) (du lat. barbare *felo* ou *fello*, qui se trouve avec la même acception dans les capitulaires de *Charles-le-Chauve*, et d'autres actes et écrivains du moyen-âge, dérivé de l'allemand *fehlen*, faillir. *Ménage*. Pourquoi ne pas trouver l'origine de ce mot dans le latin *felis*, chat? Il y a une analogie évidente entre le sens du mot *félon* et le caractère de perfidie attribué au chat. Le latin *felo* ou *fello* et l'allemand *felhen* ont bien certainement une source commune), traître, rebelle.—Cruel, inhumain, colère. En ce sens, il est vieux.

FÉLONGÈNE, subst. fém. (*félonjène*), t. de bot., un des noms de la chélidoine.

FÉLONIE, subst. fém. (*féloni*), autrefois rebellion du vassal contre le seigneur. — Cruauté, inhumanité.

FÉLONNE, adj. fém. Voy FÉLON.

FELOUQUE, subst. fém. (*felouke*) (de l'italien *feluca*, qui a la même signification, dérivé, suivant *Huet*, de l'arabe *foulq*, navire), t. de mar., bâtiment de la Méditerranée qui va à voiles et à rames comme les galères, mais qui est beaucoup plus petit.

FELTRE, subst. mas. (*fèltre*), sorte de cuirasse chez les anciens Romains.—Subst. propre mas., duché du royaume lombard-vénitien.

FÊLURE, subst. fém. (*fêlure*), fente d'une chose *fêlée* : *la fêlure en est si légère qu'elle ne paraît point*.

FÉM., abréviation du mot *féminin*.

FEMELLE, subst. fém. (*femèle*) (en latin *femina*), l'animal qui porte les petits.—Ce mot ne se dit des femmes que par opposition au mâle: *dans quelques coutumes, les mâles excluent les femelles*. — On dit aussi en plaisantant : *c'est une fine, une dangereuse femelle*. — Morceau de cuivre ou de fer scellé dans le mur, etc., et percé d'un trou rond pour recevoir le mamelon ou pivot de l'équerre supérieure d'un ventail de porte. — Couteau du dessous des forces. — T. de plumassier, *femelle claire*, plumes blanches et noires d'une autruche femelle, dans lesquelles le blanc domine. Lorsque c'est le noir, on dit *fe-*

melle obscure. — T. de mar., *femelle de gouvernail*, anneaux qui portent le gouvernail; on appelle *mâles*, les fers qui entrent dans ces anneaux. On dit aussi *femelot.* — Les botanistes appellent *femelles* les fleurs qui n'ont point d'étamines, et dont le pistil devient fruit.

FEMELLE, adj. fém. et non pas adj. des deux genres, comme le prétend l'*Académie*. Il y aurait véritablement anomalie à permettre de faire cet adj. du mas. Quand on dit : *c'est un démon femelle*, il n'est véritablement question que d'une femme; c'est le mot *démon* qui devrait bien être considéré dans ce cas comme subst. fém., plutôt que l'adj. *femelle* être réputé du genre mas. (*femèle*), du genre qui est *femelle* : *un serin femelle, du chanvre femelle.* — En t. de bot., *les fleurs femelles* sont celles qui, dépourvues d'étamines, ne portent qu'un ou plusieurs pistils.

FEMELOT (on devrait, selon nous, écrire **FEMMELOT**), subst. mas. (*femelô*), t. de mar. Voy. *femelle de gouvernail*, au mot. FEMELLE.

FEMINAUX, subst. mas. plur. (*féminô*), adonnés aux femmes. Vieux et inusité. (*Boiste et Raymond.*)

FÉMINIFLORE, adj. des deux genres (*féminiflore*), se dit des plantes qui portent des fleurs *femelles*.

FÉMINIFORME, adj. des deux genres (*féminiforme*) (du latin *femina*, femme, et *forma*, forme, ressemblance), qui a la forme, la taille d'une femme.—En t. de gramm., qui tient du *féminin*. (Lemare.)

FÉMININ, E, adj. (*féminein, nine*) (en lat. *femininus* ou *femineus*, fait de *femina*, femme), qui appartient, qui est propre, qui ressemble à la *femme* : *le sexe féminin*; *visage féminin*; *voix féminine.* — En style plaisant, le *peuple féminin*, les *femmes.* — T. de grammaire, qui est du genre que les grammairiens ont appelé *genre féminin* : *nom masculin, nom féminin; genre masculin, genre féminin.*—En poésie, on dit : *rime féminine, vers féminins.* Quoique ces vers et ces rimes ne réveillent par eux-mêmes aucune idée de *femelle*, il a plu aux maîtres de l'art d'appeler ainsi, par extension ou imitation, les vers et les rimes qui finissent par un *e* muet.—*La terminaison féminine* est en français celle qui finit par un *e* muet.

FÉMININ, subst. mas. (*féminein*), t. de grammaire, le contraire du *masculin* : le *féminin* de *long* est *longue*.

FÉMINISÉ, E, part. pass. de *féminiser*.

FÉMINISER, v. act. (*féminizé*), t. de gramm., donner le genre, faire du genre *féminin* : *l'usage a féminisé le mot épigramme*, etc.—*se* FÉMINISER, v. pron.

FEMME, subst. fém. (*fame*) (en lat. *femina*), la *femelle* de l'homme, sa compagne.—Plus particulièrement, et par opposition à *fille*, celle qui est ou qui a été mariée. — *Femme* se dit en général des personnes du sexe depuis l'âge de puberté, abstraction faite du mariage : *la voilà bientôt femme*, c'est-à-dire nubile. — *Prendre femme*, se marier. — *Femme galante, femme* qui a des intrigues. — *Femme publique*, femme prostituée qui se fait payer; *femme de mauvaise vie*, *femme perdue*, femme livrée à la débauche. — Il s'emploie quelquefois comme adjectif : *faute de pouvoir se rendre hommes, les femmes nous rendent femmes.* — On dit fig., d'un homme sans force, sans courage : *c'est une femme, une vraie femme.* — *Elle est femme*, *bien femme*, se dit fam., pour faire entendre que celle dont on parle a les penchants, les faiblesses, les défauts ordinaires à son sexe. — On dit aussi fam., d'une *femme* habile, ferme, qui sait se faire obéir : *c'est une maîtresse femme.* — On dit *femme auteur, poète, philosophe, médecin, peintre*, etc., et non pas *autrice*, ni *auteuse*, etc.— Prov., *le diable bat sa femme*, il pleut et il fait soleil en même temps. —*Bonne femme*, femme âgée. Cette expression s'adresse quelquefois avec le ton de la familiarité ou de la hauteur à une *femme* du peuple ou de la campagne, quel que soit son âge : *bonne femme, je vous remercie.* Voy. BON. — *Femme de chambre*, celle qui est attachée particulièrement au service d'une dame. — *Femme de charge*, celle qui est chargée du linge, de la vaisselle d'argent, etc.— *Femme de ménage*, *femme* du dehors, par laquelle on fait faire son ménage. — *Femme de journée*, *femme* qu'on emploie à la maison pour un travail quelconque, et qu'on paie à tant la journée. — *Femmes* ou *filles* qui servent une grande dame : *elle appela ses femmes.* — On dit : *une envie, une fantaisie, un appétit de femme grosse*, pour signifier ces goûts, ces désirs, ces appétits déréglés qui surviennent quelquefois aux *femmes* pendant le temps de leur grossesse. On le dit aussi par extension, dans le langage familier, de toute espèce de goût, de désir peu raisonnable. — On dit prov. : *ce que femme veut, Dieu le veut*, pour exprimer que les *femmes* veulent ardemment ce qu'elles veulent, et qu'elles viennent ordinairement à bout de l'obtenir. — En t. de jurispr., *femme commune en biens*, ou simplement *commune*, celle qui est en communauté de biens avec son mari, ou en vertu de son contrat de mariage, ou en vertu de la coutume; et *femme non commune*, celle qui a été mariée selon une coutume ou loi qui n'admet point la communauté de biens entre conjoints, ou par le contrat de mariage de laquelle la communauté a été exclue. — *Femme usante et jouissante de ses droits*, celle qui n'est point en puissance de son mari pour l'administration de ses biens. — On appelait autrefois *femme lige*, celle qui possédait un fief chargé du service militaire; et *femme franche*, celle qui était de condition libre et non serve; *femme coutumière*, celle qui était de condition roturière; *femme de corps*, celle qui était de condition serve.—*Sage-femme.* Voy. ce mot.

FEMMELETTE, subst. fém. (*famelète*), t. de mépris, *femme* d'un esprit très-simple, très-borné, sans caractère. — On le dit même des hommes.

FEMME-MARINE, subst. fém. (*famemarine*), t. d'hist. nat., sorte de poisson.—Au plur., des *femmes-marines*.

FÉMORAL, subst. mas. (*fémoral*) (du latin *femur*, cuisse), os de la cuisse chez les animaux mammifères. — Adj., il s'emploie avec les deux genres : *l'artère fémorale.* — Au plur. mas., *fémoraux*.

FÉMORAUX, adj. plur. mas. (*fémorô*) : *muscles fémoraux*. Voy. FÉMORAL.

FÉMORO-CALCANIEN, adj. et subst. mas., au fém. **FÉMORO-CALCANIENNE** (*fémorokalkaniein, niène*), t. d'anat., se dit du muscle plantaire grêle.— On l'emploie aussi comme subst.

FÉMORO-COXALE, subst. fém. (*fémorokokçale*), t. d'anat., jonction de la cuisse du cheval avec la croupe.

FÉMORO-COXALGIE, subst. fém. (*fémorokokçalji*), t. de médec. vétér., inflammation chronique de l'articulation *fémoro-coxale*.

FÉMORO-POPLITÉ, E, adj. (*fémoropoplité*), t. d'anat., se dit des conduits ou branches de l'artère *fémorale*.

FÉMORO-POPLITÉ-TIBIAL, adj. mas. (*fémoropoplitetibial*), t. d'anat., se dit du muscle qui s'étend du condyle externe du *fémur* jusqu'à la partie supérieure du *tibia*.

FÉMORO-PRÉTIBIAL, E, adj. (*fémoroprébicial*), t. d'anat., se dit du nerf crural qui va du haut de la cuisse à la partie antérieure de la jambe.

FÉMORO-TIBIAL, E, adj. (*fémorotibiale*), qui appartient au *fémur* et au *tibia*.

FÉMUR, subst. mas. (*fémur*), t. d'anat. emprunté du latin, os de la cuisse.

FÉN, subst. mas. (*fène*), petite monnaie de la Chine.

FENAISON, subst. fém. (*fenèzon*) (du latin *fenum*, foin), action de couper les foins.—Temps où on les coupe.—Il se dit même du foin coupé, et du lieu où on le serre.

FENASSE, subst. fém. (*fenace*), fourrage composé d'avoine et d'autres plantes semblables. — Nom du sainfoin.

FENASSIER, subst. mas. (*fenacié*), celui qui fait les provisions du fourrage d'avoine et les dépose dans les écuries. — On donne ce nom à Toulouse aux loueurs de chevaux.

FEN-CHOU, subst. mas. (*fanchou*), nom chinois d'un animal probablement fabuleux.

FENDACE, subst. fém. (*fandace*), fente, crevasse. Vieux et inusité.

FENDANT, subst. mas. (*fandan*) (en lat. *findens*, part. prés. de *findere*, fendre), coup donné du tranchant d'une épée du haut en bas. Il est vieux.—Prov.: *faire le fendant*, faire le mauvais, le fanfaron; ou le résolu, l'entendu.

FENDERIE, subst. fém. (*fanderi*), t. de forges de fer, l'art et l'action de *fendre* le fer et de le séparer en verges. — Le lieu où l'on *fend* le fer.

FENDEUR, subst. mas., au fém. **FENDEUSE**, (*fandeur, deuze*): *fendeur de bois*, celui qui gagne sa vie à *fendre* du bois. Peu usité au sens propre. — Celui qui, dans les forges, préside à la *fenderie*, et, dans les ardoisières, *fend* les pierres d'ardoise. — Prov. et fig. : *fendeur de naseaux*, homme qui menace, qui fait le mauvais. Cette locution a vieilli.

FENDEUSE, subst. fém. Voy. FENDEUR. Dans l'horlogerie, ouvrière qui *fend* les roues des pendules et des montres.

FENDILLÉ, E, part. pass. de *se fendiller* et adj., qui a beaucoup de petites *fentes*.

se **FENDILLER**, v. pron. (*cefandi-ié*), se couvrir de petites *fentes*, fêlures ou gerçures.

FENDIS, subst. mas. (*fandi*), dernière division de l'ardoise; ardoise brute et divisée.

FENDOIR, subst. mas. (*fandoar*), outil qui sert à *fendre*, à diviser.

FENDRE, v. act. (*fandre*) (en lat. *findere*), diviser, séparer à force de coups les parties d'un corps, ou simplement les diviser sans violence : *fendre un arbre, du bois; fendre la tête d'un coup de sabre; fendre une manche à son ouverture pour laisser le poignet plus libre.* — On dit fam., pour exprimer qu'on a un violent mal de tête : *il me semble qu'on me fend la tête.*—Prov. et fig. : *fendre un cheveu en quatre*, faire des distinctions, des divisions subtiles. On dit d'un homme qui veut l'impossible : *c'est vouloir fendre un cheveu en quatre*; et de celui qui est capable de faire les choses les plus difficiles : *il fendrait un cheveu en quatre.* — En t. de relieur, couper le carton à moitié, sans séparer les deux parties. — En t. de verrerie : *fendre un manchon*, le chauffer dans toute sa longueur avec une espèce de ferret rougi au feu, qu'on passe sur la même ligne. — Au fig.: *ce bruit me fend la tête*, me cause un violent mal de tête. — *Cette triste nouvelle nous fend le cœur*, nous cause une vive douleur. — On dit, par analogie, que *l'oiseau ou la flèche qui vole fend l'air*; que *le poisson qui nage ou le vaisseau qui vogue fend les eaux. C'est un aiglon qui fend l'air un instant, et retombe l'instant d'après dans son aire.* (J.-J. Rousseau.)— On dit aussi *fendre la presse, fendre un bataillon*, pour dire, y pénétrer en séparant de force les parties dont ils sont formés. — *Il gèle à pierre fendre*, il gèle très-fort.— Neut., il ne s'emploie qu'au fig.: *la tête me fend du bruit qu'on fait; le cœur me fend de douleur.*—*se* FENDRE, v. pron., se diviser, s'entr'ouvrir.— En t. d'escrime, écarter les jambes de manière à porter en avant un pied loin de l'autre : *fendez-vous.*

FENDU, E, part. pass. de *fendre*, et adj., divisé, etc. — *Avoir les yeux bien fendus*, grands et longs. — *Être bien fendu*, être de taille à bien enjamber un cheval. — *Avoir les naseaux bien fendus*, se dit d'un cheval qui a les narines fort ouvertes. — Par exagération et fam.: *avoir la bouche fendue jusqu'aux oreilles*, avoir une bouche fort grande. — En t. de bot. Voy. DÉCOUPÉ. — T. de blason, *fendu en pal*, se dit d'une croix fendue du haut en bas, et dont les parts sont placées à quelque distance l'une de l'autre.

FENDULE, subst. fém. (*fandule*), t. de bot., espèce de plante de la famille des mousses.

FÊNE, subst. fém. (*fène*), fruit du hêtre. Voy. FAINE, qui est le même et la seule bonne orthographe.

FÉNELONIEN, adj. mas., au fém. **FÉNELONIENNE** (*fénelonien, niène*), qui a rapport à Fénelon. —Cet adj. s'emploie surtout en parlant du style ou des qualités qui caractérisaient *Fénelon* : *style fénelonien; douceur fénelonienne.*

FÉNELONISTE, subst. mas. (*fénelonicete*), partisan de *Fénelon*, des systèmes posés par *Fénelon*. Ce mot a été employé par *Voltaire*.

FÉNÉRATEUR, subst. mas. (*féneratenr*) (en latin *fenerator*), chez les anciens Romains, c'était ce que nous appelons *usurier*. Hors d'usage.

FÉNÉRATION, subst. fém. (*fénéracion*), usure. Hors d'usage.

FÉNÉRATOIRE, adj. des deux genres (*fénératoare*), usuraire. Hors d'usage.

FENESTRANGE, subst. propre fém. (*fenèce-tranje*), ville de France, chef-lieu de canton, arrond. de Sarrebourg, dép. de la Meurthe.

FENESTRÉ, E, part. pass. de *fenestrer*, et adj. (*fenècetré*), t. de bot., percé de trous à jour : *feuille fenestrée, fruit fenestré.*

FENESTRELLE, subst. fém. (*fenècetrèle*), t. de bot., nom d'une giroflée.

FENESTRER, v. neut. (*fenècetré*), faire le galant sous les *fenêtres* d'une femme. (*Boiste.*) Vieux et inus.

FENÊTRAGE, subst. mas. (*fenêtraje*), tout ce qui concerne les *fenêtres*. — Toutes les *fenêtres* d'une maison.

FENÊTRE, subst. fém. (*fenêtre*) (en lat. *fenes-*

tra, dérivé de φαίνεσθαι, luire, être éclairé), ouverture qui se fait dans les bâtiments pour leur donner du jour et de l'air à l'intérieur : *fenêtre haute, basse, carrée, ovale; impôt des portes et fenêtres*. On écrivait et on prononçait autrefois *fenestre*.—Il se dit aussi du bois et du vitrage qui composent la croisée : *ouvrir, fermer les fenêtres*. — En parlant d'une maison fort délabrée, on dit fig. et fam. : *cette maison n'a ni portes ni fenêtres*. — On dit prov. et fig., d'un importun dont on ne peut se débarrasser : *si vous le faites sortir par la porte, il rentrera par la fenêtre*, ou *chassez-le par la porte, il rentrera par la fenêtre*. — Prov. : *jeter tout par les fenêtres*, être prodigue et dissipateur. — *Entrer par les fenêtres*, réussir par des voies détournées. — En t. d'horlogerie, petite ouverture pratiquée dans une platine au-dessus du pignon, pour voir si l'engrenure a les conditions requises. — T. d'anat., nom de deux cavités qui composent la caisse du tambour de l'oreille. — *Fausse fenêtre, fenêtre feinte*, établie seulement pour la symétrie.

FENIL, subst. mas. (*fenile*), lieu où l'on serre les foins.

FENNEC, subst. mas. (*fenèke*), t. d'hist. nat., genre de mammifères de l'Afrique.

FENOUIL, subst. mas. (*fenouie*) (en lat. *feniculum*), t. de bot., plante bisannuelle ombellifère, dont la racine est comptée parmi les cinq grandes racines apéritives. On l'appelle aussi *fenouil commun* ou *doux*, et *aneth doux*. — Il se prend aussi pour la graine de la même plante : *fenouil confit; mettre du fenouil dans une sauce*.

FENOUILLETTE, subst. fém. (*fenou-iète*), espèce de pomme qui a le goût du *fenouil*. — Eau-de-vie rectifiée et distillée avec de la graine de *fenouil*.—L'*Académie* dit encore *fenouillet*, subst. mas. Encore une double orthographe et de différents genres pour une même signification.

FENTE, subst. fém. (*fante*), ouverture qu'on a faite en *fendant* ou qui s'est faite elle-même.— Sorte de greffe : *enter ou greffer en fente*.—*Bois de fente*, celui qu'on débite en le *fendant* pour en faire des échalas, des lattes, des cercles, du merrain, etc. — T. de chir., *fente capillaire*, espèce de fracture fort étroite, et quelquefois si fine qu'on a de la peine à la découvrir. — Au plur., gerçures ou intervalles de rocher, qui accompagnent souvent les sillons métalliques, et sont quelquefois remplis de mine.—En t. d'hydraul., *fente* se dit, dans une gerbe d'eau, de plusieurs *fentes* circulaires opposées l'une à l'autre, qu'on appelle aussi *portions de couronne*. Ce sont souvent des ouvertures formant des espèces de parallélogrammes.

FENTOIR, subst. mas. (*fantoar*), sorte de couperet à l'usage des bouchers.

FENTON (l'*Académie* écrit aussi **FANTON**. Pourquoi donc donner si souvent deux orthographes à un mot qui n'a qu'une même signification?), subst. mas. (*fanton*), morceau de fer ou de bois mis dans un mur pour soutenir le plâtre. — Morceau de fer disposé pour faire des clefs et autres ouvrages de serrurerie. — Chez les charpentiers, morceaux de bois coupés pour faire des chevilles.

FENU-GREC (Nous pensons que l'*Académie* a tort d'écrire **FENUGREC**, sans trait de division.), subst. mas. (*fenuguerèk*) (en lat. *fenum græcum*), t. de bot., plante originaire de Grèce, cultivée dans les jardins, et dont on compte plusieurs espèces.

FÉOD., abréviation du mot *féodal*.

FÉODAL, E, adj. (*fé-odale*), qui concerne les *fiefs*.—*Droit féodal*, droit qui traite des *fiefs*.— *Gouvernement féodal*, celui dans lequel les *droits féodaux* étaient exercés. — *Temps féodaux*, temps où le régime *féodal* était en vigueur.—Au plur. mas., *féodaux*.

FÉODALEMENT, adv. (*fé-odaleman*), en vertu du droit de *fief* : *on avait saisi cette terre féodalement*.

FÉODALISME, subst. mas. (*fé-odaliceme*), système de la *féodalité*; anarchie des nobles et des riches.

FÉODALITÉ, subst. fém. (*fé-odalité*), qualité de *fief*.—La foi et l'hommage dus au seigneur du *fief*.

FÉODATAIRE, subst. mas. (*fé-odatère*), nom qu'on donnait autrefois au possesseur d'un *fief*.

FÉODAUX, adj. mas. plur. Voy. **FÉODAL**.

FER, subst. mas. (*fère*) (en lat. *ferrum*), métal, lorsqu'il est pur, d'un gris bleuâtre assez brillant, très-dur, malléable, dont l'emploi dans les arts est très-considérable, et qui, uni à un peu de charbon, donne l'acier et la fonte : *fer battu, forgé, doux, cassant; battre, souder, affiner le fer; fers français, fers étrangers*. Il jouit de la propriété magnétique, que lui seul a d'abord fait connaître. — En style oratoire et poétique, poignard, épée, sabre, etc. — Instrument de fer pour repasser le linge.—Presque tous les arts et métiers ont des instruments ou outils de ce nom, désignés par des qualifications relatives à l'usage auquel ils sont destinés.—Dans la sayetterie d'Amiens, le poinçon dont on se sert pour plomber les étoffes.—*Fer de cheval*, ou simplement *fer*, celui dont on garnit la corne des pieds des chevaux. On dit par catachrèse, *fer d'or, fer d'argent*. — Prov. et fig., *quand on quitte un maréchal, il faut payer les vieux fers*, quand on quitte un ouvrier, il faut payer ce qu'on lui doit.—On appelle *fer de botte*, un morceau de *fer*, en forme de *fer* à cheval, dont on garnit le dessous des talons de bottes.—Prov. et fig. : *avoir toujours quelque fer qui loche*, être valétudinaire et avoir toujours quelques petites incommodités : *il y a quelque fer qui loche*, il y a quelque chose qui empêche l'affaire d'aller bien. — On dit encore au fig. et prov. : *cela ne vaut pas les quatre fers d'un chien*, en parlant d'une chose qui ne vaut absolument rien. Voy. **FER-A-CHEVAL**. — Prov. et fig., *un cœur de fer*, un cœur dur, insensible, impitoyable.—*Un ciel de fer*, un climat sauvage et toujours rigoureux.—Fam. : *cet homme a une tête de fer*, il est extrêmement opiniâtre; et dans le même sens : *il est roide comme une barre de fer, c'est une barre de fer*. il est inflexible, intraitable, inébranlable. — On dit aussi *c'est une tête de fer*, en parlant d'une personne infatigable dans les affaires, dans les études qui demandent une grande application, une grande contention d'esprit. — On dit fam., de quelqu'un qui use beaucoup ses habits et en peu de temps : *il userait du fer;* de quelqu'un qui a un excellent estomac : *il digérerait du fer;* de quelqu'un qui est robuste, qui résiste aux plus grandes fatigues, qui n'est jamais malade : *c'est un corps de fer, une santé de fer, un tempérament de fer;* enfin de quelqu'un qui a la main, le bras très-vigoureux, très-fort : *il a une main de fer, un bras de fer;* et au fig., *avoir un bras de fer*, exercer avec dureté, avec rigueur un pouvoir dont on est revêtu. — On dit prov. : *on n'est pas de fer*, pour exprimer qu'il est des fatigues auxquelles on ne peut résister; et dans le même sens : *il faudrait être de fer pour résister à de telles fatigues, pour tenir à ce métier*, etc. — On dit *un joug de fer*, pour dire un dur esclavage, une dure servitude. — *Un sceptre de fer*, un gouvernement dur et inhumain. — *Le fer d'une pique, le fer d'une lance, le fer d'une flèche*, la pointe de *fer* qui est au bout d'une pique, d'une lance, d'une flèche. — *Se battre à fer émoulu*, se battre avec des armes affilées; *lance à fer émoulu;* ces locutions étaient particulières aux joûtes, aux tournois dans lesquels on se battait avec des armes affilées, au lieu de n'employer suivant l'usage ordinaire que des armes émoussées et rabattues. — Fig. et fam., *se battre à fer émoulu*, disputer, plaider, contester sans aucun ménagement : *ces deux auteurs, ces deux plaideurs se battent à fer émoulu*.— En t. d'escrime, il s'emploie pour fleuret, épée : *croiser le fer; engager le fer*. — On dit aussi fam. en t. d'escrime, *battre le fer*, faire des armes, s'exercer à l'escrime avec des fleurets. — Fig. et fam., *il y a long-temps qu'il bat le fer*, se dit d'un homme qui s'adonne depuis long-temps à quelque étude, à quelque profession, à quelque exercice.—Les poètes, qui ont partagé les temps en quatre siècles, ont appelé *siècle de fer*, le siècle le plus dur et le plus barbare, en l'opposant au siècle d'or et au siècle d'argent; et dans ce sens on appelle encore *siècle de fer*, un siècle où la guerre est allumée partout, où l'injustice règne, où tout le monde souffre. — En t. de lingère, petite pièce qui s'ajuste en forme de doublure ou de soutien à l'épaulette de certaines chemises d'homme. — En bot., plante vivace, légumineuse, ainsi nommée de la forme de la silique qu'elle porte. Il y en a une autre espèce annuelle. — T. de passementier, *fer d'aiguillette*, petite pièce mince de fer-blanc, de cuivre ou d'argent, nommée aussi *afféron*, dont on garnit par le bout les lacets et les aiguillettes.—Au plur., chaînes, menottes, etc. : *il est aux fers; on leur a mis les fers aux mains*. — Fig. et poét., état d'esclave : *le peuple rompit ses fers; l'amour le tient dans ses fers*. — Instruments et outils de fer qui servent à divers usages : *des fers à friser, à dorer, à gauffrer, des fers de pâtissier*, etc. Les *fers* du relieur sont des outils de cuivre fondu, qui servent à appliquer l'or sur les livres.— Prov. : *employer le fer et le feu*, les remèdes ou les moyens les plus violents. — *Mettre les fers au feu*, commencer sérieusement à poursuivre une affaire. — *Il faut battre le fer tandis qu'il est chaud*, il faut poursuivre une affaire pendant qu'elle est en bon train.—*A fer et à clou*, solidement. — *Tomber les quatre fers en l'air*, se dit au propre d'un cheval, et au figuré, d'un homme renversé et qui est tombé sur le dos.—T. de jurispr., *cheptel de fer*, celui par lequel le propriétaire d'une métairie la donne à ferme, à la charge qu'à l'expiration du bail le fermier laissera des bestiaux d'une valeur égale au prix de l'estimation de ceux qu'il aura reçus.

FÉRA, subst. fém. (*féra*), t. d'astron., constellation australe composée de vingt étoiles.

FER-À-CHEVAL, subst. mas. (*férachevai*), escalier à deux rampes, en demi-cercle. — Pente douce qui a la même forme dans un parc.—Ouvrage en demi-cercle autour d'une place fortifiée. —On appelle *table en fer-à-cheval*, ou tout simplement un *fer-à-cheval*, une table disposée en croissant pour une grande réunion. —Au plur., des *fers-à-cheval*.

DU VERBE IRRÉGULIER FAIRE :

Fera, 3ᵉ pers. sing. fut. indic.
Ferai, 1ʳᵉ pers. sing. fut. indic.
Feraient, 3ᵉ pers. plur. prés. cond.
Ferais, précédé de *je*, 1ʳᵉ pers. sing. prés. cond.
Ferais, précédé de *tu*, 2ᵉ pers. sing. prés. cond.
Ferait, 3ᵉ pers. sing. prés. cond.

FÉRALES, subst. fém. plur. (*férale*), myth., fêtes pendant lesquelles on servait à manger aux morts sur leurs tombeaux.—On nommait aussi *Férales*, au mas., les dieux des enfers.

Feras, 2ᵉ pers. sing. fut. indic.

FERBÉRIA, subst. fém. (*fèrebéria*), t. de bot., sorte de plante voisine des althæas.

FER-BLANC, subst. mas. (*fèreblan*), *fer* en lames trempées dans de l'étain.—Au plur., des *fers-blancs*.

FERBLANTERIE, subst. fém. (*fèreblanteri*), commerce du *ferblantier*.—Ce mot manque dans l'*Académie*.

FERBLANTIER, subst. mas., au fém. **FERBLANTIÈRE** (*fèreblantié, tière*), ouvrier qui travaille le *fer-blanc*; qui vend de la *ferblanterie*. L'*Académie* ne donne pas le fém. de ce mot.

FER-CHAUD, subst. mas. (*fèrechô*), maladie qui consiste en une *chaleur* violente qui monte de l'estomac jusqu'à la gorge. — Au plur., des *fers-chauds*.

FERCTUM, subst. mas. (mot lat.) (*fèrktome*), myth., sorte de gâteau qu'on offrait dans les sacrifices chez les anciens Romains.

FERDING, subst. mas. (*fèredingue*), petite monnaie de Riga.

FÈRE (LA), subst. propre fém. (*lafère*), ville de France, chef-lieu de canton, arrond. de Laon, dép. de l'Aisne. Cette ville, qui est une place de guerre, a une école d'artillerie, de beaux arcenaux, et un hôpital militaire. Elle a beaucoup souffert dans les guerres de 1814 et 1815.

FÉREDGIE, subst. fém.(*férèdeji*), manteau fourré à l'usage des Turcs.

FÈRE-CHAMPENOISE (LA), subst. propre fém. (*laférechanpenoaze*), ville de France, chef-lieu de canton, arrondissement d'Epernay, dép. de la Marne.

FÈRE-EN-TARDENOIS (LA), subst. propre fém. (*laférantardenoa*), ville de France, chef-lieu de canton, arrondissement de Château-Thierry, dép. de l'Aisne.

FÉREIRIE, subst. fém. (*féréri*), t. de bot., arbuste du Pérou.

FÉRENTINA, subst. propre fém. (*féreintina*), myth., déesse adorée à *Ferentum*, ville du Latium.

FÉRÉOL, subst. mas. (*féré-ol*), t. de bot., arbre de Cayenne.

FÉRÉ, E, part. pass. de *férer*.

FÉRER, v. act. (*féré*), fêter, chômer, selon *Raymond*; frapper, selon *Boiste*. Selon nous, c'est dans l'un ou l'autre sens un barbarisme inutile.

FÉRÈS, subst. mas. (*férèce*), t. d'hist. nat., poisson cétacé.

FÉRET, subst. mas. (*féré*), t. de verrerie, verge de fer non percée avec laquelle on lève de la matière du verre, et l'on ajoute des ornements aux ouvrages que l'on veut faire. — Au pluriel, chez les ciriers, petits tuyaux de fer-blanc dans lesquels ils enferment la tête de la mèche des bougies.—T. de minér., sorte d'hématite, qui est une vraie mine de fer : *féret d'Espagne*. Voy. **FERRET**.

FÉRÉTRIUS, subst. propre mas. et lat. (*féréti-uce*), myth., surnom de Jupiter. Il fut appelé ainsi, parce que Romulus ayant porté les dépouilles de ses ennemis au Capitole, les suspendit à un chêne, où on les conserva long-temps, et où l'on bâtit un temple superbe en l'honneur de Jupiter, à qui Romulus avait consacré ces dépouilles.

Ferez, 2ᵉ pers. plur. fut. indic. du verbe irrégulier FAIRE.

FERI, subst. mas. (*féri*) (mot latin qui veut dire *frappe*), cri des anciens Romains pour s'animer au combat.

FÉRI, E, part. pass. de *férir*.

FÉRIABLE, adj. des deux genres (*féri-able*), de fête, réjouissant, agréable.

FÉRIAL, E, adj. (*féri-al*), qui est de férie : *office férial, lettre fériale*. Voy. au mot LETTRE.— Ce mot ne paraît pas avoir de pluriel masculin.

FÉRIE, subst. fém. (*féri*) (en lat. *feria*, fait de *ferire*, frapper, parce que les Romains, dans leurs *féries*, ou fêtes religieuses, immolaient des taureaux, etc.), t. d'église, pour désigner les différents jours de la semaine. *La seconde férie*, le lundi; *la troisième férie*, le mardi; *la quatrième férie*, le mercredi; *la cinquième férie*, le jeudi; *la sixième férie*, le vendredi; le *dimanche* et le *samedi* gardent leur nom, et ne s'appellent point la *première* ou la *septième férie*.— Chez les anciens Romains, jour de repos, fête. Les *féries* furent dans la suite distinguées des fêtes proprement dites, en ce que celles-ci étaient célébrées par des sacrifices et des jeux, au lieu que celles-là n'étaient marquées que par la cessation du travail.

FÉRIÉ, E, adj. (*féri-é*), vieux mot conservé à la bourse et au barreau dans cette phrase : *jour férié*, jour de vacances.

FÉRIER, v. act. et neut. (*féri-é*), fêter, chômer. Vieux et peu en usage.

Feriez, 2ᵉ pers. plur. prés. cond. du verbe irrégulier FAIRE.

FÉRIN, E, adj. (*férein, rine*) (du latin *ferinus*, de bête farouche; fait de *fera*, bête farouche, sauvage), t. employé par quelques anciens médecins pour désigner des maladies ou des causes de maladies qui portent un caractère de malignité : *un délire férin, une toux férine*. Peu en usage aujourd'hui.

Ferions, 1ʳᵉ pers. plur. prés. cond. du verbe irrégulier FAIRE.

FÉRIR, v. act. (*férir*) (en lat. *ferire*), frapper. Il n'est plus en usage que dans cette locution : *sans coup férir*, sans rien hasarder, sans combattre, sans éprouver de résistance.

FERLÉ, E, part. pass. de *ferler*.

FERLER, v. act. (*férelé*), t. de marine, plier et trousser entièrement les voiles.—SE FERLER, v. pron.

FERLET, subst. mas. (*férelè*), instrument de bois pour placer les feuilles de papier sur les cordes des étendoirs.

FERMAGE, subst. mas. (*féremaje*), louage, prix de ce qu'on a à *ferme*, à loyer.

FERMAIL, subst. mas. (*férema-ie*) (du verbe *fermer*), agrafe. Il est vieux. — Au plur., des *fermaux*.

FERMAILLÉ, subst. mas. (*féremá-ié*), treillis de *fer*. — On dit encore adj. en blason : *un écu fermaillé*, chargé de plusieurs *fermaux*.

FERMANT, E, adj. (*féreman, mante*), usité seulement dans ces phrases : *à nuit fermante*, quand la nuit approche; *à jour fermant*, à la fin du jour; *à portes fermantes*, quand on *ferme* les portes.

FERMATION, subst. fém. (*féremácion*), clôture. (*Boiste* et *Raymond*.) Entièrement inusité.

FERME, subst. fém. (*fèreme*) (du latin *firma*, employé dans la même acception par les auteurs de la basse latinité, parce que les *fermes* sont ordinairement fermées de murs, et qu'ils appelaient *firmus*, ferme, solide, stable, tout lieu *fermé*), petit domaine de campagne, métairie.—Bail ou louage, moyennant certain prix qu'on donne tous les ans au propriétaire.—Décoration du fond d'un théâtre.—Dans les bâtiments, assemblage de charpente, formé d'un entrait, de deux arbalétiers et d'un poinçon, qu'on place de distance en distance pour porter les pannes, faîte et chevrons d'un comble.

FERME, adj. des deux genres (*fèreme*) (en lat. *firmus*), qui tient fixement à quelque chose. — Qui se tient sans chanceler, sans s'ébranler : *être ferme à cheval, sur ses étriers, sur ses pieds*.— Fixe, assuré, en parlant du regard, de la voix, de la contenance, de la parole, du ton.—*De pied ferme*, sans bouger d'un lieu : *je vous attends de pied ferme depuis une heure*.—*Attendre l'ennemi d'un pied ferme*, l'attendre sans s'ébranler, et dans la résolution de lui résister avec fermeté. On dit dans le même sens : *combattre d'un pied ferme*. — En peinture, décidé, qui ne tâtonne point : *pinceau, touche ferme*.—Fort, robuste : *la main, le poignet, les reins fermes*.—Au fig. : *tracer d'une main ferme le tableau d'une époque, le portrait d'un personnage historique*, etc., raconter ces évènements, faire ce portrait, dans un style clair, énergique et rapide.—Compacte et solide : *terrein ferme, poisson qui a la chair ferme*. —En géographie, *la terre ferme*, c'est le continent. — Au fig., constant, inébranlable, invariable.— *Avoir le jugement ferme, l'esprit ferme*, avoir l'esprit droit et solide.—*Un style ferme*, un style fort et énergique. — En t. de man.: *cheval qui saute, cabriole, manie de ferme à ferme*, cheval qui saute, cabriole et manie sur le même terrein, sans partir d'une place.—En t. de manœuvres militaires, *conversion de pied ferme*, celle dont le pivot est fixe.—En t. de jeu de paume : *avoir le coup ferme*, pousser vigoureusement la balle.

FERME, adv. (*fèreme*), fortement, d'une manière *ferme* : *parler ferme, heurter ferme*. — *Faire ferme*, ne pas lâcher le pied.— *Tenir ferme*, ne pas se laisser gagner. — *Soutenir* ou *nier fort et ferme*, avec beaucoup d'assurance et sans hésiter.

FERME ! interjection (*fèreme*), courage !

FERMÉ, E, part. pass. de *fermer* et adj.—En t. de manuf., *drap bien fermé*, bien fabriqué, bien frappé, qui n'est point lâche, etc. — *Carde fermée*, dont les dents sont trop rapprochées.— En grammaire, *é fermé*. Voy. E. — Au fig. : *les yeux fermés*, signifie avec une confiance entière, absolue : *je signe les yeux fermés*.

FERMEMENT, adv. (*fèrememan*) (en lat. *firmè* ou *firmiter*), d'une manière *ferme*. — Avec assurance.—Constamment, invariablement.

FERMENT, subst. mas. (*fèreman*) (en lat. *fermentum*, fait de *fervere*, être échauffé, bouillir, bouillonner), levain, substance qui a la propriété d'exciter une *fermentation* dans le corps auquel on la mêle : *la levure de bière est un bon ferment*.— Au fig., ce qui fait naître ou entretient sourdement les haines, l'esprit de discorde, de rébellion, etc. : *un ferment de sédition*.

FERMENTABLE, adj. des deux genres (*fèremantable*), qui est susceptible de *fermenter*.

FERMENTATIF, adj. mas., au fém. **FERMENTATIVE** (*fèremantatif, tive*), qui a la vertu de *fermenter*.

FERMENTATION, subst. fém. (*fèremantácion*) (en lat. *fermentatio*, mouvement interne, qui se manifeste dans un liquide, dans un végétal, et par lequel ses parties se décomposent pour former un nouveau corps. Voy. EFFERVESCENCE.— Au fig., chaleur, agitation; division des esprits, des partis.

FERMENTATIVE, adj. fém. Voyez FERMENTATIF.

FERMENTÉ, E, part. pass. de *fermenter*.

FERMENTER, v. neut. (*fèremanté*) (en lat. *fermentare*), s'agiter, être en *fermentation*, se diviser par le moyen de la chaleur naturelle ou du *ferment* : *la pâte fermente*.— Fig., être dans l'agitation, être en grand mouvement : *les têtes, les esprits fermentent*. — Il se dit particulièrement des passions qui naissent et s'entretiennent secrètement : *l'esprit de rébellion fermentait sourdement*.—V. act., causer la *fermentation* : *le levain de l'estomac fermente les aliments*. On dit aujourd'hui *faire fermenter*.

FERMENTESCIBLE, adj. des deux genres (*fèremantècecible*), disposé à *fermenter*. Ce mot est nouveau.

FERMER, v. act. (*fèremé*) (en lat. *firmare*, affermir, assurer, fortifier), clore ce qui est ouvert : *fermer une chambre, un coffre*, etc.—Enclore : *fermer de murailles, de haies*, etc. — *Fermer boutique*, quitter le commerce ou faire banqueroute. — *Fermer un compte*, le solder. — *Fermer une étoffe*, la bien frapper sur le métier. —*Fermer une parenthèse*, marquer le crochet de la fin; et au fig., terminer une digression.—*Fermer la porte sur quelqu'un*, la fermer après qu'il est entré ou sorti. — *Fermer la porte au nez de quelqu'un*, pousser rudement la porte lorsqu'il se présente pour entrer.—*Fermer la porte à quelqu'un*, l'empêcher d'entrer.—*Fermer sa porte à quelqu'un*, ne plus vouloir l'admettre chez soi.— *Toutes les portes lui sont fermées*, il n'est reçu nulle part.—On dit absolument : *fermer sa porte*, ne plus recevoir de visites.—*Fermer la porte aux mauvaises pensées*, fig., les rejeter.—*Fermer la porte aux abus, aux désordres*, les empêcher de naître, de se renouveler. — Fig., et dans le style poétique : *fermer les portes du temple de Janus* signifie faire la paix, par allusion à la coutume des Romains de tenir ouvertes pendant la guerre, et fermées pendant la paix, les portes du temple de Janus, où la statue de la Guerre était enchaînée.— *Fermer une lettre, un paquet*, les plier et les cacheter.—*Fermer un chemin, un passage*, etc., le boucher. — *Fermer les portes, les passages d'un pays*, empêcher qu'on n'y entre et qu'on n'en sorte.—*Fermer le chemin à quelqu'un*, fig., lui ôter les moyens de faire quelque chose, et dans un sens analogue : *la porte des emplois, des honneurs, des grandeurs lui est fermée*, se dit fig., en parlant d'un homme qui n'a pas ou qui n'a plus les moyens de les obtenir. — Clore, arrêter, terminer : *fermer la session législative; fermer une discussion*. — *Fermer la marche*, être le dernier d'un cortége, d'une troupe de gens qui sont en marche.—Fig. : *fermer son cœur à quelqu'un*, cesser d'avoir de l'affection pour lui, ou lui cacher ses sentiments, ses pensées; et : *fermer le cœur de quelqu'un à un sentiment*, faire qu'il ne l'éprouve pas ou qu'il cesse de l'éprouver.— *Fermer les yeux*, mourir.— *Fermer les yeux à la lumière*, fig., se refuser à l'évidence.—*Fermer les yeux sur beaucoup de choses*, faire semblant de ne pas les voir.— On dit qu'*on n'a pas fermé l'œil de la nuit*, pour dire qu'on n'a pas dormi de toute la nuit. — *Fermer sa bourse à quelqu'un*, refuser de lui donner ou de lui prêter de l'argent. — En t. de comm., *les bourses sont fermées*, l'argent est rare, on en trouve difficilement à emprunter.—*Fermer les yeux à quelqu'un*, lui rendre des soins à ses derniers moments. — *Fermer les yeux sur quelque chose, sur les fautes, sur les défauts de quelqu'un*, ne pas les voir par faiblesse, par excès d'indulgence et de tendresse.—*Fermer l'oreille aux louanges; fermer l'oreille à la calomnie, à la médisance*, refuser d'écouter les louanges, la médisance, la calomnie. —*Fermer la bouche à quelqu'un*, fig., lui imposer silence, le convaincre de façon qu'il ne puisse répliquer.—*Fermer la bouche*, se dit particulièrement d'une cérémonie par laquelle le pape impose les doigts sur la bouche d'un nouveau cardinal, pour l'avertir qu'il n'a point encore voix délibérative.— *Fermer* se dit de la suspension ou de la cessation de certains exercices publics, de certaines professions : *fermer les écoles*, cesser d'enseigner dans les écoles; *fermer les églises*, cesser d'y exercer le culte; *fermer les théâtres*, n'y plus jouer; *fermer le palais*, cesser tout exercice de la justice.—T. de man., *fermer la volte, la passade* ou *d'autres airs en rond*, les terminer.— Être clos, et dans ce sens on l'emploie neutralement : *les portes de la ville ferment à telle heure; nous fermons aujourd'hui; les théâtres fermeront demain; ces fenêtres ne ferment pas bien*.— SE FERMER, v. pron. : *cette porte ne peut pas se fermer; cette plaie se fermera bientôt*.

FERMETÉ, subst. fém. (*fèremeté*), état de ce qui est *ferme*, solide : *ces pilotis n'ont pas assez de fermeté*. — Qualité d'un corps compacte : *ce poisson n'a pas la fermeté de la sole*.—Au fig., 1° constance, avec cette différence cependant, que la *fermeté* est le courage de suivre ses desseins et sa raison; et la *constance*, une persévérance dans ses goûts. On peut être *constant* avec une âme pusillanime, un esprit borné; mais la *fermeté* ne peut exister que dans un caractère plein de force, d'élévation et de raison. La légèreté et la facilité sont opposées à la *constance*; la fragilité et la faiblesse sont opposées à la *fermeté*; 2° courage dans l'adversité : *il a une grande fermeté d'âme, une grande fermeté dans ses maux*. — En peinture, *fermeté de pinceau, fermeté de touche*, manière de peindre qui n'annonce dans l'artiste ni tâtonnement, ni indécision. — On dit aussi fig. : *la fermeté du style*, pour exprimer la qualité d'un style qui a constamment de la concision et de la force.—*La fermeté de la main*, la sûreté, l'assurance de la main pour exécuter quelque chose.

FERMETTE, subst. fém. (*fèremète*), t. d'archit., petite *ferme*. (*Boiste*.) Presque inusité.

FERMETURE, subst. fém. (*fèremeture*), ce qui sert à *fermer*. — En t. de serrurier, la même chose que *pêne*. Voy. ce mot.—Dans les places de guerre, *fermeture des portes*, action de *fermer* les portes; le moment où on les *ferme* : *la* *garde prend les armes à la fermeture des portes.*

FERMEUR, subst. mas. (*fèremeur*), t. d'anat. : *fermeur des paupières*, muscle orbiculaire des paupières, ainsi nommé parce que la direction de ses fibres tend à rapprocher les paupières l'une de l'autre.

FERMIER, subst. mas., au fém. **FERMIÈRE** (*fèremié, miière*), celui, celle qui prend à *ferme*.— *Fermier général*, nom qu'on donnait en France à l'adjudicataire des fermes générales du roi, et plus proprement à chacune des cautions de cet adjudicataire. Ces cautions étaient au nombre de soixante, qu'on appelait *fermiers généraux*.

FERMOIR, subst. mas. (*fèremoar*), agrafe qui sert à tenir *fermé* un livre, un collier, etc.—Chez les menuisiers et les sculpteurs, ciseau fort tranchant et à deux biseaux. Les graveurs en bois ont aussi des *fermoirs*, dont les plus petits sont faits avec des aiguilles.—*Fermoir-néron* ou *à nez rond*, ciseau de menuisier dont le tranchant est en biais, pour pouvoir entrer plus facilement dans les angles rentrants.

FERNAMBOUC, subst. mas. (*fèrenanbouk*), t. de bot., sorte de bois du Brésil. — Subst. propre mas., l'une des villes principales de l'empire du Brésil.

FERNANDÈZE, subst. fém. (*fèrenandèze*), t. de bot., plante de la famille des orchidées.

FERNEL, subst. mas. (*fèrenèl*), t. de bot., arbre des îles de France et de Bourbon.

FERNÉLIES, subst. fém. plur. (*fèreneli*), t. de bot., famille de plantes rubiacées.

FERNEY-VOLTAIRE, subst. propre mas. (*fèrenèvoletère*), bourg de France, chef-lieu de canton, arrond. de Gex, dép. de l'Ain. Ce n'était d'abord qu'un chétif hameau. *Voltaire* y édifia cent dix maisons, et y établit une belle manufacture d'horlogerie. On remarque encore le château que cet homme illustre y habita pendant vingt ans.

FÉROCE, adj. des deux genres (*féroce*) (en lat. *ferox*, fait de *fera*, dérivé du grec θηρ, gén. θηρος, en éolique φηρ, gén. φηρος, bête féroce), farouche, cruel, dur : *les bêtes féroces; un esprit féroce; un regard féroce; une joie féroce; des habitudes féroces.*—On dit quelquefois subst. : *c'est un féroce; le féroce!*

FÉROCITÉ, subst. fém. (*férocité*) (en lat. *ferocitas*), caractère de ce qui est *féroce* : *naturel, regard, humeur féroce.* Voy. **BARBARIE**.—*La Bruyère* a dit (chap. V) : *il y aurait une espèce de férocité à rejeter indifféremment toutes sortes de louanges.* Nous doutons que *férocité*, quoique adouci par *une espèce*, soit ici le mot propre.

FÉROCOSSE, subst. mas. (*férokoce*), t. de bot., espèce de palmiste de l'île de Madagascar, qui porte un chou rond dont les habitants se nourrissent.

FÉROLE, subst. mas. (*férole*), t. de bot., grand arbre de la Guyane.

FÉRONIE, subst. fém. (*féroni*), t. d'hist. nat., insecte coléoptère, de la famille des carnassiers.— T. de bot., genre de plantes.—Subst. propre fém., myth., déesse des bois et des vergers. Le feu ayant un jour pris dans un bois qui lui était consacré, on voulut emporter sa statue pour la sauver de l'incendie; mais ceux qui se disposaient à le faire la laissèrent, parce que le feu s'étant éteint tout d'un coup, ils s'aperçurent que le bois reprenait déjà sa verdure. Ses prêtres marchaient, dit-on, sur des charbons ardents sans se brûler. Cette déesse était particulièrement honorée par les affranchis, parce que c'était dans son temple qu'ils recevaient le bonnet qu'il n'était permis qu'aux hommes libres de porter.—*Féronie* était aussi un des surnoms de Junon.

FÉRONIENS, subst. mas. plur. (*féroni-ein*), myth., prêtres qui sacrifiaient dans le temple de la déesse *Féronie*.

DU VERBE IRRÉGULIER FAIRE :

Ferons, 1re pers. plur. fut. indic.
Feront, 3e pers. plur. fut. indic.

FERRA, subst. mas. (*fèrera*), t. d'hist. nat., poisson du lac de Genève.

FERRAGE, subst. mas. (*fèraje*), t. de monn., droit que le maître de la monnaie paie aux tailleurs pour les *fers* qu'ils fournissent. — Droit qu'on payait aux égards ou jurés de la sayetterie d'Amiens, pour marquer les étoffes et y apposer le plomb qu'ils nomment *fers*.

FERRAILLAGE, subst. mas. (*fèrà-iaje*), action, habitude de *ferrailler*. Il est peu usité.

FERRAILLE, subst. fém. (*fèrà-ie*), vieux morceaux de *fer* usés ou rouillés.

FERRAILLÉ, E, part. pass. de *ferrailler*.

FERRAILLER, v. neut. (*fèrà-ié*), expression familière dont on se sert pour désigner l'habitude des spadassins, qui cherchent partout les occasions de se battre : *c'est un homme qui n'aime qu'à ferrailler.*—S'escrimer, se battre au fleuret. — Fig. et fam., disputer fortement, contester.

FERRAILLEUR, subst. mas. (*fèrà-ieur*), bretteur, qui fait profession de se battre. — Il se dit aussi de celui qui fait commerce de *ferraille*. — Les chaudronniers appellent *ferrailleurs*, des serruriers qui ne travaillent que pour eux, et dont tout l'ouvrage consiste à faire les grils, les pieds et les fourchettes de réchauds en tôle. Si l'on avait besoin de se servir de ce mot au fém., il ne faudrait pas hésiter à dire et à écrire *ferrailleuse*.

FERRANDINE, subst. fém. (*fèrandine*), étoffe de soie et de laine dont on fait des habits.

FERRANDINIER, subst. mas., au fém. **FERRANDINIÈRE** (*fèrandinié, nière*), ouvrier en *ferrandine*.

FERRANT, adj. mas. (*fèran*), qui *ferre* les chevaux. Il se joint toujours au mot *maréchal*.

FERRARE, subst. mas. (*fèrare*), t. de bot., genre de plantes de la famille des iridées.

FERRARE, subst. propre fém. (*fèrare*), ville forte des États de l'Église, chef-lieu de légation. On y compte plusieurs monuments remarquables. Les sciences et les arts lui ont valu plus de célébrité que l'industrie et le commerce.

FERRASSE, subst. fém. (*fèrace*), t. de verrerie, coffre de tôle que certains gobeletiers placent dans leur four de recuisson, pour recevoir leurs ouvrages.

FERRE, subst. fém. (*fère*), pince de verrier.

FERRÉ, E, part. pass. de *ferrer*, et adj., garni d'une *ferrure*.—*Eau ferrée*, eau dans laquelle on a plongé un *fer* ardent ou rouillé.—*Chemin ferré*, dont le fond est ferme et pierreux.—*Style ferré*, qui a de la dureté.—Fig. et fam., 1° *homme ferré*, *ferré à glace*, qui possède parfaitement la matière dont il parle; 2° *gueule ferrée*, qui mange le potage extrêmement chaud, ou qui dit facilement des injures et des duretés. — Prov. : *avaleur de charrettes ferrées*, fanfaron qui fait le brave; grand mangeur.

FERREMENT, subst. mas. (*fèreman*), outil de *fer*.—Au plur., t. de mar., tout ce qui est de *fer*, d'airain, de cuivre, de bronze, et qui entre dans la construction d'un bâtiment.—On nomme aussi *ferrement* l'action de mettre les *fers* aux galériens, au moment de leur départ.

FERRER, v. act. (*fèré*), garnir de *fer*.—Mettre les *fers* nécessaires à quelque instrument.— Garnir en fer-blanc, en cuivre, en argent, etc., les extrémités des aiguillettes.— Dans la sayetterie d'Amiens, marquer ou plomber les étoffes.— Frotter la filasse de chanvre contre un *fer* qui la broie, en briser les chenevottes, et les faire tomber. — *Ferrer un cheval à glace*, lui mettre des *fers* cramponnés. — *Ferrer d'or* ou *d'argent*, garnir d'or ou d'argent ce qui est ordinairement garni de *fer*.—*Ferrer un chemin*, le garnir de pierres ou de *ferraille*.—Prov. et fig. : *ferrer la mule*, faire des profits illicites. Il se disait surtout des domestiques et des commissionnaires qui font payer les choses plus qu'elles ne leur coûtent. —*N'être pas aisé à ferrer*, à persuader.

FERRET, subst. mas. (*fère*), *fer* d'aiguillette, de lacet.—En archit., endroit d'une pierre plus dur que le reste.—Dans les verreries, barre de *fer* légère et arrondie, de quatre à cinq pieds de long, dont on se sert pour divers usages.—Chez les épingliers, petite plaque de laiton ou de cuivre, taillée en triangle isocèle, dans laquelle on embrasse et serre les crénelures d'un petit enclumeau et avec le marteau, un bout ou même les deux bouts d'un cordon, d'un lacet, etc., pour en faciliter le passage dans les trous ou œillets qui leur sont destinés.

FERRETIER, subst. mas. (*fèretié*), marteau de maréchal pour ajouter des *fers* sur l'enclume à chaud et à froid.

FERRETTE, subst. propre fém. (*fèrète*), bourg de France, chef-lieu de canton, arrond. d'Altkirch, dép. du Haut-Rhin.

FERREUR, subst. mas., au fém. **FERREUSE** (*fèreur, reuze*), celui, celle qui *ferre* les aiguillettes.—Ouvrier qui pose les *ferrures*.

FERRIÈRE, subst. fém. (*fèrière*), sac de cuir qui contient tout ce qui est nécessaire pour *ferrer* un cheval.

FERRIÈRES, subst. propre fém. (*fèrière*), bourg de France, chef-lieu de canton, arrond. de Montargis, dép. du Loiret.

FERRIFICATION, subst. fém. (*fèrerifikâcion*), changement en *fer*.

FERRILITÉ, subst. fém. (*fèrerilité*), nom qu'on donne à une espèce de basalte.

FERRON, subst. mas. (*fèron*), marchand de *fer* en barres.

FERRONNERIE, subst. fém. (*fèroneri*), lieu où l'on vend, où l'on fabrique les gros ouvrages de *fer* ou de cuivre.— Menus ouvrages de *fer* que fabriquent les cloutiers.

FERRONNIER, subst. mas., au fém. **FERRONNIÈRE** (*fèronié, nière*), celui, celle qui vend des ouvrages de *fer*.

FERRONNIÈRE, subst. fém. Voy. **FERRONNIER**. —Joyau de femme dont le nom vient sans doute de la maîtresse de François Ier.

FERROTIER, subst. mas. (*fèrotié*), nom que, dans les verreries en plats, on donne aux garçons ou compagnons.

FERRUGINEUSE, adj. fém. Voy. **FERRUGINEUX**.

FERRUGINEUX, adj. mas., au fém. **FERRUGINEUSE** (*fèrerujineu, neuze*), qui participe de la nature du *fer*, ou qui contient des particules de ce métal.

FERRUGO, subst. mas. (*fèreruguô*), mot tout latin qui veut dire rouille.

FERRUMINATION, subst. fém. (*fèreruminâcion*), soudure de *fer*. Peu en usage.

FERRURE, subst. fém. (*fèrure*), garniture de *fer*.—Action de *ferrer* les chevaux. — Manière dont on les *ferre*. —*Fer* qu'on y emploie.

FERTÉ, subst. fém. (*fèreté*), vieux mot inusité qui voulait dire fermeté, force, courage.—Il signifiait aussi fort, forteresse, redoute, place fortifiée. On en trouve encore des traces dans les noms de plusieurs de nos villes et villages, tels que *la Ferté-Milon, la Ferté-Gaucher*, etc.

FERTÉ-ALEPS (LA), subst. propre fém. (*laféreté-alèpce*), ville de France, chef-lieu de canton, arrond. d'Étampes, dép. de Seine-et-Oise.

FERTÉ-BERNARD (LA), subst. propre fém. (*laférétébèrenar*), ville de France, chef-lieu de canton, arrond. de Mamers, dép. de la Sarthe.

FERTÉ-FRENEL (LA), subst. propre fém. (*laférètefrenel*), bourg de France, chef-lieu de canton, arrond. d'Argentan, dép. de l'Orne.

FERTÉ-GAUCHER (LA), subst. propre fém. (*laféretéguôché*), ville de France, chef-lieu de canton, arrond. de Coulommiers, dép. de Seine-et-Marne.

FERTÉ-MACÉ (LA), subst. propre fém. (*laféretémacé*), bourg de France, chef-lieu de canton, arrond. de Domfront, dép. de l'Orne.

FERTÉ-MILON (LA), subst. propre fém. (*laféretémilon*), ville de France, dép. de l'Aisne. Patrie de J. Racine.

FERTÉ-SAINT-AUBIN (LA), subst. propre fém. (*laféretéceintôbein*), bourg de France, chef-lieu de canton, arrond. d'Orléans, dép. du Loiret.

FERTÉ-SOUS-JOUARE (LA), subst. propre fém. (*laféretéçoujouare*), ville de France, chef-lieu de canton, arrond. de Meaux, dép. de Seine-et-Marne.

FERTÉ-SUR-AMANCE (LA), subst. propre fém. (*laféretéçuramance*), bourg de France, chef-lieu de canton, arrond. de Langres, dép. de la Haute-Marne.

FERTÉ-VIDAME (LA), subst. propre fém. (*laféretévidame*), bourg de France, chef-lieu de canton, arrond. de Dreux, dép. d'Eure-et-Loir.

FERTILE, adj. des deux genres (*fèretile*) (en lat. *fertilis*, fait de *ferre*, porter, produire), abondant, fécond, qui produit facilement quantité de choses.—*J.-B. Rousseau* (cantate III) a dit peu heureusement, en parlant des Muses :

Qui pourrait résister aux doux ravissements
Qu'excite votre voix *fertile?*

— *Sujet fertile*, sur lequel il y a beaucoup de choses à dire. Voy. **FÉCOND**.

FERTILEMENT, adv. (*fèretileman*), avec *fertilité*, abondamment.

FERTILISATION, subst. fém. (*fèretilizâcion*), action de *fertiliser*.—Mot utile qui manque dans l'*Académie*.

FERTILISÉ, E, part. pass. de *fertiliser*.

FERTILISER, v. act. (*fèretilizé*), rendre *fertile*. — *se* **FERTILISER**, v. pron.

FERTILITÉ, subst. fém. (*fèretilité*) (en latin *fertilitas*), abondance, qualité de ce qui est *fertile*.

FÉRU, E, part. pass. de *férir* (*féru*) ; c'est un vieux mot qui ne s'est même dit que dans les phrases suivantes : *être féru contre*...; irrité, indisposé : *il est féru de cette femme*, il en est amoureux

FÉRULE, subst. fém. (*férule*) (en lat. *ferula*), instrument dont on frappe les écoliers qu'on châtie.— Coup de *férule* : *il aura des férules*.— — Au fig. : *être sous la férule de quelqu'un*, sous son autorité, sa correction. — T. de bot., plante des pays chauds, à tige presque ligneuse, ombellifère, dont on tire le *galbanum*. Elle est connue par l'usage que faisaient les anciens de ses tiges molles et fongueuses, pour châtier les enfants dans les écoles.

FERVEMMENT, adv. (*fèrevaman*), avec *ferveur*.

FERVENT, E, adj. (*fèrevan, vante*) (en latin *fervens*, part. prés. de *fervere*, brûler), qui a de la *ferveur*.— On dit quelquefois subst. : *c'est un fervent, une fervente*.

FERVEUR, subst. fém. (*fèreveur*) (en lat. *fervor*, fait de *fervere*, être échauffé, brûler), ardeur, zèle avec lesquels on se porte aux choses de piété, de charité, etc.

FERVIDOR, subst. mas. (*fèrevidor*), nom donné d'abord au second mois de l'année républicaine en France, et auquel on substitua plus tard celui de *thermidor*.

FESCELLE, subst. fém. (*fècèle*), espèce de moule à fromage.

FESCENNIN, E, adj. (*fècènenein, nine*) (en latin *fescenninus*, fait de *Fescennia*, ville d'Italie dans l'Étrurie, d'où les *Fescennins* tiraient leur origine) : *vers fescennins*, vers libres et grossiers qu'on chantait à Rome dans les fêtes, et surtout aux noces : *poésie fescennine*.

FESOUR, subst. mas. (*fezour*), sorte de bêche à l'usage du saunier.

FESSE, subst. fém. (*fèce*) (du lat. *fissæ*, fendues, parce que les *fesses* sont séparées l'une de l'autre par une fente), partie charnue du derrière de l'homme et de quelques autres animaux à quatre pieds, notamment du cheval. — En parlant de l'homme, on dit plus communément au pluriel, *les fesses*. — Prov. et fig. : *s'en battre les fesses*, s'en moquer.— *Avoir chaud aux fesses*, avoir peur.— *N'y aller que d'une fesse*, ne pas oser agir fermement. — *En avoir dans les fesses*, faire une grande perte, essuyer un grand dommage. — En t. de boucherie et de cuisine, la *fesse* s'appelle *cimier* dans le bœuf, *éclanche* ou *gigot* dans le mouton, et *jambon* dans le cochon. —En t. de mar., on appelle *fesses*, les parties de l'arrière d'un bâtiment sous l'allonge de cornière tribord et bas-bord, et qui s'arrondissent en s'élevant au-dessus de sa flottaison : *les fesses d'un vaisseau, les fesses d'une frégate*.

FESSÉ, E, part. pass. de *fesser*.

FESSE-CAHIER, subst. mas. (*fèceka-ié*), celui qui gagne sa vie à faire des rôles d'écriture. — Au plur., des *fesse-cahier*.

FESSÉE, subst. fém. (*fécé*), coups de main ou de verges sur les *fesses* : *il a eu la fessée*. Il est du style familier.

FESSE-MATHIEU, subst. mas. (*fècematieu*) (par corruption de *face de Mathieu*, à cause du métier de publicain qu'exerçait avant sa vocation l'évangéliste *saint Mathieu*), usurier, celui qui prête sur gage. Il est familier. — Au plur., des *fesse-mathieu*.

FESSER, v. act. (*fécé*), fouetter ; frapper sur les *fesses*. — Fig. : *fesser son vin*, bien boire sans en être incommodé. — *Fesser le cahier*, faire beaucoup de rôles d'écriture.—En t. d'épinglier, battre un paquet de fils de laiton, à force de bras, sur un billot, en le tenant d'un côté, et tournant de l'autre à mesure qu'on le *fesse*.—SE FESSER, v. pron.

FESSEUR, subst. mas., **FESSEUSE**, subst. fém. (*féceur, ceuze*), fouetteur, qui aime à fouetter. Il est familier.—T. d'épinglier, *fesseur de têtes*, ouvrier qui tourne les têtes d'épingle, qui les rogne et qui les coupe.

FESSEUSE, adj. fém. Voy. FESSEUR.

FESSIER, subst. mas. (*fécié*), *fesses* de l'homme et de la femme. Il est familier. — En anat., on le dit adjectivement de plusieurs muscles des *fesses*.

FESSIÈRE, adj. fém. (*fécière*), t. d'anat., se dit de l'une des branches de l'hypogastre.

FESSU, E, adj. (*fécu*), qui a de grosses *fesses*.

FESTAGE, subst. mas. (*fècetaje*), droit de *festin* à l'avènement.

FESTAL, E, adj. (*fècetale*), de *fête*. Ce mot est vieux. — Sans plur. mas.

FESTIN, subst. mas. (*fècetein*) (du lat. *festum*, jour de fête ; parce qu'anciennement on ne donnait des repas extraordinaires que les jours de fête), repas magnifique, banquet. — *Il n'est festin que de gens chiches*, ceux qui vivent avec épargne se montrent souvent fastueux dans certaines occasions.

FESTINÉ, E, part. pass. de *festiner*.

FESTINER, v. act. et neut. (*fècetiné*), faire un *festin*. Peu usité à l'act. Il est familier.

FESTON, subst. mas. (*fèceton*) (du lat. *festum*, jour de fête; parce que cette espèce d'ornement se mettait aux portes des temples, les jours de fête et de réjouissance), faisceau de branches d'arbre garnies de leurs feuilles et entremêlées de fleurs et de fruits. — Ornement d'architecture qui représente ces sortes de *festons*. — Dans les broderies, etc., découpure en demi-cercle, bordée et arrêtée en points noués.

FESTONNÉ, E, part. pass. de *festonner*.

FESTONNER, v. act. (*fècetoné*), découper en *feston*. — SE FESTONNER, v. pron.

FESTOYÉ, E, part. pass. de *festoyer*.

FESTOYER, v. act. (*fècetoé-ié*), plusieurs écrivent, d'une manière plus conforme à l'analogie et à l'étymologie française, FÊTOYER (*fêtoé-ié*), régaler, faire bonne chère à quelqu'un ; lui faire *fête*. Il est familier.—L'*Académie* renvoie à *fêtoyer*. Ce dernier est cependant moins usité que le premier.

FESTUCAIRE, subst. mas. (*fècetukière*), t. d'hist. nat., sorte de vers intestinaux.

FÉTARDISE, subst. fém. (*fétardize*), nonchalance, paresse.

FÊTE, subst. fém. (*fête*) (du lat. *festum*, ou *dies festus*, dérivé du grec ἑστια, foyer, maison, dieu domestique, Vesta), jour consacré au service de Dieu en mémoire de quelque mystère ou en l'honneur de quelque saint.—*Fête d'une personne*, le jour de la mort du saint dont elle porte le nom. — *Payer sa fête*, faire un festin à ses amis le jour de sa *fête*. — Réjouissance publique qui se fait en des occasions extraordinaires. — Par extension, réjouissances qui se font dans des assemblées particulières. — Fam., *faire fête à quelqu'un*, le caresser, lui faire amitié. — *Troubler la fête*, troubler la joie. — On appelle *trouble-fête*, celui qui trouble une *fête* ou qui interrompt des personnes qui s'amusent, qui se divertissent. — *Se faire de fête*, se rendre utile, nécessaire ; se mêler d'une chose où l'on ne nous appelle pas. — Fam., *se faire fête de quelque chose*, se promettre d'avance d'en avoir du plaisir. — *Il n'est pas tous les jours fête*, on ne s'amuse pas tous les jours. — Myth., les Égyptiens, les Grecs et les Romains avaient un très-grand nombre de *fêtes*. Ils auraient cru les profaner, s'ils en eussent troublé la joie en faisant subir à quelque criminel le supplice qu'il avait mérité. On se couronnait de fleurs, on s'abstenait des paroles qu'on regardait de mauvais augure. Quelquefois on ouvrait les prisons publiques, etc. Mais aussi on s'y livrait souvent aux excès de débauche les plus honteux.

FÊTÉ, E, part. pass. de *fêter*, et adj. : *c'est un homme bien fêté*, bien reçu partout.

FÊTE-DIEU, subst. fém. (*fête-dieu*), *fête* du saint-sacrement. — Au plur. des *fêtes-Dieu*.

FÊTER, v. act. (*fêté*), chômer, célébrer une *fête* : *on fête aujourd'hui tel saint*, etc. — Recevoir, accueillir avec des démonstrations de joie, accompagnées quelquefois de compliments et de réjouissances : *quand il parut dans cette société, tout le monde s'empressa de le fêter*. — Prov. : *c'est un saint qu'on ne fête point*, c'est un homme sans crédit, sans autorité. — SE FÊTER, v. pron.

FÉTEUR, subst. fém. (*féteur*), exhalaison puante du corps. (*Boiste*.) Inusité.

FETFA, subst. mas. (*fètefa*), chez les Turcs, jugement ou décision par écrit du mufti.

FÉTICHE, subst. mas. (*fétiche*) (en portugais *festisso*, charme), idole des nègres de Guinée, etc. — On dit aussi, adj. et des deux genres : *arbre fétiche*, etc.

FÉTICHISME, subst. mas. (*fétichiceme*), culte des *fétiches*. — Myth., culte religieux, ainsi nommé des *dieux fétiches*, auxquels on le rendait. Ces prétendues divinités étaient des dieux tutélaires que chacun se faisait à sa fantaisie, comme une mouche, un oiseau, un lion, une montagne, un arbre, une pierre, un poisson, la mer même. Il y a des peuples barbares chez lesquels on trouve encore le *fétichisme* avec toutes ses extravagances.

FÉTIDE, adj. des deux genres (*fétide*) (en lat. *fetidus*, fait de *fetere*, sentir mauvais, avoir mauvaise odeur), qui a une odeur forte et désagréable.

FÉTIDIER, subst. mas. (*fétidié*), t. de bot., arbre d'Afrique.

FÉTIDITÉ, subst. fém. (*fétidité*), état, qualité de ce qui est *fétide*.

FÉTOYER, et non pas **FÊTOYER** avec l'*Académie*. Voy. FESTOYER.

FÉTU, et non pas **FÊTU** avec l'*Académie*, subst. mas. (*fétu*) (en lat. *festuca*, pour lequel on dit par métaplasme *festucum*), petite partie du tuyau de paille.

FÉTU-EN-CUL, subst. mas. (*fétu-anku*), t. d'hist. nat., oiseau gros comme un pigeon.

FÉTUQUE, subst. fém. (*fétuke*), t. de bot., plante de l'ordre des graminées, dont les espèces sont très-nombreuses.

FEU, subst. mas. (*feu*) (du latin *focus*, foyer, fait du grec φωγω, je brûle), matière très-subtile, qui par son action produit au moins la chaleur, et souvent l'embrasement. Les anciens chimistes regardaient le *feu* comme un élément simple et altérable; les chimistes modernes y distinguent deux objets : le calorique et la lumière. — *Delille*, dans sa traduction des *Géorgiques*, a dit au pluriel : *ce bois éprouvé par les feux*. On dit bien *les feux souterrains*, *les feux de l'amour*, etc., mais on ne dit point absolument *les feux* pour *le feu*. — Il se dit des divers degrés de chaleur. — Il a le sens d'embrasement, d'incendie; *le feu a pris à cette maison*. — Cheminée où l'on fait le *feu*. — Les chenets et les autres ustensiles qui servent à garnir une cheminée. — Ménage, famille. — Flambeaux, torches, fanaux. — *Feu de joie*, *feux* qu'on allume la nuit dans les rues et dans les places publiques en signe de réjouissance. — *Feu d'artifice*, composition de matières combustibles, faite dans les règles de la pyrotechnie, pour être tirée dans des réjouissances publiques ou particulières, ou pour être employée à la guerre contre les ennemis : *on tira un beau feu d'artifice, composé de fusées volantes, de soleils fixes et tournants, de chandelles romaines, de gerbes*, etc. — En t. de marine, on appelle *feux d'artifice*, des compositions de soufre, de bitume et autres matières combustibles dont on se sert dans un combat naval pour mettre le *feu* aux vaisseaux dans lesquels on les jette. — *Feu!* est un terme de commandement, pour dire aux canonniers ou aux soldats de tirer. — *Faire feu des deux bords*, tirer le canon des deux côtés du vaisseau en même temps. — *Donner le feu à un bâtiment*, c'est brûler des fagots, etc., pour chauffer sa carène qui est démergée. — *Feu grégeois*. On donne ce nom à une espèce de *feu d'artifice* dont on se servait à la guerre avant l'invention de la poudre à canon : *lancer le feu grégeois*. — T. de guerre, on appelle *armes à feu*, les mousquets, les fusils, les pistolets, etc.; et *coup de feu*, la blessure causée par le coup d'une arme à *feu*. — *Feu* se dit de celui que font les troupes en tirant avec l'artillerie ou la mousqueterie : *faire feu sur l'ennemi*. — *Le feu d'une place*, les décharges que l'on fait d'une place avec les armes à *feu* que l'on emploie pour la défendre. *Faire taire le feu d'une place*, en démonter les batteries. — *Aller au feu*, aller au combat. — On dit qu'un fusil, qu'un pistolet fait *long feu*, lorsque le coup ne part pas aussi vite qu'à l'ordinaire.— T. de religion, les anciens appelaient *feu sacré* un brasier que l'on conservait toujours allumé dans les temples, et dont le soin était confié aux prêtres ou aux prêtresses : *l'idolâtrie du feu a été répandue chez presque tous les anciens peuples*. Chez les Romains, *Vesta* était considérée comme *la divinité du feu*, ou le *feu* même : *l'extinction du feu sacré de Vesta a été regardée comme un présage funeste*. — Les chrétiens disent *le feu de l'enfer*, pour signifier les tourments de l'enfer; et les catholiques disent de plus, *le feu du purgatoire*, pour signifier les peines du purgatoire. — Coups des armes à feu : *être sous le feu des ennemis*. — Météores enflammés : *l'air était tout en feu*. — Brillant, éclat : *le feu d'un rubis, d'un diamant*, etc. — Inflammation, ardeur : *le feu de la fièvre*. — On le dit au fig., 1° des passions : *le feu de la colère*; 2° des séditions, des mouvements populaires : *le feu de la discorde, de la révolte*; 3° de la vivacité de l'esprit : *orateur plein de feu, esprit tout de feu*. — *Pompe à feu*, *machine à feu*, machine avec laquelle on élève l'eau au moyen de la vapeur de l'eau bouillante. — On dit que *du vin a du feu*, pour dire qu'il a de la chaleur ; qu'*une cuve jette son feu*, lorsqu'elle est dans la plus violente tourmente de la fermentation; en t. de jardinage, qu'*un arbre a jeté son feu*, lorsqu'il commence à pousser vigoureusement, et que, son action se ralentissant bientôt après, il ne pousse plus que de chétives branches. — Les médecins donnent quelquefois le nom de *feu Saint-Antoine*, ou *feu sacré*, à l'érysipèle ; celui de *feu persique*, à une espèce de dartre qui entoure le corps en forme de ceinture; celui de *feu volage* ou *sauvage*, à une autre dartre vive qui attaque particulièrement le visage des enfants, et en occupe tantôt une partie, tantôt une autre.—En chirurgie, *feu actuel*, fer chaud qu'on applique sur quelque partie du corps ; *feu potentiel*, celui que renferment les cautères et autres remèdes caustiques. — Les vétérinaires appellent *feu Saint-Antoine*, une maladie qui attaque les brebis et consiste en boutons douloureux; et simplement *feu*, *le feu*, une autre maladie des brebis qu'ils nomment aussi *mal rouge*, et dont le symptôme le plus remarquable et le plus constant est une rougeur qui se répand généralement sur toute la peau.— En t. de manège, on dit qu'*un cheval a du feu*, pour dire qu'il a de la vivacité. Il ne faut pas confondre en ce sens le mot *feu* avec celui d'*ardeur*: *le feu* est momentané et s'apaise, l'*ardeur* est une qualité permanente. — *Accoutumer un cheval au feu*, c'est l'accoutumer à entendre tirer des coups de fusil, de canon, etc., sans s'effrayer. — On appelle *marque de feu*, le roux éclatant dont est coloré naturellement le poil de certains chevaux, bai-brun, aux flancs, au bout du nez et aux fesses : *ce cheval a plusieurs marques de feu*. — *Feu central*, *feu* qu'on suppose au centre de la terre, et que plusieurs physiciens ont regardé comme la cause de la végétation, de la formation des minéraux, etc. — *Feu follet*, météore enflammé semblable à une flamme légère qui voltige dans l'air à une certaine distance de la terre dans les endroits marécageux, dans les cimetières, etc. — *Feu Saint-Elme*. Voy. CASTOR ET POLLUX. — *Feux souterreins*, qui se trouvent naturellement sous terre. — On appelle *feu électrique* le phénomène que l'on aperçoit lorsque la matière de l'electricité, étant suffisamment rassemblée et dirigée d'une manière convenable, éclate et brille à nos yeux, s'élance comme un éclair, embrase, fond, consume les corps susceptibles d'être consumés, et produit dans ces corps plusieurs effets du *feu* ordinaire. On nomme encore *feu électrique* ce fluide très-délié et très-actif qui est répandu dans tous les corps, qui les pénètre et les fait mouvoir suivant certaines lois d'attraction et de répulsion, et qui opère tous les phénomènes de l'électricité. On a donné à ce fluide le nom de *feu*, à cause des propriétés qui lui sont communes avec le *feu élémentaire;* entre autres, celle de luire à nos yeux au moment qu'il s'élance avec impétuosité pour entrer dans les différents corps ou en sortir, celle d'allumer les matières inflammables, etc.—*Feux chimiques*, les différents feux employés en chimie : 1° *feu de sable*, *feu de cendres*, *de limailles de fer*, lorsque le vaisseau mis sur le *feu* est entouré, et par-dessous et aux côtés, de sable, de cendre ou de limaille de fer; 2° *feu de lampe*, lorsque le vaisseau est échauffé par la chaleur toujours égale d'une lampe allumée ; 3° *feu de fusion* ou *de roue*, lorsqu'on environne de charbons allumés le creuset qui contient la matière qu'on veut mettre en fusion ; 4° *feu de réverbère*, qui a lieu dans un fourneau couvert d'un dôme ; 5° *feu de suppression*, lorsqu'on met le *feu* sur la matière qu'on veut brûler: 6° *feu nu*, lorsque le vaisseau distillatoire est posé immédiatement sur le *feu*. — *Passer une chose par le feu*, à travers la flamme, afin d'en ôter le mauvais air.—*Prendre l'air du feu*, *prendre un air de feu*, se chauffer à la hâte et en passant. — *Donner le premier feu à une étoffe en teinture*, la passer pour la première fois dans une teinture bouillante. — *Couleur de feu*, rouge vif et foncé, qu'on nomme aussi *ponceau*.—T. de jurispr., *la peine du feu*, supplice qui consiste à brûler vif un criminel : *condamner au feu*.—*Feu* se dit des petites chandelles ou bougies dont on se sert dans certaines adjudications. Il y a *le premier feu*, *le second feu*, *le troisième feu*, etc., c'est-à-dire la première, la seconde, la troisième bougie, etc.—*Faire une adjudication à l'extinction des feux*, adjuger une chose mise à l'enchère au moment où la bougie cesse de brûler. — *J'en mettrais la main au feu*, manière d'affirmer ce que l'on dit, par allusion à l'ancienne coutume de constater la vérité d'un fait par l'épreuve du *feu*, et l'attouchement d'un fer chaud. — *Mettre tout à feu et à sang dans un pays*, le saccager, le ravager. — On dit de deux choses : *c'est le feu et l'eau*, pour dire qu'elles sont tout-à-fait contraires, opposées; et aussi de deux personnes lorsqu'elles ne peuvent se souffrir, qu'elles ne peuvent vivre ensemble, qu'elles sont toujours en opposition, en querelle. — On dit d'une ardeur, d'un zèle, d'une passion que l'on présume ne devoir pas durer longtemps : *c'est un feu de paille, ce n'est qu'un feu de paille*.—On dit qu'*il n'y a pas de fumée sans feu*, ou qu'*il n'y a point de feu sans fumée*, pour dire que les bruits qui courent sont ordinairement occasionnés par quelque chose de réel, ou qu'il est impossible de cacher toujours une passion violente que l'on a dans le cœur. — *Mettre le feu aux étoupes, mettre le feu aux poudres*, c'est porter à faire quelque éclat des personnes qui s'y trouvent disposées. — On dit qu'*un homme n'a jamais quitté le coin de son feu*, pour dire qu'il n'a jamais voyagé. — On appelle *feu d'enfer*, un *feu* très-ardent : *il y a toujours dans cette forge un feu d'enfer*. — Dans les cuisines, *on fait griller des viandes au feu d'enfer ;* et en parlant des batailles, on dit que *la troupe faisait un feu d'enfer*, que *les assiégés font un feu d'enfer*, pour dire que le *feu* de la mousqueterie ou de l'artillerie était très-considérable, très-vif et continuel. — Fam.: *n'avoir ni feu ni lieu*, n'avoir point de retraite assurée, être fort pauvre. — *Etre dans son coup de feu*, très-occupé d'un travail dont on ne saurait se distraire. — Fig., 1° *prendre feu*, s'échauffer, parler avec vivacité; 2° *brûler un homme à petit feu*, faire durer longtemps ses chagrins et ses peines qu'on pourrait abréger; 3° *mettre le feu sous le ventre à quelqu'un*, l'exciter vivement à quelque chose ; 4° *être entre deux feux*, attaqué de deux côtés ; 5° *jeter de l'huile sur le feu*, irriter des personnes déjà aigries ; 6° *jeter feu et flamme*, être dans une grande colère ; 7° *être tout de feu*, plein d'ardeur, de zèle pour, etc. ; 8° *se jeter au feu pour quelqu'un*, l'aimer jusqu'à tout sacrifier pour lui. — Prov.: *mettre les fers au feu*. Voy. FER.— Au plur., des *feux*. — Cet élément fut révéré comme un dieu chez les Chaldéens, les Perses, les Indiens, les Grecs, etc. On lui consacra des temples, on lui dressa des autels, on lui immola des victimes.

FEU (TERRE DE), subst. propre fém. (*tèredefeu*), grand archipel à l'extrémité sud de l'Amérique méridionale.

FEU, **E**, adj. (*feu*) (du lat. *fuit*, il fut, il a vécu), défunt, défunte; qui est mort il n'y a pas long-temps.—Ce mot n'a point de pluriel, ni même de féminin, quand il est placé avant l'article ou le pronom : on dit *la feue impératrice, ma feue mère*, et *feu l'impératrice, feu ma mère*. Ces exceptions, qui ont été faites par l'*Académie*, d'après le père *Bouhours*, ne sont plus guère observées aujourd'hui par les gens de lettres. On donne à cet adjectif les mêmes accidents qu'aux autres, et on dit fort bien au pluriel : *feus mes oncles*, et au féminin, *feue la reine*. (Laveaux.)

FEUDATAIRE, subst. des deux genres (*feudatère* (du lat. barbare *feudaterius*, fait du mot non moins barbare *feudum*, fief), dans le régime féodal, celui, celle qui possède un *fief*, et qui doit foi et hommage au seigneur suzerain.

FEUDISTE, subst. mas. (*feudicete*), homme versé dans la matière des *fiefs*. — On a dit aussi adjectivement : *docteur feudiste*.

FEUILLADE, subst. fém. (*feu-iade*), t. de bot., expansion laminée ou foliacée de certaines plantes, des mousses, fougères, etc.

FEUILLAGE, subst. mas. (*feu-iaje*), branche d'arbre couverte de *feuilles*.—Toutes les *feuilles* d'un ou de plusieurs arbres. — Ornement qui imite les feuilles.

FEUILLAISON, subst. fém. (*feu-ièzon*), t. de botanique, époque de l'année où chaque espèce de plante pousse ses premières *feuilles*. C'est à tort que *Bulliard* a confondu ce mot avec celui de *foliation*, consacré par *Linnée* à la manière dont les *feuilles* sont roulées dans le bouton. Voy. FOLIATION.

FEUILLANT, subst. mas., au fém. **FEUILLANTINE** (*feuie-ian*, *tine*), religieux, religieuses, qui vivaient sous l'étroite observance de la règle de *saint Bernard*, ainsi nommés du bourg ou village de *Feuillant* en Languedoc (*Folium*), où était l'abbaye chef-lieu de cet ordre. — Membres d'un club qui s'assemblait dans l'ancien couvent des *Feuillants*, à Paris. Voy. CLUB.

FEUILLANTINE, subst. fém. Voy. FEUILLANT. —Sorte de gâteau *feuilleté*.

FEUILLARD, subst. mas. (*feu-iar*), branches de bois de châtaignier fendues que les tonneliers emploient à faire des cercles, avant d'être courbées. — *Feuillard de fer*, des bandes de fer qui servent au même usage.

FEUILLE, subst. fém. (*feu-ie*) (en lat. *folium*, fait du grec φυλλον ou φυλλιον), partie de la plante qui en garnit les tiges et les rameaux. Il se dit des arbres et des herbes. Les botanistes appellent *bractées* ou *floréales*, de petites *feuilles* situées dans le voisinage des fleurs, et qui quelquefois ne paraissent qu'avec elles.—On appelle *feuilles séminales*, les cotylédons développés en *feuilles* par la germination ; *feuilles primordiales*, de petites *feuilles* qui, outre les cotylédons, sont déjà visibles dans l'embryon. — *Feuille simple*, celle qui est d'une seule pièce ; *feuille composée*, celle qui est formée de plusieurs folioles.— *Feuille* se dit aussi de pièces qui forment la corolle de quelques fleurs : *une feuille de rose*.—Certaine étendue de papier : *une main de papier doit avoir vingt-cinq feuilles ; une feuille d'impression*.— Il se dit aussi de certains cahiers volants sur lesquels on écrit tous les jours ce qui regarde le courant, ou des affaires publiques, ou de l'économie particulière : *signer, arrêter, parapher, viser la feuille ;* et d'une *feuille* d'impression qui doit se plier en plus ou moins de *feuillets*, suivant la grandeur du volume où l'on doit la faire servir : *imprimer une feuille; corriger une feuille ; tirer une bonne feuille*.— *Feuille de route*, indication imprimée des logements d'un soldat ou d'une troupe en voyage, et désignation du chemin qu'on doit tenir. —*Feuille* se dit d'un journal : *les feuilles publiques*. — On nomme *feuille volante*, une *feuille* imprimée ou écrite, qui est seule et détachée ; et *feuille périodique*, une *feuille* imprimée qui paraît à des temps réglés. — *Feuille de présence*, celle qu'on signe pour constater sa présence. — *Feuille des bénéfices* ou *des pensions*, liste des bénéfices ou des pensions dont la nomination appartient au roi. — *Feuille* se dit de l'or, de l'argent, du cuivre, etc., lorsqu'il est battu extrêmement mince: *feuille d'or, d'argent, de cuivre, d'étain*, etc.— On appelle aussi *feuille* la petite lame de métal que l'on met sous les pierres précieuses pour leur donner plus d'éclat. — En t. de chirurgie, petite superficie qui se détache quelquefois d'un os, lorsqu'il a été offensé : *l'os s'est levé par feuilles*.—En t. d'ébéniste, menues pièces de bois précieux débité très-mince. —En t. de miroitier, couche d'étain, de vif-argent, etc.—En t. de menuisier, pièce ou bâtis de parquet qui est d'une forme carrée. — Un des châssis d'un paravent, qui se plient l'un sur l'autre. — En t. d'archit., *feuille d'acanthe*, ornement du chapiteau corinthien. — *Trembler comme la feuille*, trembler de peur.—*A la chute des feuilles*, à la fin de l'automne.—*Vin de deux feuilles, de trois feuilles*, de deux ans, de trois ans. — Au plur., t. de verrerie, verres destinés à vitrer les appartements, à couvrir les estampes, etc., lorsqu'on a étendu et développé les manchons.

FEUILLÉ, **E**, adj. (*feu-ié*), qui porte des *feuilles*, ou qui est garni de *feuilles*. C'est, en botanique, l'opposé d'*aphylle*. Voy. ce mot.— Dans le blason, il se dit des plantes dont les *feuilles* sont d'un émail différent. — Subst. mas. ; en peinture, on appelle *feuillé*, et le paysage qui représente le *feuillage* d'un arbre, et la manière même de *feuiller*.

FEUILLE-AMBULANTE, subst. fém. (*feuianbulante*), t. d'hist. nat., genre d'insectes de l'ordre des orthoptères.—Au plur., des *feuilles-ambulantes*.

FEUILLE-DE-BUFFLE, subst. fém. (*feuiedebufle*), t. de bot., ortie de Java. — Au plur., des *feuilles-de-buffle*.

FEUILLE-DE-CHÊNE, subst. fém. (*feuiedechène*), t. d'hist. nat., insecte nocturne.—Au plur., des *feuilles-de-chêne*.

FEUILLE-DE-CHOU, subst. fém. (*feuiedechou*), t. d'hist. nat., l'hippopope, espèce de coquille.— Au plur., des *feuilles-de-chou*.

FEUILLE-DE-CROCODILE, subst. fém. (*feuiedekrokodile*), t. de bot., sorte de sainfoin. — Au plur., des *feuilles-de-crocodile*.

FEUILLE-DE-FIGUIER, subst. fém. (*feuiedefiguié*), t. d'anat., assemblage de sillons rameux et profonds, creusés à la face interne de l'os pariétal.—Au plur., des *feuilles-de-figuier*.

FEUILLE-DE-LAURIER, subst. fém. (*feuiedelôrié*), t. d'hist. nat., espèce d'huître.—Au plur., des *feuilles-de-laurier*.

FEUILLE-DE-MYRTE, subst. fém. (*feuiedemirte*), t. de chir., sorte d'instrument pour nettoyer le bord des plaies. — Au plur., des *feuilles-de-myrte*.

FEUILLE-DE-SAUGE, subst. fém. (*feuiedeçôje*), t. de chir., sorte de bistouri. — Au plur., des *feuilles-de-sauge*.

FEUILLE-DE-SCIE, subst. fém. (*feuiedeci*), t. de blason, fasce ou bande danchée d'un seul côté.—Au plur., des *feuilles-de-scie*.

FEUILLE-DE-TULIPE, subst. fém. (*feuiedetulipe*), t. d'hist. nat., espèce de coquille. — Au plur., des *feuilles-de-tulipe*.

FEUILLE-D'INDE, subst. fém. (*feuiedeinde*), t. de bot., sorte de plante de la famille des lauriers.—Au plur., des *feuilles-d'Inde*.

FEUILLÉE, subst. fém. (*feui-é*), le *feuillage* d'un arbre. — Branches d'arbres nouvellement coupées.

FEUILLE-MORTE, adj. (*feuiemorte*), sorte de couleur qui ressemble à celle des *feuilles* sèches : *un satin feuille-morte*. Il est aussi subst. mas. : *un beau feuille-morte*.—Ce subst. mas., composé de deux mots féminins, est assez ridicule ; mais nous craignons de ne pas avoir le droit de le trouver tel, puisque nous lisons cette absurdité dans le *Dictionnaire de l'Académie*. Nous savons bien que l'on dit et que l'on peut très-bien dire : *un ruban feuille-morte; du satin feuille-morte*. Mais il y a ellipse dans ces locutions; c'est comme si l'on disait : *un ruban du satin de la couleur d'une feuille morte*.—Au plur., des *feuilles-mortes*.

FEUILLE-PERCÉE, subst. fém. (*feuieperecé*), t. de bot., variété d'une espèce de draconte. — Au plur., des *feuilles-percées*.

FEUILLER, subst. mas. (*feuié*). Voy. FEUILLÉ, subst. mas., au mot FEUILLÉ, E, adj.

FEUILLER, v. neut. (*feu-ié*), représenter les *feuilles* d'un arbre.—Prendre des *feuilles* : *les arbres commencent à feuiller*. Voy. FEUILLIR.

FEUILLERET, subst. mas. (*feuieré*), espèce de rabot long et plat, dont le fût porte une *feuillure*, et sert aux menuisiers à pousser les *feuillures*.

FEUILLE-ROMAINE, subst. fém. (*feuieromène*), t. de bot., espèce de mûrier blanc.—Au plur., des *feuilles-romaines*.

FEUILLET, subst. mas. (*feuié*), partie d'une *feuille* de papier qui contient deux pages.—Chez les menuisiers, 1° bordure très-déliée et comme aiguisée en *feuilles* ; 2° planche mince propre à faire des panneaux, etc. ; 3° petite règle appelée aussi *réglette*.—Les imprimeurs ont une réglette du même nom, de l'épaisseur à peu près d'un quart de ligne. — Chez les cardiers, peau de veau qui sert d'assiette aux pointes de la carde.—Rouleau de laine préparée pour être filée.—Chez les mammifères ruminants, la troisième des quatre poches de l'estomac, formant une petite cavité dont les parois sont garnies de lames rapprochées, et parallèles entre elles comme les *feuillets* d'un livre. —Au plur., t. de bot., espèce de lames qui tapissent la surface interne de plusieurs champignons.

FEUILLETAGE, subst. mas. (*feuietaje*), chez les pâtissiers, la pâte *feuilletée*.—Manière de la faire.

FEUILLETÉ, E, part. pass. de *feuilleter*, et adj. —En bot., composé de lames ou garni de *feuillets*.—*Gâteau feuilleté*, dont la pâte se lève par *feuilles*.

FEUILLETER, v. act. (*feuieté*), tourner les *feuillets* d'un livre.—Plier, manier et rouler de la pâte avec du beurre.—*Feuilleter une brochure*, la parcourir rapidement.—*se* FEUILLETER, v. pron.

FEUILLETIS, subst. mas. (*feuieti*), angle qui sépare la partie supérieure d'une pierre avec l'inférieure. — Endroit d'une carrière d'ardoise où l'ardoise est tendre et facile à diviser.

FEUILLETON, subst. mas. (*feuieton*), en t. d'imprimerie, sorte de réglette mince destinée, dans la composition, à distinguer des mots ou des additions de la matière du texte. C'est de là qu'on a nommé *feuilleton* la partie inférieure d'un journal, dans laquelle on traite des matières littéraires, et qui est imprimée avec des caractères plus petits que le corps du journal.—En t. de relieur, petit cahier composé du tiers de la feuille imprimée de format in-12.

FEUILLETTE, subst. fém. (*feuiète*), vaisseau contenant un demi-muid de vin ou environ.

FEUILLI, E, part. pass. de *feuillir*.

FEUILLIR, v. neut. (*feuie-ir*), se couvrir de *feuilles*.

FEUILLISTE, subst. mas. (*feuie-icete*), t. de dénigrement, auteur de méchantes *feuilles*, de pamphlets, etc. La même chose que *folliculaire*.—Mot de la création de *Beaumarchais*, et qui n'a cependant pas eu de succès.

FEUILLU, E, adj. (*feu-iu*), chargé de *feuilles*, ou ayant un certain nombre de *feuilles* fort rapprochées.

FEUILLURE, subst. fém. (*feu-iure*), en t. de menuisier, tout angle rentrant fait dans le bois parallèlement à son fil.—*Feuillures de porte, de fenêtre*, bords de porte, de fenêtre, qui s'emboîtent dans des châssis.

FEU-PENG, subst. mas. (*feupeingue*), t. de bot., plante de la Chine.

FEURRE, subst. mas. (*feure*) (du lat. barbare *furrum* ou *forrum*, employé dans le même sens, et qui signifiait proprement une espèce de jonc propre à servir de litière aux chevaux. *Casenave*.) Ce mot s'est dit pour *foarre*. Paille de toute sorte de blé, et particulièrement paille à empailler les chaises.

FEURS, subst. mas. plur. (*feur*), t. de jurispr., frais faits pour la culture des terres.

FEURS, subst. propre mas. (*feur*), ville de France, chef-lieu de canton, arrond. de Montbrison, dép. de la Loire.

FEUTIER, subst. mas. (*feutié*), anciennement celui qui avait soin, chez le roi, d'entretenir le feu des appartements.

FEUTRAGE, subst. mas. (*feutraje*), action de *feutrer*. — En t. de chapelier, façon que l'on donne aux capades en les *feutrant* avec la main.

FEUTRAITE, subst. fém. (*feutrète*), t. de vieille féod., droit que l'on payait au seigneur pour exploiter une mine.

FEUTRE, subst. mas. (*feutre*) (du lat. barbare *feltrum* ou *filtrum*, employé dans le même sens par les écrivains de la basse latinité, et qui vient de l'allemand *filt* ou *filz*, qui a également la même signification), espèce d'étoffe non tissue qui se fait en foulant le poil ou la laine dont elle est composée. — Échantillon de laines mélangées qu'on *feutre*, pour juger par leur effet des proportions à établir dans le mélange à faire pour les draps teints en laine. — Sorte de bourre dont les selliers *feutrent* les selles.— Chapeau de *feutre* : *et son feutre à grands poils*, a dit *Boileau*.— T. de chapellerie, *dresser le feutre*, le mettre sur une forme de bois, pour lui donner la figure d'un chapeau.

FEUTRÉ, E, participe passé de *feutrer*, et adj.: *laines feutrées*, laines si dures et si mêlées qu'elles font le *feutre*.

FEUTREMENT, subst. mas. (*feutreman*), action, manière de *feutrer*.

FEUTRER, v. act. (*feutré*), mettre du *feutre* dans quelque chose. — Manier l'étoffe d'un chapeau, le façonner.—En t. de sellier, garnir une selle de bourre. — *se* FEUTRER, v. pron.

FEUTRIER, subst. mas. (*feutrié*), ouvrier qui prépare le *feutre* ou les échantillons pour les draps mélangés.

FEUTRIÈRE, subst. fém. (*feutri-ère*), t. de chapelier, morceau de toile forte, dans laquelle on enveloppe les capades pour les *feutrer* à chaud, au moyen d'une plaque en fonte sous laquelle il y a du feu.

FEUX, subst. mas. plur. Voyez FEU.

FÈVE, subst. fém. (*fève*) (en lat. *faba*), sorte de légume long et plat, qui vient dans des gousses. — On appelle *roi de la fève*, celui à qui est échue la *fève* d'un gâteau qu'on partage la veille ou le jour des Rois.— Maladie de la bouche du cheval, qu'on appelle aussi *lampas*. — En histoire naturelle, la même chose que *chrysalide*. Voyez ce mot. — *Fève d'Égypte*, plante exotique. — *Fève de marais* ou *de jardin*, plante à fleur légumineuse, originaire de Perse, cultivée dans les jardins, et employée en aliment.— Myth., légume célèbre par les cérémonies superstitieuses dans lesquelles on s'en servait, plus encore par l'exactitude avec laquelle les disciples de Pythagore s'abstenaient d'en manger.

FÈVEROLE, et non pas **FÉVEROLE**, subst. fém. (*fèverole*), petite *fève*. Il se dit principalement des *fèves* de haricot quand elles sont sèches. — Petite espèce de *fèves* de marais, originaire d'Égypte.

FÉVIER, subst. mas. (*févié*), t. de bot., plante légumineuse.

FÈVRE, subst. mas. (*fèvre*), t. de salines, ouvrier chargé de l'entretien des chaudières.

FÉVRIER, subst. mas. (*févrié*) (en lat. *februarius*, fait de *februalia*, fêtes que les anciens Romains célébraient dans ce mois, et qui consistaient dans une *purification* générale de tout le peuple : *februare*, expier, purifier, offrir aux mânes des sacrifices expiatoires), second mois de l'année. — Myth., ce mois était sous la protection de Neptune. On y célébrait les Lupercales, les Fébruales, les Terminales, etc.

FEZ, subst. propre mas. (*fèze*), ville de Barbarie, chef-lieu de la province de ce nom.

FEZZAN, subst. propre mas. (*fèzan*), pays d'Afrique, dans la Barbarie, tributaire du pachalik de Tripoli.

FI ! sorte d'interjection qui marque le mépris, l'aversion, l'horreur. (De l'interjection latine *fi* ou *phy*, qui se trouve dans *Plaute* avec le même sens, et qui est prise vraisemblablement du grec φεῦ, employé quelquefois pour exprimer également l'horreur, l'indignation.) ; on la construisait autrefois avec la prép. *de* : *fi du bonheur malhonnête!* — *Faire fi de quelqu'un, de quelque chose*, le dédaigner, la mépriser.

FI, subst. mas. (*fi*), maladie, lèpre qui vient aux bœufs.

FIACRE, subst. mas. (*fiakre*) (d'une image de saint *Fiacre*, qui servait d'enseigne, à Paris, à un hôtel de la rue Saint-Antoine où l'on a commencé à louer les *fiacres*), cocher de voiture de place. — La voiture même. — *Chanter comme un fiacre*, à tue-tête et mal.

FIAMÈTE, subst. fém. (*fiamète*), couleur rouge qui imite celle du feu.

FIANÇAILLES, subst. fém. plur. (*fiançâ-ie*) (du lat. *fidentia*, assurance dans la *foi*, la fidélité de quelqu'un, fait de *fides*, foi), promesse de mariage en présence du curé ou d'un prêtre commis par lui.—Ce mot se disait aussi anciennement de tout ce qu'on promettait sur sa *foi*.

FIANCÉ, subst. mas., **FIANCÉE**, subst. fém. (*fiancé*), celui, celle qui a fait promesse de mariage.

FIANCÉ, E, part. pass. de *fiancer*.

FIANCER, v. act. (*fiancé*), promettre, engager sa foi.—Faire les cérémonies des *fiançailles*.—Donner son fils ou sa fille par promesse solennelle. —*se* FIANCER, v. pron., s'engager à quelqu'un.

FIANFIRO, subst. mas. (*fianfiro*), t. d'hist. nat., espèce de poisson.

FIASQUE, subst. mas. (*fiaceke*) (de l'italien *fiasco*, qui veut dire bouteille), sorte de bouteille empaillée. — Mesure d'Italie.

FIAT, interj. (*fi-ate*) (mot latin), sorte de souhait signifiant *que cela se fasse*.

FIATOLE, subst. mas. (*fi-atole*), t. d'hist. nat., poisson de mer fort commun en Italie.

FIBER, subst. mas. (*fibère*), t. d'hist. nat., rat musqué du Canada.

FIBICHE, subst. fém. (*fibiche*), t. de bot., genre de plantes de la famille des graminées.

FIBIGIE, subst. fém. (*fibiji*), t. de bot., espèce de plante.

FIBRAURE, subst. mas. (*fibrôre*), t. de bot., arbrisseau de la Cochinchine.

FIBRE, subst. fém. (*fibre*) (en latin *fibra*), se dit des filaments déliés, longs, blancs et forts des parties membraneuses ou charnues du corps de l'animal. — *Avoir la fibre délicate*, avoir de la disposition à s'émouvoir, à s'affecter. — En t. de bot., petits filets ligneux extrêmement minces, qui, suivant quelques botanistes, forment, par leur rapprochement, des vaisseaux et des canaux.

FIBREUSE, adj. fém. Voy. FIBREUX.

FIBREUX, adj. mas., au fém. FIBREUSE (*fibreu, breuze*), qui a des *fibres*. — Qui ressemble à des *fibres*.—*Fruit fibreux*, celui dont la chair ou le péricarpe est rempli ou traversé de filaments plus ou moins tenaces, etc. On dit aussi *noix fibreuse, racine fibreuse*.

FIBRILLAIRE, adj. (*fibrilère*), qui a rapport aux *fibrilles*.

FIBRILLE, subst. fém. (suivant le *Dictionnaire critique*, on prononce *fibri-ie* ; suivant plusieurs autres et l'*Académie*, on prononce *fibrile*), petite *fibre*.

FIBRINE, subst. fém. (*fibrine*), t. de chimie, substance qui entre dans la composition des animaux, et qui constitue particulièrement la *fibre* musculaire.

FIBRINEUSE, adj. fém. Voy. FIBRINEUX.

FIBRINEUX, adj. mas., au fém. FIBRINEUSE (*fibrineu, neuze*), qui tient, qui appartient à la *fibrine*.

FIBRO-CARTILAGE, subst. mas. (*fibrokartilaje*), t. d'anat., se dit des organes qui tiennent le milieu, pour leur texture, entre le tissu fibreux et le tissu cartilagineux.

FIBRO-CARTILAGE-ACCIDENTEL, adj. mas., au fém. **FIBRO-CARTILAGE-ACCIDENTELLE** (*fibrokartilajakcidantèl*), t. d'anat., se dit des productions *fibro-cartilagineuses* qui se forment *accidentellement* dans nos organes.

FIBRO-CARTILAGINEUSE, adj. fém. Voy. FIBRO-CARTILAGINEUX.

FIBRO-CARTILAGINEUX, adj. mas., au fém. FIBRO-CARTILAGINEUSE (*fibrokartilajineu, neuze*), t. d'anat., qui a rapport ou qui appartient aux *fibro-cartilages.*

FIBRO-MUQUEUSE, adj. fém. Voy. FIBRO-MUQUEUX.

FIBRO-MUQUEUX, adj. mas., au fém. FIBRO-MUQUEUSE (*fibromukieu, kieuze*), t. d'anat., se dit de certaines membranes unies à celles *muqueuses.*

FIBRO-SÉREUSE, adj. fém. Voy. FIBRO-SÉREUX.

FIBRO-SÉREUX, adj. mas., au fém. FIBRO-SÉREUSE (*fibrôcéreu, reuze*), t. d'anat., qui tient de la nature des membranes *fibreuses* et *séreuses.*

FIBULAIRE, subst. fém. (*fibulère*), t. d'hist. nat., genre de coquillage ; oursin.

FIBULATION, subst. fém. (*fibulâcion*) (du lat. *fibula*, agrafe, crampon), t. de chir., action, art de réunir les lèvres d'une plaie.

FIBULE, subst. fém. (*fibule*) (en latin *fibula*), mot que les antiquaires ont fait passer dans notre langue, pour désigner un bouton, une boucle ou une agrafe. Inusité.

FIC, subst. mas. (*fike*) (du latin *ficus*, figue), t. de médec. et de chir., espèce de tumeur qui ressemble à une *figue*, et qui peut survenir sur toutes les parties du corps, mais particulièrement à l'anus et aux organes génitaux. — Excroissance qui vient aux pieds des chevaux.

FICAIRE, subst. fém. (*fikière*), t. de bot., sorte de plante renonculacée.

FICELÉ, E, part. pass. de *ficeler*, et adj. : *voilà une femme ficelée*, belle et jolie tout à la fois; *un habit ficelé*, superbe. Ces expressions sont triviales, mais fort usitées.

FICELER, v. act. (*ficelé*), lier avec de la *ficelle*. — SE FICELER, v. pron.

FICELEUR, subst. mas. (*ficeleur*), t. de métier, celui qui *ficelle*.

FICELLE, subst. fém. (*ficèle*) (suivant *Huet*, du latin *fidicella*, diminutif de *fides*, gén. *fidium*, cordes d'instrument), petite corde de fil de chanvre, pour lier de petits paquets, etc.

FICELLIER, subst. mas. (*ficèlié*), dévidoir sur lequel on met la *ficelle*.

FICHANT, E, adj. (*fichan, chante*), t. de fortification, *feu fichant*, celui qui part d'un bastion et entre dans la face d'un bastion voisin. — Fam., le peuple dit : *c'est fichant*, pour, c'est contrariant, désagréable.

FICHE, subst. fém. (*fiche*) (du latin *fixa*, part. pass. fém. de *figere*, ficher), morceau de fer ou de cuivre servant aux pentures des portes, fenêtres, armoires, etc. — Dans l'arpentage, la même chose que piquet. — Marque que l'on donne au jeu et que l'on fait valoir plus ou moins. *Fiches de consolation*, celles qu'on donne au jeu en sus du bénéfice ou de la chance ordinaire. C'est de là que vient l'expression figurée de *fiche de consolation*, qui exprime le dédommagement de quelque perte, ou l'adoucissement à quelque disgrace. — Sorte de grand couteau pointu, à lame très-mince, dont les maçons se servent pour faire entrer du mortier dans les joints des pierres, après qu'elles sont posées.

FICHÉ, E, part. pass. de *ficher*, et adj. — Fam., fixé : *avoir les yeux fichés en terre, fichés sur quelque chose.* — Il se dit, en t. de blason, des croix et des croisettes qui ont le pied aiguisé.

FICHER, v. act. (*fiché*), faire entrer par la pointe : *ficher un clou, un pieu.*— Faire entrer, avec la *fiche*, du mortier dans les joints des pierres. — En t. de cardier, insérer les pointes des cardes dans les petits trous du feuillet. — Pop., *ficher malheur*, contrarier vivement. — SE FICHER, v. pron., se moquer ; cette expression est populaire.

FICHERON, subst. mas. (*ficheron*), petit fer en façon de cheville carrée et endentée, dont la tête est percée d'un trou.

FICHET, subst. mas. (*fiché*), petit morceau d'ivoire ou d'autre matière dont on se sert au trictrac pour marquer les trous que l'on a gagnés.

FICHEUR, subst. mas. (*ficheur*), ouvrier qui fait entrer le mortier dans le joint des pierres.

FICHOIR, subst. mas. (*fichoar*), morceau de bois fendu qui sert à faire tenir des estampes ou autres choses à une corde.

FICHON, subst. mas. (*fichon*), sorte de stylet.

FICHU, E, adj. (*fichu*), t. de mépris et bas. Mal fait, impertinent : *voilà un fichu compliment.*— *Il est fichu*, perdu.

FICHU, subst. mas. (*fichu*) (de *ficher ; mouchoir fiché*, c'est-à-dire *pointu*), sorte de mouchoir en pointe que les femmes mettent sur le cou.

FICHUMENT, adv. (*fichuman*), ridiculement. Ce terme est bas et peu en usage.

FICHURE, subst. fém. (*fichure*), espèce de trident avec lequel on darde le poisson dans l'eau.

FICOÏDAL, E, adj. *fiko-idale*), t. de bot., qui tient de la *ficoïde*. — Au plur. mas., *ficoïdaux*.

FICOÏDE, subst. fém. (Nous ne trouvons ce mot du genre mas. que dans l'*Académie*.) (*fiko-ide*) (du lat. *ficus*, figuier, et du grec εἶδος, forme, ressemblance, à cause de la conformité de quelques-uns des caractères de ces plantes avec ceux du figuier), t. de bot., genre de plantes otiques, grasses, succulentes, de la famille des cactiers.

FICTEUR, subst. mas. (*fikteur*), t. d'antiq., sculpteur qui exerçait son état sur la cire.

FICTICE, adj. des deux genres (*fiktice*), ce qui est feint. Voy. FICTIF, qui est plus usité.

FICTIF, adj. mas., au fém. **FICTIVE** (*fiktif, tive*) (du lat. *fictitius*, artificiel, fait par art, qui n'est pas naturel), feint, qui n'existe que par supposition. — *Poids fictifs*, très-petits poids qui ont entre eux des rapports proportionnels à ceux des poids ordinaires, et dont on ne se sert que pour les essais. — T. de jurispr., il se dit de quelque chose qui n'est pas réel, mais que l'on suppose par *fiction* : *une rente est un immeuble fictif, et un héritage un immeuble réel.* — FICTIF, FICTICE. (*Syn.*) *Fictif* diffère de *fictice*, en ce que la chose *fictive* est celle qui feint, c'est-à-dire qui, par fiction, représente, imite, figure une chose existante ou réelle, et que la chose *fictice* est celle qui est feinte, c'est-à-dire qui n'est qu'une fiction, une chose imaginée, controuvée, supposée sans réalité : le papier monnaie n'est qu'une monnaie *fictive*, représentant une monnaie réelle; il n'est aussi qu'une richesse *fictice*, n'ayant point de valeur réelle ou intrinsèque. (*Roubaud*.)

FICTION, subst. fém. (*fikcion*) (en lat. *fictio*, fait de *fingere*, feindre), invention fabuleuse; production des arts qui n'a pas de modèle complet dans la nature : *ce poème est rempli de belles fictions.* — Mensonge. — *Fiction de droit*, celle qui est autorisée par la loi en faveur de quelqu'un.

FICTIONNAIRE, adj. des deux genres (*fikcionère*) : *droit fictionnaire*, fondé sur des *fictions* de droit.

FICTIVE, adj. fém. Voy FICTIF.

FICTIVEMENT, adv. (*fiktiveman*), par *fiction*.

FIDÉICOMMIS, subst. mas. (*fidé-ikomi*) (en lat. *fideicommissum*, *commissum fidei*, chose commise ou confiée à la foi, à la fidélité), t. de jurispr., disposition par laquelle un testateur charge son héritier de rendre à un autre les biens qu'il lui laisse.

FIDÉICOMMISSAIRE, subst. et adj. des deux genres (*fidéi-komicère*), t. de jurispr., celui qui est chargé d'un *fidéicommis*.

FIDÉICOMMISSAIREMENT, adv. (*fidé-ikomicèreman*), d'une nature, d'une manière *fidéicommissaire*. Presque inusité.

FIDÉJUSSEUR, subst. mas. (*fidéjuceceur*) (du lat. *fidejubere*, cautionner, être garant, formé de *fide*, ablatif de *fides*, foi, fidélité, et de *jubere*, ordonner, enjoindre; *jubere suâ fide*, engager sous sa foi, sous sa garantie, à prêter, etc.), t. de jurispr., celui qui s'oblige de payer pour un autre qui ne paierait point.

FIDÉJUSSION, subst. fém. (*fidéjucecion*) (en lat. *fidejussio*), t. de jurispr., cautionnement.

FIDÈLE, subst. et adj. des deux genres (*fidèle*) (en lat. *fidelis*), celui, celle qui est dans la vraie religion. — Vrai croyant. En ce sens, il s'emploie plus souvent au plur. : *l'Eglise est l'assemblée des fidèles*..... — Adjectivement : *le peuple fidèle.* — En parlant des personnes, qui a de la *fidélité*, qui garde la foi. — *Fidèle* se dit particulièrement de ceux qui ont de la probité, qui sont incapables de détourner des effets, ou de tromper dans les dépenses qu'on leur confie : *ce domestique est fidèle, il ne vous ferait pas tort d'un centime.* — *Une mémoire fidèle* est celle qui retient avec une extrême exactitude ; *un souvenir fidèle* est celui qui est sincère et durable. — En parlant des choses, conforme à la vérité.

FIDÈLEMENT, adv. (*fidèleman*), d'une manière *fidèle*.

FIDÉLITÉ, subst. fém. (*fidélité*) (en lat. *fidelitas*), foi, loyauté, constance dans les affections, *garder fidélité à*.... — Probité scrupuleuse, qui fait qu'un domestique ne détourne rien de ce qui appartient à son maître, et ne le trompe point dans la dépense dont le détail lui a été confié : *vous pouvez compter sur la fidélité de ce domestique ; il est d'une fidélité éprouvée.* — Vérité, exactitude : *la fidélité d'une histoire, d'un rapport.* — En t. de peinture, exactitude à bien représenter jusqu'aux moindres détails de la nature. — *Fidélité de la mémoire*, qualité d'une mémoire *fidèle*, qui retient bien et rend avec exactitude. — *La fidélité en amour* est cette attention continuelle par laquelle celui qui aime, occupé des serments qu'il a faits, est engagé sans cesse à ne jamais devenir parjure.

FIDICULE, subst. fém. (*fidikule*), t. d'astron., la lyre, constellation.

FIDIUS, subst. propre mas. (*fidi-uce*), myth., fils de Jupiter, divinité qui présidait aux alliances.

FIDUCIAIRE, subst. et adj. des deux genres (*fiducière*) (en latin *fiduciarius*, fait de *fiducia*, confiance), t. de jurispr., celui qui est chargé par le défunt de remettre à quelqu'un une succession en tout ou en partie.

FIDUCIAIREMENT, adv. (*fiducièreman*), d'une manière *fiduciaire*.

FIDUCIE, subst. fém. (*fiduci*), t. de pratique, confiance. — Vente simulée. Vieux mot hors d'usage.

FIDUCIEL, adj. mas., au fém. **FIDUCIELLE** (*fiducièle*), il se dit en horlogerie du point de la division d'un limbe qui sert de guide et de règle, et de la ligne qui passe par le centre et par ce point.

FIDUCIELLE, adj. fém. Voy. FIDUCIEL.

FIEF, subst. mas. (*fièf*) (du latin barbare *feudum*, employé en ce sens par les auteurs de la basse latinité, et dérivé, suivant les uns, de *fides*, foi, à cause de la fidélité due par le vassal au seigneur ; et selon d'autres, de *fœdus*, traité, alliance, à cause des obligations respectives contractées par le seigneur et les feudataires), domaine noble. Il n'y a plus de *fiefs* en France. — *Fief dominant*, domaine dont relevaient d'autres *fiefs.* — *Arrière-fief, fief* mouvant d'un autre *fief.* — *Fief de dignité*, celui auquel une dignité était annexée. — *Fief servant*, celui qu'un vassal tenait du seigneur dont il relevait à la charge de foi et hommage. — *Franc-fief*, fief possédé par un roturier. — *Droit de franc-fief*, droit domanial qui se levait sur les roturiers qui possédaient des terres nobles. On disait aussi : *taxe de franc-fief.*

FIEFFAL, E, adj. (*fièfale*), qui appartient à un *fief.* — Au plur. mas., *fieffaux*; mais il est presque inusité.

FIEFFANT, subst. mas. (*fièfan*), t. de palais, celui qui donne une terre à *fief*, à rente foncière et perpétuelle.

FIEFFATAIRE, subst. des deux genres (*fièfatère*), celui ou celle qui prend une terre à *fief*, à rente foncière et perpétuelle.

FIEFFÉ, E, part. pass. de *fieffer*, et adj., qui a un *fief.* — Qui dépend d'un *fief* : *fermier fieffé.* — Fig. et pop. : *fripon, ivrogne fieffé ; coquette fieffée*, qui est au suprême degré fripon, ivrogne, coquette. Il ne se prend qu'en mauvaise part.

FIEFFER, v. act. (*fièfé*), donner en *fief.* Usité seulement en jurisprudence. — SE FIEFFER, v. pron.

FIEL, subst. mas. (*fièl*) (en lat. *fel*, gén. *fellis*), liqueur jaunâtre et amère, contenue dans un petit réservoir attaché au foie. — Au fig., haine, ressentiment, aigreur, colère. — *Etre sans fiel*, n'avoir point d'esprit de vengeance. — *S'abreuver de fiel*, être dans l'affliction. — *Fiel de terre.* Voy. FUMETERRE. — En Suisse, on donne ce nom à la petite centaurée. — T. de verrerie : *fiel de verre*, suint provenant des compositions de verre, dont l'alcali fixe végétal est le fondant.

FIENTE, subst. fém. (*fiante*) (corruption du latin *fimetum*, fumier. *Ménage.*), excréments de divers animaux.

FIENTÉ, E, part. pass. de *fienter*.

FIENTER, v. neut. (*fianté*), jeter ses excréments, en parlant des animaux.

FIENTEUSE, adj. fém. Voy. FIENTEUX.

FIENTEUX, adj. mas., au fém. FIENTEUSE (*fianteu, teuze*), plein de *fiente*.

FIER, v. act. (*fié*) (du lat. *fidere*, *se fier*, fait de *fides*, foi, fidélité), commettre à la fidélité de quelqu'un : *fier sa vie à quelqu'un*. Peu usité. Il ne s'emploie guère ordinairement qu'avec le pronom personnel.—SE FIER, v. pron., avoir de la confiance, s'assurer sur quelqu'un ou sur quelque chose. — Ironiquement : *fiez-vous-y; fiez-vous à cela; fiez-vous à ces belles promesses*, gardez-vous de vous y *fier*.—On dit aussi fam. : *fou qui s'y fie*.—SE FIER A, SE FIER EN, SE FIER SUR. (*Syn.*) *Nous nous fions à quelqu'un*, parce que nous croyons qu'il ne nous trompera pas. *On ne sait à qui se fier*, parce qu'on craint d'être trompé. *Se fier en quelqu'un*, se dit par opposition à toute autre personne en qui on n'aurait pu *se fier* : *je me fie en vous; je ne me fie qu'en vous*, vous êtes le seul en qui je mette ma confiance. *On se fie sur une personne*, quand on croit qu'elle a tous les moyens nécessaires pour effectuer ce qu'on désire.

FIER, adj. mas., au fém. **FIÈRE** (*fière*), orgueilleux, vain, superbe, qui a de la *fierté*. Voy. GLORIEUX.— Quelquefois il signifie noble, qui a quelque chose de grand, de hardi, de majestueux: *âme fière, caractère fier, de fiers coursiers*. — *Fier* se dit pop. pour, grand, fort, remarquable : *un fier orage; une fière imprudence*. —En peinture, hardi, expressif : *touche fière*.— En archit., il se dit des marbres et des pierres dures, qui éclatent aisément sous le ciseau, parce que le grain en est trop fin et trop sec.— Dans le blason : *lion fier*, dont le poil est hérissé.— On dit subst. et fam. : *faire le fier, la fière*, affecter de la *fierté*.

FIER-A-BRAS, subst. mas. (*fièrabrâ*), fanfaron qui fait le brave et le furieux. Il est pop.—(Le nom de *fier-à-bras, fer-à-bras* ou *bras-de-fer*, fut donné d'abord à de grands guerriers qui s'étaient distingués dans les combats; ce n'est que par dérision qu'il fut ensuite appliqué aux faux braves. Dans un de nos plus anciens romans, celui des *Douze pairs de France, Fier-à-Bras* est un géant fameux qui, combattant contre Olivier, l'un de ces pairs, guérissait, en un moment, toutes ses blessures, au moyen d'un baume merveilleux qu'il possédait. *Cervantes* a rappelé ce personnage et son baume dans son *Don Quichotte*.) — Au plur., des *fiers-à-bras*, des hommes qui sont *fiers* avec les *bras*.

FIÈREMENT, adv. (*fièreman*), avec *fierté*, avec orgueil. — Pop., beaucoup, fortement : *il a été fièrement puni*.

FIERLIAGE, subst. mas. (*fièreli-aje*), t. de salines, action de remplir exactement les tonneaux.

FIERTABLE, adj. des deux genres (*fièretable*) : *crime fiertable*, dont on obtenait le pardon en levant la *fierte*. (*Boiste*.) Inusité.

FIERTE, subst. fém. (*fièrete*) (du latin *feretrum*, bière, cercueil) ; on appelle ainsi la châsse de saint Romain, à Rouen. Le jour de l'Ascension on faisait *lever la fierte de saint Romain* au criminel à qui l'on devait faire grace. Usité dans ce seul cas.

FIERTÉ, subst. fém. (*fièreté*), caractère de celui qui est *fier*; orgueil. Il diffère de *dédain*, en ce que la *fierté* est fondée sur l'estime qu'on a de soi-même, et le *dédain* sur le peu de cas qu'on fait des autres.—Il se prend quelquefois en bonne part : *noble, généreuse fierté*.—En peinture, hardiesse, expression : *fierté de pinceau, de coloris, de composition*.

FIERTÉ, E, adj. (*fièreté*), se dit, en t. de blas., d'une baleine dont on voit les dents.

FIERTI, E, part. pass. de *fiertir*.

FIERTIR, v. act. (*fièretir*), frapper. (*Boiste*.) Vieux et même hors d'usage.

FIERTONNEUR, subst. mas. (*fièretoneur*), inspecteur des ouvriers qui travaillent dans les monnaies.

FIEU, subst. mas. (*fieu*), fils. Il est familier et provincial.

FIÈVRE, subst. fém. (*fièvre*) (en lat. *febris*, fait, dans le même sens, de *fervere*, bouillir, bouillonner, à cause de la chaleur brûlante dont la plupart des *fièvres* sont accompagnées), chaleur contre nature qui provient de l'intempérie du sang ou des humeurs.—Les médecins ont divisé les *fièvres* en *continues, rémittentes* et *intermittentes*. Ils entendent par *fièvres continues*, celles qui ne présentent point d'interruption ; par *fièvres rémittentes*, celles qui, étant continues, sont accompagnées d'accès périodiques en froid et en chaud; les intervalles entre les accès s'appellent *rémissions*; par *fièvres intermittentes*, celles qui présentent des accès composés de frisson, de chaleur et de sueurs, et des intervalles sans *fièvres*, qui sont désignés par le mot *apyrexie*. Une autre division moderne est appuyée sur la nature des *lésions* qui accompagnent les *fièvres*, et non sur leurs différents types. Les *fièvres* y sont distinguées en sept ordres : 1° *les fièvres inflammatoires*, appelées aussi *angéioténiques*, parce qu'elles paraissent avoir leur siége dans les vaisseaux sanguins; elles ne renferment qu'un genre, qui est la *continue simple*; 2° *les fièvres bilieuses* ou *gastriques*, appelées aussi *méningo-gastriques*, parce qu'elles affectent spécialement les membranes de l'estomac; *les fièvres adéno-méningées* ou *muqueuses*, qui affectent les différentes parties du système muqueux, surtout celles de l'appareil digestif; 4° *les fièvres adynamiques* ou *putrides*, qui affectent les forces musculaires qu'elles frappent d'atonie, tandis qu'elles diminuent la sensibilité générale; 5° *les fièvres ataxiques* ou *malignes*, qui déterminent divers désordres dans les fonctions nerveuses, et semblent porter une atteinte profonde à l'origine des nerfs; 6° *les fièvres adéno-nerveuses*, ainsi nommées parce qu'elles joignent à un état ataxique, qui les rapproche de l'ordre précédent, une affection de glandes lymphatiques, d'où résultent des bubons qui se manifestent particulièrement aux aines et aux aisselles : cet ordre ne contient qu'un genre, qui est la *peste continue*; 7° *les fièvres hectiques*, qui embrassent deux genres, la *continue* et la *rémittente*. Il y a encore une infinité d'autres *fièvres* qui ne sauraient être traitées que dans un *Dictionnaire* spécial de médecine.—*Sentir la fièvre*, répandre une odeur aigre qui est particulière à ceux qui sont agités de la *fièvre*.— *Avoir une fièvre de cheval*, une *fièvre* violente.— *Avoir les fièvres*, une fièvre habituelle et violente. — Fig., inquiétude, émotion violente : *l'incertitude de l'événement lui donne la fièvre*.—Prov. et fig. : *tomber de fièvre en chaud mal*, tomber d'un accident dans un autre encore plus fâcheux.—Myth., divinité malfaisante à laquelle on sacrifiait, pour n'en avoir rien à craindre.

FIÉVREUSE, adj. fém. Voy. FIÉVREUX.

FIÉVREUX, adj. mas., au fém. **FIÉVREUSE** (*fiévreu, vreuze*), qui cause la *fièvre*, qui est sujet à la *fièvre* : *sang fiévreux*.— On le dit au subst. mas., de celui qui a la *fièvre* : *il y a beaucoup de fiévreux dans la ville*.

FIÉVROTTE, subst. fém. (*fiévrote*), petite *fièvre*. Presque inusité.

FIFRE, subst. mas. (*fifre*) (de l'allemand *pfeiffe*, qui a le même sens), sorte d'instrument de musique à vent, en usage à la guerre, et dont le son est très-aigu. — Celui qui joue du *fifre*.

FIG., abréviation des mots *figurément*, ou *au figuré*.

FIGALE, subst. fém. (*figuale*), bâtiment des Indes qui ne porte qu'un mât placé au milieu.

FIGARO, subst. mas. (*figuârô*), entremetteur d'affaires; intrigant; homme adroit et sans conscience. On a donné à ces sortes de gens le nom de *figaro*, du personnage créé par *Beaumarchais* dans ses drames.

FIGÉ, E, part. pass. de *figer*.

FIGEAC, subst. propre mas. (*fijak*), ville de France, chef lieu d'arrond., dép. du Lot.

FIGEMENT, subst. mas. (*fijeman*), action par laquelle une chose grasse *se fige*, s'épaissit. — État de ce qui est *figé*.

FIGER, v. act. (*fijé*) (du lat. *figere*, dans le sens de *figer*), congeler, épaissir par le froid, ou par le refroidissement : *l'air fige la graisse*. —SE FIGER, v. pron., se coaguler.

FIGITE, subst. fém. (*fijite*), t. d'hist. nat., insecte hyménoptère.

FIGNOLÉ, E, part. pass. de *fignoler* : *comme il est fignolé!* bien mis, tiré à quatre épingles. Fam. et pop.

FIGNOLER, v. neut. (*figniolé*), raffiner, vouloir enchérir sur les autres par un ton, un langage ou des manières affectées. Il est populaire.

FIGO, subst. mas. (*figuo*), t. de bot., plante de la famille des tulipiers.

FIGOCAQUE, subst. mas. (*figuokake*), t. de bot., fruit du plaqueminier.

FIGUE, subst. fém. (*figue*) (du lat. *ficus*, nom du fruit et de l'arbre), sorte de fruit mou et sucré, qui provient du *figuier*. — Prov. : *moitié figue, moitié raisin*, moitié de gré, moitié de force; ou partie bien, partie mal.—Fam. : *faire la figue à quelqu'un*, le mépriser, le braver, le défier. (De l'italien *far la fica*, qui a la même signification, et qui vient de ce que les Milanais, révoltés contre l'empereur *Frédéric*, ayant chassé de leur ville l'impératrice, son épouse, montée ignominieusement sur une vieille *mule*, l'empereur les condamna, sous peine d'être pendus sur l'heure, à arracher publiquement, avec les dents, une *figue* qu'il fit placer dans le derrière de cette même mule, et à la remettre au même lieu, sans l'aide de leurs mains. Chacun d'eux était obligé de dire au bourreau qui était présent : *ecco la fica*.)

FIGUERIE, subst. fém. (*figueri*), lieu planté de *figuiers*.

FIGUIER, subst. mas. (*figuié*), arbre d'une médiocre grandeur, originaire d'Asie, à fleurs amentacées mâles et femelles, renfermées dans un calice commun qu'on nomme *figue*, et qui sert d'enveloppe au fruit proprement dit. Les espèces du *figuier* sont très-nombreuses. — Au plur., t. d'hist. nat., genre d'oiseaux à bec fin, que l'on a réuni aux fauvettes.

FIGUR., abréviation du mot *figurément*.

FIGURABILITÉ, subst. fém. (*figurabilité*), t. de physique, propriété qu'ont tous les corps d'être *figurés*, d'avoir une *figure* quelconque.

FIGURANT, E, subst. (*figuran, rante*), danseur, danseuse qui *figure* aux ballets dans les corps d'entrée.—Tout personnage muet qui *figure* dans une représentation.

FIGURATIF, adj. mas., au fém. **FIGURATIVE** (*figuratif, tive*) (en lat. *figurativus*), qui est la représentation, la *figure*, le symbole de quelque chose. On appelle *plan figuratif*, une carte topographique.

FIGURATIVE, adj. fém. Voy. FIGURATIF. — Subst. fém., t. de gramm., lettre qui caractérise certains temps des verbes grecs.

FIGURATIVEMENT, adv. (*figurativeman*), d'une manière *figurée* ou *figurative*.

FIGURE, subst. fém. (*figure*) (en lat. *figura*, fait de *fingere*, faire, former, façonner), forme extérieure du visage ou des corps : *cet enfant est d'une jolie figure*.—Fam. : *être bien de figure*, avoir les traits réguliers. — Bon ou mauvais état d'une personne, relativement aux affaires, au crédit, etc. En ce sens on dit sans article : *faire figure*, se montrer beaucoup; faire beaucoup de dépense. —*Faire une bonne figure dans le monde*, c'est y vivre noblement, y jouir de l'estime et de la considération des honnêtes gens. — *Faire une mauvaise figure*, vivre mesquinement, obscurément, sans estime, sans considération, sans crédit. — Représentation en peinture, en sculpture. Voy. EFFIGIE. — Symbole : *l'agneau pascal était une figure de l'eucharistie*.—En t. de rhétorique, tour de mots ou de pensées qui anime ou orne le discours. —En t. de gramm., on appelle ainsi un tour, un caractère particulier que l'on donne aux mots et aux phrases, en les éloignant de leur état simple ou de leur première destination. On fait une *figure* quand on dit *le feu des passions*, parce qu'on détourne le mot *feu* de sa principale destination, qui est de désigner le feu physique, pour lui faire signifier la vivacité des mouvements de l'âme. Il y a des *figures de mots* et des *figures de pensées*. Les premières s'opèrent sur les mots; les autres consistent dans la pensée, dans le tour d'esprit. Telles sont l'apostrophe, l'interrogation, l'exclamation, l'hyperbole, etc. — On entend en général par *figures de rhétorique* toutes les *figures* de pensée et les *figures* de mots qui entrent dans le discours. — En t. d'arithm., *figure* se dit quelquefois des chiffres qui expriment un nombre. — En géométrie, 1° espace terminé de tous les côtés, soit par des surfaces, soit par des lignes; 2° représentation sur le papier, etc., de l'objet d'un théorème ou d'un problème, pour en rendre la démonstration ou la solution plus facile à concevoir. En ce sens, une simple ligne, un angle, sont des *figures*. — En astrol., description ou représentation de l'état et de la disposition du ciel à une certaine heure, qui contient les lieux des planètes et des étoiles marqués dans une *figure* de douze triangles appelés *maisons*. On la nomme aussi *horoscope* et *thème*. — En t. de danse, différentes lignes que l'on décrit en dansant. On appelle *figure de ballet*, les diverses situations où plusieurs personnes, qui dansent dans un ballet, se mettent, les unes à l'égard des autres, dans les différents mouvements qu'elles font.

FIGURÉ, subst. mas. (*figuré*), t. de géom. pratique, représentation des différents objets que renferme un terrein dont on lève le plan, ou un pays dont on lève la carte. — En log., expression métaphorique. — Au *figuré*, métaphoriquement, ou bien dans un sens qui n'est pas le sens propre.

FIGURÉ, E, part. pass. de *figurer* et adj.—*Copie figurée*, copie d'un écrit trait pour trait, où l'on a conservé jusqu'aux ratures, etc. — *Danse figurée*, composée de différents pas et différentes *figures*. — *Sens figuré*, ou absolument, *le figuré*, le sens métaphorique.—*Discours, style figuré*, accompagné de *figures* de rhétorique. — *Pierres figurées*, pierres qui ont la *figure* de quelque objet, et plus particulièrement celles sur lesquelles sont empreintes naturellement des *figures* d'animaux, de plantes, etc.—Dans le blason, *soleil figuré*, représenté avec un visage humain. On le dit en général de toutes les choses sur lesquelles paraît la *figure* humaine.—En musique, 1° *basse figurée*. Voy. BASSE; 2° *trait figuré*, dans lequel on fait passer, par une marche diatonique, d'autres notes que celles de l'accord actuel. — En arithmétique et en algèbre, *nombres figurés*, suite de nombres formés suivant une certaine loi. Il y a des *nombres figurés* de différents ordres : ceux du premier ordre sont les nombres *naturels*; ceux du second sont appelés *triangulaires;* ceux du troisième, *pyramidaux*, etc.

FIGURÉMENT, adv. (*figuréman*), d'une manière *figurée*, ou métaphorique.—Dans un sens *figuré*.

FIGURER, v. act. (*figuré*), représenter par la peinture, la sculpture, le dessin, etc.—Représenter comme symbole. — Exécuter sur une étoffe des *figures* ou dessins. — En musique, passer plusieurs notes pour une, et pratiquer ce que les Italiens appellent *diminuzione*. Voy. DIMINUTION. —Neutralement, avoir de la symétrie avec une autre chose : *ces deux pavillons, ces deux tableaux figurent bien l'un avec l'autre*. On dit à peu près dans le même sens : *ces danseurs figurent bien ensemble*. — Faire *figure* : *il a figuré dans le monde*. — SE FIGURER, v. pron., s'imaginer, se mettre quelque chose dans l'esprit.

FIGURINE, subst. fém. (*figurine*) (emprunté de l'italien *figurina*, diminutif de *figura*), très-petite *figure* en peinture, en sculpture, en fonte : *il reste plus de figurines antiques que de statues*.

FIGURISME, subst. mas. (*figuriceme*), secte, doctrine des *figuristes*.

FIGURISTE, subst. des deux genres (*figuricete*), celui qui regarde les évènements de l'ancien Testament comme autant de *figures* de ceux du nouveau.—Celui qui coule des *figures* en plâtre.

FIL, subst. mas. (*file*) (en lat. *filum*, fait de *hilum*, peu de chose, ou de *pilus*, poil), petit brin long et délié, qui se tire de l'écorce du chanvre et du lin. — Brins longs et déliés que les vers à soie, les chenilles et les araignées tirent de leurs corps.—Métaux tirés en long d'une manière très-déliée : *fil de fer, fil d'archal*.—Tranchant d'un instrument qui coupe : *on a passé l'ennemi au fil de l'épée*. — Parties longues et déliées par où les plantes se nourrissent, et qui en sont comme les fibres. — *Bois de fil*, employé de manière que les fibres du bois sont disposées sur la longueur de l'ouvrage.—Courant de l'eau. — Fig., la suite d'un discours : *interrompre le fil d'un discours, d'une histoire*, etc. — Les poètes disent : *le fil de la vie, le fil de nos jours*. —En t. de verrerie, défaut du verre provenant d'un manque d'union entre ses parties constituantes, de leur mélange imparfait, de leur combinaison peu exacte.—En t. de blas., la même chose que le *lambel*. Voy. ce dernier mot. D'autres appellent proprement *fil*, la ligne supérieure et horizontale du *lambel*, et donnent exclusivement ce dernier nom aux pointes ou pendants qui sortent de cette ligne.—*Fil de pitte*, celui que fournissent les fibres de l'aloès, de l'yuca, etc.—*Fil de Turquie*, poil de chèvre filé : c'est ce que nous nommons *laine de chevron*. — T. d'horloger, *fil de pignon*, fil d'acier cannelé en forme de pignon.— *Fil de perle*, collier de perles. — *Fil de la Vierge*, nom donné par le peuple à certains filaments blancs et quelquefois assez épais, qu'on voit voltiger en l'air pendant les grandes chaleurs. Voy. FILANDRE. — T. d'astron., *fil-à-plomb*, fil que l'on suspend au centre des quarts de cercle, des secteurs et autres instruments, pour marquer la ligne verticale qui se dirige au zénith et au nadir.—*Couper* ou *aller de droit fil*, couper de la toile entre deux fils sans biaiser. — *Faire le fil* se dit de l'état d'un sirop qui s'attache aux doigts, et s'allonge en forme de *fil*.—Fig. : *il ne faut pas aller de droit fil contre les sentiments des personnes puissantes*, il ne faut pas les contredire directement. — Prov. et fig. : 1° *donner du fil à retordre à quelqu'un*, lui causer de l'embarras; 2° *aller de fil en aiguille*, passer insensiblement d'une matière à une autre; 3° *brouiller de nouveaux fils*, causer de nouveaux troubles. — On appelle, *finesses cousues de fil blanc*, des finesses, des ruses, qu'il est aisé d'apercevoir.—*Une chose ne tient qu'à un fil*, elle dépend du moindre évènement, de la plus petite circonstance : *sa faveur ne tient qu'à un fil; la vie de l'homme ne tient qu'à un fil*.

FILADIÈRE, subst. fém. (*filadière*), bateau pêcheur de la Garonne, portant une voile carrée, deux latines et une d'étai qui se borde sur le beaupré.

FILAGE, subst. mas. (*filaje*), manière de *filer* les laines, fils ou soies.—*Filage du tabac*, la manière de mettre en corde.

FILAGORE, subst. fém. (*filaguore*), ficelle avec laquelle les artificiers étranglent les cartouches et les fusées.

FILAGRAMME, subst. mas. (*filaguerame*), figures tracées dans le papier. *L'Académie* renvoie à *filigrane*.

FILAIRE, subst. mas. (*filère*), t. d'hist. nat., genre de vers intestinaux qui se développent dans le corps des insectes.

FILAMENT, subst. mas. (*filaman*), petit *fil* ou brin long et délié. Il se dit des plantes, des herbes, et même des nerfs et des muscles.

FILAMENTEUSE, adj. fém. Voy. FILAMENTEUX.

FILAMENTEUX, adj. mas., au fém. FILAMENTEUSE (*filamanteu, teuze*), qui a des *filaments*. Il ne se dit guère que des plantes.

FILANDIÈRE, subst. fém. (*filandière*), celle dont le métier est de *filer*. — Adj., en poésie et en style burlesque : *les sœurs filandières*, les Parques.

FILANDRE, subst. fém. (*filandre*), se dit de longs filets qui se trouvent dans certains légumes. — Certains fils blancs et longs qui volent en l'air dans les beaux jours de l'été, et qui s'attachent aux haies, aux chaumes, aux herbes, etc. Voy. *fil de la Vierge*, au mot FIL. — *Fils* blancs qui paraissent dans les plaies des chevaux.—Longues fibres qui se trouvent dans la viande. — *Filets* qui se détachent des boyaux lorsqu'on les dégraisse, et qui servent à les coudre les uns aux autres.—Petits vers très déliés qui incommodent les faucons et autres oiseaux.

FILANDREUSE, adj. fém. Voy. FILANDREUX.

FILANDREUX, adj. mas., au fém. FILANDREUSE (*filandreu, dreuze*), rempli de *filandres*.—*Verre filandreux*, verre sujet aux *fils*, et qui en contient beaucoup.

FILANT, E, adj. (*filan, lante*), qui *file* en coulant doucement : *un liquide filant*, comme le sirop, par exemple.

FILAO, subst. mas. (*fila-o*), t. de bot., arbre conifère.

FILARDEAU, subst. mas. (*filardô*), petit brochet qui n'est bon qu'à frire. — Jeune arbre de haute tige et droit.

FILARDEUSE, adj. fém. Voy. FILARDEUX.

FILARDEUX, adj. mas., au fém. FILARDEUSE (*filardeu, deuze*); il se dit des pierres et des marbres qui sont traversés par des *fils*.

FILARET, subst. mas. (*filarè*), t. de mar., longue pièce de bois qui forme autour du vaisseau une espèce de garde-fou.

FILARIA, subst. mas. (*filaria*), t. de bot., genre de plante de la famille des jasminées.

FILASSE, subst. fém. (*filace*), lin ou chanvre délié, peigné et prêt à être *filé*.

FILASSIER, subst. mas.; FILASSIÈRE, subst. fém. (*filacié, cière*), celui, celle qui façonne ou qui vend des *filasses*.

FILASSIÈRE, subst. fém. Voy. FILASSIER.

FILATEUR, subst. mas. (*filateur*), entrepreneur, chef de *filature*.

FILATRICE, subst. fém. (*filatrice*), femme employée à tirer la soie de dessus les cocons.—Étoffe de soie tramée de *fil* en fond de satin. (*Boiste*.)

FILATURE, subst. fém. (*filature*), lieu où le tirage du coton est suivi du moulinage de la soie. —Lieu où l'on *file* le coton. — Action ou art de *filer* en grand.

FILE, subst. fém. (*file*) (du latin *filum*, fil; parce que *la file* forme une ligne semblable à un brin de *fil* étendu), suite ou rangée de choses ou de personnes disposées l'une après l'autre : *aller à la file*, un à un, l'un après l'autre. — T. de guerre, nombre d'hommes placés les uns derrière les autres sur une même ligne droite, et faisant face du même côté. Le premier soldat de la *file* est appelé *chef de file*, et le dernier *serre-file*. — *Serrer les files*, serrer les soldats les uns contre les autres.—*Doubler les files*, doubler l'épaisseur du bataillon, et diminuer sa largeur ou son front.—*Demi-file*, la moitié de la *file* : *un bataillon qui s'ouvre par demi-files, qui marche par demi-files*.—*Feu de file*, celui qu'on tire par *file* et sans interruption.

FILÉ, subst. mas. (*filé*), or et argent tiré à la *filière*.—Fil d'or et d'argent *filé* sur soie lorsqu'il est fin, et sur le *fil* lorsqu'il est faux.

FILÉ, E, part. pass. de *filer;* poétiquement : *des jours filés d'or et de soie*, une vie douce et heureuse.

FILELLUM, subst. mas. (*filèlelome*), t. d'anat., mot latin sous lequel on désigne le repli muqueux qui attache le prépuce au gland.

FILER, v. act. et neut. (*filé*), faire du *fil* avec le lin ou le chanvre. — Il se dit aussi des vers à soie, des araignées, etc.— Tirer de la *filière* le fil d'or ou d'argent.—En musique, ménager le son, soit en chantant, soit en jouant d'un instrument, de sorte qu'on puisse le soutenir long-temps sans se reprendre. Il y a deux manières de *filer un son*, la première en le soutenant toujours également, ce qui se fait pour l'ordinaire sur les tenues où l'accompagnement travaille; la seconde en le renforçant, ce qui est plus usité dans les passages et les roulades.—T. d'épinglier, *filer la tête*, former, par le moyen d'un rouet qui dévide le laiton, les petits anneaux doubles dont on fait la tête des épingles. — Prov. : *filer sa corde*, faire des actions qui feront pendre. — Poét.: *les Parques, les destinées lui filent une belle vie, de beaux jours;* il mène une vie glorieuse, une vie heureuse.—Prov., et par dérision : *il file le parfait amour*, il fait l'amoureux transi. — En t. de mar., *filer le câble*, le lâcher peu à peu.—Au jeu, *filer les cartes*, les découvrir peu à peu.—*Filer la carte*, l'escamoter et en donner une pour une autre. —En parlant des choses onctueuses, s'étendre en *filets* continus. On dit dans le même sens: *ce vin file*, il commence à s'engraisser, il coule lentement. —Aller de suite l'un après l'autre et près à près : *faire filer les troupes, le bagage*, etc.—En t. de faucon., voler sans donner de cscochet.—Fig. et fam., *filer doux*, se taire, se comporter avec soumission.—On dit qu'*un chat file* lorsqu'il fait un certain bruit semblable à celui d'un rouet. —*Filer une intrigue, une scène, une reconnaissance*, les conduire progressivement et avec art, de manière à faire naître les circonstances, les évènements les uns des autres, en s'approchant toujours du but qu'on se propose.— *Filer son nœud*, réussir selon ses désirs.—Neut. : *filer*, s'en aller. — Au brelan, abandonner la somme pour laquelle on s'est engagé.—SE FILER, v. pron.

FILERIE, subst. fém. (*fileri*), lieu où l'on *file* le chanvre.

FILET, subst. mas. (*filè*), *fil* délié, petit *fil*.— Au fig. : *sa vie ne tient plus qu'à un filet*, il est à l'extrémité. — Ligament élastique et musculeux sous la langue; lorsqu'il est trop long, on le coupe aux enfants : *cet enfant a le filet*, c'est-à-dire l'a ou trop long ou trop court, ce qui l'empêche de parler.—Prov. : *il n'a pas le filet*, il parle beaucoup. — Membrane qui attache le prépuce au gland.—Fil des plantes et des herbes.—Plus particulièrement, le pédicule qui porte l'anthère et fait partie de l'étamine. *Linnée* compare les *filets* des étamines aux cordons spermatiques des animaux.—Trait d'or ou d'argent battu et dévidé sur de la soie. — En t. de blas., pièce posée dans le sens de la bande, et qui n'a de largeur que le tiers de la cotice.— En t. de menuiserie, 1° moulure lisse et plate, qui sert à séparer les autres moulures; 2° outil en forme de rabot, qui sert à mettre les *filets* de largeur.—Petite quantité de certaines choses : *un filet de vinaigre*, un peu de vinaigre; *un filet de voix*, une petite voix.—Partie charnue le long de l'épine du dos de quelques animaux.—Rets pour prendre du poisson ou des oiseaux. — Ouvrage à jour fait à la main, dont l'effet approche de celui de la dentelle.—Dans les fabriques de blonde, brin doublé de plusieurs autres, dont on fait le toilé.—Le *filet* d'une vis, la saillie en spirale qui y règne tout autour.—Espèce de petite bride. — Traits d'or sur la reliure d'un livre. — En t. d'imprimerie, lame en fonte dont l'épaisseur est proportionnée à la force du corps des caractères qu'on emploie. On s'en sert pour dresser des cadres, faire des registres, etc. : *filet double, simple, triple; filet brisé; filet de longueur*, etc. — Au fig. : *tenir quelqu'un au filet*, l'amuser, le faire attendre. — Au plur., pièges, embûches; fig. : *une personne a été prise dans les filets qu'on lui a tendus*, elle a été amenée par artifice à faire ce qu'on désirait d'elle. — On appelle aussi *filets*, les rets d'un jeu de paume qui sont au-dessus des murs : *la balle est demeurée dans les filets*.

FILETÉ, E, part. pass. de *fileter*.

FILETER, v. act. (*filelé*), façonner en *filet* : *fileter une vis* ; *pas de vis fileté*. — SE FILETER, v. pron.

FILEUR, subst. mas. **FILEUSE**, subst. fém. (*fileur, leuze*), celui, celle qui *file*. — *Fileur d'or*, ouvrier qui couche sur de la soie le *fil* d'or ou d'argent, après qu'il a été écaché sous la meule du moulin.

FILEUSE, subst. fém. Voy. FILEUR.

FILEUSES, subst. fém. plur. (*fileuze*), t. d'hist. nat., famille d'arachnides.

FILEUX, subst. mas. (*fileu*), taquet à deux branches.

FILIAL, E, adj. (*filiale*) (en lat. *filialis*, fait de *filius*, fils), qui appartient au *fils*, à l'enfant; qui entre dans leurs devoirs. — Au plur. mas., *filiaux*.

FILIALEMENT, adv. (*filialeman*), d'une manière *filiale*.

FILIATION, subst. fém. (*filiâcion*), descendance du *fils* ou de la *fille* à l'égard du père et des aïeux. —Au fig., la *filiation des idées*, l'enchaînement, la liaison des idées.

FILIAUX, adj. mas. plur. Voy. FILIAL.

FILICITE, subst. fém. (*filicite*) (du lat. *filix*, gén. *filicis*, fougère), t. d'hist. nat., pierre figurée qui imite les feuilles de la *fougère*.

FILICORNES, subst. mas. pl. (*filikorne*) (du lat. *filum*, fil, et *cornu*, corne ou antenne, *dont les antennes, par leur grosseur uniforme, ressemblent à des fils*), t. d'hist. nat., famille d'insectes lépidoptères, dont les antennes sont à peu près de la même couleur dans toute leur étendue.

* **FILICULE**, subst. fém. (*filikule*) (en lat. *filicula*), t. de bot., plante capillaire, nommée autrement *polypode*. — Adj. des deux genres, suspendu par un *fil* : *graine filicule*.

FILIÈRE, subst. fém. (*filière*), morceau d'acier percé de trous d'inégale grandeur, par où l'on fait passer l'or, l'argent, le cuivre, etc., pour les réduire en *fils*. —Pièce de bois sur laquelle portent les chevrons d'un bâtiment. —Dans les carrières, les veines par où l'eau distille. —En t. de blason, bordure étroite qui n'est que le tiers de la bordure ordinaire. — En t. de fauconn., ficelle de vingt mètres qu'on tient attachée au pied de l'oiseau pendant qu'on le réclame, jusqu'à ce qu'on en soit bien assuré. —Chez les ciriers, instrument percé de plusieurs écrous, dans lesquels on fait passer la bougie. —Morceaux d'acier bien trempés où il y a plusieurs trous, dans lesquels on fait les vis. —Au fig. : *passer par la filière*, n'être pas heureux. —*J'ai obtenu cela par votre filière*, par votre moyen.

FILIFÈRE, adj. des deux genres (*filifère*), qui conduit le *fil*.

FILIFORME, adj. des deux genres (*filiforme*) (du latin *filum*, fil, et *forma*, forme : *qui a la forme du fil*), t. de bot., grêle et allongé comme un *fil*.

FILIGRANE, subst. mas. (*filiguerane*) (de l'italien *filigrana*, fait, dans le même sens, du lat. *filum*, fil, filet, et de *granum*, grain ; *filet à grains*), ouvrage d'orfèvrerie travaillé à jour, et fait en forme de petits *filets*. — Lettres ou figures dont la marque paraît sur une feuille de papier.

FILIN, subst. mas. (*filein*), espèce de serge d'Orléans. —T. de mar., sorte de cordage.

FILIPÈDE, adj. des deux genres (*filipède*), qui a les pattes longues et grêles.

FILIPENDULE, subst. et adj. fém. (*filipandule*) (du lat. *filum*, fil, et *pendulus*, pendant ; *qui pend comme par un fil*), t. de bot., espèce de spirée. —*Racine filipendule*, composée de tubercules charnus, attachés au bas de la tige ou entre eux. — *Graine filipendule*, pendante hors de sa loge par le cordon ombilical, comme dans les magnoliers. *Araignée filipendule*.

FILISSE, subst. et adj. fém. (*filice*), t. d'hist. nat., petite araignée de la famille des fileuses.

FILLAGE, subst. mas. (*fi-iaje*), état de *fille*. Vieux.

FILLÂTRE, subst. mas. (*fi-iâtre*), beau-fils. Vieux et hors d'usage.

FILLE, subst. fém. (*fi-ie*) (en lat. *filia*), personne du sexe féminin, par rapport au père et à la mère : *voilà votre fille*. —Simplement, personne du sexe féminin : *elle est accouchée d'une fille*. —*Petite fille*, jeune fille. —*Fille*, celle qui n'est pas encore mariée : *elle est encore fille*. —Ce mot, employé tout seul et sans addition, se prend ordinairement en mauvaise part, pour une *fille* de joie, une *fille* débauchée : *c'est une fille ; on la prendrait pour une fille*. —On donne le même nom 1° à certaines religieuses : *les filles de Saint-Thomas, les filles du Calvaire* ; 2° à des monastères dépendant d'un abbé : *ce monastère est une des filles de Cîteaux*. —*Petite-fille*, la *fille* du *fils* ou de la *fille* par rapport à l'aïeul ou à l'aïeule. — *Arrière-petite-fille* se dit par rapport à la *fille* du *petit-fils* ou de la *petite-fille*. —*Belle-fille*, la femme du *fils* ; la *fille* d'un autre lit. —On appelle *fille de boutique*, une fille employée dans une boutique pour vendre ou pour travailler ; *fille de service*, une *fille* qui sert dans une maison. —On appelait autrefois *fille de chambre*, une *fille* qui servait une dame à la chambre ; on dit aujourd'hui *femme de chambre*. —On appelait de même à la cour, *filles de la reine*, *filles d'honneur de la reine*, ce qu'on appelle aujourd'hui *dames d'honneur, dames du palais*. —L'université prenait anciennement le titre de *fille aînée des rois de France*. —Poét. : *les filles de mémoire*, les muses. — T. de jardinier, *filles d'artichaut*, œilletons pris au pied des artichauts. —Myth. Voy. VIERGE.

FILLETTE, subst. fém. (*fi-iète*), petite *fille* : *jeune fillette*. Il est familier.

FILLEUL, E, subst. (*fi-ieule*) (du lat. *filiolus, filiola*, diminutif de *filius* et de *filia*, employés très-fréquemment par les écrivains du moyen-âge, dans le sens de *filleul* et de *filleule*), celui ou celle qu'on a tenue sur les fonts du baptême.

FILOCHE, subst. fém. (*filoche*), gros câble de moulin qui sert à lever la meule. —Chez les pêcheurs, aide qui tient le haut et le bas d'un filet. —Sorte de réseau ou filet en soie, laine ou fil.

FILON, subst. mas. (*filon*) (de l'italien *filone*, augmentatif de *filo*, fil), veine métallique.

FILOSELLE, subst. fém. (*filozèle*), fleuret ou grosse soie provenant de la bourre de la bonne soie, et des cocons de rebut.

FILOTIER, subst. mas., **FILOTIÈRE**, subst. fém. (*filotié, tière*), brocanteur de fil.

FILOTIÈRE, subst. fém. (*filotière*), chez les vitriers, bordure d'un panneau faite en forme de vitrage.

FILOU, subst. mas. (*filou*) (en grec φηλητής, voleur, trompeur), celui qui vole avec adresse. — Celui qui trompe au jeu. —On appelait autrefois *filou*, la boule à douze faces que nous nommons aujourd'hui *cochonnet*. Voy. ce mot. —Au plur., *filous*.

FILOUTÉ, E, part. pass. de *filouter*.

FILOUTER, v. act. et neut. (*filouté*), voler avec adresse. — Tromper au jeu. — SE FILOUTER, v. pron., s'escroquer.

FILOUTERIE, subst. fém. (*filouteri*), action d'un *filou*.

FILS, subst. mas. (*fi* ; *l* ne se prononce jamais, et quand ce mot ne termine pas la phrase, on ne fait pas sentir *s*) (en latin *filius*), enfant mâle considéré relativement au père et à la mère. — Absolument, enfant mâle : *elle est accouchée d'un fils*. —*Beau-fils*, se dit du *fils* du mari ou de la femme, sorti d'un premier mariage de l'un ou de l'autre. —On dit prov., d'un jeune homme qui fait le beau, le dandy, qu'*il fait le beau fils* ; *c'est un beau fils*. — *Petit-fils*, le *fils* du *fils* ou de la *fille*, par rapport à l'aïeul ou à l'aïeule. —*Arrière-petit-fils*, le *fils* du *petit-fils* ou de la *petite-fille*, par rapport à l'aïeul ou à l'aïeule. — —On dit aussi par caresse à un enfant dont on n'est pas le père, mais qu'on aime comme un fils : *mon fils* ; *venez, mon fils, que je vous embrasse*. — *Fils naturel*, enfant de famille, qui est sous la puissance paternelle. — *Fils de famille*, de bonne maison. — *Fils de la maison*, du maître de la maison. — *Être, se montrer fils de son père*, faire des actes que ne désapprouverait pas un père. —*Être le fils de son œuvre*, ne devoir rien qu'à soi-même. —Dans l'Écriture, le *Fils de l'Homme*, Jésus-Christ. —Poét. : *les fils de Mars, de la Victoire*, les guerriers. —*Les fils d'Apollon, de l'Harmonie*, les poëtes, les musiciens. —Le roi de France prenait autrefois le titre de *fils aîné de l'Église*. —Fig. : *le luxe est fils de la vanité, de l'orgueil*.

* **FILTRANT**, E, adj. (*filetran, te*), qui sert à *filtrer* : *fontaine filtrante*.

FILTRATION, subst. fém. (*filetrâcion*) (en lat. *filtratio*), action de *filtrer*.

FILTRE, subst. mas. (*filetre*) (du latin barbare *filtrum* ou *feltrum*, feutre, parce qu'on *filtre* à travers des morceaux de feutre. Voy. FEUTRE), papier, étoffe, linge, etc., au travers duquel on passe une liqueur pour la clarifier. —L'action même du passage de la liqueur. —*Filtre*, ou *pierre à filtrer*. Voy. FILTRER. — En anat., organes qui *filtrent* et séparent quelque humeur de la masse du sang. — Breuvage pour exciter à l'amour. Dans ce sens, on écrit plus souvent *philtre*.

FILTRÉ, E, part. pass. de *filtrer*.

FILTRER, v. act. (*filetré*), clarifier quelque liqueur en la passant par le *filtre*. — On appelle *pierre à filtrer*, une espèce de pierre dont le tissu est assez spongieux pour que l'eau puisse passer au travers. —SE FILTRER, v. pron. : *l'eau se filtre*, ou neut. : *l'eau filtre à travers le sable*.

FILURE, subst. fém. (*filure*), qualité de la chose *filée*.

FIMBRISTYLE, subst. fém. (*feinbricetile*), t. de bot., genre de plantes.

Fîmes, 1re pers. plur. prét. déf. du verbe irrégulier FAIRE.

FIMPI, subst. mas. (*feinpi*), t. de bot., arbre d'Afrique.

FIN, subst. fém. (*fein*) (en lat. *finis*), ce qui termine. Il est opposé à *commencement*. — But, dessein, motif, intention : *à bonne fin*, *à mauvaise fin*. — Mort : *faire une belle, une bonne, une mauvaise, une malheureuse fin*. —*La fin couronne l'œuvre*, façon de parler proverbiale dont on se sert pour signifier que la fin d'une chose répond au commencement : *il a vécu en homme de bien et est mort comme un sage* ; *la fin couronne l'œuvre*. — *Faire une fin*, se fixer à un état ; et on le dit plus communément de l'état du mariage : *il faut bien faire une fin*. — En t. de vénerie : *cerf sur ses fins*, qui est près d'être forcé. — *Les quatre fins de l'homme*, la mort, le jugement dernier, le paradis et l'enfer. — T. de jurispr. : *fin de non-recevoir*, exception péremptoire qui dispense d'entrer dans la discussion du fond. — *Fin de non-procéder*, déclinatoire. — *Fins civiles*, les demandes qui n'ont pour objet qu'une condamnation pécuniaire. —*A la fin*, adv., après tout, enfin. — *A ces fins*, en conséquence.

FIN, subst. mas. (*fein*), le point décisif et principal : *le fin d'une affaire*. — *Fin d'once*, *fin de rame*, *fin bédelin*, nom de diverses sortes de coton qui se tirent du Levant. —*Faire le commerce de fin*, acheter et vendre des matières d'or et d'argent propres pour les fabriques. —On dit qu'*il y a dans une monnaie tant de deniers de fin*, pour dire qu'il y a tant de parties d'argent *fin*. — En parlant de l'or ou de l'argent obtenu par la coupelle : *grain de fin*, *bouton de fin*. —On dit aussi : *c'est du fin*, pour dire, c'est de l'or ou de l'argent. — En t. de plumassier, *fin d'autruche*, ce qu'il y a de plus délié dans le plumage de l'autruche. On nomme *fin à pointes* les plumes noires d'autruche les plus propres à faire des panaches.

FIN, E, adj. (*fein, fine*) (du teuton *fein*, conservé avec la même signification dans l'allemand, et dont les Anglais ont fait *fine*, les Flamands *fyn*, les Italiens et les Espagnols *fino*), délié et menu en son genre, par opposition à *gros*, *grossier*. — Excellent en son genre : *or*, *argent fin*, *fine fleur de farine*. —En parlant des choses d'esprit, subtil, délicat : *esprit*, *goût fin* ; *pensée*, *raillerie fine*. — En parlant des personnes, rusé, adroit. Dans ce sens, on dit prov. : *fin merle*, *fine mouche*, *fin matois* ; *fin à dorer*. —*Fin contre fin n'est pas bon à faire doublure*, deux personnes également rusées ne sont pas propres à avoir des liaisons ensemble, parce qu'elles ne peuvent pas espérer de se tromper.

FINAGE, subst. mas. (*finaje*), t. de pratique, étendue d'une juridiction ou d'un territoire jusqu'aux confins d'un autre.

FINAL, E, adj. (*finale*), qui *finit*, qui termine : *état*, *compte*, *jugement final*. —Qui dure jusqu'à la *fin* de la vie : *persévérance finale*. —Les théologiens appellent l'impénitence des réprouvés, *impénitence finale*, parce qu'ils supposent qu'elle continue jusqu'à la *fin* de la vie. —Qu'on a pour but et pour *fin* : *cause finale*. — *Lettre finale*, la dernière syllabe d'un mot. — Au plur. mas., *finals*.

FINALE, subst. fém. (*finale*), la dernière syllabe d'un mot. —T. de musique, nom de la principale corde du mode qu'on appelle aussi *tonique*. — Morceau d'ensemble, par lequel se termine un acte d'opéra. Dans ce cas, plusieurs écrivains, *La Harpe* entre autres (*Cours de Littérature*), disent au mas., *un finale*, d'après l'italien *il finale*. Tout le monde lui donne aujourd'hui ce dernier genre.

FINALEMENT, adv. (*finaleman*), enfin ; à la *fin* ; en dernier lieu.

FINALISTE, adj. et subst. des deux genres (*finalicete*), partisan des causes *finales*.

FINANCE, subst. fém. (*finance*) (suivant *La Mothe-le-Vayer*, du vieux mot français *finer*, qu'on a dit pour *finir, achever*, parce qu'avec de l'argent on finit les choses les plus difficiles. De là vient, ajoute-t-il, que *chevance*, fait du verbe *achever*, signifie la même chose que *finance*), certaine somme d'argent qu'on paie pour obtenir quelque chose.—Argent comptant.—Au plur., le trésor public. — *Finances* se dit aussi de la science de l'administration des *finances*. — L'art d'asseoir, de régir et de percevoir les impositions. —*Style de finance*, style en usage dans les matières de *finances*.—*Écriture de finance*, sorte d'écriture ronde. — *La finance*, l'état, la profession de *financier* : *il veut entrer dans la finance; c'est une famille de finance*.

FINANCÉ, E, part. pass. de *financer*.

FINANCER, v. act. et neut. (*financé*), payer une certaine somme d'argent pour une charge, etc.—On ne l'emploie plus guère act. Il se disait cependant autrefois de l'argent qu'on fournissait au roi : *il finance telle somme*.— Fam. : *vous ne finirez point cette affaire sans financer*, sans donner de l'argent. Voy. FINANCE.

FINANCIER, subst. mas., au fém. **FINANCIÈRE** (*financié, cière*), celui qui est dans les affaires de *finances*.—T. de cuisine : *vol-au-vent à la financière*, sorte de pâtisserie, de tourte.

FINANCIER, adj. mas., au fém. **FINANCIÈRE** (*financié, cière*), *écriture financière* ou *écriture de finance*, écriture en lettres rondes.—En ce sens il est aussi subst. fém., et c'est un caractère d'imprimerie, qui n'est plus guère en usage aujourd'hui.

FINANCIÈREMENT, adv. (*financièreman*), sous le rapport de la *finance*, selon les règles de la *finance*. Ce mot manque dans l'*Académie*.

FINASSÉ, part. pass. de *finasser*.

FINASSER, v. neut. (*finacé*), user de mauvaises *finesses*. Il est familier.

FINASSERIE, subst. fém. (*finaceri*), petite ou mauvaise *finesse*.

FINASSEUR, subst. mas., au fém. **FINASSEUSE** (*finaceur, ceuze*), celui, celle qui use de petites ou de mauvaises *finesses*.

FINASSEUSE, subst. fém. Voy. FINASSEUR.

· **FINAUD**, E, adj. et subst. (*finô, nôde*), fin, rusé dans de petites choses. Il est familier.

FINCELLE, subst. fém. (*feincèle*), t. de pêche, ralingue qui porte la tête d'un filet.

FINCHELLE, subst. fém. (*feinchèle*), corde dont on se sert pour haler les bateaux.

FINEMENT, adv. (*fineman*), avec *finesse*, dans les deux acceptions du mot *finesse*.

FINER, v. act. (*finé*), finir, achever. (*Boiste.*) Inusité.

FINESSE, subst. fém. (*finèce*), qualité de ce qui est *fin* et delié. Il se dit des choses matérielles et de celles de l'esprit : *la finesse d'une toile, d'une étoffe; la finesse d'une pensée, d'une expression*, etc.—*Finesses cousues de fil blanc*, tellement grossières qu'on les reconnaît tout de suite. — *Faire finesse des moindres choses*, les cacher avec affectation.—*Entendre finesse à une chose*, y donner un sens *fin* et malin. — RUSE, ASTUCE, FINESSE. (*Syn.*) La *ruse*, toujours offensive, emploie la fausseté, et fait servir la *finesse* à rendre plus subtils les pièges de l'artifice et du mensonge; un homme peut être *fin*, mais il ne peut être *rusé*. L'*astuce* est une *finesse* pratique dans le mal, mais en petit; c'est la *finesse* qui nuit ou qui veut nuire. Dans l'*astuce*, la *finesse* est jointe à la méchanceté, comme à la *fausseté* dans la *ruse*. (Encyclopédie.)

FINET, adj. et subst. mas., au fém. **FINETTE** (*finè, nète*), qui est rusé, qui use de *finesse*.

FINETTE, subst. et adj. fém. Voy. FINET. — Subst. fém., sorte d'étoffe de laine.

FINGAH, subst. mas. (*feingua*), t. d'hist. nat., sorte de pie-grièche des Indes.

FINGARD, subst. mas. (*feinguar*), cheval rétif.

FINI, subst. mas. Voy. FINI, E, part.

FINI, E, part. pass. de *finir*, et adj., terminé. —Achevé, parfait : *c'est un ouvrage, un poème, un tableau fini*. Voy. PARFAIT.— En t. de grammaire, déterminé, appliqué. On divise les modes des verbes en deux espèces, en *mode infinitif* et *modes finis*. *Infinitif* énonce la signification du verbe dans un sens abstrait, sans en faire une application individuelle, comme *aimer, lire*; au contraire, les *modes finis* appliquent l'action par rapport à la personne, au nombre et au temps: *Pierre lit, a lu, lira*, etc. — *Un sens fini* est un sens déterminé; il est opposé à sens vague et indéterminé.—*Sens fini* signifie aussi sens achevé, sens complet. — Limité, borné : *nombre fini, être fini*. — *Grandeur finie*, dont on peut assigner et exprimer la valeur.— *Progression finie*, qui n'a qu'un certain nombre de termes.—Subst. sing. mas. : *le beau fini de ce tableau*.

FINIMENT, subst. mas. (*finiman*), il se dit des ouvrages de peinture bien *finis* : *le finiment de ces fleurs*. On ne dit plus que *le fini*.

FINIR, v. act. (*finir*), achever, terminer. — Mettre *fin*. — Mettre la dernière main, perfectionner. — Neutralement, cesser, discontinuer; avec cette différence qu'on *finit* en achevant l'entreprise, on *cesse* en l'abandonnant, on *discontinue* en l'interrompant. (*Girard.*)— Prendre *fin*.—Être à sa *fin*, mourir. — *En finir*, locution dont on se sert pour indiquer la *fin* de toute affaire : *il faut en finir*.—*se* FINIR, v. pron.

FINISSEUR, subst. mas. (*finiceur*), chez les horlogers, ouvrier qui *finit* les mouvements de montres et de pendules. — Chez les épingliers, ouvrier qui perfectionne les pointes des épingles en les repassant sur une meule d'acier.

FINISTÈRE, subst. propre mas. (*finicetère*), nom d'un dép. de la France.

FINITEUR, adj. et subst. mas. (*finiteur*), t. d'astron. : *finiteur* ou *cercle finiteur*, l'horizon; parce qu'il *finit* et borne la vue ou l'aspect.

FINITO, subst. mas. (*finitó*), mot emprunté du lat., pour signifier l'arrêté ou l'état *final* d'un compte.

FINLANDAIS, E, subst. et adj. (*feinladè, dèze*), de la Finlande.

FINLANDE, subst. propre fém. (*feinlande*), grande contrée de la Russie d'Europe, bornée par la Laponie, les golfes de Finlande et de Botnie, et la Suède.

FINNE, subst. fém. (*fine*), t. d'ardoisier, veine de matières étrangères dont la direction est oblique dans le bloc d'ardoise.

FIN-OR, subst. mas. (*fi-nor*), t. de jardinier, petite poire qui a la forme d'une toupie tronquée.

FINOT, subst. mas., au fém. **FINOTTE** (*finô, note*), qui est un peu *fin*, un peu rusé : *c'est un finot*.

FINOTERIE, subst. fém. (*finoteri*), petite *finesse*. Peu usité.

FIOLANT, subst. mas. (*fiolan*), qui fait le brave. Peu usité.

FIOLE, subst. fém. (*fiole*) (en lat. *phiala*, fait du grec φιαλη), petite bouteille de verre.—On a dit *fiole* pour feuilles des blés. (*Trévoux.*) — T. d'hydrostatique, *fiole élémentaire* ou *des quatre éléments*, vase dans lequel on met divers solides et liquides, dont chacun se place selon sa gravité spécifique.—T. d'hydraul., *fioles de niveau*, trois tubes de verre qu'on met dans les tuyaux d'un niveau, pour que l'eau colorée qui y monte marque la ligne de mire.

FIOLÉ, E, part. pass. de *fioler*.

· **FIOLER**, v. act. (*fiolé*), boire avec excès. Hors d'usage.

· **FIOLEUR**, subst. mas. (*fioleur*), buveur. Hors d'usage.

FION, subst. mas. (*fion*), tournure, bonne grace : *cet homme a le fion*, a de l'habitude, de l'adresse. Il est populaire.

FIONOUT, subst. mas. (*fionou*), t. de bot., plante de Madagascar.

FIORITE, subst. fém. (*fiorite*), t. d'hist. nat., concrétion siliceuse.

FIORITURES, subst. fém. plur. (*fioriture*) (mot italien), t. de mus., toute espèce d'ornement ou d'agrément qu'un musicien se permet d'ajouter à un morceau de musique ou de chant. Ce sont certains traits composés de gammes brillantes et qui enrichissent le thème musical.

FIOTARI, subst. mas. (*fiotari*), t. de bot., sorte de courge.

FIQUETTE, subst. fém. (*fikiète*) : *par ma fiquette*, par ma foi. Peu en usage.

FIRA-GRAWO, subst. fém. (*firaguerävo*), t. de bot., liseron du Japon.

FIRENSIA, subst. fém. (*fireincia*), t. de bot., sorte de plante.

Firent, 3e pers. plur. prét. déf. du verbe irrégulier FAIRE.

FIRKIN, subst. mas. (*firkiein*), mesure de liquide anglaise.

FIRMAMENT, subst. mas. (*firmaman*) (du lat. *firmamentum*, appui, soutien, fait de *firmari*, rendre ferme, solide, parce que les anciens astronomes le croyaient d'une matière solide), dans l'ancienne astronomie, le huitième ciel, ou le ciel des étoiles fixes.—Aujourd'hui, le ciel en général : *les astres qui brillent au firmament*. — En poésie : *les feux du firmament*, les étoiles.— Dans plusieurs endroits de l'Écriture, la moyenne région de l'air.— Suivant quelques théologiens, le *ciel étoilé*, pour le distinguer du *ciel empyrée*, qu'ils imaginent être au-dessus, et dont ils font la demeure des bienheureux.

FIRMAN, subst. mas. (*firman*) (du lat. *firmare*, confirmer, rendre authentique par sa signature), permission de trafiquer accordée aux marchands étrangers, par le souverain des Indes orientales, et surtout par l'empereur du Mogol. —Sorte d'édit, etc., émané de la puissance du grand-seigneur.

FIRMIN-EN-VALGODEMAR(SAINT-), subst. propre mas. (*ceinfirmein-anvalguodemar*), village de France, chef-lieu de canton, arrond. de Gap, dép. des Hautes-Alpes.

FIROLE, subst. fém. (*firole*), t. d'hist. nat., genre de vers mollusques.

FIROME, subst. mas. (*firome*), t. de bot., sorte de varec du Japon.

DU VERBE IRRÉGULIER FAIRE :

Fis, précédé de *je*, 1re pers. sing. prét. déf.
Fis, précédé de *tu*, 2e pers. sing. prét. déf.

FISC, subst. mas. (*ficeke*) (en lat. *fiscus*, fait du grec φισκος, panier, et fig., le trésor public), le trésor public.—Officiers chargés de conserver les droits du *fisc*.—L'administration elle-même.

FISCAL, E, adj. (*ficekale*), qui regarde le *fisc*. — Qui a soin du *fisc*, qui a du zèle pour les intérêts du *fisc*. — On appelait autrefois *procureur fiscal*, un officier qui avait soin de la conservation des droits d'un seigneur haut-justicier et des intérêts du public dans l'étendue de la seigneurie.—Au plur. mas., *fiscaux*.

FISCAL, subst. mas. (*ficekal*), t. d'hist. nat., sorte de pie-grièche.

FISCALEMENT, adv. (*ficekaleman*), d'une manière *fiscale*, avec *fiscalité*.

FISCALIN, E, adj. (*ficekalein, line*), qui tient au *fisc*.

FISCALITÉ, subst. fém. (*ficekalité*), qualité de ce qui est *fiscal*.—Disposition à étendre les droits du *fisc*.

FISCAUX, adj. mas. plur. Voy. FISCAL.

· **FISCELLE**, subst. fém. (*ficecèle*), petit panier. Hors d'usage.

FISCHÉRIE, subst. fém. (*ficechéri*), t. de bot., genre de plante.

FISCHIOSOME, subst. mas. (*ficechiozome*), t. d'hist. nat., genre de vers intestinaux.

FISH-TALL, ou **LERWÉE**, subst. mas. (*ficetal, lèrevé*), t. d'hist. nat., mammifère ruminant du genre des antilopes.

FISMES, subst. propre fém. (*fime*), ville de France, chef-lieu de canton, arrond. de Reims, dép. de la Marne.

FISOLÈRE, subst. fém. (*fizolère*), bateau de Venise, fort léger.

DU VERBE IRRÉGULIER FAIRE :

Fisse, 1re pers. sing. imparf. du subj.
Fissent, 3e pers. plur. imparf. subj.
Fisses, 2e pers. sing. imparf. subj.

FISSICULATION, subst. fém. (*ficecikulâcion*) (du lat. *fissiculare*, couper les fibres pour y lire l'avenir), t. d'anat., dissection, et proprement ouverture faite avec le scalpel.

FISSIDENT, subst. mas. (*ficecidan*), t. de bot., genre de plante de la famille des cryptogames.

Fissiez, 2e pers. plur. imparf. subj. du verbe irrégulier FAIRE.

FISSILABRES, subst. mas. plur. (*ficecilabre*), t. d'hist. nat., tribu d'insectes coléoptères.

FISSILIER, subst. mas. (*ficecilié*), t. de bot., espèce d'arbre.

Fissions, 1re pers. plur. imparf. subj. du verbe irrégulier FAIRE.

FISSIPÈDE, adj. des deux genres (*ficecipède*) (en lat. *fissipedes*, fait de *fissus*, fendu, et de *pes*, pied), qui a le pied divisé en plusieurs doigts : *les chiens, les loups*, etc., sont *fissipèdes*. On le dit par opposition à *solipède*. — Subst. mas., *les fissipèdes*.

FISSIROSTRE, subst. mas. et adj. des deux genres (*ficecirocetre*), t. d'hist. nat., famille d'oiseaux.

FISSULE, subst. fém. (*ficeçule*), t. d'hist. nat., sorte de vers intestinaux, cylindriques.

FISSURE, subst. fém. (*ficeçure*) (du lat. *fissura*, fente, fait de *fendere*, fendre, diviser), t. d'anat., division des viscères en lobes.—En chir., fracture longitudinale d'un os qui est seulement fêlé ou fendu.

FISSURELLE, subst. fém. (*ficeçurèle*), t. d'hist. nat., coquille univalve.

FISSURELLIER, subst. mas. (*ficeçurèlié*), t. d'hist. nat., animal de la *fissurelle*.

FISSURELLITE, subst. fém. (*ficeçurèlite*), t. d'hist. nat., petite *fissurelle* fossile.

FIST-DE-PROVENCE, subst. mas. (*ficetedeprovance*), t. d'hist. nat., bec-figue.

FIST-JURI, subst. mas. (*ficetejuri*), t. de bot., lis du Japon.

FISTULAIRE, subst. mas.(*ficetulère*), t. d'hist. nat., genre de poissons osseux, holobranches et siphonostomes.

FISTULANE, subst. fém. (*ficetulane*), t. d'hist. nat., genre de coquilles de la division des multivalves.

FISTULE, subst. fém. (*ficetule*) (en lat. *fistulo*, flûte, parce que son ouverture et sa cavité ressemblent à celles d'une flûte), t. de médec., espèce d'ulcère dont l'entrée est étroite et le fond ordinairement large. — On appelle *fistule lacrymale*, celle qui se forme au grand angle de l'œil, dans le sac lacrymal; *fistule à l'anus*, celle qui vient à cette partie; *fistule salivatre*, celle qui vient aux glandes servant à la sécrétion de la salive; *fistule urinaire*, celle qui cause l'écoulement involontaire de l'urine. — *Fistule incomplète* ou *borgne*, celle qui n'a qu'une ouverture; et *complète*, celle qui en a deux. — Sorte d'humeur. — En men., toute espèce de coup de marteau, de ciseau, etc., donné mal à propos, et qui endommage la surface du bois.

FISTULEUSE, adj. fém. Voy. FISTULEUX.

FISTULEUX, adj. mas., au fém. **FISTULEUSE** (*ficetuleu, leuze*), qui est de la nature de la *fistule*. —T. de bot., *tige fistuleuse*, cylindrique, allongée, et entièrement vide ou creuse dans le centre, telle qu'est celle des graminées. Ce mot est synonyme de *tubulé*.

FISTULIDES, subst. mas. plur. (*ficetulide*), t. d'hist. nat., section d'animaux sans vertèbres.

FISTULINE, subst. fém. (*ficetuline*), t. de bot., espèce de champignon.

DU VERBE IRRÉGULIER FAIRE :

Fit, précédé de *il* ou *elle*, 3e pers. sing. prét. déf.

Fît, précédé de *qu'il* ou *qu'elle*, 3e pers. sing. imparf. subj.

Fîtes, 2e pers. plur. prét. déf.

FITIGE, subst. mas. (*fitije*), t. d'hist. nat., sorte d'animal que l'on rencontre en Éthiopie.

FIXATIF, adj. mas., au fém. **FIXATIVE** (*fikçatif, tive*), qui *fixe*, qui détermine.

FIXATION, subst. fém. (*fikçâcion*), opération de chimie par laquelle un corps volatil est *fixé*.—Détermination du prix d'une charge, etc.

FIXE, subst. mas. (*fikce*), traitement, revenu *fixe*.

FIXE, adj. des deux genres (*fikce*) (en lat. *fixus*, part. pass. de *figere*, ficher, planter), qui ne se meut point, qui demeure toujours en même lieu, en même place. — Qui ne change point. — Certain, arrêté, déterminé. — On dit : *avoir la vue fixe, les yeux fixes, les regards fixes*, pour dire avoir la vue, les yeux, les regards arrêtés sur quelque objet.—*Douleur fixe*, qui ne change point de place, et se fait toujours sentir au même endroit. —*Un prix fixe, une somme fixe, une heure fixe, un jour fixe*, un prix, une somme, une heure, un jour déterminé, arrêté. — On dit : *revenu fixe*, par opposition à *casuel*.—*Le baromètre est au beau fixe*, lorsqu'il est au point qui indique la durée du beau temps.—T. de chimie, *substances fixes*, celles qu'une chaleur considérable ne fait point monter au haut du vaisseau et s'évaporer. *Fixe*, en ce sens, est opposé à *volatil*.—*Air fixe*. Voy. au mot AIR.—*Les fixes*, subst. fém. plur., les *étoiles fixes*.—On se sert de ce mot en astronomie pour distinguer les étoiles qui ne paraissent avoir aucun mouvement propre, d'avec les étoiles errantes : on nomme celles-ci planètes; et les autres, *étoiles fixes*, ou simplement *fixes*, en prenant alors le mot *fixe* substantivement : *il y a des astres fixes et des astres errants*.

FIXÉ, subst. mas. (*fikcé*), genre de peinture nommée aussi *peinture éludorique*. Voyez ce mot.

FIXÉ, E, part. pass. de *fixer* : *être fixé*, n'être plus dans l'incertitude.

FIXE-FRUIT, subst. mas. (*fikcefrui*), coin de piseur.

FIXE-LONGE, subst. fém. (*fikcelonje*), machine nouvellement inventée.

FIXEMENT, adv. (*fikceman*), d'une manière *fixe* : *regarder fixement*.

FIXE-POINT, subst. mas. (*fikcepoein*), coin de bois à l'usage des maçons-piseurs.

FIXER, v. act. (*fikcé*), arrêter quelque corps volatil ; coaguler.—Déterminer l'état ou la situation d'une chose.—Quelques-uns disent : *fixer quelqu'un*, pour : le regarder *fixement*. C'est, dit *Gattel*, une faute que n'a point évitée *Delille*, dans sa traduction du *Paradis perdu* de *Milton* :

Tous les deux interdits se *fixent* tristement.

—*Fixer ses regards sur quelqu'un*, les y arrêter. —*Fixer les regards de quelqu'un*, devenir l'unique objet de son attention.—*Fixer le mercure*, le rendre solide. —*Fixer quelque chose sur le papier*, l'écrire. — *Fixer une chose dans sa mémoire*, faire ses efforts pour la retenir.— Faire résider : *le voilà fixé dans la commune*.—Régler : *fixer la valeur des choses*. — Faire qu'une personne ou qu'une chose ne soit plus changeante : *c'est un homme qu'on ne saurait fixer*. — Captiver, arrêter, retenir : *fixer l'attention*. — *Fixer les soupçons sur quelqu'un*, le soupçonner de quelque chose. — T. de phys., *fixer un esprit*, faire qu'il ne varie plus.—SE FIXER, v. pron., s'arrêter.—Se borner.—Se déterminer.

FIXITÉ, subst. fém. (*fikcité*), t. de chimie, propriété qu'ont certains corps de n'être point dissipés par l'action du calorique.—En astron., la propriété qu'ont les étoiles *fixes* de n'avoir aucun mouvement propre. — Ce mot a passé dans le langage ordinaire, et l'on dit : *la fixité des idées, des principes*, etc.

FLABELLAIRE, subst. mas. (*flabèlelère*), t. d'hist. nat., genre de polypiers.

FLABELLATION, subst. fém. (*flabèlelâcion*), (du lat. *flabellum*, éventail), t. de chir., renouvellement de l'air sur un membre fracturé.

FLABELLÉ, E, part. pass. de *flabeller*.

FLABELLER, v. act. (*flabèlelé*), vanner, aérer. Hors d'usage.

FLABELLIFORME, adj. des deux genres (*flabèleliforme*) (du lat. *flabellum*, éventail, et *forma*, forme), t. de bot., nom qu'on donne aux feuilles qui, portées sur un pétiole commun, sont parallèles et disposées comme les branches d'un éventail ouvert : *les feuilles de plusieurs palmiers sont flabelliformes*.

FLABELLIPÈDE, subst. mas. (*flabèlelipède*), t. d'hist. nat., famille d'oiseaux.

FLACCIDITÉ, subst. fém. (*flakcidité*) (du latin *flaccescere*, devenir mou, flasque, languissant). Voyez FLASQUE), t. de médec., état des fibres relâchées qui ont perdu leur ressort.

FLACHE, subst. fém. (*flache*), pavé enfoncé ou brisé par l'effet d'une roue.—Ce qui paraît de l'endroit où était l'écorce du bois. C'est surtout, dans les pièces équarries, un *moins* dans le bois, qui empêche que l'équarrissage ne soit parfait.

FLACHEUSE, adj. fém. Voy. FLACHEUX.

FLACHEUX, adj. mas., au fém. **FLACHEUSE** (*flacheu, cheuze*), il se dit des pièces de bois qui ont des *flaches*.

FLACON, subst. mas. (*flakon*) (du latin barbare *flasca* ou *flasco*, fait de l'allemand *flasche*, dont la signification est la même), sorte de bouteille qui se ferme avec un bouchon, et le plus souvent à vis.

FLACONNÉ, E, part. pass. de *flaconner*.

FLACONNER, v. neut. (*flakoné*), bien boire. (*Rabelais*.) Hors d'usage.

FLACOURTIA, subst. fém. (*flakourcia*), t. de bot., genre de plantes.

FLAGELLAIRE, subst. mas. (*flajèlelère*), t. de bot., plante de la famille des asperges.

FLAGELLANT, subst. mas. (*flajèlelan*) (en lat. *flagellantes*), nom de fanatiques qui se *flagellaient* en public.

FLAGELLATEUR, subst. mas., **FLAGELLATRICE**, subst. fém. (*flajèlelateur, trice*), celui ou celle qui fouette.

FLAGELLATION, subst. fém. (*flajèlelâcion*) (en lat. *flagellatio*), action de fouetter ou de se fouetter. Il ne se dit que de la *flagellation* de Jésus-Christ. — Tableau dans lequel Jésus-Christ est représenté au moment de la *flagellation*.

FLAGELLÉ, E, part. pass. de *flageller*.

FLAGELLÉE, subst. fém. (*flajèlelé*), t. de bot., variété de laitue.

FLAGELLER, v. act. (*flajèlelé*) (en lat. *flagellare*, fait de *flagellum*, diminutif de *flagrum*, fouet), fouetter. Voyez ce mot. Il n'est en usage qu'en parlant de Notre-Seigneur et des martyrs. —SE FLAGELLER, v. pron., se donner des coups de fouet. Peu usité.

FLAGEOL, subst. mas. (*flajéole*), canal ; fistule. Hors d'usage.

FLAGEOLÉ, part. pass. de *flageoler*.

FLAGEOLER, v. neut. (*flajolé*), se dit d'un cheval, et, par extension, d'un homme dont les jambes tremblent.

FLAGEOLET, subst. mas. (*flajolè*) (du grec πλαγιαυλος, flûte traversière, formé de πλαγιος, oblique, et de αυλος, flûte), sorte d'instrument de musique à vent.—Petite flûte à bec, dont le son est clair et aigu.—Celui qui en joue.

FLAGEOLEUR, subst. mas. (*flajoleur*), joueur de *flageolet*. Presque inusité.

FLAGORNÉ, E, part. pass. de *flagorner*.

FLAGORNER, v. act. (*flaguorné*), flatter en faisant de faux rapports. Il est familier. — SE FLAGORNER, v. pron.

FLAGORNERIE, subst. fém. (*flaguorneri*), flatterie basse, accompagnée de faux rapports. Il est familier.

FLAGORNEUR, subst. et adj. mas., au fém. **FLAGORNEUSE** (*flaguorneur, neuze*), qui *flagorne*. Il est familier.

FLAGORNEUSE, subst. et adj. fém. Voy. FLAGORNEUR.

FLAGRANCE, subst. fém. (*flaguerance*), qualité, état de ce qui est *flagrant*. Il est vieux.

FLAGRANT, E, adj. (*flagueran, rante*) (en lat. *flagrans*, brûlant, enflammé, comme si l'on disait : *le délit était encore chaud*), qui a lieu, qui se commet actuellement : *en flagrant délit*, sur le fait.

FLAGRANTE, subst. fém. (*flaguerante*), t. de jurispr., effet, état, qualité de ce qui est *flagrant*.

FLAINE, subst. fém. (*flène*), espèce de coutil.

FLAIR, subst. mas. (*flère*), se dit de l'odorat subtil et délicat d'un chien de chasse.

FLAIRÉ, E, part. pass. de *flairer*.

FLAIRER, v. act. (*flèré*) (du lat. *fragrare*, employé également et pour exhaler une odeur et pour en recevoir l'émanation. *Ménage*.), sentir par l'odorat, approcher son nez d'une chose pour en sentir l'odeur.—Fig. et fam., pressentir, prévoir. — FLAIRER, FLEURER. (*Syn.*) *Flairer*, c'est sentir par l'odorat ; *fleurer*, c'est répandre une odeur. Les deux sens de ces verbes sont donc bien distincts, et ne doivent pas être confondus. —SE FLAIRER, v. pron.

FLAIREUR, subst. mas., au fém. **FLAIREUSE** (*flèreur, reuze*), celui qui *flaire* : *flaireur de cuisine*, parasite. Il est familier.

FLAIREUSE, subst. fém. Voy. FLAIREUR.

FLAMAND, E, subst. et adj. (*flaman, mande*), celui ou celle qui est de la *Flandre*.

FLAMANDE, subst. fém. (*flamande*), outil de menuisier.

FLAMANGEL, subst. mas. (*flamanjèle*), trompeur de filles.

FLAMANT, subst. mas. (*flaman*), t. d'hist. nat., nom donné à l'ibis rouge.

FLAMBANT, E, adj. (*flanban, bante*), qui jette de la *flamme*. — Se dit dans le blason des pals aiguisés et ondés qui imitent les *flammes*. On dit aussi *flamboyant*.

FLAMBART, subst. mas. (*flanbar*), charbon à demi consumé, qui jette encore de la *flamme* et de la fumée.—Sur mer, météores ou feux follets qui s'attachent aux mâts. — En t. de pêche, petite chaloupe du Havre à deux mâts, sans vergue, pour la pêche.

FLAMBE, subst. fém. (*flanbe*), t. de bot., iris ou glaïeul. Voy. IRIS.

FLAMBÉ, E, part. pass. de *flamber*, et adj.— Fig., ruiné, perdu : *mon argent est flambé*. Style fam. et plaisant.

FLAMBÉ, subst. mas. (*flanbé*), t. d'hist. nat., espèce de coquillage de mer.

FLAMBEAU, subst. mas. (*flanbô*) (rac. *flamber*), espèce de torche de cire, dont on se sert de nuit dans les rues. — Chandelles de cire ou de suif qu'on allume la nuit dans les maisons.— Chandelier où on les met.—On dit fig.: *le flambeau de la guerre, de la discorde*.—Poét. : *le flambeau du jour, de la nuit*, le soleil, la lune ; *les flambeaux de la nuit*, les étoiles.—*Allumer les flambeaux de l'hymen*, se marier.—Dans les raffineries, chaudière dans laquelle on fait l'épreuve du sucre pour le raffiner.

FLAMBELET, subst. mas. (*flanbelè*), petit *flambeau*.

FLAMBER, v. act. (*flanbé*), passer par le feu ou par-dessus le feu : *flamber une chemise*.— Passer des alouettes, un chapon, etc., sur la *flamme* d'un feu clair, pour en ôter les petits poils. — *Flamber des vêtements*, pour les désinfecter. — *Flamber un chapeau*, le faire passer sur la *flamme* d'un feu clair, pour en ôter les longs poils. — *Flamber les cuirs*, passer le cuir par-dessus la *flamme* d'un feu de paille, pour le disposer à recevoir le suif. — *se* FLAMBER, v. pron., neutralement, jeter une grande *flamme*.

FLAMBERGE, subst. fém. (*flanbèreje*), épée. Il ne se dit que dans cette phrase du style plaisant : *mettre flamberge au vent.*

FLAMBERGEANT, subst. mas. (*flanbèrejan*), t. d'hist. nat., nom du courlis.

FLAMBILLON, subst. mas. (*flanbi-ion*), petite *flamme*.

FLAMBOYANT, E, adj. (*flanboé-ian, iante*), qui *flamboie* : *épée, comète flamboyante.* — En t. de peinture, *contours flamboyants*, contours coulants, balancés et souples, qu'on peut comparer à l'effet de la *flamme.* — En t. de blas., voy. FLAMBANT.

FLAMBOYANTE, subst. fém. (*flanboè-iante*), fusée dont la cartouche est couverte de matière enflammée et contiguë au feu de la queue. — Sorte de tulipe.

FLAMBOYÉ, E, part. pass. de *flamboyer.*

FLAMBOYER, v. neut. (*flanboé-ié*), jeter un grand éclat; briller, en parlant des armes et des pierreries.

FLAMBURE, subst. fém. (*flanbure*), tache ou inégalité dans une étoffe qui n'est pas teinte également.

FLAMETTE, subst. fém. (*flamète*), t. d'hist. nat., la mactre poivrée.

FLAMICHE, subst. fém. (*flamiche*), sorte de pâtisserie.

FLAMIÈRE, adj. fém. (*flamière*). *Barbarisme.* Voy. FLÂNIÈRE.

FLAMINALE, subst. mas. (*flaminale*), *flamine* qui sortait de charge.

FLAMINE, subst. mas. (*flamine*) (du lat. *flamen*), myth., prêtres de Jupiter, de Mars, de Romulus et de plusieurs autres dieux. On les appelait *flamines* par abréviation, au lieu de *filamines*, de *filum*, parce qu'ils se nouaient les cheveux avec un fil de laine, ou qu'ils se couvraient la tête avec un bonnet fait de fils de laine : ils portaient pour surnom le nom des dieux auxquels ils appartenaient. Le prêtre de Jupiter s'appelait *flamen Dialis;* celui de Mars, *Martialis ;* ainsi des autres.

FLAMINIENNE, subst. fém. (*flaminiène*), myth., prêtresse, femme des *flamines.* Les *flaminiennes* étaient distinguées par des ornements particuliers, par de grandes prérogatives et par bien des singularités. La *flaminienne Dialis* avait des honneurs proportionnés à ceux qu'on rendait à son mari Voy. DIALIS FLAMEN.

FLAMME, subst. fém. (*flâme*) (en lat. *flamma*), fluide subtil et lumineux qui se dégage dans l'acte de la combustion de certains corps. — Fig. et poétiquement, la passion de l'amour. — En t. de mar., banderole longue et étroite. — En chirurgie, instrument d'acier pour saigner principalement les chevaux. — Au plur., tourments de l'enfer ou du purgatoire. — Prov. : *jeter feu et flamme*, parler en homme transporté de colère. — En t. de foulon, défaut du drap qui n'a pas également trempé dans l'eau lors du dégraissage. On dit dans le même sens, *ondes.*

FLAMMÉ, E, adj. (*flâmé*), en forme de *flamme.*

FLAMMÈCHE, subst. fém. (*flamèche*), étincelle de chandelle.

FLAMMÈGUE, subst. fém. (*flamègue*), filet du pays de Caux, pour la pêche des harengs.

FLAMMEROLLE, subst. fém. (*flamerole*), feu follet; espèce de météore.

FLAMMET, subst. mas. (*flamé*), t. d'hist. nat., sorte d'oiseau.

FLAMMETTE, subst. fém. (*flamète*), instrument de chirurgie pour faire des mouchetures sur la partie où l'on a appliqué les ventouses.

FLAMMEUM, subst. mas. (*flameme-ome*) (mot latin); chez les anciens Romains, voile de couleur de *flamme* que portaient les nouvelles mariées.

FLAMMIGÈRE, adj. des deux genres (*flamemigère*), qui porte la foudre; épithète donnée à l'aigle.

FLAMMIPOTENS, adj. mas. et lat. (*flamemipoteince*) (mot lat. composé de *flamma*, flamme, et de *potens*, puissant : *puissant par la flamme*), myth., surnom de Vulcain.

FLAMMIVOLE, adj. des deux genres (*flamemivole*), qui vole avec la rapidité de la *flamme.*

FLAMMIVOME, adj. des deux genres (*flamemivome*), qui vomit la *flamme.*

FLAMMULA, subst. fém. (*flamemula*), t. de bot., plante renonculacée.

FLAN, subst. mas. (*flan*) (par corruption de *flaon*, dérivé du lat. *flare*, fondre les métaux), métal taillé en rond pour en faire de la monnaie ou des jetons. — Sorte de petite tarte composée de farine, de lait, d'œufs et de beurre.

FLANC, subst. mas. (*flan ;* le *c* ne se prononce que dans le discours soutenu, lorsque le mot suivant commence par une voyelle) (en grec λαγων, auquel on a ajouté le digamma éolique ϝλαγων), partie de l'animal qui est depuis le défaut des côtes jusqu'aux hanches. — En parlant des femmes, relativement aux enfants qu'elles ont portés dans leur sein, on dit aussi *les flancs*, mais seulement dans le style noble. — Par similitude, côté d'un bastion, d'un vaisseau, d'un bataillon. — *Par le flanc droit, par le flanc gauche*, commandement militaire par lequel on ordonne aux soldats de se tourner chacun à droite ou à gauche. — Prov. : *se battre les flancs*, faire des efforts. — *Prêter le flanc*, donner prise sur soi.

FLANCHET, subst. mas. (*flanchè*), partie de la morue au-dessous des ailes. — Partie de la surlonge d'un bœuf.

FLANCHIS, subst. mas. (*flanchi*), t. de blas., petit sautoir alesé.

FLANCONADE, subst. fém. (*flankonade*), t. d'escrime, botte de quarte forcée qu'on porte dans le *flanc* de son ennemi.

FLANDRE, subst. propre fém. (*flandre*), ancienne province de France, qui se trouve comprise aujourd'hui dans le département du Nord.

FLANDRE-OCCIDENTALE, subst. propre fém. (*flandrokcidantale*), province du royaume de Belgique.

FLANDRIN, subst. mas. (*flandrein*) (de l'oiseau appelé *flamant*, à cause de la couleur de ses ailes, et qui d'ailleurs a les jambes grêles et longues, et dont le nom, s'appliquant dans une autre signification aux hommes nés en *Flandre*, est, sous ce dernier rapport, synonyme de *flandrin*, qui a été dit dans la même signification. *Le Duchat.*), t. fam. et de mépris : *c'est un grand flandrin*, un homme élancé, grand et fluet, de mauvaise contenance, etc.

FLÂNÉ, E, part. pass. de *flâner.*

FLANELLE, subst. fém. (*flanèle*) (suivant *Le Duchat*, du latin *lana*, laine, dont on a fait *lanella*, et par l'addition d'un *f* au commencement, *flanelle*), étoffe légère de laine.

FLÂNER, v. neut. (*flâné*), se promener en musant ; perdre son temps dans les rues. Il est populaire. — Ce mot manque dans l'*Académie.*

FLÂNERIE, subst. fém. (*flâneri*), musardises ; action de *flâner.* — Ce mot manque dans l'*Académie.*

FLÂNEUR, subst. et adj. mas., au fém. FLÂNEUSE (*flâneur, neuze*), qui *flâne;* musard. Il est populaire. — Ces deux mots manquent dans l'*Académie.*

FLÂNEUSE, subst. et adj. fém. Voy. FLÂNEUR.

FLÂNIÈRE, adj. fém. (*flânière*) : *meule flânière*, courante et concave.

FLANQUANT, E, adj. (*flankan, kante*), t. de fortification : *un angle, un bastion flanquant*, d'où l'on peut voir le pied de quelque autre partie des fortifications et en défendre les approches.

FLANQUÉ, E, part. pass. de *flanquer*, et adj. ; en t. de blason, il se dit des peaux, arbres, etc., qui ont d'autres figures à leur *flanc* ou côté.

FLANQUEMENT, subst. mas. (*flankeman*), action de *flanquer.* — Résultat de cette action.

FLANQUER, v. act. (*flankié*) (rac. *flanc*), se dit dans l'architecture militaire de la partie d'une fortification qui en voit une autre et qui lui sert de défense : *des bastions flanquant la courtine.* On dit aussi *bataillons flanqués* (défendus sur les *flancs*) par des ailes de cavalerie. *Corps de logis flanqué* (garni) *de deux pavillons, de deux galeries.* — Pop., donner : *flanquer un soufflet, un coup de pied.* — *se* FLANQUER, v. pron., se mettre : *il s'est venu flanquer au milieu de nous.* Cette expression est populaire.

FLAQUE, subst. fém. (*flakie*), (mot flamand ; dans la basse latinité on a dit *flacco.* Ménage.), espèce de petite mare où il y a presque toujours de l'eau.

FLAQUÉ, E, part. pass. de *flaquer.*

FLAQUÉE, subst. fém. (*flaké*), eau ou autre liqueur jetée avec force. Fam.

FLAQUER, v. act. (*flaké*), jeter avec force de l'eau ou autre liqueur contre... Il est familier.

FLAQUIÈRE, subst. fém. (*flakière*), partie du harnais d'un mulet.

FLASCOPSARE, subst. mas. (*flacekopeçare*), t. d'hist. nat., espèce de poisson.

FLASQUE, adj. des deux genres (*flaceke*) (en lat. *flaccus* ou *flaccidus*, dérivé de βλαξ, mou, lâche, paresseux), mou et sans force. — Se dit en bot., de la tige qui est entraînée par son propre poids. — Subst. fém., petite bouteille de cuir où l'on met de la poudre à tirer. — Subst. mas., t. d'artillerie, madrier pour l'affût d'un canon.

FLATE, subst. fém. (*flate*), t. d'hist. nat., insecte de l'ordre des hémiptères.

FLATERIE, subst. fém. (*flateri*), t. de bot., muguet du Japon.

FLATI, E, part. pass. de *flatir.*

FLATIR, v. act. (*flatir*), battre une pièce de monnaie avec le *flatoir* pour lui faire prendre le volume et l'épaisseur qu'elle doit avoir, et former les *flans.* — *se* FLATIR, v. pron.

FLATOIR, subst. mas. (*flatoar*), instrument qui sert à *flatir.*

FLÂTRÉ, E, part. pass. de *flâtrer.*

FLÂTRER, v. act. (*flâtré*) (du celtique ou bas-breton *flastra*, écraser), appliquer à un chien un fer chaud sur le front, pour le garantir, dit-on, de la rage. — *se* FLÂTRER, v. pron., t. de chasse, s'arrêter et se mettre sur le ventre.

FLÂTRURE, subst. fém. (*flâtrure*), t. de chasse, lieu où le gibier poursuivi par les chiens courants s'arrête et se met sur le ventre.

FLATTÉ, E, part. pass. de *flatter.* On appelle *un portrait flatté*, un portrait où la personne est peinte trop en beau.

FLATTER, v. act. (*flaté*) (suivant les uns, du lat. *flare*, souffler, parce qu'on *enfle de vanité et d'orgueil* ceux qu'on *flatte ;* selon les autres, de *lactare*, nourrir de lait, en y préposant un *f.* Nous disons de même *bouillir du lait à quelqu'un*, lui dire des choses agréables, flatteuses), louer excessivement, dans le dessein de plaire, de séduire. — Tromper en déguisant la vérité : *le médecin flatte ce malade.* — Caresser : *flatter un enfant, un chien, avec la main.* — Délecter : *vin qui flatte le goût*, etc. — *Flatter une plaie*, la traiter avec trop de douceur. — *Flatter quelqu'un d'une chose*, la lui faire espérer. — *Flatter sa douleur, son ennui*, en adoucir le sentiment. — *Flatter le dé.* Voy. DÉ. — *On flatte le courant d'une rivière*, que l'on veut détourner d'un bord qu'elle endommage, en lui présentant une surface qui, sans le contrarier, le détourne insensiblement de ce bord, et le dirige peu à peu vers un point qui n'a rien à craindre de ses efforts. — *On flatte les vagues de la mer*, que l'on veut détourner d'un rivage qu'elles endommagent, en leur opposant une digue construite de manière qu'elle n'offre à l'impétuosité des flots qu'un long talus qui accompagne plutôt qu'il ne retient leur mouvement, mais qui, s'élevant insensiblement au-dessus du niveau, ralentit leur fureur, et les réduit à la fin au repos, sans secousse, sans brusque résistance, en évitant tout choc capable d'ébranler l'obstacle qu'on leur oppose. — *On flatte un cheval fougueux qui s'emporte*, en cédant à sa fantaisie, de manière à ralentir peu à peu ses mouvements ; *on le flatte aussi de la main, de la voix*, par des caresses qui lui plaisent, par un son de voix qui n'annonce rien de contrariant, mais qui l'encourage, l'adoucisse et lui inspire de la confiance. C'est dans un sens à peu près semblable qu'on emploie le mot *flatter*, en y joignant quelque rapport moral, lorsqu'on dit qu'*il faut flatter les sots, les furieux, les personnes emportées par un violent accès de colère.* — *Flatter l'amour-propre, flatter la vanité, flatter les passions*, c'est complaire à tout ce qui est agréable à l'amour-propre, à la vanité, aux passions. — On dit qu'*un peintre a flatté une personne qu'il a peinte*, pour dire qu'il l'a peinte plus belle qu'elle n'est en effet : *le peintre vous a flatté, ne vous a point flatté.* — Il se dit aussi figurément : *vous me flattez, en m'attribuant ces qualités.* — *se* FLATTER, v. pron., s'entretenir dans l'espérance : *il se flatte que vous arriverez bientôt.* — En t. de civilité, se persuader : *je me flatte que vous m'approuverez.*

FLATTERIE, subst. fém. (*flateri*), louange fausse donnée dans l'intention de se rendre agréable.

FLATTEUR, subst. et adj. mas., au fém. FLATTEUSE (*flateur, teuze*), celui ou celle qui *flatte.* Voy. ADULATEUR. — Ce mot est aussi adjectif, qui *flatte*, qui caresse. — *Miroir flatteur*, où l'on se voit plus beau que l'on n'est. — *Il a toujours quelque chose de flatteur à dire*, quelque chose d'obligeant.

FLATTEUSE, subst. et adj. fém. Voy. FLATTEUR.

FLATTEUSEMENT, adv. (*flateuzeman*), d'une manière *flatteuse*.

FLATUEUSE, adj. mas. Voy. FLATUEUX.

FLATUEUX, adj. mas., au fém. FLATUEUSE, (*flatu-eu, tu-euze*), qui cause des *flatuosités*.

FLATULENCE, subst. fém. Voy. FLATUOSITÉ qui est plus usité.

FLATUOSITÉ, subst. fém. (*flatu-ôzité*) (du lat. *flatus*, souffle, vent), vent qui sort du corps humain.—En médec., on dit aussi *flatulence*. On appelle *flatulence acide*, les rapports aigres; *flatulence nidoreuse*, les rapports d'œufs couvés; *flatulence hypochondriaque*, celle à laquelle sont sujets les hypochondriaques et les femmes hystériques; *flatulence accidentelle*, celle qui est occasionnée par l'usage d'aliments ou de boissons fermentescibles ou dans l'état de fermentation; *flatulence des enfants*, celle à laquelle les enfants sont sujets; *flatulence lochiale*, celle des femmes grosses et des femmes en couche; *flatulence convulsive*, celle qui se rapproche de l'épilepsie.

FLAUBÉ, E, part. pass. de *flauber*.

FLAUBER, v. act. (*flôbé*), rosser, battre. Vieux et hors d'usage.

FLAVÉOLE, subst. fém. (*flavé-ole*), t. d'hist. nat., espèce de fauvette.

FLAVERIE, subst. fém. (*flaveri*), t. de bot., genre de plantes.

FLAVERT, subst. mas. (*flavère*), t. d'hist. nat., oiseau de la famille des gros-becs.

FLAVESCENT, E, adj. (*flavèceçan, çante*) (du lat. *flavescere*, jaunir), qui devient jaune, doré : *moissons flavescentes*.

FLAVIGNY, subst. propre mas. (*flavigni*), ville de France, chef-lieu de canton, arrond. de Semur, dép. de la Côte-d'Or.

FLÉATITE, subst. fém. (*flé-atite*), sorte de pierre brune.

FLÉAU, subst. mas. (*flé-ô*) (du lat. *flagellum*, diminutif de *flagrum*, fouet, dont les Anglais ont fait dans le même sens *flail*, et les Allemands *flegel*. Nous avons dit anciennement *flael*, et ensuite *fléel*), instrument avec lequel on bat le grain pour le faire sortir des épis.— Fig., maux que Dieu envoie aux hommes pour les châtier : *la guerre est un terrible fléau*. On le dit aussi des personnes : *Attila s'appelait le fléau de Dieu; cet enfant est le fléau de son père*, etc.—Verge de fer à laquelle sont attachés les bassins d'une balance. — Barre de fer derrière les portes cochères, et qu'on tourne à demi pour ouvrir les deux battants.—En bot., plante graminée dont on connaît plusieurs espèces, et qu'on nomme aussi *fléole*. Le *fléau* des prés sert de pâturage. — Au fém., crochets sur lesquels les vitriers portent les panneaux de verre, lorsqu'ils vont en ville. Voy. BELLONE.

FLÉBILE, adj. des deux genres (*flébile*) (en lat. *flebilis*, lamentable. — Regrettable. Il est vieux et même inusité.

FLÈCHE, subst. fém. (*flèche*) (de l'allemand *flitz*, qui a la même signification. (*Wachter*.) *Flitz* n'est conservé aujourd'hui que dans *flitzbogen*, arc à tirer des flèches), trait qui se décoche avec un arc ou une arbalète.—On dit fig., *les flèches de l'amour*. — Longue pièce de bois qui joint le train de derrière d'une voiture à celui de devant.—Dans un pont-levis, deux longues pièces de bois assemblées parallèlement, avec entre-toises et croix de Saint-André, pour le lever et le baisser.—Dans la grue, longue pièce de bois de charpente posée à plomb, sur laquelle tourne la volée. On la nomme aussi *arbre*.—Aiguille de clocher.—Ouvrage de fortification formé seulement de deux faces, que l'on construit à l'extrémité des angles saillants et rentrants du glacis.—En géom., 1° suivant quelques auteurs, le *sinus verse* d'un arc, parce qu'il ressemble à une *flèche* qui s'appuie sur la corde de cet arc; 2° abscisse. En ce sens, il est peu usité. — En astron., constellation boréale située au-dessus de l'*Aigle*, et composée de dix-huit étoiles, suivant *Flamsteed*. — Dans les verreries, partie d'un creuset comprise depuis son fond jusqu'à son orifice. — Dans les tapisseries de haute-lisse, ficelle que l'ouvrier entrelace dans les fils de la chaîne, au-dessous des bâtons de croisure, afin que ces fils se maintiennent toujours dans une égale distance.—Dans les cannes à sucre, etc., montant dénué de feuilles que pousse la tige, lorsqu'elle se dispose à fleurir.—Au trictrac, figures coniques sur lesquelles on place les dames. — *Flèche de lard*, ce qu'on a levé de l'un des côtés du cochon.—En t. d'astron., *flèche d'arbalète*, le bâton ou la verge de l'instrument de ce nom, sur laquelle court la pièce appelée *traversaire* ou *traversier* par les anciens, *curseur* par quelques modernes, et *marteau* par les matelots.—Prov. : *faire flèche de tout bois; ne savoir plus de quel bois faire flèche*. Voy. BOIS.—En bot., *feuille*, etc., *en fer de flèche*. Voy. SAGITTÉ. — *Flèche d'eau*, plante aquatique vivace, de la famille des ronces, et dont les feuilles sont sagittées.

FLÈCHE (LA), subst. propre fém. (*laflèche*), ville de France, chef-lieu d'arrond., dép. de la Sarthe. Cette ville est célèbre par sa belle école militaire, établie dans un vaste collège fondé par Henri IV. C'est dans cette école que fut élevé le prince Eugène Beauharnais.

FLÉCHI, E, part. pass. de *fléchir*.

FLÉCHIER, subst. mas. (*fléchié*), celui qui fait, ou vend des *flèches*. Hors d'usage.

FLÉCHIÈRE, subst. fém. (*fléchière*), t. de bot., plante alismoïde, de la famille des joncs.

FLÉCHIR, v. act. (*fléchire*) (en latin *flectere*), ployer, courber : *fléchir le genou* ou *les genoux*. —Adoucir, attendrir : *fléchir le courroux, la dureté de...; rien ne peut le fléchir*.—Neutralement, se ployer, se courber : *que tout genou fléchisse; fléchir sous le joug*.—Cesser de persister; céder par complaisance ou par faiblesse.—*se* FLÉCHIR, v. pron. :

Qui l'eût cru que pour moi le ciel dût *se fléchir* ?
(BOILEAU.)

Il est peu usité.

FLÉCHISSABLE, adj. des deux genres (*fléchiçable*), qui peut être *fléchi*. Il ne se dit guère qu'au propre : *une branche fléchissable*.

FLÉCHISSEMENT, subst. mas. (*fléchiceman*), action de *fléchir*.—État d'un corps qui *fléchit*.

FLÉCHISSEUR, adj. et subst. mas. (*fléchiceur*), t. d'anat.; il se dit des muscles destinés à *fléchir* les genoux.

FLÉGART, subst. mas. (*fléguar*), vieux terme de coutume qui ne se trouve que dans *Trévoux*, et signifie : place commune et grand chemin. On écrivait aussi *flégard*.

FLEGMAGOGUE, mieux **PHLEGMAGOGUE**, adj. des deux genres (*flèguemaguogue*) (du grec φλεγμα, flegme, pituite, et αγω, je chasse), t. de médec.—Subst. au mas. : *des flegmagogues*, qui se dit des remèdes qui purgent la pituite.

FLEGMASIE, mieux **PHLEGMASIE**, subst. fém. (*flèguemazi*) (du grec φλεγω, je brûle), t. de médec., inflammation.

FLEGMATIQUE, mieux **PHLEGMATIQUE**, adj. des deux genres (*flèguematike*), qui abonde en *flegme*; pituiteux.—Au fig., qui a du sang-froid. En ce sens, il est aussi subst. : *c'est un flegmatique*.

FLEGMATORRHAGIE, mieux **PHLEGMATORRHAGIE**, subst. fém. (*flèguematoraji*) (du grec φλεγμα, flegme, et ρειν, couler), t. de médec., excrétion muqueuse qui se fait par le nez.

FLEGMATORRHAGIQUE, mieux **PHLEGMATORRHAGIQUE**, adj. des deux genres (*flèguematorajike*), t. de médec., qui a rapport à la *flegmatorrhagie*.

FLEGME, mieux **PHLEGME**, subst. mas. (*flègueme*) (du grec φλεγμα, flegme, pituite, fait par antiphrase de φλεγω, je brûle, comme si l'on disait humeur non brûlée), une des quatre humeurs qui composent la masse du sang de l'animal, et qui est froide et humide.—Pituite épaisse que l'on jette en crachant. En ce sens, il se dit ordinairement au pluriel.—Fig., qualité d'un esprit posé, qui se possède; sang-froid.— En chimie, partie aqueuse que la distillation sépare des corps.

FLEGMON, mieux **PHLEGMON**, subst. mas. (*flèguemon*) (du grec φλεγμονη, inflammation, dérivé de φλεγω, je brûle, j'enflamme), t. de médec., tumeur inflammatoire causée par une surabondance de sang dans une partie du corps.

FLEGMONEUSE, mieux **PHLEGMONEUSE**, adj. fém. Voyez FLEGMONEUX.

FLEGMONEUX, mieux **PHLEGMONEUX**, adj. mas., au fém. FLEGMONEUSE (*flèguemoneu, neuze*), qui est de la nature du *flegmon*.

FLÉOLE, subst. fém. (*flé-ole*), t. de bot., plante graminée.

FLESTOIR, subst. mas. (*flècetoar*), marteau de ciseleur.

FLET ou **FLEZ**, subst. mas. (*flè*), t. d'hist. nat., petit poisson de mer fort plat.

FLÉTAN, subst. mas. (*flétan*), t. d'hist. nat., poisson marin de l'ordre des thoraciques.

FLÉTELET, subst. mas. (*flételè*), t. d'hist. nat., sorte de poisson.

FLÉTRI, E, part. pass. de *flétrir*, et adj., fané.

FLÉTRIR, v. act. (*flétrir*) (par corruption de l'ancien mot *flâtrer*, marquer d'un fer chaud), faner, sécher, ôter la couleur, la fraîcheur : *le hâle flétrit les fleurs; le temps, l'âge flétrit la beauté*.—Fig. 1° Déshonorer : *flétrir la réputation*; 2° *flétrir le cœur*, chagriner, décourager.—On dit, en t. de jurisprudence, qu'*un homme est condamné à être flétri*, pour dire qu'il est condamné à être marqué d'un fer chaud. On dit aussi, en ce sens, qu'*un homme a été flétri*. — *se* FLÉTRIR, v. pron. : *les fleurs se flétrissent; sa beauté commence à se flétrir*.

FLÉTRISSANT, E, adj. (*flétriçan, çante*), qui déshonore : *action flétrissante*.

FLÉTRISSURE, subst. fém. (*flétriçure*), l'état d'une chose *flétrie*. — Maladie des plantes.— Au fig., tache à la réputation. — T. de jurispr., impression d'une marque qui se fait en conséquence d'un jugement, par l'exécuteur de la haute-justice, sur la peau d'un homme convaincu d'un crime qui emporte peine afflictive : *il a été condamné à la flétrissure*.—Il se prend aussi quelquefois pour toute condamnation qui couvre d'infamie de fait ou de droit.

FLETTE, subst. fém. (*flète*), petit bateau qui sert à traverser une rivière, à transporter des marchandises, etc.

FLEUR, subst. fém. (*fleur*) (en lat. *flos*, gén. *floris*), production des plantes et des arbres qui précède immédiatement et qui donne la graine ou le fruit.—Les botanistes entendent rigoureusement par ce mot les organes de la fructification réunis ou séparés, rarement nus, plus souvent entourés d'une ou de plusieurs enveloppes.—On appelle *pétales*, les feuilles des *fleurs*. *Fleur monopétale*, qui n'a qu'une feuille ; *bipétale*, qui en a deux ; *tripétale*, qui en a trois, etc.; *fleur parfaite*, qui a des pétales, des étamines, des sommets et un pistil; *fleur imparfaite*, qui manque de quelques-unes de ces parties; *fleurs mâles*, celles dans lesquelles il y a des étamines, mais qui ne portent point de fruit; *fleurs femelles*, qui contiennent un pistil auquel succède un fruit; *fleurs hermaphrodites*, dans lesquelles se trouvent les deux sexes; *fleurs régulières*, dont le tour paraît à peu près également éloigné du centre; *fleurs irrégulières*, qui sont disposées d'une manière différente; *fleurs labiées*, divisées en deux lèvres; *fleurs verticillées*, qui sont rangées par étage, et comme disposées par anneaux ou rayons le long des tiges.—*Fausse fleur*, celle qui ne tient à aucun embryon.—Plante ou ognon qui pousse un bouton qui s'épanouit. — Certaine fraîcheur qu'on voit sur quelques fruits avant qu'ils aient été maniés.—Dans la fabrique des cuirs, le côté de la peau d'où l'on a enlevé le poil ou la laine. On nomme *peau effleurée*, celle dont on a enlevé l'épiderme ou le *canepin*.—Bourre légère, duvet ou fausse soie qui couvre le cocon du ver-à-soie, et qui est son premier ouvrage. — Au figuré, 1° lustre, éclat de certaines choses qui durent peu; 2° première vue, premier usage d'une chose nouvelle : *il a eu la fleur de cette étoffe, de cette tapisserie, de ce meuble*; 3° l'élite, le choix; ce qu'il y a de meilleur, de plus excellent.—En ce sens, on dit fam. d'un homme distingué par sa valeur et sa probité, que *c'est la fleur, la fine fleur de la chevalerie*. — Ornement, embellissement : *fleurs de rhétorique*.—*Fleur du teint*, éclat, fraîcheur qu'on a dans la jeunesse et en santé.—*Fleur de farine*, la partie la plus subtile de la farine.—Au plur., en t. de chimie, substances que l'action du feu a élevées et qui s'attachent au haut de l'alambic : *fleurs de soufre, de zinc*, etc. — Règles, purgations des femmes. Voy. FLEURS. — *Fleurs artificielles*, imitations en cocon, en plumes, etc., des fleurs naturelles. — Dans la passementerie, diverses parties de dessin qui souvent ressemblent plutôt à des ornements, qu'ils n'imitent des *fleurs*. — *à* FLEUR *de*..., adv., au niveau de... : *à fleur de terre*. *Cette médaille est à fleur de coin*, parfaitement conservée.

FLEURAGE, subst. mas. (*fleuraje*), le son du gruau.

FLEURAISON, subst. fém. (*fleurèzon*), formation des *fleurs*.—Saison dans laquelle les plantes *fleurissent*.—Espace de temps pendant lequel elles restent en *fleur*.—Plusieurs écrivent et prononcent *floraison*, conformément à l'étymologie latine *flos, floris*. Ces deux mots ne se prennent pas cependant l'un pour l'autre, comme on le dit dans presque tous les dictionnaires. La *floraison* indique l'époque où une plante commence à *fleurir*, et la *fleuraison*, le temps pendant lequel une plante reste en *fleur* : *la floraison de cette plante a lieu au mois de mai, sa fleuraison ne dure que quinze jours.*

FLEURANCE, subst. propre fém. (*fleurance*), ville de France, chef-lieu de canton, arrond. de Lectoure, dép. du Gers.

FLEUR-D'ARGENT ou **DE PIERRE**, subst. fém. (*fleurdarjan*, *depière*), chaux carbonatée pulvérulente.

FLEUR-D'ASIE, subst. fém. (*fleurdazi*), terre magnésienne.

FLEUR-DE-CHAUX-NATURELLE, subst. fém. (*fleurdechônaturèle*), craie coulante.

FLEUR-DE-COBALT, subst. fém. (*fleurdekobalte*), efflorescence qui se forme à la surface du *cobalt*.

FLEUR-DE-FER, subst. fém. (*fleurdefère*), spath calcaire en végétation.

FLEUR-DE-LIS, subst. fém. (*fleurdeli*), *fleur* à cinq pétales inégaux. — En armoiries, figure de trois feuilles de *lis* liées ensemble ; celle du milieu est droite, et les autres ont les extrémités penchantes et courbées en dehors. — Marque dont on flétrissait les malfaiteurs avec un fer chaud, au bout duquel était gravée une *fleur-de lis*. — En astron., constellation boréale, située sur le Bélier, au-dessous du Triangle, et composée de sept étoiles.—*Etre assis sur des fleurs-de-lis*, s'est dit des officiers de judicature, surtout dans les cours supérieures, parce que leurs sièges étaient autrefois couverts de tapis semés de *fleurs-de-lis*. Ce mot manque dans l'*Académie*, ou plutôt elle n'en fait pas un subst.

FLEURDELISÉ, E, part. pass. de *fleurdeliser*, et adj. : *bâton fleurdelisé*, couvert de *fleurs-de-lis*.

FLEURDELISER, v. act. (*fleurdelizé*), semer de *fleurs-de lis*. — Marquer d'une *fleur-de-lis* sur l'épaule.—*se* FLEURDELISER. v. pron.

FLEUR-D'ÉPONGE, subst. fém. (*fleurdéponje*), *éponge* rameuse très-fine.

FLEURÉ, FLEURETÉ, FLEURONNÉ, E, adj. et part. pass. (*fleuré, reté, roné*), en blason, terminé en *fleurs* ou bordé de *fleurs*.

FLEURÉE, subst. fém. (*fleuré*), en t. de teinturier, écume légère qui se forme sur la cuve du bleu, lorsqu'elle est tranquille.

FLEURER, v. neutre (*fleuré*), répandre, exhaler une odeur.—Prov. et fig. : *cette affaire fleure comme baume*, est bonne et avantageuse. Voy. FLAIRER.

FLEURET, subst. mas. (*fleurè*), sorte d'épée au bout de laquelle il y a un bouton, et qui sert seulement pour apprendre à faire des armes. — Fil formé de ce qui reste des cocons, lorsqu'on a enlevé toute la bonne soie.—Etoffe faite avec la soie des cocons de rebut. — Espèce de ruban ou de passement, qui est entre le fil et la soie. — Toile fabriquée en Bretagne, qu'on nomme aussi *blanchard*.—Dans les manufactures de lainage, on appelle *fleuret*, les plus belles laines de chaque espèce.—Sorte de pas de danse presque semblable à celui de la bourrée.

FLEURETÉ, E, adj. Voy. FLEURÉ.

FLEURETTE, subst. fém. (*fleurète*), petite *fleur*. —Cajoleries amoureuses, galanteries qu'on dit à une femme.—*Conter fleurettes*, dire des douceurs, cajoler.— La *fleurette* était autrefois une petite monnaie, et *compter fleurettes*, c'était compter de l'or.—Dans la poésie pastorale, petites *fleurs*.

FLEUREUR, subst. mas. (*fleureur*), parasite de cuisine.

FLEURI, E, adj. (*fleuri*), qui est en *fleur* : *arbre fleuri; les prés fleuris*.—Au fig. : *teint fleuri*, qui a de la fraicheur et de l'éclat. — *Discours fleuri, style fleuri*, rempli de *fleurs* d'éloquence. — T. de musique, *chant fleuri*, chant sur livre. — *Pâques fleuries*. Voy. PÂQUES.

FLEURIBARDE, subst. fém. (*fleuribarde*), t. d'hist. nat., ver radiaire du genre des holothuries.

FLEURI-NOËL, subst. mas. (*fleurino-èl*), t. de bot., sorte de plante médicinale.

FLEURIR, v. neut. (*fleurir*) (en lat. *florere*, fait de *flos*, gén. *floris*, fleur), pousser des *fleurs*; être en *fleurs*.—Au fig., être en vogue, en crédit.—Au propre, on dit à l'imparfait et au participe, *fleurissait*, *fleurissant*, et au fig., *florissait, florissant* : *les arbres fleurissaient ; l'éloquence florissait ; alors les sciences florissaient à Rome*.—Il est quelquefois actif, dans le langage familier, et signifie, parer d'une *fleur*, d'un bouquet, etc. : *qui vous a fleuri de la sorte ?* On l'emploie, dans le même sens, avec le pronom personnel : *vous ne sortirez point de mon jardin sans vous fleurir*.

FLEURISME, subst. mas. (*fleuriceme*), goût des *fleurs*.

FLEURISSANT, E, adj. (*fleuriçan, çante*), qui pousse des *fleurs*.

FLEURISTE, subst. des deux genres (*fleuricete*), amateur de *fleurs*; qui cultive les *fleurs*.—Adj., *peintre fleuriste*, celui qui peint les *fleurs*.—*Fleuriste artificiel*, celui qui fait des *fleurs* artificielles.

FLEURON, subst. mas. (*fleuron*), en bot., corolle monopétale, régulière, infundibuliforme, dont le limbe est divisé en quatre ou cinq parties.—Sorte d'ornement de *fleurs* placé dans un livre à la fin des chapitres, etc.—Bouquet ou autre ornement qu'on met sur le dos des livres reliés.— Ornement d'architecture, etc., en forme de *fleurs*.— Fig. : *c'est le plus beau fleuron de sa couronne*, un de ses plus beaux privilèges, un de ses plus grands revenus.

FLEURONNÉ, E, adj. (*fleuroné*), t. de blas. Voy. FLEURÉ.

FLEURONNER, v. neut. (*fleuroné*), fleurir. Peu usité.

FLEURS, subst. fém. plur. (*fleur*), menstrues ou écoulement auquel les femmes sont sujettes tous les mois.—*Fleurs blanches*, maladie des femmes, qui consiste dans un écoulement de matières blanches. Dans ce sens, on devrait dire *flueurs*. Voy. ce mot.—On appelle *fleurs du vin*, de petits flocons qui paraissent sur le vin, dans les tonneaux ou les bouteilles, et qui annoncent de la putréfaction. — Partie de la carène un peu au-dessus et au-dessous du bout des varangues.

FLEURS-MINÉRALES, subst. fém. plur. (*fleurminérale*), substances *minérales* semblables à la *fleur* de farine.

FLEURUS, subst. propre mas. (*fleuruce*), bourg du royaume de Belgique, qui fut le théâtre de plusieurs batailles mémorables en 1690, 1794 et 1815.

FLEUVE, subst. mas. (*fleuve*), grande rivière qui se jette ordinairement dans la mer. Dans la précision géographique, on n'appelle *fleuve* que la rivière qui a son embouchure dans la mer ; tandis que la rivière se décharge dans un fleuve, ou même dans une autre rivière. — Fig. et fam., abondance : *un fleuve de paroles*. — Poét. : *le fleuve de la vie*, le cours de la vie.—T. d'astron., *fleuve d'Orion*, nom qu'on donne quelquefois à la constellation de l'Eridan. Il y a aussi dans la partie boréale du ciel deux constellations désignées par les noms de *fleuve de Jourdain* et de *fleuve du Tigre*. — Myth., *fleuves d'enfer*. Les poëtes en nomment cinq principaux : l'Achéron, le Styx, le Léthé, le Cocyte et le Phlégéthon. Quelques-uns ajoutent aussi l'Érèbe.

FLEXIBILITÉ, subst. fém. (*flèkcibilité*) (en lat. *flexibilitas*), qualité de ce qui est *flexible*.

FLEXIBLE, adj. des deux genres (*flèkcible*) (en lat. *flexibilis*, fait de *flectere*, fléchir), souple, qui se plie aisément. Il se dit au propre et au fig.: *osier flexible, esprit flexible, voix flexible*.

FLEXION, subst. fém. (*flèkcion*) (en lat. *flectio*), état de ce qui est *fléchi*. — En anatomie, mouvement des muscles *fléchisseurs*.

FLEXUEUSE, adj. fém. Voy. FLEXUEUX.

FLEXUEUX, adj. mas., au fém. FLEXUEUSE (*flèkçu-eu, euze*) (en lat. *flexuosus*), t. de bot.; une tige est *flexueuse*, lorsqu'elle est plusieurs fois coudée inégalement en plusieurs sens.

FLEXUOSITÉ, subst. fém. (*flèkçu-ôzité*), t. de bot., qualité, état de ce qui est *flexueux*.

FLIBOT, subst. mas. (*flibò*) (par corruption de l'anglais *fli-boat*, bateau léger, bateau volant), sorte de petit vaisseau qui ne passe pas cent tonneaux. On s'en sert pour la pêche du hareng.

FLIBUSTE, subst. fém. (*flibucete*), métier, action de *flibustier*. Le mot suivant est préféré.

FLIBUSTERIE, subst. fém. (*flibuceteri*), action de *flibuster*.

FLIBUSTER, v. act. (*flibuceté*), piller, voler sur mer. Inusité.

FLIBUSTIER, subst. mas. (*flibucetié*), celui qui commande un *flibot* pour la pêche du hareng.— Dans une acception plus usitée, sorte de pirates de l'Amérique, ramassis de toutes les nations de l'Europe. (En ce dernier sens, c'est une corruption de l'anglais *freebooters*, francs-pilleurs.)

FLIC-FLAC, subst. mas. (*flikflak*), son d'un fouet ou celui de plusieurs soufflets donnés sur les joues.—Au plur., des *flic-flac*, et non pas des *flicflacs*, comme l'écrit l'*Académie* ; car il faudrait plutôt écrire des *flicsflacs*, ce mot composé étant une double onomatopée.

FLIMOUSE, subst. fém. (*flimouze*), face rebondie. Pop.

FLIN, subst. mas. (*flein*), poudre de pierre pour fourbir les lames d'épées.

FLINDERSIE, subst. fém. (*fleindèreci*), t. de bot., arbre des Indes.

FLINQUÉ, E, part. pass. de *flinquer*.

FLINQUER, v. act. (*fleinkié*), dans la peinture en émail, piquer avec le burin ou l'onglette la pièce de métal qui doit recevoir l'émail, après qu'elle a été champ-levée, de manière à en faire ressembler la surface à celle d'une lime à bois.

FLINT-GLASS, subst. mas. (à la française, *fleinguelace*) (de l'anglais *glass*, verre, et *flint*, caillou), crystal d'Angleterre, le plus beau verre blanc.

FLION, subst. mas. (*fli-on*), t. d'hist. nat., coquille bivalve.

FLIPOT, subst. mas. (*flipô*), en menuiserie ou charpenterie, pièce de rapport pour cacher un défaut.

FLIZE, subst. propre fém. (*flize*), village de France, chef-lieu de canton, arrond. de Mézières, dép. des Ardennes.

FLOCHE, adj. des deux genres (*floche*), houppé, velu.

FLOCON, subst. mas. (*flokon*) (en lat. *floccus*), petite touffe de neige. — Pelote ou petite touffe de laine, de soie, etc.

FLOCONNEUSE, adj. fém. Voy. FLOCONNEUX.

FLOCONNEUX, adj. mas., au fém. FLOCONNEUSE (*flokoneu, neuze*), t. de bot. et de chim., qui ressemble à des *flocons*.

FLOERKÉE, subst. fém. (*flo-èreké*), t. de bot., plante d'Amérique.

FLOFLOTTÉ, E, part. pass. de *floflotter*.

FLOFLOTTER, v. act. (*flofloté*), flotter, couler; avoir le mouvement des vagues, des *flots*; gronder comme la tempête.

FLOGNY, subst. propre mas. (*flogni*), village de France, chef-lieu de canton, arrond. de Tonnerre, dép. de l'Yonne.

FLONFLON, subst. mas. (*flonflon*), refrain populaire, sorte d'onomatopée, qui se dit de couplets de vaudevilles gais et badins.

FLORAC, subst. propre mas. (*florak*), ville de France, chef-lieu d'arrond., dép. de la Lozère.

FLORAISON, subst. fém. (*florèzon*), t. de bot, Voy. FLEURAISON.

FLORAL, E, adj. (*florale*), t. de bot., qui appartient à la *fleur* : *feuilles florales*, qui sont dans le voisinage de la *fleur*. On les nomme aussi *bractées*.—Au plur., *floraux*.

FLORALES, subst. fém. plur. (*florale*), fêtes qui se célébraient à Rome en l'honneur de la déesse *Flore*; elles duraient six jours, et se terminaient aux calendes de mai.

FLORAUX, adj. mas. plur. (*florò*) (en lat. *floralia*, gén. *floralium*, *jeux floraux*, jeux en l'honneur de *Flore*, déesse des *fleurs*.—*Jeux floraux de Toulouse*, académie instituée en 1324. On y donne pour prix différentes fleurs en or et en argent.

FLORE, subst. propre fém. (*flore*), myth., déesse des *fleurs* et du printemps, et femme de Zéphyre. Lorsque les femmes célébraient les jeux *floraux*, c'est-à-dire les fêtes de cette déesse, elles couraient nuit et jour, dansant au son des trompettes ; et celles qui remportaient le prix à la course étaient couronnées de fleurs. On représentait cette déesse ornée de guirlandes, et auprès d'elle des corbeilles pleines de fleurs. Voy. *Chloris*. — Recueil contenant la description des plantes naturelles d'un pays.

FLORÉ, E, part. pass. de *florer*.

FLORE, subst. fém. Voy. FLORISTE.

FLORÉAL, subst. mas. (*floré-al*), second mois de printemps de l'année républicaine. Il commençait le 20 avril et finissait le 19 mai.

FLORÉE, subst. fém. (*floré*), espèce d'indigo moyen qui sert pour la teinture en bleu.

FLORENCE, subst. mas. (*florance*), taffetas qui se fabriquait autrefois à *Florence*, et qu'on fait aujourd'hui à Lyon et à Avignon.

FLORENCE, subst. propre fém. (*florance*) (en italien *Firenze*), ville capitale du grand-duché de Toscane, chef-lieu de la province du même nom. Les arts et les sciences ont valu à cette ville une haute célébrité. Elle est la patrie d'une foule de grands hommes, parmi lesquels le Dante, Boccace et Pétrarque occupent le premier rang.

FLORENCÉ, E, adj. (*florancé*), en t. de blason, terminé en fleur-de-lis.

FLORENSAC, subst. propre mas. (*florançak*), bourg de France, chef-lieu de canton, arrond. de Béziers, dép. de l'Hérault.

FLORENT (SAINT-), subst. propre mas. (*ceinfloran*), ville de France, chef-lieu de canton, arrond. de Beaupréau, dép. de Maine-et-Loire.

FLORENTIN (SAINT-), subst. propre mas. (*ceinflorantein*), ville de France, chef-lieu de canton, arrond. d'Auxerre, dép. de l'Yonne.

FLORENTIN, E, adj. et subst. (*florantein, tine*), qui est de *Florence*.

FLORENTINE, subst. fém. (*florantine*), étoffe de soie, fabriquée primitivement à *Florence;* c'est une espèce de satin façonné.

FLORER, v. act. (*floré*), t. de mar. : *florer un vaisseau*, lui donner le suif; en frotter de suif les *fleurs*. Voy. *fleurs de vaisseau*, au mot FLEURS. —*se* FLORER, v. pron.

* **FLORES** (*florèce*), t. emprunté du lat. : *faire flores*, faire une dépense d'éclat ou briller de quelque autre manière. Obtenir des succès; être en réputation. Il est familier.

FLORESTINE, subst. fém. (*florècetine*), t. de bot., plante de la famille des synanthérées.

FLORÉTONNE, subst. fém. (*florétone*), espèce de laine qu'on tire d'Espagne.

FLORETTE, subst. fém. (*florète*), petite fleur.

FLORICEPS, subst. mas. (*floricèpece*), t. d'hist. nat., genre de vers intestinaux.

FLORICOME, adj. des deux genres (*florikome*), qui a les cheveux ornés de *fleurs*.

FLORIDE, subst. propre fém. (*floride*), contrée d'Amérique, territoire des Etats-Unis.

FLORIDÉE, subst. fém. (*floridé*), t. de bot., ordre de plantes.

FLORIFÈRE, adj. des deux genres (*florifère*), qui porte des *fleurs*.

FLORIFORME, adj. des deux genres (*floriforme*) (du latin *flos*, gén. *floris*, fleur, et *forma*, forme), t. de bot., qui a *la forme* d'une *fleur*.— Nom de la tubulaire entière.

FLORILÈGE, subst. mas. et adj. plur. des deux genres (*florilèje*), t. d'hist. nat., famille d'insectes hyménoptères.

FLORILIE, subst. fém. (*florili*), t. d'hist. nat., genre de coquilles.

FLORIN, subst. mas. (*florein*), monnaie d'or ou d'argent, qui a cours en divers pays, avec différentes valeurs, ainsi nommée, suivant les académiciens de *la Crusca*, de la *fleur-de-lis* qui entre dans les armes de la ville de Florence, où cette monnaie a pris naissance. — Monnaie de compte.

FLORIPARE, adj. des deux genres (*floripare*), t. de bot., qui ne produit que des *fleurs*.

FLORIPONDIO, subst. mas. (*floripondio*), t. de bot., arbre du Chili.

FLORIR, v. neut. (*florire*). Voy. FLEURIR.— Être dans un état heureux. Vieux.

FLORISSANT, E, adj. (*floriçan, çante*), en honneur, en crédit, en vogue: *santé florissante*, parfaite. Voy. FLEURIR.

FLORISTE, subst. mas. (*floricete*), t. de bot., celui qui a fait une *Flore*, ou catalogue des plantes d'un pays déterminé.

FLOS-CONVOLUTUS, subst. mas. (*flocekonvolutuce*), t. de bot., plante des anciens, que l'on croit être le frangipanier.

FLOSCOPE, subst. mas. (*flocekope*), t. de bot., sorte d'arbrisseau de la famille des asparagoïdes.

FLOSCULAIRE, subst. mas. (*flocekulère*), t. d'hist. nat., sorte de zoophyte.

FLOSCULEUSE, adj. fém. Voy. FLOSCULEUX.

FLOSCULEUX, adj. mas., au fém. **FLOSCULEUSE** (*flocekuleu, leuze*), t. de bot., nom donné par *Tournefort* aux fleurs formées par l'agrégation de plusieurs petites corolles monopétales, régulières, infundibuliformes, etc. Elles composent la douzième classe de sa méthode. — On a formé une classe de plantes à fleurs *flosculeuses*. En ce sens, ce mot est subst. fém. plur.: des *flosculeuses*.

FLOSSADE, subst. fém. (*floçade*), t. d'hist. nat., espèce de raie à long bec.

FLOSSOLIS, subst. mas. (*floceçolice*), t. de bot., genre de plantes.

FLOT, subst. mas. (*flô*) (en lat. *fluctus*, fait de *fluere*, couler), onde, vague : *les flots de la mer; fendre les flots*. — Le flux et le reflux ; la marée : *le flot vient jusque là*.—En t. de marine, *mettre à flot*, donner assez d'eau à un vaisseau pour naviguer ; *être à flot*, avoir assez d'eau pour *flotter*.—Gros bois de chauffage qu'on jette au courant des petites rivières qui s'embouchent dans les grandes.—Fig., au plur., foule: *les flots d'un peuple immense* etc. J.-B. Rousseau a dit en ce sens (*Épître* II) : *les flots d'humains*. C'est une faute : il fallait *des flots d'humains*, ou *les flots des humains*. On ne dirait pas : *la foule d'humains*, mais *la foule des humains*, ou *une foule d'humains*.—Grande quantité : *des flots de sang*. — *A flot*, adv., en grande quantité, en abondance. On dit plus ordinairement *à grands flots*.—Fig., en foule : *accourir à flots tumultueux*.

FLOTTABLE, adj. des deux genres (*flotable*); il se dit des ruisseaux et des rivières sur lesquels on peut *flotter*.

FLOTTAGE, subst. mas. (*flotaje*), conduite du bois sur l'eau lorsqu'on le fait *flotter*. On distingue deux espèces de *flottages : le flottage à bûches perdues, à bois perdu*, ou *à flot perdu;* et le *flottage en train*. Le *flottage à bûches perdues* consiste à jeter sur les petites rivières des bûches ou autres pièces de bois isolées, pour les laisser suivre le courant jusqu'à un endroit où on les recueille pour les mettre en train. Le *flottage en train* consiste à faire flotter et diriger sur le courant d'une rivière une quantité de pièces de bois liées ensemble, de manière qu'elles forment ce qu'on appelle un train.

FLOTTAISON, subst. fém. (*flotèzon*), t. de marine, la partie du vaisseau qui est à fleur d'eau : *ligne de flottaison*.—Temps de transport du bois *flotté*.

* **FLOTTANT, E**, adj. (*flotan, tante*), qui *flotte*. —Ample, ondoyant : *robe flottante*. — Au fig., irrésolu, incertain : *esprit flottant*. — T. de finances : *dette flottante*, partie de la dette publique qui n'est point consolidée, et qui est susceptible d'augmentation ou de diminution. — T. de bot., *feuilles flottantes*, qui paraissent à la surface de l'eau, sans aucune immersion, comme dans le nénuphar.

FLOTTE, subst. fém. (*flote*) (de *flotta*, mot normand, pris vraisemblablement de l'ancien saxon *flota* ou *flot*, dont les Anglais ont fait *fleet*, et les Espagnols *flota*), réunion de plusieurs navires qui ont la même destination, soit pour la guerre, soit pour le commerce. — Bouée, barrique vide. — Écheveau de fil, etc.—Au plur., t. de pêche, morceaux de liége ou de bois léger qu'on ajuste aux cordes ou à la tête des filets quand on ne veut pas qu'ils portent sur le fond.

FLOTTÉ, E, part. pass. de *flotter* et adj. : *bois flotté*, bois qui est venu en *flottant* sur la rivière.—En t. de menuiser, 1° *panneaux flottés*, posés à plat l'un sur l'autre; 2° *traverse flottée*, qui passe par derrière un panneau, et qui n'est pas apparente ou en parement.

* **FLOTTEMENT**, subst. mas. (*floteman*) (en lat. *fluctuatio*), mouvement d'ondulation que fait en marchand le front d'une troupe.

FLOTTER, v. neut. (*floté*) (en lat. *fluctuare*, fait de *fluctus*, flot), être soulevé ou soutenu par l'eau.—Aller doucement sur l'eau.—Se dit, en hydrodynamique, d'un corps qui, plongé dans un fluide spécifiquement plus pesant, n'y est pas en équilibre, comme un vaisseau agité par les vents, etc.—Au fig., 1° être irrésolu; balancer : *flotter entre l'espérance et la crainte;* 2° être agité par le vent: *les étendards flottaient; les cheveux lui flottaient sur les épaules*.—Activement, *flotter du bois*, le faire descendre sur la rivière sans bateau.

FLOTTEUR, subst. mas. (*floteur*), ouvrier qui fait les trains de bois.

FLOTTILLE, subst. fém. (*floti-ie*), petite *flotte*.—Principalement celle que le roi d'Espagne et autres souverains envoient en Amérique.

FLOU, adj. mas. (*flou*), t. de peinture, mot qui semble tiré de l'adjectif latin *fluidus*, coulant, et par lequel on désigne en peinture un certain caractère doux, suave, moelleux et un peu vague dans l'harmonie d'un tableau.—On dit adv. : *peindre flou;* subst., au mas. : *le flou d'un tableau;* et adj. : *pinceau flou; cela est flou; ce tableau est flou*, mais cet adjectif n'a pas de féminin, et l'on ne trouve nulle part : *cette figure est floue*.—En t. de modeleur, le plâtre devient gras et *flou*, lorsqu'il est coulé dans un creux où il y a trop d'huile.

FLOUETTE, subst. fém. (*flou-ète*), t. de mar., girouette.

FLOU-FLOU, subst. mas. (*flouflou*), bruit que fait un vêtement de soie lorsqu'on marche.

FLOUIN, subst. mas. (*flou-ein*), t. de mar., sorte de vaisseau léger.

FLOUR (SAINT-), subst. propre mas. (*ceinflour*), ville de France, chef-lieu d'arrond., dép. du Cantal.

FLOUVE, subst. fém. (*flouve*), t. de bot., genre de graminées.

FLUANT, adj. masc. (*flu-an*): *papier fluant*, qui n'est pas collé, ou qui l'est mal.

FLUATE, subst. fém. (*flu-ate*), dans la nouvelle chimie, sel formé par l'union de l'acide fluorique avec une base.

FLUATÉ, E, adj. (*flu-até*), t. de chimie, combiné avec l'acide fluorique.

FLUCE, subst. fém. (*fluce*), petite monnaie de Maroc.

FLUCTUATION, subst. fém. (*fluktu-âcion*) (en lat. *fluctuatio*, fait de *fluctuare*, flotter), t. de médec., mouvement d'un fluide épanché dans quelque partie du corps humain.—Il s'emploie depuis quelque temps au figuré, et il signifie variation, changement : *les fluctuations continuelles de la langue, des effets commerçables*, etc.

FLUCTUEUSE, adj. fém. Voy. FLUCTUEUX.

* **FLUCTUEUX**, adj. mas., au fém. **FLUCTUEUSE** (*fluctu-eu, tu-euze*), qui est agité de mouvements contraires et violents.

FLUCTUOSÉ, E, adj. (*fluctu-ôzé*), porté par les flots. Peu usité.

FLUE, subst. fém. (*flu*), t. de pêche, nappe fine du tramail.

FLUÉ, part. pass. de *fluer*.

* **FLUENCE**, subst. fém. (*flu-ance*), écoulement ; il se dit de la marche du temps.

FLUENTE, subst. fém. (*flu-ante*), t. de géom., nom donné par *Newton* et par les autres mathématiciens anglais, à ce que *Leibnitz* a appelé *intégrale*. Voy. INTÉGRALE et FLUXION.

* **FLUER**, v. neut. (*flu-é*) (en lat. *fluere*), couler : *la mer flue et reflue*. — *Les humeurs fluent du cerveau*, découlent du cerveau.

FLUET, adj. mas., au fém. **FLUETTE** (*flu-è, ète*) (corruption du vieux mot *flouet*, diminutif de *flou*, qui se dit encore en peinture, et qui peut avoir été formé de *fluere*, dans le sens de s'amollir, s'efféminer, tomber en décadence), délicat; de faible complexion. — Subst. : *un petit fluet*.

FLUETTE, adj. fém. Voy. FLUET.

FLUEURS, subst. fém. plur. (*flu-eur*) (du latin *fluere*, couler), nom donné par quelques auteurs à certaines maladies des femmes. Ce mot devrait être préféré à *fleurs blanches*.

FLUGGÉ, subst. mas. (*flujé*), t. de bot., muguet du Japon.

FLUIDE, subst. mas. (*flu-ide*), t. d'hydrodynamique, corps dont les parties cèdent à la moindre force, et en lui cédant, sont aisément mues entre elles. On appelle *fluides élastiques*, les *fluides* qui résultent de la continuation de l'introduction du calorique dans un corps déjà parvenu à l'état de liquide. De ces *fluides*, les uns conservent leur *fluidité* élastique, sous les plus fortes pressions qu'on puisse leur faire subir, et à tous les degrés connus de refroidissement; on leur a donné le nom de *fluides aériformes*, emprunté de celui de l'air atmosphérique, qui semble tenir le premier rang parmi eux ; on les a aussi appelés *fluides élastiques permanents*, ou *gaz* : d'autres, tels que l'eau commune, l'alcohol, l'éther, etc., perdent facilement leur état par la pression ou le refroidissement; on les a nommés *vapeurs* ou *fluides élastiques non permanents*. — *Fluide électrique*, *fluide magnétique*, la matière électrique, magnétique.

FLUIDE, adj. des deux genres (*flu-ide*) (en lat. *fluidus*, fait de *fluere*, couler), dont la nature est de *couler;* qui n'est pas solide. Il ne se dit pas seulement des choses liquides, telles que l'eau, mais encore de l'air, des gaz, des émanations électriques ou magnétiques, etc.

FLUIDIFICATION, subst. fém. (*flu-idifikâcion*), t. de médec., réduction d'un corps à l'état liquide.

FLUIDIFIÉ, E, part. pass. de *fluidifier*, et adj. t. de médec., réduit à l'état liquide.

se **FLUIDIFIER**, v. pron. (*ceflu-idifié*), t. de médec., se transformer en *fluide*.

FLUIDITÉ, subst. fém. (*flu-idité*), qualité de ce qui est *fluide : la fluidité de l'eau ; la fluidité du sang, des humeurs*.

FLUONIE, subst. propre fém. (*flu-oni*) (du latin *fluere*, couler), myth., surnom sous lequel les femmes invoquaient Junon dans leurs maladies.

FLUOR, subst. mas. *L'Académie* en fait un adj. mas. (*flu-or*) (du latin *fluere*, couler), t. de minéralogie : *fluor minéral*, ou *spath-fluor*, substance qui se trouve fréquemment dans les pays à mines, dont elle indique ordinairement la présence, ainsi nommée parce qu'elle est très-fusible. Les couleurs qu'elle affecte le plus généralement sont le blanc, le jaune, le rougeâtre, le vert pâle, le violet, le vert. — En chimie, on nomme *fluors* les sels acides minéraux qui se tiennent toujours *fluides*, tels que les acides de nitre, de sel, etc. — Au plur., crystaux imitant les pierreries.

FLUORIDE, subst. mas. (*flu-oride*), t. de chim., combinaison du *fluor* avec certains corps.

FLUORIQUE, subst. mas. (*flu-orike*), t. de chimie, acide tiré du spath-*fluor*, ou nitreux, ou phosphorique. On l'appelait autrefois *acide spathique*.

FLUORIQUE-SILICÉ, subst. mas. (*flu-orikecilicé*), t. de chimie, acide composé de *fluor* et de *silicium*.

FLUORURE, subst. fém. (*flu-orure*), t. de chimie, combinaison du *fluor* avec certains corps.

FLUO-SILICATE, subst. mas. (*flu-ocilikate*), t. de chimie, sel formé par la combinaison de l'acide *fluo-silicique* avec une base.

FLUO-SILICIQUE, adj. des deux genres (*flu-ocilicique*), t. de chimie, se dit d'un acide gazeux qu'on suppose de *fluor* et de *silicium*.

FLUSTRE, subst. mas. (*flucetre*), t. d'hist. nat., polype à cellules.

FLUSTRÉES, subst. fém. plur. (*flucetré*), t. d'hist. nat., ordre de vers polypiers.

FLÛTE, subst. fém. (*flute*) (du latin *flatare*, fréquentatif de *flare*, souffler), instrument de musique qu'on embouche, qui est à vent et percé de plusieurs trous. — Celui qui en joue. On dit aussi *flûtiste*.—*Flûte douce*, faite à neuf trous et à bec.—*Flûte allemande, flûte* traversière.—Un des jeux de l'orgue. — Pain de fantaisie et de forme longue : *manger une flûte dans son chocolat*.—Sorte de navire à gros ventre : *équiper un vaisseau en flûte*, faire d'un vaisseau de guerre un bâtiment de charge. (Dans cette acception, du saxon *fleten*, qui signifie *couler*. *Le Duchat*.)— Sorte de navette pour la fabrication des tapisseries de basse-lisse.—Espèce de greffe. —Prov. : *ajuster ses flûtes*, préparer les moyens de faire réussir quelque chose. — *Être du bois dont on fait les flûtes*, se dit de quelqu'un qui ne veut ou n'ose contredire personne, qui fait au contraire tout ce qu'on veut.—*Leurs flûtes ne s'accordent pas ensemble*, ils sont toujours en différend.— *Ce qui vient de la flûte s'en retourne au tambour* ou *s'en va par le tambour*, ce qui est mal acquis ne profite pas.— Au plur., prov., jambes maigres : *il est monté sur de vraies flûtes*, mal jambé.

FLÛTÉ, E, adj. (*fluté*) : *voix flûtée*, douce, agréable comme le son de la *flûte*.

FLÛTEAU, subst. mas. (*fluto*), sifflet d'enfant. —T. de bot., genre d'alismoïdes.

FLÛTER, v. neut. (*fluté*), jouer de la *flûte*. Il ne se dit que par mépris.—Pop., boire : *il aime à flûter*.

FLÛTEUR, subst. mas., au fém. **FLÛTEUSE** (*fluteur, teuze*), celui, celle qui joue de la *flûte*. —Qui aime à boire. Pop.—Terme peu usité, surtout au féminin.

FLÛTEUSE, subst. fém. Voy. FLÛTEUR.

FLÛTISTE, subst. mas. (*fluticete*), musicien qui joue de la *flûte*. — On dit aussi *flûte : une flûte*. *Flûtiste* est bien préférable, quoique moins usité.

FLUVIAL, E, adj. (*fluviale*) (du latin *fluvius*, fleuve), qui concerne les *fleuves*.—Au plur. mas., *fluviaux*.

FLUVIALES, subst. fém. plur. (*fluviale*), t. de bot., famille de plantes nommée aussi *naïades*.

FLUVIATILE, adj. des deux genres (*fluviatile*) (en lat. *fluvialis*, fait de *fluvius*, fleuve), t. d'hist. nat. : *un coquillage, une fleur fluviatile*, d'eau douce, qui croît dans les *fleuves* ou les rivières.

FLUVIAUX, adj. mas. plur. Voy. FLUVIAL.

FLUX, subst. mas. (*flu*) (en lat. *fluxus*, écoulement, fait de *fluere*, couler), mouvement réglé de la mer vers le rivage à certaines heures du jour : *le flux et le reflux*.—En chimie, substance qui, ajoutée à une autre, en facilite la fusion. — En médecine, évacuation d'humeurs. — *Flux de ventre*, dévoiement de ventre. — *Flux de sang*, dévoiement de sang pur. — *Flux hépatique*, sorte de *flux* qui fait rendre des excréments semblables à une eau où l'on aurait lavé de la chair fraîche.—*Flux de bouche*, salivation.—Au fig., trop grande abondance de paroles. — Fig. et fam., *flux de bourse*, folles dépenses.—A certains jeux de cartes, suite de cartes d'une même couleur.

FLUXIO-DIFFÉRENTIELLE, adj. fém. (*flukci-ô-diféranciéle*), t. de géom.: *méthode différentielle*, méthode par laquelle, dans certains cas, on considère sous deux aspects très-distincts la différentielle d'une quantité variable. Sous l'un des deux aspects, on l'appelle *fluxion*; et *différence* sous l'autre.

FLUXION, subst. fém. (*flukcion*) (du lat. *fluxio*, écoulement), écoulement ou dépôt d'humeurs qui se fait promptement sur quelque partie du corps. —*Fluxion de poitrine*, pneumonie.—Nom donné par *Newton* à ce que, dans la géométrie de l'infini, *Leibnitz* a appelé *différence* : *le calcul des fluxions*, le calcul différentiel.

FLUXIONNAIRE, adj. des deux genres (*flukcionère*), qui est sujet aux *fluxions*.

FNÉ, subst. mas. (*fné*), bâtiment de transport au Japon.

FOC, subst. mas. (*fok*), t. de mar., voile triangulaire.

FOCA, subst. mas. (*foka*), t. de bot., sorte de fruit.

FOCAL, E, adj. (*fokale*), t. d'optique, qui a rapport au *foyer*, qui appartient au *foyer*. — Au plur. mas., *focaux*.

FOCALE, subst. mas. (*fokale*) (du latin *focale*, fait, dans le même sens, de *fauces, cium*, la gorge), espèce de mouchoir que les anciens portaient autour du cou pour se garantir la gorge des injures de l'air. *Trévoux* ajoute qu'il est encore en usage chez les Allemands.—Suivant d'autres, c'était une sorte de bonnet ou de capuchon dont on se couvrait les oreilles et le cou.

FOCAUX, adj. mas. plur. Voy. FOCAL.

FOCILE, subst. mas. (*focile*), t. d'anat., os du bras et de la jambe.

FOCILLATEUR, subst. mas. (*focilelateur*), qui rétablit les forces. Nous craignons bien que ce mot n'existe que dans la tête de son inventeur, *Boiste*.

FODIE, subst. fém. (*fodi*), t. d'hist. nat., genre de vers mollusques.

FOÈNE, subst. fém. (*foène*), t. de mar., instrument de fer en forme de trident, qui sert à la pêche.

FOERRE ou **FOARRE**, subst. mas. (*foère, are*) (suivant *Nicot*, du lat. *farrago*, mélange de blés coupés en herbe, fourrage), longue paille de blé. On disait autrefois *fouarre*.—Ce mot n'est plus usité que dans cette phrase proverbiale : *faire à Dieu barbe de foarre*, par corruption, pour *gerbe de fouarre*, traiter les choses de la religion avec irrévérence, ou ne pas payer la dîme au curé, ou enfin la payer en gerbes contenant peu de grains.

FŒTAL, E, adj. (*fétal*), t. de chir., qui a rapport au *fœtus*.

FŒTUS, subst. mas. (*fétuce*) (en lat. *fœtus*), enfant qui est formé dans la matrice de la mère. Voy. EMBRYON.

FŒTUTION, subst. fém. (*fétucion*), t. de chir., conception.

FOFE, subst. mas. (*fofe*), t. d'hist. nat., animal de la Chine.

FOFFA, subst. fém. (*fofefa*), sorte de danse portugaise.

FOI, subst. fém. (*foé*) (en lat. *fides*), assentiment, adhésion aux vérités révélées. C'est la première des vertus théologales. —Religion : *renier la foi*; *profession* ou *confession de foi*. — Dogme : *article de foi*. — *La foi divine*, celle qui est fondée sur la révélation.—*La foi humaine*, celle qui s'appuie sur le témoignage des hommes. —*N'avoir ni foi ni loi*, ni religion, ni probité.— Probité, fidélité à garder sa parole. — Croyance, *ajouter foi à... homme digne de foi*. — On dit qu'*un homme est de bonne foi*, pour dire qu'il est sincère dans les promesses qu'il fait, dans les choses qu'il assure; et qu'*il est de mauvaise foi*, pour exprimer le contraire. — *Foi conjugale*, promesse de fidélité que le mari et la femme se font mutuellement en s'épousant. — *Foi* signifie attestation et preuve, comme lorsqu'on dit qu'*un acte fait foi de telle chose*. — *Avoir foi en justice*, se dit de la conviction intérieure que l'on a de la justice de son droit ou de sa possession : *un contrat de bonne foi*. — *Foi du contrat*, l'obligation résultante du contrat.— On appelle *foi publique*, la croyance que la loi accorde à certains officiers, pour ce qui est de leur ministère. Tels sont les juges, greffiers, notaires, huissiers, etc. — *Foi pleine et entière*, la preuve complète que fait un acte authentique, de ce qui y est contenu; et *foi provisoire*, la croyance que l'on donne par provision à un acte authentique qui est argué de faux. Il fait *foi* jusqu'à ce qu'il soit détruit.—Témoignage, assurance : *faire foi d'une chose; en foi de quoi j'ai signé*, etc.— En t. de blason, deux mains jointes ensemble en signe d'alliance et d'amitié. — Terme de jurisprudence féodale, *foi et hommage*, soumission que le vassal faisait au seigneur du fief dominant, pour lui marquer qu'il était son homme, et lui jurer une entière fidélité. — *Foi lige*, foi et hommage emportant obligation de servir le seigneur dominant envers et contre tous. —*Foi mentie*, félonie du vassal envers son seigneur, lorsqu'il contrevenait à la *foi* qu'il lui avait jurée.—T. d'astronomie, *ligne de foi*, 1° ligne qui passe par le centre d'un graphomètre, etc., et par le point de l'index qui marque la division; 2° la ligne de collimation. Voy. COLLIMATION. — *En bonne foi*, adv., en vérité. — *De bonne foi*, adv., à ne point mentir, sincèrement, avec candeur.—*Ma foi, par ma foi*, façon de parler dont on se sert familièrement, pour affirmer une chose.—Myth., on en avait fait une déesse, dont le culte était établi dans le Latium, même avant Romulus. Elle avait des temples, des prêtres et des sacrifices qui lui étaient propres. On la représentait comme une femme vêtue de blanc, les mains jointes. Dans les sacrifices qu'on lui faisait, et qui étaient toujours sans effusion de sang, ses prêtres devaient être voilés d'une étoffe blanche, et en avoir la main enveloppée. Deux mains jointes ensemble étaient le symbole de la bonne *foi*, et non le simulacre de la *foi*, considérée comme déesse.

FOIBLE et ses dérivés ne s'écrivent plus que par un *a*. Voy. FAIBLE, ETC.

FOIE, subst. mas. (*foa*) (contraction du mot *foyer*; parce que, suivant le sentiment des anciens, c'est le *foyer* où se cuit et se prépare le sang. *Lavoisier*; *Dictionnaire de Médecine*, etc.), t. d'anat., viscère du bas-ventre, composé de différentes glandes propres à séparer de la masse du sang une liqueur jaunâtre qu'on nomme bile. —En chimie, on se sert du mot *foie* pour désigner certaines combinaisons : *du foie de soufre, d'antimoine*.

FOIN, subst. mas. (*foein*) (en lat. *fœnum*, fait de *fœtus*, production), herbe des prés, coupée et séchée, qui sert de nourriture aux chevaux et aux bestiaux. — Il se dit aussi de l'herbe avant qu'elle ne soit fauchée : *les foins sont beaux; on coupe les foins*. Dans ce dernier sens, on se sert surtout du pluriel. — T. de bot., *foin* ou *canche*, plante graminée, paniculée. — On appelle *foin d'artichaut*, l'espèce d'herbe menue qui couvre intérieurement le cul de l'artichaut. — Prov.: *mettre du foin dans ses bottes*, faire des profits dans une place, dans une entreprise. — *Chercher une aiguille dans une botte de foin*, chercher, parmi un grand nombre de choses, une chose très-difficile à trouver à cause de sa petitesse. —*Foin! fi!* interj. qui marque le mépris ou le dépit : *foin de quelqu'un!* Cette expression est populaire.

FOIRE, subst. fém. (*foare*) (en lat. *forum*, marché, place publique, dérivé du grec φέρω, je porte, d'où l'on a fait φορα, transport, et φοριον, marchandise), *marché* public où les marchands s'assemblent à certains jours et pendant un temps borné, pour vendre en liberté leurs marchandises. La *foire*, ainsi que le *marché*, est une place publique où l'on se réunit pour négocier. Ces deux mots, *marché* et *foire*, pourraient donc être regardés comme synonymes. Cependant le mot *foire* semble indiquer et indique en effet un marché plus solennel, plus rare, et où le désir de profiter de certaines franchises attire un concours plus nombreux d'acheteurs et de vendeurs. —Présent qu'on fait au temps de la *foire* : *il lui a donné sa foire*.—*Foires franches*, *foires* établies avec certains privilèges, telles que celles de Beaucaire, etc.—T. de commerce, *foire du respect*, espace de trois mois qu'un commettant accorde à son commissionnaire, pour lui payer le montant des marchandises que ce dernier a vendues à terme sous sa garantie. — Prov.: *s'entendre comme larrons en foire*, s'accorder sur tout pour mal faire. — *La foire n'est pas sur le pont*, il n'est pas nécessaire de tant se presser. — On dit aussi dans le même style, quand on voit arriver plusieurs personnes dans une compagnie : *la foire sera bonne, les marchands s'assemblent*. —Cours de ventre. Il est bas.

FOIRÉ, part. pass. de *foirer*.

FOIRER, v. neut. (*foaré*) (dans cette acception, du latin *foria*, fait avec la même signification de *foris* ou *foras*, dehors, parce que les excréments s'échappent alors avec une extrême facilité), se décharger le ventre quand on a la *foire.* Ce mot et le suivant sont du style le plus bas.

FOIREUSE, adj. et subst. fém. Voy. FOIREUX.

FOIREUX, adj. et subst. mas., au fém. **FOIREUSE** (*foareu, reuze*), qui a la *foire.* — *Avoir la mine foireuse*, pâle et blême comme quelqu'un qui a *la foire.*

FOIS, subst. fém. (*foé*) (du latin *vices*, en changeant le *v* en *f*. Les Espagnols en ont fait, dans le même sens, *vez, veces.* Les Italiens, pour *toutefois*, disent *tuttavia*, comme les Français disaient anciennement *toutevoye.*) Ce mot, joint ordinairement à un nom de nombre ou qui marque nombre, sert à désigner la quantité et le temps des choses dont on parle : *je ne l'ai vu qu'une fois, que cette fois, deux fois, mille fois,* etc. — *Une fois pour toutes*, et non point, *pour tout*, cet adjectif *toutes* se rapportant à *les fois*, qui est sous-entendu. — Prov. : *de fois à autre, quelquefois*, de temps en temps. — *A la fois, tout à la fois*, en même temps, tout d'un coup, tout ensemble. — *Saisir un homme à fois de corps*, par le milieu du corps. Peu usité. Il paraît, même d'après les *Recherches* de *Pasquier*, que, de son temps, on disait : *saisir par le faux du corps*; et, suivant *Le Duchat, faux*, dérivé en ce sens de l'allemand *falte*, pli, est proprement l'endroit où le corps se plie; c'est-à-dire la partie comprise depuis le défaut des cuisses jusqu'au commencement des côtes.

FOÏSME, subst. mas. (*fo-iceme*), religion de *Fô*, en Chine.

FOISON, subst. fém. (*foèzon*) (du latin *fusio*, épanchement, par allusion aux choses liquides qui s'épanchent lorsqu'elles surabondent dans un vase, etc.), abondance, grande quantité. Inusité comme substantif. — *A foison*, adv., abondamment. Il est familier.

FOISONNÉ, part. pass. de *foisonner.*

FOISONNEMENT, subst. mas. (*foèzoneman*), t. de chaufournier, renflement du volume de la chaux, lorsqu'elle passe de l'état de chaux vive à celui de chaux réduite en pâte.

FOISONNER, v. neut. (*foèzoné*), abonder : *la Beauce foisonne en blé.* — Multiplier : *les lapins foisonnent beaucoup.*—Paraître en une certaine quantité : *une carpe à l'étuvée foisonne plus que sur le gril.*

FOISSIÈRE, subst. fém. (*foècière*), espèce de tonneau à l'usage des pêcheurs de morue.

FOITABLE, adj. (*foètable*), qui mérite d'être cru. (*Boiste.*) Tout-à-fait inusité.

FOIX, subst. propre fém. (*foé*), ville de France, chef-lieu du dép. de l'Ariège.—*Comté de Foix*, ancienne province de France, comprise aujourd'hui dans le dép. de l'Ariège.

FOL ou **FOU**, subst. et adj. mas., au fém. **FOLLE** (*fole, fou*; on dit et l'on écrit *fol* au masculin, quand il précède immédiatement un substantif qui commence par une voyelle, comme : *un fol amour, un fol espoir*, etc. Dans les autres cas, l'*Académie* écrit *fou : il est fou à lier.* Ceux même qui écrivent encore *fol* prononcent *fou.*) (du lat. barbare *follus*, fait en ce sens, par les écrivains du moyen-âge, de *follis*, ballon à vent, auquel on compare la tête d'un *fou.* (*Ménage.*) Plusieurs ont pensé que *fol* était originairement un mot gaulois, dont les auteurs gaulois ou français, qui ont écrit anciennement en latin, ont fait *follus* ou *follis*), qui a perdu le sens, l'esprit : *fou à lier, à courir les champs.* —FOU, EXTRAVAGANT, INSENSÉ, IMBÉCILLE. (*Syn.*) Le *fou* manque par la raison, l'*extravagant* par la règle, l'*insensé* par l'esprit, l'*imbécille* par les organes. Le premier a l'imagination forte; le second a les idées singulières; le troisième les a bornées; le quatrième n'en a point de son propre fonds.—Gai, badin : *c'est un jeune fou ; il a l'humeur folle.* — Simple, crédule, imprudent : *vous êtes bien fou de le croire ; il y a plus de fous que de sages.*—En parlant des choses, qui est fait sans raison, sans prudence : *folle entreprise ; action folle*, extravagante. Dans cette acception, *fou* est plus du style familier, et *insensé* du style soutenu. — Fam. : *être fou de...*, aimer avec une passion démesurée.— En t. de palais : *un fol appel*, un appel mal fondé ; *folle-enchère*, enchère faite témérairement et dont on ne peut payer le prix. Voy. ENCHÈRE. — *Un fou rire*, un rire dont on n'est pas le maître. — *Un chien fou*, un chien enragé.— *La folle farine*, la fleur la plus subtile de la farine.—Bouffon, bouffonne : *c'est un fou, une folle; il fait le fou.* — Bouffon qui était autrefois attaché à la cour de certains princes pour les amuser. — Une des pièces du jeu d'échecs. (Dans cette acception, de l'arabe *fil*, formé du persan *pil*, qui, dans l'une et l'autre langue, signifie cette même pièce, et proprement, éléphant.)—*Être faite comme une folle*, propos à la mode parmi les petites-maîtresses, et qui signifie, ne pas être en tenue.

FOLÂTRE, adj. des deux genres (*folâtre*) (diminutif de *fol*), badin; avec cette différence, suivant *Roubaud*, que *folâtre* signifie, qui fait de petites folies, qui se livre à une folie amusante, à la manière des enfants, et que *badin* (du vieux français *bade*, jeu), signifie, qui aime à jouer, qui cherche à rire, en jouant comme un enfant. On a l'humeur *folâtre* et l'esprit *badin.*

FOLÂTRÉ, part. pass. de *folâtrer.*

FOLÂTREMENT, adv. (*folâtreman*), d'une manière *folâtre.* (*Boiste.*) Peu usité, mais utile.

FOLÂTRER, v. neut. (*folâtré*), badiner, dire et faire des choses plaisantes.

FOLÂTRERIE, subst. fém. (*folâtrerî*), badinerie.

FOLIACÉ, E, adj. (*foli-acé*) (en lat. *foliaceus*, fait de *folium*, en grec φυλλον, ou φυλλιον), t. de bot., de la nature de la *feuille*, mince, membraneux, etc.

FOLIAIRE, adj. des deux genres (*foli-ère*) (du lat. *folium*, feuille), t. de bot., appartenant ou tenant à la *feuille : aiguillons foliaires; appendices foliaires.*

FOLIATE, subst. mas. *foli-ate*), sorte de parfum des anciens.

FOLIATION, subst. fém. (*foli-âcion*), t. de botanique, par lequel *Linnée* désigne la disposition des *feuilles* dans le bouton de la plante. La *foliation* ne doit pas être confondue avec la *feuillaison.* Voy. ce mot.

FOLICHON, adj. et subst. mas., au fém. **FOLICHONNE** (*folichon, chone*), folâtre, badin : *esprit folichon ; c'est une petite folichonne.* Il enchérit sur *folâtre*, et n'est que du style familier, au lieu que *folâtre* est de tous les styles.

FOLICHONNE, adj. et subst. fém. Voy. FOLICHON.

FOLICHONNÉ, part. pass. de *folichonner.*

FOLICHONNER, v. neut. (*folichoné*), folâtrer. Il est familier et peu usité.

FOLIE, subst. fém. (*folî*) (du lat. barbare *follicia*, fait de *follis.* Voy. FOL.), démence, aliénation d'esprit. — Défaut de jugement.—Passion excessive.—*Faire des folies* se prend toujours en mauvaise part.—*Dire des folies*, a quelquefois un sens fort bon.—*Folies d'Espagne*, air d'une danse espagnole, qui s'exécute par une seule personne. — Maison de plaisance : *la folie Saint-James.*—*A la folie*, adv., éperdument, avec une passion extrême.

FOLIÉ, E, adj. (*foli-é*) (du lat. *folium*, feuille), t. de chimie, réduit ou préparé en petites *feuilles.*—*Tartre folié*, préparé avec du vinaigre distillé.—*Terre foliée de tartre*, l'alcali de ce mixte imprégné d'esprit de vinaigre et d'esprit-de-vin. —T. de bot., garni de *feuilles.*

FOLIIFORME, adj. des deux genres (*foli-iforme*) (du lat. *folium*, feuille, et *forma*, forme), t. de bot., qui ressemble à une *feuille : les stipules de plusieurs plantes légumineuses sont foliiformes.*

FOLIIPARE, adj. des deux genres (*foli-ipare*) (du lat. *folium*, feuille, et *parere*, produire), t. de bot., qui ne produit que des *feuilles.*

FOLIO, subst. mas. (*foli-ô*) (du latin *folium*), t. d'imprimerie, chiffre numéral que l'on met au haut de chaque page; *folio recto*, première page d'un feuillet; *folio verso*, le revers. —*In-folio*, livre dont les feuilles ne sont pliées qu'en deux, et forment chacune deux feuillets ou quatre pages : *ce missel est in-folio.*—Au plur., des *folio*, sans *s.*

FOLIOLE, subst. fém. (*foli-ole*), t. de bot.; il se dit des petites *feuilles* qui forment la *feuille* composée, et qui ont leur point d'insertion sur un pétiole qui leur est commun.

FOLIOT, subst. mas. (*foli-o*), en serrurerie, la partie du ressort qui pousse le demi-tour dans les serrures à tour et demi, etc.—En horlogerie, ancien nom du balancier d'une horloge.

FOLIOTÉ, E, part. pass. de *folioter.*

FOLIOTER, v. act. (*foli-oté*), mettre des *folio.* Presque inusité.

FOLIUM, subst. mas. (*foli-ome*) (du lat. *folium*), t. de géom., courbe du second genre ou ligne du troisième ordre, dont une partie ressemble à peu près à une *feuille.* On dit aussi *folium de Descartes.*

FOLLE, subst. fém. (*fole*), filet à larges mailles, qui se tend de manière qu'il fasse des plis tant dans le sens horizontal que dans le sens vertical, afin que le poisson s'y enveloppe plus aisément. —*Folle tramaillée*, celle que l'on tend sur des piquets. On l'appelle aussi quelquefois *ravoir tramaillé.*

FOLLE, subst. et adj. fém. Voy. FOL et FOU.

FOLLÉE, subst. fém. (*folelé*), t. de pêche, espèce de bourse que les pêcheurs font faire à un filet, en le tendant sur des piquets.

FOLLE-ENCHÈRE, subst. fém. (*folanchère.*) Voy. ENCHÈRE. — Au pluriel, des *folles-enchères.*

FOLLE-FEMME, subst. fém. (*folefame*), prostituée. Vieux et même hors d'usage.

FOLLEMENT, adv. (*foleman*), d'une manière *folle.*

FOLLET, adj. mas., au fém. **FOLLETTE**, (*folè, lète*), diminutif de *fou.*—Qui aime à badiner : *il a l'esprit follet.*—*Poil follet*, duvet des petits oiseaux.—Premier poil qui vient au menton des jeunes gens. — *Esprit follet*, sorte de lutin qui, suivant le préjugé populaire, se divertit sans faire de mal.—*Feu follet.* Voy. au mot FEU.—Au fig., faux brillant dans les ouvrages d'esprit : *ce n'est qu'un feu follet.*

FOLLETTE, adj. fém. Voy. FOLLET.— Subst. fém. , sorte de fichu frisé, qui n'est plus en usage.

FOLLICULAIRE, subst. mas. (*folelikulère*), nom qu'on donne aux auteurs de *feuilles*, journaux, ou autres ouvrages périodiques.—Il est aussi adj.: *écrivain folliculaire.* Il ne se dit guère qu'en mauvaise part.

FOLLICULE, subst. mas. (*folelikule*), t. d'anat., membrane qui renferme une cavité d'où part un conduit excrétoire. — Subst. fém., t. de bot., 1° péricarpe sec, composé d'une seule pièce qui s'ouvre dans la longueur d'un seul côté, et auquel les semences ne sont point adhérentes; 2° anthère ou capsule des plantes de la famille des fougères.—Enveloppe des graines.—Cocon des vers à soie.

FOLLICULEUSE, adj. fém. Voy. FOLLICULEUX.

FOLLICULEUX, adj. mas., au fém. **FOLLICULEUSE** (*folelikuleu, leuze*), t. d'anat.; il se dit des parties qui tiennent de la nature du *follicule.*

FOLLICULINE, subst. fém. (*folelikuline*), t. d'hist. nat., espèce de polype.

FOLLICULITE, subst. fém. (*folelikulite*), t. de médec., inflammation des *follicules* membraneux.

FOLLIER, subst. mas. (*folié*), sorte de bateau dont on se sert pour pêcher aux *folles.*

FOLLINÉ, E, part. pass. de *folliner.*

FOLLINER, v. act. (*foliné*), jouer à des jeux lascifs.—Nous laisserons à *Boiste* la responsabilité de ce mot.

FOLLOYÉ, E, part. pass. de *folloyer.*

FOLLOYER ou même **FOLLAYER**, v. neut. (*folé-ié*), avoir une *folie* gaie, agréable; perdre l'esprit.

FOMENTATEUR, subst. mas., au fém. **FOMENTATRICE** (*fomantateur, trice*), qui *fomente* des troubles, qui excite à la sédition, à la révolte.—Ce mot ne se trouve pas dans l'*Académie.*

FOMENTATIF, adj. mas., au fém. **FOMENTATIVE** (*fomantatif, tive*), t. de médec., qui sert à *fomenter.* Il est peu usité.

FOMENTATION, subst. fém. (*fomantâcion*) (en lat. *fomentatio*, fait de *fomentare*, fomenter), remède qu'on applique extérieurement sur une partie malade, pour adoucir, fortifier, résoudre, etc.—On appelle *fomentations sèches*, des sachets remplis de drogues, que l'on emploie au même usage.

FOMENTATIVE, adj. fém. Voy. FOMENTATIF.

FOMENTATRICE, subst. fém. Voy. FOMENTATEUR.

FOMENTÉ, E, part. pass. de *fomenter.*

FOMENTER, v. act. (*fomanté*) (en lat. *fomentare*, fait de *fovere*, tenir chaud, entretenir, lequel vient de *focus*, foyer), appliquer une *fomentation* sur une partie malade. —Entretenir, faire durer : *ce remède fomente le mal au lieu de le guérir.* Il ne se dit qu'en mauvaise part.— En ce sens, on dit fig., soit en bien, soit en mal, mais plus communément en mal : *fomenter l'amitié, la paix ; fomenter la division, la mauvaise intelligence*, etc.—SE FOMENTER, v. pron.

FONÇAILLES, subst. fém. plur. (*fonça-le*), barres de bois qu'on met en travers d'une couchette.

FONCÉ, E, part. pass. de *foncer*, et adj., fam., riche, qui a un grand *fonds* d'argent.—Habile dans une science, dans une matière. — *Couleur foncée*, fort chargée.

FONCÉE, subst. fém. (*foncé*), chacune des assises d'ardoises qui sont superposées.

FONCER, v. act. (*foncé*), mettre un *fond* à un tonneau, à une cuve, etc. — Dans les sucreries, aplanir la pâte du pain, la rendre unie le plus qu'il est possible.—*Foncer la soie*, faire baisser la soie après qu'elle a été levée, pour y lancer la navette.—Neutralement, *foncer sur...* donner sur... fondre sur... *il fonça sur l'ennemi*. Il est vieux.—*Foncer à l'appointement*, y fournir. Inusité en ce sens.

FONCET, subst. mas. (*foncè*), grand bateau dont on se sert pour remonter la Seine, de Rouen à Paris. On dit aussi adj., au mas. : *un bateau foncet*. —Dans une serrure, la plaque de fer sur un côté de laquelle le canon est posé et rivé, et au travers de laquelle est percée l'entrée pour la clef.

FONCIER, adj. mas., au fém. **FONCIÈRE** (*foncié, cière*), qui regarde le *fonds*, qui vient du *fonds* : *rente foncière*, assignée sur un *fonds* de terre.—Habile, qui a un *fonds* de science : *cet homme est foncier dans le droit*, etc. Peu en usage dans cette dernière acception.

FONCIÈRE, adj. fém. Voy. **FONCIER**. — Subst. fém., lit d'ardoise.

FONCIÈREMENT, adv. (*foncièreman*), *à fond* : *traiter une affaire foncièrement*.—Dans le *fond* : *il est foncièrement honnête homme*.

FONÇOIR, subst. mas. (*fonçoar*), sorte d'outil à l'usage des forgeurs.

FONCTION, subst. fém. (*fonkcion*) (en latin *functio*, fait de *fungi*, *fungor*, s'acquitter de...), action de celui qui fait le devoir de sa charge : *remplir, exercer ses fonctions*. — Il se dit fig., de l'estomac et des autres viscères du corps humain : *cet homme fait bien toutes ses fonctions*; il boit, il mange, il dort, etc., comme un homme qui se porte bien.— Les médecins divisaient les *fonctions* en *fonctions vitales*, *fonctions animales* et *fonctions naturelles*. Par les premières, ils entendaient celles qui sont nécessaires à la vie, comme la circulation et la respiration; par les secondes, celles qui fournissent à l'âme les idées qu'elle perçoit, et toutes celles qui appartiennent à l'organe cérébral, comme les *fonctions* de l'entendement, les affections de l'âme et les mouvements volontaires. Enfin, ils entendaient par *fonctions naturelles*, celles qui sont relatives à l'assimilation, comme les *fonctions* des viscères abdominaux, des vaisseaux absorbants et exhalants, etc. D'autres ont divisé ces *fonctions* en *fonctions* relatives à la conservation de l'individu, et en *fonctions* qui ont pour but la conservation de l'espèce. Les premières se sous-divisent en *fonctions animales* et *fonctions organiques*. Les *fonctions animales* sont les *fonctions de l'entendement*, la sensation, la locomotion et la voix. Les *fonctions organiques* sont la digestion, la respiration, la circulation, l'exhalation, l'absorption, les sécrétions et la nutrition. Les *fonctions* qui ont pour but la conservation de l'espèce sont toutes celles qui ont rapport à la génération, telles que la conception, la gestation, l'accouchement, etc. On dit, en parlant des parties destinées aux *fonctions organiques*, qu'*elles font bien leurs fonctions*, pour dire qu'elles font ce qu'elles doivent faire étant bien saines : *quand l'estomac, le foie, etc., font bien leurs fonctions, on jouit d'une bonne santé*. — Dans l'analyse, 1° autrefois, les différentes puissances d'une quantité quelconque X; 2° aujourd'hui, une quantité composée d'autant de termes qu'on voudra en supposer, et dans laquelle X se trouve d'une manière quelconque mêlée ou non avec des constantes.—Au plur., t. d'imprimeur, impositions, épreuves, corrections, etc., pour la casse. A la presse, tremper le papier, le remanier; garnir, dégarnir les rouleaux, etc. En général, tout ouvrage qui n'est pas proprement composition ou impression.

FONCTIONNAIRE, subst. mas. (*fonkcionère*), celui qui remplit des *fonctions*. — Celui qui exerce une ou plusieurs *fonctions* du gouvernement, ou qui reçoit un traitement de l'état : on l'appelle aussi *fonctionnaire public*.

FONCTIONNÉ, E, part. pass. de *fonctionner*.

FONCTIONNER, v. neut. (*fonkcioné*), t. de médec., faire sa *fonction*. —Bien opérer.

FONCTIONOMIE, subst. fém. (*fonkcionomi*), t. de médec., art de connaître tout ce qui concerne les *fonctions* des divers systèmes qui constituent l'économie animale.

FOND, subst. mas. (*fon*, le *d* ne se prononce jamais) (en lat. *fundus*), la partie la plus basse d'une chose creuse : *le fond d'un puits*; *le fond d'un tonneau*; *le fond d'un sac*.—La superficie de la terre sous les eaux. On dit en ce sens : *couler quelqu'un à fond*, le faire couler au *fond* de l'eau; et fig., le perdre, ruiner sa fortune.—Ce qu'il y a de plus retiré dans un lieu, dans un pays : *le fond d'un bois, d'une province*.— En peinture, 1° la matière sur laquelle on fait le tableau; 2° l'apprêt ou l'enduit imprimé sur cette matière; 3° le champ qui entoure un objet peint; 4° les derniers plans d'une composition. —En t. de pêche, espèce de garenne à poissons, qui se fait pour l'ordinaire dans les rivières sablonneuses et dans les endroits les plus découverts : *pêcher par fond*, disposer un filet ou des lignes auprès du sol qui est sous l'eau. — Dans les fabriques de dentelles et de blondes, réseau qui sert d'assiette aux dessins, fleurs, grillages, etc.— En t. de marchandes de modes, morceau de gaze, entoilage, etc., destiné à recouvrir, dans un bonnet, le derrière de la tête.—Ce qu'il y a de plus essentiel dans une affaire, dans une question. — Au fig., ce qu'il y a de plus caché dans l'âme de l'homme : *le fond des cœurs*, *de nos pensées*. — *Fond*, en t. de jurispr., signifie ce qui constitue la substance d'un acte, ou ce qui fait le vrai sujet d'une contestation. On dit que *la forme emporte le fond*, pour dire que les exemptions péremptoires, tirées de la procédure, font déchoir le demandeur de sa demande, quelque bien fondée qu'elle pût être par elle-même, abstraction faite de la procédure; *conclure au fond*, distinguer les conclusions qui tendent à faire décider définitivement la contestation, de celles qui tendent seulement à faire ordonner quelque préparatoire. — *Le fond d'une voiture*, l'endroit opposé au devant. — *Le fond d'un tonneau*, douves qui le ferment par le bout. — *Le fond d'un lit*, les petits ais qui portent la paillasse et les matelas. — *Le fond d'une étoffe*, sa plus basse tissure. On donne aussi le nom de *fond* à l'étoffe même sur laquelle on ajuste une broderie.—*Fond d'affût*, assemblage de madriers, entre les flasques d'un affût de canon de vaisseau.—*Fond de cuve*, se dit : 1° de tout ce qui n'est pas creusé carrément, mais dont les angles sont arrondis, comme les pierres à laver, les auges de fontaine, les cuves de bain, etc.; 2° de la profondeur. — *Fond de cale*. Voy. **CALE**. — *Faire fond sur quelqu'un, sur quelque chose*, y compter. — Prov. : 1° *voir le fond du sac*, de l'affaire; 2° *déjeuner à fond de cuve*, faire un grand déjeuné.—On dit d'une affaire, d'une question fort embarrassée, fort embrouillée, qu'*elle n'a ni fond ni rive*. — T. de manége, *cheval qui a du fond*, cheval qui travaille long-temps sans se fatiguer.—*Fonds blancs*, blancs de papier que l'on conserve dans l'impression des estampes.—Il ne faut pas confondre ce mot avec *fonds* qui s'écrit par un *s*, même au sing., et signifie le sol d'un champ, etc., ni avec *fonts*, qui s'orthographie par *ts*, et se dit d'un grand bassin de pierre ou de marbre, dans lequel on conserve l'eau qui sert pour baptiser. Voyez ces deux mots. — *A fond*, adv., profondément, jusqu'au *fond*.—*De fond en comble*, adv., tout-à-fait.—*Au fond, dans le fond*, à juger des choses.

FONDAMENTAL, E, adj. (*fondamantale*), qui sert de *fondement*, au propre et au fig. : *pierre fondamentale*. — Les théologiens catholiques appellent *articles fondamentaux*, ceux dont la foi explicite est nécessaire au salut, en sorte qu'on ne peut pas même les ignorer sans être hors de l'Eglise et de la voie du salut; et par opposition, ils reconnaissent aussi des *articles non fondamentaux*, qu'on peut ignorer, ou, ce qui est la même chose, qu'on peut croire d'une foi implicite sans être en danger de salut. Les protestants ont appelé *articles fondamentaux*, généralement ceux dont la foi, soit explicite, soit implicite, est nécessaire au salut; et *articles non fondamentaux*, ceux qu'on peut se dispenser de croire, ou même nier expressément, malgré l'autorité des sociétés chrétiennes qui voudraient en prescrire la croyance.— T. de mus., *son fondamental*, son générateur d'une série harmonique. Voy. **HARMONIQUE**. Comme on a pris parmi ces harmoniques des accords qui, lorsqu'ils conservent l'ordre qu'ils ont dans la série, sont appelés directs, on a aussi donné le nom de *son fondamental* au son le plus grave de ces accords directs. La *base fondamentale* est donc celle qui est destinée à ne présenter que des accords directs. — *Ligne fondamentale*, la base du tableau, nommée aussi *ligne de terre*. — Au plur. mas. : *fondamentaux*.

FONDAMENTALEMENT, adv. (*fondamantalemam*), d'une manière *fondamentale*.

FONDAMENTAUX, adj. mas. plur. Voy. **FONDAMENTAL**.

FONDANT, E, adj. (*fondan, dante*), qui se *fond* dans la bouche : *une poire fondante*. —En t. de médec., qui sert à *fondre* les humeurs : *remèdes fondants*.—Substantivement, au mas., en t. de métallurgie, substance qui accélère la fusion des mines.—Chez les émailleurs, verre tendre qu'on mêle aux couleurs qu'on veut appliquer sur des métaux.

FONDATEUR, subst. mas., au fém. **FONDATRICE** (*fondateur, trice*) (en lat. *fundator*), celui, celle qui a *fondé* quelque grand établissement : *il est le fondateur de ce collège*. — On dit prov., des choses qui se font contre l'intention de ceux qui en ont la direction, la disposition, que *ce n'est pas là l'intention du fondateur*.

FONDATION, subst. fém. (*fondâcion*) (en lat. *fundatio*), travaux entrepris pour asseoir les *fondements* d'un édifice. Quand le bâtiment est fini, on doit dire *les fondements*.— *Fonds* légué pour quelque œuvre de piété, etc.

FONDATRICE, subst. fém. Voy. **FONDATEUR**.

FONDE, subst. fém. (*fonde*), t. de mar., ce qui est opposé à la pleine mer.

FONDÉ, E, part. pass. de *fonder*, et adj. —On dit en t. de palais, *fondé* (chargé) *de procuration*, et substantivement : *un fondé de pouvoir*.

FONDEMENT, subst. mas. (*fondeman*) (en lat. *fundamen* ou *fundamentum*), fossé que l'on fait pour commencer à bâtir. —Maçonnerie qui remplit le fossé. Au propre, il se dit toujours au singulier. — Au fig., 1° principe, base ; 2° assurance : *il n'y a point de fondement à faire sur son amitié*; 3° cause, motif, sujet. — Partie du corps par où sortent les excréments du ventre, l'anus, avec cette différence que *fondement* est un mot plus honnête.

FONDER, v. act. (*fondé*) (en lat. *fundare*), faire des *fondations*, poser les *fondements* d'un édifice. — Au fig., en parlant des choses morales, établir sur quelques principes, appuyer de raisons. — Donner des *fonds* suffisants pour un établissement utile. — *Fonder une ville*, être le premier à la bâtir.—Au fig. : *fonder un empire, un état, un ordre religieux*, les établir. — *Fonder quelqu'un de procuration*, lui donner sa procuration.—**SE FONDER**, v. pron., faire *fond* sur quelque chose : *tout cela se fonde sur de faux bruits*.

FONDERIE, subst. fém. (*fonderi*), lieu où l'on *fond* les métaux, les monnaies, etc. — *Fonds* de matrices, de moules, de poinçons, etc., pour *fondre* les caractères d'imprimerie. — L'art de *fondre* les métaux.

FONDEUR, subst. mas. (*fondeur*), ouvrier qui *fond* le métal.— *Rester stupéfait comme un fondeur de cloches*, être tout surpris de voir arriver une chose à laquelle on n'avait pas lieu de s'attendre.

FONDIQUE, subst. fém. (*fondike*), autrefois, maison commune où les marchands s'assemblaient pour leurs affaires, et où ils déposaient les *fonds* et les marchandises de leur compagnie. — Aujourd'hui, dépôt des douanes en Espagne et en Portugal.

FONDIS, subst. mas. (*fondi*), espèce d'abyme qui se fait sous un édifice. — Terre qui *fond* dans une carrière. On dit aussi *fontis*.

FONDOIR, subst. mas. (*fondoar*), lieu où les bouchers fondent la graisse.

FONDRE, v. act. (*fondre*) (en lat. *fundere*), rendre les métaux coulants par le moyen du feu: *fondre une cloche, un vase, une statue*, les jeter en moule. — Fig.: *fondre la cloche*, prendre une dernière résolution sur une affaire, la terminer, la conclure. — Rendre liquide, etc. — Fig.: *fondre un ouvrage dans un autre*, l'y renfermer. — En peinture, unir les couleurs les unes avec les autres, de manière que cette union agréable à l'œil s'accomplisse insensiblement. — *Fondre des actions, des billets*, s'en défaire pour de l'argent comptant et avec perte. —Neut., se liquéfier : *la neige fond au soleil, l'étain au feu*. — Diminuer de force, d'embonpoint, maigrir : *cet homme fond à vue d'œil*. — En parlant des fruits, périr et pourrir par le pied. —S'abymer: *la terre fondit sous ses pieds*. —Fig., se perdre, se dissiper : *tout fond entre ses mains*.—*Fondre* sur...; tomber impétueusement sur... — *Fondre en larmes*, pleurer abondamment. — *se* FONDRE, v. pron., devenir liquide.

FONDRIER, subst. mas. (*fondri-é*); mur qui termine le fourneau d'une usine; train de bois qui ne peut plus flotter.

FONDRIÈRE, subst. fém. (*fondri-ère*), lieu creux où la terre s'est *fendue* ou *abymée*. — Terrein marécageux sur lequel les eaux croupissent, faute d'écoulement.

FONDRILLES, subst. fém. plur. (*fondri-ie*), ordures qu'on trouve au fond des vases mal rincés ou dans les eaux malpropres.

FONDS, subst. mas. (*fon*, même devant une voyelle) (en lat. *fundus*), le sol d'un champ, d'un héritage : *il cultive un mauvais fonds, il ne faut pas bâtir sur le fonds d'autrui.* — Somme d'argent : *n'avoir pas de fonds pour payer; faire un fonds.* — Le capital d'un bien : *il a mangé une partie du fonds, outre les revenus.*—On le dit fig. de l'esprit, des mœurs, du savoir, de la capacité : *il a un grand fonds d'esprit, de probité, de malice.* — *Fonds de boutique*, se dit de toutes les marchandises d'une boutique. — *Biens fonds*, les biens réels, comme les *fonds* de terre, les maisons. — *Mettre, placer son argent à fonds perdu*, le placer à rente viagère. — *Le fonds et le très-fonds*, le *fonds* même et tout ce qui peut en dépendre.

FONDU, E, part. pass. de *fondre*.

FONDUE, subst. fém. (*fondu*), sucre trop chargé de sirop.— Mets fait avec du fromage *fondu* au feu.

FONDULE, subst. mas. (*fondule*), t. d'hist. nat., genre de poissons de la division des abdominaux.

FONET, subst. mas. (*fone*), t. d'hist. nat., la moule unie.

FONGÉ, E, part. pass. de *fonger*.

FONGÉ-CAVE, subst. mas. (*fonjékave*), t. de bot., sorte de champignon du genre des bolets.

FONGÉ-ORANGÉ, subst. mas. (*fonjé-oranjé*), t. de bot., sorte de bolet.

FONGER, v. neut. (*fonjé*), boire l'encre, en parlant du papier.

FONGIBLE, adj. des deux genres (*fonjible*), t. de jurisprudence, qui se consomme et qui se compte, se mesure et se pèse, comme le grain et le vin, etc.

FONGIE, subst. fém. (*fonji*), t. d'hist. nat., sorte de polypier.

FONGIFORME, adj. des deux genres (*fonjiforme*), qui a la *forme* du champignon.

FONGINEUSE, adj. fém. Voy. FONGINEUX.

FONGINEUX, adj. mas., au fém. FONGINEUSE, (*fonjineu, neuze*), se disait autrefois d'un terrein rempli de champignons.

FONGIPORE, subst. mas. (*fonjipore*), t. d'hist. nat., sorte de madrépore.

FONGITE, subst. fém. (*fonjite*) (du lat. *fungus*, champignon), t. d'hist. nat., pierre figurée dure et jaune qui imite le champignon.

FONGIVORE, subst. mas. (*fonjivore*) (du lat. *fungus*, champignon, et *vorare*, manger), t. d'hist. nat., famille d'insectes coléoptères qu'on trouve, ainsi que leurs larves, dans les champignons.

FONGOÏDE, subst. mas. (*fonguo-ide*), t. de bot., plante cryptogame de la famille des champignons.

FONGOSITÉ, subst. fém. (*fonguôzité*), t. de chirurgie. Voy. FONGUS, dont ce mot est synonyme.

FONGUEUSE, adj. fém. Voyez FONGUEUX.

FONGUEUX, adj. mas., au fém. FONGUEUSE (*fongueu, gueuze*), qui est de la nature du champignon, du *fongus* : *chairs fongueuses.*

FONGUS, subst. mas. (*fonguce*) (du lat. *fungus*, champignon, de la nature duquel approche le *fongus*), t. de chir., excroissance charnue, mobile et spongieuse qui vient sur une plaie.

FONTAINE, subst. fém. (*fontène*) (en lat. *fons*, gén. *fontis*, fait de *fundere*, répandre), eau vive qui sort de terre, d'un réservoir creusé ordinairement par la nature, et alimenté par les eaux pluviales. — Corps d'architecture qui sert pour l'écoulement, l'ornement ou le jeu des eaux d'une fontaine. — Vaisseau de cuivre, de marbre, etc., où l'on garde de l'eau dans les maisons. — Robinet par où coule la liqueur contenue dans certains vaisseaux. — *Fontaine uniforme*, dont le cours est soutenu, égal et continuel, en sorte qu'elle produit constamment, du moins dans certaines saisons, la même quantité d'eau. — *Fontaine intermittente*, dont l'écoulement cesse et reparaît à différentes reprises, en un certain temps.—*Fontaine intercalaire*, dont l'écoulement, sans cesser entièrement, éprouve des retours d'augmentation et de diminution, qui se succèdent après un temps plus ou moins considérable. Les *fontaines* des deux dernières classes se nomment en général *périodiques*. — *Fontaine ardente*, *fontaine* d'où jaillissent des flammes, causées très-probablement par le dégagement du gaz hydrogène phosphoré que l'eau y tient en dissolution. — *Fontaine artificielle*, machine par le moyen de laquelle l'eau est versée ou lancée. — *Fontaine de compression*, fontaine artificielle qui fait jaillir l'eau au-dessus de son niveau, par le moyen de l'air fortement comprimé. — *Fontaine de Héron*, dans laquelle l'eau jaillit au-dessus de son niveau, au moyen du ressort de l'air comprimé par une colonne d'eau; ainsi nommée de son inventeur *Héron*, *d'Alexandrie*, qui florissait cent vingt ans avant Jésus-Christ. — *Fontaine de la tête* ou *fontanelle*. Voy. ce mot. — *Fontaine de Jouvence*. Voy. JOUVENCE.—Subst. propre fém., village de France, chef-lieu de canton, arrond. de Belfort, dép. du Haut-Rhin.

FONTAINEBLEAU, subst. propre mas. (*fontènebló*), ville de France, chef-lieu d'arrond., dép. de Seine-et-Marne. On remarque ses magnifiques jardins et son château royal commencé sous Louis VII, et augmenté sous François Ier et Henri IV. Napoléon y signa son abdication, et le quitta pour se rendre à l'île d'Elbe.

FONTAINE-DE-MER, subst. fém. (*fontènedemère*), t. d'hist. nat., sorte de poisson qui lance de l'eau lorsqu'on le touche.

FONTAINE-DES-OISEAUX, subst. fém. (*fontènedézoèzô*), t. de bot., sorte de plante.

FONTAINE-FRANÇAISE, subst. propre fém. (*fontène-françèze*), bourg de France, chef-lieu de canton, arrondissement de Dijon, dép. de la Côte-d'Or.

FONTAINE-LE-DUN, subst. propre mas. (*fonteneledeun*), bourg de France, chef-lieu de canton, arrond. d'Yvetot, dép. de la Seine-Inférieure.

FONTAINIER, subst. mas. (*fonténié*), celui qui vend des fontaines. — Celui qui a soin des eaux et des *fontaines* publiques.—L'*Académie* écrit, contre toute raison étymologique, *fontenier*.

FONTANALIES, subst. fém. plur. (*fontanali*), myth., fêtes que les Romains célébraient en jetant des couronnes dans les *fontaines*, et en mettant des guirlandes sur les puits.

FONTANELLE, subst. fém. (*fontanèle*) (en lat. *fontanella*, diminutif de *fons*), t. d'anat., espace quadrangulaire et membraneux au haut de la tête où aboutissent les sutures. — T. de chir., petit ulcère artificiel.

FONTANÈSE, subst. fém. (*fontanèze*), t. de bot., espèce d'arbrisseau.

FONTANÉSIE, subst. fém. (*fontanézi*), t. de bot., genre de plantes de la famille des jasminées.

FONTANGE, subst. fém. (*fontanje*), nœud de ruban que les femmes adaptent à leur coiffure. Il porte le nom de madame de *Fontange*, qui l'inventa sous Louis XIV; comme *palatine*, parure du cou, celui de la princesse qui en a introduit l'usage en France.

FONTE, subst. fém. (*fonte*), l'action de *fondre*. — Métal *fondu*. — Certaines compositions qui se font avec du cuivre et de l'étain. — En t. d'imprimerie, assortiment complet d'un caractère : *fonte de petit-romain, fonte de cicéro.* — Dans la draperie, mélange de laines de différentes couleurs qui doivent entrer dans la composition d'une étoffe. — En t. de peinture, *ce tableau est d'une belle fonte*, les passages des teintes sont suffisamment liés. — Au plur., en t. de sellier, sorte de fourreaux de cuir fort, fixement attachés sur l'arçon de la selle pour y mettre des pistolets.

FONTENAY-LE-COMTE, subst. propre mas. (*fontenélekonte*), ville de France, chef-lieu d'arrond., dép. de la Vendée.

FONTENIER, barbarisme de l'*Académie*. Voy. FONTAINIER.

FONTENOY, subst. propre mas. (*fontenoé*), village du royaume de Belgique, province du Hainaut, théâtre d'une bataille mémorable livrée en 1745.

FONTICULE, subst. mas. (*fontikule*), t. de chir., petit ulcère pratiqué pour l'écoulement des humeurs viciées.

FONTIGENÆ, subst. fém. plur. et lat. (*fontijéné*), myth., surnom des muses et des nymphes. On les appelait aussi *fonticolæ*.

FONTINALE, subst. fém. (*fontinale*), t. de bot., plante de la famille des mousses. — Au plur., myth., fêtes en l'honneur des nymphes des fontaines; les mêmes que les *fontanalies*.

FONTINALIS, subst. mas. (*fontinâlice*), t. de bot., la persicaire amphibie.

FONTIS, subst. mas. (*fonti*), éboulement de terre. Voy. FONDIS, qui se dit également.

FONTON, subst. mas. (*fonton*), t. d'hist. nat., oiseau d'Afrique.

FONTS, subst. mas. plur. (*fon*) (du latin *fons*, *fontis*), grand vaisseau de pierre ou de marbre, où l'on conserve l'eau dont on se sert pour baptiser. — *Tenir un enfant sur les fonts*, en être parrain ou marraine. — Prov. : *tenir quelqu'un sur les fonts*, parler de lui en bien ou en mal.

FONTURE, subst. fém. (*fonture*), t. de mar., portion de banc de sable qui se détache avec fracas.

FOR, subst. mas. (*for*) (du latin *forum*, lieu où l'on plaide), juridiction, tribunal de justice : *for extérieur; for ecclésiastique.*— *Le for de la pénitence*, la confession sacramentelle.— *Le for intérieur* ou *de la conscience*, le jugement de sa propre conscience.

FORAGE, subst. mas. (*foraje*), l'action de *forer*. —Le résultat de cette action.—Ancien t. de coutume, droit sur le vin.

FORAIN, E, adj. (*forein, rêne*) (du lat. *foras*, hors, dehors), qui est du dehors, qui n'est pas du lieu : *marchand forain.* On ne dit guère subst. : *un forain.* — *Traite foraine*, droit sur les marchandises qui entrent dans un état ou qui en sortent. — *Propriétaire forain*, celui qui n'a pas son domicile dans le lieu où ses biens sont situés.— *Chemin forain*, celui dont la largeur doit suffire au passage de deux voitures. — T. de mar., *rade foraine*, rade mal fermée et où les bâtiments ne sont pas en sûreté.—A Bordeaux, on nommait substantivement et absolument, au fém., *foraine* (ou *patente du Languedoc*), un droit qui se percevait sur les marchandises venant du Languedoc, du Rouergue, du Quercy, etc.

FORBACH, subst. propre mas. (*forbake*), bourg de France, chef-lieu de canton, arrond. de Sarreguemines, dép. de la Moselle.

FORBAN, subst. mas. (*forban*) (du lat. *foras*, dehors, et du français *banni*, parce que la plupart sont de mauvais sujets *bannis* de leur patrie), corsaire, pirate, écumeur de mer.—*Forban littéraire*, plagiaire audacieux.

FORBANNI, E, part. pass. de *forbannir*.

FORBANNIR, v. act. (*forbanir*), exiler, reléguer, rejeter. (*Boiste*.)

FORBANNISSEMENT, subst. mas. (*forbanicemən*), exil. Vieux et même hors d'usage.

FORBASINE, subst. fém. (*forbazine*), t. de bot., chanvre aquatique.

FORBICINE, subst. fém. (*forbiciné*), t. d'hist. nat., genre d'insectes aptères.

FORÇAGE, subst. mas. (*forçaje*), excédant qu'a une pièce au-dessus du poids prescrit par les ordonnances.

FORÇAT, subst. mas. (*força*), criminel condamné par la justice à servir sur les galères. — *Forçat libéré*, ancien *forçat* qui a subi sa peine. — Esclave employé au même service *forcé*. — Prov. : *travailler comme un forçat*, travailler excessivement.

FORCE, subst. fém. (*force*) (du latin barbare *forcia* ou *fortia*, employé avec la même acception dans les capitulaires de Charlemagne, et qui a été fait de *fortis*, fort), vigueur, faculté naturelle d'agir vigoureusement, d'abattre et de renverser ce qui résiste, etc. — Au plur., il se dit proprement du corps, de la santé, et par extension de l'esprit, du pouvoir, du crédit, etc.: *perdre, réparer, recouvrer ses forces.* — Puissance : *la force d'un peuple, d'un état*, etc. — Impétuosité : *la force de l'eau, du courant, du vent.* — Solidité : *la force d'une poutre, d'une toile, d'une étoffe.* — Violence : *user de force; employer la force.* — Énergie : *la force d'un mot, d'un raisonnement.* Voy. ÉNERGIE. — Pénétration : *l'esprit humain n'a pas assez de force pour pénétrer les secrets de la nature.* — Grandeur et fermeté de courage : *il faut de la force pour soutenir l'adversité.* — T. de phys. : *force d'inertie*, propriété qu'ont tous les corps de rester dans leur état de repos ou de mouvement, à moins que quelque cause étrangère ne les en fasse sortir. — T. de mécanique, *force vive*, *force* d'un corps actuellement en mouvement. — *Force morte*, *force* d'un corps qui n'a que la tendance au mouvement, sans se mouvoir en effet.—*Force centrale; force centrifuge*, *centripète*. Voy. CENTRAL, CENTRIFUGE, CENTRIPÈTE.

— *Force de torsion*, effort que fait un fil qui a été tordu, pour revenir à son premier état. — *Force motrice*, la cause qui meut un corps. — *Force mouvante*, 1° proprement la même que la *force motrice*; 2° dans une acception plus usitée, *force* qui agit avec avantage par le moyen de quelque machine. — *Force résultante*, la *force* unique qui résulte de l'action de plusieurs autres. — *Force projectile*, celle par laquelle un corps est lancé dans une direction, soit perpendiculaire, soit parallèle, soit oblique à l'horizon. — *Force accélératrice*, puissance quelconque qui, par des impulsions réitérées, augmente la vitesse d'un corps. — *Force retardatrice*. Voy. RETARDATRICE. — *Force d'agrégation*, *force* qui tient unies, et pour ainsi dire enchaînées, les molécules intégrantes d'un corps. — *Force attractive*, *force* en vertu de laquelle tous les corps de la nature tendent à s'approcher les uns des autres, et s'approcheraient réellement si aucun obstacle ne s'opposait à cette tendance. Voy. ATTRACTION.—*Force coërcitive*, résistance qu'opposent les molécules de certains corps au mouvement du fluide électrique qui fait effort pour s'échapper. — On appelle *force majeure*, une puissance supérieure à laquelle on ne peut résister : *l'autorité du prince est une force majeure*. — T. de physiologie, *force vitale*, ensemble de *forces* qui distinguent certains corps de la matière inerte, et qui leur donnent la faculté de résister aux *forces* constantes de la nature, lesquelles tendent continuellement à les détruire. — *La force de la vérité*, le pouvoir qu'a la vérité sur les hommes. — *La force du sang*, mouvement secret de la nature entre les personnes les plus proches. — *Maison de force*, prison dans laquelle on renferme les malfaiteurs. — *A force de*, sorte d'adv.: *à force de bras*, en n'employant d'autre force que celle des bras. *Gaillard* (Histoire de François 1er) a dit dans le même sens : *à force d'épaules et de bras*. — *A force de prier*, en priant beaucoup. — *A force de soins*, par beaucoup de soins.— *A toute force*, absolument, par toute sorte de moyens. — *Prendre une fille par force*, la violer.— *Prendre une ville de force*, d'assaut. — *De vive force*, par une violence manifeste.—*Être en force*, avoir des *forces* suffisantes pour l'attaque ou la défense. On dit, dans le même sens : *venir en force, se présenter en force; combattre à forces égales*.— *Force*, sorte d'adv. sans genre ni nombre, qui signifie beaucoup : *il a force amis, force livres*. Il est familier.

FORCE (LA), subst. propre fém. (*laforce*), bourg de France, chef-lieu de canton, arrond. de Bergerac, dép. de la Dordogne.

FORCÉ, E, part. pass. de *forcer* et adj. ; contraint, qui n'a rien de naturel : *style forcé, vers forcé*. — Détourné du sens naturel et véritable : *donner un sens forcé à un passage*, etc. — En t. de peinture, exagéré : *un ouvrage de l'art ne doit être forcé ni de dessin, ni de mouvement, ni de ton, ni d'expression*.—On dit d'un homme, qu'*il est forcé dans toutes ses actions*, pour dire qu'il n'a rien de naturel, qu'il est contraint, qu'il est affecté dans tout ce qu'il fait.

FORCEAU, subst. mas. (*forçô*), t. de chasse, piquet sur lequel un filet est entièrement appuyé, et qui le retient *de force*.

FORCÉMENT, adv. (*forcéman*), d'une manière *forcée*, par contrainte.

FORCENÉ, E, subst. et adj. (*forcené*) (de l'italien *forsennato*, fait, dans la même signification, de *for*, en lat. *foras*, hors, et *senno*, sens), hors de sens, furieux et hors de sens.— Se dit, dans le blason, d'un cheval emporté et furieux.

FORCENER, v. neut. (*forcené*), être en fureur.

FORCÈNERIE, subst. fém. (*forcèneri*), folie, emportement.

FORCEPS, subst. mas. (*forcèpece*) (du lat. *forceps*, tenailles, pinces, etc.; formé de *capere*, prendre, saisir, et de *ferrum*, fer, ou de *foras*, hors, dehors; *fer pour prendre*; ou *prendre pour mettre dehors*), t. de chirurgie emprunté du lat., pincettes, ciseaux, tenettes, etc., pour saisir et tirer les corps étrangers.

FORCER, v. act. (*forcé*) (du mot *force*), contraindre, violenter. Il y a une gradation entre ces trois verbes : *violenter* dit plus que *forcer*, et *forcer* plus que *contraindre*. — Prendre par *force* : *forcer une place, une barricade, un passage*. — Rompre avec violence : *forcer les prisons, une porte, un coffre*.— Fig. et fam. : *forcer la main à quelqu'un*, l'obliger à faire quelque chose qu'il n'était pas disposé à faire.—En t. de comptabilité : *forcer la recette*, c'est passer en recette plus qu'on n'a reçu. — *Forcer le pas*, marcher plus vite. — *Forcer une clef, une serrure*, etc., les fausser. — *Forcer nature*, vouloir faire plus qu'on ne peut.— *Forcer une bête*, en t. de chasse, la prendre avec des chiens, après l'avoir courue.—*Forcer un cheval*, le faire trop courir.—*Forcer un passage*, lui donner un autre sens que celui qu'il a dans l'auteur.—*Forcer la voix*, t. de musique, en excéder la portée, soit dans le haut, soit dans le bas, ou en altérer les sons par trop de véhémence.—*Forcer de voiles, de rames*, faire tout ce qu'on peut pour aller plus vite avec les rames et les voiles. Dans cette dernière phrase, *forcer* est neutre.—SE FORCER, v. pron., faire une chose avec trop de *force* et de véhémence.

FORCES, subst. fém. plur. (*force*), les troupes d'un état : *forces de terre, forces navales*. —Grands ciseaux pour tondre les draps, pour tailler et couper diverses choses. Ces ciseaux ne sont point assemblés par un clou, mais joints par un demi-cercle d'acier qui fait ressort, et sert à en approcher ou à en éloigner les branches.—On dit en t. de manège, d'un cheval qui ouvre beaucoup la bouche, au lieu de se ramener quand on lui tire la bride, qu'*il fait les forces*.

FORCET, subst. mas. (*forcé*), sorte de ficelle pour mettre au bout des fouets, pour ficeler du tabac, etc.

FORCETTES, subst. fém. plur. (*forcète*), petites *forces*.

FORCIÈRE, subst. fém. (*forcière*), petit étang, où l'on met du poisson pour l'y faire multiplier.

FORCINE, subst. fém. (*forcine*), renflement de l'angle formé par la réunion d'une grosse branche avec le tronc.

FORCLORE, v. act. (*forklore*) (en lat. *foras*, dehors, et *claudere*, fermer; *fermer dehors*), t. de palais. Déclarer une personne non-recevable à faire une chose, ne l'ayant pas faite au temps prescrit. On se laisse *forclore*, lorsqu'on laisse expirer le temps, passé lequel on n'est plus admis à faire une chose. Il n'est en usage qu'à l'infinitif et aux temps composés.

FORCLOS, E, part. pass. de *forclore*, et adj., exclu de faire une production en justice.

FORCLUSION, subst. fém. (*forkluzion*), t. de palais, exclusion; *juger par forclusion*, juger sur les pièces de l'une des parties, après les sommations faites à l'autre partie de produire.

FORCONSEILLÉ, E, part. pass. de *forconseiller*.

FORCONSEILLER, v. act. (*forkoncé-ié*), mal conseiller.—SE FORCONSEILLER, v. pron. (*Boiste*.) Vieux et même inusité.

FORCULUS, subst. propre mas. (*forkuluce*), myth., dieu qui présidait aux portes.

FORDICIDIES, subst. fém. plur. (*fordicidi*), myth., fêtes en l'honneur de Tellus, à laquelle on immolait des vaches pleines, ainsi que l'avait prescrit Numa.

FORÉ, E, part. pass. de *forer*, et adj. — *Clef forée*, celle dont la tige est percée pour recevoir une broche.

FORER, v. act. (*foré*) (en lat. *forare*, percer), t. de serrurier, percer le fer à froid, avec l'outil appelé *foret*.—On le disait autrefois pour *fourrager*.—SE FORER, v. pron.

FORERIE, subst. fém. (*foreri*), atelier où l'on *fore* les canons.

FORESTAGE, subst. mas. (*forècetaje*), droit que l'on payait au seigneur pour passer dans une *forêt*.

FORESTIER, subst. et adj. mas., au fém. FORESTIÈRE (*forècetié, tière*), celui qui a quelque charge ou fonction dans les *forêts*. — *Administration forestière*, administration des *forêts*.— *Lois forestières*, lois qui concernent les *forêts*. — *Forestier de Flandre*, ancien gouverneur de Flandre, avant qu'il y eût des comtes. — *Les villes forestières de l'Allemagne*, villes vers le Rhin, dans le voisinage de la *Forêt-Noire*.

FORESTIÈRE, adj. et subst. fém. Voy. FORESTIER.

FORET, subst. mas. (*foré*), chez les serruriers, outil d'acier, taillant par un bout et trempé dur : il sert à *forer*. Voy. ce mot. Les menuisiers, les horlogers, etc., ont aussi des *forets* destinés également à percer.—Petit instrument pour percer un tonneau, etc.

FORÊT, subst. fém. (*forè*) (du lat. barbare *foresta*, fait, dans les temps de la basse latinité, de l'allemand *forst*, qui a la même signification), grande étendue de pays couvert de bois.— Dans l'imprimerie, tablettes divisées en différentes cellules, dans lesquelles on serre les bois qui servent à garnir les formes pour l'impression. Peu usité en ce sens.

FOREUR, subst. mas. (*foreur*), ouvrier qui *fore* les canons des armes à feu.

FORFAIRE, v. neut. (*forfère*) (du lat. barbare *foris facere*, composé de *foris*, hors, dehors, et de *facere*, faire; *faire hors de la règle, de son devoir*); il ne s'emploie qu'à l'infinitif et aux temps composés. — T. de palais, prévariquer, faire quelque chose contre son devoir. Il se dit proprement d'un magistrat.—On dit qu'*une fille, une femme a forfait à son honneur*, pour dire qu'elle s'est laissée corrompre.—*Forfaire un fief*, c'était le rendre confiscable de droit au profit du seigneur féodal. Dans cette dernière phrase, *forfaire* est pris activement.

Forfait, part. pass. du verbe irrégulier FORFAIRE.

FORFAIT, subst. mas. (*forfè*), grand crime; crime odieux et réfléchi. Voy. FORFAIRE.— Marché par lequel on s'oblige de faire une chose pour un certain prix : *faire un forfait avec un architecte pour un bâtiment*. — *Vendre, acheter à forfait*, sans estimation du prix particulier de chaque chose.

FORFAITURE, subst. fém. (*forfèture*), prévarication d'un magistrat, d'un officier de justice. Voy. FORFAIRE.

FORFANTE, subst. mas. (*forfante*), mot italien qui veut dire *hâbleur*.

FORFANTERIE, subst. fém. (*forfanteri*), hâblerie, charlatanerie, bravoure en paroles.

FORFICULE, subst. fém. (*forfikule*) (en lat. *forficula*, dimin. de *forfex*), t. d'hist. nat., genre d'insectes orthoptères. On les nomme aussi *perce-oreille*. Voy. ce mot.

FORGAGÉ, E, part. pass. de *forgager*.

FORGAGER, v. neut. (*forguajé*), racheter un gage. (*Boiste*.) Vieux et même hors d'usage.

FORGE, subst. fém. (*forje*) (du lat. *fabrica*, suivant *Ménage*, qui fait subir à ce mot des transformations un peu forcées), lieu où l'on fond le fer quand il est tiré de la mine, et où on le met en barres.—Fourneau sur lequel les ouvriers qui travaillent en fer, etc., *forgent* le métal.—Atelier où l'on *forge*.—Boutique de maréchal. — T. de mar., on prend aujourd'hui à bord de tous les grands bâtiments de guerre une petite *forge* en tôle, avec l'enclume, le soufflet et tout ce qui en dépend; c'est ce qu'on appelle *forge-volante*.

FORGÉ, E, part. pass. de *forger*.—Fig. : *mal forgé*, inventé sous le bon plaisir.

FORGEABLE, adj. des deux genres (*forjable*), qui peut être travaillé à la *forge*.

FORGER, v. act. (*forjé*) (en lat. *fabricare*), donner la forme au fer ou autre métal, par le moyen du feu et du marteau.— Au fig., inventer, supposer, controuver : *forger un mot*, employer un terme qui n'est pas reçu; *se forger des chimères*, imaginer des choses sans fondement. — *Se forger des monstres pour les combattre*, se former des difficultés chimériques, soit par crainte, soit pour faire paraître son esprit en les surmontant.—Neut., t. de manège, se dit d'un cheval qui avance trop les pieds de derrière, et porte leurs pinces contre l'éponge des fers des pieds de devant.—SE FORGER, v. pron.

FORGERON, subst. mas. (*forjeron*), celui qui travaille à battre et à *forger* le fer.—Prov. : *en forgeant on devient forgeron*, à force de s'exercer à quelque chose, on y devient habile. — T. d'hist. nat., poisson du genre chétodon.

FORGES-LES-EAUX, subst. propre fém. (*forjelézô*), bourg de France, chef-lieu de canton, arrond. de Neufchâtel, dép. de la Seine-Inférieure.

FORGEUR, subst. mas. (*forjeur*), celui qui *forge* le métal.—Au fig., celui qui invente quelque fausseté. Dans ce sens, il a un fém., qui est *forgeuse*.

FORGIS, subst. mas. (*forji*), t. d'hist. nat., sorte de coquille.

FORHUI, part. pass. de *forhuir*.

FORHUIR, v. neut. (*for-uir*), t. de chasse, sonner du cor de fort loin, pour rappeler les chiens.

FORHUS, subst. mas. (*for-uce*), t. de chasse, cri ou son du cor pour rappeler les chiens.

FORINA, subst. propre fém. (*forina*), myth., déesse des égouts.

FORJET, subst. mas. (*forjé*), t. d'archit., saillie hors d'alignement.

FORJETER, v. neut. (*forjeté*) (du latin *foras*, dehors, et *jacere*, jeter), t. d'archit., s'avancer hors de l'alignement : *ce bâtiment forjette.*—*se* **FORJETER**, v. pron. : *un mur se forjette*, lorsqu'il se *jette* en dehors.

FORJETURE, subst. fém. (*forjeture*), t. d'archit., saillie hors d'alignement. C'est le même mot que *forjet*.

FORJUGÉ, E, part. pass. de *forjuger*.

FORJUGEMENT, subst. mas. (*forjujeman*), *jugement* inique. Vieux et même hors d'usage.

FORJUGER, v. act. (*forjujé*), rendre un *jugement* inique. Vieux et même hors d'usage.

FORLÂCHURE, subst. fém. (*forlâchure*), défaut dans les ouvrages de haute-lisse.

FORLANCÉ, E, part. pass. de *forlancer*.

FORLANCER, v. act. (*forlancé*) (du lat. *foras*, hors, et du français *lancer*), t. de chasse, faire sortir une bête de son gîte. — *se* **FORLANCER**, v. pron.

FORLANÇURE, subst. fém. (*forlançure*), défaut dans une étoffe.

FORLANE, subst. fém. (*forlane*), sorte de danse des gondoliers vénitiens.

FORLE, subst. mas. (*forle*), petite monnaie.

FORLIGNÉ, E, part. pass. de *forligner*.

FORLIGNEMENT, subst. mas. (*forlignieman*), forfaiture. Inus.

FORLIGNER, v. neut. (*forlignié*) (du lat. *foras*, hors, dehors, et *linea*, ligne; *être, marcher hors de la ligne prescrite*), dégénérer de la vertu de ses ancêtres. Il est vieux et ne se dit plus que dans cette phrase familière : *cette fille a forligné*, a forfait à son honneur.

FORLONGÉ, E, part. pass. de *forlonger*.

FORLONGER, v. neut. (*forlonjé*), se dit proprement des bêtes qui, étant chassées, s'éloignent de leur pays ordinaire.—Il se dit aussi du cerf, quand il a bien de l'avance sur les chiens : *ce cerf forlonge.*—*se* **FORLONGER**, v. pron.

FORMALISÉ, E, part. pass. de *se formaliser*.

se **FORMALISER**, v. pron. (*ceformalizé*), se fâcher, se choquer, s'offenser de...

FORMALISTE, subst. et adj. des deux genres (*formalicete*), celui qui est attaché aux *formes*, *aux formalités*.—En style familier et critique, façonnier, vétilleux : *c'est un grand formaliste; un formaliste gênant et incommode.*

FORMALITÉ, subst. fém. (*formalité*), manière de procéder en justice selon les règles et les *formes; formule* de droit.— Cérémonie, civilité recherchée : *formalité de l'étiquette.* — C'est aussi un terme de la philosophie de *Scot*.

FOR-MARIAGE, subst. mas. (*formariaje*), vieux terme de jurisprudence féodale, mariage contracté par une personne de condition serve ou mainmortable, avec une personne franche, ou avec une personne main - mortable d'une autre seigneurie, sans la permission du seigneur. Hors d'usage.

se **FOR-MARIER**, v. pron. (*ceforemarié*), t. de vieille jurisprudence féodale, contracter un mariage sans la participation de son seigneur, ou de ses parents ; contracter un mariage disproportionné. Hors d'usage.

FORMAT, subst. mas. (*forma*), t. de librairie, ce qu'un volume a de hauteur et de largeur; ce qui résulte du nombre de feuillets ou de pages que contient la feuille lorsqu'elle est pliée : *format in-folio, in-quarto, in-octavo, in-douze*, etc. On écrit ordinairement *in-4°, in-8°, in-12, in-16, in-18, in-24*, etc. — Dans les *formats* dont on vient de parler, il y a *le grand* et *le petit format*, suivant la grandeur des feuilles de papier que l'on a employées, de sorte qu'on dit : *grand in-folio, petit in-folio; grand in-octavo, petit in-octavo*, etc.

FORMATION, subst. fém. (*formâcion*) (en latin *formatio*, fait de *formare*, former), action de *former*, de *se former : la formation des métaux.* — En gramm., manière dont un mot se *forme* d'un autre mot. — En arithm., en algèb. et en géom., *la formation des puissances*, opération par laquelle on élève une grandeur donnée à une puissance. — T. d'hist. nat., *la manière dont* on suppose que les différentes substances minérales se sont formées.

FORMATRICE, adj. fém. (*formatrice*), qui donne la *forme : la puissance formatrice.*

FORME, subst. fém. (*forme*) (en latin *forma*), ce qui détermine la matière à être telle chose plutôt que telle autre. — Figure extérieure d'un corps : *les formes d'une statue*, etc. — La manière dont les membres du corps humain sont formés.—Manière d'être, règle, conduite : *changer la forme d'un gouvernement; garder toujours une même forme de vie.* — *Forme*, en jurispr., se dit de la disposition que doivent avoir les actes, d'un certain arrangement de clauses, de termes, de conditions et de formalités : *la forme d'un acte; testament fait en bonne forme.* — *Forme* est quelquefois opposé au fond : *la forme* alors se prend pour la procédure, comme les nullités, les fins de non-recevoir; au lieu que les moyens du fond se tirent du fait et du droit. On dit communément que *la forme emporte le droit*, pour dire que les moyens de *forme* prévalent sur ceux du fond. — On appelle *forme authentique*, celle qui fait pleine foi, tant en jugement que dehors; les actes sont revêtus de cette *forme*, lorsqu'ils sont expédiés et signés par une personne publique.—On appelle *forme exécutoire* celle qui donne aux actes le droit de les mettre directement à exécution par voie de contrainte, sans être obligé d'obtenir pour cet effet aucun jugement ni commission. — *Forme judiciaire*, se dit de l'ordre et du style que l'on observe dans la procédure ou instruction, et dans les jugements. —*Forme probante*, celle qui procure à l'acte une foi pleine et entière, et qui le rend authentique. —T. de théol., en parlant des sacrements, parole ou prière qui exprime la grace et l'effet du sacrement; et on l'appelle ainsi parce qu'elle détermine la signification plus obscure de ce qui sert de matière : *la matière et la forme; les paroles*, je te baptise, *sont la forme du sacrement de baptême.* —Modèle de bois sur lequel on fait un chapeau.—La partie du chapeau qui est faite sur le modèle.—En t. de chasse, gîte du renard ou du lièvre. — Espace de terre qu'occupe un piége dressé, ou que couvre, lorsqu'on le fait agir, un filet qui est tendu. — En t. de fauconn., la femelle d'un oiseau de chasse.—En t. de maréchal, tumeur qui vient au paturon d'un cheval.—Dans l'imprimerie, quantité de composition ou de pages, suivant le *format*, que renferme un châssis avec toute sa garniture. La *forme* fait ordinairement une demi-feuille. Celle des deux *formes* qu'on met la première sous presse, s'appelle *le papier blanc*, parce que le papier sur lequel on l'imprime est encore tout blanc ; l'impression du côté opposé s'appelle *retiration*.—En t. de bot., voy. au mot **FIGURE**.—En t. de mar., bassin pratiqué dans les ports de mer, dont le fond (ou la *plate-forme*) est assez bas, relativement à la surface des eaux (au moins de haute mer dans les ports de marées), pour y recevoir des vaisseaux de tous les rangs.—T. de ponts et chaussées, *forme de pavé*, couche de sable sur laquelle on assied le pavé.—Au plur., t. de sucrerie, moules de terre cuite, de figure conique, dans lesquels on coule et l'on fait le sucre.—En t. de cordonnier, la partie du dessus d'un soulier.—Morceau de bois qui sert à lui donner la *forme* qu'il doit avoir. On appelle *formes brisées*, des formes composées de trois pièces, dont l'une, qu'on nomme *la clef*, s'introduit avec effort entre les deux autres, les fait écarter, et étend par là le cuir des souliers ou des bottes. — *Argument en forme*, selon les règles de la logique.—*En forme de...*, adv., avec la *forme*, la figure de... *Aile de bâtiment en forme de pavillon.*—*Par forme de...* adv., par manière : *dire une chose par forme d'avis, de reproche.* —*Pour la forme*, adv., uniquement pour observer les cérémonies : *je suis allé le voir pour la forme.*

FORMÉ, E, part. pass. de *former*, et adj. — T. de blason : *croix formée*, étroite au centre et large aux extrémités. C'est la même chose que *croix pattée.*

FORMEL, subst. mas. (*formèle*), t. de théol.: *le formel du péché*, la contrariété de l'acte du péché à la loi.

FORMEL, adj. mas., au fém. **FORMELLE** (*formèle*) (en lat. *formalis*, fait de *forma*, forme), exprès, précis : *une parole formelle, un désaveu formel.*—*Cause formelle*, celle qui fait qu'une chose est telle. — On dit *la loi est formelle*, en parlant d'une loi qui ordonne ou qui défend une action de la manière la plus exacte et la plus précise.—En t. de jurispr., *garant formel*, celui qui est tenu de prendre le fait et cause du garanti.

FORMELLE, adj. fém. Voyez **FORMEL**.

FORMELLEMENT, adv. (*formèleman*) (en lat. *formaliter*), en termes exprès. — En philosophie, d'une manière qui a rapport à *la forme*. Il se dit par opposition à *matériellement*.

FORMENÉ, E, part. pass. de *formener*.

FORMENER, v. act. (*formené*), vexer, chasser. Ce mot est vieux, mais est encore usité.

FORMER, v. act. (*formé*) (en lat. *formare*, fait de *forma*, forme), donner l'être et la *forme* : *Dieu forma l'homme à son image.*—Produire : *les exhalaisons forment le tonnerre.* — Faire : *former des vœux, des souhaits.* — Au fig., façonner : *le potier forme des vases; former bien ses lettres.* — En t. de grammaire, faire prendre à un mot toutes les *formes* dont il est susceptible, pour lui faire exprimer toutes les idées accessoires que l'on peut joindre à l'idée fondamentale qu'il renferme dans sa signification : *former les temps d'un verbe.*— En t. de danse, on dit *former ses pas.* — Fig., 1° produire dans son esprit : *former un dessein*; 2° proposer ce qu'on a conçu, le mettre en avant : *former une difficulté*; et en t. de palais, *former sa plainte*, etc. — Composer une chose de plusieurs autres et lui donner une *forme : former un corps d'armée, une société, une conspiration.* — Instruire, dresser, élever : *former un jeune homme; former des vœux*, en faire. — *Former un siége*, commencer le siége d'une place. — En t. d'art militaire, *former des soldats*, se dit des soins que l'on prend pour accoutumer le soldat à la discipline, le plier à l'obéissance, et lui inspirer l'esprit de son état. — **FORMER DES SOLDATS, DRESSER DES TROUPES.** (*Syn.*) *Former* désigne ici l'éducation militaire relative à la discipline, à l'obéissance, à l'esprit militaire ; *dresser* indique aussi l'éducation militaire, mais ne tombe que sur la partie qui a rapport au maniement des armes, aux manœuvres, aux évolutions et aux détails du service. *Former* est restreint à un certain nombre d'hommes qui ne composent pas encore un tout, et désigne un acte purement moral; *dresser* s'étend à une troupe complète, telle qu'une compagnie, un bataillon, un régiment, et porte uniquement sur le physique des instructions qu'on leur donne. *Former*, en tactique, se dit dans un sens qui approche d'ordonner, disposer, et indique que l'ordre de la troupe dont il est question est son état habituel, c'est-à-dire celui dans lequel il est convenu qu'on mettra toujours cette troupe, à moins que des circonstances particulières n'obligent ceux qui la commandent à l'ordonner suivant une autre méthode : *tous les régiments se formeront à la tête de leur camp.* — On dit qu'*une chose en forme une autre*, pour dire qu'elle en constitue la partie essentielle, la partie la plus importante, la plus marquante : *les vertus qui forment le caractère d'un peuple sont souvent démenties par les vices d'un particulier.* (Voltaire.) — *Former une chose sur une autre*, la faire, la disposer sur le modèle d'une autre, à l'imitation d'une autre, la rendre propre à concorder avec celle autre : *former son style sur celui de Tacite.* — *se* **FORMER**, v. pron., être produit ; recevoir la *forme* : *le poulet se forme dans l'œuf.*—Prendre forme : *sa taille commence à se former.* — S'instruire : *il se formera avec le temps.*

FORMERET, subst. mas. (*formerè*), t. d'archit., arc ou nervure d'une voûte gothique.

FORMERIE, subst. propre fém. (*formeri*), bourg de France, chef-lieu de canton, arrond. de Beauvais, dép. de l'Oise.

FORMI, subst. mas. (*formi*), t. de chasse, maladie qui attaque le bec des oiseaux de proie.

FORMIATE, subst. mas. (*formi-ate*), t. de chim., sel formé par l'union de l'acide *formique* avec une base.

FORMICA, subst. fém. (*formika*), t. de chir., espèce de verrue.

FORMICAIRE, subst. fém. (*formikière*), t. d'hist. nat., nom générique des *fourmis*.

FORMICA-LEO. Voy. **FOURMI-LION**.

FORMICANT, adj. mas. (*formikan*) (en lat. *formicans*, part. prés. de *formicare*, qui signifie proprement *démanger de la même manière que si des fourmis couraient sur la peau*), t. de médecine : *pouls formicant*, petit, faible et fréquent, dont le mouvement ressemble à celui que produirait une *fourmi* en marchant.

FORMICATION, subst. fém. (*formikâcion*) (du lat. *formica*, fourmi), t. de médec., picotement qu'on éprouve dans le corps et sur la peau.

FORMICA-VULPES, subst. fém. (*formikavulpèce*), t. d'hist. nat., sorte d'insecte.

FORMICO-ICHNEUMON, subst. mas. (*formiko-ikneumon*), t. d'hist. nat., sorte d'insecte.

FORMIDABLE, adj. des deux genres (*formidable*), en latin *formidabilis*, fait de *formidare*, craindre, lequel vient de *formido*, crainte, terreur, dérivé de *forma*, spectre), qui est à craindre : *une armée formidable.* — Qui inspire une très-grande crainte : *un aspect formidable.*

FORMIER, subst. mas. (*formié*), ouvrier qui fait des *formes* de soulier.

FORMIQUE, adj. des deux genres (*formike*) (du lat. *formica*, fourmi), t. de chimie moderne, *acide formique*, acide tiré des *fourmis*. On l'appelait anciennement *acide des fourmis* ou *formicin*. — Subst. mas., t. de marine, rocher sous l'eau.

FORMIX, subst. mas. (*formikce*), t. de chir., ulcère carcinomateux de la face.

FORMUÉ, E, part. pass. de *formuer*.

FORMUER, v. act. (*formu-é*), t. de vénerie, faire passer la *mue* à un oiseau.—*se* FORMUER, v. pron.

FORMULAIRE, subst. mas. (*formulère*), livre, écrit qui contient certaines *formules*, certaines conditions, ou quelque profession de foi.

FORMULE, subst. fém. (*formule*) (en lat. *formula*, fait de *forma*, forme, dont il est le diminutif), certaine *forme* prescrite; modèle des actes. — Ordonnance de médecin. — Grandeur des carrés de parchemin, etc., employés au palais. — On appelle *formules*, certaines paroles, certaines actions consacrées par l'usage, dans certaines occasions. — *Formule d'algèbre*, résultat général tiré d'un calcul algébrique, et renfermant une infinité de cas.

FORMULÉ, E, part. pass. de *formuler*.

FORMULER, v. act. (*formulé*), composer des *formules*. — Rédiger une ordonnance de médecine selon les règles et les termes de l'art : *ce médecin ne sait pas formuler*.—*se* FORMULER, v. pron.

FORMULISTE, subst. mas. (*formulicete*), celui qui est attaché aux *formules*, qui les suit scrupuleusement.

FORNACALES, subst.fém.pl.(*fornakale*), myth., fêtes en l'honneur de la déesse *Fornax*.

FORNAX, subst. propre fém. (*fornakce*), myth., déesse qui présidait aux endroits où l'on faisait cuire le pain.

FORNICATEUR, subst. mas., au fém. **FORNICATRICE** (*fornikateur*, *trice*), celui, celle qui commet le péché de *fornication*.

FORNICATION, subst. fém. (*fornikâcion*) (du latin *fornix*, *nicis*, nom qu'on donnait à Rome à des chambres basses, voûtées et obscures qu'habitaient les courtisanes), commerce illégitime entre des personnes libres de différent sexe. — Il se prend, en t. de l'Écriture, pour l'idolâtrie et pour toute sorte d'infidélité commise envers Dieu.

FORNICATRICE, subst. fém. Voy. FORNICATEUR.

FORNIQUÉ, part. pass. de *forniquer*.

FORNIQUER, v. neut. (*fornikié*), commettre le péché de *fornication*.

FORNOUÉ, E, part. pass. de *fornouer*.

FORNOUER, v. act. (*fornoué*), t. de tisserand, faire un *nœud*.—*se* FORNOUER, v. pron.

FORPAÎTRE, v. neut. (*forpêtre*) (du latin *foras*, dehors, et *pasci*, paître), t. de chasse; il se dit des bêtes qui vont chercher leur *pâture* dans des lieux éloignés.—Presque tous les *Dictionnaires* donnent *forpaiser* pour synonyme de *forpaître*: nous ne trouvons nulle part la raison étymologique de ce mot; aussi ne l'admettons-nous pas, contrairement à l'*Académie*, qui donne les deux.

FORPASSÉ, E, part. pass. de *forpasser*.

FORPASSER, v. act. (*forpâcé*), dépasser, aller plus loin que le but. — *se* FORPASSER, v. pron.

FORQUINE, subst. fém. (*forkine*), synonyme de fourchette d'arquebuse.

FORREICH, subst. mas. (*forèk*), t. de bot., héliotrope d'Égypte.

FORS, prép. (*for*) (du latin *foris*, hors, dehors), hormis, excepté, à la réserve de... Il est vieux.

FORSENANT, adj. mas. (*forcenan*), t. de chasse; il se dit d'un chien courant qui a beaucoup d'ardeur. C'est à peu près le même sens que celui de *forcené* dans le blason.

FORSÉSIE, subst. fém. (*forcézî*), t. de bot., genre de plantes de la famille des urticées.

FORSKALE ou **FORSKALÉE**, subst. fém. (*forcekale*, *kalé*), t. de bot., plante urticée.

FORSTÈRE, subst. fém. (*forcetère*), t. de bot., plante de la famille des caprifoliacées.

FORSYTHIE, subst. fém. (*forciti*), t. de bot., genre de plantes de la famille des jasminées.

FORT, subst. mas. (*for*), force, vigueur : *dans le fort de sa colère*. — Lieu ou terrein de peu d'étendue, *fortifié* par l'art ou par la nature, ou par l'un et l'autre en même temps. Les *forts* diffèrent des villes *fortifiées*, non-seulement parce qu'ils renferment un espace plus petit, mais encore parce qu'ils ne sont ordinairement occupés ou habités que par des gens de guerre. Ce sont des espèces de petites citadelles destinées à garder des passages importants, ou à occuper des hauteurs sur lesquelles l'ennemi pourrait s'établir avantageusement, à couvrir des écluses, des têtes de chaussées, etc. : *bâtir un fort*, *attaquer un fort*. — On appelle *fort de campagne*, une espèce de grande redoute dont les côtés se flanquent réciproquement, et qui ne se construit que pendant la guerre. On s'en sert alors pour couvrir des postes. Lorsque les *forts de campagne* sont triangulaires ou carrés, et qu'ils sont ouverts d'un côté, on leur donne le nom de redoutes; mais quand ils sont fermés de tous côtés, et qu'ils donnent des feux croisés, on les appelle proprement *forts*. — On entend par *forts détachés* des fortifications, des redoutes séparées les unes des autres. — Milieu : *au fort de l'hiver*. — La chose en quoi on excelle particulièrement : *c'est mon fort*. — *Fort* se dit de l'endroit le plus épais d'une chose destinée à en supporter une autre : *mettre une chose sur son fort*; de l'endroit le plus épais et en même temps le plus reculé d'un bois, d'une forêt : *pénétrer dans le fort de la forêt*; de l'endroit épais d'un bois, d'une forêt, où se retirent les loups, les sangliers : *le sanglier est dans son fort*. — *Du fort au faible*, toutes choses étant compensées, ce qui manque d'un côté étant suppléé de l'autre : *ces arpents de terre rapportent cent francs par an, du fort au faible*. — On dit aussi, dans le même sens : *le fort portant le faible*. — *Vendre des marchandises le fort portant le faible*, les vendre toutes ensemble et sur le même pied. — *Le fort de l'épée*, le tiers du tranchant qui est entre le faible et le talon.—*Le fort d'une pièce de bois*, sa position la plus avantageuse relativement à sa forme, etc. — *Le fort d'une romaine*, le côté le moins éloigné du centre du mouvement. — *Le fort du pied*, le côté du pied qui appuie le plus sur la terre.

FORT, E, adj. (*for*, *forte*) (en lat. *fortis*, fort, fait de *ferre*, porter), robuste, vigoureux. Voy. VIGOUREUX. — En parlant des choses, capable de porter un poids, de résister à un choc, etc. — Qui a trop de poids. — Propre à résister aux attaques de l'ennemi.—Touffu : *les blés sont forts*; *bois extrêmement fort*. — Rude, difficile : *terre forte*, difficile à labourer. — Une *terre forte* est aussi une terre grasse. — *Colle forte*, plus tenace que la colle ordinaire. — *Coffre-fort*. Voy. COFFRE. — Grand, violent dans son genre : *vent fort*, *forte maladie*. — Acre, piquant au goût, à l'odorat : *beurre fort*; *haleine, odeur forte*. — Puissant, considérable : *son parti est le plus fort*. — Dans les choses morales, grand, violent, extrême : *forte inclination*, *forte passion pour...* — Énergique : *expression forte*. — Fig. : *âme forte*, capable de soutenir l'adversité et d'entreprendre des choses vertueuses et difficiles. — *Un raisonnement fort* est un raisonnement qui renferme une exposition claire de preuves mises dans leur jour, jointe à une conclusion juste. — *Une éloquence forte* consiste non-seulement dans une suite de raisonnements justes et vigoureux, mais encore dans des images frappantes et des termes énergiques. — On dit proverbialement d'un homme extrêmement robuste, qu'*il est fort comme un Turc*. — En t. de guerre, *une forte armée*, une armée nombreuse, composée d'hommes aguerris et de tout ce qui est nécessaire pour combattre.—*Une place forte*, fortifiée de manière à pouvoir résister à l'ennemi. — Dur, offensant : *l'épithète est forte*. — Habile, expérimenté : *fort sur une matière*; *fort au piquet*, *aux échecs*, etc.—*Tête forte*, capable des plus grandes choses. — *Cuirs forts*, cuirs de bœufs, de vaches et autres gros animaux.—*Drap fort*, qui a du corps, qui est serré et bien garni. — *Prêter son argent au denier fort*, à un taux plus élevé que le cours de la place.—T. de man.: *cheval fort en bouche* ou *qui a la bouche forte*, qui n'obéit pas au cavalier, qui s'emporte, qui a la bouche ruinée.—T. de mar. : *vaisseau fort du côté*, qui porte bien la voile, qui incline peu sous l'effort du vent. —*Esprit fort*, libertin, qui traite de chimères les articles de foi. — *Faux-fortes*, esprits tirés de différents sels par la *force* du feu, etc. — *Fort* se dit aussi des poids et des mesures. On dit qu'*une mesure est plus forte dans un endroit que dans un autre*, pour faire entendre qu'elle contient plus dans un endroit que dans un autre; qu'*une balance est trop forte*, lorsqu'elle ne trébuche pas avec facilité; qu'*un poids est trop fort*, lorsqu'il est plus pesant qu'il ne faut. — *Se porter fort pour...* répondre du consentement de... — *Être fort de quelque chose*, se dit au propre et au fig. pour indiquer la cause qui rend *fort*, qui produit la force : *je suis fort de ma conscience*. — *Se faire fort d'une chose*, se rendre garant qu'une chose sera faite, sera exécutée : *je me fais fort d'obtenir votre pardon*. En ce sens, le mot *fort* est invariable. Une femme dit comme un homme : *je me fais fort*.—*Donner main-forte*, *prêter main-forte*, aider les agents de l'autorité publique à exécuter une chose : *les gendarmes ne pouvant arrêter ces brigands*, *les habitants du village leur prêtèrent main-forte*. On dit aussi, dans ce sens : *demander main-forte*.—*Fort*, adv., beaucoup, extrêmement : *il est fort mon ami*. Voy. TRÈS.—Vigoureusement : *frapper fort*. — *Fort et ferme*, adv., avec force, vigueur, etc.: *travailler fort et ferme à....*

FORTAGE, subst. mas. (*fortaje*), droit seigneurial qu'on levait sur l'extraction des grès à paver.

FORTE, locution adv. (*forté*), t. de mar., assez.—Mot italien qui s'emploie en musique et qui signifie *fort*, *fortement*.

FORTEMENT, adv. (*forteman*), avec force, vigueur, véhémence, etc. : *il a parlé fortement*.

FORTE-PIANO, adv. (*fortépi-anô*) (de l'italien *forte*, fort, et *piano*, doux, doucement), se dit en musique, de l'art de renforcer et d'adoucir tour à tour les sons ; il exprime en quelque sorte le *clair-obscur* du chant. Peu en usage.

FORTE-PIANO, subst. mas. (*fortépi-anô*), espèce de clavecin où les sautereaux armés de plumes sont remplacés par des marteaux qui, mis en mouvement par les touches du clavier, frappent sur les cordes avec plus ou moins de force, suivant que l'appui du doigt sur la touche est plus fort ou plus faible ; ce qui détermine, dans la même proportion, la force ou la faiblesse du son. On dit aujourd'hui plus communément *piano*, que *forte-piano*.

FORTERESSE, subst. fém. (*forterèce*), place, tour bien fortifiée.

FORTIFIANT, E, adj. (*fortifian*, *fiante*), qui *fortifie*, qui augmente les forces.—Subst. mas. : *prendre des fortifiants*.

FORTIFICATEUR, subst. mas. (*fortifikateur*), qui construit des *fortifications*.

FORTIFICATION, subst. fém. (*fortifikâcion*), l'art de *fortifier* les places. — L'action de *fortifier*. — Ouvrage qui rend une place *forte*.

FORTIFIÉ, E, part. pass. de *fortifier*.

FORTIFIER, v. act. (*fortifié*) (en latin *fortificare*), rendre *fort*, mettre en état de défense : *fortifier un camp*, *une ville*. — Donner plus de *force*. Il se dit du corps et de l'esprit : *le bon vin fortifie l'estomac*; *la philosophie chrétienne fortifie l'esprit et le cœur*.—En peinture, *fortifier une figure*, lui donner plus de grosseur. — *Fortifier les teintes*, les rendre plus hautes en couleur. — *Fortifier les ombres et les touches*, les rendre plus brunes et plus obscures.—*se* FORTIFIER, v. pron., devenir plus *fort* : *cet enfant se fortifie de jour en jour*. — S'affermir : *il faut se fortifier dans les bonnes résolutions*.

FORTIN, subst. mas. (*fortein*), petit *fort*.

FORTIORI (A), sorte d'expression adv. et latine (*âforcïori*), à plus forte raison.

FORTITRÉ, part. pass. de *fortitrer*.

FORTITRER, v. neut. (*fortitré*), t. de chasse; on dit que *le cerf fortitre*, quand il évite de passer où il y a des relais ou des chiens frais pour le courre. Vieux.

FORTRAIRE, v. act. (*fortrère*), prendre le bien d'autrui. Il est vieux et même hors d'usage.

FORTRAIT, E, adj. (*fortré*, *trète*), t. de man., *cheval fortrait*, excédé de fatigue.

FORTRAITURE, subst. fém. (*fortrèture*), t. de man., fatigue d'un cheval excédé.

FORT-ROYAL, subst. propre mas. (*foreroèïal*), ville et capitale de la Martinique, résidence du gouverneur. Le port, qui est bien défendu, offre aux navires un abri certain dans les mauvais temps.

FORTUIT, E, adj. (*fortui*, *tuite*) (en latin *fortuitus*, fait de *fors*, gén. *fortis*, hasard, sort, destin), qui arrive par hasard.

FORTUITÉ, subst. fém. (*fortu-ité*), qualité de ce qui est *fortuit*.

FORTUITEMENT, adv. (*fortuiteman*) (du lat. *fortuito* ou *fortuitu*), par hasard, avec cette différence qu'il semble marquer plus ordinairement un hasard heureux.—FORTUITEMENT, ACCIDENTELLEMENT. (*Syn.*) *Accidentellement*, par accident; *fortuitement*, par fortune ou cas fortuit.—Dans tous les cas, ce qui arrive *accidentellement* est un évènement qui survient contre votre attente; ce qui arrive *fortuitement* est un évènement extraordinaire, qui paraît être au-dessus de toute prévoyance, parce qu'il tient à des causes absolument inconnues.

FORTUITES, subst. fém. plur. (*fortuite*), lois non indiquées, sur lesquelles les juges interrogeaient les récipiendaires. Inusité.

FORTUNAL, subst. mas. (*fortunal*), tempête, ouragan. Hors d'usage.

FORTUNE, subst. fém. (*fortune*) (en latin *fortuna*), cas fortuit, hasard : *tenter fortune*.—Bonheur : *être en fortune*.—Malheur : *contre fortune bon cœur*.—Avancement et établissement considérable : *faire fortune* ou *sa fortune*. — État, condition où l'on est : *être content de sa fortune*. — Ce qui peut arriver de bien ou de mal à quelqu'un : *s'attacher à la fortune de quelqu'un*. —*Biens de la fortune*, les richesses, les honneurs, les charges. — *Homme de fortune*, homme qui ayant peu de bien, en a acquis beaucoup. — *Soldat de fortune*, parvenu à des grades considérables. — *Bonne fortune*, en termes de galanterie, les bonnes graces d'une femme. — *Homme à bonnes fortunes*, qui réussit auprès du beau sexe.—*Tenter la fortune*, risquer une entreprise. — *Courir la fortune du pot*, s'exposer à faire mauvaise chère en allant dîner dans une maison où l'on n'est point attendu.—Prov. : *fortune de Baradas*, grande fortune dissipée aussi promptement qu'acquise; par allusion à *Baradas*, gentilhomme bourguignon, et page de la petite écurie, sous Louis XIII, qui, ayant su plaire à ce prince, devint en six mois premier écuyer, premier gentilhomme de la chambre, capitaine de Saint-Germain, lieutenant du roi en Champagne, et en moins de temps encore fut dépouillé de tout. — En t. de mar., on appelle *fortune de mer* les accidents que causent la tempête et les autres risques auxquels on est exposé sur mer, comme d'échouer, de rencontrer des pirates, etc.; *voile de fortune*, une voile carrée que les tartanes ou galères ne portent que pendant les orages; *fortune de vent*, un gros temps où les vents sont forcés. — Fig. : *encenser la fortune, sacrifier à la fortune*, s'attacher à ceux qui sont en faveur, en crédit. — Prov. : *chacun est artisan de sa fortune*, généralement parlant, chacun peut se rendre heureux dans son état; notre bonheur dépend de notre conduite.—Myth., déesse qui présidait au bien et au mal, et à qui les païens donnaient la disposition de toutes les choses du monde. Les Romains étaient fort zélés pour le culte de la *Fortune*. Il y avait à Rome un temple pour la *Fortune* mâle, *Fortuna mascula*; deux autres temples pour la *Fortune* virile, *Fortuna virilis*; encore un autre pour la *Fortune* féminine, *Fortuna muliebris*. Ce dernier fut bâti à l'occasion de la retraite de Coriolan, qui se laissa fléchir par les prières de sa mère et de sa femme. On représentait la *Fortune* avec un bandeau sur les yeux, ou aveugle et chauve, toujours debout, avec des ailes aux deux pieds, l'un sur une roue qui tourne avec vitesse, et l'autre en l'air. Voy. OCCASION.

FORTUNÉ, E, adj. (*fortuné*), heureux, avec cette différence, suivant *Vaugelas*, que *fortuné* est plus noble qu'*heureux*; et suivant *Roubaud*, qu'on est proprement *fortuné* par de grands avantages ou par des faveurs signalées de la *fortune*, et qu'on est *heureux* par la jouissance des biens qui font le bonheur ou y concourent; l'homme que la *fortune* va trouver en son lit est *fortuné*; celui qu'elle laisse en paix dans le sien ne laisse pas que d'être *heureux*. *Fortuné* est peu usité en prose dans le discours ordinaire.—Quelques-uns le disent pour *riche*. En ce sens, c'est presque un barbarisme.—*Iles Fortunées*, les îles Canaries.

FORT-VÊTU, subst. mas. (*forvêtu*), homme travesti au moyen d'un habit *fort* au-dessus de son état.—Au plur., des *fort-vêtus*.

FORUM, subst. mas. (*forome*) (mot latin), t. d'antiq., place de Rome où le marché se tenait. —Celle où le peuple s'assemblait.

FORURE, subst. fém. (*forure*), le trou fait avec un *foret*.—Plus particulièrement, trou percé dans la tige d'une clef, qui reçoit la broche lorsqu'on introduit la clef dans la serrure.

FOSSANE, subst. fém. (*foçane*), t. d'hist. nat., mammifère du genre des civettes.

FOSSAR, subst. mas. (*fôçar*), t. d'hist. nat., coquille univalve.

FOSSAT (LE), subst. mas. (*lefoça*), bourg de France, chef-lieu de canton, arrond. de Pamiers, dép. de l'Ariège.

FOSSE, subst. fém. (*fôce*) (en lat. *fossa*, fait de *fodere*, fouir), creux large et profond dans la terre, fait par la nature ou par l'art.—On appelle *fosse d'aisances*, un lieu voûté, au-dessous de l'aire des caves d'un bâtiment, le plus souvent pavé de grès, avec contre-mur, s'il est trop près d'un puits, de crainte que les excréments qui sont reçus dans la *fosse* ne le corrompent.—*Fosse inodore*, qui ne donne aucune mauvaise odeur. ✤ *Fosse à chaux*, cavité fouillée carrément en terre, où l'on conserve la chaux éteinte, pour en faire du mortier à mesure qu'on élève un bâtiment. — Plus particulièrement, creux fait en terre pour déposer un corps mort.—On dit figurément qu'*une personne est sur le bord de la fosse*, pour dire qu'elle est sur le point de mourir. On dit aussi dans le même sens *qu'elle a un pied dans la fosse*. — Dans la navette des tisserands, etc., la même chose que *poche*. — Creux qu'on fait auprès d'un cep de vigne, etc.—*Basse-fosse, cul de basse-fosse*, cachot noir et obscur dans une prison. — T. de mar., *fosse aux liens*, et par corruption *fosse aux lions*, la partie du faux-pont d'un vaisseau, le plus en avant, au-dessus des coffres laminés, dans laquelle le maître d'équipage tient toutes les manœuvres, le bitord, le fil de caret, etc.—*Mettre les clefs sur la fosse*, renoncer à la succession ou à la communauté d'une personne décédée.

FOSSÉ, subst. mas. (*fôcé*) (en lat. *fossa*), *fosse* creusée en long pour renfermer quelque espace de terre, pour la défense d'une place, pour l'écoulement des eaux, etc. — En t. de plombier, 1° espèce de chaudière de grès ou de terre franche, dans laquelle on fond le plomb à mettre en tables, etc.; 2° creux pratiqués au fond de la couche de sable qui est dans le moule.—Prov.: *faire de la terre le fossé*, 1° se servir d'une partie d'une chose pour conserver ou pour payer l'autre; 2° faire de nouvelles dettes pour en payer de plus anciennes.

FOSSELINIE, subst. fém. (*focelini*), t. de bot., sorte de plante.

FOSSET, subst. mas. (*fôcè*), petite cheville de trois à quatre lignes de diamètre, pour donner entrée à l'air et tirer du vin des tonneaux.

FOSSETTE, subst. fém. (*focète*), diminutif. Petite *fosse*. On donne ce nom au petit creux que les enfants font en terre, pour y jouer à qui y jettera le plus de noix, de noisettes, de noyaux, etc.; c'est ce qu'ils appellent *jouer à la fossette*. — On appelle *fossette du menton*, un enfoncement que quelques personnes ont au menton; *fossettes des joues*, un petit creux que l'on remarque sur les joues de certaines personnes, lorsqu'elles rient; *fossette du cœur*, le creux de l'estomac.

FOSSILE, subst. mas. et adj. des deux genres (*focile*) (en lat. *fossilis*, fait de *fodere*, fouir, creuser), il se dit des corps que l'on trouve dans la terre en la creusant : *un fossile*; *du bois fossile*, *du sel fossile*, etc. — Les naturalistes français désignent spécialement sous le nom de *fossiles*, les corps organisés qu'on trouve enfouis dans les couches de terre, depuis des temps dont on ne peut soupçonner l'ancienneté; la plupart paraissent même antérieurs à l'existence de l'espèce humaine.

FOSSILISATION, subst. fém. (*fôcilizâcion*), état, qualité des *fossiles*.

FOSSILISÉ, part. pass. de *fossiliser*.

se **FOSSILISER**, v. pron. (*cefôcilizé*), devenir *fossile*.

FOSSOYAGE, subst. mas. (*fôçoé-iaje*), action de *fossoyer*, ou travail du *fossoyeur*.

FOSSOYÉ, E, part. pass. de *fossoyer*.

FOSSOYER, v. act. (*fôçoé-ié*), fermer avec des *fossés*.—Fouir, creuser en terre, faire des *fosses*.

FOSSOYEUR, subst. mas. (*fôçoé-ieur*), celui qui fait les *fosses* pour enterrer les morts.

FOTHERGILLE, subst. fém. (*fotèrgile*), t. de bot., plante exotique de la famille des amentacées.

FOTTALONJE, subst. fém. (*fotalonje*), étoffe rayée des Indes.

FOTTE, subst. fém. (*fote*), toile de coton des Indes.

FOU, adj. Voy. FOL. — Subst. mas., t. d'hist. nat., genre d'oiseaux palmipèdes, de la famille des podoptères.

FOUACE, subst. fém. (*fouace*) (du lat. *focus*, feu, foyer), sorte de pain fait de fleur de farine, en forme de gâteau, et ordinairement cuit sous la cendre.

FOUACIER, subst. mas., au fém. **FOUACIÈRE** (*fouacié, cière*), celui ou celle qui vend des *fouaces*. Peu en usage.

FOUAGE, subst. mas. (*fou-aje*) (du lat. *focus*, foyer), droit d'un seigneur sur chaque *feu*, maison ou famille.

FOUAILLE, subst. fém. (*fouâ-ie*), part qu'on fait aux chiens après la chasse du sanglier. On l'appelle *curée* à la chasse du cerf.

FOUAILLÉ, E, part. pass. de *fouailler*.

FOUAILLER, v. act. *fouâ-ié*), donner souvent de grands coups de *fouet*. Il est familier. — T. d'art militaire, détruire par l'artillerie.—*se* FOUAILLER, v. pron.

FOUANG, subst. mas. (*fouangue*), petite monnaie d'argent de Siam.

FOUDI, subst. mas. (*foudi*), t. d'hist. nat., espèce de gros-bec.

FOUDI-JACA, subst. mas. (*foudijaka*), t. d'hist. nat., rossignol des Indes orientales.

FOUDRE, subst. fém. (*foudre*) (du lat. *fulgure*, ablatif de *fulgur*, qu'on a dit pour *fulmen*; anciennement on écrivait *fouldre*), exhalaison enflammée qui sort de la nue avec éclat et violence. —Fig. et au mas. : 1° grand capitaine, conquérant rapide, etc. : *un foudre de guerre*; grand orateur : *un foudre d'éloquence*; 2° courroux de Dieu; indignation des souverains. Il est fém. en ce sens : *la foudre de Dieu tombera sur les pécheurs*. On dit dans le même sens, en parlant de l'excommunication, *les foudres de l'Église*, *les foudres du Vatican*. — On dit d'un homme très-redouté, qu'*il est craint comme la foudre*, et d'un animal qui court avec une grande rapidité, qu'*il va comme la foudre*. — *Coup de foudre*, atteinte subite, grand malheur.—Au mas., grand vase dont on se sert en Allemagne, et qui contient plusieurs muids de vin. (De l'allemand *fuder*, qui a la même signification.)—LE FOUDRE, LA FOUDRE. (*Syn.*) *Foudre* ne se met pas indifféremment au masculin ou au féminin. Il est féminin au propre, dans le discours ordinaire et dans le langage des physiciens. Il est quelquefois masculin dans le style soutenu et figuré. Il est masculin au pluriel, lorsqu'il est suivi d'une grande épithète; il l'est toujours lorsqu'on le personnifie. Dans ce dernier cas, il doit prendre naturellement le genre, ou du héros qu'il désigne métaphoriquement, ou de l'être puissant dont il exprime la force. Nous disons que *la foudre* éclate, tombe, frappe; le physicien explique les effets de la *foudre*; mais un héros est *un foudre* de guerre; un orateur, *un foudre* d'éloquence. Le dieu adoré à Séleucie était *le foudre*.—Myth. *La foudre* a été adorée comme une divinité.

FOUDROIEMENT, subst. mas. (*foudroéman*), action par laquelle une personne ou une chose est *foudroyée* : *le foudroiement des Titans, de Phaéton*.

FOUDROYANT, E, adj. (*foudroé-ian, iante*), qui *foudroie* : *Jupiter foudroyant*.—Fig., terrible, plein de colère : *des regards, des yeux foudroyants*.—On dit encore figur. et poét.: *bras foudroyant, épée foudroyante*.

FOUDROYANTE, subst. fém. (*foudroé-iante*), fusée qui imite la *foudre*.

FOUDROYÉ, E, part. pass. de *foudroyer*.

FOUDROYER, v. act. (*foudroé-ié*), frapper de la *foudre*. — Figur., battre à coups de canon et de mortier avec une grande violence : *foudroyer une ville, un bastion*. — On le dit, dans le mème style, d'un orateur : *foudroyer le vice, l'erreur*. — Neutralement : *cet orateur tonne, il foudroie*, etc. — Dans la préparation de l'indigo et du manioc, on dit que *la cuve foudroie*, lorsque la violence de la fermentation fait du ravage et cause des accidents.—*se* FOUDROYER, v. pron.

FOUÉE, subst. fém. (*foué*), sorte de chasse qui se fait la nuit à la clarté du feu.

FOUÈNE, subst. fém. (*fou-ène*), t. de pêche, fer à quatre ou cinq piquants au bout d'un bâton. —Fruit ou semence du hêtre. En ce sens on dit aussi et mieux *faîne*.

FOUESNANT, subst. propre mas. (*fou-écenan*), bourg de France, chef-lieu de canton, arrond. de Quimper, dép. du Finistère.

FOUET, subst. mas. (*foué*) (de *fou*, qu'on disait anciennement par abréviation pour *fouteau*, hêtre, et dont *fouet* est une espèce de diminutif; parce que les *fouets* se faisaient d'une branche de hêtre. C'est par la même raison que *houssine* a pris sa dénomination de *houx*. *Huet*.), ficelle forte et bien torse. — Cordelette attachée à un bâton avec lequel les cochers, etc., fouettent leurs chevaux. — Verges, etc., dont on se sert pour châtier les enfants. — Coups de *fouet* : *donner le fouet, avoir le fouet*. — Coups de verges dont la justice faisait punir certains criminels. — Lanière de cuir pour faire tourner un sabot. — En t. de marine, toute corde qui tient à une autre, pour s'entortiller et se *fouetter* sur ce que l'on veut qui soit tiré ou halé par la manœuvre qui a un *fouet*.—*Fouet du mât*, mâture haute et grêle. — En t. de chasse, la queue du chien.—*Fouet de l'aile*, bout de l'aile.—Dans les verreries à bouteilles noires, ouvrier chargé de les arranger dans le four de cuisson.—Prov.: *faire claquer son fouet*, se vanter beaucoup. — *Donner le fouet sous la custode*. Voy. CUSTODE.

FOUETTÉ, E, part. pass. de *fouetter*, et adj. — *Fleurs* ou *fruits fouettés*, marqués de petites raies comme autant de coups de *fouet*. — On appelle figur. *crème fouettée*, un discours qui ne consiste qu'en belles paroles, sans qu'il y ait rien de solide. Et l'on dit fig., d'un homme qui a quelque agrément dans l'esprit, mais nulle solidité, que *ce n'est que de la crème fouettée*.

FOUETTE-QUEUE, subst. mas. (*fouètekieu*), t. d'hist. nat., espèce de lézard.

FOUETTER, v. act. (*fou-été*), donner des coups de *fouet*. — Battre de verges.—FOUETTER, FUSTIGER, FLAGELLER. (*Syn*.) *Fouetter*, terme générique, se dit à l'égard de tous les instruments, et de quelque manière qu'on les emploie, même des mains. *Fustiger*, c'est *frapper* rudement avec des verges. *Flageller*, c'est *fouetter*, ou plutôt *fustiger* violemment et même ignominieusement. Nous attachons ordinairement et particulièrement au *fouet* l'idée de peine; à la *fustigation*, celle de correction; à *la flagellation*, celle de pénitence.—*Gilbert*, dans sa satire intitulée *Mon Apologie*, a fait un étrange emploi de ce mot :

Fouetter d'un vers sanglant ces grands hommes d'un jour.

Fouetter, dit La Harpe, est banni du style noble, et *fouetter d'un vers* est ridicule. L'expression nous paraît cependant énergique. — En t. de marine, entortiller le *fouet* sur quelque chose que ce soit. — Jeter le plâtre contre un mur avec un balai. — Lier un livre à la reliure avec de la corde à *fouet*, pour en marquer les nerfs. — *Fouetter de la crème*, battre de la crème avec des verges pour la faire mousser.— Au fig.: *ce pays, ce canton a été fouetté du mauvais temps*, le vent, etc., y a gâté les fruits. — Neutralement, il ne se dit qu'au fig.: *le vent, la pluie, la neige, la grêle fouettent*; le vent souffle; la pluie, la neige, la grêle tombent avec impétuosité. — *Le canon fouettait en ce lieu*, y donnait sans obstacle. — Fam. et fig., *il n'y a pas de quoi fouetter un chat*, c'est une faute extrêmement légère. — SE FOUETTER, v. pron.

FOUETTEUR, subst. mas., au fém. **FOUETTEUSE** (*fou-èteur, teuze*), celui, celle qui aime à *fouetter* : *fouetteur impitoyable*.

FOUGADE ou **FOUGASSE**, subst. fém. (*fougade, fougace*) (du lat. barbare *focata*, fait de *focus*, foyer. *Huet*.), petite mine ou fourneau pour faire sauter une muraille.—Effort de peu de durée : *travailler par fougade*, par caprice.—Le peuple, selon *Boiste*, dit abusivement *foucade*; cependant si ce mot est fait véritablement de *focus*, foyer, la lettre *c* est plus raisonnablement étymologique que la lettre *g*. Au reste, l'*Académie* ne dit que *fougasse*, en ajoutant qu'autrefois on disait aussi *fougade*.

FOUGÉ, part. pass. de *fouger*.

FOUGER, v. neut. (*foujé*) : *le sanglier fouge*, arrache les plantes ou remue la terre avec son boutoir.

FOUGERAIE, subst. fém. (*foujeré*), lieu où croît la *fougère*.

FOUGERAY, subst. propre mas. (*foujerè*), ville de France, chef-lieu de canton, arrond. de Redon, dép. d'Ille-et-Vilaine.

FOUGÈRE, subst. fém. (*foujère*) (de *filicaria*, fait, dans la basse latinité, de *filix, filicis*, nom de cette plante. *Ménage*.), t. de bot., sorte de plante dont les feuilles sont extrêmement dentelées.—Au plur., famille de plantes cryptogames. —Les poètes célébraient autrefois fréquemment cette plante, dans les pastorales : *leurs bergers dansaient sur la verte fougère, se couchaient sur la verte fougère*, etc.—On appelle *verre de fougère*, une sorte de verre que l'on fait avec de la *fougère* ; mais on n'appelle pas, quoi qu'en dise l'*Académie*, même en poésie, un verre à boire : *une fougère*; ainsi *quand le vin pétille dans la fougère*, exemple cité par l'*Académie*, personne ne comprendrait aujourd'hui qu'il est question d'un verre. L'*Académie* aurait donc dû faire bonne justice de ce sens, qui ne se lit plus que dans les vieux *dictionnaires* et chez elle. — Les charpentiers appellent *assemblage à brin de fougère*, des pans de bois disposés diagonalement avec d'autres, ressemblant en quelque sorte, par leur position, à des branches de *fougère*.

FOUGÈRES, subst. propre fém. (*foujère*), ville de France, chef-lieu d'arrond., dép. d'Ille-et-Vilaine. Voy. FOUGÈRE.

FOUGÉRIA, subst. fém. (*foujéria*), t. de bot., plante de la famille des corymbifères.

FOUGON, subst. mas. (*fouguon*) (du latin *focus*, foyer), la cuisine d'un vaisseau, d'une galère.

FOUGUE, subst. fém. (*fougue*) (du latin *fuga*, fait du grec φυγη, fuite, parce que la *fougue* ressemble assez bien à l'impétuosité avec laquelle un homme épouvanté prend la fuite; ou, selon d'autres, parce que, dans les instants de *fougue*, les idées semblent s'échapper et *fuir* en foule de l'imagination), mouvement violent et impétueux, ordinairement accompagné de colère.— Au fig., verve, transport, feu d'esprit.—En t. de pêche, harpon ou fourche de fer à deux ou trois branches, pour darder les poissons restés dans les endroits où la basse mer laisse encore un peu d'eau. —En t. de mar., *mât, vergue, perroquet de fougue*, etc., mât, vergue, perroquet d'artimon. — Au plur., petites fusées sans baguettes qui s'agitent vivement et irrégulièrement dans l'air.

FOUGUEUSE, adj. fém. Voy. FOUGUEUX.

FOUGUEUX, adj. mas., au fém. **FOUGUEUSE** (*fouguieu, guieuze*), qui est sujet à entrer en *fougue*; violent, emporté, passionné.

FOUI, E, part. pass. de *fouir*.

FOUIE, subst. fém. (*foui*), t. de bot., arbrisseau.

FOUILLE, subst. fém. (*fou-ie*), travail qu'on fait en *fouillant* la terre.—*La fouille des terres*, en agriculture, est l'action de remuer les terres pour en connaître le fond, le mettre en état de recevoir diverses plantes, etc.—*Fouille* se dit, en t. d'archit., de toute ouverture faite dans la terre, pour une fondation, pour le lit d'un canal, d'une pièce d'eau, etc.—On appelle *fouille couverte*, le percement qu'on fait dans un massif de terre, pour le passage d'un aqueduc, etc.—On fait des *fouilles* pour chercher des mines, des antiquités, etc.

FOUILLÉ, E, part. pass. de *fouiller*.

FOUILLE-AU-POT, subst. mas. (*fou-iópô*), petit marmiton. Pop. — Au plur., des *fouille-au-pot*.

FOUILLE-MERDE, subst. mas. (*fou-iemèrde*) escarbot, insecte qui vit de fiente et d'ordure. Pop. et bas.—Au plur., des *fouille-merde*.

FOUILLER, v. act. (*fouié*) (suivant *Wachter*, de l'allemand *wühlen*, tourner, renverser, sonder, rechercher), creuser pour chercher quelque chose : *fouiller la terre, des mines*, etc.—*Fouiller quelqu'un*, chercher soigneusement dans ses poches, dans ses habits. — T. de guerre : *fouiller un endroit*, le faire visiter par des troupes. — Neut.: *fouiller dans un champ*, etc.; *fouiller dans sa poche, dans les livres, dans les archives*, etc. —Fig., examiner, sonder, pénétrer.—En sculpture, pratiquer des enfoncements propres à produire des ombres convenables. — En peinture, donner de la force aux touches et aux ombres qui représentent les enfoncements.—SE FOUILLER, v. pron.

FOUILLES-VIDES, subst. fém. plur. (*fou-ievide*), ce que laisse la fusion de l'étain dans l'âme d'une bouche à feu.

FOUILLEUSE, subst. fém. (*fou-ieuze*), sac, poche, besace. Vieux et hors d'usage.

FOUILLIS, subst. mas. (*fouie-i*), désordre : *c'est un fouillis* à ne plus s'y reconnaître.—Ce mot manque dans tous les *dictionnaires*.

FOUILLOT, subst. mas. (*fou-iô*) : *ressort à fouillot*, pièce qui renvoie l'effet du ressort.

FOUILLURE, subst. fém. (*fou-iure*), t. de chasse, travail du sanglier dans les boutis.

FOUINE, subst. fém. (*fouine*) (de *fuscina*, fait de *fuscus*, brun, à cause de la couleur de sa peau. *Ménage*, d'après *Saumaise*), t. d'hist. nat., espèce de grosse belette.—En t. de pêche, instrument de fer à trois branches, pour prendre des anguilles dans la vase.

FOUIR, v. act. (*fouir*) (en lat. *fodere*), creuser la terre : *fouir un puits*. — On dit aussi neutralement : *il faut fouir bien avant*. — SE FOUIR, v. pron.

FOUISSEMENT, subst. mas. (*fouiceman*), action de *fouir*.

FOUISSEUR, subst. mas. (*fouiceur*), t. d'hist. nat., famille d'insectes hyménoptères.

FOULAGE, subst. mas. (*foulaje*), action de presser dans des barils le hareng blanc.—En t. d'imprimerie, action de bien faire ressortir le caractère d'une forme qu'on imprime.

FOULANT, E, adj. (*foulan, lante*), qui *foule* : *pompe foulante*, qui élève l'eau en la pressant.

FOULARD, subst. mas. (*foular*), petite étoffe de soie qui nous vient des Indes, et dont on fait des mouchoirs ou des cravates.

FOULE, subst. fém. (*foule*), presse; multitude de gens qui s'entrepoussent et se *foulent*, en quelque sorte, aux pieds les uns les autres.— On dit fig.: *une foule d'affaires, de raisons, de pensées*. — Oppression, vexation : *cela va à la foule du peuple*. En ce sens, il est peu usité. — Le commun des hommes : *la foule n'a d'autre loi que l'exemple de ceux qui commandent*. (Massillon.) — Préparation de certaines étoffes, action de *fouler* des draps, des chapeaux.— Espèce de pêche, qui consiste à marcher pieds nus sur le fond des rivières ou de la mer quand elle est retirée, et à percer avec un angon les poissons, lorsqu'on sent qu'on en a *foulé* quelqu'un en passant dessus.—Au fig.: *se tirer de la foule*, se distinguer, se tirer du commun.—On disait, en t. de carrousel, *faire la foule*, lorsque plusieurs cavaliers faisaient manier à la fois leurs chevaux sur différentes figures. C'était une espèce de ballet de chevaux, qui se faisait au son des instruments.—*A la foule, en foule*, adv., le second est seul usité, en grand nombre à la fois.

FOULÉ, E, part. pass. du verbe *fouler*, et adj. —On dit d'une bête qui a les jambes usées par un travail long et excessif, qu'*elle a les jambes foulées*.

FOULÉE, subst. fém. (*foulé*), t. d'archit., la *foulée* est un giron de marche, la partie qu'on *foule* aux pieds. — T. de man., temps pendant lequel le pied du cheval pose sur le sol.— Les chamoiseurs appellent *foulée* une certaine quantité de peaux de chèvre et de mouton passées dans l'huile, et mises en pelottes, pour être portées dans la pile du moulin. La *foulée* est de soixante pelottes, et la pelotte, de quatre peaux. —Au plur., t. de chasse, légères impressions du pied de la bête. Celles du cerf s'appellent *voie* ou *foulures*; on dit *piste* pour le loup et le renard, et *trace* pour la bête noire.

FOULER, v. act. (*foulé*) (du latin barbare *fullare*, fait de *fullo*, foulon), presser quelque chose qui cède : *fouler l'herbe, la vendange*.—Accommoder les bas, etc., sur la *fouloire*.— Fig., opprimer par des exactions, surcharger : *fouler les peuples*. — Blesser, offenser, en parlant d'une entorse : *cette chute lui a foulé le pied*. — *Ce cheval a les jambes foulées*, usées par un long ou violent travail. — *Fouler*, chez les chapeliers, c'est presser le feutre sur une table de *foule* ou sur un *fouloir*, avec le roulet, à l'eau chaude, chargée de la lie des vinaigriers.— Chez les corroyeurs, *fouler les cuirs*, c'est les presser avec les pieds après qu'ils ont séjourné pendant quelque temps dans une cuve pleine d'eau. En parlant du premier *foulage*, on dit : *fouler pour amollir*; en parlant du second, *fouler pour retenir*; et en parlant du troisième, *fouler pour crépir*. — *Fouler le cuir*, en termes de hongroyeurs, c'est agiter et presser le cuir en marchant dessus, dans un cuvier long, où l'on a mis de l'eau chaude imprégnée de sel et d'alun.—*Fouler les draps, les étoffes*, nettoyer les draps, les étoffes par le moyen du moulin à foulon. — On dit, en termes de commerce de vins, que du *vin est foulé*, lorsqu'un voiturier infidèle, après avoir ôté du vin du tonneau, l'a rempli avec de l'eau.— En t. de vénerie, faire parcourir un terrain par le limier ou par la meute : *fouler une enceinte*, y entrer à cheval avec les chiens pour lancer ou pour relancer un cerf. — *Les chiens foulent le cerf*, le mordent après l'avoir porté par terre.— Fig. : *fouler aux pieds*, traiter avec mépris. — Neutralement, t. d'imprimerie : *fouler bien*, se dit d'un caractère qui, mis sous presse, donne sur le revers de la feuille un relief fortement et également marqué.—SE FOULER, v. pron., se blesser en *foulant* : *se fouler le pied*.

FOULERIE, subst. fém. (*foulerí*), endroit où l'on *foule* les chapeaux, les draps, etc.

FOULEUR, subst. mas. (*fouleur*), celui qui *foule* les grappes de raisin, les chapeaux, les draps, etc.

FOULOIR, subst. mas. (*fouloar*), instrument avec lequel on *foule* les étoffes. Les chapeliers appellent leur *fouloir, roulet*.—En t. d'artillerie, on appelle *fouloir*, un instrument terminé par un bouton, dont les canonniers se servent pour nettoyer une pièce de canon lorsqu'elle a tiré, et pour battre la charge de poudre.

FOULOIRE, subst. fém. (*fouloare*), table sur laquelle les chapeliers *foulent* leurs chapeaux. — Instrument pour *fouler* les bas, etc.— Grand cuvier.

FOULON, subst. mas. (*foulon*) (en lat. *fullo*), artisan qui *foule* les draps. Quelques-uns disent, dans le même sens, *foulonnier*. Nous préférerions ce dernier terme. — *Terre à foulon*, sorte de terre qui sert à dégraisser les draps. — *Moulin à foulon*, moulin qui sert à les *fouler*.

FOULONNIER, subst. mas. (*foulonié*), ouvrier qui apprête les draps pour les disposer à être *foulés*.

FOULQUE, subst. fém. (*foulke*), t. d'hist. nat., genre d'oiseaux plongeurs de la famille des pressirostres.

FOULURE, subst. fém. (*foulure*), contusion, blessure d'un membre *foulé*.—Façon que les cuirs reçoivent quand on les *foule*.—Au plur., marques du pied d'un cerf.

FOUNINGO-MAITSOU, subst. mas. (*founeinguômèteçou*), t. d'hist. nat., sorte de pigeon de Madagascar.

FOUNINGO-MANA-RABOU, subst. mas. (*founeinguômanarabou*), t. d'hist. nat., pigeon bleu de Madagascar.

FOUPI, E, part. pass. de *foupir*.

FOUPIR, v. act. (*foupir*), ôter le lustre d'une étoffe à force de la manier. (*Boiste*.) Peu connu.

FOUQUET, subst. mas. (*foukiè*), t. d'hist. nat., sorte d'oiseau marin.

FOUR, subst. mas. (*four*) (en lat. *furnus*), lieu voûté en rond, avec une seule ouverture pardevant, où l'on fait cuire le pain, la pâtisserie, etc.—On appelle *bouche du four*, l'ouverture du four; *rives du four*, les contours; *chapelle du four*, la voûte. On dit aussi *la voûte du four*. Si la voûte commence dès l'aire, en une espèce d'ellipse, c'est ce qu'on nomme *voûte en cul de four*. Si la courbure de la chapelle ne commence qu'à la moitié de son bord, au-dessus d'une première assise droite, c'est une *voûte en cul de chapeau*. On appelle *tablette du four*, le talus ou le rebord qui est devant le four, sur lequel on appuie le bout de la pelle lorsqu'on enfourne le pain; on le nomme aussi l'*autel du four*, et plus communément *porte-bouchoir*. — Le lieu même où est le *four: aller au four*, y aller faire cuire son pain. — *Charger le four, mettre une charge au four*, c'est y mettre du bois ou autre combustible, pour le chauffer. — *Four de campagne*, espèce de *four* portatif en métal. — Lieu voûté et ouvert par en haut, où l'on fait cuire la chaux, la brique, la tuile, etc. —Endroit où l'on cache ceux que l'on veut enrôler par force.—En t. de mar., la partie des soutes à poudre, en arrière des coffres.—Prov.: *ce n'est pas pour vous que le four chauffe*. Voyez CHAUFFER.—Prov. et pop., par forme de menace à une personne dont on est mécontent: *vous viendrez cuire à mon four*, vous aurez besoin de moi, et j'aurai occasion de me venger. — *Les comédiens ont fait four*, ont renvoyé les gens parce qu'il n'y avait pas assez de monde pour jouer. — On dit d'un lieu extrêmement obscur, qu'*il y fait noir comme dans un four*. — *Fours-à-crystaux*, t. d'hist. nat., nom que les habitants des Alpes donnent aux cavités tapissées de crystal de roche qu'on trouve dans les montagnes granitiques, pour l'ordinaire, à de très-grandes hauteurs, et dans leurs parties les plus escarpées.

FOURBANDRÉE, subst. fém. (*fourbandré*), se dit de plusieurs sortes de laines mêlées ensemble.

FOURBE, subst. fém. (*fourbe*), tromperie, fourberie: avec cette différence, dit *Roubaud*, que la *fourbe* est le vice, l'action propre du *fourbe*, et que la *fourberie* en exprime l'habitude, le trait, le tour, l'action particulière. La *fourbe* dit plus que *fourberie*, en ce qu'elle concentre en quelque sorte toute l'intensité, la force du vice; et que la *fourberie* n'est que l'action simple, le résultat de la *fourbe*.

FOURBE, adj. des deux genres (*fourbe*) (de l'italien *furbo*, qui a le même sens), trompeur adroit. — On dit aussi subst.: *c'est un grand fourbe*.

FOURBÉ, E, part. pass. de *fourber*.

† **FOURBER**, v. act. (*fourbé*), tromper bassement.

FOURBERIE, subst. fém. (*fourberi*), tromperie. Voy. FOURBE.

FOURBI, E, part. pass. de *fourbir*.

FOURBIR, v. act. (*fourbir*) (de l'anglais *furbish*, polir, éclaircir, dérivé, suivant *Skinner*, de l'allemand *farbe*, couleur, d'où *farben*, donner de la couleur, mettre en couleur), polir et éclaircir en frottant.—*se* FOURBIR, v. pron.

FOURBISSAGE, subst. mas. (*fourbiçaje*), action de *fourbir*.

FOURBISSEUR, subst. mas., au fém. **FOURBISSEUSE** (*fourbiceur, ceuze*), qui *fourbit*, garnit, monte et vend toutes sortes d'épées.—Prov.: *se battre de l'épée qui est chez le fourbisseur*; disputer d'une chose qui n'est ni à l'un ni à l'autre de ceux qui contestent.

FOURBISSIME, adj. des deux genres (*fourbicime*), très-*fourbe*.

FOURBISSON, subst. mas. (*fourbiçon*), nom vulgaire du troglodyte.

FOURBISSURE, subst. fém. (*fourbiçure*), l'action de *fourbir* et de nettoyer des armes, des ustensiles.

FOURBU, E, adj. (*fourbu*), se dit d'un cheval attaqué d'une *fourbure*.

FOURBURE, subst. fém. (*fourbure*), t. de médec. vétér., maladie du cheval qui attaque les jambes, et qui vient ou d'avoir trop travaillé, ou d'avoir bu trop tôt après s'être échauffé.

FOURCAT, subst. mas. (*fourka*), t. de mar., se dit des varangues et demi-varangues de l'avant et de l'arrière d'un vaisseau, à l'extrémité de la quille, qui ont la forme d'une *fourche*, ou d'un Y.

FOURCHE, subst. fém. (*fourche*) (en lat. *furca*), instrument de bois ou de fer avec deux ou trois branches ou pointes.—On a appelé *fourches patibulaires*, des piliers de pierre au haut desquels il y a une pièce de bois posée en travers, à laquelle on attache, dans certains pays, les criminels condamnés à être pendus et étranglés, soit que l'exécution se fasse au gibet même, ou qu'ayant été faite ailleurs, on apporte le corps du criminel pour l'attacher à ces *fourches*, et l'y laisser exposé à la vue des passants. On appelait ces sortes de piliers *fourches*, parce qu'anciennement, au lieu de piliers de pierre, on posait seulement deux pièces de bois faisant par en haut la *fourche*, pour retenir une autre pièce de bois qui se mettait en travers, et à laquelle on attachait les criminels. — Dans plusieurs ports, on appelle *fourche* deux mâts ou mâtereaux qu'on élève et qu'on réunit vers le petit bout, pour en former ce qu'on désigne plus généralement sous le nom de *bigues*. — On nomme *fourches de carène*, de longues perches armées de *fourches* ordinaires, servant à tenir les fagots allumés sur la carène d'un bâtiment que l'on chauffe.—En t. de vènerie, bâton à deux branches au bout duquel on donne la curée aux chiens courants.— *Faire la fourche*, se diviser en forme de *fourche*; il se dit particulièrement d'une route qui aboutit à deux ou trois autres. — *Fourches caudines*, trois *fourches* ou lances en forme de croix, sous lesquelles les Samnites firent passer les Romains vaincus.— *à la* FOURCHE, adv., négligemment et grossièrement.

FOURCHÉMENT, adv. (*fourchéman*), en manière de *fourche*, avec courbure. Il est peu usité.

FOURCHÉ, E, part. pass. de *fourcher*, et adj., se dit, en t. de blason, de la queue du lion, lorsqu'elle est divisée en deux. On dit aussi *fourchu*. —*Cheveux fourchés*, qui se partagent à l'extrémité en plusieurs brins.—*Animaux qui ont les pieds fourchés*, fendus. Le droit d'entrée auquel ils sont assujétis s'appelle *le pied-fourché*.—T. de passementerie, *patron fourché*, patron dont les deux côtés se ressemblent si parfaitement en tout, qu'on est obligé de n'en passer que la moitié.—*Croix fourchée*, en t. de blason, celle dont les branches sont terminées par des pointes qui font deux angles rentrants.

FOURCHER, v. neut. (*fourché*), se séparer en deux ou trois par l'extrémité, en forme de *fourche*.—Au fig.: *cette famille n'a point fourché*, n'a fait qu'une seule branche. — *La langue lui a fourché*, il a dit un mot pour un autre qui en approche.—*se* FOURCHER, v. pron.

FOURCHERET, subst. mas. (*fourcherè*), t. de vieille faucon., autour de moyenne taille.

FOURCHES, subst. fém. plur. (*fourche*), petits abcès qui viennent aux mains des gens de travail. Voy. FOURCHET.

FOURCHET, subst. mas. (*fourchè*), apostème entre deux doigts de la main.—Tumeur qui vient aux jambes des moutons. — La division d'une branche d'arbre en deux.

FOURCHETÉ, E, adj. (*fourcheté*), t. de blason: *croix fourchetée*, celle dont les branches se terminent en *fourchettes* semblables à celles qui servaient anciennement à porter les mousquets.

FOURCHETÉE, subst. fém. (*fourcheté*), ce qu'on peut prendre avec une *fourchette*.

FOURCHETTE, subst. fém. (*fourchète*), ustensile de table en forme de petite *fourche* à deux, trois ou quatre pointes, pour prendre les viandes. —*Fourche* à deux pointes, sur laquelle on posait autrefois le mousquet en le tirant.—Long morceau de bois à deux branches de fer, attaché à la flèche d'un carrosse.—En t. de jard., petit bâton taillé à dents, qui sert à élever les cloches de verre placées sur les couches, afin de donner de l'air aux plantes.—En t. d'arts, morceau de fer, fait en Y, planté sur l'établi de différents ouvriers, pour assujétir les cisailles dont ils font usage.— En t. d'architecture, l'endroit où les deux petites noues de la couverture d'une lucarne se joignent à celles d'un comble.—En t. d'horl., pièce qui, recevant la verge du pendule dans une fente située à sa partie inférieure recourbée à angle droit, lui transmet l'action de la roue de rencontre. — Petit os divisé en deux pointes, qui est entre les deux ailes des chapons et des autres volailles. — Chez les cardiers, morceau de bois presque carré, garni de deux aiguilles, pour percer la peau sur laquelle doivent être placées les dents des cardes. —En t. de manège, partie du pied du cheval, plus élevée que le dedans du pied, et qui finit au talon. On dit qu'un cheval fait *fourchette neuve*, lorsque cette partie du sabot est près de tomber pour faire place à une nouvelle. — Petites bandes de peau qui sont le long des doigts des gants, etc.—Partie de la manchette qui garnit l'ouverture de la manche d'une chemise d'homme. — Instrument de chirurgie pour élever et soutenir la langue des enfants, quand on leur coupe le filet.—*Fourchette de l'estomac*, le brechet.—En t. d'anat., on appelle *fourchette du sternum* l'échancrure que présente le bord supérieur de cet os; *fourchette de la vulve*, la commissure postérieure des grandes lèvres du vagin.—*A la fourchette*, se dit d'un déjeuner composé de mets substantiels et solides, de la viande, par exemple.

FOURCHON, subst. mas. (*fourchon*), une des branches d'une *fourche* ou d'une *fourchette*. — En t. de jard., l'endroit d'où sortent les branches.

FOURCHU, E, adj. (*fourchu*), qui est fait en forme de *fourche*. — En t. de bot., fendu en deux par l'extrémité supérieure. Synonyme de *bifurqué*. Voy. ce mot.—*Faire l'arbre fourchu*, avoir la tête en bas et les pieds écartés l'un de l'autre.

FOURCHURE, subst. fém. (*fourchure*), l'endroit où une chose commence à se *fourcher*.

FOURÉE, subst. fém. (*fouré*), t. de pêche, espèce de bas parc.

FOURGON, subst. mas. (*fourguon*) (de *furcone*, ablatif du mot barbare *furco*, fait de *furca*, fourche; cet instrument ayant été originairement fourchu. *Ménage* étend cette étymologie au *fourgon charrette*, parce qu'au limon sont unis deux limons, ce qui représente une fourche), espèce de charrette dont on se sert pour porter du bagage et des munitions, soit à la campagne, soit à l'armée.—Instrument de boulanger, etc., pour remuer la braise et le bois du four. — Fig.: *la pelle se moque du fourgon*, un homme se moque d'un autre qui aurait autant de sujet de se moquer de lui.

FOURGONNÉ, E, part. pass. de *fourgonner*.

FOURGONNER, v. neut. (*fourguoné*), remuer avec le *fourgon* du four.— Remuer le feu sans besoin avec les pincettes, etc.—Fig. et fam., fouiller maladroitement et mettre tout sens dessus dessous.

FOURMEIRON, subst. mas. (*fourmèron*), t. d'hist. nat., espèce de rouge-queue qui se nourrit de *fourmis*.

FOURMI, subst. fém. (*fourmi*) (en lat. *formica*, fait de *ferre*, porter, et *mica*, miette), t. d'hist. nat., genre d'insectes hyménoptères qui vivent en société. *La Fontaine* (liv. II, fab. XII), pour éviter l'hiatus, a mis un *s* à *fourmi*:

Quand sur l'eau se penchant une *fourmis* y tombe.

C'est une licence inexcusable.—Prov. : *être plus petit qu'une fourmi devant quelqu'un*, se tenir dans une grande soumission en sa présence. — *Avoir des œufs de fourmis sous les pieds* ne pouvoir rester en place.

FOURMILIER, subst. mas. (*fourmilié*), t. d'hist. nat., genre de mammifères édentés, qui se nourrissent de *fourmis*.—Genre d'oiseaux silvains.

FOURMILIÈRE, subst. fém. (*fourmilière*), lieu où se retirent les *fourmis*, et où l'on suppose qu'elles mettent l'été leurs provisions.— Fig. et fam., grand nombre de personnes, grande quantité d'insectes, etc.

FOURMI-LION, subst. mas. (*fourmili-on*) (en lat. *formica-leo*), t. d'hist. nat., insecte de la famille des cloportes, qui se nourrit de *fourmis* et d'autres insectes. C'est le même que le *formicaleo*.

FOURMILLANT, adj. mas. (*fourmi-ian*), t. de médec. : *pouls fourmillant*, très-faible, très-bas, dont le mouvement ressemble à celui d'une *fourmi* qui marche. Synonyme de *formicant*.

FOURMILLEMENT, subst. mas. (*fourmi-ieman*), picottement comme si l'on sentait des *fourmis* courir sur la peau.

FOURMILLER, v. neut. (*fourmi-ié*), abonder, être en grand nombre : *la France fourmille de soldats; j'ai lu un ouvrage qui fourmille de beautés*. Il est familier. — Picoter entre cuir et chair : *la main me fourmille*.

FOURMILLIÈRE, subst. fém. (*fourmi-ière*), t. de vétér., vide entre la chair et le sabot.

FOURMILLON, subst. mas. (*fourmi-ion*), t. d'hist. nat., espèce d'oiseau de la famille des grimpereaux.

FOURMOUTURE, FOURMORTURE, FORMORTURE, ou **FORMORT**, subst. fém. (*fourmouture, fourmoture, formorture, formor*), dans la coutume de Belgique, ce qui advient à quelqu'un par mort. (*Raymond*.)— On peut regarder ces quatre mots comme autant de *barbarismes* bien compliqués.

FOURNAGE, subst. mas. (*fournaje*), ce que l'on donne pour la cuisson du pain.

FOURNAISE, subst. fém. (*fournèze*) (en lat. *fornax*, fait de *fornix*, voûte), ouvrage de maçonnerie creux et muré en forme de *four*, avec une ouverture pour y mettre le feu. — On ne connaît plus aujourd'hui de *fournaise*, et ce mot n'est guère employé que dans cette phrase et quelques autres : *l'âme s'épure dans l'adversité comme le métal dans la fournaise*; et, dans ce sens, *fournaise* se prend pour creuset.

FOURNALISTE, subst. mas. (*fournalicete*), ouvrier qui fait des *fourneaux*, et particulièrement les *fourneaux* de ciment employés dans les hôtels des monnaies. Peu en usage.

FOURNEAU, subst. mas. (*fournô*), vaisseau propre à contenir du feu. — *Fourneau de cuisine*, ouvrage de maçonnerie qui est fait de briques, sur lequel sont scellés des réchauds qui déposent leurs cendres dans une espèce de voûte pratiquée sous le *fourneau*, et à peu près vers le milieu. — Les chimistes appellent *fourneau simple*, une espèce de tour creuse, cylindrique ou prismatique, à laquelle il y a deux portes ou principales ouvertures, l'une en bas, qu'on appelle la porte du cendrier, l'autre en haut, qui s'appelle porte du foyer; *fourneau de lampe*, un *fourneau* dans lequel la flamme d'une lampe qu'on introduit dans son intérieur; *fourneau de réverbère*, le *fourneau* simple dont le foyer est surmonté d'une troisième cavité qu'on nomme le laboratoire, parce qu'elle est destinée à contenir les cornues qui renferment la matière sur laquelle il s'agit d'opérer; *fourneau de fusion* ou *fourneau à vent*, un *fourneau* qui produit le plus grand degré de chaleur possible sans le secours des soufflets; *fourneau d'essai* ou *de coupelle*, un *fourneau* de figure prismatique quadrangulaire, dont on se sert pour faire les essais ou titres de l'argent; *haut fourneau*, un *fourneau* destiné à la fonte de la mine de fer; *fourneau d'évaporation*, un *fourneau* propre à dessécher les substances, en les dégageant de leur humidité; *fourneau fumivore*, un appareil qui fait servir la fumée même d'aliment à la combustion; *fourneau d'affinage*, une forge creuse où l'on réduit la fonte en barres. — Grand *four* où l'on fond le verre, etc.— Creux fait en terre, où l'on met de la poudre pour faire sauter une muraille, etc.—Le godet d'une pipe à fumer.—En astron., constellation méridionale introduite par *La Caille* et composée de quarante-huit étoiles. Elle est située auprès du tropique du Capricorne, au-dessous de la Balance et au-dessus de l'extrémité méridionale de l'Éridan.—Au plur., *fourneaux*.

FOURNÉE, subst. fém. (*fourné*), la quantité de pain, de chaux, etc., qu'on peut faire cuire à la fois dans un *four*. — Fig. et fam., *fournée* se dit d'un nombre remarquable de personnes.

FOURNETTE, subst. fém. (*fournète*), dans les manufactures de faïencerie, petit *four* où l'on fait calciner l'émail.

FOURNI, E, part. pass. de *fournir*, et adj. : *bois, cheveux bien fournis*, fort touffus.— En t. de pelletier, *peau bien fournie*, dont la fourrure est épaisse et touffue. — *Boutique bien fournie*, bien garnie de marchandises.

FOURNIER, subst. mas., au fém. **FOURNIÈRE** (*fournié, nière*), le fermier, la fermière d'un *four* banal.—Au jeu de billard, celui qui fait aller sa bille sous la passe par le côté du but.—T. d'hist. nat., espèce d'oiseau ainsi nommé de ce que son nid a la forme d'un *four*.

FOURNIÈRE, subst. fém. Voy. FOURNIER.

FOURNIL, subst. mas. (*fourni*), lieu où est le *four*, et où l'on pétrit la pâte.

FOURNIMENT, subst. mas. (*fourniman*), équipement d'un soldat, et particulièrement la buffleterie.—Anciennement, simple étui à mettre de la poudre pour les armes à feu.

FOURNIR, v. act. (*fournir*) (de l'italien *fornire*, fait, suivant *Ferrari*, du latin *ornare*, qui se trouve, avec la même signification, dans divers auteurs anciens, *Lucrèce, Cornélius Népos*, etc.), pourvoir, livrer, donner. — En t. de pratique, *fournir des défenses, des griefs*, les produire.— Achever, parfaire : *il faut encore tant pour fournir la somme entière*. — T. de banque, *fournir des lettres de change*, les tirer sur soi-même ou en céder d'autres, soit qu'elles aient été tirées à notre ordre, soit qu'elles aient été endossées en notre faveur.—*Ce livre m'a fourni plusieurs épigrammes*, j'y ai trouvé plusieurs épigrammes.— *Ce cheval a bien fourni la carrière*, a fait une belle course.—Fig.: *cet homme a bien fourni sa carrière, sa course*, a vécu avec honneur et avec estime jusqu'à la fin.—Neut., *fournir à*... subvenir, contribuer en tout ou en partie : *il fournit à la dépense, aux appointements*.—Suffire : *il ne peut fournir à ce travail*.—SE FOURNIR, v. pron., acheter ses provisions : *se fournir à la halle*.

FOURNISSEMENT, subst. mas. (*fourniceman*), fonds que chaque associé doit mettre dans une société de commerce.—En t. de jurispr., séquestre de la chose contentieuse en matière possessoire et de complainte, et du rétablissement des fruits, qui doit être fait entre les mains du commissaire. On appelle *sentence de fournissement*, le jugement qui ordonne le rétablissement des fruits.

FOURNISSEUR, subst. mas., au fém. **FOURNISSEUSE** (*fourniceur, ceuze*), celui, celle qui entreprend de *fournir* quelque chose.

FOURNISSEUSE, subst. fém. Voyez FOURNISSEUR.

FOURNITURE, subst. fém. (*fourniture*), provision : *fourniture de blé, de vin*, etc.—Ce qu'on donne, ce qu'on livre : *faire des fournitures*.—Ce que les tailleurs, tapissiers, etc., *fournissent*, en outre de leur travail.—Petites herbes qu'on met dans la salade.—Les marchands de vin de Paris appellent *fourniture* la quantité de vingt-un muids de vin.—Parmi les marchands de blé de l'Anjou, le mot de *fourniture* désigne également la quantité de vingt-un setiers de grain.—En t. de musique, un des principaux jeux de l'orgue, destiné à donner du volume à l'instrument, en raison de l'étendue de l'église. Il est composé de plusieurs jeux, qui varient suivant les différentes orgues.

FOURQUE, subst. fém. (*fourke*), t. de mar., pièces de charpente *fourchues* qu'on met aux extrémités de la quille d'un vaisseau.

FOURQUEFILE, subst. fém. (*fourkefile*), sorte d'arme en forme de *fourche*.

FOURQUET, subst. mas. (*fourkiè*), t. de brasserie, pelle de fer ovale, divisée sur sa longueur en deux parties par une cloison, et terminée par une douille où est reçu le manche. Elle sert à rompre la trempe et à quelques autres usages.

FOURQUETTE, subst. fém. (*fourkiète*), t. de pêche, croix de fer ou de cuivre à laquelle sont attachées des lignes et des haims, qu'on descend au fond de l'eau pour prendre du poisson.

FOURRAGE, subst. mas. (*fouraje*) (suivant *Nicot*, du latin *farrago*, qu'on trouve dans *Virgile* à peu près avec la même acception; formé de *far*, qui signifiait autrefois toute sorte de blé ou de grain, d'où l'on a fait *fouare*, qui, en vieux langage, signifiait paille), mot par lequel on désigne collectivement la paille, le foin ou les autres herbes qu'on donne pendant l'hiver au bétail.—Action de couper le *fourrage*.—En t. d'art militaire, *aller au fourrage*, c'est, lorsque les armées sont en campagne, aller chercher dans les champs et dans les villages le grain et les herbes propres à la nourriture des chevaux.— *Mettre de la cavalerie en quartier de fourrage*, l'établir dans un pays où il y a abondance de *fourrage*.— Les troupes commandées pour soutenir les *fourrageurs* : *les ennemis attaquèrent le fourrage*.

FOURRAGÉ, E, part. pass. de *fourrager*.

FOURRAGER, v. act. (*fourajé*), ravager : *ils ont fourragé tout ce pays*.—Neut., couper et ramasser du *fourrage*.

FOURRAGÈRE, subst. fém. (*fourajère*), t. de guerre, râtelier qu'on fixe, en campagne, à l'arrière des fourgons, pour faire manger les chevaux.—Adj. fém., t. de bot., qui sert comme de *fourrage* : *plante fourragère*.

FOURRAGEUR, subst. mas. (*fourajeur*), celui qui va au *fourrage*.

FOURRAGEUSE, adj. fém. Voy. FOURRAGEUX.

FOURRAGEUX, adj. mas., au fém. **FOURRAGEUSE** (*fourajeu, jeuze*), qui est de la nature du *fourrage*; qui abonde en *fourrage*.

FOURRÉ, subst. mas. (*fouré*), assemblage épais d'arbrisseaux.—Partie d'un bois dont le taillis est épais et serré.

FOURRÉ, E, part. pass. de *fourrer*, et adj.— *Pays fourré*, rempli de bois, de haies, etc.—*Bois fourré*, garni de broussailles et d'épines.—*Coups fourrés*, portés et reçus de part et d'autre en même temps; et fig., mauvais offices que deux personnes se rendent en même temps. — *Un coup fourré*, fig., mauvais office caché et dont on ne se défie pas.—*Paix fourrée*, paix feinte et faite à la hâte, à dessein de tromper.—*Médaille, pièce d'or ou d'argent fourrée*, celle dont le dessus est d'or ou d'argent, et le dedans de cuivre.—*Bottes de foin fourrées*, celles dans lesquelles on a mêlé de mauvais foin.—*Langues fourrées*, langues apprêtées et recouvertes d'une autre peau. — On dit prov.: *homme fourré de malice*, fort malicieux. — *Innocent fourré de malice*, homme qui paraît simple, et qui est fin et malicieux.

FOURREAU, subst. mas. (*fourô*), gaîne, étui, avec cette différence qu'il est plus long que la gaîne, et qu'il n'a point de couvercle, comme l'étui.—Petite robe d'enfant, juste à la taille, et non traînante.—En t. d'artificier, grand cartouche de trompe, qui renferme plusieurs pots à feu, entassés et posés les uns sur les autres.—Peau qui couvre le membre d'un cheval.—Feuilles qui enveloppent l'épi.—T. d'hist. nat., *fourreau de pistolet*, nom d'une espèce de coquille du genre pinne.—Ailes de plusieurs insectes.—Prov.: *coucher dans son fourreau*, tout habillé. —*L'épée use le fourreau*, un esprit trop vif nuit à la santé et souvent abrège la vie.—*Faux-fourreau*, ce qui se met sur le véritable *fourreau* de l'épée pour le garantir de la pluie.

FOURRÉE, subst. fém. (*fouré*), espèce de soude d'Espagne, faite avec des herbes brûlées.

FOURRER, v. act. (*fouré*) (du lat. barbare *foderare*, fait de l'allemand *futteren* ou *futtern*, qui a la même signification), mettre en quelque endroit avec d'autres choses : *fourrez ces livres avec les autres*. — Insérer hors de propos : *il fourre toujours quelque proverbe dans ses discours*.—Mettre : *fourrer une chose dans l'esprit, dans la tête de*... — Introduire : *qui l'a fourré dans cette maison ? il se fourre partout*; et prov.: *il fourre son nez partout*. On ne le dit en ce sens que pour blâmer. — Donner mal à propos et en trop grande quantité : *cette mère fourre toujours de l'argent à son fils*. Dans les acceptions précédentes, il est fam. — Garnir de *fourrure*. — T. de mar. : *fourrer un câble, une manœuvre*, les garnir de toile, paille, petites cordes, etc., pour empêcher qu'ils ne s'usent par le frottement.—*Fourrer tout dans son ventre*, être gourmand.— SE FOURRER, v. pron., entrer, s'engager dans quelque affaire. Il est familier. — On dit d'un homme couvert de honte, qu'*il ne sait où se fourrer*, où se cacher.—*Chercher quelque trou où se fourrer*, chercher un emploi quelconque. —Se couvrir, se garnir d'habits bien chauds.

FOURREUR, subst. mas. (*foureur*), celui qui fait et qui vend toute sorte de *fourrures*.

FOURRIER, subst. mas. (*fourié*) (de l'allemand *führen, conduire*), sous-officier chargé de marquer le logement des gens de guerre, de fournir des vivres à sa compagnie, etc.

FOURRIÈRE, subst. fém. (*fourière*) (de *fourrage ;* parce qu'anciennement on fournissait non seulement le bois, mais encore la paille, etc.), lieu où l'on mettait le bois pour le chauffage de la maison du roi ou des princes.—Office de celui qui fournissait ce bois. — *Mettre des vaches, des chevaux en fourrière,* les saisir pour délit ou pour dettes, etc., et les nourrir aux dépens de ceux à qui ils appartiennent.

FOURRURE, subst. fém. (*fourure*), peau qui sert à *fourrer.* — Vêtement *fourré.* — En t. de menuisier et de charpentier, morceaux de bois minces qui n'ont pas l'épaisseur nécessaire pour être arasés avec d'autres. — Dans les fabriques de laiton, on appelle *fourrure,* une pyramide de chaudrons qui entrent les uns dans les autres.—T. de mar., vieille toile à voile, fils ou cordons de vieux câbles que l'on met en tresses ou petites nattes, et dont on enveloppe toutes les manœuvres du service pour les conserver. On en met aussi autour du câble pour le conserver à l'endroit où il passe dans l'écubier, et lorsque l'ancre est mouillée : *pendant la glace, nous défendîmes nos câbles avec de bonnes fourrures et des chaînes de fer.*—Au plur., en t. de critique, pièces fausses *fourrées* dans un ouvrage.

FOURVOI, subst. mas. (*fourvoè*), action de *fourvoyer.*

FOURVOIEMENT, subst. mas. (*fourvoèman*), erreur de celui qui s'égare, au propre et au figuré. Il est peu usité.

FOURVOYÉ, E, part. pass. de *fourvoyer.*

FOURVOYER, v. act. (*fourvoè-ié*) (du lat. *foras,* dehors, et *via*, chemin), égarer, détourner de son chemin.—*se* FOURVOYER, au propre et au fig., v. pron., s'égarer, sortir du droit chemin.—S'écarter de la bonne voie.

FOUTEAU, subst. mas. (*foutô*), t. de bot., grand arbre qu'on appelle plus ordinairement hêtre.

FOUTELAIE, subst. fém. (*foutelè*), lieu planté de *fouteaux* ou hêtres.

FOUTON, subst. mas. (*fouton*), nom que l'on donne à une espèce de bécassine.

FOVÉOLAIRE, subst. fém. (*fové-olère*), t. de bot., sorte de plante du Pérou.

FOYER, subst. mas. (*foè-ié*) (du lat. *focus,* fait du grec φωγω ou φωζω, je brûle), âtre, lieu où l'on fait le feu. — Pièce de marbre devant la cheminée.—Chaleur interne qui cause la fièvre.—En chimie, partie d'un fourneau où se place le feu.—Au théâtre, lieu où les acteurs et actrices se chauffent.—Partie du théâtre où le public se réunit pendant les entr'actes.—T. de mar., feu allumé sur un phare. — Le point où les rayons se réunissent dans un miroir ardent, dans une courbe. Les *foyers d'une courbe* étaient appelés autrefois *ombilics* ou *nombrils,* comme étant les points les plus remarquables qui se rapportent à la courbe. — T. d'optique, *foyer virtuel, point de dispersion*, le point où iraient se réunir, s'ils étaient prolongés, des rayons réfléchis ou rompus qui sont divergents. — *Foyer réel*, point où se réunissent effectivement les foyers lumineux, réfléchis par un miroir concave, ou réfractés par un verre convexe, etc.—*Foyer imaginaire*, 1° point où se réuniraient les rayons convergents, s'ils pouvaient continuer leur route dans le même milieu; 2° point d'où partiraient les rayons divergents prolongés en ligne droite. —Fig. : *foyer d'une maladie*, siège principal du mal.—*Foyer de révolte,* point où les révoltés ont réuni leurs forces principales.—Au plur., et figurément, propriété : *il combat pour ses propres foyers.*

FR., abréviation qui, en mathématiques, signifie *franc* ou *francs.*

FRAC, subst. mas. (*frake*), habit à basques étroites, qui n'a qu'un rang de boutons.

FRACAS, subst. mas. (*fraká*) (de l'italien *fracasso*), rupture ou fracture avec violence et grand bruit.—Il se dit par extension de tout ce qui se fait avec désordre et avec bruit, sans qu'il y ait rien de cassé.—Fig., il se dit de ce qui fait beaucoup d'éclat dans le monde, soit en bien, soit en mal.

FRACASSÉ, E, part. pass. de *fracasser.*

FRACASSER, v. act. (*frakacé*) (de l'italien *fracassare*), fait, dans la même signification, de la préposition *fra,* dans, en, au milieu, etc., et du latin barbare *cassare,* pour *quassare*, secouer, ébranler, agiter (*Ménage*) ; suivant le P. *Labbe*, les mots *fracasser* et *fracas* ont été formés simplement par onomatopée), rompre, briser, casser avec bruit et violence. — *se* FRACASSER, v. pron. : *se fracasser la tête,* la briser.

FRACASTORA, subst. fém. (*frakacetora*), t. de bot., genre de plantes labiées.

FRACTION, subst. fém. (*frakcion*) (en lat. *fractio,* fait de *frangere,* rompre, briser), action de rompre. En ce sens, il ne se dit que de l'eucharistie : *le corps de Jésus-Christ n'est point rompu par la fraction de l'hostie.*—En t. d'arithmétique et d'algèbre, partie d'un tout. Ce tout étant considéré comme l'unité, la *fraction* en exprime une ou plusieurs parties.—*Fractions décimales*, *fractions* dont les dénominateurs sont les puissances successives de dix.— *Fractions sexagésimales,* celles dont les dénominateurs sont les puissances successives de soixante. — *Fractions littérales,* celles de quantités algébriques. On en fait usage dans les calculs astronomiques.—*Fractions continues,* espèces de séries au moyen desquelles on trouve une valeur approchée du rapport de la circonférence du cercle au rayon.—*Fractions rationnelles*, *fractions* algébriques qui ne renferment point de radicaux.

FRACTIONNAIRE, adj. des deux genres (*frakcionère*), qui a rapport aux *fractions,* qui en contient. — *Unité fractionnaire* , une partie de l'unité principale, supposée partagée en parties égales.—*Nombre fractionnaire,* collection de plusieurs de ces parties.

FRACTIONNÉ, E, part. pass. de *fractionner.*

FRACTIONNER, v. act. (*frakcioné*), réduire en *fractions.*—*se* FRACTIONNER, v. pron.

FRACTURANT, E, adj. (*frakturan*), qui *fracture.* Il ne se dit qu'en chirurgie : *cause fracturante.*

FRACTURE, subst. fém. (*frakture*) (en lat. *fractura*, fait de *frangere*, rompre, briser), rupture faite avec effort. — Solution de continuité.—En chirurgie, rupture faite à un os par la violence de quelque cause externe.

FRACTURÉ, E, part. pass. de *fracturer,* et adj., t. de chir.: *os fracturé,* où il y a *fracture.*

FRACTURER, v. act. (*frakturé*), t. de chir., faire une *fracture.*—*se* FRACTURER, v. pron.

FRAGARIA, subst. mas. (*fraguaria*), t. de bot., nom latin donné à différentes plantes de la nature du fraisier.

FRAGILE, adj. des deux genres (*frajile*) (en lat. *fragilis*), sujet à se casser, aisé à rompre ; frêle ; avec cette différence que le terme de *fragile* emporte la faiblesse du tout et la roideur des parties, et celui de *frêle,* pareillement la faiblesse du tout et la mollesse des parties ; la chose *fragile* se brise et ne ploie pas, le corps *frêle* ploie et ne casse pas.—Au fig., 1° qui n'est pas solidement établi ; qui peut aisément être détruit : *fortune fragile ;* 2° sujet à tomber en faute : *la chair est fragile.* — L'homme *fragile* diffère de l'homme *faible* en ce que le premier cède à son cœur, à ses penchants ; et le second, à des impulsions étrangères.—FRAGILE, TENDRE. (*Syn.*) Ces deux mots indiquent, en général, que les parties d'un corps peuvent être aisément séparées les unes des autres ; mais *fragile* indique qu'elles peuvent l'être facilement par la percussion ; et *tendre,* qu'elles peuvent l'être facilement par le frottement. Le verre, quoique moins *tendre* que le bois, cède plus facilement à la percussion, et est par conséquent plus *fragile.*

FRAGILITÉ, subst. fém. (*frajilité*) (en lat. *fragilitas*), facilité de se casser ou de se rompre. —Fig., 1° facilité de tomber en faute ; 2° inconstance, instabilité.

FRAGMENT, subst. mas. (*fragueman*) (en lat. *fragmentum,* fait de *frangere,* rompre), morceau de quelque chose qui a été brisé.—Fig., petite partie restée d'un livre, d'un traité, etc. — En littérature, partie d'un ouvrage qu'on n'a point en entier, soit que l'auteur ne l'ait pas achevé, soit que le temps n'en ait laissé parvenir jusqu'à nous qu'une partie : *les fragments de Salluste.*—En musique, partie d'une composition qui peut être jouée séparément : *fragment de symphonie*, *fragment d'opera.* — Au plur., nom qu'on donnait, à l'Opera de Paris, à trois ou quatre actes tirés de divers ballets, pour en former un spectacle que l'on variait aisément, mais dont les parties n'avaient aucun rapport entre elles.

FRAGMENTAIRE, adj. des deux genres (*fraguemantère*), t. de minér., se dit d'une substance qui peut se diviser par *fragments.*

FRAGMENTÉ, E, adj. (*fraguemanté*), t. de lapid., se dit d'une pierre fêlée ou dont il manque quelque *fragment.*

FRAGON, subst. mas. (*fraguon*), t. de bot., plante de la famille des asperges. — Espèce de houx.

FRAGOSE, subst. fém. (*fraguôze*), t. de bot., genre de plantes ombellifères qui comprend six espèces herbacées du Pérou.

FRAI, subst. mas. (*frè*) (du lat. *fritus,* frottement), altération dans les monnaies, causée par le fréquent maniement. —Action de la multiplication des poissons. — Temps où cette multiplication a lieu. — OEufs de poisson mêlés avec ce qui les rend féconds.—Petit poisson.

FRAÎCHE, adj. fém. Voy. FRAIS.

FRAÎCHEMENT, adv. (*frècheman*), au *frais,* avec un *frais* agréable.—Depuis peu, tout récemment.

FRAÎCHEUR, subst. fém. (*frècheur*), *frais*, agréable.—Froidure : *il a fait des fraîcheurs qui ont gâté la vigne.* — Maladie causée par l'humidité froide.—T. de mar., vent égal et modéré.—*Fraîcheur du teint, des couleurs, des fleurs, des étoffes,* etc., leur éclat, leur vivacité. Le mot *fraîcheur* ne se dit pas dans toutes les significations de l'adjectif *frais.* On dit *la fraîcheur du temps, la fraîcheur des bois, la fraîcheur de la nuit, la fraîcheur du teint, la fraîcheur d'une rose*, *la fraîcheur d'un ajustement ;* mais on ne dirait pas *la fraîcheur des troupes,* en parlant de troupes délassées ; ni *la fraîcheur d'une date,* comme on dit de *fraîche date ;* ni *la fraîcheur du pain,* comme on dit *du pain frais.*

FRAÎCHIR, v. neut. (*frèchir*) (rac. *frais*), t. de mar. : *le vent fraîchit,* devient fort.

FRAIE, subst. fém. (*frè*), le temps de la génération des poissons. On dit mieux *frai.*

FRAIRIE, subst. fém. (*frèri*) (du grec φρατρια, réunion, assemblée : *réunion de personnes qui font bonne chère,* etc.), partie de divertissement, de bonne chère et de débauche : *être en frairie.* Il est fam. On écrit aussi *frérie* (rac. *frère*).

FRAIS, adj. mas., au fém. **FRAÎCHE** (*frè, frèche*) (du lat. barbare *frescum,* pour *friscum,* formé de *frigere*, avoir froid, d'où les Italiens ont fait *fresco,* et les Allemands *frisch,* dans la même signification. *Ménage*), médiocrement froid, qui tempère la grande chaleur : *vent, temps, air frais.*—Il se dit quelquefois pour froid : *au printemps, les matinées sont encore fraîches.* — Récent : *œufs frais, nouvelles fraîches, de fraîche date ; je suis tout frais de cette lecture.* — Figurément, en parlant de quelque affliction éprouvée depuis peu : *la plaie en est encore fraîche*, *en est encore toute fraîche.*— Délassé, qui a recouvré ses forces par le repos. — Coloré et vif, en parlant du visage et du teint.—Il se dit, en peinture, d'un coloris brillant et pur : *ce ciel est d'un ton frais.*—Qui se conserve long-temps sans trop sécher.—Qui n'a point été salé : *du beurre frais, du saumon frais.*—*Bouche fraîche,* humide, écumeuse, en parlant d'un cheval.

FRAIS, FRAÎCHE, adv. (*frè*, *frèche*), nouvellement, récemment : *bâtiment tout frais fait, herbes fraîches cueillies ; il est frais arrivé.* — Fraîchement : *boire frais.*—*A la fraîche,* le soir ou le matin. — Prop. : *boire à la fraîche,* boire *frais.*

FRAIS, subst. mas. (*frè*), un froid agréable : *il prend le frais.*—En t. de mar., qualité du vent : *petit frais,* vent faible ; *joli frais,* vent plus fort ; *bon frais,* le meilleur vent qu'on puisse désirer, *grand frais*, celui qui commence à inquiéter.—Au plur., dépense, dépens : *payer les frais.* (Du latin barbare *freda*, *fredum*, ou *fredus,* qui, dans le moyen-âge, signifiait l'amende à laquelle était condamné, envers le roi, le plaideur qui perdait sa cause. Nous avons dit d'abord *freds* et ensuite *frais,* pour les dépens de justice, et, par extension, pour toute autre espèce de dépense.) —*Constituer quelqu'un en frais*, lui faire faire une dépense extraordinaire.—Fig. : *recommencer sur nouveaux frais*, recommencer de nouveau un travail.—*Il a acquis beaucoup de gloire à peu de frais*, sans beaucoup de peine et de mérite.—T. de jurispr. : *les frais d'un procès. Frais ordinaires*, les *frais* des procédures nécessaires pour parvenir à un jugement, sans aucun accident ; *frais extraordinaires*, ceux qui se font pour lever les obstacles et incidents.— On appelle *faux frais*, certaines dépenses qu'une partie est obligée de faire, mais qui n'entrent pas en taxe, comme les ports de lettres, les coûts des actes qu'il faut lever, etc.— *Frais de scellé*, *frais de tutelle* — Fig. : *se mettre en frais*, se dit d'une personne économe, qui fait cependant, dans une certaine circonstance, une dépense extraordinaire.

FRAISE, subst. fém. (*frèze*) (en lat. *fraga*, gén. *fragorum*, fait de *fragrare*, sentir bon), fruit du *fraisier* : c'est une petite baie charnue, un peu ovale, de couleur rouge ou blanche, et d'un goût exquis. — Sorte de collet plissé qui avait plusieurs doubles et qui tournait autour du cou. (De l'italien *fregio*, ornement.)—Le mésentère et les boyaux du veau et de l'agneau. —En t. de fortification, rang de pieux qui garantit une fortification de terre par dehors.—Outil des ouvriers en fer, qui sert à élargir un trou d'un côté. —Chez les horlogers, lime ronde.—T. d'hist. nat., coquillage de mer qui ressemble à une *fraise*.—En t. de chasse, forme des meules et des pierrures de la tête du cerf, du daim et du chevreuil.

FRAISÉ, E, part. pass. de *fraiser*, et adj. : *des collerettes fraisées.*

FRAISEMENT, subst. mas. (*frèzeman*), pieux qu'on met autour des piles d'un pont pour les contre-garder.

FRAISER, v. act. (*frèzé*), plisser à la manière d'une *fraise* : *fraiser des manchettes.*—En t. de fortification, garnir de pieux par dehors.—En t. de guerre, *fraiser un bataillon*, faire mettre la baïonnette au bout du fusil des soldats qui composent un bataillon, et particulièrement aux rangs qui le terminent.—En t. de pâtissier, bien manier la pâte.—Oter la cosse des fèves pour les rendre plus tendres.—Chez les ouvriers en fer et en laiton, élargir un trou d'un côté.—*se* FRAISER, v. pron.

FRAISETTE, subst. fém. (*frèzète*), petite *fraise* : *en grand deuil, les hommes portaient des fraisettes.* — T. d'hist. nat., genre de coquilles univalves.

FRAISIER, subst. mas. (*frèzié*), plante vivace, rampante, à fleurs rosacées, sauvage et cultivée. Le réceptacle des graines, connu sous le nom de *fraise*, est un mets très-rafraîchissant et d'un goût exquis. Les espèces du *fraisier* sont très-multipliées.

FRAISIÈRE, subst. fém. (*frèzière*), lieu planté de *fraisiers.*

FRAISIL, subst. mas. (*frèzi*), cendre du charbon de terre dans une forge.

FRAISOIR, subst. mas. (*frèzoar*), espèce de vilebrequin dont la mèche est terminée par un petit cône à rainure.

FRAISURE, subst. fém. (*frèzure*), creux du bassinet d'une arme à feu.

FRAMBŒSIE ou **FRAMBÉSIE**, subst. fém. (*franbézi*), t. de médec., maladie cutanée qui se décèle par de petites tumeurs semblables à des *framboises*. Elle est connue aussi sous le nom de *pian.*

FRAMBOISE, subst. fém. (*franboèze*), fruit rouge qui croît sur un arbrisseau épineux. Voy. FRAMBOISIER.

FRAMBOISÉ, E, part. pass. de *framboiser*, et adj.

FRAMBOISER, v. act. (*franboèzé*), accommoder avec du jus de *framboises.*—*se* FRAMBOISER, v. pron.

FRAMBOISIER, subst. mas. (*framboèzié*) (du lat. *francus rubus*, buisson franc, c'est-à-dire qui porte du fruit doux sans avoir été enté. Voy. FRANC. *Ménage*, d'après *Saumaise.*), arbrisseau cultivé dans les jardins. Le fruit rouge ou blanc, velu, d'une odeur suave, d'un goût agréable, se nomme *framboise*. Le *framboisier* est aussi appelé *ronce du mont Ida.*

FRAMÉE, subst. fém. (*framé*), javeline, arme de jet et de main, à l'usage des Gaulois et des Germains.

FRANC, subst. mas. (*fran*, le *c* ne se prononce jamais), nom qu'on donne aux anciens Français du temps de *Clovis.* — Ancienne monnaie fabriquée en France à différentes époques et avec différentes valeurs. Il y a eu des *francs d'or* et des *francs d'argent.*—Depuis, monnaie de compte de la même valeur que la livre tournois, c'est-à-dire de vingt sous. Dans le nouveau système, le *franc* est l'unité monétaire qui désigne une valeur d'un peu plus de quatre-vingts grains d'argent fin. Il se divise en cent centimes, dont chacun vaut deux deniers quarante-trois centièmes de denier tournois ; par conséquent, le *franc* vaut une livre tournois et trois deniers. Il diffère d'ailleurs de la livre, en ce qu'il n'est pas seulement une monnaie de compte, mais une pièce effective d'argent. Il y a des pièces d'or de vingt *francs*, de quarante *francs*, etc.—Dans le premier système de division, décrété le 1er août 1793, le *franc*, qui était également l'unité monétaire, était une pièce d'argent pesant la centième partie du *grave* ou cent quatre-vingt-huit grains quarante-un centièmes. D'après la valeur légale de l'écu de six livres d'alors, et en supposant le même titre, le *franc* aurait valu quarante sous six deniers trois cinquièmes. — Nom qu'on donne en Turquie à tous les Européens non sujets à la capitation que paient les sujets chrétiens et juifs, qu'on appelle *rayas*. On dit adj., dans le même sens : *les nations franques*, et non pas *franches.* —On nomme *langue franque*, un certain jargon, composé non-seulement du français, de l'italien et de l'espagnol, mais encore de plusieurs autres idiomes, en usage parmi les gens de mer de la Méditerranée et les marchands qui vont commercer dans le Levant.

FRANC, adj. mas., au fém. **FRANCHE** (*fran, franche*, le *c* ne se prononce que devant une voyelle) (du latin *Francus*, nom d'un peuple libre de la Germanie inférieure), libre ; *franc arbitre.*—Fam. : *faire une chose de sa pure et franche volonté.*—Exempt d'impositions, de charges, de dettes, etc. : *paquet franc de port*, et non pas *port franc.*— Sincère, qui dit ce qu'il pense.—Devant un subst., il a le sens de vrai : *c'est un franc animal, une franche coquette.* — Entier, complet : *deux jours francs.*—En parlant des arbres qui portent du fruit doux sans avoir été entés : *noisetier franc*. En ce sens, on dit subst. : *enter franc sur franc.*— *Terre franche*, qui n'a pas été fumée.— On appelle *corps franc, compagnie franche*, certaines troupes levées en temps de guerre, et qui ne sont pas à la charge de l'état. Elles sont équipées et entretenues à leurs propres frais ou à ceux du chef qui les commande. Ce sont pour l'ordinaire des bandes de pillards, autant à redouter de ceux qu'ils défendent que de ceux qu'ils combattent.—*Avoir part franche*, avoir sa part dans une affaire sans y contribuer en rien.—On dit : *un franc Gaulois*, pour dire un homme de bonne foi ; ce qui se dit aussi quelquefois en mauvaise part, d'un homme simple et grossier.—*Avoir ses coudées franches*, vivre à sa fantaisie, en toute liberté, sans être gêné par qui que ce soit.—*Avoir son franc-parler*, avoir la liberté de dire ce que l'on pense.—En t. de mar. : *rendre le navire franc d'eau*, tirer l'eau qui peut être dans le navire, et le vider par le moyen de la pompe.—Lorsqu'un bâtiment gouverne en bonne route avec un vent qui ne varie ni en force ni en direction, *le vent est franc.*—On désigne dans les ports marchands le pont sur gueule d'un navire, par *franc-tillac.* —On dit que *la pompe est franche*, quand elle ne jette plus d'eau, que le piston n'en trouve plus à aspirer.—*Cheval franc de collier*, qui tire bien. —Fig. et fam. : *homme franc du collier*, homme brave et prêt à servir ses amis.—T. de peinture : *franc de touche, franc de pinceau*, qui réunit l'assurance, la netteté et la justesse. Voy. FRANCHISE. —*Ton bien franc*, qui a été choisi avec justesse quant au coloris et à l'effet. — *Couleur bien franche*, qui a été posée sans être fondue ni salie : *Rubens était très-franc de teintes.*

FRANC, adv. (*fran*), sans déguiser, sans biaiser : *il le dément tout franc* ou *franc et net.* —*Peindre franc*, peindre facilement, hardiment, sans tâtonner, à pleine couleur, sans le secours des glacis.—*Parler franc*, parler ouvertement, sans déguisement, sans détour.

FRANÇAIS, E, adj. et subst. (*francè, cèze*), qui est de *France*, qui appartient à la *France.* — Homme, femme nés en *France* : *les Français*, habitants de la *France.* — *Vivre à la française*, à la manière des *Français.*

FRANÇAIS, subst. mas. (*francè*) : *savoir le français, entendre le français*, savoir, comprendre la langue *française.* — Prov. : *parler français*, expliquer nettement son intention sur quelque chose. — *Parler français à quelqu'un*, lui parler avec autorité et d'un ton menaçant.—*En bon français*, franchement et sans ménagement. — *Ne pas entendre le français*, ne pas comprendre ce qu'on veut nous faire entendre.

FRANC-ALLEU, subst. mas. (*frankaleu*), autrefois terre exempte des droits féodaux.

FRANC-ARCHER, subst. mas. (*frankarché*), soldat. Voy. ARCHER.—Au plur., des *francs-archers.*

FRANCATU, subst. mas. (*frankatu*), sorte de pomme.

FRANC-BASSIN, subst. mas. (*franbacein*), t. de bot., espèce de basilic à grandes feuilles, qui croît en Amérique.

FRANC-BORD, subst. mas. (*franbor*), t. de mar., tout le bordage qui couvre un vaisseau depuis la quille jusqu'à la première préceinte.—Au plur., des *francs-bords.*

FRANC-BOURGEOIS, subst. mas. (*franbourjoa*), nom qu'on donnait du temps de la Fronde aux partisans du duc d'Orléans.

FRANC-CANTON, subst. mas. (*frankanton*), t. de blas., pièce adextre dans un carré.

FRANC-COMTOIS, E, adj. et subst. (*frankontoâ, toâze*), de la *Franche-Comté.*

FRANCE, subst. propre fém. (*france*), royaume considérable d'Europe, dont la superficie est de 27,000 lieues carrées et la population de 32,000,000 habitans. Paris en est la capitale. — On appelle *point de France*, une sorte de dentelle qui se fait au boisseau.

FRANCE (ILE-DE-), subst. prop. fém. (*iledefrance*), ancienne province de *France* qui se trouve comprise aujourd'hui dans les dép. de l'Aisne, de l'Oise, de la Seine, de Seine-et-Marne et de Seine-et-Oise. — Ile de la mer des Indes, appelée anciennement *Maurice.* — Myth., symbole d'une femme vêtue d'un manteau bleu, la couronne fermée en tête, et le sceptre à la main.

FRANCESCONE ou **LEOPOLDINO** (*francècekone, le opoledino*), subst. mas., monnaie de Toscane qui vaut environ 5 fr. 75 c.

FRANC-ÉTABLE, subst. mas. (*frankétable*), t. de mar. : *deux vaisseaux s'abordent de franc-étable*, de manière à s'enferrer par leurs éperons.—Sans plur.—L'*Académie* en fait un adv. Cependant elle donne pour exemple : *abordage de franc-étable*. Un adv. ne peut guère être régi par un subst.

FRANC-FIEF, subst. mas. (*franfièfe*). Voy. FIEF. —Au plur., des *francs-fiefs.*

FRANC-D'OR-FIN, subst. mas. (*frandorfein*), monnaie d'or du temps du roi Jean.

FRANC-FILIN, subst. mas. (*franfilein*), t. de mar., tout *filin* propre à faire des appareils de force.

FRANCFORT, subst. propre mas. (*frankfor*). Il y a en Allemagne deux villes de ce nom, l'une sur la rivière de Mein, l'autre sur celle de l'Oder. La première est ville libre, la seconde fait partie du royaume de Prusse.

FRANCFORTOIS, E, adj. et subst. (*frankefortoa, toaze*), qui est de *Francfort.*

FRANC-FUNIN, subst. mas. (*franfunein*), t. de mar. En général, tout cordage qui n'est point goudronné.—Au plur., des *francs-funins.*

FRANCHE, adj. et subst. fém. Voy. FRANC.

FRANCHE-BARBOTTE, subst. fém. (*franchebarbote*), t. d'hist. nat., poisson d'eau douce qui ressemble au goujon. On l'appelle aussi *lotte-franche.*

FRANCHE-COMTÉ, subst. propre fém. (*franchekonté*), ancienne province de France, qui se trouve comprise aujourd'hui dans les départements du Doubs, de la Haute-Saône et du Jura.

FRANCHEMENT, adv. (*francheman*), avec *franchise*, avec sincérité : *il a parlé franchement.*— T. de prat., avec exemption de charges et de dettes : *vendre franchement.*

FRANCHE-MULLE, subst. fém. (*franchemule*), on donne quelquefois ce nom à la caillette ou quatrième estomac des animaux ruminants. On s'en sert pour faire cailler le lait.

FRANCHI, E, part. pass. de *franchir.*

FRANCHIR, v. act. (*franchir*) (du lat. barbare *franchire*, employé dans la basse latinité avec le sens d'*affranchir*, rendre libre : *franchir un fossé*, etc., c'est n'être point arrêté par cet obstacle et se rendre libre), sauter par dessus : *franchir un fossé, une barrière.* — Passer hardiment et heureusement des endroits difficiles : *après avoir franchi les Alpes*....—Passer au-delà : *franchir les limites.*—T. de mar., *franchir la pompe*, assécher l'eau qu'il y a dans le vaisseau en pompant.—On dit neutralement que le vent *franchit*, lorsque étant au plus près il commence à devenir favorable.—*Franchir la lame*, couper les vagues, passer au travers.—Au fig., 1° *franchir les bornes du devoir, de la pudeur*, etc., faire quelque chose de contraire au devoir, à la pudeur, etc.; 2° *franchir les difficultés, les obstacles*, les surmonter ; 3° *franchir le pas*, s'engager dans une entreprise périlleuse. Ce dernier est familier. — *Franchir le mot*, dire crûment une chose.

FRANCHISE, subst. fém. (*franchize*) (racine *franc*), exemption, immunité : *lieu de franchise.* —Il se dit du droit d'asyle même : *les franchises des églises n'ont pas lieu en France.* Ce mot a été plus particulièrement affecté aux quartiers des ambassadeurs à Rome; c'était un terrein autour de leurs palais, plus ou moins grand, selon la volonté de l'ambassadeur. Tout ce terrein était un asyle pour les criminels; on ne pouvait les y poursuivre.—Il y avait autrefois à Paris plusieurs *lieux de franchise* où les débiteurs ne pouvaient être saisis pour leurs dettes par la justice ordinaire, et où les ouvriers pouvaient exercer leurs métiers sans être passés maîtres.—Sincérité, candeur. C'est l'emploi le plus ordinaire de ce mot. Il diffère, 1° de *véracité*, en ce qu'on est *franc* par caractère, et *vrai* par principes : la *franchise* se trahit, la *véracité* se montre; celle-ci est courageuse, la première est imprudente; un menteur qui se repent peut devenir *vrai*, mais jamais franc; 2° de *vérité* et de *sincérité*, en ce que, comme on vient de le dire, la *franchise* paraît tenir au caractère, la *vérité* aux principes, la *sincérité* à l'innocence. On peut apprendre à dire la *vérité*; c'était une des choses que les Perses enseignaient à leurs enfants. La *franchise* ne s'apprend pas, elle naît de la noblesse et de l'indépendance de l'âme. La *sincérité* vient du cœur, et quand elle n'est pas sur les lèvres, elle se montre dans les yeux. — On le disait autrefois pour liberté. — En peinture, assurance, netteté, légèreté, nées du savoir de l'artiste, et du vif sentiment de la forme qu'il exprime : *franchise de touche; franchise de pinceau.*

FRANCIADE, subst. fém. (*franciade*), période de quatre ans au bout de laquelle, dans la nouvelle ère républicaine, il fallait ordinairement ajouter un jour à l'année commune, pour maintenir la coïncidence de l'année civile avec les mouvements célestes.—Poëme épique sur la *France* ou sur les *Francs*.

FRANCIN, subst. mas. (*francein*), espèce de parchemin. Hors d'usage.

FRANCISATION, subst. fém. (*francizâcion*), acte qui constate qu'un navire est *français*.

FRANCISCAIN, subst. mas. (*francicekein*), religieux cordelier.

FRANCISÉ, E, part. pass. de *franciser*.

FRANCISER, v. act. (*francizé*), donner une terminaison, une inflexion *française*. — *se* FRANCISER, v. pron., être reçu dans la langue *française* en parlant d'un mot qui n'est pas *français*.—On le dit d'un étranger qui prend les manières *françaises*.

FRANCISQUE, subst. fém. (*franciceke*), hache d'armes des Francs, qui avait deux tranchants.

FRANC-MAÇON, subst. mas. (*franmaçon*), t. d'hist. mod., associés qui s'obligent à garder un silence inviolable sur tout ce qui caractérise leur ordre, et qui, au moyen de quelques signes secrets, peuvent se reconnaître au milieu des étrangers qu'ils appellent *profanes*.—L'origine de la *maçonnerie*, suivant des écrivains, remonte au temps des Croisades; ils croient que les chrétiens dispersés dans la Palestine parmi les infidèles, obligés d'avoir la facilité de se rallier, convinrent de signes et de paroles qui ne furent communiqués aux chevaliers chrétiens que sous le sceau du secret, et qui se perpétuèrent entre eux à leur retour en Europe. La réédification des temples détruits par les Musulmans pouvaient être, ajoutent-ils, un de leurs vœux; de là le nom de *maçons*, ainsi que les symboles d'architecture dont on se sert encore dans cette association. Et enfin, comme les *Français* ou les *Francs* ont été plus ardents que toutes les autres nations à la conquête de la Terre-Sainte, on a pu leur donner l'épithète de *Francs-Maçons*. D'autres écrivains prétendent que la *franc-maçonnerie* est une suite de l'ordre des templiers, et que son but est peu louable. Les *maçons* se traitent de frères. Ils appellent *loges* le lieu où ils tiennent leurs assemblées : chaque loge a ses dignitaires; mais toutes celles d'un état dépendent d'une loge principale, à la tête de laquelle il y a un grand-maître dont le pouvoir est assez étendu. En France, la grande loge est à Paris. Dans l'ordre *maçonnique* on distingue différents grades auxquels ses membres ne parviennent que successivement, et selon leur zèle, leur intelligence ou leur caractère; tels sont les grades de *maître*, *rose-croix*, etc.; ceux d'*apprenti* et de *compagnon* sont les moindres, et tous y ont droit. On dit que la réception d'un *maçon* est accompagnée d'un appareil effrayant, afin que les épreuves qu'on lui fait subir servent à constater la fermeté nécessaire pour garder un secret.—Au plur., des *francs-maçons*.

FRANC-MAÇONNERIE, subst. fém. (*franmaçoneri*), société mystérieuse, espèce d'affiliation faussement prétendue cabalistique, qui n'a pour but qu'une union fraternelle, une égalité parfaite entre ses membres, des secours mutuels dans toutes les circonstances de la vie, et aucune action politique. Voy. FRANC-MAÇON.

FRANCO, adv. (*franko*) (mot italien), sans frais.

FRANCOA, subst. fém. (*franko-a*), t. de bot., plante des îles Chiloé, à feuilles radiales étendues sur la terre.

FRANCOLIN, subst. mas. (*frankolein*), t. d'hist. nat., espèce de perdrix.—Sorte de coquille appelée aussi *cône-drap-d'or*.

FRANCONIE, subst. propre fém. (*frankoni*), nom d'une province d'Allemagne.

FRANCON, subst. mas. (*frankon*), nom des anciens habitants de la *Franconie*.

FRANCOPHILE, subst. des deux genres (*frankofile*) (du mot *Franc*, ancien nom des *Français*, et du grec φίλος, ami), ami, partisan des *Français*.

* **FRANC-PARLER**, subst. mas. (*franparlé*), liberté entière de dire tout ce que l'on pense : *avoir son franc-parler*.—Sans plur.

FRANC-PICARD, subst. mas. (*franpikare*), t. de bot., variété du peuplier blanc.

* **FRANC-PINEAU**, subst. mas. (*franpinô*), raisin qui produit les vins les plus délicats de la Bourgogne.—Sans plur.

FRANC-QUARTIER, subst. mas. (*frankartié*), t. de blas., premier quartier de l'écu.—Sans plur.

FRANC-RÉAL, subst. mas. (*franré-ale*), sorte de poire.—Sans plur.

FRANC-SALÉ, subst. mas. (*françalé*), c'était autrefois le droit de prendre à la gabelle une certaine quantité de sel sans payer.—Sans plur.

FRANC-TAUPIN, subst. mas. (*frantôpein*), autrefois soldat qui travaillait à creuser la terre. — Au plur., des *francs-taupins*.

FRANC-TENANCIER, subst. mas. (*frantenancié*), autrefois celui qui possédait un fief affranchi. — Au plur., des *francs-tenanciers*.

FRANC-TILLAC, subst. mas. (*franti-iak*), t. de mar., le premier pont d'un vaisseau.—Au plur., des *francs-tillacs*.

* **FRANGE**, subst. fém. (*franje*) (en lat. *fimbria*, pour lequel on a dit *frimbria*. Ménage.), tissu d'où pendent des filets pour servir d'ornement à certains meubles, vêtements, etc.—T. d'hist. nat., poisson du genre cyprin.

FRANGÉ, E, part. pass. de *franger*, et adj., en t. de bot., terminé par une coupure très-fine imitant une *frange*.

FRANGEON, subst. mas. (*franjon*), petite *frange*.

FRANGER, v. act. (*franjé*), garnir de *franges*. —*se* FRANGER, v. pron.

FRANGIBILITÉ, subst. fém. (*franjibilité*), qualité de ce qui est *frangible*.

FRANGIBLE, adj. des deux genres (*franjible*), capable d'être rompu.

FRANGIER, subst. mas., au fém. FRANGIÈRE (*franjié, jière*), celui ou celle qui fabrique les *franges*.—L'*Académie*, qui ne donne pas le féminin de ce mot, a tort de dire aussi *franger* au mas.

FRANGIÈRE, subst. fém. Voy. FRANGIER.

FRANGIPANE, et non point FRANCHIPANE, ni FRANCHIPALE, comme dit le peuple, subst. fém. (*franjipane*), sorte de pâtisserie. — Espèce de parfum.

FRANGIPANIER, subst. mas. (*franjipanié*), t. de bot., arbre des Antilles, haut de dix à quinze pieds, d'une odeur très-suave, d'un goût âcre et pimenté. Toutes les parties du *frangipanier* donnent un suc laiteux très-caustique.

FRANGUI, subst. mas. (*frangui*), nom que donnent les Indiens à ceux qui ne professent pas le culte de Brama.

FRANGULACÉE, subst. fém. (*frangulacé*), t. de bot., famille de plantes, ainsi nommées de la *frangule*, une d'entre elles.

FRANGULE, subst. fém. (*frangule*), t. de bot., arbrisseau dont l'écorce moyenne et purgative est bonne dans l'hydropisie, la jaunisse, etc.

FRANKLANDIE, subst. fém. (*franklandi*), t. de bot., arbrisseau de la Nouvelle-Hollande, de la famille des protées.

FRANKLINE, subst. fém. (*frankline*), t. de bot., genre de plantes, le même que celui des *gordons*.

FRANKY, subst. mas. (*franki*), nom que depuis l'époque des Croisades, on donne en Orient à tous les Européens.

FRANQUE, adj. fém. (*franke*): *langue franque, nations franques*. Voy. FRANC.

FRANQUENNE, subst. fém. (*frankiène*), t. de bot., genre de plantes de la famille des œillets.

FRANQUETTE, subst. fém. (*frankiète*), il n'a d'usage que dans cette phrase familière : *à la franquette, à la bonne franquette*.— Adv., *franchement*, ingénument.

FRANSERIE, subst. fém. (*franzeri*), t. de bot., genre de plantes urticées.

FRAPPANT, E, adj. (*frapan, pante*), qui surprend, qui *frappe* et saisit l'imagination ou les sens : *des preuves frappantes*. — D'une parfaite ressemblance : *son portrait est frappant*.

FRAPPART, subst. et adj. mas. (*frapar*), on a appelé *frère frappart*, un moine libertin et débauché.

FRAPPE, subst. fém. (*frape*), marque qu'on imprime sur les espèces avec le marteau ou le balancier.—Assortiment complet de matrices pour fondre des caractères d'imprimerie : *une frappe de petit-romain; une frappe de cicéro*.

FRAPPÉ, subst. mas. (*frapé*), t. de mus., premier temps de la mesure, sur lequel on baisse la main ou le pied en *frappant*.

FRAPPÉ, E, part. pass. de *frapper*, et adj. : *du champagne, de l'eau frappée*, de l'eau, du champagne que l'on a fait rafraîchir dans la glace. — *Melon frappé* se dit, en t. de jard., d'un melon qui commence à jaunir par maturité. —Se dit en t. d'arts, de la manière de conduire le crayon ou le burin dans les dessins, les tailles et les hachures : *trait frappé avec force*, etc. — Fig., surpris, étonné : *imagination frappée*, etc. Voy. FRAPPER.

FRAPPE-MAIN, subst. mas. (*frapemein*), sorte de jeu d'enfant.—Sans plur.

FRAPPEMENT, subst. mas. (*frapeman*), il ne se dit que de l'action de Moïse *frappant* le rocher pour en faire sortir l'eau.

FRAPPE-PLAQUE, subst. mas. (*frapeplake*), t. d'orfèvrerie, plaque de fer garnie d'une poignée, dont on se sert pour donner le contour à une pièce.—Au plur., des *frappe-plaque*.

FRAPPER, v. act. (*frapé*), donner un ou plusieurs coups : *frapper la terre du pied*. On dit aussi neutralement, *frapper à la porte; l'heure a frappé*. Voy. BATTRE.—Fig., faire impression sur les sens ou sur l'esprit : *le son frappe l'oreille; objet qui frappe la vue, l'imagination, l'esprit*.—*Frapper de la monnaie, des médailles*, imprimer sur du métal préparé l'empreinte qu'on veut leur donner.—T. de mar. : *frapper une manœuvre*, attacher le dormant d'une manœuvre à demeure. *Frapper* se dit pour les manœuvres qui font dormant, et *amarrer* pour celles qu'on largue souvent.—*Frapper une poulie*, attacher une poulie fixe dans quelque endroit d'où elle ne doit plus sortir.—On dit en t. de vénerie, 1° *frapper à la brisée*, faire entrer les chiens dans l'enceinte; 2° *frapper à route*, c'est faire suite avec le limier. — *Médaille bien frappée*, bien marquée.—*Drap bien frappé*, bien travaillé, fort et serré. — *Vers bien frappés*, bien faits. — *Être frappé d'un anathème*, excommunié.—*Être frappé de la peste, d'apoplexie*, en être attaqué.—*Être frappé à mort*, être malade à n'en pouvoir échapper. — *Être frappé d'étonnement*, en être saisi.—*Avoir l'imagination frappée d'une chose*, en avoir l'imagination remplie et blessée.—*Avoir l'esprit frappé d'une opinion*, y être opiniâtrément attaché. — Il s'emploie neutralement dans les phrases suivantes : *frapper dans la main*, pour conclure un marché; *frapper sur l'épaule*, en signe d'amitié ou de caresse. — Figurément, *frapper un grand coup*, faire un grand exploit, faire une chose qui a des suites importantes. — On dit figurément d'un bon ouvrage, que *c'est un ouvrage frappé au bon coin*.—*se* FRAPPER, v. pron., se donner des coups. — Fig., *se frapper l'imagination*, se livrer à de sinistres pressentiments.

FRAPPEUR, subst. mas., au fém. FRAPPEUSE (*frapeur, peuze*), celui, celle qui *frappe*. Il est familier.

FRAPPEUSE, subst. fém. Voy. FRAPPEUR.

FRARAGE, subst. mas. (*fraraje*) (du lat. *frater*, frère), partage d'un fief entre frères. Inus.

FRARAGÉ, E, part. pass. de *frarager*.

FRARAGER, v. act. (*frarajé*), partager par *frarage*. Hors d'usage.

FRASAGE, subst. mas. (*frazaje*), action de *fraser*.

FRASCATI, subst. propre mas. (*fracekati*), ville des états de l'Église romaine. — A Paris, maison de jeu.

FRASE, subst. mas. (*frâze*), outil d'acier.

FRASER, v. act. (*frazé*) : *fraser la pâte*, y mettre de la farine, lui donner le deuxième tour.

FRASÈRE, subst. fém. (*frazère*), t. de bot., genre de plantes de la famille des gentianées.

FRASIL, subst. mas. (*frazi*), poussier de charbon, menue braise, dont on couvre ordinairement le bois dans le fourneau de charbon.

FRASE, E, part. pass. de *fraser*.

FRASQUE, subst. fém. (*fraceke*), action extravagante, imprévue et faite avec éclat.—Suivant *Trévoux*, tour malin qu'on fait à quelqu'un. Il est peu usité.

FRATER, subst. mas. (*fratère*) (du lat. *frater*, frère), perruquier de village. — Garçon chirurgien.—Frère servant dans un couvent.

FRATERNEL, adj. mas., au fém. **FRATERNELLE** (*fratèrenèle*) (en lat. *fraternus*, fait de *frater*, frère), qui est propre à des *frères*.—*Charité fraternelle*, charité que nous devons avoir les uns pour les autres, comme enfants du même père par le baptême. — *Correction fraternelle*, faite en secret et avec un esprit de charité.

FRATERNELLE, adj. fém. Voy. FRATERNEL.

FRATERNELLEMENT, adv. (*fratèrenèleman*), d'une manière *fraternelle*.

FRATERNISER, v. neut. (*fratèrenizé*), vivre ou agir *fraternellement*.

FRATERNITÉ, subst. fém. (*fratèrenité*) (en lat. *fraternitas*), relation de *frère à frère*, de frère à sœur.—Union intime.—*Fraternité d'armes*, liaison d'estime, d'amitié, de confiance, etc., que contractaient deux chevaliers en s'associant pour quelque haute entreprise, etc.

FRATESQUE, adj. des deux genres (*fratèceke*), qui concerne les moines. (Il se prend en mauvaise part.)

FRATRICIDE, subst. mas. (*fratricide*) (en lat. *fratricida*, fait de *frater*, frère, et de *cœdere*, tuer), meurtre de *frère*, de sœur.—Celui ou celle qui a tué son *frère*, sa sœur. Dans cette acception, il est des deux genres.

FRATRISÉE, adj. fém. (*fratrizé*) (du lat. *frater*, frère); en t. de poésie, on appelle *rime fratrisée*, celle qui est répétée au commencement du vers qui le suit. Inusité.

FRAUDE, subst. fém. (*frôde*) (en lat. *fraus*, gén. *fraudis*, dérivé de φραζω, je parle), tromperie, action faite de mauvaise foi.—*Faire la fraude*, la contrebande. — *En fraude*, loc. adv., frauduleusement.

FRAUDÉ, E, part. pass. de *frauder*.

FRAUDER, v. act. (*frôdé*) (en lat. *fraudare*, fait de *fraus*, gén. *fraudis*, fraude), tromper, décevoir. En ce sens il vieillit. — Frustrer par quelque *fraude* : *il a fraudé ses créanciers*. — *Frauder la gabelle*, ne pas payer ce qui est dû pour la gabelle. — Introduire, vendre des marchandises en contrebande. — *se* FRAUDER, v. pron.

FRAUDEUR, subst. mas., au fém. **FRAUDEUSE** (*frôdeur, deuze*) (en lat. *fraudator*), celui, celle qui *fraude*.

FRAUDEUSE, subst. fém. Voy. FRAUDEUR.

FRAUDULENT, E, adj. (*frôdulan, lante*), qui trompe, qui agit de mauvaise foi; se dit des personnes, et *frauduleux* des choses. Il est peu usité.

FRAUDULEUSE, adj. fém. Voy. FRAUDULEUX.

FRAUDULEUSEMENT, adv. (*frôduleuzeman*) (en lat. *fraudulenter*), avec *fraude* : *il a contracté frauduleusement, pour tromper ses créanciers*.

FRAUDULEUX, adj. mas., au fém. **FRAUDULEUSE** (*frôduleu, leuze*) (en lat. *fraudulosus* ou *fraudulentus*), enclin à la *fraude* : *esprit frauduleux*. Il est moins usité dans ce sens que dans le suivant.—Fait avec *fraude* : *banqueroute frauduleuse*. Il ne se dit point des personnes, même dans le premier sens.

FRAXINELLE, subst. fém. (*frakcinèle*) (du lat. *fraxinus*, frêne), t. de bot., plante cultivée dans les jardins, et dont les feuilles ressemblent à celles du *frêne*. On la nomme aussi *dictame blanc*.

FRAYE, subst. fém. (*frèie*), t. d'hist. nat., l'un des noms vulgaires de la grive draine.

FRAYÉ, E, part. pass. de *frayer*, et adj. — On dit qu'*un cheval est frayé aux ars*, pour dire qu'il y a inflammation et écorchure à la partie interne et supérieure de l'avant-bras.

FRAYER, v. act. (*frèié*) (en lat. *fricare*, frotter), marquer, tracer, *frayer la voie*, *le chemin*. —Fig., *frayer le chemin à quelqu'un*, lui donner les moyens ou l'exemple de faire quelque chose. —Frôler, toucher légèrement en passant : *le coup n'a fait que lui frayer la botte*.—Neutralement, s'approcher pour la multiplication de l'espèce, en parlant des poissons. — En t. de vènerie, on dit qu'un cerf *fraie*, quand il *frotte* sa tête contre un arbre pour faire tomber la peau velue de ses nouvelles cornes.—Diminuer de volume : *cet écu a beaucoup frayé*.—Convenir ensemble, s'accorder. En ce dernier sens il est familier, et se dit presque toujours avec la négative : *ces deux hommes ne fraient pas ensemble*. — *se* FRAYER, v. pron. : *se frayer un chemin aux honneurs*; *se frayer le chemin*, préparer les moyens de parvenir.

FRAYÈRE, subst. fém. (*frèière*), endroit où *fraient* les poissons.

FRAYEUR, subst. fém. (*frèieur*) (du lat. *fragor*, grand bruit qui surprend et effraie), épouvante, crainte vive.

FRAYLEJON, subst. mas. (*frèlejon*), t. de bot., plante résineuse d'Amérique.

FRAYOIR, subst. mas. (*frèioar*), t. de vén., marques qui restent aux baliveaux contre lesquels le cerf a *frotté* son bois.

FRAYON, subst. mas. (*frèion*), t. de charpentier, pièce de bois qui fait chapeau sur le gros fer d'un moulin.

FRAYURE, subst. fém. (*frèiure*), action des cerfs qui *frottent* leur bois contre les arbres.

FRÉA, subst. propre fém. (*fré-a*), myth., déesse que les anciens Germains adoraient comme la divinité tutélaire du mariage.

FREDAINE, subst. fém. (*fredène*) (suivant *Ménage*, du lat. barbare *fraudana*, fait de *fraus*, *fraudis*, fraude, tromperie), trait de libertinage, folie de jeunesse. Il est du style familier, et se dit le plus souvent au pluriel.

FRÉDÉRIC, subst. mas. (*frédérik*), monnaie d'or de Prusse, qui a cours pour cinq écus ou rixdalers, dix-neuf livres douze sous cinq deniers tournois, ou dix-neuf francs trente-sept centimes.—T. d'hist. nat., poisson du genre du saumon.

FREDON, subst. mas. (*fredon*), ancien terme de musique qui signifie un passage rapide de plusieurs notes sur la même syllabe. Il se dit aujourd'hui ironiquement pour signifier certains ornements du chant qui ont vieilli.—A certains jeux de cartes, trois ou quatre cartes semblables.

FREDONNÉ, E, part. pass. de *fredonner*.

• **FREDONNEMENT**, subst. mas. (*fredoneman*), action de *fredonner*.

FREDONNER, v. neut. et act. (*fredoné*), faire *des fredons*. — *Fredonner un air*, le chanter à demi-voix.—*se* FREDONNER, v. pron.

FREDONNEUR, subst. et adj. mas., au fém. **FREDONNEUSE** (*fredoneur, neuze*), qui *fredonne*, qui chante à demi-voix. Familier.—*Raymond* dit *fredonneux*; c'est un barbarisme.

FREDONNEUSE, subst. et adj. fém. Voy. FREDONNEUR.

FREDURE, subst. fém. (*fredure*), médiocrité dans les arts; ouvrage insignifiant en littérature; plaisanterie sans sel. (*Boiste*.) Inusité.

FRÉGATAIRE, subst. mas. (*fréguatère*); on appelle ainsi les portefaix dans les colonies.

FRÉGATE, subst. fém. (*fréguate*) (de l'italien *fregata*, dont les Espagnols ont fait *fragata* et les Turcs *fargata*), bâtiment de guerre moindre et plus léger que les grands vaisseaux, dont il diffère encore en ce qu'il n'a qu'une batterie de long en long.—*Frégate d'avis*, petit navire qui porte des paquets et des ordres à l'armée, et qui sert aussi à aller reconnaître les vaisseaux. — *Frégate légère*, petit navire de guerre, bon voilier, qui n'a qu'un pont, et qui porte ordinairement depuis seize jusqu'à vingt-cinq pièces de canon.—T. d'hist. nat., genre d'oiseaux palmipèdes qui s'élèvent dans les airs à perte de vue; ainsi nommés de la rapidité de leur vol.—Insecte de mer de la grosseur d'un œuf de poule, et de la forme d'une barque, qui est toujours sur l'eau, où il se soutient par une espèce de petite voile couleur de pourpre.

FRÉGATÉ, E, part. pass. de *frégater*, et adj., qui a la forme d'une *frégate*.

FRÉGATER, v. act. (*fréguaté*), t. de mar., donner à un bâtiment l'apparence et les qualités de la *frégate*. (*Boiste*.) Inusité.

FRÉGATON, subst. mas. (*fréguaton*), bâtiment vénitien, à poupe carrée, qui porte un artimon, un grand mât et un beaupré. — Petit bateau de pêcheur, pointu par les deux bouts, et qui ne va qu'à la rame.

FREIN, subst. mas. (*frein*) (du latin *frenum*, fait de *frangere*), mors. — En anat., ce qui bride, retient une partie. — Fig., ce qui retient dans le devoir : *ronger son frein*, retenir en soi-même son dépit sans oser le faire éclater.—*Frein* ou *refrein*, t. de marine, mouvement des vagues qui, après avoir été poussées rudement vers des rochers, rebondissent au loin, en s'éloignant de l'endroit où elles ont frappé.

FREINDRE, v. act. (*freindre*), rompre. (*Boiste*.) Vieux et inusité.

FREISLÉBEN, subst. mas. (*frècelébène*), t. d'hist. nat., nom d'une substance minérale, tiré de celui du minéralogiste qui l'a décrite le premier. Sa couleur est un gris bleuâtre ou bleu; elle est fragile, tendre, douce au toucher et insoluble dans l'eau.

FRÉJUS, subst. propre mas. (*fréjuce*), petite ville de France (*Forumjulii* des Romains), dép. du Var, où débarqua Napoléon en 1799, à son retour d'Egypte.

FRELAMPE, subst. mas. (*frelanpe*), monnaie de billon qui avait autrefois cours dans l'Anjou.

FRELAMPIER, subst. mas. (*frelanpié*), homme de néant. Hors d'usage.

FRELATAGE, subst. mas. (*frelataje*). Voy FRELATERIE, qui est plus usité.

FRELATÉ, E, part. pass. de *frelater*, et adj., *du vin frelaté*.

FRELATER, v. act. (*frelaté*), altérer, falsifier, principalement le vin. — En t. de pêche, passer le hareng caqué d'une futaille dans une autre. Fig., altérer, déguiser.—*se* FRELATER, v. pron.: *il y a beaucoup de choses qui se frelatent dans Paris*.

FRELATERIE, subst. fém. (*frelateri*), altération dans les liqueurs ou dans les drogues, pour les faire paraître plus agréables ou meilleures.

FRELATEUR, subst. mas., au fém. **FRELATEUSE** (*frelateur, teuze*), qui *frelate*.

FRÊLE, adj. des deux genres (*frêle*) (en latin *fragilis*), fragile, qui peut aisément se rompre et se casser. Voy. FRAGILE. — Il se dit au fig. : *frêle comme un roseau*; *c'est un frêle appui que le sien*. — FRÊLE, FRAGILE. (*Syn.*) *Fragile* emporte la faiblesse du tout et la roideur des parties; *frêle* emporte pareillement la faiblesse du tout, mais la mollesse des parties. On ne dirait pas aussi bien du verre qu'il est *frêle*, que l'on dit qu'il est *fragile*; ni d'un roseau qu'il est *fragile*, comme on dirait qu'il est *frêle*. — On ne dit point d'une feuille de papier ni d'un taffetas que ce sont des corps *frêles* ou *fragiles*, parce qu'ils n'ont ni roideur ni élasticité, et qu'on les plie comme on veut sans les rompre.

FRÊLER, v. act. Voyez FERLER.

FRÊLEMENT, subst. mas. (*frêleman*), t. d'hist. nat., germe ou blanc des abeilles.

FRELON, subst. mas. (*frelon*), sorte de grosse mouche-guêpe. — Proprement, les *abeilles mâles*, qu'on appelle aussi *faux-bourdons*. A la fin de l'automne, tous ces mâles sont tués par les neutres quand ils ont fécondé la femelle. — En t. de fauconnerie, poil qui sort des naseaux de l'oiseau.

• **FRELUCHE**, subst. fém. (*freluche*) (de l'italien *fanfaduca*), petite houppe de soie qui sort d'un bouton ou de quelque autre ouvrage.

FRELUQUET, subst. mas. (*frelukié*) (de *freluche*), jeune homme qui fait le suffisant et qui n'a nulle solidité d'esprit. Il est familier. — Dans la passementerie, petit poids en plomb suspendu à un fil.

FRÉMIR, v. neut. (*frémir*) (en lat. *fremere*, fait du grec βρεμειν), être ému avec une sorte de tremblement causé par la crainte ou par quelque autre passion : *frémir d'horreur ou de colère*, etc. — Il se dit aussi, 1° des liqueurs qui sont près de bouillir; 2° de la mer, lorsqu'elle commence à s'agiter; 3° des oscillations courtes et rapides d'une cloche en branle, ou de tout autre corps sonore dont on tire du son.

FRÉMISSANT, E, adj. (*frémiçan, çante*), qui *frémit*.

FRÉMISSEMENT, subst. mas. (*frémiceman*) (en lat. *fremitus*), émotion, tremblement causé par quelque passion violente. — Tremblement dans les membres, qui précède ou accompagne le frisson de la fièvre. — On appelle *frémissement du cœur*, un mouvement presque insensible du cœur, pendant l'agonie. — Agitation de l'air dans la production du son, et de tout corps sonore qui vibre. — *Frémissement de l'air*, *frémissement de la mer*, *frémissement des eaux*, léger mouvement qui a lieu dans l'air, sur la surface de la mer, etc.

FRÊNE, subst. mas. (*frêne*) (en lat. *fraxinus*), grand arbre de futaie qui se plaît dans les lieux humides, et dont l'écorce fournit un tan excellent. — *Frêne de Calabre*, arbre qui donne de la mauve par incision. — *Frêne épineux*, arbre peu élevé, du Canada, dont les feuilles imitent celles de la fraxinelle.

FRÉNÉSIE, subst. fém. (*frénézi*) (en grec φρενησις, fait de φρην, gén. φρενος, esprit), aliénation d'esprit accompagnée de fureur. — Au fig., passion violente pour... — Colère furieuse.

FRÉNÉTIQUE, adj. des deux genres (*frénétike*), qui est atteint de *frénésie*.—On dit aussi subst.: *c'est un frénétique*.

FRÉNOILLIR, v. neut. (*frénolire*). Vieux mot qui signifiait défaillir avec *frissonnement*.

FRÉQ., abréviation du mot *fréquentatif*.

FRÉQUEMMENT, adv. (*frékaman*) (en lat. *frequenter*), souvent, plus que de coutume.

FRÉQUENCE, subst. fém. (*frékance*) (en lat. *frequentia*), réitération *fréquente*.—*La fréquence du pouls*, la vitesse de ses battements.

FRÉQUENT, E, adj. (*frékan*, *kante*) (en lat. *frequens*), qui arrive souvent. — *Pouls fréquent*, qui bat plus vite qu'à l'ordinaire.

FRÉQUENTATIF, adj. et subst. mas., au fém. **FRÉQUENTATIVE** (*frékantatif*, *tive*) (en latin *frequentativus*), t. de gramm.; il se dit d'un verbe qui marque l'action *fréquente* de son primitif. *Criailler* est un verbe *fréquentatif*, *ou* le *fréquentatif* de *crier*.

FRÉQUENTATION, subst. fém. (*frékantâcion*), commerce d'habitude qu'on a avec quelqu'un. — Liaison. — *Fréquentation des sacrements*, usage *fréquent* du sacrement de pénitence et de celui de l'eucharistie.

FRÉQUENTATIVE, subst. et adj. fém. Voyez **FRÉQUENTATIF**.

FRÉQUENTÉ, E, part. pass. de *fréquenter*, et adj., hanté. — *Promenade fréquentée*, où il va ordinairement beaucoup de monde.

FRÉQUENTER, v. act. (*frékanté*) (en lat. *frequentare*), aller souvent en un lieu; *hanter*; avec cette différence, que l'idée propre de *fréquenter* est celle de concours, d'affluence; l'idée distinctive de *hanter*, celle de société, de compagnie. Rigoureusement parlant, c'est la multitude, la foule qui *fréquente*, et elle *fréquente* des lieux, des places; c'est une personne, ce sont des particuliers qui *hantent*, et ils *hantent* des personnes, une assemblée.—Avoir un commerce d'habitude avec quelqu'un. — *Fréquenter les sacrements*, se confesser et communier souvent. — Ne dites pas neutralement : *il fréquente dans une telle maison, chez un tel*, il y est souvent, il y fait de *fréquentes* visites. Cette acception n'est plus reçue. — SE **FRÉQUENTER**, v. pron.

FREQUIN, subst. mas. (*frekiein*), sorte de futaille qui sert à entonner les sucres, les sirops et les autres marchandises sujettes à couler.

FRÉRATRE, subst. mas. (*frérâtre*), vieux mot qui signifie *beau-frère*.

FRÈRE, subst. mas. (*frère*) (en latin *frater*, dérivé du grec φρατερ, ou φρατορ, qui signifie proprement celui qui est de la même tribu, de la même compagnie, qui loge sous la même tente), celui qui est né du même père et de la même mère, ou seulement de l'un des deux.—*Frère de lait*, celui qui a eu la même nourrice.—*Frères jumeaux*, deux frères qui sont nés d'une même grossesse. — *Frères utérins*, ceux qui sont seulement de la même mère. —*Frères consanguins*, ceux qui ont seulement le même père.—*Frères germains*, ceux qui sont nés de même père et de même mère.—*Frère adoptif*, qui a été adopté par le père naturel et légitime d'un autre enfant. —*Beau-frère*, celui qui a épousé la sœur de quelqu'un.—*Frère légitime*, celui qui est procréé d'un mariage valable, ainsi qu'un autre frère et une autre sœur.—*Frère naturel*, celui qui n'est pas procréé par un mariage valable, et qui n'est joint que par les liens du sang et selon la nature. On dit, dans ce même dernier sens : *frère du côté gauche*.—Religieux qui n'est point dans les ordres sacrés.—*Frères*, au plur., est un nom qu'on donne aux individus de certains ordres religieux : *les frères prêcheurs*. — *Les frères de la charité, des écoles chrétiennes*, religieux qui se consacrent à l'instruction gratuite des enfants pauvres.—On appelait, dans les couvents d'hommes, *frère lai*, *frère convers*, un religieux qui n'était pas dans les ordres ecclésiastiques, et qui n'avait été admis à faire des vœux que pour servir dans la maison. — *Frères cordonniers*, *frères tailleurs*, association religieuse qui s'était formée à Paris, vers le milieu du dix-septième siècle, entre les ouvriers de ces deux professions. —Titre que se donnent entre eux les rois de la chrétienté. — Il se dit, en général, de tous les hommes, et plus particulièrement des chrétiens: *nous sommes frères en Adam, en Jésus-Christ; nous sommes tous frères*. C'est en ce sens que les prédicateurs, en s'adressant à leur auditoire, disent : *mes frères*. — *Vivre comme des frères*, vivre dans la même union qui lie les *frères* entre eux.—*Partager en frères*, partager également. —On appelait autrefois *frères d'armes*, les chevaliers qui avaient contracté amitié ensemble à la guerre, en protestant de ne s'abandonner jamais, et en se donnant réciproquement le nom de *frère*.—*Faux frère*, celui qui trahit une société ou un membre d'une société. — Prov. : *bon frère*, bon compagnon; homme sans souci, qui n'aime qu'à se divertir, etc.—Au plur., t. de pêche, pieux, *piquets ou pals qui forment le* corps ou le tour de la paradière.

FRÉROT, subst. mas. (*frérô*), nom d'une secte de fanatiques.

FRESAIE, subst. fém. (*frezè*), t. d'hist. nat., oiseau nocturne, hibou de clocher.

FRESANGE, subst. mas. (*frezanje*), droit qu'on paie au propriétaire d'une forêt pour la récolte des glands.

FRESQUE, subst. fém. (*frèceke*) (de l'italien *fresco*, qui a la même signification), sorte de peinture appliquée à une muraille, à une voûte, à un plafond fraîchement enduits. On écrivait autrefois *fraisque*, contre l'étymologie du mot. — *Peindre à fresque*, peindre avec des couleurs détrempées dans de l'eau sur un enduit assez frais pour être pénétré. Ce mot vient de l'ital. *depingere a fresco*, peindre à frais, qui signifie la même chose.

FRESSURE, subst. fém. (*frèçure*) (du latin du moyen-âge *frixura*, fricassée, fait de *frigere*, faire fricasser, parce qu'on fait des fricassées de ces parties), plusieurs parties intérieures de certains animaux prises ensemble, comme sont le cœur, la rate, le foie, le poumon.

FRET, subst. mas. (*frè*) (suivant *Nicot*, du latin *fretum*, détroit, bras de mer, ou la mer elle-même), louage d'un vaisseau pour aller en mer. Ce qu'on appelle *fret* sur l'Océan, se nomme *nolis* sur la Méditerranée. — Transport par mer des marchandises d'un lieu à un autre. — Droit de cinquante sous par tonneau, qui se percevait par le bureau des fermes du roi sur les bâtiments étrangers, à l'entrée et à la sortie des ports du royaume.

FRÉTÉ, E, part. pass. de *fréter*.

FRÉTER, v. act. (*frété*), donner un vaisseau à louage. Lorsqu'on le prend, on dit *affréter*. — Le charger, l'équiper.—SE **FRÉTER**, v. pron.

FRÉTEUR, subst. mas. (*fréteur*), propriétaire d'un vaisseau qui le donne à louage à un commerçant.

FRÉTILLANT, E, adj. (*frétl-ian*, *tante*), qui *frétille*, qui se démène et ne se tient point en repos.

FRÉTILLARD, E, adj. (*fréti-iar*, *iarde*), inquiet.—Gai, passionné. Il est inusité.—Au fém., t. de man., il se dit de la langue du cheval qui est toujours en mouvement.

FRÉTILLARDEMENT, adv. (*fréti-iardeman*), gentiment. Il est vieux et inusité.

FRÉTILLE, subst. fém. (*fréti-ie*), paille et autres choses semblables. Il est vieux.

FRÉTILLEMENT, subst. mas. (*fréti-ieman*), action de *frétiller*.

FRÉTILLER, v. neut. (*fréti-ié*) (du lat. *fritillus*, cornet qui sert à remuer et à jeter les dés), se démener, se remuer, s'agiter. Style fam. et badin. — Prov. : *la langue lui frétille*, il ou elle a grande envie de parler.—*Les pieds lui frétillent*, il a impatience de marcher.

FRETIN, subst. mas. (*fretein*) (suivant *Le Duchat*, de *fractinum*, diminutif du lat. *fractum*, brisé, rompu, le *fretin* étant ce qui paraît avoir été retranché des plus gros morceaux. Suivant *Huet*, de l'anglais *farthing*, petite monnaie de cuivre), menu poisson. — Fig. et fam., choses de rebut, de peu de valeur.

FRETTE, subst. fém. (*frète*), lien de fer pour empêcher les moyeux de roue, les pieux, pilotis, etc., d'éclater. — En blas., barreaux entrelacés en filets.

FRETTÉ, E, part. pass. de *fretter*, et adj. (*frèté*), t. de blas., qui se dit : 1° d'un écu chargé de six cotices entrelacées en diagonale, trois à droite, trois à gauche, et coupées les unes par les autres en une multitude de *frettes*; 2° d'une croix, d'un pal ou d'une autre pièce de l'écu chargée de *frettes*.

FRETTER, v. act. (*frèté*), mettre une *frette* : *fretter un moyeu*.—SE **FRETTER**, v. pron.

FREULE, subst. fém. (*freule*), jeune fille noble. Vieux et inusité.

FREUX, subst. mas. (*freu*) (par contraction du lat. *frugilega*, formé de *fruges*, fruits, et de *legere*, cueillir, parce que le *freux* se nourrit de fruits), t. d'hist. nat., sorte d'oiseau qui tient le milieu entre le corbeau et la corneille.

FRÈZE, subst. fém. (*frèze*), faim extrême des vers à soie avant la mue.

FRIABILITÉ, subst. fém. (*fri-abilité*), qualité de ce qui est *friable*.

FRIABLE, adj. des deux genres (*fri-able*) (en lat. *friabilis*), qui se peut écraser entre les doigts, qui se peut aisément réduire en poudre.

FRIAND, E, subst. et adj. (*fri-an*, *ande*) (du latin *frigens*, part. prés. de *frigere*, *frigo*, frire, fricasser), qui aime les bons morceaux et qui s'y connaît.—Subst. : *c'est un friand*, *une friande*. —Fig. : *friand*, avide de nouvelles, de comédies, de musique, etc.—En parlant des choses, *goût friand*, délicat.—*Morceau friand*, mets ou morceau délicat. — **FRIAND**, **GOINFRE**, **GLOUTON**, **GOULU**, **GOURMAND**. (*Syn.*) Le *friand* aime, recherche, connaît bien, savoure les morceaux délicats. Le *gourmand* aime à manger et à faire bonne chère. Le *goinfre* mange avidement, brutalement; il se gorge de tout : il vit pour manger. Le *goulu* mange avec tant d'avidité, qu'il avale plutôt qu'il ne mange. Le *glouton* est plus brutalement vorace que le *goulu*; il semble engloutir.

FRIANDEMENT, adv. (*fri-andeman*), d'une manière *friande*. Peu usité.

FRIANDÉ, part. pass. de *friander*.

FRIANDER, v. neut. (*fri-andé*), manger avec délicatesse. (*Boiste*.) Inusité.

FRIANDISE, subst. fém. (*fri-andize*), goût prononcé pour les bons morceaux. — Au plur., morceaux *friands*, comme sucreries, pâtisseries, etc.

FRIBOURG, subst. propre mas. (*fribour*) (en allemand *Freyburg*), canton de la Suisse, entre celui de Berne et le pays de Vaud.— Ville de la Suisse, capitale de ce canton. — Autre ville du grand-duché de Bade.

FRIBOURGEOIS, E, adj. et subst. (*fribourjoâ*, *joâze*), de *Fribourg*.

FRICANDEAU, subst. mas. (*frikandô*), tranches de veau lardées, ainsi nommées parce qu'originairement on les *fricassait* dans la poêle.

FRICARELLE, subst. fém. (*frikarèle*), prostituée. Il est hors d'usage.

FRICASSÉ, E, part. pass. de *fricasser*.

FRICASSÉE, subst. fém. (*frikacé*), viande *fricassée*.—Air de danse mêlée d'une pantomime d'un genre bas et pop., qui a été en vogue vers la fin du dix-huitième siècle, sur les théâtres des boulevarts à Paris, etc.—En t. de guerre, *battre la fricassée*, battre le tambour avec précipitation, pour assembler promptement les soldats.

FRICASSER, v. act. (*frikacé*) (des deux mots *frit*, participe de *frire*, et *casse* qu'on a dit autrefois et qu'on dit encore dans quelques provinces, particulièrement à Lyon, pour *poêle*), faire cuire quelque chose dans la poêle, après l'avoir coupé en morceaux.—Pop., dissiper son bien en débauches, en folles dépenses. — SE **FRICASSER**, v. pron.

FRICASSEUR, subst. mas., au fém. **FRICASSEUSE** (*frikaceur*, *ceuze*), celui, celle qui fait des *fricassées*.—Plus communément, mauvais cuisinier. Peu en usage.

FRIC-FRAC, subst. mas. (*frik-frak*), expression populaire, onomatopée qui exprime le bruit.

FRICHE, subst. fém. (*friche*) (du lat. barbare *friscum*, employé dans la même signification par les écrivains de la basse latinité. *Du Cange*.), terre inculte. — Pièce de terre qu'on a laissée quelque temps sans la cultiver.—On le dit ordinairement en forme d'adverbe avec la prép. *en* : *laisser une terre en friche*, inculte. — Au fig. : *esprit en friche*, sans culture.

FRICHSE, subst. mas. (*frikce*), monnaie de billon qui a cours à Clèves.

FRICOT, subst. mas. (*frikô*), toute espèce de mets préparé pour être mangé; mais principalement de la viande. C'est un terme populaire et bas. Il manque dans l'*Académie*.

FRICOTER, v. neut. (*frikoté*), manger avec plaisir, avec avidité, des viandes accommodées en ragoût ou autrement.—Préparer, accommoder du *fricot*. —Bien boire et bien manger. Il est bas et pop. Il manque dans l'*Académie*.

FRICOTEUR, subst. mas., au fém. **FRICOTEUSE** (*frikoteur, teuze*), celui, celle qui *fricotte*.

FRICOTEUSE, subst. fém. Voy. **FRICOTEUR**.

FRICTION, subst. fém. (*frikcion*) (en lat. *frictio*), t. de médec., frottement que l'on fait sur quelque partie du corps pour faire pénétrer une substance à travers les pores de la peau.

FRICTIONNÉ, **E**, part. pass. de *frictionner*.

FRICTIONNER, v. act. (*frikcioné*), frotter une partie malade du corps; faire des *frictions*. —**SE FRICTIONNER**, v. pron.

FRIEDLAND, subst. propre mas. (*friédlan*) ville de Prusse, régence de Kœnigsberg. Elle est célèbre par la victoire qu'y remporta Napoléon sur les Russes et les Prussiens, le 14 juin 1807.

FRIGALER, v. act. (*frigualé*), gratter avec les ongles. Vieux mot qui ne se dit plus.

FRIGANE, subst. fém. (*friguane*), t. d'hist. nat., genre d'insectes névroptères plécipennes.

FRIGANITES, subst. fém. plur. (*friguanite*), t. d'hist. nat., famille d'insectes de l'ordre des névroptères.

FRIGARD, subst. mas. (*friguare*), t. de comm., hareng demi-cuit et mariné. Ce nom lui vient d'un épicier de Paris qui en vendit le premier. On dit aussi *frigaud*.

FRIGÉFIÉ, **E**, part. pass. de *frigéfier*.

FRIGÉFIER, v. act. (*frijéfié*) (en lat. *frigefacere*, fait de *frigidum*, froid, et de *facere*, faire), t. didactique, refroidir. Il est peu usité.—**SE FRIGÉFIER**, v. pron.

FRIGGA, subst. propre fém. (*frigua*), divinité qu'on croit être la Vénus des Scandinaves.

FRIGIDITÉ, subst. fém. (*frijidité*) (de *frigidus*, froid), qualité de ce qui est froid. — T. de jurisprudence, état d'un homme impuissant. — *Frigidité d'estomac*, état de débilité de l'estomac, produit par l'excès des plaisirs vénériens.

FRIGORIFÈRE, adj. des deux genres (*friguorifère*), se dit d'une étoffe qui apporte ou entretient la fraîcheur sur le corps, comme le coutil, la crinoline, etc.

FRIGORIFIQUE, adj. des deux genres (*friguorifike*) (en lat. *frigorificus*), t. de phys., qui cause le froid. — Subst. masc., mélange de diverses substances, qui ont la propriété d'enlever le calorique des corps ambiants.

FRIGORIQUE, subst. mas. et adj. des deux genres (*friguorike*), l'opposé de *calorique*. Il est burlesque. et inusité

FRIGOTER, v. neut. (*friguoté*) (en lat. *frigutire*, fait de *frigilla*, pinson). Il se dit du chant du pinson.

FRIGOULE, subst. fém. (*friguoule*), t. de bot., espèce de champignon des environs de Montpellier.

FRILEUSE, subst. et adj. fém. Voy. **FRILEUX**.

FRILEUX, adj. mas., au fém. **FRILEUSE** (*frileu, leuze*) (suivant *Pasquier*, c'est une abréviation de *froidilleux*, qu'on disait autrefois dans le même sens), fort sensible au froid.—Il est aussi subst.: *un frileux, une frileuse*.—*L'Académie* ne le dit pas.

FRILLER, v. neut. (*fri-ié*), t. de teinturier, se dit du frétillement qu'on entend dans la cuve.

• **FRILOSITÉ**, subst. fém. (*frilôzité*), trop grande sensibilité au froid. Il est vieux, mais utile.

FRIMAIRE, subst. mas. (*frimère*) (du mot *frimas*), troisième mois de l'année de la république française, lequel commençait le 21 novembre, et finissait le 20 décembre. On lui avait donné ce nom à cause des *frimas* qui ont ordinairement lieu à cette époque.

FRIMAS, subst. mas. (*frimâ*) (du lat. *fremitus*, frémissement, parce qu'il fait frémir et frissonner), brouillard froid et épais qui se glace en tombant. — *Avaleur de frimas*, celui qui voyage ou qui court les rues dans le temps du *frimas*. Il est bas.

FRIME, subst. fém. (*frime*), mine, semblant : *il a fait la frime de s'en aller*.—*Faire la frime à quelqu'un*, lui faire un mauvais accueil. Ces deux expressions sont basses.

FRINGALE, subst. fém. (*freinguale*), faim subite, dont on est saisi hors de l'heure des repas: *avoir la fringale*.

FRINGANT, **E**, adj. (*freinguan, guante*) (du lat. *fringultire*, se trémousser de joie, frétiller), fort alerte, fort éveillé. Il est familier.—*Cheval fringant*, qui a beaucoup de vivacité.—Subst. : *faire le fringant*, se donner toute sorte de liberté. Il se dit surtout des jeunes gens.

FRINGILLE, subst. fém. (*freinjile*) (du lat. *frigilla* ou *fringilla*, pinson; parce que cet oiseau est le premier de ceux qui appartiennent à ce genre), t. d'hist. nat, genre d'oiseaux passereaux.

FRINGOTÉ, **E**, part. pass. de *fringoter*.

* **FRINGOTER**, v. neut. (*freinguoté*) (du latin *freingultire* ou *frigutire*), chanter comme le pinson ou le merle), imiter avec la voix le gazouillement des oiseaux.

* **FRINGUER**, v. act. (*freingué*) (en grec σφριγάω, je saute) : *fringuer un verre*, jeter de l'eau sur un verre pour le rincer. — Neutralement, danser. Vieux mot, inusité dans les deux acceptions.

FRINGULÉ, **E**, part. pass. de *fringuler*.

• **FRINGULER** ou **FRINGULOTER**, v. neut. (*freingulé, freinguloté*) (du lat. *fringulare*), crier, caqueter comme certains oiseaux.

FRINSON, subst. mas. (*freinçon*), t. d'hist. nat., nom vulgaire du verdier.

FRIOLET, subst. mas. (*fri-olè*), sorte de poire.

FRION, subst. mas. (*fri-on*), petit fer attaché au côté de la charrue.

FRIOU, subst. mas. (*fri-ou*), t. de mar., chez les Levantins, canal, passage pour les barques.

FRIOUL, subst. propre mas. (*fri-oule*), province considérable d'Italie, située entre la Carinthie et le golfe de Venise.

FRIPE, subst. fém. (*fripe*), nom collectif de tout ce qui se mange. Il est bas et pop.

FRIPÉ, **E**, part. pass. de *friper* et adj.

FRIPER, v. act. (*fripé*) (suivant *Le Duchat*, de l'allemand *werfen*, qui signifie *jeter* ; des hardes *fripées*, dit-il, sont des hardes qu'on a jetées pour ne pas les porter), chiffonner, gâter, user. Il est fam. — Manger goulûment. Il est bas. — Fig. et fam., consumer, dissiper en débauches : *il a fripé tout son bien en peu de temps*. — **SE FRIPER**, v. pron.

FRIPERIE, subst. fém. (*friperi*), trafic de vieux habits, de vieux meubles.—Lieux où logent ceux qui font ce commerce.— Métier de rapetasser et de raccommoder.—Habits, meubles, curiosités, qui sont de peu de prix ou usés.—Dans les plantations à sucre, espèce d'angar sous lequel on dépose les cannes, avant de les porter au moulin. —Prov. et fig.: *se jeter, tomber, se mettre sur la friperie de quelqu'un*, se jeter sur lui, l'outrager ou se moquer de lui, en dire du mal.

FRIPE-SAUCE, subst. mas. (*fripeçôce*), goinfre, glouton. Il est pop.

FRIPIER, subst. mas. (*fripié*), t. d'hist. nat., sorte de coquille.

FRIPIER, subst. mas., au fém. **FRIPIÈRE** (*fripié, piére*), celui, celle qui vend et achette de vieux habits.

FRIPIÈRE, subst. fém. Voy. **FRIPIER**.

FRIPON, subst. mas., au fém. **FRIPONNE** (*fripon, pone*) (de *fripier*, parce que c'est à des *fripiers* que les escrocs vendent les hardes qu'ils dérobent. *Le Duchat*.), escroc qui dérobe secrètement; fourbe qui tâche de tromper ceux qui ont affaire à lui.—Fam.: *petit fripon*, jeune écolier qui manque à son devoir par libertinage. — En badinant : *c'est un fripon*, il a plusieurs galanteries à la fois : *c'est une friponne*, une coquette.—Adj. : *un air fripon, un œil fripon, une mine friponne*, un air coquet, un œil éveillé, une toilette galante.

FRIPONNABLE, adj. des deux genres (*friponable*), qui peut être dérobé. Il est inusité.

FRIPONNE, subst. et adj. fém. Voy. **FRIPON**.

FRIPONNÉ, **E**, part. pass. de *friponner*.

FRIPONNEAU, subst. mas. (*friponô*), diminutif de *fripon*. Fam.

FRIPONNER, v. act. (*friponé*), escroquer, attraper quelque chose par fourberie : *il a friponné cette montre, cette propriété*.—On dit aussi neut.: *friponner au jeu*, etc.—**SE FRIPONNER**, v. pron.

FRIPONNERIE, subst. fém. (*friponeri*), action, tour de *fripon* : *faire une friponnerie*.

FRIPONNIER, subst. mas. (*friponié*), filou. Il est inusité.

FRIQUENELLE, subst. fém. (*frikenèle*), femme coquette qui se pare avec des ajustements au-dessus de son état.

FRIQUET, subst. mas. (*frikiè*), moineau de la plus petite espèce.—Ustensile pour tirer la *friture* de la poêle.

DU VERBE IRRÉGULIER FRIRE :

Frira, 3e pers. sing. fut. indic.
Frirai, 1re pers. sing. fut. indic.
Friraient, 3e pers. plur. prés. cond.
Frirais, précédé de *je*, 1re pers. sing. prés. cond.
Frirais, précédé de *tu*, 2e pers. sing. prés. cond.
Frirait, 3e pers. sing. prés. cond.
Friras, 2e pers. sing. fut. indic.

FRIRE, v. act. (*frire*) (du lat. *frigere*, *frigo*, fait du grec φρύγειν, rôtir, frire), faire cuire dans la *friture*. Ce verbe n'a que les temps suivants : *frit, frite; je fris, tu fris, il frit*, sans plur.; *je frirai; je frirais*, etc., impér. *fris* et les temps composés du participe, *j'ai frit*, etc. Pour suppléer aux autres temps, on se sert de ceux du verbe *faire*, joints à l'infinitif de *frire* : *je faisais frire*, etc.—Prov. : *il n'y a rien à frire dans cette maison*, il n'y a rien à gagner.—**SE FRIRE**, v. pron.

DU VERBE IRRÉGULIER FRIRE :

Frirez, 2e pers. plur. fut. indic.
Fririez, 2e pers. plur. prés. cond.
Fririons, 1re pers. plur. prés. cond.
Frirons, 1re pers. plur. fut. indic.
Friront, 3e pers. plur. fut. indic.
Fris, 2e pers. sing. impér.
Fris, précédé de *je*, 1re pers. sing. prét. déf.
Fris, précédé de *tu*, 2e pers. sing. prét. déf.

FRISAGE, subst. mas. (*frizaje*), sorte de treillage construit avec des lattes.

FRISCO, subst. propre mas. (*fricekô*), myth.. dieu de la paix, chez les anciens Saxons.

FRISE, subst. fém. (*frize*), sorte de toile. — Espèce d'étoffe de laine *frisée*.—Machine qui sert à la *friser*.—Toile forte de la province de *Frise*. —En architecture, partie de l'entablement qui est entre l'architrave et la corniche. — Traverse du haut de la caisse d'une voiture, au-dessus de la portière. — En t. de menuisier, 1° toute partie étroite et longue, dont la longueur se trouve parallèle à l'horizon, et qui divise d'autres grandes parties; 2° pièces de bois de trois à quatre pouces de largeur, qu'on pose avec les feuilles du parquet, auxquelles elles servent comme de cadre.— Au plur., on appelle *frises* des bandes de toile placées au cintre d'un théâtre pour représenter le ciel ou un plafond.—En t. de guerre, *cheval de frise*, grosse pièce de bois garnie de pieux ferrés.—En t. de mar., planches sculptées que l'on place de chaque bord de l'éperon et autres lieux d'un grand bâtiment, comme ornement sur les pièces de charpente. — Ce sont aussi des morceaux de laine fort épaisse, communément blanche, que les calfats emploient à garnir les feuillures des mantelles et les carrés des sabords, et ceux des hubelots, etc.

FRISE, subst. propre fém. (*frize*) (en allemand *friesland*), anc. prov. du royaume de Hollande, et l'une des sept anciennes Provinces-Unies. On l'appelle communément West-Frise.

FRISÉ, **E**, part. pass. de *friser*, et adj.—En t. de bot. Voyez **CRÉPU**. — On appelle *chou frisé*, une sorte de choux dont la feuille est toute crêpée.

FRISER, v. act. (*frizé*) (contraction de *feriser*, dérivé de *fer*, parce que c'est avec le *fer* à friser qu'on donne cette forme aux cheveux, etc. (*Huet*.) Il ajoute qu'on se servait autrefois du même mot *friser* pour, marquer avec le fer), crêper, anneler, boucler, en parlant des cheveux. — On dit aussi *friser de la ratine, du drap*, former à leur superficie de petits grains ou boutons, pour la réunion des poils de l'étoffe sous la *frise*.—Replier sur elles-mêmes les franges des plumes, pour leur faire prendre la forme des boucles de cheveux.— Fig., 1° *le vent frise l'eau*, en agite doucement la surface; 2° ne faire que toucher superficiellement : *la balle lui a frisé le visage*, et non pas *a frisé son visage*.—Prov. : *friser la corde*, manquer d'être pendu. — Bassement et populairement : *je m'en frise*, je m'en moque.— Neutralement : *ses cheveux frisent naturellement*.—En t. d'imprimerie, *friser* se dit des caractères qui paraissent doublement imprimés sur la feuille, par le défaut de certaines presses : *cette presse frise considérablement*. Dans ce sens, les mots *friser, papilloter* et *doubler* sont synonymes.—**SE FRISER**, v. pron., s'arranger les cheveux en boucles.

FRISETTE, subst. fém. (*frizète*), t. de comm., étoffe mi-partie laine et coton qui se fabrique en Hollande.

FRISEUR, adj. mas., au fém. **FRISEUSE** (*frizeur, zeuze*), celui ou celle qui *frise* les cheveux. On dit plus souvent *coiffeur, coiffeuse*.

FRISOIR, subst. mas. (*frizoar*), partie de la *frise* à *friser* les étoffes.—Ciselet pour achever les figures frappées avec les poinçons.

FRISON, subst. mas. (*frizon*), mauvais cocon de ver à soie. — Trait bouclé et aplati au cylindre, dont on orne quelquefois les broderies. — Drap commun et étroit, fabriqué en Poitou. — Jupe fort courte.—Ondulation en couleur sur le papier. —En t. de mar., pot où l'on met la boisson.

FRISON, subst. et adj. mas., au fém. **FRISONNE** (*frison, zone*), qui est de la province de *Frise*.

FRISOTTÉ, E, part. pass. de *frisotter*.

FRISOTTER, v. act. (*frizoté*), *friser* souvent ou *friser* menu.—*se* **FRISOTTER**, v. pron. *il prend beaucoup de temps à se frisotter*.

FRISQUE, adj. des deux genres(*fricke*), joli, vif, mignon. Vieux et même hors d'usage.

FRISQUETTE, subst. fém. (*frickiète*), t. d'imprimeur, espèce de châssis que l'on place sur la feuille qui doit passer sous la presse, afin d'empêcher que la marge et les autres blancs ne maculent.

• **FRISSEMENT**, subst. mas. (*friceman*), vieux mot qui exprimait le sifflement d'une flèche.

FRISSON, subst. mas. (*friçon*) (du grec φρικη, horreur, tremblement, dérivé de φριξ, le bruit, le frémissement de la mer), tremblement causé par le froid qui précède la fièvre.—Fig., émotion causée par la peur. — **FRISSON**, **FRISSONNEMENT**. (*Syn.*) Ces deux mots désignent des mouvements contre nature qui constituent un véritable tremblement de la peau, qui peut être produit par le froid, être un symptôme de fièvre ou de différentes affections de l'âme. Si ces différentes causes sont de nature à se renouveler, à subsister, et à produire les mêmes effets pendant un temps considérable, sans interruption, ce mouvement extraordinaire de la peau est le *frisson* proprement dit; si elles ne sont qu'instantanées, ou qu'elles ne se fassent sentir que par intervalles, la convulsion de la peau est appelée *frissonnement*, comme par diminutif.

FRISSONNEMENT, subst. mas. (*friçoneman*), sorte de léger *frisson*. Voy. **FRISSON**.

FRISSONNER, v. neut. (*friçoné*) (du grec φρισσειν, se hérisser, avoir peur, avoir le *frisson*. — Au fig., être ému par quelque passion.—Un critique a reproché ce vers au traducteur des *Géorgiques* :

Déjà les doux zéphyrs font *frissonner* les eaux.

Le mot *frissonner* laisse toujours, dit-il, une idée de *froid*, incompatible avec celle des *doux zéphyrs*. Dans ce sens, il est actif.

FRIST-FRAST, subst. mas. (*fricetefracete*), t. de faucon., aile de pigeon, dont on se sert pour frotter les oiseaux de vol qu'on instruit.

FRISURE, subst. fém. (*frizure*), façon de *friser*. —L'état de ce qui est *frisé*.—Fil d'or *frisé* qu'on emploie dans la broderie, etc.

DU VERBE IRRÉGULIER FRIRE :

Frit, e, part. pass.

Frit, précédé de *il* ou *elle*, 3e pers. sing. prét. déf.

FRITILLAIRE, subst. fém. (*fritilelère*), t. de bot., plante liliacée dont la fleur ressemble à la tulipe.

FRITOT, subst. mas. (*fritô*), t. d'art culinaire, mets composé de morceaux de volaille qu'on a fait *frire*.

FRITTE, subst. fém. (*frite*) (du lat. *frigere*, frire), calcination générale et complète qu'on fait subir à la composition du verre, après qu'on a bien mêlé ensemble toutes les matières qui y entrent.—Mélange de sable et de sel dont on fait le verre.—Action de cuire ce mélange.

FRITTÉ, E, part. pass. de *fritter*.

FRITTER, v. act. (*frité*), faire subir à la composition du verre l'opération de la *fritte*.—*se* **FRITTER**, v. pron.

FRITTIER, subst. mas. (*fritié*), t. de verrerie, ouvrier chargé de *fritter*.

FRITTOLE, subst. fém. (*fritole*), espèce de gâteau de froment et de raisins de Corinthe *frits* dans l'huile.

FRITURE, subst. fém. (*friture*), action et manière de *frire*. — Beurre ou huile qui a servi à *frire* et qu'on a gardé pour le même usage. — Poisson *frit*.

FRIVOLE, adj. des deux genres (*frivole*) (en lat. *frivolus*, fait de *friare*, réduire en poudre, émietter), vain, léger, qui n'a pas de solidité : il se dit des personnes et des choses.—Subst. : *le frivole! la frivole!* — *Les choses sont frivoles*, quand elles n'ont pas nécessairement rapport au bonheur et à la perfection de notre être. *Les hommes sont frivoles*, quand ils s'occupent sérieusement d'objets *frivoles*, ou quand ils traitent légèrement les objets sérieux. *On est frivole*, parce qu'on n'a pas assez d'étendue et de justesse dans l'esprit pour mesurer le prix des choses, du temps et de son existence. *On est frivole par vanité*, lorsqu'on veut plaire dans le monde, où l'on est emporté par l'exemple et par l'usage; lorsqu'on adopte par faiblesse les goûts et les idées du grand nombre; lorsqu'en imitant et en répétant, on croit sentir et penser. *On est frivole*, lorsqu'on est sans passions et sans vertus, et que, pour se dédommager de l'ennui de chaque jour, on se livre chaque jour à quelque amusement qui cesse bientôt d'en être un.—**FRIVOLE**, **FUTILE**. (*Syn.*) La chose *frivole* manque de solidité; la chose *futile*, de consistance. La première, casuelle ou précaire, peut subsister et atteindre long-temps le but qu'on se propose; la seconde, vaine et fugitive, ne peut produire l'effet qu'on doit en attendre.—La *frivolité* est un défaut de qualité; la *futilité* est le défaut de la qualité propre ou essentielle à la chose. La chose qui ne mérite ni notre attachement, ni notre estime, ni nos recherches, est *frivole*; un bien qui ne tient qu'à l'opinion, à la fantaisie, à l'illusion est *futile*. L'homme *frivole* est celui qui s'occupe sérieusement des petites choses, et légèrement des objets sérieux; l'homme *futile*, celui qui parle et agit sans raison, sans réflexion, inconsidérément. —On ne s'attache pas à l'homme *frivole*; il est faible, changeant, capricieux, inégal, dupe de ses propres défauts : on n'écoute pas l'homme *futile*; il est bavard, indiscret, irréfléchi, impertinent.

FRIVOLISÉ, E, part. pass. de *frivoliser*.

FRIVOLISER, v. act. (*frivolizé*), rendre *frivole*. (*Boiste*.) Entièrement inusité.

FRIVOLITÉ, subst. fém. (*frivolité*), caractère de ce qui est *frivole*.—Au plur., choses *frivoles*. Voy. **FRIVOLE**.

FRO, subst. propre mas. (*frô*), myth., dieu de l'air et des tempêtes, chez les anciens Scandinaves.

FROC, subst. mas. (*frok*) (du latin *foccus*, flocon de laine, etc., parce qu'au bout du *froc* était attachée une petite touffe ou houppe, comme il y en a aux capes béarnaises. De *foccus* on a fait dans la basse latinité *froccus*, d'où est venu *froc*), la partie de l'habit monacal qui couvre la tête et tombe sur l'estomac et sur les épaules. — Par extension, tout l'habit monacal. — Étoffe grossière de laine, qui se fabrique à Bolbec et dans le pays de Caux. — *Quitter le froc*, sortir d'un monastère avant d'être profès. — Prov. : *jeter le froc aux orties*, apostasier, quitter l'habit et le monastère après avoir fait profession. Par extension, renoncer à quelque profession que ce soit; abandonner une affaire commencée, etc.

FROCARD, subst. mas. (*frokar*), moine. Ce terme est burlesque.

FROËLICHE, subst. fém. (*fro-éliche*) (mot allemand francisé), t. de bot., genre d'arbustes appelés aussi *billardières*.

FROID, subst. mas. (*froè*) (en lat. *frigus*, fait de ῥιγος, froid rigoureux; de *frigus*, la basse latinité a, par corruption, fait *fridus*, qui s'est changé ensuite en notre mot *froid*), qualité opposée au chaud. Il n'y a point de *froid* absolu dans la nature : le *froid* ne consiste que dans une privation plus ou moins grande du calorique, tandis que la chaleur a pour cause la présence du même fluide. Un corps est *froid* par rapport à un autre, lorsqu'il a pour le calorique plus d'attraction que celui auquel on le compare. — Fig. : 1° air sérieux et composé; 2° indifférence : *il y a du froid entre eux*, leur amitié est refroidie.—Prov. : *souffler le chaud et le froid*, louer et blâmer une même chose; parler pour et contre.

FROID, E, adj. (*froè, froède*), qui participe actuellement à la nature, à la qualité du *froid*. — Fig., sérieux, posé, réservé, qui n'est ému de rien. — En parlant d'ouvrages d'esprit, qui n'a point d'agrément, qui ne pique ni ne touche : *cette harangue est froide*. — *Cet habit est froid*, ne garantit pas assez du *froid*. — *Cet homme est, agit, écoute de sang froid*; il est maître de lui-même, agit, écoute sans passion, sans émotion. — *Faire* ou *battre froid à quelqu'un*, le recevoir avec une mine moins gaie, moins ouverte que de coutume. — *Un froid ami*, qui ne se porte pas avec chaleur à secourir un ami. — *Un froid orateur*, qui ne touche point et qui ne paraît pas lui-même touché. — En peinture, *dessin froid*, dont les lignes ne sont pas variées.—*Couleur froide*, faible et peu appelante.—*Touche froide*, timide et peu prononcée.—*Composition froide*, qui manque de mouvement.—*Expression froide*, dont les figures ne semblent animées par aucune affection intérieure ou n'offrent qu'un sentiment modéré, quand le sujet exige une passion violente. — On donne vulgairement le nom d'*humeurs froides* aux scrofules.—En t. de man., on dit qu'un cheval a *l'allure froide*, lorsque sa marche n'a rien d'animé. — *De sang froid*, avec un grand calme.—*A froid*, loc. adv., sans mettre de feu : *infuser une drogue à froid; tremper à froid; fer battu à froid*.—En t. d'arts, *composer à froid*, sans avoir d'inspiration.

FROIDEMENT, adv. (*froèdeman*), dans un état où l'on sent le *froid*. — Au fig., d'une manière *froide*, sérieuse et réservée.

FROIDEUR, subst. fém. (*froèdeur*), qualité de ce qui est *froid*. — Fig., indifférence, etc.

FROIDI, E, part. pass. de *froidir*.

FROIDIR, v. neut. (*froèdir*), devenir *froid*.— *se* **FROIDIR**, v. pron.

FROIDURE, subst. fém. (*froèdure*), le *froid* répandu dans l'air.—Poét., l'hiver.

• **FROIDUREUX**, adj. mas., au fém. **FROIDUREUSE** (*froèdureu, reuze*), sujet à avoir *froid*. Fam. et inus. On dit mieux *frileux*.

FROISSABLE, adj. des deux genres(*froèçable*), qui peut perdre sa fraîcheur par le froissement.

FROISSÉ, E, part. pass. de *froisser*.

FROISSEMENT, subst. mas. (*froèceman*), l'action de *froisser*.—Résultat de cette action.

FROISSER, v. act. (*froècé*) (du latin barbare *fressare*, fait de *fressus*, part. pass. de *frendere*, briser, froisser. *Caseneuve*.), meurtrir par une impression violente : *sa chute lui a froissé toute la cuisse*. — Chiffonner : *froisser du satin à force de le manier*. — *se* **FROISSER**, v. pron.

FROISSURE, subst. fém. (*froèçure*), impression qui demeure à la partie *froissée*.

FRÔLÉ, E, part. pass. de *frôler*.

FRÔLEMENT, subst. mas. (*frôleman*), action de *frôler*. — Effet d'une chose qui *frôle*.

FRÔLER, v. act. (*frôlé*) (du lat. barbare *frictulare*, diminutif de *frictare*, pour *fricare*, frotter. *Ménage*.), toucher légèrement en passant.— *se* **FRÔLER**, v. pron.

FROMAGE, subst. mas. (*fromaje*) (du grec φορμος, forme, espèce de tissu de jonc ou d'osier où l'on met le *fromage* pour le faire égoutter), composé de lait caillé qu'on sèche, qu'on sale et qu'on mange. On disait autrefois *formage*.—*Fromage à la crème*, fait avec de la crème.—*Fromage à la glace* ou *glacé*, frappé de glace.— *Fromage de cochon*, mélange de viandes de charcuterie.— En t. d'orfèvrerie, morceau de terre plat et rond que l'on met au fond du fourneau pour supporter le creuset. — En t. de bot., on appelle *fromage des Alpes*, une espèce de champignon blanc qui vient sur les arbres. — Prov. et fig. : *entre la poire et le fromage*, dans la gaieté où l'on est d'ordinaire à la fin d'un bon repas. — *Cette fille a laissé aller le chat au fromage*, s'est laissée abuser, locution populaire aujourd'hui très-peu usitée.

FROMAGEON, subst. mas. (*fromajon*), nom vulgaire de la mauve.

FROMAGER, subst. mas. (*fromajé*), vase percé de plusieurs trous où l'on met égoutter le *fromage*.—T. de bot., grand et gros arbre des Antilles, dont le fruit est assez semblable à une poire

FROMAGER, subst. mas., **FROMAGÈRE**, subst. fém. (*fromajé, jère*), celui, celle qui fait ou qui vend des *fromages*.

FROMAGÈRE, subst. fém. Voy. **FROMAGER**.

FROMAGERIE, subst. fém. (*fromajeri*), lieu où l'on dessèche ou dans lequel on fait ou l'on vend des *fromages*.

FROMAGEUSE, adj. fém. Voy. **FROMAGEUX**.

FROMAGEUX, adj. mas., au fém. **FROMAGEUSE** (*fromajeu, jeuze*), qui tient du *fromage*.

FROMENT, subst. mas. (*froman*) (en lat. *frumentum*), nom générique qu'on donne, par excellence, au blé qui nous fournit le pain. C'est une plante graminée, annuelle, à fleur apétale, à étamines, cultivée partout en Europe, sans qu'on sache d'où elle tire son origine. Les botanistes en comptent quatorze espèces, dont quelques-unes annuelles, et d'autres vivaces. — *Froment locar*, sorte de *froment* à grain menu, rougeâtre, adhérent aux balles. Voy. **ÉPEAUTRE**.

FROMENTACÉ, E, adj. (*fromantacé*), de la nature du *froment*. — En t. de bot., *plante fromentacée*, qui a rapport au *froment* par sa fructification et par la disposition de ses feuilles et de ses épis.

FROMENTAGE, subst. mas. (*fromantaje*), t. de

vieille coutume, droit sur les terres à *froment*.

FROMENTAL, subst. mas. (*fromentale*), faux *froment*, espèce d'avoine.—*Raymond* dit *fromentel*. Tous les deux sont presque inusités.

FROMENTAL, E, adj. (*fromentale*), qui tient du *froment*. — Se dit des terres propres à être ensemencées avec du *froment*.

FROMENTÉ, subst. mas. (*fromanté*), t. de bot., espèce de raisin.

FROMENTEAU, subst. mas. (*fromantô*), excellente sorte de raisin de Champagne.

FROMENTÉE, subst. fém. (*fromanté*), farine de *froment*. — Potage de *froment* bouilli avec du lait et du sucre.

• **FROMENTEUX**, adj. mas., au fém. **FROMENTEUSE** (*fromenteu, teuze*), abondant en *froment*.

FROMENTEUSE, adj. fém. Voy. **FROMENTEUX**.

FRONCE, subst. fém. (*fronce*), t. de métier, pli du papier, des étoffes.

FRONCÉ, E, part. pass. de *froncer* et adj. : *robe froncée*, extrêmement remplie au haut des manches.

FRONCEMENT, subst. mas. (*fronceman*), état de ce qui est *froncé*.— Il se dit particulièrement des sourcils.

FRONCER, v. act. (*froncé*) (du lat. *frons, frontis*, front, à cause des rides qui se forment au front, lorsqu'on *fronce* le sourcil), rider : *froncer le sourcil*.—Plisser à petits plis une étoffe, une toile, un ruban, etc., en passant un fil pour les maintenir. — *se* **FRONCER**, v. pron.

FRONCHE, subst. fém. (*fronche*), t. de bot., espèce de figuier à feuilles percées.

• **FRONCIS**, subst. mas. (*fronci*), plis faits à une robe, à une étoffe, en la *fronçant*.

FRONCLE, subst. mas. (*fronkle*), espèce de tumeur. Voy. **FURONCLE**, qui est seul usité.

FRONÇURE, subst. fém. (*fronçure*), plis. Voy. **FRONCIS**.

FRONDAISON, subst. fém. (*frondèzon*) (du lat. *frondes*, feuilles), feuillage.

FRONDE, subst. fém. (*fronde*) (en lat. *funda*, fait de *fundere*, lancer), tissu de cordes dont on se sert pour jeter des pierres. — En chirurgie, bandage à quatre chefs, qui ressemble à une *fronde*. — Sous la minorité de Louis XIV, on appela *la fronde* le parti opposé à la cour ou plutôt au cardinal Mazarin, ainsi nommé par un plaisant du parlement de Paris, Bachaumont, si connu par le joli *Voyage* fait en société avec Chapelle, à raison des alternatives de soumission et de résistance de sa compagnie ; à cause des jeux de quelques enfants qui, partagés en diverses bandes dans les fossés de Paris, se lançaient des pierres avec la *fronde*, tantôt cédaient à la garde qui venait pour les séparer, tantôt lui faisaient face, et finissaient toujours par revenir sur leur champ de bataille. On disait du fameux coadjuteur, depuis le cardinal de Retz, qui joua un grand rôle dans cette espèce de guerre civile, qu'il quittait la *crosse* pour prendre *la fronde*.— Au plur., rameaux d'arbre chargés de feuilles, et qui flottent autour de la tige comme dans le saule pleureur. (Du lat. *frondes*, feuilles, feuillage.)

FRONDÉ, E, part. pass. de *fronder*.

FRONDER, v. act. (*frondé*), jeter une pierre avec une *fronde* : *fronder des pierres*, et neutral. : *il s'amuse à fronder*. — Il se dit par extension de tout ce qu'on jette avec violence : *il lui fronda une assiette à la tête*.—Au fig., 1° blâmer, critiquer hautement ; 2° parler contre le gouvernement. Dans ce dernier sens, il est neutre et familier.—*se* **FRONDER**, v. pron.

FRONDERIE, subst. fém. (*fronderi*), mouvements, clameurs des *frondeurs*.

FRONDEUR, subst. mas. (*frondeur*), celui qui jette des pierres avec une *fronde*. — Au plur., nom qu'on donnait aux partisans de la *fronde*. —Fig. et fam., celui qui parle sans cesse contre le gouvernement ; qui, en général, aime à critiquer autrui. Dans ce sens, on dirait bien *frondeuse* au fém.

FRONDICULINE, subst. fém. (*frondikuline*), t. de bot., sorte de plante nommée aussi *adéone*.

FRONDIFÈRE, adj. des deux genres (*frondifère*) (du lat. *frondes*, feuilles, et *ferre*, porter), t. de bot., ce qui porte ou produit des feuilles.

FRONDIPORE, subst. mas. (*frondipore*) (en lat. *frons*, gén. *frondis*, feuille, et *porus*, pore), t. d'hist. nat., polypier dont les rameaux sont disposés en feuilles.

FRONRON, subst. mas. (*fronron*), outil de cartier pour mouler les têtes de cartes. On dit aussi *frotton*.

FRONSAC, subst. propre mas. (*fronçake*), petite ville de France, dans le dép. de la Gironde.

FRONT, subst. mas. (*fron*) (en lat. *frons*, gén. *frontis*), partie du visage depuis la racine des cheveux jusqu'aux sourcils. — Il se prend quelquefois pour tout le visage : *on voit, on lit sur son front*, etc.—Le devant de la tête de quelques animaux : *le front d'un bœuf, d'un cheval, d'un éléphant*.—Fig., audace, impudence : *avez-vous bien le front de...? n'avoir point de front*, n'avoir ni honte, ni pudeur ; *il a un front d'airain*, ou *c'est un front d'airain*, il ne rougit de rien.—On appelle *front de fortification*, un côté de l'enceinte d'une place, composé d'une courtine et de deux demi-bastions.—*Front d'une armée, d'un bataillon, d'un escadron*, la partie qui regarde l'ennemi, ou l'étendue qu'occupe la première ligne de l'armée, le premier rang du bataillon et de l'escadron.—*Front de bandière d'un camp*, la ligne qui sert à en déterminer l'étendue, et sur laquelle sont placés les drapeaux et les étendards des troupes qui occupent le camp. — En t. de mar., on entend par *front*, l'ordre de marche dans lequel sont rangés tous les vaisseaux d'une armée, en se relevant réciproquement. — *De front*, adv., par devant : *attaquer l'ennemi de front*.—Côte à côte : *ils étaient trois de front*.—Fig. : *mener, faire marcher deux intrigues de front*, les mener, les faire marcher en même temps.

FRONTAL, subst. mas. (*frontale*), bandeau qu'on met sur le *front* pour guérir les maux de tête, la migraine.—En t. d'anatomie, os du *front* de l'homme. — Corde à plusieurs nœuds qu'on mettait sur le *front* et qu'on serrait par derrière. C'était une sorte de question.—On appelle, en terme de luthiers, *frontal* et *double frontal*, des outils dont les facteurs se servent pour faire les ornements nommés *trèfles*, qui sont quelquefois à la partie antérieure des touches. — Au plur., *frontaux*.

FRONTAL, E, adj. (*frontale*), qui a rapport ou qui appartient au *front* : *os frontal, veine frontale*.—Au plur. mas., *frontaux*.

FRONTALIERS, subst. mas. plur. (*frontalié*), nom qu'on donnait, en Languedoc et en Guienne, aux habitants des *frontières* de France, auxquels il était permis, même en temps de guerre, de transporter par les Pyrénées toute sorte de marchandises, hors celles dont l'entrée ou la sortie était prohibée.

FRONTAUX, subst. mas. plur. Voy. **FRONTAL**.

FRONTEAU ou **FRONTAIL**, subst. mas. (*frontô, ta-ie*), partie de la têtière qui passe au-dessus des yeux du cheval.—Morceau d'étoffe qui couvre le *front* des chevaux de grand deuil.— En t. d'artillerie : *fronteau de mire*, bourrelet de cuivre ou de bois autour du collet d'une pièce de canon, et qui sert à la pointer droit. — En t. de mar., balustrade de planches sculptée dont on couvre une face des barrots de l'avant de la dunette et du gaillard d'arrière, de même que celle de l'arrière du barrot qui commence le gaillard d'avant. —On nomme *fronteau de volée*, l'excédant en bois ou la petite saillie arrondie qu'on laisse sur la banquière du pont, immédiatement au-dessus de chaque sabord, pour recevoir et appuyer la volée du canon à la serre. — Sorte de bandeau appliqué sur le *front*, et sur lequel est écrit le nom de Dieu ou quelque passage de l'Ecriture sainte. En ce sens, on ne dit que *fronteau* : *les juifs se mettent le fronteau quand ils prient Dieu dans leurs synagogues*. — Au plur., des *fronteaux*.

FRONTEVAL, subst. mas. (*fronteval*), en t. de jard., c'est le nom d'une tulipe rose et blanche.

FRONTIÈRE, subst. fém. (*frontière*) (du lat. barbare *frontaria*, employé dans le même sens par les écrivains de la basse latinité, et qui est fait de *frons*, front, parce que la *frontière* est comme le front opposé aux ennemis. *Ménage* d'après *Vossius*.), limites, confins qui séparent deux états.—Il est aussi adjectif. Qui est limitrophe, qui est sur les limites d'un autre pays : *ville, place, province frontière*.—Au plur., laines communes de la Picardie.

FRONTIGNAN, subst. propre mas. (*frontignian*), petite ville de France, dép. de l'Hérault, renommée pour ses vins muscats.— Le vin lui-même.

FRONTIROSTRE, subst. mas. (*frontirocetre*), t. d'hist. nat., famille d'insectes de l'ordre des hémiptères.

FRONTISPICE, subst. mas. (*fronticepice*) (du lat. barbare *frontispicium*, fait avec la même signification, dans la basse latinité, de *frons*, *frontis*, front, et *inspicere*, voir, regarder), face de bâtiment. Il ne se dit que des grands édifices et de leur face principale, qui est la mieux décorée.—Page à la tête d'un livre, qui en contient le titre, etc.

FRONTO-CONCHIEN, subst. et adj. mas. (*frontôkonchiein*), t. d'anat., se dit du muscle qui va de l'os *frontal* à l'angle supérieur de l'oreille.

FRONTO-ETHMOÏDAL, subst. et adj. mas. (*frontô-étemo-idale*), t. d'anat., qui appartient à l'os *frontal* et à l'*ethmoïde*.

FRONTO-MENTONNIER, subst. et adj. mas. (*frontomantonié*), t. d'anat., se dit du diamètre de la tête du fœtus.

FRONTON, subst. mas. (*fronton*), t. d'architecture, ornement de forme triangulaire ou en segment de cercle, qui forme le couronnement ou l'amortissement d'un avant-corps de bâtiment, d'une porte, d'une croisée, etc.—En t. de plombier, toit élevé par le milieu. — En t. de mar., cadre placé à la poupe d'un vaisseau ; il porte la figure qui donne le nom au vaisseau, ou quelque autre attribut, etc. On l'appelle aussi *miroir*.

FRONTO-NASAL, subst. et adj. mas. (*frontônazal*), t. d'anat., muscle qui va du *front* au nez.

FRONTO-PARIÉTAL, subst. et adj. mas. (*fronto-pari-étal*), t. d'anat., qui appartient à l'os *frontal* et *pariétal*.

FROQUÉ, E, adj. (*frokié*), qui a un *froc*.

FROTTAGE, subst. mas. (*frotaje*), action, travail de celui qui *frotte*.

FROTTÉ, E, part. pass. de *frotter*.

FROTTEMENT, subst. mas. (*froteman*) (en lat. *frictio* ou *frictus*, fait de *fricare*, frotter), résistance qu'un corps éprouve à glisser sur un autre.—*Frottement de la première espèce*, celui d'un corps qui glisse simplement sur un autre ; *frottement de la seconde espèce*, celui des corps qui tournent ou roulent les uns sur les autres. Il est beaucoup moindre que le premier. — On l'emploie souvent aujourd'hui au figuré dans le style relevé : *le frottement des idées, des passions*, etc. —T. d'horlogerie : *ajuster à frottement* ou *faire un frottement*, ajuster des pièces les unes dans les autres, avec un certain degré de pression.

FROTTER, v. act. (*froté*) (du lat. *fricare*, qui signifie la même chose, et pour lequel on a dit, dans la basse latinité, *frictare*), toucher à quelque chose, en passant plusieurs fois la main pardessus.—Nettoyer avec un *frottoir*. — Oindre, enduire : *on lui frotta la jambe avec de l'huile*. —Fam., battre, frapper : *on l'a frotté comme il faut* ; *ils se sont frottés*.—*se* **FROTTER**, v. pron. : *se frotter à quelqu'un*, avoir commerce, communication avec quelqu'un.— S'attaquer à..., *il ne fait pas bon se frotter à lui*.

FROTTEUR, subst. mas., au fém. **FROTTEUSE** (*froteur, teuze*), celui, celle qui *frotte* les carreaux ou le parquet d'une chambre.—L'*Académie* refuse un fém. à ce mot.

FROTTEUSE, subst. fém. Voy. **FROTTEUR**.

FROTTOIR, subst. mas. (*frotoar*), linge pour se *frotter* la tête et le corps. — Linge dont les barbiers se servent pour essuyer leurs rasoirs. —Brosse pour *frotter* le plancher des appartements.— Outil de relieur pour *frotter* le dos des livres, de manière que la peau n'y fasse point de grimace.—En peinture, espèce de glacis. Voyez ce mot.—Chez les cordiers, planche dont la superficie est taillée en pointes de diamant, et qui est percée dans le milieu d'un trou dans lequel on passe alternativement les poignées du chanvre, pour le *frotter* sur les éminences raboteuses qui se polissent.—Sorte de coffret de bois dans lequel on entonne, pour ainsi dire, les épingles, afin de les sécher avec du son.

FROTTON, subst. mas. (*froton*), t. de cartier, espèce de tampon de drap, de crin ou de feutre avec lequel on *frotte* les cartes à jouer.

FROU, subst. mas. (*frou*), t. de coutume, lieu public appartenant à une communauté d'habitants.

FROUÉ, part. pass. de *frouer*.

FROUER, v. neut. (*frou-é*), t. d'oiseleur, faire un cri, un sifflement à la pipée pour attirer des oiseaux. C'est proprement imiter avec une feuille de lierre les cris rauques et tremblants des geais, des grives, etc.

FROU-FROU, subst. mas. (*froufrou*), frémissement des feuilles, des vêtements. C'est une onomatopée. Il est vieux.

FRUCTÉSA ou **FRUCTESCA**, subst. propre fém. (*fruktéza, fruktéceka*), myth., divinité que les Romains invoquaient pour la conservation des fruits.

FRUCTIDOR, subst. mas. (*fruktidor*), troisième mois d'été de l'année républicaine. Il commençait le 18 août, et finissait le 16 septembre.

FRUCTIDORISÉ, E, subst. (*fruktidorizé*), éliminé, dépossédé par la révolution du 18 *fructidor*.

FRUCTIFÈRE, adj. des deux genres (*fruktifère*) (du lat. *fructus*, fruit, et *fero*, je porte), qui porte du *fruit*.

FRUCTIFICATION, subst. fém. (*fruktifikácion*) (en lat. *fructificatio*), t. de bot., l'ensemble des parties qui composent la fleur et le *fruit* d'une plante.—L'acte par lequel les plantes se reproduisent.

FRUCTIFIER, v. neut. (*fruktifié*) (en lat. *fructificare*, fait de *fructus*, fruit, et de *facere*, faire), rapporter du *fruit*.—Au fig., produire un effet avantageux : *faire fructifier la parole de Dieu*, etc.

FRUCTIFORME, adj. des deux genres (*fruktiforme*) (du lat. *fructus*, fruit, et *forma*, forme), t. de bot., qui a la forme ou l'apparence d'un *fruit*.

FRUCTUEUSE, adj. fém. Voy. FRUCTUEUX.

FRUCTUEUSEMENT, adv. (*fruktu-euzeman*), utilement, avec *fruit*, avec progrès.

FRUCTUEUX, adj. mas., au fém. **FRUCTUEUSE** (*fruktu-eu, euze*) (en lat. *fructuosus*), qui produit du *fruit* : *rameaux fructueux*.— Au fig., utile, profitable, lucratif.

FRUGAL, E, adj. (*fruguale*) (en lat. *frugalis*), qui a de la *frugalité*.—*Repas frugal, table frugale*, repas, table où l'on ne sert que des mets simples et communs.— Sans plur. mas.

FRUGALEMENT, adv. (*frugualeman*) (en lat. *frugaliter*), avec *frugalité*.

FRUGALITÉ, subst. fém. (*frugualité*) (en lat. *frugalitas*, fait de *frugi*, datif de l'inusité *frux*, fruit; *homo frugi*, homme ménager, sobre, etc.), sobriété, tempérance; vertu qui consiste à se contenter de peu pour sa nourriture, à vivre de choses communes.

FRUGI, subst. propre fém. (*fruji*), myth., surnom de Vénus, à qui on donne encore celui de *Fruta*. Elle avait un temple appelé par la même raison *Fruginal* ou *Frutinal*.

FRUGIFER, subst. propre mas. (*frujifère*), myth., divinité que les Perses adoraient, et qu'ils représentaient avec une tête de lion ornée de la tiare. On croit que c'est la même que Mithra.

FRUGIVORE, adj. des deux genres (*frujivore*) (en lat. *fruges*, fruits, et *vorare*, manger), t. d'hist. nat. Ce mot s'applique aux animaux qui vivent non seulement des *fruits* des arbres et des graines des plantes, mais des végétaux en général. —Au plur. mas., famille d'oiseaux de l'ordre des silvains.

FRUIT, subst. mas. (*frui*) (en lat. *fructus*, fait de *frui*, jouir), production des arbres et des plantes : *les fruits de la terre; les fruits de la saison*.—Il se dit plus particulièrement et absolument des *fruits* charnus, tels que les poires, les pommes, etc. : *il aime le fruit; il ne vit que de fruit*.—En t. de bot., l'ovaire qui a survécu à la plupart des autres organes de la fleur, grossi et développé par la maturité. Sous ce point de vue, on appelle improprement *fruit*, certaines parties des plantes qu'on mange, telles que la figue, qui n'est qu'une enveloppe de fleurs; la fraise, qui n'est que le réceptacle commun des graines du fraisier, etc.—Dessert de *fruits* qu'on sert après la viande.—Par extension et par métaphore, enfant qu'une femme enceinte porte dans son sein ou qu'elle vient de mettre au monde. —Fig., 1° utilité, profit, avantage qu'on retire de quelque chose; 2° effet bon ou mauvais qu'une cause produit : *c'est le fruit de ses soins*, etc. — En t. de maçon., diminution d'épaisseur qu'on donne à une muraille à mesure qu'on l'élève. — Fig. : *faire du fruit*, produire des effets avantageux pour le salut des âmes.—Au plur., revenus d'une terre, d'une charge, d'un bénéfice : *fruits annuels*, qui se reproduisent chaque année; *fruits casuels*, ceux qui dépendent d'événements futurs; *percevoir des fruits*. Ces expressions sont surtout usitées en jurisprudence.

FRUITAGE, subst. mas. (*fruitaje*), toute sorte de *fruits*.

FRUITÉ, E, adj. (*fruité*), t. de blas. : *un arbre fruité*, chargé de *fruits* d'un autre émail que l'arbre.

FRUITERIE, subst. fém. (*fruiteri*), lieu où l'on garde le *fruit*.—Office de celui qui, chez le roi, fournissait le *fruit* aux tables.—Commerce de *fruitier*.

FRUITIER, adj., au fém. **FRUITIÈRE** (*fruitié, tière*), qui porte du *fruit* : *arbre fruitier*.

FRUITIER, subst. mas. **FRUITIÈRE**, subst. fém. (*fruitié, tière*), celui, celle qui vend toute sorte de *fruits*.—Jardin *fruitier*.—Lieu où l'on conserve le *fruit*.—Traité sur les *fruits*.

FRUITIÈRE, subst. fém. Voy. FRUITIER. — En t. d'agric., se dit d'une terre semée de pepins : *terre fruitière*.

FRUITIÈRES, subst. fém. plur. (*fruitière*), sociétés établies en Suisse et dans quelques départements voisins pour le transport du lait.

FRUITION, subst. fém. (*fru-icion*) (du latin *fruor*, je jouis), jouissance. Vieux et inusité.

FRUMENTACÉ, E, adj. (*frumantacé*) (en latin *frumentacea*, fait de *frumentum*, froment), se dit, en bot., des plantes qui ont quelque analogie avec le *froment* par leur fruit, leurs feuilles, leurs épis, etc.

FRUMENTAIRE, subst. mas. (*frumantère*), t. d'hist. nat., nom de certaines coquilles microscopiques qui ressemblent aux grains du froment.

FRUSQUIN, subst. mas. (*frucekiein*), l'argent, les nippes d'un homme : *il a perdu son frusquin*. Il est populaire. Nous n'avons pu trouver nulle part l'étymologie de ce mot. On dit aussi *saint-frusquin*.

FRUSTE, adj. des deux genres (*frucete*), t. d'antiq., se dit des pierres, des médailles ou des marbres qui se sont usés ou dépolis par l'action du temps. — *Médaille fruste*, usée par le frottement.

FRUSTRANÉES, subst. fém. plur. (*frucetrané*), t. de bot., sous-division de plantes de la syngénésie polygamie.

FRUSTRATIF, adj. mas., au fém. **FRUSTRATIVE** (*frucetratif, tive*), frustratoire.

FRUSTRATIVE, adj. fém. Voy. FRUSTRATIF.

FRUSTRATOIRE, subst. mas. (*frucetratoare*), vin où l'on a mis du sucre et de la cannelle, et qu'on boit à la fin du repas; sans doute parce qu'au moyen de ce fortifiant on *frustre* l'attente de son héritier.

FRUSTRATOIRE, adj. des deux genres (*frucetratoare*) (en lat. *frustratorius*, fait de *frustrare*, frustrer), qui *frustre*.

FRUSTRATOIREMENT, adv. (*frucetratoareman*), d'une manière *frustratoire*.

FRUSTRÉ, E, part. pass. de *frustrer*.

FRUSTRER, v. act. (*frucetré*) (en lat. *frustrare* ou *frustrari*), priver quelqu'un de ce qui lui est dû ou de ce à quoi il s'attend : *frustrer ses créanciers, ses héritiers*.—On dit aussi *frustrer l'espérance*.—SE FRUSTRER, v. pron.

FRUTESCENT, E, adj. (*frutéceçan, çante*), t. de bot. plante ligneuse ou arbrisseau.

FRUTEX, subst. mas. (*frutékce*) (mot latin), t. de bot., arbrisseau; nom de beaucoup de plantes.

FRUTICULEUSE, adj. fém. Voy. FRUTICULEUX.

FRUTICULEUX, adj. mas., au fém. **FRUTICULEUSE** (*frutikuleu, leuze*), t. de bot., qui forme un très-petit arbrisseau : *tige fruticuleuse*.

FRUTIQUEUSE, adj. fém. Voy. FRUTIQUEUX.

FRUTIQUEUX, adj. mas., au fém. **FRUTIQUEUSE** (*frutikieu, kieuze*), t. de bot. : *plantes frutiqueuses*, qui forment un arbrisseau.

FRUTIS, subst. propre fém. (*frutice*), myth., surnom de Vénus.

FUCA, subst. mas. (*fuka*), t. d'hist. nat., poisson de mer semblable à la perche.

FUCACÉES, subst. fém. plur. (*fukacé*), t. de bot., plantes ligneuses thalassiophytes.

FUCÉES, subst. fém. plur. (*fucé*), t. de bot., sorte d'algue marine d'espèce coriace.

FUCHSIE, subst. fém. (*fukci*), t. de bot., genre de plantes ligneuses ou herbacées de la famille des épilobiennes.

FUCUS, subst. mas. (*fukuce*) (en lat. *fucus*), t. de bot., genre de plantes cryptogames, qui croissent sur les bords ou au fond de la mer, membraneuses, coriaces, portant sur leurs feuilles des vésicules qu'on regarde comme les fleurs de la plante. On leur donne aussi le nom de *varec*.

FUDO, subst. propre mas. (*fudô*), myth., idole adorée au Japon.

FUENT, subst. mas. (*fu-an*), t. de bot., sorte de plante marine.

FUGACE, adj. des deux genres (*fuguace*) (en lat. *fugax*, gén. *fugacis*, fait de *fugere*, fuir), t. de médec., passager, qui dure peu.—En bot., il se dit de parties qui n'adhèrent pas à la plante.

FUGACITÉ, subst. fém. (*fuguacité*), qualité de ce qui est *fugace*; il se dit de la vie, des plaisirs. Peu usité.

FUGALES, subst. fém. plur. (*fuguale*) (en lat. *fugalia*, formé, dans la même acception, de *fuere*, fuir), t. d'antiq., fêtes qui se célébraient à Rome au mois de février, en mémoire de l'expulsion des rois, et dans laquelle le roi des choses sacrées, *rex sacrorum*, après avoir fait le sacrifice, s'enfuyait de la place publique et des comices.

FUGITIF, adj. mas., au fém. **FUGITIVE** (*fujitif, tive*) (en lat. *fugitivus*), qui *fuit*, qui est en fuite.—Poét. : *l'onde fugitive*, qui fuit, qui court. —En littérature, *pièces fugitives*, petites pièces de vers peu importantes. — Il est aussi subst., *un fugitif, une fugitive*.

FUGITIVE, adj. fém. Voy. FUGITIF.

FUGOSE, subst. fém. (*fuguôze*), t. de bot., arbuste à feuilles alternes, de la famille des malvacées.

FUGUE, subst. fém. (*fugue*) (de l'italien *fuga*, fait du lat. *fuga*, fuite), t. de musique, qui se dit d'un morceau dont les parties entrent l'une après l'autre, en imitant ou répétant un motif donné qu'on appelle *sujet*. — *Faire une fugue*, se dit figurément de quelqu'un qui s'est esquivé sans prévenir personne.

FUI, part. pass. de *fuir*.

FUIE, subst. fém. (*fui*), petit colombier où l'on nourrit un certain nombre de pigeons domestiques.

DU VERBE IRRÉGULIER FUIR :

Fuie, précédé de *que je*, 1re pers. sing. prés. subj.
Fuie, précédé de *qu'il* ou *qu'elle*, 3e pers. sing. prés. subj.
Fuient, précédé de *ils* ou *elles*, 3e pers. plur. prés. indic.
Fuient, précédé de *qu'ils* ou *qu'elles*, 3e pers. plur. prés. subj.
Fuies, 2e pers. sing. prés. subj.
Fuîmes, 1re pers. plur. prét. déf.

FUIR, v. neut. (*fuir*) (en lat. *fugere*, fait du grec φεύγειν), s'éloigner rapidement, par peur : *l'ennemi fuit*, est en déroute. — Se mettre en *fuite*; prendre la *fuite*; courir pour se sauver d'un péril.—*Une chose ne saurait fuir à quelqu'un*, lui arrivera infailliblement.—*Le temps fuit*, passe vite.—*Ce pot fuit*, le liquide qu'il contient coule par une fêlure.—En peinture, *ceci fuit bien*, l'éloignement est bien ménagé.—En t. de menuisier, *un outil fuit*, lorsqu'en le poussant on ne le tient pas assez ferme, de manière qu'il se dérange de sa place.—En t. de mar., 1° *fuir devant le temps à la lame*, faire vent arrière, pour se soustraire, par la *fuite*, à l'impétuosité de la lame; 2° *fuir vent arrière*, faire vent arrière avec le plus de voiles qu'il est possible d'en porter.—Act., éviter : *fuir le danger, le combat, le monde*. — FUIR, ÉVITER, ÉLUDER. (*Syn.*) On *fuit* les choses et les personnes que l'on craint, et celles qu'on a en horreur; on *évite* les choses qu'on ne veut pas rencontrer et les personnes qu'on ne veut pas voir ou dont on ne veut pas être vu; on *élude* les questions auxquelles on ne veut ou l'on ne peut répondre.—SE FUIR, v. pron. : *se fuir soi-même*, chercher à éviter les remords ou l'ennui.

FUIRÈNE, subst. fém. (*fuirène*), t. de bot., genre de plantes cypéroïdes qui croissent dans les marais.

DU VERBE IRRÉGULIER FUIR :

Fuira, 3e pers. sing. fut. indic.
Fuirai, 1re pers. sing. fut. indic.
Fuiraient, 3e pers. plur. prés. cond.
Fuirais, précédé de *je*, 1re pers. sing. prés. cond.
Fuirais, précédé de *tu*, 2e pers. sing. prés. cond.
Fuirait, 3e pers. sing. prés. cond.
Fuiras, 2e pers. sing. fut. indic.
Fuirent, 3e pers. plur. prét. déf.
Fuirez, 2e pers. plur. fut. indic.
Fuiriez, 2e pers. plur. prés. cond.
Fuirions, 1re pers. plur. prés. cond.
Fuirons, 1re pers. plur. fut. indic.
Fuiront, 3e pers. plur. fut. indic.
Fuis, 2e pers. sing. impér.
Fuis, précédé de *je*, 1re pers. sing. prés. indic.
Fuis, précédé de *tu*, 2e pers. sing. prés. indic.

Fuis, précédé de *je*, 1re pers. sing. prét. déf.
Fuis, précédé de *tu*, 2e pers. sing. prét. déf.
Fuisse, 1re pers. sing. imparf. subj.
Fuissent, 3e pers. plur. imparf. subj.
Fuisses, 2e pers. sing. imparf. subj.
Fuissiez, 2e pers. plur. imparf. subj.
Fuissions, 1re pers. plur. imparf. subj.
Fuit, précédé de *il* ou *elle*, 3e pers. sing. prés. indic.
Fuit, précédé de *il* ou *elle*, 3e pers. sing. prét. déf.
Fuît, précédé de *qu'il* ou *qu'elle*, 3e pers. sing. imparf. subj.

FUITE, subst. fém. (*fuite*) (en lat. *fuga*, fait du grec φυγή, fuite), action de *fuir* : *prendre la fuite; être* ou *mettre en fuite, fuir* ou faire *fuir*.—Action d'éviter : *la fuite du danger, du vice, de l'occasion*.—Délai, échappatoire, retardement artificieux.—Au plur., t. de vènerie, voie du cerf qui va fuyant.

Fuîtes, 2e pers. plur. prét. déf. du verbe irrégulier FUIR.

FUJET, subst. mas. (*fujé*), t. d'hist. nat., coquille du genre des toupies.

FULEVA, subst. mas. (*fuleva*), t. de relat., réquisitoire d'un magistrat, dans l'Indostan.

FULDA ou **FULDE**, subst. propre mas. (*fulda, fulde*), grand-duché d'Allemagne, situé au nord de la Franconie. — Ville, capitale de ce duché.

FULGENS ou **TONANS**, subst. mas. (*fuljeince, tonance*), t. d'hist. anc., nom d'un temple consacré à Jupiter.

FULGÈRE, subst. fém. (*fuljère*), t. d'hist. nat., genre d'insectes.

FULGOR, subst. propre mas. (*fulguor*), myth., divinité qui présidait aux éclairs. On croit que c'est Jupiter.

FULGORA, subst. propre fém. (*fulguora*), myth., déesse qu'on invoquait contre les éclairs : on croit que c'est Junon. On dit aussi *fulgura*.

FULGORE, subst. mas. (*fulguore*) (du lat. *fulgor*, éclat), t. d'hist. nat., genre d'insectes hémiptères qui, pendant la nuit, brillent d'un éclat phosphorique.

FULGORELLE, subst. fém. (*fulguorèle*), t. d'hist. nat., espèce de cigale.

FULGUR, subst. mas. (*fulgure*), t. d'hist. nat., mot latin adopté par quelques naturalistes pour désigner un genre de coquilles appelées vulgairement *carreau*.

FULGUR ou **FULGOR**, **FULGURATOR** ou **FULGERATOR**, subst. propre mas. (*fulgur, fulguor, fulgurator, fuljérator*), myth., surnom de Jupiter. On croyait que Jupiter *fulgur* présidait aux éclairs du jour, et Summanus aux éclairs de la nuit.

FULGURATEUR, subst. mas. (*fulgurateur*) (du lat. *fulgurator*, fait de *fulgur*, éclair, foudre), devin qui interprétait les pronostics des éclairs, qui expliquait pourquoi la foudre était tombée en tel endroit, etc.

FULGURATION, subst. fém. (*fulgurâcion*) (en lat. *fulguratio*), t. de chim., éclair dans l'opération de la coupelle.

FULGURITE, subst. mas. (*fulgurite*), t. d'hist. anc., lieu frappé de la foudre.—T. d'hist. nat., pierre de foudre.

FULIGINEUSE, adj. fém. Voy. FULIGINEUX.

FULIGINEUX, subst. mas., au fém. **FULIGINEUSE** (*fulijineu, neuze*) (en lat. *fuliginosus*, fait de *fuligo*, suie), t. de phys., qui est de la nature de la suie; il se dit des vapeurs qui portent avec elles une espèce de crasse ou de suie.— — *Lèvres, dents, langue fuligineuses*, qui sont recouvertes d'un enduit de couleur de suie.

FULIGINOSITÉ, subst. fém. (*fulijinôzité*), t. de phys., qualité de ce qui est *fuligineux*.

FULLO-MANIE ou **FULLO-TOMIE**, subst. fém., (*fulelomani, fulelotomi*) (du grec φύλλον, feuille, et μανία, fureur, ou τομή, incision), t. de bot., maladie des plantes qui poussent trop de feuilles. On dit aussi *phyllomanie*.

FULMAR, subst. mas. (*fulmar*), t. d'hist. nat., nom d'un oiseau de l'espèce du pétrel.

FULMINAIRE, adj. des deux genres (*fulminère*), t. d'hist. nat., il se dit de la pierre de foudre : *pierre fulminaire*.

FULMINAL, E, adj. (*fulminale*), de la foudre. —Au plur. mas., *fulminaux*.

FULMINANT, E, adj. (*fulminan, nante*), qui *fulmine*, qui éclate avec bruit.—Fig., il se dit de tout ce qui dénote de la colère : *cet homme est toujours fulminant*.—T. de physique : *or fulminant, poudre fulminante*. Voy. OR et POUDRE.

FULMINANTE, subst. fém. (*fulminante*); c'était chez les Romains le nom d'une légion composée de soldats chrétiens qui se distinguèrent contre les Sarmates.

FULMINATE, subst. mas. (*fulminate*), t. de chim., sels qui détonnent quand on les soumet à la chaleur ou à une percussion : *fulminate d'or, d'argent*, etc.

FULMINATION, subst. fém. (*fulminâcion*) (en lat. *fulminatio*), exécution et dénonciation d'une sentence d'excommunication, d'un monitoire, d'une bulle, etc.—En chimie, opération par laquelle le feu fait écarter avec bruit les parties d'un corps.

FULMINATOIRE, adj. des deux genres (*fulminatoare*), qui *fulmine*.

FULMINAUX, adj. mas. plur. Voy. FULMINAL.

FULMINÉ, E, part. pass. de *fulminer*.

FULMINER, v. act. (*fulminé*) (du lat. *fulminare*, foudroyer, fait de *fulmen*, foudre), t. de droit canon, publier avec certaines formalités : *fulminer des bulles, une sentence d'excommunication*. — Neutralement, s'emporter, invectiver avec menaces. Il est familier. — En chimie, il se dit de l'explosion causée par le feu.— *se* FULMINER, v. pron.

FULMINIQUE, adj. des deux genres (*fulminike*), t. de chim., se dit d'un acide extrait de l'argent ou du chlore.

FULVERIN, subst. mas. (*fulverein*), t. de peinture, couleur qui s'emploie en détrempe pour glacer les bruns. Elle est formée de l'urine dans laquelle les teinturiers en écarlate lavent les draps au sortir de la teinture.

FUMADE, subst. fém. (*fumade*), portion de pâturage.—On appelle aussi *fumade* une sorte de briquet phosphorique, du nom de son inventeur.

FUMAGE, subst. mas. (*fumaje*), opération par laquelle on donne une fausse couleur à l'argent filé, en l'exposant à la *fumée* de certaines compositions.

FUMANT, E, adj. (*fuman, mante*), qui *fume*. — Fig. : *il est tout fumant de colère*, il est dans un grand emportement de colère.

FUMARIA, subst. fém. (*fumaria*), t. de bot., nom latin par lequel on désigne les plantes du genre des *fumeterres*.

FUMARIACÉES, subst. fém. plur. (*fumariacé*), t. de bot., famille naturelle de plantes du genre des *fumeterres*.

FUMAROLE, subst. fém. (*fumarole*), émission souterreine de gaz hydrogène à la suite de l'ébullition de certaines eaux sulfureuses.

FUMAT, subst. mas. (*fuma*), t. d'hist. nat., espèce de raie à long bec.

FUMÉ, subst. mas. (*fumé*), dans la gravure en caractères, l'épreuve du poinçon.

FUMÉ, E, part. pass. de *fumer*, et adj.: *langue fumée*.

FUMÉE, subst. fém. (*fumé*) (en lat. *fumus*, fait du grec θυμός, souffle, vapeur), vapeur plus ou moins épaisse qui sort des choses brûlées ou extrêmement échauffées par le feu. — *Vapeur* qui s'exhale des corps humides lorsqu'ils viennent à être échauffés par quelque cause que ce soit. — Fig. : *les choses du monde ne sont que fumée*, sont vaines et frivoles. — *Son projet s'en est allé en fumée*, n'a point réussi. — *Se repaître de fumée*, de vaines espérances, de vains honneurs. — Prov. : *il n'y a point de fumée sans feu, point de feu sans fumée*. Voy. FEU. — Au plur., vapeurs que l'on croit s'élever de l'estomac ou des entrailles au cerveau : *les fumées du vin, de la mélancolie*. — En t. de chasse, fiente de cerf et d'autres bêtes fauves. — *Fumée des volcans*, t. d'hist. nat., vapeur extrêmement épaisse et noire qui sort des cratères des volcans, surtout avant l'éruption de la lave, et qui forme une colonne immense, qui s'élève quelquefois jusqu'à deux lieues de hauteur.

FUMER, v. neut. (*fumé*) (en lat. *fumare*), jeter de la *fumée*. — Exhaler des vapeurs. — On dit qu'une cheminée, qu'une chambre *fume*, lorsque la *fumée*, au lieu de sortir par le tuyau, se rabat et entre dans la chambre.—Prov. et fig., être de mauvaise humeur : *pour la moindre chose, il fume* ou *la tête lui fume; il fume de colère*, etc. —Pendre, exposer à la *fumée* des langues, du bœuf salé, etc.—V. act., prendre du tabac en *fumée* : *fumer de bon tabac*. — Engraisser la terre avec du *fumier* : *fumer un champ*. — *Fumer l'argent fin filé*, lui donner le *fumage*. — En t. de chasse, *fumer des renards*. Voy. ENFUMER. — *se* FUMER, v. pron.

FUMEROLLES, subst. fém. plur. (*fumerole*), t. d'hist. nat., canaux d'où s'élèvent des vapeurs aqueuses; ces vapeurs.

FUMERON, subst. mas. (*fumeron*), morceau de charbon de bois qui jette encore de la *fumée*.

Fûmes, 1re pers. plur. prét. déf. du v. irrégulier ÊTRE.

FUMET, subst. mas. (*fumè*), certaine petite *fumée* qui sort du vin, d'une perdrix, etc., et qui flatte, soit l'odorat, soit le goût. — Sorte de ragoût.

FUMETERRE, subst. fém. (*fumetère*) (en lat. *fumaria*), t. de bot., plante annuelle, agreste, dont la fleur imite les papilionacées. On l'appelle aussi *fiel de terre*.

FUMETREAUX, subst. mas. plur. (*fumetrô*), t. d'agric., petits tas de *fumier* répandus sur une terre qu'on va ensemencer.

FUMEUR, subst. mas. (*fumeur*), celui qui prend du tabac en *fumée*.—Si l'on avait besoin de se servir de ce mot au fém., il ne faudrait pas hésiter à dire *fumeuse*.

FUMEUSE, adj. fém. Voy. FUMEUX.

FUMEUX, adj. mas., au fém. **FUMEUSE** (*fumeu, meuze*), qui envoie des vapeurs à la tête : *vin fumeux, liqueur fumeuse*. Le traducteur des *Géorgiques* a dit *foyer fumeux*, pour foyer d'où il sort de la *fumée*; l'usage n'a point autorisé cet emploi, mais on peut très-bien dire : *cheminée fumeuse*, pour signifier une cheminée qui rabat la *fumée* dans la chambre.

FUMIAIRE, adj. des deux genres (*fumi-ère*), t. de bot., qui croît sur le *fumier*.

FUMIER, subst. mas. (*fumié*) (en lat. *fimum* ou *fimus*), paille mêlée avec de la fiente, dont on se sert pour amender les terres. — Excréments de certains animaux. — Prov.: *être sur son fumier*, chez soi. — *Mourir sur un fumier*, mourir misérable, après avoir perdu tout son bien. — On dit encore prov. : *hardi comme un coq sur un fumier*, d'un homme qui se prévaut de ce qu'il est dans un lieu où il a de l'avantage.

FUMIFUGE, subst. mas. (*fumifuje*), sorte d'appareil pour chasser la *fumée*, qui se pratique aux cheminées pour les empêcher de *fumer*.

FUMIGATEUR, subst. mas. (*fumiguateur*), qui fait des *fumigations*.

FUMIGATION, subst. fém. (*fumiguâcion*), action de brûler quelque aromate ou quelque liqueur pour en répandre la *fumée*. — Action d'exposer un corps à la *fumée*.—T. de médec., remède qui s'administre sous forme de vapeurs.

FUMIGATOIRE, subst. mas. et adj. des deux genres (*fumiguatoare*), instrument pour prendre les *fumigations*. — *Boîte fumigatoire*, boîte qui contient tout ce qu'il faut pour secourir les noyés, au moyen des *fumigations*.

FUMIGÉ, E, part. pass. de *fumiger*.

FUMIGER, v. act. (*fumijé*) (en lat. *fumigare*, fait de *fumus*, fumée), t. de chimie, faire recevoir à un corps suspendu les vapeurs d'un autre corps.—*se* FUMIGER, v. pron.

FUMISTE, subst. mas. (*fumicete*), ouvrier dont la profession est d'empêcher que les cheminées ne *fument*.—Au fém., la femme d'un *fumiste*.

FUMIVORE, adj. des deux genres (*fumivore*), qui absorbe la *fumée*. — Subst. mas., appareil concave au-dessus d'une lumière, pour que la *fumée* s'y perde.

FUM-LAN, subst. mas. (*fumelan*), t. de bot., plante chinoise, dont les rameaux détachés, suspendus à l'air libre, se développent et croissent pendant plusieurs années.

FUMOSITÉ, subst. fém. (*fumôzité*), qualité de ce qui est *fumeux*.

FUMURE, subst. fém. (*fumure*), engrais produit par les bêtes à laine renfermées dans un parc.

FUNAIRE, subst. fém. (*funère*), t. de bot., genre de plantes de la famille des mousses.

FUNAMBULE, subst. des deux genres (*funanbule*) (en lat. *funambulus*, fait de *funis*, corde, et *ambulare*, marcher), celui ou celle qui danse sur la corde.

FUNDULE, subst. mas. (*fondule*), t. d'hist. nat., genre de poissons établi pour placer deux espèces de cobites qui n'ont pas le caractère des autres.

FUNDULUS, subst. mas. (*fonduluce*), t. d'hist. nat; on a donné ce nom à la loche.

FUNÉ, E, part. pass. de *funer*.

FUNÈBRE, adj. des deux genres (*funèbre*) (en lat. *funebris*, fait de *funus*, gén. *funeris*, convoi, funérailles), qui regarde les *funérailles*; qui se fait aux *funérailles*. — Fig., triste, lugubre : *cri, image funèbre; de funèbres accents*. — Oi-

seaux funèbres, oiseaux nocturnes, comme le hibou, etc.

FUNÈBREMENT, adv. (*funèbreman*), d'une manière *funèbre*. (*Boiste*.) Il est peu usité.

FUNER, v. act. (*funé*) (du mot *funin*) , t. de mar. : *funer un mât*, le garnir de son étai, de ses haubans et de sa manœuvre. *Défuner*, c'est faire le contraire.

FUNÉRAILLES, subst. fém. plur. (*funérâ-ie*) (du lat. *funus*, au plur. *funera*), obsèques et cérémonies qui se font aux enterrements. Ce mot dit quelque chose de plus pompeux qu'*obsèques*, quoique ce dernier soit du style noble : *un fils fait des obsèques à son père, et laisse les funérailles à la vanité*. — Myth., derniers devoirs qu'on rend aux morts. Les anciens élevaient un bûcher sur lequel ils plaçaient le corps, et y mettaient le feu qui consumait le cadavre, dont ils gardaient précieusement la cendre dans une urne. Cette cérémonie se faisait avec plus ou moins de pompe, selon la qualité et les richesses des personnes.

FUNÉRAIRE, adj. des deux genres (*funérère*) (en lat. *funerarius*), qui regarde les *funérailles* : *frais funéraires*.

FUNERATIUM, subst. mas. (*funérâciome*) (mot latin), dépense des *funérailles* chez les Romains.

FUNÈRE, subst. fém. (*funère*), t. d'hist. anc., nom que les Romains donnaient, dans les cérémonies *funèbres*, à la plus proche parente du mort. Elle était renfermée dans la maison avec les autres parentes, et faisait des lamentations, tandis qu'une autre femme appelée *præfica*, qui *n'était pas parente, mais pleureuse publique*, faisait la même chose dans la rue.

FUNES, subst. fém. plur. (*fune*), t. de mar. C'est le nom de deux cordages qui servent à haler une seine au rivage. On les nomme aussi *jets* et *halins*.

FUNESTE, adj. des deux genres (*funècete*) (en lat. *funestus*, fait de *funus*, funérailles, mort), malheureux, sinistre. Voy. FATAL.

FUNESTEMENT, adv. (*funèceteman*), d'une manière *funeste*.

FUNEUR, subst. mas. (*funeur*), t. de mar., celui qui fournit des *funins* à un vaisseau, ou qui les y met.

FUNGATE, subst. mas. (*fonguate*), t. de chim., sel tiré de l'acide *fungique*.

FUNGICOLE, subst. mas. (*fonjikole*), t. d'hist. nat., famille d'insectes coléoptères, de la section des trimères. On les appelle ainsi du latin *fungus*, champignon, parce que la plupart des insectes qui le composent vivent dans les lycoperdons et autres champignons.

FUNGIQUE, adj. des deux genres (*fonjike*), t. d'hist. nat., qui appartient aux champignons ou qui est de leur nature: *acide fungique*.

FUNGIE, subst. fém. (*fonji*), t. d'hist. nat., genre de polypiers pierreux.

FUNGITE. Voy. FONGITE.

FUNGIVORE. Voy. FONGIVORE.

FUNGOÏDASTRE, subst. mas. (*fonguo idacetre*), t. de bot., genre de champignons dont le chapeau a la forme d'une trompette.

FUNGUS. Voy. FONGUS.

FUNICULAIRE, adj. des deux genres (*funikulère*) (du lat. *funiculus*, dimin. de *funis*, corde), t. de mécan., composé de cordes : *machine funiculaire*, assemblage de cordes par le moyen desquelles deux ou plusieurs puissances soutiennent un ou plusieurs poids. C'est la plus simple des forces mouvantes.

FUNICULE, subst. mas. (*funikule*) , t. de bot., cordon ombilical. C'est un filet qui unit la graine au placenta , et qui lui porte la nourriture fournie par les racines et les feuilles. Souvent il n'existe pas, ou il est si court qu'on ne peut le voir. Quelquefois il devient très-long, comme dans les magnoliers.

FUNICULINE, subst. fém. (*funikuline*), t. d'hist. nat., genre de polypes flottants établi aux dépens des pennatules.

FUNIN, subst. mas. (*funein*), t. de mar., cordage d'un vaisseau. Son plus grand usage est dans le composé *franc-funin*.

FUNIOLE, subst. fém. (*funiole*), t. de bot., nom que les bergers des Abbruzes donnent au millepertuis crépu , qu'ils croient nuisible aux moutons blancs , et propice aux moutons bruns.

FUNIS, subst. mas. (*funice*), mot tout latin qui signifie : *nerf*, corde. On l'a donné, en botanique, à plusieurs plantes, en l'accompagnant de modificatifs propres à les distinguer : comme le *funis crepitans*, par lequel on a désigné plusieurs espèces d'achit ; le *funis murœnarum*, qui est une espèce de mélastome ; le *funis musarius*, qui est le canang de Ceylan ; le *funis quadrangularis*, qui est une espèce d'achit ; le *funis uncatus*, plante des Indes orientales que l'on doit rapporter au genre nauclea, etc.

FUNKIE, subst. fém. (*fonki*), t. de bot., genre de plantes de l'espèce du mélanthe.

FUNON, subst. mas. (*funon*), t. d'hist. nat., coquille du genre des bullins.

FUR, subst. mas. (*fur*) : *au fur et à mesure*, *à fur et à mesure*, à mesure que... Il est familier. (Du latin *forum*, marché, que dans la basse latinité on a dit du prix auquel se vendaient les marchandises. *Au fur et à mesure* signifie donc littéralement : selon le prix et selon la mesure.)

FURCOCERQUE, subst. mas. (*furkocèrcke*), t. d'hist. nat., genre de vers infusoires voisins des cercaires.

FURCRÉE, subst. fém. (*furkré*), t. de bot., plante de la famille des broméloïdes.

FURCULAIRE, subst. mas. (*furkulère*), t. d'hist. nat., genre de zoophytes voisins des vorticelles. —Adj. des deux genres, il se dit de la fourchette des oiseaux, qu'on nomme *clavicule furculaire*.

Furent, 3e pers. plur. prét. déf. du verbe irrég. ÊTRE.

FURET, subst. mas. (*furè*) (de *furo*, nom que dans la basse latinité on a donné à cet animal, fait de *furvus*, noir, obscur, ténébreux, parce qu'il s'enfonce pour chasser dans les terriers et les trous les plus obscurs. C'est du même mot *furo* que les Espagnols l'ont appelé et l'appellent encore *huron*, nom que nous donnions anciennement aux mineurs, et par la même raison. *Caseneuve* et *Ménage*.), petit animal dont on se sert pour chasser aux lapins, et qui va les chercher dans leur terrier. C'est un mammifère digitigrade, de la famille des belettes.—Au fig., homme curieux qui s'enquiert de tout. — En médecine, remède qui va chercher les humeurs les plus cachées dans le corps, comme sont le mercure et l'émétique.

FURETÉ, part. pass. de *fureter*.

FURETER, v. neut. (*fureté*), chasser avec un *furet*.—Au fig., chercher partout avec soin.—On dit act. : *fureter des nouvelles*.

FURETEUR, subst. mas., au fém. **FURETEUSE** (*fureteur, teuze*), celui, celle qui *furette* partout, qui s'enquiert de tout, qui se rend ennuyeux à force de curiosité.—Celui qui chasse aux lapins avec un *furet*.

FUREUR, subst. fém. (*fureur*) (en lat. *furor*), manie, frénésie.—Violent transport de colère.—La colère de Dieu.— En parlant des choses inanimées, violente agitation : *la fureur de la mer, des vents*, etc.—Passion démesurée : *il a la fureur du jeu, aimer à la fureur*.— Transport qui élève l'âme au-dessus d'elle-même : *fureur prophétique, poétique, martiale*. — T. de médec., *fureur utérine*, espèce de délire mélancolique, qui, dans certaines femmes, provient de désirs excessifs et déréglés. — *Fureur*, au plur., paraît marquer plutôt les effets de la passion que son degré, comme quand on dit : *les fureurs de la jalousie*. — Myth., divinité allégorique qu'on représentait sous la figure d'un homme chargé de chaînes, assis sur un monceau d'armes, comme un furieux qui veut briser ses fers, et qui s'arrache les cheveux. — FUREUR, FURIE. (*Syn.*) La *fureur* est, à la lettre, un feu ardent ; la *furie*, une flamme éclatante. La *fureur* est en nous ; la *furie* nous met hors de nous. La *fureur* nous possède ; la *furie* nous emporte. Vous contenez votre *fureur*, à peine il en jaillit des étincelles ; vous vous abandonnez à la *furie*, c'est un tourbillon. La *fureur* n'est pas *furie* si elle n'est point manifestée ; la *fureur* mène à la *furie*. La *fureur* a des accès ; la *furie* est l'effet de l'accès violent. On souffle la *fureur* pour exciter la *furie*. *Furie*, marquant les plus grands excès, ne peut guère être pris qu'en mauvaise part. La *fureur*, étant susceptible de modération, peut, avec des modifications particulières, se prendre en bonne part : *une noble fureur ; une fureur divine*.

FURFURACÉ, E, adj. (*furfuracé*) (du lat. *furfuraceus*, fait de *furfur*, son), t. de médec., qui ressemble à du son.

FURFURE, subst. fém. (*furefure*), t. de médec., ordure sur les dartres et sur les teignes *furfuracées*.

FURIBOND, E, adj. (*furibon, bonde*) (en lat. *furibundus*), furieux, sujet à de grands emportements de colère. Voy. FURIEUX.—On dit aussi substantivement : *c'est un furibond*.

FURIBONDER, v. neut. (*furibondé*), faire le *furibond*. Mot de la création de madame de *Sévigné*, que l'usage n'a point adopté. Ne pourrait-on pas l'appliquer à quelqu'un, par exemple, qui, malgré ses démonstrations *furibondes*, finit toujours par faire ce qu'on veut ?

FURIE, subst. fém. (*furi*) (en lat. *furia*), emportement de colère.—Ardeur impétueuse de courage : *les Français vont au combat avec furie*.—Il se dit des animaux et de certaines choses inanimées : *la furie du lion, de la tempête, de la mer*. — Ancienne étoffe de soie des Indes, ainsi nommée des figures hideuses qui y étaient imprimées. — Myth., divinité infernale qui tourmentait les méchants. On en compte ordinairement trois : *Tisiphone, Alecton, Mégère*. En ce sens, on dit par exagération, d'une femme méchante et violente : *c'est une furie d'enfer, une vraie furie*.—FURIES, EUMÉNIDES, divinités mythologiques. (*Syn.*) Les *Furies* punissaient le crime ; les *Euménides* châtiaient les coupables. Les *Furies* poursuivaient les criminels pour venger la justice ; les *Euménides* les frappaient pour les ramener à l'ordre. On ne voit que de la haine dans les *Furies* ; on voit la justice et la bonté se réunir dans les *Euménides*. Le nom de *Furie* convient parfaitement lorsqu'il s'agit de distinguer les remords vengeurs qui déchirent et désespèrent ; et celui d'*Euménides*, quand il s'agit de distinguer *les remords salutaires qui corrigent et* réforment. Le juste qui pèche par faiblesse, vous le livrerez aux *Euménides* ; le scélérat qui n'obéit qu'à sa méchanceté, vous l'abandonnerez aux *Furies*.

FURIEUSE, adj. fém. Voy. FURIEUX.

FURIEUSEMENT, adv. (*furieuzeman*), avec *furie*. En ce sens, il est inusité.—Excessivement : *furieusement grand, riche, laid*, etc. Il ne doit être employé que sobrement et dans le style familier.

FURIEUX, adj. mas., au fém. **FURIEUSE** (*furieu, rieuze*) (en lat. *furiosus*), qui est en *furie*. En ce sens, il est aussi substantif : *c'est un furieux, une furieuse*. — Véhément, impétueux, en parlant des choses : *vents furieux, furieux combat*, etc.—Excessif, extraordinaire en son genre ; il précède toujours le substantif : *un furieux mangeur, une furieuse dépense*, etc.—Se dit, dans le blason, du taureau lorsqu'il est élevé sur ses pieds. —FURIEUX, FURIBOND. (*Syn.*) Ces deux mots diffèrent en ce que *furieux* dénote particulièrement l'acte de *fureur* ou l'accès de *furie*, et *furibond*, la disposition à ces accès et leur fréquence : *le furibond est souvent furieux*.

FURIN, subst. mas. (*furein*), t. de mar. : *mener un vaisseau en furin*, le conduire hors du port et lui faire éviter les écueils.

FURINA ou **FURA**, subst. propre fém. (*furina, fura*), myth., déesse en l'honneur de laquelle il y avait, chez les Romains, des fêtes très-anciennes, et dont cependant Varron lui-même dit que de son temps on ne connaissait guère que le nom. Cicéron paraît la mettre au nombre des déesses infernales. Quelques-uns, sur une étymologie fort incertaine, en ont fait une déesse des voleurs. D'autres ont dit que c'était la déesse du sort et du hasard.

FURINALES ou **FURINALIES**, subst. fém. plur. (*furinale, furinali*), myth., fêtes en l'honneur de la déesse *Furina*, qui avait un prêtre particulier nommé *flamen Furinalis*.

FURNIENS, adj. mas. plur. (*furniein*), t. d'antiq., se dit de vases d'argent de l'invention de *Furnius*.

FURNES, subst. propre fém. (*furne*), ville forte de la Belgique. Elle fut prise par les Français en 1744 et 1793.

FUROLLES, subst. fém. plur. (*furole*), exhalaisons enflammées qui paraissent quelquefois sur terre et sur mer.—C'est aussi un terme de marine.

FURONCLE, subst. mas. (*furonkle*) (en lat. *furunculus*), t. de médec., espèce de tumeur inflammatoire dure et très-douloureuse, qui se forme dans la graisse, sous la peau. On l'appelle vulgairement *clou*, et quelquefois *froncle*.

FURONCULAIRE, adj. des deux genres (*furonkulère*), t. de médec., qui est de la nature du *furoncle*.

FURT, subst. mas. (*furte*)(du lat. *furtum*, larcin), vol commis *furtivement*. Il est peu usité, quoique fort expressif. C'est le radical des mots qui suivent.

FURTIF, adj. mas., au fém. **FURTIVE** (*furtif, tive*) (en lat. *furtivus*, fait de *furtum*, larcin, vol de nuit), qui se fait à la dérobée, en cachette.

FURTIVE, adj. fém. Voy. FURTIF.

FURTIVEMENT, adv. (*furtiveman*) (en lat. *furtim*), d'une manière *furtive*; à la dérobée.

DU VERBE IRRÉGULIER ÊTRE :

Fus, précédé de *je*, 1re pers. sing. prét. déf.
Fus, précédé de *tu*, 2e pers. sing. prét. déf.

FUSAIN, subst. mas. (*fuzein*), arbrisseau des haies, à fleur rosacée, dont les baguettes réduites en charbon tendre fournissent des crayons pour les dessinateurs. Son bois est employé à faire des lardoires et des *fuseaux*, d'où lui vient son nom. —En t. d'horlogerie, on appelle *fusain* une espèce de petit *fuseau* pointu, fait de bois tendre et compacte, dont on se sert pour nettoyer les trous des différentes pièces d'un mouvement.

FUSAIRE, subst. mas. (*fuzère*), t. d'hist. nat., genre de vers ascarides.

FUSAN, subst. mas. (*fuzan*), t. de bot., genre d'arbustes du cap de Bonne-Espérance.

FUSARION, subst. mas. (*fuzarion*), t. de bot., genre de plantes assez semblables aux fusidions.

FUSAROLLE, subst. fém. (*fuzarole*), t. d'architecture, petit ornement taillé en forme de collier sous l'ove des chapiteaux.

FUSCINIE, subst. fém. (*fucecini*), t. de bot., genre de mousse appelé aussi *fissident*.

FUSCITE, subst. mas. (*fucecite*), t. de minér., substance opaque, tendre, d'un noir jaunâtre, qui se trouve en Norvége, et qui a beaucoup de ressemblance avec la pinnite.

FUSÉ, E, part. pass. de *fuser*.

FUSEAU, subst. mas. (*fuzô*) (en lat. *fusus*), instrument qu'on tourne en filant, et autour duquel s'entortille le fil de la quenouille.—Petit instrument pour faire de la dentelle et des passements. —En géométrie, 1° solide que forme une courbe en tournant autour de son ordonnée : *fuseau parabolique, etc.*; 2° solide que forme une courbe, qui tourne autour de sa tangente au sommet; 3° solide indéfini que forme une courbe de longueur indéfinie, telle que la parabole ou l'hyperbole, en tournant autour de son axe.—En astronomie, constellation appelée aussi *chevelure de Bérénice*.—*Fuseau de globe*, segment de sphère représenté sur un plan, pour être collé sur un globe.—*Fuseau à meule*, chez les épingliers, l'axe ou l'essieu sur lequel tourne la meule.—Au pl., t. d'horl., chevilles qui, dans les lanternes ou pignons, servent d'ailes. — Familièrement : *avoir des jambes, des bras de fuseau*, les avoir fort menus.

FUSÉE, subst. fém. (*fuzé*), la quantité de fil filé ou dévidé sur un *fuseau*, qui n'en peut contenir davantage. — Fil dont est garnie la boucle d'un rouet.—Fig. et fam. : *achever sa fusée*, terminer sa vie.—*Démêler une fusée*, débrouiller une affaire, une intrigue.—Pièce d'artifice faite avec du carton rempli de poudre à canon. — En t. d'art militaire, *fusée à la Congrève*, pièce d'artifice qui se lance dans une ville assiégée pour l'incendier. —En t. de mar., peloton d'étoupe goudronnée, avec un entrelacement de fil de caret, qui, étant placé vers l'extrémité déliée de l'aviron, l'empêche de tomber dans la mer quand on le quitte. On appelle *fusée de tournevire*, un entrelacement de fil de caret que l'on fait sur la tournevire, de distance en distance, pour retenir les garcettes, et les empêcher de glisser le long de la corde; *fusée de vindas* ou *de cabestan*, l'arbre du milieu du vindas, dans la tête duquel on passe les barres.—En t. de médecine vétérinaire, maladie des chevaux. — En musique, trait diatonique et rapide qui, en montant ou en descendant, unit deux notes qui forment entre elles un grand intervalle. Voyez TIRADE. — En t. d'horl., petit cône cannelé autour duquel tourne la chaîne d'une montre.—En t. de maréchal, plusieurs suros contigus.—Dans le blason, meuble de l'écu en forme de losange allongé, dont les côtés sont un peu arrondis. — En t. de vén., partie du terrier des renards.—*Vermiller en fusée*, se dit du sanglier qui fait une espèce de sillon en *vermillant*.

FUSÉE, adj. fém. (*fuzé*) : *de la chaux fusée*, amortie sans eau, et qui s'est d'elle-même réduite en poudre.

FUSELÉ, E, adj. (*fuzelé*), en t. de blas., chargé de *fusées*.—En architecture, *colonne fuselée*, qui ressemble à un *fuseau* par quelque défaut de proportion.

FUSÉ, part. pass. de *fuser*.

FUSER, v. neut. (*fuzé*) (en lat. *fundi*, *fundor*, dont le part. pass. est *fusus*), t. de phys. et de médec., s'étendre, se répandre. Il se dit principalement des sels.

FUSEROLE, subst. fém. (*fuzerole*), t. de tisserand, brochette de fer qui passe dans l'époullin.

FUSIBILITÉ, subst. fém. (*fuzibilité*), qualité de ce qui est *fusible*; disposition à se fondre.

FUSIBLE, adj. des deux genres (*fuzible*) (en lat. *fusibilis*, fait de *fundere*, fondre), qui peut se fondre.

FUSICORNE, adj. des deux genres (*fuzikorne*) (du lat. *fusus*, fuseau, et *cornu*, corne), qui a les antennes en forme de fuseau. — Subst. mas. pl., t. d'hist. nat., famille d'insectes lépidoptères.

FUSIDION, subst. mas. (*fuzidion*), t. de bot., nouveau genre de plantes qui a pour caractère des sporidies fusiformes non cloisonnées, nues, libres, réunies en masse. Il comprend quatre espèces.

FUSIFORME, adj. des deux genres (*fuziforme*) (du lat. *fusus*, fuseau, et *forma*, forme), t. de botanique, se dit des racines en forme de *fuseau*.

FUSIL, subst. mas. (*fuzi*) (de l'italien *focile*, fait, avec la même acception, du lat. *focus*, dans la signification de feu), petite pièce d'acier avec laquelle on bat un caillou pour en tirer du feu.— Boîte dans laquelle on met ce morceau d'acier, la pierre, etc. — Morceau de fer ou d'acier pour aiguiser les couteaux. — Pièce d'acier qui couvre le bassinet de certaines armes à feu : *fusil de pistolet, d'arquebuse*. On dit plus communément aujourd'hui *batterie*.—L'arquebuse elle-même, quand elle est à *fusil*.—*Fusil de munition*, *fusil* qui sert d'arme à l'infanterie. — *Fusil à piston*, dont le chien frappe sur une capsule de poudre fulminante.—*Fusil à vent*, espèce de *fusil* qui chasse les balles avec une assez grande violence, sans le secours de la poudre, et seulement par le ressort de l'air fortement comprimé au moyen d'une pompe foulante logée dans la crosse. — *Fusil électrique*, bouteille d'étain ou de cuivre remplie d'air inflammable ou de gaz hydrogène, et d'air atmosphérique dans la proportion de 2 à 1, et bouchée fortement par un bouchon de liége. En y introduisant, au moyen d'un fil de métal qui traverse le bouchon, une étincelle électrique, il se fait une forte détonnation, et le bouchon est chassé avec violence. Cet instrument est plus communément appelé *pile de Volta*.

FUSILE, adj. des deux genres (*fuzile*) (du lat. *fusilis*), t. de médec., qui peut se fondre. On dit plus souvent *fusible*.

FUSILIER, subst. mas. (*fuzilié*) soldat fantassin, qui a pour armes le *fusil* et la baïonnette.

FUSILLADE, subst. fém. (*fuzi-iade*), plusieurs coups de *fusil* tirés à la fois.

FUSILLÉ, E, part. pass. de *fusiller*.

FUSILLER, v. act. (*fuzi-ié*), tuer à coups de *fusil*.—*se* FUSILLER, v. pron., se tirer des coups de *fusil*.

FUSILLETTE, subst. fém. (*fuzi-iète*), la plus petite espèce de serpenteaux d'artifice.

FUSION, subst. fém. (*fuzion*) (en lat. *fusio*, fait de *fundere*, fondre), fonte, liquéfaction : *la fusion des métaux*.

FUSIPORE, subst. mas. (*fuzipore*), t. de bot., genre de plantes, section des moisissures.

FUSOT, subst. mas. (*fuzô*), t. de bot., sorte de bois jaune et très-tendre.

DU VERBE IRRÉGULIER ÊTRE :

Fusse, 1re pers. sing. imparf. subj.
Fussent, 3e pers. plur. imparf. subj.
Fusses, 2e pers. sing. imparf. subj.
Fussiez, 2e pers. plur. imparf. subj.
Fussions, 1re pers. plur. imparf. subj.

FUSTAL, E, adj. (*fucetal*) (du lat. *fustis*, bâton), à coups de bâton.—Au plur. mas., *fustaux*.

FUSTE, subst. fém. (*fucete*), t. de mar., sorte de vaisseau de bas-bord, à voiles et à rames.

FUSTÉ, E, part. pass. de *fuster*.

FUSTEL, subst. mas. (*fucetèle*), t. d'arquebusier, bâton dont les deux bouts sont égaux.

FUSTER, v. neut. (*fuceté*), t. d'oiseleur, se dit de l'oiseau qui évite le piége ou qui s'en échappe.—Battre à coups de bâton. En ce sens il serait actif, mais il n'est pas usité. — *se* FUSTER, v. pron.

FUSTEREAU, subst. mas. (*fuceterô*); on donne ce nom, sur les rivières, à un petit bateau fort léger, qui n'a que douze pieds de long sur quatre à cinq pieds de large. Ces bateaux, dont on se sert particulièrement sur la Loire et sur l'Allier, servent à passer les mariniers d'un bord de la rivière à l'autre, et à placer des balises, pour indiquer la route que les bateaux peuvent tenir sans danger.

FUSTÈQUE, subst. fém. (*fucetèke*), t. de bot., genre de plantes urticées.

FUSTET, subst. mas. (*fuceté*), t. de bot., arbrisseau du midi de l'Europe, à fleur rosacée, dont les feuilles sont employées par les corroyeurs.

FUSTIBALE, subst. mas. (*fucetibale*) (du lat. *fustibalus*, fait, dans le même sens, de *fustis*, bâton, et du grec βάλλω, je lance), bâton long de quatre pieds, au milieu duquel était attachée une fronde de cuir. On s'en servait avec les mains, et il lançait les pierres presque comme l'onagre.

FUSTIGATION, subst. fém. (*fucetiguâcion*) (en lat. *fustigatio*), action de *fustiger*.

FUSTIGÉ, E, part. pass. de *fustiger*.

FUSTIGER, v. act. (*fucetijé*) (du lat. *fustis*, bâton qui servait à frapper les criminels), battre à coups de fouet. Voy. FOUETTER. — *se* FUSTIGER, v. pron.

FUSTITUDINÉES, subst. propre fém. plur. (*fucetitudiné*), t. d'antiq., nom de certaines îles, chez les anciens, où l'on conduisait les esclaves pour être *fustigés*.

FUSTOC, subst. mas. (*fucetoke*), bois jaune, qui sert à la teinture et aux ouvrages de tour et de marqueterie.

FUSTUAIRE, subst. mas. (*fucetuère*) (du latin *fustis*, bâton), t. d'histoire anc., supplice du bâton, chez les anciens. — Nom qu'on donnait à celui qui était chargé d'appliquer la bastonnade.

FUT, prétérit du verbe *être*. — *Fut dit*, *fut fait*; aussitôt dit, aussitôt fait. Il est fam.

Fût, précédé de *qu'il* ou *qu'elle*, 3e pers. sing. imparf. subj. du verbe irrég. ÊTRE.

FÛT, subst. mas. (*fu*) (du lat. *fustis*, qui signifie proprement bâton à frapper les criminels, et par extension, bois, monture en bois), bois sur lequel est monté le canon d'un fusil ou d'une autre arme à feu. — Bois sur lequel on monte les outils. — Bois qui compose le corps d'un tambour, d'une raquette.—Carcasse d'une malle. — Charpente sur laquelle sont montées les parties en fer du métier à bas.— Planchette sur laquelle s'attachent les cardes.— Dans un orgue, la même chose que le buffet. — La baguette d'un archet de violon, etc., que quelques-uns nomment le *brin*. — Le bois du tonneau : *ce vin sent le fût*, a un goût de tonneau. — Partie de la colonne qui est entre la base et le chapiteau. — Outil de relieur, qui sert à rogner les livres sur la tranche.

FUTAIE, subst. fém. (*futé*) (de *fustis*, bâton), bois qu'on a laissé croître au-delà de quarante ans. A quarante ans on le nomme *futaie sur taillis*; *demi-futaie*, entre quarante et soixante; *jeune et demi-futaie*, entre soixante et cent vingt ans. Après deux cents ans, on la nomme *vieille futaie*, ou *haute futaie sur le retour*.

FUTAILLE, subst. fém. (*futâ-ie*) (de *fût*, dont *futaille* est le diminutif), vaisseau de bois à mettre du vin ou d'autres liqueurs. — *Futaille montée*, qui a ses fonds, ses barres et ses cerceaux. — *Futaille en botte*, celle dont les douves sont préparées, mais qui n'a pas ses cerceaux.

FUTAINE, subst. fém. (*futène*), sorte d'étoffe de coton faite en forme de toile : *futaine à grain d'orge*.

FUTAINIER, subst. mas. (*futènié*), artisan qui fait de la *futaine*.

FUTÉ, E, adj. (*futé*) (du latin *fustis*, bâton, bois, par allusion aux oiseaux qui ont hanté les bois, qui ont vu du pays, et qui sont plus rusés, plus difficiles à attraper que les oiseaux niais, qui ne sont point encore sortis de leur nid. *Ménage*.), fin, rusé, adroit. Il est familier. — Se dit, en t. de blason, d'un arbre dont le *fût* ou tronc est d'un autre émail que les feuilles; d'une flèche, d'une lance, d'une pique, dont le *fût* ou manche est d'un autre émail que celui du dard, des plumes et du fer.

FUTÉE, subst. fém. (*futé*), espèce de mastic à l'usage des menuisiers, etc.

Fûtes, 2e pers. plur. prét. déf. du verbe irrégulier ÊTRE.

F-UT-FA (*fe-utefâ*), t. de musique par lequel on désigne la note *fa*. Il n'est plus usité; on dit simplement *fa* ou *f*.

FUTIER, subst. mas. (*futié*), ouvrier qui assemble les ais des malles et des coffres. Peu usité aujourd'hui.

FUTILE, adj. des deux genres (*futile*) (du lat. *futilis*, employé dans la même acception, et qui signifie proprement : qui ne peut tenir ce qu'il contient, fait de *fundere*, verser), frivole, qui n'est d'aucune importance. — *Un homme futile*, qui parle et agit sans raison, sans réflexion, inconsidérément, en l'air. — *Paroles futiles*, *discours futiles*, vides de sens, de raison, d'idées. — Les biens qui ne tiennent qu'à l'opinion, à la fantaisie, l'illusion, sont des *biens futiles*. Voyez FRIVOLE.

FUTILE, subst. mas. (*futile*), t. d'antiq., chez les anciens, vase qui servait aux sacrifices de Vesta.

FUTILITÉ, subst. fém. (*futilité*), caractère de ce qui est *frivole*; frivolité. — Chose *futile*.

FUTIS, subst. mas. (*futice*), myth.; on appelle ainsi en Chine les disciples du bonze qui préside certaines assemblées.

FUTUM, subst. mas. (*futome*), t. d'antiq., sorte de vase chez les anciens.

FUTUR, subst. mas. (*futur*), qui est à venir. — T. de gramm., forme particulière, ou espèce d'inflexion qui désigne l'idée accessoire d'un rapport au temps à venir, ajoutée à l'idée principale du verbe. On appelle *futurs simples*, ceux qui sont formés par de simples inflexions; et *futurs composés*, ceux qui sont formés par le secours des verbes auxiliaires. —*Le futur absolu*, ou *simple*, exprime l'action comme devant avoir lieu dans un temps où l'on n'est pas encore : JE SORTIRAI *demain*. — *Le futur passé*, ou *antérieur*, l'exprime comme antérieure à une époque à venir : J'AURAI TERMINÉ *demain*.—T. de métaphysique, on appelle *futur contingent*, ce qui doit arriver, mais qui n'arrive pas nécessairement. Par exemple, cette proposition, *j'irai demain à la campagne*, est une proposition de *futur contingent*, non-seulement parce que je pourrais d'ici à demain changer de résolution, mais aussi parce qu'il n'implique point contradiction que je n'aille pas à la campagne un tel jour.

FUTUR, E, adj. (*future*) (en lat. *futurus*, qui est à venir, qui sera : *les siècles futurs*.—En t. de pratique : *les futurs époux* ou *conjoints*, ceux entre lesquels il y a promesse de mariage. On dit aussi subst., dans ce sens : *le futur, la future*.

FUTURISER, v. act. (*futurizé*), t. de gramm., mettre le temps d'un verbe au *futur*. Mot forgé par *Raymond*.

FUTURITION, subst. fém. (*futuricion*), t. didactique, caractère de ce qui doit arriver. Peu en usage.

DU VERBE IRRÉGULIER FUIR :

Fuyaient, 3ᵉ pers. plur. imparf. indic.
Fuyais, précédé de *je*, 1ʳᵉ pers. sing. imparf. indic.
Fuyais, précédé de *tu*, 2ᵉ pers. sing. imparf. indic.
Fuyait, 3ᵉ pers. sing. imparf. indic.
Fuyant, part. prés.

FUYANT, E, adj. (*fui-ian, tante*), en t. de peinture, qui *fuit*, qui paraît s'enfoncer dans le tableau.—On dit aussi subst. : *le fuyant d'un corps*; *les fuyants d'un tableau*. Mais cet emploi est borné au langage des arts.— On ne peut pas dire avec *Fénelon* (Télémaque, liv. XVI) : *les uns vainqueurs et animés au carnage, les autres ou fuyants, ou mourants, ou blessés*.

FUYARD, subst. mas. (*fui-iar*), soldat qui s'*enfuit* du combat.

FUYARD, E, subst. et adj. (*fui-iar, iarde*), qui *fuit* : *un animal fuyard*; *les troupes fuyardes*.

FUYASSER, v. neut. (*fui-iacé*), agir frauduleusement. (*Boiste*.) Vieux et inus.

DU VERBE IRRÉGULIER FUIR :

Fuyez, 2ᵉ pers. plur. impér.
Fuyez, précédé de *vous*, 2ᵉ pers. plur. prés. indic.
Fuyiez, précédé de *vous*, 2ᵉ pers. plur. imparf. indic.
Fuyiez, précédé de *que vous*, 2ᵉ pers. plur. prés. subj.
Fuyions, précédé de *nous*, 1ʳᵉ pers. plur. imparf. indic.
Fuyions, précédé de *que nous*, 1ʳᵉ pers. plur. prés. subj.
Fuyons, 1ʳᵉ pers. plur. impér.
Fuyons, précédé de *nous*, 1ʳᵉ pers. plur. prés indic.

FY ou **FI**, subst. mas. (*fi*), t. de boucher, ladrerie apparente qu'on reconnaît à certaines taches sur la chair d'un animal.

FYADA, subst. mas. (*fi-ada*), t. d'antiq., nom que les alchimistes donnaient au mercure.

FYLLA, subst. propre fém. (*filla*), myth., déesse des Scandinaves.

FWEN, subst. mas. (*fouène*), monnaie de la Chine.

G, septième lettre de l'alphabet et la cinquième des consonnes. Il est subst. mas : *un grand G*.—Chez les anciens, c'était une lettre numérale, qui signifiait quatre cents, et, marquée d'un tiret, quarante mille. — Dans un livre, *g* indique la septième feuille. — Dans le comput ecclésiastique, la septième et dernière lettre dominicale. — Dans le calendrier, la lettre *g* marque le samedi.—Dans les poids, elle signifie un gros ou un grain.—Dans la musique, elle marque une des clefs *g-ré-sol*. — Ce caractère est souvent employé aussi dans les lettres et épîtres dédicatoires pour exprimer le titre de *Grandeur*, que l'on donne aux prélats et aux chanceliers de France : *V. G., votre Grandeur*.—Il se prend aussi pour *grace*, titre donné en Allemagne aux évêques, et en Angleterre aux princes et aux personnages les plus éminents de l'état : *V. G., S. G., votre Grace, sa Grace*. — On s'en servait encore pour désigner la monnaie qui se fabriquait à Poitiers. — Parlons maintenant de la prononciation si irrégulière de cette lettre. *G* a le son propre de *gue* devant les voyelles *a*, *o*, *u*, et devant les consonnes *l* et *r*. Il a le son accidentel de *je* devant les voyelles *e*, *i* et *y*, et celui de *ke* à la fin des mots, lorsque le mot suivant commence par une voyelle ou un *h* muet : *gage, gosier, guttural*, prononcez *guaje, guôzié, guteural*. Nous ajoutons un *u* en notant la prononciation de *ga* dans *gage*, de *go* dans *gosier*, pour faire comprendre que ce *g* a le son dur dans ces mots. En effet, si l'on n'intercalait pas cet *u*, comment savoir que l'on doit dire *gue* et non pas *je?* On nous a objecté que quelques-uns se tromperaient aisément et prononceraient *gu-aje*, et *gu-ozié* au lieu de *guaje* et de *guôzié*. Cette erreur est impossible, lorsque nous avertissons que, dans les cas où l'*u* doit se faire sentir séparé de la voyelle qui suit, nous mettons un tiret à côté de cette voyelle. Ainsi nous écrivons la prononciation du mot *aiguiser*, dans lequel mot le son de *gu* doit se faire entendre, indépendamment de la voyelle *i*, *égu-izé*. Poursuivons. Nous avons dit que *g* devant *e*, *i* et *y* avait le son naturel du *j*. Il n'y a ici nulle difficulté; cependant, dans le mot *Gessner*, on prononce *guècenère*, mais c'est une exception tout-à-fait étrangère à notre langue. —Le son de *ke* n'arrive au *g* que par sa position à la fin des mots, devant une voyelle ou un *h* muet : *suer sang et eau*, dites *çanké-ô*; *rang honorable*, *rankonorable*. A la fin du mot *bourg*, quelques personnes, surtout dans les provinces du midi, prononcent *bourke*; il vaut mieux dire simplement *boure : il y a un bourg ici près; le bourg est encore éloigné*. (Prononcez *bour*.) Mais on dit : *la ville de BourkanBresse*. Quant au mot *gangrène*, que l'*Académie*, et presque tous les grammairiens veulent qu'on prononce *kangrène*; nous faisons bonne justice de cette bizarrerie en son lieu et place. Voy. ce mot.—Il y a des cas où l'on met un *e* entre *g* et *a*, *o*, *u*, lorsque la prononciation doit être adoucie et sonner comme *j*. Ainsi, l'on écrit *mangeons*, *mangeâmes*, *gageure*, et l'on dit comme s'il y avait : *manjon*, *manjâme*, *guajure*. Tantôt aussi, pour donner à la lettre *g* le son qui lui est propre, avant *e*, *i*, on met après cette consonne un *u* que l'on pourrait appeler muet, parce que cet *u* ne servant absolument qu'à donner le son dur au *g*, on ne l'entend nullement, comme dans *guise*, *à ma guise*, *guider*, etc. Mais il y a certains mots, ainsi que nous l'avons dit tout à l'heure, dans lesquels *u* se fait parfaitement entendre, comme dans les mots : *aiguille*, *aiguillon*, *aiguiser*, *arguer*, *inextinguible*, qui se prononcent *égu-i-ie*, *égu-i-ion*, *égu-izé*, *argu-é*, *inèkceteingu-ible*, et non *égui-ie*, *égui-ion*, *éguizé*, *arguer*, *inèkceteinguible*. Dans les noms propres de *Guise*, d'*Aiguillon*, *le Guide*, *u* se fait entendre; dites *Gu-ize*, *égu-i-ion*, *le Gu-ide*. —*G* final sonne assez ordinairement *gue*. Voy. la prononciation particulière de chacun des mots qu'il termine. Il est muet dans *étang*, et à la fin de tous les mots, lorsque le mot suivant commence par une consonne : *long-temps*, *sang répandu*, prononcez *lontan*, *çanrépandu*. Autrefois, on mettait un *g* dans l'orthographe de plusieurs mots ; mais, depuis long-temps, l'usage l'a retranché ; ces mots sont : *besoing, soing, témoing, loing*, etc., dérivés des mots *besogner, soigner, témoigner, éloigner*, etc. ; on n'écrit plus que *besoin, soin, témoin, loin*, etc. —Le *g* devant *n* a plusieurs sons, tantôt celui de *guene*, et tantôt le son dit mouillé ou liquide de *gnie*. Au commencement des mots, il conserve le son dur de *gue*, qui lui est propre : *Gnide, gnomonique, gnostique, gnomon* ; on prononce *Guenide, guenomonike, guenocetike, guenomon*. Le son mouillé ou adouci n'a lieu qu'au milieu ou dans le corps des mots : *magnanime, guignon, incognito, magnétiser, agneau, règne, compagnie* ; dites : *magnianime, guignion, inkognito, magniétizé, agniô, règnie, konpagni*. Nous savons bien qu'on nous objectera que l'exemple du mot *règnie* ne rend pas la prononciation de *gne*, puisqu'en français *gnie* a le son doux de *gni* ; mais on se rappellera bientôt avec nous que les règles d'une prononciation doivent donner le son du mot sans s'embarrasser de l'orthographe de ce mot. Jusqu'à présent, nos lexicographes les plus forts en matière de prononciation se sont contentés de dire, à la suite d'un mot dans lequel le *gn* devait se prononcer doux par *i*, qu'il fallait prononcer le *gn* mouillé ; mais nous demanderons comment se prononce ce *gn* mouillé : cette épithète de *mouillé* ne parle qu'à l'esprit, et ce sont les yeux qu'il faut frapper. Nous ne croyons pas qu'on puisse prononcer autrement le son du *gn* mouillé que par *gnie*, dans lequel le son *i* ne se fait point entendre, mais seulement *g, n, e*, adouci par l'intercalation d'un *i*. Certains mots, dans le milieu desquels entre le *gn*, conservent le son propre et dur du *g* ; ce sont : *agnat, diagnostic, stagnation, cognat, régnicole, inexpugnable, ignée, Progné*, que l'on prononce : *aguena, di-aguenocetike, cetaguenâcion, koguena, réguenikole, inèkcepuguenable, iguené, Proguené* ; mots qui, du reste, n'ont conservé cette prononciation dure qu'à cause de leur origine latine ou grecque, dont ils ne se sont pour ainsi dire pas écartés.— Les noms propres *Clugny, Regnaud, Regnard*, et *signet*, se prononcent *cluni, renô, renar, ciné*, sans qu'on fasse sentir le *g* ; il en est de même à la fin de *legs, faubourg, doigt, vingt, poing, coing, hareng, seing*.—Quant à la prononciation de *agnus* et de *agnus-castus*, voy. ces mots. Voy. aussi IMPRÉGNATION et IMPRÉGNER.—En règle générale, on ne prononce qu'un *g* dans les mots où cette lettre est redoublée ; il n'y a guère d'exception que dans les cas où la syllabe *ge* suit immédiatement la lettre *g* ; alors il a le son *gue* : *suggérer*, dites : *çuguejéré*.

G-RÉ-SOL, G-SOL-RÉ-UT, ou simplement **G**, subst. mas. (*jéréçole*), t. de musique, cinquième ton de la gamme diatonique, lequel s'appelle autrement *sol*. Il n'est plus en usage ; on dit simplement *sol* ou *g*.—C'est aussi le nom de la plus haute des trois clefs de la musique.

GAAR, subst. mas. (*gua-ar*), t. d'hist. nat., sorte de poisson de l'île de Tabago.

GABALUS, subst. propre mas. (*guabaluce*), myth., divinité qu'on adorait à Emèse et à Héliopolis sous la figure d'un lion à tête radieuse.

GABAN, subst. mas. (*guaban*), sorte de manteau de feutre.

GABAR, subst. mas. (*guabar*), t. d'hist. nat., épervier d'Afrique.

GABARE, subst. fém. (*guabare*), petit bâtiment large et plat pour remonter les rivières.—Bateau pour transporter les cargaisons des navires.—Bateaux ancrés pour la visite des vaisseaux qui entrent ou qui sortent.—Bateau de pêcheur.—Espèce de grand filet.

GABARÉÉ, E, part. pass. de *gabaréer*.

GABARÉER, v. act. (*guabaré-é*), t. de mar., travailler des pièces de charpente sur des *gabarits*. Peu connu.

GABARÉ, part. pass. de *gabarer*.

GABARER, v. neut. (*guabaré*), t. de mar., faire aller un petit canot avec un seul aviron sur la poupe, et à force de bras.

GABARIAGE, subst. mas. (*guabariaje*), t. de mar., le périmètre ou contour du couple, au joint des pièces qui le composent : c'est une courbe qui va du talon au bout de l'allonge.

GABARIÉ, E, part. pass. de *gabarier*.

GABARIER, subst. mas. (*guabarié*), conducteur d'une *gabare*.—Porte-faix qui la décharge.

GABARIER, v. act. (*guabarié*), t. de mar., travailler des pièces de charpente pour la construction des vaisseaux, sur des *gabares*.

GABARIT, subst. mas. (*guabari*), t. de mar., modèle de construction de vaisseau. — Contour vertical de la carène. — Dessin tracé sur une planche des proportions des différentes parties de l'ancre. — Couple des parties de l'arrière.

GABAROTE, subst. fém. (*guabarote*), espèce de bateau de pêcheur en usage sur la Gironde.

GABARRE, subst. mas. (*guabare*), t. d'antiq., corps mort que les anciens Égyptiens conservaient chez eux, au lieu de l'enterrer.

GABATE, subst. mas. (*guabate*), t. d'antiq., vase à l'usage des anciens.

GABATH, subst. propre fém. (*guabate*), t. de géog. anc., ville de la Palestine dans la tribu de Benjamin. — Autre ville de la Palestine sur la montagne du même nom, dans la tribu d'Éphraïm.

GABATHA, subst. propre mas. (*guabata*), t. d'hist. anc., lieu élevé à Jérusalem où l'on rendait la justice.

GABATINE, subst. fém. (*guabatine*) (du vieux mot français *gaber*, se moquer de quelqu'un, dérivé, suivant *Huet*, de l'arabe *gabana*, frauder, tromper), usité seulement dans cette phrase proverbiale : *donner de la gabatine à*..., tromper, en faire accroire.

GABBRO, subst. mas. (*guabebrô*), nom donné par les marbriers de Florence à une espèce de marbre euphotide et à plusieurs variétés de serpentine.

GABBRONITE, subst. fém. (*guabebrônite*), t. de minér., substance voisine de la néphrite ou feldspath tenace, qu'on trouve en Norwège.

GABÉ, E, part. pass. de *gaber*.

GABEGIE, subst. fém. (*guabeji*), t. pop., ruse, tromperie, basse fourberie.

GABELAGE, subst. mas. (*guabelaje*), temps que demeure le sel dans le grenier avant de l'exposer en vente.—Marque que les commis des greniers mettaient parmi le sel, pour reconnaître s'il était sel de grenier ou de faux saunage.

GABELÉ, E, part. pass. de *gabeler*.

GABELER, v. act. (*guabelé*), mettre le sel dans le grenier pour le faire égoutter.—*se* GABELER, v. pron., se moquer de quelqu'un, le railler.—Il est vieux. On ne le trouve que dans *Rabelais*, qui ne saurait plus être une autorité.

GABELEUR, subst. mas. (*guabeleur*), homme employé dans la *gabelle*.

GABELLE, subst. fém. (*guabèle*) (de l'ancien saxon *gabel*, dérivé lui-même du chaldéen *gab*, qui signifie amende, impôt, tribut), imposition sur le sel. — Lieu où l'on vendait le sel par minots.—On appelait autrefois *pays de gabelle*, les provinces où l'impôt de la *gabelle* était établi.— *Frauder la gabelle*, faire quelque fraude pour ne point payer les droits du sel ; ou fig. et fam., se dispenser par adresse d'une chose que tout le monde fait.

GABELLUM, subst. mas. (*guabèlelome*), t. d'anat., mot latin adopté en français pour désigner l'espace dégarni de poil qui se trouve entre les deux sourcils.

GABELOUX, subst. mas. (*guabelou*), railleur insolent. — Agent de *gabelle, gabeleur*, commis de barrière. Cette expression est populaire, et n'est guère employée que comme terme de dénigrement et injure.

GABER, v. act. (*guabé*), railler, se moquer de quelqu'un. Vieux mot plein de grace et de naïveté qui, selon *Huet*, dérive de l'arabe *gabana*, frauder, tromper. On le retrouve avec plaisir dans les vieux poëtes, dans les anciens contes et fabliaux. On doit en regretter l'usage, car rien ne l'a remplacé. On disait dans le même sens *gabar*. L'un et l'autre étaient dérivés du substantif *gab*, plaisanterie. On disait neutralement et on pourrait dire encore *dans le sens de rire, plaisanter : vous gabez, vous voulez gaber*. — *se* GABER, v. pron., se moquer.

GABET, subst. mas. (*guabè*), nom qu'on donne à une girouette dans plusieurs provinces maritimes.—Pinnule ou marteau d'instruments propres à prendre la hauteur des astres.—Au plur., t. de vén., gros vers qui rongent le cerf entre chair et cuir, et qui lui percent la peau.—Au fig., persifleur. (*Tressan*.) Il est vieux, mais expressif, et peut encore s'employer très-bien dans la poésie légère.

GABIAN, subst. mas. (*gabian*), on appelle ainsi une huile noire et bitumineuse qui découle d'une roche située au village de Gabian, près Béziers. C'est une espèce de pétrole, et on la vend ordinairement dans le commerce sous le nom d'huile de pétrole.—Nom vulgaire du goëland.

GABIE, subst. fém. (*guabi*) (de l'italien *gabbia*, cage), t. de mar., la hune ou la cage qui est en haut du mât.

GABIEMIEN, subst. propre mas. (*guabimi-ein*), t. de géog. anc., ancien peuple de la Ligurie, aujourd'hui le Montferrat.

GABIENNE, subst. propre fém. (*guabiène*), myth., surnom de Vénus adorée à *Gabie* chez les Volsques.

GABIER, subst. mas. (*guabié*) (de l'italien *gabbiere*), matelot qui est sur la hune, et qui est chargé spécialement de visiter et d'entretenir le gréement.

GABIES, subst. propre fém. (*guabi*), t. de géog. anc., ville des Volsques à peu de distance de Rome, sur le chemin de Préneste. C'est dans cette ville que furent élevés Romulus et Rémus.

GABIEU, subst. mas. (*guabieu*), outil de cordonnier.

GABILLAUD, se dit par erreur pour CABILLAUD.

GABINA, subst. mas. (*guabina*), t. d'hist. nat., espèce de goëland *gris-blanc*.

GABINIENS, subst. mas. plur. (*guabini-ein*), anciens habitants de *Gabinie*.

GABION, subst. mas. (*guabion*) (de l'italien *gabbione*, fait de *gabbia*, cage), t. d'art militaire, sorte de panier rempli de terre dont on se sert dans les siéges, etc., pour couvrir les travailleurs.

GABIONNADE, subst. fém. (*guabionade*), ouvrage de *gabions*.

GABIONNÉ, E, part. pass. de *gabionner*.

GABIONNER, v. act. (*guabioné*), couvrir avec des *gabions*.—*se* GABIONNER, v. pron.

GABIRA, subst. fém. (*guabira*), t. d'hist. nat., espèce de guenon noire d'Afrique.

GABON, subst. mas. (*guabon*), t. d'hist. nat., espèce d'oiseau d'Afrique qui passe pour être d'une grosseur monstrueuse, et auquel les voyageurs donnent jusqu'à six pieds de long.

GABORDS, subst. mas. plur. (*guabor*), t. de mar., premières planches d'en bas qui font le bordage extérieur du vaisseau.

GABOT, subst. mas. (*guabô*), poisson dont on se sert pour amorce, et qui a la propriété de rester plusieurs jours en vie hors de l'eau. On ignore à quel genre il appartient.

GABRE, subst. mas. (*guabre*), t. d'hist. nat. ; on désigne quelquefois par ce nom le coq-d'Inde, et le vieux mâle de la perdrix.

GABURA, subst. mas. (*guabura*), t. de bot., genre établi dans la famille des champignons, ou des lichens. On ne l'a pas adopté.

GABURON, subst. mas. (*guaburon*), t. de mar., pièces de bois qu'on applique contre un mât ou contre une vergue pour les fortifier.

GABYRUS, subst. propre mas. (*guabiruce*), dieu indigète des anciens Macédoniens.

GÂCHE, subst. fém. (*guâche*), chez les serruriers, toute pièce de fer qui sert en général à fixer une chose contre une autre. — Dans une acception plus particulière et plus usitée, pièce de fer dans laquelle entre le pêne d'une serrure de porte. — Anneau de fer scellé dans le mur pour soutenir et arrêter une descente de plomb, un tuyau, etc. — Crochet de plombier fait en croissant, dont la circonférence est plate, et l'extrémité pointue.—Spatule dont se servent les pâtissiers.

GÂCHÉ, E, part. pass. de GÂCHER.

GÂCHER, v. act. (*guâché*), détremper, délayer, en parlant du plâtre, du mortier.—*Gâcher serré*, c'est mettre du plâtre dans l'eau, et l'y remuer jusqu'à ce que toute l'eau soit bue : *gâcher lâche*, c'est mettre peu de plâtre dans l'eau, en sorte qu'il soit totalement noyé.—Remuer la rame. Dans ce sens on le fait venir de l'allemand *wasser*, eau, parce qu'on bat l'eau avec l'aviron, qu'on appelait aussi autrefois *gâche*.—Mettre en pleine eau : *gâcher du linge*.—Donner sa marchandise à vil prix. — Il signifie aussi plus ordinairement au fig., faire un ouvrage grossièrement, négligemment, sans goût, le gâter. — *se* GÂCHER, v. pron. : *des marchandises se gâchent*.

GÂCHET, subst. mas. (*guâchè*), t. d'hist. nat., sorte d'hirondelle de mer.

GÂCHETTE, subst. fém. (*guâchète*), petite pièce d'une serrure qui se trouve sous le pêne.—Dans une arme à feu, petit morceau de fer coudé, par le moyen duquel on fait partir le chien lorsqu'il est tendu — Dans le métier à bas, petit levier coudé, tournant horizontalement sur un pivot.

GÂCHEUR, subst. mas., au fém. GÂCHEUSE (*guâcheur, cheuze*), apprenti maçon qui *gâche* le plâtre.—Marchand qui vend à vil prix.—Qui *gâte* tout ce qu'il fait. L'*Académie* ne donne pas le fém. de ce mot.

GÂCHEUSE, subst. et adj. fém. Voy. GÂCHEUR et GÂCHEUX.

GÂCHEUX, adj. mas., au fém. GÂCHEUSE (*guâcheu, cheuze*), bourbeux : *chemin gâcheux*.

GÂCHIS, subst. mas. (*guâchi*) (suivant *Borel*, de l'allemand *wasser*, eau), ordure, saleté causée par l'eau.— Il se dit fig., de quelque affaire désagréable causée par des caquets, des rapports, des imprudences, etc. : *nous voilà dans un beau gâchis !*

GAD, subst. propre mas. (*guade*), divinité des Syriens.

GADARN, subst. mas. (*guadarne*), sorte de sabre turc, peu courbé.

GADE, subst. mas. (*guade*), t. d'hist. nat., genre de poissons jugulaires, qui renferme plusieurs espèces renommées pour la délicatesse de leur chair, et dont les plus connues sont le merlan, la morue, la lotte.

GADÈLE, subst. fém. (*guadèle*), sorte de groseilles dont on fait des confitures liquides.

GADELIER, subst. mas. (*guadelié*), arbrisseau qui porte les *gadèles*.

GADELUPA, subst. mas. (*guadelupa*), t. de bot., arbre de la famille des légumineuses, qui vient dans l'Inde.

GADIN, subst. mas. (*guadein*), t. d'hist. nat., espèce de coquille du genre des patelles.

GADITANUS, subst. propre mas. (*guaditanuce*), myth., surnom d'Hercule, pris d'un temple qu'il avait à Gadès, aujourd'hui Cadix; il était défendu aux femmes d'entrer dans ce temple, où l'on ne voyait aucune statue, pas même celle d'Hercule.

GADO-FOWLO, subst. mas. (*guadôfoulô*), t. d'hist. nat., ce mot signifie *oiseau du bon Dieu*. Les colons de Surinam appellent ainsi un petit oiseau assez semblable, dit-on, au roitelet d'Angleterre, mais plus gros, et qui a un ramage très-agréable.

GADOLINITE, subst. fém. (*guadolinite*), t. d'hist. nat., pierre qui a beaucoup de ressemblance avec la lave appelée *pierre obsidienne*. Elle a été découverte en Suède par *M. Gadolin*, naturaliste.

GADOTE, subst. fém. (*guadote*), matière fécale. Il est inusité.

GADOUARD, subst. mas. (*guadouar*), vidangeur; celui qui tire la *gadoue*.

GADOUE, subst. fém. (*guadou*), matière fécale qu'on tire d'une fosse d'aisances.

GAERTNÈRE, subst. fém. (*guèretnère*) (de l'allemand *gaertner*, jardinier), t. de bot., nom d'un genre de plantes voisin des banistères de *Linnée*.—On a donné le même nom à un genre de la pentandrie monogynie que les créoles de l'île de Bourbon appellent *café marron*, à cause de ses rapports avec le véritable café.

GÆSTEIN ou PIERRE ÉCUMANTE, subst. fém. (*jècetène*) (de l'allemand *pechstein*, pierre de poix), t. d'hist. nat. On a décrit sous ce nom, et rangé parmi les produits volcaniques, différents minéraux compactes et à cassure vitreuse, de couleur grise ou verte, fusibles en un émail blanc et spongieux.

GÆSUM, subst. mas. (*jézome*), sorte de lance en fer, à l'usage des Gaulois.

GAETH, subst. mas. (*gua-ète*), divinité des Kamtschadales.

GAËTE, subst. propre fém. (*gua-ète*), belle et forte ville de la terre de Labour, dans le royaume de Naples. Elle fut prise par les Français en 1806.

GAFFE, subst. fém. (*guafe*), perche armée d'un croc de fer à deux branches, dont l'une est droite et l'autre courbe. — Au plur., dans les salines, vaisseaux de diverses grandeurs, qui servent au transport du sel.

GAFFÉ, E, part. pass. de *gaffer*.

GAFFEAU, subst. mas. (*guafô*), t. de pêche, petite *gaffe*.

GAFFER, v. act. (*guafé*), accrocher avec la *gaffe*.—*se* GAFFER, v. pron.

GAGATE, subst. fém. (*guaguate*), t. de minér., pierre noire et dure, quoique bitumineuse. On en trouve deux espèces en Islande.

GAGE, subst. mas. (*guaje*) (du latin barbare *vadium*, fait de *vas*, gén. *vadis*, caution, répondant), ce que l'on met entre les mains de quelqu'un pour sûreté d'une dette : *prêter sur gages*, à usure. — Assurance, preuve : *gage de fidélité*. — Chose que l'on donne ou qu'on laisse à une personne comme une preuve, une assurance de l'exécution des promesses qu'on lui a faites, ou des sentiments que l'on a pour elle : *un gage d'amitié, d'amour, de tendresse*. — Ce que l'on dépose en main tierce pour être donné à celui qui se trouvera avoir raison dans une contestation privée. — On appelle *gage*, à certains petits jeux, un objet quelconque que chaque joueur, lorsqu'il a fait une faute, est obligé de déposer entre les mains d'un autre joueur chargé de ce dépôt, et qu'il retire à la fin du jeu en faisant une pénitence qui lui est imposée : *donner un gage; retirer un gage; on ne rend point le gage que la pénitence ne soit faite*. On appelle ce jeu *gage touché*, parce que les *gages* étant mêlés dans un mouchoir, un des joueurs y met la main, et *touche* un des *gages*, pendant qu'un autre prescrit la pénitence. Cette pénitence doit être faite par celui à qui appartient le *gage touché : qu'ordonnez-vous au gage touché ?* — T. de jurispr., effet que l'obligé donne pour sûreté de l'exécution de son engagement. — Quelquefois le mot *gage* est pris pour un contrat par lequel l'obligé remet entre les mains du créancier quelque effet mobilier, pour assurance de la dette ou autre convention, soit à l'effet de le retenir jusqu'au paiement, ou pour le faire vendre par autorité de justice, à défaut de paiement ou d'exécution de la convention. — Quelquefois aussi, *gage* se prend pour la chose même qui est aussi engagée au créancier. — *Gage* se dit aussi de toute obligation d'une chose soit mobilière ou immobilière; et dans ce cas, on confond souvent le *gage* avec l'hypothèque, comme quand on dit que *les meubles sont le gage du propriétaire pour ses loyers*, ou qu'*une maison saisie réellement devient le gage de la justice, qu'elle est le gage des créanciers hypothécaires*, etc. Mais le *gage* proprement dit, et le *contrat de gage*, qu'on appelle aussi nantissement, s'entend d'une chose mobilière dont la possession réelle et actuelle est transférée au créancier, pour assurance de la dette ou autre obligation; au lieu que l'hypothèque s'entend des immeubles que le débiteur affecte et qu'il engage en paiement de la dette, sans se dépouiller de la possession de ces immeubles. — Au plur., salaires des domestiques.—Autrefois, *appointements* des officiers de justice, etc. — *Casser quelqu'un aux gages*, lui ôter son emploi, ses appointements. — Fig. et fam., le disgracier: *il n'est plus rien chez le ministre, il est cassé aux gages*. — *Gage de bataille*, gant, gantelet, chaperon, etc., que l'accusateur ou le demandeur jetait à terre, et que l'accusé ou le défendeur relevait pour montrer qu'il acceptait le défi, c'est-à-dire le duel.— On dit qu'*un homme est resté en gage* dans une hôtellerie, dans un cabaret, dans une maison où il a fait de la dépense avec plusieurs autres, pour dire qu'il a été retenu jusqu'à ce que le paiement de cette dépense ait été effectué. — On dit aussi dans ces sortes de cas : *laisser sa montre, sa tabatière en gage*. — GAGES, APPOINTEMENTS, HONORAIRES. (*Syn.*) *Gages* ne se dit qu'à l'égard des domestiques des particuliers, et des gens qui se louent pendant quelque temps au service d'autrui pour des occupations serviles. *Appointements* se dit pour tout ce qui est place. *Honoraires* a lieu pour les maîtres qui enseignent quelque science, ou quelques-uns des arts libéraux, et pour ceux à qui on a recours dans l'occasion, pour en obtenir quelque autre service que leur doctrine ou leur fonction met à portée de rendre. — *Gages* marque toujours quelque chose de bas; *appointements* n'a point cette idée; *honoraires* réveille l'idée contraire. Cette distinction n'est pourtant pas absolue et sans exception. On dit quelquefois les *gages* d'un capitaine de navire, d'un matelot. On le disait autrefois du paiement que le roi ordonnait par an aux officiers de sa maison, aux officiers de justice et de finance, etc.— *A gages* s'emploie en parlant de quelqu'un qui est payé, *gagé* pour faire quelque chose. Il se prend ordinairement en mauvaise part : *des applaudisseurs à gages*.

GAGÉ, E, part. pass. de *gager*.

GAGE-MORT, subst. mas. Voy. MORT-GAGE.

GAGE-PLEIGNE, subst. mas. (*guajeplègnie*), autrefois, convocation en Normandie pour élire un prévôt.

GAGER, v. act. (*guajé*), faire une *gageure*; parier : *je gagerais vingt pistoles que...*, ou neut. : *je gage que...; gager avec* ou *contre quelqu'un*. — Donner des *gages* à un domestique, des appointements à quelqu'un pour obtenir un travail, un service. *Boileau* dit dans *le Lutrin* que les chanoines de la Sainte-Chapelle

> Veillaient à bien dîner, et laissaient en leur lieu
> A des chantres *gagés* le soin de louer Dieu.

—On dit fam., et par ellipse : *gage que si, gage que non*, pour dire : *je gage que si, je gage que non*. — On peut dire : *je parie de gagner cette partie*, et non : *je gage de gagner cette partie*. La raison en est que *gager* se dit quand il s'agit d'événements que l'on croit certains, et *parier* quand il s'agit d'événements incertains; or, il est de la nature de la préposition *de*, mise avant un verbe, d'indiquer ce doute, cette incertitude, cette dépendance.— GAGER, PARIER. (*Syn.*) Vous *gagez* particulièrement, quand il s'agit de vérifier, de prouver, d'accomplir un point, un fait, dans la croyance ou la persuasion que votre opinion est bonne, que votre prétention est juste. Vous *pariez* particulièrement, quand il s'agit d'événements contingents, douteux, dépendant, du moins en partie, du hasard ou de causes étrangères, dans l'espérance que le sort favorisera votre parti, que votre parti l'emportera. — Celui qui *gage* pèse les raisons, les motifs, les autorités; celui qui *parie* calcule les chances, les probabilités, les hasards de perte ou de *gain*. — Si l'on vous conteste un fait, vous *gagerez* impatiemment qu'il est vrai; si les avis sont partagés sur un événement incertain, vous *parierez* par amusement pour ou contre.—L'amour-propre est ordinairement plus intéressé dans les *gageures* que la cupidité, on veut avoir raison; la cupidité l'est bien davantage dans les *paris*, on veut gagner de l'argent.—Un gladiateur plein de confiance *gage* contre un autre de le terrasser. Les spectateurs, indifférents pour la personne de l'un ou de l'autre, *parient* pour l'un ou pour l'autre. — Des joueurs *parient*; des concurrents *gagent*. — L'usage est plutôt pour *gageure* dans les contestations, et pour *pari* au jeu.—*La Fontaine* a employé les deux mots de manière qu'on sent encore la nuance qui les distingue, quoiqu'ils paraissent synonymes :

> *Gageons*, dit celle-ci, que vous n'atteindrez point
> Si tôt que moi ce but.—Si tôt? êtes-vous sage?
> Sage ou non, je *parie* encor.

Gageons exprime la confiance dans sa force, et *je parie* la certitude du succès.

GAGERIE, subst. fém. (*guajerî*). On appelle *saisie-gagerie*, une simple saisie de meubles qu'on fait pour assurance d'une dette, mais sans enlever les meubles, sans l'intervention du juge, même sans obligation par écrit, et seulement pour que la chose, ainsi arrêtée, devienne le *gage* du créancier.

GAGEUR, subst. mas., GAGEUSE, subst. fém. (*guajeur, jeuze*), celui, celle qui *gage* ou qui est dans l'habitude de *gager* souvent. Peu usité.

GAGEURE, subst. fém. (*guajure*), promesses que les personnes qui *gagent* se font réciproquement de payer ce dont elles conviennent.— La chose *gagée*. — Fig. et fam. : *soutenir la gageure*, persévérer dans une entreprise, dans une opinion. — Prov. : *gager sa tête à couper, c'est la gageure d'un fou*. — On dit aussi fig. et fam., en parlant d'une action étrange, bizarre, dont on ne comprend ni le motif ni le but : *cela ressemble à une gageure; c'est donc une gageure*. Voy. GAGER.

GAGEUSE, subst. fém. Voy. GAGEUR.

GAGISTE, subst. des deux genres (*guajicete*), celui qui est *gagé* pour rendre certains services, même sans être domestique : *gagiste de théâtre*.

GAGNABLE, adj. et subst. des deux genres (*guagniable*), qu'on peut *gagner* : *ce jeu est très-gagnable; la partie n'est pas gagnable*.— Il se dit aussi, comme subst. mas. plur., des marais desséchés et autres terres qu'on *gagne* à force de culture et de travail.

GAGNAGE, subst. mas. (*guagniaje*), lieu où vont paître les bestiaux. — En vénerie, terre chargée de grains où les bêtes fauves vont au viandis.—Au plur., fruit des terres emblavées.

GAGNANT, E, subst. (*guagnian, gniante*), celui, celle qui *gagne* à un jeu ou à une loterie : *un des gagnants; c'est elle qui est la gagnante*. — Il est aussi adj. : *billet gagnant, carte gagnante*. L'*Académie* ne donne pas de fém. à ce mot.

GAGNÉ, subst. mas. (*guagnié*), gain de cause. Il est fam. : *donner gagné*.

GAGNÉ, E, part. pass. de *gagner*, et adj. :

donner cause gagnée se dit fam. d'une personne qui reconnaît que son adversaire l'emporte, qu'il a *gagné*. On dit dans un sens analogue : *avoir cause gagnée.*—Fig. et fam. : *avoir ville gagnée*, avoir remporté l'avantage qu'on se promettait; et *crier ville gagnée*, crier qu'on a remporté le prix, l'avantage. Voy. GAGNER.

GAGNE-DENIER, subst. mas. (*gagniedenié*), celui qui *gagne* sa vie par le travail de son corps sans savoir de métier; on désignait autrefois par ce nom dans les actes publics les porte-faix, les porteurs d'eau, etc. — Au plur., des *gagne-deniers*, des gens qui ne *gagnent* que des *deniers*.

GAGNE-PAIN, subst. mas. (*gagniepain*), ce qui fait *gagner* la vie à quelqu'un.—Sans plur.

GAGNE-PETIT, subst. mas. (*gagniepeti*), remouleur qui aiguise, qui émout dans les rues des couteaux, des haches, etc.—Au plur., des *gagne-petit*, des gens qui *gagnent petit*; *petit* est ici pour *peu*.

GAGNER, v. act. (*gagnié*) (de l'italien *guadagnare*, ou de l'allemand *winnen*, actuellement *gewinnen*, dont la signification est la même), faire quelque *gain*, faire quelque profit : *cet ouvrier gagne dix francs par jour; il a gagné vingt mille francs dans cette affaire.* — On dit absolument : *gagner gros; gagner beaucoup; je ne gagne pas sur vous; gagner au jeu, à la loterie.* — *Gagner sa vie à coudre, à chanter*, et absolument *gagner sa vie* : *ce jeune homme gagne déjà sa vie; par le temps qui court, on a bien de la peine à gagner sa vie.* On dit, dans le même sens : *gagner son pain à la sueur de son corps, de son front.* — *N'est pas marchand qui toujours gagne*, signifie prov. et fig., qu'on doit s'attendre à des contrariétés, à des vicissitudes dans les affaires de la vie.—*Gagner quelqu'un*, en parlant de jeu : *il m'a toujours gagné; il gagne tout le monde; je ne peux pas vous gagner.*—*Jouer à qui perd gagne*, jouer à un jeu où l'on convient que celui qui perdra, selon les règles ordinaires, *gagnera* la partie. Cette locution s'emploie fig. et fam., en parlant d'un avantage réel obtenu par un désavantage apparent. — En t. de jeu de paume : *au dernier la balle gagner*, pour *gagner* la chasse, il faut mettre la balle au dernier ou plus près du fond du jeu.—*Gagner* signifie encore obtenir, remporter quelque chose que l'on désire : *gagner le prix de la lutte, de la course; vous avez beau faire, vous n'y gagnerez rien; gagner une bataille, sa cause, son procès, une gageure, un pari, la partie.*— Avec la préposition *sur*, obtenir quelque chose de quelqu'un, par permission ou par prière : *je n'ai rien pu gagner sur lui.* On dit de même : *tâchez de gagner cela sur vous*, faites cet effort sur vous, faites-vous violence en cela, obtenez cela de vous : *je n'ai jamais pu gagner sur moi de lui faire bonne mine.* — Fig., 1° acquérir : *gagner le cœur, l'amitié*; et en mauvaise part : *gagner un rhume, une pleurésie*, etc.; 2° mériter : *je l'ai bien gagné*; 3° corrompre : *il gagna ses juges, ses gardes.* Et dans un sens analogue, mais non en mauvaise part, attirer quelqu'un dans un parti, l'attacher à une cause : *c'est un homme à gagner, il a beaucoup d'influence; nous gagnerons facilement les ouvriers*; 4° parvenir à... : *gagner le grand chemin, le gîte, le logis; la gangrène a gagné le dedans*; 5° acquérir, en parlant des avantages, des qualités d'une personne ou d'une chose : *ce jeune homme gagne de l'aplomb; la littérature n'a rien gagné aux innovations des auteurs modernes.*—S'emparer, se rendre maître, en t. de fortification : *gagner la contrescarpe, la demi-lune; gagner du terrein.*— *Gagner du mal*, prendre quelque maladie honteuse. (*Acad.*) — *Gagner le jubilé, les indulgences*, mériter les graces que Dieu y a attachées.—*Gagner temps* ou *du temps*. Le premier se dit quand on veut avancer; le second quand on veut différer : *écrivez par ce courrier pour gagner temps; il fit mille chicanes pour gagner du temps.* Ainsi l'auteur des *Géorgiques françaises* a fait une faute, lorsque, dans son charmant portrait du magister de village, il a dit :

> Voyez, pour *gagner temps*, quelles lenteurs savantes.

Boileau (Lutrin, chant VI) avait dit, également à tort, en parlant d'un avocat qui manquait de mémoire ou de présence d'esprit :

> En vain, pour *gagner temps*, dans ses transes affreuses,
> Traîne d'un dernier mot les syllabes honteuses.

Il fallait dans les deux phrases, *pour gagner du temps.*—*Gagner chemin* ou *gagner pays*, avancer, faire du chemin.— *Gagner le devant* ou *les devants.* Voy. DEVANT. — Prov. : *gagner au pied* (et non pas *du pied*) *la guérite, le haut, les champs, le taillis*, s'enfuir; et fam : *gagner la porte*, se diriger vers la porte pour s'enfuir. — *Gagner le dessus*, avoir l'avantage, surmonter. —En t. de mar., *gagner le vent*, prendre l'avantage du vent. — Fam. : *gagner la main* ou *gagner quelqu'un de la main*, ou mieux, *le gagner en vitesse*, le prévenir.—*Gagner* se dit encore en parlant des choses qui font du progrès, qui s'étendent, se développent, se propagent : *le feu avait déjà gagné la maison voisine; l'eau gagne le premier étage; l'épidémie gagne les provinces; les mauvaises doctrines gagnent la jeunesse; cette opinion gagne beaucoup dans le peuple.*—*La nuit nous gagne*, elle approche. — *La famine gagne*, on commence à avoir faim.—*Donner gagné à quelqu'un*, reconnaître qu'il a raison, céder.—*Une personne gagne à être connue*, plus on la connaît, plus on découvre en elle de qualités estimables.; et *elle ne gagne pas à être connue*, plus on la connaît, plus on perd l'idée avantageuse que l'on s'en était formée d'abord.— A certains jeux : *une telle carte gagne*, celui qui a cette carte *gagne* ce qu'on y a mis; et, en t. de loterie, *tel numero gagne*, il est échu un lot à tel numero.—En t. de man. : *gagner la hanche, l'épaule d'un cheval*, corriger, par le secours de l'art, quelque défaut dans ces parties. — *Gagner la volonté d'un cheval*, en triompher, le dompter par la patience et la douceur.—*Votre cheval vous gagne*, vous n'en êtes plus le maître.

GAGNEUR, subst. mas., au fém. **GAGNEUSE** (*guagnieur, gnieuze*), celui, celle qui *gagne* ou qui a l'habitude de *gagner* souvent. Il est familier, peu usité, mais utile.

GAGNEUSE, subst. fém. Voy. GAGNEUR.

GAGON ou **GAGOU**, subst. mas. (*guaguon, guagou*), t. de bot., grand arbre de la Guyane que les habitants regardent comme une espèce de cèdre.

GAGUEDI, subst. mas. (*guaguedi*), t. de bot., sorte de plante d'Abyssinie de la famille des protées.

GAGUI, subst. fém. (*guagui*), fille ou femme qui a beaucoup d'embonpoint et d'enjouement : *grosse gagui.*—Il est vieux et inusité, et nous sommes surpris de le trouver dans l'*Académie*, dont les colonnes se sont fermées à tant d'autres mots qui, moins anciens ou plus connus, méritaient mieux que celui-là les honneurs de l'adoption.

GAHAMBAR, subst. mas. (*gua-anbar*), nom d'un mois *chaldéen*.

GAHAN, subst. mas. (*gua-an*), période de plusieurs jours chez les Perses.

GAHIYA, subst. mas. (*gua-i-ia*), t. d'hist. nat., espèce d'autruche de l'Inde.

GAHNITE, subst. fém. (*guânite*), t. d'hist. nat. On a donné ce nom à un minéral crystallisé en octaèdre, trouvé en Suède il y a quelques années, et que l'on rapporte aujourd'hui au spinelle.—On a aussi décrit sous ce nom un minéral.

GAI, E, adj. (*guié*) (suivant *Du Cange*, de *gaium*, qui, en vieux latin, signifiait une forêt épaisse; parce que c'était, dit-il, un lieu *gai*, où l'on prenait le plaisir de la chasse et de la promenade; suivant le père *Labbe* et d'autres étymologistes, du lat. *gaudium*, joie), en parlant des personnes et de ce qui y a rapport, joyeux : *homme gai; mine, humeur gaie.* Voy. ENJOUÉ.—Qui réjouit : *air gai; chanson, couleur gaie.* — On appelle quelquefois en t. fam., *propos gais, contes gais*, des propos, des contes un peu libres.—*La gaie science* se disait autrefois de la poésie des troubadours. — *Chambre gaie*, qui est claire et en bel aspect. — *Vert gai*, qui n'est pas foncé.— *Temps gai*, serein et frais. — *Avoir le vin gai*, être de belle humeur quand on a un peu bu. *Être un peu gai* signifie dans le langage familier avoir bu un peu plus que de coutume.—En t. de blason, *cheval gai*, qui n'a ni selle ni bride. — En t. de musique, se dit du mouvement d'un air, et répond à l'italien *allegro*. Ce mot peut aussi s'entendre du caractère de la musique, indépendamment du mouvement. — En t. de pêche, *hareng gai*, celui dans lequel on ne trouve ni laite ni œufs.—*Gai*, adv., gaiement : *allons gai.* Peu usité.

GAÏAC, subst. mas. (*gua-iak*), grand arbre qui croît à la Jamaïque, à fleurs rosacées, bleues dans une espèce, et blanches dans une autre. Son bois, très-dur et résineux, est un excellent sudorifique. On le nomme aussi *bois saint*.

GAÏACINE, subst. fém. (*gua-iacine*), t. de pharm.; on appelle ainsi la résine de *gaïac*.

GAIDERON, subst. mas. (*guiéderon*), t. d'hist. nat., sorte de coquilles du genre des spondyles.

GAIEMENT. Voy. GAÎMENT.

GAIETÉ. Voy. GAÎTÉ.

GAIGAMADOU, subst. mas. (*guièguamadou*), t. de bot., arbre de Cayenne, de la graine duquel on retire une espèce de suif.

GAIGNIÈRES, subst. fém. plur. (*guiègnière*), t. d'hist. nat., espèce d'insecte de la famille des abeilles.

GAILAN, subst. propre mas. (*guiélan*), myth., démon des forêts, chez les Arabes.

GAILLAC, subst. propre mas. (*gua-iak*), ville de France, dép. du Tarn.

GAILLARD, E, subst. (*gua-iar, iarde*) : *c'est un gaillard, une gaillarde*; au féminin, il se dit en mauvaise part d'une femme trop libre, peu scrupuleuse.—Au mas., t. de mar., élévation qui est au-dessus du dernier pont d'un vaisseau à la poupe et à la proue : *le gaillard d'avant, le gaillard d'arrière, les deux gaillards.*

GAILLARD, E, adj. (*gua-iar, iarde*) (suivant *Jules César, Scaliger* et *Vossius*, du lat. *Gallus*, Gaulois, à cause de leur hardiesse et de leur vivacité. M. *de Paulmy*, pour la même étymologie, joint au mot *gallus* l'épithète *ardens* : *Gallus ardens*, coq ou Gaulois hardi.—Nous trouvons cette étymologie bien savante, pour ne pas dire forcée. *Gaillard* étant au fond et dans sa forme une dérivation évidente de *gai*, il est plus simple et plus naturel de donner à ces deux mots une origine commune. Voy. GAI.); en parlant des personnes, 1° gai avec démonstration, joyeux, dispos, éveillé; 2° il signifie quelquefois un peu évaporé; 3° qui est entre deux vins : *nous étions tous ce jour-là un peu gaillards.* — En parlant des discours, gai et un peu libre : *propos, conte gaillard; chanson gaillarde.*—En parlant des choses, hardi, extraordinaire : *l'action est gaillarde*; mais ce sens a vieilli. — *Le vent est gaillard*, un peu froid.

GAILLARDE, subst. fém. (*gua-iarde*), sorte de caractère d'imprimerie, qui est entre le petit-romain et le petit-texte.—*Pas de gaillarde*, espèce de danse autrefois en usage et composée d'un pas, assemblé, d'un pas marché et d'un pas tombé.

GAILLARDELETTES, subst. fém., ou **GALANTS**, subst. mas. plur. (*gua-iardelète, gualan*), t. de mar., pavillons arborés sur le mât de misaine ou sur celui d'artimon.

GAILLARDEMENT, adv. (*gua-iardeman*), joyeusement.—Hardiment, téméraircment.

GAILLARDET, subst. mas. (*gua-iardè*), pavillon échancré et arboré sur le mât de misaine.

GAILLARDISE, subst. fém. (*gua-iardize*), sorte d'action où il entre quelque chose d'un peu libre.—Familièrement : *dire des gaillardises*, des choses libres.

GAILLET, subst. mas. (*gua-iè*), t. de bot., plante du genre des rubiacées. On la nomme aussi *caille-lait*. Voy. ce mot.

GAÎMENT (l'*Académie* écrit aussi *gaiement*; nous préférons cette seconde orthographe), adv. (*guiéman*), d'une manière *gaie*; avec gaieté : *vivre gaiement.*—De bon cœur : *faire gaiement quelque chose.*—*Aller gaiement*, expression familière qui signifie : aller bon train. Voy. GAÎTÉ.

GAIN, subst. mas. (*guiein*), profit, lucre : *vivre de son gain.* Voy. GAGNER.—*Se retirer sur son gain*, quitter le jeu dans le temps que l'on gagne. — Avantage qu'on remporte sur quelque chose.—*Le gain de la bataille*, outre le sens propre, signifie figur., l'heureux succès d'une affaire. —*Gain de cause*, se dit proprement des procès, et figur., des disputes. — *Gains nuptiaux*, en t. de jurispr., ou mieux *gains de survie*, avantages qui se font entre époux en faveur du survivant.

GAÎNE, subst. fém. (*guiène*) (en lat. *vagina*; dans la basse latinité on a dit *gaina*), étui de couteau.—En architecture, espèce de support à hauteur d'appui plus large du haut que du bas, sur lequel on pose des bustes; scabellon d'où paraît sortir quelque partie d'une statue.—En sculpture, la partie inférieure d'un *terme*, d'où la demi-figure sort comme d'une gaîne. — En bot., expansion de la partie inférieure d'une feuille au moyen de laquelle elle embrasse la tige : *dans les graminées, la gaîne tient lieu de pétiole.* — Se dit, en anat., de différentes parties du corps qui en embrassent étroitement d'autres : *la gaîne des tendons fléchisseurs, des doigts*, etc.—Chez les potiers d'étain, trou carré qui traverse les empreintes ou calibres qui servent à tourner.

GAÎNERIE, subst. fém. (*guièneri*), toutes sortes d'ouvrages faits de chagrin, de maroquin, etc.

GAÎNIER, subst. mas. (*guiènié*), ouvrier qui fait des *gaînes*.—T. de bot., sorte d'arbre de la famille des légumineuses, originaire des pays chauds, que l'on cultive dans les jardins à cause de la beauté de sa fleur,et que l'on nomme ainsi parce qu'il porte ses semences dans une gousse qui ressemble à une *gaîne*. On l'appelle aussi *arbre de Judée*.

GAÎNULE, subst. fém. (*guiènule*), t. de bot., ce nom s'applique particulièrement, dans les mousses, à la partie inférieure de la coiffe, qui s'en sépare lors de la maturité, et continue de couvrir la base de l'urne.

GAISSENIA, subst. fém. (*guiècecénia*), t. de bot., genre de plantes de la famille des renonculacées, établi sur une plante découverte en Pensylvanie.

GAÎTÉ (l'*Académie* écrit aussi **GAIETÉ**; on écrit généralement les deux aujourd'hui.), subst. fém. (*guiété*), joie, belle humeur. Voy. JOIE. — Parole ou action folâtre des jeunes gens : *ce sont de petites gaietés*. Il n'a de pluriel que dans cette acception, et c'est une faute à l'auteur du poème *des Saisons*, de lui en avoir donné un dans la première. — *Il a de la gaieté dans son style* ou *son style est plein de gaieté* ; il écrit d'une manière agréable et enjouée. — *Ce cheval a de la gaieté*, de la vivacité, du feu. — *De gaieté de cœur*, adv., de propos délibéré, sans sujet.

GAJAN, subst. mas. (*guajan*), t. de bot., arbre de moyenne grandeur, qui croît dans les Moluques, et dont on ne connaît qu'imparfaitement les organes de la fructification.

GAL, subst. mas. (*gual*), t. d'hist. nat., genre de poissons osseux et thoraciques.

GALA, subst. mas. (*gualá*) (c'est un mot espagnol), dans les cours, fête, réjouissance. — On le dit par extension, dans le style badin, des festins chez les particuliers.

GALACHIDE, subst. fém. (*gualachide*), pierre à laquelle on attribuait des vertus merveilleuses.

GALACTES, subst. mas. plur. (*gualakte*) (du grec γαλα, gén. γαλακτος, lait), t. de chimie, sels tirés du lait.

GALACTIA, subst. fém. (*gualakcia*), t. de bot., genre de plantes qui diffèrent peu des clitores.

GALACTIE, subst. fém. (*gualakci*), t. de médec., excès de sécrétion du lait.

GALACTIQUE, adj. des deux genres(*gualaktike*), c'est le synonyme de *lactique* : *acide galactique*.

GALACTIRRHÉE, subst. fém. (*gualaktiré*) (du grec γαλα, gén. γαλακτος, lait, et de ρεω, je coule), t. de médec., écoulement excessif du lait chez les femmes.

GALACTIRRHÉIQUE, adj. des deux genres (*gualaktiré-ike*), t. de médec., qui concerne la *galactirrhée*.

GALACTITE, subst. fém. (*gualaktite*) (du grec γαλα, gén. γαλακτος, lait), t. d'hist. nat., sorte de pierre de couleur cendrée : mise dans l'eau, elle lui donne une couleur *laiteuse*.

GALACTODE, adj. des deux genres (*gualaktode*) (du grec γαλακτωδης, fait dans le même sens de γαλα, gén. γαλακτος, lait), t. de médec., laiteux, de couleur de lait.

GALACTOGRAPHE, subst. mas.(*gualaktoguerafe*) (du grec γαλα, γαλακτος, lait, et γραφω, je décris), auteur qui décrit les sucs laiteux.

GALACTOGRAPHIE, subst. fém. (*gualaktoguerafi*) (même étym. que celle du mot précéd.), partie de l'anatomie qui a pour objet la description des sucs laiteux.

GALACTOLOGIE, subst. fém. (*gualaktoloji*) (du grec γαλα, γαλακτος, lait,et λογος, discours), partie de la médecine qui traite des sucs laiteux.

GALACTOLOGIQUE, adj. des deux genres (*gualaktolojike*), qui appartient à la *galactologie*.

GALACTOLOGUE subst. mas. (*gualaktologue*), médecin qui traite les maladies dans lesquelles on emploie les sucs laiteux.

GALACTOMÈTRE, subst. mas. (*gualaktomètre*) (du grec γαλα, gén. γαλακτος, lait, et μετρον, mesure), instrument pour mesurer la densité du lait.

GALACTOMÉTRIQUE, adj. des deux genres (*gualaktométrike*), qui est relatif au *galactomètre*.

GALACTOPÉE, subst. fém. (*gualaktopé*) (du grec γαλα, gén. γαλακτος, lait, et ποιεω, je fais), t. de médec., médicament propre à favoriser la sécrétion du lait.

GALACTOPHAGE, subst. des deux genres (*gualaktofaje*) (du grec γαλα, gén. γαλακτος, lait, et φαγω, je mange), celui, celle qui ne se nourrit que de lait.

GALACTOPHORE, adj. des deux genres (*gualaktofore*) (du grec γαλα, gén. γαλακτος, lait, et φερω, je porte), se dit en anatomie des vaisseaux qui portent le lait aux mamelles; et en médecine, des médicaments propres à le rendre plus abondant. On nomme aussi ces médicaments *galactopée*. Voy. ce mot. — Subst. au mas., instrument imaginé vers la fin du dix-huitième siècle, pour faciliter l'allaitement dans le cas de gerçures au sein, de brièveté du mamelon, etc. Il a la forme d'un cône ; l'extrémité conique est percée d'une ouverture, au sommet de laquelle fut d'abord adaptée par les Anglais une tétine de vache préparée, et ensuite, par le docteur Martin de Lyon, un mamelon en gomme élastique.

GALACTOPLANIE, subst. fém. (*gualaktoplani*) (du grec γαλα, gén. γαλακτος, lait, et πλανη, erreur), t. de médec., changement dans la sécrétion du lait.

GALACTOPOÏÈSE, subst. fém. (*gualaktopoïèze*) (du grec γαλα, γαλακτος, lait, et ποιεω, je fais), t. de médec., action par laquelle le chyle se change en lait.

GALACTOPOIÉTIQUE, adj. des deux genres (*gualaktopo-iétike*), t. de médec., se dit de la faculté qu'on suppose aux mamelles d'engendrer le lait.

GALACTOPOSIE, subst. fém. (*gualaktopôzi*) (du grec γαλα, gén. γαλακτος, lait, et ποσις, boisson, dérivé de ποω, pour πινω, je bois), t. de médec., traitement des maladies par le moyen du lait.—Régime laiteux.

GALACTOPOTE, subst. mas. et adj. des deux genres (*gualaktopote*) (du grec γαλα, gén. γαλακτος, lait, et ποτης, buveur), celui ou celle qui se soumet au régime du lait.

GALACTOPYRE, subst. fém. (*gualaktopire*) (du grec γαλα, gén. γαλακτος, lait, et πυρ, feu), t. de médec., fièvre de lait.

GALACTOSE, subst. fém. (*gualaktôze*) (du grec γαλα, gén. γαλακτος, lait), t. de médec., changement du lait en chyle.

GALACTURIE, subst. fém. (*gualakturi*) (du grec γαλα, gén. γαλακτος, lait, et ουρεω, j'urine), t. de médec., évacuation d'urine lactescente, ou mêlée de lait.

GALAGO, subst. mas. (*gualaguô*), t. d'hist. nat., espèce de mammifères quadrumanes ou de singes du genre des makis, dont la queue est longue et touffue.

GALAÏQUE, subst. fém. (*guala-ike*), t. d'hist. nat., pierre précieuse.

GALAÏTES, subst. mas. plur. (*guala-ite*), sectaires mahométans, adorateurs d'Ali.

GALAMMENT, adv. (*gualaman*), de bonne grace. — D'une manière *galante*, de bon goût. — Adroitement, finement : *se tirer galamment d'un mauvais pas*.

GALANDAGE, subst. mas. (*gualandaje*), en t. de maçon, cloison faite de briques de dix pouces de longueur, de cinq de largeur et d'un d'épaisseur, qui se posent de champ.

GALANDE, subst. fém. (*gualande*), t. de bot., variété de l'amandier.

GALANDISE, subst. fém. Voy. GALANDAGE.

GALANE, subst. fém. (*gualane*), t. de bot., genre de plantes personnées.

GALANGA, subst. mas. (*gualangua*), t. de bot., sorte de plante des Indes orientales; c'est un remède céphalique, cardiaque et stomachique. — T. d'hist. nat., espèce de poisson cartilagineux, qu'on nomme aussi *baudroie*.

GALANT, **E**, adj. (*gualan*, *lante*) (suivant *Le Duchat*, du latin *valente*, ablatif de *valens*, participe de *valere*, valoir, avoir du prix, du mérite. Ce mot ne viendrait-il pas plutôt du latin barbare *gallere, gallantes*, forgé pour exprimer l'idée de débauche, d'insouciance, par allusion aux désordres qu'on reprochait aux prêtres de Cybèle nommés *galles*?), placé avant le subst., qui a de la probité, de l'honnêteté, est d'un bon commerce, civil, etc.: *c'est un galant homme; vous êtes un galant homme d'être venu me voir*, vous m'avez fait grand plaisir. — Placé après le subst., qui cherche à plaire aux dames : *c'est un homme galant*. — On dit à peu près dans la même acception : *avoir l'esprit galant*, *l'humeur galante ; manières galantes ; discours, style galant*.—Agréable, de bon goût : *habit galant; fête galante*. — *Poésies galantes*, celles dans lesquelles domine le désir de plaire, et qui expriment avec grace un sentiment doux et léger.—*Femme galante*, femme qui a des intrigues et qui ne se conduit pas régulièrement; femme publique. — C'est dans un sens analogue au précédent que l'on dit *une intrigue galante*, *une aventure galante*.—Subst., amant, amoureux; qui s'attache à plaire aux dames. Il ne s'emploie que dans un sens indéfini, ou pour critiquer, ou pour se moquer : *c'est le galant de toutes les dames*, *un galant banal*; hors de là, on dit *amant*. — Fam., *c'est un galant*, c'est un drôle ; *c'est un vert galant*, un jeune homme vif, alerte et aimable. — Il se dit aussi, fam., d'un homme éveillé à qui il ne faut pas se fier :

> Le *galant* en eût fait volontiers son repas.

Dans ce sens, qui vieillit, on disait au féminin *galande* : *la galande fit chère lie*. (La Fontaine.)

GALANTEMENT, adv. (*gualanteman*), d'une manière noble et décidée.—Ce mot est vieux et différent de *galamment*. *Boiste*, chez qui nous le trouvons, aurait dû nous expliquer cette différence dont il parle. Nous n'y voyons, nous, qu'un barbarisme inutile.

GALANTERIE, subst. fém. (*gualanteri*), agrément, politesse dans l'esprit et dans les manières. Voy. GALANT. — Politesse auprès des dames; cour assidue qu'on leur fait. — Douceurs qu'on leur dit. — Commerce amoureux et criminel. Il se dit surtout des femmes. — Petit présent. — Ironiquement, maladie vénérienne : *attraper une galanterie*. — On dit fam., d'une action équivoque que l'on cherche à excuser, que ce n'est qu'*une pure galanterie*.

GALANTHIS, subst. propre fém. (*gualantice*), myth., servante d'Alcmène. Lorsque Alcmène, grosse d'Hercule, était dans les douleurs de l'enfantement, Junon-Lucine, déguisée sous la figure d'une vieille femme, se tenait assise à la porte, et embrassait ses genoux pour empêcher la délivrance d'Alcmène, qu'elle haïssait mortellement, parce qu'elle avait écouté Jupiter. Galanthis, à la vue de cette vieille femme tenant ainsi ses genoux embrassés, soupçonna qu'elle était un obstacle à la délivrance de sa maîtresse,et vint lui dire avec une joie feinte qu'Alcmène venait enfin d'accoucher d'un gros garçon. Junon se leva tout en colère, et Alcmène fut délivrée dans le même instant. Junon ayant appris la fourberie de Galanthis, en fut fort irritée, et la métamorphosa en belette.

GALANTH, subst. mas., **GALANTHINE**, subst. fém. (*gualante, lantine*) (du grec γαλα, lait, et ανθος, fleur), t. de bot., plante narcissoïde; espèce de perce-neige. Voy. GALANTINE.

GALANTIN, subst. mas. (*gualantein*), homme ridiculement *galant* auprès des femmes.

GALANTINE, subst. fém. (*gualantine*), t. de bot., plante de la famille des liliacées. — T. de cuisinier, sorte de mets fait avec de la chair de dindon désossée et lardée, ou avec de la chair de veau qu'on assaisonne de fines herbes et d'autres ingrédients.

GALANTISE, subst. fém. (*gualantize*), *galanterie*. Il est vieux, mais il se dit encore quelquefois.

GALANTISÉ, **E**, part. pass. de *galantiser*.

GALANTISER, v. neut. et act. (*gualantizé*), courtiser les dames. Il est vieux.

GALARDIENNE, subst. fém. (*gualardiène*), t. de bot., belle plante corymbifère, originaire de la Louisiane.

GALARICIDE, subst. fém. (*gualaricide*), t. de bot., espèce de plante de la famille des centaurées.

GALARIPS, subst. mas. (*gualaripece*), t. de bot., plante grimpante d'Amérique, qu'on nomme aussi *liane à lait*.

GALATA, subst. propre mas. (*gualata*), nom d'un faubourg de Constantinople, où les ambassadeurs des puissances étrangères font quelquefois leur résidence.

GALATÉE, subst. propre fém. (*gualaté*), myth., nymphe de la mer, fille de Nérée et de Doris. Elle fut fort aimée de Polyphème, à qui elle préféra Acis, que le géant écrasa sous un rocher qu'il lui jeta, en présence même de sa maîtresse. Celle-ci, désespérée de la perte d'Acis, le métamorphosa en fontaine.—T. d'hist. nat., genre de crustacés à courtes antennes et à longues serres. — C'est aussi le nom d'un genre de coquilles bivalves, voisin de celui des vénus.

GALATARQUES, subst. mas. plur. (*gualatarke*), prêtres souverains chez les Galates.

GALATES, subst. mas. plur. (*gualate*), habitants de la *Galatie*.

GALATIE, subst. propre fém. (*gualaci*), t. de géog. anc., contrée de l'Asie-Mineure, ainsi nommée d'une colonie de *Gaulois* qui étaient venus s'y établir après le pillage du temple de Delphes, l'an 278 av. J.-C.

GALATURA, subst. mas. (*gualatura*), médicament employé autrefois en pharmacie contre les maladies des yeux.

GALATUS, subst. propre mas., (*gualatuce*), myth., fils du géant Polyphème et de la nymphe Galatée.

GALAVERNE, subst. fém. (*gualavèrene*), t. de mar., garniture des avirons d'une galère.

GALAX, subst. fém. (*gualakce*), t. de bot., plante de Virginie dont les feuilles sont radicales, la tige nue, les fleurs disposées en épis terminaux, et qui forme seule un genre dans la pentandrie monogynie.

GALAXAURE, subst. fém. (*gualakçóre*), t. d'hist. nat., genre de polypiers phytoïdes.

GALAXAURE, subst. propre fém. (*gualakçóre*), myth., nymphe, fille de l'Océan et de Téthys.

GALAXIE, subst. fém. (*gualakci*) (du grec γαλαξιας, de lait, lactée, fait de γαλα, lait; les Grecs disaient γαλαξιας κυκλος, cercle lacté), nom grec de la voie lactée.—Au plur., myth., fêtes en l'honneur d'Apollon, surnommé *Galaxius*.

GALBANONÉ, E, part. pass. de *galbanoner*.

GALBANONER, v. act. (*gualbanoné*) (du latin *galbanum*, gomme, liqueur épaisse), t. de vitrier, barbouiller les vitres avec de la craie, les nettoyer mal.

GALBANUM ou **GALBANON**, subst. mas. (*gualbanome, non*), espèce de gomme qui a une vertu résolutive. Voy. FÉRULE.—Prov.: *donner du galbanum*, tromper par de fausses promesses; donner des espérances qu'on n'a pas l'intention de réaliser.

GALBE, subst. mas. (*gualbe*) (de l'italien *garbo*, bonne grace), en architecture, élargissement fait avec grace dans l'ouverture d'un vase, etc. On a dit anciennement *garbe*.

GALBÉE, subst. fém. (*gualbé*), sorte de coiffure de femme, chez les anciens.

GALBULE, subst. fém. (*gualbule*), tête ou noix de cyprès.

GALDA, subst. mas. (*gualda*), t. d'hist. nat., espèce de gomme de couleur grise.

GALE, subst. fém. (*guale*) (du lat. *galla*, noix de galle, à laquelle ressemblent les boutons de la *gale*), éruption de petites pustules ou vésicules transparentes à leur sommet, parsemées sur la peau, qui se développent principalement au pli des articulations, et qui sont toujours accompagnées d'une grande démangeaison. On distingue deux variétés de *gale*, qui ne diffèrent que par le volume des pustules. L'une est la *grosse gale*, l'autre la *gale militaire* ou *canine*, que l'on nomme aussi *gale sèche*, parce qu'elle ne suppure pas; *prurigineuse* et *gratelle*, parce qu'elle cause une démangeaison plus vive que la *grosse gale*. — On dit pop. : *être méchant comme la gale*, être fort méchant.—On dit encore prov. au fig., et dans un style bas, en parlant d'un grand mangeur : *il n'a pas la gale aux dents*. (Acad.)—En médecine vétérinaire, on appelle *gale* une maladie analogue à la *gale* de l'homme, qui attaque les bestiaux. On en distingue deux variétés : la *gale farineuse*, qui se développe sur toutes les parties du corps, et qui est accompagnée d'une démangeaison violente, et de la dépilation de la partie qui en est le siége; et la *gale rogne*, qui occupe particulièrement la crinière et la queue des chevaux.—Espèce de maladie des végétaux, qu'on reconnaît aux rugosités qui s'élèvent sur l'écorce des branches, sur les feuilles et sur les fruits. — Dans la menuiserie, sorte de nœuds ou de mangeures de vers qui défigurent la surface d'un bois.—Dans les rubans, etc., inégalité qui résulte de la bourre ou des nœuds de la soie, etc.

GALÉ, subst. mas. (*gualé*), t. de bot., genre de plantes de la famille des amentacées.

GALÉA, subst. mas. (*gualé-a*), t. d'hist. nat., genre d'oursins fossiles.

GALÉACE ou **GALÉASSE** (double orthographe de l'*Académie*), subst. fém. (*gualé-ace*), t. de mar., grand bâtiment à rames et à voiles. Vieux.

GALÉAGRE, subst. fém. (*gualé-aguere*), espèce de tortue connue des anciens.

GALÉAIRE, subst. mas. (*gualé-ère*), t. d'antiq., esclave qui portait les armes des soldats romains.

GALÉANÇON ou **GALLANÇON**, subst. propre mas. (*gualé-ançon, gualançon*), myth., surnom de Mercure.

GALÉANTHROPIE, subst. fém. (*gualé-antropi*) (du grec γαλη, belette, et ανθρωπος, homme), t. de médec., sorte de manie dans laquelle on se croit changé en belette.

GALEC, subst. mas. (*gualèk*), t. de bot., espèce de plante appelée aussi *rue des chèvres*. Voy. GALÉGA.

GALÉE, subst. fém. (*gualé*), t. d'imprim., petit ais avec un rebord, dans lequel le compositeur place les lignes à mesure qu'il les fait : *galée pour l'in-folio, pour l'in-quarto*, etc.—*Aller en galée*, faire de la composition dans des *galées* sans folio et sans signature. — En t. de marine, vaisseau de guerre, usité du temps des croisades. On le nommait, suivant ses dimensions, *galiot* ou *galéide*, d'où nous avons fait, suivant quelques-uns, les noms de *galère* et de *galion*. — T. d'hist. nat., nom d'un genre d'oursins voisins des anchites.

GALEFRETIER, subst. mas. (*gualefretié*), t. de mar., calfateur, goudronneur de vaisseaux.—Fig., homme de rien.

GALÉGA, subst. mas. (*gualégua*), t. de bot., plante pectorale de la famille des légumineuses, et qui comprend plusieurs espèces connues vulgairement sous le nom de *rue*.

GALÉIDE, subst. fém. Voy. GALÉE.

GALÈNE, subst. fém. (*gualène*) (du grec γαληνη, employé, selon *Hésychius*, dans la même signification), mine de plomb combinée avec le soufre. Les chimistes modernes l'appellent *plomb sulfuré*. —Subst. propre fém., myth., nymphe, fille de Nérée et de Doris.

GALÉNIE, subst. fém. (*gualéni*), t. de bot., genre de plantes de la famille des arroches.

GALÉNIQUE, adj. des deux genres (*gualénike*): *docteur galénique*, celui qui traite les maladies suivant les principes de *Galien*. — Ce terme est employé dans les écrits des médecins modernes, 1° pour désigner la manière de raisonner en médecine, et de traiter les maladies selon la théorie et la pratique fondées sur les principes de *Galien*, ce qui forme *la médecine galénique, la doctrine galénique*; 2° pour distinguer une des parties principales de la pharmacie, qui consiste dans la préparation des médicaments, faite par une simple action mécanique, par le seul mélange de leur substance, sans aucun égard aux principes dont elle est composée, ainsi que l'enseigne *Galien*. C'est ce qu'on appelle *pharmacie galénique*, par opposition à *pharmacie chimique*.

GALÉNISME, subst. mas. (*gualéniceme*), t. de médec., doctrine de *Galien*.

GALÉNISTE, subst. et adj. des deux genres (*gualénicete*), médecin attaché à la doctrine de *Galien*.

GALENZES, subst. mas. plur. (*gualanze*), souliers à doubles semelles et à échasses. Vieux et inusité, ce mot a subi le sort de l'objet qu'il désignait.

GALÉOBDOLON, subst. mas. (*gualé-obedolon*), t. de bot., plante vivace fort commune dans les bois du centre de la France. Elle est plus connue sous le nom d'*ortie*.

GALÉODE, subst. mas. (*gualé-ode*), t. d'hist. nat., insecte du genre des arachnides.

GALÉOLE, subst. mas. (*gualé-ole*), t. de bot., espèce d'arbrisseau grimpant de la Cochinchine.

GALÉOPE, subst. mas. (*gualé-ope*), t. de bot., genre de plantes labiées, à fleurs monopétales.

GALÉOPITHÉCIENS, subst. mas. plur. (*gualé-opitéciein*), t. d'hist. nat., famille de mammifères dont les caractères sont ceux du *galéopithèque*.

GALÉOPITHÈQUE, subst. mas. (*gualé-opitèke*) (du grec γαλη, belette, et πιθηξ, g. πιθηκος, singe), t. d'hist. nat., genre de mammifères chéiroptères, dont ils diffèrent cependant par la forme, le nombre et la disposition de leurs dents, ainsi que par la conformation de leurs membres antérieurs. Ces animaux, originaires des îles de l'océan indien, et désignés par les voyageurs sous les noms de *chats-volants*, de *civettes-volantes*, de *singes-volants*, de *chiens-volants*, de *renards-volants*, ressemblent beaucoup aux chauves-souris; seulement, ils n'ont pas les mains allongées, et les membranes velues ne leur servent que de parachute.

GALÉOPSIS, subst. mas. (*gualé-opecice*)(en grec γαλιοψις, formé de γαλη, belette, et οψις, aspect, figure, à cause de la forme de ses fleurs), t. de bot., sorte de plante labiée nommée aussi *chanvre bâtard*.

GALÉORRHIN, subst. mas. (*gualé-orerein*), t. d'hist. nat., genre de poissons voisin des squales.

GALÉOS, subst. mas. (*gualé-ôce*), t. d'hist. nat., petit quadrupède assez semblable à l'homme. — C'est aussi le nom d'une espèce de lamproie.

GALÉOTE, subst. mas. (*gualé-ote*), t. d'hist. nat., reptile du genre des iguanes.

GALÉOTIS, subst. propre mas. (*gualé-ôtice*), myth., fils d'Apollon et de Thémisto. C'est de son nom que les prêtres de Sicile, qui prédisaient l'avenir, étaient appelés *galéotes*.

GALÉ, E, part. pass. de *galer*.

se **GALER**, v. pron. (*ceguale*), se gratter. Il est vieux et ne se dit plus.

GALÉRA, subst. mas. (*gualéra*), t. d'hist. nat., mammifère carnassier qui paraît être le même que le glouton.

GALÈRE, subst. fém. (*gualère*) (du grec γαλη, qui signifie proprement un poisson long nommé *espadon*, et qui, dans le *Grand-Étymologiste*, se prend pour un vaisseau de pirate, à peu près de la forme des *galères*), bâtiment de mer, long et de bas-bord, qui allait ordinairement à rames, et quelquefois à voiles, et dont on se servait beaucoup autrefois sur la Méditerranée.—On appelait *galère bâtarde*, une *galère* qui avait la poupe fort large ; *galère capitane*, la principale *galère* d'une puissance. — Peine des criminels condamnés à ramer sur les *galères*. En ce sens, il n'est usité qu'au pluriel : *en France, les travaux forcés ont remplacé les galères*.—*Un échappé de galères*, *un échappé des galères*, un homme qui s'est évadé du bagne, ou même qui en est sorti après avoir subi sa peine; et fig., par ext., un homme de mauvaise mine, et qui paraît ou que l'on connaît capable de toutes les actions qui conduisent aux *galères*. — Par extension, bâtiments où les condamnés sont mis à la chaîne et employés aux travaux publics : *galères de terre*. — Fig., lieu, état, condition où l'on a beaucoup à souffrir : *je suis dans une vraie galère*. — Gros rabot un peu long dont se servent les charpentiers et les menuisiers, pour dégrossir les pièces de bois. Les facteurs d'orgues appellent aussi *galère* une espèce de rabot avec lequel ils amincissent les tables d'étain dont ils font leurs tuyaux. — Fourneau dans lequel les distillateurs traitent les eaux fortes. — *Tenir galère*, à Malte, armer une *galère* à ses dépens.—Prov. et fig. : *vogue la galère*, arrive ce qu'il pourra. —T. d'hist. nat., *galère*, espèce de zoophyte ou de mollusque.

GALÉRICULE, subst. fém. (*galérikule*), t. d'antiq., sorte de coiffure des anciens.

GALERIE, subst. fém. (*gualeri*) (de l'allemand *wellen*, marcher, se promener. *Wachter*.), pièce d'un bâtiment beaucoup plus longue que large, où l'on peut se promener à couvert : *la grande galerie du château*.— Corridor ou allée qui sert à la communication des appartements. — *Galerie d'église* se dit d'une espèce de tribune continue, avec balustrade, dans le pourtour d'une église, sur les voûtes des bas-côtés. — Dans les jeux de paume, allée longue et couverte d'où l'on regarde les joueurs. — Les spectateurs qui sont dans cette *galerie* : *la galerie a jugé que... faire juger un coup par la galerie*; et, dans le même sens, *demander sous la galerie*, *à la galerie*. Cette acception s'étend à toute réunion de personnes qui en regardent d'autres jouer à quelque jeu que ce soit. Elle s'emploie encore, fig. et fam., en parlant du monde, des hommes considérés comme jugeant les actions de leurs semblables : *on doit faire le bien sans s'occuper de la galerie*. — Travail que font les assiégeants pour s'approcher d'une place à couvert de la mousquetterie.— Routes que les mineurs pratiquent sous terre. —En t. de mar., sorte de balcon découvert qui est autour de la poupe d'un vaisseau : *les vaisseaux à trois ponts ont deux galeries*. — Prov., au plur., lieu où l'on va souvent : *les billards sont ses galeries*. — *Galerie de tableaux, de peinture*, *galerie* où l'on a réuni des tableaux. C'est dans ce sens que l'on dit absolument : *la galerie du Louvre, la galerie de Florence*. — Il se dit fig., dans un sens analogue, d'une collection de portraits représentant des personnages célèbres qui appartiennent à la même époque, à un même pays, à une même profession : *galerie de portraits; j'ai la galerie des auteurs du siècle de Louis* XIV. — *Galeries*, subst. fém. plur., se dit dans les théâtres de ces espèces de balcons en encorbellement qui sont destinés à recevoir chacun deux ou plusieurs rangs de spectateurs : *les premières, les secondes galeries du Théâtre-Français*. On dit dans ce sens fig. et avec ellipse : *prendre une première, une seconde galerie*, prendre une place *aux premières, aux secondes galeries*.

GALÉRIEN, subst. mas. (*gualéri*e*in*), forçat, celui qui est condamné aux *galères*. — Prov. : *souffrir comme un galérien*, être fort contraint et avoir beaucoup à souffrir dans son état.

GALÉRITE, subst. fém. (*gualérite*), t. d'hist. nat., espèce d'oursins qui ont l'anus placé au bord de la bouche. — T. de myth., surnom d'Hercule, coiffé d'une peau de bête.

GALERNE, subst. fém. (*gualèrene*), vent froid qui fait geler les vignes.

GALÉRUCITE, subst. fém. (*gualérucite*), t. d'hist. nat., genre d'insectes coléoptères de la famille des cycliques.

GALÉRUQUE, subst. mas. (*gualéruke*), t. d'hist. nat., genre d'insectes coléoptères.—Alouette huppée.

GALÉRUS, subst. mas. (*gualéruce*), t. d'antiq., coiffure de peau que portaient les anciens sacrificateurs.

GALÉSIEN, subst. mas. (*gualézìein*), t. d'antiq., habitant des rives du *Galèse*, rivière de Calabre, qui se jetait dans la mer auprès de Tarente, et dont les bords étaient célébrés par les poëtes à cause des bocages et des troupeaux qui les couvraient.

GALET, subst. mas. (*gualè*) (du latin *calculus*, caillou, dont on a fait d'abord, par abréviation *cal* ou *gal*, et ensuite *galet*, diminutif de ce dernier mot. *Ménage*.), jeu dans lequel on pousse une espèce de palet sur une longue table : *jouer au galet*. — Cailloux polis et plats sur le bord de la mer.—C'est un terme collectif : *se promener sur le galet*.

GALETAS, subst. mas. (*gualetâ*) (de l'hébreu *galifath*, chambre haute. *Huet*.), le dernier étage d'une maison, qui se prend en partie dans la couverture.— Par extension, il se dit de tout logement pauvre et mal en ordre : *ma chambre est un vrai galetas*.

GALETTE, subst. fém. (*gualète*) (de *galet*, caillou plat, dont la *galette* a la forme), pâte étendue en forme de gâteau, sur laquelle on met du beurre et du sel. — *Galette* est aussi le nom qu'en t. d'hist. nat. on a donné à la membrane qui recouvre la mâchoire de tous les orthoptères et de quelques névroptères. — Il se dit aussi, dans la marine, des pains de biscuit, durs et plats, dont on fait provision pour les voyages de long cours. — Espèce de bourre de soie. — Fig., mauvaise peinture. — Homme, femme faible ou méprisable. Il est fam.

GALÉUS, subst. mas. (*gualé-uce*), t. d'hist. nat., nom d'un sous-genre de squales, qui renferme les milandres.

GALEUSE, subst. et adj. fém. Voy. GALEUX.

GALEUX, subst. et adj. mas., au fém. **GALEUSE** (*gualeu, leuze*), qui a la *gale*. — Prov. et fig. : *il ne faut qu'une brebis galeuse pour gâter tout un troupeau*, un méchant est capable de gâter tous ceux qu'il hante. — *Qui se sent galeux se gratte*, celui qui se sent coupable de la chose qu'on blâme peut ou doit s'appliquer ce qu'on en a dit.—Fam. : *on évite, on fuit une personne comme une brebis galeuse*, parce que c'est une personne d'un commerce dangereux ou désagréable.— Il se dit aussi par extension des arbres et des plantes : *arbre galeux*. — *La Fontaine* l'a employé substantivement :

> Il fallait dévouer ce maudit animal,
> Ce pelé, ce *galeux*, d'où venait tout le mal.

Du reste, on dit fort bien subst. : *un galeux, une galeuse*.

GAL-GAL-LA, subst. mas. (*gualegualela*), les sauvages de l'Amérique donnent ce nom à la variole.

GALGALE, subst. fém. (*gualeguale*), espèce de mastic composé de chaux, d'huile et de goudron, qui a la propriété de durcir dans l'eau. On dit aussi *galgate*.

GALGULE, subst. mas. (*gualegule*), t. d'hist. nat., genre d'insectes hémiptères, connus vulgairement sous le nom de punaises d'eau.

GALHAUBAN, subst. mas. (*gualôban*), t. de mar., longs cordages qui sont capelés aux mâts de hune et de perroquet, pour les soutenir et les affermir, en secondant l'effet des haubans.

GALIA, subst. mas. (*gualia*), composition médicale faite de noix de *galle*, de dattes vertes, etc. — Mélange de quelques parfums.

GALIBI, subst. mas. (*gualibi*), nom qu'on donne à la Guadeloupe aux squelettes humains trouvés dans le tuf calcaire.

GALICE, subst. fém. (*gualice*), t. d'hist. nat., nom qu'on a donné aux sardines.

GALICE, subst. propre fém. (*gualice*), grande province d'Espagne située entre l'Océan et le Portugal. Santiago en est la capitale. Population, 1,795,000 habitants.

GALIETTE, subst. fém. (*gualiète*), t. de bot., nom d'une espèce de conyse de l'île Bourbon, dont les feuilles ont une saveur salée.

GALIFFRE, subst. mas. (*gualifre*), vieux mot qui signifie *gros mangeur*.

GALIFFRÉ, part. pass. de *galiffrer*.

GALIFFRER, v. neut. (*gualifré*), manger beaucoup et gloutonnement. Il est vieux et inusité.

GALILÉE, subst. propre fém. (*gualilé*), t. de géog. anc., contrée célèbre de Palestine qui comprenait les tribus d'Aser, de Nephthali et d'Issachar.

GALILÉEN, subst. mas., au fém. **GALILÉENNE** (*gualilé-ein, ène*), celui ou celle qui est de Galilée. Ce mot se trouve souvent dans l'Évangile. — On donne aussi souvent ce nom aux premiers chrétiens.

GALIMAFRÉE, subst. fém. (*gualimafré*), espèce de fricassée composée de restes de viandes.

GALIMART, subst. mas. (*gualimar*), vieux mot qui signifie proprement un étui où l'on conserve des plumes, ou un trou pratiqué dans l'écritoire pour les recevoir.—Fig., encre perdue en phrases inutiles, galimathias écrit. Inusité au figuré comme au propre.

GALIMATHIAS, subst. mas. (*gualimatiâ*) (des mots latins *galli Mathias*, que prononça en s'embrouillant, au lieu de *gallus Mathiæ*, l'avocat d'une cause où il s'agissait d'un *coq* appartenant à un nommé *Mathias*. Huet. On devrait écrire *gallimathias*, mais nous ne trouvons ce mot nulle part écrit ainsi ; et nous avertissons même que l'*Académie* écrit *galimatias*.), mélange confus de paroles et d'idées incohérentes, que l'on ne saurait entendre, quoiqu'elles semblent dire quelque chose. Voy. PHÉBUS. — *Galimathias simple*, ce que l'auteur entend, mais ce que les autres ne peuvent comprendre. — *Galimathias double*, ce qui est également inintelligible et pour le lecteur, et pour l'auteur lui-même. Cette distinction est de *Boileau*.

GALIN, subst. mas. (*gualein*). Les corroyeurs donnent ce nom à l'ergot de bœuf encore brut et tel qu'il sort du pied de l'animal.

GALINE, subst. fém. (*gualine*), t. d'hist. nat. On a donné ce nom à la raie torpille.

GALINIE, subst. fém. (*gualini*), t. de bot., arbrisseau qui croît naturellement au cap de Bonne-Espérance.

GALINSOGA, subst. mas. (*gualeinçogua*), t. de bot., espèce de plante du Pérou, de la famille des corymbifères.

GALION, subst. mas. (*gualion*) (voy. pour l'étymologie GALÈRE), espèce de grand vaisseau que l'Espagne employait autrefois pour les voyages aux colonies d'Amérique, et qui servait ordinairement à rapporter les produits des mines d'or et d'argent. — T. de bot., sorte de plante laiteuse.

GALIONISTE, subst. mas. (*gualionicete*), celui qui fait le commerce par le moyen des *galions*.

GALIOT, subst. mas. Voy. GALÉE.

GALIOTE, subst. fém. (*gualiote*) (voy. pour l'étymologie GALÈRE.), t. de mar., sur mer, espèce de petite *galère*. — Sur les rivières, long bateau couvert, dont on se sert pour voyager. — En bot. Voy. BENOITE. — *Galiote à bombes*, bâtiment pour porter les mortiers et jeter les bombes sur mer.

GALIPIER, subst. mas. (*gualipié*), t. de bot., espèce d'arbrisseau du Pérou.

GALIPOT, subst. mas. (*gualipô*), résine liquide qui se tire du pin par incision.

GALL., abréviation du mot *gallicisme*.

GALL (SAINT-), subst. propre mas. (*ceingual*), canton de la Suisse, situé entre la haute Autriche et le canton des Grisons. — Ville de la Suisse, chef-lieu du canton ci-dessus.

GALLANTE, subst. mas. (*gualelante*), t. d'ant., surnom des prêtres de Cybèle. Voyez GALLE.

GALLAS, subst. mas. plur. (*gualelâ*), peuple nomade et belliqueux de l'Afrique. Inconnus du monde au XVe siècle, les *Gallas* se rendirent redoutables aux Éthiopiens vers la fin du XVIe. Ils sont aujourd'hui maîtres des plus belles provinces de l'Abyssinie. On croit qu'ils sont venus de l'intérieur de l'Afrique.

GALLATE, subst. mas. (*gualelate*), t. de chimie, sel formé par l'union de l'acide *gallique* avec une base.

GALLAZONE, subst. mas. (*gualelazone*), sorte de raisin d'Italie.

GALLE, subst. fém. (*gualele*) (en latin *galla*), tubérosité qui se forme sur différentes parties des plantes, due à l'extravasation du suc nutritif végétal, ensuite de la piqûre de certains insectes. Les *galles* les plus connues sont celles d'un chêne de l'Asie-Mineure, appelées *noix de galles*, qui servent à teindre en noir et à faire de l'encre, et celles de la germandrée et du pin : *une teinture passée en galle ; la noix de galle est fort astringente*. — Excroissances sur certaines parties des plantes, et principalement sur les feuilles. — On divise les *galles* en *galles vraies* et *galles fausses*. Les premières sont celles qui forment une excroissance exactement fermée de toutes parts, et dans laquelle vit une ou plusieurs larves d'insectes, qui en sortent avant ou après leur métamorphose ; les secondes sont celles qui sont formées par l'augmentation contre nature d'une partie de plante produite par la piqûre d'un insecte, mais dans laquelle la cavité est souvent ouverte, ou même n'est qu'incomplète. — Les *galles vraies* se subdivisent en *galles simples*, c'est-à-dire dans lesquelles il n'y a qu'une seule loge d'insectes, soit qu'il y ait un seul insecte ou plusieurs ; et en *galles composées*, c'est-à-dire formées par la réunion de plusieurs loges qui croissent ensemble. — Au plur. mas., prêtres de Cybèle, ainsi nommés d'un fleuve de Phrygie appelé *Gallus*, en grec Γαλλος. Ils étaient eunuques.

GALLÉE, subst. fém. (*gualé*), compagnie. (*Boiste*.) Vieux et inus.

GALLER, v. act. (*gualé*), jouir, profiter de... Vieux mot que rapporte *Boiste* en s'appuyant de l'autorité de *Montaigne*.

GALLERIE, subst. fém. (*gualeri*), t. d'hist. nat., genre d'insectes lépidoptères. — Au plur., fausses teignes de la cire.

GALLES, subst. propre fém. (*guale*) (en anglais *Wales*), province d'Angleterre, avec le titre de principauté affecté au fils aîné du roi.—*Nouvelle Galles méridionale* est le nom d'une vaste étendue de pays, située sur la côte orientale de la Nouvelle-Hollande. Cette contrée est remarquable par la bizarrerie de ses productions végétales et animales, qui en font pour ainsi dire un monde renversé, et confondent tous les systèmes des naturalistes.

GALLÉTIEN, subst. propre mas. (*gualelécìein*), nom d'un ancien peuple de la Normandie.

GALLIAMBE, subst. mas. (*gualeli-anbe*) (du grec γαλλοι, galles, et ιαμβος, ïambe), sorte de vers fort agréables que les *galles* ou prêtres de Cybèle chantaient en l'honneur de cette déesse.

GALLIAMBIQUE, adj. des deux genres (*gualeli-anbike*), qui a rapport aux *galliambes*.

GALLICA, subst. fém. (*gualelika*), t. d'hist. nat., sandale de capucin. — Nom qu'on donnait à une sorte de chaussure gauloise ressemblant à des galoches.

GALLICAN, E, subst. et adj. (*gualelikan, kane*) (en lat. *gallicanus*, des Gaules, de France, fait de *Gallia*, la Gaule, la France), qui concerne l'Église de France : *le rit gallican ; les libertés de l'Église gallicane*.

GALLICIE, subst. propre fém. (*gualelici*), province d'Autriche formée d'une partie de la Pologne. Elle a le titre de royaume et est gouvernée par un vice-roi qui réside à Lemberg, ville capitale de cette province.

GALLICISME, subst. mas. (*gualeliciceme*) (du lat. *gallicus*, français), construction particulière à la langue *française* : *il vient de mourir, il va venir*, sont des *gallicismes*. — Locution contraire aux règles de la grammaire, mais autorisée par l'usage. — Façon de parler propre à la langue française, transportée dans une autre langue.

GALLICOLE, subst. mas. et adj. des deux genres (*gualelikole*) (du lat. *galla*, galle, et *colere*, habiter), t. d'hist. nat., espèce d'insectes de l'ordre des hyménoptères, de la famille des pupivores, et dont les larves vivent dans les galles végétales.

GALLIFÈRE, adj. des deux genres et subst. (*gualelifère*) (du lat. *galla*, galle, et *fero*, je porte), t. de bot., qui porte des galles.—*Chêne gallifère*, arbre qui produit la noix de *galle*.

GALLIN, subst. mas. (*gualelein*), t. de chim., acide *gallique* impur dans l'eau saturée de tan.

GALLINACE, subst. fém. (*gualelinace*), t. d'hist. nat., pierre ou verre volcanique opaque et noir.

GALLINACÉE, subst. fém. (*gualelinacé*), t. de bot., espèce de champignon qui porte aujourd'hui le nom de *girolle* ou de *chanterelle*.

GALLINACÉ, subst. et adj. mas. (*gualelinace*) (du lat. *gallina*, poule), t. d'hist. nat., se dit des oiseaux du genre des poules.

GALLINAPANE, subst. mas. (*gualelinapane*), t. d'hist. nat., oiseau d'Amérique, espèce de coq-d'Inde. On dit aussi *gallinaparte*.

GALLINASSE, subst. fém. (*gualelinace*), t. d'hist. nat., espèce de corbeau du Mexique.

GALLINAZE, subst. mas. (*gualelinâze*), t. d'hist. nat., genre d'oiseaux de la famille des vautourins.

GALLINE ou **GALLINETTE**, subst. fém. (*gualeline*, *gualelinète*), t. de bot., nom du trigle. Voy. ce mot.

GALLINOGRALLE, subst. et adj. mas. (*gualelinoguerale*), t. d'hist. nat., nom par lequel on désigne une famille d'oiseaux de l'ordre des échassiers, qui comprend ceux de ces oiseaux qui ont le plus de rapports avec les *gallinacés*, comme, par exemple, l'autruche, l'agami, etc.

GALLINSECTE, subst. mas. (*gualeleincékte*), t. d'hist. nat., genre d'insectes hyménoptères, qui n'ont point d'ailes, et dont les pattes sont si courtes, qu'ils ne marchent que difficilement, en sorte qu'on les prendrait pour des excroissances ou *galles*, d'où leur est venu leur nom. Ce sont les femelles des cochenilles.

GALLINULE, subst. fém. (*gualelinule*), t. d'hist. nat., genre d'oiseaux de l'ordre des échassiers.

GALLIOUDJI, subst. mas. (*guali-oudeji*), soldat de la marine turque.

GALLIQUE, adj. des deux genres (*gualelike*), t. de chimie : *acide gallique*, acide tiré de la noix de *galle*, et de diverses autres substances végétales.—Qui appartient aux *Gaulois*.

GALLISME, subst. mas. (*gualeliceme*), système du docteur *Gall*, qui a prétendu connaître le caractère et les facultés intellectuelles par l'inspection des protubérances du crâne.

GALLITE, subst. fém. (*gualelite*), t. d'hist. nat., oiseau du Paraguay, de l'ordre des silvains.

GALLITHOMAS, subst. mas. (*gualelitomâ*), mot employé au lieu de *galimathias* par *Voltaire*, pour caractériser et ridiculiser le style de *Thomas*, qu'il trouvait obscur et ampoulé. C'est pour demeurer fidèles à notre titre que nous enregistrons ce mot, qui a été pris au sérieux par *Boiste*. Une plaisanterie, une boutade de *Voltaire* ne justifie pas l'admission d'un nouveau mot dans la langue. Le temps, d'ailleurs, en a fait justice, comme des passages dans lesquels *Thomas* a pu mériter la mordante qualification de *Voltaire*; mais il nous reste de cet écrivain quelques poésies et quelques ouvrages en prose d'une beauté remarquable.

GALLITRICHUM, subst. mas. (*gualelitrikome*), t. de bot. On a désigné par ce mot plusieurs espèces de sauges et de sclarées.

GALLITZINITE, subst. fém. (*gualelitzinite*), t. d'hist. nat., nom que l'on a donné à une variété de titane oxydé ferrifère, découverte dans la forêt de Spessart par le prince Dimitri Gallitzin.

GALLIUM, subst. mas. (*gualeliome*), nom latin qu'on donne au *caille-lait*.

GALLOGLASSE, subst. mas. (*gualeloguelace*), nom d'un corps de cavalerie d'Irlande.

GALLOMANE, subst. et adj. des deux genres (*gualelomane*), admirateur, imitateur des Français.

GALLOMANIE, subst. fém. (*gualelomani*), amour, admiration, imitation affectée des Français.

GALLON, subst. mas. (*gualelon*), mesure de liquides anglaise de quatre pintes de France.

GALLOT, subst. mas. (*gualelô*), t. d'hist. nat., nom de la tanche de mer.

GALLUS, subst. propre mas. (*gualeluce*), myth. C'est le même qu'Alectryon. Voy. ce mot.

GALOCHE, subst. fém. (*gualoche*) (du lat. *gallica*, chaussure des anciens Gaulois, qui était la même chose), sorte de chaussure : *une paire de galoches*.—En t. de mar., 1° poulie coupée à dents, 2° sorte de taquet en bois, évidé dans son milieu.—*Menton de galoche*, long, pointu et recourbé. Il est fam.—Au plur., espèce de coins, qui font partie de la presse à imprimer les cuirs dorés.

GALOCHIER, subst. mas. (*gualochié*), ouvrier qui fait les *galoches*.

GALON, subst. mas. (*gualon*), tissu de soie, de fleuret, d'or, d'argent, etc., en forme de ruban, mais qui a plus de corps. — On dit prov. : *quand on prend du galon, on n'en saurait trop prendre*, pour exprimer qu'on ne saurait trop profiter d'une chose avantageuse, se procurer une chose utile ou agréable. — On appelle aussi *galon*, une sorte de croûte qui s'est formée sur la peau, au sommet d'un bouton ou au-dessus d'une plaie qui a séché. Dans ce sens, il est dérivé de *gale*. C'est un terme bas et populaire.

GALONNÉ, E, part. pass. de *galonner*, et adj.

GALONNER, v. act. (*gualoné*), orner ou border de *galons*.—Il se dit surtout adj. au participe, soit des habits, soit des personnes : *habit galonné, homme tout galonné*. — SE GALONNER, v. pron.

GALONNIER, subst. mas. (*gualonié*), fabricant de *galons*.

GALOP, subst. mas. (*gualô*) (du grec καλπη, qui signifie proprement le trot d'un cheval), allure d'un cheval qui court en faisant un saut en avant, et levant presque en même temps les jambes de devant, et ensuite celles de derrière. — Sorte de danse hongroise à deux temps et d'un mouvement vif, fort à la mode depuis quelque temps.—Air sur lequel on danse le *galop* : *jouer, composer un galop*.—Prov. : *s'en aller le grand galop* (on sous-entend vers le tombeau), tendre rapidement à sa fin.—*Il s'en va le grand galop à l'hôpital*, il fait tout ce qu'il faut pour se ruiner très-promptement. — *Courir le galop*, aller trop vite : *vous courez le galop en lisant, je ne peux pas vous suivre*.

GALOPADE, subst. fém. (*gualopade*), action de *galoper*.—Espace qu'on parcourt en *galopant*.—Danse moderne.

GALOPANTE, subst. et adj. fém. (*gualopante*), t. de médec., nom que les Anglais donnent à la phthisie.

GALOPÉ, E, part. pass. de *galoper*.

GALOPER, v. neut. (*gualopé*) (du grec καλπάζειν, aller le trot), aller le *galop*. Il se dit du cheval et du cavalier. — Fig. et fam., courir de côté et d'autre : *j'ai galopé tout le jour*. — *Le temps galope*, coule avec rapidité.—T. de danse : *danser la galopade*. — Act. : *galoper un cheval*, le mettre au *galop*.—Fig. et fam. : *galoper quelqu'un*, le poursuivre; se rendre dans tous les lieux où l'on peut lui parler. — On dit fam. : *la peur le galope, la fièvre le galope*, il est saisi d'une grande peur, il a un violent accès de fièvre.

GALOPIN, subst. mas. (*gualopein*), petit marmiton, petit garçon qu'on fait *galoper*, qu'on envoie çà et là pour différentes choses.—Par extension et par mépris, homme de néant.—Jeune garçon espiègle et souvent méchant.

GALOPINE, subst. fém. (*gualopine*), t. de bot., genre de plantes rubiacées.

GALOUBET, subst. mas. (*gualoubé*), espèce de flûte qui n'a que trois trous, lesquels rendent cependant jusqu'à une dix-septième, parce qu'on ne les bouche souvent qu'à moitié. On s'en sert pour accompagner le tambourin, ce qui l'a fait nommer aussi *flûte du tambourin*.

GALOUBIE, subst. fém. (*gualoubi*), sorte de petit batelet.

GALPHIMIE, subst. fém. (*gualefimi*), t. de bot., arbrisseau du Mexique, à rameaux rougeâtres, qui diffère peu du moureiller.

GALTABE, subst. mas. (*gualetabe*), t. d'hist. nat., l'un des noms du monitor, espèce de lézard.

GALUCHAT, subst. mas. (*gualucha*), peau de chien de mer, usée, polie et colorée, dont on revêt les boîtes et les gaînes. On en distingue deux espèces, le *galuchat à petits grains*, et le *galuchat à gros grains*.

GALUPSE, subst. fém. (*gualupece*), t. de marinier, espèce de bateau dont on se sert sur les côtes de Bretagne.

GALVADONESME, subst. mas. (*gualevadonéceme*), appareil mécanique, récemment inventé, dont on fait usage dans les cas d'asphyxie.

GALVANIE, subst. fém. (*gualevani*), t. de bot., genre de plantes rubiacées, originaires du Brésil.

GALVANIQUE, adj. des deux genres (*gualevanike*), qui a rapport au *galvanisme* : *fluide galvanique*.

GALVANISME, subst. mas. (*gualevaniceme*) (de *Galvani*, professeur de physique à Bologne, qui en fit la découverte en 1792), propriété qu'ont des substances animales d'éprouver, dans certaines positions, une irritation qui se manifeste par des mouvements très-sensibles. Parmi les physiciens, les uns, avec Volta, rapportent tous les phénomènes du *galvanisme* à la seule électricité métallique; les autres admettent encore, pour les contractions musculaires, une autre électricité qu'ils nomment *animale*.—Il se dit quelquefois de l'agent invisible qui produit les phénomènes *galvaniques*, et qui est probablement l'électricité en mouvement : *mesurer la force du galvanisme*.

GALVANOMÈTRE (*gualevanomètre*) (du mot *galvanisme*, et du grec μετρον, mesure), subst. mas. Voy. GALVANOSCOPE.

GALVANOMÉTRIQUE, adj. des deux genres (*gualevanométrike*), qui appartient au *galvanomètre*.

GALVANOSCOPE, subst. mas. (*gualevanocekope*) (du mot *galvanisme* et du grec σκοπεω, je considère), instrument pour mesurer la force du *galvanisme*. On dit aussi *galvanomètre*.

GALVARDINE, subst. fém. (*gualevardine*), cape pour la pluie.

GALVAUDÉ, E, part. pass. de *galvauder*.

GALVAUDER, v. act. (*gualevôdé*) (corruption de *galoper*, poursuivre, etc.), maltraiter quelqu'un de paroles avec aigreur ou avec hauteur. —Il signifie aussi déranger, mettre en désordre, gâter. Il est presque inusité aujourd'hui.—SE GALVAUDER, v. pron.

GALVÈSE, subst. mas. (*gualevèze*), t. de bot., genre de plantes personnées, originaires du Pérou.

GALVÉSIES, subst. fém. plur. (*gualevézi*), t. de bot., famille de plantes du genre du *galvèse*.

GALVETTE, subst. fém. (*gualevète*), t. de mar., petit bâtiment à l'usage des pirates de la côte de Malabar.

GAMACHES, subst. mas. plur. (*guamache*) (du lat. *gamacha*, que dans la basse latinité on a dit, suivant *Du Cange*, avec la même signification), bottines ou bas de drap ou de toile cirée, qu'on mettait autrefois par-dessus les autres pour les garantir de la crotte.

GAMAÏEU, subst. mas. (*guama-ieu*), pierre figurée à laquelle la superstition attribuait de grandes vertus.

GAMANDE, subst. fém. (*guamande*), fruit du *gamandier*, espèce de châtaigne.

GAMANDIER, subst. mas. (*guamandié*), t. de bot., espèce de châtaignier qui croît spontanément dans le Dauphiné.

GAMASE, subst. mas. (*guamâze*), t. d'hist. nat., genre d'insectes parasites qui s'attachent aux escarbots.

GAMBADE, subst. fém. (*guanbade*) (de *jambe*, que les Picards prononcent *gambe*, comme les Italiens disent *gamba*), espèce de saut sans art et sans cadence.— Fig. et fam., mauvaise défaite, mauvaise plaisanterie substituée à une réponse sérieuse qu'on ne trouve pas.—Prov. : *payer en monnaie de singe, en gambades*, alléguer de mauvaises défaites; dire des plaisanteries pour ne pas payer. Les jongleurs s'exemptaient du droit de péage en *gambadant* et faisant danser leur singe devant le péager.

GAMBADÉ, part. pass. de *gambader*.

GAMBADER, v. neut. (*guanbadé*), faire des *gambades*. — SE GAMBADER, v. pron. : *aimer à se gambader*, à folâtrer.

GAMBADEUR, subst. mas., au fém. **GAMBADEUSE** (*guanbadeur, deuze*), celui, celle qui *gambade*.

GAMBADEUSE, subst. fém. Voy. GAMBADEUR.

GAMBAGE, subst. mas. (*guanbaje*) (du lat. barbare *camba*, lieu où se fait la bière, dérivé du vieux mot allemand *cam*, bière, aujourd'hui inusité. *Ménage*.), droit qu'on paie pour la bière. Il ne faut pas confondre ce mot avec *jambage*, droit odieux de seigneurs barbares, ainsi que l'a fait *Laveaux*.

GAMBES, subst. fém. plur. (*guanbe*), t. de mar. qui n'est usité que dans cette expression, *gambes des hunes*. Ce sont de petites cordes attachées à une certaine hauteur des deux grands mâts, et dont l'usage est de retenir les mâts de hune.—On donne aussi ce nom à des crochets de fer qui entourent les caps de mouton des haubans de hune, et qui sont attachés à la hune.

GAMBETÉ, part. pass. de *gambeter*.

GAMBETER, v. neut. (*guanbeté*) (de l'italien *gamba*, jambe), se disait autrefois dans le même sens que *gambader*.

GAMBIE, subst. propre mas. (*guanbi*), grand fleuve de l'Afrique occidentale.

GAMBIER, subst. mas. (*guanbié*), t. de glacerie, longue barre de fer pour faire tourner un outil.—Armure de la jambe.

GAMBILLER, v. neut. (*guanbi-lé*), remuer sans cesse les jambes, étant assis ou couché. Il est familier.

GAMBISSON, subst. mas. (*guanbiçon*), espèce de pourpoint fort long, en taffetas ou en cuir, rembourré de laine et piqué, que portaient les anciens chevaliers, et dont l'effet était d'amortir les coups, qui, sans percer entièrement le haubert, auraient pu faire de fâcheuses contusions. On mettait dessous un plastron de fer ou d'acier, qui était une espèce de cuirasse.

GAMBIT, subst. mas. (*guanbi*), t. du jeu d'échecs; c'est lorsque, après avoir poussé le pion du roi ou celui de la dame deux pas, on pousse encore deux pas celui de leur fou.

GAMEAU, subst. mas. (*guamô*), sorte de raisin de Bourgogne.

GAMÉLIA, subst. propre fém. (*guamélia*), myth., nom qu'on donnait à Junon, comme celui de *Gamélius* à Jupiter, parce qu'on croyait que ces deux divinités présidaient aux noces.

GAMÉLIE, subst. fém. (*guaméli*) (du grec γαμος, mariage), t. d'hist. anc., fête nuptiale, ou plutôt sacrifice que les anciens Grecs faisaient dans leur famille la veille d'un mariage. — Au plur., fêtes que les Athéniens célébraient en l'honneur de Junon. Elles avaient lieu à trois époques différentes : au mariage, à l'anniversaire de la naissance, et à celui de la mort.

GAMÉLION, subst. mas. (*guamélion*), t. d'hist. nat., mois des Athéniens répondant au mois de janvier, pendant lequel on célébrait ordinairement les *gamélies*. Les mariages contractés pendant ce mois passaient pour être les plus heureux.

GAMÉLIUS, subst. propre mas. (*guaméliuce*), myth., surnom de Jupiter comme présidant aux noces.

GAMELLE, subst. fém. (*guamèle*) (du lat. *camella*, vase de bois en usage dans les sacrifices), écuelle de bois ou de fer-blanc fort grande, où l'on met la portion d'un certain nombre de soldats ou de matelots. — *Être* ou *manger à la gamelle*, être à l'ordinaire des soldats et des matelots. — Dans les fontaines salantes, on appelle *gamelle* l'écuelle qui sert à puiser l'eau salée dans les poêles, pour s'assurer si la muire ou muire est bonne.

GAMERI, subst. mas. (*guameri*), nom d'une espèce de raisin noir.

GAMIN, subst. mas. (*guamein*), dans les verreries, petit garçon employé à diverses fonctions subalternes. — T. pop., jeune garçon qui passe son temps à jouer ou à polissonner dans les rues. — Il se dit spécialement de l'enfant du peuple de Paris : *le gamin de Paris*. — On dit par ext., en t. de mépris et dans le langage familier, en parlant d'un jeune homme de mauvais ton et décontenancé : *c'est un gamin, c'est un grand gamin*. — On dit aussi : *faire le gamin*, agir comme un *gamin*.

GAMINER, v. neut. (*guaminé*), faire le *gamin*.

GAMMA, subst. mas. (*guamema*), troisième lettre de l'alphabet grec. — Chez les anciens, borne milliaire marquée d'un Γ. — T. d'hist. nat., espèce d'insectes lépidoptères du genre nymphale. — *Gamma doré*, papillon de nuit sur les ailes duquel on a cru reconnaître le *g* des Grecs.

GAMMAROLITHE, subst. fém. (*guamemarolite*), t. d'hist. nat., nom que les anciens naturalistes donnaient aux crustacés devenus fossiles.

GAMMAROLOGIE, subst. fém. (*guamemarolo-ji*), t. d'hist. nat., histoire ou description des crustacés.

GAMMAROLOGIQUE, adj. des deux genres (*guamemarolojike*), qui appartient à la *gammarologie*.

GAMMAROLOGISTE, subst. mas. (*guamemarolojicete*), qui s'occupe de *gammarologie*.

GAMMASE, subst. mas. (*guamemâze*), t. d'hist. nat., genre d'arachnides trachéennes de la famille des acarides.

GAMMASIDES, subst. mas. plur. (*guamemazide*), t. d'hist. nat., famille d'arachnides.

GAMME, subst. fém. (*guame*) (du caractère grec Γ, appelé *gamma*, que Gui Arétin, inventeur de cette table ou échelle en 1026, employa pour désigner la corde qu'il ajouta au diagramme des Grecs, singularité qui fit donner à toute l'échelle le nom de ce G grec), table ou échelle des notes de musique disposée selon l'ordre naturel des tons. On appelle *gamme diatonique* celle qui procède par tons et demi-tons naturels, et *gamme chromatique*, celle qui n'est composée que de demi-tons. — Prov. et fig. : *chanter à quelqu'un sa gamme*, le quereller. — *Changer de gamme*, de conduite, de façon d'agir. — *Être hors de gamme*, ne savoir plus où l'on en est. — *Mettre quelqu'un hors de gamme*, le déconcerter, le réduire à ne savoir plus quoi répondre. — T. de médec. vétér., goître des moutons. Dans ce sens, on écrit aussi *game*.

GAMMON, subst. mas. (*guamemon*), fête qu'on célèbre annuellement au Sénégal, en honneur de la naissance de Mahomet. (*Raymond*.)

GAMOÏDE, subst. mas. (*guamo-ide*), instrument de chirurgie des Enniens.

GAMOLOGIE, subst. fém. (*guamoloji*) (du grec γαμος, noce, et de λογος, discours), discours sur le mariage. Entièrement inusité.

GAMOLOGIQUE, adj. des deux genres (*guamolojike*), qui appartient à la *gamologie*. Inusité.

GAMOPÉTALE ou **GAMOPHYLLE**, adj. des deux genres (*guamopétale, file*), mots synonymes de *monopétale* et de *monophylle*.

GAMOSTOLE, subst. mas. (*guamocetole*) (du latin *gamostolus*, fait dans la même signification du grec γαμος, noce, et στελλω, j'apprête), traiteur qui fait les repas de noce. Il ne se dit plus.

GAMOULIS, subst. mas. plur. (*guamoulice*), myth., esprits auxquels les Kamtschadales attribuent le pouvoir de produire les éclairs.

GAMUTE, subst. fém. (*guamute*), t. de bot. On appelle ainsi aux Philippines les filaments de la base des feuilles de palmiers, avec lesquels on fait des cordes.

GANACHE, subst. fém. (*guanache*) (de l'italien *ganascia*, qui signifie la même chose. *Borel* le dérive du latin *gena*, comme qui dirait *grande joue*), la mâchoire inférieure du cheval, du mouton. On dit qu'*un cheval est chargé de ganache*, qu'*il a la ganache lourde, pesante*, quand il a l'os de la mâchoire inférieure fort gros et revêtu de beaucoup de chair. — Fig. et fam. : *cet homme est chargé de ganache, est une ganache*, a l'esprit pesant.

GANCHE, subst. fém. (*guanche*), sorte de potence ou d'estrapade en Turquie. — En t. de mar., petit instrument au bout duquel il y a deux crochets, et qui sert à tenir la tente d'une galère. — Nom d'une espèce de raisin de France.

GAND, subst. propre mas. (*guan*), ville du royaume des Pays-Bas, capitale de la Flandre orientale.

GANDARUSSA-SOSA, subst. mas. (*guandaruceçaçosa*), t. de bot., plante des Indes orientales.

GANDASULI, subst. mas. (*guandazuli*), t. de bot., plante odoriférante des Indes orientales.

GANDOLA ou **GANDOLE**, subst. mas. (*guandola, guandole*), t. de bot., espèce de baselle originaire des grandes Indes.

GANDREID, subst. mas. (*guandrède*), sorte de magie au moyen de laquelle les Islandais croient pouvoir voyager dans les airs.

GANÉ, part. pass. de *ganer*.

GANER, v. neut. (*guané*), laisser aller la main, au jeu de l'hombre.

GANERBINAT, subst. mas. (*guanèrebina*), association des familles nobles allemandes pour se défendre, en temps de troubles, contre les brigands.

GANÉZA, subst. mas. (*guanéza*), myth., dieu de la sagesse chez les Indiens.

GANGA, subst. mas. (*guangua*), t. d'hist. nat., genre d'oiseaux de l'ordre des gallinacés et de la famille des plumipèdes.—Nom de la gélinotte des Pyrénées.

GANGA-GRAMMA, subst. propre mas. (*guanguagueramema*), myth., démon très-redouté des Indiens.

GANGARIDES, subst. mas. plur. (*guangaride*), peuple des bords du *Gange*.

GANGAS, subst. mas. (*guanguâ*), prêtre d'Angola, dans l'Afrique occidentale.

GANGASIMEKA, subst. mas. (*guanguazimèka*), prêtre du Congo, de la secte des *gangas*.

GANGE, subst. propre mas. (*guanje*), grand fleuve de l'Inde. Les Indiens l'appellent *Ganga*, ce qui signifie *fleuve par excellence*; les anciens regardaient l'eau de ce fleuve comme quelque chose de sacré.

GANGIARE, subst. fém. (*guanjiare*), sorte de cimeterre que portent les pachas d'Égypte.—On dit aussi et plus souvent *cangiar*.

GANGLIFORME, adj. des deux genres (*guangueliforme*), t. de médec., qui a la figure, la *forme* d'un *ganglion*.

GANGLION, subst. mas. (*guanguelion*) (en grec γαγγλιον), en t. de chir., sorte de tumeur inégale, ronde ou oblongue, dure, indolente, et qui ne cause aucun changement de couleur à la peau. — Les anatomistes ont long-temps confondu divers *ganglions* avec des glandes ou des follicules; mais les glandes ont toujours un canal excréteur pour la sortie de l'humeur qu'elles sécrètent ; le follicule a pareillement un orifice vers l'extérieur pour le même objet ; au contraire, les vrais *ganglions* ne sécrètent rien, et n'ont, par conséquent, aucun orifice dans leur enveloppe. — On appelle *ganglions lymphatiques*, des glandes qui se trouvent dans les rameaux des vaisseaux conducteurs de la lymphe, le long de leurs trajets, à diverses distances, et qui servent à l'anastomose, à la réunion de plusieurs branches des troncs des lymphatiques, ou bien à des filtrations et élaborations particulières du fluide de la lymphe.—On appelle *ganglions nerveux*, les nodosités que forment les nerfs par leur rencontre et leur réunion, et qui deviennent les centres auxquels aboutissent les filets nerveux, et d'où ils partent ou rayonnent, pour agiter les divers organes placés sous leur sphère ou dépendance. On prétend que ces *ganglions* font l'office d'autant de petits cerveaux qui distribuent le sentiment et l'action nerveuse. Il y a cette différence entre ces petits cerveaux *ganglionaires* et le vrai cerveau, qu'ils agissent constamment et indépendamment de la volonté. (*Laveaux*.)

GANGLIONAIRE ou **GANGLIONIQUE**, adj. des deux genres (*guanguelionère, nike*), t. d'anat., qui a rapport aux *ganglions*. Il se dit du système nerveux intérieur qui, dans l'homme et les autres animaux vertébrés, s'opère par le moyen des *ganglions*, indépendamment de la volonté, distingué du système nerveux cérébral dépendant de la volonté, qui existe dans ces mêmes animaux, et qui n'existe pas dans les animaux imparfaits, tels que les vers, les insectes, les mollusques, etc.: *système nerveux ganglionique*, ou *ganglionaire*. Voy. GANGLION.

GANGLITE, subst. fém. (*guanguelite*), t. de chir., inflammation des *ganglions*.

GANGRÈNE, subst. fém. (on prononce *kanguerène*, disent tous les *dictionnaires* et la plupart des grammairiens : pourquoi cette prononciation vicieuse et contre nature? Il serait moins ridicule d'écrire ce mot lui-même par un *c*, *cangrène*, comme le propose *Ménage*; car souvent le γ des Grecs se change en *c* chez nous; mais si l'on conserve le premier γ du mot grec, nous répudions comme absurde cette métamorphose du *g* en *c* ou *k* dans la prononciation. Nous invitons à prononcer le premier *g* de *gangrène* et de ses dérivés avec le son qui lui est naturellement propre, et non point avec celui du *k*. Nous écrivons donc cette consonnance *guanguerène*.) (en grec γαγγραινα, dérivé de γραινω, je mange, je consume), mortification de quelque partie du corps, qui se communique aisément aux parties voisines.—Au fig., désordre contagieux, qui se répand et se communique.—Maladie des arbres.

GANGRÉNÉ, E, part. pass. de *se gangréner* et adj., où la *gangrène* s'est mise. — On dit figur., d'un méchant homme, qu'*il a la conscience gangrénée*.

se **GANGRÉNER**, v. pron. (*ceguanguerèné*) (Voy. GANGRÈNE), se corrompre de manière que la *gangrène* se forme : *cette jambe va se gangréner*.

GANGRÉNEUSE, adj. fém. Voy. GANGRÉNEUX.

GANGRÉNEUX, subst. et adj. mas., au fém. **GANGRÉNEUSE** (*guanguerèneu, neuze*) (Voy. GANGRÈNE), qui est de la nature de la *gangrène* : *sang gangréneux, disposition gangréneuse*.

GANGRÉNOPSIE, subst. fém. (*guanguerènopeci*), t. de médec., érosion *gangréneuse*.

GANGUE, subst. fém. (*guangue*), t. de minéralogie, emprunté de l'allemand; roche à laquelle un métal minéral est attaché dans le sein de la terre : *une mine avec sa gangue*.

GANGUI, subst. mas. (*gangui*), t. de pêche, filet formé, comme l'aissaugue, d'une chose accompagnée de deux ailes ou bandes de filets à mailles très-serrées.

GANGUIEL, subst. mas. (*guanguièle*), petit *gangui*.—Il est vieux et inusité.

GAN-HEDEN, subst. mas. (*guan-édène*), paradis des juifs modernes.

GANIL, subst. mas. (*guanile*), t. d'hist. nat., calcaire granuleux qui, d'après les caractères qu'on lui assigne, doit être rapporté à la chaux carbonatée magnésifère ou dolomie. Il se trouve aux environs du Vésuve, et au mont Saint-Gothard.

GANIMÈDE, subst. mas. (*guanimède*), t. d'astron., suivant quelques auteurs, la constellation d'Antinoüs, et suivant d'autres, celle du Verseau. — Selon la mythologie, *Ganimède*, fils de Tros, était si beau et si bien fait, que Jupiter, après le malheur qui arriva à Hébé, le fit enlever par un aigle, et lui donna l'emploi qu'avait cette déesse de lui verser le nectar. On le représente assis sur un aigle.

GANITRE, subst. mas. (*guanitre*), t. de bot., plante de la famille des tilleuls.

GANIVET, subst. mas. (*guanivé*), instrument de chirurgie en forme de *canif*, quoiqu'on ne dise ni n'écrive *ganif*; peut-être même le mot devrait-il être *canivet*.

GANNEGARE, subst. mas. (*guaneguare*), sorte d'étoffe qu'on fabrique pour être envoyée dans les colonies d'Afrique.

GANNET, subst. mas. (*guanené*), t. d'hist. nat., nom vulgaire du goëland brun.

GANO, subst. mas. (*guanô*), t. du jeu d'hombre qui signifie : laissez-moi venir la main.

GANSE, subst. fém. (*guance*) (du lat. *ansa*, anse), cordonnet de soie, d'or ou d'argent, etc., dont on se sert pour attacher quelque chose. — Dans une acception plus usitée, cette sorte de cordonnet, en tant qu'il sert de boutonnière. — *Ganse de diamant*, boutonnière en forme de *ganse*, garnie de diamants.

GANSETTE, subst. fém. (*guancète*), petite *ganse*; maille de trois pouces.

GANT, subst. mas. (*guan*) (de l'ancien allemand ou flamand *wante*, qui a la même signification, et dont on avait fait, dans la basse latinité, le mot barbare *wanti*, qui signifiait la même chose), ce qui sert à couvrir la main et chaque doigt, étant fait sur la forme de la main.—*Gants fourrés*, ceux qui sont faits de peaux auxquelles on a laissé, pour le dedans du *gant*, le poil ou la laine de l'animal. — Le *gant* que le fauconnier se met à la main quand il porte l'oiseau. — Ce mot prend différentes dénominations, soit par rapport à la matière dont les *gants* sont faits, comme dans ces phrases : *gants de cerf*, *gants de daim*, *des gants de chevreau*, *des gants de chien*, *des gants de fil*, *des gants de soie*, *des gants de laine*, etc.; soit par rapport aux lieux où ils sont faits, comme, *gants d'Espagne*, *gants de Rome*, *gants de Grenoble*, *gants d'Avignon*, etc.; soit par rapport aux odeurs qui dominent dans la manière dont ils sont apprêtés : *des gants d'ambre*, *des gants de fleur d'oranger*, *des gants de jasmin*, etc. — Fig. et fam. : *être souple comme un gant*, d'une humeur facile et accommodante.—*Avoir les gants d'une chose*, en avoir les prémices. — *N'en avoir pas les gants*, ou *la paire de gants*, n'être pas le premier à annoncer une nouvelle, à proposer une idée. (Allusion à l'ancien usage de donner une paire de *gants* à ceux qui apportaient les premiers une bonne nouvelle.)—*Ramasser*, *relever le gant*, accepter le défi.—Prov. et fig.: *cette fille a perdu ses gants*, elle a déjà eu quelque commerce de galanterie.—On a dit autrefois : *l'amitié passe le gant*, pour exprimer que dans l'empressement de se saluer, on ne se donnait pas le loisir d'ôter son *gant*.—*Prendre des gants pour parler à quelqu'un*, lui parler avec ménagement, avec circonspection. —*Se donner les gants d'une affaire*, s'en attribuer le succès.—En t. de jard., on appelle *gants de Notre-Dame* plusieurs espèces de plantes, telles que la campanule, la digitale à fleurs rouges, etc.

GANTAN, subst. mas. (*guantan*), poids dont on se sert à Batam, une des principales villes de l'île de Java, et dans quelques autres endroits des Indes occidentales. Il pèse environ trois livres.

GANTE, subst. fém. (*guante*), t. de brasseur, faux bord de bois qu'on met sur le bord d'une chaudière de cuivre, afin de contenir la liqueur qui bouillonne.

GANTÉ, E, part. pass. de *ganter* : *avoir une main nue et l'autre gantée*.

GANTELÉE, subst. fém. (*guantelé*), t. de bot., plante, espèce de campanule.

GANTELET, subst. mas. (*guantelé*), *gant* couvert de lames de fer, faisant partie de l'armure d'un homme armé de pied en cap. On appelle *gantelet entier*, celui qui enveloppe entièrement la main et les doigts; *demi-gantelet*, celui qui n'enveloppe que les premières phalanges des doigts. — Morceau de cuir dont plusieurs artisans se couvrent la paume de la main ou le poignet. — En chir., bandage qui enveloppe la main.

GANTER, v. act. (*guanté*), mettre les *gants* à quelqu'un.—Neut.: *ces gants gantent fort bien*, sont justes à la main.—SE GANTER, v. pron., mettre des *gants*.

GANTERIE, subst. fém. (*guanteri*),marchandise, magasin de *gants*.—Métier de celui qui fait et vend des *gants*.

GANTIER, subst. mas., au fém. GANTIÈRE (*guantié, tière*), celui, celle qui fait et vend des *gants*.

GANZAS, subst. mas. (*guanzâ*), sorte de monnaie d'étain du royaume de Pégu.

GAONS, subst. mas. plur. (*gua-on*), nom d'un ordre de docteurs juifs.

GARADE, subst. fém. (*guarade*), sorte de petit sac que portaient les Maures.

GARAGAI, subst. mas. (*guaraguè*), sorte d'oiseau de proie d'Amérique, qui est de la taille du milan.

GARAGIAU, subst. mas. (*guarajiô*), t. d'hist. nat., oiseau de la Cafrerie assez semblable au pélican.

GARAMANTES, subst. mas. plur. (*guaramante*), peuple de la Libye.

GARAMANTIQUE, adj. des deux genres (*guaramantike*), qui concerne les *Garamantes*.

GARAMANTIS, subst. propre fém. Voy. GARAMAS.

GARAMANTITE, subst. fém. (*guaramantite*), t. d'hist. nat., ancien nom donné à une pierre précieuse que l'on croit être le grenat.

GARAMAS, subst. propre mas. (*guaramâce*), myth., fils d'Apollon, roi de Libye, et père de Garamantis, que Jupiter aima, et dont il eut Iarbas.

GARAMOND, subst. mas. (*guaramon*), t. d'imprimerie; les étrangers donnaient autrefois ce nom au caractère que nous appelons petit-romain.

GARANÇAGE, subst. mas. (*guarançaje*), teinture ou bouillon fait avec de la *garance*.

GARANCE, subst. fém. (*guarance*) (du lat. barbare *varantia*, dit par corruption pour *verantia*, fait de *verus*, vrai : parce que cette couleur est vraie et de bon teint. *Ménage.*), t. de bot., plante vivace, à fleur monopétale, campaniforme, dont l'herbe sert de fourrage aux bestiaux, et dont la racine fournit une teinture rouge. On s'en sert aussi en médec.; elle est apéritive.—*Garance* se dit aussi de la couleur rouge qu'on tire de cette plante : *une étoffe teinte en garance*. — On l'emploie adjectivement, en parlant des objets auxquels on a donné cette couleur : *un pantalon garance*; *une veste garance*.

GARANCÉ, E, part. pass. de *garancer*, et adj.: *pantalon garancé*.

GARANCER, v. act. (*guarancé*), teindre en *garance* : *garancer une étoffe, de la laine*.—SE GARANCER, v. pron.

GARANCIÈRE, subst. fém. (*guarancière*), champ semé de *garance*.

GARANT, E, subst.(*guaran, rante*) (du lat. barbare *warens* ou *warantus*, fait, dans le même sens, de l'allemand *ware* ou *waren*, qui a signifié d'abord voir, considérer, et ensuite observer, soigner, garder, prendre garde. *Ménage.*) Dans cette dernière acception, on dit aujourd'hui *warten*), caution qui répond du fait d'autrui ou de son propre fait. En parlant des traités entre les puissances, on dit *garante* au féminin : *l'impératrice s'est rendue garante du traité*. Hors de là, on dit d'une femme comme d'un homme, qu'elle est *garant*, etc.—*Se porter garant de quelqu'un*, en répondre. — *Rendre quelqu'un garant de quelque chose*, lui en demander compte. — Fig. et fam. : *je vous suis garant, je suis garant*, je vous affirme, je réponds, etc. : *c'est un très-honnête homme, je vous en suis garant*.— Fig., auteur dont on a tiré quelque passage; personne dont on tient une nouvelle : *j'ai de bons garants*.—En t. de mar., tout cordage qui sert à faire un palan, en passant dans toutes les poulies et sur tous les rouets qui les composent. — En archit., bout d'un cordage qui, après avoir passé par des poulies, est tourné deux ou trois jours autour d'une pièce de bois fixe, pour l'empêcher de filer.

GARANTI, E, part. pass. de *garantir*, et adj.— Au palais, on dit subst. : *le garanti a son recours contre son garant*.

GARANTIE, subst. fém. (*guaranti*), obligation de *garantie*; il ne se dit guère qu'en matière de procès, d'affaires et de négociation : *vendre avec ou sans garantie*. — Dédommagement auquel on s'oblige : *être tenu à garantie*; *appeler quelqu'un en garantie*.—*Garantie formelle*, celle qui a lieu en matière réelle ou hypothécaire. — *Garantie simple*, celle qui a lieu en matière personnelle, et surtout entre la caution et le débiteur cautionné. —Sûreté qui *garantit* une chose, la rend sûre, indubitable : *voilà une garantie sûre*; *donner des garanties pour l'avenir*.— *Bureau de garantie*, lieu où l'on constate le titre des matières, des ouvrages d'or et d'argent.—*Garantie individuelle*, protection que les lois doivent à tout citoyen. — On appelle *garantie de droit*, celle qui est due de plein droit, par les seules raisons de justice et d'équité, quand même elle n'aurait pas été stipulée. Telle est la *garantie* que tout vendeur ou cédant doit à l'acquéreur, pour lui assurer la propriété de la chose vendue ou cédée.—On appelle *garantie conditionnelle*, celle qui n'a lieu qu'en vertu de la convention. On l'appelle aussi *garantie de fait*, pour la distinguer de la *garantie de droit*.

GARANTIR, v. act. (*guarantir*), se rendre *garant*, répondre d'une chose, même en s'obligeant de dédommager. — Assurer la bonté, la qualité d'une marchandise pour un certain temps, sous peine de dédommagement ou de nullité de la vente : *cet horloger garantit ses montres pour six mois*; *en me vendant ces objets*, *on me les a garantis anglais*, *de fabrique anglaise*.—Rendre sûr, certain, indubitable : *cette action me garantit sa fidélité*; *le contrôle garantit le titre des objets d'or et d'argent*. — Défendre contre une demande, indemniser des suites d'une éviction, d'une condamnation : *il s'est obligé à me garantir de toutes poursuites*. — Assurer, affirmer : *je vous garantis cette nouvelle*. — Préserver : *garantir du froid*, etc.—*Garantir* est ce qui couvre et protége; *préserver*, ce qui prémunit.— SE GARANTIR, v. pron., se préserver de quelque chose de nuisible.

GARAS, subst. mas. (*guarâ*), toile de coton blanche qu'on tire surtout de Surate.

GARBANCE, subst. mas.(*guarbance*), t. de bot., espèce de pois d'Espagne.

GARBE, subst. mas. et fém. (*garbe*), vieux mot qui signifiait : fierté, adresse.

GARBELAGE, subst. mas. (*guarbelaje*), t. de comm., droit qui se percevait autrefois à Marseille sur les marchandises qui passaient dans les Échelles du Levant.

GARBIN, subst. mas. (*guarbein*), t. de mar., vent du sud-ouest sur la Méditerranée.

GARBON, subst. mas. (*guarbon*), nom qu'on donne au mâle de la perdrix.

GARBURE, subst. fém. (*guarbure*), sorte de potage aux choux. Il est vieux.

GARCE, subst. fém. (*guarce*), femme ou fille débauchée et publique. — Autrefois il était le féminin de *gars*, jeune garçon, et l'on n'y attachait pas comme aujourd'hui une idée défavorable. Il signifiait une jeune fille, une vierge. Maintenant c'est un terme injurieux, libre et malhonnête, usité seulement dans la dernière classe du peuple.

GARCETTE, subst. fém. (*guarcète*) (de l'espag. *garceta*), employé à peu près dans le même sens, et qui, suivant *Covarruvias*, signifie proprement des plumes de héron à faire des panaches, dérivé de *garza*, héron. *Du Cange* dit qu'un roi d'Aragon défendit aux Sarrasins de porter de ces *garcetas* ou plumes, et voulut, pour les distinguer, qu'ils eussent les cheveux coupés en rond), t. de marine, tresse faite de trois, cinq, sept, et quelquefois de neuf fils de caret ou de bitord : *donner des coups de garcette*. — On appelle *maîtresse garcette*, la *garcette* qui est au milieu de la voile et qui sert à en ferler le fond; *garcettes de bonnettes*, les petites cordes qui amarrent les bonnettes à la voile; *garcettes de câbles* ou *de fourrures de câbles*, de grosses tresses qui servent à fourrer les câbles; *garcettes de ris*, des *garcettes* qui ont la forme d'un fuseau, et qui servent à prendre les ris des voiles quand il fait trop de vent; *garcettes de tournevire*, des garcettes qui sont partout d'une égale grosseur, et qui servent à joindre le câble à la tournevire quand on lève l'ancre; *garcettes de voiles*, des *garcettes* qui ont une boucle à un bout, vont en diminuant par l'autre, et servent à plier les voiles. — *Garcette*, en t. de manuf., se dit d'une sorte de petite pince à pointes aiguës dont on se sert pour éjarrer le drap.— Disposition des cheveux abattus et coupés au niveau du front. — Enveloppe des crins du cheval.

GARCIE, subst. fém. (*guarci*), t. de bot., genre d'arbres de l'ordre des tithymaloïdes.

GARCIER, subst. mas. (*guarcié*), qui fréquente les *garces*. (*Boiste.*) Hors d'usage.

GARÇON, subst. mas. (*guarçon*) (suivant *Pontanus*, de l'espagnol *varo*, qui signifie *homme;* il rappelle qu'on écrivait autrefois *warçon* pour *garçon*), enfant mâle : *il a de son premier mariage deux garçons et une fille; sa femme vient d'accoucher d'un gros garçon.* — On le dit fam. d'un jeune homme, même d'un homme : *c'est un excellent garçon; ce garçon-là ne manque pas de moyens; mon pauvre garçon, tu te perds.* — *Les garçons de la noce, de la fête*, les jeunes *garçons* qui sont chargés de faire les honneurs de la noce. — On appelle *un déjeuner, un dîner de garçons*, un déjeuner, un dîner où il n'y a que des hommes. — Célibataire, qui n'est point marié : *c'est un vieux garçon; mener une vie de garçon*, la vie d'un homme qui n'est assujéti à aucun devoir. — Celui qui sert dans un restaurant ou un café : *appelez le garçon.* — Chez les marchands, *garçons de boutique, garçons de magasin*, ou simplement *garçons*, jeunes gens qui, ayant fait leur apprentissage, servent encore chez les marchands. — Parmi les ouvriers, celui qui travaille chez un maître : *garçon tailleur, perruquier*, etc. — On appelle, à Paris, *garçons de pelle*, des manœuvres qui, avec de grandes pelles de bois ferrées, remplissent les mesures dont on se sert pour le charbon. — Dans les administrations, *garçons de bureau*, hommes chargés de tenir les bureaux propres, et de faire les commissions. — *Garçon de caisse*, celui qui va en recette. — *Brave garçon*, brave soldat, et fam., galant homme. — Fam. : *faire vie de garçon, mener une vie de garçon*, vivre en homme libre et indépendant. — *Faire le mauvais garçon*, menacer, faire le méchant. — *Être bien petit garçon auprès de quelqu'un*, lui être fort inférieur. — Fig. et par ironie : *il se fait beau garçon*, il s'enivre, il mange son bien en débauches.—*Le voilà joli garçon*, il s'est mis dans un grand embarras. — Chez le roi : *garçon de la chambre, garçon de la garde-robe*, valets qui font les bas offices dans la chambre et dans la garde-robe. — *Garçon major*, officier qui fait le détail d'un régiment sous le major ou sous l'aide-major. — *Garçon de bord*, jeune homme qui se loue pour aider à la pêche.

GARÇONNAILLE, subst. fém. (*guarçonâie*), rassemblement de *garçons*, de mauvais polissons. Il est vieux.

GARÇONNER, v. neut. (*guarçoné*), fréquenter les *garçons*. Il ne se dit qu'en parlant de très-jeunes filles.

GARÇONNET, subst. mas. (*guarçonè*), petit *garçon*. Il est vieux.

GARÇONNIÈRE, subst. fém. (*guarçonière*), t. bas et pop., qui aime à hanter les *garçons;* qui en a les manières.

GARD, subst. propre mas. (*guare*), nom d'un dép. de la France. Il est formé d'une partie de l'ancienne province du Languedoc, et tire son nom de la rivière du *Gard* ou *Gardon*, l'une de celles qui l'arrosent. *Nîmes* en est le chef-lieu.

GARDE, subst. fém. (*guarde*), du lat. barbare *warda*, employé dans la basse latinité avec la même signification, et dérivé de l'allemand *warten*, garder), guet; action par laquelle on observe ce qui se passe, afin de n'être pas surpris; commission de *garder*, de conserver, de défendre, de soigner, de surveiller quelqu'un ou quelque chose : *faire la garde; avoir la garde d'une porte, d'un magasin, d'une bibliothèque; il m'a confié la garde de sa maison; vous êtes sous ma garde.* — *Monter la garde; être de garde*, être de service pour vingt-quatre heures. — Gens de guerre qui font la *garde : la garde des portes.* — On appelle *garde d'honneur*, une troupe offerte à des personnages éminents, auxquels on rend les honneurs militaires : *on offrit au prince, à la princesse, une garde d'honneur.* — *Garde noire*, nom qu'on donnait à Bordeaux à une escouade d'archers chargés de veiller la nuit pour empêcher la contrebande. — *À la garde!* exclamation dont on se sert pour appeler la garde, dans un moment de danger. On dit *crier à la garde.*— Dans les commandements militaires, *garde à vous!* se dit elliptiq., pour *prenez garde à vous!* faites attention. — Service des pages, etc., auprès de leurs maîtres : *ce page était de garde.* — Femme qui sert les malades et les accouchées.—Charge, commission de *garder : avoir la garde d'une place.* — *Les filles sont d'une difficile garde*, on a une grande surveillance à exercer pour les garantir de la séduction. — Protection : *à la garde de Dieu.* Dans ce sens, on terminait autrefois les lettres par cette formule : *Dieu vous ait en sa sainte et digne garde!* Elle n'est plus employée sérieusement aujourd'hui, si ce n'est dans les lettres officielles d'un prince, d'un souverain. — En t. d'escrime, manière de tenir le corps et l'épée, telle que l'on puisse attaquer et se défendre : *se mettre, se tenir, être en garde, être hors de garde; garde basse* ou *ordinaire*, celle où le poignet est plus bas que la pointe; *garde haute*, celle où l'on tient le poignet plus haut que la pointe. — Partie d'une épée, etc., qui sert à couvrir la main : *enfoncer l'épée jusqu'à la garde.* — Chez les balanciers, membrure ou partie de fer en forme de châsse avec un anneau, ajustée à l'extrémité de la romaine, du côté gauche. — *Garde forte*, dans les romaines, celle qui est placée du côté droit, pour peser les marchandises d'un poids considérable. — Au plur., 1° garniture qui se met dans une serrure pour qu'on ne puisse ouvrir qu'avec une seule clef; 2° en t. de vèn., les deux os qui forment la jambe du cerf; 3° les ergots du sanglier, au-dessus du talon; 4° en t. de relieur, feuillets blancs au commencement et à la fin du volume; 5° morceaux de bois placés aux deux bouts des peignes du tisserand, qui en assujétissent les broches ou dents, et les empêchent de s'écarter; 6° chez les passementiers, bandes de fort papier pliées en trois, de la hauteur du peigne, qui servent à le tenir fixe dans le battant; 7° dans l'astronomie, nom donné autrefois aux satellites de Jupiter. On appelle encore aujourd'hui *gardes de la petite ourse*, les étoiles β et γ, à l'épaule de cette constellation.—Aux jeux de cartes, *garde* signifie une ou plusieurs basses cartes de la même couleur que la carte principale que l'on veut garder : *un bon joueur porte toujours des gardes; j'ai écarté la double garde.* — *Avoir toujours garde à carreau* veut dire, fig. et fam., être prêt à répondre à toute objection, à parer à tout évènement.—*Prendre garde*, avoir soin, veiller attentivement sur quelqu'un, sur quelque chose : *prenez garde à cet enfant.* Dans ce sens, on l'emploie aussi absolument : *prends garde, tu vas tomber.* — On dit avec la négation, *prenez garde à ne pas tomber;* et sans la négation, *prenez garde de tomber.* — *Prendre garde à un sou, à un denier*, y avoir attention dans la dépense, dans un compte; être fort ménager. — *Se donner de garde*, se précautionner. — *Être* ou *se mettre* ou *se tenir en garde contre...* se défier de... — On dit qu'*on n'a garde de faire telle ou telle chose*, pour dire qu'on n'a pas la volonté ou le pouvoir de la faire, qu'on en est bien éloigné : *il n'a garde de tromper, il est trop homme de bien.* — *Etre hors de garde*, ne savoir où l'on en est dans quelque affaire, etc. — *Cet homme est de bonne garde*, il garde long-temps ce qu'il possède. — *Ce fruit est de bonne garde*, se garde long-temps sans se gâter. — On dit qu'*un chien est de bonne garde*, pour dire qu'il *garde* bien la maison, qu'il avertit bien lorsque quelqu'un entre.—Fam., *monter une garde à quelqu'un*, le réprimander vivement. — Prov. : *s'en donner jusqu'aux gardes*, faire un grand excès.—*La grand'-garde*, corps de cavalerie à la tête d'un camp.— *Corps-de-garde*, lieu où se tiennent les soldats qui sont de *garde*. Voy. GARDE, subst. mas.

GARDE, subst. mas. (*guarde*), homme armé destiné à faire la *garde* auprès de quelqu'un : *un garde du corps; un garde national; un garde municipal; il avait avec lui trois gardes bien déterminés à le défendre au péril de leur vie.* — *Le régiment des gardes*, et absolument *les gardes*, s'est dit d'un régiment d'infanterie française destiné à garder les avenues des lieux où le roi était logé. — Dans les substantifs composés où *garde* est pris avec le sens de *gardien*, l'expression se rapporte à une personne, et alors *garde* est un substantif susceptible de prendre la marque du pluriel. Il faut donc dire *des gardes-chasse, des gardes-marine, des gardes-côte*, s'il ne s'agit que d'une seule côte, et des *gardes-côtes*, s'il s'agit de plusieurs. Mais lorsque dans les mêmes mots, *garde* est verbe, et qu'il signifie, qui observe, qui garantit, alors, en sa qualité de verbe, il ne prend point la marque du pluriel. Des *garde-feu* sont des grilles qui garantissent du feu, la pluralité tombe sur grilles. Des *garde-manger*, sont des lieux où l'on garde le manger; la pluralité tombe sur lieux.—On appelle *gardes* les personnes auxquelles on confie la garde de quelqu'un que l'on ne veut pas qui s'échappe : *on a mis, donné deux gardes à cet homme, jusqu'à l'arrivée de la gendarmerie.* Voy. GARDIEN.— On dit distributivement : *un soldat, deux soldats aux gardes*, et non pas *deux gardes françaises, une garde française.*—Officier d'un corps de métier, etc., chargé de veiller à l'observation des réglements, etc. On disait autrefois dans ce sens : *gardes des privilèges des universités*, juges qui étaient spécialement chargés de veiller à la conservation des droits d'une université et devant lesquels les membres de cette université vidaient leurs différends et portaient leurs causes.—Celui à qui l'on commet la *garde*, le soin de quelque chose : *garde du trésor public*, etc.; *garde-bois, garde-chasse.* — *Garde du sceau*, celui auquel est confiée la garde du sceau de l'état. — On appelle *garde-des-sceaux*, un des officiers de la couronne dont la fonction est d'avoir la garde du sceau du roi.—GARDE, GARDIEN. (*Syn.*) *Garde* diffère de *gardien*, en ce que ce dernier mot n'a pour objet que la conservation de la chose; au lieu que celui de *garde* renferme de plus dans son idée un office économique, dont on doit s'acquitter, selon les ordres du supérieur ou du maître de la chose : ainsi l'on dit qu'on est *gardien d'un dépôt*, et *garde du trésor public.* (Girard.)

GARDÉ, E, part. pass. de *garder*, et adj.; on dit, en t. de jeux de cartes, *un roi gardé, une dame gardée*, pour lesquels on a une ou plusieurs *gardes.* — *Proportion gardée, toute proportion gardée*, signifie qu'on tient compte de l'inégalité, de la différence relative de deux personnes, de deux choses dont il s'agit : *toute proportion gardée, ce petit jardin vaut mieux que ce grand parc; vous êtes, proportion gardée, beaucoup plus riche que moi.*

GARDE-AVANCÉE, subst. fém. (*guardavancé*), t. de guerre, corps placé en avant de la grand'-garde pour plus de sûreté.—Au plur., des *gardes-avancées.*

GARDE-BOEUF, subst. mas. (*guardebeufe*), t. d'hist. nat., nom d'une espèce de héron d'Egypte. — Au plur., des *gardes-bœufs.*

GARDE-BOURGEOISE, subst. fém. (*guarde-bourjoaze*), t. de jurispr., le même droit à l'égard des bourgeois que celui de *garde-noble* à l'égard des nobles. — Dans certains pays, dénomination *de la garde nationale, de la garde urbaine.* — Au plur., dans ce dernier sens, *des gardes-bourgeoises.*

GARDE-BOUTIQUE, subst. mas. (*guardeboutike*), étoffe, livre, etc., qu'un marchand a depuis long-temps dans sa boutique, et qu'il ne peut vendre : *cette étoffe est un garde-boutique.*—Au plur., des *garde-boutique.*

GARDE-CHAÎNE, subst. mas. (*guardechêne*), t. d'horlogerie, pièce qui empêche la fusée de tourner.—Au plur., des *garde-chaîne.*

GARDE-CHAMPÊTRE, subst. mas. (*guarde-chanpêtre*), celui qui garde les *champs.*—Au plur., des *gardes-champêtres.*

GARDE-CHASSE, subst. mas. (*guardechace*), celui qui a la garde du gibier dans l'étendue d'une terre.—Au plur., des *gardes-chasse.*

GARDE-CHIOURME, subst. mas. (*guardechiourme*), surveillant des forçats dans les bagnes. — Au plur., des *gardes-chiourme.*

GARDE-COLLET, subst. mas. (*guardekolè*), pièce des anciennes armures destinée à garantir le cou.—Au plur., des *garde-collet.*

GARDE-CORPS, subst. mas. Voy. GARDE-FOU.

GARDE-CÔTE, subst. mas. (*guardekôte*), milice qui *garde* les côtes. — Au plur., des *gardes-côtes.*

GARDE-DES-MONNAIES, subst. mas. (*guardedèmonè*), juge des *monnaies* dont les appellations ressortissaient aux cours des *monnaies.*— Au plur., des *gardes-des-monnaies.*

GARDE-DES-SCEAUX, subst. mas. (*guardedèçô*), grand officier chargé de la *garde* des *sceaux* de l'état.—Chef, ministre de la justice en France. —Au plur., des *gardes-des-sceaux.*

GARDE-DU-COMMERCE, subst. mas. (*guardedukomèrece*), à Paris et dans la banlieue, officier qui a le droit exclusif de mettre à exécution la contrainte par corps.—Au plur., des *gardes-du-commerce*.

GARDE-DU-CORPS, subst. mas. (*guardedukor*), qui *garde* la personne. — Au plur., des *gardes-du-corps*.

GARDE-ÉTALON, subst. mas. (*guardétalon*), dans les haras, on nomme ainsi celui à qui est confiée la *garde de l'étalon* fourni par l'état.—Au plur., des *gardes-étalon*.

GARDE-FEU, subst. mas. (*guardefeu*), grille de fer qu'on place autour du feu. — Au plur., des *garde-feu*.

GARDE-FILET, subst. mas. (*guardefilé*), t. d'astron., boîte de cuivre suspendue librement au centre d'un quart de cercle mobile, destinée à contenir le fil à plomb, et à le garantir de l'agitation du vent.—Au plur., des *garde-filet*.

GARDE-FORESTIER, subst. mas. (*guardeforècetié*), préposé à la *garde* d'une forêt.—Au plur., des *gardes-forestiers*.

GARDE-FOU, subst. mas. (*guardefou*) (par corruption pour *garde-faux*, en sous-entendant *du corps*, parce que cette balustrade, etc., couvre et garantit le corps jusqu'au *faux* ou *pli* qu'il fait au défaut des côtes. Voy. *saisir à faux de corps* au mot FOIS. Mais pourquoi, sans aller si loin, ne pas voir simplement l'étymologie de cette expression dans le sens même du mot *fou*, et dire qu'on a voulu exprimer l'idée d'un moyen imaginé pour préserver d'un accident, d'une chute, ceux qui ne prennent pas de précaution, qui marchent étourdiment comme des *fous*?), appuis ou espèces de balustrades des deux côtés d'un pont, pour empêcher qu'on ne tombe.—On dit aussi *garde-corps*. — Au plur., des *garde-fous*.

GARDE-FRANÇAISE, subst. fém. (*guardefrancèze*), régiment de la garde du roi de *France* avant la révolution. On appelait un soldat de ce régiment, un *garde-française*. — Au plur., des *gardes-françaises*.

GARDE-IMPÉRIALE, subst. fém. (*guardeinpériale*), troupes d'élite créées par l'*empereur* Napoléon pour sa *garde*, et recrutées par des choix dans toute l'armée : *la garde meurt; elle ne se rend pas*. — Au plur., des *gardes-impériales*.—On dit d'un soldat qui en faisait partie : *un garde-impérial*. — Au plur., des *gardes-impériaux*.

GARDE-MAGASIN, subst. mas. (*guardemaguazein*), officier commis pour *garder* le ou les *magasins*.—Marchandises qui ne se vendent pas.—Au plur., des *garde-magasin* ou *magasins*, suivant le cas.

GARDE-MAIN, subst. mas. (*guardemein*), t. de broderie, papier que les brodeurs placent sous leur *main* durant le travail pour préserver l'étoffe.—Au plur., des *garde-main*.

GARDE-MALADE, subst. des deux genres (*guardemalade*), celui ou celle qui a soin d'un *malade*.—Au plur., des *garde-malade*.

GARDE-MANCHE, subst. mas. (*guardemanche*), fausse *manche* de toile pour garantir celles de l'habit.—Au plur., des *garde-manches*.

GARDE-MANGER, subst. mas. (*guardemanjé*), lieu pour *garder* de la viande ou d'autres choses servant à la nourriture. — Au plur., des *garde-manger*.

GARDE-MARINE, subst. mas. (*guarde-marine*), *garde* de l'amiral. — Au plur., des *gardes-marine*.

GARDE-MARTEAU, subst. mas. (*guardemartô*), officier des eaux et forêts qui *garde* le *marteau* dont il marque les arbres qui doivent être abattus.—Au plur., des *gardes-marteau*.

GARDE-MEUBLES, et non pas, avec l'*Académie*, GARDE-MEUBLE, subst. mas. (*guardemeuble*), lieu où l'on *garde* des *meubles*; ce qu'il contient.—Au plur., des *garde-meubles*.

GARDE-MUNICIPALE, subst. fém. (*guardemunicipale*), corps armé qui, depuis 1830, a remplacé à Paris seulement celui de la gendarmerie.—Au plur., des *gardes-municipales*.—Celui qui fait partie de ce corps s'appelle un *garde-municipal*. — Au plur., des *gardes-municipaux*.

GARDE-NATIONALE, subst. fém. (*guardenacionale*), corps de citoyens armés, chargés de la *garde* des villes et des campagnes, et particulièrement du maintien de l'ordre et de la tranquillité publique.—Nom que, pendant la révolution, on avait donné en France à la force armée. Elle se divisait en *garde nationale sédentaire* et *garde nationale en activité*. La première était composée de tous les citoyens et fils de citoyens en état de porter les armes; la seconde formait l'armée de terre et de mer. (Constitution de 1795.) —Par le sénatus-consulte du 13 mars 1812, la *garde-nationale* de l'empire, en demeurant distinguée de l'armée active, fut divisée en premier ban, second ban et arrière-ban. Le premier ban, composé des hommes de vingt à vingt-six ans, qui, appartenant aux six dernières classes de la conscription, n'avaient point été appelés à l'armée, était destiné à la *garde* des frontières, à la police intérieure, et à la conservation des grands dépôts maritimes, arcenaux et places fortes. Ce premier ban, qui ne devait jamais sortir du territoire de l'empire, se renouvelait par sixième chaque année. Le second ban se composait de tous les hommes valides de vingt-six à quarante ans, et l'arrière-ban, de tous les hommes valides de quarante à soixante ans.—Milice bourgeoise organisée par les ordonnances de Louis XVIII, pour maintenir la paix intérieure. — Depuis la révolution de 1830, nous avons une *garde-nationale mobile*; elle ferait, au besoin, le service de l'armée active, sous la réserve néanmoins de ne pas dépasser la frontière de France. — Au plur., des *gardes-nationales*. — Celui qui fait partie de la *garde-nationale* s'appelle un *garde-national*.—Au plur., des *gardes-nationaux*.

GARDÈNE, subst. fém. (*guardène*), t. de bot., genre de plantes de la famille des rubiacées.

GARDÉNIES, subst. fém. plur. (*guardéni*), t. de bot., famille de plantes rubiacées, dont le type est la *gardène*.

GARDE-NOBLE, subst. fém. (*guardenoble*), droit que certaines coutumes donnaient à un père ou à une mère *noble*, survivant l'un à l'autre, de jouir du bien de leurs enfants mineurs, jusqu'à vingt ans pour les mâles et jusqu'à quinze pour les filles, sans être tenu d'en rendre compte, à la charge de les entretenir et de payer leurs dettes.—Sans pluriel.

GARDE-PÊCHE, subst. mas. (*guardepèche*), celui qui est préposé à la police de la *pêche* et de la navigation, sur les fleuves et les rivières. — Au plur., des *gardes-pêche*.

GARDE-PLATINE, subst. mas. (*guardeplatine*), certaine pièce d'un métier à bas. — Étoffe pour recouvrir la *platine* d'un fusil. — Au plur., des *garde-platine*.

GARDE-NOTE, subst. mas. (*guardenote*), ancien titre des notaires. — Au plur., des *garde-notes*.

GARDER, v. act. (*guardé*), avoir sous sa *garde*, conserver : *dans les chaleurs, on ne peut garder la viande*.—Retenir, ne point se dessaisir : *on m'a envoyé trois perdrix et deux lièvres ; je vous donne les perdrix et je garde les lièvres*.—Veiller, 1° à la conservation, à la sûreté : *les troupes qui gardent une place*; 2° à la détention : *garder un prisonnier*; 4° pour empêcher la détérioration, la dispersion, etc. : *garder les bois, les vignes, les moutons*.—Défendre, protéger.—Garantir, préserver : *Dieu vous garde de pareils amis!* On dit, dans le même sens, en forme de souhait : *Dieu m'en garde* ! *Dieu vous en garde* ! On disait autrefois par forme de salutation, en parlant à des inférieurs ou d'égal à égal, *Dieu vous garde!* et souvent en élidant l'*e*, *Dieu vous gard'!*—Observer : *garder les commandements de Dieu, le silence, la chasteté*. Voy. OBSERVER. —*Garder sa gravité, son rang*, etc., se maintenir dans sa gravité, dans le rang d'honneur et de dignité où l'on est.—*Garder sa foi, sa promesse; garder un secret*, ne pas le révéler.— En t. d'art militaire, on dit *garder les rangs*, pour dire demeurer dans les rangs. — *Garder la fièvre, un rhume*, etc. : l'avoir long-temps sans discontinuation. — *Garder une médecine*, ne pas la vomir. — T. de confiseur, *garder un liquide*, confire un fruit, de façon qu'on puisse le conserver toujours liquide.—*Il faut garder cela pour demain*, il faut le réserver pour demain. —*Garder un lavement*, ne le pas rendre promptement.— Prov., 1° *garder une poire pour la soif*, réserver quelque chose pour les besoins à venir ; 2° *en donner à garder*, en faire accroire, tromper ; 3° *garder les manteaux*, favoriser les plaisirs d'autrui ou en être témoin sans les partager ; 4° *garder le mulet*, s'ennuyer à attendre. (De l'usage où l'on était, dans le temps que le mulet était la monture ordinaire, de faire *garder* le sien à la porte des maisons où l'on avait affaire, où l'on était en visite, etc.) ; 5° *la garder à quelqu'un* ou *la garder bonne*, attendre l'occasion de se venger ; 6° *vous ne savez pas ce que Dieu vous garde, ce que la fortune vous garde*, en parlant à une personne qui est dans l'affliction, pour lui faire espérer que son sort deviendra meilleur. On le dit aussi quelquefois dans le sens opposé aux personnes heureuses qui sont insensibles au malheur d'autrui ; 7° *bonhomme, garde ta vache*, prends garde qu'on ne te trompe ; 8° *chacun son métier, les vaches seront bien gardées*, tout va bien lorsque chacun ne se mêle que de ce qu'il doit faire.—*Garder les gages, les enjeux*, en être le dépositaire.—*Garder son ban*, ne pas contrevenir à l'arrêt de son bannissement. — *Garder les arrêts*, *garder prison*, rester aux arrêts, en prison. — En t. de chasse, *ces chiens gardent le change*, ils ne prennent pas le change.—*Garder la chambre, garder le lit*, rester dans sa chambre, à cause du mauvais temps, d'une incommodité, ou pour faire quelque ouvrage qu'on ne saurait faire ailleurs ; rester dans son lit à cause d'une maladie. —*Garder un malade, garder une femme en couche*, c'est se tenir assidûment auprès d'eux pour les servir, pour leur donner les choses dont ils ont besoin.—Neutralement, veiller, prendre *garde* : *gardez, quand l'amusement du travail vous emporte, que lui cependant ne s'ennuie, sans oser vous le témoigner*. J. J. Rousseau. (*Émile.*) — GARDER, RETENIR. (*Syn.*) On *garde* ce qu'on ne veut pas donner ; on *retient* ce qu'on ne veut pas rendre.—Nous *gardons* notre bien, nous *retenons* celui d'autrui.—L'avare *garde* ses trésors. —Le débiteur *retient* l'argent de son créancier. L'honnête homme a de la peine à *garder* ce qu'il possède lorsque le fripon est autorisé à *retenir* ce qu'il a pris. — *se* GARDER, v. pron., se conserver.—Se défier de...—Se défendre, se préserver de... — *Se garder de*, avec l'infinitif, se donner de *garde* : *il se gardera bien de le faire*, il ne sera pas assez sot ou assez téméraire pour le faire.

GARDERIE, subst. fém. (*guarderi*), t. d'eaux et forêts, étendue de bois qui est sous la surveillance d'un *garde*.

GARDE-ROBE, subst. fém. (*guarderobe*), chambre destinée à renfermer des habits, le linge, les hardes de jour et de nuit, etc. — Tous les habits et autres hardes d'une *garde-robe*.—*Grand-maître de la garde-robe*, titre de celui qui avait soin de tout ce qui regardait les habits et le linge du roi : *officier, maître de la garde-robe ; valet de garde-robe*.—Lieu où l'on met la chaise percée : *aller à la garde-robe*, aller satisfaire ses nécessités naturelles.—T. de bot., sorte de cyprès. — Plante odoriférante qui tue les vers.—Au mas., tablier de toile que mettent quelques femmes pour conserver leurs vêtements.—Au plur., des *garde-robes*.

GARDE-RÔLES, subst. mas. (*guarderôle*), qui *garde* les *rôles* des offices, et en fait sceller les provisions.—Au plur., des *garde-rôles*.

GARDE-ROYALE, subst. fém. (*guarderoè-iale*), troupe d'élite formant la *garde* du roi ; elle avait remplacé la *garde-impériale*. — Au plur., des *gardes-royales*.—On appelait un soldat qui en faisait partie un *garde-royal*. — Au plur., des *gardes-royaux*.

GARDES, subst. mas. plur. (*guarde*), t. de vèn., ergots du sanglier. Voy. GARDE.

GARDE-SACS, subst. mas. (*guardeçake*), greffier *garde-sacs*, officier qui était chargé de *garder* les *sacs* des procès. — Au plur., des *garde-sacs*.

GARDE-SALLE, subst. mas. (*guardeçale*), t. d'escrime, prévôt de *salle* d'armes. — Au plur., des *garde-salles*.

GARDE-SCEL, subst. mas. (*guardeçèle*), celui qui *scelle* les expéditions, les arrêts, etc. — Au plur., des *garde-scel*.

GARDES-DES-MÉTIERS ou **MAÎTRES-GARDES**, subst. mas. plur. (*guardedémétié, mètreguarde*), anciennement ceux qui étaient choisis par les corps de métiers pour veiller au maintien des règlements et de leurs privilèges.

GARDE-TEMPS, subst. mas. (*guardetan*), instrument d'horl. ou de phys. propre à conserver l'indication du moment où une opération a été commencée et achevée. Il sert à marquer les longitudes de la mer. Voy. CHRONOMÈTRE. — Au plur., des *garde-temps*.

GARDE-SUISSE, subst. fém. (*guardeçuice*), régiment *suisse* de la *garde* du roi.—On appelait un soldat de ce régiment, un *garde-suisse*. — Au plur., des *gardes-suisses*.

GARDEUR, subst. mas., au fém. GARDEUSE

(*guardeur, deuze*), celui, celle qui *garde* : *gardeur de cochons, gardeuse de vaches.*

GARDEUSE, subst. fém. Voy. GARDEUR.

GARDE-VAISSELLE, subst. mas. (*guardevècèle*), celui à qui est confiée la *garde* de la *vaisselle* du roi.—Au plur., des *gardes-vaisselle.*

GARDE-VENTE, subst. mas. (*guardevante*), t. d'eaux et forêts, préposé à la *garde* d'une coupe de bois.—Au plur., des *gardes-vente.*

GARDE-VUE, subst. mas. (*guardevu*), visière garnie de taffetas ou de papier, qu'on se met devant les yeux, ou qu'on place sur une lampe pour garantir la vue de l'éclat de la lumière. — Au plur., des *garde-vue.*

GARDIATEUR, subst. mas. (*guardiateur*), officier d'un pouvoir très-étendu, qui fut institué à Lyon sous Philippe-le-Bel.

GARDIEN, subst. mas., GARDIENNE, subst. fém. (*guardiein, diène*), celui ou celle qui *garde*, qui a en dépôt.—Supérieur d'un couvent de religieux de Saint-François.—Il est aussi adj., qui protège, *ange gardien.* On appelle *ange gardien*, un ange que l'on croit attaché à la personne de chaque chrétien, pour la garantir du mal. On dit figurément à un protecteur, à un défenseur : *vous êtes mon ange gardien.* — *Gardien de scellé*, en t. de pratique, celui qui est commis à une *garde* de *scellé.*—On appelait autrefois *gardiens*, certains juges établis par le roi pour la manutention des priviléges accordés à certaines églises, villes et autres communautés. — Lettres de *garde-gardienne* se disait des lettres par lesquelles le roi accordait à certaines communautés, à certains particuliers, le privilége d'avoir leurs causes commises devant certains juges.—*Gardien noble*, celui qui avait la *garde-noble.*—En t. de marine, on appelle *gardien de la fosse aux lions*, un matelot qu'on met de *garde* en cet endroit, pour fournir ce qu'on demande pour le service du vaisseau ; et *matelots gardiens*, des matelots commis dans un port à la *garde* des vaisseaux, et pour veiller à la conservation des arcenaux de marine. —Voy. GARDE.

GARDIENNAGE, subst. mas. (*guardiènaje*), t. de mar., emploi de *gardien.* (*Boiste.*) Hors d'usage.

GARDIENNAT, subst. mas. (*guardiêna*), office de *gardien* d'un couvent; temps pendant lequel on est *gardien.* (*Boiste.*) Vieux et inusité.

GARDIENNE, subst. fém. Voy. GARDIEN.

GARDIENNERIE, subst. fém. (*guardièneri*), t. de mar., la sainte-barbe ou la chambre des marins-canonniers. (*Boiste.*) Hors d'usage.

GARDIER, subst. mas. (*guardié*), sujet au droit de *garde.* (*Boiste.*) Inusité.

GARDOIR, subst. mas. (*guardoar*), réservoir où l'on *garde* quelque chose. Vieux mot employé par *Montaigne.* (Boiste.)

GARDON, subst. mas. (*guardon*), petit poisson blanc d'eau douce.—Prov.: *être frais comme un gardon*, avoir de la fraîcheur et de la santé. Le peuple dit par corruption : *frais comme un cardon;* c'est une faute grossière. — Nom d'une rivière de France qui prend sa source dans les Cévennes et se jette dans le Rhône.

GARDOQUE, subst. fém. (*gardoke*), t. de bot., genre de plantes labiées.

GARDY, subst. mas. (*guardi*), t. de pêche, troisième chambre de la madrague.

GARE, impératif du verbe *se garer* (*gudre*); il se dit par manière d'interjection, pour avertir de se ranger, de se détourner, de prendre *garde* à soi : *gare, gare ! crier gare ; gare donc ! gare l'eau! gare la bombe!* — En t. de chasse, cri que doit pousser celui qui entend le cerf bondir de sa reposée.—*Gare* se dit aussi par forme d'avertissement et de menace. Ainsi on dit à un enfant : *gare le fouet*, pour l'avertir que, s'il ne prend *garde* à lui, il aura le fouet.—On dit, dans un sens analogue : *si vous faites cela, gare les conséquences ; la pièce ira bien jusque là, mais gare le dénouement.*— Fig. : *frapper sans dire gare*, frapper sans ménagement, sans avoir menacé auparavant. Toutes ces locutions sont familières.

GARE, subst. fém. (*gudre*), lieu préparé sur les rivières ou canaux pour mettre les bateaux en sûreté.

GARÉ, E, part. pass. de *garer.*

GARENNE, subst. fém. (*guarène*) (de l'allemand *warende*, lieu gardé et clos où l'on enferme des animaux, fait de *wehren*, munir, fortifier, défendre. *Trévoux*, d'après *Huet.*), lieu, bois peuplé de lapins.—Sorte de petit endroit où l'on a mis des lapins.

GARENNIER, subst. mas. (*guarènié*), celui qui a soin d'une *garenne.*

GARER, v. act. (*gudré*) (du lat. *ligare*, lier, attacher; on écrivait autrefois *garrer*) : *garer un bateau*, l'amarrer, l'attacher dans une *gare.* — *se* GARER, v. pron., se préserver, se défendre de quelqu'un ou de quelque chose. Il est familier et d'un usage peu étendu. Dans ce sens, c'est sans doute une corruption du mot *garder, se garder.*

GAREFUANA, subst. mas. (*guarefu-ana*), t. de bot., arbre du Brésil dont l'écorce donne une couleur jaune. C'est une espèce de mûrier.

GARFULH, subst. mas. (*guarefule*), t. d'hist. nat., espèce de pingouin du Danemark.

GARGALISME, subst. mas. (*guargualiceme*) (en grec γαργαλισμος, fait de γαργαλιζω, je chatouille), t. de médec., chatouillement.

GARGAMÈLE, subst. fém. (*guarguamèle*), gosier, gorge. Pop.

GARGANON, subst. mas. (*guarguanon*), t. de bot., nom donné par les Romains à une plante que l'on croit appartenir au tragion de Dioscoride.

GARGARE, subst. propre mas. (*guareguare*), myth., sommet du mont Ida, célèbre par le culte qu'on y rendait à Cybèle. C'était aussi, dans la Phrygie, le nom d'un bourg fameux par l'abondance des moissons, et celui d'un lac d'où sortaient les fleuves Scamandre et Simoïs.

GARGARIS, subst. propre mas. (*guarguarice*), myth., roi des Curètes, à qui on attribue la manière de préparer le miel.

GARGARISÉ, E, part. pass. de *gargariser.*

GARGARISER, v. act. (*guarguarizé*) (du grec γαργαριζω, dérivé de γαργαρεων, la luette; les Latins disaient également *gargarisare ;* et tous ces mots sont autant d'onomatopées), laver avec de l'eau ou toute autre liqueur, en la repoussant, pour ne pas l'avaler.—*se* GARGARISER, v. pron., se laver la gorge avec quelque liqueur, en l'attirant et la repoussant à plusieurs reprises.

GARGARISME, subst. mas. (*guarguariceme*), remède avec lequel on se *gargarise.*—Action de se *gargariser.*

GARGITIUS, subst. propre mas. (*guarjiciuce*), myth., chien monstrueux qui gardait les troupeaux de Géryon, et qui fut tué par Hercule.

GARGOTAGE, subst. mas. (*guarguotaje*), repas malpropre; viandes mal apprêtées.

GARGOTE, subst. fém. (*guarguote*) (en lat. *gurgustium*, qu'on trouve dans Cicéron), petit cabaret où l'on donne à manger à bas prix.—Par extension et par mépris, tout lieu où l'on mange malproprement.

GARGOTÉ, part. pass. de *gargoter.*

GARGOTER, v. neut. (*guarguoté*), hanter les *gargotes : il ne fait que gargoter.*—Boire et manger malproprement : *ils sont là à gargoter.*—*se* GARGOTER, v. pron.

GARGOTERIE, subst. fém. Voy. GARGOTAGE.

GARGOTIER, subst. mas., GARGOTIÈRE, subst. fém. (*guarguotié, tière*), celui, celle qui tient une *gargote.*—Méchant cabaretier, mauvais cuisinier : *c'est un vrai gargotier.*

GARGOTIÈRE, subst. fém. Voy. GARGOTIER.

GARGOUCHE, subst. fém. (*guarguouche*), sorte de papier gris, épais et commun, propre à faire des enveloppes.

GARGOUILLADE, subst. fém. (*guarguou-iade*), pas de danse consacré autrefois, dans les ballets, aux entrées des Vents, des démons et des Esprits de feu. Il se formait en faisant, du côté que l'on voulait, une demi-pirouette sur les deux pieds. Inusité aujourd'hui.

GARGOUILLE, subst. fém. (*guarguou-ie*) (du grec γοργυρα, canal par où l'eau s'écoule, égout, aqueduc, etc. (*Huet.*), gouttière de pierre.—Endroit d'une gouttière par où l'eau tombe, et qui est souvent orné d'une figure de dragon, de lion, etc.—En t. d'éperonnier, l'eau qui est au bout de la branche de l'embouchure.

GARGOUILLÉ, part. pass. de *gargouiller.*

GARGOUILLÉE, subst. fém. (*guarguou-ié*), chute d'eau d'une *gargouille.*

GARGOUILLEMENT, subst. mas. (*guarguou-ieman*), bruit de l'eau dans la gorge, l'estomac et les entrailles. Mot fait, ainsi que les deux suivants, par onomatopée.

GARGOUILLER, v. neut. (*guarguou-ié*), barboter dans l'eau. Fam.

GARGOUILLIS, subst. mas. (*guarguouie-i*), bruit de l'eau qui tombe d'une *gargouille.* Fam.

GARGOULETTE, subst. fém. (*guarguoulète*), t. de relat., vase dont on se sert dans les Indes pour rafraîchir l'eau.

GARGOUSSE, subst. fém. (*guarguouce*) (par corruption de *cartouche*), charge de poudre pour un canon, enveloppée de gros carton.

GARGOUSSIER, subst. mas. (*guarguoucié*), t. de mar., porte-*gargousse.*

GARGOUSSIÈRE, subst. fém. (*guarguoucière*), sorte de gibecière où l'on met de petites *gargousses.*

GARIDELLE, subst. fém. (*guaridèle*), t. de bot., plante ainsi nommée du docteur *Garidel*, professeur de médecine à Aix. Voy. NIELLE DES CHAMPS. —T. d'hist. nat., nom vulgaire d'un oiseau appelé plus ordinairement rouge-gorge. — Sorte de coquillage.

GARIEMENT, subst. mas. (*guariman*), vieux terme de coutume, employé pour *garantie.* Inusité.

GARIEUR, subst. mas., GARIEUSE, subst. fém. (*guarieur, rieuze*), t. de coutume, usité autrefois dans le sens de *garant.* Hors d'usage.

GARIEUSE, subst. fém. Voy. GARIEUR.

GARIGUE, subst. fém. (*guarigue*), lande, terre inculte. Terme usité encore dans quelques provinces.

GARIN, subst. mas. (*guarein*), t. d'hist. nat., espèce d'huître du Sénégal.

GARIQUE, subst. fém. (*guarike*), t. de bot., espèce de champignon qui croît en Arabie sur le pin blanc.

GARITES, subst. fém. plur. (*guarite*), t. de mar., pièces de bois plates et circulaires qui entourent la hune, et qui sont posées sur leur plat tout autour du fond.

GARLU, subst. mas. (*guarlu*), t. d'hist. nat., espèce de geai de Cayenne.

GARNEMENT, subst. mas. (*guarneman*) (de *garnir*, parce que, dit *Huet*, d'après *Sylvius*, etc., les gens de cette espèce ne servent que pour *garnir* et faire nombre), libertin, vaurien. Il se dit communément avec quelque épithète : *c'est un franc garnement, un mauvais garnement.*—Employé seul, il est moins expressif : *c'est un garnement; oh! quel garnement!* Il est familier.

GARNI, E, part. pass. de *garnir*, et adj. rempli, fourni des meubles nécessaires : *une chambre garnie*, ou même subst. au mas. : *un garni.*—*Hôtel garni*, et, dans le même sens, *maison garnie*, établissement public où les voyageurs, les étrangers, etc., trouvent des chambres *garnies* à louer, et qui est sous la surveillance de l'autorité. — On dit fam., *il est garni*, en parlant d'un homme qui, par poltronnerie, s'est muni d'un vêtement propre à le garantir des coups d'épée dans un combat singulier.—*La cour suffisamment garnie de pairs*, est une locution nouvelle pour exprimer que les pairs sont en nombre suffisant pour délibérer. — *Plaider la main garnie*, jouir pendant le procès de ce qui est en contestation. —En t. de blas., *une épée garnie*, celle dont la garde est d'un autre émail que l'épée. — On appelle encore subst. au mas. : *un garni*, un remplissage, une maçonnerie faite de moellons, de briques, de cailloux, etc., entre les carreaux et les boutisses d'un mur. — C'est aussi le nom qu'on donne à un ressort de cuivre qui soutient l'arc-boutant d'un parapluie et qui le fait ployer.

GARNIÈRE, subst. fém. (*guarnière*), t. de chasse ; on donne ce nom à une rigole creusée en terre, pour cacher les ustensiles d'un filet tendu, afin que le gibier ne puisse pas les apercevoir.

GARNIMENT, subst. mas. (*guarniman*), ce qui *garnit* quelque chose. (*Boiste.*) On dit mieux *garniture.*

GARNIR, v. act. (*guarnir*) (du latin barbare *warnire*, fait, dans le même sens, de l'allemand *warnen*, munir, fournir des choses nécessaires. *Wachter. Warnen* n'est plus usité en allemand que dans le sens d'avertir), pourvoir de tout ce qui est nécessaire. — Assortir, meubler, ajuster, ajouter un ornement, un accessoire : *garnir une robe de dentelles, un portrait de diamants, une chambre de tableaux, un chapeau de fleurs ; garnir une porte de bourrelets pour empêcher le vent d'y pénétrer; garnir un lit.*—*Garnir des bas*, y mettre un ruban, de la toile, etc., ou y passer en dedans du fil, de la laine, de la soie, afin de les renforcer. — *Garnir une tapisserie*, y mettre des bandes de toile qui la soutiennent.—*Garnir des chaises, des fauteuils, des canapés*, les rembourrer.—*Garnir un drap*, en faire sortir le poil au moyen des chardons.—*Garnir un chapeau*, y mettre une coiffe. — *Garnir une épée*, y mettre une garde. — En t. de fortification : *garnir une place de guerre*, la munir de tout ce qui est nécessaire pour la défendre. — T. d'imprimerie : *garnir une presse*, mettre des cales dans les mortaises des jumelles ; *garnir un tympan*, y mettre les blanchets nécessaires ; *garnir une forme*, y placer les bois de fond, de tête, etc.—*Garnir la chaudière*, mettre dessous assez de bois pour entretenir le feu.—*Garnir un four*, y mettre sécher le bois qui doit servir la fournée suivante. — *se* GARNIR, v. pron., se saisir : *il se garnit de ce qu'il trouve*.—Se prémunir : *il faut se garnir contre le froid*.

GARNISAIRE, subst. mas. (*guarnizère*), homme mis en *garnison* chez les contribuables en retard, pour les obliger à payer.

GARNISON, subst. fém. (*guarnizon*) (du verbe *garnir*), nombre de soldats mis dans une place pour la défendre, etc. On dit sans article, *laisser garnison*.—Lieu où l'on va en *garnison*.—*Ville de garnison*, où l'on met ordinairement des troupes en *garnison*.—On appelle fam. *mariage de garnison*, un mariage mal assorti.—Un ou plusieurs soldats envoyés dans une maison aux dépens du maître pour y garder des meubles saisis, etc.

GARNISSEUR, subst. mas. (*guarniceur*), celui qui *garnit* quelque chose. — En t. de chapelier, on donne ce nom à l'ouvrier qui dresse les chapeaux, les borde, et les *garnit* d'une coiffe.

GARNITURE, subst. fém. (*guarniture*), ce qui est mis pour *garnir*, pour compléter ou pour orner quelque chose. — En t. de distillateurs, le quart d'eau-de-vie faible ou seconde que les brûleurs d'eau-de-vie sont autorisés à laisser couler dans la distillation sur l'eau-de-vie forte.—Petits artifices dont on remplit les cartouches des grosses fusées, les pots à feu, les ballons, etc.—Dans les serrures, toutes pièces de fer qui doivent entrer dans les fentes, entailles ou dents faites au panneton de la clef.—En t. d'imprim., les bois de proportions, les lingots de fonte qui entourent les pages imposées dans un châssis. — Maçonnerie intérieure d'un poêle pour donner plus d'intensité à la chaleur. — Assortiment complet de quelque chose que ce soit : *garniture de dentelles, de boutons*, etc.—*Garniture de chambre*, la tapisserie, le lit, les chaises, les tables, etc., d'une chambre. — *Garniture de robe*, ce qui s'ajoute sur les bords du devant d'une robe pour l'enjoliver.—Se dit quelquefois de ce qui se met à une chose pour la renforcer, pour la rendre plus durable : *la garniture d'un chapeau; mettre une garniture à des bas*.— En t. de cuisine, accessoires qu'on ajoute à certains mets pour les orner : *une garniture de persil, de champignons*; *la garniture d'un vol-au-vent*.

GARO, subst. mas. (*guarô*), t. de bot., nom d'une espèce de plante du genre des aloès.

GAROCELLIEN, subst. propre mas. (*guarocèlliein*), nom d'un ancien peuple de la Savoie.

GAROCHOIR, subst. mas. (*guarochoar*), cordage dont les torons sont tordus dans le même sens que les fils.

GARONNE, subst. propre fém. (*guarone*), l'un des plus grands fleuves de France, qui a sa source dans les Pyrénées, traverse le Languedoc et la Guienne, et prend à Bourg-sur-Mer le nom de Gironde, qu'il conserve jusqu'à son embouchure ; elle donne son nom à un dép. de France (*la Haute-Garonne*), qui est formé d'une partie du Languedoc et de la Gascogne. Toulouse en est le chef-lieu.

GAROSMUM, subst. mas. (*guarocemome*), t. de bot., nom d'une espèce de plante chénopodée.

GAROT, subst. mas. (*guarô*), pièce d'un métier à tisser.

GAROU, subst. mas. (*guarou*), t. de bot., arbrisseau qui porte des baies rouges.—Nom générique de la lauréole. Ce genre renferme beaucoup d'espèces.

GAROU, adj. mas. (*guarou*). L'*Académie* en fait à tort un subst. mas. ; elle-même ne cite ce mot que dans l'expression *loup-garou*. Voy. LOUP-GAROU.

GAROUAGE, subst. mas. (*guarouaje*), partie de plaisir dans un mauvais lieu. Il est vieux et inusité.— L'*Académie* a conservé ce mot, dont bien certainement personne ne lui aurait reproché l'omission, comme celle de tant d'autres mots plus connus, plus utiles, et d'un usage général.

GAROUENNE, subst. fém. (*guarou-ène*), pièce de bois qui soutient une poulie.

GAROUP, subst. mas. (*guaroupe*), t. de bot., espèce d'olivier appelé aussi camelée.

GAROUTTE, subst. fém. (*guaroute*), t. de bot., espèce de lauréole.

GARRANIER, subst. mas. (*guaranié*), t. de bot., giroflée jaune bâtarde qui croît sur les murailles.

GARRIÈRE, subst. fém. Voy. CARRIÈRE, qui semble être le même mot.

GARROT, subst. mas. (*guarô*), en parlant d'un cheval, l'assemblage des os des épaules au bas de l'encolure.—Bâton court pour *garrotter* et serrer des nœuds de corde. — Dans une scie, morceau de bois passé dans la corde, qui sert à la faire tourner sur elle-même pour tendre et roidir la lame. — Fig. et fam., *être blessé sur le garrot*, avoir reçu quelque atteinte à sa réputation, à son crédit, etc. — T. d'histoire naturelle, espèce de canard.

GARROTTE, subst. fém. (*guarote*), supplice des nobles par strangulation, au moyen d'un tourniquet, d'un *garrot*, en Espagne et en Portugal.— On dit aussi *le garrot*.

GARROTTÉ, E, part. pass. de *garrotter*.

GARROTTER, v. act. (*guaroté*) (du lat. *ligare*, lier, attacher), lier, attacher fortement.—Fig. et fam., lier quelqu'un par des actes qui l'empêchent de manquer à ses engagements, de dissiper son bien, etc.—*se* GARROTTER, v. pron.

GARROTTILLE, subst. fém. (*guaroti-ie*) (du mot *garrotte*, genre de supplice), t. de médec., espèce d'angine inflammatoire.

GARROUN, subst. mas. (*guareroune*), t. de chasse, nom qu'on donne au vieux mâle de la perdrix.

GARRUGA, subst. mas. (*guarerugua*), t. de bot., arbre de l'Inde qui forme un genre dans la décandrie monogynie.—T. d'hist. nat., sorte de petit coquillage.

GARRULITÉ, subst. fém. (*guarerulité*) (du latin *garrulitas*, babil), bavardage, babillage ; défaut du bavard. Peu usité.

GARS, subst. mas. (*guar*), vieux mot qui signifiait pupille ; jeune homme de quatorze ans et au-dessous. Les gens du peuple l'emploient quelquefois familièrement pour *garçon*. Dans quelques provinces on dit et l'on écrit *gas : mon gas*, sans faire sonner *s*.

GARUM, subst. mas. (*guârome*) (en lat. *garum*, fait dans le même sens du grec γαρον), chez les anciens, saumure très-précieuse sur la composition de laquelle les auteurs ne sont point d'accord.— Chez nous, la saumure dans laquelle on conserve le poisson.

GARUMNIEN, subst. propre mas. (*guaromeniein*), t. de géog. anc., ancien peuple des bords de la Garonne.

GARUNILLE, subst. fém. (*guâruni-ie*), sorte de drogue pour teindre en jaune.

GARUS, subst. mas. (*guâruce*), t. d'hist. nat., espèce de poisson.—T. de pharm. : *élixir de Garus*, liqueur spiritueuse dans laquelle *Garus*, son inventeur, fait entrer de la myrrhe, de l'aloès, de la cannelle et autres aromates, et dont on fait usage dans certaines affections de l'estomac.

GARVANCE, subst. fém. (*guarvance*) (de l'espagnol *garbanço*, qui a la même signification), t. de bot., nom qu'on a donné à une espèce de pois chiche très-commun et d'une qualité supérieure en Espagne, où l'on en fait une grande consommation. On dit aussi *garbance*.

GARZETTE, subst. fém. (*guarzète*) (de l'espagnol *garzeta*, diminutif de *garza*, garcette), t. d'hist. nat., héron blanc qu'on nomme aussi *jarcette*.

GAS, subst. mas. (*guâ*). Voy. GARS.

GASCOGNE, subst. propre fém. (*guacekognie*), ancienne province de France qui comprend aujourd'hui les départements des Hautes-Pyrénées, du Gers, des Landes, ainsi qu'une partie de ceux des Basses-Pyrénées, de la Haute-Garonne et du Lot-et-Garonne.

GASCON, subst. et adj. mas., au fém. GASCONNE (*guacekon, kone*), qui est de la *Gascogne*.—Prov., fanfaron, hâbleur, etc.—Adj. : *avoir l'esprit gascon, l'humeur gasconne*.

GASCONISME, subst. mas. (*guacekoniceme*), façon de parler *gasconne*.

GASCONNADE, subst. fém. (*gacekonade*), fanfaronnade, vanterie outrée.

GASCONNÉ, part. pass. de *gasconner*.

GASCONNER, v. neut. (*guacekoné*), dire une *gasconnade*.—Il signifie aussi parler avec la prononciation *gasconne*; et, pour donner un exemple, les *Gascons* prononcent le mot *gascon* : *gua-ce-kon*, au lieu de *guace-kon*, qu'il faut dire.

GASFOTS, subst. mas. plur. (*guacefô*), petits crocs de fer qui servent à ramasser et tirer d'entre les roches des crabes, des homards et même des congres.

GASIDIES, subst. fém. plur. (*guazidi*), peuplades superstitieuses de la Perse.

GASOUL, subst. mas. (*guazoule*), t. de bot., genre de plantes ficoïdes.

GASPAROT, subst. mas. (*guaceparô*), t. d'hist. nat., espèce de poisson.

GASPILLAGE, subst. mas. (*guacepi-iaje*), action de *gaspiller* : chose *gaspillée*.— *Quel gaspillage ! il y a du gaspillage dans cette maison*. Fam.

GASPILLÉ, E, part. pass. de *gaspiller*.

GASPILLER, v. act. (*guacepi-ié*) (de l'allemand *verspielen*, qui signifie proprement perdre au jeu, et par extension, prodiguer, dépenser mal à propos), dissiper son bien par des dépenses inutiles. —Familièrement : *gaspiller des hardes, gaspiller du linge, gaspiller du fruit*, les laisser gâter faute de soin. — *Gaspiller son temps*, mal employer, perdre son temps. Fam.—GASPILLER, DISSIPER, DILAPIDER. (*Syn.*) Celui qui répand de tous côtés en dépenses désordonnées ce qu'il a, son argent, ses revenus, son bien, *dissipe*; celui qui dépense les fonds avec les revenus d'une belle fortune, qui la démolit, et en disperse les matériaux et les ruines, *dilapide* ; celui qui, par une mauvaise administration, laisse gâter, perdre, *piller*, emporter son bien en dégâts et en fausses dépenses, *gaspille*. — *se* GASPILLER, v. pron. : *la plus belle fortune du monde peut se gaspiller en un clin-d'œil*.

GASPILLEUR, subst. mas., au fém. GASPILLEUSE, subst. fém. (*gacepi-ieur, ieuze*), celui, celle qui *gaspille*.

GASPILLEUSE, subst. fém. Voy. GASPILLEUR.

GASSEFAT, subst. mas. (*guacefa*) ; on donne ce nom aux vaisseaux persans qui naviguent dans la mer des Indes.

GASSENDISME, subst. mas. (*guaceçandiceme*), système de *Gassendi*.

GASSENDISTE, subst. des deux genres (*guaceçandicete*), partisan du système de *Gassendi*.

GASTADOUR, subst. mas. (*guacetadour*) (de l'espagnol *gastador*, qui a la même signification), pionnier qui entretient les chemins.

GASTER, subst. mas. (*guacetère*) (en grec γαστηρ, ventre), t. de médec., le bas-ventre, et quelquefois l'estomac.

GASTÉRALGIE, subst. fém. (*guacetéralji*) (du grec γαστηρ, ventre, et αλγος, douleur), t. de médec., inflammation du ventre ou de l'estomac.—On dit aussi *gastralgie*. L'*Académie* ne donne même que ce dernier ; mais elle ne dit ni *gastéralgique* ni *gastralgique*.

GASTÉRALGIQUE, adj. des deux genres (*guacetéraljike*), qui concerne la *gastéralgie*.

GASTÉRANAX, subst. masc. (*guastéranakce*), t. de médec., se disait autrefois pour désigner la faculté digestive et nutritive de l'estomac.

GASTÉRANGIEN-PHRAXIS, subst. mas. (*guacetéranjieinfrakcice*) (du grec γαστηρ, ventre, αγχω, j'étrangle, et εμφρασσω, j'obstrue), t. de médec., obstruction du pylore.

GASTÉROMYCE, subst. mas. (*guacetéromice*) (du grec γαστηρ, ventre, et du latin *muscus*, mousse), t. de bot., genre de plantes rampantes, espèce de mousse.

GASTÉROPLÈQUE, subst. mas. (*guacetéroplèke*), t. d'hist. nat., genre de poissons d'Amérique qui ont le ventre tranchant et qu'on nomme aussi *sternicles*.

GASTÉROPODE, subst. mas. et adj. des deux genres (*guacetéropode*) (du grec γαστηρ, ventre, et πους, gén. ποδος, pied ; *qui a les pieds au ventre*), t. d'hist. nat., genre de mollusques qui ont la tête libre, et qui rampent sur la partie inférieure du *ventre*.

GASTÉROSTÉ, subst. mas. (*guacetérocecté*) (du grec γαστηρ, ventre, et de οστεον, os : *qui a le ventre osseux*), t. d'hist. nat., genre de poissons osseux, holobranches, qui ont une pièce osseuse entre les deux nageoires inférieures.

GASTINE, subst. fém. (*guacetine*), vieux mot qui signifie désert, solitude. Voy. GATINE.

GASTIS, subst. mas. (*guâti*), t. de coutume, dévastation. Inusité aujourd'hui.

GASTON, subst. mas. (*guaceton*), t. de bot., arbre de la famille des araliacées, et dont l'écorce est spongieuse, ce qui lui a fait donner le nom de *bois d'éponge*.

GASTORKIS, subst. mas. (*guacetorki*), t. de bot., espèce de plante assez semblable au limodore.

GASTRALGIE, subst. fém. (*guacetralji*). Voy. GASTÉRALGIE.

GASTRÉ, subst. mas. (*guacetré*), t. d'hist. nat., genre de poissons auquel le *gastérosté* a servi de type. Voy. GASTÉROSTÉ.

GASTRICISME, subst. mas. (*guacetriciceme*), t. de médec., se dit des affections *gastriques*, et de la théorie médicale qui s'y rattache.

GASTRICITÉ, subst. fém. (*guacetricité*), t. de médec., embarras *gastrique*.

GASTRILOQUE, subst. et adj. des deux genres (*guacetriloke*) (du grec γαστηρ, ventre, et du lat. *loqui*, parler), celui qui parle de manière que la voix semble se faire entendre dans le ventre, et en sortir. On dit aussi et mieux *ventriloque*. Voy. ce mot.

GASTRIQUE, adj. des deux genres (*guacetrike*) (du grec γαστηρ, ventre, estomac), t. d'anat.; on appelle *artères gastriques*, les artères de l'estomac. Dans ce sens, on l'emploie subst. au fém.: *la gastrique inférieure, la gastrique supérieure*. —*Suc gastrique*, suc léger, écumeux et salin, qui découle des glandes de l'estomac, pour servir à la digestion.

GASTRITE, subst. fém. (*guacetrite*) (du grec γαστηρ, ventre, estomac), t. de médec., inflammation de l'estomac. On dit aussi *gastritis*.

GASTRITIS, subst. fém. (*guacetritice*). Voy. GASTRITE.

GASTRO-ADYNAMIQUE, adj. des deux genres (*guacetrô-adinamike*), t. de médec., qui a rapport à l'estomac et à l'*adynamie*.

GASTRO-ARACHNOÏDITE, subst. fém. (*guacetrô-arakno-idite*), t. de médec., inflammation de l'estomac et de l'*arachnoïdite*.

GASTRO-ARTHRITE, subst. fém. (*guacetro-artrite*), t. de médec., nom donné à la goutte par quelques médecins.

GASTRO-ATAXIQUE, adj. des deux genres (*guacetrô-ataksike*), t. de médec., qui appartient à l'estomac et à l'*ataxie*.

GASTROBRANCHE, subst. mas. (*guacetrôbranche*) (du grec γαστηρ, ventre, et βραγχια, branchies, ouïes : *parce que les ouvertures des ouïes de cette espèce de poissons sont situées sous le ventre*), t. d'hist. nat., genre de poissons cartilagineux de la famille des cyclostomes, qui ont le corps cylindrique, nu et visqueux.

GASTRO-BRONCHIQUE, adj. des deux genres (*guacetrôbronchike*), t. de médec., qui appartient à la *gastro-bronchite*.

GASTRO-BRONCHITE, subst. fém. (*guacetrô-bronchite*), t. de médec., inflammation de l'estomac et des *bronches*.

GASTROBROSIE, subst. fém. (*guacetrôbrozi*) (du grec γαστηρ, estomac, et βρωσκω, je ronge), t. de médec., perforation de l'estomac.

GASTRO-CARDIAQUE, adj. des deux genres (*guacetrôkardiake*), t. de médec., qui concerne la *gastro-cardite*.

GASTRO-CARDITE, subst. fém. (*guacetrôkardite*), t. de médec., inflammation de l'estomac, compliquée d'une irritation du cœur.

GASTROCÈLE, subst. fém. (*guacetrocèle*) (du grec γαστηρ, ventre, et κηλη, tumeur), t. de médec., hernie de l'estomac.

GASTRO-CÉPHALITE, subst. fém. (*guacetrô-céfalite*) (du grec γαστηρ, ventre, et κεφαλη, tête), t. de médec., inflammation de l'estomac accompagnée de douleurs de tête.

GASTROCHÈNE, subst. fém. (*guacetrôchène*), t. d'hist. nat., genre de coquilles univalves, dont les animaux vivent dans l'intérieur des madrépores, qu'ils perforent, et dont ils font sortir leur double tube pour la respiration et la nourriture.

GASTRO-CHOLÉCYSTIQUE, adj. des deux genres (*guacetrôkolécicetike*), t. de médec., qui concerne la *gastro-cholécystite*.

GASTRO-CHOLÉCYSTITE, subst. fém. (*guacetrôkolécicetite*), t. de médec., inflammation de l'estomac et de la vésicule biliaire.

GASTROCNÉMIE, subst. fém. (*guacetrôknémi*), myth., pays imaginaire où les enfants sont conçus et portés dans la jambe.

GASTROCNÉMIENS, subst. mas. plur. (*guacetroknémiein*) (du grec γαστηρ, ventre, et κνημη, jambe), t. d'anat., muscles jumeaux qui, placés au-dessous du jarret, forment le gras et comme le ventre de la jambe.

GASTRO-COLIQUE, adj. des deux genres (*guacetrôkolike*) (du grec γαστηρ, ventre, et κωλον, le colon), t. d'anat., qui appartient à l'estomac et à l'intestin *colon*. — Qui concerne la *gastro-colite*.

GASTRO-COLITE, subst. fém. (*guacetrôkolite*) (du grec γαστηρ, ventre, et κωλον, le colon), t. de médec., inflammation de l'estomac et de l'intestin *colon*.

GASTRO-CYSTIQUE, adj. des deux genres (*guacetrôcicetike*), t. de médec., qui appartient à la *gastro-cystite*.

GASTRO-CYSTITE, subst. fém. (*guacetrôcicetite*), t. de médec., inflammation de l'estomac et de la vessie.

GASTRO-DERMIQUE, adj. des deux genres (*guacetrôdèremike*), t. de médec., qui appartient à la *gastro-dermite*.

GASTRO-DERMITE, subst. fém. (*guacetrodèremite*), t. de médec., inflammation de l'estomac et de la peau.

GASTRODIE, subst. fém. (*guacetrodi*), t. de bot., genre de plantes orchidées.

GASTRO-DUODÉNAL, E, adj. (*guacetrôdu-odénale*), t. d'anat., qui appartient à l'estomac et au *duodénum*. — Au plur. mas., *gastro-duodénaux*.

GASTRO-DUODÉNITE, subst. fém. (*guacetrô-du-odénite*), t. de médec., inflammation de l'estomac et du *duodénum*.

GASTRO-DUODÉNO-CHOLÉCYSTITE, subst. fém. (*guacetrôdu-odénokôlécicetite*), t. de médec., inflammation de l'estomac compliquée de celle du *duodénum* et de la vésicule biliaire.

GASTRODYNIE, subst. fém. (*guacetrôdini*) (du grec γαστηρ, ventre, et οδυνη, douleur), t. de médec., colique ou douleur de l'estomac.

GASTRO-ENCÉPHALIQUE, adj. des deux genres (*guacetrô-ancéfalike*), t. de médec., qui appartient à la *gastro-encéphalite*.

GASTRO-ENCÉPHALITE, subst. fém. (*guacetrô-ancéfalite*), t. de médec., inflammation de l'estomac et du cerveau.

GASTRO-ENTÉRITE, subst. fém. (*guacetrô-antérite*), t. de médec., inflammation de l'estomac et des intestins.

GASTRO ENTÉROCOLITE, subst. fém. (*guacetrô-antérokolite*), t. de médec., inflammation de l'estomac, de l'intestin grêle et du gros intestin.

GASTRO ENTÉRO-MÉNINGITE, subst. fém. (*guacetrô antéroméneinjite*), t. de médec., inflammation de l'estomac, des intestins et des méninges encéphaliques.

GASTRO ÉPIPLOÏQUE, adj. des deux genres (*guacetrô-épiplo-ike*) (du grec γαστηρ, ventre, et επιπλοον, l'épiploon), t. d'anat.; il se dit des veines et des artères qui se distribuent dans l'*estomac* et dans l'*épiploon*.

GASTRO-ÉPIPLOÏTE, subst. fém. (*guacetrô-épiplo-ite*), t. de médec., inflammation de l'estomac et de l'*épiploon*.

GASTRO HÉPATIQUE, adj. des deux genres (*guacetrô-épatike*) (du grec γαστηρ, ventre, et du lat. *hepaticus*, qui concerne le foie, fait de ηπαρ, foie), t. d'anat., qui appartient à l'estomac et au foie.—Qui concerne la *gastro-hépatite*.

GASTRO-HÉPATITE, subst. fém. (*guacetrô-épatite*), t. de médec., inflammation de l'estomac et du foie.

GASTRO-HYSTÉROTOMIE, subst. fém. (*guacetrô-icetérotomi*), t. de chir., opération césarienne par les parois abdominales.

GASTRO-HYSTÉROTOMIQUE, adj. des deux genres (*guacetrô-icetérotomike*), t. de chir., se dit de ce qui a rapport à la *gastro-hystérotomie*.

GASTRO-INFLAMMATOIRE, adj. des deux genres (*guacetrô-einflamatoare*), t. de médec., se dit d'une fièvre *gastrique* compliquée d'*inflammation*.

GASTRO-INTESTINAL, E, adj. (*guacetrô-eintècetinale*), t. de médec., se dit d'une maladie causée par un embarras dans l'estomac et les *intestins*.

GASTRO-LARYNGITE, subst. fém. (*guacetrô-lareinjite*), t. de médec., maladie de l'estomac et du *larynx*.

GASTROLÂTRE, subst. et adj. des deux genres (*guacetrolâtre*) (du grec γαστηρ, ventre, et λατρης ou λατρις, esclave), gourmand, glouton; celui qui fait un dieu de son ventre. Voy. GASTROMANE.

GASTROLÂTRIE, subst. fém. (*guacetrolâtri*), passion pour la bonne chère. Voy. GASTROMANIE.

GASTROLOGIE, subst. fém. (*guacetroloji*) (du grec γαστηρ, ventre, et λογος, discours, traité), traité, livre, discours sur la cuisine. (*La Motte Levayer.*)

GASTROMANCIE, subst. fém. (*guacetromanci*) (du grec γαστηρ, ventre, et μαντεια, divination), divination dont il y avait deux espèces. Dans l'une on plaçait entre plusieurs flambeaux allumés des vases de verre ronds, à large panse et pleins d'eau claire : un jeune garçon ou une jeune femme grosse voyait, disait-on, la réponse aux questions proposées, dans les images tracées par la réfraction de la lumière dans le verre. Dans la seconde, un devin *ventriloque* répondait sans remuer les lèvres; en sorte que l'on croyait entendre une voix aérienne.

GASTROMANCIEN, subst. mas., au fém. **GASTROMANCIENNE** (*guacetromanciein, ciène*), qui exerce la *gastromancie*.

GASTROMANCIENNE, subst. fém. Voy. GASTROMANCIEN.

GASTROMANE, subst. et adj. des deux genres (*guacetromane*), qui a rapport à la *gastromanie*.

GASTROMANIE, subst. fém. (*guacetromani*) (du grec γαστηρ, ventre, et μανια, manie), passion pour la bonne chère.

GASTRO-MÉNINGINITE, subst. fém. (*guacetroméneinjinite*), t. de médec., inflammation de l'estomac et de la *méningine* du cerveau.

GASTRO-MÉTRIQUE, adj. des deux genres (*guacetrômétrike*), t. de médec., qui appartient à la *gastro-métrite*.

GASTRO-MÉTRITE, subst. fém. (*guacetrômétrite*), t. de médec., inflammation de l'estomac et de la matrice.

GASTRO-MUQUEUX, MUQUEUSE, adj. (*guacetrô-mukieu, kieuze*), t. de médec., se dit des fièvres dans lesquelles l'irritation de l'estomac est accompagnée d'une sécrétion *muqueuse*.

GASTRO-NÉPHRITE, subst. fém. (*guacetrô-néfrite*), t. de médec., maladie de l'estomac compliquée d'une inflammation des reins.

GASTRO-NÉPHRITIQUE, adj. des deux genres (*guacetrônéfritike*), t. de médec., qui appartient à la *gastro-néphrite*.

GASTRONOME, subst. mas. (*guacetronome*), celui qui est habile dans l'art de faire bonne chère, qui aime les bons morceaux et les connaît.

GASTRONOMIE, subst. fém. (*guacetronomi*), (du grec γαστηρ, ventre, et νομος, loi, règle), art de faire bonne chère.—C'est le titre d'un poème charmant de *Berchoux* sur les plaisirs de la table.

GASTRONOMIQUE, adj. des deux genres (*guacetrônomike*), de la *gastronomie*.

GASTRO-PACHA, subst. mas. (*guacetropacha*), t. d'hist. nat., genre d'insectes lépidoptères nocturnes, dont les palpes s'avancent en forme de bec, et dont les ailes sont dentelées, telles que plusieurs bombyx.

GASTRO-PÉRICARDITE, subst. fém. (*guacetrôpérikardite*), t. de médec., inflammation de l'estomac et du *péritoine*.

GASTRO-PHARYNGITE, subst. fém. (*guacetrôfareinjite*), t. de médec., inflammation de l'estomac et du *pharynx*.

GASTRO-PHRÉNIQUE, adj. des deux genres (*guacetrôfrénike*), t. d'anat., qui appartient à l'estomac et au diaphragme.

GASTRO-PLEURÉSIE, subst. fém. (*guacetrôpleurézi*), t. de médec., maladie de l'estomac compliquée d'une inflammation de la plèvre.

GASTRO-PLEURÉTIQUE, adj. des deux genres (*guacetrôpleurétike*), t. de médec., qui concerne la *gastro-pleurésie*.

GASTRO-PNEUMONIE, subst. fém. (*guacetrôpneumoni*), t. de médec., inflammation de l'estomac et du *poumon*.

GASTRO-PNEUMONIQUE, adj. des deux genres (*guacetropneumonike*), t. de médec., qui appartient à la *gastro-pneumonie*.

GASTRO-PYLORIQUE, adj. des deux genres (*guacetrôpilorike*), t. de médec., se dit de l'artère du *pylore*.

GASTRORAPHIE, subst. fém. (*guacetrôrafi*) (du grec γαστηρ, ventre, et ραφη, suture, couture, dérivé de ραπτω, je couds), t. de chir., suture pour réunir les plaies du bas-ventre.

GASTRORAPHIQUE, adj. des deux genres (*guacetrôrafike*), t. de médec., qui appartient à la *gastroraphie*.

GASTRORRHAGIE, subst. fém. (*guacetrôraji*) (du grec γαστηρ, ventre, et ρηγνυω, je romps), t. de médec., expansion du sang à la surface interne de l'estomac.

GASTRORRHAGIQUE, adj. des deux genres (*guacetrôrajike*), t. de médec., qui appartient à la *gastrorrhagie*.

GASTRORRHÉE, subst. fém. (*guacetrôré*) (du grec γαστηρ, ventre, et ρεω, je coule), t. de médec., vomissement muqueux chronique.

GASTRORRHÉIQUE, adj. des deux genres (*guacetrôré-ike*), t. de médec., qui concerne la *gastrorrhée*.

GASTROSE, subst. fém. (*guacetrôze*), t. de médec., affection de l'abdomen.

GASTRO-SPLÉNIE, subst. fém. (*guacetrôceplèni*) (du grec γαστηρ, ventre, et σπλην, rate), t. de médec., inflammation de l'estomac et de la rate.

GASTRO-SPLÉNIQUE, adj. des deux genres (*guacetrôceplénike*), t. de médec., qui appartient à l'estomac et à la rate.

GASTRO-THORACIQUE, adj. des deux genres (*guacetrôtoracike*) (du grec γαστηρ, ventre, et θωραξ, mot qui désigne la capacité de la poitrine), t. de médec., se dit de la partie inférieure du muscle peaucier.

GASTROTOMIE, subst. fém. (*guacetrôtomi*) (du grec γαστηρ, ventre, et τεμνω, je coupe), t. de chirurgie, incision faite dans la cavité du ventre.

GASTROTOMIQUE, adj. des deux genres (*guacetrôtomike*), t. de chir., qui appartient à la *gastrotomie*.

GASTROTUBOTOMIE, subst. fém. (*guacetrôtubotomi*), t. de chir., opération qui consiste dans l'extraction du fœtus lorsqu'il occupe les trompes et les ovaires.

GASTROTUBOTOMIQUE, adj. des deux genres (*guacetrôtubotomike*), t. de chir., qui appartient à la *gastrotubotomie*.

GASTRO-URÉTHRITE, subst. fém. (*guacetrô-urétrite*) (du grec γαστηρ, ventre, et ουρηθρα, urèthre), t. de médec., inflammation de l'*urèthre* et de l'estomac.

GASTRO-URÉTHRITIQUE, adj. des deux genres (*guacetrô-urétritike*), t. de médec., qui concerne la *gastro-uréthrite*.

GAT, subst. mas. (*guate*), en t. de mar., on appelle ainsi un grand escalier qui conduit d'un quai à la mer.

GATAN, subst. mas. (*guatan*), t. d'hist. nat., espèce de poisson du genre des solens.—Sorte de coquillage.

GÂTÉ, E, part. pass. de *gâter*, et adj.: *enfant gâté*, pour qui l'on a trop d'indulgence. — *Femme gâtée, fille gâtée*, qui a quelque mal vénérien.

GÂTEAU, subst. mas. (*guâtô*) (suivant les uns, du lat. barbare *pastellum*, diminutif de *pasta*, pâte; suivant les autres, du mot non moins barbare *vastellum*, dim. de *vastus*, grand, étendu, à cause de la grandeur des premiers *gâteaux* qu'on a faits, qui étaient les *gâteaux* des Rois, par comparaison aux pains ordinaires), espèce de pâtisserie ordinairement plate et ronde, faite avec de la farine et des œufs. —Morceau de cire plein de petits trous hexagones que les abeilles construisent et remplissent de miel.—En t. de chir., *gâteau* se dit d'un petit matelas fait avec de la charpie, pour couvrir la plaie du moignon dans les pansements, après l'amputation des membres.—En physique, grosse masse de résine, de poix ou autre matière semblable, pour isoler les corps qu'on veut électriser par communication.—Placenta. Voy. ce mot.—En t. de fondeur, les portions de métal qui se figent dans le fourneau, après avoir été fondues. — Prov. et fig. : *avoir part au gâteau, partager le gâteau*, avoir part à quelque affaire utile. — *Trouver la fève au gâteau*, faire une bonne découverte, une heureuse rencontre. — Au plur., *gâteaux*, morceaux de cire ou de terre aplanis, dont les sculpteurs remplissent les creux et les pièces d'un moule où ils veulent mouler les figures.—On appelle *gâteau de caillé*, le caillé égoutté, et qui a pris quelque consistance avant que d'être employé à faire le fromage.—En terme d'histoire naturelle, on appelle *gâteau feuilleté*, une coquille du genre des cames. On a donné le nom de *gâteaux* à certains oursins, et celui de *gâteau de miel* à une division établie parmi les oursins. — T. de bot., *gâteaux de loup*, espèce de champignons du genre des bolets.

GÂTE-BOIS, subst. mas. (*guâteboâ*), mauvais menuisier.—T. d'hist. nat., genre d'insectes. — Au plur., des *gâte-bois*.

GÂTE-ENFANT, subst. des deux genres (*guâtanfan*), qui a trop d'indulgence pour les enfants, qui les *gâte*. Il est populaire. — Au plur., des *gâte-enfants*.

GÂTE-MÉNAGE, subst. mas. (*guâteménaje*), celui ou celle qui met le trouble dans un *ménage*. On dit aussi, dans ce sens, *trouble-ménage*. — Au plur., des *gâte-ménages*.

GÂTE-MÉTIER, subst. mas. (*guâtemétié*), celui qui donne sa peine ou sa marchandise à trop bon marché, et diminue le profit de son métier. Fam. —Au plur., des *gâte-métier*.

GÂTE-PAPIER, subst. mas. (*guâtepapié*), mauvais auteur. On s'en sert en plaisantant. — Au plur., des *gâte-papier*.

GÂTE-PÂTE, subst. mas. (*guâtepâte*), mauvais pâtissier. Il est familier.—Au plur., des *gâte-pâte*.

GÂTER, v. act. (*guâté*) (du lat. *vastare*, ravager, détruire, dont on a fait d'abord *guastare*, en y préposant un *g* et changeant *v* en *u*, ensuite *guaster* et successivement *gaster* et *gâter*), endommager, mettre en mauvais état : *la pluie a gâté les chemins; cet homme gâte tout ce qu'il touche; le tailleur a gâté mon habit; je venais d'arranger vos affaires, votre présence a tout gâté.* —Figurément : *l'âge lui a gâté la main*, se dit d'un écrivain, d'un chirurgien, d'un artiste, d'un ouvrier dont l'âge a rendu la main moins légère, moins sûre. — On dit aussi fig. et fam. : *se gâter la main*, c'est-à-dire s'habituer, par des travaux peu soignés, à négliger les règles et les délicatesses de l'art.— Salir, tacher. — Être trop indulgent, traiter avec une condescendance excessive : *gâter un enfant, un domestique.*—Corrompre.—*Gâter une affaire*, la perdre par imprudence ou par négligence.—Fam. : *gâter le métier*, faire trop bon marché de sa peine ou de sa marchandise. — Fig. et fam. : *gâter bien du papier*, écrire beaucoup et mal, ou des choses inutiles.—*Gâter quelqu'un dans l'esprit d'un autre*, le desservir, nuire à sa réputation, etc.—*se GÂTER*, v. pron., se corrompre, perdre ses bonnes qualités, au moral ou au physique : *cette viande commence à se gâter; ce jeune homme se gâtera promptement, s'il continue à fréquenter de pareilles sociétés.*

GÂTEUR, subst. mas. (*guâteur*), mauvais auteur. (*Boiste.*) Il est inusité.

GÂTINE, subst. fém. (*guâtine*), lande, terre inculte. On disait aussi autrefois *gastine*. — Minerai qui se trouve dans les mines de fer. (*Trévoux.*)

GÂTINAIS, subst. mas. (*guâtiné*) (en lat. *vastinium*, fait de *wastinensis*, dérivé de *wastina*, t. de basse latinité, qui signifiait terre inculte et déserte), ancienne province de France, dont Montargis était la capitale, aujourd'hui divisée entre quatre départements.

GÂTONS, subst. mas. plur. (*guâton*), t. de cordier, leviers garnis d'une cordé pour tordre les cordages.

GATTAIR, subst. mas. (*guâtère*), t. d'hist. nat., nom donné à une espèce de sarcelle d'Afrique.

GATTE, subst. mas. (*guate*), t. de mar., retranchement que l'on fait en entre-pont, quelques pieds en arrière des écubiers, par une cloison transversale, forte, et bien calfatée. — T. d'hist. nat., poisson du genre clupé, assez semblable à la feinte.

GATTILIER, subst. mas. (*guâtilié*), t. de bot., genre de plantes dont plusieurs sont des arbrisseaux indigènes ou exotiques.

GATTORUGINE, subst. fém. (*guâtorujine*), t. d'hist. nat., poisson du genre blennie.

GAU, subst. mas. (*guô*), t. de pêcheur, estomac de la morue; on le nomme aussi *meulette*.

GAUCHE, subst. fém. (*guôche*), le côté *gauche* : *il prit la gauche.* — La main *gauche*.—Dans les assemblées délibérantes on le dit collect. des membres qui siègent à *gauche* : *la gauche a voté avec la droite contre le projet de loi.*

GAUCHE, adj. des deux genres (*guôche*) (selon *Borel*, du vieux mot français *guencher*, se détourner, éviter, tourner; ce qui arrive, dit-il, quand on *gauchit*, quand on tourne à *gauche*. Suivant *Guichard*, du grec γαυσος, tortu, oblique), qui est opposé à *droit* : *le côté gauche, le pied gauche, la main gauche.*—On dit fig. : *quand on fait l'aumône, il ne faut pas que la main gauche sache ce que fait la droite;* et dans un sens plus restreint : *que votre main gauche ne sache pas ce que fait votre droite*, évitez l'ostentation, l'éclat dans vos bonnes œuvres, dans ce que vous faites.—En parlant d'une rivière, relativement au côté *gauche* de celui qui en suivrait le cours : *la rive gauche de la Seine.*—Il se dit aussi de la partie, de l'extrémité d'un objet qui répond au côté *gauche* des personnes placées en face : *la partie gauche d'un tableau.* — On le dit encore de la partie d'une assemblée délibérante qui répond au côté *gauche* du président : *il siège au côté gauche*, ou absolument, à *gauche*. — On dit par extension : *cheval qui galope sur le pied gauche; l'aile gauche d'un bâtiment*, etc. — *Gauche* se dit de l'air et des manières, et signifie, gêné, contraint, sans grâce, maladroit : *un air gauche; des manières gauches; ce grand garçon-là est bien gauche; il est gauche à tout ce qu'il fait; on ne ricane point orgueilleusement de leur air gauche.* (J.-J. Rousseau.)—Fig., mal fait, mal tourné, ridicule. — *Planche, pièce de bois gauche*, dont tous les points ne sont pas dans le même plan. — En t. de math., on emploie ce mot en parlant d'une surface sur laquelle on ne peut appliquer une ligne droite que dans un sens.—*A gauche*, adv., à main *gauche*.—Commandement de l'exercice militaire pour manœuvrer à *gauche*.—*Gauche à gauche*, autre commandement pour faire joindre les deux *gauches* d'un bataillon. (*Raymond.*) — Au fig., *prendre une chose à gauche*, la prendre autrement qu'il ne faut.—Fig. et fam. : *prendre à droite et à gauche*, tirer de l'argent à toutes mains.—*Donner à gauche*, se tromper ou se mal conduire.—*Frapper à droite et à gauche*, frapper de tous côtés, sans ménagement, sans distinction.

GAUCHEMENT, adv. (*guôcheman*), d'une manière *gauche*, maladroite. Il est familier.

GAUCHER, adj. et subst. mas., au fém. **GAUCHÈRE** (*guôché, chère*), qui se sert de la main *gauche* plutôt que de la droite.—Subst. : *c'est un gaucher*.

GAUCHÈRE, subst. et adj. fém. Voy. GAUCHER.

GAUCHERIE, subst. fém. (*gôcheri*), action d'un homme *gauche*, surtout au figuré. — Maladresse.

GAUCHI, part. pass. de *gauchir*.

GAUCHI, subst. mas. (*guôchi*), t. d'hist. nat., genre de quadrupède.

GAUCHIR, v. neut. (*guôchir*), détourner le corps pour éviter quelque coup. Voy. GAUCHE. —Au fig., biaiser, n'agir pas franchement.—*Gauchir* se dit, en t. de menuiserie, des faces ou parements de quelque pièce de bois ou ouvrage, lorsque toutes les parties n'en sont pas dans un même plan : *ce panneau gauchit, a gauchi.* — *se GAUCHIR*, v. pron.

GAUCHISSEMENT, subst. mas. (*guôchiceman*), action de *gauchir*, ou effet de cette action.

GAUCOURTE, subst. fém. (*guôkourte*), espèce de jupe ou de robe fort courte que les femmes portaient autrefois.

GAUDAGE, subst. mas. (*guôdaje*), teinture ou bouillon de *gaude*. — Action de teindre avec de la *gaude*.

GAUDE, subst. fém. (*guôde*), t. de bot., plante annuelle, à fleur anomale, de la famille des résédas, et employée dans les teintures, auxquelles elle fournit une couleur jaune. On la nomme aussi *herbe à jaunir, gaude des teinturiers*, etc. —*Gaude* est aussi le nom d'une sorte de gâteau et d'une espèce de bouillie que l'on fait avec la farine de maïs ou blé de Turquie. On ne l'emploie guère dans ce sens qu'au pluriel : *faire des gaudes, aimer les gaudes.*

GAUDÉ, E, part. pass. de *gauder*.

GAUDEAMUS, subst. mas. (*guôdé-âmuce*), mot latin francisé qui signifie proprement : *réjouissons-nous*; et par extension, divertissement, réjouissance. (*Boiste.*) Inus.

GAUDEBILLAUX, subst. mas. plur. (*guôdebi-iô*), boyaux de bœuf. Il est vieux et ne se dit plus. C'est un emprunt de mauvais goût fait à *Rabelais* par *Boiste*.

GAUDENS (SAINT-), subst. propre mas. (*cein-guôdein*), ville de France sur la Garonne, chef-lieu de sous-préfecture, dép. de la Haute-Garonne.

GAUDER, v. act. (*guôdé*), t. de teinturier, teindre avec de la *gaude*. Peu usité.

GAUDINIE, subst. fém. (*guôdini*), t. de bot., genre de graminées voisin des avoines.

se **GAUDIR**, v. pron. (*ceguôdir*) (en lat. *gaudere*, se réjouir) : *se gaudir de quelqu'un*, s'en moquer. Il est vieux dans l'une et l'autre acception.

GAUDISSERIE, subst. fém. (*guôdiceri*), plaisanterie, parole grivoise. Il est vieux ainsi que le suivant.

GAUDISSEUR, subst. mas., au fém. **GAUDISSEUSE** (*guôdiceur, ceuze*), qui se *gaudit*, qui se moque. Hors d'usage.

GAUDIVIS, subst. mas. (*guôdivi*), t. de comm., sorte de toile de coton des Indes.

GAUDMA, subst. fém. (*guôdema*), myth., divinité des Birmans.

GAUDRIOLE, subst. fém. (*guôdriole*), plaisanterie, trait de gaieté sur des sujets un peu libres : *aimer la gaudriole; dire une gaudriole, des gaudrioles*. Il est familier.

GAUDRIOLISTE, subst. des deux genres (*guôdriolicete*), qui dit des *gaudrioles*. (*Boiste*.) Inus.

GAUDRON, subst. mas. (*guôdron*), t. de metteur en œuvre, espèce de rayon droit ou tournant, fait à l'échoppe sur le fond d'une bague ou d'un cachet, qui part du centre de ce fond, et se termine à la sous-botte. — On l'employait indifféremment autrefois, et quelques personnes le disent encore abusivement pour *goudron*. Voy. ce mot.

GAUDRONNÉ, E, part. pass. de *gaudronner*.

GAUDRONNER, v. act. (*guôdroné*), t. d'épinglier, tourner les têtes des épingles sur le moule.

GAUDRONNOIR, subst. mas. (*guôdronoar*), outil de ciseleur pour faire la bosse.

GAUFRAGE, subst. mas. (*guôfraje*), action de *gaufrer*.—Ce qui est *gaufré*.

GAUFRE, subst. fém. (*guôfre*), pièce de pâtisserie fort mince, cuite entre deux fers.—Rayon, gâteau de miel.—Prov. : *être la gaufre dans une affaire*, se trouver entre deux extrémités fâcheuses, entre deux personnes puissantes et opposées.

GAUFRÉ, E, part. pass. de *gaufrer*.

GAUFRER, v. act. (*guôfré*), imprimer diverses figures sur une étoffe, avec des fers à *gaufrer*, et surtout au moyen des cylindres gravés, dont les traits pressés sur l'étoffe resserrent et plaquent quelques-unes de ses parties, faisant ainsi ressortir le dessin qu'ils y forment.—*se* GAUFRER, v. pron.

GAUFREUR, subst. mas., au fém. GAUFREUSE (*guôfreur, freuze*), celui, celle qui *gaufre* et façonne les étoffes avec des fers propres à cet effet. L'*Academie* refuse un fém. à ce mot.

GAUFREUSE, subst. fém. Voy. GAUFREUR.

GAUFRIER, subst. mas. (*guôfrié*), instrument de fer qui sert à faire cuire des *gaufres*. — Plaque de tôle longue, étroite et courbée par le bout, sur laquelle on range les aiguilles pour être mises sur le feu. — Ustensile pour faire du papier *gaufré*.

GAUFFROIR, subst. mas. (*guôfroare*), instrument pour *gaufrer* les étoffes.—Fers qui servent à faire les *gaufres*.

GAUFRURE, subst. fém. (*guôfrure*), empreinte qu'on fait sur une étoffe en la *gaufrant*.

GAUGALIN, subst. mas. (*guôgualein*), t. d'hist. nat., sorte de poule dont le chant ressemble à celui du coq.

GAULADE, subst. fém. (*guôlade*), coupe de *gaules*.

GAULE, subst. fém. (*guôle*) (suivant *Borel*, du lat. *caulis*, tige de plante, d'arbrisseau, et qui signifie aussi le fût d'un dard, d'une pique. Selon *Ménage*, du latin *vallus*, pal, pieu), grande perche.—Houssine dont on se sert pour faire aller un cheval.—En t. de mar., on appelle *gaule de pompe* le gros et long bâton auquel tient le piston. — Nom d'une espèce de javelot dont parle Virgile.—Autrefois on appelait *gaule* ou *gavenne* certains dons gratuits que se faisaient les seigneurs. — Au plur., ancien nom propre de la France. On dit quelquefois au sing. : *la Gaule* (en lat. *Gallia*).

GAULÉ, E, part. pass. de *gauler*.

GAULER, v. act. (*guôlé*), battre des arbres avec une *gaule* pour en faire tomber le fruit. — On dit aussi : *gauler des noix, des châtaignes, des pommes*, pour dire : les abattre avec une *gaule*.—*se* GAULER, v. pron.

GAULETTE, subst. fém. (*guôlète*), petite *gaule*. On l'emploie le plus souvent au plur.

GAULIS, subst. mas. (*guôli*), t. d'eaux et forêts, menues branches d'arbres qu'on laisse croître dans un taillis. — En t. de vén., menues branches d'arbres que les veneurs plient ou détournent quand ils percent dans le fort d'un bois: *détourner des gaulis*.

GAULOIS, E, adj. et subst. (*guôloâ, loâze*) (en latin *gallus*), qui est de la *Gaule* ou des *Gaules*. — Prov.: *c'est un bon Gaulois, un vrai Gaulois*, un homme franc et sincère.—*Probité, franchise gauloise, manières gauloises*, du vieux temps. — En fait de langage, on dit d'un vieux mot d'une vieille locution : *c'est du gaulois*.

GAULTÉRIA, subst. fém. (*guôltéria*), t. de bot., genre de plantes de la famille des arbousiers.

GAUPE, subst. fém. (*guôpe*), t. d'injure et de mépris; femme malpropre et de mauvaise vie. Il est bas et populaire. L'usage en était plus commun autrefois dans le langage familier, mais il commençait à vieillir du temps de *Molière*, qui le met cependant encore dans la bouche de Mme Pernelle (*le Tartuffe*) : *allons, gaupe, marchons*.

GAUPERIE, subst. fém. (*guôperi*), saloperie. Il est vieux et inusité.

GAURA, subst. fém. (*guôra*), t. de bot., genre de plantes épilobiennes.

GAURES ou GUÈBRES, subst. mas. plur. (*guôre, guèbre*), sectateurs de Zoroastre, ignicoles ou adorateurs du feu.

GAURIES ou GAURICS, subst. mas. plur. (*guôri, guôrike*), nom de certains esprits, objets de la superstition des paysans bas-bretons.

GAUSAPE, subst. fém. (*guôzape*), espèce de chlamyde à franges, qu'on portait autrefois pour se garantir du froid.

GAUSSE. Voy. GOSSE, dont l'orthographe est seule admise, et c'est bien certainement à tort.

GAUSSÉ, E, part. pass. de *gausser*.

se GAUSSER, v. pron. (*ceguôcé*) (du latin *gaudere*, se réjouir), se moquer, railler : *il se gausse de tout le monde*. Il est populaire.

GAUSSERIE, subst. fém. (*guôceri*), moquerie, raillerie. Il est populaire.

GAUSSEUR, subst. mas., au fém. GAUSSEUSE (*guôceur, ceuze*), expression populaire, railleur, rieur. Voy. GOSSEUR et notre observation au mot GAUSSE.

GAUSSEUSE, subst. fém. Voy. GAUSSEUR.

GAUTHÈRE, subst. fém. (*guôtère*), t. de bot., genre d'arbustes de la famille des bruyères.

GAUTIER, subst. mas. (*guôtié*), espèce de vanne ou arrêt que l'on pratique dans les petites rivières où l'on flotte à bois perdu.

GAUVERA, subst. fém. (*guôvera*), t. d'hist. nat., espèce de taupe qui a l'échine aiguë et les pieds blancs.

GAUX, subst. mas. (*guô*), on appelle ainsi en Picardie le chanvre qu'on a fait rouir à l'air.

GAUZAPE, subst. fém. Voy. GAUSAPE.

GAVACHE, subst. fém. (*guavache*), mot emprunté de l'espagnol; homme lâche et sans honneur. Il est vieux, mais énergique.

GAVASSINE, subst. fém. (*guavacine*), dans le métier à fabriquer les étoffes de soie, ficelle longue d'une aune, au milieu de laquelle est une boucle pour le passage d'une corde plus grosse appelée *gavassinière*.

GAVASSINIÈRE, subst. fém. (*guavacinière*). Voy. GAVASSINE, qui semble être le même mot.

GAVAUCHE, subst. mas. (*guavôche*), t. de mar. qui signifie en désordre, sans arrangement : *vaisseau gavauche*, sens dessus dessous, où il n'y a rien d'arrangé ; *tout est en gavauche*, il n'y a point d'ordre, etc.

GAVE, subst. mas. (*guave*), mot d'origine basque ou béarnaise, qui signifie un petit courant d'eau : *le gave de Pau, le gave d'Oléron*.

GAVEAU, subst. mas. (*guavô*), membre d'une association d'ouvriers.

GAVEL, subst. mas. (*guavèle*), t. de charpentier, espèce de latte que l'on emploie pour retenir la mousse que l'on met entre les joints d'un bateau.

GAVELLES, subst. fém. plur. (*guavèle*), nom de certains ouvrages d'orfèvrerie.

GAVETTE, subst. fém. (*guavète*), nom que les tireurs d'or donnent aux lingots, lorsque ces lingots ont reçu quelques-unes des préparations qui doivent les mettre en fils d'or.

GAVIAL, subst. mas. (*guavial*), t. d'hist. nat., crocodile du Gange, à long museau rouge.

GAVION, et plus souvent GAVIOT, subst. mas. (*guavion, viô*), gosier. Cette expression est populaire : *il en a jusqu'au gaviot*, il est rempli d'aliments jusqu'à la gorge. — *On lui a coupé le gaviot*, on lui a coupé la gorge.

GAVON, subst. mas. (*guavon*), t. de mar., petit cabinet pratiqué à la poupe d'un vaisseau.

GAVOTTE, subst. fém. (*guavote*), espèce de danse gaie. — Air de cette danse, ainsi nommée des habitants de la vallée de Barcelonnette et autres adjacentes qu'on appelle *Gavots*, et de qui nous vient la *gavotte*.

GAVOU, subst. mas. (*guavou*), t. d'hist. nat., espèce de bruant de Provence.

GAYAC. Voy. GAÏAC.

GAYETTE, subst. fém. (*gua-iète*), t. de briquetier ; charbon de terre.

GAYVES, subst. fém. plur. (*guiève*), anciennement, épaves, choses perdues, que personne ne réclamait.

GAZ, subst. mas. (*guâze*), en chimie et en physique, fluide aériforme, compressible, élastique, transparent, sans couleur, invisible, incondensable par le froid, miscible à l'air en toute proportion, et ayant toutes les apparences de l'air, sans pouvoir en faire les fonctions. Le *gaz* diffère de la *vapeur*, en ce que le calorique n'a qu'une adhérence passagère avec celle-ci, de sorte qu'à mesure qu'il se dissipe, elle repasse à l'état de corps liquide ou solide. C'est ainsi que les *vapeurs* aqueuses, qui exigent une température assez élevée pour demeurer en cet état, repassent à celui d'eau coulante par la diminution de la chaleur ; et enfin à l'état solide, en se changeant en glace. Les *gaz*, au contraire, sont tellement unis au calorique, qu'ils ne reprennent la forme liquide ou solide que par l'effet d'une nouvelle combinaison chimique avec quelque autre substance dont l'affinité l'emporte sur celle du calorique, ou lorsqu'on peut, par quelque moyen, opérer la soustraction de ce dernier. C'est ainsi que les éléments de l'eau (l'hydrogène et l'oxygène) demeurent constamment à l'état aériforme, à moins qu'on ne dégage, par la combustion, le calorique qui les réduisait à l'état de *gaz* ; car, dès l'instant où ils sont privés de la matière ignée qui les tenait en dissolution, ils se combinent subitement, et se montrent sous la forme d'eau pure. De là la distinction entre *gaz permanents*, qui conservent l'état aériforme à toutes les températures connues ; et *gaz non permanents*, ou *vapeurs*, qu'un certain degré de froid réduit à l'état liquide. — *Gaz* se dit absolument du *gaz* hydrogène carboné que l'on emploie pour l'éclairage. — *Bec de gaz*, espèce de robinet en forme de bec de lampe, par lequel on donne issue au *gaz* distribué dans les conduits, lorsqu'on veut l'allumer pour qu'il éclaire. — On appelle *gaz acide acéteux*, l'acide du vinaigre sous la forme *gazeuse* et aérienne ; *gaz acide carbonique*, un *gaz* composé d'oxygène combiné avec une matière charbonneuse, que les modernes ont appelée *carbone* ; *gaz azotique*, celui qu'on appelait autrefois *gaz atmosphérique, gaz oxygéné*, l'air pur qui entretient la vie des animaux et la combustion des corps, etc. Il y en a un grand nombre d'espèces, tant de naturels que de factices obtenus par le moyen des fermentations, des dissolutions, etc. Ce mot a été inventé par *van Helmont*, pour signifier un esprit incapable de coagulation.

GAZAILLE, subst. fém. (*guazâ-ie*), louage des bêtes de labour. Il est peu usité aujourd'hui.

GAZANA, subst. fém. (*guazana*), sorte de monnaie des Indes.

GAZANIE, subst. fém. (*guazani*), t. de bot., genre de plante basé sur le gortère de *Linnée*.

GAZE, subst. fém. (*guâze*), tissu délicat, fin, transparent, fabriqué à petits jours avec de la soie, etc., et qui, suivant *Du Cange*, tire son origine de la ville de *Gaza*, en Syrie. — Fig., manière d'adoucir ce qui est trop libre dans un conte, dans une histoire : *la gaze est trop légère*.

GAZÉ, E, part. pass. de *gazer*.

GAZÉ, subst. mas. (*guâzé*), t. d'hist. nat., espèce de papillon.

GAZÉIFIABLE, adj. des deux genres (*guâzé-ifiable*, t. de chimie, qui peut être réduit en *gaz*, qui peut en produire.

GAZÉIFIÉ, E, part. pass. de *gazéifier*.

GAZÉIFIER, v. act. (*guazé-ifié*), t. de chimie, réduire à l'état de *gaz*. — *se* GAZÉIFIER, v. pron., se transformer en *gaz*.

GAZÉIFORME, adj. des deux genres (*guazé-iforme*), t. de chimie, qui se trouve à l'état de *gaz*.

GAZELLE, subst. fém. (*guazèle*) (de l'arabe *alghazal*, qui a la même signification), sorte de bête fauve. C'est un mammifère ruminant, du genre des antilopes, chez qui les cornes sont courbées en manière de branches de lyre. Il se trouve principalement en Syrie. Quelques-uns écrivent *ghazelle*, qui est en effet plus conforme à l'étymologie.

GAZER, v. act. (*guâzé*), couvrir avec une *gaze*. — Fig. : *gazer un conte, une histoire*, en adoucir ce qu'il y aurait de trop libre, d'indécent.—*se* GAZER, v. pron.

GAZETIER, subst. mas. (*guazetié*), celui qui fait, ou publie, ou vend une *gazette*.

GAZETIN, subst. mas. (*guazetein*), petite *gazette*.

GAZETTA, subst. fém. (*guazèteta*), sorte de monnaie de Venise.

GAZETTE, subst. fém. (*guazète*) (de l'italien *gazetta*, petite monnaie de Venise qui était le prix ordinaire de la feuille des nouvelles politiques), relation des affaires publiques. — Feuille périodique que l'on publie tous les jours, ou seulement certains jours de la semaine, et qui contient des nouvelles politiques ou des nouvelles littéraires, ou des unes et des autres : *gazette politique; gazette littéraire; gazette politique et littéraire; la Gazette de France; la Gazette de Hollande; faire une gazette; rédiger une gazette; lire la gazette.* — On donne assez ordinairement le titre de *journal* aux *gazettes* qui paraissent tous les jours.—Il se dit fig. et par dénigrement d'un ouvrage écrit d'une manière sèche et dénué d'intérêt. *Ce poème n'est qu'une gazette rimée; cette histoire est une vraie gazette; son ouvrage est écrit en style de gazette.* — On dit qu'*une femme est la gazette du quartier*, qu'*elle est une vraie gazette*, pour dire qu'elle s'informe soigneusement de tout ce qui se passe dans le quartier pour le répandre de côté et d'autre. — Au plur., étuis de porcelaine qu'on met dans le fourneau de cuisson.

GAZEUSE, adj. fém. Voy. GAZEUX.

GAZEUX, adj. mas., au fém. **GAZEUSE** (*guâzeu, zeuze*), t. de chimie, qui est de la nature du *gaz*; qui en a les propriétés : *substance gazeuse.*

GAZIE, subst. fém. (*guazi*), t. d'hist. mod., nom que les princes mahométans donnent à l'assemblée des troupes qu'ils lèvent pour la propagation de leur religion, comme les chrétiens ont appelé *croisades* leurs guerres saintes.

GAZIER, subst. mas. (*guâzié*), ouvrier en *gaze*.—Pourquoi ne dirait-on pas *gazière* au fém.? Il y a certainement plus de femmes que d'hommes qui exercent le métier de *gazier*.

GAZIFÈRE, adj. des deux genres (*guâzifère*) (du mot *gaz*, et du grec φερω, je porte; *porte-gaze*), t. de chim., instrument qui sert à faire le *gaz* inflammable pur et entièrement dégagé de l'air atmosphérique.

GAZIS, subst. mas. plur. (*guâzice*), myth., prêtres des *gaures*, chez les Perses.

GAZ-LIGHT (*guâzelite*), mot anglais qui signifie *lumière du gaz*.

GAZNÉVIDE, subst. mas. (*guâzenévide*), descendant d'un roi de Perse du nom de *Gazni*.

GAZOCHIMIE, subst. fém. (*guâzochimi*), partie de la *chimie* qui traite des *gaz*.

GAZOCHIMIQUE, adj. des deux genres (*guâzochimike*), qui appartient à la *gazochimie*.

GAZOGÈNE, adj. des deux genres (*guâzojène*) (du mot *gaz* et du grec γεννάω, j'engendre), t. de chim., qui est produit par le *gaz*.

GAZOLITRE, subst. mas. (*guâzolitre*) (du mot *gaz*, et du grec λιτρα, ancienne mesure grecque pour les liquides), t. de chimie, appareil pour calculer les parties *gazeuses* contenues dans un corps quelconque.

GAZOMÈTRE, subst. mas. (*guâzomètre*) (du mot *gaz*, et du grec μετρον, mesure), t. de chimie, instrument de l'invention de MM. Lavoisier et Meunier, pour *mesurer* la quantité de *gaz* employée pendant une opération.

GAZOMÉTRIE, subst. fém. (*guâzométri*), partie de la chimie qui traite de la *mesure* des *gaz*.

GAZOMÉTRIQUE, adj. des deux genres (*guâzométrike*), qui appartient à la *gazométrie*.

GAZON, subst. mas. (*guâzon*) (du lat. barbare *waso*, forgé dans la basse latinité de l'allemand *wasen*, qui signifie la même chose. *Le Duchat.*), terre couverte d'herbe courte et menue.—*Gazon d'Angleterre*, petite plante qui ressemble à de la mousse épaisse, et que l'on cultive pour les parterres.—Au plur., mottes de terre carrées, couvertes de *gazon*.

GAZONNÉ, E, part. pass. de *gazonner*.

GAZONNEMENT, subst. mas. (*guâzoneman*), action de *gazonner*.—Emploi qu'on fait des *gazons* pour quelque ouvrage.

GAZONNER, v. act. (*guâzoné*), garnir de *gazons*.—*se* GAZONNER, v. pron.

GAZONNEUSE, adj. fém. Voy. GAZONNEUX.

GAZONNEUX, adj. mas., au fém. **GAZONNEUSE** (*guâzoneu, neuze*), qui forme *gazon*.

GAZOUILLARD, E, adj. et subst. (*guâzou-iar, iarde*), qui chante, qui *gazouille* comme un oiseau. Il est fam. et s'emploie dans un sens de mépris ou d'ironie.

GAZOUILLEMENT, subst. mas. (*guâzou-ieman*), ramage confus des oiseaux.—Bruit, murmure des ruisseaux.

GAZOUILLÉ, part. pass. de *gazouiller*.

GAZOUILLER, v. neut. (*guâzou-ié*) (suivant *Ménage*, du lat. *garrire*, qui a la même signification. Il est assez vraisemblable que ce mot, comme ceux de *gazouillement* et de *gazouillis*, a été fait par onomatopée), faire un petit bruit doux et agréable. Il se dit au propre des oiseaux et des ruisseaux, et au fig., des jeunes enfants qui commencent à parler.

* **GAZOUILLIS**, subst. mas. (*guâzou-ie-i*), vieux mot qui se disait pour *gazouillement : le gazouillis des oiseaux*. Presque inusité.

GÉA ou **GÉE**, subst. propre fém. (*jé-a, jé*), myth., divinité païenne : c'est la même que *Tellus* ou *la Terre*.

GÉADA ou **GÉDA**, subst. propre fém. (*jé-ada, jéda*), myth., divinité des anciens Bretons.

GEAI, subst. mas. (*jè*) (du lat. *varius*, bigarré, dont par corruption on a fait d'abord *vaius, gaius*, et enfin *geai*. *Ménage.*), sorte d'oiseau d'un plumage bigarré, à qui l'on peut apprendre à parler. C'est un passereau plénirostre, qui a une échancrure au bec supérieur. En parlant du cri du *geai*, on dit qu'*il cajole*. — Fig. : *le geai se pare des plumes du paon*, un sot s'approprie les bonnes qualités d'autrui.—Selon la fable, le *geai* était à Lemnos l'objet d'un culte particulier, parce qu'il faisait la guerre aux sauterelles dont cette île était infestée.

GÉANT, subst. mas., **GÉANTE**, subst. fém., et non pas **GÉANE**, comme dit souvent le peuple (*jé-an, ante*) (en grec γιγας, fait de γη, terre, et de γαω, je nais; parce que, selon la fable, les *géants* étaient fils de la Terre), celui qui excède de beaucoup la taille ordinaire des hommes.—Il se dit quelquefois par extension des animaux que leurs proportions colossales distinguent des autres : *l'éléphant, ce géant des animaux*.—Au fig. : *aller à pas de géant*, faire de grands progrès dans quelque chose que ce soit. — On appelle *chaussée des géants*, un amas de colonnes basaltiques qui se trouve en Irlande. — Au plur., les *géants*, selon la mythologie, hommes d'une taille prodigieuse, étaient enfants de Titan. Ils osèrent escalader le ciel pour remettre leur père sur le trône dont Jupiter s'était emparé; mais ce dieu les foudroya tous, et les fit périr sous les montagnes qu'ils avaient entassées les unes sur les autres.

GÉANTISÉ, E, part. pass. de *géantiser*.

GÉANTISER, v. neut. (*jé-antizé*), imiter, contrefaire les manières des *géants*. Il est inusité.

GÉANTISME, subst. mas. (*jé-anticeme*), grandeur exagérée.

GÉASTRE, subst. mas. (*jé-acetre*), t. de bot., genre de vesse-loup dont l'enveloppe se déchire en rayons.

GÉBECIER, v. neut. (*jébecié*), aller à la chasse. — S'aventurer mal-à-propos. Inusité.

GÉBEGIS, subst. mas. plur. (*jébeji*), t. de relation. On appelle ainsi en Turquie ceux qui fabriquent les armes.

GÉBELIS, subst. mas. plur. (*jébeli*), t. de relat., corps d'élite chez les Turcs.—Sorte de tabac de Chine.

GÉBEL-TÉIR, subst. propre mas. (*jébèlté-ir*) (en arabe, *montagne des oiseaux*), montagne sacrée chez les Arabes.

GÉBIE, subst. fém. (*jébi*), t. d'hist. nat., genre de crustacés.

GÉCARCIN, subst. mas. (*jékarcein*) (du grec γη, terre, et καρκινος, crabe), t. d'hist. nat., crabe de terre, genre de crustacés.

GECKO, subst. mas. (*jékko*), t. d'hist. nat., genre de lézards à queue écaillée.

GECKOÏDE, subst. mas. (*jékko-ide*), t. d'hist. nat., genre de lézards sauriens.

GECKOTE, subst. fém. (*jékkote*), t. d'hist. nat., genre de *gecko* originaire de la Mauritanie.

GECKOTIENS, subst. mas. plur. (*jékkociein*), t. d'hist. nat., famille de reptiles du genre saurien.

GÉDÉON, subst. propre mas. (*jédé-on*), t. d'hist. anc., l'un des juges d'Israël. — T. d'hist. nat., sorte d'insecte.

GÉDI, subst. mas. (*jédi*), myth., pierre miraculeuse chez les Gètes.

GÉDROSIE, subst. propre fém. (*jédrozi*), t. de géog. anc., province d'Asie, la plus orientale de l'empire de Perse.

GÉFIONÉ, subst. propre fém. (*jéfioné*), myth., divinité des Celtes, la Diane des peuples du Nord.

GEFR, subst. mas. (*jèfre*), myth., livre d'Ali, où sont prédites les destinées de l'islamisme.

GÉHENNE, subst. fém. (*jé-ène*) (de l'hébreu *Gehinnon*, vallée de *Hinnon*), t. de l'Écriture-Sainte, enfer, tartare. La vallée de *Hinnon* était dans le voisinage de Jérusalem; et il y avait un lieu appelé *Tophet*, où des Juifs allaient sacrifier à Moloch leurs enfants, qu'on faisait passer par le feu. Pour jeter de l'horreur sur ce lieu et sur cette superstition, le roi Josias en fit un cloaque où l'on portait les immondices de la ville, et les cadavres auxquels on n'accordait point de sépulture; et, pour consumer l'amas de ces matières infectes, on y entretenait un feu continuel. Ainsi le mot *géhenne* signifie proprement une caverne remplie de matières viles et méprisables, consumées par un feu qui ne s'éteint point. C'est de là que, par une métaphore assez légère, on a désigné, par ce mot, un lieu où les damnés sont tourmentés par des flammes éternelles. C'est dans ce sens que ce mot est pris dans l'Écriture.

GÉHI, E, part. pass. de *géhir*.

GÉHIR, v. act. (*jé-ir*), déclarer en justice. — Extorquer la vérité. Il est vieux et même hors d'usage.

GÉHLÉNITE, subst. fém. (*jélénite*), t. d'hist. nat., substance minérale découverte récemment dans le royaume de Bavière, et que ses caractères doivent faire considérer comme une variété remarquable du feldrpath apyre.

GÉHON, subst. propre mas. (*jé-on*), t. d'hist. anc., selon la *Bible*, l'un des fleuves du paradis terrestre en Arménie.

GÉHUPH, subst. mas. (*jé-ufe*), t. de bot., arbre des Indes dont le fruit, qui est une noix très-amère, fournit une huile bonne contre les obstructions.

DU VERBE IRRÉGULIER GEINDRE :

Geignaient, 3e pers. plur. imparf. indic.
Geignais, précédé de *je*, 1re pers. sing. imparf. indic.
Geignais, précédé de *tu*, 2e pers. sing. imparf. indic.
Geignait, 3e pers. sing. imparf. indic.
Geignant, part. prés.
Geigne, précédé de *que je*, 1re pers. sing. prés. subj.
Geigne, précédé de *qu'il* ou *qu'elle*, 3e pers. sing. prés. subj.
Geignent, précédé de *ils* ou *elles*, 3e pers. plur. prés. indic.
Geignent, précédé de *qu'ils* ou *qu'elles*, 3e pers. plur. prés. subj.
Geignes, 2e pers. sing. prés. subj.
Geignez, 2e pers. plur. impér.
Geignez, précédé de *vous*, 2e pers. plur. prés. indic.
Geigniez, précédé de *vous*, 2e pers. plur. imparf. indic.
Geigniez, précédé de *que vous*, 2e pers. plur. prés. subj.
Geignîmes, 1re pers. plur. prét. déf.
Geignions, précédé de *nous*, 1re pers. sing. imparf. indic.
Geignirent, 3e pers. plur. prét. déf.
Geignis, précédé de *je*, 1re pers. sing. prét. déf.
Geignis, précédé de *tu*, 2e pers. sing. prét. déf.
Geignisse, 1re pers. sing. imparf. subj.
Geignissent, 3e pers. plur. imparf. subj.
Geignisses, 2e pers. sing. imparf. subj.
Geignissiez, 2e pers. plur. imparf. subj.
Geignissions, 1re pers. plur. imparf. subj.
Geignit, précédé de *il* ou *elle*, 3e pers. sing. prét. déf.
Geignît, précédé de *qu'il* ou *qu'elle*, 3e pers. sing. imparf. subj.
Geignîtes, 2e pers. plur. prét. déf.
Geignons, 1re pers. plur. impér.
Geignons, précédé de *nous*, 1re pers. plur. prés. indic.
Geindra, 3e pers. sing. fut. indic.
Geindrai, 1re pers. sing. fut indic.
Geindraient, 3e pers. plur. prés. cond.
Geindrais, précédé de *je*, 1re pers. sing. prés. cond.
Geindrais, précédé de *tu*, 2e pers. sing. prés. cond.
Geindrait, 3e pers. sing. prés. cond.
Geindras, 2e pers. sing. fut. indic.

GEINDRE, subst. mas. (*jeindre*), le maître garçon d'un boulanger. Les munitionnaires appellent *chef aux travaux* ce que l'on appelle *geindre* dans les boulangeries ordinaires.

GEINDRE, v. neut. *(jeindre)* (du lat. *gemere*, gémir), se plaindre d'une voix languissante et non articulée; gémir pour peu de chose. Il est familier : *c'est un vieillard... qui guette et furette et geint tout à-la-fois.* (Beaumarchais.)

DU VERBE IRRÉGULIER GEINDRE :

Geindrez, 2e pers. plur. fut. indic.
Geindriez, 2e pers. plur. prés. cond.
Geindrions, 1re pers. plur. prés. cond.
Geindrons, 1re pers. plur. fut. indic.
Geindront, 3e pers. plur. fut. indic.
Geins, 2e pers. sing. impér.
Geins, précédé de *tu*, 2e pers. sing. prés. indic.
Geint, 3e pers. sing. prés. indic.

GEISSODE, subst. fém. *(jèçode)*, t. de bot., genre de plantes cryptogames de la famille des algues.

GEISSORHIZE, subst. fém. *(jèçorizè)*, t. de bot., genre de plantes qui renferme plusieurs espèces d'ixies.

GEITJE, subst. mas. *(jèteje)*, t. d'hist. nat., espèce de lézard du cap de Bonne-Espérance, qui passe pour très-venimeux.

GEL, subst. mas. *(jèle)*, maladie des arbres produite par la gelée.

GÉLA, subst. mas. *(jéla)*, t. de bot., espèce d'arbre de la Cochinchine.—T. de géog. anc., nom d'une ville de Sicile et d'un fleuve du même pays.

GELABLE, adj. des deux genres *(jelable)*, qui peut être *gelé* par le froid.

GÉLALÉENNE, adj. fém. *(jélalé-ène)*, t. de chronologie, l'*ère gélaléenne* ou d'*Isdegerde* commence à l'avènement d'*Isdegerde III* au trône de Perse, que l'on rapporte au 16 juin de l'an de Jésus-Christ 632. Les années dont elle est composée sont de trois cent soixante-cinq jours, et chaque mois de trente jours; mais l'usage était d'ajouter cinq jours à la fin du mois aben. Les astronomes ne faisaient cette addition qu'à la fin de l'année.

GÉLANIE, subst. propre fém. *(jélani)*, myth., nymphe qui fut une des femmes d'Hercule.

GÉLANOR, subst. propre mas. *(jélanor)*, myth., l'un des descendants d'Inachus; il fut détrôné par Danaüs.

GÉLAPO, subst. mas. *(jélapô)*, t. de bot., espèce de liseron.

GÉLASIME, subst. fém. *(jélazime)*, t. d'hist. nat., crustacé décapode.

GÉLASIN, subst. mas. *(jélazein)* (en lat. *gelasinus*, du grec γελαω, je ris), fossette qui se forme dans les joues lorsqu'on rit. Il ne se dit plus.

GÉLASINES, subst. fém. plur. *(jélazine)*, dents du milieu, les incisives.

GÉLASME, subst. mas. *(jélaceme)* (du grec γελασμα, ris, rire), rire sardonique.

GÉLATINE, subst. fém. *(jélatine)*, t. de chimie, substance que l'on obtient sous forme de *gelée*, par l'action de l'eau bouillante sur les parties molles et solides des animaux, en laissant refroidir la solution : *du bouillon de gélatine; des tablettes de gélatine.*

GÉLATINEUSE, adj. fém. Voy. GÉLATINEUX.

GÉLATINEUX, adj. mas., au fém. **GÉLATINEUSE** *(jélatineu, neuze)*, qui ressemble à une *gelée*; qui est de la nature de la *gélatine* : *suc gélatineux.* —Subst. mas., t. d'hist. nat., poisson du genre cycloptère.— *Gélatineux à soie* est, en botanique, le nom qu'on donne à une tremelle qui croît sur les ormes, et dont la partie supérieure est soyeuse; *gélatineux papillé*, celui d'une autre tremelle dont la surface supérieure est garnie de papilles.

GÉLANDAR, subst. mas. *(jélandar)*, en Perse, valet de pied.—*Gélandar agasi*, chef des valets de pied.

GELBUM ou **GELFUM**, subst. mas. *(jélebome, jélefome)*, t. d'hist. nat., pyrite de Hongrie.—La pierre philosophale.

GELÉ, E, part. pass. de *geler*, et adj., pris par la *gelée*, offensé par la *gelée*. — Prov. et fig. : *avoir le bec gelé*, affecter de garder le silence dans une compagnie; et, par opposition, on dit d'un homme qui parle beaucoup : *il n'a pas le bec gelé.*

GELÉE, subst. fém. *(jelé)* (en lat. *gelu*, du grec γελα, éclat, splendeur), grand froid qui pénètre les corps, acte par lequel l'eau et les liquides aqueux passent de l'état de liquidité à celui de glace.—On dit prov. : *la gelée n'est bonne que pour les choux.*—Suc de viande *congelé* et clarifié.—Jus qu'on tire des fruits cuits avec le sucre et qui prend la consistance de la *gelée*. — *Gelée blanche*, petite bruine froide et blanche qui paraît le matin, en forme de petits *glaçons*, sur les herbes, sur les toits. — En t. d'hist. nat., *gelée de mer*, des méduses, des actiniers et d'autres plantes marines; *gelée minérale*, une espèce de guhr rougeâtre, luisant, très-tendre. — En botanique, on donne le nom de *gelée végétale* à plusieurs espèces de tremelles.

GELER, v. act. *(jelé)* (en lat. *gelare*), endurcir par le froid, pénétrer par un froid excessif : *le froid a gelé la rivière, le vin*, etc.— Il se dit particulièrement du dommage que le froid cause aux vignes, aux arbres, etc., surtout lorsqu'ils sont en boutons ou en fleurs : *les abricotiers ont été gelés cette année; le froid a gelé les vignes.*—Par exagération, causer un grand froid : *vous me gelez les mains.* — Fig. : *cet homme gèle ceux qui l'abordent*, a l'accueil extrêmement froid.—Neut., s'endurcir par le froid, se glacer : *la rivière a gelé.* — *On gèle dans ces appartements*, on y a bien froid. — Ne dites pas *je gèle* ni *je suis gelé de froid*, mais simplement *je gèle, je suis gelé.* En effet, on ne peut *geler* que de froid; ce pléonasme est donc vicieux.—Pris unipers. : *il gèle, il a gelé à pierre fendre.*—Prov. : *plus il gèle, plus il étreint*, plus il arrive de maux, plus il est difficile de les supporter.—Prov., suranné, que cite encore l'*Académie.* — **SE GELER**, v. pron. : *l'eau se gèle.*

GÉLIBACH, subst. mas. *(jélibak)*, t. de relat., nom qu'on donne aux armuriers chez les Turcs.

GÉLIDE, adj. des deux genres *(jélide)* (en lat. *gelidus*), se dit, en chimie, des huiles grasses qui se *gèlent* à un moyen degré de froid, telle que l'huile d'olive.

GÉLIDION, subst. mas. *(jélidion)*, t. de bot., genre de plantes qui comprend vingt-une espèces.

GÉLIF, adj. mas., au fém. **GÉLIVE** *(jélif, live)*, se dit des arbres gercés par la *gelée* : *arbres gélifs.*

GÉLINE, et non pas **GELINE**, subst. fém. *(jéline)* (en lat. *gallina*), poularde, poule. Vieux mot.

GÉLINOTTE, et non pas **GELINOTTE**, subst. fém. *(jélinote)*, jeune poule tendre et grasse. — *Gélinotte de bois*, oiseau gallinacé, qui a les pieds velus et ressemble à la perdrix. La chair en est fort délicate.

GÉLIS, subst. mas. *(jéli)*, maladie des arbres occasionnée par les *gelées* du printemps, qui font périr les jeunes pousses.

GÉLISSE, adj. des deux genres *(jélice)*, t. de maçon : *pierre gelisse* ou *verte*, qui n'a point encore perdu son humidité de la carrière.

GELIVE, adj. fém. Voy. GÉLIF.

GÉLIVURE, subst. fém. *(jélivure)*, défaut, fente, dommage qui arrive aux arbres par de fortes *gelées.*

GÉLON, subst. propre mas. *(jélon)*, myth., fils d'Hercule et de Gélanie. — Ancien peuple de la Scythie d'Europe.

GÉLONE, subst. fém. *(jélone)*, t. de bot., genre de plantes de l'île Bourbon, assez semblable au cupani. — Genre d'agarics dont la tige est latérale.

GÉLOSCOPIE, subst. fém. *(jélocekopi)* (du grec γελως, ris ou rire, et σκοπεω, j'observe, je considère), espèce de divination par laquelle on prétendait connaître les caractères et les qualités d'une personne d'après son rire.

GÉLOSCOPIEN, adj. mas., au fém. **GÉLOSCOPIENNE** *(jélocekopiein, piène)*, qui appartient à la *géloscopie.* — On dit aussi subst. : *un géloscopien, une géloscopienne.*

GÉLOTOPTHIE, subst. fém. *(jélotopeti)*, l'un des noms que les Grecs donnaient à la renoncule marine.

GÉLOTOPHYLLE, subst. fém. *(jélotofile)* (du grec γελως, rire, et φυλλον, feuille), t. de bot., sorte de plante qui fait rire ceux qui en mangent.

GÉMARE, subst. fém. *(jémare)*, t. de la religion judaïque; il signifie *supplément* ou plutôt *complément.* Les rabbins appellent le *Pentateuque* simplement *la loi*; ils nomment *Mischna* une seconde loi, la première partie du *Talmud*, qui n'est qu'une explication et une application de cette loi aux cas particuliers, avec les décisions des anciens rabbins sur ces cas; et la seconde partie, qui est une explication plus étendue de cette même loi, et une collection des décisions des rabbins, postérieure à la *Mischna*, ils la nommaient *Gémare*, c'est-à-dire perfection, complément, achèvement, parce qu'ils la regardent comme un achèvement de la loi, et une explication après laquelle il n'y a plus rien à désirer. La *Gémare* se nomme aussi ordinairement *Talmud*, du nom commun de tout l'ouvrage. Il y a deux *Gémares* et deux *Talmuds* : celui de Jérusalem et celui de Babylone. La *Gémare* n'est autre chose que l'explication de la *Mischna*, faite par des docteurs juifs dans leurs écoles, à peu près comme des commentaires de nos théologiens sur le Maître des Sentences et sur saint Thomas sont des explications de ces deux auteurs.

GÉMASI-UL-ÉVEL, subst. mas. *(jémazi-ulévèl)*, mois des Turcs qui correspond au mois de décembre des chrétiens.

GÉMATRIE, subst. fém. *(jématri)* (de l'hébreu rabbinique *ghématria*, formé, par corruption, du grec γεωμετρια, géométrie), une des divisions de la cabale chez les Juifs; espèce d'explication arithmétique ou géométrique des mots de l'Écriture. Elles sont de deux sortes. La première tient plus de l'arithmétique, et la seconde a plus de rapport à la géométrie. Celle-là consiste à prendre la valeur numérique de chaque lettre dans un mot ou dans une phrase, et à donner à ce mot la signification d'un autre mot ou d'une autre phrase, dont les lettres, prises de même pour des chiffres, font le même nombre; car chez les Hébreux, comme chez les Grecs, il n'y avait pas d'autres chiffres que les lettres. Ainsi, un cabaliste ayant trouvé que les lettres de la phrase hébraïque, *il a été créé au commencement*, présentent le même nombre que les lettres de cette autre phrase hébraïque, *il a été créé au commencement de l'année*, il en conclura que le monde a été créé au commencement de l'année, etc. La seconde espèce de *gématrie* consiste à chercher des significations abstruses et cachées dans les mesures des édifices dont il est fait mention dans l'Écriture, en divisant et multipliant ces grandeurs les unes par les autres.

GÉMATRIQUE, adj. des deux genres *(jématrike)*, de la *gématrie*; qui y a rapport.

GEMAVI-UL-ACHIS, subst. mas. *(jémavi-ulachi)*, mois des Turcs qui correspond à notre mois de janvier.

GEMBIN, subst. mas. *(janbein)*, t. de pêche, masse cylindrique à deux entrées garnies de goulets.

GÈME. Barbarisme. Voy. GEMME.

GÉMEAU. *(Acad.)* Voy. JUMEAU, qui seul se dit.

GÉMEAUX, subst. mas. plur. Nous ne savons pourquoi l'*Académie* écrit *gémeau*, dans le sens de ce mot, au sing. mas. *(jémô)*, l'un des douze signes du zodiaque appelé par les auteurs *Castor et Pollux*, *Apollon et Hercule*, *Triptolème et Jasion*, *Amphion et Zétus*, *Thésée et Pirithoüs*, etc. Les Orientaux ont peint deux chevreaux dans cette constellation, composée, suivant *Flamsteed*, de quatre-vingt-cinq étoiles.

GÉMÉE, subst. fém. *(jémé)*, t. d'hist. anc., nom d'une des ailes de l'armée des Macédoniens.

GÉMEINÉ, subst. mas. *(jèmèné)*, nom d'une espèce de raisin noir des bords du Rhin.

GEMELLE, mieux **JUMELLE**, subst. fém. *(jemèle)*, t. de mar., pièce de bois qu'on assemble pour fortifier les gros mâts. On dit plus souvent *jumelle.* — Arbrisseau des Indes. — Double mesure des anciens. — Au plur., t. de blas., barres que l'on porte par paires ou par couples dans un écu d'armoiries.

GÉMINÉ, E, adj. *(jéminé)* (en lat. *geminatus*, part. pass. de *geminare*, doubler, redoubler), t. de palais, réitéré : *commandements géminés.* — Se dit, en bot., des anthères, des feuilles, des bractées qui naissent deux à deux sur un même pétiole ou qui n'ont qu'un point d'insertion commun.

GÉMIR, v. neut. *(jémir)* (en lat. *gemere*), se plaindre de... soupirer et pleurer. Il régit *de* ou *sur* : *gémir sous le joug, sous la tyrannie*, etc. — *Gémir* se dit de certains oiseaux dont le cri semble plaintif : *la tourterelle gémit, la colombe gémit.*— Des choses inanimées : *le navire gémissait sous les coups des vagues.* — *Faire gémir la presse*, faire imprimer.

GÉMISSANT, E, adj. *(jémiçan, çante)*, qui *gémit* : *une voix gémissante.*

GÉMISSEMENT, subst. mas. *(jémiceman)*, plainte douloureuse.—Au fig., et surtout en poésie, frémissement : *le sourd gémissement des arbres.* — En t. de dévotion, *gémissements du cœur*, vive et sincère douleur de ses péchés.

GÉMISSEUR, subst. mas. *(jémiceur)*, celui qui *gémit*, par habitude ou par manie. *(Boiste.)* Il ne se dit plus.

GEMMA, subst. mas. (*jémema*), t. de bot., nom lat. des boutons des arbres. On l'a admis en français dans la langue de la science, pour ne pas confondre l'œil, le bouton à bois, le bouton à fleur et le bourgeon. On entend, par *gemma*, le bouton à bois près de s'ouvrir.

GEMMATION, subst. fem. (*jémemâcion*), t. de bot., tout ce qui concerne le bourgeonnement des plantes vivaces et ligneuses.— Formation des bourgeons.—Temps de cette formation.

GEMME, subst. fém. (*jème*) (en lat. *gemma*), en minér., crystal coloré par un oxyde métallique; pierre précieuse.—En bot., corps organique particulièrement observé par *Gaertner*, qui s'échappe de la surface du végétal, qui en est distinct dans son principe, mais qui en devient une partie, s'il lui reste adhérent. La *gemme* ne doit point être confondue avec la semence ni avec le bouton. Voyez BOURGEON. — *Gemmes de peuplier*, t. de bot., premiers rudiments des feuilles du peuplier noir.—Adj. des deux genres; il se dit particulièrement des sels : *sel gemme*, sel fossile, marin. L'*Académie* ne fait du mot *gemme* qu'un adj. mas., et pourtant elle dit : *des pierres gemmes*. C'est bien aimer à entraver la langue de difficultés.

GEMMÉ, subst. mas. (*jèmemé*), t. d'hist. nat., genre d'insectes de l'ordre des lépidoptères.

GEMMIFÈRE, adj. des deux genres (*jèmemifère*), qui contient des pierres précieuses.

GEMMIPARE, adj. des deux genres (*jèmemipare*), t. de bot., qui porte ou peut produire des bourgeons.

GEMMONIDE, subst. fém. (*jèmemonide*), pierre précieuse qui, dit-on, soulage le mal d'enfant.

GEMMULE, subst. fém. (*jèmemule*), t. de bot.; on donne ce nom au bouton qui termine la plumule dans les graines germantes, et qui, en effet, ne diffère que par sa consistance du *gemma* ou bouton des bois des plantes adultes. — Sorte de pierre précieuse.

GÉMONIENS, adj. mas. plur. (*jémoniein*); on donnait, chez les anciens, cette épithète aux degrés qui conduisaient au fond des *gémonies*.

GÉMONIES, subst. fém. (*jémoni*) (en lat. *gemoniæ*, en sous-entendant *scalæ*), chez les Romains, lieu où l'on exécutait les criminels, et où l'on exposait leur corps après l'exécution.

GÉMURSA, subst. fém. (*jémurça*) (du lat. *gemere*, gémir); les anciens appelaient ainsi une espèce de tubercule douloureux qui vient entre les orteils.

GÉN., abréviation du mot *génitif*.

GÉNAL, E, adj. (*jénal*) (du lat. *gena*, joue), t. d'anat., qui appartient aux joues.—Au plur. mas., *génaux*.

GÊNANT, E, adj. (*jênan, nante*), qui *gêne*, qui contraint, qui incommode : *cet homme-là est fort gênant*.

GÉNAUX, adj. mas. plur. Voy. GÉNAL.

GENCIVAL, E, adj. (*jancival*), t. d'anat., qui concerne les *gencives*. — Au plur. mas., *gencivaux*.

GENCIVE, subst. fém. (*jancive*) (en lat. *gingiva*), chair immobile destinée à renfermer et à affermir les dents dans leurs alvéoles.

GENDARME, subst. mas. (*jandarme*) (de *gent*, singulier inusité de *gens*, personnes, et d'*armes*; *homme d'armes*), soldat de la *gendarmerie*.— Soldat de police, faisant partie d'un corps militaire qui a remplacé la maréchaussée, et qui est spécialement chargé de maintenir la sûreté et la tranquillité publiques. On dit aujourd'hui à Paris *garde municipal*.—Autrefois homme armé de toutes pièces qui avait sous lui deux autres cavaliers.—Cavalier de certaines compagnies d'ordonnance. Voy. GENDARMERIE. — *C'est un beau gendarme*, se dit fig. en parlant d'un homme qui a bonne mine à cheval, qui manie bien un cheval; mais cette locution a vieilli.— On dit fig. et fam., d'une grande femme qui a l'air hardi, que *c'est un gendarme, un vrai gendarme*. — Au plur., bluettes qui sortent du feu. — Points qui se trouvent quelquefois dans les diamants, et qui en diminuent l'éclat et le prix.—Petite tache dans l'œil.

GENDARMÉ, E, part. pass. de *se gendarmer*.

se **GENDARMER**, v. pron. (*cejandarmé*), se fâcher, s'irriter, se piquer de quelque chose. Il est familier.

GENDARMERIE, subst. fém. (*jandarmeri*), tout le corps des *gendarmes*. — Troupe qui a remplacé la *maréchaussée*. Voy. ce mot. — *Gendarmerie des chasses*, autrefois corps de *gendarmes* d'élite qui accompagnait le roi lorsqu'il allait à la chasse. — La dénomination de *gendarmerie* a été remplacée à Paris, à la suite de la révolution de 1830, par celle de *garde municipale*. Voy. MUNICIPAL.

GENDARMEUX, adj. mas. (*jandarmeu*), t. de lapid.: *diamant gendarmeux*, celui dont la pureté est altérée par des taches.

GENDRE, subst. mas. (*jandre*) (en lat. *gener*, dérivé de *genus*, race), celui qui a épousé la fille de quelqu'un.

GÊNE, subst. fém. (*jêne*) (du lat. *gehenna*, fait de l'hébreu *Gehinnon*, vallée près de Jérusalem, où, suivant saint Jérôme, les Israélites venaient sacrifier et brûler leurs enfants au nom et en l'honneur du diable. *Gehenna* s'est d'abord dit de l'enfer, et ensuite de toute sorte de tourments et de douleurs. Voy. GÉHENNE.), torture, peine qu'on faisait autrefois souffrir à un criminel pour lui faire avouer la vérité : *la gêne est abolie en France*.— Par extension, ce qu'on fait souffrir à quelqu'un injustement et par violence, pour lui extorquer de l'argent, etc. — Dans une acception plus usitée, contrainte fâcheuse, état violent où l'on se trouve réduit. — Il se dit de ce qui met à l'étroit, mal à l'aise, de ce qui empêche d'agir librement : *je suis à la gêne dans mes souliers; éprouver de la gêne dans la respiration*. — Il exprime aussi l'embarras, la contrainte que l'on éprouve moralement dans certaines situations : *je ne puis me défendre d'un peu de gêne en votre présence; c'est une cruelle gêne de ne pouvoir jamais dire ce qu'on pense; la gêne imposée par la rime est favorable à la poésie*.—*Être sans gêne*, se dit fam. des personnes qui prennent leurs aises sans s'inquiéter de la peine ou de l'embarras qu'elles peuvent causer : *cet homme est tout-à-fait sans gêne; c'est un monsieur sans gêne*.—*Se donner la gêne, se mettre l'esprit à la gêne pour quelque chose*, s'inquiéter, se tourmenter, faire de grands efforts d'esprit. — Manque d'argent qui est seulement passager. — *Être habituellement dans la gêne*, dans un état voisin de la pauvreté.

GÊNÉ, E, part. pass. de *gêner*, et adj.: *air gêné, taille gênée*.

GÉNÉAL., abréviation du mot *généalogie*.

GÉNÉALOGIE, subst. fém. (*jéné-aloji*) (en grec γενεαλογια, fait de γενος, race, famille, et de λογος, discours), suite et dénombrement d'aïeux, ou histoire sommaire des parentés et alliances de quelqu'un, d'une personne ou d'une maison illustre, tant en ligne directe qu'en ligne collatérale : *faire, dresser une généalogie*.— Prov. : *il est toujours sur sa généalogie*, il parle toujours de sa noblesse.

GÉNÉALOGIQUE, adj. des deux genres (*jéné-alojike*), qui appartient à la *généalogie* : *arbre généalogique*.

GÉNÉALOGISTE, subst. mas. (*jéné-alojicete*), celui qui dresse des *généalogies* ou qui les fait : *c'est un grand généalogiste; Louis XIV avait créé une charge de généalogiste en France*.

GÉNÉIAS, subst. mas. (*jéné-i-âce*) (du grec γενειον, menton), t. d'anat., mot par lequel on désigne le poil follet qui commence à couvrir le menton.—En chirurgie, bandage qui passe sous le menton.

GÉNÉPI, subst. mas. (*jénépi*), t. de bot., nom de plusieurs espèces d'absinthes qui poussent sur les parties les plus élevées des Alpes.

GÊNEQUIN, subst. mas. (*jênekiein*), t. de commerce, sorte de coton filé de médiocre qualité.

GÊNER, v. act. (*jêné*), incommoder, contraindre les mouvements du corps, mettre à la *gêne*; *cet habit le gêne*. — Embarrasser, empêcher le mouvement de quelque chose que ce soit : *gêner la circulation du sang; gêner les mouvements d'une armée*. — Causer quelque embarras chez une personne : *je crains de vous gêner; restez avec nous, vous ne nous gênez pas*. — Tenir en contrainte : *gêner le commerce*. — *L'architecte est gêné par le terrein*, le terrein ne lui laisse pas la liberté d'exécuter ce qu'il voudrait. — *se* GÊNER, v. pron., se retenir, se contraindre : *on ne doit pas se gêner entre amis*.—*Ne pas se gêner*, prendre des licences.— *Ne vous gênez pas*, se dit par ironie à une personne qui prend des libertés inconvenantes ou incommodes pour les autres. — Se serrer : *en se gênant un peu, il y aura place pour tout le monde*. — Se réduire à une certaine pénurie d'argent : *il s'est gêné pour vous rendre ce service; en me gênant beaucoup, je suis parvenu à payer mes dettes*.

GÉNÉRAL, subst. mas. (*jénéral*) (en lat. *generalis*, sous-entendu *imperator*, chef), *commandant général*, celui qui commande une armée en chef.— *Général de division*, celui qui commande une division militaire. — *Général de brigade* ou *maréchal de camp*, celui qui commande au-dessous du *général* de division. On donne à tous le titre de *général*. — Supérieur *général* d'un ordre religieux.—Le plus grand nombre : *le général des hommes; le général n'y est pas intéressé, il n'y a que le particulier*. — En logique, il se dit des faits, des principes *généraux*, par opposition aux faits particuliers : *on ne doit point conclure du particulier au général*.

GÉNÉRAL, E, adj. (*jénéral*) (en lat. *generalis*, formé de *genus*, genre, dérivé du grec γενος), commun à un grand nombre, universel; avec cette différence que ce qui est *général* regarde le plus grand nombre des particuliers ou tout le monde *en gros*; et que ce qui est *universel* regarde tous les particuliers ou tout le monde *en détail* : *le gouvernement des princes n'a pour objet que le bien général, mais la providence de Dieu est universelle*.—En phys., on dit de la pesanteur, que *c'est une propriété générale de la matière*; en métaphysique, de la sensibilité, que *c'est une propriété générale des animaux*; en mathématiques, d'un théorème, d'un problème d'où résultent un grand nombre de conséquences et d'applications, et qui s'étendent quelquefois sur presque toute une science, qu'*ils sont généraux*. On dit aussi d'une formule qui comprend un très-grand nombre de cas, et dont on peut tirer plusieurs formules particulières, *qu'elle est générale; observations générales, idée générale*.— Prov. : *il n'y a point de règle si générale qui n'ait son exception*.—En parlant des personnes, qui a un commandement ou une administration d'une grande étendue : *officier, trésorier, receveur-général, lieutenant-général*. Voy. chacun de ces mots. — *Parler, répondre en termes généraux*, d'une manière indécise, qui ne satisfait pas à la demande. —Au plur. mas., *généraux*.— *en* GÉNÉRAL, adv., en commun, d'une manière *générale*.—Ordinairement, communément : *en général, les méchants ne prospèrent pas*.

GÉNÉRALAT, subst. mas. (*jénérala*), dignité d'un *général*. — Temps qu'elle dure. — Emploi de celui qui est supérieur d'un ordre religieux.

GÉNÉRALE, subst. fém. (*jénérale*), batterie de tambour pour avertir toutes les troupes de se préparer à marcher : *battre la générale*.—La femme d'un *général*.

GÉNÉRALEMENT, adv. (*jénéraleman*), universellement. — *Généralement parlant*, se dit de ce qui arrive le plus souvent et dont les exceptions sont rares : *généralement parlant, tous les crimes sont punis*.

GÉNÉRALISATION, subst. fém. (*jénéralizâcion*), action de *généraliser*.

GÉNÉRALISÉ, E, part. pass. de *généraliser*.

GÉNÉRALISER, v. act. (*jénéralizé*), rendre *général*. — En physique, donner plus d'étendue à une hypothèse.— Il s'emploie aussi absolument : *vous généralisez trop; notre esprit est naturellement porté à généraliser*. — *se* GÉNÉRALISER, v. pron., devenir *général*, en parlant des choses.

GÉNÉRALISEUR, subst. mas., au fém. **GÉNÉRALISEUSE** (*généralizeur, zeuze*), celui, celle qui *généralise*.

GÉNÉRALISME, subst. mas. (*généraliceme*), autorité des *généraux* dans les affaires publiques. — Usurpation de l'autorité militaire sur l'autorité civile ou municipale.

GÉNÉRALISSIME, subst. mas. (*jénéralicime*), *général* qui commande aux autres *généraux*. Ce titre est en usage chez les modernes, surtout quand une armée, composée de diverses nations alliée, a un *général* qui commande également à tous les chefs particuliers, du consentement de toutes les puissances intéressées. C'est ce *général* que l'on nomme *généralissime*. Ce mot a été, dit-on, créé par le cardinal *de Richelieu*, allant commander les armées de France en Italie.

GÉNÉRALITÉ, subst. fém. (*jénéralité*), qualité de ce qui est *général* : *cette proposition est fausse dans sa généralité*. — Dans l'ancienne division territoriale de la France, l'étendue de la juridiction d'un bureau des trésoriers *généraux* : *généralité de Paris, de Moulins, etc.*—Au plur., discours, paroles qui n'ont pas un rapport précis au sujet : *il n'y a que des généralités*.

GÉNÉRATEUR, adj. mas., au fém. **GÉNÉRATRICE** (*jénérateur, trice*) (en lat. *generator*), t. de géométrie; on le dit de ce qui engendre quelque ligne, quelque surface ou quelque solide par son mouvement.

GÉNÉRATIF, adj. mas., au fém. **GÉNÉRATIVE** (*jénératif, tive*), qui appartient à la *génération : principe génératif*.

GÉNÉRATION, subst. fém. (*jénéràcion*) (en lat. *generatio*, fait de *generare*, engendrer, produire), action d'*engendrer : habile* ou *inhabile à la génération*. — Postérité d'une personne : *jusqu'à la troisième ou quatrième génération*.— Il se dit collectivement des personnes qui vivent dans le même temps : *la génération actuelle*.— En parlant des choses, production : *la génération des plantes, des métaux*. — On appelle *génération des idées*, la manière dont les idées se forment les unes des autres. — On dit en théologie, en parlant des personnes divines, que le *Fils vient du Père par voie de génération, et que le Saint-Esprit procède du Père et du Fils par voie de spiration*. — En géométrie, formation qu'on s'imagine d'une ligne, d'un plan ou d'un solide, par le mouvement d'un point, d'une ligne ou d'une surface.

GÉNÉRER, v. act. (*jénéré*) (en lat. *generare*), engendrer). (*Boiste*.) Hors d'usage.

GÉNÉRATIVE, adj. fém. Voy. GÉNÉRATIF.

GÉNÉRATRICE, adj. fém. Voy. GÉNÉRATEUR.

GÉNÉRAUX, subst. et adj. mas. plur. Voy. GÉNÉRAL.

GÉNÉREUSE, adj. fém. Voy. GÉNÉREUX.

GÉNÉREUSEMENT, adv. (*jénéreuzeman*) (en lat. *generosé*), d'une manière *généreuse : pardonner généreusement*. — Il signifie aussi courageusement : *combattre généreusement*.

GÉNÉREUX, adj. mas., au fém. **GÉNÉREUSE** (*jénéreu, reuze*) (du lat. *generosus*, qui signifie proprement distingué par sa naissance, fait de *genus, generis*, race, famille, en grec *γενος*, de naturel noble. On suppose que ceux qui ont de la naissance ont l'âme noble et élevée), magnanime : *cœur généreux ; sang généreux*. — Il se dit des choses qui indiquent une âme *généreuse: sentiments, procédés, conseils généreux ; action, parole, résolution généreuse*. — Libéral, qui aime à donner. — On dit dans un sens analogue, *dons généreux*, en parlant de dons considérables, faits par *générosité*. — *Faire le généreux*, signifie subst. et fam. se montrer magnanime ou libéral, plutôt par ostentation que par l'impulsion d'un caractère naturellement *généreux*.— En parlant de quelques animaux, hardi : *lion, aigle, coursier généreux*. — On dit quelquefois, *un vin généreux*, pour dire un vin agréable, de bonne qualité et qui a du corps. — On dit poét., dans un sens analogue : *sol généreux, terre généreuse*, etc., en parlant d'un sol, d'une terre qui produit beaucoup.

GÉNÉRIQUE, adj. des deux genres (*jénérike*) (du lat. *generis*, gén. de *genus*), t. de grammaire, qui regarde le *genre*. — En hist. nat., qui appartient au *genre : caractères génériques, noms génériques*.

GÉNÉROSITÉ, subst. fém. (*jénérôzité*) (en lat. *generositas*), grandeur d'âme, magnanimité. — Libéralité.—L'*Académie* ne donne pas de pluriel au mot *générosité*. Il n'en a point, quand il signifie la vertu à laquelle on donne ce nom ; il en a un lorsqu'il signifie des actes particuliers de *générosité*, prise dans le sens de libéralité : *faire des générosités à ses amis*.

GÊNES, subst. propre fém. (*jène*), division des états sardes qui s'étend le long du golfe de même nom, entre la Toscane et le comté de Nice. C'était autrefois la Haute-Ligurie des Romains. — Ville maritime d'Italie, capitale de la division du même nom. — Grand golfe formé par la Méditerranée sur les côtes d'Italie.

GENÈSE, subst. fém. (*jeneze*)(du grec *γενεσις*, origine, génération, naissance, dérivé de *γενομαι*, naître), premier livre de l'Ecriture qui comprend l'histoire de la création du monde et celle des patriarches.

GENÉSÉOLOGIE, subst. fém. (*jenézé-oloji*) (du grec *γενεσις*, origine, génération, et *λογος*, discours), t. de médec., traité sur la génération.

GENÉSÉOLOGIQUE, adj. des deux genres (*jenézé-olojike*), qui appartient à la *genéséologie*.

GENÉSIAQUE, adj. des deux genres (*jenéziake*) (du grec *γενεσις*, génération), qui explique l'origine du monde : *science genésiaque*.

GENÉSIE, subst. fém. Voy. GÉNÉRATION, qui seul se dit.

GENÉSIPHYLLE, subst. fém. (*jenézifile*) (du grec *γενεσις*, génération, et *φυλλον*, feuille), t. de bot., genre de plantes.

GENÉSIQUE, adj. des deux genres (*jenézike*) (du grec *γενεσις*, génération), t. de médec., se dit du sens *génératif*.

GÉNESTRALE, subst. fém. (*jénécetrale*), t. de bot., arbrisseau dont les fleurs et le fruit purgent par haut et par bas.

GÉNESTROLLE, subst. fém. (*jénécetrole*), t. de bot., plante dont on se sert pour teindre en jaune.

GENÊT, subst. mas. (*jené*), arbrisseau qui a les caractères du *genêt* d'Espagne, et dont les branches droites, ligneuses et flexibles servent à faire des *balais*. On a tenté avec quelque succès de le faire rouir comme le chanvre, pour en obtenir une étoupe propre à être filée. — *Genêt d'Espagne*, arbrisseau du midi de l'Europe, dont les tiges droites imitent celles du jonc, à fleurs papilionacées jaunes. — Cheval entier d'Espagne de petite taille.

GENETÆUS, subst. propre mas. (*jénété-uce*), myth., surnom de Jupiter pris du culte qu'on lui rendait à *Genétée*, ancienne ville de la Scythie.

GENÈTE, subst. fém. (*jenète*), t. de bot., espèce de plante dont les fleurs sont analogues à celles du lin.

GENÈTE-ALCODUR ou **GENAT-ADUR**, subst. mas. (*jenétalekodur, jénatadur*), myth., paradis des musulmans qui reçut le premier homme.

GÊNETÉ, E, part. pass. de *géneter*.

GÊNETER, v. act. (*jèneté*), t. de maréchalerie, *géneter un fer*, en courber les éponges sur plat en contre-haut.

GENÈTE, subst. mas. (*jenète*), t. d'hist. anc., nom des Athéniens d'une même classe.

GÉNÉTHLIAQUE, subst. mas. et adj. des deux genres ((*jénételi-ake*) (du grec *γενεθλη*, origine, naissance, dérivé de *γενομαι*, naître), astrologue qui dressait des horoscopes, ou prétendait tirer de l'état du ciel, au moment de la naissance d'un enfant, des prédictions sur les évènements de sa vie, ou sur son sort dans l'avenir.— On appelait aussi *poésies généthliaques, discours généthliaques*, les poèmes ou les discours composés sur la naissance d'un prince, de quelque personnage illustre, cher au poète ou à l'orateur : *la quatrième églogue de Virgile, adressée à Pollion, est un poème généthliaque*. Dans ces phrases, *généthliaque* est adjectif.

GÉNÉTHLIEN, adj. mas. (*jénételiein*), myth., surnom de Jupiter et de Neptune à Sparte.

GÉNÉTHLIES, subst. fém. plur. (*jéneteli*) chez les anciens, fêtes pour la naissance ou l'anniversaire de la naissance de quelqu'un encore en vie.

GÉNÉTHLIOGRAPHE, subst. mas. (*jénételi-oguerafe*) (du grec *γενεθλη*, naissance, et *γραφω*, je décris), celui qui écrit sur l'art de tirer l'horoscope.

GÉNÉTHLIOGRAPHIE, subst. fém. (*jénétli-oguerafi*), traité des horoscopes.

GÉNÉTHLIOGRAPHIQUE, adj. des deux genres (*jénételi-oguerafike*), qui appartient à la *généthliographie*.

GÉNÉTHLIOLOGIE, subst. fém. (*jénételi-oloji*) (du grec *γενεθλη*, naissance, et *λογος*, discours), art de prédire l'avenir en consultant les astres, par comparaison à la naissance.

GÉNÉTHLIOLOGIQUE, adj. des deux genres (*jénételi-olojike*), qui concerne la *généthliologie*.

GENETHÉLIUS, subst. propre mas. (*jénételi-uce*), myth., surnom de Jupiter comme dieu tutélaire des enfants avant leur naissance.

GENÈTIÈRE, subst. fém. (*jenètière*), lieu semé ou couvert de *genêts*. Terme usité en Languedoc, où l'on dit aussi *genistade*.

GÈNETIN, subst. mas. (*jènetein*), sorte de vin blanc d'Orléans.

GÉNÉTYLLIDES ou **GENNAÏDES**, subst. propre plur. (*jénétilelide, jénena-ide*), myth., déesses qui présidaient à la naissance des enfants. L'ancien scholiaste d'Aristophane dit que Vénus en était une ; et *Hésychius*, qu'Hécate en était une autre. *Suidas* croyait que les *Génétyllides* étaient des génies, l'un de la suite de Vénus, et l'autre de Diane.

GÉNÉTYLLIS, subst. propre fém. (*jénétilelice*), surnom de Vénus. Voy. GÉNÉTYLLIDES.

GENETTE, subst. fém. (*jenète*), t. d'hist. nat., espèce de chat d'Espagne. C'est un mammifère digitigrade, qui n'a qu'un simple sillon sous le ventre, au lieu d'un follicule. — En t. d'éperonnier, espèce de mors autrefois en usage, destiné à assurer la tête du cheval, à lui former l'appui, etc. — *Aller à cheval à la genette*, avec des étriers fort courts.

GENÈVE, subst. propre fém. (*jenève*), ville de la Suisse, autrefois l'une des plus riches et des plus florissantes de l'Europe. Elle est située à l'extrémité occidentale du lac du même nom et traversée par le Rhône.—Lac de la Suisse entre les Alpes et le Jura. C'est le *lacus Lemanus* des Romains ou *lac Léman*.

GÈNEVOIS, E, adj. et subst. (*gènevoa, voaze*), de *Genève*.

GÈNEVRETTE, subst. fém. (*jènevrète*), infusion de *genièvre*.

GENÉVRIER, subst. mas. (*jenévrier*), t. de bot., arbrisseau toujours vert qui croît dans les terreins incultes, à fleurs amentacées, mâles et femelles, sur des pieds différents, dont le bois est odoriférant, et dont le fruit est une baie charnue qu'on nomme *genièvre*.

GENÉVRIÈRE, subst. fém. (*jenévrière*), lieu planté de *genévriers*.—T. d'hist. nat., espèce de grive.

GENGISKANIDE, subst. des deux genres (*janjicekanide*), descendant de *Gengiskan*, empereur chinois.

GENGIVITE, subst. fém. (*janjivite*), t. de médec., inflammation des gencives.

GENGUES, subst. mas. plur. (*jangu*), myth., devins du Japon.

GÉNI, subst. mas. (*jéni*), t. d'hist. nat., espèce d'oiseau.

GÉNIALES, subst. fém. plur. (*jéniale*), myth., divinités qui présidaient aux plaisirs.

GÉNIANE, subst. fém. (*jéniane*), pierre miraculeuse à laquelle on attribuait le pouvoir d'affliger les ennemis de ceux qui la portaient.

GÉNICULÉ, E, adj. (*jénikulé*) (en lat. *geniculatus*, fait de *genu*, nœud d'une tige), t. de bot., *tige géniculée*, qui, étant articulée ou noueuse, se plie ou se penche à chaque nœud.

GÉNIE, subst. mas. (*jéni*) (en lat. *genius*, fait de l'ancien verbe *geno* ou *gigno*, qui vient du grec *γιγνω*, *γενω* ou *γενεω*, j'engendre, je produis, parce que le *génie* était regardé comme le dieu de la nature, et qu'il avait, dit-on, la vertu de produire toute chose), esprit d'une nature très-subtile et très-déliée, que l'on croyait, dans le paganisme, présider à la naissance des hommes, les accompagner dans le cours de leur vie, veiller sur leur conduite, et être commis à leur garde jusqu'à la mort. — Il y avait aussi les *génies* propres à chaque lieu : *les génies des peuples; les génies des provinces; les génies des villes; le génie de Rome*. — On dit encore aujourd'hui dans ce sens : *le génie de la France*, pour dire l'ange tutélaire de la France ; *bon génie; mauvais génie; le génie de Socrate*.— Il se dit également dans la féerie, et chez les Orientaux, des gnomes, des sylphes, des ondins, etc. : *un génie lui apparut; évoquer les génies*. — On dit aussi : *le génie de la peinture, de la poésie, de la musique*, pour dire le génie qu'on suppose présider à chacun de ces arts.—*Le génie d'une langue*, son caractère propre et distinctif. — Grand talent dans lequel il entre de l'imagination. — Qualité des esprits supérieurs qui les rend capables de créer, d'inventer, d'entreprendre des choses extraordinaires : *beau génie; génie brillant; cet homme est plein de génie; Voltaire était un génie universel*. — Personne qui a du génie : *c'est un génie du premier ordre*. — On dit dans un sens contraire, en parlant d'une personne qui a peu de capacité, peu d'aptitude : *c'est un pauvre génie, un petit génie, un génie étroit, borné, médiocre*; et fam., dans un sens analogue : *ce n'est pas un génie*. — Penchant, inclination naturelle.—Aptitude, disposition pour une chose : *avoir le génie de la guerre, le génie des affaires, suivre son génie ; forcer son génie ; le génie du bien ; le génie du mal, de la destruction*.—Caractère : *c'est un génie pervers*.—*Travailler de génie*, faire quelque chose de sa propre invention.—Talent de l'esprit : *avoir du génie pour les affaires, pour la poésie, pour la musique*, etc. — On appelle *génies* au plur., des figures d'enfants ou d'hommes ailés, qui servent à représenter les vertus, les passions, les arts, etc., et auxquelles on donne pour cet effet différents attributs. — GÉNIE, ESPRIT, TALENT. (*Syn.*) Tel qui a du *génie* pour composer n'a point de *talent* pour débiter. — Le *génie* paraît être plus intérieur, et tenir un peu de l'*esprit* inventif. Le *talent* semble être plus extérieur, et tenir davantage d'une exécution brillante. — On a le *génie* de la poésie et de la peinture ; on a le *talent* de parler et d'écrire. — Le *génie* ne peut s'appliquer qu'à des sciences et à des arts sublimes ; l'*esprit*, plus léger, voltige indifféremment sur tout. L'un n'embrasse qu'une science, mais il l'approfondit; l'autre veut tout embrasser, et ne fait qu'effleurer. — L'*esprit* rend les talents plus brillants sans les rendre plus solides; le *génie*, avec moins d'application, voit tout, devance l'étude même, et perfectionne les talents. — Il se dit aussi pour l'art de fortifier, d'attaquer et de défendre les places, les camps, etc. — Exercice de cet art.— Corps des militaires qui l'exercent, des *ingénieurs*.

GÉNIE ou **GÉNIUS**, subst. propre mas. (*jéni, jéni-uce*), myth., dieu de la nature, qu'on adorait comme la divinité qui donnait l'être et le mouvement à tout. Il était surtout regardé comme l'auteur des sensations agréables et voluptueuses, d'où est venu ce proverbe si commun dans les anciens auteurs : *genio indulgere*, se livrer au plaisir. On croyait que chaque lieu avait un génie tutélaire, et que chaque homme avait aussi le sien. Plusieurs même prétendaient que les hommes en avaient chacun deux : un bon qui portait au bien, et un mauvais qui inspirait le mal. C'est par allusion à cette croyance que l'on emploie fréquemment ces expressions : *bon génie; mauvais génie; c'est un bon génie qui vous amène vers moi; je ne sais quel mauvais génie lui a inspiré cette pensée.*

GÉNIEN, adj. mas., au fém. **GÉNIENNE** (*jéniein, niène*) (du grec γενειον, menton), t. de médec., qui tient au menton : *apophyse génienne*, éminence pointue à la partie postérieure de la symphyse du menton.

GENIÈVRE, subst. mas. (*jenièvre*), t. de bot., arbuste appelé aussi *genévrier*.—Le fruit, la graine même du *genièvre*. Quelques-uns disent *genévre* pour la graine, et *genévrier* pour l'arbuste.

GENIÈVRERIE, subst. fém. (*jenièvreri*), fabrique d'eau de *genièvre*.

GÉNIO-GLOSSE, subst. mas. et adj. des deux genres (*jénioguelоce*) (du grec γενειον, menton, et γλωσσα, langue), t. d'anat., nom des deux muscles qui ont leur attache fixe à la symphyse du menton, et vont se terminer à la racine de la langue.

GÉNIO-HYOÏDIEN, subst. et adj. mas. (*jéni-o-i-o-idiein*) (du grec γενειον, menton, et υοειδος, l'os hyoïde), t. d'anat., se dit de deux muscles qui s'attachent d'un côté à la face interne de la symphyse du menton, et de l'autre à l'os *hyoïde*.

GÉNIO-PHARYNGIEN, subst. et adj. mas. (*jéniofareinjiein*) (du grec γενειον, menton, et φαρυγξ, le pharynx), t. d'anat., nom de deux muscles qui, partant du menton, vont s'attacher au *pharynx*.

GÉNIOSTOME, subst. mas. (*jéniocetome*), t. de bot., genre de plantes.

GÉNIPA, subst. mas. (*jénipa*), t. de bot., arbre des Antilles.

GÉNIPAYER, subst. mas. (*jénipé-ié*), t. de bot., genre d'arbres de la famille des rubiacées. On l'appelle aussi *genipanier*, *genipa* et *janipuba*.

GÉNISSE, subst. fém. (*jénice*) (en lat. *junix*, gén. *junicis*), vache qui n'a pas encore porté.

GÉNISTADE, subst. fém. (*jénicetade*). Voy. **GENETIÈRE**.

GÉNISTELLE, subst. fém. (*jénicetèle*), t. de bot., espèce de genêt de petite taille dont les tiges sont articulées. On l'appelle aussi *spargelle*.

GÉNISTES, subst. m. pl. (*jénicete*), sectaires juifs se disant issus directement d'Abraham.

GÉNISTOÏDE, subst. mas. (*jéniceto-ide*), t. de bot., genre d'arbustes auquel le *genêt* a servi de type. Il renferme deux espèces principales, le *genêt des teinturiers* et le *genêt de Sibérie*.

GÉNITAL, E, adj. (*jénitale*) (en lat. (*genitalis*), t. didactique, qui sert à la génération : *vertu, faculté génitale ; parties génitales*. — Au plur. mas., *génitaux*.

GÉNITALES, subst. propre fém. plur. (*jénitale*), myth., divinités qui présidaient au moment de la naissance des hommes. Il ne faut pas les confondre avec les *Géniales*.

GÉNITA-MANA, subst. propre fém. (*jénitamana*), myth., divinité qui présidait à tout ce qui prenait naissance. On lui sacrifiait un chien.

GÉNITAUX, adj. mas. plur. Voy. **GÉNITAL**. — *Dieux génitaux*, dieux qui avaient produit les hommes, ou qui présidaient à la génération.

GÉNITEUR, subst. mas. (*jéniteur*) (en lat. *genitor*, qui a la même signification), qui engendre. Il est vieux.

GÉNITIF, subst. mas. (*jénitif*) (du lat. *genitivus*, en sous-entendant *casus*, fait de *gignere*, engendrer, produire, parce qu'il marque ordinairement la propriété, l'origine, la dépendance des choses), t. de grammaire, le deuxième cas d'un nom dans les langues qui ont des cas. Son usage est de présenter le nom comme terme d'un rapport quelconque, qui détermine la signification vague d'un nom appellatif auquel il est subordonné. Ce rapport est exprimé en français par la préposition *de*.

GÉNITO-CRURAL, E, adj. (*jénito-krurale*), t. d'anat., se dit du nerf sus-pubien.

GÉNITOIRES, subst. mas. plur. (*jénitoare*) (du lat. *genitum*, supin de *gignere*, engendrer, produire), ancien nom des organes *générateurs* du mâle.

GÉNITOR, subst. propre mas. (*jénitor*), myth., surnom de Jupiter.

GÉNITO-URINAIRE, adj. des deux genres (*jénito-urinère*), t. de médec., qui appartient à la génération et à la sécrétion de l'*urine*.

GÉNITURE, subst. fém. (*jéniture*) (en lat. *genitura*, fait de *gignere*, engendrer), t. vieux et burlesque qui se dit par plaisanterie des enfants par rapport au père et à la mère. — En t. de médec., la semence ou l'œuf fécondé dans le sein de la mère, lorsqu'il n'est encore qu'une masse informe, et qu'il ne paraît aucun vestige d'organisation.

GÉNOIS, E, adj. et subst. mas. (*jénoa, noaze*), celui, celle qui est de *Gênes*.

GENOPE, subst. fém. (*jenope*), t. de mar., bout de fil ou de ficelle serrant deux cordages, de façon qu'ils ne puissent glisser ou se séparer.

GENOPÉ, E, part. pass. de *genoper*.

GENOPER, v. act. (*jenopé*), t. de mar., réunir deux cordages au moyen d'une genope.

GÉNORIE, subst. fém. (*jénori*), t. de bot., genre de plantes de l'île de Cuba.

GÉNOSIRE, subst. fém. (*jénozire*), t. de bot., genre de plantes de la famille des iridées, assez semblable au patersone.

GENOU, subst. mas. (*jenou*) (en lat. *genu*, formé du grec γονυ), la courbure où les os de la cuisse et de la jambe s'emboîtent pour donner de la facilité à marcher : *avoir les genoux faibles, souples, fermes, flexibles; tenir un enfant sur ses genoux; tenir un genou en terre; sentir ses genoux fléchir.* — *Demander à genoux*, en grace, humblement; *à deux genoux*, très-instamment. — *Fléchir les genoux devant les idoles; fléchir le genou devant Baal*, adorer les idoles.— Et fig., *fléchir le genou devant quelqu'un*, se soumettre à quelqu'un, lui céder.—*Être, tomber, se prosterner aux genoux de quelqu'un*, au propre et au fig., être ou se mettre en posture de suppliant devant quelqu'un : *je tombe à vos genoux; il est sans cesse aux genoux de cette femme.* — — *Genou* se dit aussi de la partie du corps de quelques animaux qui a de l'analogie avec le *genou* de l'homme : *le genou d'un cheval; le genou d'un chameau.*— En mécanique, boule emboîtée de sorte qu'elle peut tourner sans peine dans tous les sens.—T. d'astron., pièce de cuivre qui a plusieurs mouvements et par le moyen de laquelle on met un quart de cercle à différentes hauteurs, et même dans différents plans. On appelle *genou simple*, un axe vertical portant une ouverture horizontale à sa partie supérieure; l'axe tourne dans une cavité du pied de l'instrument, et l'ouverture supérieure reçoit le cylindre qui est fixé au centre du quart de cercle, et qui y tourne à frottement. Le *genou double* contient une autre pièce semblable qui tourne dans la précédente, et qui sert à incliner le plan du quart de cercle. On se sert, dans les graphomètres, les boussoles et autres instruments légers, d'un *genou* plus simple, qui ne consiste qu'en une boule fixée par une tige à la partie inférieure de l'instrument, et qui est reçue dans une concavité du pied ou du support, où elle tourne à frottement. — *Faire le genou*, se dit en t. de manuf., d'un fil qui n'est pas bien tendu. —Au plur., t. de marine, pièces de bois courbes qui, dans un vaisseau, lient les varangues avec les allonges des couples.— En t. de man., se dit de la courbure qu'on donne quelquefois aux branches du mors. — *Genou couronné*, *genou* du cheval lorsqu'il est dégarni de poils.—En t. d'agric., on appelle *genoux* certains nœuds qui viennent le long des tiges du blé, de l'avoine, etc.—*A genoux*, loc. adv., les *genoux* en terre : *ce n'est que devant Dieu qu'on doit être à genoux ; cet homme est toujours à genoux devant le pouvoir ; profanes, à genoux !*

GENOUILLÉ, E, adj. (*jenou-ié*), t. de bot., articulé et fléchi en forme de *genou*.

GENOUILLER, subst. mas. (*jenou-ié*), ornement dont se servent les évêques et les abbés quand ils officient. *Trévoux* écrit *genouillet*.

GENOUILLÈRE, subst. fém. (*jenou-ière*), partie de l'armure qui servait autrefois à couvrir le *genou*.—Il se dit de la partie de certaines bottes qui couvre le *genou*. — Morceau de feutre ou de cuir que les couvreurs, les ramoneurs se mettent sur le *genou* lorsqu'ils travaillent.—En t. de fortification, partie de l'embrasure pratiquée dans un parapet ou dans une batterie, qui est au-dessous de la volée d'une pièce de canon, et ressemble à l'appui d'une croisée.—Espèce d'artifice d'eau qui n'est pas en ligne droite, mais se coude en angle obtus comme le *genou*. On l'a aussi nommé *dauphin*.

GENOUILLET, subst. mas. (*jenou-ié*) (en latin *geniculata*), t. de bot., plante qu'on nomme aussi *sceau de Salomon*.

GENOUILLEUSE, adj. fém. Voyez **GENOUILLEUX**.

GENOUILLEUX, adj. mas., au fém. **GENOUILLEUSE** (*jenou-ieu, ieuze*) (en latin *geniculatus*, fait de *genu*, nœud d'une tige), t. de bot. : *une plante genouilleuse*, qui a des nœuds.

GÉNOVÉFAIN, subst. mas. (*jénovéfein*), chanoine régulier de Sainte-Geneviève, qui se dit en latin *Genovefa*.

GENR., abréviation du mot *genre*.

GENRE, subst. mas. (*janre*) (en lat. *genus*, gén. *generis*), ce qui est commun à diverses espèces : *sous le genre animal sont compris l'homme et la bête.*—En hist. nat., groupe, collection d'espèces analogues entre elles et qui peuvent se réunir par des caractères communs : *dans le système de Linnée, les classes se divisent en genres, et les genres en espèces; la nature n'a ni classes ni genres, elle ne comprend que des individus; les genres et les classes sont l'ouvrage de notre esprit.* (Buffon.)—On nomme *genres*, les *classes* qui contiennent en elles des *classes* inférieures, et ces *classes* inférieures prennent le nom d'*espèces*. Nous n'avons pas imaginé des noms pour chaque individu, nous avons seulement distribué les individus en différentes *classes*, que nous distinguons par des noms particuliers ; et ces *classes* sont ce qu'on appelle *genres et espèces*. L'animal est un *genre*, si on le considère comme comprenant deux *espèces* ou *classes* inférieures, savoir l'homme et la bête; c'est une *espèce*, si nous le considérons comme faisant partie de la classe désignée par le mot *substance*, à laquelle il est subordonné. La notion du *genre* se forme par l'abstraction des qualités, qui sont les mêmes dans certaines espèces, tout comme l'idée de l'*espèce* se forme par l'abstraction des choses qui se trouvent semblables dans les individus : les chevaux, les bœufs, les chiens, etc., se ressemblent par leurs quatre pieds; on en a formé *le genre des quadrupèdes*, qui comprend toutes ces *espèces*.—Il se prend quelquefois pour *espèce* : *il y a divers genres d'animaux.* — On dit : *le genre humain*, en parlant de tous les hommes pris ensemble.—Espèce, sorte, manière : *excellent, parfait en son genre; choisir le genre de son supplice*, etc.—Style, manière : *le genre simple, le genre médiocre, le genre sublime.* — Il s'applique dans le même sens à la manière particulière des artistes : *ce tableau est dans le genre du Corrège; ce peintre a un genre maniéré; les compositions de ces musiciens sont d'un genre gracieux.* — Il se dit encore dans les beaux-arts de chacune de leurs parties ou divisions : *ce peintre s'est distingué dans le genre historique; cette danse est du genre noble ; cet acteur joue tous les genres ; être le créateur d'un genre.*—En littérature, il y a en général trois *genres d'ouvrages*, le didactique, la narration, les descriptions ; car on raisonne, ou l'on narre, ou l'on décrit. (*Condillac.*) — La rhétorique divise le discours oratoire en *trois genres*, le démonstratif, le délibératif, et le judiciaire. —En grammaire, la marque du nom masculin ou féminin. C'est, dans l'origine, une manière de distinguer, par l'expression, le sexe des mâles de celui des femelles. Les Latins avaient trois *genres*, le masculin, le féminin et le neutre. On ne connaît, en français, que le masculin et le féminin. On se sert de *le* ou *un* pour désigner le masculin des noms substantifs, et de *la* ou *une*, pour désigner le féminin : *le père, le frère, la mère, une sœur.* Il y a un grand nombre de mots qui n'ont aucun rapport aux sexes, et que l'usage a rangés dans la classe des noms masculins ou dans celle des noms féminins : *le livre, la table*, etc. Les substantifs n'ont ordinairement qu'un *genre*, ils sont du *genre masculin* ou du *genre féminin*; les adjectifs en ont ordinairement deux, qui sont indiqués par la terminaison : *bon*, masculin, *bonne*, féminin; *savant, savante ; jaloux, jalouse*. Ceux qui sont terminés par un *e* muet servent pour les deux *genres*. On dit, au masculin et au féminin : *juste, aimable, sage, brave, commode*, etc. C'est ce qu'on appelle *genre commun; poëte est un nom du genre commun*.—En musique, disposition générale des sons comme éléments de chant. On distingue trois *genres : le diatonique, le chromatique* et *l'enharmonique*. Voyez ces mots.—En bot., assemblage ou réunion d'*espèces*, qui toutes ont un caractère commun établi sur la structure de quelques parties essentielles. *Genre* est employé avec la même acception dans les autres parties de l'histoire naturelle. — En géom., classe à laquelle on rapporte les lignes géométriques, selon le degré de l'équation qui exprime le rapport des ordonnées aux abscisses : *courbes du premier genre*, lignes du second ordre ou sections coniques, caractérisées par une équation du second degré; *courbes du second genre*, les lignes du troisième ordre, etc.—En t. de physiol., le *genre nerveux*, l'ensemble des nerfs distribués par tout le corps; la sensibilité physique en général : *cette odeur attaque le genre nerveux*.—On dit, de quelqu'un qui est facile, prompt à s'émouvoir : *il a le genre nerveux sensible, irritable*.—T. d'algèbre, *équation du second, du troisième genre*, équation du second, du troisième degré. Cette dernière dénomination est plus usitée.—T. de géom.: *différentielles du second, du troisième genre*, du second, du troisième ordre. — T. de peinture : *peintre de genre*, celui qui s'est consacré particulièrement à représenter certains objets, tels que des paysages, des vues, des animaux, des fleurs, des actions ou des scènes particulières de la vie commune. On dit, dans le même sens : *tableaux de genre*.

GENS, qu'on devrait écrire **GENTS**, mais on supprime le *t* par exception, subst. plur. (*jan*) (du lat. *gentes*, pluriel de *gens*, *gentis*, nation, peuple, fait, par contraction, de *genus*, en grec γενος, race, famille), nations : *violer le droit des gens*. — *Gens*, personnes. — *Gens* est masculin quand l'adjectif le suit, et féminin, quand il le précède : *voilà des gens bien sots; ce sont de sottes gens. Tous* est excepté : *tous les gens de bien, tous les habiles gens, tous les honnêtes gens*, et *toutes les vieilles gens, toutes les bonnes gens*. Lorsque, dans la même phrase, il y a un adjectif devant *gens*, et un adjectif ou un participe après, on met le premier au féminin, et le second au masculin : *les vieilles gens sont soupçonneux; les jeunes gens sont imprudents; ce sont les meilleures gens que j'aie jamais vues*. — *Petites gens*, gens du peuple ou malheureux. — *Gens de rien*, sans extraction. — *Gens de condition*, nobles. — *Gens d'honneur*, qui ont du cœur. — *Gens* ne se dit point d'un nombre déterminé; on ne dit point *quatre gens, six gens* : on se sert alors du mot *personnes*; mais quand on met un adjec if devant *gens*, on peut y joindre un nombre déterminé; *trois de ces braves gens se joignirent à moi; j'ai trouvé quatre honnêtes gens qui m'ont assuré le contraire*. On dit bien, *mille gens répandent cette nouvelle*, mais dans cette phrase et dans les phrases semblables, *mille* est un nombre indéterminé. — *Plusieurs* et *quelques* ne s'allient pas bien avec *gens*. On doit dire, *plusieurs personnes, quelques personnes*. — Au mas. plur., domestique : *dites à mes gens*. — Ceux qui sont d'un même parti ou d'une même partie : *nos gens ont été battus; tous nos gens sont arrivés*.—Suivi de la préposition de, il désigne une profession, une qualité commune à plusieurs : *gens d'épée, d'église, de robe, de finance; gens de bien*.—*Gens de lettres*; cette expression répond précisément à celle de *grammairiens*, chez les Grecs et les Romains. Ils entendaient par-là, non-seulement un homme versé dans la grammaire proprement dite, qui est la base de toutes les connaissances, mais un homme qui n'était pas étranger à la géométrie, à la philosophie, à l'histoire générale et particulière, qui surtout faisait son étude de la poésie et de l'éloquence : c'est ce que sont nos *gens de lettres* d'aujourd'hui. On dit aussi *gens à talents; je suis toujours émerveillé de la disette où vous êtes de gens à talents*. (Voltaire.)—*Gens d'armes*, s'écrit quelquefois pour gendarmes employé dans son acception primitive : *une compagnie de gens d'armes*. — On l'employait autrefois dans les ordonnances, dans les édits, etc., en parlant des parlements et autres compagnies de justice.—On appelait *gens du roi*, les officiers qui, dans les cours supérieures et dans les justices royales, étaient chargés du ministère public. — *Gens de sac et de corde*, scélérats qui méritent les châtiments de la justice; parce que les genres de supplice les plus communs étaient autrefois la corde pour attacher les criminels à la potence, et le sac dans lequel on les renfermait pour les jeter à la rivière. — Fam. : *il y a gens et gens*, il y a grande différence entre des personnes.—*Se connaître en gens*, avoir un discernement pour connaître le fort et le faible des hommes, leurs bonnes et leurs mauvaises qualités. — On dit, par amitié ou compassion, *de bonnes gens, de pauvres bonnes gens*.—Prov.: *vous vous moquez des gens; vous nous prenez pour des gens de l'autre monde*; vous nous prenez pour des ignorants, pour des idiots. — *Il n'y a ni bêtes ni gens*, se dit prov. d'un lieu très-solitaire.—*Bêtes et gens*, se dit dans quelques phrases familières : *tout le monde y entra, bêtes et gens, et on s'y logea tant bien que mal*.—**GENS, PERSONNES**. (*Syn.*) *Gens* dit quelque chose de général et de vague; *personne*, quelque chose de particulier et de déterminé : *il y a des gens qui pensent ainsi*, annonce vaguement que c'est une opinion commune à plusieurs : *il y a des personnes qui pensent ainsi*, marque distinctement que divers particuliers ont la même opinion. Un bruit vague, ce sont des *gens* qui le répandent; un rapport particulier, ce sont des *personnes* qui le font. Celui qui voit beaucoup de *gens* est lié avec peu de *personnes*. — *Gens* est souvent une dénomination familière, méprisante; *personnes* est plutôt une qualification honnête, décente, respectueuse, noble : *dans cette assemblée, quelques* gens *m'ont calomnié, mais plusieurs* personnes *ont pris ma défense; voyez quels sont les* gens *qui rôdent autour de la maison : allons recevoir les* personnes *qui viennent nous rendre visite*.

GEN-SENG-NISI ou **NISSI**, subst. mas. (*janceinguenizi*), t. de bot., espèce de plante du Japon.

GENT, subst. fém. (*jan*) (en lat. *gens*, gén. *gentis*), nation, race. Il est vieux et ne s'emploie plus que dans le langage familier et plaisant ou dans la poésie légère : *la gent qui porte le turban; la gent trotte-menu*.

GENT, E, adj. (*jan, jante*), joli, bien fait. On ne s'en sert aujourd'hui qu'en imitant le style de nos vieux poëtes : *la gente pucelle; une fille au corps gent*. C'est une contraction de *gentil, gentille*.

GENTIANE, subst. fém. (*janciane*) (du lat. *gentiana*, fait dans le même sens de *Gentius*, roi d'Illyrie, à qui est rapporté par plusieurs auteurs le premier usage de cette plante), t. de bot., plante vivace, à fleur campaniforme, dont la racine est tonique et stomachique. On dit communément *la grande gentiane*, pour la distinguer des autres espèces de *gentiane*, qui sont très-nombreuses.

GENTIANÉES, subst. fém. plur. (*janciané*), t. de bot., famille de plantes qui ont une tige herbacée.

GENTIANELLE, subst. fém. (*jancianèle*), t. de bot., espèce de plante *gentianée*, qu'on appelle plus ordinairement *centaurelle*.

GENTIANIN, subst. mas. (*jancianein*), principe amer qui se trouve dans les plantes *gentianées*.—Suc extrait des *gentianées*.

GENTIL, adj. et subst. mas. (*janti*) (en lat. *gentilis*, fait de *gentes*, nations), païen, idolâtre : *il est né d'un père gentil et d'une mère chrétienne*. Il s'emploie plus ordinairement au pluriel : *saint Paul fut l'apôtre des gentils*.—Les Romains appelaient *gentils* (*gentiles*), ceux qui, sortis d'une même famille, appartenaient à différentes branches, et portaient le même nom. (De *genus*, race, famille.)

GENTIL, adj. mas., au fém. **GENTILLE** (au mas. prononcez *janti*, devant une consonne et devant une voyelle, comme au fém., *janti-ie* : *gentil amour, gentille amante; janti-iamour, janti-iamante*) (de *gens*, *gentis*, nation, peuple; parce que, dit *Charles Loiseau*, dans son ouvrage sur les *Ordres de la noblesse*, ce qui est à la mode chez un peuple y est trouvé joli, agréable, en un mot *gentil*), joli, agréable, gracieux. Il se dit des personnes et des choses qui ont trait à la personne.—Ironiquement : *vous faites un gentil personnage, un gentil métier*, un personnage odieux, un métier méprisable.— — On dit aussi à quelqu'un à qui l'on veut faire sentir l'impertinence de ses discours ou de ses prétentions : *je vous trouve gentil de vous exprimer de la sorte!* Et dans le même sens : *eh bien, vous êtes gentil! vous êtes un gentil garçon!* — On l'emploie quelquefois pour complaisant, facile, d'une humeur agréable : *allons, soyez donc un peu gentil; vous n'êtes pas gentil*. — Prov., on dit subst. : *faire le gentil*, affecter des manières *gentilles*, gracieuses. — *Cela passe le gentil*, se disait autrefois d'une plaisanterie qui dépassait les bornes, qui avait un résultat sérieux. Toutes ces locutions sont familières.

GENTILE, subst. fém. (*jantile*), t. d'hist. nat., sorte de marbre.

GENTILÉ, d'après *Laveaux*, **GENTILE**, suivant *Trévoux*, subst. mas. (*jantilé*, ou *tile*, selon que l'on adoptera l'un ou l'autre), t. de gramm., mot latin que l'on a francisé pour exprimer le nom que l'on donne aux peuples ou aux individus par rapport aux pays ou aux villes dont ils sont habitants. Le *gentilé* d'un individu peut être exprimé de trois manières différentes et par trois sortes de dénominations. Par exemple, le *gentilé* du peintre Jean Rothenamer est allemand, bavarois et munichien. Allemand signifie qu'il est d'Allemagne; bavarois, du cercle de Bavière; et munichien, de Munich. La langue française manque souvent de termes pour exprimer le *gentilé*, ce qui nous oblige d'employer des circonlocutions. Cependant chaque ville et chaque province a son *gentilé*, mais souvent il n'est pas compris hors du pays qu'il désigne. La plupart des Français ignorent que par les mots *Berruyers* et *Hennuyers*, on désigne les habitants du Berry et du Hainaut. (Extrait de *Laveaux*, qui l'a lui-même tiré de *Trévoux*.) Nous avons mis dans notre Dictionnaire tous les mots de ce genre qui ont une certaine authenticité. Le nom des habitants d'un pays, d'une province, d'une ville, sont soumis à certaines règles de goût, qu'on ne saurait livrer à l'arbitraire; ainsi l'on appelle un habitant de *Chartres*, un *Chartrain*; ce serait une faute grossière que de dire un *Chartrier*. L'usage venant poser une règle, ou le bon goût l'ayant établie, il était de notre devoir de nomenclaturer ces noms.

GENTILHOMME, subst. mas. (*janti-iome*, au plur. *gentilshommes*, que l'on prononce *jantizome*) (du lat. *homo*, homme, et *gentilis*, qui est de la nation, dérivé de *genus*, race, famille, naissance), noble de race : *un pauvre gentilhomme; un simple gentilhomme; foi de gentilhomme; gentilhomme de province, de campagne; êtes-vous gentilhomme?* — *Faire le gentilhomme*, affecter des airs de noblesse, des manières de grand seigneur. — On disait par plaisanterie *gentilhomme à lièvre*, en parlant d'un simple *gentilhomme* de campagne qui avait peu de bien; et fig., on appelait *troc de gentilhomme*, un troc où de part et d'autre on ne faisait qu'échanger les choses sans aucun retour d'argent. — On donnait le même titre à divers officiers : *gentilhomme servant, gentilhomme de la chambre*, etc. *Je suis le premier gentilhomme de mon royaume*. (Louis XIV.) — Autrefois, l'on appelait *gentilhomme* celui dont le père, l'aïeul, le bisaïeul et le trisaïeul avaient joui de la noblesse d'épée ou de robe.

GENTILHOMMEAU, subst. mas. (*janti-iomô*), t. de mépris, pauvre *gentilhomme*.

GENTILHOMMÉ, part. pass. de *gentilhommer*.

GENTILHOMMER, v. neut. (*janti-iomé*), faire le *gentilhomme*, se donner des airs de *gentilhomme*. (*Boiste*.) Il est vieux et même hors d'usage.

GENTILHOMMERIE, subst. fém. (*janti-iomeri*), qualité de *gentilhomme*. Ce mot et le suivant ne se disent guère que par dérision.

GENTILHOMMIÈRE, subst. fém. (*janti-iomière*), petite maison de *gentilhomme* à la campagne. Il est fam. et ironique.

GENTILISME, subst. mas. (*jantiliceme*), religion des *gentils*, des païens. Ce mot est peu usité; on dit *paganisme*.

GENTILITÉ, subst. fém. (*jantilité*) (en lat. *gentilitas*), les *gentils*, les idolâtres. — La profession d'idolâtrie.

GENTILLÂTRE, subst. mas. (*janti-iâtre*), *gentilhomme* dont on fait peu de cas.

GENTILLE, adj. fém. Voy. **GENTIL**.

GENTILLESSE, subst. fém. (*janti-ièce*), grâce, agrément. Voy. **GENTIL**. — Au plur., petits tours divertissants et agréables. — Jolies bagatelles, petites curiosités. — *Faire des gentil-*

lesses, s'efforcer de plaire par des manières agréables et gentilles : *dire des gentillesses.— Acheter des gentillesses*, de petits ouvrages délicats et curieux. — *Gentillesse* se dit familièrement et par ironie de certains traits de conduite hardis et répréhensibles : *il a fait là une gentillesse qui lui coûtera cher ; croyez-vous vous faire estimer avec de pareilles gentillesses ?* Ce mot avec ses divers sens est familier.

GENTILLY, subst. propre mas. (*janti-iel*), très-ancien village de France, dép. de la Seine. Il est situé sur la rivière des Gobelins, à une demi-lieue des barrières de Paris.

GENTIMENT, adv. (*jantiman*), joliment ; d'une manière *gentille*, agréable, adroite. Il est familier et ne se dit même ordinairement que par dérision : *vous voilà gentiment arrangé !*

GÉNUFLECTEUR, subst. mas. (*jénuflèkteur*), (du lat. *genu*, genou, et de *flectere*, fléchir), t. d'hist. ecclésiastique, qui *fléchit* le *genou* ; sorte de catéchumène qu'on appelait aussi *compétent*.

GÉNUFLEXION, subst. fém. (*jénuflèkcion*) (du lat. *genu*, genou, et *flexio*, fait de *flectere*, fléchir), action de *fléchir* le *genou* jusqu'à terre.

GÉNUINE, adj. des deux genres (*jénuine*), sincère, véritable. (*Boiste.*) Il est inusité.

GÉOCENTRIQUE, adj. des deux genres (*jé-ocantrike*) (du grec γη, terre, et κεντρον, centre), t. d'astron., se dit du lieu d'une planète, en tant qu'on la considère par rapport à la terre. — Autrefois, on appelait ainsi un cercle qui avait le même centre que la terre. — *Longitude géocentrique*, l'angle que fait une ligne qui joint la planète et la terre avec le plan de l'orbite terrestre, qui est la véritable écliptique.

GÉOCORISE, subst. fém. (*jé-okorize*), t. d'hist. nat., punaise de terre.

GÉOCYCLIQUE, subst. mas. et adj. des deux genres (*jé-ocikike*) (du grec γη, terre, et de κυκλος, cercle), t. d'astron. : *machine géocyclique*, machine propre à représenter le mouvement de la terre autour du soleil, et surtout l'inégalité des saisons, par le parallélisme constant de l'axe de la terre.

GÉODE, subst. fém. (*jé-ode*) (en grec γεωδης, terrestre, dérivé de γη, terre), t. d'hist. nat., pierre creuse et de couleur de fer rouillé, contenant de la terre ou du sable, qu'on entend remuer lorsqu'on la secoue.

GÉODÉSIE, subst. fém. (*jé-odézi*) (du grec γη, terre, et δαιω, je divise), 1° proprement, partie de la géométrie pratique qui enseigne à diviser et partager les terres ; 2° dans un sens plus étendu, la science pratique de la *mesure des terreins*, soit quant à leur circonférence, soit quant à leur surface. En ce sens, on dit plus communément *arpentage*.

GÉODÉSIGRAPHE, subst. mas. (*jé-odéziguerafe*) (du grec γη, terre, δαιω, je divise, et γραφω, je décris), instrument qui réunit les propriétés de la planchette à celles du graphomètre. Voy. ce dernier mot.

GÉODÉSIQUE, adj. des deux genres (*jé-odézike*), qui a rapport à la *géodésie* prise dans ses deux acceptions : *mesure géodésique*, *opération géodésique*.

GÉODÉSIQUEMENT, adv. (*jé-odézikeman*), par la *géodésie*.

GÉODIE, subst. fém. (*jé-odi*), t. d'hist. nat., genre de polypiers assez semblables aux alcyons.

GÉODIQUE, adj. des deux genres (*jé-odike*), qui est de la nature du *géode*.

GÉODORE, subst. fém. (*jé-odore*), t. de bot., sorte de plante vivace de la famille des orchidées.

GÉOFROYER, subst. mas. (*jé-ofroè-ié*), t. de bot., plante de la famille des légumineuses.

GÉOG., abréviation des mots *géographie* ou *géographique*.

GÉOGÉNIE, subst. fém. (*jé-ojéni*), science dont l'objet se borne à rechercher la manière dont la terre a pu se former.

GÉOGLOSSE, subst. mas. (*jé-ogueloce*), t. de bot., espèce de champignon.

GÉOGNOSIE, subst. fém. (*jé-oguenôzi*) (du grec γη, terre, et γνωσις, connaissance, dérivé de γινωσκω, je connais), connaissance des substances minérales qui forment les montagnes et les grandes couches de la terre.

GÉOGNOSTE, subst. mas. (*jé-oguenocete*), celui qui s'occupe de *géognosie*.

GÉOGNOSTIQUE, adj. des deux genres (*jé-oguenocetike*), qui a rapport à la *géognosie*.

GÉOGONIE, subst. fém. (*jé-oguoni*) (du grec γη, terre, et γονεια, origine, naissance, dérivé de γεινομαι, naître), partie de l'histoire naturelle qui traite de l'origine, de la formation de la terre.

GÉOGRAPHE, subst. des deux genres (*jé-oguerafe*), celui qui sait ou qui enseigne la *géographie*. — Plus particulièrement, celui qui fait des cartes *géographiques*. — Adj. : *ingénieur géographe*.

GÉOGRAPHIE, subst. fém. (*jé-oguerafi*) (en grec γεωγραφια, fait de γη, terre, et γραφω, je décris), science qui enseigne la position respective de toutes les parties de la terre ; qui a pour objet la description du globe terrestre : *on ne peut étudier l'histoire sans la géographie*. — On dit, dans un sens moins absolu : *la géographie d'une province, d'un pays, de la France*. — On y joint souvent un complément qui exprime sous quel point de vue particulier on considère cette science : *la géographie ancienne, moderne, du moyen-âge ; la géographie politique, physique, mathématique*, etc. — Employé absolument, il signifie aussi quelquefois un traité de *géographie* : *acheter une géographie, la Géographie de Malte-Brun*.

GÉOGRAPHIQUE, adj. des deux genres (*jé-oguerafike*), qui concerne la *géographie*.

GÉOHYDROGRAPHIE, subst. fém. (*jé-o-idroguerafi*) (du grec γη, terre, υδωρ, eau, et γραφω, je décris), description de la terre et des eaux.

GÉOHYDROGRAPHIQUE, adj. des deux genres (*jé-o-idroguerafike*), qui appartient à la *géohydrographie*.

GEÔLAGE, subst. mas. (*jôlaje*), droit qu'on paie au *geôlier* pour le temps qu'on a été en prison.

GEÔLE, subst. fém. (*jôle*) (du lat. barbare *gabiola*, dimin. de *gabia*, fait dans la basse latinité, de *cavea*, cage. Les Italiens disent encore aujourd'hui *gabbia*, dans le sens de cage et de prison), en t. de palais, prison. — Demeure du *geôlier*.

GEÔLIER, subst. mas., **GEÔLIÈRE**, subst. fém. (*jôlié, lière*), celui, celle qui a la garde d'une prison. Voy. GEÔLE.

GEÔLIÈRE, subst. fém. Voy. GEÔLIER.

GÉOLOGIE, subst. fém. (*jé-oloji*) (du grec γη, terre, et λογος, discours), partie de l'hist. nat. qui a pour objet la connaissance et la description du globe terrestre, les différentes matières dont il est composé, leur formation, leur position, etc.

GÉOLOGIQUE, adj. des deux genres (*jé-olojike*), qui concerne la *géologie* : *lettres géologiques*.

GÉOLOGUE, subst. mas. (*jé-ologue*), physicien, naturaliste versé dans la *géologie*, qui en fait l'objet de ses études, etc.

GÉOM., abréviation du mot *géométrie*.

GÉOMANCIE, subst. fém. (*jé-omanci*) (du grec γη, terre, et μαντεια, divination), sorte de divination superstitieuse par le moyen de points tracés au hasard sur la terre, etc.—*L'Académie* dit aussi *géomance*.

GÉOMANCIEN, subst. mas., **GÉOMANCIENNE**, subst. fem. (*jé-omanciein, ciène*), celui, celle qui pratique la *géomancie*.

GÉOMANCIENNE, subst. fém. Voy. GÉOMANCIEN.

GÉOMANTIQUE, adj. des deux genres (*jé-omantike*), qui a rapport à la *géomancie*.

GÉOMÉTRAL, E, adj. (*jé-ométrale*), t. d'optique, se dit de la représentation d'un objet, faite de manière que les parties de cet objet y aient entre elles le même rapport qu'elles ont réellement dans l'objet tel qu'il est, à la différence des représentations en perspective : *plan géométral*, opposé à plan *perspectif*. — Orthographie des anciens architectes. C'est dans *Boiste* que nous trouvons cette dernière acception, sans autre explication. Nous l'avons vainement cherchée ailleurs. — Au plur. mas., *géométraux*.

GÉOMÉTRALEMENT, adv. (*jé-ométraleman*), d'une manière *géométrale*.

GÉOMÉTRAUX, adj. mas. plur. Voy. GÉOMÉTRAL.

GÉOMÈTRE, subst. mas. (*jé-omètre*), celui qui sait la *géométrie* et qui la réduit en pratique. — Dans un sens plus étendu, mathématicien : *Newton était un grand géomètre*.—Dans le système des nouvelles mesures, on appelle *géomètre rural*, ce qu'on nommait *arpenteur* dans l'ancien système. — Adj., en t. d'hist. nat., *chenille géomètre* ou *arpenteuse*, chenille rase, dont les pattes de derrière non articulées sont tellement disposées, que l'insecte, ne pouvant marcher qu'en rapprochant considérablement la queue de la tête, semble *mesurer* l'espace qu'il parcourt.

GÉOMÉTRIE, subst. fém. (*jé-ométri*) (en grec γεωμετρια, fait de γη, terre, et μετρον, mesure), littéralement, art de mesurer la terre. — Dans un sens plus étendu et plus usité, science qui enseigne à mesurer tout ce qui est mesurable, les lignes, les superficies, les corps solides : *la géométrie est le fondement des autres parties des mathématiques*. — Employé absolument, il signifie aussi un traité de cette science : *procurez-moi une bonne géométrie ; la Géométrie de Legendre*. — *Géométrie élémentaire*, qui se borne à considérer les propriétés des lignes droites, des lignes circulaires, des figures et des solides les plus simples. — *Géométrie transcendante*, celle qui a pour objet toutes les courbes différentes du cercle, telles que les sections coniques et les courbes d'un genre plus élevé. — *Géométrie sublime*, la partie de la *géométrie* transcendante qui applique le calcul différentiel, et surtout le calcul intégral, à la quadrature et à la rectification des courbes.—*Géométrie ancienne*, 1° celle qui n'emploie point le calcul analytique ; 2° celle qui n'emploie que le calcul analytique ordinaire. — *Géométrie moderne*, 1° celle qui emploie l'analyse de Descartes dans l'analyse des propriétés des courbes ; 2° celle qui se sert du calcul différentiel et du calcul intégral. — *Géométrie souterreine*, application des principes de la *géométrie* ordinaire à des problèmes qui ont pour objet l'exploitation des mines.

GÉOMÉTRIQUE, adj. des deux genres (*jé-ométrike*), qui appartient à la *géométrie* : *ordre, proportion, démonstration géométrique*. — *Esprit géométrique*, esprit juste, méthodique, etc. — *Courbe géométrique*. Voy. au mot COURBE.— *Construction géométrique*, 1° suivant les anciens géomètres, celle qui se faisait avec le secours seul de la règle et du compas, c'est-à-dire de la ligne droite et du cercle ; 2° suivant les modernes, toute construction qui s'exécute par le moyen d'une courbe *géométrique* quelconque, à la différence des constructions mécaniques, qui s'exécutent par le moyen des courbes mécaniques.

GÉOMÉTRIQUEMENT, adv. (*jé-ométrikeman*), d'une manière *géométrique*.

GÉONOME, subst. mas. (*jé-onome*), qui s'occupe de la *géonomie*. — T. d'hist. nat., arbre de l'Amérique méridionale, que *Raymond* appelle *géomone*.

GÉONOMIE, subst. fém. (*jé-onomi*) (du grec γη, terre, et νομος, loi), science des lois qui régissent les changements de la surface terrestre.

GÉONOMIQUE, adj. des deux genres (*jé-onomike*), se dit de ce qui concerne les terres propres à la culture. — Qui appartient à la *géonomie*.

GÉOPHAGE, subst. mas. (*jé-ofaje*) (du grec γη, terre, et φαγω, je mange), peuples qui mangent de la terre. On a donné ce nom à quelques individus des contrées sauvages d'Amérique, d'Afrique, de Sibérie, et aussi de la Nouvelle-Hollande, que la faim a forcés quelquefois de manger de la terre.

GÉOPHAGIE, subst. fém. (*jé-ofaji*) (même étym. que celle du mot précéd.), terme de médec., disposition qui se rencontre dans certaines maladies nerveuses, et qui déprave tellement le goût du malade qu'elle lui fait rechercher comme des aliments savoureux des substances qui n'ont aucun caractère nutritif, telles que l'argile, les vieux cuirs, du charbon, de la terre, etc.

GÉOPHILE, subst. mas. (*jé-ofile*), t. d'hist. nat., genre d'insectes myriapodes, voisin des scolopendres.

GÉOPHYLLE, subst. mas. (*jé-ofile*), t. de bot., nom scientifique d'une plante appelée communément *mérendère*.

GÉOPITHÈQUE, subst. mas. (*jé-opitèke*) (du grec γη, terre, et πιθηξ, gén. πιθηκος, singe), t. d'hist. nat., espèce de sagouin d'Amérique.

GÉOPONE, subst. mas. (*jé-opone*), t. d'hist. nat., genre de coquilles.

GÉOPONIQUE, adj. des deux genres (*jé-oponike*) (du grec γεωπονικος, fait de γη, terre, et de πονος, travail, dérivé de πενομαι, travailler), qui a rapport à l'agriculture, qui en traite. On appelle *auteurs géoponiques*, ceux qui traitent de la culture des terres, et quelquefois *terres géoponiques*, les terres qui peuvent être ensemencées en blé, orge ou avoine.

GÉORAMA, subst. mas. (*jé-orama*) (du grec γη, terre, et ὁραω, je vois), espèce de panorama de la terre ; immense globe terrestre au centre duquel on est placé pour embrasser la terre tracée sur ses parois intérieures. — Lieu où il est établi.

GEORGE, subst. mas. (*jorje*), monnaie d'or du Hanovre, valant quatre thalers deux tiers du pays, dix-neuf livres dix sous tournois, ou dix-neuf francs vingt-six centimes.— Monnaie d'Angleterre. — *George d'Amboise*, grosse cloche de Rouen, du poids de quarante mille livres, et dont le battant en pesait sept cent dix ; ainsi nommée de *George d'Amboise*, cardinal, archevêque de Rouen, et premier ministre du roi Louis XII, qui en fit don à son église.

GÉORGIE, subst. propre fém. (*jé-orji*) (en russe, *grusien*, et en persan, *gurgestan*), grande contrée de l'Asie, située au nord de l'Arménie, entre la mer Caspienne et la mer Noire. Tiflis en est la capitale. La beauté et la grace des femmes de la *Géorgie* sont célèbres dans l'Orient. — L'un des états de l'Amérique septentrionale, situé entre la Floride et la Caroline. Savannah en est le chef-lieu.

GÉORGIE, subst. fém. (*jé-orji*), t. de bot., plante de la famille des mousses.

GÉORGIEN, subst. et adj. mas., au fém. **GÉORGIENNE** (*jé-orjiein, jiène*), qui est de *Géorgie*.— Au plur., tribus particulières qui habitent le Caucase.

GÉORGINE, subst. fém. (*jé-orjine*), t. de bot., sorte de plante appelée plus ordinairement *dahlia*. Voy. ce mot.

GÉORGINO, subst. mas. (*jé-orjino*), monnaie d'argent de Gênes, qui vaut environ un franc de notre monnaie.

• **GÉORGIQUE**, subst. fém. (*jé-orjike*) (du grec γη, terre, et εργον, travail) ; il ne se dit que des ouvrages qui ont rapport à la culture de la terre : *les Géorgiques de Virgile*. — La Harpe (*Cours de Littérature*, t. 1) a employé ce mot adjectivement : *la langue géorgique*.

GÉORISSE, subst. mas. (*jé-orice*), t. d'hist. nat., genre d'insectes coléoptères de la famille des clavicornes.

GÉOSCOPE, subst. mas. (*jé-ocekope*), qui s'occupe de la *géoscopie*.

GÉOSCOPIE, subst. fém. (*jé-ocekopi*) (du grec γη, terre, et σκοπεω, je considère), connaissance que l'on tire des qualités de la terre en les observant.

GÉOSCOPIEN, adj. mas., au fém. **GÉOSCOPIENNE** (*jé-ocekopiein, piène*), qui appartient à la *géoscopie*.

GÉOSPHÉRIQUE, adj. des deux genres (*jé-oceférike*) (du grec γη, terre, et σφαιρα, globe), se dit d'un globe mécanique qui sert à démontrer les différents mouvements de la terre et des astres.

GÉOSTATIQUE, subst. fém. (*jé-ocetatike*) (du grec γη, terre, et ισταμαι, je suis en repos, je me tiens ferme), parce qu'autrefois on regardait la terre comme celui des quatre éléments qui seul était solide, et en conséquence comme le principe de toute solidité), partie de la mécanique qui traite des lois de l'équilibre des corps solides. On dit aujourd'hui *statique*.

GÉOTHERME, adj. des deux genres (*jé-otèreme*) du (grec γη, terre, et θερμη, chaleur), se dit d'une ligne supposée, tirée sur le sol même pour la température par rapport à l'équateur.

GÉOTHRIQUE, subst. mas. (*jé-otrike*), t. de bot., genre de plantes de l'ordre des moisissures.

GÉOTRUPE, subst. mas. (*jé-otrupe*) (du grec γη, terre, et τρυπα, trou ou tarière), t. d'hist. nat., sorte d'insectes coléoptères qui fouillent la terre.

GÉOTRUPIN, subst. mas. (*jéotrupein*), t. d'hist. nat., insectes coléoptères de l'ordre des scarabés, et qui vivent dans le fumier et les champignons pourris.

GÉPIDE, subst. et adj. des deux genres (*jépide*), ancien peuple de la Scandinavie.

GÉRAH, subst. mas. (*jéra*), monnaie de cuivre des Hébreux. Voy. OBOLE.

GÉRAINES, subst. fém. plur. Voy. GÉRANIÉES.

GÉRANCE, subst. fém. (*jérance*), machine dont se servent les Hollandais pour décharger les vaisseaux. *Gérance* ne se dit guère pour signifier les fonctions de *gérant*; on emploie plus souvent le mot *gestion*.

GÉRANIE, subst. propre fém. (*jérani*), myth., montagne près de Mégare, du haut de laquelle se précipita Ino, lorsqu'elle fuyait Athamas.

GÉRANIÉES, subst. fém. plur. (*jérani-é*), t. de bot., famille de plantes ainsi nommées du *géranium*, qui en fait partie.

GÉRANIS, subst. mas. (*jéranice*), t. de chir., bandage pour les luxations et les fractures.

GÉRANITE, subst. fém. (*jéranite*), t. de minér., sorte de pierre précieuse.

GÉRANIUM, subst. mas. (*jérani-ome*) (en lat. *geranium*, fait du grec γερανος, grue), t. de bot., sorte de plante nommée aussi *bec-de-grue*. Voy. ce mot. — Au plur. des *geranium*.

GÉRANOÏDE, subst. fém. (*jérano-ide*), t. de bot., famille des *geranium*.

GÉRANOS, subst. mas. (*jéranoce*), t. d'hist. anc., sorte de danse chez les Grecs, dont les figures étaient fort compliquées.

GÉRANT, E, adj. et subst. (*jéran, rante*), qui administre, qui *gère*.

GÉRARDE, subst. fém. (*jérarde*), t. de bot., genre de plantes de la famille des personnées.

GÉRARE, subst. fém. (*érare*), ancienne ville des Philistins ; elle était située à l'est de Gaza, et Abimélech en fit sa résidence.

GÉRASCANTHUS, subst. mas. (*jéracekantuce*), t. de bot., arbrisseau de la Jamaïque, du genre cerdane.

GÉRATIEN, subst. mas. (*jéraciein*), t. de minér., espèce de pierre noire.

GERBE, subst. fém. (*jèrebe*) (du latin barbare *garba*, employé dans le même sens par les écrivains de la basse latinité, et dérivé, suivant *Caseneuve*, de *garivon*, qui signifiait une javelle), cinq ou six javelines qu'on lie ensemble ; faisceau de blé coupé : *lier, entasser, battre des gerbes*. —On l'employait absolument en parlant de l'impôt de la dîme : *lever, disputer, enlever la gerbe*. —En astron., constellation qui, dans les cartes de *Bayer*, est à la place de la *chevelure de Bérénice*, sous la queue du *Lion*.—En hydraul., plusieurs jets d'eau réunis en forme de *gerbe*.— *Gerbe de feu*, assemblage de fusées qui partent toutes ensemble, et qui représentent la figure d'une *gerbe*.

GERBÉ, E, part. pass. de *gerber*.

• **GERBÉE**, subst. fém. (*jèrebé*), botte de paille à demi battue où il reste encore quelques grains : *gerbée de froment*.

• **GERBER**, v. act. (*jèrebé*), mettre en *gerbe*.— Mettre des pièces de vin les unes sur les autres comme on range les *gerbes*.—*se* GERBER, v. pron.

GERBERA, subst. fém. (*jèrebera*), t. de bot., genre de plantes de la famille des sygénères. On dit aussi *gerberie*.

• **GERBIÈRE**, subst. fém. (*jèrebière*), sorte de charrette destinée à transporter les *gerbes* du champ dans la grange.

GERBILLE, subst. fém. (*jèrebi-ie*), t. d'hist. nat., genre de mammifères rongeurs.

GERBILLON, subst. mas. (*jèrebi-ion*), petite *gerbe*.

GERBO, subst. mas., ou **GERBOISE**, subst. fém. (*jèrebo, boaze*), t. d'hist. nat., espèce de mammifères rongeurs, nommés aussi *dipodes*, ou *rats à deux pieds*.

• **GERCE**, subst. fém. (*jèrece*), t. d'hist. nat., petit insecte qui ronge les livres et les habits.

GERCÉ, E, part. pass. de *gercer*, et adj., qui a des *gerçures*. — T. de peinture, *tableau gercé*, dont la couleur s'enlève par écailles.

GERCER, v. act. (*jèrecé*), faire de petites crevasses à la peau, et, par extension, à la terre, aux arbres, etc. : *le froid gerce les mains, la terre*. — Il est aussi neut. et pron. : *les mains gercent* ou *se gercent au grand froid*. Il se dit aussi du bois qui se fend, des murs, etc. — *se* GERCER, v. pron.

GERCOBIENS, subst. mas. plur. (*jèrekobiein*), nom des anciens habitants des environs de Clermont en Auvergne.

GERCOVIENS, subst. mas. plur. (*jèrekoviein*), nom des anciens habitants de Moulins.

GERÇURE, subst. fém. (*jèreçure*), petite crevasse qui se fait à la peau. — Par extension, fente qui se fait dans le fer, le bois ou la maçonnerie. — Au plur., en t. de lapidaire, vides défectueux dans la transparence et les brillants d'un diamant.

GÉRÉ, E, part. pass. de *gérer*.

GÉRÉHAS, subst. fém. plur. (*jéré-âce*), myth., chez les Indiens, planètes habitées par des esprits.—Figures d'argile auxquelles ils donnent des formes bizarres.

GÉRÈRES, subst. fém. plur. (*jérères*), myth. ; on appelait ainsi les quatorze Athéniennes qui assistaient la reine des sacrifices dans les Dionysies.

GÉRENDE, subst. fém. (*jérande*), t. d'hist. nat., espèce de serpent du genre boa.

GÉRER, v. act. (*jéré*), conduire, administrer, régir. Il ne s'applique qu'aux choses : *gérer les affaires de...; gérer une tutelle*. — *Gérer* dit plus que *régir* : on *gère* des places ; Dieu *régit* l'univers.—*se* GÉRER, v. pron.

GÉRESTIES, subst. fém. plur. (*jéreceti*), myth., fêtes qu'on célébrait en l'honneur de Neptune à *Géreste*, bourg de l'île d'Eubée, où il avait un temple.

• **GERFAUT**, subst. mas. (*jèrefô*) (dérivé de *girofalco*, mot composé, dans la basse latinité, de *gyrus*, tour, rond, circuit, et *falco*, faucon ; *faucon qui vole en rond*), t. d'hist. nat., oiseau de proie du genre de celui des faucons : *le gerfaut a le bec et les jambes bleuâtres*.

GERGELIN, subst. mas. (*jèrejelein*), nom qu'on donne dans l'Inde à l'huile qu'on tire de la graine du sésame.

GÉRID, subst. mas. (*jéride*) (en arabe, *dgerid*), jeu arabe qui consiste à lancer un bâton comme un javelot lorsqu'on est à cheval.

GÉRILLE, subst. fém. (*jéri-ie*), t. de bot., espèce de plante, sorte de chanterelle.

GÉRIT, subst. mas. (*jérite*), sorte de dard long de deux pieds, à l'usage de la milice turque

GERLE, subst. fém. (*jèrele*), t. d'hist. nat., espèce de poisson de mer du genre des spares, nommé aussi *spare mendole*. — *Gerle* est aussi le nom qu'on donne dans le midi de la France à de grandes cuves à lessive.

GERLON ou **GERLOT**, subst. mas. (*jèrelon, jèrelô*), ustensile à l'usage des papetiers.—Petite *gerle*.

GERMAIN, E, adj. (*jèremein, mène*) (en lat. *germanus*, dérivé de *germen*, souche, *issu de la même souche*), *cousins germains*, ceux qui sont enfants de deux frères ou de deux sœurs.—*Cousins issus de germains*, ceux qui sont sortis de deux cousins germains.—En t. de jurispr., *frères germains*, frères de père et de mère. — *Il a le germain sur vous*, il est le cousin-*germain* de votre père ou de votre mère. — Au plur., et subst., nom donné anciennement par les Grecs et les Latins aux Goths et aux Suèves qui habitaient cette partie de l'Europe qu'on a depuis appelée *Allemagne*.

GERMAIN-EN-LAYE (SAINT-), subst. propre mas. (*ceinjèremein-anlè*), petite ville de France, dép. de Seine-et-Oise, sur une montagne au pied de laquelle coule la Seine, à 5 lieues de Paris. Elle est voisine d'une belle forêt qui porte le même nom, et qui est l'une des plus considérables et des mieux percées de France.

GERMAINE, subst. fém. (*jèremène*), t. de bot., espèce de plante appelée aussi *plectranthe*.

GERMANDRÉE, subst. fém. (*jèremandré*), t. de bot., plante agreste à fleur labiée, dont on connaît beaucoup d'espèces, parmi lesquelles on distingue la *germandrée aquatique* ou *scordium*, qui passe pour stimulante, et la *germandrée officinale*, ou *petit chêne vert*, dont les feuilles amères et aromatiques sont employées comme fébrifuges.

GERMANES, subst. mas. plur. (*jèremane*), secte de philosophes indiens.

GERMANICIANIENS, subst. mas. plur. (*jèremanicianiein*), corps d'anciens soldats qui servaient en Allemagne.

GERMANIE, subst. propre fém. (*jèremani*) (du lat. *germania* qui a la même signification), t. de géogr. anc., nom donné par les Latins aux pays habités par les *Germains*. Voy. ce mot.

GERMANIENS, subst. mas. plur. (*jèremaniein*), ancien peuple d'une contrée de la Perse.

GERMANIQUE, adj. des deux genres (*jèremanike*) (en lat. *germanicus*), qui appartient aux Allemands : *style germanique*.—*Corps germanique*, confédération des souverains d'Allemagne.

GERMANISME, subst. mas. (*jèremaniceme*) (du lat. *Germanus*, Germain, Allemand), idiotisme, façon de parler propre à la langue allemande.

GERME, subst. mas. (*jèreme*) (en lat. *germen*, fait de *gero*, je porte, ou de *geno*, pour *gigno*, j'engendre, je produis), t. de physiol. et d'hist. nat., se dit des rudiments d'un nouvel être encore adhérent à la mère et non développé par la fécondation : *les physiologistes nomment* embryon *le germe fécondé*. — La partie de la semence dont se forme la plante. Les botanistes donnent ce nom tantôt à la partie inférieure du pistil, tantôt à la partie la plus essentielle de la semence, tantôt au principe de reproduction répandu dans toutes les parties du végétal. Il serait mieux, selon *Ventenat*, de ne l'employer que dans ce dernier sens, de désigner par le nom d'*ovaire* la partie inférieure du pistil, et par celui d'*embryon* la partie la plus essentielle de la semence. —Première pointe qui sort du grain, de l'amande, etc., lorsque les plantes commencent à pousser. —Dans l'économie animale, on nomme *germe*, l'embryon et ses enveloppes lorsqu'ils commencent à prendre accroissement.—On appelle communément *le germe d'un œuf*, une certaine partie compacte et glaireuse qui se trouve dans l'œuf.—Fig., semence, cause : *un germe de division, de procès, de querelle*, etc.; *le germe d'une maladie, de la peste; le germe des vices, de la corruption, des vertus; un germe de rebellion.* — En t. de mar., bâtiment égyptien, à voile latine et sans pont, employé à la navigation du Nil, etc. On dit aussi *Germ* et *Djerme*. Les Arabes d'Egypte disent *Djerm*. — Voyez FAUX-GERME.

GERMÉ, E, part. pass. de *germer*.

GERMER, v. neut. (*jèremé*) (en lat. *germinare*, fait de *germen*, germe), pousser le *germe* au-dehors.—Au fig., *la parole de Dieu a germé dans votre cœur*, elle a commencé à y fructifier.

GERMINAL, subst. mas. (*jèreminal*), nom que l'on avait donné, pendant la révolution, au septième mois de l'année. Il commençait le 21 mars et finissait le 19 avril. Ce nom lui venait de ce que c'est dans ce temps de l'année que les *germes* de la végétation commencent à se développer.

GERMINATION, subst. fém. (*jèreminâcion*) (en lat. *germinatio*), t. de bot., premier développement des parties contenues dans le *germe* d'une semence.

GERMOIR, subst. mas. (*jèremoar*), t. de brasseur, cave, etc., où l'on met par couches le grain mouillé pour le faire *germer*.

GERMON, subst. mas. (*jèremon*), t. d'hist. nat., espèce de dauphin.

GERMURE, subst. fém. (*jèremure*), mot inusité qui signifie *végétation*.

GERNOTTE, subst. fém. (*jèrenote*), t. de bot., millet sauvage du Sénégal.

GÉROCOMIE, subst. fém. (*jérokomi*) (du grec γερων, vieillard, et κομεω, je prends soin), partie de la médecine qui traite du régime à observer pour les vieillards.

GÉROFLE, voy. GIROFLE.

GÉROFLÉ, subst. mas. (*jéroflé*), t. d'hist. nat., genre de vers à corps cylindrique, de l'ordre des intestinaux, qu'on trouve dans les poissons d'eau douce.

GÉROND., abréviation du mot *gérondif*.

GÉRONDIF, subst. mas. (*jérondif*) (en lat. *gerundia*, gén. *gerundiorum*, fait de *gerere*, porter), t. de gramm. latine; on appelle *gérondifs*, des inflexions particulières que l'usage de la langue latine a données à l'infinitif, pour exprimer certains points de vue relatifs à l'ordre de l'énonciation. Ce sont des cas du participe passif en *dus*, employés comme cas de l'infinitif. Il y a trois *gérondifs* : *le gérondif en* di, *le gérondif en* do, *et le gérondif en* dum. C'est abusivement qu'on applique ce mot en français au participe présent, précédé de la préposition *en* : *en allant; en partant*.

GÉRONTE, subst. mas. (*jéronte*) (du grec γερων, gén. γεροντος, vieillard), juge des chrétiens grecs. — Fam., bon homme, simple et crédule : *votre oncle est un vrai géronte.* — Personnage de la vieille comédie, qui remplissait les rôles de vieillards crédules. — Au plur., t. d'hist. anc., membres du sénat de Lacédémone, qui exerçaient les mêmes fonctions que les aréopagites à Athènes. Ils étaient, selon quelques-uns, vingt-huit, et selon d'autres trente-deux; leur élection n'avait lieu qu'à l'âge de soixante ans.

GÉRONTHRÉENS, subst. mas. plur. (*jérontré-ein*), habitants des Sporades.

GÉRONTHRÉES, subst. fém. plur. (*jérontré*), myth., fêtes qui se célébraient tous les ans dans une des îles Sporades, en l'honneur de Mars, par les *Géronthréens*. Ce dieu avait chez eux un temple célèbre, où il n'était permis à aucune femme d'entrer durant les solennités.

GÉRONTOGÉES, subst. fém. plur. (*jérontojé*), t. de bot., famille de plantes.

GÉRONTOCRATIE, subst. fém. (*jérontokraci*) (du grec γερων, gén. γεροντος, vieillard, et κρατος, force, puissance), gouvernement des vieillards. Il se dit toujours ironiquement.

GÉRONTOPOGON, subst. mas. (*jérontopoguon*) (de γερων, γεροντος, vieillard, et πωγων, barbe), t. de bot., nom scientifique donné au salsifis des prés, à cause des longues aigrettes qui couronnent ses graines.

GÉROPOGON, subst. mas. (*jéropoguon*), t. de bot., genre de plantes de la famille des chicoracées.

GÉROVIN ou **GÉROUIN**, subst. mas. (*jérovein, jérou-ein*), nom du quintal dont on se sert au Caire pour peser les marchandises d'un grand volume.

GERRE ou **GERRIS**, subst. mas. (*jère, jèrice*), t. d'hist. nat., genre d'insectes hémiptères, dont l'espèce la plus commune est connue sous le nom d'*araignée d'eau*.

GERS, subst. propre mas. (*jère*), dép. de la France méridionale, qui tire son nom de la rivière qui l'arrose. Il est formé d'une partie de l'ancienne Gascogne. Auch en est le chef-lieu.

GERSA, subst. mas. (*jèreça*), t. d'hist. nat., nom donné autrefois au carbonate de plomb.

GERSEAU, subst. mas. (*jèreçô*), t. de mar., corde qui entoure le moufle d'une poulie, et qui sert à l'amarrer au lieu où l'on veut la placer.

GERSÉE, subst. fém. (*jèrecé*), espèce de céruse dont on se sert pour se blanchir la peau.

GERSENIE, subst. propre fém. (*jèreceni*), myth. scandinave, divinité fille de Fréga.

GÉRUMA, subst. fém. (*jéruma*), t. de bot., espèce d'acacia d'Arabie.

GÉRUTHIEN, adj. propre mas. (*jérutiein*), myth., surnom d'Apollon chez les Thraces.

GÉRYON, subst. propre mas. (*jérion*), myth., roi d'Erythie, fils de Chrysaor et de Callirhoé. Il avait trois corps, et fut tué par Hercule, parce qu'il nourrissait des bœufs avec de la chair humaine. Voy. ÉRYTHIE.

GÉRYONIE, subst. fém. (*jérioni*), t. d'hist. nat., genre de méduses.

GERZEAU, subst. mas. (*jèrezô*), t. de bot., mauvaise herbe qui croît dans les blés; sa feuille ressemble à celle de la lentille. Voy. NIELLE.

GERZERIE, subst. fém. (*jèrezeri*), t. de bot., espèce d'ivraie.

GÉSATE, subst. mas. (*jézate*), cavalier gaulois qui servait chez les étrangers. — Soldat armé du *gèse*.

GÈSE, subst. mas. (*jèze*) (du lat. *gesa*, javelot), demi-pique des Gaulois.

GÉSIER, subst. mas. (*jézié*) (du lat. *gigerium*, plus usité au pluriel *gigeria*), partie charnue dans le corps de la plupart des oiseaux qui se nourrissent de grains, et faite en forme de bissac, où descend et se digère ce qu'ils mangent.

GÉSINE, subst. fém. (*jézine*) (du lat. *jacere*, être couché, dont on a forgé, dans la basse latinité, le substantif *jacina*, gésine), les couches d'une femme, ou le temps qu'elle est en couche. Il ne se dit plus qu'en termes de palais et dans cette phrase : *payer les frais de gésine.* Mot tombé en désuétude.

GÉSIR ou **GIR**, v. neut. (*jézir*), vieux mot inusité, excepté dans la phrase *ci-gît*, qui commence ordinairement les épitaphes. Il signifiait être couché, être en couche; accoucher; être malade, être mort, reposer, être *gisant*; dormir, rester en place, séjourner. Il n'est plus en usage que dans *il gît, nous gisons, ils gisent, il gisait, ils gisaient*. Voy. GIT.

GESNÈRE, subst. fém. (*jècenère*), t. de bot., plante campanulacée.

GESNERIÉES ou **GESNERIACÉES**, subst. fém. plur. (*jècenèrié, jècenèriacé*), t. de bot., famille de plantes campanulacées.

GESSATES, subst. mas. plur. (*jèceçate*), guerriers gaulois qui louaient leurs services à l'étranger. Voy. GÉSATE.

GESSE, subst. fém. (*jèce*), t. de bot., plante annuelle légumineuse, et cultivée pour le fourrage; elle a beaucoup de rapports avec les pois et les vesces.

GESTA, subst. mas. (*jèceta*), mot latin usité en médecine pour signifier les fonctions volontaires des muscles et des organes.

GESTATION, subst. fém. (*jècetâcion*) (en lat. *gestatio*, fait de *gestare*, porter), se dit du temps que les femelles des animaux portent leurs petits. Pour les femmes, on dit *grossesse*.—Sorte d'exercice, chez les Romains, pour le rétablissement de la santé; il consistait à se faire porter en chaise ou en litière, à se faire secouer dans un bateau, etc.

GESTE, subst. mas. (*jècete*) (en lat. *gestus*), mouvement du corps, et principalement de la main et des bras, dans la déclamation : *avoir le geste beau, expressif.*—Au plur., belles, mémorables, grandes actions, principalement des princes et des généraux : *les gestes d'Alexandre, de Scipion.* Il est vieux. (Du lat. *gesta, orum*, fait de *gerere*, dans le sens de faire.) — Fam. : *on connaît vos faits et gestes*, ce que vous êtes capable de faire.

GESTÉ, adj. mas. (*jèceté*), se dit de celui dont les mouvements sont nobles et aisés. (*Boiste*.) Il est inusité.

GESTICULATEUR, subst. mas. (*jècetikulateur*) (en lat. *gesticulator*), qui *gesticule*, qui fait trop de *gestes*.

GESTICULATION, subst. fém. (*jècetikulâcion*) (en lat. *gesticulatio*), action de *gesticuler*.

GESTICULER, v. neut. (*jèceticulé*) (en lat. *gesticulari*), faire trop de *gestes*; en faire mal à propos.

GESTION, subst. fém. (*jècetion*) (en lat. *gestio*), fait de *gerere*, gérer, administrer), action de *gérer*; administration de quelque affaire.

GÈTES, subst. propre mas. plur. (*jète*), ancien peuple qui habitait les bords de la mer Noire depuis Byzance jusqu'aux bouches du Danube.

GÉTHILLIDE ou **GÉTHILLIS**, subst. fém. (*jétilelide, jétilelice*), t. de bot., genre de plantes de la famille des narcissoïdes.

GÉTONIE, subst. fém. (*jétoni*), t. de bot., genre de plantes calycoptères.

GÉTULES, subst. propre mas. plur. (*jétule*), ancien peuple de la Libye.

GÉUM, subst. mas. (*jé-ome*), t. de bot., plante vivace, à fleur rosacée, dont on distingue beaucoup d'espèces.

GÉVAUDAN, subst. propre mas. (*jévôdan*) (de *Gabali* ou *Gabales*, ancien peuple d'Aquitaine, d'où l'on a fait *javols* ou *javoux*), ancien pays de France, qui faisait autrefois partie du bas Languedoc et qui forme aujourd'hui le dép. de la Lozère.

GÉVAUDAN, E, adj. et subst. (*jévôdan, dane*), qui est du *Gévaudan*.

GÉVUINE, subst. fém. (*jévuine*), t. de bot., arbre du Chili dont le fruit est semblable à l'aveline.

GEX (PAYS DE), subst. propre mas. (*jèkce*), ancienne province de France située au pied du mont Jura. Elle forme aujourd'hui un arrondissement du dép. de l'Ain, dont la ville de *Gex* est le chef-lieu.

GEYÉRITE ou **GEYSERITE**, subst. fém. (*jè-iérite, jèzerite*), t. d'hist. nat., espèce de quartz concrétionné qui se trouve en Islande.

GÈZE, subst. mas. (*jèze*), t. d'archit., angle rentrant au milieu de deux combles et qui leur sert de gouttière.

G. G., subst. fém., abréviation qui indique la trentième feuille d'un volume. — C'est aussi l'abréviation de *grammaire générale*.

GHAINOUK, subst. mas. (*guiénouke*), t. d'hist. nat., espèce de buffle à queue de cheval, originaire du Thibet.

GHAN, subst. mas. (*guan*), hôtellerie en Russie, espèce de caravanserail.

GHATFAU, subst. propre mas. (*guâtefô*), nom d'une tribu arabe.

GHAZAL, subst. mas. (*guâzal*), poésie des Arabes; espèce d'ode amoureuse ou galante, semée d'images et de pensées fleuries, etc., tout-à-fait dans le genre de l'ode anacréontique. La mesure des vers et la disposition des rimes sont les mêmes que dans la *Casside*, mais il ne doit pas y avoir au-delà de treize distiques. Une collection nombreuse de *ghazals*, différents par la terminaison ou la rime, s'appelle *divan*.

GHEBR, subst. mas. (*guièbre*), mot persan qui signifie adorateur du feu; sectateur de Zoroastre. On écrit communément *guèbre*.

GHELUNE, subst. mas. (*guiélune*), prêtre de la religion mongalienne.

GHET, subst. mas. (*guié*), acte de divorce chez les anciens juifs.

GHIABER, subst. mas. (*guiabère*), Persan adorateur du feu.

GHIA-MALA, subst. mas. (*guiamala*), quadrupède d'Afrique, qui, selon les voyageurs, est moitié plus grand que l'éléphant, mais dont l'existence est fort douteuse.

GHIAOUR, subst. mas. (*ji-a-our*), nom que les Turcs donnent à tous ceux qui ne sont pas de leur religion, et particulièrement aux chrétiens. Il signifie proprement infidèle.

GHILCUL, subst. mas. (*guilegule*) (mot hébreu qui signifie *métempsychose*), dogme de la religion juive.

GHILAM, subst. mas. (*guilame*), sorte d'étoffe de soie qui se fabrique en Chine.

GHOLAÏTES, subst. mas. plur. (*guola-ite*), nom de sectaires mahométans.

GHOZEL, subst. mas. (*guozèle*), ablution du corps chez les Perses.

GIACOTIN, subst. mas. (*jiakotein*), t. d'hist. nat., espèce de faisan.

GIALDERS, subst. mas. plur. (*jialedère*), t. de pêche, cabanes garnies seulement de lattes, pour que l'air les traverse. Les pêcheurs du Nord y suspendent le poisson qu'ils veulent dessécher.

GIAMBO, subst. mas. (*jianbô*), t. de bot., arbre des Indes orientales, dont le fruit à noyau a la grosseur et le goût de nos petites pommes de reinette.

GIALL, subst. mas. (*jiale*), enfer des Scandinaves.

GIAMITES, subst. mas. plur. (*jiamite*), race illustre des Perses.

GIAN, subst. mas. (*jian*), chef des Ginnes, chez les Persans.

GIARENDE, subst. mas. (*jiarande*), t. d'hist. nat., gros serpent boa d'Afrique, objet du culte de quelques peuplades sauvages.

GIAUCHEN, subst. mas. (*jiôkène*), nom d'une sorte de talisman chez les Persans, qui a la forme d'une cotte de mailles.

GIBBAR, subst. mas. (*jibar*), t. d'hist. nat., mammifère du genre des baleines.

GIBBASSE, subst. fém. (*jibace*), sorte de bourse ou d'escarcelle qu'on portait autrefois.

GIBBE, subst. fém. (*jibe*), t. d'hist. nat., espèce de coquille terrestre, blanche et longue d'un pouce.

GIBBEUSE, adj. fém. Voy. GIBBEUX.

GIBBEUX, adj. mas., au fém. GIBBEUSE (*jibeu, beuze*) (du lat. *gibbosus*, bossu, fait de *gibba*, bosse), t. de médec., bossu, élevé : *la partie gibbeuse du foie*. — Se dit en bot. des feuilles charnues dont les deux côtés sont convexes.

GIBBIE, subst. fém. (*jibebi*), t. d'hist. nat., genre d'insectes coléoptères de la famille des serricornes.

GIBBON, subst. mas. (*jibebon*), t. d'hist. nat., singe du genre des orangs.

GIBBOSITÉ, subst. fém. (*jibebôzité*) (du lat. *gibbosus*, bossu), t. de médec., courbure de l'épine du dos qui fait les *bossus*.—Il se dit, en bot., des élévations qui se trouvent sur les plantes.

GIBECIER, subst. mas. Voy. BOURSIER.

GIBECIÈRE, subst. fém. (*jibecière*) (selon *Ménage*, du lat. barbare *gibbiciaria*, fait dans la même signification de *gibba*, bosse ; parce que la *gibecière*, à mesure qu'on la remplit, devient en quelque sorte bossue), autrefois, bourse large et plate que l'on portait à la ceinture. — Aujourd'hui, bourse de cuir ou filet dans lequel les chasseurs mettent le plomb, la poudre, etc. — Les escamoteurs ont aussi une gibecière qui leur est propre, et de là l'expression de *tour de gibecière*.

• **GIBELET**, subst. mas. (*jibelé*), petit foret pour percer un tonneau de vin dont on veut faire l'essai. — Prov. : *avoir un coup de gibelet*, avoir la tête un peu éventée.

GIBELIN, subst. mas. (*jibelein*) (d'un fief ou château de *Conrad-le-Salique*, au onzième siècle, appelé *Ghebling* ou *Waibling*, et situé dans le diocèse d'Augsbourg, qui, transmis à la famille de cet empereur, y porta le nom de *Gheibelings* ou *Gibelins*. Voy. GUELFE.), nom d'une faction qui, dans les douzième, treizième et quatorzième siècles, était attachée aux empereurs et opposée aux guelfes, partisans des papes.

GIBELOT, subst. mas. (*jibelô*), t. de mar., pièce de bois en forme de courbe, qui lie l'aiguille de l'éperon à l'étrave du vaisseau.

GIBELOTTE, subst. fém. (*jibelote*), t. de cuisine, espèce de fricassée de poulet, de lapin, etc.

GIBERNE, subst. fém. (*jibèrene*), partie de l'équipement d'un homme de guerre, boîte recouverte de cuir dans laquelle sont placées les cartouches et quelques menus objets pour l'entretien des armes.

GIBET, subst. mas. (*jibè*) (de l'arabe *gibel*, ou mieux *djobal*, montagne, élévation ; les *gibets* étaient ordinairement dressés sur des hauteurs), potence où l'on exécutait les criminels condamnés à être pendus.—Il se disait aussi des fourches patibulaires où l'on exposait les corps de ceux qui avaient été pendus. Le *gibet*, dit *Roubaud*, est plutôt le genre de supplice, et la *potence* est l'instrument du supplice. — Prov., *le gibet ne perd point ses droits*, les criminels sont punis tôt ou tard. — *Le gibet n'est que pour les malheureux*, les richesses et le crédit sauvent ordinairement les grands criminels.

GIBIER, subst. mas. (*jibié*) (du lat. *cibaria*, vivres, aliments. *Ménage*, d'après *Turnèbe*.), animaux bons à manger qu'on prend à la chasse. — Ce mot est plus particulièrement affecté aux animaux sauvages qui servent à la nourriture de l'homme. On dit qu'*une forêt est bien peuplée de gibier*, pour dire qu'il y a beaucoup de cerfs, de daims, de chevreuils, etc. ; qu'*il y a beaucoup de gibier dans une terre*, pour dire qu'on y trouve une grande quantité de lièvres, de lapins, de perdrix, etc. : *nous avons tué beaucoup de gibier*. — On appelle même *gibier*, les cailles, les grives, les mauviettes, et autres sortes de petits oiseaux. — On nomme *grand gibier*, *gros gibier*, les grands animaux ; *menu gibier*, les animaux qui sont d'une grosseur au-dessous de celle du renard ; *gibier à plume*, tout ce que l'industrie d'un oiseleur peut lui procurer en fait d'oiseaux, soit qu'il les prenne dans les pièges ou qu'il les tue au fusil.— Fig. et fam. : *cela n'est pas de son gibier*, de sa profession ; cela passe sa capacité. — Prov., *gibier de grève* ou *de potence* ; *gibier à prévôt*, vagabond, malfaiteur, coquin.

GIBLES, subst. fém. plur. (*jible*), t. de briquetiers, briques arrangées dans le four de manière que la chaleur puisse se distribuer dans l'intérieur.

GIBON, subst. mas. (*jibon*), fête religieuse et solennelle chez les Japonais.

GIBOUDOT, subst. mas. (*jiboudô*), sorte de raisin noir des bords de la Loire.

GIBOULÉE, subst. fém. (*jiboulé*), ondée de pluie soudaine, de peu de durée et quelquefois mêlée de grêle.

GIBOYA, subst. mas. (*jiboéia*), t. d'hist. nat., serpent boa géant du Brésil.

• **GIBOYER**, v. neut. (*jiboé-ié*) (du mot *gibier*), chasser avec le fusil, à pied et sans bruit. — En t. de fauconnerie, chasser à l'oiseau, et voler le *gibier*. — Il n'est guère d'usage que dans ces phrases : *arquebuse à giboyer*, longue arquebuse dont on se sert pour tirer de loin ; *poudre à giboyer*, poudre beaucoup plus fine que l'autre.— En style plaisant, *épée à giboyer*, beaucoup plus longue que les épées ordinaires.

• **GIBOYEUR**, subst. mas. (*jiboé-ieur*), celui qui chasse beaucoup. Fort peu usité.

GIBOYEUSE, adj. fém. Voy. GIBOYEUX.

GIBOYEUX, adj. mas., au fém. GIBOYEUSE (*jiboé-ieu, ieuze*), qui contient beaucoup de gibier : *chasser dans un pays giboyeux*.

GIBRALTAR, subst. propre mas. (*jibraletar*), promontoire célèbre (le *mons Calpe* des anciens, l'une des colonnes d'Hercule), dans le midi de l'Espagne, sur le détroit du même nom, qui sépare l'Europe de l'Afrique. — La ville de *Gibraltar* est située sur le promontoire, au pied d'une masse de rochers inaccessibles.

GIEN, subst. propre mas. (*ji-ein*), petite ville de France, dép. du Loiret.

GIESCHEN, subst. mas. (*gui-ècekène*), chez les Perses, fête qu'on célèbre chaque mois de l'année.

GIFTMEHL, subst. mas. (*guifetemèle*) (de l'allemand *gift*, poison, et *mehl*, farine), t. de chim., arsenic oxydé du minerai de cobalt.

GIGALOBIUM, subst. mas. (*jigualobiome*), t. de bot., genre de plantes grimpantes de la Jamaïque.

GIGANTE, subst. fém. (*jiguante*), figure gigantesque qu'on place à l'arrière d'une galère.

GIGANTEA, subst. mas. (*jiguanté-a*), t. de bot., topinambour du Brésil.

GIGANTÉE, subst. fém. (*jiguanté*), t. de bot., espèce de plante du genre des varecs.

GIGANTESQUE, adj. des deux genres (*jiguantèceke*), qui tient du *géant* : *taille, figure, forme gigantesque ; animaux, arbres, proportions gigantesques*. — Fig. : *conception, projets, entreprises gigantesques*. — On l'emploie aussi subst. au mas. : *craignez, en voulant saisir le grand, de n'atteindre qu'au gigantesque*.

GIGANTIN, adj. mas. Voy. GIGANTESQUE.

GIGANTINE, subst. fém. (*jiguantine*), t. de bot., espèce de varec fort élevé, qu'on appelle aussi *farnésienne*.

GIGANTOGRAPHE, subst. mas. (*jiguantoguerafe*) (du grec γιγας, γιγαντος, géant, et γραφω, je décris), écrivain qui s'occupe de l'histoire des géants.

GIGANTOGRAPHIE, subst. fém. (*jiguantoguerafi*), description des géants.

GIGANTOGRAPHIQUE, adj. des deux genres (*jiguantoguerafike*), qui appartient à la *gigantographie*.

GIGANTOLOGIE, subst. fém. (*jiguantoloji*) (du grec γιγας, gén. γιγαντος, géant, et λογος, discours), discours sur les géants.

GIGANTOLOGIQUE, adj. des deux genres, (*jiguantolojike*), qui appartient à la *gigantologie*.

GIGANTOMACHIE, subst. fém. (*jiguantomachi*) (du grec γιγας, gén. γιγαντος, géant, et μαχη, combat, dérivé de μαχομαι, combattre), combat des géants de la fable contre les dieux. — Descriptions poétiques ; représentations pittoresques de ce combat : *la gigantomachie de Claudien, de Scarron*.

GIGANTOMACHIQUE, adj. des deux genres (*jiguantomachike*), qui appartient à la *gigantomachie*.

GIGANTOPHONTIS, subst. propre fém. (*jiguantofontice*), myth., surnom de Minerve qui aida Jupiter à triompher des géants.

GIGANTOSTÉOGRAPHIE, subst. fém. (*jiguantoceté-oguerafi*) (du grec γιγας, gén. γιγαντος, géant, οστεον, os, et γραφω, je décris), description des os de géant.

GIGANTOSTÉOLOGIE, subst. fém. (*jiguantoceté-oloji*) (du grec γιγας, gén. γιγαντος, géant, οστεον, os, et λογος, discours), discours sur les os de géant.

GIGARTINE, subst. fém. (*jiguartine*), t. de bot., espèce de plantes du genre des varecs.

GIGOT, subst. mas. (*jiguô*) (du vieux mot français *gigue*, qui signifiait cuisse, et que *Ménage* dérive du lat. *coxa*, qui a le même sens), éclanche, cuisse de mouton : *manger un gigot*. — *Manche à gigot*, très-large du haut.—Au plur., jambes de derrière du cheval. — Pop. ou dans le style comique, *étendre ses gigots*, étendre les jambes indécemment.

GIGOTTÉ, E, part. pass. de *gigotter*, et adj (*jiguoté*), *cheval gigotté*, qui a les membres musculeux et bien fournis. — *Lévrier gigotté*, qui a les gigots courts et gros, et les os des jambes éloignés.

GIGOTTER, v. neut. (*jiguoté*), en parlant d'un lièvre ou d'un autre animal semblable, secouer les jarrets en mourant.—En parlant des personnes, remuer continuellement les jambes; il se dit surtout et fam. des enfants : *cet enfant ne fait que gigotter*.

GIGUE, subst. fém. (*jigue*), sorte d'air de musique fort gai.—Danse faite sur cet air.—Bassement, grande fille dégingandée qui ne fait que gambader : *c'est une grande gigue*.—Dans le midi de la France, *gigot* ; c'est un gasconisme : *faire rôtir une gigue*, dites *un gigot*.—Pop., *gigues* se dit au pluriel pour jambes : *avec vos grandes gigues vous empêchez tout le monde de se chauffer*.

GIGUÉ, part. pass. de *giguer*.

GIGUER, v. neut. (*jiguié*), sauter en *gigottant*. Il est burlesque.

GILBE, subst. fém. (*jilebe*), nom vulgaire du genêt des teinturiers.

GILBERTIE, subst. fém. (*jilebèreci*), t. de bot., arbre du Pérou, de la famille des aralies.

GILET, subst. mas. (*jilè*), espèce de veste sans manches que l'on porte sous l'habit, la redingote ou la veste : *gilet de satin, gilet brodé*. — On appelle aussi *gilets*, les camisoles de laine, de coton, etc., que l'on porte sur la peau : *un gilet de flanelle*.

GILGUL-HAMMETHIN, subst. mas. (*jilegule-a-metein*), selon les rabbins, roulement souterrein des cadavres, à la venue du Messie.

GILIE, subst. fém. (*jili*), t. de bot., espèce de plante du Pérou.

GILLA, subst. mas. (*jilela*), nom qu'on donne en pharmacie à du vitriol vomitif préparé.

GILLE, subst. mas. (*jile*), filet à prendre du poisson, fait en forme de chausse. — Niais des théâtres de la foire. — On dit fig. et fam., d'un homme qui a l'air et le maintien d'un niais, que *c'est un vrai gille, un franc gille*.

GILLENIE, subst. fém. (*jileni*), t. de bot., genre de plantes formé de la spirée trifoliée.

GILLERIE, subst. fém. (*jileri*), niaiserie, sottise. Mot nouveau, de la création de *Beaumarchais*. Style familier et critique.

GILLETTE, subst. fém. (*jilète*), femme parée qui fait l'importante. (*Boiste.*) Il est inusité.

GILLIT, subst. mas. (*jilelite*), t. d'hist. nat., espèce de pie de Cayenne.

GILLON, subst. mas. (*jilelon*), nom vulgaire du gui.

GILLOTIN, subst. mas. (*jiloteín*), pop. et fam., niais ou farceur; espèce de *gille*, comme qui dirait celui qui singe un niais de théâtre.—Élève du collége de Sainte-Barbe à Paris. (*Boiste.*)

GILSTEIN, subst. mas. (*jilecetène*), t. d'hist. nat., on homme ainsi, dans le Valais, une variété de talc ou de pierre ollaire, dont on fait, dans ce pays, un grand usage pour construire des poêles qui résistent très-bien à l'action du feu.

GIMBERNAT, subst. mas. (*jeinbèrena*), t. d'hist. nat., genre de plantes de la famille des myrobolanées.

GIMBLETTE, subst. fém. (*jeinblète*), petite pâtisserie dure et sèche faite en forme d'anneau.

GIMIN, subst. mas. (*jimein*), myth., génie que les juifs et les musulmans supposent tenir de la nature de l'ange et de celle de l'homme.

GIMLE ou **VINGOLT**, subst. propre mas. (*jimele, veinguolte*), myth., paradis des déesses scandinaves.

GIN, subst. mas. (*jine*), mot anglais francisé : espèce d'eau-de-vie distillée du genièvre dont le peuple anglais fait grand usage.

GINANIE, subst. fém. (*jinani*), t. de bot., genre de plantes de la famille des brownées.

GINDANT, subst. mas. (*jeindan*), t. de mar., le même que *guindant*. Voy. ce mot. *Boiste* donne les deux mots sans établir leur identité; le *Dictionnaire de Trévoux*, qui les lui a fournis, renvoie de l'un à l'autre.

GINDIS, subst. mas. plur. (*jeindice*), cavaliers turcs fort adroits.

GINDRE, subst. mas. Voy. GEINDRE.

GINGAM, subst. mas. Voy. GUINGAMP.

GINGAS, subst. mas. (*jeingua*), t. de comm., toile à carreaux, en fil bleu et blanc, fabriquée à Rouen, qui s'emploie à couvrir des matelas, à faire des chemises aux matelots, etc.

GINGE, subst. fém. (*jeinje*), t. de bot., graine d'un beau rouge avec une tache noire, appelée vulgairement *graine d'Amérique*.—Chanvre gigantesque qui croît au Japon.

GINGEMBRE, subst. mas. (*jeinjanbre*) (en lat. *zinziberis*, fait du grec ζιγγιβερις, dérivé du mot indou *zindjebil*), t. de bot., racine tuberculeuse, d'une substance résineuse, d'un goût âcre, brûlant, aromatique, qu'on tire de la Chine.—Quelques botanistes l'ont nommée *petit roseau à fleur de massue*, parce que le pistil a la forme d'une massue.—On donne quelquefois au balisier le nom de *gingembre bâtard*.

GINGEMBRINE, subst. fém. (*jeinjanbrine*), poudre de *gingembre*.

GINGEOLE, subst. fém. (*jeinjole*), t. de mar., endroit d'une galère vers la poupe, où l'on place la boussole.

GINGEOLIER, subst. mas. Voy. JUJUBIER.

GINGEON, subst. mas. (*jeinjon*), t. d'hist. nat., espèce de canard des Antilles.

GINGIBRINE, subst. fém. (*jeinjibrine*), poudre de *gingembre*.

GINGIDIE, subst. fém. (*jeinjidi*), t. de bot., espèce de plante ombellifère.

GINGIDION, subst. mas. (*jeinjidion*), t. de bot., plante apéritive de la Syrie, assez semblable à un panais, et dont on fait des cure-dents.

GINGIRAS, subst. mas. (*jeinjirâce*), t. de comm., sorte d'étoffe de soie qui vient des Indes.

GINGLIFORME, adj. fém. Voy. GINGLYMOÏDAL.

GINGLYME, subst. mas. (*jeinguelime*) (du grec γιγγλυμος, gond de porte, charnière), t. d'anat., charnière; espèce d'articulation avec mouvement en deux sens opposés.

GINGLYMOÏDAL, E, adj. Voy. GINGLYMOÏDE.

GINGLYMOÏDE, subst. des deux genres (*jeinguelimo-ide*) (du grec γιγγλυμος, et ειδος, forme, ressemblance), t. d'anat., articulation qui tient de la nature du *ginglyme*.

GINGO, subst. mas. (*jeinguô*), t. de bot., grand arbre de la Chine et du Japon.

GINGRAS ou **GINGRIS**, subst. propre mas. (*jeinguerace, jeinguerice*), nom phénicien d'Adonis.

GINGRINATEUR, subst. mas. (*jeinguerinateur*), t. d'antiq., joueur de flûte dans les cérémonies funèbres chez les Phéniciens.

GINGRINE, subst. fém. (*jeinguerine*) (de *gingras* ou *gingris*, nom phénicien d'Adonis), terme d'antiq., sorte de flûte fort courte, à sons tristes, et dont les Phéniciens se servaient dans les funérailles. — Nous ne savons où *Laveaux* a pu prendre *gingros* et *gingrie* qu'il donne au lieu de *gingrine*. Nous n'avons trouvé ces deux mots nulle part.

GINGUÉ, part. pass. de *ginguer*.

GINGUER, v. neut. (*jeinguié*) (du vieux mot *gigue*, cuisse, voy. GIGOT), donner des coups de pied. Il est vieux.

GINGUES, subst. mas. plur. (*jeingue*), devins japonais qui habitent ordinairement sur de hautes montagnes.

GINGUET, subst. mas. (*jeinguiè*) (du vieux mot *gigue*, cuisse), petit vin, à faire, comme on dit, danser les chèvres, qui n'a ni force ni agrément au goût : *boire du ginguet*. *Pasquier* a remarqué qu'en 1564 on ne recueillit que des vins verts, et qu'on les appela *ginguets*.

GINGUET, adj. mas., au fém. **GINGUETTE** (*jeinguiè, guiète*) qui a peu de force : *vin ginguet*.—Fig. et fam. : *esprit ginguet*, *style ginguet*. — *Habit ginguet*, trop court, qui découvre la cuisse (la *gigue*).

GINGUETTE, adj. fém. Voy. GINGUET.

GINNES, subst. mas. plur. (*djine*), génies femelles chez les Perses modernes.

GINNISTAN, subst. mas. (*djinicetan*), selon les Perses, demeure de certains génies.

GINNUNGAGAP, subst. mas. (*jinenonguaguape*), nom du néant, chez les Scandinaves.

GINORE, subst. fém. (*jinore*), t. de bot., arbrisseau myrtoïde de l'île de Cuba.

GINSENG, subst. mas. (*jeinçangue*), t. de bot., plante très-recherchée des Chinois. — On dit et on écrit également *genseng*, *ginsin* et *gin-seng*. *Raymond*, qui ne s'est pas aperçu de cette identité, a donné les deux mots *genseng* et *ginseng* comme représentant deux choses différentes.

GIOËRNINGA-VEDUR, subst. mas. (*ji-o-èrenein-guavédure*), selon les Islandais, magie par laquelle on excite les tempêtes.

GIOCHIS, subst. mas. (*ji-ochice*), sorte de religieux ou de fakirs indiens. Ils vont nus, et pratiquent des austérités incroyables.

GIONNULES, subst. mas. plur. (*ji-onule*), volontaires turcs qui ont une grande réputation de bravoure.

GIORE, subst. des deux genres (*ji-ore*), juif issu de parents dont l'un est israélite et l'autre prosélyte.

GIOURTASCH, subst. mas. (*ji-ourtache*), pierre mystérieuse des Turcs.

GIP-GIP, subst. mas. (*jipejipe*), t. d'hist. nat., espèce d'oiseau martin-pêcheur du Brésil.

GIPE, subst. fém. (*jipe*), sorte de souquenille faite de toile grossière.

GIPON, subst. mas. (*jipon*), sorte de houppe pour cirer, à l'usage des cordonniers. — Lavette ou éponge dont se servent les corroyeurs pour suiver les peaux.

GIR, v. neut. Voy. GIT.

GIRAFE, subst. fém. (*jirafe*), t. d'hist. nat., mammifère ruminant qui habite l'intérieur de l'Afrique, et dont les jambes de derrière sont plus courtes que celles de devant. C'est le plus grand de tous les mammifères connus. On l'appelle aussi *caméléopard*.—En astron., constellation septentrionale composée de trente-deux étoiles, et dont la tête est située entre la queue du dragon et l'étoile polaire.

GIRANDE, subst. fém. (*jirande*) (de l'italien *girandola*, fait de *girare*; en lat. *gyrare*, tourner, tournoyer), en hydraulique, amas de tuyaux d'où l'eau jaillit; ou en pyrotechnie, assemblage de fusées volantes qui partent en même temps.

GIRANDOLE, subst. fém. (*jirandole*), chandelier de crystal à plusieurs branches avec un pied. —Au plur., espèce de boucles d'oreilles, composées d'un corps qui n'est le plus souvent qu'un simple anneau, auquel on peut suspendre une ou trois pendeloques de diamant, etc. — T. d'artifi-cier et d'hydraulique, la même chose que *girande*. —T. de bot., *girandole d'eau*, *lustre d'eau*, *charagne*, genres de plantes aquatiques, à tiges rameuses, fragiles et articulées.

GIRASOL, subst. mas. (*jiraçole*) (de l'italien *girasole*, tournesol; parce qu'il paraît de différentes couleurs selon les diverses réflexions de la lumière), pierre précieuse d'un blanc laiteux, avec une teinte de bleu et de jaune. C'est une espèce d'opale.—En t. d'hist. nat., astérie.

GIRASOLE, subst. fém. (*jirazole*), t. de bot., espèce de champignon feuilleté originaire d'Italie.

GIRATOIRE, mieux **GYRATOIRE**, adj. des deux genres (*jiratoare*); (du lat. *gyrare*, tourner en rond, fait du grec γυρος, rond, espace circulaire), se dit d'un mouvement de rotation et du point autour duquel ce mouvement s'exécute : *point giratoire*; *mouvement giratoire*.

GIRATORE, subst. mas. (*jiratore*), t. d'hist. nat., espèce d'oiseau de l'ordre des pigeons.

GIRAUMONT, subst. mas. (*jirômon*), t. de bot., plante des Indes occidentales dont le fruit a la forme d'une calebasse et le goût de la citrouille.

GIREL, subst. mas. (*jirèle*), en t. de potier de terre, le haut de l'arbre de la roue. — Pièce du harnais d'un cheval. — Sur la mer du Levant, cabestan, vireveau. — T. d'hist. nat., sorte de poisson. Plusieurs écrivent *girlle*, subst. fém. (*Raymond.*)

GIRENCE, subst. fém. (*jirânce*), t. d'hist. nat., espèce de serpent.

GIRGIE, subst. fém. (*jirji*), t. d'hist. nat., ancien nom d'une pierre blanche quartzeuse qui se trouve dans les rivières.

GIROFLADE DE MER, subst. fém. (*jirofladedemère*), t. d'hist. nat., zoophyte rouge, le millépore celluleux de *Linnée*.

GIROFLE ou **GÉROFLE** (l'*Académie* donne les deux), subst. mas. (*jirofle*) (en lat. *caryophyllum*, fait du grec χαρυοφυλλον), clou de *girofle*, petit fruit d'un goût aromatique, qui a la figure d'un clou. — On nomme dans les boutiques, *antolfe de girofle* ou *clou matrice*, le fruit ou la semence du *giroflier*, qui est une baie coriace, ovoïde, d'un rouge brun ou noirâtre. Il est propre à la reproduction, mais moins aromatique, et beaucoup moins estimé que le *clou de girofle* ordinaire, ou le *clou-fleur*. On fait principalement usage des *clous de girofle* dans les cuisines. Les parfumeurs tirent aussi un grand parti de l'huile essentielle de *girofle*, et on vend sous le nom de *cannelle giroflée*, l'écorce du *giroflier*. Voy. *giroflier des Moluques*, au mot GIROFLIER.

GIROFLÉE, subst. fém. (*jiroflé*), sorte de fleur dont l'odeur ressemble un peu à celle du *girofle*. —Dans le langage burlesque et pop., on appelle par plaisanterie un soufflet *une giroflée à cinq branches*. — La plante qui produit cette fleur. Voy. GIROFLIER. — Il est aussi adj. fém., mais il ne s'emploie que dans cette locution : *cannelle giroflée*. (Acad.)

GIROFLIER, subst. mas. (*jirofliè*), t. de bot., plante vivace à fleur cruciforme, qu'on appelle aussi *giroflée* et *violier jaune*. — *Giroflier des Moluques*, arbre des îles Moluques, de la famille des myrtes, qui égale en hauteur le cerisier et le hêtre. Le calice, le bouton de la fleur et l'embryon du fruit cueilli avant l'épanouissement de la fleur, forment le *clou de girofle*.

GIROLE, subst. fém. (*jirole*), t. d'hist. nat., nom vulgaire de l'alouette d'Italie. — En bot., on appelle vulgairement *girolle* ou *girollette*, l'agaric chanterelle, qui sert aujourd'hui de type au genre chanterelle. — On appelle *grande girolle*, un agaric de cinq pouces de hauteur, qui se trouve sous les houx. Il a une odeur et une saveur très-agréables, et c'est un des meilleurs qu'on connaisse aux environs de Paris.

GIRON, subst. mas. (*jiron*), (en lat. *gremium*, de *gyrus*, rond, fait du grec γυρος, tour, circuit), espace depuis la ceinture jusqu'aux genoux, dans une personne assise.—Au fig., *le giron de l'Eglise*, la communion de l'Eglise catholique. — En t. d'archit., la largeur de la marche d'un escalier où l'on pose le pied. — Dans le blason, espèce de triangle dont la base est de la largeur de la moitié de l'écu, et dont la pointe est au centre. (C'est de cette dernière acception que vient *giron* pris dans la première; parce que les habits longs, s'élargissant par en bas et se rétrécissant par en haut, forment vers la ceinture une espèce de *giron* d'armoiries ou de triangle, vers l'endroit que les Latins appellent *gremium*. *Vestis gyrat*, dit Du Cange, *et circuli formam efficit*.)

GIRONDE, subst. propre fém. (*jironde*), dép. de la France méridionale, compris entre l'Océan, la Charente-Inférieure et les Landes. C'est l'un des plus beaux et des plus importants; il tire son nom du fleuve qui l'arrose, Bordeaux en est le chef-lieu.—Nom que prend la Garonne à sa jonction avec la Dordogne. — Parti dans la Convention, formé par les députés du département de la *Gironde*.

GIRONDELLE-D'EAU, subst. fém. (*jirondèledô*), t. de bot., espèce de plante, la charagne vulgaire.

GIRONDIN, subst. mas. (*jirondein*), député du département de la *Gironde* à la Convention. —Républicain attaché au parti de la *Gironde*.

GIRONDISTE, subst. et adj. des deux genres *(jirondicete)*, qui est du parti de la *Gironde*, qui y a rapport.

GIRONNÉ, E, part. pass. de *gironner*, et adj.; il se dit, dans le blason, d'un écu divisé en huit, dix ou douze parties triangulaires égales entre elles, et de deux émaux alternés.—*Tuiles gironnées*, plus étroites par un bout que par l'autre.

GIRONNER, v. act. *(jironé)* (du lat. *gyrus*, rond, *gyrare*, tourner en rond, fait du grec γυρος, tour, circuit), donner de la rondeur à un ouvrage d'orfèvrerie.—SE GIRONNER, v. pron.

GIRONOMIQUE, adj. des deux genres *(jironomike)*, circulaire. Inus.

GIROUETTE, subst. fém. *(jirouète)* (du grec γυρευειν, tournoyer, fait de γυρος, tour, circuit, en lat. *gyrus*, d'où l'on peut avoir fait *gyruetta* dans la basse latinité, et ensuite *girouette*), banderolle de fer-blanc, etc., au haut d'une maison, que le vent fait tourner, et par le moyen de laquelle on sait quel est le vent qui souffle.—Sur mer, pièce d'étoffe légère en guise de pavillon qu'on arbore sur le haut des mâts.—Fig., personne légère et changeante. On dit qu'*un homme est une girouette*, qu'*il tourne à tout vent comme une girouette*, pour exprimer qu'il change à tout moment de sentiment, d'opinion, et qu'il cède à l'impulsion de tous ceux qui lui parlent.

GIROUETTÉ, E, adj. *(jirouèté)*, se dit en t. de blas., d'un château, d'une tour, lorsqu'il y a une *girouette* sur le toit.

GIROUETTERIE, subst. fém. *(jirouèteri)*, inconstance. (*De Retz*.) Peu en usage.

GIROUETTEUX, adj. mas., au fém. GIROUETTEUSE *(jirouèteu, teuze)*, inconstant, flottant, irrésolu. Il est vieux et même hors d'usage.

GIROUILLE, subst. fém. *(jirou-ie)*, t. de bot., espèce de plante du genre des cancalides.

GIROYER, v. neut. *(jiroèié)*, pirouetter, tourner. Il est vieux.

GIRS, subst. mas. plur. *(jire)*, idoles des Kamtschadales.

DU VERBE IRRÉGULIER GIR :

Gisait, 3e pers. sing. imparf. indic.
Gisaient, 3e pers. plur. imparf. indic.

GISANT, E, adj. *(jizan, zante)*, couché, étendu. — C'est aussi le part. prés. du verbe inusité *gir* ou *gésir*.

GISANTS, subst. mas. plur. *(gizan)*, morceaux de charpente couchés en long.

GISEMENT, subst. mas. *(jizeman)*, t. de mar., situation des côtes de la mer.—En t. de minér., lieu où se trouve une substance minérale. — On dit aussi dans les deux sens *gissement*.

GISÉQUE, subst. fém. *(jizèke)*, t. de bot., plante annuelle à tiges étalées, de la famille des portulacées.

GISIGISI, subst. mas. *(jizijizi)*, t. de bot., espèce d'oseille du Japon.

GISORS, subst. propre mas. *(jizore)*, ville de France, chef-lieu de canton, dans le dép. de l'Eure.

GISTES, subst. fém. plur. *(jite)*, t. d'art militaire, fortes pièces de bois dont on se sert pour la construction des batteries. Voy. GITE.

DU VERBE IRRÉGULIER GIR :

Gisent, 3e pers. plur. prés. indic.
Gisons, 1re pers. plur. prés. indic.

GIT *(ji)*, troisième personne du présent de l'indicatif du verbe neutre *gésir* ou *gir*, qui n'est plus usité. On dit encore, mais seulement dans le style plaisant : *nous gisons, ils gisent; il gisait, ils gisaient*. — *Ci-gît*, formule ordinaire par laquelle commencent les épitaphes.—En t. de mar., *la côte gît nord et sud, est et ouest*, s'étend du nord au sud, de l'est à l'ouest, etc. — Fig. : *il gît*, il consiste.—Prov. : *ce n'est pas là que gît le lièvre*, ce n'est pas là le point important de l'affaire, ce n'est pas là qu'est la difficulté.

GITANES ou **GITANOS**, subst. mas. plur. *(jitane, jitanòce)*, peuplades des Pyrénées, qui paraissent descendre des Maures, et qui mènent une vie misérable. On les appelle *Bohémiens* en France, *zigeuner* en Allemagne, et *Gypsi* en Angleterre.

GÎTE, subst. mas. *(jite)*, lieu où l'on demeure, où l'on couche (où l'on *gît*) ordinairement : *n'avoir point de gîte assuré*. — Lieu où couchent les voyageurs : *gagner le gîte*.— *Payer son gîte*, payer ce qu'on doit pour le temps qu'on a couché en tel lieu.—Anciennement, on appelait *droit de gîte*, un impôt que levaient les rois de France dans les lieux où ils passaient pour s'indemniser des frais de voyage.—Lieu où le lièvre repose :

Un lièvre en son *gîte* songeait :
Car que faire en un *gîte*, à moins que l'on ne songe?
LA FONTAINE.

—Prov. : *venir, comme le lièvre, mourir au gîte*, venir mourir dans son pays. — Celle des deux meules d'un moulin qui est immobile. — En t. de boucher, le bas de la cuisse du bœuf. — —Plur., poutrelles ou pièces de bois rangées sur le terrein, presque perpendiculairement à l'épaulement d'une batterie de canons ou de mortiers, aux endroits où l'on veut établir une plateforme.—T. de minér. On désigne sous le nom de *gîtes*, toutes les masses minérales, lorsqu'on considère ces masses sous le rapport de leur *gisement*, et relativement aux substances qu'elles renferment. Ainsi, une montagne n'est pas un *gîte de minéraux*, mais les différentes couches dont cette montagne est formée, les filons, les amas qui peuvent s'y rencontrer, sont nommés les *gîtes* des substances minérales que renferment ces couches, ces amas, ces filons.

GÎTÉ, E, part. pass. de *gîter*.

GÎTER, v. neut. *(jité)*, demeurer, coucher en quelque lieu. Il est pop. — SE GITER, v. pron.

GITH, subst. mas. *(jite)*, t. de bot., plante des anciens qu'on suppose la même que l'agrostème des blés.

GITHAGE, subst. mas. *(jitaje)*, t. de bot., genre de plantes de l'ordre des caryophyllées.

GITON, subst. mas. *(jiton)*, se disait autrefois pour *mignon*. Aujourd'hui, vil flatteur.

GIU, subst. mas. *(ji-u)*, t. d'hist. nat., espèce d'oiseau de la Carniole, assez semblable au duc cendré.

GUIPON, subst. mas. *(guipon)*, sorte de vêtement à l'usage des femmes turques.

GIUS-CHAN, subst. mas. *(ji-ucekan)*, nom que donnent les musulmans à ceux qui lisent le Koran dans les mosquées.

GIUSTINO, subst. mas. *(ji-ucetino)*, sorte de monnaie de Bologne.

GIVRE, subst. mas. *(jivre)*, sorte de gelée blanche qui, en hiver, lorsque l'air est froid et humide, s'attache aux arbres, aux herbes et aux cheveux.—La différence qu'il y a entre le *givre* et la *gelée blanche*, c'est que cette dernière expression ne sert qu'à désigner la rosée du matin congelée, au lieu que ce qu'on appelle *givre* doit son origine, non à la rosée du matin, mais à toutes les autres vapeurs aqueuses, quelles qu'elles soient, qui, réunies sur la surface de certains corps en molécules sensibles, distinctes et fort déliées, rencontrent un froid suffisant pour les glacer.

GIVRE, subst. fém. *(jivre)*, en t. d'armoiries, grosse couleuvre à queue tortillée.

GIVRÉ, E, adj. *(jivré)*, t. de blason : *croix givrée*, terminée en tête de *givre*.

GIVREUSE, adj. fém. Voy. GIVREUX.

GIVREUX, adj. mas., au fém. GIVREUSE *(jivreu, vreuze)*, gercé : *diamant givreux*.

GIVROGNE, subst. fém. *(jivrognie)*, t. de médec. vétér., dartre qui vient aux lèvres et aux naseaux des moutons.

GIWON, subst. propre mas. *(jivon)*, divinité des Japonais.

GLABELLE, subst. fém. *(guelabèle)*, espace sans poils entre les sourcils.

GLABRE, adj. des deux genres *(guelabre)*, (en lat. *glaber*), t. de bot., dépourvu de poils et de toute excroissance particulière. Il se dit des tiges et des feuilles.

GLABRÉITÉ, subst. fém. *(guelabré-ité)*, état d'une feuille *glabre*.

GLABRIER, subst. mas. *(guelabrié)*, t. de bot., arbre des Indes.

GLABRIUSCULE, adj. des deux genres *(guelabri-ucekule)*, t. de bot., presque *glabre*.

GLAÇANT, E, adj. *(guelaçan, çante)*, qui *glace*. —Au fig. : *abord glaçant, politesse glaçante*.

GLACE, subst. fém. *(guelace)* (en lat. *glacies*), corps solide formé par le passage d'un corps liquide, et particulièrement de l'eau, à l'état de solidité par le refroidissement. Ce passage s'appelle *congélation*.—Fig., air de froideur, indifférence : *avoir un cœur de glace*, n'être point touché des marques d'amitié, etc.—*Recevoir quelqu'un avec un visage de glace, un air de glace*, le recevoir avec beaucoup de froideur, d'indifférence.— *Un style à la glace, des vers à la glace*, se dit pour un style, des vers froids, sans couleur.—Plaque de crystal dont on fait des miroirs, ou qu'on met aux carrosses, aux chaises à porteurs, etc.—Chez les pâtissiers et les confiseurs, sucre et blancs d'œufs battus ensemble, que l'on coule sur des biscuits, des fruits, etc.— On appelle aussi *glaces* des liqueurs *glacées* ou des fruits *glacés* que l'on sert en été dans les collations : *glace de citron, glace de crême*, etc. On dit aussi : *glace au citron, glace à la crême, aux pistaches*, etc. : *on servit beaucoup de glaces*.—*Peintures sur glaces*, peinture faite sur une feuille d'étain, que l'on applique ensuite derrière la *glace*.—En t. de cuisine, jus réduit en gelée pour donner à un ragoût une espèce de croûte transparente.—Dans les diamants, petite tache qui en diminue beaucoup le prix.—*Ferrer des chevaux à glace*, se dit quand on leur met des fers cramponnés pour qu'ils ne glissent pas sur la *glace*.—Fig. : *être ferré à glace*, être très-habile dans la matière dont on parle.—Fig. et fam. : *rompre la glace*, hasarder une première demande, une tentative qui exige de la hardiesse et de la fermeté.—On dit fig. et poét. : *les glaces de l'âge, les glaces de la vieillesse*.

GLACÉ, E, part. pass. de *glacer*, et adj., pris par la *glace*.—Froid : *j'ai les mains glacées*.—Fig. : *la main glacée, les mains glacées de la mort*.—*Gants glacés*, cirés et unis comme de la *glace*.—*Taffetas glacé*, de deux couleurs et extrêmement lustré.

GLACÉE, subst. fém. *(guelacé)*, t. d'hist. nat., espèce de coquille de l'ordre des anomies.—T. de bot., genre de plantes ficoïdes.

GLACER, v. act. *(guelacé)*, congeler, durcir, en parlant de l'eau et des autres liquides : *le grand froid glace les rivières, glace le vin même*. —On dit fig. : *glacer le sang*, causer une émotion désagréable et si forte que le mouvement du sang en est comme suspendu : *cette vue me glaça le sang*; et quelquefois, surtout en poésie, on le dit pour exprimer la diminution, la perte de la chaleur naturelle causée par la vieillesse, la mort : *la mort a glacé cette main généreuse*. —Dans un sens analogue : *un cœur que les ans ont glacé, un cœur glacé par l'âge*, se dit d'un cœur auquel la vieillesse a fait perdre de sa sensibilité.—Par extension, causer un froid très-vif à.... : *cet air me glace le visage, les mains*. — Fig.: 1° intimider, embarrasser, repousser par un accueil froid, sérieux, etc. : *son abord glace les gens*; 2° *glacer* (remplir, pénétrer) *d'effroi, d'horreur*; 3° en parlant du style d'un écrivain, du débit d'un orateur, et de l'écrivain, de l'orateur lui-même : *cet orateur a un débit qui glace, glace par son débit*; *cette lecture nous a glacés*, pour exprimer la froideur, la monotonie du débit, du style.—En t. de couturière et de tailleur, coudre de telle sorte la doublure avec l'étoffe, que l'une et l'autre tiennent ensemble uniment et proprement.—En peinture, appliquer une couleur légère et transparente sur une autre déjà placée et sèche. — Dans l'imprimerie en couleurs, fondre avec art les nuances.— *Glacer les étoffes*, c'est les coller, et leur donner le lustre après les avoir collées.—*Glacer des confitures, des pâtes, des massepains, des cerises, des marrons*, les enduire d'une croûte de sucre lissée. — *Glacer des viandes*, les couvrir d'une gelée de viande lisse et transparente. — *Glacer le suif*, le faire chauffer modérément.— Appliquer sur une broderie de la soie plus brune, pour lui donner du relief. On le dit plus particulièrement des ouvrages d'or et d'argent que l'on *glace* et que l'on émaille avec de la soie.—En t. de cordonnier, cirer un soulier avec une cire luisante. — Neutralement, se congeler, se durcir par le froid: *l'esprit de vin ne glace jamais*. — SE GLACER, v. pron., commencer à être pris ou à se prendre par le froid.

GLACERIE, subst. fém. *(guelaceri)*, l'art de fabriquer des *glaces*. Ce mot manque dans l'*Académie*.

GLACEUR, subst. mas. *(guelaceur)*, t. de manuf., celui qui *glace* les indiennes après les avoir dégraissées.

GLACEUSE, adj. fém. Voy. GLACEUX.

GLACEUX, adj. mas., au fém. GLACEUSE *(guelaceu, ceuze)*, t. de joaillerie : *diamant glaceux*, qui n'est pas absolument net, qui a quelque *glace*.

GLACIAL, E, adj. *(guelaciale)*, qui *glace* : *vent glacial, air glacial*.—Au fig. : *abord glacial, réception glaciale; style, jeu, débit glacial*.—Qui est *glacé* : *mer Glaciale, zône glaciale*. —Au plur. mas., *glacials*. Pourquoi l'*Académie* ne l'admet-elle point?

GLACIALE, subst. fém. (*guelaciale*), t. de bot., plante brillante; espèce de ficoïde : on la nomme aussi *glacée*.

GLACIER, subst. mas. (*guelacié*), limonadier qui prépare et vend les *glaces*. — Amas ou lits de *glace* qui se trouvent en plusieurs endroits des hautes chaînes de montagnes, et qui proviennent des neiges ou des lacs que le froid excessif de ces régions élevées a gelés à une grande profondeur.—Rameaux qui dérivent du point de réunion des *glaces* dans les *glacières*.

GLACIÈRE, subst. fém. (*guelacière*), lieu où l'on conserve de la *glace* pendant l'été. — Fig., chambre extrêmement froide. — Au plur., t. de phys., montagnes qui sont le point de réunion des *glaces* dans les *glacières*.

GLACIES MARIÆ, subst. mas. (*guelaciècemari-é*), t. d'hist. nat., c'est un des noms du mica transparent, en grandes lames. — On l'a aussi donné à la chaux sulfatée laminaire, que les enfants appellent encore *pierre à Jésus*.

GLACIS, subst. mas. (*guelaci*), t. de fortif., esplanade en forme de talus, après le chemin couvert : *le glacis de la contrescarpe*, ou simplement *le glacis*; *les glacis d'une place, d'une forteresse*. — Toute sorte de pente insensible : *le glacis d'un étang*.—En t. d'archit., on appelle *glacis de corniche*, la pente qu'on donne à la surface supérieure d'une cymaise pour faciliter l'écoulement des eaux.—Rang de points que fait un tailleur pour faire tenir la doublure en état avec l'étoffe.—En peinture, couleur légère et transparente qu'on applique sur une autre déjà sèche, ou plutôt l'effet que produit cette couleur. Il y a une espèce de *glacis* plus légère que l'autre, et qu'on nomme *frottoir*. Elle sert principalement pour accorder des couleurs trop entières avec celles qui les avoisinent.—Dans la passementerie, traînées ou jetées de clinquant, etc., qui couvrent un assez long espace sans être arrêtées.— Plus particulièrement, une partie des soies de chaîne qui n'ont d'autre usage que de lier la trame, lorsque la traînée se trouverait trop longue. —Dans les sucreries, 1° plan horizontal en maçonnerie, où l'on expose les pains de sucre au soleil; 2° évasement en forme d'entonnoir, qui est couvert de plomb, et qui augmente la capacité des chaudières à leur partie postérieure, jusqu'à la moitié de leur diamètre.

GLAÇON, subst. mas. (*guelaçon*), morceau de *glace*.

GLADHEIM, subst. mas. (*gueladème*) (de l'ancien allemand *glad*, joie, et *heim*, séjour), myth., paradis des anciens Celtes.

GLADIATEUR, subst. mas. (*gueladi-ateur*) (en lat. *gladiator*, fait de *gladius*, glaive, épée), chez les Romains, celui qui se battait sur l'arène pour le plaisir du peuple.—Parmi nous, bretteur de profession, qui tire l'épée à la moindre occasion. —Selon *Boiste*, espèce de dauphin.

GLADIÉ, E, adj. (*gueladi-é*) (du lat. *gladius*, glaive, épée), t. de bot. ; il signifie la même chose que *ensiforme*.

GLADIOLUS, subst. mas. ou **GLADIOLA**, subst. fém. (*guéladi-oluce*, *gueladi-ola*), t. de bot., sorte de plante dont les feuilles sont en forme de glaive. C'est le nom générique de plusieurs sortes d'iris, de jonc fleuri, etc.

GLAI, subst. mas. (*guelé*), t. de pêche, herbier de *glaïeuls*, qui forme des espèces d'îles dans les étangs.

GLAIE ou **GLAISE**, subst. fém. (*guelè*, *guelèze*), t. de verrerie. On appelle ainsi la partie de la voûte du four qui règne depuis l'extérieur des deux tonnelles, entre les arches à pot, jusqu'à l'extrémité du revêtement du four.

GLAÏEUL et non pas **GLAYEUL**, subst. mas. (*guela-ieule*) (en latin *gladiolus*, fait de *gladius*, glaive, épée, à cause de la forme de ses feuilles), t. de bot., plante vivace à fleur liliacée, à feuilles en lames d'épée.

GLAIRE, subst. fém. (*guelère*) (du latin *clarum ovi*, le clair de l'œuf. *Ménage*. Les médecins disent *clarea*, qui a le même sens), sorte d'humeur visqueuse. — Blanc d'œuf lorsqu'il n'est pas cuit.

GLAIRÉ, E, part. pass. de *glairer*.

GLAIRER, v. act. (*guelèré*), en t. de relieur, frotter le dos d'un livre avec des *glaires* pour y appliquer l'or.—*se* GLAIRER, v. pron.

GLAIREUSE, adj. fém. Voy. GLAIREUX.

GLAIREUX, adj. mas., au fém. **GLAIREUSE** (*guelèreu*, *reuze*), plein de *glaires*.

GLAIS, subst. mas. (*guelé*), décharge de canons. — Honneur funèbre ; convoi d'un souverain. Voy. GLAS, ou mieux CLAS.

GLAIRINE, subst. fém. (*guelèrine*), t. d'hist. nat., matière gélatineuse qu'on trouve dans certaines eaux sulfureuses.

GLAISE, subst. fém. (*guelèze*) (en latin *glis*, gén. *glitis*), terre forte et grasse, propre à faire de la poterie.—On dit aussi adjectivement : *terre glaise*.

GLAISÉ, E, part. pass. de *glaiser*.

• **GLAISER**, v. act. (*guelèzé*), enduire de terre *glaise*.

GLAISEUSE, adj. fém. Voy. GLAISEUX.

• **GLAISEUX**, adj. mas., au fém. **GLAISEUSE** (*guelèzeu*, *zeuze*), qui tient de la nature de la *glaise*.

• **GLAISIÈRE**, subst. fém. (*guelèzière*), l'endroit d'où l'on tire la *glaise*.

• **GLAISINE**, subst. fém. (*guelèzine*), *glaise* fine ou matière limoneuse que charrient certaines rivières.

GLAITERON, subst. mas. Voy. GRATERON.

GLAIVANE, subst. fém. (*guelèvane*), t. de bot., genre de plantes de la famille des joncoïdes.

GLAIVE, subst. mas. (*guelève*) (en lat. *gladius*), épée tranchante; il ne se dit point dans le discours ordinaire, si ce n'est en plaisantant, mais il s'emploie dans la prose et la poésie relevées : — On dit par extension : *le glaive des lois*, *de la justice*. — *La puissance du glaive*, le droit de vie et de mort. — L'Ecriture dit : *celui qui frappera du glaive périra par le glaive*. — *Le glaive spirituel*, la juridiction de l'Eglise, l'excommunication. — On dit aussi fig. : *le glaive de la parole*, pour exprimer le pouvoir de l'éloquence.

GLAMA ou **LAMA**, subst. mas. Voy. LAMA.

GLAME, subst. fém. (*guelame*), t. de médec., ordure qui vient aux yeux.

GLAMMET, subst. mas. (*guelamè*), t. d'hist. nat., espèce d'oiseau de la famille des mouettes.

• **GLANAGE**, subst. mas. (*guelanaje*), action de *glaner*.

GLAND, subst. mas. (*guelan*) (en lat. *glans*, gén. *glandis*), fruit du chêne. — Au fig., certain ornement ou ouvrage de fil, etc., qui, dans sa première origine, ressemblait à un *gland*, et auquel on a depuis donné d'autres formes.—Extrémité des parties naturelles de l'homme. — On appelle par la même raison, *gland du clitoris*, l'extrémité du clitoris dans les parties naturelles de la femme. — Espèce de tenailles de bois, dont les ouvriers qui fabriquent les peignes se servent pour les tenir lorsqu'ils sont en façon, et qu'il ne reste plus qu'à y faire des dents. — T. d'hist. nat., *gland de mer*, espèce de coquillage. — T. de bot., *gland de terre* ou *gesse sauvage*, plante qui croît sur les grands chemins.

• **GLANDAGE**, subst. mas. (*guelandaje*), droit que l'on payait anciennement pour mener paître les porcs dans les forêts.

GLANDE, subst. fém. (*guelande*), partie du corps, simple, molle, friable et spongieuse, qui a quelque ressemblance avec un *gland*. — T. d'anat., on nomme ainsi un corps, souvent de forme arrondie, composé d'une infinité de vaisseaux ramifiés, ou de tubes, ou de granulations ou petites éponges dans un tissu celluleux, destiné à sécréter diverses humeurs, soit du sang, soit d'autres genres de fluides. Ces *glandes* sont ordinairement revêtues d'une membrane, et ont un tube ou orifice excréteur par lequel elles dégorgent l'humeur qu'elles ont créée ou sécrétée. Telles sont les mamelles, les reins, les testicules, les parotides, les amygdales. Le foie, la rate, le pancréas, sont de grosses *glandes* ; on a même regardé le cerveau comme une *glande* sécrétant le fluide nerveux.—On appelle *glandes de Pacchioni*, des granulations que l'on trouve en divers endroits des membranes du cerveau ; *glande lacrymale*, un organe sécréteur des larmes ; *glande pinéale*, un tubercule médullaire de la grosseur d'un pois, que l'on trouve dans le cerveau, au-dessus des tubercules quadrijumeaux ; *glande pituitaire*, un petit corps arrondi, mou et grisâtre, qui en occupe la cavité ; *glandes salivaires*, des organes sécréteurs de la salive ; *glandes sébacées*, de petites follicules sous-cutanées qui contiennent un liquide onctueux propre à entretenir la souplesse de la peau ; *glandes synoviales*, de petits corps sphériques et mucilagineux, situés aux articulations, servant à les rendre libres et coulantes. — *Glande* se dit aussi de certaines tumeurs accidentelles qui se forment en quelque partie du corps : *il lui est survenu une grosse glande à la gorge, au sein*.—En bot., mamelon arrondi ou ovale, sessile ou stipité, qui sert à l'excrétion d'une humeur : *glandes lenticulaires*, *écailleuses*, *miliaires*, etc.

GLANDÉ, E, adj. (*guelandé*), t. d'art vétérinaire ; il se dit d'un cheval qui a des *glandes* enflées. — En t. de blason, chargé de *glands*.

GLANDÉE, subst. fém. (*guelandé*), récolte du *gland*. — *Envoyer les cochons à la glandée* ; les envoyer manger du *gland*.

GLANDIFORME, adj. des deux genres (*guelandiforme*) (du lat. *glans*, gén. *glandis*, gland, et *forma*, forme), t. d'anat., qui a la forme d'un *gland* : *ganglions glandiformes*.

GLANDIOLE, subst. fém. (*guelandiole*), t. d'hist. nat., genre de coquilles microscopiques.

GLANDIVORE, adj. des deux genres (*guelandivore*), il se dit des animaux qui vivent de *glands*.

GLANDULAIRE, adj. des deux genres (*guelandulère*), t. de médec. ; on dit plus souvent *glanduleux*, dont il a le sens.

GLANDULATION, subst. fém. (*guelandulâcion*), t. d'anat., formation des *glandes*.

GLANDULE, subst. fém. (*guelandule*), petite *glande*.

GLANDULEUSE, adj. fém. Voy. GLANDULEUX.

GLANDULEUX, adj. mas., au fém. **GLANDULEUSE** (*guelanduleu*, *leuze*), t. de médec., qui a des *glandes*.—Composé de *glandes*.

GLANDULIFEUILLE, subst. fém. (*guelanduli-feu-ie*), t. de bot., espèce de plante nommée aussi *diosma uniflore*.

GLANE, subst. fém. (*guelane*) (du lat. barbare *gelina* ou *geliena*, qui dans le moyen-âge a signifié gerbe. *Caseneuve* et *Ménage*.), brins d'épis que l'on ramasse dans les champs après que le blé en a été enlevé. — Prov. et fig. : *il y a encore champ*, *beau champ pour faire glane*, se dit d'une chose sur laquelle on peut encore travailler, après qu'un autre y a déjà travaillé.—Plusieurs petites poires arrangées sur une même branche.—Nombre d'ognons attachés de la sorte à un bouchon de paille : *une glane d'ognons*.

GLANÉ, E, part. pass. de *glaner*.

GLANÉE, subst. fém. (*guelané*), t. de chasse, sorte de piége qu'on tend aux canards. Il consiste en un collet de crin arrangé sur une tuile percée dans le milieu.

GLANEMENT, subst. mas. (*guelaneman*), action de *glaner*. — L'*Académie* ne donne que *glanage*, qui est en effet plus usité.

GLANER, v. act. et neut. (*guelané*) (du mot *gland*, dont *glaner* a d'abord signifié exclusivement la récolte; ce n'est que par extension qu'il a été appliqué ensuite aux épis de blé), ramasser les épis laissés dans un champ moissonné. — Figur. et fam., 1° faire quelques petits gains dans une affaire, après que d'autres y en ont fait de plus grands; 2° traiter une matière déjà épuisée par d'autres : c'est dans ce sens que *La Fontaine* a dit :

> Mais ce champ ne se peut tellement moissonner,
> Que les derniers venus n'y trouvent à *glaner*.

—*se* GLANER, v. pron.

GLANEUR, subst. mas., **GLANEUSE**, subst. fém. (*guelaneur*, *neuze*), celui, celle qui *glane*.

GLANEUSE, subst. fém. Voy. GLANEUR.

GLANIS, subst. mas. (*guelani*), t. d'hist. nat., poisson osseux, holobranche, abdominal, de la famille des oplophores et du genre des silures, qui se trouve principalement dans le Nil. On l'appelle aussi *malle*.

• **GLANURE**, subst. fém. (*guelanure*), ce que l'on *glane* après la moisson.

GLAPHYRE, subst. mas. (*guelafire*), t. d'hist. nat., genre d'insectes coléoptères.

GLAPIR, v. neut. (*guelapir*) (de l'allemand *klappern*, qui signifie la même chose) ; il ne se dit proprement que de l'aboi aigre des petits chiens et des renards. — Fig., parler ou chanter d'un ton de voix aigre.

GLAPISSANT, E, adj. (*guelapiçan*, *çante*), qui *glapit* : *un ton glapissant*, *une voix glapissante*.

GLAPISSEMENT, subst. mas. (*guelapiceman*), le cri des renards et des petits chiens. Voy. GLAPIR.—Fig., cri perçant, aigu, en parlant des personnes.

GLARÉOLE, subst. fém. (*guelaré-ole*), t. d'hist. nat., perdrix de mer. — C'est aussi le nom d'un genre d'oiseaux échassiers de la famille des unci-rostres.

GLARIS, subst. mas. (*guelârice*), t. d'hist. nat., genre de poisson.

GLARIS, subst. propre mas. (*guelarice*), canton de la Suisse, qui s'étend entre le lac Wallenstadt et les Alpes. — Bourg considérable de la Suisse, chef-lieu du canton précédent.

GLAS, subst. mas. ; quelques-uns disent GLAIS ou mieux GLÂS, (*guelâ*) (suivant *Ménage*, du lat. *classicum*, son de la trompette, dont la signification a été, dit-il, transportée au son des cloches. Suivant d'autres, du grec κλαζω, je crie, qui se dit proprement des oies, des grues, ou de κλαιω, je pleure.) ; son d'une cloche que l'on tinte pour une personne qui vient d'expirer. Voy. CLÀS.

GLASOR, subst. mas. (*guelazor*), myth., forêt du paradis des Scandinaves, dont les arbres sont en or.

GLASGOW, subst. propre fém. (*guelaceguou*), ville d'Écosse sur la Clyde, à quatorze lieues d'Edimbourg.

GLASS, subst. mas. (*guelace*) (de l'anglais *glass*, verre), t. d'hist. nat., expression adoptée en français pour désigner plusieurs espèces de crystal de fabrique anglaise.

GLASS-CORD, subst. mas. (*guelacekorde*) (de l'anglais *glass*, verre, et du grec χορδη, boyau, intestin), t. de musique, instrument imaginé par *Franklin*. C'est une espèce de piano qui, au lieu de cordes métalliques, est formé de lames de verre, soutenues sur des chevalets libres à l'extrémité, que frappent des marteaux soulevés par le mouvement des touches.

GLATERON, subst. mas. (*guelateron*). Voy. GLATERON. *Glateron* ne se trouve que dans *Boiste*.

GLAUBER, subst. mas. (*guelaubère*), t. de pharm., sulfate de soude : *sel de glauber*, combinaison de l'acide minéral ou marin avec l'acide vitriolique.

GLAUBÉRITE, subst. fém. (*guelôbérite*), t. de chim., substance minérale récemment découverte en Espagne : elle offre une combinaison naturelle de sulfate de chaux et de sulfate de soude.

GLAUCE, subst. fém. (*guelôce*), t. de bot., sorte de plante à tiges étalées, de la famille des primulacées.

GLAUCÉ ou **GLAUCA**, subst. propre fém. (*guelôcé, guelôka*), myth., fille de Créon, roi de Corinthe, pour laquelle Jason quitta Médée ; elle est plus connue sous le nom de Créuse. Voy. CRÉUSE. — C'est aussi le nom d'une Néréide.

GLAUCIENNE, subst. fém. (*guelôciène*), t. de bot., famille de pavots.

GLAUCION, subst. mas. (*guelôcion*), t. de bot., plante des anciens, nommée *chélidoine* chez les modernes.

GLAUCOÏDE, subst. mas. (*guelôko-ide*), t. de bot., genre de plantes de la famille du pourpier.

GLAUCOME, subst. mas. (*guelôkome*) (du grec γλαυκωμα, fait de γλαυκος, vert de mer), t. de médec., maladie des yeux causée par l'épaississement de l'humeur vitrée, qui devient de couleur verdâtre.

GLAUCONIE, subst. fém. (*guelôkoni*), t. d'hist. nat., espèce de terre crayeuse mêlée au tuf.

GLAUCOPE, subst. mas. (*guelôkope*), t. d'hist. nat., espèce d'oiseau silvain de l'ordre des pies.

GLAUCOPIDE, subst. mas. (*guelôkopide*), t. d'hist. nat., genre d'insectes lépidoptères.

GLAUCOPIS, subst. propre fém. (*guelôkopice*), (en grec γλαυκωπις, qui a les yeux bleus, formé de γλαυκος, bleu, et ωψ, gén. ωπος, œil), myth., surnom de Minerve.

GLAUCUS, subst. mas. (*guelôkuce*), t. d'hist. nat., genre de poissons de la Méditerranée. — Genre de mollusques.—Subst. propre; selon la mythologie, *Glaucus* était fils d'Hippolochus et père de Bellérophon. Il changea, au siége de Troie, ses armes d'or contre celles de cuivre de Diomède. —Il y eut un autre *Glaucus*, fils de Sisyphe et de Mérope, qui fut roi de Potnia en Magnésie. Il avait des cavales qu'il nourrissait de chair humaine. Vénus, pour se venger du mépris qu'il faisait de son culte, inspira tant de fureur à ces cavales, qu'il en fut lui-même dévoré.—Il y en eut un autre, fils de Minos. Celui-là fut étouffé dans une tonne de miel ; mais Esculape le ressuscita. —Il y eut un autre *Glaucus* qui était pêcheur de profession. Celui-ci, ayant un jour remarqué que les poissons qu'il posait sur une certaine herbe reprenaient de la force, et se rejetaient dans l'eau, s'avisa de manger de cette herbe, et sauta aussitôt dans la mer ; mais il fut métamorphosé en Triton, et regardé comme un dieu marin. Circé l'aima inutilement ; car il s'attacha à Scylla, que la magicienne, par jalousie, changea en monstre marin, après avoir empoisonné la fontaine où Glaucus et Scylla allaient se cacher. Ce *Glaucus* était une des divinités qu'on nommait *littorales*, nom qui vient de ce que les anciens avaient coutume d'accomplir aussitôt qu'ils étaient au port les vœux qu'ils avaient faits sur mer. On trouve encore plusieurs autres *Glaucus* : un, fils d'Hippolyte ; un, fils d'Anténor ; un, ministre de Vulcain, etc.

GLAUX, subst. mas. (*guelô*), t. de bûcheron, tronçon raccourci. (*Boiste.*) Il est vieux, et même hors d'usage.

GLAUMET, subst. mas. (*guelômè*), l'un des noms vulgaires du pinson.

GLAUQUE, adj. des deux genres (*guelôke*) (du grec γλαυκος, vert de mer), se dit en bot. d'une couleur de vert de mer ou de vert bleuâtre. — En t. d'hist. nat., poisson du genre des squales.

GLAUSIPPE, subst. propre fém. (*guelôzipe*), myth., l'une des filles de Danaüs.

GLAUX, subst. mas. (*guelô*), t. de bot., plante de la famille des salicaires, qui augmente le lait aux nourrices.

GLAYCOS, subst. mas. (*guelèkôce*), t. d'hist. nat., poisson qu'on pêche dans la Méditerranée et dont la chair est excellente.

GLÈBE, subst. fém. (*guelèbe*) (en lat. *gleba*), t. de chimie, motte de terre qui renferme quelque métal ou minéral. — Le fond, le sol d'un héritage. — Les esclaves attachés à un domaine, à une métairie, chez les Romains, s'appelaient *esclaves de la glèbe*. — La jurisprudence féodale employait le mot *glèbe* dans le même sens, pour désigner une espèce de serfs connue encore aujourd'hui dans plusieurs contrées de l'Europe ; et certains droits incorporels attachés à une terre, comme le droit de patronage, le droit de justice : *serfs de la glèbe ; droit de la glèbe*. — Il se dit poétiq., du champ que l'on travaille, que l'on cultive : *arroser la glèbe de ses sueurs*.

GLÉCHON, subst. mas. (*gueléchon*), t. de bot., espèce de menthe appelée aussi *pouliot*.

GLÉCHONITE, subst. mas. (*guelékonite*), vin dans lequel on avait fait infuser des feuilles de pouliot.

GLÉCHOME, subst. mas. (*guelèkome*), t. de bot., sorte de plante, espèce de terrette.

GLÉDITSE, subst. fém. (*guelèditece*), t. de bot., févier, acacia tricanthos.

GLEICHENIE ou **GLEICENIE**, subst. fém. (*guelècheni, guelèceni*), t. de bot., espèce de mertensie.

GLEICHENIÉES, subst. fém. plur. (*guelècheníé*), t. de bot., famille de plantes de l'ordre des fougères.

GLEIDTISCA, subst. fém. (*guelèdeticeka*), t. de bot., genre de plante de la famille des légumineuses.

GLÈNE, subst. fém. (*guelène*) (du grec γληνη, emboîture des os), t. d'anat., cavité moyenne et externe des os, dans laquelle s'emboîte un autre os. — En t. de mar., partie d'une manœuvre cueillie en rond.

GLENÉ, E, part. pass. de *glener*.

GLENER, v. act. (*guelené*), t. de mar., cueillir en rond l'excédant des manœuvres courantes.

GLÉNOÏDAL, E, adj. (*gueléno-idale*) (du grec γληνη, emboîture des os, et ειδος, forme), t. d'anat., *cavités glénoïdales*, cavités peu profondes qui servent à l'emboîtement d'un os dans un autre.—Au plur. mas., *glénoïdaux*.

GLÉNOÏDAUX, adj. mas. plur. Voy. GLÉNOÏDAL.

GLÉNOÏDE, subst. et adj. fém. (*gueléno-ide*), t. d'anat., nom par lequel on désigne la cavité de l'omoplate qui reçoit la tête de l'humérus.

GLÉNOÏDIEN, adj. mas., au fém. **GLÉNOÏDIENNE** (*gueléno-idiein, diène*), t. d'anat., qui appartient aux cavités *glénoïdes*.

GLETITZIA, subst. fém. (*guelétitezia*), t. de bot., espèce de plante qui vient sur les bords de la mer.

GLETTE, subst. fém. (*guelète*), mot emprunté de l'allemand, et dont on se sert en français, dans l'affinage, pour désigner la litharge ou l'oxyde de plomb.

GLEUCOMÈTRE, subst. mas. (*gueleukomètre*) (du grec γλευκος, moût de vin, et μετρον, mesure), instrument pour mesurer la force du moût de vin dans la cuve.

GLEUCOMÉTRIQUE, adj. des deux genres (*gueleukométrike*), qui concerne le *gleucomètre*.

GLIADINE, subst. fém. (*gueli-adine*), substance jaunâtre qui existe dans le *gluten*.

GLINE, subst. fém. (*gueline*), t. de pêche, panier couvert dans lequel les pêcheurs mettent le poisson qu'ils ont pris.

GLINOLE, subst. fém. (*guelinole*), t. de bot., genre de plantes grasses de la famille des ficoïdes.

GLINON, subst. mas. (*guelinon*), t. de bot., espèce d'érable.

GLINOS ou **GLINUS**, subst. mas. (*guelinôce, guelinuce*), t. de bot., sorte d'érable des anciens.

GLIRE, subst. mas. (*guelire*), t. d'hist. nat., ordre de mammifères rongeurs de la famille des gerboises.

GLIRIEN, subst. mas. (*guelirîein*), t. d'hist. nat., famille de mammifères analogues aux *glires* ou *glis*.

GLIS, subst. mas. (*guelice*), t. d'hist. nat., nom latin des loirs que l'on a donné quelquefois à des gerboises.

GLISSADE, subst. fém. (*gueliçade*), mouvement du pied qui *glisse* involontairement sur quelque chose de gras ou d'uni.—Action de *glisser*.

GLISSANT, E, adj. (*gueliçan, çante*), sur quoi l'on *glisse* facilement, sans pouvoir s'y tenir ferme. Au propre et au figuré : *chemin, pavé glissant ; il fait glissant ; il fait trop glissant, on ne peut se tenir dans les rues*.—*Pas glissant*, affaire délicate, hasardeuse, où il faut beaucoup d'adresse.—*C'est un terrein glissant*, exprime la difficulté qu'il y a de se maintenir quelque part en faveur, en crédit.

GLISSÉ, subst. mas. (*guelicé*), sorte de pas de danse qui se fait en passant doucement le pied devant soi, et en touchant le plancher très-légèrement.

GLISSÉ, E, part. pass. de *glisser*.

GLISSEMENT, subst. mas. (*gueliceman*), t. de phys., action de *glisser*.

GLISSER, v. neut. (*guelicé*), mettre le pied sur une chose *glissante*, et chanceler pour tomber. — *Glisser* sur la *glace* par divertissement. C'est de ce mot *glace* qu'a été formé *glisser*, qui d'ailleurs, suivant *Du Cange*, pourrait bien n'être qu'une simple onomatopée. — On dit prov. et fig. : *c'est à vous à glisser, c'est votre tour à glisser*, c'est votre tour à faire telle chose, en parlant d'une affaire où il y a de la peine, du péril, de la dépense.—*Le pied lui a glissé*, se dit en parlant de quelqu'un à qui, par imprudence ou par malheur, il est arrivé un accident fâcheux. On dit, dans le même sens : *prenez garde que le pied ne vous glisse*.—*Le pied lui a glissé dans le sang, lui glissera dans le sang*, expression nouvelle en parlant d'un ministre ou d'un gouvernement dont la chute peut être attribuée aux mesures cruelles, sanglantes, qu'il a prises pour se maintenir.—On le dit, par extension, de diverses choses : *l'échelle glissa*.—Couler sur ou de : *l'eau glisse sur la toile cirée ; cela m'est glissé de la main*.—Dans ce dernier sens, on dit fig. et fam., en parlant de quelqu'un qui trahit sa parole, qui change promptement d'opinion, de résolution, etc. : *il vous glisse des mains quand on s'y attend le moins* ; et en parlant d'une chose sur laquelle on comptait et qui échappe : *cette affaire, cette place m'a glissé des mains*. — Fig., passer légèrement sur une matière : *glissons là-dessus ; c'est un sujet délicat sur lequel il faut glisser légèrement*.—Faire peu d'impression : *mes remontrances, mes raisons ne font que glisser sur votre esprit comme l'eau sur une toile cirée*. — *Glisser*, v. act., exprime l'action de mettre, de couler adroitement ou furtivement quelque chose en quelque endroit : *glisser sa main dans la poche ; je lui glissai un papier dans la main*.—Fig. : *glisser un mot dans un discours ; glisser une clause dans un contrat*, c'est-à-dire laisser échapper le mot, insérer la clause comme par hasard, à la dérobée, sans intention.—*Glisser quelque chose à l'oreille de quelqu'un*, le lui dire tout bas et comme à la dérobée ; *il vit le ministre, et lui en glissa deux mots à l'oreille*.—Insinuer dans les esprits : *c'est lui qui a glissé cette erreur parmi le peuple*. — SE GLISSER, v. pron., se couler doucement et presque sans qu'on s'en aperçoive.—Fig., s'insinuer dans l'esprit : *les erreurs se glissent facilement*. Dans un sens analogue : *il s'est glissé beaucoup de fautes dans cet ouvrage*.

GLISSEUR, subst. mas. (*gueliceur*), qui *glisse* sur la glace.

GLISSOIRE, subst. fém. (*gueliçoare*), chemin frayé sur la glace pour y *glisser*.

GLOBA, subst. fém. (*gueloba*), t. de bot., genre de plantes liliacées. — *Globa nutans*, genre de plantes très-voisin des rénéalmies.

GLOBE, subst. mas. (*guelobe*) (en lat. *globum* ou *globus*), corps rond et solide.—*Les globes célestes*, les astres. — *Globe terrestre*, *globe* d'airain, de carton, etc., sur lequel sont dépeintes les régions de la terre.—*Globe céleste*, celui sur lequel sont dépeintes les constellations avec leurs étoiles.—T. de phys., *globe électrique*, *globe* de verre que l'on fait tourner sur son axe, et que l'on frotte en y tenant les mains appliquées. Il devient électrique par ce frottement, et communique son électricité à tous les corps qu'on en approche, qui sont susceptibles de la recevoir par communication.—*Globe de feu*, météore enflammé qui se montre dans l'atmosphère, sous la forme d'un *globe* animé d'un mouvement très-rapide et ordinairement accompagné d'une queue lumineuse.—*Globe* se prend aussi pour les peuples, les nations qui habitent le *globe* : *les richesses sont le mobile des révolutions rapides qui tourmentent le globe*.—En t. d'anat., on appelle *globe de l'œil*, le *globe* de la vue, à cause de sa forme *globuleuse*.—En t. d'hist. nat., on a donné le nom de *globe* à un poisson du genre tétrodon, et à une petite espèce d'oursin. — *Globe* se dit particulièrement de la boule d'or, surmontée d'une croix, que l'empereur d'Allemagne et quelques rois portent dans la main pour marque de leur dignité : *le globe de Charlemagne*.

GLOBÉE, subst. fém. (*guelobé*), t. de bot., plante de la famille des balisiers.

GLOBEUSE, adj. fém. Voy. GLOBEUX.

GLOBEUX, adj. mas., au fém. **GLOBEUSE**, (*guelobeu, beuze*), t. de bot., arrondi en forme de *globe*.

GLOBIFÈRE, subst. fém. (*guelobifère*), t. de bot., plante rampante de la Caroline.

GLOBO, adv. Voy. IN GLOBO.

GLOBOSITÉ, subst. fém. (*guelobôzité*), état de ce qui est rond.

GLOBOSITE, subst. fém., et plus ordinairement **GLOBOSITES**, subst. fém. plur. (*guelobôzite*), t. d'hist. nat., coquilles fossiles univalves et en forme de *globe*. On les appelle aussi *tonnites*.

GLOBULAIRE, subst. fém. (*guelobulère*), t. de bot., plante vivace à fleur composée, flosculeuse, qui habite les bords des bois. — Arbrisseau dont les feuilles sont ramassées en forme de petites boules.

GLOBULE, subst. mas. (*guelobule*) (en lat. *globulus*, dimin. de *globus*, globe), petit *globe*, petit corps sphérique.

GLOBULEUSE, adj. fém. Voy. GLOBULEUX.

GLOBULEUX, adj. mas., au fém. **GLOBULEUSE** (*guelobuleu, leuze*), composé de *globules* : *la matière globuleuse*. — Il se dit aussi de ce qui a une forme ronde, sphérique : *cette substance, vue au microscope, présente de petits corps globuleux*.

GLOBULICORNES, subst. mas. pl. (*guelobulikorne*) (du lat. *globulus*, petit globe, petite boule, et *cornu*, corne ou antenne), t. d'hist. nat., famille d'insectes lépidoptères, qui ont les antennes en masse. C'est à cette famille, très-nombreuse, qu'apppartiennent les papillons.

GLOBULIFÈRE, adj. des deux genres (*guelobulifère*) (du lat. *globulus*, petit globe, et *ferre*, porter), t. de bot., qui porte des *globules* : *plante globulifère*.

GLOBULITE, subst. mas. (*guelobulite*), t. d'hist. nat., genre d'insectes coléoptères.

GLOCESTER, subst. propre mas. (*guelocècetère*), comté d'Angleterre.—Ville des États-Unis, dans le Massachusets.

GLOCHIDE, subst. fém. (*guelochide*) (du grec γλωχίς, angle), t. de bot.; on donne ce nom à des divisions crochues que l'on voit au sommet des poils dans certaines plantes. C'est ce qu'on nomme aussi *crochet*.

GLOCHIDION, subst. mas. (*guelochidion*), t. de bot., genre de plantes voisin des némies.

GLOIRE, subst. fém. (*gloare*) (en lat. *gloria*), honneur, réputation; l'estime, les louanges que les vertus, le mérite, les grandes qualités, les grandes actions ou les bons ouvrages attirent à quelqu'un de la part des hommes : *aimer, chercher la gloire; travailler, faire tout pour la gloire; combattre, mourir pour la gloire; gloire éclatante, immortelle, fragile, périssable, passagère; être la gloire de son siècle, de son pays, de sa famille; c'est ainsi que passe la gloire du monde*.—La *gloire* dit quelque chose de plus que l'*honneur*. La première va au-delà du devoir, elle fait entreprendre, sans qu'on y soit obligé, les choses les plus difficiles; le second fait exécuter sans répugnance et de bonne grace tout ce que le devoir le plus rigoureux peut exiger. On peut être indifférent pour la *gloire*; il n'est pas permis de l'être pour l'*honneur*. — Eclat, splendeur : *Dieu apparut à Moïse dans toute sa gloire*. — La béatitude céleste : *la gloire que Dieu a préparée à ses élus; la gloire éternelle*. — Orgueil, sotte vanité : *la gloire le perdra*, ce sens a vieilli. On dit mieux et plus souvent *sotte gloire*, *vaine gloire* : *la vaine gloire corrompt le mérite des plus belles actions*. — On appelle *fausse gloire*, une fausse opinion de l'honneur, une ambition déplacée : *l'amour des conquêtes ne produit qu'une fausse gloire*. — *Gloire* se dit aussi de l'honneur, des hommages qu'on rend à Dieu : *la gloire en appartient à Dieu*.—*Dire, publier quelque chose à la gloire de quelqu'un*, dire, publier une chose qui lui fait honneur : *ce qu'on peut dire à sa gloire, c'est qu'il n'augmenta jamais les impôts, même pendant la guerre; ce que vous dites-là n'est pas à sa gloire*.—En t. de peinture, la représentation du ciel ouvert avec les personnes divines, les anges et les bienheureux : *la gloire du Titien, du Tintoret; la gloire du Val-de-Grace*.—Sur le théâtre, machine suspendue et entourée de nuages sur laquelle se placent les personnages qui doivent descendre de l'empyrée ou y monter : *à la fin du troisième acte, Jupiter descend dans une gloire*.—En t. d'artificier, soleil fixe d'une grandeur extraordinaire. — *Faire gloire* ou *se faire une gloire de*... mettre sa gloire, son honneur à faire quelque chose. — *Rendre gloire*, reconnaître, attester : *rendez gloire à la vérité*. — Il n'a point de plur., excepté en t. de peinture, où l'on dit *des gloires admirables*, et en t. de théâtre : *on fait descendre et monter les gloires au moyen d'un contrepoids*.

GLOMÉRÉ, E, part. pass. de *glomérer*, et adj. (*gueloméré*) (du lat. *glomeratus*, amassé en rond, fait de *glomer* ou *glomus*, pelote, peloton), se dit, en bot., des fleurs rassemblées en forme de tête, à l'extrémité d'une tige ou d'un pédoncule commun.

GLOMÉRER, v. act. (*gueloméré*) (en lat. *glomerare*), amasser en rond. — *se* GLOMÉRER, v. pron.—On se sert rarement de ce verbe; on dit plus souvent *agglomérer* et *s'agglomérer*.

GLOMÉRIDE ou **GLOMERIS**, subst. mas. (*guelomèride*) (du lat. *glomer* ou *glomus*, pelote, peloton), t. d'hist. nat., genre d'insectes aptères de la famille des myriapodes, qui ont le corps ovale et se roulent en boule.

GLORIA, subst. mas. (*gueloria*), nom que les marins donnent au thé ou café noir qu'ils prennent avec de l'eau-de-vie bien sucrée.—*Gloria maris*; on appelle ainsi, en t. d'hist. nat., une coquille de mer d'une extrême beauté.

* **GLORIETTE**, subst. fém. (*gueloriète*), dans quelques endroits : 1° maison de plaisance; 2° le cabinet le plus élevé d'une maison à la ville; 3° cabinet ou pavillon à la campagne.—Dans d'autres, retranchement derrière le mur d'un four de boulanger, qui forme une petite chambre.

GLORIEUSE, adj. fém. Voy. GLORIEUX.—Subst. fém., t. de bot., genre de plantes de la famille des liliacées.

GLORIEUSEMENT, adv. (*guelorieuzeman*), avec honneur, d'une manière *glorieuse*.

GLORIEUSETÉ, subst. fém. (*guelorieuzeté*), défaut, conduite, manière de *glorieux*. Vieux et inusité.

GLORIEUX, adj. mas., au fém. **GLORIEUSE** (*glorieu, rieuze*) (en lat. *gloriosus*), qui s'est acquis beaucoup de *gloire* : *il revient glorieux et triomphant; un nom, un règne glorieux; vie, mort, mémoire glorieuse; faire une fin glorieuse*. —Qui mérite beaucoup de *gloire*, de louanges : *actions glorieuses; règne, travaux glorieux*. — Qui jouit de la *gloire* céleste. — Les catholiques disent quelquefois, en parlant de la sainte Vierge et des saints : *la glorieuse vierge Marie, les glorieux apôtres saint Pierre et saint Paul; les glorieux martyrs*.—Ils appellent aussi *corps glorieux*, les bienheureux lors de leur résurrection.—*Être glorieux de quelque chose*, être fier d'une chose, s'en faire honneur, en tirer vanité : *une mère est glorieuse de sa fille; il est tout glorieux de ce qui lui arrive*. — Vain, superbe. En ce sens il est subst. : *c'est un glorieux, une glorieuse*. —Le *glorieux* veut paraître quelque chose; l'*orgueilleux* croit être quelque chose; l'*avantageux* agit comme s'il était quelque chose; le *fier* croit que lui seul est quelque chose et que les autres ne sont rien.—L'*Académie* assure qu'on dit prov. : *il fait bon battre un glorieux, il ne s'en vante pas*, ou simplement : *il fait bon battre un glorieux*, ce qui signifierait qu'on n'a pas à craindre d'être puni, parce qu'il garde le silence sur son aventure; ou dans un sens plus général, qu'un homme vain aime mieux endurer des humiliations secrètes que de s'en plaindre.

GLORIFICATION, subst. fém. (*guelorifikâcion*) (en lat. *glorificatio*), élévation de la créature à la *gloire* éternelle : *la glorification des élus*. Il n'a guère d'usage qu'en cette acception.

GLORIFIÉ, E, part. pass. de *glorifier*.

GLORIFIER, v. act. (*guelorifié*) (en lat. *glorificare*), rendre *gloire* et honneur à... Il ne se dit que de Dieu.—Rendre participant de la *gloire*. Il ne se dit que des saints. On dit des martyrs qu'*ils glorifiaient Dieu*, c'est-à-dire que leur constance rendait respectable aux hommes le Dieu qu'ils annonçaient.—On dit que *Dieu glorifie les saints*, pour dire qu'il les rend participants de la *gloire* éternelle. — *se* GLORIFIER, v. pron., faire *gloire* d'une chose; en tirer vanité.

GLORIOLE, subst. fém. (*gueloriole*), petite *gloire*; réputation qui a de légers fondements, etc. —Petite vanité. C'est un mot fort en usage. Il appartient au style critique.

GLORIOLETTE, subst. fém. (*guelorioléte*), vaine *gloriole*. Vieux et même hors d'usage.

GLOSE, subst. fém. (*guelôze*) (du grec γλῶσσα, langue; parce que la *glose* sert à expliquer un texte, comme la langue à exprimer les pensées par le moyen de la parole), explication faite mot à mot et fidèlement sur le texte. La *glose* a le même but que le *commentaire*, mais elle est plus littérale. On appelle *glose ordinaire*, la *glose* faite sur le latin de la Vulgate; et *glose interlinéaire*, une *glose* placée entre les lignes du texte : *il est arrivé dans les anciens livres que la glose a été insérée dans le texte, est entrée dans le texte*. — *Glose* se dit aussi d'un petit ouvrage de poésie qui est une espèce de parodie de la pièce d'un autre auteur, dont on répète un vers à la fin de chaque stance; en sorte que la *glose* a autant de stances que le texte a de *vers* : *les poëtes espagnols ont fait beaucoup de gloses; la glose de sainte Thérèse*.—*C'est la glose d'Orléans qui est plus obscure que le texte*, se dit prov. et fig., selon l'*Académie*, d'une explication qui n'est pas assez claire ou qui embrouille le texte au lieu de l'éclaircir. — *Glose* se dit figur. et fam., des réflexions, des critiques, des interprétations ajoutées à un récit : *dites le fait simplement, point de glose*.

GLOSÉ, E, part. pass. de *gloser*.

GLOSER, v. act. (*guelôzé*), faire une *glose*, expliquer par une *glose* : *gloser un auteur; gloser la Bible*.—Donner un mauvais sens à quelque action, etc., critiquer, censurer : *cela est net, il n'y a rien à gloser; que trouvez-vous à gloser là-dessus?*—On l'emploie aussi neut. dans ce sens : *il n'y a point à gloser sur sa conduite*.

GLOSEUR, subst. mas., au fém. **GLOSEUSE** (*guelôzeur, zeuze*), celui, celle qui *glose* sur tout; qui interprète tout en mal.

GLOSEUSE, subst. fém. Voy. GLOSEUR.

GLOSS., abréviation de *glossaire*.

GLOSSAIRE, subst. mas. (*guelocecère*) (du grec γλῶσσα, langue), *dictionnaire* servant à l'explication de certains mots moins connus d'une langue, par d'autres termes de la même langue plus connus : *vieux glossaire, glossaire de Du Cange*. — On le dit quelquefois d'un simple vocabulaire.

GLOSSALGIE, subst. fém. (*gueloceçalji*) (du grec γλῶσσα, langue, et ἄλγος, douleur), t. de médec., douleur à la langue.

GLOSSALGIQUE, adj. des deux genres (*gueloceçalejike*), t. de médec., qui appartient à la *glossalgie*.

GLOSSANTHRAX, subst. mas. (*gueloceçantrakce*) (du grec γλῶσσα, langue, et ἄνθραξ, charbon), t. de médec., charbon qui vient ordinairement à la langue des gros bestiaux.

GLOSSATE, subst. mas. (*gueloceçate*), t. d'hist. nat., classe d'insectes qui ont la langue roulée entre deux palpes soyeuses. Beaucoup de papillons en font partie.

GLOSSATEUR, subst. mas. (*gueloceçateur*), auteur qui a *glosé* un livre : *les glossateurs de la Bible*. Il n'est guère usité que dans cette phrase.

GLOSSIEN, adj. et subst. mas. (*gueloceciein*) (du grec γλῶττα, langue), t. d'anat. qui se dit d'un muscle qui appartient à la langue.

GLOSSITE, subst. fém. (*guelocecite*) (du grec γλωσσα, langue), t. de médec., inflammation de la langue.

GLOSSOCATOCHE, subst. mas. (*gueloceçokatoche*) (du grec γλωσσα, langue, et κατεχω, j'arrête, je retiens), instrument de chirurgie pour abaisser et fixer la langue.

GLOSSOCÈLE, subst. fém. (*gueloceçocèle*) (du grec γλωσσα, langue, et κηλη, tumeur, hernie), t. de médec., chute de la langue, qui se retire par un mouvement de déglutition, ou qui sort de la bouche lorsqu'elle est devenue excessivement volumineuse.

GLOSSOCOME, subst. mas. (*gueloceçokome*) (du grec γλωττις, glotte, languette d'un instrument, et κομειν, avoir soin), instrument de chirurgie, en forme de coffre long, employé autrefois pour réduire les fractures et les luxations des cuisses et des jambes.—Espèce de petit coffre ou d'étui dans lequel les anciens renfermaient les *glottes* de flûtes.—Nom donné par *Héron* à une machine composée de plusieurs roues dentelées, pour élever de grands fardeaux.

GLOSSODIE, subst. fém. (*gueloceçodi*), t. de bot., genre de plantes orchidées.

GLOSSO-ÉPIGLOTTIQUE, adj. des deux genres (*gueloceço-épiguelotike*) (du grec γλωσσα, langue, et επιγλωττις, épiglotte), t. d'anat., se dit des muscles qui appartiennent à la langue et à l'*épiglotte*.

GLOSSOGRAPHE, subst. mas. (*gueloceçoguerafe*) (du grec γλωσσα, langue, et γραφω, j'écris), auteur qui écrit sur les langues, qui s'occupe de leur étude.

GLOSSOGRAPHIE, subst. fém. (*gueloceçoguerafi*), (même étym. que celle du mot précéd.), science des langues.—En anat., description de la langue.

GLOSSOGRAPHIQUE, adj. des deux genres (*gueloceçoguerafike*), qui appartient à la *glossographie*.

GLOSSO-HYAL, subst. mas. (*gueloceço-i-al*), t. d'anat., corne postérieure de l'*hyoïde*.

GLOSSOÏDE, subst. fém. (*gueloceço-ide*) (du grec γλωσσα, langue, et ειδος, forme, ressemblance), t. d'hist. nat., pierre ayant la figure de la langue d'un homme.

GLOSSOLOGIE, subst. fém. (*gueloceçoloji*) (du grec γλωσσα, langue, et λογος, discours), t. de médec., discours, traité sur la langue. C'est une partie de la somatologie.

GLOSSOLOGIQUE, adj. des deux genres (*gueloceçolojike*), qui appartient à la *glossologie*.

GLOSSOME, subst. mas. (*gueloceçome*), t. de bot., espèce d'arbrisseau analogue au votomite.

GLOSSO-PALATIN, subst. mas. (*gueloceçopalatin*) (du grec γλωσσα, langue, et du latin *palatum*, le palais), t. d'anat., nom de deux muscles qui ont leur origine au palais et vont se terminer à la langue.

GLOSSOPÈTRE, subst. mas. (*gueloceçopètre*) (du grec γλωσσα, langue, et πετρος, pierre; *langue de pierre*), dents de poisson pétrifiées que leur forme a fait long-temps prendre à tort pour des langues de serpent.

GLOSSO-PHARYNGIEN, subst. mas. et adj. (*gueloceçofareinjiein*) (du grec γλωσσα, langue, et φαρυγξ, le pharynx), t. d'anat.; on donne ce nom à deux muscles qui ont leur origine au *pharynx*, et se terminent à la langue.

GLOSSO-STAPHYLIN, subst. mas. et adj. (*gueloceçocetafilein*) (du grec γλωσσα, langue, et σταφυλη, la luette), t. d'anat.; on donne ce nom à deux muscles qui appartiennent à la langue et à la luette. On les appelle aussi *glosso-palatins*.

GLOSSOTOMIE, subst. fém. (*gueloceçotomi*) (du grec γλωσσα, langue, et τεμνω, je coupe), t. d'anat., dissection de la langue.

GLOSSOTOMIQUE, adj. des deux genres (*gueloceçotomike*), qui appartient à la *glossotomie*.

GLOTTE, subst. fém. (*guelote*) (du grec γλωττις), petite fente du larynx, par laquelle l'air que nous respirons descend et remonte, et qui sert à former la voix.—Partie de la flûte des anciens qui, au rapport d'*Hésychius*, était une languette ou petite langue qui s'agitait par le souffle du joueur. Il paraît par là que ces flûtes étaient des espèces de hautbois, et les *glottes* des anches.

GLOTTÉAL, E, adj. (*guelotè-al*), t. de chir., nom donné aux tubercules de *Santorini*. — Au plur. mas., *glottéaux*.

GLOTTIDION, subst. mas. (*guelotetidion*), t. de bot., genre de plantes d'Amérique, qui fait partie des nélites.

GLOTTITE, subst. fém. (*guelotetite*), t. de médec., inflammation de la *glotte*.

GLOTTORER, v. neut. (*guelotetoré*) (du latin *glottorare*, qui a la même signification), crier comme la cigogne.

GLOUGLOU, subst. mas. (*guelouguelou*), le bruit que fait une liqueur lorsqu'on la verse d'une bouteille : *le glouglou de la bouteille*. Il n'est guère usité que dans les chansons à boire. C'est une onomatopée. — Au plur., *des glouxgloux*; comme si le mot *glou* était répété deux fois.

GLOUGLOUTER ou **GLOUGLOTTER**, v. neut. (*guelougueloutè*), qui exprime la manière de crier des dindons. C'est une onomatopée. — Le coq d'Inde *glouglotte*; mais la poule ne *glouglotte* pas, elle *pépie* ou *piaule*.

GLOUME ou **GLUME**, subst. fém. (*gueloume*) (du latin *gluma*), t. de bot., balle des graminées, enveloppe de leurs organes sexuels.

GLOUPICHI, subst. mas. (*gueloupichi*) (mot qui, dans la langue kamtschadale, signifie *stupide*), t. d'hist. nat., espèce d'oiseaux très-nombreux d'Amérique.

GLOUSSEMENT, subst. mas. (*guelouceman*) (en lat. *glocitatio*), bruit sourd que font les poules qui appellent leurs poussins.

GLOUSSER, v. neut. (*guelouce*) (en lat. *glocire* ou *glociture*), faire des *gloussements*, en parlant des poules.

GLOUSSETTE, subst. fém., ou **GLOUET**, subst. mas. (*guelouceète, gueloué*), t. d'hist. nat., poule d'eau brune.

GLOUTERON, subst. mas. (*guelouteron*), t. de bot., sorte de plante, la même que la *bardane*.

GLOUTON, subst. et adj. mas., au fém. **GLOUTONNE** (*guelouton, tone*) (en lat. *gluto*), celui, celle qui mange avec avidité, avec excès. — T. d'hist. nat., espèce de mammifère plantigrade des forêts de la Laponie.

GLOUTONNE, subst. et adj. fém. Voy. GLOUTON.

GLOUTONNEMENT, adv. (*gueloutoneman*), d'une manière *gloutonne* : *les loups mangent gloutonnement*. (La Fontaine.)

GLOUTONNERIE, subst. fém. (*gueloutoneri*), vice de celui qui est *glouton*.

GLOUTONNIE, subst. fém. (*gueloutoni*), gourmandise, avidité dans le manger. Inusité.

GLOUZE, subst. fém. (*guelouze*), t. de rivière, échancrure, abaissement formé dans les bancs de sable, et qui permet à l'eau de s'y introduire.

GLOXINE, subst. fém. (*guelokcine*), t. de bot., plante personnée.

GLU, subst. fém. (*guelu*) (en lat. *glus* ou *glux*), sorte de composition visqueuse, tenace et résineuse avec laquelle on prend des oiseaux, des insectes, etc. — En t. de pêche, paille longue qui sert à emballer les poissons. — En t. de jardinage, sorte de liqueur épaisse qui découle de certains arbres. — *Boiste* et *Raymond* écrivent aussi *glue*, qui n'est point usité et que n'admet pas l'*Académie*.

GLUANT, E, adj. (*guelu-an, ante*), de la nature de la *glu*; visqueux : *matière gluante*.

GLUAU, subst. mas. (*guelu-ô*), petite branche, petite verge enduite, frottée de *glu* : *tendre des gluaux*.

GLUCINE, subst. fém. (*guelucine*) (du grec γλυκυς, doux), t. de chimie, espèce de terre découverte par *M. Vauquelin* dans l'aigue-marine ou béril, et dans l'émeraude, qui, entre autres propriétés, a celle de faire des *sels sucrés* avec les acides.

GLUCINIUM, subst. mas. (*gueluciniome*), t. d'hist. nat., sorte de métal formé de la *glucine*.

GLUCKISME, subst. mas. (*gueloukiceme*), préférence accordée à la musique de *Gluck*, musicien allemand.

GLUCKISTE, subst. mas. (*gueloukicete*), partisan de la musique de *Gluck*.

GLUÉ, E, part. pass. de *gluer*.

GLUER, v. act. (*guelu-é*), enduire de *glu*, rendre *gluant*. — Poisser, salir avec quelque chose de *gluant* : *ce sirop m'a glué les mains*.— *se* GLUER, v. pron.

GLUI, subst. mas. (*guelu-i*), grosse paille de seigle, qui sert à couvrir les toits.

GLUMACÉES, subst. fém. plur. (*guelumacé*), t. de bot., fleurs qui ont une balle comme l'avoine.

GLUMAL, E, adj. (*guelumal*), t. d'hist. nat., se dit des écailles de certains reptiles, à cause de leur ressemblance avec la *glume*.—Au plur. mas., *glumaux*.

GLUME, subst. fém. (*guelume*), t. de bot., partie inférieure des fleurs ou des épillets des graminées et des cypéracées.

GLUMELLE, subst. fém. (*guelumèle*), t. de bot., petite *glume*.

GLUMU-CADUR, subst. mas. (*guelumukadur*), sortilège des Islandais pour rendre les lutteurs invincibles.

GLUTA, subst. mas. (*gueluta*), t. de bot., arbre de Java, ainsi nommé, de ce que les pétales de sa fleur sont *agglutinées* sur la colonne qui surmonte la glume.

GLUTAGO, subst. mas. (*guelutaguô*), t. de bot., espèce de plante du genre des loranthes.

GLUTEN, subst. mas. (*guelutène*) (du lat. *gluten*, colle, glu), t. de chimie, substance *glutineuse* qui se trouve dans diverses substances végétales, notamment dans la farine du froment. On l'a nommée aussi *glutin* ou *le glutineux*. — Matière qui sert à lier ensemble les parties qui composent un corps solide, tel que les pierres, etc.

GLUTIER, subst. mas. (*guelutié*), t. de bot., genre de plantes tithymaloïdes.

GLUTINANT, subst. mas. (*guelutinan*), t. de médec., remède qui colle, qui attache comme de la *glu*.

GLUTINARIA, subst. fém. (*guelutinaria*), t. de bot., espèce de sauge à tige et à fleurs visqueuses.

GLUTINATEUR, subst. mas. (*guelutinateur*), t. d'antiq., colleur de papyrus. Hors d'usage.

GLUTINATIF, subst. et adj. mas., au fém. **GLUTINATIVE** (*guelutinatif, tive*), t. de médec. : *un glutinatif* ou *un remède glutinatif* est celui qui lie les parties divisées, qui aide à leur union. On dit aussi *agglutinatif*. Voy. ce mot.

GLUTINATION, subst. fém. (*guelutinâcion*) (en lat. *glutinatio*, fait de *glutinare*, coller, souder), t. de médec., action de réunir, de joindre les parties qui ont été séparées.

GLUTINATIVE, adj. fém. Voy. GLUTINATIF.

GLUTINEUSE, adj. fém. Voy. GLUTINEUX.

GLUTINEUX, adj. mas., au fém. **GLUTINEUSE** (*guelutineu, neuze*) (en lat. *glutinosus*), gluant, visqueux. Il n'est guère usité que parmi les savants. — En chimie, *le glutineux*. Voy. GLUTEN.

GLUTINOSITÉ, subst. fém. (*guelutinôzité*), qualité de ce qui est *glutineux*, visqueux.

GLYCÉRATION, subst. fém. (*guelicérâcion*), infusion ou décoction de réglisse.

GLYCERIE, subst. fém. (*gueliceri*), t. de bot., genre de plantes graminées formé de la fétuque flottante.

GLYCIDE, subst. fém. (*guelicide*), t. de bot., espèce de pivoine.

GLYCIMÈRE, subst. fém. (*guelicimère*), t. d'hist. nat., genre de coquilles bivalves.

GLYCINE, subst. fém. (*guelicine*), t. de bot., genre de plantes de la famille des légumineuses.

GLYCISIDE, subst. fém. (*guelicizide*), t. de bot., ancien nom de la pivoine.

GLYCONIEN, adj. mas., au fém. **GLYCONIENNE** (*guelikoniein, niène*) (du poète *Glycon*, son inventeur) : *vers glyconien*, sorte de vers employé par les Grecs et les Latins; il était composé d'un spondée et de deux dactyles.

GLYCONIENNE, adj. fém. Voy. GLYCONIEN.

GLYCONIQUE, adj. des deux genres. Voy. GLYCONIEN, qui se dit également.

GLYCOSMIS, subst. mas. (*guelikocemice*), t. de bot., genre de plantes de la famille des hespérídées, qui diffère des limonies par sa baie à cinq loges monospermes.

GLYCYRRHIZINE, subst. fém. (*guelicirerizine*), t. de chim., suc extrait de la réglisse.

GLYCYRRHIZITE, subst. fém. (*guelicirerizite*), t. de bot., espèce de réglisse d'Amérique.

GLYCYTHYMOS, subst. propre mas. (*guelicitimoce*), myth., surnom d'Apollon, adoré comme le dieu qui adoucit les cœurs.

GLYPHE, subst. mas. (*guelife*) (du grec γλυφη, entaille, gravure; dérivé de γλυφω, je grave, je creuse), t. d'archit., tout canal creusé en rond ou en angle, et qui sert d'ornement.

GLYPHIES, subst. propre fém. plur. (*guelifi*), myth., nymphes que l'on adorait dans une caverne du mont *Glyphus*.

GLYPHISODON, subst. mas. (*guelifizodon*) (du grec γλυφω, je grave, je creuse, et οδους, gén. οδοντος, dent), t. d'hist. nat., genre de poissons osseux holobranches, thoraciques, de la famille des leptosomes, dont les *dents* sont larges et crénelées.

GLYPHITE, subst. fém. (*guelifite*) (du grec γλυφις ou γλυφη, sculpture), nom donné par *M. Haüy* à la pierre de lard des Chinois, parce que les Chinois en font des magots et des pagodes.

GLYPTIQUE, subst. fém. *(guelipetike)* (du grec γλυπτος, gravé, part. de γλυφω, je grave), art de graver les images sur les pierres précieuses. D'après son étymologie, ce mot s'appliquerait plutôt aux entailles qui sont gravées en creux qu'aux camées qui sont gravés en relief. Cependant il se dit de l'un et de l'autre, et l'*Académie* l'admet ainsi.

GLYPTOGNOSIE, subst. fém. *(guelipetoguenôzi)* (du grec γλυπτος, gravé, et γνωσις, connaissance), connaissance des pierres gravées.

GLYPTOGRAPHE, subst. mas. *(guelipetoguerafe)*, celui qui s'adonne à la *glyptographie*.

GLYPTOGRAPHIE, subst. fém. *(guelipetoguerafi)* (du grec γλυπτος, gravé, et γραφω, je décris), description des gravures en creux et en relief sur des pierres précieuses.

GLYPTOGRAPHIQUE, adj. des deux genres *(guelipetoguerafique)*, qui appartient à la *glyptographie*.

GLYPTOSPERMES, subst. fém. plur. *(guelipetocepèreme)* (du grec γλυπτος, creusé, gravé, et σπερμα, semence), t. de bot., famille de plantes dont les semences sont creusées transversalement de sillons nombreux et parallèles.

GLYPTOTHÈQUE, subst. fém. *(guelipetotèke)* (du grec γλυφω, je grave, γλυπτος, gravé, θηκη, boîte, formé de τιθημι, je place), cabinet de pierres gravées. Ce mot inconnu est de *Boiste*, et de *Boiste* seul.

GMELIN, subst. mas. *(guemelin)*, t. de bot., arbre épineux de l'Inde; famille des pyrénacées.

GNA, subst. propre fém. *(guena)*, myth., chez les Celtes, c'était la messagère céleste.

GNAPHALIUM, subst. mas. *(guenafaliome)* (du grec γναφαλον, bourre ou duvet, dérivé de γναφω, je carde), t. de bot., genre de plantes de la famille des corymbifères de *Jussieu*, dont les feuilles sont couvertes d'une espèce de coton cardé. On l'appelle vulgairement *gnaphale*, *cotonnière* ou *cotonnier*.

GNAPHALODES, subst. f. pl. *(guenafalode)*, t. de bot., genre de plantes appelé depuis *micropus*.

GNAPHOSE, subst. fém. *(guenafôze)*, t. d'hist. nat., genre d'insectes arachnides, appelé aujourd'hui *drasse*.

GNATHAPTÈRE, subst. mas. *(guenatapetère)*, t. d'hist. nat., division d'insectes aptères qui sont pourvus de mâchoires.

GNATHITE, subst. fém. *(guenatite)*, (du grec γναθος, mâchoire), t. de médec., inflammation de la joue.

GNATHOBOLE, subst. mas. *(guenatobole)*, t. d'hist. nat., espèce de poisson appelé aussi *odontognathe*.

GNATHODONTE, subst. mas. *(guenatodonte)*, t. d'hist. nat. pour désigner la sous-classe qui renferme les poissons proprement dits.

GNATHOCÉPHALE, subst. mas. *(guenatocéfale)* (du grec γναθος, mâchoire, et κεφαλη, tête), t. de chir., monstre sans tête visible, mais dont les mâchoires sont apparentes.

GNATHOPLÉGIE, subst. fém. *(guenatopléji)*, (du grec γναθος, mâchoire, et πλησσω, je frappe), t. de médec., paralysie des joues.

GNATHOPLÉGIQUE, adj. des deux genres *(guenatopléjike)*, qui appartient à la *gnathoplégie*.

GNATHORRHAGIE, subst. fém. *(guenatoreraji)*, (du grec γναθος, mâchoire, et ρεω, je coule), t. de médec., épanchement du sang par les parois internes de la joue.

GNATHORRHAGIQUE, adj. des deux genres *(guenatorerajike)*, qui concerne la *gnathorragie*.

GNATHOSPASME, subst. mas. *(guenatocepaceme)* (du grec γναθος, mâchoire, et σπασμος, spasme), t. de médec., contraction *spasmodique* de certains nerfs de la joue.

GNAVELLE, subst. fém. *(guenavèle)*, t. de bot., genre de plantes de la famille des portulacées de *Jussieu*.

GNEISS, subst. mas. *(guenèce)*, t. d'hist. nat., roche feuilletée, composée de mica et de granit.

GNÉMON, subst. mas. *(guenémon)*, t. de bot., nom générique de plusieurs arbres des îles Moluques.

GNET, subst. mas. *(guenè)*, t. de bot., arbre d'Amérique, à tronc et rameaux genouillés, et dont on mange les feuilles et les fruits.

GNIDE, subst. propre mas. *(guenide)*, t. de géogr. anc., ville célèbre sur la côte occidentale de l'Asie-Mineure, dans laquelle Vénus était particulièrement adorée. Selon les poètes, *Gnide* avait ainsi que Paphos et Idalie le droit de remiser le char et les colombes de la déesse, lorsqu'elle quittait l'Olympe pour visiter la terre.

GNIDION, subst. mas., ou **GNIDIE**, subst. fém. *(guenidion, di)*, t. de bot., genre d'arbrisseaux de la famille des daphnoïdes de *Jussieu*.—On dit aussi *gnidienne*.

GNOME, subst. mas. *(guenome)* (du grec γνωμων, connaisseur, prudent, habile, fait de γινοσκω, je connais, à cause de l'intelligence et des connaissances qu'on suppose aux *gnomes*), nom donné à certains génies que les cabalistes supposent habiter dans la terre.—Aphorisme, sentence. (Dans ce sens, il est tiré du grec γνωμη, sentence.)—T. d'hist. nat., genre d'insectes coléoptères.

GNOMIDE, subst. fém. *(guenomide)*, femelle d'un *gnome*.

GNOMIQUE, adj. des deux genres *(guenomike)* (en grec γνωμικος, fait de γνωμη, sentence), sentencieux : *les quatrains de Pibrac sont un poème gnomique*.

GNOMOLOGIE, subst. fém. *(guenomoloji)* (du grec γνωμη, sentence, et λογος, discours), philosophie sentencieuse.

GNOMOLOGIQUE, adj. des deux genres *(guenomolojike)* sentencieux, qui appartient à la *gnomologie*. Peu usité.

GNOMOLOGUE, subst. mas. *(guenomologue)*, philosophe sentencieux.—Celui qui recueille des *gnomes*, des sentences.

GNOMON, subst. mas. *(guenomon)* (en grec γνωμων, indicateur, signe, dérivé de γινοσκω, je connais), t. d'astron., tout instrument qui marque les heures par la direction de l'ombre qu'un corps solide porte sur un plan ou sur une surface courbe : *les cadrans solaires sont des gnomons où le corps qui projette son ombre est une verge de métal appelée style*.— Style de cadran solaire. Il se dit proprement de celui que termine une plaque percée d'un trou par où passe l'image du soleil. — Style pour connaître la hauteur du soleil : *le style des gnomons modernes est ordinairement terminé par une plaque circulaire de métal percée à son centre d'un petit trou de même figure, pour laisser passer l'image bien définie du disque solaire*.—En arithm., *les gnomons*, les progressions arithmétiques dont on forme les nombres polygones.

GNOMONIQUE, subst. fém. *(guenomonike)* (du grec γνωμονικη, sous-entendu τεχνη, formé de γνωμων, style de cadran solaire), la science de tracer des cadrans solaires sur un plan, et sur la surface d'un corps donné quelconque. Elle comprend aussi l'art de tracer au soleil, les cadrans à la lune et aux étoiles. —*Gnomonique réflexe*, celle qui enseigne à construire des cadrans par réflexion. — *Gnomonique rompue*, l'art de faire des cadrans par réfraction.— *Colonne gnomonique*, en archit., cylindre où sont marquées les heures par l'ombre d'un style.

GNOMONOGRAPHE, subst. mas. *(guenomonoguerafe)* (du grec γνωμη, sentence, et γραφω, j'écris), savant moraliste.

GNOMONOGRAPHIE, subst. fém. *(guenomonoguerafi)*, étude, science, traité sur la morale.

GNOMONOGRAPHIQUE, adj. des deux genres *(guenomonoguerafike)*, qui appartient à la *gnomonographie*.

GNOMONOLOGIE, subst. fém. Voy. GNOMOLOGIE.

GNOMONOLOGIQUE, adj. des deux genres. Voy. GNOMOLOGIQUE.

GNOSIMAQUES, subst. mas. plur. *(guenozimake)* (du grec γνωσις, science, connaissance, et μαχομαι, combattre; *qui combat les sciences*), t. d'hist. eccl., hérétiques du septième siècle qui condamnaient toutes les sciences et toutes les connaissances.

GNOSIS, subst. propre fém. *(guenôzice)*, myth.; Ariane est ainsi appelée de *Gnose*, ville de l'île de Crète, dont Minos son père était roi.

GNOSTIQUE, subst. mas. *(guenocetike)* (du grec γνωστικος, savant, éclairé, dérivé de γινοσκω, je connais), t. d'hist. eccl., nom d'hérétiques qui se vantaient d'avoir des sciences surnaturelles.— Le mot *gnostique*, qui signifie savant, éclairé, illuminé, spirituel, avait été adopté par les chrétiens de cette secte, comme s'ils avaient eu eux seuls la véritable connaissance du christianisme. D'après cela, ils regardaient les autres chrétiens comme des gens simples et grossiers qui expliquaient les livres sacrés d'une manière basse et trop littérale. C'étaient d'abord des philosophes qui s'étaient formé une théologie particulière sur la philosophie de Pythagore et de Platon, à laquelle ils avaient accommodé les interprétations de l'Écriture. Ce nom de *gnostique* devint dans la suite un nom générique que l'on donna à plusieurs sectaires chrétiens du premier siècle, qui, différant entre eux sur certaines circonstances, étaient néanmoins d'accord sur les principes.

GNOU, subst. mas. (on prononce *gniou*), t. d'hist. nat., mammifère ruminant d'Afrique, du genre des antilopes.

GO, TOUT DE GO, adv. *(guô)*, librement, sans façon, sans obstacle : *cela va tout de go*; *entrer tout de go*. Il est pop. — Quelques personnes et *Boiste* écrivent aussi *gô*; l'*Académie* n'admet point l'accent.

GOA, subst. mas. *(guo-a)*, t. de bot., espèce de figuier des Indes. — Subst. propre mas., nom d'une île et d'une ville importante des Indes appartenant aux Portugais.

GOACONAZ, subst. mas. *(guo-akônâze)*, t. de bot., grand arbre d'Amérique qui produit une substance balsamique connue sous le nom de baume d'Amérique ou baume de Tolu.

GOAILLÉ, E, part. pass. de *goailler*.

GOAILLER, v. act. *(guo-â-ié)*, expression basse et pop. qui signifie railler. — *se* GOAILLER, v. pron., se moquer les uns des autres.

GOAILLERIE, subst. fém. *(guo-â-ieri)*, action de *goailler*.

GOAILLEUR, subst. mas., au fém. **GOAILLEUSE** *(guo-â-ieur, ieuze)*, celui, celle qui *goaille*. — Adj. : *air, ton goailleur*.

GOAILLEUSE, adj. fém. Voy. GOAILLEUR.

GOAZIL, subst. mas. *(gô-azil)*, t. de relat.; on appelle ainsi en Perse le commandant d'un château ou d'un fort.

GOBBE, subst. fém. *(guobe)*, sorte de composition en forme de bol, que l'on donne aux chiens pour les empoisonner.

GOBBÉ, E, adj. *(guobé)*, t. de vétér.; on dit : *une bête à laine est gobbée*, quand on trouve une *gobbe* dans son estomac.

GOBÉ, E, part. pass. de *gober*.

GOBEAU, subst. mas. *(guobô)*, gobelet. Il est vieux.

GOBELET, subst. mas. *(guobelè)* (en lat. *cupella*, dim. de *cupa*, coupe, tasse), petit vase pour boire. —Vase de fer-blanc dont se servent les escamoteurs. — Chez le roi, on appelait *gobelet*, 1° le lieu où l'on fournissait le pain, le vin et le fruit pour la bouche du roi; 2° les officiers qui servaient au *gobelet*.—*Jouer des gobelets*, escamoter, faire des tours de passe-passe. — Fig., employer toute sorte d'artifices dans les affaires. —*C'est un tour de gobelet*, se dit d'une action, d'un fait, où l'on a surpris la bonne foi de quelqu'un par une ruse qu'il ne pouvait soupçonner ni prévoir.

GOBELET-ÉMÉTIQUE, subst. mas. *(guobelètémétike)*, t. de pharm., autrefois *gobelet* fait avec de l'antimoine, qui communiquait des propriétés *émétiques* à la liqueur qu'on y laissait séjourner.

GOBELETIER, subst. mas. *(guobeletié)*, ouvrier en *gobeletterie*.

GOBELETTE, subst. fém. *(guobelète)*, t. de mar., petit bateau à mâts.

GOBELETTERIE, subst. fém. *(guobelèteri)*, partie de la verrerie qui s'occupe principalement de la fabrication des *gobelets*.

GOBELINS, subst. mas. plur. *(guobeuein)* (de Gilles *Gobelin*, habile teinturier en laine sous *François Ier*, qui forma cet établissement sur les bords de la petite rivière de Bièvre, laquelle en a également pris son nom actuel de rivière des *Gobelins*), célèbre manufacture de teintures et de tapisseries à Paris.

GOBELOTTER, v. neut. *(guobeloté)* (du mot *gobelet*), buvotter, boire à plusieurs coups. Il ne se dit qu'en mauvaise part et dans le style familier, plaisant et critique.

GOBE-MOUCHES, et non pas **GOBE-MOUCHE**, subst. mas. *(guobemouche)*, t. d'hist. nat., petit lézard des Antilles, fort adroit à prendre les *mouches*. — Genre d'oiseaux qui se nourrissent de *mouches*. — T. de bot., plantes dont la tige visqueuse, ou certaines parties irritables, retiennent ou emprisonnent les *mouches* et autres insectes qui viennent s'y poser.—Fig. et fam., 1° homme qui n'a point d'avis à lui, et qui paraît être du sentiment de tout le monde; 2° celui qui passe sa vie à s'occuper niaisement de bagatelles ; 3° homme simple, crédule, qui croit sans examen toutes les nouvelles que l'on débite.— Au plur., des *gobe-mouches*.

GOBE-MOUCHERONS, subst. mas. *(guobemoucheron)*, espèce de *gobe-mouches*. (*Boiste*.)— Au plur., des *gobe-moucherons*.

GOBER, v. act. (*guobé*) (du lat. barbare *cupare*, forgé, dans la basse latinité, de *cupa*, coupe, tasse; *avaler à pleine tasse*), avaler avec avidité et sans savourer ce que l'on avale. — Fig. et fam., 1° croire légèrement et sans y faire réflexion; 2° saisir quelqu'un dans le temps qu'il s'y attend le moins. — Prov. : *gober des mouches*, perdre le temps à des bagatelles. — *Gober du vent*, fainéanter, niaiser. — *Gober le morceau*, *gober à l'hameçon*, mordre à l'hameçon, se laisser duper. — T. de faucon., manière de chasser la perdrix avec l'autour et l'épervier. — *se* GOBER, v. pron.

GOBERGE, subst. fém. (*guobèreje*), t. d'hist. nat., la plus grande et la plus large espèce de morue de l'Océan.

se **GOBERGER**, v. pron. (*ceguobèrejé*), prendre ses aises, se réjouir. Il est pop.—Se moquer, se divertir aux dépens de quelqu'un. Fam.

GOBERGES, subst. fém. plur. (*guobèreje*), petits ais liés avec des bouts de sangle qu'on étend sur le bois d'un lit pour mettre la paillasse. — Perches dont les menuisiers se servent pour tenir leur besogne en état sur l'établi.

GOBET, subst. mas. (*guobé*), morceau que l'on *gobe*. Il est familier.— Sorte de cerise à courte queue. — Fig. et fam. : *prendre un homme au gobet*, le saisir lorsqu'il y pense le moins. Dans cette phrase, *gobet* est pris pour l'endroit par où l'on *gobe*, pour le gosier; c'est prendre un homme au *collet*. — En t. de vieille fauconnerie, *chasser au gobet*, avec l'autour et l'épervier.

GOBETÉ, E, part. pass. de *gobeter*.

GOBETER, v. act. (*guobeté*), battre le terreau sur la terre. — Faire entrer du plâtre entre les joints des moellons d'un mur. — *se* GOBETER, v. pron.

GOBETIS, subst. mas. (*guobeti*), action de *gobeter*.—Le travail même exécuté.

GOBEUR, subst. mas., **GOBEUSE**, subst. fém. (*guobeur, beuze*), celui qui avale avec avidité. Fam. et pop. Il n'est guère usité. — Au plur., compagnons de rivière qui servent sur la Loire, pour charger, décharger et conduire les bateaux.

GOBIE, subst. mas. (*guobi*) (du latin *gobus*, fait du grec κωβιός, goujon, petit poisson de rivière), t. d'hist. nat., genre de poissons osseux, thoraciques, et qui n'ont qu'une nageoire sur le dos.

GOBIÉSOCE, subst. mas. (*guobi-ézoce*), t. d'hist. nat., genre de poissons osseux, thoraciques, de la famille des céphalotes, qui ont le corps couvert de petites écailles, et qui tiennent du *gobie* et de l'*ésoce* ou brochet.

GOBILLARD, subst. mas. (*guobi-iar*), planches préparées pour faire les douves des cuves.

GOBILLE, subst. fém. (*guobi-ie*), instrument dont les bonnetiers se servent pour leur travail. —Dans certains pays, petite *bille* de pierre qui sert de jouet aux enfants.

GOBIN, subst. mas. (*guobein*) (de l'italien *gobbino*, diminutif de *gobbo*, bossu, dérivé du lat. *gibba*, bosse), bossu.—On l'a dit fam. et par mépris, d'un homme quelconque, bossu ou non : *c'est un plaisant gobin.*

GOBIOÏDE, subst. mas. (*guobi-o-ide*), t. d'hist. nat., genre de poissons thoraciques qui faisait partie des *gobies* de *Linnée*.

GOBIOMORE, subst. mas. (*guobi-omore*), t. d'hist. nat., genre de poissons osseux, thoraciques, de la famille des éleutéropodes, qui ne diffèrent des *gobies* qu'en ce que leurs nageoires paires sont libres au lieu d'être réunies.

GOBIOMOROÏDE, subst. mas. (*guobi-omoroide*), t. d'hist. nat., poisson osseux du genre des *gobies*.

GOBLIN, subst. mas. (*guoblein*), esprit familier, lutin domestique dont on menace sottement les enfants. On dit aussi *gobelin*.

GOBRIOLE, subst. fém. (*guobri-ole*), t. de menuisier, morceau de bois ordinairement rond par sa coupe, sur lequel on monte les principales parties d'un vase de treillage.

GOCHET, subst. mas. (*guoché*), t. d'hist. nat., sorte de coquille du Sénégal.

GODAGE, subst. mas., ou **GODÉE**, subst. fém. (*guodaje, guodé*), t. de papetier, forme défectueuse du papier.

GODAILLE, subst. fém. (*guodâ-ie*), ivrognerie. Il est vieux.

GODAILLÉ, E, part. pass. de *godailler*.

GODAILLER, subst. mas. (*guodâ-ié*), t. d'hist. nat., sorte d'agaric, ou espèce de faux mousseron fauve clair.

GODAILLER, v. neut. (*guodâ-ié*) (du vieux mot français *godale*, bière, dérivé de l'anglais *good ale*, bonne bière. *Ale* est une sorte de bière douce, sans houblon; en sorte que par *godale*, on entendait proprement une bière médiocre, de la petite bière), boire à plusieurs reprises et avec excès. Fam. et pop.

GODAILLEUR, subst. mas., **GODAILLEUSE**, subst. fém. (*guodâ-ieur, ieuze*), celui, celle qui *godaille*. Pop.

GODAILLEUSE, subst. fém. Voy. GODAILLEUR.

GODALE, subst. fém. (*guodale*), bière mêlée dans du bouillon. (*Trévoux*.) Vieux. Voyez GODAILLER.

GODANAM, subst. mas. (*guodaname*), don gratuit que les Indiens font à leurs prêtres avant de mourir.

GODDAM, subst. mas. (*guodedème*) (contraction des deux mots anglais *God damn*, qui signifient littéralement *Dieu damne*), mot purement anglais, introduit sur la scène française par *Beaumarchais*.—Sobriquet que le peuple donne ordinairement aux Anglais qui ne l'éblouissent pas par leur faste.

GODDON, subst. mas. (*godedon*), vieux mot qui se disait jadis d'un homme riche qui prend ses aises.

GODE, subst. mas. (*guode*), t. d'hist. nat., sorte de poisson de mer saxatile, qu'on nomme aussi *tacaud*.

GODELUREAU, subst. mas. (*guodeluro*), jeune homme qui fait l'agréable et le galant auprès des femmes. Il est du style fam. et ironique.

GODENIE, subst. fém. Voy. GOODENIE.

GODENOT, subst. mas. (*guodenô*), petite figure dont se servent les joueurs de *gobelets* pour amuser les spectateurs.—Fig. et fam., petit homme mal fait. Vieux et presque hors d'usage.

GODÉ, part. pass. de *goder*.

GODER, v. neut. (*guodé*), faire des faux plis : *la manche de cette robe gode.*

GODET, subst. mas. (*guodè*) (de *guttetus*, dim. de *guttus*, vieux mot latin qui signifiait petit vase, dérivé de *gutta*, goutte), vase à boire qui n'a ni pied ni anse.— Il se dit aussi des vaisseaux attachés à des roues, dont on se sert pour élever de l'eau.—Espèce de petit vase où l'on met des couleurs.—Verre pour recevoir l'huile qui découle d'un quinquet.—Sorte de gouttière. — Chez les fondeurs de cloches, espèce d'entonnoir par lequel le métal fondu qui est dans l'échéno passe dans les jets. — Petit bassin que les maçons font avec du plâtre sur les joints des montants des pierres, pour y mettre du coulis, lorsqu'elles sont trop serrées pour les ficher.—T. de bot., ce qui renferme la fleur.

GODICHE ou **GODICHON**, subst. et adj. (*guodiche, dichon*), vieux mot qui se disait pour *Claude*. On l'a conservé dans le langage bas et populaire, où on l'emploie substantivement et adjectivement pour signifier *niais*.

GODIN, subst. mas. (*guodein*), jeune taureau.

GODINETTE, subst. fém. (*guodinète*), amante, maîtresse. Vieux et même hors d'usage.

GODIVEAU, subst. mas. (*guodivô*), t. de cuisine, pâté composé d'andouillettes, de hachis de veau, et de béatilles. Il es. ainsi appelé du nom de son inventeur.

GODOÉ-AMBADO, subst. mas. (*guodo-é-anbadô*), t. de bot., espèce d'arbre du genre des monbins.

GODOMÉMIEN, subst. mas. (*guodomémiein*), secte d'ermites indiens.

GODOYA, subst. fém. (*guodoé-ia*), t. de bot., genre de plantes guttifères.

GODRON, subst. mas. (*guôdron*) (du gaulois *godreen*, franges. (*Huet*.), sorte de moulure relevée en forme d'œuf allongé.—T. d'orfévrerie, ornements, façons ayant la même forme qu'on fait aux ouvrages de sculpture, de menuiserie, à la vaisselle d'argent.—En t. de lapidaire, espèce de rayon droit ou tournant, fait à l'échoppe sur le fond d'une bague ou d'un cachet, et qui part du centre de ce fond. — Plis ronds qu'on fait aux manchettes, aux coiffures des femmes. Dans ce dernier sens, il a vieilli.

GODRONNÉ, E, part. pass. de *godronner*, et adj.; se dit, en t. de bot., d'une feuille dont les bords offrent, dans toute leur longueur, des angles peu saillants avec interposition de sinus. Voy. SINUÉ.

GODRONNER, v. act. (*guôdroné*), faire des *godrons* : *godronner de la vaisselle d'argent, une coiffure*, etc.—Faire autour de la tête plate d'une vis de petites entailles qui l'empêchent de glisser dans les doigts, lorsqu'on veut serrer ou desserrer la vis. — Les bouts de lunettes de longue-vue sont *godronnés*. — *se* GODRONNER, v. pron.

GODRONNOIR, subst. mas. (*guôdronoar*), t. d'orfèvre, ciselet creusé à son extrémité, de façon qu'en frappant sur le métal il forme un relief en demi-rond.

GODURE, subst. fém. (*guodure*), faux plis, bouffure. Peu usité.

GOÉLAND, subst. mas. (*guo-élan*), t. d'hist. nat., nom que l'on a appliqué aux grandes mouettes.

GOÉLETTE, subst. fém. (*guo-élète*), t. de mar., petit bâtiment de cinquante ou cent tonneaux, qui porte deux voiles inclinées sur l'arrière.

GOÉMON, subst. mas. (*guo-émon*), t. de bot., plante marine qui pousse et a sa racine dans les rochers qui bordent les côtes du continent et de beaucoup d'îles. Il y en a de toutes sortes de formes et de grandeurs. Ce mot est synonyme de *varec* et de *sart*. Lavé à l'eau douce et bien séché, on le brûle, et de sa cendre on obtient l'alcali végétal. Le goémon pourri est un excellent engrais pour les terres à grain.

GOERTAN, subst. mas. (*guo-èretan*), t. d'hist. nat., espèce de pic-vert du Sénégal.

GOET ou **GOUET**, subst. mas. (*guoé, goué*), espèce de raisin.

GOÉTHIEN, adj. mas. (*guo-étiein*), t. d'anat., nom qu'on donne quelquefois à l'os épactal, dont la découverte a été attribuée à *Goëthe*.

GOÉTIE, subst. fém. (*guo-éci*) (du grec γοητεία, prestige, enchantement, formé de γόης, enchanteur, imposteur), espèce de magie par laquelle on invoquait les mauvais génies pour nuire aux hommes.

GOÉTIEN, subst. mas., **GOÉTIENNE**, subst. fém. (*guo-éciein, ciène*), celui ou celle qui exerçait la *goétie*.

GOÉTIENNE, subst. fém. Voy. GOÉTIEN.

GOÉTIQUE, adj. des deux genres (*guo-étike*), qui appartient à la *goétie*.

GOÉTO-SYRUS, subst. propre mas. (*guo-étôciruce*), myth., divinité des anciens Scythes.

GOÉZIE, subst. fém. (*goé-zi*), t. d'hist. nat., sorte de ver intestinal.

GOFFE, adj. des deux genres (*guofe*) (de l'italien, selon l'*Académie*, et selon *Trévoux*, de *gufa*, qui, dans la basse latinité, signifiait une espèce de manteau fort gros et tout velu), gauche, maladroit, grossier, mal bâti, mal fait, se dit des personnes et des choses : *homme, statue, architecture, habit goffe, bien goffe*. C'est une vieille expression dont l'usage est perdu, et que l'*Académie* a cru de son devoir de ressusciter.

GOFFEMENT, adv. (*guofeman*), vieux mot pour exprimer ce qui est fait d'une manière *goffe*. Hors d'usage.

GO-FIAKKAL, subst. mas. (*guofiakal*), myth., chez les Japonais, livre sacré qui contient des préceptes.

GOGAILLE, subst. fém. (*guoguâ-ie*), vieux mot qui signifiait sottise, bagatelle, plaisanterie, raillerie, amusement, joie, plaisir, réjouissance. Il s'est conservé parmi le bas peuple, pour signifier réjouissance, fête, repas, où l'on mange et où l'on boit beaucoup : *faire gogaille, être en gogaille.*

à **GOGO**, (*aguôguô*), espèce d'adverbe : *vivre à gogo*, à son aise, dans l'abondance. Il est familier.

GOGOLI, subst. mas. (*guoguoli*), t. d'hist. nat., espèce de canard du Kamtchatka.

GOGUATZ-GONITZ, subst. mas. (*guogu-atceguonitce*), myth., fêtes religieuses des Japonais.

GOGUE, subst. fém. (*guogue*), plaisanterie. Il est vieux, et même hors d'usage.

GOGUELIN, subst. mas. (*guoguelein*), t. de mar., mot très-connu dans les grands bâtiments, pour désigner un esprit familier dont les matelots se font peur entre eux. Ils disent : *le goguelin a couru l'entrepont cette nuit; as-tu entendu le goguelin?* Il arrive que ce *goguelin* n'est parfois qu'un farceur, et souvent un voleur déguisé.

GOGUELU, subst. mas. (*guoguelu*), fier de ses richesses, mauvais plaisant. Il est vieux, et même hors d'usage.

GOGUENARD, E, adj. (*guoguenar, narde*), selon *Huet*, du flamand *geoghelaert*, farceur. Selon l'auteur des *Matinées Sénonaises*, du bas-breton *gog*, satire, plaisanterie), qui aime à plaisanter, à railler : *esprit, ton goguenard; vous êtes goguenard; propos goguenards; il est d'humeur goguenarde*; il s'emploie rarement au féminin. — Ce mot est aussi substantif : *les goguenards de Basse-Bretagne dirent qu'il ne fallait pas baptiser son vin.* (Voltaire.)

GOGUENARDER, v. neut. (*guoguenardé*), plaisanter, railler. Fam.

GOGUENARDERIE, subst. fém. (*guoguenarderi*), mauvaise plaisanterie. Il est fam.

GOGUENETTE, subst. fém. (*guoguenéte*), bagatelle, plaisanterie. Il est vieux, et même hors d'usage.

GOGUÉ, **E**, part. pass. de *goguer*.

se **GOGUER**, v. neut. (*ceguoguié*), se réjouir. Il est vieux.

GOGUES, subst. fém. plur. (*guogues*), t. de cuisine, espèce de ragoût fait avec des œufs, du lard, du fromage et des herbes qu'on fait cuire dans une panse de mouton.

GOGUETTE, subst. fém.; l'*Académie* n'en fait qu'un subst. fém. plur. (*guoguiète*) (diminutif du vieux mot *gog*, satire; et selon d'autres, du lat. *gaudium*); *être en goguette, en ses goguettes*, (autrefois *en ses gogues*); être en humeur de rire et de se divertir. Il est fam. — *Chanter goguettes à quelqu'un*, lui dire des injures, des choses fâcheuses.

GOINFRADE, subst. fém. (*guoeinfrade*), repas de *goinfre*. Pop

GOINFRE, subst. et adj. des deux genres (*guoeinfre*), celui qui met tout son plaisir à manger. Il est pop.

GOINFRER, v. neut. (*guoeinfré*), t. pop., manger beaucoup et avidement.

GOINFRERIE, subst. fém. (*guoeinfreri*), excès de gourmandise. Pop.

GOITRE, subst. mas. (*guoètre*) (par corruption du lat. *guttur*, gorge), tumeur grosse et spongieuse, qui vient à la gorge : *le goitre est endémique dans certaines vallées des Alpes; les femmes sont plus sujettes au goitre que les hommes*. —En t. d'hist. nat., on appelle *goitres* les renflements gutturaux de certains animaux du genre *lézard*, tels que les iguanes, les dragons, etc. On a écrit aussi *goêtre* et *gouêtre*. L'*Académie* s'en tient à *goitre*.

GOÎTREUSE, adj. fém. Voy. GOÎTREUX.

GOÎTREUX, adj. mas., au fém. **GOÎTREUSE** (*guoètreu, treuze*), qui est de la nature du *goître*. —Qui est sujet au *goître*.

GOKURAKF, subst. mas. (*guokurakfe*), myth., paradis des Japonais.

GOLANGE, subst. mas. (*guolanje*), t. d'hist. nat., espèce d'antilope d'Éthiopie.

GOLCONDE, subst. propre fém. (*guolkonde*) (altération de *golkhanda* des indigènes), ville fortifiée de l'Indoustan, autrefois capitale du royaume de même nom. Depuis long-temps *Golconde* est le lieu où sont travaillés les diamants qui viennent des régions centrales de l'Inde. De là cette renommée d'opulence et de splendeur qui en a fait bien gratuitement le terme comparatif de la richesse, il est reconnu aujourd'hui qu'il n'existe et qu'il n'a jamais existé de mines dans le royaume de *Golconde*.

GOLFE, subst. mas. (*guolfe*) (de l'italien *golfo*, dérivé du grec κολπος), partie de la mer qui entre et qui avance dans les terres : *le golfe de Venise*.—Les *golfes* d'une étendue considérable sont appelés *mers*; telles sont la mer Baltique, la Méditerranée, etc.—T. d'anat., on appelle *golfe de la veine jugulaire*, un renflement considérable que forme la partie postérieure de la jugulaire interne, en s'abouchant avec l'extrémité inférieure ou externe du sinus latéral de la dure-mère.

GOLFICHE, subst. fém. (*guolfiche*) (de l'allemand *gol*, or, et *fisch*, poisson), t. d'hist. nat., genre de coquilles qui ont l'éclat et le brillant de la nacre.

GOLGIA, subst. propre fém. (*guoljia*), myth., surnom de Vénus adorée à *Golgos*, dans l'île de Chypre.

GOLGOTHA, subst. propre mas. (*guolguota*), t. de géog. anc., montagne célèbre de Jérusalem sur laquelle Jésus-Christ fut crucifié.

GOLGUS, subst. propre mas (*guolguce*), myth., fils de Vénus et d'Adonis, chef d'une colonie sicyonienne et fondateur de *Golgos*.

GOLIARD, subst. mas. (*guoliare*) (du lat. *gula*, bouche, parce que ceux qui aiment la bonne chère sont ordinairement railleurs et bouffons), railleur, bouffon, mauvais plaisant. Vieux et inusité.—*Boiste*, le seul dictionnaire moderne qui donne ce mot, y ajoute pour toute explication : *tailleur; nous ignorons à quelle source il a pu puiser*.

GOLIATH, subst. propre mas. (*guoliate*), t. d'hist. anc., géant philistin qui fut tué en combat singulier par David, alors simple berger.—T. d'hist. nat., insecte coléoptère à antennes en massue.

GOLILE, subst. fém. (*guolile*), espèce de collet qu'on porte en Espagne, où il est appelé *golilla*.

GOLIS, subst. mas. (*guoli*), bois de dix-huit à vingt ans.—Arbre de cette sorte de bois.

GOLLETTE, subst. fém. (*guolète*), cotte de mailles fort courte que l'on portait autrefois. Hors d'usage.

GOLUT, subst. mas. (*guolute*), mot russe qui signifie esclave.

GOMAR, GOMER ou GOMOR, subst. mas. (*guomar, guomère, guomor*), mesure des anciens Hébreux.

GOMARA, subst. mas. (*guomara*), t. de bot., arbrisseau du Pérou, analogue aux rhinantoïdes.

GOMARIEN, adj. mas., au fém. **GOMARIENNE** (*guomariein, riène*), qui a rapport aux *gomaristes*.

GOMARIENNE, adj. fém. Voy. GOMARIEN.

GOMARISTE, subst. mas. (*guomaricete*), t. d'hist. ecci., sectaires chrétiens opposés aux arminiens.

GOMART, subst. mas. (*guomar*), t. de bot., arbre exotique résineux, à fleur polypétale, de la famille des balsamiers.

GOMBAH, subst. propre mas. (*guonba*), nom d'un monastère du Thibet.

GOMBEAU, subst. mas. (*guonbô*), t. de bot., fruit d'un arbrisseau de la famille des malvacées.

GOMBETTE, subst. fém. (*guonbète*), loi ou code de lois ainsi appelé du nom de son auteur, *Gondebaud* ou *Gombaud*, roi de Bourgogne; il fut rédigé à Château-d'Amberien et promulgué à Lyon, alors capitale du royaume de Bourgogne, en 502.

GOMBIN, subst. mas. Voy. GEMBIN.

GOMÉDA, subst. mas. (*guoméda*), myth., sacrifice religieux des Indiens.

GOMÈNE, subst. fém. (*guomène*), t. de mar., le câble de l'ancre, sur les galères.

GOMMAGE, subst. mas. (*guomaje*), action de *gommer*. — Jonction défectueuse des fils de soie.

GOMME, subst. fém. (*guome*) (en lat. *gummi*, fait du grec κομμι, gomme), substance qui découle de certains arbres, qui s'épaissit à l'air et qui se fond dans l'eau. — On appelle *gomme copal*, une résine qui s'emploie dans la préparation des vernis; *gomme adragante*, un suc gommeux qui découle naturellement d'une espèce d'astragale; *gomme alouchi*, une substance friable, grise, roussâtre, qui participe plus de la nature résineuse que de la gommeuse; *gomme ammoniaque*, une *gomme*-résine qui nous est apportée d'Alexandrie, et qu'on soupçonne être produite par une plante ombellifère qui croît en Libye; *gomme animée*, la résine animée; *gomme arabique*, celle qui découle spontanément d'une espèce d'acacia. Elle nous vient d'Égypte et est aussi connue dans le commerce sous les noms de *gomme jedda*, et *gomme tharique; gomme de Bassora*, une gomme d'un blanc sale, de la nature de la *gomme adragante*, et qu'on nous apporte depuis quelques années des Echelles du Levant; *gomme cancame*, une *gomme*-résine très-rare qui paraît être formée d'un amas de plusieurs espèces de *gommes* et de résines agglutinées les unes contre les autres; *gomme caragne* ou *careigne*, une substance résino-*gommeuse* assez rare, qui nous vient de l'Amérique, en masses remplies d'impuretés, et enveloppée de feuilles de roseaux; *gomme élastique* ou *caoutchouc*, une résine élastique, voy. RÉSINE ÉLASTIQUE; *gomme des funérailles*, l'asphalte ou bitume de Judée; *gomme gutte d'Asie*, celle qui est produite par les mangoustans camboje et morelle; *gomme gutte d'Amérique*, celle qui est extraite du millepertuis baccifère; *gomme laque*, une espèce de fécule rouge que l'on tire des semences de l'érythrine monosperme et du dalberge à gousse ovale; *gomme de Lecce*, une résine qui découle de l'olivier, surtout près du village de *Lecce*, où l'on en recueille beaucoup; *gomme meni*, celle qui se recueille sur la côte d'Afrique, auprès de Mozambique; *gomme monbin*, une *gomme* qui découle de l'arbre de ce nom, et qui est jaunâtre, rougeâtre, transparente, et fort agglutinante; *gomme d'olivier*, celle qui découle de certains oliviers sauvages qui bordent la mer Rouge; *gomme d'opopanax*, une *gomme*-résine qui découle d'une espèce de panais qui porte ce nom; *gomme Sénégal*, celle qui découle de l'acacia Sénégal; *gomme séraphique*, la *gomme*-résine appelée aussi *sagapenum*. Il y a encore une infinité d'autres sortes de *gommes* qui sont du ressort d'un *dictionnaire médical*. — Les parcheminiers appellent *gomme*, une graisse sèche qui gâte le parchemin.

GOMMÉ, **E**, part. pass. de *gommer*, et adj., qui a de la *gomme*; enduit de *gomme*.

GOMME-GUTTE, subst. fém. (*guomegute*), résine des Indes employée en peinture pour l'aquarelle, et en médecine comme purgatif violent : *la gomme-gutte est une des couleurs jaunes les plus pures; la gomme-gutte se recueille dans l'île de Ceylan et dans la presqu'île de Cambaye*. — Au plur., des *gommes-guttes*.

GOMMEMENT, subst. mas. (*guomeman*), action de *gommer*, d'enduire de *gomme*.

GOMMER, v. act. (*guomé*), enduire de *gomme*. — *Gommer une couleur*, y mêler un peu de *gomme*. — *Gommer le tabac*, l'humecter avec de l'eau dans laquelle on a fait bouillir des côtes de tabac.—se GOMMER, v. pron.

GOMME-RÉSINE, subst. fém. (*guomerézine*), substance qui tient de la nature de la *gomme* et de la *résine*. — Un des matériaux immédiats des végétaux. — Au plur., des *gommes-résines*.

GOMMEUSE, adj. fém. Voy. GOMMEUX.

GOMMEUX, adj. mas., au fém. **GOMMEUSE** (*guomeu, meuze*), qui jette, qui contient de la *gomme*.—Qui est de la nature de la *gomme*.

GOMMIFÈRE, adj. des deux genres (*guomifère*) (du lat. *gummi*, gomme, et *ferre*, porter), qui produit de la *gomme*.

GOMMITE, subst. mas. (*guomite*), t. de chim., substance végétale extraite de la *gomme*.

GOMMIER, subst. fém. (*guomié*), t. de bot., grand arbre de l'Amérique, ainsi nommé de la quantité de *gomme* qu'il produit. On distingue le *gommier blanc* et le *gommier rouge*. — *Gommier résineux des îles Malouines*, plante singulière observée par *Bougainville*, qui semble être une simple excroissance végétale. — Le mot *gommier* s'emploie adjectivement en parlant des arbres qui donnent la *gomme* : *des arbres gommiers*.

GOMMO-RÉSINEUSE, adj. fém. Voy. GOMMO-RÉSINEUX.

GOMMO-RÉSINEUX, adj. mas., au fém. **GOMMO-RÉSINEUSE** (*guomemòrézineu, neuze*), qui tient de la nature de la *gomme* et de la *résine*, mais où la *gomme* domine.

GOMO, subst. mas. (*guomo*), t. de bot., nom du fruit à pain, ou rima de ternate.

GOMORRHE, subst. propre fém. (*guomore*) (de l'hébreu *amora* ou *homora*), t. de géog. anc., l'une des cinq villes que le feu du ciel détruisit. Elle était située sur la mer Morte.

GOMORRHÉEN, subst. mas. (*guomoré-ein*), anciens habitants de *Gomorrhe*, qui périrent par le feu du ciel.

GOMOSIE, subst. fém. (*guomozi*), t. de bot., genre de plantes rubiacées, de la Nouvelle-Hollande.

GOMOSTÈGUE, subst. fém. (*guomocetègue*), t. de bot., arbre du Pérou.

GOMOTE, subst. mas. (*guomote*), t. de bot., espèce de palmier.

GOMPHIASIS, subst. fém. (*guonfiazice*), t. de médec., maladie des dents molaires.

GOMPHIE, subst. fém. (*guonfi*), t. de bot., plante du Brésil de l'espèce des magnoliers.

GOMPHOCARPE, subst. fém. (*guonfokarpe*), t. de bot., genre de plantes asclépiades.

GOMPHOLOBE, subst. mas. (*guonfolobe*), t. de bot., genre de plantes légumineuses qui renferme des arbrisseaux à fleurs jaunes.

GOMPHORE, subst. mas. (*guonfore*), t. d'hist. nat., genre de poissons thoraciques.

GOMPHOSE, subst. fém. (*guonfôze*) (en grec γομφωσις, fait de γομφος, clou), t. d'anat., articulation immobile par laquelle les os sont emboîtés l'un dans l'autre, comme un clou dans du bois; telle est l'insertion des dents dans les mâchoires. — T. d'hist. nat., genre de poissons thoraciques à museau allongé.

GOMPHRÈNE, subst. fém. (*guonfrène*), t. de bot., espèce d'amaranthe tricolore.

GOMPSIEN, subst. mas. (*guonpecìein*), habitants de *Gompsi*, ancienne ville de la Thessalie.

GOMUTO ou **SAGURUS**, subst. mas. (*guomuto, çaguruce*), t. de bot., espèce de palmier de l'Inde. On fait des cordes inaltérables avec les longs filaments qui garnissent le bas de ses feuilles. Les noyaux de ses fruits confits au sucre sont un manger excellent et très-recherché. La moelle de l'arbre fournit une espèce de sagon qui sert d'aliment. Ce palmier est le même que l'areng, formant un genre qu'on a nommé *saguerus*.

GON, subst. mas. *(guon)*, t. d'hist. nat., nom vulgaire qu'on donne au charançon et à la calandre.

GONAGRE, subst. fém. *(guonaguere)* (du grec γονυ, genou, et αγρα, prise, capture), t. de médec., goutte aux genoux.

GONALGIE, subst. fém. *(guonalji)* (du grec γονυ, genou, et αλγος, douleur), t. de médec., douleur aux genoux.

GONALGIQUE, adj. des deux genres *(guonalgique)*, t. de médec., qui concerne la *gonalgie*.

GONAMBOUCH, subst. mas. *(guonanbouk)*, t. d'hist. nat., espèce de bruant du Sénégal.

GONARQUE, subst. mas. *(guonarke)* (du grec γωνια, angle), chez les anciens, espèce de cadran solaire pratiqué sur les surfaces différentes d'un corps anguleux.

GOND, subst. mas. *(guon ;* le *d* ne se fait jamais sentir) (en lat. *gomphus*, fait du grec γομφος, clou), morceau de fer coudé qui sert à porter une penture de porte. — Prov. et fig. : *mettre* ou *faire sortir quelqu'un hors des gonds*, le mettre tellement en colère qu'il soit comme hors de lui-même.

GONDAS, subst. mas. *(guondâ)*, monnaie de billon du Bengale.

GONDOLE, subst. fém. *(guondole)* (de l'italien *gondola*), petit bâton plat et fort long dont on se sert surtout à Venise. — Barque de pêcheur, plate, longue et légère. — En t. de ponts-et-chaussées, rigole pavée. — Grande voiture de campagne. — Petite soucoupe ovale dont on se sert pour se laver les yeux ; bassin oculaire. — Petit vase à boire.

GONDOLIER, subst. mas., **GONDOLIÈRE**, subst. fém. *(guondolié, lière)* (de l'italien *gondoliere*), batelier qui mène les *gondoles*.

GONDULA, subst. propre fém. *(guondula)*, myth., chez les Celtes, déesse qui présidait aux combats.

GONE, subst. mas. *(guone)*, t. d'hist. nat., ver infusoire, plat et anguleux.

GONELLE, subst. fém. *(guonèle)*, vêtement à l'usage des deux sexes.—Espèce de cotte d'armes.

GONEPLACE, subst. mas. *(guoneplace)*, t. d'hist. nat., genre de crustacés décapodes.

GONES, subst. mas. pl. *(guone)*, myth., prêtres mendiants de l'île de Ceylan.

GONESSE, subst. propre mas. *(guonèce)*, bourg de France, chef-lieu de canton, dép. de Seine-et-Oise.

GONFALON ou **GONFANON**, subst. mas. *(guonfalon, non)*, vieux mot qui signifiait écharpe ou bandelette terminée en pointe, et dont les chevaliers ornaient leurs lances ; oriflamme, étendard, bannière, enseigne. Les rois portaient quelquefois eux-mêmes le *gonfalon* au bout de leur lance. — Aujourd'hui, on donne encore ce nom à une tente ronde qu'on porte à Rome devant les processions des grandes églises en cas de pluie. — T. de blason, bannière d'église à trois ou quatre *fanons* qui sont des pièces pendantes.

GONFALONIER ou **GONFANONIER**, subst. mas. *(guonfalonié)*, celui qui portait le *gonfalon*. On donne encore ce titre aux chefs de quelques républiques d'Italie.

GONFLE, adj. des deux genres *(guonfle)*, pour *gonflé*, de même qu'*enfle* pour *enflé*, *trempe* pour *trempé*, sont autant de barbarismes. Cependant le premier est d'un usage général et n'est pas complètement synonyme de *gonflé*. Il faudra bien se résigner à l'adopter. Quant aux deux autres, ils sont tout-à-fait inusités.—Au plur. et subst. en t. de tireur d'or, cavités qui renferment de l'air et empêchent l'or de se souder.

GONFLÉ, E, part. pass. de *gonfler*, et adj., enflé. — On le dit souvent au figuré : *gonflé d'orgueil, de son mérite*.

GONFLEMENT, subst. mas. *(guonfleman)*, enflure.

GONFLER, v. act. *(guonflé)* (de l'italien *gonfiare*, fait du lat. *conflare*), enfler, rendre, faire devenir enflé : *gonfler un ballon ; ces aliments lui gonflent l'estomac*. — On dit élégamment, au figuré : *gonfler d'orgueil*, enorgueillir, etc. — Neut., devenir enflé : *cette pâte gonfle beaucoup dans la friture ; l'estomac me gonfle dès que j'ai mangé*. — **SE GONFLER**, v. pron., s'enfler.

GONG, subst. mas. *(guongue)*, t. de musique, instrument des Chinois. C'est un bassin de cuivre sur lequel ils frappent avec une baguette de bois et qui rend un son très-clair. Quoique *gong-gong* soit proprement le pluriel du mot *gong*, cependant on appelle ordinairement un seul instrument *gong-gong*.

GONGAPEMBA, subst. mas. *(guonguapanba)*, myth., nom générique sous lequel les habitants du Congo désignent leurs divinités.

GONGOM, subst. mas. *(guonguome)*, t. de musique, instrument des Hottentots, qu'on dit commun à toutes les nations nègres de la côte occidentale d'Afrique.

GONGIS, subst. mas. plur. *(guonji)*, l'une des principales sectes des banians, qui comprend les fakirs.

GONGORE, subst. fém. *(guonguore)*, t. de bot., plante du Pérou très-voisine des orchis et des maxillaires.

GONGRONE, subst. fém. *(guonguerone)* (en grec γογγρωνη, fait de γογγρος, tumeur qui se forme sur le tronc des arbres, parce qu'elle en a la forme), t. de chir., tumeur ronde qui vient à la gorge, telle que le goître, etc. Il se dit surtout du bronchocèle.

GONGYLE, subst. mas. *(guonjile)*, t. de bot., globules reproducteurs des algues.

GONIADES, subst. propre fém. plur. *(guoni-ade)*, myth., nymphes qui habitaient les bords du Cythérus.

GONIATILE, subst. mas. *(guoni-atile)*, t. d'hist. nat., fossile ammonite.

GONICHON, subst. mas. *(guonichon)*, cornet de papier qui couvre le pain de sucre.

GONIER, subst. mas. *(guonié)*, t. de bot., arbre de la Chine, dont les racines et les fruits sont employés en médecine.

GONILLE, subst. fém. *(guoni-le)*, espèce de rabat à l'espagnole.

GONIN, adj. mas. *(guonein)* (selon *Le Duchat*, du vieux mot français *conil*, lapin, fait du latin *cuniculus*, à cause des trous que cet animal se creuse sous terre. Suivant *Brantôme*, *maître Gonin* était un fameux magicien ou soi-disant tel, qui, par des tours merveilleux de son art, divertissait la cour de *François Ier*.) Il n'est usité qu'en cette seule phrase prov. : *c'est un maître gonin*, un homme fin et rusé.

GONIOCAULON, subst. mas. *(guoni-okolon)*, t. de bot., genre de plantes synanthérées analogues aux centaurées.

GONIOMÈTRE, subst. mas. *(guoni-omètre)* (Voy. GONIOMÉTRIE), instrument pour mesurer les angles.

GONIOMÉTRIE, subst. fém. *(guoni-ométri)* (du grec γωνια, angle, et μετρον, mesure), art de mesurer les angles.

GONIOMÉTRIQUE, adj. des deux genres *(guoni-ométrike)*, qui concerne la *goniométrie*.

GONION, subst. mas. *(guoni-on)*, t. d'hist. nat., poisson semblable au *goujon*.

GONIOSTOME, subst. mas. *(guoni-ocetôme)*, t. d'hist. nat., espèce de coquille fossile.

GONNE, subst. fém. *(guone)*, t. de mar., futaille à mettre de la bière ou d'autres liqueurs. — Futaille à mettre du saumon salé.—Sorte de vêtement ancien. Voy. GONNELLE.

GONNELLE, subst. fém. *(guonèle)*, cotte de soie, blasonnée d'armoiries, qu'on portait pardessus l'armure. On disait aussi *gonne*, et *gonnelle*.—T. d'hist. nat., espèce de poisson murénoïde.

GONNIS, subst. mas. plur. *(guonice)*, myth., prêtres de Ceylan.

GONOCARPE, subst. mas. *(guonokarpe)*, t. de bot., plante annuelle du Japon, dont le fruit a huit angles.

GONOCÈLE, subst. fém. *(guonocèle)*, t. de médec., tumeur au genou.

GONOÏDE, adj. des deux genres *(guono-ide)* (du grec γονη, semence, et ειδος, forme, ressemblance), t. de médec., nom donné par *Hippocrate* aux excréments et aux matière contenues dans l'urine, lorsqu'on y remarque quelque ressemblance avec la semence.

GONOLEK, subst. mas. *(guonolèke)*, t. d'hist. nat., pie-grièche du Sénégal.

GONOLOBE, subst. fém. *(guonolobe)*, t. de bot., genre de plantes d'Amérique, à follicules anguleuses.

GONOMPHE, subst. mas. *(guononfe)*, espèce de bois.

GONONDAULI, subst. mas. *(guonondôli)*, t. de bot., espèce de riz.

GONOPHORE, subst. mas. *(guonofore)*, t. de bot., prolongement du réceptacle qui sort du fond du calice, et porte les étamines, les pétales et le pistil.

GONOPLAX, ou **GONOPLACE**, subst. mas. *(guonoplakce, place)*, t. d'hist. nat., fossile marin du genre des xanthes.

GONOPTÉRIDE, subst. fém. *(guonopetéride)*, t. de bot., genre de plantes de l'espèce des prêles.

GONORRHÉE, subst. fém. *(guonoré)* (en grec γονορροια, fait de γονη, semence, et ρεω, je coule), t. de médec., sorte de maladie vénérienne, flux involontaire et purulent de semence.

GONORRHOÏQUE, adj. des deux genres *(guonoro-ike)*, qui a rapport à la *gonorrhée* ; qui est de sa nature.

GONOTE, subst. fém. *(guonote)*, t. d'hist. nat., genre de crustacé voisin des cloportes. Il ne comprend qu'une seule espèce, la *gonote verte*, qui vit sur les bords de la mer de Sicile.

GONOVAN, subst. mas. *(guonovan)*, t. de bot., graine un peu amère, mais cependant bonne à manger, que les habitants de la Guinée emploient pour corriger les eaux du pays, qui sont nauséabondes et malsaines.

GONSIL, subst. mas. *(guonzi)*, t. de bot., nom d'une plante de l'Inde qui est une espèce du genre condori.

GONYALGIE, subst. fém. ; **GONYALGIQUE**, adj. Voy. GONALGIE, GONALGIQUE.

GONYPE, subst. mas. *(guonipe)*, t. d'hist. nat., genre d'insectes de l'ordre des diptères asiliques. On le trouve communément dans les champs.

GONZALE, subst. fém. *(guonzale)*, t. de bot., nom qu'on a donné aux pezizes à chapeau plat.

GONZALE ou **GONZALAGUNIE**, subst. fém. *(guonzale, zalaguni)*, t. de bot., genre de plantes appelé aussi *tepezie*, et dans lequel on a réuni le genre buène.

GOOS, subst. mas. plur. *(guo-ôze)*, myth., pilules de papier que les Jemmabos, moines japonais, font avaler aux personnes accusées de vol.

GOODENIACÉES, subst. fém. plur. *(guo-odeniacé)*, t. de bot., famille de plantes.

GOODÉNIE, subst. fém. *(guo-odéni)*, t. de bot., genre de plantes de la famille des campanulacées. Il renferme une douzaine de plantes vivaces de la Nouvelle-Hollande.

GOODENOWIÉE, subst. fém. *(guo-odenovié)*, t. de bot., famille de plantes ainsi appelée du nom d'un célèbre naturaliste.

GOODIE, subst. fém. *(guo-odi)*, t. de bot., arbrisseau de la terre de Van-Diémen, qui seul constitue un genre dans la diadelphie décandrie, et dans la famille des légumineuses.

GOODYÈRE, subst. fém. *(guo-odière)*, t. de bot., genre de plantes établi aux dépens des néocies, et qui renferme deux espèces.

GOOPYE, subst. propre fém. *(guo-opi)*, myth., nymphe ou muse des Indiens.

GOR, subst. mas. *(guor)*, t. de bot., arbre qui croît sur les bords du Niger, et dont le fruit ressemble à la châtaigne.

GORAMI, subst. mas. *(guorami)*, t. d'hist. nat., espèce de poisson du genre des osphronèmes.

GORAO, subst. mas. *(guora-o)*, t. de comm., étoffe de soie de la Chine.

* **GORD**, subst. mas. *(guore)*, t. de pêche, pêcherie composée de deux rangs de perches plantées dans le fond de la rivière, qui forment un angle au sommet duquel est un filet où les deux rangs de perches conduisent le poisson : *établir un gord*. — Entonnoir formé de pieux ou de filets, et terminé par un verveux.—Ravin.—En t. d'hist. nat., argile schisteuse et bitumineuse qui sépare les veines de houille.

GORDIEN, adj. mas. *(guordiein)*, t. d'hist. anc. : *nœud gordien*, nœud qui attachait au timon le joug du chariot de *Gordius*, père de *Midas*, roi de Phrygie, et qui était si adroitement tissu, qu'on ne pouvait découvrir ni où il commençait ni où il finissait ; *Alexandre* le coupa avec son épée.—Fig., difficulté, embarras, obstacle : *voilà le nœud gordien*. De là, cette locution fréquemment employée par allusion au trait d'Alexandre : *trancher le nœud gordien*, se tirer, par une mesure vigoureuse et prompte, d'une difficulté embarrassante, etc.

GORDIUS, subst. propre mas. *(guordi-uce)*, myth., roi de Phrygie et fils d'un laboureur. Il avait eu pour tout bien deux attelages de bœufs, l'un pour sa charrue, et l'autre pour son chariot. Un jour, en labourant, un aigle vint se percher sur le joug, et y demeura jusqu'au soir. *Gordius*, étonné de ce prodige, alla consulter des devins, et une fille lui conseilla de sacrifier en qualité de roi à Jupiter, ce qu'il fit, et il épousa cette fille. Les Phrygiens ayant alors appris de l'oracle qu'il fallait choisir pour leur roi celui qui entrerait le premier dans le temple, *Gordius* y vint le premier et fut élu. *Midas*, son fils, par reconnaissance, offrit le charriot de son père à Jupiter. On dit que le nœud qui attachait le joug au timon était fait si adroitement, qu'on n'en pouvait découvrir les deux bouts. L'empire de l'Asie fut promis à celui qui le dénouerait. Alexandre-le-Grand n'ayant pu non plus que les autres en venir à bout, prit le parti de le couper avec son épée. C'est ce qu'on appelle le *nœud gordien*, parce que ce charriot était dans *Gordium*, ville de Phrygie, et que c'était *Gordius* qui l'avait fait.

GORDON, subst. mas. (*guordon*), t. de bot., plante malvacée.

GORDUNIEN, subst. propre mas. (*guordunein*), t. d'hist. anc., peuple de la Gaule belge.

GORE, subst. fém. (*guore*), vieux nom donné à la truie.

GORENDE, subst. mas. (*guorande*), t. d'hist. nat., grand serpent.

GORDS ou **GORS**, subst. mas. plur. (*guor*), t. de pêche. Voy. GORD.

GORET, subst. mas. (*guorè*) (du vieux mot français *gore*, truie, fait, suivant *Ménage*, du latin barbare *corretus*, que cet étymologiste dérive du grec χοιρος, porc, pourceau), petit cochon. Il ne se dit guère qu'en plaisantant.—Personne malpropre. — Le premier compagnon de la boutique d'un cordonnier. — Sur mer, balai plat pour nettoyer un vaisseau. — Nom que les pêcheurs bretons donnent à certains parcs de poissons.

GORETÉ, E, part. pass. de *goreter*.

GORETER, v. act. (*guoreté*), t. de mar., nettoyer avec le *goret*. Presque inusité.

GORFOU, subst. mas. (*guorfou*), t. d'hist. nat., oiseau aquatique de la grosseur d'une oie, dont les ailes fort courtes ressemblent à des nageoires.

GORGADES, subst. propre fém. plur. (*guorguade*), nom de certaines îles d'Afrique, séjour ordinaire des *gorgones*.

GORGE, subst. fém. (*guorje*) (du latin *gurges*, goufre), la partie de devant du cou : *il a la gorge enflée; se couper la gorge avec un rasoir*. On le dit également des animaux : *pigeon à grosse gorge; un chien qui prend un taureau à la gorge*. —Gosier : *le nœud de la gorge; il m'est demeuré une arête dans la gorge; les maux de gorge sont fréquents cet hiver; cette huile prend à la gorge*. — Le sein d'une femme : *cette femme a une belle gorge; une gorge plate; montrer, cacher, découvrir sa gorge*. — Entrée, ouverture, orifice de certaines choses : *la gorge d'une cheminée, d'une cloche, d'une tabatière; une boite à gorge d'or*. — Partie supérieure de la chemise d'une femme.—En t. de chasse, voix d'un chien : *ce chien a une bonne gorge*. — En t. de fauconnerie, sachet supérieur d'un oiseau de proie, qu'on nomme aussi *poche*. — Détroit, passage entre deux montagnes. — En t. de fortification, entrée d'une fortification du côté de la place. — En t. d'architecture et de menuiserie, moulure concave. — Dans une cheminée, la partie de la hotte depuis la tablette du chambranle jusque sous le couronnement du manteau. — Dans une serrure, partie du ressort à laquelle répond la barbe du pêne, lorsque le panneton de la clef est mu pour ouvrir ou fermer. — Dans une écritoire, la partie antérieure destinée à recevoir les plumes, les crayons, les canifs, etc.—L'échancrure d'un bassin à barbe. — La cannelure, le creux demi-circulaire qui règne sur la circonférence d'une poulie. — En t. de coutelier, le premier tronçon qu'il coupe d'une dent d'ivoire ou d'une corne. — Dans une cloche, le renflement compris depuis les faussures jusqu'au bord. — Dans les canons, moulure arrondie qui sert d'ornement. — En t. d'artificier, orifice d'une fusée dont le cartouche est étranglé sans être fermé, et qui représente une espèce d'hémisphère concave, où l'on applique l'amorce. — Dans les éventails, la partie du bois, de l'ivoire, etc., sur laquelle on attache un clou rivé qui enfile et arrête tous les brins.—En t. de pêche, demi-cercle que l'aissaugue et le brégin forment dans l'eau.—Petite corniche de bois doré ou peint sur laquelle on attache le haut d'une estampe, etc.—En t. de bot., *gorge de la corolle*, espace entre les parois du limbe. — En t. de charpentier, *gorge du démaigrissement*, entaillement fait à angle aigu dans une pièce de charpente. — En t. de menuisier, *gorge fouillée*, outil fait en forme de bec de canne, où l'extrémité du fer est arrondie. — En t. de musique, *voix de gorge*, celle dont les sons se modifient par le resserrement de la *gorge*, et non par le mouvement du gosier : *chanter de la gorge*. On dit en plaisantant qu'*on a un chat dans la gorge*, pour exprimer un embarras, un obstacle qui gêne les sons à leur passage dans la *gorge*, et qui en altère la pureté. — On appelle *coupe-gorge*, un passage dangereux où l'on peut être attaqué par des voleurs, sans espoir de secours. —On dit aussi d'une maison de jeu, fréquentée par des fripons, que *c'est un vrai coupe-gorge*. — *Couper la gorge à quelqu'un*, l'*égorger*, le tuer; et fig., le ruiner, le perdre : *voilà une affaire, un procès qui me coupe la gorge, à moi et à mes enfants; le mettre en prison, c'est lui couper la gorge*.— *Se couper la gorge l'un à l'autre*, s'entretuer : *si on ne les apaise, ils se couperont là gorge*. — *Se couper la gorge avec quelqu'un*, se battre en duel avec lui. — *Se couper la gorge soi-même*, dire ou faire quelque chose de contraire à ses intérêts. — Au propre et au fig. : *tendre la gorge*, livrer sa vie sans résistance. — Fig. : *tenir quelqu'un à la gorge*, le réduire dans un état à ne pouvoir faire aucune résistance à ce qu'on veut de lui. — Fig. et fam.: *faire rentrer à quelqu'un les paroles dans la gorge*, l'obliger à désavouer les propos offensants qu'il a tenus. — Fig. et fam. : *faire une gorge chaude de quelque chose*, se l'approprier, en profiter. Mais, dans ce sens, cette locution a vieilli; elle signifie plus ordinairement en parlant des personnes et des choses, se réjouir, se moquer. — *Rire sous gorge* ou *sous cape* (le second est plus usité), rire tout bas et sans qu'il y paraisse. — *Rire, crier à gorge déployée*, de toute sa force. — On dit d'un ris forcé qu'*il ne passe pas le nœud de la gorge*. — *Avoir un nœud à la gorge*, être triste au point de ne pouvoir parler.—*Rendre gorge*, vomir; et au fig., rendre ce qu'on a pris injustement. — On dit en t. de fauconnerie, 1° que l'oiseau *digère sa gorge*, se décharge le ventre, sans avoir eu le temps de faire sa digestion; 2° *donner bonne gorge*, repaître largement l'oiseau ; 3° *donner grosse gorge*, présenter à l'oiseau de la viande grossière et qui n'a pas été trempée dans l'eau ; 4° *gorge chaude*, chair des animaux vivants qu'on donne aux oiseaux de proie. — On dit au propre et plus souvent au fig.: *tenir, mettre le pistolet, le poignard, le pied sur la gorge à quelqu'un*, lui faire violence pour l'obliger à faire quelque chose; et dans le même sens : *prendre quelqu'un à la gorge*.—*Avoir le poignard, le couteau sur la gorge*, se dit, dans un sens analogue, de la personne qui est l'objet d'une violence.

GORGE-BLEUE, subst. fém. (*guorjebleu*), t. d'hist. nat., espèce d'oiseaux passereaux, de la famille des subulirostres.—Au plur., des *gorges-bleues*.

GORGE-CHAUDE, subst. fém. (*guorjechôde*), plaisanterie, moquerie : *faire des gorges-chaudes*, se réjouir aux dépens de quelqu'un ou de quelque chose. —Au plur., des *gorges-chaudes*.

GORGE-DE-PIGEON, sorte d'adj. (*guorjedepijon*), couleur composée et mélangée qui paraît changer suivant les différents aspects du corps coloré : *une robe, du taffetas gorge-de-pigeon*. — Il est aussi subst. mas. : *le gorge-de-pigeon*.—Sorte d'embouchure du cheval.—Au plur., *des gorges-de-pigeon*.

GORGÉ, E, part. pass. de *gorger* et adj., plein, rempli.—*Ce cheval a les jambes gorgées*, enflées et pleines de mauvaises humeurs. — Se dit, en t. de blas., d'un animal dont le cou est ceint d'une couronne.

GORGÉE, subst. fém. (*guorjé*), quantité de liqueur qu'on peut avaler à la fois : *une gorgée de bouillon*. — T. de faucon.: *donner bonne gorgée à l'oiseau*, lui donner une bonne portion du gibier qu'il a pris.

GORGER, v. act. (*guorjé*), donner à manger, à boire avec excès; soûler : *gorger de vin, de viandes*.— En t. d'artificier, remplir de composition le trou ou l'âme d'une fusée, etc. — Fig., combler, remplir. Il ne se dit qu'en parlant des richesses : *gorger de biens*. — T. du jeu de reversi, *gorger le quinola*, contraindre à le jouer. —SE GORGER, v. pron., se remplir jusqu'à la *gorge*.

GORGÈRE, subst. fém. (*guorjère*), collet antique de femme qui couvrait la *gorge* et le cou. —Dans un vaisseau, pièce de bois recourbée en arc, qui s'élève au-dessus de l'étrave et vient régner sous l'éperon.

GORGERET, subst. mas. (*guorjeré*), t. de chir., nom de divers instruments creusés en *gorge*, dont on se sert dans les opérations de la taille et de la fistule.

GORGERETTE, subst. fém. (*guorjerète*), sorte d'ajustement de femme qui couvre une partie de la *gorge*. Il est vieux. On disait aussi, mais plus familièrement, *gorgette*. — Petite ligature qu'on passe sous le menton des petits enfants pour attacher et maintenir leur bonnet.

GORGERIN, subst. mas. (*guorjerein*), pièce de l'armure qui couvrait la *gorge* d'un homme d'armes.— En archit., petite frise du chapiteau dorique.

GORGE-ROUGE, subst. fém. Voy. ROUGE-GORGE qui est plus usité. — Au plur., des *gorge-rouge*.

GORGET, subst. mas. (*guorjé*), t. de men., sorte de rabot avec lequel on fait les *gorges* des moulures.

GORGIAS, subst. mas. (*guorji-âce*), vain, glorieux, qui aime la parure. Il est vieux.

GORGIASÉ, E, part. pass. de *gorgiaser*.

GORGIASEMENT, adv. (*guorji-âzeman*), magnifiquement. (*Boiste*.) Il est vieux et même inusité.

se **GORGIASER**, v. pron. (*ceguorji-âzé*), faire le beau, le magnifique. (*Boiste*.) Il est vieux et même inusité.

GORGIASETÉ, subst. fém. (*guorji-âzeté*), luxe, parure. (*Boiste*.) Il est vieux et même inusité.

GORGONE, subst. fém. (*guorguone*), t. d'hist. nat., genre de polypiers dont les espèces étaient regardées par les anciens comme des plantes. Les *gorgones* ressemblent à des arbrisseaux, et adhèrent aux rochers par leurs bases en forme de racines. — Subst. propre fém. plur., divinités mythologiques : les trois *Gorgones*, filles de Phorcus et de Céto, étaient *Méduse, Euryale, Sthéno*. On leur attribuait le pouvoir de pétrifier ceux qui les regardaient. Persée les tua, et coupa la tête à Méduse, qui fut attachée à l'égide de Minerve.

GORGONÉION, subst. mas. (*guorguoné-ion*), masque scénique des anciens, qui représentait des figures horribles, telles que les Furies et les *Gorgones*.

GORGONELLE, subst. fém. (*guorguonèle*), sorte de toile de Hollande et de Hambourg.

GORGONIE, subst. propre fém. (*guorguoni*), myth., surnom de Pallas.

GORGONIÉES, subst. f. pl. (*guorguonié*), t. d'hist. nat., ordre de polypiers.

GORGOPHONE, subst. propre fém. (*guorguofone*), myth., fille de Persée et d'Andromède. On lui rendit de grands honneurs après sa mort.

GORGOPHORE, subst. propre fém. (*guorguofore*), myth., surnom de Pallas pris de la tête de la *gorgone* Méduse, représentée sur son bouclier.

GORGOU, subst. mas. (*guorgou*), t. d'hist. nat., espèce d'oiseau aquatique.

GORGYTION, subst. propre mas. (*guorjicion*), myth., fils de Priam, qui fut tué au siège de Troie.

GORIS, subst. mas. (*guorice*), petite monnaie qui a cours au Mogol et au Bengale.

GOROTHMAN, subst. mas. (*guoroteman*), myth., séjour des bienheureux chez les Persans.

GORPIÉUS, subst. mas. (*guorpi-é-uce*), mois des Cypriotes qui correspondait à notre mois de septembre.—Premier mois de l'année des Macédoniens.

GORRIER, adj. mas., au fém. **GORRIÈRE** (*guorié, rière*), vieux mot qui signifie beau, superbe.

GORTÈRE, subst. fém. (*guortère*), t. de bot., genre de plantes corymbifères.

GORTHÉNIEN, subst. mas. (*guorténiein*), t. d'hist. eccl., nom d'anciens sectaires.

GORTYNIES, subst. propre fém. plur. (*guortini*), myth., fêtes dans l'île de Crète, en l'honneur d'Esculape.

GORTYNIUS, subst. propre mas. (*guortini-uce*), myth., surnom d'Esculape, pris du culte qu'on lui rendait à *Gortynie* dans l'île de Crète.

GORYTE, subst. mas. (*guorite*), t. d'hist. nat., genre d'insectes hyménoptères.

GOSCHIS, subst. mas. (*guocechi*), t. d'hist. nat., petit chien muet de Saint-Domingue.

GOSE, subst. mas. (*guoze*), nom qu'on donne en Russie à ceux qui trafiquent pour le souverain.

GOSIER, subst. mas. (*guôzié*), partie intérieure de la gorge par où les aliments passent de la bouche dans l'estomac. — Canal par où sort la voix et qui sert à la respiration.— Fig., voix : *elle a un beau gosier*, une voix agréable. — Partie du soufflet d'orgue par où s'échappe le vent lorsqu'on le comprime.—Prov. : *avoir le gosier pavé*, manger fort chaud sans se brûler. — On dit fam. et fig. : *avoir le gosier sec*, en parlant de quelqu'un qui aime à boire, qui a toujours soif.—T. d'hist. nat., *grand gosier*, oiseau des Antilles connu sous le nom de *pélican*.

GOSILLÉ, E, part. pass. de *gosiller*.

GOSILLER, v. neut. (*guôzi-ié*), se dit, dans les fabriques d'eaux-de-vie, de la liqueur qui, lorsqu'elle est trop chauffée, passe mêlée de vin dans la distillation.

GOSRÉAL, subst. mas. (*guôré-al*), t. d'hist. nat., gros oiseau d'Afrique.

GOSSAMPIN, subst. mas. (*guoceçanpein*), grand arbre des Indes, d'Afrique et d'Amérique, qu'on nomme aussi *fromager*. Voy. ce mot.

GOSSE, et mieux **GAUSSE**, subst. fém. (*guoce*), menterie faite pour rire : *conter des gausses*, des choses qui ne sont pas vraies. Pop.

GOSSÉ, E, part. pass. de *gosser*.

GOSSER, v. neut. (*guocé*), dire des menteries. Mieux, GAUSSER. Voy. GOSSE.

GOSSEUR, subst. et adj. mas., au fém. **GOSSEUSE** (*guoceur, ceuze*), qui dit habituellement des menteries. Mieux, GAUSSEUR. Voy. GOSSE.

GOSSEUSE, subst. et adj. fém. Voy. GOSSEUR.

GOSSEYNS, subst. mas. plur. (*guocein*), ermites ou pèlerins indiens.

GOSSYPINE, subst. fém. (*guocipine*), t. de chimie, substance solide et fibreuse qui se détache du coton.

GOTH, E, subst. et adj. (*guô, guote*) (de l'ancien allemand *gothar* ou *gothlad*), de la *Gothie*. —Peuples barbares du nord, qui envahirent l'Europe au 5e siècle et s'emparèrent de l'Espagne, où ils fondèrent une monarchie puissante.

GOTHA, subst. propre fém. (*guota*), jolie ville de Saxe, capitale du duché de *Saxe-Cobourg-Gotha*.

GOTHARD (SAINT-), subst. propre mas. (*ceinguotare*), haute montagne qui forme le centre des divers chaînons des Alpes helvétiques.

GOTHIE, subst. propre fém. (*guoti*) (du lat. *gothia*, ou de l'allemand *gothland*), très-anciennement, pays qui s'étendait au nord de la mer Noire et comprenait les deux Dacies, ainsi que quelques provinces scythes. Plus tard, contrée de la Suède berceau des peuples germains.

GOTHINIEN, subst. mas. (*guôtini-ein*), ancien peuple de la Silésie.

GOTHIQUE, adj. des deux genres (*guotike*), au propre, qui vient des *Goths*.—On appelle *caractère gothique*, *écriture gothique*, un caractère ou écriture qui, dans le fond, est le même que le romain, mais qui a beaucoup d'angles et de tortuosités, surtout au commencement et à la fin des jambages de chaque lettre.—*Architecture gothique*, architecture qui s'éloigne des proportions et du caractère de l'antique. — On appelle *architecture gothique ancienne*, celle que les *Goths* ont apportée du nord dans le cinquième siècle ; *architecture gothique moderne*, une architecture moins lourde, moins pesante, mais surchargée d'ornements inutiles.—En t. de peint., manière qui ne reconnaît aucune règle, qui n'est dirigée par aucune étude de l'antique, et dans laquelle on n'aperçoit qu'un caprice qui n'a rien de noble. — Au fig., fort ancien, hors de mode : *habillement gothique, manières gothiques*.—Subst. mas.: *il y a du gothique dans cette architecture, dans cette écriture*.—Il est aussi subst. fém., et signifie une sorte d'écriture de genre *gothique* : *la gothique*.

GOTHOPÈDE, subst. fém. (*guôtopède*), t. de bot., plante ligneuse d'Amérique.

GOTHUNIEN, subst. mas. (*guôtuni-ein*), ancien peuple de la Sarmatie européenne.

GOTON, subst. mas. (*guoton*), t. de mar., anneau de fer plat qui a des dents d'un côté et qui sert au timon.—Le peuple appelle une femme ou fille de mauvaises mœurs, une *goton*.

GOTTINGUE, subst. propre fém. (*guoteteingue*) (en allemand *goettingen*), ancienne ville de Hanovre, célèbre par son université.

GOU, subst. mas. (*guou*), t. de bot., arbre de Sierraleone, dont les feuilles forment un tan excellent.

GOUACHE, subst. fém. (*guouache*) (de l'italien *guazzo*, qui a la même signification, d'où il a semblé à *Watelet* qu'il vaudrait mieux écrire *gouazze*), peinture dont les couleurs sont détrempées avec de l'eau et de la gomme : *peindre à la gouache; un paysage à la gouache*. — On le dit aussi des petits tableaux de genre peints à la *gouache : voilà une jolie gouache; ce peintre ne fait plus que des gouaches*.

GOUAILLER, v. neut. (*guouâ-ié*), Voy. GOAILLER, qui seul se dit.

GOUAIS, subst. mas. Voy. GOET, qui seul se dit.

GOUANCHE, subst. mas. plur. (*guouanche*), anciens habitants de Ténériffe.

GOUANE, subst. fém. (*guouane*), t. de bot., genre de plantes rhamnoïdes appelées à Saint-Domingue *liane brûlée*.

GOUARÉ, subst. mas. (*guou-aré*), t. de bot., genre de plantes méliacées qui croissent en Amérique.

GOUARIBA, subst. mas. (*guou-ariba*), t. d'hist. nat., espèce de singe d'Amérique du genre des alouattes.

GOUAROUBA, subst. fém. (*guou-arouba*), t. d'hist. nat., nom de la perruche à gorge rouge.

GOUAZOUÈTE, subst. mas. (*guou-azouète*), t. d'hist. nat., cerf du Paraguay.

GOUAZOUPARA, subst. mas. (*guou-azoupara*), t. d'hist. nat., cerf du Paraguay, plus petit que le *gazouète*.

GOUAZOUPITA, subst. mas. (*guou-azoupita*), t. d'hist. nat., cerf du Paraguay qui paraît être la biche des bois de Cayenne.

GOUAZOUPOUCOU, subst. mas. (*guou-azoupoukou*), t. d'hist. nat., chevreuil d'Amérique.

GOUDIC-GOUDIC, subst. mas. (*guoudikguoudik*), t. d'hist. nat., espèce d'oiseau de proie d'Abyssinie, des mouvements et de la position duquel les habitants de ce pays tirent un bon ou un mauvais augure.

GOUDILLE ou **GODILLE**, subst. fém. (*guoudi-ie, guodi-ie*), t. de mar.; on donne ce nom à un aviron qui, placé dans un creux en demi-cercle, sur l'arrière d'une petite embarcation, sert à l'homme qui l'emploie à la diriger seul, par une belle mer.

GOUDILLÉ, E, part. pass. de *goudiller*.

GOUDILLER ou **GODILLER**, v. neut. (*guoudi-ié, guodi-ié*; on dit aussi *gabarer* et *coqueter*), action du *godilleur* qui, tenant des deux mains la poignée d'un aviron dont la pale est aux deux tiers dans l'eau, en lui faisant faire un demi-tour de droite à gauche et de gauche à droite, tourne le dos à l'avant de l'embarcation qu'il conduit.

GOUDOK, subst. mas. (*guoudok*), violon informe des Russes.

GOUDRON, subst. mas. (*guoudron*) (de l'arabe *kitran*, poix. Les Espagnols disent encore dans le même sens *alquitran*, qui n'est que le mot arabe avec l'article *al*), composition faite de poix noire, d'huile de poisson, de suif et d'étoupe, servant principalement à calfater les navires. *Goudron minéral*, bitume solide, composé d'asphalte et de pétrole.—L'*Académie* n'écrivant que *goudron*, on ne dit pas *gaudron*, comme le veulent quelques grammairiens. Il n'y a pas en effet de raison étymologique qui sanctionne l'un plus que l'autre; et dans un pareil cas, l'*Académie* seule doit faire loi.

GOUDRONNÉ, E, part. pass. de *goudronner*, et adj.

GOUDRONNER, v. act. (*guoudroné*), t. de mar., enduire de *goudron*.—SE GOUDRONNER, v. pron.

GOUDRONNERIE, subst. fém. (*goudroneri*), t. de mar., atelier, dans un port, destiné à chauffer le *goudron*, à le disposer pour être employé.

GOUÉ, et plus souvent **GOUET**, subst. mas. (*guoué*), sorte de grosse serpe dont les bûcherons se servent pour couper le bois, et les vignerons pour aiguiser les échalas.

GOUFFÉE, subst. fém. (*guoufé*), t. de bot., genre de plantes caryophyllées.

GOUFFRE, subst. mas. (*guoufre*), endroit d'une rivière où l'eau tournoyant engloutit ce qui paraît à sa surface.—Abyme. Voy. PRÉCIPICE.—Fig., 1° *gouffre de malheurs*, *de misères*, malheur, misère extrême ; 2° *un gouffre*, un grand dissipateur; 3° il se dit généralement de toutes choses qui entraînent des frais, des sacrifices, des pertes incalculables et sans cesse répétés : *Paris est un gouffre; ce procès est un gouffre où s'engloutira votre fortune ; les maisons de jeu sont des gouffres pour les jeunes gens*; 4° dans le style soutenu ou poétique, il s'applique aussi à la durée, au temps : *le gouffre du passé, de l'oubli, de l'éternité*.

GOUGE, subst. fém. (*guouje*) (du vieux mot gaulois *guvia*, qui a le même sens. *Ménage* d'après *Isidore*.), espèce de ciseau servant aux menuisiers, aux sculpteurs, etc.—Sorte de foret acéré dont on se sert pour percer les pompes de vaisseau. — Il s'est dit aussi, en langage bas et populaire, d'une prostituée.

GOUGÉ, E, part. pass. de *gouger*.

GOUGER, v. act. (*guoujé*), t. de serrurier, commencer avec une *gouge* le trou d'une pièce qu'on veut percer au foret.—SE GOUGER, v. pron.

GOUGÈRE, subst. fém. (*guoujère*), sorte de gâteau fait avec de la mie de pain, des œufs et du fromage.

GOUGETTE, subst. fém. (*guoujète*), petite *gouge*.

GOUIN, subst. mas. (*guouein*), t. de mar., nom injurieux que l'on donne surtout aux matelots d'une mauvaise tenue.

GOUINE, subst. fém. (*guouine*), femme prostituée, sale et de bas étage. Il est pop. et injurieux.

GOUJARD, subst. mas. (*guoujar*), ouvrier ferblantier.

GOUJAT, subst. mas. (*guouja*), valet de soldat, garçon maçon qui porte le mortier aux maçons; manœuvre qui sert les ouvriers dans les constructions. — C'est aussi un terme de mépris : *que veut dire ce vilain goujat?* Il se dit d'un homme sale et grossier.

GOUJON, subst. mas. (*guoujon*), sorte de petit poisson blanc. Il est du genre des cyprins, appartenant à la famille des gymnopomes, de l'ordre des poissons osseux abdominaux. — Cheville de fer, traversant deux pièces qu'on veut joindre. —Axe sur lequel tourne la poulie.—En menuiserie, espèce de petit tenon ou de cheville.—Ciseau de sculpteur. — T. de doreur, *goujon de pommes*, broche de fer sur laquelle on travaille les pommes de carrosse.—En t. d'hist. nat., on appelle *goujon de mer*, un petit poisson noir du genre gobie. — Prov. : *faire avaler le goujon à quelqu'un*, le faire tomber dans un piège.

GOUJONNÉ, E, part. pass. de *goujonner*.

GOUJONNER, v. act. (*guoujoné*), assembler des planches avec des *goujons*. — SE GOUJONNER, v. pron.

GOUJONNIÈRE, adj. fém. (*guoujonière*); on appelle ainsi une espèce de perche qui ressemble au *goujon* par le dos.

GOUJURE, subst. fém. (*guoujure*), t. de mar., entaille faite à une poulie pour en cacher l'étrope.

GOUL, subst. mas. (*guoule*), myth., sorte d'ablution des musulmans.

GOULDEN, subst. mas. (*guouledèn*) (de l'allemand *gulden*, florin), monnaie de Suisse, qui vaut environ deux francs.

GOULE, subst. fém. (*guoule*), chez les Orientaux, sorte de vampire, démon femelle qui hante les cimetières, et se repaît de cadavres.

GOULÉE, subst. fém. (*guoulé*) (en lat. *gula*), grande bouchée. Il est bas et ne se dit guère qu'en parlant d'un homme qui mange avidement de gros morceaux : *il n'en a fait qu'une goulée*. — On dit fig. et prov. : *brebis qui bêle perd sa goulée*, et cela principalement de ceux qui, étant à table, oublient de manger à force de parler.

GOULET, subst. mas. (*guoulé*), entrée étroite d'un port. — Le cou d'un vase. Il est vieux. On dit aujourd'hui *goulot*.—En t. de pêche, entonnoir d'osier placé à l'entrée des nasses.

GOULETTE, subst. fém. (*guoulète*), t. d'archit., petit canal sur des tablettes de pierre, interrompu par de petits bassins en coquille, d'où sortent des bouillons d'eau.—Au plur., pierres plates dont on garnit le fond des fours à chaux où l'on brûle du charbon de bois.

GOULIAFRE, subst. et adj. des deux genres (*guouliafre*) (du lat. *gula*), glouton. Il est pop. et bas.

GOULIN, subst. mas. (*guoulein*), t. d'hist. nat., espèce d'oiseau du genre des mainates.

GOULOT, subst. mas. (*guoulô*) (du lat. *gula*, gosier, gorge), le cou d'une bouteille, d'une cruche, ou de quelque autre vase dont l'entrée est étroite.

GOULOTTE, subst. fém. (*guoulote*). C'est le même mot que GOULETTE.

GOULU, subst. mas. (*guoulu*), t. d'hist. nat., animal sauvage de Laponie et de Moscovie; il est fort noir et luisant.—Oiseau qui dévore le poisson avec beaucoup d'avidité.—*Goulu de mer*, espèce de chien de mer ou de requin.

GOULU, E, subst. et adj. (*guoulu*), qui mange beaucoup et fort vite; glouton.

GOULÛMENT, adv. (*guouluman*), d'une manière *goulue*; avidement.

GOUMÈNES, subst. mas. plur. (*guoumène*), t. de mar., grappins qui servent au mouillage des galères.—Il se dit aussi des cordages qu'on emploie pour affermir le vaisseau contre les efforts du vent.

GOUNJA-TICQUON, subst. mas. (*guoun-jati-kon*), myth., divinité supérieure chez les Hottentots.

GOUPI, subst. mas. (*guoupi*), t. de bot., genre de plantes rhamnoïdes.

GOUPILLE, subst. fém. (*guoupi-ie*) (du lat. *cuspicula*, diminutif de *cuspis*, pointe, broche), sorte de petite clavette ou cheville de fer, etc. C'est une espèce de clou qui n'a ni tête ni rivure, et qui n'est que passé dans un trou.

GOUPILLON, subst. mas. (*guoupi-ion*) (du vieux mot français *goupil*, renard, fait du lat. *vulpecula*, diminutif de *vulpes*. La ressemblance de la queue de cet animal avec un *goupillon* a fait donner à cet instrument le nom qu'il porte. Suivant *Trévoux*, cette queue s'appelait elle-même *goupillon*), instrument avec lequel on nettoie les vases dans lesquels on ne peut mettre la main.—Aspersoir pour l'eau bénite. C'est tantôt un petit bâton au bout duquel il y a des soies de cochon, et dont le prêtre se sert à l'église pour prendre de l'eau bénite, et la répandre sur le peuple; tantôt c'est un manche de métal ou de bois, au bout duquel il y a une petite pomme de métal, creuse et percée de divers petits trous, et dont on se sert aussi pour présenter de l'eau bénite : *présenter de l'eau bénite avec un goupillon d'argent*.

GOUPILLONNÉ, E, part. pass. de *goupillonner*.

GOUPILLONNER, v. act. (*guoupi-ioné*), nettoyer avec un *goupillon*. — *se* GOUPILLONNER, v. pron.

• **GOUR**, subst. mas. (*guour*), creux produit par une chute d'eau.—Creux plein d'eau dans les rochers, au pied des arbres, au bord des rivières.

GOURA, subst. mas. (*guoura*), t. d'hist. nat., genre d'oiseaux silvains de la famille des colombins.—Sorte de bonnet de soie des Vénitiens.

GOURABE ou **GOURABLE**, subst. fém. (*guourabe, rable*), barque marchande des Indes orientales.

GOURAMI, subst. mas. (*guourami*, t. d'hist. nat., espèce de poisson doré de la Chine.

GOURBILLAGE, subst. mas. (*guourbi-iaje*), t. de menuisier, évasement d'un trou pour y faire entrer la tête d'un clou.

GOURBILLÉ, E, part. pass. de GOURBILLER.

GOURBILLER, v. act. (*guourbi-ié*), t. de menuisier, évaser en forme d'entonnoir l'entrée d'un trou, pour que la tête de la cheville ou du clou qu'il doit recevoir puisse s'y perdre. — *se* GOURBILLER, v. pron. Peu en usage.

GOURD, E, adj. (*guour, guourde*) (du lat. *gurdus*, que *Quintilien* semble avoir pris de l'espagnol, et qui signifie sot, étourdi), engourdi et comme perclus par le froid. Il ne se dit guère qu'au féminin, en parlant des mains. — Fig. et fam. : *ce filou n'a pas les mains gourdes*, vole lestement. — *Piastre gourde*, monnaie d'argent fabriquée originairement en Espagne, et qui est à peu près au titre et du même poids que les anciens écus de France de neuf au marc. (De l'espagnol *gordo*, gros, épais.)

GOURDE, subst. fém. (*guourde*) (du lat. *cucurbita*, courge), espèce de calebasse dans laquelle on met quelque liqueur et dont se servent particulièrement les soldats, les pèlerins, les voyageurs, etc. Voy. GOURGE.—En t. de chir., hydrocèle composée de deux tumeurs inégales en volumes.

GOURDIN, subst. mas. (*guourdein*), bâton gros et court. Il est pop. —T. de mar., manœuvre qui tient la voile d'une galère par le côté.

GOURDINÉ, E, part, pass. de *gourdiner*.

GOURDINER, v. act. (*guourdiné*), donner des coups de *gourdin*.—*se* GOURDINER, v. pron.

GOURDINIÈRE, subst. fém. (*guourdinière*), t. de mar., manœuvre de galère.

GOURE, subst. fém. (*guoure*), en t. de droguiste, toute sorte de drogues falsifiées.

GOURÉ, E, part. pass. de *gourer*.

GOUREAU, subst. mas. (*guourô*), sorte de figue.

GOURER, v. act. (*guouré*), attraper, tromper, voler. Il est pop.—*se* GOURER, v. pron.

GOUREUR, subst. mas., au fém. **GOUREUSE** (*guoureur, reuze*), celui qui falsifie les drogues; celui qui trompe, attrape, vole dans les détails du commerce, dans les échanges : *ne vous fiez pas à lui, ne faites point de marché avec lui, c'est un goureur*. Ce mot est pop.—C'est aussi le nom qu'on donne à un petit épicier ambulant qui court les campagnes pour y vendre du poivre, du gingembre, et autres drogues qui sont falsifiées.

GOURGANDINE, subst. fém. (*guourguandine*), coureuse, fille ou femme de mauvaise vie. Il est fam. et même peu en usage aujourd'hui. — T. d'hist. nat., sorte de coquille bivalve.

GOURGANE, subst. fém. (*guourguane*), t. de bot., petite fève de marais qui est douce.

GOURGOURAN, subst. mas. (*guourguouran*), t. de comm., étoffe de soie des Indes, travaillée en gros de Tours, mais plus forte en chaîne et en trame.

GOURLU, subst. mas. (*guourlu*), sorte d'ablution en usage chez les mahométans.

GOURMADE, subst. fém. (*guourmade*), coup de poing. Il est familier.

GOURMADÉ, E, part. pass. de *gourmader*.

GOURMADER, v. act. (*guourmadé*), charger de coups de poing; battre à coups de poing. —*se* GOURMADER, v. pron. (*Boiste*.) Peu en usage.

GOURMAND, E, subst. et adj. (*guourman, mande*) (selon *Saumaise*, du persan *khourmand*), qui mange avec avidité et avec excès. — Gastronome : *homme gourmand; une gourmande*. —GOURMAND, FRIAND, GOULU, GOINFRE et GLOUTON. (*Syn.*) *Gourmand* dit plus que *friand*, et moins que *goulu*, *goinfre* et *glouton*. Le *friand* aime, recherche, connaît et savoure les morceaux délicats. Le *gourmand* aime à manger et à faire bonne chère; il faut qu'il mange, mais non sans choix. Le *goinfre* est d'un si haut appétit, ou plutôt d'un appétit si brutal, qu'il mange à pleine bouche, bâfre, se gorge de tout assez indistinctement; il mange pour manger. Le *goulu* mange avec tant d'avidité, qu'il avale plutôt qu'il ne mange. Le *glouton* court au manger, mange avec un bruit désagréable et avec tant de voracité, qu'un morceau n'attend pas l'autre, et que tout a bientôt disparu devant lui. — En t. de jardinier, *branches gourmandes*, celles qui, attirant à elles la sève de l'arbre, épuisent les branches voisines.

GOURMANDÉ, E, part. pass. de *gourmander*.

GOURMANDER, v. act. (*guourmandé*), réprimander avec dureté. Telle est la définition que donnent tous les *Dictionnaires*. Selon nous, *gourmader*, pris dans un sens figuré, serait bien préférable; car bien certainement *gourmander* n'est pas formé de *gourmand*, mot avec lequel il ne saurait avoir d'analogie; tandis que *gourmader* vient tout naturellement de *gourmade*, coup de poing. — Fig. : *gourmander ses passions*, s'en rendre le maître, les tenir assujéties à la raison.—En t. de manège, *gourmander un cheval*, le manier rudement de la bouche, au moyen de la *gourmette*.—En t. de cuisine, larder ou garnir de persil un morceau de mouton. —*se* GOURMANDER, v. pron.

GOURMANDINE, subst. fém. (*guourmandine*), t. de jard., sorte de poire.

GOURMANDISE, subst. fém. (*guourmandize*), intempérance dans le manger : *la gourmandise est le défaut des gens qui n'ont pas d'étoffe*. (*J.-J. Rousseau*.) Voy. GOURMAND.

GOURMAS, subst. mas. (*guourmâce*), t. de salines, sorte de tuyau de bois bouché par un tampon.

GOURME, subst. fém. (*guourme*) (suivant *Huet*, de *gormes*, qui, en gaulois, signifie tout à la fois oppression, violence, coup et pus), mauvaises humeurs qui viennent aux jeunes chevaux et aux enfants. — *Jeter sa gourme*, se dit au propre d'un cheval, et au figuré : 1° des enfants qui ont quelque maladie de la peau; 2° d'un jeune homme qui fait beaucoup de folies et d'extravagances. — *Boiste* lui fait signifier aussi maintien grave et composé. Mais ce sens n'appartient qu'à l'adjectif *gourmé*, et *Destouches*, dont *Boiste* invoque l'autorité, donne bien un air *gourmé* à son *Glorieux*, mais n'appelle point cet air de la *gourme*.

GOURMÉ, E, part. pass. de *gourmer*. — Adj., vain, guindé, qui affecte un maintien composé et trop grave : *il est toujours gourmé*, renfermé dans lui-même. (*Destouches*.)

GOURMER, v. act. (*guourmé*), mettre la *gourmette* à un cheval. — Battre à coups de poing. (Dans cette dernière acception, du vieux gaulois *gormes*, violence, coup.) — *se* GOURMER, v. pron.

GOURMET, subst. mas. (*guourmè*) (de l'allemand *gaum*, palais, gosier), personne qui sait bien connaître et goûter le vin.—Celui qui goûte le vin sur les ports de Paris. — Par extension, friand, et fin gourmand.

GOURMETTE, subst. fém. (*guourmète*), sorte de chaîne de fer attachée à la branche de la bride et placée sous la ganache du cheval, à l'endroit où vient la *gourme*.—*Fausses gourmettes*, deux petites longes de cuir cousues aux arcs du banquet.—En t. de mar., 1° la garde que les marchands mettent sur un bateau ou sur une allège pour la conservation des marchandises; 2° valet ou garçon qu'on emploie sur le vaisseau à le nettoyer, à servir l'équipage, etc. — Fig. et fam. : *lâcher la gourmette à quelqu'un*, lui donner plus de liberté qu'il n'en avait.—*Rompre sa gourmette*, s'abandonner à ses passions, après avoir vécu quelque temps dans la contrainte et la retenue.

GOURNABLE, subst. mas. (*guournable*), t. de mar., cheville de bois qui sert au bordage d'un vaisseau.

GOURNABLÉ, E, part. pass. de GOURNABLER.

GOURNABLER, v. act. (*guournablé*), t. de mar., attacher les planches du bordage avec des chevilles. Peu connu.

GOURNABLIER, subst. mas. (*guournablié*), ouvrier qui fait les *gournables*.

GOURNAL ou **GOURNEAU**, subst. mas. (*guournal, guournô*), t. d'hist. nat., poisson délicat de la mer du Sud.

GOURNAY, subst. propre mas. (*guournè*), ville de France, dép. de la Seine-Inférieure, à dix lieues de Rouen. Elle est renommée pour son excellent beurre.

GOUROT, subst. mas. (*guourô*), sorte de gâteau fait avec du fromage.

GOUROU, subst. mas. (*guourou*), myth., prêtre des Indiens, brahmine qui sert de père spirituel à l'enfant régénéré.

GOUSLI, subst. mas. (*guouceli*), sorte de harpe horizontale des Russes.

GOUSPIN, subst. mas. (*guoucepein*), t. bas et de mépris, polisson.

GOUSSAUT ou **GOUSSANT** (l'*Académie* semble préférer *goussaut*), subst. mas. (*guouçô, çan*), de manège, se dit d'un cheval court de reins et dont l'encolure et la conformation annoncent la force. — Il est aussi adjectif : *un cheval goussaut*. — En t. de faucon., oiseau trop lourd et peu estimé pour la volerie.

GOUSSE, subst. fém. (*guouce*) (de l'italien *guscio*, qui a la même signification, ou, suivant *Ménage*, du lat. *excussa*, épluchée, d'où vient, ajoute-t-il, le mot *cosse*, autrefois *écosse*), enveloppe qui couvre plusieurs sortes de légumes. — On appelle *gousse d'ail*, les caïeux qui composent la racine de cette plante. — *Gousse de plomb*, plombs dont se servent les pêcheurs pour arrêter leurs filets. — Il se dit aussi au plur., d'un ornement d'architecture particulier au chapiteau ionique.

GOUSSET, subst. mas. (*guoucè*), le creux de l'aisselle. Voy. ce mot.—Il se dit plus ordinairement de la mauvaise odeur qui vient du *gousset* : *sentir du gousset*. — Petite poche de culotte où l'on met de l'argent, faite en quelque sorte en forme de *gousse* de fève ou de pois.—*Avoir toujours le gousset bien garni*, c'est avoir toujours assez d'argent sur soi pour ses besoins ou ses plaisirs.—Bout d'ais chantourné, espèce de petite console de menuiserie, pour soutenir des planches. — Morceau de toile qui sert à faire tenir le corps d'une chemise avec la manche.—Dans le blason, pièce en forme de pupitre, qui est rare et fut, dit-on, autrefois une flétrissure. — Petite pièce de charpente.—Siége ménagé à la portière d'un carrosse pour asseoir une personne de plus. —En t. de marine, barre de gouvernail.—Morceau de bois à deux tourillons au second pont du bâtiment.

GOUSSOL, subst. mas. (*guouçole*), t. d'hist. nat., coquille du genre des volutes.

GOUSTOSE, adj. des deux genres (*guoucetôze*), (de l'italien *gustoso*), plaisant, agréable.—En t. de peinture, il se dit d'un faire léger et gracieux : *un faire goustose; la gravure à l'eau-forte doit être goustose*.—On l'emploie aussi subst. au mas.: *le goustose est opposé au sévère; le goustose convient au paysage*.

GOÛT, subst. mas. (*guou*) (en lat. *gustus*), celui des cinq sens par lequel on discerne les saveurs. — Saveur : *viande de bon goût*. — On dit qu'*une sauce est de haut goût*, quand elle est salée, épicée; et qu'*elle n'a point de goût*, pour exprimer qu'elle ne sent rien, qu'elle est fade. On dit absolument d'une chose, qu'*elle a du goût*, qu'*elle a beaucoup de goût*, pour exprimer qu'elle est bonne, qu'elle est convenablement assaisonnée. On dit qu'*elle a un goût*, pour exprimer qu'elle n'est pas complètement bonne, même qu'elle est mauvaise, sans pouvoir définir ce qu'on y trouve de mauvais. — Odeur : *ce tabac a un goût de pourri*. — Appétence des aliments: *il a entièrement perdu le goût*. On dit prov., en ce sens, *le coût en fait perdre le goût*, en parlant d'une chose trop chère. — Fig., 1° discernement, finesse de jugement, sentiment des beautés et des défauts dans les arts : *goût fin, délicat, exquis, sûr, vrai, faux, dépravé, détestable*; on l'emploie aussi sans épithète : *cette personne a du goût, beaucoup de goût; il y a du goût, beaucoup de goût dans cet ouvrage, dans sa toilette, dans la disposition de ces ornemens, de ces meubles, de ces draperies*; 2° inclination, plaisir, etc.; il s'applique, dans ce sens, aux personnes et aux choses : *il a beaucoup de goût pour cette personne-là; ce n'est point de l'amour, c'est un goût passager; il n'a pas de goût pour les vers, pour la musique*, etc.; *faire une chose par goût*, la faire pour son plaisir; 3° opinion, approbation : *cela n'est pas de mon goût; il ne faut pas disputer des goûts*; 4° manière dont une chose est faite : *cela est de bon, de mauvais goût*; 5° caractère d'un auteur, d'un artiste : *vers dans le goût de Voltaire; tableau dans le goût de Rubens*. — En t. de jard., *goût de terroir*, se dit d'un *goût* bien marqué et peu agréable que les terres donnent aux fruits et aux vins qu'elles produisent. — En t. de boulangers, *goût du fruit*, se dit en parlant du pain qui a conservé le goût du *blé*. — *Avoir du goût pour quelqu'un*, c'est avoir pour quelqu'un un commencement d'inclination. — Le *goût* est arbitraire dans plusieurs choses, comme dans les étoffes, dans les parures, dans les équipages, dans ce qui n'est pas au rang des beaux-arts; alors il mérite plutôt le nom de fantaisie : *c'est la fantaisie plutôt que le goût qui produit tant de choses nouvelles*. — Il ne suffit pas, pour le *goût*, de voir, de connaître la beauté d'un ouvrage, il faut la sentir et en être touché : il ne suffit pas de sentir, d'être touché d'une manière confuse, il faut démêler les différentes nuances; rien ne doit échapper à la promptitude du discernement, et c'est encore une ressemblance de ce *goût intellectuel*, de ce *goût des arts*, avec le *goût sensuel*. Comme le *mauvais goût au physique* consiste à n'être flatté que des assaisonnements trop piquants et trop recherchés, ainsi *le mauvais goût dans les arts* est de ne se plaire qu'aux ornements étudiés, et de ne pas sentir la belle nature. *Le goût dépravé dans les aliments*, est de choisir ceux qui dégoûtent les autres hommes; c'est une espèce de maladie : *le goût dépravé dans les arts*, est d'aimer et de rechercher une nature hideuse et repoussante, « de se plaire, dit » *Voltaire*, à des sujets qui révoltent les esprits » bien faits, de préférer le burlesque au noble, le » précieux et l'affecté au beau simple et naturel; » c'est une maladie de l'esprit. » — *Goût*, en t. de peint., se dit du caractère particulier qui règne dans un tableau par rapport au choix des objets qui y sont représentés, et à la manière dont ils sont rendus. *Un tableau est de bon goût*, lorsque les objets qui y sont représentés sont bien choisis et bien imités, conformément à l'idée que les connaisseurs ont de leur perfection. On dit, en ce sens, *bon goût, grand goût, goût trivial, mauvais goût*. — *Grand goût* semble dire plus que *bon goût*, et dirait plus, en effet, si, par *grand goût*, on entendait le choix du mieux dans le bon; mais *grand goût* en peinture est un *goût* idéal, qui suppose un grand, un extraordinaire, un merveilleux, un sublime même, tenant de l'inspiration, bien supérieur aux effets de la belle nature : *un tableau de grand goût*. — *Goût trivial* se dit d'une imitation du *bon goût* et du *grand goût*, mais qui défigure le premier, et ne saisit que le ridicule de l'autre, et qui l'outre. — On appelle *goût de nation*, celui qui règne dans une nation, qui fait qu'on reconnaît qu'un tableau est de telle école : *il y a autant de goûts de nation, que d'écoles*. — *Goût particulier* se dit de celui que chaque peintre se fait, par lequel on reconnaît que tel tableau est de tel peintre, quoiqu'il y règne toujours le *goût* de sa nation. — Le *goût* est souvent séparé du *génie*. Le *génie* est un pur don de la nature; ce qu'il produit est l'ouvrage d'un moment. Le *goût* est l'ouvrage de l'étude et du temps; il tient à la connaissance d'une multitude de règles, ou établies, ou supposées; il fait produire des beautés qui ne sont que de convention. Les règles et les lois du *goût* donnent des entraves au *génie*, qui souvent les brise pour voler au sublime, au pathétique, au grand. — Le *goût* discerne les choses qui doivent exciter des sensations agréables; le *génie* fournit des sensations piquantes et imprévues. Le *goût* se fortifie par l'habitude, par les réflexions, par l'esprit philosophique, par le commerce des gens de *goût*; le *génie* s'étend par la connaissance des objets qu'il peut peindre, des beautés dont il peut les embellir, des caractères, des passions qu'il veut exprimer : tout ce qui excite le mouvement des esprits favorise, provoque et réchauffe le *génie*. En un mot, le *génie* crée, et le *goût* perfectionne.

GOUTCHELIER, subst. mas. (*guoute-chelié*), myth., l'une des tribus qui se disent brahmes.

GOÛTÉ, E, part. passé de *goûter*.

GOÛTÉ (l'*Académie* a tort d'écrire **GOÛTER**), subst. mas. (*goûté*) (en lat. *gustatio*), petit repas qu'on fait entre le dîné et le soupé.

GOÛTER, v. neut. (*guouté*) (en lat. *gustare*, fait du grec γευεσθαι), manger entre le dîné et le soupé, faire collation. — Boire ou manger d'une chose dont on n'a pas encore bu ou mangé, essayer d'en boire, d'en manger; et dans ce sens, on dit *goûter à*..., et *goûter*... : *goûter de cette volaille; il ne voulut pas même en goûter, y goûter; venez goûter de notre vin, à notre vin*. — Activement, exercer le sens du *goût* sur ce qui a de la saveur, sentir et discerner les saveurs par le *goût* : *buvez ce vin lentement, afin de le mieux goûter; il goûte bien ce qu'il mange*. On l'emploie aussi sans régime : *il avale sans goûter*. — Prendre, mettre dans sa bouche une petite quantité de mets, d'une liqueur, pour en examiner, en vérifier la saveur, la qualité, pour en savoir le *goût* : *savez-vous goûter le vin? le cuisinier n'a pas goûté cette sauce; envoyez-moi un échantillon de votre sucre pour le goûter*. — Il se dit aussi quelquefois des choses dont on juge par l'odorat : *goûtez de ce tabac, goûtez bien ce tabac*. — Fig., 1° essayer, éprouver : *goûter le plaisir*. Fénelon (*Télémaque*, liv. IX) a fait une faute grave, en disant : *ils voient, ils goûtent qu'ils sont heureux*. On ne peut dire *goûter que*... Dans ce sens figuré, il est aussi neutre : *c'est un homme qui a goûté de tous les plaisirs, il en est las; j'ai goûté du métier, je sais ce qui en est*; 2° approuver, trouver bon, prendre plaisir à..., jouir de... *le public goûte peu ces sortes d'ouvrages; mon avis n'a pas été goûté; il ne goûta point mes raisons; goûter les plaisirs de la vie, de la table, de la campagne; goûter la fraîcheur du matin, le repos, les douceurs du sommeil*. On le dit dans ce sens en parlant des personnes : *goûter quelqu'un*, le juger favorablement, l'apprécier; *vous êtes goûté dans le monde; on goûte votre société; voilà un homme que je n'ai jamais pu goûter; dont je n'ai jamais pu goûter les manières, le ton, l'esprit; goûter un peintre, un acteur*. — **SE GOÛTER**, v. pron.

GOUTTE, subst. fém. (*guoute*) (en lat. *gutta*, fait du grec χυτός, répandu), petite partie d'une chose liquide : *goutte d'eau, de vin, d'huile*, etc. — Il se prend quelquefois pour une quantité peu considérable : *je n'ai pris de toute la journée qu'une goutte de bouillon, une goutte de vin*. — On dit prov., de deux personnes qui se ressemblent parfaitement, qu'*elles se ressemblent comme deux gouttes d'eau*. — Fig., *n'avoir pas une goutte de sang dans les veines*, être saisi d'effroi, d'épouvante, d'horreur. — Par exagération : *je répandrai jusqu'à la dernière goutte de mon sang; je vous défendrai, je les combattrai tant qu'il me restera une goutte de sang dans les veines*. — *Goutte*, en t. de pharm., est la mesure de certaines liqueurs qui s'emploient à très-petite dose : *on évalue la goutte à peu près au poids d'un grain*. — Il y a aussi plusieurs remèdes connus sous le nom de *gouttes* : *gouttes d'Angleterre*, etc. — Ornement de sculpture, taillé en forme de *gouttes* d'eau, au bas des triglyphes, etc. — En horlogerie, petite plaque ronde, convexe d'un côté, et plate ou concave de l'autre. — Dans la fabrication des monnaies, petite portion de métal en fusion, que l'on retire du creuset pour l'essai. — Chez les potiers d'étain, petits trous qui se forment aux pièces d'étain dans les moules. — On dit prov., d'une petite chose mise ou fondue dans une grande : *c'est une goutte d'eau dans la mer*. — *Vin de la première goutte*, vin qu'on tire sans pressurer. On appelle *mère-goutte*, le vin qu'on tire de la cuve, par opposition au vin du pressurage. — *Faire goutte*, se dit du sirop qui coule en formant des *gouttes* séparées. — *Goutte*, précédé de *ne*, s'emploie adverbialement pour donner plus de force à la négation : *ne voir goutte, n'entendre goutte; il fait obscur ici, je ne vois goutte, je n'y vois goutte; cet homme ne voit goutte dans ses affaires*. — *N'entendre goutte*, ne rien comprendre : *c'est une affaire embrouillée, je n'y entends goutte; on n'entend goutte à ce qu'il dit*. Toutes ces locutions sont familières. — *Goutte à goutte*, locution adv., *goutte* après *goutte*, peu à peu : *verser goutte à goutte; le sang ne venait que goutte à goutte*.

GOUTTE, subst. fém. (*guoute*) (du latin *gutta*, goutte d'eau, etc., employé dans le sens de *fluxion*, par les médecins qui ont vécu en Europe avant le renouvellement des lettres), t. de médec., fluxion âcre et douloureuse qui s'attache aux jointures des pieds, des mains, des genoux, et qui est caractérisée par la douleur, la rougeur et le gonflement de ces parties. — *Goutte sciatique* ou simplement *sciatique*, espèce de *goutte* qui s'attache principalement à l'emboîture de la cuisse. — *Goutte remontée*, celle qui, n'ayant pas la force de pousser la fluxion sur les parties extérieures du corps, se jette sur les parties nobles, ce qui cause la mort.

GOUTTÉ, E, adj. (*guouté*), t. de blason, chargé ou arrosé de *gouttes* figurées.

GOUTTE-CHAUDE, subst. fém. (*guoutechôde*), t. de médec., espèce de *goutte* accompagnée d'une sensation de *chaleur*. — Au plur., des *gouttes-chaudes*.

GOUTTE-CRAMPE, subst. fém. (*guoutekranpe*), t. de médec. Voy. CRAMPE. — Au plur., des *gouttes-crampes*.

GOUTTE-D'EAU, subst. fém. (*guoutedô*), t. d'hist. nat., topaze blanche. — Coquille bullée. — Au plur., des *gouttes-d'eau*.

GOUTTELETTE, subst. fém. (*guoutelète*), petite *goutte*, en parlant d'un liquide. Il est peu usité.

GOUTTE-FROIDE, subst. fém. (*guoutefroède*), t. de médec., espèce de *goutte* accompagnée d'une sensation de *froid*. — Au plur., des *gouttes-froides*.

GOUTTE-NOUÉE, subst. fém. (*guoutenoué*), t. de médec., espèce de *goutte* dans laquelle il se forme des *nodosités* sur les articulations. — Au plur., des *gouttes-nouées*.

GOUTTE-ROSE, subst. fém. (*guouterôze*), t. de médec., rougeur du visage accompagnée de boutons dispersés sur la peau en forme de petites *gouttes* ou tubercules *rougeâtres*. — Au plur., des *gouttes-roses*.

GOUTTE-SEREINE, subst. fém. (*guoutecerène*), t. de médec., affection caractérisée par la perte complète ou incomplète de la vue, sans altération appréciable des parties constituantes du globe de l'œil. Les médecins la nomment aussi *amaurose*. Voy. ce mot. — Au plur., des *gouttes-sereines*.

GOUTTEUSE, adj. fém. Voy. GOUTTEUX.

GOUTTEUX, adj. mas., au fém. **GOUTTEUSE** (*guouteu, teuze*), qui a la *goutte* ou qui est sujet à la *goutte*. — On dit aussi substantiv. : *c'est un goutteux*.

GOUTTIÈRE, subst. fém. (*guoutière*) (du mot *goutte*, en lat. *gutta*), canal par où les eaux de la pluie coulent de dessus les toits : *gouttière de bois, de plomb; les tuyaux de descente ont remplacé les gouttières*. — Il se dit fam. pour le toit même, et, dans ce sens, on l'emploie au pluriel : *se promener sur les gouttières*. — Par extension, bande de cuir qui avance autour de l'impériale d'un carrosse. — Creux sur la tranche d'un livre quand il est rogné. — En vénerie, raies creusées le long du merrein de la tête du cerf. — En t. d'anat., certains enfoncements que présentent les os : *la gouttière sagittale; les gouttières des malléoles*. — En t. de bot., *creusé en gouttière*, qui a sur sa longueur et d'un seul côté un demi-canal, une espèce de rainure : *pétiole creusé en gouttière*. — En t. de mar., pièces de bois longues et creusées sur les ponts des vaisseaux pour l'écoulement des eaux. — En t. d'hist. nat., sorte d'insecte nommé aussi *bouclier lisse*.

GOUVERNABLE, adj. des deux genres (*guouvèrenable*), que l'on peut *gouverner*.

GOUVERNAIL, subst. mas. (*guouvèrena-ie*), pièce de bois attachée au derrière d'un vaisseau, d'un bateau, etc., qui sert à le *gouverner*. On l'appelle aussi *timon*. — Fig. : *tenir le gouvernail* ou *le timon*, gouverner, conduire les affaires. — La queue d'un moulin à vent, etc. — Dans un paquet de barres à forger, celle du milieu dont la longueur excède celle des autres de deux pieds environ.

GOUVERNANCE, subst. fém. (*guouvèrenance*), juridiction établie en quelques villes des Pays-Bas, à la tête de laquelle était le *gouverneur* de la place.

GOUVERNANT, subst. mas. (*guouvèrenan*), celui qui *gouverne*. On l'a surtout employé au pluriel : *les gouvernants et les gouvernés ; pour qu'il y ait un vrai peuple libre, il faudrait que les gouvernés fussent des sages, et que les gouvernants fussent des dieux.* (Napoléon.)

GOUVERNANTE, subst. fém. (*guouvèrenante*), la femme d'un *gouverneur* de place.— Celle qui a par elle-même le *gouvernement* d'une province : *la gouvernante des Pays-Bas.*—Femme qui a soin des enfants, surtout des filles, dans une grande maison, et qui est chargée de faire ou de diriger leur éducation.—Celle qui a soin du ménage d'un homme veuf, d'un garçon.

GOUVERNE, subst. fém. (*guouvèrene*), t. de commerce, régie, conduite : *je vous ai mandé pour votre gouverne que...* — Il s'emploie fam. dans le langage ordinaire : *ce que je vous en dis, c'est pour votre gouverne.*

GOUVERNÉ, subst. mas. (*guouvèrené*), soumis à des *gouvernants* ; simple citoyen. On l'emploie souvent au pluriel. — *L'Académie* ne mentionne pas ce subst.

GOUVERNÉ, E, part. pass. de *gouverner*.

GOUVERNEMENT , subst. mas. (*guouvèrene-man*) (en lat. *gubernatio*, qui signifie proprement conduite d'un navire, fait du grec χυβερνησις), principes par lesquels un peuple est *gouverné* ; constitution politique d'un état.—Ceux qui *gouvernent : le gouvernement a ordonné que...*— *Gouvernement monarchique*, celui qui est administré par un seul chef, par un roi, ordinairement absolu. — *Gouvernement aristocratique*, qui est administré par les nobles ou les personnes les plus considérables de l'état.—*Gouvernement démocratique* ou *populaire*, celui dont l'autorité est entre les mains du peuple.— *Gouvernement républicain*, tout état libre où l'on n'est soumis qu'aux lois, quelle que soit la forme de ce *gouvernement.* — *Gouvernement militaire*, dans lequel toute l'autorité repose sur la discipline de la guerre.—*Gouvernement théocratique, gouvernement oligarchique.* Voy. THÉOCRATIE, OLIGARCHIE.—*Gouvernement des doctrinaires*, celui qui est régi à l'aide d'idées systématiques, dans l'espérance d'amortir les orages politiques. — *Gouvernement révolutionnaire*, celui qui est né d'une *révolution*, et qui se propose de réformer les abus. — On a aussi appelé *gouvernement révolutionnaire* une forme de *gouvernement* qui, sous prétexte d'assurer la marche de la révolution française et de la conduire à son terme, n'était établi sur aucune base constitutionnelle, n'avait pour principes que des lois de circonstance, et pour règles que les volontés arbitraires de la Convention.— Temps pendant lequel une ou plusieurs personnes *gouvernent : sous son gouvernement.*— Action, charge ou manière de *gouverner*, de régir, d'administrer : *le gouvernement d'un état ; se reposer des fatigues du gouvernement ; gouvernement doux, tyrannique*, etc.—Charge de *gouverneur : il a eu le gouvernement des Pays-Bas.*— Ville, pays qui est sous le pouvoir d'un *gouverneur.*— Hôtel du *gouverneur.* — *Avoir quelque chose en son gouvernement*, être chargé d'en avoir soin. — En t. de mar., conduite d'un vaisseau : *le maître et le pilote ne sont pas responsables de la force des courants, ni des vents contraires ; mais ils le doivent être de la manœuvre et du mauvais gouvernement.*

GOUVERNEMENTABILITÉ, subst. fém. (*guouvèrenemantabilité*), action de se jouer d'un état en le *gouvernant ;* il a plus de rapport à ceux qui *gouvernent* qu'à l'action de *gouverner* même. — Mot créé par *Louis XVIII*.

GOUVERNEMENTAL, E, adj. (*guouvèrenemantal*), t. de droit, qui a rapport au *gouvernement*, au chef de l'état. (*Sirey.*) Ce mot ne se lit pas dans l'*Académie*. — Au plur. mas., *gouvernementaux.*

GOUVERNEMENTALISME, subst. mas. (*guouvèrenemantaliceme*), système qui rapporte tout au *gouvernement*, à la manière de *gouverner ;* manie de *gouvernement.*—Ce mot est de création toute nouvelle. Il est , comme les précédents, fréquemment employé dans la polémique actuelle des journaux politiques.

GOUVERNEMENTAUX, adj. mas. plur. Voy. GOUVERNEMENTAL.

GOUVERNER, v. act. (*guouvèrené*) (du lat. *gubernare*, conduire un vaisseau, fait du grec χυβερναω), régir, conduire avec autorité : *gouverner un état ;* et neut., *il* ou *elle gouverne dans cet état ;* ou absolument sans régime : *le roi règne et ne gouverne pas.*—Administrer : *gouverner les affaires, le ménage.* — Conduire un vaisseau. Dans ce sens on l'emploie aussi quelquefois absolument : *ce pilote gouverne bien, gouverne mal.*— On dit également au neutre qu'*un bâtiment, un bateau gouverne bien, gouverne mal*, pour exprimer qu'il obéit ou résiste aux mouvements du gouvernail. —Fig. et fam. : *gouverner la barque, c'est lui qui gouverne la barque*, se dit en parlant d'une personne qui a la conduite d'une entreprise. — Fig. et prov. : *il gouverne bien sa barque*, il conduit bien ses affaires. — Avoir soin de... : *gouverner les enfants, les malades ; il s'entend à bien gouverner les chevaux, la basse-cour, le vin, une cave.*—En parlant des personnes, avoir du crédit sur l'esprit de... : *cette femme gouverne son mari ; vous le gouvernez à votre gré.* — Il exprime généralement toute idée d'influence, de direction : *gouverner les esprits, l'opinion publique ; l'opinion gouverne le monde ; les préjugés gouvernent la plupart des hommes.* — Fam. : *comment gouvernez-vous un tel ?* comment êtes-vous, de quelle façon vivez-vous avec lui ? le voyez-vous souvent ? Et à peu près dans le même sens : *comment gouvernez-vous la fortune, le jeu, les plaisirs ?*—En t. de grammaire, régir, avoir pour régime. Quand on dit que *le verbe actif gouverne l'accusatif*, cela veut dire que, quand on veut donner à la signification vague d'un verbe actif une détermination spéciale, tirée de l'indication de l'objet auquel s'applique l'action énoncée par le verbe, on doit mettre le nom de cet objet à l'accusatif, parce que l'usage a destiné ce cas à marquer cette sorte de service. —*se* GOUVERNER, v. pron., au propre : *une nation éclairée ne se gouverne pas aisément.* — Il s'emploie plus ordinairement au fig., et signifie se conduire bien ou mal : *se gouverner sagement.*

GOUVERNEUR, subst. mas. (*guouvèreneur*) (en lat. *gubernator*, fait du grec γυβερνητηρ), celui qui commande dans une province, une place forte, etc.—Celui qui est commis à l'éducation et à l'instruction d'un jeune prince, etc.—On appelle *gouverneur de la Banque*, celui qui en est le directeur. — Au fém., *gouvernante.*

GOUVION, subst. mas. (*guouvion*), t. de charpentier, cheville de fer pour assembler les pièces de grosse charpente.

GOVERDHAN, subst. propre mas. (*guovèredan*), myth., mont Parnasse des Indiens.

GOYAVE, subst. fém. (*guoè-iave*), fruit du *goyavier*.

GOYAVIER, subst. mas. (*guoè-iavié*), t. de bot., grand arbre de l'Amérique et des Indes.—Genre de plantes myrtoïdes.

GRAA , subst. fém. (*guera-a*), sorte de plante que les Islandais emploient dans leur magie.

GRABAT, subst. mas. (*gueraba*) (en lat. *grabatus*, pris du grec χραββατος, sorte de lit suspendu, de hamac), petit et méchant lit.—Prov. : *être sur le grabat*, malade au lit.

GRABATAIRE , subst. et adj. des deux genres (*guerabatère*), habituellement malade ou alité : *elle est devenue grabataire.* — Autrefois *grabataires* était le nom qu'on donnait à ceux qui différaient jusqu'à la mort de recevoir le baptême.

GRABEAU, subst. mas. (*guerabô*), t. d'épiciers-droguistes, fragments, poussière, criblure et autres rebuts de matières fragiles, telles que séné, quinquina, etc.

GRABELAGE, subst. mas. (*guerabelaje*), action de *grabeler*. Vieux.

GRABELÉ, E, part. pass. de *grabeler*.

GRABELER, v. act. (*guerabelé*), éplucher, examiner. — *se* GRABELER, v. pron. (*Boiste.*) Hors d'usage.

GRABUGE, subst. mas. (*guerabuje*) (de l'italien *garbuglio*), désordre, trouble, vacarme, dispute. Il est familier.

GRACE et **GRÂCE** (l'*Académie, Laveaux*, et *MM. Noël* et *Chapsal*, écrivent *grâce ; Trévoux, Boiste* et *Gattel* ne mettent point l'accent circonflexe. Cependant tous dérivent ce mot du latin *gratia*, dont la première syllabe est presque toujours longue. Nous pensons que les derniers ont supprimé l'accent pour rendre la prononciation du mot plus euphonique. En effet, quoi de plus doux à l'oreille que le son du mot *grace*, par *a* simple et naturel ! Mais si l'on prononce *grace* en appuyant pesamment sur la première syllabe, ce mot, délicieusement imitatif dans le premier cas, devient rude et désagréable dans le second ; et alors loin de peindre l'effet, il détruit toute l'harmonie de l'expression. Nous penchons donc fortement pour la suppression de l'accent circonflexe), subst. fém. (*guerace*) (en lat. *gratia*), faveur qu'on fait à quelqu'un sans y être obligé. *Grace* dit proprement quelque chose de *gratuit*, et *faveur*, quelque chose d'affectueux. La première exclut le droit, elle est étrangère à la *justice ;* la seconde fait acception des personnes, sans exclure tout titre ; elle est opposée à *rigueur*. Voy. BIENFAIT. — Faveur, crédit : *être en grace auprès de..... ; avoir les bonnes graces de....* — On dit, dans le même sens, mais au singulier : *rentrer en grace, être remis en grace.* — *Être dans les bonnes graces d'une femme* signifie en être aimé.—Secours surnaturel que Dieu donne aux hommes pour faire leur salut : *grace prévenante, efficace, suffisante, sanctifiante*, etc. — Il se dit d'un certain agrément dans les personnes et dans les choses ; avec cette différence que dans les personnes, *grace* a plus de rapport au corps, et *agrément*, à l'esprit : *marcher, danser, chanter avec grace ; avoir une conversation pleine de grace ; cette femme est belle, mais sans grace ; elle met de la grace à tout ce qu'elle fait ; ce cheval a de la grace dans les mouvements ; cet habit n'a point de grace ; ces figures sont groupées avec grace ; les graces d'un esprit cultivé.* La Fontaine dit de la *grace*, qu'*elle est plus belle encore que la beauté.*— *Bonne grace*, bon air, bonne mine : *ce cavalier a bonne grace ; lorsqu'il parut dans la lice, toutes les dames admirèrent sa bonne grace ; cela aura, n'aura pas bonne grace.*—Dans un sens opposé, *mauvaise grace*, mauvaise tournure, en parlant des choses. — *N'avoir pas bonne grace, avoir mauvaise grace de faire telle ou telle chose*, se dit en parlant de ce qu'une personne fait contre la raison ou contre la bienséance : *après ce que vous avez fait, vous auriez mauvaise grace de vous plaindre.*—Par ironie : *vraiment, il aurait bonne grace de venir réclamer votre appui !* — *De bonne grace, de mauvaise grace*, signifient de bonne volonté, sans répugnance, de mauvaise volonté, avec répugnance : *si vous le faites, que ce soit de bonne grace ; un service rendu de mauvaise grace perd tout son prix.* — En t. de tapissier, *les bonnes graces d'un lit*, se dit, pour les lits à l'ancienne mode, des lés d'étoffe qu'on attache vers le chevet et vers les pieds d'un lit, pour accompagner les grands rideaux.— Dans le style, aisance, souplesse, variété dans les mouvements ; passage naturel et facile de l'un à l'autre : *le style de madame de Sévigné est plein de grace.*—Abolition d'une peine, pardon que le prince accorde, de son autorité souveraine, à un criminel en lui remettant la peine que méritait son crime : *se pourvoir en grace auprès du roi ; il n'appartient qu'au prince de faire grace ; il a obtenu sa grace.* On appelle *lettres de grace*, ou simplement *grace*, des lettres par lesquelles le souverain accorde la grace d'un criminel : *entériner des lettres de grace.*—Indulgence, pardon : *cette action ne mérite aucune grace.* — Elliptiquement : *grace ! grace !* — *An de grace* se dit de chacune des années de l'ère chrétienne : *calendrier pour l'an de grace* 1838. Hors de cette phrase, il ne se dit guère qu'en plaisantant. — *Obtenir sa grace*, c'est obtenir son pardon. — *Faire grace*, c'est pardonner. — *Faire grace à quelqu'un*, ne pas exiger de quelqu'un tout ce que l'on pourrait en exiger, lui accorder, lui remettre ce qu'il ne pouvait pas demander avec justice : *en vous accordant cela, on vous a fait grace.*—Fam. et iron. : *voilà une belle grace ! vous me faites là une belle grace !*—*Faire grace à quelqu'un d'une chose*, ne pas l'exiger de lui, la lui épargner : *je lui devais dix mille francs, il m'a fait grace de la moitié ; il m'a récité son poème d'un bout à l'autre, sans me faire grace d'un hémistiche ; faites-moi grace de vos observations.* — *Trouver grace devant les yeux de quelqu'un, devant quelqu'un*, lui plaire, gagner sa bienveillance. — On dit : *grace à Dieu, grace à la bonté de Dieu*, pour marquer que c'est de la bonté de Dieu qu'on tient la chose dont il s'agit. On dit aussi, dans le même sens : *grace à votre bonté, grace à vos soins, grace à ce prince, grace à son courage, à sa prudence.*—Prov. : *une chose est venue de la grace de Dieu*, on l'a eue sans aucun soin, sans aucune peine, sans qu'elle ait rien coûté.—*Par la grace de Dieu*, formule que quelques souverains mettent dans leurs titres.—On appelait autrefois *coup de grace*, le coup que le bourreau donnait sur l'estomac à un homme roué vif, afin d'achever de le tuer et d'abréger ses souffrances ; et l'on dit figurément : *donner le coup de grace à quelqu'un*, pour dire, faire quelque chose qui achève de le perdre, de le ruiner. — Titre d'honneur qu'on donne à certains grands seigneurs. On donnait autrefois à l'évêque de Liége, prince de l'Empire, celui de *grace-principale*. — *Bonne grace*, bon air, bonne mine, etc.—Au plur., amitié, bienveillance. — *Commanderies de grace*, celles dont le grand-maître d'un ordre a la libre disposition, par opposition aux *commanderies de rigueur*, que les chevaliers obtiennent selon leur rang. — *Chevaliers de grace* se dit, dans les ordres de chevalerie où il faut faire preuve de noblesse, des chevaliers qui, ne pouvant faire cette preuve, sont reçus par *grace* dans l'ordre. — *Grace expectative* se dit des provisions que la cour de Rome donne par avance du bénéfice d'un homme vivant.—*Jours de grace*, en t. de commerce, dix jours de délai qu'on accordait autrefois à celui sur lequel une lettre de change était tirée; et dans le même sens, *délai de grace*. — *Grace* ou *graces*, remerciement : *rendre grace* ou *graces d'un bienfait; je vous rends graces*. — Il se dit aussi pour refuser poliment quelque chose qui est offert : *je vous rends graces*, je ne puis accepter ce que vous me proposez, mais je ne vous en fais pas moins mes remerciements. — *Graces* se dit d'une prière que les chrétiens font après le repas pour remercier Dieu de ses dons : *dire graces, dire ses graces*.—*De grace*, loc. adv., par grace, par pure bonté.—On dit aussi *en grace : je vous prie en grace, ne vous dérangez pas*.

GRACES (LES), subst. propre fém. plur. (*lèguerace*) (du grec χαριτες, agrements), myth., divinités de l'antiquité, filles de Jupiter et de Vénus. Elles étaient trois : *Euphrosine, Thalie, Aglaé*. Vénus les avait toujours à sa suite. On les représente ordinairement avec un air riant, les mains entrelacées les unes dans les autres. On les fait aussi compagnes des Muses et de Mercure. Elles présidaient à la concorde, aux réjouissances, aux amours, à l'éloquence même. Elles étaient l'emblême de tout ce qui peut rendre la vie agréable : *toute la Grèce était pleine de monuments consacrés aux Graces*.—On dit fig. : *sacrifier aux Graces*, acquérir ou mettre de la *grace* dans ses manières, dans ses discours, dans son style : *il faut un peu sacrifier aux Graces*.—On dit fig. et poétiq., en parlant d'une femme qui a beaucoup de graces naturelles : *les Graces ont présidé à sa naissance, ont pris soin de la former*, etc. On dit, dans un sens analogue : *les Graces accompagnent ses pas*.—On l'applique au style, aux productions de l'esprit : *ses écrits semblent dictés par les Graces*.

GRACIABLE, adj. des deux genres (*gueraciable*), rémissible, qui peut être pardonné.

GRACIÉ, E, part. pass. de *gracier* et adj.

GRACIER, v. act. (*gueracié*), faire *grace*; remettre la peine à un criminel. — *se* GRACIER, v. pron.

GRACIEUSE, adj. fém. Voy. GRACIEUX.

GRACIEUSEMENT, adv. (*gueracieuzeman*), d'une manière *gracieuse*.

GRACIEUSÉ, E, part. pass. de *gracieuser*.

GRACIEUSER, v. act. (*gueracieuzé*), faire des démonstrations d'amitié. Il est familier et peu en usage, quoique l'*Académie* n'en avertisse pas.

GRACIEUSETÉ, subst. fém. (*gueracieuzeté*), honnêteté, civilité.—Ce qu'on donne à quelqu'un au-delà de ce qu'on lui doit, gratification. Il est familier dans les deux sens et peu usité dans le second.

GRACIEUX, adj. mas., au fém. **GRACIEUSE** (*gueracieu, cieuze*), doux, civil, honnête. Voyez HONNÊTE. Boileau (*ode sur la prise de Namur*) a très-improprement donné au mot *gracieux* le sens de modeste, abaissé, moins fier.—On l'applique aux choses et aux personnes : *réception gracieuse; paroles gracieuses; cette personne est gracieuse, a un abord gracieux*. — Qui a de la *grace*, de l'agrément; agréable : avec cette différence, suivant *Girard*, que l'air et les manières rendent *gracieux*, et que l'esprit et l'humeur rendent *agréable*. On aime la rencontre d'un homme *gracieux;* il plaît : on recherche la compagnie d'un homme *agréable;* il amuse. — *Juridiction gracieuse*, celle que les évêques exercent par eux-mêmes, par opposition à la *contentieuse*, exercée par les officiaux.—En style de chancellerie romaine, on dit que *les provisions d'un bénéfice sont expédiées en forme gracieuse*, quand elles dispensent l'impétrant de l'examen et du visa de l'ordinaire.

GRACILITÉ, subst. fém. (*gueracilité*) (en lat. *gracilitas*), il ne se dit guère que d'une voix *grêle*.

GRADATION, subst. fém. (*gueradâcion*) (en lat. *gradatio*, fait de *gradus*, degré), figure de rhétorique par laquelle on assemble plusieurs propositions ou plusieurs expressions qui enchérissent les unes sur les autres.—En t. de logique, c'est une argumentation qui consiste en plusieurs propositions arrangées de manière que l'attribut de la première soit le sujet de la seconde, l'attribut de la seconde le sujet de la troisième, et ainsi de suite, jusqu'à ce que le dernier attribut soit affirmé du sujet de la première.—En peinture, changement insensible qui fait la diminution des teintes et des nuances. On dit plus souvent et mieux *dégradation*.—En t. de peinture et de sculpture, artifice de composition qui consiste à faire saillir le personnage ou le groupe principal en affaiblissant graduellement la lumière, l'expression, dans les autres figures, à mesure qu'elles s'éloignent du centre de l'action : *une gradation savante*.—En t. d'archit., disposition de plusieurs parties qui sont rangées par degrés ou les unes au-dessus des autres, et qui symétrisent par leurs ornements : *une gradation vicieuse*.

GRADE, subst. mas. (*guerade*) (du lat. *gradus*, degré), degré d'honneur, de dignité. — Degrés que l'on acquiert dans les universités.—Lettres qu'on obtient en vertu des *grades* qu'on a acquis.—Nom donné à la centième partie du quart du méridien, dont la longueur a servi de base à la nouvelle division des poids et mesures. Le *grade* contient cent mille mètres, ou cinquante-un mille trois cent vingt-quatre toises un pied neuf pouces sept lignes un neuvième.

GRADÉ, E, part. pass. de *grader*, et adj., qui a un *grade*. — On l'emploie aussi comme subst., mais rarement.

GRADEAU, subst. mas. (*gueradô*), t. d'hist. nat., sorte d'éperlan de la mer du Sud.

GRADER, v. act. (*gueradé*), conférer un *grade*, une dignité.—*se* GRADER, v. pron.

GRADIN, subst. mas. (*gueradein*) (du lat. *gradus*, degré), petit degré qu'on met sur un autel, etc.—Bancs élevés les uns au-dessus des autres en amphithéâtre.—En t. de jardinage, *gradins de gazon*, marches ou degrés revêtus de gazon.

GRADINE, subst. fém. (*gueradine*), ciseau dentelé et fort acéré dont se servent surtout les sculpteurs.

GRADIPÈDE, subst. mas. (*gueradipède*), t. d'hist. nat., sorte d'oiseau de proie analogue au bizard.

GRADIVUS, subst. propre mas. et lat. (*gueradivuce*), myth., surnom de Mars dans un temps de guerre. Festus donne plusieurs raisons de cette dénomination, dont la plus vraisemblable se tire du mot *gradi*, marcher, pour marquer l'action des troupes qui se mettent en campagne, ou qui en viennent aux mains.

GRADON, subst. mas. (*gueradon*), t. de pêche, une des chambres de la madrague.

GRADOS ou **GRAS-DOS**, subst. mas. (*guerâdô*), t. d'hist, nat., poisson de mer.

GRADUATION, subst. fém. (*gueradu-âcion*) (du lat. *gradus*, degré), division en degrés : *la graduation d'un baromètre*.—Dans les salines, bâtiment où l'on fait évaporer l'eau dans laquelle le sel est dissous. On l'appelle aussi *chambre graduée*.

GRADUÉ, subst. mas. (*gueradu-é*), celui qui a obtenu un degré académique dans une université.

GRADUÉ, E, part. pass. de *graduer* et adj., divisé en degrés. — Qui a pris quelque degré.— *Gradué nommé*, se disait autrefois d'un *gradué* qui avait une nomination sur un bénéfice en vertu de ses *grades*. — En chimie., *feu gradué*, feu qu'on augmente par degrés.

GRADUEL, adj. mas., au fém. **GRADUELLE** (*gueradu-èle*), qui va par degrés : *une substitution graduelle*.—*Psaumes graduels*, psaumes que les Hébreux chantaient sur les degrés du temple.

GRADUEL, subst. mas. (*gueradu-èle*), versets qui se chantent à la messe après l'épître, et qui servent de préparation à l'évangile. Ils se chantaient autrefois sur les degrés (*gradus*) de l'ambon. — Livre contenant tout ce qui se chante au lutrin pendant la messe.

GRADUELLE, adj. fém. Voy. GRADUEL adj.

GRADUELLEMENT, adv. (*gueradu-èleman*), par degré.

GRADUER, v. act. (*gueradu-é*), diviser en degrés : *graduer les cercles d'une sphère, un baromètre, un thermomètre*, etc. — Conférer des degrés dans une université.—Il signifie aussi augmenter par degrés : *graduer l'intérêt*, en parlant d'un poëme, d'un ouvrage dramatique : *graduer les difficultés d'une science*. — En t. de chimie : *graduer le feu*. — Dans un code de lois : *graduer les peines*.

GRADULE, subst. fém. (*gueradule*), t. de bot. genre de plantes de la famille des mousses.

GRADUS, subst. mas. (*guerâduce*), mot latin, mesure linéaire des Romains, qui répondait à deux pieds et demi. — Dictionnaire latin qui donne la quantité des mots pour faire des vers.

GRÆCOSTADE, subst. mas. (*guerèkocetade*), t. d'hist. anc., lieu où l'on recevait les ambassadeurs à Rome en attendant qu'ils fussent introduits dans le sénat.

GRAFIGNÉ, E, part. pass. de *grafigner*.

GRAFIGNER, v. act. (*guerafignié*), égratigner. C'est peut-être bien le même mot, corrompu par l'usage. Pop.—*se* GRAFIGNER, v. pron.

GRAGE, subst. fém. (*gueraje*), espèce de râpe de cuivre, qui sert dans les îles Antilles à mettre le manioc en farine, etc.—En basse Normandie, drague aux huîtres.

GRAGÉ, E, part. pass. de *grager*.

GRAGER, v. act. (*guerajé*), râper avec la *grage*.

GRAGNE, subst. fém. (*guèragnie*), t. de pêche, sorte de râteau dont se servent les pêcheurs.

GRAHASTA, subst. mas. (*guera-aceta*), les Indiens donnent ce nom au brahme qui se marie.

GRAILLE, subst. fém. (*guerâ-ie*), nom que les Provençaux et les Italiens donnent à la corneille par onomatopée.

GRAILLÉ, part. pass. de *grailler*.

GRAILLEMENT, subst. mas. (*guerâ-ieman*) (de *graille*, dérivé du lat. *graculus*; nom que donnent aux corneilles les Provençaux et marchands de Marseille qui sont dans les Échelles du Levant), son de voix imitant le cri de la corneille; son cassé ou enroué.

GRAILLER, v. neut. (*guerâ-ié*), t. de chasse : sonner du cor sur un ton cassé ou enroué, pour rappeler les chiens.

GRAILLON, subst. mas. (*guerâ-ion*), les restes ramassés d'un repas.—*Sentir le graillon*, un goût de graisse brûlée qui vous prend à la gorge. — Pop. : *Marie graillon*, femme en guenilles.

GRAILLONNER, v. neut. (*guerâ-ioné*), crâcher souvent des crachats épais et dégoûtants. Il est pop. et bas.

GRAILLONNEUR, subst. mas. **GRAILLONNEUSE** subst. fém. (*guerâ-ioneur, neuze*), qui *graillonne*. Pop. et bas.

GRAILLONNEUSE, subst. fém. Voy. GRAILLONNEUR.—Au plur., nom qu'on donnait autrefois, à Paris, à des femmes qui avaient la permission de vendre publiquement les dessertes des tables bourgeoises ou de celles des traiteurs.—T. de mépris et d'injure qui s'emploie aussi au sing., pour signifier une cuisinière inhabile et malpropre. Bas et pop.

GRAIN, subst. mas. (*guerein*) (en lat. *granum*), ce que renferme l'épi de blé, de seigle, d'orge, etc. Le *grain* ne doit pas être confondu avec la *graine*, semence qui contient le germe des plantes. —Par extension : *grain de raisin, de grenade, de poivre*.—Par analogie, *grain de chapelet*.—Fig., petite parcelle de quelque chose : *grains d'encens*. —Petit poids faisant la soixante-douzième partie d'une drachme, d'un gros.—Sorte de petite monnaie à Naples, à Palerme et à Messine. — En t. d'imprimerie. Voy. GRENOUILLE.— En t. de marine, *grain de vent*, ou simplement *grain*, tourbillon qui se forme tout d'un coup.—Il se dit aussi du nuage qui annonce le *grain* de vent : *voilà un grain bien noir*.— Il signifie également une averse, une pluie soudaine et de peu de durée : *nous allons avoir un grain; ce grain sera bientôt passé*.—Dans la gravure, l'effet que produisent les tailles différemment croisées entre elles : *ces tailles forment un bon, un mauvais grain*. — *Grains*, au plur., se dit de la collection des fromentacées qui servent à la nourriture des hommes et des animaux : *les gros grains*, le blé et le seigle qu'on sème en automne; *les menus grains*, l'orge, l'avoine, les pois, le millet, les vesces, le maïs qu'on sème en mars.—On appelle *poulets de grain* les petits poulets qu'on nourrit de *grain*. — Fig. et pop. : *être dans le grain* signifie, être dans quelque affaire utile : *il est intéressé dans telle entreprise, le voilà dans le grain*. — On appelle *police des grains* les réglements du gouvernement pour la direction du commerce des *grains*.—Fam. : *catholique à gros grain*, catholique qui se permet beaucoup de choses défendues par la religion.—Fig. : *il n'y a pas un grain de sel dans cet ouvrage*, il est insipide, il n'y a rien de piquant, d'agréable.—Fig.

et fam. : *il a un grain de folie dans la tête*, ou simplement : *il a un grain*, il est un peu fou. — On dit aussi quelquefois dans des sens analogues : *n'avoir pas un grain de bon sens, un grain de jugement*, etc., en être tout-à-fait dépourvu ; *elle a un petit grain de coquetterie*, un peu de coquetterie ; *chacun a son petit grain d'amour-propre, d'ambition*, etc. — *Grains de petite vérole*, pustules que la petite vérole produit sur la peau. — *Grains de fin*, en t. de monnaie, les parties d'un denier de fin de l'argent qui a été purifié, ou les parties d'un carat d'or pur. — En t. de lapid., très-petit diamant brut granuliforme. — En t. de minér., parties ténues et serrées entre elles qui forment la masse des métaux, des pierres, etc., et que l'on aperçoit aisément à l'endroit où ils sont cassés ou coupés : *ce marbre est d'un grain plus gros que l'autre; l'acier a le grain plus fin, plus serré que le fer.* — Il se dit aussi en parlant de certaines étoffes, de certains cuirs, et même de pierres : *cette futaine a le grain plus gros, plus menu que l'autre; maroquin d'un beau grain.* — *Grains d'orge*, moulure qui figure des *grains d'orge* détachés. — *Grain d'orge*, ou *toile, linge grain d'orge, de grain d'orge, à grain d'orge*, toile semée de points ressemblant à des grains d'orge ; *service de linge de grain d'orge, à grain d'orge.* On dit aussi *futaine, broderie à grain d'orge.* — On appelle *grains d'orge* une maladie qui attaque fréquemment les cochons que l'on engraisse, et qui consiste en une quantité de petites pelotes dures, et de la grosseur d'un *grain* d'orge, étendues sur toute la membrane cellulaire. — Le peuple appelle aussi, mais par erreur, *grain d'orge*, une maladie de la paupière qui se manifeste par un bouton ayant la forme d'un *grain* d'orge. Voy. ORGELET. — Il y a aussi divers outils de ce nom, les uns à manches, les autres à fût. — *Faire le grain*, coucher et presser les peaux destinées à faire le chagrin, sur des planches de cuivre ciselées en *grains*, qu'on fait chauffer. — *Mettre en grain*, réduire la pâte de l'amydon en petites parties. — *Mettre des grains*, c'est, en t. d'artillerie, faire entrer du métal par le trou de la lumière d'une pièce de canon, ou d'un mortier, lorsqu'elle est devenue trop large. — Les artificiers appellent *grains d'or* de petites balles d'artifice de la couleur de leur feu. — En t. d'hist. nat., on appelle *grain d'avoine* une coquille du genre bulime (*Raymond* dit du genre *des baleines* !); *grain de millet*, la coquille dite cypris coquillière ; *grain d'orge*, une coquille du genre bulime. — En t. de bot., *grains de mûre*, une famille de champignons qui renferme deux espèces, l'oreillette rouge et le godet crottinier ; *grain de zelin*, le poivre d'Éthiopie, espèce de canang. — GRAIN, GRAINE. (*Syn.*) Le *grain* est une semence de lui-même, c'est-à-dire, qu'il est aussi le fruit qu'on en doit recueillir ; la *graine* est une semence de choses différentes, c'est-à-dire, qu'elle n'est pas elle-même le fruit qu'elle doit produire. — On sème des *grains* de blé et d'avoine pour avoir de ces mêmes *grains*; on sème des *graines* pour avoir des melons, des fleurs, des herbages, etc. — On fait la récolte des *grains*; on ramasse les *graines*. — Le mot de *graine* fait précisément naître l'idée d'une semence propre à germer et à fructifier, ce que ne fait pas celui de *grain*. Ainsi l'on dit que le chenevis est la *graine* du chanvre ; mais on ne dit pas qu'il en est le *grain*.

GRAINE, subst. fém. (*guerène*) (en lat. *granum*), semence de certaines plantes qui se forme en petits *grains* : *graine de choux, de laitue, de moutarde*, etc. — Pepins de certains fruits. — Fam. : *cette fille monte en graine*, vieillit sans se marier. — On dit fig. et fam., des écoliers, des laquais, etc., que *c'est une mauvaise graine*. — On dit prov., fig. et pop. : *c'est de la graine de niais*, en parlant d'une chose qui ne peut tromper que des gens simples ; et dans le même sens, *donner de la graine de niais*. — T. de brodeur, point qui représente des semences de fruit. — T. de passementerie, *graine d'épinards*, petit ouvrage qui entre dans quelques franges et crépines, dont les filets ressemblent à un assemblage de graines d'épinards : *dans l'armée française, les épaulettes à graines d'épinards indiquent un grade supérieur.* — En bot., on appelle *graine d'amour* ou *blé d'amour*, le grémil, aussi nommé *herbe aux perles*; *graine d'Avignon*, ou *graine jaune*, le fruit d'une espèce de nerprun ; on l'appelle aussi *grenettes* (voy. ces mots); *graine de Canarie*, la semence de l'alpeste, et celle du panis millet, que l'on cultive pour la nourriture des serins ; *graine à dartre*, la semence du dartrier ; *graine de girofle*, la semence d'une espèce d'amome ; *graine de lance*, la semence de l'*omphalea diandra* qui croît à la Guyane et dans les îles ; *graine de musc*, la semence de la ketmie odorante ; *graine de paradis*, la semence d'une espèce d'amome qui est âcre et aromatique, que l'on emploie en médecine, et avec laquelle on falsifie le poivre en poudre ; *graine perlée*, la semence du grémil des champs, qui ressemble à une perle par sa couleur blanche et brillante, et par sa forme ronde ; *graine de perroquet*, la semence du carthame ; *graine de psyllion*, la graine du plantain des sables, dont on fait une grande consommation dans le nord de l'Europe pour laver les mousselines et les dentelles ; *graine à talon*, le fruit de l'*hamelia glabra*, plante d'Amérique, du genre hamel ; *graine de Tilli* ou *des Moluques*, le fruit du *croton tiglium*; *graine de Turquie*, le maïs. — On donne le nom de *graine d'écarlate* à l'insecte qui naît sur le chêne cochenillier, et qui est employé pour la teinture en écarlate.

GRAINETIER, subst. mas. (*guerènetié*), marchand de *graines*. — L'*Académie* écrit aussi *grènetier*, qu'elle semble préférer, puisqu'elle y renvoie. Mais, puisqu'elle place un accent sur l'*e* de *gre*, sans doute pour lui conserver le son *ai* du radical *graine*, quel motif lui a donc fait choisir l'orthographe qui s'éloigne de l'étymologie ? c'est une anomalie que nous signalons sans pouvoir l'expliquer. Cette observation s'applique à tous les mots également dérivés de *graine*, et dans lesquels l'*Académie* a sanctionné une différence qui n'est qu'une corruption et non une amélioration.

GRAINETTE, subst. fém. (*guerènète*), t. de bot., fruit du lycium.

GRAINIER, subst. mas., **GRAINIÈRE**, subst. fém. (*guerènié, nière*), celui, celle qui vend en détail toute sorte de *graines*.

GRAINER, v. act. Voy. GRENER.

GRAINIÈRE, subst. fém. Voy. GRAINIER.

GRAINOIR, subst. mas. (*guerènoar*), espèce de crible dans lequel on passe la poudre à canon, quand la matière est sortie des mortiers du moulin.

GRAIRIE, subst. fém. (*guerèri*), t. des eaux et forêts, partie d'un bois possédé en commun. — Droit que le roi prenait sur les bois situés sur les tréfonds d'autrui.

GRAISSAGE, subst. mas. (*guerèçaje*), action de *graisser* : *le graissage des voitures, des moulins.*

GRAISSANE, subst. fém. (*guerèçane*), sorte de figue de Provence, d'un goût insipide.

GRAISSE, subst. fém. (*guerèce*) (en lat. *crassities*, dont on a fait par contraction *crassies*, et ensuite *graisse*), substance onctueuse répandue dans le corps de l'animal. — Fig. et fam. : *c'est un peloton de graisse*, se dit d'un petit oiseau extrêmement gras, tel que l'ortolan, le bec-figue. On le dit aussi d'un petit enfant très-gras : *cet enfant est un peloton de graisse ; c'est une petite pelote de graisse.* — On dit fam., d'une personne maigre : *la graisse ne l'étouffe pas, la graisse ne l'empêche pas de courir.* — *Ce vin tourne à la graisse*, c'est-à-dire, il commence à filer comme de l'huile. — *La graisse de la terre*, s'entend fig., de la substance la plus onctueuse, et qui contribue le plus à la fertilité de la terre ; et en t. de l'Écriture, il signifie la fertilité de la terre. — En t. de verrerie, défaut d'un verre, privé en tout ou en partie de la transparence nécessaire.

GRAISSÉ, E, part. pass. de *graisser*.

GRAISSER, v. act. (*guerècé*), frotter, oindre avec de la *graisse*. — Prov. : *graisser ses bottes*, se préparer à partir, et dans un sens plus figuré, mais populaire, se disposer à mourir : *ce malade fera bien de graisser ses bottes.* — Prov. et fig. : *graissez les bottes d'un vilain, il dira qu'on les lui brûle*, se dit d'un avare qui, pour se dispenser de la reconnaissance, se plaint même des services qu'on lui rend, ou d'un malhonnête homme qui les paie d'ingratitude. — *Graisser le couteau*, signifie fig. et pop., manger de la viande à déjeuner ou à goûter. — *Graisser la patte à quelqu'un*, lui donner de l'argent pour le corrompre. — *Graisser le marteau*, donner de l'argent à un portier pour avoir l'entrée libre. — *Graisser la peau à quelqu'un*, le battre, le frotter. — *Graisser* signifie aussi souiller de *graisse* : *cela vous graissera les mains*; et, dans un sens analogue, rendre sale et crasseux : *graisser son linge, ses habits.* — V. neut., devenir huileux, en parlant du vin : *ce vin graisse, commence à graisser.* — SE GRAISSER, v. pron.

GRAISSET, subst. mas. (*guerècè*), sorte de petite grenouille verte qui a la faculté de monter le long des corps les plus polis, au moyen des disques épatés ou élargis par lesquels ses doigts sont terminés.

GRAISSEUSE, adj. fém. Voy. GRAISSEUX.

GRAISSEUX, adj. mas., au fém. **GRAISSEUSE** (*guerèceu, ceuze*), qui est de la nature de la *graisse*. — Où il y a de la *graisse*.

GRAISSIER, subst. mas. (*guerècié*), marchand de *graisse*.

GRAISSIN, subst. mas. (*guerècein*), t. de pêche, espèce d'écume à la surface de l'eau dans les lieux où fraient les poissons.

GRAISSOIR, subst. mas. (*guerèçoare*), sorte d'auge pour *graisser* la laine.

GRALLÆ, subst. fém. plur. (*gueralelé*), t. d'hist. nat., mot latin employé par *Linnée* pour désigner généralement les oiseaux de rivage.

GRALLARIE, subst. fém. (*gueralelari*), t. d'hist. nat., genre d'oiseaux silvains chanteurs.

GRALLATORE, subst. mas. (*gueralelatore*), t. d'hist. nat., ordre d'oiseaux qui correspond aux *grallæ* de Linnée.

GRALLINE, subst. fém. (*gueraleline*), t. d'hist. nat., oiseau de la Nouvelle-Hollande, de l'ordre des silvains.

GRALLIPÈDE, adj. des deux genres et subst. mas. (*gueralelipède*), t. d'hist. nat., il se dit des oiseaux à longs pieds.

GRAME, subst. fém. (*guerame*), t. de bot., herbe vivace qui vient dans les blés. Inus.

GRAMEN, subst. mas. (*gueramène*), t. de bot., nom générique des plantes de la famille des chiendents.

GRAMIER, subst. mas. (*gueramié*), t. de bot., espèce de raisin du midi de la France.

GRAMINÉE, adj. et subst. fém. (*gueraminé*), t. de bot. : *plantes graminées*, qui tiennent de la nature des *gramens*. On donne ce nom à toutes les espèces de blés et de chiendents. — L'*Académie* fait de ce mot un adj. des deux genres. C'est une anomalie, eu égard à la terminaison féminine de ce mot.

GRAMINIFORME, adj. des deux genres (*gueraminiforme*), qui ressemble au *gramen*.

GRAMM., abréviation du mot *grammaire*.

GRAMMAIRE, subst. fém. (*gueramemère*) (du grec γραμματικη, formé de γραμμα, lettre, parce que les lettres sont les éléments du langage, soit parlé, soit écrit), art qui enseigne à parler et à écrire correctement. On entend, par ce mot, la science de la parole prononcée ou écrite. On appelle *grammaire générale*, la science raisonnée des principes immuables et généraux de la parole prononcée ou écrite dans toutes les langues ; et *grammaire particulière*, l'art d'appliquer aux principes immuables et généraux de la parole prononcée ou écrite, les institutions arbitraires et usuelles d'une langue particulière : *grammaire hébraïque, grecque, latine, française, espagnole, allemande*, etc. ; *étudier la grammaire ; enseigner la grammaire; faute de grammaire.* — Livre qui renferme les préceptes de cet art. — On appelle *classes de grammaire, années de grammaire*, dans les colléges de l'Université, celles où l'on s'occupe principalement de *grammaire*, où l'on s'attache surtout à l'observation des règles : *la première année de grammaire* (ou cinquième), *la seconde année de grammaire* (ou quatrième).

GRAMMAIRIEN, subst. mas., **GRAMMAIRIENNE**, subst. fém. (l'*Académie* refuse un fém. à ce mot) (*gueramemèriein, riène*), celui qui sait la *grammaire*, qui a écrit sur la *grammaire*. — Il avait chez les anciens une signification plus étendue, et se disait de ceux qui s'adonnaient à l'étude ou à l'enseignement des lettres en général.

GRAMMAIRIENNE, subst. fém. Voy. GRAMMAIRIEN.

GRAMMARTHRON, subst. mas. (*gueramemarteron*), t. de bot., genre de plantes scorpioïdes.

GRAMMATICAL, E, adj. (*gueramematikale*), qui appartient à la *grammaire*. — Au plur. mas., *grammaticaux*.

GRAMMATICALEMENT, adv. (*gueramematikaleman*), selon les règles de la *grammaire*.

GRAMMATICAUX, adj. mas. plur. Voy. GRAMMATICAL.

GRAMMATISTE, subst. mas. (*gueramematicete*), chez les Grecs et les Romains, maître qui enseignait aux enfants à lire et à écrire. Il les remettait ensuite au *grammairien*, de qui ils apprenaient les principes des langues. — Aujourd'hui, celui qui enseigne, qui fait profession d'enseigner la *grammaire*, mais il ne s'emploie guère que par dénigrement.

GRAMMATITE, subst. fém. (*gueramematite*) (du grec γραμμα, ligne ou trait), t. d'hist. nat., sorte de pierre dont les crystaux présentent souvent une ligne transversale dans leur cassure.

GRAMMATOLOGIE, subst. fém. (*gueramematoloji*), discours sur la *grammaire*.

GRAMMATOLOGIQUE, adj. des deux genres (*gramematolojike*), qui concerne la *grammatologie*.

GRAMME, subst. mas. (*guerame*) (en grec γραμμα, la vingt-quatrième partie de l'once, et le plus petit poids qui fût en usage chez les Grecs. Les Romains le nommaient *scrupulum*, scrupule), nouvelle mesure de poids, qui équivaut à celui d'un centimètre cube d'eau, environ dix-neuf grains : le gros répond en décimales à trois grammes huit cent vingt-quatre millièmes.

GRAMMIQUE, subst. fém. (*gueramemike*), t. de bot., genre de plantes qui n'ont ni feuilles, ni racines, mais dont les rameaux s'attachent aux plantes voisines.

GRAMMISTE, subst. mas. (*gueramemicete*), t. d'hist. nat., genre de poissons voisin des microptères.

GRAMMITE, subst. fém. (*gueramemite*), t. de minér., sorte d'agate ou de jaspe dont les veines forment souvent certaines figures qui approchent des lettres de l'alphabet. — T. de bot., espèce de fougère.

GRAMMOGRAPHE, subst. mas. (*gueramemoguerafe*), t. de papetier, machine à ébarber le papier.

GRAMMOMÈTRE, subst. mas. (*gueramemomètre*), instrument pour diviser des lignes sur un plan.

GRAMMOMÉTRIQUE, adj. des deux genres (*gueramememométrike*), qui concerne le *grammomètre*.

GRAMMONT ou **GRANDMONT**, subst. mas. (*gueranmon*), ordre religieux, dont on attribue la fondation à saint Etienne, et qui tirait son nom d'une célèbre abbaye, chef-lieu de l'ordre, située dans l'ancienne province de la Marche, à six lieues de Limoges, sur une montagne appelée *Grandis-Mons*, Grand-Mont.

GRAMMONTIN ou **GRANDMONTAIN**, subst. mas. (*gueranmontein*), religieux de l'ordre de *Grammont*. Ces religieux se nommaient autrefois les *bons hommes*.

GRAMMONIE, subst. fém. (*gueramemoni*), t. de comm., déduction sur les balles de soie dans les Echelles du Levant. Hors d'usage.

GRAMPE, subst. mas. (*gueranpe*), petit instrument à deux branches, d'un seul morceau de fer, courbé de sorte qu'il forme deux crochets. — *Raymond* l'écrit *grampé*, et renvoie à *Boiste* qui l'écrit de même, et le donne comme inconnu.

GRANAL, subst. mas. (*gueranal*), t. de bot., plante d'Amérique.

GRANALL, subst. mas. (*gueranale*), t. de minér., quartz hyalin amorphe et mêlé de grenats.

GRAND, subst. mas. (*gueran*), sublime : *il y a du grand dans cette action, dans ce poëme.* — Homme élevé en dignité. Il s'emploie plus communément au pluriel : *les grands du royaume, de la cour ; s'attacher à un grand.* — Prov. : *service de grands n'est pas héritage*, on n'est pas toujours assuré de faire fortune auprès des grands; et dans un sens analogue : *promesses de grands n'est pas héritage.* — Prov. : *du petit au grand*, par comparaison des petites choses aux grandes. —*Monsieur le grand* désignait autrefois le *grand* écuyer du roi.

GRAND, E, adj. (*gueran, guerande*) (en lat. *grandis*), qui est fort étendu dans ses dimensions; qui a beaucoup de hauteur, de profondeur, de longueur, de largeur, de volume ou de capacité. Il s'applique aux personnes, aux animaux, aux objets de toute nature. — *Le grand océan* se dit pour la mer Atlantique; et *les grandes Indes*, pour les Indes orientales, par opposition à l'Amérique. — On dit fig. et fam., *ouvrir de grands yeux*, c'est-à-dire, voir, regarder avec surprise, avec curiosité. — *Grand* marque aussi simplement différence ou égalité de dimension entre les objets que l'on compare : *votre fils est plus grand que le mien; ce vase est trop grand.* — Fig. et pop. : *avoir les yeux plus grands que la panse*, croire qu'on va manger plus qu'on ne mange en effet, être plus tôt rassasié qu'on ne l'avait cru. — Il s'emploie particulièrement en parlant des personnes qui prennent de la croissance, et s'applique dans le même sens aux animaux et aux plantes : *cet enfant est déjà grand ; c'est déjà un grand garçon, une grande fille ; ces blés, ces arbres deviennent grands.* — On dit fam. : *une grande personne*, en parlant d'une personne faite, par opposition aux enfants : *les enfants veulent imiter les grandes personnes.* — *Grand* s'applique dans un sens plus général à toutes les choses physiques ou morales qui surpassent toutes les autres du même genre, à celles qui sont considérables, extraordinaires, étonnantes, distinguées, etc. — Il exprime quelquefois l'idée de quantité : *je n'ai pas grand argent; nous n'aurons pas grand monde aujourd'hui.* — *Grandes eaux* se dit de la crue extraordinaire des fleuves, des rivières : *à l'époque des grandes eaux.* — Fig. et fam. : *nager en grande eau*, signifie être dans l'abondance, jouir d'une grande fortune, se trouver dans de grandes occasions d'avancer ses affaires. — Prov. : *petite pluie abat grand vent*, signifie, au propre, que quand il vient à pleuvoir, le vent s'apaise ordinairement ; et au fig., que peu de chose suffit quelquefois pour calmer une grande querelle. — *Grand jour* s'entend de la lumière du jour, lorsque le soleil est tout-à-fait levé ; et du jour, aux endroits où rien ne l'obscurcit : *examiner un tableau, une étoffe au grand jour ; la beauté de cette femme ne soutient pas le grand jour.* — On le dit fig. d'une grande publicité : *mettre au grand jour les actions de quelqu'un ; le grand jour de la publicité; le grand jour de l'impression.* — Prov., au propre et au fig. : *aux grands maux les grands remèdes.* — On appelle *le grand remède*, *les grands remèdes*, les préparations mercurielles qu'on emploie pour guérir les maladies vénériennes. — *De grands mots*, signifie des expressions exagérées, emphatiques. — *De grand cœur*, volontiers, avec empressement, avec plaisir. — *Ils sont grands amis*, extrêmement amis. — *Grand* signifie encore important, remarquable, principal : *grand principe ; grande maxime; grande leçon.* — Considérable, illustre, élevé audessus des autres par la naissance, le pouvoir, la dignité, la richesse, le génie : *grand personnage ; grand prince ; grand capitaine ; grand peintre ; grand poëte ; les ouvrages des grands maîtres.* Et, en mauvaise part : *grand criminel; grand sot; grand lâche; grande bavarde.* — Courageux, magnanime, noble : *il fut grand dans l'adversité; un grand cœur; un grand caractère.* — On dit fig. et fam. : *jurer ses grands dieux*, promettre, jurer avec de grands serments. — *Grand Dieu!* et quand on fait parler les anciens, *grands dieux!* exclamation d'étonnement, de crainte, etc. — *Les grands parents*, c'est-à-dire les plus considérables, les plus âgés d'entre les proches parents : *avant de rien conclure, nous devons consulter nos grands parents.* — Titre de divers officiers principaux dans leur département : *grand-prévôt*, etc. — On appelle quelquefois *grandes*, des choses qui dépassent un peu la mesure déterminée qu'elles ont accoutumé d'avoir : *il y a deux grandes lieues d'ici là*, c'est-à-dire plus de deux lieues. *Nous attendîmes deux grandes heures*, c'est-à-dire plus de deux heures. — Quelquefois, le terme *gros* est mis au physique pour *grand*, mais jamais au moral. On dit *de gros biens*, pour *de grandes richesses ; une grosse pluie*, pour *une grande pluie;* mais non pas *gros capitaine*, pour *grand capitaine ; gros ministre*, pour *grand ministre.* — *Grand financier* signifie un homme très-intelligent dans les finances de l'état ; *gros financier* ne veut dire qu'un homme enrichi par la finance. — *Grand* se dit d'un homme d'une naissance distinguée, revêtu de dignités ; mais il n'y a que les petits qui le disent : un homme de quelque naissance, ou un peu illustre, ne donne ce nom à personne. — *Un grand; les grands de l'empire.* En ce sens, *grand* est pris substantivement, et est synonyme de *grand seigneur.* — On dit fam. : *trancher du grand seigneur*, ou, absolument, *trancher du grand*, faire le grand seigneur, affecter la grandeur, la richesse. Ironiquement, dans le même sens : *c'est maintenant un grand seigneur*, etc. — On dit *le grand monde*, pour dire la société des personnes de la cour, des personnes de qualité : *il aime le grand monde.* — *Grand*, placé devant le substantif, a quelquefois un sens qu'il n'a pas lorsqu'il est placé après : *l'air grand*, signifie un air de dignité, une physionomie noble ; *le grand air* signifie des manières de grand seigneur. *Se donner de grands airs*, c'est affecter des airs, des manières au-dessus de sa condition. — On dit *un grand homme*, un homme d'un *grand* mérite ; et *un homme fort grand*, un homme de haute taille; de même au féminin : *une grande dame*, une dame de haute naissance, puissante, riche, etc. ; *une grande femme*, d'une taille au-dessus de l'ordinaire. — *Grand-dignitaire de l'empire*, titulaire d'une des grandes dignités établies en France par le sénatus-consulte du 28 floréal an XII. Ces grandes dignités, au nombre de six, étaient dans l'ordre suivant : 1° celle de *grand-électeur*, qui faisait les fonctions de chancelier pour la convocation ou la dissolution du corps-législatif ; 2° celle d'*archi-chancelier*, qui faisait les fonctions de chancelier pour la promulgation des sénatus-consultes organiques et des lois, etc.; 3° celle d'*archi-chancelier d'état*, qui faisait les fonctions de chancelier pour les déclarations de guerre, la promulgation des traités de paix et d'alliance ; 4° celle d'*archi-trésorier*, qui visait les comptes des recettes et des dépenses, arrêtait tous les ans le grand-livre de la dette publique ; 5° celle de *connétable*, qui installait les maréchaux, etc.; 6° celle de *grand-amiral*, qui signait les brevets des officiers de l'armée navale, etc. — *Grand-juge*, ministre de la justice que créa le sénatus-consulte du 16 thermidor an X. —*Grand-juge militaire*, commissaire-ordonnateur des guerres, créé pendant la révolution française pour présider la cour martiale dans chaque arrondissement militaire. — *Grands-officiers de l'empire*, c'était, d'après le sénatus-consulte du 28 floréal an XII, 1° les maréchaux de l'empire français ; 2° huit inspecteurs et colonels-généraux de l'artillerie, du génie, des troupes à cheval et de la marine; 3° les grands-officiers de la couronne. — On appelle *grands*, en Espagne, ceux d'entre les seigneurs titrés qui ont le droit de se couvrir devant le roi d'Espagne : *un grand d'Espagne.* En ce sens il est substantif. — *Grand*, est aussi un titre qui se donne à divers princes souverains : *le grand-seigneur, le grand-kan, le grand-mogol.* — Il se donne aussi aux chefs de certains ordres militaires : *grand-maître de l'ordre Teutonique ;* et à certains officiers principaux des mêmes ordres : *grand'croix de l'ordre.* — On dit dans un sens analogue, *grande-maîtrise.* — Il se dit aussi, en parlant de certaines charges de divers monastères d'hommes ou de femmes : *grand-prieur de Cluny ; la grande-prieure de telle abbaye.* — C'est encore un titre qu'on a donné à quelques princes et à quelques personnages illustres, qui se sont élevés au-dessus des autres par leurs actions héroïques et par leur mérite extraordinaire : *Alexandre le Grand, Constantin le Grand, Henri le Grand, Louis le Grand, saint Grégoire le Grand, Albert le Grand.* Alors l'épithète est toujours précédée de l'article, et à la suite du substantif. — *Grande*, fém. de l'adj. *grand*, perd son *e* final devant plusieurs noms féminins : *grand'mère, grand'messe; c'est grand'pitié ; il m'a fait grand'peur; il n'y a pas grand chose à redire*, etc. — *A la grande*, adv., à la manière des *grands* seigneurs; cette locution vieillit. — *En grand*, façon de parler adverbiale pour dire, de grandeur naturelle : *il s'est fait peindre en grand.* — On dit aussi : *faire une chose en grand, l'exécuter en grand*, pour dire la faire d'une grandeur convenable sur un modèle en petit : *les petites machines ne réussissent pas toujours en grand.* — *Travailler en grand*, travailler sur un vaste plan, d'après une vue générale et complète : *cet homme ne sait pas travailler en grand, il ne s'entend qu'aux détails.* — On dit aussi figurément : *penser, agir, travailler en grand*, pour dire, d'une manière grande, noble, élevée.

GRAND-AIGLE, subst. mas. Voy. AIGLE.

GRANDAT, subst. mas. (*gueranda*), dignité. (*Boiste.*) Presque inusité.

GRAND-BARRAGE, subst. mas. (*gueranbâraje*), sorte de linge ouvré, qu'on fabrique en Normandie.

GRAND-BAUME, subst. mas. (*gueranbôme*), t. de bot., plante balsamique.

GRAND-BAUMIER, subst. mas. (*gueranbômié*), t. de bot., arbre du genre des peupliers.

GRAND-BEAU, subst. mas. (*gueranbô*), perle factice soufflée avec du crystal teint.

GRANDE-BERCE ou **PANACÉE**, subst. fém. (*guerandebèrece, panacé*), t. de bot., plante exotique, ombellifère.

GRAND-BLANC, subst. mas. (*gueranblan*), morceau d'amydon de quatre ou cinq pouces de long. —Ancienne monnaie de France.

GRAND-BRIN, subst. mas. (*gueranbrein*), sorte de toile de Bretagne.

GRAND-CAEN, ou **DAMAS**, subst. mas. (*gueranhan, damâ*), toile de Bretagne.

GRAND'CHAMBRE, subst. fém. (*geranchanbre*), première chambre d'un parlement, d'un tribunal.

GRAND-CHAMBRIER, subst. mas. (*gueranchanbrié*), président, conseiller d'une *grand'chambre*.

GRAND-CHANTRE, subst. mas. (*gueranchantre*), dignité de premier *chantre* d'une cathédrale.

GRAND'CHOSE, subst. fém. (*gueranchôze*), ne s'emploie guère qu'avec une négation : *vous ne valez pas grand'chose*. Il peut se dire aussi sans négation, mais ironiquement : *oui, voilà grand'chose !* —Le peuple dit en signe de mépris : *c'est une pas grand'chose*, en parlant d'une femme qui affecte des airs et des prétentions au-dessus de sa condition.

GRAND-COMPTE, subst. mas. (*guerankonte*), sorte de papier qui se fabrique à Angoulême.

GRAND-CORNET, subst. mas. (*guerankorné*), l'un des jeux de l'orgue.

GRAND-DIABLE, subst. mas. (*guerandiâble*), t. d'hist. nat., insecte du genre des cigales.

GRAND-DUC, subst. mas. (*gueranduk*), celui qui possède un *grand-duché*; celui dont la dignité est au-dessus de celle d'un *duc*.—Au plur., des *grands-ducs*.

GRAND-DUCAL, E, adj. (*guerandukal*), qui appartient à un *grand-duc*.

GRAND-DUCHÉ, subst. mas. (*gueranduché*), pays gouverné par un *grand-duc*.—Au plur., des *grands-duchés*.

GRANDE-DUCHESSE, subst. fém. (*guerandeduchèce*), femme d'un *grand-duc*, ou celle qui possède un *grand-duché*.—Au plur., des *grandes-duchesses*.

GRANDE-ÉCAILLE, subst. fém. (*guerandékâ-ie*), t. d'hist. nat., espèce de poisson du genre des chétodons.

GRANDE-FINE, subst. fém. (*guerandefine*), t. de comm., sorte de couverture.

GRANDELET, adj. mas., au fém. **GRANDELETTE** (*guerandelé, lète*), un peu *grand*. Il est fam.

GRANDELETTE, adj. fém. Voy. GRANDELET.

GRANDEMENT, adv. (*guerandeman*), extrêmement. Il est fam.—Avec *grandeur* : *penser, agir grandement*.

GRANDESSE, subst. fém. (*guerandèce*), qualité d'un *grand* d'Espagne.

GRANDEUR, subst. fém. (*guerandeur*), étendue en hauteur, en longueur, en largeur, etc. : *la grandeur d'un logis, d'un bois, d'un jardin, d'une pièce d'eau; voilà deux hommes de la même grandeur; cette dame s'est fait peindre de grandeur naturelle*.—*Regarder quelqu'un du haut de sa grandeur*, signifie fam. et fig., le regarder avec une fierté dédaigneuse.—Supériorité de certaines choses morales ou physiques sur la plupart des autres choses du même genre : *la grandeur de cette conception étonne; la grandeur du courage, des exploits, des actions; la grandeur d'un monument; leur beauté les avait mises en péril, leur grandeur les sauva*.—Il se dit de la puissance unie à la splendeur, à la majesté : *la grandeur, les grandeurs de Dieu; Considérations sur les causes de la grandeur et de la décadence des Romains*.—Pouvoir, dignités, honneurs, et, dans ce sens, il s'emploie le plus souvent au pluriel : *il est né au sein des grandeurs; les grandeurs de ce monde*.—Noblesse, élévation, dignité : *il n'y a dans cette conduite ni sagesse, ni grandeur; les expressions ne répondent pas à la grandeur du sujet*. — Titre d'honneur donné en parlant, en écrivant aux évêques, à certains fonctionnaires, etc. : *sa grandeur le chancelier garde-des-sceaux; on a suivi les ordres de votre grandeur*. Ce titre n'existe plus. C'est seulement par déférence que l'usage le conserve aux dignitaires de l'Eglise.—En math., tout ce qui est susceptible d'augmentation et de diminution; et, suivant *d'Alembert*, ce qui est composé de parties.—On appelle *grandeur abstraite*, celle dont la notion ne désigne aucun sujet particulier : ainsi le nombre trois est une *grandeur abstraite*, parce qu'il ne désigne pas plus trois pieds que trois heures. —*Grandeur concrète*, celle dont la notion renferme un sujet particulier : elle peut être composée ou de parties coexistantes, ou de parties successives; et, sous cette idée, elle renferme deux espèces, l'*étendue* et le *temps*. Il n'y a proprement que ces deux espèces de *grandeurs*, toutes les autres s'y rapportent directement ou indirectement. L'étendue est une *grandeur* dont les parties existent en même temps; le temps est une *grandeur* dont les parties existent l'une après l'autre : *la grandeur et ses propriétés sont l'objet des mathématiques*.—En t. d'optique, on appelle *grandeur apparente* d'un objet, celle sous laquelle cet objet paraît à nos yeux. — GRANDEUR D'AME, GÉNÉROSITÉ, MAGNANIMITÉ. (*Syn.*) *La grandeur d'âme* fait de *grandes* choses; *la générosité* fait des choses *grandes*, par des efforts d'un désintéressement sublime, et au profit d'autrui; *la magnanimité* fait des choses *grandes* sans effort et sans idée de sacrifice, comme le vulgaire fait des choses simples et communes. *La grandeur d'âme* pardonne une injure; *la générosité* rend le bien pour le mal; *la magnanimité* veut, en oubliant l'injure, la faire oublier même à l'offenseur.—On admire *la grandeur d'âme*; on admire et on aime *la générosité*; on s'enthousiasme pour *la magnanimité*.

GRANDI, E, part. pass. de *grandir*.

GRAND-HAUT, subst. mas. (*gueran-ô*), troisième lit du bois pour faire le charbon.

GRANDIFLORE, adj. des deux genres (*guerandiflore*) (du lat. *grandis*, grand, et *flos*, fleur), t. de bot., à *grandes fleurs*.

GRANDIOSE, adj. des deux genres (*guerandiôze*) (de l'italien *grandioso*, magnifique, pompeux, majestueux), exprime dans les beaux-arts ce qui frappe l'imagination par un caractère de *grandeur*, de noblesse, de majesté : *composition grandiose; cette architecture est grandiose*. — Subst. mas., ce qui est *grandiose* : *le grandiose est fils du génie*.—Il se dit en peinture, moins de ce qui est décidément *grand*, que de ce qui en a l'apparence : *cette esquisse, cette ébauche a quelque chose de grandiose; cette tête à peine indiquée paraît grandiose*. On dit dans le paysage, *un site grandiose*.

* **GRANDIOSITÉ**, subst. fém. (*guerandi-ôzité*) (de l'italien *grandiosita*, qui a la même signification), t. de dessinateur, caractère de ce qui est *grandiose*.

GRANDIR, v. neut. (*guerandir*), devenir plus *grand*, croître. Si, par ce verbe, on a l'intention d'exprimer l'action successive de devenir *grand*, on le conjugue avec le verbe avoir : *il a bien grandi; il a grandi en peu de temps*. Si, au contraire, on veut exprimer l'état qui résulte de cette action, on le conjugue avec le verbe être : *il est bien grandi; votre fils est beaucoup grandi pendant mon absence; cet enfant n'est pas grandi comme je le croyais*.—Fig. : *grandir en sagesse, en renommée, en talents; son pouvoir grandit tous les jours*.— *se* GRANDIR, v. pron., s'efforcer de paraître *grand* : *l'enfant, pour qu'on l'aperçût, tâchait de se grandir en s'élevant sur la pointe des pieds; la médiocrité croit se grandir en rabaissant le mérite*.

GRANDISSIME, adj. des deux genres (*guerandicime*), très-*grand*. Il est familier.

GRAND-JONC, subst. mas. (*gueranjon*), t. de bot., espèce de scirte qui croît dans les étangs.

GRAND-JUGE, subst. mas. (*gueranjuje*), ministre de la justice sous l'empire.— *Grand-juge militaire*, président d'une cour martiale. Voy. GRAND. —Au plur., des *grands-juges*.

GRAND-MAÎTRE, subst. mas. (*gueranmêtre*), chef de l'ordre de Malte. — Chef de l'université. —*Grand-maître d'artillerie*, autrefois chef suprême de l'artillerie.—*Grand-maître des arbalétiers*, anciennement, officier-général qui commandait les officiers des machines de guerre. Voy. GRAND.—Au plur., des *grands-maîtres*.

GRAND-MERCI (*gueranmèreci*), expression elliptique et adv. qui signifie : je vous rends graces.

GRAND'MÈRE, subst. fém. (*gueranmère*), *mère* du père ou de la mère.—Instrument de fer à crochet pour le travail des fours. — Au plur., des *grand'mères*.

GRAND'MESSE, subst. fém. Voy. MESSE.

GRAND-MONTAIN, subst. mas. (*gueranmontein*), t. d'hist. nat., sorte de pinson des montagnes.—Religieux de l'ordre de *Grammont*. Voy. ce mot.

GRANDO, subst. mas. (*guerandô*), tumeur aux paupières, espèce d'orgelet. Peu usité.

GRAND-ŒUVRE, subst. mas. (*guerantеuvre*), la pierre philosophale. — Sans plur.

GRAND-OFFICIER, subst. mas. (*guerantoficié*), dignitaire de second grade dans la Légion-d'honneur.—Au plur., des *grands-officiers*.

GRAND-ONCLE, subst. mas. (*guerantonkle*), *oncle* de l'*oncle* ou de la tante.—Au plur., des *grands-oncles*.

GRANDOULE, subst. mas. (*guerandoule*), t. d'hist. nat., nom qu'on donne dans le Midi à un oiseau qui n'est autre que le ganga.

GRAND-PÈRE, subst. mas. (*gueranpère*), *père* du *père* ou de la mère.— Au plur., des *grands-pères*.

GRAND-PRIEUR, subst. mas. (*gueranprieur*). Voy. PRIEUR.—Au plur., des *grands-prieurs*.

GRAND-RAISIN, subst. mas. (*gueranrèzein*). Voy. RAISIN.—Sans pluriel.

GRAND'REPASSE, subst. fém. (*gueranrepace*), t. de comm., couverture marquée de dix barres. —Au plur., des *grand'repasses*.

GRAND'RUE, subst. fém. (*gueranru*), la rue principale dans les villes de province.—Au plur., des *grand'rues*.

GRAND-SEIGNEUR, subst. mas. (*guerancegnieur*), homme illustre et riche. — Le chef de l'empire ottoman. — Au plur., des *grands-seigneurs*.

GRANDS-JOURS, subst. mas. plur. (*gueranjour*), espèces d'assises solennelles que les rois ou les seigneurs tenaient ou faisaient tenir de temps en temps dans les villes de leur dépendance, pour juger les affaires civiles et criminelles. — Tribunaux extraordinaires et souverains que les rois ont quelquefois établis dans les provinces éloignées des parlements dont elles ressortissaient, pour réformer les abus, etc.

GRAND'TANTE, subst. fém. (*guerantante*), *tante* de l'oncle ou de la *tante*. — Au plur., des *grand'tantes*.

GRAND-TURC, subst. mas. (*gueranturke*), l'empereur des Turcs.—Au plur., des *grands-turcs*.

GRAND-VOILIER, subst. mas. (*gueranvoèlié*), t. d'hist. nat., genre d'oiseaux palmipèdes. — Au plur., des *grands-voiliers*.

GRANETTE, subst. fém. (*gueranète*), t. de bot., nom qu'on donne quelquefois à la renouée de Tartarie.

GRANGE, subst. fém. (*gueranje*), lieu de la ferme où l'on met le *grain* en gerbe.

GRANGEAGE, subst. mas. (*gueranjaje*), t. d'économie rurale, louage d'une grange. — T. de coutume, contrat par lequel on donne une terre à cultiver et la moitié de la récolte pour salaire.

GRANGELLE, subst. fém. (*gueranjèle*), t. de bot., genre de plantes de la famille des corymbifères.

GRANGER, subst. mas. (*gueranjé*), métayer. —Dans le Midi, paysan à gages qui soigne les *granges*, les vignes, les jardins et les oliviers. — T. de bot., sorte d'arbre d'Afrique.

GRANGERIE, subst. fém. (*gueranjeri*), t. de bot., grand arbre qui ressemble au buis.

GRANGIER, subst. mas. (*gueranjié*), vieux mot inusité et qui signifiait *métayer*.

GRANIT ou **GRANITE**, subst. mas. (*guerant, nite*) (de l'italien *granito*, fait, dans la même signification, de *grano*, grain, à cause des *grains* dont cette pierre paraît composée), sorte de pierre fort dure, formée d'un assemblage d'autres petites pierres de différentes couleurs, liées ensemble par une espèce de ciment naturel.

GRANITELLE, adj. des deux genres (*guerantitèle*); il se dit du marbre ressemblant au *granit* : *marbre granitelle*. — Subst. mas., t. d'hist. nat., variété de *granit* gris.

GRANITIN, subst. mas. (*gueranitein*), t. d'hist. nat., espèce de roche à base de feldspath.

GRANITIQUE, adj. des deux genres (*guerantike*), formé de *granit* : *roche granitique*.

GRANITOÏDE, adj. des deux genres (*guerantio-ide*), de la nature du *granit*.

GRANITONE, subst. mas. (*gueranitone*), t. d'hist. nat., variété de roche antique.

GRANIVORE, adj. des deux genres (*guerantivore*) (du latin *granum*, grain, et *vorare*, dévorer, manger), t. d'hist. nat., qui vit, qui se nourrit de *grain*.—Il est aussi subst. mas., au plur.; c'est une famille d'oiseaux silvains.

GRANULAIRE, subst. fém. (*gueranulère*), t. de bot., plante cryptogame.

GRANULATION, subst. fém. (*gueranulâcion*), opération par laquelle on réduit les métaux en petits *grains* ou en *grenaille*.—En t. de médec., lésion qui consiste en petites tumeurs arrondies, qui se rencontrent souvent dans les poumons.

GRANULE, subst. mas. (*gueranule*), petit *grain*.

GRANULÉ, E, part. pass. de *granuler* et adj. : *marbre granulé*, formé de petits *grains*.

GRANULER, v. act. (*gueranulé*), réduire un métal en petits *grains*.—*se* GRANULER, v. pron.

GRANULEUSE, adj. fém. Voy. GRANULEUX.

GRANULEUX, adj. mas., au fém. **GRANULEUSE** (*gueranuleu, leuze*), qui est composé de petits *grains*; qui a des *granulations*.

GRANULIFORME, adj. des deux genres (*gueranuliforme*), en forme de petits *grains*.

GRANVILLE, subst. propre mas. (*gueranvile*),

ville de France, dép. de la Manche, chef-lieu de canton, où se fait la pêche des huîtres dites de Cancale.

GRAPHIE, subst. fém. (*guerafi*) (du grec γραφω, j'écris, je décris), description. Ce mot entre dans la composition de plusieurs autres, comme *géographie*, description de la terre; hydro*graphie*, description de l'eau, etc.

GRAPHIPTÈRE, subst. mas. (*guerafipetère*) (du grec γραφω, j'écris, et πτερον, aile), t. d'hist. nat., genre d'insectes coléoptères.

GRAPHIPTÉRIDES, subst. mas. plur. (*guerafipeteride*), t. d'hist. nat., insectes coléoptères.

GRAPHIQUE, adj. des deux genres (*guerafike*) (du grec γραφω, j'écris, je trace, je dessine); il se dit des descriptions et des opérations mises sous les yeux et rendues sensibles par une figure: *description graphique d'une éclipse.*

GRAPHIQUEMENT, adv. (*guerafikeman*), d'une manière *graphique.*

GRAPHIS, subst. mas. (*guerafice*), t. de bot., genre de plantes voisin des lichens.

GRAPHITE, subst. mas. (*guerafite*), t. d'hist. nat., substance connue sous le nom de plombagine.

GRAPHODROME, subst. mas. (*guerafodrôme*), celui qui exécute une écriture cursive.

GRAPHODROMIE, subst. fém. (*guerafodrômi*), écriture cursive. Inusité ainsi que le précédent.

GRAPHOÏDE, adj. des deux genres (*guerafoide*) (du grec γραφις, stylet à écrire, et ειδος, forme, ressemblance), se dit, en anatomie, de l'apophyse styloïde, à cause de sa ressemblance avec un stylet.

GRAPHOLITHE, subst. fém. (*guerafolite*) (du grec γραφω, j'écris, et de λιθος, pierre), sorte d'ardoise taillée pour les écoles d'enseignement mutuel.

GRAPHOMÈTRE, subst. mas. (*guerafomètre*) (du grec γραφω, j'écris, et μετρον, mesure, parce que les degrés tracés sur l'instrument donnent en quelque sorte *par écrit* la mesure des angles observés), instrument de mathématiques pour mesurer les angles sur le terrein.

GRAPHOMÉTRIQUE, adj. des deux genres (*guerafométrike*), qui appartient au *graphomètre.*

GRAPIN. Voy. GRAPPIN; c'est du moins le renvoi de l'*Académie.*

GRAPPE, subst. fém. (*guerape*), assemblage de fleurs ou de fruits disposés par étage sur un pédoncule commun. Dans le *bouquet* ou *thyrse*, les fleurs sont disposées sur un pédoncule commun, mais droit: *grappe de lierre, de groseille, de raisin,* etc.—On appelle *vin de grappe*, le vin qui coule naturellement du raisin sans qu'on le presse. — En t. d'artillerie, on appelle *grappe de raisin*, un assemblage de balles ou de biscaïens enfermés dans un sachet et qui se tirent comme mitraille. — Espèce de gale qui vient aux pieds des chevaux. — Au plur., laine qu'on détache par flocons, pour séparer les différentes sortes. — Petites pierres mêlées avec la mine de fer. — *Grappe de Hollande*, poudre de garance de Zélande. — *Grappe marine*, espèce d'holoturie; œufs de sèche, selon quelques pêcheurs. —Prov. et fig.: *mordre à la grappe*, donner dans le panneau; saisir avidement une proposition qui nous flatte.—Prendre plaisir à quelque chose.

GRAPPÉ, E, part. pass. de *grapper.*

GRAPPER, v. act. (*guerapé*), t. de manuf., réduire la garance en poudre.—*se* GRAPPER, v. pron.

GRAPPETER, v. act. (*guerapeté*), grappiller. (*Boiste.*) Vieux et inusité.

GRAPPEUX, adj. mas. (*guerapeu*): *raisin grappeux*, fécond. Il est vieux, mais expressif.

GRAPPILLAGE, subst. mas. (*guerapi-iage*), action de *grappiller*. Il se dit au propre et au figuré dans le sens de *grappiller.* — Manière d'exploiter les mines qui consiste à enlever le minéral qui se présente à la surface.

GRAPPILLÉ, E, part. pass. de *grappiller.*

GRAPPILLER, v. neut. (*guerapi-ié*), cueillir ce qui reste de *grappes* de raisin dans une vigne vendangée. — Fig. et fam., faire quelque petit gain. En ce dernier sens il est quelquefois actif, et se prend ordinairement en mauvaise part. — SE GRAPPILLER, v. pron.

GRAPPILLEUR, subst. mas., au fém. **GRAPPILLEUSE** (*guerapi-ieur, pi-ieuse*), celui, celle qui *grappille.*—Fig., qui fait de petits profits injustes.

GRAPPILLEUSE, subst. fém. Voy. GRAPPILLEUR.

GRAPPILLON, subst. mas. (*guerapi-ion*), petite *grappe.*

GRAPPIN, l'*Académie* écrit aussi **GRAPIN**, subst. mas. (*guerapein*) (de l'allemand *greifen*, prendre, saisir), ancre à quatre ou cinq pattes qui n'a pas de jas.—Instrument de fer à plusieurs pointes recourbées dont on se sert pour accrocher un vaisseau. — On appelle aussi *grappin*, *grappin à main* ou *grappin d'abordage*, un croc que l'on jette à la main de dessus les haubans et le beaupré, sur un vaisseau ennemi qu'on veut aborder ou accrocher: *jeter le grappin sur un vaisseau.* — *Grappin de brûlots*, grappin qui a des crochets au lieu de pattes.—Fig. et fam.: *jeter le grappin, mettre le grappin, son grappin sur quelqu'un,* se rendre maître de son esprit.

GRAPPINÉ, E, part. pass. de *grappiner.*

GRAPPINER, v. act. (*guerapiné*), accrocher un vaisseau en y jetant des *grappins.* — *se* GRAPPINER, v. pron.

GRAPPINEUR, subst. mas. (*guerapineur*), ouvrier qui nettoie le verre en fusion.

GRAPPU, E, adj. (*guerapu*), mot inusité que l'on trouve dans un *dictionnaire*, où on lui fait signifier, chargé de *grappes.* Il pourrait être utile.

GRAPSE, subst. mas. (*guerapece*), t. d'hist. nat., genre de crustacés.

GRAS, adj. mas., au fém. **GRASSE** (*guerâ, guerâce*) (en lat. *crassus*), en parlant des animaux, qui a beaucoup de *graisse.*—Imbu de *graisse* ou de quelque matière onctueuse.—En parlant de vin et autres liqueurs, qui s'est trop épaissi. — *Fromage gras*, fromage mou, qui n'a pas plus de consistance que le beurre.—*Figues grasses*, figues qui avec le temps ont contracté une espèce de graisse. —*Terre grasse*, terre forte, tenace, fangeuse; argile dont on se sert pour dégraisser les habits et pour en ôter les taches. — Au plur., terres fertiles et abondantes; on dit dans ce sens: *ce sol, ce terroir, ce pays est gras.*—*De gras pâturages*, se dit, surtout dans le style poétique, des lieux qui produisent en abondance les herbages propres à nourrir et engraisser les bestiaux.—On dit fam.: *le pavé est gras*, c'est-à-dire, il est couvert d'une boue épaisse et qui fait glisser.—Fig., sale, obscène, licencieux: *conte gras.* — Se dit en architecture, 1° de l'excès d'épaisseur dans une pierre, dans un morceau de bois, pour la place où ils doivent être posés: *tenon gras*, qui ne peut entrer dans sa mortaise; 2° de l'excès d'ouverture d'un angle, dans le joint de lit d'un voussoir; 3° d'un mortier où il y a beaucoup de chaux.—En peinture, *couleur grasse*, couchée avec abondance. On dit aussi un *pinceau gras*, pour exprimer le même effet. — Dans la gravure: *taille, hachure grasse*, plus large qu'une simple taille. *Verre gras*, affecté de *graisse.* Voy. ce mot. — *Drap gras*, mal dégraissé par la foule.—*Pain gras cuit*, pain qui est pâteux par défaut de cuisson.—En t. de marine: *temps gras, horizon gras*, temps couvert et brumeux, air épais et humide, à travers lequel on ne peut apercevoir les objets éloignés.—Prov.: *gras comme un moine, comme un chanoine*, qui a beaucoup d'embonpoint. On dit dans le même sens: *gras à lard.* — *Dormir la grasse matinée*, se lever tard. — *Tuer le veau gras*, régaler quelqu'un extraordinairement. — *Quand vous aurez fait cette sottise, obtenu cet avantage, en serez-vous plus gras?* plus riche, plus content. — On dit fam. et pop.: *sortir bien gras, sortir fort gras d'un emploi, d'une affaire,* en parlant d'un homme qui s'est enrichi dans un emploi, dans une affaire.—*Faire ses choux gras de...* Voy. CHOU. — *Avoir la langue grasse*, avoir la langue épaisse, prononcer mal les *r.*—En t. de vétér., *avoir la vue grasse* se dit d'un cheval dont la vue s'obscurcit.—*Jours gras*, ceux où il est permis de manger de la viande. Plus particulièrement, les derniers jours du carnaval.—On appelle *bœuf gras*, un bœuf très-*gras* que les bouchers promènent avec pompe par la ville pendant les jours *gras.* — *Cause grasse*, se disait autrefois d'une cause que les clercs du palais choisissaient ou inventaient pour plaider entre eux aux jours *gras*, et dont le sujet était plaisant.

GRAS, subst. mas. (*guerâ*), partie *grasse*, ce qui est de nature ou de qualité *grasse*: *le gras et le maigre; il aime le gras, je veux du gras.* — *Riz au gras*, riz qu'on a fait crever dans du bouillon *gras.*—*Mettre, accommoder au gras*, se dit des légumes, du riz, du vermicelle, et autres préparations qu'on fait cuire, qu'on accommode avec du bouillon ou des jus de viande.—*Le gras de la jambe*, l'endroit le plus charnu.—En t. de chimie, substance animale qui a la consistance et quelques propriétés du savon, en laquelle se transforment diverses parties des cadavres animés. —*Gras de galle*, t. de bot., espèce d'acacia très-épineux qui croît à Saint-Domingue. On donne ce nom à divers autres arbrisseaux de la même île. —Etat de maladie des vers à soie.

GRAS, adv. (*guerâ*): *faire gras*, manger de la viande.—*Parler gras*, avoir la langue *grasse.* — *Peindre gras*, éviter toute espèce de sécheresse. —*Peindre à gras*, retoucher avant que la couche ne soit sèche, ce qui produit un très-bon effet.

GRAS-DOUBLE, subst. mas. (*guerâdouble*), espèce de tripe qui vient du premier ventricule du bœuf.—Au plur., des *gras-doubles.*

GRAS-FONDU, subst. mas. (*guerâfondu*), t. de vétérinaire, sorte de maladie à laquelle les chevaux sont sujets. C'est une affection inflammatoire du mésentère et des intestins. — On dit prov. d'un homme fort maigre: *il ne mourra pas de gras-fondu.*—Sans plur.

GRAS-FONDURE, subst. fém. (mot que nous trouvons dans l'*Académie;* ce serait au moins **GRASSE-FONDURE** qu'il faudrait écrire) (*guerâfondure*). Voy. GRAS-FONDU.

GRASON, subst. mas. (*guerâzon*), sorte de craie. (*Boiste.*) *Crason* vaudrait mieux.

GRASSARI, subst. mas. (*gueraceçari*), t. d'hist. nat., oiseau de passage qui craint beaucoup le froid.

GRASSE, adj. fém. Voy. GRAS.

GRASSE, subst. propre mas. (*guerâce*), ville de France, dép. du Var, chef-lieu de sous-préfecture.

GRASSEMENT, adv. (*guerâceman*), il ne se dit que dans ces deux phrases: *vivre grassement*, être, vivre fort à son aise; *payer grassement*, généreusement.

GRASSERIE, subst. fém. (*guerâceri*), maladie des vers à soie.

GRASSET, subst. mas. (*guerâcè*), partie arrondie qui, dans le cheval, forme la jointure de la cuisse avec la jambe proprement dite.

GRASSET, adj. mas., au fém. **GRASSETTE** (*guerâcè, cète*), qui est un peu *gras.* Il est fam.

GRASSETTE, subst. fém. (*guerâcète*), t. de bot., plante agreste.

GRASSETTE, adj. fém. Voy. GRASSET.

GRASSEYEMENT, subst. mas. (*guerâcè-ieman*), manière de prononcer d'une personne qui *grasséie.*

GRASSEYER, v. neut. (*guerâcè-ié*), parler *gras*, prononcer certaines consonnes, et principalement les *r*, avec difficulté: *il ne lui sied pas mal de grasseyer.*—On *grasséie* lorsqu'on donne au *c* et au *d* le son du *t*, ou lorsqu'on prononce la lettre *r* de la gorge, en sorte qu'on la fait précéder d'un *c* ou d'un *g.*

GRASSEYEUR, subst. mas., au fém. **GRASSEYEUSE** (*guerâcèieur, ieuze*), celui, celle qui *grasséie.*

GRASSEYEUSE, subst. fém. Voy. GRASSEYEUR.

GRASSIN, subst. mas. (*guerâcein*), anciennement, milice de troupes légères.

GRASSOUILLET, adj. mas., au fém. **GRASSOUILLETTE** (*guerâçoui-iè, iète*), diminutif de *grasset*: *un enfant potelé et grassouillet.*

GRASSOUILLETTE, adj. fém. Voy. GRASSOUILLET.

GRAT, subst. mas. (*guera*), lieu où *grattent* les poules pour chercher des vers et des insectes.

GRATEAU, subst. mas. (*gueratò*), instrument de doreur pour préparer ce qu'il veut dorer.

GRATELIER, subst. mas. (*gueratelié*), t. de bot., genre de plantes térébinthacées.

GRATELOUPIE, subst. fém. (*gueratceloupi*), t. d'hist. nat., coquille fossile des environs de Bordeaux.

GRATERON, subst. mas. (*guerateron*), t. de bot., plante vivace et agreste, dont la racine sert à engraisser la volaille.

GRATIA-DEI, subst. mas. (*gueraciadé-i*) (mots latins qui signifient, *bienfait de Dieu*), t. de bot., les vertus antifébriles de quelques plantes les ont fait nommer ainsi. Telles sont *l'herbe à pauvre homme*, ou *la gratiole officinale, l'herbe à la fièvre, l'herbe à Robert,* etc.

GRATICULATION, subst. fém. (*gueratikulâcion*), t. de peinture, action de *graticuler;* effet de cette action.

GRATICULÉ, E, part. pass. de *graticuler.*

GRATICULER, v. act. et neut. (*gueratikulé*) (de l'italien *grata*, gril), t. de peintre et de dessinateur, diviser en un même nombre de petits carrés un tableau, etc., et la toile ou le papier sur quoi l'on veut en faire une copie. Plusieurs disent *craticuler*, en dérivant ce mot du latin *crates*, grille. — *se* GRATICULER, v. pron.

GRATIENNE, subst. fém. (*gueraciène*), t. de comm., espèce de toile de lin fabriquée en Bretagne.

GRATIFICATION, subst. fém. (*gueratifikâcion*) (en lat. *gratificatio*), don accordé en récompense surérogatoire de quelque service rendu : *outre ses appointements, il reçoit de temps en temps des gratifications.*

GRATIFIÉ, E, part. pass. de *gratifier.*

GRATIFIER, v. act. (*gueratifié*) (en lat. *gratificari*, fait de *gratia*, grace, faveur), favoriser en faisant quelque don. — On l'emploie quelquefois iron. et fam. pour exprimer l'idée d'attribuer mal à propos quelque chose à quelqu'un : *vous l'avez gratifié d'une épithète qu'il ne méritait pas.* — *se* GRATIFIER, v. pron.

GRATIN, subst. mas. (*gueratein*), la partie de certains mets liquides, farineux, etc., qui reste attachée au fond des vases où on les a fait cuire, et qui est souvent rousse et brûlée : *le gratin de la bouillie, du riz*, etc. — En t. de cuisine, manière d'apprêter certains mets avec de la chapelure de pain : *bœuf au gratin ; merlan, sole au gratin.* — Bouillie qui demeure attachée au fond du poêlon.— Matière fécale adhérente aux parois et au fond des fosses d'aisances.

GRATINÉ, E, part. pass. de *gratiner.*

GRATINER, v. act. (*gueratiné*), faire cuire un mets de manière à former du *gratin.*—*se* GRATINER, v. pron. Peu en usage.

GRATIOLE, subst. fém. (*gueraciole*), t. de bot., plante vivace, à fleur monopétale, irrégulière. Elle est émétique et purgative. On l'appelle aussi *petite digitale, herbe à pauvre homme.*

GRATIOU, subst. mas. (*gueraciou*), garniment d'un bas des voilures d'une galère. Vieux t. de mar., conservé par *Boiste*, qui ne prend pas même la peine de l'expliquer.

GRATIS, adv. (*guerâtice*) (mot lat.), sans qu'il ne coûte rien.—Fig. : *il a dit cela gratis*, sans preuve, sans fondement. Cette locution a vieilli : on dit aujourd'hui *gratuitement.*—Subst. mas. : *il a obtenu le gratis de ses bulles*, il n'a rien payé pour ses bulles.—Dans l'ancienne université de Paris, on appelait *établissement du gratis*, l'établissement de l'instruction *gratuite.*—Dans les spectacles, on appelle substantivement *les gratis*, ceux qui entrent sans payer, avec des billets donnés.—Adj., qui ne coûte rien : *spectacle gratis.*

GRATITER, v. neut. (*gueratité*) (en lat. *gratitare*), se dit en parlant de l'oie : *la poule glousse, l'oie gratite.* (*Boiste.*) Vieux et même hors d'usage.

GRATITUDE, subst. fém. (*gueratitude*) (du lat. *gratus*, reconnaissant), reconnaissance d'un service reçu. Voy. RECONNAISSANCE.

GRATON, subst. mas. (*gueraton*), petit râble de glacier.

GRATTE, subst. fém. (*guerate*), instrument de fer avec lequel on sarcle l'indigo.—En t. de mar., instrument tranchant dont la lame est plate et forte, qui sert à enlever les saletés qui s'attachent trop fortement sur les bords et les ponts des vaisseaux : il y a des *grattes* doubles, et d'autres en triangle, etc.

GRATTÉ, E, part. pass. de *gratter.*

GRATTEAU, subst. mas. (*gueratô*), outil d'acier avec lequel les fourbisseurs *grattent* et brunissent la plaque des gardes d'épée.—Morceaux de fer trempé, de diverses figures, qui servent aux doreurs à *gratter* les pièces pour l'apprêt.

GRATTE-BOËSSE, subst. fém. (*gueratebo-èce*), brosse de fil de laiton pour éclaircir la dorure.—Au plur., des *gratte-boësse.*

GRATE-BOËSSÉ, E, part. pass. de *gratteboësser.*

GRATTE-BOËSSER, v. act. (*gueratebo-ècé*), frotter avec la *gratte-boësse.*

GRATTE-CUL, subst. mas. (*gerateku*), ce qui reste de la rose après que les feuilles en sont tombées.—Fig. et pop.: *il n'est point de si belle rose, il n'est si belle rose qui ne devienne gratte-cul*, il n'y a point de si belle femme qui ne devienne laide en vieillissant.—Petit fruit rouge que produit l'églantier. Voy. ROSIER.—Au plur., des *gratte-cul.*

GRATTELÉ, E, part. pass. de *gratteler.*

GRATTELER, v. act. (*gueratelé*), t. d'arts et métiers, *gratter* légèrement pour préparer à recevoir le poli. — *se* GRATTELER, v. pron.

GRATTELEUSE, adj. fém. Voy. GRATTELEUX.

GRATTELEUX, adj. mas., au fém. GRATTELEUSE (*gueratelеu, leuze*), celui, celle qui a la *grattelle.*

GRATTELLE, subst. fém. (*gueratèle*), menue gale.

GRATTE-PAILLE, subst. fém. (*gueratepâ-ie*), t. d'hist. nat., espèce de fauvette. — Au plur., des *gratte-paille.*

GRATTE-PAPIER, subst. mas. (*gueratepapié*), celui qui gagne sa vie dans la basse pratique. — Au plur., des *gratte-papiers.*

GRATTER, v. act. (*gueraté*) (de l'allemand *kratzen*), frotter avec les ongles, etc., l'endroit où il démange. — En parlant des animaux, remuer la terre avec les ongles : *les poules grattent la terre pour chercher du grain.* —Ratisser : *gratter un parchemin, une muraille*, etc.—Heurter doucement : *on grattait à la porte du roi.*—*Gratter une rentraiture*, tirer le poil d'un drap avec l'aiguille pour en couvrir la couture, afin qu'elle paraisse moins.—Fig. et fam. : *gratter le parchemin, le papier*, gagner sa vie dans la basse pratique.—On dit prov. : *trop gratter cuit, trop parler nuit.* — On dit par exagération : *j'aimerais mieux gratter la terre avec mes ongles que de...* pour exprimer qu'il n'y a point d'extrémité où l'on ne se réduisît plutôt que de...—*Gratter l'épaule à quelqu'un*, chercher à se le rendre favorable.—*Gratter quelqu'un où il lui démange*, faire ou dire quelque chose qui lui soit agréable, qui flatte son goût, son penchant, le prendre par l'endroit sensible.—*se* GRATTER, v. pron., se frotter où il démange : *à force de se gratter, il a fini par s'écorcher.*—On dit prov. et fig.: *ce sont deux ânes qui se grattent*, en parlant, par dérision, de deux personnes qui se flattent l'une l'autre.—Prov., fig. et pop.: *qui se sent galeux se gratte*, celui qui se sent coupable de la faute qu'on blâme peut ou doit s'appliquer ce qu'on en dit.

GRATTOIR, subst. mas. (*gueratoar*), instrument propre à *gratter* le parchemin, le papier, etc. — Les artilleurs appellent *grattoir* un petit ferrement dont ils se servent pour nettoyer la chambre et l'âme du mortier ; les arquebusiers, un instrument de fer un peu plus long qu'un canon de fusil, qu'ils font entrer dans un canon pour en détacher la crasse.—Les graveurs en bois appellent *grattoir à creuser*, un instrument qui sert à polir le bois pour y graver les lointains et points éclairés ; et *grattoir à ombrer*, un instrument qui ne diffère du précédent qu'en ce qu'il n'est point courbe, et que les coins seulement sont un peu arrondis et adoucis.

GRATUIT, E, adj. (*gueratui, tuite*) (en lat. *gratuitus*), qu'on donne ou qu'on fait sans y être obligé.—En t. de philosophie, *supposition gratuite*, qui n'a aucun fondement.—*Don gratuit*, somme que le clergé de France donnait à certaines époques pour les besoins de l'état (ainsi nommé parce que les biens ecclésiastiques étaient exempts d'imposition). — On dit : *une méchanceté gratuite*, pour dire une méchanceté sans motif et sans intérêt. — *École gratuite*, celle où les enfants ne paient pas, par opposition à *école payante*, où ils paient.

GRATUITÉ, subst. fém. (*gueratuité*), t. de théol., caractère de ce qui est *gratuit*. Il ne se dit que de la grace de la prédestination.

GRATUITEMENT, adv. (*gueratuiteman*), d'une manière *gratuite.*—Sans fondement.

GRAU, subst. mas. (*guerô*), chenal par lequel un étang ou un lac se dégorge dans la mer.

GRAVATIER, subst. mas. (*gueravatié*), celui qui enlève les *gravats.*

GRAVATIF, adj. mas., au fém. GRAVATIVE (*gueravatif, tive*), t. de médec. : *douleur gravative*, espèce de douleur accompagnée d'une sensation de pesanteur.

GRAVATIVE, adj. fém. Voy. GRAVATIF.

GRAVATS, subst. mas. plur. (*gueravâ*). Voyez GRAVOIS.

GRAVE, subst. mas. (*guerave*), unité des mesures de pesanteur dans le premier système de division décrété le 1er août 1793. C'était le poids d'une quantité d'eau distillée égale à celle contenue dans le cadil ou décimètre cube, mise au degré de la glace fondante et pesée dans le vide. Le *grave* équivalait à deux livres cinq gros quarante-neuf grains, poids de marc.

GRAVE, adj. des deux genres (*guerave*) (en lat. *gravis*), en physique, pesant : *les corps graves*, et quelquefois, substantivement : *les graves.* — En parlant des personnes, qui agit avec retenue et circonspection. — Fig., sérieux, qui agit, qui parle avec un air sage, avec circonspection et dignité : *un grave magistrat ; un homme grave.* Il se dit par extension, dans un sens analogue, du maintien, de l'air, du ton, etc.: *contenance, mine, démarche grave ; paroles graves.* — En parlant des choses, important, qui est de conséquence : *matière grave ; faute, motif, circonstances graves ; ce que vous dites là est grave, prenez-y garde.*—Il se dit aussi des choses qui excluent toute idée d'enjouement, de plaisanterie, de gaieté : *des mœurs graves et simples ; la conversation prenait une tournure grave ; des pensées graves.*—*Un auteur grave* est celui dont les opinions sont suivies dans les matières contentieuses ; on ne le dit pas d'un auteur qui a écrit sur des matières hors de doute. On dit dans le même sens : *autorité grave*, qui est d'un grand poids, d'une grande considération dans la matière dont il s'agit. Ces deux locutions s'appliquent surtout aux matières de morale, de jurisprudence et de théologie.—*Style grave ; le style grave* évite les saillies, les plaisanteries ; s'il s'élève quelquefois au sublime, si dans l'occasion il est touchant, il rentre bientôt dans cette sagesse, dans cette simplicité qui fait son caractère ; il a de la force, mais peu de hardiesse. Dans ce sens, *grave* s'emploie aussi substantivement :

Passer du *grave* au doux, du plaisant au sévère.
BOILEAU.

—*Affaire grave, cas grave*, se dit plutôt d'une cause criminelle que d'un procès civil.—*Maladie grave*, qui suppose du danger. On dit dans le même sens : *blessure grave.* — T. de gramm.; il se dit d'un accent que l'on place sur les voyelles dans certains mots, soit pour donner à ces voyelles un son plus renflé et plus sourd que leur son ordinaire, soit pour distinguer certains mots d'autres mots qui leur ressemblent. L'accent *grave* se fait de gauche à droite, comme celui qui est sur l'*e* de *procès*, et sur l'*a* dans *là* adv. On appelle *voyelles graves* les voyelles sur lesquelles on place cet accent, et *sons graves*, les sons que l'on produit en prononçant ces voyelles. Les *sons graves* sont opposés aux *sons clairs* ou aigus. — En musique, *son grave, ton grave*, bas et profond, par opposition au son *aigu*. On l'emploie aussi dans ce sens en parlant de la déclamation théâtrale.—GRAVE, SÉRIEUX. (*Syn.*) On est *grave* par sagesse et par maturité d'esprit ; on est *sérieux* par humeur et par tempérament. —Un homme *grave* n'est pas celui qui ne rit jamais, c'est celui qui ne choque point les bienséances de son état, de son âge et de son caractère. L'homme *sérieux* est différent de l'homme *grave*. Don Quichotte est très-*sérieux* dans ses folles entreprises ; il n'est pas *grave.*—Le *grave* est au *sérieux* ce que le *plaisant* est à l'*enjoué* ; il a un degré de plus, et ce degré est considérable.—On peut être *sérieux* par humeur, et même faute d'idées. On est *grave* par bienséance ou par l'importance des idées qui donnent de la *gravité.*

GRAVÉ, E, part. pass. de *graver*, et adj.: *avoir le visage gravé*, marqué de petite vérole.

GRAVELÉE, subst. fém. (*gueravelé*), lie sèche et brûlée dont se servent divers ouvriers. — On dit aussi adjectivement : *cendre gravelée*, cendre faite de lie de vin calcinée.—*Chandelle gravelée*, celle qui est grossièrement et inégalement couverte de suif.

GRAVELEUSE, adj. fém. Voy. GRAVELEUX.

GRAVELEUX, adj. mas., au fém. GRAVELEUSE (*gueraveleu, leuze*), qui est mêlé ou chargé de *gravier* : *terrein graveleux ; crayon graveleux.* —*Fruit graveleux*, fruit dont le cœur est formé d'une espèce de *gravier.* — Qui est relatif à la *gravelle* ou qui la dénote : *affection graveleuse, urine graveleuse.*— Qui est sujet à la *gravelle* : *cet homme est goutteux et graveleux.* Dans ce sens, on l'emploie aussi subst.: *les goutteux et les graveleux sont à plaindre.*—Trop libre : *un conte graveleux.*

GRAVELLE, subst. fém. (*gueravèle*), maladie causée par de petites concrétions semblables à du sable ou à du *gravier*, qui se développent dans les voies urinaires, et se déposent au fond et sur les parois du vase dans lequel l'urine est rendue. — On appelle aussi *gravelle* une tumeur qui survient à la paupière supérieure. — Les vinaigriers appellent *gravelle* le marc de la lie du vinaigre.

GRAVELURE, subst. fém. (*gueravelure*), discours trop libre et approchant de l'obscénité. Il est familier.

GRAVEMENT, adv. (*gueraveman*), avec *gravité*, d'une manière *grave* et composée : *marcher, parler gravement.* — Il ne s'emploie pas dans le sens propre de *pesamment.*—Il se dit, en musique, d'un mouvement lent, mais moins que celui indiqué par *lentement.*

GRAVÉOLENCE, subst. fém. (*gueravé-olance*) (du latin *graveolentia*, formé de l'adjectif neutre *grave*, fort, et du verbe *olere*, sentir), puanteur, mauvaise odeur, odeur forte.—De quelle utilité peut être l'introduction de ce mot latin dans la langue française ? *Boiste*, à qui nous l'empruntons, et qui n'en cite point d'exemple, peut seul répondre à cette question.

GRAVER, v. act. (*gueravé*) (du grec γραφειν, écrire, comme faisaient les anciens, en *gravant* les lettres avec un poinçon sur des tablettes de cire), tracer, imprimer quelque trait sur du cuivre, du marbre, etc. : *graver des armes ; faire graver son chiffre sur un cachet ; graver en creux, en relief.* — Il se dit particulièrement de l'action de *graver*, sur une planche de cuivre ou d'autre matière, la copie d'un tableau, d'un dessin, pour la reproduire ensuite plusieurs fois sur le papier, sur la toile, etc., par le moyen de l'impression : *graver en taille-douce ; graver sur bois ; graver à la manière noire, à l'eau-forte.* On dit en ce sens : *graver un tableau, un dessin, de la musique, des adresses*, etc.—On *grave* des lettres, des caractères et ce qui n'est pas destiné à être imprimé, telles que les inscriptions et autres choses de la même nature : *graver une inscription sur une pierre, sur du marbre.*—*Graver une médaille*, c'est tailler en relief sur une pièce d'acier les figures, les têtes qui doivent composer la médaille : *après qu'on a gravé le poinçon, on l'imprime sur une autre pièce d'acier qu'on appelle le carré, et dans laquelle ensuite on frappe la médaille.*—Fig.: *graver quelque chose dans sa mémoire, dans son cœur*, l'y imprimer fortement. — SE GRAVER, v. pron. ; les artificiers disent qu'un cartouche *se grave*, lorsque, n'ayant pas assez de force pour résister au feu, il se perce ou se fend.

GRAVET, subst. mas. (*gueravé*), mesure de pesanteur qui, dans le premier système de division, était égale au poids d'un centimètre cubique d'eau distillée. Le *gravet* était la millième partie du *grave*, et équivalait à dix-huit grains huit cent quarante-un millièmes.

GRAVETTE, subst. fém. (*gueravète*), t. de pêche, ver qui sert d'appât.

GRAVEUR, adj. mas. (*gueraveur*), celui dont la profession est de *graver*.—En parlant d'une femme, l'usage ne veut pas qu'on dise *graveuse*, ou dit *graveur*, de même qu'on dit *une femme auteur* ; selon nous, l'usage a tort.

GRAVI, E, part. pass. de *gravir*.

GRAVIER, subst. mas. (*gueravié*) (suivant *Du Cange*, du latin barbare *graveira*, employé, dans la basse latinité, pour *arena, sabulum*, sable. *Ménage* le dérive du latin *glarea*, gravier, dont, par des transformations graduelles, il fait *graba*), gros sable mêlé de petits cailloux. — Menu sable qui obstrue les reins, et se trouve dans le sédiment des urines.

GRAVIGRADE, subst. mas. et adj. des deux genres (*gueraviguerade*), qui marche *gravement* : *l'éléphant est un gravigrade.*

GRAVIMÈTRE, subst. mas. (*gueravimètre*) (du latin *gravis*, pesant, et du grec μετρον, mesure), t. de phys., instrument propre à mesurer la pesanteur spécifique des solides et des fluides. C'est la même chose que le pèse-liqueur de Nicholson. Voy. PÈSE-LIQUEUR.

GRAVIMÉTRIQUE, adj. des deux genres (*gueravimétrike*), qui a rapport au *gravimètre*.

GRAVIR, v. neut. (*gueravir*) (suivant *Ménage*, du mot *ravir*, auquel on a préposé un *g* ; parce que, dit-il, les animaux qui *gravissent* sur les arbres les ravissent en quelque sorte en les embrassant avec les quatre pattes), grimper avec peine à quelque endroit rude et escarpé. — On dit aussi, mais act. : *gravir une montagne.* — SE GRAVIR, v. pron.

GRAVITATION, subst. fém. (*gueravitâcion*), t. de phys., effet de la *gravité*, ou tendance qu'un corps a vers un autre corps, par la force de sa *gravité*.

GRAVITÉ, subst. fém. (*gueravité*) (en lat. *gravitas*), en physique, pesanteur ; avec ces différences : 1° que *gravité* ne se dit jamais que de la force ou cause générale qui fait descendre les corps, et que *pesanteur* se dit quelquefois de l'effet de cette force dans un corps particulier ; 2° que *pesanteur* se dit exclusivement de la force particulière qui fait tomber les corps vers la terre ; et que *gravité* s'applique aussi à la force par laquelle un corps quelconque tend vers un autre. —En musique, cette modification du son pour laquelle on l'appelle *grave* ou *bas*, par opposition à d'autres qu'on nomme *hauts* ou *aigus* ; d'où il suit qu'il n'y a point en musique de *gravité* absolue.—En parlant des personnes, qualité d'une personne *grave*, sérieuse, réservée : *la gravité d'un magistrat ; cette personne a tant de gravité, que je ne l'aborde qu'en tremblant.* Dans ce sens, il se dit aussi des choses : *la gravité de mœurs, de style ; il impose par la gravité de son maintien, de ses discours.* — Il signifie encore importance, en parlant des choses : *la gravité du sujet demandait un autre style ; gravité d'une faute, d'une maladie, d'un danger ; la gravité des raisons, des motifs.* — T. de phys., *gravité absolue*, celle par laquelle un corps descend librement, sans éprouver de résistance.—*Gravité relative*, celle par laquelle un corps descend, après avoir consumé une partie de son poids à surmonter quelque obstacle ou résistance.—T. d'hydrostatique, *gravité spécifique*, rapport de la *gravité* d'un corps à celle d'un autre de même volume. —*Centre de gravité*. Voy. CENTRE.

GRAVITER, v. neut. (*gueravité*), t. de phys., tendre et peser vers un autre point. — On dit qu'*un corps gravite vers un autre*, pour dire qu'il tend vers un autre corps par la force de la *gravité*.

GRAVOIR, subst. mas. (*gueravoar*), outil avec lequel on fait la rainure des châsses de lunettes. —Instrument pour tracer des filets sur les cierges.—Chez les charrons, espèce de marteau pour couper et fendre des cercles de fer, etc.

GRAVOIS, subst. mas. (*gueravoâ*) (de *gravier*), la partie la plus grossière du plâtre après qu'on l'a sassé. — Menus débris d'une muraille, d'un bâtiment. On dit aussi et plus communément *gravats*.

GRAVURE, subst. fém. (*gueravure*), art de *graver* sur le métal ou sur le bois.—L'ouvrage qui en résulte.—Il se dit encore pour estampe : *marchand de gravures ; livre orné de gravures.*

GRÉ, subst. mas. (*gueré*) (en lat. *gratum*, chose agréable, qui agrée), bonne volonté qu'on a de faire quelque chose ; plus généralement, volonté, caprice, fantaisie. Il ne se dit que dans des expressions adverbiales : *faire une chose de son gré, de son bon gré, de plein gré*, etc.—Fig. : *se laisser aller au gré des flots, du vent*, au mouvement de l'eau, du vent.—*Prendre quelque chose en gré*, l'agréer, le trouver bon, le recevoir avec résignation.—*Gré* s'emploie aussi comme les mots latins *gratus* et *gratia* dont il est dérivé, dans le sens de reconnaissance, remerciement ; comme dans ces locutions : *savoir bon* ou *mauvais gré à quelqu'un*, être content ou mécontent de ce qu'il a fait ; *se savoir bon gré de quelque chose*, s'en féliciter, s'en applaudir.—*De gré à gré*, à l'amiable.—*Bon gré, mal gré*, de gré ou de force. — DE BON GRÉ, DE BONNE VOLONTÉ, DE BON CŒUR, DE BONNE GRACE. (*Syn.*) On agit *de bon gré*, lorsqu'on n'y est pas forcé ; *de bonne volonté*, lorsqu'on n'y a point de répugnance ; *de bon cœur*, lorsqu'on y a de l'inclination ; *de bonne grace*, lorsqu'on témoigne y avoir du plaisir.—Ce qui est fait *de bon gré*, est fait librement ; ce qui est fait *de bonne volonté*, est fait sans peine ; ce qui est fait *de bon cœur*, est fait avec affection ; ce qui est fait *de bonne grace*, est fait avec politesse.

GRÉAGE, subst. mas. (*gueré-aje*), t. de coutume, droit sur la coupe et les ouvrages de bois. Il est vieux.

GRÈBE, subst. mas. (*guerèbe*), t. d'hist. nat., oiseau aquatique, qu'on nomme aussi *colimbe*.

GREC, subst. et adj. mas., au fém. GRECQUE (*guerèke*), qui est de *Grèce*. — Qui est écrit en grec : *langue grecque*. En ce sens, il est aussi subst., mais seulement au mas. : *savoir le grec, apprendre le grec*.—On nomme *y grec*, la pénultième des lettres de l'alphabet français.—On dit prov. et fig. : *passé cela, c'est du grec pour moi*, je n'y entendrai rien ; et dans le même sens, de quelqu'un qui n'entend rien à quelque chose, que *c'est du grec pour lui.*—*L'Église grecque*, toute l'Église d'orient, par opposition à l'Église romaine ou d'occident ; *le rit grec*, le rit de l'Église *grecque*.— On appelle *grec latinisé*, un *grec* qui adopte les sentimens de l'Église latine. — *Grec moderne*, ou *grec vulgaire*, la langue que l'on parle aujourd'hui en *Grèce*.—Prov. : *être grec en quelque chose*, y être fort habile.—On dit en sens contraire : *n'être pas grand grec*. — *C'est un grec, un vrai grec*, c'est un homme avare, ou de mauvaise foi.

GRÉCANISÉ, E, part. pass. de *grécaniser*.

GRÉCANISER, v. act. (*guerékanizé*), mêler du *grec* dans ses écrits, dans son langage. Il est vieux.—SE GRÉCANISER, v. pron. (*Boiste.*)

GRÈCE, subst. propre fém. (*guerèce*), contrée d'Europe située entre la mer Adriatique et la Méditerranée.—*L'ancienne Grèce* comprenait le Péloponèse, la *Grèce* propre, l'Épire et l'Illyrie.

GRÉCISÉ, E, part. pass. de *gréciser* : *Métastase est le nom de Trapasso grécisé.*

GRÉCISER, v. act. (*guerécizé*), user d'hellénismes.—Suivre les cérémonies *grecques*. — V. act., donner une forme *grecque* à un mot d'une autre langue : *il fut un temps où les savants avaient la manie de gréciser leurs noms.*

GRÉCISME, subst. mas. (*guerécicеme*). Voyez HELLÉNISME, qui seul se dit.

GRÉCISTE, subst. mas. (*guerécicete*). Voyez HELLÉNISTE, qui seul se dit.

GRÉCITÉ, subst. fém. (*guerécité*), la langue *grecque* par opposition au mot *latinité*. Il est peu en usage.

GRECQUE, subst. et adj. fém. Voy. GREC.

GRECQUE, subst. fém. (*guerèke*), t. de relieur, petite scie pour *grecquer* les livres.—*Livre relié à la grecque*, dont les nerfs ne paraissent pas sur le dos.— Loc. adv., *à la grecque*, à la manière des Grecs : *costume à la grecque, coiffure à la grecque ; vivre à la grecque.*—*Potage à la grecque*, fade, qui n'a point de goût. — On appelle aussi *grecque*, un ornement composé d'une suite de lignes droites qui reviennent sur elles-mêmes, en formant toujours des angles droits : *cette frise est ornée d'une grecque.*

GRECQUÉ, E, part. pass. de *grecquer*.

GRECQUER, v. act. (*guerèkié*), t. de relieur : *grecquer un livre*, le couper sur le dos avec la *grecque*, après qu'on a plié les feuilles.—SE GRECQUER, v. pron.

GREDIN, adj. et subst. mas., au fém. GREDINE (*gueredein, dine*) (du mot *gradin*, degré. Autrefois, chez les grands seigneurs, les valets du dernier ordre se tenaient toujours sur les degrés ou *gradins* de l'escalier, sans entrer jamais dans l'appartement. On les nommait *gredins*, et leur nom est devenu une injure. *Matinées sénonaises.*) En parlant des choses, gueux, mesquin : *cela est bien gredin, cela paraît fort gredin.* Dans ce sens, il a non seulement vieilli, mais il est hors d'usage.—En parlant des personnes, il est subst. : *c'est un gredin.* Expression familière. — Subst. mas., petit chien à longs poils.

GREDINE, subst. et adj. fém. Voy. GREDIN.

GREDINERIE, subst. fém. (*gueredineri*), misère, gueuserie.

GRÉÉ, E, part. pass. de *gréer*.

GRÉEMENT, subst. mas. (*gueréman*). Voyez GRÉMENT, qui ne devrait cependant pas être préféré.

GRÉER, v. act. (*gueré-é*) (du mot *agrès*), t. de mar., munir un vaisseau de toutes ses manœuvres, poulies, voiles, etc. ; le disposer de la manière dont il doit l'être pour être prêt à mettre à la voile.— On dit aussi *gréer un mât, une vergue*.—SE GRÉER, v. pron.

GRÉES, subst. propre fém. plur. (*gueré*), myth. ; les *Grées* ou vieilles, filles de Phorcus et de Céto, étaient *Péphédro, Engo* et *Dinon*. On dit qu'aussitôt après leur naissance, elles devinrent vieilles ; qu'elles n'avaient à elles trois qu'une seule dent et qu'un seul œil, dont elles se servaient chacune à son tour. Voy. GORGONES.

GRÉEUR, subst. mas. (*gueré-eur*), t. de mar. On nomme ainsi les officiers mariniers de manœuvre, qui, dans les ports du commerce, font métier de *gréer* les bâtiments.

GREFFE, subst. mas. (*guerèfe*) (du grec γραφειν, écrire), bureau où l'on garde et où l'on expédie plusieurs actes de justice.—Les droits, les émoluments du *greffe*.

GREFFE, subst. fém. (*guerèfe*) (du grec γραφειν, écrire, parce que la *greffe* qu'on insère sur le sujet ressemble, en quelque sorte, au poinçon ou style dont les anciens se servaient pour écrire, et que les Latins appelaient *graphium*), t. de jardinier, opération par laquelle on détache une petite branche ou un bourgeon, ou une bande d'écorce munie d'un bouton, de l'arbre qu'on veut multiplier, pour la substituer à la tige ou aux branches de l'arbre qui reçoit la *greffe*.—Effet de cette opération.—On appelle aussi *greffe* la portion de la plante qu'on unit avec la plante entière.—On donne le nom de *sujet* à la plante sur laquelle se fait cette union.

GREFFÉ, E, part. pass. de *greffer*.

GREFFER, v. act. (*guerèfé*), faire une *greffe* ; enter : *greffer en fente* ou *poupée, en couronne, en flûte, en écusson, par approche*, etc.—SE GREFFER, v. pron.

GREFFEUR, subst. mas. (*guerèfeur*) ; il se dit de celui qui *greffe* les arbres.

GREFFIER, subst. mas. (*guerèfié*) (en lat. *graphiarius*, fait du grec γραφευς, écrivain, dérivé de γραφω, j'écris), officier public qui garde et expédie des actes de justice, et qui est chargé en outre d'écrire, à l'audience, les minutes des jugements, des arrêts, et d'assister le juge dans certaines occasions, comme pour les descentes, enquêtes, etc.—On appelait autrefois *greffier à peau*, *à la peau*, le commis *greffier* qui écrivait sur parchemin les expéditions des arrêts et des sentences.—On dit prov. et fam., par plaisanterie, d'une personne qui *ne veut pas* faire une chose devant quelqu'un : *c'est le greffier de Vaugirard, qui ne peut écrire quand on le regarde*, parce que le lieu étroit et obscur où il tenait son *greffe* n'étant éclairé que par une petite lucarne, lorsqu'on s'en approchait pour lui parler, on le mettait dans l'impossibilité d'écrire eu lui interceptant le jour.

GREFFOIR, subst. mas. (*guerèfoar*), petit couteau dont on se sert pour *greffer*.

GRÉGAIRE, subst. mas. (*gueréguière*) (du lat. *grex*, troupeau), ordre d'animaux qui vivent en troupe.—T. d'hist. anc., soldat romain qui n'avait pas d'esclave pour le servir à l'armée.

GRÈGE, subst. fém. (*guerèje*), soie sortant de dessus le cocon. On dit aussi adj. : *de la soie grège*. — Petit peigne de fer pour séparer la graine du lin de sa tige. — L'*Académie* n'en fait qu'un adj., sans en indiquer le genre.

GRÉGEOIS, adj. mas. (*guerejoa*) : *feu grégeois*, feu qui brûle même dans l'eau, et dont on prétend que les *Grecs* ou *Grégeois*, comme on disait anciennement, se sont servis les premiers.

GRÉGORIEN, adj. mas., au fém. **GRÉGORIENNE** (*gueréguori-ein, ène*); il se dit de quelques institutions, de quelques usages ou règlements ecclésiastiques dont on attribue l'origine à saint *Grégoire*, pape, qui vivait dans le sixième siècle. —*Rit grégorien*, cérémonies que le pape saint *Grégoire* introduisit dans l'Église romaine, tant pour la célébration de la liturgie, que pour l'administration des sacrements.—*Chant grégorien*, établi par saint *Grégoire*.—On appelle *calendrier grégorien*, le calendrier réformé en 1582, par le pape *Grégoire XIII*; *année grégorienne*, l'année 1582, époque de la réformation de ce même calendrier.—*Télescope grégorien*. Voyez TÉLESCOPE.

GRÉGORIENNE, adj. fém. Voy. GRÉGORIEN.

GRÈGUE, subst. fém. (*guerègue*) (suivant *Ménage*, du lat. *græca*, comme on dirait *culotte à la grecque*), espèce de haut-de-chausses. Il est vieux. — On ne le dit guère qu'au plur. dans quelques phrases prov. : *il a mis de l'argent dans ses grègues*, il s'est bien enrichi.—*Il en a dans ses grègues*, il a fait une perte, il lui est arrivé quelque chose de fâcheux.—*Laisser ses grègues quelque part*, y mourir.—*Tirer ses grègues*, s'enfuir.

GREILLE, subst. fém. (*guerè-ie*), espèce de clairon antique très-aigu.

GRÊLE, subst. fém.(*guerèle*) (suivant *Trévoux*, de *grisil*, vieux mot celtique ou bas-breton, qui signifie la même chose), eau de pluie congelée qui tombe par grains : *la grêle a désolé*, *a ravagé tout ce canton*. —On dit fig. et fam. : *il est pire que la grêle, on le craint comme la grêle*, en parlant d'un méchant homme qui fait beaucoup de mal dans le pays, dans la ville; *cet enfant est méchant comme la grêle*. — Fig., une grande quantité : *une grêle de traits, de flèches, de balles, de boulets*; *une grêle de coups*.—En t. de médec., petite tumeur arrondie, blanche et dure qui vient aux paupières.—Outil pour approfondir entièrement et également les dents d'un peigne.

GRÊLE, adj. des deux genres (*guerèle*) (du lat. *gracilis*), long, menu, délicat.—*Voix grêle*, aiguë et faible.—*Ton grêle*, le ton le plus haut.—En t. de médec., *intestins grêles*, qui ont moins de diamètre que les autres.

GRÊLÉ, E, part. pass. de *grêler*, et adj.—Fam., *visage grêlé*, fort marqué de la petite vérole. — En t. de blas., *couronnes grêlées*, chargées d'un rang de perles grosses et rondes.

GRÊLER, v. act. (*guerèlé*), frapper de la *grêle*, gâter par la *grêle* : *l'orage a grêlé les vignes*. —En t. de cirier, réduire la cire fondue en forme de rubans semblables à de la faveur.—*Cet homme a été grêlé*, ses terres ont été *grêlées*; et fig. et fam., il a fait de grandes pertes.—Prov. et neut.: *grêler sur le persil*, faire sentir son ressentiment à des gens très-inférieurs.— Unipers. ; il se dit de la *grêle* qui tombe : *il grêle, il a grêlé*.

GRELET, subst. mas. (*guerelé*), sorte de marteau de maçon.On dit aussi *gurlet* ou *tétu*.—C'est aussi l'un des noms vulgaires du *grillon*.

GRELETTE, subst. fém. (*guerelète*), petite écouane à l'usage des tourneurs.

GRELIN, subst. mas. (*guerelein*), t. de mar., cordage que l'on jette à un autre vaisseau qui veut venir à bord.—Petit câble pour amarrer les vaisseaux dans les lieux où l'on ne craint ni gros vent, ni grosse mer.—Sorte de poisson.

GRÊLOIR, subst. mas., ou **GRÊLOIRE**, subst. fém. (*guerèloar*), ustensile de cuivre ou de fonte percé de trous.—Chez les ciriers, espèce d'auge de cuivre étamé, dont la partie inférieure, percée de trous, partage la matière en filets qui s'aplatissent en tombant sur le cylindre.

GRÊLON, subst. mas. (*guerèlon*), grain de *grêle* extrêmement gros.

GRÊLONNAGE, subst. mas. (*guerèlonaje*), action de *grêlonner* la cire.

GRÊLONNÉ, E, part. pass. de *grêlonner*.

GRÊLONNER, v. act. (*guerèloné*), réduire la cire en grains.—*se* GRÊLONNER, v. pron.

GRELOT, subst. mas. (*guerelô*) (du lat. *crotalum*, ancien instrument de musique), petite sphère de métal creusée et trouée, dans laquelle il y a un morceau de métal qui la fait résonner quand on la remue.—Fig. et fam., *attacher le grelot*, faire le premier une chose qui paraît difficile et hasardeuse.—On dit aussi pop. et fig., *trembler le grelot*, trembler si fort, que les dents claquent l'une contre l'autre.—En t. de bot., on appelle *fleurs en grelot*, celles qui ont la forme d'un *grelot*.

GRELOTTER, orthographe de l'*Académie*; mieux **GRELOTER**, v. neut. (*guerelotè*), trembler de froid, jusqu'à faire claquer ses dents, à les faire résonner en quelque sorte comme un *grelot*.

GRELOU, subst. mas. (*guerelou*), vase pour grener la cire.

GRELUCHON, subst. mas. (*guereluchon*), amant secret et favorisé gratuitement d'une femme qui se fait payer par d'autres. Il est bas et pop.

GRÉMENT, mieux **GRÉEMENT**, subst. mas. (*gueréman*), t. de mar., tout ce qui est nécessaire à *gréer* un vaisseau. On dit aussi le *gréement* de la chaloupe, du canot, d'une pompe, etc.

GRÉMIAL, subst. mas. (*guerémial*) (du lat *gremium*, giron, sein), morceau d'étoffe qu'on met sur les genoux d'un prélat officiant, pendant qu'il est assis.—Au plur., des *grémials*.

GRÉMIL, subst. mas. (*guerémi-ie*), t. de bot., plante vivace de la famille des borraginées, dont les semences luisantes, de la forme et de la couleur des perles, sont employées en médecine; on la nomme aussi *herbe-aux-perles*.

GREMILLE, subst. fém. (*gueremi-ie*), t. d'hist. nat., genre de poisson, espèce de perche.

GREMILLET, subst. mas. (*guerem-ié*), t. de bot., espèce de plante appelée aussi myosotis.

GRENACHE, subst. mas. (*guerenache*), raisin noir qui se récolte dans le département du Cher. — Vin fait avec ce raisin.

GRENADE, subst. fém. (*guerenade*) (du latin *granatum*, fait de *granum*, grain, à cause de la multitude de grains dont ce fruit est rempli), fruit du grenadier. — Petit boulet de fer creux en forme de *grenade*, qu'on charge de poudre, et qu'on jette avec la main ou qu'on lance au moyen d'une fusée comme on fait des bombes. — En t. de pêche, petite chevrette dont on se sert pour faire des appâts. — Étoffe de fil et de coton, figurée à petits *grains*. On la nomme aussi *grenat*. — Sorte de linge ouvré. — Il se dit encore de certains ornements militaires qui représentent une *grenade*.

GRENADE, subst. propre fém. (*guerenade*) (en espagnol *Granata*), ville du royaume d'Espagne, très-célèbre autrefois sous la domination des Maures, qui en furent les fondateurs.

GRENADIER, subst. mas. (*guerenadié*), t. de bot., arbrisseau épineux du midi de l'Europe, à fleur rosacée, à cinq pétales oblongs, et dont le fruit nommé *grenade* est une espèce de pomme formée d'un calice coriace couronné par ses échancrures, qui contient des semences entourées d'une pulpe succulente et rougeâtre, d'un goût acide. L'écorce du fruit prend dans les pharmacies le nom de *mali corium*, ou cuir de pomme. Le *grenadier à fleurs doubles* s'appelle *balaustier*, et ses fleurs, *balaustes*. L'écorce de la racine du *grenadier sauvage* est usitée en médecine dans la maladie du ténia. — Soldat qui autrefois jetait des *grenades*. On donne aujourd'hui cette dénomination aux soldats composant les compagnies d'élite; ce sont les plus beaux hommes de l'infanterie. — *Grenadiers à cheval* s'est dit autrefois d'une compagnie de *grenadiers* montés, créée par Louis XIV, qui servait avec la maison du roi et qui marchait en tête; et depuis, d'un corps de cavalerie de la garde impériale et de la garde royale, dont les soldats portaient des bonnets à poil. — Fam., et prov. : *jurer comme un grenadier*, jurer habituellement en parlant. — Fam. et fig., en parlant d'une femme de haute taille qui a des manières libres et hardies : *c'est un grenadier*, *c'est un franc grenadier*. — En t. de pêche, grand bouteux pour prendre des chevrettes appelées *grenades* par les Flamands.

GRENADIÈRE, subst. fém. (*grenadière*), gibecière dans laquelle on portait les *grenades*.— En t. de pêche, petite seine pour prendre des chevrettes ou *grenades*. — Anneau qui embrasse le canon et le bois d'un fusil dans son milieu; celle des capucines d'un fusil de munition à laquelle s'attache la bretelle : *mettre son fusil à la grenadière*, le placer sur les épaules en lâchant la bretelle, ce qui se fait quand on veut se servir du sabre.

GRENADILLE, subst. fém. (*guerenadi-ie*), t. de bot., arbrisseau sarmenteux de la Nouvelle-Espagne, à fleur rosacée, cultivé dans nos jardins, et dont on connaît plusieurs espèces. On l'appelle communément *fleur de la passion*. — *Grenadille de marqueterie*, sorte d'ébène rouge.

GRENADIN, subst. mas. (*guerenadein*), petit oiseau fort vif, du genre du moineau, et qui fréquente les côtes d'Afrique. —Sorte de mets fait avec de la volaille farcie d'un godiveau fin, qu'on met cuire à la braise dans une marmite foncée de bardes de lard.

GRENADINE, subst. fém. (*guerenadine*), soie qui s'emploie à faire de la dentelle noire.

GRENAGE, subst. mas. (*guerenaje*), action de former le *grain* de la poudre à canon.

GRENAILLE, subst. fém. (*guerenâ-ie*), métal réduit en menus *grains* : *argent en grenaille*. — On appelle aussi *grenaille* des rebuts de *graine* que l'on jette aux volailles.

GRENAILLÉ, E, part. pass. de *grenailler*.

GRENAILLER, v. act. (*guerenâ-ié*), mettre un métal en menus *grains*. — *se* GRENAILLER, v. pron.

GRENAILLEUR, subst. mas. (*guerenâ-ieur*), marchand de son qui en tire le gruau, et le fait remoudre pour le revendre en farine.

GRENAISON, subst. fém. (*guerenèzon*), t. d'agric., récolte des grains.

GRENASSE, subst. fém. (*guerenace*), t. de mar., petits *grains* de pluie ou de vent par nuage, qui s'élèvent et passent vite en se succédant les uns aux autres d'assez près.

GRENAT, subst. mas. (*guerena*), t. d'hist. nat., pierre précieuse d'un rouge foncé, ainsi nommée parce qu'elle ressemble en couleur au grain de la *grenade*.—Dans l'épicerie, écorce de citron dont on a exprimé le jus.—Sorte d'étoffe de fil et de coton. Voy. GRENADE. — Fruit dont on tire un sirop excellent contre les maladies des perroquets. — T. d'hist. nat., espèce de colibri. — — Nom qu'on donne à la couleur rouge foncé.

GRENATITE, subst. fém.(*guerenatite*), t. d'hist. nat., sorte de crystal qu'on tire du St-Gothard.

GRENAUT, subst. mas. (*guerenô*), t. d'hist. nat., poisson qui a la tête fort grosse.

GRENÉ, E, part. pass. de *grener*, et adj. : *épis bien grenés*, bien fournis de grains. — Subst. mas., t. de dessin, de gravure, etc., se dit d'une multitude de petits points fort rapprochés les uns des autres, et qui offrent l'apparence de *grains* : *un beau grené*; *j'aime mieux le grené que les hachures*.

GRENELÉ, E, part. pass. de *greneler*.

GRENELER, mieux **GRAINELER**, v. act. (*guerènelé*), faire paraître des *grains* sur le cuir, etc. —*se* GRENELER, v. pron.

GRENER, mieux **GRAINER**, v. act. (*guerèné*), réduire en petits *grains*. — En t. de graveur, former le *grain* d'une planche. — En t. de gainier, former de petites éminences ou *grains* à la surface d'une peau, en l'appliquant sur une forme de cuivre *grenée* et modérément chauffée. — Neut., produire de la *graine*.—Rendre beaucoup de *grains* : *les blés ont bien grené cette année*. —*Grener* se dit en t. de confiseur, d'une crème, etc., dont les parties se congèlent séparément en forme de petits *grains*.—*se* GRENER, v. pron.

GRÈNETÉ, E, part. pass. de *grèneter*.

GRÈNETER, mieux **GRAINETER**, v. act. (*guerèneté*), t. de gainier : *fer à graineter*, fer terminé en tête arrondie, qu'on applique et qu'on roule chaud sur les parties des peaux qui manquent de *grains*, pour leur en donner.

GRÈNETERIE, mieux **GRAINETERIE**, subst. fém. (*guerèneteri*), commerce du marchand *grainetier*.

GRÈNETIER, mieux **GRAINETIER**, subst. mas., **GRÈNETIÈRE**,subst. fém. (*guerènetié, tière*), celui ou celle qui vend des *grains*. Les anciennes ordonnances les appellent *grenier*, *grenière*.—*Gre-*

netier, officier au *grenier* à sel qui jugeait les différends sur le fait des gabelles.

GRÈNETIÈRE, subst. fém. Voy. GRENETIER.

GRÈNETIS, mieux **GRAINETIS**, subst. mas. (*guerèneti*), tour fait de petits *grains* relevés en bosse au bord des médailles et des monnaies. — Poinçon qui sert à marquer ces petits *grains*.

GRÈNETOIR, subst. mas. (*guerènetoar*), t. de tanneur, outil pour donner le *grain* aux peaux.

GRENETTES, mieux **GRAINETTES**, subst. fém. plur. (*guerènète*), *petites graines* fabriquées à Avignon, dont les peintres en miniature se servent pour la couleur jaune.

GRENIER, peut-être devrait-on, contre l'usage, écrire **GRAINIER**, subst. mas. (*guerénié*) (en lat. *granarium*, fait de *granum*, grain), lieu où l'on serre le blé et d'autres *grains* : *grenier à foin*, où l'on serre le foin ; *grenier à blé*, où l'on serre le blé quand il est battu. — Lieu au plus haut d'une maison où l'on serre des meubles, etc. — *Grenier* se dit aussi, par dénigrement, d'un mauvais logement situé au plus haut étage d'une maison : *il loge dans un grenier*. — Fig. : *la Beauce est un des greniers de Paris* ; on tire beaucoup de blé de la Beauce pour Paris. — Prov. : *aller du grenier à la cave*, avoir l'humeur inégale. — *Grenier à sel*, lieu où l'on serre, où l'on débite du sel. — *Grenier d'abondance*, grand bâtiment où l'on conserve les grains et les farines dans la prévision d'une disette. On dit aussi, dans ce sens, *grenier public*. — *C'est du blé en grenier*, se dit prov. et fig. en parlant des choses dont la garde est bonne et peut même être avantageuse. — *Chercher quelqu'un ou quelque chose depuis la cave jusqu'au grenier*, signifie, dans le langage familier, le chercher dans tous les endroits de la maison. — On dit fig. et pop. : *c'est un grenier à coups de poing*, en parlant d'un polisson querelleur qui se fait toujours battre, ou d'une affaire dont il est dangereux de se mêler. — — *Sardines salées en grenier*, salées en tas, à peu près comme on sale des morues. — *Travailler de grenier*, rouler les cuirs pour les disposer à recevoir le suif. — T. de mar., *charger un vaisseau, un bateau en grenier*, les charger de grains, de fruits que l'on y met en tas, sans sacs, ni caisses, ni paniers : *des blés, des avoines, des pommes chargés en grenier*.

GRENOBLE, subst. propre mas. (*guerenoble*), belle et ancienne ville de France, autrefois capitale du Dauphiné, actuellement chef-lieu du département de l'Isère.

GRENOIR ou mieux **GRAINOIR**, subst. mas. (*guerènoar*), lieu d'un moulin à poudre où l'on *grène* la poudre. — Crible dans lequel on la passe, on la *grène*.

GRENOUILLARD, subst. mas. (*guerenou-iar*), t. d'hist. nat., busard d'Afrique, espèce de faucon.

GRENOUILLE, subst. fém. (*guerenou-ie*) (en lat. *ranunculus* ou *ranula*, dimin. de *rana*, en y préposant un *g*), t. d'hist. nat., petit animal quadrupède du genre des reptiles batraciens qui habite les marais, etc. En parlant du cri de la *grenouille*, on dit qu'*elle coasse*, et non pas qu'*elle crousse*. — En t. d'imprimerie, morceau de fer carré placé sur la platine d'une presse, qui reçoit dans une cavité le pivot de l'arbre. On l'appelle aussi *crapaudine*. — En médec., tumeur formée par une humeur pituiteuse, qui, tombant sur la langue, ôte la liberté de la parole.

GRENOUILLÉ, E, part. pass. de GRENOUILLER.

GRENOUILLER, v. neut. (*guerenou-ié*), ivrogner. Il est pop. et même inus., quoiqu'on le lise dans l'*Académie*.

GRENOUILLER, subst. mas. (*guerenou-ié*), t. d'hist. nat., espèce de poisson batrachoïde.

GRENOUILLÈRE, subst. fém. (*guerenou-ière*), lieu marécageux où les *grenouilles* se retirent. — Fig. et fam., lieu humide et malsain.

GRENOUILLET, subst. mas. (*guerenou-iè*), t. de bot., genre de plantes à fleur monopétale, campaniforme, tubulée, qui n'a point de calice, et qui est profondément découpée. On l'appelle communément *sceau de Salomon*.

GRENOUILLETTE, subst. fém. (*guerenou-iète*), t. de bot., sorte de plante, espèce de renoncule. — En t. de médec., tumeur qui se forme sous la langue par l'accumulation de la salive dans les conduits excréteurs.

GRENU, E, on devrait écrire **GRAINU, E**, adj. (*guerenu*), plein de *grains* : *un épi bien grenu*. — Fig., *maroquin bien grenu*, bien *grenelé*. — En t. d'hist. nat., qui est ou semble composé de petits *grains* : *les antennes de cet insecte sont grenues*. — *Huile grenue*, celle qui est figée en petits *grains*, et qui est la meilleure.

GRENURE ou **GRAINURE**, subst. fém. (*guerénure*), action de *grener*, et effet qui en résulte : *donner la grenure ; la grenure de cette planche est bonne*.

GRÈS, subst. mas. (*guerè*) (de *craig*, vieux mot celtique ou bas-breton qui signifiait pierre), pierre composée de grains de sable plus ou moins fins, joints les uns aux autres par un gluten. Il y en a de deux sortes : l'une dure, qui sert à paver, et l'autre tendre, dont on se sert pour bâtir. — Sorte de poterie de terre sablonneuse. — En t. de chasse, les deux dents supérieures d'un sanglier.

GRÉSEUSE, adj. fém. Voy. GRÉSEUX.

GRÉSEUX, adj. mas., au fém. **GRÉSEUSE** (*guerézeu, zeuze*), qui est de la nature du *grès*.

GRÉSIÈRE, subst. fém. (*guerézière*), carrière de *grès*. On dit aussi et mieux *gresserie*. Voy. ce mot.

GRÉSIL, subst. mas. (*guerézi-ie*), menue grêle assez dure, dont la blancheur égale celle de la neige. — Chez les marchands, verre cassé ou en poudre.

GRÉSILLÉ, E, part. pass. de *grésiller*.

GRÉSILLEMENT, subst. mas. (*guerézi-ieman*), action de *grésiller*, ou état de ce qui est *grésillé*.

GRÉSILLER, v. act. (*guerézi-ié*), faire que quelque chose se fronce, se racornisse : *le soleil a grésillé ces fleurs*. — *Grésiller du verre*, le réduire en poudre, ou le façonner, le rogner avec le *grésoir*. — Les serruriers disent que *le fer grésille*, lorsqu'en le chauffant il devient comme des petits grumeaux semblables en quelque sorte à des grains de *grésil*. — Unipers. : *il grésille*, il tombe du *grésil*.

GRÉSILLON, subst. mas. (*guerézi-ion*), t. de boulangerie, nom qu'on donne en certains pays à la troisième farine de la mouture.

GRÉSILLONNER, v. neut. (*guerézi-ioné*), on s'en sert pour exprimer le cri du *grillon*.

GRÉSIO, subst. mas. (*guerézi-ô*), t. de mar. injurieux qui s'applique à un jeune marin novice, sans expérience : *c'est un grésio*.

GRÉSOIR, subst. mas. (*guerézoar*), outil de vitrier pour rogner les extrémités d'un carreau de verre. On dit plus souvent *grugeoir*.

GRESSERIE, subst. fém. (*guerèceri*), ouvrages faits de *grès*. — Mine d'où l'on tire le *grès*.

GRETNA-GREEN, subst. propre mas. (*gueré-tenaguerine*), célèbre hameau du comté de Dumfries, en Écosse, où deux amants peuvent être unis en légitime mariage sans le consentement de leurs parents.

GREUVIER, subst. mas. (*guereuvié*), t. de bot., genre de plantes tiliacées.

GREVANCE, subst. fém. (*guerevance*), vieux mot inusité qui signifiait injure, tort, peine.

GRÈVE, subst. fém. (*guerève*) (du lat. *glarea*, gravier. *Ménage*.), plage unie et sablonneuse au rivage de la mer ou d'une grande rivière. — A Paris, place publique le long du bord de la Seine où l'on faisait les exécutions, avant la révolution de 1830. — GRÈVE, ARÈNE, PLAGE. (*Syn.*) Les marins distinguent la *grève* de la *plage*, par la différence du sol. La *grève* est garnie de basaltes ou de petites pierres, tandis que la *plage* est de sable uni près de la mer, souvent couronnée de petites dunes en remontant le rivage. *Arène* est le mot français qui rend assez bien le milieu entre *plage* et *grève*. — Au plur., armure des jambes des anciens chevaliers, etc.

GREVÉ, E, part. pass. de *grever*.

GREVER, v. act. (*guerevé*) (du latin *gravare*, importuner, incommoder, être fâcheux, à charge), léser, faire tort et dommage. Il est peu usité hors du palais. — Il signifie particulièrement charger, surtout en matière de contributions et d'hypothèques : *un pays grevé d'impôts ; une maison grevée d'hypothèques*. — En t. de jurispr., être *grevé de substitution*, être héritier ou légataire à charge de substitution. — *se* GREVER, v. pron.

GREVIÈRE, subst. fém. (*guerevi-ère*), blessure sur l'os de la jambe.

GREVILLÉE, subst. fém. (*guerevi-ié*), t. de bot., genre de plantes protées.

GRIANNEAU, subst. mas. (*gueri-anô*), jeune coq de bruyère.

GRIBANNE, subst. fém. (*gueribane*), t. de mar., bâtiment de mer à mâts et à voiles. — Espèce de cordage.

GRIBLETTE, subst. fém. (*gueriblète*), t. de cuisine, petit morceau de porc frais ou salé, de veau, de volaille, etc., mince, haché, battu et enveloppé de petites tranches de lard, qu'on met rôtir sur le gril.

GRIBOUILLAGE, subst. mas. (*gueribou-iaje*), mauvaise peinture, écriture mal formée. Il est populaire.

GRIBOUILLE, subst. mas. (*gueribou-ie*) (du grec γρυτοπωλης, fait de γρυτη ou γρυταρια, choses frivoles, et πωλεω, je vends), signifiait autrefois un vendeur de petits meubles, et se disait aussi en province d'une personne chagrine, revêche, maussade. Aujourd'hui, il signifie seulement, en t. fam., sot, imbécille, niais. — On dit prov. : *il est rusé, fin comme Gribouille, qui se met dans l'eau de peur de la pluie*, en parlant de quelqu'un qui pour se tirer d'un embarras, ou se préserver d'un danger, choisit les moyens les plus propres à augmenter cet embarras, ce danger.

GRIBOUILLÉ, E, part. pass. de *gribouiller*.

GRIBOUILLER, v. act. et neut. (*gueribou-ié*), t. pop., faire du *gribouillage*.

GRIBOUILLETTE, subst. fém. (*gueribou-iète*), jeu d'enfants. — On dit *jeter une chose à la gribouillette*, la jeter au milieu d'une troupe d'enfants qui cherchent à s'en saisir. Il est familier. — *A la gribouillette*, loc. adv., négligemment, avec insouciance, au hasard. Voy., pour l'étymologie, GRIBOUILLE, dont ce mot est dérivé.

GRIBOURI, subst. mas. (*gueribouri*), t. d'hist. nat., genre d'insectes coléoptères.

GRIÈCHE, adj. des deux genres (*gueri-èche*) (en latin *pica græca* ou *græcissa*, parce qu'elle vient originairement de Grèce) ; il ne s'emploie guère qu'avec les deux substantifs *pie* et *ortie* : *pie-grièche*, pie plus petite que les autres, qui a le bec et les ongles crochus. — On appelle fig. et fam., *pie-grièche*, une femme criarde et querelleuse. — *Ortie-grièche*, espèce particulière d'ortie.

GRIEF, subst. mas. (*gueri-èfe*), dommage que l'on reçoit. — Plainte que l'on fait pour le dommage reçu. — En t. de pratique, au plur., écritures que l'on fait pour montrer en quoi on a été lésé par un jugement dont on est appelant.

GRIEF, adj. mas., au fém. **GRIÈVE** (*gueri-èfe, ève*) (du latin *gravis*), grand et fâcheux : *griève maladie ; défendu sous de grièves peines*. — Énorme : *péché grief, faute griève*. Il ne se dit qu'en mauvaise part.

GRIEL, subst. mas. (*gueri-èle*), t. de bot., genre de plantes du cap de Bonne-Espérance.

GRIÈVE, adj. fém. Voy. GRIEF.

GRIÈVEMENT, adv. (*gueri-èveman*) (en latin *graviter*), d'une manière *griève*.

GRIÉVÉ, E, part. pass. de *griéver*.

GRIÉVER, v. act. (*gueri-évé*) chagriner, molester. Vieux. *Boiste* est le seul qui l'ait recueilli.

GRIÈVETÉ, subst. fém. (*gueri-èveté*) (en latin *gravitas*), atrocité, énormité.

GRIFFADE, subst. fém. (*guerifade*), t. de faucon., coup de *griffe*.

GRIFFARD, subst. mas. (*guerifar*), t. d'hist. nat., oiseau de proie ; sorte d'aigle.

GRIFFE, subst. fém. (*guerife*) (de l'allemand *greifein*, saisir, accrocher, fait de γρυπος, courbé, crochu), extrémité de la patte d'un animal, lorsqu'elle est armée d'ongles crochus et rétractiles : *griffe d'un chat*, etc. — Il se dit aussi des serres des oiseaux de proie : *griffe de l'épervier*. — On appelle *griffe*, une empreinte imitant la signature d'une personne, et l'instrument qui sert à faire cette empreinte : *la griffe d'un éditeur, d'un notaire ; faire faire sa griffe*. — En bot., on donne ce nom à de simples filets semblables à de petites racines chevelues qui s'implantent sur les corps voisins, et y attachent fortement les plantes auxquelles ils appartiennent : *le lierre est chargé de griffes*. — On dit encore *griffe de renoncule*, au lieu de caïeu ou d'ognon. — Les graveurs de musique appellent *griffe* un parallèle à cinq pointes qui sert à tracer les portées. — En serrurerie, pièce de fer refendue, dans laquelle on engage un morceau de fer rouge, dont on veut faire quelque enroulement, etc. — Il y a encore, soit en serrurerie, soit dans d'autres arts, divers instruments appelés *griffes*, servant à retenir et fixer les pièces, etc. — Fig. et fam., 1° pouvoir injuste d'un homme sur un autre : *je suis sous sa griffe* ; 2° rapacité des gens de chicane : *tâchez de vous tirer de ses griffes* ; 3° *donner un coup de griffe à quelqu'un*, lui rendre un mauvais office, et surtout par des discours désavantageux.

GRIFFÉ, E, part. pass. de *griffer*.

GRIFFER, v. act. (*guerifé*), t. de faucon., prendre avec la *griffe*. — Fam., égratigner, donner un coup de *griffe*. — *se* GRIFFER, v. pron.

GRIFFON, subst. mas. (*guerifon*) (en lat. *gryps* ou *gryphus*, fait du grec γρυπος, courbé, crochu), t. d'hist. nat., genre d'oiseaux rapaces, de la famille des plumicoles, qui ont sous la mâchoire inférieure des poils roides, ou une sorte de barbe formée par des plumes très-étroites. Le *laemmergeyer* des Allemands (vautour des agneaux) appartient à ce genre. — Animal fabuleux, moitié aigle, moitié lion. — Lime de tireur d'or, plate par-dessous et dentelée par les bords. — Chien anglais à poil hérissé.

GRIFFONIS, subst. mas. (*guerifoni*), esquisse, pochade à la plume.

GRIFFONNAGE, subst. mas. (*guerifonnje*), mauvaise écriture qu'on a peine à lire; et, par extension, ouvrage mal rédigé, fatras.

GRIFFONNÉ, E, part. pass. de *griffonner*.

GRIFFONNEMENT, subst. mas. (*guerifoneman*), action de *griffonner;* effet de cette action.

GRIFFONNER, v. act. (*guerifoné*) (de *griffe*, comme si l'on écrivait avec les *griffes* d'un chat), écrire mal et peu lisiblement.—Il signifie aussi fig. et fam., composer à la hâte, rédiger avec précipitation et négligence : *je vous griffonne ce billet à la hâte.*—On dit d'un mauvais écrivain : *c'est un homme qui ne sait que griffonner.*—Dessiner grossièrement quelque chose.—*se* GRIFFONNER, v. pron.

GRIFFONNEUR, subst. mas., **GRIFFONNEUSE**, subst. fém. (*guerifoneur, neuze*), qui *griffonne.* — Auteur qui écrit mal.—L'*Académie* n'accorde pas de fém. à ce mot.

GRIFFONNEUSE, subst. fém. Voy. GRIFFONNEUR.

GRIFFONNIER, subst. mas.; **GRIFFONNIÈRE**, subst. fém. (*guerifonié, nière*), mauvais écrivain; mauvais auteur.—Mauvais graveur.

GRIFFONNIÈRE, subst. fém. Voy. GRIFFONNIER.

GRIGNARD, subst. mas. (*guerigniar*), sorte de plâtre qui se trouve dans les environs de Paris.

GRIGNE, subst. fém. (*guerignie*), t. de chapelier, défaut du feutre qui est parsemé de grains.

GRIGNON, subst. mas. (*guerignion*) : *grignon de pain*, morceau de l'entamure d'un pain du côté qui est le plus cuit. — Marc des olives. — Sorte de biscuit. — T. de bot., arbre de la Guyane.

GRIGNOTÉ, E, part. pass. de *grignoter*.

GRIGNOTER, v. neut. (*guerignioté*), manger doucement en rongeant. — Fig. et pop., faire quelque petit profit dans une affaire.

GRIGNOTIS, subst. mas. (*guerignioti*), effet que produisent dans la gravure des hachures conduites avec une main tremblante.

GRIGOU, subst. mas. (*gueriguou*) (du mot *grec*, surnom injurieux que donnaient aux plus mauvais sujets les Français revenus des croisades, à cause du mépris qu'ils avaient conçu pour les Grecs de Constantinople. Ils les appelèrent d'abord *grieux*, et ensuite, par corruption, *grigous*. *Matinées Sénonnaises.*), gredin, misérable ou avare qui, ayant de quoi, vit d'une manière sordide : *c'est un grigou; vivre comme un grigou.*

GRI-GRI, subst. mas. (*guerigueri*), t. de bot., espèce de palmier très-commun dans les îles Caraïbes. — T. d'hist. nat., sorte d'oiseau.

GRIL, subst. mas. (*gueri*) (du latin *craticula*, diminutif de *crates*, grille), ustensile de cuisine qui sert à faire *griller*, à faire rôtir sur des charbons. — Fig. et fam. : *être sur le gril*, être dans une situation fâcheuse et douloureuse : *pendant cette conversation, j'étais sur le gril.* — T. d'imprimeurs en taille-douce, machine composée de plusieurs barres de fer, soutenues par quatre pieds aussi de fer, sur laquelle on met chauffer la planche de cuivre avant de l'encrer.

GRILAGINE, subst. fém. (*guerilajine*), t. d'hist. nat., espèce de poisson du genre cyprin.

GRILLADE, subst. fém. (*gueri-iade*), viande *grillée.* — Manière d'apprêter certaines viandes en les faisant *griller.* — *Faire grillade*, mettre sur le *gril* des cuisses de dinde, de poularde, et autres choses semblables qui sont déjà rôties. On dirait mieux aujourd'hui : *faire une grillade.*

GRILLAGE, subst. mas. (*gueri-iaje*), petits tissus de bois, de fil de fer ou de laiton, qui s'entrelacent, se croisent, et laissent entre eux des intervalles carrés, oblongs, ou de toute autre figure : *pratiquer un grillage au soupirail d'une cave, à la porte d'un garde-manger.* — Opération de métallurgie qui consiste à faire passer le minéral par plusieurs feux avant de le faire fondre. — En t. d'archit., assemblage de grosses et longues pièces de bois qui se croisent carrément, formant des espaces égaux, tant pleins que vides, qu'on place sur un terrein de glaise ou d'argile pour y asseoir les fondements d'un édifice. — Ouvrage de confiseur qu'on laisse un peu roussir sur le feu.

GRILLE, subst. fém. (*gueri-ie*) (en lat. *craticula*, dimin. de *crates*, chaînes, grille), assemblage de barreaux de fer ou de bois, qui se traversant les uns les autres forment une cloison, etc. : *mettre une grille à une fenêtre; l'entrée de l'égout est fermée par une grille.* — Il se dit aussi de certaines clôtures ou séparations qui sont formées principalement de barreaux montants et parallèles, et qui ont quelquefois des ornements : *les barreaux de cette grille sont terminés en fer de lance; la belle grille de saint Germain-l'Auxerrois, des Tuileries; la porte est fermée, mais j'ai la clef de la grille.* — Plus particulièrement, la *grille* qui est à un parloir de religieuses, et quelquefois le parloir lui-même : *ces religieuses sont toujours à la grille.*—On appelle aussi *grille* un treillis de fer maillé de trois à quatre pouces de jour, qui sépare le chœur des religieuses d'avec le chœur ou la nef de leur église. — Au jeu de paume, trou carré sous le haut du toit hors du service et qui est élevé à deux pieds de terre.—On appelle *grille de feu* ou simplement *grille*, trois ou quatre chenets attachés ensemble à quelque distance l'un de l'autre, avec une barre de fer.—Il se dit encore des barres de fer sur lesquelles on place le charbon au-dessus du cendrier.—On donne également le nom de *grille* à une plaque de fer trouée qui est sur une râpe et qui sert à pulvériser le tabac.—En t. de blason, certains barreaux qui sont à la visière d'un heaume, et qui empêchaient que les yeux du chevalier ne fussent offensés.—En archit., la même chose que *grillage.* Voy. ce mot. — Paraphe en forme de *grille* que les secrétaires de chancellerie mettent devant celui dont ils se servent dans leur signature particulière. — En t. de fondeur, châssis de plusieurs barres de fer, qui sert à porter le massif sur lequel s'établit le modèle, à soutenir les bricaillons dont on remplit la fosse, et à lier les murs des galeries par une embrasure de fer, bandée avec des clavettes et des moufles.—En t. de monn., on appelle *grille*, des lames assemblées, telles qu'elles sortent du moule. — En t. de doreur, un treillis de fer dont les lames sont en losange, et sur lequel on expose les ouvrages au feu.—En t. de hongroyeurs, un instrument de fer placé sur des charbons ardents, et sur lequel on étend les cuirs frottés de suif.—En t. de rubaniers, la quantité de tours des mêmes ficelles posées en tête des hautes-lices, sur le devant des deux porte-rames, et qui servent à faciliter le passage des rames.—En t. de comm., c'est une laine d'Espagne de la première qualité.

GRILLÉ, E, part. pass. de *griller : du pain grillé, des côtelettes grillées*, rôtis sur le feu ou devant le feu.—*Une fille grillée*, une fille cloîtrée, qu'on a faite religieuse.—*Une loge grillée aux Français, à l'Opera*, une loge dont l'ouverture du côté de la scène est garnie d'un *grillage*, d'une *grille* qu'on lève ou qu'on baisse à volonté.

GRILLER, v. act. (*gueri-ié*), faire cuire sur le *gril : griller des saucisses, des cuisses de dindon.* —*Griller un cochon*, en brûler le poil avec de la paille.—Il se dit aussi de l'action du feu sur les objets qui en sont trop près : *il s'est chauffé de si près qu'il s'est grillé les jambes; ces pincettes étaient toutes rouges, elles m'ont grillé les mains.* — Brûler, en parlant de l'action du soleil : *le soleil a grillé les vignes, les herbes, les fleurs.* —On le dit, par exagération et fam., de toute chaleur excessive : *ce feu me grille les jambes; le soleil nous grillait.*—Fermer avec une *grille : il faudra griller ces fenêtres.*—Fam., *griller une fille*, la faire religieuse.—Neutralement, se rôtir sur le *gril : laissez griller ces côtelettes.* — Éprouver l'effet d'une chaleur excessive : *le feu est trop vif, il y a de quoi griller dans cette chambre; allons à l'ombre, nous grillons ici.*—Fig. et fam., *griller de faire une chose*, avoir un grand désir, une extrême impatience de la faire : *je grille de vous voir.* — On dit aussi fam. et dans un langage exagéré, pour exprimer la vivacité, l'impatience du désir, de l'attente : *griller d'impatience*, ou seulement *griller*, et pop., *griller dans sa peau.* — *se* GRILLER, v. pron., se brûler : *se griller les jambes.*

GRILLET, subst. mas., **GRILLETTE**, subst. fém. (*gueri-ié, gueri-iète*), petite sonnette ronde qu'on met au cou des chiens. — T. de blas., sonnette aux jambes des oiseaux de proie. — Au mas., en t. d'hist. nat., insecte du genre des grillons.

GRILLETÉ, E, adj. (*gueri-ieté*), t. de blas., qui a aux pieds des *grilles* ou sonnettes.

GRILLETIER, subst. mas. (*gueri-ietié*), ouvrier qui fait des *grilles.*

GRILLOÏDE, subst. mas. (*gueri-lo-ide*) (du grec γρυλλος, grillon, et ειδος, forme, ressemblance), t. d'hist. nat., famille d'insectes orthoptères, qui ressemblent aux *grillons.*

GRILLOIR, subst. mas. (*gueri-iour*), dans la petite draperie, 1° fourneau à *griller* les étoffes rases; 2° lieu où on les *grille.*

GRILLON, subst. mas. (*gueri-ion*) (en lat. *gryllus*, fait du grec γρυλλος, formé lui-même par onomatopée), t. d'hist. nat., genre d'insectes orthoptères, de la famille des grilloïdes, qui ont les antennes en soie de cochon, et dont les mâles produisent par le frottement de leurs élytres le son monotone *cricri*, d'où a été formé leur nom. Les deux espèces les plus communes sont, le *grillon domestique*, et le *grillon champêtre.* Le premier vit dans les maisons, et se plaît de préférence dans les cuisines, derrière les cheminées, dans les trous et les fentes des murailles, et auprès des fours de boulangers; les *grillons champêtres* sont presque noirs, au lieu que les autres sont jaunâtres. On les trouve dans les champs pendant tout l'été. Ils établissent leur demeure et bâtissent leurs nids dans la terre. — Cordelette pour serrer les doigts aux criminels.

GRILLONE, subst. fém. (*gueri-ione*), t. d'hist. nat., tribu d'insectes orthoptères.

GRILLOT, subst. mas. (*gueri-iô*), t. de glacerie, pièce de bois de huit pieds de long sur deux ou trois pouces d'équarrissage, qui sert à appuyer sur la tête de la glace, lorsqu'on la pousse avec la pelle.

GRILLOTER, v. neut. (*gueri-ioté*), il se dit du cri du *grillon.*

GRILLS, subst. mas. plur. (*grile*), nom vulgaire des petits saumons.

GRIMAÇANT, E, adj. (*guerimaçan, çante*), qui fait de mauvais plis : *des souliers grimaçants.* Boileau.—*Style bigarré et grimaçant*, bizarre et peu correct.

GRIMACE, subst. fém. (*guerimace*) (suivant *Bochart*, de l'arabe *kermas;* se rider, se tordre le visage; les Espagnols en ont fait *grimazos*, posture extravagante, et les Italiens, *grimo*, ridé; d'où se sont formés les mots *grimace, grime*, etc.), contorsion du visage, faite à dessein ou par habitude. — Fig., feinte, dissimulation : *ce qu'il en fait, ce n'est que par grimace; c'est pure grimace de sa part.* — Fig. et fam., plis désagréables sur quelque étoffe, etc. : *cet habit, cette étoffe fait la grimace.* — Boîte de bureau ou de toilette dont le dessus est en forme de pelotte à mettre des épingles.—Prov., *faire la grimace à quelqu'un*, lui faire mauvaise mine, mauvais accueil. — Les couteliers appellent *couteau à grimace*, celui qu'on ne peut ouvrir qu'en faisant marcher le manche.

GRIMACER, v. neut. (*guerimacé*), faire des *grimaces.*—Faire quelque faux plis : *cette robe, ce collet, grimace.*—Il se dit quelquefois de l'expression outrée de la physionomie : *les figures de ce tableau grimacent. Boileau* reproche à *Molière* d'avoir fait souvent *grimacer* ses figures.

GRIMACERIE, subst. fém. (*guerimaceri*), action de faire des *grimaces.* (La Fontaine.)—Fig., dissimulation. Peu usité.

GRIMACIER, subst. et adj. mas., au fém. GRIMACIÈRE (*guerimacié, cière*), celui, celle qui *grimace*, qui fait ordinairement des *grimaces.*—Il signifie par extension, qui minaude souvent : *cette femme est fort grimacière; c'est une grimacière.*—Au fig., hypocrite, faux dévot.

GRIMACIÈRE, subst. et adj. fém. Voy. GRIMACIER.

GRIMAUD, subst. mas. (*guerimô*), t. de mépris, écolier des basses classes. Dans ce sens, on le fait dériver de *grammaticus*, mot latin qui se disait d'un petit écolier. — Mauvais écrivain. — Qui a l'humeur maussade : *c'est un grimaud;* en ce sens il est adj., au fém. *grimaude*, et il a la même étymologie que *grime*, dont il est dérivé et avec lequel il a de l'analogie pour le sens, parce que l'humeur maussade se manifeste à l'extérieur par un front ridé.

GRIMAUDÉ, E, part. pass. de *grimauder*.

GRIMAUDER, v. neut. (*guerimôdé*), faire le *grimaud*, être maussade.—V. act., enseigner des *grimauds*, de petits garçons. Vieux dans les deux sens, et même hors d'usage.

GRIME, subst. mas. (*guerime*), petit écolier. Familier. — Dans le langage du théâtre, personnage de vieillard comique : *jouer les grimes.*

GRIMÉ, E, part. pass. de *grimer*, et adj. : *cet acteur est bien grimé.*

GRIMELIN, subst. mas. (*guerimelein*), mot inusité que l'on trouve dans le *Dictionnaire de l'Académie*, et dans quelques autres, où on lit qu'il se dit par mépris d'un petit garçon. — On ajoute qu'il se dit aussi d'un joueur qui joue toujours fort petit jeu, et fort mesquinement. Nous n'avons pas reconnu la pruderie accoutumée de l'*Academie* dans l'adoption d'un mot vieux, inusité, ignoble, qui était perdu dans le langage des tripots; comment comprendre, après cela, son inflexible rigueur à l'égard de tant de mots qu'elle a proscrits? On peut en dire autant de *grimelinage* et *grimeliner*, que l'on trouve dans le même *dictionnaire*.

GRIMELINAGE, subst. mas. (*guerimelinaje*), petit jeu où l'on ne fait que *grimeler*.—Grappillage, petit gain qu'on fait, qu'on ménage dans un marché. Vieux et bas dans les deux sens.

GRIMELINER, v. neut. (*guerimelené*), jouer mesquinement et petit jeu.—Faire quelque petit gain, ménager quelque petit profit dans un marché.—Actif parfois. Vieux et bas dans les deux sens.

GRIMÉ, E, part. pass. de *se grimer*.

se **GRIMER**, v. pron. (*cegueriмé*), t. de théâtre, se rider la figure pour jouer les rôles de *grime*, de duègne, etc.

GRIMME, subst. fém. (*guerime*), t. d'hist. nat., espèce d'animal qui paraît tenir le milieu entre la chèvre et le chevrotin, et qui se trouve en Afrique. Selon *Buffon*, le mâle seul a des cornes.

GRIMMIE, subst. fém. (*guerimemi*), t. de bot., espèce de plante du genre des mousses.

GRIMOIRE, subst. mas. (*guerimoare*) (suivant *Le Duchat*, de l'italien *rimario*, livre de rimes, en y préposant un *g*), livre plein de figures, de caractères et de conjurations qu'on s'imagine être propres à faire obéir les esprits, à faire venir les démons.—Fig. et fam., discours obscur, écriture difficile à lire.—*Savoir, entendre le grimoire*, être habile dans les choses dont on se mêle. — *C'est du grimoire pour lui*, il n'y comprend rien absolument.

GRIMPANT, E, adj. (*guereinpan, pante*), t. de bot., se dit de la tige qui *grimpe* sur les corps voisins, auxquels elle s'attache par des vrilles.

GRIMPÉ, part. pass. de *grimper*.

GRIMPER, v. neut. (*guereinpé*) (du grec χριμπτειν, approcher, s'appuyer), monter en s'aidant des pieds et des mains : *grimper en haut d'un arbre*. — Il se dit aussi quelquefois des plantes dont la tige s'élève en s'accrochant aux corps voisins : *cette vigne a grimpé jusqu'au premier étage*.—Fig., monter avec peine à un lieu élevé.

GRIMPEREAU, subst. mas. (*guereinperô*), t. d'hist. nat., genre d'oiseaux passereaux qui *grimpent* sur les arbres et sur les murailles.

GRIMPEUR, subst. mas. (*guereinpeur*), t. d'hist. nat., ordre d'oiseaux dont les pieds ont quatre doigts, disposés de manière que deux sont situés par-devant, et deux par-derrière.—*Grimpeurs d'arbre*, genre de poissons volants.

GRINCÉ, part. pass. de *grincer*.

GRINCEMENT, subst. mas. (*guereinceman*), l'action de *grincer* les dents.

GRINCER, v. act. (*guereincé*) (en grec βρυχειν, ou suivant quelques autres, de γρυζειν, pleurer, crier, gronder) : *grincer les dents*, les serrer ou de douleur, ou de colère : *le bruit de la scie fait grincer les dents*.—On l'emploie aussi neut., et l'on dit *grincer les dents*.

GRINCHER, v. neut. (*guereinché*), t. de boulanger; on dit que le pain *grinche*, lorsqu'en cuisant il se fait de grands trous sous la croûte, et que celle-ci s'écaille en tombant.

GRINDELIE, subst. fém. (*guereindeli*), t. de bot., genre de plantes analogues aux astères.

GRINETTE, subst. fém. (*guerinète*), t. d'hist. nat., oiseau du genre des gallinules.

GRINGOLÉ, E, adj. (*guereinguolé*), t. de blas., se dit des pièces terminées en tête de serpent.

GRINGOTTÉ, E, part. pass. de *gringotter*.

GRINGOTTER, orthographe de l'*Académie*; mieux **GRINGOTER**, v. neut. (*guereinguoté*) (en lat. *fringultire*), en parlant des petits oiseaux, et particulièrement du rossignol, fredonner. — Act. et fig., style plaisant et moqueur, en parlant des personnes, fredonner mal : *il nous a gringotté un certain air*.

GRINGUENAUDE, subst. fém. (*guereinguenaude*), petite ordure qui s'attache aux émonctoires. Inus.

GRIOT, subst. mas. (*gueri-ô*), t. de bot., espèce de genêt purgatif. — Recoupe du blé. — Farine très-fine dont on fait une sorte de pain très-blanc et très-léger. On dit ordinairement *pain de gruau*; c'est *griot* qu'il faut dire. — Au plur., nom que l'on donne à l'une des six parties que l'on obtient par l'opération de la mouture du blé, et qui sont la fleur de la farine, la grosse farine, les *griots*, les recoupettes, et le son.

GRIOTTE, subst. fém. (*gueri-ote*), espèce de cerise.—Marbre tacheté de rouge ou de brun.

GRIOTTIER, subst. mas. (*gueri-otié*), t. de bot., arbre qui porte les *griottes*.

GRIPHE, subst. mas. (*guerife*) (du grec γριφος, filet de pêcheur, et fig., énigme), sorte d'énigme ou de proposition mystérieuse.

GRIPPE, subst. fém. (*gueripe*), fantaisie; goût capricieux : *il achette beaucoup de livres qu'il ne lit point, c'est sa grippe*. Il est fam.—Fam. : *prendre en grippe, se prendre de grippe contre...*, prendre en déplaisance, se prévenir sans raison. — T. de médec., catarrhe ou rhume épidémique qui donne la fièvre.

GRIPPÉ, E, part. pass. de *gripper*.

GRIPPELÉ, E, part. pass. de *grippeler*.

se **GRIPPELER**, v. pron. (*cegueripelé*), t. de tisserand, se dit du fil ou de la laine qui se fronce ou se mêle.

GRIPPER, v. act. (*gueripé*) (par contraction, du lat. *corripere*, prendre, saisir, empoigner; suivant quelques hellénistes, du grec γριπιζειν, pêcher, fait de γριφος, filet, ou de γρυπης, croc de navire), attraper, saisir subtilement, en parlant du chat et de certains animaux. Dans ce sens il est familier. —Par extension et pop., il se dit de ceux qui dérobent, qui saisissent le bien d'autrui : *cette femme lui a grippé tout son argent; on lui a grippé sa montre*.—Fig. et pop., arrêter quelqu'un pour le mettre en prison : *les gendarmes l'ont grippé*. —*se* GRIPPER, v. pron., se retirer en se fronçant : *le taffetas se grippe aisément*.—Fam., se mettre fortement quelque chose dans la tête.

GRIPPE-SOU, subst. mas. (*gueripeçou*), le commissionnaire qui faisait métier de retirer les rentes pour autrui, moyennant une légère remise. —Il se dit aujourd'hui fam. et par mépris d'un homme qui fait de petits gains sordides. — Au plur., le mot *grippe* ne prend point *s*, parce que c'est un verbe; le mot *sou* n'en prend point non plus. La pluralité tombe sur les personnes qui sont désignées par ce mot : *des grippe-sou*, c'est-à-dire des gens qui *grippent sou à sou*.

GRIS, E, adj. (*gueri, rize*) (de l'italien *grigio*, qui a la même signification, et qui paraît avoir été fait du latin *cineritius*, ou plutôt *cineraceus*, cendré, et couleur de cendre), qui est de couleur mêlée de blanc et de noir.—En peinture, qui pèche par le coloris; qui est d'une teinte lourde et uniforme, où les couleurs locales ne se distinguent pas bien : *ce tableau est gris*. En ce sens on dit aussi subst. : *ce peintre donne dans le gris*.—*Cet homme est tout gris*, a les cheveux tout *gris*.—*C'est homme est gris, un peu gris*, il est à demi-ivre. (Du lat. *Grœcus*, Grec, d'où l'on a dit *grœcari*, pour bien boire. *Le Duchat*).—*Il fait gris* ou *un temps gris*, le temps est couvert et froid. — *Papier gris*, papier fort épais et sans colle.—En t. d'imprimerie et de gravure, *lettres grises*, grandes lettres ornées avec des vides dans les pleins et ordinairement gravées sur du cuivre ou sur du bois.—Fig. et fam. : *faire grise mine à quelqu'un*, lui faire mauvaise mine.—Prov. : *la nuit tous chats sont gris*, pendant la nuit on ne distingue point une femme laide d'avec une belle; ou bien, la nuit il est aisé de se méprendre, de ne pas reconnaître ceux à qui l'on parle.—*Vin gris*, vin fort paillet.—*Patrouille grise*, se dit figur. et fam., d'une troupe d'agents de police qui exercent une surveillance secrète pendant la nuit.

GRIS, subst. mas. (*gueri*), couleur *grise* : *s'habiller de gris; cela tire sur le gris*.—*Gris de perle*, couleur *grise* qui a un éclat de blanc comme les perles.—*Gris de lin, gris* tirant sur le rouge. — On dit adj. : *une robe gris de perle; un manteau gris brun; c'est un petit vieillard gris pommelé*. (Beaumarchais.)—*Vert-de-gris*, rouille verte qui s'engendre sur le cuivre. — *Petit gris*, sorte de fourrure dont la couleur est *grise*.

GRISAILLE, subst. fém. (*guerizâ-ie*), t. de peinture, 1° esquisse, peinture, faite d'une seule couleur *grise*, avec du blanc et du noir; 2° tableau de couleur *grise*, imitant les bas-reliefs de pierre ou de marbre; 3° tableau d'une teinte *grise*, lourde et uniforme, et qui représente des objets supposés blancs : *peindre en grisaille; il y a d'assez belles grisailles*. Voy. GRIS.—Mélange de cheveux bruns et de cheveux blancs dont on fait les perruques.

GRISAILLÉ, E, part. pass. de *grisailler*.

GRISAILLER, v. act. (*guerizâ-ié*), enduire de couleur *grise* : *faire grisailler un plancher*.

GRISAR, subst. mas. (*guerizar*), les ouvriers appellent ainsi un grès d'une qualité trop dure, qu'ils rebutent à cause de la difficulté qu'ils éprouvent à le tailler, même pour n'en faire que des pavés.

GRISÂTRE, adj. des deux genres (*guerizâtre*), qui tire sur le *gris*.

GRISE-BONNE, subst. fém. (*guerizebone*), sorte de poire d'été.

GRISÉ, E, part. pass. de *griser*.

GRISER, v. act. (*guerizé*), faire boire quelqu'un jusqu'à le rendre demi-ivre. — *se* GRISER, v. pron.

GRISET, subst. mas. (*guerizè*), jeune chardonneret qui n'a pas encore pris son rouge et son jaune vif. — T. d'hist. nat., espèce de quadrumane du genre des makis. — Espèce de poisson du genre des squales. — Nom vulgaire de l'arbousier.

GRISETTE, subst. fém. (*guerizète*), sorte d'étoffe *grise* de peu de valeur. — Jeune fille ou jeune femme de petite condition et de mœurs légères. Il se dit plus particulièrement, à Paris surtout, d'une jeune ouvrière coquette et galante : *il ne voit que des grisettes; ce bal était plein de grisettes; la grisette est devenue grande dame*. (Dans ce sens ce mot paraît formé de *grison*, nom qu'on donnait autrefois aux laquais habillés d'étoffe *grise*, que les grands seigneurs employaient à des missions secrètes auprès des femmes et des filles du peuple qu'ils voulaient séduire.)—T. d'hist. nat., oiseau d'Afrique, dont le plumage est presque tout brun.

GRIS-GRIS, subst. mas. (*guerigueri*), idole des nègres.

GRISIN, subst. mas. (*guerizein*), t. d'hist. nat., passereau de la Guyane.

GRISLÉ, subst. mas. (*guerilé*), t. de bot., genre d'arbrisseaux voisin des salicaires.

GRISOLLER, orthographe de l'*Académie*, mieux **GRISOLER**, v. neut. (*guerizolé*); il se dit du chant de l'alouette.

GRISON, subst. et adj. mas., au fém. **GRISONNE** (*guerizon, zone*), celui ou celle qui *grisonne* : *c'est un vieux grison*.

GRISON, subst. mas. (*guerizon*), homme de livrée qu'on habillait de *gris*, pour l'employer à des commissions secrètes. — Populairement, un âne. — En t. d'hist. nat., sorte de lézard.—Quadrupède qui tient de l'hermine.—Espèce de poisson du genre chétodon, du labre.

GRISONNE, subst. et adj. fém. Voy. GRISON.

GRISONNER, v. neut. (*guerizoné*), devenir *grison*, commencer à avoir les cheveux *gris*.

GRISON, subst. propre mas. (*guerizon*), canton de la Suisse, l'un des plus considérables de la confédération. C'est l'ancienne Rhétie des Romains. *Coire* (en allemand *chur*) en est le chef-lieu. — Habitant de ce canton.

GRISOU, subst. mas. (*guerizou*), gaz hydrogène carboné, qui se dégage de certaines espèces de houilles et qui s'allume quelquefois avec explosion par le contact des chandelles ou des lampes : *le grisou produit souvent des accidents funestes*. — On dit adj., dans le même sens, *le feu grisou*.

GRIS-PENDART, subst. mas. (*gueripandar*), t. d'hist. nat., nom vulgaire de la pie-grièche.

GRIS-PERLÉ, subst. mas. (*gueripèrelé*), t. de bot., espèce d'agaric bulbeux.

GRISSE, subst. fém. (*guerice*), sorte de pain de Piémont.

GRIVE, subst. fém. (*guerive*), t. d'hist. nat., espèce d'oiseau passereau du genre des merles ou tourdes. Il est recherché pour la délicatesse de sa chair. — Fig. et pop., *soûl comme une grive*, complètement ivre, ivre mort.—*Grive de Bohême*, nom qu'on donne quelquefois au jaseur. — *Grive de mer*, le vanneau combattant ou paon de mer. —*Grive dorée*, loriot d'Europe.

GRIVELÉ, E, adj. (*guerivelé*), tâcheté de *gris* et de blanc, comme le plumage de la *grive*.

GRIVELÉE, subst. fém. (*guerivelé*), vieux mot inusité que l'on trouve encore dans le *Dictionnaire de l'Académie*. Il signifiait, fraude, tromperie faite dans un emploi ou une charge.

GRIVELÉ, E, part. pass. de *griveler*.

GRIVELER, v. act. (*guerivelé*), vieux mot hors d'usage qui signifiait faire de petits profits illicites.

GRIVÈLERIE, orthographe de l'*Académie*; mieux **GRIVELLERIE**, subst. fém. (*guerivèleri*), action de *griveler*. Vieux et inusité.

GRIVELETTE, subst. fém. (*guerivelète*, t. d'hist. nat., petite *grive* de Guyane.

GRIVELEUR, subst. mas. (*gueriveleur*), vieux mot inusité que l'on trouve dans le *Dictionnaire de l'Académie* et dans quelques autres. Il signifiait, trompeur, qui fait des profits illicites.

GRIVELIN, subst. mas. (*guerivelein*), t. d'hist.

nat., gros-bec du Brésil, espèce d'oiseau de paradis.

GRIVOIS, E, subst. (*guerivoa, aze*), bon drôle, bon compagnon, d'une humeur libre et hardie.— Particulièrement, au mas. : soldat éveillé, etc.

GRIVOIS, E, adj. (*guerivoa*), qui appartient, qui a rapport au *grivois : air grivois, chanson grivoise.*

GRIVOISE, subst. fém. (*guerivoaze*), vivandière, etc., qui vivait avec les *grivois*, qui était d'une humeur libre et hardie. Il appartient ainsi que les précédents au langage familier.— Sorte de râpe à tabac.

GRIVOISÉ, E, part. pass. de *grivoiser.*

GRIVOISER, v. act. (*guerivoazé*), t. de manuf., râper du tabac avec la *grivoise.* (*Boiste.*) Inusité.

GROAT, subst. mas. (*guerôte*), monnaie d'argent d'Angleterre qui vaut environ cinquante centimes.

GROCHE, subst. fém. (*gueroche*), ancienne petite monnaie.

GROËNLAND, subst. propre mas. (*guero-einlan*), vaste contrée située près du pôle boréal, entre les deux hémisphères.

GROËNLANDAIS, E, subst. et adj. (*guero-einlandé, dèze*), du *Groënland.*

GROG, subst. mas. (*guerogue*), liqueur composée d'une partie d'eau-de-vie ou de rhum et de deux parties d'eau, beaucoup plus saine pour les équipages sur mer que l'eau-de-vie pure. C'est un mot anglais, qui se retrouve dans la plupart des langues du nord.

GROGNARD, E, subst. (*guerogniar*), fam., celui qui *grogne* ou gronde sans cesse; qui est toujours chagrin, mécontent.—On a appelé *grognards*, les vieux soldats de *Napoléon.* — Adj., qui annonce la mauvaise humeur : *ton grognard.*

GROGNE, subst. fém. (*guerognie*), chagrin, mécontentement. Il est vieux et hors d'usage.

GROGNÉ, E, part. pass. de *grogner.*

GROGNEMENT, subst. mas. (*guerognieman*) (en lat. *grunnitus*), cri des pourceaux.

GROGNER, v. neut. (*guerognié*) (en lat. *grunnire*), crier comme le pourceau. —Fig. et fam., gronder, murmurer, être de mauvaise humeur. Voy. GRONDER.

GROGNEUR, subst. mas., **GROGNEUSE**, subst. fém. (*guerognieur, gnieuze*), celui, celle qui *grogne.* Il est fam. — On dit aussi adj. : *il est d'humeur* ou *d'une humeur grogneuse.*

GROGNEUSE, subst. et adj. fém. Voy. GROGNEUR.

GROGNON, subst. et adj. des deux genres (*guerognion*), sujet à *grogner*, à gronder : *la vieille la plus grognon.* (J.-J. Rousseau. *Confessions*, liv. 1.) Cet écrivain dit de même dans la neuvième de ses Rêveries : *l'air grognon et maussade des ballets.*

GROIN, subst. mas. (*guero-ein*) (qui a formé le lat. *grunnire*, grogner, parce que, dit *Bovillius*, c'est par le *groin* que les cochons *grognent.* Suivant le *P. Pezron, groin* est un mot celtique), museau du cochon.—On ne dit et l'on n'écrit pas *grouin.*—On le disait pourtant autrefois; on le trouve dans *Furetière, Danet*, etc.; mais dès ce temps-là même il n'était pas adopté par l'*Académie.*—T. d'hist. nat., espèce de poisson.

GROINER, v. neut. (*guero-iné*) (en lat. *grunnire*), se dit du cri du cochon. On dit également *grogner.* Autrefois on écrivait *groigner*, mais on n'a point dit et on ne doit pas dire *grouiner*, malgré l'autorité de *Voltaire*, dont s'appuie *Boiste* pour adopter ce mot, ce qu'ont fait aussi *Raymond* et *Laveaux*, qui comme lui excluent *groiner.* Les autres et l'*Académie* ne donnent ni l'un ni l'autre.

GROISIL, subst. mas. (*gueroèzi*), petit morceau de glace ou de verre cassés.

GROISON, subst. mas. (*gueroèzon*), craie blanche réduite en poudre très-fine, pour préparer le parchemin.

GROLLE, subst. fém. (*guerole*), t. d'hist. nat., espèce de corneille. Voy. FREUX.

GROMA ou **GRUMA**, subst. mas. (*gueròma, guerùma*) (du lat. *groma* ou *gruma*, dérivé du grec γνωμα), t. d'hist. anc., espèce de perche d'environ vingt pieds, soutenue en équilibre par le milieu comme un fléau de balance, qui chez les anciens Romains servait à mesurer l'étendue d'un camp pour la distribution des tentes.

GROMATIQUE, plusieurs écrivent **GROMATIQUE**, adj. des deux genres (*gueròmatike*), terme usité dans l'arpentage des anciens. On appelle *art gromathique*, l'art d'arpenter les terres chez les Romains; et *mesures gromathiques*, les mesures qu'ils employaient pour faire cet arpentage.

GROMMELÉ, part. pass. de *grommeler.*

GROMMELER, v. neut. (*gueromelé*) (du celtique ou bas-breton *gromellaat.* Trévoux), gronder sourdement, murmurer. Il est fam. Voy. GRONDER.

GROMMELEUSE, adj. Voy. GROMMELEUX.

GROMMELEUX, adj. mas., au fém. **GROMMELEUSE** (*gueromeleu, leuze*), qui *grommelle*, qui murmure entre ses dents. Il est peu usité.

GROMMER, v. act. (*gueromemé*), chagriner, tromper, duper. Vieux et même hors d'usage.

GROMPHÈNE, subst. fém. (*gueronfène*), t. de bot., sorte de plante qui passe pour être bonne contre les vomissements.—T. d'hist. nat., espèce de grue de Sardaigne.

GRONDABLE, adj. des deux genres (*guerondable*), qui mérite d'être *grondé.*

GRONDANT, E, adj. (*guerondan*) (formé du v. *gronder*) : *Jupiter grondant*, se disait pour : *Jupiter tonnant.*

GRONDÉ, E, part. pass. de *gronder.*

GRONDE, subst. fém. (*gueronde*), ancien nom d'un instrument appelé aujourd'hui *trompe.*

GRONDELÉ, part. pass. de *grondeler.*

GRONDELER, v. neut. (*guerondelé*), murmurer, faire un bruit sourd.

GRONDEMENT, subst. mas. (*guerondeman*), bruit sourd.

GRONDER, v. act. (*guerondé*), gourmander de paroles : *gronder ses valets, ses enfants; vous serez grondé.* — Neut., se plaindre entre ses dents. Il dit plus que *grogner*, et celui-ci plus que *grommeler.* — Fig. : *le tonnerre gronde*, fait un bruit sourd; *l'orage gronde*, s'annonce comme prochain. — Il se dit aussi du bruit que font entendre certains animaux, lorsqu'ils sont irrités ou près de s'irriter : *le chien ne fait que gronder depuis un quart d'heure.* — SE GRONDER, v. pron., se gourmander de paroles.

GRONDERIE, subst. fém. (*guerondert*), réprimande qu'on fait en colère; mécontentement qu'on témoigne.

GRONDEUR, subst. mas., au fém. **GRONDEUSE** (*guerondeur, deuze*), celui, celle qui *gronde.*—Il y a de *Brueys* et *Palaprat* une jolie comédie intitulée : *le Grondeur.* — Il est aussi adjectif : *il est d'une humeur grondeuse.*

GRONDEUSE, subst. et adj. fém. Voy. GRONDEUR.

GRONDIN, subst. mas. (*guerondein*), t. d'hist. nat., genre de poissons osseux thoraciques, de la famille des dactyles, de couleur rouge avec quelques taches blanches.

GROOM, subst. mas. (*gueroume*) (mot anglais), valet d'écurie. Il est fort usité maintenant en France, et signifie plus ordinairement un valet de pied dont on se fait accompagner, que l'on envoie en commission, etc.

GRONE, subst. mas. (*guerone*), t. de bot., arbrisseau rampant de la Cochinchine.

GRONEAU, subst. mas. (*gueronô*), t. d'hist. nat., poisson du genre du trigle.

GRONINGUE, subst. propre mas. (*gueroneingue*) (en allemand *groeningen*), province et ville du royaume des Pays-Bas.

GROS, subst. mas. (*guerô*), ce qu'il y a de plus *gros* ou de principal : *le gros de l'arbre; le gros de l'armée; le gros de la besogne.*—Prov. et fig. : *il faut se tenir au gros de l'arbre*, c'est-à-dire qu'il faut s'attacher à l'autorité la plus légitime, la mieux établie.—*Un gros* (une grande troupe) *d'infanterie, de cavalerie.*—T. de calligraphie, écriture en *gros* caractères, dans laquelle on exerce les commençants : *cet enfant écrit déjà en fin, il a quitté le gros; faire du gros, écrire en gros.* —*Le gros* (la plus grande partie) *du monde.*—En parlant d'un bénéfice, revenu fixe, par opposition à *revenu casuel.*—La huitième partie d'une once, une drachme. — Sorte de monnaie d'argent, de cuivre, de billon, etc., qui a cours sous ce nom en divers pays, et avec différentes valeurs.—Droit d'aides, établi anciennement dans quelques provinces de France, qui se percevait sur les boissons vendues *en gros.*—On appelle *gros vaisseau*, la partie la plus *grosse* du navire : c'est son corps de carène. —Prov. et fig. : *il y a gros à parier que...*, il est fort à croire que, etc.—On l'emploie aussi en parlant des circonstances principales d'un événement, d'une affaire : *raconter une histoire en gros*, sans s'arrêter aux détails; *votre Scapin, dans mon dépit, ne m'a dit la chose qu'en gros.* (Molière.) —*Gros-de-Naples, gros-de-Tours.* Voy. ces mots. — Surnom donné à quelques rois de France, à cause de leur corpulence : *Louis-le-Gros.*

GROS, adj. mas., au fém. **GROSSE** (*guerô, gueròce*) (du lat. demi-barbare *grossus*, fait de *crassus*, gros, épais), qui a beaucoup de circonférence et de volume. Il est opposé à *menu : gros arbre, grosse boule.* — Il s'emploie aussi pour marquer simplement différence ou égalité de volume entre les objets que l'on compare : *votre portion est plus grosse que la mienne; les souris sont moins grosses que les rats; vous êtes aussi gros que lui, mais plus grand, ce qui vous fait paraître moins gros.*—Il se dit encore, dans un sens plus général, du volume des objets, de leur étendue, de leur nombre, de leur valeur, de leur importance, etc., par comparaison avec la plupart des autres objets du même genre, qui leur sont inférieurs : *un gros bourg; une grosse rivière; faire une grosse dépense; gagner un gros lot à la loterie; jouer gros jeu.*—Prov. et fig. : *les gros poissons mangent les petits*, signifie qu'ordinairement les puissants oppriment les faibles.—*C'est un des gros colliers de l'ordre*, se dit fam. et fig., de celui qui a une grande autorité, un grand pouvoir dans une compagnie; et *un gros bonnet*, veut dire un personnage important : *c'est un de nos gros bonnets.*—On dit fam. : *un gros lourdaud, un gros animal, une grosse bête, un gros butor*, en parlant d'un homme stupide, maladroit, grossier.—En archit., les *gros* murs d'un bâtiment sont ceux qui en forment l'enceinte, et qui portent les combles, les voûtes, etc., par opposition aux murs de refend et de cloison.—En t. d'imp., *grosses lettres, gros caractères*, plus longs et plus larges que les autres; et dans le même sens : *cicéro, petit-romain gros-œil*, etc. — *Femme grosse*, femme enceinte. — *Grosse femme*, qui a beaucoup d'embonpoint. — Épais. Il est opposé à délié, délicat : *gros drap, grosse toile, gros vin*, etc. — On appelle *grosse viande*, la viande de boucherie. — *Gros rire* se dit fig. et fam. d'un rire bruyant et prolongé, et dans un sens analogue, *grosse gaieté.*—Fig. et fam., *gros mots*, jurements, expressions licencieuses; menaces, paroles offensantes. Dans ce sens, on dit aussi de *grosses paroles.*—*Gros juron*, jurement, blasphème grossier. — *Grosses vérités*, vérités si palpables que tout esprit peut les saisir : *voilà de grosses vérités qu'il est inutile de démontrer.* Il signifie quelquefois reproches graves et mérités : *il lui a dit de grosses vérités.*—*Un gros fin* se dit par dérision d'un homme simple qui veut faire le fin.—*Gros vert, gros bleu*, etc., signifie vert foncé, bleu foncé, etc.—On entend par *gros bétail*, les bœufs, les vaches, etc., par opposition au *menu bétail*, comme brebis, moutons, etc.; et par *gros gibier*, les cerfs, daims, chevreuils, etc., par opposition au *menu gibier*, tels que lièvres, perdrix, bécasses, etc.—*Gros grains* se dit du froment, du méteil et du seigle, par opposition aux grains que l'on sème en mars, tels que l'orge, l'avoine, le mil, la vesce, etc., et qu'on appelle *menus grains.*—*Grosse cavalerie*, par opposition à *cavalerie légère*, se dit de la cavalerie pesamment armée, telle que les cuirassiers, les carabiniers, etc. — On appelle *grosses réparations*, les réparations considérables que l'on fait à un bâtiment, telles que le rétablissement des *gros* murs, des voûtes, des couvertures, etc., par opposition aux *menues réparations*, aux réparations de simple entretien. — *Gros péché, grosse faute*, péché, faute grave. —*Grosse fièvre*, fièvre violente; et dans le même sens : *un gros rhume.* — On dit la *grosse faim* pour exprimer la faim plus pressante. — Fig. et fam. : *jouer gros jeu*, s'engager dans une affaire où l'on hasarde beaucoup pour sa réputation, pour sa fortune, pour sa vie.—Considérable : *gros marchand, grosse famille.*—On appelle dans les armées, le *gros bagage*, le bagage le plus considérable, qui est voituré sur des charriots, par opposition aux *menus bagages*, qui peuvent être portés sur des bêtes de somme. — On dit une *grosse querelle*, pour dire une querelle considérable. — Mauvais : *un gros temps.*— Enflé : *la mer, la rivière est grosse; avoir la joue grosse.*—On dit d'un homme qui a le sens bon et droit, mais qui ne l'a pas pourtant fort délicat, qu'*il n'a qu'un gros bon sens.* —*Parler à quelqu'un des grosses dents.* Voy. DENT. —*Toucher la grosse corde.* Voy. CORDE.—Prov. et fig. : *grosse tête, peu de sens*, veut dire qu'on peut avoir une *grosse* tête et peu de capacité d'esprit, ou qu'ordinairement une *grosse* tête annonce peu d'esprit.—On dit fam. d'un homme corpulent, *il est gros comme un bœuf.*—Prov. et fig., *il a plus dépensé, il a plus coûté d'or et d'argent qu'il n'est gros*, se dit d'un homme qui a fait beaucoup de folles dépenses, qui a coûté beaucoup à ses parents. — On dit fig. et fam. de quelqu'un qui a beaucoup d'esprit : *il a plus d'esprit qu'il n'est gros*.—Fam., *faire le gros dos*, se dit des chats, lorsqu'ils relèvent leur dos en bosse; et au fig., d'un homme qui fait l'important, le capable. — *Être gros de savoir, de faire*, etc., *quelque chose*, en avoir une extrême envie.—*Avoir les yeux gros*, les avoir bouffis. — *Avoir les yeux gros de larmes*, être près de verser des larmes en abondance. — *Avoir le cœur gros*, quelque dépit, quelque chagrin. — *L'avenir est gros de malheurs*, se dit fig., lorsque l'avenir semble annoncer beaucoup de malheurs.—*Mettre à la grosse aventure* ou seulement *à la grosse*, prêter son argent à *gros* intérêts, pour un commerce de mer, à condition de le perdre si le vaisseau ne revient pas.—*Gros foin*. Voy. SAINFOIN.—*Gros millet*. Voy. MAÏS.

GROS, adv. (*guerô*), beaucoup : *gagner gros, coucher gros au jeu*.—Prov. et fig.: *coucher gros*, dire quelque chose de fort, d'excessif, ou risquer beaucoup. — *En gros*, adv., le contraire de *en détail : vendre en gros*.—*Tout en gros*, seulement : *il y avait quatre personnes tout en gros*. Il est fam.

GROS-BEC, subst. mas. (*guerôbéke*), t. d'hist. nat., genre d'oiseaux passereaux, de la famille des conirostres, qui ont le bec court, robuste et très-renflé à la base.—Au plur., des *gros-becs*; des oiseaux qui ont le *bec gros*.

GROS-BLANC, subst. mas. (*guerôblan*), mastic de *blanc* et de colle.—Au plur., des *gros-blancs*.

GROS-BON, subst. mas. (*guerôbon*), ancien nom d'un papier d'Angoulême. — *Gros-bon-de-trace*, nom d'un papier qu'on fabriquait en Auvergne.

GROS-BULLE, subst. mas. (*guerôbule*), nom d'un papier qui se fabrique en Hollande.

GROS-CANON, subst. mas. (*guerôkanon*), nom d'un caractère d'imprimerie. — Au plur., des *gros-canons*.

GROSCHEN, subst. mas. (*guerôchène*), monnaie de cuivre ou d'argent qui a cours dans plusieurs pays d'Allemagne.

GROS-DE-NAPLES, GROS-DE-TOURS, subst. mas. (*guerôdenaple, tour*), étoffes de soie dont la chaîne et la trame sont plus fortes qu'au taffetas.

GROS-DES-NOMBLES, subst. masc. (*guerodénomble*), t. de venerie ; on appelle ainsi le morceau de la cuisse d'un cerf.

GROS-D'HALEINE, subst. et adj. mas. (*guerôdalène*), t. de man., se dit d'un cheval qui souffle beaucoup.

GROSEILLE, subst. fém. (*guerôzè-ie*) (du lat. *grossulus*, diminutif de *grossus*, nom qu'on donne aux petites figues qui commencent à se former et auxquelles ressemblent alors les grains de groseilles. *Caseneuve*.), fruit du *groseillier*; ce sont de petites baies ombiliquées, transparentes, de couleur rouge ou blanche, succulentes et d'un goût acidulé, qui sont disposées en grappes. La *groseille à maquereau* est une baie plus grosse que la précédente, qui vient sur le *groseillier* épineux, et est ordinairement blanche et marquée de raies vertes du sommet à la base. On disait autrefois *groiseille*.

GROSEILLIER, subst. mas. (*guerôzè-ié*), t. de bot., arbrisseau cultivé à fleur rosacée, qui donne le fruit appelé *groseille*. Il y en a de plusieurs espèces : le *groseillier commun*, le *groseillier noir*, appelé aussi *cassis*, le *groseillier à maquereau* ou *épineux*, dont les tiges sont garnies d'aiguillons, et le *groseillier des Alpes*.

GROS-FA, subst. mas. (*guerôfâ*), t. de vieille musique d'église.

GROSIL, subst. mas. Voy. GROISIL.

GROS-MONDAIN, subst. mas. (*guerômondein*), nom vulgaire d'une espèce de pigeon.—Au plur., des *gros-mondains*.

GROS-NOIR, subst. mas. (*guerônoar*), espèce d'ardoise.—Au plur., des *gros-noirs*.

GROS-PARANGON, subst. mas. (*guerôparanguon*), caractère d'imprimerie. — Au plur., des *gros-parangons*.

GROS-ROMAIN, subst. mas. (*guerôromein*), caractère d'imprimerie. — Au plur., des *gros-romains*.

GROSSE, adj. fém. Voy. GROS.

GROSSE, subst. fém. (*guerôce*), douze douzaines d'une marchandise : *une grosse de boutons*. On dit ellipt., dans le même sens, *une grosse de soie*, c'est-à-dire douze douzaines d'écheveaux de soie.—T. de calligraphie, écriture en *gros* caractères, usitée ordinairement comme exercice pour les commençants : *cet enfant a besoin de faire beaucoup de grosse; grosse anglaise*. — T. de pratique, certaines écritures, dont les unes sont des originaux, les autres des copies : *pour les procès-verbaux, la grosse est la copie ; pour les requêtes, elle est l'original*.—On appelle plus particulièrement *grosse*, l'expédition d'un acte faite sur la minute et revêtue des formalités prescrites par les lois.—En t. de commerce maritime, *donner de l'argent à la grosse* (en sous-entendant *aventure*). Voy. AVENTURE.

GROSSEMENT, adv. (*guerôceman*), abondamment, en *gros*.

GROSSE-NOMPAREILLE, subst. fém. (*guerôcenonparé-ie*), caractère d'imprimerie.—Au plur., des *grosses-nompareilles*.

GROSSE-QUEUE, subst. fém. (*guerôcekieu*), l'un des noms vulgaires du *hochequeue*. — Au plur., des *grosses-queues*.

GROSSERIE, subst. fém. (*guerôceri*), *gros* ouvrages de taillandiers. — Commerce *en gros : ce marchand ne fait que de la grosserie*, ne vend qu'en *gros*. Peu usité.

GROSSES-DE-FONTE, subst. fém. plur. (*guerôcedefonte*), terme d'imprimerie, *gros* caractères en usage pour les titres des placards et des affiches.

GROSSESSE, subst. fém. (*guerôcèce*), état d'une femme *grosse*, enceinte.—Le temps qu'elle porte son fruit.—En médec., on divise la *grossesse* en *grossesse vraie* et *grossesse fausse*, selon que la matrice contient un ou plusieurs fœtus, ou bien une môle, des mucosités, de l'eau, de l'air, etc. On la divise aussi en *grossesse utérine* et en *grossesse extra-utérine*, selon que le produit de la conception se développe dans la matrice ou hors de ce *tubaire* ou viscère; dans ce dernier cas, c'est une *grossesse de la trompe*, une *grossesse de l'ovaire*, ou une *grossesse abdominale*.

GROSSET, adj. mas., au fém. **GROSSETTE** (*guerocé, cète*), diminutif de *gros*. Il est vieux.

GROSSE-TÊTE, subst. fém. (*guerôcetéte*), nom vulgaire du bouvreuil et du gros-bec. — Au plur., des *grosses-têtes*.

GROSSEUR, subst. fém. (*guerôceur*), volume de ce qui est *gros*. —Tumeur : *il lui est venu une grosseur au bras*, etc.

GROSSI, E, part. pass. de *grossir*.

GROSSIER, subst. et adj. mas., au fém. **GROSSIÈRE** (*guerôcié, cière*), épais, qui n'est pas délié; qui n'est pas délicat : *ce drap est bien grossier; une taille grossière; des vêtements grossiers; vapeurs grossières; traits grossiers*.— On le dit aussi des aliments peu recherchés, communs, de basse ou de mauvaise qualité : *nourriture grossière ; pain grossier*.— Mal travaillé, qui n'est pas proprement et délicatement fait.— Rude, peu civilisé : *un peuple rude et grossier ; langage, esprit grossier ; mœurs grossières ; dehors grossiers*. — Malhonnête, incivil : *vous êtes bien grossier ; réponses, manières, injures grossières ; ton brutal et grossier ; voilà un grossier personnage*; et subst., dans le langage familier : *c'est un grossier, une grossière*. Voy. IMPOLI. — Qui est évidemment contraire à la raison, au bon sens, aux règles établies : *erreur, illusion grossière ; mensonge, artifice grossier*. — *Ignorance grossière*, grande, profonde ignorance. — *Marchand grossier*, qui vend en *gros*. Inusité, on dit maintenant : *marchand en gros*.—*Donner une idée grossière d'une chose*, une idée sommaire.—*Une obscénité grossière*, non enveloppée. — *Des discours grossiers, des propos grossiers*, discours, propos, contraires à la bienséance, à la pudeur. —On nomme *grossiers* les plaisirs des sens, par opposition aux plaisirs délicats de l'esprit et du cœur : *je ne crains pas que les sens et les plaisirs grossiers le corrompent*. (J.-J. Rousseau). — On appelle *vices grossiers, crimes grossiers*, des vices, des crimes qui supposent une corruption profonde, un dénuement ou un oubli total de tout principe de délicatesse et d'honneur.

GROSSIÈRE, subst. et adj. fém. Voy. GROSSIER.

GROSSIÈREMENT, adv. (*guerôcièreman*), d'une manière *grossière*. — Sommairement, en *gros*, sans entrer dans le détail.

GROSSIÈRETÉ, subst. fém. (*guerôcièreté*), manque de finesse, de délicatesse dans une étoffe, une toile, etc. On dit, presque dans le même sens : *la grossièreté de l'air, d'un morceau d'architecture*, etc.—Il se dit, au fig., de la rudesse qui vient du défaut de civilisation : *grossièreté de mœurs ; temps d'ignorance et de grossièreté*. — Impolitesse, défaut de civilité dans ce qu'on dit ou ce qu'on fait : *on ne peut supporter la grossièreté de cet homme*.—Dans un sens moral, il exprime l'idée d'ignorance, de sottise, de déraison, ou de maladresse extrême : *ces fautes sont d'une grossièreté impardonnable; la grossièreté d'un mensonge, d'une erreur, d'une bévue*. — Injure, parole *grossière* et malhonnête : *il a répondu par une grossièreté; c'est un homme à vous dire des grossièretés en face*.

GROSSIR, v. act. (*guerôcir*), rendre *gros : votre habit vous grossit la taille; les pluies ont grossi la rivière; ces notes grossiront le volume*. — Faire paraître *gros : lunette qui grossit*. Dans ce sens, on dit adj., *un verre grossissant*. — Au fig., augmenter, exagérer : *la renommée grossit tout*.— Prov. et fig.: *la peur grossit les objets*, on s'exagère ce qu'on craint. — *Grossir sa voix*, lui donner plus de volume, faire la *grosse* voix. — Neut., devenir *gros*. — Prov.: *la pelote* ou *la boule de neige grossit*; le trouble, la sédition, le nombre augmente. On le dit aussi en parlant de torts, de profits, d'intérêts, d'argent, qui s'accumulent.—En parlant d'une *grosse mer* qui prend un nouvel accroissement, on dit : *la mer grossit*, lorsque les lames s'élèvent à une grande hauteur. —*SE* GROSSIR, v. pron.

GROSSISSEMENT, subst. mas. (*guerôciceman*), action de *grossir : le grossissement d'un microscope*.

GROSSO MODO, sorte de loc. adv. (*guerôceçômodô*) (du lat. *crassus*, épais, grossier, et *modus*, manière), du premier jet, *grossièrement*, en parlant d'un ouvrage qui n'est point fini, qui n'a pas été revu : *ne vous donnez pas tant de peine, faites-moi cela grosso modo; ce mémoire a été fait grosso modo, il faut le revoir, on ne peut le publier ainsi*.

GROSSOYÉ, E, part. pass. de *grossoyer*.

GROSSOYER, v. act. (*guerôçoé-ié*), faire la *grosse*, l'expédition d'un acte, d'un contrat.

GROS-TEMPS, subst. mas. (*guerôtan*), *temps* orageux.

GROS-TEXTE, subst. mas. (*guerôtèkcete*), caractère d'imprimerie.—Au plur., des *gros-textes*.

GROS-TOURNOIS, subst. mas. (*guerôtournoâ*), monnaie d'argent du temps de saint Louis.

GROS-VENTRE, subst. mas. (*guerôvantre*), t. d'hist. nat., nom qu'on donne dans les colonies françaises à certains poissons qui ont la faculté de s'enfler le *ventre*; tels sont les diodons et les tétrodons.

GROTESQUE, adj. des deux genres (*guerotèceke*) (de *grotte*, nom que portaient à Rome les ruines du palais de Titus, dans lesquelles Jean Nanni, surnommé d'Udine, peintre célèbre du seizième siècle, trouva de ces sortes d'ouvrages qu'il fut le premier à imiter) ; il se dit des figures imaginées par le caprice d'un peintre, et qui ont quelque chose de bizarre. En ce sens, on se sert de ce mot plus souvent comme substantif, surtout au pluriel : *faire des grotesques; peindre en grotesques*. Ce mot s'emploie le plus communément dans le même sens que celui d'*arabesques*, c'est-à-dire pour désigner des ornements légers, gais et chimériques. — Au fig., ridicule, bizarre, extravagant : *habit, homme, genre grotesque; imagination, mine grotesque*; et subst., dans le même sens : *nous tombons dans le grotesque; cela est d'un grotesque ignoble; mêler le grotesque au sublime*. — Au plur., subst., danseurs bouffons dont les pas et les gestes sont outrés.

GROTESQUEMENT, adv. (*guerotècekeman*), d'une manière *grotesque*.

GROTTE, subst. fém. (*guerote*) (de l'italien *grotta*, dérivé du grec *κρυπτη*, en latin *crypta*, lieu caché et voûté, formé de *κρυπτω*, je cache), sorte de caverne. — Ouvrage de rocailleur qui représente une *grotte*.

GROU, subst. mas., ou **GROUETTE**, subst. fém. (*guerou, gueroučte*), t. d'hist. nat., terre argileuse mêlée de pierres, et peu propre à la culture des céréales.

GROUETTEUSE, adj. fém. Voy. GROUETTEUX.

GROUETTEUX, adj. mas., au fém. **GROUETTEUSE** (*guerou-èteu, teuze*), t. d'agriculture, se dit d'une terre composée d'argile rougeâtre et de pierres.

GROUGROU, subst. mas. (*guerouguerou*), t. de bot., petit palmier d'Amérique.

GROUILLANT, E, adj. (*guerou-ian, iante*), qui *grouille*, qui remue, qui a vie : *il a six enfants tout grouillants*. Il est pop.—Fam. : *tout grouillant de vers, de vermine*, qui fourmille de vers, de vermine.

GROUILLÉ, part. pass. de *grouiller*.

GROUILLEMENT, subst. mas. (*guerou-ieman*), mouvement et bruit de ce qui *grouille*.

GROUILLER, v. neut. (*guerou-ie*) (par corruption de *crouler*, fait de l'italien *crollare*, ébranler, secouer. Voyez CROULER. *Huet*.), remuer. Il est populaire.—Fam. : *personne ne grouille* (ne bouge) *encore; vous ne grouillez pas?* (Molière.) — On dit : *la tête lui grouille*, en parlant d'une personne à qui la tête tremble de vieillesse et de faiblesse; et *le ventre lui grouille*, en parlant du bruit que les flatuosités causent quelquefois dans les intestins. — Fourmiller : ce lieu *grouille de vers.*

GROUIN pour **GROIN** est un barbarisme.

GROUINER, ne se dit pas pour **GROINER**. Voy. ce mot.

GROUP, subst. mas. (*gueroupe*), t. de comm., sac cacheté, plein d'or ou d'argent, qu'on envoie d'une ville à une autre par la poste ou par les messageries.

GROUPE, subst. mas. (*gueroupe*) (de l'italien *groppo*), t. de peinture, de dessin, etc., assemblage de plusieurs objets tellement rapprochés que l'œil les embrasse à la fois. — En musique, assemblage de quatre notes rapides par degrés conjoints, et dont le premier et le troisième donnent la même intonation. Les Italiens disent *groppetto*. — Réunion de plusieurs personnes : *un groupe de danseurs, de curieux; disperser les groupes.*—On le dit aussi d'une réunion quelconque d'objets formant un tout distinct : *un groupe d'arbres, d'îles*, etc.

GROUPÉ, E, part. pass. de *grouper*, et adj. — En archit., *colonnes groupées*, accouplées deux à deux sur un même socle.

GROUPEMENT, subst. mas. (*gueroupeman*), réunion d'objets propres à être *groupés.*—Action de *grouper.*

GROUPER, v. act. (*gueroupé*), mettre en *groupe.*—Neut., former un *groupe : ces figures groupent bien.*—*se* GROUPER, v. pron.

GRUAGE, subst. mas. (*gueru-aje*), manière de vendre ou d'exploiter des bois, relativement à la mesure.

GRUAU, subst. mas. (*gueru-ô*) (du latin barbare *grutellum*, dim. de *grutum*, employé avec la même acception dans la basse latinité. On a dit aussi *gruellum*), avoine mondée et moulue grossièrement. — La bouillie faite avec cette avoine : *le gruau engraisse.* — On en fait aussi une boisson, une tisane : *boire du gruau, de l'eau de gruau.*— On appelle ordinairement *pain de gruau* une sorte de pain de qualité supérieure, qui se fait avec la fleur de farine; mais c'est une erreur. Cette fleur se nommant *griot*, il faudrait dire *pain de griot.* Voy. ce mot. L'*Académie*, qui ne connaît point *griot*, dit avec l'usage, *pain de gruau*, sans nous donner d'explication. *Raymond* prétend qu'on fait ce *pain de gruau* avec *la première repasse dans la mouture économique*, et *Laveaux* appelle cette première repasse *gruau blanc.* Le véritable *pain de gruau* n'est autre chose que du gros pain bis, fait avec la farine dont on n'a pas séparé le son, et qui, dans cet état, s'appelle aussi *gruau.*—Petit de la *grue.*—Machine semblable à la *grue*, et qui sert aux mêmes usages, mais qui a moins de saillie. — Dans les salines, vaisseau de bois dont on se sert pour transporter le sel dans les magasins.

GRUE, subst. fém. (*gueru*) (en lat. *grus*), gros oiseau de passage, qui vole fort haut et par bandes. C'est un échassier, de la famille des cultrirostres, dont la tête est presque chauve.—En parlant du cri de la *grue*, on dit qu'*elle craque ou gruine.*—Fig., niais, sot, qui se laisse tromper.— Grande machine à élever de grosses pierres pour les bâtiments.—Sorte d'instrument de supplice. — Constellation méridionale, située auprès de l'Indien, entre le Poisson austral et le Toucan. C'est une des douze constellations décrites par *Jean Bayer.*—Au plur., espèces de potences tournantes qui, dans les forges d'ancres, servent à porter les grosses pièces de fer du feu à l'enclume. — Prov. : *faire le pied de grue*, attendre long-temps sur ses pieds.—*Avoir un cou de grue*, un cou long et grêle.

GRUÉ, E, part. pass. de *gruer.*

GRUER, v. act. (*gueru-é*), réduire en *gruau.*— *se* GRUER, v. pron.

GRUERIE, subst. fém. (*gueruri*), sorte de juridiction ou de tribunal pour les délits et dommages faits dans les forêts. — Maison où se tenait cette juridiction. — Droit de justice que le roi avait dans les bois des particuliers.

GRUGÉ, E, part. pass. de *gruger.*

GRUGEOIR, subst. mas. (*guerujoar*), outil de vitrier. Voy. GRÉSOIR.

GRUGER, v. act. (*guerujé*) (du grec γραω, je mange), briser quelque chose de dur ou de sec avec les dents.—Par extension, manger.—Fig. et fam. : *gruger quelqu'un*, manger son bien. —On disait autrefois : *gruger son fait, son petit fait*, manger le peu de bien qu'on a, dépenser plus qu'on ne peut. — Se dit, en sculpture, du travail qu'on fait sur le marbre avec la marteline.—*Gruger la maison d'un chanoine*, dans quelques chapitres, partager entre les chanoines ce qui provient de la vente de la maison d'un chanoine mort sans la résigner. Cette action s'appelle *grugerie.*—*se* GRUGER, v. pron.

GRUGERIE, subst. fém. (*guerujeri*), action de *gruger.*—Tromperie. — Voy. GRUGER.

GRUINALIS ou **GRUINA**, subst. fém. (*gueru-inalice, gueru-ina*), t. de bot., espèce de geranium. du genre erodium.

GRUINÉ, E, part. pass. de *gruiner.*

GRUINER, v. neut. (*gueru-iné*), crier, en parlant de la *grue.*

GRULLÉ, E, part. pass. de *gruller.*

GRULLER, v. neut. (*guerulelé*), trembler de froid. — Secouer un arbre pour en faire tomber les fruits; dans ce dernier sens, il est actif.

GRUME, subst. fém. (*guerume*), t. d'eaux et forêts, bois coupé qui a son écorce : *vendre des bois en grume.*

GRUMEAU, subst. mas. (*guerumô*) (en lat. *grumellus*, dimin. de *grumus*, grumeau, et qui, dit *M. Morin*, a de la convenance avec le grec θρυμμα, morceau de quelque chose, et, en particulier, morceau de pain), petite portion de sang ou de lait caillé dans l'estomac.—Il se dit aussi du lait qui se tourne : *ce lait s'est mis tout en grumeaux.*

GRUMEL, subst. mas. (*guerumèle*), t. de manuf., fleur d'avoine qu'on emploie dans le foulage des étoffes.

GRUMELÉ, E, part. pass. de GRUMELER.

se **GRUMELER**, v. pron. (*ceguerumelé*), se former en *grumeaux.*—On ne dit pas neut. *grumeler*, en parlant du cri du sanglier, mais *grommeler.*

GRUMELEUSE, adj. fém. Voy. GRUMELEUX.

GRUMELEUX, adj. mas., au fém. **GRUMELEUSE** (*guerumeleu, leuze*), qui a de petites inégalités dures : *caillou grumeleux; bois grumeleux.*

GRUMELURES, subst. fém. plur. (*guerumelure*), t. de potier d'étain; on appelle ainsi les petits trous qui ne percent pas l'étain d'outre en outre, mais qui cependant l'altèrent et l'affaiblissent.

GRUNSTEIN, subst. mas. (*guerunecetène*) (de l'allemand *grünstein*, fait de *grün*, vert, et *stein*, pierre), t. de minér. adopté par les naturalistes pour désigner une roche.

GRUON, subst. mas. (*gueru-on*), petit de la *grue.* Voy. GRUAU.

GRUS, subst. mas. (*gueru*), sorte de laitage suisse.

GRUYER, adj. mas., au fém. **GRUYÈRE**, (*gueru-ié, ière*), qui a rapport à la *grue* : *faucon gruyer*, dressé pour la chasse aux *grues.* — Au mas., *seigneur gruyer*, qui avait un certain droit sur les bois de ses vassaux. (Dans cette acception et les suivantes, on le fait dériver du grec δρυς, chêne.)—Subst. mas., officier qui avait soin des bois. — Celui qui jugeait en première instance des délits commis dans les forêts.

GRUYÈRE, subst. propre mas. (*gueru-ière*), sorte de fromage qui tire son nom d'une petite ville de Suisse, située près de Fribourg.

GRYLLE, subst. fém. (*gueri-ie*), t. d'hist. nat. ; on a donné ce nom au petit guillemot.

GRYPHES ou **GRYPHONS**, subst. mas. plur. (*guerife, fon*), myth., monstres fabuleux. Voy. GORGONES, HARPIES.

GRYPHÉE, subst. fém. (*guerifé*), t. d'hist. nat., genre de coquilles bivalves. Voy. GRYPHITE.

GRYPHITE, subst. fém. (*guerifite*) (du grec γρυπος, courbé, crochu), t. d'hist. nat., sorte de coquille fossile qui a en quelque sorte la figure d'un bateau.

GRYPOSE, subst. fém. (*gueripôze*) (du grec γρυπος, courbé, crochu), t. de médec., incurvation, courbure des ongles.

GUACARI, subst. mas. (*gu-akari*), t. d'hist. nat., espèce de poisson appelé aussi *cuirassier plécoste.*

GUACCO, subst. mas. (*gu-akkô*), t. d'hist. nat., petit crabier d'Italie.

GUADALQUIVIR, subst. propre mas. (*guou-adalkivir*), grand fleuve d'Espagne qui prend sa source dans le royaume de Grenade, et se jette dans le golfe de Cadix.

GUADELOUPE, subst. propre fém. (*guou-adeloupe*), île des Antilles, la plus grande et la plus riche des Caraïbes.

GUAHEX, subst. mas. (*gu-a-èkce*), t. d'hist. nat., zébu de Barbarie, espèce de bœuf à bosse.

GUAIRO, interj. (*gu-èrô*), de faucon., cri que l'on faisait à la chasse des perdrix, en les voyant partir, pour avertir le fauconnier de lâcher l'oiseau.

GUAIS, adj. mas. (*guiè*), t. de pêche, hareng qui n'a ni laite ni œufs : *hareng guais.*

GUAN, subst. mas. (*gu-an*), t. d'hist. nat., oiseau gallinacé de la famille des alectrides.

GUANCHES, subst. mas. plur. (*gu-anche*), anciens habitants des Canaries, dont on trouve quelquefois des squelettes embaumés dans les cavernes de ces îles.

GUANDATAVA, subst. fém. (*gu-andatava*), t. de bot., plante du Brésil.

GUANEROS, subst. mas. plur. (*gu-anerôce*), t. de mar., petits bâtiments en usage au Pérou.

GUANGUE, subst. mas. (*gu-angue*), t. d'hist. nat., espèce de rat, de mulot du Chili.

GUAPERVA, subst. mas. (*gu-apèreva*), t. d'hist. nat., nom de deux poissons, l'un du genre sélène, et l'autre du genre chétodon.

GUARAL, subst. mas. (*gu-aral*), t. d'hist. nat., animal de la Libye, assez semblable à la tarentule.

GUARE, subst. mas. (*gu-are*), t. d'hist. nat., poisson du genre scombre.

GUASTADOUR, subst. mas. (*gu-acetadour*), sorte de pionnier turc.

GUAZE, subst. mas. (*gu-âze*), t. d'hist. nat., poisson du genre labre.

GUÉ, subst. mas. (*guié*) (en lat. *vadum*, dont on a fait, dans la basse latinité, *guadum*), endroit d'une rivière où l'eau est assez basse et le fond assez ferme pour qu'on puisse y passer sans nager ni s'embourber. — Fig. : *sonder le gué*, pressentir les dispositions où peuvent être ceux dont une affaire dépend.

GUÉABLE, adj. des deux genres (*guié-able*), où l'on peut passer à *gué* : *la rivière est guéable en cet endroit.*

GUÈBRES, subst. mas. plur. (*guièbre*), nom que portent les débris de l'ancienne monarchie persanne.

GUÈDE, subst. fém. (*guiède*), t. de bot., plante qui sert dans les teintures. — Subst. mas., t. de chasse; on appelle ainsi les perches d'un filet à prendre des alouettes.

GUÉDÉ, E, part. pass. de *guéder.*

GUÉDER, v. act. (*guiédé*), préparer une étoffe avec de la *guède.*—Soûler, rassasier. Nous nous étonnons de lire encore cette acception dans l'*Académie*. Elle est plus que surannée.

GUÉDON, subst. mas. (*guiédon*), nom qu'on donne à Rouen aux teinturiers qui teignent en bleu.

GUÉDOUFLE, subst. fém. (*guiédoufle*), bouteille double à deux orifices, propre à contenir de l'huile. Il est vieux.

GUÉÉ, E, part. pass. de *guéer.*

GUÉER, v. act. (*guié-é*), baigner, laver dans la rivière : *guéer un cheval, du linge.* On dit aussi, et mieux, *aiguayer.*

GUELDRE, subst. fém. (*guièledre*), t. de pêche, appât fait avec de petits poissons, des chevrettes ou de la chair de quelques poissons cuits.

GUELDRES, subst. propre fém. (*guièldre*) (en flamand *geldern, gelderland*), grande province du royaume des Pays-Bas.

GUELFE, subst. propre mas. (*gu-èlefe*) (de *Welf VI*, qui, dépouillé du duché de Bavière, au XIIe siècle, par Conrad, fit la guerre à cet empereur, et donna naissance à la faction des *guelfes*), faction qui soutint long-temps les prétentions des papes contre celles des empereurs. Voy. GIBELINS.

GUEMBÉ, subst. fém. (*gu-anbé*), fruit du Paraguay, dont les fibres prennent racines.

se **GUÉMENTER**, v. pron. (*ceguiémanté*), se plaindre, s'emporter, se tourmenter l'esprit. Hors d'usage.

GUEMUL, subst. mas. (*guiémule*), t. d'hist. nat., quadrupède du genre du lama.

GUENAUT, subst. mas. (*guiénô*), vieux mot qui signifiait *gueux*. Hors d'usage.

GUENILLE, subst. fém. (*gueni-ie*), haillon, chiffon. — Au plur., hardes vieilles et usées. — Fig. et fam., chose vile, de peu d'importance.

GUENILLEUSE, adj. fém. Voy. GUENILLEUX.

GUENILLEUX, adj. mas., au fém. **GUENILLEUSE** (*gueni-ieu, ieuse*), tout couvert de *guenilles.*

GUENILLON, subst. mas. (*gueni-ion*), petite *guenille.*

GUENIPE, subst. fém. (*guenipe*) (de *guenon*, femme laide comme une guenon, et de *guenille*, femme chargée de guenilles), femme malpropre, maussade. — Plus communément une femme de mauvaise vie. Ce mot était familier et même populaire. Il est aujourd'hui hors d'usage.

GUENON, subst. fém. (*guènon*), t. d'hist. nat., genre de singes de l'ancien continent qui ont une longue queue. — Dans le langage ordinaire, la femelle du singe. — Fig. et par injure, 1° laide femme; 2° femme de mauvaise vie.

GUENUCHE, subst. fém. (*guenuche*), petite

guenon. On disait aussi autrefois *une guenuchon*. Ces mots appartiennent au langage trivial. — Fig. et fam., *guenuche coiffée*, femme laide et fort parée.

GUÉPARD, subst. mas. (*guépar*), t. d'hist. nat., quadrupède, espèce de loup-tigre.

GUÊPE, subst. fém. (*guiépe*), t. d'hist. nat., genre d'insectes hyménoptères, qui vivent à peu près comme les abeilles, mais qui font de mauvais miel : *mouche-guêpe; grosse guêpe; être piqué d'une guêpe*.—Les *guêpes* ainsi que les fourmis et les abeilles vivent en société. Elles sont comparables à celles-ci par leur industrie, et se rapprochent des fourmis par leurs ravages. L'abeille ne vit que de ce qu'elle récolte sur les fleurs, et ne se sert de son aiguillon que pour sa défense. La *guêpe* est féroce, et ne vit que de rapines et de brigandages, et son aiguillon lui sert d'arme offensive pour opprimer les animaux plus faibles qu'elle. On distingue la *guêpe frelon* et la *guêpe commune*. — On dit d'une femme, qu'*elle a une taille de guêpe*, lorsqu'elle a la taille très-fine,et tellement serrée à l'endroit de la ceinture que son corps semble séparé en deux,comme celui de la *guêpe*.

GUÊPIAIRE, subst. mas. (*guiépière*), t. d'hist. nat., genre d'insectes hyménoptères.

GUÊPIER, subst. mas. (*guiépié*), t. d'hist. nat., gâteaux et alvéoles que les *guêpes* se construisent et qui leur servent d'habitation.— On dit aussi *apidtre*, *apiastre*.—Fig.: *se fourrer dans un guêpier*, se laisser entraîner dans une affaire d'où l'on ne peut se tirer sans dommage. — Passereau de la famille des ténuirostres, qui se nourrit de *guêpes*. — T. de bot., espèce de champignon qui croît sur les arbres morts.

GUÊPIÈRE, subst. fém. (*guépière*), nid de *guêpes*.

GUÉRANDE, subst. propre fém. (*guiérande*), ville de France, chef-lieu de canton, dép. de la Loire-Inférieure.

GUERCHE, subst. propre fém. (*guièreche*), ville de France, chef-lieu de canton, dép. d'Ille-et-Vilaine.

GUERDON, subst. mas. (*guièredon*) (selon *Caseneuve*, des deux mots *guerre, don*; c'était, dit-il, dans l'origine, le *don* et le prix dont on récompensait les gens de *guerre*), loyer, salaire, récompense. Il est vieux.

GUERDONNÉ, E, part. pass. de *guerdonner*.

GUERDONNER, v. act. (*guièredoné*) ; il signifiait autrefois récompenser, et ne se dit plus.

GUÈRE ou **GUÈRES**, adv. (*guière*) (selon quelques grammairiens, et notamment *Roubaud*, *guère* dérive de *ger, gar*, amas, tas, d'où le mot *guère* signifie beaucoup, et non pas peu. Il ne prend ce dernier sens qu'en vertu de la particule négative *ne : je n'en ai guère;* je n'en ai pas beaucoup ou j'en ai peu), peu, pas beaucoup, presque point : *il n'y a guère que lui qui...*, il est le seul ou presque le seul qui... Voy. PEU. — *Guères* ne s'écrit plus que dans les vers, lorsqu'il est nécessaire à la rime ou à la mesure. — On dit : *il ne s'en faut guère, il ne s'en est guère fallu*, lorsque ce mot est employé absolument ; mais quand il a rapport à une quantité comparée avec une autre, on ajoute *de : il ne s'en faut guère qu'il ne soit aussi avancé que son frère; il ne s'en faut de guère que ce vase ne soit plein*.

GUÉRET, subst. mas. (*guiéré*) (suivant *Saumaise*, du lat. *varatum*), terre labourée et non ensemencée. — En poésie, *les guérets*, toutes les terres ensemencées, ou non.

GUÉRET, subst. propre mas. (*guièré*), ville de France, chef-lieu du département de la Creuse.

GUÉRI, E, part. pass. de *guérir*.

GUÉRIDON, subst. mas. (*guiéridon*), petite table ronde sur un seul pied, où l'on place des porcelaines de prix, etc.—En t. de mar., écope ou pelle creuse pour jeter l'eau qui entre dans les chaloupes.

GUERILLA, subst. fém. (*guièrilela*) (de l'espagnol *guerilla*, qui signifie petite armée), milice irrégulière, sorte de corps francs insurrectionnels, qui semblent être particuliers à l'Espagne, et dont l'origine remonte à des temps très-reculés.

GUÉRIR, v. act. (*guiérir*) (du lat. *curare*, avoir soin, soigner, *guérir* par la diète, etc. *Huet*.), délivrer de maladie ; rendre, redonner la santé. Il se dit du malade et de la maladie : *ce médecin l'a guéri; guérir la fièvre, une plaie*. — Au fig., on le dit des passions, des maux de l'esprit et de l'imagination. — Neut., recouvrer la santé. Il se dit du malade. — Prov. : *médecin, guéris-toi toi-même*, employé figurément, signifie qu'il faut garder pour soi et suivre les avis que l'on donne aux autres. — On dit quelquefois absolument : *l'art de guérir*.—SE GUÉRIR, v. pron. ; il s'applique moins au malade qu'à la maladie. — Au fig. : *se guérir de son ambition, de ses préventions*.

GUÉRISON, subst. fém. (*guiérizon*), recouvrement de la santé. — Cure d'une maladie.

GUÉRISSABLE, adj. des deux genres (*guiériçable*), qui peut être *guéri*.

GUÉRISSEUR, subst. mas. (*guiériceur*), celui qui *guérit*. Il est peu usité.

GUÉRITE, subst. fém. (*guiérite*) (de l'allemand *warte*, lieu élevé pour veiller, examiner, petite loge où la sentinelle se met à couvert.—Prov. et fig. : *gagner la guérite*, s'enfuir. — Terrasse ou petit donjon élevé au-dessus d'un bâtiment pour découvrir de loin.

GUERLANDE, subst. fém. (*guierlande*), t. de mar., pièce qui sert à fortifier la proue.

GUERLIN, subs. mas. (*guièrelein*), t. de mar., câble moyen qui sert à remorquer les vaisseaux.

GUERLINQUET, subst. mas. (*guièreleinkié*), t. d'hist. nat., espèce d'écureuil de la Guyane.

GUERMANTÉ, E, part. pass. de *guermanter*.

GUERMANTER, v. act. (*guièremanté*), tourmenter, inquiéter. Voy. SE GUÉMANTER. — SE GUERMANTER, v. pron.

GUERNESEY, subst. propre mas. (*guièreneзé*), île de la Manche, située à 12 lieues des côtes de France. Elle appartient à l'Angleterre.

GUERNON, subst. mas. (*guièrenon*), vieux mot qui signifiait *moustache*. Il ne se dit plus.

GUERRE, subst. fém. (*guière*) (du celtique *wer*, guerre), querelle entre deux états souverains, qui se poursuit par la voie des armes. On appelle *guerre offensive*, celle dans laquelle on se propose d'attaquer l'ennemi; *guerre défensive*, celle où l'on a pour principal objet de résister aux efforts de l'ennemi et de l'empêcher de faire des conquêtes; *guerre de campagne*, celle qui se fait entre deux armées opposées ; *guerre de siége*, celle qui consiste dans l'attaque et la défense des places; *guerre intestine*, *guerre civile*, celle qui s'allume entre les citoyens, dans l'intérieur de l'état; *guerre étrangère*, celle qui se fait contre les étrangers; *guerre navale*, ou *de mer*, celle qui se fait sur mer; *guerre de terre*, celle qui se fait sur terre ; *guerres de religion*, celles que les dissensions religieuses allument dans un pays; *guerre sainte*, celle qui s'est faite autrefois contre les infidèles pour reconquérir la terre sainte; *guerre à mort*, *guerre d'extermination*, *guerre à outrance*, celle dans laquelle on ne fait aucun quartier. — *Guerre*, signifie aussi l'art militaire, la connaissance des moyens que l'on doit employer pour faire la *guerre* avec avantage : *avoir le génie de la guerre; un grand homme de guerre; il sait bien, il comprend bien la guerre*.— *Obtenir les honneurs de la guerre*, se dit d'une garnison assiégée qui n'est pas forcée, avant de quitter la place, d'y laisser ses armes. — *Faire la guerre avec quelqu'un*, servir avec lui en temps de *guerre* dans les armées du même souverain, de la même nation, du même parti : *nous avons fait la guerre ensemble*. — Poét., en parlant des ravages exercés par les éléments, les maladies, etc. : *les éléments nous avaient déclaré la guerre*. —*Petite guerre*, exercices militaires dans lesquels on simule des batailles pour l'amusement des princes. — Fig., dans les choses morales : *faire la guerre au vice, à ses passions*. —Fig. : *c'est un foudre de guerre*, c'est un homme d'une très-grande valeur. — *Il est le flambeau de cette guerre*, il est la cause de..., etc. — *Aller à la petite guerre*, aller butiner chez l'ennemi.—Fig., et fam. : *faire la guerre aux mots*, critiquer minutieusement le style et les mots dans un ouvrage d'esprit. *Faire la guerre à l'œil*, observer les marches de quelqu'un. — *Faire la guerre* ou *la petite guerre à quelqu'un de...*, le plaisanter amicalement sur ce qu'il a dit ou fait. — *Faire quelque chose de guerre lasse*, le faire après beaucoup de résistance, après une longue attente, en ne cédant qu'à l'importunité, au temps : *il m'a tellement obsédé que, de guerre lasse, j'y ai consenti*. — *Faire bonne guerre*, garder dans la *guerre* toute l'humanité et toute l'honnêteté que les lois de la *guerre* permettent. — Au fig. : *faire bonne guerre à quelqu'un*, en user honnêtement et sans supercherie dans la discussion des intérêts qu'on a avec lui, quoiqu'on le poursuive vivement et qu'on ne cède aucun de ses avantages. — *Une chose est de bonne guerre*, conforme aux lois de la *guerre*; et fig., conforme aux lois des bienséances et de l'honnêteté. — *Y aller de bonne guerre*, y aller sérieusement.—*La guerre nourrit la guerre*, les prises sur l'ennemi servent à entretenir les armées.— *Qui terre a, guerre a*, celui qui a du bien a des affaires, des procès. — — *En guerre et en marchandise*, bon, propre à tout.—*Moitié guerre, moitié marchandise*, moitié de gré, moitié de force. — On dit : *à la guerre comme à la guerre*, pour dire que, dans certaines occasions, on est obligé de se priver de bien des choses. — *Guerre* se dit aussi en parlant des bêtes qui en attaquent d'autres pour en faire leur proie : *le loup fait la guerre aux brebis; le renard fait la guerre aux poules*.

GUERRIER, subst. mas., **GUERRIÈRE**, subst. fém. (*guièrié, rière*), celui qui fait la *guerre* et qui s'y plaît : *un grand guerrier*. — On dit en parlant d'une amazone : *cette vaillante guerrière*.

GUERRIER, adj. mas., au fém. **GUERRIÈRE** (*guièrié, rière*), qui appartient à la *guerre : exploits guerriers, actions guerrières*. — Qui aime la *guerre*, qui sait l'art de la *guerre : peuple guerrier*. — Qui est propre à la *guerre : courage guerrier; humeur guerrière*.

GUERRIÈRE, subst. et adj. fém. Voy. GUERRIER.

GUERROYER, v. neut. (*guièroé-ié*), faire la *guerre*, aimer à faire la *guerre*. Fam.

GUERROYEUR, subst. mas. (*guièroé-ieur*), celui qui fait, qui aime à faire la *guerre*. Fam.

GUESDE ou **GUÈZE**, subst. fém. (*guiède*, *guièze*), mesure de longueur usitée en Perse et dans l'Inde.

GUET, subst. mas. (*guié*) (de l'allemand *wacht*. *Ménage*), action d'épier, en parlant des soldats : *faire le guet*. — Il se disait plus souvent de la troupe chargée de faire le *guet* ou la ronde pendant la nuit : *guet à pied, à cheval ; soldat du guet ; chevalier, lieutenant du guet ; le guet vient de passer ; crier au guet*. — *Droit de guet et de garde*, droit qu'avaient certains seigneurs de faire garder leurs châteaux ou leurs villes par leurs vassaux. — *Guet*, chez le roi, signifiait le détachement des gardes-du-corps qui demeurait la nuit près de la personne du roi pour le garder. — Il se disait aussi d'un soldat placé en sentinelle pour faire le *guet : asseoir, poser le guet*.—On le disait également autrefois, suivant Richelet, de la retraite de la cavalerie sonnée par la trompette. — Prov., *avoir l'œil* ou *l'oreille au guet, faire le guet*, observer ce qui se passe.—*Mot du guet*, mot qui se donne à ceux qui font le *guet*, afin que les personnes du même parti puissent se reconnaître. — Fig., *ils se sont donné le mot du guet*, ils sont d'intelligence. — En parlant des animaux, on dit qu'ils sont *de bon guet; de bonne guette* ne serait pas français.

GUÉTABLE, adj. des deux genres (*guiétable*), sujet au *guet*.

GUET-APENS, subst. mas. (*guiètapan*) (par contraction de *guet apensé*, *guet* prémédité. Selon *Ragueau*, de *guet à pendre*, *guet* qui mérite la corde), embûche dressée pour tuer ou pour outrager quelqu'un. — Fig., dessein prémédité de nuire.—Au plur., des *guets-apens*.

GUÊTRE, subst. fém. (*guiètre*) (du bas-breton *gueltrou*), sorte de chaussure qui sert à couvrir la jambe et le dessus du soulier : *guêtre de grosse toile, de treillis*, etc. — Fig. et pop., *tirer ses guêtres*, s'en aller, s'enfuir. — *Laisser ses guêtres quelque part*, y mourir.—En t. de charpentier, demi-croix de Saint-André, posée en contre-fiche dans les pans de bois. En ce sens on dit aussi *guette*.

GUÊTRÉ, E, part. pass. de *guêtrer*.—On appelait *juge guêtré*, un juge de village, parce qu'il portait, ou était censé porter des *guêtres*.

GUÊTRER, v. act. (*guiètré*), mettre des *guêtres*. —SE GUÊTRER, v. pron.

GUETTABLE, adj. des deux genres (*guiétable*), qui est susceptible d'être *guetté*.

GUETTARDES, subst. fém. plur. (*guiétarde*), t. de bot., famille de plantes rubiacées.

GUETTE, subst. fém. (*guiéte*), t. de charpentier, demi-croix de Saint-André, posée en contre-fiche dans les pans de bois de charpente.

GUETTÉ, E, part. pass. de *guetter*.

GUETTER, v. act. (*guiété*), faire le *guet*, épier, observer à dessein de surprendre. Il est familier. —Fig. et fam., attendre quelqu'un.—On dit aussi fig., *guetter l'occasion de faire une chose; guetter le moment, l'instant favorable*, se tenir prêt à saisir l'occasion de faire une chose. — SE GUETTER, v. pron.

GUETTEUR, subst. mas., **GUETTEUSE**, subst. fém. (*guiéteur, teuze*), celui, celle qui épie, qui *guette*.

GUETTON, subst. mas. (*guièton*), t. de charpentier, petite *guette* qui se met sous les appuis des croisées; exhaussement que l'on met sous les sablières de l'entablement, sous les linteaux des portes, etc.

GUEULARD, E, subst. (*gueular, larde*), qui a l'habitude de parler beaucoup et fort haut. Voy. GUEULER. — On dit adj. en t. de manège, *cheval gueulard*, qui a la bouche forte, et qui l'ouvre quand on lui tire la bride.

GUEULE, subst. fém. (*gueule*) (en lat. *gula*), dans la plupart des quadrupèdes et des poissons, c'est la même chose que la *bouche* dans l'homme. On se sert du mot *gueule* en parlant des reptiles. On dit la *gueule* d'un lion, mais la bouche d'un cheval. Le mot *gueule* exprime plutôt la voracité sanguinaire que le mot *bouche*, et se dit particulièrement de la plupart des quadrupèdes carnassiers et des poissons; mais on ne dit pas *la gueule de l'homme*. On dit *la gueule d'un chien, la gueule d'un brochet, la gueule d'une carpe; grande gueule, gueule béante*. — Par mépris, bouche d'une personne. — Par analogie, ouverture d'un four, d'un puits, d'un pot, d'un canon, etc.—Se dit en bot., de certaines plantes monopétales, dont la fleur forme deux lèvres, ce qui les fait nommer labiées : *la sauge, le thym, le basilic ont leurs fleurs en gueule*. — T. de menuiserie, *gueule de loup*, ouverture du milieu d'une croisée, dont un battant est fouillé en creux sur le champ, pour recevoir l'autre.—En t. d'architecture, on appelle *gueule droite* et *gueule renversée*, les deux parties de la cymaise qui forment un membre dont le contour est en S. La plus avancée, qui est concave, s'appelle *gueule droite*; l'autre, qui est convexe, se nomme *gueule renversée*. — *Gueule bée* (pour béante), futaille qui n'est enfoncée que par un bout.—Fig. et fam., *en un tour de gueule*, se dit d'un animal qui mange quelque chose avec promptitude et voracité. — *Il en a menti par la gueule, par sa gueule*, expression basse, dont l'équivalent dans le style noble est : *il en a menti par la gorge*. — Pop., *donner sur la gueule à quelqu'un, lui paumer la gueule*, lui donner un soufflet, lui donner un coup de poing sur le visage. — On dit aussi pop. d'un homme qui est grand crieur, *il a toujours la gueule ouverte*; et, *il a la gueule morte*, se dit d'un médisant, d'un fanfaron, d'un grand parleur qui se trouve réduit au silence. — Prov. et fig., *la gueule du juge en pettera; il faut que la gueule du juge en pète*, se dit lorsque dans une affaire on ne veut point d'accommodement, et qu'on veut qu'elle soit jugée.—On dit fig. et pop., d'un homme qui a souvent l'injure à la bouche, qui est dur en paroles : *il a la gueule ferrée; c'est une gueule ferrée*. On le dit aussi de celui qui mange avidement des mets très-chauds ou fortement épicés; et dans ce dernier sens, on dit également *avoir la gueule pavée*. — Prov. : *mettre quelqu'un à la gueule du loup*, l'exposer sans défense à la fureur de ses ennemis. — *Etre fort en gueule*, crier fort haut.—*N'avoir que de la gueule*, avoir beaucoup de caquet et peu de bon sens.—*Venir la gueule enfarinée*, persuadé qu'on trouvera ce qu'on désire.—*Gueule fraîche*, homme de bon appétit. (*Fraîche* se prend ici dans le sens de reposé, en état de travailler, comme on dit *troupes fraîches*, qui ne sont pas fatiguées, qui peuvent combattre.)—*Mot de gueule*, paroles sales. Voy. GUEULÉE. — En général, les locutions proverbiales ou figurées dans lesquelles entre le mot *gueule* sont de mauvais goût et de mauvais ton. On doit en éviter l'emploi autant que possible, même dans le langage familier.

GUEULÉ, E, part. pass. de *gueuler*.

GUEULE-BÉE, subst. fém. (*gueulebé*), t. d'hydraul., décharge d'un bassin supérieur qui fournit une nappe ou un réservoir.

GUEULE-DE-LOUP, subst. fém. (*gueuledelou*), t. de mar., nom de la coupe angulaire des accores.— *Gueule de loup*, t. de bot., espèce de plante très-répandue dans les jardins.—Au plur., des *gueules-de-loup*.

GUEULE-DE-RAIE, subst. fém. (*gueulederé*), t. de mar., nœud qu'on fait avec le bout d'une ride autour du croc d'un palan, lorsqu'il est employé à rider. — Au plur., *des gueules-de-raie*.

GUEULÉE, subst. fém. (*gueulé*), grosse bouchée ou goulée; ce qui tient dans la *gueule* d'un animal, dans la bouche d'un homme. — Au plur., paroles sales et obscènes. Il est familier.

GUEULÉ, E, part. pass. de *gueuler*.

GUEULER, v. act. (*gueulé*), t. de chasse; il se dit d'un lévrier qui saisit bien le lièvre avec sa *gueule*. — Neut., parler beaucoup et fort haut, style bas et plaisant.

GUEULES, subst. mas. plur. (*gueule*) (du lat. *gulæ*, peaux teintes en rouge de très-grand prix, dont les rois, les princes, etc., fourraient leurs habits, et que *Caseneuve* conjecture avoir été *ainsi nommées*, parce qu'on les mettait ordinairement autour du cou et proche du gosier, *gula*. Autrefois au lieu de peindre les écus de couleur rouge, on y attachait ces peaux précieuses.) t. de blas., couleur rouge.

GUEULETON, subst. mas. (*gueuleton*), banquet, fête de *gueule*, comme dit le peuple.

GUEULETTE, subst. fém. (*gueulète*), ouverture du four de recuisson. — Ouverture du bluteau.

GUEUSAILLE, subst. fém. (*gueuzâ-ie*), t. de mépris, canaille, multitude de *gueux*. Il est fam.

GUEUSAILLER, v. neut. (*gueuzâ-ié*), faire métier de *gueuser*. Il est fam.

GUEUSANT, E, adj. (*gueuzan, zante*), qui *gueuse* actuellement : *c'est un gueux gueusant*.

GUEUSARD, E, subst. (*gueuzar, zarde*), gueux, coquin.

GUEUSE, subst. fém. (*gueuze*) (de l'allemand *giessen*, fondre, forger les métaux. *Le Duchat*.), pièce de fer fondu qui n'est point encore purifié.—Moule qu'on fait dans le sable un peu humecté, vis-à-vis le trou d'un fourneau de grosse forge, pour recevoir la matière fondue.—Dentelle très-légère de fil blanc, dont le fond est de réseau et les fleurs de cordonnet. — Petite étoffe qu'on fabrique en Flandre et qui se nomme aussi *picotte*. — Femme de mauvaise vie. Voy. aussi GUEUX, GUEUSE, adj.—T. de jeu de billard, *être en gueuse, avoir de la gueuse*, se dit lorsque les deux billes sont du même côté de la *passe*, et que celle du joueur est placée de façon que l'une des branches du fer l'empêche de pousser sa bille en ligne droite sur l'autre. Ces phrases ont vieilli, parce qu'il n'y a plus guère de billards qui aient une passe.

GUEUSE, adj. fém. Voy. GUEUX.

GUEUSÉ, E, part. pass. de *gueuser*.

GUEUSER, v. neut. et act. (*gueuzé*), demander sa vie, friponner.—Demander quelque chose bassement, avec importunité, à la façon des *gueux*.

GUEUSERIE, subst. fém. (*gueuzeri*), indigence, misère.—Fig. et fam., chose de vil prix.

GUEUSET, subst. mas. (*gueuzè*), dans les hautes forges, on donne ce nom à une petite *gueuse*.

GUEUSETTE, subst. fém. (*gueuzète*), petit godet où les cordonniers mettent le rouge ou le noir dont ils rougissent ou noircissent les souliers.

GUEUSILLON, subst. mas. (*gueuzi-ion*), t. de forge, petite *gueuse*.

GUEUX, adj. et subst. mas., au fém. **GUEUSE** (*gueu, gueuze*) (suivant *Huet*, du vieux mot français *queux*, fait du latin *coquus* ou *cocus*, cuisinier; parce que, dit *Borel*, les *gueux* suivent volontiers les cuisines. De *coquus* on a fait également *coquin*, qui, ajoute *Huet*, est un synonyme de *gueux*), qui est réduit à mendier. Il n'est que du style familier et un peu méprisant; dans le discours relevé on dit *pauvre, indigent*. — On dit prov. : *gueux comme un poëte, comme un peintre, comme un rat d'église*.—Prov. : *un avare est toujours gueux*, un avare qui se refuse jusqu'au nécessaire. — En archit. : *corniche gueuse*, trop dénuée d'ornements. — Il se dit substantivement d'un homme ou d'une femme qui demande l'aumône dans un état de dénuement absolu : *un gueux couvert de haillons vint me demander l'aumône*. Il est peu usité en ce sens au féminin. — *Un gueux, une gueuse*; un coquin, une coquine; un voleur, une voleuse.—*Gueux revêtu*, homme de néant qui a fait fortune et qui est devenu insolent.

GUEUX, subst. mas. (*gueu*), chaufferette de pauvre, de *gueux*.

GUHR, subst. mas. (*gur*), t. de min., emprunté de l'allemand; se dit des terres très-divisées et chargées de substances minérales.

GUI, subst. mas. (*gui*) (en lat. *viscum*, fait du grec ἰξυκός, éolique, pour ἰξός, glu; parce qu'on tire la glu du *gui*), plante ligneuse, parasite et toujours verte, qui ne végète point dans la terre, mais dans l'écorce des branches de différents arbres; ses fleurs sont monopétales et en cloche. Les anciens tiraient la glu des baies du *gui*; aujourd'hui on emploie au même usage l'écorce de la plante. Le *gui* du chêne était célèbre parmi les druides, qui en distribuaient des branches au peuple au commencement de l'année sacrée; de là l'expression *au gui l'an neuf*, conservée encore dans quelques pays. Quelques-uns écrivent à tort *guy*.—Espèce de beurre à demi-battu, que les Indiens Gentoux conservent frais pendant des années entières, dans des bouteilles de cuir, sans y mettre ni sel ni épice, et qui forme un aliment agréable et nourrissant. — En t. de mar., pièce de bois ronde où est amarré le bas de la voile des petits bâtiments.

GUIB, subst. mas. (*guibe*), t. d'hist. nat., mammifère ruminant, espèce de chèvre du Sénégal.

GUIBERT, subst. mas. (*guibère*), t. de comm.; on donne ce nom à des toiles blanches de lin qui se fabriquent à Louviers et aux environs. Il y en a de fines, de moyennes et de grosses.

GUIBRE, subst. fém. (*guibre*), t. de mar.; on donne ce nom à toute la charpente qu'on voit en saillie sur l'avant de l'étrave d'un grand bâtiment.

GUICHET, subst. mas. (*guiché*) (diminutif de *huis*, qui se disait anciennement pour porte. *Ménage*.), petite porte pratiquée dans une grande.—Sorte de petite fenêtre où il y a une grille.—Porte d'armoire : *armoire à quatre, à six guichets*. — Volet de fenêtre.—*Les guichets du Louvre*, portes qui servent de passage aux voitures et aux gens de pied sous la galerie.

GUICHETIER, subst. mas., **GUICHETIÈRE**, subst. fém. (*guichetié, tière*), celui, celle qui a soin de la porte d'une prison, qui ouvre et ferme les *guichets*.

GUIDE, subst. mas. (*guide*), celui qui accompagne quelqu'un pour lui montrer le chemin. On disait autrefois *une guide*. — *Payer les guides, payer les guides doubles*, payer au postillon le droit ou le double du droit prescrit par chaque poste.—T. de mar., cordage, manœuvre qui hale le palan d'étai à volonté sur l'avant du grand mât. — Quelques marins nomment *guides* les gouvernails des drisses des huniers.—Les Anglais donnent le nom de *guide* au canot le plus léger qu'il soit possible de construire pour la mer. — En t. de musique, la première partie qui entre dans une fugue, et qui annonce le sujet.—En t. de men., morceau de bois qui s'applique au côté d'un rabot ou autre instrument de cette nature, et qui dirige le mouvement qu'on lui donne en travaillant.—En t. de fondeurs de caractères, espèce d'équerre limée un peu en talus en dessous. — En t. de cartiers, outil qui sert à diriger le travail des emporte-pièces ou des poinçons. Les cartiers appellent aussi *guides*, les traits du moule tracés autour des cartons pour diriger le coupeur des cartes à jouer.—T. d'art militaire; on donne ce nom à des gens du pays, choisis pour conduire l'armée et les détachements dans les marches. On forme, dans les armées, des *compagnies de guides; capitaine des guides*.—Dans les dernières guerres, on a appelé *guides* des compagnies ou des escadrons qui étaient comme les gardes-du-corps du général en chef. — Fig., celui qui donne des instructions, des avis : *ce jeune homme a besoin d'un guide*.—Il se dit également de tout ce qui dirige ou inspire quelqu'un dans ses travaux, dans ses études, dans ses actions, ses recherches, etc.: *cet auteur n'est pas un bon guide; prendre la sagesse pour guide; la passion est un guide dangereux*.—Il s'emploie aussi en parlant de divers ouvrages qui renferment des conseils sur certains devoirs, des instructions sur un art, des renseignements sur un pays, etc. : *le Guide des mères; le Guide du voyageur en Suisse; le Guide de l'arpenteur*.

GUIDE, subst. fém. (*guide*), longe de cuir attachée à la bride d'un cheval attelé à une voiture. —On distingue deux sortes de *guides*, *les petites guides*, que l'on attache aux branches du mors qui sont en dedans et du côté du timon, et qui, par l'autre bout, vont, après s'être croisées, aboutir aux grandes *guides*, où elles sont aussi attachées par des boucles; *les grandes guides* qui s'attachent aux branches du mors, en dehors, au moyen de deux boucles, et que le cocher tient dans ses mains, afin de pouvoir, par leur moyen, gouverner les chevaux et leur faire faire tous les mouvements qu'il convient.—En t. d'oiseleur, les perches du filet à alouettes. Dans ces deux dernières acceptions il s'emploie ordinairement au plur. — On prononce l'*u* dans *le Guide*, peintre célèbre d'Italie. Dites *gu-ide*.

GUIDÉ, E, part. pass. de *guider*.

GUIDE-ÂNE, subst. mas. (*guidâne*), outil qui sert à conduire un foret pour percer droit les platines de montres et de pendules. — Sorte de couteau à deux lames dont les cornetiers se servent pour faire les dents des peignes.—Bref; ordo pour dire le bréviaire. — *Guide-âne* se dit fam. de notes ou renseignements que l'on prend ou que l'on donne par écrit, pour aider la mémoire dans diverses circonstances : *c'est mon guide-âne; donnez-lui son guide-âne*, c'est ce qu'on appelle autrement *aide-mémoire*.—Au plur., des *guide-âne*.

GUIDEAU, subst. mas. (*guidô*), filet de pêcheur en manche, dont l'embouchure, qui est large, se présente à un courant qui la traverse : *contre le courant on tend les guideaux en traîne*.

GUIDER, v. act. (*guidé*) (du lat. *videre*, voir. *Bovillius*.), conduire dans un chemin. — Il se dit des choses qui mettent sur la voie : *ses traces nous guidèrent jusqu'à sa retraite*.—Au fig. : *guider à la gloire; guider dans le chemin de la gloire, de la vertu*. — Faire aller, diriger, gouverner : *guider un vaisseau*.—Fig., diriger dans une affaire : *guidez-moi, je vous prie, dans cette circonstance; c'est moi qui le guidai dans ses démarches*.—Fig. dans le même sens : *vous n'êtes guidé que par la passion; c'est son intérêt, son ambition qui le guide; cet animal n'est guidé que par son instinct*. — GUIDER, CONDUIRE, MENER. (*Syn.*) L'idée propre et unique de *guider* est d'éclairer ou montrer la voie; l'idée de *conduire* est de diriger, régir, gouverner une suite d'actions; celle de *mener* est de disposer de l'objet ou de sa marche.—On *guide* celui qui ne saurait aller sans *guide*; on *conduit* celui qui n'irait pas ou irait peut-être mal sans conducteur; on *mène* celui qui ne peut pas, ne veut pas, ne doit pas aller seul. Il y a dans le premier une pure ignorance; dans le second, de la soumission ou de la défiance de soi-même; dans le dernier, de la dépendance, de l'impuissance ou de la faiblesse. Le sens ordinaire de ces mots est le même au fig. Vous *guidez* un voyageur, un apprenti, un écolier, etc. ; vous *conduisez* un étranger, un client, un ami; vous *menez* des enfants, des aveugles, des prisonniers. — L'art *guide* le médecin ; le médecin *conduit* le malade ; et la nature *mène* le malade à la santé ou à la mort. La boussole *guide* le navigateur ; le pilote *conduit* le vaisseau ; les vents *mènent*. — SE GUIDER, v. pron.

GUIDON, subst. mas. (*guidon*), petit drapeau d'une compagnie.—Officier qui le porte.—Il signifie aussi la charge de *guidon*.—Petit drapeau qui sert pour l'alignement dans les manœuvres de l'infanterie.—Bannière de la sainte Vierge ou du saint patron d'une église.—Petit bouton en forme de grain d'orge sur le canon d'une arme à feu, vers son extrémité, pour *guider* la vue.—En musique, marque au bout d'une ligne pour indiquer où est placée la première note de la ligne suivante. — *Guidon du renvoi*, marque que l'on fait en ajoutant quelque chose à un écrit pour indiquer le lieu où l'addition doit être placée; la même marque est répétée à la marge au commencement de cette addition. — Les filous appelaient autrefois *guidon*, un petit point d'encre qu'ils mettaient adroitement sur la tranche d'une carte. —T. de mar., marque distinctive que porte, à la tête du grand mât, le chef de division, ou capitaine de vaisseau commandant une division de bâtiments de guerre, au nombre de trois au moins. — T. de blas., enseigne militaire longue, étroite et fendue. — *Guidon* se disait autrefois dans le sens de *guide, manuel*, de certains ouvrages ou traités spéciaux : *le Guidon des finances*.

GUIDONNAGE, subst. masc. (*guidonaje*), fonction de *guidon*. — Manière de porter le *guidon*.

GUIDONNÉ, E, part. pass. de *guidonner*.

GUIDONNER, v. act. (*guidoné*), vieux terme de filou, marquer la tranche d'une carte d'un point d'encre, qu'on appelait *guidon*.

GUIÉ, E, part. pass. de *guier*.

GUIER, v. act. (*guié*), vieux mot inusité qui signifiait conduire, mener.

GUIGNARD, subst. mas. (*guigniar*), t. d'hist. nat., sorte de petit pluvier. — Espèce de poisson du genre salmone.

GUIGNE, subst. fém. (*guignie*), sorte de cerise que porte le *guignier*; elle est douce, et assez approchante du goût et de la forme du bigarreau : *guigne noire, rouge, blanche; un panier de guignes*.

GUIGNÉ, E, part. pass. de *guigner*.

GUIGNEAUX, subst. mas. plur. (*guigniô*, pièces de bois dans la charpente d'un toit pour laisser une ouverture à la cheminée.

GUIGNER, v. act. et neut. (*guignié*) (de l'espagnol *guinar*), regarder du coin de l'œil : *guigner le jeu de son voisin*; et neutralement : *guigner de l'œil, d'un œil*. — Fig. et fam., former quelque dessein sur une personne, sur une chose : *il a long-temps guigné cette héritière, cette charge*.

GUIGNETTE, subst. fém. (*guigniète*), t. d'hist. nat., petite alouette de mer.—T. de mar., sorte de ciseau de calfat.

GUIGNIER, subst. mas. (*guignié*), t. de bot., arbre qui porte des *guignes*.

GUIGNOLE, subst. fém. (*guigniole*), t. de monnaie, petit bâton percé où l'on suspend les petites balances.

GUIGNOLET, subst. mas. (*guigniolé*), liqueur faite avec des *guignes*.

GUIGNON, subst. mas. (*guignion*), malheur. Il se dit proprement du jeu, et par extension de toute autre chose. Il est fam.

GUIGUE, subst. fém. (*guigue*), sorte de voiture de chasse. On dit aussi *gigue*.

* **GUI-GUI-GUI**, subst. mas. (*guiguigui*), mimologisme du gazouillement des petits oiseaux qui n'ont pas quitté le nid. (*Buffon*.)

GUILBOQUET, subst. mas. (*guilebokié*), outil pour tracer des parallèles au moyen d'une pointe qui glisse le long des planches.

GUILDER, subst. mas. (*guiledère*) (du plat allemand *guilder*, florin), monnaie d'argent du nord de l'Allemagne, qui vaut environ 2 fr. 70 c.

GUILDIVE, subst. fém. (*guiledive*), eau-de-vie, esprit tiré du sucre.—T. de pêche. Voy. GUELDRE.

GUILDIVIER, subst. mas. (*guiledivié*), fabricant de *guildive*.

* **GUILÉE**, subst. fém. (*guilé*), pluie soudaine. On dit plus souvent *giboulée*.

GUILLAGE, subst. mas. (*gui-iaje*), t. de brasserie, fermentation par le moyen de laquelle la bière récemment entonnée pousse hors du tonneau l'écume nommée *levure*.

GUILLANTE, subst. fém. (*gui-iante*), t. de brasseur, espèce de bière qui jette sa levure.

GUILLAU-D'EUCHAYE, subst. mas. (*gui-iôdeuché-ie*), t. de comm., sorte de toile des Indes.

GUILLAUME, subst. mas. (*gui-iôme*), sorte de rabot de menuisier : *guillaume à ébaucher, guillaume à plates-bandes*.

GUILLÉ, part. pass. de *guiller*.

GUILLEDIN, subst. mas. (*gui-iedein*) (de l'anglais *gelding*, hongre, fait du verbe *to geld*, châtrer, couper), cheval hongre anglais, qui va l'amble.

GUILLEDOU, subst. mas. (*gui-iedou*) (de *gildonia* , espèce d'ancienne confrérie qui subsiste encore en quelques endroits d'Allemagne, où l'on faisait des festins, etc., qui pouvaient servir de prétexte à d'autres débauches. *Ménage*.) : *courir le guilledou*, aller souvent et surtout la nuit dans des lieux de débauche.

GUILLEMET, subst. mas. (*gui-iemé*) (du nom de son inventeur *Guillemet* ou *Guilimet*, qui le substitua à l'*anti-lambda* des anciens manuscrits), espèce de caractère figuré ainsi », et qui représente à peu près deux virgules assemblées, dont on se sert pour annoncer au lecteur que ce qu'il va lire est tiré d'un autre auteur que celui qu'il lit : *mettre des guillemets à un passage*.

GUILLEMETELIN, subst. mas. (*gui-iemételein*), sectaire dont le chef prétendait être le Saint-Esprit.

GUILLEMETÉ, E, part. pass. de *guillemeter*.

GUILLEMETER, v. act. (*gui-iemeté*), mettre des *guillemets*.—SE GUILLEMETER, v. pron.

GUILLEMETTE, adj. fém. (*gui-iemète*), sotte, impertinente. Il est vieux.

GUILLEMIN, subst. mas. (*gui-iemein*), ordre de religieux; il se dit aussi des *Blancs-Manteaux*.

GUILLEMOT, subst. mas. (*gui-iemô*), t. d'hist. nat., oiseau aquatique et palmipède.

GUILLENDOUX, subst. mas. (*gui-iandou*), espèce de raisin qui croît en Champagne.

GUILLER, v. neut. (*gui-ié*), t. de brasseur; il se dit de la bière qui fermente et jette sa levure.

GUILLERET, adj. mas., au fém. GUILLERETTE (*gui-ieré, rète*), gai, gaillard, éveillé.— Fig. : *habit guilleret*, trop léger pour la saison. —*Ouvrage guilleret*, peu solide et gai.

GUILLERETTE, adj. fém. Voy. GUILLERET.

* **GUILLERI**, subst. mas. (*gui-ieri*), chant du moineau.

GUILLOCHÉ, E, part. pass. de *guillocher*, et adj. : *une montre guillochée*.

GUILLOCHER, v. act. (*gui-ioché*), faire des *guillochis* : *guillocher une tabatière*.—SE GUILLOCHER, v. pron.

GUILLOCHIS, subst. mas. (*gui-iochi*), ornement formé par des lignes, des traits entrelacés les uns dans les autres.—Compartiment d'un parterre en buis. Dans ce sens, on dit aussi *entrelacs*.

GUILLOIRE, subst. fém. (*gui-ioare*), cuve pour faire *guiller*.

GUILLOTINE, subst. fém. (*gui-iotine*), instrument de supplice attribué faussement à un médecin nommé *Guillotin*, et qui consiste à trancher la tête par une opération entièrement mécanique. Cet instrument n'est pas aussi nouveau qu'on le croit ; on le trouve, à quelques modifications près, connu et usité, dès le seizième siècle, en Allemagne, en Écosse, en Angleterre. Dans l'Yorckshire, on l'appelait (nous ignorons pourquoi) *the maiden* ou *la pucelle*. Il était également connu des Italiens depuis long-temps.

GUILLOTINÉ, E, subst. (*gui-iotiné*), qui est mort par le supplice de la *guillotine*.

GUILLOTINÉ, E, part. pass. de *guillotiner*.

GUILLOTINEMENT, subst. mas. (*gui-iotinemant*), action de *guillotiner*.

GUILLOTINER, v. act. (*gui-iotiné*), trancher la tête au moyen de la *guillotine*.—SE GUILLOTINER, v. pron.

GUIMAUVE, subst. fém. (*guimôve*) (du lat. *ibiscomalva* ; *ibiscus* est le nom que les Latins ont donné à cette espèce de mauve), t. de bot., plante vivace dont la racine, l'une des cinq racines émollientes, abonde en suc mucilagineux et gluant. On la nomme la *guimauve des boutiques*, pour la distinguer des autres *guimauves*.

GUIMAUX, subst. mas. plur. (*guimô*), t. d'agric., prés qu'on fauche deux fois l'an.

GUIMBARDE, subst. fém. (*guieinbarde*), sorte d'instrument que quelques-uns appellent *trompe, trompe à laquais*, d'autres, *rebute*, et d'autres, *guitare*. Le nom de *guimbarde* lui a été donné par onomatopée, du son *guin, guin, guin*, qu'il produit lorsqu'on le fait résonner. C'est un demi-cercle de fer ou de laiton, terminé par deux branches parallèles, et qui a, dans son milieu, une baguette d'acier que l'on fait frémir avec le doigt index de la main droite. On chante un air en même temps qu'on fait résonner l'instrument, qu'on tient entre les dents. — Espèce d'ancienne danse. —Sorte de jeu de cartes qu'on appelle aussi *la mariée*. La dame de cœur en est la principale carte.— Outil de menuiserie, formé d'un morceau de bois, au milieu duquel on passe un fer de bouvet arrêté avec un coin.— Long charriot pour voiturer les marchandises.

GUIMBERGE, subst. fém. (*guieinbèreje*), ornement et cul-de-lampe aux clefs des voûtes gothiques.

GUIMÉE, subst. fém. (*guimé*), bâton d'un étendoir. Peu usité.

GUIMPE, subst. fém. (*guieinpe*) (suivant *Du Cange*, du lat. barbare *guimpa* ou *vimpa*, nom que les habitants de Catane donnent encore aujourd'hui au voile de sainte *Agathe*, qu'ils conservent parmi leurs reliques), morceau de toile avec lequel les religieuses se couvrent le cou et la gorge.

GUIMPÉ, E, adj. (*guieinpé*), t. de menuiserie : *doucine guimpée*, celle dont la baguette est plus élevée que le bas du devant du talon ou bouvement. On dit aussi *guimbée*.

· **SE GUIMPER**, v. pron. (*ceguieinpé*), se faire religieuse. (*Boiste*.) Hors d'usage.

GUINCHE, subst. fém. (*guieinche*), outil de cordonnier pour polir les talons des souliers de femmes.— Le peuple dit souvent *guinche* pour *guinguette* : *aller à la guinche*.

GUINDA, subst. mas. (*guieinda*), t. de manuf., petite presse à moulinet dont on se sert pour catir à froid les étoffes.

GUINDAGE, subst. mas. (*guieindaje*), action d'élever les fardeaux qu'on embarque sur un vaisseau.—Cordages qui servent à charger et à décharger les marchandises.—Le salaire qu'on donne à ceux qui les chargent ou déchargent.—Distance entre la poulie crochée sur l'élingue, et celle qui est au haut de l'appareil.

GUINDAL ou **GUINDEAU**, subst. mas. (*guieindal, dô*), machine pour élever les grands fardeaux.

GUINDANT, subst. mas. (*guieindan*), hauteur d'un pavillon de vaisseau. Sa longueur s'appelle le *battant*.

GUINDAS, subst. fém. plur. (*guieindâ*), nom collectif qui s'applique en général à toutes les machines propres à élever des fardeaux.

GUINDE, subst. fém. (*guieinde*), t. de manuf., petite presse à moulinet. — La même chose que *guindal*. Voy. ce mot.

GUINDÉ, E, part. pass. de *guinder*, et adj., au fig. : *discours, style guindé*, forcé, affecté.

GUINDER, v. act. (*guieindé*) (de l'allemand *winder*), hausser, lever en haut par le moyen d'une machine : *guinder un fardeau, des pierres.* — Au fig., il se dit de l'esprit et des choses d'esprit où l'on affecte trop d'élévation : *guinder son style ; il ne faut point guinder son esprit.* — En t. de mar., *guinder un mât de hune, de perroquet*, etc — SE GUINDER, v. pron., s'élever, se porter en haut. — Fig. : *se guinder l'esprit*, affecter trop d'élévation.

GUINDERESSE, subst. fém. (*guieinderèce*), t. de mar., cordage qui sert à *guinder* les voiles.

GUINDERIE, subst. fém. (*guieinderi*), gêne, contrainte. Il est peu usité.

GUINDOULE, subst. fém. (*guieindoule*), t. de mar., machine pour décharger les vaisseaux.

GUINDRE, subst. mas. (*guieindre*), petit métier pour doubler la soie filée.

GUINÉE, subst. fém. (*guiné*), monnaie d'or en Angleterre, ainsi appelée de la contrée d'Afrique qui porte ce nom, et d'où fut apportée la matière dont les premières *guinées* furent fabriquées. Elle a cours pour vingt-un schellings ou sous tournois, à peu près vingt-quatre francs quinze centimes. — Sorte de toiles bleues, qui, dans l'Inde, forment principalement le commerce de Pondichéri. Elles sont ainsi nommées, parce qu'on les emploie à *la traite des Nègres*, et que c'est sur les côtes de *Guinée* qu'elles trouvent leur débouché. — Peau de bœuf travaillée d'une manière particulière en chamois. C'est le buffle employé dans l'équipement de la cavalerie. — Sobriquet que l'on donne quelquefois aux Nègres. En ce sens, il est mas.

GUINÉE, subst. propre fém. (*guiné*), vaste contrée sur la côte occidentale d'Afrique, qui s'étend depuis le Rio-Mesurado, jusqu'à l'extrémité du royaume de Benin. — *Nouvelle Guinée*, île de l'océan Pacifique, appelée aussi *terre des Papous.*

GUINÉEN, subst. propre mas. (*guiné-ein*), habitant de la *Guinée*.

GUINEGATE, subst. propre mas. (*guineguate*), petite ville de France, dép. du Pas-de-Calais, célèbre par la bataille dite des *éperons*, livrée en 1513 entre les Français et les Anglais.

GUINES, subst. propre mas. (*guine*), ville de France, chef-lieu de canton, dép. du Pas-de-Calais.

GUINGAMP, subst. propre mas. (*guieinguan*), petite ville de France, ancienne capitale du duché de Penthièvre, chef-lieu de sous-préfecture, dép. des Côtes-du-Nord.

GUINGAN, subst. mas. (*guieinguan*), sorte de toile de coton, quelquefois mêlée de fils d'écorce d'arbre. Il y en a qui sont moitié soie et moitié fils d'écorce. Elles viennent du Bengale. On dit et on écrit aussi quelquefois dans le commerce *guingam*, ou *gingam.*

GUINGAR, subst. mas. (*guieinguar*), t. d'hist. nat., terre argileuse, aurifère, de la Nigritie, avec laquelle les Nègres font des pipes.

GUINGOIS, subst. mas. (*guieinguoa*) (du verbe *guigner*, regarder du coin de l'œil, et en quelque sorte de travers, ce qui n'est point droit : *il y a un guingois dans ce cabinet.* — Fig. et fam. : *il y a dans son esprit un guingois qui choque.* — Il s'emploie surtout adverbialement : *jardin, chambre de guingois ; s'habiller, se mettre, marcher de guingois ; avoir l'esprit de guingois.*

GUINGUET, TE, adj. (*guieinguiè, ète*), étroit. — Subst. mas., camelot qu'on fabrique à Amiens.

GUINGUETTE, subst. fém. (*guieinguiète*), petit cabaret hors de la ville, où le peuple va boire en certains jours. — Fig. et fam., petite maison de campagne. — Sorte de pipe dont le fourneau est fort petit. — Au plur., toiles d'étoupe de lin, teintes en petit teint, qui se fabriquent en Basse-Normandie.

GUINGUIN, subst. mas. (*guieinguiein*), t. de menuis., petit panneau de parquet.

GUIOLLE (LA), subst. propre fém. (*laguiole*), petite ville de France, chef-lieu de canton, dép. de l'Aveyron.

GUIORÉ, part. pass. de *guiorer*.

GUIORER, v. neut. (*gui-oré*) (en lat. *desticare*), crier comme la souris. Onomatopée. (*Boiste.*)

GUIPÉ, subst. mas. (*guipé*), point de broderie qui n'a lieu que sur le vélin.

GUIPÉ, E, part. pass. de *guiper*.

GUIPER, v. act. (*guipe*), t. de rubanier, passer un brin de soie sur ce qui est déjà tors. — SE GUIPER, v. pron.

GUIPOIR, subst. mas. (*guipoar*), outil de fer employé pour faire des franges torses.

GUIPON, subst. mas. (*guipon*), morceau de linge au bout d'un bâton, qui sert aux mégissiers à mettre les peaux en chaux. — Dans la marine, grosse brosse ou pinceau pour brayer et suiver les coutures et le fond d'un vaisseau. — On dit aussi *guispon.*

GUIPURE, subst. fém. (*guipure*), t. de brodeurs, espèce de dentelle de fil ou de soie tortillée, dans laquelle il entre de la cartisane, et qu'on met autour d'un autre cordon de soie ou de fil. — *Broderie en guipure*, vélin découpé conformément au dessin que l'on veut suivre, et sur lequel on coud de l'or ou de l'argent.

GUIRIOT, subst. mas. (*guiriô*), tambour des nègres.

GUIRLANDE, subst. fém. (*guirlande*) (de l'italien *ghirlanda*, formé, dans la même signification, des deux mots de l'ancien lombard *wiren*, tourner, et *rande*, bande. *Wiren rande* ou par contraction *wirrande*, bande qui entoure, couronne. *Trévoux*, d'après les *Bollandistes*), couronne, chapeau, festons en fleurs. — Ornement d'architecture que les sculpteurs composent de petits festons formés de bouquets, etc. — T. de mar. Voy. GUERLANDE.

GUIRLANDÉ, E, part. pass. de *guirlander*.

• **GUIRLANDER**, v. act. (*guirlandé*), orner d'une *guirlande ;* couronner. Mot de la création de *Beaumarchais* dans un de ses mémoires : *pour en guirlander son mémoire.* Il n'a point été adopté, et il ne pourrait appartenir qu'au style plaisant et satirique.

GUIRNEGAT, subst. mas. (*guirnegua*), t. d'hist. nat., espèce de bruant du Brésil.

GUIRON, subst. mas. (*guiron*), t. de pêche, sorte de filet en usage sur les côtes de Provence.

GUISARME, subst. mas. (*gu-izarme*), hache à deux tranchants.

GUISARMIER, subst. mas. (*gu-izarmié*), t. d'antiq., soldat armé du *guisarme.*

GUISE, subst. fém. (*guize*) (du teuton *weise*), manière, façon : *chaque pays a sa guise.* — *Vivre, agir, se gouverner à sa guise*, c'est-à-dire, selon sa manière de voir, ses idées, sa volonté. — Prov., *chacun se fouette à sa guise*, se conduit comme il veut. — *En guise de...*, adv., en manière, en façon de, comme : *prendre de la sauge en guise de thé.* — On fait sentir l'*u* dans *Guise*, nom de ville et nom d'homme ; dites, *gu-ize.*

GUISÉ, part. passé de *guiser*.

GUISER, v. neut. (*guizé*), gazouiller à la manière des chardonnerets. (*Boiste.*)

GUITARE, subst. fém. (*guitare*) (de l'espagnol *guitarra*, fait dans la même signification du grec χιθαρα, qui signifiait un instrument de musique et une tortue), instrument de musique à cinq rangs de cordes. — On dit pincer de la *guitare.* — *Guitare à double jeu*, *guitare* qui permet de jouer en sourdine. — *Guitare-lyre*, instrument qui participe de la *guitare* et de la lyre. — En t. d'hist. nat., on donne le nom de *guitare* à une coquille appelée aussi *trompette de dragon.*

GUITARISTE, subst. des deux genres (*guitaricete*), qui joue de la *guitare.* — Maître de *guitare.*

GUITERNE, subst. fém. (*guitèrene*), t. de mar., arc-boutant qui tient les antennes d'une machine à mâter.

GUIT-GUIT, subst. mas. (*guite-guite*), t. d'hist. nat., grimpereau d'Amérique.

GUITRAN, subst. mas. (*guitran*) (de l'arabe *kitran*), espèce de bitume dont on enduit les navires.

GUITON, subst. mas. (*guiton*), t. de mar., garde, service à bord. — Durée de ce service.

GUITRE, subst. mas. (*guitre*), nom d'un parti qui s'organisa à *Guitres*, bourg de la Guyenne, en 1884, à propos des droits excessifs de la gabelle.

GUIVRE, subst. fém. (*guivre*), t. de blas., grosse couleuvre tortillée, mise en pal.

GUIVRÉ, E, adj. Voy. VIVRÉ, qui semble être le même.

GULPE, subst. mas. (*gulepe*), t. de blas., tourteau de pourpre qui tient le milieu entre le besan qui est toujours de métal, et le tourteau qui est toujours de couleur.

GUMÈNE, subst. fém. (*gumène*), t. de blason, le câble d'une ancre. — En t. de marine et dans le Levant, grand cordage. On l'appelle aussi *gume.*

GUNEL, subst. mas. (*gunèle*), t. d'hist. nat., espèce de poisson du genre blennie.

GUNNÈRE, subst. fém. (*gunenère*), t. de bot., espèce d'ortie vivace.

GUNTER (ÉCHELLE DE), subst. fém. (*guontère*), échelle logarithmique, ainsi appelée du nom de son inventeur.

GUR, subst. mas. (*gur*), t. de comm., toile blanche de coton, qui vient des Indes.

GURAÈS, subst. mas. (*gura-èce*), t. de comm., toile peinte du Bengale.

GURLET, subst. mas. Voy. CRELET.

GURNEAU, subst. mas. (*gurnô*), t. d'hist. nat., poisson osseux et thoracique.

GUSBABUL, subst. mas. (*gucebabule*), t. d'hist. nat., espèce de pierre fine.

GUSE, subst. fém. (*guze*), se dit en t. de blas., des tourteaux de couleur sanguine ou de laque.

GUSTATIF, adj. et subst. mas., au fém. GUSTATIVE (*gucetatif, tive*), qui sert au *goût.* — Il se dit, en t. d'anat., du nerf qui transmet au cerveau la sensation du goût : *nerf gustatif.*

GUSTATION, subst. fém. (*gucetâcion*) (en lat. *gustatio*, fait de *gustare*, goûter), t. de phys., sensation du *goût*, perception des saveurs.

GUSTATIVE, adj. fém. Voy. GUSTATIF.

GUTTE, subst. et adj. fém. (*gute*), substance solide composée de matières extractives, qui se retire par incision d'un arbre. Voy. GOMME-GUTTE.

GUTTIER ou **GUTTIFÈRE**, subst. mas. (*gutié, gutetifère*) (du lat. *gutta*, goutte, et *fero*, je porte), t. de bot., dans la méthode naturelle de *Jussieu*, famille d'arbres et d'arbustes exotiques, dont presque toutes les espèces fournissent un suc gommeux ou résineux.

GUTTURAL, E, adj. (*guteturale*), t. d'anat. ; il se dit des parties relatives au gosier. — T. de grammaire ; se dit des lettres, des articulations qui se prononcent du gosier : *sons gutturaux, lettres gutturales.* — En parlant des lettres, on l'emploie aussi comme subst. fém. : *les labiales, les dentales, et les gutturales ; la gutturale* K. — Au plur. mas., *gutturaux.*

GUTTURAUX, adj. mas. plur. Voy. GUTTURAL.

GUTTURO-MAXILLAIRE, subst. et adj. fém. (*guteturô-makcilelère*) ; t. d'anat., il se dit de l'artère *maxillaire* interne.

GUTTURO-PALATIN, subst. et adj. mas. (*guteturôpalatein*), t. d'anat., se dit du rameau *palatin* postérieur.

GUYANE, subst. propre fém. (*gui-iane*), vaste contrée de l'Amérique méridionale, située entre l'Orénoque et l'Amazone. Elle est divisée en quatre parties qui appartiennent à la France, à l'Espagne, à la Hollande et au Portugal.

GUYENNE et **GASCOGNE**, subst. propre fém. (*gui-iène, guacekognie*), anciennes provinces de France, comprises aujourd'hui dans les dép. de la Gironde, de la Dordogne, de Lot-et-Garonne, des Landes, du Gers et des Hautes-Pyrénées.

GUZÉNIS, subst. mas. (*guzénice*), t. de comm., sorte de toile des Indes.

GUZLA, subst. fém. (*guzela*), instrument de musique des Morlaques, espèce de violon monté d'une seule corde de crin, qu'on fait vibrer avec un archet garni d'une seule corde de boyau.

GYAS, subst. propre mas. (*ji-âce*), myth., fils de la Terre, un des géants qui avaient cent mains. C'était aussi le nom d'un Troyen de la suite d'Énée.

GYGÈS, subst. propre mas. (*jijèce*), myth., Lydien célèbre par son anneau enchanté, au moyen duquel il devint roi de Lydie. — Il était postérieur à un autre Gygès, aussi roi de Lydie, qu'Apollon jugea moins heureux qu'un pauvre Arcadien nommé Aglaüs. — Ce fut aussi le nom d'un géant, frère de Briarée.

GYLONGS, subst. mas. plur. (*jilon*), prêtres du Thibet qui font le service religieux auprès du grand lama.

GYMNASE, subst. mas. (*jimenâze*) (en grec γυμνάσιον, fait de γυμνος, nu, parce qu'on était nu ou presque nu pour se livrer plus librement aux exercices du corps.), lieu où les Grecs s'exerçaient à différents jeux propres à développer le corps et à le fortifier. — On applique ce nom, chez les modernes, à certains établissements où l'on forme la jeunesse aux exercices du corps : *le gymnase d'un collége ; les gymnases d'Allemagne.* — On le dit encore par extension de tout établissement où l'on cultive certains arts, où on les enseigne, où on s'y exerce : *gymnase de danse, de peinture ; gymnase littéraire ; gymnase musical ; le théâtre du Gymnase dramatique.*

GYMNASIARQUE, subst. mas. (*jimenâziarke*) (en grec γυμνασιαρχος, formé de γυμνασιον, gymnase, et de αρχη, commandement), chef du *gymnase.*

GYMNASIUM, subst. mas. (*jimenâziome*), t.

d'antiq., quartier de l'ancienne Rome où l'on s'exerçait à la lutte.

GYMNASTE, subst. mas. (*jimenacete*) (en grec γυμναστης), officier préposé dans le *gymnase* pour l'éducation des athlètes, et chargé du soin de les former à différents exercices.

GYMNASTÉRION, subst. mas. (*jimenacetérion*), lieu des *gymnases* où l'on quittait ses habits, soit pour le bain, soit pour les exercices, et où l'on venait ensuite les reprendre.

GYMNASTIQUE, subst. fém. (*jimenacetike*) (en grec γυμναστικη, fait de γυμναζω, j'exerce), l'art d'exercer le corps : *la gymnastique militaire, médicale; la gymnastique des Grecs; la gymnastique moderne; école, leçons de gymnastique.*

GYMNASTIQUE, adj. des deux genres (*jimenacetike*) (en grec γυμναστικος), qui appartient aux exercices du corps, à la *gymnastique : jeux, exercices gymnastiques.*

GYMNÉTÈRES, subst. mas. plur. (*jimenétère*), t. d'hist. nat., genre de poissons qui n'a point de nageoire de l'anus.

GYMNIQUE, adj. des deux genres (*jimenike*)(en grec γυμνικος, fait de γυμνος, nu), t. d'antiq., *jeux gymniques*, jeux publics où les athlètes combattaient nus.—On appelait ainsi tous les jeux qu'on célébrait dans la Grèce, comme la course, le saut, le disque ou palet, la lutte, etc. — Subst. fém., science des exercices du corps propres aux athlètes : *la gymnique.*

GYMNOCARPE, subst. mas. (*jimenokarpe*), t. de bot., arbrisseau de la famille des portulacées. —Genre de champignons.

GYMNOCÉPHALE, subst. fém. (*jimenocéfale*), t. d'hist. nat., nom générique des choucas chauves.

GYMNODONTE, subst. mas. (*jimenodonte*), t. d'hist. nat., famille de poissons ostéodermes.

GYMNOMURÈNE, subst. fém. (*jimenomurène*), t. d'hist. nat., genre de poissons apodes.

GYMNONECTE, subst. mas. (*jimenonèkte*) (du grec γυμνος, nu, sans armes, et νηκτης, nageur), t. d'hist. nat., famille de crustacés.

GYMNOPE, subst. mas. (*jimenope*), t. de bot., genre de champignons.

GYMNOPÉDIE, subst. fém. (*jimenopédi*) (en grec γυμνοπαιδια, formé de γυμνος, nu, et παις, jeune homme), t. d'antiq., danse religieuse en usage à Lacédémone, et dans laquelle les danseurs étaient nus.

GYMNOPÉDIQUE, adj. des deux genres (*jimenopédike*), se dit d'une danse bachique et de ce qui est relatif à la *gymnopédie.*

GYMNOPODE, subst. mas. (*jimenopode*) (du grec γυμνος, et πους, gén. ποδος, pied), qui marche pieds nus; se disait de certains ordres de moines mendiants.

GYMNOPOGON, subst. mas. (*jimenopoguon*) (du grec γυμνος, nu, et πωγων, barbe), t. de bot., genre de plantes.

GYMNOPOME, subst. mas. (*jimenopome*) (en grec γυμνος, nu, et πωμα, couvercle, opercule), t. d'hist. nat., famille nombreuse de poissons holobranches.

GYMNOPTÈRE, subst. mas. (*jimenopetère*) (du grec γυμνος, nu, et πτερον, aile), t. d'hist. nat., nom générique de tous les insectes à quatre ailes nues.

GYMNOSOPHISTE, subst. mas. (*jimenoçoficete*) (du grec γυμνος, nu, et σοφος, sage), nom donné par les anciens à des philosophes indiens qui allaient presque nus; les brachmanes en étaient une secte. Ils s'abstenaient de viandes, renonçaient à toutes les voluptés, et s'adonnaient à la contemplation de la nature.

GYMNOSPERME, adj. des deux genres (*jimenocepèreme*) (du grec γυμνος, nu, et σπερμα, semence), t. de bot., se dit des plantes qui n'ont point de péricarpe, et dont les graines sont nues au fond du calice.

GYMNOSPERMIE, subst. fém. (*jimenocepèremi*) (même étym. que celle du mot précéd.), t. de bot., nom du premier ordre de la didynamie de *Linnée*. Il renferme les plantes dont les fleurs hermaphrodites ont quatre étamines, deux grandes et deux petites, et dont le fruit, appelé *gymnosperme*, consiste en quatre semences nues.

GYMNOTE, subst. mas. (*jimenote*), t. d'hist. nat., genre de poissons de la famille des apodes. — Crustacé branchiopode.

GYMNOTHORAX, subst. mas. (*jimenotorakce*), t. d'hist. nat., genre de poissons à poitrine sans nageoires.

GYNANDRE, adj. des deux genres (*jinandre*) : *étamine gynandre*, attachée au pistil.

GYNANDRIE, subst. fém. (*jinandri*) (du grec γυνη, femme, et ανηρ, gén. ανδρος, homme), t. de bot., vingtième classe du système sexuel de *Linnée*, renfermant les fleurs hermaphrodites qui ont plusieurs étamines réunies et attachées au pistil, sans adhérence au réceptacle.

GYNANDRIQUE, adj. des deux genres (*jinandrike*), t. de bot., qui concerne la *gynandrie.*

GYNANTHROPE, subst. fém. (*jinantrope*) (du grec γυνη, femme, et ανθρωπος, homme), hermaphrodite qui tient plus de la femme que de l'homme.

GYNÉCÉE, subst. mas. (*jinécé*) (en grec γυναικειον, fait de γυνη, femme), t. d'hist. anc., lieu qui servait de retraite aux femmes. — Garde-meuble des empereurs. — Autrefois, en France, manufacture où plusieurs femmes travaillaient en soie et en laine.

GYNÉCIE, subst. propre fém. (*jinéci*), nom que les Grecs donnaient à la déesse que les Romains appelaient *la bonne déesse.*

GYNÉCOCRATE, subst. mas. (*jinékokrate*), partisan de la *gynécocratie.*

GYNÉCOCRATIE, subst. fém. (*jinékokraci*) (en grec γυναικοκρατια, fait de γυνη, femme, et κρατος, puissance, autorité), état où les femmes peuvent gouverner.

GYNÉCOCRATIQUE, adj. des deux genres (*jinékokratike*), qui a rapport à la *gynécocratie.*

GYNÉCOCRATUMÉNIEN, subst. mas. (*jinékokratuménien*), t. d'hist. anc., nom des Scythes d'Europe qui furent vaincus par les Amazones, et qui les épousèrent ensuite.

GYNÉCOGRAPHE, subst. mas. (*jinékoguerafe*), t. de médec., celui qui s'applique particulièrement à l'histoire de la femme.

GYNÉCOGRAPHIE, subst. fém. (*jinékoguerafi*), t. de médec., description, traité sur les femmes ou sur les maladies des femmes.

GYNÉCOGRAPHIQUE, adj. des deux genres (*jinékoguerafike*), t. de médec., qui est relatif à la *gynecographie.*

GYNÉCOLOGIE, subst. fém., l'histoire de la femme.

GYNÉCOLOGIQUE, adj. des deux genres (*jinékolojike*), qui est relatif à la *gynécologie.*

GYNÉCOLOGUE, subst. mas. Voyez GYNÉCOGRAPHE.

GYNÉCOMASTE, subst. et adj. mas. (*jinékomacete*) (du grec γυνη, femme, et μαστος, mamelle), se dit d'un homme dont les mamelles sont aussi grosses que celles d'une femme.

GYNÉCONOME, subst. mas. (*jinékonome*) (du grec γυνη, femme, et νεμω, je gouverne), magistrat d'Athènes chargé de veiller sur les mœurs des femmes. Il y en avait dix.

GYNÉCOPHYSIOLOGIE, subst. fém. (*jinékofiziolojí*), t. de médec., physiologie de la femme.

GYNÉCOPHYSIOLOGIQUE, adj. des deux genres (*jinékofiziolojike*), qui est relatif à la *gynécophysiologie.*

GYNÉCOSME, subst. mas. (*jinékòme*), t. d'antiq., magistrat chargé de faire exécuter aux femmes les lois somptuaires.

GYNÉCOTOMIE, subst. fém. (*jinékotomi*), t. d'anat., dissection anatomique de la femme.

GYNÉCOTOMIQUE, adj. des deux genres (*jinékotomike*), t. d'anat., qui est relatif à la *gynécotomie.*

GYNIDE, subst. mas. (*jinide*), androgyne, hermaphrodite.

GYNOBASE, subst. fém. (*jinobaze*) (du grec γυνη, femme, et βασις, base), t. de bot.; on désigne sous ce nom, dans certaines plantes, la base d'un style unique, quelquefois très-renflée, et à laquelle adhèrent plus ou moins un grand nombre de loges distinctes.

GYNOBASIQUE, adj. des deux genres (*jinobazike*), t. de bot., se dit des fruits qui offrent une *gynobase.*

GYNOCARPE, subst. mas. (*jinokarpe*), t. de bot., classe de champignons.

GYNOLOGIE, subst. fém. (*jinoloji*) (du grec γυνη, femme, et λογος, discours), science ou traité de la femme.

GYNOPHORE, subst. mas. (*jinofore*), terme de bot., partie saillante du réceptacle sur laquelle est attaché le pistil.

GYNOPLEURE, subst. mas. (*jinopleure*), t. de bot., genre de plantes qui renferme deux espèces, *le gynopleure tubuleux*, et le *gynopleure à feuilles linéaires.*

GYNOPOGON, subst. mas. (*jinopoguon*) (du grec γυνη, femme, et πωγων, barbe), t. de bot., genre de plantes à fleurs monopétales.

GYNTEL, subst. mas. (*jeintèle*), t. d'hist. nat., espèce de pinson.

GYPAÈTE, subst. mas. (*jipa-ète*) (du grec γυπαιετος, aigle qui ressemble au vautour, formé de γυψ, vautour, et de αιετος, pour αετος, aigle), t. d'hist. nat., nom donné au griffon.

GYPNÈTE, subst. mas. (*jipenète*), terme d'hist. nat., espèce d'oiseau qui tient du vautour et de l'aigle.

GYPSE, subst. mas. (*jipece*) (en latin *gypsum*, pris du grec γυψος, dérivé de γη, terre, et de εψω, cuire), sorte de terre endurcie, neutralisée, et d'une substance calcinée. Etant réduite en une substance farineuse, on l'appelle *plâtre*. Les chimistes modernes la nomment *sulfate de chaux*, parce qu'elle résulte de la combinaison de l'acide sulfurique avec la chaux.—*Gypse*, ou *pierres gypseuses*, se dit, en hist. nat., de toutes celles que le feu change en plâtre.

GYPSÉ, E, adj. (*jipecé*), qui est rempli de plâtre.

GYPSEUSE, adj. fém. Voy. GYPSEUX.

GYPSEUX, adj. mas., au fém. **GYPSEUSE** (*jipeceu, ceuze*), qui tient de la nature du *gypse*. — *Goutte gypseuse*, celle qui provient aux articles des nœuds remplis d'une matière blanche comme du plâtre.

GYPSOPHILE, subst. mas. (*jipeçofile*) (du grec γυψος, plâtre, et φιλος, ami : *ami du plâtre*), t. de bot., genre de plantes caryophyllées, dont plusieurs espèces croissent sur les murs.

GYRATOIRE, et non pas **GIRATOIRE**, adj. des deux genres (*jiratoare*), t. de chir., qui va en rond.

GYRÉEN, subst. propre mas. (*jiré-ein*), t. d'hist. anc., peuple qui habitait autrefois une partie de l'Arabie-Heureuse.

GYRÈNE, subst. fém. (*jirène*), t. d'hist. nat., grenouille qui n'est pas encore formée.

GYRIN, subst. mas. (*jirein*) (du latin *gyrare*, tournoyer), t. d'hist. nat., genre d'insectes coléoptères.

GYROCARPE, subst. mas. (*jirokarpe*), t. de bot., arbre d'Amérique.

GYROGONITE, subst. mas. (*jiroguonite*), t. d'hist. nat., fossile blanc.

GYROMANCIE, subst. fém. (*jiromanci*) (du grec γυρος, tour, cercle, et μαντεια, divination), divination qui se pratiquait en marchant en rond.

GYROMANCIEN, adj. mas., au fém. **GYROMANCIENNE** (*jiromancien, ciène*), qui s'occupe de *gyromancie*, qui est relatif à cet art.

GYROMANCIENNE, adj. fém. Voyez GYROMANCIEN.

GYROSELLE, subst. fém. (*jirozèle*), t. de bot., plante de la famille des orobanchoïdes.

GYROVAGUE, subst. mas. (*jirovague*) (du grec γυρος, cercle, et du lat. *vagari*, errer, qui erraient de côté et d'autre), nom de moines qui n'étaient attachés à aucune maison, et qui erraient de monastère en monastère.

GYTHON, subst. propre mas. (*jiton*), t. d'hist. anc., nom d'un ancien peuple de la Sarmatie européenne, aujourd'hui la Prusse.

FIN DU PREMIER VOLUME.

www.ingramcontent.com/pod-product-compliance
Lightning Source LLC
Chambersburg PA
CBHW070901300426
44113CB00008B/911

* 9 7 8 2 0 1 2 6 4 9 9 0 3 *